BOUQUINS

COLLECTION DIRIGÉE PAR

GUY SCHOELLER

PUBLIÉ AVEC LE CONCOURS DU
CENTRE NATIONAL DES LETTRES

LAFFONT – BOMPIANI

LE NOUVEAU DICTIONNAIRE DES ŒUVRES

DE TOUS LES TEMPS ET DE TOUS LES PAYS

II

Co – Fa

ROBERT LAFFONT

Première édition 1980
Réimpression 1981, 1983, 1984,
1986, 1987, 1989, 1990
Nouvelle édition actualisée 1994

ISBN : 2-221-07710-5 (tome 2)
ISBN : 2-221-06887-4 (édition complète)

AVERTISSEMENT

En quarante ans d'âge, le *Dictionnaire des œuvres* a pris place parmi les ouvrages de référence les plus appréciés du public. Fruit d'une collaboration franco-italienne à l'origine, l'idée en revient au grand éditeur italien Valentino Bompiani (1898-1992), qui sut s'entourer d'une équipe de brillants collaborateurs. En grande partie originale, la version française publiée à partir de 1953 appelait, du fait des variations de l'optique littéraire et de l'apport de la recherche érudite, une profonde révision.

Grâce à la collaboration de plus de cinq cents spécialistes appartenant aux disciplines les plus diverses, c'est cette édition nouvelle que nous présentons au lecteur.

On comprendra mieux la portée de l'effort quand on saura que l'objet du *Nouveau Dictionnaire des œuvres* est, en somme, de mettre aujourd'hui sous la main du lecteur, en six tomes et un index, la substance de près de vingt et un mille œuvres – contre seize mille quatre cents dans l'édition précédente. Le dictionnaire s'enrichit de l'analyse de quatre mille six cents œuvres nouvelles (un article sur quatre). Tous les articles de l'ancienne édition ont été relus, nombre d'entre eux profondément modifiés, près de six cents entièrement refaits.

Le champ embrassé par *Le Nouveau Dictionnaire des œuvres* est vaste : roman, poésie, théâtre, philosophie, droit, sciences, sciences humaines, histoire, histoire de l'art et musique, des textes les plus anciens de l'Égypte et de la Chine jusqu'aux chefs-d'œuvre de notre temps. Étant donné l'ampleur même de la matière traitée, ce dictionnaire repose nécessairement sur un choix qui peut être discuté mais qu'on s'est efforcé de faire aussi équitable et aussi étendu que possible. Précisons qu'y figurent les œuvres des auteurs morts à la date d'achèvement de la rédaction (1994), ainsi que celles des auteurs vivants nés avant 1951. (Il fallait être né avant 1911 pour figurer dans l'édition précédente.)

À chaque œuvre retenue correspond donc un article – dates biographiques se rapportant à l'auteur, analyse de l'œuvre, jugement critique la replaçant dans son temps et situant son importance dans l'histoire de la culture, mention des traductions pour les œuvres étrangères. On voit que l'intention a été de conserver aux articles le caractère vivant d'essais, allié à la plus grande exactitude.

Mais il fallait tenir compte également des parentés complexes qui peuvent unir certains grands sujets. Pour la commodité de l'information ont été groupées sous un titre unique les œuvres relevant d'un même thème traditionnel tant classique que moderne (Iphigénie, Don Juan, Faust, etc.). Ainsi est-il possible de suivre le développement de certains thèmes fondamentaux à travers les époques et les littératures. De nombreux renvois d'article à article, de thème à thème, viennent compléter cet ensemble.

Bref, premier de ce genre, *Le Nouveau Dictionnaire des œuvres* devrait être dans sa version actualisée le complément toujours plus nécessaire des autres grandes encyclopédies.

Il va sans dire qu'il n'a ni la prétention ni le pouvoir de suppléer à la connaissance directe des œuvres elles-mêmes. Tout comme il serait présomptueux de notre part d'affirmer qu'il ne contient aucune omission. Mais ceux qui ont participé à son élaboration pensent avoir été plus généreux qu'avares, et n'ont eu pour souci que de se référer aux meilleures sources.

USAGE DU DICTIONNAIRE

Quant à l'usage du *Dictionnaire,* nous préciserons à l'intention du lecteur quelques règles.

ORDRE DE CLASSEMENT

Les articles du *Dictionnaire* se suivent dans l'ordre alphabétique des titres d'œuvres. L'ordre alphabétique s'applique non seulement au premier, mais à tous les termes d'un titre.

Ex. : **AMOU(RS J)AUNES.**
AMOU(R SO)RCIER.
AMOU(RS P)ASTORALES DE DAPHNIS ET CHLOÉ.
AMOU(R SU)PRÊME.

Conformément aux règles en usage, l'article défini ou indéfini est toujours rejeté après le titre.

Ex. : chercher **ÉDUCATION SENTIMENTALE (L'),**
et non **L'ÉDUCATION SENTIMENTALE.**

Cependant, les prépositions restent à leur place :

À LA RECHERCHE DU TEMPS PERDU,
DE LA TERRE À LA LUNE,

sauf pour les titres de traités ou d'essais :

SAGESSE (De la),
et non **DE LA SAGESSE.**

Dans les cas de titres génériques (Canzoniere, Épîtres, Élégies, etc.), pour faciliter la recherche, on a adjoint immédiatement les noms d'auteurs.

Ex. : **CANZONIERE de Pétrarque.**
CANZONIERE de Saba.
POÉSIES... de Mallarmé.
POÉSIES... de Rimbaud.

ŒUVRES ÉTRANGÈRES

Pour les œuvres étrangères traduites dans notre langue, nous avons adopté le titre français. Ex. : **LA BARRACA,** de Blasco Ibanez, a sa place à **TERRES MAUDITES.** Le titre original suit toujours, entre crochets (pour le chinois figurent successivement la transcription de l'E.F.E.O., rationalisée sur quelques points, et la transcription en pinyin). En fin d'article, nous avons indiqué le nom de l'éditeur et la date de traduction.

Lorsqu'il y a choix entre deux ou plusieurs titres français, nous avons opté pour le plus usité : de **HAUTS DE HURLE-VENT** et de **HAUTE-PLAINTE,** nous avons retenu le premier.

Pour les œuvres étrangères non encore traduites, nous nous sommes astreints à une traduction la plus exacte possible du titre.

Pour les littératures orientales et extrême-orientales, on trouvera parfois les titres français consacrés par l'usage **(LIVRE DES ROIS, MILLE ET UNE NUITS),** parfois les titres sous leur forme originale, généralement adoptée **(TAO TEU TSING).**

Autre exception : pour les journaux et revues de notoriété mondiale **(LE SPECTATOR),** comme pour les recueils de poèmes portant des titres génériques difficilement traduisibles **(CANZONIERE, CANCIONEROS, DAINOS),** le titre original est aussi conservé, suivi au besoin entre crochets de l'approximation française.

À l'intérieur d'un texte, les renvois sont indiqués par un astérisque entre parenthèses (*), placé à côté du titre de l'œuvre à consulter.

INDEX

Les œuvres y sont reclassées par noms d'auteurs, ce qui permet de retrouver aisément ceux-ci et d'avoir sous les yeux toutes les œuvres d'un même auteur figurant dans ce *Dictionnaire.* On y trouve également la mention de la page où l'œuvre est traitée, celle-ci pouvant se trouver dans un article d'ensemble (c'est ainsi que *Le Burlador de Séville* de Tirso de Molina prend place dans l'article *Don Juan*).

C

CONCERTOS POUR PIANO ET ORCHESTRE de Mozart. Parmi les divers genres qu'embrasse la production du compositeur autrichien Wolfgang Amadeus Mozart (1756-1791), c'est l'un des plus riches en heureuses trouvailles. Il ne comprend pas moins de vingt-cinq compositions, sans compter un *Concerto* pour trois pianos (K 241343), un pour deux pianos (K 361) et un *Rondo* pour piano et orchestre (K 382). Le concerto de Mozart suit à peu près le modèle de l'école viennoise, avec une certaine prépondérance de l'instrument soliste sur l'orchestre ; mais il parvient précisément, sous ses dernières formes, à équilibrer de façon admirable les deux éléments complémentaires. Volontairement brillants, écrits par Mozart pour ses propres exhibitions de virtuose, les concertos ont été injustement accusés d'être superficiels. En réalité, ce sont des œuvres claires, attrayantes et communicatives, par le ferme caractère plastique de leurs thèmes, la richesse de leurs inventions mélodiques, la remarquable liberté de leur forme, l'intérêt continu des idées et la richesse de l'instrumentation.

Les premiers, composés à Salzbourg, sont largement tributaires de l'influence italienne, en particulier du concerto pour violon de Tartini et de ses imitateurs. Mozart aimait particulièrement le *Concerto en ré majeur* (K 175), de 1773, à tel point qu'il l'exécutait encore dans les dernières années de sa vie ; le *Concerto en si bémol* (K 238), de 1776, et le *Concerto en ut majeur* (K 246), de la même année, ont été écrits pour les milieux aristocratiques de Salzbourg. Le passage dans cette ville d'une pianiste française en renom, Mlle Jeunehomme, fut à l'origine du *Concerto en mi bémol* (K 271), composé en 1777. Aussi bien par sa destination particulière, qu'à cause de l'intolérance que Mozart commençait à manifester à l'égard des règles du style galant régnant à Salzbourg, ce concerto a quelque chose de neuf et d'original et – dans l'Allegro comme dans l'Andantino – recherche une expression plus profonde et pathétique que de coutume.

Mais l'âge d'or des concertos pour piano est la période viennoise, où Mozart s'assure, comme virtuose, une réputation exceptionnelle. Les trois *Concertos en fa, la* et *ut majeur* (K 413-415) semblent – spécialement les deux premiers – un hommage à la mémoire de Johann Christian Bach, qui venait de mourir (1782). Les mouvements lents sont merveilleux d'extase et d'enchantement ; dans le *Concerto en ut majeur*, une tendance vers le contrepoint archaïque se fait sentir et réussit à se concilier admirablement avec le désir de plaire. Douze concertos composent la prodigieuse floraison comprise entre 1784 et 1786 ; parmi eux émergent deux chefs-d'œuvre étincelants : le *Concerto en ré mineur* (K 466), écrit en 1785, objet de la prédilection de Beethoven qui le jouait souvent, et dans lequel, loin de toute la légèreté superficielle du style de conversation, s'encadre la charmante romance, miracle d'intimité expressive ; et le *Concerto en ut mineur* (K 491), de 1786, excellent exemple du « démoniaque » mozartien, robuste et dramatique dans l'Allegro, quasi romantique à la manière de Schumann dans le Larghetto. De ces deux œuvres, Casella dit qu'elles « représentent, dans l'histoire du piano, les premiers et parfaits modèles de concerto moderne pour soliste : un piano et un orchestre souverains tous les deux, l'un dans sa noble éloquence de " personnage " dramatique, l'autre dans sa riche plénitude symphonique, à laquelle la présence du soliste n'oppose pas de limite ». Le premier mouvement du *Concerto en ré mineur* est un de ces morceaux mozartiens qui faisait dire à Busoni, avec une injustice évidente, que « Mozart, là où il annonce Beethoven, est significatif et original : et Beethoven, là où il rappelle Mozart, est insignifiant et plagiaire ». Il y a une profondeur dans le premier thème, en ré mineur, et comme une obscure menace dans la progression des basses, vibrantes sous les syncopes des bois.

Tandis que ce premier thème, qui se déroule avec ampleur et se conclut par une solennelle péroraison sur la sensible, déferle comme une onde au mouvement non pas impétueux mais incessant et implacable, deux notes tenues des hautbois et bassons ouvrent le second thème, d'expression plus légère et aimable, tel un arrêt, une sorte de digue opposée à la marée du thème en mineur :

Par un de ces rappels involontaires qui donnent tant d'unité aux compositions de Mozart, le solo, dans le Presto final, commencera avec les mêmes valeurs rythmiques :

opposant la paisible douceur de ce thème à la fougue du premier. Revenant à l'Allegro, signalons la maturité et le caractère moderne des arpèges qui concluent le premier tutti orchestral et précèdent immédiatement l'entrée du soliste. Dans leur tissu doux et enveloppant se manifeste une tendresse qui n'appartient pas seulement à Mozart : on est porté à franchir les générations intermédiaires de musiciens et à penser à Brahms :

Dans le *Concerto en ut mineur* (K 491), il faut remarquer notamment le dernier mouvement, en forme de variation, qui, dans sa nerveuse vivacité rythmique et grâce au parti que l'auteur a tiré du ton mineur pour en faire une sorte de légende capricieuse, ressemble à un *Moment musical* de Schubert. On ne peut oublier non plus, dans le *Concerto en la majeur* (K 488), composé en 1786, la beauté pathétique et dépouillée de l'Andante semplice ma molto espressivo, avec de sombres et sanglotants arpèges qui font penser à Chopin ; quant au *Concerto en sol majeur* (K 453), de 1784, au mystérieux Andante, sa solide structure dément l'accusation de légèreté mondaine imputée à ces lumineuses créations. Dans le *Concerto en fa majeur* (K 459), de 1784 lui aussi, on note surtout un Allegretto délicieux et rêveur : puis ce sont le scintillant *Concerto en ut majeur* (K 503), écrit en 1786, dont le premier mouvement annonce le thème de la *Marseillaise* (*), et qui eut un grand succès auprès du public, et le spirituel *Concerto en ré majeur* (K 537), composé en 1788 pour les fêtes du couronnement de Léopold II à Prague : son mélodieux Larghetto est devenu populaire. La dernière œuvre de ce genre écrite par Mozart est le *Concerto en si bémol majeur* (K 595), qui coïncide avec la dernière année de la vie du grand musicien, et qui est un émouvant présage de sa triste et douloureuse résignation.

CONCERTOS POUR PIANO ET ORCHESTRE de Prokofiev. Le compositeur russe Serge Prokofiev (1891-1953) a écrit cinq concertos pour piano : les trois premiers ont été composés en Russie (les thèmes du n° 3 sont de 1917), avant la période dite « étrangère » de l'auteur, les deux derniers en France, à la veille de son retour définitif en U.R.S.S. Le *Concerto n° 1*, en do bémol majeur, op. 14, remonte à 1911 ; c'est une œuvre de jeunesse – Prokofiev avait alors vingt ans – qui a l'ambition de représenter son époque et de combattre le décadent par ses innovations. Son audition suscita de violentes polémiques, cette musique dynamique, heurtée, choqua mais emporta l'adhésion de ceux qu'intéressa l'effort de renouvellement qu'elle représentait. Cet essai fut suivi de près par le *Concerto n° 2*, op. 16, en sol mineur, daté de 1912-1913. Il est construit suivant les mêmes principes, mais après des recherches en profondeur qui obligèrent certains ennemis de Prokofiev à réviser leur jugement précédent et à reconnaître en outre, à l'auteur, des qualités de pianiste remarquables. En 1917, Prokofiev songea à mettre en chantier le *Concerto n° 3*, en ut, op. 26, dont il fixa les thèmes mais qu'il dut emporter tel quel dans ses bagages d'émigrant en même temps que le scénario de *L'Amour des trois oranges* (*). Il ne reprit son développement qu'en 1921, en Grande-Bretagne ; il utilisa ses anciens thèmes mais l'architecture est nouvelle. En presque dix ans, sa technique a évolué, elle s'est enrichie par de minutieuses recherches incessamment poursuivies ; il en résulte l'une des plus belles œuvres du maître lyrique, dynamique, pittoresque, très accessible au grand public à en juger par les réactions de Londres, et Paris en 1922. *Le Concerto n° 4* pour la main gauche fut écrit en 1931 pour Paul Wittgenstein, le pianiste mutilé, qui ne le joua pas mais conserva la partition. Prokofiev reconstitua plus tard son œuvre, de mémoire, qui ne fut créée qu'en 1956. Le dernier concerto, en sol mineur, op. 55, de 1932, n'a pas les qualités éblouissantes du troisième. Il est entièrement voué à la virtuosité, au bénéfice de laquelle Prokofiev s'est livré à des expériences intéressantes, expériences qui ont, toutefois, transformé la partition en une course mécanique, un monde de machines en mouvement où se glissent quelques trop rares passages lyriques.

CONCERTOS POUR PIANO ET ORCHESTRE de Rachmaninov. Le compositeur russe Sergueï Rachmaninov (1873-1943) a laissé quatre *Concertos pour piano et orchestre* dont deux seulement, le deuxième et le troisième, sont véritablement entrés au répertoire. Du point de vue esthétique, il s'y montre successeur de Tchaïkovski. C'est une musique très subjective, de caractère néo-romantique affirmé, de tendance assez cosmopolite, encore qu'une certaine saveur de terroir marque parfois quelques-uns de ses thèmes. Rachmaninov ne se place donc nullement dans la descendance des « Cinq » grands musiciens russes nationalistes. Du point de vue pianistique, il n'y a pas d'innovation particulière à signaler : Rachmaninov, lui-même interprète prestigieux de Chopin, de Schumann et de Liszt, se montre l'héritier de ces maîtres. Son écriture est extrêmement brillante, d'une grande élégance, souvent d'une redoutable virtuosité. Ces concertos ne sont pas, ainsi qu'on pourrait le craindre, des concertos de pianiste : bien au contraire Rachmaninov, robuste symphoniste, fait la part très belle à l'orchestre. C'est même là une des critiques qui lui ont le plus souvent été adressées que de laisser le piano trop immergé dans l'orchestre, de ne pas le mettre suffisamment en valeur et de ne pas lui confier de soli suffisamment développés. Critique défendable sur le plan théorique, mais injuste en pratique, le compositeur sachant admirablement doser les masses sonores, et le piano, pour incorporé qu'il soit souvent à l'orchestre, n'étant jamais couvert par celui-ci. Le *Concerto nº 2 en ut mineur* op. 18 (1902) est constitué par un Moderato, un Adagio sostenuto et un Allegro scherzando final. Le *Concerto nº 3 en ré mineur,* op. 30 (1908) comporte un Allegro, un Intermezzo et Adagio, un finale Allegro. L'une et l'autre de ces deux œuvres sont animées d'un intense lyrisme. Elles sont construites sur des idées mélodiques souvent assez banales, mais dont le compositeur tire un parti remarquable dans ses développements.

CONCERTOS POUR PIANO ET ORCHESTRE de Saint-Saëns. Le compositeur français Camille Saint-Saëns (1835-1921) nous a laissé cinq *Concertos pour piano et orchestre,* tous écrits entre 1858 et 1895, et qui constituent le meilleur de sa production. Aux yeux du monde, ils représentent la virtuosité française type. Ce sont à peu près les seuls concertos qui virent le jour dans notre pays à une époque où le genre concertant souffrait, tant auprès du public que des professionnels, d'un préjugé extrêmement défavorable. Le *Premier Concerto en ré majeur,* op. 17 (1858), peut être, sans sévérité excessive, considéré comme un essai de jeunesse assez pâle. Il sent encore un peu l'école, et fait usage de formules assez conventionnelles. Il est cependant déjà une promesse, et l'on peut notamment y admirer l'équilibre qui règne, tout naturellement semble-t-il, entre le soliste et l'orchestre. Trois parties : Allegro, Andante, Finale. Le *Deuxième Concerto en sol mineur,* op. 22 (1864), témoigne d'une véritable maîtrise, maîtrise d'autant plus grande que l'œuvre fut en quelque sorte improvisée : elle fut en effet composée en moins de trois semaines à la demande du grand Antoine Rubinstein, non pour la jouer lui-même d'ailleurs, mais pour la diriger, le jeune Saint-Saëns étant au piano. La création cependant n'eut lieu que quatre ans plus tard, en mai 1868 chez Pleyel. Pour servir à la petite histoire, on rappellera que le premier thème du mouvement initial a été emprunté à Gabriel Fauré, alors jeune élève de Saint-Saëns, qui avait soumis à son professeur un « Tantum ergo » dont le thème principal fut ainsi utilisé, et immortalisé. Du point de vue de la forme, Saint-Saëns abandonne les formules conventionnelles et fait preuve au contraire d'une grande liberté. C'est ainsi que le premier mouvement, Andante sostenuto, commence par une large introduction de piano seul, dans le style de l'orgue, qui amènera l'entrée de l'orchestre. Une seconde idée apparaît, qui possède, comme la précédente, un caractère d'improvisation, lequel régnera d'ailleurs sur l'ensemble du morceau ; celui-ci va passer par un poco animato qui se fera dramatique et amènera une grande cadence pianistique dont le calme progressif reviendra au sentiment initial. Le second mouvement est un Allegro scherzando de caractère mendelssohnien, léger caprice qui donne lieu à un jeu très ingénieux entre le piano et l'orchestre (Bizet en a tiré un éblouissant morceau pour piano seul). Le finale est un Presto qui emprunte la formule de la tarentelle, et dont le tournoiement se poursuivra tout au long pour donner à ce concerto, vite devenu l'un des plus populaires, une vertigineuse conclusion.

Le *Troisième Concerto en mi bémol,* op. 29 (1869), débute par une introduction d'arpèges confiés au piano : Saint-Saëns a, dit-on, voulu y évoquer le souvenir d'un torrent alpestre. De ces arpèges va émerger peu à peu le premier thème de l'Allegro, thème de caractère héroïque qui dominera tout ce premier mouvement dans lequel le compositeur semble avoir voulu donner à l'orchestre un rôle plus fourni que d'habitude. Le second mouvement est un Andante de forme lied qui se déroule sur le plan classique, dans un sentiment de lyrisme réservé et d'expression contenue. Il enchaîne sur le finale ; celui-ci n'a pas la qualité des pages précédentes, et ce n'est pas sans raison qu'Alfred Cortot a pu le définir comme : « ... une décourageante apothéose de corps de ballet dans laquelle le soliste se voit soudainement promu à la dignité de danseuse étoile ».

Le *Quatrième Concerto en ut mineur,* op. 44 (1875), est sans doute le plus accompli des cinq, et fait un digne pendant à la *Symphonie avec orgue* (*). Sa conception structurale est solide, serrée, et donne à l'ensemble une unité et une homogénéité parfaites par la façon dont en sont assemblés les éléments architectoniques. Extérieurement il se présente sous une forme assez inusitée : une première partie comportant un Allegro et un Andante, une seconde partie constituée par un Scherzo, un intermède Andante et un Allegro final. Sans que l'œuvre puisse être dite cyclique, il y règne cependant une certaine unité thématique. Le premier Allegro est de caractère rythmique et de sentiment énergique. Une phrase de choral amène le thème mélodique sur lequel sera construit l'Andante expressif. Le Scherzo est un dialogue de ton très vif, ricanant, ironique, entre le soliste et l'orchestre, dialogue que vient détendre un moment un épisode central tenant lieu de trio. Il conduit à une sorte d'intermède fugué rappelant l'Andante. Une brève cadence pianistique amène un trille dont jaillit le thème de choral déjà entendu, idée fondamentale du dernier mouvement. Dans ce finale, le piano apportera, par son éblouissante virtuosité, un élément purement décoratif, le travail de développement étant ici essentiellement symphonique. Le *Cinquième Concerto en fa majeur,* op. 103 (1895), fut composé en Égypte, et créé salle Pleyel l'année suivante au cours d'un concert où Saint-Saëns fêtait le cinquantième anniversaire de ses débuts de pianiste. On l'appelle d'ordinaire l'*Égyptien,* non pas tant parce que l'auteur aurait voulu en faire une évocation descriptive ou pittoresque, mais en raison de l'utilisation épisodique qui y est faite d'un thème emprunté à un chant de batelier nubien que Saint-Saëns avait entendu en naviguant sur le Nil. Qu'il y ait quelque exotisme dans cette œuvre, cela n'est pas niable, mais il n'est pas toujours spécifiquement oriental ; il est même assez curieux de noter que l'on y relève certaines tournures rappelant le chant des gitans d'Espagne d'une part, et des tziganes d'Europe centrale d'autre part. Le premier mouvement, de caractère poétique, est construit en forme d'Allegro de sonate. L'Andante est traité en libre improvisation, voire d'une façon assez rapsodique ; c'est dans ce mouvement que l'on peut déceler le plus d'exotisme, et c'est d'ailleurs celui dans lequel intervient le chant de batelier nubien. Le ton du finale contraste avec le sentiment poétique des deux morceaux précédents par son caractère de mécanique pianistique ; ce caractère a d'ailleurs amené Saint-Saëns à en tirer une étude pour piano seul, publiée sous le nom de *Toccata ;* elle est construite en forme d'Allegro de sonate.

CONCERTOS POUR VIOLON de J. S. Bach. Ils furent écrits entre 1717 et 1723, alors que le compositeur allemand Johann Sebastian Bach (1685-1750) était employé à la cour d'Anhalt-Cöthen, cour calviniste, où il ne pouvait par conséquent se livrer à la composition religieuse et dut se consacrer presque exclusivement à la musique instrumentale. Trois concertos seulement ont été conservés : ce sont ceux qui, après la mort du Cantor, allèrent à Carl Philipp Emanuel. Il y en eut sans aucun doute de nombreux autres, dont certains firent l'objet de transcriptions pour clavecin : ils échurent en héritage à l'indigne Wilhelm Friedemann et disparurent. Dans ces concertos, Bach apparaît bien l'élève des Italiens Corelli et Vivaldi, mais un élève de génie qui, en ce domaine comme en d'autres formes telles que la fugue ou la cantate, a su hausser l'héritage du passé à un point de perfection suprême. Rien dans la littérature du concerto préclassique ne saurait être comparé à ces trois œuvres, aussi bien pour le raffinement technique que pour l'intensité d'expression. Au premier abord cependant, le *Concerto en la mineur* BWV 1041 pour un violon pourrait décevoir par son apparente simplicité. Les thèmes du premier mouvement semblent peu élaborés à côté de ceux des concertos classiques. C'est que la manière de Bach est toute différente, plus concise et plus délicate : il a ouvragé ici un entrelacement de petits motifs, souvent d'une seule mesure, et montre la maîtrise non dans l'éclat mais dans une intarissable variété de détails. Le solo, qui n'a guère pris encore d'indépendance, se dégage dans le deuxième mouvement en une ligne mélodique, où la splendeur et l'abondance des ornements n'altèrent jamais l'émotion. Le dernier mouvement, allegro assai, est d'une écriture plus nettement contrapontique (tutti d'ouverture fugués) et n'en donne pas moins une impression de puissante liberté dans les brillants passages de solo où la virtuosité tient beaucoup plus de place que dans les mouvements précédents. Le *Concerto en mi majeur* BWV 1042 pour un violon révèle dès les premières mesures du mouvement initial une autre technique : au lieu de la succession de petits motifs du concerto n° 1 apparaît un thème décidé, exposé par les tutti, développé ensuite par le soliste, puis repris par tout l'orchestre qui continue de l'exposer, avec passage en do dièse mineur, tandis que des motifs secondaires viennent s'y adjoindre et que le solo dessine avec une étonnante liberté une série de figures émouvantes ; enfin retour en mi majeur et réexposition du thème comme au début du mouvement. Le second mouvement, adagio en forme de chaconne, nous offre une poignante mélodie continue du solo sur un thème de basso ostinato. L'allegro final, en rondo, est très simple : un thème d'ouverture y reparaît cinq fois à intervalles réguliers, entre lesquels s'insèrent les passages de solo. Le *Concerto en ré mineur* BWV 1043 pour deux violons est généralement considéré comme le plus beau de tous. Le premier mouvement, vivace, s'ouvre par un thème fugué ; solo du premier violon ; solo du deuxième violon que le premier accompagne en un duo contrapontique, tandis que l'orchestre des cordes répète les premières mesures du thème initial. Puis le duo des deux instruments solo se renverse ; après un bref retour du thème initial apparaît une nouvelle figure de solo, traitée alternativement par les deux violons s'accompagnant à tour de rôle. Enfin, retour au premier sujet de solo et réexposition du thème initial. Le deuxième mouvement, largo ma non tanto, est justement célèbre par son thème traité en canon, sublime de sérénité noble et expressive. Le concerto s'achève brillamment par un dynamique allegro. Cette œuvre a fait l'objet d'une transcription ultérieure, en ut mineur, pour deux claviers. D'après le grand concerto pour clavier en ré mineur, on a tenté de reconstituer un concerto pour violon aujourd'hui perdu.

CONCERTOS POUR VIOLON de Saint-Saëns. Le compositeur français Camille Saint-Saëns (1835-1921) a écrit trois concertos pour violon, dont seul le troisième est passé à la postérité. Dans les deux premiers, en la mineur, op. 20 (1859), et en ut majeur, op. 58 (1879), le musicien n'est pas parvenu à cet habile dosage de virtuosité, de rigueur classique et de spontanéité mélodique auquel il est parvenu dans le *Concerto n° 3* en si mineur, op. 61. L'œuvre a été écrite pour le violoniste espagnol Pablo de Sarasate qui l'a créée à Paris en 1880. Elle se compose des trois mouvements usuels, un Allegro non troppo dans lequel le soliste intervient d'emblée sans introduction orchestrale, un Andantino quasi allegretto au rythme de barcarolle et un Allegro non troppo où s'affirme la virtuosité du soliste. Après ce concerto, Saint-Saëns a écrit un *Morceau de concert* pour violon et orchestre en sol majeur (1880), parfois considéré comme un quatrième concerto. A. Pâ.

CONCERTOS POUR VIOLONCELLE de Saint-Saëns. Le compositeur français Camille Saint-Saëns (1835-1921) a écrit deux concertos pour violoncelle. Le premier, en la mineur, op. 33 (1872), est entré au répertoire alors que le second, en ré mineur, op. 119 (1902), est rarement joué. Le premier est conçu d'un seul trait, enchaînant les trois mouvements traditionnels en une sorte de grand allegro de sonate. Le musicien sait mettre en valeur les qualités mélodiques du violoncelle, surtout dans le registre aigu, préférant le charme et l'élégance aux démonstrations de virtuosité. A. Pâ.

CONCERTOS POUR VIOLON ET ORCHESTRE de Martinů. Le compositeur tchèque Bohuslav Martinů (1890-1959) a composé deux concertos pour violon. Le premier (1932-34) n'a été retrouvé qu'en 1968. Le second, plus souvent exécuté, date de 1943. Dès le début de sa carrière, Martinů a manifesté un vif intérêt pour le style concertant – v. *Œuvres concertantes* (*) – soit dans la forme du concerto grosso, ou dans son dérivé, le concerto pour orchestre, ou dans des formes assimilées, comme le concerto pour quatuor à cordes et orchestre, ou même dans le cadre strict du quatuor à cordes (ex. : *Quatuor à cordes n° 7*, « concerto da camera ») ; soit, comme ici, dans la forme spécifique du concerto pour soliste. Le *Concerto pour violon et orchestre n° 2*, d'une écriture un peu plus spectaculaire peut-être que les œuvres orchestrales ou de chambre citées ci-dessus, n'en répond pas moins à la même esthétique. La virtuosité n'y joue pas le rôle essentiel, l'orchestre et le soliste s'y conjuguent étroitement. L'œuvre est divisée en trois mouvements. L'andante initial s'ouvre sur une courte introduction orchestrale, d'un caractère dramatique, suivie d'une cadence du soliste qui expose ensuite un thème mélodique très nostalgique. Une courte séquence en imitation, confiée aux vents, conduit à un épisode rythmique où le violon joue un rôle prépondérant, jusqu'à la cadence finale et la conclusion dans une atmosphère apaisée. L'andante moderato qui suit, d'un lyrisme moins tendre, plus simple, noue aux mélismes capricieux du soliste un accompagnement orchestral basé sur la juxtaposition de courtes séquences en forme d'ostinato. Le troisième mouvement, poco allegro, est d'une franchise rythmique très accentuée et fait appel à un type de danse très souvent utilisé par Martinů, la polka. L'œuvre conclut sur une difficile cadence de virtuosité avant une brillante coda orchestrale.

CONCERTOS POUR VIOLON ET ORCHESTRE de Mozart. Ils sont au nombre de sept, les cinq premiers ayant été composés à Salzbourg en 1775 ; ils forment un groupe compact dans la production du compositeur autrichien Wolfgang Amadeus Mozart (1756-1791). Ils figurent parmi les meilleurs essais du compositeur dans le style galant, et sa jeune personnalité y brille, lumineuse et sereine, bien que leur technique et leur forme soient soumises à des influences disparates, notamment celles des écoles de violon italiennes, avec en premier lieu Tartini et Pugnani, sans exclure l'influence légèrement plus archaïque de l'école de Corelli. Le goût musical viennois domine dans le premier *Concerto en si bémol majeur* (K 207), sorte de longue et délicieuse rhapsodie qui montre une richesse de thèmes sans égal, mais peu de souci quant à leur composition en une unité intérieure cohérente. Le finale est un Presto en forme de sonate, au rythme et à l'animation robustes, dans le goût de Haydn. L'année suivante, Mozart le remplaça par un vif et spirituel Rondo (K 269), beaucoup plus facile à exécuter, aussi bien pour plaire au médiocre violoniste de la cour de Salzbourg, Brunetti, que pour rendre l'œuvre plus adaptée à l'idéal galant, qui tolérait difficilement un finale de forme-sonate, trop complexe. Les plus faibles et superficiels sont peut-être les deux *Concertos en ré majeur* (K 211 et 218). Dans le second se développe la virtuosité du soliste au détriment de l'écriture symphonique. Celle-ci est en revanche admirable dans le *Concerto en sol majeur* (K 216) qui, par le dernier mouvement seulement, peut se rattacher au style frivole de la galanterie, et dont l'Adagio contient une des plus exquises confidences du musicien alors âgé de vingt ans.

Mais le chef-d'œuvre est le cinquième *Concerto en la majeur* (K 219), prélude au raffinement que Mozart introduisit dans le style galant en 1776 : tout y est pur, simple, imprégné de grâce chantante, de fraîcheur juvénile, et contenu en une intime et poétique unité. Le premier mouvement est lumineux, subtil et enjoué ; le clair Adagio semble une contemplation extasiée ; le finale, en temps de menuet où le trio est constitué par un vif Allegro en mineur aux accents tziganes colorés, a une grande originalité. Toujours pour contenter les médiocres capacités de Brunetti, Mozart écrivit pour ce concerto un nouvel Adagio, en mi bémol (K 261) ; la simplification de la technique et du style a produit aussi une merveilleuse purification du chant, tout de tendre douceur et de sensualité naïve. Après cette floraison, Mozart ne revint plus que deux fois à la forme du concerto pour violon. Le septième, en ré majeur (K 271), remonte à 1777, mais fut probablement remanié pendant ou après le voyage à Mannheim et à Paris, car il porte les traces de diverses expériences de style et fait de larges concessions à la virtuosité du soliste. Il intéresse moins par sa réelle valeur poétique, que comme point de départ vers de nouvelles tendances. Un sixième *Concerto en mi bémol* (K 268) doit avoir été conçu à Vienne en 1783 ou 1784, mais il fut laissé inachevé par Mozart. On croit qu'il fut terminé par l'éditeur André ou par l'élève de Mozart, Süssmayer, surtout en ce qui concerne l'instrumentation.

CONCERTOS POUR VIOLON ET ORCHESTRE de Paganini. Le virtuose italien qui déchaîna les auditoires européens, les amusant et les effrayant tour à tour, laisse un ensemble assez considérable d'œuvres destinées à son instrument : les célèbres vingt-quatre *Caprices* (*) *pour violon seul,* des sonates, des variations, des fantaisies, enfin des *Concertos pour violon et orchestre.* Niccolò Paganini (1782-1840) composa en tout huit concertos pour violon et orchestre, dont six nous sont parvenus. La musique en est essentiellement conçue dans un esprit et un but de virtuosité transcendante. Elle n'est évidemment ni celle d'un penseur, ni celle d'un grand inspiré, mais il semble cependant qu'elle soit d'une qualité et d'une substance infiniment supérieure à celle que composèrent les grands violonistes ses contemporains, les Baillot, les Kreutzer ou les Rode. Et, d'autre part, si les exigences de sa technique instrumentale nous paraissent aujourd'hui beaucoup moins « diaboliques » qu'aux auditeurs et interprètes du siècle dernier, elles conservent toujours la vertu de mettre singulièrement en valeur la sonorité, le staccato, le pizzicato des exécutants. Le premier *en ré,* op. 6, date de 1811. Il reflète une attitude de dandysme assez typiquement romantique : stridence, sarcasme, et quelque chose de sombre aussi, d'un fantastique et d'un diabolique un peu extérieurs. Il comporte un Allegro et un Rondo encadrant un Adagio central, dans lequel Paganini a voulu évoquer le souvenir d'un drame dans lequel le célèbre tragédien Demarini incarnait le personnage d'un prisonnier implorant la Providence du fond de son cachot. Ce concerto est fort longuement développé. August Wilhelmj puis Fritz Kreisler en ont tiré une version abrégée en un seul mouvement avec une grande cadence. Le second concerto, *en si mineur,* op. 7, date de la même époque que le précédent. Comme lui, il est constitué de deux mouvements vifs encadrant un mouvement lent de caractère mélodique. Du point de vue de la structure interne des différents morceaux, Paganini n'a jamais cherché à innover, et se contente d'emprunter les cadres classiques de l'Allegro de sonate, de la forme lied avec ou sans variations, et du rondo sur le thème de *La Campanella* (*).

CONCERTOS POUR VIOLON ET ORCHESTRE de Prokofiev. Le compositeur russe Serge Prokofiev (1891-1953) a écrit deux concertos pour violon qui se sont imposés comme des pièces maîtresses du répertoire. Le premier, en ré majeur, op. 19, date de 1917 et n'a été créé qu'en 1923 à Paris par Marcel Darrieux. La structure tripartite met l'accent sur le mouvement central, seule séquence rapide et virtuose du concerto (scherzo, vivacissimo), encadré par deux mouvements modérés au caractère profondément lyrique (andantino et moderato). Le rappel du thème initial dans le finale donne l'impression d'une boucle qui se referme. Le *Concerto n° 2 en sol mineur*, op. 63 (1935), est d'une structure plus traditionnelle ; allegro moderato très mélodique, andante assai méditatif et allegro ben marcato très incisif, où l'on retrouve une certaine sauvagerie d'écriture typique du jeune Prokofiev.

A. Pâ.

CONCERT PHILHARMONIQUE. Variations pour orchestre du compositeur allemand Paul Hindemith (1895-1963), créées en 1932. Le *Concert philharmonique* fut composé à l'occasion du cinquantenaire de la fondation de l'Orchestre philharmonique de Berlin et dédié à Wilhelm Furtwangler et à son orchestre. La forme choisie — thème et variations — répond à un double propos : mettre en valeur la virtuosité d'écriture du compositeur, son habileté à développer les matériaux fondamentaux d'un motif générateur, et faire briller la maîtrise instrumentale des premiers pupitres des différents groupes d'instruments de l'orchestre. L'œuvre est construite sur un thème de cinq mesures caractérisé par l'emploi ambigu de l'accord parfait mineur ou majeur, et par un rythme pointé. Ce thème exposé aux bois, repris par les cordes, est traité avec une particulière habileté dans l'emploi et la transformation des deux composantes essentielles, harmonique et rythmique, de la cellule initiale, et sa subtile adéquation à la technique et au timbre des instruments solistes intervenant à chaque variation : suavité mélodique des hautbois, éclat joyeux des cuivres aux capricieux et inattendus écarts mélodiques contrecarrés par l'intervention des timbales, dialogue des bois puis des cordes, avec ou sans sourdine. Après un dernier épisode d'esprit concertant confié de nouveau aux cordes, les cuivres reprennent le thème initial, et sur un rythme martial, dans un style plus simple, élargi, assurent une conclusion triomphale à l'œuvre.

CONCERTS ROYAUX de Couperin. Œuvres du compositeur français François Couperin (1668-1733) publiées en deux recueils : 1722 (n°s 1 à 4) et 1724 (n°s 5 à 14). À l'exception des deux derniers sans doute légèrement postérieurs, ces concerts furent écrits en 1714-15 pour les petits concerts de chambre donnés à Versailles les dimanches après-midi et au cours desquels Louis XIV vieillissant essayait de se distraire de ses malheurs et de ses maladies. Œuvres de commande, les *Concerts royaux* sont naturellement moins libres, moins riches d'inventions techniques et de mystérieuses surprises que les *Pièces pour clavecin* (*) ; c'est par eux qu'on abordera le plus aisément l'œuvre de Couperin, grâce à leur équilibre, leur clarté formelle et leur charme mélodique. Ce sont des suites de cinq à sept danses stylisées, assez courtes et précédées d'un prélude. Rarement Couperin indique à quels instruments ces pièces sont destinées — ce qui nous rappelle que la musique instrumentale française, en retard sur la musique italienne, était encore à cette époque à l'état naissant. Les *Concerts* peuvent donc être exécutés indifféremment par des instruments à vent ou à cordes, violon ou hautbois, viole ou basson, avec basse continue de clavecin qui était tenue par Couperin lui-même lors des séances à Versailles. Le deuxième recueil, contenant les dix dernières pièces, est le plus important : l'auteur y prétend mettre en pratique l'idéal des « goûts réunis », c'est-à-dire le mélange de l'influence de l'école française (Lully) et de l'école italienne (Corelli), Ce beau programme était alors à la mode, mais l'auteur n'en a finalement guère tenu compte : le pouvait-il d'ailleurs, dans une musique spécialement destinée à Louis XIV, auquel la fougue mélodique italienne fut toujours insupportable ? De toutes les œuvres de Couperin, les *Concerts royaux* sont peut-être la moins imprégnée d'italianisme ; il se limite le plus souvent au titre des danses : « siciliennes » des 6e et 7e concerts, « tromba » du 10e. Même dans le célèbre 9e concert, n'est-ce pas en grande partie sur la foi de son titre, « Ritratto dell'amore », qu'on croit trouver des traits corelliens ? Quant au 8e concert « dans le goût théâtral », sorte de suite pour un opéra imaginaire où l'on trouve l'écho des ouvertures de Lully, il nous montre que Couperin n'était pas tout à fait insensible aux magies de la scène, bien qu'à la différence de tous les grands musiciens français de son temps il n'ait jamais été tenté de s'y essayer.

CONCERTS SPIRITUELS [*Kleine Geistlichen Concerten*]. Œuvres du compositeur allemand Henrich Schütz (1585-1672), publiées en deux recueils : 1636 et 1639 (sixième volume de l'édition Spitta). Leur structure fut certainement conditionnée par les tragiques circonstances de la guerre de Trente Ans qui avait dispersé les orchestres et les maîtrises d'Allemagne. Aussi ces motets sont-ils presque toujours écrits sans accompagnement instrumental et seulement pour un petit nombre de chanteurs (cinq voix au maximum), parfois même pour des solistes. L'inspiration est profondément religieuse : nombre des *Concerts* sont bâtis sur des cantiques luthériens, et les derniers du premier recueil sont traités en chorals. L'économie des moyens employés ajoute encore à l'intensité de l'expression : les concerts en solo, particulièrement, sont des chefs-d'œuvre de fidélité liturgique. On n'y trouverait pas trace de mélodie superflue, l'accent des mots y règle de très près la musique ; c'est la simplicité, la nudité du récitatif, et revêtues cependant d'une force de lyrisme extraordinaire. Schütz ménage en effet admirablement l'émotion par toutes sortes de raffinements dans les détails : changements soudains de rythme ou de tonalité, pathétiques progressions ascendantes et surtout répétition des motifs. Ces œuvres, qui en leur temps contribuèrent beaucoup à la gloire du maître, marquent une transition importante : on y voit Schütz se débarrasser définitivement de l'influence vénitienne des Gabrieli et revenir à la tradition d'austérité luthérienne qui aura son achèvement suprême dans les *Passions* (*).

CONCILE D'AMOUR (Le) de Panizza (v. *Journal d'un chien, Le).*

CONCLUSION [*Concluding*]. Roman de l'écrivain anglais Henry Green (1905-1973), publié en 1948. *Conclusion* est, d'une certaine façon, le résumé et l'aboutissement des recherches formelles de l'auteur, au terme d'une évolution qui débuta en 1928, avec *Cécité* [*Blindness*]. L'histoire se passe dans un pensionnat de jeunes filles, dirigé par deux vieilles Anglaises. Mr. Rock, le principal personnage, est un savant célèbre qui a reçu du gouvernement un cottage, à la lisière du parc du pensionnat, où il vieillit paisiblement entre son jars et sa truie. La petite-fille de ce patriarche sourd, Elizabeth, a pour amant l'un des professeurs du collège, Sébastien Birt, qui, à l'instar des directrices, désire expulser Mr. Rock de sa demeure pour annexer celle-ci au collège. Personnage bizarre, mi-shakespearien, mi-bureaucrate, l'insaisissable acteur qui entraîne Elizabeth derrière les buissons est-il un satyre, ou un magicien ? Au cours de la belle journée d'été où Mr. Rock fête son quatre-vingtième anniversaire, il se passe des événements mystérieux : deux pensionnaires disparaissent. L'une d'elles est retrouvée dans la forêt, son pyjama en lambeaux. Elle demeure muette et s'évanouit sans livrer son secret. On ne sait jamais si sa compagne a été tuée, violée ou a simplement fait une fugue, mais on retrouve sa poupée poignardée avec une aiguille. L'incantation a sa place dans ce monde de Belle au bois dormant. La folie aussi : le garde-forestier Adams est un détraqué qui fait pendant au puritanisme refoulé des directrices. Le bal de fin d'année met en émoi les instincts des pensionnaires, et peut-être leurs réactions naturelles et sensuelles représentent-elles, ainsi que la fugue de Maris, un antidote, une échappatoire à la tradition hypocrite et rigide de l'établissement. La réponse à cette vie qu'envahit progressivement la terreur n'est donnée que confusément par Mr. Rock. Mais sa surdité même semble une évasion, qui lui permet de n'entendre que ce qu'il veut, de comprendre ce qui lui plaît, et de répondre de travers. Pourtant le langage ici joue un rôle essentiel. Le dialogue a toujours constitué la plus grande partie des romans de Green. Ici, il sert à illustrer l'incommunicabilité, l'incompréhension entre les êtres. Les personnages sont à peine décrits, et le romancier refuse plus que jamais l'omniscience de l'auteur de fiction traditionnel. Il ne s'installe pas au cœur de ses créations, mais les regarde évoluer à distance. Jamais réductibles à l'idée qu'ils (ou que les autres) ont d'eux, les protagonistes n'existent qu'au moment où ils parlent, et le matériau mouvant de leur devenir, la succession rapide de tant de propos toujours neufs, interdit au lecteur de se faire une opinion durable de tel ou tel personnage. Ceux-ci restent « en l'air », insaisissables et mystérieux. D'où le malaise qui baigne le récit. D'où sa richesse aussi. Des sentiments contradictoires peuvent se déchiffrer en filigrane ou entre les lignes, cachés comme les vols d'oiseaux dans les arbres du grand parc. Tout ce qui demeure inexprimé, parce que en deçà de la description, est ainsi suggéré. Hymne à la beauté naturelle, revendication de la liberté contre la laideur pesante de l'ordre administratif, mise en garde contre une société policée qui oblige à vivre en fou, en sourd ou en acteur, ce roman est la plus belle réussite formelle de Green, le plaçant aux côtés de Virginia Woolf dans la lignée des grands inspirateurs du roman contemporain où l'homme fragmenté se meut dans le flux du temps. – Trad. Gallimard, 1963.

CONCLUSION OMISE (La) [*A Foregone Conclusion*]. Roman de l'écrivain américain William Dean Howells (1837-1920), publié en 1875. L'auteur, l'un des romanciers américains les plus connus de son temps, séjourna de nombreuses années en Italie, et la peinture qu'il donne des Américains en Italie et des Italiens vus par les Américains est pleine d'intérêt, non seulement littéraire, mais psychologique et documentaire. L'histoire se déroule dans les dernières années de la domination autrichienne à Venise et l'atmosphère de la ville, infestée de fonctionnaires et de cléricalisme, nous apparaît oppressante, et mélancolique. Le héros est un jeune prêtre, don Ippolito, qui a inventé un nouveau type de canon qu'il présente au consul américain, Henry Ferris, afin que celui-ci l'aide à partir pour l'Amérique, afin d'y faire fortune. Le consul, qui est, par ailleurs, un peintre et un homme fort intelligent, intéressé par le jeune prêtre, le présente à une sienne amie, Mrs. Verain, dame respectable et généreuse, mais cependant assez bizarre, qui fait donner à sa fille Florida des leçons d'italien par don Ippolito. Ce dernier a vite fait de conquérir les deux femmes ; dans l'élégance et le confort de leur demeure, il souffre de plus en plus de sa condition de jeune prêtre pauvre et finit par éprouver un amour désespéré pour Florida. Mais Florida aime le jeune consul et se moque de don Ippolito quand il lui confesse son amour. Ferris, lui, s'éloigne de la jeune fille croyant qu'elle s'intéresse au jeune prêtre. Il ne saura la vérité qu'au moment où, appelé au chevet du jeune Italien qui se meurt, il le verra anéanti par la douleur, mais de retour dans le sein de l'Église et l'âme enfin pacifiée. Après la mort de don Ippolito, Florida épouse Henry, désormais convaincu que le drame et la passion d'Ippolito ont été plus imaginaires que véritablement vécus. De telle sorte que l'injustice qui l'avait poursuivi toute sa vie frappe encore don Ippolito après sa mort. Les personnages de ce roman, ainsi que leurs aventures, sont dépeints d'une manière simple et réaliste. Répudiant tout romantisme, il montre une humanité vraie qu'il analyse avec une délicate compréhension.

CONCORDANCE CATHOLIQUE (De la) [*De concordantia catholica*]. Œuvre du théologien et philosophe allemand Nicolas de

Cuse (1401-1464), dans laquelle figure un projet de réforme de l'Église présenté au concile de Bâle (1431-1449). L'idée directrice de toute l'œuvre est l'union du corporel et du spirituel qui, dans la société humaine, doivent parvenir à une harmonie concordante, inspirée et maintenue par l'Esprit saint. Cette idée de l'harmonie fut suggérée à Nicolas de Cuse par les écrits néoplatoniciens du pseudo-Denys qui soutenait l'intime parallélisme des hiérarchies célestes et ecclésiastiques. L'Église est l'union des âmes avec le Christ en une « douce concordance », semblable à celle qui doit unir l'Église militante et l'Église triomphante. Il y a un rapport intime entre la Trinité, les anges, les bienheureux demeurant au ciel, et les sacrements, les prêtres et les fidèles qui vivent sur terre. De la même façon le diocèse se gouverne avec l'évêque et l'Église avec le pape. Le problème de la valeur juridique du concile et de sa supériorité possible sur l'autorité pontificale se trouve également posé. La supériorité absolue, dit Cuse, regarde le pape, mais une telle supériorité dérive aussi des hommes. Le souverain pontife est la figure de l'Église, comme l'Église est la figure du Christ ; aussi, comme le Christ est supérieur à l'Église, l'Église est supérieure au souverain pontife : de cette manière, on arrive à admettre la supériorité du concile, qui parfois semble être inspiré directement par Dieu. Cette conception est à rapprocher des idées d'Henri de Laugenstein et de Marsilio de Padoue.

Les autres problèmes fondamentaux traités par Cuse dans cet ouvrage sont : la décadence de l'Église, contre laquelle sont proposés divers remèdes de nature juridique et religieuse ; le rapport entre Celui qui sait et l'Empire, rapport conçu comme un parallélisme harmonieux : en effet, de même que la hiérarchie ecclésiastique est le miroir de la hiérarchie céleste, de même la hiérarchie temporelle est le miroir de la hiérarchie ecclésiastique (correspondance de l'empereur au pape, des rois aux patriarches, des ducs aux archevêques). Il est à noter que, pour Cuse, l'empereur ne recevait pas son autorité du pape, selon la théorie théocratique médiévale, mais directement de Dieu. À l'arrière-plan de la *Concordance catholique*, tout au long de l'œuvre, on note un esprit ouvert à la tolérance religieuse, cet esprit qui portera plus tard Nicolas de Cuse à affirmer, dans le *De pace fidei*, qu'il n'y a qu'une religion malgré la variété des rites. – Trad. Aubier, 1942.

CONCORDANCE DE L'ANCIEN ET DU NOUVEAU TESTAMENT [*Concordia Novi ac Veteris Testamenti*]. Traité exégétique et prophétique du théologien mystique italien Joachim de Flore (Gioacchino da Fiore, environ 1130-1202), composé en 1200, qui sert de cadre au très caractéristique tableau prophétique de Joachim, d'un « Ancien » et « Nouveau Testament », symboles et préparation d'un « novus ordo » annoncé et esquissé par eux. Étant donné que l'histoire de l'humanité s'inscrit et se résume dans la révolution chrétienne, elle n'a pas atteint, selon lui, sa plénitude dans l'ère du monde qui a débuté avec Adam, qui est arrivée à son apogée avec Noé et où Dieu le Père s'est manifesté en sa gloire, ni avec le règne instauré par le Fils, lequel débute avec Élisée et atteint sa plénitude avec la révélation du Christ ; mais, de toute évidence, elle ne s'accomplira et ne trouvera son aboutissement que par la venue de l'Esprit saint ; ce troisième règne est prophétisé par le monachisme de saint Benoît et procède des deux ères antérieures, ainsi que la troisième Personne procède du Père et du Fils, dans la pleine et entière glorification de la Trinité. Cette époque atteindra son apogée par le retour du prophète Élie. Mais le royaume du Fils est déjà dépassé ; à l'Église visible va se substituer l'Église spirituelle. Joachim nous montre les signes avant-coureurs de l'aube de cette épiphanie divine, dont il se prétend le héraut prophétique et l'annonciateur. À l'ère première, celle du Père (en laquelle les hommes vécurent selon la chair, dans la crainte et l'esclavage, époque où dominaient les Patriarches), et à l'ère du Fils (pendant laquelle les hommes ont vécu selon la chair et l'esprit dans la foi, époque où domina la jeunesse) succédera l'ère de l'Esprit saint, en laquelle nous vivrons suivant l'Esprit, dans la charité, la liberté et l'innocence renouvelée de toute l'humanité. La symétrie parfaite que l'on peut constater entre les deux premières ères – chacune d'entre elles fut précédée d'une période de calme parfait et de paix « sabbatique » à laquelle succédèrent sept époques de persécutions – permet de présager, par analogie, des phases identiques pour le troisième règne.

Ces analogies semblent oiseuses et cette symétrie se démontre, à l'examen, plus ingénieuse que géométrique, ces comparaisons plus laborieuses que convaincantes : elles font de ce système un édifice instable qui ne résiste pas à une critique approfondie. Cependant, l'intérêt de cette ingénieuse construction réside surtout dans la conception philosophique qu'elle sous-entend, d'un ordre rationnel, immanent dans l'histoire, qui se déroulerait en cycles parallèles, se prêtant aux inductions analogiques et finalistes d'un trithéisme historique, correspondant au trithéisme théologique. Doué d'un réel sens prophétique, Joachim de Flore trouve des accents émouvants pour interpréter les textes sacrés : « N'attendez pas, pour vous réfugier dans l'arche, que le flot vorace du déluge monte, véhément, de l'abîme. Ce n'est pas moi qui mettrai le sceau final à mon livre, mais bien le Seigneur lui-même [...] Lorsque ces mystères se seront accomplis, le Septième ange embouchera la trompette [...] et l'ère de Paix s'établira sur terre. » Les conceptions de Joachim de Flore ont exercé sur la vie politique et religieuse du christianisme une influence très marquée sous le nom de « joachimisme » ou « Évangile éternel », pendant plus d'un siècle et demi, influence qui a coïncidé avec les grands mouvements des ordres mendiants, qui tenaient à paraître comme les ordres « spirituels » qu'annonçaient ses prophéties. Tous les grands « spiritualistes » ont été des joachimites. Parmi eux, citons Pierre Olivi, Ubertin de Casale, Ange de Clarino, Arnaud de Villeneuve, etc. Le « béguinisme » du Languedoc et le mouvement des « fraticelles » en Italie, qui influença Cola de Rienzo et eut des répercussions, vers le XVe siècle, en Allemagne et en Italie (Savonarole), s'insèrent également dans la conception joachimite, qui alimenta aussi les grands courants de la Réforme : celle-ci lui a redonné, en son temps, un regain d'actualité, à en juger d'après les éditions publiées au cours du XVIe siècle.

CONCUSSIONNAIRES (Les) [*Rastratčiki*]. Roman de l'écrivain soviétique Valentin Kataïev (1897-1986), publié en 1926. Ce roman se situe durant les premières années de la Révolution, et pourtant il semble que rien ne se soit passé en Russie. Aucune trace de bouleversement, aucune trace de cet enthousiasme civique qui anima les débuts du nouveau régime. C'est que les concussionnaires de Kataïev sont des types éternels de la vie russe, qui passent à travers les régimes, en empruntent le vocabulaire et les formes extérieures, mais restent fidèles à leur essence intemporelle. Ce sont des personnages gogoliens transportés à l'époque soviétique, et dont Kataïev veut souligner la permanence. L'escroc russe est très différent de l'escroc occidental, c'est un escroc « pour rire », il vole par hasard, sans s'en rendre compte. Le chef comptable Philippe Stepanovitch et le caissier Vanetchka (Jeannot) viennent de toucher à la banque le traitement de tous les employés de l'administration où ils travaillent. Dans un bistrot voisin calme, ils arrosent comme il convient leur paie, et chacun de s'abandonner à ses rêveries. L'idée de s'amuser un peu mûrit dans leurs cervelles, elle leur a été d'ailleurs insufflée par le courrier Nikita qui prend part à leurs libations. Et les voilà partis pour une suite d'aventures à travers les restaurants moscovites. Jusqu'ici pas la moindre intention de dilapider les deniers publics. « Rentrer chacun chez soi juste au moment où la vie commençait à leur sourire était tout simplement impossible et idiot. Il fallait absolument, de quelque manière que ce soit, prolonger cette soirée agréable et prometteuse. On peut bien une fois dans la vie s'amuser un peu. » Nous les retrouvons installés avec une certaine Isabelle dans le train de Leningrad sans très bien savoir comment cela est arrivé. Toujours comme chez Gogol, il y a un petit démon qui tente et perd ces deux honorables fonctionnaires. C'est Nikita, le courrier du bureau qui les pousse sur la voie du mal par ses allusions, les file à la banque, au café, leur achète les billets pour Leningrad et les met dans le train. Dès lors, ils sont en route pour l'aventure, de Leningrad à Kalinov, et de ville en ville, c'est partout l'éternelle Russie gogolienne, avec ses filous, ses tricheurs, ses ivrognes, ses joueurs, ses paysans abrutis et ses paysans madrés, jusqu'au jour où les aventures picaresques des deux héros sont brusquement interrompues, parce qu'ils sont volés à leur tour. Sans le sou, ils rentrent à Moscou chercher le châtiment qui les attend, et qu'ils n'ont même pas conscience d'avoir mérité. La verve de ce roman est extraordinaire, et les personnages campés de façon inoubliable. La langue, savoureuse, drue, colorée, se réinvente, diraiton, sans cesse, pour nous communiquer un perpétuel bonheur d'expression. – Trad. sous le titre *Rastratchiki,* Gallimard, 1928.

CONDAMNÉ À MORT (Le) [*Den dödsdömde*]. Drame de l'écrivain suédois Stig Dagerman (1923-1954), publié en 1948 avec une autre pièce, *L'Ombre de Mart* [*Skuggan av Mart*], sous le titre de *Drames sur des condamnés* [*Dramer om dömda*]. Après *Automne allemand* (*), Stig Dagerman se penche à nouveau sur le thème de la damnation, qu'il avait déjà abordé dans son roman *L'Île des condamnés* [*De dömdas ö,* 1946]. Cette interrogation fondamentale recoupe les préoccupations majeures de cet être angoissé par la vanité de la vie, profondément choqué par l'absurdité de la guerre, et qui ne parvient à survivre que grâce au sentiment de liberté que lui procure la possibilité de recourir au suicide. Cette vision pessimiste, si caractéristique des écrivains de l'après-guerre, marque l'ensemble de sa production. Romancier et nouvelliste avant tout, Stig Dagerman est également – avec moins de génie – dramaturge, mais il s'engage sur la voie de l'antithéâtre, précédant ainsi de quelques années Ionesco et Beckett (*Théâtre et Réalité,* essai [*Teater och verklighet,* 1948]). Dans *Le Condamné à mort,* il n'applique toutefois que partiellement ses idées. Désireux de percer la carapace du spectateur, Stig Dagerman l'entraîne dans un univers cauchemardesque et cruel, et l'amène au cours de ce drame d'une intensité grandissante à découvrir l'énigme psychologique que représente son personnage principal. Condamné à mort pour avoir assassiné sa femme, celui-ci est en réalité innocent. Mis en prison dans l'attente de son châtiment, il échappe miraculeusement à l'exécution à la dernière minute et, reconnu non coupable, il est relâché. À sa sortie, il est invité à un banquet par les membres d'une étrange société, le « club des Rescapés ». Mais ceux-ci ne parviennent pas à lui redonner la joie de vivre. Prisonnier de ses obsessions, le malheureux ne voit dans la prostituée qu'on lui présente pour le distraire que l'incarnation de son épouse infidèle, et il l'abat d'un coup de revolver. À ses yeux, le monde reprend alors le visage rassurant qu'il avait pendant sa captivité, et, de son plein gré cette fois, il retourne en prison. Cette tragédie recèle une méditation poignante sur la psychologie du condamné à mort et une réflexion sur la détresse et les responsabilités de l'individu qui a abandonné tout espoir et perdu le goût de l'existence. Ainsi le condamné à mort s'avère incapable de saisir l'occasion qui lui permettrait de refaire sa vie : « Un condamné à mort ne meurt pas lorsque tombe le couperet. Il est mort bien avant. Un condamné à mort meurt lorsque tombe la condamnation. » Redevenu libre, il n'éprouve que fatigue et indifférence. Étreint par une sensation d'irréel, il erre dans un monde désormais incompréhensible. Cette mort psychique explique que le remords ne l'effleure même pas, une fois le crime commis. Il aspire seulement au sentiment de sécurité que lui fournit la prison. Sa condition « repose sur la conviction du caractère impitoyable de la société, sur la certitude que l'on n'est pas condamné en raison de ses actes mais à cause du jugement porté par autrui sur ses actes ». Ni les discours égoïstes des Rescapés, pantins hypocrites et dérisoires, ni les artifices de l'amour ne peuvent lui apporter le salut. Son double échec sentimental retentit comme le cri du cœur d'un auteur privé de l'affection d'une mère et qui laisse ici éclater son agressivité et ses rancunes vis-à-vis de la femme. Ce drame d'une grande concentration – il se déroule le temps d'une soirée – se referme sur lui-même en un mouvement circulaire. Comme dans *Le Chemin de Damas* (*) de Strindberg, le protagoniste revient inexorablement à son point de départ. Stig Dagerman manie paradoxalement mieux les effets dramatiques dans le monologue que dans les dialogues souvent trop répétitifs ; il sait cependant à merveille bouleverser le spectateur par ses enchaînements implacables et l'éclairer sur les labyrinthes de la nature humaine. – Trad. Actes Sud, 1983. M.-B. L.

CONDITION DE L'HOMME MODERNE (La) [*The Human Condition*]. Publié en 1958, cet ouvrage est, après *Les Origines du totalitarisme* (*), le second grand livre de la philosophe Hannah Arendt (1906-1975), Juive allemande émigrée aux États-Unis et devenue citoyenne américaine. La pierre angulaire de l'ouvrage est la distinction entre les trois modalités de la « vita activa » (la vie active, entendue comme distincte de la « vita contemplativa », la vie contemplative) : le « travail » [labor], l'« œuvre » [work], l'« action » [action]. La phénoménologie de l'action élaborée par Hannah Arendt est sous-tendue par une interrogation fondamentale (qui succède à l'effondrement lié aux systèmes totalitaires) : à quelles conditions le monde, envisagé comme habitat commun, est-il possible ? Quelles ressources la condition humaine peut-elle opposer à la massification, à l'hypothèse totalitaire du « tout est possible » et à l'expérience « d'absolue non-appartenance au monde » qu'est l'expérience de la « désolation » ? Le travail, pris dans le processus biologique des besoins et de leur satisfaction par la consommation, ne produit que du périssable au sens où il est une activité indéfiniment répétitive, vouée à satisfaire les nécessités vitales. C'est à l'œuvre qu'il revient de produire des choses durables, des artefacts et des objets d'usage qui ne sont pas anéantis sitôt que consommés. Mais cette durabilité est encore relative et soumise, en dernier ressort, à l'utilité et au cycle des moyens et des fins. Reste donc l'action, seule capable de transcender le cycle de la nécessité vitale et celui de la chaîne infinie des moyens et des fins. L'action, inséparable de la parole, est « révélation » [disclosure] du « qui » : « C'est par le verbe et l'acte que nous nous insérons dans le monde humain, et cette insertion est comme une seconde naissance dans laquelle nous confirmons et assumons le fait brut de notre apparition physique originelle. » L'action révèle qui est l'agent, mais cette révélation n'est possible que dans un espace d'apparence où chacun – et réciproquement – est vu et entendu par d'autres. Bien que l'action ne soit pas le privilège du seul acteur politique (au sens étroit du terme), elle entraîne la nécessaire constitution d'un espace public (distinct du domaine privé) où se déploie le réseau des relations humaines. La condition humaine de « pluralité » est donc le corrélat de l'action et de la parole : c'est en tant qu'ils sont « au pluriel » que les hommes habitent la Terre et vivent ensemble d'une manière ou d'une autre. Agir et naître, agir et commencer sont en relation étroite : chaque naissance est apparition, chaque action fait surgir la nouveauté. Mais il y a plus : c'est la condition humaine de natalité elle-même qui enracine ontologiquement la nouveauté de l'action particulière. Toute la difficulté est que l'action qui nous insère dans le monde n'a d'autre validation que son propre apparaître. Ne laissant derrière elle, comme le savaient déjà les Grecs, aucun produit fabriqué, s'engageant dans un tissu de relations qu'elle ne maîtrise pas, l'action est éminemment fragile, ses résultats sont imprévisibles et ne peuvent être défaits. Le paradoxe est donc que l'activité à travers laquelle les hommes éprouvent au plus haut degré leur humanité est aussi la plus précaire et la plus menacée. – Trad. Calmann-Lévy, 1961 et 1983 (préface P. Ricœur). M. R. D'A.

CONDITION HUMAINE (La). Roman publié en 1933 par l'écrivain français André Malraux (1901-1976), prix Goncourt. C'est encore la Révolution qui constitue le cadre du roman. Tout aussi présente que dans *Les Conquérants* (*), elle n'existe que dans la mesure où chacun des héros lui appartient. Le véritable drame se joue en quelques jours : l'action y gagne en densité. Nous sommes à Shanghaï en 1927. La Révolution doit éclater d'un moment à l'autre. Elle est menée par le prolétariat communiste. Les troupes du Kuomintang marchent sur la ville, conduites par Tchang-Kaï-Chek. La Révolution éclate, triomphe. Tchang-Kaï-Chek, défenseur de la tendance modérée du Kuomintang, établit son gouvernement et exige des communistes qu'ils remettent leurs armes. Ceux-ci refusent, mais l'Internationale appuie la demande de Tchang-Kaï-Chek, qui décide l'arrestation des communistes dont les chefs meurent dans les tortures les plus atroces. La tragédie profonde des héros de *La Condition humaine,* c'est qu'ils jouent leur destin dans une partie dont seule la fin importe. C'est que, pour eux, l'homme compte et que, dans la partie qu'ils jouent, l'homme ne compte pas. Ils sont lucides ; ils savent qu'ils ne sont que des jouets et se disent que l'Internationale a raison, mais la conscience subjective qu'ils ont de leur destin individuel et du destin de l'homme se révolte, se refuse à admettre l'usage qui est fait de la condition d'homme ; leur tragédie oppose leur raison à leur instinct. Et l'on sent que toute la tendresse de Malraux va à cet instinct. Mi-européen, mi-japonais, Kyo Gisors connaît dans leurs moindres détails tous les rouages de la révolution qu'il a organisée. Il la vit dans son propre sang, mais c'est son destin qu'il vit. La révolution donne simplement un sens à sa vie. Tchen, lui, est un fanatique, terroriste par compensation, pour laver dans le sang sa propre humiliation et l'humiliation des exploités de Chine. Hemmelrich est, lui, hanté par sa propre impuissance à participer à l'action ; il trouve dans le combat final une porte ouverte sur la liberté. Ferral, enfin, le capitaliste puissant contre qui viendra se briser la Révolution, noue tous les fils qui assurent le pouvoir de Tchang-Kaï-Chek ; mais il ne diffère pas des autres héros de Malraux : son mobile essentiel est la volonté de puissance, tout comme c'est le mobile essentiel de Garine dans *Les Conquérants.* Chacun des héros du livre est plongé dans la boue de sa condition d'homme et chacun veut y échapper. En vain. Comme dans la vie. Il n'y a rien de plus grand et de plus bas que l'homme. Tout se trouve en lui : toutes les grandeurs et toutes les servitudes. Tout se trouve en tout homme. Tel est le sens de sa condition. Le roman se termine au ministère des Finances, à Paris. Ferral est venu rendre des comptes pour obtenir l'appui du gouvernement français et des grandes banques. Il ne pourrait y avoir de fin plus cruelle. Ni plus vraie. Ce roman est le cœur de toute l'œuvre de Malraux, et il en donne la clé. Tous ses livres sont les étapes successives d'une quête passionnée de la liberté, et l'histoire de son échec. Ils enseignent tous que, quelle que soit sa grandeur, l'homme ne sera jamais plus grand que l'homme. Il ne dépassera jamais son destin. Il n'échappera jamais à sa condition.

CONDUITE ET DES COUTUMES DES FEMMES (De la) [*Del Reggimento e Costume di donna*]. Traité, en prose et en vers, de l'Italien Francesco di Neri di Ranuccio, dit da Barberino (1264-1348), commencé antérieurement à 1309, de toute manière avant *Documents d'amour* [*Documenti d'amore*] et probablement terminé entre 1318 et 1320. Il donne, avec un but didactique, divers préceptes sur l'éducation des jeunes filles à marier, et sur la manière selon laquelle les femmes doivent se comporter en société, dans les diverses occasions de la vie. Deux personnages allégoriques, Éloquence et Habileté, dictent au poète des règles. Sur l'intervention d'Honnêteté, Madame (c'est-à-dire la suprême Intelligence) fait connaître les lois de la sagesse qui ne peuvent être méconnues dans la vie. Ces bases savantes attestent la culture de Barberino qui, durant un séjour en Provence, s'engoua des thèmes chers aux poètes de ce pays. Il eut un contact direct avec les études françaises, et médita les préceptes du « stil nuovo » dans une atmosphère raffinée et précieuse. Au cœur de cette docte structure, se révèle l'intérêt humain et cordial d'un observateur de la vie contemporaine, spécialement toscane : contes réalistes, agréables fantaisies, petites scènes de vie vécue se chevauchent dans le traité, formant des fragments dont chacun fait un tout. D'intéressantes digressions forment les petites nouvelles et les anecdotes en prose qui égaient des séries de préceptes par une observation curieuse et bonasse. L'œuvre, qui n'est pas conçue avec une réelle unité artistique est, par contre, plus vive que *Documents d'amour.*

CONFÉRENCES de Cassien [*Conlationes*]. Œuvre de morale ascétique en vingt-quatre livres de l'écrivain latin Jean Cassien (360-vers 435), fondateur du fameux monastère de Saint-Victor à Marseille. Cette œuvre est consacrée, ainsi que les *Institutions* (*) monastiques, à l'explication du monachisme égyptien ; elle fut écrite, elle aussi, sur l'initiative de l'évêque d'Apt, saint Castor. Continuant la tradition classique du dialogue, qui aura encore une grande fortune dans la littérature chrétienne, Cassien imagine une série de conversations qu'il aurait eues avec les anachorètes égyptiens. Naturellement, les conversations ont pour objet la morale monastique, les vertus que les moines doivent pratiquer et les vices qu'ils doivent fuir. Mais le dialogue est purement formel ; en vérité, il s'agit de dissertations développées par les maîtres du monachisme égyptien, ou plutôt mises dans leur bouche par Cassien ; on peut cependant admettre qu'il se soit réellement fondé sur des enseignements et des faits recueillis sur les lieux mêmes. C'est surtout à cause de cette œuvre que l'on peut considérer Cassien comme le père du semi-pélagianisme. Dans la XIIIe Conférence il soutient, en effet, ceci : Dieu accorde à l'homme son aide en raison de la bonne volonté et de la foi qu'il découvre en lui. Le succès de cette œuvre, composée entre 420 et 428, fut plus grand que celui des *Institutions ;* c'est un des principaux textes que faisait encore étudier saint Benoît. Plus tard, on tira de ses écrits une « Regula Cassiani ». – Trad. Cerf, 3 vol., Paris, 1955-59.

CONFÉRENCES DE NOTRE-DAME DE PARIS. Prédications du dominicain français Jean Baptiste Henri Dominique Lacordaire (1802-1861), publiées en plusieurs volumes de 1844 à 1851. Commencées en 1835, elles révélèrent bien vite la richesse spirituelle du prédicateur : il savait s'adresser au public en des termes exacts, même lorsqu'ils étaient familiers (c'est pourquoi il leur donna le nom de « conférences » pour marquer la différence qui les séparait des « sermons » qui avaient rendu fameux Bossuet, Bourdaloue, Massillon et Fléchier). La vive compréhension des problèmes modernes qui l'avaient fait adhérer dans une première période aux idées démocratiques de Lamennais ne lui fit jamais oublier de placer l'œuvre de l'Église sur un terrain fécond : celui du contact avec la société et le monde contemporain. S'il se détourne de Lamennais après la condamnation de ce dernier et s'il reste fidèle au dogme et à l'orthodoxie catholique, il sent son âme romantique aspirer au renouvellement de sa patrie par la lumière du christianisme éternel : c'est là qu'il trouve cet élan plein de vie et de libre discussion des erreurs sociales qui lui attirèrent tant de sympathies et au moins l'estime de ses adversaires. Lorsque l'ordre des dominicains fut rétabli et qu'il reparut dans sa robe blanche pour ses conférences de l'Avent, en 1841, il fit entendre sa parole éloquente et sincère pour évoquer sa patrie et les grands esprits : les oraisons funèbres de l'agitateur O'Connel, du pieux évêque Forbin-Janson et du général Drouot sont parmi les plus célèbres. Son patriotisme et sa profondeur psychologique expliquent sa popularité et le situent dans le mouvement qui, de Chateaubriand à Joseph de Maistre, n'avait cessé de s'employer à rétablir un ordre social s'appuyant sur les lois chrétiennes et catholiques. Ce qu'il y a de romantique et de généreux dans Lacordaire explique la valeur de sa conception : connaisseur du cœur humain et artiste du verbe plus que défenseur d'idées s'opposant trop souvent au mouvement fondamental du siècle, soit au sujet de la liberté religieuse et philosophique, soit au sujet des revendications nationales, en opposition avec la papauté elle-même, il déploya le charme de son éloquence splendide. C'est ce qui explique l'entrée à l'Académie de ce grand dominicain qui fut le premier élu du clergé régulier (1860) depuis plusieurs siècles.

CONFÉRENCES ET ESSAIS [*Reden und Aufsätze*]. Recueil de l'écrivain allemand Rudolf Alexander Schröder (1878-1962), publié en 1939 (volumes II et III des œuvres complètes publiées en 1952). Poète, traducteur, essayiste, peintre, compositeur, architecte et théologien, Schröder est un des derniers représentants universels de la tradition culturelle de l'Occident. Il fut décoré de nombreux prix accordés par l'Allemagne fédérale et par des pays étrangers ; il a rempli les fonctions de président de la Société Shakespeare en Allemagne, de l'Union artistique de Brême et d'autres associations littéraires et artistiques. Il a consacré son œuvre aux traditions de la culture allemande et européenne, écrivant de nombreux poèmes religieux et profanes, et c'est aussi un grand maître de l'essai, comme le démontrent plusieurs recueils du genre, et plus particulièrement *Conférences et Essais*, dont le premier volume traite de ses maîtres depuis Homère, Virgile, Horace, Cicéron, Goethe, Schiller, Jean-Paul, Hofmannsthal, jusqu'à Gerhart Hauptmann et Rilke. Quatre discours sur la bibliophilie ainsi que des paroles commémoratives concernant Hesse, Winnig, Binding, Heymel, Pauli, Mechow, Klepper, Fritz Ernst, Schaeffer y sont inclus. Schröder a réalisé des adaptations excellentes de poèmes en langue française, anglaise et hollandaise ; des auteurs antiques ont été traduits : l'*Odyssée* (*) d'Homère – cette adaptation est considérée comme la meilleure en langue allemande –, l'*Iliade* (*), l'*Énéide* (*) et des poèmes de Virgile, les *Odes* (*), les *Épodes* (*) et les *Épîtres* (*) d'Horace. Le volume VI des œuvres complètes contient des traductions de Corneille, de Racine et de Molière. Publiée en 1958, une sélection de tous les ouvrages de Schröder dans *Plénitude de l'existence* [*Fülle des Daseins*] nous donne une image représentative de cet écrivain. Le livre en question se subdivise en différents chapitres intitulés « Citoyen », « Homme du monde », « Chrétien », « Intermédiaire » et « Poète ».

CONFÉRENCES SUR LA LITTÉRATURE DRAMATIQUE DU TEMPS D'ÉLISABETH [*Lectures on the Dramatic Literature of the Age of Elizabeth*]. Recueil de huit conférences, faites en 1820 au Surrey Institution, par l'écrivain et critique anglais William Hazlitt (1778-1830), publiées en volume au cours de la même année. Elles ne concernent pas exclusivement le théâtre, comme pourrait le faire croire le titre utilisé à partir de la deuxième édition ; en effet, sur le frontispice de la première édition, on pouvait lire : « *Conférences concernant surtout la littérature dramatique*... etc. » [*Lectures chiefly on the Dramatic Literature*...]. En outre, lorsque Hazlitt s'occupe de l'époque d'Élisabeth, il ne se borne pas au règne de cette grande reine, mais il envisage toute la période allant de la réforme protestante à la mort de

Charles Ier, ou pour mieux dire jusqu'à la fermeture des théâtres (1642) : en effet ces conférences traitent aussi bien des débuts du théâtre anglais que des dramaturges successeurs de Shakespeare. Nous ne trouvons pas un ordre chronologique strict dans ces conférences ; dans la première, qui a le caractère d'une introduction, Hazlitt parle surtout de l'élément national de la littérature du temps d'Élisabeth, vante l'individualisme, l'énergie, le naturel et le sentiment humain qui l'animent, et montre comment la Réforme avait été pour elle une sorte de stimulant. Dans les deuxième, troisième et quatrième conférences, Hazlitt s'occupe des contemporains de Shakespeare, depuis Lyly et Marlowe jusqu'à Ben Jonson, Ford et Massinger ; dans la cinquième conférence, l'auteur, revenant en arrière dans le temps, évoque les origines du théâtre anglais, et parle de l'intermède de John Heywood, *Les quatre PP* [*The Four PP*], des pièces anonymes : *L'Aiguille de commère Gurton* (*) et *Le Retour du Parnasse* [*The Return from Parnassus*], qui était, à cette époque, la seule partie connue de la trilogie *Parnassus*, publiée plus tard, et d'autres drames de différentes époques, comme la comédie anonyme : *Le Gai Démon d'Edmonton* [*The Merry Devil of Edmonton*] et la tardive pièce moraliste, *Langue*, de Thomas Tomkis, de 1607. Dans sa sixième conférence, Hazlitt traite surtout de la poésie lyrique et notamment de William Drummond, de Hawthornden, de Ben Jonson, de Robert Herrick et d'Andrew Marvell, enfin du roman pastoral-chevaleresque de sir Philip Sydney, *L'Arcadie* (*). Dans sa septième conférence, l'auteur expose et analyse l'art de Bacon, de sir Thomas Browne et de Jeremy Taylor ; enfin dans la dernière – en guise de conclusion – il compare l'esprit de la littérature des Anciens et celui de la littérature moderne, le théâtre allemand et le théâtre anglais du temps d'Élisabeth. La littérature élisabéthaine avait été un sujet un peu improvisé par Hazlitt : cependant, ses appréciations, suggérées par des impressions immédiates, n'en sont pas moins pleines de finesse. Le seul auteur de l'époque d'Élisabeth qu'Hazlitt connût à fond était Shakespeare auquel, dès 1817, il avait consacré ses études : *Shakespeare et les personnages de ses pièces* (*) (1817) ; il rivalisait en cela, non pas avec Coleridge dont il ignora toujours les conférences sur ce sujet, mais avec August Wilhelm Schlegel. Comme dans ses études shakespeariennes ci-dessus mentionnées, Hazlitt, dans toutes ses conférences, ne se soucia pas d'entreprendre une critique historique ou philologique, mais eut surtout l'intention de faire un travail de divulgation, pour attirer l'attention sur les auteurs de l'époque d'Élisabeth, en mettant en valeur leurs caractéristiques. C'est à peu près ce que Charles Lamb avait eu l'intention de faire douze ans auparavant, avec ses *Poètes dramatiques anglais du temps de Shakespeare* (*). Hazlitt était souvent d'accord dans ses appréciations avec Lamb. D'ailleurs la critique élisabéthaine n'était qu'à ses débuts, et Hazlitt n'eut comme guide que son goût personnel, qui apparut aussi sûr que celui de Lamb, et parfois même beaucoup plus exigeant.

CONFÉRENCES SUR LES ÉCRIVAINS COMIQUES ANGLAIS [*Lectures on the English Comic Writers*]. Recueil de huit essais, publié en 1819, où le critique anglais William Hazlitt (1778-1830) expose ses idées concernant certains aspects de la littérature de son pays, et en analyse avec intelligence les chefs-d'œuvre. Dans le premier essai, « Esprit et humour » [On Wit and Humour], après avoir tenté d'expliquer le caractère essentiel du comique, qui est, selon lui, la « détente inattendue de l'esprit, qui attend une certaine série d'événements, et se trouve tout à coup devant une transposition imprévue de l'ordre habituel de nos idées », l'auteur établit une distinction entre esprit et humour ; le premier n'est que la description du ridicule – tel qu'il est, en lui-même ; le deuxième est une création de l'art et de l'imagination et jaillit de la comparaison ou du contraste du ridicule avec un autre élément. Dans le deuxième essai (« On Shakespeare and Ben Jonson »), Hazlitt réfute l'opinion de Jonson selon laquelle Shakespeare serait plus grand comme créateur de comédies que de tragédies. Le troisième essai (« On Cowley, Butler, Suckling, Etheredge ») passe en revue les auteurs de l'époque de Jacques et de Charles Ier, que Johnson avait définis comme « des poètes métaphysiques ». Le quatrième essai (« On Wycherley, Congreve, Vanbrugh and Farquhar ») est une analyse des principaux ouvrages des quatre auteurs dramatiques de la Restauration ; Hazlitt affirme que Congreve est grand à cause de son esprit et de son élégance ; Wycherley pour son observation attentive de la nature humaine ; Vanbrugh à cause de sa puissance dans la farce et le comique en général, enfin Farquhar grâce à son penchant pour les bonnes compagnies.

Le cinquième essai (« On Periodical Essayists ») passe en revue les essayistes, qu'il appelle des « historiens moralistes » : il s'arrête de façon particulière sur Montaigne, créateur de l'essai, sur Steele et Addison, sur Johnson et sur Goldsmith. Dans le sixième essai (« On the English Novelists »), Hazlitt évoque les romanciers qui nous donnent de leur époque un tableau plus complet que les moralistes et les philosophes : les plus grands maîtres du roman sont Cervantès et Lesage ; c'est d'eux que s'inspirent les romanciers anglais, Fielding, Smollett, Richardson et Sterne. Le septième essai (« On the Works of Hogarth »), en analysant les principaux tableaux d'Hogarth, établit une distinction entre la peinture familiale qui transcrit simplement tout ce qui tombe sous les sens et la peinture élevée et noble – comme celle de Raphaël, par exemple – qui trouve dans la nature des éléments spirituels, permanents et universels. Enfin dans son dernier essai (« On the Comic Writers of the Last Century »), l'auteur, utilisant en partie des arguments qu'il avait déjà exposés dans son *Panorama du théâtre anglais*, essaie d'expliquer la décadence du théâtre de son époque, qui marque un contraste très fort avec la splendide et féconde époque de Charles II. Dans ces essais, si riches en analyses, tous écrits en un style vif, étincelant, nous trouvons l'affirmation des meilleures qualités de Hazlitt. Chez lui, la clarté classique dans le raisonnement est toujours unie à un goût, presque romantique, pour les problèmes fondamentaux des lettres et de la vie humaine.

CONFÉRENCES SUR LES POÈTES ANGLAIS [*Lectures on the English Poets*]. Dans ces huit conférences, publiées en un volume en 1818, le critique anglais William Hazlitt (1778-1830) trace brièvement le développement de la littérature de son pays, en s'arrêtant surtout aux auteurs les plus importants.

Dans sa première conférence, concernant la poésie en général et qui sert d'introduction (« On Poetry in general »), l'auteur définit la poésie comme le « langage universel du cœur parlant avec la nature et avec lui-même ». Dans la deuxième conférence, traitant de Chaucer et de Spenser, Hazlitt avoue tout d'abord ce qu'ils doivent aux poètes italiens, puis il montre que, tandis que Chaucer, toujours en train d'observer la réalité, fut le plus pratique de tous les grands poètes, Spenser fut au contraire le plus romantique et le plus visionnaire d'entre eux, capable de créer des mondes féeriques et charmants. La troisième étude insiste sur le contraste entre Shakespeare, poète de la nature, dont la vigueur communicative lui permet de s'identifier universellement à tous, et Milton, poète de la morale, qui considère les circonstances de la vie du haut de sa pensée élevée, abstraite et intellectualiste. Dans la quatrième conférence, Dryden et Pope sont définis comme les grands maîtres du style artificiel. Dans la cinquième, l'auteur reconnaît à Thomson le mérite d'être le meilleur poète descriptif anglais, tandis que Cowper, qui pourtant a un goût plus raffiné, se sert parfois de formes morbides qu'il essaie en vain de faire passer pour de la simplicité.

La sixième conférence est consacrée aux poètes du XVIIIe siècle. *Les Voyages de Gulliver* (*) sont, selon Hazlitt, un « pamphlet contre l'humanité » et une « preuve de misanthropie ». Young est un épigrammatiste assombri par une humeur trop noire ; Hazlitt reconnaît la simplicité attique des *Odes* (*) de Collins et définit l'*Élégie écrite dans un cimetière campagnard* (*) de Gray comme « un des poèmes les plus classiques qu'ait jamais enfanté un esprit méditatif, réfléchissant sur la vie humaine ». La septième (« On Burns and the Old English Ballads ») est une exaltation de Burns, doué « d'un cœur sincère, de chair et de sang, frémissant dans sa poitrine » ; elle contient aussi l'évocation des anciennes ballades écossaises et de leur charme mystérieux. La huitième conférence (« On the Living Poets ») est consacrée aux poètes contemporains. L'auteur y fait brièvement allusion à Campbell, « si craintif de se tromper qu'il n'écrivit presque rien », et devenu stérile à force de se critiquer sans cesse ; à Thomas Moore, qui « épuise l'attention du lecteur à force d'être lui-même inépuisable », mais qui demeure pourtant assez superficiel ; à Byron, trop enfermé dans la mélancolie profonde de ses méditations, qui, semblable à un cancer, ronge le cœur même de sa poésie ; à Walter Scott, doué des qualités les plus banales et les plus faciles, mais privé de toute véritable originalité. Chez Wordsworth au contraire, qui selon Hazlitt est le poète le plus original de son temps, la poésie est intérieure, indépendante de la tradition et de l'histoire, jaillissant de son âme même ; pourtant, ce poète n'a pas de vigueur dans la construction de ses ouvrages, et nous offre tout simplement des expressions de pensées non reliées entre elles. Wordsworth est toutefois le chef de l'école des « lakistes », qui s'inspira des sentiments et des opinions ayant suscité la Révolution française et qui tend, en nivelant toutes les distinctions naturelles et sociales, à redonner à la poésie son originale et primitive pureté. Hazlitt conclut en disant que les poèmes épiques de Southey sont mécaniques, extravagants, lourds et superficiels, tandis que Coleridge, profondément dominé par l'influence allemande, semble croire que la poésie est un « rêve d'ivresse, inquiet, fantaisiste, insouciant du passé, du présent et de l'avenir ». Il s'agit en somme d'un recueil d'essais agréables et passionnants, dans lesquels se révèlent, avec une acuité profonde, les qualités particulières de Hazlitt, son sentiment vigoureux et direct de la vie intérieure, sa chaude sympathie qui lui permet de saisir et d'exprimer admirablement le secret des âmes humaines.

CONFESSIO AMANTIS. Compilation poétique, en langue anglaise, de John Gower (1325?-1408), écrite en 1383, sur invitation du roi Richard III, qui s'était plaint que « peu d'artistes écrivent dans notre langue anglaise ». Nous en avons trois versions, s'échelonnant de 1383 à 1390 : dans la dernière version, certains passages qui faisaient l'éloge de personnages de l'époque ont été supprimés. Cet ouvrage (quarante mille octosyllabes rimés) comprend différents récits reliés de façon assez artificielle. Un long prologue expose, sous des couleurs sombres, l'état du monde à cette époque, et présente l'auteur lui-même sous l'aspect d'un amoureux malheureux. Enfin Vénus lui apparaît et lui conseille de se confesser à Génie, prêtre du dieu Amour. Le pénitent, après sa confession, revient vers la déesse qui lui montre dans un miroir ses cheveux grisonnants et le chasse comme un individu peu fait pour la vie amoureuse, en lui enjoignant de retourner à ses livres, source de toutes les vertus morales. Si le lien qui réunit les différentes parties du récit est parfois absurde, Gower, qui avait beaucoup lu, connaît toutes sortes d'histoires curieuses puisées à des sources très différentes, classiques (Ovide), médiévales : le roman *Lancelot* (*) et *Les Chroniques* (*) de Cassiodore, et se révèle capable de tourner un récit ; son style aisé et vif lui a valu une popularité comparable, pendant longtemps, à celle de Chaucer, l'auteur des *Contes de Canterbury* (*).

CONFESSION [*Ispoved'*]. Récit de l'écrivain russe Maxime Gorki (pseud. de Aleksej Peškov, 1868-1936), publié en 1908. Matvéi, enfant trouvé recueilli par un sacristain de campagne puis embauché par un intendant malhonnête, est empli d'une ardente foi chrétienne qui va peu à peu être ébranlée par l'hypocrisie qui l'entoure. Après la mort de sa femme, il entre comme novice dans un monastère en espérant y trouver la vraie foi. Mais, après avoir été mitron sous les ordres d'un moine grossier puis frère servant auprès d'un moine libertin, il quitte le monastère et va pendant six ans mener une vie d'errant à la recherche de la vérité. En Sibérie, il rencontre un moine défroqué, Iona, qui lui révèle que Dieu n'est autre que la projection des forces créatrices de l'homme, le « fils de l'esprit du peuple » : le peuple est « constructeur de Dieu » [bogostroitel']. Iona envoie Matvéi dans une cité ouvrière auprès d'un instituteur qui lui présente l'individualisme comme le plus grand mal de l'humanité. Lors d'une procession religieuse, Matvéi se joint à la foule qui implore la guérison d'une paralytique. Le miracle se produit et Matvéi est convaincu de la toute-puissance de la volonté collective du peuple.

Écrite sous forme de récit oral [skaz] stylisé, l'œuvre surprit la critique – Gorki n'était-il pas encore naguère le chantre de l'individualisme des *Vagabonds* (*) ? – et suscita l'indignation des marxistes. Lénine fut « horrifié » : « Tout flirt avec Dieu, même avec un bon petit Dieu, est une abomination inexprimable » (1913). Plekhanov montra que Gorkì illustrait les idées de Lounatcharski (influencé par Feuerbach), auteur en 1908 de *Religion et Socialisme* [*Religija i Socializm*], et celles de Bogdanov, philosophe du collectivisme, et il identifia Matvéi à Gorki. *Confession* – qui est à rapprocher de *Ma confession* (*) de Léon Tolstoï – est une œuvre clé qui permet notamment de comprendre l'engagement quasi religieux de Gorki au service des bolcheviks (après une période de farouche opposition en 1918-1921) ; l'homme est pour Gorki un thaumaturge, créateur des forces de la vie et maître de la nature, son devenir s'inscrit dans une œuvre collective d'organisation et de construction de l'humanité. Lénine, puis Staline seront pour Gorki les guides de ce socialisme prométhéen ou faustien. – Trad. Juven, 1909. M. N.

CONFESSION [*Bekendelse*]. Recueil de poésies lyriques du poète danois Jens Jørgensen (1866-1956), publié en 1894. Les poèmes qui composent *Confession* classent leur auteur, comme poète lyrique pur, parmi les plus grands de son pays. Deux tendances se font jour, entre lesquelles Jørgensen se sent partagé : celle qui le porte vers le « matin païen », terrestre et sensuel, et l'autre qui le conduit vers le « soir chrétien ». Il deviendra plus tard un fervent catholique, mais son œuvre n'atteindra plus la qualité poétique heureuse et libre de ces poésies de jeunesse. Dans des poèmes tels que l'« Évangile de printemps », « Chaldée », « Lassitude », « De profundis » (écrit à l'occasion de la mort de Paul Verlaine), « Chant de la vie », « Saint-Gothard », etc., le jeune Jørgensen donne la pleine mesure de son chant. Mais déjà, dans certains de ses poèmes, on pressent, comme tout proche, le repentir chrétien ; voici comment se termine « Confession » (qui donne son titre au recueil) : « Sauve-moi, toi qui inventas le Salut ! / Entre tes mains pures / je remets mon âme cruellement ensanglantée / et je te confesse tous mes péchés. »

CONFESSION D'AUGSBOURG (La) [*Confessio Augustana*]. Sous ce titre fut diffusée la rédaction des articles fondamentaux de la doctrine luthérienne, œuvre due aux réformateurs allemands Mélanchton (Philippe Schwarzerd) (1497-1560) et Joachim Liebhard, dit Camerarius (1500-1574). L'« Editio princeps », en allemand et en latin, date de 1530. Ce travail trouve son origine dans les exigences politico-ecclésiastiques des principaux partisans de Luther, surtout celles de Jean, électeur de Saxe. Celui-ci, en vue de la diète impériale d'Augsbourg annoncée pour le 8 avril, mais en réalité ouverte seulement le 20 juin, ayant pris connaissance des quatre cent quatre articles préparés par Eck contre le parti protestant, confia aux théologiens de Wittenberg la charge de préparer une liste des points essentiels de la Réforme. Ainsi naquirent les quinze articles de Torgau qui furent la base sur laquelle Mélanchton rédigea la liste définitive des articles fondamentaux de la doctrine luthérienne : la *Confession*, approuvée par Luther et signée le 25 juin à Augsbourg par sept princes et par les représentants de deux villes impériales.

La *Confession* se compose de deux parties. La première, consacrée à la profession de foi, se compose d'une vingtaine d'articles, généralement sobres et schématiques : Dieu, Le Péché originel, Le Fils de Dieu, Le Salut par la foi, La Prédication, L'Obéissance, L'Église,

Qu'est-ce que l'Église ?, Le Baptême, La Cène, La Confession, La Pénitence, L'Usage des sacrements, Le Régime de l'Église, De l'ordre ecclésiastique, La Police et le Régime séculier, Du retour de Jésus au Jugement universel, Des bonnes œuvres, Du service des saints, etc. La seconde partie, plus polémique, concerne les abus que les protestants combattaient. Elle contient les articles suivants : Double nature des sacrements, Du mariage des prêtres, De la messe, Confession, Communion, Vœux des cloîtrés, Pouvoir des évêques. Dans l'ensemble, les points essentiels de la *Confession* sont une répétition de ceux — fondamentaux — de la théologie de Luther et de Mélanchton : adhésion aux termes de la doctrine trinitaire et christologique, adhésion aux symboles de l'Église antique ; l'observation des Saintes Écritures considérée comme source exclusive de la doctrine et de l'institution ecclésiastique, le « salut compris seulement à travers la foi », etc. Le tout, dans des tons atténués et conciliants, si bien que dans certains passages le texte ne semble même pas refléter, du moins intégralement, la vraie doctrine de Luther. La *Confession*, outre qu'elle constitue le document le plus important sur la théologie luthérienne, en demeura aussi l'élément capital, car elle servit de base aux développements successifs de la doctrine. Celle-ci, considérée comme centre de polémiques et de luttes, eut une histoire très mouvementée dans le domaine de l'édition, ce qui fait qu'à côté de « l'Editio princeps », vers 1540, commença à paraître une « Editio variata » au sujet de laquelle Luther resta toujours silencieux et qui, surtout après 1560, donna naissance à des critiques et à de sérieuses contradictions. — Trad. *Confession de la foy présentée à l'Empereur Charles à la journée d'Augsbourg* (s.d.) ; Cerf, 1989.

CONFESSION DE LEMUEL (La). Recueil du poète français d'origine lithuanienne Oscar Vladislas de Lubicz-Milosz (1877-1939), publié en 1922. On trouve, dans *La Confession de Lemuel,* quelques-uns des plus beaux poèmes de Milosz : « La Berline arrêtée dans la nuit », « Les Terrains vagues », « La Charrette », et ceux qui permettent de voir en lui le plus grand poète mystique du début du XXe siècle : « La Confession de Lemuel », qui donne son titre au volume, et « Le Cantique de la connaissance ». Ce qui restait en Milosz du symbolisme purement esthétique de son adolescence disparaît avec ce recueil essentiel où les thèmes de l'amour, de la mort et du regret sont traités, non plus par un artiste, mais par un homme hanté par le désir de parvenir à la Connaissance. Désormais, Milosz ne veut plus être un « poète de la nature », mais un « poète de Dieu ». Il se dit « corps et esprit », « comme l'amarre prête à rompre » ; il répudie les fleurs, la femme et les « ...terres du nocturne fracas / Où, seuls parmi les choses physiques, / L'amour furieux et la lèpre du visage baignent leurs maudites racines ». Il affirme des préoccupations métaphysiques de plus en plus étrangères à la poésie proprement dite. Ainsi dans « Le Cantique de la connaissance » se livre-t-il longuement, et dans une langue difficilement accessible, à une sorte de restitution des mots « sang », « soleil », « or », etc., à leur contenu primitif, sacré, rituel, et prétend-il apporter aux hommes la « clef du monde des ténèbres ».

La hauteur de ces ambitions et le caractère ésotérique de leur expression n'empêchent pas *La Confession de Lemuel* d'être infiniment émouvante car, dès que Milosz parle des êtres et des choses — ne fût-ce que pour les charger d'une signification intemporelle — c'est avec une grande tendresse mélancolique, et une pénétration de visionnaire sensible, qui n'a de comparable que celle d'un Rainer-Maria Rilke. La création, telle que se la représente Milosz, semble toujours vue à travers les larmes et il n'est pas un poète qui n'ait su aussi bien que lui nous faire sentir que ce monde est une caricature du paradis perdu.

CONFESSION DE LÚCIO (La) [*A Confissão de Lúcio*]. Roman de l'écrivain portugais Mário de Sá-Carneiro (1890-1916), publié en 1914. Le narrateur, Lúcio, est un jeune écrivain portugais, issu de la riche bourgeoisie, qui a choisi de résider, en ce début de XXe siècle, à Paris. Il fréquente le monde littéraire et les artistes à la mode, assiste aux soirées mondaines et rencontre un compatriote, poète, Ricardo. Les deux hommes se lient d'une forte amitié qui, sans que Lúcio le perçoive clairement, prend, pour Ricardo, une tonalité ambiguë qu'il ne cache pas : « Je ne suis pas capable d'amitié [...] Je n'éprouve que des élans de tendresse [...] Et la tendresse équivaut à un désir de caresses, un désir de baisers, d'étreinte [...] Bref, un désir de possession. » Cette déclaration trouble évidemment Lúcio mais aucun des deux hommes n'y fera plus jamais allusion. Ricardo, quelques mois plus tard, s'installe à Lisbonne sans que son ami en comprenne le motif. Un an plus tard, Lúcio pour diverses raisons revient à son tour à Lisbonne. Il retrouve son ami marié à Marta, femme belle et mystérieuse. Une impression d'étrangeté se glisse dès lors dans l'esprit du narrateur ; « Quelque chose » d'impalpable et d'anormal semble désormais tisser les liens qui unissent les trois personnages. Lúcio devient l'amant de Marta, sans doute plus attiré par le mystère qu'elle recèle que par elle-même. Mais c'est de Ricardo que, paradoxalement, Lúcio se rapproche ; « On aurait dit que Marta n'existait plus dès qu'elle se trouvait pour moi hors de portée [...] Parfois, si je m'acharnais à l'évoquer, la seule image qui venait à l'esprit était le visage de Ricardo. » Lúcio en vient à douter de l'existence réelle de sa maîtresse. L'image de Ricardo s'impose. Ce dernier semble ne pas s'apercevoir de la liaison de son ami et de sa femme ; il semble aussi être au-delà des déchirements et de la mélancolie qu'il montrait à Paris. Et peu à peu le récit prend un tour fantastique jusqu'à la scène finale où, après avoir quitté Lisbonne et tenté d'oublier Marta et Ricardo, Lúcio les retrouve à Paris. « L'heure de dissiper les fantômes a sonné », lui dit Ricardo qui devant son ami hébété tue Marta. Mais le corps sur lequel se penche le narrateur n'est pas celui de sa maîtresse mais celui de Ricardo dont l'âme (Marta « sexualisée ») s'était matérialisée pour posséder Lúcio. Ce dernier sera accusé de meurtre et c'est de sa prison qu'il écrit cette *Confession.*

La première partie du roman, tout à fait réaliste, contraste avec la seconde où l'homosexualité est traitée sur le mode fantastique, comme si Lúcio-Ricardo alias Sá-Carneiro devait absolument mettre une distance entre lui-même et la réalité de ses désirs. – Trad. La Différence, 1987. F. Be.

CONFESSION DU GOLIARD [*Confessio Goliae*]. Très célèbre composition médiévale de l'archiprêtre de Cologne (XIIe siècle) ; c'est l'une des plus importantes du recueil des *Carmina Burana.* Conservé dans de nombreux manuscrits, ce texte, que l'on appelle également par son premier vers : *Bouillonnant au-dedans de lui-même d'une violente colère* [*Aestuans intrinsecus ira vehementi*], a porté des titres divers dans les différents pays de la tradition estudiantine des « Clerici vagantes » ; *Confession du poète* [*Poeta confessio*] paraît être le titre originel, mais on connaît *Rythmes de l'évêque Golias* [*Ritmus episcopi Gulii*] et d'autres titres du même genre. Celui qui prédomina finalement fut celui qui rappelle Golias et le sens complexe du mot « Goliard », venant, suivant les avis les plus autorisés, de « gueule » et de « Gollas » – v. *Poésies goliardiques* (*). L'auteur y parle de sa vie errante ; seul le jeu et les plaisanteries lui semblent dignes d'intérêt ; sans sagesse ni repentir, il s'adonne au vice et à la gaieté ; l'amour et la débauche sont d'excellents guides. D'ailleurs il serait impossible de demeurer chaste à Pavie et de n'y pas tomber dans les rêts de l'amour. Soulevant d'éventuelles accusations, il les discute une à une, excuse ses amours et se défend d'être un joueur ; s'il se laisse dépouiller au jeu, c'est qu'il y trouve des inspirations poétiques nouvelles. Ainsi la taverne est-elle pour lui la source de jouissances ineffables parmi de joyeux compagnons et une ivresse qui ne connaît pas de limites. Chacun découvre sa nature dans le vin et le plaisir ; les choses apparaissent dans leur vérité et la vie est mieux comprise, sans trahisons possibles. Néanmoins (peut-être n'est-ce là qu'une feinte habile ou le sourire sardonique d'un impénitent fatigué de vices), il voudrait retrouver l'amour, la vertu et reprendre le chemin du bien. Cette rédaction, très connue par le caractère presque caricatural et satirique de la première partie de la confession, est un document significatif de la littérature des « clercs ribauds » ou « goliards », surtout à titre de réaction désordonnée et instinctive contre un monde régulier, figé dans sa culture et sa pensée. Cette *Confession* a beaucoup contribué à répandre dans l'opinion populaire la conception d'un Goliard, prototype des étudiants, plein de vices et sataniquement obstiné, même quand il exprime le contraire de sa pensée. – Pour ce texte, utiliser *Les Poésies des Goliards* d'O. Dobiache-Rojdestvensky, Paris, 1931, p. 189-196.

CONFESSION D'UN ENFANT DU SIÈCLE (La). Roman de l'écrivain français Alfred de Musset (1810-1857), publié en 1836. Le récit s'est nettement inspiré, mais avec une large transposition, des amours de l'auteur et de George Sand. Octave, qui est sincèrement épris, découvre que sa maîtresse le trompe avec un de ses amis : pour lutter contre sa douleur, et après avoir blessé son rival dans un duel, il s'adonne à la débauche, où il perd la pureté de son âme et toute foi. À la mort de son père, il se ressaisit, et se retire à la campagne. C'est là qu'il fait la connaissance de Brigitte Pierson, dont il devient amoureux. Elle est légèrement plus âgée que lui, délicate et austère ; il parvient à se faire aimer d'elle. L'idylle est brève, car en son cœur perverti, incapable de croire à la vertu et à l'amour, surgissent des doutes et des soupçons. Il scrute avec méfiance le passé de Brigitte, se divertit à exciter sa jalousie et à lui révéler ses tristes expériences ; il souffre chaque fois lui-même de sa méchanceté, demande son pardon et l'obtient de cette femme aimante. Après une nouvelle scène, plus pénible encore, ils se réconcilient, décident de partir, espérant recommencer une vie nouvelle en s'expatriant. Entre-temps survient un troisième personnage, Smith, homme honnête et modeste, qui aime Brigitte et réussit à se faire aimer d'elle. Octave le devine, et Brigitte ne le nie pas : les nombreux torts d'Octave à son égard ont tué son amour ; mais, par devoir, elle est toujours disposée à suivre Octave. Pendant son sommeil, Octave veut la tuer pour qu'elle n'appartienne pas à un autre ; mais la vue d'un crucifix sur sa poitrine l'arrête. Il trouve alors la force de renoncer à Brigitte et accepte qu'elle parte avec Smith. Smith ne rappelle que vaguement le docteur Pagello, Brigitte est très différente de George Sand, et meilleure ; il est indéniable que beaucoup de détails (telle cette tasse à thé dans laquelle le jeune homme soupçonne que son amie a bu avec un autre) rappellent l'aventure vénitienne, et Octave n'est pas loin de Musset rongé par le doute et l'analyse. Mais le livre qui, au sens large du mot, peut être considéré comme une autobiographie, a la valeur d'un document spirituel sur la jeunesse née à l'époque de Napoléon et qui a grandi avec le regret de cette gloire, mésusant de forces inemployées. Le ton hautement romantique n'enlève rien à la vérité du document et ne diminue en rien la poésie et l'humanité du drame intime qui oppose Octave et Brigitte.

CONFESSION D'UN MASQUE [*Kamen no kokuhaku*]. Roman de l'écrivain japonais Yukio Mishima (1925-1970), publié en 1949. Ce récit autobiographique présenté sous forme romanesque, parce que l'auteur y prit certaines libertés avec la vérité, peut être considéré comme son meilleur livre. Paru alors que Mishima n'avait que vingt-cinq ans, il lui assura une renommée immédiate. Déjà remarqué pour ses nouvelles, *La Forêt en fleurs* [*Hanazakari no mori*] et son premier roman *Les Voleurs* [*Tôzoku*], l'écrivain avait été constamment soutenu par Kawabata. Mais c'est *Confession d'un masque* qui l'imposa. Le narrateur y dévoile avec une impudeur intrépide son homosexualité. Il raconte comment il a été élevé par sa grand-mère dans des conditions particulièrement traumatisantes. Ce fut, en effet, le cas de l'écrivain, que sa grand-mère paternelle, Natsu Nagai, femme tyrannique, cultivée et maladive, clouée au lit par une sciatique chronique, arracha à sa mère, alors qu'il n'avait pas deux mois, pour installer son berceau près de son propre lit. Document précieux pour comprendre la psychologie de Mishima, *Confession d'un masque* ne doit cependant pas être pris à la lettre. Si les pages qui concernent l'enfance suivent d'assez près les faits réels, Mishima s'en éloigne davantage pour évoquer l'âge adulte, et en particulier sa relation amoureuse avec une jeune fille qu'il nomme Sonoko, sœur de son camarade Kusano. À la fin de la guerre, l'auteur s'était effectivement épris d'une jeune fille, espérant qu'il aurait désormais une « sexualité normale ». Il se persuade qu'il était attiré physiquement par elle, mais leur premier baiser lui révèle sa totale indifférence. Sommé de se fiancer par Kusano, le héros ne peut que constater qu'il veut se faire illusion. Découragé par sa mère de se marier, il rompt et reverra quelques années plus tard Sonoko qui en a épousé un autre. La dernière scène du roman réunit le narrateur et Sonoko dans un dancing. Mais ce n'est pas son ancienne fiancée qui le fascine : bien plutôt un jeune homme au torse nu, tatoué d'une pivoine. Le « masque » du titre est, bien entendu, la personnalité factice d'homosexuel normalisé et intégré dans une vie sociale qu'il refuse intérieurement. Mais, plus profondément, c'est aussi l'idée que toute existence est un jeu. La désillusion qui marquera tous les livres de Mishima est ici affirmée avec une force poignante : y a-t-il, sous les apparences du théâtre social, un noyau de vérité qui cherche à s'exprimer ou n'est-on pas inéluctablement voué au mensonge, à la façade, au néant ? Dans ses essais et dans de nombreux autres romans, Mishima sera amené à revenir sur ces thèmes pessimistes, sinon nihilistes. Mais le cynisme l'emportera souvent : on entend dans *Confession d'un masque* une voix différente, plus vibrante, plus secrète, plus troublante. Les pages consacrées à la perception qu'un enfant a du monde sont d'une remarquable perspicacité. L'auteur décrit, en particulier, ses lectures et le trouble auquel elles donnent naissance. On découvre alors ce qu'il doit à Huysmans et aux décadents français : le personnage de Jeanne d'Arc devient le symbole de l'androgyne, la vierge guerrière confondant son image avec celle de Gilles de Rais. Avec une acuité bouleversante, Mishima se remémore également « l'odeur de sueur des soldats – cette odeur pareille à la brise marine, à l'air brûlant et doré qui règne au-dessus du rivage de la mer ». Il est convaincu que toute sa personnalité s'est constituée durant son enfance : « Depuis mon enfance, dit-il, mes idées sur l'existence ne se sont jamais écartées de la théorie augustinienne de la prédétermination. » Il sélectionne ainsi de nombreuses scènes clés : une fête populaire, la lecture d'un livre sur le *Saint Sébastien* de Guido Reni, dont la vue le fit éjaculer, un amour passionné pour un camarade, Omi, un peu plus âgé que lui. Walt Whitman, Dostoïevski et Magnus Hirschfeld l'aident à comprendre le « désordre de ses sens ». Une visite au bordel, à la fin de son adolescence, et l'échec de son amour pour Sonoko achèveront de le convaincre que sa vie déviera définitivement de la norme. Ce récit d'un garçon de ving-cinq ans annonçait, à coup sûr, une œuvre provocante, teintée d'esprit décadent. – Trad. Gallimard, 1971.

R. de C. et R. N.

CONFESSION DU PASTEUR BURG (La). Récit de l'écrivain suisse d'expression française Jacques Chessex (né en 1934), publié en 1967. Dans la langue classique et rigoureuse qui caractérise les débuts de Jacques Chessex, marqués par l'esprit de *La Nouvelle Revue française* (*) à laquelle il collabore, *La Confession du pasteur Burg* – dont le thème est proche de celui de *La Symphonie pastorale* (*) gidienne – dénonce les conséquences tragiques auxquelles peut conduire un calvinisme exacerbé et déformé. Habité par un zèle excessif, le protagoniste, le jeune pasteur Burg que taraude un fort sentiment de culpabilité, est obsédé par l'idée du rachat, nécessaire et douloureux. Pour punir sa petite communauté nichée au cœur des Alpes vaudoises, pécheresse à ses yeux et exempte de tout remords, il décide d'immoler à la colère divine une jeune fille innocente. Il choisit sa victime : Geneviève, l'une de ses catéchumènes, la fille d'un noceur impénitent ; à travers son sacrifice, tous les villageois seront frappés dans leur âme. Avec une hypocrisie que le but prétend justifier, il poursuit dans une délectation secrète son projet de séduction expiatoire ; mais sa vengeance est déjouée par l'amour réciproque qui le lie bientôt à la jeune fille. L'intermède lyrique toutefois est de courte durée, l'idylle bascule dans le drame. Après la mort de Geneviève dans la clinique où son père l'a conduite pour la faire avorter, il ne reste d'issue au pasteur Burg que le suicide, dans lequel il voit l'exigence divine de l'expiation, et qu'il accomplit comme un dernier témoignage de soumission à un Dieu de colère.

Le récit tire une grande partie de sa force de l'habileté de la mise en forme : écrite à la première personne, cette confession oblige le lecteur à adopter la perspective du héros, dont les idées fixes et les anathèmes, par conséquent, ne sont jamais ouvertement désignés pour ce qu'ils sont, à savoir le produit d'un esprit malade. En peignant leurs résultats désastreux, Chessex stigmatise les interprétations trop rigoureuses du calvinisme, sources de malheur dans la mesure où elles diabolisent le corps, suscitent des scrupules moraux jamais apaisés et engendrent des sentiments d'indignité. La « malédiction protestante », faite d'introspection et de vaines macérations, le refus du plaisir dont on trouve des traces chez d'autres auteurs romands, demeurent un leitmotiv de Chessex, dans *L'Ogre* par exemple, dans ses nouvelles ou dans ses recueils de poèmes (en particulier *Le Calviniste*). La toile de fond est renforcée ici par les contrastes qui caractérisent le décor naturel, et par l'opposition progressive qui se dessine entre les deux personnages. De fort belles pages descriptives mettent en scène la montagne, dont les éléments – la neige et sa clarté, les forêts de sapins que hantent les ténèbres – permettent de souligner l'intensité des affrontements humains. Geneviève et le pasteur Burg en recueillent les reflets : ainsi la jeune fille incarne-t-elle un monde de lumière et de pureté, le narrateur, un univers qui s'enfonce irrémédiablement dans l'ombre et les tourments. D. Ma.

CONFESSION DU PÉCHEUR JUSTIFIÉ [*The Private Memoirs and Confessions of a Justified Sinner*]. Roman de l'écrivain écossais James Hogg (1770-1835) publié anonymement en juin 1824. Les premières scènes de ce roman, le mariage du laird Dalcastle, joyeux épicurien, à une pieuse jeune fille adepte du calvinisme le plus intransigeant, sont symboliques du ton ambivalent qui sous-tend toute l'œuvre de Hogg. La farce y côtoie le drame, et divers aspects de la société écossaise du tournant du XVIIe siècle y sont passés au laminoir. De ce mariage naissent deux fils : l'aîné, George Colwan, élevé par le laird, devient un jeune homme brillant dans tous les domaines ; le cadet, Robert, est élevé par sa mère et le révérend pasteur Wrighim, berger de l'âme de lady Dalcastle et véritable père de Robert dans l'esprit du laird. Adultes, les deux frères se rencontrent pour la première fois à Édimbourg. Leur antipathie mutuelle et leur antagonisme deviennent notoires et, un matin, George est retrouvé mort, apparemment tué au cours d'un duel. Le vieux laird en meurt de chagrin et Robert hérite terres, domaines et titres du laird. Deux personnes accusent alors Robert du meurtre de son frère et font appel à la justice, laquelle ne parvient cependant pas à se saisir du coupable qui disparaît au moment même où les preuves s'accumulent contre lui. La seconde partie du roman est constituée par les Mémoires de Robert Wrighim, retrouvés dans son tombeau environ un siècle plus tard : calviniste acharné, Robert est accueilli, lors de son dix-septième anniversaire, par son père adoptif, au sein des élus de Dieu, puis fait la rencontre d'un étranger aux pouvoirs surnaturels. Celui-ci lui assure que désormais nul péché sur terre ne peut plus détourner son âme du royaume des cieux auquel elle a été prédestinée de tous temps. Sous l'influence pernicieuse de cet étranger qui se fait appeler Gil-Martin, et au nom de la religion, Robert commet deux assassinats, celui d'un prédicateur itinérant puis celui de son frère George. À mesure que la narration avance, bien des points demeurés obscurs dans la première partie se révèlent sous un jour surnaturel. Après avoir hérité des domaines de son père légal, Robert semble perdre la mémoire durant de longues périodes au cours desquelles il se livre à des actes condamnables. Alors qu'il est sur le point d'être capturé pour le meurtre de son frère, les cadavres de sa mère et de sa prétendue fiancée sont découverts et amenés au château de Dalcastle par une foule ivre de vengeance. Dissimulé par le manteau magique de Gil-Martin, il parvient à s'enfuir. Commence alors une odyssée hallucinée dans la campagne écossaise, où, chaque nuit, tous les démons de l'enfer se déchaînent autour de la demeure où il a trouvé un abri provisoire. Désespéré, poursuivi sans relâche par Gil-Martin qui ne cache plus maintenant qu'il veut son âme, Robert Wrighim commet son dernier péché en se donnant la mort. Satire du calvinisme presbytérien et critique féroce du fanatisme religieux, ce roman puissant est écrit sous le double emblème de la parabole religieuse et du conte populaire fantastique symbolique. La terreur superstitieuse des paysans écossais y est évoquée avec beaucoup de bonne humeur, et le duel linguistique qui oppose l'anglais à l'écossais dès les premières pages du livre y devient épique dans les dernières. Les discours sophistiqués de Gil-Martin et les propos arminiens des Wrighim sont particulièrement savoureux, et l'humour pince-sans-rire de Hogg trouve dans ce sujet des plus sérieux un terreau particulièrement fertile. – Trad. Charlot, 1949 ; Gallimard, 1952. X. P.

CONFESSION IMPUDIQUE (La) [*Kagi*, littéralement : la clef]. Roman de l'écrivain japonais Tanizaki Jun-ichirô (1886-1965), publié en 1956. L'auteur a traité avec une adresse incomparable un sujet audacieux : les relations intimes d'un couple mûr. Le mari, respectable professeur d'université, a cinquante-six ans et sa femme quarante-cinq. Leur dissimulation respective leur a fait taire jusqu'à présent l'insatisfaction que leur procuraient leurs rapports sexuels. Ils ont alors recours à un stratagème, celui d'écrire chacun leur journal, en sachant que l'autre le lira en cachette tout en prétendant le contraire. Cela leur permet d'aborder ce sujet interdit et d'agir ainsi indirectement sur le partenaire. L'homme sent ses forces diminuer et ne peut que difficilement satisfaire les exigences de sa femme. Il abuse de médicaments et de piqûres et va recourir à un tiers, un jeune professeur assistant, Kimura, fiancé de sa fille, afin de provoquer en lui-même la jalousie qui s'avère son meilleur stimulant. Chaque soir, avec l'aide de Kimura, il fait boire sa femme, Ikuko, jusqu'à ce qu'elle tombe inconsciente. Tous deux la portent nue dans la chambre et, tandis que le jeune homme se retire, le professeur peut se livrer à la contemplation de ce corps, qui lui a toujours été interdite par la pruderie d'une épouse ayant reçu une éducation féodale. Il va même jusqu'à la photographier dans les poses les plus licencieuses et à faire développer les photos par Kimura. Mais il a déclenché un processus dangereux et irréversible. Sa fille Toshiko a surpris le manège de son père et veut se venger, car il lui a retiré les attentions de son fiancé. Elle organise chez elle des rencontres entre Kimura et sa mère et vient chercher son père quand celle-ci, après un abus d'alcool, tombe, inconsciente ou feignant de l'être, dans les bras de Kimura. La jalousie du mari atteint alors son paroxysme, ce qui lui permet en même temps de connaître enfin l'extase parfaite dans l'acte sexuel. Cependant les excès auxquels il se livre se répercutent sur sa santé, qui décline de jour en jour. De son côté, Ikuko, accumulant les mensonges dans son journal, prétend qu'elle n'a pas cédé au jeune homme, bien que la tentation fût presque irrésistible, et qu'elle se prête à ce jeu uniquement en épouse soumise, devant, selon la vieille école, complaire à son mari dans tous ses désirs. En fait, après la mort du professeur qui a succombé à une attaque, elle avouera qu'elle était depuis longtemps la maîtresse de Kimura. Et elle analyse, avec un cynisme déconcertant, la cruelle épreuve qu'elle a infligée à son mari, le sollicitant de toutes les manières, et le conduisant, par ses exigences répétées, à la mort. Elle envisage ensuite le mariage de sa fille avec Kimura tout en faisant cette restriction : « Pour sauver les apparences, Toshiko se sacrifiera de bonne grâce à sa mère. » L'admirable composition de cette œuvre, où sont intercalés les journaux respectifs du mari et de la femme, la pureté et la concision du style, les subtilités de la psychologie, font de cette tragédie de l'amour et de la mort un des plus grands chefs-d'œuvre du roman contemporain. – Trad. Gallimard, 1963.

CONFESSIONS (Les) de saint Augustin [*Confessiones*]. Œuvre fondamentale, avec *La Cité de Dieu* (*), du théologien latin saint Augustin (354-430), écrite vers 397-400, quand il était évêque d'Hippone depuis 396. Elles contiennent l'histoire spirituelle du saint et la formation de sa pensée, de sorte qu'elles constituent à la fois une grande œuvre philosophique et une dramatique biographie. Elles sont divisées en treize livres : on y trouve d'abord le récit de l'enfance d'Augustin, enfance sur laquelle s'étend déjà l'ombre du péché ; reprenant une conception manichéenne, Augustin critique l'innocence enfantine, faisant remarquer que, déjà dans son âge le plus tendre, l'homme est fatalement porté vers la faute, c'est-à-dire vers l'apaisement de ses sens (premier livre). Vient ensuite l'adolescence ; Augustin rapporte qu'avec des camarades il vola des poires non pour les manger mais pour les jeter aux pourceaux : leur plaisir était de faire ce qui était défendu ; c'était l'attrait du mal pour le mal, non pour le bien qui peut en résulter. Les premières années de sa jeunesse sont dominées par deux épisodes : la lecture de l'*Hortensius* de Cicéron, qui lui révèle la philosophie comme désir de la sagesse, et la conversion au manichéisme qui, par la doctrine de deux divinités, celle du bien et celle du mal, fournit une explication apaisante du péché (troisième livre).

Les expériences juvéniles continuent : son caractère se révèle passionné et ambitieux et, dans l'enseignement comme dans l'étude, l'ambition s'efforce d'atteindre son but, tandis que, dans son sentiment généreux de l'amitié, son caractère ardent cherche à s'exprimer. La mort d'un ami frappe violemment Augustin ; mais quel est donc ce mal métaphysique, ce mal fatalement enraciné dans l'existence qui naît et qui meurt ? Tout comme le mal moral, le mal métaphysique est la déviation d'un bien : il n'apparaît comme mal que lorsqu'on le considère relativement à nous-mêmes, mais il se révèle un bien quand on le projette dans l'ordre de l'univers et dans ses finalités dernières. Ainsi les larmes qu'il verse sur la mort de son ami sont causées par ce sentiment excessif de l'individualité (quatrième livre). Professeur de rhétorique, Augustin part pour Rome, rêvant de gloire ; mais à Rome ses disciples le déçoivent, et le voici à Milan où il peut écouter les sermons de saint Ambroise (cinquième livre). Il en ressent une très vive impression ; mais, comme par réaction, son tempérament fougueux l'étouffe, le pousse dans des aventures amoureuses, le fait tomber dans une terreur angoissée de la fin (sixième livre).

Finalement, voici un rayon de lumière : ce n'est pas encore le christianisme, mais quelque chose qui en est comme la première marche, le néo-platonisme. Des néo-platoniciens, Augustin apprend à concevoir une divinité incorporelle, sans limites et sans formes. Pour nouvelle que soit cette notion, il distingue ici nettement les deux conceptions : les néo-platoniciens arrivent à l'idée de Dieu, mais non à son amour ; ils en saisissent la transcendance, mais non son essence d'infinie bonté (septième livre). Au cours d'une profonde crise spirituelle, Augustin entend une voix : « Prends et lis ! » Il ouvre un Nouveau Testament : un passage de l'*Épître aux Romains* l'illumine, le voici chrétien, pour la joie de sa mère, sainte Monique, qui a toujours désiré sa conversion. Ces dernières pages du huitième livre, ainsi que celles du neuvième, ne cessent de s'élever, préparant ainsi les livres dixième et onzième, dans lesquels sont rapportés le colloque mystique avec sa mère, son extase, et la mort de celle-ci à Ostie : ces pages comptent parmi les plus belles de la littérature mystique.

Dans le dixième livre commence la partie plus particulièrement spéculative, avec la recherche de la nature de Dieu, source du bonheur, dont nous avons une idée par la mémoire. Dieu, en effet (onzième livre), est en dehors du temps : le temps n'a pas de réalité, c'est un acte psychique, une distension de l'esprit constituée de trois inexistences : le passé qui n'est plus, le futur qui n'est pas encore et le présent qui, si petit qu'il soit, est toujours fait de passé et de futur. Il n'y a de réel que l'éternel, que nous pouvons imaginer comme un présent continuel ; et Dieu est dans l'éternité. Le douzième livre recherche dans les premiers versets de la *Genèse* la révélation de ces vérités : en effet, les Écritures font connaître la vérité à travers un symbolisme accessible à tous ; les simples l'y trouvent sous des formes élémentaires ; les savants en découvrent l'essence profonde. Mais comment est-il possible à l'homme, qui est dans le temps, de connaître Dieu, qui est dans l'éternité ? Le treizième livre répond à cette question : l'homme trouve en lui une certaine analogie de la Trinité dans ses trois aspects inséparables : être, savoir et vouloir. L'homme ne peut pas douter qu'il est, il sait qu'il est, et il veut être ; or ces trois certitudes sont justement les symboles de la Trinité innés chez l'homme : l'être absolu (le Père), le savoir absolu (le Fils), l'absolue volonté de bien (le Saint-Esprit). Le livre se termine dans la contemplation de toute la création à la lumière de cette vérité.

Les Confessions constituent une véritable épopée de la conversion chrétienne, résumée dans le drame intérieur d'un homme, drame dans lequel s'expriment tous les éléments passionnels et théoriques d'une telle expérience. Dans la littérature de tous les temps, rares sont les œuvres qui, comme celle-ci, montrent, dans leur unité indissoluble, le développement d'une expérience spéculative en même temps que celui d'une expérience religieuse et humaine. — Trad. *Œuvres*, Bibliothèque augustinienne, t. 13-14, 1962. Voir J. Chomarat in *Présences du latin*, Genève, 1991.

CONFESSIONS (Les) de Rousseau. Œuvre autobiographique de l'écrivain genevois d'expression française Jean-Jacques Rousseau (1712-1778), publiée en deux parties, en 1782 et 1789. Cette première édition, posthume, présente un texte incomplet. Il en résulte que les éditeurs doivent aujourd'hui considérer comme textes de référence les deux manuscrits existants, l'un conservé à Genève (Bibliothèque universitaire), l'autre à Paris (Bibliothèque de la Chambre des députés). Rédigées de 1765 à 1770, *Les Confessions* inaugurent la dernière période créatrice de l'écrivain, celle des œuvres autobiographiques, qui comprendra encore les *Dialogues* et *Les Rêveries du promeneur solitaire* (*). Il est important de remarquer que cette période est postérieure à celle des grandes œuvres philosophiques, publiées, ainsi que *Julie ou la Nouvelle Héloïse* (*), entre 1750 et 1762. Rousseau en effet, après s'être dressé contre la société, tenue pour responsable du mal et de la dénaturation de l'homme, se retrouve en position d'accusé, et, par là même, dans l'obligation de se justifier. Il est donc évident que le récit des *Confessions* n'est pas étranger à une visée apologétique. Mais cette œuvre, première grande autobiographie des temps modernes, est beaucoup plus que cela. Elle est audacieuse et novatrice, et s'inscrit dans le projet global du philosophe, qui est anthropologique ; la note placée en tête du manuscrit de Genève présente *Les Confessions* comme « un ouvrage unique et utile, lequel peut servir de première pièce de comparaison pour l'étude des hommes, qui certainement est encore à commencer... » Rien n'est plus connu que la thèse autour de laquelle gravitent les écrits philosophiques. Il n'est cependant pas inutile de la rappeler ici, dans la forme résumée qu'en a donnée Rousseau lui-même dans le *Dialogue troisième* : « La nature a fait l'homme heureux et bon, mais la société le déprave et le rend misérable. » Le *Discours sur l'origine et les fondements de l'inégalité* (*) (1755) s'était proposé de retracer, à partir du concept conjectural de l'homme de la nature, l'histoire de cette dénaturation à l'échelle de l'humanité. Dans *Les Confessions*, cette même histoire est étudiée à partir d'une vie individuelle : celle de l'auteur lui-même, envisagée de la naissance à la cinquante-troisième année. L'ensemble de l'ouvrage est divisé en douze livres ou chapitres. Le tempo du récit est très variable. Deux durées sont à envisager ici : celle des événements narrés (nombre d'années) et celle du récit (nombre de pages). Le premier livre, par exemple, retrace les seize premières années, celles de l'enfance et de l'adolescence, alors que le texte de ce récit comprend quarante pages dans l'édition de la Pléiade (1959). Les livres suivants recouvrent des périodes beaucoup plus courtes, parfois une année, parfois quelques mois. Dans la première partie (livres I-VI), le nombre de pages par livre est régulier : il oscille entre quarante et cinquante. Dans la seconde, cet équilibre est rompu. Les livres VII et IX atteignent respectivement soixante-douze et quatre-vingt-huit pages. Presque tous les lecteurs des *Confessions* ont marqué leur préférence pour les premiers livres. Ce sont ceux où l'écart entre le temps des événements narrés et celui de l'écriture est le plus grand. Rousseau s'y montre un poète incomparable. En France, le XVIIIe siècle nous avait fait assister à un tarissement de la veine poétique. Ici, comme dans *La Nouvelle Héloïse*, la poésie fait sa rentrée par le détour de la prose, mais d'une prose musicale, chargée d'émotions et cependant simple jusqu'à la transparence, capable de rendre présents le bonheur perdu, les paysages, les visages, les voix qui se sont tues. L'importance du premier livre n'est plus à démontrer : c'est le plus solidement structuré, et les grands thèmes rousseauistes y sont orchestrés avec un art incomparable. Tout lecteur qui veut se faire une idée nette des pouvoirs de l'écrivain devrait relire ces pages avec la plus grande attention. Il y découvrirait autre chose que des récits édifiants, banalisés par le discours scolaire. C'est aussi le livre où la visée anthropologique est la plus évidente. On peut y suivre, de la naissance à la seizième année, les étapes d'une lente dénaturation, qui conduit Rousseau de la pureté des origines (l'enfance genevoise et protestante) à l'exil volontaire en terre savoyarde. Résumer la suite du récit, ce serait refaire la biographie de Rousseau. Aussi nous contenterons-nous d'évoquer les épisodes marquants du récit.

Rencontre avec Mme de Warens à Annecy ; séjour à Turin et conversion au catholicisme ; retour à Annecy (II-III). Voyages en Suisse et à Paris, retour chez Mme de Warens à Chambéry (IV). Installé aux Charmettes, tout près de Chambéry, Rousseau fait des études sérieuses et systématiques, en parfait autodidacte. Il se fixe à Paris après une année de préceptorat à Lyon (V-VI). Pendant une année, il est secrétaire d'ambassade à Venise. De retour à Paris, il fait la connaissance de Thérèse Levasseur (VII). Sur la route de Vincennes, il voit, dans une sorte d'illumination, le système qu'il développera dans ses écrits philosophiques. Les deux premiers *Discours* lui valent une subite célébrité (VIII). Il quitte Paris et s'installe chez Mme d'Épinay, à l'Ermitage près de Montmorency. Pour une fois, Rousseau « aime d'amour » : la passion éprouvée pour la comtesse d'Houdetot donne à *La Nouvelle Héloïse* alors en gestation sa flamme et sa force de séduction. Il quitte l'Ermitage pour s'installer à Montmorency (IX). Premières manifestations du délire de persécution, qui assombrira les dernières années de sa vie : Rousseau se croit victime d'un « complot » ourdi par les philosophes contre sa personne et son œuvre. Il jouit cependant de l'amitié et de la protection du maréchal de Luxembourg. Intense activité créatrice pendant cette période : *La Nouvelle Héloïse, Du Contrat social* (*) et *Émile* (*) paraissent (X-XI). Après la condamnation de ce dernier livre, Rousseau se réfugie en Suisse, où il entreprendra la rédaction des *Confessions*, dont le récit s'achèvera sur le bref séjour à l'île de Saint-Pierre sur le lac de Bienne (12 septembre-25 octobre 1765) (XII).

Dans le manuscrit de Genève, une note liminaire présente *Les Confessions* en ces termes : « Voici le seul portrait d'homme, peint exactement d'après nature et dans toute sa vérité, qui existe et qui probablement existera jamais. » Le ton péremptoire et hyperbolique de cette déclaration peut indisposer le lecteur, mais ne doit pas lui faire oublier que *Les Confessions* marquent un tournant décisif dans la connaissance de l'homme. Pour la première fois, un écrivain a osé pénétrer « dans le labyrinthe obscur et fangeux » de sa vie intime, non pour piquer la curiosité du lecteur, mais pour donner à comprendre sa personnalité. Précurseur de la psychologie génétique, Rousseau écrit dans le préambule du manuscrit de Neuchâtel (première version des *Confessions*, interrompue au milieu du livre IV) : « Pour bien connaître un caractère il y faudrait distinguer l'acquis d'avec la nature, voir comment il s'est formé, quelles occasions l'ont développé, quel enchaînement d'affections secrètes l'ont rendu tel... » Précurseur de la psychanalyse, il a compris l'importance des faits apparemment insignifiants. En révélant sans complaisance les étrangetés de sa vie amoureuse, faite de plus d'échecs que de bonnes fortunes, il ouvre la voie à une compréhension globale du comportement amoureux, où le psychisme joue un rôle déterminant, et où, comme il l'écrit, « ce qui se voit n'est que la moindre partie de ce qui est ». Mais n'oublions pas ce qui pour beaucoup de grands écrivains fait des *Confessions* l'œuvre maîtresse de Rousseau, celle que la postérité ne cessera de lire : c'est l'œuvre d'un magicien de la langue qui a donné l'éveil à une nouvelle façon de sentir. Nul mieux que Joseph Joubert, parce que artiste lui-même, n'a su le dire : « J.-J. Rousseau avait l'esprit voluptueux. Dans ses écrits, l'âme est toujours mêlée avec le corps, et ne s'en sépare jamais. Aucun homme n'a fait mieux sentir que lui l'impression de la chair qui touche l'esprit, et les délices de leur hymen. » P.-P.C.

CONFESSIONS DE DEUX FRÈRES (Les) [*Confessions of Two Brothers*]. Essai de l'écrivain anglais John Cowper Powys (1872-1963), publié en 1916. Peu avant la Première Guerre mondiale, John Cowper Powys avait incité son jeune frère Llewelyn à publier quelques pages autobiographiques qui constitueraient, avec son propre et plus important apport, des Confessions à deux. Le livre, qui parut aux États-Unis, est une intéressante préfiguration de la grande *Autobiographie* (*) de 1934. C'est cette date, et non la première, qui marque un tournant dans la vie de l'auteur. Au terme de l'*Autobiographie*, il écrit en effet : « ... Il me semble qu'il m'a fallu un demi-siècle pour apprendre simplement avec quelles armes, et en abandonnant quelles autres, je dois commencer à vivre ma vie. » Il avait alors soixante-deux ans, et s'apprêtait à une retraite galloise qui devait durer près de trente années.

En 1916, Powys était encore au début de sa longue carrière de conférencier itinérant aux États-Unis. Pourtant, l'intérêt des *Confessions*, une fois lue la courte, charmante et pathétique contribution de Llewelyn, sorte de D. H. Lawrence mineur, n'est pas dans l'anecdote : il est dans l'examen que l'auteur fait de lui-même à quarante-quatre ans. D'abord y apparaît cette admirable lucidité qui fera la valeur de l'œuvre de 1935. Quoique Powys ne pénètre pas encore dans l'épaisseur troublante de sa sexualité, sa réserve à cet égard est significative, comme le seront les absences et les camouflages de l'*Autobiographie* vingt ans plus tard. Ensuite, les *Confessions* manquent superbement d'humour : c'est précisément la qualité dont sera augmentée l'*Autobiographie*, et qui l'enrichira d'un halo chaleureux dans la tradition des grands humanistes : Rabelais et Montaigne sont autant les maîtres de Powys que Rousseau et Goethe. Mais, en 1916, son œuvre romanesque, encore limitée à *Bois et Pierre* (*) et à *Rodmoor* (*), est rauque et sombre. C'est le mûrissement du cycle du Dorset-Somerset qui fera découvrir à Powys la valeur augmentatrice de l'humour. C'est pourquoi les *Confessions* et l'*Autobiographie* sont les deux jalons d'une œuvre menée dans la plus grande indifférence aux préoccupations littéraires contemporaines, et notamment des soucis d'ordre technique.

Dans les *Confessions*, Powys prend très sérieusement position comme homme et comme écrivain. Dans ces pages qui pourraient s'intituler « Pour être moi-même », sa sûreté d'analyse est déjà remarquable. Il fait ensuite le point de sa philosophie : il n'en a pas, « pas même celle de n'en pas avoir ». Il refuse tous les systèmes. Il se déclare « convaincu que toutes les attitudes sont le résultat du tempérament ». Analysant le sien, il se dit « le contraire d'un mystique panthéiste » ; il n'éprouve jamais l'« émotion cosmique » des romantiques, mais une jouissance très matérialiste provoquée par la magie de la nature en sa surface. Son paysage favori, comme s'en doutent les lecteurs des *Sables de la mer* (*), est le rivage de la mer. Il est « sensationnaliste », mais tout l'opposé d'un sybarite. S'analysant en société, John Cowper Powys note : « J'ai le génie de me faire passer pour un imbécile [...] je n'aime rien tant qu'être la butte de l'indignation éthique et intellectuelle de mes amis. » Résumant ses découvertes sur lui-même, il écrit enfin : « Ma vie [...] se trouve être une série perpétuelle d'affrontements secondaires et d'interludes, sous la surface de laquelle mon moi attend patiemment sa chance [...] et l'attendra encore quand ma dernière heure sera venue. » Enfin, révélant son régime alimentaire, qui est « celui d'un invalide », en raison de ses ulcères, il affirme avec vigueur : « L'estomac est le lieu de concentration de chacune de nos réactions les plus poignantes [...] Il est difficile d'idéaliser l'estomac. » *Les Confessions de deux frères* sont un commentaire d'autant plus utile que peu d'œuvres ont si constamment puisé leur source dans la personnalité de leur auteur que celle de Powys. – Trad. Granit, 1992. M. Gr.

CONFESSIONS DE NAT TURNER (Les) [*The Confessions of Nat Turner*]. Roman de l'écrivain américain William Styron (né en 1925), publié en 1967. Cette œuvre, qui parut au moment où les Noirs luttaient pour leurs droits civiques, devait susciter d'âpres controverses. Dans un ouvrage intitulé *William Styron's Nat Turner : Ten Black Writers Respond*, des écrivains noirs ont dit leur colère devant l'image stéréotypée du Noir que l'ouvrage de Styron, selon eux, continue de propager, l'accusant de projeter ses propres névroses sur son personnage. Il n'en demeure pas moins que le roman de Styron s'inscrit en faux contre un cliché relatif aux Noirs : leur passivité face à leurs oppresseurs. En effet, ce roman repose sur un fait historique : la révolte organisée en 1831 dans le comté de Southampton, en Virginie, par un esclave noir, Nat Turner. Ce soulèvement au cours duquel une cinquantaine de Blancs furent assassinés, s'acheva par le massacre de plus de cent trente Noirs, des pendaisons, des déportations et la capture du chef de la rébellion qui, après s'être réfugié dans une grotte pendant six semaines, se rendit sans opposer de résistance.

Durant son incarcération, Nat avait fait des aveux complets à son avocat Thomas Gray qui les fit publier en 1832 sous le titre de « Les Confessions de Nat Turner ». L'objectif de l'avocat était de rassurer les planteurs blancs et de réaffirmer les thèses esclavagistes sur la bestialité des Noirs. William Styron est parti de ce texte d'une vingtaine de pages pour écrire son roman.

Nat Turner est en un sens un esclave privilégié. Il a eu la chance d'apprendre à lire et à écrire chez son premier maître, Samuel Turner, lequel lui a aussi enseigné le métier de menuisier-charpentier. À la suite de la ruine de son maître, qui avait envisagé de l'affranchir, il est vendu au pasteur Eppes. Traité très durement par ce dernier, Nat se met à rêver de vengeance et de liberté. C'est dans *La Bible* que Nat puise l'idée de la révolte et la justification des actes qu'il va commettre. Il se sent proche du prophète Ezéchiel et il a la conviction d'être investi d'une mission divine : détruire les Blancs, qui représentent le mal. Le projet avait été soigneusement mis au point : aller d'une plantation à une autre, tuer tous les Blancs, libérer les Noirs et s'emparer des armes qui se trouvent à Jérusalem (Virginie). Mais les Noirs furent mis en échec devant cette ville.

Bien qu'il ait respecté dans ses grandes lignes les données de l'histoire, Styron ne se veut pas historien mais romancier. Il entend garder la liberté du créateur et présenter sa propre vision du Sud esclavagiste et son interprétation des causes de la rébellion. Pour Styron, les motivations de Nat n'étaient pas politiques mais psychologiques. Il ne fait pas de son personnage un révolutionnaire, mais un illuminé, un fanatique, un prophète au discours apocalyptique, un homme frustré, hanté par des fantasmes sexuels. Pour expliquer le comportement de Nat, il l'imagine amoureux d'une Blanche, Margaret Whitehead. Nat se sent différent des autres esclaves ; le jour du massacre, il se découvre incapable de donner la mort. La seule personne qu'il tuera de ses propres mains sera Margaret ; substitut de l'acte sexuel, ce meurtre est un geste d'amour désespéré – peut-être de miséricorde. Le dénouement montre un Nat Turner rêvant d'une union avec Margaret dans l'au-delà ; il est en paix avec lui-même ; il accepte son châtiment comme la juste rétribution de son crime mais ne doute pas de sa rédemption. – Trad. Gallimard, 1969. C.L.

CONFESSIONS DU CHEVALIER D'INDUSTRIE FÉLIX KRULL (Les) [*Bekenntnisse des Hochstaplers Felix Krull*]. Ce roman, publié partiellement pour la première fois en 1911, appartient au cycle des œuvres mineures de l'écrivain allemand Thomas Mann (1875-1955), dans lesquelles se manifeste une curiosité plutôt extérieure des êtres et des événements. À cette époque, Thomas Mann est surtout l'interprète de cette société allemande d'avant 1914, déjà sur son déclin, telle qu'il l'a décrite dans son grand roman *Les Buddenbrook* (*), nourri d'expériences vécues dans sa ville natale, Lübeck. Une conception ironique de la vie guide, à cette époque, l'observation et l'analyse de cet écrivain, qu'anime une verve satirique légère et gaie. On sent ici une volonté très nette de réaction contre le roman naturaliste et, en même temps, le désir de fixer les traits dominants de cette société wilhelmienne, qui a apporté déjà tant de bouleversements dans les traditions allemandes. Ce récit doit être considéré comme un simple divertissement, mais il y a, dans le portrait que fait Thomas Mann de l'escroc Félix Krull, une fantaisie piquante. On dirait presque que Krull est le « produit du temps ». C'est en somme une franche canaille, mais il l'est avec tant de bonhomie, de simplicité, d'ingénuité, qu'on pourrait croire qu'il est devenu escroc malgré lui. Il y a en lui un mélange de ruse et de naïveté fort piquant, qui apparaît, par exemple, quand il simule la folie pour échapper au service militaire. Il est aussi un rêveur, un imaginatif que la fantaisie emporte dans la construction de grandes affaires fictives, dans lesquelles, dupe peut-être lui-même de cette excessive imagination, il entraîne d'autres dupes. L'humour avec lequel est écrit ce livre et la vivacité du portrait de Krull, envers lequel l'auteur ne peut pas se montrer trop sévère, en font une œuvre agréable et originale. L'édition de 1954, qui contient aussi les aventures de jeunesse de l'escroc, constitue le dernier état de cet ouvrage qui, jusque-là, n'avait paru que sous une forme incomplète. – Trad. Kra, 1927 ; Albin Michel, 1956.

CONFESSIONS D'UN BOURGEOIS [*Egy polgár vallomásai*]. Roman autobiographique, publié en 1934, de l'écrivain hongrois Sándor Márai (1900-1989). Les *Confessions d'un bourgeois,* l'œuvre la plus importante de la maturité de l'auteur, est basée sur son enfance, sa famille, sur l'isolement et la vie sclérosée des locataires d'un immeuble, dans la ville de Kassa. Malgré son ton objectif, qui en fait un véritable document, une description sociologique de l'époque et des lieux, ce roman suggère plus qu'il n'exprime le désespoir de l'auteur. Dans cette ville de province, tous ceux dont la conduite s'écarte de la norme sont mis au ban de la société. Or, cette « norme » est l'idéal étriqué de la « Sézession », [nouveau style de la monarchie austro-hongroise], c'est la vie paisible des familles sous le halo des abat-jour. L'entourage immédiat du jeune garçon et surtout les professeurs de l'école qu'il fréquente sont soit des extravagants en rupture de ban, soit des machines sans âme. Dans la deuxième partie du roman, le ton jusque-là très réservé monte : l'auteur relate ses voyages en Europe occidentale, évoque l'effervescence de l'Allemagne weimarienne, et des vagabondages sans fin dans les rues de Paris et de Londres, dans les villes italiennes. Tout en cherchant à se libérer de l'atmosphère étouffante d'un provincialisme insupportable, l'auteur préfère à la réalité un monde d'illusions, fait de souvenirs de jeunesse et de lectures. Les *Confessions d'un bourgeois* analysent avec une émouvante sincérité les composants de cet univers spirituel. Ce livre, à plus d'un égard, s'apparente aux grands romans autobiographiques des années 1930.

CONFESSIONS D'UN HOMME EN TROP (Les). Mémoires de l'écrivain russe Alexandre Alexandrovitch Zinoviev (né en 1922), publiés d'abord en traduction française en 1990. Bien que toutes les œuvres de Zinoviev aient un caractère fortement autobiographique, son livre de Mémoires est le seul qui se présente comme une confession systématique. Comme il l'explique lui-même, il y cherche moins à raconter sa vie dans tous ses détails ou à relater une série d'événements marquants qu'à trouver la clé de sa personnalité, la logique profonde de ses actes et de sa destinée.

La description de l'enfance de l'écrivain prend de ce point de vue une importance toute particulière. Son milieu d'origine est en effet la communauté paysanne dont le cœur est la famille, plus particulièrement la mère. Communauté qui est dépositaire de hautes exigences morales, opposées à l'égoïsme et au mensonge, où tout le monde travaille, et qui est soudée par la religion. L'arrachement que Zinoviev éprouve en devenant athée sous l'influence de l'école, et plus encore en quittant sa famille pour Moscou, n'a d'égal que sa nostalgie pour ce monde à jamais révolu et qui, selon lui, se sentait condamné.

La vision zinoviévienne de la collectivisation des terres de 1929 est particulièrement originale et profonde. Pour lui, les paysans savaient que leur sort était scellé depuis la révolution, et c'est pourquoi ils s'opposèrent peu à ce bouleversement venu de la ville. Pour fuir les kolkhozes, les Zinoviev migrent vers Moscou sitôt que les enfants sont en âge de travailler ou de poursuivre des études. Si douloureuse qu'elle soit, cette révolution sociale est ressentie comme une modernisation inévitable.

Aussi le stalinisme suscite-t-il chez l'auteur des sentiments ambivalents. Il est l'objet même de sa rébellion car il trahit précisément les idéaux de son enfance : collectivisme, dévouement à autrui, abnégation, culte du travail qu'il avait cru magnifiés par le communisme. Mais il est aussi synonyme d'une gigantesque promotion sociale, dont le caractère à la fois démocratique et tragique lui donne le sentiment d'avoir vécu une grande époque historique, qu'il ne supporte pas de voir remise en cause par les « libéraux » des jeunes générations.

La révolte de Zinoviev a pour cible non seulement Staline, ses successeurs, voire le régime politique, mais la société tout entière dont il décrit la pesanteur et la pression malfaisante. Ses gestes de rébellion – projet puéril d'assassiner Staline, prise de position antistalinienne en pleine réunion du Komsomol, plus tard rédaction des *Hauteurs béantes* et entrée en opposition – sont selon lui les actes fondateurs de sa personnalité, par lesquels il s'est constitué, envers et contre tous, son propre « État souverain ». Son cheminement intellectuel même, qui fait l'objet du livre, à partir du moment où l'auteur devient philosophe, a pour signification ultime, par-delà la compréhension du « système » où il vit, le rejet du social et la construction difficile de l'individu sur des bases éthiques personnelles ou, comme l'auteur le dit parfois, une sorte de nouvelle religion. – Trad. Olivier Orban, 1990. W. B.

CONFESSIONS D'UN JEUNE ANGLAIS [*Confessions of a Young Man*]. Roman de l'écrivain irlandais George Moore (1852-1933), publié pour la première fois en 1888. C'est la première partie d'une série d'œuvres autobiographiques qui constituent ce qu'il y a de meilleur chez cet écrivain, où son âme sensible et pleine d'un besoin d'expansion trouve, mieux que partout ailleurs, la possibilité de se révéler. Ce roman décrit d'une façon précise et très pénétrante les milieux artistiques et littéraires de Paris où Moore étudia la peinture ; il en a reçu une formation spirituelle décisive. C'est le récit de sa jeunesse libertine et débauchée de quinze à trente ans ; c'est aussi le journal de ses pérégrinations : de son pays natal à Paris (après la mort de son père), de Paris à Londres où il va régler certaines questions d'intérêt et commencer une nouvelle carrière dans les lettres ; de Londres à Paris encore, qui l'attire irrésistiblement et qu'il quitte à regret. Enfin, de retour à Londres, il s'enferme dans une pauvre chambre meublée, où, tristement, il voit finir sa jeunesse assoiffée de vie et de plaisirs. Ce roman est la douloureuse confession de ses échecs de peintre, de journaliste, de romancier, de critique. La meilleure partie est celle qui a trait à ses jugements, ses satires du monde intellectuel français et anglais de la fin du XIXe siècle. Il résume l'esthétique qui, de Walter Pater à Oscar Wilde, marque cette période littéraire : « Je désire que vous n'oubliez point, dit Moore dans la préface des *Confessions*, que mon admiration pour Pater a rendu ce livre sacré. » Le ton est profondément mélancolique tout en demeurant parfois irritant et négligé. Il dénote une nature inquiète, toujours insatisfaite, sans cesse à la poursuite d'un idéal chimérique. Notons à ce sujet, au chapitre XIV, le dialogue entre l'auteur et sa conscience ; la personnalité de Moore y est bien mise en évidence : homme cultivé, artiste, sensible et sensuel, « un raté » dans ses entreprises, un être que rien n'intéresse sauf l'art, et qui a tout sacrifié à cet art, « père, mère, richesses, maîtresses ». Ce roman du genre décadent en est l'un des plus importants et des plus typiques. – Trad. Stock, 1935 ; Bourgois, 1986.

CONFESSIONS D'UN MANGEUR D'OPIUM ANGLAIS (Les) [*Confessions of an English Opium Eater*]. Récit autobiographique de l'écrivain anglais Thomas De Quincey (1785-1859), publié d'abord anonymement dans le *London Magazine* en octobre et novembre 1821, puis repris en volume en 1822, et, dans une version très remaniée, en 1856. Dans une première partie, les Confessions préliminaires, l'auteur affirme qu'il prit de l'opium, non pour le plaisir, mais pour calmer d'insupportables douleurs d'estomac dues, selon lui, aux épreuves de sa jeunesse. Après s'être enfui à pied de son collège à dix-sept ans, il parvint à Londres, où il souffrit cruellement de la faim, dormant dans une maison abandonnée, en compagnie d'une pauvre enfant perdue comme lui, âgée d'à peine dix ans. Mais c'est surtout la rencontre d'une jeune prostituée de quinze ans, Ann, qui marqua cette période, et sa disparition ne cessa de hanter ses rêves. La deuxième partie décrit les plaisirs de l'opium, capable de calmer toutes les douleurs et d'exalter l'esprit, le remplissant de rêves et de visions ; elle se termine sur une éloquente prière à l'opium : « Ô juste, subtil et puissant Opium » qui rappelle l'invocation à la mort de sir Walter Raleigh. Vient ensuite la partie qui concerne les souffrances de l'opium, faite de fragments disjoints décrivant les visions que lui procure la drogue. Le temps et l'espace se trouvent extraordinairement amplifiés, et les images se répètent à l'infini ; le moindre incident de la vie quotidienne peut acquérir un pouvoir obsédant, et la visite anodine d'un Malais le transporter dans un Orient fabuleux. Foule de visages rappelant ceux des rues qu'il parcourait inlassablement à la recherche d'Ann, rêves architecturaux inspirés par les planches de Piranèse, rêves d'eaux ruisselant sans cesse : tout ce « monstrueux théâtre » de l'opium le remplit de stupéfaction et d'horreur. La fin de la première version semble indiquer qu'il réussit à se débarrasser de l'esclavage de la drogue, mais il en souffrit toute sa vie. Il faut préciser que le laudanum, mélange d'opium et d'alcool, était à l'époque un remède très répandu : c'est De Quincey qui en montra les pouvoirs et les dangers. Son livre eut un immense succès auprès des romantiques : Musset en donna une version très fantaisiste ; Nerval s'en inspira dans *Le Rêve et la Vie* (*) ; et Baudelaire le traduisit presque en entier dans *Les Paradis artificiels* (*). Il reste le livre le plus connu de cet auteur inspiré et prolifique, le premier à analyser le pouvoir de la drogue sur l'imagination, mais aussi ses terribles capacités d'asservissement. – Trad. Stock, 1929 ; Gallimard, 1962, nouv. éd. 1990.

A. Gr.

CONFESSIONS D'UN PÉCHEUR [*Confessio peccatoris ad praesepe in corde suo nati Salvatoris vitam suaum deflentis*...]. Autobiographie de François II Rákoczy (1676-1735), écrivain hongrois d'expression latine et française et prince de Transylvanie et de Hongrie, publiée à La Haye en 1739.

Chef de file, après la défaite définitive des Ottomans sur le territoire hongrois, dans la guerre d'indépendance de la Hongrie contre les Habsbourg qui dure de 1703 à 1711, le prince François II Rákoczy doit quitter le pays. Il passe quelques années en exil en France, avant de se rendre en Turquie où il finira ses jours. C'est au cours de ce séjour en France qu'il écrira deux œuvres, bilan de son expérience de chef politique et militaire. Influencé par le jansénisme, retiré dans un monastère, le prince réfléchit sur son passé à la lumière de sa foi renouvelée. Cela explique la forme particulière de cette autobiographie : les *Confessions* sont écrites en latin, et suivies par une partie écrite en français, *Aspirations d'un prince chrétien*. Cette partie finale se compose de prières liées aux différents moments de la journée et aux différentes activités du prince se prolongeant par de longues méditations regroupées sous le titre *Aspirations contemplatives avant et après la sainte communion*. Son expérience conduit Rákoczy à faire effort d'humilité, vertu difficilement accessible aux princes. Si la dernière partie de l'ouvrage est essentiellement mystique, le texte des *Confessions* proprement dites, tout en étant parsemé d'invocations et de méditations chrétiennes, est historique. Rákoczy y raconte, avec une volonté passionnée d'objectivité et d'honnêteté, son propre vécu. Ne se contentant pas de ses souvenirs, il essaye de les confronter à des sources documentaires. Il évoque sa naissance, ses parents, les circonstances politiques de l'époque, puis sa jeunesse à Vienne, ses voyages en Italie, et comment grandit en lui la conscience de sa responsabilité de prince hongrois. La dimension aujourd'hui la plus intéressante de ces *Confessions* est le point de vue de l'homme d'action confronté à ses doutes. Se remémorant le soulèvement, Rákoczy livre ses réflexions, ses hésitations. Il raconte les péripéties de la guerre – il a passé dix ans personnellement à la tête des troupes –, les espoirs et les déceptions de ses alliés. Au moment où l'idée de nation est encore embryonnaire, s'expriment des intérêts inconciliables dans les rangs mêmes des partisans de Rákoczy : ceux des aristocrates hongrois dont la maison des Habsbourg menace les privilèges et ceux des paysans, porteurs de l'identité hongroise. Leur alliance pouvait difficilement être de longue durée. Cette analyse « de classe » apparaît clairement dans les méditations de Rákoczy, pour qui la noblesse porte la responsabilité essentielle de l'échec de la guerre d'indépendance, par un égoïsme qui la conduit à mettre ses intérêts au-dessus de l'intérêt général. Le retour de Rákoczy à la foi le met en contradiction profonde avec lui-même : l'ancien homme d'action aujourd'hui s'en remet à la volonté divine. – Trad. Corvina, 1977.

E. T.

CONFESSIONS ET BATAILLES [*Confessioni e battaglie*]. Sous ce titre, le poète italien Giosuè Carducci (1835-1907), dans l'édition complète de ses œuvres qu'il prépara lui-même, a réuni ses premiers écrits de polémique politique et littéraire, les plus virulents et les plus brillants. Ces deux volumes, qui comprennent des écrits s'étendant de 1869 à 1901, contiennent une refonte des articles et des essais de polémique déjà recueillis par Carducci, et publiés par le célèbre éditeur Angelo Sommaruga sous le titre de *Confessions et Batailles*, la première série en 1882, la deuxième en 1883, la troisième en

1884. La matière, comme l'importance littéraire et documentaire de ces écrits, est extrêmement disparate. Cependant, ils se groupent sans effort autour d'un point central : la personnalité de Carducci, au cours des années de sa triomphale et dictatoriale affirmation littéraire, qui vont de la bruyante fanfare de « L'Hymne à Satan » à la sublimation humaniste et « apollinienne » des *Odes barbares* (*). Le nœud central des *Confessions et Batailles* est constitué par les écrits qui rendent compte des moments les plus agités de la bataille littéraire de l'époque : la préface des *Juvénilia* de 1880 ; les « Polémiques sataniques » (1869-1871) ; les préfaces pour *Levia Gravia* de 1881 et pour *Iambes et Épodes* (*) de 1882. « Critique et Art » (1874), contre Guerzoni et Zendrini ; la vivante « Nouvelle polémique » (1878), en faveur de Stecchetti et de ce qu'on appelait à l'époque le vérisme ; « L'Éternel Charme royal » (1882) ; le très violent pamphlet « Rapisardiana » (1881) et la polémique en prose « Ça ira ». Tous ces écrits en prose constituent une critique particulièrement heureuse ; ils permettent de mieux comprendre la nature intime de la poésie de Carducci, et de reconstruire le jeu complexe des goûts et des tendances littéraires, politiques et culturelles, des années où ces œuvres furent écrites.

CONFESSIONS : ÉTUDE DE LA FOLIE [*Confessions : a Study in Madness*]. Œuvre de l'écrivain anglais Arthur Symons (1865-1945), écrite avant 1917, publiée en 1930 à New York et relatant une expérience des années 1908 et 1909. Ce livre appartient autant à la pathologie qu'à la littérature et, à ce double titre, mériterait d'être mieux connu, peu d'écrivains ayant été à même de décrire après coup, objectivement, leur propre folie. Symons relate la nervosité grandissante qui s'empara de lui en septembre 1908 à Venise, puis la panique qu'il connut la nuit dans la campagne de Ferrare. Arrêté, puis odieusement brutalisé dans sa prison à cause de ses accès de violence, il y fut retrouvé par les soins de l'ambassadeur d'Italie qu'avait imploré Mme Symons, et rapatrié, délirant, en Angleterre, où l'on diagnostiqua un début de paralysie générale. En fait, Symons ayant survécu, il s'agissait très probablement d'une psychose maniaque dépressive. Il retrouva peu à peu la santé et la raison, mais il devait rester marqué toute sa vie par cette « fatale initiation ». Ses « Confessions » restituent le mécanisme de sa sensibilité et de sa pensée pendant ses mois d'asile, et trahissent à la fois son effroi devant les manifestations bestiales de l'inconscient et son indignation devant la cruauté et l'incompétence du traitement subi. En fait, cette crise s'était préparée en lui de longue date. Plusieurs des personnages qu'il avait créés dans ses *Aventures spirituelles* (1905) étaient marqués de démence, et il avait écrit à propos de Nerval : « Dès lors qu'il a saisi ce secret central des mystiques, importe-t-il beaucoup qu'il y soit parvenu par la voie de l'obscure et fatale initiation à la folie ? » – Trad. Ombres, 1990.

CONFIDENCE AFRICAINE. Nouvelle de l'écrivain français Roger Martin du Gard (1881-1958), publiée en 1931. C'est un grand libraire d'Afrique du Nord, Leandro Barbazano, qui fait cette confidence à « Monsieur du Gard ». Leandro et sa sœur Amalia, dont la mère mourut jeune, ont été élevés par un père très dur et autoritaire. Alors même que Leandro avait atteint ses seize ans et Amalia sa vingtième année, ils couchaient dans la même chambre à l'écart. Une nuit, Amalia laissa Leandro recevoir une amie, mais se montra ensuite d'une humeur exécrable. Les querelles se succédèrent. L'une d'elles se transforma en combat amoureux. Leandro et Amalia restèrent amants quatre ans, jusqu'à ce que Leandro partît pour l'Italie accomplir son service militaire. Cependant, sur l'ordre de son père, Amalia se voit obligée d'épouser un homme d'âge, Luzzati. Elle ne se marie pas sans s'être fait faire un enfant par Leandro : à son retour du service, ils fuiront ensemble. En réalité, quand Leandro reviendra, il ne sera plus jamais question du passé. Amalia sera devenue une excellente épouse et mère d'une nombreuse famille. Ses enfants seront tous en parfaite santé, sauf le premier, Michel, glorieusement beau, qui mourra à seize ans de tuberculose. C'est celui que préférait Luzzati. La *Confidence* est une histoire sans aucun romantisme, racontée comme s'il s'agissait des choses les plus simples du monde.

CONFIDENCES. Œuvre autobiographique de l'écrivain français Alphonse de Lamartine (1790-1869), publiée en 1849. L'auteur y relate des épisodes de sa jeunesse : vie à Milly, études à Lyon et à Belley, séjour en Italie, voyages en Suisse et en Savoie pendant les Cent-Jours, les amitiés, la première idylle (« Lucy L... »). Le récit s'arrête à octobre 1816, indiquant la « suite » : « Voyez *Raphaël.* » Commencées en 1843, ces *Confidences* étaient destinées à une publication posthume ; Lamartine les livre au public à contrecœur, contraint par ses embarras financiers. Il les livre incomplètes, morceaux juxtaposés à la hâte : télescopages du temps, « coutures » laborieuses, lacunes voyantes, tout porte la marque d'une composition mal maîtrisée ; l'épisode central (chap. VII à X), publié sous le titre *Graziella* (*), appartient à un autre genre, le roman autobiographique, comme *Raphaël*, comme le *René* (*) de Chateaubriand. Lamartine est fasciné par Chateaubriand ; même égocentrisme, même besoin de se montrer, mais drapé, même mal à l'âme (« J'ai souvent regretté d'être né »). Mais le rival n'a pas su égaler le modèle ; il a improvisé les fragments d'une œuvre qui, achevée, eût figuré avec honneur auprès des *Mémoires d'outre-tombe* (*). Ses humeurs changeantes, alternances d'enthousiasme factice et de mécontentement de soi, le poussent à refaire dans l'espoir de mieux faire, toujours incapable de suivre l'axe indispensable à tout projet autobiographique ; au lieu d'unifier son « moi », il l'éparpille sur des territoires divers, le mutile et le rend méconnaissable, égrenant la chronique de ses jours, romançant sa vie sentimentale, adornant sa carrière politique, rendant compte de ses lectures... Ainsi son autobiographie se trouve-t-elle dispersée dans plusieurs volumes différant d'inspiration et de ton, *Raphaël, Nouvelles confidences, Mémoires politiques, Mémoires inédits* succédant aux *Confidences* de 1849. *Raphaël* (1849) est le récit poétique et idéalisé à la limite du crédible de la liaison (ni désincarnée ni totalement désintéressée) vécue en 1816-1817 par l'héroïne et le poète du « Lac ». *Nouvelles confidences* (1851), recueil disparate, contient une série de portraits de la famille Lamartine et de la bonne société mâconnaise ; l'histoire de Saluce et Regina, version romancée de la liaison avec Lena de Larche (1819) ; des fragments du poème *Les Visions* ; une fresque du Tout-Paris fréquenté par le poète en 1818, morceau détaché de (ou inséré dans) l'*Histoire de la Restauration*. Sous le titre *Mémoires politiques* (1863, in *Œuvres complètes*, tomes 37-40) Lamartine a réédité son *Histoire de la Révolution de 1848* et des extraits du *Conseiller du peuple*, y ajoutant un volume inédit relatant ses activités diplomatiques et parlementaires. Dans ses *Mémoires inédits* (publication posthume, 1870) l'écrivain fait à nouveau le récit de ses années de jeunesse (1790-1815), parfois répétant, plus souvent complétant, non sans bonheur, les *Confidences*.

À ces volumes il conviendrait d'ajouter des centaines de pages du *Cours familier de littérature* (*) contenant des informations sur la vie privée ou la carrière politique. Ces essais successifs d'autobiographie sont déparés par des défauts irritants ou véniels : nombreuses redites, chronologie déroutante, souvent absente, ou erronée ; le même fait est rapporté dans deux ou trois versions, différentes ou contradictoires ; l'altération de la vérité va de l'idéalisation outrée à l'affabulation pure et simple. Le lecteur averti sur ces points retrouvera néanmoins avec bonheur le portraitiste incomparable et le génie en liberté qui, déposant tout souci de pose, sait parer d'une magnifique poésie la « terre natale », les paysages où il a vécu et les êtres qu'il a aimés.

A. Cou.

CONFIDENCES D'UNE BICHE (Les). Roman de l'écrivain français Abel Hermant (1862-1950), publié en 1909 ; appartenant au cycle intitulé « Mémoires pour servir à l'histoire de la société ». Il contient une intéressante reconstitution de la vie parisienne sous le second Empire, transmise par la bouche de lady Ventnor, une amie du vicomte de Courpières (héros de plusieurs romans d'Abel Hermant), qui fréquente assidûment son salon et qui réussira à lui escroquer une forte somme pour fonder un grand quotidien. Cette dame, bien qu'elle ait atteint la cinquantaine, garde beaucoup de son charme juvénile, et elle a acquis son titre en épousant un Anglais, mais la vie de luxe qu'elle mène actuellement succède à un passé aventureux, dont elle évoque les épisodes marquants avec une sincérité pleine d'ostentation. En fuyant très jeune de Lyon, sa ville natale, après que l'amant de sa mère, un glorieux soldat revenu de Solférino, l'eut violentée, lui donnant par là un prétexte pour s'évader de l'ennui de la province, elle n'apporta à Paris que sa beauté et le tenace surnom de « Solférino ». Mais dans ce monde de personnages du second Empire, qui se sont élevés en partant de rien, la voie de la galanterie pouvait mener loin. Baudelaire et Gautier demandent à la beauté de Solférino de visiter leurs rêves de fumeurs de haschisch ; Sainte-Beuve l'accueille chez lui, en la faisant passer pour sa nièce, et parfait son instruction. Ses relations avec l'Empereur n'eurent aucune suite à cause d'un incident ; mais, en compensation, elle s'attacha le prince Jérôme, qui personnifiait le charme de la grande Cour. Le journaliste Émile de Girardin la considéra comme une conseillère et l'adopta ; un jeune homme noble et riche se fit tuer à la guerre pour elle, la laissant héritière de tous ses biens, et, pour elle, une rivale jalouse mourut folle, la laissant libre de gaspiller les millions de son mari. Enfin le communard Frochard la sauva par amour pendant la Commune, et l'aida à gagner l'Angleterre, où sa générosité envers les réfugiés lui permit même d'approcher la reine Victoria et la conduisit au mariage avec lord Ventnor.

Telles sont les lignes essentielles du récit riche en scènes dramatiques et comiques, dans lequel revit la chronique d'un monde défunt. Nous y retrouvons la limpidité, le détachement serein, l'ironie froide et mordante qui sont les caractéristiques d'Abel Hermant, ainsi qu'une grande netteté de style et un langage noble et légèrement archaïque.

CONFLIT DES FACULTÉS (Le) [*Der Streit der Facultäten*]. Ouvrage de philosophie politique du philosophe allemand Emmanuel Kant (1724-1804), publié en 1798. À la suite des réactions suscitées par *La Religion dans les limites de la simple raison* (1793), Kant s'était engagé envers le roi de Prusse Frédéric Guillaume II à ne publier aucun ouvrage d'argument religieux. Mais, après la mort du souverain, l'esprit plus large de son successeur permit au philosophe de revenir sur les problèmes qui le passionnaient. Ainsi naquit *Le Conflit des facultés,* qui offre, en dépit de l'âge avancé de l'auteur, un très grand intérêt.

Il s'agit en l'occurrence du conflit entre les facultés universitaires, dont l'enseignement vise directement des fins pratiques (théologie, droit, médecine) et la faculté philosophique, qui tend par contre à enseigner la recherche pure et inconditionnée de la vérité rationnelle. Ce conflit est inévitable, du fait que la discipline philosophique soumet également à sa critique les doctrines que les autres facultés sont tenues d'enseigner sous une forme, ou du moins sous un certain aspect dogmatique ; en ce sens que leur fin pratique incite l'État à leur imposer, dans une certaine limite, l'objet et le caractère de leur enseignement. La faculté théologique doit s'en tenir à *La Bible,* la juridique au droit positif, et la faculté de médecine doit à son tour offrir certaines garanties pratiques. Dans l'esprit de Kant, semblable conflit est destiné, dès que l'on a compris qu'il est inévitable, à remplir une fonction politique de premier ordre : en effet, il ne peut se résoudre dans une stérile opposition ou un compromis, mais bien dans une discussion sereine sans cesse renouvelée. Bien qu'il soit impossible de la substituer aux autres, la faculté philosophique est appelée cependant à critiquer leur position. Par son truchement, la voix de la pure raison peut se faire entendre ; elle contraint les ordonnances ecclésiastiques et civiles à se renouveler et à progresser, sous l'impulsion et le contrôle de la critique. C'est là un point de vue qui, tout en justifiant pratiquement vis-à-vis de l'État la position d'indépendance absolue adoptée par la faculté philosophique, assigne à l'université une mission de tout premier plan ; celle d'un véritable Parlement des intellectuels.

L'attitude assumée à l'égard des textes sacrés détermine les relations entre facultés théologique et philosophique ; pour sa part, cette dernière revendique un droit de critique illimité. Il est toujours permis d'interpréter ce que les Écritures enseignent et rapportent de « surnaturel » comme une vérité purement morale et non littérale ; ce qu'elle affirme d'« irrationnel » doit être, en tous cas, interprété de la sorte. La raison peut se reconnaître dans le texte, mais non se plier à son autorité, car elle constitue en nous le seul critère permettant de juger de l'authenticité surhumaine du texte lui-même. La raison adhère au christianisme, car c'est la seule religion où elle retrouve l'expression de ses exigences. Dans les limites de la raison, cette religion se montre hostile à toutes les Églises, leur attribuant un dogmatisme coupable où elle voit une source de discorde, un renoncement à l'universel. La religion rationnelle se propose un seul but : le rachat de l'homme par son amélioration morale ; ce programme ne peut en aucun cas donner lieu à la formation de sectes. On trouve cependant, chez l'homme, une exigence mystique échappant au contrôle de la raison, mais que toutefois Kant ne condamne pas explicitement.

Le conflit entre faculté philosophique et faculté juridique provient du fait que la philosophie se propose d'améliorer le droit positif en le critiquant. Semblable prétention pourrait se justifier rationnellement par la seule démonstration de l'existence d'un progrès moral de l'humanité. Une preuve décisive, selon Kant, nous en est fournie par la Révolution française à propos de laquelle le philosophe portera ce jugement célèbre : « Cette révolution d'un peuple intelligent, que nous avons pu voir se dérouler de nos jours, peut réussir ou échouer ; elle offre cependant le spectacle de tant de misères et de cruautés que tout homme sage, espérant, en l'entreprenant une deuxième fois, la mener à bonne fin, ne se résoudrait toutefois jamais à tenter une expérience aussi chèrement payée ; mais j'ajouterai que cette révolution éveille dans l'âme de tous les spectateurs l'écho d'une sympathie proche de l'enthousiasme, telle que seule une tendance morale propre au genre humain pourrait l'engendrer. » Pour Kant, cet enthousiasme prouve qu'il existe chez l'homme une volonté politique désintéressée, ou bien que la politique et, à travers elle, le droit rentrent dans la sphère de l'activité morale.

La deuxième partie de l'ouvrage, traitant des rapports entre philosophie et médecine, reflète un courant de pensée assez répandu dans la littérature allemande de l'époque ; la tendance à voir dans la volonté un remède à de nombreuses maladies ; ce qui constitue en fait une recherche sérieuse, mais dégénère par la suite, dans le détail, en un certain dilettantisme auquel Kant lui-même n'échappe point. – Trad. Vrin, 1935 ; Gallimard, 1986.

CONFLIT DES INTERPRÉTATIONS (Le). Ouvrage du philosophe français Paul Ricœur (né en 1913), publié en 1969.

Le titre de l'ouvrage fait référence aux tensions et aux interprétations conflictuelles qui ont contribué à la dislocation du discours humain. Les progrès de ces disciplines disparates que sont la logique symbolique, la science exégétique, l'anthropologie ou la psychanalyse rendent aujourd'hui problématique « l'unité du parler humain ». Les essais d'herméneutique rassemblés dans *Le Conflit des interprétations* veulent explorer les foyers conflictuels qui se trouvent au cœur des discussions contemporaines : structuralisme et mort du sujet, linguistique structurale et sémantique, herméneutique et psychanalyse. Comment arbitrer le conflit de ces interprétations rivales ? Seule une philosophie du langage pourrait rendre compte des « multiples fonctions du signifier humain ». Aussi Paul Ricœur propose-t-il d'appeler « symbolique » les expressions multivoques (l'architecture du sens « qu'on peut appeler double-sens ou multiple-sens ») qui constituent proprement le champ herméneutique. Quant à l'« interprétation », elle désigne le travail de pensée qui, à partir de la signification littérale, déploie tous les niveaux de la signification qui y sont impliqués : « Symbole et interprétation deviennent ainsi des concepts corrélatifs. » L'interprétation rend manifeste la pluralité des sens. Elle intervient là où il y a sens multiple. C'est en fonction de ces prémisses que l'herméneutique rencontre successivement (il s'agit de l'ordre d'exposition des essais) le structuralisme, la psychanalyse, la phénoménologie, la symbolique du mal (déjà abordée dans *Finitude et Culpabilité*, 1960) et enfin la religion et la foi. Mais si l'herméneutique philosophique doit s'attacher à la structure sémantique des expressions à sens multiple, cela ne suffit pas à la qualifier comme philosophie. C'est le langage lui-même, en tant qu'il est milieu signifiant, qui demande à être « référé à l'existence ». À l'étape sémantique doit alors succéder l'étape réflexive qui fait le lien entre la « compréhension des signes » et la « compréhension de soi », sans pour autant que le soi se trouve identifié au primat du Cogito : on voit déjà apparaître ce qui sera le motif essentiel de *Soi-même comme un autre* (*). Une philosophie de la réflexion n'est en aucun cas une philosophie de la conscience dans la mesure où elle sait (parce que toutes les disciplines exégétiques — la psychanalyse notamment — le lui ont appris) que la conscience dite « immédiate » est aussi une conscience « fausse ». À travers la critique de la conscience, il est alors possible d'accéder à une problématique de l'existence comme désir : devant la psychanalyse, le philosophe est amené à s'interroger sur le rapport de la signification et du désir, du langage et de la vie. C'est ainsi que nous sommes ramenés à un horizon ontologique à la fois pris dans le risque de l'interprétation, mais qui ne cède pas pour autant à la tentation de considérer les herméneutiques rivales comme des jeux de langage. M. R. d'A.

CONFORMISTE (Le) [*Il conformista*]. Roman de l'écrivain italien Alberto Moravia (1907-1990), publié en 1951. Le bouillonnement de ses instincts, ses tendances à la violence, ses pulsions homosexuelles inquiètent l'adolescent Marcello, issu de la grande bourgeoisie romaine, et il cherche un recours, une règle que ses parents, indifférents ou absents, lui refusent. Devenu adulte, il décide que la seule norme à suivre est d'être comme tout le monde : pour faire oublier son enfance désordonnée et pour expier l'assassinat involontaire d'un homme qui lui faisait des avances, il s'emploie à devenir un employé modèle, un bon mari, un bon père et un fasciste exemplaire. À l'occasion de son voyage de noces à Paris, il accepte même de collaborer avec la police politique et d'entrer en contact avec son ancien professeur de philosophie, dirigeant antifasciste... Marcello met alors le doigt dans un redoutable engrenage qui conduit au terrorisme d'État.

Dans ce gros roman souvent laborieux mais riche en rebondissements, l'écrivain pose la douloureuse et difficile question des raisons qui ont pu conduire tant de consciences à abdiquer toute liberté, tant d'hommes moyens à devenir des assassins. Son explication sinon du fascisme du moins d'une adhésion à un régime totalitaire fut violemment critiquée parce qu'elle mettait entre parenthèses les choix idéologiques et le contexte historique : nous ne retrouvons en effet dans ce livre ni le sinistre folklore des chemises noires ou des têtes de mort, ni l'obsédante présence du Duce, ni la doctrine fasciste. Marcello est fasciste à Rome comme il serait nazi à Berlin ou franquiste à Madrid. C'est que par-delà la spécificité du fascisme de Mussolini, Moravia s'intéresse au malheur de la conscience qui a perdu la loi de Dieu ou celle du Père. La famille, l'école, la culture ne sont pas là pour apprendre à Marcello à prendre en charge sa nature, à comprendre son désordre, à gérer sa liberté. De l'angoisse que provoque en lui l'effondrement des cadres autoritaires naît le besoin d'une conduite moyenne qu'il identifie aux comportements proposés par la collectivité et considérés comme « normaux ». Plus l'autre se révèle ambigu et fuyant dans sa réalité concrète, plus la conscience est rejetée vers un modèle abstrait qu'elle poursuit avec rigueur et même férocité, plus elle tend à se « normaliser » et à « normaliser » ceux qui l'entourent. L'écrivain semble ainsi chercher la source psychologique du fascisme dans un mal qui peut toucher toutes les sociétés, démocratiques ou totalitaires : la peur de la liberté à laquelle répond le conformisme. Derrière le fascisme des chefs apparaît un fascisme des masses, subtil terrorisme en vertu duquel chaque homme opprime son semblable pour qu'il lui renvoie docilement l'image qui le confirmera dans sa conviction d'être sain et normal. — Trad. Flammarion, 1952. G. de V.

CONFORMITÉ DU LANGAGE FRANÇAIS AVEC LE GREC. Traité de l'érudit français Henri II Estienne (1531-1598). L'auteur de cet ouvrage est le plus important personnage de cette dynastie de typographes et d'éditeurs fondée par Henri I Estienne, son grand-père, célèbre dans le monde des humanistes sous le nom de Stefanus. L'œuvre est très intéressante au point de vue historique, car elle est une importante contribution à la polémique sur l'italianisme et sur le rétablissement des études classiques en France. Le livre, publié en 1565, est écrit avec l'intention d'illustrer les affinités linguistiques du grec et du français ; pourtant, ce sujet qui ne repose pas sur des bases scientifiques sérieuses est en réalité mis de côté, et l'auteur se propose, comme but plus immédiat, de démontrer qu'il n'y a aucun peuple qui soit plus apte que les Français à comprendre la valeur morale et la beauté de la littérature grecque de l'Antiquité.

Partant d'un tel postulat, il était facile à Estienne de proclamer, en face de l'invasion de l'italianisme, que la langue française était la reine des langues modernes. Elle possède en soi les qualités nécessaires à toutes les formes littéraires, depuis la poésie lyrique jusqu'au traité doctrinal. Un tel ouvrage a donc sa place parmi ceux dans lesquels les érudits français du XVIe siècle affirment l'excellence de leur culture et l'importance toujours plus décisive du français dans la tradition même des études classiques. Pour bien comprendre cette œuvre dans toute sa complexité historique, il ne faut pas la dissocier des observations plus directement polémiques contenues dans le *Projet du livre intitulé De la précellence du langage français* (*).

CONFORT INTELLECTUEL (Le). Essai de l'écrivain français Marcel Aymé (1902-1967), publié en 1949. L'auteur nous rapporte les théories littéraires et morales d'un certain M. Lepage qui accuse sa classe, la bourgeoisie, de sombrer dans l'abîme par romantisme, absence de logique, goût maladif de l'extraordinaire et peur du ridicule. M. Lepage traque le vocabulaire déliquescent et engage un furieux duel avec Anaïs Coiffard, sa gouvernante, archétype de la bourgeoisie pseudo-intellectuelle d'aujourd'hui. Le livre a été assez fraîchement accueilli par les critiques, gênés de ne pas comprendre dans quelle mesure Marcel Aymé partageait les opinions de ses héros. Roger Nimier a très bien répondu à ces critiques : « Il faut placer cet essai, dit-il, à la suite de *Travelingue* (*). Anaïs Coiffard est une cousine des demoiselles Ancelot. Elle aussi parle de primitivisme bouleversant. Elle aussi ne se préoccupe pas de lire, mais d'avoir l'air de comprendre, d'être dans le coup, etc. Quant à M. Lepage, il représente la bourgeoisie telle que la voudrait Marcel Aymé pour qu'elle fût conforme à son essence ; s'attachant à parler clairement, avouant que l'incompréhensible n'a pas de sens, ne disant pas "und so weiter", mais et cætera. » « En réalité, dit M. Lepage, il n'y a pas de littérature classique ni de littérature romantique. Il y a d'une part la littérature saine, intelligible, dont les mots restent dans un rapport fidèle avec les objets qu'ils désignent, et d'autre part la littérature viscérale, qui s'est donnée aux femmes, et où le respect des mots, de leur valeur propre a fait place au culte du flou, du vague, de l'étrange. » Roger Nimier remarque encore : « M. Lepage est le Chrysale des *Précieuses ridicules* (*), mais un Chrysale intelligent et victorieux. Il est vrai qu'on a longtemps et amèrement reproché à Molière ses servantes, ses pères de famille, au bon sens un peu compact. C'est une grande confusion dans l'ordre de la pensée : pour combattre un imbécile, ce n'est pas don Quichotte qui est nécessaire, ce n'est pas l'héroïsme, c'est le bon sens. Les conclusions d'un Chrysale plus éclairé auraient consisté à prôner les classiques : et Corneille, et La Fontaine, et La Rochefoucauld... C'est ce que fait M. Lepage – et, en plus, il sait apprécier Lautréamont. »

CONFRATERNITÉ [*Bratrstvo*]. Roman historique de l'écrivain tchèque Alois Jirásek (1851-1930), publié en 1908. Il a comme sous-titre « Trois rhapsodies : La Bataille de Lučenec, Maria, Les Mendiants » et représente dans l'ensemble un tableau historique de la dissolution, advenue après 1451, des dernières troupes hussites, et, en particulier, de la période où le chef Jans Jiskra de Brandýs, dans sa charge de « Capitaine des hautes régions du royaume de Hongrie », défendit contre le gouverneur de la Hongrie méridionale, Hunyadi, les terres de la Slovaquie, en faveur du roi mineur, Ladislav. L'histoire de la dissolution des troupes se développe au cours d'un grand nombre d'épisodes : la première rhapsodie débute par les intrigues de Maria, la femme hongroise du noble déchu, Bodorovský, qui s'est joint à la confraternité des guerriers tchèques qui occupent la Slovaquie ; suit l'épisode central du siège de Lučenec par les Hongrois et la libération de la ville par les troupes de Jiskra qui infligent à l'armée de Hunyadi une lourde défaite. Dans la seconde rhapsodie, Maria, qui poursuit ses intrigues, passe au premier plan, et l'on voit Jiskra vaincu qui, après diverses péripéties, abandonne villes et châteaux. La lutte est continuée par un groupe de membres de la confraternité qui n'acceptent pas les conditions de l'armistice et combattent sans beaucoup de succès d'ailleurs, car un de leurs capitaines, Talafús, se laisse séduire par les charmes de la « Hongroise », et la confraternité perd le château de Spiš, clef de sa défense. Jiskra, par ordre du roi, dissout la confraternité dont les membres restent en Slovaquie plutôt que d'aller comme mercenaires au service d'étrangers. Cet épisode marque le début de la troisième rhapsodie, où les intrigues de Maria continuent à entraîner vers la ruine le capitaine Talafús, qui est malheureusement blessé. Les membres de la confraternité sont assiégés dans le château de Spiš, de nouveau entre leurs mains, mais la défense est désespérée. Talafús, apprenant que Maria trahit, demande aux confrères de prononcer une sentence contre elle. Elle est d'ailleurs tuée en luttant contre un des membres de la confraternité, Janko Kozic, dont elle a tué le frère. Par ce dernier épisode tragique se termine la résistance de la confraternité tchèque, coupable de s'être transformée, d'une troupe de guerriers de Dieu, comme le voulait le fameux capitaine hussite Žižka, en une masse d'hommes corrompus par le jeu, par les femmes et par l'avidité du butin. L'intrigue excessivement emmêlée nuit au roman-épopée, dans lequel toutefois se détachent avec force les figures vraiment épiques des fiers et courageux capitaines hussites, tchèques et slovaques, décrites avec une grande vérité historique et artistique.

CONFUSION DES SENTIMENTS (La) [*Verwirrung der Gefühle*]. Il s'agit de trois longues nouvelles, publiées en 1926, de l'écrivain autrichien Stefan Zweig (1881-1942). Les héros sont entièrement dominés par leurs passions qui créent de douloureux conflits, tant vis-à-vis des autres que vis-à-vis d'eux-mêmes. C'est le cas de la dame anglaise de *Vingt-quatre heures de la vie d'une femme* (*). Veuve et déjà d'un certain âge, elle rencontre à Monte-Carlo un Polonais qu'une forte perte au jeu va pousser à un acte désespéré. Obéissant à un sentiment de pure pitié, la dame conduit le joueur sans ressources dans une auberge. L'intérêt qu'elle porte à cet homme engendre une dangereuse équivoque, qu'elle ne parvient pas à dissiper tout à fait. Après une nuit absurde, dont le souvenir pèsera sur toute sa vie, la dame remet au jeune homme de l'argent pour qu'il puisse retourner chez lui : et celui-ci jure de renoncer au jeu. Mais brusquement l'Anglaise éprouve un violent désir pour ce jeune homme. Errant à travers les salles du casino, elle le revoit à la table de jeu. La dame comprend qu'elle n'est plus rien pour lui. Perdant tout contrôle d'elle-même, elle lui adresse d'amers reproches, auxquels le Polonais répond brutalement en lui jetant une poignée d'argent au visage. On sent là, comme dans toutes les œuvres de cet auteur, la profonde influence des théories psychanalytiques, dont Zweig fut un fervent défenseur. – Trad. Stock, 1929.

CONGÉS. Poème en quarante stances du trouvère Jean Bodel (début du XIIIe siècle), célèbre parce qu'il inaugure une tradition littéraire, celle des confessions d'un poète à l'approche de la mort. Le malheureux auteur du *Jeu de saint Nicolas* (*) a été inexorablement frappé par le mal : bientôt la lèpre aura raison de lui. Il déplore de quitter le monde où il a combattu et aimé ; il évoque en particulier le souvenir de moments heureux, en se tournant vers ses amis de la ville d'Arras. Et il leur dit adieu avec regret, avant que son destin inéluctable ne s'accomplisse. Cette composition est remarquable dans la littérature française en ce sens que, tout en utilisant des motifs autobiographiques exprimés parfois avec beaucoup de vie, elle les transfigure en une confession qui est déjà une fiction idéale et un motif littéraire par elle-même, selon une attitude que l'on retrouvera dans toute sa splendeur avec l'œuvre lyrique de François Villon dont les *Testaments* (*) sont le chef-d'œuvre du genre. – Les *Congés* ont été édités par P. Ruelle (Paris-Bruxelles, 1965).

CONGO ET AUTRES POÈMES (Le) [*The Congo and other Poems*]. Recueil, publié en 1914, du poète américain Vachel Lindsay (1879-1931). Lindsay se rendit célèbre en prêchant l'évangile de la beauté en Floride, en Géorgie et en Caroline du Sud. Rempli d'enthousiasme pour l'âme et la psychologie des Noirs, il se fit le porte-parole de Langston Hughes, le plus typique et le plus puissant des poètes noirs dont s'enorgueillira la poésie américaine et dont Lindsay découvrit le génie, tandis que Hughes exerçait le métier de porteur dans un hôtel de Washington. Véhémente et étrange, la poésie de Lindsay est riche de résonances populaires. Il utilise le folklore nègre et les rythmes de jazz, surtout dans le poème lyrique qui donne son titre au recueil : *Le Congo,* lequel a comme sous-titre « Étude sur la race nègre », et doit être accompagné d'un chant. Divisé en trois parties correspondant respectivement à la sauvagerie primitive des Noirs, à leur allégresse naturelle, à leur espoir en Dieu, ce poème tend surtout à abattre toute barrière entre la poésie et la musique.

CONGRÈS DE VÉRONE (Le). Écrit politique de l'écrivain français François-René de Chateaubriand (1768-1848), publié en 1838, pour justifier devant l'opinion publique son activité de ministre des Affaires étrangères. On sait qu'à Vérone, en 1823, le congrès des souverains d'Europe souleva un problème voisin de celui du congrès de Vienne et de la Sainte-Alliance : comment empêcher la propagation et le triomphe des idées de liberté et d'indépendance nationale ? Il s'agissait en particulier d'intervenir en Espagne pour rétablir sur le trône le roi Ferdinand VII. Chateaubriand participa à ce congrès comme représentant de la France. Il soutint jusqu'à son triomphe l'idée la moins en faveur : celle de laisser à la France la responsabilité, et en même temps l'honneur, d'une campagne contre les insurgés espagnols, qui conduisît au rétablissement de la monarchie. Fermement décidé à faire triompher ce projet qui devait couvrir de gloire son pays et lui-même, il réussit à rallier à son opinion le méfiant Metternich, surtout à la suite des reproches adressés à l'Angleterre au sujet des colonies espagnoles d'Amérique – v. *Colonies espagnoles* (*) – car celles-ci se seraient définitivement détachées de l'Espagne sans l'intervention d'un gouvernement monarchique puissant rétabli dans ce pays. L'entreprise se développa dans l'ensemble selon les plans de Chateaubriand, qui exposa, dans les développements et les documents de son livre consacré justement à *La Guerre d'Espagne* (*), les raisons qui l'avaient poussé à entraîner la France sur le chemin de sa tradition militaire et de sa traditionnelle hégémonie. L'éclat de cette œuvre, des raisonnements et des péroraisons qu'elle contient, est soutenu par une langue chaude et colorée, où la raison d'État se fond avec les considérations personnelles. L'homme Chateaubriand parle à l'Europe comme un tribun ; dans cette même attitude, où la littérature se drape d'un prestige national et social, l'auteur trouvera bientôt un disciple plus puissant que lui en Victor Hugo.

CONJECTURES de Nicolas de Cuse [*De conjecturis*]. Ouvrage en deux volumes du théologien et philosophe allemand Nicolas de Cuse (1401-1464). Les *Conjectures,* qui constituent en quelque sorte un complément à la *Docte ignorance* (*), traitent tout particulièrement du problème de la connaissance. À l'instar de Dieu créant le monde, l'esprit humain engendre son propre univers cognitif, mais, alors que Dieu a de son œuvre une connaissance absolue, l'homme en est réduit à des conjectures quant à la nature de Dieu et les réalités de la création. Le dualisme entre Dieu et l'homme demeure irréductible, car il n'y a nulle proportion du fini à l'infini. Aussi une connaissance absolue et infinie est-elle inaccessible à l'homme, et notre savoir demeure irrémédiablement limité aux choses finies. La logique du fini, qui est celle d'Aristote, ne peut donc en aucun cas s'appliquer à Dieu : toute théologie rationnelle doit être abandonnée au profit d'une théologie mystique. Cependant, si Dieu n'est accessible que par l'intermédiaire de l'amour intellectuel et de l'extase, celle-ci suppose une démarche complexe de l'esprit et du savoir, et ce dernier à son tour, loin d'être une perception immédiate de la réalité, constitue en fait une approximation graduelle de Dieu et de la vérité. Ceci permet à de Cuse de surmonter le dogmatisme médiéval et d'orienter la philosophie vers le but que Kant et Hegel atteindront plus tard. Établissant en quelque sorte une phénoménologie de la connaissance, il en étudie les degrés : le premier degré est constitué par la multiplicité des données sensibles, enregistrées par l'imagination et soumises au jugement de la raison. Mais la raison, du fait que son champ d'application est le fini, demeure liée au principe de contradiction et, partant, ne peut expliquer et concilier les contraires. Les mathématiques constituent la plus parfaite des sciences de la raison, mais sont également limitées au fini, bien que l'existence d'un calcul symbolique de l'infini soit admise par l'auteur. La forme la plus parfaite de la connaissance se trouve atteinte par l'intellect qui, n'étant pas astreint au principe de contradiction, peut concilier les contraires en les ramenant à l'unité de Dieu. Mais semblable unité demeure en soi inaccessible à l'intellect : en atteignant son maximum de perfection, la pensée cesse du même coup son activité. La phénoménologie de la connaissance aboutit ainsi à la perception de toute chose en Dieu, perception impossible en dehors du processus qui a permis de l'atteindre. Le savoir humain n'est donc jamais positif : conscience de non-savoir, donc ignorance, il ne peut atteindre à Dieu, sa limite absolue, et demeure, quoi qu'il fasse, une opération progressive et conjecturale sur la nature de Dieu et la réalité.

CONJECTURES ACADÉMIQUES ou DISSERTATION SUR L'ILIADE. Traité de philologie de l'écrivain français François Hédelin, abbé d'Aubignac (1604-1676), publié en 1715. En examinant les poèmes venus jusqu'à nous sous le nom d'Homère, ce savant découvre quelques discordances dans l'esprit et dans la langue des deux œuvres. Non seulement la façon de traiter le sujet des deux livres est différente, à tel point que déjà les Anciens avaient attribué l'un à la jeunesse et l'autre à la vieillesse du poète, mais même leur conception de la vie et de la divinité offre des contrastes. En particulier si l'on examine la structure et la langue de l'*Iliade* (*), les différences de style et de forme font qu'il ne peut s'agir de l'œuvre d'un seul poète. C'est au contraire une tradition nationale variée, de chanteurs et de poètes populaires qui transmirent diverses reconstitutions de la geste de Troie, jusqu'à leur refonte et leur groupement par Lycurgue ou par Pisistrate. La polémique soulevée par cet érudit a une importance exceptionnelle en ce qui concerne la façon de poser le problème d'Homère. D'Aubignac devance les affirmations de nombreux savants, en particulier celles de Vico dans *La Science nouvelle* (*) et de Wolf dans ses *Prolégomènes à Homère* [*Prolegomena ad Homerum*] et prend part aux discussions d'alors sur la comparaison des Anciens et des Modernes. Il porte un grand coup à l'école académiquement classique, qui ne se rendait pas compte de la différence entre les œuvres poétiques du passé et le goût nouveau d'une société cartésienne.

CONJURATION DE CATILINA (La) [*De conjuratione Catilinae*]. Monographie de l'historien latin Salluste (86-35 av. J.-C.) sur la conjuration dite de Catilina (63 av. J.-C.), écrite vingt ans après les faits. Cette conjuration ne fut qu'un des épisodes d'un vaste mouvement révolutionnaire contre la noblesse, dont les chefs étaient Jules César et Licinius Crassus. Mais ces derniers ne prirent aucune part visible au plan de violence que Catilina tenta d'exécuter après que Cicéron eut rendu vains ses efforts pour atteindre au pouvoir par les voies légales. Les bruits d'une complicité de César et de Crassus furent répandus postérieurement et peut-être par Cicéron lui-même. Le but secret visé par Salluste, qui avait été un des protégés de Jules César, était de défendre la mémoire de son protecteur en rejetant toute la faute sur Catilina. Il peint ce dernier sous de sombres couleurs, comme un homme débauché, dépourvu de tout sens moral, mais non de mérites et même de grandeur. Toujours d'après Salluste, sa corruption était commune à la plupart des jeunes gens de la noblesse. Aussi Salluste fait-il précéder son récit d'un long préambule, qui retrace les changements de mœurs depuis la fondation de Rome. Ensuite, à partir de la jeunesse de Catilina, son récit avance rapidement et d'une façon concise jusqu'à la catastrophe. Salluste, historien pragmatique, met en relief l'enchaînement des faits. Ils dépendent de la volonté des hommes supérieurs qui savent entraîner les masses ; c'est ainsi que, de tous les personnages ayant fait partie de ce mouvement, Salluste ne place au premier plan que les grands chefs. Il en a peint le caractère avec des traits précis, en des tableaux restés célèbres par la profondeur de l'enquête psychologique et par la vérité artistique : Catilina, Sempronia, immorale et raffinée, César, Caton.

L'accent d'impartiale objectivité et d'exhortation à une morale élevée, qu'on retrouve tout au long de cette œuvre, s'accorde mal avec le passé orageux de l'auteur et ses partis pris. Ces derniers sont évidents et se révèlent même par des déformations de la réalité. Mais la finesse de son interprétation, le charme de son style très personnel, brusque et pénétré d'un léger accent poétique et archaïque, ont fait triompher sa thèse et condamné Catilina devant la postérité. – Trad. Les Belles Lettres, 1947.

CONJURATION DE FIESQUE À GÊNES (La) [*Die Verschwörung des Fiesko zu Genua*]. Tragédie du poète et dramaturge allemand Johann Christoph Friedrich von Schiller (1759-1805), écrite en 1782-1783. Ainsi que *Les Brigands* (*) et *Intrigue et Amour* (*), cet ouvrage appartient aux années de la jeunesse du poète et se ressent de l'influence du « Sturm und Drang ». C'est son premier ouvrage historique ; il inaugura cette série de drames puissants dans lesquels des caractères vigoureux luttent pour deux idéaux également chers aux hommes : la puissance et la liberté. Comme les autres œuvres de jeunesse de Schiller, *La Conjuration de Fiesque* est très influencée par les théories hardies de Rousseau et par *Goetz de Berlichingen* (*) de Goethe. Toutefois, on peut y remarquer aussi l'influence de Plutarque. Fiesque est, selon l'idée première de l'auteur, un de ces nombreux héros de Plutarque qui, au nom de la liberté et de la patrie, se révoltent contre toute oppression.

Schiller puisa son sujet dans *La Conjuration du comte Jean-Louis de Fiesque* (*), ouvrage du cardinal de Retz, mais il en changea le développement d'une façon très libre. Le tyran Gianettino, de la puissante famille des Doria, contre lequel Fiesque conspire, n'a jamais existé ; de même, la fin de Fiesque, mort tragiquement et seulement par hasard, ne correspond nullement à la vérité historique. La république de Gênes a été rendue forte et florissante par son grand amiral André Doria. Ce dernier, tout en ayant transformé son pouvoir de doge en une sorte de seigneurie, a gouverné la ville avec justice, en véritable défenseur de la liberté ; le pouvoir passe au successeur, son neveu Gianettino, qui suscite très vite dans la ville qu'il tyrannise une conjuration dangereuse contre la famille des Doria. Verrina, ardent républicain, dont la fille a été violée par Gianettino, parvient à persuader Fiesque, comte de Lavagna, à s'unir à lui pour reconquérir la liberté perdue et à se mettre à la tête des conspirateurs. Le complot est couronné de succès. Les Doria sont renversés. Gênes a l'illusion d'être sauvée, lorsqu'un nouvel ennemi se présente : Fiesque lui-même, qui aspire au pouvoir suprême et se fait proclamer duc. L'amour immense et dévoué de sa femme Léonore ne parvient pas à étouffer en lui cette ambition démesurée : et même les convictions républicaines intransigeantes de Verrina ne peuvent le détourner de son programme dangereux. La catastrophe est inévitable : ce Brutus manqué devient un César manqué qui expie son orgueil par la mort. Verrina le tue, non par un coup de poignard, mais en le précipitant dans la mer. Verrina, le républicain, le véritable Brutus, se rend alors chez André Doria, le vieux et glorieux amiral. Lui seul peut garantir la prospérité tranquille de Gênes, le respect de la liberté et la paix tant désirée. Les femmes sont toutes, sans exception, des personnages de deuxième plan : Berthe, fille de Verrina, la « Virginie » de ce drame : la comtesse Julie Imperiali, sœur de Gianettino, maîtresse de Fiesque, et Léonore, la douce épouse amoureuse du héros. Par la suite, cette femme se révélera capable de renoncer à son idéal, lorsqu'elle s'apercevra, mais trop tard, que cette montée dangereuse vers le pouvoir risque de lui faire perdre l'amour même de son mari.

Si l'on compare *La Conjuration de Fiesque* aux *Brigands* (*), on s'aperçoit que le premier de ces drames est écrit dans une langue plus pure, moins déclamatoire et que, dans certaines scènes, il atteint à un lyrisme de la meilleure veine. Les *Brigands*, au contraire, se présentent comme une polémique dirigée contre la société corrompue. Pourtant, *La Conjuration de Fiesque* a un sujet plus limité : les discordes d'un peuple, la lutte opiniâtre contre le tyran. Son horizon, son envolée aussi sont plus bornés. L'auteur ne parvient pas toujours à éviter le danger de tomber dans « l'histoire mise en scène ». Néanmoins, cette tragédie peut encore passer la rampe. Les unités de temps et de lieu sont respectées avec intransigeance : l'action se développe dans le palais des Fiesque à Gênes, et couvre une période de trois journées, du milieu de la nuit du 31 décembre jusqu'à la nuit du 2 au 3 janvier. – Trad. *Œuvres de Schiller,* vol. II, Hachette, 1859-1862.

CONJURATION DU COMTE JEAN-LOUIS DE FIESQUE (La). Œuvre historique, écrite à l'âge de dix-huit ans par l'homme politique et écrivain français Jean-François

Paul de Gondi, cardinal de Retz (1613-1679), publiée anonymement à Paris en 1665, et plus tard remaniée, en 1682. L'entreprise hardie et tragique de Jean-Louis Fiesque, descendant des comtes de Lavagne (1523-1547), avait déjà suscité un certain nombre d'écrits parmi lesquels *La Conjuration du comte Jean-Louis de Fiesque* par Augustin Mascardi (1591-1640), publié en 1629. Vers 1541, l'audacieux Génois essaie d'entrer en rapport avec la cour de France dans le but de comploter contre le vieil Andréa Doria et de le remplacer par un homme lige de la nation amie. Soutenu secrètement par François Ier et le duc de Parme, Pierre Louis Farnèse, Fiesque se procure des galères et recrute des factieux. Le 2 janvier 1547, il ordonne l'insurrection. Les conjurés s'emparent des arsenaux et de quelques quartiers de Gênes, mais au moment de monter sur une galère, le comte tombe à la mer et le poids de sa cuirasse l'empêche de se sauver. Les conspirateurs, privés de leur chef, sont vite dispersés et vaincus. On les arrête ; ils sont condamnés à l'exil par le doge et les magistrats de la République. L'œuvre de Retz, qui se montrait déjà dans sa jeunesse ambitieux et averti des vices humains, s'efforce de faire ressortir l'audace du plan de Fiesque qui cherchait avant tout à instaurer une seigneurie capable de mettre en relief son caractère aventureux ; mais dans l'ensemble le récit est assez plat, en raison de fréquentes digressions.

CONNAISSANCE DE LA DOULEUR (La) [*La cognizione del dolore*]. Roman de l'écrivain italien Carlo Emilio Gadda (1893-1973), publié de 1938 à 1941 dans *Letteratum*, puis en volume en 1963. Dans un pays imaginaire de l'Amérique du Sud, qui émerge à peine d'une longue guerre contre un pays voisin, l'ingénieur hidalgo Gonzalo Pirobutirro exhale ses rancœurs. Cloîtré dans la vieille demeure ancestrale dont les murs se lézardent et dont les champs ont cessé de produire, il s'abandonne à des accès de fureur contre le monde qui l'entoure : les « péons » voleurs et ivrognes, les petits-bourgeois qui exploitent l'ignorance du peuple pour en servir les vices, les profiteurs de guerre, les militaires bellicistes, les hommes d'affaires qui guettent la ruine des nobles pour les dépouiller. Sa colère n'excepte pas même sa mère, qu'il bat, insulte, humilie, en l'accusant de se laisser berner par son bon cœur, son orgueil de mère et de noble, son souci de garder la Villa Pirobutirro, même au prix de la ruine de la famille. Dernier des individualistes et dernier des Pirobutirro, Gonzalo a refusé la protection de l'« Institut de vigilance nocturne », chargé de veiller sur les domaines des grands propriétaires terriens du pays, tout comme il repousse les conseils de sagesse du docteur qui voit en lui une proie facile pour une de ses nombreuses filles. Le roman, resté inachevé, devait se continuer par la fuite de Gonzalo et le siège de la propriété par les hommes de l'« Institut de vigilance nocturne ». La mère mourait pendant l'assaut avec le soupçon que Gonzalo avait été l'instigateur de l'agression. Dans cette satire transparente, Gadda a voulu donner libre cours à sa colère d'écrivain antifasciste et antibourgeois. Le roman dénonce la collusion de la bourgeoisie italienne avec le régime fasciste. L'« Institut de vigilance nocturne » cache à peine l'organisation du régime fasciste, soutenu par les grands propriétaires terriens. Les « péons » figurent le peuple italien muselé par son ignorance et les tabous politiques et religieux. La « douleur » de Gonzalo est celle de l'intellectuel lucide, dont le refus du monde où il vit peut aller jusqu'au désir d'autodestruction et d'anéantissement général. En même temps, la souffrance de Gonzalo se rattache à un antique fonds de souffrance humaine, peut-être lié à l'enfance et au caractère passionnel, exclusif, de la « mère » italienne. À la fois violent et grotesque, satirique et exaspéré, le livre est écrit dans ce style « baroque » propre à Gadda qui utilise toutes les ressources de la parodie, de la lexicologie et de l'invention verbale. À travers le grossissement parodique de l'écriture, le livre se transforme en une sorte d'épopée du désespoir et de la colère humaine. Né du mépris et d'un besoin de délivrance au moins verbale, le roman est resté inachevé, les événements politiques postérieurs à 1940 ayant ôté à l'écrivain le goût de le continuer. Mais tel quel c'est une œuvre majeure de Gadda, et on l'a souvent comparé en Italie, pour son thème et sa manière, à l'*Ulysse* (*) de Joyce. — Trad. Ed. du Seuil, 1987.

CONNAISSANCE DE L'ÂME (De la). Œuvre d'Auguste Alphonse Gratry (1805-1872), prêtre oratorien, professeur à la Sorbonne et membre de l'Académie française, publiée en deux volumes, en 1859. Cette œuvre reflète l'esprit pénétrant d'un des plus illustres représentants du courant spiritualiste français du siècle dernier. Toute l'œuvre est imprégnée de christianisme, de spiritualité, de moralité. L'âme humaine y est étudiée en soi, dans ses relations avec le corps et dans ses facultés de connaissance et de volonté, dans le dessein de faciliter son élévation jusqu'à Dieu et son propre perfectionnement. Le moyen d'atteindre ces buts sublimes, c'est la victoire sur l'égoïsme. En effet, ce vice, qui replie l'âme sur elle-même, est le grand obstacle qui sépare l'âme de Dieu parce qu'il éteint la lumière et l'amour, la vérité et la charité ; et, en éteignant la lumière et en étouffant l'amour, l'égoïsme dessèche et tue les forces vitales de l'âme. L'égoïsme est vaincu par le sacrifice, acte libre de la volonté qui consent à renoncer à elle-même pour se rapprocher de Dieu. À travers le sacrifice, l'âme se transforme et s'élève. C'est cette victoire continuelle sur l'égoïsme pour se rapprocher de Dieu qui doit être le but de la vie morale de l'homme. Cette vie a pour but suprême l'immortalité. Les pages que Gratry a écrites sur l'immortalité de l'âme font passer sur l'écrit humain un souffle d'infini, et la description poétique du lieu où se rencontreront les âmes dans l'immortalité s'inspire des évocations mystiques de saint Paul et de saint Thomas. Le lyrisme atteint son sommet dans la contemplation de la mort, l'automne et l'hiver de la vie. Celle qui est la grande maîtresse de la vie et de l'immortalité transporte l'homme dans les régions du divin. Ce testament spirituel de Gratry renferme des pages qui comptent parmi les plus belles et les plus harmonieuses qui aient été écrites sur la nature de l'âme humaine.

CONNAISSANCE DE LA MORT. Recueil de douze nouvelles de l'écrivain français Roger Vitrac (1899-1952), publié à Paris en 1927. Quelle est cette mort que Vitrac cherche à cerner ? D'abord la mort physiologique, la mort des organes, ou plutôt la séparation des organes les uns d'avec les autres : les étals des bouchers, les expériences de dissection et de reconstitution du corps humain, les mystérieux rites de Gilles de Rais, les derniers moments d'un condamné à mort et son supplice, et tous les supplices. Transparaissent aussi souvent le carnage, le crime, et l'imagination de Vitrac déborde de moyens pour tuer les autres et pour se tuer lui-même. Mais le suicide ne le satisfait pas, il est trop facile et il lui préfère le « long enlisement » par la drogue privilégiée, l'alcool qui provoque la grande libération. Conduisent aussi à la mort les maladies insinuantes (tuberculose) ou décomposantes (lèpre)... C'est dans cet enfer, où tous les éléments corporels sont anéantis, qu'apparaît le fantôme de l'amour, qui, grâce à ses masques : parure, métaphore, intention, tendresse, est à son tour vidé de sens, sous le scalpel de raison, autre fantôme dont les armes sont la science, la logique, l'évidence. Mais ces fantômes sont inutiles : la raison défaille devant la double existence constatée devant le miroir ou dans le rêve (Vitrac fait à ce propos une sévère critique des conceptions freudiennes), et l'amour hésite devant le sang, devant la maladie. L'homme est entouré de barrières monstrueuses et ardues : le corps, la chair, la peau, les vêtements, l'amour, la science. Il ne peut être sauvé que par les larmes ou le rire, identiques. La femme, même la femme-oiseau, ne peut que favoriser le pardon que l'homme ne peut donner qu'à lui. Et c'est l'« humoristique » qui libère l'homme entièrement, par ce recul sain qu'il prend devant toute chose, cette non-prise-au-sérieux, seule issue d'un drame que Roger Vitrac découvre en tâtonnant dans l'alchimie de sa connaissance.

CONNAISSANCE DE L'EST. C'est le premier livre qu'ait fait paraître l'écrivain français Paul Claudel (1868-1955). La première série de ces poèmes en prose porte les dates 1895-1900 et fut publiée en 1900 ; la seconde, datée de 1900-1905, parut en 1907. Ce sont les impressions d'Extrême-Orient du poète, qui passa plusieurs années en Chine où il fut successivement consul de France à Shanghaï, Fou-Tcheou, Pékin puis finalement Tien-Tsin, et où, ainsi qu'il le dit lui-même, il vécut « comme un poisson dans l'eau ». Dans chacun des morceaux qui forment le livre et sont indépendants les uns des autres, Claudel exprime en quelques notations brèves et d'une rare acuité l'essence d'un paysage, d'un spectacle, d'un objet, à l'aide desquelles il se fraie un chemin dans la mentalité et l'âme chinoises. Tantôt il décrit une pagode, une montagne, la mer, tantôt il évoque une fête locale, l'atmosphère particulière d'une saison ou d'un jardin, et peu à peu sa méditation gagne l'univers sans cependant perdre de vue l'objet qui lui a servi d'introduction. Ainsi, par touches successives, avec une technique toute proche de la peinture et de la poésie chinoises, il découvre à son lecteur une compréhension profonde et vivante non seulement de l'âme chinoise, dont il se révèle un grand connaisseur, mais de l'homme et de son destin. On trouve déjà dans ce livre ce style d'une grande beauté plastique et façonné d'une main ferme, mais habile, qui fera de Claudel un des plus grands écrivains français de son temps. Cependant, dans cette œuvre, la langue est plus recherchée, plus précieuse, plus soumise à la beauté musicale du mot et de la phrase qu'elle ne le sera dans les œuvres qui la suivront. Certaines de ces pièces peuvent être comptées au nombre des plus beaux poèmes en prose de la littérature française.

CONNAISSANCE DE L'HOMME [*Menschenkenntnis*]. « Étude de caractérologie individuelle » du psychologue autrichien Alfred Adler (1870-1937), publiée en 1927. Avec son ouvrage fondamental, *Le Tempérament nerveux* (*), Adler s'adressait d'abord à des médecins et des psychiatres ; ce livre au contraire, en dépit de son plan très systématique, fut écrit pour un vaste public. Adler y reprend sa thèse essentielle de l'étroit conditionnement social de l'être individuel. La fusion de la personnalité avec la communauté, l'adaptation de l'enfant à son milieu sont les processus indispensables de l'équilibre psychique. Il s'agit, comme le montrait *Le Tempérament nerveux,* d'une domestication des instincts, qui se réalise grâce au « sentiment social » et par le mécanisme d'une « compensation » du sentiment d'infériorité. Dans cette perspective générale, Adler, dans la première partie de son livre, décrit le développement de l'organisme psychique en étudiant successivement la faculté de percevoir, la représentation, la sensibilité, la pensée, les rapports entre les sexes, etc. La seconde partie de l'ouvrage forme un traité de caractérologie individuelle, appuyé sur un très grand nombre d'exemples, Adler attachant une extrême importance à toutes les applications pratiques de ses principes. Il souligne l'unicité de la personnalité psychique qui ne peut jamais être étudiée à partir d'un phénomène arbitrairement isolé. L'homme est un tout, régi par deux grandes normes universelles : le sentiment de communion humaine, qui unit les individus ; et, en sens contraire, les mouvements exprimant la volonté de puissance, la recherche de la supériorité, qui isolent l'individu et l'inclinent à s'opposer à son milieu. Les différences entre les individus s'expliquent par les rapports d'influence réciproque du sentiment de communion et de la volonté de puissance – jeu de forces antagonistes dont la forme extérieurement manifestée est ce que nous nommons le « caractère ». Adler examine alors les traits de caractère de nature agressive (vanité, jalousie, envie, avarice, haine) et de nature non agressive (isolement, angoisse, pusillanimité, instincts indomptés exprimant une adaptation amoindrie). Il traite enfin des états affectifs, qui manifestent les traits de caractère, mais d'une manière renforcée. Sa conclusion est que la volonté de puissance, présente en tout être humain, suscite une vanité et une ambition dont le développement hypertrophié fait obstacle au progrès régulier de l'individu en contrariant ou même en étouffant le sentiment de communion humaine. – Trad. Payot, 1949.

CONNAISSANCE DU LANGAGE (La) [*Knowledge of Language*]. Ouvrage du linguiste américain Noam Chomsky (né en 1928), publié en 1986. Chomsky présente dans cet ouvrage la dernière version de la grammaire générative transformationnelle, la théorie du « gouvernement » et du « liage », qui occupe aujourd'hui une place centrale dans les recherches linguistiques et cognitives, et il en discute certaines conséquences pour la théorie de la connaissance. Chomsky poursuit ainsi l'objectif qu'il s'était fixé dès ses premiers travaux, en 1955, et qui est non seulement de décrire de manière adéquate les structures d'une langue particulière, mais encore de saisir les principes généraux qui permettent d'en expliquer l'acquisition par l'enfant. Dans la théorie du gouvernement et du liage, il conçoit la grammaire non plus comme un système de règles génératives et transformationnelles spécifiques – v. *Aspects de la théorie syntaxique* (*) (1965) – mais comme un ensemble de principes généraux relevant de modules autonomes (théories du gouvernement, du liage, des cas, etc.) ; la grammaire présente ainsi une structure modulaire analogue à celles proposées pour les systèmes cognitifs. Chomsky décrit ici la structure et le fonctionnement des principaux modules, en s'appuyant sur de nombreux exemples. Il introduit une autre innovation importante, qui permet de rendre compte des propriétés de langues particulières : les principes, qui sont universels et innés, sont associés à des paramètres qui peuvent varier d'une langue à l'autre et dont la valeur est fixée par l'expérience lors de l'apprentissage d'une langue ; ainsi, certaines langues, comme l'anglais et le français, exigent la présence d'un pronom sujet avec le verbe conjugué (par exemple, *je gagnerai, I will win*), alors que l'italien et les autres langues romanes peuvent s'en dispenser *(vincerà)*. En d'autres termes, l'enfant qui apprend sa langue maternelle le fait à partir d'une part de principes innés et universels, et d'autre part de l'expérience de la langue utilisée autour de lui, expérience qui lui permet de fixer la valeur des paramètres liés aux principes dans cette langue. Ces hypothèses ont des conséquences importantes non seulement pour les recherches psycholinguistiques sur l'acquisition du langage, mais aussi dans les autres domaines où on observe des relations entre des variables, en particulier en histoire de la langue, en dialectologie et dans la typologie des langues. Mais surtout, comme il l'avait déjà suggéré, à propos d'une première version de sa théorie, dans *Le Langage et la Pensée* (*) (1968), Chomsky montre qu'une telle approche du langage constitue la voie la plus accessible pour l'investigation des problèmes de la connaissance et, par là, des propriétés de l'esprit humain. E. Ro.

CONNAISSANCE DU SOIR (La). Recueil de poèmes de l'écrivain français Joë Bousquet (1897-1950), publié en 1947 sous sa forme définitive. Un premier ensemble, d'abord intitulé *Les Petits Papiers de monsieur Sureau,* puis repris sous le titre *L'Épi de lavande,* a paru en 1935. « Pensefables et Dansemuses » et « La Connaissance du soir » complètent le recueil, qui garde malgré tout un aspect très resserré. L'unité en est assurée par la rigueur thématique, d'une tonalité plutôt sombre, et un système d'échos qui, d'un poème à l'autre, renvoie un mot à un autre mot, un vers à un autre vers, parfois même une strophe à une autre strophe. Bousquet procède en effet par emprunt, d'un poème à l'autre on dirait que la langue circule, arrange une nouvelle donne, pour favoriser l'éclatement poétique, la floraison des images. Le poète de Carcassonne a médité la leçon de Reverdy : en variant les mètres (le vers libre voisine avec l'alexandrin, l'octosyllabe), en pliant la rime à son imaginaire singulier, en optant surtout pour une inspiration tournée vers l'élémentaire, en prenant son parti d'un vocabulaire puisé dans le quotidien, sans sophistication excessive, il développe une poétique du regard, plus sensuelle qu'il n'y paraît à première vue. La métaphore centrale qui émerge au sein de cette représentation où s'associent le cosmique (l'astre, l'étoile, le ciel) et la matière palpable (cendre, paille, pierre, feuilles) s'édifie autour de l'axe regard-fleur-univers : « Il cueille entre tes doigts le jour qui fut tes yeux », ou encore : « Bien peu de lune a fait ce bouquet de paupières » (« Eucheria »). L'image bousquetienne procède ainsi par associations de termes, où un mot s'accouple à un autre, fixe : « robe de neige », « robes de givre », « robe de fumée ». D'une manière générale, un corps en miettes, parcellisé, vient à se refléter et à s'abîmer dans le miroir. L'œil devient l'instrument de cette disposition : « Il bouge un miroir où s'ouvrent des paupières / c'est l'absence sur l'eau de ton visage. » La beauté rend aveugle, noie le reflet, jusqu'à ce que tombe la nuit qui seule n'éblouit pas : « Ton corps se voit dans le noir » (« Clairière »). La nuit replace le voir et la voix dans un même espace de ressemblance, d'identification. On sait que le titre de cet opuscule a été inspiré à Bousquet par saint Bonaventure, pour qui la « cognitio vespertina » permet de découvrir Dieu dans ses œuvres. Il semble ici que la fermeture du jour ouvre à la réalité du monde intérieur porté par le poète.

Il faut noter la place unique de *La Connaissance du soir* dans l'œuvre bousquetienne, essentiellement orientée vers la prose. Pourtant, on peut déceler dans celle-ci, çà et là, la trace du poétique, qui contamine parfois la structure romanesque, puisqu'on retrouve dans *Le Meneur de lune* (*), avec quelques variantes, deux textes situés à la fin du recueil de poèmes : « Eucheria » et « Le Papillon gelé », comme si la poésie rôdait constamment sous la prose, rayonnant à la manière d'un feu souterrain et indestructible. O. H.

CONNAISSANCE PAR LES GOUFFRES. Réflexions nées de son expérience de la drogue par l'écrivain français d'origine belge Henri Michaux (1899-1984). Publié en 1961, cet ouvrage, le plus général que l'écrivain ait consacré à ce sujet, lequel fut au centre de ses intérêts plusieurs années durant, est à la fois plus poussé et mieux dominé que les précédents : *Misérable miracle* (*) et *L'Infini turbulent* (*). Michaux prend du recul. Il étudie les effets de la psylocibine, de la mescaline et du haschisch et s'étend sur le statut intérieur de l'aliéné, qu'il soit drogué ou malade mental. Lui-même, payant de sa personne, multiplie les expériences, posant la notion d'un rapport individuel, rencontre réussie ou ratée, avec la drogue. Il se soumet à l'influence de divers facteurs : images, musiques et cadres variés. À la limite, l'auteur rêve de « pilules à moraliser », non par stimulation d'un centre cérébral, mais par modification des caractères, « au lieu des psychologues qui établissent des tests, des psychologues chimistes qui établissent des parcours ». Michaux cherche à préciser le temps du drogué « qui a une foule énorme de moments », temps qui coexiste avec la notion d'un « espace aux points innombrables », visions extravagantes s'accompagnant d'un sentiment de multitude. Michaux définit trois états : celui de l'homme normal qui contrôle tant bien que mal ses contradictions ; celui du drogué, qui implique « succession et séparation totale des pulsions antagonistes », et enfin un troisième état « sans alternance, comme sans mélange », d'une « totalité inouïe », extase « où la conscience règne ». Puis l'écrivain s'étend longuement sur l'action du haschisch, « espion de premier ordre », pour lequel il éprouve de la tendresse bien que cette drogue, souple et point trop accablante, « soit dépourvue de la toute grande envergure ». Partant de son propre texte – poème qu'il ne définit jamais comme tel – il le décompose en « séquences » qu'il éclaire, dissèque et développe en une série d'explications aussi discontinues que le morceau dont il fait l'exégèse. Le récit initial s'appelle « tapis roulant en marche... », tandis que le commentaire s'intitule « derrière les mots ». Michaux analyse ensuite quelques rapports avec le haschisch ayant pour titre : « Tantôt mené par le chanvre, tantôt l'emmenant avec moi », et qui donnent un joyeux sentiment de familiarité. Sept relations sont ainsi envisagées selon les figures, les échanges et les réverbérations qu'elles suscitent. Les visages deviennent « parlants » ; quant à la lecture, sous le signe de ce « détecteur » qu'est le chanvre indien, elle se perfectionne singulièrement : « Les auteurs, on les entend alors en personne. » L'auteur, fort de la connaissance qu'il a depuis cinq ans des drogues hallucinogènes dont il a expérimenté la plupart, « non spécialement pour en jouir, surtout pour les surprendre, pour surprendre des mystères ailleurs cachés », s'attache à cerner la condition de l'aliéné et son « terrible décentrage ». Michaux, même quand il se penche sur ce dépossédé, ne se départ ni du sens de la litote ni de celui de l'humour, manière d'anti-effusion qui est sa forme propre de tendresse. Avec toute la passion vive et retenue dont il est capable, il évoque la longue plainte qui, à travers les pays et les âges, monte de chez les fous. Le malade emploie un style poétique, langue de base à laquelle son état désastreux l'a fait revenir et que les autres ne comprennent pas, ne la tolérant qu'exceptionnellement et seulement en tant que « spécialité ». En des pages magistrales, Michaux évoque les effets de la poésie, de la drogue et de la démence, fondues en une manière de « grand jeu » vital où la réalité se colore d'une telle violence que les mots n'ont plus guère de sens. L'aliéné réalise la métaphore, se laissant fasciner par elle. Martyr d'une analogie trop sentie, trop subie, il ne sait pas se retenir – ce que savent si bien les poètes de profession qui passent de l'une à l'autre –, il est « dans le profond caveau d'une seule ». L'ordinaire de l'aliéné étant le paroxysme, sa torture est l'absence de toute espèce de repos ; il cesse à jamais de connaître l'« atténué », c'est-à-dire le relatif qui permet à l'existence de suivre son cours commun. Michaux rappelle les « auditions intérieures », « voix d'opposition », marionnettes vicieuses et animées. Les microphénomènes de la vie ordinaire, envahissant tout le champ d'attention, rendent précisément celle-là impossible. Les sensations sont en liberté, émancipation qui se réduit à une anti-liberté, liberté suprême de l'homme asservi par la drogue, la folie ou la poésie. Notre auteur tourne volontiers autour du subconscient, « prodigieusement actif », incessamment nourri, la tâche de l'homme sain étant de mettre en veilleuse tout le non-connu dont il se repaît ou dont il périt, selon les relations qu'il entretient avec lui. Michaux en arrive enfin à quelques questions centrales que ses précédents ouvrages abordaient moins directement. « Sans l'accroissement incomparable du sentiment de certitude, pas d'aliéné. La foi fait la folie, l'y fait demeurer. » De sorte que, autant que le sexe et plus singulièrement, Dieu est libéré dans la folie « et l'homme exilé dans l'infini... est dans un centre pur ». C'est peut-être l'attrait ambigu de ce charme qui jeta l'écrivain dans cette aventure, qu'il n'a jamais l'impudeur de déclarer périlleuse, quoique nul ne soit jamais sûr d'en revenir intact. Néanmoins, chaque fois qu'on croit percevoir quelles sont les plus profondes directions de Michaux, on oblique vers quelque nouveau mouvement qui, lui-même, ouvre sur un suivant, miroirs qui ne cesseraient de donner sur d'autres miroirs. Est-ce ce qu'il nomme discrètement sa « curiosité » ? laquelle ne serait que l'appétit qu'il a d'un « sentiment inconnu de l'unité des choses ».

CONNAISSANCE SURNATURELLE (La) de Simone Weil (v. *Cahiers* de Simone Weil).

CONNAIS TA LIBERTÉ. Recueil du poète français Alexandre Toursky (1917-1970), publié en 1943. C'est à partir de ce recueil, majeur dans son œuvre, que Toursky a trouvé une plénitude pour sa voix et une singularité de ton qui le situent au tout premier rang des poètes français du XXe siècle. Son propos cependant y est identique à celui de ses autres œuvres : la banalité du quotidien qui submerge la vie de l'homme, au point qu'il y sombre. Le titre du recueil peut paraître paradoxal à cet égard, mais il enjoint en fait au lecteur de découvrir à travers son expérience de l'ennui que toute liberté ne peut s'acquérir qu'au prix douloureux de la connaissance de son propre néant. Aussi Toursky traque-t-il au long de ses poèmes heures et lieux marginaux, « où sur les quais l'aube décharge à bennes froides sa pâleur », qui ouvrent l'âme au vide de la vie. Il est ainsi normal, relatant une telle expérience, que la voix de Toursky ait constamment une intonation désenchantée et même désespérée, qui démarre crescendo sur un ou deux vers pour chuter ensuite dans un silence qui dénie toute valeur à l'émotion ou l'exaltation passagères : « L'œillet plus rouge que le vin / n'enivre pas les hommes. / S'ils mâchent une fleur, / sa tristesse les pousse / au bord de leur ennui : / ils disent que la sève / a le goût de leur sang. » Il est permis de considérer cette œuvre, au même titre que les autres recueils de Toursky, comme une immense épitaphe qui consacre l'inanité d'un univers exsangue et gelé dans les glaces duquel tout être se trouve en fait définitivement prisonnier, voué à la solitude et à l'immobilité de la mort. P. F.

CONQUÉRANTS (Les). Roman publié en 1928 par l'écrivain français André Malraux (1901-1976). L'action se situe dans la Chine de 1925, à Canton, siège du Kuomintang. Il s'agit de ruiner l'impérialisme anglais en Chine, et d'abord d'atteindre l'orgueilleuse Hong-Kong. D'un côté, l'immense foule grouillante des prolétaires chinois ; de l'autre, la ténacité britannique. Du début à la fin du livre, le drame se joue parmi les Chinois qu'encadrent des aventuriers européens et des révolutionnaires professionnels, émissaires de l'Internationale communiste, mais, de la première à la dernière page, on sent peser la présence inquiète de l'Angleterre. Le gouvernement du Kuomintang a décidé de libérer la Chine de l'emprise économique européenne. La grève générale a été déclarée, les marchandises anglaises sont boycottées, Hong-Kong devient de jour en jour une ville morte. Mais les intrigues anglaises se multiplient contre le Comité des Sept. Il n'y aurait qu'un moyen : un décret du gouvernement chinois qui interdirait à tout navire de mouiller à Hong-Kong. Mais ce serait aussi la guerre ouverte, et le Kuomintang hésite. Les partisans du décret sont les délégués de l'Internationale communiste ; ils cherchent à forcer la main du gouvernement en l'obligeant à prendre le décret. C'est ce principe d'une révolution scientifiquement organisée qui est posé tout au long du roman dans un climat d'héroïsme laconique, de tortures raffinées, de feu, d'intrigue et de sang. C'est le problème de la Révolution, celui de l'Organisation révolutionnaire, et en fin de compte, celui du révolutionnaire. Les personnages des *Conquérants* sont tous des symboles. Ils incarnent tous une idée. Ils n'ont en réalité de vie individuelle que celle du « type » qu'ils représentent, et ils le savent. Il y a les aventuriers comme Rebecci, l'Italien, qui a formé les terroristes chinois. Il y a les terroristes, et parmi eux, Hong, qui hait les riches et les puissants, mais n'aime pas les misérables ; en tuant, il tue une partie de lui-même, il tue pour se purifier, il réalise son destin. Il y a les modérés, comme l'« honnête » Tcheng-Daï et ses amis du Comité des Sept ; spiritualistes, ils croient à la force morale, à la vertu de l'exemple ; la violence leur répugne. Il y a les bolcheviks comme Nicolaïeff, l'indicateur devenu chef de police, ou Gallen, l'officier ; le bolchevik parfait, c'est toujours le fonctionnaire, Borodine. Il y a Garine, enfin, le Conquérant, de la lignée des condottieri que leurs passions conduisaient de champ de bataille en champ de bataille. Il n'existe que dans l'action. Malraux nous dit qu'il veut conquérir la puissance, mais, au-delà, c'est la liberté qu'il cherche. Il faut vivre dangereusement pour être libre. La vie de Hong ne pouvait vraiment être justifiée que par sa propre mort. De même pour Garine. Il va mourir, de maladie, au moment où la Révolution triomphe. Cette maladie, c'est l'usure. C'est la vie en réalité. Garine meurt d'avoir vécu sa vie. C'est la Révolution qui l'a tué, comme elle l'aurait tué s'il n'était mort à temps. Il n'est pas de destinée plus tragique. Tous ces personnages se situent dans un cadre où le tragique est à chaque page : la mort, la douleur, l'érotisme, le sang, les tortures, la mort. « Mais ce livre n'appartient que bien superficiellement à l'Histoire. S'il a surnagé, ce n'est pas pour avoir peint tels épisodes de la révolution chinoise, c'est pour avoir montré un type de héros en qui s'unissent l'aptitude à l'action, la culture et la lucidité » (André Malraux).

CONQUÊTE DE CONSTANTINOPLE (La). Mémoires de Geoffroy de Villehardouin (1150-1213, env.). On ne sait presque rien de Villehardouin, sinon qu'il fut maréchal de Champagne à partir de 1185. Il se croisa en 1199 avec Thibaut III, comte de Champagne, lors du tournoi d'Écry-sur-Aisne. À partir de cette date jusqu'à 1207, période embrassée par ses Mémoires, nous connaissons bien sa vie. En tant que représentant du comte de Champagne, il joua un rôle très important dans la laborieuse préparation de la quatrième croisade ; il fit partie de la commission qui se rendit à Venise pour traiter avec les Vénitiens du transport des croisés et eut sa part du détournement de la croisade de son but primitif. Plus tard, si son rôle ne fut pas de tout premier plan, son influence fut très grande : très écouté des Grands, il sut s'entremettre entre eux sans les mécontenter. Les deux rivaux à l'empire de Constantinople, Boniface de Montferrat et Baudouin de Flandre qu'il réconcilia, l'estimaient fort. Villehardouin fut nommé maréchal de Romanie ; il reçut une part importante des fiefs que se distribuèrent les croisés lors du partage de l'Empire byzantin ; Boniface ajouta à ces possessions celle du fief de Messinople où Villehardouin mourut entre 1213 et 1218. Il est probable que Villehardouin n'écrivit pas son histoire au jour le jour, mais aussitôt après les événements qu'il narre, c'est-à-dire entre 1207 et 1213. Ce qui frappe, c'est la précision et l'exactitude de ses souvenirs : sa chronologie est très sûre, de plus il analyse fidèlement les actes qu'il cite et souvent en reproduit le contenu. Si le souci de se justifier d'avoir contribué à faire dévier l'expédition de la Terre sainte et de l'Égypte musulmane vers l'Empire chrétien de Constantinople est évident dans son récit, Villehardouin est d'une véracité qui, bien souvent attaquée, a été reconnue et confirmée par les travaux historiques les plus récents.

L'ouvrage comprend cent seize chapitres subdivisés en cinq cents paragraphes. Il commence avec la prédication de la quatrième croisade par Foulques, curé de Neuilly-sur-Marne. Les prises de croix commencent aussitôt et, lors d'un tournoi qui eut lieu au château d'Écry-sur-Aisne, un grand nombre de chevaliers se croisent dont Thibaut III et Louis, comte de Blois. Après des discussions préliminaires au cours desquelles on décide que l'expédition se fera par mer, dix commissaires sont envoyés auprès du doge de Venise, Henri Dandolo, dont Villehardouin qui représente Thibaut III. Une convention par laquelle les Vénitiens fourniront des vaisseaux aux croisés pour la somme de quatre-vingt-cinq mille marcs d'argent est ratifiée par une assemblée publique à Saint-Marc. Au milieu de l'enthousiasme général, l'expédition est fixée au mois de juin 1202. Mais Thibaut de Champagne meurt avant le départ de la croisade et c'est Boniface de Montferrat qui en prend le commandement. Le doge Dandolo se croise avec un grand nombre de ses sujets. Mais déjà des dissensions se produisent parmi les croisés. Certains refusent de s'embarquer à Venise et se dirigent vers d'autres ports. Aussi ne peut-on réunir la somme promise aux Vénitiens et ceux-ci proposent une transaction : les croisés devront reconquérir pour le compte de Venise le port de Zara, possession de Venise dont le roi de Hongrie s'était emparé. Entre-temps, Alexis le Jeune, fuyant Constantinople, où son père l'empereur Isaac l'Ange avait été renversé par son frère Alexis III, sollicite des croisés de le rétablir dans ses droits. Il les récompensera par deux cent mille marcs d'argent et un renfort de dix mille hommes pour leur expédition. Nouvelles hésitations après la prise de Zara. Après quoi, on met la voile vers Constantinople ; mais certains dissidents se dirigent vers la Syrie ; les Flamands, eux, s'embarquent à Marseille et vont directement en Palestine. À Corfou, où arrive le gros des troupes, les débats reprennent et c'est grâce à l'éloquence persuasive de Villehardouin que l'armée ne se dissout pas. Enfin les croisés arrivent en vue de Constantinople : la splendeur de la gigantesque métropole les saisit. Mais les premiers assauts se révèlent infructueux ; on rencontre une résistance qu'on n'attendait pas. Soudain, une révolution intérieure rétablit sur le trône Isaac, père d'Alexis. Celui-ci fait son entrée triomphale à Constantinople, escorté par les croisés. Cependant, quand Alexis IV, celui-là même qui a fait venir les croisés, succède à son père en 1203, il refuse de tenir les promesses qu'il leur a faites. On lui déclare la guerre. Une révolution intérieure bouleverse une fois de plus la situation : un usurpateur, Murzuphle, étrangle Alexis et prend le pouvoir. Les croisés attaquent une nouvelle fois Constantinople. Murzuphle s'enfuit et les croisés entrent dans la ville où ils s'établissent. Cette fois, ils décident de confier l'Empire à un des princes croisés ; il y a deux candidats, Boniface de Montferrat et Baudouin de Flandre ; c'est ce dernier qui est élu, tandis que Montferrat reçoit le gouvernement de la Grèce et de l'Asie Mineure sous la suzeraineté de Baudouin. Vient ensuite le partage des terres entre les chevaliers chrétiens. Les croisés font plusieurs campagnes contre Murzuphle qui est pris et exécuté, contre les Grecs qui ont reconstitué l'Empire à Nicée, contre les Bulgares. Baudouin est battu à Andrinople et tué. Villehardouin commande la retraite des troupes jusqu'à Constantinople. Le frère de Baudouin, Henri, d'abord régent, est couronné en 1206. Boniface meurt à son tour dans une bataille contre les Bulgares. Le récit de Villehardouin s'arrête avec la mention de la mort de son protecteur.

Bien que la préoccupation du style soit tout à fait absente de l'œuvre de Villehardouin, qui ne pense qu'à introduire de la clarté dans le récit d'événements complexes et embrouillés, ce désir de rigueur et de clarté donne à l'œuvre une tenue et une dignité qui n'excluent pas le pittoresque des descriptions et des reconstitutions ; certaines pages : la conclusion du traité à Venise, l'apparition de Constantinople aux yeux des croisés, l'attaque de la ville, la mort de Montferrat, sont de véritables pages d'anthologie. Si les actes de Villehardouin semblent toujours guidés par le réalisme politique, celui-ci n'en est pas moins un chevalier et il sait nous faire comprendre la noblesse de l'esprit de corps parmi les combattants, les sentiments d'honneur qui règlent les rapports entre vassaux et suzerains. Il témoigne ainsi d'une profonde connaissance du cœur humain et d'une réelle compréhension de ses contemporains et de ses compatriotes. – *La Conquête de Constantinople* a été éditée et traduite par E. Faral (Les Belles Lettres, Paris, 1938) et par J. Dufournet (Garnier-Flammarion, Paris, 1969).

★ À côté de l'œuvre de Villehardouin, il convient de citer deux autres chroniqueurs qui le complètent : Robert de Clari, qui écrivit une *Chronique* qui est un récit de la quatrième croisade, nous en présente un aspect négligé par Villehardouin, apologiste des chefs de l'expédition : l'opinion des chevaliers pauvres dont lui-même faisait partie. Henri de Valenciennes, qui a laissé une *Histoire de l'empereur Henri de Constantinople,* dont nous ne possédons qu'une partie. Cette histoire du successeur de Baudouin complète celle de Villehardouin ; elle commence en 1207, là où le maréchal de Romanie s'arrête, et se poursuit jusqu'en 1216. – Le texte de R. de Clari a été édité par Ph. Lauer (Champion, Paris, 1924) et traduit par P. Charlot (de Boccard, Paris, 1939) ; celui d'H. de Valenciennes a été édité par J. Longnon (Gauthier, Paris, 1948).

CONQUÊTE DE GRENADE (La) ou Almanzor et Almahide [*The Conquest of Granada, or Almanzor and Almahide*]. Tragédie en distiques héroïques, en deux parties, chacune de cinq actes, de l'écrivain anglais John Dryden (1631-1700), représentée en 1670-1671. Dryden s'inspira de *L'Almaïde ou l'Esclave reine* de Mlle de Scudéry (Paris, 1660-1663) et utilisa l'*Histoire chevaleresque des Maures de Grenade*, texte duquel s'inspira également Mlle de Scudéry. Le poète, dans une importante introduction intitulée *Des drames historiques* [*Of Heroique Playes*], cite le début du *Roland furieux* (*) de l'Arioste : « Les dames, les chevaliers, etc. » et ajoute : « Un drame héroïque devrait, dans une forme plus limitée, imiter le poète héroïque. » Pourtant le modèle des héros de Dryden ne doit pas être recherché chez l'Arioste, mais chez le Tasse. La tragédie a comme thème la lutte entre les partis rivaux des Abencérages et des Zégris, et la guerre grâce à laquelle le royaume fut conquis par Ferdinand et Isabelle. Le courageux Almanzor, qui se bat contre les Espagnols, est – comme on le découvre par la suite – le fils du duc d'Arcos, qui avait été pleuré comme mort. Amoureux d'Almahide, fiancée du roi maure Boabdelin, il en est aimé. Mais la jeune femme veut demeurer fidèle à la parole donnée au roi ; ce dernier est partagé entre sa jalousie et la nécessité d'avoir recours à l'aide vigoureuse d'Almanzor. Celui-ci, après la mort de Boabdelin, voit tous ses vœux comblés. Deux autres intrigues se mêlent à ce thème d'amour : la rivalité entre Abdallah, frère du roi, et Abdelmelech, chef des Abencérages, qui tous les deux aspirent à la main de la hautaine et fière Lyndaraxa, sœur du chef des Zégris, et l'amour du courageux Ozmin, un des Abencérages, pour Benzayda, jeune fille zègre.

Cet ouvrage est parmi les meilleurs de Dryden ; pendant environ un demi-siècle, il jouit, sur les scènes anglaises, d'une grande popularité.

CONQUÊTE DE LA TOISON D'OR (La). Tragédie de Pierre Corneille (1606-1684), auteur dramatique français, commandée en 1656 par le marquis de Sourdéac, amateur de théâtre et de machinerie (fondateur quinze ans plus tard de l'opéra français), et créée en 1661 sur la scène du Marais. Cette œuvre, qui connut un succès encore plus considérable qu'*Andromède* (*), est la seconde et dernière tragédie « à machines » de Corneille, qui se bornera ensuite, malgré la mode de ce type de pièces et sa propre réussite dans le genre, à versifier la plus grande partie de la *Psyché* (*) de Molière. Par-delà la féerie permise par l'histoire de la séduction de Médée et de la conquête (largement magique) de la

Toison d'or par Jason et les Argonautes, cette œuvre a d'emblée été conçue comme une célébration du jeune roi – que viendra renforcer le fastueux Prologue écrit à l'occasion de la paix avec l'Espagne et du mariage de Louis XIV –, que ses victoires sur l'Espagne et ses succès féminins étaient en train de camper comme le nouvel et seul véritable héros de la période qui s'était ouverte depuis la fin de la Fronde. G. F.

CONQUÊTE DE L'OUEST (La) [*The Winning of the West*]. Œuvre historique en six volumes de l'homme politique et écrivain américain Theodore Roosevelt (1858-1919), éditée en 1889 et rééditée, en 1894, avec quelques additions relatives à la fondation de la république de Trans-Alleghany (1780-1790) et, en 1896, à l'acquisition par la Confédération nord-américaine des territoires de la Louisiane et du Nord-Ouest (1791-1807). La valeur principale de cette œuvre réside dans le fait qu'elle constitue la première tentative faite pour mettre de l'ordre dans une matière extrêmement vaste, et en partie inexplorée, en appliquant à son étude la méthode historique. On ne peut d'ailleurs prétendre que l'auteur ait toujours su apporter à son œuvre l'objectivité de jugement que nécessite une critique rigoureuse. Bien souvent, le politicien militant et l'ardent polémiste dominent le récit et lui confèrent, à défaut d'exactitude, un caractère vivant et humain. Selon Roosevelt, les grandes lignes de cette conquête sont constituées par une lutte de races, chacune cherchant à prédominer sur le territoire nord-américain : les Anglo-Saxons d'une part, les Français et les Espagnols de l'autre. Bien que souvent les partis se confondent et qu'il y ait des aventuriers anglo-saxons, ou plus simplement des Nordiques, qui se fassent enrôler par les Français ou les Espagnols, il n'est pas difficile d'apercevoir la ligne maîtresse qui mène les événements vers la domination finale des peuples du Nord. Les indigènes jouent aussi leur rôle ; mais, en ce qui les concerne, l'étude des événements reste superficielle. Le personnage principal de cette ample figuration historique est la Confédération nord-américaine, aux intérêts et aux arguments de laquelle l'auteur adhère pleinement, au point que, lorsqu'il en parle, son ton prend une résonance épique. L'attitude générale de Roosevelt, qui pourrait être qualifiée de « raciste », est caractéristique de sa mentalité et d'une certaine orientation culturelle de la fin du siècle dernier, qui était destinée à avoir de tardives et graves conséquences historiques dans le siècle présent. – Trad. Dujarric, 1904.

CONQUÊTE DE PLASSANS (La). Roman de l'écrivain français Émile Zola (1840-1902), publié en 1874, constituant le quatrième volume de la série des *Rougon-Macquart* (*). Une thématique unique, celle de l'usurpation, unit les divers thèmes qui se développent dans cette remarquable scène de la vie de province. Prêtre bonapartiste, l'abbé Faujas est envoyé à Plassans pour reconquérir la ville passée au légitimisme. Il loge chez les Mouret, prend peu à peu possession de l'esprit de la femme, Marthe, de la maison du couple, dont il chasse peu à peu le mari qui est finalement enfermé comme fou à l'asile des Tulettes. Il devient enfin maître de la ville.

L'œuvre est une violente satire dirigée contre le régime de l'ordre moral qui sévissait en 1874, et contre le renouveau clérical contemporain. Zola dévoile les machinations souterraines et les pouvoirs occultes de l'Église sur les affaires politiques ou sur les femmes. Mais le lecteur moderne retiendra surtout l'étude subtile et novatrice à l'époque du processus de désorganisation de l'individu lié à l'invasion ou à la perte de son espace ; le roman fourmille d'intuitions tout à fait neuves sur le comportement. Il s'interroge aussi, avec angoisse, sur le « normal » et la folie, sur l'internement arbitraire à des fins familiales ou politiques : folie lucide de Marthe, totalement dominée par l'abbé Faujas, femme sous influence, folie de son époux qui, enfermé alors qu'il était certainement sain d'esprit, devient réellement fou.

Les dernières pages du livre frappent : Mouret s'échappe de l'asile, revient chez lui, y met le feu, cherche à étrangler Faujas, roule avec lui dans l'escalier embrasé, tandis que la mère de l'abbé lui dispute son fils et que les voisins, comme au spectacle, contemplent le drame grandiose et fantastique qui se déroule. C. Be.

CONQUÊTE DU COURAGE (La) [*The Red Badge of Courage*]. Roman de l'écrivain américain Stephen Crane (1871-1900), publié en 1895. Dans ce livre, le jeune auteur, qui n'avait pas encore connu la guerre, raconte les aventures d'un groupe de volontaires engagés dans la guerre de Sécession. Parmi ceux-ci, le héros principal, Jim Conklin, est un garçon poltron par nature, qui réussit à devenir courageux et s'impose de cette façon à sa propre estime et à celle des autres. Ce récit présente quelque chose d'un peu emphatique dans le style. Mais le caractère volontairement sobre de la description que Crane donne de la bataille l'a quelquefois fait rapprocher de celle que donne Stendhal de la bataille de Waterloo dans *La Chartreuse de Parme* (*). La compréhension du phénomène de la guerre qui fait son chemin dans l'esprit du jeune homme, et grâce à laquelle elle lui apparaît comme une réalité de l'existence et non telle qu'il la voyait dans ses rêves, auréolée d'un panache héroïque, la simplicité du récit, la vérité de chaque détail, l'accent humain de certaines observations, font de ce roman, considéré par Conrad comme un chef-d'œuvre, une sorte de classique du genre, et les vérités élémentaires mises à nu par Crane, dans ce petit livre à l'accent viril, révèlent en l'auteur un authentique poète. – Trad. sous ce titre par Viélé-Griffin et Davray, Paris, 1911 ; et, sous le titre *L'Insigne rouge du courage*, par Dominique Aury, Paris, 1960.

CONQUÊTE DU ROYAUME DE MAYA ET LES AVENTURES DE PÍO CID (La) [*Conquista del reino de Maya, por el último conquistador español Pío Cid*]. Roman de l'écrivain espagnol Angel Ganivet (1865-1898), publié en 1897. Pío Cid – qui, à en juger par son nom, pourrait s'apparenter au « pius » Enée et rassembler en lui piété filiale et esprit guerrier espagnol – est aussi étranger au goût du risque qu'il est possible de l'être. C'est une sorte d'avocat-marchand qui arrive au royaume de Maya, à califourchon sur un hippopotame ; il y est accueilli comme le Messie et, sans autre histoire, se trouve à la tête des indigènes. À en juger superficiellement, on pourrait croire que la conquête du royaume de Maya est une œuvre hautement civilisatrice, mais dans les mains de Pío Cid les instruments de progrès deviennent une insulte à la dignité de l'homme ou donnent à notre marchand l'occasion de faire une divertissante et intéressante étude sur les réactions des indigènes. Les Mayas sont, pour Pío Cid, des cobayes tout trouvés. Le pays se transforme en même temps que les individus : les sauvages expérimentent à leurs propres dépens les côtés les moins agréables de la civilisation en se laissant séduire par des apparences spécieuses. Quand Pío Cid a européanisé à sa manière le royaume de Maya, il doit se rendre compte qu'il a ruiné des êtres heureux. C'est ce que l'ombre d'Hernán Cortés lui rappelle avec sévérité, dans le calme solennel et religieux de l'Escurial. « Les nègres étaient heureux comme des bêtes, et tu les a rendus malheureux comme des hommes. » Si l'on doit tirer de ces mots – qui sont la conclusion du livre – une déduction sur Ganivet, sociologue et penseur politique, on est alors tenté de le rapprocher, d'une part de Rousseau, d'autre part de Sénèque. On pourrait penser à un utopiste qui souhaite l'avènement d'un « socialisme anarchique ». Mais Ganivet ne croit pas, au fond, au bonheur de l'homme quelle que soit sa condition, encore même serait-il à l'état de nature ; la satire qu'il brosse à ce sujet de la société primitive a une signification fort claire. S'il proclame la faillite de la civilisation, il laisse cependant aux hommes une espérance : « Les entreprises les plus grandioses ne sont pas celles dans lesquelles intervient l'argent, mais celles qui sont alimentées exclusivement par le cerveau et par le cœur. » De là, la seconde partie du roman, destinée peut-être à montrer le caractère non moins illusoire de cette espérance.

Cette seconde partie : *Les Travaux de l'infatigable créateur Pío Cid* [*Los trabajos del infatigable creador Pío Cid*] qui fut publiée en 1898, devait avoir elle-même une suite, à en juger par la composition de l'œuvre et compte tenu de certaines allusions. C'est par ce livre plus que par tout autre que Ganivet prend place dans le mouvement intellectuel qui se dessina autour de 1898 et qui compte Azorín, Baroja, etc. Tandis que *La Conquête* a pour champ d'étude la société en général, et seulement d'une façon secondaire l'individu, dans les *Travaux* les positions sont inversées. Tous les « travaux » de Pío Cid tendent à amener une transformation en profondeur de l'âme individuelle et, indirectement, de l'âme sociale de chaque individu. Pío Cid a tout à fait oublié, ou presque, ses aventures de conquérant : il se consacre au contraire à « rendre moins âne » [desasnar], à dégrossir un groupe d'étudiants, à assumer la direction d'une maison de femmes, à racheter des prostituées ou à créer des poètes, à réformer la politique espagnole en transformant avant tout ses sujets ou à redonner le sens de l'humain à ceux qui l'ont perdu. Tout cela selon chacun, sans programme de longue durée, mais avec des règles adoptées en accord avec chaque situation. Probablement, les « œuvres » de Pío Cid ne devaient pas se limiter aux six travaux exposés ici : peut-être, se reportant à des exemples très célèbres, Ganivet, après avoir conduit son héros à Barcelone, prévoyait-il pour Pío Cid « d'autres travaux nouveaux et fort utiles, tout aussi propres à lui donner une grande renommée ». La chose n'en resta pas moins là.

L'œuvre de Ganivet constitue par bien des côtés une nouveauté : le ton ironique de *La Conquête* est abandonné pour faire place à une attitude de pensée plus profonde. Pour ce qui est de la forme, Ganivet retourne au type du roman « réaliste », et l'on trouve beaucoup d'analogies (parfois quelques étranges similitudes) avec les très illustres maîtres du genre. Pío Cid représente ici, plus encore que dans *La Conquête*, Ganivet lui-même : l'homme qui est possédé par le sentiment tragique de la vie et qui, pour cela même, vit tragiquement. L'idéal de Pío Cid semble être un monde fait à l'image et à la ressemblance de ce qu'il voudrait être. Mais Pío Cid ne sera jamais don Quichotte et ne trouvera pas dans son propre idéal ce point de fusion nécessaire entre la foi et l'amour. Il est au contraire le scepticisme personnifié, anxieux de croire et de trouver dans sa croyance une parfaite raison de vivre. La foi qui lui manque, il ne pourrait l'acquérir que par cet amour divin dont il ne connaîtra jamais la douceur. Quant à l'amour profane, transitoire et fragile, il ne peut que conduire à la faillite de chacun de ses « travaux », et cette faillite est celle de Pío Cid – c'est-à-dire de Ganivet. Pío Cid était destiné au suicide, Ganivet se tua effectivement : tragique confirmation du caractère autobiographique des *Travaux*.

La trame, au fond, en est pauvre : l'intérêt

se concentre presque uniquement sur ce que Pío Cid dit et écrit ; pourtant, il ne manque pas de pages étonnantes dans lesquelles Ganivet se révèle poète exquis (par exemple, la rencontre entre Pío Cid et Martine de Gomara, créature sur laquelle il concentrera son amour pour l'humanité tout entière). On peut souscrire à tout ce que dit Fernández Almagro : « Je ne me rappelle pas dans la littérature une page qui raconte avec plus de candeur et d'émotion humaine le don d'une femme... c'est un exemple parfait de la façon dont la réalité se transfigure sous l'empire d'une idée hautement morale. »

CONQUÊTE MÉTHODIQUE (Une). Cet opuscule de l'écrivain français Paul Valéry (1871-1945) est un ouvrage de circonstance qu'il écrivit en 1897. À l'origine, un simple article. Valéry, de passage à Londres, l'écrivit à la demande d'un directeur de revue, pour servir de conclusion à une série d'articles publiés dans la même revue sur un sujet des plus brûlants : l'Allemagne, sa menace, entendez son infiltration victorieuse dans les divers domaines de l'industrie et du commerce, tout ce que recouvre, en un mot, l'étiquette « Made in Germany ». En bref, un sujet de devoir. Valéry le traite avec conscience sur le plan philosophique. D'abord, le fait : « Une Germanie plus inquiétante se révèle. » Tout à la fois forteresse, école et usine, tel est, en effet, le triple aspect de ce pays. Comment, dès lors, ne pas voir dans l'Allemagne un véritable symbole ? Le symbole d'une action appliquée tout entière à un problème de production. « Déjà bien des marchés du monde sont plus à elle que les territoires qu'elle doit à son armée. » Valéry pénètre profondément dans l'analyse de ce fait : « Si l'on veut expliquer cette grandeur nouvelle et sans fantaisie, on imagine une application constante, une analyse minutieuse des sources de la richesse, une construction intrépide des moyens de la produire, une rigoureuse topographie des lieux favorisés et des chemins favorables, et surtout une obéissance entière, une soumission de tous les instants à quelque conception simple, jalouse, formidable — stratégique par sa forme, économique par son but, scientifique par sa préparation profonde et par l'étendue de son application. » Ici, la discipline est reine. Elle relie l'action de chacun à celle du pays entier. Il s'agit, en somme, de faire échec au hasard, de l'affaiblir, de l'évincer partout où on le rencontre. Sur le plan intellectuel, la discipline porte le nom de méthode. Un Français, d'instinct, y répugne, autant qu'un Anglais. Il ne voit là qu'un pis-aller, un provisoire, un sacrifice. Pour un Allemand, la méthode, c'est la vie même. Toute l'action de son pays n'est autre chose qu'une extension démesurée de la méthode. On trouverait aisément quelqu'un qui personnifie tout le système : le maréchal de Moltke. « Héros glacial, dit Valéry. Il semble que le plus profond de ses desseins ait été de ne "pas" mourir indispensable. » Voilà ce qui le distingue des grands généraux antérieurs. Il est aisé d'apercevoir que la méthode ne requiert de l'individu que les formes les plus communes de l'activité humaine : patience, attention et application — tout hormis le libre choix et l'enthousiasme. Elle rejette résolument les individus supérieurs pour consacrer le triomphe de la médiocrité. Et Valéry de conclure avec humour : « Et quel curieux résultat, si les résultats de ce nouvel ordre de choses étaient plus parfaits, plus puissants et plus agréables que ceux d'aujourd'hui. Mais je ne sais pas. Je ne fais que dévider des conséquences. »

CONQUISTADOR [*Conquistador*]. Poème épique publié en 1932 par l'écrivain américain Archibald MacLeish (1892-1982). Originaire de l'Illinois, le poète avait fait la Grande Guerre comme capitaine d'infanterie, et il vécut en France de 1923 à 1928, subissant l'influence des grandes écoles littéraires européennes. Ses premiers volumes de poèmes, publiés pendant les années 20, reflètent donc la plupart des intérêts du public de la « génération perdue ». *Le Mariage heureux* [*The Happy Marriage*, 1924] et surtout *Le Pot de terre* [*The Pot of Earth*, 1925] sont fortement tributaires de *La Terre vaine* (*) de T. S. Eliot. *Le Hamlet d'A. MacLeish* [*The Hamlet of A. MacLeish*, 1928], qui doit également beaucoup à Valéry et T. S. Eliot, a pour thèmes le déclin et les désillusions qui sont au cœur du dilemme où furent impliqués les écrivains de l'après-guerre. Il reflète une certaine évasion vers un esthétisme un peu nostalgique : dans *Einstein* (1929), le mathématicien devient le symbole des extrapolations de la science moderne qui se retourne contre elle-même. Le savant ne peut comprendre qualitativement les choses familières au poète : « Il n'est pas de discours qui puisse résoudre / Leur tissu en pensée limpide, et les pénétrer. » Avec *Conquistador*, MacLeish affirme son désir de se tourner vers les problèmes sociaux qui sont devenus ceux des années de la « dépression » : « Pour nous le monde public est devenu le monde privé... Le monde de l'expérience privée est devenu le monde des foules, des rues, des villes, des armées et des émeutes. » Ce long poème épique n'est cependant pas aussi engagé que le seront *Fresques pour la ville de M. Rockefeller* [*Frescoes for Mr. Rockefeller's City*, 1933] et surtout *Discours public* [*Public Speech*, 1936], mais il constitue un effort sincère pour détruire les mythes dont s'est revêtue la colonisation espagnole du Mexique. Ce récit en « terza rima », modifiée pour donner l'impression du vers libre, est une adaptation de la chronique sur la conquête du Mexique que rédigea don Bernal Diaz del Castillo. Certes, de l'avis du conquérant, la conquête n'eut pas pour but d'assouvir la soif de richesses ou d'expansion des administrateurs et des missionnaires espagnols ; elle fut entreprise par amour de l'aventure, de la lutte et de la violence. Cependant l'intérêt que porte l'auteur aux civilisations dites primitives, à la signification des noms et des coutumes de ces indigènes, équivaut à une sorte de réhabilitation du colonisé. L'épopée constitue ainsi un curieux mélange de glorification de l'initiative personnelle des conquistadors (l'auteur s'inspire alors de l'*Anabase* (*) de Xénophon), et de respect envers les premiers habitants du Mexique (vus à travers les considérations puisées dans *Le Rameau d'or* (*) de Frazer). L'auteur avait parcouru lui-même les lieux à pied et à dos de mulet durant l'hiver 1929, et il émaille son poème de descriptions. Le langage est ainsi fort varié, plein d'images anthropologiques et historiques, d'évocations lyriques des sacrifices aztèques, d'un mystère issu d'une sorte de philosophie romantique célébrant l'occultisme et une négation chthonienne de la raison. En filigrane à cette épopée historique apparaît le thème de la vieillesse méditant sur les expériences de l'histoire, les limites de la vie, le sens du devenir humain. Quand la conquête est terminée et fait place à la civilisation, le conquérant se lamente de voir la « fin de l'Occident ». *Conquistador* reflète assez exactement les tendances de la poésie de MacLeish. L'œuvre baigne dans une sorte de romantisme ironique ; sa « fin d'un monde » exprime une acceptation sans illusions, une réconciliation qui est le produit du temps et de la nature plus que de l'intelligence humaine. Les meilleurs poèmes réalisent ainsi un équilibre entre plusieurs attitudes et différentes croyances, dont la foi en l'humanité et le scepticisme à l'égard de son progrès. De même les effets obtenus dans *Conquistador*, par de brusques changements de ton et de structure, donnent un mouvement un peu heurté, caractéristique des diverses manières de l'auteur : contrastes, ruptures de perspectives, passage de la rhétorique au langage quotidien, de l'allusion symbolique à la description précise. À cause de la variété même des influences dont il ne réussit pas toujours à se dégager — Pound, Eliot, Andrew Marvell, etc. —, MacLeish ne parvient que rarement à une fusion parfaite du contenu et de la forme. Plus imbu de culture européenne que la plupart de ses contemporains, MacLeish est l'un des meilleurs poètes universitaires de sa génération. Ses *Poèmes : 1917-1952* ont été suivis d'autres recueils et de plusieurs drames poétiques, dont *J. B.* (*), composés dans la retraite de sa ferme du Massachusetts.

CONSCIENCE DE SOI ET AUTODÉTERMINATION [*Selbstbewußtsein und Selbstbestimmung, Sprachanalytische Interpretationen*]. Œuvre du philosophe allemand Ernst Tugendhat (né en 1930), publiée en 1979. L'auteur se penche dans cet ouvrage — issu d'un cours donné en quatorze leçons à l'université de Heidelberg en 1976 — sur un problème majeur de la philosophie moderne : la « conscience de soi ». Sa démarche se définit d'une part en tant que « critique » radicale des explications traditionnelles du phénomène de la conscience de soi et se donne d'autre part comme une théorie alternative et enfin adéquate d'un moi qui n'est plus une instance suprême appelée le « moi », mais une entité qui est à comprendre à partir de l'utilisation du pronom de la première personne « moi » (je). En proposant ainsi une interprétation dans l'esprit de la philosophie analytique du langage, Tugendhat traite dans une première partie (calquée entre autres sur les réflexions du dernier Wittgenstein) de la « conscience de soi », pour élucider dans une deuxième partie (qui fait appel aux théories de Martin Heidegger et de Mead) le phénomène de l'« autodétermination ». L'unité du « je » suprême traditionnel fait donc place à deux phénomènes distincts : la « conscience de soi » ou conscience « épistémique » (théorique) d'un côté, la « relation à soi » (pratique) de l'autre. Dans un premier temps, Tugendhat entreprend la « destruction » de la position philosophique la plus avancée de la « conscience de soi » — celle dite de l'école de Heidelberg (Henrich, Pothast) — en esquissant pourquoi des fausses prémisses mènent à un phénomène paradoxal, voire à la suppression du phénomène même. Une triple tradition philosophique en est la cause qui a donné lieu « à l'univers fictif de la vue spirituelle » : le modèle ontologique antique de substance et accident, la relation « sujet-objet » (fondamentale pour l'idéalisme allemand) et le modèle visuel de la connaissance comme représentation. Tugendhat rompt radicalement avec cette démarche habituelle pour redéfinir l'intentionnalité en général non plus comme une relation d'un je avec une chose (je vois quelque chose), mais avec un état de choses : « Je vois que quelque chose. » Cette structure propre à tout acte intentionnel (le terme de la philosophie analytique est celui des « propositional attitudes ») vaut également pour la conscience de soi : « Je sais que je p. » L'identité des deux « je » dans cette formule (qui posait autant de problèmes à la théorie traditionnelle : Je = Je) est une identité évidente (tautologique) qui ne nécessite point d'identification. Pour le prouver, Tugendhat fait appel à la logique des signes « déictiques » (pronoms, adverbes, etc.) dans le langage ; l'indicateur déictique « je » se réfère à la même personne empirique indiquée par autrui avec le pronom « tu » ou « il ». Ce que l'on appelle conscience de soi s'avère donc être en réalité une relation entre une personne empirique (identifiable dans l'espace et dans le temps) et des états de choses psychiques formulés dans des propositions. L'« objet » proprement dit de cette conscience de soi n'est donc point un moi ou je, mais une proposition du type : « Que je p. »

Après avoir réduit la conscience de soi à cette relation simple, Tugendhat s'attaque dans la deuxième partie de son étude à l'analyse de la conscience « pratique » de soi. Le moi est ici non pas en relation avec soi-même, mais avec son existence, avec sa vie, et, plus précisément, avec la proposition : « Que j'existe. » Tout je empirique peut prendre à l'égard de cette proposition une position affirmative ou négative. Le « Zu-Sein », tout comme les remarques sur l'authenticité [Eigentlichkeit] et sur l'importance des Stimmungen [états d'âme] dans *Être et Temps* (*) de Heidegger, servent à mieux cerner cette dimension essentielle où il y va de l'autodétermination du je. « Exister authentiquement veut dire exister dans le mode de l'autodétermination. » Celle-ci n'est cependant pas, comme le pensait Heidegger, un acte solitaire, mais se fait jour uniquement dans le contexte communicatif de l'intersubjectivité. En s'appuyant sur les réflexions de Mead, Tugendhat montre que la relation à soi est essentiellement sociale, et que ce n'est que dans l'espace intersubjectif du social que le « je » peut véritablement se poser en être libre. M. J.

CONSCIENCE DE ZENO (La) [*La coscienza di Zeno*]. Roman de l'écrivain italien Italo Svevo (1861-1928), publié en 1923. Après un silence de plus de vingt ans, ce livre valut à son auteur une tardive mais éclatante célébrité. Rédigé au cours de la Première Guerre mondiale, c'est l'un des tout premiers textes littéraires directement inspirés par l'œuvre de Freud. Il se présente en effet comme les carnets rédigés par un homme qui a entrepris de se soumettre à une psychanalyse. Son médecin lui suggère de se préparer à la cure en écrivant aussi librement que possible le récit de quelques moments marquants de sa vie. Après un bref chapitre introductif qui définit cette singulière démarche et les conditions de la publication du texte (vengeance du médecin contre son patient qui a interrompu sa cure et disparu) commence le « roman » proprement dit.

Sous la forme de chapitres d'une longueur très variable (de quelques pages à plusieurs dizaines) rédigés à la première personne, Zeno Cosini, le protagoniste, sans se soumettre à une stricte progression chronologique, relate quelques épisodes particulièrement significatifs de sa vie, la mort de son père, ses fiançailles et son mariage, une aventure sentimentale avec une jeune maîtresse, une expérience hasardeuse dans le monde des affaires. Le livre s'achève au début de la guerre, au moment de l'arrivée des occupants autrichiens dans la région de Trieste : c'est alors que le récit au passé se transforme en une sorte de journal au présent, qui marque à la fois l'interruption définitive de la plongée de Zeno dans sa mémoire et sa rupture avec le médecin. Le roman se conclut sur une méditation philosophique à propos du destin de l'univers, marquée par un extrême pessimisme qui doit beaucoup à Schopenhauer.

Mais il faut observer aussi que le tout premier récit de Zeno, paradoxalement, évoque l'habitude invétérée de fumer (que celui-ci partage d'ailleurs avec l'auteur du livre, caractérisé par une indéniable dimension autobiographique). Toute sa vie, celui-ci a en effet multiplié à l'infini la décision de fumer une « dernière cigarette », devenue proverbiale, et qui symbolise et résume bien son incapacité à prendre une décision irrévocable, quelle qu'elle soit. Ainsi, ce qui pourrait ne sembler qu'un prétexte assez futile se révèle en fait comme une clef essentielle pour la compréhension de ce malade imaginaire, qui ne cesse de s'écouter, de se raconter et de tenter de se comprendre, et dont la vie est marquée par une immaturité dans laquelle il se complaît. C'est pourquoi la scène, tragique et grandiose, de la mort de son père a une si grande importance pour lui : c'est elle en effet qui l'oblige à sortir d'une confortable notion du temps vécu comme indéfiniment réversible (et où aucune résolution n'est donc jamais définitive), pour affronter le caractère irrémédiable d'un monde défini par le principe de contradiction.

Mais la gravité des problèmes envisagés, de même que la philosophie amère qui se dégage des pages, au sens propre, apocalyptiques qui terminent ce roman, ne doivent pas occulter la tonalité humoristique qui colore habituellement les propos de Zeno. En ce sens l'épisode des fiançailles de Zeno, où l'on voit celui-ci demander successivement la main de quatre sœurs avant d'être accepté par celle dont, précisément, il ne voulait pas, est très caractéristique de ce personnage qui fait tout ce qu'il peut pour éviter d'être pris au sérieux. Ce qui ne l'empêche pas d'être malheureux, jaloux, agressif, quitte à traduire hystériquement son mal de vivre et sa culpabilité par des maladies diverses (« sa » douleur, comme il le dit souvent) qui devraient lui tenir lieu de refuge.

L'image que Zeno donne de lui-même, hésitant, contradictoire, maladroit, mais toujours lucide, dans les situations impossibles où il s'enferre sans cesse, est en tout cas très inhabituelle dans le roman italien, et elle confère une autre originalité à ce roman rédigé dans une grande solitude par un homme que l'insuccès total de ses deux premiers livres (*Une vie* (*) et *Senilità* (*)) n'avait pourtant pas découragé. Il est vrai que l'amitié de James Joyce, qu'il avait connu à Trieste, l'avait sans nul doute incité à tenter une dernière fois de se trouver un public grâce à cet ultime roman. Si l'on ajoute, d'autre part, que Svevo est probablement le premier romancier à avoir délibérément utilisé la psychanalyse, non seulement dans le prétexte de ce roman, mais surtout dans la possibilité qu'il propose à son lecteur d'effectuer des interprétations à plusieurs niveaux, on mesurera mieux, peut-être, toute la nouveauté de ce livre, né sur les franges de l'Italie et de l'Empire austro-hongrois, et écrit par un homme qui avait choisi le pseudonyme d'Italo Svevo (c'est-à-dire l'italo-allemand) pour symboliser sa situation d'homme de la frontière, irrémédiablement déchiré entre deux mondes auxquels il appartenait également. – Trad. Gallimard, 1954 ; rééd. complétée en 1986. M. Fu.

CONSCIENCE MALHEUREUSE (La). Essais de l'écrivain français d'origine roumaine Benjamin Fondane (1898-1944). Ce livre publié en 1936 (rapidement épuisé et republié seulement en 1979) est composé d'une dizaine d'articles remaniés dont certains avaient paru en revues entre 1929 et 1935. S'y affirme l'essentiel de la pensée de l'auteur qui se mit, par l'entremise de son maître et ami, le philosophe d'origine russe Léon Chestov, à la pensée philosophique afin de mettre toutes les ressources de la rationalité au service d'une lutte désespérée contre le rationalisme et ses étroitesses. Il le souligne dans sa Préface, la philosophie est « l'acte même par lequel l'existant pose sa propre existence, l'acte même du vivant, cherchant en lui et hors de lui, avec ou contre les évidences, les possibilités mêmes du vivre ». Il y a quelque chose en l'homme de réfractaire aux « exigences et obligations du social » que sacrifient allégrement les thuriféraires de l'Histoire (avant tout Hegel et les hégéliens, mais aussi Marx et les marxistes et jusqu'aux existentialistes lorsqu'ils sont tentés par les systèmes). Tel Chestov (auquel deux études sont consacrées), Fondane refuse « ses raisons à la raison ». L'existence ne peut entrer dans le concept ; le savoir, tout comme le bien-être matériel, n'est bien souvent qu'un substitut impuissant à résoudre la question que nous sommes à nous-mêmes. « Poème, cri, foi, suicide » témoignent de notre « irrésignation ». Cette quête irrésolue, désespérée (mais désespoir et malheur ne sont pas des raisons pour s'acquitter à vil prix de notre propre énigme d'être) ne peut trouver consolation ou solution dans aucune pensée ou connaissance. C'est cette insurrection que l'auteur, avec véhémence, au travers de lectures passionnées (de Nietzsche, Bergson, Freud, Kierkegaard, Husserl, Heidegger), bien renseignées, souvent un peu rapides et parfois un peu vieillies quant à l'information, toujours risquées, jamais indifférentes toutefois, tente de déchiffrer.

F. W.

CONSÉCRATION DE LA FAIBLESSE (La) [*Die Weihe der Unkraft*]. Poème du dramaturge et poète romantique allemand Zacharias Werner (1768-1823), que l'auteur annota lui-même. Il parut en 1814, après son voyage à Rome, à la veille de son ordination. C'est une sorte de rétractation de toute son œuvre précédente, et en particulier, comme l'indique le titre, de sa tragédie *Martin Luther ou la Consécration de la force* (*). Il confesse, dans une note, qu'il a commis un péché contre l'esprit en confondant l'amour avec la charité, et il renvoie le lecteur pour une plus ample explication à l'*Épître aux Corinthiens* (*), à l'*Imitation de Jésus-Christ* (*) ainsi qu'à d'autres textes sacrés. Voulant faire œuvre de circonstance, l'auteur se réfère à la bataille de Leipzig ; il exalte ensuite l'humilité qui atténue tout conflit d'opinion et exhorte les Allemands, au nom de celle-ci, à abandonner leurs discordes confessionnelles et à s'unir en une sorte de guerre sainte contre l'ennemi de la patrie. Si, dans la tragédie, le thème dominant avait été « Foi en nous et en Dieu », et révélait un satanique orgueil humain, le nouveau thème devait être à présent « Foi en Dieu et en nous », pour bien montrer que chacun doit s'effacer devant la grandeur divine et ne jamais oser se mettre sur le même plan. Par cette œuvre, Werner rompit définitivement tous les liens qui l'unissaient à ses anciens amis et surtout à Goethe.

CONSEIL D'ÉGYPTE (Le) [*Il consiglio d'Egitto*]. Roman de l'écrivain italien Leonardo Sciascia (1921-1989), publié en 1963. Ce récit peut être considéré comme un roman historique. À Palerme, à la fin du XVIIIe siècle, un religieux du nom de Vella prétend avoir retrouvé des manuscrits arabes d'une importance décisive pour la connaissance de la Sicile musulmane, qu'il traduit et qui sont publiés. Mais Vella est un faussaire dont le dessein n'est pas sans implications politiques puisque ces écrits sont exploitables par la Couronne au détriment des barons siciliens. Autre fait historique, toujours à Palerme : la conjuration jacobine de Paolo Di Blasi et son échec en 1795. L'intrigue se structure autour de ces deux événements. Sciascia reconstruit également le contexte littéraire, culturel, politique et social palermitain autour de deux temps forts : d'une part, le règne du vice-roi Caracciolo (1781-1786), réformateur, ami des Lumières, d'autre part, l'angoisse devant la menace que représentent pour l'aristocratie sicilienne la pratique et l'idéologie de la Révolution française.

D'un point de vue formel, ce qui frappe dans ce roman historique, c'est la vivacité du ton, le rythme rapide, l'impression de « chose vue » ou entendue, obtenus à travers (ou malgré) l'utilisation précise de sources littéraires ou documentaires d'époque. *Il consiglio d'Egitto* a été écrit sans afféteries linguistiques. Pas de pastiche historisant, mais une écriture de notre temps renouant avec la luminosité stylistique du XVIIIe siècle (français).

Comme tous les livres de Sciascia, *Le Conseil d'Égypte* s'ouvre par une citation mise en épigraphe. Il s'agit d'un texte de Courier (1772-1825) : des côtes de Calabre, l'auteur des *Lettres de France et d'Italie* (*) voit la Sicile où, soldat de Napoléon (et de la Révolution), il ne débarquera jamais. Le roman historique de 1963 dit l'échec auquel est vouée toute tentative révolutionnaire (ou réformiste) en Sicile, aujourd'hui comme hier. Quant à l'opposition entre le faussaire Vella et l'idéaliste Di Blasi, solidaire de Caracciolo et passant ensuite à l'action révolutionnaire, elle n'est qu'apparente : la Révolution aussi est une imposture, finit par penser Di Blasi ; le mérite de Vella c'est que son imposture à lui était comme une parodie de tout le système culturel sicilien et qu'elle en disait ainsi la vérité. Elle a aussi l'avantage d'être amusante.

L'abbé faussaire finit par découvrir, par-delà l'imposture, le plaisir de la littérature. Écrire c'est produire un faux, mais un faux qui dit la vérité, pense Sciascia. Le garant de cette vérité, c'est celui qui l'énonce : Di Blasi a écrit contre la torture et il est torturé ; il n'avoue rien, car il n'a rien à avouer. Restent la cruauté et l'absurdité de la torture qu'il a toujours dénoncées. – Trad. Denoël, 1966. C. A.

CONSEILS [*Consejos*]. Le poète et dramaturge espagnol Gómez Manrique (1412 ?-1490 ?) adressa ces « conseils », en vers, à Diego Arias Dávila qui était l'un des favoris d'Henri IV de Castille. Ils l'exhortent à user du pouvoir avec modération et à observer envers tout le monde, grands et petits, les lois de la justice. Ils contiennent, comme on l'a écrit, une noble leçon sur l'instabilité des grandeurs humaines, la vanité du monde, l'inconstance de la faveur des princes. Gómez enseigne que la vraie paix du cœur ne peut être atteinte que si l'on ne s'attache pas aux choses mortelles et périssables. Comme on le voit, il ne s'agit que de lieux communs, mais qui sont exprimés d'une façon heureuse, avec un accent digne et serein, en une langue remplie de grâce et, en même temps, de majesté et de bienséance. Les *Conseils*, par l'idéal de la vie politique qu'ils préconisent, se trouvent être une condamnation de la réalité qui est bien différente de cet idéal. Cette œuvre a également permis à l'âme du poète, qui avait été une des victimes de don Diego, de s'épancher : Gómez lui-même le laisse entendre dans sa lettre de dédicace.

CONSERVATEUR (Le) [*The Conservationist*]. Roman de la romancière sud-africaine d'expression anglaise Nadine Gordimer (née en 1923), publié en 1974. Ce roman est un chef-d'œuvre d'ironie, forçant le lecteur à jeter un double regard sur la réalité qui lui est présentée. Le récit est relaté du point de vue central de Mehring, personnage sympathique, ouvert et moderne, et en même temps exemple typique du mâle blanc sud-africain. Ayant tiré sa fortune des richesses extraites du sol, il achète une ferme qu'il n'habite pas, par curiosité romantique et désir d'ancrage : il n'a pas hérité des certitudes de la communauté afrikaaner. Au premier abord, l'intrigue simple est celle d'un roman policier. Le texte décrit des courts séjours à la ferme, entre deux épisodes d'un même fait divers : le corps d'un africain inconnu est trouvé dans un champ, puis hâtivement enterré, comme l'enquête elle-même. À la fin du livre, une inondation le fait resurgir du sol et il reçoit enfin la sépulture demandée par la coutume, organisée par les Africains de la ferme.

Cette péripétie d'apparence secondaire donne un cadre symbolique à l'œuvre ; la dimension mythique latente, invisible à Mehring, subvertit en fait la logique satisfaite de son discours intérieur et fait ressortir de plus en plus clairement son aveuglement. Il croit posséder la terre, dans un rapport de domination bienveillante similaire à celui qu'il a avec les femmes, mais cette propriété est illusoire. Au fil des heures, il se rappelle ses conversations avec une de ses maîtresses, militante libérale qui a dû fuir le pays. Ses arguments et ses critiques contre l'hypocrisie de l'ordre blanc sont évoqués en contrepoint de ses actions quotidiennes : ils n'ont en rien modifié ses préjugés tranquilles sur les Africains enfantins ou comiques. À la périphérie des perceptions du héros, le lecteur est de plus en plus conscient de l'existence d'une autre grille d'interprétation possible, qui est celle des Africains eux-mêmes. Les rituels, les rêves, les mythes fondateurs, vus du coin de l'œil par Mehring, reconstituent au fil du texte un schéma mythique cohérent, celui de la tradition zouloue, qui rend compte du lien de l'homme à la terre, de ce sens de la continuité avec le sol qui échappe jusqu'au bout au « conservateur », gardien temporaire et finalement extérieur au pays.

Le tour de force de ce roman est de nous présenter ce double éclairage, et ceci sans manichéisme. Mehring, vu de l'intérieur, est davantage aveuglé par sa position même que réellement mauvais. Sa bonne volonté écologique et sentimentale apparaît de plus en plus comme une réponse immature, profondément « inculte », à la réalité du pays et de la majorité noire, et à la tragédie potentielle qui le menace. Ce livre est l'un des plus aboutis de Nadine Gordimer, celui où la dimension symbolique est le mieux intégrée à la trame réaliste. La tension constante entre le lyrisme et l'ironie reflète à la fois l'attachement de l'écrivain à la terre et à ses hommes, blancs comme noirs, et son angoisse devant l'aveuglement des dominants du moment. – Trad. Albin Michel, 1988. J. B.

CONSIDÉRATION (De la) [*De consideratione*]. Traité moral et politique du théologien et mystique Bernard de Clairvaux (1090-1153). Composé de cinq livres, il fut écrit de

1149 à 1152 ou 1153 et dédié au pape Eugène III. Ce livre fut souvent appelé le « Manuel du parfait souverain pontife » ou encore l'« Examen de conscience d'un pape ». Conçu dans un esprit d'« affection paternelle », ce livre s'adresse à l'ancien disciple que l'auteur connaît bien et dont la grandeur d'âme unie à la faiblesse de la nature humaine exige avant tout une leçon d'humilité. « Seul un saint peut hisser son trône toujours plus haut » ; ce n'est qu'en accordant des soins assidus (« consideratio ») au salut de votre âme que vous pourrez travailler au salut d'autrui. N'imitez pas les papes plus récents, mais les meilleurs, tel Grégoire le Grand. Que le pape s'entoure de collaborateurs dignes et de personnes sûres dans l'administration de la curie et dans le choix du collège sacré des cardinaux et, le cas échéant, qu'il s'arme de fouets afin de chasser les profanateurs du temple. « Présider pour pourvoir aux besoins et non pour dominer, ce qui serait la pire passion. Les légats papaux doivent faire preuve d'esprit d'abnégation et ne point se montrer avides d'argent ; qu'ils offrent à Rome leur butin spirituel et non des biens matériels. Quittez les causes civiles et les intérêts économiques qui doivent être traités par le roi ou le prince ; n'empiétez pas sur le domaine d'autrui. » D'autres exhortations de saint Bernard portent sur les mauvaises habitudes du clergé séculier et sur les irrégularités perpétrées dans l'ordination ecclésiastique. Aussi le pape doit-il se considérer débiteur envers les infidèles, les juifs ou les schismatiques, bien que ceux-ci se trouvent en dehors de l'Église catholique. Aux violences des musulmans et des barbares, que l'on oppose la violence ; mais on obtiendra plus certainement la conversion des infidèles « par la parole que par l'épée ». Quant au pouvoir temporel du pape, il répugne à saint Bernard de voir le successeur de saint Pierre « paré de soie et de pierres précieuses, couvert d'or, porté par des Suisses et entouré d'une cour bruyante... tel un successeur de Constantin ». Saint Bernard utilise, le premier, le symbole spirituel des deux épées, qui sera repris et consacré par Boniface VIII. Le souverain pontife tient deux épées : l'une spirituelle et l'autre temporelle, mais « il doit user de la parole et non du fer... tandis que l'empereur, à la requête du pape, doit assurer la défense de l'Église par l'épée matérielle ». S'il advient que l'empereur viole les droits de l'Église, « que le pape ait de la hardiesse... Que celui qui a méprisé son jugement craigne l'effet des prières... Et qu'il sache que ce n'est plus un homme mais Dieu lui-même qu'il aura irrité ». On a souvent établi un parallèle entre la critique de l'Église faite par saint Bernard de Clairvaux et l'ouvrage de Luther paru quatre siècles plus tard. Si, en apparence, les sentiments et le langage des deux critiques se ressemblent, l'esprit et le but poursuivi par chacun sont bien différents : *De la considération* est devenu le manuel par excellence des papes et son auteur, le « doctor mellifluus », est aujourd'hui consacré. – *De la considération* a été traduit par P. Dalloz (Grenoble, Didier-Richard, 1944).

CONSIDÉRATIONS INACTUELLES [*Unzeitgemässe Betrachtungen*]. Ouvrage du philosophe allemand Friedrich Nietzsche (1844-1900), écrit et publié entre 1873 et 1876. La première « considération » fut écrite entre avril et juin 1873 et publiée en août ; la seconde, écrite à l'automne 1873, fut publiée en janvier 1874 ; la troisième, écrite au printemps 1874, fut publiée en octobre ; la quatrième, écrite durant l'été 1875, fut imprimée en juillet 1876. La première, « David Strauss, sectateur et écrivain » [David Strauss, der Bekenner und der Schrifsteller], est une virulente attaque contre le « philistinisme culturel » qui a envahi l'Allemagne après sa guerre victorieuse contre la France, amenant chez toute la classe cultivée une plate satisfaction de son degré de culture et la conviction d'avoir atteint la perfection dans ce domaine. En réalité, cette prétendue culture triomphante n'est qu'une Babel de styles, une sorte de tacite accord des gens instruits pour repousser tout ce qui est vivant, afin que rien ne vienne troubler l'ordre quotidien de leur apathie. Le « philistin cultivé » prétend être le véritable homme de culture, agir en maître dans le domaine culturel avec sa mesquine mentalité conservatrice, réduisant les classiques à ses propres proportions, si bien que l'admiration même qu'il professe pour eux est indigne. Le véritable artiste est toujours un chercheur et un destructeur ; mais ces petits hommes aiment leur tranquillité, convaincus que la véritable culture allemande est entre leurs mains. C'est toute la classe de ces doctes satisfaits que Nietzsche flétrit en la personne de David Strauss, auteur d'un livre intitulé *L'Ancienne et la Nouvelle Foi* qui rend hommage aux temps modernes. Dans cette première considération se fait jour le mépris de Nietzsche pour tout le système allemand d'éducation de la fin du XIXe siècle, système orgueilleux et vide de substance.

La deuxième considération, « De l'utilité et des inconvénients des études historiques » [Vom Nutzen und Nachteil der Historie für das Leben], est, elle aussi, un âpre réquisitoire contre ce « sentiment historique » fort répandu en Allemagne et qui, faussement compris, permet à une foule de philologues de considérer l'histoire comme une chose morte, bonne à être disséquée. Les philologues ont perdu de vue la véritable importance de l'histoire qui doit servir la vie et non la tuer. Chez l'historien, l'instinct constructeur doit toujours être en éveil ; il lui faut revivre le passé à la lumière du présent ; la sève de la vie doit le vivifier de telle sorte que l'historien puisse transformer le passé en vue des exigences du futur. Il faut que l'histoire ressemble à une œuvre d'art si elle veut, en tant que force vive, stimuler l'action. Seules les grandes personnalités peuvent examiner et juger l'histoire en lui imprimant la vigueur de leur propre vitalité, en la plongeant dans l'atmosphère du « non-historique », unique atmosphère où puisse se développer la vie dans son devenir triomphant. Il faut une somme d'illusions pour créer quelque chose de grand, une sorte d'aveuglement amoureux à l'égard du passé, de façon à pouvoir y trouver un encouragement à persévérer.

Dans la troisième considération, « Schopenhauer éducateur » [Schopenhauer als Erzieher], Nietzsche révèle ce qu'est pour lui le philosophe idéal ; à travers la figure de Schopenhauer, c'est sa propre personnalité qu'il dévoile, si bien qu'on peut dire que c'est sa vie intime qui est inscrite dans cette considération. Nietzsche estime que le but auquel tend la nature, et par conséquent la véritable culture, c'est la création du génie ; les hommes sont des essais douloureux et néanmoins admirables pour les possibilités qu'ils renferment ; ils doivent agir pour rendre plus facile la tâche de la nature, doivent mépriser en eux-mêmes les tentatives ratées et faire tous leurs efforts pour que l'œuvre de la nature puisse un jour avoir un résultat meilleur. C'est pourquoi la doctrine des forts commence par la négation et le pessimisme : ils se dressent comme des Titans en face du devenir et doivent abattre, en la niant, la façon commune de considérer la vie ; ils ont pour but exclusif de préparer la voie à l'homme, infiniment plus élevé que le commun des mortels. Là est la véritable fin de la culture ; aussi la culture moderne est-elle mensongère et nuisible, parce qu'elle est asservie à de petits égoïsmes microscopiques et a dégénéré en quelque chose d'inoffensif, tendant à créer toute une masse d'hommes ordinaires. Sous ce travestissement, la culture est exploitée par l'égoïsme des hommes d'affaires, par l'égoïsme des savants absorbés dans les stériles spéculations scientifiques de problèmes purement théoriques, enfin par l'égoïsme de l'État qui encourage une espèce de philosophie bâtarde consistant à faire l'historique des philosophies de toutes sortes. En réalité, le philosophe est quelque chose d'explosif, une somme d'énergies qui amène avec lui le bouleversement puisque, pour créer, il faut d'abord détruire.

La quatrième considération traite de « Wagner à Bayreuth » [Wagner in Bayreuth]. Nietzsche, prenant prétexte de la représentation des *Nibelungen* de Wagner — v. *Anneau des Nibelungen* (*) — à Bayreuth, définit quel est son idéal artistique, idéal personnifié par Wagner lui-même, ce magicien qui ressuscite le véritable esprit tragique. On retrouve ici le thème, déjà exprimé dans *La Naissance de la tragédie* (*), de la musique promoteur d'un nouvel esprit créateur dans l'art. L'art doit, par sa réhabilitation, perdre ce caractère d'objet de luxe, de dilettantisme, dépourvu de vitalité, qu'il a assumé pour plaire à la stupide « société cultivée ». L'art doit fomenter la vie, restaurer les esprits dans les intervalles de la lutte et vivifier leur puissance de négation et d'affirmation. Le sens tragique est perdu de nos jours ; les hommes se délectent d'expériences artistiques sans vigueur et restent hostilement muets en face du génie qui tente de les soulever. La musique de Wagner, née de son âme tumultueuse, bat le rappel pour le peuple des élus ; elle défie le doute et l'hostilité, sûre de sa force qui sera la force du peuple de demain, libéré des entraves d'une culture apathique et menteuse, et en marche sur la voie des destins les plus ardus. Dans le style belliqueux de ces *Considérations inactuelles,* Nietzsche se présente déjà comme le destructeur de toutes les valeurs, l'instigateur réveillant un monde endormi, même si jusqu'alors il ne s'est pas encore dégagé complètement de l'influence de ses maîtres. « Les *Considérations inactuelles* sont des promesses », déclara plus tard Nietzsche, et à ces promesses il ne faillira pas. — Trad. Mercure de France, 1907-1922 ; Gallimard, 1988 (*Inactuelles* 1 et 2) et 1990 (*Inactuelles* 3 et 4).

CONSIDÉRATIONS SUR LA FRANCE. Œuvre de Joseph de Maistre (1753-1821), écrivain et philosophe savoyard, un des esprits les plus pénétrants de son temps, le théoricien de la monarchie et du pouvoir pontifical et le fidèle ministre du royaume de Sardaigne. Bien que n'appartenant pas à la nation française, des événements aussi considérables que la Révolution française et l'Empire ont été pour lui une source de réflexions, dont il a livré le meilleur dans son célèbre ouvrage : *Considérations sur la France*, où il analyse les causes de la Révolution française, les sources du pouvoir royal et les conditions d'un rétablissement monarchique en France. Pour lui, c'est le principe monarchique qui est excellent et bienfaisant en lui-même quelle que soit la personnalité du souverain. Il prévoit, dès 1797, le retour du roi, la faillite de la Constitution de 1795. Livre lucide et prophétique, qui produisit une vive et profonde impression sur la haute société européenne, écrit en réponse au manifeste de Benjamin Constant en faveur du ralliement à la République. Publié, sans nom d'auteur, en avril 1797, cet ouvrage attira à son auteur quelques ennuis. Louis XVIII ayant félicité Joseph de Maistre de son travail, la presse parisienne publia sa lettre et dénonça les *Considérations* comme un complot royaliste. Le roi de Sardaigne, pour lors allié de Bonaparte, exila de Maistre à Venise, et une deuxième édition de l'ouvrage resta dans une cave à Turin. En 1814, les Bourbons étant revenus, de Maistre s'empressa de mettre en librairie une troisième édition, à laquelle il ajouta son *Essai sur le principe générateur des constitutions politiques.* Hélas, Louis XVIII y vit comme un blâme à son adresse d'avoir accepté la Charte, et de Maistre, une fois encore, n'eut pas le succès qu'il attendait. Aux considérations politiques s'ajoutent, dans cette œuvre, quelques théories religieuses comme le providentialisme et la réversibilité des peines. Ces thèses sont-elles conformes à la doctrine catholique ? La chose a été discutée. Il semble bien qu'on doive conclure à leur orthodoxie, à charge d'interprétation.

CONSIDÉRATIONS SUR LE GOUVERNEMENT REPRÉSENTATIF [*Considerations on Representative Government*]. Célèbre exposé doctrinal du philosophe anglais John Stuart Mill (1806-1873), publié en 1861. L'auteur combat aussi bien la théorie qui fait du gouvernement quelque chose de préexistant que l'on peut adopter ou rejeter, que la théorie qui assimile le gouvernement à un fait de nature. Un gouvernement, dit-il, résulte de la volonté des hommes. Bon ou mauvais, il correspond aux désirs et à la mentalité du peuple qui en a fait choix. Une telle donnée n'exclut pas la possibilité d'examiner la valeur propre à telle ou telle forme de gouvernement, chacune de ces formes dépendant du degré de civilisation des peuples. Dire que tout se fonde sur l'ordre et le progrès signifie que l'on reconnaît le lien nécessaire entre le gouvernement et le peuple, car c'est en son sein que se trouvent les moyens d'action du pouvoir. D'où le principe fondamental que « tout gouvernement qui veut être parfait doit rassembler les vertus existant dans la communauté en vue de la gestion de ses intérêts ». Il doit aussi favoriser la tendance naturelle au progrès. Une fois établis ces principes, l'auteur ne peut admettre qu'un bon gouvernement puisse subsister sous un régime despotique : même si l'homme à qui est confiée la charge de la nation est parfait, il n'en reste pas moins que le peuple se désintéresse alors de son sort. Tout citoyen doit participer au gouvernement et être investi d'une fonction sociale quelconque, ce qui n'est possible que sous un régime représentatif. Malheureusement un tel gouvernement ne saurait être instauré partout, car il importe que le peuple ait atteint un certain degré de civilisation : qu'il veuille accepter le régime représentatif, qu'il soit en mesure de le défendre, qu'il ait la compétence nécessaire, la volonté de remplir ses devoirs et d'accomplir la mission qui lui est confiée. Le système représentatif comporte deux dangers : la tyrannie du nombre qui mène nécessairement à la démocratie (d'où la démagogie) et la tyrannie de l'opinion publique qui conduit au nivellement et au triomphe de la médiocrité. Pour parer au premier danger, il est nécessaire de limiter le suffrage universel et d'opposer une « Chambre haute » à une « Chambre basse » ; pour conjurer le second, il importe que chacun puisse affirmer sa personnalité.

CONSIDÉRATIONS SUR LES CAUSES DE LA GRANDEUR DES ROMAINS ET DE LEUR DÉCADENCE. Panorama de l'histoire de Rome publié en 1734 par le philosophe français Charles Louis de Secondat, baron de Montesquieu (1689-1755). Dans cet ouvrage, l'auteur a appliqué à une période historique révolue la vaste recherche critique d'où sortira *L'Esprit des lois* (*). L'œuvre se rattache par certains de ses aspects au *Discours sur l'histoire universelle* (*) de Bossuet, mais elle est libérée des intentions théologiques qui présidèrent à la naissance de cette dernière ; les *Considérations* de Montesquieu se développent suivant une nouvelle harmonie, selon la logique humaine des faits qui s'enchaînent et s'ordonnent en un processus causal. Certaines « causes générales, morales ou physiques » influent sur le cours de l'histoire, et la direction générale de l'histoire entraîne à son tour tous les événements particuliers : les peuples qui changent de gouvernement pour en adopter un qui se trouve en contradiction avec leurs exigences historiques naturelles s'exposent à de graves conséquences. Les Romains furent grands et prospères aussi longtemps qu'ils se gouvernèrent selon certains principes : l'amour de la liberté, du travail, de la patrie, la sévère discipline militaire, la sage politique du Sénat dans ses rapports avec les peuples vaincus. Ils furent en décadence lorsqu'ils agrandirent de façon démesurée leur Empire et que leur puissance universelle les obligea à changer leur mode de gouvernement en substituant de nouveaux principes aux anciens. L'éloignement des armées fit s'évanouir l'esprit républicain ; le droit de cité fut étendu à trop de peuples ; les richesses furent accumulées indûment ; le pouvoir, passé des mains des patriciens dans celles du peuple, ouvrit la voie aux abus les plus monstrueux des empereurs. Au milieu de ces considérations, qui ont la clarté de l'évidence, trouvent place des portraits et des tableaux admirables qui font de ce livre un chef-d'œuvre de grâce austère, rempli de l'antique et classique amour de la liberté. Toutefois, l'auteur accorde trop facilement créance à des sources historiques qui n'ont pas encore été soumises à la critique ; il se montre parfois plus crédule que l'Antiquité elle-même à l'égard de certaines légendes.

La conception de l'histoire y apparaît aussi comme trop absolue, et liée au principe des causes déterminantes ; en réalité, ce déterminisme apparent un peu trop rigide se dénoue en un évolutionnisme secret, d'un mouvement harmonieux, dans lequel la loi et l'individu, l'« esprit général » et l'initiative privée alternent en une libre synthèse. « À l'origine de la société, les chefs des républiques créent les institutions, puis l'institution elle-même forme les chefs des républiques. » L'histoire de Rome est ainsi expliquée par ces principes : des formes cachées se développent au sein de la société jusqu'au moment où une nouvelle réalité (l'agrandissement du territoire par exemple) vient altérer cet « esprit général » – esprit que Montesquieu définit comme la synthèse d'une tendance particulière et d'un développement séculaire. Ainsi les idées fondamentales de *L'Esprit des lois* s'organisent ici et s'affirment dans un exemple historique précis, dont la conception, bien qu'elle soit souvent infirmée par l'inexactitude de l'information critique, se libère nettement des influences religieuses et dynastiques et, par là, annonce les horizons plus vastes de l'historiographie moderne : celle-ci d'ailleurs reprendra et développera certains points de l'analyse de Montesquieu (par exemple l'importance de la tradition et du milieu). Un seul élément a manqué toutefois à l'intuition historique de Montesquieu : une juste appréciation de l'importance du phénomène religieux dans la vie des peuples ; mais cette conquête appartiendra à l'historiographie du XIXe siècle et nous la devons à *La Cité antique* (*) de Fustel de Coulanges.

CONSIDÉRATIONS SUR LES MŒURS DE CE SIÈCLE. Œuvre de l'écrivain français Charles Pinot Duclos (1704-1772), publiée en 1751 et dédiée à Louis XV. Elle consiste en un large tour d'horizon des usages et des caractères de l'époque. C'est plus qu'une œuvre purement artistique. Comme La Bruyère dans ses *Caractères* (*), l'auteur montre un goût très net pour la polémique et s'attaque aux coutumes de son temps. Il examine ce que signifient et comment se manifestent, dans la société où il vit (celle de Louis XV), l'honnêteté, les éloges, la célébrité, l'honneur, la probité, la réputation, le vice, et fait ses réflexions sur les cas particuliers qu'il étudie. Ses observations sur les conditions sociales sont intéressantes : « Le peuple a pu gagner à l'abaissement des seigneurs : ceux-ci ont encore plus perdu, mais il est plus avantageux à l'État qu'ils aient tout perdu que s'ils avaient tout conservé. » Les satires qui soulignent l'affectation des élégants de l'époque, particulièrement lorsqu'ils emploient un langage précieux et recherché, sont dignes d'attention. Dans l'ensemble, cette œuvre semble faible parce qu'elle fait minutieusement le portrait du siècle, en n'insistant pas assez sur les traits incisifs et satiriques qui sont les plus habituels à l'écrivain – v. *Mémoires secrets sur le règne de Louis XIV* (*). Elle a de la valeur en tant qu'elle témoigne de la continuité de la littérature moraliste dans la grande tradition française.

CONSIDÉRATIONS SUR L'ÉTAT PRÉSENT DU CORPS POLITIQUE EN EUROPE. Écrit historico-politique de Frédéric II de Prusse (1712-1786), composé en 1738, mais qui ne fut imprimé qu'en 1788, parmi les *Œuvres posthumes de Frédéric II*. L'occasion de cet écrit fut l'envoi, cette année-là, à la Prusse, de notes identiques par les quatre puissances : France, Autriche, Angleterre, Hollande, sur la question de la succession des duchés de Juliers et de Berg, sur lesquels la Prusse réclamait des droits. Les notes étaient rédigées d'une manière vexatoire, et l'indignation de Frédéric, qui était alors prince héritier, fut provoquée particulièrement par la conduite du gouvernement français, responsable de cette démarche qui mettait à nouveau en danger la paix européenne. Il était indispensable que les peuples puissent voir les choses nettement. Frédéric assuma cette tâche, avec un écrit anonyme qui devait être publié d'abord en Angleterre en anglais, puis en Hollande en français. L'opuscule déplore que le corps politique européen ait perdu son équilibre et commence à se désunir : la chute est inévitable si la coalition de la force continue à dominer les nations voisines plus faibles. De cette situation la politique française est particulièrement responsable. La conduite politique du cardinal Fleury est retracée avec une fine ironie : il a réussi, en détachant « de l'empire allemand une province importune et dangereuse comme la Lorraine, à convaincre le monde de la pureté de ses intentions, car il veut amener jusqu'au Rhin les frontières de la France au nord-est ; après cela, il pourra agrandir son domaine en annexant le Luxembourg, Trèves, Liège, les châteaux forts de la frontière, les Flandres, en ayant comme complice secrète la Hollande ». La « condition malheureuse du corps politique en Europe » est celle-ci : d'un côté la puissance, de l'autre la faiblesse. Le torrent tumultueux entraînera désormais ce continent de révolution en révolution, en le jetant dans un chaos de désordre vers la ruine générale. Bien qu'ensuite le cardinal Fleury ait eu envers la Prusse une attitude conciliante, Frédéric ne changera pas d'opinion sur la situation générale de l'Europe ; il répondait à Voltaire qui avait comparé la France à un homme riche, entouré de voisins ruinés et qui achète à bon prix leurs biens : « Votre comparaison montre ce qui fait la force des Français et la faiblesse de leurs voisins. »

CONSIDÉRATIONS SUR L'HISTOIRE DU MONDE [*Weltgeschichtliche Betrachtungen*]. Ouvrage de l'historien suisse Jakob Burckhardt (1818-1897), constitué par un ensemble de cours et de conférences donnés à plusieurs reprises, à Bâle, de 1866 à 1870, réunis et publiés à Stuttgart en 1905, après la mort de l'auteur. Rejetant toute philosophie de l'Histoire et toutes les tentatives faites depuis saint Augustin pour y découvrir un dessein providentiel ou rationnel, Burckhardt cherche à considérer d'un œil lucide, et le plus objectivement possible, la multiplicité infinie des phénomènes historiques. Pour lui, la conscience historique est la base même de toute civilisation ; si les barbares sont tels, c'est qu'ils en sont complètement démunis : « Savoir ce qui est arrivé est la seule façon de libérer l'homme du filet des déterminismes qui l'enserrent. » Mais l'objectivité absolue, qui est aussi libération absolue, demeure impossible, car toujours l'histoire ne peut être vue que subjectivement. Même le dépassement des contrastes de la vie par la pure contemplation, celle-ci fût-elle parfaite, ne pourra jamais satisfaire entièrement l'esprit : ce dernier ne peut se soustraire « à un sentiment élégiaque » de renoncement face à l'activité d'autrui et surtout face aux grandes individualités créant du neuf, du vivant, surgissant de l'écorce morte du passé. En effet, ce n'est que dans les grandes individualités que l'universel s'identifie au particulier et le destin personnel au succès historique ; les autres sont abandonnées à leur sort : ce n'est pas de leur point de vue qu'il convient de juger l'histoire ; ce qui est un mal pour l'individu, peut, vu de plus haut, paraître ou être un bien. La véritable conscience historique doit se libérer des concepts de chance et de malchance, de progrès et de décadence. Le centre de l'histoire, c'est l'homme, toujours égal à lui-même, « tel qu'il fut, est et toujours sera, souffrant, luttant, agissant ». L'histoire, c'est-à-dire l'esprit qui la crée, change, mais ne se dépasse pas, demeurant toujours présent à lui-même et toujours multiple au cours de son évolution ; car la relation historique ne doit pas être une subordination de causes et d'effets selon un mode de succession qui ne peut manquer d'être arbitraire, mais une coordination de la multiplicité des phénomènes.

Parmi une infinité de possibles, Burckhardt pour grouper les événements choisit trois formes : culture, religion, État, examinant leurs caractères et leurs rapports réciproques. La valeur de l'homme n'est pleinement représentée que par la culture, car elle seule permet la libre manifestation de cette spontanéité créatrice de l'individu, qui constitue le pivot de la conception de l'auteur. Par contre, la religion et l'État, la première par son raidissement dogmatique, l'autre par la prédominance de la force « toujours mauvaise en soi », ont réciproquement une action coercitive, qui devient plus que jamais dangereuse lorsque ses effets s'additionnent comme dans un gouvernement théocratique. Il est donc souhaitable que leur action, se limitant à leur propre domaine, n'aille pas interférer ou envahir celui de la culture. Celle-ci devrait d'ailleurs éviter de se laisser contaminer par la politique dont elle est, de par son essence même, si indépendante que le plus souvent elle atteint son apogée dans les périodes de tyrannie. En général, Burckhardt ne cherche pas à établir des lois : embrassant dans un vaste panorama la Perse Sassanide et la Rome pontificale, l'esthétisme attique et la technicité américaine, il se borne à comparer entre elles diverses époques suivant leurs affinités. Une timide lueur d'espoir en l'esprit transparaît çà et là, mais ne suffit pas à éclairer l'avenir qui demeure toujours imprévisible. Peut-être la civilisation sera-t-elle submergée par l'expansion de l'utilitarisme et de l'esprit de lucre, caractères fondamentaux de l'époque moderne ; peut-être aussi un nouveau sentiment religieux naîtra-t-il des décombres, comme le christianisme sur les ruines du monde antique. – Trad. Presses universitaires, 1938 ; Payot, 1972.

CONSIGNES MORTES (Les) [*Mrive javke*]. Roman de l'écrivain serbe Aleksandar Vučo (né en 1897), publié en 1957. Ce roman est le deuxième d'une trilogie qui se déroule au cours de la période qui va du début de ce siècle à nos jours, trilogie qui commence avec *Dissolution* [*Raspust*, 1954] et se termine avec *Les Mérites* [*Zasluge*, 1963]. C'est l'illustration du drame de conscience vécu par l'intellectuel lors de l'occupation allemande de Belgrade, au cours de la dernière guerre. Dans *Dissolution*, l'action se situe dans un camp de concentration près de Belgrade. Au cours des *Consignes mortes*, Dragan Manojlović, le héros, sort de ce camp. Déjà dans le camp son inaction était devenue pour lui une sorte d'obsession. Il sentait l'abîme qui existait entre lui qui aimerait participer à la lutte contre l'occupant et les autres prisonniers qui faisaient déjà de la résistance organisée. Il essaie mais ne parvient pas à s'y intégrer. À sa sortie, même tentative et même échec. Aussi part-il de son propre chef rejoindre les partisans. Il tombe alors dans une embuscade allemande, mais les Allemands, qui croient qu'il travaille pour le marché noir, le renvoient à Belgrade. Tout le drame de Dragan consiste dans l'opposition entre son caractère mou et peureux et la rigueur des circonstances qu'il est obligé de vivre. Il tente de se hisser au-dessus de sa vraie personnalité pour vaincre en soi cette peur, cette mollesse. « Mais sa personnalité est nimbée d'une auréole frémissante de douceur lyrique, et dans son être vit la frêle plante de la tendresse. »

CONSOLATION DE LA PHILOSOPHIE (De la) [*De consolatione philosophiae*]. Des nombreuses œuvres de l'écrivain latin Boèce (480 ?-524), celle-ci est la plus intéressante et la plus universellement connue. Elle fut imprimée pour la première fois à Nüremberg en 1473 ; les meilleures éditions sont celles de Iéna (1841) et de Leipzig (1871). Écrite d'abord en prison, puis au cours des années 523-524, elle compte cinq livres, dans lesquels, prose et vers alternant, se déroule un dialogue entre l'auteur et sa visiteuse, la Philosophie. Alors qu'il recherche dans la poésie un soulagement à ses misères, la Philosophie lui apparaît sous la forme d'une femme d'aspect vénérable, aux yeux étincelants et doués d'une perspicacité surhumaine, vêtue d'une robe précieuse dont le bas s'orne d'une lettre, P, tandis que le haut porte la lettre T. Ces lettres, qui sans doute symbolisent la division platonicienne de la philosophie en « Pratique » et « Théorie », sont réunies par des gradins rappelant l'autre concept platonicien complémentaire de l'ascension de la Pratique à la Théorie.

Boèce, ayant reconnu la visiteuse, se plaint à elle des maux qui l'accablent ; ce à quoi elle répond qu'en réalité le sort lui a donné plus de biens que de maux. Le tort vient de lui seul, parce qu'il s'est fié à la fortune qui est inconstante et fausse et qu'il a attribué de la valeur à certains biens, comme la réputation, la puissance, la volupté, qui sont cause de malheur et non de félicité. Cette fortune que le monde juge contraire est beaucoup plus utile que la prospérité, parce qu'elle libère l'âme, en l'élevant à la vérité et à la vertu, donc à la véritable béatitude et à Dieu, aspiration suprême de la pensée humaine. À Dieu (qui ici évidemment présente une analogie avec le concept platonicien du souverain bien) doivent se rapporter toutes choses et par conséquent aussi notre bonheur et notre malheur. Mais si Dieu régit le monde, objecte Boèce, le vice devrait être toujours puni et la vertu récompensée. La Philosophie répond que l'injustice de la répartition n'est qu'apparente : la Providence proportionne les biens et les maux selon les mérites, et nous le comprendrions si nous pouvions connaître la cause de tout. De même que les vicissitudes de ce monde peuvent venir aussi bien de Dieu que du sort et doivent accomplir leur cycle, de même notre fortune adverse peut avoir son origine dans le sort ou en Dieu qui donnera, en dernier, la juste récompense. Si le monde est dirigé par Dieu, rétorque Boèce, il ne devrait pas y avoir place pour le hasard. La Philosophie lui explique alors que, vis-à-vis de Dieu, rien n'est entre les mains du hasard, mais que beaucoup de choses semblent l'être vis-à-vis des hommes. La prévoyance de Dieu, qui est infaillible, se concilie cependant avec la liberté humaine. De même que dans l'esprit humain il y a des degrés et des modes de connaissance supérieurs à d'autres, et qui ne sont communs ni à tous les hommes ni aux hommes et aux animaux, de même faut-il admettre que dans l'esprit divin, infiniment supérieur au nôtre, il puisse y avoir accord entre la prescience du futur et la liberté humaine. En nous-mêmes, la faiblesse des sens ne justifie pas la négation de l'imagination, ni la faiblesse de l'imagination la négation du raisonnement, ni la faiblesse du raisonnement la négation de l'intelligence ; du fait que notre intelligence est faible, nous n'avons pas le droit de dénier à Dieu une intelligence plus haute.

À la nouvelle objection de Boèce suivant laquelle la prescience divine s'abaisserait à faire des actions humaines à venir une des causes de sa propre détermination, la Philosophie répond que prévoir un événement ce n'est ni le fait de le produire ni la nécessité pour cet événement de se produire. Toutefois la conscience antérieure, sans nécessiter les faits, est un signe de cette nécessité. Mais quand la connaissance, au lieu d'être antérieure, est contemporaine, elle ne conditionne absolument pas ce qu'elle connaît ; or la connaissance de Dieu est « a-temporelle » : Dieu vit en un présent éternel. « Dieu, dont la présence éternelle voit toutes nos actions comme toujours présentes, les juge de toute éternité et prépare dès lors une récompense infinie aux bons et des supplices terribles aux méchants... Ce n'est donc point en vain que nous mettons notre espérance en lui et que nous lui adressons nos vœux. S'ils partent d'un cœur juste et droit, ils ne seront point rejetés. Ô hommes, fuyez donc le vice ; pratiquez la vertu. Qu'une juste confiance vous anime et que l'humilité de votre prière la fasse monter vers le trône de l'Éternel. Si vous ne faites point illusion à vous-mêmes, vous devez savoir avec quelle ardeur vous êtes obligés de vous porter au bien, puisque vous ne pouvez rien faire qui échappe aux regards d'un Dieu souverainement juste, et qui voit tout. »

C'est par cette exhortation émouvante, qui rappelle la fin du *Phédon* (*), que se termine l'œuvre du « dernier des Romains », qui fut considérée pendant tout le Moyen Âge comme la suprême expression de la pensée latine. On y retrouve les échos de la philosophie néoplatonicienne, spécialement de Proclus, des allusions continuelles à la doctrine stoïcienne et spécialement à Sénèque, mais, chose étrange, il n'y est jamais fait mention directe de la doctrine chrétienne ; on s'est efforcé d'expliquer le fait en disant que Boèce a voulu démontrer que, même en faisant abstraction de vérités révélées, la raison naturelle peut suffire à fournir la justification d'une attitude forte et résignée en face du malheur, et qu'il donne ainsi à cette justification une valeur universelle. Certains soutiennent que l'œuvre est incomplète, d'autres qu'elle est allégorique. Quoi qu'il en soit, bien qu'elle révèle une foi solide en la Providence, celle-ci s'identifie rarement avec un Dieu personnel, elle se confine même souvent dans le panthéisme ; et tout l'ouvrage, bien qu'il contienne des paroles et des phrases impliquant la connaissance des écrivains chrétiens, pourrait être attribué à un contemporain de Cicéron ou de Sénèque. Il a cependant inspiré toute la littérature et la philosophie chrétienne occidentale du VIIIe au XIVe siècle, et sa lumière ne pâlit qu'à la naissante splendeur de la Renaissance. De nombreux éléments du *De consolatione* seront en effet absorbés par les grandes synthèses des XIIe et XIIIe siècles ; Dante en tira des consolations dans les années qui suivirent la mort de Béatrice et de nombreux motifs d'inspiration pour *La Divine Comédie* (*), ainsi que s'en étaient déjà inspirés les poètes provençaux et que s'en inspireront plus tard Pétrarque dans *Mon secret ou Du mépris du monde* (*) et Boccace dans *Ameto* (*). Pour nous, la valeur de l'œuvre réside en ce qu'elle maintient le contact entre la pensée païenne et la pensée chrétienne, et qu'elle fut pendant bien des siècles le seul message grâce auquel la philosophie se maintint vivante en Occident. – Trad. Garnier, 1937.

★ Une des versions les plus connues de l'œuvre de Boèce est celle qui a été faite en anglais, probablement après 897, par le roi anglo-saxon Alfred (mort en 901) qui, loin d'en donner une traduction rigoureuse, en prit prétexte pour exprimer sa propre pensée ; le titre de la version est : *Les Consolations de la philosophie* [*The Consolations of Philosophy*]. Dans quelques passages, le roi s'identifie avec le philosophe et s'étend sur des thèmes métaphysiques ; dans d'autres, comme dans le fameux chapitre XVII, il réfléchit sur des problèmes divers, par exemple sur son devoir envers l'État : « Tu sais, ô raison, que la grandeur de ce pouvoir temporel ne m'a jamais beaucoup attiré et que je n'en ai nullement été avide, ni que j'ai beaucoup désiré ce royaume terrestre ; mais je désirais des instruments et des matériaux pour l'accomplissement de ce qui me fut confié, afin que je puisse vertueusement et opportunément me servir du pouvoir qui m'a été concédé. » L'esprit de la version est plus en accord avec le christianisme que ne l'est la doctrine néoplatonicienne de Boèce ; Alfred parle de Dieu et du Christ là où Boèce parle du « bien », de l'« amour » ou de la « vraie voie » ; il remplace par le mot « anges » celui de « substances divines ». Les adjonctions de moindre importance sont souvent intéressantes, et l'œuvre témoigne dans son ensemble d'une profonde ferveur religieuse. Il se peut que les parties que nous estimons originales soient fondées sur des commentaires ou des scolies latines perdues depuis. De toute façon, la préface nous informe qu'Alfred traduisit le livre « en rendant parfois les mots, et parfois le sens, du mieux qu'il put, à travers les multiples occupations de son règne ».

CONSOLATIONS (Les) de Sainte-Beuve. Poésies de l'écrivain français Charles Augustin Sainte-Beuve (1804-1869), publiées en 1830. *Les Consolations,* cette unique saison heureuse de ma vie — ainsi que les appelait Sainte-Beuve dans *Mes poisons* (*) —, sont nées sous le signe de l'amitié de l'auteur pour les Hugo : cette amitié fut, à ses débuts du moins, comme un réconfort et une compensation à la longue solitude qui lui avait inspiré *Vie, poésies et pensées de Joseph Delorme* (*). Comme après un long hiver de maladie lui revient l'amour de la vie et renaissent les espérances et la foi de l'adolescence. C'est à cette époque que se situe sa conversion au catholicisme (ou du moins au christianisme). C'est ainsi que *Les Consolations* nous montrent un Sainte-Beuve rejoignant la religion « par le sentier de l'art et de la poésie » ou, pour mieux dire, de l'amitié et de l'amour : la lettre-préface dédiée à Victor Hugo l'explicite pleinement. La guérison du poète est trop récente, et sa religion trop fraîchement acquise, pour qu'il puisse être question d'une certitude profonde ; pour le moment, la religion est ce que le titre exprime bien, la saison de l'âme consolée. Toutes ces poésies témoignent du sentiment que l'auteur nourrissait déjà à l'égard de Mme Hugo, qui le recevait, seule, chaque après-midi ; de son côté, au-delà de son bonheur d'épouse et de mère, Adèle Hugo sentait naître au plus profond de son cœur un soupir de tendre insatisfaction (« À Madame V. H. »). Soumis au charme de ce visage qu'il vénère encore de loin, il semble au poète qu'il faille porter devant Dieu cette amitié même, qu'il faille simplement et innocemment aimer (« À Ernest Fouinet ») et cesser, pour un instant au moins, d'être ce rêveur inquiet. Mais la religion ne jaillit pas aussi facilement du cœur et surtout d'un cœur malade de volupté. Les textes religieux mis en épigraphes à chaque poésie (extraits, le plus souvent, de saint Augustin et de l'*Imitation*) disent assez clairement comment Sainte-Beuve chercha à fortifier en lui le sentiment religieux. Mais déjà, on peut déceler, çà et là, ce sens douloureux du péché qui sera la véritable matière religieuse de *Volupté* (*). On retrouve enfin certains thèmes de poésie réaliste et familière, un ton doux et suave de conversation (« À Mademoiselle... »), tels qu'ils étaient apparus dans l'œuvre précédente *Joseph Delorme. Les Consolations* reflètent ce compromis entre l'amour et la religion que connut alors la vie de Sainte-Beuve, compromis qui ne pouvait durer et qui lui valut six mois de bonheur. Avec *Le Livre d'amour* et *Les Pensées d'août,* publiées en 1837, on assistera au déclin du poète. À côté de quelques effusions contenues, qui ne sont certes pas dépourvues d'un modeste lyrisme, prévaudra, dans ces dernières œuvres, une poésie tout à fait humble, prosaïque, assez confuse parfois. Du reste, Sainte-Beuve sait bien qu'il est désormais « un poète mort jeune, à qui l'homme survit ».

CONSOLATIONS (Les) de Sénèque. [*Consolationes*]. Trois écrits de l'écrivain latin Sénèque (1 ? av. J.-C. - 65 ap. J.-C.), qui furent insérés dans les *Dialogues* (*) où ils figurent comme les quatrième, neuvième et dixième. Dans la *Consolation à Polybe* [*Consolatio ad Polybium*], ancien esclave de Claude devenu puissant, et qui venait de perdre un frère, le philosophe se répand en louanges menteuses de l'affranchi et de l'empereur qu'il raillera dans *L'Apocoloquintose* (*). La *Consolation à Helvia* [*Consolatio ad Helviam matrem*] appartient aussi aux années que l'auteur passa en exil en Corse. Il l'écrivit pour réconforter sa mère de son éloignement, et pour lui démontrer que l'exil n'est pas forcément un malheur. La troisième est la *Consolation à Marcia* [*Consolatio ad Marciam*], veuve de Crémutius Cordus, victime de Tibère.

Cet écrit, composé avant son exil, devait servir à soulager Marcia de la perte d'un fils, mort trois ans auparavant. L'auteur trouve là une bonne occasion de prêcher les vertus supérieures, tout en consolant l'affligée et en élevant sa pensée au-dessus des choses de ce bas monde. Cette attitude, déjà préconisée par les écoles philosophiques de l'hellénisme, atteint à sa perfection chez Sénèque. La secte stoïcienne, mieux que toute autre, a su démontrer la vanité des biens de ce monde. – Trad. Les Belles Lettres, 1923.

CONSOLIDATION DE L'ÉTAT PAR L'ÉTABLISSEMENT DU VRAI (Traité de la) [*Risshô-ankoku ron*]. L'une des œuvres majeures du moine bouddhique japonais Nichiren (1222-1282), rédigée en 1260 et présentée au shôgoun Hôjô Tokiyori. Il s'agit d'un texte essentiellement polémique qui veut lier la série de catastrophes naturelles et politiques s'abattant sur le Japon à l'état de dégénérescence dans lequel était plongé, selon l'auteur, le bouddhisme de l'époque. Il se présente sous la forme d'une conversation sur les malheurs du temps entre un voyageur laïque et son hôte, un moine bouddhiste : les famines, les épidémies, les troubles sociaux sont envisagés comme l'accomplissement des prophéties de certains sûtra portant sur les « trois catastrophes et sept calamités » qui sont les fruits immédiats de l'hérésie vers laquelle un royaume et ses habitants se laissent dériver. Si l'on en croyait ces prédictions, aux malheurs intérieurs devaient prochainement venir s'ajouter les malheurs d'origine extérieure, c'est-à-dire des invasions de l'étranger. Le grand responsable de cet état de choses était clairement et inlassablement dénoncé : l'hérésie n'est autre que le zen, bien sûr, mais surtout les pratiques de la Terre Pure, la foi aveugle en la puissance salvifique du buddha Amida qu'il suffirait d'invoquer mécaniquement pour être sûr de se trouver reçu en son Paradis de l'ouest. La solution, pour Nichiren, est tout aussi claire : retour au vrai, à l'orthodoxie de la parole du Buddha telle qu'elle est présentée dans le *Sûtra du Lotus* et qui permettra de faire du Japon la véritable terre de Buddha.

La publication du livre n'eut pour seul résultat que l'envoi de son auteur en exil pendant trois ans, mais les menaces de l'empire mongol à partir de 1268, puis les tentatives d'invasion de 1274 et 1281 furent perçues comme la réalisation de ses prédictions par Nichiren lui-même et ses disciples et il redoubla d'ardeur dans ses dénonciations, ce qui lui valut un nouvel exil. – Trad. « Le Traité sur l'État de Nichiren », *T'oung pao,* 1950.

J.-N. R.

CONSPIRATION (La). Roman de l'écrivain français Paul Nizan (1905-1940), publié en 1938. Après *Aden Arabie* (*) et *Les Chiens de garde* (1932), Nizan a laissé trois romans : *Antoine Bloyé* (1933), *Le Cheval de Troie* (1935) et *La Conspiration* qu'il considérait comme le prologue d'un vaste ensemble consacré aux années 30 et dont le titre provisoire était *La Soirée à Somosierra.*

La Conspiration est l'histoire de quatre jeunes gens (Rosenthal, Laforgue, Bloyé et Pluvinage) qui lancent une revue d'avant-garde, *La Guerre civile.* Mais un jour, le meneur, Rosenthal, trouve qu'il serait plus excitant de conspirer au profit de la « Révolution ». Idéalistes (« la vertu n'a pas d'autre récompense qu'elle-même »), ces petits-bourgeois, en somme, se font plaisir. Rosenthal demande à un ami, Simon, militaire à Paris, de lui communiquer des secrets intéressant la Défense nationale. Simon lui transmet une partie du plan de protection de la capitale et se fait prendre alors qu'il en copiait la suite. Il ne devra qu'à son ascendance d'éviter le tribunal militaire. Laforgue fait ensuite parvenir à Rosenthal les plans d'une locomotive dernier modèle qui sont transmis « à qui de droit », c'est-à-dire au troisième tiroir de son bureau. Qu'importe, ils se grisent tous de l'action clandestine et, la mythomanie aidant, passent des heures exaltantes. Amant déçu de sa belle-sœur, Rosenthal se suicidera, Laforgue continuera *La Guerre civile* avec Bloyé tandis que Pluvinage entrera, lui, dans la police.

Tous les romans de Nizan sont plus ou moins autobiographiques. Dans *La Conspiration,* on le retrouve à la fois sous les traits de Rosenthal, de Bloyé et de Laforgue. Comme lui, Laforgue et Bloyé sont à la recherche de l'absolu, et, en fils de bourgeois, ne poursuivent d'abord la révolte que pour elle-même, mais ils s'ouvrent peu à peu aux réalités sociales et leur action tend alors vers la prise de conscience révolutionnaire. Document d'un grand intérêt sur la jeunesse d'avant-guerre, ce livre mérite en outre de retenir l'intérêt, comme l'expliquait Sartre lors de sa parution, pour « son beau style sec et négligent, ses longues phrases cartésiennes, qui tombent en leur milieu, comme si elles ne pouvaient plus se soutenir, et rebondissent tout à coup dans les airs ; et ces emportements oratoires qui tournent soudain court et font place à une sentence brève et glaciale ; non pas un style de romancier, sournois et caché, mais un style de combat, une arme ».

CONSPIRATION DES ÉGAUX, dite de Babeuf. Œuvre d'histoire et de polémique, en deux volumes, de Filippo Buonarroti (1761-1837), révolutionnaire italien émigré en France. Buonarroti, qui avait participé à la conjuration et avait été condamné comme l'un des principaux complices par la Haute Cour de justice de Vendôme en 1797, tint la promesse qu'il avait faite à Babeuf après la lecture de sa sentence de mort, en publiant cette histoire en 1828. Le récit est précédé d'un bref résumé de l'histoire de la Révolution française, dans laquelle l'auteur, et les Égaux avec lui, virent le « système de l'égalité » vaincu par le « système de l'égoïsme », jusqu'au jour où, les différents partis qui empêchaient cette marche vers l'égalité ayant été éliminés, l'idéal révolutionnaire triompha enfin avec Robespierre. La mort du tribun arrêta ce mouvement vers une complète justice sociale et ouvrit la voie à la réaction. L'exaltation de Robespierre et le retour à la Constitution de 1793 furent les mots d'ordre des démocrates pendant le régime de Thermidor et sous le Directoire, et constituèrent le programme minimum des Égaux proclamé par le « Tribun du peuple » de Babeuf et par le Club du Panthéon. Lorsque le Panthéon fut fermé, il se constitua autour de Babeuf un comité secret (30 mars 1796) pour préparer l'insurrection. Le but de ce comité allait même au-delà de la Constitution de 1793 et des vues de Robespierre : il proposait une organisation communale de la nouvelle République des Égaux, dont les principes dérivaient en partie d'écrits utopistes allant de Platon jusqu'à Morelly, en partie de l'expérience de la Révolution dans sa dernière phase. La dénonciation d'un espion conduisit à l'arrestation des conjurés et à un procès qui fit beaucoup de bruit et dont les conjurés se servirent pour exposer leurs idées. Buonarroti s'étend longuement sur les plans de la conjuration, et les expose avec tant de rigueur qu'on est tenté de voir dans cet exposé une élaboration a posteriori du système auquel l'auteur voulut donner l'importance d'une tradition héroïque.

La popularité de Babeuf naquit en grande partie du livre de Buonarroti, qui servit de base à la propagande démocratique après 1830, raviva la tradition révolutionnaire et, se répandant parmi les ouvriers, contribua à la naissance du mouvement prolétaire. Il devint ainsi un texte classique de la littérature socialiste, fut publié dans différentes éditions ou résumés, et eut en outre une édition en anglais, une en allemand et une en russe. Le système exposé diffère du matérialisme des courants postérieurs par son fondement essentiellement moral, et il se distingue des utopies antérieures, soit parce qu'il est le fruit d'une expérience historique vécue, soit parce qu'il aborde déjà le problème industriel et l'organisation sociale du travail. Son style clair et soutenu donne en outre une certaine valeur littéraire à l'ouvrage. Notons enfin que la synthèse historique, que l'auteur a placée en tête de son livre, prend place dans l'historiographie de la Révolution française, annonce des interprétations ultérieures et fut particulièrement appréciée de Mathiez et de ses disciples.

CONSPIRATION ET TRAGÉDIE DU DUC CHARLES DE BIRON [*The Conspiracy and Tragedy of Charles Duke of Byron*]. Tragédie en deux parties (« La Conspiration » et « La Tragédie ») de l'écrivain anglais George Chapman (1559-1634), représentée en 1608. Elle retrace l'aventure du duc de Biron, gentilhomme français que « M. Don Pedro Enriquez de Acevedo, comte de Fuentes, capitaine et gouverneur de l'État de Milan, habile à monter des cabales contre son grand ennemi Henri IV », poussa sur la voie de la conspiration. La première partie nous fait assister aux intrigues de Charles de Gontaut, duc de Biron, soldat valeureux, aimé de son souverain, qu'il trahit par ambition. Le complot est découvert, mais le roi pardonne. Dans la seconde partie, l'incorrigible gentilhomme conspire à nouveau, alors qu'il est ambassadeur à Londres ; cette fois, le roi, informé des agissements de son ami, le fait arrêter et le condamne à mort. Le duc proclame son innocence et s'obstine à nier, même lorsqu'il est invité à reconnaître l'évidence des preuves ; mais devant l'attitude implacable de ses juges, il sombre dans la folie, et la sentence est exécutée.

Le sujet fut suggéré à Chapman par la version anglaise, publiée en 1607, de l'*Inventaire général de l'Histoire de France* de Jean de Serres et Mathieu, et lui attira les protestations de l'ambassadeur de France pour avoir présenté sur scène un souverain vivant. Néanmoins, Chapman, à l'inverse de la majeure partie de ses contemporains, se garde de caricaturer les personnages français, qu'il s'efforce au contraire de présenter sous le meilleur jour possible, selon son tempérament qui lui faisait considérer ses tragédies comme des « poèmes pour le théâtre » et accuser Shakespeare d'ignorance. En fait, bien que cette longue tragédie en dix actes soit la mieux équilibrée qu'il écrivit, elle est dénuée de toute passion dramatique, et dissimule une intrinsèque froideur sous les dehors d'une éloquence élaborée, cherchant à rappeler la géniale impétuosité de son grand modèle, Marlowe. Les nombreuses tirades sentencieuses présentent en elles-mêmes quelque intérêt, à tel point que certains voulurent y voir une subtile intention artistique, faisant de Chapman un précurseur des « métaphysiciens » et même l'un des plus hardis d'entre les novateurs contemporains ; à l'appui de leur thèse, ils invoquaient l'impression que donnent ses personnages de vouloir surtout exprimer la totalité de leurs pensées, sans tenir compte des actes qu'ils accomplissent et du lieu où ils se trouvent. En réalité, et il s'en glorifiait, Chapman était pour son époque un esprit extraordinairement cultivé ; traducteur d'Homère, féru d'Antiquité, méprisant ouvertement tout ce qui manquait de noblesse et de culture, il ne sut que rarement, surtout dans ses tragédies, éviter l'étalage de son érudition.

CONSTANCE DU SAGE (De la) [*De constantia sapientis*]. Le deuxième des douze *Dialogues* (*) de l'écrivain latin Sénèque

(1 ? av. J.-C. - 65 ap. J.-C.) écrit, croit-on, aux environs des années 54-55. Il est dédié à Annaeus Serenus, qui commandait la garde des vigiles et auquel Sénèque, malgré une différence d'âge assez sensible, était lié par une grande amitié. Il lui a dédié en effet d'autres œuvres comme *De la tranquillité de l'âme* (*) et *De la vie heureuse* (*). Le contenu de ce dialogue est indiqué par son sous-titre : « Nec injuriam nec contumeliam accipere sapientem. » Le sage ne peut être atteint, ni par une « grave offense », ni par une « légère offense ». Le sage, dit le philosophe, est comme ces corps que le feu ne peut brûler, ou comme ces métaux sur lesquels les coups ne marquent pas. Les hommes, qui sont de par leur nature méchants, essaieront certainement de lui faire une offense petite ou grande, mais les coups ne lui porteront aucune atteinte, ni ceux de l'« injuria », ni ceux de la « contumelia ». Cette dernière, bien que moins importante, est pour le vaniteux bien plus douloureuse que l'injure. Le sage tire de sa conscience les raisons et les garanties de sa sérénité, et non de ce que la nature lui a donné et qu'elle peut d'ailleurs lui reprendre facilement et à l'improviste. À l'appui de son affirmation, Sénèque cite les exemples de Caton d'Utique et du philosophe grec Stilpon. Celui-ci, ayant perdu dans la destruction de Mégare ses biens, sa maison et ses fils, avait déclaré que l'ennemi ne lui avait rien enlevé, car il gardait toujours ce qui lui appartenait de plus sacré, c'est-à-dire sa sérénité imperturbable. Si celui qui est véritablement un sage sait faire face aux vicissitudes les plus douloureuses et les plus imméritées, il n'y a plus de doute qu'il saura demeurer parfaitement tranquille devant les petites offenses de la méchanceté ou de la mesquinerie humaines. Cette sérénité du sage avait été admise même par le philosophe qui paraît le plus éloigné des principes du stoïcisme, c'est-à-dire par Épicure, l'homme que la plupart des gens prennent en exemple pour excuser leur lâcheté. Épicure dit, en effet, que la fortune n'a pas d'influence sur l'homme patient : elle ne rentre pas dans sa maison, car elle sait d'avance qu'elle ne peut rien y trouver qui lui appartienne.

Pourtant, il existe entre Épicure et les stoïciens une différence essentielle : Épicure dit que les offenses peuvent être tolérées par le sage ; les stoïciens, par contre, nient l'existence de l'offense pour le sage. Le dialogue se termine par une ardente exhortation à une tolérance sereine. Il faut demeurer impassible devant les provocations et ne pas se laisser émouvoir par les louanges. Il faut apprendre à compter seulement sur soi-même et à s'occuper seulement de son propre perfectionnement moral. C'est ainsi que l'on pourra atteindre à une parfaite liberté : liberté qui consiste à ne pas être troublé par les offenses, à les tolérer avec sérénité, sans se laisser gagner ni par l'indignation ni par l'amertume. Sénèque reprend dans *De la Constance du sage* de nombreuses idées qu'il avait déjà esquissées dans son écrit *De la providence* (*), et qu'il développe ici avec plus d'ampleur. Mais dans *De la providence,* le concept de l'impassibilité du sage est fermement établi, compte tenu des chocs inévitables de la vie en commun. Ce traité sur la thèse stoïcienne est rajeuni par d'heureux exemples tirés de la vie de tous les jours et des rapports des classes sociales entre elles : ce qui fait que ce dialogue est l'une des œuvres les plus drues de Sénèque. – Trad. Les Belles Lettres, 1927.

CONSTELLATIONS. Recueil de proses poétiques de l'écrivain français André Breton (1896-1966), publié en 1959, puis réédité dans la grande anthologie *Poésie et autre* (1960). Ce recueil, le dernier publié par Breton, se compose de vingt-deux proses accompagnant vingt-deux gouaches du peintre Joan Miró. Grave, mesurée, rituelle presque dans la plénitude de ses rythmes, la phrase est ici chemin précis (et parfois un peu précieux) vers le rêve et vers la méditation. La poésie s'y est comme cristallisée, et elle chante moins qu'elle ne suggère, avec une sorte de majesté qui, en soi, est déjà présence offerte du mystère : « Un oiseau, un papillon ne sont jamais tristes. Les papillons sont très élevés en esprit ; ils jouent avec les enfants ; le papillon le sait et s'en amuse ; il échappe toujours, même quand on l'attrape et qu'on le tue. » Parlant de ces textes, à la fois d'une densité et d'une limpidité extrêmes, Gérard Legrand écrit : « Issu chacun d'une rêverie produite par l'image, ils n'en répondent pas moins, par la constance de leur timbre, à l'unité d'inspiration du peintre. À l'enchantement que nous procurent les sigles et les astérismes de Miró vient s'ajouter – sans jamais s'astreindre à l'évocation littérale – celui d'un autre tissu féerique, où sur la trame de l'enfance, de la destinée et de l'amour se joue l'évocation toujours frémissante du contact de l'homme avec la nature et la légende, doubles interprètes de son horoscope spirituel. *Constellations* apparaît ainsi comme l'un des moments les plus révélateurs, à tous égards, de la poésie, voire de la pensée, d'André Breton. »

CONSTITUTION D'ATHÈNES (La). Opuscule d'auteur inconnu qui tend à démontrer comment la démocratie athénienne, accusée d'incohérence, est en réalité fidèle à son principe. C'est précisément ce qui, d'après l'auteur, est condamnable ; dans un gouvernement démocratique, on confie aux pauvres et aux « méchants » les charges les plus importantes. Cette démonstration est conduite avec habileté et témoigne, chez l'auteur, d'une pénétration politique remarquable. Dans la tradition manuscrite, ce petit ouvrage nous est parvenu en même temps que les écrits de Xénophon, dont une des œuvres, *La République des Lacédémoniens* (*), est analogue à celle-ci quant au contenu et au titre. Presque tous les critiques s'accordent pour refuser à Xénophon la paternité de *La Constitution d'Athènes,* pour un ensemble de raisons dont la meilleure est qu'il ressort, d'après les passages même de l'œuvre, que cette dernière fut écrite au moment du plein épanouissement d'Athènes (probablement au début de la guerre du Péloponnèse), alors que Xénophon n'était encore qu'un enfant. Avec la documentation que nous possédons aujourd'hui, il est impossible d'attribuer cet ouvrage à un auteur, quoi que l'on ait suggéré bien des noms (de Critias à Thucydide). Il est écrit en une forme attique courante. C'est sans doute le plus ancien document de prose attique qui soit parvenu jusqu'à nous. — Trad. Les Belles Lettres, 1976.

CONSTITUTION D'ATHÈNES (La) [*Πολιτεία τῶν 'Αθηναίων*]. Œuvre du philosophe grec Aristote (384-322 av. J.-C.), composée entre 328 et 325. Parmi les cent cinquante-huit « Constitutions » ou esquisses historiques des constitutions des États grecs, rédigées par lui comme illustration de son œuvre théorique la *Politique* (*), c'est la seule qui nous soit parvenue. Découverte en 1880, elle a provoqué de nombreuses controverses quant à son attribution à Aristote, qui de nos jours est incontestée. La *Constitution* (dont le premier chapitre et les derniers, qui comprennent des lacunes, ont pu être reconstitués grâce à des fragments) fut divisée par Aristote lui-même en deux parties : la première (chap. I — XLI) est consacrée à l'évolution du régime politique athénien jusqu'à l'archontat d'Euclide (403 avant J.-C.) jusqu'au IVe siècle ; la seconde expliquant minutieusement l'organisation politico-administrative d'Athènes à l'époque d'Aristote. La documentation repose sur les historiens qui l'ont précédé, parmi lesquels Aristote mentionne spécialement Hérodote et Thucydide, et sur des recherches personnelles dans le matériel épigraphique et les archives. Les quatre premiers chapitres retracent les étapes fondamentales de l'histoire de la constitution d'Athènes, depuis les temps mythiques de la monarchie et de la première république aristocratique et féodale. Il examine ensuite la constitution attribuée à Dracon, également auteur du premier code écrit, puis il analyse la constitution moderne de Solon sur laquelle il s'étend amplement. Il souligne l'importante division du peuple en quatre classes suivant le cens annuel, division qui délimite la participation des citoyens au gouvernement en fonction de leurs revenus ; d'autre part, Solon abolit par la « seisachteia » l'esclavage pour dettes, plaie des pauvres gens. Aristote expose ensuite les nouveaux conflits qui surgirent entre les partis oligarchiques, modéré et démocratique ; l'arrivée inopinée de la tyrannie humaine et modérée de Pisistrate ; la mauvaise administration de ses fils, Hippias et Hipparque ; la réaction démocratique qui s'ensuivit et la réforme de Clisthènes ; le sage gouvernement de Périclès ; la désastreuse démagogie de Cléon. Après la défaite d'Aegos-Potamos, Athènes doit accepter de Sparte victorieuse le gouvernement tyrannique des Trente, jusqu'à ce que l'insurrection des exilés, dirigée par Thrasybule, rétablisse dans la cité l'ordre politico-social demeuré en vigueur jusqu'à l'époque d'Aristote. Dans la seconde partie, il décrit la constitution athénienne de son temps : l'institution de l'« Éphébie », sorte d'instruction biennale politico-militaire, à laquelle étaient astreints tous les jeunes gens âgés de 18 ans, avant de pouvoir exercer leurs pleins droits civils et politiques ; le fonctionnement des diverses assemblées, le statut des différentes magistratures qui étaient pourvues soit par l'élection, soit par le tirage au sort, soit par une combinaison des deux, et enfin le corps des tribunaux athéniens dont il expose minutieusement la procédure. Le pouvoir judiciaire avait toujours eu une grande importance dans la constitution athénienne et le peuple avait âprement lutté pour y accéder : la constitution accordait en effet au citoyen, à partir de 18 ans et pour le restant de ses jours, un contrôle illimité des affaires publiques.

Bien que cette œuvre soit rédigée avec une sereine objectivité, il n'est pas difficile de découvrir où vont les préférences de l'auteur. Conformément à sa doctrine philosophique qui proclame comme suprême vertu le juste milieu entre deux tendances opposées, il estime que la constitution, elle aussi, doit s'inspirer de ce concept supérieur ; les intérêts particuliers doivent se concilier pour le bien commun : d'où il ressort que seule la prédominance d'une classe intermédiaire entre riches et pauvres peut assurer à une cité l'équilibre voulu. Il est donc logique qu'Aristote ne cache pas sa sympathie pour la constitution de Solon qui, parmi toutes les autres, lui paraissait concilier le mieux les intérêts particuliers de chaque classe avec le bien suprême de la collectivité. — Trad. Les Belles Lettres, 1930.

CONSTITUTION DE L'ÉGLISE ET DE L'ÉTAT (Sur la) [*On the Constitution of the Church and State*]. Court traité en prose du poète anglais Samuel Taylor Coleridge (1772-1834), publié en 1830. L'auteur considère le phénomène religieux, qui s'identifie pour lui avec le christianisme, et le phénomène politique comme deux activités nettement séparées. Mais une telle séparation ne doit pas empêcher que toutes les manifestations de la vie, et par conséquent celles ayant un caractère politique et social, soient pénétrées d'esprit chrétien. Pareillement, tout en admettant qu'une nation ne peut s'empêcher de tendre à une plus grande puissance et de rechercher, par rapport aux autres nations, la sauvegarde inconditionnelle de ses propres intérêts, c'est-à-dire sans trop s'embarrasser de principes éthiques, Coleridge voudrait que l'activité politique soit régie par les règles morales et que soient sauvées les apparences dans les relations avec d'autres États. En politique intérieure, il réduit l'intervention de l'État au minimum indispensable, laissant la plus grande liberté à l'initiative individuelle. Enfin, l'évolution subie, à l'instar de toute manifestation humaine, par la vie et la structure de l'État doit s'effectuer suivant une transformation progressive et naturelle, excluant les révolutions. D'abord admirateur de la Révolution française, Coleridge en était venu, sous l'influence de Burke — v. *Réflexions sur la Révolution française* (*) — à des tendances conservatrices qui trouvèrent dans ce petit traité leur plus parfaite expression. Quelques-uns d'entre les principaux résultats de sa pensée politique et religieuse trouvent leur aboutissement dans *La Constitution de l'Église et de l'État,* l'un des derniers ouvrages de Coleridge. Ouvrage qui démontre cependant que, même dans ses dernières années, l'auteur ne put atteindre à un système philosophique cohérent. La distinction entre activité éthique et activité politique n'est par lui jamais dépassée : elle demeure à l'état de laborieuse conciliation, aboutissant aux moyens termes d'une position de compromis, caractéristique de l'époque victorienne qui va suivre. Et cependant, à certains égards, les idées de Coleridge font prévoir le libéralisme du XIXe siècle.

CONSTITUTION DES ÉTATS-UNIS D'AMÉRIQUE [*Constitution of the United States of America*]. Après s'être émancipées définitivement de la Grande-Bretagne par la Déclaration d'Indépendance, le 4 juillet 1776, et avoir voté en 1777 les articles de Confédération, appliqués à partir de 1781, les treize anciennes colonies, devenues États-Unis de l'Amérique septentrionale, connurent une période d'anarchie, due à l'absence d'un véritable gouvernement. Aussi, en 1786, à l'instigation de la Virginie, plusieurs États proposèrent-ils de réunir un groupe de travail en vue de « rendre la constitution du gouvernement fédéral conforme aux exigences de l'Union ». Ce fut l'origine de la Convention, qui se réunit à Philadelphie le 25 mai 1787 et élabora la constitution adoptée le 17 septembre de la même année et toujours en vigueur dans ce pays.

Elle se compose de sept articles divisés en sections. À la différence des autres Constitutions modernes, elle ne prévoit pas les droits à la liberté, ceux-ci étant présupposés. Il y est fait une allusion dans le préambule où, parmi les objectifs énumérés, on trouve celui de « rendre durables, pour nous comme pour les personnes qui dépendent de nous, les bénéfices de la liberté ».

L'article I traite des fonctions du pouvoir législatif et de la structure de la Chambre. Le pouvoir législatif appartient au Congrès composé d'une Chambre de représentants et d'un Sénat, tous deux élus. La Chambre se compose de membres élus par les différents États suivant des proportions et des conditions déterminées d'âge, de nationalité, de domicile, etc. Les « bills » qui créent les emplois doivent émaner de la Chambre des représentants, avec le concours facultatif du Sénat pour amendements, et être présentés au Président. En cas de dissensions, ils doivent être proposés de nouveau à la Chambre et obtenir une majorité des deux tiers. Dans la section VIII sont énumérées les matières dans lesquelles le Sénat peut légiférer ; dans la IXe sont précisées les limitations relatives à certaines matières. Dans la section VII, des limitations sont mises aux activités des États ; elles se ramènent essentiellement à la suppression de leur souveraineté extérieure (ou internationale). L'article II traite des pouvoirs, des attributions, des élections et des autres besoins de l'organe suprême de la fédération : le Président. Il est investi du pouvoir exécutif, il commande l'armée et la flotte, il conclut les traités avec l'avis du Sénat, il nomme les ambassadeurs, les juges et autres fonctionnaires. Il est assisté d'un vice-président. Ils pourront, l'un et l'autre, être destitués s'ils sont convaincus de trahison, de dilapidation du bien public ou « d'autres graves crimes et malhonnêtetés ». L'article III a trait au pouvoir judiciaire, attribué à une Cour suprême et à des Cours inférieures, investies de la connaissance de toutes sortes de causes « en fait de lois et d'équité », aussi bien civiles que pénales et administratives. Quand l'une des parties est un État de l'Union, un ambassadeur ou un ministre, la Cour suprême fonctionne comme juge de première instance ; dans tous les autres cas, elle fonctionne comme cour d'appel. Toutes les causes criminelles seront jugées par des jurés. La section III détermine les cas de trahison qui consistent expressément à prendre les armes contre les États-Unis ou à porter secours à leurs ennemis.

L'article IV traite des rapports entre les États et l'Union. Les actes publics et les mesures judiciaires d'un État ont pleine valeur dans les autres États ; les citoyens d'un État jouissent de l'immunité et des privilèges propres aux citoyens des États-Unis ; tout État a le droit d'extradition à l'égard des autres États ; le Congrès pourra admettre de nouveaux États dans l'Union ; mais aucun État ne sera formé sur la juridiction d'un autre ou par la réunion des autres ou par des portions d'autres États, sans le consentement du Congrès et des États intéressés. Les États-Unis garantissent à tous les États une forme de gouvernement républicain et les protégeront contre toute invasion. L'article V décrète la possibilité d'apporter des amendements à la Constitution ; l'organe compétent est le Congrès. C'est la seule constitution écrite qui prévoit une telle possibilité et en prescrit la procédure. On attribue à cette particularité la vitalité et la permanente actualité historique de ce document. L'article VI constitue aussi une particularité, en tant que lié à un problème capital de droit international. Il affirme en effet qu'« une telle constitution et les lois qui seront établies en fonction de cette constitution, tous les traités conclus et que l'on conclura sous l'autorité des États-Unis, constitueront la loi suprême du Pays ». Il est à remarquer que, dans les États, les obligations internationales lient seulement les États entre eux et non chaque citoyen. En d'autres termes, pour que le traité et la convention soient valables pour chaque citoyen, il faut une loi intérieure qui les sanctionne.

La Constitution américaine, outre qu'elle a la priorité sur les autres constitutions écrites de l'époque moderne, est un authentique chef-d'œuvre dans le domaine du droit public. Ses compilateurs s'appuyaient toutefois sur les théories « contractualistes » et la doctrine du droit naturel du temps (surtout Montesquieu), la tradition britannique et une expérience concrète en ces matières, c'est-à-dire les constitutions précédentes de chaque État. Pour sa structure pleine et achevée, pour sa forme claire et pour la maturité des principes qu'elle contient, elle servit de modèle à beaucoup de constitutions européennes. Elle est le type des constitutions élaborées par le peuple, par opposition aux constitutions concédées ou « octroyées ». Son mérite principal est peut-être d'avoir su admirablement concilier les exigences souveraines de tant d'États et la supérieure exigence de la fédération, en vertu de quoi, comme dit Bryce, le citoyen américain « vit sous deux gouvernements et deux catégories de lois ; il est animé d'un double sentiment patriotique et lié par un double loyalisme ».

CONSTITUTIONS FRANÇAISES. Depuis la fin de l'Ancien Régime, la France a eu successivement treize Constitutions : ne s'est jamais imposé un texte définitif et fondamental, comme aux États-Unis par exemple, mais seulement des œuvres de circonstance qui n'ont pas survécu aux contextes politiques qui les avaient inspirées. Certaines d'entre elles n'ont même jamais été appliquées.

Constitution du 3 septembre 1791. Cette Constitution s'ouvre par un Préambule : *La Déclaration des droits de l'homme et du citoyen* (*), proclamation solennelle de certains principes essentiels de philosophie politique. La Constitution elle-même comprend deux cent quinze articles votés par l'Assemblée constituante de 1789 à 1791. Elle repose sur quatre principes constitutionnels : la souveraineté nationale, le gouvernement représentatif, la séparation des pouvoirs et la supériorité de la Constitution sur la loi. Elle posait donc un certain nombre de principes essentiels du droit constitutionnel moderne, mais c'était la charte de la monarchie constitutionnelle et elle devait disparaître avec elle.

Constitution du 24 juin 1793. La monarchie tombée sous l'Assemblée législative, la première assemblée élue au suffrage universel – la Convention – proclame la République et élabore une nouvelle Constitution, celle du 24 juin 1793, dite Constitution montagnarde. Comme celle de 1791, elle s'ouvre sur une Déclaration des droits qui donne la priorité au droit à l'égalité sur le droit à la liberté et proclame l'existence d'un nouveau droit : le droit à l'insurrection « quand le gouvernement viole les lois du peuple ». La Constitution elle-même reposait sur un nouveau principe : celui du suffrage universel, et entérinait une situation de fait : le gouvernement d'Assemblée et la dépendance étroite de l'exécutif par rapport au législatif.

Constitution du 5 Fructidor an III. Mais les événements politiques allaient si vite qu'une Constitution était caduque avant même d'avoir été appliquée. Aussitôt après la chute de Robespierre, la Convention mit de côté la nouvelle Constitution et en élabora une autre : celle du 5 Fructidor an III. Comme les Constitutions de 1791 et de 1793, elle s'ouvre sur une Déclaration, mais celle-ci est une Déclaration des droits et des devoirs. Au point de vue constitutionnel, elle représente un retour en arrière : elle restreint le droit de suffrage et les droits de l'Assemblée, en créant un système bicaméral (Chambre des cinq cents et Conseil des anciens) et un exécutif fort (le Directoire).

Constitution du 22 Frimaire an VII. Le coup d'État de Bonaparte (18 Brumaire an VII) abolit pratiquement la précédente Constitution et rendit nécessaire une Constitution nouvelle qui concentrait toute la réalité du pouvoir dans l'exécutif, c'est-à-dire dans la personne de Bonaparte. Jusqu'alors, les Constitutions procédaient d'un certain mouvement d'opinion ou tout au moins d'un certain parti ; la Constitution de l'An VII est l'œuvre d'un seul homme pour lui-même. Ses modifications (sénatus-consultes des 14 et 16 thermidor an X, sénatus-consulte du 28 floréal an XII, qui établit l'Empire) marquent de nouveaux progrès de la dictature absolue.

Charte constitutionnelle du 14 juin 1814. L'effondrement du régime napoléonien, le retour du roi, les Cent-Jours entraînèrent plusieurs actes constitutionnels : Constitution sénatoriale du 6 avril 1814 qui appelait le roi sur le trône, actes additionnels aux Constitutions de l'Empire, enfin la Charte de 1814 qui s'efforce d'être un compromis entre l'Ancien Régime et les idées nouvelles.

Charte du 4 août 1830. Plus libérale, elle marque le début du nouveau régime issu de la révolution de 1830 : la monarchie de Juillet.

Constitution du 4 novembre 1848. Elle proclame, à la suite de la révolution de 1848, la IIe République ; elle a une portée plus générale. Son Préambule, rédigé en termes vagues, est significatif du nouvel esprit démocratique. Elle établit définitivement le suffrage universel. Bien qu'elle ait eu une influence durable, y compris en dehors des frontières de la France, la *Constitution de 1848* ne devait pas durer plus que les précédentes. Le coup d'État de Louis-Napoléon Bonaparte devait amener, après une courte période de république napoléonienne, un nouvel Empire.

Constitution du 14 janvier 1852. Calquée sur celle de l'An VII, elle rétablissait le pouvoir d'un seul homme. Elle fut modifiée à plusieurs reprises au fur et à mesure de l'évolution politique de l'Empire vers le libéralisme.

Constitution de 1875. Ce n'est en fait que la réunion de lois constitutionnelles dont l'élaboration demanda cinq ans, car les idées qui en sont la base mirent du temps à s'imposer. Elle établit la IIIe République et le régime parlementaire avec deux Chambres (Sénat et Chambre des députés). Modifiée en 1879 et en 1884, elle fut pratiquement mise de côté entre 1940 et 1945 et remplacée par la *Constitution de 1946* qui donna ses institutions à la IVe République. Les pouvoirs de la seconde Chambre, devenue le Conseil de la République, sont réduits et sont modifiés les rapports de l'exécutif et du législatif. Les institutions de la Ve République trouvent leur fondement dans la *Constitution du 4 octobre 1958*, modifiée par référendum le 28 octobre 1962. Avec cet amendement, le président de la République est notamment élu au suffrage universel direct et désigne le Premier ministre.

CONSTRUCTEURS DU TEMPLE (Les) [*Stavitelé chrámu*]. Poèmes lyriques du poète tchèque Otokar Březina (1868-1929), publié en 1899. La place de ces poèmes dans l'œuvre de l'écrivain est importante. Après le pessimisme des *Lointains mystérieux*, après l'explosion mystique de l'*Aube à l'Occident* (*) et la foi recouvrée dans l'amour : *Vents des pôles*, s'ils représentent un arrêt momentané dans l'évolution spirituelle du poète, ils n'en constituent pas moins une étape décisive dans l'évolution de son art. En effet, si on y assiste au retour de certains doutes et de certaines incertitudes, en un mot si l'œuvre marque une nouvelle vague de pessimisme, la puissance des moyens mis en œuvre par le poète y est écrasante. Dans cette vision de tout le mal et de toute la douleur qui oppriment la terre, atome dans l'univers et univers en lui-même, une créature élue se détache, le poète, dont le rôle est de transformer la tristesse de la matière et la douleur du monde en lumière et en espoir ; et ainsi il marche dans les rangs innombrables des déshérités, ces déshérités qui sont les « Constructeurs du Temple » de Dieu, les constructeurs d'un monde futur meilleur. Mais, pour que ce monde surgisse, toute une évolution vers la perfection de soi-même s'impose, dont les martyrs, les prophètes et les fous ne sont que des exemples, car l'« unique » doit devenir le « tout », la collectivité, l'humanité. Dans ce volume (qui est le quatrième recueil de poèmes de l'auteur) s'affirme, plus que dans les autres, la pensée philosophique du poète qui emprunte ses éléments à Nietzsche tout autant qu'aux brahmanes. Mais l'œuvre vaut surtout par l'abondance des images et par la musicalité de l'expression. En se rapprochant du monde sensible et humain, le poète recouvre, après les visions apocalyptiques de ses autres livres, un optimisme et une foi renouvelés (« Saluons le printemps »).

CONSTRUCTION LOGIQUE DU MONDE (La) [*Der logische Aufbau der Welt*]. Ouvrage du philosophe allemand Rudolf Carnap (1891-1970), publié en 1928. C'est avec le projet de réaliser le programme russellien de *La Méthode scientifique en philosophie* (*) (1914), mais aussi, dans une certaine mesure, avec celui de mettre en application la tâche, nouvellement définie par Wittgenstein, de la philosophie comme activité d'élucidation du langage doué de sens (car factuel), que Carnap entreprend l'élaboration, à l'aide de l'outil formel de la logique moderne, de la « théorie de la constitution ». Il s'agit de « reconstruire rationnellement » le langage de la connaissance en recherchant des « définitions nouvelles pour remplacer les concepts anciens ». Le but, à savoir éliminer du langage de la science tous les non-sens, est rempli par le fait même de la construction. L'opération-maîtresse est en effet la « réduction » (Zurückführung) en vertu de laquelle un objet (ou « concept » au sens logique) « se laisse transformer en un ou plusieurs autres si tous les énoncés à son sujet peuvent l'être aussi en énoncés à propos de cet ou de ces autres objets » (introd. § 2). La « nouvelle logique » (la théorie des relations), celle que Carnap emprunte ici aux *Principia mathematica* (1910) de Russell et Whitehead, permet d'exprimer les « énoncés » en question sous forme de « fonctions propositionnelles » (dont on ne prend en compte que l'« extension ») comportant des variables pour des propriétés et des relations, c'est-à-dire des descriptions de « structure ». Car seule la structure est formellement exprimable, par opposition au « contenu ». Mais au lieu de servir seulement à la réduction des mathématiques (notamment l'arithmétique), à la logique conformément au programme logiciste de Russell, la méthode d'analyse du langage est, conformément à l'attente du Cercle de Vienne, étendue à la science du réel empirique dans toutes ses différentes branches. Par là, *La Construction logique du monde* est véritablement une œuvre de l'empirisme logique.

Inversant en quelque sorte le sens de la fondation cartésienne, Carnap entend ainsi unifier tout le langage de la connaissance empirique par le bas en le faisant reposer sur une base constituée d'énoncés « atomiques » (les plus simples qui se réfèrent aux données observables). Ainsi les énoncés les plus « culturels » se laissent-ils exprimer formellement dans les termes les plus simples de la « science de la nature » [Naturwissenschaft], que l'on peut obtenir par réduction. Ce parti prend le contrepied de la conception « idéaliste » allemande qui, jusque-là, avait subordonné les « sciences de la nature » aux « sciences de l'esprit » [Geisteswissenschaften] (soit l'équivalent de nos « sciences humaines »).

Carnap déclare que sa construction a un rapport avec le projet husserlien d'une « mathésis des expériences » en raison du caractère phénoménaliste de la base élémentaire, mais aussi avec la théorie des « objets » d'Alexis Meinong. Chaque domaine d'objets en lequel se trouve stratifiée la construction d'ensemble correspond à une branche de la science du réel. Un énoncé qui contrevient aux exigences de cette stratification est éliminé comme non-sens. On évite ainsi la confusion de domaines d'objets (ou « quasi-objets » puisqu'ils s'identifient aux concepts logiques), comme la théorie russellienne des types nous évitait les erreurs catégorielles (§§ 29-30). La hiérarchie ainsi constituée nous fait remonter, par degrés ou niveaux, des relations de base, correspondant aux « unités indivisibles » d'expériences « auto-psychologiques », aux objets physiques, puis biologiques jusqu'aux niveaux supérieurs des objets « hétéropsychologiques » et culturels. En raison du caractère (méthodologiquement) « solipsiste » de la base, la construction de 1928 est qualifiée de « phénoménaliste ». Les « expériences élémentaires » en question sont, sur le modèle emprunté à la psychologie de la Gestalt (Forme) de la relation structurale parties/tout, prélevées comme des parties intersectant le réseau mental, le « moi » étant défini ici comme « classe des vécus élémentaires » dont ces parties sont les « éléments » en nombre fini.

Les critiques qu'Otto Neurath formule au début des années 1930 à l'encontre de ce « langage de base » conduisent Carnap à l'abandonner pour le « physicalisme », option unitaire qui, sous l'influence d'Otto Neurath, finit par être dominante dans le Cercle de Vienne. Carnap s'en explique dans sa seconde préface de 1961. Le caractère solipsiste étant jugé par Otto Neurath trop « subjectiviste », Carnap ne peut réussir à conjurer comme il le voudrait, par sa reconstruction, toute référence à l'« ego ». Par ailleurs, la croyance en une base de « protocoles » tant irréductibles qu'incorrigibles reconduit l'héritage classique d'une conception essentialiste de la certitude. Devant ces difficultés, Carnap explique qu'il a dû entre-temps se tourner vers la thèse physicaliste de la réductibilité des concepts scientifiques à des « concepts de choses » « physiques », (mais pas au sens du physicien professionnel). De plus, la théorie de la « constitution » dans sa prétention « extensionaliste » (cf. sur la « thèse de l'extensionalité » et ses critiques, § 43) soulève de graves difficultés que N. Goodman a examinées dans *La Structure de l'apparence* (*).

Il ne s'agit évidemment ici que d'un « modèle » construit (à l'aide de symboles) du « monde », à savoir du « monde de la science » envisagée comme langage. Entre ce modèle M et le « monde », il y a « corrélation », d'où la nécessité d'exprimer celle-ci aussi au moyen de définitions formelles de correspondances. La question du statut « solipsiste » de la base conduit alors à se demander si le « monde » M de Carnap n'est pas davantage « mon monde » que « le » monde. La langue de la constitution n'est donc peut-être pas si « métaphysiquement neutre » que l'aurait voulu Carnap qui a cherché par sa construction à mettre définitivement fin à la « querelle de mots » entre « idéalisme » et « réalisme » de la tradition métaphysique. A. So.

CONSUELO. Roman de l'écrivain français George Sand (Aurore Dupin, 1804-1876), publié à Paris en 1842-1843. Ce roman se déroule au XVIIIe siècle, et, dans sa première partie, à Venise. Consuelo est une petite bohémienne douée d'une voix splendide, qui est engagée comme cantatrice au Théâtre de l'Opéra de Venise, en même temps qu'Anzoleto, jeune pêcheur vénitien, son fiancé. Mais le jeune homme est jaloux des succès de Consuelo, et la jeune fille, déçue par la vie du théâtre, blessée dans ses sentiments les plus purs, quitte Venise à l'apogée de son succès, pour se retirer en Bohême où son maître, Porpora, lui a trouvé une place de professeur de chant dans le château du comte Albert de Rudolstadt. Consuelo est égarée dans une atmosphère de cauchemar à cause du jeune comte Albert qui, par moments, se figurant être la réincarnation d'un de ses ancêtres, quitte le château pour plusieurs jours en proie au délire. Au cours d'une de ses absences, Consuelo le recherche et le trouve, à demi fou, dans une grotte de la montagne avoisinante. En voyant la jeune fille, le jeune homme recouvre ses esprits, lui avoue son amour et lui demande de l'épouser. Mais Consuelo n'a pas la force d'accepter ce mariage ; elle quitte le château, se rend à Vienne, où elle est engagée par le Théâtre impérial. Elle est néanmoins rappelée au château de Rudolstadt pour recevoir le dernier soupir d'Albert qui veut l'épouser « in extremis ». Consuelo reprend sa vie vagabonde sans rien demander pour elle-même. Pour le personnage de Consuelo, G. Sand a pris comme modèle son amie, la célèbre cantatrice Pauline Viardot ; dans ce livre « musical », il est possible de retrouver une certaine influence des rapports de l'écrivain avec Chopin.

Cet ouvrage eut une deuxième partie, dans

La Comtesse de Rudolstadt, publié en 1843, où le ton romanesque devient plus mélodramatique et où les intentions philosophiques et humanitaires dues aux théories de Leroux alourdissent le récit.

CONSUL HONORAIRE (Le) [*The Honorary Consul*]. Roman de l'écrivain anglais Graham Greene (1904-1991), publié en 1973. Dans une ville de province d'Argentine, un groupe de révolutionnaires, tentant de kidnapper l'ambassadeur américain, enlève par erreur le « Consul honoraire » de Grande-Bretagne, Charley Fortnum, soixante et un ans. Celui-ci, grand buveur de whisky, marié à la jeune Clara, ancienne prostituée du bordel de la señora Sanchez, n'attire guère la sympathie de son entourage. En une intrigue savamment maîtrisée, Greene explore les répercussions de l'enlèvement bâclé, en particulier sur le docteur Eduardo Plarr, dont l'impuissance à éprouver émotions ou sentiments est au cœur du roman. Plarr, fils d'un exilé britannique qui a passé quinze ans en prison avant d'être assassiné dans un simulacre d'évasion, est lui-même l'amant de Clara. Incapable d'aimer, il est rongé de jalousie devant l'amour que Fortnum porte à sa maîtresse, le besoin qu'il a de sa présence. C'est à contrecœur qu'il sera entraîné dans l'aventure où il trouvera conjointement mort et rachat. Les personnages principaux du roman illustrent la panoplie des sacrifices personnels que l'on doit faire pour vivre en paix avec sa conscience dans un monde dominé par l'injustice et la tyrannie. Un romancier mineur, apôtre du machisme, est soumis à des privations, un prêtre rejoint un mouvement révolutionnaire clandestin, un médecin renonce à sa riche clientèle de Buenos Aires. Tous espèrent que, d'une manière ou d'une autre, leur sacrifice aidera les pauvres. Prisons, exactions, atmosphère étouffante, tous les éléments du « Greeneland » latino-américain sont ici réunis et légitiment ces thèmes centraux que sont machisme et virilité mal conçue. Le roman se termine dans un bain de sang d'où le consul sort ironiquement indemne alors que le père Rivas, le docteur Plarr et les révolutionnaires sont tour à tour exécutés par les « forces de l'ordre » au moment même où ils trouvent chacun à sa manière le secours de la religion et la vérité de leur condition. « Domine, non sum dignus », dira le prêtre tandis que Plarr mourra en donnant l'absolution au révolutionnaire qui l'a persécuté. Quant à Charley Fortnum, il comprend que Clara, malgré ses dénégations, aimait Plarr mais il éprouve un « immense soulagement » à la pensée qu'un être aimé survit à la tragédie. Comme toujours, Greene excelle dans le mélange mélodramatique d'action violente et de spéculation religieuse tout en établissant la réalité d'une Église qui transcende le lieu et le temps. Ici, le romancier recrée le dépaysement qui suscite l'angoisse. Metteur en scène génial par son réalisme, il oblige le lecteur à participer à sa construction. La portée du roman trouve sa mesure dans la faculté qu'a Greene de communiquer à ses lecteurs la vision qu'il a du monde sans pour cela jamais se poser en moraliste. – Trad. Robert Laffont, 1974. A. Bl.

CONTE DE BONNES FEMMES (Un) [*The Old Wives' Tale*]. Roman de l'écrivain anglais Arnold Bennett (1867-1931), publié en 1908. Il évoque la vie de deux sœurs : Sophie et Constance Baines, filles d'un commerçant de Bursley. Fort différentes par le physique et le tempérament, elles seront loin d'avoir la même destinée. Constance, paisible et satisfaite de son milieu provincial, épouse un employé de son père, Samuel Povey, lequel succédera au vieillard dans la direction des affaires. Sophie, par contre, qui est belle, intelligente et avide de liberté, déserte la maison paternelle pour épouser Gerald Scales, un jeune homme de bonne famille des plus cultivés. Tous deux s'installent à Paris, y mènent une vie agréable, car Gerald a hérité d'une honnête fortune. Ce dernier n'est point fait pour la vie conjugale. Obligée de se séparer de lui, Sophie doit, pour vivre, prendre des pensionnaires. Son habileté fera merveille pendant la Commune : elle s'avise à temps de faire des provisions de vivres. Ainsi gagne-t-elle assez d'argent pour devenir propriétaire d'une pension de famille. C'est seulement lorsqu'elle sera vieille, quelque trente ans après sa fugue, qu'elle se rapprochera de sa sœur. Constance est veuve, elle a un fils qui est sculpteur, et qui s'est fixé à Londres. Sophie s'attachera beaucoup à ce neveu, jusqu'au jour où, ayant appris la maladie de son mari dont elle est séparée depuis si longtemps, elle accourt pour le soigner. Trop tard ! Devant son cadavre, elle éprouve une si forte émotion qu'elle ne peut y survivre. La perte de sa sœur déprime à tel point Constance, à laquelle Sophie avait apporté comme un regain de jeunesse, qu'au bout de quelques années, elle s'éteint à son tour. En écrivant ce roman, l'auteur s'est volontairement réduit à la plus stricte vraisemblance. On suit le fil du récit sans un seul coup de théâtre. C'est de cette discrétion que naît son tragique même. – Trad. Gallimard, 1931.

CONTE DE LA 672e NUIT (Le) [*Das Märchen der 672. Nacht*]. Œuvre de l'écrivain autrichien Hugo von Hofmannsthal (1874-1929). Ici, le thème de la fatalité – qui traverse d'un fil rouge maints récits de la belle Schéhérazade – est finement orchestré par Hofmannsthal dans la gamme de son époque raffinée et crépusculaire. À la veille du grand désastre, l'Autriche impériale semble se refléter dans cette prose élégante, savamment dépouillée, comme le soleil couchant se mire dans un bassin du parc de Schönbrunn, un soir de septembre. Un jeune homme riche, oisif et lettré, habite la maison que son père lui a léguée dans une ville vaguement orientale. Entouré de luxe et de mélancolie, il est servi par quatre domestiques (une très vieille bonne, attachée depuis toujours à la famille ; un valet sombre, impeccable et apparemment dévoué ; une jeune fille — presque une enfant — étrangement hostile, fourbe et malheureuse, et une vierge parfaitement belle, taciturne, aux mouvements lents, tristes et gracieux). Partagé entre le rêve et la lecture, le jeune maître médite sur la contrainte de la vie et le mystère de la précarité humaine. Il connaît les innombrables liens qui rattachent l'art, dans ses manifestations les plus diverses, à la nature, et il sait que cet art est à la fois la surface et le symbole d'une vérité à jamais inconnue. Il sait aussi que « la mort survient quand la maison est entièrement construite ; il la voit gravir lentement le pont du palais que supportent des lions ailés et se diriger vers la demeure toute remplie du butin merveilleux de la vie ». Mais étant jeune et d'une santé florissante, il ne la craint pas dans sa chair. C'est une lettre anonyme qui déclenche le mécanisme de l'automate céleste « Azraïl ». Embrouillée et vaguement injurieuse, elle est remplie d'insinuations relatives à un crime qu'aurait commis jadis le valet impeccable et dévoué. Le jeune homme reçoit la missive dans sa retraite estivale, une maison de campagne située au fond d'une fraîche vallée. Quelque peu troublé, il décide de se rendre pour un jour en ville afin de se renseigner ; car avant d'entrer à son service, ce domestique était attaché à la maison de l'ambassadeur de Perse. C'est là du reste que le jeune homme l'avait vu pour la première fois, au cours d'un dîner, et il avait pu apprécier son amabilité respectueuse, tout comme la parfaite élégance de son allure.

À la ville, il ne trouve ni l'ambassadeur ni les secrétaires qui se sont absentés, et ne rentreront que le lendemain. Sa maison est fermée et il se propose de passer la nuit dans une auberge. Mais, d'abord, il entreprend une longue promenade à travers la capitale. Peu à peu, il pénètre au cœur des quartiers pauvres, vieillots, inconnus. Il suit d'étroites ruelles, gravit des marches ébréchées, traverse de petites places tantôt vides, tantôt animées d'une vie morne et visqueuse. Chez un modeste marchand de bijoux, il achète un collier démodé d'or fin, orné d'un béryl, car soudain il se sent pris du désir de voir ces minces chaînettes d'or autour du cou de sa belle servante taciturne et gracieuse. Mais c'est en vain que le vieux brocanteur cherche à attirer l'attention de son fastueux client sur quelques beaux harnais damasquinés... Son destin se parachève au moment où il jette un regard à travers la fenêtre de l'arrière-boutique du pauvre joaillier. Derrière un mur décrépi, il aperçoit un étroit jardinet tout rempli de fleurs merveilleuses. Sur sa demande, le marchand l'y introduit. Il n'y a personne, les voisins sont sortis. Plongé dans la contemplation des belles plantes, le jeune homme se trouve soudain en face d'une enfant dont la vue suscite chez lui un malaise étrange. Le visage blême et méchant de cet être lui rappelle en effet celui de sa petite domestique... Tout comme l'autre, cette enfant lui est hostile. Elle le repousse d'un geste furieux ; elle jette à terre les pièces d'argent qu'il lui offre ; elle disparaît enfin, mais l'enferme sournoisement dans l'enclos. Le soir approche. L'ombre grandit : il réussit non sans peine à quitter ces lieux inhospitaliers par une brèche pratiquée dans le mur ; mais pour atteindre la rue, il lui faut franchir une étroite passerelle, une planche pourrie, suspendue au-dessus de l'abîme. Ce n'est qu'à bout de forces, trempé d'une sueur froide, qu'il parvient à toucher enfin le rebord salutaire de la terrasse voisine.

De nouveau, c'est un dédale de ruelles et de couloirs. Sur une place ronde, il voit des soldats, un groupe de cavaliers. Ils sont de corvée : les uns portent du pain dans de grands sacs gris (aussi tristes que leurs vareuses), les autres pansent leurs montures. Toutes ces bêtes sont laides et ont l'air méchant. Le soldat le plus morne est celui qui s'occupe du cheval le plus laid (et apparemment le plus poussif). Le promeneur s'approche de l'homme accroupi. Il voudrait lui parler, lui offrir un petit cadeau, mais l'expression féroce, humaine, de l'animal l'intimide. Les dents longues et jaunes du cheval brillent dans l'air crépusculaire. Cependant le promeneur surmonte son angoisse et se penche vers le soldat. Alors le cheval le frappe d'un coup de sabot et le blesse mortellement. Les cavaliers le soulèvent et, après avoir vidé ses poches, le transportent gentiment dans un local de la caserne. Ils le déposent sur un lit de sangle, où il agonise pendant une heure ou deux, tantôt sombrant dans l'inconscience, tantôt torturé par d'horribles douleurs. Enfin la nuit tombe, et il meurt. — Trad. Gallimard, 1970.

CONTE DE MA VIE (Le) [*Mit Livs Historie*]. Œuvre du romancier et conteur danois Hans Christian Andersen (1805-1875). Moins connu que les *Contes* (*), *Le Conte de ma vie* semble une réplique vécue ou une version initiale de la fiction, la réalité même d'où a surgi la fable. Un Andersen sépare-t-il le réel, le vécu de l'imaginé ? L'intérêt essentiel de ce volume est qu'il montre l'intime union de la vie et de la poésie, l'existence entière du poète constituant l'aventure qu'il présente lui-même en annexe à ses récits coutumiers et sous le même titre... Un conte, et qui semble naître au pays des fées en cette petite ville danoise où la misère elle-même sert le paysage et l'aménité des habitants ; le dénuement du foyer, la disparition prématurée d'un père savetier, les études difficiles, une instruction, une éducation conquises par le sourire et la séduction rayonnante de l'enfant et de l'adolescent ; on imagine de quelles noirceurs un écrivain naturaliste eût affligé ce début d'une grande existence. Un Andersen ne se souvient que des bienfaits, des amitiés et protections. À Copenhague, le jeune campagnard, déjà poète, et qui se croit destiné au théâtre, se fait recevoir par des personnages importants. Débuts lents, mais heureux, en cette Athènes du Nord où les mœurs patriarcales et la facilité de la vie nous semblent aujourd'hui fabuleuses ; personnages divers, du poète Oehlenschläger au souverain débonnaire, Frédéric VI... Très tôt Andersen s'évade de son pays : l'Europe l'attire, ses villes, ses théâtres et musées, ses grands hommes. La seconde partie du livre est une sorte de guide de l'Europe romantique, interrompu, repris et complété au cours de maints voyages. Paris et la France, l'Italie, les Allemagnes, l'Angleterre apparaissent en vignettes, tableautins et portraits signés de la même plume bienveillante, encore que prompte à noter le trait pittoresque et la psychologie particulière. Hugo, Lamartine, Balzac, les Dumas, David, Mlle Mars, le boulanger félibre Reboul ; l'Anglais Dickens, les Germaniques Liszt, Wagner, Meyerbeer ; la Suédoise Jenny Lind... L'ouvrage danois est copieusement développé ; diminuée de moitié, la version française reproduit l'essentiel de ces vivants et charmants Mémoires. – Trad. Flammarion, 1955.

CONTE DES CONTES (Le) [*Lo cunto de li cunti*]. Ouvrage de l'écrivain italien Giambattista Basile (1575-1632), publié après sa mort en 1634-1636, avec l'anagramme Jean-Alexis Abbattutis. Dans des éditions postérieures, il porta le sous-titre *Pentameron,* qui répond à sa structure, selon le traditionnel schéma des volumes de nouvelles orientales comme *Les Mille et Une Nuits* (*). La nouvelle principale est ici constituée par l'histoire de Zoza, princesse royale si mélancolique que rien ne parvenait à la dérider. Un jour, tandis que d'une fenêtre elle assiste à une violente altercation entre une vieille et un garnement, la vieille fait un geste si grotesque et grossier qu'elle éclate de rire. La vieille lui lance une malédiction : Zoza n'aura plus de paix jusqu'à ce qu'elle épouse le prince de Camporotondo. La princesse se met en voyage, munie de trois objets enchantés. Elle découvre le prince. Celui-ci est en catalepsie dans un tombeau sur lequel se trouve une amphore. Il faudra que l'amphore soit remplie de larmes pour qu'il s'éveille. Zoza se met à l'œuvre, mais elle est vaincue par le sommeil ; une esclave en profite pour remplir l'amphore de ses larmes. Le prince s'éveille et l'épouse. Zoza, désespérée, recourt alors à l'un de ses objets enchantés qui fait naître, chez l'épouse de Camporotondo, le désir maladif d'entendre raconter des fables. Son mari, pour la satisfaire, appelle quelques vieilles conteuses. Le dernier jour, Zoza se substitue à l'une d'elles ! Narrant sa propre histoire, elle démasque l'esclave et épouse le prince. Il y a cinq journées de récit, et chacune d'elles comprend dix contes et une églogue. L'œuvre est écrite en dialecte napolitain, librement remanié par Basile, ce qui en rend difficile la lecture. Le choix des thèmes est original. L'auteur se détache de la tradition littéraire qui va du *Novellino* (*) jusqu'à Boccace et à Sacchetti, et qui est essentiellement réaliste. Il se rattache plutôt aux récits fantastiques des *Mille et Une Nuits* et autres fables orientales. L'intérêt pour la fable orientale s'était déjà fait sentir vers la fin du XVIe siècle et au début du XVIIe – v. *Les Facétieuses Nuits* (*) de Straparola –, mais c'est avec un tout autre esprit que cette matière fut reprise et fondue dans une grande œuvre d'art par Basile, écrivain très expert dans la technique de son art et, au surplus, homme du XVIIe siècle, ayant tous les goûts de l'époque pour des formes originales, étonnantes, pleines d'ornements et de subtilité. Les thèmes des fables l'attirèrent pour ce qu'ils avaient de fantastique, de débridé, ce qui permettait une grande liberté de mouvement à son style exubérant. D'autre part, Basile ne croyait pas à ces aimables folies. Il en résulta, du coup, une composition d'éléments qui paraissent se heurter mais qui, à la fin, convergent et se fondent en une œuvre d'art compliquée et exubérante, exemple typique du baroque.

CONTE DES FORÊTS [*Povest o lesah*]. Roman de l'écrivain russe Constantin Paoustovski (1892-1968), publié en 1948. De prime abord, il semble que le livre se compose de récits isolés. Mais on s'aperçoit bientôt que les mêmes personnages se retrouvent d'un récit à l'autre et qu'une intrigue tisse des liens parfois subtils entre les héros de l'époque moderne et Tchaïkovski que l'auteur met en scène dans les premières pages. Mais, plus que l'intrigue, c'est un amour profond de la forêt russe et, à travers elle, de la nature dispensatrice de toute joie, qui unit les personnages. L'écrivain Leontiev ressemble fort à Paoustovski lui-même ; il fait ses délices d'une monumentale description de la Russie district par district, œuvre de géographes, et se propose lui aussi d'écrire des proses sur les différentes régions de son pays et, pour ce faire, il ne cesse de voyager. Le jeune Kolia a voué son existence à la forêt et poursuit ses études dans ce sens. Si sa fiancée, Anfissa, se destine au théâtre, c'est que l'art est un moyen de revenir à la nature, de faire sentir la nature aux gens des villes. Et le professeur de Kolia vient expliquer aux étudiants du cours d'art dramatique où travaille Anfissa le rôle du médecin Astrov qui, dans *L'Oncle Vania* (*) de Tchekhov, prêche la défense de la forêt russe. Tchaïkovski lui-même, au début de l'œuvre, avait tenté de protéger contre l'avidité d'un marchand de bois la forêt où il trouvait l'inspiration : son échec dans cette transaction l'empêche d'achever la symphonie commencée. Leontiev retrouve par hasard la paysanne à qui le compositeur avait donné des boucles d'oreilles, et il fait lui-même cadeau de ce bijou à Anfissa. Par ce geste symbolique, il rétablit le lien entre l'art, la nature et le peuple. C'est que, pour Paoustovski, la nature et l'équilibre qui y règne sont plus qu'une leçon pour l'homme : c'est la seule source de bonheur possible. Le déboisement forcené est la cause de catastrophes. On ne peut prétendre améliorer ou corriger la nature qu'en se soumettant à ses lois et non en la maltraitant. Les marchands de l'Ancien Régime, les soldats allemands pendant la Seconde Guerre mondiale, sont peints comme des destructeurs de forêts. La guerre finie, les héros du roman vont se consacrer, chacun dans la mesure de ses moyens, à rétablir la forêt russe dans sa beauté primitive, et ce geste est plus que le symbole de l'ère de paix et de bonheur qui peut désormais s'instaurer : il en est la condition nécessaire. Seuls ces hommes des villes, consacrés aux sciences et aux arts, mais cependant proches de la nature, peuvent affirmer avec l'auteur que « l'âge d'or est tout près ».

CONTE D'HIVER (Le) [*The Winter's Tale*]. Comédie en cinq actes en prose mêlée de vers du poète dramatique anglais William Shakespeare (1564-1616), écrite vraisemblablement en 1611 et représentée la même année. Elle fut publiée dans l'édition in-folio de 1623. Shakespeare s'est inspiré en grande partie de *L'Histoire tragique de Pandolphe* de Robert Greene (1558-1592), réimprimée en 1607 sous le titre de *Dorasto et Faunia*. Il est possible qu'il ait pris l'idée de la statue qui s'anime dans *La Femme dans la lune* [*The Woman in the Moon*] de John Lyly (1553-1606) ou dans L'*Image de Pygmalion* – v. *Pygmalion* (*) de John Marston (1576-1634). Les noms de certains personnages sont empruntés à l'*Arcadie* (*) de sir Philip Sidney (1554-1586). Le titre *Conte d'hiver* sous-entend : histoire à raconter au coin du feu pendant les veillées de l'hiver.

Léontès, roi de Sicile, et Hermione, sa vertueuse épouse, reçoivent la visite du roi de Bohême, Polixénès, ami d'enfance de Léontès. Brusquement Léontès s'imagine – sans aucune preuve d'ailleurs – que sa femme le trompe avec son ami. La jalousie l'égare et il commande à Camillo, son confident, d'empoisonner l'hôte indésirable. Prévenu par l'honnête Camillo, Polixénès s'enfuit avec lui tandis qu'Hermione, emprisonnée, donne le jour à une fille. Paulina, femme d'Antigonus, un seigneur sicilien, tente vainement d'apaiser le roi en lui présentant l'enfant mais, convaincu qu'elle est le fruit de l'adultère, il commande à Antigonus de l'abandonner dans quelque lointain désert. Entre-temps, il a envoyé des messagers à Delphes pour consulter l'oracle d'Apollon, et apprendre de lui si Hermione est coupable ou non. Il invite sa cour à la séance où sa femme sera jugée. La réponse de l'oracle arrive pendant les débats : Hermione et Polixénès sont innocents, l'enfant est légitime et « le roi vivra sans héritier si ce qui a été perdu n'est pas retrouvé ». Léontès s'emporte contre cet oracle, et voilà qu'à l'instant même un serviteur vient lui annoncer la mort de son fils, le jeune prince Mamillius, mort de chagrin en voyant sa mère en prison. On emporte Hermione évanouie ; Paulina revient bientôt portant la nouvelle de sa mort ; elle se déchaîne en invectives contre le tyran. Léontès, en proie aux remords, reconnaît la justesse de l'oracle et voue à l'expiation le reste de ses jours. Cependant, à peine arrivé en Bohême, Antigonus avait abandonné l'enfant sur une plage déserte ; aussitôt, un ours avait dévoré l'infortuné seigneur. Un vieux berger recueille « Perdita » (l'enfant perdue) près de qui ont été déposés des bijoux et des papiers de famille. Seize ans plus tard, Florizel, fils du roi de Bohême, s'éprend de la jeune fille et en est aimé. Polixénès découvre leur idylle, et pour fuir sa colère, Florizel et Perdita partent pour la Sicile avec l'aide de Camillo. Ils se présentent à Léontès en qualité de messagers de Polixénès. Mais ce dernier les y rejoint ; arrive aussi le vieux berger ; son fils, le « clown », lui a conseillé de déclarer que Perdita n'est pas sa fille afin d'éviter la colère du roi. L'intrigue se dénoue ; Léontès est heureux d'avoir retrouvé Perdita, mais la mort de sa femme le laisse inconsolable. Alors, sous prétexte d'atténuer sa douleur, Paulina propose de lui montrer une statue merveilleuse de la reine, chef-d'œuvre du grand artiste Jules Romain. À sa vue, le chagrin du roi redouble, mais soudain la statue s'anime : c'est Hermione que Paulina avait fait passer pour morte afin de la sauver. Apprenant que Perdita est la fille de l'ami avec qui il vient de se réconcilier, Polixénès consent à l'union de Florizel et de la jeune princesse.

Les trois premiers actes, remplis de la fureur jalouse du roi de Sicile, sont les moins bienvenus : Shakespeare ne songe pas à analyser sa folie ; il n'en fait pas le thème principal comme dans *Othello* (*) ; dans *Conte d'hiver*, il nous montre seulement les conséquences de cette jalousie et la réconciliation finale. Dans la seconde partie, l'action est égayée par les espiègleries et les chansons du vagabond Autolycus ; le « clown » – un simple d'esprit – apporte aussi une note amusante. L'auteur a donné libre cours à son imagination, et les aventures des personnages sont aussi fantaisistes que les données géographiques qui placent la Bohême en bordure de la mer et Delphes sur une île (pour les sources, voir Greene). Aussi fantaisiste est le fait de rendre Jules Romain contemporain de l'oracle de Delphes. Mais les scènes d'amour du IVe acte entre Florizel et Perdita (dont la noble origine se devine sous son humble apparence de bergère), la fête de la tonte des moutons, les drôleries d'Autolycus, sont dignes de celui qui allait écrire *La Tempête* (*). – Trad. Yves Bonnefoy, Formes et Reflets, 1954-1961.

CONTE DU TONNEAU (Le) [*A Tale of a Tub*]. Satire en prose de l'écrivain irlandais Jonathan Swift (1667-1745), écrite vraisemblablement entre 1696 et 1703, et publiée en 1704 avec *La Bataille des livres* (*). Dans la préface, le titre est expliqué : il dérive de l'habitude qu'ont les marins, lorsqu'ils rencontrent une baleine, de lui lancer un tonneau vide pour détourner ses attaques du navire ; de même cette satire voudrait détourner les attaques dirigées par le *Léviathan* (*) et les esprits de l'époque contre les aspects faibles de la religion et du gouvernement. Cette préface est suivie de l'histoire d'un père qui laisse à chacun de ses trois enfants, Peter, Martin et Jack (qui représentent respectivement l'Église romaine, l'Église anglicane et les dissidents), un manteau, en leur ordonnant qu'ils ne le modifient à aucune condition. Les fils peu à peu désobéissent à l'injonction paternelle : Peter trouve des excuses pour garnir le vêtement d'ornements, Martin (allusion évidente à Martin Luther) pour en éliminer tout ce qui n'est pas nécessaire, Jack (c'est-à-dire Calvin) pour le réduire en lambeaux dans sa manie de le purifier. Enfin Martin et Jack se disputent avec le tyrannique Peter, puis entre eux, et se séparent. La satire de Swift, spécialement violente contre Peter, n'épargne cependant pas Martin, représentant de l'Église à laquelle appartenait l'écrivain. Le récit est interrompu de digressions destinées à parodier les écrivains érudits et les polémistes. Cette œuvre, l'une des plus pénétrantes écrites par Swift, fournira de nombreuses idées aux sceptiques pendant tout le XVIIIe siècle. Ce qui intéresse le lecteur moderne, ce n'est pas l'histoire des trois frères, qui se rapporte à des questions qui manquent maintenant d'actualité, mais les digressions. La satire plaça Swift dans une position défavorable auprès de la reine Anne, et ce fut la principale des raisons qui l'empêchèrent d'être porté à l'évêché. – Trad. Scheurleer, 1757 ; Gallimard, 1965.

CONTEMPLATEUR SOLITAIRE (Le). Recueil d'essais de l'écrivain allemand Ernst Jünger (né en 1895) qui s'échelonnent de 1928 à 1975. Par la diversité des genres qu'il illustre, *Le Contemplateur solitaire* peut être considéré comme la table d'orientation de ce vaste traité de métaphysique expérimentale qu'est l'œuvre de Ernst Jünger. Par l'usage de la « raison panoramique » et du « regard stéréoscopique », l'auteur témoigne de ses conquêtes, de ses curiosités et de ses enchantements tour à tour par la dissertation philosophique, le journal ou le récit.

Dans *Orages d'acier* (*) ou *Le Travailleur* (*), Ernst Jünger s'était intéressé à l'Histoire, dans ses réalités tragiques et titanesques. Dans *Le Contemplateur solitaire,* nous découvrons l'autre versant de l'œuvre, que l'on peut dire olympien. À travers les paysages, les saisons, les sensations, sans oublier le langage, « véritable demeure de l'être », selon le mot de Heidegger, Ernst Jünger, dans une solitude qui n'est point esseulement mais recueillement, va à la recherche du principe qui secrètement ordonne les apparences, à la manière d'un temple.

Pour Ernst Jünger, le sacré est ce qui demeure. Dans la *Lettre de Sicile,* qui ouvre le recueil, Ernst Jünger nous divulgue, dans un éclairage lunaire, son art poétique, qui se fonde sur une savante fidélité à l'enfance : « L'enfant est tel un chemineau sorti tout récemment encore du portail ombreux qui nous sépare de notre pays natal, hors du temps. C'est ce qui le met en mesure de déchiffrer dans les choses le langage des runes qui proclament une fraternité plus profonde, celle de l'être. »

Ainsi, dans *Langage et Anatomie,* qui fait suite à la *Lettre de Sicile,* Ernst Jünger va-t-il s'attacher à décrire ce qui, dans les rapports de l'homme et du langage, échappe à l'évolution et participe ainsi de ce « pays natal, hors du temps ». Œuvre d'orientation plus que de système, l'essai de Ernst Jünger retrouve ce cheminement « romantique », à la manière d'un Novalis qui cherche l'unisson du visible et de l'invisible, du passager et du permanent. À cet égard, la description que Ernst Jünger donne des analogies et des similitudes qui unissent le langage et l'anatomie, le sens et les sens, évoque l'herméneutique biblique pour laquelle le monde et l'homme, issus du Verbe, sont constitués comme un langage.

« Tout mot se rapporte à un axe qui, quant à lui, ne peut porter de mots. Le langage dont je rêve doit être compréhensible ou totalement incompréhensible, presque dans la moindre syllabe, discours d'une concentration suprême, qui seule rend capable du suprême amour. Il est des cristaux qui ne sont transparents que dans une seule direction. »

Si le sens est la pointe d'or du compas dont les sens décrivent le cercle périphérique, le voyage sera une façon d'accroître, avec l'angle du compas, la chance d'atteindre, de son regard, la transparence pure qui est le cœur de l'énigme. *La Tour aux Sarrasins, Le Copris espagnol, Terre sarde, Matinée à Antibes* et *Balcon sur l'Atlantique* sont pour Jünger, dans le prolongement de ses méditations philologiques, autant d'occasions offertes d'approfondir les saveurs et les couleurs du monde, sans lesquelles toute sapience est vaine et toute lumière, abstraite ou destructrice. La forme du *Journal,* loin de favoriser le fragmentaire, l'inachevé ou le disparate, rassemble au contraire, dans la cohérence du jour, les approches, les songeries et les observations de l'auteur : promenades ensoleillées par l'« exactitude mythique ». La diaprure de l'aile du moucheron contient autant de mystère et de grandeur que les cosmogonies et les épopées des civilisations disparues.

La métaphysique expérimentale de Jünger serait ainsi non point moniste – ce terme semblant exclure la multiplicité et la diversité que Jünger vénère et célèbre – mais « non dualiste » car elle se refuse à opposer comme des tendances exclusives l'une de l'autre la science et le songe.

« Ce qu'il nous faut, écrit Jünger, c'est une topographie nouvelle. » Dans un des textes les plus courts du recueil, *Trois Galets,* Jünger assortit cette mise en demeure d'une mise en garde contre la primauté du politique : « Tous ces esprits tendent vers un même but, qui les lie entre eux ; ils sont de mèche. Ils se sentent tenus de démontrer que l'homme n'est rien et qu'il ne demeure en lui rien qui puisse le distinguer de la matière. » Dans *Les Démons de la poussière,* Ernst Jünger évoque, à propos de l'œuvre d'Alfred Kubin, la déréliction qui tombe sur le monde en ces périodes où triomphe le nihilisme. Or, ajoute Jünger : « L'homme n'est pas seulement une créature politique, mais aussi un être animé d'un espoir et un reflet d'éternité. Plantes et animaux eux aussi sont imprégnés d'éternel ; juste au-dessous du voile que sont leurs fleurs, leurs jeux, c'est l'impérissable qui commence. » Ce pour quoi, en célébrant ses *Quatre-vingts ans,* dans le texte ainsi intitulé qui clôt le recueil, Jünger évoque l'exil d'Hölderlin comme un moment de sa propre destinée tout en célébrant l'essentielle « loyauté du langage ». – Trad. Grasset, 1975. L.-O. d'A.

CONTEMPLATIONS (Les). Recueil de poèmes de l'écrivain français Victor Hugo (1802-1885). C'est, avec *La Légende des siècles* (*), l'œuvre poétique maîtresse de l'auteur. L'ouvrage, publié en 1856, c'est-à-dire bien après *Les Feuilles d'automne* (*), *Les Chants du crépuscule* (*), *Les Voix intérieures* (*), et *Les Rayons et les Ombres* (*) (qui remontent à la période 1830-1840), ne manque cependant pas d'analogies avec ces derniers. Il reprend et développe des thèmes identiques, mais avec plus de maîtrise et avec cette énergie farouche que le poète acquit dans son exil solitaire à Jersey. Les dix mille vers des *Contemplations* ont été écrits, pour la plupart, au cours des cinq années qui précédèrent leur publication ; mais Hugo, qui voulait donner à son recueil l'apparence d'un journal de son âge mûr, a antidaté maints poèmes. Le livre est divisé en deux parties de trois livres chacune : la première, « Autrefois » (1830-1843), comprend : Livre I, « Aurore » – Livre II, « L'Âme en fleur » – Livre III, « Les Luttes et les Rêves » : la seconde, « Aujourd'hui » (1843-1855) : Livre IV, « Pauca mese » – Livre V, « En marche » – Livre VI, « Au bord de l'infini ». Ces deux parties, « un abîme les sépare, le tombeau », nous dit le poète dans sa Préface. Ce tombeau est celui où reposent, à Villequier, sa fille Léopoldine et son gendre.

Dans ces poèmes, il n'est guère fait allusion à la politique ni aux questions sociales ; sur ce point, le poète a préféré livrer sa pensée dans ses romans et dans *Les Châtiments* (*) ; on y retrouve les sujets chers à Hugo : merveilleuses visions de la nature, poèmes d'amour, dialogues avec les hommes ou les choses, souvenirs d'enfance et de jeunesse. Nombreuses sont les poésies demeurées célèbres : « Le Firmament est plein de la vaste clarté », « La Vie aux champs », « Vere novo », « À Granville », « Vieille chanson du jeune temps », « Paroles dans l'ombre », « La Source »... C'est du meilleur Hugo ; à noter également le splendide poème inspiré par la mort de sa fille : « À Villequier ». C'est là qu'on trouvera également la célèbre *Réponse à un acte d'accusation,* où il définit sa position de poète romantique. À présent, le dessin des poèmes est plus soigné, les images cessent d'être estompées et acquièrent une précision remarquable ; on devine que le poète a profité de l'exemple de ses anciens disciples : Gautier – v. *Émaux et Camées* (*), Théodore de Banville et Leconte de Lisle – v. *Odes funambulesques* (*) – et *Poèmes antiques* (*). Mais ce qu'il y a de plus caractéristique, c'est que l'auteur s'abandonne à la magie du verbe et tend de plus en plus à diviniser son art, à considérer comme d'authentiques révélations de la vérité suprême les maximes, les images qui naissent, innombrables, du feu de son inspiration. Dès les premières pages, dans la célèbre « Suite », il proclame cette déification de la parole : « Car le Mot c'est le Verbe, et le Verbe c'est Dieu ». Sur ce chemin, « le prince de la parole » rencontre le poète de la patrie ; l'artiste génial devient un visionnaire apocalyptique. Poème après poème, Victor Hugo se compose une figure de prophète ; dans la solitude farouche de son île déserte, face aux éléments déchaînés, il vit en pleine union avec la mer et le ciel, avec le passé et le présent, avec les morts et les vivants, avec le chaos et la divinité, avec la vérité et l'erreur, avec le bien et le mal en lutte dans son cœur comme dans l'univers. Dans « Ibo », par exemple, aux vers iambiques, vigoureux et comme haletants, Hugo s'élance vers « l'infini » de la création, part à la recherche de la vérité suprême coïncidant avec le néant éternel. « Les Mages » le montrent prenant place parmi les prophètes de l'humanité, héros de la pensée et de l'art, « gladiateurs de Dieu ». « Ce que dit la bouche d'ombre » dans ses huit cents vers est une sorte de Genèse, un traité « De rerum natura » aux prétentions théologiques et morales : Hugo fait parler les éléments et fait place à toutes les religions, à toutes les croyances humaines y compris la métempsycose. « À celle qui est restée en France » est le titre de la dernière pièce des *Contemplations ;* en dédiant son œuvre entière à sa fille morte, le poète trouve des accents d'un pathétique poignant et profondément humain.

Dans l'ensemble, la valeur du recueil est inégale : la poésie la plus achevée, au sens le plus haut, alterne avec des élans déclamatoires, brillants certes, mais emphatiques. *Les Contemplations* demeurent un monument littéraire original et puissant ; c'est la première tentative en vue d'élever la poésie au rang de religion, de faire de l'inspiration un moyen d'atteindre, de façon absolue, les vérités suprêmes que la simple raison ne saurait saisir. C'est à juste titre que Rimbaud nommera Hugo « le premier des voyants ». Enfin tout le surréalisme peut reconnaître en lui, à travers son art brillant et vigoureux (que l'on a trop souvent jugé superficiel), son premier initiateur et son premier maître.

CONTEMPORAINS (Les). Études et portraits littéraires de l'écrivain français Jules Lemaitre (1853-1914), publiés d'abord dans diverses revues, puis réunis en huit volumes : Tomes I à VII (1885-1889) et Tome VIII (1918). Écrites au jour le jour, ces études reviennent, à maintes reprises, et à des années de distance, sur un même sujet ; elles font la critique de l'œuvre des principaux écrivains du XIXᵉ siècle et plus particulièrement de ceux de la dernière décennie. Toutefois, l'auteur ne brosse pas un tableau d'ensemble de la production littéraire de ce temps, car il a entrepris son travail sans plan déterminé, et sans avoir une vue complète de l'histoire des divers mouvements littéraires. La valeur de ses jugements est contestable : il manque à Jules Lemaitre une conception philosophique de l'art. Ce n'est que sous les critiques de ses adversaires, de Brunetière notamment, qu'il a élaboré sa doctrine de « critique impressionniste ». Le critique, évoluant lui-même, contemple un monde qui se transforme sans cesse ; il ne peut donc qu'exprimer les réactions de sa sensibilité momentanée en présence d'une œuvre d'art. Le critère le plus sûr repose sur la somme de ses expériences personnelles et son autorité dépend de sa faculté d'interpréter les diverses sensibilités en harmonie avec la sienne.

On doit reconnaître à Lemaitre le mérite d'avoir fait abstraction d'une théorie artificieusement superposée à son œuvre. Lues séparément, ses études révèlent la fraîcheur, la finesse d'un jugement guidé par le bon sens et le respect de la tradition ; ce qui n'exclut pas la sympathie de l'auteur pour ce qu'il y a de meilleur chez les jeunes écrivains. Lecteur intelligent et plein d'imagination, il veut nous communiquer la joie que lui procurent ses auteurs préférés, depuis Lamartine – le plus grand à son point de vue – jusqu'à Pierre Loti. Notons encore parmi ses auteurs de prédilection : Flaubert, Sully Prudhomme, interprète délicat des tristesses et des aspirations de l'esprit moderne, Guy de Maupassant, Ernest Renan, Anatole France – expression la plus achevée de l'œuvre intellectuelle de tout un siècle – et Alphonse Daudet. Parfois Lemaitre va courageusement à l'encontre de certaines opinions communément admises ; par exemple, il qualifie Émile Zola de poète épique. Il lui arrive de protester contre la xénophilie et il oppose George Sand à George Eliot, Dumas fils à Ibsen, Hugo et Flaubert aux romanciers russes. Son style, alerte et clair, est rendu parfois mordant par un usage discret de l'ironie ; il devient plus violent pour railler la vaine rhétorique de Ohnet ou le charlatanisme de Barbey d'Aurevilly. Ailleurs, il attaque la virtuosité de Coppée, la verbosité de Victor Hugo, la manière « funambulesque » de Théodore de Banville, le conformisme moral d'Octave Feuillet, les variations de Rochefort ou le mysticisme de Bourget.

CONTES d'Andersen. Les cent soixante dix-huit contes de l'écrivain danois Hans Christian Andersen (1805-1875) ont été publiés en courts recueils, parfois sous le titre : *Historier* de 1835 à 1865 à raison d'un volume par an, généralement au moment de Noël. Les *Contes* d'Andersen sont un des livres les plus traduits, lus et adaptés dans le monde.

C'est à trente ans, après le traditionnel voyage en Italie que se doit d'accomplir tout jeune écrivain romantique, qu'Hans Christian Andersen publie un court recueil de *Contes pour les enfants.* [*Eventyr fortalte før Børn*]. Le succès fut foudroyant et, en quelques années, le petit vagabond d'Odense allait devenir un des écrivains les plus fêtés du monde.

Il convient tout d'abord d'écarter un malentendu : contrairement aux frères Grimm, Andersen n'est pas folkloriste, collecteur de contes même s'il puise, surtout au début, dans un fonds de légendes locales ou plus largement dans cette source inépuisable de la littérature occidentale : *Les Mille et Une Nuits* (*). Dès son premier recueil, un conte : *Les Fleurs de la petite Ida* avertit le lecteur. L'histoire commence de façon fort réaliste, dans un salon bourgeois, par une conversation entre Ida et « l'étudiant qui sait de si belles histoires ». Ida se plaint de voir ses fleurs fanées. C'est parce qu'elles ont dansé toute la nuit, répond l'étudiant à la grande indignation du vieil et ennuyeux conseiller... Ce conte est comme la date de naissance de toute la littérature pour les enfants du XIXᵉ siècle et de Carroll lui-même. Amorcé par un dialogue avec un enfant, peu à peu dépouillé de tous les attributs du conte populaire, un autre folklore se met à exister, qui va se confondre avec une pensée d'artiste. Pour Andersen, le conte n'est pas un code initiatique, il est la manière même d'appréhender le monde. À l'instar de la princesse Shéhérazade, Andersen sait que raconter est le seul moyen de différer la mort. Mais cette certitude se double d'une angoisse que l'on peut à bon droit qualifier d'existentielle. Andersen n'est pas pour rien le contemporain de Kierkegaard. Même si ce dernier le tenait en piètre estime, les analogies sont troublantes. Toute l'œuvre d'Andersen pourrait s'intituler : où est le conte ? Car la princesse Shéhérazade a fini par mourir, et qui la remplacera ? Andersen se situe au centre de son œuvre, comme l'étudiant, le voyageur, puis le vieux monsieur qui peut tirer une histoire de tout ce qu'il regarde, de tout ce qu'il touche, à commencer par les plus humbles ustensiles de la vie familière : les objets du ménage, l'utile, le nécessaire. En cela, Andersen se différencie avec force du merveilleux et de la littérature fantastique qui en découle. Son imaginaire part de la réalité la plus triviale qu'il anime ainsi que le fera superbement, un siècle plus tard, Charlie Chaplin. L'animisme qu'on pourrait qualifier de moderne, né de la fantaisie, aboutit ainsi au gag, manière métaphysique d'appréhender le réel. Mais le médiateur de cet animisme — le vagabond, l'étudiant, le vieux monsieur — est fragile. Sa parole est ténue et ne peut guère être entendue que de l'enfance, cet éphémère. C'est ici que l'art d'Andersen se montre véritablement précurseur. Que nous disent en effet ses *Contes ?* Que le miracle du récit tient dans l'éclair d'une allumette, aussitôt enflammée et aussitôt consumée. L'œuvre tout entière n'est qu'une variation d'une infinie richesse sur cette métaphore de la flamme, de l'éclair, de l'instant. Le conte, façon illusoire de dilater l'instant, est aussitôt aboli, mais renaît ailleurs, en un autre instant et les *Contes* eux-mêmes se réduisent de plus en plus, deviennent de brefs instants de vie, fugaces comme des moments musicaux, car Andersen est un des maîtres de la forme brève. Cependant Andersen n'est pas pessimiste. Il n'a aucun goût pour la mort, ni d'ailleurs aucune mystique. La découverte de l'inéluctabilité de l'instant ne le plonge pas dans les affres du néant, mais bien au contraire entraîne une position vitaliste qui fait de lui un véritable poète de l'enfance. Car l'appel du conte, fût-il instantané, entraîne un dépassement constant. Loin de lui l'idée de se complaire dans l'enfance et ses rêveries, dans le passé et ses traditions. La flamme est aussi celle de l'électricité et l'embrasement final du conte est aussi la renaissance de l'oiseau Phénix. Conjointement au thème de la quête et de la disparition, celui du dépassement domine à part égale une œuvre fondamentalement dialectique. S'il fallait la caractériser d'un mot nous dirions : grandir.

Outre les grands contes célèbres : *La Reine des neiges, La Petite Sirène, L'Ombre, La Bergère et le Ramoneur, Le Rossignol et l'Empereur de Chine, Le Sapin, Les Galoches du bonheur, Le vent raconte l'histoire de Valdemar Daae...* l'originalité d'Andersen se trouve dans les courtes histoires mettant en scène des objets : *Le Lin, La Pâquerette, La Malle volante, L'Aiguille à repriser, la Fée du sureau,* etc. — Trad. complète, Mercure de France, 1988 ; partielle, Le Livre de Poche, 1987.
I. J.

CONTES d'Andrić. L'écrivain serbe Ivo Andrić (1892-1975) — en dehors de deux recueils de poésie *Ex ponto*, 1918, et *Inquiétudes* [*Nemiri*], 1920 — v. *Poésie* (*) de Andrić et de ses trois romans : *Il est un pont sur la Drina* (*), *La Chronique de Travnik* (*), *La Demoiselle*, écrits pendant la Seconde Guerre mondiale et publiés en 1945 — a fait paraître plusieurs recueils de nouvelles. C'est en 1920 que, dans la création littéraire d'Ivo Andrić, se passe un événement important : la publication de son second et dernier recueil de textes lyriques en prose *Inquiétudes* [*Nemiri*], et aussi de sa première nouvelle *Le Chemin d'Alija Djerzelez* (*). Ainsi se trouve écrite toute une série de nouvelles, interrompue par la composition de ses trois romans et la publication de divers essais. « Le Pont sur la Jepa » [Most na Žepi] , « Mustapha le Hongrois » [Mustafa Madžar], « La Mort dans la tekya de Sinan » [Smrt u Sinanovoj tekiji], « Les Temps d'Anika » [Anikina vremena], « Olujaci », « Le Tronc » [Trup], « Corkan et la Souabe » [Čorkan i Svabica], « Le Conte sur l'éléphant du vizir » [Prica o verztrovom slonu], « Mila et Prelac », « Le Conte sur le paysan Siman Prica » [O kmetu Simanu] font partie des meilleurs textes de la littérature yougoslave contemporaine. Les personnages qui figurent dans ces nouvelles appartiennent à un monde impénétrable et ténébreux qu'étreint un mal indéfinissable, né de la confusion de leurs consciences, du sens qu'ils ont de leur insécurité, de la peur, d'un vague sentiment qu'ils se sont rendus coupables de quelque faute obscure et sont condamnés à souffrir et à périr, quelle que soit leur situation historique. L'univers où ils évoluent est marqué du sceau de l'après-guerre, et les points de vue où ils se placent pour résoudre les problèmes de l'existence humaine résultent du climat en question. C'est ce mal inhérent à l'existence, cette maladie intérieure rongeant l'être, qui détermine le destin de « Mara, la P. respectueuse » [Mara milosnica] ; « Mustapha le Hongrois » souffre de l'interminable combat qu'il a, toute sa vie, dû mener contre la mer ; un malaise et une culpabilité confuse dévastent les vies des personnages présentés dans « Les Temps d'Anika » « La Mort dans la tekya des Sinan », « Mila et Prelac » et dans le conte allégorique « L'Éléphant du vizir ». Andrić a recours aux procédés connus du réalisme classique pour faire de ses personnages des caractères vrais, mais le souffle de poésie qui les anime, c'est aux légendes et à la tradition populaires qu'il l'a emprunté — Un recueil de contes, *Titanic et autres contes juifs*, a été traduit aux éditions Belfond en 1987.

CONTES de Grimm [*Kinder- und Hausmärchen*]. Recueil de contes, de source populaire, œuvre des écrivains allemands Jacob (1785-1863) et Wilhelm (1786-1859) Grimm, publié en 3 volumes, de 1812 à 1822. Il est à rapprocher du *Cor enchanté de l'enfant* (*) d'Achim von Arnim et C. Brentano, qui donna aux Grimm la première idée de leur ouvrage. Ils envisageaient ce recueil comme le moyen de pérenniser en la transcrivant la vaste production de la poésie populaire issue du Moyen Âge germanique, et sur le point de disparaître des mémoires à cause de sa seule transmission orale. Les premières sources des auteurs furent leurs propres souvenirs d'enfance, ceux des filles du pharmacien Wild répétant les fables de la « vieille Marie », les récits de simples gens recueillis fidèlement. Ils s'efforcèrent de conserver non seulement les histoires, mais le ton même et les expressions des conteurs, et c'était là une géniale innovation. Même lorsque, par la suite, les frères Grimm eurent recours à des sources littéraires (Luther, Hans Sachs, Moscherosch, Jung-Stilling et d'autres), ils s'efforcèrent de retrouver sous les embellissements de l'écrivain l'ingénuité primitive du canevas et du style (proverbes, répétitions, etc.). Guidés par une vive sensibilité poétique, ils surent donner à leurs contes une rare fraîcheur : peu d'ouvrages nous permettent d'atteindre, avec si peu de peine, la profonde et mystérieuse intimité de la nature germanique. Le recueil des Grimm comprend plus de deux cents contes. Parmi les plus célèbres (dont plusieurs déjà racontés par Perrault) sont : *Blanche-Neige* (*), *L'Heureux Jeannot, La Belle au bois dormant* (*), *Cendrillon* (*), *Hansel et Gretel* (*), *Le Petit Poucet* (*), *Rumpelstilzchen* (*), *Les Nains magiciens* (*), *Rapunzel, Le Petit Chaperon Rouge* (*), *L'Histoire de celui qui s'en alla de par le monde pour apprendre à frissonner* (*), *Les Musiciens de la ville de Brême* (*), *Barbe Bleue* (*), etc. La publication des *Contes* représente l'un des grands événements littéraires du début du XIXe siècle, non seulement parce que l'ouvrage, devenu le livre de la jeunesse allemande, forma l'esprit de plusieurs générations, mais aussi parce qu'il fut à l'origine d'une polémique intéressante entre les Grimm et les auteurs du *Cor enchanté*, Brentano et von Arnim avaient suivi une tout autre méthode dans leur recueil de chants populaires, en procédant à une élaboration de la forme. Les deux poètes trouvaient que la rédaction des *Contes* était pauvre et sans grâce ; ils ne faisaient pas de distinction entre poésie populaire et poésie artistique, et leur reconnaissaient les mêmes droits. Pour les Grimm au contraire, la poésie artistique ne pouvait que s'efforcer (et en vain) de ressembler à la poésie populaire qui témoigne, aussi bien dans ses grandes épopées que dans ses simples fables, d'une force poétique métaphysique partagée par toute l'humanité. Le considérable travail des Grimm a également cherché à établir les rapports du conte populaire et du mythe. Marthe Robert souligne, dans la Préface à l'édition française des *Contes*, qu'ils ont « mis pour la première fois en lumière l'expérience humaine tout à fait générale que le conte, comme le mythe et la légende, est chargé en même temps de voiler et de transmettre ». De plus, l'étude de ces récits, nouvellement transcrits, a permis de découvrir leur caractère essentiellement initiatique, comme Marthe Robert le signale encore : « Qu'exprime en effet (le conte) sous ses couleurs fantastiques ? Il décrit un passage nécessaire, difficile, gêné par mille obstacles, précédé d'épreuves apparemment insurmontables, mais qui s'accomplit heureusement à la fin en dépit de tout. » Les *Contes* des Grimm ont été traduits dans toutes les langues. – Trad. Gallimard, 1982.

CONTES de Hawthorne [*Tales*]. L'ensemble des contes de l'écrivain américain Nathaniel Hawthorne (1804-1864) est maintenant réuni en anglais en un seul volume (Library of America). Nathaniel Hawthorne est connu pour son roman *La Lettre écarlate* (*). Mais plus de vingt ans avant sa publication (1850), il écrivait déjà des contes, qui parurent tout d'abord dans divers journaux et revues, avant d'être réunis et publiés en 1837 sous le titre énigmatique de *Contes deux fois contés* [*Twice-Told Tales*]. Malgré un accueil généralement favorable de la critique, en particulier de Longfellow, Poe et Melville, le livre n'eut qu'un succès limité ; d'où l'image qui devait accompagner Hawthorne jusqu'à sa mort : celle d'un écrivain qui ne savait pas toucher le grand public – image que lui-même reprend à son compte dans l'autoportrait déguisé de l'introduction à « La Fille de Rappaccini » [Rappaccini's Daughter]. Les recueils suivants, *Mousses d'un vieux presbytère* [*Mosses from an Old Manse*, 1846, 1851] et *La Petite Fille de neige et autres contes deux fois contés* [*The Snow-Image and Other Twice-Told Tales*, 1852] connurent le même sort. Ironiquement, Hawthorne ne toucha l'Amérique moyenne que par ses contes pour enfants, dont les sujets allaient de la biographie ou de l'histoire, dans *La Chaise de grand-père* [*Grandfather's Chair*, 1841] ou *L'Arbre de la liberté* [*Liberty Tree*, 1841] à la mythologie, dans *Les Contes de Tanglewood* [*Tanglewood Tales*, 1853].

Le compte rendu élogieux qu'écrivit Longfellow en 1837 pour les *Contes deux fois contés* résumait l'attitude de la plupart de ses lecteurs : il ne citait aucun des textes aujourd'hui reconnus comme des chefs-d'œuvre, mais louait le « style poétique et lumineux » de pièces légères, et pour tout dire insignifiantes, justement oubliées depuis. Hawthorne, avide de toucher un large public, tenta à maintes reprises de se conformer à cette attente. C'est ainsi que trois de ses plus beaux contes furent éliminés des premiers recueils : « L'Enterrement de Roger Malvin » [Roger Malvin's

Burial, 1832] et « Le Jeune Maître Brown » [Young Goodman Brown, 1835] ne furent publiés qu'en 1846 ; « Mon parent, le major Molineux » [My Kinsman, Major Molineux, 1832] dut attendre 1852 ; quant à « L'Invocation d'Alice » [Alice Doane's Appeal, 1835], il ne fut pas publié de son vivant. Inversement, comme l'écrit Hyatt Waggoner, toute une partie de l'œuvre de Hawthorne nous déçoit parce qu'elle comblait le public auquel elle s'adressait. Contrairement à ce qu'il tenta de faire croire, Hawthorne n'avait rien de l'artiste solitaire, écrivant son œuvre dans une retraite hermétiquement close : solitaire ou non, il ne réussit que trop bien à intérioriser les valeurs et les codes de la Nouvelle-Angleterre « victorienne ».

Certains de ses textes les plus intéressants, en revanche, doivent leur densité à la tension née d'un échange insolite entre deux mondes : d'une part un univers feutré, cadre de mièvres idylles et de mornes sérénités conjugales ; de l'autre, un environnement naturel qui a gardé toute la violence de la *wilderness* primitive. Cette opposition est au cœur de textes comme « Le Jeune Maître Brown » et « L'Hôte ambitieux » [The Ambitious Guest] : Brown quitte sa jeune femme pour céder aux sortilèges de la forêt maléfique, comme si la lune de miel diabolisait paradoxalement ce bon puritain ; et la fureur de la montagne anéantit, dans le second conte, la sécurité trompeuse de la cellule familiale. Ailleurs, c'est l'inanité même de la vie conjugale qui se détruit elle-même en provoquant un geste aberrant : Wakefield, dans le conte du même nom, quitte un beau jour son irréprochable épouse pour passer vingt ans à quelques rues de sa maison, dans une situation qui tient de l'anonymat et du voyeurisme.

Cette émergence soudaine du chaos au cœur d'un ordre trop parfait a également sa dimension politique, qui se mêle parfois de manière surprenante à une révolte œdipienne. Le jeune Robin quitte à la fois la tutelle paternelle et une paisible existence rurale pour rechercher une figure paternelle substitutive, à la fois prestigieuse et insaisissable : celle qu'incarne son parent, le major Molineux. À l'issue d'une nuit d'errances angoissantes dans le dédale de l'insolite cité, il contemple son parent, enduit de goudron et de plumes, et entouré d'une foule déchaînée. Curieusement, l'horrible découverte suscite chez le jeune homme une irrépressible hilarité, comme si l'objet réel de sa quête avait été le rejet de la tutelle qu'il croyait chercher.

Cette fusion du politique et de l'œdipien a conduit un critique, Frederick Crews, à nier la dimension historique des contes. Pour lui, « les ancêtres [forefathers] ne sont que des pères mis à quelque distance ». Mais la « nouvelle critique historique » a montré que Hawthorne avait mené une vraie réflexion d'historien sur le passé de la Nouvelle-Angleterre, à commencer bien entendu par le puritanisme. Le fait que les grandes figures puritaines aient visiblement servi de catalyseur à ses propres fantasmes n'invalide nullement une lecture politique et historique. D'ailleurs, les puritains ne sont pas toujours du côté du père. Ainsi, dans « Endicott et la croix rouge » [Endicott and the Red Cross], le bouillant Endicott se rebelle contre la tutelle politique et religieuse de la mère patrie – rébellion qui l'amènera, symboliquement, à déchirer d'un coup d'épée le drapeau des Stuart –, même si cette révolte débouche sur une nouvelle forme de despotisme. Le geste est d'ailleurs explicitement présenté par la voix narrative, dans la conclusion, comme l'annonce de la Révolution américaine.

Il n'en reste pas moins que le puritanisme, dans les contes, est moins une structure institutionnelle qu'une démarche faite de rigueur morale, de farouche indépendance, et d'un dogmatisme qui est potentiellement répressif. Tantôt exalté, tantôt dénoncé, il inspire également des textes où l'ambivalence est au cœur de la narration. Dans « Le Mât de cocagne de Merry Mount » [The May-Pole of Merry Mount, 1836], la communauté ludique qui prétend transplanter en Nouvelle-Angleterre les traditions festives de la « joyeuse Angleterre » provoque chez les puritains une indignation vertueuse où entre visiblement une large part de voyeurisme et d'hypocrisie ; mais la transplantation est présentée d'emblée comme un rêve illusoire. Le triomphe des puritains, menés une fois de plus par le terrible Endicott, représente en somme celui du principe de réalité sur le principe de plaisir. Le puritanisme, aussi inhumain qu'il soit, serait donc le destin de cette terre avide et violente.

Ce dernier conte représente un mythe d'origine en miniature. À l'autre extrémité du spectre, on trouvera de véritables épures, où un objet, un geste, un comportement est investi d'une charge symbolique parfois trop évidente, comme si Hawthorne se dégageait mal de la tradition de l'homélie protestante. C'est le voile noir du révérend Hooper, dans « Le Voile noir du pasteur » [The Minister's Black Veil, 1835], le four à chaux dans « Ethan Brand » (1850), la tache de naissance dans le conte du même nom [The Birthmark, 1843], ou encore, dans le registre parodique, la locomotive dans « Le Chemin de fer céleste » [The Celestial Rail-road, 1843]. L'allégorie, explicite dans ce dernier conte, est latente dans les autres, et – comme le remarquait déjà Henry James – menace sans cesse de figer le symbole, par le truchement d'une voix narrative parfois importune. En revanche, un conte comme « La Fille de Rappaccini » [Rappaccini's Daughter] conserve toute sa puissance de fascination, grâce à la richesse de ses réseaux symboliques et de ses échos intertextuels, qu'il s'agisse de la Bible, de Dante ou de Milton.

En dehors de ce conte – celui où Hawthorne s'aventure au plus près du merveilleux –, la postérité a retenu les textes les plus sombres et les plus hallucinés, ceux-là mêmes que ses contemporains trouvaient trop « pessimistes ». Les héros de ces récits sont souvent des êtres ordinaires, soudain transformés par une révélation dont la nature profonde et l'authenticité réelle resteront un mystère. Pourquoi le jeune Brown cède-t-il à une forêt qui porte tous les maléfices de l'imaginaire puritain ? Pourquoi Reuben revient-il dans la forêt vingt ans après y avoir abandonné Roger Malvin mourant, et quelle voix intime le conduit au lieu même de son forfait ? Pourquoi tire-t-il sur ce qu'il croit être un animal et sacrifie-t-il son fils ? Ces questions restent sans réponse, et le texte tire sa puissance des « ténèbres » soudain ouvertes au regard du lecteur, pour reprendre l'image de Melville parlant des *Mousses*. Brown a-t-il vraiment vu les personnages les plus respectés de Salem rejoindre la bacchanale des sorcières ? « Qu'il en soit comme vous voudrez », répond négligemment le narrateur à la question qu'il a lui-même posée, pour mieux l'éluder.

Cette pirouette résume l'originalité et les limites des *Contes*. C'est peut-être pour n'avoir pas osé aller jusqu'au bout de sa nuit que Nathaniel Hawthorne s'est peu à peu condamné à la stérilité. Mais comme l'écrit Hyatt Waggoner, « ses échecs présentent plus d'intérêt que la plupart des réussites littéraires ». – Trad. *Contes*, Aubier, 1950 ; *L'Enterrement de Roger Malvin et autres contes étranges*, Flammarion, 1977 ; *La Fille de Rappaccini et autres contes fantastiques*, Le Livre de Poche, 1989. Y. C.

CONTES de Hebel [*Schatzkästlein des rheinischen Hausfreundes*]. Recueil d'historiettes joyeuses et éducatives que l'écrivain suisse d'expression allemande Johann Peter Hebel, poète et curé de campagne (1760-1826), publia en 1811, sous forme de « calendrier pour familles ». Dans cette œuvre modeste, « l'ami de la maison » instruit les gens du peuple sur les principaux phénomènes célestes et météorologiques qu'il représente par des personnifications humaines, donnant ainsi d'agréables leçons d'astronomie vulgarisée, des conseils sur la manière de cultiver le potager, de tenir les comptes de maison, d'éviter les morsures de serpents, etc. Il fait alterner les conseils et les récits humoristiques, historiques, amusants ou éducatifs, sur l'avarice ou sur l'excessive générosité, ainsi que des devinettes avec leur solution. Plusieurs de ses récits, d'une réelle vivacité descriptive, ont acquis une telle popularité qu'on les trouve souvent dans les anthologies : par exemple l'histoire d'un juge perspicace qui reconnaît en la personne d'un plaignant un vulgaire fripon. C'est une œuvre toujours chère au peuple, parce qu'elle est conforme à ses goûts et à ses exigences simples. Mais Goethe, qui reconnaissait en Hebel un poète, disait que tout comme les poètes antiques animaient la nature de nymphes et de faunes, lui aussi transforma, avec une grâce ingénue, l'univers entier en un monde rustique où les phénomènes de la nature étaient incarnés par de vivantes figures de paysans. – Trad. Hachette, 1898.

CONTES de Moreau. Ces cinq contes en prose, publiés tout d'abord dans un volume de vers, *Le Myosotis* (*) (1838), et par la suite séparément sous le titre de *Contes à ma sœur* (1851), témoignent de la fine sensibilité et des dons poétiques de l'écrivain français Hégésippe Moreau (1810-1838). Malgré la variété des sujets, ils offrent un caractère qui leur est commun, à la fois poétique et sentimental. « Le Gui du chêne » brode l'émouvant épisode de la mort d'un enfant sur le mythe classique des Héraclides, réfugiés d'Argos et protégés par Athènes, argument déjà utilisé par Euripide dans l'une de ses tragédies, les *Héraclides* (*). « La Souris blanche » se présente comme un récit historique (la cruauté légendaire de Louis XI, l'amitié liant le dauphin Charles et le jeune duc de Nemours prisonnier, victime de la fureur vengeresse du roi, les menaces que leur adresse Louis XI et la mort de ce dernier), mais à cette trame l'auteur ajoute une gracieuse fable : une fée, condamnée, à la suite d'une faute, à vivre durant cent années sous forme de souris blanche, vient égayer la désolante solitude des deux captifs. « Thérèse Sureau » conte l'histoire d'une jeune femme qu'un malheureux amour pour la littérature pousse à aller vivre dans la capitale où elle meurt de privations. « Le Neveu de la fruitière » est un plaisant tableau sur l'humble et heureuse enfance du général Hoche. On peut voir par ces exemples que l'art, au demeurant assez facile, de Moreau anticipait en quelque sorte sur les thèmes et les manières des conteurs romantiques : récit historique, nouvelle d'imagination, pochade d'atmosphère, etc. Mais c'est avant tout son style qui est romantique, plein de légères notations ironiques et sentimentales, riche de digressions lyriques qui lui confèrent, par la délicatesse de la touche, une grâce particulière.

CONTES de Charles Perrault. Réunion posthume (1781) de deux séries de brefs récits (de quelques lignes à quelques pages) merveilleux et horrifiques, l'une en vers et l'autre en prose, respectivement constituées en 1694 (R. Zuber) et en 1697, par leur auteur, l'écrivain français, chef de file des Modernes, Charles Perrault (1628-1703). Bien que tardif, ce regroupement d'histoires accomplit le dessein de l'auteur qui soulignait, dès 1694 (Préface), l'unité de ces onze textes écrits entre 1691 et 1695 ; de fait, il met en relief, derrière la pittoresque variété de leurs éléments narratifs ou formels, la constante des intrigues familiales.

La première série, intitulée *Contes en vers*, réunit, après la Préface de 1694, *Griselidis* (nouvelle à coloration pastorale et sans féerie, lue à l'Académie française en 1691, sous le titre de *La Marquise de Salusses ou la Patience de Griselidis*) et sa lettre de défense, à deux contes où intervient le surnaturel, mythologique dans *Les Souhaits ridicules* (paru dans *Le Mercure galant* (*) en 1693) et féerique dans *Peau d'âne,* dont c'est l'édition originale. Dans *Griselidis,* un prince mysogine rencontre une bergère douée de qualités physiques et morales telles qu'il tombe amoureux et l'épouse. Puis il la met à l'épreuve – après qu'elle lui a donné une fille, il la lui retire et la déclare morte, répudie Griselidis et feint de chercher à se remarier. Comme elle accepte tout, il la restaure dans la dignité de son statut et lui révèle que loin d'être morte, leur fille, qu'il mettait parallèlement à l'épreuve, va se marier avec le fils d'un roi. Dans *Peau d'âne,* une princesse orpheline de mère, que son père veut épouser, échappe à son sort, grâce à sa fée marraine en renonçant aux apparences de sa qualité. Elle séduit néanmoins le fils d'un roi. Son père, invité au mariage, s'en montre satisfait. Dans *Les Souhaits ridicules,* un mari, pauvre et sans enfant, qui désirait mourir, se voit offrir par Jupiter ce qui pourrait le rendre heureux. Mais sa femme et lui utilisent mal cette possibilité et ne changent rien à leur sort.

Un manuscrit de *Contes de ma mère Loye,* dédié en 1695 par « P. P. » (Pierre Perrault, le fils de Charles), « À Mademoiselle » (fille de Philippe d'Orléans) en des termes qui reprennent les éléments majeurs de la Préface de 1694, comportait *La Belle au bois dormant* (une version à la tonalité plus mondaine sera donnée au *Mercure galant* en 1696), *Le Petit Chaperon rouge, La Barbe bleue, Le Maître Chat ou le Chat botté ;* il est le noyau d'une deuxième série, imprimée en 1697. Celle-ci, ornée d'un frontispice global et ouverte par l'épître dédicatoire du manuscrit, ajoute *Les Fées, Cendrillon ou la Petite Pantoufle de verre, Riquet à la houppe* et *Le Petit Poucet* aux contes précédents ; chacun y est illustré d'une vignette. Formellement, l'ensemble paraît plus homogène que celui des *Contes en vers :* toutes les histoires, sauf *La Barbe bleue,* se définissent comme des « contes » (cf. les sous-titres) ; *Le Maître Chat* mis à part, elles reprennent toutes la formule initiale traditionnelle « il était une fois », et toutes se terminent par une, voire deux, moralités en vers.

Dans *La Belle au bois dormant,* la fille unique d'un roi et d'une reine échappe, grâce à une fée marraine, à la mort que lui prédit une vieille fée que ses parents avaient offensée. Elle séduit, après cent ans d'enchantement, le fils d'un roi et d'une ogresse qui l'épouse et lui donne deux enfants. Après avoir en vain tenté de dévorer belle-fille et petits-enfants, l'ogresse se suicide. *Le Petit Chaperon rouge* raconte l'histoire d'une petite fille ignorante des dangers du monde. Elle est envoyée par sa mère chez sa grand-mère malade, de l'autre côté de la forêt. D'abord protégée par des bûcherons du loup qu'elle y rencontre, elle est dévorée, chez sa mère-grand, par le même loup, qui a avalé cette dernière et pris son apparence. Dans *La Barbe bleue,* la fille cadette d'une veuve, ayant accepté d'épouser un homme riche mais laid, et déjà plusieurs fois marié, trahit sa confiance et encourt sa vengeance. Sauvée par ses frères, qui tuent le mari, elle hérite de lui, marie sa sœur, installe ses frères et se remarie elle-même. Dans *Le Maître Chat ou le Chat botté,* le fils cadet d'un pauvre meunier, orphelin et n'ayant hérité que d'un chat, épouse, grâce à la magie de ce dernier, la fille d'un roi. Les deux frères aînés qui avaient hérité des biens matériels du meunier n'arrivent à rien. Dans *Les Fées,* la fille cadette, belle et polie, d'une veuve dont elle est le souffre-douleur, reçoit d'une fée la dot qui lui permettra d'épouser le fils d'un roi ; sa sœur aînée, laide, jalouse et mal polie, est sanctionnée par la même fée et finit par mourir seule, abandonnée par sa propre mère. *Cendrillon :* issue du premier mariage de son père, elle est le souffre-douleur de sa belle-mère et de ses demi-sœurs, dont elle est la cadette. Grâce à sa fée marraine, elle obtient les moyens d'aller à un bal où elle séduit le fils du roi, qui l'épouse. Elle marie aussitôt ses deux aînées. *Riquet à la houppe* raconte l'histoire d'un prince laid mais intelligent et d'une princesse belle mais sotte, qui grâce au don d'une fée (ou à leur amour) peuvent se donner ce qui leur manque et se marient. La sœur cadette de la princesse, belle mais sotte, auprès de qui la fée n'est pas intervenue, ne se marie pas. Dans *Le Petit Poucet,* le cadet mal aimé d'une famille de sept garçons dont les parents, pauvres, veulent se débarrasser, réussit, grâce à sa ruse, à éviter la mort à tous ses frères, puis, grâce aux bottes magiques d'un ogre, à rentrer chez lui couvert des biens dudit ogre et à trouver un emploi enrichissant à la cour et à titrer ses frères.

Comme la vie et l'œuvre de Charles Perrault sont dominées par une réflexion classique, sur l'ordre du monde et son sens, cette jonglerie sur des thèmes infantiles produite par un vieil homme laisse d'abord croire à une activité purement récréative dont il se dédouanerait, au moins pour la partie la « moins justifiable », celle des contes en prose, en en déléguant la paternité à son fils. Or il n'en est rien et les contes, en vers ou en prose, ont leur place, d'abord au cœur de la méditation de l'homme dont ils sont l'expression d'autant plus achevée qu'elle est plus « naïve », celle que l'on atteint après les dissertations abstraites et qui permet l'exposé de « vérités solides et dénuées de tous agréments [...] dans des récits agréables », assurément plus utile au fonctionnement de l'ordre social que lesdites dissertations ; ensuite, parmi les préoccupations de leur époque, dans la lignée d'une interrogation nouvelle sur les savoirs coutumiers et la valeur des métaphores populaires. De fait, ces contes accompagnent l'interrogation sur le sens et la transmission du savoir qui tisse la trame de la querelle des Anciens et des Modernes et qu'avait déjà soulevée, à leur manière, par exemple Pierre Daniel Huet (*Traité sur l'origine des romans,* 1669) ou Jean de La Fontaine (*Contes* (*), 1664-74 et *Fables* (*), 1668-93).

Tous les récits portent sur le destin d'une famille, emblème de la société réduite à ses rouages fondateurs, l'alliance et la filiation, de façon à ce que soit posée la question de ce qui est à leur croisement, de manière explicite (l'enfant) et implicite (l'avenir et le renouveau de la famille). Chaque conte est ainsi ordonné à tester les divers cas de fonctionnement de la structure familiale – sans enfant *(Les Souhaits ridicules)* ou avec enfants (jusqu'à sept dans *Le Petit Poucet*) ; à la même génération ou sur deux *(Le Petit Chaperon rouge),* voire trois générations *(La Belle au bois dormant, Griselidis) ;* avec un ou deux parents, mariés ou remariés, ou bien muni d'une parentèle sur plusieurs générations (le Petit Chaperon rouge a mère et grand-mère), etc. – Et tandis que le merveilleux permet d'en exploiter toutes les potentialités et confère au conte une efficacité exceptionnelle, un enjouement mondain voile pudiquement la rigueur pédagogique. Le constat que dresse Perrault est alors double : si la reproduction et la restauration du modèle familial sont de Nature, elles ne s'effectuent jamais de façon normale (la famille du Petit Poucet dans la famille duquel il y a « tant d'enfants en si peu de temps » fournit un écho inverse à celle de la Belle au bois dormant par exemple, dont les parents « étaient si fâchés de n'avoir point d'enfants », etc.). Quant aux enfants – les héros –, ils ne répondent jamais non plus à un type d'enfant « normal » ; leurs qualités positives ou négatives s'avèrent toujours sans exemple (Riquet à la houppe, par exemple, est « si laid et si mal fait qu'on douta longtemps s'il avait forme humaine ») ; et quand, a contrario, ils semblent entrer dans une « norme », ils sont destinés à mourir tels les frères de Poucet réduits à eux-mêmes. Ainsi, les *Contes* révèlent-ils que jamais la famille ne suit ce que l'on pouvait supposer être son économie naturelle et que la dynamique d'ordre dont elle est le dépositaire n'est que de principe.

Perrault montre en effet que le seul fait d'aller dans le sens de la structure familiale en formulant avec précision ce qui doit être pratiqué revient à pervertir son fonctionnement effectif ; l'identification de l'enfant comme tel, avec ses caractères de faiblesse, d'impuissance et de mutisme (cf. par excellence le Petit Poucet ou le Petit Chaperon rouge) lui rend impossible l'acquisition naturelle des conditions d'un ordre adulte de l'épanouissement et de la parole. Les *Contes* élargissent alors le message aux règles de la vie sociale et montrent que celle-ci, apparemment fondée sur la définition des droits de chacun, ne peut en réalité reposer que sur le renoncement à l'expression de ces droits au profit d'une attitude intérieure et librement consentie du don de ses biens et, à terme, de sa personne aux autres membres du corps social : le premier acte de Cendrillon, épouse du prince, est de loger au palais puis de marier ses deux chipies de sœurs, tout comme celui de l'héroïne de *La Barbe bleue,* une fois débarrassée de son époux, est d'installer ses frères et de marier sa sœur, avant même de penser à elle, etc. L'enseignement ultime des *Contes* revient donc à proposer une retranscription en creux des valeurs sociales puisque l'ordre n'est pas plus donné qu'il n'est à définir, toujours à atteindre et en puissance. Il est donc tout au plus possible d'en suggérer les voies par des paroles enfantines sur le don et le sacrifice de soi, en commençant par donner la parole, même fictivement, à son propre fils et en considérant le public mondain auquel on s'adresse comme des enfants, c'est-à-dire, en clair, comme les seuls aptes à faire tourner la société.

Se fondant sur la Préface de 1694 qui signale que les *Contes* ont été composés à partir de traditions orales, la recherche des sources est allée bon train : les folkloristes ont tenté de remonter la piste du corpus des contes populaires français, mais sans parvenir à identifier avec certitude des originaux ou à savoir comment Perrault les aurait connus. À défaut, l'on s'est alors interrogé sur des sources d'inspiration moins directes : mythologie védique, druidique, etc., qui conduisirent à voir des rapports entre les ogresses et les « lamies » antiques, les beaux-frères de *La Barbe bleue* et les Acvins védiques, *La Belle au bois dormant* et un mythe solaire, etc. Mais, outre que ces rapprochements invitent à la prudence, ils sont sans rapport avec l'esprit du projet de Perrault ; et tout au plus, si l'on tient à rester dans cette logique, pourrait-on s'interroger sur une logique de recréation collective, une « mode des contes de fées » autour de la décennie 1695-1705 qui vit la publication de plusieurs centaines de contes, sous la signature de Mme d'Aulnoy – v. *Les Illustres Fées* (*), Mlle Lhéritier (nièce de Charles Perrault), Catherine Bernard, etc.

À titre d'illustration de l'intérêt hypothétique et limité d'une recherche des sources, on retiendra l'exemple de *Griselidis :* ce conte de Perrault semble avoir sa source littéraire initiale dans le *Décaméron* (*) (X, 10), mais une version latine en est donnée par Pétrarque (1374) et une traduction ainsi que de nombreuses adaptations circulent tout au long des XVe et XVIe siècles sous le titre de *La Patience de Griselidis.* Son histoire est même associée à celle de vie de saints et l'on peut estimer que c'est à ce titre que Perrault en eut connaissance. Il faudrait répéter l'exercice pour chaque histoire ! De surcroît, comme la plupart des *Contes* de Perrault se retrouve par exemple chez les frères Grimm (1785-1863), au moins dans leur première édition des *Contes* (*La Belle au bois dormant, Dornröschen, La*

Barbe bleue, Blaubart, Cendrillon, etc.), ou ont été mis en musique – *La Belle au bois dormant* et *Cendrillon* par Michel Henri Carafa de Colobrano (1787-1872), Louis Hérold, 1829, Tchaïkovski (1890) ou encore Respighi (1920) –, il faut admettre l'existence d'un patrimoine commun au-delà duquel, bien évidemment, se trouve le sens des *Contes* de Perrault. F. N.-D.

CONTES de Samain. Recueil réunissant certains récits en prose du poète français Albert Samain (1858-1900), publié posthume en 1903. La subtilité par trop excessive dont l'auteur avait déjà fait preuve dans son œuvre poétique – v. *Au jardin de l'infante* (*) et *Le Chariot d'or* (*) – apparaît ici comme un sérieux handicap. Ces récits, au nombre de quatre, sont écrits avec une simplicité recherchée qui n'échappe pas à la préciosité. Néanmoins, l'amour du détail et un certain goût pour l'enluminure donnent à ces *Contes* un relief très marqué. Dans « Xantis ou la Vitrine sentimentale », une danseuse grecque, séduisante et volage, pétrie de volupté et frémissante de vie, séduit tour à tour les autres statuettes d'une vitrine Louis XV, depuis le vieil et galant marquis jusqu'au musicien rêveur et au faune rustique et sauvage qui, par jalousie, finira par briser l'inconstante danseuse en mille morceaux. Avec « Divine Bontemps », c'est toute la sensibilité frémissante d'une jeune fille qui se débat obscurément contre les forces de l'amour. Avec « Rovère et Angisèle », l'auteur s'est vainement efforcé de fondre sentiment et érotisme, délicatesse du cœur et ivresse des sens. Il en ira de même pour « Hyalis, le petit faune aux yeux bleus », gâté de surcroît par un clinquant romantique : l'amour non partagé du faune, qui sent s'éveiller en son âme un désir de voluptés inconnues, ne trouve son aboutissement que dans la mort. Le faune s'empare du poison de la magicienne et meurt, non sans avoir donné un baiser à la belle endormie.

CONTES ANCIENS SUR UN MODE NOUVEAU [*Kou-che sin-pien – Gushi xinbian*]. Recueil de contes de l'écrivain chinois Lou Siun (1881-1936), publié en 1935 et dont la composition s'échelonna sur treize ans de 1922 à 1935. Ce long délai s'explique par la difficulté de l'entreprise : il s'agissait pour Lou Siun de faire resurgir des temps anciens et de revivifier quelques-unes des légendes qui avaient contribué à former la mentalité chinoise et de les rendre profitables aux hommes d'aujourd'hui, non en les modernisant mais en leur restituant leur actualité intemporelle. Ce dessein était dicté à Lou Siun, écrivain révolutionnaire, d'abord évolutionniste, puis marxiste, par les nécessités de l'heure : il convenait de réveiller le peuple chinois, passivement attaché à son passé, en lui dévoilant les ferments révolutionnaires qui y étaient contenus.

La première tentative de ce genre fut le conte intitulé : « Restauration de la voûte céleste » écrit en 1922, qui reprend les données d'un mythe très ancien selon lequel, après l'effondrement du ciel et de la terre à la suite d'une guerre, Nu-koua, énorme masse d'instincts plutôt que déesse, consolida la voûte céleste, éteignit l'incendie, arrêta l'inondation et créa l'espèce humaine. Dans le récit de Lou Siun, Nu-koua, victime de son dévouement, meurt, et les hommes, créatures ingrates et malfaisantes, prennent possession de son corps immense. Si la leçon qu'on peut tirer de ce conte est à la fois ironique et amère, elle ne fait pas oublier l'évocation magnifique, à coups de notations à la fois précises et bizarres, de l'aube de la terre, de la splendeur et de l'horreur inhumaines des premiers temps. « Fuite dans la lune » (1926) est une adaptation de la légende de Yi, l'archer d'une habileté surhumaine, à qui sa femme, Tch'ang-eu, mécontente d'avoir à se contenter des maigres victuailles qu'il lui rapporte de la chasse, dérobe la drogue d'immortalité et s'enfuit dans la lune. Lou Siun parvient ici à plonger le lecteur dans un monde barbare d'une déroutante simplicité. « Échec au déluge » (1935) exalte le héros qui aménagea le cours des fleuves, afin d'endiguer les inondations. Yu le Grand ne combat pas seulement les fléaux naturels, mais les préjugés des hommes, la sotte pédanterie des lettrés, l'incapacité et la corruption des fonctionnaires. Le sujet de « La Cueillette des osmondes » (1935) est emprunté au *Che-tsi* (*) de Se-ma Ts'ien : les deux frères Po-yi et Chou-ts'i, ayant voulu en vain se le céder l'un à l'autre, ont renoncé au trône de leur père et pris la fuite. Leur vertu est telle qu'ils ne peuvent accepter l'hospitalité des princes et au contraire les sermonnent sur leurs manquements à leurs devoirs ; leur intransigeance les amène à se réfugier sur une montagne où ils cueillent des osmondes pour se nourrir, jusqu'au jour où, une femme leur ayant déclaré que même ces fougères appartenaient au souverain, ils renoncent à leur subsistance et meurent de faim. La conclusion de Lou Siun est pleine d'humour et d'ambiguïté : Po-yi et Chou-ts'i n'étaient-ils pas au fond de vieux imbéciles ? Le conte « Les Épées » (1926) est le tragique récit d'une vengeance hallucinante, tiré d'un recueil de l'empereur Ts'ao P'i (IIe siècle). Un adolescent, Mei tsien-tch'e, dont le père a été mis à mort injustement par le roi, ne parvient à tuer celui-ci qu'après s'être décapité ; sa tête danse devant le roi au-dessus d'un chaudron d'eau bouillante jusqu'à ce que, tranchée par un complice, la tête du roi aille la rejoindre ; alors s'engage un duel à mort qui se termine par la victoire de l'offensé. Les trois derniers contes sont empruntés aux écrits des grands philosophes chinois : « La Traversée de la passe » (1925) raconte l'exil volontaire de

Lao-tse, à la suite d'un entretien avec Confucius ; « Non à l'agression » (1934) est un épisode de la vie de Mo-tse ; « Le Mort ressuscité » est un apologue tiré de Tchouang-tse ; Lou Siun lui a donné la forme d'un petit drame qui met en scène Tchouang-tse lui-même, l'homme qu'il a ressuscité et un gendarme auquel le philosophe doit avoir recours pour faire régner à nouveau l'ordre qu'il a troublé. Même lorsque Lou Siun se tient très près du texte qu'il adapte, il lui donne une résonance toute actuelle et en fait surgir des possibilités qui y étaient comme endormies.

C'est que pour lui le passé n'est pas mort, il est assoupi au fond de nous, inconscient ; dans l'absolue solitude, dans la vacance complète de l'esprit, il peut resurgir, tel qu'il fut vécu, tel que nous pouvons le revivre, se montrer au fond de nous comme dans un miroir. Quelles que soient les intentions politiques qui animent l'écrivain, les *Contes anciens* dépassent de beaucoup leur but apparent ; leur étrangeté, la magie qui s'en dégage, la singularité des moyens mis en œuvre en font une des œuvres les plus originales de la première moitié du XXe siècle. – Trad. Connaissance de l'Orient, Gallimard, 1959 ; Éditions langues étrangères, Pékin, 1981.

CONTES BIZARRES. Sous ce titre parut en 1856 un recueil de contes de l'écrivain allemand Achim von Arnim (1781-1831), traduits par Théophile Gautier fils et qui comprenait : *Isabelle d'Égypte* (*) ; *Marie Melück-Blainville* et *Les Héritiers du Majorat*, choix arbitraire, ainsi que devait le déplorer André Breton lors de la réédition de ce recueil, en 1933. En réalité, Achim von Arnim publia, en 1812, un volume qui, outre les œuvres déjà citées (à l'exception toutefois des *Héritiers du Majorat*), comprenait : *Les Trois Sœurs affectueuses et l'heureux peintre ; Angelica la Génoise et Cosme le Funambule*. – *Marie Melück-Blainville* retrace les aventures d'une voyante arabe séjournant en France qui, après avoir exercé tous les charmes de sa mystérieuse et sombre beauté, se sacrifie, durant la tourmente révolutionnaire, pour sauver la vie de sa rivale en amour. Avec *Les Trois Sœurs*, c'est l'histoire du peintre Golno, que la méchanceté de ses compatriotes contraint de quitter sa ville natale, Stettin, et du même coup sa bien-aimée. À Amsterdam où Golno s'est établi, la chance commence à lui sourire : il gagne à la loterie et se fait recevoir au foyer d'un pasteur dont les deux filles, Suzanne et Charlotte, sont à marier. S'étant rendu acquéreur d'énormes quantités de tissu, il le fait teindre en noir ; à la mort du roi Frédéric, il tirera de la vente de ce tissu un gros profit. Golno retourne alors accompagné de Suzanne à Berlin, où le nouveau roi l'accueille en grande pompe. En conclusion, Golno épousera Charlotte venue le retrouver ; mais, lorsqu'il s'adonnera à l'alchimie, en vue d'accroître sa fortune, ce sera l'habileté de la fidèle Léna qui le sauvera des dangers qui le menacent. La publication de ce recueil fut suivie de celle de plusieurs autres contes, parmi lesquels on citera : *Le Fol invalide du fort Ratonneau* (*) (1818), *Les Héritiers du Majorat* (1820), *Owen Tudor* (1821), *Raphaël et ses voisines* (1824). Tous ces contes, ainsi que quelques autres publiés après la mort de l'écrivain, furent réunis en une édition complète par les soins de Wilhelm Grimm, puis de la femme de l'auteur, Bettina von Arnim.

Les *Contes* d'Arnim constituent une œuvre unique, dans laquelle les trouvailles les plus heureuses voisinent avec des outrances singulières et inquiétantes. Des descriptions d'un réalisme minutieux alternent avec des visions fantastiques dont le caractère fabuleux est puisé aux vieilles croyances populaires. Nous ne quitterions pas le domaine familier si, soudain, l'évocation de ces puissances obscures, irrationnelles, voire démoniaques, qui se dissimulent dans les profondeurs de la nature et du cœur humain ne venaient tout bouleverser. D'une part, c'est la peinture de scènes et de personnages historiques : le Brabant du XVIe siècle (*Isabelle*), l'Italie de la Renaissance (*Raphaël*, qui, à ce titre, est l'un des premiers exemples de « Künstlernovelle »), Amsterdam et la Prusse au début du XVIIIe siècle (*Les Trois Sœurs*) ; d'autre part, c'est le merveilleux, la mandragore, le « golem », cette figurine de terre qui, modelée à l'image des êtres, se substitue à eux, traduisant ainsi l'effroi de l'homme devant l'œuvre de ses mains. Toutes ces tendances irrationnelles, qui bouleversent l'harmonie du monde, ne sont plus, comme au temps de Goethe ou de Schiller, combattues par des êtres décidés à défendre leur liberté et leur empire sur eux-mêmes ; désormais, elles font partie intégrante de la nature humaine : l'homme n'apparaît plus comme responsable, mais comme soumis à son démon intime. Grimm avait coutume de comparer les *Contes* d'Arnim à des tableaux qui seraient privés de la partie supérieure de leur cadre, de sorte que l'image se prolongeant vers l'infini déboucherait directement sur le ciel. D'autres critiques ont parlé d'« arabesques » à propos de ces *Contes*, en raison de leur « Formlosigkeit », de leur liberté dans la forme. Pour Arnim, le seul lien qui lui permette de déboucher du monde réel dans le monde surnaturel est la fantaisie, mais quelle fantaisie ! Glacée et implacable, satisfaite de ses propres jeux sans jamais en être dupe, même si parfois il lui advient de s'effrayer du pouvoir qu'elle détient d'amener au jour les monstres qui hantent le cœur de l'homme. C'est pourquoi des critiques, tel Albert Béguin, ont pu parler d'une sorte de « surréalisme avant la lettre », expliquant ainsi l'attrait que cet auteur, étrange dans sa vie comme dans son œuvre, exerça à notre époque (cf. André Breton, *Point du jour*, 1934). – Trad. sous le titre *Isabelle d'Égypte et autres récits,* Gallimard, 1983.

CONTES BRABANÇONS. Ce recueil de l'écrivain belge d'expression française Charles de Coster (1827-1879), publié à Paris en 1861, fait pendant aux *Légendes flamandes* parues précédemment à Bruxelles. Il comprend six contes populaires : « Braf le prophète », histoire très édifiante d'une fille du terroir décidée à rester une femme de devoir malgré d'amères déceptions provoquées par son mariage avec un homme riche, mais vicieux et inconstant. « Christus » est l'histoire d'une jeune et belle Wallonne qui, à force de rejeter tous les partis comme n'étant pas dignes d'elle, manqua de rester vieille fille et dut accepter l'amour d'un simple menuisier flamand, tailleur de statuettes de piété. Quatre contes plus courts : « Les Fantômes », « Les Masques », « Ser Huygs » et « Les Deux Duchesses », ainsi qu'une fantaisie intitulée « Humble supplique à la comète » complètent ce recueil. Si *Les Légendes flamandes* et surtout *La Légende d'Ulenspiegel et de Lamme Goedzack* (*), écrites en ce vieux langage animé de la verve si particulière au peuple flamand, ont été très prisées, en revanche, les *Contes brabançons,* composés dans un style et dans un esprit qui rappellent les œuvres les plus sentimentales de Delly et de Zénaïde Floriot, passèrent totalement inaperçus en France.

CONTES COMIQUES [*Komiske Fortaellinger*]. Œuvre de l'écrivain norvégien Johan Herman Wessel (1742-1785). De même qu'il parodie dans son œuvre-maîtresse, le mélodrame *Amour sans bas,* la tragédie à la française dont le faux pathétique fut alors très à la mode en Norvège, Wessel ridiculise, dans ses trente-sept *Contes comiques*, le poème moraliste et didactique tel que l'ont conçu les épigones de Boileau. Pour ce faire, il adopte le vers élégant et souple de La Fontaine, à qui d'ailleurs il ressemble par son mépris de la périphrase et par son goût pour ce « bavardage » qui, souvent, nous amuse plus que l'histoire proprement dite. La « morale » sur laquelle Wessel termine la plupart de ses fables n'est le plus souvent qu'une pure lapalissade destinée à souligner le caractère parodique du poème, dont le sujet, s'il n'a pas été inventé par l'auteur lui-même, est tiré tantôt d'un fait divers banal, tantôt de la littérature nationale ou étrangère.

« Le Forgeron et le Boulanger » : si ce village est riche de deux boulangers, il ne compte, par contre, qu'un seul forgeron, d'où la grande détresse des villageois quand celui-ci va être condamné à mort pour un meurtre. Ému par cette détresse, le juge constate que si la Loi énonce clairement le principe du talion, par la formule : « Une vie doit en coûter une autre », elle ne précise pas que cette « autre » doit être celle du coupable. Le forgeron est donc laissé en vie, au dépens du plus vieux des boulangers. Morale : Sois toujours prêt à rencontrer la mort.

« L'Ancien Mal » : on ne saura jamais exactement comment, secouée par une prise de tabac, cette vieille a réussi à tomber contre son poêle chauffé à blanc de façon à recevoir, sur son dos, l'empreinte brûlée – mais à l'envers – du chiffre d'ornement 1601, donc 1091. Le fait est là, et ce voyant, le forgeron, qui exerce aussi la médecine, refuse de la traiter, la prenant pour une sorcière stigmatisée il y a donc près de sept siècles. Morale : Ne se servir qu'avec prudence de chiffres et de tabac.

« Le Châtelain » : un châtelain qui, pour payer les dettes d'un fils prodigue a sucé jusqu'au sang ses tenanciers, retrouve en enfer son ancien cocher, en qui il a toujours cru voir la vertu faite homme, mais qui maintenant avoue être le véritable père du jeune dévoyé et, par là, la cause de tout le malheur. Morale : Ne jamais faire d'enfant à l'épouse de son prochain, si consentante qu'elle soit.

« Le Courageux Seelandais » : effrayé par le bêlement que lui lance brusquement et sans motif plausible un soldat gouailleur, un paysan, après une course effrénée de quelques kilomètres, ose enfin s'arrêter et pousser un bêlement vengeur avant de repartir, hautement satisfait de lui-même. Morale : Venge-toi, mais pas de trop près.

CONTES CRUELS. Volume de contes, publié en 1883, de l'écrivain français Auguste de Villiers de L'Isle-Adam (1838-1889). On n'a pas manqué de rapprocher Villiers de L'Isle-Adam des romantiques allemands et d'Edgar Poe. Il est certain qu'il a subi leur influence, mais son œuvre reste fortement originale et au moins, dans le domaine de la littérature française, sans équivalent, sinon peut-être l'œuvre de Gérard de Nerval. Les personnages dont Villiers écrit l'histoire vivent tous dans une atmosphère bizarre, souvent morbide, où le rêve, les communications mystérieuses, l'appréhension de la mort, se mêlent à la vie. Dans le premier conte de ce recueil, « Véra », le rêve est plus réel que la mort, puisque Véra continuera à vivre dans le souvenir de son amant, jusqu'au jour où celui-ci la verra morte en rêve. Le repliement sur soi-même s'exprime symboliquement dans « L'Inconnue », où l'héroïne, qui est sourde, entend toutefois les paroles de l'âme ; elle renoncera à l'amour car elle craint que son infirmité ne le gâte. « L'Intersigne » est consacré aux présages menaçants et aux appréhensions qui précèdent la mort, et qui se distinguent si peu de la vie de celui qui en est hanté qu'on ne sait plus s'ils ne provoquent pas la mort qu'ils annoncent. Le titre du recueil est encore plus nettement justifié par le conte suivant : « Le Convive des dernières fêtes », où un grand seigneur sadique n'a pas de plus grand plaisir que de prendre la place du bourreau lors des exécutions capitales. Vient ensuite l'histoire des « Demoiselles de Bienfilâtre », où l'ironie se mêle aux terribles malédictions du destin : deux sœurs réussissent sans déroger à entretenir leurs vieux parents en travaillant en secret, de nuit, au plus vieux métier du monde, mais l'une d'elles, tombée amoureuse d'un jeune homme, se donne et meurt pour avoir ainsi manqué à son devoir. Si, au début de ce recueil, l'influence d'Edgar Poe est particulièrement nette, Villiers réussit ensuite à créer une atmosphère très nouvelle et très personnelle.

Nouveaux Contes cruels, publiés en 1888, sont d'une inspiration toute proche des *Contes cruels*, mais l'atmosphère y devient de plus en plus irrespirable, et les sentiments qui animaient les premiers se retrouvent ici avec une violence accrue et poussée à l'extrême. L'amour, qui survivait à la mort dans « Véra », dépasse ici la vie et ne se laisse pas atteindre par la réalité ; il reste le privilège secret de ceux qui aiment dans « L'Amour sublime » ; de même dans « La Torture par l'espérance », le sadisme du « Convive des dernières fêtes » se dématérialise et devient une torture mentale dans l'histoire du Juif dont le tribunal de Saragosse entretient l'espoir d'une évasion impossible ; enfin, dans un mode moins tragique, on retrouve l'ironie des « Demoiselles de Bienfilâtre » dans la nouvelle « Les Amies de pension ».

Les *Histoires insolites*, publiées la même année que les *Nouveaux Contes cruels*, se déroulent dans un climat plus détendu, à l'exception des « Amants de Tolède » où Villiers fait revivre une Espagne imaginaire du temps de l'Inquisition, avec l'atroce histoire des deux amants que le tribunal détache de l'amour sensuel en provoquant en eux la plus horrible satiété. Par contre, « La Maison du bonheur » est un hymne à l'amour et au bonheur dans un cadre lumineux mais irréel. Le problème du dernier instant et des appréhensions mystérieuses qui le précèdent reparaît, mais cette fois la terreur est atténuée par l'ironie du ton dans « Ce Mahoin ! » et dans « Les Phantasmes de M. Redoux ».

Les mêmes thèmes se retrouvent dans un court recueil de 1886 : *L'Amour suprême*. Dans le conte qui donne son titre au livre, la conception de l'amour de Villiers s'est épurée et atteint son point culminant : le véritable amour est l'amour divin qui embrase l'âme de la jeune héroïne de cette histoire et la conduit chez les Carmélites. Enfin, on retrouve ici la préoccupation de l'instant qui précède la mort dans les deux autres nouvelles qui composent ce recueil : « Le Secret de la potence » et « L'Instant de Dieu ».

Visionnaire exalté et romantique exubérant, tantôt Villiers se complaît dans l'horrible ou le macabre, tantôt il s'amuse à mystifier le lecteur par un humour inquiétant ; tantôt enfin il évoque une atmosphère d'une grande sérénité, mais toujours il décrit un monde qui n'appartient qu'à lui. Son style, parfois emphatique, est le plus souvent d'une pureté et d'une beauté admirables.

CONTES D'AMADOU KOUMBA (Les). Recueil de l'écrivain sénégalais Birago Diop (1906-1989), qui fait désormais partie du patrimoine classique de la littérature africaine, publié pour la première fois en 1947, au moment même où naissaient à Paris les éditions Présence africaine. Toutefois, si leur auteur a été mêlé de près aux débats qui ont présidé à l'émergence du concept de négritude, aux côtés de Senghor et de Césaire, il s'en détache cependant très vite en raison de ses occupations professionnelles. Vétérinaire de son état, Birago Diop met en effet à profit ses tournées en brousse pour engranger une infinité d'observations, qui se cristallisent en projet littéraire le jour où il rencontre le vieux conteur Amadou Koumba, originaire de la région de Sine Saloum et griot de sa famille maternelle. Le recueil qui est né de cette rencontre apparaît donc avant tout comme l'œuvre d'un homme qui a su retourner à temps en Afrique, et qui s'est employé à en restituer la vérité profonde en se mettant à l'écoute de la tradition orale.

Les Contes d'Amadou Koumba appartiennent en effet à la veine des contes animaliers, mais à travers la mise en scène de ses héros familiers, Lièvre et son inséparable souffre-douleur, Hyène, Gayne-le-Lion, Kakatar-le-Caméléon, ou encore Golo-le-Singe, etc., on comprend bien que Birago Diop entend avant toute chose dénoncer les tares de ses contemporains. La société animale qu'il fait si heureusement vivre sous nos yeux est donc en définitive une société anthropomorphe dont le conteur nous dévoile, chemin faisant, les bons et les moins bons côtés, les traditions d'hospitalité, la place de l'individu dans une communauté encore largement protégée des influences occidentales, mais aussi le parasitisme social ou l'importance du rôle joué par les marabouts... et par les femmes.

Loin de relever d'un genre simple et naïf, *Les Contes d'Amadou Koumba* expriment ainsi, avec infiniment de subtilité, toute la complexité d'un monde dont le sens ne se dévoile qu'à ceux qui savent l'interpréter. J. Che.

CONTES D'AMOUR, DE FOLIE ET DE MORT [*Cuentos de amor, de locura y de muerte*]. Œuvre de l'écrivain uruguayen Horacio Quiroga (1878-1937), véritable introducteur du courant fantastique dans la littérature hispano-américaine. Publiée en 1917, elle réunit des textes écrits durant la décennie qui précéda son édition et au cours de laquelle Quiroga s'installa comme pionnier dans l'« antédiluvienne forêt de Misiones ». Certains contes portent encore l'empreinte d'Edgar Poe. *L'Oreiller de plumes,* par exemple, relate la macabre découverte, dans une luxueuse maison automnale, d'une bête monstrueuse, boule vivante et visqueuse aux pattes velues qui, cachée parmi les plumes d'un oreiller, a sucé en quelques nuits tout le sang d'Alicia, la jeune épousée. Dans *Le Solitaire*, Kassim, le joaillier, punit sa femme envieuse des bijoux qu'il fabrique en lui enfonçant dans le cœur, durant son sommeil, l'épingle à cravate qu'il vient de sertir d'une pierre sans prix. Maupassant aussi est présent. On le devine dans *La Poule égorgée*, où quatre pauvres d'esprit, qui ont vu leur bonne saigner une poule, égorgent leur petite sœur avec la même cruauté. Et pourtant, on le comprend vite en lisant d'autres contes du recueil : Horacio Quiroga, c'est tout autre chose. Une thématique qui s'inspire de l'expérience et qu'une écriture âpre et nue, au charme indéfinissable, transcende en fiction magique. L'art d'Horacio Quiroga est un art à froid, capable de transformer le mystère ambiant des terres tropicales en hallucinations fantastiques. Son monde est le monde sauvage des hommes de la forêt environnés par une flore et une faune non moins sauvages. Dans *Le Miel sylvestre*, les fourmis carnassières dévorent le corps de Benincasa, l'adolescent paralysé par un maléfique miel champêtre, et ne laissent qu'un squelette couvert de vêtements. Dans *À la dérive*, un homme marche sur un serpent et meurt de la piqûre en descendant le Parana et en criant en vain au secours. Tous les protagonistes de Quiroga, qu'ils soient colons, défricheurs, bûcherons, péons, bateliers, Indiens exploités ou Blancs exploiteurs, vivent aux prises avec le luxuriant danger de la forêt inextricable ou les caprices d'un fleuve tumultueux. L'amour peut unir, souvent tragiquement, ces hommes et ces femmes, la folie ou la mort, tapies dans les dures tâches quotidiennes, les guettent comme autant de proies sur lesquelles s'acharne la fatalité ou de condamnés payant une lourde faute inconsciente. – Trad. U.N.E.S.C.O. / A.M. Métailié, 1984. C. C.

CONTES DE CANTORBÉRY (Les) [*The Canterbury Tales*]. Recueil de contes de l'écrivain anglais Geoffrey Chaucer (1340/45-1400). Ces contes sont pour la plupart écrits en vers (distiques héroïques). Certains d'entre eux, conçus sans destination particulière avant 1380, furent, vers 1387, intégrés dans le cadre d'un sujet plus vaste. On en possède plusieurs manuscrits. Les premières éditions datent de 1478, 1526 (Richard Pynson) et 1532 (William Thynne). Estimant que c'est uniquement à partir du *Décaméron* (*) de Boccace, et toujours sous son influence qu'apparut dans la littérature européenne la formule du sujet-cadre, certains critiques affirmèrent que Chaucer avait connu l'œuvre de cet auteur, dont il avait par ailleurs imité ou traduit divers ouvrages – v. *Troïlus et Cressida* (*) ; cependant, le seul conte imité du *Décaméron* est celui de Grisélidis, qu'il nous donne d'ailleurs comme une version du texte latin de Pétrarque ; la question de savoir si le poète anglais eut plus ou moins connaissance du *Décaméron* demeure donc en suspens. Le sujet-cadre est constitué par un pèlerinage au tombeau de saint Thomas de Cantorbéry. Le poète imagine se trouver en compagnie d'une trentaine de personnages de toutes conditions rassemblés à l'auberge du Tabard (Tabard Inn) dans le Southwark, faubourg de Londres. Ces pèlerins, magistralement et sobrement campés dans le prologue, comprennent : un chevalier, en compagnie de son fils écuyer et d'un valet, une mère prieure, une religieuse et trois prêtres, un moine bénédictin, un frère mendiant, un marchand, un clerc ou étudiant d'Oxford, un officier de justice, un propriétaire terrien allodial (ou franc-alleu), un mercier, un menuisier, un tisserand, un teinturier, un tapissier, un marin, un cuisinier, un docteur, une bourgeoise de Bath, un curé, un bouvier, un meunier, l'économe d'un collège, un intendant, l'huissier d'un tribunal de l'Inquisition et un marchand d'indulgences. Au cours du voyage, un chanoine et son serviteur se joignent à la compagnie. Leur hôte suggère que, pour charmer les longues heures du voyage, chaque pèlerin raconte deux histoires à l'aller et deux au retour ; faisant lui-même office d'arbitre et de juge, il offre de récompenser au retour le meilleur conteur par un dîner à l'auberge du Tabard. La proposition est naturellement adoptée. Inachevé, le recueil se présente sous la forme de neuf fragments, vingt et un contes complets et trois incomplets (« Sir Thopas », parodie des romans de chevalerie en vers, conté par le poète lui-même, et les contes du cuisinier et de l'écuyer). L'ordre des fragments demeure, pour les érudits, un sujet de controverse. Les récits complets sont les suivants :

1) « Le Conte du chevalier » [The Knight's Tale] ; version abrégée de la *Théséide* (*) de Boccace, ce conte relate les amours de Palamon et d'Arcite, prisonniers de Thésée, roi d'Athènes. Tous deux amoureux d'Émilie, sœur d'Hippolyte, reine des Amazones et femme de Thésée, ils s'affrontent dans un tournoi dont elle est l'enjeu. Palamon est vaincu, mais, sur l'intervention de Vénus et de Saturne, Arcite, désarçonné, meurt au faîte de son triomphe. Émilie et Palamon s'unissent après l'avoir pleuré.

2) « Le Conte du meunier » [The Miller's Tale] : récit grivois, dans le genre des « fabliaux », où l'on voit un mari (le menuisier Nicolas), trompé avec la prédiction d'un second déluge universel, et un amant (Absalon), qui, croyant embrasser sa belle (Alison), embrasse au contraire le postérieur du menuisier, et se venge en le brûlant avec un fer rouge.

3) « Le Conte de l'intendant » [The Reeve's Tale] présente également des analogies avec les « fabliaux » (en particulier celui de Gombert et de ses deux clercs) ; il nous montre comment deux étudiants de Cambridge, Alain

et Jean, sont volés d'une partie de leur blé par Sinquin, meunier de Trumpington, près de Cambridge, comment ils se vengent sur sa femme et sa fille et lui donnent la bastonnade.

4) « Le Conte de l'homme de loi » [The Man of Law's Tale], dont il faut voir la source dans la chronique anglo-normande de Nicholas Trivet, écrite aux environs de 1335, rapporte l'histoire de Constance, fille d'un empereur chrétien, donnée comme épouse à Soldano pour prix de sa conversion au christianisme ; mais, en butte à la perfidie de la mère de ce dernier, elle est abandonnée dans une barque, en pleine mer. Suivent alors les diverses péripéties auxquelles est soumise Constance, modèle de pureté et de féminité : son mariage avec le roi Alla, dont elle a un fils, Maurice ; sa seconde odyssée marine, due à la méchanceté de Donegilde, mère d'Alla ; son bref bonheur conjugal et son retour à Rome, auprès de son père.

5) « Le Conte de la bourgeoise de Bath » [The Wife of Bath's Tale]. Ce conte est précédé d'un prologue, magistrale satire des femmes et du mariage (inspiré en partie du *Miroir de mariage* d'Eustache Deschamps), mis dans la bouche de la bourgeoise, type parfait de la maîtresse femme : celle-ci soutient que la femme doit dominer son mari. Ce conte, dont la source aujourd'hui perdue semble devoir être d'origine irlandaise, présente une certaine analogie avec l'histoire de Florent dans la *Confessio amantis* (*) de John Gower. Il met en scène un chevalier, contraint de donner dans un délai de douze mois, pour échapper à la peine capitale, la réponse exacte à la question : quel est le plus grand désir des femmes ? Une vieille sorcière lui apprend, à condition qu'il l'épouse, que la réponse est : « Domination ». Il s'exécute avec répugnance, mais goûte ensuite le bonheur inespéré de voir la sorcière se muer en une gracieuse jeune fille.

6) « Le Conte du moine » [The Friar's Tale], qui reprend un thème commun à beaucoup d'autres fables, raconte comment un huissier de tribunal ecclésiastique rencontre le diable déguisé en officier de justice. Ce dernier lui révèle les méthodes qu'il utilise avec les hommes. L'huissier tente alors d'extorquer un don à une veuve. La veuve l'envoie au diable et le diable l'emporte, comme le veut la croyance populaire pour qui toute malédiction venant du cœur produit son effet.

7) « Le Conte de l'huissier » [The Summoner's Tale], semblable au fabliau *L'Histoire de la vessie du prêtre* [*Le Dis de la Vescie à Prestre*] est raconté par représailles envers le moine. Il relate les manœuvres d'un moine avide et hypocrite au chevet d'un malade, et comment il fut honteusement humilié.

8) « Le Conte du clerc » [The Clerk's Tale] répond aux arguments exposés plus haut par la gaillarde bourgeoise, en narrant l'histoire de la patiente Grisélidis et en invitant, dans une conclusion ironique, les femmes à dominer leurs maris et à les rendre aussi malheureux que la bourgeoise a rendu le sien. Piqué par les derniers propos du clerc, le marchand, nouveau marié, entreprend de faire ironiquement l'éloge de la vie conjugale et conte l'histoire suivante.

9) « Le Conte du marchand » [The Merchant's Tale] est une adaptation de l'histoire dite de *L'Arbre à poire,* connue sous d'autres versions et traitant du mariage d'un vieillard, Janvier (January), avec une jeune fille, Mai (May) ; le vieillard devenu aveugle, la jeune femme le trompe avec son amant Damien, lequel, à cet effet, grimpe dans un poirier où la jeune femme le rejoint en montant sur les épaules de son mari ; et tous deux s'unissent sous le couvert du feuillage. Pluton rend la vue à Janvier, le vieillard est stupéfait en découvrant la supercherie, mais Proserpine inspire à Mai une prompte réponse : la femme soutient en effet que, pour lui rendre la vue, elle n'avait d'autre moyen que de lutter avec un homme au faîte d'un arbre. Après l'intermède constitué par le romanesque « Conte » inachevé « de l'écuyer » (un messager du roi d'Arabie vient offrir à Cambinskan, roi de Tartarie, entre autres dons magiques, une bague pour sa fille Canacée, bague qui lui permettra de comprendre le langage des oiseaux, et c'est ainsi qu'elle apprend de la femelle d'un faucon comment le mâle l'abandonna), le propriétaire de terrains allodiaux reprend par son récit le thème du mariage.

10) « Le Conte de Franklin » [The Franklin's Tale] semble être plus proche de la première version connue que l'on trouve dans le *Philocope* (*) que de la cinquième nouvelle de la journée X du *Décaméron.* Alors qu'Arveragus est en voyage sur mer, sa femme Dorigène, pour échapper aux assiduités de son amoureux Aurélius, pose à son consentement une condition impossible : faire disparaître tous les récifs de la côte bretonne. Grâce à un magicien, Aurélius parvient à remplir cette condition et, dans un geste généreux, délie la femme de la promesse qu'elle s'apprêtait à tenir, avec le consentement de son mari, entre-temps revenu. Le propriétaire rejette également le point de vue de la bourgeoise et celui qui lui est opposé, conseillant pour finir une tolérance réciproque et un mutuel dévouement entre époux.

11) « Le Conte du docteur » [The Physician's Tale] rapporte l'histoire d'Appius et Virginie, dont la source originale se trouve dans le troisième livre de Tite-Live ; mais, sans aucun doute, Chaucer s'inspira également de la version donnée par le *Roman de la rose* (*) (vers 5539 et suiv.).

12) « Le Conte du marchand d'indulgences » [The Pardoner's Tale] est précédé d'un sermon en guise de prologue, dans lequel le marchand flagelle les vices tels que l'envie, l'ivrognerie, le jeu et le blasphème, se montrant lui-même poussé par cette avidité qu'il reproche aux autres, à tel point que ce prologue devient une satire vive et ingénue des abus

ecclésiastiques. Ce conte, dont on trouve une réplique presque analogue dans le *Novellino* (*), raconte l'aventure de trois joueurs pris de boisson qui, pendant une épidémie de peste, s'en vont à la recherche de la mort pour la punir d'avoir tué un de leurs camarades. Un vieillard leur indique alors un arbre sous lequel ils la trouveront. Là, ils découvrent un trésor, et tandis que l'un d'eux retourne en ville pour en rapporter de quoi se restaurer en attendant que la nuit permette de transporter le trésor, ses compagnons méditent de l'assassiner. Leur crime commis, ils meurent à leur tour, en buvant le vin que le troisième, ayant eu les mêmes intentions à leur égard, avait empoisonné.

13) « Le Conte du marin » [The Shipman's Tale] reprend un thème folklorique connu, celui du « don récupéré par l'amant ». La femme d'un riche et avare marchand emprunte cent francs à un moine à l'insu de son mari pour acheter de beaux atours. Le moine à son tour emprunte la même somme au marchand, profite de sa femme et, lorsque le marchand revient de voyage, lui déclare avoir rendu l'argent à son épouse, qui se trouve dans l'impossibilité de le contredire.

14) « Le Conte de la prieure » [The Prioress's Tale], l'un des contes les mieux réussis de Chaucer au point de vue artistique, reprend la légende de l'enfant d'une veuve, tué par les Juifs parce qu'il chantait « O alma Redemptoris mater », en traversant le ghetto de Lincoln, sur le chemin de l'école. Le chant, continuant de sortir de la gorge coupée, permit de découvrir le corps.

15) Après avoir laissé « Sir Thopas » inachevé, Chaucer nous donne « Le Conte de Mélibée » [The Tale of Melibee], longue controverse, aujourd'hui bien ennuyeuse, entre Mélibée et sa femme Prudence, sur la meilleure façon de traiter les ennemis qui nous ont gravement offensés. La source en est le *Livre des conseils et des consolations* [*Liber Consolationis et Consilii*] d'Albertano de Brescia (1193 ?-1270 ?), mais Chaucer utilisa une paraphrase française.

16) « Le Conte du bénédictin » [The Monk's Tale] est dans le genre des *Hommes illustres* (*) de Boccace ; c'est une série de « tragédies » relatives à des personnages célèbres, empruntées à divers auteurs et, entre autres, à Dante (épisode du comte Ugolin).

17) « Le Conte du prêtre » [The Nun's Priest's Tale], qui se rattache à une branche perdue du *Roman de Renart* (*), rapporte comment un renard trompa un coq en louant la voix du père de celui-ci et comment le coq parvint à se sauver en le trompant à son tour.

18) « Le Conte de la deuxième religieuse » [The Second Nun's Tale] traite d'un des sujets de *La Légende dorée* (*) de Jacques de Voragine : la vie et le martyre de sainte Cécile et de Valérien son époux. Mais le texte de Chaucer est plus proche de la version qui suit la biographie de la sainte, écrite en grec par Siméon Métaphraste.

19) « Le Conte du valet du chanoine » [The Canon's Yeoman's Tale] dénonce la sottise et le charlatanisme des alchimistes.

20) « Le Conte de l'économe du collège » [The Manciple's Tale] est tiré de la fable d'Ovide « Apollon et les Coronides ». Phébus possède un corbeau blanc, capable d'imiter le langage des hommes ; il apprend ainsi l'infidélité de sa femme. Furieux, il la tue, puis, pris de remords, arrache au corbeau son blanc plumage, le rend muet et l'envoie au diable : voilà pourquoi depuis lors les corbeaux sont noirs.

21) « Le Conte du curé » [The Parson's Tale] est un sermon en prose sur la pénitence, suivi d'un long traité sur les sept péchés capitaux. Avec ce sermon prend fin le voyage d'aller à Cantorbéry.

Le chef-d'œuvre de Chaucer peut être considéré comme un vaste et minutieux panorama de la vie médiévale anglaise : c'est une sorte de comédie humaine de la société bourgeoise à la fin du XIVe siècle. La troupe des pèlerins de Cantorbéry inspira à William Blake (1757-1827) un tableau et une gravure célèbre (1810) ; Ford Madox Brown (1821-1893) exécuta un tableau représentant Chaucer lisant les *Contes de Cantorbéry*. — Trad. Arnette, 1921 ; Peeters, 1983-86.

CONTES DE LA BÉCASSE (Les). Œuvre de l'écrivain français Guy de Maupassant (1850-1893), publiée en 1883. Depuis qu'une paralysie des jambes l'immobilise dans son fauteuil, le grand chasseur que fut le baron des Ravots doit se contenter, pour satisfaire sa passion, de tirer de sa fenêtre sur les pigeons que son domestique, caché dans un massif, lâche à intervalles imprévus. À la saison des chasses, il réunit ses amis pour se faire conter leurs prouesses, puis, disposant sur le col d'une bouteille une sorte de tourniquet sur lequel est épinglé le crâne d'une bécasse, il fait pivoter l'appareil, et le bec de l'oiseau désigne, en fin de course, celui des convives qui devra raconter une histoire. Ces récits n'ont pas entre eux d'autre lien que ce prétexte. Il y a, dans le nombre, de « bonnes histoires » assez cruelles, comme celle qui s'intitule « Ce cochon de Morin » : une timide et infructueuse tentative de viol en chemin de fer, qui vaut à son auteur d'être ridiculisé par la ville entière et agoni par son épouse, alors que l'ami sollicité d'intervenir pour apaiser les parents de la victime obtiendra sans violence tout ce qu'elle avait refusé à son premier assaillant ; ou encore la « Farce normande », la nuit de noces d'un fermier, grand chasseur, qui se dérobera à son premier devoir conjugal, attiré par les coups de fusil dont ses amis ponctuent, à point nommé, le silence de cette nuit. Puis, sur le thème traditionnel de l'avarice normande, quelques variations, les unes drôles

(« Un Normand »), les autres sinistres (« Aux champs », « Pierrot », « En mer »). La guerre de 1870 apparaît dans trois contes : « La Folle », « Saint Antoine », « L'Aventure de Walter Schnaffs », où on va du macabre au burlesque en passant par un mélange des deux.

Mais ce recueil contient, dans la note pathétique, des récits d'une tout autre envergure. Ainsi le « Menuet », vision à la fois pitoyable et tendre de ce couple suranné : lui, maître de danse à l'Opéra du temps de Louis XV ; elle, son épouse qui n'est autre que la Castris, la grande danseuse aimée des princes et des rois ; ce couple dont le seul plaisir est de danser encore le menuet, dans l'ancienne pépinière du Luxembourg à l'abri des regards. « La Rempailleuse », une des plus grandes pages d'amour que Maupassant ait écrites, est le récit d'une passion sans réponse qui obsède et nourrit toute une existence ; depuis le jour où la petite rempailleuse a consolé un garçonnet de son âge en lui donnant les deux liards qu'il avait perdus, elle ne vit plus que pour revoir, avec la même émotion d'année en année, selon l'itinéraire des ambulants, ce garçon toujours indifférent qui accepte les minces économies de la petite et finira par accepter l'héritage qu'elle laisse à sa mort au seul homme qu'elle ait vu sur la terre. « Le Testament » est une autre page d'amour : les dernières volontés d'une épouse délaissée, et qui, d'outre-tombe, dénonce, témoigne et conclut en consacrant le seul amour de sa vie. Enfin « Le Fils », où s'accusent les remords des amours insouciantes, parce que les amours peuvent causer la mort et peuvent créer de la vie, sans nulle proportion ni correspondance avec le caprice d'un moment.

CONTES DE L'ALHAMBRA [*Tales of the Alhambra*]. Recueil de l'écrivain américain Washington Irving (1783-1859), publié en 1831. L'auteur raconte le voyage qu'il fit en Espagne, en 1829. Lors de la visite d'Irving à l'Alhambra, alors à demi ruiné, la pauvre famille qui en avait la garde lui offrit l'hospitalité dans le bâtiment de construction récente destiné au gouverneur de ce palais, mais par la suite l'écrivain préféra transférer ses pénates dans les salons adjacents au « Patio de la Lindaraxa » qui furent les appartements de Philippe V ; c'est là qu'il recueillit les légendes qu'il raconte dans son livre. Ces légendes concernent particulièrement le dernier des rois maures, Boabdil el Chico, dont Irving défend la mémoire contre l'accusation de pusillanimité dont il fut souvent l'objet. Le premier conte s'intitule « Légende de l'astrologue arabe » : c'est l'histoire d'Ibrahim Ebén Abou Agib qui vécut au temps du roi Abén-Habuz. Grâce à ses artifices magiques, il détruisit l'armée ennemie, mais comme le roi refusa de le récompenser en lui accordant la main d'une belle inconnue, il se précipita avec celle-ci du haut de la montagne. « La Tour des infantes » raconte l'histoire des trois filles du prince Mahomet dit El Haygari (le Gaucher). Enfermées dans une tour par leur père, afin qu'elles ne tombent pas amoureuses et ne le quittent pas, elles font cependant la connaissance de trois chevaliers chrétiens prisonniers. Les deux aînées se laissent enlever, tandis que la plus jeune, plus craintive, reste et meurt désespérée. « L'Histoire du prince Ahmed al Kamel ou le Pèlerin d'amour » raconte comment ce jeune homme, enfermé lui aussi dans une tour, à cause de la jalousie que lui porte son père, et confié à un astrologue, trouve, grâce à une colombe, le moyen de s'éprendre d'une princesse chrétienne dont il obtient la main, après maintes aventures. « Le Legs du Maure » parle d'un trésor fabuleux trouvé dans l'aqueduc souterrain de la tour des Sept Étages, grâce à un précieux parchemin laissé en héritage par un Maure inconnu. La légende de « La Rose de l'Alhambra » raconte comment une jeune fille découvrit un luth dont le son guérit le roi Philippe V de sa mélancolie, ce qui permit à la jeune fille d'épouser le page qu'elle aimait. Deux autres légendes se rapportent à Boabdil qui n'est pas mort mais enfermé avec son armée dans une grotte de la montagne d'où un jour il sortira pour régner à nouveau sur Grenade ; parfois, les soirs de lune, il sort dans la nuit et, accompagné de ses hommes, chevauche vers l'Alhambra. Le livre s'achève sur quelques notes extraites de la bibliothèque des jésuites de Grenade. Ces contes se distinguent par une élégance assez maniérée et facile, et le fantastique des légendes est un peu trop édulcoré ; mais leur importance vient du fait qu'ils rendirent populaires, en Amérique, l'Espagne et surtout l'Alhambra, que de nombreux Américains vinrent plus tard visiter. – Trad. Fournier, 1832.

CONTES DE LA PÉLECHE (Les) [*Pelesch Märchen*]. Légendes roumaines de Carmen Sylva (pseudonyme d'Élisabeth de Wierd, 1843-1916, reine de Roumanie). L'œuvre, connue aussi sous le titre de *Aus Carmens Königsreich* [*Du règne de Carmen*], fut composée en 1883. L'auteur a imaginé de faire raconter par la Péleche, rivière claire et sauvage des montagnes Bucegi, les légendes merveilleuses qui sont attachées aux cimes les plus célèbres des Carpates : « La Cime du désir » [Vârful cu dor], « La Fourmi » [Furnica], « La Pierre brûlée » [Piatra arsà], « L'Homme » [Omul], « Caraïman » (peut-être du turc : le prêtre noir), « La Forteresse de la vieille » [Cetatea babei], « La Hurlante » [Urlatoarea] où la Prahova prend sa source. Ainsi apprenons-nous comment Ionel, berger des Carpates, est amené par la frivole Irina à abandonner son troupeau pour lui prouver son amour et finit par être tué, là-haut, sur le sommet du Vârful cu dor. La montagne Furnica cache dans son ventre la belle et laborieuse Viorica, la reine des fourmis.

« Piatra arsà » nous conte le courage de la jeune Pàuna, qui avait chassé son fiancé parce qu'il avait déserté le champ de bataille pour venir la voir. « Caraïman » est l'histoire d'une famille née au son de la cornemuse et disparue à la suite d'un sortilège. « Ialomitza » est le nom de cette vierge qui, pour échapper aux charmes d'un mage, se transforme en rivière impétueuse, cependant que « Omul » est l'histoire d'un jeune prince qui, après avoir travaillé et souffert, reçoit le prix de sa bonté. « Cetatea babei » raconte l'histoire d'une jeune fille qu'une vieille sorcière, jalouse de sa beauté, fait mourir avec son fiancé ; enfin « Puici », une des légendes roumaines les plus gracieuses, nous apprend comment la plus belle des filles de la terre, bien que maltraitée par ses frères, ne perd nullement foi dans l'avenir. L'œuvre fut composée en allemand ; elle fut traduite en roumain, sous le titre : *Povestile Pelesului* par Ionescu Gion. Les légendes s'inspirent du paysage roumain auquel elles empruntent les noms de localités ; mais la fantaisie de l'auteur est surtout alimentée par la mythologie classique et les fables des frères Grimm.

CONTES DE LA RUE BROCA. Recueil de nouvelles de l'écrivain français Pierre Gripari (1925-1990), publié en 1967. Issu d'un milieu populaire, militant communiste, puis professant des idées d'extrême droite, Pierre Gripari a écrit une trentaine d'ouvrages variés, mais qui ont tous en commun de manifester un pessimisme assez violent. Il en est ainsi de *Pierrot la Lune* (1964), *Gueule d'Aminche* (1973), ou *La Vie, la mort et la résurrection de Socrate-Marie Gripotard* (1968). Dans cette sombre production, une douzaine de livres pour la jeunesse tranchent par leur aspect lumineux, leur tendresse, leur gaieté. Le premier volume paru, *Contes de la rue Broca*, a très vite connu un succès qui dépassa largement le jeune public auquel il était destiné. Pierre Gripari y développe une technique empruntée à Marcel Aymé (qu'il admirait profondément) : le mélange du rêve et de la réalité. Ses personnages, que ce soient la sorcière de la rue Mouffetard, le gentil petit diable ou la fée du robinet, y côtoient des enfants bien réels : Bachir, fils de papa Saïd qui tient une épicerie-buvette au 69 de la rue Broca, sa sœur Nadia et leurs amis. Ces enfants ont le don d'accueillir le merveilleux comme la chose la plus naturelle du monde. Ils savent que, de toute façon, le méchant sera toujours puni et le bon récompensé. D'autres titres ont suivi, dont *Histoire du prince Pipo* (1976) et les *Contes de la Folie-Méricourt* (1983). Pierre Gripari y a donné la mesure de son remarquable talent de conteur et de moraliste, qui choisit de « raconter des histoires aux enfants pour les aider à encaisser la réalité dans laquelle ils vivent ». A. V.

CONTES DE LA VÉRANDA [*Piazza Tales*]. L'écrivain américain Herman Melville (1819-1891) regroupa sous ce titre six nouvelles parues de 1853 à 1854. Dans le récit liminaire qui donne son titre au recueil, le narrateur, captivé par le reflet d'une fenêtre qu'il aperçoit depuis sa véranda, part un jour à la recherche de cette demeure enchantée. Il ne découvre qu'une misérable masure habitée par une pâle jeune fille, Marianna, que sa propre maison fait rêver. Ici et là, symétriquement, le lointain suscite le même désir illusoire de s'émerveiller. D'emblée, la véranda s'ouvre sur le spectacle de la désolation. Les îles Galapagos dites « enchantées » semblent témoigner de la continuité du désastre à travers les âges. Le paysage de cendres apocalyptique n'abrite qu'une sous-vie reptilienne et grouillante. L'île de Charles était le repaire d'anciens marins retombés dans l'état de nature (après avoir chassé un roi de pacotille, ils avaient instauré une république qui avait sombré dans la terreur et l'anarchie). Dans l'île de Hood, Oberlus, l'un de ces renégats ensauvagés, capturait des marins égarés pour les asservir et les tyranniser. De l'île aride de Norfolk, l'indienne Hunila assista en une vision hallucinée à la noyade de son frère et de son mari. Seule mémoire des vivants en ce milieu violemment hostile, elle continua à veiller près de la tombe de son mari, jusqu'à ce qu'un navire la ramène au Pérou. Sur cette terre « gaste », dans cet archipel de l'atrocité, l'humanité déchue est vouée à survivre avec la même endurance absurde que les tortues géantes hors de leur élément. On retrouve le même sentiment tragique de l'existence dans « Benito Cereno » qui s'inspire d'une révolte d'esclaves réelle. En 1799, le capitaine Amasa Delano, originaire de Duxbury dans le Massachusetts, aborde au large de St. Maria un navire sinistré, le « San Dominick », où règne un désordre suspect. L'équipage blanc aurait été décimé par une épidémie, et certains esclaves se chargent eux-mêmes du maintien de l'ordre. Delano conjure ses appréhensions mais reste sur sa réserve, troublé par les entorses au protocole du capitaine espagnol don Benito Cereno. Sa mélancolie maladive, ses malaises fréquents qui l'obligent à se retirer sont-ils des symptômes cliniques de dégénérescence ou une feinte ? Il le soupçonne d'être un pirate travesti en Grand d'Espagne qui complote pour s'emparer de son vaisseau. En revanche, il est rassuré par la présence aux côtés de ce commandant décadent d'un esclave modèle, Babo, véritable contremaître à bord. L'Américain, qui se prétend égalitariste, se montre volontiers paternaliste et condescendant vis-à-vis de l'esclave servile aussi bien que du maître espagnol. Son besoin de se rasséréner et ses préjugés raciaux l'aveuglent au point qu'il ne pressent à aucun moment que l'esclave noir est l'âme du complot. En fait, à la suite d'une révolte sanglante, Benito Cereno est devenu l'otage de son esclave qui, sous couvert de le servir, le menace constamment. Chacun devenu l'autre continue néanmoins à se contrefaire lui-même, si bien que le renversement carnavalesque des rôles est devenu indétectable. Delano se laisse leurrer par la supercherie et réprime systématiquement ses doutes, même lorsque le cérémonial du rasage de don Benito Cereno évoque irrésistiblement une scène de torture. Le quiproquo persiste jusqu'à la fin : lorsque Benito Cereno saute par-dessus bord pour rejoindre le canot du capitaine Delano qui s'éloigne, bientôt suivi par Babo, Delano pense que Cereno donne le signal de l'abordage et ne le sauve qu'in extremis, au moment où Babo tente de le poignarder. Dans le deuxième volet du récit, le témoignage de Benito Cereno lors du procès vient apporter un semblant d'explication. Cette mascarade de procès vient légitimer après coup la répression sanglante des rebelles par les marins américains transformés pour la circonstance en mercenaires. Si l'ordre social est rétabli, l'essentiel reste tu : Babo, tel Iago, reste muré dans son silence, et Benito Cereno refuse de dévoiler comment le cadavre de son ami Alexandro Aranda, réduit à l'état de squelette, a été substitué à la figure de proue d'origine. L'inavouable secret qui tourmente Benito Cereno au point de lui faire perdre la raison semble être que le pacte avec les insurgés a été scellé par le supplice de son ami. Une eucharistie noire s'est rejouée au large de Santa Maria. Benito Cereno, dont le nom rappelle le « san-benito » qui était la parure des suppliciés, torturé dans le couvent marin, se retire comme pour faite pénitence dans un autre monastère sur le mont Agonia. Contrairement à Delano qui veut croire à une divine providence, il ne peut oublier Babo qu'il a intériorisé et ne tarde pas à être emporté à son tour par cette violence dont on peut douter qu'elle ait un visage divin. Le dernier volet du récit se referme sur la vision des trois suppliciés : le corps d'Aranda enseveli à l'église de St. Bartholomé, la tête de Babo décapitée et empalée sur une pique, et celui de Benito Cereno qui suit son maître dans la mort.

« Bartleby, le clerc » est aussi le récit d'un aveuglement et d'une aliénation. Le narrateur est un avoué de Wall Street qui, ayant été promu à la charge de conseiller à la Chancellerie, a dû engager un clerc supplémentaire. Un jeune homme pâle, Bartleby, se présente, surgi de nulle part, sans références. L'avoué l'installe derrière un paravent vert mais à portée de voix entre son propre bureau et celui des autres clercs, Pincettes et Dindonneau. Le narrateur est d'abord satisfait de cet employé modèle qui compense par sa régularité machinale les excentricités des deux autres copistes. Mais Bartleby va lui aussi faire vaciller l'autorité de ce patron de droit divin. Lorsque celui-ci lui demande de s'installer à sa droite pour collationner des copies avec l'original, le clerc lui répond qu'il préférerait ne pas le faire et, chaque fois qu'il souhaite lui confier une tâche, Bartleby s'y soustrait en répétant cette formule singulière. Bartleby renonce même à copier et reste inerte au milieu de la pièce, perdu dans la contemplation d'un mur aveugle. Le patron déconcerté ne dicte plus la loi mais invoque l'argument de la philanthropie pour ne pas le renvoyer. Passant au bureau un dimanche, il y trouve Bartleby qui manifestement y a élu domicile. Bien qu'excédé par ce parasite qui accapare ses biens, il ne peut s'empêcher d'avoir pitié de cet homme perdu qui ne s'alimente plus et qui reste reclus tel un ermite dans Wall Street désert. Cette épave humaine qui fait partie des murs et qu'il ne parvient plus à déloger, même après lui avoir donné son congé, laisse entrevoir au spécialiste des transferts de titres de propriété et des hypothèques [mortgage] l'emprise de la mort, son droit de préférence absolu sur le vivant. Lorsque le maître aux abois sera réduit, pour se défaire de son clerc, à céder son étude et à fuir, l'intrus restera dans les murs. Le vieil avoué pressent confusément que Bartleby lui a été prédestiné par la Providence, mais il évite de recevoir ce courrier de l'au-delà qui sonne le glas de la loi ancienne. Il cherche à fuir, mais inéluctablement les nouvelles de Bartleby lui reviennent. Lorsque les nouveaux propriétaires font arrêter Bartleby, il le renie, puis, pris de remords, il lui rend visite en prison où il tente de faire le bon apôtre en veillant à ce qu'il soit correctement traité. Le pharisien qu'il est respecte la lettre et non l'esprit de l'Évangile. Bartleby meurt, lové au pied des murs de la prison pyramidale des tombes. L'Esprit dont l'écrivain était porteur est muré vivant dans la loi (wall / law), asservi à la lettre, condamné à la captivité égyptienne. Le narrateur reconverti en évangéliste rassemble les bribes de la biographie de Bartleby et rapporte une dernière rumeur à son sujet : le bruit court que celui-ci aurait été autrefois employé à la division des lettres au rebut [Dead letter Office]. Bartleby aura été lui-même une lettre en souffrance vouée à rester lettre morte. Toute l'ambiguïté du récit est de laisser irrésolu le sens de la « venue » de Bartleby : prophète incompris ou homme creux ? En tout état de cause, les signes de la transcendance en ce monde désenchanté sont désormais douteux. — Trad. *Benito Cereno et autres contes de la véranda*, Plon, 1937 ; *Les Îles enchantées, Bartleby l'écrivain*, Gallimard, 1945 ; *Bartleby, Les Îles enchantées, Le Campanile*, Flammarion, 1989 ; *Benito Cereno, La Véranda et le marchand de paratonnerres*, Garnier-Flammarion. M. I.

CONTES DE MON HÔTE [*Tales of my Landlord*]. Quatre séries de romans de l'écrivain écossais Walter Scott (1771-1832), publiées de 1816 à 1832 : *Le Nain noir* (*), *Les Puritains d'Écosse* (*) (1re série) ; *La Prison d'Édimbourg* (2e série) ; *La Fiancée de Lam-*

mermoor (*), *La Légende de Montrose* (*) (3e série) ; *Le Comte Robert de Paris* (*) (l'un de ses romans les plus faibles, publié un an avant sa mort), *Le Château périlleux* (4e série) – v. à ces différents titres. L'auteur imagine que ces romans ont été cédés aux éditeurs par Jedediah Cleishbotham, maître d'école et recteur de Gandercleugh et qu'ils ont été écrits par son vicaire, Peter Patieson, d'après les récits de l'aubergiste du Wallace Inn à Gandercleugh. (Cf. Préface du *Nain noir.*) – Trad. Gosselin, 1827.

CONTES D'ENFER. Recueil de contes publiés en 1955 par l'écrivain français Marcel Jouhandeau (1888-1979). Ces trois contes ont été écrits, le premier en 1924, le second en 1927, le troisième en 1948. Les deux premiers avaient déjà fait l'objet d'une publication. Dans ces trois contes que Marcel Jouhandeau appelle d'Enfer, le mal n'est pas toujours incontestable ; ou alors il prend des formes singulièrement trompeuses et séduisantes. Certes, Ximenes Malinjoude, héros de la première histoire, peut bien être considéré, à cause de son âme ténébreuse, et aussi à cause de sa beauté, comme une sorte d'ange des ténèbres ; l'auteur lui-même avoue y avoir déposé toute sa méchanceté et il ajoute : « Depuis, je suis d'une bonté qui souvent m'écœure. » Mais M. Godeau – v. *Monsieur Godeau intime* (*) –, héros de la seconde histoire, « Don Juan », s'il est plus mystérieux que Ximenes, plus complexe, et même plus inquiétant, n'appartient pas au monde souterrain ; ce que l'auteur a cherché à rendre sensible, c'est ce monde-ci et l'autre. Nous y voyons donc M. Godeau rechercher avec passion et subtilité un ami mort dans l'amour d'une femme vivante. Enfin, « Les Funérailles d'Adonis », le plus parfait peut-être des trois contes, si elles traitent d'amours étranges parlent quand même d'amour, et de pur amour, sentiment plus près du ciel que de l'enfer. L'auteur déclare en un avant-propos avoir remis plus de dix fois sur le métier en vingt ans ces « Funérailles » : « Certaines qualités sont incompatibles avec la jeunesse, la maturité seule nous les apporte. » Sous le titre d'*Astaroth,* Marcel Jouhandeau publie en 1960 un second volume de ses contes d'enfer. « Astaroth », le premier des contes, est une relation de la vie secrète et de la mort d'Hippolyte Pintencier, aux prises avec Satan et la Folie. Nous retrouvons également dans ce recueil « Brigitte ou la Belle au bois dormant », qui avait déjà fait l'objet d'une publication particulière en 1925, et « Les Thérébinthe ». Parmi les autres contes, citons : « Manhattan », « Ma pureté », « Marie-Fernande » et « L'Acrobate ».

CONTES DE PLUIE ET DE LUNE [*Ugetsu Monogatari*]. Recueil de contes fantastiques, publié probablement en 1776 par l'écrivain japonais Ueda Akinari (1734-1809). Rompant avec le genre frivole des « récits du monde flottant » [ukiyo-zôshi] qu'il avait jusqu'alors pratiqué et qui était fort à la mode, Akinari se tourne vers la tradition classique, quelque peu en défaveur, des récits [monogatari]. Il entendait faire de ce recueil, auquel il travailla, semble-t-il, huit ans et qu'il considérait, à juste titre, comme son œuvre la plus achevée, le modèle d'un nouveau genre romanesque, et c'est en effet ce qu'il advint ; l'*Ugetsu monogatari* inaugura le genre des « livres de lecture » [yomibon], illustré plus tard par Bakin ; c'est dire l'influence qu'exercèrent ces contes. Aucun des récits de l'*Ugetsu monogatari* n'est de l'invention d'Akinari, ils sont tirés d'anciens récits épiques, de recueils de contes japonais et surtout chinois ; la plupart d'entre eux avaient été portés au théâtre. Mais c'est justement en reprenant des récits déjà connus qu'Akinari pouvait le mieux, en les poussant jusqu'à la perfection, démontrer son talent de conteur et de styliste. Tous ces contes, au nombre de neuf, sont des histoires de revenants, et il semble qu'Akinari ait voulu représenter là toutes les variétés de fantômes. Le premier, « Shiramine », relate l'entrevue du moine Saigyô avec le spectre du « Second Empereur retiré ». Celui-ci lui expose la raison de ses actes que le moine bouddhiste considère comme des crimes. Les prédictions de l'empereur au sujet de ses ennemis se réaliseront point pour point. « Le rendez-vous aux chrysanthèmes » est considéré au Japon comme le chef-d'œuvre du recueil. Il conte l'histoire d'un guerrier, recueilli souffrant par un jeune homme avec qui il prend rendez-vous. Empêché par ses ennemis de s'y rendre, le guerrier se tue et, mort, vient, à la date fixée, rendre visite à son bienfaiteur qui, plus tard, le vengera. Dans « La Maison dans les roseaux », le marchand Katsushirô quitte sa femme lors d'une époque troublée. Lorsqu'il revient au pays, de longues années après, il retrouve sa maison en ruine. Une vieille l'habite cependant en qui Katsushirô reconnaît son épouse mais, la nuit de son retour, elle disparaît, et il apprend par la suite qu'elle est morte depuis longtemps. Dans le conte : « Carpes telles qu'en un songe », le surnaturel intervient mais sans provoquer de catastrophes ; c'est ici l'histoire d'un moine peintre de carpes à qui le dieu des eaux accorde la grâce de se transformer en poisson. Pris par un pêcheur, il sortira indemne de cette mésaventure non sans qu'Akinari nous ait, par l'intermédiaire du moine métamorphosé, décrit de manière fort originale le paysage classique du lac Biwa. « Buppôsô » est le nom d'un oiseau mystérieux qu'entend au milieu de la nuit, dans une solitude sauvage, le moine Muzen ; le cri de l'oiseau sur lequel Muzen compose un haikai annonce la venue d'un prince qui s'est suicidé là aux temps anciens et qui apparaît avec sa nombreuse suite au moine épouvanté. « Le Chaudron de Kibitsu » atteint à l'horreur grandiose. Isora, l'épouse délaissée, torture et met à mort sa rivale, puis, morte elle-même, vient s'emparer de l'époux infidèle. Dans « L'Impure Passion d'un serpent », un serpent, qui prend l'apparence d'une femme, séduit un jeune homme et tue son épouse ; il faut l'intervention d'un sage ascète pour venir à bout du monstre. « Le Capuchon bleu » relate la guérison d'un moine possédé par un maître du bouddhisme zen. La guérison est si efficace que, lorsque l'exorciste revient à l'ermitage de l'ancien possédé il ne trouve que son crâne qui répète le vers sur lequel on lui avait ordonné de méditer. Après quoi, il fond comme glace au soleil. « La Controverse sur la misère et la fortune » est un conte philosophique ; l'apparition de l'esprit de l'or au guerrier Sanai est l'occasion d'une longue dissertation politique et économique pleine de réalisme. – Trad. par René Sieffert, Gallimard, 1956.

CONTES DES FRÈRES SÉRAPION [*Die Serapionsbrüder*]. Recueil de nouvelles de l'écrivain romantique allemand Ernst Theodor Amadeus Hoffmann (1776-1822), publié en quatre volumes, entre 1813 et 1821. Partant d'un motif autobiographique, Hoffmann fait raconter successivement chaque récit par six amis, qui se réunissent de temps à autre et qui ont adopté comme protecteur saint Sérapion, leur première réunion s'étant tenue le jour de sa fête. Parmi les six compères, on reconnaît en trois d'entre eux (Oltmar, Vincent et Sylvestre) certains amis du poète : avec le passionné musicomane Theodor, avec le capricieux et insatiable Lothaire, créateur de fables fantastiques ainsi qu'avec le bizarre Cyprien, qui collectionne des cas de folie ou des anomalies, nous découvrons trois aspects divers de la personnalité si complexe d'Hoffmann. C'est en effet à ces trois derniers que Hoffmann fait raconter la plus grande partie de ses récits.

Au nombre d'une trentaine en tout, ils sont de tons très différents et savamment alternés : le seul lien qui les unisse est dans le fait qu'ils parlent d'événements réellement advenus à l'auteur, ou du moins, qu'ils ont à ses yeux une incontestable réalité poétique. Cette réalité ne manque jamais, et on la trouve jusque dans les descriptions des phénomènes surnaturels qui sont si souvent les arguments de base de ses récits. *Les Mines de Falun* (*), fantastique et spectral remaniement d'une légende bien connue, en est un exemple. Dans tous ces récits, la réalité est décrite avec un grand intérêt humain, non seulement quand on rejoint les limites de la réalité, mais aussi celles de l'inimaginable : c'est le cas des « Automates » [Die Automaten] ou encore de l'histoire grotesque du « Choix d'une fiancée » [Die Brautwahl], dans laquelle les plus folles absurdités adviennent dans une maison bourgeoise de Berlin. Il faut pourtant noter que l'élément surnaturel ou fantastique, aussi secondaire soit-il, est loin de manquer dans les récits les plus réalistes, même si le mystère créé est détruit avec ironie par le poète lui-même, comme cela arrive dans l'amusante nouvelle de « La Cour d'Artus » [Der Artushof]. L'attention du poète est particulièrement attirée par les idées fixes et les manies des hommes, qu'il décrit parfois sur un ton comique (par exemple le cas du conseiller Krespel, qui fait ouvrir les portes et les fenêtres de sa maison, seulement après l'avoir bâtie) ou sur un ton ironiquement ému : « L'élève de Tartini » [Der Schüler Tartinis] ou encore tragique, comme dans la célèbre nouvelle *Mademoiselle de Scudéry* (*). Dans ce dernier récit, l'action se situe dans le cadre du Paris de Louis XIV, où la triste passion pour les bijoux du joaillier René Cardillac le pousse à assassiner les acquéreurs des joyaux, afin d'en reprendre possession. Plusieurs récits, clairement situés dans le temps et dans l'espace, atteignent une particulière perfection qui n'est pas habituelle aux œuvres d'Hoffmann, et qui est due à un sens des figures, lequel exige un grand équilibre dans la distribution des rôles. Témoignent de ce sens « Le Doge et la Dogaresse », romantique histoire qui se passe dans les sombres splendeurs de la République de Venise, et « Maître Martin, le tonnelier et ses apprentis » [Meister Martin, der Küfner und seine Gesellen], peinture vivante de la vie à Nüremberg au XVIe siècle, vue à travers la boutique de maître Martin, dans laquelle travaillent (apprentis tonneliers par amour) les trois prétendants à la main de la fille du maître. La couleur locale ne manque pas même à *Signor Formica* (*), où nous assistons, dans une atmosphère d'opéra-bouffe, aux farces burlesques et à la vie romaine de Salvator Rosa. Le fameux récit : « La Lutte des chanteurs », première origine du *Tannhauser* (*) wagnérien, est moins réussi à ce point de vue. La fantaisie déchaînée de l'auteur se complaît à créer aussi des fables fantastiques pour petits et grands comme *Le Casse-Noisette et le roi des rats* (*) et la simple et profonde fable de *L'Enfant étranger* (*), bien qu'elle soit moins adaptée à la lecture des enfants, à cause de la subtilité de sa trame.

Dans ces deux fables, comme aussi dans la troisième « La Fiancée du roi » [Die Königsbraut], les éléments les plus réalistes sont liés aux plus imaginaires avec une inconséquence déconcertante qui les rend fascinantes. Les récits sont séparés par des discussions sur la musique ou sur la littérature desquelles on déduit l'esthétique de l'auteur, et par des anecdotes qui nous renseignent sur la vie des six amis. Un intéressant portrait de Zacharias Werner, l'auteur de *La Croix sur la Baltique* (*), est tracé par Theodor qui, lors d'une de ces discussions, raconte la vie de ce dernier. – Trad. *Egmont,* 1836 ; Phébus, 1981.

CONTES D'ESPAGNE ET D'ITALIE. Premier recueil de vers du poète français Alfred de Musset (1810-1857), publié à la fin de 1829. Musset faisait depuis 1828 partie du « Cénacle » et était alors en rapport avec les principaux tenants du romantisme ; il devait d'ailleurs quitter le « Cénacle » peu après la parution des *Contes d'Espagne et d'Italie.* Son premier recueil de vers contient des pièces assez hétérogènes, Musset ayant réuni pour faire un volume tous ses poèmes qu'il estimait publiables. Primitivement, le livre ne devait contenir que deux contes en vers, très proches par l'inspiration et le sujet : l'un, « Don Paez », se passe en Espagne, et c'est un sombre drame de la jalousie ; l'autre, « Portia », se passe en Italie, et le sujet en est moins dramatique : l'amour y triomphe de la jalousie d'un mari. Naturellement, Musset ne connaissait ni l'Italie ni l'Espagne, mais il sacrifie ici à l'engouement de son époque pour ces deux pays, cadre idéal pour les passions romantiques. Sur la demande de son éditeur, Musset compléta son recueil. Il ajouta en particulier « Mardoche », qui est également un conte en vers et une histoire d'amour qui rassemble l'amant, la femme infidèle et le mari trompé comme dans les deux précédents contes, mais cette fois la scène est à Paris et l'aventure est contemporaine. Aussi y trouve-t-on un sens plus aigu du drame, une simplicité de ton qui tranche avec l'exaltation des deux premières œuvres ; mais la forme est beaucoup plus hardie, en particulier à cause de la désarticulation du vers à laquelle Musset devait rester fidèle. Un drame, « Les Marrons du feu », nous fait retrouver la fiction de l'Italie vue par le romantisme : une danseuse italienne, la Camargo, fait exécuter par son nouvel amant, l'abbé Désiderio, l'amant qui l'a abandonnée. Certains critiques ont vu dans ce court drame une parodie d'*Andromaque* (*). Un certain nombre de pièces pittoresques et mélancoliques, mais presque toujours teintées d'une ironie désinvolte, complètent le volume. Certaines sont devenues célèbres, presque aussitôt après leur parution, comme « Venise », « L'Andalouse » ou « Au Yung-Frau », ou encore « La Ballade à la lune » qui contient la strophe fameuse : « Et c'est, dans la nuit brune, / Sur son clocher jauni, / La lune / Comme un point sur un i », qui souleva les rires amusés des uns et l'indignation des autres. Les *Contes d'Espagne et d'Italie* furent loin de passer inaperçus : ils suscitèrent immédiatement de nombreux commentaires ; le plus grand nombre des critiques blâma les « expressions outrées », l'« immoralité de l'auteur » ; certains romantiques, en revanche, s'élevèrent contre la désinvolture et l'insolence du jeune poète ; d'autres enfin en reconnurent immédiatement l'originalité. En effet, dès cette œuvre de jeunesse, Alfred de Musset occupait dans la littérature de son époque une position à part ; il paraissait sacrifier à toutes les audaces de la nouvelle école, et cependant, par ses outrances mêmes et par sa moquerie impertinente, il se séparait d'elle. Et c'est sans doute ce qu'on lui a le plus reproché alors : de ne pouvoir déceler si son livre était une œuvre romantique ou une parodie du romantisme.

CONTES D'HOFFMANN (Les). Opéra-comique en quatre actes, paroles de Michel Carré et Jules Barbier, musique du compositeur français d'origine allemande Jacques Offenbach (1819-1880). Créé après la mort du compositeur en 1881, il fut terminé par Ernest Guiraud qui en fit l'instrumentation. *Les Contes d'Hoffmann* avaient déjà été joués trente ans auparavant (Odéon, 31 mars 1851) ; c'était alors une comédie, où étaient mises en scène les amours du « fantastique Hoffmann » (comme l'appelait Gautier), le peintre, musicien et poète délirant qui n'est pas sans rappeler l'atmosphère de Goya ou de Poe. Rien d'étonnant donc à ce qu'une telle figure eût attiré Offenbach qui, vers la fin de sa vie, commença à écrire la musique de cet opéra-comique. Hoffmann lui-même entre dans le canevas du sujet comme personnage et raconte les aventures d'amour qu'il a eues avec trois femmes : Olympia, Giulietta et Antonia. La première est une poupée mécanique créée par le « grand physicien Spalanzani » et que Coppelius, être maléfique, met en pièces alors que le pauvre Hoffmann en est éperdument amoureux. La seconde, Giulietta, sous l'influence de Dapertutto, personnage satanique, a séduit Schlemihl et lui a dérobé son ombre : allusion directe à Chamisso — v. *L'Histoire merveilleuse de Peter Schlemihl* (*). Il faut maintenant qu'il enlève à Hoffmann la sienne. Le poète se bat, par jalousie, avec Schlemihl et le tue. Mais Giulietta s'enfuit en gondole (nous sommes à Venise), se jouant du pauvre Hoffmann que persécute le maudit Dapertutto. La troisième femme, Antonia, a hérité de sa mère une maladie inexorable qui la condamne si elle ne cesse pas de chanter. Elle est soignée par un faux médecin, le docteur Miracle, qui, évoquant la mère de la jeune fille, cantatrice fameuse, l'encourage à chanter jusqu'à l'épuisement et à la mort. Miracle l'accompagne sur son violon et s'enfonce dans la terre avec un ricanement diabolique dès qu'Antonia succombe. Telles sont les trois histoires qu'Hoffmann raconte dans les premier et dernier tableaux, et qui sont représentées dans les trois tableaux centraux de la pièce. On doit en retenir certaines pages imprégnées d'un frais lyrisme et qui ont la faveur du public, comme la chanson de Dapertutto, la célèbre barcarolle à deux voix, la romance du ténor au dernier acte, le trio « Pour conjurer le danger », ainsi que certains passages confiés aux instruments et dans lesquels circulent des thèmes toujours populaires. La version de l'ouvrage qui a été jouée pendant un siècle en donnait une vision sensiblement modifiée par rapport aux conceptions du compositeur : plusieurs airs avaient été modifiés ou supprimés, l'acte de Giulietta permuté avec celui d'Antonia, le rôle d'Olympia modifié dans l'aigu, ce qui rendait impossible de confier les différentes héroïnes à une même cantatrice, comme l'aurait souhaité Offenbach. L'édition moderne de Oeser restitue ces diverses possibilités, mais elle a reçu un accueil controversé dans les milieux lyriques, traditionnellement conservateurs.

CONTES D'ODESSA [*Odesskie Razskazy*]. Œuvre de l'écrivain soviétique Isaac Babel (1894-1940), publiée à Moscou en 1931. Né à Odessa, Babel avait grandi dans une famille juive où les traditions bourgeoises étaient scrupuleusement respectées. Mais son tempérament romantique, encore exagéré par la révolution de 1917 — v. *Cavalerie rouge* (*) —, le poussa à choisir les héros de ses nouvelles non point dans les classes aisées, mais chez les aventuriers de la politique ou du brigandage. Ainsi nous conte-t-il comment le bandit Benia Krik rançonna le plus riche marchand d'Odessa et devint si puissant qu'on le surnomma le roi (« Comment on faisait à Odessa », 1924). Ce Benia Krik, dont les attaques sur les grands chemins et la contrebande avaient fait l'immense fortune, maria sa sœur au cours de fêtes somptueuses : comme la police s'apprêtait à venir troubler les noces, le commissariat fut mystérieusement incendié, et la fête se passa le plus tranquillement du monde (« Le Roi », 1923). La Révolution fournit également à Babel le thème de quelques nouvelles : occupation d'un monastère par des ouvriers des textiles (« La Fin de saint Hypate », 1925) ; ou bien encore l'histoire de ces cinq marins d'un navire anglais qui parvinrent, malgré la défense de leur capitaine, à se joindre à la foule qui commémorait le souvenir de Lénine (« Tu l'as laissé passer, capitaine ! »). Babel ne manque pas d'humour, mais son rire ressemble le plus souvent à un mélancolique ricanement. Les vieillards de « La Fin du refuge » (1920-1929) vivaient près d'un cimetière grâce à l'étrange commerce qui consistait à louer un cercueil de toute beauté, qu'on plaçait pendant les cérémonies sur le cercueil véritable et qui leur était ensuite rendu. Mais un jour, on enterra dans les parages un héros tombé au champ d'honneur. Les funérailles achevées, le commandant militaire refusa de rendre le cercueil ; ce fut la ruine et la dispersion pour le groupe de vieillards privés de ressources. La plupart des *Contes d'Odessa* sont autobiographiques et évoquent l'enfance turbulente de l'auteur, déjà mêlé aux plus féroces remous de la vie politique russe, les pogroms. C'est ainsi que, dans l'« Histoire de mon pigeonnier », Babel raconte comment il avait réalisé son rêve de petit garçon et acheté un couple d'oiseaux avec ses économies. Mais, en cours de route, un marchand lui vole ses oiseaux et les lui écrase sur la figure. Le petit Isaac rentre chez lui, le visage maculé de sang ; une voisine, belle dame dont l'enfant est follement amoureux, l'entoure de soins et de caresses. Ainsi dans ce matin mémorable, il aura eu la double révélation de la souffrance du monde et de l'amour. À l'occasion de ces récits, l'esthétisme violemment sensuel de Babel a pu pleinement s'exprimer : le livre frappe particulièrement par la vivacité de la couleur locale. L'auteur décrit la vie pittoresque des Juifs d'alors, encore tout imprégnés de l'odeur séculaire des ghettos, avec une grande impartialité : et, s'il dénonce la férocité des pogroms, il est aussi sévère pour l'arrogance de ses riches congénères. Séduisant exotisme, encore accru par l'emploi, d'ailleurs mesuré, des jargons et des patois. — Trad. Gallimard, 1967.

CONTES DROLATIQUES. Récits licencieux de l'écrivain français Honoré de Balzac (1799-1850), publiés entre 1832 et 1837. Balzac a voulu ici reprendre la manière et le langage des vieux « conteurs » français, depuis les auteurs des *Fabliaux* — v. *Fabliaux* (*), jusqu'à Béroalde de Verville ; en effet, Balzac semble s'être particulièrement inspiré de l'ouvrage que ce dernier publia, entre la fin du XVIe et le début du XVIIe siècle, sous le titre : *Le Moyen de parvenir* (*). Mais le vrai dieu tutélaire de ce recueil est Rabelais, imité dans les pures malices d'un style apparemment naïf, très coloré et savoureux, dans la triomphante sensualité sans préjugés et même dans les longues énumérations de termes synonymes auxquelles il s'est tant complu. En effet, Balzac se vante d'être « tourangeau » comme son grand prédécesseur, et son livre porte comme titre complet : *Les Cent Contes drolatiques, colligez es abbaïes de Tourayne, et mis en lumière par le sieur de Balzac, pour l'esbatement des pantagruelistes et non aultres.* Rabelais lui-même figure dans un de ces récits (« Le Prosne du joyeulx curé de Meudon »). Les thèmes d'amour, de facéties, de farces, sont ceux de tous les conteurs traditionnels, que l'on a coutume d'appeler « à la manière de Boccace » : couples adultères, maris trompés, péchés de moines et de prélats, etc. Les récits apparaissent divisés en trois « dixains », précédés chacun d'un prologue plaisant et burlesque. Le premier et le dernier récits ont pour héroïne la belle Impéria, célèbre courtisane romaine de la Renaissance, qui, par anachronisme, est transportée à la première décennie du XVe siècle. Ces deux récits sont parmi les plus fantaisistes et les mieux réussis du recueil. Un autre conte vif et savoureux est celui qui reprend le thème des amours du page et de la châtelaine (« Le Péché véniel »), un autre, (« La Mye du roy ») raconte l'histoire de la « Belle Ferronnière ». D'autres encore introduisent avec grâce un élément surnaturel, comme « L'Héritier du Diable », ou s'abandonnent à la scatologie la plus effrénée et la plus gaie (« Les Bons Propos des religieuses de Poissy »).

L'auteur tire joyeusement de chaque *Conte,* « selon les maximes des grands auteurs anciens », un précepte ou un « enseignement » où il plaisante souvent la religion ou la morale traditionnelle, sur un ton d'aimable scepticisme qui sera plus tard celui d'Anatole France. Malgré l'insistant archaïsme de la langue, cette œuvre se place dans le goût du XVIIIe siècle : dans ce courant d'art narratif livresque, malicieux et plaisamment irrespectueux, plein de savoureux appels à la tradition « gauloise », qui fut inauguré par le grand maître des parnassiens Théophile Gautier, et qui trouva sa conclusion splendide dans *La Rôtisserie de la reine Pédauque* (*), de l'ex-parnassien Anatole France. S'il manque à Balzac la légèreté de touche indispensable à de semblables œuvres, sa puissance habituelle et sa manière même un peu lourde et extrêmement minutieuse finissent par marquer certains récits du signe de son génie.

CONTES DU CHAT PERCHÉ. Contes de l'écrivain français Marcel Aymé (1902-1967), publiés en 1934, et successivement suivis d'*Autres contes du chat perché* (1950) et des *Derniers contes du chat perché* (1958). L'auteur précise que ces contes furent écrits pour les enfants âgés de quatre à soixante-quinze ans : « Je les écrivais pour reposer mes lecteurs éventuels de leurs tristes aventures où l'amour et l'argent sont si bien entremêlés qu'on les prend à chaque instant l'un pour l'autre, ce qui est forcément fatigant. Mes histoires sont donc des histoires simples, sans amour et sans argent. » Roger Nimier les a très bien définies ainsi : « Ce sont des fables très morales. Les bons finissent par être récompensés. Le lecteur le plus perverti par deux siècles de littérature satanique se laisse prendre par cet univers, qui est la cour d'une ferme, où les héroïnes s'appellent Delphine et Marinette. Les animaux s'expriment exactement comme des hommes. À peine pourrait-on dire qu'ils sont plus sérieux. Ils sont de races variées : une panthère noire vient se mêler par hasard aux coqs, aux moutons et aux loups. »

CONTES DU FAR WEST [*Heart of the West*]. Recueil de nouvelles de l'écrivain américain O. Henry (1862-1910), publié en 1912. Ce volume est certainement le meilleur de O. Henry : celui dans lequel ses dons d'humoriste, à la fois vif et sentimental, et ses dons d'inventeur génial donnent leurs fruits les plus savoureux. Ici, l'humour exagéré, le jaillissement continuel, presque électrique, des mots d'esprit, souvent issus de simples jeux de mots, et les trouvailles étourdissantes se trouvent quelque peu freinés par un sens de l'invention plus aigu et plus attentif. Le Far West sert de fond à ces nouvelles, et les facultés imaginatives de l'auteur s'adaptent au milieu avec l'aisance qui le caractérise, mais avec plus de sobriété et d'art que dans d'autres volumes. Le « triomphe de l'inattendu », que l'on a considéré comme le secret de O. Henry, est consacré ici à l'une des matières les plus dignes de son talent que l'auteur ait abordées. Presque toujours un optimisme un peu hésitant, qui ne tient peut-être à rien d'autre qu'au désir de l'auteur de plaire à son public, suggère à O. Henry un heureux dénouement. Exception faite, cependant, pour la nouvelle qui s'intitule « Comme le Caballero », dans laquelle un hors-la-loi, trahi par celle qu'il aime et qui lance les gardes à ses trousses après s'être donnée à leur capitaine, parvient à ne pas la tuer lui-même, mais à la faire occire par les gardes qui croient le frapper sous un travesti. L'ouvrage témoigne d'une grande variété d'inspiration. Ainsi, cette nouvelle que l'on croirait tirée d'un recueil ancien, « La Corde manquante », est l'histoire d'un vieillard qui a acheté par erreur un piano muet ; le pauvre homme tombe malade, et jusqu'à ce qu'il meure sa fille réussit à lui cacher qu'il s'est trompé. Elle manifeste une grande joie devant l'instrument de ses rêves, afin qu'il ne sache rien jusqu'à la fin. – Trad. Stock, 1965.

CONTES DU GROTESQUE ET DE L'ARABESQUE [*Tales of the Grotesque and Arabesque*]. Recueil de contes de l'écrivain américain Edgar Allan Poe (1809-1849). Ce titre est celui du volume que Poe publia fin 1839. *Contes* [*Tales*] suivra en 1845. Mais ce sont tous ses contes, quelque soixante-dix textes publiés dans les magazines de 1832 à 1849, que Poe conçut comme les facettes d'un même livre d'exploration des structures du Soi, en deçà (« grotesque ») et au-delà (« arabesque ») de la psychologie du moi conscient. Quant aux célèbres *Histoires extraordinaires, Nouvelles Histoires extraordinaires, Histoires grotesques et sérieuses*, ce ne sont que les titres sous lesquels Baudelaire publia ses traductions.

Quand en 1832 Poe se tourne vers la prose, il s'essaye à la parodie satirique d'ouvrages et de genres en vogue. Dès 1833, il projette, sans succès, de les rassembler en un volume, « Les Contes du Club de l'In-Folio » [Tales of the Folio Club], qui ne laisserait pas de doute sur ses intentions : des narrateurs à clés font les frais de l'ironie d'un auteur tapi dans les franges du texte. Une stratégie que Poe retiendra.

Parmi les contes suivants, plusieurs se centrent sur le thème de la femme : un narrateur impuissant y est dominé par la femme mythique, figure de la mère et de la mort, dont il va chercher à maîtriser l'apparition. La fiancée (dans « Bérénice », 1835) ou l'épouse de chair (dans « Ligeia », 1838) lui sont sacrifiées. L'auteur ne cautionne pas ce passage à l'acte, mais fait de ce mythe de la mort/mère un élément fondamental du psychisme profond. On retrouve la même distance dans « Psyché Zénobie » [Psyche Zenobia] où l'erreur de la ridicule narratrice est de se prendre pour Psyché. Ce conte comique de 1838, plus tard intitulé « Comment écrire un article à la Blackwood » [How to write a Blackwood Article] peut être lu comme une satire virulente et cocasse des bas-bleus et une parodie de la littérature de magazine.

Poe ne cessa jamais de composer des contes comiques. Plus déroutants que les autres, très ludiques, ils témoignent de la capacité de détachement de leur auteur. « Le Diable dans le beffroi » [The Devil in the Belfry, 1839] est un autoportrait codé ; « Pourquoi le petit Français porte la main en écharpe » [Why the Little Frenchman wears his Hand in a Sling, 1837-1840] est une histoire de petit doigt glissé où il ne fallait pas ; « L'Homme mis en pièces » [The Man that was used up, 1839] célèbre le génie prothétique de l'âge industriel ; « L'Ange du Bizarre » [The Angel of the Odd, 1844] est d'abord une satire littéraire. Dans d'autres contes, comme « L'Enterrement prématuré » [The Premature Burial, 1844], Poe joue des renversements entre le rire et le sérieux. C'est finalement dans l'ensemble des contes que s'observe un extrême détachement. Baudelaire a lissé les textes et nous offre des drames psychologiques extrêmes mais puissants sous leur enveloppe fantastique ou grotesque. Dans l'original, une écriture piégée, toujours seconde, nous précipite avec un siècle d'avance en pleine « ère du soupçon ». Dans « La Chute de la Maison Usher » [The Fall of the House of Usher, 1839], un artiste décadent entraîne progressivement un observateur extérieur dans son délire. Le lecteur qui aura su résister pourra découvrir, dans la configuration du domaine et l'agencement de l'intrigue, des représentations de l'esprit face à ses hantises et ses prestiges — dans cet étang noir et immobile, par exemple, tombeau et parfait miroir, un symbole conjugué de la mort et de la conscience. « Le Portrait ovale » [The Oval Portrait], d'abord intitulé « La Vie dans la mort » [Life in Death] en 1842 et où un artiste peintre ne voit pas dépérir son modèle à mesure que se fait le tableau, est un texte encore plus distancié.

Ces jeux de la conscience et de la mort se jouent sur trame de récit maritime dans la dérive de plus en plus onirique, jusqu'au gouffre polaire, du narrateur de « Manuscrit trouvé dans une bouteille » [Ms. Found in a Bottle, 1833], puis dans « Une descente dans le maelström », [A Descent into the Maelström, 1841], où Poe offre un beau portrait de l'artiste en la personne du marin et une splendide et rigoureuse vision des topographies du sacré. On assiste à des jeux comparables dans le cadre plus étroit du « Masque de la Mort rouge » [The Mask of the Red Death, 1842] ou du « Puits et le Pendule » [The Pit and the Pendulum, 1842]. Là, Poe fait preuve, dans le développement des ressources de la chambre de torture sous l'effet des efforts de conscience de la victime narratrice, d'une ingéniosité de virtuose.

Dans les colloques angéliques (« Conversation d'Eiros et Charmion », 1839, « Colloque de Monos et Una », 1841 et « Le Pouvoir des mots » [The Power of Words, 1845], Poe fouille par l'imagination les extrêmes opposés de la mort (collective, puis personnelle) et de l'infini de l'univers connaissable. Il prolonge l'enquête, sous un autre habillage, dans « Révélation magnétique » [Mesmeric Revelation, 1844] et entre, apaisé, dans les contes-paysages, « L'Île de la Fée » déjà [The Island of the Fay, 1841], puis « Le Domaine d'Arnheim » [The Domain of Arnheim, 1847] et « Le Cottage Landor » [Landor's Cottage, 1849], qui nous offrent les épures de l'âme au repos dans le domaine de l'art : limites poreuses, spectacles en miroir, suspension.

Ce but ultime peut aussi être approché par le détour d'un meurtre, qui crée un plus large espace d'écriture entre soi et la mort : meurtre de la femme, indirect ou sournois dans les contes nommés plus haut, brutal dans le premier des contes policiers et dans « Le Chat noir » [The Black Cat, 1843], conte d'hallucination et de violence où le matériau psychanalytique est moins élaboré par l'art ; meurtre d'un double dans « William Wilson » (1839), un classique du genre, et dans « La Barrique d'Amontillado » [The Cask of Amontillado, 1846], récit de vengeance aux multiples ironies ; meurtre d'un vieillard enfin dans l'œil voilé duquel il lit sa propre mortalité, par le narrateur du « Cœur révélateur » [The Tell-Tale Heart, 1843]. Dans ce conte onirique et métaphysique de superbe facture, le meurtre rejoint le meurtrier par retour des battements d'un cœur. Une logique circulaire se met ainsi en place, une logique de l'irrationnel — jusqu'à cette dialectique du contradictoire, de l'entêtement dans la contradiction [The Perverse] si magistralement mise en scène dans, disons, « Le Mauvais Esprit » [The Imp of the Perverse, 1845]. Ce texte met en parallèle quatre fictions illustrant le même entêtement suicidaire à ne pas être raisonnable. Soif de vitesse infinie dans le vertige, soif de perfection et d'infinie sécurité dans les aveux auxquels se laisse aller le meurtrier narrateur : « The Perverse » est moins déviance que désir absolu.

Poe dissimule généralement son activité d'écrivain en donnant la plume à des narrateurs qu'il ne faut pas confondre avec lui. Il utilise pour cela le style et le matériau de diverses traditions littéraires (tragédie shakespearienne, roman gothique). La distance ainsi créée varie mais n'est jamais nulle : le narrateur est présenté comme sujet écrivant, Poe travaille en sous-main à la composition textuelle qui va le dominer. On voit mieux aujourd'hui (dans les récits de terreur et de folie comme dans les canulars et les contes policiers) la primauté de la structuration spatiale et l'importance de la visée métafictionnelle et des jeux sur la langue. On pourrait regrouper sous l'appellation de « contes policiers » les textes qu'Edgar Allan Poe lui-même appelait ses « contes de ratiocination ». Dans « Les Meurtres de la rue Morgue » [The Murders in the Rue Morgue, 1841], le « Chevalier » Dupin retrouve avec une belle aisance le meurtrier d'une femme et de sa fille. C'est la naissance d'un genre, que Conan Doyle commencera d'exploiter en 1887. L'essentiel de ses règles sont là : le meurtre dans la chambre close, le détective amateur ridiculisant les professionnels, l'ami assez obtus pour être un narrateur qui ne déflorera pas le mystère. Le genre est même, d'entrée de jeu, conduit jusqu'à sa parodie puisque le coupable est un orang-outang, qui finira ses jours au zoo. Dupin reparaît dans « Le Mystère de Marie Roget » [The Mystery of Marie Roget, 1842-1843], conte ruiné par les révisions que Poe y apporta pour coller à l'actualité de l'enquête sur le fait divers qui l'avait inspiré ! C'est Dupin encore (et ce retour du détective dans une série sera une autre loi du genre) qui règne sur « La Lettre dérobée » [The Purloined Letter, 1844]. Le trajet de cette lettre a inspiré à Lacan un célèbre séminaire (1955-1956) qui dit la dominance du « signifiant » (ici la lettre) sur le « sujet » et a suscité une étude contradictoire de Derrida fondée sur les doubles et la situation d'écriture. La distance de Conan Doyle à Lacan et Derrida donne la mesure du génie d'Edgar Poe. Ses contes de ratiocination comprennent aussi deux contes comiques médiocres et « Le Scarabée d'or » [The Gold Bug, 1843], récit d'une chasse au trésor où dominent les jeux sur le langage et ses codes. — Trad. de Baudelaire et *Ne pariez jamais votre tête au diable, et autres contes non traduits par Baudelaire,* trad. A. Jaubert, Gallimard, 1989. *Le Chat noir et autres contes*, trad. H. Justin, bilingue Hachette, 1991.

H. J.

CONTES DU JOUR ET DE LA NUIT. Recueil de contes de l'écrivain français Guy de Maupassant (1850-1893), publié en 1885. On y trouve d'abord une série de nouvelles grivoises, de petits contes, d'anecdotes originales racontées alertement et avec habileté et qui, parfois, ne manquent pas de cynisme. Tels sont « Le Crime du père Boniface », « Rose », « L'Aveu », à quoi on peut ajouter un récit de guerre truculent et coloré « Tombouctou ». Par un contraste qui semble avoir déterminé le titre du livre, nous voyons, après ces nouvelles, une seconde partie qui renferme cette fois des histoires tragiques ; leur ton violent vise à terrifier. Notons : « Le Petit », « Un parricide », « Un lâche », « La Confession ». L'un des plus remarquables est « L'Ivrogne », sombre drame paysan. « Une vendetta », récit des mœurs et traditions corses, mais traité dans un style sans vigueur. « Coco » est l'histoire lamentable d'un vieux cheval condamné à mourir de faim par la sottise et la méchanceté d'un paysan.

Parmi ces contes, qui se situent bien dans la ligne habituelle de la vaste production de Maupassant, on remarque quelques récits plus importants et moins simples, tels que « La Parure » : la femme d'un modeste fonctionnaire est invitée à une réception ministérielle et emprunte à une amie, bien plus fortunée, un riche collier de diamants. Après la fête, la malheureuse s'aperçoit qu'elle a perdu le collier. Elle n'en dit rien et, pour acheter une parure semblable, elle va s'endetter pour de longues années. De dures privations puniront son péché d'orgueil. Bien plus tard, son amie lui révélera que le fatal collier était faux. « Histoire vraie » dit les souvenirs d'un vieux chasseur, aristocrate ruiné, qui évoque une de ses aventures de jeunesse, l'amour humble et fidèle d'une pauvre fille des champs qu'il a sacrifiée aux conventions sociales. Dans « Le Bonheur », Maupassant, s'exprimant à la première personne, dit avoir reconnu en Corse, dans une maison isolée au milieu de la campagne, une vieille septuagénaire, celle qui fut autrefois la sémillante Mlle Suzanne Sirmont de Nancy, fille d'un officier supérieur ; sa disparition avait fait scandale à l'époque. Elle lui montre un vieillard décrépit et sourd : son mari, l'homme avec qui elle s'est enfuie ; à ses propos, à l'expression de son regard, le voyageur comprend qu'elle ne regrette rien, car elle a trouvé le bonheur dans cette existence humble et solitaire. « Le Vieux » est un vigoureux croquis des milieux campagnards : deux cultivateurs normands, le mari et la femme, sont dans un cruel embarras, car le vieux père de la femme est à l'article de la mort et d'ici deux jours la récolte de la navette battra son plein. Comme le docteur assure que le malade ne passera pas la nuit, ils décident de lancer sans plus attendre les invitations au repas funèbre et de tout apprêter en vue des obsèques. Les invités arrivent le troisième jour, mais le vieux vit encore ; parents et amis décident de se mettre à table quand même ; le malade meurt entre-temps et les époux n'ont qu'à renouveler l'invitation aux convives résignés. Par la sobre vigueur de l'exposé et l'extraordinaire réalisme du dialogue, ce conte est l'un des meilleurs de Maupassant. « Le Gueux » est l'histoire affreuse d'un mendiant arrêté comme voleur ; ses geôliers l'oublient dans sa prison et il meurt de faim. Dans cette critique des mœurs, l'auteur attaque la société ; la puissance et la cruauté du récit ont été admirées. Il manifeste, sous des dehors qui peuvent faire illusion, un pessimisme foncier.

CONTES DU LUNDI. Recueil de contes de l'écrivain français Alphonse Daudet (1840-1897), paru en 1873 et qui, sans faire oublier les *Lettres de mon moulin* (*), fit autant pour la gloire de l'auteur que l'ensemble de ses romans. Ce recueil comprend une quarantaine de contes, lesquels évoquent, pour la plupart, la courte et terrible guerre de 1870 : l'Invasion, le Siège de Paris et la Commune. Rien que des choses vues, en quelque sorte. Moins réaliste qu'impressionniste, Daudet se complaît aux petits tableaux. Nul n'a su comme lui enfermer en quelques pages telle situation poignante, fâcheuse ou simplement cocasse. Il excelle à mettre en saillie le côté faible des humains. Il se garde, toutefois, de juger : son goût pour la vérité, sa compassion, sa fantaisie lui interdisent tout comportement de ce genre. Dans ce domaine, Daudet demeure inimitable.

Est-il récit plus émouvant que « La Dernière classe » ? Quelque part, en Alsace, par suite de la débâcle, un vieux maître d'école s'est vu retirer le droit d'enseigner le français. Il se résigne, mais ce calme n'est point couardise. Dans l'ultime leçon qu'il fait à ses élèves, il dira donc son attachement à la France malheureuse. Et jamais, sans doute, parole d'homme n'eut plus de chaleur que celle-là, puisqu'à l'espérance elle allie toute la dignité d'un cœur pur jusqu'à l'exhaustion. Dans « Les Mères », Daudet retrace un très humble épisode du Siège de Paris : ayant par miracle obtenu un permis du gouverneur, quelque bonne vieille et son époux vont rendre visite à leur fils au Mont-Valérien. Ils n'ont plus vu ce dernier de plusieurs mois. Aussi se sont-ils promis de casser la croûte avec lui. Hélas, une sonnerie de clairon viendra tout détruire : le garçon doit, en effet, monter la garde en haut du fort. En sorte qu'ils auront à peine le temps de l'embrasser. « L'Enfant espion », c'est l'histoire de ce garçonnet qu'une mauvaise fréquentation a conduit à livrer aux Prussiens quelque groupe de francs-tireurs. Trahi par l'argent dont il est porteur, le gosse est contraint aussitôt de tout avouer à son père. Ce dernier décroche alors son fusil, et s'enrôle dans les mobiles pour rendre aux assiégeants la monnaie que le petit misérable se trouve avoir reçu d'eux pour prix de sa félonie. Dans « Le Turco de la Commune », l'auteur nous introduit au cœur de l'Insurrection : un brave petit timbalier, du nom de Wadour, défend comme un lion quelque barricade de ceux qu'en sa candeur naïve il croit être des Prussiens. Cette tragique méprise lui coûtera la vie. Pris et fusillé sur-le-champ, il meurt, le sourire aux lèvres, sans avoir rien compris. De tous ces contes, voici sans doute le plus terrible, « La Partie de billard ». Un chef d'état-major laisse toute son armée se morfondre dans la boue. Histoire d'achever la partie de billard qu'il dispute allégrement avec un de ses subordonnés. Quand, vainqueur de l'épreuve, il donne enfin les ordres qu'on réclame depuis longtemps, il constate qu'il est trop tard : toutes ses troupes sont en pleine déroute. Dans « La Défense de Tarascon », Daudet tempère, par bonheur, la noirceur de tous ces récits : « Gardez-vous de croire que Tarascon n'ait rien fait pendant la guerre... » Orphéons et cavalcades, sans oublier les francs-tireurs du brave général Bravida, tout concourt à nous donner une image des plus suggestives de la défense du Midi. Entendez qu'on ne fait rien du tout. Et cela nous vaut un morceau d'une irrésistible drôlerie. À ces vingt-six contes inspirés de la chute de l'Empire viennent s'en ajouter une quinzaine, lesquels sont groupés sous ce titre « Caprices et Souvenirs ». Bornons-nous à rappeler « Un soir de première », « Arthur » et « Le Dernier livre », sans oublier ce véritable petit chef-d'œuvre qui s'intitule « Le pape est mort ».

Ces contes à fond d'histoire sont vraiment de bonne sorte, comme on eût dit autrefois. Daudet semble les avoir écrits au fil de la plume. À croire qu'ils se sont faits tout seuls. Exemple : « Un siège ! C'est si amusant pour les gamins ! Des vacances tout le temps et la rue comme un champ de foire... » Naturel, fraîcheur et simplicité : Daudet apporte dans son style la sève des conteurs provençaux. On aime, par ailleurs, qu'à tant de pathétique il ait joint un tel sentiment de la discrétion. Voilà sans doute ce qui explique l'attrait que les *Contes du lundi* ont toujours sur bon nombre de lecteurs.

CONTES D'UNE AUBERGE AU BORD DU CHEMIN [*Tales of a Wayside Inn*]. Récits en vers du poète américain Henry Wadsworth Longfellow (1807-1882), publié en 1863, qui s'inspire des *Contes de Canterbury* (*) de Chaucer et du *Décaméron* (*) de Boccace. Un groupe d'amis se réunit chaque soir dans une vieille auberge près de Sudbury et chacun raconte une histoire. Il s'agit de gens d'âge, de conditions sociales et de nationalités différentes, et chaque narrateur est supposé évoquer un fait particulièrement caractéristique de sa propre patrie. Le plus âgé d'entre eux est un juge fort respecté dans le pays. Viennent ensuite un jeune étudiant solitaire et romantique, un jeune Sicilien, beau et passionné qui a fui sa terre natale pour échapper à la tyrannie des Bourbons, un Juif espagnol à l'air grave et triste, un théologien profondément religieux mais tolérant, un poète, et finalement un violoniste norvégien. Durant deux soirées consécutives, chacun raconte deux faits ayant trait à l'histoire ou au folklore de son pays respectif. Le premier de ces récits, narré par le juge, se rapporte à un épisode du début de la guerre des colonies américaines contre les troupes britanniques. Les Anglais s'apprêtaient à attaquer les rebelles par surprise, mais un garçon courageux, trompant la vigilance ennemie, réussit après une longue chevauchée nocturne à jeter l'alarme dans les chaumières. Le récit de l'étudiant, « Le Faucon de sir Frédéric », est une adaptation poétique du conte bien connu de Boccace qui inspira également un drame à Tennyson. Le jeune Sicilien raconte une histoire empruntée à un « romancero » du Moyen Âge : *Le Roi Robert* *de Sicile.* Le roi Robert, un jour qu'il écoutait la messe dans la cathédrale de Palerme, se moqua de la parole du prêtre : « *Deposuit potentes, et exaltavit humiles.* » Il tomba aussitôt dans un profond sommeil et se réveilla à la nuit, vêtu de haillons. Tandis qu'il dormait, un ange, envoyé par le Seigneur, a pris sa figure et sa place. Pour le vrai roi Robert, désormais un pauvre hère en guenilles, commence une vie d'expiation. Ses dénégations véhémentes ne l'amènent à rien d'autre qu'à être pris par le faux roi en qualité de bouffon. Durant trois ans, il est la risée de la Cour. Le pape convoque à Rome quelques souverains d'Europe et le bouffon y suit son maître. Le jour de Pâques, l'ange apparaît dans un rai de lumière, et le souverain qui avait péché et qui se sent maintenant inondé d'une joie inconnue reprend sa place primitive. L'histoire du musicien norvégien évoque, en vingt-deux strophes, la vie héroïque d'Olaf Ier de Norvège qui répandit le christianisme dans son pays et l'imposa contre le culte païen de Thor. Les autres contes sont « Torquemada », narré par le théologien, « La Cloche d'Atri », où le jeune Sicilien évoque une légende des Abruzzes, et le second récit du musicien qui, sous forme de ballade, présente une des multiples variations de la légende du *Vaisseau Fantôme* (*).

CONTES D'UN GRAND-PÈRE [*The Tales of a Grandfather*]. Œuvre de l'écrivain écossais Walter Scott (1771-1832), publiée en 1827-1829. C'est un résumé de l'histoire de l'Écosse jusqu'à la fin de la révolte de 1745-1746. L'auteur avait d'abord écrit ces contes pour son petit-fils John Hugh Lockhart, d'où le titre. Ils sont précédés d'une courte introduction dans laquelle l'époque de l'occupation romaine est racontée sommairement. Le livre fait l'historique des événements et des faits, ainsi que le portrait des personnages les plus marquants de l'histoire de l'Écosse jusqu'à la révolte de 1745-1746. Le dernier portrait est celui du romantique et romanesque prétendant Charles-Édouard Stuart, le « bon prince Charles » des Highlanders. C'est le récit le plus vivant et le plus exact qui ait été écrit sur ce sujet ; les personnages et leur milieu sont évoqués avec beaucoup d'art. Une autre série de contes (1831) parle de l'histoire de France. – Trad. Bedu, 1941.

CONTES DU PRINCE MARZBÂN (Les) (v. *Marzbân-nâmé*).

CONTES DU SOLEIL [*Slantchevi prikazki*]. Œuvre du poète bulgare Nikolaï Raïnov (1889-1954), publiée en 1918. Ces contes fantastiques sont d'une très grande perfection de style et de forme. Un homme blanc parcourt les pays fabuleux situés outre Méditerranée ; il foule le sable chaud du désert et interroge l'histoire à la recherche de l'impossible. Sous le soleil brûlant de l'Orient, nous faisons avec lui d'inestimables découvertes : femmes mystérieuses, terres peuplées de prophètes et de mages, cependant que réel et irréel se mêlent intimement. Et le poète, préoccupé par ses recherches esthétiques, les transpose dans ce monde de rêve et de fables comme une suite de contes merveilleux pour adultes. Poète solitaire et ne vivant que pour son art, Raïnov occupe une place à part dans la littérature bulgare. On lui doit par ailleurs une intéressante étude sur le portrait dans la peinture française : *L'Homme et son image* [*Tchovek't i obras't mou,* 1928].

CONTES DU WHISKY (Les). Recueil de l'écrivain belge d'expression française Jean Ray (pseud. de Jean Raymond de Kremer, 1887-1964), publié en 1925. Ces contes, où l'auteur transcrit son expérience de contrebandier dans les Antilles, sur la Rum-row, ont pour thèmes essentiels le rêve, la peur, le départ, l'invisible, l'amour, la mort, qui sont les grands tentateurs de cette âme tourmentée. Le souffle circulant à travers ces contes, qui ont pour titre « La Dernière Gorgée », « La Fenêtre aux monstres », « L'Observatoire abandonné », « Les Étranges Études du Dr Paukenschlager », est chargé d'effluves violents. Leur univers se situe entre les limbes et l'enfer. Quant à l'auteur, s'enivrant de ses propres hallucinations, il mène une bacchanale morbide où l'odeur de l'alcool, du savoir, de la misère et du poison soulève des reflets rougeâtres. Les pirates, les boucaniers, les rôdeurs sont les héros. Et pourtant, ils ont des cœurs simples, des désirs de draps propres et de petite maison. L'écriture violente, mais le plus souvent impure, fascine, car le pire peut donner parfois le meilleur.

Publié en 1942, bien après que Jean Ray eut mis la main aux *Aventures de Harry Dickson* (*), le recueil *Le Grand Nocturne* comprend sept contes : « Le Grand Nocturne », « Les Sept Châteaux du roi de la mer », « Le Fantôme dans la cale », « La Ruelle ténébreuse », « La Scolopendre », « Quand le Christ marcha sur la mer », « Le Psautier de Mayence ». Vers 1906, Jean Ray découvre à Gand, derrière Saint-Bavon, une pâtisserie qui, placée sur un plan extra-dimensionnel, n'existe que pour lui seul. Cette expérience vécue lui inspira l'un de ses contes les plus remarquables : « La Ruelle ténébreuse ». La fatalité a voulu réunir dans une même revue, que l'auteur découvre par hasard sur un quai de Rotterdam, deux cahiers : l'un rédigé en allemand, l'autre en français, apparemment sans liens entre eux, mais versant par recoupements progressifs une clarté insupportable sur une histoire étrange. La couverture du recueil porte un nom : Alphonse, archiprêtre, suivi du mot Lehrer. Le manuscrit allemand est d'une femme racontant les heures de folie et d'horreur passées dans une maison immense de la Deichstrasse. Un soir, la cuisinière de cette maison a descendu l'escalier terrorisée, en affirmant « qu'il y avait une grande peur dans la chambre ». Éléonore, l'une des demoiselles propriétaires de la maison, monte voir. « Personne ne l'a plus jamais retrouvée. » Dans le même temps, en ville, une centaine de personnes disparaissent, et « du même coup, le monde des conjectures ordinaires est clos et seul celui des appréhensions surnaturelles nous reste ». On isole les étages supérieurs de la maison à l'aide d'une cloison de chêne, et la vie reprend, morne, pleine de larmes et de terreurs. Un soir, les demoiselles entendent un bruit indéfinissable derrière le mur de bois, « comme si des conques géantes faisaient alterner leurs tumultes de forces lointaines ». Et, à l'instant même, une servante puis l'une des demoiselles disparaissent. La dernière survivante, Meta, sait désormais qu'une présence vit dans la maison. Un jour, une plainte assourdie s'éveille près d'elle et de petits coups sont frappés sur sa cruche. Elle entend alors un léger clapotement, comme d'un chien lapant doucement, et, en effet, le liquide baisse : « La chose, l'Être, buvait. » Meta ressent une caresse, et la plainte se change en pleurs humains. Meta a pitié du « souffle » et devient sa complice. Il arrive parfois que le monstre invisible se pose sur sa bouche. Elle en conçoit alors une étrange honte. « Je finis d'écrire ceci dans une étrange maison. Où suis-je ? Seule... Pourtant, tout ceci est plein de tumulte ; une présence invisible mais effrénée est partout. Il est revenu. J'ai de nouveau entendu prononcer mon nom de cette façon malhabile et douce... » Ainsi se termine le manuscrit allemand.

Dans le manuscrit français, le narrateur nous entretient de l'étrange certitude qui est la sienne : l'impasse Sainte-Beregonne existe pour lui seul, en dehors du temps et de l'espace. Et il le démontre, scientifiquement. Un jour, il décide de s'y aventurer. Au-delà du coude de la ruelle, trois petites portes jaunes s'ouvrent dans le mur blanc, et toutes trois donnent sur un long corridor dallé de bleu et enténébré de silence. Les pièces contiguës baignent dans la lueur ivoirine de vitraux dépolis et abritent de lourds plateaux d'or et des chandeliers que le narrateur emporte, mais qu'il retrouvera à leur place, à chacune de ses visites. Plus tard, il décide de remonter la ruelle au-delà du coude ; mais la terreur, soudain, s'est emparée de tous les habitants de la ville. Des centaines de personnes ont disparu. « Or, en dessinant sur le plan de la ville la ligne sinueuse qui doit représenter la Beregonnestrasse, impasse chevauchant notre monde, je constate avec effarement que tous les crimes ont été commis le long de ce tracé. » Le narrateur retourne dans l'impasse, s'y attarde. C'est alors que le « nouveau » vient vers lui sous la forme d'un sourd grondement comme de lourdes portes roulant sur des galets. La muraille s'efface et laisse voir un escalier débouchant sur un gouffre creusé à même la nuit, et d'où montent de vagues monstruosités auréolées d'êtres vaporeux qui ne semblent pas invulnérables. Le narrateur décide d'abandonner dans l'impasse une charrette de fagots, de barils de poudre et d'y mettre le feu. « Mais une joie tumultueuse agite mon être, parce que je sens autour de moi une inquiétude folle qui vient d'eux. “Ils” voient mes terribles apprêts et ne peuvent les empêcher, car seule, je l'ai bien compris, la nuit délivre leur effroyable puissance. » Tandis que le feu déchire l'espace comme pour purifier l'énigme, le narrateur découvre à sa stupéfaction, dans l'une des petites maisons, des feuilles couvertes d'une écriture élégante de femme. Le mystère demeure.

Les contes de Jean Ray défient tout résumé. Il faudrait dire, tout dire, reprendre les détails, les défaire un à un et leur donner des correspondances qui sont infinies : les crimes commis dans la ville, au même moment dans les deux manuscrits, comme les deux incendies ; le lieu de la maison des demoiselles, celui de l'impasse Sainte-Beregonne et celui de la maison d'Alphonse, archiprêtre (car c'est lui le narrateur du manuscrit français). Mais on l'a compris : l'amante du « Lehrer » n'est autre que la narratrice du manuscrit allemand et les feuillets trouvés dans l'une des petites maisons sont ceux publiés par les soins du professeur. Il semble que, pour Jean Ray, le fondement du vrai savoir relève de la maîtrise du recoupement et de sa rigueur qu'il applique ici avec un art tout à fait remarquable. Et puisque l'au-delà trouve son espace bien avant de le chercher et de le hanter, figurer le mystère consistera à perfectionner l'espace en combinant ses figures (ainsi deviendra-t-il le plus souvent un cercle, un pentagone dans *La Cité de l'indicible peur* (*), ou un losange dans un autre conte tout aussi remarquable, « L'Histoire du Wûlkh »).

Publié en 1943, le recueil *Les Cercles de l'épouvante* se compose de neuf contes encadrés par un liminaire : « Les Cercles » et une fin : « Hors des cercles », à savoir : « La Main de Goetz von Berlichingen », « L'Assiette de Moustiers », « Le Cimetière de Marbyweck », « Le Dernier Voyageur », « L'Homme qui osa », « Dürer, l'Idiot », « L'Aveugle des spectres », « L'Histoire du Wûlkh », « Le Miroir noir ». Lulu est la grande magicienne du liminaire. Elle trace sur le sol les prisons implacables des cercles magiques. Un soir, elle prend la main du conteur, et décide de « les » brûler tous les trois, c'est-à-dire Grok, Gandapiet et Krabby, qui habitent chacun dans un arbre. Lulu, sur le sol, autour des troncs, trace trois cercles de craie. Les voix se taisent. Les trois formes meurent. Plus tard, l'auteur trouve à Copenhague, sous un banc, une tige de craie avec laquelle, sur le bois du dossier, il crée trois compagnons de silence. Le premier est grand et gros. Il l'appelle Kras. Au second, il donne le nom de Marmaduke. Le dernier a figure de rat. Il le nomme Kukelu. Le lendemain, le narrateur les trouve assis sur le banc. Depuis, ils s'attachent à ses pas, lui font une prison infinie dans l'espace et le temps, car, nés d'une pensée, ils vivent de la vie éternelle des pensées. C'est alors qu'il trace à la craie, immuable matière des âges, des cercles sur un mur. « Ce sont de grands hublots ouverts sur un monde à naître, sur des visages blanchis par l'angoisse de l'inconnu. » Les mondes qui naissent, comme ceux qui meurent, sont pleins d'épouvante et « L'Histoire du Wûlkh » est l'un d'eux.

Weybridge a l'obsession des marécages. C'est un chasseur éprouvé, hanté par l'idée d'abattre un Wûlkh — oiseau fabuleux des premiers âges, qui erre dans le Fenn, ses boues et ses sables mouvants. Weybridge prend la route et atteint la région interdite. Le Fenn, étendue miroitante et tavelée, paraît au détour de la falaise, des langues de terre dure et presque sèche s'avancent en éperon dans le marécage. L'horizon se déplace comme au gré d'une sorte de mirage. Soudain, les longs flots d'algues mortes qui ont pris la place des forêts de roseaux le font frémir : la grande épouvante des eaux agit. Sa mort déjà se circonscrit. La plaine prend la forme d'un losange illimité. Tout à coup, quelque chose palpite entre les eaux et le ciel, se projette en ombre : le Wûlkh apparaît, et aussitôt, deux mains invisibles saisissent ses chevilles et l'engloutissent. À ce moment, à deux milles de là, un homme sort ses jumelles et contemple l'enlisement tout en mâchant quelques pastilles. Son nom est Hingle. Il fait l'épouvante, et de l'épouvante il fait la mort. Ce conte, où les mathématiques et l'humour se conjuguent, est l'un des plus représentatifs de la manière de l'écrivain.

Les Derniers Contes de Canterbury furent publiés en 1944. À la suite de Geoffrey Chaucer qui, durant son exil en Flandre et en Hainaut, conçut *Les Contes de Canterbury* (*), Jean Ray suscite une assemblée d'ombres et d'opaques ténèbres qui, dans le lieu même où Chaucer imagina son œuvre, chuchotent leur propre histoire infernale avant de disparaître à jamais dans la nuit des temps. Ainsi pour une dernière fois, les fantômes se rencontrent afin de reprendre et d'achever les histoires que leurs maîtres n'eurent pas le temps d'écrire : celui du chat Murr d'Hoffmann, celui du Marinier de Chaucer, du petit Clerc et de bien d'autres. Cette œuvre de Ray est toute ténébreuse où les noms des villes résonnent comme un glas obsédant : Borougt, Denham, Hildesheim, Isemgrim, Klapperstoch, Shiedam. La terreur, le mystère, le fantastique, le crime, le poison, l'humour noir hantent ces contes dont les plus remarquables ont pour titre : « La Terreur rose », « Je cherche Herr Hasenfraz », « Le Chat assassiné », « Le Fleuve Flinders », seuil d'une terre fabuleuse où une étrange sirène retient les étrangers, « Les Noces de Mlle Bonvoisin », « La Plus Belle Petite Fille du monde », « La Danse de Salomé ». « Falstaff se souvient » est une illustration sur le mode de l'étrange de la vie au Moyen Âge. Sir Wollesby dans sa demeure de la cité de Denham fait dresser un menu fabuleux pour honorer ses convives, dont Falstaff, et magnifier ainsi une journée exceptionnelle. Le jour venu, trois cuisiniers arrivés de France servent eux-mêmes les sept potages à l'aide de happe-soupe en or massif : potage aux poissons du Midi, aux becfigues, au poivre rouge, à la crème de laitances fraîches, à la purée de noisettes, à la chair fondante de tortue, aux petites écrevisses, au vin du Portugal. Quant aux petits plats, ils couvrent une table longue d'un quart de furlong : beurre de l'Hertford pris dans la glace de Norvège, achars en boulettes, œufs de flétan, hures de sangliers. Après quoi, les convives affrontent les grands plats dus au génie du fameux Ruby : carpes grillées, selles de mouton, gigots parfumés d'ail sauvage, brochettes d'ortolans, paons en sauce. Le festin dure vingt-six heures, dont aucune n'est consacrée au sommeil, ni au repos. Soudain la réalité semble réapparaître avec le geste d'un hôte obscur : une main tend une coupe à Falstaff, qui s'aperçoit alors qu'il est seul dans la ténèbre de la salle immense, seul face à la table pillée, face aux corps allongés des cuisiniers, des rôtisseurs, des marmitons, des gâte-sauce, des convives et de sir Wollesby, tous morts empoisonnés par la drogue vénitienne de Ruby, tandis que dehors les gens de Denham meurent comme des mouches de la peste noire.

De l'œuvre immense de Jean Ray, il faut encore retenir quelques livres où se retrouvent le même souffle diabolique et la même écriture : *La Croisière des ombres* (1932), *La Cité de l'indicible peur* (*), *Livre des fantômes* (1947), *Saint-Judas-de-la-Nuit* (1963). Ses œuvres complètes sont en cours de publication.

CONTES EN ARGOT [*Fables in Slang*]. C'est par ce recueil que l'humoriste américain George Ade (1866-1944) s'imposa à l'attention d'un vaste public. Ces contes furent publiés chaque semaine dans la rubrique *Chicago Record* du quotidien *Morning News* où Ade occupait le poste de chroniqueur. Les protagonistes de ces fables (mi-partie en vers, mi-partie en prose) ne sont pas des animaux parlants, mais des hommes et des femmes que l'auteur a pris sur le vif dans son entourage. Il se plaisait à reproduire certains traits de caractère sous une forme paradoxale et dans une langue particulière où l'argot se mêlait à une langue archaïque, et il employait même des lettres majuscules dans le corps des phrases. L'effet produit étant fort drôle, le public s'étonna et rit. Plus tard, les intellectuels eux-mêmes reconnurent en Ade un écrivain de grand talent et un parfait observateur de la vie des États-Unis. Par exemple, dans la première de ses fables, il raconte l'histoire de « Petite sœur

Mae qui se la coulait douce ». Mae était la sœur de Luella, « dont les lignes semblaient se moquer de la collaboration organisée [Team Work] »... « Luella travaillait dans un établissement dont le patron lui lâchait chaque semaine trois dollars. Mae, sa sœur, n'avait pas beaucoup de tête, mais beaucoup du reste. Devenue caissière dans un restaurant, comme elle était très demandée elle épousa un agent de change, pas très beau de sa personne, mais extrêmement généreux. » « Ainsi établie dans la société, et les poches pleines d'espèces sonnantes, est-ce qu'elle oublia sa sœur ? Pas le moins du monde : elle l'éleva au poste de fille de cuisine à cinq dollars par semaine. » La morale de l'histoire, c'est que le travail et la persévérance sont toujours récompensés. Un autre conte, parmi les meilleurs, est celui du « Professeur qui voulait être seul », parce qu'une fois de temps en temps, il avait besoin de « penser ». Pour cette raison, il s'élance sur un trapèze et, suspendu dans les airs, concentre ses esprits sur la façon dont il pourrait payer ses dettes. La position lui étant salutaire, il a une idée de génie : il empruntera de l'argent à son beau-frère. La morale est : « Fuyez la foule. »

Ces quelques exemples, auxquels une traduction ne peut rendre justice, suffisent cependant à donner une idée du talent satirique de l'auteur qui tend à « castigare ridendo mores ». Ade n'est pas le premier auteur américain à recourir à l'argot, mais il est parmi ceux qui en ont usé avec le plus de finesse. Son influence fut sans doute grande sur Don Maquis et, plus encore, sur Stephen Leacock. Un critique américain, T. L. Masson, a déclaré : « Il est impossible d'évaluer l'influence d'un George Ade sur toute une génération. Ade peint ses contemporains d'une manière vivante et, de ce fait, sa critique agit puissamment sur eux. »

CONTES ET BALLADES. L'année 1797 est connue, dans la vie du poète et dramaturge allemand Johann Christoph Friedrich von Schiller (1759-1805), comme l'« année des ballades » ; c'est l'époque où, engagé dans une joute poétique avec Goethe, il écrit toute une série de ballades, aujourd'hui célèbres, publiées dans l'*Almanach des Muses* (*) de 1798. En opposition à la simplicité profonde et à l'apparente naïveté de forme des ballades de Goethe, celles de Schiller s'essayent à des structures poétiques beaucoup plus complexes et dramatiques surtout ; de plus, dans la narration elle-même se cache toujours une profonde idée religieuse et morale : la foi en un ordre universel et divin, qui récompense la vertu et condamne celui qui transgresse les lois suprêmes. Au-dessus de la force cosmique de la nature plane la grandeur morale du Destin, dans le sens classique du terme. Dès 1795, Schiller avait composé une œuvre poétique qui tient à la fois du poème philosophique et de la ballade : « L'Image voilée de Saïs » [Das verschlelerte Bild zu Saïs]. Dans cette composition, le poète, s'inspirant du mythe d'Isis, raconte qu'un jeune homme ayant osé, d'une main sacrilège, soulever le voile de la statue de la déesse, dans son temple à Saïs, se voit condamné à une mort précoce. En effet, Dieu a imposé des limites à la connaissance de l'homme, et ce dernier, même dans la recherche de la vérité, ne doit pas les dépasser, sous peine de connaître le malheur.

La première ballade de 1797 a pour titre *Le Plongeur* (*) : les éléments de la nature y sont représentés comme les instruments de la volonté divine, et l'homme doit se garder de les défier impunément. – *Le Gant* (*) est une romance chevaleresque à intention satirique. Le sujet, pris aux *Essais historiques sur Paris,* est traité avec un sens plastique très net et une aimable ironie. – Dans *L'Anneau de Polycrate* (*), c'est la fortune elle-même qui pèche contre la mesure et l'harmonie, en comblant de dons excessifs l'homme qu'elle a choisi, Polycrate, tyran de Samos. Pourtant, avec un sens très aigu de la mesure dramatique, le poète renonce à évoquer la fin horrible du tyran, qui fut racontée par Hérodote. – Dans « Le Chevalier Toggenburg » [Ritter Toggenburg], c'est le monde médiéval qui ressuscite : un chevalier, repoussé par sa dame, mais fidèle à l'amour qu'elle lui inspire, décide de mener une vie d'ermite, tout comme elle-même est devenue religieuse. Finalement, usé par ses propres pénitences, le jeune chevalier meurt, la conscience tranquille, bien qu'au prix d'une grande douleur il ait dompté sa passion. – « Le Chemin de la forge » [Der Gang nach dem Eisenhammer] avait beaucoup plu à Goethe, à cause de son humour très fin : Fridolin, jeune homme plein de vertus, ressent pour la douce comtesse de Saverne un dévouement sans bornes. Le perfide chasseur Robert la calomnie auprès du comte qui, fou de jalousie, l'envoie, sous un prétexte quelconque, à la forge où il a donné l'ordre de précipiter dans les flammes le premier homme qui s'y présentera. Mais Fridolin le long du chemin, et pour obéir à un désir de la comtesse, s'attarde dans une église où il assiste à un office religieux, de sorte qu'il échappe à la mort ; car Robert le perfide, qui l'avait précédé pour être sûr de son sort, a déjà été sacrifié à sa place. Le comte, ébranlé par ce jugement de Dieu, se repent et reconnaît l'innocence de son fidèle serviteur. – *Les Grues d'Ibycos* (*) est considérée comme une des ballades les plus poétiques, non seulement de Schiller, mais aussi de toute la littérature allemande. Il apparaît, à la lecture de la correspondance entre Goethe et Schiller, que le premier y collabora aussi d'une façon assez importante. Cette ballade évoque la légende qu'a relatée Plutarque, de la mort du célèbre poète et chanteur Ibycos, de Reggio en Calabre.

En 1798, Schiller composa deux autres ballades, sur un thème assez semblable aux deux dernières œuvres. *Le Combat contre le* *dragon* (*) est l'exaltation de l'obéissance et de l'humilité chrétiennes selon lesquelles il faut savoir renoncer même à des gestes de courage. *La Caution* (*) est au contraire un hymne à la fidélité de l'amitié, selon le thème du célèbre conte ancien de Damon et de Pythias. – Au cours des années 1801-1803, le poète composa encore un nouveau cycle de poèmes. « Héro et Léandre » [Hero und Leander] évoque la légende classique très connue, mentionnée par Virgile, par Ovide et que Grillparzer reprit dans sa tragédie *Les Vagues de la mer et de l'amour* (*). Le centre du poème est constitué par un monologue de Héro qui, de son château, voit son amant, dont elle a été séparée par l'hostilité de ses propres parents, se jeter à la nage pour la rejoindre, en traversant les flots agités de l'Hellespont. Léandre y périt. Héro se précipite à son tour au milieu des vagues, pour suivre son amant jusque dans la mort et ne pas rester séparée de lui. – « Cassandre » contient également un monologue ardent ; la malheureuse prophétesse grecque y incarne l'idée que la connaissance de la vérité est, pour l'homme, la source d'une profonde douleur. – *Le Comte de Habsbourg* (*) a pour sujet la légende du comte Rodolphe, homme pieux et généreux. – « Le Chasseur des Alpes » [Der Alpenjäger] fut composé à l'époque pendant laquelle Schiller travaillait à son *Guillaume Tell* (*). Le chasseur téméraire, ayant poursuivi un chamois jusque sur une crête, entend ce solonnel avertissement que lui lance l'Esprit de la Montagne : « Sur terre il y a place pour tous », autrement dit : que l'homme ne dépasse jamais les limites de sa sphère d'action et n'envahisse celle d'autrui.

« La Commémoration de la victoire » [Das Siegesfest] de 1803 peut être considérée comme la dernière ballade de Schiller ; bien que le poète se soit efforcé de donner à cette ballade le caractère d'un poème de société, destiné aux réunions intellectuelles qui avaient lieu à Weimar chaque mercredi, elle compte, à cause de la douloureuse inspiration qui y préside, comme une des expressions les plus nobles du génie poétique de Schiller. Elle clôt le cycle des ballades par une note de lassitude suprême devant la constatation du néant de la vie. Ces idées sont exprimées aussi bien par les vainqueurs que par les vaincus de la guerre de Troie, qui abandonnent à sa solitude la ville entièrement détruite. La lamentation des Troyennes emmenées en captivité, les paroles sévères des héros grecs, la vision désespérée de Cassandre sont reliées entre elles par une sorte de refrain qui tient un rôle proche de celui du chœur antique ; l'œuvre se termine par l'exhortation mélancolique et sage du « Carpe diem » d'Horace.

Les ballades des dernières années sont plus intensément lyriques, moins dramatiques que celles de l'*Almanach des Muses* (*) qui déjà faisaient prévoir que le poète, délaissant la poésie philosophique, reviendrait au drame, et notamment à sa création la plus grandiose : *Wallenstein* (*). – Trad. Aubier-Montaigne, 1965.

CONTES ET NOUVELLES EN VERS. Titre générique de toute une partie de l'œuvre du poète français Jean de La Fontaine (1621-1695), qui comprend cinq livres, parus en 1664, 1665, 1671, 1685, entre lesquels se répartissent soixante-quatre récits brefs. Ces récits se caractérisent par leurs sujets gaillards, leur ton enjoué ; ils ne se donnent pas pour réalistes, mais mettent en scène des humains dans leurs travers, principalement en ce qui concerne l'amour. Considérés comme licencieux, ils furent censurés et interdits à partir de 1675. En fait, ils appartiennent à la tradition des poésies et récits « gaulois », à la verve rabelaisienne, enrichie d'emprunts aux conteurs italiens : Boccace, Machiavel, l'Arioste, l'Arétin. Ils constituent une part de la création de La Fontaine aujourd'hui sous-estimée, mais qui en son temps fit un de ses plus grands succès.

Une tradition critique, qui remonte notamment à Émile Faguet, distingue dans ces récits trois catégories, système assez efficient et commode pour une première description de l'œuvre. L'une de ces catégories est celle du « conte épigramme ». Le récit est alors très bref, et tout orienté vers un bon mot final : « Sœur Jeanne ayant fait un poupon / Jeûnait, vivait en sainte fille / Toujours était en oraison / Et ses sœurs toujours à la grille. / Un jour l'abbesse leur dit : / "Vivez donc comme sœur Jeanne vit, / Fuyez le monde et sa séquelle." / Toutes reprirent à l'instant ; / "Nous serons aussi sages qu'elle / Quand nous en aurons fait autant." Deuxième catégorie, le « conte anecdote » : là les personnages ont un caractère, et il y a une intrigue sommaire. C'est par exemple le cas de *La Courtisane amoureuse* (III, 6) ; au total ces contes-là sont les plus nombreux. Enfin, il est des « contes nouvelles », comme *Joconde, Belphégor, La Coupe enchantée*... où le récit se fait plus long, l'intrigue plus développée, l'ensemble se rapprochant de la définition que l'on retient couramment pour la « nouvelle ».

Même lorsqu'il moralise, La Fontaine ignore la contrainte. Veut-il parler de l'amour ? Il énonce simplement : « Qu'il fut toujours grand faiseur de miracles : / En gens coquets, il change les Catons. / Par lui, les sots deviennent des oracles / Par lui, les loups deviennent des moutons. / Il fait si bien que l'on n'est plus le même. » Ou encore : « Plus d'une fois je me suis étonné / Que ce qui fait la paix du mariage / En est le point le moins considéré / Lorsque l'on met une fille en ménage. » S'il parle de quelque jaloux, il ne tourne pas autour du pot : « Les maux les plus cruels ne sont que des chansons / Près de ceux qu'aux maris cause la jalousie. / Figurez-vous un fou chez qui tous les soupçons / Sont bien venus quoi qu'on lui dise. / Il n'a pas un moment de repos dans la vie : / Si l'oreille lui tinte, ô dieux, tout est perdu. / Ses songes sont toujours que l'on le fait cocu. » Mais, bien vite, la poésie reprend tous ses droits : « Un démon plus noir que malin / Fit un charme si souverain / Pour l'amour de certaine belle / Qu'à la fin celui-ci posséda sa cruelle. » Sans oublier le vers fameux par lequel s'achève *La Clochette :* « Ô belles, évitez / Le fond des bois et leur vaste silence. » Mentionnons enfin ce conte imité d'Anacréon sous le titre de *L'Amour mouillé* (III, 12). On en connaît le thème : ayant hébergé un jour l'enfant Cupidon mis à mal par une averse, le poète, pour toute récompense, reçoit une flèche en plein cœur. « Ah, je vous connais, lui dis-je / Ingrat et cruel garçon ; / Faut-il que qui vous oblige / Soit traité de la façon ! / Amour fit une gambade, / Et le petit scélérat / Me dit : pauvre camarade, / Mon arc est en bon état / Mais ton cœur est bien malade. »

La tradition du conte humoristique, qui se développa en France au XVIe siècle, connaît avec cette œuvre de La Fontaine à la fois une évolution et une sorte d'apogée. L'emploi du ton mondain teinté de galanterie fait que la gaillardise y est bien présente, mais nuancée dans la forme, et la brièveté est maniée avec prestesse, pour un public habitué au brillant de la conversation de salon, donc amateur de formes brèves. Ce genre ne connaîtra guère d'autres productions du même niveau dans les périodes suivantes. A. VI.

CONTES ET PROPOS. Recueil de l'écrivain français Raymond Queneau (1903-1976), publié en 1981.

Recueil posthume, *Contes et Propos* réunit surtout des textes de fiction (nouvelles, début de roman, pièce en deux actes) précédemment parus en plaquettes à faible tirage ou en revues, donc à peu près introuvables. Ces textes s'étendent sur toute la vie de leur auteur, puisque le premier fut écrit en 1922 et le dernier en 1973. Ils reflètent, d'une manière assez frappante, tout à la fois la diversité des talents de Raymond Queneau et la remarquable constance de ses conceptions littéraires.

À la limite de la forêt est le début d'un roman (un chapitre et demi) que Raymond Queneau n'a jamais poursuivi. On y trouve plusieurs personnages énigmatiques ou pittoresques et un chien doué de parole. Il est regrettable que ce roman n'ait pas été achevé, car il est difficile d'imaginer, à la lecture de ses dix-huit pages, comment il se serait développé, puis conclu.

En passant est la seule pièce de théâtre de Raymond Queneau, ce qui peut surprendre quand on songe à la qualité des dialogues de ses romans, mais aussi de ceux qu'il a écrits pour le cinéma. Son intérêt réside surtout dans sa construction « en miroir », le deuxième acte se présentant comme le « complémentaire » (au sens chromatique) du premier.

Un conte à votre façon est un texte composé selon la méthode de programmation des machines informatiques (et peut-être le premier de tous) : le lecteur est régulièrement invité à faire des choix qui le conduisent à lire un récit particulier parmi plusieurs possibles. Le résultat est, on le devine, plus amusant que révolutionnaire. J. B.

CONTES ET RÉCITS. Recueil de nouvelles de l'écrivain français Georges Limbour (1900-1970), publié posthume en 1973. À l'exception des deux premiers textes, « L'Acteur du Lancashire ou l'Illustre Cheval blanc » et « Le Cheval de Venise », qui appartenaient à *L'Illustre Cheval blanc* (1930) et qui sont du meilleur surréalisme, les treize récits chronologiquement rassemblés ici n'avaient paru qu'en revues. Bien qu'échelonnés sur une période de quarante-deux ans, ils font montre d'une unité de ton et d'inspiration remarquable. C'est à une véritable fête de l'imaginaire, à un bal où masques et bergamasques, loups de satin et dominos (« Domino, projet de ballet ») virevoltent et s'échangent, métamorphosant les apparences du réel en personnages vivants et la réalité en féerie, c'est à un redéploiement de toutes nos facultés sensorielles, à une flânerie insolite et enchantée de l'autre côté du miroir du monde, que Georges Limbour nous convie une fois de plus dans ce livre. L'espace et le temps, s'ils existent bien, ne sont en fait ici qu'un prétexte pour en démonter le mécanisme et rendre présente à nos yeux dans la trouée cette part d'infini et d'éternité que la vie recèle. À ce titre, la nouvelle intitulée « Cahier de musique pour X » est exemplaire. Le narrateur y raconte comment, pour ranimer un piano mécanique qui le fascina jadis et le jeune musicien disparu dont il n'est peut-être que l'ombre portée, il lui faut ressusciter une ville anéantie par les bombes et retournée sous la terre. Instaurant un dialogue avec le lecteur anonyme, l'auteur, tout en expliquant sa démarche, redonne vie et couleur peu à peu, à travers des souvenirs personnels, au piano, au pianiste et à ce bar d'une ville que la guerre a rasée. Au point que le lecteur interpellé (chacun de nous) participe personnellement à cette résurrection. Attentif aux forces mystérieuses qui nous entourent de toutes parts et conduisent nos pas, Limbour fait surgir de la réalité la plus quotidienne – le renouvellement du papier peint de son appartement (« Visiteurs et Chantiers »), une statue du Jardin des Plantes (« La Géante et les Débris »), la vente d'un tableau (« Description d'un tableau »), etc. – un univers envoûtant et quasi magique. Un détail souvent lui suffit pour faire basculer le réel, non pas dans l'irréel, mais dans un surcroît de réalité. Tantôt le récit, transformé par la vision imaginaire, devient fable, mythe ou parabole, tantôt conte ou légende. « Les Yeux de verre » exposés dans la vitrine d'un opticien font d'un quidam fasciné le sujet d'un traumatisme qui décime un hospice d'aveugles ; la pierre représentée sur un tableau que le narrateur s'apprête à vendre s'anime petit à petit sous ses yeux comme une scène de théâtre où l'inconscient impose des personnages qui lui révèlent la face cachée de sa vie ; une mésaventure à la frontière albanaise (« À l'encre sympathique ») le fait douter du visible. Prêt au merveilleux, Limbour n'en est pas moins lucide. Aussi reste-t-il mesuré et d'une gravité discrète dans ses tours de prestidigitation, grâce à une écriture précise et soignée qu'une touche çà et là de bon sens et d'ironie apprivoise et réchauffe. G. G.

CONTES ET RÉCITS [*Rasskazy i Povesti*]. Ce recueil de l'écrivain soviétique Mikhaïl Zochtchenko (1895-1958), maître de la nouvelle humoristique soviétique, parut en 1952 et il reprend des textes composés et publiés entre 1922 et 1945. Son héros est l'éternel petit-bourgeois qui a survécu à l'ancien régime : c'est le plus souvent un petit employé, une ménagère, un artisan... L'auteur peint avec un humour irrésistible les mœurs de ses personnages, leur vie besogneuse et médiocre, qui s'écoule en marge des événements historiques ; les difficultés et l'inconfort des appartements communautaires, les problèmes matériels de tout genre, les tracasseries administratives, les aventures amoureuses qui finissent mal, forment la trame de ces brefs récits. Mais le héros de Zochtchenko a aussi des prétentions à la culture, à la politique et même à la philosophie, prétentions qui contrastent avec son irrémédiable mesquinerie. Le comique chez Zochtchenko a sa source dans la langue, celle des personnages comme celle du narrateur (commentaires ou récit à la première personne) qui est également un petit-bourgeois. Ils parlent le russe caractéristique de l'époque postrévolutionnaire, langue vulgaire, parfois grossière, émaillée de fautes de grammaire, enrichie d'expressions journalistiques, de slogans politiques, de termes scientifiques employés mal à propos et qui, dans leur bouche, ont une résonance comique. La langue de Zochtchenko, originale et savoureuse, se prête très difficilement à la traduction. Mais à côté du thème initial du petit-bourgeois se développe peu à peu un autre thème : celui de la machine administrative qui brime l'individu. Zochtchenko n'attaque pas la Révolution ; c'est l'être humain qu'il défend aussi bien contre l'égoïsme obtus du petit-bourgeois que contre « l'appareil » du Pouvoir. Certains hommes du nouveau régime ne représentent en effet qu'un nouvel avatar du petit-bourgeois qui reste fidèle à son type à travers tous les bouleversements idéologiques et sociaux. Au cours des années 20 et 30, Zochtchenko publia plusieurs recueils de courts récits, qui furent extrêmement populaires dans son pays ; entre autres, *De qui riez-vous ?* [*Nad kem smejetes'*, 1922], *La Vie joyeuse* [*Veselaja Jizn'*, 1924], *Les Gens nerveux* [*Nervnye ljudi*, 1926], *Honorables citoyens* [*Uvažaemye graždane*, 1927] ; il a écrit également quelques récits plus longs : *La Jeunesse retrouvée* [*Vozvraščennaja molodost'*, 1935] est l'un des plus connus. Le recueil *Contes et Récits* groupe le meilleur de son œuvre. À côté de récits très courts (trois ou quatre pages), narrant sur le mode anecdotique quelques faits divers dont l'écrivain tire une conclusion humoristique, nous y trouvons des nouvelles plus développées retraçant les multiples aventures de quelques personnages appartenant à la mythologie de Zochtchenko. Parfois un ton nouveau s'annonce : des réflexions amères sur la vie se glissent dans le récit sans en rompre l'unité psychologique et stylistique, car ce sont toujours les petits-bourgeois qui parlent. Souvent l'histoire de ses pitoyables héros s'achève par une catastrophe dont le caractère absurde révèle le pessimisme foncier de l'auteur. En janvier 1946, Zochtchenko fut brutalement attaqué par le fameux Jdanov (président de l'organisation communiste de Leningrad), qui lui reprocha de « calomnier l'homme et la réalité soviétiques ». Par décision du Comité central du parti, Zochtchenko fut exclu de l'Union des écrivains et pratiquement condamné au silence. Lorsque, en 1953, il put à nouveau prendre la plume, il semblait avoir perdu la verve et l'humour qui lui avaient valu la célébrité. Ses dernières œuvres réunies en volume, *Récits, Feuilletons, Comédies* [*Rasskazy, felétony, komedii*, 1962], révèlent une tendance didactique assez plate et une banalité de l'écriture qui ne rappellent en rien le brillant styliste de jadis. — Trad. *La Vie joyeuse*, Gallimard, 1931 ; *Avant le lever du soleil*, Gallimard, 1971 ; *Contes de la vie de tous les jours*, éd. Noir sur Blanc, 1987 ; *Les récits de Nazar Ilitch, cher monsieur Ventrebleu*, Solin, 1990.

CONTES EXTRAORDINAIRES DU PAVILLON DU LOISIR [*Liao-tchai tche-yi — Liaozhai shiyi*]. Contes de l'écrivain chinois P'ou Song-ling (1640-1715), auxquels il travailla pendant une dizaine d'années, et qui furent achevés en 1679 (et augmentés jusqu'en 1707). Tout d'abord, le livre circula sous forme de manuscrit, et ne fut imprimé qu'en 1766, par le neveu de l'auteur, pour connaître ensuite plusieurs centaines d'éditions. Il renferme quatre cent trente et un contes fantastiques qui se répartissent en seize groupes, leur longueur variant de quelques lignes à deux pages. Ce sont, à ce qu'en dit la préface, les anecdotes et les récits que l'auteur entendit de passants sur le bord du chemin, ou bien de ses amis qui connaissaient son goût pour les histoires étranges. Ils parlent de toutes sortes de revenants, esprits et spectres, de toutes sortes d'animaux, au premier rang desquels les renards (esprit aimant à séduire sous la forme de belles jeunes femmes ou de jeunes lettrés), de magie et de rêves prémonitoires – et ce souvent dans le cadre le plus réaliste qui soit. Ces contes ne s'écartent point du modèle donné par les écrits de ce genre qui abondaient à l'époque des T'ang (609-918). Par rapport à ceux des contemporains, le recueil possède une supériorité très nette, tant par la grâce et la beauté de la diction que par l'ingéniosité de l'intrigue, l'élégance du style extrêmement classique et la variété des références et allusions de toute espèce à des œuvres littéraires. Il innove par ailleurs en usant des dialogues et des discours pour camper les personnages. De telles qualités justifient fort bien la faveur avec laquelle les *Contes* furent accueillis, et la place de tout premier plan qu'ils tiennent dans la littérature chinoise. C'est pourquoi les imitateurs furent aussi nombreux qu'incapables d'égaler leur modèle. – H. A. Giles a traduit cent soixante-quatre de ces contes dans *Strange Stories from a Chinese Studio* (Londres, 1880), parmi une quarantaine de traductions partielles en Occident. – Trad. française L. Laloy, *Contes étranges du cabinet Leao,* Piazza, 1925 ; Y. Hervouet, *Contes extraordinaires du pavillon du loisir,* Gallimard, 1969 ; Li Fengbai, et D. Ly-Lebreton, *Contes fantastiques du pavillon des loisirs,* Éditions en langues étrangères de Pékin, 1986.

CONTES GALICIENS [*Galizische Geschichten*]. Recueil de nouvelles de l'écrivain autrichien Leopold von Sacher-Masoch (1836-1895), publié à Berne en 1876. Ayant vécu assez longuement en Galicie, Sacher-Masoch en tire une connaissance approfondie des coutumes nées du mélange des races : Polonais, Petits Russiens, Allemands, Juifs sont en lutte continuelle – pour des questions de classes et de nationalités. La haine qui les anime provoquera une révolte sanglante. Beaucoup de ces nouvelles sont construites autour d'événements historiques tels que la peste de 1830, la révolution polonaise de 1846 et la constitution de la « garde rurale », le soulèvement des paysans en 1863. Mais l'élément historique reste une toile de fond sur laquelle se détachent les aventures toutes personnelles de certains personnages qui, observés avec beaucoup de pénétration, arrivent à prendre toute la réalité de personnages types. C'est ainsi que dans « Magass l'aventurier », « Grinko Balabau », « Le Jésuite », « Notre député », se profile une galerie de personnages qui ont tous les caractéristiques et les passions de la petite bourgeoisie rurale de Galicie. « Abe Nahum Wasserkrug » met en scène un vieux Juif de Brzosteck qui n'hésite pas, bien que peureux et superstitieux, à faire les sacrifices que nécessitent l'éducation et l'instruction de son fils unique, sauvé de la peste ; il va jusqu'à le remplacer dans une mission périlleuse à travers les territoires infestés par des bandes révolutionnaires (nous sommes en 1846). Une même complexité dans l'analyse psychologique et un même talent dans l'art de conter se retrouvent dans « Les morts sont insatiables », et surtout dans la nouvelle la plus importante et la mieux venue du recueil, « Don Juan de Koloméa », long récit en trois parties.

Dans ce récit, l'auteur se laisse aller à ce profond pessimisme qui affleure dans tous les autres *Contes* et qui, poussé jusqu'à ses conséquences extrêmes dans les romans suivants, donnera naissance à cette forme de sensualité morbide dont le nom même vient de celui de l'écrivain : le masochisme. Un libertin, forcé de faire halte dans une auberge de campagne, raconte sa vie : son mariage a été suivi d'un temps de bonheur conjugal qui a tourné court. Les relations entre les époux s'envenimant peu à peu, l'un et l'autre n'ont trouvé d'autre expédient que l'infidélité et le libertinage pour masquer l'écroulement de leur idéal. La première partie de la nouvelle est formée de tableaux extrêmement délicats à la faveur desquels l'auteur dépeint la tendre et douce intimité des jeunes époux – le bal, au cours duquel ils se rencontrèrent pour la première fois, puis les premiers temps de la vie commune ; mais, avec la naissance des enfants, apparaissent les querelles, et le récit change de ton, lentement, mais inexorablement : froideur des époux, duel avec l'amant de la femme. Tout ceci aboutit à une sorte de compromis assez dégradant, qui n'a extérieurement rien de tragique, et qui seul permet à la vie de suivre son cours habituel, la fausseté des relations étant le plus sûr garant de leur durée. Ce point de vue sur le mariage ne veut être ni une critique morale, ni le triomphe de l'immoralité. Mais l'auteur prétend simplement suivre le processus d'une évolution naturelle ; l'amour est conçu comme une lutte sans merci entre les deux sexes. À un certain moment, les adversaires font une trêve, croyant avoir trouvé un point d'équilibre. Mais il se produit une réaction, fruit d'un réveil brusque de la nature, alors que des enfants viennent au monde. Cette naissance éloigne à nouveau les deux partenaires, et les délivre de ce malentendu tragique.

Ce scepticisme désespéré prend un accent encore plus sombre dans « L'Errant », où l'auteur développe le thème de la renonciation à la vie et de la fuite, héritage que l'homme reçut de Caïn. Bestial, l'homme y est présenté comme la plus cruelle et la plus intelligente de toutes les créatures. L'« errant » est un vieil homme farouche à la barbe blanche et aux yeux sombres ; il apparaît dans les bois, réveillé par le coup de fusil d'un chasseur qui vient de tuer un aigle. Il reproche avec dureté au chasseur d'avoir versé le sang, encore que ce soit celui d'une bête, et il rapporte ses propres expériences : après avoir connu l'amour, la souffrance, la faim et la maladie, après s'être livré à la haine et au meurtre, il s'est retiré du monde dès qu'il eut compris que la violence est la seule sauvegarde, et que la préoccupation constante de l'homme est de transmettre une vie maudite. Le pessimisme exalté et la conviction fortement établie de l'écrivain ne laissent pas de donner à son style une vigueur étonnante que renforce une belle ordonnance classique. Ni les nuances, ni les qualités oratoires n'altèrent la fidélité au réel. Ce dernier trait, joint à un grand bonheur dans la description des scènes et des paysages, constitue la meilleure part du talent de Leopold Sacher-Masoch. – Trad. sous le titre *Le Legs de Caïn, contes galiciens*, Hachette, 1874 ; Club français du livre, 1963.

CONTES HASSIDIQUES [*Khasidish*]. Recueil de nouvelles de l'écrivain polonais d'expression yiddish Itskhok Leybush Peretz (1851-1915), publié en 1908. Il convient en fait de distinguer, à l'intérieur des contes hassidiques, deux sous-genres. Il y a d'une part des parodies des hagiographies hassidiques traditionnelles, où la figure du rabbin miraculeux est tournée en dérision, et qui finissent par tourner à la révolte contre l'obscurantisme et la passivité des Juifs, comme dans « Le Shtrayml » [Dos shtrayml], « Bontshe le Silencieux » [Bontshe shvayg], « Si ce n'est plus haut encore » [Oyb nisht nokh hekher]. D'autres contes hassidiques, au contraire, vantent la simplicité et l'humilité du genre de vie hassidique, que Peretz réinterprète comme favorisant les émotions, la proximité avec la nature ou la musique, c'est le cas de « Métamorphose d'une mélodie » [A gilgl fun a nign]. Il faut aussi distinguer, dans l'œuvre de Peretz, les *Contes populaires* [*Folkstimlekhe geshikhtes*, 1909], qui, sous couvert de contes moralistes archaïsants, sont en fait des contes symbolistes modernes à l'esprit romantique exacerbé, presque nietzschéen, où le mérite revient à celui qui est capable d'accomplir une action singulière et hors du commun – « *Trois cadeaux*] [*Dray matones*]. – Trad. *Métamorphose d'une mélodie et autres contes*, Albin Michel, 1977 ; *Contes hassidiques*, Stock, 1980.

De. Be.

CONTES MORAUX de Marmontel. Recueil de récits de l'écrivain français Jean-François Marmontel (1723-1799). Il est composé de pages parues, parfois sans signature, dans le *Mercure de France* et recueillies en volume en 1763, et fut par la suite augmenté d'autres récits dans une nouvelle édition, de 1789 à 1792. L'idée de tolérance, qui forme l'argument essentiel du *Bélisaire* (*) du même auteur, se transforme dans cette œuvre en une impression d'optimisme et de bonhomie. La justice doit triompher dans la société, les apparences sont trompeuses qui nous font croire au triomphe du mal, tout doit aboutir à un heureux dénouement. Et c'est ainsi que Marmontel soumet à la réflexion du lecteur « la prétention d'être aimé uniquement pour soi-même » ou « la folie de ceux qui emploient l'autorité pour réduire une femme à la raison », comme c'est le cas pour un sultan et son esclave. Il introduit d'autres types et s'efforce, à la faveur d'une galerie de portraits, de promouvoir une sorte de sagesse souriante : l'amour trop attendu à la suite de lectures de romans, la vertu d'une femme comme il faut, la hardiesse avec laquelle on se prend pour des philosophes, l'aveugle prédilection d'une mère pour un seul enfant, etc. Tout cela nous vaut d'aimables réflexions conduites avec adresse. Ces *Contes moraux* furent traduits en plusieurs langues et eurent non seulement une divulgation rapide auprès des familles du temps, mais surtout une influence importante sur la littérature de son temps et du début du XIXe siècle. Stéphanie Félicité Ducrest de Saint-Aubin de Genlis (1746-1830), qui avait déjà imité le *Bélisaire*, se souvint aussi de Marmontel et de ses *Contes moraux* lorsqu'elle écrivit ses ouvrages destinés aux jeunes gens.

CONTES NOCTURNES dans la manière de Callot [*Nachtstücke in Callots Manier*]. Contes que l'écrivain allemand Ernst Theodor Amadeus Hoffmann (1776-1822) publia en 1817. Ils font suite aux *Fantaisies dans la manière de Callot* (*) et comprennent huit récits. « Le Mage Sabbiolino » introduit pour la première fois, dans le monde de l'auteur, le thème de l'amour excentrique. « Ignace Danner » mêle, à l'histoire d'un brave garde-chasse et de sa nombreuse famille, les ténébreux agissements d'une bande de voleurs, et les manœuvres plus louches encore d'un nécromancien napolitain : Trabacchio. Ce dernier en effet a tué ses propres enfants pour leur arracher le cœur et recueillir le sang nécessaire à ses opérations de magie. Tout le pouvoir de fascination que contient cette nouvelle vient du contraste formé entre la vie sereine et innocente du garde-chasse et la tragédie qui soudain la bouleverse. « L'Église des jésuites » [Die Jesuitenkirche] conte le drame d'un peintre attaché pendant toute sa vie à la recherche de l'expression, en dépit de l'insuccès, de l'obscurité et de la misère. Un jour, l'apparition d'une jeune femme extrêmement belle, en qui il croit reconnaître sainte Catherine, le libère de ce cauchemar. Pendant quelque temps, il peint des tableaux qui le satisfont ; mais à partir du moment où la belle apparition devient sa femme, le charme cesse d'opérer et le malheureux n'est plus capable que de produire d'humbles œuvres décoratives. Il en meurt. L'élément le plus intéressant de la nouvelle est, sans contredit, l'analyse des œuvres du peintre et de son travail dans l'église des jésuites. Dans « Sanctus », légende où s'affrontent le paganisme et le christianisme, Dieu et le démon, une jeune Arabe de Grenade se convertit et se fait remarquer à l'église par sa voix splendide. Retournée pour quelque temps à ses habitudes païennes, elle finit par se repentir et provoque, grâce à la beauté de sa voix, la conversion de nombreux Arabes.

Elle meurt entre les bras de la reine Isabelle. « La maison déserte » [Das öde Haus] est une terrible histoire où se mêlent l'amour et la folie, les personnages se rencontrant dans une maison mystérieuse, toujours fermée, en plein cœur de Berlin. Les spectres d'Hoffmann sont d'autant plus effrayants, a très justement remarqué Heinrich Heine, qu'ils vont et viennent en plein jour, qu'ils se promènent sur la voie publique et se comportent comme chacun de nous. « Le Majorat » [Das Majorat], un des contes les plus poétiques d'Hoffmann, mêle une délicieuse histoire d'amour et la chronique d'un sombre château féodal, avec son cortège de fantômes, d'apparitions, de crimes et de somnambules. Mais tout l'appareil du fantastique est éclipsé par la vérité psychologique des divers personnages mis en scène : le jeune musicien amoureux, la charmante baronne Séraphine, le vieux seigneur, haut justicier jovial et plein de bons procédés. Par ailleurs, le grand château solitaire sur les rives de la Baltique, cerné par les bois de pins que hantent les loups, avec ses grandes salles où se donnaient des bals à l'époque de la chasse, est lourd de ce pouvoir de fascination qu'ont les rêves nés du souvenir et de la nostalgie. Dans « Le Vœu » [Das Gelübde], le comte de Ramskay, jeune officier polonais chargé d'un message auprès d'une jeune femme, Herménégilde, dont le fiancé se bat contre les Russes, profite de ce que ladite Herménégilde est en proie à une crise de somnambulisme, au cours de laquelle elle croit tenir dans ses bras l'absent, pour abuser d'elle. Ayant découvert la supercherie, Herménégilde succombe sous le poids de ce qu'elle croit être une faute, et l'expie de la manière la plus inhumaine. Le contraste est remarquable entre la paisible maison du bourgmestre où se déroule l'histoire, et cette sombre tragédie. Enfin Herménégilde met un enfant au monde. Fort évidemment, l'auteur ne laisse pas de donner des détails macabres, tel ce masque de cire qu'Herménégilde porte sur le visage jusqu'à ce que son enfant soit né. La nouvelle a été inspirée à Hoffmann par *La Marquise de O.* de Kleist – v. *Nouvelles* (*) de Kleist. De tout ce recueil, il n'est de joyeux que « Le Cœur de pierre » [Das steinerne Herz] : le conseiller aulique Reutlinger, qui, par manque de confiance en soi et en la vie, a renoncé à épouser la jeune fille qu'il aimait, voit ce rêve d'amour s'accomplir par l'union du fils de son frère et de la fille de celle qu'il aima. Cette idylle a pour cadre une maison quelque peu excentrique et se déroule au milieu de personnages secondaires, qui sont de plaisants fantoches.

Mais le plus célèbre de ces *Contes nocturnes* est « Le Marchand de sable » [Der Sandmann], qui fut publié à part dès 1816, avant de faire partie du recueil. C'est une fantaisie échevelée par laquelle l'auteur nous transporte en une Italie tout à fait imaginaire. Le titre vient du fait que le personnage central, le sensitif et visionnaire Nathanael, a grandi, dans son enfance sombre et désolée, sous le cauchemar d'une légende que lui avait narrée sa bonne et d'après laquelle un être fabuleux, le « Sandmann », verse du sable sous les paupières des enfants jusqu'à ce que les yeux, sanglants, leur sautent des orbites. Des circonstances singulières induisent l'enfant à identifier à cet être maléfique un collaborateur de son père dans ses expériences d'alchimie, Koppelius, lequel, à plusieurs reprises et chaque fois sous de nouveaux aspects, apparaît ensuite dans sa vie, à des moments exceptionnels et toujours comme ennemi. L'action centrale de la nouvelle est l'étrange histoire d'amour que connaît Nathanael. Dans la petite ville universitaire où il s'est rendu vit le grand savant italien Lazzaro Spallanzani : magicien prodigieux, il est l'inventeur et le constructeur d'une poupée, Olympia, semblable à une personne humaine, à laquelle il a donné le mouvement et la parole. Le novice Nathanael s'en éprend comme d'une personne vivante et finit, après des aventures diverses et extravagantes, par perdre tragiquement la raison. Puis c'est le récit de la mort de Nathanael, provoquée par Koppelius : tandis qu'un jour Nathanael, enfin libéré du sortilège d'Olympia, contemple, du haut d'une tour, en compagnie de Clara, la tendre et idyllique fiancée de son adolescence, la ville étendue à leurs pieds, Koppelius l'ensorcelle d'un regard et le pousse à se précipiter dans le vide. Certains ont cru que la source de ce conte était à rechercher dans une page de Jean-Paul, mais on a ensuite démontré qu'Hoffmann avait puisé le sujet dans un recueil d'anecdotes du temps. Bien qu'elle soit teintée d'ironie, l'atmosphère du récit reste, dans son ensemble, effrayante et mystérieuse, grâce au style d'Hoffmann qui, dans la limpidité incisive de ses images et dans sa désinvolture pleine de couleur, laisse affleurer un obscur sentiment d'angoisse qui n'est pas rare dans son œuvre. – Trad. Barba, 1855 ; Phébus, 1979.

CONTES PÉRUVIENS [*Cuentos Peruanos*]. Œuvre de l'écrivain péruvien Ventura García Calderón (1886-1959), publiée en 1961. Ventura García Calderón, avec sa prose ironique qui témoigne d'une culture raffinée, est l'un des meilleurs portraitistes d'un Pérou inconnu, mystérieux, plein de contradictions. Il n'a rien exprimé dans son œuvre que les dispositions de l'homme qu'entoure une nature parfois hostile, parfois cruelle. Ses *Contes péruviens* sont quarante-cinq récits qui appartiennent à deux livres : *La Vengeance du condor* (publié à Madrid en 1919 et traduit en français par Francis de Miomandre et Max Daireaux, en 1925), et *Sang plus vite*, écrit directement en français, en 1933. L'horreur, la mort, la superstition, la violence, sont les thèmes les plus fréquents de cet écrivain qui décrit les épisodes les plus barbares, les péripéties les plus effrayantes sur un ton policé, presque froid, mais qui possède la nature du feu. Les personnages de Ventura García Calderón sont l'Indien, la nature et la vie. L'Indien avec sa pureté, son innocence, ses étranges croyances ; la nature tropicale avec sa cruauté, ses singes hurleurs, ses vipères, la solitude, les terres désertiques, les Andes ; et la vie avec un climat de tension où les passions se déchaînent. Tourments, inquiétude, peur, injustice, tous les éléments qui constituent la tragédie d'un destin humain. Ventura García Calderón a été journaliste, directeur de *La Revue d'Amérique* et diplomate. Il a vécu longtemps en France, en possession d'une culture quasi universelle. C'est ce qui explique pourquoi dans ses *Contes péruviens*, il présente non point un régionalisme pittoresque et grossier, mais une image véritable et objective (ni indigéniste ni anti-espagnole) du Pérou.

CONTES PHILOSOPHIQUES de Nolhac. Recueil de contes paru en 1932, dans lequel le poète et historien français Pierre de Nolhac (1859-1936) a rassemblé quelques-uns des récits fantastiques, écrits au cours des dernières années de sa vie. La vivacité et la malicieuse élégance de certains traits satiriques firent que l'on prononça, lors de la parution du recueil, le nom de Voltaire. S'il faut chercher un modèle à ces *Contes*, le nom d'Anatole France serait mieux approprié, – v. l'*Histoire contemporaine* (*) et *La Révolte des anges* (*). Il n'en demeure pas moins qu'en renouvelant le genre un peu délaissé des récits imaginaires, Nolhac montre une indéniable originalité : il y apporte une indulgente ironie, de la finesse et de la mesure. Sous sa plume, le récit devient un jeu de l'imagination qui peut sembler gratuit, mais qui atteint par des voies insoupçonnées à la création d'un monde poétique particulier, composé de variations paradoxales à partir des données de la réalité quotidienne, celle-ci étant observée par un esprit vif et piquant. Ces qualités se retrouvent dans l'ensemble des contes, soit que l'auteur évoque la figure de Voltaire dans le cadre de la genevoise Société des Nations (« Babel à Ferney ») ou celle de Mme de Pompadour à Versailles (« Chez la marquise »), soit qu'il prenne plaisir à souligner d'un sourire les réactions éventuelles que pourrait entraîner, dans le modeste déroulement de la politique locale, un hypothétique retour du pape en Avignon ; ou qu'il dessine d'une plume alerte, et dans une intention plus satirique, la vie imaginaire du célèbre peintre Bousquillet. Ailleurs, il nous donne communication du « Journal de J.H. Smithson », docteur à l'université de Seattle-Wash, Américain visitant l'Europe en quatre jours. Enfin, il évoque la possibilité d'une foudroyante révolution communiste à Paris. Ce dernier conte est d'ailleurs le plus caractéristique : il met en évidence le talent particulier du conteur, qui s'appuie sur un certain nombre d'hypothèses à la fois des plus rationnelles et des plus fantaisistes.

CONTES POPULAIRES NORVÉGIENS [*Norske folkeeventyr*]. Contes recueillis, rédigés et colligés par deux auteurs norvégiens, le naturaliste Peter Christian Asbjørnsen (1812-1885) et le poète Jorgen Moe (1813-1882), publiés en 1841 et 1844. C'est en 1837 qu'Asbjørnsen et Moe décidèrent d'unir leurs efforts pour faire connaître au grand public norvégien les contes qui s'étaient perpétués oralement dans les campagnes norvégiennes. Tous deux admirateurs des frères Grimm, lesquels devaient ensuite cautionner leur travail, ils décidèrent d'œuvrer suivant des principes identiques. L'ensemble fut une exceptionnelle réussite et est considéré par beaucoup comme une des œuvres clef de la littérature norvégienne du XIXe siècle. Publiés après avoir été recueillis sur place, les contes révélaient d'abord aux Norvégiens en quête d'identité la richesse d'un patrimoine resté à l'abri des influences étrangères. De surcroît, les innovations linguistiques introduites par les auteurs devaient faire date. Considérant, comme tout bon romantique, que les contes étaient l'expression de « l'âme populaire », les auteurs souhaitaient, à défaut de transcrire intégralement une langue orale et dialectale qui n'eût pas été comprise du public, rester le plus près possible de l'original. Aussi, sur le support formel d'une langue danoise débarrassée de ses lourdeurs syntaxiques et de nombreuses scories, spécialement d'origine germanique, introduisirent-ils des constructions, des expressions et des mots nouveaux, montrant ainsi la voie d'une heureuse et novatrice évolution linguistique.

CONTES POUR ADULTES, ENFANTS ET DÉBILES MENTAUX [*Cuentos para adultos, niños y retrasados mentales*]. Recueil de nouvelles de l'ethnologue cubaine Lydia Cabrera (1900-1991), publié à Miami en 1983.

Ce sont des contes philosophiques sur la condition humaine où, désespoir et humour mêlés, s'expriment les illusions perdues, la nostalgie d'un passé nullement idéalisé, la satire, tant à l'encontre des esclavagistes cubains d'antan que des Américains qui en « gagnant leur vie la perdent ». Tout manichéisme en est absent ; les personnages sont en demi-teinte... De charitables ogresses voisinent avec des Nègres lubriques. L'auteur s'implique ; l'œuvre ne se nourrit pas uniquement du folklore afro-cubain, dont elle se distancie. Elle procède d'une vaste culture littéraire, de l'expérience personnelle. L'imagination, la poésie, l'humour s'y expriment. La morale en est épicurienne. Le délire verbal, l'invention métaphorique sont éblouissants.

L. H.

CONTES POUR ENFANTS PAS SAGES. Ce recueil du poète français Jacques Prévert (1900-1977) fut publié en 1947 avec des illustrations d'Elsa Henriquez. À vrai dire, sur la couverture du volume ne se lit que ce titre simplifié : *Contes.* C'est seulement à l'intérieur que l'explication – « pour enfants pas sages » – est figurée, comme en sous-titre. La précision va de soi, et aussi bien le sous-titre pourrait s'appliquer à toute l'œuvre du poète. Les seules différences notables, d'un livre à l'autre, tiennent au degré d'expérience que le « propos » et, par conséquent, le registre où il se déploie, permettent d'incorporer. Or, indépendamment des recueils généraux de Jacques Prévert – *Paroles* (*), *Spectacle* (*), *La Pluie et le Beau Temps* (*), *Histoires* (*), *Fatras* (*) – et les complétant, d'autres ouvrages existent, qui recommencent, ornent, amplifient une œuvre donnée aux rebelles de toutes les générations, saluant en elles l'enfance même. Nous parlerons ici de neuf d'entre eux : *Contes pour enfants pas sages ; L'Opéra de la lune*, images de Jacqueline Duheme, musique de Christiane Verger (1953) ; *Des bêtes...* commentaire à des photographies par Ylla (1950) ; *Le Petit Lion,* autre commentaire, autres photographies d'Ylla (1947) ; *Bim le petit âne,* texte de Jacques Prévert d'après le scénario et les photographies d'Albert Lamorisse (1951) ; *Tour de chant,* dessins de Loris, musique de Christiane Verger (1953) ; *Lettre des îles Baladar,* dessins d'André François (1952) ; *Lumières d'homme,* poèmes (1955) ; *Images,* collages annonçant les collages plus nombreux de *Fatras* (*), précédés d'une belle étude de René Bertelé (1957).

Dans les *Contes* pour « enfants pas sages » proprement dits, un paradis terrestre est vu par Jacques Prévert. Ce sont les premiers temps qu'il nomme, et la vraie morale serait toujours et encore de les refaire : « Autrefois, les ânes étaient tout à fait sauvages, c'est-à-dire qu'ils mangeaient quand ils avaient faim, qu'ils buvaient quand ils avaient soif et qu'ils couraient dans l'herbe quand ça leur faisait plaisir [...] Et les hommes emmenèrent les ânes. » Ces deux phrases sont les deux pôles du dernier conte, et entre eux se déroulent des éloges de la liberté, une liberté que récusent les mauvaises mœurs des humains. Partout dans le livre celles-ci sont montrées, et l'on dirait sur pièces. Le fils Poucet, dès le premier conte (« L'Autruche »), se souvient des ridicules de son père : « ... la première fois qu'il a vu la mer, il a réfléchi quelques secondes et puis il a dit : "Quelle grande cuvette, dommage qu'il n'y ait pas de ponts." » Les autres récits du recueil donnent vie et parole à des antilopes, à un dromadaire, à un éléphant de mer, à des girafes, à un cheval, à un lion.

Les animaux reviendront dans la chanson de Michel Morin, le garçon de *L'Opéra de la lune* ; et dans la lune, loin de vos sociétés industrielles et policières, tout est bien et ramené à l'ordre : « et les aiguilles dans la pendule / tricotent le beau temps jour et nuit ». Le beau temps immobile. *L'Opéra de la lune* n'est pourtant pas l'un des livres forts de Jacques Prévert, poète visuel ; mais quand il regarde les photographies d'Ylla *(Des bêtes..., Le Petit Lion),* la saveur et le charme font leur alliance.

Le commentaire de *Bim,* c'est le texte attentif et simple d'un homme qui aime sa langue maternelle, et ainsi n'a pas besoin de faire le beau avec elle. Dans *Tour de chant* (quatorze textes pour des musiques, précédés d'une préface), on entre dans un domaine autre, qu'on pourrait appeler le domaine général. La part de l'inédit est bien réduite, hélas : sept de ces textes avaient été publiés dans *Histoires,* deux dans *Paroles* ; mais dans la chanson « Cœur de docker » on voit comme, après le passage des littératures, quelques mots familiers, bien conjugués et mis en place, recréent une émotion : « Un beau jour c'est le jour de la saint Cric-Crac / la fille sans cœur est à l'hôpital / et le docker arrêté devant la porte / a des oranges dans les mains / Mais voilà la fille qui devient morte / et le docker ouvre les mains. »

La *Lettre des îles Baladar* explique en somme ce que les autres livres ont proposé. Il s'agit d'un conte libertaire – comme, dans d'autres registres, *La Rose et l'Anneau* de Thackeray ou les *Ubu* (*) de Jarry. Donc, à l'île Baladar, c'était le bonheur en dehors d'un emploi du temps ; sont venus les grands guerriers, grands exploiteurs, grands administrateurs (mais le conte finira bien). Quand il écrivit ce conte, Jacques Prévert habitait à Ibiza, aux îles Baléares. C'était en 1936. Les poèmes de *Lumières d'homme* sont du même lieu et du même millésime. Leur auteur les porta la même année à l'éditeur Guy Lévis-Mano. La guerre et d'autres événements ajournèrent dix-neuf ans la publication de textes graves et qui occupent une place particulière dans une œuvre plus riche et bien plus inexplorée qu'on ne croit : « Somnambule en plein midi », c'est le premier vers, celui de l'homme qui dit « je », qui avait une lumière sur lui, lumière qui ne lui appartenait pas. Et plus loin un autre homme, « il ». Celui-là, quand c'est l'aube enfin, alors il regarde : « Rescapé du voyage de la nuit / il écoute tous les bruits de la vie. » On ne peut pas dire que ces pages-là soient optimistes. En vérité, elles sont déchirantes, imprégnées de luttes et de cauchemars, rationnellement indéchiffrables. Dans le recueil *Images,* publié quelques années plus tard, il y a des inventaires recomposés, du subconscient social, et le second montage est un « Hôtel des Ventes ».

CONTES PROVENÇAUX. Œuvre en prose de l'écrivain provençal Joseph Roumanille (1818-1891). Roumanille fut un des fondateurs de l'Association des nouveaux poètes provençaux, le félibrige [du provençal

« felibre », sage], constituée en 1854. Publiés à partir de 1855 dans l'*Almanach provençal* [*Armana Prouvençau*], ces contes furent recueillis en un volume qui parut en 1883, révélant au public un narrateur des plus originaux et encourageant par ailleurs toute une pléiade de jeunes écrivains provençaux à exprimer dans la langue de leurs aïeux – la seule qui convienne pour cela – tout ce qu'il y a de riche et de profond dans l'âme de leur race. Roumanille possède naturellement le génie de cette langue fraîche, vive, incisive, pleine de raccourcis merveilleux. Presque toujours en partant des événements les plus simples (une pêche dont il revient bredouille, quelque argent qu'on lui a volé, une joyeuse niche qu'on lui a faite, un mauvais tour joué à de pauvres diables), Roumanille réussit à donner à ces contes une tournure neuve et vive, même quand l'action est tirée de quelque vieux livre oublié ou transmise oralement par des générations. Les plus beaux parmi ces contes sont « L'Ermitan de Sant-Jaque », dans lequel on voit un astucieux vagabond voler à son maladroit bienfaiteur le gros dindon qu'il s'apprêtait à déguster à Noël ; « L'Abat Tabouissoun », qui est l'histoire mi-drôle mi triste d'un bon prêtre qui a toujours les lèvres sèches, ce qui le pousse à les mouiller avec un peu de bon vin, surtout quand il est en chaire, d'où son aventure humiliante ; « Quand ère enfant » : un épisode savoureux du jeune âge, raconté avec autant de réalisme que de grâce malicieuse, et « La Sauvi », curieuse légende populaire tout imprégnée de la plus sincère naïveté et d'une émotion profonde. Chacun de ces petits chefs-d'œuvre a été traduit en français par Alphonse Daudet, Pontmartin, Blavet et quelques autres écrivains.

CONTES SARRASINS [*Novelle saracene*]. Nouvelles et contes de l'écrivain italien Giuseppe Bonaviri (né en 1924), écrits en 1978-79 et publiés en 1980. C'est le premier recueil de contes de l'auteur, et ce n'est pas un hasard s'il le dédie à sa mère à moitié en sicilien : « A mia madre a mia madruzza bedda. » Nous le savons depuis longtemps, et Bonaviri nous le répète dans *Ghigò* (1990), la mère était une grande diseuse de contes depuis son enfance : pour tromper la faim, quand elle se faisait trop impérieuse, il n'était pas rare qu'elle en raconte quelques-uns à ses frères et sœurs réunis. Ce texte peut être interprété comme une façon profonde de communier avec la mère, mais c'est aussi un palimpseste car il superpose imaginaires sicilien et arabe. Symptomatique à ce sujet est une étude critique de Bonaviri intitulée *Relations entre les fables siciliennes et les Contes des mille et une nuits* in *Le Gladiateur* [*L'Arenario,* 1984]. L'auteur y défend la thèse de la proximité du monde fabuleux sicilien avec celui du grand livre oriental. L'originalité de Bonaviri se manifeste dans l'écriture, car la tradition orale sicilienne a déjà fait subir aux mille acteurs de ces contes les déformations qui nous étonnent à la lecture. Ainsi la confusion entre les religions permet-elle d'évoquer un Jésus sarrasin, adorant le ciel et le soleil, et, pourquoi pas, Mahom. Jésus est mis en parallèle avec Jupha, provenant de la tradition orientale, qui est le masque bifront de l'idiot d'un côté, de l'astucieux de l'autre, et qui lutte contre tous les pouvoirs dont celui de Frédéric II, mort en 1250. On voit que la confusion des temps n'est pas moindre, ce qui donne à l'auteur une liberté totale. Dans ces contes, les ânes chient des louis et les amoureuses façonnent de leurs mains des amants de farine, de sucre et de miel. Cette liberté, où même la logique du fantastique est abolie, permet à Bonaviri d'atteindre à ce qui est un des pôles de son inspiration, la « contaminatio », pour retrouver le chaos. – Trad. Denoël, 1985. P. R.

CONTES TURCS. Ce recueil de contes populaires, rassemblés par le folkloriste turc Pertev Nailî Boratav (né en 1907), a été publié pour la première fois en traduction française (sauf deux contes déjà publiés en turc) à Paris, en 1955, par les éditions Érasme dans la collection « Contes des cinq continents ». Il comprend vingt-deux contes suivis de remarques de l'auteur et de Paul Delarue. Ces contes viennent de toutes les régions de la Turquie et de toutes les couches sociales ; deux seulement ont des caractéristiques citadines, quatre sont d'origine proprement paysanne, seize autres proviennent de petites bourgades anatoliennes. Bien qu'excellente, la traduction altère toutefois les particularités stylistiques de ces récits recueillis aux sources, mais elle laisse entrevoir cependant le ton direct et non élaboré du narrateur. Le choix des contes met en relief les particularités de ce genre littéraire en Turquie. Le contenu social et idéologique des contes turcs exprime, en marge d'un espace et d'un temps déterminé, des contrastes sociaux et moraux bien accentués, et souligne avec insistance la lutte entre le bien et le mal, le riche et le pauvre, le puissant et le faible, sans faire preuve d'un réalisme excessif. Le merveilleux ici n'a pas dominé le surnaturel. Il faut noter aussi le caractère satirique, humoristique et parfois cruel des contes turcs dans lesquels, sans être décrite ni étalée, la violence est le lot des personnages odieux. Les *Contes turcs* offrent aux lecteurs français la mentalité spécifique du peuple turc, avec le trésor de ses images, de ses sentiments, de sa poésie, de sa fantaisie, et l'on y devine, derrière la fiction, le rythme de la vie quotidienne.

CONTINENT PERDU. Choix de poèmes du poète israélien Nathan Zach (né en 1930) publié en France en 1989. Ces poèmes proviennent des quatre principaux recueils de l'auteur : *Poèmes divers* [*shirim shonim*, 1960], *Tout le lait et le miel* [*kol hé-halav ve-ha-devash*,

1966], *Vers le Nord-Est* [*tsfonit-mizrahit*, 1979], et *Contre l'oubli* [*neged shikheḥa*, 1984]. « Continent perdu » est le titre d'un des poèmes du recueil *Contre l'oubli*. Dans les années 50, la poésie de Zach, en rupture avec celle de ses illustres prédécesseurs Avraham Shlonsky et Nathan Alterman, ouvre une ère nouvelle. Zach anime le groupe littéraire « Likrat », au sein duquel son influence est dominante. « Likrat » s'assigne pour tâche de critiquer les écrits des poètes qui en font partie, tout en analysant les œuvres des générations passées. Dans un constant souci d'intégrité morale, refusant toute complaisance, Zach dépouille le langage à l'extrême. Mais ceci n'exclut pas, bien au contraire, un art complexe où le vers et le poème présentent une structure raffinée. Il utilise des homonymes, des homophones et reprend des métaphores ou des clichés souvent désuets. Iconoclaste comme Joyce et Pound, qu'il admire, Zach met souvent en scène des héros bibliques qu'il humanise. Solitude absolue, mort, conflits de la condition humaine sont les thèmes récurrents de son œuvre. Cette quête difficile du moi se retrouve surtout dans les recueils *Tout le lait et le miel* et *Poèmes divers*. Ce deuxième recueil, accueilli avec beaucoup d'enthousiasme par les lecteurs de Zach, est encore bien souvent considéré comme le meilleur. Il est intéressant de souligner l'ambiguïté de son titre, « shonim » signifiant en hébreu à la fois divers et différents. Mais s'agit-il de poèmes différents les uns des autres ou bien différents des poèmes écrits précédemment ? Ce titre souligne bien l'usage que fait le poète de la langue, en créant, avec une grande économie de moyens une multiplicité de sens. Dans ces deux recueils, où l'élément musical est important, les nombreuses répétitions créent une impression de monotonie, d'attente, de vide. C'est pendant un long séjour en Angleterre que Zach compose les poèmes intitulés *Vers le Nord-Est*. On y sent l'éloignement du poète et le sentiment de son étrangeté. En même temps se fait jour une réflexion sur le sens de l'écriture et le besoin d'écrire auquel il ne peut résister. Dans de nombreux poèmes, Zach fait siennes les techniques imagistes de Pound, qu'il retravaille. Avec *Contre l'oubli*, le poète est de retour sur la terre d'Israël, mais dans une actualité qui le force à quitter sa réserve habituelle. Sous le choc de la guerre du Liban, lui qui avait toujours prôné le désengagement va prendre position. Certains de ses opposants ne manqueront pas de dire qu'il trahit par là son credo poétique. Des poètes de talent comme Daliah Rabikowitch composent même des « poèmes de contestation ». Mais à côté de l'actualité, du tumulte de la vie sociale, Zach retrouve sa famille. Il compose pour la première fois des poèmes où l'on peut découvrir des éléments autobiographiques. Seul recueil publié à ce jour en France, *Continent perdu* permet de découvrir un poète qui, par son originalité et sa modernité, a beaucoup influencé ses contemporains. – Trad. Belfond, 1989. M. O.

CONTINENTS ET OCÉANS [*Kontinentn un okeanen*]. Recueil de poèmes de Melekh Ravitch (1893-1976), poète canadien d'expression yiddish. Ce livre, paru en 1937, est l'œuvre de la maturité de l'écrivain, « des poèmes qui n'ont pas encore la sérénité du grand âge et déjà plus l'inquiétude de la jeunesse [...] des poèmes d'été tardif et de pas-encore-l'automne », le moment où il s'éloigne de l'expressionnisme ou du futurisme parfois dogmatique des « agressives années de jeunesse » pour laisser s'épanouir une voix originale. Dans la Préface, l'auteur s'explique avec humour et force sur son évolution : si forme et contenu ont changé, ils demeurent dans la ligne principale qu'il défend, et qui vise l'universalité. Conscient d'avoir subi plusieurs influences littéraires, provenant de toutes les cultures, il ne rend hommage qu'au seul Walt Whitman. On retrouve en effet chez Ravitch la même ampleur de lyrisme, le souffle qui lui fait ambitionner de peindre l'univers entier dans ses poèmes. Il les regroupe en dix parties qui évoquent soit le lieu qui les inspire (Poèmes « asiatiques », « américains », « africains », « européens », « australiens », « océaniques », « juifs », « d'entre mes quatre murs ») soit les idées qu'ils charrient (poèmes « pacifistes et d'idées », « végétariens ») sans jamais se transformer en illustration militante et réductrice. N. Dé.

CONTINGENCE DES LOIS DE LA NATURE (De la). Œuvre du philosophe français Émile Boutroux (1845-1921), publiée en 1874. L'auteur affirme que la science considère toute la réalité, naturelle et humaine, comme une chaîne indéfinie de causes et d'effets, comme une série de phénomènes reliés entre eux par un rapport de nécessité. La nécessité, catégorie fondamentale de la pensée scientifique, a trois formes logiques : nécessité absolue ou analytique qui consiste dans l'intromission d'une idée dans une autre, dont la première peut être extraite par voie d'analyse ; nécessité synthétique « a priori », qui semble réalisée dans la nature même, laquelle ne peut être pensée que comme loi ou rapport nécessaire ; nécessité « a posteriori » ou inductive, puisque l'expérience semble témoigner qu'il existe parmi les phénomènes un constant et rigoureux lien de fait. Examinées à fond, les trois formes de nécessité se transforment en leur opposé, c'est-à-dire en trois formes de contingence. Aucune des idées fondamentales qui découlent de la connaissance de la nature n'a en elle-même de nécessité. Le rapport causal n'est pas démontrable ; parce que le fait que la cause explique et détermine l'effet entraîne que ce dernier devrait contenir en lui ces caractères nouveaux, hétérogènes, par lesquels l'effet se distingue de la cause : mais s'il les contenait, il n'y aurait plus ni cause ni effet, seulement une simple identité. Les lois ne dominent donc pas nécessairement les phénomènes : elles constituent plutôt le rythme de leur mouvement. Dans le passage d'une forme d'existence à une forme plus haute, de la matière indéterminée aux corps, des corps aux êtres vivants, de ceux-ci aux êtres pensants, il nous est donné de constater la même contingence.

Entre chacun de ces aspects du réel et l'aspect supérieur il n'existe pas de transformation progressive, et encore moins de détermination causale, mais en réalité un véritable saut. Chaque existence possède en soi, et par rapport aux existences inférieures, un élément de nouveauté, de spontanéité, de contingence, qui augmente d'autant plus que l'on s'élève dans la hiérarchie des êtres. Dans le dernier passage de l'être vivant à l'être pensant, tout acte de pensée, de sentiment, de volonté, semble conditionné par un fait physiologique déterminé, mais le premier ne peut être réduit au second, parce qu'il manque à celui-ci un caractère essentiel au fait psychique, la conscience. Mais si les actes de la conscience sont contingents par rapport à l'organisme vivant, la nécessité ne pourrait-elle dominer la conscience même ? Il faudrait pouvoir ramener toutes les successions psychiques à une succession élémentaire exactement déterminée : mais une telle détermination ne peut pas se déduire logiquement et ne peut pas être dérivée de l'expérience. Il est bien vrai que tous les faits psychiques, et même les actions volontaires, révèlent cette constance et cette régularité qui permettent à la science de construire ses propres lois d'une façon analogue à celles qui dérivent de l'uniformité du monde physique. Mais la fixité de la loi, plutôt qu'un corollaire de l'idée mécanique, est l'expression de la fixité de l'idée finale qui préside à toutes les manifestations naturelles et humaines. Dans le monde humain ensuite, la loi se fractionne en de multiples lois toujours plus particulières, de telle façon que l'individu, devenu pour lui-même la seule espèce à laquelle la loi s'applique, en devient aussi le maître.

Plus nous nous approchons de la réalité concrète, de la vie, de la pensée, plus le degré de détermination particulière augmente, alors que la nécessité en diminue d'autant. Si les lois de la science ne sont imposées ni par la constitution objective de la nature ni par la constitution subjective de notre esprit, quelle est leur origine et leur fonction ? Elles sont un compromis entre les exigences opposées de l'intelligence et de la nature : la première veut unité et immutabilité, et fixe dans des rapports permanents et intelligibles le flot mobile des expériences ; la seconde est multiplicité, vie, mouvement. Il faut réunir dans une synthèse vivante ces exigences opposées, de façon à discerner dans les choses non seulement les rapports mécaniques, mais encore les raisons intrinsèques de la spontanéité et de la contingence, qui sont des rapports moraux et esthétiques. La raison, en dominant par le moyen de la critique la connaissance scientifique, ajoute sous la contingence la liberté, sous la hiérarchie ascendante des êtres l'existence d'une finalité, l'attraction vers un idéal éthique et esthétique. Les êtres inférieurs possèdent une forme de spontanéité, un mouvement que l'on ne peut pas appeler libre arbitre, mais qui est une aspiration au beau. En eux, comme chez l'homme, mais beaucoup plus que chez l'homme, la spontanéité est l'essence même des choses comme possibilité illimitée de perfectionnement moral et esthétique, la nécessité n'est que le symbole abstrait de l'action exercée par l'idéal sur le réel multiple. Le triomphe complet du bien et du beau ferait disparaître les lois de la nature proprement dites et leur substituerait le libre élan de la volonté vers la perfection, avec la libre hiérarchie des âmes. Dans cette œuvre, Boutroux tente de concilier, sur le terrain même de la science, le dualisme posé par Kant entre le règne de la nécessité et celui de la liberté, et il parvient à une conception théologique de l'univers naturel et humain.

CONTRAINTE DE LUMIÈRE [*Lichtzwang*]. Recueil de poèmes du poète français d'expression allemande Paul Celan (1920-1970), publié en 1970. Les poèmes de *Contrainte de lumière* ont été écrits entre juin et décembre 1967, en un temps très court (cas unique dans l'œuvre) ; la parution a été retardée ; le recueil était sur le point de sortir en librairie quand le poète est mort ; le recueil suivait *Soleils de fil* [*Fadensonnen,* écrit en 1965-67, paru en 1968], il précédait *Part de neige* [*Schneepart,* écrit en 1967-68, préparé pour la publication par le poète, et paru en 1971] ; le dernier recueil, *Enclos du temps* [*Zeitgehöft,* 1976], est resté inachevé. L'unité formelle de ces quatre livres est très grande, Celan y a créé une forme de notation poétique très personnelle, dense et contractée, fréquemment proche de l'aphorisme (qui l'a parfois attiré) en introduisant une grande distance réflexive ou ironique, et les retours d'un mouvement lancé sur lui-même : le déploiement dans les limites d'un repli préétabli.

Les textes courts des dernières années ont, à cause de leur brièveté, et des références souvent techniques, en apparence non explicitées, une allure cryptique ; ils sont d'une lecture difficile demandant une accoutumance ; pourtant ils sont bien moins opaques qu'on ne le pense quand on les lit avec l'œuvre antérieure, qu'ils continuent et commentent. Ils s'appuient sur un système très précis de la spéculation poétique dont les grandes lignes étaient établies dès les premiers textes publiés. Le dialogue de l'œuvre avec elle-même suppose que l'on ait connaissance de la valeur qu'ont prise les mots dans l'enceinte de la réfection sémantique, et des structurations de l'espace verbal qui s'affirment, dans la discontinuité, de l'un des ensembles à l'autre. Les poèmes se succèdent, dans l'ordre de leur composition, au jour le jour, selon la diversité des rencontres, comme si le cycle où ils entrent préexistait à leur composition, comme s'ils étaient attendus, déjà formés et rencontrés à la fois. Ce quotidien, c'est n'importe quoi, la rue ou une lecture, l'objet rencontré et refait, l'objet anonyme, rendu à la signification sans exclusion, sans soumission à aucune forme d'art, que la leur ; l'objet est rapporté à une grille qui le perçoit, sélective et interprétative, élaborée en poésie et devant à l'art sa précision.

Le vrombissement d'un rouleau compresseur inscrit une seconde *Iliade* dans le pavé éclaté. Le poème a la qualité de ce qui vient après, de ce qui est « toujours second » ; les vieilles images se cherchent dans le ruisseau, elles se retrouvent plus vraies dans les plaies ouvertes dans le sol. Dans un autre texte quasi définitionnel (« D'une voix pâle »), l'« unique nom », valant pour le mot et la chose que dit le mot, tire de la chute son envol ; le gain d'un monde, de la structure qui fait surgir l'arrangement nouveau, est dans la blessure. La poésie s'interroge, elle s'assure, se retrouve et se perd, elle se réaffirme contre les mises en question, contre les accusations, et dans l'analyse de ses impasses, elle étudie son dysfonctionnement. Le regard que la parole projette sur elle-même est impitoyable, il scrute le mal, évalue le prix qu'il y avait à payer dans la chair pour une séparation aussi radicale. Le dialogue avec l'art ne quitte pas la forme d'un dialogue avec soi, et « lui-même » : ce sont deux instances, c'est lui qui écrit, appelé « tu », depuis *Pavot et Mémoire* (*), et lui qui n'écrit pas (« je »), et qui s'adresse à l'autre parfois avec une autre amertume, autre que la « seconde » qui fait la justesse de l'écrit, avec de l'étonnement : « Tu restes collé / dans l'ultime souffle qui se noue, avec un éclat / de vie. » Le souffle ici n'est pas celui où s'alimente la poésie (de « Tournant du souffle »), c'est la respiration physiologique que les mots, dans l'échange du bienfait et de la torture, viennent animer jusqu'à la fin. — Trad. Belin, 1990. J. Bo.

CONTRASTE DE PHASE (Le). Une nouvelle méthode pour l'observation microscopique des objets transparents [*Phase Contrast, a New Method for the Microscopic Observation of Transparent Objects*]. Œuvre du physicien hollandais Frederik Zernicke (1888-1966), prix Nobel 1953, publiée en anglais dans la revue *Physica* en 1942. Inventeur du microscope à contraste de phase, qui devait permettre d'importants progrès dans la médecine et la biologie en révélant des irrégularités infimes jusque-là inaperçues, Zernicke en a donné dans cette étude le principe et la première description. La méthode d'observation traditionnelle au microscope des objets transparents partait du fait que l'image microscopique est le résultat d'une double diffraction, à travers l'objet et à travers l'ouverture de l'objectif (théories de Rayleigh et de Abbe), mais cette image subissait des déformations imperceptibles. Zernicke, quant à lui, applique la théorie ondulatoire de la lumière au cas des objets transparents, et démontre qu'elle peut expliquer toutes les particularités de l'expérience. Sur cette base, il élabore une méthode d'observation dite du « contraste de phase », qui doit permettre et qui permet en effet d'analyser des objets transparents même de structure très complexe. Après avoir expliqué que l'image n'est exactement semblable à l'objet que dans le cas où l'ensemble des rayons diffractés entre dans le microscope, et avoir calculé l'amplitude et les phases des faisceaux diffractés, Zernicke passe à deux autres types de réseaux idéaux : l'un d'amplitude, qui n'altère que l'amplitude de la lumière de l'objet éclairé ; l'autre de phase, qui n'en altère que les phases. Ces conditions idéales n'étant jamais, ou presque, réalisées, Zernicke passe en revue les diverses méthodes employées, leurs avantages et leurs inconvénients, puis présente la sienne, qui consiste à introduire artificiellement une différence de phase entre l'image et le spectre de diffraction. Il prouve alors que si ce déphasement est correctement choisi, le réseau de phases se convertit en un réseau d'amplitudes, qui reproduit exactement la structure de l'objet transparent. Une lame de verre enduite d'un peu de vernis suffit, le faisceau central passant à travers le verre opaque cependant que le spectre de diffraction passe latéralement, assurant ainsi le déplacement convenable. Cette méthode révolutionnaire permet d'observer les structures, même irrégulières, des objets transparents, et leurs moindres détails.

CONTRAT SOCIAL (Du) ou Principes du droit politique. Œuvre du philosophe et écrivain genevois d'expression française Jean-Jacques Rousseau (1712-1778), publiée à Paris en 1762. C'est par l'union de ses membres que se constitue le peuple en tant que tel ; il se différencie alors de la plèbe amorphe et forme un corps politique, l'État. Cette union naît d'une obligation qui, pour avoir une valeur juridique, doit à son tour avoir un fondement ; ce fondement, certains érudits en la matière le mettent dans la force, d'autres dans l'autorité paternelle, d'autres encore dans la volonté divine. Après avoir réfuté ces principes, Rousseau reconnaît pour fondement au corps politique une convention originelle, librement acceptée par ses membres et par laquelle chacun s'engage sans réserve envers tous, créant ainsi une obligation réciproque de tous envers chacun. Cette convention « n'est pas une convention du supérieur avec l'inférieur, mais une convention du corps avec chacun de ses membres : convention légitime, parce qu'elle a pour base le contrat social ; équitable, parce qu'elle est commune à tous ; utile, parce qu'elle ne peut avoir d'autre objet que le bien général ; et solide, parce qu'elle a pour garant la force publique et le pouvoir suprême. Tant que les sujets ne sont soumis qu'à de telles conventions, ils n'obéissent à personne, mais seulement à leur propre volonté » (Chap. IV). L'individu, en renonçant à sa pure indépendance naturelle – laquelle s'accompagne de l'inégalité des dons reçus par chacun –, devient un citoyen profitant de l'égalité juridique et de l'égalité morale absolue qui caractérisent une vraie société. La condition fondamentale de ce contrat, c'est la liberté avec laquelle il a été accepté et qui ne s'oppose en rien aux lois naturelles, celles-ci affirmant justement l'existence de cette liberté : toute forme de servitude est donc en contradiction avec son principe originel. C'est pourquoi un pacte par lequel des individus renonceraient à leur liberté pour se donner à un maître s'imposant par la force n'aurait aucune valeur juridique ; un tel pacte détruirait la notion de peuple, pour lui substituer celle de troupeau. Le contrat social, précisément parce qu'il est absolu, sans conditions ni réserves de la part des individus, n'est jamais une source de privilèges et d'injustices, puisqu'il constitue un corps politique unitaire qui ne peut vouloir nuire à lui-même en nuisant à ses propres membres. Ce corps politique est souverain : son unique expression, c'est la « volonté générale », qu'il ne faut pas confondre avec la « volonté de tous ». Tandis que la première accomplit, par la création des lois, le bien commun du corps social, s'identifiant ainsi, par l'universalité de la volonté morale intime, à la conscience de chacun, la seconde n'est que la somme des volontés individuelles poussées par de simples intérêts particuliers, inspirées par des inclinations et des passions. La souveraineté, étant exprimée par la volonté générale, est, comme celle-ci, indivisible, inaliénable, et réside essentiellement dans tous les membres du corps politique ; elle agit en promulguant des lois qui ne se rapportent qu'à des objets d'utilité commune, sans quoi elles perdraient leur validité. Les lois ne pouvant avoir qu'un caractère général, le pouvoir souverain doit avoir un organe exécutif, le gouvernement, qui s'occupe à les appliquer aux cas particuliers. Mais cet organe ne devra pas se substituer à la loi : il est appelé à exécuter et non à modifier ; son rôle consiste à veiller sur la liberté civile et politique dont la loi même est l'expression. Le gouvernement, ou pouvoir exécutif, prend des formes différentes selon le nombre des membres qui le constituent ; il a d'autant plus de force que ce nombre est plus restreint. Quand le gouvernement a tendance à se renforcer au détriment de la souveraineté législatrice, la loi est subordonnée aux hommes qui détiennent le pouvoir exécutif, l'État est détruit, le contrat social déchiré ; il n'y a plus un peuple souverain, mais des esclaves et des maîtres.

Rousseau compare ensuite les avantages et les inconvénients des trois formes de gouvernement, démocratique, aristocratique et monarchique ; c'est le gouvernement aristocratique qui lui semble le meilleur, ce qui ne veut pas dire que la constitution de l'« État » doive prendre cette forme, car elle est très différente de celle du « gouvernement » ; la souveraineté de l'aristocratie lui semble même la plus mauvaise de toutes. Pour empêcher la dégénérescence du corps politique, il faut s'opposer aux moindres infractions à la loi de la part du pouvoir exécutif, car elles conduiraient insensiblement à la substitution de ce pouvoir à la volonté générale souveraine. À travers l'examen du « meilleur gouvernement qui ait jamais existé », celui de Rome, Rousseau détermine le système de police le plus favorable au maintien de la bonne constitution du corps politique. Enfin, il trace les lignes générales d'une religion de l'État, « profession de foi purement civile », dont les articles seraient fixés par la souveraineté législatrice, « non comme des dogmes religieux, mais comme des sentiments de sociabilité » sans lesquels il est impossible d'être un bon citoyen : l'existence de la divinité, le châtiment et la récompense dans une vie future, la sainteté du contrat social et des lois. Tous les autres dogmes sont « ad libitum » de l'opinion individuelle, puisqu'ils se rapportent à l'autre vie et non à la pratique des vertus morales en celles-ci ; à l'exclusion cependant du principe de l'intolérance, l'intolérance théologique étant toujours la source de l'intolérance civile et, par conséquent, de différends qui brisent l'unité sociale et conduisent à la destruction du corps politique. Le *Contrat social* a exercé une action décisive dans l'évolution de la pensée politique et morale du monde moderne. Notons que la pensée morale et politique de Kant se rattache directement à lui.

CONTRE APION. Titre inexact sous lequel on a coutume de désigner un ouvrage polémique en deux livres de l'écrivain juif d'expression grecque Flavius Josèphe (37-100 ?), écrit vers 95 (?) après J.-C., pour répondre aux calomnies de certains Alexandrins contre les Juifs (Apion, polygraphe alexandrin du début du Ier siècle, n'est que l'un d'entre eux). Josèphe, après avoir défendu l'antiquité des Juifs, s'en prend successivement aux calomnies sur les origines et les lois de son peuple répandues par Manéthon, auteur d'une histoire de l'Égypte (IIIe siècle avant J.-C.), ainsi que par Chérémon, Lysimaque et enfin Apion, lequel reprend certaines fables transmises par Posidonios et Apollonios Molon. À travers ces auteurs qui, pour la plupart, seraient totalement tombés dans l'oubli sans Josèphe, Alexandrie apparaît comme le premier foyer antique de l'antijudaïsme.

L'ouvrage se termine par une vibrante apologie du monothéisme juif opposé à la grossièreté du paganisme.

Fort utilisé par les chrétiens qui prouvaient l'antiquité du christianisme par celle du judaïsme, le *Contre Apion* a été traduit en latin dès le VIe siècle. Cette traduction permet de compléter le texte grec qui comprend une grande lacune. – Trad. Les Belles Lettres, 1930. M. H.-L.

CONTRE ARIUS [*Adversus Arium*]. Traité en quatre volumes de Caius Marius Victorinus, rhéteur et théologien latin originaire d'Afrique, converti au christianisme, ayant vécu à Rome au IVe siècle après J.-C. L'ouvrage est dirigé contre l'arien Candide, avec lequel l'auteur avait déjà eu une polémique et avec lequel il avait échangé des écrits relatifs à certains points de doctrine. Victorinus répond plus particulièrement à une lettre de Candide qui nous est parvenue. Dans cette lettre, Candide envoyait à Victorinus la traduction latine de deux importants documents ariens : une lettre d'Arius lui-même, à Eusèbe de Nicomédie, et une d'Eusèbe à Paulin de Tyr. Le traité fut écrit vers 360 ; après avoir félicité Candide du sérieux qu'il apporte dans la défense de sa cause et l'avoir remercié pour l'envoi des documents qu'il lui avait demandés, l'auteur analyse les doctrines d'Arius et d'Eusèbe, et expose enfin sa conception de la Trinité, appuyée par le témoignage de textes bibliques. Le second livre traite de la nature du Logos et de son identité avec le Père, le troisième du rapport du Logos avec le Père, le quatrième de la fonction du Logos vis-à-vis de l'Esprit saint et de ses rapports avec les autres personnes de la divine Trinité. La démonstration de Victorinus est conduite avec une rigueur logique et révèle un esprit rompu à la spéculation philosophique. Il affirme vouloir s'en tenir à deux bases précises : le témoignage des Saintes Écritures et la raison. La première est invoquée surtout au début de l'œuvre, pour confirmer l'énonciation de la doctrine de la Trinité, et à la fin du traité comme pour prouver que l'auteur, par ses spéculations, arrive aux mêmes conclusions que les Livres saints. – Trad. *Traités théologiques sur la Trinité,* 2 vol., 1960 (avec commentaire).

CONTRE-ATTAQUE [*Counter-Attack*]. Recueil de poèmes de l'écrivain anglais Siegfried Sassoon (1886-1967), publié en 1918. Avec Wilfrid Owen, l'auteur est l'un des plus grands poètes de ce groupe qu'inspira la Première Guerre mondiale. Owen mourut en 1918. Sassoon survécut à la guerre ainsi que Robert Graves et Edmund Blunden, mais ses nerfs en demeurèrent ébranlés. Ses poèmes parurent dans les anthologies publiées chaque année par Edward Marsh sous le titre de *Poésie géorgienne* [*Georgian Poetry*], qui firent connaître les œuvres de tous les jeunes poètes de la Grande Guerre : Graves, Blunden, Owen, Edward Thomas et Rupert Brooke. C'est parmi eux que Siegfried Sassoon trouve sa place. Dans son autobiographie, *Adieu à tout cela* (*), Robert Graves rapporte une conversation avec Sassoon et cite le début d'un poème que celui-ci venait d'écrire en novembre 1915 : « Revenez me saluer, couleurs qui fûtes ma joie / Mais non avec le triste rouge cramoisi de ceux qu'on tue... » Le but que se proposait le poète était ainsi de communiquer à ceux qui n'y furent pas mêlés l'atroce vérité de la guerre moderne : « La guerre est notre fléau / cependant la guerre nous a rendus sages / et, en combattant pour notre liberté, nous sommes libres », écrit-il dans « Absolution ». Mais bientôt le ton se fait plus sombre et plus sobre, la poésie devient documentaire jusqu'à ce que la colère éclate, rude et violente. Le recueil *Contre-Attaque* contient des vers d'une technique simple, mais d'une inspiration indignée et polémique, comme « Le Général » [The General] et « Suicide dans les tranchées » [Suicide in the Trenches]. La poésie, avait dit Wilfrid Owen, est dans la colère. Peut-être la critique de la guerre que fait Sassoon aurait-elle plus d'envergure et de portée si ses victimes n'étaient pas seulement esquissées, si sa satire était plus contrôlée et mieux calculée. Mais, cette spontanéité, cette absence de calcul font d'autre part le charme et la qualité de ses poèmes.

Depuis *Contre-Attaque*, c'est encore la guerre qui a inspiré à l'auteur ses meilleurs vers. En 1927, il écrivit un poème de circonstance, « En franchissant la nouvelle Porte Ménin » [On Passing the New Menin Gate], quand fut érigé le monument aux morts près d'Ypres : « Franchissant cette porte, qui se souviendra / des morts peu héroïques qui nourrirent les canons ? », s'écrie-t-il avec les accents de son inspiration la plus vraie. Au début des années 30, il publia un recueil de poèmes satiriques, *Le Chemin de la ruine* [*The Road to Ruin*]. C'est la dénonciation des ambitions et des mensonges qui devaient conduire à une autre grande guerre, avec des armes plus puissantes et un pouvoir de destruction plus radical. Le poème qui sert d'introduction au recueil décrit le Prince des Ténèbres, priant respectueusement avec toute sa suite près du cénotaphe : « Faites-leur oublier, ô Seigneur, le sens de ce monument ! » Les poèmes que Sassoon écrivit après 1940 rappellent ceux de Rupert Brooke, bien qu'ils n'aient pas la même richesse de rythme et de langage. Ils marquent un retour vers une représentation plus conventionnelle de la guerre et une attitude qui se teinte de sentimentalité. Sassoon n'en reste pas moins, avec Wilfrid Owen, l'un des poètes grâce auxquels la poésie de la Première Guerre mondiale a sa place dans l'histoire de la poésie moderne.

CONTREBANDIERS (Les) [*Di shmuglares*]. Roman de l'écrivain polonais d'expression yiddish Oser Warszawski (1898-1944), publié en 1920 à Varsovie. Ce premier roman d'un auteur de vingt et un ans fit l'effet d'une bombe dans le monde littéraire yiddish. On y décèle l'influence de son mentor, l'écrivain naturaliste Weissenberg qui, dans *Une bourgade* (*) (1908), avait sonné le glas des descriptions néoromantiques de la vie juive en Pologne en mettant en scène, de manière ultra-réaliste, les masses ouvrières politisées et la violence des grèves. *Les Contrebandiers* est un roman dont les héros collectifs sont les personnages des bas-fonds d'un « shtetl » sous l'occupation allemande pendant la Première Guerre mondiale. Il décrit la désintégration, sous l'emprise de la faim, de la crise économique et du chômage, de la bourgade juive. Les contrebandiers s'associent aux distilleurs clandestins et quittent leurs femmes pour des prostituées polonaises qui les assistent dans leur trafic illégal de marchandises vers Varsovie. Ce roman, d'une violence inouïe et d'un érotisme amoral, fait éclater les valeurs juives traditionnelles. On y voit une prostituée recouvrir son corps nu de morceaux de viande sanguinolente qu'elle passera, sous ses habits, au nez des Allemands. Au milieu des violences, quelques rares scènes de tendresse transfigurent pour un moment les personnages. L'audace de l'écriture expressionniste, la langue picaresque font preuve d'un jeu linguistique étonnant, très littéraire jusque dans la destructuration de l'argot. — Trad. Le Seuil, 1989.

De. Be.

CONTRE CELSE [Κατὰ Κέλσου]. Œuvre polémique du théologien grec Origène (185-252/3), Père de l'Église. Le titre grec complet est : *Traité contre le livre intitulé « Discours véridique » de Celse libri VIII*. Elle fut écrite en 248, pour réfuter les accusations du philosophe païen Celse (seconde moitié du IIe siècle) contre le christianisme, qui en cette année du millénaire de Rome semblaient avoir une portée particulière. Origène procède suivant le système qui est habituel dans l'exégèse biblique, c'est-à-dire qu'il rapporte textuellement les affirmations de Celse pour les commenter et ensuite les réfuter. Ceci a permis la reconstitution de l'œuvre réfutée dont, aux dires des philologues, il ne manque que le dixième, et qui eût été perdue autrement.

L'œuvre de Celse comprenait quatre parties outre une introduction et une conclusion. Dans l'introduction (réfutée par Origène, I, 1-27) étaient formulées des objections générales contre le christianisme, qui étaient ensuite développées au cours de l'ouvrage. À savoir : la société des chrétiens est illégale, leur doctrine barbare, sans fondement et sans nouveauté, leur force reposait sur la magie et ils exigeaient de leurs adeptes une foi aveugle, enfin le christianisme n'avait pas le droit d'exister, ayant été fondé depuis peu de temps, cependant que le culte hébreu devait être condamné pour séparatisme. Dans la première partie (I, 28-1, 29) étaient exposées les accusations d'un juif contre le christianisme (Jésus ne pouvait être le Messie annoncé par les prophètes, il n'était pas né d'une façon divine et ne s'était comporté ni en Dieu ni en Messie : l'affirmation de l'accomplissement des miracles et la prédiction des événements futurs étaient sans fondement). Dans la deuxième partie (III-V), Celse lui-même formule les objections païennes contre ce qu'il y avait de commun entre les juifs et les chrétiens. Il incline à penser que les derniers étaient une secte issue des premiers. (L'idée que Dieu ou le Fils de Dieu se soit fait homme était en opposition avec l'essence immuable de Dieu, de même que l'idée qu'Il avait créé le monde où se trouvait aussi le mal. L'anthropocentrisme biblique était erroné et les anges de la *Bible* (*) n'auraient été que des démons. Les Juifs, pas plus que les chrétiens, n'auraient été dignes d'une telle incarnation à cause de leur peu de religiosité, de leur conception impie du Jugement dernier et de la résurrection de la chair, de leur prétention à être plus parfaits que les autres peuples dont ils avaient pris cependant partie des coutumes. En outre, et par surcroît, les chrétiens auraient eu à charge l'abandon des coutumes ancestrales, les notions contradictoires qu'ils avaient quant à la révélation divine et les idées étranges qu'ils se faisaient de la divinité.) La troisième partie du livre de Celse (VI-VII, 50) s'attachait à démontrer que les divers dogmes chrétiens étaient des dérivés ou des contrefaçons de la philosophie grecque, surtout de celle de Platon, ou bien des plagiats de mythes ou légendes orientales. La quatrième partie (VII, 62 - VIII, 71) contestait aux chrétiens le droit de condamner la religion païenne de l'État, en en donnant une interprétation démonologique. En conclusion, Celse exprimait l'espoir qu'il avait de pouvoir s'entretenir avec un chrétien cultivé, et soutenait qu'il était nécessaire d'exiger des chrétiens la pratique du culte impérial, en justifiant la persécution en cas de résistance.

Origène répond à Celse — qui considérait le christianisme comme une doctrine barbare, absurde, faite pour les ignorants parmi lesquels il recrutait des adeptes — sur un ton qui laisse paraître en maints endroits le dédain. L'apologiste chrétien procède essentiellement par précisions, éclaircissements et distinctions. Celse attribue souvent aux chrétiens des doctrines propres aux sectes gnostiques, ce à quoi Origène répond en démontrant que son adversaire calomnie les chrétiens en leur attribuant des doctrines que la « grande Église » ne professe pas. D'autres fois, Origène démontre que les prétendues affinités des idées chrétiennes et des mythes ou idées grecques ou persanes ne sont qu'apparentes et que Platon a aussi pratiqué l'interprétation allégorique des contes sacrés. Origène s'attache surtout à démontrer que, si le christianisme se présente aux simples comme une foi, il se présente aux savants comme une doctrine, et sous cet aspect, il est capable de se justifier, même en faisant intervenir la force éclairante du Logos, si besoin était. Ainsi il peut développer, dans le domaine de la polémique, les concepts fondamentaux du christianisme : la création du monde et de l'homme, la Providence, le mal, le messianisme des prophètes, l'existence historique du Christ, sa nature divine témoignée par les miracles, la valeur religieuse et morale de l'« Ancien Testament ». Il termine par l'affirmation coutumière des apologistes, que le christianisme a réalisé le programme d'éducation humaine que Platon avait caressé avec complaisance.

On sent, dans presque chaque page, l'exégète biblique consommé et le fin dialecticien. Aussi bien Celse qu'Origène se meuvent dans la même atmosphère spirituelle, saturée d'idéalisme platonicien et de sensibilité à l'égard des forces surnaturelles qui pénètrent le monde. Ils sont cependant opposés par la conception différente qu'ils ont de Dieu et de l'homme et par la position différente qu'ils ont en face de l'Empire. Cette rencontre de deux personnalités d'une vaste culture philosophique donne au traité *Contre Celse* un caractère bien particulier, et en fait un livre vivant même après tant de siècles. Cette œuvre expose vigoureusement et noblement les thèses de l'apologétique chrétienne et, par les larges passages du *Discours véridique* de Celse qu'il rapporte, celle même des adversaires du christianisme. Ainsi, quoique involontairement, elle a procuré de vieilles armes aux nouveaux adversaires du christianisme, au XVIIIe comme au XIXe siècles.

CONTRE CTÉSIPHON [Κατὰ Κτησιφῶντος]. Discours prononcé, en 330 av. J.-C., par l'orateur et politicien grec Eschine (390/89-315/14 av. J.-C.) contre Ctésiphon qui, en 338, au lendemain de la victoire de Philippe de Macédoine contre Athènes, à Chéronée, avait proposé qu'on donnât une couronne dorée à Démosthène, en reconnaissance du service qu'il avait rendu au pays en se chargeant de la réparation des murailles de la ville. Cette couronne devait être en même temps une sorte d'hommage rendu à toute son action politique. Or, comme Démosthène avait toujours été un adversaire de la Macédoine, cette manifestation devait du même coup raffermir les sentiments antimacédoniens d'Athènes, même après la paix. Aussi Eschine, qui avait été le promoteur d'une entente avec la Macédoine, s'opposa à la proposition de Ctésiphon en la déclarant illégale pour certains vices de forme, et en profita pour attaquer la politique de Démosthène, qui, selon lui, avait été funeste à Athènes. Le procès n'intervint que sept ans après, nous ne savons pour quelle raison. Le *Discours* d'Eschine garde les traces de ces élaborations successives, dues à un intervalle si long. L'on remarque aussi qu'il a été remanié après le procès et changé en différents endroits.

Le plan du *Discours* est extrêmement clair. Après un préambule, où Eschine se pose en défenseur de la légalité et de la constitution démocratique, il discute les problèmes de droit, pour lesquels il avait la raison de son côté ; mais le procès était en réalité dirigé contre Démosthène, et le problème politique avait une importance bien plus grande. Eschine, pour démontrer son point de vue, passe alors en revue toute l'activité publique de son adversaire, depuis ses premiers contacts avec Philippe jusqu'au jour du procès, en soutenant que les malheurs, survenus à la cité, étaient la conséquence de l'activité de Démosthène, tandis que les succès étaient dus à la bienveillance divine ou à la Macédoine. Démosthène n'avait écouté que son avidité d'argent, en se laissant corrompre par celui qui payait le plus ; égoïste, volage, lâche, impie, il avait délibérément ruiné sa patrie. Eschine ne présente (et il ne pouvait présenter) aucune preuve : son unique arme est l'exposé des faits. Ce récit est très habile ; sans laisser à son auditoire le temps de réfléchir, l'orateur lui décrit les événements sous l'éclairage qu'il a choisi, sans hésiter à les modifier ou à les interpréter selon son bon plaisir. L'éloquence alerte, abondante, vigoureuse, augmente la véhémence et la force dialectique de son argumentation. La dernière partie concernant la vie privée de Démosthène est particulièrement agressive. Eschine s'attache à démontrer combien l'attitude et l'action de Démosthène furent peu démocratiques (ce à quoi les juges athéniens étaient très sensibles), en le comparant à des hommes vraiment illustres du passé. Ce long discours s'achève en affirmant qu'un acquittement aurait été une insulte aux morts de Chéronée, comme l'attribution d'une couronne à Démosthène avait fait frémir les morts de Salamine et de Platée. Mais la voix du passé devait retentir aux oreilles des Athéniens, avec une vigueur bien plus grande, dans le discours de Démosthène : *Sur la couronne* (*) ; Ctésiphon fut acquitté, et la politique antimacédonienne fut confirmée encore une fois, malgré les insuccès du passé et bien que, cette même année, Alexandre eût donné le coup de grâce à l'empire des Perses. Eschine, ayant ainsi échoué dans sa mission politique, quitta à jamais Athènes. – Trad. Les Belles Lettres, 1928.

CONTRE ÉRATOSTHÈNE [Κατὰ Ἐρατοσθένους]. Unique discours de l'orateur grec Lysias (440 ?-360 ? av. J.-C.), qu'il prononça lui-même en personne. En effet, Lysias était logographe de profession, c'est-à-dire qu'il écrivait des discours pour les autres. Mais, en 404, son frère Polémarque avait été la victime du gouvernement oligarchique qui s'était installé à Athènes, grâce à l'aide des Spartiates, et qui était appelé gouvernement des Trente, à cause du nombre de personnes qui siégeaient au conseil suprême de l'État. En 403, les démocrates renversèrent par les armes le régime oligarchique, et les Trente s'enfuirent à Éleusis. Le nouveau gouvernement, soucieux de panser les profondes blessures que la guerre désastreuse du Péloponnèse avait faites à la ville, proclama une amnistie générale comprenant aussi les Trente, à la condition qu'ils acceptassent de rendre compte de leurs actions. Deux seulement acceptèrent une telle magnanimité ; parmi eux se trouvait Ératosthène. Mais, lorsqu'il se présenta, Lysias l'accusa d'avoir tué son frère Polémarque, et réclama sa condamnation à mort. Pourtant Ératosthène n'avait pas tué Polémarque de sa propre main ; mais, lorsque le Conseil des Trente avait décidé d'arrêter et de condamner les métèques les plus riches, parce que suspects au régime, Ératosthène avait participé à ces arrestations, en arrêtant entre autres Polémarque sur la voie publique. Ce dernier avait été par la suite emprisonné et forcé de boire la ciguë, tandis que Lysias avait échappé aux mains des sbires qui étaient venus le surprendre dans sa propre demeure.

L'orateur évoque tout d'abord ces événements, puis s'attarde longuement sur ceux qui le concernent personnellement. Il avait peu de chose à dire sur son frère, à part son arrestation et sa condamnation. L'orateur raconte comment leurs biens avaient été saccagés, comment les sbires avaient été poussés par leur propre cupidité à arracher les boucles d'oreilles de la femme de Polémarque, et à refuser même l'argent nécessaire à l'enterrement de ce dernier. Tout cela n'avait qu'un rapport bien peu étroit et très indirect avec le procès, mais Lysias essayait d'émouvoir les juges par un récit pathétique. En effet il ne pouvait reprocher à Ératosthène que d'avoir arrêté Polémarque sur la voie publique, alors qu'il lui aurait été très facile de le laisser fuir. C'est pour cette raison qu'il considérait Ératosthène comme directement responsable de la mort de son frère. Lorsque Ératosthène déclare pour sa défense qu'il s'était prononcé au sein du Conseil contre la persécution des métèques, et qu'ensuite il n'avait exécuté que les ordres reçus, Lysias lui rétorque que, s'il s'était vraiment opposé à cette mesure, on ne lui aurait pas confié l'exécution d'un tel ordre. Tout le reste de ce discours n'est au fond qu'une évocation passionnée des crimes des Trente. Et comme Ératosthène affirmait être du parti de Théramène, le plus modéré des oligarques, tué par les fanatiques, Lysias repousse cette défense en évoquant tout d'abord le passé le plus reculé de la vie d'Ératosthène ; puis il démontre que Théramène ne méritait pas plus d'égards que ses autres compagnons de crime. En réalité, l'accusation de Lysias n'avait pas de fondements solides ; ce qu'il réclamait se heurtait à la démocratie athénienne et à son champion, Thrasybule : le pardon. Les rancunes et la vengeance privées n'étaient que des choses mesquines en comparaison des malheurs auxquels Athènes avait succombé à cause de la terrible défaite subie ; seule la concorde la plus sereine pouvait relever le sort de la cité. En conséquence, malgré les ferventes plaidoiries de Lysias, on est bien fondé à croire que les juges ont acquitté Ératosthène. – Trad. Les Belles Lettres, 1944.

CONTRE EUNOME [*Ἀνατρεπτικὸς τοῦ Ἀπολογητικοῦ τοῦ δυσσεβοῦς Εὐνομίου*]. Traité en trois livres du docteur de l'Église d'expression grecque saint Basile le Grand (330 ?-379), évêque de Césarée, en Cappadoce, après 370, vénéré par l'Église orthodoxe comme un des « grands maîtres œcuméniques ». Le traité *Contre Eunome,* composé de 363 à 364, est le plus ancien ouvrage de Basile qui nous soit parvenu. Il a été écrit pour réfuter l'*Apologie* d'Eunome, évêque de Cyzique en 360, déposé pour hérésie. Dans cet ouvrage étaient exposés, avec une logique serrée et un style concis, les principes ariens sur l'unité de Dieu et la nature différente du Fils et du Saint-Esprit. Basile réfute point par point la démonstration d'Eunome, en partant de la doctrine d'Athanase et en traitant, en particulier dans le premier livre, de l'unité divine, dans le second de la nature du Fils, dans le troisième du Saint-Esprit. Il n'ajoute rien de bien nouveau aux conceptions traditionnelles, mais sa démonstration est caractérisée par un remarquable bon sens et par une modération qui lui font accepter ce qui est généralement admis. Basile considère la raison, essentielle pour Eunome, comme impuissante le plus souvent à percer les mystères de la religion. Le style et la langue de ce traité sont remarquables. Animé par la flamme d'une conviction profonde, Basile use d'une argumentation très stricte, et certaines pages – par exemple celles où, à la fin du premier livre, il explique l'impossibilité pour la raison humaine de comprendre l'universalité divine – atteignent à la hauteur des grands prosateurs classiques, tels que Démosthène et Platon, dont il était un lecteur fervent. Pour l'époque la langue est pure, et Basile, en général, réussit à se libérer du formalisme qui caractérise la littérature de son temps. La réfutation de l'hérésie d'Eunome a été reprise par le frère de Basile, Grégoire de Nysse (IVe siècle), dans une série de livres, *Contre Eunome* [*Πρὸς Εὐνόμιον λόγοι ἀντιρρητικοί*], écrits en réponse aux diverses œuvres d'Eunome lui-même. Le mérite de Grégoire, qui n'a rien ajouté de particulièrement intéressant, est de nous avoir conservé de nombreux passages des œuvres d'Eunome. – Trad. Éd. du Cerf, 1982-83.

CONTRE FLACCUS (couramment cité sous le titre latin *In Flaccuum*). L'un des derniers ouvrages du philosophe et exégète juif d'expression grecque Philon d'Alexandrie (20 av. J.-C. ?-50 apr. J.-C. ?). Avec l'*Ambassade à Caligula* [*Legatio ad Caium*], il faisait probablement partie d'un ensemble de cinq livres relatifs à la situation des Juifs d'Alexandrie dans les années 35 à 40. Il constitue un important témoignage historique quant à la dégradation de cette situation à partir du règne de Caligula. La responsabilité en incombe au préfet d'Égypte Avillius Flaccus qui, par démagogie, abandonne les Juifs, pourtant établis dans la ville depuis sa fondation et fermes soutiens du pouvoir romain, aux déchaînements de la populace d'Alexandrie en l'an 38. La deuxième partie de l'ouvrage (104-191) expose le châtiment du coupable : Caligula, alerté par le roi de Judée Agrippa I, fait arrêter, exiler puis tuer le préfet déchu. Ce juste retour des choses est pour Philon la preuve de l'existence de la Providence. Une conclusion identique se dégageait de la partie perdue de la *Legatio* dont nous possédons seulement le début, où est évoquée la folie de Caligula qui voulait faire dresser sa statue dans le Temple de Jérusalem. – Trad. Éd. du Cerf, in *Œuvres,* 1967. M. H.-L.

CONTRE HERMOGÈNE [*Adversus Hermogenem*]. Traité polémique écrit entre 202 et 203 par l'apologiste et théologien latin Tertullien (env. 150-après 220). Comme une autre de ses œuvres, qui ne nous est pas parvenue et qui s'intitulait *De l'origine de l'âme* [*De sensu animae*], ce traité est dirigé contre l'hérétique Hermogène, contemporain de Tertullien. Hermogène avait étudié et exposé, en appuyant ses conclusions sur des passages de l'Écriture sainte, le problème de la création du monde et des rapports entre Dieu et la matière ; il avait conclu en affirmant que Dieu, principe du bien, ne peut avoir créé la matière qui contient tant de mal, et que celle-ci a existé « ab aeterno », comme la divinité. Tertullien s'élève contre de telles conclusions avec toute l'ardeur de sa foi ; aux arguments doctrinaux, il ajoute continuellement des remarques polémiques et ironiques personnelles, comme il le fera dans le traité postérieur *Contre Praxeas* (*) : il affirme l'unité absolue de la divinité, qui a créé le monde à partir du néant, auquel il retournera. Les textes sur lesquels s'appuyait Hermogène, si l'on sait les interpréter rigoureusement, confirment, selon Tertullien, ces affirmations mêmes. La discussion est conduite selon une dialectique serrée, mais elle paraît plus habile et fine dans les détails que dans l'ensemble. Les allusions mordantes sur la profession de peintre qu'Hermogène exerçait à Carthage et sur ses mariages successifs, tout en donnant à l'œuvre une couleur particulière et en ajoutant de la vie à un aride traité théologique, nuisent peut-être à la profondeur et à l'impartialité de la réfutation.

CONTRE LA MÉTHODE [*Against Method*]. Dans cet ouvrage publié en 1975, le philosophe américain Paul Feyerabend (né en 1924) défend l'idée de ce qu'il appelle une « théorie anarchiste de la connaissance ». Initialement conçu dans la perspective d'un dialogue avec Imre Lakatos, partisan d'un rationalisme renouvelé, *Contre la méthode* prend vigoureusement parti pour une position qui abandonne définitivement les principes d'une théorie rationaliste de la science. Le ton de l'ouvrage, le radicalisme qui s'y exprime ne traduisent cependant pas une volonté sceptique dont la science serait la victime désignée. Quoi qu'en pensent les adversaires de Feyerabend, l'anarchisme épistémologique ne signifie pas, « stricto sensu », le scepticisme ; il se distingue, également, du « falsificationnisme » d'inspiration poppérienne. Sommairement énoncée, la thèse qui en constitue la pièce maîtresse ne consiste pas seulement à observer que la science ne suit absolument pas la voie d'un développement linéaire, graduel, conforme aux « lois de la raison ». Comme pour Kuhn, pour Feyerabend, de telles lois ne régissent en rien la succession des théories et des paradigmes. Mais cette conviction se prolonge chez lui dans une appréciation positive du désordre, conçu comme la condition de la science et de son essor. Contre les interprétations et les méthodes d'inspiration positiviste qui privilégient une image domestiquée de la raison, Feyerabend entreprend un plaidoyer favorable au « désordre », à la « complexité », au « hasard » et à la « prolifération théorique ».

À cette fin, *Contre la méthode* met en œuvre deux motifs, tenus pour essentiel. Seule une épistémologie « anarchiste », délibérément tournée contre l'alliance de la science et de l'ordre, la complicité avec le pouvoir et la recherche de la sécurité, ouvre la voie à une connaissance sans bornes. En même temps, seule une conception de ce genre – conception que Feyerabend juge nécessairement militante – s'accorde avec les principes humanistes d'un individualisme libertaire. Ces deux motifs montrent, s'il en était besoin, que les thèses défendues par l'auteur comportent des sources à la fois internes et externes (politiques et éthiques) à la science. Mais ce double caractère peut être tenu pour naturel, dans la mesure où, pour Feyerabend, le développement de la science plonge ses racines dans des motifs et des sources de nature disparate qu'occulte à nos yeux l'illusion d'une science pure et autonome. Contre ce qui en masque le visage et les véritables enjeux, Feyerabend dénoue l'alliance que le positivisme s'est toujours fait un devoir d'établir entre l'« ordre » et le « progrès ». En s'engageant dans cette démarche résolument critique et délibérément provocante, l'auteur de *Contre la méthode* a poussé très loin la contestation du rationalisme philosophique, répudiant de la sorte les mythes qui lui sont essentiellement liés : celui de l'autonomie de la science, en particulier, de la spécificité et de la supériorité supposées de son objet. Il incarne pour beaucoup une forme de nihilisme épistémologique qui se mesure, en tout cas, à l'âpreté des débats qu'il a contribué à susciter. – Trad. Le Seuil, 1979.

J.-P. C.

CONTRE LÉOCRATE [Κατὰ Λεωκράτους]. Unique discours qui nous soit parvenu de l'homme d'État et orateur grec Lycurgue (vers 390-324 av. J.-C.) : long acte d'accusation contre Léocrate, modeste bourgeois d'Athènes qui, aussitôt qu'il connut la nouvelle de la défaite subie par les Athéniens à Chéronée (338 av. J.-C.), s'était laissé envahir par la panique et, avant même que l'Assemblée eût décidé l'appel sous les drapeaux de tous les citoyens de la ville, s'était embarqué nuitamment à destination de Rhodes. Après cinq ans d'exil, se croyant oublié, il était rentré à Athènes. Mais Lycurgue, homme d'État qui s'était fait le dénonciateur public des crimes et des faiblesses de ses contemporains et jouissait, de ce fait, d'une haute autorité morale, l'accusa de trahison pour avoir quitté sa patrie au moment du danger, et exigea sa condamnation à mort. Mais, puisque le fondement juridique de cette accusation était faible (en effet Léocrate s'était enfui avant que l'Assemblée n'ait décidé d'appeler aux armes tous les habitants d'Athènes), Lycurgue s'attacha surtout dans son discours à démontrer le caractère odieux de la conduite de Léocrate, en peignant sous de vives couleurs les dangers encourus par Athènes, en évoquant la beauté du sacrifice de ceux qui étaient tombés pour sa grandeur ; Lycurgue soutenait en outre que, si l'action de Léocrate ne tombait sous le coup d'aucune loi, cela était possible parce que jamais aucun législateur n'avait pensé qu'on pût accomplir une faute semblable ! L'orateur, tant dans le récit de la fuite de Léocrate que dans la réfutation de sa défense, ne pense qu'à démontrer, sans trop se soucier du décalage entre les faits et la théorie, pourquoi cette fuite était en réalité une trahison ; les développements oratoires de cette thèse poussent Lycurgue à exalter, d'un ton ému, la victoire de Salamine. Puis l'orateur évoque, en utilisant l'histoire et le mythe, et en citant parfois des passages très longs de certains poètes, toutes les nobles et vertueuses choses abandonnées et trahies par Léocrate : la patrie, la religion, la charité envers la famille et les aïeux. Cette deuxième partie du discours, où le nom de l'accusé est très rarement évoqué, ne fut probablement pas prononcée dans l'enceinte du tribunal, mais fut ajoutée ou augmentée dans la publication que Lycurgue, dans le but de secouer plus profondément l'opinion publique, en fit un peu plus tard. Malgré l'éloquence de Lycurgue, passionnée, véhémente, sévère même, malgré les duretés de son style plein de grandeur, Léocrate fut acquitté. Mais la majorité en sa faveur ne fut que d'une seule voix ; ceci nous montre comment l'esprit profondément religieux et la noblesse morale de l'orateur correspondaient à ce sentiment agissant de solidarité qui, dans l'Antiquité, soudait les citoyens d'un État et les rendait peut-être plus sévères que nous-mêmes envers les fautes qui menaçaient, même de loin, l'intégrité de la patrie. – Trad. Les Belles Lettres, 1932.

CONTRE LES CHRÉTIENS [Κατὰ χριστιανῶν]. Ouvrage du philosophe grec néo-platonicien Porphyre (233 ?-301/5), écrit vers l'an 270. « L'ouvrage le plus important et le plus scientifique qui ait été écrit pendant l'Antiquité contre le christianisme » (Harnack). Il a été composé, semble-t-il, pour seconder l'effort de l'empereur Aurélien qui désirait restaurer l'unité religieuse de l'État. Indirectement il prend la défense de l'école de Plotin. Largement utilisé, mais rarement cité dans le camp de l'hellénisme, il a été combattu par Méthodius d'Olympe, par Eusèbe de Césarée, par Apollinaire de Laodicée, par Drepanius Pacatus, et peut-être par Philostorgios. Constantin, qui voulut faire disparaître tous les « livres impies », en détruisit l'original. Théodose II et Valentinien détruisirent à leur tour les derniers exemplaires. Toutefois, si les documents eux-mêmes nous font défaut, nous pouvons trouver chez Macaire de Magnésie, saint Jérôme, saint Augustin et chez d'autres écrivains, de nombreuses citations qui nous permettent de reconstituer l'ouvrage de Porphyre dans ses grandes lignes. Quinze livres le composaient.

Nous ne pouvons avoir une idée de la méthode et des arguments employés par l'auteur de *Contre les chrétiens* qu'en nous référant à une centaine de fragments. Ils se présentent avant tout comme une critique de la personne de Jésus. La responsabilité des « ingénuités », des « fausses prédictions », des « contradictions » qui lui sont attribuées dans les *Évangiles* n'incomberait qu'aux évangélistes. Ni « Logos », ni « Créateur du monde », Jésus a été incapable pendant sa vie de prouver sa mission et d'empêcher, après sa mort, le martyre de tant de ses disciples. Il semble toutefois que, dans l'ensemble, la personnalité de Jésus, bien qu'inférieure à celle du « véritable thaumaturge et philosophe » Apollonios de Tyane, ait inspiré à Porphyre un certain respect. Les évangélistes, au contraire, sont considérés par lui comme « des faussaires, des menteurs, des manipulateurs de fables destinées aux femmes, aux enfants, et bonnes à faire dormir debout ». Ils n'ont rien de commun avec les véritables historiens. Porphyre relève contre eux les nombreuses erreurs et contradictions contenues dans les *Évangiles* qu'il affirme connaître parfaitement. Les disciples de Jésus et les premiers apôtres (Pierre et Paul en particulier) sont les plus attaqués. Les critiques qui seront soulevées dans les siècles suivants contre le Fondateur du christianisme, contre ses disciples et ses continuateurs, se trouvent entièrement déjà dans Porphyre, qui passe au crible le « Nouveau Testament », chapitre par chapitre, verset par verset. Porphyre critique ensuite les dogmes et les pratiques religieuses des communautés chrétiennes de son temps. Son monothéisme, son platonisme et son stoïcisme lui font trouver, il est vrai, de nombreux liens avec elles. Toutefois, pour Porphyre, « ciel et terre » sont éternels. La « fin du monde » est pour lui une fable comme celle de la « résurrection des corps », l'« incarnation de Dieu », etc. L'unique salut est celui qu'apporte l'enseignement de la sagesse et des règles pour se libérer des passions. Les rites chrétiens ne servent à rien, puisque leurs mythes ne valent pas ceux des Grecs. Les chrétiens sont donc des barbares, des révolutionnaires, des ennemis du passé et de l'ordre établi, de la pensée et de la civilisation helléniques, des hypocrites qui opposent aux vices des païens des vertus ascétiques qu'ils sont loin de posséder. Porphyre cependant ne peut contester la rapide et prodigieuse diffusion du christianisme, ni l'invincible fermeté de ses martyrs.

Pour ce qui est de son originalité, on peut dire de cet ouvrage, et bien que de nombreux passages rappellent les polémiques antichrétiennes des siècles antérieurs et spécialement le *Discours véritable* de Celse, que trois aspects nouveaux y sont développés : la critique entreprise par l'auteur n'est pas étroitement polémique et demeure toujours élevée et philosophique, c'est un débat d'idées ; de plus, elle s'appuie sur un sérieux appareil scientifique et une connaissance objective des sources chrétiennes ; ce n'était donc pas seulement une discussion serrée et haineuse, telle qu'on pourrait le penser d'après les fragments ; le ton de la discussion y est moins agressif que chez les autres polémistes. « Si Celse est le Voltaire du paganisme, Porphyre en est plutôt le Renan » (P. Allard). L'énorme réaction que suscita dans les milieux chrétiens et intellectuels cet ouvrage n'a eu d'égal que l'énorme faveur de l'*Abstinence de la chair* auprès des milieux monastiques et, durant tout le Moyen Âge scolastique, l'*Introduction aux catégories*, ainsi que la fameuse *Isagogè* (*), propédeutique fondamentale à la philosophie, à la théologie et même à la vie spirituelle.

CONTRE LES HÉRÉSIES [*Adversus hæreses* – Ἔλεγχος καὶ ἀνατροπὴ τῆς ψευδωνύμου γνώσεως]. Ouvrage de saint Irénée, Grec d'Asie Mineure, évêque de Lyon (mort au début du IIIe siècle ap. J.-C.). Cette œuvre, dont on peut dire qu'elle fut le début de la polémique doctrinale et systématique contre le gnosticisme qui tentait d'interpréter à sa manière des faits et des idées appartenant au christianisme, a été écrite par fragments, de 178 à 188, et ne suit pas un plan organique. Elle s'est développée insensiblement ; et un volume, composé de cinq livres, est né de l'opuscule prévu tout d'abord par son auteur. Le premier livre se réfère à la « dénonciation » des hérésies déjà répandues en Occident. Il dénonce le système du gnostique Valentin et de son disciple Marcus avec son « Plérôme », ses « Éons », ses émanations et conjonctions. Il mentionne les précurseurs de Valentin depuis Simon le Magicien jusqu'à Basilide, Cerdon, Marcion, les ophites, sans omettre de relever leurs falsifications des textes bibliques, leurs interprétations arbitraires, l'usage qu'ils ont fait des écrits apocryphes, les divergences radicales et les transformations continuelles de chacune de ces doctrines par opposition à la continuité de la tradition ecclésiastique. Dans les livres I-II se trouve la « réfutation » qui utilise les arguments mêmes des hérétiques ou qui se sert d'arguments philosophiques : c'est ainsi qu'est combattue la théorie dualiste d'un Dieu suprême et d'un Dieu créateur, et qu'est contestée la théorie des Éons, considérés comme des intermédiaires, ramassis d'idées astrologiques, de symboles mythiques et de spéculations néopythagoriciennes sur les nombres auxquelles de téméraires interprétations allégoriques, tirées d'écrits juifs et chrétiens, apocryphes pour la plupart, avaient voulu donner un caractère de révélation divine. Il critique enfin l'éthique gnostique en traitant tout particulièrement du mariage, qui était réprouvé par les hérétiques parce qu'il était la cause et l'occasion de la reproduction des corps dans le monde. Les livres III-IV continuent la réfutation non plus au nom de la raison, mais en partant des Écritures saintes et de la tradition doctrinale « qui, depuis les Apôtres et à travers la succession des prêtres ou des évêques », s'était maintenue jusque-là. Cette réfutation est dirigée spécialement contre Marcion, qui oppose le Dieu créateur à Celui qui s'est manifesté en Jésus-Christ, et qui considère saint Paul comme le véritable et l'unique interprète du Christ, en opposition avec l'Ancien Testament et la Loi mosaïque. Aussi, voulant démontrer que le Dieu de Jésus est le Dieu créateur de la *Genèse* (*), que le monde est gouverné par la Providence divine, que Jésus est véritablement Dieu mais aussi véritablement homme et que Jésus, né à Bethléem, est le Rédempteur lui-même, Irénée s'appuie-t-il exclusivement sur les *Épîtres* (*) de saint Paul et les *Actes des Apôtres* (*).

Dans le livre IV, l'argumentation utilise les paroles mêmes du Verbe telles qu'on les trouve dans les Évangiles et dans les Prophètes de l'Ancien Testament : ceci pour prouver la concordance des deux Testaments sur l'identité du Dieu créateur et du Dieu rédempteur et la concordance de l'Ancienne et de la Nouvelle Loi (les prophéties se voient attribuer une fonction fondamentale et décisive). Quant au mal, il est, contrairement à ce qu'en dit Marcion, causé par le libre arbitre des anges et des démons, et non par la sollicitation irrésistible d'un Dieu méchant. Le livre V continue et clôt la démonstration biblique précédente, en insistant particulièrement sur la résurrection de la chair, contestée par les gnostiques. Il traite de la nature du péché, des effets de la Rédemption, et n'oublie pas d'appuyer le témoignage biblique par la tradition ecclésiastique. La conclusion est profondément eschatologique : description apocalyptique de la lutte entre l'Antéchrist et le Christ, terme du combat entre Satan et le Christ, dont la victoire amènera le règne des élus pendant mille ans (« millénarisme »). L'œuvre est riche d'informations sur l'hérésie gnostique et d'arguments philosophiques. Dans cette réfutation, on peut voir la première esquisse de cette théologie rationnelle, qui sera reprise plus tard par les Pères de l'Église. Le critère de la tradition y est clairement formulé et systématiquement appliqué pour l'intégration de *La Bible* (*). D'innombrables citations bibliques ont permis au philologue d'en extraire des éléments décisifs pour l'histoire du canon néo-testamentaire.

Tous les hérésiologues anciens ont puisé largement dans Irénée, soit pour leur information, soit pour leurs réfutations, en commençant par Tertullien – v. *Contre Marcion* (*). Cette œuvre nous est parvenue dans une mauvaise traduction latine du IVe siècle. Il a été pourtant possible de reconstituer le premier livre par des citations d'Hippolyte et d'Épiphane. – Trad. Le Cerf, 1965-82.

CONTRE LES JUIFS [*Adversus Judaeos*]. Traité de polémique en quatorze chapitres de l'apologiste et théologien latin Tertullien (env. 150-après 220). Le prétexte de l'ouvrage est une discussion, à laquelle il semble que Tertullien ait assisté, entre un chrétien et un païen converti au judaïsme ; le premier affirmait que la Loi était universelle, le second qu'elle était réservée aux seuls Hébreux, peuple élu de Dieu. Tertullien prend naturellement position en faveur de la valeur universelle de la Loi, qu'il défend en se servant d'arguments tirés de préférence du texte hébreu, l'« Ancien Testament » : la Loi de Moïse n'est pas faite pour un seul peuple, mais pour tous ; les institutions caractéristiques de l'antique religion hébraïque (la circoncision, le sabbat, les offrandes au temple de Jérusalem) n'avaient qu'une valeur transitoire et ont été remplacées par d'autres de caractère plus élevé et spirituel. La venue du Messie a été plusieurs fois annoncée par les prophètes ; on ne peut douter que le Christ soit le Messie puisque, selon les prédictions, tous les peuples se sont convertis à sa foi, et tous les événements de sa vie se sont déroulés de la façon et à l'époque annoncées par les prophètes. La deuxième partie du traité contient de nombreux passages provenant d'un autre écrit de Tertullien *Contre Marcion* (*) – Marcion était le chef de la secte gnostique, qui refusait d'identifier le Dieu de l'Ancien Testament, Dieu de justice, et celui du Nouveau, révélé dans le Christ, qui sauve tous ceux qui ont foi en lui. Ces emprunts à un autre ouvrage, en même temps qu'un certain désordre dans la composition, ont permis à plusieurs critiques de contester l'authenticité de cette seconde partie du traité *Contre les Juifs* qui, d'après eux, aurait été laissé inachevé par Tertullien et aurait été complété plus tard, par des passages tirés de ses œuvres et assez maladroitement assemblés. La question n'a jamais été définitivement résolue. Dans son ensemble, le traité n'ajoute pas grand-chose de nouveau à la polémique antijuive, telle que l'avaient déjà menée Ariston de Pella et Justin. Ce qui est particulier à Tertullien, c'est la chaleur et l'enthousiasme qu'il met à revivifier le sujet théologique le plus aride, l'esprit logique qu'il applique à l'interprétation du texte sacré, la vivacité et l'originalité de son style. L'ouvrage de Tertullien a inspiré l'œuvre anonyme apocryphe de saint Cyprien – v. *Apocryphes* de Cyprien (*).

CONTRE LES MATHÉMATICIENS. Important ouvrage critique du médecin et philosophe grec Sextus Empiricus (150 ?-210 ?). Sa date de composition remonte à la fin du IIe siècle. Sous ce titre, la tradition réunit en réalité deux traités : *Contre les mathématiciens* et *Contre les dogmatiques,* qui lui est postérieur. Les premiers six livres appartiennent au premier, les cinq autres au second. Sous le nom de « mathématiciens » l'auteur désigne les représentants de la « dogmatique » (ceux qui tiennent pour irréfutables certaines doctrines) dans les diverses disciplines non philosophiques. C'est pourquoi les grammairiens, les rhéteurs, les géomètres, les arithméticiens, les astrologues, les musiciens, les logiciens, les physiciens et les moralistes y sont combattus. « Puisque les Pyrrhoniens n'ont pas trouvé dans la philosophie cette vérité qu'ils recherchaient, et qu'ils ont été contraints de ne rien affirmer, étant donné que des raisons "pour et contre" peuvent toujours être trouvées, pour ce même motif et sans parti pris ils expriment leur doute sur toutes les autres disciplines, puisqu'ils n'ont pu trouver en aucune la vérité recherchée. » Aussi Sextus est-il amené à nier avant tout l'existence de ces disciplines particulières, en discutant l'essence de chacune d'elles.

Il commence par la grammaire qui fournit les principes et la méthode générale de toute discipline, et il la qualifie de « sirène trompeuse ». Très subtilement il démontre l'arbitraire de ses éléments, des règles qui régissent les syllabes, les noms, la métrique, l'orthographe et l'étymologie. Il en déduit qu'elle n'existe ni en tant qu'artifice, ni en tant qu'histoire, ni en tant qu'instrument destiné aux poètes et aux écrivains (liv. I). Elle existe moins encore lorsqu'elle prétend (liv. II) persuader (rhétorique). Quant à la géométrie, il dénie toute valeur à ses démonstrations puisqu'elles manquent de bases, construites qu'elles sont sur des postulats indémontrables (liv. III). C'est avec le même argument qu'il combat les théories des arithméticiens, et plus particulièrement des pythagoriciens (liv. IV). Quant à l'astrologie, il apporte des arguments variés pour prouver que les astrologues chaldéens font des prédictions inutiles, puisque les événements sont imprévisibles. Rien de plus ridicule d'autre part que de prétendre, comme ils le font, que les noms du Lion ou de la Vierge par exemple donnés à des constellations peuvent avoir une influence sur les personnes nées sous ce signe (liv. V). Aux musiciens il oppose l'irréalité de toute sensation, l'inexistence des modulations et des rythmes ; l'inutilité et le pouvoir amollissant de la musique, le manque d'harmonie de l'univers, etc. Il admet toutefois que l'harmonie peut engendrer quelque bien, de la douceur et des consolations (liv. VI). Le livre VII, contre les logiciens, expose et critique d'une manière pénétrante ce que les philosophes ont dit sur le « critère de vérité », soit pour le nier, soit pour l'affirmer. Le livre VIII traite en particulier du « vrai », du signe de ce qui est incertain et non évident, de la démonstration et de sa nature, ainsi que de la possibilité de l'existence d'une démonstration. À l'objection suivant laquelle tout est incompréhensible et indémontrable, la dialectique du sceptique lui-même n'aboutissant à rien, il répond que le sceptique n'affirme rien des choses qui sont en dehors de lui et refuse son assentiment à ce qui demeure obscur, sans toutefois nier d'une manière dogmatique. Quant aux physiciens (liv. IX et X) il critique leurs principes naturalistes, les principes de cause et d'effet, l'idée de partie, de tout, de corps, les catégories de lieu, de temps, de mouvement, de nombre, de génération et de corruption. Il s'oppose (liv. XI) aux moralistes en ce qui concerne les sept points fondamentaux de l'éthique ; la différence entre les choses de la vie, le bien, le mal, l'indifférence. Il recherche, mais en concluant négativement, si, une fois l'existence du bien et du mal admise, il est possible de vivre heureux, si celui qui s'abstient de l'admettre ou de le nier réussit à vivre heureux, s'il existe un art de conduire sa vie et s'il peut être enseigné.

Les deux ouvrages de Sextus ont constitué jusqu'à l'époque moderne une mine de suggestions, d'analyses et de critiques des concepts de temps, d'espace, de mouvement, de nombre, de cause, de vérité et d'erreur, de bien et de mal, où l'on ne s'est pas fait faute de puiser, jusqu'au moment du renversement opéré par Descartes, Hume et Kant, grâce à qui le subjectivisme et le relativisme de la connaissance qui avaient alimenté le scepticisme antique sont devenus le fondement de la connaissance. – Trad. Aubier, 1948.

CONTRE LES PAÏENS [*Adversus nationes*]. Œuvre apologétique composée vers 305 par l'écrivain latin Arnobe de Numidie (260 ?-327 ?), en témoignage de sa conversion à la foi chrétienne. Le premier livre est une défense serrée et logique du christianisme contre les accusations dont il était l'objet de la part des païens ; le second illustre la valeur théologique sur laquelle se fonde la nouvelle religion ; le troisième et le quatrième disculpent les chrétiens de toute accusation d'impiété, et donnent, en outre, un tableau exact des systèmes religieux des païens, tout en insistant sur le caractère grossièrement matériel de leurs cultes. L'ouvrage n'a pas été revu et parachevé par l'auteur et, pour cette raison, se présente, surtout dans la dernière partie, comme une série de notes plutôt que comme un traité complet ; d'autre part la connaissance de la théologie chrétienne y apparaît moins profonde que celle des traditions religieuses des païens. L'auteur est un néophyte : la polémique qu'il mène contre les païens ne présente qu'un intérêt relatif. Arnobe ayant une connaissance superficielle des Saintes Écritures. Par contre, l'ouvrage a une grande importance par les allusions qu'il contient aux textes classiques sur la mythologie et la liturgie gréco-latines qu'Arnobe, ancien professeur de rhétorique, eut en main, et qu'il utilisa abondamment au cours de son œuvre. – Éd. et trad. Le Bonniec, Paris, Les Belles Lettres, 1982 (t. 1) ; *Arnobe témoin et juge des cultes païens* in *Bull. Assoc. G. Budé*, 1974.

CONTRE LES PHILOSOPHES DE L'ACADÉMIE [*Contra academicos*]. Œuvre de critique philosophique, composée par le théologien latin saint Augustin (354-430), alors qu'il était encore catéchumène, dans sa retraite de Cassiciacum pendant l'automne 386. Ce livre est dédié à son ami et compatriote Romanien, qui lui a confié l'éducation de ses deux fils. Saint Augustin est encore sous l'influence des grandes idées de Platon, « dont la philosophie toute pure et éblouissante revit surtout dans Plotin » ; mais il sent le besoin de se libérer du scepticisme, qui avait prévalu dans l'Académie, surtout avec Arcésilas et ensuite avec Carnéade, et de s'emparer d'un terrain plus solide que le « probable », pour construire sa vie morale, et plus sûr aussi que celui du « sens commun ». Ses longues méditations et les discussions philosophiques que, pendant plusieurs jours, il eut alors avec son fils Adéodat et avec ses amis Licencius, Trigetius et Alipe, recueillies par un secrétaire, fournirent la matière à trois livres.

Dans le premier, Licencius (fils de Romanien), partisan des académiciens, discute avec Trigetius, leur adversaire, sur ce problème : la « vie bienheureuse » consiste-t-elle dans la connaissance de la vérité, ou bien dans la « parfaite recherche de la vérité, unique devoir et but assigné à l'homme », comme le soutient

Trigetius ? Et l'on discute longuement sur ce que peut être l'erreur et sur ce qu'est la science. Dans le second livre entrent en lice Augustin, qui expose la doctrine des académiciens, et Alipe, qui met en relief les différences entre la Vieille et la Nouvelle Académie ; c'est l'occasion de critiquer l'attitude de ces philosophes qui, tandis qu'ils nient la possibilité d'atteindre la vérité, professent toutefois qu'ils suivent l'opinion la plus vraisemblable et en parlent ; tandis que, déclare Augustin, « comme je jugeais improbable de trouver moi-même ce que des hommes très subtils et très savants n'étaient pas arrivés à trouver, j'étais devenu tout à fait paresseux et indolent ; car, tant que je ne serai pas certain d'avoir la possibilité de découvrir la vérité, il ne me semblera plus permis de rien chercher, ni de rien affirmer ». Le troisième livre commence par une démonstration prouvant qu'au sage la fortune ne peut être ni utile ni nuisible, que ne peut se dire sage celui qui ne sait rien, et qu'enfin c'est seulement avec l'aide divine qu'on peut arriver à la vérité ; puis la définition donnée par Zénon du vrai et du faux est discutée, et certaines sentences des académiciens sont réfutées (« Rien ne peut se concevoir » ; « À rien il ne faut donner son assentiment »). En conclusion, Augustin affirme avec Cicéron que les académiciens cachaient au vulgaire leur véritable pensée, ne la révélant que dans un âge très avancé à ceux avec qui ils avaient passé toute leur vie. « Tandis que moi, dit Augustin, bien que je n'aie que trente-trois ans, je ne désespère pas de pouvoir un jour atteindre la vérité. Ayant renoncé à tout ce que les mortels considèrent comme des biens, je me suis proposé de me mettre à sa recherche. » Et comme il y a deux voies pour l'atteindre, l'autorité et la raison, « j'ai choisi pour maître le Christ, dont je ne m'éloignerai jamais ; car je n'en ai pas trouvé de meilleur ». Et il ajoute que, bien qu'impatient de comprendre aussi avec sa raison ce qu'il croit, il a confiance qu'il « trouvera parmi les platoniciens un philosophe qui s'emploiera à illustrer notre foi ». C'est l'anticipation du médiéval « Fides quaerens intellectum ». Car, pour Augustin, ce n'est pas de deux vérités qu'il s'agit, mais de deux aspects d'une seule vérité : la vérité chrétienne ; cependant la philosophie et les citations d'auteurs « qu'on appelle païens » dominent encore ici avec une abondance qu'il jugea par la suite présomptueuse et qui lui firent dire, quatorze ans après, dans *Les Confessions* en parlant de ces dialogues, « ...en des écrits qui déjà Te servaient, mais qui, comme quelqu'un d'essoufflé après une longue course, laissaient échapper les soupirs de l'orgueil ». — Trad. *Œuvres*, Bibliothèque augustinienne, t. 4, 1948.

CONTRE LES SECTES [*Elts Alandots*]. Œuvre du théologien arménien Eznik de Kołb (vers 380 - vers 450), membre le plus éminent de l'Académie arménienne des saints traducteurs (ve siècle). L'œuvre est divisée en quatre livres. Le premier a été écrit contre les païens ; le deuxième contre les Perses et le culte du feu ; le troisième contre les philosophes grecs et le dernier contre la secte de Marcion. Le but essentiel poursuivi par l'auteur est de réfuter la religion de Zarathoustra. Il continue ainsi l'œuvre des grands apologistes chrétiens : tels Irénée, Épiphane et autres, qu'il connaissait à fond. Eznik pose, comme base de ses thèses, l'existence de Dieu. Il s'apprête donc à réfuter le polythéisme en général et la préexistence de la matière. Parlant des attributs de Dieu, il touche avec une extraordinaire précision théologique à des questions aussi délicates que la prescience de Dieu et que le libre arbitre de l'homme, et critique ainsi le système du fatalisme et du dualisme persans. Homme doué d'une intelligence subtile et fine, fort érudit dans les langues, les littératures et les religions grecques et orientales, l'auteur expose avec une magistrale clarté les systèmes religieux et moraux des sectes.

Cette œuvre tient, au point de vue philosophique, la première place dans la littérature arménienne. Elle constitue aussi l'exemple le plus classique du style et de la langue arméniens du ve siècle, siècle qui a été l'âge d'or de cette littérature. L'arméniste français Martin a écrit au sujet de cette œuvre : « C'est un témoignage de grande importance, celui d'un grand écrivain [...] d'un savant qui connaît les langues hébraïque, grecque, syrienne et persane, et les nations où l'on parle ces langues. » — Trad. sous le titre *De Deo* par L. Mariès et C. Mercier, in *Patrologia Orientalis*, XXVIII/3-4, 1959.

CONTRE LES VALENTINIENS [*Adversus valentinianos*]. Ouvrage de l'apologiste et théologien latin Tertullien (env. 150-après 220), écrit et publié entre 207 et 212, c'est-à-dire à une époque où l'auteur, déjà acquis au montanisme, ne s'est pas encore séparé de l'Église. Tertullien s'en prend cette fois au valentinianisme, une hérésie gnostique fondée par un certain Valentin (mort entre 160 et 170) et répandue par ses disciples. Le valentinianisme repose sur la théorie des éons, émanations de l'Être suprême qui rendent possible son action sur les choses : au sommet trônent le Père et le Silence ; les autre éons, accouplés eux aussi par deux, obéissent à une généalogie allégorique compliquée. Les aventures de Sophia ou la Sagesse, un éon inférieur, entraînent de nombreux maux et obligent le Père à envoyer sur terre l'éon Jésus. La vitalité de cette secte oubliée, attestée par la découverte de la bibliothèque de Nag Hammadi en Égypte, explique que Tertullien ait pris la peine de lui consacrer un opuscule. Plutôt que de se livrer à une polémique en forme, qui eût exigé de longues discussions sur les Écritures, et quoiqu'il soit bien documenté sur le valentinianisme, Tertullien a préféré le déconsidérer par le rire satirique. Donc, après s'être moqué du goût des valentiniens pour le secret, il fait une adaptation romancée de leur système, sans le dénaturer, mais en le dépouillant de son contenu mystique et religieux, et en réduisant le sacré au familier (par exemple avec le mythe de l'éon Sophia et sa passion malheureuse pour le Père). Il ne réfute que rarement, afin de ne pas interrompre un récit qu'il a voulu divertissant. Le lecteur qui s'attendrait à une pasquinade serait cependant déçu : l'auteur garde son rigorisme austère, et l'obscurité de sa langue empêche souvent d'apprécier son humour. Quoi qu'il en soit, ce traité nous donne d'utiles renseignements – en particulier sur la vie de Valentin et les divergences doctrinales entre ses successeurs – qui complètent ce que nous savions déjà du valentinianisme par le *Contre les hérésies* (*) de saint Irénée, une des sources avouées du livre. On notera que le valentinianisme, après avoir été critiqué par Tertullien, a influencé sa propre théologie. – Trad. Le Cerf, 1980.

E. W.

CONTRE MARCION [*Adversus Marcionem*]. Traité en cinq livres, le plus important et le plus complet des traités de polémique, de l'apologiste et théologien latin Tertullien (env. 150-après 220). Marcion, promoteur de l'une des hérésies les plus connues et les plus dangereuses qui menacèrent l'Église au IIe siècle, auteur d'œuvres (les plus importantes étaient les *Antithèses*) dans lesquelles il exposait largement ses propres doctrines, et d'un remaniement du canon des Livres sacrés, formulait ses propres doctrines en partant du concept dualiste, d'origine orientale, sur lequel devait plus tard s'appuyer l'hérésie manichéenne. Il séparait et distinguait le Dieu sévère et justicier de l'« Ancien Testament », créateur du monde, du Dieu miséricordieux et aimant des *Évangiles* : le texte sacré de cette nouvelle doctrine était l'*Évangile* (*) de saint Luc, purifié de ce qu'on appelait les interventions de l'esprit « judaïsant », et dix *Épîtres* (*) de saint Paul. Sur cette base, Marcion avait ensuite créé toute une morale pratique de caractère ascétique.

Les trois premiers livres de l'œuvre de Tertullien contiennent une réfutation serrée de la théologie de Marcion : Dieu existe seul comme Dieu unique car, même si l'on pouvait concevoir un Dieu différent du créateur du monde, comment pourrait-il s'être révélé à l'homme ? Comment le Christ et les apôtres de l'Église primitive auraient-ils pu le connaître ? La justice et la bonté sont des attributs divins qui ne peuvent être séparés : la création même est un acte de bonté, tandis que la sévérité envers les coupables n'est que justice. Tertullien montre qu'il est également absurde de distinguer, comme l'avait fait Marcion, le Messie judaïque et le Christ : d'une part, celui-ci n'aurait pu se faire reconnaître et, d'autre part, il ne serait descendu sur terre qu'après le Messie, pour en corriger l'œuvre. En conclusion, le Christ qui descendit sur la terre, où il prit une nature corporelle réelle, est le fils du Dieu créateur, le Rédempteur, dont la venue a été annoncée par l' « Ancien Testament » et décrite dans le « Nouveau ». Dans les deux derniers livres, Tertullien adopte une méthode originale qui fait honneur à la logique qui le caractérise : il utilise justement les documents adverses pour prouver l'erreur des doctrines qu'ils exposent ; c'est ainsi qu'il se sert de la critique rigoureuse de l'*Évangile* de saint Luc et des *Épîtres* de saint Paul choisies par Marcion, pour prouver l'identité du Christ et du Messie annoncé par les prophètes, du Dieu de l' « Ancien Testament » et de celui du « Nouveau ».

Ce qui caractérise ce traité et le rend supérieur même aux autres œuvres polémiques de cet auteur, c'est la rigueur des déductions logiques par lesquelles il combat les doctrines adverses et formule en même temps la doctrine chrétienne. Du point de vue formel, cette œuvre ressemble à toutes les autres œuvres de Tertullien : la discussion est serrée, le style toujours vivant, varié, animé, très personnel ; l'auteur sait mettre à la fois beaucoup de force et de vivacité dans les discussions théologiques les plus sévères. – Trad. Le Cerf, 1990.

CONTREPOINT [*Point Counter Point*]. Roman de l'écrivain anglais Aldous Huxley (1894-1963), publié en 1928. La plupart des critiques s'accordent pour voir en *Contrepoint* non seulement la grande réussite artistique de l'auteur, mais un des livres les plus caractéristiques de l'esprit de la génération de 1930. On y retrouve ses élans et ses problèmes, son intelligentsia cherchant une certitude ou s'étourdissant de plaisir à la veille d'une catastrophe pressentie. « Ce n'est pas un roman-fleuve, c'est plutôt un roman-somme », en a dit André Maurois. Il s'agit en effet d'une coupe faite à travers un milieu intellectuel et d'une observation minutieuse qui nous en révèle les croyances. Le critique littéraire londonien Walter Bidlake est un être faible et confus qui ne parvient pas à satisfaire sainement ses instincts et mène une existence vide. Son père John, jadis artiste et amant à succès, ne peut rien opposer à l'horreur de voir décliner son pouvoir créateur quand une maladie le terrasse. Tout à sa jouissance irresponsable, il n'a jamais été d'aucun secours à son fils. Malgré sa bonté et son réel sens esthétique, la mère de Walter s'est également révélée incapable de l'aider. Abandonné à lui-même, il trouve dans sa maîtresse Marjorie une autre épouse, bourgeoise et harassante au lieu d'une compagne agréable. Marjorie n'a en effet jamais eu le courage de concilier ses besoins sexuels et ses aspirations spirituelles ; elle a quitté son mari à cause de sa perversion, mais la peur d'être enceinte l'empêche de satisfaire Walter. Celui-ci se tourne vers la sœur de son ancienne maîtresse Hilda Tantamount, mais Lucy ne vit que pour l'intrigue et les parties fines et prend plaisir à torturer son amant. Elle est la fille d'un grand biologiste, lord Edward, qui représente les limitations de la science appliquée aux problèmes complexes du cœur humain et n'a pu établir de relations personnelles dignes de ce nom. L'autre représentant de la vieille génération, Sidney Quarles, travaille à un ouvrage sur la démocratie qu'il ne terminera jamais, tandis que son épouse accepte avec une dignité et une patience toutes chrétiennes les infidélités de son mari avec une jeune Londonienne. Philip Quarles, le beau-frère de Walter, personnifie l'esprit encyclopédique et brillant qui sait tout et ne ressent rien, dont la sécheresse pousse sa femme Elinor à s'intéresser à Everard Berley. Berley est le chef d'une organisation fasciste dont le magnétisme personnel n'a d'égal que son amour du pouvoir et son mépris des masses. Le danger qu'il représente amène Frank, l'aide de laboratoire de sir Edward, à préparer son meurtre avec Maurice Spandrell. Frank Illidge agit par haine et par conviction politique. Spandrell, dont le beau-père est un général idiot et pompeux, représente le véritable nihiliste auquel le remariage de sa mère a inspiré le dégoût de l'existence. Les autres personnages méprisables ou impuissants abondent, réunis par d'extraordinaires coïncidences : Burlap, le directeur du *Monde littéraire,* utilise des propos mystiques pour séduire de jolies femmes naïves. Sa liaison avec Béatrice Gilray est ainsi un mélange de sensualité et de pensées éthérées. Le seul personnage sympathique est Mark Rampion – l'anti-Quarles. D'origine fort humble, il a su trouver un style de peinture et d'existence qui exprime le jeu harmonieux des différentes composantes de la vie. Sa femme Mary, appartenant à la meilleure aristocratie, l'a épousé par amour, et leur bonheur illustre leur attitude saine et spontanée. Réunis dans le microcosme londonien, ces personnages font de *Contrepoint* le miroir d'un univers défaillant. Mais le roman est aussi un roman à clés multiples. Il a été facile de reconnaître en Burlap John Middleton Murry, en Quarles l'auteur lui-même, en Rampion son ami David Herbert Lawrence. Pourtant l'un au moins des portraits est tiré de la littérature. Spandrell, c'est Baudelaire, dont la motivation est éclairée par la psychanalyse. Huxley tente ainsi de dépasser les limites d'une société, il offre une vision de la vie contemporaine dont les activités sont généralement nuisibles ou sans valeur ; malgré la présentation mécanique des personnages ou peut-être à travers elle, le lecteur se fait une idée de l'existence libre. Bien que Philip Quarles paraisse infiniment plus attrayant que Rampion, le romancier rendu stérile par trop de lucidité n'est pas le modèle que nous propose Huxley. Dans l'archétype d'un Lawrence dépouillé de ses exagérations, il nous propose une philosophie « vitale » de l'équilibre entre l'animal et le spirituel.

Révolte contre la dépression de la haute bourgeoisie, *Contrepoint* est aussi une révolte contre les formes traditionnelles du roman. Les influences de Joyce, des *Faux-Monnayeurs* (*), de Proust, de Virginia Woolf s'entrecroisent. Mais Huxley tente d'adapter à une action romanesque essentiellement dynamique la technique du point de vue multiple. Il éclaire l'interaction du spirituel et du physiologique, il tente de résoudre ce conflit qui, tout autant que celui de sa génération, fut son conflit intérieur. Du point de vue de la forme, ce roman constitue peut-être l'expérience la plus poussée de l'auteur. Comme le dit son romancier : « Toute la gamme de la pensée et des sentiments, dans un rapport organique avec un air de valse ridicule. Mettre cela dans un roman ! Comment ? Les transitions brutales sont faciles. Il faut seulement un nombre suffisant de personnages et des intrigues parallèles, en contrepoint... De cette façon vous pouvez faire des modulations sur tous les aspects de votre thème, composer des variations dans des états d'âme aussi différents que vous voudrez. » Le roman était ainsi une brillante démonstration de l'art du contrepoint. – Trad. Plon, 1930.

CONTRE PRAXÉAS [*Adversus Praxeam*]. Traité polémique de l'apologiste et théologien latin Tertullien (env. 150-après 220). L'ouvrage fut écrit, ainsi que l'indique clairement l'auteur lui-même, entre 217 et 222, alors qu'il avait déjà, à cette époque, adhéré à l'hérésie montaniste. Tertullien fait à Praxéas deux reproches : d'une part, il a apporté à Rome, de l'Asie Mineure où il était né, l'hérésie patripassienne, qui identifiait le Fils avec le Père, pour la propager ensuite en Afrique septentrionale ; d'autre part, il a dissuadé l'évêque de Rome de reconnaître les prophéties de Montanus, créant ainsi le schisme dont Tertullien lui-même resta l'insigne représentant. Telle est l'origine de la haine personnelle que Tertullien nourrissait vis-à-vis de Praxéas, et qui seule peut expliquer le ton âpre et violent de l'œuvre. Praxéas fut l'un des promoteurs de cette secte des Montanistes, qui prirent plus tard l'appellation de Sabelliens, du nom de Sabellius, son plus illustre représentant. Cette hérésie, qui eut une large diffusion en Orient et en Afrique septentrionale, affirmait que le Christ n'est pas une « modalité » du Père, niant ainsi le dogme de la Trinité. Tertullien prit nettement position en faveur de ce dogme ; bien plus, il fut le premier à employer avec exactitude des termes tels que « trinité », « substance », etc. Sa réfutation est caractérisée par un vif mélange d'arguments personnels et d'arguments doctrinaux : Tertullien reproche à Praxéas la volubilité avec laquelle il est retourné à la prédication de l'hérésie, après avoir fait un désaveu public de ses doctrines. Au sujet du dogme de la Trinité, il affirme que le Verbe était en Dieu, qu'il fut complètement révélé au temps de la création, et qu'il a exercé son action pour sauver les hommes. Une identité fondamentale de substance lie les trois Personnes de la Trinité : vérité acceptée par la raison, confirmée par l'Écriture, prouvée enfin par la mort même du Christ. Dans le traité *Contre Praxéas,* on retrouve la logique serrée, le réalisme historique à travers lequel il apporte le témoignage concret des documents et cet esprit caustique et combatif qui est très personnel à Tertullien. L'œuvre de ce dernier eut une grande importance dans la définition et la diffusion du dogme de la Trinité en Occident.

CONTRERIMES (Les). Publié après sa mort, en 1921, ce mince volume rassemble l'essentiel de l'œuvre poétique de l'écrivain français Paul-Jean Toulet (1867-1920). Dès 1913, Toulet avait entrepris, sans hâte, de publier cet ensemble de courts poèmes. Francis Carco (qui allait publier à la fin de cette même année un numéro spécial de la revue *Vers et Prose* consacré aux poètes « fantaisistes », qui avaient fait de Toulet leur maître) avait désiré inaugurer une collection poétique, dite des « Cinq » et avait successivement pressenti Tristan Derème et Paul-Jean Toulet afin qu'ils lui remissent un manuscrit. Toulet fit effort pour rassembler ses poèmes et en adressa le manuscrit à J. Aurélien Coulanges, l'éditeur de la collection. Seuls furent publiés *Au vent crispé du matin* de Carco et *La Flûte fleurie* de Derème. Peu encouragé par les ventes, l'éditeur renonça et Toulet ne reçut jamais son manuscrit en retour. Il en envoya alors un double à Henri Martineau qui en annonça la publication dans un numéro spécial du *Divan,* consacré à Toulet, qui parut en juillet-août 1914. La souscription avait donné de bons résultats, mais la guerre empêcha la parution du volume. Ce n'est qu'en 1918 que Martineau remit aux frères Émile-Paul, éditeurs, le manuscrit de Toulet, qui parut en volume le 31 décembre 1920, cinq mois après la mort de l'auteur, qui n'en eut entre les mains que les épreuves. Les contrerimes proprement dites sont au nombre de soixante-dix. Elles sont suivies de quatorze chansons de mètres divers, de douze dizains en octosyllabes et de cent neuf coples qui sont des distiques ou des quatrains en vers alexandrins aux rimes presque toujours embrassées et qui, malgré leur étroite dimension, ne laissent pas d'être animées souvent par un étrange et captivant lyrisme.

Il existe deux définitions essentielles de la contrerime. La première est due à Pierre-Olivier Walzer, dans son *Paul-Jean Toulet, l'œuvre, l'écrivain* (1949) : « La contrerime est cette pièce formée le plus souvent de trois quatrains, construits d'après le schéma : 8-6-8-6 rimant a-b-b-a, de sorte que le grand vers rime avec le petit, ce qui donne à la strophe un élan et une rapidité impossibles à atteindre dans une strophe aux vers égaux. » La seconde est de Michel Décaudin dans sa Préface aux *Contrerimes* (Poésie/Gallimard, 1979) : « Système d'une science exquise, avec ses deux octosyllabes et ses deux hexasyllabes alternés, rimant, selon l'expression de Toulet, "à contre-longueur" : en vingt-huit syllabes se superposent deux schémas légèrement décalés l'un par rapport à l'autre, l'ordre des vers étant a-b-a-b et celui des rimes a-b-b-a ; il en résulte une allégresse de la démarche, qu'accentuent encore la brièveté des pièces, l'usage du rejet et celui de l'ellipse. » Dans sa *Vie de Paul-Jean Toulet* (1921), Henri Martineau, qui fut son ami et son éditeur, note encore : « Toulet affectionnait surtout ces pièces d'un mètre tout spécial qu'il a, sinon inventé, tout au moins porté à un point de réussite unique et qu'aujourd'hui quelques jeunes poètes ont tenté de lui emprunter. Il les appelait des *contrerimes.* Elles se composent toutes de strophes de quatre vers régulièrement alternés (8-6-8-6) mais rimant à contre-mesure pour ainsi dire (a-b-b-a) et dont, avec une étonnante virtuosité, le poète obtenait un rythme pressé, souple et bondissant. » En effet, Toulet n'a pas inventé la contrerime. Leconte de Lisle l'avait utilisée, par exemple, dans « Le Manchy » — v. *Poèmes barbares* (*) —, mais l'alternance de l'alexandrin et du décasyllabe était loin de donner au poème le charme et la souplesse uniques que, seul, Toulet a su lui conférer. Parmi les poètes qui, à sa suite, mais avec beaucoup moins de rigueur, ont adopté ce rythme, il faut citer : Francis Carco, Philippe Chabaneix et surtout Jean Pellerin, dans *Le Bouquet inutile.*

L'essentiel de l'inspiration de Toulet dans ses *Contrerimes,* c'est une réflexion sur la fugacité de l'instant éternisée par la perfection de la forme. Henri Martineau l'avait noté : « Presque jamais un poème de Toulet n'est contemporain de l'émotion qu'il retrace. Il est toujours le fruit du temps, du souvenir et d'une lente cristallisation. » Tableaux parisiens du début du siècle, bars d'hôtels disparus, regrets d'une jeunesse enfuie, souvenirs du Béarn et des « montagnes Pyrénées », de l'île Bourbon et de la Chine, fumées d'opium qui grésille, Toulet saisit toutes les occasions, y compris dans des vers d'inspiration plus érotique et qui ne sont pas sans rappeler Parny, d'être à la fois tendre et narquois, grave et léger. Pour reprendre l'expression de Maurice Rat, il « cueille les roses en sachant qu'elles se fanent et en fait une guirlande pour les nouer au ciel gris ». Tout le charme vénéneux de ces poèmes réside dans l'intimité profonde de la vie, du souvenir et de la mort : « La vie est plus vaine une image / Que l'ombre sur le mur. / Pourtant l'hiéroglyphe obscur / Qu'y trace ton passage / M'enchante, et ton rire pareil / Au vif éclat des armes ; / Et jusqu'à ces menteuses larmes / Qui miraient le soleil. / Mourir non plus n'est ombre vaine. / La nuit, quand tu as peur, / N'écoute pas battre ton cœur : / C'est une étrange peine. » B. D.

CONTRE SAINTE-BEUVE. Œuvre posthume de l'écrivain français Marcel Proust (1871-1922). Si Marcel Proust est aujourd'hui reconnu comme un grand critique, l'un des maîtres de la critique moderne, c'est un peu malgré lui car son œuvre critique s'est écrite en marge ou en préparation de ce qui constitue le seul véritable livre de sa vie, *À la recherche du temps perdu* (*). En effet, le *Contre Sainte-Beuve*, référence commune pour tout ce qui a trait aux conceptions littéraires de Proust, est un ouvrage posthume, au titre fabriqué et qu'on peut considérer comme une simple ébauche de la *Recherche*, un brouillon du reste abandonné par Proust. Cet ensemble de textes a été publié pour la première fois en 1954 par Bernard de Fallois pour Gallimard et pour la bibliothèque de la Pléiade en 1971 par Pierre Clarac et Didier Sandre. Ce projet d'œuvre est en fait un mélange de roman et de réflexions littéraires, amalgame qui se retrouvera dans la *Recherche.*

Dans une lettre à G. de Lauris en 1908, Proust hésite sur la forme à choisir entre un long article, une sorte d'essai et « une longue conversation avec Maman », au saut du lit. Proust y travailla de 1905 à 1912, avec un point culminant vers 1908. Après 1912, il abandonna définitivement le *Contre Sainte-Beuve* pour ne plus se consacrer qu'à la *Recherche*. La part de l'autobiographie fictive y est déjà très importante : il est question de l'enfance à Combray revécue dans le souvenir, de Querqueville, au bord de la mer – futur Balbec – où le narrateur a résidé avec sa grand-mère. Une discussion avec la mère entraîne une série de portraits qui annoncent le monde des Guermantes et le milieu des Verdurin, ainsi que le thème de l'amour.

Dans la « longue causerie » avec sa mère, Proust attaque la méthode de Sainte-Beuve qui identifie l'œuvre à celui qui l'a écrite et cherche à cette fin « à s'entourer de tous les renseignements possibles sur un écrivain, à collationner ses correspondances, à interroger les gens qui l'ont connu ». Pour Proust, aucun rapport entre « le moi intérieur » qui produit les œuvres et le moi extérieur que la société peut voir. En manière d'illustration de son postulat, Proust se livre à une brillante critique de Baudelaire, de Nerval et de Balzac. Contre la critique traditionnelle, Proust pose la critique des créateurs qui seule permet, par affinités profondes, de faire ressentir l'œuvre « de l'intérieur ». Ainsi, en rapport avec sa propre nature, Proust s'intéresse en Baudelaire à un mélange particulier de la sensibilité et de la cruauté, et à une sorte de maladie de la volonté. Dans Nerval, Proust décèle comme des échos de son œuvre : l'enfance de Gérard dans le Valois annonce Combray, et le poète romantique apprend au romancier de la *Recherche* la part capitale de l'imagination dans l'amour. Balzac lui apprend le prix de la réalité et l'art de percer le secret des êtres.

En fait, comme l'écrit B. de Fallois « loin d'être un divertissement de lettré, la critique a été le premier et constant souci de sa vie. Si l'écrivain a dû finalement l'abandonner pour édifier son œuvre vivante, elle n'a pas cessé de le suivre, de l'informer, de le former ». Sous plus d'un aspect, la *Recherche* témoigne de ce va-et-vient constant entre les œuvres d'autrui et l'œuvre en train de se faire, sujet et dénouement du livre.

La nouveauté de la méthode proustienne tenant surtout au fait que la critique aille de l'œuvre à l'écrivain et non de l'écrivain à l'œuvre, on conçoit la valeur quasi emblématique de la position proustienne pour la plupart des courants critiques dérivés du formalisme et du structuralisme, et qui tendent tous à considérer l'œuvre d'art comme une organisation spécifique et autonome.

Aux développements critiques du *Contre Sainte-Beuve*, il faut aussi ajouter, conjointement à son travail de traducteur de John Ruskin, les importantes préfaces qui accompagnent ces traductions : celle de *La Bible d'Amiens* (*) (1905) qui met en valeur l'intérêt de la recherche de « la vie spirituelle des écrivains » à travers leurs œuvres et critique « l'idolâtrie ruskinienne » qui confond le beau et le vrai. S'attacher à une grande œuvre permet d'abord de « prendre conscience de ce qu'on sent soi-même ». Dans la préface de *Sésame et les lys* (1906), Proust met cette fois en garde contre les dangers des lectures excessives ; « c'est que nous ne pouvons recevoir notre vérité de personne ». Par ailleurs, Proust a écrit de nombreux et brillants articles sur Goethe, Jules Renard, George Eliot, Chateaubriand. Certains, recueillis dans *Pastiches et Mélanges* (1919), permettent, autour de l'affaire Lemoine – une affaire policière de fiction traitée à la manière de Balzac, de Flaubert, de Sainte-Beuve, de Saint-Simon, des Goncourt, de Régnier, de Faguet et de Renan –, d'apprécier la façon dont Proust exorcise par l'imitation (le « pastiche ») ses fascinations littéraires. Par cette saine thérapie, le romancier avoue qu'il est un ancien critique qui sait se renoncer. Ainsi, l'œuvre parvient à se faire entendre comme une voix unique, incomparable. *Chroniques* (parues après la mort de Proust en 1927) réunit à la fois des textes de jeunesse et des textes tardifs. Dans *À propos de Baudelaire*, Proust prend ses distances avec les symbolistes. *À propos du style de Flaubert* est son meilleur article d'analyse littéraire. Par toutes ces approches, Proust, le plus grand romancier de son temps, pourrait aussi bien en être considéré comme le plus grand critique. B. R.

CONTRE SYMMAQUE [*Contra Symmachum*]. Poème apologétique et didactique, en deux livres, de l'écrivain latin Prudence, chrétien de la fin du IVe siècle et du début du Ve, né en Espagne, auteur de deux autres poèmes du même genre, l'*Apotheosis* (*) et l'*Origine du mal*. Dans la préface formée de quatre-vingt-neuf vers asclépiades, l'auteur raconte comment saint Paul, qui symbolise ici le christianisme, ayant débarqué à Malte après un naufrage, était arrivé par la force de la prière à rendre la morsure d'une vipère inoffensive. Dans le premier livre, en 658 hexamètres, Prudence prouve l'absurdité de l'idolâtrie : les principaux cultes romains sont passés en revue et, avec des arguments déjà adoptés par d'autres apologistes comme Tertullien et Cyprien, il en montre l'immoralité. Dans un développement long et détaillé, tiré certainement du discours prononcé en 394 par l'empereur Théodose, il pousse une grande partie des Romains à se convertir à la vraie religion : parmi les quelques réfractaires se trouve Symmaque, le plus grand orateur de ce temps-là, contre qui justement s'élève cette œuvre. Probablement à la suite d'une nouvelle tentative de la part des partisans de Symmaque pour rétablir l'ancienne religion, l'auteur reprend les arguments déjà exposés par saint Ambroise dans les deux lettres contre le même illustre orateur. Dans le second livre, formé de 1 131 hexamètres et précédé d'une seconde préface de soixante-six vers glyconiques, où l'auteur demande l'aide du Christ, nous trouvons réfutés un par un tous les arguments de Symmaque. Il est intéressant de noter l'affirmation, exprimée déjà par les apologistes, que la grandeur de Rome n'est pas due, comme le veut Symmaque et comme on le croit généralement, aux divinités païennes et au « génie » de l'Urbs, Rome n'étant même pas restée fidèle à ce dernier et lui ayant préféré de nouveaux cultes ; la Providence a voulu, par cette grandeur, préparer et faciliter la diffusion du christianisme. Comme dans d'autres œuvres de Prudence, les allusions à des coutumes et à des événements de son temps sont fréquentes ; le poème se termine sur une vive exhortation au jeune empereur Honorius, pour qu'il abolisse les jeux de gladiateurs qui déshonorent tous les Romains. Dans cette œuvre il faut remarquer, outre quelques traces assez vives d'un réalisme énergique, comme au sujet des Vestales, l'amour et le profond respect que l'auteur manifeste pour la grandeur de Rome et pour toutes les institutions romaines : le christianisme, selon lui, perfectionnera cette grandeur et sera le facteur essentiel de son immortalité. – Trad. Les Belles Lettres, 1948.

CONTRE TERRE. Ce recueil de poèmes en prose de l'écrivain français René de Solier (1914-1974), publié en 1949, s'inscrit dans la lignée de *La Larderie* (1945) qui en était l'exacte préfiguration. Errance buissonnière au grand travers des bois, des marais et des champs, à hauteur des chaumes, dans le vent des chasses ou derrière l'empreinte, ce livre, à la fois herbier et parcours initiatique, mêle l'émotion et l'érudition à la vie secrète de tout ce qui anime la surface du sol. Fascinant grimoire d'émois et d'images sublimés par l'assomption d'une écriture plastique qui associe le tactile à l'invisible, mobilise toutes les ressources du guet et de l'observation pour atteindre – sous les brisées énigmatiques des manifestations du sensible – aux points d'innervation d'une nature dont l'auteur écoute battre le pouls. Écriture nue révélant du réel l'insoupçonnée féerie, la saveur fantastique et l'architecture secrète. « Je déshabille l'ivraie, un matin de gel, jusqu'aux grumes enfin clairsemées. Leurs jupes, sous la gerce du vent, orientent vers l'humus un ventre de douceur... » Un regard passionné, investi par le désir, développe toute une dramaturgie de l'insolite et du merveilleux qui donne voix et chair au théâtre muet des apparences. Le tragique, l'épique, le cocasse s'allient pour faire de *Contre terre* une œuvre subtilement hybride où l'humain, l'animal et le végétal distillent leur beauté occulte souvent proche des grands souffles ésotériques. En une langue sculptée à lents versets, érigée en volume où tremblent la chair d'une voix et les échos d'une mythologie personnelle, René de Solier décrypte vertigineusement le palimpseste de signes et de traces d'un terroir scruté, traversé, débusqué jusqu'en ses dessous les plus intimes. Quête du corps glorieux de la langue – en même temps que livre des émerveillements –, le luxe d'une telle poésie – vibrante de présences et littéralement enluminée de la pourpre et du musc des passions frustes de l'élémentaire – suppose, certes, un lecteur averti et exigeant, mais ô combien récompensé par la grâce irradiante d'une écriture qui a souvent la force du sortilège. R. Bl.

CONTRE VALENS ET URSACE [*Adversus Valentem et Ursacium libri tres*]. Œuvre polémique et historique de saint Hilaire de Poitiers, théologien latin (vers 315-367), dont furent publiés d'importants fragments en 1598 [*Fragmenta ex opere historico*]. Valens et Ursace étaient les chefs du mouvement arien en Occident ; cette œuvre, qui est le document le plus important sur l'intense activité de saint Hilaire dans la lutte contre l'arianisme, est une attaque directe contre cette secte. Les fragments qui composent l'ouvrage, quinze en tout, nous sont parvenus en deux parties distinctes, et, bien que la première partie soit anonyme, les caractères du contenu et du style ne laissent aucun doute sur son authenticité. L'ensemble fut composé vers 356 et groupe une série de documents réunis entre eux par des commentaires et des explications, les documents étant choisis, comme le déclare l'auteur lui-même dans l'introduction, de façon à composer une histoire de l'hérésie arienne. À ce recueil sont ajoutés deux passages qui nous sont parvenus sous le faux titre de *Premier livre à Constance :* ce sont la lettre du concile de Sardes à Constance (343-344), et le rapport relatif à ce concile. Cette œuvre met en relief les qualités d'historien de saint Hilaire, et elle a une très grande importance en tant que source permettant de connaître l'histoire ecclésiastique ; elle nous a transmis des documents directs, presque tous certainement authentiques, sur la grande lutte contre l'hérésie arienne qui se répandait rapidement alors.

CONTREVIE (La) [*The Counterlife*]. Roman de l'écrivain américain Philip Roth (né en 1933), publié en 1986. Cet ouvrage marque une fois de plus la reprise des thèmes propres à Philip Roth. Avec ses inversions de rôles, ses volte-face, ses métamorphoses, ses jeux de miroirs, ses morts et ses résurrections, *La Contrevie* est le roman de la mystification. Roth met en scène un romancier et son double : Nathan le débauché, le sensuel, l'humoriste, et son frère Henry, l'homme vertueux, l'homme fidèle à sa judéité et à son judaïsme. Puis, après les avoir menés à la mort, par le « fiat » du créateur, il les fait revivre et leur donne une contrevie. Pirouette du romancier démiurge ou quête pathétique d'une identité problématique ?

Nathan Zuckerman raconte l'histoire de son frère Henry, chirurgien-dentiste, qui, obligé de prendre un béta-bloquant à la suite de troubles cardiaques, se trouve brusquement dans l'incapacité de faire l'amour à sa femme Carol, mais aussi, plus désolant à ses yeux, à son appétissante assistante Wendy. Finalement, malgré les mises en garde de son cardiologue, il se fait opérer pour retrouver sa puissance sexuelle et meurt au cours de l'opération.

Nathan ne peut résister à la tentation de transformer en matériau romanesque la vie de son frère. Le jour des funérailles, il a déjà écrit des fragments d'un roman sur les ébats érotiques de Henry et de sa maîtresse Maria.

Dans le deuxième chapitre du livre de Roth, le narrateur-démiurge Nathan Zuckerman a fait revivre son frère Henry : l'opération a réussi mais Henry, dépressif, fait un voyage à Jérusalem où il a la révélation de son judaïsme et décide de rester en Israël. Nathan est envoyé en ambassadeur par sa femme Carol pour le ramener aux États-Unis, mais il échoue dans sa mission. Henry apparaît comme le double antithétique de Nathan, peu intéressé par les plaisirs charnels, austère, consacrant entièrement sa vie à l'étude de la Torah.

Au chapitre suivant, « Gloucestershire », le texte nous apprend que c'est en réalité Nathan qui est impuissant à cause des béta-bloquants qu'il prend pour se soigner. Il est amoureux d'une femme mariée, Maria, mais, comme Tristan et Iseult à qui il est fait allusion, leur amour est chaste. Il se fait opérer pour pouvoir l'épouser mais il meurt des suites de l'opération.

Henry, après les funérailles, se rend à l'appartement de Nathan pour récupérer le journal du romancier et en déchirer les pages compromettantes. Il découvre le manuscrit d'un roman qui se trouve être la seconde mouture du roman *La Contrevie.* Henry est furieux de voir que, dans le roman, son frère lui a attribué son impuissance et qu'il l'a fait mourir sur le billard.

Le livre de Roth s'achève sur une nouvelle version de la vie de Nathan. Celui-ci n'est pas mort, il a épousé Maria, et il vit en Angleterre. Mais l'antisémitisme de sa belle-famille provoque leur première scène de ménage, et c'est la rupture.

Comme Henry, Maria se rebelle contre le cannibalisme de l'auteur Nathan : elle décide de le quitter pour ne plus être un personnage dans un roman, pour ne plus jouer de rôles et être elle-même. Or c'est là l'essentiel, pour Zuckerman le romancier, il n'y a pas de moi fondamental mais une multitude de rôles à prendre et à jouer.

Ce roman, qui s'interroge sur la situation du Juif en Diaspora et qui aborde le problème des Juifs américains dans leurs rapports avec Israël, n'en est pas moins essentiellement une réflexion sur la création littéraire, sur les prérogatives du romancier, libre d'annexer la vie de ses proches, de la falsifier, de la métamorphoser, libre de créer par son écriture vies et contrevies. — Trad. Gallimard, 1989.

C. L.

CONTRIBUTION À LA CRITIQUE DE LA PHILOSOPHIE DU DROIT DE HEGEL [*Zur Kritik der Hegelschen Rechtsphilosophie*]. Ouvrage du philosophe allemand Karl Marx (1818-1883). Texte moins connu que *Le Capital* (*) mais fondamental. Il date de la jeunesse de Karl Marx et fut écrit entre 1841 et 1842. Le jeune philosophe se délivrait à cette époque des magies de la dialectique idéaliste hégélienne et venait d'achever sa thèse sur les matérialistes de l'Antiquité. Dans l'Allemagne du début du XIXe siècle, la critique de la religion et la critique de la philosophie classique s'approfondissaient et se « radicalisaient ». Pour pénétrer davantage dans les structures de cette critique, le jeune Marx vient de chercher comment le matérialisme d'Épicure enrichit celui de Démocrite qu'il trouve trop abstrait. Avec l'atomisme des épicuriens, en effet, la nature stérilisée par Démocrite reprend vie : Marx à cette époque ne peut perdre de vue qu'il s'agit moins d'affirmer un matérialisme abstrait à la Diderot, de dériver la psychologie et la philosophie des données mécaniques de l'expérience — ce qui serait un positivisme confus — que de saisir la signification profonde du devenir de la nature.

La dialectique de Hegel concluait à une contradiction entre la liberté privée du citoyen et la tyrannie publique de l'État. L'État substantiel de Platon était rejeté par l'analyse hégélienne, la communauté moderne impliquant la liberté individuelle et la différenciation entre la société civile et l'État. L'État devient la substance de l'individu en tant que la communauté réalise la volonté générale, réconcilie les exigences de liberté par le principe infini qu'il représente. Mais ce conflit de la volonté générale et de la volonté positive des institutions est une étape qui doit être dépassée dans une forme moderne de la puissance de l'État devenu « l'esprit certain de soi qui se hausse au-dessus du mal pour le réconcilier avec soi ». L'État devient donc le rationnel, l'idéal de chaque individu lui-même citoyen ; il forme le but suprême de la volonté et de la subjectivité individuelles, et résout le problème de la communication des consciences à travers le lien positif des institutions stabilisées. L'homme s'y retrouve abstrait et le pouvoir paraît être « la réalité en acte de la liberté concrète ». Cette réconciliation de la liberté et de la société suppose l'extrême aliénation de l'homme, le moment où, sa nature s'extériorisant dans sa volonté, cette volonté trouve sa fin dans un idéal qui à son tour domine l'individu et le modèle. L'État, laissant aux individus leur liberté abstraite et négative, parvient à se réaliser sans eux, hors d'eux, en les utilisant pour accomplir ses propres fins, à travers le labyrinthe des particularités. « L'État devient la ruse. »

L'interrogation du jeune Marx porte contre cette aliénation, plonge dans la nature concrète de la subjectivité que ne manifeste pas l'idéal qu'il prétend réaliser. « La seule chose qui importe, c'est de découvrir, pour les déterminations concrètes individuelles, les déterminations abstraites correspondantes. » L'illusion de Hegel a été de prendre l'État pour sujet réel de sa réflexion, quand il en était le produit. Il a perdu de vue que l'homme fait la cité plus que la cité ne fait l'homme et que le prédicat de son raisonnement (le citoyen) est le résultat d'une ontologie spécieuse. Ce qu'il donne pour sujet de l'État, son idéal ou l'idée qu'il représente, est en fait la manifestation qui interdit l'authentique communication des consciences, et remplace la communauté par une subordination des hommes sous l'idée. Hegel commet une seconde erreur en ne saisissant pas la réalité profonde du pouvoir, en ne signalant que comme moyen ce qui tend à devenir la nature même de la puissance établie, la bureaucratie et l'administration. Ainsi Hegel devient conservateur en enfermant l'État dans une constitution immobile. Il ne comprend pas que « la bureaucratie est un esprit totalement jésuitique, théologique... », que « les bureaucrates sont les jésuites de l'État et les théologiens d'État... », que « la bureaucratie est la république prêtre ». L'aliénation tend à écraser l'individu, à écraser la responsabilité, à diluer la subjectivité et la communication concrète des consciences concrètes dans une image de la puissance, à rendre permanente la monopolisation des hommes par une puissance acquise. Hegel n'a pas compris que le sujet réel de l'État moderne c'était l'intérêt privé, non la volonté générale, et que l'imposture commençait au moment où une puissance, au nom d'une liberté sans signification, construit une nouvelle puissance aussi cynique et aussi étrangère à l'homme que les tyrannies du passé. Enfin Marx souligne que la solution de Hegel quant aux rapports entre la société civile et l'État est mal fondée : Hegel croit supprimer les conflits sous la société civile par l'existence des « corporations », mais celles-ci sont en conflit.

La portée de ce texte est immense dans la méditation du jeune Marx ; on y découvre cet humanisme au sens étymologique du mot, cet effort pour rendre à l'homme son humanité perdue sous la fascination des mythes et des idoles. Ajoutons que c'est le seul texte, avec le *Manuscrit économico-politique* de 1844, où Marx aborde — sous l'angle de la critique, il est vrai — la question de la communication des consciences et tente d'élucider la nature complexe des communautés humaines. — Trad. Édition de la Pléiade, 1982, ou Éditions sociales.

CONTRIBUTIONS DE BRÊME (Les) [*Bremer Beiträge*]. Revue fondée à Leipzig en 1748, plus connue sous ce titre que sous celui de *« Beiträge zum Vergnügen des Verstandes und Witzes »* [*Contributions au plaisir de l'intellect et du bel esprit*] qu'elle portait à la date de sa publication. Elle fut créée en opposition à la revue de Gottsched : *Plaisirs de l'intellect et de l'esprit* [*Belustigungen des Verstandes und Witzes*], par un groupe d'écrivains dissidents qui y avaient collaboré. On visait à placer la poésie sur un plan léger, gracieux et moralisateur, afin qu'elle fût utile et agréable. Ses collaborateurs les plus marquants furent : Gleim, qui donna libre cours à ses goûts anacréontiques, Gellert qui la marqua de son caractère moralisateur — v. *Fables et Contes* (*) — et Klopstock qui y publia une partie de sa *Messiade* (*). De moindres poètes contribuèrent également à la création d'un genre que l'on pourrait qualifier de « gracieux », représenté par ces idylles pastorales, délicates et artificielles, comparées par Goethe aux statuettes mignardes qui faisaient alors leur apparition dans les manufactures de Saxe. À l'encontre des publications moralisatrices les plus significatives de l'époque, l'esprit animant cette revue ne se détachait pas complètement de l'influence française, mais cherchait à imiter cette grâce et cet impondérable qui permettent d'exprimer les choses les plus graves sur un ton simple et léger : ce qui allait à l'encontre de l'esthétique de Gottsched, dont les règles et les normes rigides ne laissaient aucune place au jeu et à la fantaisie. La revue cessa de paraître en 1748. Elle eut non seulement le mérite d'aérer l'atmosphère alourdie par la dictature de Gottsched, mais aussi celui de mettre en valeur la littérature anglaise par des traductions, tout en faisant remarquer, à l'instar de Bodmer qui avait déjà publié en 1740 son *Traité critique du merveilleux et ses rapports avec le vraisemblable* (*), combien elle présentait avec l'esprit allemand de plus grandes affinités que la littérature française ; mise en valeur qui aura plus tard, lorsque s'épanouira le romantisme, une très grande importance.

CONTRÔLEUR DES WAGONS-LITS (Le). Comédie en trois actes de l'auteur dramatique français Alexandre Bisson (1848-1912), représentée à Paris en 1898. Georges Godefroid, mari de Lucienne Monpépin, a pris la décision de divorcer parce qu'il est amoureux d'une jeune fille qui habite en province. Pour avoir deux ou trois jours de liberté par semaine, il fait croire qu'il a été nommé contrôleur des wagons-lits. Mais sa sévère belle-mère, qui n'est pas convaincue, cherche à découvrir la vérité avec l'aide de son mari, lequel prend des renseignements à la direction de la compagnie. Les renseignements sont satisfaisants : Godefroid est un excellent contrôleur. Le malheur est qu'il s'agit d'un homonyme (Alfred) qui vient protester chez Georges parce qu'on s'est mêlé de ses affaires. Il découvre ainsi l'astuce de Georges et imagine d'en profiter, soit en courtisant sa femme, soit en lui jouant toutes sortes de tours en se faisant passer pour son ami. Pour finir, il lui enlève sa maîtresse et l'oblige ainsi à revenir repentant et contrit à sa femme. Cette farce, bien que construite sur le modèle traditionnel du vaudeville, est une des meilleures de Bisson par son dialogue, le comique de ses situations et le tour plaisant de son esprit.

CONTROVERSES DU CHRISTIANISME au sujet des hérétiques de ce temps [*Disputationes de controversiis christianae fidei adversus huius temporis haereticos*]. Œuvre du bienheureux, jésuite et cardinal italien Robert Bellarmin (1542-1621), publiée à Ingolstadt de 1586 à 1593. C'est la plus importante et la plus célèbre polémique catholique au temps de la Contre-Réforme. Les diverses hérésies exposées et réfutées dans un curieux discours (précédant le vol. IV) y sont identifiées avec les faits et les symboles accompagnant la venue de l'Antéchrist. Pourtant, malgré son éloquence, le ton de l'auteur se distingue par son calme et son objectivité, par l'attention qu'il prête aux doctrines examinées, par la clarté avec laquelle il expose les idées d'autrui, en les puisant directement dans les textes. Le premier tome traite de la parole de Dieu écrite et non écrite ; puis du Christ comme chef de toute l'Église ; du souverain pontife comme chef de toute l'Église militante, en réfutant tantôt le recours exclusif à l'Écriture prôné par Luther et Calvin, tantôt la nouvelle conception d'une Église purement invisible, et par suite sans organisation juridique, tantôt quelques-unes des vieilles hérésies des premiers siècles de l'ère chrétienne alors ressuscitées. Le tome II est consacré à l'examen de l'Église « aussi bien réunie dans les conciles que répandue dans le monde entier ». Il traite de la justification de la distinction des membres de l'Église militante en clercs, moines et laïcs ; il réaffirme l'existence de l'Église souffrante « qui est en Purgatoire » ; aborde le problème de la qualité et de la nature de l'Église triomphante. Il prend position tant contre le recours à l'autorité des conciles si développé au XVe siècle, que contre les particularismes, toujours vivants, des Églises nationales, spécialement le gallicanisme, mais surtout contre la négation luthérienne de l'existence d'un Purgatoire et des relations entre l'Église militante, souffrante et triomphante, affirmées par la doctrine catholique, particulièrement en ce qui regarde les indulgences, la messe en faveur des défunts, et la communion des saints. La méthode suivie par Bellarmin est à la fois dialectique et historique ; il formule la question, puis il cherche à la résoudre, en ayant recours avant tout aux textes bibliques, en invoquant ensuite la tradition de la patrologie, et enfin en faisant appel aux arguments de la raison. Cette même méthode est appliquée également à la réfutation des arguments d'autrui, qui, en général, sont résumés et reproduits exactement et avec l'indication des textes où on les rencontre. Autant par leur vigueur et leur érudition que par leur souci des faits, les controverses de Bellarmin eurent une très large résonance et une influence décisive sur l'apologétique catholique moderne. L'œuvre, pour beaucoup de théologiens, est plus que jamais actuelle, spécialement en ce qui concerne la doctrine du pouvoir indirect du pape dans les choses temporelles, qui, en son temps, valut à Bellarmin une double condamnation : de la part du pape parce qu'elle était limitative de son pouvoir, de la part du parlement de Paris parce qu'elle était préjudiciable à la souveraineté absolue de l'État. – Trad. Vivès, 1855.

CONVERSATION AGRÉABLE DU PEUPLE SLAVE (Chronique) [*Razgovor ugodni naroda slovinskoga*]. Poème du franciscain croate Andrija Kačić Miošić (1704-1760). Cette œuvre, imprimée à Venise en 1756, est une des plus répandues de la littérature croate. C'est une vaste chronique rimée des Slaves méridionaux, tirée d'auteurs italiens, latins et slaves, et de la tradition populaire épique.

Cette œuvre se développe suivant la métrique propre aux chants populaires et est composée en quatrains très souvent rimés. Elle comprend quarante et un chants dans sa première édition, et cent trente-huit dans la seconde (Venise 1759). Ces derniers débutent et se terminent par un dialogue entre le vieil aède Mjelovan, c'est-à-dire Kačić Miošić lui-même, et le lecteur. Les chants peuvent être, d'après les sujets traités, divisés en quatre groupes : le premier célèbre les saints et les rois d'origine slave, apôtres de la foi chrétienne. Le second chante les guerres contre les Turcs ; le troisième traite avec enthousiasme des villes slaves ou des villes ayant un rapport avec des victoires slaves (Vienne avec Sobieski) et ayant eu à subir la menace des Turcs. Le quatrième exalte les hommes qui rendirent ces villes célèbres. L'auteur, dont le but était de fortifier l'orgueil national à sa naissance, n'hésite pas à mettre au rang des héros slaves Alexandre le Grand, Constantin, Skanderberg et Jean Hunyadi. Il faut, pourtant, reconnaître que Kačić Miošić chercha à exercer un certain contrôle critique sur les sources dont il se servit. C'est ainsi que certains personnages historiques apparaissent sous une lumière nouvelle tout à fait différente de celle de la tradition populaire. Kačić Miošić s'empara du patrimoine folklorique de son peuple et le modifia librement d'après des sources historiques et authentiques. Il donna, de cette manière, son développement complet à une histoire nationale qui était informe avant lui. Il l'introduisit à nouveau dans le peuple après lui avoir donné les temps, les rythmes et les formes de poésie que ce dernier aimait. Kačić Miošić réussit, par son poème, à faire œuvre politique et éducatrice très efficace.

CONVERSATION À LA CATHÉDRALE [*Conversación en la Catedral*]. Roman de l'écrivain péruvien Mario Vargas Llosa (né en 1936), publié en 1969. Le livre a pour cadre Lima, à l'époque de la dictature du général Manuel Apolinario Odría (1948-1956). En allant récupérer son chien enlevé par la fourrière, le journaliste Santiago Zavala rencontre Ambrosio le Noir, l'ancien chauffeur de son père, et bavarde longuement avec lui dans un bar populaire, « La Cathédrale ». Les souvenirs des deux hommes qui surgissent par bribes et les questions multiples que pose Zavala évoquent de nombreux personnages liés à leur vie et appartenant à tous les milieux : domestiques, comme Amelia, l'amie d'Ambrosio, renvoyée pour s'être prêtée aux jeux sexuels de Santiago et de son frère ; ouvriers chômeurs, comme le mari d'Amelia, battu par la police et abandonné moribond près de l'hôpital ; policiers, comme Cayo Bermúdez, homme de confiance du Président, tortionnaire, spécialiste de la répression et du trafic avec les trusts étrangers s'installant dans le pays ; prostituées, comme la Muse, entretenue par Bermúdez et finalement assassinée à l'instigation de don Fermín, aristocrate hypocrite et dépravé, père de Santiago... Tous les épisodes, souvent violents, abusifs, misérables, auxquels les deux protagonistes ont été mêlés, révèlent l'intention de l'auteur : dénoncer par la fiction le triomphe de la corruption au Pérou et la résignation à la survie au jour le jour des non-possédants. Une interrogation est ici posée qui deviendra un leitmotiv dans l'œuvre romanesque de Vargas Llosa : à quelle époque a commencé la décadence du Pérou ? Est-elle récente, due aux exactions d'un gouvernement qui a pourri toute la structure sociale du pays ? Ou bien est-elle lointaine, et vient-elle de l'homme lui-même dont toutes les idéologies sont discutables tant il est médiocre et ne peut donc vivre que résigné ? Le problème sera en particulier repris et illustré par l'échec révolutionnaire du guérillero Mayta dans *Histoire de Mayta* (1984). — Trad. Gallimard, 1973.

C. C.

CONVERSATION EN SICILE [*Conversazione in Sicilia*]. Roman de l'écrivain italien Elio Vittorini (1908-1966), publié en quatre épisodes dans la revue *Letteratura* (avril 1938-avril 1939). En 1941, il est réédité en volume mais sous un nouveau titre, *Nome e lagrime,* pour dérouter la censure, les milieux fascistes ayant vivement réagi à cette œuvre. Malgré tout, la même année, le roman paraît à nouveau sous son titre premier. Il connaît alors un grand succès : trois éditions en sont publiées avant qu'il soit saisi en 1942.

C'est le récit d'un voyage initiatique et une métaphore politique, en dépit de la note qui prétend qu'au lieu de la Sicile, l'action pourrait avoir lieu en Perse ou au Venezuela.

C'est pourtant bien en Sicile, avec ses forêts d'orangers, ses montagnes enneigées, sa mer, son ciel clair, que Silvestro, le protagoniste-narrateur, effectue ce « voyage dans la quatrième dimension », dit-il, dans son enfance. C'est non seulement pour retrouver les lieux et les mots, les personnages, les sensations, les bruits, les odeurs, les interrogations de ses sept ans, mais pour se comprendre lui-même, en même temps que son enfance et son pays natal, qu'il pose à sa mère des questions sur elle-même, son mari, son père, ses amours. Après quinze ans d'absence, il retourne en Sicile pour y chercher une réalité amendable, différente de celle qu'il vit, en proie à des « fureurs abstraites » et à la conscience de son impuissance à accomplir quoi que ce soit pour « le genre humain en perdition ».

Au cours de ce voyage, Silvestro fait diverses rencontres, dont celle du « Grand Lombard », en quête de « nouveaux devoirs » qu'on pourrait entendre comme de nouvelles valeurs, de nouvelles solidarités, quand Ézéchiel et le rémouleur Calogero vont répétant qu'ils souffrent non pour eux-mêmes mais pour la douleur du « monde offensé ». Cette question conduit Vittorini à engager une réflexion, qui reviendra avec force en 1945 dans *Les Hommes et les Autres* (*) sur l'humanisme : « Peut-être tout homme n'est-il pas homme et tout le genre humain n'est-il pas genre humain ; le genre humain des meurt-de-faim est plus genre humain. »

Que faire pour ce monde offensé ? La violence individuelle du rémouleur, qui rêve d'aiguiser des couteaux, des épées, des canons même, n'y peut rien, non plus que l'oubli symbolisé par le vin. Restent la connaissance, la culture, la pédagogie ; on voit ici émerger ce qui sera en 1947 un motif central de la polémique de Vittorini avec les dirigeants du parti communiste italien ; l'idée que la culture est, par nature, révolutionnaire.

Ce roman est aussi pour Vittorini le moment de la rupture stylistique, le moment où il s'écarte définitivement du naturalisme. Ce sera désormais une constante chez lui ; la volonté de donner aux contenus historiques d'un moment une forme nouvelle, qui corresponde à ses contenus historiques. L'enchaînement des métaphores n'est donc pas seulement, ni même essentiellement, un moyen d'échapper au censeur ; il donne au récit une allure d'allégorie, qui est une certaine façon d'entendre la littérature et ses missions. Il cherche à exprimer la charge politique par le travail sur le langage autant, sinon plus, que dans les contenus explicités ; la faim, la maladie, la misère omniprésentes. La narration est rythmée de répétitions, parfois à la limite du procédé, nuancées d'infimes variations, avec un effet d'assonance, et qui provoquent une pause, un écho qui donne de l'espace, de l'ampleur, à l'expression, comme pour rendre le mouvement lent de la réflexion. – Trad. éd. de la Toison d'Or, 1943 ; Gallimard, 1948.

P. La.

CONVERSATION POLIE (La) [*A Complete Collection of Gentle and Ingenious Conversation according to the Most Polite Mode and Method now used at Court, and in the Best Companies of England*]. Satire en prose de l'écrivain irlandais Jonathan Swift (1667-1745), publiée en 1738, sous le pseudonyme de Simon Wagstaff. L'auteur y tourne en ridicule la bêtise, la grossièreté et l'esprit forcé de la conversation du monde élégant, en trois dialogues dans lesquels figurent en tant qu'interlocuteurs lord Sparkish, miss Notable, lady Smart, Tom Neverout, etc. Dans ces personnages, Swift incarne les manies, le ridicule, la pauvreté intellectuelle des gens du monde de son temps, et c'est là un excellent sujet pour son génie sarcastique.

CONVERSATIONS AVEC PICASSO. Souvenirs du photographe et écrivain français d'origine hongroise Gyula Brassaï (1899-1984), publiés en 1965. Brassaï nous découvre un Picasso vivant, singulier à travers l'instant et l'instantané de la conversation. Le héros du livre parle, explique, travaille, peint la nuit au projecteur ou à la chandelle, lorsque ses journées ne sont pas assez longues, reçoit, évolue, et Brassaï nous raconte merveilleusement, non pas en critique d'art, mais en « intime » qui partage et participe. C'est à la fois le peintre et ses familiers qu'il nous fait apparaître : Éluard, Prévert, Queneau, les Leiris, Reverdy, Dominguez, Cocteau, Sartre, Camus, Malraux, Matisse, et leurs propos, leurs rencontres, dont Brassaï se garde de rien laisser perdre, provoquent en nous un intérêt constant. Lorsque le photographe rencontre Picasso pour la première fois en 1932, celui-ci vient d'atteindre la cinquantaine : c'est un homme riche et déjà célèbre (Hispano-Suiza et chauffeur en livrée, appartement bourgeois et atelier rue La Boétie, château et chapelle à Boigeloup). Cette rencontre est le début d'une longue fréquentation qui se poursuivra surtout durant les années de guerre, de 1943 à 1945 et, d'une façon moins suivie, jusqu'en 1947. La tâche de Brassaï est la suivante : photographier toutes les sculptures de Picasso en vue d'un album futur. Plusieurs fois par semaine, le photographe vient dans le nouvel atelier rue des Grands-Augustins, la plupart du temps glacial en ces hivers de pénurie, et assiste ainsi à cette vie mouvementée, remplie d'allées et venues. Brassaï, qui a noté jour après jour les péripéties, les divers événements, les drames de cette existence, ses conversations à bâtons rompus avec le peintre, nous en restitue l'atmosphère et la vie. Son œil de photographe enregistre de précieux détails que d'autres n'auraient pas aperçus. La photographie crée entre l'artiste et son œuvre un rapport d'extériorité : « C'est curieux, n'est-ce pas, mais c'est par vos photographies que je peux juger mes sculptures [...] À travers elles, je les vois avec des yeux neufs. » Devant de mauvaises reproductions, Picasso s'écrie : « Elles sont exécrables ! Si loin même des objets reproduits que ça devient intéressant [...] Elles me rendent souvent en noir ce que j'ai fait en blanc. »

CONVERSATIONS DANS LE LOIR-ET-CHER. Œuvre de l'écrivain français Paul Claudel (1868-1955), publiée en 1935. « Pique-nique hasardeux de propositions », dit l'auteur lui-même, ces conversations imaginaires, à bâtons rompus, ont toute la liberté du journal intime ; elles passent avec agilité d'un sujet à l'autre, lançant toutes les idées à la fois, avec une hardiesse que ne tolérerait peut-être pas un discours suivi. Chaque conversation porte le nom d'un jour de la semaine ; les trois premières correspondent bien au titre et se déroulent effectivement dans le Loir-et-Cher. La diversité des personnages – quatre hommes et deux femmes, une musicienne et une actrice – permet à Claudel une grande variété de tons comme de points de vue. Dans la conversation du jeudi, l'intérêt se concentre sur les problèmes de la société et de la justice : « Quand l'homme essaye d'imaginer le Paradis sur terre, dit un des interlocuteurs, ça fait tout de suite un Enfer très convenable. » On reconnaît l'humour bourru de Claudel, son scepticisme à l'égard de toute espérance terrestre ; il refuse résolument les mythes de la cité parfaite et va même jusqu'à prétendre qu'il n'y a de société vivante que celle qui est animée par l'inégalité et l'injustice. Le dimanche, on parle des choses de l'art, des vitraux, de la couleur, définie comme « le mélange de l'âme avec la lumière », et l'on retrouve au passage cette vieille idée claudélienne que l'âme, en chacun de nous, est une prisonnière dont on étouffe le chant. Le mardi, la conversation s'attarde aux problèmes de l'urbanisme et de l'architecture ; par la voix d'un de ses personnages, Claudel se livre à une sortie vigoureuse contre l'architecture moderne qui ne pense « ni en pierres, ni en ciment, ni en volumes », mais « en plans, en carton, en lignes, en lavis et en calculs tout faits » ; la rue moderne, ajoute-t-il, toute droite, coupée à angles droits, qui n'ouvre sur rien, est comme un symbole de l'âme « qui prend de tous côtés des vues sur le Néant ». Dans la conversation du samedi enfin, le lieu et les personnages changent. En Amérique, entre Honolulu et San Francisco, un aviateur, Saint-Maurice, et un antiquaire, Grégoire, évoquent les fins dernières, la communion universelle à venir, la « cathédrale des futurs jours », qui sera « la Terre tout entière », la Terre qui est encore à achever.

CONVERSATIONS DE GOETHE AVEC ECKERMANN [*Gespräche mit Goethe in den letzten Jahren seines Lebens*]. Œuvre de l'écrivain allemand Johann Peter Eckermann (1792-1854), comprenant trois parties. Les deux premières furent publiées en 1836, la troisième en 1848. Cette dernière est, en ce qui concerne Goethe, d'une moindre valeur documentaire. Plus que par son petit volume de médiocres *Poésies* [*Gedichte,* 1821], Eckermann attira sur lui l'attention du poète par certaines *Considérations sur la poésie et plus particulièrement par rapport à Goethe* [*Beiträge zur Poesie mit besonderer Hinweisung auf Goethe,* 1823]. Il en avait envoyé le manuscrit à Goethe qui accepta de le publier. Aux différentes époques de sa vie, Goethe eut toujours la nette intuition des hommes dont il devait s'entourer. Il comprit que, malgré la modestie de son talent, ce jeune homme, dont la jeunesse agitée avait supporté, sans perdre son enthousiasme, de dures et longues privations, pouvait être l'homme qu'il cherchait. Neuf ans il le garda à ses côtés, scrupuleux enregistreur de ses paroles et fidèle interprète de ce qu'il voyait autour de lui. Eckermann put ainsi transmettre vivante la figure d'un Goethe olympien, du « sage vieillard » des dernières années.

Dans ces conversations, le poète octogénaire parle du passé littéraire et de la vie vécue, discute ses propres œuvres, reprend, parfois en les modérant, parfois en les confirmant, des jugements autrefois émis sur les œuvres d'autrui, étonnant par sa gaillarde vigueur spirituelle et son infatigable et constante puissance créatrice. De cette époque, entre autres datent *Les Années de pèlerinage de Wilhelm Meister* (*), et une bonne partie du second *Faust* (*), la partie historique de la *Théorie des couleurs* (*) et la rédaction et la révision de ses œuvres, pour lesquelles il se servit d'Eckermann et de Riemer. Au cours de leurs promenades en voiture, à travers les allées ombreuses de Weimar, passent entre le maître et le disciple, se pressant devant le grand survivant, les ombres des disparus, de Napoléon à Schiller, de Lessing à Byron. Chaque activité qui, dans le monde, dégage une force nouvelle : poétique ou politique, artistique ou scientifique, trouva un écho profond dans l'âme et dans l'esprit du grand vieillard, toujours plus assoiffé d'universel. Les cénacles à la Schlegel et les discussions littéraires l'ennuient à présent, surtout celles sur le romantisme et le classicisme, simples noms, dit-il, de deux témoignages spirituels humains : le subjectif et l'objectif, que les petits littérateurs veulent opposer en une inutile polémique. L'amitié et l'admiration le lient à Manzoni, comme l'attestent ses conversations avec Eckermann en juillet 1827, pendant la lecture des *Fiancés* (*). Il témoigne beaucoup d'intérêt pour Walter Scott, en y ajoutant toutefois quelque ironie et quelque réserve. Il veut lire tous ses romans. Il a une tendresse toute particulière pour Byron, qui lui rappelle sa propre jeunesse, impétueuse et passionnée. Les épisodes uniquement biographiques sont, dans ces *Conversations,* passés sous silence. Mais il suffit de quelques accents pour permettre de reconstruire la vie de Weimar. Certains passages sur le grand-duc montrent quels rapports d'amitié et de dévouement existaient entre Goethe et la petite Cour. Mais l'intimité de l'âme du poète demeure presque toujours fermée. Ainsi n'est signalée que par quelques mots la rencontre d'Eckermann avec Goethe, après la mort de son fils Auguste, qui eut lieu à Rome en octobre 1830. Le vieil homme serre fortement dans ses bras son disciple, puis parle d'autre chose. Quelqu'un, un jour, jugea sévèrement l'insensibilité paternelle de Goethe, mais cette façon de reprendre immédiatement le travail comme une mission à accomplir dans le monde lui confère une véritable solennité sacerdotale. Goethe doit terminer son *Faust.* La douleur ne l'arrête pas, mais le stimule. Le 11 mars 1832, Eckermann a encore une longue conversation sur l'authenticité de *La Bible,* au cours de laquelle Goethe apparaît avec une âme étrangement chrétienne. Le jour suivant, il parle encore de Dieu, qui se révèle dans les « natures élevées, pour attirer à lui celles qui sont restées en arrière ». Le 22 mars, il meurt. Eckermann recueillit l'héritage du poète, continuant à vivre de lui et pour lui, assemblant et publiant pieusement ses œuvres. Nietzsche considérait les *Conversations* comme le livre le plus clair qui fût, et il en appréciait la haute sagesse littéraire. Le problème s'est posé de savoir si Eckermann, qui était honnête, mais d'un talent littéraire limité, avait toujours su interpréter exactement, en la transcrivant, la pensée de Goethe. En réalité, les altérations ne manquent pas, mais sont toujours involontaires. Au surplus, étant donné la différence énorme entre les deux personnalités, elles ne pouvaient manquer. Mais il n'est pas niable que dans l'ensemble de l'œuvre, et souvent même dans des notes isolées, l'esprit de Goethe soit réellement présent. — Trad. Gallimard, 1949.

CONVERSATIONS IMAGINAIRES. [*Imaginary Conversations*]. C'est l'œuvre principale de l'écrivain anglais Walter Savage Landor (1775-1864), publiée de 1824 à 1829 en cinq volumes, auxquels furent apportées des additions en 1846 et 1853. Ces dialogues pourraient être divisés en deux groupes : certains sont de véritables petits contes dramatiques, d'autres sont des conversations érudites sur des sujets de littérature, d'histoire et de politique. Au premier groupe appartient le dialogue fin et délicat entre Tibérius et Vipsania, fille d'Agrippa, contraints de se séparer sur l'ordre d'Auguste, qui veut que son futur successeur épouse sa fille. Le dialogue entre Tancrède II et Constance, fille de Roger II le Normand, est d'un grand intérêt historique. Tancrède, dans l'esprit de Landor, est une sorte de précurseur de Frédéric II, roi des Souabes : il voudrait faire de cette délicieuse contrée d'Italie, qui fut le point de rencontre de races et de civilisations différentes, un royaume indépendant, premier pas vers une Italie unifiée. Il frémit à la pensée qu'Henry VI, fils de Barberousse, doive régner. Il réussit à garder Constance prisonnière dans son château, mais ensuite, il ne se sent pas le courage de faire usage de la force avec une femme.

Les dialogues du second groupe permettent de connaître les idées personnelles de Landor, bien que celui-ci cherche à être objectif et à disparaître derrière le personnage qu'il présente. Dans le dialogue entre Callisthène et Aristote et dans celui entre Alexandre et le prêtre d'Ammon, a lieu une curieuse comparaison entre Épaminondas, grand, calme et plein d'humanité et Alexandre qui reste un exalté et un destructeur un peu barbare. Ailleurs, Platon est présenté comme l'auteur fanatique d'étranges utopies irréalisables et capables de miner les bases solides de la société et de la famille. Ce motif, repris avec bonheur dans le dialogue entre Lucien et Timothée, offre à Landor la possibilité d'exalter les philosophes grecs antérieurs à Socrate, en particulier Pythagore. Les opinions de l'auteur, en ce qui concerne le problème religieux, apparaissent dans le dialogue entre Calvin et Mélanchton, le premier, rigide et intolérant, le second, enclin à des visions vastes et humaines. Landor, au fond de son âme, est païen, humaniste, et penche vers une conception panthéiste ; mais au-delà de la pensée il y a l'inconnaissable, et il reconnaît dans le christianisme une morale qui peut défier le temps et servir de grande force sociale.

Les dialogues se rapportant aux événements contemporains sont les plus intéressants, la nature impulsive de Landor le pousse alors à défendre avec chaleur ses idées. Il est nettement opposé à l'hégémonie française, manifeste de l'aversion pour la Sainte-Alliance et n'approuve pas les excès du libéralisme et de la démagogie. Andréas Hofer, le héros tyrolien, victime de la tyrannie française, de l'égoïsme de l'empereur d'Autriche et de l'hypocrisie de Metternich, est présenté sous le jour le plus favorable. Blücher apparaît comme un héros, Alexandre de Russie comme un réactionnaire capable de largeur de vues. Dans un dialogue entre Machiavel et Michel-Ange, on trouve une condamnation nette du système démocratique qui aide les médiocres, favorise les intrigues et la corruption et coupe les ailes au génie. D'autres dialogues traitent encore de sujets italiens : celui entre Savonarole et le prieur de Saint-Marc (publié en italien par Landor lui-même, en 1860) ; l'autre entre Charles-Albert et la princesse de Belgiojoso, et enfin celui publié après sa mort, en 1917, entre Garibaldi et le président du sénat sicilien. Dans ces dialogues, qui appartiennent à un genre inauguré par Lucien et cultivé par Fontenelle, Landor se révèle un pénétrant critique de l'histoire : il présente les différents pays et les différentes époques au moment le plus saillant de leur évolution spirituelle, politique et sociale. Ayant vécu pendant une période de réaction, de sectes, d'utopies, d'excès, il s'élève au-dessus du moment présent et sait porter des jugements empreints de sérénité.

CONVERSATIONS DE M. DE C. ET DE C. DE M. (Les). Traité de morale de l'écrivain français le chevalier de Méré (Antoine Gombaud, 1607-1684), publié à Paris en 1669. Il se présente sous forme de conversations entre l'auteur et un haut dignitaire de la Cour, le maréchal de Clérambault (qui est simplement désigné par ses initiales) ; elles roulent sur l'éducation qu'il conviendrait de donner au dauphin. Le chevalier de Méré passe pour avoir espéré un moment être investi de cette charge. Le livre ne comporte pas de plan systématique exposé à la manière accoutumée ; les sujets sont envisagés au hasard de la conversation, sur le modèle des dialogues antiques. Il est parlé de ce qui doit contribuer à rendre un prince grand et heureux, en relevant que ces préceptes peuvent tout aussi bien s'appliquer aux sujets ; car, au fond, il n'y a qu'une seule et même vertu, celle qui enseigne à commander ou à obéir, chacun selon son rang. Les études du prince devront porter surtout sur l'histoire et le latin ; mais, plus que tout autre, il devra profiter des exemples et des conversations, d'où l'importance que les gentilshommes et les dames pourront avoir pour la formation de son caractère et surtout de son bon goût. Des conseils sont donnés sur l'éloquence, sur l'art d'écrire, sur la façon de répliquer sans offenser personne. Sincérité et droiture seront les principales qualités du prince ; ses actes seront empreints de cette simplicité et de ce naturel qui ne s'acquièrent pas sans études spéciales. En guise de conclusion, les deux interlocuteurs conviennent qu'il possédera tout ce qui est désirable quand il sera un parfait gentilhomme (« honnête homme »). Ils s'appliquent ensuite à définir ce qu'est cette vertu dite honnêteté qui résume en elle toutes les autres, et s'accordent à reconnaître qu'elle naît en même temps de l'esprit et du cœur, qu'elle revêt divers aspects selon le temps et les circonstances, mais qu'elle est reconnaissable au plaisir spontané que nous procure la rencontre d'une personne de bien. Ce n'est donc pas simplement une vertu de circonstance, à l'usage de la vie de Cour – comme cela ressort des écrits d'autres auteurs de l'époque –, mais c'est quelque chose de bien plus intime et général. Par la suite, le chevalier de Méré, écrivain probe et pénétrant qui ne fut pas sans influencer la pensée de Pascal, fut qualifié par la postérité de « pédagogue de l'honnêteté », cet idéal mondain, moral et religieux d'une « *mediocritas* » mesurée et prudente.

CONVERSION D'ALCESTE (La). Comédie en un acte et en vers de l'écrivain français Georges Courteline (1858-1929), représentée pour la première fois sur la scène du Théâtre-Français le 15 janvier 1905. Depuis longtemps célèbre, grâce à ses livres sur la vie militaire et la vie des fonctionnaires, Georges Courteline avait connu depuis quelques années de grands succès au théâtre, surtout depuis que ses pièces étaient jouées au théâtre Antoine. En 1905, il entre au Français avec un pastiche de Molière, *La Conversion d'Alceste*, qui constitue en quelque sorte une suite imaginaire au *Misanthrope* (*). Alceste, ayant abandonné son intransigeance première et suivant les conseils de Philinte, est décidé à manifester plus d'indulgence pour le genre humain. Mais ses politesses se retournent contre lui. Ceux qui connaissent sa sincérité coutumière et la brutalité avec laquelle il l'exprimait le prennent au mot et exigent de lui qu'il agisse conformément aux jugements qu'il porte. Le succès même de son procès entraîne pour lui de grands frais. Enfin, et c'est le coup de grâce, Célimène, depuis qu'il n'est plus emporté par ses fureurs, le trouve ennuyeux et se détache de lui. Témoin du dialogue entre Célimène et Philinte qui le trahissent, Alceste décide, et cette fois sans retour, de « traîner au fond des bois la tristesse de vivre ». Courteline s'est ingénié, dans cette comédie, à employer le mode d'expression et le langage même de son modèle en le parsemant parfois d'anachronismes et d'à-peu-près amusants. *La Conversion d'Alceste* n'ajoute rien naturellement au *Misanthrope* mais, dans l'œuvre de Courteline, c'est un pastiche réussi et une pièce amusante et bien enlevée.

CONVIVIALITÉ (La) [*Tools for Conviviality*]. Œuvre de l'essayiste américain d'origine autrichienne Ivan Illich (né en 1926), parue en 1973. Ivan Illich, dont l'œuvre est une sorte de critique de la vie quotidienne à l'époque contemporaine, a démonté les rouages qui l'enserrent dans le domaine scolaire (*Une société sans école*), dans le domaine médical (*Némésis médicale*) et dans celui des sources d'énergie (*Énergie et Équité*). Il a donné aussi une critique radicale et globale de la société industrielle dans *Libérer l'avenir*, qui traite du progrès, et dans *La Convivialité*, qui propose une réforme profonde des manières de vivre, dans le sens d'un certain socialisme utopique.

Issu d'un débat de la revue *Esprit* (*) et d'une réunion de législateurs canadiens tenue à Ottawa en 1972, l'ouvrage analyse et dénonce la servitude née du mode de production industrielle, le gigantisme des outils, le culte de la croissance indéfinie. Il propose à l'homme des pays riches de sortir du sommeil et de prendre la parole, de sortir de la glu des biens de consommation et de rouvrir un espace social de rencontre, d'échange, de voisinage, de partage de l'histoire. Ce livre, qu'Illich considérait comme le plus important de son œuvre et comme un « outil » de réflexion, a été l'objet d'un débat passionné lors de sa publication ; une « Postface » a paru sous le titre *Le Chômage créateur*, en 1977. – Trad. Le Seuil, 1973. J.-P. L.

COOLIE. Roman de l'écrivain indien d'expression anglaise Mulk Raj Anand (né en 1905), publié en 1936. Cette œuvre retrace l'histoire d'un jeune Indien de quatorze ans, Munoo, orphelin, descendu de ses collines natales pour se placer tour à tour comme domestique, ouvrier dans une usine de conserves, puis dans une filature, comme porteur, etc. ; battu, injurié, accablé de besogne, il s'échappe, va de ville en ville et meurt d'épuisement à quinze ans. Le lecteur pénètre à sa suite au sein de cette cohue des coolies qui travaillent et sont traités comme du bétail, dorment dehors dans les rues, dans les marchés, dans des huttes sordides. « Et la mort s'avançait sur la terre sous les formes illusoires de masses sombres, comme dans un cauchemar, tantôt lentes, sinueuses et souples, tantôt soudaines, comme des hordes haletantes s'abattent dans l'espace, hystériques et convulsées, formes multiples de Satan qui traque les hommes jusqu'à la mort. » La misère qu'entretient le système de la dette, jointe à la passivité incroyable des masses indiennes, rend ces hommes peu perméables aux essais d'évolution sociale. En dépit de certaines longueurs, ce roman est riche de scènes décrites avec vigueur : les massacres de Bombay, la vie des ouvriers dans les usines, la douloureuse et parfois tragique opposition des hindous et des musulmans. *Coolie,* traduit dans de nombreux pays, est l'un des meilleurs documents sur les problèmes essentiels de l'Inde actuelle. – Trad. Nagel, 1948.

COPAINS (Les). Roman de l'écrivain français Jules Romains (Louis Farigoule, 1885-1972), publié en 1913. Les sept copains : Bénin, Broudier, Lamendin, Huchon, Omer, Lesueur et Martin, bien que se différenciant fortement les uns des autres, forment un groupe uni, un tout. Après un repas copieux et de grandes libations, un peu comme dans *Le Bourg régénéré* (*) où le jeune postier commet un geste téméraire à la suite de grandes agapes, une décision folle est prise par les « Copains ». Cette fois, elle n'est pas le fait d'un individu, mais de plusieurs, d'un groupe (manière d'illustrer la théorie de l'unanimisme). Les « Copains » choisissent au hasard, sur la carte, deux villes : Ambert et Issoire, pour y semer la perturbation. Quelques jours plus tard, réunis à minuit devant la mairie d'Ambert, ils se partagent le travail. Certains déguisés en « officiels » visitent les casernes et ordonnent une manœuvre, qui met la population en émoi. Et, le dimanche, le curé cède sa place en chaire à un prétendu envoyé du pape, le père Lathuile (au nom prédestiné) qui se lance dans un discours virulent contre la pureté. À Issoire, enfin, devant la population massée sur la place Sainte-Ursule, la statue de Vercingétorix s'anime et lance des injures. Ces vastes canulars trouvent leur épilogue dans la forêt, où les Copains se réunissent pour un repas, parodie peut-être de la Cène. Et Bénin félicite ses compagnons qui, en une semaine, ont attaqué « les fondements de la morale et de la société », fait éclater l'acte gratuit et démontré leur liberté. Il s'enflamme jusqu'à annoncer que leurs individualités se sont fondues en une seule. C'est sur ce rêve cher à Jules Romains, et ici réalisé, que s'achève ce roman où, en dehors de la glorification de l'amitié, on peut trouver de nombreuses préoccupations « modernes » (l'acte gratuit) et des théories anarchistes. Le style extrêmement vivant de cette œuvre, sa cocasserie et sa verve lui ont assuré une audience justifiée.

COPPÉLIA. Ballet en deux actes et trois tableaux de Charles Nuitter (1828-1899) et Saint-Léon, musique du compositeur français Léo Delibes (1836-1891). *Coppélia* porte le sous-titre de *La Fille aux yeux d'émail,* personnage de « L'Homme au sable », conte fantastique d'Hoffmann à qui est empruntée l'idée du livret : un jeune écervelé s'éprend d'un ravissant automate. Coppélia, créature de Coppélius, est le même automate que l'Olympia créée par Spallanzani dans *Les Contes d'Hoffmann* (*). Au premier tableau, sur une place de village, aux confins de la Galicie, l'atelier mystérieux de Coppelius ; par une fenêtre, on aperçoit une belle dame toujours immobile en train de lire. C'est elle qui a tourné la tête au jeune Franz, bien qu'il soit fiancé à Swanilda. Celle-ci ne cache pas son dépit d'être délaissée : car c'est aujourd'hui même que le bourgmestre devrait les marier. Coppélius a laissé tomber une clé dont elle se sert pour pénétrer chez sa rivale qu'elle veut voir de plus près. De son côté, Franz tente d'entrer par la fenêtre avec une échelle, mais le retour de Coppélius le met en fuite. Au deuxième tableau, nous sommes dans l'atelier de Coppélius, peuplé d'automates. Swanilda se convainc bientôt que Coppélia n'est qu'une poupée. Cornélius survenant, elle se cache derrière un rideau. Franz est remonté sur son échelle ; il entre à son tour, mais est surpris par Coppélius auquel, éperdu, il avoue son amour pour Coppélia. Coppélius, pour le mettre en confiance, l'invite à boire et lui donne un breuvage qui l'endort ; puis, par des passes magnétiques, il cherche à transporter la vitalité de Franz dans le corps de l'automate : Coppélia se lève et marche. En réalité, c'est Swanilda qui a pris sa place (les deux rôles sont tenus par la même danseuse). Elle mime une danse de plus en plus sauvage et s'enfuit, laissant Coppélius atterré devant le véritable automate, pendant que Franz s'échappe par l'échelle. – C'est ici que l'action s'arrête aux représentations. Mais il existe un troisième tableau : « La Fête de la cloche », où l'on assiste au mariage de Franz avec Swanilda, qui lui a pardonné. De nombreux divertissements animent la fête. La musique de Delibes est dansante, colorée, pittoresque, ingénieuse, spirituelle. En situant l'action en Europe centrale, les librettistes ont donné au musicien l'occasion d'utiliser des thèmes exotiques, principalement slaves et hongrois. Le premier tableau comporte huit numéros : « Valse », « Scène », « Mazurka », « Scène », « Ballade de l'Épi », « Thème slave varié », « Csardas et danse hongroise », « Finale » ». Le deuxième en a dix, parmi lesquels : « La Musique des automates », « La Chanson à boire », « La Valse de la poupée », un « Boléro » et une « Gigue ». Au troisième tableau se succèdent : « La Marche de la cloche », « La Valse des heures », « L'Aurore », « La Prière », « La Frileuse », « La Noce villageoise », « La Guerre », « La Paix » et « Le Galop final ». L'ouvrage a été représenté pour la première fois à l'Opéra le 14 juin 1870. Le rôle de Coppélia a été créé par Léontine Beaugrant à laquelle succédèrent toutes les étoiles de la danse : Rita Sangalli, Rosita Mauri, Julia Subra, Carlotta Zambelli.

COQ DE BRUYÈRE (Le). Recueil de contes et récits de l'écrivain français Michel Tournier (né en 1924), publié en 1978. *Le Coq de bruyère* se compose de quatorze textes, classés par ordre de longueur croissante et dont le titre reprend celui de l'un d'entre eux. Leur diversité est frappante : ils ont pour héros tantôt des adultes, tantôt des enfants, et font appel aussi bien à la légende et au mythe (« La Famille Adam », « La Fugue du petit Poucet »...) qu'à la réalité la plus prosaïque. Différents genres littéraires sont également mis en œuvre : journal intime, conte au ton naïf, fait divers, et même, avec « Le Fétichiste » qui clôt le recueil, long monologue (porté sur la scène en 1974). Cependant, malgré la diversité des genres, comme des personnages ou des événements, on retrouve ici les grands thèmes apparus dans les romans antérieurs et dont ces textes constituent des sortes de doublets éclatés, des expérimentations plus libres, grâce, en particulier, à la fantaisie que permet le conte. Ainsi, *Le Coq de bruyère*, sous une écriture lisse, met en scène la marginalité, la différence des sexes, la nostalgie de l'enfance...

Deux contes ont été écartés du recueil : « Pierrot ou les Secrets de la nuit », publié séparément, et que Tournier destinait à être le centre d'un nouveau recueil : *Le Médianoche amoureux*, et « La Goutte d'or », dont il pensait que le thème — l'opposition entre le signe et l'image — pouvait fournir la matière d'un roman, qui a été effectivement publié en 1985.

Le Médianoche amoureux (1989), contrairement au recueil précédent, a un titre original qui coiffe l'ensemble des textes, et qui est justifié dans le premier : « Les Amants taciturnes ». Un homme et une femme, sur le point de se séparer, donnent un banquet nocturne à leurs amis (un « médianoche »). Les convives, au cours du repas, égrènent des récits, à la manière du *Décaméron* (*) de Boccace. Mais ces récits ont pour effet mystérieux de dissuader le couple, au petit jour, de se séparer. Tournier pose ainsi, dès le début, un défi : en quoi ces paroles si diverses peuvent-elles provoquer un tel retournement ? Il est précisé, cependant, que se succèdent deux types de récits : des nouvelles, réalistes, parfois sordides, qui renvoient le couple à son propre enlisement dans la vie quotidienne, et des contes, qui, prenant le relais, apportent la poésie, le rêve, qui transfigurent la réalité. De plus, les derniers célèbrent la répétition — hantise des couples en péril — et l'élèvent à la dignité de « commémoration ». Même si la distinction entre conte et nouvelle n'est pas aussi lumineuse que l'annonce le premier texte, il est indéniable que les contes ont une place privilégiée dans ce recueil, avec leur langue très simple quand leur interprétation reste problématique. Ils prennent d'ailleurs une importance croissante dans l'œuvre, puisque Tournier les insère même dans ses romans *Gaspard, Melchior et Balthazar* (+), *La Goutte d'or*.

F. M.

COQ D'OR (Le). Opéra du compositeur russe Nicolas Andréevitch Rimski-Korsakov (1844-1908), écrit en 1907 et créé à Moscou en 1910. Le sujet, tiré d'une nouvelle de Pouchkine, se distingue des autres par sa couleur sarcastique et par la satire cruelle soulignant la fable. Le vieux tsar Dadòn, stupide et tombé en enfance, voulant jouir en paix d'un sommeil tranquille, fait un pacte avec un astrologue appartenant à une secte d'eunuques : il lui achète un coq d'or prodigieux qui, juché au bout d'une perche, signalera de son cri strident tout danger menaçant le royaume ; en échange, Dadòn promet à l'astrologue d'exaucer ses désirs quels qu'ils soient. Le coq remplit sa fonction à merveille ; le vieux tsar lui confie la surveillance et dort tout à son aise. Mais, un jour, l'oiseau s'agite et chante, car un grave péril apparait à l'Orient. Le tsar envoie une armée commandée par son fils aîné. Huit jours passent : aucune nouvelle, et le coq chante de nouveau. Le tsar envoie une autre armée, sous les ordres de son fils cadet. Encore huit jours de silence, troisième alerte du coq. Alors le tsar part en personne à la tête de ses guerriers et, après un long chemin, arrive à un défilé de montagne rude et étroit. Les deux premières armées ont été exterminées, tous ont péri misérablement et les deux fils du tsar, eux aussi, gisent sans vie, transpercés chacun par l'épée de l'autre. Le tsar frémit d'horreur devant l'affreuse vision. Et voici que, d'une grande tente, sort une merveilleuse princesse orientale. C'est pour elle que les deux frères sont morts, et, à son tour, le tsar Dadòn en devient follement amoureux. Il la ramène à la capitale, mais, aux portes de la ville, l'astrologue, qui l'attend, lui demande cette femme. Furieux, Dadòn le frappe de son sceptre pesant et l'autre s'écroule inanimé. Alors le coq se détache de son support, fond sur la tête du tsar et le crible de terribles coups de bec, si bien que Dadòn meurt à son tour, tandis que la princesse magicienne, avec un rire sardonique, disparaît, telle l'apparence irréelle d'un mirage enchanté.

La musique de Rimski-Korsakov est plus typique et originale que celle de ses autres féeries. La couleur russe caractérise les chœurs, les danses, l'atmosphère de la Cour, surtout au premier acte, qui est peut-être le plus heureux et se termine par une charmante berceuse pour le vieux tsar, ronflant béatement tandis qu'autour de lui les servantes chassent les mouches ; une légère pointe de parodie s'est transmise des vers à la musique, qui cependant n'a pas le ton de sarcasme coupant du texte de Pouchkine et se maintient plus aimable et plus douce. Un coloris spécial appartient aux mélodies fleuries de vocalises, confiées à une voix de ténor suraiguë, de timbre très clair, presque blanc. Dadòn et l'astrologue sont eux aussi des personnages fabuleux, aux traits russes caricaturaux. À la princesse, le compositeur a donné une parure musicale de caractère oriental, surtout dans les airs soigneusement ornés, non sans quelques longueurs. Le dernier acte est des plus réussis.

COQ EFFAROUCHE LA MORT (Le) [*Kohout plaší smrt*]. Recueil du poète tchèque František Halas (1901-1949), publié à Prague en 1930 ; version définitive, 1948. Comme tant de ses contemporains, Halas passa d'abord par la poésie sociale, à laquelle le prédestinait son origine prolétaire. La période d'euphorie et d'exotisme du poétisme tchèque fut pour lui tout aussi courte ; par son tempérament et son expérience, il était beaucoup plus attiré par la face nocturne et tragique de la vie et de l'art telle qu'il la découvrait non seulement chez les auteurs comme le Tchèque Mácha, les Français Baudelaire, Verlaine, Rimbaud, Bloy, ou l'Autrichien Trakl, mais aussi dans l'ironie et les grimaces des dadaïstes allemands. Pourtant, il avait défini seul sa vision fondamentale de la poésie dans un de ses vers d'adolescent : « Le monde quelle beauté. Le monde quelle tombe. » C'est en ce sens que son premier livre, assez tardif et mince, *La Seiche* [*Sépie*, 1927], se distingue de la poésie tchèque de l'époque : Halas écrivait toujours avec peine, économie, et loin des sentiers battus – un peu comme Montale – et son œuvre poétique tient dans une dizaine de cahiers. Lui-même préférait son deuxième livre, *Le coq effarouche la mort*, où le sentiment tragique de la vie et la question toujours plus pressante du sens de l'existence humaine s'expriment pour la première fois avec originalité. L'enjeu du livre est indiqué par le titre même, et l'exergue, deux vers de William Blake où le coq « trois fois tente effrontément de réveiller les morts pour le jugement » : pour Halas, il effarouche par son cri, sa poésie, la mort omniprésente du front des vivants : « Avalant mille fois le bonheur nous n'avons avalé que la mort. » Ce livre présente tous les grands thèmes de la poésie de Halas : la vie qui n'est que soumission à la « beauté du péché originel » – l'amour ; l'homme qui erre éternellement « dans la vaste plaine de ses actes » en cherchant le « chemin de retour » ; le monde qui est « si familier qu'il en est étranger » et où nous déambulons « dans le courant d'air des ténèbres entre naissance et mort ». Le champ magnétique où se joue le livre – et son œuvre entier – Halas l'avait défini dès le deuxième poème du recueil : « J'aime de brûlante félonie ce monde / illuminé de Dieu pollué de Diable / d'amour en courroux j'aime ce monde. » Lors de la première édition, le livre fut accueilli avec embarras, même par les amis de l'auteur ; il est aujourd'hui évident qu'il signalait l'entrée en scène d'un des plus grands poètes tchèques du siècle.

X. G.

COQUELICOT [*Červený mák*]. Recueil de la poétesse slovaque Maša Hal'amová (née en 1908), publié en 1932. C'est, après le *Don* [*Dar*, 1828], le deuxième recueil d'une poétesse douée d'une extrême finesse de sentiments et d'expression : elle dit le for intérieur de la femme sans tomber jamais dans la sensiblerie, mais au contraire en suggérant une grande force éthique ; comme le poète tchèque Wolker (qu'elle avait connu), elle parle avec simplicité de l'intimité des choses et chante la magnifique nature des Tatras ; enfin, elle est sensible à la vie des hommes, à leurs peines, mais n'entre point dans les problèmes sociaux. La forme que revêt cette poésie pure et frêle est spontanément mélodique et classique.

COQUILLAGE (Le) [*Konkylien*]. Pièce de théâtre de l'écrivain norvégien Helge Krog (1889-1962), représentée et publiée en 1929. Le personnage principal de cette pièce, Sonja, est une jeune femme qui ne se trouve jamais satisfaite, qui doit toujours aller vers d'autres hommes, vers d'autres aventures. Le grand coquillage de Chine que lui a offert un capitaine au long cours ne lui chuchote-t-il pas, lorsqu'elle le tient contre son oreille, « Plus loin, plus loin, plus loin ! » ? *Le Coquillage* est la première d'une série de trois pièces traitant de la condition de la femme. La deuxième de ces pièces, *En route* [*Underveis*], fut jouée et publiée en 1931. Cécilie, jeune médecin célibataire, attend un enfant. Elle est décidée à le garder, et pourtant elle ne veut pas épouser le père, ni aucun autre homme. Elle tient bon, mais finalement elle se rend compte que sa mère avait raison : ses amis l'abandonneront et elle sera seule. Elle est déjà « en route » vers une autre existence.

La troisième pièce de la série, *Départ* [*Öpbrudd*], fut jouée et publiée en 1936. Vibeke est l'épouse d'un homme amoral, qu'elle aime mais qu'elle vient de tromper avec son ami. Elle veut se tuer. À ce moment, le mari intervient et la balle du pistolet passe à côté d'elle et frappe le buste de Dante – Dante qui fut l'inventeur du mythe moderne de l'amour. Vibeke, en revenant à elle, se félicite d'avoir échappé à la tyrannie de l'amour. Elle quitte et son mari et son amant. L'héroïne de cette pièce ressemble à la Nora de *Maison de poupée* (*). Un demi-siècle après Ibsen, Helge Krog a repris le thème de l'esclavage de l'amour subi par la femme, et son personnage a un tel relief que l'œuvre mériterait une grande audience.

COQUILLAGES AU BORD D'UN RUISSEAU [*Shells by a Stream*]. Ce recueil de vers, publié en 1944, est celui entre ses différents recueils que le poète et critique anglais Edmund Blunden (1896-1974) déclarait préférer. La bibliographie de l'auteur s'établit ainsi : *Poems* (1914-30), *Poems* (1930-40), *Coquillages au bord d'un ruisseau* (1944), *Après le bombardement* [*After the Bombing,* 1949], *Poèmes de maintes années* [*Poems of many Years,* 1957], se comprenant comme un recueil général. Blunden est un poète de la nature et, pour cette raison, a été confondu parfois (et quelque peu sommairement) avec l'école « géorgienne ». Sa métrique subtile, la longue approche de ses descriptions, une patience inquiète permettent, en réalité, de l'en distinguer. La qualité de l'émotion est ici inséparable de la langue anglaise. Dans des vers descriptifs des moments de la vie humaine sont saisis, vifs et précis. La recherche d'équivalences françaises exigerait des soins infinis. La postérité n'ignorera pas Blunden, quoique peut-être il faille attendre que soient assimilés les honneurs qui ont accompagné malgré lui la carrière d'un homme modeste (et qui en 1966 occupait le poste semi-honoraire de « professeur de poésie » à l'université d'Oxford).

COQUIN DE COQ [*Cock-a-Doodle Dandy*]. Pièce en trois actes, publiée en 1949 par l'écrivain et dramaturge irlandais Sean O'Casey (1884-1964). *Cock-a-Doodle Dandy* est la plus virulente des satires qu'à partir des années 40 Sean O'Casey a consacrées à l'emprise cléricale qui pèse sur l'Irlande rurale. Plus tard, *On attend un évêque* (*) et *Les Tambours du père Ned* (*) aborderont d'une autre manière un thème qui ne cesse d'ailleurs de se développer à travers toute l'œuvre du dramaturge irlandais. *Coquin de Coq* présente ce mélange tragi-comique de farce, de burlesque et de violence dramatique qui est la marque spécifique de l'auteur. La pièce apporte en outre, après la période plus sévère de *L'Étoile devient rouge* (*), une audacieuse symbolique. Cette ronde fantastique et panthéiste, où sont tour à tour entraînés bêtes et gens, jolies filles et charlatans, ciel et terre, meubles et bouteilles de whisky, est pour les uns joie de vivre et pour les autres conjuration du Malin. Nyadnanave, le village où se déroule l'action, signifie à la fois « nid de saints » et « nid de vauriens ». C'est sur cette ambiguïté que la pièce repose. Dans la maison de Michaël Marthrann, petit fermier devenu propriétaire d'une tourbière de gros rapport, un coq sème le désordre ; un coq en qui tous voient une incarnation de Satan. Une battue sera organisée au cours de laquelle s'affronteront les passions. À l'issue de cette chasse, on ne ramènera que Loreleen, la fille de Michaël, accusée d'impudicité et de détournement d'homme marié. Lorna, sa belle-mère, prendra son parti et s'en ira avec elle, vers le pays où « la vie ressemble à la vie », disant son fait au père Domineer, le curé de la paroisse qui menait la battue : « Ce n'est pas sur le péché que s'acharnent vos malédictions, c'est sur la joie de la vie. » Présentée en 1958 au Carnegie Hall Playhouse de New York par Philip Burton, la pièce fut créée en 1959, au Royal Court de Londres, dans une mise en scène de George Devine. – Trad. L'Arche, 1961.

CORAN (Le) [*al-Qur'ān*]. Livre sacré de l'islam, rassemblant les révélations faites à Mahomet (570 ?-632) entre 610 et sa mort. Il nous est connu à travers la recension écrite effectuée, selon la tradition, sous le califat de 'Uthmān (644-656), et qui aurait été constituée sur la base de la tradition orale des « récitateurs » et de certaines recensions partielles datant, semble-t-il, de l'époque du prophète ; ces matériaux furent cependant détruits après la fixation de la version canonique. Certaines sources font néanmoins état d'une recension divergente, conservée par 'Alī ibn Abī Ṭālib et ses descendants, les imams du shi'isme. Elle semble avoir disparu dès le IXe siècle, et c'est aujourd'hui la recension de 'Uthmān qui fait autorité pour l'ensemble des musulmans. Elle admet cependant, pour de nombreux versets, plusieurs lectures divergentes, également compatibles avec l'ancien système graphique arabe utilisé dans la recension primitive ; elles n'ont au reste que des implications mineures au plan du sens. *Le Coran* se compose de cent quatorze sourates (chapitres) de longueur inégale, elles-mêmes divisées en versets ; d'autres divisions secondaires correspondent aux nécessités de la récitation rituelle. Les sourates sont classées par ordre de taille, les plus longues venant au début, à l'exception de la première d'entre elles, la « sourate liminaire » [Fātiḥa], qui occupe une position centrale dans le culte, et que tout musulman est tenu de connaître par cœur. L'exégèse islamique distingue encore entre les sourates datant de la période mecquoise de la prédication de Mahomet (610 ?-622) et celles révélées pendant sa période médinoise (622-632). Toutefois, il est admis que certaines sourates médinoises comprennent des versets révélés à La Mecque, et inversement ; d'une manière générale, si l'exégèse musulmane a pris en considération le caractère chronologiquement discontinu de la révélation coranique (notamment en s'efforçant de rattacher le contenu de certains versets à tel ou tel événement de la biographie du prophète), elle a toujours affirmé, simultanément, le caractère strictement unitaire et homogène de son message : selon la conception qui s'est imposée comme expression majoritaire de l'islam sunnite, *Le Coran* est la parole incréée de Dieu, éternellement préexistante et, à ce titre, transcendante aux contingences historiques de sa révélation. À l'opposé de cette interprétation unifiante et universalisante, la tradition islamologique occidentale, s'appuyant sur les acquis de l'exégèse biblique, s'est efforcée depuis le siècle dernier de mettre en évidence l'évolution du message coranique et les différentes étapes de son élaboration à travers l'étude du style et du lexique, mais aussi des représentations et des thèmes. On a pu ainsi opposer au style visionnaire et incantatoire des premières sourates mecquoises, où les thèmes eschatologiques occupent une place centrale, les sourates médinoises au style plus développé, plus explicatif, et où les thèmes législatifs jouent un rôle important ; entre ces deux états du message coranique, on a pu encore tenter des périodisations plus fines, mais également plus sujettes à discussion.

Il ne saurait être question ici d'évoquer dans toute sa diversité l'ensemble des thèmes abordés par *Le Coran* ; on signalera simplement qu'un nombre important d'entre eux font écho, avec des inflexions particulières, aux grands thèmes de la tradition biblique : création du monde et de l'homme, résurrection de la chair et jugement dernier, idée d'un pacte entre Dieu et ses fidèles, évocation des grandes figures de l'Ancien Testament (Adam, Noé, Abraham, Joseph, Moïse, David, Salomon) et de la tradition chrétienne (Marie, Zacharie, Jean, Jésus, les Dormants d'Éphèse). Quant aux thèmes législatifs, dont on a signalé qu'ils sont surtout représentés dans les sourates médinoises, ils reflètent pour l'essentiel des décisions ponctuelles, venant en réponse à des problèmes spécifiques se posant à tel ou tel moment du développement de la jeune communauté musulmane. Dans le vaste travail de codification et de systématisation du droit musulman effectué par les juristes des trois premiers siècles de l'Hégire (VIIe-IXe siècles), et dont les principes sont exposés pour la première fois dans l'*Épître* (*) d'al-Shāfi'ī, *Le Coran* intervient d'ailleurs plutôt comme instance suprême de légitimation, alors que les prescriptions positives sont, en grande majorité, fondées sur le *Ḥadīth* (*). Il convient par ailleurs de souligner que *Le Coran* ne constitue pas, au premier chef, un texte à visée informative ou cognitive : le contenu du message importe peut-être moins, au fond, que le fait même de son énonciation, jaillissement d'une parole radicalement autre, émanant d'un locuteur souverain et transcendant, qui, parlant à la première personne, met l'homme au défi de le reconnaître (plutôt que de le connaître) pour son maître et son créateur. Ce point, parfois occulté par certaines pratiques exégétiques anciennes et modernes mobilisant le texte révélé à des fins de légitimation dogmatique, politico-religieuses, voire, plus récemment, scientifiques, est remarquablement exprimé par le cadi al-Bāqillānī (mort en 1014) lorsqu'il dit que le croyant qui récite *Le Coran* est dans une position homologique de celle du Prophète au moment de la révélation, en ce que l'un et l'autre, chacun à son niveau, décèlent dans la parole révélée les « signes » qui renvoient à la présence d'un énonciateur divin. Cette dimension du texte coranique est d'ailleurs au centre des pratiques mais aussi des élaborations théoriques auxquelles il a donné naissance : on ne peut qu'effleurer ici la riche réflexion qui s'est développée autour de la notion d'« inimitabilité » (*i'jāz*) du style coranique, preuve tout à la fois de son origine divine et de l'authenticité de la mission prophétique de Mahomet. Les discussions fécondes auxquelles elle a donné lieu entre le IXe et le XIe siècle ont sans doute atteint leur point culminant avec les *Preuves de l'inimitabilité du Coran* (*) d'al-Jurjānī. Dans un autre ordre d'idées, *Le Coran* a également donné lieu à une abondante littérature exégétique, dont le monumental *Commentaire du Coran* (*) d'al-Ṭabarī constitue le prototype, mais où figurent aussi, à un niveau plus populaire, les *Récits sur les prophètes* (*) d'al-Tha'labī. — Trad. (entre autres) A. Maisonneuve, 1949 (R. Blachère) ; Maisonneuve et Larose, 1990 (R. Khawam) ; Laffont, 1991 (A. Chouraqui) ; Sindbad, 1991 (J. Berque). J.-P. G.

COR ARDENS. Sous ce titre mystique, Viatcheslav Ivanov (1866-1949), poète ayant appartenu à la deuxième vague du mouvement symboliste russe, dont l'activité se manifesta en majeure partie pendant la période d'« entre-deux-révolutions », publia, en 1911-1912, un recueil de vers en deux gros volumes qui peut être considéré comme son œuvre poétique la plus importante, sinon la plus représentative. Produit d'une culture raffinée, philologue érudit, et un des meilleurs hellénistes russes, penseur et essayiste, théologien et théosophe, Ivanov fut peut-être un des hommes les plus remarquables de cette époque fertile en hommes de talent. Mais pour le poète, ces dons multiples s'avéraient en même temps être un fardeau. Faisant preuve d'une brillante maîtrise dans la technique de la versification, les deux volumes de *Cor ardens* étaient à chaque page alourdis par l'érudition quasi encyclopédique de leur auteur. Ivanov était constamment attiré par les formes de prosodie les plus subtiles et les plus compliquées, il avait un faible pour les mots les plus alambiqués et les plus précieux. Couronnes de sonnets, canzoni pétrarquiens, rondeaux, lais et « ghazels » persans se succèdent sans interruption dans ces volumes qui débordent de vers, dont la forme reste totalement étrangère à la tradition poétique russe, et qui de ce fait paraissent quelque peu artificiels.

Les thèmes prenant leur source à la mythologie antique ou à la mystique médiévale y dominent, et la vision du poète ignore la vie qui se manifeste autour de lui. Et dans les cas exceptionnels, où les échos de cette vie de chaque jour font malgré tout irruption dans le livre, la langue sibylline que le poète ne cesse d'employer ôte même à ces vers toute leur acuité immédiate. Une partie importante du recueil est occupée par des poésies consacrées à la « Rose mystique », thème traité à l'instar des grands mystiques allemands et sous l'influence de la doctrine symboliste dévoilée dans le « Paradis » de Dante. À la suite vient un long poème en tercets, « Théophile et Marie », dont l'action se déroule au Ve siècle de notre ère dans une petite ville de Mésopotamie. Ce poème narre les tribulations d'un couple appartenant à la secte des monophysites ayant fait vœu de chasteté dans le mariage. Tels sont les sujets favoris de Viatcheslav Ivanov, et ce n'est pas en vain qu'il se vantait de la nécessité de lire ses poésies avec un dictionnaire ou un livre de références sous la main. Ce n'était que trop vrai.

Son œuvre poétique, spécialement *Cor ardens*, abonde également en thèmes dionysiens. N'avait-il pas proclamé que si pour un Nietzsche le dionysisme n'était qu'un phénomène esthétique, pour lui ce fut un phénomène religieux ? Mais il serait peut-être plus exact d'affirmer que, tout en identifiant le dionysisme avec le christianisme, Ivanov n'a jamais prêché une doctrine définie et n'a toujours vécu et créé que dans les reflets des grandes civilisations du passé. *Cor ardens* en est une preuve évidente.

Dans les milieux littéraires russes d'avant la Révolution, il était considéré comme un législateur et un oracle et, sans aucun doute, il fut plus grand comme théoricien que comme poète. Après la parution de *Cor ardens*, on l'avait surnommé « le Magnifique », mais justement cette magnificence devenait son talon d'Achille. La création poétique était pour lui un sacerdoce. Sacrificateur d'un culte avant d'être poète, il faisait, à bon escient, disparaître de son œuvre toute trace de la vie quotidienne, d'émotions humaines qu'il considérait comme trop vulgaires. Impeccable au point de vue de la forme, ce recueil touffu manque de chaleur humaine, qui seule aurait pu lui faire valoir une place prépondérante dans les annales de la poésie russe du XXe siècle.

CORBEAU [*Crow : From the Life and Songs of the Crow*]. Recueil de poèmes du poète anglais Ted Hughes (né en 1930), publié en 1970. Ce recueil, qui appartient à un moment important de l'œuvre de Hughes, à une série de textes dont *Oiseaux des cavernes : drame rupestre alchimique* [*Cave-Birds : An Alchemical Cave Drama,* 1978], provoqua à sa sortie une vague d'hostilité en Grande-Bretagne. Le critique Anthony Thwaite le traita de « méli-mélo d'incohérences ».

Le monde de *Corbeau* (dont le nom renvoie non seulement à l'oiseau, mais aussi au peuple Amérindien) est un monde à la fois préchrétien et postchrétien, un espace difficile, dangereux, exigeant mais habité. Cet univers, qui a fasciné toute une génération, est sans doute un avatar du « primitivisme » romantique : l'idée que certaines cultures – notamment ici celle des Amérindiens – pouvaient proposer un modèle meilleur (mais difficile) du rapport homme/nature, et générer une culture « écologique » remarquable dans des situations extrêmes. D'où un refus de notre civilisation industrielle et une admiration spécifique pour les productions culturelles de ces peuples (on pense notamment aux cultures des côtes nord-ouest de l'Amérique du Nord – Kwakiutl, Tsimshian – ou à la poésie esquimaude sur laquelle Hughes termine le recueil). *Corbeau* reflète surtout l'intérêt pour le « tricheur divin » [trickster] qui avait déjà intéressé les « Beats » (Kerouac, Snyder...). Le trickster est un être fourbe, veule, admirable, drôle, juste, ridicule, vaniteux, lubrique, destructeur, coupable, innocent mais aussi créateur, et capable de toutes les métamorphoses ; c'est un être apparemment amoral, mais néanmoins responsable du bien et du mal et absolument nécessaire à l'équilibre de l'univers, de la société et de l'individu (il rappelle, par certains côtés, le « ça »). Crow occupe un espace peu connu dans le monde occidental (sauf dans l'art populaire, le folk-art) : c'est un « dieu »/démiurge dont personne ne veut, ni héros ni antihéros (et qui échappe donc à la polarité manichéenne). Ses aventures et ses mésaventures sont racontées dans le recueil au moyen d'une forme très souple, comme dans les narrations chantées des Amérindiens. L'univers de *Corbeau* est dominé par un stoïcisme drôle, une volonté de survivre dans la désolation. Le recueil est en quelque sorte une cosmographie, un poème des origines, destructeur de l'ordre chrétien. Mais, comme tout retour aux origines, c'est aussi un parcours de guérison. En effet, si tout poète est chaman, toute poésie est forcément médecine. Ce n'est pas un hasard si le trickster a intéressé Jung, et le corbeau (« le noir ») les alchimistes. Mais, comme dans l'alchimie, le parcours n'est pas seulement individuel, il est aussi social et politique. « L'art véritable, dit Hughes, qui ressemble beaucoup à l'expérience religieuse, permet à l'esprit de se guérir et de renouveler la totalité qui crée un lien entre nos sources biologiques et spirituelles les plus intimes, et nos actes les plus extérieurs. »

Le recueil reflète les préoccupations d'une génération qui a grandi dans l'ombre portée de la Première Guerre mondiale, qui, enfant, vécut la Seconde et qui est restée profondément marquée par la montée d'une menace nucléaire qui lui semblait être l'emblème d'une rationalité « folle ». Mais les poèmes ont une vie autonome, une bizarrerie et une irréductibilité qui évoquent les contes populaires. La voix de *Corbeau*, c'est le cheval pelé et galeux que, dans les contes de fées, la princesse conseille au prince avant son voyage initiatique. – Trad. La Différence, 1980. P. VO.

CORBEAU (Le) [*Ravnen*]. Suite poétique du poète danois Thorkild Bjørnvig (né en 1918), publiée en 1968. Écrit en une sorte de « knittel », et composé de trois parties dont chacune comporte quatre poèmes, *Le Corbeau* raconte l'histoire d'un homme hanté par le suicide, menacé par la dissolution de son moi, mais qui lentement va retrouver son identité. C'est un artiste, au milieu du chemin de sa vie, assailli de doutes sur l'authenticité de son œuvre parce qu'il n'a pas su développer une personnalité à la hauteur de celle-ci. Le prix payé (crise du couple, enfants délaissés) paraît alors monstrueux, les solutions adoptées jusqu'ici n'étant qu'illusion et orgueil. Tout n'a été que partie remise. Le cœur n'y était pas entièrement et se détache maintenant sous la forme d'un corbeau. Dans la mythologie nordique, le corbeau est associé à Odin, le dieu du savoir, et symbolise l'intellectualisme. Le conflit fondamental est celui qui oppose les sentiments à l'intellect, le savoir à l'art, et l'art à la vie. Ensemble, les parties éclatées se fécondent. Isolées, elles ne conduisent qu'au désastre. Mais le corbeau de Bjørnvig est aussi une voix intérieure, mauvaise conscience et souvenir lancinant d'une authenticité perdue, celle de l'enfance ; à la fois symbole et archétype poétique. Le poète ne cherche pas la délivrance, mais se bat pour réconcilier les membres éclatés, pour les reconnaître dans leur complémentarité. Le poème ne débouche donc pas sur une solution proprement dite, mais sur cette ouverture qu'est l'intégration de l'énonciation poétique dans l'énonciation personnelle. Œuvre d'une grandeur et d'une audace saisissantes, parce que Bjørnvig y investit tout, *Le Corbeau* est à la fois confession et réflexion sur l'esthétique et l'éthique de l'œuvre d'art. K. P.

CORBEAUX (Les). Comédie en quatre actes de l'auteur dramatique français Henry Becque (1837-1899) représentée à Paris le 14 septembre 1882. Vigneron, un industriel qui s'est enrichi à force de travail assidu jouit d'une certaine aisance avec sa femme, ses trois filles et son fils. Associé dans une fabrique florissante, il s'est, depuis peu, lancé dans la construction d'immeubles. Au moment où l'on prépare le mariage d'une de ses filles, Blanche, il est emporté par une mort soudaine. Son fils, qui jusqu'alors n'a pensé qu'à s'amuser, part faire son service militaire, tandis que s'abattent sur la veuve et les orphelines les « corbeaux » : son associé, Teissier, vieil avare, le notaire qui ne pense qu'à faire de bonnes affaires, l'architecte. Apparemment en lutte entre eux, tous s'accordent cependant pour profiter de l'inexpérience des pauvres femmes qu'ils assurent vouloir protéger. Finalement, elles doivent céder pour rien les terrains et les constructions entreprises, et pour une somme minime leurs actions dans la fabrique. C'est presque la misère. Le fiancé de Blanche, qui l'avait séduite, l'abandonne maintenant qu'elle n'a plus de dot et la jeune fille en perd presque la raison ; sa sœur, Judith, cherche en vain du travail tandis que l'autre, Marie, qui est bonne et pleine de bon sens, épousera le vieux Teissier et sauvera ainsi sa famille par son sacrifice. Maintenant, il les protégera des corbeaux. « Depuis la mort de votre père – dit-il – vous êtes entourés de voleurs. » Œuvre rude, amère, balzacienne par la manière robuste dont sont campés les personnages des profiteurs : première affirmation, jamais surpassée, du théâtre naturaliste. Sa couleur uniformément grise, après un premier acte d'une exquise gaieté, a nui à son succès sur la scène, mais la pièce fut bientôt considérée comme un de ces chefs-d'œuvre qui demeurent à cause de la force, de la vérité et de la poésie qui s'en dégagent.

CORBIÈRES. Recueil du poète français Jean Lebrau (1891-1983), paru en 1959. Ces poèmes reflètent la sévérité et la dure beauté des collines natales de l'auteur, qui nous fait entrevoir l'emprise qu'exercent sur un œil attentif : « Des pays nus et de croulantes bergeries / Des cyprès aiguisés comme les hirondelles. » L'âme de ce pays aux reflets aussi aigus que ceux du vent et des silex, le poète la cerne de l'intérieur de sa maison, où il s'abrite de la cruelle lumière, de la morsure du vent. Et le chuchotement qui nous livre sa quête a le charme d'une confidence, d'une révélation ancestrale qui donneraient les clés de la beauté du pays : « ... sur ma terre / Brûle un ciel sans feuillage / Aux astres dénichés. / Sur ma terre sans ombre / Où saigne le raisin / Toute pierre n'est sombre / Que d'un secret dessein. » Ce pays, qui se dissimule paradoxalement sous la plus grande nudité, nous approchons davantage encore de sa vérité et de sa perfection dépouillée dans le recueil paru en 1962, *Au secret des pierres,* où Lebrau nous en confie la froide luminosité, la sécheresse, la solitude, l'espace illimité : « Une pierre, une pie, un cyprès, le ciel nu / Un cri qu'on a poussé qui n'est pas revenu. » Dans ce pays, le « vent de la mer » est « comme une algue aux lèvres », et les interrogations que le poète adresse à la vie se confondent avec sa sévérité, sa sécheresse, transcrites dans une langue qui se veut nue et dure comme la pierre, et y réussit le plus souvent.

CORDAGE (Le) [*Rudens*]. Cette comédie du poète comique latin Plaute (251 ?-184 av. J.-C.) doit son titre au câble, à la corde à laquelle est attachée une valise. Et cette valise, repêchée par miracle, contient certains objets qui serviront à identifier sa propriétaire. C'est une pièce essentiellement marine, où ruffians et matelots se laissent voir au naturel : cependant tout finira bien, grâce à des aveux inattendus. L'Athénien Démonès, dont on a enlevé la fille Palestra, vit près du temple de Vénus, à Cyrène, sans se douter que, dans la même ville, séjourne aussi Labrax le proxénète, celui-là même qui a acheté Palestra. Le jeune Pleusidippe, qui en est épris, a déjà versé à l'entremetteur la moitié de la rançon qu'il réclame pour son rachat ; mais le gredin, secondé par un parasite de ses amis, le Sicilien Charmidès, et deux esclaves, s'est embarqué la nuit avec Palestra et Ampélisque, compagne de cette dernière. Soudain une tempête éclate, et l'esquif vient s'échouer près du temple de Vénus où les deux jeunes filles sont aimablement accueillies par la prêtresse. Ampélisque s'en va alors chercher de l'eau dans la maison de Démonès et rencontre en chemin Trachalion, un serviteur de Pleusidippe. Elle l'informe de l'aventure, non sans déplorer la perte d'une petite mallette dans laquelle son amie Palestra avait rangé des objets personnels. Surviennent Labrax et Charmidès, se rendant au temple pour y rechercher les deux captives. Déjà ils s'emparent des jeunes filles ; mais Démonès, alerté par leurs cris, les aide à fuir par une porte dérobée, cependant que ses esclaves maîtrisent les ravisseurs ; puis Labrax est traduit devant un tribunal. Pendant ce temps, on parvient à repêcher la valise de Palestra qui, par chance, avait été fixée à une amarre. En présence de Palestra, Démonès la fait ouvrir et, voyant les objets qu'elle contient, comprend avec joie que sa fille est retrouvée. Palestra va donc pouvoir épouser Pleusidippe, et Trachalion épousera Ampélisque. Quant à l'heureux pêcheur qui a retrouvé la valise, il reçoit en récompense une belle somme d'argent aux dépens du proxénète escroc. Sur toute la comédie souffle un air marin, venu non seulement des rivages de la Grèce où Plaute puisa son inspiration, mais de la mer Tyrrhénienne et de la Sicile, théâtre de la lutte sans merci que se livraient Rome et Carthage pour la domination de la Méditerranée. Beaucoup plus qu'à la progression, toute mécanique, de l'intrigue, *Le Cordage* doit son originalité à ces pêcheurs, à ces marins dont le vivant pittoresque et la fantaisie sont l'essentiel de la pièce. On y retrouve aussi ce goût de l'aventure qui s'empara des Romains au contact de l'Afrique et de l'Asie. — Trad. Les Belles Lettres, 1950 ; également traduit sous le titre *Le Câble,* chez Garnier ; Gallimard, 1971.

CORDE ET LES SOURIS (La). Deuxième partie du *Miroir des limbes* (*) de l'écrivain français André Malraux (1901-1976), rassemblant, en 1976, *Hôtes de passage* (*), *Les Chênes qu'on abat...* (*), *La Tête d'obsidienne* (*) et *Lazare* (*).

CORDE RAIDE (La) [*Arrow in the Blue*]. Œuvre autobiographique de l'écrivain anglais d'origine hongroise Arthur Koestler (1905-1983), publiée en 1952. À la suite de sa condamnation à mort durant la guerre d'Espagne — v. *Un testament espagnol* (*) —, Koestler se promit d'écrire un dialogue avec sa propre vie. C'est ce qu'il réalise dans ce livre, qui éclaire la formation d'un caractère complexe et raconte les multiples aventures d'un être exceptionnellement sensible à travers les guerres, les révolutions et les luttes politiques. En migration constante, Koestler s'arrête à Vienne, dans les villes et les kibboutzim de Palestine, à Paris, à Berlin. À la recherche de certitudes, il ne trouve jamais que des causes. Il faudrait s'abandonner à chacune d'elles. Enfin, il rencontre la cause du communisme qu'il servira pendant sept ans. Le livre s'achève sur son entrée au Parti. En Allemagne, en Russie, en France, et en Espagne, dans sa cellule de condamné à mort, il découvre l'existence de l'écriture invisible du destin et entreprend de déchiffrer ce texte en « hiéroglyphes ». Seconde partie de sa biographie, *Hiéroglyphes* [*The Invisible Writing,* 1954], est un livre de découverte.

L'infatigable pèlerin découvre l'une après l'autre des réalités et, à travers elles, il se découvre lui-même. Dans l'Ukraine meurtrie par la famine de l'hiver 1932-33, en Russie, au Caucase, dans les lointaines républiques de l'U.R.S.S., il se lance dans des expéditions continuelles où s'use sa foi de militant. Et rien ne s'effacera plus de ce qu'il connaît alors, telle situation troublante, tel homme humilié, ne cessant plus de hanter ses souvenirs. *Hiéroglyphes* révèle la « matière première » des romans de Koestler, notamment du *Zéro et l'Infini* (*) et de *Croisade sans croix* (*). Ce livre expose les motifs les plus profonds qui ont décidé l'auteur à rester, après la défaite de l'armée républicaine, à Malaga, et à y affronter le risque de la mort. C'est aussi un extraordinaire livre d'aventures mené avec la maîtrise et la sincérité qui caractérisent Koestler. Ces aventures, il les a vécues lui-même, mais leurs significations telles qu'il les relève dans *Hiéroglyphes* dépassent de loin le cas individuel. Elles concernent la grandeur et la servitude de notre époque et l'emploi qu'elle fait de ce qui est le meilleur et de ce qui est le pire dans l'homme. — Trad. Calmann-Lévy, 1953-1955.

CORDONNIERS (Les) [*Szewcy*]. Pièce de l'écrivain polonais Stanisław Ignacy Witkiewicz (1885-1939), écrite de 1931 à 1934 et publiée en 1948. Les cordonniers, abrutis de travail et opprimés par le procureur Robert de Puut, faux libéral défendant le régime bourgeois, sont conduits par l'autodidacte Sailletan Tobtus. Craignant une révolte, de Puut fait un coup d'État et introduit la dictature avec l'aide d'une organisation fasciste dirigée par Poigné Tordegueule. Emprisonnés, ne supportant plus leur inactivité, les cordonniers renversent l'ordre capitaliste et fasciste et se jettent dans un tourbillon de travail jadis haï par eux. Tordegueule, cynique, passe du côté de la révolution. Les cordonniers enchaînent de Puut, tuent l'anachronique Sailletan, et recourent aussi à la force pour résoudre la « question paysanne ». Ils éprouvent néanmoins un sentiment de vide et d'ennui qu'ils tentent de combler en se livrant à la débauche. Eux-mêmes sont victimes d'un coup d'État encore plus radical : des bureaucrates, qui annoncent le nivellement total et la mécanisation de la société, assistés du monstrueux Hyper-Ouvrier, prennent le pouvoir. Cette pièce fantastique et grotesque, selon Alain Van Crugten, son traducteur, « chef-d'œuvre de mauvais goût », le plus cruel et le plus provocateur de toute l'œuvre de Witkiewicz, est un condensé de toutes ses obsessions : la fin de la civilisation qui a perdu sa raison d'être morale et métaphysique, l'ennui, le « sentiment du mystère de l'existence », et la misogynie. – Trad. La Cité - Éditeur, 1970. L. Dy.

CORDONNIERS DE LA LANDE (Les) [*Nummisuutarit*]. Comédie en cinq actes de l'écrivain finlandais Alexis Kivi (1834-1872), publiée en 1864. L'action se déroule dans un milieu rustique, chez le cordonnier Topias. Ce dernier a tout intérêt à ce que son fils Esko, encore mineur, se marie avant sa filleule Jeanne ; celle-ci, fille d'un matelot qui a quitté sa famille, est orpheline de mère. Il existe, en effet, un testament par lequel un vieux caporal lègue une somme à celui des deux jeunes qui se mariera le premier. Topias envoie donc son fils dans un village où vit une jeune fille qui, d'après les bruits qui courent, aurait de la sympathie pour lui. Mais il ne s'agissait là que d'une plaisanterie et le pauvre Esko, accompagné du malin Mikko Vilkastus, est invité à assister au mariage de la jeune fille avec un autre. Peu à peu, au cours de cette grotesque soirée, Esko est gagné par la colère et il ira, avec son frère Ivari, gaspiller dans les estaminets l'argent qui devait servir à ses propres noces. Les deux frères, rentrés à la maison, craignent la colère de leur mère, Marta. Celle-ci, en effet, est une femme énergique, terrible et qui tyrannise les trois hommes. C'est ainsi que les deux garçons décident de capturer un célèbre cambrioleur pour toucher la prime. Hélas, celui qu'ils avaient pris pour un cambrioleur n'est autre que le matelot Niko, père de Jeanne, qui est revenu pour assister au mariage de sa fille avec le jeune homme qu'elle aime. Dans son bonheur, Jeanne se déclare prête à partager avec Esko le legs du testament. La comédie se termine donc joyeusement. Si l'intrigue des *Cordonniers de la lande* a subi l'influence du théâtre de l'écrivain danois Holberg, l'œuvre reste pourtant l'une des premières comédies du théâtre finnois.

CORDON OMBILICAL (Le). Souvenirs de l'écrivain français Jean Cocteau (1889-1963), écrits en Espagne en septembre 1961, publiés en 1962. Bien qu'assez décousu et improvisé pour les besoins d'une collection, ce texte est important par la lumière qu'il projette sur l'attitude de Cocteau vis-à-vis de son œuvre. À côté d'anecdotes relatives à tel ou tel de ses livres, Cocteau esquisse en effet les chemins qui le conduisirent par exemple du personnage d'Antigone ou d'Orphée à ceux des *Enfants terribles* (*), et c'est l'occasion pour lui d'affirmer que toute œuvre doit se considérer dans son ensemble, et non dans ses détails, de telle sorte qu'on y fasse apparaître une structure générale correspondant au caractère de l'auteur. Essayant lui-même de montrer sa « structure », il en arrive à une définition de l'écriture comme « manière d'être » et à la constatation que « le meilleur de nous arrive d'une nuit profonde dont nous ne sommes que les intermédiaires ». Ces affirmations ne sont sans doute pas nouvelles, mais elles s'insèrent ici dans un rythme dont la gravité est neuve, en ce sens que le poète, cette fois, s'assume dans la circonstance qui lui fait prendre la parole, au lieu de s'y prêter avec plus ou moins de complaisance – d'où un ton de confession sincère et touchante, Cocteau avouant Cocteau à la lisière d'une mort dont il pressent l'approche, bien qu'elle n'émerge pas dans sa conscience.

COR ENCHANTÉ DE L'ENFANT (Le) [*Des Knaben Wunderhorn*]. Recueil de chants populaires allemands dû à la collaboration des écrivains allemands Achim von Arnim (1781-1831) et Clemens Brentano (1778-1842), publié à Heidelberg, en trois volumes, de 1806 à 1808. Nul esprit de recherche critique ne présida, pour les deux amis, à l'élaboration de ce recueil ; mais bien plutôt le désir de rendre au peuple les chants anonymes qu'il avait inspirés, de replacer la poésie dans la vie, d'éveiller les anciennes vertus et de rappeler le peuple à la vie spirituelle simple et forte de ses origines. Une telle démarche, spécifiquement romantique, ne pouvait être le fait de critiques, mais de poètes. À l'origine, cette mission culturelle et patriotique fut étrangère à l'esprit de Brentano que préoccupaient surtout les exigences artistiques et les nécessités de son âme. Elle est, plus vraisemblablement, issue du sentiment d'Arnim, tel qu'il apparaît dans l'essai *Des chants populaires* [*Von Volksliedern*], où se trouve exposé le plan de l'ouvrage. Seul ce recueil pouvait, en effet, lui permettre d'unir son amour du passé à celui du présent, les deux élans majeurs qui le guidèrent tout au long de sa vie ; lui donner enfin le moyen de combler le fossé existant dans toute l'histoire de la culture entre poètes et penseurs d'un côté et la masse du peuple de l'autre. Afin de rendre le livre populaire, Arnim voulut y mettre les accents répondant à toutes les circonstances de la vie : des sublimes abandons de l'amour aux voix ingénues de l'enfance, des chants brefs du soldat aux tristes lamentations des abandonnées ; il voulut qu'y fussent mêlés la satire railleuse et la sentimentalité la plus pure, le plus âpre sarcasme et les visions de la plus douce intimité. Le patriotisme d'Arnim est surtout sensible dans le choix des textes, lequel n'est pas limité au domaine populaire proprement dit (les chants populaires anciens et modernes s'y trouvent mêlés sans égard pour la tradition ; on y trouve même Luther et

Opitz) et dans l'utilisation des chants de tradition orale, vis-à-vis desquels il fut plus libre que Brentano, tempérament d'artiste plus exigeant.

Cependant, le succès du *Cor enchanté* ne fut pas uniquement dû au fait d'avoir restitué au peuple sa propre voix, mais plutôt d'avoir fourni des sources d'inspiration et des motifs à la plupart des poètes lyriques du romantisme et du XIXe siècle. Goethe, à qui le recueil est dédié, exerça une influence majeure ; il analysa d'ailleurs lui-même chaque poème, faisant preuve d'un esprit critique, dont la sûreté demeure étonnante. Le recueil inspira toute une nouvelle génération de poètes : Eichendorff, Uhland, Mörike, Geibei, Greif, Heine, Lenau ; et parmi les étrangers : Longfellow. C'est à partir du *Cor enchanté de l'enfant* que les frères Grimm menèrent leurs études sur la poésie populaire. De nombreux musiciens s'en inspirèrent, entre autres : Weber, Schubert et Schumann.

CORINNE ou l'Italie. Roman de Mme de Staël (baronne Germaine de Staël-Holstein, née Necker, 1766-1817), écrivain français, publié en 1807. Lord Oswald Nevil, malade moralement et physiquement, voyage en Italie durant l'hiver 1794-1795 pour se distraire. Il fait, à Rome, la connaissance de Corinne, célèbre poétesse, au moment de son couronnement au Capitole ; il est séduit par ses dons brillants et son charme personnel. Le développement de la situation psychologique est intimement lié à la description de l'Italie. L'idylle se précise, et les sentiments des héros se révèlent au cours de leurs flâneries dans les domaines de l'art et de l'esprit. Les vestiges du passé, les églises, les monuments, les palais, un bal ou une soirée sont autant de prétextes à dissertations pour Corinne ; tout ce qu'elle voit lui donne occasion de juger les caractères et les mœurs des Italiens, la littérature, l'art, la philosophie et la vie. Cependant la sympathie qu'éprouvaient l'un pour l'autre les deux protagonistes devient un sentiment plus doux. Oswald voudrait épouser Corinne, mais celle-ci hésite ; pleine de scrupules, elle redoute les intransigeances du rigide conformisme anglais. Dans le décor enchanteur de Naples et de Venise, Oswald révélera le remords que lui donne la douleur qu'il causa à son père en nouant une idylle avec une femme indigne de lui ; Corinne lui dévoilera son origine anglaise et comment, à la suite d'une mésentente avec sa belle-mère et en rupture avec les convenances sociales, elle est venue en Italie pour donner libre cours à ses penchants artistiques. À ce moment prend fin la partie descriptive et commence la véritable analyse psychologique de deux âmes tourmentées. Oswald, rappelé en Angleterre par son régiment, part avec le désir de réconcilier Corinne avec sa famille et, d'une certaine manière, de la réhabiliter aux yeux du monde. Mais, subjugué par le climat moral de son pays, et loin de la femme aimée, il se laisse reprendre par ses sentiments habituels, par le respect des convenances, par les préjugés sociaux, et, cédant aux nécessités pratiques de la vie, il épouse Lucile, demi-sœur de Corinne. Corinne, ignorant tout, rejoint Oswald en Écosse ; en apprenant le prochain mariage des jeunes gens, elle sacrifie aux fiancés sa passion. Elle retourne en Italie, à Florence, et chante encore un dernier chant pour Oswald avant de s'éteindre entre les bras de Lucile et d'Oswald accourus vers elle.

Corinne, roman né d'un voyage en Italie et de l'amitié amoureuse de Mme de Staël avec le jeune diplomate Pierre de Souza Holstein, fut, pour toute une génération romantique et passionnée, le livre de l'idéal et de l'amour. L'ouvrage comporte deux parties bien distinctes. L'une abonde en discours et en descriptions ; elle eut le mérite de révéler l'Italie aux Français au moment où les conquêtes napoléoniennes favorisaient leur venue dans la péninsule. Même si le jugement de Corinne fut souvent superficiel, et erroné au point de provoquer la colère de Foscolo, elle a toutefois donné de l'Italie une image qui ne traduit pas seulement la mélancolie des ruines et la grandeur du passé, mais aussi la poésie d'un peuple, dont elle a compris, avec une admirable pénétration, les forces latentes. L'autre partie reprend, dans une atmosphère d'une élévation quasi religieuse, l'idée déjà développée dans *Delphine* (*) : le sacrifice de la femme amoureuse, victime des lois de la société, bien que supérieure par la générosité et le génie ; en un mot, l'éternel conflit entre la passion et le devoir.

CORIOLAN [*Coriolanus*]. Tragédie en cinq actes, en vers et en prose, du poète dramatique anglais William Shakespeare (1564-1616), écrite environ vers 1607-1608, représentée probablement au début de 1608, imprimée en in-folio en 1623. La source de ce drame est la vie de Coriolan dans *Les Vies des hommes illustres* (*) de Plutarque, que Shakespeare avait lue dans la version de Thomas North (1579), écrite d'après l'édition française de Jacques Amyot. Caïus Marcius, général romain, très orgueilleux, prit le nom de Coriolan à cause de ses exploits éclatants au cours de la guerre contre les Volsques et de la conquête de la ville de Corioles. Dès son retour à Rome, le Sénat a l'intention de le nommer consul, mais son attitude hautaine et méprisante envers la plèbe le rend impopulaire et, malgré les efforts de Menenius Agrippa, les tribuns parviennent à le faire bannir. Il se rend à la demeure de Tullus Aufidius, le général des Volsques, son pire ennemi ; accueilli avec chaleur, il est nommé chef des Volsques, pour mener à bien la vengeance contre les Romains. Coriolan parvient ainsi sous les murs de la ville ; les Romains, pour la sauver de la ruine totale, envoient à leur concitoyen courroucé des vieux amis, avec la mission de pactiser avec lui. Finalement, la mère de Coriolan, Volumnie, sa femme, Virgilie, et son petit enfant vont implorer Coriolan pour qu'il épargne la cité. Il cède à leurs prières, signe un traité favorable aux Volsques et revient avec ceux-ci dans la ville d'Actium. Le général des Volsques accuse alors Coriolan d'avoir trahi les intérêts de son peuple et, aidé par des conspirateurs, le fait tuer sur la place publique.

Shakespeare a suivi avec une grande fidélité ses sources, tant pour le sujet que pour le style, partout où cela était possible, en utilisant des similitudes, des expressions du texte de North, que l'on retrouve dans les vers du poète, et aussi dans la façon de peindre le caractère du héros. De même, le caractère d'Aufidius est identique à celui dessiné par Plutarque, tandis que Shakespeare attribue à Volumnie l'art de la simulation ; c'est sur ce motif qu'il construit la 2e scène, fort célèbre, du IIIe acte, où la femme essaie de persuader son fils d'utiliser la simulation pour obtenir la place de consul. Virgilie et Menenius sont par contre des créations originales de Shakespeare. Le dramaturge a concentré toute son attention sur le héros, en élaguant de nombreux détails du récit de Plutarque, et en mettant en évidence ce caractère, par rapport à la foule, dont il peint la crédulité et l'inconstance. De cette façon, Shakespeare a transformé un épisode historique où éclatait la lutte entre des principes opposés, en un conflit caricatural et amer entre l'âme d'un patricien, bouffie d'orgueil, et l'âme légère et impressionnable des masses. *Coriolan*, plutôt qu'une tragédie, peut être considéré comme un drame historique d'un genre tout à fait particulier ; l'élément satirique et grotesque y joue un grand rôle (par exemple dans la scène où Coriolan doit mendier les votes des plébéiens que finalement il arrachera, sans rien perdre de sa fierté ni de son orgueil). Cet aspect du drame et la personnalité de Menenius, le persifleur, nous font songer à *Troïlus et Cressida* (*) où les conflits intimes des protagonistes ne sont pas analysés (en réalité dans *Coriolan*, il n'y a aucune lutte ; il cède aux prières de sa famille sans aucun déchirement intérieur ; il s'agit seulement de l'écroulement momentané d'un monde qui, tout de suite après, retrouve sa compacte dureté) ; ici, la trame historique a pour but de mettre en évidence la vanité et la folie des hommes, dont les actions et les réactions semblent avoir un je-ne-sais-quoi d'automatique, qui les rend à la fois ridicules et sinistres. L'impression que donne ce drame est à peu près celle qu'exprime Menenius (acte V, sc. 4) : « Lorsque marche Coriolan, il se meut comme un engin de guerre... sa parole est comme un tocsin, et son murmure est une batterie... » Il s'agit d'un drame âpre, pauvre en couleurs et plutôt froid, mais essentiellement « romain » dans son amertume profonde. – Trad. Formes et reflets, 1954-1961.

★ Les aventures de ce héros romain inspirèrent une tragédie au poète dramatique français Alexandre Hardy (1572 ?-1632 ?), *Coriolan*, qui fut imprimée entre 1624 et 1628, avec trente-trois autres ouvrages choisis parmi les centaines que ce fécond dramaturge écrivit pour les théâtres de son époque. La valeur artistique de ce drame est inégale, comme d'ailleurs celle de tous les autres drames de Hardy ; il faut toutefois lui reconnaître une véritable originalité dans la construction et dans le développement ; par là, il préfigure la dramaturgie de la « crise » d'où devait sortir le grand théâtre français du XVIIe siècle. Remarquons que cette tragédie ne débute pas en évoquant le siège de Coriolan, mais nous fait part aussitôt des injures lancées contre le héros romain, créant ainsi une sorte d'incertitude sur les conséquences de l'injustice, ce qui est nouveau dans le jeu de scène de son époque.

★ En Angleterre, James Thomson (1700-1748) écrivit, en 1748, un drame, *Coriolan*.

★ Le poète dramatique viennois Heinrich Joseph von Collin (1771-1811) écrivit, lui aussi, en 1804, une tragédie *Coriolanus*, d'un goût néoclassique, dont la renommée passagère tint à son ton patriotique. Elle serait totalement oubliée aujourd'hui si elle n'avait inspiré à Beethoven l'ouverture qui porte son nom.

★ Quelques tragédies du même sujet furent écrites en Espagne : *Coriolan* de Francisco Sánchez Barbero (1764-1819) ; celle de José García Quevede (1819-1871) et celle du Catalan Victor Balaguer (1824-1901).

★ Dans le domaine de la musique, rappelons différents opéras sur ce sujet, tous avec le titre *Coriolan* : de Francesco Cavalli (1602-1676), Plaisance, 1669 ; de Carlo Francesco Pollarolo (1653-1722), Venise, 1698 ; d'Antonio Caldara (1670-1736), d'après le livret de Pariati, Vienne, 1717 ; d'Attilio Ariosti (1666-1740), Londres, 1723 ; de Daniel Gottlieb Treu (1695-1749), Breslau, 1725 ; de Karl Heinrich Graun (1704-1759), Berlin, 1750 ; de Vincenzo Lavigno (1767-1836), Parme, 1806.

★ L'Ouverture en ut mineur op. 62, *Coriolan*, que le compositeur allemand Ludwig van Beethoven (1770-1827) écrivit en 1807, est une introduction orchestrale à la tragédie de Von Collin. Beethoven, en planant bien au-dessus du médiocre sujet qu'il venait de choisir, exprime, par une puissante synthèse musicale, le sens éternellement humain de la légende romaine. Le contraste entre l'individu et la société, entre la volonté effrénée de puissance et les liens que les affections, les sentiments, les habitudes imposent à la soif héroïque de liberté et d'action, s'exprime dans l'opposition des deux thèmes fondamentaux ; le premier en ut mineur, sorte d'ascension inquiète et chuchotée de notes détachées, sans cesse interrompues par des accords secs et péremptoires, rudes dans leur rythme et âpres dans leur son ; le deuxième, en mi bémol majeur, est une mélodie suave et diffuse qui s'épanouit comme un miracle dans les violons, tandis que les flûtes laissent échapper avec une douceur infinie leurs longues et insinuantes notes, sans cesse retenues. Le développement musical ressemble à une sorte de lutte entre ces deux éléments, qui laisse ensuite s'épanouir une partie centrale, tout imprégnée d'agitation et d'anxiété ; cette partie étant interrompue par de brèves apparitions du deuxième thème de la mélodie. La victoire, c'est-à-dire le dernier mot, reste, au point de vue musical, au premier thème, mais l'atmosphère funèbre du finale, où celui-ci disparaît, affirme clairement la défaite et la condamnation de Coriolan, qui n'est pas le héros bienfaisant et humain si cher au cœur de Beethoven, mais un conquérant insatiable de puissance et de gloire, tout à fait napoléonien : contre ses velléités d'ambition s'insurgent – éléments positifs – les douces exigences du sentiment et des affections qui, dans le premier mouvement de la *Symphonie héroïque* (*), s'étaient évanouies comme une faiblesse coupable et passagère.

CORNE DU BÉLIER (La) [*Sotn in Goray*]. Roman de l'écrivain américain d'expression yiddish Isaac Bashévis Singer (1904-1991), paru en feuilleton dans le mensuel *Globus* à Varsovie entre janvier et septembre 1933, publié en 1935. Au centre de cette œuvre se trouve le sabbatianisme, mouvement millénariste et antinomien, né en 1665 avec la proclamation par Sabbataï Zevi de sa mission messianique.

La Corne du bélier, construit en deux parties de quatorze chapitres chacune, se présente comme une série de vignettes retraçant la vie d'un « shtetl » perdu où les survivants des massacres perpétrés par les hordes de Chmielnicki (1648-1649), désignés comme la période du « déluge », attendent l'année 1666 qui, d'après les spéculations kabbalistiques, doit marquer le retour du Messie et la fin de l'exil. Dans la première partie du roman, rabbinisme et messianisme s'affrontent. Insidieusement d'abord, le sabbatianisme pénètre la communauté de Goray, grâce à des émissaires qui apportent la « bonne parole » perturbatrice. De transgression en transgression, choses et êtres s'offrent à la possession démoniaque. Le chaos s'instaure par l'explosion interne d'espoirs messianiques. Avec la fuite du rabbin, le sabbatianisme triomphe. La seconde partie en dépeint les effets : libération de toute contrainte, luxure, excès orgiaques, espoir, attente et désillusion. Discours messianique, violence, sexualité et mort deviennent indissociables.

Le roman se termine par deux chapitres dans le style des chroniques communautaires, prétendument traduites de l'hébreu en yiddish pour l'« édification des femmes et des jeunes filles ». Ces apocryphes racontent la fécondation de Rechele par Satan, sa possession par le « dybbuk », finalement exorcisé, la mort de Rechele, la fuite du prédicateur sabbatien Reb Gedaliya et le rétablissement final de l'ordre. Épilogue ambigu qui, par le procédé des apocryphes, confirme et infirme à la fois la narration antérieure.

Le héros, Sabbataï Zevi, la grande rumeur de l'Histoire, de qui tout vient et à qui tout aboutit, le « primum mobile » de cet univers, est omniprésent et superbement absent. Les personnages principaux sont Reb Gedaliya, l'abatteur rituel, par qui arrive le règne du sang, de la luxure, du démonisme à Goray et la jeune Rechele, pôle d'attraction et de répulsion, de pureté et de souillure, puits d'odeurs pestilentielles, cloaque d'excréments et de sang, lieu des accouplements et des naissances monstrueuses. Le premier incarne les perversions de l'Histoire ; la seconde est le corps déchiré, meurtri, complice et rebelle où l'Histoire vient s'accomplir. – Trad. Plon, 1960. R. E.

CORNET À DÉS (Le). Recueil de poèmes en prose de l'écrivain français Max Jacob (1876-1944), rédigé entre 1904 et 1910, et publié en 1917. Max Jacob revendique son originalité dans une Préface qui a valeur de manifeste. Il prend ses distances à l'égard d'un genre littéraire fondé par Aloysius Bertrand – *Gaspard de la nuit* (*), 1842 –, repris par Baudelaire, Mallarmé, Rimbaud (et Pierre Reverdy, dont Max Jacob se sent si proche qu'il préfère ne pas le citer). À un moment où André Breton et ses amis découvrent les *Illuminations* (*), Max Jacob porte sur l'œuvre de Rimbaud de sérieuses critiques, qui ne lui seront pas pardonnées : « Le poème est un objet construit et non la devanture d'un bijoutier. Rimbaud, c'est la devanture du bijoutier, ce n'est pas le bijou : le poème en prose est un bijou. » Par là même il précise sa propre originalité, sur quoi il reviendra dans son *Art poétique* (*) (1922) : le pittoresque du décor ou l'intérêt du sujet sont secondaires dans le poème en prose, où seuls importent « l'accord des mots, des images et leur appel mutuel et constant ». Il prend ainsi position contre l'esthétique de ses amis, et va se trouver de plus en plus solitaire. Dans un article intitulé par antiphrase « Les mots en liberté », et publié la même année (1917) dans *Nord Sud*, le poète oppose à la négligence insignifiante la contrainte productive. Il se veut classique, juge nécessaire de placer la voix.

Max Jacob se plaît à la surprise et à la diversité des tons. Ses poèmes portent pour titres des indications de genre (« Poème sentimental », ou « Poème dans un goût qui n'est pas le mien »), des lieux communs moraux (« Craindre le pire ») ; ils constituent des hommages à des héros littéraires (« Fantomas »), ou sont de discrets indices biographiques (« La Rue Ravignan »). Max Jacob ne fait pas du poème le lieu d'une évocation sentimentale ou la relation d'un événement, mais un objet verbal. Dans sa Préface au *Laboratoire central* (*), Yvon Belaval parle de « hiéroglyphe verbal » pour caractériser *Le Cornet à dés.* Le poème défait les associations traditionnelles, et les regroupe avec le minimum de motivation, d'annonce. Les changements de perspective sont fréquents ; les attaques des phrases sont sans cesse variées. Les effets de juxtaposition, les métamorphoses rapides donnent le sentiment que les mots naissent des mots : « Comme un bateau est le poète âgé / ainsi qu'un dahlia, le poème étagé / Dahlia ! Dahlia ! que Dalila lia. » Le but de Max Jacob est de rendre sensibles les évocations que produisent les mots, d'explorer leur espace et d'inventorier ainsi la réalité qui nous constitue. Il explique à Yvon Belaval la façon de procéder : « Tu n'as qu'à chantonner et à mettre des mots dessus. Tu prends un mot, tu le casses, tu le tournes, tu le retournes. Ainsi le Cormoran, le corps Morand... »

Si Jacob prend plaisir à ces déambulations dans les mots et les formes littéraires, le souci, qui l'occupera toute sa vie (faire servir le travail littéraire au progrès spirituel) s'exprime dès son premier livre. Ses parodies (« À la recherche du traître », « Roman populaire », « Encore le roman feuilleton »...) lui permettent de dire obliquement sa vie double et douloureuse. Toutes les formes d'expression participent du « genre biographique ». Max Jacob considère avec humour l'autoportrait sensible qu'il trace ainsi de lui. Se mêlent les souvenirs de l'enfance en Bretagne, la vie de misère à Paris, les espérances spirituelles, qui sont tout pour lui depuis la rencontre du 22 septembre 1909 : « La tombe est une fenêtre ouverte sur le mystère. » L'humour est pour lui une façon de parler de la souffrance avec décence. J. Rou.

CORNOUAILLAIS À OXFORD (Un) [*A Cornishman at Oxford*]. Autobiographie de l'écrivain anglais Alfred Leslie Rowse (né en 1903), publiée en 1965 et faisant suite à *Une enfance en Cornouailles* [*A Cornish Childhood,* 1942]. L'auteur, également poète, est surtout connu pour son œuvre de critique et d'historien de la période Tudor. Il a traduit une vision de l'histoire à la fois réaliste et intensément romantique dans sa *Guirlande élisabéthaine* et ses biographies critiques de *Shakespeare* (1963) et *Marlowe* (1964). Dans sa récente édition des *Sonnets* (*), il soutient une thèse opposée à celle du critique John Dover Wilson. Selon lui, Mr. W. H. serait William Harvey, et le comte de Southampton, son gendre, l'ami mystérieux de Shakespeare et l'inspirateur des *Sonnets.* Rowse montre un certain parti pris, celui de l'historien professionnel vis-à-vis du critique universitaire, celui de l'érudit vis-à-vis de l'esthète. Le *Shakespeare* de Rowse, très ambitieux, fut battu en brèche par les spécialistes d'histoire littéraire, mais l'auteur, mieux que quiconque, excelle dans la reconstitution de l'histoire locale et tire d'un terrier ou d'un registre de paroisse des conclusions éblouissantes. En ce sens, les chapitres de son autobiographie traitant de ses études à Oxford sont précieux pour la compréhension de l'attitude de l'auteur. S'opposant au libéralisme tiède de maîtres comme Lowes Dickinson ou G. D. Cole, il trouva dans Pareto le stimulant nécessaire à sa quête de la vérité. Rowse déplore la disparition de l'Angleterre rurale et les ravages de l'industrialisation, le remplacement de la cellule familiale par la société de masse et choisit ses héros dans le passé qu'il étudie. Cependant il est demeuré très conscient de ses origines : il a pris parti pour le prolétariat dans les conflits des années 30, il se désintéresse du sort des lignées aristocratiques, sur lesquelles il se penche en historien. Ses années à All Souls College représentent ainsi les efforts d'un fils d'ouvrier pour conserver sa personnalité tout en assimilant les traditions intellectuelles et sociales de l'université et du monde aristocratique. Il tira, malgré sa pauvreté, un grand profit de sa vie d'étudiant et de son amitié avec des personnages aussi divers que Graham Greene, David Cecil ou Harold Acton, le chef du groupe des « esthètes » d'Oxford. Le puritanisme petit-bourgeois de sa première éducation l'empêcha cependant de mener une vie mondaine et de s'épanouir en société autant que sur le plan intellectuel : « Je ne voulais jamais m'exposer au hasard. Je voulais avoir tout sous mon contrôle. Ce ne sont pas là les voies de l'amour, bien que ce soient celles de la réalisation d'une œuvre. »

CORONA BENIGNITATIS ANNI DEI. Recueil de poèmes de l'écrivain français Paul Claudel (1868-1955), paru en 1915. Il s'agit, comme le titre le montre suffisamment, d'une sorte d'illustration poétique de l'année liturgique. On doit cependant observer que Claudel fait coïncider à peu près l'année liturgique avec l'année civile, puisqu'il commence par l'Épiphanie et termine par Noël. Les poèmes qui composent *Corona* ont été écrits à des époques très différentes : les plus anciens remontent à 1887, les plus récents à 1913, tandis qu'un grand nombre ne sont pas datés. Le recueil se divise en cinq parties. Tout d'abord la première partie de l'année, qui commence par une « Prière pour le dimanche matin ». Il est évident, dès lors, que le déroulement de l'année est assimilé à celui de la semaine. Après cette première partie vient le « Groupe des apôtres » ; puis « Images et signets entre les feuilles » ; ensuite la deuxième partie de l'année, qui se clôt par le « Memento pour le samedi soir », enfin le « Chemin de la Croix », qui vaut, en effet, pour toute l'année. *Corona,* qui succédait, en somme, aux *Cinq grandes odes* (*) et à *La Cantate à trois voix* (*), manifeste le souci d'un rythme plus simple, le plus souvent binaire, avec rimes ou assonances, que nous retrouverons quelques années plus tard dans la plupart des poèmes qui composent *La Messe là-bas* (*). Mais il y a là, en réalité, une très grande variété de formes et, parmi elles, il convient de souligner particulièrement celle des hymnes, que Jacques Rivière devait, non à tort, comparer aux grandes odes. D'autres poèmes au contraire ont un caractère presque purement narratif et descriptif, tandis que ceux qui composent « Images et signets entre les feuilles » sont beaucoup plus personnels et évoquent parfois des souvenirs brûlants. « Le Sombre Mai » et « Chanson d'automne », par exemple, qui sont les poèmes les plus anciens, sont là comme le reflet d'une adolescence déjà lointaine et où Claudel, avant *Tête d'or* (*), s'essayait à des formes symbolistes ou décadentes.

À côté d'exercices savants, l'auteur a cherché aussi à rejoindre la prière la plus simple et la plus nue du peuple chrétien depuis des siècles. Rien ne manifeste mieux que *Corona* son incorporation à l'Église ; rien n'a contribué davantage à lui valoir la sympathie et presque la familiarité des âmes pieuses. Son « Chemin de la Croix », par exemple, a été fort souvent utilisé comme thème de méditation et d'oraison dans les églises lorsqu'on y procède à cet exercice. De son côté, le « Groupe des apôtres » a la même valeur que les statues qui ornent les porches de nos cathédrales. Aussi le poète avait-il bien le droit d'écrire, dans le « Memento pour le samedi soir » : « Psaume d'Asaph, Parce qu'Éternelle est Sa miséricorde », / Psaume donné aux enfants de Coré pour la lyre décacorde, / Psaume du roi David quand il se cachait dans la caverne d'Adullam, / Psaume à cause de mon fils Absalon quand les eaux ont pénétré jusqu'à mon âme, / Psaume du roi Salomon quand le Temple fut dédié, / Psaume de Jérémie et d'Ézéchiel pendant les Soixante-Dix Années, / Cantique de Siméon, cantique de Zacharie, / Élévation de la voix de Très-Sainte Vierge Marie, / Sur l'Empire terrassé, *Te Deum* d'Augustin et d'Ambroise, / Vocifération dans les Conciles du Credo de saint Athanase, / Séquence de Nottker, prose d'Adam de Saint-Victor, / Introït de la Grande-Messe de Pâques entonné par le Præcantor, / Chant perçant de l'orphelin, sanglot dans le cœur du sourd, / Et latin de Paul Claudel aux derniers jours ! » On retrouvera plus tard, dans *Feuilles de saints* (*), quelque chose de cela, avec plus de liberté et de souplesse.

CORPS (Du) [*De corpore*]. Ouvrage du philosophe anglais Thomas Hobbes (1588-1679), première section des *Éléments de philosophie* (*), publié à Londres en 1655. La philosophie est l'étude, soit des corps naturels (philosophie naturelle), soit de ce corps artificiel qu'est l'État (philosophie civile, comprenant également l'éthique), en remontant des effets aux causes et inversement. Et le but de la philosophie est de nous donner la possibilité de produire certains effets qui sont désirables pour la commodité de la vie humaine. Tout le système de Hobbes est ainsi dominé par la conception d'une fin utilitaire attribuée à la connaissance scientifique. La logique constitue la base de toute recherche philosophique et elle se réduit pour l'auteur à un art du calcul, car le raisonnement se résume pour lui à soustraire ou additionner des notions. Ces opérations ont pour fondement le langage, constitué par des mots, des propositions (addition de deux mots) et des syllogismes (addition de trois mots). Rien d'universel n'existe dans la nature ou dans l'esprit, sinon les mots, fantômes et images des choses particulières. Toutes les opérations de l'esprit s'effectuant non sur les choses, mais sur ces représentations, la vérité ou l'erreur des propositions et des syllogismes se trouve ramenée à un rapport entre les mots et non entre les choses. Le syllogisme est la démarche de la philosophie, la méthode, la voie qu'elle emprunte, d'abord analytiquement pour connaître les causes des propriétés des corps, puis synthétiquement en déduisant l'effet de la cause. L'analyse permet surtout de déterminer quels sont les accidents communs à tous les corps : quant aux causes, elles se définiront d'elles-mêmes, par leur propre évidence, et seront toutes ramenées au mouvement. Du mouvement d'un point, la synthèse déduit la ligne, de la ligne associée au mouvement, la surface, et de cette dernière, le volume : ainsi se présente la première partie de la philosophie naturelle, la géométrie. L'étude des effets du mouvement d'un corps sur un autre corps engendrera la mécanique. Vient ensuite la physique qui étudie le mouvement des plus petites parties des corps (corpuscules ou molécules). La morale lui succède, qui considère les mouvements psychiques, ceux-ci ayant leurs causes dans les sens ; lesquels sont étudiés en physique. La philosophie politique découle à son tour de la morale, ses principes étant fondés sur la connaissance des mouvements de l'âme.

La méthode de synthèse déductive a pour postulat la « philosophie première », qui contient les définitions des principes universels et des notions s'y rattachant. La notion la plus générale et la plus vague est celle d'espace, qui n'a aucune réalité en dehors de l'âme. De même, le temps n'a pas d'existence propre, il n'est que le « fantôme du mouvement ». L'un et l'autre sont divisibles en un certain nombre de données, nombre chaque fois fini mais pouvant toujours néanmoins être accru du fait que ces données sont infiniment divisibles. Tout ce qui « indépendamment de notre pensée » coïncide et se superpose à une quelconque partie de l'espace imaginaire constitue notre corps ; mais ses accidents ne sont pour nous que des « façons de le concevoir ». La dimension, étant le propre de chaque corps en tant que tel, ne peut être engendrée ni périr, contrairement à tous les autres accidents qui naissent et meurent par effet de l'action d'un corps sur un autre. Il faut toujours en voir la cause dans l'ensemble des accidents propres au corps agent (cause efficiente) ou au corps patient (cause matérielle) : tout effet a pour cause le mouvement.

Passant à la géométrie, Hobbes prend pour point de départ la définition du point en tant qu'étendue. Se fondant sur ce postulat sensualiste, il tient pour erronées toutes les notions fondamentales de la géométrie traditionnelle (point, ligne, surface, volume) et finit par se perdre dans des problèmes insolubles tels que la quadrature du cercle ou la trisection de l'angle, entrant en de paradoxales polémiques avec les plus grands mathématiciens du temps. En physique, il procède par des hypothèses (qu'il ne songe nullement à vérifier par l'expérience) et, considérant une série de phénomènes : lumière, chaleur solaire, vent, etc. ainsi que toutes les qualités sensibles : odeur, couleur, etc., il s'efforce d'en trouver les causes respectives. Du point de vue scientifique, l'attitude aprioriste constitue la faiblesse majeure de cette physique. Les sensations, source unique de toute vie psychique, ne sont rien d'autre que des modifications du sujet sensible, produites par le mouvement que transmettent les corps extérieurs aux organes des sens, faisant ainsi surgir le fantasme, ou représentation. Celle-ci apparaît alors comme extérieure, la réponse de l'organe à l'excitation étant un mouvement dirigé vers l'extérieur. Les mouvements engendrés par l'action des objets sur les organes des sens provoquent en outre nos réactions s'exerçant sur le monde extérieur, mouvements dits volontaires, visant à obtenir ce qui contribue à la conservation de l'organisme ou inversement. Ainsi, pour Hobbes, la volonté n'est pas le pouvoir de vouloir librement, mais uniquement la possibilité d'exécuter ce qui nécessairement est voulu. Elle est donc identique chez l'homme et l'animal. Dans l'ensemble, le *De corpore,* l'une des expressions les plus représentatives de la pensée de l'auteur, fait ressortir la contradiction qui lui est inhérente, entre une conception phénoménologique du réel, traduite en représentations psychiques, et un réalisme naïf considérant les corps, leurs dimensions et leurs mouvements, comme extérieurs et indépendants de la pensée, sans effort pour rendre compte de cette affirmation et chercher à la justifier. – Trad. dans *Œuvres complètes,* Vrin, 1991.

CORPS ET ÂMES. Roman de l'écrivain français Maxence Van der Meersch (1907-1951), publié en 1943. Nature d'évangélisateur, Van der Meersch fut toujours en guerre avec les préjugés, les erreurs et les ignorances où se complaît trop souvent la société. En chacun de ses livres, il aime à mettre en œuvre des documents humains. Son grand sérieux, sa bonne foi et un certain genre d'écrire se chargent du reste. Dans *Corps et Âmes*, il se donne la mission d'éclairer l'opinion française sur les méfaits de la médecine officielle. On sait que ce roman a, dès sa parution, soulevé un terrible tollé dans tout le corps médical. Son héros est un jeune médecin des plus sympathiques, fils d'un gros bonnet de la faculté, qui, à la faveur d'un mariage d'inclination, renonce à la brillante carrière à laquelle il était promis pour s'établir dans quelque trou perdu et y vivre un peu comme un saint. Un sentiment, surtout, le guide dans ce choix : l'espèce d'aversion qu'il éprouve pour tous les milieux médicaux qu'il eut l'occasion de fréquenter. Que reproche-t-il donc à la médecine officielle ? Oh, c'est très simple : par manque de clairvoyance autant que par routine, elle s'obstine à « confondre le symptôme avec la maladie même ». Elle s'en tient donc au symptôme et, pour le réduire au plus vite, fait appel aux médicaments. Mais, ce faisant, elle ne parvient qu'à escamoter ledit symptôme pour quelque temps. En bref, elle lâche la proie pour l'ombre, toute guérison est illusoire, et le problème reste entier. Aussi le héros entend-il substituer à de telles pratiques certaine méthode qui s'inspire de cette médecine qu'on appelle hippocratique, ou synthétique, ou humorale. On pense bien que, dans la bourgade, l'affaire n'ira pas toute seule pour le novateur. Son action le met aux prises avec tel d'entre ses confrères dont la renommée est bien assise. C'est dire qu'il essuie les pires vexations, etc.

Van der Meersch a raison de protester contre certains abus qu'entraîne la pratique médicale. Il n'est que trop vrai que l'art de guérir expose à de grandes tentations. Mais où, par contre, Van der Meersch nous paraît avoir tort, c'est quand il fait le procès de la médecine classique sous prétexte que, « depuis Pasteur, elle s'hypnotise sur le microbe ». Une grande circonspection est de mise en matière de jugement scientifique. On n'échappe guère à l'impression que l'auteur ignore presque tout des disciplines qui rendent possible l'existence de la médecine : témoin plus d'un terme médical qu'il emploie en dehors de toute notion de son sens exact. Ces réserves faites, il faut reconnaître que l'ouvrage est loin de manquer de vigueur. C'est un tableau de mœurs des plus vivants, plein de naturel et riche de caractères bien soutenus. Sous son apparence chétive, Van der Meersch possédait, certes, un très puissant tempérament. S'il restait en lui du Zola par le don d'observation et le goût de la crudité, ce penchant naturaliste n'a jamais exclu la plus anxieuse recherche de toutes les valeurs morales. Selon la remarque d'un critique, « un livre de Van der Meersch est toujours le soubresaut d'une conscience magnifiquement humaine ».

CORPS ET BIENS. Recueil de poèmes de l'écrivain français Robert Desnos (1900-1945), publié en 1930. Corps et biens, entendez : se perdre corps et biens. Cela se dit d'un vaisseau dont la cargaison est anéantie avec l'équipage entier. Un vaisseau qui ressemble étrangement au *Bateau ivre* (*) de Rimbaud. Dans ce recueil de poèmes, Desnos n'enferme rien de moins que dix années d'expérience poétique. Sorte de mélange détonant où le désespoir, la colère et l'ironie la plus sauvage ont leur mot à dire jusqu'à l'exhaustion. Surréaliste d'ostentation autant que de système, Desnos demeure un poète qui pratique le carambolage apocalyptique. On sent très bien qu'il veut traduire tout à la fois l'être intime du poète, un certain aspect des choses, et enfin leur rapport le plus fugace – en prenant par le plus court et en venant du plus profond. D'où il suit que chacun de ses vers est une cascade d'images. Ce délire oratoire entraîne le plus souvent une syntaxe en lambeaux. Témoin les quatre vers suivants : « Sur la route en revenant des sommets rencontrés par les corbeaux et les châtaignes / Salué la jalousie et la pâle flatteuse / Le désastre Enfin le désastre annoncé / Pourquoi pâlir pourquoi gémir. » En tant que poète lyrique, il ne peut pas ne pas en revenir à la strophe dont les vers sont de même mesure. Mais il en fait alors un instrument de supplice pour nos oreilles : « Et dans ce ciel suintant des barriques des docks / Soudain brusquement s'interrompent les rafales / Quand la sirène avec l'aurore atteint les rocs / L'anémone du ciel est la fleur triomphale. » « La faune et la flore du surréalisme sont inavouables », disait Breton dans son premier *Manifeste* (1924). Desnos est loin d'y contredire. Que l'on en juge par l'évocation suivante : « On ne sait trop quelle femme en façon d'anémone, tout à la fois sang et ténèbres, qu'un forçat met en lambeaux avec un tesson de bouteille. »

CORPS ÉTRANGERS (Les). Roman de l'écrivain français Jean Cayrol (né en 1911), publié en 1959. S'il existe, comme l'a écrit Roland Barthes, un « homme cayrolien », ce sont bien *Les Corps étrangers* qui pourraient en fournir le parangon. Est-elle d'ailleurs d'un homme, cette voix qui, tout au long du livre, entreprend à la première personne de dire une vie ? Les contradictions, les retours, les rétractations dont la fréquence s'accélère régulièrement, les autojustifications et les démentis, tout confirme l'idée plus d'une fois exprimée qu'un être, là, part en quête de sa propre vie. D'origine inconnue (et même ce fait reste douteux !), Gaspard, l'anti-héros, évolue entre la Charente, Bordeaux et Paris. Partout environné par la mort, il ne paraît tenir son existence que de sa capacité à passer inaperçu. Aux antipodes de tout engagement (l'histoire, celle de la Seconde Guerre mondiale, par exemple, ne parvient même pas à l'atteindre), il s'enrichit de petits profits accumulés et de marchandages louches : en tout parfait intermédiaire, parasite – ou étranger –, il ne saurait d'ailleurs jouir de ses gains, qui finissent toujours par le rendre, comme sa complice en trafics occultes, à sa condition de serviteur. En amour même, sa prédilection va aux mortes vivantes qui pèsent plus lourd sur son destin que les femmes saines et actives.

En fait, le seul souci qui l'anime, c'est celui de rejoindre sa vie par la vertu des mots, d'acquérir en somme une histoire à lui : « Combien de temps faudrait-il, demande Gaspard, pour avoir un passé bien fourni, sans failles ? »

Au bout de cette nuit, pendant laquelle il entreprend la rédaction d'une véritable « autographie », semble luire le salut : l'intégrité et la reconnaissance, c'est-à-dire encore l'existence. D'où la tension, la fièvre même de ce monologue pressé par la paranoïa, et qui, sans cesse, trébuche sur des larcins ou sur des crimes (« je dérobais pour qu'on me crût vivant ») dont il doit lever l'accusation. Mais plus progresse cet exemplaire récit performatif et plus s'amoncellent les difficultés. Chacun s'acharne à brouiller les pistes du passé : les maisons changent subrepticement de propriétaire, les amis partent sans laisser d'adresse ou taisent une partie de leur vie. Le narrateur, vissé à sa table, est un errant sans attaches et qui n'attache personne, hormis son double féminin, Claudette, la femme amnésique des premiers et des derniers jours.

Ce héros narrateur, héritier des traditions romanesques les plus recommandables, ne manque pas d'être mis à contribution avec la plus parfaite virtuosité, dans des effets constants de déplacement narratif. Pour la dérision d'un monde entrevu à travers un regard myope que traversent des éclairs de netteté et de lucidité, on songe à Céline. Mais Bardamu, ici, ne dénonce rien d'autre que lui-même. Confiant l'espoir de sa vie à des mots de roman, il ne découvre que des « corps étrangers » qui lui échappent, et dont la qualité la plus certaine est de mentir au narrateur pour exhumer leur noire vérité aux seuls yeux du lecteur. C. D.

CORPS TRAGIQUE (Le). C'est le dernier recueil de poèmes publié, en 1959, par l'écrivain français Jules Supervielle (1884-1960). Dans cet ensemble assez disparate, la première section, qui donne son titre à l'ouvrage, est la plus fournie et la plus homogène, aussi bien par le ton que par les thèmes : confidence murmurée à mi-voix d'une angoisse à la fois existentielle et métaphysique, qu'on retrouve exprimée plus loin dans le volume selon les modes plus distanciés du mythe (« Légendaires »), de l'apologue (« Les Poissons rouges »), ou du poème en prose (« Prose et proses »). À ce lyrisme douloureux, font contrepoint plusieurs tentatives pour sortir de soi, pour aller « À la fenêtre du monde » témoigner de l'actualité, pour rendre hommage à Claudel et à Saint-John Perse (« Poèmes de circonstance »), pour fêter la naissance d'une petite-fille (« Le Mirliton magique »), ou pour reprendre la traduction (déjà ancienne) de « Deux Poètes » admirés : García Lorca et Jorge Guillén.

L'épreuve de la vieillesse fait du poète un survivant (« Il vit toujours, il en fait ses excuses »), qui sent vaciller son identité psychique (« Rochers, visages, profondeurs / Où suis-je dans le paysage ») et physique (« Et puis moi, tout en foie, en rognons, en poumons / En cœur, dents et tendons, en nerfs, en pantalons »). Le bestiaire devient menaçant (les « bonnes bêtes » « tout d'un coup vous sécrètent » « Un univers » « violent »), et la métamorphose prend une coloration tragique : le Défunt ne trouve plus dans le miroir qu'« un vide non sourcilleux », « un vertige de damné ». L'approche de la mort exacerbe le désir de Dieu et le doute métaphysique : « Qui suis-je dans l'ombre égoïste / Pour traiter d'égal à égal / Ce Dieu qui soudain me résiste / Ou c'est moi qui lui fais du mal. »

Ce vertige, l'écriture se doit de l'exprimer, mais aussi de l'exorciser : « Comment ne serait-on pas dans l'anxiété quand le temps se désagrège ainsi devant nous. Écrire, c'est mettre un peu d'ordre dans tout cela. » Certains poèmes font entendre une voix blanche, presque atone, parlant en troisième personne, dans des sonorités sourdes, produisant un effet quasi hypnotique, qui masque mal la violence d'images qui défient la logique, ou l'abrupt de fragments énigmatiques, isolés de leur contexte : « Je ne sais plus d'où me viennent ces mots / Ni l'alphabet dont les lettres cessèrent / Si brusquement de m'être familières. » D'autres, au contraire, exploitent jusqu'à la dérision les conventions du vers régulier : c'est le cas notamment du « Mirliton magique », dont le mètre bref fait se télescoper à la rime les alliances de mots les plus incongrues, véritable pied de nez à la face de la mort : « Bien qu'elle fût sans mots / Avait beaucoup à dire / Et connaissait nos maux / Comme dans un délire. » Les proses réunies en fin de volume réalisent quant à elles un délicat équilibre entre la force de l'image et l'aisance d'une langue harmonieuse et fluide : « C'est dans une image, à l'avant-garde de lui-même que le poète éprouve le besoin de fixer son esprit toujours en mouvement. »

M.C.

CORPS TRANQUILLES (Les). Roman de l'écrivain français Jacques Laurent (né en 1919), publié en 1948. Ce roman suit au long d'une année et de mille pages les trajectoires entrecroisées d'une vingtaine de personnages qui s'ignorent. Ce qui précipite leur rencontre est la fondation, dans un recoin alpestre, d'un vague institut contre le suicide, lubie philanthropique d'un mystérieux milliardaire qui fait recruter ses collaborateurs par petites annonces. C'est ainsi que se constitue un microcosme où les divers tempéraments réunis se contrarient en mille petites intrigues : Anne Coquet, émissaire de l'institut, se lie avec une secrétaire, Monique Chardon — ce qui excite la fureur de Mme Hallein, « goule (quinquagénaire) de parfaite éducation » qui n'aura de cesse de les séparer ; Bataillère, qui a pris la direction de l'institut, est tout à son ambition et à ses manœuvres amoureuses avec le personnel dactylographique, manœuvres que tente aussi avec moins de bonheur le docteur Vertheïma ; tandis que Toussaint Rose s'abîme dans la statistique et qu'à Paris le professeur Lafontaine-Piat, caution intellectuelle de l'aventure, ne se passionne au fond que pour le Tour de France. L'histoire pourrait continuer longtemps ainsi à festonner de son propre mouvement en multiples petites péripéties ; l'événement catastrophique, la dissolution de l'institut, est provoqué à la fois par l'annonce du suicide du lointain commanditaire et par les manœuvres de Mme Hallein. Les divers personnages se retrouvent à Paris, où Bataillère fonde pour son propre compte un « institut humain » de rencontres, qui lui vaudra des démêlés avec la justice et quelques nuits de prison. Anne revient à d'anciennes amours, le petit Jacques, frère cadet de Monique, en découvre de nouvelles, Toussaint Rose s'enfonce dans la débine, et Mme Hallein part pour une expédition journalistique dont le commandement ne saurait lui échapper. « Les Corps tranquilles » sont une dénomination tirée du vocabulaire de la chimie ; la tranquillité ici décrite est le contraire de la tragédie. Ce roman se présente comme une vaste monadologie où de multiples destinées s'entrecroisent sans pouvoir s'affecter profondément. Les événements que le hasard suscite (et l'auteur provoque et suit avec beaucoup d'attention cette épigenèse hasardeuse) ne parviennent pas à abolir cette indifférence fondamentale qui donne au livre son curieux climat d'apesanteur. Anne, le personnage principal, éprouve d'ailleurs l'« attente » comme le fond même de son existence ; il demande à la vie et aux autres de le distraire de son « pâteux originel » et de « remplir ce silence interne, ce vide désœuvré qui ne demande qu'à prendre chez lui l'aspect d'un bilan de faillite », ce qu'une de ses maîtresses traduit par l'accusation qu'« il ne doit pas avoir d'âme » : « Tu t'en fous. » Indifférence, flottement de tous et de tout plutôt que « nonchalance » (celle qu'y trouvait Paul Morand), l'apesanteur qui règne dans ce roman est encore accusée par la technique de l'écrivain, la saturation de données sensibles à quoi il s'applique et la virtuosité qui lui fait multiplier à plaisir inventaires et digressions (sur le printemps, Paris, le métro, le XIXe siècle, le dimanche...). Jacques Laurent signait avec *Les Corps tranquilles* son premier roman.

Ph. Ba.

CORPUS DE DROIT CANONIQUE [*Corpus Juris Canonici*]. Recueil ancien de lois, qui fut la source la plus importante de droit canonique commun jusqu'à ce que Benoît XV ait promulgué le *Codex Juris Canonici*, le 27 mai 1917. Il se compose de six collections de lois empruntées à des époques diverses : trois d'entre elles sont privées et les trois autres officielles. La collection officielle la plus importante est celle qui a été faite sur ordre de Grégoire IX, par son chapelain Raymond de Pennafort, et publiée avec la bulle « Rex Pontificus » en 1234. Elle est intitulée *Décrétales de Grégoire IX* ou *Liber Extravagantium* (c'est-à-dire des Décrétales qui ne sont pas contenues dans le recueil privé de Gratien). Elle se compose essentiellement de constitutions et décrétales pontificales et de décrets de conciles d'époques différentes, mais pour la plupart postérieurs à la seconde moitié du XIIe siècle. Les textes, presque tous puisés dans des collections plus anciennes, ont été composés de façon à former un tout et ils acquirent, du seul fait de leur insertion dans le recueil, une identique force légale, même quand ils n'en possédaient pas à l'origine. L'ouvrage est divisé en cinq livres, chaque livre en titres et chaque titre en canons ; il y a 1971 canons. Le premier livre contient des règles sur les textes et sur les charges ecclésiastiques ; le deuxième, les règles de procédure ; le troisième, le droit patrimonial, la discipline du clergé et le droit des religieux ; le quatrième, le droit matrimonial ; le cinquième, le droit pénal. – La deuxième collection officielle fut une compilation entreprise sur l'ordre de Boniface VIII qui la publia, en 1298, avec la bulle « Sacrosanctae ». Elle contient les canons conciliaires et les décrétales pontificales postérieurs à la collection grégorienne ; elle est également divisée en cinq livres et est désignée dans son ensemble sous le titre de *Sixième Livre de Décrétales ;* elle est considérée comme la suite de l'œuvre de Grégoire IX. Contrairement à cette dernière, le *Sixième Livre* enleva force de loi aux décrétales laissées de côté dans la collection publiée entre 1234 et 1298. – La troisième collection officielle est celle publiée par Clément V en 1313 et promulguée, avec modifications, par Jean XXII en 1317. Elle ne contient que les constitutions de Clément V et porte pour cette raison le titre de *Collection Clémentine* ou de *Constitutions Clémentines ;* elle aussi est divisée en cinq livres.

La plus ancienne et la plus importante des trois collections privées est le *Décret de Gratien*, appelé par l'auteur « Concordia discordantium canonum ». C'est une compilation de Gratien de Chiusi datant de 1140 environ, faite dans le but d'éliminer les contradictions entre les divers textes des collections et comprenant, outre les décrets conciliaires et les constitutions pontificales, des passages de *La Bible* (*) et d'auteurs ecclésiastiques et séculiers et jusqu'à des constitutions impériales. L'ouvrage a un caractère systématique, il se divise en trois parties qui traitent des origines du droit et du clergé, de divers cas pratiques dans des matières diverses, des sacrements et de la liturgie. Le *Décret de Gratien* n'eut jamais valeur officielle même quand, à la fin du XVIe siècle, les papes en ordonnèrent la révision et la publication. – Les deux autres collections privées sont les *Extravagantes de Jean XXII* et les *Extravagantes communes*. La première contient 20 décrétales de Jean XXII, la seconde 74 décrétales, publiées entre 1281 et 1484. L'une et l'autre sont des appendices ajoutés au *Corpus* par Jean Chappius en 1500, dans une édition complète publiée par ses soins. Le titre de *Corpus Juris Canonici* fut employé d'abord pour désigner les trois collections officielles ; puis il désigna aussi les trois collections privées, celles-ci ayant été insérées dans l'édition du *Corpus Juris Canonici*, promulguée avec la bulle du 7 juillet 1580 par Grégoire XII.

Le *Corpus de droit canonique* exerça une influence de premier plan dans la formation de ce droit romain commun qui se constitua, en Europe, au Moyen Âge, grâce à la fusion du droit romain, du droit ecclésiastique et des droits locaux. Il inspira plusieurs institutions en déterminant leur évolution (il suffit de rappeler le droit familial et testamentaire et la primauté du principe « consensus parit proprietatem » dans les obligations) : d'ailleurs il a encore force de loi dans les matières que certains États ont insérées dans leur législation (l'Italie entre autres) au moyen de concordats passés avec l'Église.

CORPUS DE DROIT CIVIL [*Corpus juris civilis*]. C'est l'ensemble de l'œuvre législative de l'empereur romain d'Orient Justinien (482-565) qui régna de 528 à 564. Il se compose d'un petit traité élémentaire, intitulé *Institutes*, d'un recueil de « jura » (*Digeste* ou *Pandectes*) ; de trois collections de *Leges*, de deux *Codes* et des *Nouvelles constitutions.* Malgré le titre de *Corpus juris civilis*, il contient de nombreuses parties consacrées au droit public en général et au droit pénal en particulier. L'ouvrage nous est parvenu presque au complet, sauf une petite lacune dans le *Digeste* et quelques autres, très peu importantes, dans le *Deuxième Code :* « Codex repetitae praelectionis ». Le projet de faire un recueil des lois tirées des « leges » (qui, à l'époque impériale, étaient essentiellement les constitutions impériales) et des « jura » (écrits des anciens jurisconsultes), et de réunir tout le droit en vigueur, qui avait été réalisé en partie par Théodose, Hermogène et Grégoire, était déjà mûr dans l'esprit de Justinien, lors de son avènement ; aussi fut-il l'objet de sa première constitution, le 13 février 528. Cette constitution nommait une commission présidée par Jean, ex-questeur « sacri palatii », et qui comprenait parmi ses membres Tribonien (qui devait devenir l'artisan principal de l'œuvre immense de Justinien) et Théophile, professeur à Constantinople, également collaborateur de premier plan. Ils étaient chargés de constituer un Code, en partant des trois codes préexistants (*théodosien, hermogénien* et *grégorien*) et aussi des constitutions postérieures aux codes. Ce code devait contenir, systématiquement disposées, les seules lois en vigueur, regroupées selon les exigences du nouveau plan. Le *Code* fut rapidement terminé et entra en vigueur en avril 529. À la fin de l'année 530, Justinien chargea Tribonien et ses collaborateurs de recueillir, chez les anciens jurisconsultes, les fragments nécessaires à une compilation complète de ces parties du droit en vigueur qui, remontant à l'époque du droit classique, ne pouvaient être puisées à d'autres sources que les textes des « prudentes ». Les fragments devaient être classés par matières, en livres et titres ; la classification devait éviter les répétitions et les contradictions, et le texte original devait être modifié quand des changements étaient survenus en la matière. On donna à l'ouvrage le titre de *Digeste* ou *Pandectes.* Les collaborateurs de Tribonien furent quatre professeurs de droit (Théophile et Cratinos de Constantinople, Dorothée et Anatolios), le « comes sacrarum largitionum » Constantin et onze avocats du barreau de Constantinople. On mit bien 1 265 ouvrages à contribution ; pourtant la compilation fut achevée en un temps extraordinairement court et publiée le 16 décembre 533. Elle se compose de cinquante livres d'importance inégale, divisés en titres munis de rubriques ; les titres contiennent les fragments des œuvres classiques dont chacun a son « inscriptio » avec le nom du jurisconsulte et l'indication de l'œuvre dont il a été tiré (les fragments les plus longs ont été, par la suite, divisés en paragraphes par les romanistes pour plus de commodité).

Le *Digeste* se compose de 9 142 fragments, dont 6 137 sont tirés des cinq jurisconsultes à qui la loi des Citations avait attribué le « jus respondendi » (426 ap. J.-C.), c'est-à-dire dont l'opinion concordante avait force de loi ; ce sont Gaius, Papinien, Paul, Ulpien et Modestin. Les autres 2 470 fragments sont tirés des sept juristes suivants : Cervitor Scévola, Pomponius, Julien, Marcien, Giacolenus, Africanus et Marcellus, et les 535 derniers fragments appartiennent à 27 autres juristes. La méthode du *Digeste* est, dans ses grandes lignes, celle de l'*Édit perpétuel* (*) de Salvius Julien. Les écoles byzantines divisèrent toutefois l'ouvrage en sept parties, selon des critères qui leur étaient propres. La première (I-IV) contient les notions juridiques institutionnelles, les principes de la juridiction, et l'introduction de l'instance ; la seconde (V-XI), intitulée « De judiciis », correspond à la partie analogue de l'*Édit* et contient la doctrine générale des actions et l'exposition des institutions qui se rapportaient au titre de l'*Édit* : « De his quae cujusque in bonis sunt » ; la troisième, « De rebus », (XII-XIX) tirait son nom de la rubrique de l'*Édit* « De rebus creditos », mais comprend aussi les rubriques suivant immédiatement celle-ci dans l'*Édit* ; la quatrième, dite « Umbelicus » parce qu'elle était centrale (XX-XXVII), est très variée ; elle comprend en effet le droit hypothécaire, le système des preuves, les rapports familiaux et les obligations qui en découlent ; la cinquième (XXVIII-XXXVI), « De testamentis », contient le droit successoral à l'exclusion des « honorum possessiones » ; la sixième (XXXVII-XLIV) est un ensemble d'institutions portant sur la propriété et le droit de possession ; la septième (VLV-L), très variée, contient, outre la stipulation et les institutions qui s'y rapportent, le droit public et privé, le livre « De appellationibus » (XLIX), et enfin le livre (L) (le dernier) qui débute par la description du système municipal et se termine par deux titres donnant l'interprétation de tout l'ouvrage.

Tandis que le travail du *Digeste* battait encore son plein, Justinien chargea Tribonien, Théophile et Dorothée de faire, pour les écoles, un manuel élémentaire d'*Institutes.* Cet ouvrage fut également très vite terminé et put être publié le 21 novembre 533. Il emprunte au jurisconsulte Gaius sa méthode et la division en livres, mais puise aussi à d'autres *Institutions* classiques (de Florentin, Marcien, Paul et Ulpien) et aussi aux *Res cotidianae* de Gaius. Les fragments des textes classiques sont modifiés de façon à concorder avec la législation en vigueur et sont fondus tous ensemble ; le manuel est donc en quelque sorte un discours d'un seul tenant de l'Empereur aux jeunes gens, à la « cupida legum juventus ». La démarcation des fragments originaux a été faite par Ferrini. Le premier livre des *Institutes* traite des personnes ; le deuxième donne une classification des choses, puis traite de la propriété et des autres droits réels, enfin du droit testamentaire ; le troisième comprend les successions ab intestat et les obligations contractuelles, ainsi que la doctrine générale des obligations ; le quatrième, les obligations par délit et les actions judiciaires du procès privé, avec un bref appendice de droit criminel dans le dernier titre (« De publicis judiciis »). Chaque livre est divisé en titres avec une rubrique qui en indique le contenu : le titre se compose d'une introduction et de paragraphes numérotés. Les *Institutes* de Justinien furent même promulguées.

Les nombreuses constitutions rendues pendant le travail de compilation du *Digeste* et des *Institutes* rendaient périmé le *Code* de 529 ; aussi lui fut-il substitué, à la fin de 534, le *Deuxième Code : Codex repetitae praelectionis*, qui est le seul qui nous soit parvenu et qui prit la place du premier dans le *Corpus juris.* Il est divisé en douze livres : le premier traite des sources du droit et des « officia » (pouvoirs et charges), des diverses autorités ainsi que de la discipline, des rapports de l'État et de l'Église (pour la première fois). Les sept livres suivants contiennent le droit privé, classé comme dans le *Digeste* ; le neuvième livre, le droit pénal ; les trois derniers, le droit administratif et le droit financier. Ici aussi, les livres sont divisés en titres munis de rubriques : dans les titres, les constitutions sont placées par ordre chronologique, et chacune est précédée d'une « inscription » (contenant le nom de l'empereur et l'indication de l'individu et de l'autorité destinataire) et suivie d'une « suscriptio » avec la date. De 534 à 564 furent publiées de nombreuses *Novellae constitutiones*, souvent innovatrices et très importantes ; certaines embrassent toute une branche du droit comme le mariage et la succession légitime. Les *Novellae* ne furent pas rassemblées officiellement par Justinien : il en existe des recueils privés comme l'*Epitome Juliani* (555) et l'*Authenticum* (134 constitutions jusqu'en 556) ; cette dernière collection toutefois est très postérieure ; elle date, sans doute, de l'an 1000 et fut composée en Italie. Habituellement, on insère dans le *Corpus juris* l'*Authenticum* comme texte des *Novellae*.

Le *Corpus du droit civil* a une grande importance pour l'étude du droit romain de Justinien ; et une non moins grande importance pour remonter aux sources de la jurisprudence classique, auquel appartiennent les fragments des *Institutes* et du *Digeste*. Le problème essentiel des romanistes ne fut pas tant la restitution des textes justiniens que l'établissement de la date exacte des modifications des textes des anciens jurisconsultes dans les fragments des *Institutes* et dans le *Digeste* ; ils durent également étudier les modifications qu'eurent à subir les constitutions rapportées dans le Code. C'est le problème des « interpolations » ; il porte sur le travail de modification que les compilateurs firent subir aux « jura » et aux « leges » pour les mettre à jour en fonction de la législation en vigueur. Le *Corpus juris*, le plus grand monument de la sagesse juridique romaine, inspira toutes les manifestations de droit ultérieures, au Moyen Âge comme à l'époque moderne. L'étude de la compilation justinienne, qui ne cessa pas durant le Moyen Âge, atteignit son apogée avec l'école de Pavie et particulièrement de Bologne avec Andrea Alciato (1492-1550), qui maintint vivant et transmit aux siècles futurs le flambeau de la sagesse romaine. À travers l'étude de l'œuvre justinienne, cette sagesse imprégna l'histoire civile et politique de l'Europe et même celle du monde. Il suffit de rappeler que la législation napoléonienne (qui, à son tour, servit de modèle à tous les Codes des pays civilisés, au XIXe siècle) s'inspira précisément de ces textes en puisant dans les travaux de reclassement de l'école française : *Observations et amendements* (*) de Cujas, *Les Lois civiles dans leur ordre naturel* (*) de Domat, et Pothier. — Trad. Rondonneau, an XII (1803-11), 14 vol.

CORPUS GALÉNIQUE. Ensemble des traités écrits en grec par le grand médecin Galien de Pergame (130 ?-après 199) au cours du IIe siècle. Bien qu'ils traitent pour la plupart de médecine ou de domaines connexes, on y décèle l'influence très importante de la philosophie et de la rhétorique. Galien se considère aussi comme un philosophe, du moment que la médecine n'enseigne pas seulement à connaître le monde naturel, mais qu'elle permet à celui qui la pratique de montrer les meilleures qualités humaines et scientifiques. De plus, il se montre très intéressé par la logique, susceptible de procurer à l'art médical une plus grande efficacité d'exposition et de raisonnement : la simple expérience et la pure observation ne suffisent pas pour comprendre l'activité du corps humain. Un des traits marquants de Galien est sans doute cette qualité que la postérité lui a reconnue sous le terme d'« encyclopédisme » ou d'« éclectisme ». En effet, en un temps où fleurissent les sectes médicales d'orientation parfois très diverse, Galien se caractérise lui-même ainsi : « Je ne me suis déclaré l'adepte d'aucune école, mais je m'applique de toutes mes forces à me livrer à un examen critique de toutes. » Son œuvre est toutefois loin d'éviter la querelle, notamment envers les sectes érasistratéennes ou méthodiques — qu'il critique de façon très virulente. Son maître idéalisé est Hippocrate, qu'il utilise en le déformant parfois, lui attribuant une autorité et des découvertes fictives qui servent — souvent à des fins polémiques — son propre système médical. Celui-ci n'est lui-même pas exempt de contradictions, ce qui en rend l'interprétation particulièrement difficile. Il peut être considéré comme une tentative de relier certaines notions fondamentales de l'hippocratisme à l'anthropologie platonicienne et à la logique scientifique aristotélicienne. Galien reprend la théorie des quatre humeurs fondamentales, le sang, le phlegme, la bile noire, la bile blonde, rattachées aux quatre qualités du sec, du froid, du chaud et de l'humide et aux quatre éléments premiers, l'eau, la terre, l'air, le feu. La santé, le bon fonctionnement du corps, dépend du bon tempérament, lui-même fonction de la combinaison complexe — et à nos yeux parfois obscure — des éléments, qualités et humeurs. Sa pathologie sera donc immédiatement fondée sur le problème de la dyscrasie, de la perturbation de l'équilibre du tempérament. Platon, et notamment le *Timée* (*), lui procurent la base théorique permettant de concevoir un rapport entre le corps et l'âme : celle-ci est divisée en trois parties, l'âme raisonnable, irascible et concupiscible, logées chacune dans un des trois centres corporels, le cerveau (relié au système des nerfs), le cœur (relié au système des artères) et le foie (relié au système des veines). L'anatomie galénique se situe clairement dans la lignée de la conception naturaliste organique d'Aristote, mais prend également appui sur une parfaite connaissance des découvertes menées à Alexandrie en anatomie humaine à l'époque d'Hérophile et d'Érasistrate, ainsi que sur une pratique assidue de la dissection de toutes sortes d'animaux (mais sans doute pas de l'homme). Elle occupe une place particulièrement importante dans la production de Galien. Nombreuses, selon lui, en sont les utilités : pour le chirurgien soucieux d'être le plus efficace possible dans ses traitements, pour le médecin qui désire connaître les fonctions du corps de l'homme et affiner le diagnostic des affections, pour l'honnête homme et pour le philosophe, qui peuvent ainsi s'exercer à la méthode d'observation et à la comparaison, et enseigner combien l'art de la nature est réussi en toute partie. Elle est une des voies de la sagesse. Une telle maxime pourrait s'appliquer à la médecine tout entière telle que l'envisage Galien. Pendant plus d'un millénaire et demi, la médecine galénique constitua la doctrine essentielle et presque officielle des médecins occidentaux ; le débroussaillage moderne de cette immense somme — on prétendait dès l'Antiquité tardive qu'elle dépassait en quantité tous les écrivains grecs — n'en est aujourd'hui qu'à ses débuts. — Trad. dans Charles Daremberg, *Œuvres anatomiques, physiologiques et médicales de Galien,* Paris, 1854. D. Bou.

CORPUS HIPPOCRATIQUE. On entend sous ce nom une collection d'environ soixante traités médicaux écrits en langue ionienne entre le ve et le IIIe siècle avant J.-C., réunis et transmis à la postérité autour du IIe siècle avant J.-C. à Alexandrie. À l'exception de « La Nature de l'homme » (probablement écrite par Polybe, le gendre d'Hippocrate), aucun de ces traités ne peut être clairement et définitivement attribué à Hippocrate ou à un quelconque auteur. Toutefois, un groupe relativement cohérent de traités de ce *Corpus* semble provenir d'auteurs proches d'Hippocrate et constituant l'école de Cos (ainsi « Nature de l'homme », « Prénotions coaques », « Pronostic », « Maladie sacrée »). D'autres traités peuvent également être regroupés sous l'appellation d'école de Cnide (par exemple « Sentences cnidiennes », « Affections internes »). Malgré l'extrême diversité des sujets et des doctrines et des styles contenus dans tout le *Corpus,* il demeure possible de dégager certains traits généraux de la médecine hippocratique. L'effort consiste à donner à la médecine des fondements rationnels : toute maladie est d'origine naturelle, lit-on dans « La Maladie sacrée », il ne faut pas en rechercher des causes divines. En conséquence, les traitements aussi doivent être guidés par le raisonnement et l'observation naturelle, et se dégager des pratiques de charlatans. La conception hippocratique du corps humain et de la santé est déterminée par l'humoralisme : « Le corps de l'homme a en lui sang, phlegme, bile jaune et noire ; c'est là la nature du corps, c'est là aussi d'où proviennent santé et maladie » (« Nature de l'homme »). Ces humeurs fondamentales proviennent de l'alimentation par une série de transformations complexes, et la santé consiste en leur équilibre, toujours précaire, car influencé par de multiples facteurs : climat, saisons, passions, régime, hygiène de vie. Une telle physiologie, calquée sur la philosophie naturelle des quatre éléments présocratiques, implique un lien particulier de l'homme avec son environnement. En découle pour le médecin la nécessité de prendre en compte les conditions extérieures au sens large qui peuvent affecter la santé de son patient ; s'explique également ainsi la variété de l'aspect physique, des coutumes et des mentalités des différents peuples d'Europe et d'Asie selon la géographie et le climat (« Airs, eaux, lieux »). La voie est ainsi ouverte aux spéculations médico-philosophiques ultérieures qui envisageront l'homme comme un microcosme, inséré dans un jeu de correspondances très complexes avec l'univers. Ce système implique une anatomie particulière, qui ne se fonde pas sur la dissection organe par organe, mais conçoit le corps comme un ensemble de récipients et de tuyaux où circulent les fluides, de configurations dont « les unes sont creuses, [...] les autres sont déployées ; d'autres sont solides et arrondies, ou larges et suspendues, ou étendues ; d'autres encore larges, ou denses, ou molles et abondantes, ou spongieuses et relâchées » (« Ancienne médecine »). La pathologie hippocratique dépend elle aussi immédiatement de la conception humorale. Toute perturbation de l'équilibre des humeurs, par excès, privation, accumulation, dénaturation, est susceptible d'entraîner une maladie, générale ou localisée. Le médecin hippocratique doit s'appliquer, après avoir considéré l'histoire personnelle du malade (y compris tous les facteurs d'environnement), à déterminer, à travers les signes que lui seul maîtrise, la maladie dont souffre le patient, et à en fixer le pronostic. La thérapie consiste pour l'essentiel à rétablir l'équilibre humoral : purgatifs, évacuants, saignées, mais aussi régimes particuliers, conseils d'hygiène de vie et de morale. La chirurgie n'est toutefois pas absente du *Corpus hippocratique :* traitement des fractures, plaies, drainage de fistules et de lésions accessibles. Enfin, un petit groupe de traités, dont le plus célèbre est le *Serment* (*), pose les fondements d'une éthique dont se réclament encore les médecins aujourd'hui. Hippocrate et les œuvres réunies sous son nom ne sauraient donc intéresser la seule histoire de la médecine à strictement parler, mais la culture grecque au sens le plus large. — Trad. dans Émile Littré, *Œuvres complètes d'Hippocrate,* Paris, 1839-1861 (10 vol.).

CORPUS INSCRIPTIONUM LATINARUM. Œuvre monumentale, en latin, dont la direction et, en grande partie, la rédaction furent assumées par le philologue et historien allemand Theodor Mommsen (1817-1903), qui fit paraître le premier tome en 1863. La publication continua jusqu'à la mort de l'historien. Elle s'améliorait et s'amplifiait avec les années. C'est en 1854 que l'Académie royale des belles-lettres de Prusse, impressionnée par le magnifique essai que Mommsen venait d'adjoindre à son recueil d'épigraphes : *Inscriptiones regni neapolitani latinae* (1852), décida de donner suite aux propositions répétées du grand historien en lui confiant la direction de cette tâche écrasante. Pour les *Inscriptiones urbis Romae latinae*, Mommsen eut comme associés Henzen et Giovani Battista de Rossi, tous les deux demeurant à Rome : le dernier venait de publier le recueil d'*Inscriptions chrétiennes de la cité de Rome, antérieures au VIIe siècle.* Mommsen put aussi compter sur la collaboration d'autres philologues dont bon nombre fut recruté parmi ses disciples ; Mommsen élabora lui-même le premier tome : « Inscriptiones latinae antiquissimae », qui va jusqu'à la mort de César (il comprend aussi des inscriptions de monnaies, les « titres consulaires », les « elogia » des personnalités de marque de la République, les « acta triumphorum », en collaboration avec Henzen) ; le tome III : inscriptions d'Asie et des provinces grecques de Rome ; le tome V, en deux volumes, est dédié à la Gaule Cisalpine ; le tome IX, à la Calabre, à l'Apulie, au Samnium, à la Sabine, au Picenum ; le tome X, en deux volumes, est consacré aux Abruzzes, à la Lucanie, à la Campanie, à la Sicile et à la Sardaigne ; Mommsen collabora également au tome VIII : « Africa latina » (six volumes) et au tome XII : « Salia Narbonensis ». Il prêta généreusement son conseil et son appui à tous les autres tomes, c'est lui qui en assura la révision et parfois il les a enrichis de ses notes. Dans la préface qu'il écrivit pour le premier tome, Mommsen déclare avoir accepté cette grande tâche dans un esprit d'obéissance et persuadé du profit que son travail offrait au monde des lettres. « On eût pu craindre qu'après la faillite de toutes les tentatives faites dans ce domaine depuis un siècle, l'entreprise de l'Académie royale de Berlin n'essuyât un échec et qu'abandonnant à jamais l'espoir d'arriver à posséder un *Corpus*, il n'eût fallu se contenter des recueils privés régionaux ; ce n'eût été que des tableaux partiels, incomplets et dépourvus de vues d'ensemble, des compilations ayant un intérêt limité. » Le service rendu par Mommsen à la culture classique, à l'histoire, à l'archéologie, est immense. Si son *Histoire de Rome* (*) suscita des critiques, son « Recueil d'inscriptions » s'inscrit à son actif et compte parmi ses titres de gloire devant la postérité.

CORRECTIONS [*Korrektur*]. Roman de l'écrivain autrichien Thomas Bernhard (1931-1989), publié en 1975. Ce quatrième roman après *Gel* [*Frost,* 1963], *Perturbation* (*) et *La Plâtrière* [*Das Kalkwerk,* 1970] marque l'apogée de la construction et de l'écriture bernhardiennes tout en représentant, paradoxalement, un échec revendiqué. La construction en miroir est ici beaucoup plus rigoureuse qu'auparavant. Le « roman » s'organise en deux parties, cette fois presque parfaitement égales, dont les titres désignent un lieu (« La Mansarde de Höller ») et une activité (« Trier et mettre en ordre »). Le narrateur s'est installé dans la maison d'un ami commun (Höller), située au point le plus étroit et le plus tumultueux d'une gorge, pour y classer les papiers de Roithamer. Celui-ci, qui avait quitté l'Autriche pour s'installer comme professeur à Cambridge (et qui a quelques traits de Wittgenstein), s'est suicidé en laissant une série de documents concernant d'une part la construction, au milieu de la forêt de Kobernauss, d'un « cône d'habitation » destiné à sa sœur, et d'autre part (mais dans un lien indissoluble) le domaine parental d'Altensam et les rapports familiaux. La sœur est morte dès la réception du Cône qui devait lui assurer la perfection de la vie, et Roithamer s'est suicidé dans une clairière.

Si l'équilibre des deux parties est total, le contenu de l'une n'est pas fondamentalement différent de celui de l'autre. Il s'agit toujours « à la fois », mais dans un constant jeu de reflets entre les deux parties, des rapports entre les personnages (les trois amis, la famille, le frère et la sœur), de la fonction et de la nature du Cône (la rationalité absolue), en opposition avec l'élémentaire, l'irrationnel familial représenté par Altensam, que le Cône doit liquider. Au bout du compte, l'objet de l'étude n'est autre que le substrat « humain », et « naturel », c'est-à-dire la brutalité, la terreur, la haine et la mort. C'est en d'autres termes le Moi, l'Origine qui doivent être liquidés par l'Esprit, mais l'Esprit lui-même est rendu à la Nature et l'acteur (Roithamer) ne peut que se suicider. L'opération est finalement un fiasco, un échec aboutissant, il est vrai, à une splendide réussite artistique...

Ce n'est sans doute pas un hasard si, la même année 1975, Bernhard s'attaque à son propre matériau autobiographique avec *L'Origine* [*Die Ursache*]. L'idée d'étude scientifique de cette substance par hypothèse inconnaissable, « ténébreuse », n'est pas nouvelle chez lui, mais il n'avait pas atteint jusqu'ici une telle virtuosité : dans la phrase en immense spirale, et, en correspondance, dans la construction où s'associent les oppositions binaires (Altensam/Cône — Cambridge/Vienne, etc.) et la circularité ternaire (gorge/Altensam/Cône — Père/Mère/Sœur, etc.) qui constitue la base d'un cône. La dernière phrase (le suicide) se réduit à un seul mot, « Clairière » : la mort, seule lumière dans les ténèbres. – Trad. Gallimard, 1978. C. Po.

CORRESPONDANCE de Balzac. La correspondance générale de l'écrivain français Honoré de Balzac (1799-1850) est moins abondante que celle d'autres grands écrivains du XIXe siècle, et à partir de 1844 elle va en s'amenuisant au profit de la correspondance avec la seule Mme Hanska qui accapare entièrement Balzac. Elle permet cependant de mieux connaître la personnalité et l'œuvre du grand romancier. Les principaux correspondants sont des femmes : maîtresses, admiratrices, relations mondaines, amies ; des éditeurs, des collaborateurs éphémères, des membres de sa famille. Cette correspondance très égocentrique ne représente pas une chronique de la vie française sous la Restauration. Un sujet principal envahit toutes ces lettres : la création de son œuvre. À partir de 1832, une évolution se dessine : Balzac ne veut plus être considéré comme un simple conteur et cherche à imposer à son public des œuvres plus ambitieuses. Les lettres retracent aussi l'histoire de la publication de ces œuvres jusqu'à celle des œuvres complètes sous le titre de *Comédie humaine* (*). Les thèmes secondaires sont tous liés à la vie et aux goûts de Balzac : l'art en général, avec la musique au premier plan, ses relations avec les autres écrivains, les musiciens, les peintres, les sculpteurs, ses entreprises hasardeuses dans le domaine des affaires, de la politique, son espoir de faire fortune au théâtre, ses principales distractions : les concerts, le théâtre, l'opéra, les soirées dans divers salons, ceux de Delphine de Girardin, du baron Gérard, de l'ambassade d'Autriche, etc. Ces lettres révèlent la métamorphose du jeune homme libéral et incroyant en monarchiste catholique, montrent son goût croissant pour le luxe. Balzac lui-même explique que plusieurs hommes sont en lui : le financier, l'artiste qui lutte avec ses sujets, l'homme de passion ; il éclaire sa double personnalité : une énergie virile associée à une sensibilité féminine. À son amie Zulma Carraud, il ne cache rien de ses tourments. Il aime la vie de salon, quelque chose d'irrésistible l'entraîne vers la gloire, le pouvoir, et pourtant il rêve d'une vie tranquille, d'un mariage synonyme de repos. Sa vie se consume à créer et désirer. Ces lettres éclairent aussi les petits mensonges et permettent de combler les lacunes des *Lettres à madame Hanska* (*). Le mérite de cette correspondance est enfin de nous aider à mieux connaître les souffrances du créateur, toujours insatisfait par le premier manuscrit dont il reprend maintes fois les corrections et qui n'hésite pas à rembourser des avances faites sur des manuscrits dont il n'est pas satisfait. Le style de Balzac épistolier frappe ici par son caractère spontané, mais sur les sujets sentimentaux, il s'abandonne moins librement que dans les *Lettres à madame Hanska*.

Quelques lettres furent publiées en 1856 et 1858 assez fallacieusement par la sœur de Balzac. La première édition très inexacte de sa correspondance ne vit le jour qu'en 1876. Il faut saluer l'édition de Roger Pierrot qui, en publiant séparément les *Lettres à madame Hanska* et la *Correspondance* générale, a su ne pas casser le rythme des premières et ne pas écraser la seconde qui vaut par sa diversité et son éclairage à plusieurs voix puisque nous entendons ici celles des principaux correspondants. G. P.

CORRESPONDANCE de Guillaume Briçonnet et de Marguerite d'Angoulême. Cette *Correspondance* (1521-1524) entre Guillaume Briçonnet (1470 ?-1534), évêque de Meaux, et Marguerite d'Angoulême (1492-1549), future reine de Navarre, conservée à la Bibliothèque nationale de Paris, a été éditée intégralement (deux volumes, Genève, 1975 et 1979). Il ne s'agit pas des lettres originales mais d'une copie contemporaine fiable (deux secrétaires de Marguerite), donnant, à la suite, les lettres de la duchesse et les réponses de Briçonnet, son directeur spirituel. Il y a cinquante-neuf lettres de Marguerite dont dix-sept totalement inédites. Elles permettent de compléter son portrait au temps de sa jeunesse. Sur les soixante-quatre lettres de l'évêque, quinze sont totalement inédites et les autres n'étaient guère connues. Elles sont généralement longues, certaines atteignent même l'ampleur de véritables traités (cent cinq pages le 22 décembre 1521). Pour chacun des deux correspondants, il y a d'abord un apport littéraire, à plusieurs niveaux : publication des textes, vocabulaire et style, thèmes développés. Il y a aussi un intérêt plus profond car ces lettres éclairent un aspect important de l'évangélisme, ce mouvement intérieur à l'Église catholique au début du XVIe siècle, et les rapports de cet évangélisme avec l'humanisme et le luthéranisme. Enfin, cette *Correspondance* permet une meilleure approche intime de ses auteurs. C'est Marguerite qui prend l'initiative, en 1521, par sa demande de « secours spirituel » à l'évêque. Il y pourvoit par de larges exposés nourris de *La Bible* (*), témoignages pour nous d'une exégèse épiscopale au XVIe siècle. La profondeur spirituelle de l'évêque de Meaux, qui se cache sous des expressions alambiquées, nourrit substantiellement la grande faim spirituelle de son éminente correspondante, dont la vie et une partie de l'œuvre littéraire seront imprégnées, comme l'attestent des études récentes. M. Ve.

CORRESPONDANCE de Bussy-Rabutin. Recueil de lettres de l'officier et écrivain français Roger Bussy-Rabutin (1618-1693). On dispose aujourd'hui de plus de trois mille lettres échangées, de 1645 à 1693, entre

Bussy et quelque deux cents interlocuteurs français. Deux catégories sont à distinguer : d'une part, deux cents missives antérieures à l'exil de 1666, le plus souvent retranscrites par Bussy dans ses *Mémoires* (*) ; de l'autre, de l'exil à la mort, plus de deux mille huit cents lettres avec les membres de sa famille, l'entourage royal, des mondains, des lettrés... dont six ensembles plus imposants se dégagent – avec Mlle de Scudéry, plus de trois cents lettres ; avec Mme de Sévigné, près de trois cents ; avec Mme de Montmorency, une centaine, tout comme avec le duc de Saint-Aignan ou le père Rapin et le père Bouhours. Recopiées et remaniées par Bussy, dans la même perspective apologétique que les *Mémoires,* ces lettres d'exil auraient dû en constituer la *Suite* ; partiellement imprimées dès 1696 et jusqu'au XVIIIe siècle sous le titre de *Lettres...*, elles prirent celui de *Correspondance* au XIXe siècle. Tout en travaillant à un retour en grâce de Bussy, elles permirent à l'aristocrate, officier déchu, de rester au fait de la vie politique, militaire, littéraire et mondaine ; elles lui conférèrent surtout une autorité littéraire telle qu'il finit par assumer, à l'extérieur du système louis-quatorzien, une quasi- « régence culturelle ». Cette dernière ne motiva-t-elle pas en partie d'ailleurs le refus de Bussy de s'installer à la Cour, une fois sa grâce obtenue ? F.N.-D.

CORRESPONDANCE de Casaubon [*Epistolae*]. Les épîtres de l'humaniste français Isaac Casaubon (1559-1614) ont été publiées par T. J. ab Almelovean, à Rotterdam, en 1709. Écrites de 1585 à 1614, en beau latin cicéronien adapté à la pensée moderne et à l'expression spontanée d'une personnalité inquiète, ces 1 105 lettres, émaillées de citations grecques, exercèrent une forte influence. En rapport avec les grands représentants de la culture européenne, humaniste, politique et religieuse, ces « improvisations » traitent des problèmes du temps, tels que le nouvel humanisme critique et prémécaniste, la résistance aux prétentions papales développées par les jésuites, les désordres spirituels et moraux dus aux guerres, la question du régicide, les affrontements dogmatiques entre catholiques et protestants. Elles révèlent malgré sa modestie un grand esprit, un grand cœur, un homme de foi. Attentif aux courants intellectuels tout en pratiquant l'étude solitaire en « autodidacte », Casaubon conseille le recours à Térence, à Cicéron, à Épictète. Il félicite, critique, abomine. Sans ses livres, « la vie lui est invivable », mais le « nez critique » seul vivifie l'érudition. Tantôt stoïque, ou tout à la douleur, il trouve souffrance et joie dans son amour pour les siens, dans sa recherche de patronages à admirer, dans des amitiés passionnées. Comme un miroir, une lettre lui fait « tenir sous les yeux, à la bouche, au fond du cœur » son correspondant. Colérique, il éclate contre les professeurs royaux, les jésuites ; mais il accepte avec bienveillance d'être réfuté par Heinsius sur la satire antique. Il pleure à chaudes larmes la mort du jeune Douza. S'abandonnant aux décrets de la Providence, il n'en veut pas moins « imiter Dieu par le bien faire », et plaide pour les œuvres. Faisant appel au Dieu sensible au cœur, il a foi en une création rationnelle où triomphe le mécanisme précartésien. Le charme de cette correspondance tournée vers les autres tient à ces contrastes ou contradictions vécues. J. Je.

CORRESPONDANCE de Claudel. Tenu longtemps éloigné à des milliers de kilomètres de sa patrie par ses fonctions diplomatiques, l'écrivain français Paul Claudel (1868-1955) fut naturellement amené à entretenir un abondant commerce épistolaire avec les amis qu'il avait laissés en France. Peu de correspondances d'écrivains sont cependant moins littéraires que la sienne. Ce n'est qu'incidemment qu'il parle de ses propres livres – et presque jamais des livres de ses confrères. De l'autre bout du monde, Claudel part comme un missionnaire à la chasse des âmes ; il n'écrit guère que pour emporter ou confirmer quelque conversion ; sa correspondance appartient au genre des « lettres spirituelles ». On y admire la force de la foi, la rigueur de la doctrine, plusieurs passages d'éloquence, une incontestable et chaleureuse sincérité. Mais souvent on y voudrait plus de souplesse et de psychologie dans l'apostolat. En converti ébloui par la révélation personnelle dont il a été l'objet, Claudel, en dépit de sa bonne volonté, a beaucoup de difficultés pour suivre sans impatience les capricieux méandres de la recherche spirituelle de ses correspondants. Ses affirmations peuvent en imposer à un jeune homme séduit par les idées modernes mais affamé d'unité et de paix comme Rivière, à un admirateur fervent comme Frizeau, à un poète peu doué pour les controverses métaphysiques comme Jammes. Mais elles irriteront vite des esprits de grande culture tels que Suarès, qui eût peut-être cédé à un appel du cœur mais se cabra devant les raisons du dogme, ou Gide, lequel devait avouer que Claudel lui semblait « missionnaire plus par métier que par générosité ». L'admiration littéraire, qui avait été la source des relations avec Gide – v. *Correspondance de Claudel et de Gide* (*) – fut aussi le premier lien entre Suarès et Claudel. Avec beaucoup d'intermittences, leur *Correspondance*, publiée en 1951, s'étala de 1904 à 1938. Autrement faciles furent les rapports avec Frizeau et Jammes, et la *Correspondance* de ces trois hérauts de la foi se poursuivit sans heurts de 1897 à 1938 ; elle a été publiée en 1952. C'est cependant au volume de la *Correspondance avec Jacques Rivière*, publiée dès 1926, rééditée de façon plus complète dans les *Cahiers Paul Claudel* en 1984, qu'il faut aller d'abord pour trouver le meilleur et le plus émouvant témoignage de l'apostolat claudélien. Le petit recueil *Toi, qui es-tu ?* (1936) contient quelques autres lettres à des destinataires laissés anonymes. D'autres *Correspondances* ont été publiées depuis : avec Massignon, 1908-1914 (1973) ; Mauriac, 1911-1954 (1988) ; Audrey Parr (nº 13 des *Cahiers Paul Claudel*, 1990) ; les correspondances familiales : avec sa belle-sœur Élisabeth Sainte-Marie Perrin (*ibid*, 1990) ; son fils Henri (1900) ; sa fille Reine (1991). Restent encore à éditer les lettres de Claudel à Françoise de Marcilly, à la baronne Pierlot, à Marie Romain-Rolland, etc.

CORRESPONDANCE de Vittoria Colonna [*Carteggio della Colonna*]. La *Correspondance* de Vittoria Colonna, marquise de Pescara (1490?-1547), a une très grande importance pour l'histoire de la société au XVIe siècle. Alors que cette poétesse et femme célèbre de la Renaissance italienne était encore en vie, certaines de ses lettres furent publiées à Venise en 1542 et en 1545, dans deux recueils de lettres de personnages illustres de l'époque. Peu après sa mort, l'Arétin faisait connaître trois autres lettres qui lui avaient été adressées (1551) ; une autre paraissait dans un recueil de lettres diverses adressées à Bembo (1560). Ce fut seulement dans les vingt dernières années du XIXe siècle que cette importante correspondance, le plus souvent négligée et dispersée, put être mieux connue. À cause des relations de la poétesse avec certains réformateurs et penseurs, ses lettres, d'où sont absents et les recherches de style et le maniérisme littéraire, assument la valeur d'un document vivant sur le caractère spirituel de l'époque. Ses correspondants eux-mêmes (de Michel-Ange à Charles Quint, des cardinaux Giberti, Polo et Contarini à Bembo, Vergerio Bernardo Tasso) montrent l'intéressante personnalité de la noble dame, entièrement occupée par la recherche d'une perfection idéale dans la pensée, dans la religion ainsi que dans les rapports sociaux. Ses paroles dénotent une tendance profonde vers le bien et sa lente mais sûre réalisation sur la terre : à une curiosité intelligente tendue vers les problèmes les plus ardus de la philosophie s'unissent la considération de la fragilité humaine, la soumission pleine d'humilité et de dévotion de l'esprit aux paroles de la Providence. Dans son ensemble, la *Correspondance* est une source précieuse de renseignements sur la vie spirituelle à l'époque de la Réforme italienne et de la domination de Charles Quint ; elle reflète dans une forme spontanée, nullement gâtée par des élégances littéraires, les problèmes d'un siècle lourd de préoccupations.

CORRESPONDANCE de Démétrius Cydonias. Cette correspondance de l'écrivain byzantin Démétrius Cydonias (1324 env.-1397/98) recouvre quatre cent cinquante lettres dont une partie demeure encore inédite. Elle témoigne de l'intense participation de l'auteur à tous les événements de son temps. La place éminente qu'il occupa à la cour de Byzance et dans la vie religieuse et politique donne beaucoup d'intérêt à la correspondance qu'il eut avec les plus célèbres de ses contemporains : Nicéphore Grégoras, le moine Barlaam, le patriarche Philotée, Nicolas Cabasilas, l'archevêque de Thessalonique, Isidore Glaba, Alexis Cassandrenos, un certain Georges, philosophe, le primicier Phacrasis, l'empereur Manuel II Paléologue, le moine Briennios, un des plus remarquables polémistes opposés aux Latins... Il s'intéresse passionnément aux problèmes religieux, politiques, culturels : il analyse chacun à la lumière de sa vaste culture et de sa vive intelligence. Il s'intéresse particulièrement, sur le terrain religieux, à la controverse entre Latins et Grecs. Il passe par des moments de doute grave (lettres à Barlaam), pour se décider enfin à adhérer avec conviction au dogme catholique. Ses lettres nous apprennent qu'il est premier secrétaire ou ministre de Jean V Paléologue et de son fils Manuel II. Des missions très importantes lui sont confiées, le mettant en rapport avec des marchands vénitiens et génois, des nonces apostoliques, des frères mineurs et des dominicains. Afin de pouvoir communiquer directement avec ces Occidentaux, Démétrius étudia à fond le latin et traduisit en grec la *Somme de la foi catholique contre les Gentils* (*) de saint Thomas d'Aquin. D'après une de ses lettres, il traduisit aussi la *Somme théologique* (*).

Cette correspondance nous renseigne également sur l'activité politique de Démétrius Cydonias. Dans une lettre adressée à Manuel Cantacuzène, il relate son voyage à Venise où il était en mission spéciale pour demander secours contre les Turcs. Est aussi évoqué dans ces lettres un second voyage en Italie, au cours duquel il accompagna à Rome Jean V Paléologue. Dans une lettre adressée à son frère Procoros, Démétrius l'entretient de l'estime et des nombreuses manifestations d'amitié qu'on lui témoigna dans les milieux romains. Quand Andronic IV, fils de Jean V, usurpa le trône de Byzance, Démétrius manifesta toute sa noblesse de caractère dans une lettre adressée au nouveau souverain : « Il ne manquera pas de fidélité à son empereur et il ne se soumettra jamais à son fils scélérat. » En effet, il se tint éloigné de la Cour jusqu'au retour de Jean V. Une série de lettres adressées à Manuel, longtemps en désaccord avec son père Jean V, est également intéressante. Démétrius l'exhorte à se réconcilier avec son père, le conseille, le soutient dans sa vie difficile d'exilé. C'est à travers cette *Correspondance* que nous voyons la situation de Démétrius devenir de plus en plus délicate et difficile à la cour du père de Manuel jusqu'à ce qu'il finisse par se retirer de la vie publique. Il ne voudra pas reprendre sa place, même après la réconciliation de Jean V avec son fils. Il la reprit cependant quand, son père mort, Manuel resta seul empereur. La *Correspondance* de cette période heureuse nous montre très clairement la sympathie et l'affection dans lesquelles Démétrius était tenu par l'empereur. Les lettres échangées entre Manuel et Démétrius ont été très bien analysées par R. Loenertz : il a traité avec succès les biographies de ces deux hommes et étudié l'histoire des luttes entre Jean V et Andronic IV, du règne de Manuel à Thessalonique, de la guerre de Manuel Ier contre les Turcs. Démétrius Cydonias est un des meilleurs écrivains de son temps, le plus proche de l'esprit des classiques qu'il aime et étudie. – Trad. Les Belles-Lettres, 1930.

CORRESPONDANCE de Diderot. Sans être aussi volumineuse que celle de Voltaire, par exemple, la correspondance de l'écrivain français Denis Diderot (1713-1784) n'en comprend pas moins plus de six cents lettres, dont Georges Roth et Jean Varloot ont donné la première édition complète aux Éditions de Minuit (16 volumes, Paris, 1955-1969). Les premières lettres que nous ayons datent de 1742 ; les dernières, de 1782 (deux billets non datés au copiste Girbal sont peut-être de 1784). L'ensemble le plus important est constitué par les *Lettres à Sophie Volland* (*). Vient ensuite celui des lettres à Grimm, dont quatre-vingts environ nous sont parvenues. Elles révèlent l'amitié indéfectible de Diderot pour celui qu'il considéra comme une sorte d'« alter ego ». Celles de l'année 1759 sont parmi les plus intéressantes. Diderot traverse alors une période particulièrement critique de son existence (suppression de l'*Encyclopédie* (*), défection de d'Alembert et d'autres collaborateurs, mort de son père). C'est à Grimm plus qu'à quiconque, qu'il confie ses doutes et son découragement. Nous avons également une cinquantaine de lettres à Damilaville, autre ami de longue date, dont la mort en 1768 sera vivement ressentie par Diderot. Il s'agit cependant le plus souvent de simples billets, assez courts. On peut néanmoins signaler une longue lettre de juin ou juillet 1767 qui contient une analyse détaillée d'un ouvrage du physiocrate Mercier de la Rivière et qui apporte un éclairage intéressant sur les idées politiques et économiques de Diderot à cette époque. Un autre ensemble important est celui des lettres à Falconet, dont une trentaine nous sont parvenues, couvrant la période du 4 décembre 1765 au 6 décembre 1773. Cette correspondance naquit d'une controverse entre Diderot et Falconet sur l'attitude de l'artiste devant la postérité, le premier affirmant la nécessité de s'en préoccuper, le second soutenant la thèse contraire. Commencée avant le départ de Falconet pour la Russie en septembre 1766, elle se poursuivra encore plusieurs années, mais en perdant peu à peu de vue son objet initial. Falconet aurait souhaité que ces lettres, au moins les premières, soient publiées, mais les réticences de Diderot firent échouer ce projet. Nous possédons également une vingtaine de lettres à Mme d'Épinay, la maîtresse de Grimm. Diderot s'y plaint à différentes reprises de l'ingratitude et des exigences de son ami. Un autre ensemble est constitué par les lettres à Mlle Jodin (une vingtaine), qui s'échelonnent de 1765 à 1769. Fille d'un ami de Diderot, cette obscure actrice, à la vie agitée, lui inspire des réflexions sur le jeu et la condition des comédiens qui annoncent souvent les analyses du *Paradoxe sur le comédien* (*). Il faut également mentionner les lettres de Diderot à sa sœur (vingt et une) et à son frère (quinze), notamment celle du 13 novembre 1772, violent réquisitoire contre le fanatisme et l'intolérance. Nous avons enfin une quinzaine de lettres à l'abbé Lemonnier, ami commun du philosophe et des dames Volland, et une dizaine à Voltaire. L'une d'elles, celle du 11 juin 1749, est particulièrement intéressante. Diderot y commente en effet la *Lettre sur les aveugles* (*), qu'il venait de publier. Parmi les autres correspondants, on peut encore citer : Mme de Meaux, avec qui le philosophe eut une brève idylle, Mme Necker, la mère de Mme de Staël, Catherine II, la « Sémiramis du Nord », Naigeon, le fidèle disciple. Au total, plus d'une centaine de personnes, de conditions et d'origines extrêmement diverses. Diversité qui fait la richesse et l'intérêt historique de la *Correspondance* de Diderot. F. La.

CORRESPONDANCE de Flaubert. La *Correspondance* de l'écrivain français Gustave Flaubert (1821-1880) ne présente pas un intérêt moindre que ses romans. Elle fut publiée en quatre volumes de 1887 à 1893, précédée des « Souvenirs intimes » de sa nièce, Caroline Commanville, qui nous donne de précieux renseignements sur l'homme. Depuis 1893, il y a eu plusieurs rééditions de la *Correspondance*, qui contiennent chacune quelques additions, jusqu'à la grande édition augmentée parue chez Conard en neuf volumes (1926-1933). (Une nouvelle édition est en cours de publication par les soins de Jean Bruneau dans les Bibliothèques de la Pléiade.) À partir de l'enfance (les premières lettres sont de 1833), elle nous fait suivre les étapes de la formation de l'homme et de l'écrivain, la genèse de son œuvre, et constitue un document indispensable sur l'évolution des idées de Flaubert. Les événements extérieurs sont rares dans la vie de l'écrivain. Le voyage qu'il fit en Orient avec Maxime Du Camp de 1849 à 1851 y est évoqué en des pages mémorables, où le pittoresque se mêle à la drôlerie et la simplicité enjouée à la splendeur sans apprêt de certaines descriptions. Le procès que lui valut la publication dans la *Revue de Paris* en 1857 de *Madame Bovary* (*), les séjours de plus en plus espacés à Paris et même les rares aventures amoureuses de sa vie, par exemple ses longues relations avec Louise Colet qui devaient finir lamentablement à cause de l'incompréhension jalouse de la femme de lettres, n'y sont que rapidement mentionnés. Même l'unique passion de son existence, celle qu'il éprouvait pour Mme Schlésinger – v. *L'Éducation sentimentale* (*) – y est à peine indiquée. La majeure partie de la *Correspondance* se rapporte à la vie laborieuse de Croisset et elle est toute pleine de la véritable passion de Flaubert pour l'art. Si ses jugements sur les nouveautés littéraires y sont à la fois pénétrants et hautains, c'est lorsqu'il parle de l'élaboration de ses œuvres et de ses vues esthétiques qu'il apparaît comme entièrement possédé par son sujet. Ces vues, il les exprime en particulier dans les lettres à Louise Colet écrites pendant la composition de *Madame Bovary*, dans les lettres qu'il adressa à George Sand dans les années 1870, enfin dans les lettres à son « disciple » Guy de Maupassant, qui datent de la fin de sa vie. Il y expose en particulier la nécessité de l'union intime entre la pensée et la forme, et de l'objectivité de l'art (« L'artiste doit être dans son œuvre comme Dieu dans la Création, invisible et tout-puissant, qu'on le sente partout mais qu'on ne le voie pas »), la priorité qui doit être accordée à la beauté en laquelle la vérité se fond et se montre mieux, le rôle de la morale dans l'œuvre d'art, qui, selon lui, en est la condition nécessaire mais non le but. Ces idées, alors toutes nouvelles en France, trouvent dans ces lettres une expression énergique et décisive, qui permet de placer certains passages de la *Correspondance* à côté des écrits critiques de Baudelaire. Enfin, dans toutes ses lettres à ses intimes et en particulier au fidèle Louis Bouilhet, l'homme apparaît au naturel, avec ses violences et ses partis pris, mais aussi avec ses enthousiasmes de collégien, son goût de la grosse plaisanterie et du calembour, et surtout ses tristesses, son dégoût en face de la vie, ses angoisses devant les difficultés de son travail littéraire et les déceptions qu'il lui cause, enfin le regret devant son existence tout entière dépensée à la recherche de l'expression parfaite. Ici, Flaubert n'essaie pas de faire œuvre d'art et son style est heurté, rapide, violent, parfois même gauche, mais somme toute, infiniment plus vivant et plus spontanément coloré que celui de ses romans.

CORRESPONDANCE de Frédéric II. Elle constitue l'un des éléments les plus importants de l'œuvre de Frédéric II de Prusse (1712-1786). Elle est écrite, en grande partie, en français et elle nous fait connaître à fond le caractère et l'esprit de Frédéric. Publiée dans différents recueils posthumes, elle fut rassemblée dans l'édition des *Œuvres de Frédéric le Grand* (Berlin, 1850), dans la *Politische Korrespondens* (1879) et dans différentes éditions partielles successives. L'histoire du XVIIIe siècle et sa civilisation s'y reflètent sous les formes les plus variées. Certaines lettres de jeunesse à Camas, Jordan, Duhan de Jandun, Suhm ont un réel intérêt psychologique, car le signataire y exprime ses sentiments les plus intimes sans aucune réserve, ses douleurs, ses plaisirs, tout ce qui agite son âme, et cela de la manière la plus naturelle. Les lettres échangées avec Voltaire et d'Alembert ont surtout un contenu littéraire, philosophique, social, scientifique avec, parfois, une pointe de polémique : ce sont les plus importantes, celles qu'il a écrites avec le plus de soin, et qu'il a fait transcrire pour en conserver les autographes ou les copies. Ses lettres familières à Algarotti, à d'Argens, à la duchesse Louise de Saxe-Gotha, à Fouqué et à beaucoup d'autres montrent les meilleures qualités de son cœur et de son esprit ; elles révèlent combien Frédéric II appréciait les joies de la société, de l'amitié. Enfin ses lettres à sa mère, à ses sœurs, à ses frères dévoilent la tendresse filiale et fraternelle qui emplissait son cœur. L'original de ces nombreuses lettres, et parmi celles-ci les lettres adressées à Voltaire, a été perdu. Mentionnons enfin sa correspondance militaire, diplomatique, politique, administrative qui est énorme et qui donne un portrait fidèle du grand administrateur, législateur, capitaine et souverain sans scrupules.

Sa correspondance avec Voltaire, qui commença en 1736, ne prit fin qu'en 1778 par la mort de « l'homme divin, restaurateur des droits de la raison, seigneur souverain de l'opinion » ; elle fut seulement interrompue par le trouble qui altéra leur amitié de 1753 à 1757. Elle débuta au moment où le prince, héritier du trône de Prusse, pouvait penser et lire librement et s'entourer de lettrés et de penseurs. C'est Frédéric qui écrivit le premier à Voltaire le 8 août 1736. Dans sa lettre, il se montre enthousiaste des œuvres littéraires de Voltaire et avoue avoir éprouvé devant elles « combien les privilèges de la naissance et la vanité de la grandeur dans lesquels l'orgueil nous berce servent à peu de chose, même à rien... si on les compare aux talents de l'esprit ». Bien vite le ton des lettres deviendra amical : les deux correspondants soumettent à leur jugement réciproque leurs idées et leurs sentiments en ce qui concerne la littérature, la philosophie, la religion. Cette longue correspondance, qui se ralentit au moment de l'avènement de Frédéric au trône en 1740 pour cesser durant les deux années du séjour de Voltaire à Potsdam, se termina par un billet du « philosophe couronné » au « héros libre-penseur, fondateur du nationalisme berlinois », sur un ton très différent du ton habituel : « J'ai maintenu la paix dans ma maison jusqu'à Votre arrivée ; et je vous avertis que si Vous avez la passion de l'intrigue et de la cabale, vous vous êtes trompé d'adresse... Dans le cas où vous vous decideriez à vivre en philosophe, je serai heureux de vous voir, etc. » Cette amitié revivra dans une longue journée d'automne de 1757, période qui coïncide, en grande partie, avec la dernière période de paix de la Prusse et avec le retour de Frédéric à des œuvres constructives de paix. Sa dernière lettre à son ami de Ferney se termine par ces mots : « Que la nature puisse fortifier les fibres du vieux patriarche : moi, je ne m'intéresse qu'à son corps, car son esprit est immortel. »

La correspondance de Frédéric avec d'Alembert, qui commença déjà en 1746, fut ranimée en mars 1760 par le souverain qui lui envoya deux Épîtres, de presque trois cents alexandrins, inspirés par l'*Encyclopédie* (*) qui avait été interdite et par les œuvres de l'auteur qui avaient été brûlées en France. Elle continua d'une manière ininterrompue durant quarante ans (1746-1783), et cette amitié tenace ne connut pas les ennuis de celle avec Voltaire, ni ses tiédeurs.

Durant la dernière campagne de la guerre de Sept Ans, au temps des pires revers, alors que Frédéric, battu, découragé et dans une situation désespérée, songe au suicide, une correspondance ininterrompue s'établit entre lui et sa cousine la duchesse de Saxe-Gotha. Il confie à celle-ci, en 1760, ses pensées sur la situation, mais aussi ses jugements sur les œuvres philosophiques du jour, par exemple l'*Essai sur le christianisme* de Hume, qu'il critique. Il confie aussi à la duchesse qu'il a transcrit sous une forme poétique ses rêves métaphysiques sur l'argument suivant : « Dieu est du côté des grands escadrons... qui, pour le moment, sont ceux des ennemis. » La veille de la paix de Hubertsbourg, le 10 février 1763, il trouve le temps et la sérénité de « lire le livre qui a pour titre *Émile* (*), œuvre de Rousseau de Genève » ; il exprimera son jugement avec sévérité : « Rien d'original, un raisonnement qui a peu de solidité, beaucoup d'impudence de la part de l'auteur, avec ce ton hardi et arrogant qui indispose le lecteur. »

La prose épistolaire de Frédéric est celle de toutes ses œuvres : sobre, laconique, avec beaucoup de bon sens, animée par des éclairs d'intuition, lucide et nette comme sa pensée, qui, si elle n'est pas toujours originale, est généralement équilibrée et sereine. Une grande noblesse morale et un effort continu pour oublier, soit « le philosophe de Sans-Souci », soit Frédéric le Grand, pour ne rester que l'ami et, le plus souvent, le disciple de ses correspondants ; telle est l'impression générale que laisse la lecture de cette *Correspondance*, unique en son genre.

CORRESPONDANCE de Galiani. Les lettres de l'abbé italien Ferdinando Galiani (1728-1787) sont un important document concernant la vie sociale du XVIIIe siècle. Elles furent écrites, en français, à ses amis parisiens après que l'auteur eut été rappelé à Naples. Adoptant une forme inédite de conversation, il voulait faire profiter ses amis de ce brio et de cette intelligence qui l'avaient révélé aux salons les plus cultivés de l'Europe. La *Correspondance* de l'abbé devint rapidement un modèle par la façon dont il traitait toutes les questions, depuis l'économie jusqu'à la morale, depuis la guerre jusqu'à la littérature et jusqu'aux femmes. Ces lettres recueillies d'abord à Paris, en 1818, mais complétées par Safi et Barbier en 1819, furent par la suite mieux ordonnées, surtout dans l'édition de Perey (pseudonyme de Luce Herpin) et de Maugras, publiée en 1881, d'après des textes originaux. L'édition d'Asse, de la même année, est remarquable par son commentaire. L'écrivain spirituel et réfléchi, bizarre « arlequin à tête de Machiavel », comme le définit Marmontel, entreprit, de la lointaine Naples, une correspondance copieuse avec Mmes d'Épinay, Necker et Geoffrin, avec d'Alembert et Diderot, Grimm, Sartine et Holbach.

Les lettres à Mme d'Épinay (qui sont la partie la plus importante de l'ouvrage) sont une mine inépuisable d'anecdotes et de souvenirs, tant sur la vie de cour que sur la vie de société. (Il aurait voulu voir le royaume de Naples pris dans le cycle des réformes françaises, mais sans les outrances des « hommes de système » et les nombreuses « abstractions encyclopédiques ».) De la première lettre écrite à Paris le 2 février 1765 à la dernière envoyée de Naples le 22 septembre 1781, on se trouve en présence d'un recueil où s'enchevêtrent la curiosité et l'intérêt, au cours d'une conversation continuée durant une longue absence avec une ténacité vraiment exemplaire. Une telle collection de lettres constitue, en elle-même, un ouvrage fondamental pour la connaissance du siècle ; et les lettres alternées de l'abbé et de son illustre correspondante — v. *Lettres à l'abbé Galiani* (*) de Mme d'Épinay — montrent, presque jour par jour, la transformation de la société au contact des idées nouvelles. Dans les lettres à ses amis, l'abbé traite avec une réelle liberté d'esprit des diverses questions du moment ; il montre une tendance à se laisser aller aux réflexions philosophiques ou aux discussions brillantes. Au contraire, celles qui sont destinées à l'amie lointaine révèlent une douce intimité, pleine d'intelligence et de galanterie. Il parle de ses études, de ses idées philosophiques, des voyages de Bougainville, de la façon d'élever les chats, de Grimm, des sujets les plus divers selon l'occasion. Il parle également des nouvelles positions philosophiques, des opinions politiques, donne des conseils et discute des lettres reçues, fournissant une très vaste documentation à l'historien des mœurs, et à tous ceux qui se consacrent à l'étude des années qui ont préparé la Révolution.

CORRESPONDANCE de Galilée [*Epistolario*]. La *Correspondance* du savant italien

Galileo Galilée (1564-1642) se compose de plus de quatre mille lettres, dont quatre cent trente-quatre seulement sont de Galilée ; toutes les autres ont été écrites par des savants, des disciples, des amis, des parents, etc. Aussi faut-il sur beaucoup de sujets, parfois très importants, se contenter de trouver non la pensée même de Galilée, mais celle de son correspondant. C'est ainsi que nous avons deux cent quinze lettres de Benedetto Castelli et seulement dix-huit réponses de Galilée ; cent treize de Bonaventura Cavalieri et uniquement deux réponses de Galilée. Et, bien que l'affection familiale qu'il ressentît le plus vivement fût celle qu'il portait à sa fille aînée, sœur Maria Céleste (dans le siècle, Virginia), aucune lettre de lui ne nous est parvenue tandis que nous en avons cent vingt-quatre de sa fille ; ces lettres révèlent un amour filial intense, auquel s'ajoutent un profond dévouement et une admiration infinie ; de plus, elles nous donnent de nombreux renseignements sur la vie des couvents en ce temps-là. Les lacunes que l'on trouve dans la *Correspondance,* sur tous les sujets et à toutes les époques, sont infiniment regrettables, aussi bien pour l'histoire des sciences que pour la vie scientifique et familiale de Galilée, et pour les relations et les polémiques qui le conduisirent devant le Saint-Office. En particulier, ses lettres à Cavalieri nous auraient utilement éclairés sur la contribution qu'il apporta à la théorie des indivisibles que Cavalieri exposa dans sa *Géométrie des indivisibles* (*) et qui devança la découverte de Newton et de Leibniz.

On peut inclure dans le « Carteggio » de Galilée, non seulement toute la correspondance, mais encore des écrits qui font partie des *Œuvres* et qu'il adressa à des amis ou correspondants sous forme de lettres. Parmi ces écrits, nous trouvons ceux adressés : à Jacopo Mazzoni (30 mai 1597), sur le mouvement de la Terre ; à Tolomeo Nozzolini (janvier 1613), sur les corps flottants ; quatre lettres sur le problème suivant : doit-on soulever des controverses portant sur l'Écriture sainte et les conclusions naturelles ? ; une à Benedetto Castelli (21 décembre 1613), deux à Mgr Piero Dini (16 février et 23 mars 1615) et une à Mme Christine de Lorraine (1615) ; à Francesco Ingoli (1624), sur le mouvement de la Terre ; au prince Léopold de Médicis (31 mars 1640), sur la « pierre lucifère », c'est-à-dire l'opale, dans ses rapports avec la clarté lunaire, et sur d'autres sujets analogues. Toutes ces lettres peuvent être ainsi réparties : a) celles qui traitent des bases de la dynamique, et dont les plus nombreuses se rencontrent en 1638 pour aboutir aux *Discours sur les sciences nouvelles* (*), chef-d'œuvre de Galilée ; b) celles qui traitent d'astronomie et du mouvement de la Terre, qui sont en relation étroite avec les découvertes célestes rassemblées par Galilée dans son *Message céleste* (*) et qui forment le sujet central du *Dialogue sur les deux grands systèmes du monde* (*) ; c) celles qui se rapportent à des sujets scientifiques variés, comme la construction des longues-vues, le problème des longitudes, des marées, etc. ; d) celles enfin qui expriment son caractère, qui reflètent ses relations scientifiques, mondaines ou familiales ; notons tout particulièrement cette partie de la *Correspondance* qui commence en 1618 et qui, partant du problème des comètes, ouvrit la voie à ces violentes polémiques incluses dans le Procès de 1633. Les trois lettres du 4 mai, du 14 août et du 1er décembre 1612, en réponse aux lettres du 6 janvier, du 1er juin et du 28 septembre de la même année que lui avait adressées Marc Welser d'Augusta, ne font pas partie du « Carteggio » ; elles sont une réfutation des *Tres Epistoles* (1611) d'Apelle (Christophe Scheiner), et elles se trouvent dans le volume V et l'Édition nationale des œuvres de Galilée, à côté de l'œuvre d'Apelle *De maculis solaribus* (1612) et de *l'Histoire et démonstration au sujet des taches solaires* (*) de Galilée lui-même.

Examinons quelques-unes des lettres les plus importantes. a) Parmi la correspondance scientifique traitant des bases de la dynamique, relevons les lettres à Guidobaldo del Monte (29 novembre 1602), sur l'isochronisme des pendules et sur le temps de chute le long des cordes d'un cercle ; à Paolo Sarpi (16 octobre 1604), où il expose le principe qui règle la chute des corps, principe que Galilée lui-même reconnut pour inexact et qu'il modifia ; à Antoine de Médicis (11 février 1609), sur le temps employé dans les tirs d'artillerie ; à Giovanni Battista Baliani (12 mars 1614), traitant d'une nouvelle méthode pour peser l'air et donnant des renseignements sur les taches solaires et sur l'opinion de Copernic à ce sujet ; au même (6 août 1630), sur la cause, formulée sans grande exactitude, de l'élévation de l'eau au moyen des pompes ; à Andréa Arrighetti (27 septembre 1633), sur la résistance des matériaux ; à Antonio De Ville (24 mars 1635), sur le même sujet ; à Camillo Gloriosi (30 octobre 1635), sur l'angle de contact ; à Pierre Carcavy (5 juin 1637), sur la composition du mouvement de chute rectiligne avec le mouvement circulaire uniforme ; à Giovanni Battista Baliani (7 janvier 1639), sur la chute des corps et le mouvement des projectiles ; au même (1er septembre 1639), sur l'oscillation du pendule, sur la pénétration des corps, sur le tir des projectiles et sur la chute des corps sur des plans inclinés ; à Benedetto Castelli (19 août 1639 et 3 septembre 1639), sur le nombre de gouttes tombant sur une surface donnée ; au même (3 décembre 1639), sur un principe de la chute des corps solides ; à Bonaventura Cavalieri (24 février 1640), où il parle de la cycloïde, rappelant qu'il avait commencé à l'étudier cinquante ans plus tôt.

b) Sur les découvertes astronomiques et sur le mouvement de la Terre, nous signalerons : à Onofrio Castelli (janvier 1605), Galilée a écrit un nombre de lettres assez considérable, y joignant même un exemplaire de ses trois leçons du 9 octobre 1604 sur la nouvelle étoile ; à Antoine de Médicis (7 janvier 1610), où il l'informe de la découverte des montagnes lunaires et des satellites de Jupiter, et qui est la première lettre dans laquelle il parle de ses découvertes astronomiques ; celles à Belisario Vinta (30 janvier, 13 février et 19 mars 1610), au grand-duc Cosme II (12 mars 1610), à Kepler (9 août 1610), à Jean Georges Brengger (8 novembre 1610) et à quelques autres personnes, dans lesquelles il parle toujours de ses découvertes astronomiques, la lettre à Kepler (5 août 1597) étant la première dans laquelle il avoue s'être rallié à la position de Copernic.

c) Parmi les lettres traitant de sujets scientifiques divers, rappelons : celles qui nous donnent des renseignements sur la construction des longues-vues, sur les verres optiques (sujet traité en particulier dans sa correspondance avec son ami Gianfrancesco Sagredo de Venise) ; sur le problème des longitudes, etc.

d) Parmi le reste de la correspondance, et en particulier parmi sa correspondance familiale, notons les échanges de lettres plutôt inamicales avec ses beaux-frères, et celles à son fils Vincenzio, qui ne sont pas toujours affectueuses. La première lettre de Galilée qui nous soit parvenue, du 8 janvier 1588, adressée à Clavio, lui annonçait une modification à sa démonstration sur le centre de gravité du fragment de conoïde droit ; et la dernière, de la main d'Evangelista Torricelli, dictée par Galilée aveugle à son disciple préféré, le 20 décembre 1641, dix-neuf jours avant sa mort (8 janvier 1642), et adressée à Alessandra Bocchineri Buonamici, avec laquelle il avait eu des relations amicales. Torricelli et Vincenzo Viviani, autre disciple aimé de Galilée, assistèrent le vieillard dans les derniers instants de son existence à la fois douloureuse et glorieuse.

La *Correspondance* recueillie dans le « Carteggio » est rare jusqu'en 1604, devient plus abondante entre 1609 et 1613, diminue un peu entre 1616 et 1629 pour redevenir abondantes au cours des années suivantes et prendre son développement maximal en 1633, année du Procès ; elle se raréfie, surtout entre 1639 et 1642. Les périodes de correspondance abondante coïncident soit avec l'importance des découvertes astronomiques, soit avec la préparation et la publication du *Dialogue sur les deux grands systèmes* ou des *Dialogues sur les sciences nouvelles.* Toute la *Correspondance* porte la trace de l'existence mouvementée de Galilée, remplie de satisfactions et d'angoissantes déceptions, dues les unes et les autres à son mérite, à son génie créateur mais aussi à son esprit exubérant, que l'avidité de ses recherches et son désir de faire accepter par les autres les conclusions de ses efforts portaient parfois vers une critique trop violente, vers la polémique et l'ironie. Au cours des dernières années de sa vie, Galilée, devenu aveugle, perdit un peu son ardeur combative mais non la finesse de son esprit qui resta vif jusqu'à ses derniers instants. Le 2 février 1638, il écrivait à Diodati : « Pensez dans quelle affliction je me trouve quand je songe à ce ciel, à ce monde, à cet univers rendus, grâce à mes merveilleuses observations et à mes démonstrations évidentes, cent et mille fois plus vaste que tout ce qu'avaient pu voir les savants de tous les siècles passés, et qui maintenant s'est diminué et rétréci pour moi, au point de ne pas dépasser l'espace occupé par ma pauvre personne. » — Trad. *Dialogues et Lettres choisies,* 1966.

CORRESPONDANCE de Gide. Les lettres de l'écrivain français André Gide (1869-1951) à Francis Jammes (publiées en 1947), datées de 1893 à 1938, avec une interruption de 1916 à 1929, nous font retrouver les mêmes problèmes qui agitaient la fameuse *Correspondance de Claudel et de Gide* (*). Mais au scandale suscité chez ses amis chrétiens par les mœurs de Gide s'ajoute ici une intolérance particulière à Jammes dont il faut bien dire qu'il n'était pas un interlocuteur à la hauteur de Gide. « Pourquoi raisonnes-tu, lui écrivait ce dernier, puisque tu le fais si mal ? [...] Tu te fais un bon Dieu commode pour tes vers. » Admirateur sincère des poèmes de Jammes, Gide se garda d'engager une controverse religieuse avec son ami. C'est précisément cette réserve un peu dédaigneuse qui exaspérait Jammes : « Personne, disait-il à Gide, et d'une manière plus spécieuse, plus aristocratique, ne combat Dieu que toi... »

Quant à l'œuvre de Suarès, Gide l'avait découverte, avec enthousiasme, par l'intermédiaire de Claudel ; aussitôt il désira rencontrer l'homme, mais Suarès, solitaire farouche, et qui goûtait fort peu les premiers livres de Gide, se montra longtemps réticent. C'est donc Gide qui écrivit la première lettre de leur *Correspondance,* en décembre 1908, pour annoncer sa visite. L'amitié, très littéraire, commença, empreinte d'une ferveur vite refroidie par les accès d'orgueil de Suarès et la susceptibilité tout aussi vive, mais plus renfermée, de Gide. À tout propos, les lettres nous donnent l'écho des petites querelles assez mesquines de ces deux hommes de lettres aussi vaniteux qu'intelligents. Dès 1910, l'enthousiasme était bien tombé, de part et d'autre, tandis que Gide, à mesure qu'il affirmait son classicisme, se sentait de plus en plus étranger à la grandiloquence colorée de Suarès.

Une amitié sans nuages ne cessa au contraire, pendant plus de cinquante ans, d'unir Gide et Valéry. Leur *Correspondance*, qui va de 1890 à 1942, a été publiée en 1955. Les trois quarts environ des lettres sont antérieures à 1900 et constituent donc un document exceptionnel sur la formation intellectuelle des deux grands écrivains. On y voit en particulier comment Gide et Valéry, imbus tous deux du culte mallarméen de l'art pur, surent rapidement se dégager de l'esthétisme fin de siècle et abandonner l'intolérable langage précieux et affecté de leurs premières lettres. Mais c'est la personnalité de Valéry qui domine incontestablement cette correspondance. Gide peut lui reprocher un jour son « délire de lucidité », Valéry n'apparaît pas moins autrement naturel, spontané et sincère que le chantre des *Nourritures terrestres* (*). Il est vrai que dans cette amitié totale Gide réserva longtemps un secret : celui de ses mœurs. Il ne songe nullement à éclairer son ami lorsque celui-ci s'inquiète et s'avoue gêné par le ton de *Saül* (*). Plus tard, lorsque Valéry connaîtra la vérité, il ne manifestera aucun scandale — tout au moins ses lettres n'y font pas allusion.

La *Correspondance* d'André Gide avec Roger Martin du Gard, publiée en 1968 par Jean Delay, que Gide lui-même avait chargé de cette tâche, témoigne d'une amitié commencée en 1913. L'opposition des talents des deux hommes rend leur dialogue passionnant. « Nous n'étions presque jamais d'accord », dit un jour Roger Martin du Gard en parlant de Gide.

La *Correspondance Henri Ghéon-André Gide 1897-1944*, publiée en 1976, donne peut-être de Gide son portrait le plus ressemblant. Avec Ghéon (1875-1944), ami de jeunesse, Gide partageait une sorte d'îlot secret préservé du temps, fait d'amitiés masculines, de conversations, de voyages en Afrique du Nord, de préoccupations esthétiques et littéraires.

Lors d'un séjour à Cambridge, en 1918, Gide avait fait la connaissance de Dorothy Bussy (1866-1960), futur auteur d'*Olivia* (*) et sœur de l'écrivain anglais Lytton Strachey. Celle-ci tombe aussitôt amoureuse de lui et lui propose de le traduire. La longue *Correspondance* qui s'établit dès lors entre eux, publiée en trois tomes (1979, 1981, 1982), est révélatrice du comportement de Gide à l'égard d'une femme à la passion de laquelle il ne peut répondre, en même temps qu'elle dessine avec précision la silhouette des amis communs et la courbe de leur activité intellectuelle — notamment le travail sur la traduction de *Hamlet* (*).

Jacques Copeau s'était épris de Gide à la lecture des *Nourritures terrestres* (*) et de *L'Immoraliste* (*) ; Gide lui écrit sa première lettre en janvier 1903. C'est le début d'une longue *Correspondance* publiée en deux tomes (1987 et 1989), qui se poursuivra jusqu'en 1949. D'abord complice, jusqu'à la fondation du théâtre du Vieux-Colombier en 1913, l'échange se fait ensuite plus distant, malgré leurs deux collaborations théâtrales, pour *Saül* (*) et *Perséphone* (*).

Avec Valery Larbaud (1881-1957), la *Correspondance*, publiée en 1989, est d'abord une correspondance d'écrivains. À vingt-quatre ans, Larbaud avait envoyé à Gide un poème. Après leur rencontre, ils vont rendre visite à Joseph Conrad en Angleterre, voyagent à Florence, à Rome. Si Larbaud ne fera jamais partie du groupe directeur de *La Nouvelle Revue française*, il est souvent consulté, apportant ses connaissances en littérature étrangère. Gide finit par lui déclarer : « Vous êtes désormais un de ceux pour qui j'écris, un des très rares. »

La *Correspondance avec sa mère*, publiée en 1988 avec une préface d'Henri Thomas, permet de découvrir un personnage resté pratiquement inconnu, malgré les lignes qui lui sont consacrées dans *Si le grain ne meurt* (*). On ne peut parler d'un couple entre cette mère veuve et ce fils unique, il s'agit plutôt d'un seul être, indéfinissable, contradictoire, vivant par les conflits informulés, les interrogations réciproques, les soupçons qui ne cessent de renaître, une sorte d'amour inapaisé.

À en croire Gide lui-même, la fleur non seulement de sa correspondance mais de toute son œuvre devait être la série des lettres adressées depuis son enfance à sa cousine, Madeleine (Emmanuèle), devenue plus tard sa femme. Mais ces lettres furent brûlées par Mme Gide en 1917 ou 1918, alors que Gide venait de partir pour l'Angleterre. L'écrivain fut bouleversé : « C'est en elles, dira-t-il, que j'espérais survivre... Mon œuvre ne sera plus qu'un édifice découronné. »

CORRESPONDANCE de Gerard Manley Hopkins. Les lettres du poète anglais Gerard Manley Hopkins (1844-1889) ont été éditées et annotées avec amour par Abbott dans trois volumes de l'Oxford University Press : *The Letters of G. M. Hopkins to Robert Bridges* (1935, éd. augmentée 1955), *The Correspondence of G. M. Hopkins & R. W. Dixon* (1935, éd. augmentée 1955) et *Further Letters of G. M. Hopkins* (1938, éd. augmentée 1956). L'ensemble le plus important à tous égards est certainement celui que forment les cent soixante et onze lettres au poète Bridges, le condisciple de Hopkins à Oxford, son plus intime ami toute sa vie durant, et l'éditeur de ses poèmes après sa mort. Hopkins est un superbe épistolier, plein de feu et d'humour, et qui frappe comme l'éclair quand il est attaqué (on a malheureusement perdu les lettres de Bridges) sur le plan religieux ou poétique. C'est l'homme tout entier qui apparaît dans cette correspondance aussi riche que révélatrice et où l'on trouvera les gloses les plus éclairantes sur ses propres poèmes. Tout cela reste vrai, quoique à un moindre degré, de la correspondance très cordiale, mais non plus familière ni combative, avec le révérend Dixon, poète lui aussi, auquel Hopkins était lié par une admiration touchante et mutuelle ainsi que par des affinités spirituelles. Le correspondant majeur du dernier groupe de lettres est le poète

Coventry Patmore. — Trad. *Carnets - journal - lettres,* 10/18, 1976 ; *Poèmes accompagnés de proses et de dessins,* Seuil, 1980 ; *En rythme bondissant (choix de lettres),* Obsidiane, 1989.

CORRESPONDANCE de Max Jacob. La correspondance du poète et romancier français Max Jacob (1876-1944) constitue une part importante de son œuvre. Elle est un de ses modes d'expression favoris ; et elle permet, selon Jean Grenier, dans la représentation qu'il fait des *Lettres à un ami,* d'avoir idée de « sa conversation qui était extraordinaire de jaillissement et de style. C'était un *jeu étudié* ».

La correspondance est encore mal connue : aucune édition générale n'en existe ; une part, sans doute importante, en demeure inédite. Max Jacob avait besoin d'être entouré, de se sentir aimé, et de converser, moins par volonté de briller que par souci de faire des « essais de paroles », de varier son langage en vue de le construire. Les amis éloignés, la correspondance devient une forme de la conversation ; elle en conserve l'extrême variété de ton. Max Jacob prend plaisir à raconter des anecdotes, à narrer ses voyages, les événements de son existence, avec une fantaisie qui rend pudique tout aveu. La correspondance est un document sur la vie littéraire, et elle constitue un témoignage de la sensibilité de Max Jacob. Le thème essentiel, tel qu'il apparaît dans la correspondance avec les écrivains Marcel Béalu, Yvon Belaval, Jean Cocteau, Louis Emié, Jean Rousselot, est celui de la relation possible de l'exercice de la littérature et du progrès spirituel. Max Jacob ne se lasse pas de conseiller les jeunes poètes (il souhaite qu'ils sachent placer leur voix) et de leur rappeler qu'une œuvre littéraire ne prend sens qu'en tant qu'elle évoque la signification religieuse de l'Univers. Aussi le devoir de l'écrivain est-il d'associer l'intelligence (le sens des similitudes) et la compassion (l'amour de tout ce qui est parce qu'il a place dans l'économie de la création) : « La grande affaire de la vie est de descendre sa tête dans son cœur » (septembre 1937, à René Rimbert). L'exercice vrai de la littérature exige l'indifférence à l'égard de toute esthétique convenue (donc l'éloignement de toute idolâtrie : « Qui nous débarrassera de Rimbaud ? » — 12 septembre 1923, à Marcel Jouhandeau) et la recherche de l'expression qui ne se partage pas en beautés successives mais synthétise.

Œuvre de témoignage, traité de poétique, la correspondance est également une forme où l'autoportrait se mêle à l'autobiographie. A la façon de saint Augustin, Max Jacob rappelle à chacun de ses correspondants sa naissance spirituelle le 22 septembre 1909 : « Ma conversion a été un coup de foudre dû à une apparition absolument inattendue que j'ai contée », et à quelques lignes de là : « Ma conversion est définitive » (13 août 1924, à René Villard). Il précise son cheminement, et donne sens à ses trébuchements : « Les tentations et même nos *chutes acceptées comme des humiliations* seront aussi des mérites si nous savons offrir nos faiblesses à Dieu avec des larmes » (septembre 1936, à René Rimbert). Il survit matériellement grâce à ses gouaches, cherche un sens à l'histoire qui l'opprime en se référant à l'astrologie (« le renouveau du monde intellectuel et moral par les idées vraiment neuves commencera en 1981 », écrit-il le 13 septembre 1939 à René Villard), par la méditation (« Lis saint François de Sales, *Introduction à la Vie dévote* » — 20 août 1937, à Conrad Moricand). Peu après commence le massacre des siens (« Ma sœur est presque folle de douleur aiguë » — 12 mars 1942, à Théophile Briant) ; Max Jacob attend son arrestation.

Les relations suivies avec certains correspondants se déroulent à la façon d'un roman de Jacob, avec péripéties, ruptures, réconciliations. Avec Liane de Pougy, les excuses succèdent aux éclats, l'esprit de vaudeville au plaisir d'une protection. Avec Marcel Jouhandeau, la brouille est plus grave parce qu'elle participe d'une psychose collective. En 1939, Marcel Jouhandeau rassemble dans *Le Péril juif* des articles qu'il publie depuis 1935. Max Jacob n'est pas épargné ; élément de « cette racaille juive prétendue française », il est présenté en prestidigitateur cherchant à berner un Dieu chrétien chaque matin à la communion. Jouhandeau, pendant la guerre, demandera pardon à Jacob. « Je me suis réconcilié avec Jouhandeau », écrit Jacob à Marcel Béalu (21 août 1940), « réconciliation, signe de mort ». J. Rou.

CORRESPONDANCE (1902-1924) de Kafka. « Pour commencer ne plus écrire de lettres », s'écrie l'écrivain tchèque d'expression allemande Kafka (1883-1924) dans son journal. La correspondance qu'il entretient dès sa jeunesse, quoique avec un petit nombre de personnes, est suffisamment abondante pour qu'il en vienne à craindre une concurrence néfaste à sa production littéraire. Cependant Kafka n'y renoncera pas. À côté des lettres de jeunesse à Oskar Pollak, mort prématurément, à A. Hedwid W., le premier amour connu, plusieurs noms reviennent jusqu'à la fin de sa vie : Felix Weltsch, Oskar Baum, et surtout Max Brod, le confident et l'ami de toujours, qui aura charge, après sa mort, de l'édition posthume de ses œuvres. Outre le présent recueil, la correspondance complète de Kafka comprendra les *Lettres à Milena* (*), déjà publiées ; un volume de près de quatre cents lettres à Felice Bauer, la première fiancée ; enfin un ensemble de lettres adressées à sa famille dans les dernières années. L'ensemble constituant, avec le journal et les carnets intimes, le triple itinéraire d'une biographie dont le principal intérêt, en ce qui concerne l'attitude de Kafka, réside dans la contestation méfiante et scrupuleuse du mouvement qui le pousse à s'exprimer. La « stratégie » qu'il y déploie articule le dosage hallucinant d'une pensée qui se livre pour se dérober : « J'aime qu'on me tende une main fraîche, écrit-il dans sa jeunesse à Oskar Pollak, mais qu'on me prenne le bras et déjà je ne peux plus le supporter. » Il n'y a jamais, pour Kafka, privilège de la communication sur l'élucidation précise d'une vérité dont son activité littéraire tout entière se veut la réalisation. En ce sens, sa correspondance n'est pas séparable de sa production littéraire. Le destinataire n'est pas doté d'une particularité qui déterminerait, selon les situations, des genres différents. Ou, si les tons diffèrent, une même couche souterraine soutient l'édifice, et il n'est presque pas de lettres où cela ne devienne à un instant ou à un autre visible. À mesure que Kafka vieillit, les ouvertures assombrissent davantage la perspective. Certaines – et ceci dès la jeunesse où il incluait des récits de rêve, des contes ou de petites nouvelles – entrent, comme le remarque Marthe Robert, la traductrice, tellement dans ce monde inquiet de la littérature qu'elles en portent fatalement la trace : ce sont les plus belles et aussi les plus malaisément déchiffrables. Si malgré tout reste la gaieté, cet humour si particulier qui suspend dans un climat de transparence les phrases les plus terribles, c'est que la joie d'écrire borde aussi le précipice. Plus précisément le précipice de l'approche. Et Kafka n'est jamais aussi réservé que lorsqu'il s'engage dans ce qu'il dit avec la conscience de l'importance du message. Ses lettres deviennent alors sujettes à autant d'interprétations que la plupart de ses récits. Ce que Marthe Robert appelle heureusement un besoin de « proximité à distance » retient toujours Kafka sur la pente de l'abandon. Le drame – l'écartèlement devrait-on dire – résulte de ce pacte secret avec la mort qu'exprime une aptitude exceptionnelle à se confondre au moindre instant de vie, capable de fixer le plus fugitif, d'épouser la moindre modification, entraînant un sourire de femme ou une question d'enfant insensiblement vers une même tragique renonciation. Aussi faudrait-il parler d'un poème d'amour – comme les *Lettres à Milena* –, d'un monument à l'amitié dont chaque mouvement implique le terme d'une séparation que Kafka seul est capable d'entrevoir. Plusieurs fois, ses amis le somment de s'expliquer. S'il refuse, c'est qu'il est impossible de relier à une cause précise ce qu'il décrit autre part comme « la descente vers les puissances obscures, ce déchaînement d'esprits qui par nature sont liés, ces étreintes louches et tout ce qui peut encore se passer en bas dont on ne sait plus rien en haut quand on écrit des histoires au soleil ». Dans une lettre, il y a aussi cet aveu, l'un des plus énigmatiques de Kafka : « Dieu ne veut pas que j'écrive, mais moi je dois. » – Trad. Gallimard, 1965.

CORRESPONDANCE de Mallarmé. En un volume paru en 1959, Henri Mondor rassembla, avec la collaboration de Jean-Pierre Richard, les lettres écrites de 1862 à 1871 par le poète français Stéphane Mallarmé (1842-1898), inaugurant la publication systématique de la correspondance du poète, qui n'avait été jusqu'alors que parcimonieusement divulguée. L'entreprise, poursuivie par L. J. Austin et achevée en 1985, comporte onze tomes en douze volumes. Le premier volume reste cependant le plus précieux, parce qu'il fait revivre, en de longues lettres à quelques-uns de ses confidents privilégiés, une décennie décisive dans la vie intellectuelle et spirituelle de Mallarmé – poète, certes, indéfectiblement, selon les vœux prononcés dès avant la vingtième année, au vrai depuis toujours, qu'il se connut l'instrument élu d'un culte, celui que requiert la seule Beauté. Problématique divinité, car la merveille est que de cet idéal, posé dès le seuil, mais flou encore, offusqué par tant de ferveur, tributaire des données de sa sensibilité, de la configuration particulière de son époque – que dominent, pour lui, Baudelaire, mais aussi Gautier, Banville – il différa l'épanchement temporel, choisissant d'en creuser le sens et l'exigence, au point qu'en vacillent les fondements et que le temple, sur lui, menace de s'écrouler. Cela, par pure gravité, stricte, exemplaire fidélité à un rêve de jeunesse. Nul trait de foudre ni abrupte étrangeté, singularité spectaculaire d'existence, n'annoncent ici le génie. Être de crépuscule, âme frileuse pour qui « le bonheur d'ici-bas est ignoble... ici-bas a une odeur de cuisine », le jeune poète prononce un divorce absolu entre le rêve et le réel. Son écriture spontanée manifeste les qualités natives de l'esprit mallarméen : la préciosité, ingéniosité du cœur par laquelle il transcende le langage de la petite bourgeoisie bien-pensante et bien-disante dont il est issu – la candeur infrangible –, la ligote, ou le souci de rendre aux autres plus léger un désespoir fondamental, en le voilant d'ironie, en le conjurant dans l'effusion, l'enjouement. Elle montre ce qu'eût été la facilité du poète qui, si souvent, s'accusa lui-même d'impuissance et de stérilité. De Sens, où il prend conscience de sa vocation, à Londres, où il perfectionne l'anglais qu'il a, pour vivre, choisi d'enseigner, puis à Tournon, Besançon, Avignon, résidences successives que lui assigne son métier de professeur, Mallarmé livre un combat méthodique, acharné, contre le hasard. Épris de l'Absolu, il rêve d'abolir l'accident qui le lui fit entrevoir. La contingence, d'abord dénoncée dans l'ordre sensible, mais au prix de quelles tortures – c'est, telle que la correspondance la révèle, l'histoire de son amour pour Marie Gherard, qui devait devenir sa femme. Mais l'ennemi capital a de multiples visages que Mallarmé résumera en un seul pour l'affronter par le biais de son art. C'est en approfondissant ses moyens, en méditant, à l'exemple d'Edgar Poe, sur l'esthétique du vers, qu'il s'engagera dans l'aventure poétique la plus audacieuse qu'orgueil humain ait jamais rêvée. Ses amis parisiens, Henri Cazalis (Jean Lahor), Eugène Lefébure, Villiers de l'Isle-Adam, les félibres Théodore Aubanel, Frédéric Mistral sont les principaux confidents de cette époque d'ascèse et de maturation, durant laquelle s'élaborent deux œuvres essentielles, antithétiques. *Hérodiade* (*) (commencée en 1864) et *L'Après-Midi d'un faune* (*) (commencée en 1865). « Malheureusement, en creusant le vers à ce point, j'ai rencontré deux abîmes qui me désespèrent. L'un est le néant... » (à H. Cazalis, fin avril 1866). Et le poète de prendre conscience, « devant le rien qui est la vérité », des « glorieux mensonges » que sont Dieu, l'âme et la poésie même. Celui qui se sait désormais une vaine forme de la matière chantera en « désespéré ». Mais, à l'été de la même année, une autre découverte vient compléter la première : « Après avoir trouvé le Néant, j'ai trouvé le Beau », et le poète annonce à Aubanel qu'il vient de jeter le plan de son œuvre entier : il se tient, désormais, au centre de lui-même « comme une araignée sacrée, sur les principaux fils déjà sortis de [s]on esprit ». L'idée du grand œuvre, du Livre total est née. Pour François Coppée, il définit le nouveau vers que « le hasard n'entame pas » et où les mots « se reflètent les uns sur les autres jusqu'à paraître ne plus avoir leur couleur propre, mais n'être que les transitions d'une gamme ».... L'alternance de l'extase et de l'accablement commande le rythme de cette correspondance : chaque étape de sa conquête exalte le poète à la vision de toujours plus vastes prolongements et, aussi bien, le désespère, dans la mesure où, reculant les bornes de l'œuvre entrevue, elle l'éloigne davantage des conditions humaines de sa réalisation. Bientôt, c'est en fantôme de lui-même, concédant aux vivants cette apparition, que Mallarmé confie à Cazalis : « ... je suis parfaitement mort, et la région la plus impure où mon Esprit puisse s'aventurer est l'Éternité, mon Esprit, ce solitaire habituel de sa propre Pureté... C'est t'apprendre que je suis maintenant impersonnel et non plus Stéphane que tu as connu, mais une aptitude qu'a l'Univers spirituel à se voir et à se développer, à travers ce qui fut moi » (14 mai 1867). Remarquablement, en cette expérience d'allure mystique, l'abolition du moi est inséparable de celle de « ce vieux et méchant plumage, terrassé, heureusement, Dieu ». Ce que Mallarmé nomme, en la même lettre, sa « conception spirituelle du Néant » doit peut-être quelque chose aux philosophies orientales, ou encore à celle de Hegel — ni plus ni moins, en tout état de cause, qu'à l'exemple de Descartes, seul philosophe dont ses manuscrits fassent état. N'est-il pas, à son incomparable manière, le héros du doute méthodique, accomplissant la contestation au point que rien ne subsiste hors la conscience pure, atrocement maintenue, de ce rien ? De fait, et pour autant qu'une pensée si jalouse de ses propres termes souffre de telles approximations, ce qu'osa le poète : identifier le principe de son art au pouvoir de négation de la conscience — « La destruction, écrit-il, fut ma Béatrice » —, tentative que son temps ne pouvait recevoir, l'esprit moderne s'y mire ou en sonde l'avenir. Toutefois, au sein de la compréhension même, une autre forme d'incompréhension, plus essentielle peut-être, oppose les dialecticiens d'aujourd'hui, dont on admire l'aisance à se mouvoir dans des régions irrespirables, à ce crucifié d'une pensée solitaire. Les notions mallarméennes les plus décisives, proies privilégiées pour l'analyste, doivent leur pouvoir de l'agacer et de le décevoir infiniment à ceci : qu'elles furent obtenues par des voies proprement poétiques — au prix de sensations portées à l'absolu de leur intensité et menaçant l'intégrité de l'être corporel même du sujet. Les lettres de Mallarmé abondent en notations sur le comportement de son organisme, attestant l'importance du rôle instrumental qu'il lui fait jouer dans ses opérations spirituelles. « Je n'ai pu, confie-t-il à Villiers, [...] comme vous disposer d'un Esprit — et vous serez terrifié d'apprendre que je suis arrivé à l'Idée de l'Univers par la seule sensation (et que, par exemple, pour garder une notion ineffaçable du Néant pur, j'ai dû imposer à mon cerveau la sensation du vide absolu). » Un tel aveu, propre à faire sourire maint philosophe, marque la spécificité irréductible de son projet. Projet ou rapt — qui, toutefois, ne le dispense par des moindres modalités de l'acte de présence. Ses lettres en témoignent : Mallarmé ne s'absente de l'ordinaire d'une vie dénuée de tout pittoresque, chargée de peu d'événements (la naissance de sa fille Geneviève, la publication en revue de ses premiers poèmes, la mort tragique de son ami Henri Regnault), que pour l'illuminer, en retour, de son ingénuité ou de la tranquillité conquise à l'endroit de ce dont on ne saurait rien espérer. Ainsi, à la veille de son installation à Paris, le poète, qui si souvent maudit son exil, est-il en mesure de le prolonger.

Installé à Paris, Mallarmé redevient « un littérateur pur et simple », et les onze volumes qui couvrent les années 1872-1898 témoignent d'une activité littéraire — et épistolaire — intense : correspondance avec ses éditeurs, ses illustrateurs (Manet, Raffaëlli, Whistler...), avec la plupart des personnalités du monde des lettres et des arts, et surtout, à partir de la fin des années 1880, avec de jeunes auteurs qui deviendront bientôt célèbres (Valéry, Gide, Claudel) ou qui resteront parfaitement inconnus. Si les confidences s'y font plus rares, l'ensemble de cette correspondance, avec son annotation riche en informations, constitue un témoignage essentiel sur la personnalité du poète et, plus largement, sur la vie littéraire du temps.

CORRESPONDANCE de Nietzsche. Les lettres du philosophe allemand Friedrich Nietzsche (1844-1900) furent publiées une première fois en cinq volumes à Leipzig (1902-1909), à l'exception de la correspondance avec Overbeck (1916). Chez un génie comme Nietzsche, dont la doctrine ne cesse de jaillir de l'expérience existentielle, la correspondance a évidemment une incomparable importance : elle nous fait suivre l'ascension douloureuse de cet homme affamé de communion humaine, et que l'exigence de sa vocation contraignit à une série de ruptures brutales, à l'isolement de plus en plus complet. Le tournant capital de la vie de Nietzsche coïncide avec la fin des deux grandes amitiés de jeunesse : celle d'Erwin Rohde et celle de Wagner. À chacun de ses condisciples Nietzsche n'avait été attaché comme à Rohde, qu'il avait connu au cours de philologie de l'université de Leipzig, en 1806. Entre les deux jeunes gens, une communion philosophique totale s'établit, dans laquelle Nietzsche prit immédiatement l'initiative. Dès ses premières lettres, il proclame son intransigeance : « Par-dessus tout, ne pas faire dans le monde un seul pas pour s'accommoder. On ne peut avoir le grand succès que lorsqu'on se reste fidèle... » Rohde lui aussi a ses mouvements de rébellion, mais il sait se résigner. Après avoir pris courageusement le parti de son ami contre les pédagogues, il commence à suivre la carrière universitaire et s'installe sans enthousiasme dans le monde bourgeois. À partir de 1876, les lettres s'espacent de plus en plus ; la dernière est de mai 1877. Sur les relations avec Wagner, la correspondance de Nietzsche apporte assez peu d'éléments. Nietzsche est allé vers le musicien comme vers le fondateur d'une nouvelle culture à partir de la tradition antique retrouvée. Il s'est mis totalement au service de Wagner, mais le « Festspiel » de 1876 lui révèle le malentendu : il ne s'agissait que de théâtre ! Wagner ne répondra pas à l'envoi d'*Humain, trop humain* (*). En cette année 1876, Nietzsche entre très consciemment dans la solitude. Il l'accepte, il sait qu'il doit conquérir son essence, en dépit de tout. Mais que de fois se réveille en lui la nostalgie d'un profond contact humain ! « J'ai encore besoin de disciples de mon vivant, écrit-il dans une lettre de 1884, et, si mes livres précédents ne sont pas des hameçons, ils ont raté leur vocation. Le meilleur et l'essentiel ne peut se communiquer que d'homme à homme. » Nietzsche ira donc, sans succès, vers le psychologue Paul Rée, vers le jeune Heinrich von Stein, qui se laissera reconquérir par Bayreuth, vers Lou Salomé, jeune fille d'une extraordinaire intelligence, en laquelle, pendant quelques mois de 1882, Nietzsche vit l'initiée future, avant de s'apercevoir qu'il n'avait eu affaire qu'à une dilettante. Courte expérience, mais dont le philosophe sort désemparé. Dès lors, il ne cherchera plus guère de nouveaux amis. Le confident privilégié des dernières années conscientes sera le musicien Peter Gast, secrétaire dévoué qui se fait le propagandiste enthousiaste de la pensée nietzschéenne. Les lettres que lui adresse le philosophe sont de première importance pour la connaissance des théories musicales de Nietzsche. En bien des pages perce cependant le regret de l'amitié avec Wagner. Nietzsche conserva pourtant deux liens humains très durables : avec sa famille et avec Franz Overbeck. Sa mère et sa sœur ne cessèrent d'entourer le solitaire d'une touchante sollicitude matérielle. Mais, tandis que les idées antichrétiennes de Nietzsche provoquaient des tensions avec sa mère, sa sœur Elisabeth s'affirma comme une disciple enthousiaste. Il est maintenant établi qu'elle s'est livrée à de véritables déformations de la pensée de Nietzsche, ne reculant même pas devant des faux, mais ceci ne doit pas faire oublier que c'est grâce au soin méticuleux avec lequel Elisabeth avait depuis toujours conservé les manuscrits de son frère que l'évolution de ce dernier est si parfaitement connue. Overbeck partageait la haine nietzschéenne du christianisme : c'est cependant un appui moins spirituel que moral qu'il donna sans compter à Nietzsche, jouant auprès de lui un rôle modérateur et le dispensant complètement du souci de gérer ses affaires financières. À cet inventaire des lettres de Nietzsche, il faudrait encore ajouter la correspondance avec d'anciens camarades d'école, Paul Deussen, Karl de Gersdorff, etc., et avec de grands professeurs tels que Ritschi et Burckhardt, dont Nietzsche guetta avidement les témoignages d'estime mais qui se tinrent sur la réserve. « Je suis trop fier pour croire qu'un homme m'aime, écrivait un jour Nietzsche à sa sœur. Cela supposerait qu'il sache qui je suis. Je crois tout aussi peu que j'aimerai quelqu'un. Cela supposerait que je me trouve un homme de ma condition... » Tel pourrait être le résumé du drame de la solitude nietzschéenne, révélé dans les *Lettres.* Ayant perdu Wagner, Nietzsche n'a plus jamais trouvé l'égal avec lequel il aurait pu communier sur les hauteurs. Il était d'autre part trop prisonnier de sa vocation pour s'abandonner à de simples amitiés. « Il se plaint de la solitude et la désire, a écrit Karl Jaspers, il souffre du manque de tout ce qu'il y a de normalement humain, semble vouloir l'améliorer et cependant choisit consciemment l'exception. » – Trad. *Lettres choisies* : Rieder, 1932 ; Gallimard, 1937 ; *Lettres à Peter Gast,* Édit. du Rocher, 1958 (nouv. éd. Bourgois, 1981) ; *Correspondance,* Gallimard, 1986 (2 vol. : 1850-1869 et 1869-1874).

CORRESPONDANCE de Proust. L'importance du massif romanesque de *À la recherche du temps perdu* (*) fait souvent oublier que la littérature française possède en Marcel Proust (1871-1922) un de ses plus grands épistoliers.

D'ailleurs, sans parler du rôle occupé par la lettre à l'intérieur de ce grand roman mondain qu'est aussi la *Recherche*, il suffit de se souvenir du rôle quasi emblématique que joue Mme de Sévigné dans la même œuvre ; ses *Lettres* (*), ouvrage de prédilection de la grand-mère puis de la mère du narrateur, réalisent comme en une œuvre prophétique cette transmutation de la vie en littérature immédiate qui est bien l'obsession fondamentale de la démarche proustienne : fixer le temps dans toute sa fragilité, dans toutes ses répétitions, ses contradictions, et jusque dans ses hiatus.

En volume, la correspondance de Proust dont la publication n'est pas achevée compte déjà seize tomes. L'universitaire américain Philip Kolb qui en est le curateur avisé et méticuleux a préféré un classement chronologique pour les éditions Plon — qui, dès 1925, avait entrepris sous la conduite du Pr Robert Proust, frère du romancier, une édition des *Lettres* regroupées par destinataires : famille, amis, critiques, etc.

L'ordre retenu pour l'édition actuelle permet de saisir toute son originalité : d'une part la multiplicité des correspondants, qui prouve à quel point, loin d'être l'ermite à la chambre de liège exclusivement replié sur la genèse de son œuvre, Proust était au contraire tourné vers le monde extérieur et avide de communication. Par ailleurs, cette multiplicité même établit assez qu'au-delà de ses correspondants, fussent-ils relativement privilégiés (comme sa mère ou Mme Strauss), Proust est essentiellement occupé de lui-même : non tant par l'effet d'un égotisme étroit que par l'impérieux besoin de se connaître et de s'approfondir dans son essentialité à travers la relation à autrui.

Ne cherchons pas pour autant dans la correspondance de Proust ce qu'elle se refuse à nous donner : les secrets d'une personnalité complexe et ambiguë ; peu de lettres sont à ce point socialisées, mondaines, retenues jusque dans les plus vives effusions sentimentales. Nous n'y trouvons pas davantage les secrets de l'écrivain, des informations sur sa cuisine littéraire, en particulier au cours des années capitales pour la genèse de la *Recherche* : à peine si, de-ci de-là, une allusion, une demande de renseignement d'apparence incongrue nous mettent sur le chemin des préoccupations véritables de l'écrivain. En fait, l'image que Proust se soucie de donner de lui-même, à ses correspondants comme sans doute à son entourage immédiat (celle d'un être excessivement gentil, sensible et de santé fragile) n'est sans doute pour lui, plus ou moins consciemment, que le masque commode qui lui permet de gérer au mieux ses vrais intérêts, sa solitude de créateur original et ambitieux. À la limite, tant de formules, de parenthèses, de protestations de sincérité finiraient par agacer et même par renvoyer de l'auteur puissant de la *Recherche* l'image d'un décadent maniéré, tout droit sorti d'un roman de Huysmans, si l'on ne s'avisait que l'intérêt de cette correspondance tient précisément à ceci qu'au lieu de tendre à la transparence d'une communication — comme la plupart des correspondances — elle ne semble viser qu'à l'opacité, à la mise à distance. Tandis que Mme de Sévigné était obligée d'écrire à sa fille retenue en Provence, Proust instaure avec sa mère le rite d'une relation épistolaire au sein même de l'appartement qu'ils partagent, la soupière de la salle à manger faisant office de boîte aux lettres.

De même, si le monde que fréquente épistolairement Proust coïncide généralement avec le beau monde (Mme Lemaire, Reynaldo Hahn, Anna de Noailles, les princes Bibesco, le comte de Guiche ou Jean Cocteau), on risque bien d'être déçu si l'on cherche une évocation de la Belle Époque en ses beaux milieux dans les lettres de Proust puisque tout se passe justement pour lui comme s'il s'agissait inlassablement de se désolidariser du groupe : sa mauvaise santé l'empêche de rencontrer, de participer, de voir donc. Du malheur d'être empêché : voilà bien le thème majeur de cette correspondance.

Selon l'expression d'Alain Buisine (*Proust et ses lettres*), Proust interpose un véritable cordon sanitaire entre lui et les autres. Son état de santé, aux variations imprévisibles, fait obstacle à tout projet et presque à tout rendez-vous. Pendant plus de vingt ans, Proust écrit quelques milliers de lettres pour rendre compte des moindres avatars de son mal-être physique : je souffre, donc j'existe, semble-t-il dire à chaque fois, je souffre, donc aimez-moi, plaignez-moi et — pourrait-on ajouter en dépassant le stade de la compensation épistolaire — n'essayez pas d'intervenir dans ma vie, laissez-moi fixer seul les règles de notre jeu de relations. Tandis qu'une Mme de Sévigné se préoccupe sans cesse de jalonner le temps à venir de signes d'espoir pour que cesse l'écriture et qu'advienne le revoir, Proust semble se complaire à décliner sous tous les tons le mode du ratage. Il annule des rendez-vous, laisse prévoir qu'il n'en pourra donner d'autres, que l'asthme l'en empêche. Jamais la vie de Proust n'est synchronisée avec celle des autres, au point qu'on peut se demander si Proust n'écrit pas pour protéger son espace et son temps propre afin d'en exclure ses correspondants, qu'il se réserve toutefois le droit de convoquer dès qu'ils peuvent lui fournir tel ou tel renseignement nécessaire à l'élaboration, d'ailleurs tenue à peu près secrète, de son roman. Il se dégage dès lors de la correspondance une sorte de portrait mythique d'un homme des ténèbres, éveillé quand les autres dorment, coupé de toute vie sociale, éminemment imprévisible, en non-accord perpétuel avec autrui. Seules les lettres à sa mère lors de quelques éloignements réels (en Normandie ou à Évian) comportent, elles, des comptes rendus très détaillés de son emploi du temps et de minutieux bulletins de santé. Il semble que le voyage, assez réduit dans l'existence réelle de Proust, lui permette en ce cas de faire coïncider distance et proximité, et que la relation épistolaire signifie alors apaisement, mieux-être et presque bonheur. Mais dans l'ensemble de cette correspondance le lecteur substitutif, qui remplace les correspondants de Proust, se trouvera en situation de frustration fréquente devant un écrivain à ce point masqué, aux antipodes de la liberté de ton d'un Stendhal ou d'un Flaubert : la voix de Proust est souvent fragile, inconsistante ; l'homme se cache derrière des clichés, des compliments, des formules de politesse mondaine si chaleureux qu'ils en paraissent glacés. Le principal intérêt de ces lettres est de nous permettre de vérifier la place de l'imaginaire dans un destin réel et en filigrane, le travail d'un écrivain qui rêve ses rapports pour en dégager des portraits.

B. R.

CORRESPONDANCE de Rilke. En plus des publications séparées (qui seront ci-dessous indiquées), la correspondance de l'écrivain autrichien Rainer Maria Rilke (1875-1926) a été l'objet de plusieurs recueils (Leipzig, 1936-39) : *Lettres des années 1892-1904* [*Briefe aus den Jahren 1892-1904*], *Lettres des années 1904-1907* [*Briefe aus den Jahren 1904-1907*], *Lettres des années 1907-1914* [*Briefe aus den Jahren 1907-1914*], *Lettres des années 1914-1921* [*Briefe aus den Jahren 1914-1921*], *Lettres de Muzot 1921-1926* [*Briefe aus Muzot 1921-1926*], *Lettres à son éditeur 1906-1926* [*Briefe an seinen Verlefger 1906 bis 1926*] et de choix dont le plus important est paru à Wiesbaden en 1950 [*Briefe,* 2 vol. ; nouv. éd. en 1 vol., 1966 ; éd. augmentée en 3 vol. 1987, Insel Taschenbuch]. Dans cette œuvre immense — et encore faut-il tenir compte des inédits dont la masse reste peut-être plus importante que celle des textes déjà imprimés — on peut d'abord isoler le groupe des lettres adressées aux femmes : a) la correspondance avec Clara Westhoff, fiancée avec Rilke à la fin de 1900, dura jusqu'à la mort du poète. Séparés l'un de l'autre, les deux époux conservèrent une étroite intimité intellectuelle, ce qui fait de cette correspondance un document de premier intérêt pour la connaissance de l'évolution de Rilke. Femme sculpteur, Clara pouvait partager pleinement les émotions esthétiques de son mari et, parmi les plus célèbres des pages que lui adressa ce dernier au cours de son séjour à Paris, il faut mentionner le compte rendu de la première visite à l'atelier de Rodin et les lettres d'octobre 1907 consacrées à Cézanne (*Lettres sur Cézanne,* 1944) ; b) après une rupture, les *Lettres à Lou Andreas-Salomé* [*Briefwechsel...,* 1953, 1975 ; trad. 1980], où perçait d'abord une vive passion, reprirent en juillet 1903 sur un ton assez différent. Rilke ne cessera cependant jamais de recevoir de son amie le plus précieux encouragement. Aussi la tient-il au courant des détails de sa vie et de son travail créateur. Correspondance très diverse, où voisinent les longs et libres épanchements, les considérations esthétiques, les impressions de voyage (fort décevantes, à Rome, en 1903), les jugements littéraires (Rilke devait à Lou son initiation à la culture russe), les exposés de projets futurs, etc. ; c) il y a beaucoup moins de naturel dans les rapports épistolaires avec la princesse Marie von Thurn und Taxis [*Briefwechsel...,* deux volumes, avec Préface de Rudolf Kassner, Zurich, 1951 ; trad. 1960, 1988]. Femme cultivée, bienfaitrice du poète, la châtelaine de Duino était aussi une mondaine, avec laquelle Rilke dut jouer poliment le jeu des bavardages et des potins. Mais il lui arrive de se détendre, et ce sont alors des pages comparables aux lettres à Lou : impressions de lecture, hymnes de gratitude à la princesse pour la solitude qu'elle lui a assurée à Duino, confidences des secrètes intuitions de l'artiste, etc. ; d) pages bouleversantes enfin que celles de la correspondance avec « Merline » (Mme Baladine Klossowska) — v. *Lettres françaises à Merline* (Paris, 1950) et édition complète, Zurich, 1954. Elles nous portent l'écho de ce qui fut peut-être le plus brûlant amour de Rilke. Rien d'affecté, nulle pose, nulle mondanité, peu d'éléments littéraires ou intellectuels dans ces lettres dont les quatre cinquièmes environ sont rédigés en français et qui s'élèvent parfois jusqu'à devenir de véritables hymnes en prose. Citons encore les lettres à Benvenuta, la jeune pianiste autrichienne Magda von Hattingberg, parues dans *Rilke et Benvenuta* (1943, trad. 1947) ; à Lou Albert-Lasard, dans *Une image de Rilke* [*Wege mit Rilke,* 1952 ; trad. 1953] ; à Claire Goll, dans *Briefe an eine Freundin* (1944) [trad. C. Goll, *Rilke et les femmes,* 1955] ; à Mimi Romanelli, dans *Lettres à une amie vénitienne* (1941) ; à Elya Maria Nevar, lettres parues dans *Amitié avec Rilke* [*Freundschaft mit R. M. Rilke,* 1946] ; à la baronne Láska von Oestéren, dans *Briefe an Baronesse Láska van Oe,* 1945 ; les *Lettres à une compagne de voyage* [*Briefe an eine Reisegefährtin,* publiées par Ulrich Keyn, 1947] ; les lettres à Nimet Eloui Bey, parues dans E. Jaloux, *La Dernière Amitié de Rilke* (1949) ; la *Correspondance poétique avec Erika Mitterer* [*Briefwechsel in Gedichten mit Erika Mitterer,* 1950] ; les *Lettres à la comtesse Margot Sizzo* [*Briefe an Gräfin Margot Sizzo,* 1950] ; les *Lettres à Mme Gudi Nölke* [*Briefe an Frau Gudi Nölke,* 1953]. Dans le second groupe, où les problèmes littéraires et généraux prédominent, une place d'honneur revient sans doute à la correspondance avec Franz-Xaver Kappus, publiée sous le titre : *Lettres à un jeune poète* (*). Dans ce recueil, Rilke révèle ses plus hautes conceptions de l'art. À Kappus, le grand aîné enseigne d'abord le dédain du succès et du public en général : le poème doit uniquement obéir à une nécessité intérieure, jaillir du plus intime de notre être, des lentes maturations de l'inconscient. De moins haute envolée, mais à leur manière aussi profondément humaines, sont les *Lettres à son éditeur* [*Briefe an seinem Verleger 1906-1926,* 1934], Anton Kippenberg, directeur de l'Insel-Verlag, lequel, à partir de 1906, ne cessa d'apporter au poète un soutien matériel et moral toujours généreux. Dans ce recueil, il s'agit le plus souvent de lettres d'affaires, assombries, vers la fin, à l'époque de la maladie, par des soucis financiers. Mais le ménage Kippenberg devint rapidement un indispensable confident pour le poète : celui-ci finit par ne plus rien entreprendre sans en aviser son éditeur ; il le tient au courant non seulement de la rédaction de ses livres, mais aussi de sa santé, de ses impressions morales, de ses lectures — et cette correspondance abonde en intéressants jugements littéraires (admiration vive pour Goethe et Kleist dans le passé, dans le présent pour Valéry, Charles-Louis Philippe, Proust, incompréhension totale à l'égard de Claudel). Complément normal de ce volume, les lettres de Rilke à sa future biographe Katharina Kippenberg [*Briefwechsel 1910-1926,* 1954] nous montrent les réactions de l'écrivain en face de la guerre, de l'après-guerre, de la révolution russe, et contiennent quelques grandes pages poétiques, telles que la description des montagnes suisses, dans les lettres d'août 1919. Une curiosité : les *Lettres milanaises 1921-1926* (Paris, 1956) à la comtesse Aurelia Cittadella-Vigodazzere, où certains ont voulu détecter chez Rilke une sympathie inattendue pour le fascisme italien, mais la question reste controversée. Citons encore les *Lettres au ménage S. Fischer* [*Briefe an das Ehepaar S. Fischer,* 1947] ; les *Lettres à R. R. Junghanns et Rudolf Zimmermann* publiées dans l'*Association des amis des livres Oltner* [*Vereinigung Oltner Bücherfreunde,* 1945] ; les *Lettres à l'éditeur Kurt Wolff* publiées par Curt von Faber du Faur dans la *Gazette de la Bibliothèque de l'université Yale* [*The Yale University Library Gazette,* vol. 24, 1950]. Mentionnons enfin un troisième groupe de correspondance : les lettres en français, avec leurs gaucheries mais aussi avec leur admirable sens des nuances et leur savoureuse originalité d'expression. Outre les lettres à Merline (voir plus haut), on retiendra principalement les *Lettres à Rodin* (1928-31), écho d'une des plus fortes émotions esthétiques de la vie de Rilke (« Je suis heureux de vivre près de l'éternité de votre œuvre », écrivait le jeune poète au sculpteur), et la *Correspondance 1909-26* avec A. Gide, publiée en 1952 par Mme Renée Lang : ces dernières lettres, presque toutes de recommandations, de demandes de livres et de documents, ont surtout l'intérêt de nous montrer combien les rapports des deux écrivains, en dépit d'une réelle sympathie personnelle, restèrent superficiels et en marge de la création de chacun d'eux. Outre les traductions et correspondances mentionnées plus haut, on peut citer en premier lieu le choix important (236 lettres), paru au Seuil en 1976 sous le titre *Œuvres III, Correspondance*, et un certain nombre de recueils : *Lettres à une amie vénitienne,* Milan, 1941 (réed. Gallimard, 1985) ; *Lettres autour d'un jardin,* La Délirante, 1977 ; *Correspondance avec une dame,* Aubier, 1979 ; *Rilke-Pasternak-Tsvetaïeva, Correspondance à trois,* Gallimard, 1983.

CORRESPONDANCE de Rimbaud. Les lettres du poète français Arthur Rimbaud (1854-1891) peuvent être divisées en deux périodes : l'une de sa vie « littéraire » écrites entre dix-sept et vingt et un ans ; l'autre de 1875 à sa mort. S'y ajoute une correspondance inédite, publiée en 1965 à la *N.R.F.* par les soins de M. Jean Voellmy.

Les lettres de son adolescence à Banville, ses condisciples, ses professeurs, témoignent de son ennui, de l'isolement provincial, de sa révolte contre le milieu familial, attestent son effrayante précocité, la violence de l'interrogation, la volonté délibérée de changer non la poésie, mais les cadres mêmes de la pensée, la vie. — v. *Lettres du voyant* (*). La poésie est considérée comme un instrument spécifique et privilégié de connaissance, conquête par effraction de l'absolu, tentation prométhéenne. De cette aventure, nulle trace dans ses lettres, sinon quelques aveux sur son double caractère de voyou et de voyant : « Tout ce que je puis inventer de bête, de sale, de mauvais en actions et en paroles, je le leur livre » et ce passage sur la rédaction d'*Une saison en enfer* (*) « Je ne sais comment en sortir, j'en sortirai pourtant. Je travaille pourtant assez régulièrement ; je fais de petites histoires en prose, titre général : Livre païen ou Livre nègre. C'est bête et innocent. Mon sort dépend de ce livre, pour lequel une demi-douzaine d'histoires atroces sont encore à inventer. » Mais nous pouvons parfois sentir son exceptionnelle fraîcheur sensorielle, son don de perception, et la possibilité de moments de quiétude : « Maintenant, c'est la nuit que je travaille. De minuit à 5 heures du matin. Le mois passé, ma chambre, rue Monsieur-le-Prince, donnait sur un jardin du lycée Saint-Louis. Il y avait des arbres énormes sous ma fenêtre étroite. À 3 heures du matin, la bougie pâlit : tous les oiseaux crient à la fois dans les arbres. C'est fini. Plus de travail. Il me fallait regarder les arbres, le ciel, saisis par cette heure indicible, première du matin. » Les quelques lettres adressées à Verlaine sont le témoignage de la relation sans doute la plus profonde qu'il eut avec autrui. On peut aussi extraire quelques notes de ses voyages, tel le franchissement à pied, en hiver, du col de Saint-Gothard : « Voici : plus une ombre dessus, dessous ni autour, quoique nous soyons entourés d'objets énormes ; plus de route, de précipice, de gorges ni de ciel ; rien que du blanc à songer, à toucher, à voir... » C'est la même vision que dans *Les Illuminations* (*).

À l'âge de vingt et un ans, c'est le renoncement définitif à l'imaginaire, le détournement total de la poésie, l'abandon de toute activité d'ordre littéraire, ressentie comme coupable, jugée dérisoire. Il n'y fera plus jamais allusion. C'est la « dure réalité à étreindre » pendant seize ans, en Orient et en Afrique. Ses lettres sont datées de Chypre, d'Alexandrie, d'Aden — « rivages incandescents de la mer Rouge » —, d'Abyssinie. Rimbaud se fait envoyer des livres de technique, de métiers, des manuels d'exploration, de photographie, des dictionnaires des langues indigènes qu'il apprend. Il projette des organisations d'élevage, de chasse, adresse des rapports détaillés à d'autres explorateurs européens : géographie, races, systèmes économiques, croyances religieuses, faune, flore, hydrographie, étude des peuplades, notations fréquentes des climats, indiquant une grande expérience de ces pays. Il veut écrire un ouvrage sur le Harar pour la Société de géographie, dont il est correspondant, écrit au ministère des Affaires étrangères, aux journaux égyptiens, fait des réflexions sur la situation politique, la mise en valeur des ressources. Plaintes et révoltes contre la vie qu'il s'est choisie alternent : « Je trime comme un âne dans un pays pour lequel j'ai une horreur invincible [...] je suis forcé de continuer [...] à me nourrir de chagrins aussi véhéments qu'absurdes... » « Je travaille, je voyage. Je voudrais faire quelque chose de bon, d'utile [...] Je jouis du reste dans le pays et sur la route d'une certaine considération due à mes procédés humains. Je n'ai jamais fait de mal à personne. Au contraire, je fais un peu de bien quand j'en trouve l'occasion et c'est mon seul plaisir [...] Les gens du Harar ne sont ni plus bêtes ni plus canailles que les nègres blancs des pays dits civilisés. Ce n'est pas du même ordre, voilà tout. » Et c'est la voix d'*Une saison en enfer :* « Mais à présent je suis condamné à errer, attaché à une entreprise lointaine, et tous les jours je perds le goût pour le climat et les manières de vivre et même la langue d'Europe... Hélas ! à quoi servent ces allées et venues, et ces fatigues et ces aventures chez des races étranges, et ces langues dont on se remplit la mémoire et ces peines sans nom, si je ne dois un jour, après quelques années, pouvoir me reposer dans un endroit qui me plaise à peu près et trouver une famille, et avoir au moins un fils que je passe le reste de ma vie à élever à mon idée, à orner et armer de l'instruction la plus complète qu'on puisse atteindre à cette époque, et que je voie devenir un ingénieur renommé, un homme puissant et riche par la science ? » Les seuls liens qu'il garde, c'est avec les siens : « J'aime à me représenter votre vie tranquille et vos occupations paisibles. Qu'elles durent ainsi [...] Je vous souhaite de bonnes récoltes et long automne. Je vous crois en bonne santé et en paix, comme d'ordinaire. » Le besoin de fuite le hante : il rêve de partir pour Zanzibar, l'Inde, la Chine.

La correspondance inédite 1881-1891, principalement avec l'ingénieur suisse Ilg, nous renseigne bien sur sa vie au Harar. Ce sont uniquement des notations techniques, financières, commerciales : difficultés d'argent avec le roi Ménélik, pour qui il fit du trafic d'armes ; injustices dont il fut victime. On y trouve la phrase : « Je vous confirme très sérieusement ma demande d'un très bon mulet et de deux garçons esclaves », qui le fit traiter à tort de négrier. Elle contient des vues sur la politique coloniale des grandes puissances à cette époque ; des leçons de géographie commerciale éthiopienne, des rapports sur la situation économique. Au milieu d'un rapport relatant une expédition, on trouve la phrase admirable quoique probablement ironique dans le contexte : « Là-haut bonnes nouvelles. Paix et silence sur terre et sous les cieux. »

Puis c'est la maladie atroce, le retour à Marseille, l'amputation. Le ton est insoutenable : « Je recommence donc à béquiller. Quel ennui, et quelle fatigue, quelle tristesse en pensant à mes anciens voyages, et comme j'étais actif il y a cinq ans. » L'amour, le besoin de la totalité ne l'ont jamais quitté : « Où sont les courses à travers monts, les cavalcades, les promenades, les déserts, les rivières et les mers ? Et à présent je ne suis plus qu'un cul-de-jatte ! [...] Ma vie est passée, je ne suis plus qu'un tronçon immobile. » « Je voudrais faire ceci et cela, aller ici et là, voir, vivre, partir : impossible... »

Les lettres du Harar nous révèlent intact son génie mais appliqué à d'autres objets qu'auparavant. Les réalités les plus différentes sont saisies en un seul instant, à différents niveaux ; l'espace est embrassé. Le ton n'est pas neutre, mais violent : le « combat spirituel » ne s'est terminé qu'avec la mort. Impersonnel souvent, par soumission au réel, acceptation du temps, de l'effort, de la patience. La pensée et l'acte ne font qu'un. D'où le caractère impératif, tranchant du ton, la prise directe sur les choses, en vue de leur transformation ; et la rapidité dont il n'a jamais pu se défaire. Rimbaud a-t-il cherché l'absolu dans l'action ? Plus simplement sa tâche humaine ? Il est probablement impossible d'en décider. L'étude de sa correspondance est indispensable à la compréhension de son destin. Le jugement de sa sœur Isabelle : « Je crois que jusqu'à sa mort et à tous les instants de sa vie le sens poétique ne l'a pas abandonné un seul instant... », semble fondé.

CORRESPONDANCE de Sainte-Beuve. Éditée sous forme d'un premier recueil à Paris en 1877-1878, elle comprend les lettres de l'écrivain français Charles Augustin Sainte-Beuve (1804-1869) de 1822 à l'année de sa mort. En 1880, la *Correspondance* fut publiée à nouveau avec l'addition d'une « Nouvelle Correspondance ». En 1935 a été enfin commencée la publication de la *Correspondance générale,* recueillie, classée et annotée par Jean Bonnerot jusqu'en 1949, puis par

Alain Bonnerot, qui en publia le 19e et dernier volume en 1983. Les lettres qui vont de 1818 à 1835 (« Dans la mêlée romantique ») montrent le rôle du jeune Sainte-Beuve dans les luttes romantiques, illustrent ses tendances de poète, font voir son amitié pour Victor Hugo (amitié qui sera vite brisée), pour Lamennais, Lamartine et Musset. Les lettres à deux de ses amis intimes qui vivent en province, Ulric Uttinger et Victor Pavie, sont un document fondamental qui nous révèle ses différentes positions intellectuelles ; de la même manière, il écrit à un ancien condisciple, l'abbé Eustache Barbe, et lui confie ses méditations philosophiques et religieuses. Bientôt des amis et des protecteurs, depuis Ampère jusqu'à Mme Récamier, Villemain et Cousin, prennent place dans la vie du poète, lui témoignant leur sympathie lorsqu'il publie des œuvres comme *Vie, poésies et pensées de Joseph Delorme* (*), *Les Consolations* (*) ou *Volupté* (*). C'est alors que commence son activité de publiciste, dans les journaux et dans les revues de l'époque, parmi lesquels *Le Globe* (*), *Le National, La Revue des Deux Mondes* (*) et *La Revue de Paris* (*). Michelet et Quinet deviennent pour lui de nouveaux amis, mais restent assez éloignés à cause des divergences qui les séparent. Pendant ce temps, il fait des recherches dans les bibliothèques, devient le confident de George Sand et, après 1830, cherche à trouver un emploi dans le journalisme comme critique, tandis qu'il donne ses soins à une œuvre complexe et nouvelle, son *Port-Royal* (*). Les lettres comprises entre 1836 et 1838 (« Dans les sentiers de Port-Royal ») expliquent la genèse du chef-d'œuvre, dans lequel s'unissent ses dons de critique et de littérateur.

Au moment où Sainte-Beuve sent que désormais la critique est sa seule « passion littéraire », la publication des *Œuvres* de Fontanes marque sa rupture avec le groupe romantique. Ses liens d'amitié avec Vigny, Lamartine et les autres se relâchent ; des différends surgissent avec Villemain et George Sand, tandis qu'il noue de nouvelles relations, notamment avec Vinet. La publication des *Pensées d'août* manifeste l'intérêt tenace de l'artiste pour la poésie, qu'il abandonna cependant pour consacrer la plus grande partie de son temps à ses activités de critique. Suivent les lettres des années 1839-1840 (« Les amitiés vaudoises »), années décisives pour Sainte-Beuve. En réunissant en volume ses articles et en rédigeant le premier tome de *Port-Royal,* en faisant réimprimer *Volupté* et le recueil complet de ses poésies, il affirme toute la richesse de son tempérament et laisse entrevoir ce que sera son œuvre littéraire dans l'avenir. Ses lettres à Mme Récamier sont intéressantes ainsi que celles à une Russe, la comtesse Edling-Stourdza (selon une correspondance découverte depuis peu en Russie). Avec un voyage en Italie, à Rome et à Naples, ses amitiés suisses du canton de Vaud lui montrent un monde nouveau, de Juste et Caroline Ollivier à Vinet et à Töpffer. Sainte-Beuve trouve ensuite une occupation à la bibliothèque Mazarine, grâce à Cousin et Buloz, et avec tranquillité il peut faire de nouveaux projets d'étude et pense même à se marier. Mais déjà plein de désillusions en ce qui concerne la paix de l'esprit, comme le dit Bonnerot, « il s'enfermera dès lors dans un travail qui lui apportera la consolation et la gloire ». La *Correspondance* est un document très important pour la biographie de l'écrivain et la connaissance de son temps ; son classement chronologique offre un ample tableau de la formation littéraire de l'auteur et constitue un guide précieux pour la compréhension de la psychologie de l'homme et du critique.

CORRESPONDANCE de Salutati [*Epistolario*]. L'œuvre la plus importante du fameux humaniste florentin Lino Coluccio Salutati (1331-1406), source de références entre toutes précieuses pour l'étude de la formation de l'esprit humaniste. Publiée par Francesco Novati en 1893, elle comprend trois cent vingt-cinq lettres et se divise en quatorze livres. Elle constitue un témoignage de la grande œuvre entreprise par Coluccio en faveur de la culture classique, « pour revendiquer tous ces trésors artistiques et scientifiques que la barbarie de nos ancêtres avait, sinon détruits, du moins cachés » ; se prévalant de son poste de chancelier de la République florentine, Coluccio excite l'intérêt de ses amis et correspondants, du pape aux plus obscurs tabellions, et il en fait des collaborateurs, des serviteurs de la cause qui le passionne. Parmi les personnalités auxquelles sont adressées ses lettres, il suffit de rappeler Boniface IX, Innocent VII, Boccace, Francesco Gonzaga, Carlo Malatesta, Luigi di Marsili, Francesco Landini, Guido da Polenta, Filippo Villani. Coluccio écrit en France pour avoir un Homère ; en Espagne pour retrouver les traces de Plutarque ; en Allemagne pour réclamer les *Décades* de Tite-Live ; à Milan pour récupérer Varron, à Mantoue pour découvrir Ennius. Sa *Correspondance* révèle non seulement une figure caractéristique d'érudit, mais aussi un tempérament d'écrivain qui, s'il n'égale pas Pétrarque avec lequel il a des affinités, se rapproche indubitablement de lui par son humanité et la vivacité de son style. Par la conscience, la précision méthodique dont il fait preuve dans l'étude des textes classiques, Coluccio Salutati peut être enfin considéré comme le premier des philologues, dans le sens moderne du mot ; comme le père de la critique des textes (Recueils des textes, Catalogues, Variantes, etc.).

CORRESPONDANCE de Sand. Dans les années 1860, l'écrivain français George Sand (1804-1876), sachant que ses lettres seraient publiées après sa mort, commença à se préoccuper de la mise en ordre de sa très abondante correspondance et chargea son ami Émile Aucante de veiller à la préparation et à l'exécution de ce travail. Une première édition fut donc publiée en 1882, édition qui, comme toutes les premières moutures en ce domaine, se révélait pour le moins incomplète et imprécise. Suivirent d'autres éditions qui, petit à petit, comblaient les vides. Mais il fallut attendre plus de quatre-vingts ans pour que parût enfin, en 1964, chez Garnier, le premier volume de l'édition qui fait actuellement – et qui, selon toute vraisemblance, fera pendant fort longtemps encore – référence en la matière, édition due à Georges Lubin, dont le vingt-cinquième et dernier tome (*Supplément*) a été publié en 1991. Ces vingt-cinq volumes, résultat d'un travail de près d'un demi-siècle, renferment environ dix-neuf mille lettres.

Cela dit, en dépit de ses monumentales dimensions (chaque tome compte environ de six à sept cents pages), cette édition ne peut évidemment prétendre à l'exhaustivité absolue. De très nombreuses lettres ont disparu : la totalité de la correspondance avec Jules Sandeau et Stéphane Ajasson de Grandsagne, une grande partie des lettres à Charles Didier, à Marie Dorval, à Eugène Pelletan, un certain nombre de lettres à Musset, la totalité de celles adressées à Chopin (sauf la lettre de rupture), que la romancière a elle-même détruites. Par ailleurs, comme il arrive souvent en pareilles circonstances, de nombreuses difficultés surgissent pour l'éditeur. Des familles se refusent à communiquer les autographes en leur possession (cas des descendants de Michel de Bourges et de Scipion du Roure), le texte de certaines lettres a été parfois censuré (coupure aux ciseaux, caviardages), soit par le destinataire, soit par une tierce personne, pour diverses raisons (lettres à Zoé Leroy, par exemple). Enfin, la correspondance de George Sand soulève un problème spécifique. Le 11 mai 1856 très exactement, la romancière modifia son écriture. De penchée qu'elle était, la graphie sandienne devint droite. Lubin a donc pu constater que certaines lettres (cinq adressées à Musset, une à Pagello) avaient été « revues et corrigées » par George Sand puisque, tout en étant datées des années 1834-1835, elles présentaient la graphie droite adoptée vingt ans plus tard. Cependant, une douzaine environ de lettres manipulées à des titres divers, sur près de vingt mille, ne peuvent évidemment modifier un jugement global. Les vingt-cinq volumes de l'édition Lubin constituent donc un irremplaçable document pour qui s'intéresse à la vie et à l'œuvre de George Sand.

Dans leur immense majorité, les lettres que nous possédons sont bien datées, les destinataires, à de très rares exceptions près, aisément repérés, et par conséquent cette édition propose aux lecteurs des textes parfaitement mis au point et, plus particulièrement, aux chercheurs, un outil de travail de tout premier ordre. Lubin a, pour chaque lettre, soigneusement distingué les autographes des copies (chaque origine est indiquée), a également signalé les publications, complètes ou partielles, antérieures ; un copieux apparat critique sous forme de notes en bas de page apporte les éclairages indispensables ; des index divers, alphabétique, par thèmes, etc. facilitent considérablement les recherches ; chaque volume comprend un résumé chronologique, parfois presque jour par jour, des événements essentiels de la vie de George Sand ; chaque destinataire a droit, en fin de volume, à une notice précise et détaillée ; une iconographie toujours éclairante illustre chaque tome. On peut donc, grâce à cette édition, reconstituer avec une précision exceptionnelle l'existence de celle que Victor Hugo qualifiait de « la plus grande femme peut-être de tous les temps ».

Au niveau de la biographie proprement dite, la publication de cette correspondance permet à présent de rétablir un grand nombre de vérités et de faire un sort aux multiples calomnies dont George Sand a été victime de son vivant et, longtemps encore après sa mort. On comprend mieux, par exemple, combien sa quête de l'amour, toujours recommencée, procédait d'un idéalisme d'essence romantique : la recherche de l'être parfait, physiquement, intellectuellement, moralement. On constate à quel point les liaisons les plus célèbres (Musset, Chopin) n'ont pas été, loin s'en faut, les plus heureuses, alors qu'un homme modeste, le graveur sur cuivre Alexandre Manceau, a pu satisfaire pendant quinze ans (la mort les sépara, non la rupture) cette femme d'exception. La lecture de la correspondance – lettres à Pierre Leroux, à Louis Blanc, à Ferdinand François, au « poète prolétaire » Charles Poncy entre autres – apporte également de précieux renseignements sur l'évolution des idées politiques et sociales de celle qui fut en quelque sorte la « Pasionaria » de la seconde République et qui, sous le second Empire, se dépensa sans compter pour sauver ses amis politiques emprisonnés. On peut mieux comprendre aussi combien cette « enfant du siècle » était attirée par un déisme assurément bien vague, mais profondément sincère. George Sand a toujours cru à la survie, tout en refusant des dogmes imposés par une Église dont elle récuse, souvent avec violence, les interdits et les tabous.

Enfin, cette prodigieuse correspondance accompagne, évidemment en contrepoint, la genèse de l'œuvre surabondante – romans, nouvelles, pièces de théâtre, autobiographie, carnets, journal intime, articles de toute nature – qui témoigne, au même titre que ses lettres, des dons et de la maîtrise de l'un de nos écrivains les plus contestés, mais aussi les plus attachants.

J.-L. D.

CORRESPONDANCE de Spinoza [*Epistolae doctorum quorumdam virorum ad B. d. S. et auctoris responsiones ; ad aliorum eius operum elucidationem non parum facientes*]. Ces lettres du philosophe hollandais Baruch Spinoza (1632-1677) ont été publiées après la mort de l'auteur à Amsterdam dans l'édition des *Œuvres* de 1677, reclassées chronologiquement dans l'édition de Vloten et Land (1882-1914), et présentées dans une édition critique par Gebhardt (1923). Cette *Correspondance* comprend quatre-vingt-trois lettres en latin (dont on a, pour quelques-unes, une version hollandaise partielle) adressées à Spinoza et par le philosophe aux amis correspondants. Parmi ceux-ci, il faut citer Henri Oldenburg, Simon de Vries, Ludovic Meyer, Guillaume de Blyenbergh, Jarigh Jelles, Jean Oosten, Hugues Boxel, Tschirnhaus et Leibniz. Les lettres de Spinoza sont, dans la plupart des cas, des réponses à des questions d'ordre doctrinal, nées le plus souvent de la lecture de ses œuvres. Ces réponses n'apportent pas, en vérité, d'éléments nouveaux fondamentaux pour la doctrine philosophique de Spinoza ; elles révèlent plutôt chez lui des dons d'exposition claire et précise, et aussi son esprit humain et cordial, guidé par le souci de défendre la vérité. En effet, le ton de ces lettres, qui contiennent aussi d'intéressants jugements de Spinoza sur d'autres philosophes, est bien le ton du maître, mais d'un maître qui se cache derrière la dignité et l'autorité de la raison.

L'auteur traite de questions de logique et de métaphysique générale, de physique, d'exégèse biblique et de politique. Dans une série de lettres adressées à Hugues Boxel, nous trouvons une discussion sur l'existence des esprits ; Spinoza oppose aux imaginations confuses et aux superstitions l'expérience précise, la clarté et l'évidence de la raison. Ces images et ces superstitions ne sont qu'un refus de l'ignorance : « Si les philosophes ne veulent pas appeler spectres ce que nous ignorons, certes, je ne le nierai pas, car il y a une infinité de choses qui m'échappent. » Mais, dans le savoir spéculatif, « il faut se garder d'admettre comme vrai ce qui n'est que vraisemblable : car, d'une erreur introduite, il en découlera mille ».

Si quelqu'un objecte que même du principe du savoir, de Dieu, on ne peut avoir une connaissance claire, le rationalisme de Spinoza a une réponse toute prête : « Si tu veux savoir si j'ai de Dieu une idée aussi claire que du triangle, je te répondrai affirmativement. Et si ensuite tu veux savoir si j'ai de Dieu une image aussi claire que du triangle, je te répondrai négativement. Car nous ne pouvons pas imaginer Dieu, mais nous pouvons le comprendre avec notre raison. » Cette foi inébranlable dans la raison constitue l'élément caractéristique le plus vivant et le plus profond de la *Correspondance*. Elle guide Spinoza au-dessus des foules aveugles et de leurs luttes impitoyables : « Je chercherai à voir ce que feront ces combattants lorsqu'ils seront gorgés de sang... Ces foules ne m'incitent ni à rire ni à pleurer, mais bien à méditer... Que chacun vive comme bon lui semble, que certains meurent à la recherche du bien ; moi je ne demande qu'à vivre pour la vérité. »

Cette profonde certitude de la vérité, comme conscience du Bien suprême et de l'Être suprême, le rend indifférent et méprisant envers ceux qui l'accusent d'athéisme. « Ce qu'il faut entendre par religion et ce qu'il faut entendre par superstition, je ne sais. Celui qui affirme que Dieu doit être considéré comme le Bien suprême et, en tant que tel, être aimé avec un esprit libre, repousse-t-il toute religion ? Repousse-t-il toute religion, celui qui estime que la récompense de la vertu se trouve dans la vertu elle-même, tandis que la stupidité trouve son châtiment dans la stupidité et qui pense enfin que chacun doit aimer son prochain et obéir aux commandements du Pouvoir suprême ? Or, ces choses, je ne me suis pas contenté de les déclarer expressément, je les ai démontrées avec des raisons très solides. » Et quand le jeune Albert Burgh, après sa conversion au catholicisme, l'invite à abandonner les « erreurs » de sa libre philosophie (« Convertis-toi, ô philosophe, reconnais ta savante stupidité et ta science malsaine »), le philosophe se dresse, conscient de la dignité de la raison, pour répondre : « Je ne présume pas d'avoir découvert la meilleure philosophie, je sais que je comprends la véritable philosophie. » « Rejette cette superstition funeste, reconnais la raison que Dieu t'a donnée et cultive-la si tu ne veux pas retomber parmi les bêtes. Cesse d'appeler mystères des erreurs absurdes et de confondre honteusement les choses qui nous sont encore inconnues ou cachées avec celles qui se révèlent absurdes, comme ces horribles mystères qui répugnent d'autant plus à la saine raison que tu crois ainsi t'élever davantage au-dessus de l'intelligence. » — Trad. Gallimard, 1954 ; Garnier-Flammarion, 1966.

CORRESPONDANCE de N. de Staël. Les lettres du peintre russe naturalisé français Nicolas de Staël (1914-1955), datant de 1926 à 1955, ont été l'objet de plusieurs publications : *Lettres de Nicolas de Staël à Pierre Lecuire* (Paris, 1966) ; *Lettres à Jacques Dubourg* (Londres, 1981) ; « Lettres de Nicolas de Staël », annotées par Germain Viatte, in *Catalogue raisonné des peintures* (Paris, 1968).

Amorcée à l'occasion des premiers voyages du jeune peintre en Espagne (1934-1935) et au Maroc (1936-1938), cette correspondance de Nicolas de Staël — qui nous livre au gré de plusieurs centaines de lettres le portrait extrêmement vivace d'un homme aux amitiés nombreuses et solides, dont les élans de tendresse, les sursauts d'orgueil, l'ironie ou la gaieté massive alternent avec les crises de doute, le dénigrement, les impasses, le désespoir lancinant de qui se jette chaque jour au-devant de l'inconnu — ne s'achèvera que le jour de sa mort, survenue à Antibes le 16 mars 1955. Les premières lettres, détaillant la vie bigarrée des indigènes, l'architecture simple et raffinée des musulmans et les paysages puissants, dramatisés par un œil qui se porte d'instinct aux chocs les plus violents, les plus purs, demeurent l'unique témoignage — à l'exception de quelques dessins rescapés — de ces années d'apprentissage ardu, passionné de la peinture. On décèle aussitôt dans ces pages cette recherche opiniâtre de l'équilibre, ce refus du repos et de l'acquis, qui au cours de sa vie ne satisferont presque jamais le peintre. Mais on reconnaît par ailleurs une foi absolue dans la légitimité de ses tentatives, voire de ses échecs, un besoin de solitude, une remarquable capacité de se rapprocher de l'essentiel, de fuir tout ce qui ne touche pas directement à son art.

Après une interruption de quelques années qui coïncide avec la période la plus sombre de son existence, les échanges reprennent à la fin de la guerre dès que les premières expositions lui permettent d'entrer en contact avec certains amateurs particulièrement attentifs à son art et qui deviendront ses amis. À côté de lettres enjouées à sa famille qui se veulent rassurantes en dépit d'une situation encore bien précaire, Staël engage avec tous ceux qui s'intéressent à son œuvre, marchands, critiques, poètes ou collectionneurs, un dialogue brillant mais sans concessions à propos de sa peinture. Refusant toutes les idées reçues et à l'écart des théories, sa nature impulsive et enthousiaste rebondit au choc de l'autre, et l'épistolier reprend à tout moment son interlocuteur, corrige son impression, précise le sens de certaines approches ; on devine à chaque ligne combien ces discussions lui étaient nécessaires et quel profit il retirait de ces confrontations qui l'aidaient à mieux se diriger dans le labyrinthe des contradictions qui ne manquaient jamais de survenir en chemin.

C'est dans cet échange, constamment renouvelé par le jugement et les œuvres des autres, par la lecture, les amitiés, que réside sans aucun doute l'intérêt majeur de cette correspondance qui permet de suivre par le dedans le mouvement à la fois irrépressible et sans cesse remis en question d'un créateur tout entier résolu à tenir le pas gagné, fût-ce au prix de la plus grande solitude, du plus noir désespoir : « Toute ma vie j'ai eu besoin de penser peinture, de voir des tableaux, de faire de la peinture pour m'aider à vivre, me libérer de toutes les impressions, toutes les sensations, toutes les inquiétudes auxquelles je n'ai jamais trouvé d'autres issues que la peinture. »

Mais le feu qui dévore, dans l'arc de dix brèves années, la vision de cet artiste gagne à son tour sa manière d'écrire, où se retrouvent les tensions, ellipses et abrupts de la pensée, les éclats de la couleur et cette incomparable maîtrise des contraires qui caractérisent son art. Fuyant les métaphores et les catégories du concept, sa phrase semble s'enflammer dès qu'elle s'emploie à décrire objets ou paysages, ou qu'elle évoque telle ou telle rencontre avec les peintres du passé ; que le peintre projette une édition de poèmes avec des amis, prépare une exposition ou relate ses impressions de voyage, le rythme de sa langue devient haletant sous la passion, précipite la syntaxe jusqu'à nous faire éprouver cette émotion même qui l'entraîne à parler. F. Ro.

CORRESPONDANCE de Stendhal. Mérimée présenta une première édition des lettres de l'écrivain français Stendhal (1783-1842) chez Calmann, en 1855, sous le titre *Correspondance inédite.* Au début de ce siècle, Barrès devait préfacer une édition de cette correspondance, et Henri Martineau en présenter ensuite au « Divan », dans le cadre des *Œuvres complètes de Stendhal,* une nouvelle édition. La *Correspondance* de Stendhal a été publiée depuis par la Bibliothèque de la Pléiade, en trois volumes (édition établie et annotée par Henri Martineau et Vittorio Del Litto, 1972-1978).

Mérimée disait dans la préface qu'il consacrait à la *Correspondance* de Stendhal : « Ses lettres sont charmantes, c'est sa conversation même. » Cet élégant raccourci ne nous découvre pourtant qu'un des aspects de l'esprit stendhalien. Car, si, mieux que tout autre, Stendhal excelle à rapporter l'incident, le mot brillant qui dans un salon crée une renommée, la profondeur et l'étrange finesse dont ses lettres font souvent preuve sont d'un psychologue bien plus que d'un anecdotier. Tout autant que la *Vie de Henri Brulard* (*), elles sont l'histoire de sa vie, mais aussi la chronique de son époque. Avec lui nous traversons Milan, Berlin, Vienne et Moscou. Nous y apprenons la mort d'un prince, Ferdinand de Prusse, tué au combat de Saafeld, l'incendie de Moscou par Rostopchine, son gouverneur. Il nous fait connaître le dernier opéra italien, ou *Lénore,* la romance à la mode que chante toute l'Allemagne. Stendhal sait voir ; il a l'art de se bien placer toujours pour surprendre le spectacle que la foule ignore ou pour se le faire raconter s'il n'a pu y assister. Qu'un soldat insulte le roi Charles X, lors d'un défilé, en criant « À bas les ministres », que le pape Grégoire XVI s'entretienne avec un noble vénitien ou qu'un bateau coule devant Civita-Vecchia, et voilà autant de reportages sensationnels dont ses correspondants auront la primeur. Ses lettres témoignent aussi du désarroi de tous les partisans de Napoléon après 1815 et de leur rancœur contre l'Angleterre, son plus tenace ennemi. Cachant à peine ce désir de revanche qui lui tient le cœur, n'écrit-il pas : « J'espère avoir la joie de voir une révolution dans ce pays-là. » D'un égal mépris il accable les puissants du jour, nobles ou bourgeois, parce qu'il garde au cœur la nostalgie de l'Empire et de son panache. Est-ce donc parce qu'ils ne sont que des enfants de roi qu'il couvre d'ironie les souverains des monarchies établies ? De François II d'Autriche, n'écrit-il pas qu'il lui trouve « l'air coinche, usé, fatigué, un homme à mettre dans du coton ». Et il ne montre guère plus d'indulgence envers le comte de Chambord, « enfant du miracle », qui lui semble « gros, entassé, mal fait ». Avec quelle admiration non dissimulée, par contre, ne se plaît-il pas à nous rappeler l'entrée majestueuse à Berlin de l'Empereur !

Oui, Stendhal s'est bien mis tout entier dans ses lettres qui nous livrent, en même temps que la clef de ses livres, ses opinions politiques et artistiques ou plus généralement sa conception de la vie. Et comment ne pas citer ici l'admirable correspondance amoureuse entretenue avec Mme Dembowski ou même avec Angélina, Mélanie Guilbert, Mina, Julia et quelques autres charmants fantômes, qui tous furent l'occasion de lettres délicieuses. Nous y découvrons un homme délicat, sensible et qui sans amour paraissait ne pouvoir vivre. Les lettres adressées à sa sœur Pauline entre 1800 et 1815 sont tendrement doctorales. Il lui enseigne les bons auteurs qu'il faut lire : Plutarque, Retz, Saint-Simon ; lui fait part de ses bonnes fortunes et la conseille sur la conduite qu'une jeune fille doit tenir dans le monde. Avis, conseils et réprimandes parfois sont l'essentiel de cet enseignement : « Cultive ton esprit et laisse le travail aux machines humaines. » « Vois un mari comme une chose et non comme un être. » Ses lettres nous éclairent également sur les fréquents malentendus qui le séparaient de son père. Parmi ses autres lettres les plus célèbres, il faut citer celles adressées à Mérimée à propos d'*Armance* (*), à Mme Gaulthier sur *Lucien Leuwen* (*) ou son remerciement à Balzac pour *La Chartreuse de Parme* (*). Certaines sévérités qu'il manifeste pour Hugo, Lamartine, George Sand ou Chateaubriand (« *Hernani* et le champagne ne m'ont pas réussi ! ») sont compensées par la générosité avec laquelle il défend Silvio Pellico. Cette *Correspondance* exprime le besoin qu'il avait de se cacher ou tout au moins de se protéger de ses contemporains (« Je n'admire pas le style à la mode, il m'impatiente ! »), sa pudeur à livrer ses sentiments intimes, son seul vrai désir étant l'amitié des « âmes sensibles » des générations de 1880-1900-1935. Ses correspondants les plus illustres furent Byron, Sainte-Beuve, Mérimée, Sutton Sharpe, Di Fiore, auxquels il écrivait en signant généralement d'un surnom (on en connaît à peu près deux cents) : Tombouctou, Baron-Raisin, L'Ennuyé, Roger, Dominique... Les lettres de Stendhal expliquent ses œuvres romanesques, en les égalant. Elles le confirment comme « l'auteur des écrits qui ont le plus ajouté au plaisir qu'un Français intelligent peut prendre à la vie ».

CORRESPONDANCE de Valéry. De la correspondance de l'écrivain français Paul Valéry (1871-1945) ont été publiées : 1° en 1952, diverses pièces, sous le titre : *Lettres à quelques-uns* ; 2° en 1955, les lettres échangées avec André Gide, de 1890 à 1942 ; 3° en 1957, avec Gustave Fourment, de 1887 à 1933. On peut distinguer deux périodes, au tempo contrarié, dans la correspondance de Paul Valéry. Deux états. L'un couvrant une quinzaine d'années (1890-1905) témoigne d'une sensibilité brute, incandescente, et donne le « détail » des points aigus de la crise. Ce qui caractérise les lettres de cette série — à André Gide, à Gustave Fourment, à Pierre Louÿs — c'est leur extrême violence, leur emportement, leur passion, et toujours, comme pour atténuer le tragique de l'allure, ce sens très développé chez lui de la « blague ». Le ton en est d'une franchise absolue, et les destinataires éprouvent quelque difficulté à suivre ce fougueux Méridional qui pousse le phénomène nerveux de l'intelligence jusqu'aux limites du possible. Elles fument, ces lettres, comme des lettres d'amour. En fait, elles en ont les sautes, les caprices, les défaillances, et jusqu'aux tendresses. Ces jeunes gens se sont aimés, comme seule l'amitié, qui est une passion, le permet. Valéry, aussi peu littérateur que sentimental, ne cache rien à ses meilleurs correspondants, il ne semble pas devoir garder quelque chose pour l'œuvre, et ce n'est pas la moindre séduction de ses pouvoirs d'amitié. Toute l'énergie dont il est capable, et qu'il serait malhonnête de diviser, comme il arrive, en séparant l'intellectuel du sensible, il la jette, il l'offre, puisqu'il aime, puisqu'il a choisi ceux qu'il aime. Ce n'est évidemment pas le cas d'André Gide, dont les lettres sont plus belles parce qu'arrachées au miracle de vivre. Insensiblement, à coups de malheurs, Valéry va comprendre, et préparer l'état « second ». Comprendre quoi ? Qu'il est impossible de se livrer totalement dans le contact avec autrui, qu'on ne sait jamais assez à quel degré de possession on est parvenu. À partir de ce moment — qui dura des années — le ton change : une cellule du « cœur de l'esprit », comme il dit, se rompt, ne répond plus. Comme s'il avait pris une décision tendant à anesthésier une souffrance possible, désormais intolérable. Comme s'il était passé, lentement, de l'autre côté de la tendresse humaine, du côté où le rapport avec tout semblable ressort plus du jeu que du hasard consenti, et fiévreusement encouragé. L'essentiel, peut-être, de la correspondance initiale, c'est qu'elle réduit à rien l'absurde mythe de l'« homme sec », dont Valéry fut une des plus fières victimes, n'acceptant aucun compromis, et devant finalement confier au plus secret du verbe ses trésors d'affection non déçue, non brisée, mais « rendue ». Tout Valéry est dans l'œuvre, pour qui a su la lire sans préjugés. La correspondance ne fait que confirmer, d'éblouissante manière, la très profonde détresse, électrique, imprenable, qui la nourrit. Des lettres « officielles », dont certaines ont paru dans le recueil : *Lettres à quelques-uns*, nous retiendrons celles à Thibaudet, à propos de Mallarmé ; à Albert Coste, vieil ami retrouvé, dans lesquelles l'homme de quarante-cinq ans fait le point, dit ses ambitions, ses efforts, ses regrets ; au R. P. Rideau, auquel il « s'explique » une fois de plus, désespérant de jamais faire entendre sa vraie passion ; et ce court envoi à une religieuse qui prend l'habit, envoi qui se termine ainsi : « Mais si vous voulez bien, sur le seuil du couvent, accepter l'hommage d'une pensée qui parfois s'écarte du monde... sans s'approcher de la religion, sachez que j'admire "sur toute chose" la force de choisir entre le tout et le rien, quand on a su, comme vous l'avez su, démêler en soi-même ce qui peut être "Tout" de ce qui doit être "Rien". »

CORRESPONDANCE de Walpole [*The Letters of Horatio Walpole*]. Publiée par fragments à partir de 1798 (à titre posthume), la *Correspondance* de l'écrivain et homme politique anglais Horace Walpole (1717-1797) a été l'objet de deux grandes éditions : celle de Paget Toynbee (16 vol. 1903-1912) et celle, en cours, de l'université Yale (31 vol. parus depuis 1937). Mêlé à la vie politique, mondaine, artistique et littéraire de son temps, grand voyageur au courant de tout ce qui se passait en Europe, Horace Walpole est le type même de l'esprit cosmopolite du XVIIIe siècle. Son naturel, son aisance et sa verve en font le premier épistolier de langue anglaise, à la fois le plus complet et le plus parfait.

Parmi les correspondants réguliers de Walpole, tous choisis avec soin, une place particulièrement importante revient à Thomas Gray, avec lequel il visita l'Europe, à George Montagu, John Pinkerton, sir Horace Mann, Thomas Chatterton, sir David Dalrymphe, au révérend Cole et au révérend William Mason, enfin à Mary et Agnes Berry, Barbara Seton et Mme Du Deffand (les lettres de Mme Du Deffand à Walpole ont également été éditées en trois volumes par Paget Toynbee en 1912).

Walpole avait un culte pour Mme de Sévigné qu'il appelait Notre-Dame de Livry, mais s'il a subi son influence c'est moins en l'imitant qu'en la prenant comme exemple. Moins « familière » que celle de son modèle, la *Correspondance* de Walpole est « l'œuvre d'un homme souple et divers, doué pour l'expression fine et plaisante des idées, et pour cette conversation à distance qui réclame des loisirs, une expérience riche, du piquant d'esprit, de l'amitié. La vivacité agréable de la forme est soutenue, dirigée par une application discrète, et un dessein volontaire » (L. Cazamian). À côté de ces qualités littéraires, les lettres de Walpole nous fournissent un tableau vivant, divers et complet de la société anglaise de la seconde moitié du XVIIIe siècle ; tout y est traité : les affaires publiques aussi bien que la vie de la ville et de la Cour, les séances du Parlement tout autant que les événements artistiques et littéraires. Curieux de tout et renseigné sur tout, Walpole sait faire la synthèse de l'actualité, non seulement de celle de l'Angleterre mais aussi de celle de l'Europe, ses innombrables relations lui permettant de connaître ce qui s'accomplit aussi bien que ce qui se trame. L'impression qu'il donne de se trouver au centre de la toile et d'avoir en main tous les fils ne contribue d'ailleurs pas peu à soutenir l'intérêt de la multitude de ses lettres : l'ensemble est en effet le roman d'une époque, un roman écrit sur le vif et où tout, même si l'on devine parfois quelque apprêt, a l'acuité inimitable du vrai.

On a naturellement comparé cette immense correspondance à celle de Voltaire ; moins étincelante, elle mérite cependant le parallèle tant par la largeur des intérêts, des vues et de la culture que par l'aisance et le piquant. Avec une indulgence amusée pour ce dont il parle, Walpole fait preuve d'une philosophie volontiers cynique, mais l'homme se révèle au fond attentif aux autres et soucieux de ne point blesser. La légèreté et la morgue qu'il affiche souvent ne sont en vérité que les masques d'une sensibilité qui a peur d'être tournée en ridicule, tout comme le ton volontiers ironique et railleur ne répond qu'au désir de dissimuler un besoin de sincérité et de sérieux qui, une fois perçu, fait se dessiner derrière le style et les événements rapportés un visage profondément humain et sympathique.

CORRESPONDANCE AVEC JACQUES RIVIÈRE, d'Artaud. Cette brève série (vingt-cinq pages) de textes publiés en 1927 est un dialogue plus qu'une conversation – laquelle offre généralement ses registres aux *Correspondances* littéraires dont Gide, Claudel, Rivière ont été les auteurs –, le dialogue d'une piécette qu'ont jouée l'écrivain et acteur français, poète et maudit Antonin Artaud (1896-1948) et le directeur de *La Nouvelle Revue française*, Jacques Rivière. Cet échange, ce combat, sera déterminant pour l'œuvre et la « pensée », et la direction d'Artaud (à moins qu'il ne corresponde, dans le temps, à un tournant de cette pensée). Alors qu'est sous presse (début 1923) *Tric-Trac du ciel*, petit recueil de courts poèmes qu'édite Kahnweiler, Artaud envoie quelques poèmes semblables à *La Nouvelle Revue française* (*), et il reçoit bientôt un petit mot de Jean Paulhan accompagnant les poèmes refusés par Rivière. Paulhan, lui, leur « trouve un grand charme ». Ce charme, Artaud pourrait d'ailleurs en contester l'intérêt, comme il conteste, nous dit-il, nous crie-t-il, dans le Préambule à ses œuvres complètes, « un style qui n'en est pas un », « la breloque où tremble un esprit ». Artaud désire partir en guerre, cracher le monde, se cracher avec ce quelque chose qui ne va aucunement dans sa pensée, mais par définition (littéraire), cette guerre il la *jouera*, et quand un bref mot de Rivière (1er mai 1923) le convoque à la *N.R.F.* « un vendredi, entre quatre et six heures », le jeu commence, et les œuvres complètes d'Artaud, qui débutent par huit lignes de Rivière. Leur succèdent deux pages de « Artaud » qui reviennent « sur quelques termes de notre conversation de cet après-midi » (5 juin). Artaud dit : « Je souffre d'une effroyable maladie de l'esprit. Ma pensée m'abandonne à tous les degrés. » Ce fait particulier, mais au caractère universel, va constituer le fond, traité littérairement, de la *Correspondance*. Chacun des combattants – parlons de judo plus que de boxe – va accepter le terrain de l'autre, va attirer l'autre sur son propre terrain, va le contaminer (de bonne foi), l'inséminer. Artaud provoque Rivière. Il veut le plonger dans l'embarras. Il veut laver l'affaire des poèmes refusés. Pour cela il déplace la question. Il impose une suspension de jugement. Il entraîne le jugement de Rivière dans la gratuité de ses poèmes, *qui sont du monde de Rivière*, et des petites choses imparfaites quand Rivière attend des petites choses parfaites. Artaud propose à Rivière son mental ; il propose de l'absolu insaisissable à l'homme des mots ; il propose un objet (de discussion), mais il s'agit de Artaud-sujet, et Artaud connaît mieux ce sujet que *l'autre*. Rivière, appelé au secours de la pensée malade, est d'abord la belle âme grugée et piégée (« Peut-être ai-je bavardé, là où il eût fallu comprendre et plaindre. J'ai voulu vous rassurer, vous guérir », dit vers la fin Rivière), mais bientôt elle s'interroge sur elle-même, sur la non-toute-puissance de son esprit, et elle devient d'autant plus émouvante qu'on sait que Rivière mourra l'année suivante (1925). Ce combat *privé*, hors les murs, qui vaut les joutes poétiques de l'Antiquité – et qui durera un an (juin 1923-juin 1924) – plaît de plus en plus aux deux combattants, si bien que Rivière suggère que la *Correspondance* soit publiée dans la *N.R.F.* : « Un petit roman par lettres qui serait assez curieux » ; les noms des auteurs et destinataires seraient inventés. Ce roman est bien un roman courtois ; l'enjeu est Artaud, sa « pensée », à (re)conquérir, comme il s'agit de statuer depuis cette non-pensée sur la pensée, sur le sens de la vie ; du jeu on passe à la sincérité, de la *règle* du jeu (qui consiste à dire dès l'abord que l'affaire est grave) à une conduite *régulière*, de l'échange verbal à l'initiation. Et il semble qu'en fin de compte Rivière ait initié Artaud à la rhétorique, l'ait fait passer du scintillement poétique au commentaire tragique : au *Pèse-Nerfs* (*), à *L'Art et la Mort* (*).

CORRESPONDANCE DE CLAUDEL ET DE GIDE. Réunie, préfacée, annotée par Robert Mallet, cette *Correspondance* fut publiée en 1949. Elle comprend 167 lettres, 46 d'André Gide (1869-1951) et 121 de Paul Claudel (1868-1955), qui furent écrites entre 1899 et 1926. Le nombre plus restreint de lettres de Gide s'explique assez bien. Au cours du tremblement de terre à Tokyo en 1923, Claudel perdit une partie de ses archives ; mais, indépendamment de ce fait, Claudel écrivait plus fréquemment et plus longuement que Gide. Celui-ci reconnaissait ne pas être un bon correspondant : « C'est à cause du branle-bas que cause en moi chacune de vos lettres », répondit-il à Claudel, qui lui reprochait ses longs silences. Ces lettres nous retracent l'histoire d'une conversion manquée. C'est en 1899, chez Marcel Schwob, que les deux écrivains firent connaissance alors que Gide venait d'envoyer à Claudel son *Prométhée mal enchaîné* (*) et son *Philoctète* (*). La vie itinérante de Claudel favorisa cette correspondance. Très souvent ce que Gide n'osait ou ne voulait pas dire à son convertisseur, nous le trouvons dans son *Journal* (*). Après son entrevue avec Claudel en novembre 1905, Gide y note qu'il « a l'air maintenant d'un marteau-pilon ». Analysant son attitude devant lui, il écrit encore : « J'étais occupé un peu trop à me défendre et n'ai répondu qu'à demi à ses avances. » Claudel veut convaincre à tout prix, quitte même à passer pour « un zélote et un fanatique ». Gide, lui, veut se protéger et défendre son indépendance intellectuelle. Mais Claudel revient toujours à la charge : « Pourquoi ne vous convertissez-vous pas ? », ne cesse-t-il de demander à son ami. Partant pour l'Extrême-Orient, il lui laisse un *Abrégé de toute la doctrine chrétienne*. Gide ne manque pas d'être touché par l'affection véritable qui motive la conduite de son ami ; cependant, chaque fois qu'il le peut il tient à dire qu'il n'est toujours pas converti. C'est ainsi que peu de temps après la publication du *Retour de l'enfant prodigue* (*), qui a déchaîné la colère de Francis Jammes, il écrit à Christian Beck : « Peut-être ne savez-vous pas que Claudel, après avoir trouvé en Jammes une brebis facile à ramener au Seigneur, a voulu m'entreprendre à mon tour. Cela s'appelle, n'est-ce pas, convertir. » Claudel est conscient de l'irritation que peut faire naître son prosélytisme dans l'esprit de Gide. Il s'en inquiète : « J'ai toujours peur que vous n'interrompiez votre correspondance. » *La Porte étroite* (*), parue en 1909, est une nouvelle occasion de dialoguer. Gide critique l'état de repos auquel incline le catholicisme, mais Claudel lui répond en soutenant qu'il est au contraire un combat perpétuel. Claudel profite de la mort de Charles-Louis Philippe, auteur de *Bubu de Montparnasse* (*), qui cherchait à se convertir, pour revenir à la charge : « Je me reproche de n'être pas assez fanatique et prédicant. » Un an se passe avant que Claudel entonne son Magnificat à l'occasion de la Noël : « Je vais communier demain [...], de quelles immenses joies vous vous privez. » Claudel cherche, semble-t-il, à toucher la sensibilité de son ami.

Au cours de l'année 1911, le sujet brûlant paraît évité, mais brusquement en fin d'année la conversion au catholicisme d'une belle-sœur de Gide ranime tous les espoirs de Claudel : « La nouvelle de cette conversion dans votre famille m'émeut grandement. À quand la vôtre, mon cher ami ? » À nouveau, Claudel assiège Gide, le pressant d'adhérer « à une chose aussi vaste que la voûte étoilée où l'océan lui-même a place pour se mouvoir ». Car, pour lui, demeurer incroyant c'est « ne disposer que d'un monde rétréci, amputé de moitié ». Mais Gide se déclare empêché d'abandonner le protestantisme au nom de « la fidélité qu'exigent de lui ces figures de parents et d'aînés qu'il a vu vivre dans une communion avec Dieu si constante, si souriante, si belle... ». Claudel veut rencontrer Gide, afin d'avoir avec lui une conversation décisive : « Il faudra que nous causions un de ces jours comme ces personnages de Dostoïevsky qui se disent des choses tellement confidentielles que le lendemain ils n'osent plus se regarder et sont pris d'une haine mortelle l'un contre l'autre. » À l'occasion d'une polémique qui l'oppose à des catholiques peu chrétiens, Gide écrit à Claudel l'aversion qu'il ressent pour tous ceux « qui se servent du Crucifix comme d'un casse-tête ». Claudel lui répond brutalement que « ce n'est pas avec les pailles qu'on trouve dans l'œil du prochain qu'on construit la maison de Dieu, mais avec les poutres que l'on ôte du sien » (15-1-1912). Gide paraît las de ce dialogue : « Je voudrais n'avoir jamais connu Claudel, écrit-il dans son *Journal* ; son amitié pèse sur ma pensée et l'oblige et la gêne. »

Lorsque *Les Caves du Vatican* (*) paraissent en 1914, le drame éclate à propos des « mœurs affreuses » auxquelles Gide fait allusion. Claudel le somme de s'expliquer, mais Gide pressent qu'il n'y a rien à expliquer, car « que je réponde ou que je ne réponde pas, lui écrit-il, je pressens que vous allez me méjuger ». Il lui écrit cependant avec franchise et comme s'il parlait à un prêtre. Mais sa lassitude grandit : « Par instant, j'en viens à souhaiter que vous me trahissiez, car alors je me sentirais délivré de cette estime pour vous et pour tout ce que vous représentez à mes yeux, qui si souvent m'arrête et me gêne. » Claudel ayant demandé à Gide de supprimer le passage incriminé, celui-ci s'y refuse : « Ne me demandez ni maquillage ni compromis ou c'est moi qui vous estimerai moins. » Le livre paraîtra non expurgé et le silence grandira entre les deux amis. Dix ans plus tard, à l'occasion de la parution de *Numquid et tu* (*), Claudel écrit longuement à Gide : « Il me semble qu'en ces dix années votre chemin s'est tout de même rapproché de l'humble grande route que je suis. » Alors qu'il doit le rencontrer lors de son passage à Paris en mai 1925, Gide ne peut s'empêcher de lui écrire : « Je souhaite de vous revoir [...] Et j'ai peur de vous, Claudel. » Après cet entretien, Claudel écrira au bas de la dernière lettre reçue de Gide : « Longue et solennelle conversation. Il me dit que son inquiétude religieuse est finie. Le côté goethien de son caractère l'a emporté sur le côté chrétien. » Avec une certaine ironie, Gide raconte cette entrevue dans son *Journal*. Il trouve à Claudel l'allure d'Ubu et termine en disant : « Devant Claudel, je n'ai sentiment que de mes manques ; il me domine, il me surplombe : il a plus de bases et de surface, plus de santé, d'argent, de génie, de puissance, de foi, etc., que moi. Je ne songe qu'à filer doux. »

Dans sa dernière lettre à Gide (25-7-1926), Claudel affirme : « Vous êtes l'enjeu, l'acteur et le théâtre d'une grande lutte dont il m'est impossible de prévoir la conclusion. » Quelques années plus tard, Gide écrira dans son *Journal* (décembre 1931), à propos de Claudel : « Je l'aime et je le veux ainsi, faisant la leçon aux catholiques transigeants, tièdes et qui cherchent à pactiser. Nous pouvons l'admettre, l'admirer ; il se doit de nous vomir. Quant à moi, je préfère être vomi que de vomir. »

Cette *Correspondance* nous semble particulièrement révélatrice du tempérament des deux écrivains. La violence prophétique de Claudel, « ce catholique à globules rouges », ne parviendra jamais à entamer l'intransigeant besoin de liberté spirituelle éprouvé par Gide. Claudel ne peut s'empêcher de ne juger les idées et les hommes qu'au travers de ses propres croyances religieuses. Il a du génie, mais demeure foncièrement incapable d'impartialité. Il veut sauver les âmes malgré elles. Il condamne et méprise toutes les œuvres qui ne sont centrées que sur l'homme. Voilà pourquoi Montaigne, Kant, Rousseau, Nietzsche ne trouvent pas grâce devant lui. Il n'a d'ailleurs guère plus de sympathie pour tous les catholiques modernistes : Péguy et Unamuno ne l'intéressent guère. En revanche, ses admirations sont enthousiastes : Platon et Rimbaud, Fabre et Chesterton reçoivent en quelque sorte son imprimatur. Quoi qu'il en soit, ce dialogue demeure l'un des plus beaux de notre littérature et l'un des plus représentatifs de positions spirituelles opposées.

CORRESPONDANCE DE CONDORCET ET DE TURGOT. Inédite jusqu'en 1882, elle fut éditée d'après les manuscrits autographes de la collection Minoret et de l'Institut. Ce document témoigne de la ferveur ardente que provoquèrent, chez ces deux écrivains et hommes politiques français, les questions sociales et les réformes. Marie Jean Condorcet (1743-1794) et Anne Robert Turgot (1727-1781) partageaient les mêmes idées sur la liberté du commerce ; selon les vues des physiocrates, ils sont fortement opposés aux droits consacrés par la tradition et croient à la valeur formatrice de l'éducation. Leur *Correspondance* concerne les questions relatives à la vie économique et politique telles qu'elles étaient alors discutées partout où pénétrait l'esprit encyclopédique et, avec lui, le goût de la philosophie, de la vulgarisation et le rationalisme. Mais, au-delà de la vivacité avec laquelle sont abordés les intérêts envisagés, nous voyons s'affirmer avec leurs caractères particuliers et distincts les deux fortes personnalités des correspondants. Condorcet se révèle violent et radical, révolutionnaire et républicain – v. *Esquisse d'un tableau historique des progrès de l'esprit humain* (*) –, alors que Turgot est prudent, spiritualiste, tolérant et monarchique – v. *Édit du Roi* (*) et *Réflexions sur la formation et la distribution des richesses* (*). Turgot, intendant à Limoges, connut Condorcet alors qu'il se rendait à Paris ; puis, comme contrôleur général, Turgot sera lui-même au centre de cet organisme financier déjà gravement atteint ; dans sa lutte contre les conseillers réactionnaires du nouveau roi pour réaliser des réformes fondamentales, il apportera ce scrupule moral qui le défend contre l'accusation, portée par son ami à son endroit, de n'être pas « apte aux grandes choses ».

CORRESPONDANCE DE GOETHE AVEC UNE ENFANT [*Goethes Briefwechsel mit einem Kinde*]. Premier des trois recueils de lettres qu'écrivit l'écrivain allemand Bettina Brentano (1785-1859) après la mort de son mari, le poète Achim von Arnim, pour « embaumer dans l'art les souvenirs de sa vie ». Il fut publié en 1835, dédié au prince Hermann Pueckler-Müskau en gage d'amitié, et adressé aux « bons », les « mauvais » étant incapables d'en saisir le sens véritable. Cette correspondance, que l'on pourrait appeler le « roman de l'amour » de Bettina, reconstitue sa charmante idylle avec le poète. Elle est intercalée entre une « Correspondance avec la mère de Goethe », en grande partie imaginaire, et le « Journal », placé en appendice, qui la complètent. Les lettres originales manuscrites de Goethe à Bettina et vice versa, retrouvées en partie vers 1880 par Loeper, en partie reclassées par Steig vers 1922, furent publiées la même année et contribuèrent grandement à réhabiliter la mémoire de Bettina, accusée de faux, lorsqu'on avait tenu l'authenticité des lettres pour douteuse. La *Correspondance* reproduit cet ensemble de lettres (67, plus 5 douteuses ou sans date), suivant fidèlement le manuscrit tout en le transposant poétiquement par des développements, des adjonctions, des interpolations, réunissant plusieurs lettres en une seule, supprimant les détails secondaires ou inutiles. Mais la plupart des expressions audacieuses et des mots les plus caressants, le « tu » confidentiel, le ton amical, presque inconvenant parfois, se retrouvent dans les lettres originales. Bettina se forge librement un Goethe d'après l'image qu'elle avait gardée de lui lors de leurs rares rencontres – deux en 1807 et une de quatre semaines en 1811 – et les quelques heures de conversation qu'ils avaient eues : il apparaît comme une idole douée de toutes les qualités (puissance sublime et affectueuse délicatesse ; transcendance et en même temps solide appréciation du réel ; force de domination et capacité de soumission) vers laquelle elle se sentait attirée par un élan de sympathie et d'affinité élective. Le ferment lyrique de la *Correspondance* est en effet l'exaltation ou, mieux encore, l'adoration du poète, dont le libre esprit, pour elle invincible, a su se hausser au-dessus de toute « misère humaine ». Goethe, la mère de Goethe, Beethoven brillent d'un « immortel éclat » : c'est d'ailleurs dans les pages consacrées au grand musicien que Bettina semble atteindre au « faîte » de ses possibilités artistiques. À côté de ces hautes figures surgissent des personnalités de moindre importance : le prince héritier de Bavière, les romantiques, Jacobi et les deux demi-sœurs de celui-ci, Tieck, André Hofer, Ruhmor et l'évêque primat, souvent dessiné avec une malice ingénue. La prédominance du badinage sur le sentiment, la vivacité et la gaieté, un grain d'humour frisant parfois la caricature, mais équilibrant ce que peut avoir d'hyperbolique le ton de sa prose, une sensibilité capricieuse enfin, tels sont les éléments caractéristiques du style et de l'art de Bettina. Elle atteint souvent à l'originalité, comme par exemple dans l'épisode de la réception de Mme de Staël chez Bethmann ou celui de Mme Günderode – qui trouvera un écho dans un autre recueil épistolaire : *Günderode* (*). Épisodes tirant toute leur valeur de cette interpénétration du réel et du fantastique, de cet arrière-plan de réalité que l'imagination clarifie, illumine, interprète, approfondit et parfois transforme. C'est à ce mélange de réalité, fût-elle réduite, et de rêve que la *Correspondance* est redevable de ses caractères romantiques les plus purs. – Trad. dans *Romantiques allemands* t. II, Gallimard, 1973.

CORRESPONDANCE DE JACQUES RIVIÈRE ET D'ALAIN-FOURNIER. La première édition de ce dialogue entre l'auteur du *Grand Meaulnes,* Alain-Fournier (1886-1914), et Jacques Rivière (1886-1925), futur directeur de *La Nouvelle Revue française* (*), parut en 1926 et 1928 à la librairie Gallimard, sous la forme de quatre volumes avec notice d'Isabelle Rivière. Ainsi qu'il est dit dans l'excellente introduction donnée par Jacques Rivière au recueil de textes posthumes de son ami, intitulé *Miracles* (*) (1924), les deux jeunes gens avaient fait connaissance en octobre 1903, dans la classe de première supérieure du lycée Lakanal (cours de préparation à l'École normale). L'échange des lettres publiées commence en janvier 1905 par une lettre de Rivière, écrite de l'infirmerie du lycée à son camarade qui passait ses vacances à Londres ; il s'achève sur une lettre de Fournier du 13 juillet 1914 ; deux mois plus tard, il était porté disparu, dans les Hauts-de-Meuse (22 sept.), tandis que son ami, devenu son beau-frère, était déjà prisonnier en Allemagne.

À parcourir, puis à lire de près, à méditer aussi les volumes de l'édition revue et augmentée en 1948, où deux belles intelligences s'analysent, mais où, surtout, deux âmes d'élite se livrent l'une à l'autre sans réserve (phénomène assez rare entre jeunes gens qui veulent être « des hommes », on est à la fois ému et quelque peu effrayé de voir la littérature tenir d'abord presque toute la place ; on est même surpris que l'élaboration d'un chef-d'œuvre aussi peu « littéraire » que *Le Grand Meaulnes* (*) ait pu se faire dans une atmosphère à ce point confinée. D'ailleurs, deux natures fort différentes s'y affrontent, malgré certaines communautés de goûts, des enthousiasmes parallèles : des magies artificielles de la poésie symboliste (Régnier, Maeterlinck, Laforgue...) à la discipline, au rude mysticisme de Péguy, à travers les deux intellectualismes violemment opposés de Barrès et de Gide, et l'ingénuité voulue ou spontanée de Jammes et de Marguerite Audoux – *Marie-Claire* (*) est de 1910, et l'influence est incontestable –, peut-être encore le prestige alors valable de Claudel. Rien d'important, semble-t-il, n'échappe à ces deux adolescents avides d'impressions immédiates et de réactions mutuelles. Mais soudain, le créateur se révèle chez celui qui apparaissait d'abord comme le plus docile et le plus humble : et ce sont des ébauches en vue de la grande, de l'unique œuvre qui prend forme peu à peu en lui, et qui sera sa vie en même temps que sa façon de se défaire de son secret sans le trahir. Rivière l'encourage ou le freine discrètement, s'émerveille et s'inquiète, s'essouffle à sa poursuite... Plus positif et plus philosophe, il s'abandonne pourtant aux songes inanalysables de la musique (*Pelléas et Mélisande*) et de la peinture (Vuillard, Gauguin), qui attirent moins son ami de jour en jour parce qu'il n'a plus besoin d'autre évasion que celle qu'il a trouvée en soi, dans les souvenirs d'une aventure sans lendemain et l'amour des paysages d'enfance. Bref, aucun commentaire du *Grand Meaulnes* n'est comparable aux confidences épistolaires d'Alain-Fournier, à la description de sa double évolution, spirituelle et artistique (s'il est permis d'employer un tel mot pour un style si simple et si direct). C'est dire que tous ceux que passionnna l'un des plus beaux romans qu'ait produits le XXᵉ siècle ne sauraient se passer de cette *Correspondance,* inséparable de lui au même titre que celle de Flaubert – v. *Correspondance* (*) – l'est de *L'Éducation sentimentale* (*).

CORRESPONDANCE D'UN COIN À L'AUTRE [*Perepiska iz dvuh uglov*]. Œuvre épistolaire des écrivains russes Viatcheslav Ivanovitch Ivanov (1866-1949) et Mikhaïl Ossipovitch Gerschenson (1869-1925), publiée en 1921. C'est une correspondance engagée, d'un coin à l'autre de la même chambre, dans une « maison de santé pour les travailleurs de la science et des lettres », à Moscou, en pleine révolution. Les douze lettres échangées entre deux des plus illustres représentants de la vie spirituelle russe de cette époque, le poète Ivanov et l'historien Gerschenson, offrent un aspect de la lutte éternelle et protéiforme entre le réalisme et le nominalisme, entre le culte du « Thesaurus » et la nostalgie de la « table rase ». Dans ces dialogues, ils discutent, « sub specie aeternitatis », de la question de la valeur de la culture, ce problème inépuisable qui se pose avec une brûlante actualité et qui tourmenta également les esprits de la Révolution française.

D'après Gerschenson, la culture a trahi sa mission ; car, réduite à chercher des moyens plus pratiques pour l'exploitation des forces vives, elle prépare sa perdition. La culture nous a élevés dans le culte des temps passés ; elle a soulevé une poussière verbale d'abstractions logiques qui nous a dérobé Dieu, obscurcissant jusqu'à la notion du moi. « Je me dis : quel bonheur ce serait que de se jeter dans le Léthé, afin d'effacer totalement de l'âme le souvenir de toutes les religions, de tous les systèmes philosophiques, de toutes les connaissances, de tous les arts, de toute la poésie – Quel bonheur ce serait que de regagner le rivage, nu, allègre et léger tel le premier homme. » Pour Ivanov, la culture est le culte des disparus, et la « Mémoire éternelle » est l'essence même de la vie. Nous sommes désignés pour organiser la mémoire sur la terre, pour créer les signes de la mémoire. Le culte de la mémoire est la seule attitude juste à l'égard de la culture. C'est le seul moyen de libérer l'âme du monde, de transfigurer l'homme et toute la nature créée dans l'Église mystique : la mémoire libère, tandis que l'oubli apporte l'esclavage et la mort... « La sensation aiguë du poids intolérable de notre culture, héritage que nous traînons à notre suite, découle du fait de vivre la culture, non pas comme un radieux tabernacle de dons, mais comme un système de constructions subtiles. Il n'y a là rien d'étonnant : la culture tend précisément à devenir un système de contraintes. Mais, à mes yeux, elle est l'échelle d'Éros et la hiérarchie des vénérations. » Le critique bien connu Ernst Robert Curtius affirme que la *Correspondance* est, après l'œuvre de Nietzsche, l'étude la plus importante sur l'humanisme. – Trad. par Charles du Bos, Corrêa, 1931 ; L'Âge d'homme, 1979.

CORRESPONDANCE ENTRE RENAN ET BERTHELOT. L'une des plus importantes correspondances du XIXᵉ siècle : elle est un témoignage de l'intense vie spirituelle de ces deux hommes, unis par une longue amitié et animés par un même idéal esthétique. Elle fut publiée en 1898 par la veuve d'Ernest

Renan (1823-1892) et par Marcelin Berthelot (1827-1907). Le grand chimiste présente ce recueil en quelques pages ; cette *Correspondance* s'étend de 1847 à 1892. Elle est très importante au point de vue scientifique et philosophique. En effet, si l'on excepte les nouvelles personnelles et les diverses notes de voyages, elle révèle une aspiration commune vers la vérité et la conscience d'avoir joué un rôle important dans la culture française chez ces deux fils de la Révolution. Renan surtout exprime son désir de discuter librement, de combattre au nom du rationalisme les positions des catholiques intransigeants et des responsables du second Empire. Berthelot lui-même, qui, après ses découvertes dans le domaine de la chimie organique, voulait lutter contre les abstractions et la rigueur des dogmes, sent que, parmi les erreurs de la démocratie et le manque d'unité morale du peuple, les premiers fruits du libéralisme se perdent peu à peu. Cette *Correspondance* a donc, en premier lieu, une valeur spirituelle : depuis la monarchie de Juillet et jusqu'à l'aube d'un siècle incertain, ces deux grands esprits radicaux et laïques sont les témoins de nombre d'événements. Mais le recueil est aussi un document de valeur quand il est question de voyages et de réflexions sur les pays et les peuples. Les pages de Renan sur ses voyages en Italie (1850 et 1878), en Syrie (1861), en Égypte (1864), en Grèce (1865) et celles de Berthelot sur l'Italie (1857 et 1872) et les Pays-Bas (1902) sont particulièrement intéressantes. L'importance des notes de Renan sur l'Italie tient surtout à ce qu'il tente d'éclaircir le problème des relations entre les États et le pape, qu'il se préoccupe de la nature des peuples et des classes sociales. Ses notes sur la Syrie et plus particulièrement celles sur le Liban ont servi pour sa *Vie de Jésus* (*).

Quant à Berthelot, s'il a moins de curiosité pour les hommes et les choses, il est plus précis dans ses jugements politiques, dans ses considérations sur la confusion générale et la lutte des partis, sur les heurts qui se produisirent sous le second Empire entre l'opinion et la réalité. Il commente les événements qui vont de la période de la Commune à la tentative du comte de Chambord (1875), et qui intéressent le cléricalisme légitimiste et la liberté de pensée. Ces pages sur la situation morale et politique de la troisième République suffiraient à conférer à ce recueil la valeur d'un témoignage historique de premier ordre.

CORRESPONDANCE ENTRE SCHILLER ET GOETHE [*Schiller-Goethe Briefe*]. Correspondance entre les écrivains allemands Johann Christoph Friedrich von Schiller (1759-1805) et Wolfgang Goethe (1749-1832), publiée par Goethe en 1827-1828 avec une dédicace au roi de Bavière. Cette correspondance s'étend de 1794 à la mort de Schiller ; mais, déjà en 1799, les lettres deviennent moins nombreuses, car il s'était, lui aussi, fixé à Weimar. Ce recueil comprend plus de cinq cents lettres de Goethe. Pendant très longtemps, il se refusa à rencontrer Schiller, dont il goûtait peu les premiers ouvrages. Leur amitié naquit en 1794 ; alors commença ce « nouveau printemps » où, nous dit Goethe, « tout se mit à bourgeonner grâce à un rapprochement mutuel et joyeux ». Leur correspondance débuta lors de la collaboration de Goethe aux *Heures* (*) ; après de courtes lettres de courtoisie, un long message de Schiller, daté du 23 août, fait naître une amitié qui va permettre à ces deux grands hommes d'analyser et de se confier réciproquement leur vie intérieure. Cette amitié, très solide, est plus intellectuelle que sentimentale. Goethe, assez expansif, découvre à son ami ses moindres pensées. Au contraire, Schiller est plus réservé, surtout lorsqu'il s'agit des relations de Goethe avec Christiane Vulpius qu'il nomme cérémonieusement « Madame Vulpius ». Au début de leurs relations, les positions philosophiques des deux poètes sont diamétralement opposées : l'esprit objectif et expérimental de l'un s'oppose au kantisme et à l'anthropocentrisme de l'autre. Pour Goethe, l'art est la conquête de la vérité divine exprimée par le monde sensible que le poète ou l'artiste doit recréer dans la perfection de sa forme. Les constructions esthétiques de Schiller ne lui conviennent pas et, pendant un certain temps, dans sa correspondance, il se donnera simplement une attitude de disciple pour mieux pénétrer les concepts de l'univers de son ami. Schiller, par la vigueur de sa logique, l'exhortant avec toute l'ardeur de son fanatisme de néophyte, semble un instant le troubler et le convaincre. Mais, par la suite, Goethe se délivre rapidement de l'emprise d'une philosophie dogmatique qui ne saurait lui convenir. Pourtant, l'influence de Schiller laissera une empreinte visible dans son œuvre ; on y trouvera une nouvelle rigueur dans l'exposé de ses pensées, une harmonie plus complète. Sans ce contact, le second *Faust* (*) n'aurait certainement pas vu le jour. Ce que Goethe et Schiller ont de commun, c'est le génie : tous deux sont des surhommes. Ils souffrent de l'incompréhension d'un public qui les situe au rang d'un Kotzebue ou d'un Matthisson, de la médiocrité de l'existence dans les villes de province : le bruit des grands événements européens ne leur parvient qu'étouffé, amorti, pareil à un faible écho. Cette correspondance dévoile leur communion spirituelle et montre comment sont nés le fragment de l'*Achilléide* (*), *Hermann et Dorothée* (*) et *Guillaume Tell* (*) (sur ce dernier thème, Goethe avait déjà été tenté d'écrire un poème). De nombreuses œuvres de la même époque sont aussi discutées dans ces lettres, les *Xénies* (*) notamment, leur seule collaboration effective. La dernière lettre de Schiller, en date du 25 avril 1805, que Goethe « gardait dans ses trésors comme une relique », est une critique de son essai sur Diderot. Schiller meurt le 9 mai et l'ami écrira, pour honorer sa mémoire, l'*Épilogue à « La Cloche » de*

Schiller et, en 1826 : « Reliques » – v. *Poésies de Goethe* (*). Dans une lettre à Cotta, Goethe a défini la valeur de ce recueil de lettres : « L'idée que nous suivions tous deux sera mieux comprise ; elle éclairera ceux qui aspirent à nous suivre sur la même voie. On y verra comment nous nous sommes formés réciproquement, encouragés l'un et l'autre, quels obstacles nous barraient la route, jusqu'où nous sommes parvenus et pourquoi il nous fut impossible d'aller plus loin ». – Trad. Plon, 1923.

CORRESPONDANCE ENTRE SCHILLER ET KÖRNER [*Schillers Briefwechsel mit Körner von 1784 bis zum Tode Schillers*]. Publiée pour la première fois par Moritz Veit en 1847, à trois mille exemplaires, publiée à nouveau en 1854 dans la *Correspondance* complète de l'écrivain allemand Johann Christoph Friedrich von Schiller (1759-1805), cette correspondance eut un très romantique début ; après la représentation des *Brigands* (*) et d'*Intrigue et Amour*(*), Schiller, âgé de vingt-cinq ans, célèbre mais fort pauvre, vivait à Mannheim, lorsque au mois de mai 1784 il reçut une lettre signée par quatre jeunes gens : un juriste, C. G. Körner, professeur à l'université de Leipzig ; sa fiancée, Minne Stock ; la sœur de cette dernière, Dora, et son fiancé, Huber. Ils exprimaient à Schiller leur admiration ardente et lui offraient leur amitié. Schiller, qui était alors engagé dans un amour malheureux pour Charlotte von Kalb, attendit sept mois avant de répondre ; puis il écrivit en acceptant pleinement cette amitié : « Ces gens t'appartiennent, tu leur appartiens. » Quelque temps après, il accepta de quitter Mannheim et de les rejoindre en Saxe où, dans la ville de Körner – Loschwitz, près de Dresde –, il acheva *Don Carlos* (*).

C'est ainsi que commença cette amitié qui devait durer jusqu'à la mort, sans être ternie par aucun nuage, et que débuta cette correspondance où se révèlent deux âmes très nobles (Schiller, 3-7-1785 : « Qu'il est beau, le contact entre deux âmes qui se rencontrent alors qu'elles s'acheminent vers la Divinité ! ») ; c'est en même temps un témoignage sur l'époque la plus glorieuse et la plus grande de l'histoire allemande. C'est en effet à ce moment-là qu'en plus de Schiller et de Goethe l'Allemagne enfante Klopstock, Kant, Fichte, Herder, les deux Humboldt, les romantiques. Nos deux amis sont en contact avec tous ces grands hommes. C'est au sein de ce climat que se forme l'esthétique de Schiller ; nous voyons naître son essai fameux *Poésie naïve et poésie sentimentale* (*), ainsi que *L'Histoire de la guerre de Trente Ans* (*) et *L'Histoire de la révolte qui détacha les Pays-Bas de la domination espagnole* (*). Goethe arrive au moment le plus utile pour ramener Schiller vers le domaine qui lui est propre, le théâtre tragique.

Témoignent des rapports qui s'établirent entre Goethe et Schiller non seulement la *Correspondance* (*) qu'ils échangèrent entre eux, mais aussi celle de Schiller avec Körner. L'amitié, la confiance sont lentes à se former entre ces deux grands hommes. Quelques années après leur première rencontre, Schiller (2-2-1789) écrit à Körner : « Goethe suscite en moi un étrange mélange de haine et d'amour qui peut être comparé à ce que dut éprouver Brutus pour César. Je considère que l'appréciation qu'il a donnée de moi est pleine de partialité dans le bien comme dans le mal. Mais ce qui m'intéresse, c'est d'entendre la vérité sur moi-même. Goethe est vraiment l'homme qu'il me faut. » Après la rencontre de juillet 1794, les deux amis n'échangent plus que messages de sympathie, d'assistance réciproque, de conseils éclairés. C'est naturellement Goethe qui, plus riche, plus heureux, plus vigoureux, soutient le plus son ami : il est émouvant de lire la description des semaines que Schiller, qui venait de s'établir à Iéna et qui était déjà miné par son mal inexorable, passe à Weimar, dans la demeure de Goethe. « Dans ce théâtre, il n'y a pas de loges, mais Goethe en fit fabriquer une exprès pour moi, où je peux demeurer, sans être ennuyé, même quand je ne me porte pas très bien ; j'ai au moins l'avantage de ne pas être obligé de faire des efforts pénibles. » Schiller a désormais voué un véritable culte à son grand ami, sans jamais toutefois tomber dans l'exagération. Il faut à ce propos rappeler son appréciation pleine de mesure concernant l'*Iphigénie en Tauride* (*) de Goethe. Ses sentiments percent également dans les nouvelles que Schiller donne à Körner à propos de *Wilhelm Meister* – v. *Années d'apprentissage* et *de pèlerinage de W. Meister* (*) – ou de la deuxième partie du *Faust* (*) et s'expriment par ces mots généreux : « Devant Goethe, je ne suis et je ne demeure qu'un loqueteux de la poésie. » Pourtant, au cours de ces années, Schiller compose *Wallenstein* (*), *La Pucelle d'Orléans* (*), *Marie Stuart* (*) et *Guillaume Tell* (*).

Cette *Correspondance* est aussi le reflet de la vie amoureuse et affective de Schiller : on y retrouve d'abord l'écho de son amour cruel et tourmenté pour Charlotte von Kalb, et ensuite de sa profonde et calme tendresse pour la noble jeune fille dont il fit sa compagne, la mère de ses quatre enfants. Schiller mari et père est digne de Schiller l'ami : il est fidèle, honnête, bon, tendre. Quelle angoisse de voir ce malade faire tout son possible pour surmonter les soucis d'argent, si fréquents ! Pourtant Schiller ne se plaint jamais ; il est heureux de n'importe quel petit gain, de n'importe quel cadeau ; il se contente de son existence riche en affection et en travail, que la mort devait briser, alors qu'il atteignait sa quarante-sixième année.

CORRESPONDANCE FAULKNER-COWLEY : LETTRES ET SOUVENIRS, 1944-1962 [*The Faulkner-Cowley File : Letters* *and Memoirs, 1944-1962*]. Correspondance entre l'écrivain américain William Faulkner (1897-1962) et l'homme de lettres Malcolm Cowley (1898-1989), publiée par celui-ci en 1966, avec ses commentaires. Le mérite de l'idée de Cowley tient en cette phrase qu'il écrivit à Faulkner en août 1945, dans une lettre où il lui annonçait que les éditions Viking avaient enfin accepté son projet d'anthologie : « [...] la raison pour laquelle ce livre me plaît tant est qu'il me donne l'occasion de présenter votre œuvre globalement, à un moment où tous vos livres sauf *Sanctuaire* (*) – et je ne suis même pas sûr de celui-là – sont épuisés. » C'était on ne peut plus exact : en un sens, Faulkner doit donc beaucoup à Cowley. Par son *Portable Faulkner* de sept cent cinquante pages, publié en 1946, celui-ci réussit à relancer l'intérêt du public pour un écrivain qui, depuis le succès (relatif) de *Sanctuaire* en 1931, sombrait lentement dans l'oubli, malgré les chefs-d'œuvre des années 30 et des premières années 40, et malgré sa réputation en France, que Cowley lui-même se plaisait à lui rapporter au lendemain de la guerre : « Pour les jeunes, en France, écrivait-il, Faulkner c'est un dieu. » Mais Cowley est aussi responsable d'une erreur d'interprétation telle que ses conséquences s'en font encore sentir (c'est d'ailleurs un tribut à son influence) : il a persisté à voir dans l'œuvre de Faulkner une saga du Sud (ce qui explique la structure qu'il a donnée à son anthologie), jusqu'à ce qu'un compte rendu de son travail par le romancier Robert Penn Warren lui ouvre enfin les yeux – ce qu'il reconnut honnêtement mais tardivement à la fin de l'introduction qu'il donna à la réédition du *Portable* en 1967. Dès lors, la question peut se poser : pourquoi Faulkner le (ou se) laissa-t-il faire ?

La réponse peut s'établir à trois niveaux. Faulkner vit d'abord là une excellente occasion de faire remonter sa cote à la bourse new-yorkaise des valeurs littéraires. Sur ce plan, le calcul fut exact, puisque moins d'un an après la publication de l'anthologie, *Le Bruit et la Fureur* (*) et *Tandis que j'agonise* (*) reparaissaient enfin (en un seul volume, il est vrai). Par ailleurs, on peut penser que Faulkner ne voyait pas sans intérêt mettre en valeur dans son œuvre cette qualité de chronique épique qui en est, après tout, l'aspect le plus évident. Mais il n'est que de constater sa résistance aux coups de pouce ou aux coups de gomme que Cowley voulait (parfois avec une insistance qui confinait au mauvais goût) donner aux œuvres pour que celles-ci se conforment à ses idées. Le problème, on s'en doute, se posa surtout à propos du *Bruit et la Fureur,* dont Cowley ne pouvait reproduire que la dernière partie, mais qu'il avait demandé à l'auteur de résumer pour l'occasion. Cette demande suscita la composition de bien plus qu'un résumé – l'« Appendice Compson, 1699-1945 » – texte admirable, mais où apparaissent des contradictions avec le roman auquel il est censé faire suite. Ce sont ces contradictions que Cowley voulut réduire – ce que Faulkner se refusa à faire, écrivant : « Les contradictions de l'appendice prouvent que, pour moi, le livre est toujours vivant après quinze années et qu'étant vivant, il croît et change encore ; l'appendice a été écrit à la même température que le livre, quoique quinze ans plus tard : c'est donc le livre lui-même qui comporte les contradictions, non l'appendice. En d'autres termes, je ne connaissais pas ces gens-là à trente ans comme je les connais à quarante-cinq [...] Je vous renvoie le volume. » Pourquoi, dès lors, Faulkner se montra-t-il si satisfait du résultat, allant jusqu'à écrire « The job is splendid » ? La suite l'explique, et c'est le troisième niveau de la réponse à la question posée : « Par Dieu, je ne savais pas moi-même ce que j'avais essayé de faire, et combien j'y avais réussi. » Il y a là de la malice, et une pointe d'ironie, que confirme la dédicace qu'il écrivit dans l'exemplaire du *Bruit et la Fureur* (lui-même n'en possédait plus) que Cowley lui avait expédié : « À Malcolm Cowley, qui m'a battu dans ce qui aurait dû devenir le plaisir nonchalant de ma vieillesse. » – Trad. Gallimard, 1970. M.G.

CORRESPONDANCE LITTÉRAIRE de Grimm. Ouvrage composé de lettres renseignant sur la littérature française de l'époque, adressées à des princes et à d'éminentes personnalités étrangères ; son origine remonte à l'abbé Raynal, et il fut continué par le critique allemand d'expression française Frédéric Melchior Grimm (1723-1807), originaire de Bohême. De 1753 à 1773, Grimm fut secondé par Diderot et Mme d'Épinay et, de 1773 à 1790, en partie par cette dernière, en partie par Meister. Cette *Correspondance* demeura secrète jusqu'en 1812-13, où fut publiée une première édition peu soignée sous le titre *Correspondance littéraire, philosophique et critique adressée à un souverain d'Allemagne, depuis 1753 jusqu'en 1790.* Devenue bientôt célèbre, l'œuvre, en seize volumes, fut plus connue sous le nom de *Gazette littéraire,* lorsqu'en 1854 Paulin Limayrac en donna un extrait dans un volume préfacé par Sainte-Beuve. Une édition complète sera publiée entre 1877 et 1882. Les nouvelles littéraires du temps y sont commentées au jour le jour avec un mélange de causticité et de bonhomie : dans des confidences toujours mordantes et savoureuses, souvent cruelles pour les contemporains, ces pages, dont l'essentiel est dû à Grimm, renseignent et jugent avec une merveilleuse facilité, passant de la philosophie à la science et à la politique. Libérées des préjugés de l'époque, elles livrent des réflexions pertinentes sur la société, la Cour, les Lettres, les rapports entre les philosophes et les artistes. La communication la plus importante est celle qui a trait à la mort de Piron (janvier 1773) ; c'est un intelligent portrait de cet ennemi de

Voltaire, de ce Piron qui « ne fut rien, pas même académicien ». Citons également les témoignages sur les persécutions dont Rousseau fut victime (avril 1765 et mois suivants), sur l'acquisition par Catherine II de Russie de la bibliothèque de Diderot (janvier 1767), sur Voltaire et les partisans du « siècle des Lumières ». Le baron Grimm présente les événements et les personnes avec la simplicité et la fraîcheur de ton, la liberté de style d'une conversation ; son récit est vif, brillant et coloré, sa façon de s'exprimer annonce le jugement qu'il prononcera sur tel ou tel fait. Son esprit rationaliste, épris de simplicité en littérature et de tolérance en matière religieuse, marque cet ouvrage de son empreinte. Cela explique comment les divers collaborateurs ont su accorder leur liberté de jugement avec le ton exigé par cette correspondance adressée à tant de grands esprits européens de l'époque.

CORRESPONDANCE PRIVÉE (Une) [*A Private Correspondance*]. C'est sous ce titre que George Wickes a publié en 1963 une partie de la correspondance échangée entre 1935 et 1959 par l'écrivain américain Henry Miller (1891-1980) et l'écrivain anglais Lawrence Durrell (1912-1990). En août 1935, de Corfou, Durrell écrit à Miller pour lui dire combien il a été enthousiasmé par la lecture de *Tropique du Cancer* (*) : « Enfin, voici qu'est trouvé grâce à vous le moyen de sortir des latrines. [...] Je salue en *Tropique du Cancer* le manuel de ma génération. » Bientôt, une correspondance très amicale lie les deux hommes qui échangent des idées au sujet de *Hamlet* (*), le livre par lettres qu'écrivent à ce moment Miller et son ami Fraenkel. L'auteur de *Tropique du Cancer* encourage son cadet dans ses travaux littéraires et s'efforce de faire publier ses poèmes et ses articles. En mars 1937, Durrell envoie à Miller le manuscrit de son *Carnet noir*, et l'accueil de son correspondant dépasse ses espérances : « Je pense très sérieusement, lui écrit Miller, que vous êtes le "premier Anglais" ! C'est-à-dire très loin devant Lawrence et toute cette tribu. Vous faites partie des astéroïdes et pour de bon, j'espère. » C'est Miller qui, en 1938, fera éditer le *Carnet noir* par Obelisk Press. Entre-temps, en septembre 1937, les deux hommes se sont rencontrés à Paris. En 1939, Miller rend visite à Durrell en Grèce : de ce voyage naîtra *Le Colosse de Maroussi* (*). Durant la guerre, Miller est en Amérique et Durrell en Égypte ; les communications sont difficiles mais les deux écrivains continuent à dialoguer. Vers 1957-58, leur correspondance, qui est redevenue aussi dense qu'en 1935-39, tourne autour des œuvres en cours : *Big Sur* (*) pour Miller, *Le Quatuor d'Alexandrie* pour Durrell. Cette *Correspondance privée* constitue non seulement une clef incomparable pour la compréhension des deux auteurs, mais encore un document remarquable sur tout un secteur des lettres contemporaines. — Trad. Buchet-Chastel, 1963.

CORRESPONDANCES. Ce célèbre sonnet du poète français Charles Baudelaire (1821-1867), qui fait partie des *Fleurs du mal* (*), passe, à juste titre, pour être l'une des expressions concertées de sa poétique. Mais ce serait une erreur de vouloir réduire la conception que le poète se faisait de son art aux seuls termes employés ici ; il apparaît que ce poème est d'une importance capitale, surtout en ce qu'il définit la position de Baudelaire face à la nature. En effet, il formule la « théorie » de l'universelle analogie, sur laquelle l'auteur s'expliqua en maintes occasions. Baudelaire se souvient de ces minutes heureuses où « le temps et l'éternité étaient plus profonds et le sentiment de l'existence immensément augmenté » (*Fusées*, XVII). Il se souvient aussi qu'à la faveur de ces états de santé poétique, l'Univers lui apparut, par-delà la multiplicité des apparences sensibles, comme « une profonde et ténébreuse unité ». Acceptant sans réserve cette étroite relation du physique et du spirituel qui s'était alors instaurée en lui, mesurant avec certitude qu'il n'est rien de divin qui n'ait sa réplique dans le diabolique, il conçut que « tout, forme, mouvement, nombre, couleur, parfum, dans le spirituel comme dans le naturel, est significatif, réciproque, converse, correspondant » — v. *L'Art romantique* (*), article sur Victor Hugo. Dès lors, la nature lui apparut comme un réservoir inépuisable de signes et de formes, une « forêt de symboles », dont l'imagination du poète devait s'emparer, pour leur donner « une place et une valeur relatives ». En chaque chose, un sens caché demeure — de l'invisible soutenant le visible — qui demande à être formulé. Fort de cette expérience intime, Baudelaire assigne au poète une tâche qui ne peut décevoir que ceux qui ont élevé leur libre fantaisie en règle d'art absolue. « Qu'est-ce qu'un poète, demande Baudelaire, si ce n'est un traducteur ? » Humble « déchiffreur » d'images et de symboles, c'est au poète qu'il appartient d'organiser ces matériaux que lui livrent sa perception ou sa mémoire, de façon telle qu'ils soient l'expression « mathématiquement exacte » de son âme. Au terme de cette ascèse s'ouvre le domaine immense de la nature, dans lequel le poète plonge sans retour ; car la promesse sera tenue : s'élargissant aux dimensions de l'universel, l'esprit recouvrera son unité originelle. De cette unité originelle, à la fois point extrême et expérience première, le poète tirera certaines analogies, parfois étranges mais d'une vérité absolue, qui en seront et l'expression et la preuve.

De cette expérience telle qu'elle est définie dans le sonnet des « Correspondances » témoigne un poème en lequel elle s'accomplit en termes non ambigus : « L'Invitation au voyage » (en prose). Rêvant d'un pays enchanté dont il vient de nous décrire la secrète architecture, le poète, s'adressant à sa compagne, interroge : « N'est-ce pas dans ce beau pays, si calme et si rêveur, qu'il faudrait aller vivre et fleurir ? Ne serais-tu pas encadrée dans ton analogie et ne pourrais-tu pas te mirer, pour parler comme les mystiques, dans ta propre correspondance. » Car la promesse a été tenue : « Ces trésors, ces meubles, ce luxe, cet ordre, ces parfums, ces fleurs miraculeuses, c'est toi. C'est encore toi, ces grands fleuves et ces canaux tranquilles. » Aussi le poète peut-il conclure, au terme de ce « voyage » : « Quand, fatigués par la houle et gorgés des produits de l'Orient [les navires] rentrent au port natal, ce sont encore mes pensée enrichies qui reviennent de l'Infini vers toi », fermant ainsi le cercle qui le rend au réel, mais cette fois dominé, conquis et élargi à sa complète et totale expression.

CORRESPONDANCES de Suarès. À côté d'une œuvre importante, l'écrivain français André Suarès (1868-1948), sacrifiant à l'habitude des milieux littéraires du temps, eut avec des écrivains et des artistes une correspondance suivie, capitale pour la connaissance de l'auteur du *Voyage du Condottiere* (*). Si certaines de ces correspondances demeurent encore inédites (comme celles avec Jean de Boschère, Maurice Pottecher, Francis de Miomandre, Copeau ou Louis Jou...), détruites (correspondance avec Gabriel Cognacq) ou disséminées par les ventes, les principales d'entre elles ont été publiées et commentées : *Suarès-Claudel,* présenté par Robert Mallet (1951), *Choix de lettres Suarès-Romain Rolland,* présenté par Pierre Sipriot (1954), *Suarès-Rouault,* présenté par Marcel Arland (1960), *Suarès-Bourdelle,* présenté par Michel Dufet (1961), *Suarès-Péguy,* présenté par Alfred Saffrey (1961), *Suarès-Gide,* présenté par Sidney D. Braun (1963), *Suarès-Yves Le Febvre,* présenté par Bernard Duchatelet (1986), *Suarès-Paulhan,* présenté par Yves-Alain Favre (1987). On le voit, l'intérêt de ces *Correspondances* tient avant tout à la variété et à la multiplicité des destinataires, ce qui pourrait quelque peu tempérer l'affirmation qui veut enfermer Suarès dans le rôle du solitaire parfait, sans oublier pourtant son très réel esprit à fleur de peau ; « Bonne lettre », écrivait-il sur les courriers de Jean Paulhan, lorsqu'il ne se sentait pas maltraité par le groupe de *La Nouvelle Revue française* (*). Mais on s'attachera aussi à ces correspondances en y voyant les témoins des périodes de la vie de Suarès, un individu face aux autres hommes et non, comme cela est d'habitude le cas dans les échanges de lettres des hommes de la *N.R.F.,* comme une circulation d'idées et de jugements communs au groupe. Ainsi la première correspondance avec Romain Rolland, qui débute pendant les années de la rue d'Ulm, montre-t-elle une relation faite d'absence et de silence, d'envie et d'admiration, doublée, de la part de Suarès, de jalousie. On ne retrouvera pas cet état d'esprit dans les lettres avec Péguy où, au contraire, même si Suarès aura, quelques années plus tard, un jugement plus admiratif sur le directeur des *Cahiers de la quinzaine* (*), les deux hommes se jugent sans passion, comme s'ils étaient l'un à l'autre pareils, et que par là ils ne pouvaient rien s'offrir. Très étonnante, au-delà de l'histoire littéraire, sera la relation avec Gide, et la correspondance qui la sous-tend : rarement échange de lettres méritera autant l'appellation de non-correspondance que celui mené en 1908-1920 entre le « Goethe des mouches », le « Corydon-Calvin », pour reprendre des qualificatifs de Suarès, et celui dont Gide disait à Claudel : « Mon admiration est aujourd'hui aussi vive, plus vive encore que n'était hier mon irritation — et peu s'en faut que je ne dise ma haine. » Et cependant on croit sentir entre ces deux hommes le désir de se connaître et de s'estimer, mais en vain. Plus fort, plus prenant aussi sera le long échange entre Suarès et Claudel, dont la période la plus intense va de 1904 à 1910. Après avoir lu *Sur la mort de mon frère,* que Suarès fait paraître en 1904, la machine Claudel se met en route pour convertir cette âme supposée en débâcle (« Il me reste, écrit Claudel à Francis Jammes, évoquant Suarès et Gide, mon juif et mon protestant... »). Et ce sera dans ces lettres que Suarès se livrera le plus complètement. En effet, même s'il échappe à l'entreprise claudélienne, il ne peut ignorer, en son meneur, l'homme qui l'a tout à la fois « compris et tourmenté », sans que pourtant jamais soient levés cette ambiguïté, ce malentendu fondamental, qui fait que Claudel cherche avant tout l'homme, alors que Suarès veut qu'on s'attache à son art. Plus paisible en revanche sera la correspondance avec Bourdelle (1920-1929), qui introduira avec profit Suarès auprès de Vollard, et plus riches ensuite seront ces lettres échangées avec Rouault, qui forment la correspondance la plus longue peut-être, la plus fidèle sûrement entre 1911 et 1946, les deux hommes allant, pour reprendre l'expression de Marcel Arland, « dans le même sens ». C'est le commerce de deux artistes que taraudent le sens de la souffrance et de la délivrance : l'un, Suarès, ayant le souci d'un destin exemplaire ; l'autre, Rouault, celui, plus négatif, de l'humilité et de l'effort devant l'art. Et dans cet échange on voit un Suarès qui ne se livre qu'à petits pas, peut-être échaudé par l'expérience claudélienne, mais allant jusqu'à prendre l'ascendant sur l'artiste, le poussant à la peinture religieuse, travaillant avec lui sur des projets communs d'éditions. Enfin si l'on voulait débuter une lecture de Suarès, dont les titres nombreux et parfois difficiles rebuteront peut-être, la voie des correspondances pourra être très profitable, car ici Suarès, sans abandonner le style qui lui est propre, est pris par la nécessaire concision de la lettre. Et l'on pourra aussi s'attacher à cet étonnant recueil de lettres présenté en 1955 par Armand Roumanet et publié sous le titre *Ignorées du destinataire,* où l'on retrouve un Suarès à la fois farouche, flamboyant et vindicatif qui utilise la lettre, mais sans l'envoyer, à la manière d'un exutoire. Et dans cet exercice il se révèle à la fois féroce, acerbe et drôle (« Vous m'ennuyez, Claudel, vous m'ennuyez », écrit-il, mais à lui-même, en 1930) – dans le même temps parfois, tendre et intimiste. V. W.

CORSAIRE (Le) [*The Corsair*]. Poème en trois chants, composé en distiques épiques, de l'écrivain anglais George Gordon (lord) Byron (1788-1824), publié en 1814. Pour prévenir une expédition du pacha turc Seyd, Conrad, chef d'une bande de pirates de l'archipel grec, homme plein de vices mais ayant comme unique vertu un certain esprit chevaleresque, prend congé de sa bien-aimée, Médora, et se rend nuitamment au camp du pacha. Il se présente devant lui, se fait passer pour un derviche et raconte qu'il s'est enfui après avoir été fait prisonnier par les pirates. À cause de l'incendie prématuré des galères du pacha perpétré par les hommes de Conrad – ce coup de main ne réussit qu'à moitié –, Conrad est blessé et fait prisonnier, mais fort heureusement il a sauvé de la mort imminente Gulnare, la première concubine du pacha. Elle s'éprend de lui, parvient à faire différer son supplice, lui offre enfin les moyens de se débarrasser de Seyd, en le tuant pendant son sommeil. Cette action répugnant à Conrad, la femme tue elle-même le pacha, puis s'enfuit avec le corsaire. Ils parviennent à l'île, où Conrad apprend que Médora est morte de douleur, parce qu'elle avait reçu la nouvelle de son décès. Dès ce moment, Conrad disparaît, et l'on n'aura plus aucune nouvelle de lui. Conrad, comme tous les autres héros des *Nouvelles en vers* de Byron, est au fond une réplique du type de Harold, l'homme du destin – v. *Chevalier Harold* (*). *Le Corsaire* eut un grand succès et a été traduit dans différentes langues. – Trad. Hatier, 1926 ; Ressouvenances, 1986.

★ En s'inspirant du roman de Byron, le compositeur français Hector Berlioz (1809-1869) a écrit une ouverture, *Le Corsaire*, qui préfigure les grands poèmes symphoniques romantiques. Esquissée à Rome en 1831, lorsque Berlioz séjournait à la Villa Médicis, elle fut reprise en 1844 sous le titre *La Tour de Nice* avant de prendre sa forme et son intitulé définitifs en 1855.

★ Giuseppe Verdi (1813-1901) s'inspira du poème de Byron pour son *Corsaire*, opéra en quatre actes d'après un livret de Francesco Maria Piave, représenté à Trieste en 1848. Cet opéra appartient encore à la première période de l'activité de Verdi. Écrit d'une manière hâtive et sans grand enthousiasme, *Le Corsaire* n'est donc pas l'un des meilleurs ouvrages du grand maître : pourtant, certaines pages furent remaniées par Verdi et insérées dans ses opéras suivants.

★ En 1856, *Le Corsaire* de Byron fut adapté, sous la forme d'un ballet, et d'une pantomime en musique, par Adolphe Adam (1803-1856).

★ Le compositeur français Nicolas Dalayrac (1753-1809) a composé un mélodrame comique qui porte le même titre, *Le Corsaire,* représenté à Paris en 1783, dont la musique jouit, à cette époque-là, d'une certaine popularité.

CORSAIRES DU ROI (Les). Histoires de l'écrivain belge d'expression française Albert t'Serstevens (1886-1974), publiées en 1930. Voyageur infatigable, Albert t'Serstevens connaît bien le monde de la mer et de la flibuste, et il l'évoque ici dans une suite d'histoires contées par des aventuriers. Composé comme une sorte de *Décaméron* (*), le livre est fait d'une succession d'intermèdes comiques, d'histoires grasses ou macabres, d'abordages, de quêtes de l'or maudit, de naufrages, de chants et danses d'esclaves noirs, auxquels se mêlent une poésie et une philosophie volontairement naïves, mais avec un art de la composition remarquable chez un auteur qui se vante de n'avoir pas de méthode. Le style direct, simple et coloré (c'est l'écrivain du vaisseau qui est censé recueillir les récits), sait se plier aux variations que lui impose le langage des différents orateurs ; il abonde en transpositions plaisantes de l'espagnol, langue dans laquelle boucaniers et aventuriers de la mer expriment leur mépris condescendant à l'égard de l'ennemi. D'origine flamande par son père et méridionale par sa mère, t'Serstevens doit sans doute à cette double hérédité ses qualités d'imagination lyrique et de réalisme. Il nous apporte dans ses livres un exotisme sincère et direct qui l'a fait souvent comparer à Stevenson. Par ailleurs, la vie qu'il a menée sur les voiliers et les cargos lui a dicté des livres pleins de charme, comme *L'Or du « Cristobal »* (1936), et des livres de voyage, comme *Le Périple des archipels grecs* (1963).

CORYDON. Essai de l'écrivain français André Gide (1869-1951), sous forme de dialogue, imprimé partiellement (mais non rendu public) en 1911 et en 1920, et publié sous sa forme intégrale et définitive en 1924. Le dialogue nous est rapporté par un « témoin », qui nous dit comment, intrigué et préoccupé par les discussions scandaleuses que soulève le problème de l'homosexualité, il décida de se rendre auprès de Corydon, un intellectuel de ses amis et camarade de classe, tristement connu aujourd'hui pour ses mœurs. Corydon oppose aux questions qui lui sont posées une véritable défense, ou mieux, la justification de l'homosexualité. À cet effet,

Gide se livre à une analyse exhaustive de ce que l'on a l'habitude d'appeler « instinct sexuel ». Selon lui, on ne peut déceler, dans la nature, qu'une « impulsion vers le désir », qui coïncide avec les nécessités de la reproduction de l'espèce, mais qui peut fort bien ne pas s'identifier à elles. Cette thèse, soutenue avec un remarquable déploiement d'arguments scientifiques, vient confirmer la trop facile observation selon laquelle l'on ne peut, en termes rigoureux, parler de l'homosexualité comme d'un phénomène à proprement parler « hors » ou « contre » nature. S'il est exact, comme Gide le reconnaît, que le propre de la civilisation humaine est dans le fait de choisir et de bâtir sur les données de la nature, il ne sert à rien de méconnaître et de nier aveuglément certains instincts : avant de chercher à les réduire et à les apprivoiser, il faut s'efforcer de les comprendre, puisqu'un grand nombre de dissonances dont nous souffrons ne sont qu'apparentes et dues uniquement à des erreurs d'interprétation. Il convient ensuite d'établir une stricte distinction entre l'homosexualité (ou l'« amour grec »), la sodomie et l'inversion. Gide en effet se refuse à considérer la première de ces formes comme « anormale » et « trouble », ce qui est le propre des deux autres. Le puritanisme de Gide réapparaît curieusement, surtout dans la dernière partie, où l'auteur insiste sur la distinction entre le plaisir et l'amour, en se référant à certaines idées platoniciennes : il va jusqu'à avancer des justifications d'ordre social, proposant pour ainsi dire des règles de morale pratique, « utiles », pour résoudre le problème des relations entre les deux sexes. La partie la moins discutable est évidemment celle où Gide fait état de certains faits scientifiques. Ce livre se présente, dans le cadre des œuvres de Gide, comme le document le plus caractéristique de son angoissante soif de vérité, de son besoin désespéré de soumettre à l'épreuve de la discussion tout principe, pour parvenir, coûte que coûte, à être toujours entièrement cohérent et d'accord avec lui-même.

COSAQUES (Les) ou Récit du Caucase [*Kazaki* ou *Kavkazskaja povest'*]. Roman de l'écrivain russe Lev Nikolaïevitch Tolstoï (1828-1920), publié en 1863. De même que *Enfance, Adolescence, Jeunesse* (*), *Les Cosaques* sont un ouvrage en partie autobiographique (l'essentiel du livre est un événement de l'existence de Tolstoï lui-même, pendant son séjour à Starogladovsk, sur la ligne défensive russe du Caucase). Le protagoniste, Olénine, est en quelque sorte la continuation de Nikolenka Irtenev et de Nekhlioudov. Olénine, après avoir dévoré une partie de sa fortune, prend la décision de commencer une vie nouvelle et part pour le Caucase. Il n'a aucun plan, aucun but précis ; il est seulement hanté par l'idée d'un bonheur futur. Celui-ci semble venir à sa rencontre : le Caucase suscite chez le jeune homme une grande impression, à cause de sa nature si belle, de la vie de ses habitants, primitive mais imprégnée d'une simplicité noble et fière, éloignée de toute forme artificielle. En outre, il entrevoit la possibilité d'un amour avec une très belle femme cosaque, Marion, « équilibrée et sereine comme la nature elle-même ». Il l'aime comme jamais il n'a aimé aucune femme, avec une force élémentaire ; il rêve, pour elle, de devenir un cosaque et de vivre, lui aussi, au sein de la nature. Mais tout cela est irréel ! Marion ne l'aime pas ; son instinct la pousse vers un homme de sa race, Loukaschka, qu'elle comprend aisément et pour lequel la vie n'est pas une imagination toujours artificielle, comme pour Olénine. Olénine n'a plus qu'à partir, en emportant dans son cœur le souvenir d'une nouvelle déception. Bien que *Les Cosaques* soient un ouvrage de jeunesse, son importance est extrême aussi bien du point de vue artistique que du point de vue idéologique. La netteté et la beauté des paysages sur lesquels se détachent les personnages, surtout les Cosaques – le vieux Eroschka – Loukaschka, Marianna, dont la vie a une simplicité héroïque, ainsi que la compréhension de la psychologie de ces êtres élémentaires que l'auteur rend accessible à tous, font de ce petit livre un véritable chef-d'œuvre. Comme tous les ouvrages de Tolstoï, de cette période et de certaines périodes ultérieures, ce livre a un intérêt autobiographique ; il illustre la thèse de la négation de la civilisation, prônée par J.-J. Rousseau et par certains romantiques, en exaltant la vie au sein de la nature. Cette idée reviendra, plus nette et plus complexe, dans toute l'œuvre de Tolstoï. – Trad. Gallimard, 1938, 1976.

COSÌ FAN TUTTE. Opéra en deux actes du compositeur autrichien Wolfgang Amadeus Mozart (1756-1791) sur un livret de Lorenzo Da Ponte (1749-1838), créé le 26 janvier 1790. Il fut demandé à Mozart, durant l'hiver de 1789-1790 – dur hiver de misère pour le musicien – par l'empereur qui, dit-on, aurait suggéré personnellement le sujet : un fait réellement arrivé à Trieste, et devenu matière de distraction et d'innombrables commérages dans le milieu brillant de la capitale. Dans le livret, l'action se passe à Naples. Deux jeunes officiers, Ferrando et Guglielmo, font un pari avec le sceptique don Alfonso concernant la fidélité de leurs fiancées, Fiordiligi et Dorabella. Avec la complicité de la servante Despina, on organise l'épreuve ; les deux officiers simulent un brusque départ à la suite de leur régiment, puis reviennent travestis en Albanais et se mettent à courtiser chacun la fiancée de l'autre. Après quelque résistance au début, la séduction réussit et l'on s'apprête à célébrer les deux faux mariages devant Despina déguisée en notaire. Tout est découvert ;

les deux jeunes gens trahis éclatent en reproches amers, mais don Alfonso, qui a été le metteur en scène de la comédie, remet tout le monde d'accord avec une conclusion de résignation philosophique : les femmes ne suivent que l'impulsion de leur cœur. Inutile de se tourmenter si l'on est trahi. Qu'elles soient belles ou laides, jeunes ou vieilles, leur nature est toujours la même ; ainsi font-elles toutes : « così fan tutte ». Sur cette petite œuvre délicieuse pèse le jugement défavorable et ambigu de Wagner dans *Opéra et Drame* (*) : « Combien je suis profondément reconnaissant à Mozart de ce qu'il ne lui a *pas* été possible d'inventer pour *Titus* une musique comme celle de *Don Juan*, pour *Così fan tutte* une musique comme celle de *Figaro !* » Et le fait que le titre vient d'une phrase de Basile dans *Les Noces de Figaro* (*) (trio n° 7) avec une réminiscence — ou citation musicale — s'y rapportant, a accrédité l'opinion selon laquelle *Così fan tutte* devrait être considéré comme un *Figaro* de moindre importance. Certes, la grâce délicieuse de la musique est encore la même, l'atmosphère voluptueuse proche de celle des *Noces*, mais avec une nuance différente, consistant en une pointe d'amertume cynique qui y était absente. On a dit très justement qu'il y avait un trait de cruauté enfantine dans l'allégresse avec laquelle Mozart s'apprête à massacrer le sentiment le plus noble et le plus sacré qu'il connût : l'amour d'une femme. *Così fan tutte* est d'une gaieté non pas insouciante, mais, voudrait-on dire si le mot ne semblait trop fort, légèrement perverse. Hoffmann fit preuve d'intuition quand il affirma que « l'expression d'une ironie facétieuse » domine la musique, en apparence si superficielle, de *Così fan tutte*. C'est, avec son parti pris de symétrie et sa criante invraisemblance d'action, « l'opéra bouffe type, à l'état pur, à l'état " agressif " » (Ghéon), un triomphe de grâce rococo, telle qu'elle se manifeste, par exemple, dans le duo « Il core vi dono » du deuxième acte. Dans le premier, on admire particulièrement le quintette, le doux et fluide trio, « Soave sia il vento », et l'Andante cantabile qui le suit. Les finales des deux actes — le premier mouvementé, pittoresque et divertissant ; le second tendre comme sait l'être Mozart — représentent une incontestable réussite.

COSMICOMICS [*Cosmicomiche*]. Récits de l'écrivain italien Italo Calvino (1923-1985), publiés en 1965. En 1967, *Temps zéro* [*Ti con zero*] apparaîtra comme une suite des *Cosmicomics* et, en 1984, Calvino publiera chez Garzanti *Cosmicomiche vecchie e nuove*, regroupant les textes de 1965, de 1967 et incluant de nouveaux récits « cosmicomiques », certains déjà publiés, d'autres totalement inédits ; en fait les derniers textes de fiction rédigés par l'auteur avant sa mort.

Les douze récits de l'édition de 1965 augmentés des quatre premiers de *Temps zéro* présentent une structure narrative commune : un « avant-texte » rend compte d'une hypothèse scientifique contemporaine sur la formation ou le développement de l'Univers et, en réponse, une « voix », celle du narrateur QFWFQ, va expliciter cette hypothèse sous la forme d'un témoignage « vécu ». Comme souvent chez Calvino, une image (ici la représentation visuelle de l'avant-texte scientifique) va déclencher un développement imaginaire, intériorisant cette image fondatrice en un récit « cosmicomique » : néologisme combinant les léxèmes « cosmos » et « comique ». En fait, il ne s'agit pas de science-fiction, d'abord parce que les espaces-temps mis en mots n'appartiennent nullement à un futur, ensuite parce que les « effets de réel » sur lesquels se fonde la science-fiction sont ici mis à mal par l'irréalisme ludique des situations, par le ton résolument comique de la voix énigmatique de QFWFQ. L'effet de science-fiction est ici pur effet de langage, pur jeu avec les mots. Même si, lors de la parution des *Cosmicomics*, la critique italienne a dénoncé le formalisme « désengagé » de cet univers parfois proche de la bande dessinée, ces textes, par leur forme et par leur fonction, se rapprochent de la notion de mythe. Ils rendent compte de problèmes anthropologiques fondamentaux (l'origine du monde, de la matière, de la pensée, de la conscience de soi, des signes...) et cherchent à en proposer ironiquement une explication discursive. Ce projet calvinien est directement inspiré d'une œuvre de Raymond Queneau, *La Petite Cosmogonie portative* (*) (1950), à laquelle il emprunte images et ludisme langagier. Mais ici encore Calvino semble fidèle à une écriture qui revendique son « autonomie » sans pour autant cesser de parler, à partir d'un « regard éloigné », de la réalité. Par leurs thèmes en effet, ces récits se font aussi l'écho d'un débat intellectuel central dans l'Italie des années 60, celui qui oppose l'historicisme (le sujet comme produit de l'Histoire) au structuralisme (le sujet comme « effet de langage »). Les autres récits de *Temps zéro* s'orientent plus nettement vers un métadiscours sensible à la recherche théorique de ces années de « Nouvelle critique » et exploitent le langage dans ses pouvoirs combinatoires, dans les jeux (para)logiques sur le temps (fictif, narratif) et l'espace (référentiel, textuel) qu'il autorise. L'ultime récit, « Le Comte de Monte-Cristo », atteste une inflexion du rapport de Calvino avec une réalité vécue comme labyrinthe. La littérature aura pour fonction ou d'en chercher les issues ou de reconnaître leur inexistence. — Trad. *Cosmicomics*, Seuil, 1968 ; *Temps zéro*, Seuil, 1970. P. D.

COSMOLYSE (La) [*Cosmolisi*]. Essai du paléontologiste italien Carlo Alberto Blanc (1906-1960), publié en 1943. L'auteur a défini sous le nom de « lyse » ce principe de différenciation dynamique qui régirait l'évolution de l'ensemble du monde : inorganique, organique et culturel. Dans *La Cosmolyse,* il s'efforce de démontrer comment ce principe gouverne aussi bien l'évolution biologique que l'évolution culturelle à tous ses stades : industries préhistoriques ou cultures contemporaines. Analysant ensuite les modalités de ce principe évolutif, il distingue trois périodes dans son application : la genèse par mutation, le tri par sélection et l'intégration par corrélation et différenciation. La théorie de Blanc ne saurait s'appliquer indifféremment au monde inorganique et aux cultures humaines, où intervient la faculté créatrice de l'homme, mais elle représente un utile effort de synthèse et insiste à bon droit sur l'importance de la paléontologie. Blanc, qui est le découvreur des vestiges néandertaliens retrouvés en Italie, a développé encore sa théorie dans divers articles et ouvrages, en particulier dans *Le Sacré chez les primitifs* [*Il sacro presso i primitivi,* 1945] et *De l'abstraction à l'organisation* [*Dall'astrazione all'organicità,* 1958].

COSMOPOLIS. Roman de l'écrivain français Paul Bourget (1852-1935), publié en 1892, trois ans après *Le Disciple* (*). L'auteur avait alors quarante ans et s'orientait nettement vers les études sociales et les ouvrages à thèse. *Cosmopolis* offre une peinture de Rome et de la société élégante, corrompue, qu'y forment les visiteurs internationaux. L'intrigue, très compliquée, a pour centre les amours coupables de la comtesse Steno, de noblesse vénitienne : d'abord avec un comte polonais, Gorka, le mari de la meilleure amie de sa fille Alba ; puis avec le peintre américain Maitland. Le premier, averti de la trahison par une femme perverse, se venge en révélant à Alba les déportements de sa mère. Et Alba meurt de désespoir, presque volontairement. Une péripétie importante est fournie par les duels de Gorka avec deux Français, dont l'un aurait pu épouser Alba et la sauver de ce monde perverti. La chronique des liaisons mondaines, des perfidies féminines, des lettres anonymes, des jalousies et des humiliations masculines sert de lourde trame au roman.

Cosmopolis est écrit, composé, conçu de la façon la plus balzacienne. Mais il comporte, en outre, une démonstration appliquée des théories de Taine sur la race. Tous les personnages représentent un type ethnique et historique. L'auteur entend bien marquer que chacun, dans ce creuset de nations et de classes, obéit à son hérédité : Hafner, l'usurier juif, Gorka, le Slave chevaleresque, Maitland, l'Américain positif, Ardea, le condottiere italien dégénéré, Mme Steno, qui incarne expressément l'Italie de la Renaissance. Parmi les Français, il faut recenser le sourcilleux colonel Chapron, le marquis de Montfanon, brave mais dilettante, le romancier Dorsenne qui, touché par la foi, sert tout ensemble de compère à la revue, de moraliste et de porte-parole de l'auteur. Paul Bourget, avec une gravité qui n'exclut pas la finesse, a enfin posé dans *Cosmopolis* le problème de la responsabilité (nos actes nous suivent, dira-t-il plus tard), à quoi n'échappent pas les spectateurs indifférents du drame. Il a expressément dénoncé la faute des sceptiques et le crime des blasés. C'est ce qui donne à son ouvrage une certaine importance historique, sans parler du pittoresque des mœurs qu'il décrit. Le romancier traditionaliste et didactique s'y révèle déjà entièrement. À l'époque, il fut surnommé un Zola de droite. *Cosmopolis* contraste fort avec *Le Lys rouge* (*) d'Anatole France, qui parut en 1894 et dépeint un milieu analogue, mais avec un art tout différent. Entre *Madame Gervaisais* (*) (1869) des Goncourt et *Rome* (*) (1896) de Zola, *Cosmopolis* compte encore dans la bibliographie romanesque de la Ville éternelle. Il reste aussi un des livres les plus robustes de Paul Bourget.

COSMOPOLITE (Le) [*The Citizen of the World*]. Série de lettres satiriques sur les mœurs anglaises, prétendument écrites par un Chinois et dont l'auteur est l'écrivain anglais Oliver Goldsmith (1728-1774), publiées d'abord sous le titre de *Lettres chinoises* [*Chinese Letters*] dans le *Grand Livre Public* de Newbery, en grande partie au cours de l'année 1760, republiées ensuite sous le titre déjà cité, en 1762. Ce Chinois imaginaire et philosophe, Lein Chi Altangi, relate les expériences et les observations qu'il a faites au cours de son séjour à Londres, sur les mœurs, les caractéristiques morales et intellectuelles de la race anglaise, et aborde certains thèmes littéraires. Les modèles de cette amusante série de lettres doivent être recherchés chez Voltaire et chez Rousseau. — Trad. Le Havre, 1891.

COSMOS [*Kosmos*]. Roman de l'écrivain polonais Witold Gombrowicz (1904-1969), publié en 1965. La chaleur est accablante, harassante. À marcher sur la route, la poussière et la lumière ont tôt fait de vous étourdir. On oblique vers des buissons, des fourrés. On va, ne pensant à rien. Soudain, on remarque un moineau qui pend, accroché à une branche par un mince fil de fer, trop haut pour que le coupable puisse être un gamin. On le scrute, figé par l'effarement. « Partons », dit Fuchs (Fuchs est un pâle rouquin). La route à nouveau. Poussière, lumière, fatigue : on s'arrête à la première pension de famille. Catherette, la servante, a la bouche un peu de travers. Cette bouche forme avec celle de la jolie Lena un singulier contraste. Aux repas pérore un certain Léon. Il façonne des boulettes de pain, y enfile son cure-dents, les sale, les inspecte à travers son lorgnon. Là-bas, le moineau reste accroché à l'arbre. Qui a pu le pendre, qui ? Du reste, tout cela est insignifiant. Les jours passent, des jours désordonnés et vides, dispersés entre mille perceptions confuses. Le narrateur (un étudiant) se plonge dans ses livres. Allongé sur son lit, Fuchs considère le plafond. Pauvre Fuchs, il va bientôt, son congé fini, devoir retourner au bureau. Le plafond ne l'en distrait pas. Il lui semble pourtant... « Regarde, on dirait une flèche. Si on suivait la direction qu'elle indique... » Les événements s'enchaînent. Il décide de visiter subrepticement la chambre de Catherette. Il s'étonne d'y trouver, fichés çà et là, une aiguille, une lime, un clou. Éclate au-dehors et dans la maison un incompréhensible vacarme. Comme si des esprits frappeurs se déchaînaient. Le narrateur gravit l'escalier quatre à quatre et, impulsivement, alors que le tapage vient de cesser, se met à frapper lui aussi, à la porte de Lena. Lorsqu'il s'arrête, le silence tombe, profond, total. D'énervement, il est au bord des larmes. Il redescend doucement au jardin, découvre que la fenêtre de la jeune femme est éclairée et, affolé par le désir de la voir, grimpe à un arbre. Son mari est en train de lui tendre une théière. Une théière ! Après l'avoir longuement examinée, elle la pose sur une étagère, commence à se déshabiller. La lumière s'éteint. Le narrateur n'a plus qu'à rentrer se coucher mais, en chemin, il rencontre le chat de Lena. Il l'étrangle et le pend. Voilà Fuchs et les habitants de la pension mis en face d'un nouveau mystère. Pour se changer les idées, ils partent en excursion, avec deux couples amis. Nouvelles bizarreries. Obsessions de plus en plus tyranniques. Nouveau pendu...

Insolite, grinçant, absurde et dérisoire, ce roman se lit d'une traite ou ne se lit pas. Mené en un crescendo très savant, très réussi, il nous plonge dans un climat qui serait insupportable si tout humour était absent du livre, mais l'auteur a su intimement mêler le tragique et le risible, les fondre en une seule musique discrète et acide. Il arrive ainsi à faire ressortir, d'une façon extrêmement frappante, la bêtise, la banalité et la mesquinerie de la vie et des êtres. Témoignage profondément et radicalement triste, ce roman montre comme tant d'autres la futilité et la faiblesse des hommes en face de l'aveugle puissance des choses. — Trad. Denoël, 1966.

COSMOS [*Kosmos. Entwurf einer physikalischen Weltbeschreibung*]. Considéré comme le chef-d'œuvre du grand géographe et naturaliste allemand Alexander von Humboldt (1769-1859), cet ouvrage, commencé en 1843, après ses deux voyages en Amérique centrale et méridionale (1799-1803) et en Asie centrale (1829) — voyages qui furent des exemples stimulants pour toutes les expéditions scientifiques successives —, fut publié en quatre volumes, de 1845 à 1858, et immédiatement traduit en plusieurs langues ; un cinquième volume, posthume, parut en 1862. La version française de Faye en est la plus répandue. L'origine de l'œuvre est pourtant antérieure : déjà manifeste dans les *Tableaux de la nature* (*) de 1808, l'intention de l'auteur est de réunir, ici, en une vaste synthèse, de nombreuses enquêtes scientifiques, synthèse qui, bien que ayant une sérieuse base technique, pourrait entrer dans le domaine de la culture générale du peuple, et ainsi augmenter son intérêt pour les choses de la nature et détruire le scepticisme et le dogmatisme particuliers à la mentalité populaire. La conviction que l'étude de la nature contribue à l'élévation spirituelle et matérielle du peuple le poussa à donner des cours à l'université de Berlin, à faire des conférences, et, déjà vieux, à publier *Cosmos*, où sont réunies toutes les connaissances scientifiques de son époque. Dans cet ouvrage, il se propose de donner, comme l'indique le sous-titre, une description physique du monde, entendant par monde l'ensemble de tout ce qui existe dans l'espace, et de montrer l'action simultanée de l'immense chaîne de forces qui animent la nature, forces qui agissent selon des lois avec harmonie et cohérence, malgré l'infinie diversité des phénomènes.

Pour éviter la monotonie d'une énumération encyclopédique des notions, il les recueille dans de nombreuses notes à la fin de ses volumes. Le premier de ceux-ci expose la totalité des phénomènes naturels, analysant aussi bien les plus lointaines constellations que notre globe terrestre (sa configuration, sa densité, sa température, son activité volcanique et électromagnétique, sa constitution minérale, son histoire physique). Le deuxième volume décrit le sentiment de la nature, tel qu'il apparaît, selon les époques et les races dans la littérature, dans la peinture, dans les témoignages des voyageurs, dans les jardins et dans les serres ; enfin il y résume toute l'évolution du concept de Cosmos (à travers l'observation, les migrations et l'invention des instruments qui multiplient le pouvoir d'observation), de la philosophie naturaliste ionienne à l'école alexandrine, de la domination romaine à l'invasion arabe, des découvertes géographiques des XVe et XVIe siècles aux découvertes scientifiques des XVIIe et XVIIIe siècles.

L'intention de l'auteur était de faire une œuvre scientifique, mais aussi littéraire, en un mot de concilier science et poésie. En effet, l'ardent enthousiasme qui anime l'œuvre, particulièrement quand il évoque ses expériences de voyages, préserve celle-ci de l'aridité scientifique et de la rhétorique prétentieuse. Étant donné la grande variété de son génie et l'étendue de ses connaissances (il fonda la géographie des plantes, contribua précieusement à l'étude du magnétisme terrestre, de la botanique, de la zoologie, de l'astronomie, de la géologie, de la minéralogie, et même de la statistique et de l'économie politique, sciences alors naissantes ; il s'intéressa enfin aux constitutions et à la vie politique des peuples :

Espagne, Mexique, Pérou), il peut parler au nom de ses expériences personnelles sur n'importe quel sujet dont il entreprend l'étude. Mais il ne manque jamais, avec une précision et une modestie exemplaires, de citer toujours les travaux et les découvertes de ses collaborateurs. Même si plusieurs d'entre eux, dont les noms sont d'ailleurs passés dans l'Histoire, le dépassèrent dans des études spécialisées, et si, avec l'évolution de la science, quelques-unes de ses affirmations se sont révélées inexactes, Alexander von Humboldt restera toujours le pionnier et le patriarche de la science moderne, et *Cosmos* est un témoignage de ses pensées fécondes, pensées qui inspirèrent et dirigèrent les travaux de générations entières.

COSROÈS. Dernière tragédie de l'auteur dramatique français Jean Rotrou (1609-1650), jouée en 1648 et publiée l'année suivante. Cette remarquable tragédie peut être considérée à la fois comme le chef-d'œuvre le plus puissant et le plus dominé de Rotrou et comme l'exemple à peu près unique d'une tragédie classique française traversée par une problématique « shakespearienne ». Dans ce drame de l'ambition et de la prise du pouvoir, où le héros se voit acculé au parricide pour préserver son droit d'aînesse et sa vie, où la folie guette, l'essentiel de l'action est suspendue aux hésitations de ce personnage qui doit agir constamment contre son intime conviction et se laisse entraîner malgré lui dans la spirale de l'horreur. Nous sommes ici à l'opposé de l'univers cornélien, comme si Rotrou, à la fois fidèle à lui-même et à sa « dramaturgie de l'ambiguïté », et admirateur sincère de Corneille, avait voulu entrer en émulation avec lui. De même que, quelques années plus tôt, il avait, en écho à *Polyeucte* (*), écrit son *Véritable Saint Genest* (*), il propose avec l'histoire de la mort de Cosroès, roi de Perse en lutte contre l'empire chrétien de Constantinople, une œuvre qui forme un diptyque avec celle d'Héraclius, empereur de Constantinople qui vainquit Cosroès, dont Corneille avait mis en scène deux ans plus tôt les conditions de l'accession au trône – v. *Héraclius* (*) (1646). Rotrou donc est allé chercher à son tour son cadre historique dans les *Annales ecclésiastiques* (*) du cardinal Baronius, et, tout comme Corneille, il a construit dans ce cadre une intrigue de sa propre invention. Au centre de l'intrigue, en effet, figure Syroès, qui n'a régné que quelques mois et dont les historiens ignorent à peu près tout. Le roi Cosroès, qui donne son titre à la tragédie, n'apparaît qu'à titre d'opposant des velléités ambitieuses de son fils ; encore ne l'est-il que parce qu'il est vieux et, rongé par le remords d'avoir assassiné son père pour régner, sujet à des accès de folie. Pour ces deux raisons, il est dominé par sa seconde épouse, Syra, ambitieuse forcenée qui cherche à toutes forces à donner le pouvoir à son fils Mardesane. Syroès doit donc empêcher son père d'abdiquer en faveur de son demi-frère et lutter contre les menées de sa marâtre, mais sa faiblesse tient à ce qu'il se refuse à l'inéluctable : pour prendre le pouvoir, il ne doit pas seulement supprimer Syra, il doit faire périr son père, ce à quoi il répugne et par tendresse, et par l'exemple même de celui-ci, rendu fou par le remords d'avoir lui-même tué son père pour accéder au pouvoir. Il se sent d'autant plus empêché d'agir qu'il aime la fille de Syra, Narsée, aux supplications de laquelle il accède en décidant d'épargner Syra au moment où elle tombe en son pouvoir. En fait, il n'agit pas. Il ne laisse ses partisans organiser un coup d'État que pour contrer celui qu'entreprennent Syra et Mardesane, et les ordres qu'il donne pour épargner les vaincus arrivent trop tard pour annuler ceux que ses partisans lui avaient précédemment arrachés. Pour finir, il a beau, dans une ultime et pathétique rencontre avec Cosroès, lui rendre le pouvoir, il récupère involontairement celui-ci grâce à la mort de son père, dont on lui apprend qu'il s'est suicidé en découvrant dans leur prison les cadavres de sa femme et de son fils cadet. Le dénouement le laisse ainsi vainqueur mais désespéré : on pressent, à le voir animé d'une volonté suicidaire, qu'il ne tardera pas à être à son tour rattrapé par la folie. G. F.

CÔTE À CÔTE [*Nebeneinander*]. Pièce en cinq actes de l'écrivain allemand Georg Kaiser (1878-1945), jouée et publiée en 1923. Œuvre typique du grand écrivain « expressionniste » allemand, ce drame, qu'il sous-intitule « populaire », illustre une des idées qui reviennent le plus souvent dans les œuvres de Georg Kaiser : la solitude humaine, l'incommunicabilité des êtres qui vivent « côte à côte », parallèlement, sans pouvoir se rejoindre, sans pouvoir faire quoi que ce soit les uns pour les autres, afin d'alléger la douleur de vivre. C'est l'aventure d'un fripier, prêteur sur vêtements, loueur de costumes, qui découvre un jour, dans la poche d'un habit qu'on vient de lui rapporter, une lettre que le porteur de l'habit a oublié de mettre à la poste ; du fait de cet oubli, la femme à laquelle cette lettre est adressée se croira oubliée de l'homme qu'elle aime, et se tuera, comme elle a menacé de le faire, s'il ne lui écrit pas. La lecture de cette lettre plonge le prêteur sur gages dans une grande perplexité. Il ignore le nom de l'homme à qui il a loué l'habit, le nom de la femme à laquelle est destinée la lettre, la sagesse vulgaire lui commanderait de se désintéresser de cette insoluble affaire, mais il sent en lui l'urgence d'une terrible responsabilité, le devoir de retrouver, malgré toutes les impossibilités et tous les obstacles, cette femme et cet homme afin de réparer l'oubli de celui-ci. Muni d'infimes indices, il part à la recherche de cet homme et de cette femme, dans la grande ville où se coudoient des millions d'indifférents. Tous ceux qu'il essaie d'intéresser à cette histoire le repoussent ou se moquent de lui, et il sent peser sur ses épaules la terrible responsabilité du malheur que, lui seul, il peut empêcher, s'il arrive à temps. Le drame de Georg Kaiser nous montre le déroulement de ces existences parallèles à travers lesquelles court anxieusement, comme une navette dans une trame, le pauvre prêteur acharné à vouloir remettre son message. Pour ce faire, il abandonnera tout, il se trouvera ruiné et détruit par cette impuissante recherche. Jeté par la fatalité, cette fatalité qui joue un si grand rôle dans tout le théâtre de Georg Kaiser, et notamment dans ses *Drames grecs* (*), dans ces complications auxquelles il n'est pas directement intéressé, et à la solution desquelles il ne s'attache qu'en vertu d'une certaine « solidarité humaine », le prêteur sur gages sera la seule victime de cette aventure. La destinée des autres personnages, qui étaient immédiatement impliqués dans l'affaire de la lettre, n'a pas souffert de cet oubli. La recherche harassante et destructrice pour lui seul, à laquelle le prêteur s'est livré, aura donc été vaine et sans objet : elle aura eu pour seul résultat de hausser un individu quelconque et une destinée médiocre jusqu'aux cimes du sacrifice, dans lequel l'être se détruit matériellement, mais spirituellement s'accomplit. Écrit dans un style convulsif, bref, tout en éclairs et en éclatements, ce drame est l'un des meilleurs de Georg Kaiser, l'un des plus nettement représentatifs en même temps de son esthétique, de son éthique et de sa technique théâtrale.

COUCOU (Le) [*Hototogisu*]. Roman de l'écrivain japonais Tokutomi Kenjiro ou Tokutomi Roka (1868-1927), l'un des plus importants de la littérature japonaise d'avant-garde. Il parut d'abord en feuilleton dans le journal *Kokumin Shinbun* en 1898-1899 ; publié ensuite en volume, il atteignit en 1927 sa cent quatre-vingt-dixième édition. Tokutomi Kenjiro a voulu synthétiser dans le *Hototogisu* (le coucou, pour les Japonais, représente l'amour profond et indissoluble) la lutte des générations nouvelles contre les dures coutumes traditionnelles. Namiko, fille chérie du général Kataoka, a passé son enfance, durant les fréquentes absences de son père, en butte aux mauvais traitements continuels de sa marâtre. À dix-huit ans, elle épouse le baron Takeo Kawashima, aspirant de marine, et l'amour de ce jeune homme gai et insouciant ouvre alors de nouveaux horizons à Namiko ; des idées neuves se font jour, et le couple, profondément uni, vit heureux. Mais un jour Takeo doit s'embarquer, et Namiko, restée seule dans la demeure conjugale, doit subir toutes les vexations de sa belle-mère, femme rigide et liée aux vieilles traditions familiales. Devenue tuberculeuse, la jeune femme se rend sur la côte où elle rencontre un de ses ex-prétendants, Chijiwa, qui, pour se venger d'avoir été repoussé, déclare à la belle-mère que la maladie de Namiko est contagieuse et fort dangereuse. En vertu d'une loi alors en vigueur au Japon, la mère de Takeo fait divorcer les deux époux. Quand le mari revient, il veut s'insurger contre cette injuste décision ; mais, au moment même où il cherche à reconstruire son bonheur, éclate la guerre avec la Chine, et il doit rejoindre son poste. Namiko, désespérée, cherche à se tuer, mais est sauvée par une religieuse et convertie au catholicisme. Un jour, le train dans lequel elle voyage avec son père croise un autre train où se trouve Takeo. Les jeunes gens ont à peine eu le temps de s'apercevoir et de crier leurs noms que les trains repartent, les séparant cette fois pour toujours. Namiko meurt peu après, et quand Takeo rencontre, près de sa tombe, le père de son épouse, celui-ci l'embrasse comme un fils.

La principale valeur de l'œuvre réside précisément dans cette conclusion, qui est en contraste déclaré avec les résidus de féodalité alors en usage au Japon. En effet, tandis que les antiques traditions opprimaient la liberté de l'individu et ses plus chères affections, ici l'amour triomphe du temps et des choses contre les lois et les coutumes abusives. Ce livre eut indirectement une grande influence sur l'évolution, dans un sens moderne, de la mentalité japonaise. – Trad. Plon, 1911.

COUCOU ET LE ROSSIGNOL (Le) [*The Cuckoo and the Nightingale*]. Poème en « moyen anglais », composé de strophes de cinq vers chacune. Après avoir cru pendant plus de trois siècles qu'il était l'œuvre de Chaucer, on l'attribue aujourd'hui avec certitude à sir Thomas Clanvowe, courtisan et ami présumé du prince Hal, sous le règne d'Henri IV d'Angleterre (1399-1413) ; il l'aurait composé entre 1403 et 1410. Le sujet, peu original, renoue avec une tradition médiévale, qui remonte au XIIIe siècle et qui tire parti du contraste entre deux oiseaux (généralement un Hibou et un Rossignol) ; l'un célébrant les douceurs de l'amour, l'autre dénonçant les dangers de cette passion. Mais Clanvowe a su reprendre très habilement ce thème, en le parant d'une nouvelle fraîcheur et de la grâce poétique de Chaucer, auquel il fut, et avec raison, si souvent comparé dans *Le Parlement des oiseaux* (*).

COULEUR DU TEMPS. « Drame en trois actes et en vers » de l'écrivain français Guillaume Apollinaire (1880-1918), représenté après sa mort en 1918, publié en revue en 1920, en volume en 1949. D'un pays menacé par la guerre, trois hommes, un riche (le passé), un savant (le présent) et un poète (l'avenir), partent à bord d'un avion pour chercher « le pays divin de la paix ». Ils recueillent au passage, sur un champ de bataille, la mère et la fiancée d'un soldat tué, puis, sur une île déserte, un solitaire qui expie le crime d'avoir trahi sa patrie. Au pôle, ils découvrent le corps d'une femme conservé dans la glace ; le poète voit en elle la beauté, le savant la science, le riche la paix, le solitaire la solitude ; et ils s'entre-tuent pour sa possession. Ce drame allégorique composé, en un temps où les civilisations apprenaient qu'elles étaient mortelles, par un poète qui avait connu l'horreur de la guerre, est profondément désespéré, bien que le titre fasse référence à l'oiseau bleu du conte, symbole de résurrection. Les « voix des morts et des vivants » redisent « Adieu adieu il faut que tout meure » ; les dieux annoncent qu'ils « vont mourir / Si l'humanité meurt ». Les personnages s'interrogent sur les rapports de l'individu et de la société qui l'écrase ou sur l'ordre nouveau qui pourrait naître de la guerre ; mais le dénouement anéantit tout avenir. Le dialogue s'élargit en séquences lyriques (lamento de la mère) ou épiques (l'assemblée des dieux) qui font de ce drame une manière d'oratorio. M. B.

COULEURS [*Colori*]. Recueil des œuvres poétiques du poète italien Virgilio Giotti (1885-1957), publié posthume en 1957. L'auteur, qui en avait préparé lui-même l'édition, a réuni dans cet ouvrage l'ensemble de ses recueils précédemment parus, les complétant par des poèmes inédits et un glossaire. La poésie de Giotti, dans sa meilleure part en dialecte de Trieste, est intéressante à un double titre : par sa langue et par l'originalité de l'inspiration qui, par un approfondissement progressif, va du « Je » quotidien et autobiographique au « Je » purement transcendantal. Dans le *Petit canzoniere en dialecte triestin* [*Piccolo canzoniere in dialetto triestino,* 1914], on assiste à la formation de cette inspiration qui puise directement dans la vie et dénote les influences qui contribuèrent à former le talent de Giotti : Leopardi et Baudelaire, Pascoli et Palazzeschi, les poètes symbolistes et décadents français et Remy de Gourmont. Il y est question de solitude et d'insatisfaction, de mort et de vie errante ; le passage inexorable du temps, s'il n'est pas un thème original, inquiète assez le poète pour le pousser à intérioriser ses images et à dépasser ainsi le pessimisme superficiel de ce thème. À ces poèmes très subjectifs s'opposent ceux du recueil suivant : *Fantaisies, chansons et histoires* [*Caprizzi, canzonete e storie,* 1928], presque exclusivement descriptifs dans leur évocation de paysages et de scènes de la vie. Les rythmes mêmes sont différents, plus abrupts, plus rapides, plus brillants aussi, comme si le poète se plaisait à jouer de sa technique, mais le détachement à l'égard de soi dont ils témoignent est le passage indispensable grâce auquel Giotti, qui a conquis une certaine sérénité, va pouvoir aborder le monde intérieur en le dominant et non plus seulement en le reflétant. En 1941, sous le titre déjà de *Couleurs,* Giotti rassemble tous ses poèmes en dialecte triestin. Ses poèmes des années 1937-43, *Nouvelles couleurs,* n'avaient pas été publiés avant de prendre place dans le volume des œuvres poétiques complètes ; leur font suite les recueils *Soir* [*Sera,* 1946-48] et *Vers* [*Versi,* 1953]. L'inspiration de Giotti, forgée par les épreuves de sa vie personnelle, atteint sa plénitude en y passant du plan autobiographique à celui de la mythologie intérieure, où l'incident se transforme en signe et en symbole, cependant que le chant prend une allure grave et intense de méditation, mais rendue familière par la liberté et la souplesse des vers. Le dialecte de Trieste, réélaboré par Giotti et teinté de quelques archaïsmes, lui a permis, loin de toute coquetterie, d'inventer une langue poétique « colorée » et rythmique, non pas celle d'un « original », mais celle d'une poésie originale. Ses poèmes en italien, par contre, sont très littéraires et relèvent davantage de la rhétorique que de la véritable poésie.

COUPABLE (Le). Roman du poète et romancier français François Coppée (1842-1908), publié en 1896. Chrétien Lescuyer, fils et neveu de magistrats, devenu orphelin de mère, est élevé sévèrement par son père, passant une jeunesse sans joies ni affections. Il va terminer ses études à Paris ; là, il fait la connaissance d'une jeune ouvrière, Perrinette Forgeat, qui devient sa maîtresse. Mais, ses études achevées, Chrétien doit retourner dans sa ville natale et ainsi abandonner Perrinette, bien que celle-ci soit sur le point d'avoir un enfant. Quelques années plus tard, Perrinette meurt, tandis que l'enfant, resté seul, est placé dans un orphelinat, d'où il ne sort que dix ans plus tard, après avoir connu une vie très dure. Quant à Chrétien Lescuyer, il a fait une brillante carrière dans la magistrature, mais sa jeune femme et sa fille sont mortes et c'est en vain qu'il a recherché les traces de Perrinette et de son fils. Soudain il reconnaîtra ce dernier en la personne d'un jeune et infortuné criminel qui a assassiné un usurier et qui va être jugé et condamné. En tant que juge d'instruction, il devrait demander la peine de mort pour le coupable. Mais, au procès, le magistrat qui devrait représenter l'accusation fait le récit de sa propre faute de jeunesse et obtient ainsi la grâce de l'accusé. Le père et le fils, qui maintenant se connaissent, partent ensemble pour l'Amérique, où ils pourront se racheter et expier. Coppée, plus connu comme poète des humbles et des déshérités que comme prosateur, se fait ici le défenseur ému des enfants abandonnés. Si l'on reproche à sa poésie d'être prosaïque, on trouve en revanche, dans ce roman, des accents d'une poésie un peu excessive, trop sentimentale et mal contenue.

COUP DE DÉS (Le) [*Grosse Fahrt und Falsches Spiel*]. Roman de l'écrivain allemand Heinz Risse (né en 1898), publié en 1956.

D'une rigueur impitoyable, l'œuvre de Heinz Risse, tout en s'inspirant des problèmes actuels, reprend les thèmes du bien et du mal, du crime et du châtiment. Beaucoup de critiques ont parlé de chef-d'œuvre à propos du *Coup de dés*, dont la forme relève à la fois de la chronique de gens de mer et du récit intemporel. Risse y conte l'histoire de quelques marins naufragés, qui parviennent à gagner une île déserte. Avec une logique implacable, il nous narre comment trois d'entre eux seront sauvés, en abandonnant le quatrième à une mort certaine, et pourquoi Steen, le plus malin, prend l'identité du disparu, et surtout quels sont ces dés qu'il possède et avec lesquels on a tiré au sort pour désigner la quatrième victime. Steen, le personnage cynique et joueur, n'en est pas moins humain. Et puisque le crime appelle le châtiment, Steen, lentement, meurt dans la toile de son mensonge qu'il a patiemment tissée malgré lui. Cette trame se trouve élargie et approfondie dans le roman *Un de trop* [*Einer zuviel*, 1957], où des lycéens de première inventent un élève imaginaire pendant le cours donné par un professeur presque aveugle. Le livre développe le sort symbolique de l'auteur de cette plaisanterie, qui joue jusqu'au bout le rôle de l'élève inventé, jusqu'au seuil de la folie. Aux frontières d'un fantastique sans cesse corrigé par une rigueur inexorable, l'œuvre de Risse ne cesse de détruire la réalité pour en restituer le sens à travers la fable. Parmi ses principaux livres, citons encore : *Quand la Terre tremble* [*Wenn die Erde bebt*, 1950], *Puis vient le soir* [*Dann kam der Tag*, 1953], *La Ville sans racines* [*Die Stadt ohne Wurzeln*, 1957]. – Trad. Albin-Michel, 1959.

COUP DE GRÂCE (Le). Roman de l'écrivain français Marguerite Yourcenar (pseud. de Marguerite de Crayencour, 1903-1987), publié en 1939. Pendant la guerre d'Espagne, un aventurier blessé conte son histoire : il se nomme Eric von Lhomond, il est d'origine prussienne et balte. Au lendemain de la Première Guerre mondiale, il se trouvait en Courlande, à Kratovicé, dans la propriété de son meilleur ami Conrad de Reval, quand l'armée bolchevique encerclait ce domaine avec les quelques officiers qui continuaient à se battre contre l'armée Rouge. Parmi eux vit une jeune fille, Sophie, la sœur de Conrad, accoutumée à végéter dans la misère et dans le souvenir de leurs splendeurs passées. Dès son arrivée, Sophie tombe amoureuse de l'ami de son frère mais, quoique sensible au sentiment qu'il inspire, Éric repousse Sophie, il n'a pour elle qu'une amitié fraternelle ; cet attachement trop entier, ce don total l'irritent. Sophie, qui a été violée par un soldat lituanien, croit que ce souvenir est cause de la froideur d'Éric, et cette froideur ne fait que l'attacher à lui davantage. Elle est tour à tour soumise, tendre, passionnée ; jusque-là son comportement, avec ces hommes traqués, était celui d'un garçon, mais elle devient coquette, elle prend des amants pour rendre Éric jaloux, puis se fiance avec un officier qu'il n'aime pas : Volkmar. C'est ce Volkmar qui lui révèle un jour, par vengeance, le secret d'Éric, un secret inscrit en filigrane tout au long du récit, mais que le narrateur ne dévoile qu'une fois, comme par inadvertance : « Après quelques semaines de désappointement ou de délire, mon vice à la fois désespérant et indispensable m'aurait reconquis ; et ce vice, quoi qu'on puisse en penser, c'est bien moins l'amour des garçons que la solitude. »

Apprenant les raisons de sa défaite, et soupçonnant les relations qui existent entre Éric et son frère, Sophie s'enfuit de Kratovicé. Elle va rejoindre les armées rouges pour lesquelles elle a toujours eu une secrète sympathie et, habillée en homme, s'engage pour combattre dans leurs rangs. Bientôt, Éric, Conrad et les quelques survivants d'une bataille perdue doivent abandonner le domaine. Conrad est tué. Plus tard, à la tête de sa troupe réduite, Éric parvient à faire prisonnier un groupe de soldats russes isolés. Parmi eux se trouve Sophie. Tous ces prisonniers doivent être fusillés et, sur la demande de la jeune fille, Éric trouvera le courage d'abattre lui-même celle qui, malgré tout, l'aime encore. Puis, libéré de cet amour inutile, fier de son indépendance préservée, il consacrera sa vie à l'aventure, passant des soulèvements en Europe centrale à la guerre de Mandchourie, et à la guerre d'Espagne... Cette cruauté froide est rendue plus sensible encore par le charme d'un style pur et précis. Et la nature trouble d'Éric, son goût pour des aventures homosexuelles jamais décrites sont traités avec une délicatesse telle qu'on peut en ignorer la nature. On n'en devine le sens que par la tendresse virile qu'il manifeste à Conrad et par la répulsion physique que Sophie lui inspire. Mais celle-ci n'est pas une pâle héroïne ; malgré son destin pitoyable, c'est un être de chair et de sang, l'un des plus complexes personnages de femmes qu'ait dépeints Marguerite Yourcenar dans son œuvre. Éric von Lhomond conclut son récit par cette phrase désabusée : « ... J'ai compris depuis qu'elle n'avait voulu que se venger et me léguer des remords. Elle avait calculé juste : j'en ai quelquefois. On est toujours pris au piège avec ces femmes... »

COUP DE LUNE (Le). Roman de l'écrivain belge d'expression française Georges Simenon (1903-1989). Il a été écrit durant l'automne de 1932, après un voyage en Afrique dont Simenon rapporta une série d'articles intitulée : *L'Heure du Nègre*, et publiée l'année suivante. Venu tenter sa chance à la Sacova, une entreprise forestière, Joseph Timar, célibataire de 23 ans, est saisi d'une inquiétude vague à peine débarqué à Libreville. La moiteur étouffante du climat gabonais, le grouillement d'une végétation menaçante et surtout la manière dont les colons à l'existence égoïste et veule s'enlisent dans l'ennui et tyrannisent les indigènes en sont les premières raisons. Ce malaise indéfinissable et lancinant se trouve renforcé par l'accueil décevant des gens de la Sacova, qui le considèrent comme un intrus, et par le fait que, dès son arrivée, Adèle, la plantureuse patronne du seul hôtel européen du port, s'est offerte à lui malgré la présence d'un mari, Eugène, en train d'agoniser. Cependant, le lendemain, quand on retrouve le boy de l'hôtelière assassiné, Timar conserve le silence alors qu'il a vu sa maîtresse poursuivre la victime peu avant le crime et que sa culpabilité se révèle probable. En cela, il ne fait que rejoindre la caste des Blancs, animés par une manière de solidarité dans la veulerie et de supériorité raciale, pour faire bloc contre les indigènes. Un jeune Noir innocent est donc accusé. À la mort d'Eugène, Adèle accueille Timar auprès d'elle et lui fait utiliser les relations de son oncle pour obtenir une concession en forêt. Un contrat d'association est signé devant notaire et tous deux partent en pirogue pour une expédition au sein d'une nature tout à la fois ensorcelante et épuisante. Abruti par l'alcool, la chaleur et la maladie, Timar se laisse peu à peu gagner par un sentiment de vide absolu. Malgré les attentions d'Adèle, il gémit sans raison, « malheureux de tout mais de rien en particulier ». Comme souvent, Simenon établit des correspondances subtiles entre le personnage et le pays, dont la chaleur malsaine s'insinue comme une fièvre et suinte littéralement de ligne en ligne.

Dès lors, quand Adèle est repartie pour témoigner au procès où tout est arrangé pour faire accuser le jeune Noir à sa place, Timar décide de la rejoindre. Son voyage de retour est un chemin de croix. Rongé par la jalousie et hanté par le problème du mal, Timar arrivera à bout de forces au tribunal et hurlera la vérité avant de sombrer dans la folie, victime du « coup de lune » et répétant inlassablement sur le paquebot qui le ramène en Europe : « L'Afrique, ça n'existe pas ! »

Dans ce roman d'une initiation manquée, qui vaut surtout par l'hallucinante description de l'Afrique coloniale des années 30, Simenon, avant Céline, met en accusation tout un système bâti autour de l'exploitation, de l'injustice et de la corruption, à l'opposé même de la culture authentique des indigènes, incarnation de « l'homme nu », cet idéal simenonien. Il n'est pas étonnant, dans un environnement aussi pourri, qu'un blanc-bec naïf et immature aille, au cours de sa quête, de désillusion en désillusion au point de sombrer lentement, rejeté à la fois par la caste des Blancs et par l'Afrique elle-même, prouvant ainsi qu'il n'est pas de taille à assumer sa destinée d'homme.

Si l'on excepte les romans d'aventures aux accents parfois racistes publiés sous pseudonyme, ce réquisitoire anticolonialiste inaugure une série de romans exotiques comme *Quartier nègre* (1935), *Ceux de la soif* (1938), *Le Blanc à lunettes* (1937), *Touriste de bananes* (1938) ou *L'Aîné des Ferchaux* (1945), œuvres dans lesquelles l'auteur refuse tout exotisme facile et utilise les décors pour exacerber les sentiments de ses personnages. Une adaptation cinématographique de ce roman a été réalisée par Serge Gainsbourg en 1982, sous le titre *Équateur*, avec Francis Huster dans le rôle principal.

AL. B.

COUP DE ROULIS. Le livret de l'opérette *Coup de roulis* fut tiré par Albert Willemetz d'un roman du même titre publié par l'ex-capitaine de corvette Maurice Larrouy, et le compositeur français André Messager (1853-1929) termina sa partition en mai 1928. L'ouvrage fut créé sous sa direction, au Théâtre Marigny, le 28 septembre de la même année. Sous la fiction d'un roman d'aventure et d'amour, Larrouy plaidait la cause de la marine en butte aux exigences et aux tracasseries des politiciens.

Puy-Pradal, député, qui interpella le ministre de la Marine, a été chargé par la Chambre d'une enquête sur le personnel navigant. Il embarque sur le « Montesquieu », vieux croiseur tout juste capable de tenir encore la mer. Il est accompagné de sa fille Béatrice, bachelière éclose à temps pour que son diplôme justifie sa qualité de secrétaire du haut-commissaire. La venue du personnage indispose les officiers qui, au retour d'une longue croisière, comptaient sur des permissions. L'enseigne Kermao n'est pas le moins résolu à montrer au politicien que la vie maritime ne va pas sans désagréments. Le commandant Gerville prend les choses avec plus de philosophie, sinon plus de contentement. Puy-Pradal arrive. S'il paraît assez rébarbatif — ses préjugés ne l'aident point à être aimable —, sa fille au contraire séduit tout le personnel et, malgré ses cinq galons et la quarantaine dépassée, Gerville lui-même est attiré par la grâce de la jeune fille. La houle, assez forte dès qu'on a quitté la rade de Toulon, favorise les intrigues. Puy-Pradal reste enfermé dans sa cabine. Béatrice résiste un peu mieux. Kermao en profite galamment.

Au second acte, on est en vue d'Alexandrie. Puy-Pradal a découvert que Gerville est un excellent marin et un homme du monde accompli ; et Gerville sait maintenant qu'en dépit de son air rébarbatif, Puy-Pradal n'est point un méchant. Kermao est de plus en plus amoureux et Béatrice de moins en moins insensible ; mais elle balance entre l'enseigne et le commandant. Les invités du haut-commissaire envahissent le croiseur où l'on donne une fête en leur honneur. La comédienne Sola Myrrhis, qui souhaite entrer à la Comédie-Française, fait les yeux doux au politicien influent, assez naïf pour s'y laisser prendre, et si bien même que le bonhomme fait fléchir en sa faveur le règlement et qu'elle reste sur le croiseur pour rentrer en France. Béatrice souffre de voir son père se compromettre. Gerville est inquiet – Sola Myrrhis a été jadis sa maîtresse, et tout peut se compliquer si elle commet quelque maladresse. Puy-Pradal est de très maussade humeur. Il lui faut rédiger son rapport : ses préventions reviennent en son esprit. Il sera féroce. Mais tout à coup la sirène hurle. Une brume épaisse a soudain enveloppé le croiseur. Un cargo coupe sa route, passe à le frôler, et la catastrophe n'est évitée que de justesse grâce au sang-froid de Gerville et à l'abnégation de Kermao. Le haut-commissaire est revenu de ses partis pris : il a pu juger les hommes à l'heure du péril. Avec la brume qui se dissipe sous les chauds rayons du soleil, sa rancœur s'évanouit. On approche de Marseille, terme du voyage. Kermao avoue à Gerville – qui s'en doutait assez – ses sentiments pour Béatrice, et le commandant généreux demande lui-même la main de la jeune fille, non pour lui, mais pour son rival, car « en amour, il n'est pas de grades... », ainsi que chantaient joyeusement les officiers au premier acte, et ainsi que tout le monde chantera au finale. Sola Myrrhis entrera à la Comédie-Française, car on apprend du même coup qu'une crise ministérielle s'est ouverte et dénouée presque aussitôt, et que Puy-Pradal fera partie de la combinaison, avec le portefeuille de l'Instruction publique.

Coup de roulis fut le chant du cygne d'André Messager : il devait mourir le 24 février 1929, alors que son ouvrage connaissait le plus vif succès. Il fut repris l'année suivante, puis redonné à la Gaîté, et monté sur de nombreuses scènes françaises et étrangères sans que sa vogue diminuât. La partition est une suite de morceaux de l'esprit le plus fin. Le chœur et les couplets déjà cités : « En amour, il n'est pas de grade », le duo du roulis, les couplets de Béatrice : « Tous les deux me plaisent », ceux de Gerville : « La quarantaine... », et « Le devoir... » sont parmi les meilleures pages de Messager.

COUP DE SOLEIL [*Insolación*]. Roman de l'écrivain espagnol Emilia Pardo Bazán (1852-1921), publié en 1889. Françoise de Asis de Andrade est une jeune veuve pieuse et bien élevée. La cour discrète que lui fait le sage et grave commandant Pardo ne lui a jamais donné envie de se remarier. Mais un jour, elle fait la connaissance, chez une amie, de don Diego Pacheco, Andalou débauché et sympathique. Elle accepte de le suivre à une fête populaire où ils rencontrent une foule bruyante, sous le soleil implacable de la Castille. La foule enivre la jeune femme et le soleil l'étourdit. Don Diego profite, quoique en toute honnêteté, de l'étourdissement momentané de la veuve vertueuse et quand son coup de soleil est passé, Françoise de Asis s'aperçoit qu'elle est sous le charme du jeune et insouciant Andalou. C'est ainsi qu'après avoir vainement cherché l'assistance des sévères principes qui lui viennent de sa situation sociale et de son éducation, Françoise cède tout de même à son amoureux. La thèse du roman est réaliste, mais seul un lecteur très averti peut s'apercevoir du lien qui unit ce roman espagnol aux œuvres des maîtres du réalisme français. Le fatalisme physiologique qui pousse l'héroïne à se mettre en opposition avec tout son passé, est rendu avec art et discrétion, par un style doux et aimable. Ce style ne heurte jamais ni la pudeur ni la réserve d'une âme bien née. Il s'agit là d'un déterminisme que les partisans les plus opiniâtres du libre arbitre sont forcés d'admettre. Les tableaux populaires, qui constituent les scènes les mieux venues de cette aimable idylle, sont rendus de magnifique façon et rappellent ce coup de crayon ironique qui a acquis, à certaines pages de Cervantès et aux dessins de Goya, une audience universelle.

COUP DE TRAFALGAR (Le). Drame en trois actes et cinq tableaux de l'écrivain français Roger Vitrac (1899-1952), écrit en 1934, publié en 1945. Ce drame a été représenté pour la première fois le 8 juin 1934 au théâtre de l'Atelier. *Le Coup de Trafalgar* est le drame de la raison. Tous ses champs d'investigation sont dérisoires et ridiculisés. La science d'abord : elle est aux mains des financiers ou des exaltés qui fondent des projets de fortune ou de gloire sur leurs découvertes, sans aucun désintéressement ni le moindre esprit scientifique. Le patriotisme : il est chanté par les imbéciles et les aveugles qui attendent la guerre avec impatience, jour après jour, qui guettent ses signes avant-coureurs et qui, lorsqu'elle est enfin là, se réfugient dans leur lâcheté et dans des discussions sans fin sur l'actualité pour en oublier l'horreur. L'amour : un masque, que chacun se hâte de mettre en prenant bien soin auparavant de se boucher les yeux, et derrière lequel il peut roucouler et larmoyer tout à loisir. Le rire et les larmes sont d'ailleurs équivalents, l'on ne sait jamais si l'on rit ou si l'on pleure, si l'on voit rire ou si l'on voit pleurer... Quant aux pacifistes et aux poètes, ils se précipitent dans la veulerie ou bien dans le sentimentalisme avec, comble de facilité, un sourire narquois et fin au coin des lèvres. Tout le monde se réserve pour un avenir irréel, où chacun donnera sa vraie mesure, incapable d'assumer le présent. Que reste-t-il de cette mascarade ? de ce coup de Trafalgar ? « Farces, attrapes, accessoires de cotillon... » et des personnages, tristes, gais, entortillés dans leurs drapeaux, dans leurs slogans, dans leur quotidien.

COUPE DE BOIS (La) [*Il taglio del bosco*]. Roman de l'écrivain italien Carlo

Cassola (1917-1987), publié d'abord dans la revue *Paragone* en 1950, puis en volume en 1954. Ce roman bref, commencé en 1948, devait être, au dire même de l'auteur, un récit sans narration, le récit de l'existence quotidienne de cinq hommes dans la forêt en Toscane, cinq bûcherons qui, pendant plusieurs mois, accomplissent leur travail, toujours le même : défricher le terrain, abattre et débiter des arbres ; autour de ce travail, les activités annexes : construire une cabane, faire les achats nécessaires en ville, vendre le bois à des charbonniers. Et la vie de tous les jours dans ses aspects répétitifs, les repas, les longues soirées, les parties de cartes.

Mais c'est au cours de la rédaction de ce roman que mourut la femme de Cassola, ce qui bouleversa la vie de l'écrivain, son regard sur son passé, mais aussi sur son activité littéraire : « Je pris en haine mon passé, mon éducation esthétique, tout ce que j'avais écrit jusqu'alors, confiera-t-il plus tard. Je jugeai monstrueuse une poétique qui isolait l'émotion existentielle en en faisant l'unique objet de l'expression littéraire. »

Quand il en reprend l'écriture, le roman, tout en gardant sa trame initiale et tout en évitant l'émotion autobiographique, prend une nouvelle épaisseur : Cassola y introduit son expérience personnelle en faisant du protagoniste, Guglielmo, un homme qui vient de perdre sa femme.

Mais *La Coupe de bois* reste un roman sans narration, dans lequel l'évocation de la vie quotidienne dessine progressivement le caractère des personnages : Fiore, le chef d'équipe, difficile d'abord, mais rigoureux et efficace dans le travail ; Francesco, dont le rôle est précieux dans le groupe parce qu'il a toujours une histoire à raconter ; Germano, le plus jeune, qui pense plus aux femmes et à la chasse qu'à la coupe du bois ; Amedeo, expérimenté, réservé, qui refuse de jouer aux cartes parce qu'il a vu des hommes ruiner leur vie au jeu. S'ajoutent à ces personnages quelque rencontre occasionnelle, les deux fillettes de Guglielmo, ses proches, à qui il rend parfois visite. C'est sur ce fond que s'impose, comme élément central du roman, la douleur de Guglielmo, avec des phases d'intensité et des moments d'oubli dans le travail. La vie du groupe est précisément la vie qui parfois l'entraîne dans l'oubli, parfois suscite, sous l'effet d'un mot ou d'un geste, le souvenir brûlant du bonheur passé, les soirées étant évidemment les heures de plus grande tension. Ce roman est peut-être le moment de l'articulation la plus heureuse entre le « subliminaire » de la poétique de jeunesse de Cassola, vie quotidienne, affections, sentiment de l'amour et de la vie comme absolus, et le réalisme vers lequel il s'achemine. – Trad. Seuil, 1963.

P. L.

COUPE D'OR (La) [*The Golden Bowl*]. Roman de l'écrivain américain Henry James (1843-1916), publié en 1904. Chronologiquement, c'est le dernier de la série des neuf grands romans de James et il contient toutes les principales caractéristiques de l'œuvre de cet auteur : sa vision artistique compliquée, ses analyses psychologiques extrêmement subtiles, riches en détours et en arabesques qui font pressentir Proust (sur qui James eut une influence certaine). Une riche jeune fille américaine, Maggie Verver, fille d'un collectionneur insignifiant qu'elle aime tendrement et qu'elle admire, épouse un prince romain, Amérigo, puis, préoccupée de la solitude de son père qui est veuf, l'encourage à épouser Charlotte Stant, une Américaine, dont elle ignore qu'elle avait été une amie du prince Amérigo devenu son mari. Malgré sa nouvelle vie, Maggie reste très liée avec son père, abandonnant le poids de la vie mondaine à Amérigo et à Charlotte. De ce fait, leur ancienne passion renaît de ses cendres. La situation est scabreuse et aurait pu se prêter à un développement intéressant quant au côté physique des relations des deux amants, si James, selon la théorie qu'il exprime dans deux de ses essais, à propos de D'Annunzio et de Mathilde Serao, n'y attachait qu'un intérêt secondaire. Après avoir passé un après-midi de violente passion avec Charlotte à Gloucester, Amérigo trouve en rentrant chez lui sa femme qui l'attend, merveilleusement vêtue et parée, et qui lui apprend qu'elle est au courant de ses relations avec Charlotte. L'antiquaire, chez lequel Amérigo et Charlotte avaient ensemble admiré une coupe d'or, l'a aidée à reconstruire la vérité. Elle reconnaît d'ailleurs qu'elle a eu tort de donner plus de son temps à son père qu'à son mari. Maintenant, elle est décidée à agir. Avec toute la sagesse qui est le propre de son caractère remarquable, elle réussit à rapprocher son père de Charlotte et les pousse à repartir ensemble pour l'Amérique. Le chagrin qu'elle ressent à se séparer de son père sera atténué par le fait qu'elle se rapprochera de son époux. Comme dans ses autres romans, James nous montre le caractère américain comme un caractère droit et sain, et qui sait réagir contre l'ambiance environnante. *La Coupe d'or* est le point culminant de l'art de James. Le livre est plein de réflexions et de maximes qui nuisent à l'action : chaque situation a un sens, chaque sentiment est analysé pour lui-même, ce qui finit par enlever de la vie au caractère des personnages. – Trad. Robert Laffont, 1954.

COUPE D'OR (La) [*Cup of Gold*]. Dans ce premier ouvrage, publié en 1929, l'écrivain américain John Steinbeck (1902-1968) retrace sous forme romanesque la vie de Henry Morgan, l'un des plus fameux flibustiers britanniques du XVIIe siècle. Morgan est le fils d'un pays de Galles encore tout imprégné de superstitions et de légendes. À quinze ans, il décide de quitter la ferme paternelle pour conquérir la gloire sur les mers. Le vieux sorcier Merlin, que son père l'envoie consulter, ne parvient pas à le retenir. C'est avec la force intacte de ses désirs d'enfant que Morgan, à vingt ans, devient le maître redouté de la mer des Antilles. Mais dix ans de succès ne parviennent pas à apaiser la soif qui le brûle. Une rumeur qui court parmi les Frères de la Côte lui parvient. « Il y a dans Panama une femme aussi belle que le soleil. On l'appelle la Sainte Rouge. Tous plient le genou devant elle. » Alors le Gallois, plus fasciné par la légende que par l'attrait du profit, décide de s'emparer de Panama, la ville la plus riche du monde occidental, celle que l'on appelle la « Coupe d'or » et qui est réputée imprenable. Au terme d'une expédition mémorable, Panama tombe entre les mains des flibustiers, est pillée et incendiée. Mais la femme pour laquelle Morgan a pris la ville méprise son pouvoir et se joue de lui. Humilié, le flibustier voit sa foi en lui-même chanceler et les prévisions du vieux Merlin se réaliser : « Tous les grands hommes de ce monde ont été de petits garçons qui désiraient la lune. À force de courir et de grimper, ils sont parfois arrivés à attraper une luciole. Mais celui qui parvient à avoir un cerveau d'homme voit nécessairement qu'il ne peut pas obtenir la lune ; il s'abstiendrait de la désirer s'il le pouvait, c'est pourquoi il n'attrape même pas une luciole. » Assagi, Henry Morgan sera fait chevalier, vice-gouverneur de la Jamaïque, et, de par ses fonctions, enverra ses anciens compagnons à la potence. – Trad. Gallimard, 1952.

COUPE ENCHANTÉE (La). Comédie en un acte et en prose de Champmeslé (1645-1701), comédien et auteur dramatique français, représentée pour la première fois le 16 juillet 1688. Cette pièce a longtemps été attribuée à tort à La Fontaine. La scène se passe dans la cour du château où Anselme, gentilhomme campagnard, vit farouchement retiré depuis qu'il eut l'imprudence, pour connaître la conduite de sa femme, de porter à sa bouche une coupe enchantée d'où le vin se répand de lui-même quand l'épouse de celui qui veut y boire est infidèle. Sa misogynie est telle que non seulement il interdit la présence de quelque femme que ce soit dans son domaine, mais prétend même y garder avec lui son jeune fils Lélie sans que celui-ci puisse jamais soupçonner l'existence de ces créatures détestées. Mais il arrive que M. Tobie, riche roturier du voisinage, veut contraindre sa fille Lucinde à épouser un garçon qu'elle n'aime pas. Et celle-ci s'enfuit avec Perrette, femme de Thibaut, fermier de M. Tobie. Toutes deux arrivent dans le parc d'Anselme et s'y cachent grâce à la complicité de ses gens. Bientôt Lélie les rencontre. Il éprouve une surprise et un trouble délicieux devant ces êtres ravissants qu'il prend pour des garçons comme lui, mais vêtus de costumes étranges ; et, poussé par un sentiment irrésistible, il déclare à Lucinde, d'ailleurs charmée, qu'il donnerait tout pour ne plus la quitter. Cependant M. Tobie et Thibaut, partis à la recherche l'un de sa fille, l'autre de sa femme, et accompagnés de M. Griffon, Gascon, père du prétendant que fuit Lucinde, font bientôt irruption, à leur tour, chez Anselme. Thibaut y arrive le premier et rencontre M. Josselin, gouverneur du jeune Lélie. Il lui explique qu'il cherche sa femme en fuite et qu'une telle fuite inquiéterait le mari le moins jaloux. C'est alors que Josselin lui parle de la coupe enchantée. Mais Thibaut, se rappelant que son maître et M. Griffon sont sans cesse en contestation sur les mérites de leurs épouses, va chercher ceux-ci et leur propose de faire, avant lui, l'épreuve de la fameuse coupe. Ils acceptent, et mal leur en prend car l'un et l'autre voient le vin se répandre dès qu'ils veulent boire. Si bien que Thibaut, quand vient son tour, refuse la coupe et s'écrie : « Morgué ! je ne boirai point ! »

Perrette, qui dans une cachette assistait à la scène avec Lucinde, ne peut se tenir d'aller embrasser son mari pour le remercier de sa sagesse. Lucinde la suit. Anselme les voit. Mais à peine a-t-il le temps de s'indigner de leur présence que Lélie arrive et s'écrie en montrant les deux femmes : « Que vois-je ? Ah ! c'est ce que je cherche ! [...] Oui, mon père, les voilà. » Anselme comprend bientôt qu'il doit se résigner à l'inévitable. « Votre seule présence, dit-il à Lucinde, lui en a plus appris en un moment que je ne lui en avais caché pendant des années. » Il demande, lui-même, la main de Lucinde pour son fils. Elle lui est accordée sur-le-champ, à la grande joie des deux jeunes gens. Et on brise la coupe enchantée.

Cette courte pièce a des passages fort amusants. Sans doute, l'auteur y a fait fond sur l'accent gascon et le patois paysan pour égayer les spectateurs, ainsi que sur l'effet comique du vin qui se répand et saute au visage des maris curieux, moyens un peu gros. Mais certaines scènes ont beaucoup de finesse, comme celle des hésitations de Thibaut et de l'émotion de Perrette, ou même une profondeur touchante, comme celle de la rencontre de Lélie avec Lucinde.

COUR D'ASSISES. Roman de Georges Simenon (1903-1989), écrivain belge d'expression française, écrit en août 1937 et publié en 1941. Méprisé par le milieu, Petit Louis est un truand de seconde zone, attiré par la vie facile, les combines et les tricheries. Il parade sur la Côte d'Azur et séduit une cocotte déjà mûre mais pourvue d'une fortune estimable, Constance Ropiquet. Le couple s'installe dans un appartement à Nice. Peu après, il héberge Lulu, une fille de maison close que Petit Louis fait passer pour sa sœur alors que Gène, son protecteur, est emprisonné. Le trio file des jours heureux jusqu'à l'assassinat de

Constance, une vengeance de Gène à peine sorti de sa geôle. Affolé, Petit Louis fait disparaître le cadavre et monte une mise en scène afin de détourner les biens de la disparue. Bientôt soupçonné puis arrêté, il est pris dans l'engrenage des présomptions et des preuves, tous ses actes étant interprétés en sa défaveur, en sorte que le tribunal le condamne à vingt ans de travaux forcés, en dépit de son innocence. Dans ce roman dont la construction préfigure peut-être celle de *L'Étranger* (*) de Camus, Simenon, non sans humour, a l'habileté de jouer sur le contraste entre une première partie baignée par une atmosphère méridionale empreinte de nonchalance et de joie de vivre, où se trouvent décrits les faits et gestes d'un voyou sympathique et fanfaron à qui tout semble réussir, et une seconde partie, tragique dans son déroulement inéluctable, qui retrace un procès d'assises construit à partir d'une instruction faussée et au cours duquel le formalisme des débats, les préjugés contre l'accusé et la pression de l'opinion publique manipulée par une presse vengeresse pèsent plus que la recherche scrupuleuse de la vérité.

Ce réquisitoire remarquablement dépouillé contre un appareil judiciaire qualifié d'« immense machine à broyer les êtres » renvoie à d'autres romans de Simenon traitant du même thème, parmi lesquels *Les Témoins* (1955), *Lettre à mon juge* (*) (1947) et *Maigret aux assises* (1960) où un accusé sera acquitté, partiellement grâce au témoignage du commissaire, fidèle en l'occurrence à la célèbre devise de Simenon : « Comprendre et ne pas juger. »

AL. B.

COURIR LES RUES. Recueil de poèmes de l'écrivain français Raymond Queneau (1903-1976), publié en 1967, et suivi de *Battre la campagne* (1968) et *Fendre les flots* (1969).

Raymond Queneau fut un grand arpenteur des rues de Paris. Entre 1936 et 1938, il rédigea même, pour un grand journal, une chronique quotidienne intitulée « Connaissez-vous Paris ? ». Ce qui l'intéresse, dans une ville, beaucoup plus que ses monuments, ce sont les détails : les coins de rue, les boutiques, les plaques sur les maisons, mais aussi les infimes événements de la vie de ses habitants. Ce qu'il nous montre, c'est une cité vue à la loupe : non pas celle que découvrent les touristes, si attentifs soient-ils, mais celle que connaissent les autochtones, jour après jour, d'une saison à l'autre. Il se dégage de ces notes le plus souvent souriantes, mais parfois graves et presque déchirées, une tendresse profonde, un amour véritable des petites gens, de leurs pauvres richesses et de leurs grandes difficultés.

Dans *Battre la campagne* (paru un an plus tard, mais sans doute écrit pendant la même période), le poète use de la même technique pour décrire le monde rural (qu'il n'aime pas), ses paysages, ses maisons et ses habitants. Malgré son aversion, la même tendresse, un peu plus ironique peut-être, se dégage peu à peu de ces pages, comme la brume monte des champs labourés.

Avec *Fendre les flots*, enfin, Raymond Queneau se donne les gants de jouer sur les mots : loin de prendre le large et de traverser les océans, il nous parle des ports, autre façon de « courir les rues », les pieds dans l'eau cette fois, les épaules trempées par la pluie qui tombe à la verticale. Plus directement autobiographique, ce recueil évoque Le Havre de l'enfance, avec ses images délavées, ses souvenirs obscurs, ses portraits de famille, ses clins d'œil à Mac Orlan, ses faits divers.

Ces trois ouvrages, parus quelques années avant la mort de Raymond Queneau, se présentent comme une sorte de bilan de sa démarche poétique. En effet, ils poursuivent et achèvent une longue lignée de poèmes commencée avec *Chêne et Chien* — v. *Si tu t'imagines* (*) — en 1937, où s'est toujours manifesté cet amour du quotidien qui constitue une de ses plus importantes sources d'inspiration. Un bilan, oui, mais pas un testament. S'il en est un, ce sera, en 1975, *Morale élémentaire* (*), son ultime recueil, où se déploie magnifiquement un courant plus souterrain, plus grave et plus secret, celui de la méditation.

J. B.

COUR MAUDITE (La) [*Prokleta Avlija*]. Recueil de nouvelles de l'écrivain serbe Ivo Andrić (1892-1975, prix Nobel 1961), publié en 1954, neuf ans après ses deux grands romans : *Il est un pont sur la Drina* (*) et *La Chronique de Travnik* (*). Les cinq récits qui composent *La Cour maudite* sont, comme les précédents ouvrages, inspirés par l'histoire du pays natal d'Andrić, la Bosnie. Mais l'histoire telle que la conçoit Andrić n'est pas celle des historiens ; c'est celle des chroniqueurs, c'est l'histoire telle que l'ont vécue les ancêtres, au jour le jour, dans la joie et dans l'affliction ; d'où la saveur de ces récits qui conservent intactes la sève crue et les couleurs fraîches de la vie. Dans *La Cour maudite*, c'est le petit monde, à la fois héroïque et cocasse, des franciscains établis par le Saint-Siège en Bosnie afin d'y combattre l'hérésie bogomile et persécutés par les Turcs qu'Andrić évoque par la bouche d'un religieux plein de sagesse et d'humour, frère Pierre. Vieilli, attendant paisiblement la mort, frère Pierre raconte, au gré de sa mémoire, les souvenirs les plus marquants de sa longue existence aux jeunes moines qui l'entourent.

La Cour maudite, c'est la prison, ou plutôt le camp où, par la suite d'un malentendu, frère Pierre fut enfermé à Istanbul. Tout est ici mystérieux et absurde : les motifs qui y ont amené les détenus, la pénible promiscuité où ils vivent, les histoires qu'ils se racontent, le terrible Karadjoz, directeur de ce bagne, et surtout un singulier personnage avec qui se lie le franciscain. À force de lire les récits d'autrefois, Tchamil s'est identifié avec Djem, frère du sultan Bajazet qui régnait au XVe siècle. Il raconte, comme s'il les avait vécues lui-même, les mésaventures de ce prince, captif en France puis à Rome. Et par là il est devenu suspect aux autorités, lesquelles s'imaginent qu'il prépare une rébellion contre le pouvoir. Prisonnier de son personnage, Tchamil ne peut se défendre et l'on ne sait s'il sera exécuté ou envoyé dans un asile d'aliénés. *La Cour maudite* est une sorte de cauchemar, mais raconté par le frère Pierre avec un bon sens et un sang-froid surprenants, c'est là ce qui donne à cette très longue nouvelle un ton si original et si convaincant.

Les quatre autres contes qui l'accompagnent : « Le Tronc » [Trup], « Au moulin » [U vodenici], « La Coupe » [Casa], « Une farce à l'auberge de Samsara » [Sala u Samsarinomhame], sont loin d'avoir une telle ampleur, mais chacun d'entre eux, à propos d'une histoire étrange, éclaire le visage aux traits profondément burinés de ces moines naïfs et courageux qui ont marqué de leur empreinte le passé bosniaque, et crée un étrange et très personnel envoûtement. – Trad. Stock, 1962.

COURONNE DE LA MONTAGNE (La) [*Gorski vijenae*]. Poème de l'écrivain serbe Petar II Petrović Njegoš (1813-1851), publié en 1847 à Vienne. Le rêve, caressé par tant de poètes, de donner au peuple serbe son épopée nationale se trouva réalisé par ce poème d'un prince monténégrin. Parmi les nombreux tableaux d'histoire serbe qui s'y succèdent, l'épisode fondamental est constitué par la nuit dite de la « Saint-Barthélemy monténégrine ». Au début du XVIIIe siècle, le Monténégro risquait de perdre sa liberté et son indépendance, car les Turcs, ne pouvant s'emparer de ce pays par les armes, s'efforçaient de convertir les Monténégrins à l'islam en leur promettant des compensations substantielles. Sur la proposition du vladika Danilo eut lieu un entretien entre les chefs islamisés et les chefs de tribu monténégrins, afin de ramener les renégats à la religion de leurs pères ; mais il tourna court. La décision d'exterminer les traîtres, consacrée par le serment que firent les chefs monténégrins entre les mains du vieil Iman Stephan, fut mise à exécution dans la nuit de Noël ; et ce jour sacré se leva radieux pour le Monténégro fêtant sa libération par des rites et des chants de joie. Poésie populaire et poésie d'art, poésie épique et lyrique sont intimement mêlées dans ce poème, dont les chœurs rappellent au peuple la bataille de Kossovo – v. *Cycle de Kossovo* (*) – et de nombreux épisodes de l'épopée nationale serbe. Ce poème, traduit en douze langues, est devenu l'expression même de l'esprit national.

COURONNE DES VIERGES (La) [*Der Meide Kranz*]. Poème allégorique et didactique, en allemand médiéval, composé vers 1350 par Heinrich von Mugeln. Les Vierges, représentant les sciences ou les arts libéraux, comparaissent devant l'empereur et le prient de choisir parmi elles celle à qui revient l'honneur de faire partie de la couronne de la Mère de Dieu. Elles représentent : la Philosophie, la Grammaire, la Logique, la Rhétorique, l'Arithmétique, la Géométrie, la Musique, l'Astronomie, la Physique, l'Alchimie, la Métaphysique, la Théologie. L'empereur, après un long et vain conseil avec ses secrétaires, désigne la Théologie. Celle-ci va dans la maison de la Nature afin d'être couronnée, mais lorsque surviennent les Vertus appelées par cette dernière, une longue et vive discussion commence, la Nature affirmant que les Vertus, descendant d'elle, lui sont subordonnées, tandis qu'au contraire les Vertus soutiennent qu'elles sont de plus ancienne noblesse qu'elle. La Théologie, interpellée, juge ainsi la discussion : les Vertus descendent de Dieu et non de la Nature ; celle-ci pourtant constitue le fond des choses de la Terre, du Ciel et des Étoiles. Cette œuvre symbolique et doctrinaire est souvent artificielle et enchevêtrée et, en outre, l'aridité de l'argument n'est guère ravivée par les qualités du style et de la langue.

COURONNE DU SOLDAT (De la) [*De corona militis*]. Petit ouvrage de l'apologiste et théologien latin (vers 150-après 220), un des plus remarquables parmi tous ceux qu'il publia entre 211 et 212, après avoir adhéré à la secte des montanistes. Il présente la défense d'un soldat chrétien, emprisonné pour avoir refusé de porter la couronne de lauriers, comme il était prescrit aux soldats recevant le « donativum », don impérial en argent, après la mort de Septime Sévère. Dans cet écrit, l'auteur traite d'un problème plus vaste : les rapports entre le christianisme et l'État. Cette question, comme toutes celles abordées par Tertullien, au cours de la période montaniste, est résolue avec une grande intransigeance. Les idées de l'auteur sont, au fond, celles qu'il a déjà exposées dans le traité *Sur les spectacles* (*), mais ses convictions apparaissent ici plus libres, plus sûres. Tout acte du chrétien doit se fonder sur les préceptes de l'Écriture sainte, et, en outre, sur ceux fixés par la tradition. Le couronnement et, en particulier, la coutume militaire de se couronner sont des habitudes par trop liées au paganisme pour être adoptées et pratiquées par un chrétien ; bien plus, le service militaire en lui-même est une institution païenne, à laquelle le chrétien doit éviter de se rallier. La position de l'auteur, très nette et très précise contre l'État, apparaît lorsque celui-ci impose un acte quelconque qui va à l'encontre des textes sacrés, de la tradition et de la raison même individuelle du chrétien. Cet ouvrage est le premier d'une série, écrite avec les mêmes tendances, et visant à défendre les chrétiens des persécutions dirigées contre eux en Afrique, lors de la première décade au IIIe siècle, à la suite de l'acte du soldat chrétien dont il est question dans le traité. – Trad. dans *Choix de monuments primitifs de l'Église chrétienne*. Éd. Herluison, 1875.

COURONNE FLEURIE (La). Sous ce titre, deux recueils d'épigrammes grecques nous sont parvenus. Le plus récent, celui de Philippe de Thessalonique (Ier siècle ap. J.-C.) est en grande partie perdu ; seul nous est parvenu de cet auteur ce qui était contenu dans *L'Anthologie palatine* (*). Le plus ancien, celui de Méléagre (IIe siècle av. J.-C.) est plus complet. Méléagre a été le premier à rassembler dans un ouvrage (Anthologie : bouquet de fleurs) les différentes épigrammes connues. C'est une importante partie de cette anthologie qui est passée dans *L'Anthologie palatine* et qui est parvenue jusqu'à nous. L'avant-propos est remarquable par la délicatesse avec laquelle l'auteur compare à des fleurs les épigrammes qu'il a recueillies. C'est ainsi que les distiques de Sapho sont des roses, ceux d'Anyté, des lis ; les épigrammes de Simonide sont des sarments de vigne, ceux d'Alcée, des jacinthes. Il réussit, grâce à ces correspondances, une critique poétique assez suggestive. Le recueil contient les pièces d'environ cinquante poètes dont nous connaissons ainsi au moins une œuvre, et de nombreuses épigrammes de Méléagre (des « violettes » comme il les appelait lui-même), qui décrivent avec un charme exquis la beauté et la grâce de la ravissante Zénophile et Héliodora à la voix mélodieuse, toutes deux inspiratrices du poète et précieux miroirs de la Syrie hellénique. – Trad. Pierre Louÿs, Aubier, 1930 ; et dans *Anthologie grecque I, La Couronne de Méléagre*, La Différence, Paris, 1990.

COURONNE MALÉFIQUE (La) [*Die unheilbringende Krone*]. Comédie en quatre actes, représentée en 1829, de l'auteur comique autrichien Ferdinand Raimund (1790-1836), par qui le « Volksstück » viennois se développa et se rénova dans un esprit de poésie libre, ailée, sans échapper cependant à l'influence des « fables dramatiques » de Gozzi. Phalarius, général de Créonte, roi d'Agrigente, ambitieux et valeureux, hait son souverain qui se pare des lauriers des victoires qu'il lui a obtenues. Hadès, roi de l'enfer, lui offre une couronne qui le rend presque tout-puissant, car lorsqu'il la portera, tous devront se plier à ses désirs, jusqu'aux fauves et aux branches des arbres. Phalarius fait serment de se venger et d'exterminer tous ses ennemis. Mais la bonne fée Lucina, protectrice d'Agrigente et du jeune roi, intervient contre Hadès. La fatale puissance de la couronne pourra être anéantie par le clair de lune, lorsque Lucina aura obtenu trois couronnes : une appartenant à un roi sans royaume, l'autre à un héros sans courage, la troisième à une femme qui semble belle sans l'être. La fée se met à la recherche de ces objets magiques. Bien loin, dans une petite cabane, vivent ensemble le tailleur Simplicius, homme extrêmement pusillanime et rustre, et le jeune poète Ewald, qui cherche à se consoler de ce que le monde est si pauvre en art et en poésie, toutes choses dont lui est si riche. Ce couple, qui ressemble quelque peu à l'inoubliable duo de don Quichotte et de Sancho Pança, aide la fée dans ses efforts et tout deux partent armés d'un flambeau dont la lumière rend beau et grandiose tout ce qu'il éclaire. Et voici que, dans la ville de Massana dévastée par un tremblement de terre, par les volcans et la mer, Ewald pénètre dans la chambre du roi Héraclius, juste quelques minutes avant que la ville soit complètement détruite, et se fait ainsi couronner par une couronne sans royaume. Peu après, le timide Simplicius, animé par la lumière du flambeau et transformé, sans le savoir, par un breuvage magique, tue un sanglier qui terrorisait l'île de Kalidalos et reçoit ainsi la couronne de lauriers. Le flambeau transformera également une vieille de soixante ans, Alve, qui obtiendra ainsi la couronne de la beauté. Avec ses trois couronnes, la bonne fée a gagné la partie. Phalarius, tourmenté par des rêves sanglants et des conquêtes, reçoit un rayon de lune sur sa couronne qui détruit sa puissance ; il offre sa poitrine au poignard des Enuménides. C'est une tragi-comédie, pleine de contrastes, où la fable alterne avec la tragédie, le pathétique avec le comique le plus bourgeois, la poésie avec la prose, le dactyle avec l'alexandrin, le sublime avec le vulgaire. Le principal contraste est entre Phalarius, dont l'ambition est sans bornes, et Simplicius, pour qui le bonheur réside en un plat de saucisses. Mais entre Phalarius et Simplicius, il y a la figure d'Ewald, dont la vie consiste en un rêve d'art et de poésie. La fable acquiert ainsi la valeur d'un symbole, mais on ne peut nier que la structure compliquée de la composition ne soit rendue par trop abstraite. Raimund fut si attristé du maigre succès que l'œuvre rencontra tout d'abord, en dépit de ses qualités réelles, qu'il ne la fit plus représenter de toute sa vie.

COURONNEMENT DE LOUIS (Le) [*Coronement Looïs*]. Chanson de geste française du XIIe siècle en décasyllabes assonancés groupés en laisses inégales. Sentant approcher sa fin, Charlemagne réunit sa cour plénière à Aix-la-Chapelle et, en présence du pape et des évêques, décide de donner la couronne à son fils Louis en lui demandant au préalable de la refuser au cas où il se sentirait incapable d'assumer les devoirs d'un souverain. Le jeune prince hésite et les barons estiment que la vie monacale lui convient mieux que le trône. Le traître Arneïs d'Orléans s'offre en qualité de régent ; mais Guillaume d'Orange, fils d'Aimeri de Narbonne, saisit la couronne et, la posant sur la tête de Louis, jure d'être son soutien et son défenseur. Ensuite il part pour Rome où il doit être délié d'un vœu en la basilique de Saint-Pierre. Le Pape lui demande de l'aider à repousser les Sarrasins qui, après avoir pris Capoue, marchent sur la Ville éternelle ; le héros combat victorieusement sous les murs de Rome contre le géant Corsolt ; une blessure au nez lui vaut le surnom de « Guillaume au Court Nez ». Il va recevoir le prix de ses peines, quand surviennent des messagers qui lui demandent de venir au secours de Louis, car des traîtres veulent usurper le pouvoir. Guillaume accourt défendre son roi. Il brise la révolte des vassaux ; Louis, qui avait dû se réfugier au monastère Saint-Martin de Tours, est délivré. Après la mort du pape, Guillaume est appelé de nouveau par les Romains, qui se trouvent aux prises avec les Allemands. Il part avec Louis dont il a dû vaincre les hésitations ; Guillaume se mesure en combat singulier avec le chef allemand puis, à Saint-Pierre, il fait couronner Louis roi d'Italie. Après quoi, il revient en France combattre les barons qui se sont révoltés une nouvelle fois, met le roi en sécurité à Laon et lui donne sa sœur pour épouse. Malheureusement Louis est ingrat, et le poème s'achève par une triste prophétie sur le destin de celui qui a tout fait pour sauver la monarchie. Cette prophétie formera le sujet d'un autre poème : *Le Charroi de Nîmes* (*).

Cette chanson de geste appartient au « Cycle de Guillaume d'Orange » ; elle dit ses prouesses et ses combats contre les Infidèles. Il est le héros qui, après la mort de Charlemagne, défend le royaume et son faible souverain ; c'est à lui que Charlemagne, mourant, à remis son épée, celle des plus anciens rois de France, et a confié ainsi la mission de sauvegarder une tradition et un idéal. Le seul point historique de l'œuvre est le couronnement de Louis. Les autres personnages, comme leurs exploits, sont nés de l'imagination d'un poète de génie du XIIe siècle qui, bien que travaillant sur un thème traditionnel, a su le marquer de l'esprit chevaleresque et guerrier de son époque, celui de la société du temps des croisades. – *Le Couronnement de Louis* a été édité par E. Langlois (Paris, Champion, 1920) et par Y. Lepage (Genève, Droz, 1978) et traduit par A. Lanly (Paris, Champion, 1969).

COURONNEMENT DE POPPÉE (Le) [*L'incoronazione di Poppea*]. Dernier opéra du compositeur italien Claudio Monteverdi (1567-1643) sur un livret de Busenello, représenté à Venise en 1642. Séduit par Poppée, Néron cherche des prétextes pour la proclamer impératrice et pour répudier Octavie. Poppée tente de triompher soit par ses flatteries, soit par ses charmes, soit par la perfidie contre les bons conseillers de Néron. L'un d'eux, Sénèque, est condamné à mort. Octavie arme la main d'Othon, un amant de Poppée, contre la rivale. Othon, qui veut se venger, déclare son amour à Drusilla : il se fait prêter ses vêtements et, ainsi déguisé, se dispose à poignarder Poppée pendant son sommeil. L'Amour intervient et sauve Poppée. Othon et Drusilla sont condamnés et graciés. Octavie est chassée, et Néron épouse Poppée en présence du Sénat et du peuple. C'est l'œuvre la plus moderne de Monteverdi et la plus belle parmi toutes celles du genre pseudo-historique du XVIIe siècle. Les caractères sont bien définis, soit dans les monologues, soit dans les dialogues, aussi bien dans le récitatif plastique que dans les airs. Le récitatif est comme un poème vif et coloré formé de rythmes imitatifs, de mélodies descriptives. Le dialogue de Poppée et de Néron est tout différent. Il s'imprègne de l'érotisme du XVIIe siècle, languissant et sensuel, de style aristocratique. En outre, l'abandon, la mollesse de Néron s'opposent à la flatterie enveloppante de Poppée. Ses interventions, lorsque César répudie Octavie, sont très réalistes. Après cette promesse de répudiation jaillit le chant de Poppée, mélange de perfidie secrète et de joie superficielle. La séparation des amants est d'une parfaite réussite psychologique. Le caractère d'Octavie est nettement dessiné ; un air magnifique, véhément et profond, nous le montre d'une féminité tout autre que celui de Poppée. Sénèque est excellent, grave et lent, comme il sied à un homme méditatif qui a peu d'activité extérieure. À ces caractères « sérieux » s'opposent ceux de Valletto et de Damigella. Le passage progressif du tragique au comique est aussi très humain. Il faut considérer ce serviteur comme un petit bouffon de cour qui, insouciant et se sentant protégé, se divertit tout en travaillant à soutenir les droits de sa femme. Son irrévérence à l'égard de Sénèque est caustique, mordante, populaire ; son duo avec Damigella est un chef-d'œuvre de grâce et d'esprit. Octavie fait ses adieux à Rome, à ses amis, dans un discours interrompu de pauses et de sanglots, qui va jusqu'aux invectives et se termine dans les larmes. Néron proclame, avec une éloquente exaltation, Poppée impératrice ; elle lui répond avec un attachement et une humilité feints. Une brillante symphonie, le chœur des tribuns et des consuls, le tendre duo de Néron et de Poppée après le couronnement terminent ce mélodrame, dont les seules pages défectueuses sont celles qui sont consacrées aux personnages mythologiques.

COURONNE PRINTANIÈRE [*Frühlingskranz*]. Roman épistolaire de Bettina Brentano (1785-1859), le dernier des trois romans que composa l'écrivain allemand après la mort de son mari, le poète Achim von Arnim, lorsque, enfermée dans sa solitude, elle fit un retour sur son passé et pensa donner forme aux multiples fantômes poétiques dont son cœur était rempli. Il fut publié en 1844.

C'est la transcription, mêlée de souvenirs et de songes, enrichie par de nouveaux détails, des lettres qu'échangèrent Bettina et son frère Clemens, de 1801 à 1808 : c'est-à-dire de leur « première rencontre » après les études universitaires de Clemens, jusqu'au mariage de ce dernier avec la poétesse Sophie Mereau. Grâce à ces lettres, nous suivons Bettina dans les années heureuses de sa première enfance, parmi ses nombreux frères, à Francfort-sur-le-Main ; puis pendant le triste séjour qu'elle fit chez sa tante von Möhn, sévère et rude ; à Fritzlar, dans le beau collège des ursulines et dans ses pérégrinations successives à Francfort, Offenbach, Winkel... Nous vivons avec elle les périodes sombres ou heureuses traversées par sa famille : les mariages de ses frères et de ses sœurs, la mort de l'une d'elles et celle de son père. Parmi les familiers de la maison et les amis (Achim von Arnim, qu'elle connut alors ; Caroline von Günderode ; Violette, la petite brodeuse) se détache l'image de son frère Clemens, qu'elle préféra en raison des affinités profondes existant entre eux. Vivant tous deux bien plus de rêve que de réalité, ils commencèrent à se comprendre lorsque Bettina, adolescente, quitta le collège. La rencontre avec son frère est décrite avec simplicité ; la profonde et réciproque tendresse qu'ils éprouvèrent aussitôt l'un pour l'autre et qui conduisit Bettina à affirmer que ce fut son frère Clemens qui lui donna la « vie de l'esprit » revêt la forme tantôt d'une contemplation extatique, tantôt d'un sentiment débordant de vie. Comme pour les autres ouvrages de Bettina Brentano, la critique, après une première période d'admiration, s'interrogea sur l'authenticité des lettres. Mais Loeper prouva par ses découvertes, faites vers 1880, que plusieurs étaient authentiques. Néanmoins, si le texte n'est pas restitué dans sa forme intégrale, il l'est dans son essence et son esprit. Ainsi qu'il en est de l'œuvre entière de Bettina, ce livre tire sa valeur de cette fusion constante du rêve et de la réalité qui classe l'auteur parmi les plus authentiques poètes du romantisme allemand.

COURONNE ROYALE (La) [*Kether Malcouth*]. Ouvrage liturgique du philosophe et poète juif d'Espagne Salomon ibn Gabirol, connu aussi sous le nom d'Avicebron (1020-vers 1058), inséré dans les livres de prière juive de différents rites. Cette œuvre en prose emprunte à la poésie ses rythmes et ses rimes, elle est bâtie sur le modèle coranique. Elle comporte trois chapitres principaux qui, dans l'ensemble, expriment la conception philosophique et scientifique du monde médiéval. Le premier chapitre traite du problème, classique pour l'époque, des attributs de la puissance divine. Le deuxième porte sur la création du monde, sur la théorie du cosmos, sur l'origine de l'âme et sur la relation entre l'âme et le corps. L'inspiration est métaphysique et néoplatonicienne. Le dernier chapitre est une longue confession [Vidduy] pour le jour du Grand Pardon [Yom Kippour]. Le style en est lyrique, il évoque les psaumes. L'inspiration philosophique dérive de la doctrine juive de la providence divine. L'œuvre est ample et comprend plus de quatre cents versets. Son rythme est unique. Le style est fleuri et très métaphorique. Il réalise une synthèse entre les structures linguistiques de *La Bible* (*) et les ornementations de la poésie arabe. Cette composition a influencé plusieurs poètes hébreux, entre autres Bahya ibn Paquda et Judah Ha-Levi. — Trad. Éditions Derry, 1953.

COURRIER ANGLAIS. Recueil d'études critiques et d'articles journalistiques de l'écrivain français Stendhal (Henri Beyle, 1783-1842), retraduits et édités par Henri Martineau en 1935-1936, et déjà connus par quelques publications partielles des *Lettres à Stritch* et par des recherches d'érudits. Il s'agit de la collaboration variée que Stendhal apporta aux revues littéraires anglaises pendant la Restauration, en particulier à la *Paris Monthly Review,* au *New Monthly Magazine* et au *London Magazine*, au cours d'une période qui va de 1822 à 1828. Cette très vive tendance à la polémique et à la confession littéraire, qui s'était affirmée dans ses pages critiques de *Racine et Shakespeare* (*), trouve ici l'occasion de se manifester dans les petites notes anonymes qu'il rédige sur les nouveautés littéraires. Stendhal y fait preuve de la finesse et de la causticité d'esprit qui lui étaient coutumières : retenons particulièrement les pages fameuses dans lesquelles, en homme de son siècle, il défend l'indépendance de jugement de l'écrivain. Aussi bien par ses louanges enthousiastes que par ses virulentes critiques, Stendhal se révèle comme un romantique insoumis, à la pointe du combat ; certaines pages sur Constant, sur Monti, sur Foscolo ou sur Manzoni sont vraiment remarquables. Si ses pensées sur la littérature française de son temps prennent souvent l'allure de pamphlets dans lesquels il affirme sa position en face de la foule des écrivains de toute qualité infatués de succès passagers, ses méditations prouvent néanmoins l'attention qu'il donnait aux problèmes du moment et sa participation profonde et sincère aux disputes littéraires et à la vie politique. Comme témoignages sur la société milanaise de cette époque, et en particulier sur les libéraux et les romantiques, ses études sur la littérature et le théâtre italiens sont très importantes : elles constituent un document de premier ordre pour la connaissance de l'époque et une mine de souvenirs et d'appréciations.

COURRIER DES PAYS-BAS. Ainsi que son titre l'indique, cet ouvrage de l'écrivain français Léon Daudet (1867-1942), publié en 1928, n'est autre chose qu'un fruit de l'exil politique. Il fut rédigé tout entier durant les quelque trente mois que l'auteur dut passer en Belgique au lendemain de son évasion de la Santé. Vacances forcées qui ne laissèrent point d'être fécondes pour Daudet. En effet, ce *Courrier* comprend quatre volumes. Chacun d'eux ayant pour sous-titre le nom d'un chef-d'œuvre de la peinture : *La Ronde de nuit, Les Malheurs de la guerre, Melancholia* et *Les Pèlerins d'Emmaüs.* Tous quatre parurent, d'ailleurs, chez l'éditeur Grasset, au cours de l'année 1928.

De par sa culture générale fort étendue et ses études particulières, Daudet fut toujours enclin à s'intéresser à la vie des formes et des idées. C'est dire que son étude embrasse à la fois la politique, la médecine et la littérature. Que l'on ne voie dans ce mélange nulle disparate. Il estime, en effet, que ces trois ordres de connaissance se tiennent à beaucoup de points de vue : la politique étant la science des effets ; la médecine, celle des causes ; et la littérature, une traduction de la vie dans toutes ses manifestations. Daudet se montre donc ici sous trois aspects différents.

En tant que politique, il étudie ce qu'il appelle la tension socialiste, la tension vaticane et enfin les dangers de la Société des nations. On sait de reste que, chez l'auteur, le politique cède vite le pas au polémiste. Doué pour l'invective, il excelle à trouver le mot qui fait balle dans la guerre des partis. Une polémique toujours prompte et partiale, « où le sens de la caricature s'allie au génie de la fable et à l'expérience des proverbes ». Étant un des meilleurs tenants de la littérature de réaction, il en possède le style autant que personne et il faut reconnaître que ce style est resté plus vivant que jamais. Par ailleurs, il n'oublie pas qu'il est médecin. Dans sa théorie des maladies de la cellule, il aborde de front le problème du cancer pour lequel il s'efforce d'apporter une réponse. Elle est pleine de vues ingénieuses et de pressentiments. « Car tout est bataille ici-bas ; l'architecture même des tissus qui nous forment et dont nous ignorons presque tout est le résultat d'un combat : la fécondation. » Médecin d'abord, médecin des corps ; mais le médecin des âmes est loin d'être, chez lui, moins actif. Aristotélicien, thomiste, selon la remarque d'Eugène Marsan, Daudet n'oppose pas l'âme au corps dans un antagonisme stérile. Ses méditations sur le travail des cellules ou sur le rôle du système nerveux ouvrent le jour à l'espérance d'une thérapeutique par la volonté. Il veut guérir, non pas seulement dévoiler. Quant à la science de demain, il l'imagine avec une liberté d'esprit, une richesse dans l'information et un sérieux dans l'hypothèse dont on demeure confondu. Dans son « Discours de la synthèse » qui se trouve dans le dernier volume, Daudet nous montre que toute conception est synthétique, que la synthèse est illimitée, et il nous parle enfin des égarements de la synthèse. Ceci l'amène à évoquer l'ombre de Harvey qui découvrit la circulation sanguine, Louis Pasteur, Mistral, Rabelais, et enfin Shakespeare en lequel il voit justement le roi de la synthèse.

Ailleurs, Daudet parle des rythmes et des cadences de la prose française. Il pénètre jusqu'au tréfonds, et retrempe tout aux sources du XVIe siècle. Pour Daudet, la création littéraire n'est pas du tout cette espèce de mirage dont le romantisme s'est fait le champion et qui, à la longue, a rendu toute poésie suspecte. Elle n'est rien de moins que la parole humaine portée à son plus haut degré de pouvoir, de grâce et de signification. Et si, après la création, l'on peut parler de la critique littéraire, Daudet déclare qu'elle n'est jamais au fond qu'un chapitre de cette critique générale qui contrôle de toujours les phénomènes de la vie.

COURRIER LITTÉRAIRE. Recueil d'études critiques de l'écrivain français Émile Henriot (1889-1961), comprenant treize volumes parus de 1922 à 1962. Devenu après la Libération feuilletoniste du journal *Le Monde*, Henriot avait tenu avant la dernière guerre, pendant une vingtaine d'années, la rubrique du « Courrier littéraire » au *Temps*, dans laquelle il n'avait à traiter que des ouvrages d'histoire littéraire. Par la suite, lorsqu'il lui fallut suivre de près l'actualité, il continua à s'échapper aussi souvent qu'il le put vers les siècles les plus chers à son cœur, le XVIIe, le XVIIIe et le XIXe. La série du *Courrier littéraire* nous apporte la somme de ces excursions savantes, entreprises à propos de la publication d'une thèse, d'un essai d'histoire ou de critique, de correspondances ou de mémoires inédits. Henriot y déploie à loisir son immense érudition, celle d'un humaniste épicurien peu soucieux de défendre telle philosophie ou telle esthétique trop rigide, et qui se satisfait plutôt de goûter sans souci les livres, en essayant, grâce à eux, de pénétrer dans l'intimité d'une époque et d'un milieu, de faire revivre quelques figures charmantes ou pittoresques, pour rêver en leur compagnie à un certain bonheur de vivre oublié. Pour Henriot, disciple de France et de Lemaitre, épris avant tout de sensibilité vraie et d'élégance, la rigueur classique a quelque chose d'un peu intimidant : aussi, lorsqu'il voyage à travers le XVIIe siècle, c'est aux irréguliers qu'Henriot s'attarde de préférence, à Scudéry et à Scarron, à Méré et au cercle des amis de Fouquet, à Fontenelle et à Bayle. Au fond, c'est dans le XVIIIe siècle qu'il va se sentir vraiment chez lui et l'évocation de cette époque tient la plus grande place dans le *Courrier littéraire* – les deux derniers volumes parus (1961, 1962) lui sont d'ailleurs consacrés ; Henriot en aime le rationalisme tolérant, l'optimisme encore mesuré, la sensualité parfois libertine mais toujours voilée dans la grâce et l'esprit. Ses vrais amis sont là, et s'appellent Lauzun, Da Ponte, Cagliostro, Casanova. Et c'est encore son esprit « dix-huitième » qui commande, à l'époque suivante, ses sympathies évidentes pour le cercle peu conformiste des amis de Stendhal et de Mérimée – sans exclure pour autant Chateaubriand, les grands romantiques, les réalistes et les symbolistes. À la critique ainsi comprise on peut sans doute reprocher de trop suspendre son jugement et aussi de s'attacher avec prédilection à des personnages de second plan ; mais c'est que ceux-ci, mieux que les génies, révèlent la température et le ton d'une époque, ce dont Henriot se soucie plus que tout car sa critique rejoint toujours l'histoire des mœurs et refuse de séparer les œuvres et les hommes.

COURRIER SUD. Œuvre de l'écrivain français Antoine de Saint-Exupéry (1900-1944), publiée en 1929. L'auteur est pilote de ligne à la compagnie Aéropostale qui assure la liaison entre l'Europe et l'Amérique du Sud. Le trajet survole le Sahara, l'avion devant franchir à chaque voyage quelque 2 000 kilomètres de désert, en proie au simoun quand, obligé de descendre au ras du sol, il ne risque pas d'être criblé par les balles de tribus fanatiques. Le pilote apparaît comme doublé du soldat. Le pathétique de son action se mêle aux méditations sur l'héroïsme, commentaire discret mais saisissant qui met en valeur l'âme aux prises avec la tentation du péril. L'intelligence doit renouveler la curiosité : vivre, c'est s'entretenir en tête à tête avec la mort, se laisser emmener par une hâte de repartir et de rechercher toujours plus loin ou plus haut l'espace nouveau. Jacques Bernis écrit directement ses notes de vol, auxquelles s'ajoute le récit fragmentaire d'une intrigue amoureuse. Le pilote disparaîtra, tué au Sénégal par des sauvages ; la mort avait déjà ravi Geneviève, l'être gracile, quoique fait de chair, et appartenant à un homme de la terre. En somme, la vie ne leur a pas été fidèle, ni à Jacques ni à Geneviève. Elle les a entraînés l'un vers l'autre sans que toutefois ils arrivent à jouir d'une vérité entière et durable : une fringale légère qui, une fois assouvie, frôle le désespoir. *Courrier Sud* est un documentaire lyrique dont l'âme et le style relèvent d'un poète, qui chante l'aviation ainsi que la première dignité des hommes, qui est de s'unir.

COURS D'EAU PEU CONSIDÉRABLES (Des). Récits de l'écrivain français Jean-Loup Trassard (né en 1933), parus en 1981. Les sept récits qui composent ce livre plongent le lecteur dans l'espace qualitatif du paysage. Non celui des géographes déjà orienté à partir de cartes et de repères élaborés ailleurs, mais celui peuplé, bruissant de vies infimes et menaçantes, traversé, sillonné de chemins ou de ruisseaux. « La tâche de dire les chemins » que l'auteur s'assignait dans son précédent recueil de récits (*L'Ancolie,* 1975) se retrouve ici amplifiée et élevée à un niveau plus intense. Les ruisseaux, « cours d'eau peu considérables » – selon la définition la plus pauvre mais peut-être la plus juste qu'en donnent les dictionnaires – fraient leur cours toujours incertain à même la terre où ils inventent, selon d'impénétrables voies, le lit qui les mènera à leur perte. Ne cessant d'« accourir à l'énigme qu'il pose », le ruisseau – comme l'écriture invente la page, fait résonner les mots, s'entrechoquer les sons et les sens – sait laisser sourdre l'obscur du fond et se refléter la lumière des ciels. Surface et profondeur s'entremêlent, dissolvent leurs trop simplistes répartitions. Ces régions ainsi explorées brouillent les faciles contours : la conscience (celle du narrateur mais aussi celle du lecteur) s'exfolie en strates meubles dont les plus anciennes affleurent dans le présent du paysage. De même que l'on ne peut forcer les saisons, précipiter le temps d'une maturation, le travail de l'écriture fait lever, avec patience, dans l'élément du langage, des vocables anciens ou perdus, précieux fruits d'usages passés. Curieux contraste entre des évocations concrètes de gestes ou objets précis et des mots redevenus muets, tissés d'oubli, qui ne renvoient plus qu'au lointain de souvenirs perdus. Un secret habite tous ces récits : le secret est là, indéchiffrable quoique donné, comme si le plus évident perdait sa clarté à être rendu lisible. Ainsi de ces miroirs qui désignent ces objets où se reflètent à l'envers les choses du monde mais signifient aussi ces entames « faites sur le tronc des arbres condamnés ». La prose subtilement rythmée de l'auteur sait rendre les infinies nuances – mais aussi la grande étrangeté – de vies insoupçonnées, souterraines et terrestres qui peuplaient un imaginaire en voie de disparaître. F. W.

COURS D'ÉCONOMIE POLITIQUE de Pareto. Ouvrage en deux volumes de l'économiste italien Vilfredo Pareto (1848-1923), publié à Lausanne en 1896-97. Ayant posé en principe que l'étude de l'économie ne doit pas être différente par sa méthode de celle des sciences naturelles et doit se limiter à la pure observation des faits, l'auteur divise son cours en deux parties : économie pure et économie appliquée. La première partie commence par la définition de l'« ophélimité », qui « exprime le rapport de convenance par laquelle une chose satisfait un besoin ou un désir, légitime ou non ». L'ophélimité est une qualité complètement subjective. L'objet de l'économie est l'étude de l'ophélimité, une étude semblable à celle de la mécanique rationnelle (économie pure). Pour arriver à une représentation totale de la réalité économique, l'auteur emploie la méthode des « approximations successives ». Le point de départ est l'« homo œconomicus » qui transforme les biens en d'autres biens, matériellement (c'est la production) et économiquement (c'est l'échange), en s'attachant à la règle suprême pour lui de l'ophélimité, d'un bien par rapport à un autre bien. La transformation est souvent indirecte, car on se procure des biens qui facilitent la transformation finale (formation du capital). Et là, on distingue l'épargne simple de l'épargne-capital : celle-ci est rattachée à la production et se renouvelle après chaque placement. Dans la formation du capital, la transformation d'un bien en un autre bien se produit avec le temps, et le coût de cette transformation est représenté par la compensation nette se rapportant à l'épargne. L'équilibre économique général, auquel on tend ici sous le stimulant de la recherche du maximum individuel d'ophélimité, est représentable, dans une première approximation, par un système d'équations simultanées dont les unes se réfèrent au bilan individuel entre les recettes et les dépenses, les autres à l'activité des entrepreneurs qui transforment l'épargne en capitaux, les autres encore à l'activité des entrepreneurs qui fabriquent des produits et des biens capitaux. Dans une seconde approximation, on tient compte des considérations précédemment négligées : la présence d'éléments monopolisés. Dans la section de l'économie appliquée, l'auteur étudie en premier lieu le problème de la population (on a le maximum d'ophélimité quand la production humaine est proportionnée au besoin des « capitaux personnels »). Après avoir observé la structure de l'organisme économique et exposé la théorie du revenu comme un phénomène général, Pareto passe à des considérations sur le commerce international, les « coalitions d'entreprises » et les crises économiques. Dans la dernière section, il examine les problèmes de la distribution de la rente et de la consommation. L'ouvrage se termine par une étude sur la composition hétérogène de la société et sur les conséquences relatives économico-sociales.

Ce *Cours d'économie politique* du représentant le plus convaincu de l'« école mathématique » de Lausanne est important en ce qu'il affirme l'idée de l'équilibre économique général sous une forme achevée, en dépassant l'excessive simplification des classiques et en arrivant à déterminer simultanément le système complet des prix. Toutefois l'ouvrage, qui diffère en cela du *Traité sur l'économie* du même auteur, ne réussit pas à se dégager de « l'école subjectiviste » autrichienne. Il faut relever de discutables identifications entre la science économique (qui ne serait pas une science morale) et les sciences naturelles, ainsi que les identifications entre l'utilité économique sociale (ophélimité sociale) avec la somme des ophélimités individuelles. — Trad. dans *Œuvres complètes* nº 1, Droz, 1964.

COURS DE LINGUISTIQUE GÉNÉRALE. Il s'agit d'une reconstitution, publiée en 1915 par Ch. Bally et A. Sechehaye, de l'enseignement professé à l'université de Genève en 1906-07, 1908-09 et 1910-11 par le linguiste suisse d'expression française Ferdinand de Saussure (1857-1913). De son vivant, Saussure n'avait publié que des travaux spécialisés ; mais déjà s'y exprimaient des vues fécondes sur le domaine exact et les méthodes d'une discipline à laquelle il consacra toute sa vie : la linguistique. Pour Saussure, les tâtonnements et les errements des linguistes proviennent de ce qu'on n'a jamais défini rigoureusement la linguistique. Il importe donc de préciser ce qu'elle est et tout d'abord ce qu'elle n'est pas, donc de distinguer entre la linguistique « externe » et la linguistique « interne », qui est seule en question ici et qui traite de la langue, c'est-à-dire « un produit social de la faculté du langage et un ensemble de conditions nécessaires adoptées par le corps social pour permettre l'exercice de cette faculté chez les individus ». L'étude de la langue, « système exprimant des idées », fait donc partie d'une discipline plus générale, la sémiologie. L'une des plus grandes difficultés de la linguistique réside dans la définition d'une unité qui lui soit propre, celle-ci ne pouvant découler de l'écriture, distincte de la langue qu'elle enregistre, non plus que de la phonétique. Ce qui compte, en fait, c'est le signe linguistique qui unit un concept et une image acoustique, « qui n'est pas le son matériel mais l'empreinte psychique du son ». Ce signe (signifiant + signifié) est à la fois immuable et changeant et, selon que l'on considère l'un ou l'autre de ces aspects, on a affaire à la linguistique statique ou à la linguistique évolutive, ou, selon la terminologie de l'auteur, à la linguistique synchronique ou à la linguistique diachronique. La langue étant donnée comme « un ensemble de différences phonétiques et conceptuelles », son étude synchronique portera sur ces différences et leurs rapports. Quant à la linguistique diachronique, elle étudiera en particulier les changements phonétiques et leurs conséquences grammaticales ainsi que les principes qu'on en peut dégager. L'ouvrage se termine par un bref aperçu de linguistique géographique. Ce *Cours de linguistique* a eu une répercussion considérable et a inauguré la linguistique moderne. C'est ainsi qu'Émile Benveniste a pu dire que « sous l'inspiration de ces *Cours*, “les linguistes ont pris conscience de la tâche qui leur incombe : étudier et décrire par une technique adéquate la réalité linguistique actuelle, ne mêler aucun présupposé théorique ou historique à la description, qui devra être synchronique, et analysera la langue dans ses éléments formels propres” ».

COURS DE LITTÉRATURE DRAMATIQUE [*Vorlesungen über dramatische Kunst und Literatur*]. Cours professé par le critique et conférencier allemand August Wilhelm Schlegel (1767-1845) à Vienne en 1809, publié à Heidelberg en 1809. Il débute par la distinction entre ce qui est classique et ce qui est romantique, distinction que Schlegel illustre en comparant le Panthéon et l'abbaye de Westminster, une tragédie de Sophocle et une de Shakespeare. Après avoir défini le monde classique comme le « monde de la joie sereine », il analyse le Moyen Âge dans ses éléments fondamentaux : le christianisme, la chevalerie, le culte de la femme, le sens de l'infini, l'attente de l'au-delà, et il parvient à la célèbre définition : « Lorsque l'âme se repose à l'ombre du saule pleureur de son exil, en soupirant après la patrie lointaine, quel peut être le motif fondamental de ses chants, sinon la mélancolie ? Il en est ainsi ; et tandis que la poésie des Anciens (classique) était la poésie de la possession, la poésie moderne (romantique) est la poésie de la nostalgie [Sehnsucht]. » L'auteur consacre quinze leçons au théâtre classique ou imité des classiques, de la IIe à la XVIe leçon. Dans la Ve, on trouve le célèbre raisonnement concernant le « Chœur » et son rôle déterminant dans l'ancienne tragédie. Dans toute cette partie de son cours, Schlegel analyse avec une extrême acuité les ouvrages des trois plus grands tragédiens grecs, les comédies d'Aristophane, puis celles des Latins. La XVIe leçon est consacrée « Aux Italiens de tendance classique ». La XVIIe traite de la « règle des trois unités ». Viennent ensuite six leçons sur le théâtre français : les tragédiens, Molière, les écrivains de second plan.

Ayant ainsi achevé l'examen du théâtre classique ou d'imitation classique, Schlegel en arrive au théâtre romantique, qu'il divise en théâtre anglais et espagnol (il ne consacre que les deux dernières leçons au théâtre allemand, qu'il ne trouve pas encore assez mûr). La distinction qu'il établit entre le théâtre classique et le théâtre romantique est très nette : le second n'est pas seulement moderne et chrétien ; il n'est pas en plus assujetti aux règles d'Aristote et « ne respecte pas, comme le théâtre classique, la séparation entre les éléments opposés », aimant au contraire le mélange d'éléments indivisibles ; nature et art, poésie et prose, tragique et comique, souvenir et pressentiment, spiritualité et sensualité, terre et ciel, vie et mort. Et, tandis que l'art classique « est une sorte de rythme, une annonce harmonieuse des lois éternelles d'un monde bien ordonné, qui en lui-même reflète les archétypes éternels des choses », l'art romantique, au contraire, est « l'expression de l'aspiration secrète vers le chaos qui engendre continuellement des choses nouvelles et merveilleuses », de sorte qu'avec lui, « l'esprit de l'amour divin originel se reprend à planer au-dessus des eaux ». Si le classique « est plus simple, plus clair, plus proche de la nature dans sa perfection et dans l'autonomie de chacune de ses formes », le romantique, « malgré son aspect fragmentaire, est plus près du mystère de l'univers ».

Shakespeare, qui est le génie et l'expression la plus haute du théâtre romantique, est analysé en six leçons, imprégnées de cette sensibilité exceptionnelle dont Schlegel fit preuve dans sa traduction célèbre ; trois leçons sont consacrées aux dramaturges anglais de second plan. Puis suivent les leçons sur Calderón et Lope de Vega.

Ce cours attira l'attention de toute l'Europe en énonçant sous une forme claire et éloquente des principes et des idées qui peuvent paraître évidents aujourd'hui, et, en partie, même dépassés, mais qui, à cette époque-là, étaient neufs et hardis. Il fut immédiatement traduit en anglais, en français et en hollandais, puis dans toutes les autres langues européennes ; il eut un retentissement non seulement européen, mais mondial. — Trad. Lacroix-Verboekhoven, 1865, et Slatkine, 1971.

COURS DE LITTÉRATURE FRANÇAISE de Villemain. Le renouvellement spirituel, qui amena au romantisme et aux professions de foi du XIXe siècle, devait nécessairement introduire une nouvelle conception de la critique littéraire : il semble qu'en France la culture soit de plus en plus comprise comme un fait social, lié à la vie de la nation et non plus à la splendeur d'une cour ou à un petit groupe de personnages. De nouvelles formes d'art, populaires, religieuses, politiques, s'intègrent dans un tableau d'un plus vaste intérêt : ainsi toutes les manifestations d'un peuple sont-elles conçues comme parties intégrantes d'une unique et même vie spirituelle. De ce point de vue, l'histoire littéraire connut un extraordinaire développement au cours du XIXe siècle, le « siècle de la critique ». Le *Cours de littérature française* qu'Abel-François Villemain (1790-1870) professa à la faculté des lettres de Paris fut d'une grande importance dans la formation et le développement du goût littéraire de l'époque. Ce cours fut publié en 1828-1829 et remanié pour devenir le *Tableau de la littérature française au Moyen Âge* (2 vol. en 1840) et le *Tableau de la littérature française au XVIIIe siècle* (4 vol. en 1838). En donnant une forme systématique à ses cours de la Sorbonne, le savant a entendu mettre l'accent sur deux moments fondamentaux dans l'histoire de l'esprit français : le Moyen Âge et le « siècle des Lumières ». Dans le premier *Tableau*, prenant pour point de départ l'analyse célèbre entreprise par Sismondi dans son livre *De la littérature du midi de l'Europe* (*), il examine les œuvres littéraires des peuples latins et en particulier de l'Italie, de la France, de l'Espagne et du Portugal ; une partie est consacrée à l'Angleterre, tandis que pour l'Allemagne et pour les peuples nordiques il avoue une connaissance restreinte des textes et des mouvements spirituels. Il n'a pas considéré le Moyen Âge latin avec une vision d'ensemble comme l'a fait Ampère dans d'autres cours à la Sorbonne. Malgré ses limites, l'œuvre est intéressante à cause de l'idée-force autour de laquelle elle s'organise : l'auteur recherche l'origine des langues et des littératures romanes du monde méditerranéen dans une société qui, par contraste avec la civilisation arabe, se tournait avec audace vers les nouvelles conquêtes. Le monde des troubadours et des trouvères, des chroniques et des romans de chevalerie est analysé en détail et avec minutie, encore que sa sympathie pour un âge lointain ne soit pas modérée par une attitude critique suffisamment stricte. Les pages consacrées au rayonnement de la poésie italienne, à l'œuvre de Dante, à l'épopée espagnole qui s'est épanouie autour du Cid, au vieux drame français et aux mystères religieux sont empreintes d'une force remarquable. Pour avoir constamment gardé présentes à l'esprit les perspectives historiques dans lesquelles doivent s'intégrer les auteurs et leurs œuvres, Villemain se présente comme l'initiateur de la critique historique et, à ce titre, il doit être mis en bonne place dans l'histoire de la philologie romane du début du XIXe siècle, à côté de Sismondi et de Fauriel lui-même. Le second *Tableau* (composé d'après les cours de 1827-1829) a davantage une valeur polémique ; pour la première fois y est présenté d'une façon suivie un sujet déjà traité par Barante en 1809 : voulant réagir contre la suspicion dans laquelle fut tenu le XVIIIe siècle durant la Restauration et le romantisme naissant, Villemain recherche les origines de la pensée moderne jusque dans le XVIIe, reliant ainsi un siècle à l'autre. Alors qu'au siècle de Louis XIV le principe de l'autorité de l'État et le respect des traditions religieuses avaient été clairement et solidement énoncés, au « siècle des Lumières » on combat avec violence la pensée et la morale établies et l'on rejette tout principe d'autorité. En cela, c'est l'œuvre de Bayle, précurseur de la liberté de pensée, qui se poursuit : depuis Fontenelle et d'Alembert, une véritable révolution intellectuelle et sociale est en marche, à laquelle les événements politiques apporteront une conclusion grave et terrible. Le siècle de Voltaire voit l'influence des philosophes anglais s'affirmer en France : de nouveaux débats de l'esprit ouvrent la voie à l'âge moderne et contemporain. Si parfois, dans ces deux œuvres de Villemain, l'imagination historique prend le pas sur un examen direct des documents et des figures, comme disait Sainte-Beuve, on doit louer la tentative de l'auteur, qui a voulu donner un panorama d'ensemble de la littérature et saisir l'esprit même de nos grands écrivains dans ses moments les plus importants ; l'œuvre est soutenue par un style vif et éloquent, qui souligne les portraits des différents personnages et rend sensibles les idées qui les animèrent.

COURS DE PHILOSOPHIE POSITIVE. Œuvre principale du philosophe français Auguste Comte (1798-1857), publiée à Paris en 1830-1842. C'est l'exposé systématique et encyclopédique de la science philosophique positive. Comte fait précéder cet exposé de la « loi des trois états », ou phases successives par lesquelles passe le développement de la pensée humaine : 1) l'état « théologique », dans lequel l'esprit recherche la nature première des choses, les essences et les causes finales, et se représente les phénomènes comme des produits de l'action directe et continue d'agents surnaturels ; 2) l'état « métaphysique » (ou abstrait) : ce n'est qu'une modification du précédent ; les agents surnaturels deviennent des forces abstraites, « des abstractions personnifiées », considérées comme capables de produire toutes seules les phénomènes ; dans cet état, « expliquer » les phénomènes signifie attribuer à chacun l'abstraction correspondante ; 3) l'état « positif », dans lequel l'esprit humain renonce à rechercher l'origine et le but des choses (causes premières et causes finales) et, combinant expérience et raisonnement, se contente de déterminer les lois effectives des phénomènes, c'est-à-dire leurs relations invariables de succession et de similitude ; « expliquer » les phénomènes signifie seulement établir un lien entre les divers phénomènes particuliers et certains faits généraux, dont le progrès de la science cherche toujours à diminuer le nombre ; la philosophie positive considère donc tous les phénomènes comme des objets soumis à des lois naturelles invariables et élimine le problème des causes comme inexistant. Le but de la science est la prévision : « savoir pour prévoir ». Dans toutes les branches de la connaissance, la philosophie positive a donc remplacé la mentalité théologique et métaphysique ; seule la philosophie des phénomènes sociaux (la « physique sociale ») n'a pas encore atteint ce stade : c'est donc le grand but que doit se proposer notre époque. Mais la philosophie sociale englobe l'ensemble du système des sciences ; c'est pourquoi l'exposé des lignes fondamentales d'une telle philosophie doit être précédé de l'exposé des sciences considérées sous leur aspect philosophique (c'est-à-dire dans leur rapport avec le système unitaire du savoir, autrement dit en se plaçant au double point de vue des méthodes et des résultats).

Les sciences se classent selon un ordre naturel de généralité et de simplicité décroissantes, qui correspond historiquement aux diverses époques auxquelles elles sont parvenues au stade positif : les mathématiques, l'astronomie, la physique, la chimie, la biologie, enfin la philosophie sociale, base et couronnement de tout le système, et objet propre de la philosophie. Dans cette dernière science, Auguste Comte rassemble la philosophie de l'histoire, de la culture, la gnoséologie et la religion elle-même. En effet tout le savoir est privé de sens s'il ne finit pas par être rapporté à l'homme ; mais pour Auguste Comte, comme pour Marx, l'homme n'est pas l'objet de la philosophie en tant qu'individu isolé ; c'est l'homme dans la société qu'il faut considérer, « esprit objectif » comme dirait

Hegel. C'est pourquoi le réalisme et l'objectivisme qui se trouvent à la base de la philosophie d'Auguste Comte ne rappellent pas le réalisme dogmatique de la philosophie prékantienne, mais un objectivisme qui développe de façon originale certaines conquêtes de Hegel et de son école. La sociologie positiviste est encore incertaine ; elle regarde l'histoire de sociétés humaines du point de vue de la loi des trois états : pour elle, l'histoire de la société se ramène tout d'abord à la libération progressive du mythe de la transcendance, puis à l'organisation juridique et politique fondée sur l'idée de possession, enfin au culte de l'humanité dans lequel les hommes, sur un plan d'égalité, se gouverneront démocratiquement.

La politique du *Cours* est encore intellectualiste ; par la suite, dans le *Système de politique positive* (*) et dans le *Catéchisme positiviste,* les éléments sentimentaux prévaudront, et le problème posé par la sociologie philosophique se perdra dans une théorie utopique. Le *Cours* n'est donc pas seulement l'œuvre maîtresse d'Auguste Comte, c'est aussi le texte le plus solide et le plus profond du positivisme philosophique.

COURS DE POLITIQUE CONSTITUTIONNELLE. Œuvre de l'écrivain français d'origine suisse Benjamin Constant de Rebecque (1767-1830), publiée en plusieurs parties entre 1818 et 1820. Le titre originel en est : *Collection complète des ouvrages publiés sur le gouvernement représentatif et la Constitution actuelle de la France, formant une espèce de Cours de politique constitutionnelle.* Les principes libéraux soutenus par Constant, sous le Directoire comme sous le Consulat, au cours des Cent-Jours comme sous la Restauration, constituent ici une synthèse magistrale. Sous chaque gouvernement, il faut combattre l'arbitraire et le despotisme. Lentement mais sûrement, les libertés individuelles se conquièrent, et c'est l'œuvre des Modernes. Des garanties doivent permettre aux citoyens de prendre conscience de leur liberté, en matière de presse, de pensée, d'association, d'actes judiciaires, de commerce. Cette évolution du genre humain montre qu'une idée essentiellement spirituelle domine les événements et guide les hommes de bonne volonté. L'État doit laisser à l'individu ses prérogatives civiles et politiques afin d'éviter que d'ambitieuses tentatives révolutionnaires n'aboutissent à des tyrannies pires que celles de l'Antiquité. Le gouvernement, guidé par l'esprit de tolérance et par le sens de la liberté, n'a pas à intervenir dans les questions de famille, d'art, de religion. Fort des principes de l'Histoire, il ne s'appuie pas sur les partis, mais, de leurs contacts réciproques, des discussions et des luttes parlementaires, il cherche à tirer profit pour amener les lois au niveau des idées des citoyens. Trop de révolutions ont enseigné que les programmes abstraits, non seulement ne sont pas réalisés, mais, sous la terreur de nouvelles démagogies, ils font perdre du terrain aux glorieuses conquêtes libérales. La liberté de la presse et de l'opinion publique, la protection judiciaire des citoyens ont une place fondamentale dans les lois d'un pays dont la politique est sagement progressiste. De même la liberté privée et la propriété, spécialement en matière d'industrie, doivent-elles êtres protégées sans l'intervention de monopoles ou de privilèges. La liberté politique doit être non pas une prérogative statique, mais un instrument de continuel perfectionnement. Éthique et politique doivent trouver en la conscience des citoyens en terrain fécond de développement, en éliminant toute forme destructrice de machiavélisme faussement réaliste. Le rôle du nouveau siècle, héritier des ferments féconds de la Révolution française, sera de seconder le mouvement du progrès humain en reconnaissant les droits de l'individu et en offrant une réalité concrète aux aspirations des peuples libres.

Cette œuvre composée d'écrits variés, la plupart de circonstance (un des plus célèbres est celui sur *La Liberté des Anciens et des Modernes*), est remarquable par son style précis et limpide, dont la dialectique adhère à la casuistique politique, sans jamais manquer de mettre en évidence le motif qui inspire chaque action du publiciste ou du parlementaire. Constant défend la nécessité d'un parti modéré et progressiste, qui trouvera en Cavour et en Tocqueville ses champions les plus résolus.

COURS D'ESTHÉTIQUE de Jouffroy. En 1826, dans une petite salle privée de la rue du Four et pour un auditoire de qualité, le philosophe français Simon Jouffroy (1796-1842), incapable de professer dans sa chaire de l'École normale, supprimée depuis 1822, expose les thèmes de son « cours d'esthétique » ; les notes de l'un de ses élèves servent à son ami Damiron pour publier ce texte, en 1845, après la mort du philosophe. « Le beau est inutile de sa nature », il suppose un désintéressement ; mais quelle est sa nature ? Une analyse négative doit l'épurer des notions contingentes qui s'accrochent à son idée, sans en expliciter le principe. Ni l'utile, ni la nouveauté, ni la ressemblance ne peuvent constituer le beau ; l'ordre et l'unité de composition en sont bien un élément fortuit, mais ils ne suffisent pas plus à fonder l'appréciation qu'on formule à son sujet que la convenance des fins aux parties. Détaché de ce qui le caractérise d'une manière contingente, le sentiment du beau paraît, dans la variété de ses manifestations, tendre à une unité de l'esprit, encore que cette unité ne puisse le fonder. En outre, la psychologie n'a proposé que la notion d'association des images pour comprendre un sentiment qui semble la transcender. Tout se passe, au contraire, comme si le sentiment du beau appréhendait « symboliquement » la nature ; comme si le symbole qui révèle l'invisible, l'absolu, dans une forme, délimitait plus exactement sa nature ; cet invisible se confond, du reste, avec la force qui meut et domine la matière et sa « faculté » est l'intelligence. « L'objet et l'événement n'ont donc de prix pour l'artiste qu'autant qu'ils expriment, et ce qu'ils expriment c'est ce dont ils sont des effets, c'est la force. » Car nous savons que « les effets de la force en sont aussi les expressions » (XXe leçon). L'émotion esthétique se déduit donc de ce mécanisme spirituel, naît du pouvoir symbolique des choses ; les formes manifestent toutes une puissance de signification jamais explicite, « l'art est l'expression de l'invisible par les signes naturels qui le manifestent » ; la forme, une stylisation de l'absolu, non le résultat exclusif d'une technique. Certes, une sympathie, une « contagion affective », nous rend solidaires de la part humaine que manifestent ces formes animées par la force, mais elle ne nous renseigne jamais explicitement sur la nature de sa cause. L'art est donc une transcendance stylisée dans une forme.

COURSE DES VENTS (La) [*Eranemos, seu Certamen ventorum*]. Poème latin du grand poète hongrois de l'époque de Mathias Corvin, Janus Pannonius (1434-1472), publié par Joannes Sambucus en 1567, à Vienne. Janus Pannonius, disciple de Guarini, auquel il dédia son *Panégyrique,* utilisa le thème de la course des vents pour mettre en valeur son talent poétique et descriptif. Chacun des quatre vents (Euros, le majestueux ; Austral, l'orageux ; le doux Zéphyr et le terrible Borée) suscite des tableaux horribles ou bien idylliques, afin de montrer ses propres mérites : études de nuages, scènes d'inondation, tremblements de terre, jardins fleuris, naufrages... Éole, seigneur des vents et arbitre de cette course, donne la palme du triomphe à Borée. Il ne serait pas difficile de trouver dans ce poème descriptif, à l'allure classique, des traces d'inquiétudes « romantiques » ou modernes, par suite de son vif sentiment de la nature et de la volonté d'expression qui souvent atteint un véritable lyrisme.

COURSE DU FLAMBEAU (La). Drame en quatre actes de l'écrivain français Paul Hervieu (1857-1915), représenté en 1901. Trois femmes symbolisent trois générations successives ; ce sont la vieille Mme Fontenais, sa fille Sabine et sa petite-fille Marie-Jeanne. Chacune, tendue vers l'avenir, paraît devenir indifférente à celle qui la précède. De là ce titre rappelant les lampadophories athéniennes où chaque coureur recevait des mains d'un autre un flambeau allumé qu'il avait pour but de transmettre à son tour. L'action est concentrée sur Sabine qui doit compter en même temps avec ses devoirs de fille et ses devoirs de mère. Elle est restée veuve, encore jeune, d'un homme qui avait dissipé toute sa dot. Contrainte de vivre à la charge de sa mère, elle repousse l'amour et la richesse qui lui sont offerts en la personne de Stangy ; ainsi, elle se sacrifie à sa fille. À peine ce geste est-il accompli que Marie-Jeanne se marie et la quitte. Le jeune ménage a des embarras financiers. Marie-Jeanne, désespérée de voir son mari acculé à la faillite, tombe malade. Pour la sauver, Sabine a recours à sa mère, mais Mme Fontenais refuse obstinément d'aliéner des capitaux qui doivent assurer l'avenir de sa fille. Dès cet instant, l'instinct maternel devient de plus en plus impérieux chez Sabine : d'abord, elle essaie de voler sa mère. Puis, voulant accompagner Marie-Jeanne à la montagne, elle y entraîne la vieille dame alors que l'altitude peut être fatale à son cœur. De fait, Mme Fontenais meurt tandis que Marie-Jeanne, indifférente devant la douleur de sa mère, va rejoindre son mari en Amérique où, grâce à Stangy, il a trouvé une brillante situation. Ce sombre drame s'achève sur le désespoir de Sabine qui n'attend plus aucun réconfort ; c'est la revanche de la morale sur l'égoïsme maternel. La *Course du flambeau* reste dans la ligne des *Tenailles* (*) et de *La Loi de l'homme*, mais le souffle y est plus puissant grâce au thème nouveau pour la scène. L'intrigue est habilement conduite et menée vers un dénouement logique. Relevons enfin la vigueur du style, particulièrement fort dans les scènes les plus dures et les plus cruelles.

COURS FAMILIER DE LITTÉRATURE. Œuvre de l'écrivain français Alphonse de Lamartine (1790-1869), en vingt-huit volumes (1856-1869). Elle témoigne avant tout de la nature émotive de l'auteur qui ne tient pas, suivant sa propre expression, à faire un cours aride et méthodique, mais tout simplement donner à ses lecteurs « le sentiment de la littérature » : la façon dont lui-même réagit à la beauté de tel ou tel ouvrage. Quant aux œuvres mauvaises, « elles n'ont pas besoin d'être jetées à l'oubli, elles meurent d'elles-mêmes ». Le *Cours* contient beaucoup de pages où il n'est guère question de littérature, et Lamartine y parle de quantité de gens qui n'ont rien écrit. Mais sa curiosité est universelle et on est frappé par le grand nombre de philosophes et d'historiens — tant français qu'étrangers — dont il parle. La table alphabétique des noms propres placée à la fin du dernier volume comporte quelque sept cents noms ; quant à la table des matières (très négligemment faite), elle est encore plus impressionnante. Ce *Cours* ayant été composé par Lamartine surtout dans un but lucratif, notre auteur n'est pas toujours honnête avec ses souscripteurs. Ainsi, le tome XVII du *Cours* contient non seulement l'analyse, mais de très longues citations des *Mémoires* (*) de Benvenuto Cellini qui, manifestement, n'y ont été incluses que pour remplir des pages. Malgré tous ses défauts, l'œuvre forme une véritable encyclopédie littéraire qui n'est pas dépourvue d'observations pénétrantes. Retenons de cette série d'entretiens les pages pleines de noblesse et d'émotion consacrées par le poète au jeune Mistral et à *Mireille* (*).

COURTISANE (La) [*La Cortigiana*]. Comédie de l'auteur satirique et pamphlétaire italien l'Arétin (pseud. de Pietro Bacci, 1492-1556), écrite en 1526, refaite et publiée en 1534 : peinture vive et crue de la Rome immorale du temps et dure satire contre la cour papale, au sein de laquelle s'agitent tous les types de la société de l'époque. L'action se déroule sur deux plans parallèles ; ceux-ci se rejoindront dans le classique final de la comédie. Messer Maco, un Siennois imbu de citations et de vers latins, glanés çà et là, arrive à Rome dans l'espoir de devenir courtisan, puis cardinal. Le nigaud provoque rapidement les railleries : un certain maître André s'engage à lui enseigner l'art d'être courtisan. Il arrive jusqu'à lui faire accepter de se soumettre à un bain turc, qui lui fera prendre la juste corpulence de l'homme de cour. Lorsque notre bafoué, personnage vaniteux et ridicule, se rend chez une dame de la ville, c'est pour en être ignominieusement chassé par maître André lui-même et l'un de ses amis travesti en Espagnol. Un autre personnage, Parabolano, seigneur vaniteux, s'est épris d'une noble et belle dame. Son valet, fripon et profiteur, s'en étant rendu compte, décide, avec l'aide d'une entremetteuse, de lui jouer une farce. Il simulera que l'entremetteuse est la nourrice de la dame aimée de son maître et que cette dernière a grand désir de passer une nuit avec lui. Parabolano le croit et va au rendez-vous où, à la place de la dame, il trouve la femme d'un boulanger introduite, en l'occurrence, par l'entremetteuse. À ce point, les deux trames se conjuguent. Mais tout finit pour le mieux. Parabolano, se souvenant d'autres farces semblables dont il fut autrefois l'auteur, prend l'aventure à la blague et persuade tout le monde, Messer Maco et le mari de la boulangère, de rire avec lui de la farce pour qu'« une si belle comédie n'ait pas à se terminer en tragédie ». Toute la comédie est une représentation satirique de gens rusés ou ingénus, gentilshommes ou hommes du peuple, serviteurs et maîtres, moines et juifs, en un continuel dialogue fantaisiste, vivace, plein d'un comique encore valable. Il manque, pourtant, plus encore que dans les autres comédies de l'Arétin, une unité de construction. La variété des motifs, telle qu'elle se dispose sans autre perspective d'ensemble que celle de la Rome papale, trouve, à vrai dire, son centre et une réelle unité dans la constante fureur de l'Arétin contre les méthodes et les mœurs de la Curie romaine. – Trad. *Œuvres choisies,* C. Gosselin, 1845 ; *La Vie des courtisanes,* Paris, 1969.

COURTISAN POLONAIS (Le) [*Dworzanin polski*]. Œuvre de l'écrivain polonais Lukasz Gornicki (1527-1603). Cette excellente adaptation du *Parfait Courtisan* (*) de Castiglione est considérée comme le chef-d'œuvre de la littérature polonaise du XVIe siècle et la première grande affirmation en prose de la langue de ce pays, effaçant dès lors le latin utilisé jusque-là. L'auteur avait passé, dans sa jeunesse, plusieurs années en Italie et avait même poursuivi ses études à l'université de Padoue. Rentré en Pologne, il séjourna d'abord à la cour de l'évêque-chancelier de la couronne, Maciejowiski, puis à celle du roi Sigismond-Auguste. Il décida alors d'utiliser son exceptionnelle connaissance intime des cours polonaises et sa culture italienne pour adapter le chef-d'œuvre de Castiglione à la mentalité, à l'ambiance et aux goûts polonais. Il étudia intensément le texte italien, le confrontant soigneusement aux écrits de Platon, d'Aristote, de Plutarque, de Cicéron – *L'Orateur* (*) en particulier – de Marcile Ficin et de Boccace. De l'étude comparée de toutes ces œuvres et de son observation aiguë de la vie de son pays et de son temps naquit un livre polonais à part entière et d'une superbe prose. L'auteur y transpose habilement le texte italien, suivant chaque fois que possible l'original, mais ajoutant des personnages et des événements strictement polonais pour prendre en compte la mentalité particulière à ses concitoyens, lecteurs auxquels l'ouvrage était destiné.

COURT TRAITÉ SUR DIEU, L'HOMME ET SA FÉLICITÉ [*Korte Verhandeling van God, de Mens en des zelfs Welstand*]. Œuvre du philosophe hollandais Baruch Spinoza (1632-1677), écrite vers 1658-60, et qui fut appelée à circuler sous forme de manuscrit entre ses amis comme première ébauche de son système. Nous en possédons une rédaction fragmentaire hollandaise, retrouvée en 1852, tandis que le titre latin était : *Tractactus de Deo et homine eiusque felicitate.* C'est le premier des écrits de Spinoza ; son importance tient au fait qu'on y trouve déjà fixées les lignes fondamentales de son système, telles qu'elles apparaîtront ensuite dans l'*Éthique* (*), c'est-à-dire la doctrine de la substance, de ses attributs et de ses modes : le déterminisme divin et humain, le parallélisme métaphysique et psychologique, la dévaluation des universaux, le caractère rationnel des passions, etc. ; mais avec une plus simple et franche inspiration religieuse et mystique, non encore atténuée, comme dans l'*Éthique*, par l'élaboration rationaliste et l'élément mathématique : inspiration d'origine néo-platonicienne.

Le *Court traité* part de la définition cartésienne du concept de substance : « Ce qui existe de manière à n'avoir besoin que de soi-même pour exister » (Descartes avait lui-même reconnu qu'en toute rigueur elle ne s'appliquait qu'à Dieu), pour critiquer le développement que Descartes en a fait ensuite quand il enseigne le caractère fini des deux seules substances, pensée et étendue, produites par la substance infinie. Comme cette limitation, de la part d'un Dieu infiniment bon et puissant, n'est pas justifiable, il faut admettre que ce sont non pas deux substances, mais deux attributs intrinsèques ou modes de l'unique substance infinie : Dieu. Et comme, en Dieu, intelligence et volonté, vouloir et être, liberté et nécessité s'identifient à sa nature, ce n'est pas une volonté arbitraire de Dieu qui prédestine les choses et les événements, mais l'ordre naturel lui-même. Dieu ne peut pas ne pas réaliser toutes ses idées. Mais Dieu n'est pas seulement substance, c'est-à-dire cause prochaine de ses deux attributs infinis, intelligence et étendue ; il est aussi cause éloignée, c'est-à-dire une activité qui donne vie à des êtres réels, distincts en une hiérarchie d'êtres, moments de la vie divine, qui lui sont immanents et inclus l'un dans l'autre (théorie néo-platonicienne de l'émanation). Les propriétés attribuées à Dieu par la théologie traditionnelle demeurent, mais transformées et réinterprétées, et non plus dans leur sens premier religieux, bien que chacune d'elles porte la marque de son origine : telle la providence divine, devenant le symbole de l'« effort pour se conserver » de Giordano Bruno, à qui ce concept est emprunté ; telle aussi la prédestination, devenant le déterminisme de l'enchaînement causal nécessaire, et cessant d'être une volonté arbitraire de Dieu. (Ces deux attributs, qui impliqueraient en Dieu une intelligence et une volonté, tandis qu'Il est au-dessus de l'une et de l'autre, disparaîtront de l'*Éthique*, de même qu'ici sont déjà exclus ceux d'omniscience et de miséricorde, trop anthropomorphiques.)

Dans le *Court traité*, la signification des passions et la manière de se libérer de leur esclavage, en les rationalisant, préludent à l'*Éthique*. Puisque tout arrive nécessairement, le mal n'est rien d'absolu ; c'est seulement l'imagination qui, concevant le monde différemment de ce qu'il est réellement, et nous-mêmes différents de ce que nous sommes, interprète comme un désordre de la nature et comme une coupable aberration de l'idéal de la nature humaine ce qui est en correspondance entre la réalité et l'ordre à quoi elle aspire, lequel, en fait, « n'est rien ». Cette sottise qui consiste à juger la nature et les hommes comme s'ils étaient infidèles à ce qui est un idéal conçu par nous, à espérer, craindre, appeler un cours des événements différent de celui qui est déterminé de manière immuable par la nature divine elle-même, est éliminée par la raison, qui repousse aussi bien les sentiments de remords ou de mérite, causés par le « bien » ou le « mal » commis (comme s'il y avait un mérite ou un démérite à ce qui est advenu nécessairement et conformément à notre constitution), que les sentiments de gratitude pour les bienfaits reçus, et de regret pour les biens dont nous aurions été frustrés (comme si tout cela ne formait pas partie intégrante du cours obligatoire des événements). La raison, en faisant connaître à l'homme la vraie nature des choses, c'est-à-dire la vraie nature de Dieu, le fait agir en harmonie avec le caractère divin et avec notre véritable caractère. Et c'est dans cette volontaire identification à l'éternelle et immuable volonté de Dieu, c'est en se rendant esclave de Dieu, que l'homme se libère des passions et que, pénétrant par intuition le plan universel du monde, il est rempli de l'« amor Dei intellectualis » ; par là, il devient lui-même participant de l'amour avec lequel Dieu s'aime lui-même ; et, comme lui, éternel.

Parmi les influences qui se font jour dans cette œuvre fondamentale, il faut signaler, outre celle du dualisme de Descartes – bien que ce soit pour fondre ce dualisme dans l'unité divine – et de son concept de substance, celle du néo-platonisme, déjà mentionnée, à laquelle on peut ajouter l'influence vraisemblable de *La Source de vie* (*) d'Avicébron, avec sa notion de matière animée procédant de l'être divin. (Peut-être aussi y trouverait-on des traces d'une autre œuvre du même Avicébron : *Amélioration des qualités morales*, dans laquelle l'intelligence est présentée comme le moyen terme entre le divin et l'humain chez l'homme.) – Trad. Garnier, 1928 ; Gallimard, 1954.

COUSINE BETTE (La). Roman de l'écrivain français Honoré de Balzac (1799-1850), qui parut dans le *Constitutionnel* du 8 octobre au 3 décembre 1846 et fut publié en volume en 1847. Lisbeth Fisher, surnommée la cousine Bette, est le type de la vieille fille aigrie et envieuse, que rongent intérieurement ses rancœurs et ses jalousies (« La jalousie formait la base de ce caractère plein d'excentricités »). Elle a pour victime sa belle et aimable cousine Adeline, dont la jeunesse a été fêtée et qui a épousé le baron Hulot d'Ervy ; il s'ajoute à cela que sa fille, Hortense Hulot, a épousé le comte Wenceslas Steinbock que la cousine Bette avait secouru en lui vouant une affection fervente et sombre, lorsqu'il était désespéré de son exil. La cousine Bette trame sa vengeance, en jetant successivement le comte Steinbock et le baron Hulot dans les bras de Mme Marneffe, qui est une authentique et avide courtisane : l'honneur et la paix de deux familles s'en trouvent détruits. Celles-ci continuent à ignorer quelle part aura eue dans la basse intrigue la modeste Lisbeth, et la considèrent jusqu'à la fin comme leur ange tutélaire. Roman de la vie française, dont l'action se situe au moment de la retombée qui suivit l'Empire (le salon de la baronne Hulot était un « cadavre des fêtes impériales »), cette œuvre compte parmi les chefs-d'œuvre de l'auteur. Oscillant entre deux extrêmes qui se complètent et forment un tableau dans lequel évoluent les personnages : la sauvagerie latente qui menace la société bourgeoise et la veulerie et la platitude hypocrite du monde, l'intrigue se déroule sur trois plans : la destinée de Mme Hulot, celle du ménage Marneffe et celle de Steinbock ; ces trois plans trouvant leur centre dans le personnage de la cousine Bette, araignée tissant inlassablement sa toile de malheur. Autour de ce personnage, Balzac a campé et fait vivre tout un monde grouillant de vices et d'ambitions déréglées, jusqu'à la vertueuse Mme Hulot qui, dans son désir de « singer » les courtisanes, s'offrira vainement au gros Crevel, rendant ainsi la vertu elle-même grimaçante (« Ma petite mère, vingt-cinq ans de vertu, ça repousse toujours, comme une maladie mal soignée ! »). Mais la grande création balzacienne est Lisbeth, la parente pauvre, nouvelle et significative personnification de cette force démoniaque que l'auteur discerne dans le fond obscur du cœur de l'homme et qui le pousse à réaliser ses instincts inférieurs, avec une puissance et une habileté instinctives. Si, dans d'autres œuvres, cette obscure énergie semble le propre de certains arrivistes, parvenus à dominer la société en profitant d'une époque de changements, ici elle se niche dans l'âme d'une petite femme sans avenir et apparemment sans forces, et acquiert ainsi l'universalité d'un pouvoir maléfique contre lequel toute lutte est vaine. Par là, l'inévitable triomphe du mal sur le bien, qui semble être au fond de la conception balzacienne, revêt une sorte de caractère religieux. Celui-ci ne permet jamais un pessimisme complet, car il suggère, en face des forces manifestes du mal, la présence invisible d'un bien plus puissant et plus haut, même si l'âme ne réussit jamais à le contempler. Et l'on saisit ainsi, dans Balzac, la tentative continuelle pour donner forme à ce triomphe concluant et rédempteur jusqu'au point de terminer pratiquement son œuvre de romancier avec *L'Envers de l'histoire contemporaine* (*). *La Cousine Bette* et *Le Cousin Pons* (*) sont réunis dans *La Comédie humaine* (*), « Scènes de la vie parisienne », sous le titre commun *Les Parents pauvres.*

COUSIN PONS (Le). Roman de l'écrivain français Honoré de Balzac (1799-1850), publié en 1847. C'est avant tout la peinture de certaine monomanie, peinture en soi fort innocente mais que l'auteur rend, par endroits, presque insoutenable, par tout le noir dont il l'encadre : entendez un monde où l'on trouve tous les genres de scélératesse dont l'âme humaine est susceptible. Que l'on en juge : Pons est un très brave homme qui dépense ses maigres rentes à collectionner des tableaux et toutes espèces d'objets d'art. Ses parents riches, qui le traitent en pique-assiette, ont pour lui le plus grand mépris. Jusqu'au jour où tout le monde apprend que sa ridicule collection vaut plus d'un million. Autour du pauvre diable, qui est tombé malade, se joue alors la plus sinistre comédie que l'on puisse imaginer. Car si Pons est assiégé par sa famille, il se voit âprement défendu par une poignée de gens infimes, aussi répugnants que les autres, qui entendent bien empêcher le trésor de sortir de la maison : la portière qui nourrit Pons de regrets immondes, son amoureux, un marchand de ferraille, un vieux juif, enfin un homme de loi véreux. Sans défense contre leurs manœuvres, le moribond cède sa fortune à un ami, vieux musicien du nom de Schmucke. Peine perdue, car ce dernier, fort ignorant de la brocante, se laisse candidement dépouiller par tout ce monde. Quand Pons lui dessille les yeux, il est trop tard. Il rend l'âme en voyant partir toutes ses richesses, tandis que Schmucke reçoit l'aumône d'une petite rente viagère. Tel est le tableau de mœurs que comporte ce roman. Certes, aucun rayon d'espérance ne vient l'adoucir. Mais, étant un grand visionnaire, Balzac donne un tel relief à ses personnages qu'il leur fait, en somme, acquérir un pouvoir qui dépasse de loin leur abjecte condition, si bien qu'on ne voit plus en eux que les agents de la fatalité. Cet éclairage singulier donne au récit un caractère inoubliable.

COUTUME DU PAYS (La) [*The Custom of the Country*]. Roman de l'écrivain américain Edith Wharton (1862-1937), publié en 1913. C'est l'histoire d'Undine Spragg, la belle Undine qui, sous une beauté éclatante, dissimule une âme fort égoïste, des goûts vulgaires et une ambition effrénée. Demeurant depuis peu de temps à New York avec ses parents soumis à tous ses caprices, Undine guette l'occasion de pénétrer dans l'aristocratie de la ville. Depuis son adolescence elle est avide de découvrir « ce monde qu'elle ne s'imaginait qu'à grand-peine », et d'y faire carrière. Elle sera d'ailleurs déçue lorsqu'elle le connaîtra. Sa beauté lui a en effet vite ouvert les portes de cette société, et son mariage avec Ralph Marvell l'introduit au cœur même de la vieille aristocratie new-yorkaise. Ralph est très épris, mais Undine se lasse vite de ce compagnon cultivé et sensible, survivant d'une classe en disparition, qui ne lui apporte pas les richesses et les distractions qu'elle attendait. Sans crainte du scandale, Undine divorce et se lance à la conquête des hommes qui pourraient lui apporter tout ce qu'elle désire : « amusement et respectabilité ». Elle échoue auprès de Peter Van Degen, qui appartient à la classe des financiers, car Peter, bien qu'amoureux d'Undine, recule devant la cruauté et la fourberie dont elle a fait preuve auprès de Ralph. Se trouvant seule à Paris, Undine épouse le marquis de Chelles, car elle ambitionne une place de choix dans le monde du faubourg Saint-Germain. Une fois encore, elle est insatisfaite : la vie retirée au château de Saint-Désert, le souci de son mari de tout sacrifier à l'intérêt de la famille ne peuvent que décevoir Undine. Elle se tourne alors vers le seul homme « qui parlait sa langue et saisissait ses valeurs », Elmer Moffat, auquel elle avait été mariée quinze jours durant, avant de venir à New York, où on ignorait évidemment cette aventure. Ses parents l'avaient forcée à rompre avec Elmer, mais c'est à lui qu'elle revient après tant d'années. Elmer seul, avec son âme de lutteur, sa prodigieuse puissance de vie qui lui a permis de se faire une place importante dans le monde des affaires, peut comprendre la petite âme égoïste et passionnée d'Undine. Undine l'épouse. Elle est heureuse, car Elmer est le seul homme pour lequel elle ait éprouvé un sentiment sincère et profond. Avec lui, elle vivra selon son désir, possédant tout sauf ce qui ne s'achète pas : l'estime de la haute société.

Les personnages du roman sont admirablement campés. Undine et son casque de cheveux fauves, Elmer et son cou puissant, Ralph et son visage distingué s'imposent à nous par leur réalité physique même. Les personnages incarnent des groupes sociaux différents. En face de Ralph, représentant une société en disparition, se dresse la silhouette massive de Moffat, dont l'énergie, le « cynisme épique » sont ceux de la nouvelle race des pionniers du monde des affaires. Le fond de tableau vigoureusement brossé par Edith Wharton aux aventures d'Undine nous présente d'une part une classe qui meurt, d'autre part le monde moderne en pleine formation.

CRAINQUEBILLE, PUTOIS, RIQUET et plusieurs autres récits profitables. Ces contes de l'écrivain français Anatole France (François-Anatole Thibault, 1844-1924), rassemblés en volume en 1903, appartiennent à une période durant laquelle l'art de France subit une évolution marquée. Abandonnant son scepticisme indulgent quoique radical, l'auteur incline désormais vers les idées de révolte et prône un ordre social plus juste et plus humain. Le premier conte, intitulé « Crainquebille » (duquel l'auteur tira une brève comédie jouée par Lucien Guitry), est à cet égard caractéristique : il s'agit de l'histoire d'un pauvre marchand de quatre saisons qui entre en conflit avec un agent de police ; celui-ci, croyant que Crainquebille lui a adressé la traditionnelle injure de « mort aux vaches », le fait comparaître devant le juge de paix qui lui inflige une condamnation. Mais ses clients, des bourgeois pour la plupart, lui font comprendre, lorsqu'il reprend son petit commerce, qu'ils ne peuvent continuer à s'approvisionner chez un homme sortant de prison. Découragé, Crainquebille cède à ses mauvais instincts et sombre dans la plus complète misère. Un soir de désespoir, il lance pour de bon la fameuse insulte à un autre gardien de la paix, dans le seul but de se faire arrêter et de pouvoir ainsi se faire nourrir et loger durant quelques semaines aux frais de l'État ; mais le représentant de la force publique lui adresse une paternelle admonestation qui laisse le malheureux abasourdi. La saisissante vérité du personnage et l'acerbe vigueur de la satire rendent ce conte infiniment digne de sa grande renommée.

Quelques autres nouvelles, intitulées « Les Juges intègres », « Monsieur Thomas », « Vol domestique », possèdent les mêmes caractéristiques. Certaines, au contraire, relèvent de la pure fantaisie ; parmi celles-ci, très célèbres et de la meilleure venue, l'on peut citer « Putois » et « Riquet ». Dans la première, M. Bergeret, le moraliste érudit qui est le héros de l'*Histoire contemporaine* (*), rappelle à sa sœur une curieuse anecdote de son enfance. Afin de se soustraire à l'empressement importun d'une vieille tante, leur mère avait imaginé de toutes pièces un personnage baptisé Putois, type du vagabond libertin soi-disant jardinier à ses moments perdus, mais plus enclin à l'ivrognerie et au chapardage que soucieux d'exercer son métier, dans lequel il était censé exceller. Contrainte de persévérer dans son mensonge, la mère Bergeret en arrive à camper une véritable créature accueillie joyeusement par les enfants. Putois sort bientôt du petit cercle familial, se fait adopter d'abord par les voisins immédiats, pour devenir ensuite le familier de la petite ville tout entière. Et le jeune Bergeret lui-même, en entendant les innombrables témoignages des étrangers, finit par croire à l'existence de Putois. L'autre conte, divisé en deux parties, intitulées « Riquet » et « Pensées de Riquet », est centré sur Riquet, le petit chien de M. Bergeret, que la fille de ce dernier a caché par jeu dans une valise au cours d'un déplacement. Grâce à cette facétie, France se divertit de manière spirituelle et paradoxale à rapporter les impressions et les idées du petit chien sur sa propre vie, celle des hommes et – si l'on peut dire – sur le problème religieux. En effet l'opinion (malicieusement exprimée par France) que Riquet s'est formée de son maître n'est pas très éloignée de celle que beaucoup d'hommes se font de Dieu. Le style pénétrant et précis d'Anatole France révèle dans ces pages une magnifique légèreté et une concision dénuée de sécheresse.

CRAINTE ET TREMBLEMENT [*Frygt og Baeven*]. Ouvrage du philosophe danois Søren Aabye Kierkegaard (1813-1855), publié en 1843. Sur le fond constitué par un fait autobiographique – la rupture de ses fiançailles avec Regina Olsen –, l'auteur aborde tour à tour deux problèmes : un dépassement de l'éthique est-il possible ? Ce qui a été et à quoi l'on a renoncé peut-il exister à nouveau ? L'Ancien Testament nous apprend qu'Abraham reçut de Dieu l'ordre d'offrir son fils Isaac en sacrifice. Cet acte, contraire à toute loi morale, est totalement privé de justification, si l'on excepte l'ordre de Dieu, entendu du seul Abraham et dont il fut seul à même d'apprécier l'authenticité, plongé dans l'angoisse d'un drame sans témoins. Il existe donc une possibilité de dépassement de l'éthique ; et c'est le cas de la foi, où le « particulier », soustrait au « général », se trouve placé face à face avec Dieu, dans une immédiateté qui n'est pas celle du sentiment, mais est postérieure et non antérieure à la pensée. Aussi, étant au-delà de l'éthique, la foi est-elle également au-delà de la pure intériorité, d'une « résignation infinie » qui, certes, reconquiert le monde après y avoir renoncé, mais uniquement comme souvenir. À l'instar d'Abraham, héros de la foi, qui, après avoir renoncé à Isaac, l'obtient à nouveau et dans ce monde même, Kierkegaard, s'il avait la foi, pourrait recouvrer Regina. Cette exigence, portant à réaffirmer la foi dans le monde sensible après l'avoir niée, s'atténuera par la suite chez Kierkegaard, qui est moins un héros de la foi que de la résignation infinie. Peu d'écrits expriment avec autant d'acuité l'ambiguïté profonde de la foi et son autonomie à l'égard des autres formes de spiritualité. – Trad. Aubier, 1935 et 1984, sous le titre : *Crainte et Tremblement. Lyrique dialectique par Johannès de Silentio ;* L'Orante, 1972, dans Œuvres complètes, t. 5.

CRANFORD [*Cranford*]. Roman de l'écrivain anglais Elizabeth Gaskell (1810-1865), publié en feuilleton dans la revue *Household Words* au cours des années 1851-1853. L'auteur, laissant de côté les intentions moralisatrices et les problèmes sociaux qu'elle avait abordés dans ses ouvrages précédents, décrit, dans ce livre, la vie d'une petite ville de la province anglaise, en prenant comme centre de l'action une sympathique vieille fille, Matilda Jenkyns. À son histoire se mêlent celles des autres habitants de Cranford, parmi lesquels il y a le capitaine Brown, homme au cœur d'or, qui meurt en essayant de sauver un enfant qui allait être écrasé par un train. Puis nous voyons un ancien amoureux de Matilda, M. Holbrook, et certaines vieilles dames très bizarres, qui « dédaignent les richesses vulgaires » en pratiquant une « économie élégante ». Voici par exemple la distinguée Mme Jamieson, et sa belle-sœur, lady Glenmire, qui par la suite se mariera avec le Dr Hoggins. Voici Mlle Pole et Mme Forrester. La perte soudaine de sa fortune force Matilda à ouvrir une boutique ; elle accepte avec son habituelle sérénité sa nouvelle vie de travail et de sacrifices, adoucie pourtant par la tendre solidarité de ses amis. On dirait que rien ne peut la distraire de sa vie laborieuse et modeste. Mais voici que son frère Peter revient de façon inattendue d'Inde, où il s'était enfui depuis sa jeunesse, sans avoir jamais plus donné de ses nouvelles ! Ce vieillard vigoureux et fantaisiste raconte comment, parmi ses nombreuses aventures, il avait gravi des sommets tellement hauts, dans l'Himalaya, qu'il avait tiré par erreur un coup de fusil sur un chérubin (mot d'esprit qui devint proverbial en Angleterre). Il ne possède pas seulement le titre éclatant de Aga Jenkyns, mais encore une grosse fortune. Grâce à lui, les dernières années de la vie de Matilda s'écouleront paisiblement, à l'abri des difficultés d'argent.

Cranford, considéré comme un des classiques de la littérature anglaise du XIXe siècle, est né d'une série de croquis qui furent plus tard groupés en un volume. En effet, l'intrigue n'est pas constituée par une suite d'événements bien reliés entre eux. Toutefois, le petit monde de province y est peint avec un soin minutieux et un humour très fin, qui devient une satire seulement lorsqu'il s'agit de décrire les gens du monde, mais sans jamais la froideur cérébrale de Jane Austen. – Trad. Éditions des Loisirs, 1945 ; Aubier, 1981.

CRAPOUILLOT (Le). Revue fondée en 1915 par l'écrivain français Jean Galtier-Boissière (1891-1966). Dans sa première période (1915-19), *Le Crapouillot* parut sous le signe du journal des tranchées et du « débourrage de crâne », en s'adressant aussi bien aux soldats qu'aux civils. Soucieux de vérité, il se proposait néanmoins, sous un camouflage de bonne humeur, de distraire les soldats par un anticonformisme savoureux. Chacun collabora de son mieux à cette courageuse feuille, où l'ironie des Parisiens, poilus malgré eux, s'exprima dans des chroniques comme « La Mode au front par le Poilu monoclé ». Peu à peu, l'humour des tranchées devenant à la longue fastidieux, *Le Crapouillot* décida de donner une vision plus ample et plus réelle et publia : « Les Stances à la boue » de François Aman-Jean et « Dans la fournaise de Verdun » de Roger Lion. Au fil des mois, le journal élargit son programme et accueillit les impressions des soldats de toutes les armes, donnant ainsi une vision complète de la guerre, comme dans « Quand la Grande Muette parlera », que la censure s'empressa de couper. En novembre 1918, le huitième numéro de la quatrième année du *Crapouillot* présenta sur sa couverture une Marianne souriante, tenant à la main une branche d'olivier. Jean Galtier-Boissière, enfin civil, ouvrit de nouvelles rubriques (arts, lettres, spectacles). Ainsi donc, il entendait exprimer avec vigueur une certaine mentalité, née dans les tranchées, refléter l'esprit nouveau de tous ceux qui avaient vécu la guerre dans leur chair, dans leur âme. *Le Crapouillot* serait pamphlétaire, et ses nouveaux collaborateurs eurent pour nom Alexandre Arnoux, Francis Carco, Vaudoyer, Marcel Arland, Jean Oberlé, Van Dongen, Radiguet, Paul Morand, Giraudoux, Jouvet, Romain

Rolland. On y applaudit Charlot, Damia, les Fratellini ; on y glorifia Isadora Duncan, Delluc. De 1919 à 1930, le journal évolua et se fortifia, mais en conservant son orientation première. Du reste, ses collections nous révèlent encore aujourd'hui tout ce qui fut le Paris de l'entre-deux-guerres. De 1931 à 1939, le ton changea brusquement, et *Le Crapouillot* passa à l'âge adulte. Il publia un *Dictionnaire des Girouettes*, une *Histoire de la IIIe République*, un *Dictionnaire d'argot*, des pages de Victor Serge, vit son directeur, le non-engagé, célébrer Staline, relata les événements d'Espagne, la crise de Munich. Après sept années de silence, *Le Crapouillot* reprit sa carrière en 1947, en publiant *L'Histoire de la guerre 1939-1945*. Pendant dix-sept ans (jusqu'en 1964), soixante-cinq numéros se succéderont à raison d'un par trimestre. Pour chacun d'eux, Galtier-Boissière trouva un sujet choc : « Bobards 39-45 », recueil effarant de tout ce qui a pu s'écrire comme sottises dans tous les camps ; « La Farce des services secrets » ; « Les Pieds dans le plat », numéro dont Galtier écrivit qu'il est la dernière manifestation d'un libéralisme que *Crapouillot* entend perpétuer contre vents et marées ; « L'Histoire de l'amour en France », « La Sexualité à travers tous les âges », « Les Jésuites », « Les Homosexuels », « L'Érotisme et sa répression ». Dans ces articles, nous retrouvons le même sens de la polémique, la même saveur, et cette forme personnelle de talent à base d'humour, enfin le sens de l'évolution du goût du public. Mais les années 30 furent sans aucun doute la belle époque du *Crapouillot* de la paix. Quant à son fondateur, il a réalisé une forme inédite de non-conformisme, en publiant sur un sujet donné une confrontation des opinions contradictoires.

CRATYLE ou De la propriété des noms [Κράτυλος]. Dialogue du philosophe grec Platon (428 ?-347 ? av. J.-C.). Œuvre assez importante parce que, traitant du problème du langage, elle esquisse une plus grave question : celle de la connaissance de l'être. Hermogène et Cratyle, le disciple d'Héraclite, sont en train de discuter sur la nature des noms, le premier soutenant qu'ils sont dus à une simple convention, et qu'ils pourraient être changés suivant le bon plaisir ; le second au contraire prétendant qu'ils correspondent à la nature intime des choses qu'ils désignent, et qu'ils sont donc l'unique moyen de parvenir à la connaissance des choses. Hermogène lui laissant la parole, Socrate intervient : il objecte que si les êtres désignés sont faux, les noms également qui les désignent peuvent être faux parce qu'il doit bien y avoir une corrélation entre les choses et la façon de les nommer. Les hommes doivent en effet avoir examiné les choses et cherché à exprimer par des vocables l'impression qu'ils en ont ressentie. Il semblerait que Socrate soit de l'avis de Cratyle : il donne de nombreuses étymologies pour démontrer comment une multitude de noms traduisent l'impression que le premier homme a dû éprouver. Toutefois, s'il y eut un législateur qui attribua un nom aux choses selon l'apparence qu'elles avaient pour lui, il peut s'être trompé ; pourtant les hommes se comprennent fort bien. C'est ainsi que l'on en arrive au point le plus important : peut-on, oui ou non, atteindre par le langage la nature intime des choses ? À l'encontre de Cratyle, Socrate démontre que les noms correspondent à l'image que l'homme s'est faite des choses et non par conséquent aux choses mêmes ; il s'ensuit que, si les noms servent à connaître les choses, le premier qui les inventa, n'ayant pu se servir d'eux comme moyen de connaissance, les inventa au hasard. Mais, réplique Cratyle, s'il y avait eu un dieu pour créer le langage, il n'y aurait eu ni incertitudes ni contradictions. Donc, pour atteindre à la connaissance, ce n'est pas aux noms qu'il faut s'adresser, mais bien aux idées ; car autrement la connaissance que l'on aurait serait une connaissance d'images, par conséquent une connaissance imparfaite. Ainsi Socrate conclut en exhortant Cratyle à ne pas trop se fier aux vocables.

On a souvent voulu voir en ce brillant et très élégant dialogue, véritable modèle d'atticisme, toute une théorie du langage : cependant, même si une bonne partie des prestigieuses étymologies sont faites sérieusement (car beaucoup le sont manifestement avec ironie), il convient de remarquer que le problème de fond, abordé ici par Socrate, est celui de la connaissance de l'être. En effet, ce dialogue s'intercale entre *Théétète* (*), dans lequel est combattue la doctrine de Protagoras en ce qu'elle est liée à celle d'Héraclite, et *Le Sophiste* (*), duquel il se rapproche par un lien essentiel : en effet la thèse de Cratyle n'est qu'une variante de la thèse sophistique suivant laquelle « le faux ne peut s'énoncer », thèse réfutée justement dans *Le Sophiste*. – Trad. Les Belles Lettres, 1931 ; Gallimard, 1940.

CRÉANCES. Recueil de poèmes de l'écrivain français André Salmon (1881-1969), publié en 1926 et regroupant : *Les Clés ardentes* (1905), *Féeries* (1907) et *Le Calumet* (1910). Premier poème publié par Salmon, *Les Clés ardentes* se ressentent encore de l'influence symboliste, tout en mêlant déjà à un ton et à des thèmes assez conventionnels les accents de l'avant-garde d'alors. Mais ce qu'il y a de plus personnel en Salmon transparaît à travers une rêverie solitaire qui se colore d'amertume et de raillerie, d'innocence et d'ironie, sur un fond d'émotion lyrique traduite en images claires et bien frappées. Les poèmes de *Féeries* sont d'un rythme plus assuré et plus souple ; ils brisent tous les cadres pour élaborer un chant qui assure, comme l'écrit Berger, la « coexistence entre le rêve et sa formulation » et libère le verbe en mêlant les formules réalistes aux formules ésotériques dans le courant de la « féerie ». *Le Calumet* est l'une des œuvres maîtresses de Salmon poète. Pleins de tendresse, ces poèmes symbolistes sont nés au-delà des paradis artificiels. L'Indien qui fume le calumet, c'est Salmon rêvant à la terrasse d'un café et laissant défiler ses souvenirs, peuplés d'« âmes mortes » et de visions lointaines : « Dans les forêts lointaines, les hommes ont encore les secrets des herbes entre leurs mains. / Pour prolonger ton rêve et grandir ton exil. Ils restent dans leur forêt. / C'est l'Européen qui, vers eux, dirige ses pas à la recherche du temps perdu. »

CRÉANCIERS [*Fordningsägare*]. « Tragi-comédie » en trois tableaux du romancier et dramaturge suédois August Strindberg (1849-1912), publiée en 1890. Elle est construite sur le thème, si passionnément vécu par Strindberg, de l'antagonisme entre l'homme et la femme, du calcul, de la cruauté et de la ruse déployés par celle-ci pour s'affirmer face à l'homme. Tékla, femme-vampire, après avoir été façonnée, corps et âme, par son premier mari, Gustave, utilise cette force reçue pour avoir sur son deuxième mari Adolphe une influence maléfique. Ce dernier s'abaisse pour la rehausser, se sacrifie à tel point qu'il n'est plus que l'ombre de lui-même. À un moment donné (c'est là que débute l'action), le premier mari fait son apparition chez le nouveau couple, de façon inattendue et bien peu justifiée : c'est le créancier qui vient réclamer son bien (on ne sait cependant en quoi consiste ce bien, s'il s'agit de son honneur perdu ou de la femme à laquelle il demeure attaché par des liens charnels). Par sa seule présence et en vertu de son extraordinaire pouvoir psychique, il réalise sa vengeance : il contraint Adolphe à prendre conscience de sa condition d'homme exploité et de mari trompé, puis, par suggestion hypnotique, le rend épileptique. Il compromet ensuite Tékla, qu'il séduit à nouveau aisément, et se fait ainsi le meurtrier du pauvre Adolphe, qui succombe à une attaque d'épilepsie en assistant à son infortune. Ce drame, manifestement dérivé des souffrances et de la maladie dont témoigne *Le Plaidoyer d'un fou* (*), reflète intensément les passions et les tourments de Strindberg, persuadé que sa propre femme, dont il voulait se séparer, était spirituellement sa propre créature ; il était de plus jaloux du futur mari de sa femme et se croyait atteint d'épilepsie.

À cause de ce fond pathologique et passionnel, interprété à la lumière d'études de psychopathie et d'hypnotisme, *Créanciers* conserve un certain caractère d'abstraction : Tékla est un être purement réceptif, attiré par tous les hommes, une « pauvre femme », dira Gustave ; c'est pourquoi nous voyons mal comment elle parvient à subjuguer peu à peu le pauvre Adolphe, véritable victime en fin de compte, et par surcroît heureux de l'être. Néanmoins, en dépit de ce schématisme d'ordre psychologique, le drame est prenant, l'action rapide et réduite à l'essentiel. En fait, Strindberg a utilisé une fois de plus des situations et des conditions psychologiques dont il avait fait une redoutable expérience : la lutte sans merci entre les sexes, entre les faibles et les forts, sauvagement menée par une humanité enfermée dans les limites primitives de l'honneur et de la vengeance, ignorant totalement la charité et trouvant dans l'hypnotisme la plus terrible des armes. Nul écrivain peut-être n'a pénétré aussi profondément que Strindberg dans ce fond de cruauté et de férocité qui sommeille en tout homme – v. *La Danse de mort* (*). – Trad. Stock, 1927 ; in *Théâtre complet,* t. II, L'Arche, 1982 ; L'Aire, 1985.

CRÉATION (La) d'Agrippa d'Aubigné. En 1874, Réaume et Caussade éditent chez Lemerre, le tome III des *Œuvres* de l' écrivain français Théodore Agrippa d'Aubigné (1552-1630). Il renferme un texte jusqu'alors ignoré : *La Création*, vaste poème de 3 572 alexandrins, répartis en 15 chants. La *Création* a été composée à Genève par le vieux partisan exilé peut-être pour l'éducation de son fils Nathan, le futur médecin. L'auteur a suivi les avis de son savant ami, le pasteur Simon Goulart. Celui-ci l'a engagé, non pas à rivaliser avec son ancien compagnon de luttes, Du Bartas, qui, dans sa *Première Semaine* – v. *La Semaine* (*) – recueille une série d'hymnes à la gloire du monde, mais à composer un utile traité de l'Univers. En le divulguant, Agrippa d'Aubigné entend surtout munir ses lecteurs, afin qu'ils puissent soutenir des controverses victorieuses avec les athées. Calviniste sourcilleux, il se propose, non de prouver l'existence de Dieu par les merveilles de la nature, car il tient la théologie naturelle pour illégitime, mais de découvrir en tous endroits de celles-là les marques de la sagesse, puissance et providence divines. Aussi recueille-t-il dans le grand dictionnaire du Cosmos mille articles piquants. Il énumère les propriétés des différentes sources thermales d'Europe, recense toutes les espèces d'arbres répartis entre les cinq continents, énonce leurs vertus médicales, fait l'appel des poissons, s'étonne de l'intelligence des oiseaux, vante l'harmonie de leurs ariettes, dissèque l'homme, se perd dans les plus subtils conduits de son corps. Trop bon chrétien pour s'embarrasser de moralisme, il n'est empêché par aucune pudeur. Il trouve, par exemple, dans l'examen des divers modes d'accouplement sexuel un prétexte de choix pour glorifier le Seigneur. Ajoutons qu'il est le moins superstitieux des savants. S'il reconnaît l'utilité de la théologie naturelle, s'il étudie l'influence des astres sur les objets sublunaires, il réprouve l'audace de l'astrologie judiciaire (ou divinatoire) qui empiète superbement sur les privilèges de Dieu.

En somme, écrite entre 1620 et 1630 par un septuagénaire, *La Création* présente le puissant intérêt de renseigner à peu de frais les modernes sur les méthodes expérimentale, philosophique, apologétique des spirituels calvinistes au début du XVIIᵉ siècle. Mais elle n'a, hélas ! qu'une très mince valeur poétique, tant son auteur, par une déplorable défiance, pour ne pas distraire ses lecteurs des graves sujets qu'il traite, s'est scrupuleusement privé des ornements habituels à son lyrisme emporté et baroque.

CRÉATION (La) de Haydn [*Die Schöpfung*]. Oratorio pour solistes, chœur et orchestre du compositeur autrichien Franz Joseph Haydn (1732-1809). Vers la moitié du XVIIIᵉ siècle, le thème de la *Création* avait été à l'honneur dans les pays passés à la Réforme. L'Allemagne avait accueilli avec émotion l'ode de Klopstock *Chant matinal pour la fête de la Création* [*Morgengesang zum Schöpfungsfeste*], qui fut suivi de *La Célébration de la Création* [*Die Schöpfungsfeier* de Possin et de *La Création* [*Die Schöpfung*] de Ben Kraus. En Angleterre, Lindley, après avoir relu *Le Paradis perdu* (*) de Milton, avait tiré de la première partie (précisément *La Création*) un livret qu'il offrit en vain à Haendel. C'est ce même livret que l'imprésario Salomon apporta à Haydn, lors de son second séjour à Londres. Ce dernier l'accepta, mais resta partagé entre ses soucis et son désir d'y travailler. Un diplomate cultivé, le baron hollandais Godefroy Van Swieten, qui fit beaucoup à Vienne pour la culture de la ville et pour la diffusion des œuvres de Haendel et de Haydn, l'y encouragea. Ayant une grande pratique du théâtre, Van Swieten traduisit le livret en allemand, le retoucha, lui donna un ton romantique et l'annota judicieusement. Les notes explicatives, manuscrites sur l'exemplaire conservé à la bibliothèque d'Eisenstadt, en font foi. Haydn travailla à la composition de cet ouvrage de la fin de 1795 au début de 1798. À ceux qui l'invitaient à se hâter, il répondait : « J'y mets du temps, car je veux que cela reste. » Le cahier des notes, souvent illisibles du fait du grand nombre des ratures, montre l'assiduité de son labeur. Pour rédiger la partition, Haydn utilise un orchestre semblable, quant au nombre des instruments et à la qualité des timbres, à celui de ses plus grandes symphonies : flûtes, hautbois, clarinettes, bassons, cors, clarines ou trompettes, tous par groupe de deux ; trois trombones, un contrebasson, les timbales et les cordes. Le chœur est écrit à quatre parties toujours en rapport étroit avec l'orchestre. En distribuant les airs entre les différents chanteurs, Haydn reste impartial. Il s'en tient aux règles traditionnelles pour la composition des morceaux : le « recitativo secco » et le « recitativo accompagnato », l'« aria », le duo, le trio et le chœur. Mais tout en se conformant aux usages, il y apporte cependant quelques innovations.

Le prélude, « La Représentation du chaos », est un prodige à la fois de concentration et de dispersion, d'organisation et de liberté. La construction est solide bien que la matière soit fragmentaire. Le dynamisme de l'œuvre se plie aux circonstances tout en obéissant à une discipline intérieure. Ce désordre ordonné apparaît, chez ce symphoniste alors âgé de plus de soixante ans, comme une nouveauté d'expression absolument étonnante. Dans la première partie, après le chœur formidable, où les exclamations « Que la lumière soit » et « La lumière fut » atteignent leur sommet, s'élève le très bel air d'Uriel. L'évocation des ombres, des ténèbres, un sombre chromatisme descendant contrastent fortement avec la ligne lumineuse qui, la première, traversa l'éther : un élan rythmique, bondissant, résonant. L'image de la nuit éternelle, où disparaissent, atterrés, les esprits des ténèbres, apporte un des plus nouveaux accents de la « Stimmung » romantique, pénétration du mystère de la nature et émotion poétique. Quand le texte dit : « Et un nouveau monde surgit, sur l'ordre de Dieu », la musique de Haydn se fait aussi élémentaire et même populaire, et elle éclate en un facile et agréable thème de lied, expression très gracieuse du sens de l'humain chez Haydn. Cette simplicité populaire se retrouve dans le passage brillant et vif sur les paroles « Louange au Créateur » : c'est l'occasion d'un beau chœur avec soliste. L'air de Raphaël également, qui chante la création des eaux, reflète le sentiment de la nature. Il évoque d'abord la mer par le grondement continu des instruments à cordes graves, par le contrepoint du premier violon, et le chant ample, pressant et dominateur du baryton ; puis, par le mouvement fréquent des triolets des premiers violons et par une mélodie vocale, brève et délicate, il oppose à l'immensité orageuse des océans le frais et brillant jaillissement des ruisseaux. Une fois de plus, le sentiment de la nature se révèle dans tout son romantisme lorsque Uriel chante l'apparition de la lune. On y rencontre un accent pathétique que seuls les plus grands, Beethoven et Schubert dans leurs *Lieder* (*), Weber dans *Euryanthe* (*), rendront plus intense et plus touchant. À noter aussi, dans l'air de Gabriel sur la création des oiseaux, la variété des thèmes et la grâce émue. D'une si admirable simplicité, d'une si candide vision du monde extérieur, premier regard mais combien profond jeté sur le mystère de la vie, on passe à une intense méditation sur l'éternité, la foi, l'humanité. Raphaël répète l'ordre de Dieu : « Croissez et multipliez-vous, habitants de l'air, de la mer, de la terre. » Un contrepoint lent et serré forme avec les altos, les violoncelles, les contrebasses et le clavecin des sonorités calmes et graves, et des chants doux ou austères lorsque le baryton fait entendre sa déclamation solennelle et vigoureusement scandée.

Toute *La Création* nous conquiert par ses qualités éminemment musicales, la vivacité, la rapidité, l'éclat des idées, par une technique variée, appropriée et, aussi, nouvelle, par les caractères que nous offrent la personnalité de Haydn, sa robuste simplicité, son amabilité, son optimisme, sa cordialité, enfin par l'évolution sensible, qui s'accentuera dans *Les Saisons* (*), du rationalisme au spiritualisme, du classicisme au romantisme, et de l'imitation de la nature et des émotions à la représentation pathétique des sentiments. L'enthousiasme que soulevèrent les premières auditions de *La Création*, le 29 et le 30 avril 1798, dans le palais du prince Schwarzenberg, était donc légitime. Le prince avait invité l'aristocratie viennoise, et, la salle étant trop petite, on s'était vu obligé de refuser l'entrée à des centaines d'admirateurs de Haydn. Comme d'habitude, celui-ci dirigeait, sans baguette, les vingt-quatre choristes, les soixante instrumentalistes et les trois solistes. Les concerts publics, qui eurent lieu au Burgtheater, les 17 et 18 mars 1799, séduisirent les Viennois qui en vinrent à oublier les grands événements politiques et militaires du moment. *La Création* fut la première œuvre qui attira au concert un public très nombreux, composé non plus seulement d'aristocrates, mais de bourgeois et de gens du peuple, un véritable public, au sens plein du XIXe siècle.

CRÉATION DE L'HOMME (De la) [*Περὶ κατασκευῆς ἀνθρώπου*]. Ouvrage exégétique de saint Grégoire, évêque de Nysse (335 ?-394 ?), écrit en 879 pour compléter les neuf Homélies consacrées par saint Basile à la Création et traitant en particulier de la création de l'homme. En commentant le récit biblique (*Genèse* 1-16 et suiv.), Grégoire de Nysse utilise son immense érudition scientifique et philosophique, et puise même certains éléments dans les spéculations du Juif néoplatonicien Philon, dont il suit, avec plus de rigueur encore, la méthode d'interprétation allégorique. Aussi l'exposé des faits bibliques est-il donné en termes de philosophie aristotélicienne et platonicienne. Cette méthode sera mise en valeur au IXe siècle par Scot Erigène. C'est dans cet ouvrage qu'est développée la distinction philonienne entre l'homme « céleste », créé à l'image de Dieu, « type » pur de l'homme, ni mâle ni femelle, contenant l'humanité entière, inchangeable par essence, et l'homme « terrestre », changeant, différencié par le sexe, objet de l'expérience, qui s'est présenté dans la réalité uniquement dans la prévision du péché originel. C'est également dans cet ouvrage que la matière est considérée comme étant l'unité des qualités immatérielles par elles-mêmes. On y voit par ailleurs affirmées, selon le schéma habituel des Pères de l'Église, la supériorité de l'homme sur la nature, l'intime connexion de l'âme et du corps, sans métaphysique du dogme de la résurrection des corps transfigurés et rénovés. – Trad. Éd. du Cerf, 1968.

CRÉATION DU MONDE (De la) [*De opificio mundi*]. Ce traité du philosophe et exégète juif d'expression grecque Philon d'Alexandrie (20 av. J.-C. ? - 50 apr. J.-C. ?) est généralement placé en tête de l'exposition de la loi, car il s'attache à commenter le début de la Genèse jusqu'à la faute du premier homme.

En introduction, Philon explique que Moïse a fondé sa loi sur celle de l'Univers, lequel est créé, c'est pourquoi la loi commence par le récit de la création. Puis il s'efforce de concilier ce récit avec les doctrines philosophiques répandues en son temps, tout en réfutant l'aristotélisme, qui nie la création et soutient l'éternité du monde. Comme les stoïciens, il affirme l'existence d'une cause active (l'intellect, Dieu) et d'une cause passive (la matière) ; comme Platon, il croit à la toute bonté du créateur, au monde des idées qu'il identifie au projet du « logos » divin, architecte de la grande cité qu'est l'Univers ; comme les pythagoriciens, il spécule sur les nombres chaque fois qu'il peut les appliquer symboliquement aux particularités du réel (ainsi pour l'œuvre du quatrième jour). Le commentaire allégorique apparaît à propos de l'homme charnel et de la faute ; l'homme est l'intellect, la femme la sensibilité, le serpent le plaisir. L'ordre admirable de la création première, modelée sur le monde intelligible, a été bouleversé par la faute. La suite des ouvrages exégétiques de Philon invite l'homme à reconstituer en lui-même la pureté originelle et à retrouver, par l'intermédiaire de la loi de Moïse, la loi divine qui préside au cosmos. – Trad. Éditions du Cerf, 1967. M. H.-L.

CRÉATION DU MONDE (La) [*A criação do mundo*]. Roman autobiographique de l'écrivain portugais Miguel Torga (né en 1907), publié au Portugal en cinq volumes dont la publication est étalée sur plus de quarante ans : 1937 les deux premiers « jours », 1938 le « Troisième jour » ; 1939 le « Quatrième jour » ; 1974 le « Cinquième jour » ; 1981 le « Sixième jour ».

Dans ce livre, le narrateur forge sa propre vie, en prend l'entière responsabilité, en même temps qu'il se laisse guider, avec la plus attentive conscience, par « la force opiniâtre et obscure du destin ». Dans un style sans fioritures ni détours, il trace un itinéraire plus spirituel que psychologique. Torga écrit pour se garder en éveil, pour ne pas être objet, mais sujet face au monde. Il relate minutieusement les événements de sa vie depuis l'enfance et en fait l'humus qui nourrit sa réflexion sur la condition humaine.

« Alors Dieu prit l'homme sa créature et le mit dans le paradis des délices », affirme l'épigraphe du livre empruntée à la *Genèse*. Mais le paradis est perdu et le monde dans lequel nous convie Torga souffre, se déchire et pourtant espère. Le narrateur ne cesse de questionner cette souffrance, d'en chercher la source et la signification. Il n'a jamais coupé ses racines paysannes, malgré son statut de médecin et d'intellectuel, et il utilise ce que ses parents lui ont transmis – ténacité et patience – pour essayer de comprendre comment et pourquoi l'homme se trouve maintenant « de ce côté-là du paradis ».

Par extrême humilité ou extrême orgueil, il met, comme le Dieu d'Abraham, six jours pour créer sa propre vie. Cependant, il ne prétend à aucun moment être maître absolu de son destin ; il répète avec force tout au long du livre (et de son œuvre en général) que l'homme doit accomplir son destin en toute conscience. Ainsi le lecteur assiste-t-il dans *La Création* à l'élaboration d'une vie menée avec une passion et une lucidité étonnante. L'enfance dans le petit village, le refus du séminaire, la première déception causée à son père et la première, inconsciente, rupture avec la foi, les cinq années sombres et déchirées de l'adolescent au Brésil travaillant dans la fazenda de son oncle, le retour au Portugal, les études, la littérature et la médecine, les voyages, la censure, la prison... sont autant d'étapes, intensément vécues, qui fondent la réflexion de Torga sur le monde. L'écriture précise et rude révèle admirablement la manière dont le narrateur perçoit ce monde : dans son corps autant que dans son cœur. Sans aucune indulgence pour les Portugais – « notre flasque tempérament portugais » – il souligne qu'il a « la poignante conscience de la pénurie native ». Ces paroles très dures, presque choquantes, témoignent d'une lucidité grinçante. En revanche, les quelques lettres de son père qu'il intègre au récit sont bouleversantes de retenue pudique et de dignité. Le narrateur revient toujours vers ses parents et son village comme à un lieu vital, source de sa réflexion et de sa conscience, racine de son existence. Le poète surgit sans cesse et partout, avant le médecin et le citoyen. Il s'en effraie parfois : lorsque sa mère meurt, il griffonne un poème qui la montre « raidie, pétrifiée, insensible, loin de tout et de tous » – et il déclare : « Quel monstre étais-je donc qui en de pareils moments se laissait entraîner par la séduction d'un vers ! »

Il n'y a pas de Septième jour à cette *Création du monde*. Au soir du Sixième jour, Torga écrit : « Quelque chose de médullaire était resté irréductiblement silencieux. [...] Ce quelque chose était le mystère de ma propre identité, qui jamais ne s'était laissé révéler, ni dans le silence, ni dans l'écho de mes paroles. [...] Dorénavant, pour m'apaiser, je n'avais plus que le poignant cilice de la méditation. » – Trad. Aubier, 1985. F. Be.

CRÉATION LITTÉRAIRE ET CONNAISSANCE [*Dichten und Erkennen*]. Recueil d'essais de l'écrivain autrichien Hermann Broch (1886-1951), édité après sa mort par la philosophe Hannah Arendt. L'acte réflexe de l'écrivain qui nie sa vocation dans l'écriture, ou bien, rejetant la littérature, intercepte un moment où l'« écrivain malgré lui », confondu à sa dénonciation, devient littérature. Broch, à travers ces essais dont le plus fameux est sans doute la longue étude qu'il consacre à « Hofmannsthal et son temps », s'interroge sur les destinées de l'écriture, proche en cela de Kafka qui dans sa haine du littéraire fondait, dans un monde de l'absence, une absence de littérature qui à son tour inverserait le vide, déduirait du fait qu'elle ne soit rien – ou presque rien selon le mot de Blanchot –, l'évidence d'une polarité contraire qui entraînerait ce vide à être, à se combler, par la torture de l'accomplissement, à faire que la littérature soit.

Le projet dont s'autorise le poète ou le romancier sur les chemins de la critique caractérise l'universalisation de ce conflit. Ce n'est plus seulement ce qu'il ressent qui le force à exprimer (et selon le schéma à communiquer), mais l'incompréhensible violence qui lui est faite dans la médiation où il devient prétexte à poésie ou à littérature. À partir du rien la blessure ressentie atteint la fulgurance ; à partir de la reconnaissance d'une essence négative de l'individualité à laquelle est condamné l'écrivain, qui le nie de l'intérieur comme il se sent repoussé du monde extérieur, qui privilégie cependant le corps et par là le mythe du sacrifice à un absolu impossible – *La Mort de Virgile* (*) –, se confirme la mise à mort qu'implique toute littérature. Encore faudrait-il savoir comment il est possible d'en arriver là. Hermann Broch, platonicien selon son propre aveu (mais l'aveu aussi est contestable), tente la construction d'un système de comparaison lié à l'ordre et à la connaissance, dont l'œuvre expérimente les épures. Il ne s'agit pas de vérifier l'existence de présupposés philosophiques qui articuleraient le monde selon le principe d'une transcendance absolue (et c'est en ce sens que Broch platonicien s'écarte de la doctrine des idées), mais de confronter la nécessaire harmonisation qui lie connaissance et action – l'éthique selon la référence constante de Broch – à la pulsion vitale dont l'œuvre (d'art) peut être la création immédiate. Cette harmonique fondamentale chez l'écrivain est le style, et lui-même n'est pas tant une définition de l'homme que le lieu d'une individualité au monde qui le suscite. À l'instant où l'individu entreprend un dialogue (une défense ou une avance), l'instrumentation et la contestation de la possibilité de tout dialogue – et donc de toute universalité – deviennent le centre du mystère de l'écriture.

Par la question des instruments de la connaissance (pour l'écrivain la question de l'écriture), Broch *extériorise* un mouvement où c'est la connaissance qui appelle d'abord l'écriture à vérifier son propre néant en se confrontant à l'idéal, puis, par le renversement de la proposition précédente, lorsque l'ordre créé par l'écrivain se substitue à la connaissance, à se définir par rapport à elle comme le mystère de toute connaissance, comme écriture de l'impossible. Aussi bien la littérature, plutôt qu'une expérience de la connaissance, est une expérience de l'impossible. Dans les dernières années de sa vie, Broch a tenté de donner une base nouvelle à la théorie de la connaissance dans une « psychologie des masses ». Une écriture où l'harmonie et le style qui étaient à l'origine de l'écriture lyrique du *Virgile* seraient remplacés par ce que Broch appelle son « style de vieillesse », style de l'épuration, vestige d'un style atteint non plus par la multiplication du monde, mais par sa soustraction, retour à la concentration qui est aussi l'expérience de la mort, où l'individu, dans son absence consentie, peut se confondre, non plus à l'univers, mais aux hommes dont il rejoint l'inconscient collectif, mourant ainsi d'une mort qui rend inefficiente l'autre, la mort physique, et justifiant peut-être ainsi le paradoxe de la littérature. – Trad. Gallimard, 1966.

CRÉATURE (La) [*A Maggot*]. Roman de l'écrivain anglais John Fowles (né en 1926), publié en 1985. L'annonce faite à Rebecca. Ainsi serait-on tenté de résumer cet énigmatique roman, dont l'idée est venue à son auteur à la suite d'une image qui longtemps le hanta, celle d'un groupe de cavaliers sans visage, progressant à travers un paysage désertique, vers une destination inconnue. À la manière d'un plan-séquence de film, cette même vision panoramique ouvre le roman, avant que le détail des physionomies et des identités de chacun apparaisse, mais dans une lumière qui se révélera trompeuse. Chemin faisant en effet, le mystère ne fera que s'épaissir. Au lendemain d'une nuit agitée, passée dans une auberge anglaise des années 1730, non loin de Stonehenge, l'un des cinq cavaliers, sourd-muet, est découvert pendu à un arbre. Un autre s'est littéralement volatilisé dans l'espace. Quant aux autres, ils ont apparemment pris la fuite. Une enquête est confiée au magistrat instructeur Henry Ayscough, appointé par un haut personnage qui n'est autre, apprend-on par la suite, que le père d'un des disparus. Ses recherches patientes lui permettent de retrouver la trace de la seule femme du groupe, Louise, alias Fanny, alias Rebecca, sortie droit d'un bordel londonien et surnommée « la fille Quaker ». Soumise à la question, à la manière inquisitoriale, elle offre une farouche résistance au représentant de la loi, allant jusqu'à violemment contester l'ordre établi. Le récit complet de l'instruction rendue difficile par l'absence de tout témoignage fiable et la multiplicité des fausses pistes, les aveux arrachés, la déposition de Rebecca, entrecoupés de documents d'époque reproduits en pleine page comme pour mieux authentifier l'extravagante excentricité du propos (bizarrerie, tel est l'un des nombreux sens de l'anglais « maggot »), permettent cependant de lever un coin du voile. Dans la caverne du Devon, terme du voyage et lieu de la surnaturelle disparition du jeune lord Bartholemew en révolte contre son père, la prostituée devenue sainte a été le témoin d'une étonnante apparition en forme d'anachronique soucoupe volante. Invitée à bord de ce vaisseau spatial aux formes blanches qui s'est aussitôt envolé, telle la larve/chrysalide du titre anglais (selon un autre sens du mot « maggot »), Rebecca a été initiée dans sa chair spirituelle au mystère d'une annonciation prophétique et divine, dont elle sent si fort la grâce qu'elle ignore superbement l'incrédulité du magistrat, contraint de reconnaître son échec. Les péripéties de l'intrigue, sa complexité croissante et non résolue apparentent *La Créature* à un roman policier métaphysique. Le soin apporté à la reconstitution historique, tout comme la perfection avec laquelle la langue du XVIIIe siècle se trouve recréée de l'intérieur par un écrivain du XXe qui n'hésite pas à s'immiscer dans le récit, afin de le recadrer dans une perspective moderniste – au point que l'on parlera de savant pastiche – ne sauraient masquer que l'essentiel est ailleurs. Ce roman captivant raconte surtout l'accouchement douloureux d'un âge nouveau de l'humanité, placé sous le signe de la foi et de l'irrationnel, de l'inspiration en un mot. Annonçant une autre conception des Lumières, plus frémissante d'individualisme, cet état d'esprit, appelé à bouleverser l'ordre ancien du monde, représenté par Ayscough et son respect aveugle de la hiérarchie et son culte rigide de la raison, se trouve symbolisé, de façon exemplaire aux yeux de Fowles, par l'enfant (surnaturellement conçu) que porte Rebecca dans son ventre et qui n'est autre qu'Ann Lee, appelée à devenir à la génération suivante l'inspiratrice du mouvement « shaker » en Amérique. Prenant la parole dans l'épilogue du roman, Fowles, bien que agnostique, avoue sa profonde sympathie pour ce mouvement, et plus généralement pour toute forme de dissidence politico-religieuse, dont la résistance déclarée aux sociétés en place lui paraît la démarche la plus conforme à son idéal d'humanisme, aussi bien pour le citoyen que pour l'artiste. Fowles a su jouer de la polysémie d'un mot et se jouer du lecteur, floué d'une révélation dont le contenu demeure indicible. La créature aura eu le dernier mot... – Trad. Albin Michel, 1987. M. P.

CRÉATURES MERVEILLEUSES ET DES PHÉNOMÈNES ÉTRANGES (Livre des) [*Kitāb 'ajā'ib al-makhlūqāt wa-gharā'ib al-mawjūdāt*]. Ouvrage à caractère encyclopédique du savant musulman d'expression arabe 'Imād al-Dīn al-Qazwīnī (1203-

1283). L'ouvrage débute par une préface analysant longuement les catégories de « merveilleux » ['ajīb] et d'« étrange » [gharīb]. L'auteur y défend ce que l'on pourrait nommer la thèse de la docte crédulité : il n'y a de choses incroyables que pour le sot, incapable de s'imaginer la richesse et la complexité de l'Univers. Au contraire, le sage, qui, jusque dans les spectacles les plus humbles (par exemple le travail des abeilles), trouve toujours de nouvelles occasions de s'émerveiller, se gardera bien de tout scepticisme : puisque la richesse et l'étrangeté de la création ne sont que les effets et les signes de l'unicité et de la toute-puissance du Créateur, la crédulité, fût-elle parfois excessive, est une stratégie plus efficace que le doute, tant sur le plan de la connaissance que sur celui du salut. Le reste de l'ouvrage consiste en l'énumération des « merveilles de la création », selon un classement habituel dans la tradition scientifique du temps, et qui provient de l'aristotélisme. La première grande division oppose les créatures « supralunaires » (les corps célestes, les anges, mais aussi le temps, produit de la rotation des sphères célestes) aux « sublunaires » ; ces dernières sont à leur tour divisées en « éléments simples », feu, air (météorologie), eau et terre (géographie), et en « composés », minéraux, végétaux et êtres animés ; ceux-ci se subdivisent encore en « rationnels » (hommes, démons et djinns) et « non-rationnels » (animaux). Chaque section de l'ouvrage se présente sous la forme d'une énumération, combinant comme à plaisir des éléments tirés de la tradition scientifique gréco-musulmane (Aristote et Avicenne sont abondamment cités), des anecdotes plaisantes ou édifiantes, des remèdes de bonne femme et des traditions abracadabrantes sur les créatures mystérieuses des mers lointaines (ainsi le « vieillard de la mer » et la « montagne magnétique », qui figurent également dans les voyages de Sindbad le Marin). On apprend ainsi qu'à la différence du lundi, qui est un « jour béni », le mercredi « ne vaut pas grand-chose » ; que, dans la mer de l'Inde, « lorsque les vagues commencent à se lever, il apparaît sur l'eau de petits hommes à la peau noire, hauts de quatre pouces, qui grimpent dans les navires sans y faire le moindre mal » ; que « porter sur soi du fer renforce le courage, dissipe les peurs nocturnes et augmente le prestige » ; ou encore que « chaque goutte de pluie est guidée par six anges, qui la font tomber à l'endroit voulu par Dieu ». Le charme de l'ouvrage tient à son caractère de catalogue hétéroclite et saugrenu, compilé avec un mélange d'enthousiasme naïf et de roublardise (car l'auteur est loin de prêter foi à tout ce qu'il rapporte), et dont, petit à petit, émerge l'image d'un univers harmonieux où chaque phénomène, si étrange soit-il, a sa place dans l'ordre des choses, où chaque créature, quelque humble ou répugnante qu'elle apparaisse, peut avoir son utilité. J.-P. G.

CRÉDIT [*Hitel*]. Œuvre de l'écrivain et homme d'État hongrois István Széchényi (1791-1860). Nous sommes à une époque pré-révolutionnaire lorsque s'élève la voix de Széchényi. Publiée en 1830, cette œuvre contient l'exposé de sa conception politique, économique et spirituelle. C'est un ouvrage de critique sévère, mais sincère sur le passé et, en même temps, une indication pour l'avenir. La voix de l'auteur s'élève pour prédire que « nous sommes les maîtres de l'avenir ». Il ne faut pas s'enfermer dans les souvenirs. Pour que le peuple vive, il faut concentrer toutes les forces constructives, ne pas avoir peur des réformes et savoir ouvrir à temps une fenêtre sur l'avenir par où entrera un air pur et nouveau. Le leitmotiv de ce livre pourrait être résumé ainsi : « La Hongrie fut, mais la Hongrie sera. »

CREDO. Ouvrage de Jean, sire de Joinville (1224-1317), né au château de Joinville (Haute-Marne). Parti pour la croisade en avril 1248, il rencontre Saint Louis à Chypre et reste en Égypte et en Syrie jusqu'en 1254. C'est pendant ce séjour en Orient qu'il écrit son *Credo,* par conséquent bien avant la rédaction de ses mémoires personnels qui, selon Gaston Paris, furent écrits peu après 1272, deux ans après la mort de Saint Louis, mémoires qu'il utilisa pour écrire à partir de 1305 son *Histoire de Saint Louis* (*). Le *Credo* a pu être daté avec précision, car Joinville nous donne dans son texte des repères qui nous permettent de fixer la date de sa composition à 1250. Une seconde édition parut, du vivant de l'auteur, en 1284. Écrit sans doute à l'usage des croisés, et destiné à les confirmer dans cette foi pour laquelle ils avaient quitté leur pays et se battaient, le *Credo* est un commentaire des différents articles du symbole de Nicée. Ces articles sont illustrés de 26 miniatures qui ont été exécutées probablement sous la direction de l'auteur et qui s'intercalaient dans son texte. L'œuvre comprend donc « peints et écrits les articles de notre foi par lettres et par images, comme on peut peindre selon l'humanité de Jésus-Christ et selon la nôtre », d'après l'expression même de Joinville. Après avoir défini la foi, en citant d'ailleurs le roi Louis à plusieurs reprises, Joinville passe à l'examen de chacun des articles de foi. Pour chacun, il rassemble avec une explication textuelle les prophéties et symboles qui s'y rapportent ainsi que certaines interprétations traditionnelles ; il y ajoute même à l'occasion une anecdote tirée de sa vie en Terre sainte. L'ouvrage ne contient pas de vues mystiques personnelles sur les articles de foi. Joinville préfère s'en tenir à la tradition et il se contente de réunir, tirés de l'Ancien et du Nouveau Testament, les extraits qui se rapportent à chaque article. Ce qui est personnel cependant, c'est l'agencement de ces extraits, les rapports et les conclusions qu'il en tire, enfin le style solide et clair, le caractère en quelque sorte terrien de sa langue. Le *Credo* a un autre intérêt, celui de nous montrer quelles pouvaient être les bases dogmatiques de la foi au XIIIe siècle pour des hommes qui, comme Joinville, n'étaient pas des théologiens et pas même des clercs. – Le *Credo* a été édité par Natalis de Wailly (Paris, 1867).

CREDO PÉDAGOGIQUE (Le) [*My Pedagogic Creed*]. C'est le premier livre pédagogique important du philosophe et pédagogue américain John Dewey (1859-1952). Il date de 1897, mais il contient déjà, dans ses lignes essentielles, les idées selon lesquelles des réformes radicales furent opérées dans les écoles américaines, australiennes, sud-américaines et même chinoises. Selon Dewey, la science de l'éducation est celle de la formation du caractère. Éduquer, c'est fournir à chaque enfant la possibilité de se réaliser lui-même en développant ses facultés naturelles, et le guider vers des fins à la fois sociales et individuelles. On doit prendre garde, avant tout, à ne pas contrarier les tendances qui caractérisent la personnalité de l'enfant. Dewey est un adversaire de la pédagogie positive. L'enfant ne doit pas chercher à s'adapter aux choses qui l'entourent comme le voulait Spencer, mais à développer au contraire ses propres qualités qui lui permettront plus tard de modifier les données de son existence et l'aideront de cette façon à réaliser son destin. Déjà, dans ce livre, on voit se dessiner les deux caractéristiques les plus frappantes de la méthode de Dewey. On peut dire que sa pédagogie est essentiellement « fonctionnelle », en ce sens qu'elle tend à développer l'éducation mentale en fonction de son adaptation à l'existence concrète et non pour ses propres fins. En second lieu, elle est « sociale ». Les enfants doivent apprendre à l'école à devenir des membres sains et actifs du pays auquel ils appartiennent. Pour Dewey, la véritable école ne doit jamais cesser d'être une « communauté embryonnaire ». Un des meilleurs moyens d'atteindre ce but est de préconiser le travail manuel en commun. Dewey peut se considérer comme le pionnier de ce nouveau système d'éducation qui a pris un tel développement en Allemagne, en Russie, au Japon ; et comme un pionnier non seulement théorique, mais actif (par sa fameuse « École de Chicago »). Dans ce *Credo pédagogique,* Dewey fait peu de cas des idées générales. Pour lui, l'éducation n'est pas une œuvre théorique, mais une « pensée spécifique et expérimentale ». À peine a-t-il exposé une idée qu'il passe aux commentaires pratiques, aux expériences faites en ce sens, ce qui donne à son livre un caractère vivant, concret, qui manque la plupart du temps aux œuvres de pédagogie. Le fondement de toutes ces idées, c'est que l'éducation représente une force énorme capable de transformer radicalement aussi bien les individus que les États.

CREEZY. Roman de l'écrivain français Félicien Marceau (né en 1913). Publié en 1969, il obtient le prix Goncourt. Le narrateur de cette histoire est un député provincial. Ses fonctions l'appellent fréquemment à Paris, alors que sa femme et ses enfants demeurent au loin, dans sa circonscription. Au moment où il se sent quelque peu gagné par l'ennui de la réussite, un amour imprévu bouleverse son existence. Il raconte comment il a rencontré la célèbre Creezy, dont le métier consistait à poser pour des affiches publicitaires à grande diffusion. Le dénouement tragique de cette aventure confère rétrospectivement une tension constante à son récit. Tout séparait les protagonistes : l'âge, les goûts, la position sociale. Néanmoins, ils ont été attirés l'un vers l'autre par une passion violente et ont connu l'extase érotique et des instants de bonheur fou. Mais cela n'a pu empêcher que leurs différences se manifestent dans des conflits qui ont rendu la catastrophe inévitable. C'est ainsi qu'un homme raisonnable a gâché sa vie et qu'il est devenu un meurtrier. Les personnages évoluent dans un décor futuriste. Leur comportement est celui des vedettes de la société contemporaine. Or, sous ce modernisme parfois agressif, Félicien Marceau peint une passion fatale dans la pure tradition classique. Les héros n'échappent que rarement à leur solitude et, par son excès même, leur amour les conduit à leur perte. La sobriété de l'écriture sert efficacement le sujet de cette courte tragédie. L'analyse des sentiments et des caractères, à la fois intemporels et fortement marqués par le mal du siècle, situe ce roman dans la lignée de *René* (*) et d'*Adolphe* (*). A. V.

CRÈME DE LA SCIENCE (La). Traité de l'écrivain syrien Bar Hebraeus (1225/26-1286) ; c'est l'ouvrage le plus complet et le plus détaillé concernant la philosophie aristotélicienne, écrit par des Syriens. Bar Hebraeus n'a pas puisé directement dans les textes grecs, au contraire il a utilisé dans une large mesure des traductions syriennes et, en premier lieu, des traductions arabes des ouvrages d'Aristote. Cet ouvrage est composé de quatre parties principales, où l'on traite de la logique, de la physique, de la métaphysique et de la philosophie pratique. Bar Hebraeus expose dans la première partie, en neuf chapitres, tout l'*Organon* (*) d'Aristote, en même temps que l'*Introduction* de Porphyre. La deuxième partie, composée de huit chapitres, traite de la physique d'Aristote, en résumant le *De cœlo* – v. *Traité du ciel* (*) – et le *De generatione et corruptione* – v. *De la génération et de la corruption* (*) ; elle traite aussi des métaux, de la terre, de la mer, du Tartare, des météores, des plantes, des animaux et de l'âme. La troisième partie, composée de deux chapitres, concerne la métaphysique et la théologie. La quatrième partie comprend l'éthique, l'économie, la physiognomonie, la politique, et est composée de trois chapitres. En ce qui concerne la philosophie, Bar Hebraeus a puisé aussi dans les ouvrages du philosophe arabe Ibn Sînâ (Avicenne) et dans ceux du philosophe et théologien musulman Al-Ghazâlî (Algazel). Un excellent manuscrit de ce traité se trouve à la Bibliothèque Laurentienne de Florence.

CRÉPUSCULE [*Intunecare*]. Roman publié en 1927 par l'écrivain roumain Cezar Petrescu (1892-1961), qui a tenté rétrospectivement de rassembler son œuvre très abondante (récits, nouvelles, romans) à l'intérieur de deux grands cycles, le premier formant une « chronique roumaine du XXe siècle », le second faisant la part de l'héritage sous le titre de « Racines du siècle précédent ». Enchâssé dans le premier cycle, *Crépuscule* en est le premier volet et, sans doute, le plus significatif, car ce roman a la vigueur d'un témoignage sur la société roumaine pendant et après la Première Guerre mondiale. Les personnages, par leurs réactions, élargissent le sujet et lui donnent une dimension universelle. L'un d'eux, le plus jeune, s'engage comme volontaire dans l'armée, car la guerre lui semble une aventure susceptible de l'aider à s'émanciper de la tutelle familiale : il sera tué dès les premiers combats. Un autre va combattre pour la libération de sa Transylvanie natale du joug austro-hongrois : il ne jouira cependant pas de la réalisation de son idéal, car, au côté d'une femme acariâtre, il échouera comme professeur dans une petite ville obscure. Le personnage central, Radu Comsa, d'origine sociale modeste, demeure d'abord à l'abri grâce à la protection d'un ministre qui a l'intention de faire de lui son gendre, mais il s'insurge bientôt contre l'emprise de son protecteur et s'engage lui aussi, avec l'idée que la guerre, par les sacrifices qu'elle impose à sa génération, va acheter la justice et la paix pour les générations à venir. Mais il revient du front, le visage horriblement mutilé, si bien que la fille du ministre et la famille de celle-ci l'abandonnent à son sort. Rejeté par la bourgeoisie vers laquelle il avait un moment aspiré, il essaie vainement de combattre pour ses idéaux de réforme qui font de lui un ennemi de la société et, à la suite de ses échecs, il se tue. Ainsi, tous ceux qui avaient obéi à des aspirations plus ou moins élevées sont d'une manière ou d'une autre éliminés par la vie, alors que médiocres et rusés poursuivent leur existence. – Trad. Éditions en langues étrangères, Bucarest, 1956.

CRÉPUSCULE À JAKARTA [*Senja di Jakarta*]. Roman de l'écrivain indonésien Mochtar Lubis (né en 1922). Écrit en résidence surveillée, en 1957, ce roman fut tout d'abord publié en traduction anglaise, avant de paraître en Malaysia, puis à Jakarta, mais il fait aujourd'hui partie des classiques de la littérature indonésienne. Sous forme de chroniques mensuelles, le récit décrit la vie d'une vingtaine de personnages appartenant à toutes les classes sociales de Jakarta : politiciens immoraux et corrompus, intellectuels qui s'épuisent en vains bavardages, employés et fonctionnaires sans espoir ni idéal, et miséreux (tireurs de pousse, prostituées, éboueurs) luttant pour leur survie. Ces milieux s'entrecroisent sans cesse, et les gens les plus éloignés socialement se rencontrent, un peu artificiellement il est vrai, dans la vie quotidienne. Sur un ton volontairement terre à terre et sans concession, Mochtar Lubis dresse un tableau affligeant de l'immoralité, de la dégénérescence et de la misère de la capitale indonésienne, huit ans après l'indépendance.

H. Ch.-L.

CRÉPUSCULE CELTIQUE (Le) [*The Celtic Twilight*]. Recueil de contes et légendes du poète irlandais William Butler Yeats (1865-1939), publié en 1893. Dans le premier volume de son *Autobiographie* (*), Yeats confie que la matière du *Crépuscule celtique* fut glanée tout au long de sa jeunesse ; c'est dire son intérêt constant pour le surnaturel, et sa fascination pour une Irlande qui a su conserver « ce don de vision qui est mort chez les nations qui s'affairent davantage et réussissent mieux ». Yeats retrouve en effet, chez les gens de la campagne de Sligo, l'écho de ses propres passions : l'amour de la vie invisible et l'amour du pays, qui se confondent dans son imaginaire comme dans les contes populaires. Les fées, leur reine Maeve, dont les armées affrontèrent Cuchulain, les « banshees » et autres personnages fantastiques ont ici une existence réelle, dans la mesure où ils font la jonction entre les deux mondes. Le personnage du poète, être réel créateur de rêve, qui tisse ensemble la réalité et son au-delà, trouve également sa place dans le *Crépuscule celtique*. Et il s'agit bien là de l'œuvre d'un poète plus que d'un compilateur : un poète qui trouve, dans le folklore irlandais, une tradition à la fois concrète et mythique ; les courts récits du recueil sont une conquête de l'imaginaire yeatsien, un point de départ vers cette religion de l'imagination qu'il embrassera à la lecture de William Blake, le sol fertile où prendront racine les mythes des poèmes futurs. Notons que l'expression de « crépuscule celtique » fut reprise plus tard pour désigner – non sans ironie – le mouvement de la renaissance artistique irlandaise [Irish revival], entre 1880 et les années 20, qui s'attachait précisément à faire revivre les légendes et le folklore du pays. – Trad. Presses universitaires de Lille, 1982.

P. H.

CRÉPUSCULE DES DIEUX (Le) [*Die Götterdämmerung*]. Dernière journée de la tétralogie *L'Anneau du Nibelung* – v. *Chanson des Nibelungen* (*) –, en un prologue et trois actes ; poème et musique du compositeur allemand Richard Wagner (1813-1883), représenté à Bayreuth le 17 août 1876. Les trois Nornes, Parques du Nord, filent le destin, racontant tour à tour le passé et l'avenir des hommes et des dieux, quand Siegfried et Brünnhilde descendent de la montagne où s'élèvent encore les dernières flammes – v.

Siegfried (*). Ils se séparent tendrement, échangeant saluts et gages : l'anneau devient la possession de Brünnhilde et Grane, le coursier de la Walkyrie, est donné à Siegfried. Pendant ce temps, au palais des Gibichungen, sur le Rhin, sont réunis Gunther et Gutrune, frère et sœur, et Hagen, leur demi-frère, fils d'Alberich – v. *L'Or du Rhin* (*). Sur ces entrefaites, Siegfried survient ; ils mettent alors en œuvre un plan démoniaque ; au moyen d'un philtre qui procure l'oubli, ils font en sorte que Siegfried s'éprenne de Gutrune et, oublieux de Brünnhilde, promette à Gunther de la conquérir pour lui, à condition d'obtenir Gutrune comme épouse. Siegfried part et retourne chez Brünnhilde. Méconnaissable sous son casque, il se fait passer pour Gunther, lui dit que pour la conquérir il a dû braver les flammes, lui arrache l'anneau du doigt et, l'ayant fait entrer dans sa demeure (fidèle au second pacte, mais violant le premier qui le liait à Brünnhilde), la livre à Gunther. Puis il retourne près de Gutrune. En compagnie de celle-ci et de Hagen (à qui son père Alberich a suggéré de reconquérir l'anneau), il attend l'arrivée du nouveau couple et dispose les préparatifs de fête avec le concours des hommes et des femmes du pays. Les époux arrivent. Brünnhilde reconnaît Siegfried, mais elle le voit avec Gutrun, et découvre l'anneau à son doigt. Elle crie à la trahison, accusant Siegfried d'avoir trompé Gunther ainsi qu'elle-même ; c'est Hagen (et non pas Gunther, qui a conclu avec Siegfried un pacte d'amitié) qu'elle charge de la vengeance, en lui révélant que Siegfried est invulnérable sauf dans le dos. Un jour que Siegfried s'est égaré à la poursuite d'un ours, il parvient aux rives du Rhin. Les trois Filles du Rhin lui demandent l'anneau et, sur son refus, lui prédisent malheur. Ses compagnons de chasse arrivent alors. Se restaurant avec eux, Siegfried boit le contenu d'une coupe qui lui rend la mémoire et il raconte sa vie. Gunther peut ainsi apprendre que Brünnhilde, avant d'être sienne, a appartenu à Siegfried qu'il tient désormais pour un parjure et que Hagen assassine d'un coup de lance dans le dos.

C'est là que prend place la fameuse Marche funèbre, que l'on sépare souvent de son cadre théâtral pour la présenter en page symphonique dans les concerts :

Les chasseurs recueillent le corps et le transportent au palais des Gibichungen. Là, devant Gutrune épouvantée, éclate la dispute pour la possession de l'anneau, et Hagen tue Gunther. Mais Brünnhilde domine la scène. Elle sait que les dieux ont poussé le héros vers la mort, afin de reconquérir l'anneau, et que celui-ci doit revenir aux Filles du Rhin pour que le monde recouvre la paix. Elle ordonne qu'on dresse un bûcher et l'allume après y avoir fait étendre Siegfried ; puis, l'anneau à son doigt, elle monte sur son fidèle coursier et se lance dans les flammes. Le Rhin déborde et les Filles du Rhin reprennent possession de l'anneau. Les flammes du bûcher envahissent toute la scène et montent à l'assaut du Walhalla, qui s'écroulera, ensevelissant les dieux déchus.

Nous sommes au cœur du pessimisme schopenhauerien qui, après 1854, a infléchi en un brusque changement la marche et la signification de la *Tétralogie.* Dans l'anéantissement de la volonté de vivre, on court maintenant vers la fin avec une douloureuse avidité de destruction – d'autant plus douloureuse, comme l'a observé R. Rolland avec justesse, qu'ici la vie abandonnée est la vie belle et radieuse des héros et des demi-dieux, en contact panique avec la nature, la vie enthousiaste de Siegfried et de Brünnhilde. Dans *Tristan et Isolde* (*), on célèbre la mort et la nuit, et non la vie et le jour, mais tandis que la mort y est désirée comme un havre de volupté, et la lumière du jour détestée comme l'ennemie des amants, dans *Le Crépuscule* la mort et la fin de toutes choses sont ressenties douloureusement, telle la destruction d'une beauté et d'un bonheur que l'on ne peut plus conserver. Comme pour souligner ce sentiment amer du détachement, Wagner, au dernier acte, évoque encore une fois les échos de la félicité ancienne de Siegfried, alors en communion avec la nature grâce à l'intégrité physique de sa force héroïque. L'épisode des Filles du Rhin est tout entier un rire et un scintillement d'eaux printanières dans le jeu sonore irisé des trois voix féminines : c'est un cas exemplaire de la réalité poétique que la musique wagnérienne crée en dépit de ses intentions dramatiques. Ce qui, dans cette scène, appartient à l'intrigue (demande de l'anneau, refus de Siegfried, prédiction de malheur) passe complètement inaperçu ; la valeur de la musique tient dans l'expression de sensualité qu'elle revêt, véritable union physique avec les éléments dont Wagner possédait le secret. Comme un dernier bain dans la félicité naturelle – on pourrait presque dire naturaliste – de jadis apparaît le merveilleux récit de Siegfried qui, s'adressant aux chasseurs réunis autour de lui dans la forêt durant un moment de repos, évoque, plus pour lui-même que pour eux, le cours de sa vie et de ses entreprises, l'épée forgée, le dragon tué, l'or dérobé, Brünnhilde conquise. Puis c'est la catastrophe et – longue pause dramatique de recueillement intense – la tragique marche funèbre, ouverte et rythmée par martèlements sourds, que suit la menaçante spirale du thème de la mort.

Avec cette scène, le drame trouve son dénouement naturel, mais l'idéologie wagnérienne veut aussi sa conclusion, dans l'écroulement des dieux antiques, la restitution de l'or aux eaux du Rhin et, à travers la destruction opérée par les forces déchaînées de l'eau et du feu, le retour à la vie. La musique soutient encore, avec une puissance indescriptible, cet épilogue que l'action n'imposait pas. Dans le dernier chant de Brünnhilde, presque tous les thèmes de la *Tétralogie* réapparaissent avec une force évocatrice ; et, à la conclusion de l'œuvre, sur le motif sinistre du *Crépuscule des dieux,* s'élève, vibrante de foi, la mélodie radieuse de la Rédemption par l'Amour.

CRÉPUSCULE DES DIEUX (Le). Mœurs contemporaines. Roman de l'écrivain français Élémir Bourges (1852-1925), publié en 1884. Un prince allemand, Charles d'Este, duc de Blankenbourg, dépossédé par la Prusse en guerre avec l'Autriche, est obligé de fuir. Nous sommes en 1866, année pendant laquelle un célèbre compositeur, Richard Wagner, hôte du duc, préparait justement la dernière partie de sa tétralogie *Le Crépuscule des dieux* (*). À Paris, le duc se crée une nouvelle vie de luxe et de plaisir : parmi ses favoris, on remarque un Italien, Giovan Arcangeli, et une très belle cantatrice allemande, Giulia Belcredi, qui cherche à s'emparer des trésors de l'exilé par un mariage avantageux. Mais divers événements troublent les débauches du duc : son fils Hans Ulric, que la dépravation a poussé à l'inceste avec sa sœur Christiane, se tue, tandis que celle-ci se retire dans un couvent. Un autre de ses fils, Franz, après avoir épousé à Rome une sœur d'Arcangeli, s'adonne au jeu et finit en prison avec d'autres tricheurs. Son troisième fils, Otto, épris de Giulia, réussit à l'enlever à son père. Le duc songe maintenant à se suicider, d'accord avec sa maîtresse. Celle-ci finit par se tuer après l'échec de la tentative, Otto ayant été gravement blessé d'un coup de revolver tiré par son père. C'est le démembrement d'une famille. Le duc quitte Paris et, après avoir erré pendant de longues années, il se trouve en 1876 à Bayreuth, où il assiste à la première du *Crépuscule des dieux* de Wagner. Seul parmi la noblesse allemande, il s'abstient dédaigneusement de rendre hommage à l'empereur Guillaume Ier. Complètement abandonné par les siens, il meurt, et cette disparition signifie le « crépuscule » du monde féodal et le commencement d'une ère nouvelle. L'auteur qui, dans cet ouvrage, s'efforce de fuir les règles du roman naturaliste, recherche les effets grandioses, selon des exigences hautement lyriques ; mais l'ampleur de ses thèmes ne lui permet pas toujours d'atteindre un art sûr et efficace. Certaines scènes sont curieuses par leur intention évidente de caricature et par le contraste qu'elles établissent entre le seigneur féodal et la clique des dissipateurs qui pullulent autour de sa couronne perdue.

CRÉPUSCULE DES FLICS (Le) [*The Glitter Dome*]. Roman policier de l'écrivain américain Joseph Wambaugh (né en 1937), paru en 1981. Le Glitter Dome, un bar situé dans Chinatown, à Los Angeles, est envahi par les flics les jours de paie. Ils y boivent pour oublier leur solitude et leur envie de se tuer. Nigel Saint Claire, le directeur d'un studio de Hollywood, est assassiné et l'enquête est confiée à deux sergents de la brigade des homicides : Al Mackey et Martin Welborn. Mackey a déjà divorcé deux fois et il vient d'être mis à la porte avec son chat par sa logeuse ; Marty, également séparé d'une femme qu'il aime encore, a pris l'habitude de consulter des voyantes et de prier dans les églises. Six autres flics vont également être concernés par l'affaire : deux inspecteurs de la brigade des narcotiques, « la fouine » et « le furet », qui portent du cuir et des queues de cheval et aiment faire des blagues à leur chef, comme mettre du hasch dans son café ; deux simples flics, un Noir et un Blanc, qui « tuent et font du bon travail de flics », et une paire de mastodontes qui atteignent 5.3 sur l'échelle de Richter quand ils descendent un escalier. Wambaugh en décrivant ce microcosme décrit aussi l'Amérique, le monde et l'homme modernes, un mélange de violence et de désespoir, un autre voyage au bout de la nuit. — Trad. Presses de la Cité, 1982. D. B.d.M.

CRÉPUSCULE DES IDOLES (Le) [*Götzendämmerung*]. Ouvrage du philosophe allemand Friedrich Nietzsche (1844-1900), publié en 1888. Les idoles sont les vieilles vérités auxquelles les hommes ont cru jusqu'alors. Le premier problème qu'aborde l'auteur est celui de Socrate, déjà évoqué dans *La Naissance de la tragédie* (*) : il l'accuse d'avoir corrompu l'âme grecque avec le poison de la « raison à tout prix ». Il affronte ensuite le problème de la transcendance ; toute métaphysique, et particulièrement la métaphysique de Kant, tend à séparer le « monde vrai », celui des principes éternels et incorruptibles, du « monde apparent » qui est ce monde de phénomènes, réduit à une pure contingence. Mais le premier n'est, d'après Nietzsche, que le fruit d'une exaltation de la raison, laquelle veut méconnaître et abolir le devenir que les sens nous montrent continuellement et qui est, au contraire, l'unique vérité. La « chose en soi », créée par la froide abstraction de la raison, étant irréalisable, est inutile et, par conséquent, à supprimer. Le dualisme de Kant entre monde « vrai » et « apparent » n'est qu'un symptôme de vie déclinante, alors que la philosophie nietzschéenne marque la fin de la très longue erreur. Nietzsche reprend ensuite son thème favori, la « morale contre nature », affirmant que la pratique des Églises est contraire à la vie. La morale est un contresens et une chose ridicule, parce qu'elle cherche à modeler sur des schémas fixes les individus qui, étant des parties du Destin, apportent avec eux dans le monde de nouvelles lois, de nouvelles nécessités ; c'est pourquoi elle nie le monde, elle est une « idiosyncrasie de dégénérés ».

Successivement, Nietzsche analyse les quatre grandes erreurs qui ont détourné les hommes du droit chemin, c'est-à-dire : la confusion entre cause et effet que l'on rencontre si souvent dans la façon commune de raisonner ; une conception erronée de la causalité dans laquelle la cause est rapportée à des « événements intérieurs » qui n'ont qu'une valeur relative ; le recours à des causes imaginaires pour expliquer nos actions et nous procurer une certaine sécurité en face de l'inconnu de l'univers et de nous-même ; enfin le concept du libre arbitre qui rend les hommes esclaves de leurs propres responsabilités. L'homme n'est qu'un fragment de la fatalité, du Tout ; vouloir le détourner ou le changer, c'est vouloir détourner ou changer le Tout ; pour libérer le monde, il faut justement rétablir l'innocence du devenir. Nietzsche critique ensuite ceux que l'on appelle les « améliorateurs » de l'humanité, qui ne font pas autre chose que gâter la pure innocence de l'homme, soit qu'ils le domestiquent et l'affaiblissent, comme les prêtres, en suscitant en lui la conscience du « péché », soit qu'ils se proposent avec un genre de morale comme la morale hindoue, d'élever une classe choisie ; dans ce cas, ceux qui sont exclus de cette communauté sont traités comme des êtres abjects et incultes et jetés dans un désespoir d'où naissent les plus terribles révolutions. Dans tous les cas, l'amélioration morale a pour résultat une sorte d'immoralité. À la lumière de cette conception spirituelle, l'auteur critique ensuite les Allemands, lourds et plats, le romantisme qui est une exaltation à froid, et la psychologie mercantile des romanciers parisiens de son temps.

Dans les notations « sur la psychologie de l'artiste », où il exalte l'art comme le grand stimulant de la vie, il déclare que la condition préalable de toute grande création artistique est l'« ivresse », qui transfigure les choses en les idéalisant. La morale fondée sur l'altruisme, sur la haine et la crainte de la vie est une morale décadente. La liberté ne trouve sa source que dans la lutte et la souffrance qui, si elles ne brisent pas l'homme, en valorisent les forces, l'induisant à sentir le prix de sa responsabilité personnelle. Le génie est défini comme une matière explosive dans laquelle est accumulée une force énorme, c'est-à-dire comme le produit de la tension prolongée et exaspérée de la masse ; quant au délinquant, c'est un homme fort que l'étouffante atmosphère morale de circonstances défavorables a rendu malade. Nietzsche prêche enfin le retour à la nature, non pas « in impuris naturalibus », comme prétendait le faire Rousseau, mais bien dans le sens d'un « amour du destin », qui nous permet d'accepter même les conditions les plus terribles de la vie : il exalte Goethe comme celui qui accomplit la grandiose tentative de surpasser le XVIIIe siècle moyennant un retour à la nature, c'est-à-dire en s'efforçant de rejoindre le naturalisme de la Renaissance. Nietzsche conclut en reconnaissant que c'est aux Latins qu'il doit surtout la beauté de son style, et en faisant allusion à l'esprit dionysiaque dont il sut le premier découvrir la signification – v. *La Naissance de la tragédie* –, et dont il est le dernier représentant, en tant que « philosophe de l'éternel retour ». Cet essai, ou « Comment on philosophe avec un marteau », est un prélude à la *Transmutation de toutes les valeurs* (*). – Trad. Mercure de France, 1941 ; Gallimard 1974.

CRÉPUSCULE DES PHILOSOPHES (Le) [*Il crepuscolo dei filosofi*]. Essai de l'écrivain italien Giovanni Papini (1881-1956), publié en 1906. Cet ouvrage, essentiellement polémique, n'entend pas se présenter comme une étude méthodique des divers systèmes, des différentes problématiques. La préface de l'auteur situe d'ailleurs avec exactitude le contenu de l'œuvre : « C'est un livre de passion et par conséquent d'injustice, un livre inégal, partial, sans scrupules, violent, contradictoire, insolent, comme tous les livres de ceux qui aiment et haïssent et ne rougissent ni de leurs amours ni de leurs haines. » Mais qu'il éreinte ou caricature, Papini règle surtout leur compte aux philosophes qui ont formé son esprit, aussi a-t-il pu justement définir son livre comme « un morceau ou un ensemble de morceaux d'une autobiographie intellectuelle ». D'autre part, si Papini veut faire table rase de la philosophie traditionnelle, c'est qu'il estime que la philosophie a besoin « d'un bouleversement complet... d'un Sturm und Drang de l'esprit, d'un 93 des idées ». De là son effort pour démolir, souvent de façon paradoxale, les théories les plus célèbres de Kant, Hegel, Schopenhauer, Auguste Comte, Herbert Spencer et Nietzsche. Ces critiques peuvent irriter un lecteur non averti, à cause des injustices criantes qu'elles contiennent, mais il faut se rappeler que Papini lui-même nous a mis en garde contre une interprétation trop littérale de ses affirmations. Papini a voulu s'affranchir d'une philosophie par trop théorique et dogmatique. Purement destructrice, cette attitude n'apporte aucun programme positif, aucune doctrine nouvelle. Elle prépare cependant un enseignement philosophique fondé sur de nouvelles formes d'activité intellectuelle que l'on peut grouper sous le terme général de pragmatisme. Cette intention est déjà évidente dans le dernier chapitre de l'ouvrage, où se trouve l'ébauche d'un programme constructif. Si Papini l'a supprimée dès la seconde édition, ce fut pour laisser à l'ouvrage son caractère essentiellement destructeur et distinguer ainsi la partie négative de son œuvre philosophique de la partie positive, surtout représentée par *Prag-*

matisme [*Pragmatismo,* 1927]. Ce dernier ouvrage contient la partie théorique du programme philosophique papinien que l'on pourrait résumer ainsi : Papini voit dans l'univers une diversité qui lui fait proclamer son attachement au particulier et au pluralisme contre l'universel et le monisme. Il place l'objet de nos connaissances dans le réel et il augmente l'importance à donner, dans la vie, au sentiment, à la volonté, à l'expérience vécue. Il a enfin le souci, que l'on pourrait qualifier de socratique, de considérer avant toute chose les réalités humaines : ainsi veut-il orienter la philosophie vers des formes de pensée étroitement associées à l'action. – Trad. É. Chiron, 1922.

CRÉPUSCULE D'UN MONDE (Le) [*Aus der Dämmerung einer Welt*]. Dans ce livre publié en 1937, l'écrivain autrichien Franz Werfel (1890-1945) a voulu unifier et relier entre elles ses diverses nouvelles (disséminées en fragments épars au cours des précédentes années). Il en a donc fait une sorte de vaste symphonie. Dans le prélude qui se présente sous la forme d'un essai intitulé « L'Empire autrichien », il chante un monde disparu, qu'idéalisent les regrets nostalgiques d'un poète : la vieille Autriche (avant son écroulement causé par la guerre mondiale de 1914), comme l'a connue, comprise et aimée, et comme se la rappelle, dans le monde nouveau issu de la guerre, un de ses meilleurs fils. Très belle évocation d'un monde, dans lequel au prélude succèdent les différents « tempi » de la symphonie : longues nouvelles et brefs romans ; leur thème est annoncé parfois par l'auteur, en une rapide synthèse qui introduit et éclaire le texte. Tous ces récits tirent leur unité profonde du fait qu'ils plongent leurs racines dans un même monde : celui de la vieille Autriche, morte après un long « crépuscule » et une laborieuse agonie. « Petite vie et petites amours » est la première nouvelle de ce cycle ; elle raconte la vie et nous retrace le caractère d'un jeune garçon de onze ans : son éveil à la sensualité et le désir amoureux qu'il éprouve pour une belle jeune fille épanouie, son institutrice ; puis l'éveil de son sens social, l'amour qu'il ressent pour les pauvres. Ses petites tempêtes intérieures sont renforcées par l'oppression d'une vie bourgeoise en vase clos ; il sera finalement frappé par l'angoissante et digne pauvreté de l'institutrice dont les fugaces relations amoureuses sont vite étouffées par la mélancolie d'une morne existence sans lumière. La nouvelle a pour fond Prague, la vieille capitale de la Bohême. C'est dans la même ville que se passe le roman intitulé *Le Jour des bacheliers* [*Abituriententag,* 1928] : d'anciens élèves d'une même classe de lycée se réunissent, vingt-cinq ans plus tard, en un banquet ; à l'occasion de cette confrontation, chacun se rend compte de l'évolution qu'ont connue les autres, depuis leur adolescence jusqu'à l'âge mûr ; l'ancienne vie de l'école, avec tous ses événements et tous les débordements de la jeunesse, revient à la mémoire de chacun. Mais voici que, parmi tant de souvenirs, l'un des personnages présents, aujourd'hui haut fonctionnaire de la Justice, se souvient d'une faute commise à l'égard d'un ancien camarade juif, victime – en raison du fatal destin de sa race – de la malignité d'autrui, inconsciemment stimulée par la jalousie que suscite la supériorité intellectuelle. À la faveur de cette évocation, le romancier aborde le problème terrible de la faute : l'homme qui anéantit un autre homme s'anéantit au fond lui-même, quand le remords de sa faute commence à gâcher sa vie. Ce bref roman, qui a une solution inattendue, atteint à une hallucinante force de suggestion.

Puis vient la nouvelle « L'Âme sans liens ou Petit frère et petite sœur » : c'est la vieille histoire de l'amour fraternel déçu, replacé dans un cadre moderne. Un frère et une sœur cheminent, côte à côte, dans la vie, jusqu'à ce que le mal (personnifié ici par les embûches de la ville de Berlin) ensorcelle le frère (violoniste) et l'arrache à sa sœur. Celle-ci, avec une sollicitude toute maternelle, abandonne Salzbourg, sa ville natale, et accourt pour sauver l'âme de son frère perdu. Elle le retrouve ensorcelé par la vie berlinoise et sa boue, subjugué par le charme d'une femme : il ne lui appartient plus. Peu après, sur une place de la capitale, elle est renversée par un autobus. Accident ? Suicide ? Alors qu'elle est transportée dans un hôpital et soumise à une opération, son esprit connaît, sous l'influence du narcotique, une extraordinaire lucidité ; elle revit alors les événements de sa douloureuse existence et, libérée de toutes les entraves terrestres du temps et de l'espace, les ressent comme une présence absolue pour ainsi dire dans l'« au-delà ». Cette nouvelle était contenue dans un précédent recueil intitulé *Le Secret d'un homme* [*Geheimnis eines Menschen,* 1927], qui comprenait, en dehors du « Secret de Saverio », « L'Escalier de l'auberge » et « Maison de deuil ».

Le « Secret de Saverio » est l'histoire d'un faussaire en tableaux : dans une grisaille volontaire, qui ne révélera pas l'ultime secret de cet homme (un Triestin génial, qui met en échec les experts de peinture les plus connus), est traité le problème de la falsification – une espèce de suicide métaphysique, par lequel un indéniable talent artistique, que dévie un démon intérieur, met tous ses soins à détruire son propre Moi, en sorte que Dieu lui-même ne puisse le reconnaître, sacrifiant toute sa personnalité au triomphe du mensonge. C'est par un autre genre de suicide, inconscient, que se termine la nouvelle. « L'Escalier de l'auberge » : une belle jeune femme, fille d'un ancien ministre de François-Joseph, fidèle aux traditions les plus rigides, reste seule pendant quelques jours dans une auberge ; elle a une brève aventure nocturne ; elle tremble pendant une semaine à l'idée des possibles conséquences ; mais heureusement ses craintes sont sans fondement. Le récit de ces événements passés nous est conté en une sorte de soliloque qui dure le temps que met la jeune fille à descendre, le soir, l'escalier de l'auberge ; au-dessus de la rampe du cinquième étage, elle se penche, sans raison, pour regarder en bas, dans le vestibule. Et le vertige de l'abîme finit par vaincre toutes ses résistances ; sans aucun motif logique, elle cède à la tentation qui flatte son désir. « Mort du petit-bourgeois » est la magistrale représentation symbolique de la fin d'un monde qui lutte héroïquement pour ne pas s'écrouler. Le héros est un ancien Suisse impérial qui garde, imprimée sur son visage, l'effigie de son empereur vénéré. La misère de l'après-guerre pèse lourdement sur sa petite vie bourgeoise ; il veut néanmoins laisser quelques économies et un petit pécule à sa famille ; il pense atteindre ce but grâce à une « assurance sur la vie » s'il parvient à vivre jusqu'à soixante-cinq ans. Il défendra sa vie comme un bien sacré jusqu'à cette date. Il luttera avec une surprenante énergie contre toutes les maladies dont il est atteint et réussira par un miracle de volonté à imposer à la mort le terme qu'il lui a fixé. À cette représentation tragique fait suite une satire non moins hallucinante : « Maison de deuil ». Ce titre contraste avec l'expression allemande « maison de joie » ou lupanar. C'est bien de cela qu'il s'agit en fait, mais ce lieu se distingue des autres maisons du même genre par sa singulière dignité de tradition. Au cœur d'une des principales villes de l'empire, les personnalités les plus importantes de la noblesse s'y donnent rendez-vous. L'élément féminin au contraire est des plus divers : de belles filles, le plus souvent de la campagne, qui conservent dans leur profession cette saine et vigoureuse ingénuité qui caractérise la vieille Autriche. Les fêtes nocturnes où se mêlent races et classes sont brusquement interrompues par la nouvelle inopinée de l'assassinat de Sarajevo. Le local se vide en un éclair. La même nuit, le directeur de l'affaire meurt subitement ; et la « maison de joie » se transforme en « maison de deuil ». Cette non moins désinvolte et symbolique transformation est dépeinte avec beaucoup de pittoresque et d'humour ; tandis qu'au-dehors, d'un coup d'aile, le destin fait se transformer et s'écrouler un monde.

CRÉTOIS (Le) ['O Κρητικὸς]. Trilogie de l'écrivain crétois Pandélis Prévélakis (1909-1986), parue à Athènes en 1950. Elle comprend : *L'Arbre* [Το Δὲντρο, 1948], *La Première Liberté* ['Χ πρῶτη Λευθερια, 1949], *La Cité* ['Η πόλις, 1950]. L'auteur à travers la vie du personnage principal, Constantin Marcantonios, décrit les combats successifs qui aboutirent à l'indépendance de la Crète en 1909. Roman de la liberté, de la bravoure, de la vertu crétoises, il se présente comme une vaste fresque couvrant toute la seconde moitié du XIXe siècle et le début du XXe. Les hommes, les événements, voire les éléments, sont les acteurs d'une épopée qui élève et broie tour à tour les individus et les collectivités. Constantin Marcantonios grandit au cœur d'une nature sauvage, au pied de l'Ida, et fait, sous l'égide du moine Manassis, l'apprentissage de la vertu et du courage. Engagé très tôt dans les guérillas qui opposent continuellement les Crétois et les Turcs, il deviendra, après la mort de sa mère, le chef d'un petit bataillon de partisans qui refusera obstinément d'accepter le joug de l'occupant. Par la suite, quand l'île aura acquis une indépendance relative, il continuera le combat sous les ordres du jeune tribun Vénizélos dont l'ardeur, l'intelligence et le verbe enflammé soulèveront les foules. Mais, ce faisant, la Crète est au bord de la guerre civile et il faudra l'extraordinaire ténacité de Vénizélos et de ses partisans pour faire triompher les idées qui le porteront par la suite au pouvoir, en Grèce même. Constantin lutte ainsi sur deux fronts : contre les Turcs et contre les Crétois inféodés aux « protecteurs » occidentaux – Russes, Anglais, Allemands et Français –, qui sous couleur d'aider la révolte crétoise, cherchent à s'approprier les richesses du pays. Au drame d'une île et d'une génération s'ajoute celui des individus. Constantin au cours d'une rencontre tue un gendarme crétois et encourt la terrible vengeance de la vendetta. Il échappera de peu à la mort et, après avoir répudié sa première femme, retirée dans un monastère, épousera la veuve de sa victime. Au-delà des tourmentes de l'histoire, qui font de ce livre une œuvre de combat, *Le Crétois* décrit aussi la vie quotidienne des hommes, leurs coutumes, les légendes, les fêtes et les deuils d'un peuple qui prit longtemps, aux yeux des autres Grecs, une figure héroïque et légendaire, un peuple en marge du reste de la Grèce, dont les mœurs archaïques donnent à ce livre le parfum d'un conte souvent stupéfiant, issu de temps immémoriaux. – Trad. Gallimard, 1962.

CREUX DE LA VAGUE (Le) [*The Ebb-Tide : A Trio and a Quartette*]. Roman de l'écrivain écossais Robert Louis Stevenson (1850-1894), écrit en collaboration avec son beau-fils, Samuel Lloyd Osbourne (1868-1947), et publié en 1894. Il raconte l'histoire de Richard Herrick, Anglais de bonne naissance et ancien étudiant d'Oxford. Herrick se trouve à Tahiti au début du récit, il est sans ressources, sans espoir, abattu, et songe à la mort. Le capitaine Davis, qui a déjà eu en mer des comportements répréhensibles, et un Londonien malhonnête, Huish, partagent l'existence désœuvrée et indigente de Herrick. Ils sont tous trois sur le point d'être arrêtés pour vagabondage par les autorités françaises quand arrive une goélette, sans capitaine, supposée chargée de bouteilles de champagne, la « Farallone ». Nul ne veut s'approcher de ce bateau qui est contaminé. Davis entraîne Herrick et Huish, et les trois hommes s'emparent du navire, se rendant maîtres de son équipage composé de Polynésiens, dans l'intention d'aller au Pérou vendre la marchandise. Ils s'aperçoivent alors que la cargaison est frelatée, et envisagent de faire chanter les armateurs du bateau à San Francisco. Herrick réussit à entrer dans la confiance d'un membre d'équipage, qui lui raconte comment son premier capitaine (aussi peu scrupuleux que Davis) et le second sont morts. Davis et Huish sont dans un état perpétuel d'ébriété et le navire manque sombrer dans une tempête. Bientôt, on aperçoit une île isolée. Le navire s'en approche ; on y découvre une population décimée par la maladie et un Anglais, Attwater, qui règne sur cette population. Cet homme est un ancien de Cambridge : Herrick et Attwater voient qu'ils sont du même monde ; Attwater, qui comprend que Davis et Huish sont dangereux (ils veulent lui voler les perles qu'il vient de passer dix ans à recueillir en faisant plonger des Polynésiens), veut faire de Herrick un allié. Il y réussit. La fin du roman est violente. Désespéré et se rendant compte que la goélette ne peut pas retourner à Tahiti (ils y seraient arrêtés pour piraterie) et qu'elle n'a pas assez de vivres pour une traversée plus longue, Davis, qui a une femme et des enfants auxquels il tient, souhaite faire fortune avec les perles d'Attwater. Il envoie Huish, armé d'une bouteille de vitriol, attaquer Attwater. Celui-ci, méfiant, réussit à venir à bout de l'agresseur et le tue, avant de menacer Davis, qui est présent ; celui-ci, épouvanté, se repent et entreprend de vivre religieusement. À la fin du roman, quand arrive le « Trinity Hall », navire attendu par Attwater, Herrick fait brûler la « Farallone ». – Trad. U.G.E., 1977.

S. S.

CRÈVE-CŒUR (Le). Recueil de poèmes de l'écrivain français Louis Aragon (1897-1982), publié à Paris en 1941 sous l'occupation nazie. Depuis *Hourra l'Oural* (*) en 1934, Aragon, qui se consacrait essentiellement à la création romanesque, sans parler d'une intense activité journalistique, n'avait plus publié de poèmes. C'est pourtant dans cette même période que le poète, en lui, accomplissait une évolution dont ce recueil fut le premier fruit, et qui donna à l'auteur un instrument poétique adapté à l'expression de ce qu'il avait à dire : la « drôle de guerre », la défaite et l'Occupation. Par là, cette réflexion secrète sur le mode d'expression poétique préparait la poésie de résistance, la poésie nationale de 1939-45, dont Aragon allait être un des poètes majeurs. Les premiers poèmes du *Crève-Cœur* (« Vingt ans après », « J'attends sa lettre au crépuscule », « Le Temps des mots croisés ») parurent dans le numéro de décembre 1939 de la *N.R.F.* : Aragon y revenait à l'alexandrin et au vers rimé, ou, pour employer ses propres termes, au « vers compté » (en vérité il y en avait bien quelques exemples glissés dans des recueils antérieurs, mais épisodiques, et comme en contrepoint). L'emploi de la rime et du vers compté (alexandrins et décasyllabes surtout, parfois octosyllabes) ne se présente pourtant pas comme un quelconque néo-classicisme. L'utilisation de la rime a été assouplie par un large emploi du rejet, de la rime intérieure, de rythmes brisés, etc. En outre, l'inspiration d'Aragon s'en va chercher des sources jusque dans les chants et complaintes du Moyen Âge français, et notamment de l'époque de la guerre de Cent Ans dont le contenu même et l'accent n'étaient pas sans analogie avec ce que l'on pouvait ressentir en 1940. Aussi bien ces questions sont-elles explicitement abordées par l'auteur dans l'essai qu'il a joint au *Crève-Cœur* : « La Rime en 1940 », où la poétique nouvelle d'Aragon (qui ne prétend d'ailleurs pas l'imposer ni faire école, il le précisera dans l'essai « De l'exactitude historique en matière de poésie ») se présente comme une renaissance du chant français, et du même coup comme une réaffirmation de la patrie au temps du malheur. De fait, le recueil, que l'auteur peut encore faire paraître légalement en 1941, grâce à l'emploi de ce que lui-même nomme la « contrebande littéraire » (ou l'art d'exprimer les idées interdites avec les mots permis), contient aussi les premiers poèmes de résistance de l'auteur – et peut-être les premiers qui aient été composés –, « Les Lilas et les Roses », publié en septembre 1940 dans *Le Figaro*, deux surtout qui furent immédiatement célèbres : « Les Croisés » (« Et blessés à mourir surent qu'Éléonore / c'était ton nom liberté liberté chérie ») et « Richard II 40 » (« Je reste roi de mes douleurs »). À bien des égards, la publication de ce recueil fit date, non seulement dans l'œuvre d'Aragon, mais pour ce qui est de l'histoire littéraire de la France sous l'Occupation : un public nombreux retrouva dans ce chant brisé l'écho de sa souffrance et de ses espoirs encore hésitants. En pleine guerre, les poèmes du *Crève-Cœur* furent connus en Angleterre et aux États-Unis, et y apportèrent une image plus juste de la France envahie.

Le Nouveau Crève-Cœur, publié en 1948, reprend la veine poétique du premier, mais dans un autre contexte : celui de « la nouvelle duperie » (dans le poème intitulé « MCMXLVI »), des guerres coloniales qui reprennent, de la Résistance qu'on oublie, de la fierté nationale sacrifiée encore à une puissance étrangère. Un certain nombre de poèmes sont consacrés à Elsa (« Amour d'Elsa »), un autre, « Le Cri du butor », contient des éléments d'une confession poignante, annonciatrice de thèmes que d'autres recueils développeront largement quelques années plus tard.

CREVETTE ET L'ANÉMONE (La) [*The Shrimp and the Anemone*]. Roman de l'écrivain anglais Leslie Poles Hartley (1895-1972), publié en 1944. Il doit son titre à une scène symbolique qui, dès le premier paragraphe, exprime l'essentiel de la situation : Hilda appelle Eustace qui voit une anémone de mer engloutir une crevette : « L'anémone était plus belle que la crevette, plus intéressante, bien plus rare [...] S'il lui arrachait la crevette, elle n'en prendrait peut-être pas d'autre et mourrait de faim. Mais tandis qu'il réfléchissait, ce qui restait de la crevette diminua à vue d'œil. » Le garçonnet sensible et plein de scrupules moraux est la crevette qui succombe à l'attrait de l'anémone, sa sœur Hilda. Celle-ci n'est pas volontairement dangereuse, mais c'est la nature de la relation qu'Eustace a établie entre eux qui fait du frère et de la sœur des victimes de l'enfance. Dans le cadre d'une station balnéaire de la côte est, le roman suggère, par son style modulé avec grâce, les demi-teintes de l'aquarelle, mais il est solidement construit et le comportement des personnages se rapporte directement au milieu. Passant de la tendre enfance à l'adolescence, un second roman – *Le Sixième Ciel* [*The Sixth Heaven*, 1946] – nous montre Eustace étudiant à Oxford et constitue une étape intermédiaire vers le dénouement du drame qui a lieu dans le troisième volume de la trilogie, *Eustace et Hilda* [*Eustace and Hilda*, 1947]. *Le Sixième Ciel* n'est pas une réussite aussi parfaite que les autres volumes, peut-être parce que le personnage de Hilda devient secondaire et parce que les complications de l'intrigue semblent plus artificielles hors du cadre de l'enfance. Il semble que l'auteur est pressé de parvenir au troisième et dernier acte. *Eustace et Hilda*, qui reçut le prix James Tait Black, se passe principalement au cours de vacances à Venise. Le conflit se résout par le suicide d'Eustace. Si Hilda est finalement responsable de sa mort, mort d'un calme et d'une subtilité qui en accentuent l'horreur, c'est malgré tout Eustace qui s'est mis en position d'infériorité en provoquant les désastreuses fiançailles de sa sœur et de son héros, Dick Staveley. Dans une certaine mesure, la trilogie de Hartley rappelle à la fois *Le Blé en herbe* (*) et *Les Enfants terribles* (*). L'histoire se déroule avec la concentration d'une tragédie classique. « Je suis un moraliste, a dit Hartley, et ce qui m'intéresse le plus dans le roman est l'esprit moral d'une situation. Mes livres montent vers une crise psychologique qui se dénoue dans une tragédie... » Le thème est celui d'un amour trouble et presque incestueux, mais le détachement de l'auteur lui ôte tout caractère morbide. Cette attitude pleine d'affection donne au caractère d'Eustace une valeur universelle. Son autre sœur, Barbara, et son mari Jimmy, avec leur attitude normale, servent de contrepoint à l'excès de scrupules qui détruit peu à peu le héros, lequel est l'un des personnages les plus réussis du roman contemporain : enfant timide et méfiant, sensible et délicat, il devient un adolescent charmant et plein d'ambitions littéraires, qui s'éveille à tout un univers esthétique et mystique au spectacle de Venise (comme les personnages de Henry James à leur venue en Europe). Son esprit est toujours en train de découvrir, d'absorber de nouvelles valeurs, si bien que l'intrigue, qui le détruit, le porte cependant vers sa signification la plus intense. – Trad. Hachette, 1954.

CRI (Le) [*The Outcry*]. Roman de l'écrivain américain Henry James (1843-1916), publié en 1911. Après avoir écrit de nombreux romans, James se mit à composer des pièces de théâtre plus superficielles ou banales, quant à leur fond, que ses œuvres antérieures. Mais, au sortir de cette expérience, il se montra désormais préoccupé avant tout de technique. Dans *Le Cri,* James met en scène l'Américain Breckenridge Bender, venu en Europe dans l'intention d'acheter des tableaux de maîtres. Au château de Dedborough, en Angleterre, un jeune amateur d'art, Hugh Crimble, pense avoir découvert qu'un des portraits, attribué à Moretto, est en réalité un Mantovano. Aussitôt Bender est prêt à l'acheter, sans attendre la décision de l'expert. Le propriétaire, lord Theign, à court d'argent, consent à le céder. Mais sa fille, lady Grace, et Hugh Crimble protestent vigoureusement et s'indignent de voir ainsi le trésor national livré « à la horde conquérante envahissant la vieille civilisation armée de carnets de chèques ». James ne nous fait grâce d'aucune complication : querelles entre lord Theign et sa fille, amoureuse de Crimble, refus subit de lord Theign de vendre son tableau qui devient entre les mains de Bender une marchandise commerciale dont la valeur augmente en proportion de la publicité faite, « cri » de protestation de l'opinion publique s'imaginant que lord Theign lui-même, ce vieux gentleman anglais, excite à la surenchère, etc. Finalement, comme dans une comédie, tout s'arrange : lady Grace épousera Bender, et lord Theign fera don de son tableau, qui est en effet un Mantovano, à la National Gallery. La structure du roman rappelle absolument son origine dramatique : dialogue, entrées et sorties des personnages, mais un roman s'accommode certainement mieux qu'une pièce de théâtre de l'analyse trop poussée des faits et gestes des personnages, de la complication de l'intrigue et de la subtilité du langage. On ne peut ranger *Le Cri* parmi les meilleurs ouvrages de James. L'idée sous-entendue dans le roman permet de le rapprocher des autres productions de James dans lesquelles il proteste contre l'atteinte apportée par le « business » à la civilisation.

CRI DU HIBOU (Le) [*The Cry of the Owl*]. Roman policier de l'écrivain américain Patricia Highsmith (née en 1921), paru en 1952. Robert Forester, 30 ans, vient de divorcer d'avec sa femme Nickie restée à New

York. Il habite dans une petite ville, travaille dans une usine aéronautique et il aime bien, le soir, caché dans un jardin, contempler une jeune fille qui représente à ses yeux l'image du bonheur. Âgée de 22 ans, Jenny surprend son voyeur et tombe amoureuse de lui alors qu'elle est fiancée à Greg, un représentant en pharmacie. Robert, déçu par la réalité, ne fait rien pour encourager Jenny à l'aimer. Greg s'entretient avec Nickie au téléphone et ébruite ses ragots pour discréditer Robert. Ayant échoué, il se bagarre avec son rival et disparaît, faisant planer des soupçons de meurtre sur Robert. Jenny, qui finit par voir dans Robert un meurtrier, se suicide. Greg se rend chez Robert avec Nickie et, au cours d'une bagarre au couteau, il la tue par accident. Robert redoute d'être accusé du meurtre de son ex-épouse. Tous les malheurs du héros viennent de ce « qu'il refuse de s'engager avec une femme à cette période précise de sa vie ». Ce « chef-d'œuvre de psychologie criminelle » sera porté à l'écran par Claude Chabrol en 1987 avec Christophe Malavoy dans le rôle de Robert. – Trad. Calmann-Lévy, 1964.

D. B.d.M.

CRIME (Un). Roman de l'écrivain français Georges Bernanos (1888-1948), publié en 1935. Par une nuit lugubre, dans un presbytère de campagne, la vieille bonne, Céleste, et la sonneuse attendent le nouveau prêtre qui vient d'être nommé curé de Mégère. Avec un retard inexplicable, le voici enfin : il est jeune, frêle, presque féminin, et il a tôt fait de conquérir par sa grâce et sa courtoisie le cœur de Céleste. À peine endormie, celle-ci est réveillée par le prêtre, qui prétend avoir entendu des coups de feu et des appels au secours. L'alarme est donnée. On trouve en effet un cadavre dans le parc d'un château où habite une vieille dame que l'on sait riche et qui vit seule avec sa domestique, Louise. Et, dans le château, c'est la vieille dame elle-même que l'on trouve assassinée. L'enquête commence. Il semble impossible que, depuis son presbytère, le prêtre ait entendu les coups de feu et les cris ; d'autre part, les circonstances de son arrivée, et son retard même, demeurent obscurs. Mais le prêtre subjugue le juge d'instruction Frescheville, et obtient de lui l'autorisation de quitter Mégère, sous prétexte de poursuivre une enquête personnelle orientée par certains indices qu'il aurait obtenus de Mme Louise. Mais le juge comprend vite que le prêtre ne reviendra pas. Parmi les papiers sans intérêt qu'il a laissés dans son presbytère d'une nuit se trouve une photographie qui intrigue le juge : celle d'une jeune fille. Quelques jours plus tard, il croit reconnaître cette jeune fille dans la personne d'Évangéline Souricet, petite nièce de la victime, qui vient de Châteauroux recueillir l'héritage. Tout cela plonge le juge dans la fièvre et le délire. La troisième partie jette sur ce mystère les lueurs indispensables. On retrouve le prêtre dans un hôtel du Pays basque, accompagné du petit clergeon de Mégère qui est venu le rejoindre. Averti de l'arrivée dans la région du juge Frescheville, il prend la fuite après avoir congédié le clergeon et lui avoir avoué qu'il n'est pas le curé de Mégère. Dans le dernier chapitre, nous voyons une femme écrivant une lettre dans un buffet de gare. C'est le faux curé de Mégère sous sa véritable identité, et la lettre est un long adieu adressé à Évangéline Souricet. On comprend alors quel lien unissait les deux femmes, et on devine que le faux prêtre a commis le crime pour qu'Évangéline recueille l'héritage ; car, averti par Mme Louise (qui était en réalité sa propre mère), il savait que la vieille dame songeait à déshériter sa petite-nièce. Le livre finit sur un double suicide : celui de la meurtrière et celui du petit clergeon.

Bernanos avait commencé *Un crime* avec l'intention d'en faire un véritable roman policier, et d'atteindre le public habituel du genre. Et le début, en effet, est un début de roman policier. Mais, par la suite, Bernanos est promptement repris par son génie : les dialogues entre le juge et le prêtre se réfèrent aux thèmes spirituels fondamentaux de l'œuvre ; par ailleurs, l'art du romancier demeure trop allusif, l'éclairage trop indirect pour que les exigences du detective-novel soient satisfaites. *Un crime* est un roman policier avorté, mais l'élément policier, pour librement traité qu'il soit, empêche le livre de compter parmi les meilleures œuvres. Cependant, réserve faite sur l'invraisemblance et les complications de l'intrigue, la belle et puissante écriture romanesque de Bernanos s'y retrouve et en assure la valeur.

CRIME DE LORD ARTHUR SAVILE (Le) [*Lord Arthur Savile's Crime and Other Stories*]. Recueil de nouvelles de l'écrivain irlandais Oscar Wilde (1854-1900), publié en 1891. Dans la première nouvelle qui donne son titre à l'ouvrage, lord Arthur, selon la prédiction que lui a faite un chiromancien, est prédestiné à commettre un assassinat. C'est pourquoi le jeune lord, fiancé à une délicieuse jeune fille, Sybil Merton, décide de commettre tout de suite un crime pour ne pas apporter dans le mariage l'horreur d'une telle prédestination. Il tente de tuer successivement deux vieillards, membres de sa famille, l'un au moyen d'une pilule empoisonnée, l'autre au moyen d'un pendule explosif. Après l'échec de la deuxième tentative, lord Arthur est profondément abattu. Mais voici qu'une nuit, au cours d'une promenade le long de la Tamise, il aperçoit le chiromancien appuyé au parapet. Il le saisit par les pieds et le jette dans le fleuve. Deux jours plus tard, les journaux parlent du suicide du chiromancien, et lord Arthur, libéré de son cauchemar, peut épouser Sybil.

Dans *Le Fantôme de Canterville* [*The*

Canterville Ghost], le ministre américain Hiram B. Otis achète le vieux manoir de Canterville, bien que le sachant hanté par le fantôme de sir Simon de Canterville qui, au temps de la reine Élisabeth, a tué sa femme, et que ses beaux-frères ont fait mourir de faim. Mais toutes les tentatives imaginées par le fantôme pour terroriser les Américains se heurtent à leur bon sens. Le fantôme devient la victime et le souffre-douleur des fils de Mr. Otis, deux jumeaux qui lui font toutes sortes de tours. Le fantôme est abattu, découragé, épouvanté. Seule la jeune Virginie, fillette de quinze ans, a pitié de lui ; grâce à ses larmes et aux prières de son cœur pur, le fantôme peut enfin trouver le repos éternel. Le recueil comprend d'autres nouvelles plus courtes : « Le Sphinx sans secret » [The Sphinx Without a Secret], « Le Millionnaire modèle » [The Model Millionaire], et « Le Portrait de Mr. W.H. » [The Portrait of Mr. W.H.]. Dans ce dernier récit, le personnage central croit avoir trouvé l'identité du mystérieux W.H. à qui est dédiée une bonne partie des sonnets de Shakespeare. W.H. n'est pas, d'après lui, William Herbert, comte de Prembroke, comme le croient certains, mais un jeune acteur, Willie Hughes. Le héros finit par se tuer, pour attirer sur sa thèse l'attention d'un public trop indifférent.

Dans un style très pur, Oscar Wilde sait allier l'humour, le pathétique et une grande finesse d'esprit. Sa veine satirique se manifeste surtout dans les paradoxes qui s'insèrent avec élégance dans les conversations superficielles et brillantes de la haute société qu'il décrit. Profondément artiste, il sait développer les intrigues les plus originales et les plus extravagantes sans jamais tomber dans l'absurde. *Le Crime de lord Arthur Savile* est un chef-d'œuvre à ce point de vue. Dans *Le Fantôme de Canterville*, le contraste entre le bon sens réaliste des Otis et le côté comiquement peureux du fantôme est charmant, tandis que la petite Virginie introduit, dans le récit, cette note de douceur sentimentale si chère à Wilde. – Trad. Laffont, 1946 ; Mercure de France, 1963.

CRIME DES JUSTES (Le). Roman de l'écrivain français André Chamson (1900-1983), publié en 1928, et formant le dernier volet de *La Suite cévenole*, après *Les Hommes de la route* (*) et *Roux le bandit* (*). Animé d'une puissance sombre, ce roman étudie la vie morale d'un village des Cévennes, les forces qui en unissent les habitants, le rayonnement d'une famille sur la communauté. Le village a construit sa morale autour d'un principe : la famille Arnal est justice, honnêteté, sagesse, exemple. Tour à tour arbitre, conseiller, juge, elle joue le rôle de directeur des consciences et des actes. Cette réputation s'est transmise comme une légende. Le chef de famille commet un crime pour sauver l'honneur de Clémence, une des filles Arnal. Les paysans ne peuvent accepter l'écroulement de la tradition et se refusent à briser cette confiance de l'homme dans l'homme, sur laquelle ils ont si longtemps vécu. Alors, comme entre deux gendarmes, le chef des Arnal traverse la place de la Mairie, une vieille femme l'aborde et lui demande encore une fois conseil. Certaines pages de ce roman ont la résonance du glas. L'art de Chamson, sobre et austère, est fait de dépouillement volontaire, et il évoque la nudité de la liturgie et des temples cévenols.

CRIME DE SYLVESTRE BONNARD, membre de l'Institut (Le). C'est le premier roman de l'écrivain français Anatole France (François-Anatole Thibault, 1844-1924), paru en 1881, qui le fit subitement connaître, et il est considéré comme un des plus caractéristiques de son œuvre. Le héros du récit est un vieux philologue, chartiste et bibliophile passionné, qui voit la vie à travers les livres. Nous en lisons le journal, divisé en deux épisodes.

Le premier, « La Bûche », est une aventure livresque : Sylvestre Bonnard achète des livres à un pauvre vendeur d'almanachs qui habite le grenier de sa maison. Celui-ci meurt peu après, laissant sa femme et un enfant nouveau-né, que le vieil érudit (renseigné par sa domestique fidèle et grognon) secourt en leur envoyant, entre autres choses, la traditionnelle bûche de Noël. Plusieurs années après, Bonnard, recherchant désespérément un manuscrit précieux de *La Légende dorée* (*) de Jacques de Voragine, va jusqu'en Sicile. Là, il fait la connaissance du prince et de la princesse Trepof ; celle-ci, une Française, l'engage à conter le but de son voyage. Bonnard revient à Paris, toujours à la recherche du manuscrit. Celui-ci est vendu aux enchères, mais il ne parvient ni à l'acheter ni à savoir le nom de l'acquéreur. De retour à la maison, désespéré, il y reçoit une gigantesque bûche à secret qui s'ouvre pour laisser tomber une pluie de violettes et le précieux manuscrit avec une carte de visite : la princesse Trepof. La gouvernante a cependant reconnu la dame venue en voiture apporter la bûche magique : la princesse d'aujourd'hui n'est autre que l'ex-veuve du pauvre marchand d'almanachs, mort onze ans auparavant.

Dans le deuxième épisode, le vieil érudit est prié de se rendre au château de Mme de Gabry, à la campagne, dans les lieux de son enfance, pour y rédiger le catalogue d'une bilbliothèque. Mme de Gabry lui conte comment la faillite et la mort d'un banquier, une de ses connaissances, l'ont amenée à recueillir et à prendre soin de la petite orpheline. Bonnard reconnaît en cette enfant dénommée Jeanne la petite-fille d'une jeune demoiselle, Clémentine, qui avait été le grand amour malheureux de sa lointaine jeunesse. Son cœur s'attendrit dans le flot des souvenirs, et il se constitue le protecteur de la petite

Jeanne qu'il suit dans son adolescence, qu'il sauve ensuite des projets louches de son tuteur, et qu'il arrache au collège où elle était gardée par charité comme servante. Au cours de ce romanesque sauvetage, l'érudit ingénu s'attire, sans le vouloir, un certain nombre de difficultés ; mais tout finit par s'arranger : Bonnard est nommé tuteur de la jeune fille qui va se fiancer bientôt à un de ses élèves, Gélis. Bonnard décide de renoncer à ses chers livres et de les vendre pour doter sa pupille. Quant à lui, il se retirera à la campagne où il achèvera sa vie de savant en observant les secrets de la vie des fleurs et des insectes. Mais sa vieille passion ne l'a pas abandonné : cependant qu'il rédige le catalogue de sa bibliothèque, il se lève une nuit et secrètement subtilise à la vente quelques manuscrits des plus précieux, quelques imprimés des plus rares dont il ne peut se séparer, et les cache dans une vieille armoire. Il vole donc sa pupille et c'est là le seul vrai crime de sa vie.

Les deux épisodes se rejoignent, en ce sens qu'ils consacrent l'irruption de la vie et de l'amour dans la « citadelle livresque » du vieux savant. La nouveauté se trouve dans le choix du protagoniste : avec lui, Anatole France crée en un certain sens un nouveau genre, le roman livresque. Grâce au talent de l'auteur, les pensées, les soins, les jugements sur le monde, toute la mentalité typique du savant, de l'homme cultivé, deviennent une véritable matière de roman, se mêlent aux faits de la vie de chaque jour qu'ils colorent d'une façon toute particulière. Ceci justifie et explique le style caractéristique d'Anatole France romancier, style raffiné et léger, plein de digressions agréables, de sentences malicieuses, de subtiles et plaisantes allusions, style composite qui joint aux couleurs du Parnasse et à la précision réaliste d'un disciple de Flaubert et d'un contemporain de Maupassant toutes les grâces du naturel et du savoir-faire.

CRIME DU PÈRE AMARO (Le) [*O crime do padre Amaro*]. Roman de l'écrivain portugais José Maria de Eça de Queirós (1845-1900), écrit en 1871, publié en 1875 dans la *Revista Universal*, et en volume en 1876. C'est le premier roman important de l'école naturaliste portugaise, née sous l'influence de Flaubert et de Zola. On y trouve exposé l'un des sujets qui intéressèrent le plus vivement le naturalisme : celui du célibat ecclésiastique et de ses conséquences. L'action centrale se déroule à Leiria, petite ville historique du centre du Portugal où est envoyé, comme curé de la cathédrale, un jeune prêtre nommé Amaro. Dès son enfance, sa famille l'avait acheminé vers la carrière ecclésiastique, car il était de nature efféminée et peu robuste et, incapable de se révolter contre les siens, il avait accepté la vocation qui lui était imposée. Quand il arrive à Leiria, il y a peu de temps qu'il a quitté le séminaire. Il va habiter dans la pension de Mme Joaneira, mère d'Amélie, l'une des jeunes filles les plus jolies et les plus vertueuses de la ville. Parmi les personnes qui fréquentent cette pension se trouve le chanoine Dias, professeur de morale au séminaire et amant de la maîtresse du logis, un certain Libanigno, le jeune Jean-Édouard, qui est le fiancé d'Amélie, et quelques femmes de mœurs douteuses. Amélie est faible et passive de caractère ; bien que fiancée à Jean-Édouard, elle s'abandonne peu à peu à son inclination naissante pour l'abbé Amaro. Le curé lui aussi est bien vite pris de sympathie et d'amour pour la jeune fille. Cette passion, d'abord contenue, augmente ensuite vertigineusement et devient morbide, dans cette atmosphère corrompue. Les deux jeunes gens se rencontrent dans une ferme et y découvrent leur amour ardent et réciproque. Amaro perd la tête et décide inutilement de ne plus habiter sous le même toit que la jeune fille tant que leur passion durera. Amaro a des moments de terreur et des scrupules religieux : le péché qu'il a commis et qu'il continue de commettre l'épouvante et le préoccupe. À certains moments de crise, il accuse l'Église, reconnaît la faiblesse de la chair et en vient à affirmer que « son amour serait légitime sous un sacerdoce aux règles plus humaines ». Enceinte, Amélie quitte Leiria. Loin d'Amaro, elle subit l'influence bienfaisante de l'abbé Ferraz, belle figure exemplaire de prêtre qui, avec délicatesse, la pousse à reconnaître sa faute et à la détester. Amélie se propose ainsi de se refaire une vie nouvelle ; mais le jeune curé reparaît pour la ramener à son ancien péché. La malheureuse jeune femme meurt en couches, tandis qu'Amaro paie une entremetteuse pour qu'elle étrangle le nouveau-né. Puis il demande à quitter Leiria. La douleur qui le ronge le pousse à Lisbonne où il mène une vie dissipée.

Le roman reflète les tendances de l'époque et du milieu : on y note un parti pris anticlérical très net. L'auteur lui-même y apparaît sous les traits d'un médecin matérialiste, personnage secondaire qui expose ouvertement ses opinions sur le célibat des prêtres et sur les mœurs ecclésiastiques en général, considérant tout cela « à la lumière de la raison et de l'expérience ». Dans cette première œuvre, l'auteur montre déjà dans ses grandes lignes cette technique narrative qui devait, avec ses romans suivants, le rendre fameux dans toute l'Europe. Le sujet choisi est le même que celui du roman de Zola : *La Faute de l'abbé Mouret* (*), mais il ne faut pas oublier que le roman d'Eça de Queirós est antérieur à celui de Zola. — Trad. La Différence, 1985.

CRIME ET CHÂTIMENT [*Prestuplenie i nakazanie*]. Roman de l'écrivain russe Fedor Mikhaïlovitch Dostoïevski (1821-1881), publié en 1865. Ce fut le premier des grands romans qui rendirent célèbre à l'étranger le nom de Dostoïevski. Il a été, et il est aujourd'hui encore, le plus connu et le plus populaire d'entre eux peut-être à cause de l'emprise immédiate et captivante qu'exerce fatalement un sujet à thème policier. Le héros, Raskolnikov, est un jeune étudiant qui, faute de moyens, a dû abandonner l'université. Par la misère, mais aussi et surtout par des considérations théoriques, il est poussé à tuer une vieille usurière et, par un fâcheux hasard, la sœur de celle-ci. La partie essentielle, sur laquelle se grefferont ensuite tous les épisodes du roman, est fondée sur la complexité des motifs qui ont provoqué ce crime. L'âme de Raskolnikov est en quelque sorte un miroir qui reflète, en les mêlant, les causes principales des troubles qui marquèrent son époque et son pays. Ces causes étaient provoquées par les idéaux sociaux de Marx, la conception du « surhomme » de Nietzsche et aussi par ce mysticisme messianique du renoncement que Dostoïevski sentait profondément dans l'esprit russe.

Deux idées se succèdent d'une façon presque obsédante dans l'esprit de Raskolnikov : le bien qu'on pourrait faire avec l'argent que l'usurière cache et qu'elle a volé aux malheureux contraints de recourir à elle ; et la faculté faculté qui appartient aux esprits supérieurs et indépendants de toute morale conventionnelle — de s'emparer, par n'importe quel moyen, de cet argent pour en user dans de plus justes intentions. Ces deux points de vue sont absolument en contradiction l'un avec l'autre. L'un tend vers un idéal d'humanité et l'autre vers cette conception du « surhomme », qui divise rigoureusement les humains en deux catégories, les hommes ordinaires et les « élus ». Cependant la contradiction entre ces deux points de vue semble à Raskolnikov pouvoir être surmontée, grâce au crime. D'ailleurs, Raskolnikov se retrouve raffermi dans cette idée par une suite d'exemples qui viennent confirmer en tout point ses sentiments intérieurs : d'une part, en effet, il reçoit la nouvelle d'un mariage odieux auquel sa sœur consent, afin de pouvoir lui venir en aide et assurer une vieillesse tranquille à leur mère (le meurtre de la vieille usurière pourrait donc sauver du malheur une âme noble) ; d'autre part, le jeune homme réussit à trouver une preuve historique de sa théorie sur les « élus » : la fortune de Napoléon commença le jour où, pour défendre la Constitution, le futur empereur mitrailla sans hésiter une foule désarmée. Il en conclut que, seul, celui qui est capable d'une indépendance spirituelle totale est digne de grandes entreprises. Cette indépendance, en le plaçant au-dessus du commun des mortels, lui permet de disposer de la vie humaine et de sacrifier les incapables ou les nocifs à des buts plus élevés. Raskolnikov prépare donc son plan avec un sang-froid d'halluciné, le réalise et, exténué par l'effort accompli, quitte le lieu du crime avec un très piètre butin. Dès ce moment déjà, au fond de lui-même, il sait qu'il a perdu la partie. L'argent qu'il a volé ne pourra suffire à satisfaire, même un tant soit peu, son idéal de justice. De plus, ses nerfs ébranlés l'avertissent qu'il est loin d'avoir obtenu cette indépendance morale qu'il a toujours considérée comme la vertu essentielle des esprits d'élite.

Pourtant Raskolnikov ne veut pas s'avouer vaincu : il sait que la conclusion a dépassé les prémisses et cache un tragique quiproquo, mais il s'obstine dans son entreprise. Sa vie se développera donc sur deux plans distincts : l'un profondément affectif où se manifestera sa nature instinctivement solidaire des humbles ; l'autre où se développera sa trouble idéologie. Le côté extérieur du roman gravite autour de la situation qu'il a créée. Obsédé et soucieux de se dénoncer à ceux qui recherchent l'assassin, il confessera ouvertement son crime afin de pouvoir le discuter et le justifier. Sa conscience lui cause de terribles souffrances, et il pense à se suicider. De son côté, le juge Porphyri Pétrovitch, chargé de l'instruction, a deviné son secret, mais il attend que Raskolnikov se dénonce de lui-même. Déjà il est prêt à l'appréhender quand les faux aveux d'un ouvrier halluciné, qui s'accuse du meurtre, viennent encore compliquer la situation. L'imbroglio se démêle après une longue suite d'événements, dont le plus important est la rencontre de Raskolnikov et de Sonia Marmeladov, la jeune fille qui se prostitue pour venir en aide à sa famille, et surtout pour donner à manger à ses petits frères. Malgré sa vie désespérée, Sonia a gardé une grande pureté de cœur qui lui attachera Raskolnikov. Sonia le poussera à se rendre à la police et à tout avouer. Mais la purification de Raskolnikov n'aura lieu que plus tard. Quand il est condamné à la déportation en Sibérie, il est toujours convaincu qu'il n'a pas commis de crime, mais qu'il s'est seulement trompé et a tué inutilement. Ce sera la présence de Sonia, qui l'a suivi en exil, qui réussira à le délivrer de son obsession et fera triompher en lui un sentiment définitif de solidarité humaine. Autour de cet épisode, d'autres sont développés avec une égale intensité dramatique : tel le cas de la famille Marmeladov dont le père, alcoolique et brutal, vit uniquement de l'admiration qu'il a pour sa deuxième femme, Caterina Ivanovna, et de l'amour qu'il porte à sa fille Sonia, tout en sachant qu'il a gâché la vie de l'une et de l'autre par son existence de misère et de vice. Auprès de lui, se détache le personnage de Caterina. Elle a poussé sa belle-fille à se prostituer, mais elle passera une nuit à côté d'elle à sangloter sur ses malheurs et à lui baiser les mains en signe de reconnaissance. D'autres épisodes se développent parallèlement, qui se rapportent à Dounia, sœur de Raskolnikov, laquelle a accepté d'épouser Louguine, homme aisé et grossier. Quand son frère réussira à faire échouer ce mariage, elle sera circonvenue par un propriétaire, Svidrigaïlov, chez lequel elle a été institutrice et qui, pour l'épouser, a empoisonné sa femme. Ce scélérat réussira, un soir, à entraîner la jeune fille chez lui. Dounia se défendra avec un revolver et l'homme, désormais convaincu de sa propre abjection, se tuera.

Crime et Châtiment nous apparaît donc comme le roman de la perdition ; mais d'une perdition qui, dans sa profondeur même, trouve une lumière qui la rachète. Nous pouvons suivre chez tous les personnages le pourrissement de la bonté humaine et cependant, au moment où toute espérance semble s'être éteinte dans l'horreur, une étincelle jaillit à nouveau. L'homme devenu pareil à la bête redécouvre tout à coup son ancienne nature angélique. Le naturalisme admira surtout dans ce roman la minutie de l'analyse psychologique. (Psychiatres et criminalistes eux-mêmes étudièrent les réactions de Raskolnikov, comme s'il s'agissait là d'un sujet d'enquête scientifique.) De fait, en écrivant ce roman, Dostoïevski n'était pas sans subir des influences naturalistes. Mais surtout il y affrontait un problème que les écrivains russes étudiaient depuis peu et qu'ils avaient emprunté à la tradition européenne : il s'agissait de l'éternel problème qui mettait en opposition une conception humaniste de l'homme et une conception purement religieuse. Depuis la Renaissance, on ne l'avait pas encore résolu et pourtant l'esprit européen avait eu, à plusieurs reprises, l'illusion de l'avoir dominé. Ce fut la tâche de la littérature russe, avec son mysticisme troublé d'enthousiasmes inquiets et contradictoires, que de le reprendre dans son essence même et avec une vigueur toute neuve. Mais si Tolstoï projette cette antithèse sur un plan cosmique où elle trouve matière à s'apaiser dans la contemplation, Dostoïevski, par contre, la concentre dans l'esprit humain, l'isole dans le drame intime de l'individu où elle se déchaîne avec une violence fébrile. *Crime et Châtiment* est un roman où les personnages sont tels qu'il n'y a place pour rien autour d'eux. Quelques coins de rues, quelques intérieurs inquiétants, quelques descriptions fragmentaires de la campagne sont à peine esquissés, de loin en loin, dans un monde uniquement composé de pensées et d'affections. Jamais peut-être l'intimité secrète de l'homme n'a, comme dans cette œuvre, atteint à une solitude aussi complète et aussi désespérée. Mais si, au terme de cette solitude, il y a et un idéal d'absolue puissance et un idéal d'amour absolu, ces deux buts demeurent extérieurs à l'homme. Entre ces deux absolus qu'il ne peut atteindre, Raskolnikov connaît le drame d'un esprit qui s'est habitué à accepter la contradiction pour la contradiction et qui se révèle foncièrement incapable d'opter pour l'un ou pour l'autre de ces extrêmes. Là sont les limites de Dostoïevski et quand il cherche à les dépasser, en imaginant une suite aux *Frères Karamazov* (*), il manque son but. Raskolnikov, aussi bien qu'Ivan Karamazov, tend, sans le savoir, à vivre intensément les possibilités d'une double vie. Le sens héroïque de l'existence se révèle à lui sous la seule forme du caractère inconciliable de ses côtés contradictoires. Et plus ces côtés se compénètrent sans fusionner entre eux ni se résoudre, et plus il s'en grise. C'est pour cela que son personnage se décolore au fur et à mesure qu'une purification se fait en son âme et que Sonia le guide vers l'amour. Aussi à la fin du livre, quand une nouvelle aurore paraît surgir pour lui, son personnage disparaît-il complètement. Son salut nous a été annoncé, mais nous ne le voyons pas et Dostoïevski lui-même, qui croit ou veut croire à ce salut, ne l'imagine pas davantage. Il s'ensuit que tout ce qui, dans *Crime et Châtiment*, semble être une « formule » ou un parti pris est précisément ce qui donne sa pleine valeur à cette grande intrigue policière. – Trad. Gallimard, 1931 ; Garnier, 1958.

CRIMINEL PAR HONNEUR [*El delincuente honrado*]. Drame en cinq actes du publiciste et homme d'État espagnol Gaspar Melchior de Jovellanos (1744-1811), écrit en 1774. Tout de suite diffusé et plagié, il ne fut publié sous sa forme définitive qu'en 1787. Cette œuvre est marquée par l'influence de la littérature « larmoyante » chère aux Encyclopédistes, et imite en grande partie les conversations du *Père de famille* (*) et du *Fils naturel* (*) de Diderot. Torquato tue, au cours d'un duel, un homme arrogant et provocateur afin de venger son propre honneur. Il épouse ensuite sa jeune et jolie veuve. Mais le remords le tourmente, et il voudrait chercher son expiation dans l'exil en renonçant à son amour. Sur ces entrefaites, l'on arrête son ami Anselmo qui est accusé du meurtre ; il se constitue alors prisonnier pour sauver son ami innocent. Il proteste vainement contre une justice qui, à tort, punit de la même manière le provocateur et sa victime. (La thèse est évidente : dans un pays où l'on place le point d'honneur au-dessus de tout, ce traitement égal est absurde.) Mais tous sont contre lui : son beau-père Simon, homme de loi dont l'instinct est cruel et le caractère changeant ; Justo, le juge d'instruction, homme compréhensif mais rigide. Ce dernier le condamne à la peine de mort, bien qu'il ait découvert en Torquato son fils naturel. Laura, sa femme, mise au courant de la terrible vérité, n'en conserve pas moins tout son amour à son mari. Mieux que cela, elle comprend le geste de Torquato et s'efforce par tous les moyens de le sauver. Elle se révolte contre cette justice humaine qui lui enlève l'être qu'elle aime. Dès que retentit le glas des condamnés à mort, elle se précipite sur le lieu de l'exécution ; mais elle s'évanouit avant d'y parvenir. Anselmo, qui a tout fait, et en vain, pour être inculpé à la place de Torquato, demande sa grâce au roi et sauve son ami. L'œuvre est riche en situations classiques : qu'il s'agisse de la noble émulation qu'apportent les deux amis à vouloir se sacrifier l'un pour l'autre, ou de la scène au cours de laquelle le juge Justo reconnaît son fils dans le coupable, ou encore du « deus ex machina » de la grâce accordée au condamné. On a voulu voir, dans le sentiment de remords qui pousse Torquato à fuir la justice humaine pour s'imposer un tourment encore plus fort en s'éloignant de l'épouse aimée, un thème qui annonce déjà le romantisme. Mais l'importance essentielle de l'œuvre réside dans le fait qu'elle représente la première pièce à thèse espagnole et met en scène des caractères et des types de personnages que l'on retrouvera tout au long du XIXe siècle.

CRIS DU CŒUR [*Munâjât*]. Invocations du mystique musulman Abdollâh Ansâri (1006-1089). Si *Les Étapes des itinérants* (*) ont fait la célébrité d'Ansâri dans le monde arabe, il est surtout connu dans le monde persan, par ses *Munâjât* (mot à mot : « Confidences »). Largement diffusées en des recueils d'importance et de contenu variables, elles posent des problèmes d'authenticité, toute invocation en « saj' » (prose rythmée, scandée par des assonances) étant facilement attribuée à l'auteur. En ne retenant que celles citées dans *Les Générations des soufis* [*Tabaqât al-Sûfiya*] dictées par Ansâri et dans *Le Dévoilement des secrets* [*Kachf al-asrâr*] de Maybodi, composé moins de quarante ans après la mort du maître, on obtient ces cent soixante-sept petits textes, parfaitement conformes au style, au vocabulaire, aux images et à la pensée de l'auteur, tels que nous les connaissons par ailleurs. On y retrouve sa ferveur, mais aussi sa violence. Les thèmes principaux en sont « trouver » Dieu [yâft], qui n'est pas le saisir [dar yâft] et ne dépend point de la recherche [jost], la contrainte du décret divin, et l'amour. Pour Ansâri « sortir de soi » est un non-sens, impliquant une dualité ; or : « Pour tout ce qui n'est pas l'Unique, il en va de même façon : l'Être est unique, les autres ne sont rien. » L'homme serait-il partie de Dieu ? Non, certes. « Je ne suis pas partie du Tout ; Dieu n'est pas divisible en parties. » Ou alors : « La partie est le Tout, et le Tout est ici ; en lui se perdent les deux mondes, l'âme et celui qu'elle anime. Le soleil est là-bas, et le rayon ici. Qui donc a vu rayon séparé du soleil ? Le soufi est tout entier là-bas, et sa trace est ici. Finies les discussions des Docteurs de la Loi ! La trace n'est point séparée du Tout : ici, il n'y a que Toi ; là-bas, il n'y a que lui. » Tel est le « secret de Dieu » que nous livre Ansâri. – Trad. Sindbad, 1988. S. L. B.

CRIS DU MONDE (Les). Oratorio du compositeur suisse Arthur Honegger (1892-1955). Composée, sur un livret de René Bizet, à l'occasion du centième anniversaire du chœur de Sainte-Cécile de Soleure, l'œuvre fut donnée en première audition sous la direction d'Eric Schild, son commanditaire, le 31 mai 1932 à Soleure. Elle illustre l'un des thèmes philosophiques qui a le plus fréquemment inspiré Honegger, jusque dans ses œuvres purement instrumentales (comme par exemple la *Symphonie liturgique*) : le drame de l'homme prisonnier du monde, du machinisme, de la barbarie et son combat inutile pour échapper à l'écrasement. Le livret se divise en quatre parties dont chacune suggère les différents visages de cet univers hostile et les refuges, les espoirs d'apaisement que l'homme croit tour à tour y découvrir sans que rien cependant puisse l'arracher à sa condition. Le cri d'angoisse final, « délivre-moi », laissé sans réponse, résume tragiquement cette quête anxieuse et vaine qui se poursuit, après une introduction évoquant le lever du jour, à travers les épisodes suivants : « Voix du matin », « Voix des autres » (première partie) ; « Voix de la mer et de la montagne », « Voix des espaces » (deuxième partie) ; « Voix des villes inconnues », « Voix de la femme » (troisième partie) ; « Voix de la nuit » (quatrième partie). Honegger a dépeint les étapes de cette dramatique démarche spirituelle avec une liberté de moyens que favorisait le monde formel très peu contraignant de l'argument, mais sans renoncer cependant à sa coutumière logique constructive. En particulier le recours au style contrapuntique, si usuel chez lui, trouve ici sa pleine justification esthétique et expressive : l'enchevêtrement rythmique, harmonique, mélodique des motifs répond à la vision du chaos du monde moderne (« Voix du matin » ; « Voix de la nuit ») comme à l'évocation des forces éternelles de la nature dont les thèmes se nouent en une puissante synthèse (« Voix de la mer et de la montagne » ; « Voix des espaces »). À cette complexe écriture orchestrale s'intègrent ou se superposent des chœurs, chantés ou parlés, traités eux aussi avec une rare audace rythmique et polyphonique. Ils prolongent le commentaire descriptif instrumental ou commentent le déroulement spirituel de l'action dont trois solistes (soprano, contralto, baryton) cristallisent les différentes crises. Par cet alliage d'une technique innovatrice et d'un humanisme chaleureux, *Les Cris du monde* constituent sans doute l'une des œuvres les plus originales et les plus profondes de Honegger.

CRISE DE LA CIVILISATION (La) [*In de Schaduwen van morgen, een diagnose van het geestelijk lijden van onzen tijd*]. Essai critique de l'historien hollandais Johan Huizinga (1872-1945), publié à Haarlem en octobre 1935. L'auteur lui-même qualifie cet essai de « diagnostic » de la crise que la civilisation occidentale traverse de nos jours. L'occasion lui en a été fournie, évidemment, par la politique et par l'observation des maux politiques de notre temps : les courants nationaux totalitaires et leurs mythes. Mais le phénomène politique semble à l'auteur un aspect, bien visible, d'une crise qui atteint radicalement toutes les valeurs, qu'elles soient intellectuelles, morales ou esthétiques. C'est la crise de la pensée, à commencer par cette pensée scientifique qui, ayant atteint un degré d'évolution trop élevé, surpasse maintenant les possibilités humaines. « La science semble avoir atteint la limite de notre possibilité de pensée... Les catégories qui ont suivi jusqu'à présent la pensée semblent se dissoudre. Les limites sont supprimées. » Si on passe de cette pensée scientifique à la pensée commune, à la manière qui sert à diffuser le savoir, à le recevoir et à s'en servir, on s'aperçoit que le raisonnement subit un affaiblissement général et sensible et que l'esprit critique est visiblement à son déclin. Les moyens de diffusion, l'instruction des écoles, la presse, la radio, la propagande et la publicité fournissent une pensée déjà élaborée et des idées toutes faites. C'est ainsi que les esprits perdent l'habitude d'user du raisonnement et de la critique. On assiste à un renoncement progressif de l'idéal intellectuel et à une tendance à substituer aux valeurs rationnelles les valeurs irrationnelles : on remplace l'intelligence par la volonté, la connaissance par l'action. Et tout cela dans une exaltation de l'être et de la vie qui remplace la connaissance et le jugement. Ce qui a pour conséquence l'exaltation de la lutte, de la violence et de la conquête.

La critique intellectuelle est accompagnée d'une crise morale. Cette façon de poser la vie avant la compréhension porte à renoncer non seulement aux préceptes intellectuels, mais aussi aux préceptes moraux. Décadence des règles morales qui dépasse la décadence présupposée des mœurs : c'est une crise du concept même de la morale, minée par les doctrines philosophiques qui nient tout fondement à la morale, par les théories de la relativité de la morale (comme le système scientifique du matérialisme historique ou les systèmes psychologiques des théories freudiennes), par les courants esthético-sentimentaux et enfin par les modes littéraires. Sur le plan éthique aussi bien que sur le plan intellectuel, « il ne reste plus qu'une norme : la vie elle-même. Vie aveugle et impénétrable qui devient en même temps but et norme ». Même dans la politique, ce culte de la vie et de l'action se déchaîne, et se résout en un culte de la force et de la domination du plus fort. Les nouveaux politiciens proclament : « La terre appartient à l'esprit héroïque ! » Mais il s'agit là d'un héroïsme dépourvu de lumière morale, réduit à une simple vitalité sans limites, et à une affirmation de la vie « au-delà du bien et du mal ».

Crise, enfin, des valeurs esthétiques. Tous les critères qui apparaissaient inhérents au phénomène même de l'art sont mis en doute ou niés. La poésie tend à s'affranchir de tout lien rationnel et à se soustraire à toute compréhension logique. Les arts figuratifs se détournent des formes visibles de la réalité. Le mode de représentation ne répond plus à la catégorie de notre imagination pratique. L'art renonce à tout ce qui le liait aux facultés de l'intelligence ; et il semble, tout comme la science, s'arrêter aux limites de l'inconnaissable. C'est ainsi que triomphe, dans tous les domaines, la tendance à l'irrationnel. L'impression esthétique et sensitive se substitue à la connaissance logique. L'élément rationnel, qui avait toujours été lié aux formes expressives, est repoussé toujours davantage, dans les créations même de la beauté et du sentiment. Le diagnostic de Huizinga est le diagnostic d'un historien et non pas d'un philosophe. Il n'est pas tenu par les limites d'un système philosophique. Il observe la crise de la civilisation occidentale avec les yeux que peut avoir un fils de cette même civilisation : un fils qui croit en ses valeurs, craint pour son avenir et espère en son salut. Mais peut-être sa destinée n'est-elle pas aussi menacée qu'elle le semble ? « Qui peut nier que dans tous les domaines qui ne sont pas encore directement atteints par les maux de l'époque, ou qui parfois même subissent le poids de ces maux, on ne travaille pour le bien de l'humanité avec une abnégation illimitée et par les moyens les plus variés et les plus perfectionnés ? En construisant et en agissant, par la pensée et par la poésie, en gouvernant et en servant, en soignant et en protégeant ? Ou même seulement en vivant comme vivent les petits et les humbles qui ne connaissent pas la lutte pour la civilisation. Il y a une masse d'hommes de bonne volonté qui, sans se laisser troubler par la violence et la démence, passe en silence à travers notre époque : chacun d'eux travaille à la construction de l'avenir et le construit suivant ses propres possibilités. » Si le salut vient, il sera dû non pas à la matière et à d'extraordinaires régénérations économiques et sociales, mais à l'esprit et à une purification spirituelle. « Les champions d'une civilisation purifiée devront être comme des gens qui viennent de se réveiller de bon matin. Ils devront secouer leurs mauvais rêves. Le rêve de leur âme qui vient de sortir de la pourriture et pourrait bien y retomber. Le rêve de leur cerveau qui n'était que du fil de fer tordu et de leur cœur qui était de glace. Le rêve des griffes et des défenses qui avaient remplacé leurs mains et leurs dents. Et ils devront se rappeler que l'homme ne peut être une bête sauvage. »

CRISE DE LA CONSCIENCE EUROPÉENNE : 1680-1715 (La). Ouvrage de l'écrivain français Paul Hazard (1878-1944), publié en 1935, qui eut une large audience, en dehors même du cercle des spécialistes, du fait que l'auteur, tirant profit de son érudition et d'études antérieures plus particulières, brossait un vaste tableau psychologique des mouvements intellectuels d'où naquirent les idéaux et la mentalité de l'Europe moderne. Selon Hazard, l'œuvre des grands novateurs, Galilée, Bacon, Descartes, trop longtemps limitée au domaine de la spéculation philosophique et de la science pure, n'exerca aucune influence psychologique immédiate. Plus tard, lorsqu'on voudra, en plein XVIIIe siècle, étendre la méthode du rationalisme critique des sciences et de la philosophie à toutes les disciplines et à tous les degrés de l'activité humaine, la résolution se trouvera désormais accomplie, le « siècle des Lumières » atteignant son apogée. Néanmoins, le passage décisif de la théorie scientifique à la pratique sociale, la véritable période de « crise », qui substituera à l'idée classique de « stabilité » les idées modernes de « mouvement » et de « progrès », vaste phénomène spirituel bien plus lourd de conséquences et plus riche d'idées que le rationalisme du XVIIIe siècle, doit être situé entre la fin du XVIIe siècle et les premières décades du siècle suivant. L'auteur divise et illustre cette période en quatre parties : la première, « Les Grands Changements psychologiques », se réfère précisément à la crise du classicisme, adoptant pour symbole la figure de Pierre Bayle, le chercheur désintéressé et si éclectique du *Dictionnaire historique* (*). La deuxième partie, « Contre les croyances traditionnelles », passe en revue les premières manifestations du rationalisme : Fontenelle, Richard Simon et l'exégèse biblique, le combat de Bossuet, Leibniz et la faillite de la conciliation des Églises. La troisième, « Essai de reconstructions », traite de l'empirisme anglais, du déisme, de l'origine du droit naturel, d'une nouvelle morale sociale, de la diffusion enfin et du renforcement des idées de progrès. La quatrième partie, « Les Valeurs imaginatives et sensibles », passe audacieusement en revue les domaines les plus profonds de la psychologie.

On relèvera aisément dans l'ouvrage une certaine sous-estimation de la valeur idéologique du protestantisme, l'auteur accordant peu d'importance à la période théologique et dogmatique du mouvement, pour ne considérer que son apport dans la formation et l'approfondissement de l'esprit « libertin ». Tout en réservant une large place à l'histoire française, l'ouvrage embrasse en fait la totalité de l'Europe de l'époque et c'est là que l'auteur bénéficie de sa vaste culture et de ses études de littératures comparées. Tous les points de vue n'ont pas la même originalité : alors que, pour la pensée française, Hazard se réfère le plus souvent à Lanson, il se réclame dans l'ensemble des recherches et des résultats de nombreux auteurs spécialisés, dont il donne d'ailleurs une intéressante « Bibliographie raisonnée ». Son plus grand mérite est d'avoir su fondre et coordonner tous ces matériaux dans une vision d'ensemble dont il convient de reconnaître la haute portée.

CRISE DE L'ÉCONOMIE FRANÇAISE À LA FIN DE L'ANCIEN RÉGIME ET AU DÉBUT DE LA RÉVOLUTION (La). Œuvre de l'historien français Ernest Labrousse (1895-1966), publiée en 1944. La thèse soutenue en 1943 sous ce titre par Ernest Labrousse faisait suite à sa thèse de droit soutenue en 1932 et intitulée « Esquisse du mouvement des prix et des revenus en France au XVIIIe siècle ». Elle comprend une longue introduction, suivie d'une analyse détaillée de l'évolution des prix au XVIIIe siècle. Son sujet véritable est une analyse des causes de la Révolution française fondée sur la description des réactions des différents acteurs dans les conjonctures successives de hausse et de baisse des prix.

Dans son analyse statistique, Labrousse distingue le mouvement de hausse à long terme, qui s'achève en 1778, le mouvement « intercyclique » de 1778 à 1789 et enfin la fluctuation à court terme de 1788-1789. En période de hausse, le vendeur gagne doublement, sur le prix et sur la quantité. Mais tous les acteurs ne profitent pas de la prospérité de la même manière : les grands gagnants sont les fermiers. Le rentier tire son épingle du jeu. Le métayer lui-même n'est pas à plaindre, la « plèbe paysanne », cependant, est « exclue du bénéfice de la hausse des prix », car elle ne participe pas massivement à l'économie commerciale. Quant au salaire, il augmente moins que le coût de la vie, alors que la masse salariale augmente par le nombre des salariés. Cette prospérité agricole est transmise à l'économie urbaine et industrielle par le biais du marché et par celui de la « redistribution urbaine de la rente en biens de consommation et en biens de production ». « Le débouché urbain s'élargit et entraîne avec lui le profit industriel et commercial. Face au profit en hausse, le salaire piétine à cause de la hausse des prix du blé. » Mais on assiste à une « multiplication subite » de l'ouvrier et « la masse des emplois s'élargit ».

Partant de cette description de la prospérité, Labrousse analyse l'intercycle de baisse des prix des années 1778-1789 et la crise de 1789. La baisse durable des prix entraîne un effondrement du profit paysan, qu'il soit viticole ou céréalier (mais non du profit fourrager assez marginal), alors que le patriciat foncier goûte la douceur de vivre car « le fermage monte inexorablement ». Le morceau de bravoure de la *Crise* demeure la description de la crise de 1789. Elle puise ses origines dans la mauvaise récolte de 1788. C'est en termes sociaux que Labrousse étudie les conséquences de la hausse brutale des prix. La chute de la production négociable enlève au propriétaire paysan comme au petit fermier et à la plèbe des métayers toute possibilité de vente. La situation du vaste prolétariat paysan est pire car le travail manque. La crise agricole, enfin, déclenche une crise industrielle, marquée par la baisse des salaires et des profits et par la montée du chômage : « Dans le dernier semestre de 1788, le mal dépasse toute prévision. Un cataclysme économique ouvre ainsi la première année de la Révolution. »

Tels sont les thèmes de la *Crise*. Ouvrage discuté, ouvrage contesté aujourd'hui, aussi bien dans son analyse de l'évolution des prix que dans celle des mécanismes de la prospérité et de la crise ou des causes de la Révolution française. Mais c'est un ouvrage que l'on peut qualifier de « séminal », parce qu'il ouvre trois grands débats qui vont dominer l'historiographie française pendant trente ans : celui d'une analyse dynamique des structures ; celui d'une analyse rationnelle du comportement des acteurs ; celui des relations entre les structures et les conjonctures sociales d'une part, les comportements politiques d'autre part. Les thèses labroussiennes n'ont, dans aucun de ces trois domaines, perdu de leur actualité.

F. Ca.

CRISE DU MONDE MODERNE (La). Œuvre du philosophe français René Guénon (1886-1951), publiée en 1927. C'est dans ce livre que Guénon a ordonné toutes les raisons de son aversion pour cette civilisation occidentale moderne dont il est mort complètement séparé. Accusation radicale, qui ne s'attaque pas seulement à tel ou tel aspect de la mentalité moderne, mais la rejette tout entière, et sans appel. Tout d'abord le monde moderne est matérialiste : rien, pour lui, n'existe que ce qui se peut sentir et toucher. Il ne connaît que la réalité sensible, il est esclave de la superstition du fait, qui l'oblige à refuser tout accès à un monde supérieur. Le monde moderne est (ou se veut) scientifique : mais, telle qu'il la comprend, cette science n'est plus rattachée, comme dans les sociétés saines et traditionnelles, à des principes métaphysiques. Elle prétend se passer d'eux, c'est une science toute profane et non un prolongement légitime de la connaissance absolue. Le monde moderne n'est plus religieux : le matérialisme a en effet atteint le christianisme, même catholique. Enfin le monde moderne est démocratique : Guénon ne s'intéresse aux phénomènes politiques qu'en tant que signes de la mentalité générale. Or le monde moderne a nié toute hiérarchie, affirmé l'égalité qui méprise les différences de nature entre les hommes. Alors que la notion de « caste » était profondément juste, puisque fondée sur la disparité nécessaire des fonctions, la démocratie, appuyée sur le préjugé égalitaire, humilie l'ordre même du monde, soutenant un prétendu droit des peuples contre le droit des élites, comme si le supérieur pouvait émaner de l'inférieur. En fait, le pouvoir véritable ne peut venir que d'en haut. La pensée de Guénon se trouve ainsi exactement à l'opposé de tous les dogmes et de tous les concepts modernes.

CRISPIN, RIVAL DE SON MAÎTRE. Comédie en un acte (découpée en 26 scènes) de l'écrivain français Alain-René Lesage (1668-1747), représentée en 1707. Crispin, domestique de Valère, un jeune homme de qualité, tente de faire fortune à l'insu de son maître en spéculant habilement sur certaines aventures de ce dernier. Valère aime Angélique, fille d'un bon bourgeois vaniteux, Oronte, qui la destine à Damis, le fils d'un de ses amis. Crispin apprend de Labranche, valet de Damis, que ce dernier, ayant déjà contracté un mariage secret dans son pays, ne peut et ne veut consentir à l'union projetée par son père, Orgon, et par Oronte. Labranche, venu à Paris pour arranger les choses, offre à Crispin d'utiliser un stratagème pour tenter une entreprise qui sera à la fois une farce et une escroquerie. Labranche présente Crispin richement vêtu et le fait passer pour Damis. Sauf quelques bévues, Crispin s'exprime avec tant d'élégance, il discute si habilement qu'il gagne immédiatement la confiance de Mme Oronte. Mais le malin valet convoite la dot d'Angélique qui refuse d'épouser un homme qu'elle ne saurait aimer et qu'au surplus elle n'a jamais vu. Elle se révolte inutilement. Heureusement pour elle, Valère qui s'était tenu à l'écart, sur les conseils de son valet, découvre son intrigue et la comédie se terminera par le mariage des deux amants. Oronte se réconcilie avec Orgon, venu excuser son fils d'avoir manqué à sa promesse de mariage. On peut rapprocher cette pièce des représentations de la « commedia dell'arte » italienne ; à l'exemple de Molière, l'auteur a voulu donner à l'élément comique un caractère de vivacité et d'éclat ; les plaisanteries sont dépourvues de grossièreté. Enfin, il a su mettre en relief le caractère des deux valets, fourbes, sans scrupule, sachant tirer parti des moindres occasions.

CRITIAS ou De l'Atlandide [Κριτιας, ἢ 'Ατλαυτικός]. Dialogue du philosophe grec Platon (428 ?-347 ? av. J.-C.). Dans cette œuvre qui constitue la suite directe du *Timée* (*), Critias remplit la promesse, faite par le précédent dialogue, de raconter en détail ce que son grand-père avait entendu dire par Solon à propos des races antiques d'Athènes et de l'Atlantide ; ces races, après s'être sévèrement combattues, avaient été submergées par un cataclysme qui avait bouleversé l'Attique et englouti l'immense île Atlantide. Il y a environ deux mille ans, raconte Critias, les diverses régions de la terre étaient sous la domination directe des dieux. À Athènes gouvernaient conjointement Athéna et Héphaïstos ; épris de philosophie et d'art, ils firent germer toute une race d'hommes bons et sages et leur dictèrent une constitution politique bien organisée. De ces premiers hommes, il ne reste que les noms, tout souvenir de leurs actes s'étant perdu. Chez ce peuple, hommes et femmes avaient en commun la capacité d'exercer ces vertus qui, aujourd'hui, sont particulières à un sexe ou à l'autre. Quant à la race guerrière, elle habitait à part et était pourvue de tout, sans avoir besoin de se livrer aux travaux des champs, car la terre était alors merveilleusement fertile ; d'ailleurs, pour la cultiver, il y avait la caste des agriculteurs. Ainsi prospéraient ces hommes, se transmettant leurs fonctions de père en fils et vivant dans un ordre admirable au service des dieux. L'île Atlantide, en ces temps reculés, s'étendait au-delà des colonnes d'Hercule ; elle était plus grande que la Libye et l'Asie réunies. Les races qui l'habitaient provenaient de l'union de Poséidon avec une mortelle, Clitô ; pour défendre la colline où elle demeurait, le dieu ébranla l'île, créant ainsi tout autour une véritable ceinture de terres et de mers. Pour les dix fils qui naquirent de leur union, le dieu divisa le territoire en dix parties, réservant le pouvoir suprême au premier-né, roi de l'île centrale. Les générations successives étendirent leur emprise jusqu'à l'Égypte et à la Tyrrhénie, et devinrent extrêmement riches, car elles exploitaient d'abondants gisements de minerai : elles établirent des ponts de communication, ouvrirent des canaux entre les terres et élevèrent un splendide temple, avec statues d'or, à la gloire de Clitô et de Poséidon. Pendant longtemps, chaque roi avait gouverné son propre État, conservant la hiérarchie voulue par Poséidon ; mais par la suite, ayant connu une époque de décadence, rois et peuples devinrent avides de puissance. Alors Zeus, pour les punir, ayant convoqué les dieux, leur tint ce langage... C'est ici que s'interrompt le texte.

On a formulé des doutes sur l'authenticité de ce dialogue, doutes fondés en premier lieu sur l'allusion évidente qui est faite au *Timée,* allusion trop volontairement appuyée pour être réelle ; d'autre part, le style de l'œuvre est beaucoup trop lourd et banal pour être de Platon. De nos jours, on s'accorde pour reconnaître que ce dialogue pouvait offrir matière à un poème épique, et qu'il est une tentative pour transplanter sur terre la république idéale socratico-platonicienne ; il semble que l'auteur, en montrant que les antiques institutions des Athéniens étaient déjà calquées sur ce modèle idéal, ait voulu prouver que l'audacieux rêve politique de *La République* n'était pas absurde. – Trad. Les Belles Lettres, 1925 ; Gallimard, 1940 ; Garnier-Flammarion, 1992.

CRITICA. « Revue de littérature, d'histoire et de philosophie », fondée et dirigée par l'historien et critique italien Benedetto Croce (1866-1952) du 20 janvier 1903 jusqu'en 1944, et continuée par les *Cahiers de la critique* [*Quaderni della critica*]. Ayant atteint sa maturité spirituelle avec la publication de *L'Esthétique comme science de l'expression et linguistique générale* (*), Croce ressentit la nécessité d'un jugement organique et d'une critique personnelle sur la culture de son époque. Réagissant contre le positivisme et contre d'autres courants d'une valeur assez inégale, il voulut coordonner les efforts d'un nouveau mouvement idéaliste qui, sur les bases de l'histoire et d'un humanisme culturel, continuât la grande tradition de Vico et de De Sanctis, et en même temps participât au grand mouvement de l'esprit européen. La revue fut, en novembre 1902, précédée d'un manifeste et, dès les premiers numéros, affirma la netteté de ses positions, la rigueur de ses recherches et de ses réflexions. Les différentes œuvres, désormais célèbres, qui y furent successivement publiées témoignent d'une discipline dans le travail qui rendit possible la parution ininterrompue de la revue pendant quarante années. *Critica* a exercé, en Italie, une influence considérable aussi bien en matière de critique littéraire, artistique, historique que dans le domaine de la philologie, de la méthodologie et de la philosophie.

CRITIQUE. (Revue générale des publications françaises et étrangères.) Revue mensuelle fondée par l'écrivain français Georges Bataille (1897-1962), et dont le premier numéro vit le jour en juin 1946. Le but était de publier des études sur les livres importants parus dans tous les domaines, en France comme à l'étranger, afin de constituer « un condensé de la production imprimée du monde entier ». Le comité de rédaction comptait, sous la direction de Georges Bataille, Maurice Blanchot, Pierre Josserand, Jules Monnerot, Albert Olivier et Éric Weil. Depuis sa parution, *Critique* constitue donc une somme d'aperçus des diverses activités de l'esprit humain dans la création littéraire, les recherches historiques, philosophiques, scientifiques, économiques et politiques. Le panorama proposé est sinon complet, du moins très riche, et constitue une sorte de répertoire critique de la pensée mondiale. Les études proposées sont beaucoup plus importantes, beaucoup plus complètes que de simples comptes rendus. Parmi ces études, il faut retenir plus particulièrement « La Morale de Miller » (n° 1), « Prévert » (n°s 3-4), « Camus » (n°s 13-14) par Georges Bataille, « Balzac » (n°s 15-16) par Maurice Nadeau, « Robbe-Grillet » (n°s 86-87) par Roland Barthes, « Poésie de Giuseppe Ungaretti » (n° 88) par André Pieyre de Mandiargues, « Antonin Artaud et la condition poétique » (n° 119) par René Ménard. Parmi les collaborateurs habituels de la revue, s'imposent les noms de Roland Barthes, Maurice Blanchot, Michel Deguy, Michel Foucault, Georges Poulet, Jean Piel (devenu directeur à la mort de Bataille), Jean Starobinski, Éric Weil. Deux importants numéros spéciaux ont été consacrés à Georges Bataille (195-196) et à Maurice Blanchot (229). Le haut niveau intellectuel de cette revue, son souci constant de dégager l'essentiel, son intransigeance, son ouverture en font l'instrument critique le plus important sans doute qui ait jamais paru en France.

CRITIQUE (Le) ou Répétition d'une tragédie [*The Critic or A Tragedy Rehearsed*]. Comédie en trois actes de l'écrivain irlandais Richard Brinsley Sheridan (1751-1816), représentée en 1779. Plutôt que d'une véritable comédie, il s'agit là d'une farce. L'auteur y ridiculise l'insipide sottise qui a succédé, dans le théâtre de son temps, à la violence tragique et excessive des derniers élisabéthains et à la licence effrénée de la Restauration. Dans le premier acte, il nous présente une collection de personnages typiques dont le théâtre constitue la profession et la passion principale : Dangle, maniaque qui recherche dans les journaux les seules nouvelles concernant le théâtre et dont la maison est toujours encombrée d'acteurs ; Sneer, qui voudrait que le théâtre fût une école de moralité et pour qui l'idéal serait de porter à la scène les lois pénales et de faire du théâtre une annexe du tribunal ; sir Fretful Plagiary, magnifique personnage d'auteur qui construit des drames en mettant maladroitement bout à bout des passages écrits par d'autres ; et enfin Puff, le « professionnel du panégyrique » qui vit « en gonflant », par sa publicité et moyennant rémunération, les œuvres des auteurs dramatiques. Dans les actes II et III, nous assistons à la répétition d'une tragédie de Puff, intitulée « L'Armada espagnole », à laquelle sont invités Dangle et Sneer. Le sujet en est un épisode du temps d'Elisabeth, lorsque l'« Invincible Armada » de Philippe II menaçait l'Angleterre. L'auteur y a introduit la note amoureuse nécessaire : il imagine que la fille du gouverneur de Fort Tilbury, Tilburina, est amoureuse de don Ferolo Whiskerandos, fils du commandant de la flotte espagnole, et, pour justifier l'absurdité de la chose, il soutient qu'« un drame ne doit pas représenter des faits qui se produisent chaque jour, mais des faits étranges qui peuvent arriver, même s'ils n'ont jamais eu lieu ».

Nombreuses et heureuses sont les trouvailles qui font, de ces deux actes, un chef-d'œuvre de parodie ; l'aplomb de l'auteur, lorsqu'il explique les absurdités de son drame, la désinvolture des acteurs coupant des dialogues et des scènes entières pour rendre l'œuvre plus rapide, et au prix même de sa clarté, les observations à la fois sérieuses et amusées de Dangle et Sneer confèrent un fond de comique inimitable. Bien qu'il s'inspire directement de *La Répétition* [*The Rehearsal*, 1671] de George Villiers, duc de Buckingham, *Le Critique* est nettement supérieur au modèle par l'aisance des dialogues et la vivacité de l'esprit qui l'anime. C'est la dernière œuvre originale de ce populaire auteur de comédies. Avec elle se termine la tradition de la comédie artificielle de mœurs née avec *L'Homme à la mode* (*) de Etheredge, et qui eut ses plus grands représentants avec Wycherley, Vanbrugh, Farquhar, et surtout Congreve. – Trad. Bibliothèque Charpentier, 1891 ; Aubier, 1963.

CRITIQUE DE LA FACULTÉ DE JUGER [*Kritik der Urteilskraft*]. Ouvrage capital du philosophe allemand Emmanuel Kant (1724-1804), publié en 1790. Partant du dualisme entre la faculté de connaître et la faculté de désirer, dualisme reconnu par la *Critique de la raison pure* (*) et la *Critique de la raison pratique* (*) et après avoir recherché les principes « a priori » de la connaissance et de la moralité, Kant conçoit le « sentiment de plaisir et de déplaisir » comme une troisième faculté fondamentale, relevant également de principes « a priori » dont il se propose de déceler l'existence. Ou bien, en considérant le problème sous un autre aspect, il recherche s'il existe des formes universelles et nécessaires de cette subordination, à laquelle aspire la raison pratique, entre le monde naturel (que la connaissance, dominée par la nécessité, ne peut dépasser) et le monde de la liberté spirituelle (soumis au contraire à l'idée de finalité). Il s'agit donc de rechercher les formes « a priori » d'une nouvelle sorte de jugement, le jugement « réfléchissant », rapportant la représentation de l'objet non à l'unité d'un concept déterminé, mais à une unité qui n'est pas donnée, qui est seulement exigée par la constitution subjective de nos facultés de connaître et de sentir, à la différence du jugement logique, « déterminant », au moyen de l'activité des catégories, le monde de l'expérience. Par l'entremise de ce jugement et par le « sentiment de plaisir et de déplaisir » dont il relève, on atteindra – dans la mesure où l'on subordonne un contenu représentatif à une fin – à la conciliation de la faculté de connaître et de la faculté de désirer. Il y a deux sortes de jugements réfléchissants : le jugement de finalité ou téléologique, l'objet considéré selon les exigences de la raison répondant à une finalité objective, du fait qu'il suscite un sentiment de plaisir en s'accordant à ces exigences ; et le jugement esthétique, où l'objet jugé est considéré relativement à une fin subjective, autrement dit à l'efficacité que nous lui reconnaissons sur nous-mêmes.

Après avoir posé ces prémisses dans son introduction, l'auteur aborde, dans la première partie de l'ouvrage, la critique du jugement esthétique, distinguant surtout le beau de l'agréable et de l'utile ; alors que le sentiment de ces derniers est toujours conditionné par une adéquation de l'objet à notre propre intérêt, qu'il soit étroitement individuel et contingent, ou purement rationnel, le sentiment du beau ne se réfère à aucune utilité, la finalité de l'objet ne devant être nullement intentionnelle et consistant uniquement dans l'effet que l'objet exerce sur notre façon de voir, en dehors de sa réalité empirique. Une forme de représentation offrant une complète harmonie entre les deux fonctions cognitives, intuition sensible et intelligence, peut seule constituer semblable finalité non intentionnelle, dont la réalisation engendre le sentiment du beau. D'autre part, cette harmonie étant indépendante non seulement du contenu empirique de la représentation, mais aussi de toute contingence individuelle, du fait qu'elle ressortit à la structure universelle de l'esprit humain, le sentiment du beau existe donc « a priori » et fonde, en tant que tel, la validité universelle et nécessaire des jugements esthétiques. Pour la même raison, il sera communicable, bien que, de par sa nature, il échappe à la démonstration et ne peut être que senti. La beauté pure, ou « libre » de tout intérêt, n'est accessible, selon Kant, que dans un pur concours de formes réalisant l'harmonie de la pensée et des sens, pour elle-même sans aucune signification : dans les fleurs, les arabesques, la nature idyllique. La beauté que nous attribuons aux êtres supérieurs organisés offre par contre un autre caractère ; elle relève d'une correspondance entre ceux-ci et l'idéal de l'espèce à laquelle, inconsciemment, nous comparons les individus ; Kant la qualifie, par opposition à la beauté « libre » des formes sans signification, d'« adhérente », en ce sens qu'elle se réfère à un concept ; le plus noble étant celui d'espèce humaine, il constituera l'idéal de la raison esthétique.

À l'analyse du beau succède l'analyse du « sublime », entendu par Kant comme un état subjectif déterminé en nous par un objet dont le caractère infini (grandeur et force démesurées, ou respectivement, infinité d'ordre mathématique et dynamique) est accessible à la pensée, mais non à l'intention sensible : « Il nous oblige à “penser” subjectivement la nature même en sa totalité, comme la présentation d'une chose suprasensible sans que nous puissions réaliser “objectivement” cette présentation », faute d'une intuition égale à l'infinité de l'idée. Ce rapport entre notre sensibilité et notre raison, entre l'insuffisance de l'une et l'exigence infinie de l'autre, nous humilie en tant qu'êtres sensibles, mais nous exalte en tant qu'êtres rationnels, car il nous donne conscience du triomphe de notre nature suprasensible sur notre nature sensible et se trouve être ainsi la source d'un sentiment de plaisir, lequel est universel ; non seulement parce qu'il répond aux exigences de la raison pratique, mais justement, en tant que sentiment esthétique, au même titre et pour les mêmes raisons que le sentiment du beau. Quant à l'art, Kant le considère comme une création consciente d'objets engendrant chez ceux qui les contemplent l'impression d'avoir été crées sans intention, à l'instar de la nature. Sa qualité spécifique est le génie, qui agit consciemment ou selon une nécessité semblable à celle des forces naturelles, toujours de façon originale et en se distinguant nettement de l'activité scientifique. L'auteur établit enfin, sur le concept de la forme humaine entendue comme idéal de la raison esthétique, la tripartition fondamentale de la création artistique : art de la parole, de la figure et du son.

La deuxième partie de l'ouvrage recherche les conditions d'existence des jugements téléologiques « a priori », en examinant l'exigence rationnelle qui nous incite à considérer la nature du point de vue de la finalité. Entre la connaissance « a priori » de la nature, donnée par les mathématiques et la physique pures, et celle des phénomènes particuliers, donnée par l'expérience, existe une correspondance finaliste ; mais en connaître le processus, de façon universelle et nécessaire, ne serait possible qu'à un esprit qui créerait en même temps que les formes le contenu de ses propres représentations, au lieu de le recevoir comme donné. L'existence d'un tel esprit ne constitue en rien une connaissance et ne peut donc se démontrer ; elle est cependant postulée par une exigence morale, dont relève le sentiment universel et nécessaire qui nous porte à considérer l'ensemble de la nature « comme si » elle était le produit finaliste d'une intelligence divine. Ainsi, le but divin auquel tendrait la nature tout entière ne peut-il être objet de connaissance, mais seulement d'une foi pratique qui le replace dans l'accomplissement de la loi morale, du fait que c'est une exigence propre à la raison de croire que l'antithèse entre monde sensible et loi morale — v. *Critique de la raison pratique* — trouve sa solution dans la totalité de la nature par une subordination du premier à la seconde. Ceci, pour les jugements téléologiques, généraux ; quant aux jugements particuliers, pour lesquels la subordination à une fin ne se manifeste que par un phénomène particulier, ils ne sont possibles que pour les seuls objets présentant une finalité immanente (c'est-à-dire les œuvres humaines), étant donné que la finalité extrinsèque ne pourrait être jugée que si nous pouvions saisir, dans son entier accomplissement et dans chaque détail, la succession causale constituant la nature. Pour autant que cette dernière est entièrement soumise aux lois mécaniques, il existe cependant des phénomènes, et les organismes en font justement partie, qui nous apparaissent « comme si » l'idée du tout, entendue comme fin, déterminait la structure des organes particuliers. Certes, la connaissance scientifique se doit de rechercher jusqu'à quel point le lien causal existant entre les phénomènes organiques est possible mais, face au fait inexplicable de la vie, elle éprouvera la nécessité de recourir au jugement téléologique, qui, s'il n'est pas « constitutif » de connaissance, n'en a pas moins cependant une valeur heuristique, du fait qu'il incite à mettre toujours mieux en lumière la connexion des causes entre lesquelles se produit le « miracle » de l'adéquation au but.

L'originalité de la *Critique de la faculté de juger* réside dans la nette distinction qu'elle établit entre le champ d'action du sentiment, celui de la logique et celui de la pratique, distinction qui permet à Kant de dépasser aussi bien l'hédonisme et le moralisme que l'intellectualisme esthétiques et de poser les fondements de l'esthétique moderne. Le point de vue téléologique que l'auteur a adopté, pour approfondir sa compréhension de la réalité, s'est révélé par la suite, dans l'idéalisme post-kantien et jusque dans le domaine des sciences naturelles, d'une fécondité que Kant lui-même, trop accaparé par la conception de la connaissance physique, mécanique et mathématique, élaborée dans la *Critique de la raison pure,* ne pouvait prévoir. – Trad. Vrin, 1928.

CRITIQUE DE LA RAISON DIALECTIQUE, précédée de QUESTIONS DE MÉTHODE. Ouvrage du philosophe et écrivain français Jean-Paul Sartre (1905-1980), publié en 1960. Pouvons-nous constituer une anthropologie à la fois structurale et historique ? Sartre voit dans l'existentialisme l'anthropologie qui cherche son fondement, le mouvement de cette question du fondement au sein du marxisme, qui est la seule philosophie de notre temps. Ce fondement est l'homme comme être pratique qui totalise son devenir. Le savoir est un moment nécessaire de cette pratique totalisatrice, dont la forme pensée est une raison dialectique. La recherche des conditions formelles de possibilité d'une raison dialectique est le mouvement de la totalité pratique en tant qu'il est perçu comme histoire par un être qui totalise intégralement sa propre histoire.

Sartre reprend et approfondit sa théorie du projet. L'homme est projet, relation dialectique infinie de l'objectivité et de la subjectivité. Le projet est la conscience différentielle d'une totalité qu'il tend à dépasser vers une autre forme de totalisation. Le projet fait ainsi apparaître la matière et la nécessité : la matière ouvrée par le travail est la totalité imparfaite à laquelle je m'oppose, mais qui me lie aux autres. La « rareté » comme négation de l'homme en l'homme par la matière ouvrée est l'universalité abstraite, la nécessité aveugle qui apparaît de l'extérieur comme produit inhumain de la praxis et de la liberté humaines. La rareté, caractère contingent et fondamental de notre être nous définit comme « hommes » ; non comme « nature humaine », mais comme figure historique de l'homme en qui l'inertie pratique fonde l'inhumanité. L'homme est le produit historique de la rareté, qui est la matrice de toute « réification ». La négation de l'homme en tout homme par cette rareté, comme mode d'existence de la matière ouvrée, fonde l'antidialectique des individus coexistant dans le champ de rareté : l'appartenance de classe est ainsi le destin d'une liberté pratique. La nécessité est ainsi la découverte historique de la liberté de l'être-pour-soi comme liberté à faire : elle n'est ni une contrainte, ni une paralysie de l'action, mais l'objectivation de mes actes qui me reviennent comme autres que je ne les avais engendrés. Le producteur devient le produit de son produit et peut ainsi s'apercevoir comme autre qu'il n'est. L'aliénation de soi est aussi un mode d'accès à la découverte des autres par cette altérité qui est en moi.

Il n'y a donc de nécessité aliénante que pour l'être qui totalise son expérience et qui distingue, praxiquement, la « totalité », qui est l'unité absolument réalisée et imaginaire d'une totalisation en cours, et la « totalisation », acte en cours dans un champ pratico-inerte qui est perpétuellement détotalisé et retotalisé. De plus la totalité est perçue par un regard qui ne tient pas compte de l'autre comme existant réel ; la totalisation pratique au contraire est une relation binaire et réciproque, médiatisée par le langage. Sartre montre comment la relation binaire de réciprocité renvoie à la fois à l'intériorité de chaque conscience et à un tiers médiateur – que chacune est pour tout couple possible –, et cette liaison objective des hommes dans le champ pratique est ainsi une liaison par des relations d'intériorité.

Les hommes produisent ainsi leur réciprocité sur le mode de l'antagonisme intériorisé par chacun des adversaires. Les luttes historiques sont ainsi des affrontements de praxis libres qui comprennent de l'intérieur le projet de l'autre, de sorte que la « violence » est la réintériorisation du projet de l'autre dans mon projet. La violence est ainsi compréhension signifiante de la dialectique totalisante de la praxis. Cette violence est terreur quand elle lie la conscience à elle-même dans le groupe, et oppression quand elle oppose des consciences en un statut indépassable en fonction de la rareté.

Par ce jeu de la réciprocité et de l'exclusion, chaque homme est homme par la relation à autrui sous la médiation du « groupe » et en même temps chacun incarne la menace de mort pour tous les autres dans le champ de la rareté. À partir de cette appartenance mutuelle de l'humain et de l'inhumain dans la liberté, la « réification » se comprend : elle est la nécessité de vivre mon appartenance au groupe comme statut mécanique et moléculaire. Mais la conscience ne devient pas chose pour autant, elle demeure une praxis libre. Cette dualité est à l'origine de la conscience « mystifiée ».

La pluralité des consciences opposées nie la dialecticité interne de chaque praxis. La praxis est le mouvement qui va de l'objectif à l'objectif en passant par le subjectif, par l'intériorisation d'un existant qui vit son besoin sur le mode du projet et de la transcendance, déterminant ainsi un champ pratique où il devient homme contre l'antipraxis permanente que constitue l'action passée. Cette praxis est fondamentalement l'activité dialectique d'un organisme vivant qui est un corps qui, pour satisfaire le besoin, travaille, c'est-à-dire se fait inerte au sein de l'inertie pour la transformer. La praxis est ainsi celle de l'individu et elle rencontre l'autre comme tiers médiateur de mon rapport à autrui, et, en même temps, comme inertie de la praxis détotalisée en antipraxis et revenant vers moi ; définissant mon expérience par rapport à un horizon historique. Pour supprimer l'inertie de la praxis revenant sur soi, l'individu doit s'intégrer à une entreprise en perpétuelle intégration, qui définit un « groupe ». Mais l'individu reste individu, la praxis du groupe devient exis et définit des « collectifs » qui sont des objets inorganiques du champ pratico-inerte (exigences, intérêts, opinions, contre-finalités antidialectiques en un mot). L'altérité des individus devient multiplicité discrète et l'activité de chacun est transformée en passivité active par l'activité passive de l'autre praxis qui m'atteint par la matière ouvrée.

L'analyse transcendantale des conditions de possibilité de la praxis historiquement définie conduit ainsi de l'individu à la classe par le groupe, la série et les collectifs. Le groupe, défini par son entreprise qui vise à se faire praxis pure, éliminant de soi les inerties, s'oppose à l'activité sérielle où la liberté ne se pose que pour découvrir son aliénation dans une activité passive. Contre la série, le groupe est la manifestation d'une impossibilité de l'impossibilité de vivre, revendiquée par chacun en tant que, dans le groupe, chacun est librement tiers médiateur qui synthétise les réciprocités duelles des autres. Un tel groupe en fusion, menacé de tomber dans la synthèse passive du pratico-inerte ou dans la sérialité, doit se survivre à lui-même en faisant de soi-même son objectif immédiat, ce qu'on voit dans l'expérience du serment. La peur de tous en chacun est le moteur du groupe se survivant et vient de ce que le groupe n'a ni existence organique ni inertie propre et qu'il se survit uniquement comme réorganisation incessante de la répartition des tâches, définissant les « fonctions » des sous-groupes et des individus dans les sous-groupes. Les « fonctions », en tant qu'elles se révèlent, par la libre praxis, comme des spécifications du remaniement totalisateur du tout par lui-même, sont des « structures ». Quand le groupe ne peut pas se changer sans se bouleverser, quand il est ainsi conditionné par une réintroduction de la sérialité en lui, il devient « institution », son unité étant alors l'altérité qui sert au groupe à remplacer son unité disparue. Le groupe s'intègre ainsi dans un ensemble qui n'est pas groupe de groupes et qui est la « société », comme sérialité des groupes entre eux. Le groupe est ainsi le destin d'une pratique qui s'enlise dans la matérialité. Cette sérialité retrouvée à travers l'aliénation du groupe définit le « collectif ». Mais de même qu'il y a un collectif, objet matériel, contre lequel le groupe se définit et se constitue dans le danger et l'urgence, en refusant de recevoir son unité de l'extériorité pratico-inerte, il y a aussi un collectif dont l'objectivité matérielle est formée par des hommes unis par l'impossibilité sérielle d'une action au sein du groupe survivant. Un tel collectif est une « classe » : la classe, comme être commun est l'unité absolue de destins individuels qui réalisent sériellement un milieu identique pour tous les individus. Elle est une réciprocité comme rapport entre les individus à travers les choses et par là elle est à la fois praxis et inertie, dispersion et communauté. L'action commune, revendicative ou révolutionnaire, réalisera absolument et librement cet être-de-classe. La liberté n'est pas un refus de l'être-de-classe, mais désaliénation par la pratique d'une liberté aliénée par la pratique.

Cet ensemble d'analyses repose sur une certaine conception de la dialectique. La dialectique fondamentale est le rapport de la praxis individuelle à l'être matériel sur le fondement du rapport de mon corps vivant au monde pratico-inerte dans le travail. La conscience de soi a ainsi rapport à soi par sa matérialité inerte, elle est conscience aliénée, liberté réifiée. Par là, toute aliénation de la conscience est en même temps conscience de l'aliénation : cette dualité est notre enracinement dans l'histoire et elle explique comment la conscience, comme moment de la totalité pratique, peut en même temps s'élever à la connaissance de la totalité pratique. La dialectique comme méthode de connaissance historique et la dialectique comme loi de production de la réalité historique s'entre-appartiennent nécessairement. La dialectique est le lien de la praxis individuelle, raison constituante, et de la raison constituée dans le pratico-inerte. Le mouvement dialectique, qui est l'entreprise d'objectivation de la raison constituante qu'est la praxis individuelle, doit être ainsi expliqué à partir de la certitude apodictique de la conscience non thétique de soi, sur le fondement de laquelle la conscience fait l'histoire qu'elle subit. La dialectique, comme logique de l'action, est la résultante des praxis individuelles dans le champ pratico-inerte ; elle est transparente et opaque à la fois, et si sa contradiction est intelligible, c'est que la raison dialectique est le mouvement même de totalisation qui est la loi de l'expérience de la conscience vivante.

CRITIQUE DE LA RAISON PRATIQUE [*Kritik der praktischen Vernunft*]. Deuxième ouvrage fondamental du philosophe allemand Emmanuel Kant (1724-1804), publié à Riga en 1788. Dans la *Critique de la raison pure* (*), Kant avait abouti à cette conclusion que la raison — faculté qui vise à dépasser le plan des phénomènes conditionnés et relatifs, pour exiger, au moyen des idées, le monde de l'inconditionnel et de l'absolu — ne peut, dans sa démarche spéculative, atteindre son objet : une métaphysique entendue comme science est donc impossible. Néanmoins, dans les conclusions de cet ouvrage, l'auteur faisait déjà remarquer que la raison, outre sa fonction spéculative, se constituait comme fonction pratique, en d'autres termes pouvait déterminer son objet au moyen de l'action ; ainsi était réservée la possibilité d'une métaphysique des mœurs, c'est-à-dire d'une métaphysique entendue comme morale. En introduction à cette métaphysique des mœurs, Kant écrivit par la suite le *Fondement de la métaphysique des mœurs* (*) et la *Critique de la raison pratique.*

Dans le premier de ces deux ouvrages, Kant a voulu débarrasser le domaine de l'éthique des confusions et des vues superficielles de la philosophie populaire pour établir l'indépendance de la moralité à l'égard de toutes les impulsions et tendances de la nature sensible ; l'action moralement bonne est celle qui n'obéit qu'à la loi morale en tant que telle, cette dernière exprimant un fait par la raison. En ce cas doivent être tenues pour postulats de la vie morale la « liberté », autrement dit la capacité propre à la raison de déterminer la conduite, « l'immortalité de l'âme » et « l'existence de Dieu ». La *Critique de la raison pratique* poursuit la même recherche, mais renverse en quelque sorte la méthode ; alors que dans le *Fondement* la vie morale constituait la « ratio cognoscendi » de la liberté, toute vie morale exigeant la liberté comme postulat préalable, ici la liberté est recherchée comme « ratio essendi » de la moralité ; autrement dit il est démontré que la loi morale relève de l'idée de liberté et, partant, que la raison pure est par elle-même pratique, l'idée rationnelle de la liberté déterminant d'elle-même la vie morale et prouvant sa réalité par une démonstration de fait. L'inconditionnel et l'absolu, inaccessibles à la raison dans le domaine de la connaissance, sont réellement atteints par elle dans celui de la moralité ; c'est là l'essence du fameux « primat de la raison pratique », d'où Fichte conclura que ce n'est point dans la « chose en soi » extérieure au sujet, mais dans le sujet pur ou moi absolu en tant que raison pratique et pure initiative morale, qu'il convient de chercher l'absolu sur lequel fonder une métaphysique critique.

À l'instar de la *Critique de la raison pure,* cet ouvrage comprend une « Doctrine des éléments » et une « Méthodologie » ; cependant, la première ne se subdivise pas en Esthétique, Analytique et Dialectique, mais uniquement en Analytique et Dialectique. Ceci du fait même que l'usage de la faculté spéculative se fonde sur la sensibilité et trouve en celle-ci les conditions de son existence, alors que, par contre, la faculté pratique apparaît en opposition avec toute détermination sensible, et son élément sensible (le « mobile ») ne peut donc être pré-supposé, mais doit être déduit du pur moment rationnel. L'Analytique examine d'abord les principes de la raison pratique et, après avoir distingué entre les « maximes » (subjectives, c'est-à-dire renfermant une condition reconnue valable par la seule volonté du sujet) et les « lois » (objectives, c'est-à-dire renfermant une condition reconnue valable par la volonté de tout être rationnel), démontre que tous les principes pratiques supposant un objet, une matière du vouloir, sont empiriques et ne peuvent fournir de lois pratiques ; que semblable objet du vouloir ne peut être que le bonheur personnel qui dépend de la nature empirique de chaque sujet particulier ; par conséquent, les lois pratiques ne peuvent être que formelles. Or, une volonté déterminée par la simple « forme » de la loi et, partant, indépendante de toute sollicitation empirique, est « libre » : c'est pourquoi la liberté et la loi pratique (morale) inconditionnelle se correspondent. Cette loi, ou impératif catégorique, est ainsi formulée : « Fais en sorte que la règle de ta volonté puisse toujours et en tout temps valoir comme principe d'une législation universelle. » Du fait que cette loi contient la pure forme (universalité sans contradiction) de la raison, il en résulte que « la raison pure n'est pratique que pour elle-même et donne [à l'homme] une loi universelle, que nous qualifions de loi morale ». Cette démarche conduit à poser l'autonomie de la volonté comme principe unique de toutes les lois morales, autonomie constituée « par l'indépendance envers toute matière de la loi [autrement dit d'un objet désiré], et pourtant, en même temps, par la détermination du libre arbitre au moyen de la simple forme législative universelle, ce dont une maxime doit être capable ». Cette indépendance et cette législation de la raison pure sont les deux aspects de la même réalité, car une volonté déterminée uniquement par la simple forme législative des maximes est indépendante de la loi naturelle des phénomènes ; et inversement une volonté libre, c'est-à-dire indépendante des conditions empiriques, ne peut trouver de principes de détermination que dans la forme législative de la maxime.

Ceci étant posé, Kant passe à l'établissement du « concept » d'un objet de la raison pure pratique, de l'objet entendu comme un effet possible (du point de vue morale) de la liberté : bien ou mal ; le bien [Gute] qu'il faut distinguer de l'agréable [Wohl]. Le bien doit être déterminé a priori, c'est-à-dire indépendamment de tout contenu empirique, plaisir ou peine ; il ne doit donc être en aucun cas déterminé antérieurement à la loi morale, mais uniquement en procéder. Il s'agit là d'un ordre inverse de celui qui caractérise la *Critique de la raison pure ;* dans cette dernière avaient seules valeur de vérité les catégories appliquées à l'expérience, retrouvées en elle ; tandis que les principes purs de la raison, prétendant d'emblée à une unité totale du savoir, étaient déclarés illégitimes en dehors de leur usage simplement régulateur, se bornant à fournir un horizon à la recherche expérimentale. Au contraire, dans le domaine de la vie morale, c'est du pur principe de la raison, en tant que pratique, c'est-à-dire de la liberté, que doit être déduite la légalité de l'action morale ; si, dans son usage spéculatif, la « pureté » de la raison, son indépendance à l'égard des données empiriques n'est qu'un facteur d'illusion, dans son usage pratique elle est source de validité.

Le troisième chapitre de l'Analytique est consacré aux « mobiles » de la raison pratique, ou motif déterminant et subjectif de la volonté morale. Un tel mobile doit être empirique, sans être toutefois d'origine empirique et naturelle comme l'intérêt personnel ou le bonheur ; il s'opposera à la recherche du plaisir, car, en tant que motif déterminant de notre volonté, la loi morale « porte atteinte à toutes nos inclinations » et « doit produire un sentiment que l'on peut appeler douleur » ; elle ne peut être que le sentiment du respect de la loi pour elle-même. Semblable sentiment est engendré par un principe intellectuel ; il est le seul que nous possédions entièrement a priori et dont nous puissions saisir la nécessité. On peut dire même que « le respect de la loi n'est pas un mobile de la moralité, mais cette moralité elle-même, considérée subjectivement comme mobile ». Kant n'entend pas se cacher d'ailleurs la difficulté d'une telle conception et le paradoxe d'un sentiment (empirique par définition et appartenant toujours au moi phénoménal) qui soit a priori et libre. La déduction de l'Esthétique pratique à partir de l'Analytique ne peut être considérée comme une réussite ; le passage du plan de la raison pure au plan psychologique du sujet empirique, de la forme universelle de la loi à sa résonance dans l'âme individuelle, demeure un point obscur, non seulement de la morale kantienne, mais de la philosophie idéaliste rationaliste tout entière ; un point sur lequel insisteront tous les courants néo-romantiques vers le milieu du XIXe siècle.

La dialectique de la raison pure pratique n'apporte rien de nouveau à ce que nous offrait déjà le *Fondement.* La raison pure pratique a pour objet, entier et absolu, le « souverain bien », c'est-à-dire la synthèse du bonheur et de la vertu ; ce qui nous conduit à une antinomie, car ou bien « le désir de bonheur doit être la cause et le mobile de la maxime de la vertu » (ce qui est absolument impossible comme l'a démontré l'Analytique), ou bien « la maxime de la vertu doit être la cause efficiente du bonheur », ce qui est également une pure impossibilité, le monde étant régi par une connexion de causes et d'effets qui ne se conforme point aux intentions morales de la volonté. La solution de cette antinomie nous est donnée, si l'on admet le primat de la raison pratique, par la « foi morale » dans l'immortalité de l'âme (nécessaire pour que puisse exister une vie où la vertu soit récompensée) et dans l'existence de Dieu (dont l'intellect et la volonté doivent s'accorder pour constituer une nature permettant de réaliser un tel accord). Dieu et l'immortalité sont les postulats de la raison pure pratique, qui permettront de résoudre positivement, sur le terrain pratique, les problèmes que la métaphysique théorique laissait sans solution.

Tel est dans son ensemble ce grand ouvrage kantien qui exerça sur toute la pensée philosophique ultérieure et jusqu'à nos jours une énorme influence, posant les problèmes éthiques sur un plan entièrement nouveau et suscitant de vives controverses entre formalistes et personnalistes, idéalistes et phénoménologues. Mais, quel que soit le jugement porté sur les solutions qu'il propose, cet ouvrage a le mérite d'avoir tiré l'éthique de l'ornière dogmatique, pour en faire une réflexion rationnelle et systématique sur le problème de la moralité. — Trad. Vrin, 1944 ; Gallimard, 1984.

CRITIQUE DE LA RAISON PURE [*Kritik der reinen Vernunft*]. Ouvrage capital du philosophe allemand Emmanuel Kant (1724-1804) auquel il travailla de 1770 à 1781. Pour l'auteur, la pensée traditionnelle est dominée par les deux courants de l'empirisme et du rationalisme, dont les solutions apportées au problème de la connaissance lui paraissent également peu satisfaisantes : la première, parce qu'elle tire la connaissance tout entière de la sensation et aboutit à cette conséquence que tout savoir humain est individuel et contingent et, partant, ne peut renfermer de propositions universelles et nécessaires ; la deuxième, parce qu'elle place dans l'intellect ou raison, dans la mesure où il détient un patrimoine de connaissances originelles (innéité), la source unique du savoir, sans parvenir pour autant à en justifier l'extension progressive. L'une et l'autre, en somme, ne peuvent garantir cette adéquation de la connaissance à la réalité objective, que constitue pour elles la vérité. Il est donc inutile d'échafauder des systèmes métaphysiques si l'on ne se livre, au préalable, à un examen critique de la capacité de connaître de l'esprit humain.

« Connaître, c'est juger. » Toute connaissance s'exprime en effet par un rapport entre un sujet et un prédicat, autrement dit un jugement. Mais la structure des jugements constitutifs de la connaissance peut être envisagée différemment selon la solution donnée au problème gnoséologique ; plutôt que de poser deux sortes de jugements, Kant se réfère donc implicitement aux solutions énoncées plus haut en établissant la distinction entre jugements analytiques et synthétiques. Dans les premiers, le prédicat est implicitement contenu dans le sujet, dont il est extrait par analyse (quand nous disons : les corps sont étendus, l'idée de corps contient implicitement l'idée d'extension) ; ils sont donc « a priori » et, par conséquent, universels, mais n'enrichissent pas la connaissance. Dans les seconds, le prédicat n'est pas contenu implicitement dans le sujet, mais fourni par l'expérience (ex. : les corps sont lourds) ; ils enrichissent la connaissance mais, étant « a posteriori », sont privés d'universalité. Kant observe cependant que les jugements mathématiques, tout en étant a priori, puisqu'ils ne sont pas « donnés » à la pensée mais engendrés par elle, sont néanmoins synthétiques ; la physique comporte également des jugements synthétiques, permettant un accroissement des connaissances, mais a priori et, partant, universels et nécessaires. Comment les jugements synthétiques a priori sont-ils possibles ? Ce qui revient à se demander : comment les mathématiques pures et la physique pure sont-elles possibles ? (pures : c'est-à-dire, en tant que pures possibilités de connaissance physique et mathématique, en dehors de tout apport de l'expérience). Mais, outre ces deux sciences, l'homme aspire à la connaissance de l'absolu ; d'où la troisième question : comment la métaphysique, entendue comme tendance naturelle, est-elle possible ? Kant se propose ainsi d'examiner la raison cognitive, afin de déterminer la possibilité, la portée et les limites de la connaissance humaine. Il ne s'agit nullement de décrire la raison d'un point de vue psychologique, mais de discerner les formes fondamentales à travers lesquelles l'activité de la raison se définit pour construire le monde du savoir, que nous appelons monde de l'expérience, dans la mesure où la raison reçoit un apport extérieur ; il s'agit de connaissance pure, autrement dit des conditions a priori de la connaissance, rendue possible par des formes pures, ou a priori de la raison elle-même. Ces formes pures, indépendantes de l'expérience mais la rendant néanmoins possible, Kant les qualifie de transcendantales.

Outre la fameuse introduction à la deuxième édition, la *Critique de la raison pure* comprend trois parties : l'Esthétique transcendantale, l'Analytique transcendantale, la Dialectique transcendantale. L'Esthétique, qui répond à la question : comment la mathématique pure est-elle possible ? expose la doctrine des formes pures ou conditions a priori de la connaissance sensible. Ces formes sont constituées par l'espace et le temps, qui unifient les données multiples de la sensibilité, en tant que sensations. Le contenu sensible vient s'ordonner dans les formes de l'espace et du temps, lesquelles sont subjectives, mais d'une subjectivité universelle, propre à l'esprit humain ou à tout être de pensée similaire. Ces formes, Kant les qualifie d'Intuitions pures, car elles permettent l'intuition empirique, autrement dit la connaissance ou perception du particulier sensible, celui du monde extérieur (espace) ou du monde intérieur (temps). Elles relèvent de l'Esthétique, non en tant que science du beau, mais étymologiquement, en tant que doctrine de la sensibilité. Toutefois, l'intuition empirique ne constitue pas la connaissance, mais l'un de ses premiers degrés. Le matériel, ordonné par l'intuition dans les deux formes de l'espace et du temps, doit être unifié par l'intellect ; alors seulement, il sera possible de formuler des jugements et d'affirmer que ce que nous nous représentons existe, c'est-à-dire participe de la réalité, qu'un fait est la cause de l'autre et ainsi de suite.

Kant pousse alors plus loin l'analyse de la connaissance, et, dans l'Analytique transcendantale, il répond à l'interrogation : comment la physique pure est-elle possible ? Si penser c'est juger, les affirmations du jugement sont rendues possibles par des catégories ou concepts ne relevant pas de l'expérience. Semblables concepts, Kant les qualifie de purs et transcendantaux. Ils sont subjectifs, mais universellement humains ; en d'autres termes, tout sujet pensant ne peut penser que selon ces formes constitutives de l'esprit humain ou de la raison. Le processus d'unification, qu'avaient amorcé dans la connaissance sensible les formes pures de l'intuition, se trouve poursuivi par ces concepts transcendantaux, au moyen desquels l'expérience nous est présentée comme liée aux objets. Dans le jugement, l'objet se constitue en tant que chose réelle ou vraie. Parmi les catégories permettant les jugements fondamentaux (Kant en dénombre douze, divisées en quatre groupes : qualité, quantité, relation et modalité), il convient de souligner celles de substance et de cause, auxquelles Hume, en n'y voyant que le résultat d'une habitude, déniait toute universalité et, par conséquent, toute valeur scientifique. En les considérant a priori, universellement valables dans la pensée, Kant restitue à la science moderne toute sa valeur. D'autre part, l'ensemble des jugements suppose une forme unique de jugement, c'est-à-dire doit se référer à une unité originelle, ne pouvant certainement relever de l'expérience. C'est le « Je pense », unité d'aperception ou de conscience des jugements, en fonction de laquelle se forment les jugements : l'unité de l'expérience n'est possible que par le pouvoir unifiant du « Je pense ». L'objectivité est donc intérieure à la pensée, et le monde réel se définit comme monde de l'expérience, dont les conditions, ou formes, et les éléments sont les intuitions pures, les concepts purs et le critère unique des jugements ou unité originelle d'aperception. Il suffira de rapporter la multiplicité des sensations à cet ensemble de formes pures pour que se constitue notre monde de l'expérience, dans une synthèse des deux sources ou démarches de la connaissance, que la tradition historique de la pensée avait jusque-là fondamentalement séparées. La pensée ne s'oppose plus à l'expérience, ou inversement ; pensée et sensibilité réunies nous fournissent la nouvelle expérience que représente le monde en tant que phénomène.

Mais qu'est-ce que l'âme ? Qu'est le monde dans sa réalité intime et indépendante de la pensée ? Qu'est-ce que Dieu ? Ce sont là autant de problèmes relevant de la Dialectique transcendantale, qui traite de la question : comment la métaphysique est-elle possible ? La connaissance, dont Kant a prouvé la possibilité, est phénoménale, autrement dit toujours relative à la pensée humaine ; et pourtant, remarque Kant, nous devons envisager une réalité en soi, demeurant inaccessible à notre connaissance, puisque, si elle était connue, elle assumerait les formes nécessaires du connaître et se changerait en phénomène. Connu, Dieu se présenterait corporellement dans l'espace et le temps, le monde comme un tout fini, exigeant une cause résultant à son tour d'une autre cause. Il nous faut toutefois accepter l'idée d'une réalité en soi, intelligible ou nouménale, du fait que le monde de notre expérience relève de la causalité, l'une des catégories fondamentales de la pensée. Mais située en dehors du temps et de l'espace, cette réalité est inconnaissable ; l'âme, le monde et Dieu ne sont pas des objets de connaissance, mais des idées de la raison, révélant la tendance de l'esprit vers une unification ultérieure projetée à l'infini. De là une distinction entre le monde phénoménal ou connaissable, et le monde des choses en-soi ou nouménal, concept-limite, simplement pensé (« nouménon »), mais jamais donné dans une expérience inconnaissable. – Trad. Gallimard, 1980 ; Flammarion, 1987.

CRITIQUE DE « L'ÉCOLE DES FEMMES » (La). Comédie en un acte, en prose, du dramaturge français Molière (Jean-Baptiste Poquelin, 1622-1673), créée le 1er juin 1663. L'action se déroule dans le salon d'une femme d'esprit, Uranie. Trois dames (la maîtresse de maison qui défend Molière, Élise, la cousine d'Uranie, et Climène), un chevalier, Dorante, qui est pour ainsi dire Molière lui-même, et un poète, le pédant Lysidas, discutent de l'événement théâtral du jour : *L'École des femmes* (*). Climène trouve la pièce offensante pour son goût précieux et son sens moral ; le marquis, qui ne l'a pas vue, la critique et la trouve « du dernier détestable » parce qu'elle a plu au parterre. Quant au poète, il la juge mal faite et, après l'avoir décomposée en « protase », « épitase » et « péripétie », estime qu'elle n'est pas conforme aux règles traditionnelles. Dorante, qui défend l'ouvrage, réplique que les fameuses règles « ne sont que quelques observations que le bon sens a faites sur ce qui peut ôter le plaisir que l'on prend à ces sortes de poèmes... Le même bon sens qui les a faites autrement les fait aisément tous les jours, sans le secours d'Horace et d'Aristote ». La grande règle est de « plaire », plaire à la Cour, mais aussi au parterre, et pour cela il faut « peindre d'après nature ». Mais ce n'est pas tout, encore « faut-il plaisanter. Et c'est une étrange entreprise que de faire rire les honnêtes gens ». Et Dorante de s'en prendre aux pédants, aux précieux, à tous ceux qui, sous un prétexte ou un autre, boudent leur plaisir. Œuvre de circonstance, cette pièce a le mérite de refléter, avec fidélité et mouvement, les divers points de vue qui s'affrontèrent à l'époque, à tel point que l'on peut parler d'une véritable « querelle » de *L'École des femmes*. Molière nous y fait connaître sa position, développe son esthétique et montre jusqu'à quel point il possédait l'art d'organiser une pièce et d'occuper une scène. Il reprendra d'ailleurs la structure de la « comédie de salon », qu'il venait ainsi d'inventer, pour son *Misanthrope* (*). À l'œuvre du dramaturge il y eut d'innombrables répliques, et la querelle dura toute l'année 1663 (Donneau de Visé : *Zélinde ou la Véritable Critique de « L'École des femmes »* (*) ; Boursault : *Le Portrait du peintre* ; etc.).

CRITIQUE DE L'ÉCONOMIE POLITIQUE [*Zur Kritik der politischen Oekonomie*]. Ouvrage du socialiste allemand Karl Marx (1818-1883), publié à Berlin en 1859. L'auteur a expliqué dans la préface de ce livre célèbre, qui annonce le fameux *Capital* (*), comment il en avait établi le plan : « J'examine, dit-il, le système de l'économie bourgeoise dans l'ordre ci-après : capital, propriété foncière, travail salarié : État, commerce international, marché mondial [...] Les documents en sont les monographies que j'ai écrites à diverses époques, non pas en vue de leur publication, mais bien pour moi-même. » La rédaction lui demanda sept ans, de 1859 à 1867. Certaines éditions du *Capital* sont précédées de la *Critique*. La préface est de première importance, car Marx définit sa méthode avec une rigueur toute scientifique. Sa révision de la pensée de Hegel « aboutit à ce résultat : que les rapports juridiques et les formes politiques de l'État ne sauraient être compris d'eux-mêmes pas plus qu'au moyen du prétendu développement général de l'esprit humain ; ils prennent racine dans les rapports matériels de la vie... c'est ainsi qu'il importe de rechercher l'anatomie de la société civile dans l'économie politique ». Marx limite donc ici ses recherches au domaine de l'économie politique, en précisant les grandes lignes de son matérialisme historique ; les rapports économiques entre les hommes sont nécessaires ; ils sont indépendants de leur libre arbitre ; ce sont des rapports de production qui correspondent à un stade déterminé dans le développement des moyens matériels de production. L'ensemble de ces rapports constitue la structure économique de la société, soit le principe qui détermine, en dernière instance, l'évolution sociale, politique et spirituelle de la vie. Ce n'est pas la conscience de l'individu qui détermine son être, mais c'est son être social qui détermine sa conscience. À un certain point de développement, les moyens de production dont dispose la société se trouvent en opposition avec les rapports de production antérieurs dont ils sont issus. Il en résulte une ère de révolution. Ainsi, à voir les choses dans leurs grandes lignes, on peut considérer les divers modes de production (asiatique, antique, féodal, moderne et bourgeois) comme des stades progressifs de la formation économique de la société. Tandis que la conception matérialiste de l'évolution historique, entendue de façon dogmatique, ne résiste pas à une critique philosophique approfondie, la thèse marxiste des contradictions naturelles au sein de l'économie et de la civilisation bourgeoise (dont l'aboutissement inéluctable est la dissolution) était prophétique ; les événements ne tardèrent pas à la confirmer en tous points. Marx, en dépit de son réalisme extrême, est tombé dans l'utopie en déclarant que les rapports bourgeois de la production étaient « la dernière forme de l'antagonisme régnant dans l'évolution sociale de la production », et qu'avec elle se terminerait « la pré-histoire du genre humain », comme si, à un moment donné, il était possible de fixer les conditions aptes à faire cesser ces antagonismes dans la société et à instaurer l'avènement d'un paradis terrestre. – Trad. Gallimard, 1968.

CRITIQUE DE L'EXPÉRIENCE PURE [*Kritik der reinen Erfahrung*]. Œuvre du philosophe allemand Richard Avenarius (1843-1896), le plus représentatif de l'« empiriocriticisme » ; publiée à Leipzig dans les années 1888-1890, en deux volumes. Ce fut seulement après la mort de l'auteur que l'ouvrage connut une grande notoriété ; on le considéra alors comme annonciateur, car il avait abordé certains problèmes philosophiques qui ne furent posés avec clarté que dans les premières années du XXe siècle, spécialement après que le physicien Mach, sans avoir eu de rapports directs avec Avenarius, eut élaboré sa philosophie de la science, et aussi lorsque Schuppe, le « philosophe de l'immanence », eut reconnu sa propre affinité avec Avenarius. La critique d'Avenarius a pour base la conception, foncièrement positiviste, suivant laquelle tout aspect de la réalité, soit physique, soit psychique, est réglé par la loi du moindre effort. En s'appuyant sur cette loi, toute distinction entre le moi et le monde est absurde. Le dualisme entre le sujet et l'objet, si particulier à l'idéalisme, est abstrait et artificiel et n'a rien à faire avec la réalité immédiate, telle que celle-ci se présente à l'expérience sensible. Nos sens ne distinguent pas l'acte de sentir de la chose sentie, qui sont une seule donnée de fait ou, si l'on veut, deux données de fait (le moi et la chose), mais qui peuvent toutes deux être regardées comme sujets ou comme objets, mais non l'une comme sujet et l'autre comme objet. Le dualisme entre le moi et le monde, entre l'esprit et la matière, se résout en un pur jeu de mots.

Le moi, principe de la pensée et de l'être pour Descartes et pour Kant, devient égal à n'importe quel autre élément de l'expérience. En d'autres termes, le moi qui perçoit une chose n'existe pas : supposons qu'il s'agisse d'un arbre, nous sommes, moi et l'arbre, les deux éléments équivalents d'une unique expérience. « Moi, je fais l'expérience de l'arbre, écrit Avenarius, cela veut dire qu'il y a dans cette expérience un ensemble d'éléments ; le plus riche : moi, le moins riche : l'arbre. » De cette façon l'élément « moi » acquiert la même nature que la chose et inversement, même si le moi est un élément relativement constant par rapport à la chose. Ainsi, toute distinction étant abolie entre le psychique et le physique, le tonus vital physico-psychique de l'individu dépend directement du système nerveux central, qui établit un équilibre, une équivalence, entre les excitations du monde extérieur et la quantité de nourriture qui est prise et assimilée par l'individu. Le même équilibre domine la vie de la pensée qui ramène continuellement nos connaissances nouvelles aux anciennes, et les unit dans la synthèse la plus simple possible. Les conceptions scientifiques et les innombrables classifications de la science n'ont pas, à cause de cela, une valeur réelle dans le sens métaphysique, mais une simple valeur pratique et économique, dans la mesure où elles facilitent l'ordre et la synthèse du savoir. Au contraire, seule a une valeur absolue l'expérience sensible dans son immédiate pureté ou, comme dit Avenarius, l'expérience pure, expérience que l'on ne peut rejoindre qu'en se rendant compte de la valeur essentiellement abstraite de toute conception scientifique et de tout raisonnement logique. Il arrive aussi que l'expérience pure, qui est la réalité la plus immédiate et la plus spontanée, ne se puisse rejoindre que par le moyen d'une critique, qui en donne les bases et en précise les caractères constitutifs. De là le nom de « empiriocriticisme » donné à la philosophie d'Avenarius. Jusqu'alors la philosophie – dit Avenarius – a libéré l'humanité des illusions mythiques et religieuses par lesquelles l'homme projetait dans l'univers son propre rêve et la divinisation de lui-même ; elle l'a libérée aussi du besoin d'attribuer aux choses une valeur sentimentale et d'introduire l'anthropomorphisme dans la réalité et l'histoire. Il faut désormais que l'homme se libère des conceptions mythiques et abstraites de la philosophie et de la science, comme les conceptions de cause, de substance et les autres principes ou catégories de la pensée. De cette façon, alors que Kant dans la *Critique de la raison pure* (*) avait retrouvé dans les catégories et dans les idées les fondements de la pensée et de l'être, la *Critique de l'expérience pure* outrepassera les abstractions kantiennes et ramènera l'homme à la certitude primitive du sensible pur. Ainsi la philosophie accomplit l'unique tâche qui lui reste et par laquelle elle peut mériter encore son nom : confirmer, d'une façon critique, la vérité dont la simple conscience a déjà le pressentiment.

CRITIQUE DES TEMPS MODERNES [*Zur Kritik der Moderne*]. Recueil d'articles écrits par le critique, romancier et dramatique autrichien Hermann Bahr (1863-

1934). Ce recueil est le premier d'une série : *Critique des temps modernes* (1890), *Au-delà du naturalisme* (1891), *Essais critiques* (1894), *Renaissance, nouveaux essais critiques* (1897), *Formation* (1900), *Dialogue sur la tragédie* (1904), dans laquelle Bahr joua, pendant plus de dix ans, le rôle de « mouche du coche », vis-à-vis des nouveaux courants intellectuels de l'Allemagne. En réalité, il pressentit, annonça et « vécut d'avance » tous les mouvements intellectuels et littéraires qui se succédèrent vers la fin du siècle dernier et au cours des vingt premières années du nouveau. Son activité fut incessante, infatigable, toujours renouvelée, englobant la vie intellectuelle dans tous ses domaines : littérature, théâtre et beaux-arts. Ayant eu très jeune la faculté de « tout démontrer sans croire à rien », il devint l'« esprit qui toujours déconcerte », l'« homme d'après-demain ». Il fut l'un des premiers à se battre pour Maeterlinck, Klimt et Moissi ; c'est lui enfin qui découvrit le jeune Hofmannsthal et Hugo Wolf.

Dès le premier recueil prend forme cet « esprit moderne » qu'il annonça et prêcha avec tant de chaleur. Un reste de marxisme — qui disparaîtra entièrement par la suite — lui fait adopter une attitude réaliste et critique dont il tire cette conséquence que l'homme moderne ne doit suivre qu'une seule loi : développer au maximum sa sensibilité aux impressions extérieures, « être nerveux jusqu'au bout des ongles ». Sur le même plan, il conçoit l'évolution de la peinture moderne, par suite du changement qui s'est opéré dans les conditions de création, comme un dépassement de l'époque historique individualiste. Son enthousiasme juvénile l'avait en effet entraîné à participer au mouvement naturaliste, d'importation française, qui s'imposait alors en Allemagne. Mais, dès qu'il fut à Paris, il se sentit étranger à l'interprétation que le naturalisme allemand avait donnée de la poésie. D'ailleurs, le naturalisme français, en réaction contre l'esprit romantique désormais dépassé, avait rejoint, de diverses façons, la tradition classique ; Bahr s'aperçut alors que le mouvement français contenait des germes nouveaux conduisant à une conception de la vie et de l'art tout à fait différente et bien plus proche de son esprit : l'impressionnisme, dont il se fit en Allemagne le héraut et l'apôtre. En effet, la réalité n'était pour lui rien d'autre qu'une apparence voilant et suggérant à la fois le sens éternel des choses et de la vie. Bahr se consacra inlassablement à la propagation de cette nouvelle conception, menant campagne dans les revues et les journaux.

CRITIQUE DU « LÉGATAIRE ». Comédie en un acte de l'écrivain français Jean-François Regnard (1655-1709), représentée en 1708. Prenant exemple sur *La Critique de l'École des femmes* (*) de Molière, Regnard voulut donner une réponse aux polémiques soulevées par son *Légataire universel* (*). En présentant ses personnages comme des spectateurs occupés à discuter la pièce, dont le succès va grandissant, et en se mêlant lui-même au débat sous les traits de Boniface, l'auteur donne, à tour de rôle, raison aux uns et aux autres, sans se soucier en réalité de quiconque, ridiculisant du même coup ses partisans et ses détracteurs ; il affirme en substance cette vérité, qu'il est vain, lorsqu'une comédie connaît la faveur du public, d'en médire ou d'essayer de l'analyser selon les canons académiques, car elle se justifie d'elle-même. En effet, si l'émotion peut être obtenue par des artifices, le comique, quand il se manifeste, est toujours spontané.

CRITIQUE PRATIQUE [*Practical Criticism*]. L'écrivain anglais Ivor Armstrong Richards (1893-1979) conçut cet ouvrage, publié en 1929, comme le complément de ses *Principes de critique littéraire* (*). Cessant pour la première fois de proposer des théories sur ce que la poésie doit apporter au public, un critique se penche objectivement sur les réactions d'un public donné à la lecture de poèmes. Richards demande ainsi à un certain nombre de ses étudiants d'évaluer des poèmes dont ils ignorent l'auteur. Leurs critères sont à la fois émotionnels, formels, visuels, mnémoniques, et de compréhension. Les résultats se trouvent en désaccord flagrant avec les valeurs tenues pour bien établies de la littérature. Le psychologue apporte à ces interprétations la sienne propre, qui constitue souvent une explication lumineuse du poème et analyse les réactions du public dans le sens d'une extension de ces méthodes à d'autres domaines de l'enseignement et de la pédagogie. Son but consiste, entre autres, à remplacer les procédures subjectives d'appréciation d'un texte littéraire par les données objectives utilisées pour les études scientifiques et obtenues scientifiquement. L'auteur s'intéresse en effet aux rapports de la science et de la poésie. Dans un ouvrage qui porte ce titre, *Science et Poésie* [*Science and Poetry*, 1927], il avait déjà utilisé les concepts de « pseudo-questions » et de « modes d'évasion » pour caractériser les significations émotionnelles de la poésie, passant en revue Hardy, De la Mare, Yeats et D. H. Lawrence. La même préoccupation se retrouve dans *L'Imagination selon Coleridge* [*Coleridge on Imagination*, 1932] : Richards, qui subit de plus en plus l'emprise de celui qu'il considère comme un maître, s'emploie à réduire à des hypothèses les théories du poète, espérant les ériger en une technique de compréhension qui aura la rigueur de la science ; la critique du XXe siècle se caractérise, selon lui, par un manque d'attention aux textes, et l'exemple de Coleridge devrait être à nouveau suivi ; ses pensées sur la communication et le langage traduites en termes contemporains et ses conceptions philosophiques pourraient fournir le fondement d'une théorie de « l'appréhension rigoureuse de la poésie ». I. A. Richards ne s'est pas contenté de faire œuvre de critique. Dans les poèmes de *Adieu, la terre* [*Good Bye Earth*, 1958], il montre un talent évocateur qui surprend un peu chez un esprit aussi spéculatif que le sien. Il a également publié, en 1962, une « comédie infernale en vers » intitulée *Faust* [*Faustus, an Infernal Comedy in Verse*].

CRITIQUE SOCIALE (La). Revue française dont le numéro 1 parut en mars 1931 et le numéro 11 et dernier en mars 1934 ; elle avait pour sous-titre : « Revue des idées et des livres. Sociologie. Économie politique. Histoire. Philosophie. Droit public. Démographie. Mouvement ouvrier. Lettres et arts. » Animée par Boris Souvarine, *La Critique sociale* se proposait d'exercer, dans chacun de ces domaines, une critique marxiste intransigeante — d'être en fait la seule revue marxiste française par opposition aux publications communistes condamnées dans leur ensemble au nom d'un violent antistalinisme. Chaque numéro débute par deux ou trois longs articles (études sur des problèmes de fond ou bien textes importants de classiques du marxisme) représentant environ un tiers de la revue, cependant que le reste est consacré à des comptes rendus d'ouvrages récemment parus. L'originalité de *La Critique sociale* est en effet d'avoir énoncé avec rigueur les points de vue d'une critique purement marxiste, mais la collection de ses numéros nous apparaît surtout précieuse aujourd'hui à cause des nombreux articles qu'y publia Georges Bataille à partir du numéro 3 (une brève note sur la *Psychopathia sexualis* de Kraft-Ebing) et surtout du numéro 5, où parut sa première longue étude : « La Critique des fondements de la dialectique hégélienne », écrite en collaboration avec Raymond Queneau. Ce texte marque l'une des sources de la pensée de Bataille qui, à travers les leçons et l'amitié d'Alexandre Kojève, devait être profondément marqué par la philosophie de Hegel. Au numéro 6, Bataille ne contribue (à la rubrique « Religions ») que par de courtes notes sur des ouvrages de piété, une histoire de jésuites, un livre sur l'Église, et par un compte rendu, rédigé avec Queneau, des numéros 11-12 de *La Revue philosophique ;* mais parmi les articles de tête du numéro 7 figure « La Notion de dépense », long texte de Georges Bataille annoncé comme un fragment d'un ouvrage à paraître. Les idées exposées dans cet article essentiel ne seront développées que beaucoup plus tard dans *La Part maudite* — v. *L'Érotisme* (*). Ce même numéro 7 contient, toujours de Georges Bataille, une critique élogieuse du *Voyage au bout de la nuit* (*) de Céline et d'assez violentes condamnations du *Revolver à cheveux blancs* (*) de Breton, d'*Où boivent les loups* (*) de Tzara, de *La Vie immédiate* (*) d'Éluard et du *Clavecin de Diderot* (*) de Crevel (il faut noter d'ailleurs qu'à l'époque Bataille saisissait toutes les occasions d'attaquer le surréalisme). Bataille n'a donné dans le numéro 8 que de brefs comptes rendus du *Freud* de Zweig, de *La Philosophie militaire* de Roujou et des *Vérités impies* de Pierre-Jean, mais le numéro 9 débute par un article sur « Le Problème de l'État » où Bataille définit la nécessité d'une communication toujours ouverte entre sujets et les conditions du pouvoir. Dans ce même numéro, où apparaissent les noms de Simone Weil et de Michel Leiris, Bataille étudie les deux premières livraisons de la revue *Minotaure* (*). Sa contribution essentielle au numéro 10 est une longue étude sur « La Structure psychologique du fascisme », qui se poursuit dans le numéro 11, et un article sur *La Condition humaine* (*) de Malraux (numéro 10). L'intérêt de ces textes de Bataille, qui se situent entre ceux qu'il écrivit pour *Documents* (*) et pour *Acéphale* (*), est de nous montrer la place qu'occupa dans sa vie la tentation politique, tentation qui contribua au mûrissement de sa culture philosophique, mais pour le détourner bientôt de l'action et l'orienter vers la seule expérience intérieure.

CRITON ou Du devoir [*Κρίτων, ἢ περὶ πρακτέος*]. Dialogue du philosophe grec Platon (428 ?-347 ? av. J.-C.). À son vieil ami Criton qui tente de le convaincre de s'évader de prison, Socrate expose les raisons pour lesquelles il préfère laisser la loi suivre son cours. Criton s'est introduit à l'aube dans la cellule de son maître : le navire qui chaque année porte à Délos le don votif va rentrer au port ; et à son arrivée, Socrate devra mourir. Socrate accueille la nouvelle avec calme et en souriant comme si la pensée de la mort ne le préoccupait nullement. Criton insiste pour que Socrate s'enfuie ; il est soucieux du jugement du monde ; personne ne croira que Socrate a refusé de s'évader de prison, on pensera que ses amis n'ont pas fait tout ce qui était possible pour le sauver et ils ne recueilleront que le mépris. Craindrait-il par hasard que sa fuite n'amène des ennuis à ses fidèles disciples ? Mais ceux-ci sont disposés à tout. Que Socrate enfin n'oublie pas les obligations qu'il a envers ses enfants ! N'est-ce pas les trahir que de refuser de s'évader ? Mais Socrate repousse toutes ces objections : ce n'est pas du jugement des gens qu'il faut tenir compte, mais plutôt de celui de sa propre conscience ; de plus les devoirs envers sa famille ont une importance secondaire en face de ceux que l'homme a envers lui-même et envers ses propres principes. De même que pour le corps on doit suivre les prescriptions des médecins et des maîtres de gymnastique, sans quoi l'on risque de ruiner sa santé, de même doit-on tout faire pour préserver son âme en restant fidèle aux principes dont on s'inspire pour distinguer le juste et le mal du bien. Socrate n'a-t-il pas toujours affirmé que la justice est, dans la vie de l'homme, ce qui a le plus de valeur ? Et qu'à aucun prix l'homme ne doit répondre à l'injustice en commettant lui-même une injustice ? Criton est obligé de l'admettre.

C'est donc en regard de la justice que Socrate doit déterminer son attitude. En s'évadant, ne porterait-il pas atteinte aux lois de la patrie ? Socrate imagine en effet qu'à sa sortie de prison les Lois se présenteraient à lui et lui reprocheraient de les vouloir détruire et, avec elles, détruire l'État. Ne sont-ce pas les Lois qui l'ont créé tel qu'il est ? N'ont-elles pas présidé à sa naissance et à son éducation ? N'est-il pas par conséquent leur créature et ne leur doit-il pas le respect dû aux parents qui vous ont élevé ? Car enfin il les a acceptées de bonne grâce, alors qu'il aurait pu partir pour Athènes avec tous ses biens si elles ne lui avaient pas convenu ? N'a-t-il pas envers les Lois de plus grandes obligations que tous les autres citoyens, lui qui, en tant que philosophe, s'est plu à leur obéir par le passé et, à son procès encore, a refusé de se faire condamner à l'exil ? Pourrait-il enfin reprendre sa mission auprès des autres peuples, et prêcher l'observance de la vertu et de la justice, alors qu'il aurait de son côté transgressé les lois de sa patrie, auparavant librement acceptées ? Ne porterait-il pas du même coup un grand préjudice à sa patrie et à lui-même en se présentant aux autres peuples comme un évadé des lois et un rebelle ? Il vaut mieux qu'il se présente à l'Hadès avec la conscience intègre d'un homme vertueux et même avec l'auréole de celui qui meurt injustement condamné, non par la faute des lois, mais par l'envie des hommes. Voilà, déclare Socrate, ce que diraient les Lois de la patrie et il ne peut que leur obéir. Criton lui-même doit se convaincre que son attitude est juste ; l'ami renonce alors à sa tentative et s'en remet au jugement éclairé de Socrate. Ce sublime dialogue, qui nous montre la figure de Socrate dans le charme vivant de sa simplicité et de sa grandeur, possède une clarté élégante et bien ordonnée, animée d'une intime ferveur. – Trad. Les Belles Lettres, 1920 ; Gallimard, 1940.

CROISADE (La) [*Korståget*]. Roman de l'écrivain finlandais d'expression suédoise Tito Colliander (1904-1989), publié en 1937. Ce livre raconte la conversion religieuse de l'auteur, mais sous une forme très romancée. Tomas, jeune Finlandais vivant en Russie, accuse, sous l'influence de la faim, un ami de vol. L'ami est tué, et Tomas vivra toute sa vie avec son image devant lui. Il réussit à retourner en Finlande auprès de ses parents, il se marie et vit heureux avec son épouse, tout en consacrant une partie de sa vie à une femme qui représente pour lui la liberté hors de toute contrainte. Avec elle, il sombre dans l'alcoolisme. Mais un jour, il part pour l'Estonie, où il assistera à une « croisade » moderne. Le Christ de cette procession porte les traits de son ami de jeunesse ; Tomas alors se convertit et trouve enfin la paix. Tito Colliander fut élevé en Russie, et l'on trouve, dans sa prose vive et variée, des reflets des grands conteurs russes. Son roman suivant : *Ayez pitié !* [*Förbarma dig !* 1939] souligne encore le caractère slave de ce grand romancier finlandais.

CROISADE DES ENFANTS (La). Récit légendaire de l'écrivain français Marcel Schwob (1867-1905), paru en 1895 et sur un thème repris plus tard par Henry Bordeaux dans une inspiration toute différente (1927). On sait qu'au XIIIe siècle il y eut réellement deux croisades d'enfants en France et en Allemagne qui tournèrent très mal, l'une passa par les Alpes, l'autre s'embarqua à Marseille. Mais Marcel Schwob n'a pas entendu faire œuvre d'érudition. Il a, au contraire, voulu rendre aux faits leur auréole naïve et il en a stylisé le récit pour imiter les conteurs du Moyen Âge (Jacques de Voragine, Albert de Stade, Albéric des Trois-Fontaines) dans leur simplicité, mais non dans leur verbiage. *La Croisade des enfants* est, au contraire, sobre, quoique obscurément cruelle et ironique aux yeux du lecteur moderne. Cet ouvrage s'inscrit dans l'œuvre de Marcel Schwob entre *Cœur double* (*) et *Le Roi au masque d'or* (*). On lui a reproché souvent une froideur qui tient à l'étalage d'érudition plutôt qu'à l'inhumanité. Il est certain que la *Croisade* ressemble à une « narration » primée dans un concours général à force d'art et de bon goût. Marcel Schwob n'ayant pour traiter le sujet ni la foi, ni un propos de dérision voltairienne, ni le génie fantastique d'un Michelet, donne dans *La Croisade des enfants* l'impression d'un collectionneur de curiosités, qui a rassemblé une série d'images « moyenâgeuses » et les a encadrées le plus pieusement possible. À égale distance du Parnasse et du symbolisme, il renouvelait, avec moins d'irrespect et d'humour, les exercices de Mérimée.

★ Le compositeur français Gabriel Pierné (1863-1937) écrivit en 1902, une « légende musicale » sur le poème de Marcel Schwob. Charles Malherbe en a résumé l'argument dans les termes suivants : « Vers ce temps-là, beaucoup d'enfants, sans chef et sans guide, s'enfuirent ardemment de nos villes et cités vers les pays d'outre-mer. Et quand on leur demandait où ils allaient, ils répondaient : “À Jérusalem, pour quérir la Terre sainte !” Ils portaient escarcelles, bourdons et la croix sur l'“esclavine” (manteau de pèlerin). Ils arrivèrent jusqu'à Gênes et montèrent sur sept grandes nefs pour traverser la mer. Et une tempête s'éleva, et deux nefs périrent. Et lorsqu'on interrogea ceux qui revinrent pour connaître la cause de ce départ, ils répondirent : “Nous ne savons point !” » Le poème de Marcel Schwob est fait de huit récits où les événements sont rapportés d’une manière différente selon que parle un des témoins : moine, mendiant, lépreux, pape, petits pèlerins ou musulmans. Gabriel Pierné en a tiré quatre tableaux :

1) « Le Départ ». – Dans une ville des Flandres, en 1212, des voix célestes réveillent les enfants et les envoient en Terre sainte. Ils se rassemblent sur une place publique, dans l’obscurité, au grand effroi des parents qui essaient en vain de les retenir. L’armée puérile s’organise et s’équipe dans l’enthousiasme. Même un aveugle, le petit Alain, veut partir : la petite Allys le guidera. Le compositeur expose dans une fuguette les principaux motifs de cette première partie. Suit un chœur céleste qui appelle les enfants à la croisade, puis la phrase d’enthousiasme des petits pèlerins réveillés, chantée d’abord par l’aveugle Alain, reprise ensuite par le chœur. Enfin, le thème de Jérusalem, coupé par le motif des parents alarmés, traité en fugue.

2) « La Grande Route ». – Le grand soleil du printemps exalte la confiance mystique des jeunes pèlerins ; mais la fatigue alourdit leurs pas. « Allys, je sens ta main qui tremble dans la mienne. N’es-tu pas lasse, mon aimée ? Parle-moi, toi, dont le visage doit être beau comme le lys du Seigneur ! » Tous chantent, pour tromper leur fatigue, une chanson (qui date en réalité du XVe siècle) : « Trois enfants étions / Qui peur chemin s’en alions... » Elle fournit un nouveau thème.

3) « La Mer ». – Gênes, la Méditerranée apparaissent enfin devant les enfants émerveillés. Ils se rassemblent sur une plage, jouent avec le sable, avec les coquillages, avec les étoiles de mer dont un marin leur dit qu’elles sont tombées du ciel le jour où mourut Jésus. Devant un spectacle qui ravit les jeunes pèlerins, Alain essaie de comprendre la raison de leur joie : « C’est, répond Allys, la grande mer qui chante, et toutes ses vagues blanches roucoulent comme des colombes [...] Noël ! Jérusalem est au bout de la mer jolie ! [...] Alléluia ! » Les sept nefs abordent, et mettent à la voile. Avec le retour du premier thème exposé au début de l’ouvrage, et qui prend ici un caractère passionné, apparaissent deux autres motifs qui, à l’orchestre, soulignent les paroles du récitant. Le motif initial revient pour s’épanouir dans les cris : Noël, et Alléluia.

4) « Le Sauveur dans la tempête ». – Dans l’obscurité de la nuit, la tempête s’est levée. Bientôt les manœuvres des matelots sont impuissantes à maintenir les nefs dans leur route. Les enfants sont terrifiés. Dans le fracas de l’orage, les matelots, renonçant à la lutte, implorent la miséricorde divine pour les petits pèlerins. Le miracle se produit, et c’est Alain qui, de ses yeux éteints, voit ce que les clairvoyants ne peuvent apercevoir : la forme blanche de Jésus lui apparaît au milieu des nuées noires. Elle s’avance vers les nefs ; elle va sauver les âmes innocentes, et c’est Alain l’aveugle qui les guidera vers l’éternelle lumière. Il entonne un cantique qui réconforte ses compagnons : « Alléluia ! Résurrection ! Ô joie des joies, joie éternelle ! » Cet épisode est essentiellement descriptif, jusqu’au moment de l’apparition : orage, terreur, avec, à l’orchestre, le *De Profundis*. Puis une phrase chantante domine le fracas de la tempête, et fait place à l’Alléluia triomphant.

Présentée au concours de la Ville de Paris, *La Croisade des enfants* fut couronnée sur le rapport de Samuel Rousseau. Elle remporta un grand succès et fut exécutée, en dépit des difficultés qu’elle présente (un chœur d’une centaine d’enfants, qui s’ajoute au chœur mixte, neuf solistes et l’orchestre), plus de deux cents fois tant en France qu’en Europe, en Amérique, en Australie et jusqu’en Afrique du Sud. Cette grande fresque sonore, venant après *L’An Mil* (1897), affirmait le don exceptionnel de Gabriel Pierné, capable de traiter les plus vastes sujets, d’ordonner les justes proportions de ces oratorios où il manie, avec une rare aisance, toutes les ressources de la polyphonie vocale et instrumentale. L’accueil chaleureux fait à *La Croisade des enfants* le décida à écrire *Les Enfants à Bethléem* (1907), puis *Saint François d’Assise* (1912), sur des textes de Gabriel Nigond, et qui ne sont pas moins réussis.

CROISADE SANS CROIX [*Arrival and Departure*]. Roman de l’écrivain anglais d’origine hongroise Arthur Koestler (1905-1983), publié en 1943. Intellectuel de dix-huit ans, enthousiasmé par le communisme, Peter Slavek est arrêté et torturé. Il n’avoue rien et ne livre pas ses camarades. Ayant réussi à s’évader après trois ans passés en prison, Peter s’embarque clandestinement sur un bateau qui le conduit en pays neutre. Il est sauvé, mais il n’a qu’une idée : repartir. Reprendre la lutte. Pourtant les choses ne sont pas si simples. Il avait compté sans la paperasserie et les formalités administratives. Comme tous ceux qui sont là, brûlant du désir de se sacrifier, il lui faut attendre. Contraint de se cacher, il voit ses ressources s’amoindrir. Pourquoi ne pas suivre le conseil des autorités et faire une tentative du côté des Américains ? La rencontre de Sonia, compatriote médecin-psychanalyste, influe sur sa décision. Elle lui offre un toit et son aide. Il fait chez elle la connaissance d’une jeune fille éprouvée par la guerre, Odette, et s’en éprend. Son départ soudain lui causera un choc terrible. Trop de contradictions se heurtent dans sa tête. Son désir d’héroïsme ne reposerait-il, comme le prétend Sonia, que sur un complexe de culpabilité ? Durant quinze jours, il se débat contre la maladie, mais le médecin veille. Sonia l’aide à débrouiller l’écheveau, à remonter aux sources, à affronter ce qu’il ne voulait pas regarder en face, et la guérison vient à grands pas. Il va abandonner l'héroïsme qui le poussait vers les « causes perdues », les croisades donquichottesques qui ne servent à rien, se dépouiller de ses illusions, rejeter les obligations fictives, les dettes imaginaires. Avec la lucidité et la connaissance des véritables intentions qui guidaient ses actes, la guérison se fait totale, peu avant le départ de Sonia. Il ne lui reste désormais que peu de temps à attendre. Il a pris la ferme décision de rejoindre en Amérique celle qu'il aime. Mais ces trois semaines de solitude lui sont fatales. Ses anciennes obsessions le reprennent et la devise du Parti, qu'il fait sienne, lui revient en mémoire, toujours plus impérieuse : « Partout où il y a un plus fort, toujours du côté du plus faible. » Dérision suprême, la veille de son départ, un fasciste qui s'embarque également tente de le gagner à ses idées. Peter n'en peut supporter davantage. Il fuit le bateau qui vogue vers l'indifférence et la sécurité, pour partir à nouveau affronter les dangers, la torture et la mort, et défendre cette cause absurde en laquelle il croit de toutes ses forces : la Liberté. Ce livre est, avec *Le Zéro et l'Infini* (*), *Un testament espagnol* (*) et *La Tour d'Ezra* (*), un des meilleurs livres « engagés » de l'auteur. – Trad. Calmann-Lévy, 1946.

CROISADES DU PHILOLOGUE (Les) [*Die Kreuzzüge des Philologen*]. Essais de l'écrivain allemand Johann Georg Hamann (1730-1788), parus en 1762. L'auteur réunit sous ce titre des articles à tendances polémiques écrits en diverses circonstances. Neuf d'entre eux avaient déjà paru dans un hebdomadaire de Königsberg. Bien que ces divers morceaux soient sans aucun lien, ils sont comme les multiples facettes d'un prisme : la position religieuse, philosophique et esthétique de l'auteur s'y exprime. Hamann prend position contre la prédominance de la culture française. Le dernier article, le plus important du recueil, *Aesthetica in Nuce* (*), était resté inédit jusque-là. Dirigé contre les tenants du rationalisme, Michaelis et Mendelssohn, c'est, dans un langage cabalistique, un exposé de la mystique et de l'esthétique de Hamann.

CROISEMENTS [*Kreuzungen*]. Roman de l'écrivain allemand Emil Strauss (1866-1960), publié en 1904. Strauss est un moraliste. Conter pour conter n'est pas son affaire : il étudie l'homme dans ses rapports avec la vie sociale et cherche une solution aux problèmes de l'existence. Après avoir, en 1902, analysé dans *L'Ami Hein* (*) les incidences de l'éducation familiale et scolaire sur la formation d'un être faible, il s'attaque au problème du mariage et de l'amour considéré comme épreuve de résistance vitale et comme moyen d'enrichissement personnel. C'est là le sujet, à partir de 1904, d'une série d'ouvrages : *Croisements* (roman), *Le Mariage* [*Die Hochzeit,* 1908] (drame), *Hans et Grete* (nouvelles, 1909), *Le Voile* (*) (récit). *Croisements* envisage la façon dont l'être prend, par l'amour, conscience de soi-même et des autres. Trois personnages : deux jeunes femmes, un jeune homme. Chacune de ces trois destinées est décrite à la fois dans son développement individuel et dans les interférences qu'elle forme avec les deux autres. De là le titre du roman. L'une des jeunes femmes est un être incertain, fantasque, étroitement subordonné à autrui pour l'organisation de l'existence. L'amour lui révèle la liberté intérieure et le moyen de vivre dans l'indépendance. La seconde jeune femme est froide, sûre d'elle ; elle ne croit qu'à son propre plaisir ; la maternité lui apparaît comme une charge insupportable, une dégoûtante corvée. L'amour lui apprend à concevoir des actes qui ne soient inspirés ni par le devoir, ni par la pitié, des actes qui soient l'expression directe et joyeuse de la force et de la bonté. Entre les deux jeunes femmes, un jeune homme, incertain d'abord dans ses sentiments et son comportement. Il finit par se persuader que l'union libre est supérieure, par sa liberté même, à l'union légale, entachée par définition de formalisme conventionnel. Avec l'une des jeunes femmes, l'amitié devient amour ; avec l'autre, l'amour devient amitié. La conclusion est donc optimiste, mais problématique.

CROISSANCE ET STRUCTURES ÉCONOMIQUES [*Economic Growth*]. Œuvre théorique de l'économiste américain d'origine russe Simon Kuznets (né en 1901), parue en 1960. À partir des faits étudiés et synthétisés, l'auteur se demande quels sont les mécanismes de la croissance, les coefficients qu'il faut attribuer aux différents facteurs, et il en tire un certain nombre de conclusions générales. Tout d'abord, les mécanismes de la croissance selon Rostow, en particulier la thèse du décollage, ne se vérifient pas. Ensuite Kuznets établit le montant du produit net, et non brut, c'est-à-dire sans l'amortissement et sans les consommations intermédiaires. Il démontre que la croissance suit les progrès de la productivité. Mais surtout la croissance induit des modifications de structure : industrialisation, diminution de la population employée dans le secteur primaire, etc. L'investissement en matière de santé et d'éducation a sur la croissance des résultats très positifs. La croissance est toujours le résultat de plusieurs facteurs, et les théories globalisantes (Malthus, Marx) qui insistaient sur l'un d'entre eux ne sont pas vérifiées. La croissance modifie le fonctionnement démographique : moins de natalité, de mortalité, mais le solde est positif. La croissance s'accompagne d'urbanisation. Parallèlement les besoins solvables et donc la consommation réelle augmentent. Les valeurs sociales changent : goût de l'innovation, esprit d'entreprise au moins dans la minorité active qui devient acteur de cette croissance et en recueille les fruits. En découlent des transferts dans la répartition des revenus et du pouvoir social. Loin d'être un phénomène purement quantitatif, la croissance est donc responsable du changement qualitatif des sociétés modernes. – Trad. Calmann-Lévy, 1972.

L. L. V.-L.

CROIX DE BOIS (Les). Dans la littérature inspirée par la Grande Guerre, ce roman de l'écrivain français Roland Dorgelès (pseud. de Roland Lecavelé, 1886-1973), publié en 1919, tient une place de choix. Il s'écarte, en effet, de toute imagerie d'Épinal et peint avec un réalisme parfois féroce et une équité toujours émouvante la vie des poilus de 1914, dans sa tragédie et aussi sa bouffonnerie, sa routine et ses moments exceptionnels. L'apprentissage de la mort, glorieuse ou obscure, de tous ces hommes, qui ignoraient leur héroïsme, constitue le thème central d'une œuvre qui passa pour une des plus attachantes de la littérature contemporaine, et garde en tout cas une grande valeur de témoignage.

CROIX SUR LA BALTIQUE (La) [*Das Kreuz an der Ostsee*]. Tragédie de l'écrivain allemand Zacharias Werner (1768-1823), commencée en 1804 et demeurée inachevée. En 1806 fut terminée la première partie, intitulée « La Nuit nuptiale » [Die Brautnacht] : elle est précédée d'un prologue dans lequel l'« Art sacré » en personne résume obscurément le contenu du drame. Waidevut, après avoir donné aux Prussiens la religion du dieu Bangputtis, est nommé grand prêtre. Devenu roi, il veut amener son peuple à la vie sédentaire et à la culture pacifique de ses terres ; mais le cours des événements le met au contraire dans une situation tragique. Samo, un des deux fils de Waidevut, qui s'est enfui de la féroce bataille qui se livrait contre les Polonais, leurs voisins, apporte en effet la nouvelle que son frère, Warmio, a été fait prisonnier, qu'il s'est converti au christianisme et qu'il veut épouser Malgona, la fille du voïvode polonais. En vain, l'envoyé du grand prêtre conseille la prudence ; Samo parvient à décider le peuple à la lutte contre les chevaliers de la Croix qui sont déjà partis de Pologne et prêts à engager le combat. Le deuxième acte nous transporte au château polonais de Plosk, aussitôt après la cérémonie du mariage de Warmio et de Malgona. Pendant que Samo, de connivence avec un Juif, Stéphan, parvient à s'introduire dans le château pour tuer Malgona et reprendre son frère par la force, les hordes prussiennes avancent dans la nuit ; le sort des Polonais serait définitivement résolu, si une troupe de chevaliers teutoniques conduits par un mystérieux « joueur de harpe » (qui n'est autre que l'esprit du saint archevêque Adalbert, tué par les Prussiens) ne venait à leur secours. À l'apparition du saint, Samo, qui avait vainement essayé d'entraîner son frère avec lui, s'enfuit à son tour. Les Prussiens ont été sur le point d'escalader les murs du château, mais à la vue du mystérieux « joueur de harpe » qui traverse indemne leurs rangs, accompagné de Malgona, laquelle se rend, déguisée en pèlerin, auprès de son époux, ils reculent épouvantés. Au troisième acte, après le premier moment d'ivresse, Warmio et Malgona, de nouveau réunis sur une île pittoresque de la Vistule, font le serment de ne plus troubler par des préoccupations terrestres la sainteté de leur amour. Mais, guidés par Samo, les Prussiens font irruption dans l'île, et en vain, pour défendre Malgona, Warmio tuera son frère : les deux époux seront faits prisonniers et conduits pour y être sacrifiés sur l'autel du dieu prussien ; tandis que le saint, qui a assisté de loin à toute la scène, prédit que leur sang innocent sera le dernier sacrifice nécessaire pour que la Croix triomphe des Prussiens. Ainsi finit la première partie. De la seconde partie, il ne nous reste qu'un fragment : la défaite totale de Waidevut, dominé par les dieux qu'il a créés lui-même et qui sont dorénavant dans la croyance de son peuple plus puissants que lui-même, et le martyre final des deux époux qui consacre la victoire définitive du christianisme.

L'amour de Warmio et de Malgona, qui s'inspire de toute la théorie érotico-mystique de Werner, forme le centre du drame. La riche matière dramatique est, le plus souvent, heureusement utilisée par le poète, si bien que certains décalages assez fréquents, dus en particulier à un mélange, plutôt équivoque au point de vue esthétique, de réalisme et de symbolisme romantique, ne diminuent en rien la puissance de chaque scène. La géniale conception de cette œuvre en aurait fait, si elle avait été achevée, le chef-d'œuvre du poète, et on comprend l'enthousiasme de E.T.A. Hoffmann qui vit naître le drame, et qui donna un accompagnement musical à la première partie. Le sujet du dieu qui finit par surpasser l'homme qui l'a créé sera repris plus tard par Hebbel dans *Moloch* (*).

CROMEDEYRE-LE-VIEIL. Pièce en cinq actes de l'écrivain français Jules Romains (Louis Farigoule, 1885-1972), représentée pour la première fois le 26 mai 1920, à Paris, au théâtre du Vieux-Colombier par la compagnie et les élèves du Vieux-Colombier, publiée en 1926. Cromedeyre est un village de montagne sévère et orgueilleux, fermé sur ses coutumes et son mépris des obligations de la vallée. La population s'est rebellée contre l'épiscopat, et aucun curé n'a le droit de s'installer à Cromedeyre. Un garçon du pays, Emmanuel Hélier, délégué par le village afin d'apprendre au séminaire la théologie – Cromedeyre, qui s'est bâti une église à sa convenance, y veut un prêtre à sa convenance –, rompt avec les autorités religieuses et regagne le pays où il devient le chef de la farouche communauté. Renouant avec d'anciennes traditions, il dirigera ainsi le rapt des filles de Laussonne, village de la vallée, car il ne naît que des garçons à Cromedeyre-le-Vieil. Cette pièce, en vers, célèbre la beauté de la nature, la supériorité de l'homme sur la religion, la toute-puissance du principe mâle sur le principe féminin. Cette ode, qui exalte une race indomptable, des conceptions antiques et autoritaires, peut ne pas entraîner l'adhésion du lecteur moderne. Le culte de la force et de l'obéissance sans condition à un chef provoque quelque méfiance. Et la façon dont est traité le personnage du berger, qui éveille dans le cœur des filles enlevées la nostalgie de Laussonne, est assez équivoque. Si bien que cette pièce, qui se voulait hymne à la nature, semble en fait, sous le couvert, préfigurer les dangers d'un certain ordre, d'un certain mode de pensée.

CROMWELL. Drame en cinq actes, en vers, de l'écrivain français Victor Hugo (1802-1885), publié en 1827. C'est son premier grand drame (exception faite d'*Amy Robsart*) ; il n'a jamais été représenté et pourtant il marque une date essentielle du théâtre romantique en France, non point en raison de sa valeur, indéniable, mais par sa *Préface* (*) célèbre et l'audacieuse liberté de sa composition. Hugo a pris pour modèle les tragédies historiques de Shakespeare et a puisé dans les *Mémoires sur la Révolution d'Angleterre* de Guizot. Avec une surabondance de détails, il met en scène le célèbre dictateur anglais au moment où, parvenu au faîte de sa puissance, il est tenté par l'ambition suprême. Cromwell a les pouvoirs d'un souverain absolu, il en voudrait aussi les marques ; il n'ose se l'avouer, mais en réalité il voudrait être roi. Le Parlement et la Cité de Londres, qui ont été habilement manœuvrés, vont lui offrir la couronne ; poussé par son ambition, il est sur le point de l'accepter, mais son esprit avisé, son sens aigu de la politique le mettent en défiance. Une nuit, il prend la place d'une sentinelle et découvre un complot contre sa personne : les républicains puritains et les catholiques royalistes n'attendent, pour le frapper, qu'une imprudence de sa part. Maître de son destin, il se reprend ; avec une grande audace, il attend l'heure du sacre pour refuser la couronne d'un geste théâtral ; cela force l'admiration de ses adversaires étonnés et, aux yeux du peuple, lui vaut d'être auréolé de son héroïque humilité. Un long monologue termine le drame : Cromwell demeure insatisfait et son ambition démesurée ne cesse de le tourmenter. Au point de vue historique, seuls les détails sont exacts ; la « couleur locale » est bien rendue et, autour de l'intrigue, en somme très simple, se déroulent de nombreuses scènes épisodiques particulièrement vivantes. Hugo a librement interprété la figure de Cromwell ; il a su la rendre puissante, expressive en dépit d'une psychologie sommaire et d'une verbosité excessive. Le grand nombre de personnages, la diversité des scènes qui nécessitent parfois une figuration importante ont fait considérer *Cromwell* comme injouable ; mais le drame est d'une lecture agréable, car les vers en sont fort beaux.

CRONOPES ET FAMEUX [*Historias de cronopios y de famas*]. Œuvre de l'écrivain argentin Julio Cortázar (1914-1984), publiée en 1962. Sortes de contes surréalistes, chargés de « plaisanteries sérieuses » dont l'auteur raffolait. Selon Cortázar, « l'idée de faire quelque chose uniquement pour s'amuser est pratiquement inexistante dans la littérature argentine ». Aussi a-t-il voulu y remédier. Un « Fameux » [fama], c'est un bourgeois qui enveloppe ses souvenirs dans un drap noir pour mieux les conserver. Un « Cronope » [cronopio], par contre, est un être touchant, farfelu, objet de toute la tendresse de son créateur car, s'il ne sait jamais consulter un horaire ni trouver une chambre d'hôtel, il excelle à lire l'heure en effeuillant un artichaut, jette des timbres-poste parce qu'il les trouve laids, dessine une hirondelle sur le dos d'une tortue, trempe un toast dans ses larmes naturelles et sait avoir peur « comme il faut ». En Argentine, et d'une façon générale en Amérique latine, le terme a fait fortune, l'on est ou n'est pas « Cronope », et son inventeur est souvent mentionné dans la presse comme le « Grand Cronope ». Cortázar s'est lui-même expliqué sur l'origine du vocable : « En 1951, l'année où j'arrivai à Paris, il y avait un soir un concert au Théâtre des Champs-Elysées. J'attendais, tranquillement assis, quand j'ai songé soudain à des personnages qu'on appellerait cronopios. C'étaient des créatures assez extravagantes que je ne voyais pas encore très distinctement, des sortes de microbes flottant dans l'air, d'informes petites taches verdâtres qui, peu à peu, prenaient des traits humains. Après cela, dans les cafés, les rues, le métro, je me suis mis à écrire sur les Cronopes et les Fameux. » — Trad. Gallimard, 1977.

C. C.

CROQUIGNOLE. Roman de l'écrivain français Charles-Louis Philippe (1874-1909), publié en octobre 1906 (deux extraits en avaient été publiés auparavant dans la revue *L'Ermitage*). « C'est une étude très complète de l'existence des bureaucrates et des ronds-de-cuir », écrit le 4 novembre P. L. Hervier dans *L'Intransigeant*. Œuvre complète, en effet, mais par l'art plus que dans son objet même. Balzac et Courteline ont peint l'espèce dans toute la variété de ses types : Philippe s'arrête aux humbles, qu'il inonde, à la façon d'un Rembrandt, d'une clarté affectueuse. L'intrigue tient dans de menus faits, de banales et naïves aventures. Mais cette exiguïté, ce rétrécissement de tout, sensible comme l'obsession de la pauvreté, se compensent d'une mystérieuse dilatation. Comme si, de l'intérieur, le volume des choses et des êtres grandissait, ouvrant sur un espace dérobé. Tel est le mouvement qui anime le roman de Philippe et donne à ses personnages cette épaisseur transparente qui parfois, comme les poissons des aquariums, semble les faire se toucher. L'un est Paulat, le « roi des animaux », « énorme et inexistant » ; un autre, c'est Félicien, pâle, fraternel, et digne sous l'affront répété de la misère ; c'est Angèle, la petite couturière, si occupée qu'il faut lui crier pour qu'elle l'apprenne : « Tu es vivante ! »... Claude, le timide, à qui « tout sera enlevé, même ce qu'il a, comme aux tièdes de l'Évangile » ; Croquignole enfin, Pantagruel – et Panurge également – réduit à la portion congrue, qui court, se démène, repoussant les murs de la tristesse et de la pauvreté... Croquignole le libérateur, qui démolira tout, à la fin... Il y a si peu de place. La critique accueillit *Croquignole* avec une bienveillance respectueuse, qui allait, avant tout, à l'homme. Mais la virtuosité de l'artiste agaça. « Il ne sied pas à un primitif, écrivit François Porché au terme d'un élogieux article, d'avoir trop d'adresse ! » On parla même de « procédé ». Présenté au Goncourt, *Croquignole* n'obtint que deux voix aux premiers votes, les Tharaud l'emportant sur Chéreau et Suarès avec *Dingley, l'illustre écrivain* (*). Philippe, blessé, s'engagea avec Eugène Montfort, autre candidat malheureux, dans une aigre diatribe contre l'académie.

CROQUIS DE LA NOUVELLE-ORLÉANS (Les) [*New Orleans Sketches*]. Recueil de textes de l'écrivain américain William Faulkner (1897-1962), publié sous une première forme incomplète (*Mirrors of Chartres Street*) en 1953, puis sous ce titre en 1955, au Japon, où l'auteur fit un séjour sur la demande du département d'État. Il s'agit d'une part de onze croquis très courts publiés dans le *Double Dealer,* magazine de La Nouvelle-Orléans, en janvier-février 1925, et, de l'autre, de seize récits ou nouvelles qui parurent la même année dans le *Times Picayune* pendant les six mois du séjour de l'auteur dans le grand port du Sud, lequel était alors le centre d'une vie intellectuelle intense. C'est là et à cette époque, par exemple, que Faulkner subit l'influence décisive de Sherwood Anderson. On retrouve d'ailleurs celle-ci dans le choix ironique mais plein de compassion des portraits découpés sans commentaires : ce sont des gens simples, comme le cordonnier, le débardeur, le mendiant, le flic, le touriste, que Faulkner fait parler à la première personne, s'essayant évidemment au monologue intérieur alors très en vogue puisqu'on découvrait James Joyce. Mais rien ne laisse encore prévoir que, seulement quatre ans plus tard, l'auteur donnera à ce genre, avec *Le Bruit et la Fureur* (*) et *Tandis que j'agonise* (*) deux de ses plus beaux fleurons.

Cependant, l'intérêt principal du volume réside dans le double fait que ces textes sont les toutes premières œuvres en prose de l'auteur et qu'on y trouve déjà certains des traits, notamment stylistiques, qui feront la marque particulière du romancier : une recherche, parfois affectée, de l'épithète (« Un homme blanc apparut, sans manteau, évident, sonore ») et le lyrisme un peu forcé des images rompent souvent la tonalité plutôt réaliste, et parfois même photographique, des récits (« Le Mal du pays » ou « Apprentissage »). On y trouve aussi des embryons de personnages qui deviendront presque génériques : notamment le « raconteur » hâbleur et coloré de « Le Menteur » [The Liar], qui annonce le Ratliff du *Hameau* (*). Mais ce qui frappe le plus dans ce recueil, c'est peut-être déjà la variété des genres et des tons, signe manifeste de la virtuosité à venir. Si « Le Mal du pays » est dans le mode de *Monnaie de singe* (*) (que Faulkner écrivait quand parurent ces croquis), c'est-à-dire l'amère désillusion de l'après-guerre, « Crénom ! » annonce presque l'humour bonhomme des *Larrons* (*), le dernier roman de l'auteur, et « Le Royaume des cieux » mélange les figures de l'idiot de *Le Bruit et la Fureur* et des « bootleggers » de *Sanctuaire* (*) tandis que « Coucher de soleil » est un conte dans le mode le plus noir. En somme, malgré l'impression d'une qualité « en deçà » que laisse inévitablement le livre en raison de tout ce qui a suivi, ces *Croquis* sont mieux qu'une promesse : ce sont les premiers signes sur la piste du plus grand romancier américain du XXe siècle. – Trad. suivie de *Mayday*, Gallimard, 1988. M.G.

CRUAUTÉ POUR L'HONNEUR (La) [*La crueldad por el honor*]. Drame de l'écrivain espagnol Juan Ruiz de Alarcón y Mendoza (1581 ?-1639). Nuño Aulaga, de retour de Terre sainte, arrive à Saragosse, vêtu en pèlerin. Voici plus de vingt-cinq ans qu'il avait quitté le pays en compagnie du roi Alphonse. Comme les habitants de Saragosse paraissent ignorer la mort d'Alphonse (ils le croient disparu, mais vivant), Aulaga en profite, usant de sa ressemblance avec le roi, pour se substituer à lui. C'est alors qu'il apprend que toutes les faveurs des « Armas de Aragona » sont maintenant accordées à son fils don Sancho ; cette nouvelle l'émeut et le pousse à venger un ancien affront que lui a fait don Bermudo. Tandis que la reine est entourée par ses admirateurs, un messager arrive et annonce qu'Alphonse est vivant. La reine se doute qu'il s'agit d'un traître, mais les fidèles du roi la laissent pour aller au-devant de lui. Seul Sancho reste à côté d'elle, fidèle et prêt à la défendre. Ainsi Nuño apprend que son fils est contre lui, et qu'il a promis sa tête à la reine. Quelques barons, Pedro Ruiz, le comte d'Urgel, Bermudo et le seigneur de Mompeller jurent leur foi à celui qu'ils croient être le roi, et reconnaissent leur ancien seigneur aux traits de sa bonté et de sa majesté. Nuño demande un entretien à Sancho et lui révèle qu'il n'est pas le roi, mais bien son propre père que l'on croyait mort à la bataille de Prague ; il lui explique que son imposture a pour seul but de venger un affront que don Bermudo fit à sa femme, Teodora de Lara, mère de Sancho. Mais celui-ci surmonte tous ses doutes : il ne peut être le fils d'un traître, et les menaces de Nuño, qui veut révéler la honte maternelle pour qu'elle retombe sur son fils, n'ont aucun effet : « Il n'importe ; mes actions sauront démentir les tiennes et ma valeur tes embûches. » Bien que poussé à bout par son père, il n'ose cependant lever son arme contre lui. La reine elle-même cède, et Sancho, qui lui est resté fidèle, après avoir été emprisonné, jure obéissance uniquement en raison de sa fidélité à la reine. Mais Nuño n'a pas abandonné son projet de vengeance : il réussit à pénétrer en secret dans le jardin de Bermudo, et, au cours de l'entretien qu'il a avec lui, il lui révèle qu'il n'est pas le roi mais Nuño Aulaga, et qu'il veut se venger de l'affront qu'il a subi ; il est sur le point de porter son arme contre lui, quand les chevaliers et Teresa, la fille de Bermudo, qui par un heureux hasard se trouvaient dans le voisinage et qui ont tout entendu, interviennent précipitamment. Nuño est emprisonné, et nous assistons au dernier et tragique entretien entre le père et le fils : Sancho se débat entre la douleur et la honte, Nuño veut que son fils le tue de sa propre main et qu'il nie ensuite qu'il ait été Aulaga. L'amour filial prend le dessus dans le cœur généreux de Sancho qui, en présence de la reine, proteste de sa dévotion et en appelle son passé à témoin : « C'est une cruauté généreuse » [la crueldad por el honor]. Mais Bermudo intervient et éclaircit tout : Sancho est son fils, car Teodora l'a conçu avec lui deux mois avant son mariage avec Aulaga. Après les noces, cependant, il n'y eut plus entre eux aucun rapport.

Les préoccupations morales, dont témoigne habituellement le théâtre d'Alarcón, sont évidentes jusque dans ce drame, mais l'auteur a le don de porter à la scène les problèmes moraux en donnant vie à des personnages haut en couleur et fortement individualisés, même s'il les emprisonne parfois dans un conflit de sentiments trop facile. Comme toujours chez l'auteur, le déroulement du drame est linéaire et sans complication, et le dialogue à la fois simple et naturel.

CRUCHE CASSÉE (La) [*Zerbrochener Krug*]. Cette comédie de l'écrivain allemand Heinrich von Kleist (1777-1811) est peut-être la meilleure comédie germanique avec la *Minna de Barnhelm* (*) de Lessing. Son titre et son sujet s'inspirent du tableau célèbre « La Cruche cassée » de Greuze. Elle fut écrite en 1803. Un inconnu, pendant la nuit, s'est introduit dans la chambre d'une jeune fille. Obligé de s'enfuir et, qui plus est, par la fenêtre, il a cassé une cruche en faïence de Delft. Autour de cet objet, pièce à conviction, s'instruit le procès devant le juge Adam. Les preuves contre le fiancé de la jeune fille semblent convaincantes mais, peu à peu, l'accusation dévie jusqu'à retomber sur la personne même du juge, Adam. Celui-ci descend de l'estrade, perd sa perruque et s'enfuit comme un fou. Le ridicule vient de ce que le juge est lui-même le coupable, circonstance qui entraîne le plus désagréable dédoublement de la personne. Et pourtant nous sommes dans la même situation, chaque fois que nous jugeons un crime que nous avons, en nous-mêmes, la possibilité de perpétrer, même si nous ne l'avons pas commis. Personne n'est digne d'occuper la place d'un juge, et il y aura toujours un Adam qui s'arrogera le droit de juger un autre Adam : telle est la philosophie de cette comédie. Le thème, heureusement, n'en est pas posé de manière abstraite. En un seul acte, long et ininterrompu – faute de quoi le temps ne nous serait pas laissé de découvrir à l'avance le coupable –, l'action se déroule intense, riche en épisodes, dans le décor d'une petite bourgade de Hollande. Là, chaque chose prend le relief d'une nature morte. Au cours de l'aventure, avec force détails, nous voyons se profiler la cruche cassée autour de laquelle tout se meut : objet inanimé dont dépend la vie affairée des personnages. – Trad. Firmin-Didot, 1884.

CRUCIFIXION (La). Poème publié en 1946 par l'écrivain français Jean Cocteau (1889-1963). *La Crucifixion* tout entière est un poème « de chance », selon le mot de l'auteur. Mais on sent d'un bout à l'autre cette chance conquise par la lutte du poème contre lui-même : on dirait un poème écrit avec du dégoût. C'est bien une de ces bulles qui crèvent au-dessus du marais qu'évoque Jean Cocteau dans ses pages sur le Greco – v. *Poésie critique* (*). On y sent passer l'aigu d'une douleur déjà intimement vécue dans la chair et dans l'âme même au cours de certaines pages d'*Opium* (*). Et frappe cette reconquête plusieurs fois répétée d'un antilyrisme par les moyens incantatoires du mot « sérénissime » placé en tête de plusieurs strophes. Dans ce poème intense, l'œuvre sans doute la plus étonnante de Cocteau, l'abstrait pétrifié, la douleur physique prise au piège des mots et sans dessein figuratif rejoignent des chefs-d'œuvre plastiques tels que le Dévot Christ de Perpignan ou certains tableaux de Mantegna. La ressemblance n'est sans doute qu'accidentelle ; mais on peut la souligner comme l'un des privilèges concédés aux seuls « héritiers-novateurs ». « L'Ange Heurtebise »

– v. *Opéra* (*) – était « le procès-verbal d'un coup de foudre » ; l'inspiration fondait du ciel sur le poète. Ici le mouvement est inverse. Le poète expulse la douleur qui le ravage et cet incendie, s'évadant de sa chair, se statufie dans l'espace en forme d'« épouvantail sacré ». Autant *Léone* (*), publié l'année précédente, était un poème horizontal et déployé, autant *La Crucifixion* (*) est un poème vertical et elliptique. Jamais on n'a mieux crié, car c'est bien d'un cri qu'il s'agit, un cri cent fois manié de la souffrance du poète enfermé seul avec sa bouche saignante.

CRUCIFIXION EN ROSE (La) [*The Rosy Crucifixion*]. Trilogie de l'écrivain américain Henry Miller (1891-1980) comprenant *Sexus* (1949), *Plexus* (1953) et *Nexus* (1960). Toute l'œuvre de Miller est autobiographique. Les trois gros volumes de *La Crucifixion en rose* couvrent les années 1923-1928, *Sexus* s'ouvrant sur la rencontre de l'auteur et de sa seconde femme (qu'il appelle ici « Mara » puis « Mona ») et *Nexus* s'achevant sur le départ du couple pour l'Europe. Pour nous parler de ces cinq années, Miller a écrit deux mille pages. Tout ce qui a marqué sa sensibilité ou son esprit est dit. Avec la même liberté, il raconte sa vie sexuelle, ses rêves, ses travaux. Pour lui, il n'y a pas plus de sujet noble que de sujet interdit (ce qui valut d'ailleurs à *Sexus* d'être condamné par les tribunaux français). Mais Miller est un égocentrique généreux. S'il ne nous épargne aucun détail le concernant, il nous offre en même temps le milieu dans lequel il a été immergé, la substance, êtres et choses, dont il s'est nourri. Il a toujours eu faim de bons plats, de vin, de femmes, d'amitié, de livres, de paysages, d'idées, de vie en somme, et, « rêveur actif », comme il dit, il ne se lasse jamais de re-vivre le passé par l'écriture. *La Crucifixion en rose* est donc moins un monologue qu'un enchevêtrement de récits, de portraits, de dialogues, Miller se plaisant souvent à recréer les conversations et confidences de ses amis. Un thème central apparaît cependant tout au long de *Sexus, Plexus* et *Nexus* : celui du livre à écrire, de la volonté acharnée, quelles que soient les difficultés, de devenir un écrivain. En 1924, encouragé par sa femme, Miller a quitté son emploi de chef du personnel à la Western Union Telegraph Company et, durant les années suivantes, malgré les échecs et les quolibets, il va poursuivre inlassablement son apprentissage d'écrivain. C'est cette foi dans l'écriture – qui ne devait porter ses fruits que la quarantaine passée, avec l'explosion de *Tropique du Cancer* (*) – qui donne à la trilogie une vibrante unité. « En fin de compte, un jour doit poindre où, jetant un regard sur ma propre vie comme s'il s'agissait d'un roman, ou d'histoire, je pourrai y déceler une forme, une trame, une signification. Dès lors le mot défaite n'a plus de sens. Toute rechute sera à jamais impossible. Car ce jour-là je deviens et demeure avec ma création. Un jour, dans un pays étranger, apparaîtra devant moi un jeune homme qui, conscient du changement qui s'est opéré en moi, me surnommera le “Roc Heureux”. C'est là le nom que je présenterai lorsque le grand Cosmocréateur demandera : “Qui es-tu ?” Oui, sans l'ombre d'un doute, je répondrai : “Le Roc Heureux !” Et si l'on me demandait : “As-tu joui de ton séjour sur la terre ?”, je répondrais : “Ma vie n'a été qu'une longue crucifixion en rose.” » – Trad. : *Sexus*, Éditions de la Terre de Feu, 1949 ; *Plexus*, Corrêa, 1952 ; *Nexus*, Corrêa, 1960.

CRU ET LE CUIT (Le). Ouvrage, publié en 1964, de l'ethnologue et écrivain français Claude Lévi-Strauss (né en 1908). Dans cet ouvrage, l'auteur, reprenant des directions indiquées dans *Anthropologie structurale* (*) et *La Pensée sauvage* (*), s'attaque plus particulièrement à l'étude de la mythologie sud-américaine. Cent quatre-vingt-sept mythes sont examinés et mis en rapport les uns avec les autres dans ce livre, qui constitue ainsi un véritable traité de mythologie sud-américaine. La forme de l'ouvrage peut surprendre ; en effet, les chapitres, empruntant leurs titres au domaine de la musique, s'appellent par exemple : « Cantate de la sarigue », « Sonate des bonnes manières », « Symphonie rustique en trois mouvements »... Dans l'« Ouverture », l'auteur justifie ce rapprochement : comme la musique, le mythe est une « machine à supprimer le temps ». Musique et mythe, par leur organisation interne, qui se déploie dans la durée, surmontent « l'antinomie d'un temps historique et révolu et d'une structure permanente ». Les thèmes mythiques sont toujours à nouveau repris sous des formes différentes, semblables par là à des thèmes musicaux. Les mythes ne se succèdent pas de façon linéaire, mais s'articulent à des niveaux différents. Ainsi un système à plusieurs axes donnés simultanément s'organise, semblable à celui que suscite la création musicale. Le thème autour duquel se regroupent les mythes étudiés est celui de la cuisine, ce qui explique le titre. Ce thème culinaire a une importance cruciale, car la cuisine est, à travers ces mythes, l'activité où se produit le passage de la nature à la culture. Autour de ce thème central se groupent les mythes relatifs à l'origine du feu, et, lié à ces thèmes de la cuisine et du feu, le thème de la vie brève, inséparable dans la pensée sud-américaine de celui de la civilisation introduite par le feu, la cuisine et la culture de plantes comestibles. La cuisine joue ici un rôle de médiation entre ciel et terre, à la fois en évitant la disjonction ciel-terre qui entraînerait la pourriture, et leur conjonction totale, qui aboutirait à un monde brûlé. L'auteur s'attaque moins au contenu intrinsèque des mythes qu'à la fonction logique de leurs éléments, mise en évidence par le rapprochement et la comparaison des mythes. Il montre ainsi comment « les mythes se pensent entre eux », et élabore la « logique du sensible » qu'évoquait déjà *La Pensée sauvage*. Ainsi, il dégage les éléments de cinq codes sensibles, chacun des codes correspondant à l'un des cinq sens. Le code visuel a la plus grande ampleur cosmique, puisqu'il correspond à l'astronomie et rend compte de la succession des saisons à travers le déploiement des constellations. Un autre thème, qui a une grande importance, est celui du rôle du bruit et du silence, par exemple dans l'acquisition du feu de cuisine. Le silence semble nécessaire à la médiation entre ciel et terre que constituent la cuisine et l'acquisition du feu, le bruit signifiant au contraire une discordance, une disjonction. À ce propos, Lévi-Strauss fait quelques rapprochements suggestifs avec des coutumes européennes, comme le charivari par lequel on chahutait autrefois les mariages mal assortis, ou les concerts de klaxons la nuit du 31 décembre. Là aussi, le bruit a pour fonction de signifier une disjonction, soit entre des époux mal assortis, soit entre deux années successives. Par la référence continuelle aux conditions de vie des populations où les mythes ont été recueillis, ainsi que par une évocation constante de la faune et de la flore du continent sud-américain, qui jouent un rôle central dans ces mythes, cet ouvrage est, en même temps qu'un traité de mythologie, une sorte d'introduction à l'ensemble de l'ethnologie sud-américaine, mise en rapport avec la zoologie, la botanique, la météorologie, l'astronomie. Mais la portée de l'ouvrage ne se limite pas au domaine ethnologique, au sein duquel elle pose pourtant l'immense problème de l'unité historique de l'Amérique précolombienne, à travers les nombreuses constantes de sa pensée mythique. La méthode d'analyse structurale débouche, par sa démarche qui consiste à constituer les qualités sensibles en concepts opératoires, sur la nécessité de réconcilier la rationalité scientifique et la diversité du sensible. Dans cette « logique du sensible » qu'il infère de la pensée indigène telle qu'elle s'exprime à partir des mythes d'origine de la cuisine, Lévi-Strauss ne voit pas l'état primitif de la pensée, mais l'avenir des sciences de la nature et de la vie. L'auteur espère qu'elles pourront rendre compte de qualités sensibles telles que le goût ou l'odeur des substances qu'elles étudient. Ainsi, le retour au qualitatif et au sensible comme démarche dernière de la pensée scientifique est déjà préfiguré dans une pensée mythique derrière laquelle il faut chercher, plutôt qu'un sujet pensant, une nature qui s'ordonne en monde en même temps qu'elle détermine la pensée comme une chose qui fait partie de ce monde.

CUILLER (La) [*Bud' zdorov školiar*]. Roman autobiographique de l'écrivain russe Boulat Okoudjava (né en 1924). Ce bref roman a paru en 1961 dans l'almanach *Les Pages de Taroussa* [*Tarusskie stranicy*]. Cette publication, animée par l'écrivain K. Paoustovski, constitua une tentative pour créer un espace de liberté littéraire à l'époque du « dégel ». (L'almanach a été interdit après le premier numéro.) *La Cuiller* est la première œuvre en prose d'Okoudjava, qui y retrace son expérience de la guerre. Âgé de dix-sept ans, il avait quitté les bancs de l'école pour s'engager. D'où le titre russe de l'œuvre : « Courage, l'écolier ! » Conduite à la première personne, dans un style à la fois simple et familier, *La Cuiller* est constituée d'une succession de petits épisodes, de petites nouvelles où l'auteur raconte, à quelques exceptions près, non pas des combats mais la vie quotidienne sur le front.

Ce refus souligné de tout héroïsme a provoqué une réaction de mécontentement de la part de la critique soviétique bien-pensante et *La Cuiller* revint constamment dans les griefs formulés à l'encontre des *Pages de Taroussa.*

Le tout jeune héros s'interroge sur lui-même, se demande s'il n'est pas un lâche parce qu'il a peur. Il tombe amoureux de la belle Nina, qui travaille aux transmissions. Autour de lui, quelques soldats, ses copains, des servants d'obusier comme lui, mais plus âgés, plus expérimentés, connaissant la vie et les femmes. (On les voit se reposant, se faisant à manger.) Quand il y a combat et mort d'hommes, le jeune homme n'a pas le temps de comprendre ce qui se passe. Okoudjava, sans mettre en cause la nécessité de défendre sa patrie, laisse voir l'absurdité de la guerre.

À la fin, « l'écolier », comme on le surnomme, est blessé et, alors qu'il est déjà évacué de la ligne du front, il apprend que toute sa section a péri.

Dans un petit texte mis en exergue, Okoudjava a écrit : « Ce ne sont pas des aventures. C'est le récit de la façon dont j'ai fait la guerre. Comment on a voulu me tuer ; mais comment j'ai eu de la chance. » C'est dans ce récit sans apprêt, d'une sincérité immédiate, que réside la grande valeur de *La Cuiller.* A. Be.

CUILLER DANS LA BOUCHE (La) [*A colher na boca*]. Recueil de poèmes du poète portugais Herberto Helder (né en 1930), publié en 1961. Ce livre, le premier ouvrage important qu'ait publié l'auteur, se compose de neuf longs poèmes dans lesquels se retrouvent les trois éléments fondamentaux de toute la poésie d'Herberto Helder : le corps, la terre, le poème.

Dès le premier poème, « Préface », l'auteur établit un parallèle entre le poète et l'architecte, le poème et la maison. Parallèle qui révèle son goût du travail minutieux et lent. En effet, Helder construit sa poésie avec précision, poésie qui n'est pas pour autant une reconstitution réaliste du monde. Elle est paradoxalement à la fois rigoureuse et éclatante comme un feu d'artifice : les mots apparaissent, fulgurants, rapides, colorés, dans l'obscurité du poème. La maison-poème est l'habitation où le poète se retrouve après avoir parcouru la vie, mais elle est aussi lieu et parole ; parole qui subvertit la réalité et qui établit, par rapport à elle, une autonomie poétique absolue. Le deuxième texte, un prolongement de « Préface », s'ouvre sur l'un des vers les plus célèbres de Camoens : « L'amant se transforme en la chose aimée » ; Herberto Helder reprend ce vers, joue avec lui, l'analyse en quelque sorte, et dévoile sa vision de l'amour. Celui-ci est l'élément absolument nécessaire à toute transformation. Il est érotisme, violence, feu, silence. L'amour imprègne et confond les amants, entraîne la métamorphose du monde. Cependant, l'objet aimé et l'amour même sont irrévocablement liés à la mort, même lorsque cette dernière est « humblement refusée » comme dans le poème « Cycle ». Sensuel, sexuel, l'amour, ici, n'échappe pas au manque et à la perte. Le symbole de la chèvre, qui sera souvent repris dans l'œuvre de Helder, y est associé au rite érotique, à la force du désir et à la séduction. Ce symbole n'apparaît pas encore dans « L'Amour en visite », publié en 1958 et intégré en 1961 dans le présent recueil. On retrouve dans ce fort beau poème les images du *Cantique des cantiques* (*) et l'érotisme y est également associé à la mort ; le vers : « À chaque spasme, je mourrai avec toi », ponctue toutes les strophes. Cette mort n'est jamais séparée de la joie : « Alors, je chanterai l'exaltante joie de la mort. »

Les métaphores et les symboles donnent un éclat tout particulier à la poésie de Helder dans la mesure où ils n'occultent pas la réalité mais y jettent tour à tour ombres et lumières. Peu à peu dans son œuvre ces métaphores se transformeront : si la femme de « L'Amour en visite » est révélée à travers des images du règne végétal et animal, elle sera définie dans des poèmes plus tardifs par des images du règne minéral et par des symboles alchimiques. Mais elle restera toujours celle où « commence le temps », matière première de toute chose.

La poésie de Herberto Helder montre au lecteur cette puissance de la matière qu'on trouve également, chez António Ramos Rosa. Matière violente et sauvage qui, par on ne sait quelle alchimie, devient chant et grâce. L'alliance corps, terre, poème apparaît dans « Le Poème », les sept parties qui le composent exposent les phases complexes de la création poétique. Le poème y est encore maison, construction, mais il y a ici une union charnelle entre le poète et son poème. Herberto Helder se penchera, tout au long de son œuvre, sur la création et l'inspiration poétique. Ainsi, dans « Les Muses aveugles » cette inspiration vient-elle de l'amour et de la mort, du mot (matière linguistique et musicale), de la mère, et de l'obscure confusion et fusion des choses. Le chant prend en lui tous les feux et tous les silences : « Je chanterai comme un fou ce grand / silence du monde, en voyant se consumer dans les ténèbres / les viscères tendues et les os et les fleurs des nerfs / et la candide et légère architecture / d'une vie. » La création n'est cependant pas toujours heureuse : « J'étais malheureux et fécond, le sang / passait par les arbustes du corps et les pensées / brûlaient en moi, dans cette monstrueuse / nuit de la création. » Mais le chant est une absolue nécessité et le poème se construit peu à peu en même temps qu'il crée le poète : « La maison et l'homme que je vais être / sont de minute en minute plus concrets. » Cette nécessité de chanter semble le moyen pour le poète d'unir les choses du monde et surtout de trouver l'union en lui-même. En aucun cas il ne fait part d'une expérience mais il cherche la matière secrète, obscure et inaccessible des choses et des êtres. Les mots surgissent si violemment qu'ils laissent le poète au bord du cri, presque muet. Mais le travail sur le langage n'en est que plus exigeant. Le recueil s'achève sur « Narration d'un homme en mai » où l'auteur se présente : « Je suis étendu en tant qu'auteur dans le léger / mot que la nuit humidifie. » Ainsi le lecteur retrouve cette présence physique que le poète s'assigne dans le langage.

Dans ce livre, il semble que, sous nos yeux, les êtres, les objets, les sentiments se métamorphosent et que l'on touche une matière ardente, secrète, révélée par la relation étrange et subversive qui s'établit entre les mots. On perçoit le mouvement profond du poème, qui ressemble à une naissance, à la lente mais fulgurante apparition de quelque chose de vivant, jusqu'alors en gestation, alimenté par la chair, le feu de la terre, l'obscurité et l'amour. António Ramos Rosa écrit : « La poésie d'Herberto Helder n'est jamais opaque. Son effective obscurité est lumineuse et, souvent, incandescente. Sa lumière, par ailleurs énigmatique, est la lumière d'un poète qui ne cesse d'approcher l'énigme même de la création poétique et de la matière qui lui est associée, réalisant ainsi une fulgurante osmose verbale avec ce qui est vertigineusement incompréhensible. » — Trad. La Différence, 1991.

F. Be.

CUISINE (La) [*The Kitchen*]. Pièce de l'écrivain anglais Arnold Wesker (né en 1932), créée au Royal Court Theatre de Londres le 13 septembre 1959 dans une mise en scène de John Dexter, publiée à Londres en 1961. Le succès, commercial et critique, est immédiat. Pourtant, cette première version, abrégée et « sans décor », pouvait difficilement rendre compte de l'originalité d'une pièce, à ce point déterminée par le réalisme du lieu : la cuisine d'un grand restaurant londonien.

Tout se passe donc en coulisse, puisque jamais nous n'aurons accès à ce devant de la scène qu'est la salle à manger. Unité de lieu, unité de temps : vingt-quatre heures environ séparent le début et la fin de la pièce, de sept heures du matin, heure où le gardien allume les fours, jusqu'au service du soir. L'action est à la fois unique et dispersée : une trentaine de personnages – cuisiniers, pâtissiers, serveurs... – s'affairent dans la cuisine, univers régi par la division du travail et d'impitoyables hiérarchies. Le tempo s'accélère lors des deux principaux repas ; deux actes, construits autour de ces « climax », sont séparés par un interlude, la pause de l'après-midi. Une dizaine de personnages, dont Wesker a pris soin de notifier les fonctions comme on annote une partition musicale, ont une identité, une psychologie ou une histoire qui les distingue des purs emplois. La cuisine, espace laborieux par excellence, est aussi le lieu de rencontre d'êtres humains de toutes nationalités – Irlandais, Allemands, Grecs – mus par des pulsions qui se heurtent aux exigences du rendement : des couples se forment ou se défont, des rivalités dégénèrent en fréquents conflits. L'Allemand Peter, nerveux et passionné, a pourtant l'envergure d'un personnage principal : avec lui, *La Cuisine* sort du documentaire sociologique. Insensiblement, et sous le choc jamais verbalisé d'une frustration amoureuse, il se verra gagné par une folie destructrice. « Acting out » prévisible : « Ce n'est pas un endroit pour un être humain », disait-il.

La Cuisine est d'abord une idée de génie, née d'une expérience autobiographique. Wesker y concentre à la perfection les possibilités du théâtre : un lieu clos, une action réglée comme un opéra. « Le monde a bien pu être une scène pour Shakespeare, dit-il, mais pour moi c'est une cuisine. » Dans ce microcosme industrieux, ce « creuset » [melting-pot], où s'exacerbent les rivalités nationales ou sexuelles, chaque personnage, à la fois acteur et spectateur de scènes particulières, met en valeur le groupe. Métaphore du monde, *La Cuisine* – et c'est en cela une pièce engagée – nous dévoile un univers dominé par la lutte des classes, dans lequel les travailleurs ne peuvent se retrouver, faute de temps, que dans une solidarité impuissante. Les acteurs ne feront aucune cuisine réelle, spécifie Wesker : tout sera mimé. Mais le Théâtre du Soleil, en France, a passé outre : *La Cuisine* peut aussi être une aventure collective. Les pauses de l'action, la chanson de Peter ou la danse des cuisiniers grecs sont aussi de vrais moments poétiques. Le texte mêle avec humour des situations de parole contradictoires : les commandes de plats interfèrent avec des duos d'amour. C'est dire que le message de *La Cuisine,* loin d'être froidement militant, est, par ce regard bienveillant et amusé sur le monde, en fait profondément humaniste. – Trad. Gallimard, 1967. A. Va.

CUISINIER DU ROI (Le) [*El cocinero de S.M.*]. Roman de l'écrivain espagnol Manuel Fernández y González (1821-1888), publié en 1857. Bien qu'il soit le plus connu des trois cents romans (peut-être davantage) écrits par cet auteur, il ne possède rien qui puisse le distinguer des autres. Il porte, lui aussi, la marque qui caractérise la production de cet écrivain, tirée des modèles de la maison Dumas, Sue et Cie. On ne peut résumer son contenu, tant la trame abonde en intrigues qui ne sont pas toujours claires, et en revers de fortune bouleversants et inattendus. Nous pouvons seulement dire que le roi est Philippe III et que les personnages les plus importants sont la reine Marguerite, le duc de Lerme, une certaine duchesse de Gandia et, le plus intéressant de tous, Quevedo, le célèbre auteur de *Don Pablo de Ségovie* (*). Nous le voyons trottiner, avec ses lunettes vertes et ses pieds plats, à travers les rues de Madrid, se livrant à des intrigues politiques, faisant la cour à de belles dames et se servant de son épée comme seul il pouvait le faire, ayant été une célèbre et fine lame. D'autres personnages importants – ceux-ci non historiques – sont le héros Juan Montino, fils naturel du duc d'Osuna (dont Quevedo fut réellement le secrétaire), Clara Soldevilla, dame d'honneur de la reine. Clara forme avec Juan le couple amoureux autour duquel s'organise le roman. Il y a encore le bouffon du roi, l'actrice Dorothée et le cuisinier du roi, oncle supposé de Juan. Ces personnages sont accompagnés d'un grand nombre d'autres figures secondaires. L'intrigue politique et la conspiration sont l'âme du livre ; elles sont entourées des inévitables coups d'épée, et de coups de théâtre, de fuites, d'empoisonnements, etc. Tous les personnages dansent, tels des grains de poussière, dans une lumière étrange, mais les caractères n'ont pas beaucoup de relief, et l'auteur ne s'embarrasse pas des volte-face inattendues qu'il leur fait subir, le seul but qu'il se propose étant d'étonner et d'éblouir le lecteur et, à l'époque, il a certainement atteint son but.

CUL DE JUDAS (Le) [*Os cus de Judas*]. Roman de l'écrivain portugais António Lobo Antunes (né en 1942), publié en 1979. Un soir, dans un bar de Lisbonne, un jeune médecin rencontre une femme et lui parle de son expérience passée et des ses impressions actuelles. Son passé, c'est pour l'essentiel l'horreur et l'absurdité de vingt-sept mois de guerre en Angola, son présent, l'univers du bar, sa tentative de séduction, ses considérations désabusées sur la vie. Le roman est un long monologue, dans lequel ces deux temps se chevauchent sans cesse, sans pour autant se confondre. La femme à laquelle s'adresse le narrateur ne dira pas un mot. Bien que l'auteur s'en défende, le roman se présente comme une évocation de la guerre coloniale que le Portugal a menée en Angola de 1962 à 1974. Avec force anecdotes, le narrateur introduit le lecteur et son personnage féminin, tous deux confondus, dans ce cul de Judas (l'expression, en portugais, signifie « trou perdu, oublié »), dans cette guerre de guérilla, de « fantômes », ce « Việt-nam du pauvre » dont les seules réalités semblent la violence et la peur. Il les introduit aussi dans sa vie actuelle à Lisbonne et les mots qu'il emploie pour évoquer passé et présent, l'absence dans le texte d'une ponctuation qui pourrait les séparer clairement, leur confèrent la même violence, le même goût, la même odeur, comme si, finalement, tout était guerre. Ce n'est donc pas une réflexion sur la guerre proprement dite que développe l'auteur : ce sont ses sentiments et ses sensations blessées, son amertume ironique qu'il lance sur le papier, donnant l'impression d'écrire tout cela d'un seul jet. Mais le choix des adjectifs, très précis et concrets, le rythme des longues phrases révèlent le travail de l'écrivain et donnent à la narration une consistance quasi physique, palpable. Derrière la brutalité de l'expression apparaît un homme fragile et sans racines, aux cicatrices peut-être plus anciennes et plus secrètes que celles laissées par la guerre. En effet, les mots, qui se heurtent dans le long parcours de la phrase, finissent par se fondre en une étrange complainte où les senteurs moites de l'Afrique et l'odeur âcre du bar, le cri féroce de l'animal blessé et celui du plus romantique des amants jaillissent simultanément sans jamais s'annuler. Et si le narrateur semble exhiber avec provocation « sa guerre », il en est en fait si indigné, humilié et imprégné qu'elle colore le moindre de ses sentiments, pensées ou sensations. La femme — muette — qui l'écoute apparaît comme le simple réceptacle de sa logorrhée violente et lyrique, mais elle est aussi l'amour perdu avant d'avoir été conquis, la paix impossible à trouver et peut-être l'ennemie véritable. — Trad. Anne-Marie Metailié, 1983. F. Be.

CULOTTE (La) [*Die Hose*]. Comédie bourgeoise de l'écrivain allemand Carl Sternheim (1878-1942), en quatre actes. Écrite en 1908, cette pièce fut représentée par Max Reinhardt, le 15 février 1911, au Kammerspiel de Berlin. Le préfet de police, von Jagow, avait quelques jours auparavant interdit la représentation « pour raisons de convenances et de moralité ». Le titre seul en fut changé et devint *Le Géant*. Elle devrait plutôt s'appeler « Le Pantalon », car c'était bien leur pantalon que nos mères ou nos grand-mères perdaient quelquefois, à leur grande confusion. Tel est le point de départ : une jeune et jolie femme, Luise, épouse d'un petit fonctionnaire, Théobald Maske, a perdu son pantalon à la sortie de l'église, devant une grande foule et presque en présence du prince. Le mari est furieux, et la pièce commence par une scène de ménage : il craint surtout d'avoir été ridiculisé et de perdre son emploi qui lui assure une petite vie en somme très confortable. Or, l'effet produit n'est pas aussi terrible. Ce sont deux messieurs, assez romanesques, qui ont remarqué la jeune femme à cette occasion, qui l'ont suivie et se proposent comme locataires pour occuper les chambres qu'ils voient signalées à la porte des Maske. L'un est poète nietzschéen du nom de Scarron ; l'autre, Mandelstam, un garçon coiffeur épris de Wagner et craignant les courants d'air. Tous deux sont d'assez piètres spécimens d'humanité, et le mari les agrée, se sentant plus fort et plus malin qu'eux. Au second acte, conversations avec la voisine, Mlle Gertrude Deuter, Luise et les deux prétendants, plus ou moins férocement jaloux l'un de l'autre. Le poète fait une déclaration lyrique et Luise est prête à lui céder. Mais il songe d'abord à consigner l'expression de ses sentiments enflammés dans une œuvre mémorable et il s'esquive au bon moment pour les mettre par écrit. Quand il reparaît, le mari revient... Troisième acte. Scarron s'est enivré au cabaret, avec Maske. Il raconte qu'il a suivi une fille que, dans son exaltation de poète nietzschéen, il appelle une vraie sainte. Il est en voie de composer des œuvres sublimes, tout en se disant un homme d'action. Il résilie la location. Maske dit qu'on ne le verra plus et il est remplacé par un intellectuel, ennemi du bruit, des hommes et de l'amour. Entre-temps Maske a fait, en un tournemain, de la voisine sa maîtresse et fixe un jour de la semaine où ils se reverront régulièrement. Luise a été à l'église et prépare, en bonne épouse soumise, le rôti de porc à la choucroute.

Cette pièce est la première d'une série qui doit montrer l'ascension de la famille Maske. Ce « bourgeois », qui à la vérité n'en est pas encore un, est plutôt sympathique à Sternheim, car il est encore près du peuple et en a gardé la robustesse sans problèmes. La comédie a des qualités : elle silhouette bien des personnages ridicules ou vulgaires ; l'allure en est vive, les conversations sont amusantes. Mais ce n'est pas un chef-d'œuvre, à beaucoup près.

CULPABILITÉ ALLEMANDE (La) [*Die Schuldfrage*]. Étude du philosophe allemand Karl Jaspers (1883-1969), publiée en 1946. Jaspers a tenu des conférences, dont une partie seulement est publiée ici. Dans la première partie, Jaspers constate que c'est seulement à présent que l'histoire est devenue tout à fait universelle. On ne peut donc plus comprendre sa propre situation sans considérer la situation historique mondiale. Ce qui arrive aujourd'hui, conséquence de ce qui est arrivé en Allemagne après 1933, a ses racines dans des événements et des circonstances touchant l'ensemble de l'humanité. Ensuite, viennent s'ajouter des enchaînements de faits, propres aux différents peuples. Seule une pareille vue globale permet de trancher le problème des culpabilités respectives d'une façon juste et rigoureuse. Tout d'abord, l'auteur a envisagé l'époque actuelle telle qu'elle se manifeste à travers ses techniques, sa politique internationale, ses convictions profondes. Cela afin de pouvoir distinguer la part qui est commune à tous les hommes et ce qui est propre à un groupe particulier. Dans le deuxième chapitre, Jaspers cherche, sur le fond de ces éléments généraux, le chemin qui mène au problème allemand. L'auteur caractérise ensuite le national-socialisme, il se demande comment il a été possible, et comment les Allemands en sont arrivés là – et finalement il traite le problème de la culpabilité, ce dont il est question dans le présent livre. Après avoir clairement vu le mal, Jaspers analyse le caractère et la mentalité des Allemands. Il considère l'histoire allemande, l'esprit allemand, les transformations de la conscience nationale allemande et les grands hommes allemands. Cette méditation sur le génie allemand, fondée sur des réalités historiques, est en même temps un examen de conscience. Ce que l'homme veut et ce qu'il doit être peuvent être lus dans le miroir de l'histoire. On le perçoit dans l'appel des grands ancêtres et on le saisit aussi, lorsqu'on démasque les idoles qui, au cours de l'histoire, ont égaré les hommes. Il ne faut pourtant pas s'en tenir strictement à ce point de vue. L'auteur alors suggère qu'il serait opportun de créer les facteurs de la réalité allemande en devenir. Puisque l'histoire allemande n'est pas achevée, on ne peut pas dire de façon définitive ce qu'est le peuple allemand. Ce fait amène Jaspers à poser une quatrième question au sujet des possibilités qui restent. L'Allemand conserve-t-il une force dans sa ruine politique, dans son impuissance économique et politique ? – le livre fut écrit immédiatement après la guerre – ou serait-ce déjà la fin de la culture allemande ? Ce que Jaspers propose en 1946, c'est un dialogue entre les Allemands de manière à provoquer une prise de conscience. Mais les divergences qui existent entre les Allemands rendent très difficile ce genre d'échange. Ce que les Allemands ont en commun, à l'époque où l'auteur écrit, reste des éléments négatifs : l'appartenance à un peuple totalement vaincu, l'absence de terrain d'entente, la dispersion. Il n'existe plus d'accord spirituel, pas d'échelles de valeurs, ni de désirs unitaires. Il convient surtout de ne pas se perdre dans les divergences, encore que les différences qui tiennent à la nature et à l'étendue de la culpabilité des Allemands soient énormes. Personne n'est innocent. Tous sont coupables et responsables d'avoir toléré qu'on en vînt là. Mais nul ne se trouve rejeté hors de l'humanité du moment qu'il expie sa faute. La situation se trouvait aggravée du fait que beaucoup de gens ne voulaient pas vraiment réfléchir, qu'ils se retirèrent en silence, ou bien se laissèrent séduire par ce qui coïncidait avec leur intérêt personnel, ce qui provoqua des ruptures graves entre les Allemands. Par conséquent, chacun pouvait adresser des reproches à tous les autres. La purification devint impossible, par suite des accusations que se renvoyaient les émigrants et les gens qui étaient restés à l'intérieur. Tous avaient pourtant eu leur part de souffrance. L'Allemagne courait ainsi le danger d'un double égarement et hésitait entre les lamentations de celui qui abdique en s'avouant coupable, et l'orgueil de celui qui s'enferme dans son défi. Lorsque, à la condition de vaincu, s'ajoute une culpabilité, comme c'était le cas des Allemands en 1945, la situation de l'âme est embrouillée. Il ne suffit plus d'assumer son impuissance, il faut encore assumer sa culpabilité. Et les deux ensemble doivent provoquer la refonte de l'être. De nombreuses formes de fuite empêchent la purification : la fuite dans des considérations particulières qui sont justes en elles-mêmes, mais sans importance pour le problème de la culpabilité, fuite dans la généralité. Le chemin de la purification est d'abord la réparation. On ne peut pas donner des indications concrètes. Il ne s'agit pas d'un but défini, qui puisse être atteint par une volonté judicieuse, mais de quelque chose qui s'accomplit par une action intérieure tendant à une transformation de soi. Jaspers répète des mots vagues et enveloppants, tels que clarté et transparence de l'élan, amour de l'homme. Toutes ces pensées doivent être pénétrées par l'intuition pour que la purification soit valable. C'est l'acte de formuler ces pensées au plus profond de son être qui amène la purification. Cette purification de l'âme est aussi une des conditions de la liberté politique. Il serait vain pourtant de vouloir comprendre les événements mondiaux. Il faut se dire en toute humilité que Dieu décide, qu'Il est, que c'est assez. Tel est le lot de l'homme. – Trad. Éditions de Minuit, 1948.

CULTE SACRÉ (Le) [*'Avodat ha-Qodech*]. Somme théosophique du cabaliste constantinopolitain Meir ibn Gabbay (1480-1543), publiée en 1567. Cette œuvre hébraïque majeure condense tout ce qu'a conçu et produit la cabale espagnole depuis trois siècles, du *Bahir* (*) au *Zohar* (*), en passant par les cabalistes géronais et castillans, dont Joseph Gikatila et Moïse de Léon. Cet ouvrage assez volumineux est très rigoureusement structuré. Il est composé de quatre parties : la première est consacrée à la nature de l'unité divine et aux mystères de l'émanation ; la deuxième est consacrée au culte, à son pouvoir théurgique, et à la béatitude qui en découle pour le corps et l'âme ; la troisième partie montre que le culte parfait prescrit par la Loi révélée est le but même de la création du monde ; la quatrième partie traite de la signification ésotérique du texte biblique, des secrets du récit de la création et de la vision du prophète Ezéchiel, ainsi que du mystère de la Révélation. Un des pivots du livre est une critique vigoureuse de la philosophie de Maimonide menée au nom de la tradition religieuse dont il tente de montrer la cohérence et la véracité, alors qu'à ses yeux la philosophie juive octroie abusivement à la raison capricieuse le pouvoir de trancher du bien et du mal, du vrai et du faux dans le domaine de la foi, dans lequel seul l'enseignement des prophètes doit avoir le dernier mot. Ch. Mop.

CULTURE DES CHAMPS (La) [*Coltivazione*]. Poème géorgique du Florentin Luigi Alamanni (1495-1556) en six livres d'hendécasyllabes libres, publié à Paris, en 1546. Dans le premier livre, après la rituelle invocation aux Muses et à François Ier, roi de France, le poète donne des indications générales sur l'agriculture durant le printemps ; dans le second, il parle des occupations champêtres de l'été, des moissons, des troupeaux et fait un éloge du cheval ; dans le troisième, de l'agriculture automnale ; dans le quatrième, des occupations de l'agriculteur durant l'hiver ; dans le cinquième, du jardinage ; dans le sixième, des jours propices et défavorables, des astres, de leur influence sur la campagne et, enfin, de tous les éléments dont on peut tirer d'utiles prévisions pour les travaux des champs. Chaque livre, sauf le dernier, est agrémenté par un épisode ou une digression historique ou mythologique ; dans le premier, le poète fait l'éloge de la France et de la cour royale ; dans le second, il célèbre l'âge d'or ; dans le troisième, il dresse le panégyrique de Bacchus ; dans le quatrième, il élève une lamentation sur les conditions de l'Italie et sur la dispersion de ses fils dans l'exil au-delà des Alpes ; dans le cinquième, il célèbre les jardins du château de Fontainebleau et développe des considérations sur la fatale décadence des peuples et des États. Le poète déclare clairement vouloir imiter « le célèbre Mantouan, l'ancien Ascréen », c'est-à-dire Virgile et Hésiode, mais il met encore à profit Columelle, Lucrèce et Sénèque. L'œuvre, d'inspiration fondamentalement littéraire, est souvent avivée par une grâce remarquable, et quelques allusions historiques révèlent des émotions sincères et vécues (Alamanni fut l'un des exilés florentins à la chute de la république). Dans la profusion des poèmes didactiques du XVIe siècle, celui-ci est certainement parmi les plus notables et les plus heureux.

CULTURE DES IDÉES (La). Recueil d'essais critiques de l'écrivain français Remy de Gourmont (1858-1915), publié à Paris en 1900. Dans les pages qu'il consacre à la « dissociation des idées », l'écrivain affirme qu'il y a deux façons de penser : accueillir aveuglément les idées habituelles, comme elles se présentent, ou s'adonner pour son propre compte à de nouvelles associations d'idées, ou, chose plus rare, à d'originales « dissociations d'idées ». Il faut établir de nouvelles vérités qui, malgré leur apparence d'exception, pourront se répandre dans le monde et être à nouveau fécondes. De cette façon sont éliminés les dommages causés par l'acceptation de ce que l'on nomme : lieux communs. La pensée est une victoire continuelle sur soi-même ; pour cela il est indispensable que le critique ait la possibilité de renouveler les idées en les dissociant de ce qui les ternissait inutilement. Cet essai systématique confirme les points essentiels de la critique à l'aide de laquelle Gourmont a toujours approché les problèmes de l'existence et de la société : avec un positivisme transfiguré çà et là par des exigences logiques et créatrices, mais tourné vers le jeu intellectuel, vers le paradoxe brillant et ironique. Les pages sur « La Création subconsciente » sont remarquables, parce qu'elles tentent de donner au monde propre à l'auteur une espèce de consistance scientifique ; mais, en cherchant le passage de l'« inconscience » instinctive et créatrice à l'art véritable, Gourmont montre la faiblesse de ses arguments. L'essai « Du style et de l'écriture » est plus heureux ; il revendique la nécessité d'une forme parfaite et adaptée à chaque écrivain pour la réalisation de sa personnalité créatrice. « La Morale de l'amour » développe – avant *La Physique de l'amour* (*) – certaines conceptions qui appartiennent en propre à Gourmont : celle de l'amour libre et de l'exaltation de la sexualité. « Ironies et Paradoxes » contient des pages très fines ; la partie la plus réussie est celle des « Conseils familiers à un jeune écrivain », qui sont ingénieux sous leur cynique apparence. Dans l'ensemble, ce recueil contient certaines des idées les plus chères à l'auteur, qui veut mener à bien une lutte systématique contre les faussetés littéraires et philosophiques de la tradition.

CULTURE DU SECRÉTAIRE (La) [*Adab Al-Kātib*]. Traité de « bon usage » du philologue persan d'expression arabe ʿAbd Allāh Ibn Qutayba (828-889). Cet ouvrage à caractère nettement didactique rassemble les connaissances de base que l'on attendait d'un secrétaire du IXe siècle abbasside. L'ouvrage comprend quatre parties. Dans la première, intitulée « Le Livre des connaissances » [Kitāb al-maʿrifa] est exposée une foule d'informations tout à fait hétéroclites, du moins selon des critères modernes, mais qui apparemment devaient être exigées de quiconque prétendait exercer les fonctions de secrétaire de quelque grand : on y trouve des données touchant à l'astronomie, à la zoologie, à la botanique, à l'art équestre et aux caractères de l'espèce chevaline, à diverses technologies, etc. Il semble que ces connaissances n'avaient pas besoin d'être empiriques et pratiques, et qu'il suffisait aux scribes de connaître les paradigmes lexicaux qui y étaient associés et de savoir les utiliser à bon escient. La deuxième partie, dite « Livre d'orthographie » [Kitāb taqwīm al-yad], traite des règles de l'orthographe arabe et présente de façon systématique et détaillée tous les cas susceptibles de mettre le scribe dans l'embarras. La troisième partie, « Le Livre d'orthoépie » [Kitāb taqwīm al-lisān], est un peu le prototype des ouvrages « dites et ne dites pas » : un relevé assez large des fautes de prononciation les plus courantes et notamment des tendances de la prononciation populaire de l'arabe y est présenté. En même temps, à l'occasion de la présentation de barbarismes et de fautes courantes de construction, Ibn Qutayba rappelle aux scribes les règles de base de la syntaxe de l'arabe et les tournures correctes. Il s'efforce en la matière de faire connaître à ses élèves les raisons qui font juger une construction comme juste ou fautive afin qu'ils puissent non seulement faire le bon choix mais aussi le justifier et argumenter leur position. Enfin, la dernière partie, intitulée « Le Livre des schèmes » [Kitāb al-abniya], est un traité de morphologie de l'arabe présentant, d'abord pour les verbes puis pour les noms, l'ensemble des modèles de mots admissibles en arabe, avec la présentation des bizarreries éventuelles qui leur sont associées, ainsi que des hapax et des exceptions.

Cet ouvrage peut apparaître aujourd'hui hétérogène, une partie semblant s'adresser à des utilisateurs presque débutants de l'arabe, une autre à des philologues ou linguistes avertis, une autre encore avoir un caractère nettement encyclopédique. Mais, replacé dans le contexte de l'époque, cet ouvrage reprend une unité de propos qui, pour peu familière qu'elle nous soit, n'en est pas moins réelle : c'est bel et bien le portrait d'une certaine sorte « d'honnête homme » de la culture arabo-islamique classique qui se trouve ainsi dessiné.

D.-E. K.

CULTURE ET ANARCHIE [*Culture and Anarchy*]. Recueil de conférences de l'écrivain anglais Matthew Arnold (1822-1888), publié en 1869. Arnold, abandonnant pour un temps la poésie et la critique littéraire, aborde ici un sujet très vaste, puisqu'il s'agit selon lui de « recommander la culture comme le grand secours pour sortir des difficultés de l'époque ». L'écrivain envisage la culture sous différents angles et oppose cette culture faite « de douceur et de lumière », expression qu'il emprunte à *La Bataille des livres* (*) de Swift, à l'anarchie qui tend à supprimer l'ordre social essentiel à notre marche vers la perfection. Il nous faut, écrit Arnold, revenir de l'hébraïsme à l'hellénisme, de l'action à la pensée. Arnold prêche la religion de la culture qu'il veut interpréter dans un sens large. Ses critiques vont à l'aristocratie (les « Barbares ») aux classes moyennes (les « Philistins ») et à la classe ouvrière (la « Populace »). Il n'épargne pas non plus les non-conformistes et le « provincialisme » de leur culture. – Trad. L'Âge d'homme, 1984.

CULTURE FRANÇAISE EN BELGIQUE (La). Étude de Maurice Wilmotte (1861-1942), professeur à l'université de Liège et un des critiques les plus renommés de Belgique, parue en 1912. Directeur de l'ancienne *Revue de Belgique*, Wilmotte joint à une science rigoureuse et à un sens critique très aigu une richesse de style servie par un langage clair et imagé. On lui doit, outre l'ouvrage que nous analysons, des *Études critiques sur la tradition littéraire en France* (1909), *L'Influence allemande en Belgique, La Belgique morale et politique* (1902), etc. Mais, quel que soit l'objet de l'étude, l'idée dominante de Maurice Wilmotte fut de définir et de prôner l'importance, pour la Belgique, de la culture française. *La Culture française en Belgique* est un livre né d'une série de conférences que l'auteur a été invité à faire à la Sorbonne. Il contient quatre essais, dont les titres sont : « Le Passé littéraire », « Les Conflits linguistiques », « La Sensibilité wallonne » et « L'Imagination flamande ». Dans « Le Passé littéraire », Wilmotte évoque les origines de la Belgique actuelle, le règne des ducs de Bourgogne avec Chastellain et Commynes, le XVIe siècle avec Marnix et Sylvain de Flandre, pour terminer, aux XVIIe-XVIIIe siècles, par l'apport des réfugiés français. Le deuxième essai retrace l'historique du conflit linguistique – plus que centenaire – entre Wallons et Flamands. Le troisième essai est consacré à la littérature wallonne depuis la proclamation de l'indépendance de la Belgique, avec Des Ombiaux, Octave Pirmez, Jules Destrée, Albert Mockel, Edmond Picard et quelques autres. Enfin, « L'Imagination flamande » retrace les vicissitudes de la langue française dans les Flandres et fait revivre la pléiade d'écrivains flamands de langue française : Charles De Coster, Rodenbach, Maeterlinck, Camille Lemonnier, Verhaeren et quelques autres, moins connus en France.

CULTURE OU MISE EN CONDITION ? [*Einzelheiten I, II*]. Recueil d'articles de l'essayiste et poète allemand Hans Magnus Enzensberger (né en 1929), publié en 1962. Le propos de l'auteur est ici, comme il le dit lui-même dans sa postface, de « montrer du doigt quelques détails dérangeants » de la culture en vigueur et de rigueur dans la société ouest-allemande contemporaine. La première partie de l'ouvrage, sous le titre de « Façonnement industriel des esprits », regroupe des analyses sur le traitement de l'information dans le journal *Frankfurter Allgemeine Zeitung,* le langage de l'hebdomadaire *Der Spiegel,* « le regard sur le monde » des Actualités cinématographiques, le système de production et de consommation du livre de poche, la fonction sociale du tourisme. Autant d'instances de « l'industrie culturelle » qui, selon Enzensberger, ont toutes fondamentalement vocation à « perpétuer les rapports de forces existants, quelle que soit leur nature », et qui, en tant que telles, ont profondément transformé le rôle social de l'intellectuel dans la société moderne, dans la mesure où « il se voit aujourd'hui exposé à de nouveaux dangers », où « il doit compter avec des tentatives de corruption et de chantage d'une espèce nouvelle et subtile », par lesquelles « volontairement ou non, consciemment ou non, il devient le complice d'une industrie dont le sort dépend de lui comme il dépend du sien ».

La seconde partie du livre, sous le titre « Poésie et Politique », comprend dans l'édition allemande divers articles consacrés au « langage universel de la poésie moderne », à William Carlos Williams, aux « apories de l'avant-garde », au « cas de Pablo Neruda », pour s'achever par une réflexion globale sur la notion même de lyrisme politique. Enzensberger, sur le terrain de l'esthétique également, entend dénoncer les manipulations, les impostures. Le détournement de la parole poétique à des fins propagandistes, quelles que soient celles-ci – y compris, donc, l'instrumentalisation marxiste orthodoxe –, est pour lui la plus insupportable. La poésie ne saurait être véritablement politique qu'en sa qualité de poésie – « anarchique, intolérable, subversive, du seul fait qu'elle existe ».

La critique, telle que l'exerce Hans Magnus Enzensberger, ne se veut inféodée à aucune forme de ces idéologies, d'où qu'elles viennent, qui ne servent qu'à légitimer des relations de pouvoir, présentes ou à venir. De là son caractère délibérément fragmentaire, « disparate », par lequel elle veut s'interdire, explique-t-il, « de se ranger dans aucun système établi ». Il n'empêche qu'elle ne vient pas de nulle part, qu'elle aussi, quoi qu'elle en ait, se dessine sur un certain horizon idéologique. La poésie apparaît bien, ici, comme une sorte de « deus ex machina », face au conditionnement culturel. Utopie du verbe comme liberté absolue, incorruptible, rebelle à toute récupération, mais que l'écrivain ne peut se prouver à lui-même qu'en restant éternellement sur le qui-vive, dans un travail de Sisyphe pour « déjouer toutes les ruses historiques de la conscience ». En fondant sa propre revue, puis sa propre maison d'édition, Enzensberger devait aller au bout de sa logique. Et s'exposer, à son tour. – Trad. Julliard-Lettres nouvelles, 1965. J.-J. P.

CUMANDÁ ou Un drame chez les sauvages [*Cumandá o un drama entre salvajes*]. Roman de l'écrivain équatorien Juan León Mera (1832-1894), publié en 1879. Encore influencé par Chateaubriand, comme beaucoup d'écrivains latino-américains de son temps, Mera fut le premier à donner de l'Indien une image relativement authentique. Si la fiction reste exagérément romantique et la psychologie élémentaire, la vie des Indiens primitifs de la forêt, avec leurs coutumes, leurs rites, leurs croyances, est ici évoquée avec de nombreux détails pleins de vérité. José Domingo Orozco, dont toute la famille sauf un fils a été assassinée par les Indiens, décide d'entrer dans les ordres. Afin de convertir les Indiens, il s'enfonce dans la forêt avec son fils Carlos. Celui-ci recueille une Indienne d'une grande beauté, Cumandá, qui a fui sa tribu et est baptisée. S'étant épris d'elle, il l'épouse, et leur union est bénie par le père Orozco. Mais la tribu de Cumandá, qui a découvert les traces de la fugitive, cerne le couple. Pour sauver Carlos, Cumandá décide de se sacrifier à la fureur des siens. Carlos et le père Orozco arrivent trop tard pour la sauver. Pourtant, celui-ci aura l'occasion de reconnaître en Cumandá sa propre fille, une enfant conçue dans la forêt au cours d'une de ses expéditions, avant qu'il ne soit prêtre. Le roman présente de belles descriptions de paysages naturels, notamment de la forêt équatoriale. C. C.

CURE DE FRAMLEY (La) [*Framley Parsonage*]. Roman de l'écrivain anglais Anthony Trollope (1815-1882), publié à Londres en 1861. Lady Lufton confie la cure de Framley à un ami de son fils, le jeune pasteur Mark Robarts. Mais, entraîné par de mauvaises amitiés, celui-ci se conduit de telle sorte qu'il provoque la désapprobation de sa protectrice. Entre-temps, le fils de cette dernière, le jeune lord Lufton, s'éprend de Lucy Robarts, la sœur de son ami, mais lady Lufton s'oppose énergiquement au mariage. Seuls la constance du jeune lord et le caractère généreux de Lucy triompheront, avec le temps, de son hostilité. Grâce à l'aide de son ami lord Lufton, le pasteur réussit à se tirer des graves embarras où il s'était mis, et la leçon aura servi à le corriger. Ce roman fait partie de la *Série du comté de Barset* – v. *La Dernière Chronique de Barset* (*) : on y trouve quelques-uns des personnages qui figuraient déjà dans les précédents romans, et le paysage de *La Cure de Framley* est le même. Trollope, bien que concentrant son intérêt sur le récit des faits et le caractère des personnages, construisit pour ses romans une région de pure fantaisie, avec sa petite ville de province où s'élèvent une cathédrale, quelques églises éparses et un vieux château isolé ; il décrivit cette région dans ses détails topographiques avec une remarquable puissance d'évocation, annonçant cette « couleur locale » qui fut par la suite une des caractéristiques de certains romanciers naturalistes, en particulier de Hardy. Mais, dans ce roman comme dans les autres œuvres de Trollope, le paysage n'est que le cadre propre à la représentation de cette classe moyenne et de ce clergé qui furent, pour l'écrivain, l'élément le plus intéressant, et vers lequel allèrent, par conséquent, ses préférences.

CURÉ DE KALENBERG (Le) [*Des Pfaffen Geschicht und Histori von Kolenberg*].

Poème burlesque, en vieil allemand, composé dans les années 1460-1470 par le poète autrichien Philip Frankfurter (seconde moitié du XVe siècle), et publié en 1472-1473. Le curé de Kalenberg, Weigand von Dewin, rencontre la fortune le jour où, alors qu'il était étudiant, il veut offrir un poisson au duc d'Autriche, Othon le Farceur. Celui-ci assiste à la scène comique qui se déroule entre le jeune homme et le portier, et il s'amuse tellement qu'il lui fait cadeau de la paroisse de Kalenberg. Devenu curé, il commence aussitôt à jouer des tours aux paysans, à son évêque, enfin au duc et à la duchesse eux-mêmes. Puis, il va en Styrie où il obtient une autre paroisse, et il y meurt. Le sujet principal du poème est la narration des farces du curé, dont beaucoup, d'une obscénité grossière, sont un témoignage des mœurs peu raffinées de l'époque. Une des farces les plus connues est celle des paysans se présentant au duc pour une audience et s'entendant répondre que le duc est dans sa salle de bains. Ils sont alors invités à ôter leurs vêtements et à entrer. Mais lorsque les portes s'ouvrent, ils se trouvent devant toute la Cour réunie pour un banquet. *Le Curé de Kalenberg* connut un très gros succès et fut diffusé jusqu'au XVIIe siècle.

CURÉ DE TOURS (Le). Récit d'Honoré de Balzac (1799-1850), publié en 1832. Dans la ville de Tours, le bon abbé Birotteau, curé de la cathédrale, nous est présenté comme un prêtre paisible, satisfait de lui-même et de la vie. La mort de son ami et protecteur, l'abbé Chapeloud, l'a fait hériter d'un confortable logement dans la maison d'une vieille demoiselle bigote, Mlle Gamard ; mais le brave homme, dans sa simplicité, ne soupçonne pas l'inimitié d'un autre pensionnaire de cette demoiselle mûre, un terrible ambitieux, l'abbé Troubert ; par surcroît il trouve moyen de heurter et de blesser profondément, sans le savoir, les ambitions mondaines de Mlle Gamard. Leur manœuvre fait tomber le pauvre Birotteau dans un simple piège légal. En vertu d'un imprudent contrat de location qu'il avait signé, il se trouve chassé de la maison et dépouillé de tout son bien au bénéfice de l'abbé Troubert. Il s'ensuit un procès, le débat grossit et s'envenime en se compliquant de questions politiques ; toutes les conséquences retombent sur la tête de l'abbé Birotteau qui voit ses derniers jours attristés et qui est réduit à une fin misérable. L'histoire romanesque est rendue avec un sens du pittoresque et une finesse d'analyse qui ne peuvent être dépassés. En plus des nombreuses figures secondaires, les types du gros bonhomme simple, Birotteau, de Mlle Gamard, vieille fille aigrie, du terrible abbé Troubert apparaissent dessinés avec un tel bonheur artistique qu'ils peuvent être comptés au nombre des créations les plus réussies de ce grand romancier qui se vantait de « faire concurrence à l'état civil ». C'est seulement dans la dernière page que Balzac tire la leçon de l'événement : depuis que l'Église a été presque complètement éloignée des grandes affaires politiques, les natures ardentes et énergiques comme celle de l'abbé Troubert forment une classe de « célibataires », que l'on qualifierait actuellement de « refoulés », prêts à manifester, en toutes occasions, par des intrigues impitoyables leurs admirables et terribles qualités – v. également *La Comédie humaine* (*).

CURÉ DE VILLAGE (Le). Roman de l'écrivain Honoré de Balzac (1799-1850), publié en 1839, et faisant partie de *La Comédie humaine* (*), « Scènes de la vie de campagne ». Le curé de village est l'abbé Bonnet qui, à Montégnac, en Limousin, assiste Mme Graslin dans ses généreuses œuvres de bienfaisance. L'intrigue du roman tourne autour d'un ancien crime commis par un ouvrier, Jean-François Tascheron, qui a été secrètement l'amant de Mme Graslin et est monté à l'échafaud sans faire la moindre révélation. Et vraiment une ombre de mystère entoure pour le lecteur cette terrible histoire ; Tascheron (qui, par son crime, avait cherché à se procurer les moyens de fuir avec la femme aimée) apparaît surtout comme un malheureux, et sa conduite et sa mort déconcertent d'autant plus. Mme Graslin, bien qu'elle soit innocente du crime, succombe toute sa vie sous le poids du remords ; elle se consacre complètement au service des pauvres et des malheureux, et avant de mourir se confesse publiquement, suscitant l'émotion et la respectueuse compassion du bon curé et de tous ceux qui l'écoutent. C'est une des œuvres dans laquelle Balzac s'est efforcé d'arriver à une conclusion pacificatrice, en se tenant entre la cruauté et le pathétique, et en éclairant une obscure et ancienne faute d'une douce lumière grâce à la présence d'un homme de bonté. Lumière qui n'est pas intense toutefois, car l'abbé Bonnet reste plutôt le spectateur d'un événement dont le sens lui échappe et dont Mme Graslin cherche plus à se libérer par la confession qu'elle ne réussit à le dominer.

CURÉE (La). Deuxième volume des *Rougon-Macquart* (*), cycle romanesque du romancier français Émile Zola (1840-1902), publié en 1872. Le roman est ancré dans une réalité historique et sociale quasi contemporaine du moment de son écriture : 1870-1871. Il participe de la même veine polémique que *La Fortune des Rougon*. Zola veut faire, selon ses termes, le « poème ou plutôt la terrible comédie des vols contemporains », une terrible dénonciation du régime impérial et de ses soutiens.

Aristide Rougon s'abat sur Paris au lendemain du coup d'État, bien décidé à faire fortune. Il prend un nom de guerre, Saccard. Grâce à son frère, éminence grise du régime, il entre comme employé à l'Hôtel de Ville, où il peut étudier les dossiers secrets des futures transformations de la capitale. Veuf, il consent à épouser Renée Béraud du Châtel qui, séduite par un homme marié au sortir du couvent, est enceinte. Désormais riche, il profite de la politique des grands travaux menée par Napoléon III et Haussmann pour échafauder grâce à la spéculation une fortune immense. Arrivé à Paris avec 500 francs, il se fait construire quelques années plus tard un splendide hôtel particulier en bordure du parc Monceau.

Zola dénonce une société dont la seule valeur est l'argent, monde du signe, du décor, de l'illusion, une société malade, qu'incarne Renée. Torturée par l'ennui et le sentiment du vide, désespérément en quête d'affection, la jeune femme devient la maîtresse du fils de son mari, Maxime. Phèdre moderne, avide de sensations nouvelles mais n'ayant pas oublié les principes que lui a inculqués son père, magistrat intègre et républicain, Renée est un personnage tragique. « Folle de sa chair », elle prend une dimension mythique : elle est la Femme, fascinante, terrifiante. Abandonnée par son amant, ruinée par son mari, elle meurt, seule, d'une méningite aiguë. C. Be.

CURÉ ESPAGNOL (Le) [*The Spanish Curate*]. Comédie en cinq actes, en vers, des écrivains anglais John Fletcher (1579-1625) et Philip Massinger (1583-1640), représentée en 1622. Elle est constituée par deux intrigues différentes qui ont de faibles liens entre elles. L'une est un drame romantique et raconte les ruses de Violante, maîtresse de don Henrique, et la réconciliation de celui-ci avec sa femme Jacintha. La seconde intrigue, au contraire – elle donne d'ailleurs le titre à la pièce –, est une comédie évoquant les stratagèmes organisés par Léandro (avec l'aide d'un prêtre avide et de son bedeau, contre Bartolus), en vue d'aider ses amours avec la belle femme de Bartolus, Amarante. Les deux intrigues, développées avec habileté, sont soutenues par un très vif intérêt dramatique. Pourtant, ce qui constitue la valeur de l'ouvrage, c'est son aspect comique. Le stratagème destiné à tromper Bartolus, le jaloux, est raconté avec verve et un esprit caractéristique de l'art de Fletcher : l'humour facile, spontané, avec lequel il a brossé les silhouettes du curé et du bedeau, fait pardonner la moralité assez douteuse du contenu. Fletcher devance, ici, les comédies de la Restauration : l'ouvrage, en effet, fut très populaire, non seulement parmi les contemporains de l'auteur, mais aussi au cours du XVIIIe siècle. Il fut même remanié à une époque plus récente.

CURIEUSE SOLITUDE (Une). Roman de l'écrivain français Philippe Sollers (né en 1936), publié en 1958. L'écrivain avait à peine vingt et un ans lorsqu'il écrivit son premier roman. Un jeune garçon de famille aisée est initié à l'amour par Concha, la domestique espagnole. Les accouplements heureux, dans le secret et la peur, vont se répéter frénétiquement pendant un certain temps. Puis Concha disparaît. Devenu étudiant à Paris, le jeune homme se trouve solitaire, en quête des instants singuliers, extatiques. C'est pendant l'absence du corps mûr de sa maîtresse – Concha réapparaîtra ensuite à Paris et les rencontres amoureuses reprendront de plus belle – qu'il entame sa grande initiation : donner « corps » aux extraits magiques de Proust, aux anges de Greco, aux murmures de Debussy, à l'inquiétude des vers de Mallarmé. « C'est pourquoi, si je pressentais qu'il y avait dans mes sensations quelque vérité à trouver, mon premier mouvement était de répondre : Sans doute, mais j'ai plus besoin d'un corps que d'une vérité. » C'est avec cette recherche du corps absent-présent qu'il peut désormais s'orienter dans le dédale obscur des sensations. Ainsi la réapparition de Concha n'aura d'autre effet que la confirmation de cette ouverture, et bientôt l'adolescent cédera la place à l'artiste. Dès sa parution, le roman fut salué à la fois par Mauriac et par Aragon. Sollers évoquera plus tard sa délectation d'avoir trahi, avec la suite de son œuvre, les belles espérances d'« une partie du Vatican et d'une partie du Kremlin » (*Vision à New York*, 1981). S'étaient-ils à ce point trompés ? Sûrement pas. Mais ils n'avaient voulu voir dans ce roman qu'une « éducation sentimentale » écrite avec une ferveur nouvelle, piquante et juvénile. L'insubordination de l'auteur déjouant les pièges des grandes idées et des bons sentiments leur a complètement échappé. C'était pourtant bien explicite dans le roman : « On n'explique pas les individus par les événements mais par ce qui, en eux, leur résiste. » L. Pr.

CURIOSITÉS ESTHÉTIQUES. Recueil de critiques d'art du poète français Charles Baudelaire (1821-1867), publié en 1868 par Charles Asselineau et Théodore de Banville dans le tome II de ses *Œuvres complètes* (Paris, éditions Michel Lévy frères). Ce recueil, dont le titre avait été choisi par Baudelaire dès 1857, comprenait : les trois *Salons* de 1845, 1846 et 1859 ; les deux articles sur *Le Musée classique du Bazar Bonne-Nouvelle* (1846) et l'Exposition universelle de 1855 ; et les trois essais *De l'essence du rire* (1855, modifié en 1857), *Quelques caricaturistes français* (1857, modifié en 1858) et *Quelques caricaturistes étrangers* (1857, modifié en 1858). Tous textes qui avaient d'abord été publiés en plaquettes (*Salons* de 1845 et de 1846) ou dans de petites revues. Pour de simples raisons de commodité, Asselineau et Banville regroupèrent dans un autre tome, sous le titre *L'Art romantique* (*) (qui est de leur invention), les autres textes de Baudelaire critique d'art, c'est-à-dire les deux grands essais de la fin 1863 : *Le Peintre de* *la vie moderne* (consacré à Constantin Guys) et *L'Œuvre et la vie d'Eugène Delacroix*, l'étude inachevée et inédite sur *L'Art philosophique* (datant des années 1858-1860, elle est consacrée aux peintres qui, comme Paul Chenavard, « subordonnent l'art au raisonnement ») et les deux articles sur les *Peintures murales d'Eugène Delacroix à Saint-Sulpice* (1861) et sur les *Peintres et Aquafortistes* (1862). *L'Art romantique* comportait aussi des textes de critique littéraire et le grand essai sur Richard Wagner.

Baudelaire n'a que 24 ans quand il publie, en mai 1845, son premier *Salon* ; c'est d'ailleurs sa première publication signée, ce qui confirme l'importance de la place occupée par les arts plastiques, et singulièrement la peinture, dans sa réflexion et dans son œuvre. On peut s'étonner du ton impérieux de ce texte de jeunesse. Si Baudelaire s'y conforme au genre bien établi des *Salons* (ceux de Diderot ou de Théophile Gautier), commentant les principaux envois des artistes regroupés selon les catégories en usage alors : peintures d'histoire, portraits, peintures de genre, paysages, etc., il développe déjà, par touches, une esthétique personnelle qui repose sur une idée fondamentale ; les artistes de son temps, juge-t-il, se préoccupent trop de métier et finissent par sacrifier l'indispensable originalité au savoir-faire, c'est la « naïveté » qui leur manque le plus. À ce moment, toute la critique du poète tourne autour de ce concept de « naïveté » (que Diderot, à la fin de ses *Pensées détachées sur la peinture*, avait déjà sollicité). Est « naïf » l'artiste qui laisse parler son tempérament, au moyen ou en dépit de tout ce qu'il a pu apprendre et de toutes les influences qu'il peut recevoir. Il y a une nature créatrice, liée à l'individualité profonde de chaque personne : savoir la retrouver et l'exprimer constitue, pour l'artiste, la qualité la plus précieuse. Aussi Delacroix est-il célébré, avec enthousiasme, pour son « originalité », tout comme Corot d'ailleurs, et le peintre William Haussoulier, aujourd'hui oublié. Mais cette conception romantique de l'individu artiste, qui implique une critique radicale de tout académisme, se heurte à une autre idée, qui apparaît soudain dans la conclusion de ce premier *Salon* : « Celui-là sera le *peintre*, écrit Baudelaire, le vrai peintre, qui saura arracher à la vie actuelle son côté épique, et nous faire voir et comprendre, avec de la couleur ou du dessin, combien nous sommes grands et poétiques dans nos cravates et nos bottes vernies. » Pour cela, pour « compléter Balzac », comme le poète l'écrira bientôt, la « naïveté » ne suffit pas.

Conçu comme un véritable essai, le *Salon* de 1846 s'écarte délibérément des règles traditionnelles du genre. Baudelaire y cherche à définir le romantisme, qu'il assimile à l'art moderne et rattache à certains mouvements de l'âme (« intimité », « spiritualité », « aspiration vers l'infini ») et au rôle primordial de la couleur, et non à un choix particulier de sujets : s'il n'y a pas de sujets plus romantiques en soi que d'autres, il y a une « manière de sentir » romantique. Baudelaire retrouve et approfondit ici le thème de la « naïveté » – car c'est le tempérament profond de l'artiste qui reflète l'esprit de son temps –, mais il semble perdre de vue le programme très concret qu'il assignait au « *vrai* peintre moderne ». Longuement loué cette fois encore, Delacroix n'est pas seulement « le plus digne représentant du romantisme », il est aussi « le chef de l'école moderne » et « le vrai peintre du XIXe siècle » parce qu'il sait mieux qu'un autre exprimer la « haute et sérieuse mélancolie » de ce siècle. Pourtant, quand Baudelaire reprend, dans le dernier chapitre de ce *Salon*, le thème de l'héroïsme de la vie moderne et fait l'éloge de l'habit noir et de la redingote, il ne saurait oublier, même s'il ne l'écrit pas, que Delacroix ne se soucie aucunement de représenter des scènes de son époque et leur préfère celles que lui inspirent l'histoire et la littérature. Il semble que le poète accepte ainsi deux conceptions de la modernité, sans les relier clairement ni se préoccuper de ce qui peut les opposer ; on verra là un effet de sa *situation* historique, entre le romantisme finissant et l'essor du mouvement réaliste.

L'article consacré à l'Exposition universelle de 1855 – où Baudelaire développe un grand parallèle entre Ingres et Delacroix – et le *Salon* de 1859 marquent une évolution sensible de la pensée esthétique du poète, un nouvel approfondissement. Sous le double coup du succès croissant de la photographie et de l'école réaliste (c'est en 1855 que Courbet a présenté quarante de ses œuvres dans un pavillon spécial, au moment de l'Exposition universelle, et le manifeste de Champfleury date de 1857), Baudelaire s'inquiète de la menace d'un art asservi à la nature, il veut défendre les droits de l'idéal. Car par « nature », il entend ici la nature factuelle, « brutale et positive », et « laide », ira-t-il jusqu'à écrire : le réel non transfiguré par l'imagination. Et c'est précisément vers l'imagination, « cette reine des facultés », qu'il tourne alors sa réflexion, y découvrant le principe absolu non seulement du Beau, mais du Bien. L'œuvre d'art accomplie est celle qui montre le travail de l'imagination, et donc l'idéal, dans la nature elle-même, autrement dit « l'infini dans le fini ». On voit la fécondité d'une telle approche qui reconnaît implicitement à l'artiste une très grande liberté. La critique doit alors renoncer à ses prétentions normatives et savoir s'ouvrir à ce qui est vraiment « neuf » ; en ce sens d'ailleurs, Baudelaire est à l'origine de la critique moderne, et l'on ne s'étonnera pas de le voir défendre les « chevaux roses », les « paysans lilas » et les « fumées rouges » de Delacroix. Mais cette liberté qu'il accorde largement au peintre dans le maniement de la couleur, qu'il tient pour le vrai medium de l'imagination, il la lui mesure dans le maniement du dessin, qui ne doit pas « tricher » avec la nature, ce qu'il reproche à Ingres de faire (Ingres qu'il admire, au demeurant, presque malgré lui : plus que lui-même, c'est son influence qu'il condamne). La position de Baudelaire se situerait donc à mi-chemin entre un désaveu pur et simple du réalisme et l'éloge d'un art où l'imagination régnerait sans partage ; pour lui, l'artiste ne doit ni chercher à « reproduire » le réel ni inventer de toutes pièces un monde à sa façon. Et le critique choisit le mot « surnaturalisme », qu'il emprunte à Heine, pour caractériser cette position. Quant à l'idée de représenter précisément la vie moderne, si elle n'apparaît plus dans ce dernier *Salon*, elle sera à l'origine du grand essai de 1863 consacré à Constantin Guys. On notera toutefois que Baudelaire y recourt à une analyse presque simpliste du Beau, inévitablement composé, écrit-il, « d'un élément éternel » et « d'un élément relatif, circonstanciel, qui sera, si l'on veut, tour à tour ou tout ensemble, l'époque, la mode, la morale, la passion » ; mais si ce second élément est toujours présent dans tout « échantillon de beauté », faut-il en faire encore le programme d'un art nouveau ?

Au-delà ou en deçà de la réflexion théorique qu'ils poursuivent sans esprit de système, les différents textes des *Curiosités esthétiques* et de *L'Art romantique* comportent un grand nombre de notations particulièrement remarquables. Qu'il s'agisse de décrire l'impression étrange, la sensation d'« un ordre quasi maladif » que suscitent les tableaux d'Ingres, ou de louer les « beautés météorologiques » des ciels d'Eugène Boudin ou l'unité, « qui est un des besoins de la mémoire », des paysages de Corot, ou qu'il s'agisse de célébrer, à propos du graveur Méryon, le « paysage des grandes villes », ou de signaler l'« antithèse mélodique » des rouges et des verts dans les portraits de chefs indiens dus à Catlin, partout l'intuition et la langue de Baudelaire font merveille pour *révéler* les œuvres dont il parle. Si bien que l'on peut dire de ces écrits critiques qu'ils sont des créations à part entière et qu'ils réalisent aussi, à leur manière, le souhait exprimé par Baudelaire de voir les différents arts « se prêter réciproquement des forces nouvelles ». Il est d'ailleurs certain que, recueillant et raffinant une tradition française créée par Diderot, ils exercèrent une puissante influence sur les écrivains-critiques d'art des générations suivantes. A. M.-P.

CYCLE BRETON. Autour des faits d'armes et d'amour des chevaliers du roi Arthur partis à la recherche du Saint Graal, autour des aventures de Tristan et d'Iseult, et d'autres personnages étroitement liés à ceux-ci, devait fleurir toute une littérature romanesque. Celle-ci, au déclin du Moyen Âge et au début des Temps modernes, fit les délices de nombreuses générations jusqu'à Cervantès et à l'Arioste : dames et chevaliers, bourgeois et menu peuple en raffolaient. On a l'habitude de réunir sous le nom de *Cycle breton* l'ensemble des poèmes, plus ou moins longs, et des romans qui s'y rattachent. À l'origine de cette appellation, il y a l'opinion courante selon laquelle les récits que nous venons de citer dériveraient de récits traditionnels des peuples celtiques de la Petite et de la Grande Bretagne auxquels les auraient empruntés, vers le milieu du XIIe siècle, les poètes qui « lancèrent » ce genre dans le monde néo-latin : Chrétien de Troyes, Marie de France, Thomas, Béroul. Mais il ne s'agit là que d'une hypothèse ; et les récits gallois intitulés *Mabinogion* (*), dans lesquels les érudits crurent trouver une des sources de cette littérature, furent au contraire tirés des romans de Chrétien de Troyes, de même que, dans quantité de thèmes légendaires faisant partie de la matière du *Cycle breton* et prétendus typiques de cette matière, on retrouve des thèmes universellement répandus et ayant même des ressemblances qui les rattachent au monde oriental antique. C'est ainsi que récemment des érudits n'ont pas hésité à établir des liens entre la légende du roi Arthur et celle du « Punjab », ou à donner à Tristan et à Iseult des modèles comme Héro et Léandre, Pyrame et Thisbé, Jason et Médée.

Arthur, personnage historique ayant vécu à la fin du Ve siècle et au début du VIe, au moment des luttes des Britanniques contre les Angles et les Saxons, est à peine mentionné par la première historiographie de l'île. C'est dans l'*Historia regum Britanniae* (*), écrite entre 1118 et 1135 par Geoffroy de Monmouth, qu'apparaît pour la première fois la légende du roi Arthur. Galfred affirme avoir traduit ce récit de livres bretons, mais il semble en réalité l'avoir inventé de toutes pièces, travaillant d'imagination sur des éléments disparates, pour la plupart d'origine gréco-latine. Ce bizarre produit d'une imagination nordique était destiné par son atmosphère de mystère et d'ombres, toute peuplée d'esprits, de démons et d'enchantements, à avoir le plus vif succès. Remanié à plusieurs reprises en français (en particulier par un écrivain de la cour d'Henri II Plantagenêt, l'Anglo-Normand Wace, le premier qui parle de la Table ronde), il n'a pas manqué de séduire, comme un trésor précieux, un poète de talent qui, après s'être exercé de diverses façons à adapter Ovide, estimait que les sujets de la tradition classique étaient désormais trop usés. Las de l'Antiquité, Chrétien de Troyes trouva dans l'histoire de Bretagne des thèmes nouveaux qu'il recherchait et qu'il traita d'ailleurs en restant fidèle, quant à l'esprit et aux procédés de son art, à cette école d'inspiration classique dont il sortait, et qui est celle du *Roman de Thèbes* (*), du *Roman d'Énéas* (*), du *Roman de Troie* (*). Ainsi naquit un nouveau genre de roman. Toutefois, si l'on excepte quelques détails régionalistes spécifiquement celtiques, les caractères bretons se réduisent, tout compte fait, aux déclarations mêmes des auteurs qui se réclament de sources bretonnes (qu'en vérité ils n'auraient pas été à même de prouver) et au cadre conventionnel où se déroule l'action, cadre qui est toujours la Grande ou la Petite Bretagne. (Il s'agirait en somme d'une mode anglaise, facilement compréhensible quand on pense à l'importance culturelle et politique de la cour d'Angleterre à cette époque.) C'est à ce titre, et à ce titre seulement, que l'on peut conserver le nom, désormais traditionnel, de *Cycle breton.*

Du point de vue historique, il est clair que ce cycle ne peut être séparé du *Cycle classique* (*) : l'un et l'autre offrent au public raffiné des récits d'aventures et des histoires de chevalerie construits avec art et embellis par le merveilleux ; toutefois, dans le *Cycle breton*, le merveilleux prend des tons plus irréels, plus magiques, plus suggestifs et enchanteurs ; on y décèle en outre une influence plus profonde d'Ovide, et cela ressort clairement de la place qui est accordée aux problèmes de psychologie amoureuse, ainsi qu'aux valeurs « courtoises » qui constituent le grand mythe de la société cultivée et galante du XIIe siècle. À ce titre, les héros des poèmes de Chrétien de Troyes – v. *Érec* (*), *Cligès* (*), *Lancelot* (*), *Yvain* (*), *Guillaume d'Angleterre, Perceval* (*) –, d'*Éliduc* et des autres *Lais* (*) de Marie de France, du *Roman de Tristan* de Thomas – v. *Tristan et Iseult* (*) –, ainsi que ceux du roman homonyme de Béroul, ou des nombreux autres romans en prose qui, à partir du XIIIe siècle, s'inspirèrent de l'œuvre de ces poètes (et assurèrent le succès de la matière bretonne, en en perpétuant le triomphe lorsque le souvenir des initiateurs s'était effacé), ces héros se révèlent les symboles les plus expressifs de leur époque ; de cette chevalerie noble et sentimentale, avide de succès, de gloire, de pompe et d'expériences, qui a ramené son champ de bataille idéal des gorges de Roncevaux, théâtre de la mort féodale et épique de Roland, aux terrains de duels et de tournois. – Sur l'ensemble du cycle breton, on lira *La Légende arthurienne, Le Graal et la Table ronde*, Laffont, 1989.

★ Sur le même sujet, le compositeur français Ernest Chausson (1855-1899) a composé un drame lyrique en trois actes, *Le Roi Artus*, dont il est aussi l'auteur du livret. La création a eu lieu au théâtre de la Monnaie à Bruxelles en 1903. L'ouvrage, profondément marqué par les conceptions wagnériennes en matière d'opéra, est une des œuvres essentielles du répertoire lyrique français de la fin du XIXe siècle, mais n'est pratiquement jamais exécuté.

CYCLE CAROLINGIEN. C'est par le nom de *Cycle carolingien* – en opposition au *Cycle classique* (*) ou antique, qui se compose de récits romanesques d'inspiration gréco-latine, et en opposition au *Cycle breton* (*), appelé aussi cycle d'Arthur ou de la Table ronde, qui groupe les aventures des chevaliers bretons – que les manuels scolaires se bornent à désigner les récits médiévaux de caractère plus manifestement épique. Ce sont surtout des poèmes, appelés en France, où ils naquirent, « chansons de geste » (du latin *gesta*, neutre pluriel, qui a pris le sens d'histoire). Cette dénomination s'applique aussi aux refontes et aux compilations en prose de ces poèmes, qui furent faites plus tard, en France et ailleurs. Dans cette acception qui n'est pas très heureuse, l'expression « cycle carolingien » prend la signification étendue d'épopée épique médiévale. Celle-ci a pour sujet principal Charlemagne, ou tout ce qui est en relation avec lui. Cependant l'action ne se déroule pas toujours à l'époque carolingienne (l'épisode de Floovant, par exemple, se rapporte aux temps mérovingiens, à Clovis, premier roi chrétien des Francs).

Déjà au début du XIIIe siècle, selon les dires du trouvère Bertrand de Bar-sur-Aube, la masse des légendes épiques françaises se divise en trois sections. Une séparation est ainsi créée, qui correspond à peu près à l'état de fait et que la critique accepte tout en reconnaissant ses limites et ses défauts. Le schéma envisagé distingue donc trois grands ensembles ou gestes, parmi lesquels – sauf quelques exceptions dont les plus importantes sont les péripéties de Floovant, d'Aiol et Mirabelle, ainsi que celles d'*Amis et Amile* (*), le couple des tendres et inséparables amis –, on retrouve toutes les œuvres épiques :

– la *Geste du roi*, qui a pour figure de proue Charlemagne et qui constitue le véritable cycle carolingien,

– la *Geste de Garin de Monglane*, qui a pour sujet l'histoire d'une famille féodale dont ce Garin est le chef de file et Guillaume d'Orange le rejeton le plus célèbre,

– enfin, la *Geste de Doon de Mayence*, dont le caractère est pleinement éclairé par le titre qu'on peut aussi lui donner de « geste des rebelles ». En effet, les différents héros de ce dernier groupe, reliés entre eux par des rapports généalogiques qui les rattachent à Doon de Mayence, sont tous des vassaux amenés à prendre les armes contre leur suzerain ou contre d'autres feudataires, soit pour réparer un tort subi, soit pour venger une offense faite à leur orgueil. Il s'ensuit des luttes forcenées et horribles qui se terminent par des actes d'humilité et de contrition. Il en est ainsi dans *Gormond et Isembart* (*), le poème le plus ancien et le plus important de cette série. Isembart, banni de France par le roi Louis, se réfugie chez les Sarrasins, renie sa foi et conduit le roi païen Gormond pour envahir et détruire sa patrie. Il périt sur le champ de bataille, implorant le pardon de Dieu. Dans *Gérard de Roussillon* (*), ce puissant seigneur bourguignon entre en guerre à plusieurs reprises contre Charles Martel, qui lui a pris sa fiancée et son château de Roussillon. Vaincu, plutôt que de se rendre, il se cache pendant vingt-deux ans, menant la vie d'un charbonnier. Finalement, il se soumet et expie les violences passées en se consacrant à des œuvres pies. Dans *Raoul de Cambrai* (*), Ibert de Ribemont, l'ennemi de Raoul, pour se libérer des responsabilités qui pèsent sur sa conscience, fonde toute une série de monastères.

Dans le second des cycles mentionnés plus haut, la « geste de Monglane », il ne s'agit plus de rébellions, mais d'entreprises courageuses de guerriers, qui consacrent leur épée et leur valeur au service du Pays et de la Foi, sans oublier pour autant leur propre intérêt. Les chansons de cette geste exaltent l'initiative personnelle mise au service de la gloire et des intérêts familiaux. Une coutume héréditaire veut que, à chaque génération, le chef de famille expédie ses fils de par le monde afin qu'ils conquièrent eux-mêmes leur place au soleil. Le personnage principal, autour duquel se déroule la geste, est le marquis Guillaume d'Orange, dit « au Court Nez », dont la figure domine la pathétique et réaliste *Chanson de Guillaume* (*) ou *d'Aliscans* (*). Nous y voyons le héros marcher à trois reprises contre les Sarrasins et revenir deux fois sans troupes, désespéré et affaibli. Mais à la troisième tentative, il triomphe, grâce à sa ténacité et à celle de Guibourc, compagne digne de lui.

La geste royale, la plus illustre des trois, est à la fois une glorification de l'idéal chrétien et une exaltation du principe de la monarchie féodale, sentiments qui s'épanouissent surtout dans la *Chanson de Roland* (*), l'œuvre la plus grandiose et la plus solennelle de toutes les épopées médiévales. Charlemagne s'y profile, majestueux, au centre ou à l'arrière-plan, de sorte que la geste est susceptible de constituer une biographie poétique de l'empereur. Dans *Berte aus grans piés* (*) sont racontés les événements qui précédèrent la naissance de Charles. Dans *Mainet*, c'est le récit de sa jeunesse ; dans la Chanson d'*Aspremont* (*), dans *Fierabras* (*), dans la *Destruction de Rome*, celui de ses expéditions contre les Sarrasins d'Italie ; dans la *Chanson de Roland*, dans *Gui de Bourgogne, Anséis de Carthage* (*), *Ottinel* – v. *Histoire d'Ottinello et Juliette* (*) –, dans l'*Entrée en Espagne* (*) et dans la *Prise de Pampelune*, celui de ses campagnes dans la péninsule Ibérique. Dans *Aimeri de Narbonne* (*), on trouve un épisode du retour d'Espagne ; dans la *Chanson des Saisnes* (*) et dans *Aquin*, les guerres menées pour soumettre les Saxons et les Bretons ; dans une série de compositions telles que : *Renaud de Montauban* (*) et *Girart de Vienne* (*), ses dissensions avec de nombreux vassaux ; dans *Macario* et autres textes, certains incidents de sa vie conjugale ; dans *Le Pèlerinage de Charlemagne à Jérusalem*, son voyage au Saint-Sépulcre et sa visite tragi-comique à l'empereur d'Orient ; dans *Le Couronnement de Louis* (*), ses préoccupations au sujet de sa succession et de son fils Louis le Débonnaire.

Il faut bien constater qu'un tel groupement de ces morceaux et de ces recueils est très commode pour celui qui veut classer rapidement l'ensemble de ces sujets, mais qu'il n'en est pas moins antihistorique, en ce sens qu'il ne représente pas le processus chronologique réel de l'époque médiévale mais, au contraire, l'embrouille. Les aventures de Berte par exemple, ou les histoires et les amours juvéniles de Charles en Espagne, ont été versifiées à une époque de beaucoup postérieure à la *Chanson de Roland*, dans laquelle le monarque franc est décrit comme âgé de plus de deux cents ans. La tendance à grouper les compositions en cycles est un phénomène qui s'accentue avec le temps. Le succès remporté par un poème est un stimulant pour lui donner une suite ou des antécédents ; des personnages secondaires ou des situations ébauchées servent de point de départ à de nouvelles compositions. Le public, qui exige d'une part l'éternel rajeunissement des situations et de l'autre se plaît à retrouver des personnages célèbres à la physionomie bien déterminée, incite les auteurs à remettre en scène les mêmes personnages dans de nouvelles situations, à établir entre eux des liens de parenté ou d'amitié, à nouer d'une façon plus ou moins adroite les diverses intrigues entre elles. C'est ainsi que, peu à peu, autour des premiers poèmes isolés, se cristallisa une matière abondante, continuellement reprise et amplifiée, souvent sous l'influence des romans courtois. Ces élaborations, non seulement en français mais aussi en latin, provençal, espagnol, italien, allemand, celte, anglais, hollandais, scandinave, furent groupées, à la fin du XIIIe siècle, en vastes compilations en vers et en prose, qui présentèrent toute l'histoire d'un héros ou d'un groupe. Nous citerons à titre d'exemple : *Les Conquêtes de Charlemagne* du Français David Aubert, le *Karlmeinet* (*) de Basse-Rhénanie, la *Karlamagnussaga* en Scandinavie, les *Reali di Francia* (*) et les *Histoires narbonnaises* d'Andrea da Barberino en Italie, œuvres dans lesquelles la valeur artistique est bien souvent contrariée par l'étalage d'érudition dont font preuve leurs auteurs. Certains petits poèmes chevaleresques du XVe siècle, comme *Reinolt von Montalban* ou *Les Quatre Fils Aymon* (*), *Malagis* et *Ogier von Danemark*, font partie du cycle de l'épopée carolingienne. Au même cycle appartiennent aussi les quatre romans en prose d'Elizabeth von Nassau-Saarbrücken (1397-1456) : *Loher et Maller, Huge Scheppel, Herpin et Sibille*. Au XVIe siècle, d'autres recueils du cycle carolingien parurent sous forme de livres populaires comme *Fierabras* (1533) et *Les Quatre Fils Aymon* (début du XVIe).

Il apparaît donc que la littérature épique, dont nous venons de parler, prend à un moment donné un aspect européen que modifie plus ou moins sensiblement le génie propre de chaque pays (nous pensons, à titre d'exemple, à l'élaboration typiquement italienne qui a transformé le sublime et vertueux Roland en un Orlando amoureux et fou). Mais son lieu de naissance, il est bon de le répéter, est la France d'où elle se répand en Occident grâce à l'attraction exercée par l'esprit français à l'époque des croisades. Mais à quelle époque au juste et de quelle manière se sont formées les légendes épiques françaises ? Cette question pose un problème capital de philologie néo-latine. Il a passionné des générations de savants et suscité une foule de discussions et de recherches. Le débat, loin de s'être apaisé, est toujours brûlant, quoique, là aussi, l'orientation de la critique contemporaine diffère nettement de celle de la critique au XIXe siècle. Les plus anciennes chansons de geste remontent, au maximum, à la seconde moitié du XIe siècle. Elles révèlent donc, d'une façon plus ou moins évidente selon les cas, des rapports avec des événements historiques antérieurs de plusieurs siècles, qui apparaissent déformés à des degrés divers. Dans la *Chanson de Roland* par exemple, on retrouve encore le souvenir précis de la déroute historique de Roncevaux. Aussi longtemps qu'est resté en vigueur le mythe romantique de la poésie populaire (mythe curieusement associé à la méthodologie positiviste), la préoccupation des néo-latinistes fut de combler le vide temporel qui sépare l'événement historique de la chanson de geste et d'expliquer la déformation subie par l'événement. À cet effet, ils émirent des hypothèses qui tendaient à reconstituer, à quelques variantes près, le processus historique qui avait présidé à la naissance des chansons de geste : alors que les uns imaginaient à l'origine des cantilènes épicolyriques, courtes et passionnées, réunies par la suite en poèmes et que d'autres admettaient dès l'origine de véritables poèmes, certains croyaient à une tradition sous forme de récits non versifiés. Quoi qu'il en soit, tous étaient d'accord pour situer le début de ce processus à une époque très ancienne : époque carolingienne (pour Gaston Paris) et même mérovingienne (pour Pio Rajna), c'est-à-dire au lendemain même des événements historiques relatés dans ces chansons. L'épopée française serait donc très ancienne et il fallait en conséquence lui reconnaître un certain caractère germanique, d'où la célèbre formule : « esprit germanique sous forme de romance ».

À cette façon de voir sont venues s'opposer, au cours de ces dernières années, des théories liées aux noms de Philippe Auguste Becker et surtout Joseph Bédier. Les travaux de ces érudits s'appuient sur certaines prémisses méthodologiques diamétralement opposées à celles de l'école positiviste : à la notion, impensable et fantaisiste, de poésie collective, ils opposèrent celle de l'œuvre d'art, fruit d'une création individuelle ; ils mirent en doute la prétendue continuité séculaire des chants ou poèmes perdus, dont on n'a en réalité aucune trace et aucune preuve concrète irréfutable ; par contre, ils prirent en considération les chroniques et autres sources écrites, ce qui revient à dire qu'ils firent état, dans leurs recherches, du milieu culturel de l'époque au lieu de s'en tenir à l'insaisissable tradition orale et impersonnelle. En effet, Bédier avait remarqué qu'à partir de 1040 et jusqu'à la fin du XIIIe siècle la vie d'une quantité de couvents et d'églises, groupés sur les voies des célèbres pèlerinages médiévaux, offrait certaines particularités propres à expliquer la genèse de chansons de geste : c'est ainsi que les chroniques des couvents célèbrent et exaltent, à côté des saints, des évêques et des abbés, des héros épiques ; il remarqua aussi que les documents produits par les moines pour prouver leurs titres de possession et appuyer leurs revendications se réfèrent volontiers à ces héros. Cet ensemble de faits l'amena à conclure que les chansons de geste furent élaborées au cours du XIe siècle et pas avant, par les monastères liés aux pèlerinages, soit pour appuyer l'autorité et le prestige de ces monastères, soit pour servir de divertissement aux troupes de pèlerins qui y faisaient halte. Les chansons de geste seraient donc des œuvres purement françaises.

Toute la critique des chansons de geste, postérieure à Bédier, est dominée par ses travaux. Des parties accessoires de l'œuvre édifiée par cet écrivain, si érudit et si brillant, n'ont pu résister au choc de certaines objections valables : il y a des cas par exemple où l'élaboration cléricale suppose, sans l'ombre d'un doute, des poèmes antérieurs dont elle s'est servie. Mais l'essentiel de la théorie de Bédier reste acquis et valable : à savoir que les chansons de geste sont nées au XIe siècle, et sont un produit de l'atmosphère spirituelle et cultivée de cette époque. Climat qui naturellement se compose d'éléments variés parmi lesquels prennent place, entre autres, à côté de l'apport des différents poètes (créations nées de leur fantaisie qu'il est certes impossible aujourd'hui de déceler avec certitude), des éléments de la tradition historico-épique latine, toute proche, des IXe et Xe siècles, ainsi que des éléments de la tradition classique. Du reste, les travaux de Bédier viennent, en tout point, confirmer l'idée communément admise que le genre appelé « chanson de geste » n'est qu'une abstraction. En réalité, seules existent les différentes chansons de geste, chacune ayant sa propre histoire qu'il est nécessaire d'étudier séparément, de sorte que l'une peut être d'inspiration plutôt monastique et l'autre plutôt féodale, l'une peut avoir une saveur plus archaïque (franque ou germanique) et l'autre plus récente (française), l'une se révéler plus riche d'enchaînements historiques et l'autre plus indépendante et plus fantaisiste. — Sur l'ensemble du cycle carolingien et sur la chanson de geste, on lira Martín de Riquer, *Les Chansons de geste françaises*, (2e éd. Paris, Nizet, 1957), Jean Ryckner, *La Chanson de geste, Essai sur l'art épique des jongleurs* (Genève, Droz, 1957) et l'*Épopée*, sous la direction de J. Victorio (Turnhout, Brepols, 1988).

CYCLE CLASSIQUE. Dans une époque dominée par la muse de l'épopée, et où les lettres latines refleurissaient, annonçant déjà l'humanisme tout proche (qu'il suffise de penser que le *De bello troiano* de Josephus Iscanius de Exeter, contemporain de l'auteur du *Roman de Troie* (*), Benoît de Sainte-More, était considéré sous la Renaissance comme une œuvre de Cornelius Népos, tant l'auteur sut mettre à profit ses modèles classiques), dans cette époque, donc, des hommes de solide culture latine furent portés à composer des chansons de geste en utilisant la matière de la tradition antique. À cela, il convient d'ajouter que dans le même temps on manifestait un vif intérêt pour le monde oriental, intérêt suscité et ravivé par les croisades et les voyages.

Le plus vieux document connu de cette époque est un poème franco-provençal sur la jeunesse d'Alexandre le Grand composé par un certain Alberich de Pisançon (et non Besançon ou Briançon), à la fin du XIe siècle ou dans les premières années du XIIe, et par conséquent apparu peu de temps après la plus célèbre version de la *Chanson de Roland* (*). Les biographies romancées d'Alexandre le Grand eurent, pendant tout le haut et bas Moyen Âge, une très grande faveur ; il ne faut donc pas s'étonner si ce poème franco-provençal (dont il n'est parvenu jusqu'à nous qu'un fragment, mais dont nous pouvons néanmoins nous faire une idée suffisante à travers une traduction allemande remontant à 1140 et due à un prêtre nommé Lamprecht) fut repris en Poitou par un anonyme dont l'œuvre présente une valeur artistique importante, à en juger par ce qu'il en reste ; cette dernière version fut à son tour reprise, amplifiée et remaniée ultérieurement par divers auteurs, et l'ensemble amalgamé dans le *Roman d'Alexandre* – v. *Alexandre* (*) –, ouvrage picard, vaste récit de toute la vie du Macédonien. D'autres poètes français prenaient pour sujet la généalogie d'Alexandre, d'autres le châtiment de ses assassins ou encore certains épisodes de sa vie, tandis que Walter de Châtillon dédiait les solennels hexamètres de l'*Alexandreis* à la légende du grand capitaine, sujet repris en Allemagne, en Angleterre (d'abord en dialecte anglo-normand, puis en anglais), et ensuite en Espagne dans le *Livre d'Alexandre* (XIIIe siècle) – v. *Alexandre* (*). Il s'est ainsi formé un vaste cycle qui, par analogie avec l'usage épique, pourrait s'appeler « la geste d'Alexandre » : cette « geste » devait se résumer, comme toutes les autres gestes, en un récit en prose, encore vivant au XIVe siècle, ainsi qu'en témoigne le succès d'une œuvre alors très admirée de Jacques de Longuyon.

Mais déjà avant le *Roman d'Alexandre*, entre 1150 et 1170, l'idée de renouveler, dans le sens médiéval, les légendes historiques de l'Antiquité, s'était emparée de domaines différents, et le *Roman de Thèbes* (*), le *Roman d'Énée* (*) ainsi que le *Roman de Troie* (*) avaient été composés selon un ordre chronologique difficile à établir, mais qui est probablement celui de notre énumération. Ces œuvres, et surtout la dernière, exercèrent une grande influence et suscitèrent de nombreuses imitations, des remaniements en prose et des traductions, en France et dans tous les pays occidentaux : Espagne (*Chronique troyenne* et autres traductions en espagnol, en galicien, en catalan), Allemagne (*Énéide* (*), de Heinrich von Veldeke, introducteur du roman courtois dans la littérature allemande ; *Guerre de Troie* de Konrad von Würzburg, etc.), Angleterre, Hollande, Scandinavie ; en Italie également où, à côté de textes en langue vulgaire, fut composée une version en latin, *L'Histoire de la destruction de Troie* (*) de Guido delle Colonne, livre qui donna à la matière troyenne une diffusion plus grande que l'œuvre originale de Benoît, et qui fut à son tour le point de départ d'œuvres ultérieures, comme le « mystère » intitulé : *Histoire de la destruction de Troie* et le long récit de Raoul le Fèvre : *Recueil des histoires de Troie* (1464) ; c'est cette œuvre qui a servi également de source, au moins en partie, au *Filostrato* (*) de Boccace – v. *Troïlus et Cressida* (*). La popularité de ces récits mythiques à l'époque de Cacciaguida nous est prouvée par Dante dans un passage fameux du « Paradis » (XV, vers 124-126) ; au XVIe siècle, ils plaisaient encore, transformés en romans de chevalerie à l'espagnole, forme sous laquelle ils furent publiés à plusieurs reprises ou bien sous forme de chansons. L'*Éracle* (*) de Gautier d'Arras, ayant pour sujet la vie fabuleuse de l'empereur d'Orient qui porta ce nom (VIIe siècle), eut moins de succès. C'est à proprement parler un roman « byzantin » plutôt qu'« antique » : mais à cause de ses affinités d'esprit, de structure et de motifs, il est généralement rattaché à la partie de la littérature médiévale que nous traitons ici.

C'est dans cette partie, mieux qu'en aucune autre, que l'on peut se faire une idée du développement des différentes tendances et des goûts depuis le début du XIIe siècle jusqu'à l'époque de la Renaissance. Les premiers poèmes sur Alexandre ne sont au fond que des chansons de geste sur des sujets antiques. Cette affinité reste évidente encore dans les poèmes suivants qui reprennent aux chansons de geste leurs directives, leurs formules et leurs situations et qui, comme elles, consistent toujours en batailles et en duels incessants. Mais l'apparition des sujets nouveaux ne reste pas uniquement un signe extérieur, elle est accompagnée d'un esprit nouveau, esprit plus consciemment littéraire, qui se complaît à laisser voir que ces œuvres sont nées après une longue documentation dans les bibliothèques, et qu'elles portent la marque d'une société cultivée et courtoise. L'intérêt des auteurs ne porte plus exclusivement sur les entreprises guerrières et sur le mâle courage exalté jusqu'au merveilleux ; il va à toutes les formes de la connaissance, mais surtout à ce qu'on voit et à ce qu'on apprend dans un salon brillant et attrayant, notamment aux choses curieuses, rares et exotiques, ce qui confère à la phrase et aux descriptions pittoresque et dignité : ainsi jaillirent les sources d'un merveilleux plus riche et plus varié que celui que les générations épiques précédentes avaient à leur disposition ; et suivant en cela les traces d'Ovide – dont à cette époque on ne traduit plus seulement *Les Métamorphoses* (*), mais aussi *L'Art d'aimer* (*), et *Les Remèdes d'amour* (*) –, les auteurs voient dans l'âme humaine, et notamment dans la passion amoureuse, matière à phénomènes étranges et attrayants. L'amour, sujet presque ignoré des chansons de geste les plus antiques, ou traité seulement avec une vulgarité peu respectueuse, devient le thème majeur. Les passions qui naissent, les discussions sur la nature de l'amour, les monologues des amants, les peintures de leurs souffrances et de leurs désirs s'emparent progressivement de la place la plus importante, de telle sorte que le poème épique du type de la *Chanson de Roland* s'est transformé en un roman débordant d'aventures, brillant de mille éléments fantastiques disparates, et dans lequel l'analyse sentimentale devient toujours plus raffinée. Le monde fabuleux des Anciens se couvre d'un déguisement chrétien et féodal, et l'on peut s'étonner aujourd'hui de voir Alexandre ou Hector incarner la perfection chevaleresque, Ismène, sœur d'Hercule, entrer au couvent avec cent autres jeunes filles de Thèbes à la mort de son fiancé. Tout cela ne peut naître d'une ingénuité naïve, mais est sans aucun doute une transformation consciente inspirée par la forte religiosité médiévale et par le sentiment de la continuité de l'Histoire et de l'actualité de l'Antiquité, même si ce n'était dans l'intention de produire un effet stylistique bien déterminé. Rien ne pourrait mieux symboliser la transformation accomplie que de voir le *Cycle classique* destiné à la lecture méditative et non plus au chant rythmé. Chrétien de Troyes fut le grand vulgarisateur de la nouvelle formule d'art qu'il continua à appliquer, même lorsque le besoin de laisser aller plus librement son imagination le fit sortir du cadre trop étroit des thèmes classiques pour se tourner vers la « matière de Bretagne ». Après lui, les récits sur des sujets antiques prennent un caractère entièrement courtois, et se perdent dans le grand fleuve des romans de chevalerie et d'aventures. – Voir A. Petit, *Naissances du roman. Les techniques littéraires dans les romans antiques du XIIe siècle*, Paris, Champion, 1985.

CYCLE DE CUCHULAIN (Le) [*The Saga of Cuchulain*]. Suite de cinq pièces de théâtre du poète irlandais William Butler Yeats (1865-1939), publiées entre 1903 et 1953. On trouvera une notice sur deux de ces pièces, « Près du puits de l'épervier » et « L'Unique Rivale d'Emer », dans l'article sur les *Quatre pièces pour danseurs* (*). Toutes les cinq mettent en scène le personnage de Cuchulain, grand héros de la mythologie irlandaise. Parmi ses exploits figure la lutte contre la reine Maeve pour défendre l'Ulster. Dans le cycle de Yeats, le personnage de Cuchulain est traité avec beaucoup de liberté. Par ailleurs, tour à tour victime ou vainqueur de son destin, il subit de pièce en pièce d'importantes variations. Dans *Au rivage de Bayle* [*On Bayle's Strand*], publié en 1903, créé en 1904 à Dublin, Cuchulain est amené à combattre et à tuer un jeune homme, dont il ignore qu'il est son propre fils, parce qu'un serment le lie au roi Concubar. *Le Heaume vert* [*The Green Helmet*], créé à Dublin en 1908, publié en 1910, fut écrit comme pendant à cette tragédie : Yeats souhaitait que l'on représente ces deux pièces à la suite, pour offrir dans un même spectacle le grave et le léger. La sagesse et l'héroïsme de Cuchulain y sont mis à contribution, dans des situations de franche comédie. *La Mort de Cuchulain* [*The Death of Cuchulain*] fut publiée avec les derniers poèmes en 1940. La pièce évoque une série de rencontres, entre le héros qui s'apprête à mourir et divers personnages surgis de son passé. – Trad. Denoël, 1954, et Théâtre oblique, 1973. P. H.

CYCLE DE KOSSOVO (Le). Célèbre cycle de chants populaires historiques serbes, ayant pour sujet la bataille de Kossovo (« Kosovo polje » ou « Champ des merles ») au cours de laquelle, le 15 juin 1389, jour de la Saint-Victor (« Vidov dan »), l'armée turque de Mourad Ier et de son fils Bajazet vainquit l'armée chrétienne conduite par le prince serbe Lazar. La défaite de Lazar, tombé dans la mêlée, signa également l'arrêt de mort du vieil État serbe. Le cycle est principalement composé des quatre chants plus anciens, écrits en vers de quinze à seize pieds, retraçant les épisodes de la bataille et célébrant les héros qui y participèrent : le prince Lazar Hrebeljanović, Miloš Obilić, Jug Bogdan, Ivan Kosančić et Vuk Branković. On ne sait rien de précis quant à l'origine de ces premiers chants. Ils étaient chantés autrefois par le peuple tout entier, aussi bien sur le littoral qu'à l'intérieur des terres. Atteignant leur plein épanouissement à la fin du XVe siècle et tout au long du XVIe, ils prirent alors le caractère épique et la forme sous laquelle nous les connaissons. Ils tombèrent ensuite dans l'oubli au cours du

XVIIIe ; le petit nombre parvenu jusqu'à nous s'est conservé dans des ouvrages historiques ou littéraires.

Le cycle renferme, en outre, une centaine de chants en vers courts, décasyllabiques. On peut, suivant le sujet, les ranger en quatre groupes : 1) Chants se référant à la bataille de Kossovo ; 2 et 3) Chants se référant à des faits qui précédèrent ou suivirent la bataille ; 4) Chants se référant uniquement aux personnages qui participèrent ou furent, de façon ou d'autre, en rapport avec cet événement historique. Tandis que les chants se multipliaient et qu'apparaissaient des variantes, le sujet proprement historique subissait de profondes transformations par l'apport d'éléments légendaires. Ainsi, le fait historique que constituait la bataille se muait poétiquement en un ensemble de péripéties héroïques et dramatiques ; enfin, par touches successives, fut ajouté l'épisode, historiquement fantaisiste, de la trahison de Vuk, qui finit par devenir la cause de la défaite.

Au cours des siècles suivants, la légende est adoptée par de nombreux ouvrages historiques et littéraires ; on la retrouve même dans l'*Histoire du royaume des Slaves* de Mauro Orbini (XVIIe siècle). Œuvres littéraires et chants populaires s'influencèrent réciproquement, tout en développant la légende qui s'augmenta sans cesse de nouveaux épisodes. Les chants se rapportant aux faits antérieurs à la bataille relatent la construction du monastère de Ravanica due au roi Lazar, le songe de la princesse Milica, l'invitation de Branković au Turc, la lettre outrageante de Mourad à Lazar, l'espionnage auquel se livre Ivan Kosančić dans l'armée turque, la malédiction lancée par Lazar ; la communion de l'armée serbe, la veillée d'armes, la marche vers le champ de bataille. Peu de chants par contre sont consacrés à la bataille proprement dite, considérée dans ses points historiques culminants (mort de Mourad). La plupart utilisent des éléments déjà refondus par l'imagination : courage prodigieux des guerriers serbes, héroïsme et mort de Miloš, trahison présumée de Vuk Brancović, mort de Lazar. Les chants relatifs aux événements postérieurs à la bataille relèvent d'un art plus consommé et présentent une très grande variété de sujets : l'arrivée sur le champ de bataille d'un guerrier retardataire, la retraite, la mort de la mère des Jugović à l'annonce du décès de son mari Jug Bogdan et de ses neuf fils, l'arrivée à Kossovo de la reine Milica, la découverte de la tête du prince Lazar. Les chants, riches et variés, ne se référant pas aux héros ayant participé à la lutte ou à des personnages historiques de l'époque, offrent également des morceaux d'épopée légendaire d'une haute tenue littéraire. Les nombreux épisodes de ce cycle, tant par leur signification nationale que par la perfection de leur forme, ont fourni d'importants matériaux aux historiens, aux littérateurs et aux écrivains serbes, depuis les chroniqueurs du XVIIIe siècle jusqu'aux poètes modernes.

CYCLE DE MARKO KRALJEVIĆ (Le). Cycle formé d'un certain nombre de chants populaires serbes et croates à caractère historique, et plus spécialement tous ceux concernant le prince Marko Kraljević, personnage historique du XIVe siècle (1371-1394). Fils du roi serbe Vukašin, il ne fut nullement, selon l'histoire, cet ardent défenseur de la foi chrétienne que les chants nous montrent par endroits. Vassal du sultan, il mourut à Rovin, en combattant pour les Turcs, contre les Valaques du voïvode Mircea. Mais Marko Kraljević (ou Marko, fils du roi) devait devenir le plus célèbre héros de l'épopée populaire des Slaves balkaniques. La plupart des chants qui lui sont consacrés appartiennent au patrimoine poétique des Serbes et des Croates, mais l'épopée populaire bulgare le célèbre fréquemment et le considère, à juste titre, comme un héros national. La version bulgare ne modifie pas essentiellement la personnalité de Kraljević. C'est surtout chez les Serbes que le *Cycle de Marko* est considéré comme un classique, au même titre que *Le Cycle de Kossovo* (*), se distinguant cependant de ce dernier par l'abondance des motifs humoristiques, placés en évidence auprès de motifs purement tragiques.

Certains de ces chants sont en vers longs (15-16 pieds), mais ils sont pour la plupart composés en vers décasyllabiques. Même en le comparant aux héros du cycle de Kossovo, Marko Kraljević apparaît comme le plus populaire et le plus grand héros de l'ancienne Serbie. Il est le plus beau, le plus fort, le plus courageux ; il possède les armes et la monture les plus belles. La sympathie populaire l'a paré de toutes les vertus : fils affectueux, homme pieux, juge intègre, défenseur des faibles. Les fées, elles-mêmes, s'éprennent de lui, le protègent, se querellant avec lui comme entre frère et sœur. Cependant il aime rire, et le vin lui plaît. Certains chants relatent comment il devint successivement vassal, ami des Turcs et serviteur du sultan. Dans l'ensemble, les chants retracent sa vie sous une forme légendaire : sa naissance, des œuvres d'un dragon ; les prouesses fantastiques de son enfance ; la conquête des armes merveilleuses ; les relations qu'il entretient avec les fées, les dragons et autres créatures fabuleuses ; son attitude, pleine de respect et d'amour, envers ses parents, ses frères et sa femme ; ses combats et les amitiés nouées avec d'autres héros ; la princesse qu'il délivre, tel un nouveau saint Georges, d'un dragon ; et pour finir, sa mort ; mort naturelle, de par la volonté de Dieu, car nul n'eût été capable de vaincre et de tuer semblable héros. Les rapports qu'il entretient avec les Turcs sont montrés sous un jour comique. Notons enfin que le personnage de Marko Kraljević et les divers épisodes de sa vie sont très proches du style et des traditions de la chevalerie occidentale.

CYCLE DE PIERRE FLANDRE. Suite de textes romanesques et poétiques de l'écrivain mauricien d'expression française Robert-Edward Hart (1891-1954), publiés à l'île Maurice de 1928 à 1936. L'ensemble, qui devait primitivement s'intituler « Cycle du royaume d'enfance », comprend *Mémorial de Pierre Flandre* (sous-titré « roman du tropique », 1928), *Respiration de la vie* (bref récit, 1932), *Méditation du bienheureux Pierre* (roman, 1933), *La Joie du monde* (roman, 1934) et les *Poèmes de Pierre Flandre* (poésie, 1936). Le personnage qui donne son nom et son unité au cycle, Pierre Flandre, se révèle incapable de dominer la tragédie que sont pour lui la fin de l'enfance et le passage à l'âge d'homme. Il ne vit que pour ressusciter l'enfant mort en lui et le monde magique de l'enfance où le merveilleux était quotidien. Pierre enfant aimait la jeune Ariane ; Pierre adulte ne saurait se lier à une figure féminine : il s'efface devant Jean, l'ami commun, et se réfugie dans l'adoration des jeunes enfants. Mais l'enfance se reconquiert aussi par l'exaltation panique de la nature tropicale, dans l'extase spirituelle procurée par la découverte que l'île natale est un lieu de surgissement originel, aube du monde toujours renaissante. Cette mystique insulaire doit un peu à la fréquentation par Hart des cosmogonies hindoues et beaucoup à sa découverte des rêveries mythologiques du Réunionnais Jules Hermann, qui voyait dans les îles de l'océan Indien les vestiges d'un continent primordial disparu, la Lémurie. Malcolm de Chazal, lecteur attentif de Hart, donnera à ces rêveries des prolongements stupéfiants. J.-L. J.

CYCLE DES FURYS (Le) [*The Furys*]. Suite romanesque de l'écrivain britannique d'origine irlandaise James Hanley (1901-1985), comprenant cinq volumes : *Les Furys* [*The Furys,* 1935], *Le Voyage secret* [*The Secret Journey,* 1936], *Notre temps est révolu* [*Our Time is Gone,* 1940], *Chanson d'hiver* [*Winter Song,* 1950] et *Fin et Recommencement* [*An End and a Beginning,* 1958]. Les Furys sont des prolétaires irlandais installés à Liverpool. Le père est dans la marine marchande. La mère, plus que personne d'autre dans la famille, est une catholique fervente. Elle domine le cycle par sa détermination, son autorité parfois tyrannique et sa capacité à faire vivre ses enfants et son mari malgré les difficultés matérielles considérables. Il n'existe guère de meilleure évocation de ces Irlandais de Liverpool pris entre une mer chiche et parfois meurtrière et la rapacité des prêteurs sur gages. Un fils se lance dans le syndicalisme puis abandonne son milieu pour se compromettre avec les classes dirigeantes. Deux fils se disputent la même femme. La fille épouse un homme disgracieux et âgé pour échapper à l'atmosphère étouffante de la maison. Autour de ce microcosme fourmillent des personnages divers qui créent un milieu romanesque aussi inoubliable que le Sud imaginaire de Faulkner. À mesure que Hanley progresse de roman en roman, la génération des enfants l'emporte sur celle de la mère héroïque mais abusivement possessive et puritaine. Dans le dernier volume, sans doute le plus réussi, la quête d'une forme adaptée au sentiment d'emprisonnement et de solitude qui domine le personnage principal donne des accents hallucinatoires à ce voyage inachevé. J.-P. D.

CYCLE D'IVAN CRNOJEVIĆ. Le plus court des cycles sous lequel sont communément groupés les chants populaires historiques serbes et croates. Ce cycle, ne comprenant que des chants en vers décasyllabiques, a pour héros Ivan Crnojević (1405-1490), valeureux seigneur de Zabljak, descendant d'une ancienne et illustre famille originaire de Zeta, et ses fils, Georges (Djuradj) et Stephane (Stevan ou Staniša). Ce cycle est centré sur le mariage d'un Crnojević avec la fille d'un Doge. Par l'entremise d'un messager, Maksim (qui, dans les chants, correspond au Georges de l'histoire) obtient la main de la fille du Doge, jeune fille d'une grande beauté, promettant en échange d'apporter à Venise l'aide des Monténégrins, dans sa lutte contre les Turcs. Cependant, en raison de la laideur de Maksim, un ami auquel il est lié par une fraternité d'armes et de sang s'engage à le remplacer auprès de la jeune épousée pendant la cérémonie du mariage, jurant de la conduire intacte à sa nouvelle demeure. Mais la fille du Doge et le faux mari s'éprennent l'un de l'autre au cours du voyage ; l'ami, manquant à sa parole, refuse de rendre la jeune femme à son époux. Un duel à mort s'ensuit. D'autres chants relatent la désunion portée au sein de la maison de Crnojević par la belle « Latine », attribuant à son ambition ou à sa jalousie la discorde qui naît entre les deux frères. Stéphane, qui est opposé au mariage de son frère, se sentant offensé passe dans le camp des Turcs et se convertit à l'islam. Son acte précipite la ruine du Monténégro. Cependant, selon une autre variante, le mari est un homme séduisant qui a pour parrains, sur les conseils de sa mère, des personnages illustres mais d'un certain âge : Janko Sibianjn, le roi Vukašin, Miloš Obilić et Marko Kraljević en personne. Un Arabe intrigue contre ce mariage, mais il est vaincu par Marko Kraljević ; quant à la jeune fille, on la montre prête à courir tous les risques afin d'épouser un homme si beau. Toujours selon cette même variante, le couple a une nombreuse et heureuse descendance.

Ainsi sont interprétées, de façon légendaire, les relations ayant effectivement existé entre Venise et les Crnojević (les « Zernoich » de Marin Sanudo) depuis l'époque de Stéphane (Stevan) nommé capitaine de la République en 1452. C'est Ivan (celui des chants) qui, d'abord peu favorable à la Sérénissime, reçut par la suite le titre de comte pour sa conduite dans la lutte contre les Turcs. Quant à Georges Crnojević (1490-1496), il épousa Élisabeth, fille du patricien vénitien Erizzo. Ce mariage, enrichi par des éléments empruntés à la légende populaire, inspira Djura Jakšić pour son drame historique *Élisabeth, princesse du Monténégro* (*), tandis que Laza Kostić suivit plus fidèlement la légende dans sa tragédie en cinq actes, *Maxime Crnojević*.

CYCLE ÉPIQUE GREC. Les poèmes homériques ne constituent pas une manifestation isolée dans la littérature grecque. En même temps qu'eux et sous leur influence, on remarque au cours des VIIIe et VIIe siècles avant J.-C., voire postérieurement, une abondante floraison d'œuvres poétiques dans lesquelles sont recueillies et adaptées les innombrables légendes dont se montre prodigue la tradition hellénique. L'ensemble de ces poèmes aujourd'hui perdus, connu sous le nom de cycle épique, devait constituer avec l'*Iliade* (*) et l'*Odyssée* (*) une sorte d'encyclopédie mythologique comprenant, sous une forme relativement ordonnée, la relation des événements mythiques survenus depuis les origines du monde jusqu'aux ultimes exploits accomplis par les héros. Les poèmes de la période primitive devaient se confondre avec l'*Iliade* et l'*Odyssée* et l'ensemble de la production épique être groupé sous le nom générique d'Homère. Déjà Hérodote soulignait l'invraisemblance de certaines attributions. Avec les progrès des études critiques, il a été possible de dégager l'opposition fondée sur des critères esthétiques qui existe entre la poésie homérique et celle relevant uniquement du cycle. On rend d'une part justice à Homère en lui attribuant cette idée géniale d'avoir su extraire de la foule des mythes un épisode d'une valeur universellement humaine pour lui donner ensuite un développement dramatique ; chez les auteurs du cycle au contraire prédominent la curiosité historique ainsi que le souci d'une coordination des faits et de la chronologie, de sorte que leurs œuvres recèlent respectivement une série d'événements plus nombreux que l'*Iliade* et l'*Odyssée* bien qu'elles comprennent un nombre moindre de vers. Les poèmes du Cycle répondirent à une nécessité différente de celle qui présida à l'élaboration de l'épopée homérique. C'est surtout en Ionie que se fit sentir le besoin d'ordonner les données de la tradition et de rassembler les légendes selon un exposé cohérent, première ébauche de la science historique.

Le Cycle peut être séparé en cycles mineurs, qui sont le cycle cosmogonique comprenant les mythes relatifs à l'origine du monde, le cycle thébain, le cycle troyen, le cycle d'Héraklès, ainsi que quelques autres fondés sur des légendes moins répandues. Au premier devait probablement appartenir une *Titanomachie*, attribuée à Eumélos de Corinthe ou à Arctinos de Milet, qui décrivait la lutte victorieuse soutenue par Zeus contre les Titans. L'*Œdipodie* attribuée à Kinéthon de Lacédémone, qui serait à rattacher au cycle thébain, contenait le récit des aventures de Laïos et d'Œdipe. Du même cycle faisaient partie : la *Thébaïde* dont l'auteur mal identifié relate la discorde entre les fils d'Œdipe, Étéocle et Polynice, ainsi que l'expédition des Sept contre Thèbes ; les *Épigones* qui rapportent la prise de Thèbes par les fils des Sept ; enfin l'*Alcméonide* consacrée à la légende d'Alcmène, fils d'Amphiaraos qui tua sa mère afin de venger son père que celle-ci avait trahi. Le riche cycle troyen comprenait les *Chants cypriens* attribués à Stasinos (ou à Égesias ou Égesinos de Chypre), qui narraient les événements précédant l'*Iliade* depuis le jugement de Pâris et l'enlèvement d'Hélène. Par ailleurs, Arctinos de Milet avait dans son *Éthiopie* (*) poursuivi la narration des événements racontés dans l'*Iliade* jusqu'au meurtre d'Achille par Pâris et à la chute de Troie. Ce poème devait son nom au fait qu'il relatait les exploits de Memnon, fils d'Aurore et roi des Éthiopiens, venu au secours des Troyens. *La Petite Iliade* de Leschès de Mytilène et l'*Iliupersis* ou *La Destruction d'Ilion* (*) d'Arctinos étaient relatifs aux mêmes événements. Les multiples et souvent tragiques aventures des héros grecs à leur retour de Troie constituent la matière des *Nostoï*, c'est-à-dire des *Retours*, dus à Hégias de Trézène qui sont à rapprocher de l'*Odyssée*. Enfin la *Télégonie* due à Eugamon de Cyrène racontait les exploits de Télégonos, fils d'Ulysse et de Circé. Parmi les poèmes du cycle d'Héraklès, on comptait la *Prise d'Oechalie* attribuée à Créophyle de Samos, contenant le récit des amours d'Iole et Héraklès, d'autre part *La Phocéide* de Testoride de Phocée relative à la prise d'Orchomène, enfin l'*Héracléide* due à Pisandre de Rhodes (VIe siècle av. J.-C.), poème grâce auquel s'établissait définitivement la tradition des douze travaux d'Hercule. Dans des poèmes analogues apparaissent divers autres héros. C'est ainsi par exemple qu'une *Danaïde* met en scène les filles de Danaos et qu'une *Théséide* rapporte les hauts faits de Thésée, héros issu de l'Attique.

Il ne reste aujourd'hui pratiquement rien de cette abondante production pourtant capitale pour la formation du patrimoine légendaire des Grecs et, partant, pour le développement de leur culture et de leur poésie inspirée comme il est normal par les mythes. Au total, les fragments de ces poèmes parvenus jusqu'à nous sont peu nombreux. Tout ce que nous savons sur les titres, les auteurs et les sujets évoqués provient des témoignages d'écrivains anciens et des résumés établis par des érudits d'une époque tardive comme la *Chrestomathie* (*) de Proclos et *La Bibliothèque* (*) de Photius.

CYCLONE À LA JAMAÏQUE (Un) [*Highwind in Jamaica*]. Roman publié en 1929 par l'écrivain anglais Richard Hughes (1900-1976). Considéré comme l'un des classiques de la littérature pour la jeunesse, ce récit débute par une brillante description de la vie de la famille Bas-Thornton dans une plantation de la Jamaïque, pour nous transporter aussitôt après sur un navire de corsaires. Le riche planteur a en effet envoyé ses enfants dans un collège anglais, mais, pendant la traversée, des pirates ont attaqué le bateau. Pensant que les enfants ont été tués, le capitaine James Marpole s'est enfui, les laissant aux mains des pirates. Pendant plusieurs mois les enfants Bas-Thornton et deux de leurs amis vont ainsi mener une étrange existence. Ils sont bien traités par les hommes du capitaine Jonsen, un aventurier au cœur d'or, mais l'aîné, John, meurt accidentellement en tombant d'un entrepôt lorsque les pirates vendent leur butin dans un port cubain. Sa sœur Emily se lie d'amitié avec le capitaine ; d'un caractère instable, elle tue dans une crise de déséquilibre un officier hollandais prisonnier des pirates. Le capitaine Jonsen profite d'une rencontre en mer pour confier les adolescents à un navire qui les ramène en Angleterre. Quand ils débarquent, Margaret Fernandez, l'amie d'Emily, semble souffrir d'une amnésie presque totale. Lorsque le capitaine est condamné quelques mois plus tard à cause du crime commis par Emily, ni la meurtrière ni son amie ne feront un geste pour le sauver. Quant aux parents, ils ne se rendront pas compte de ce qu'a pu signifier pour les enfants cette vie parmi les pirates. L'originalité de l'œuvre réside non tant dans les aventures que dans l'attitude de l'auteur vis-à-vis des enfants : ils sont montrés de l'extérieur, dans un récit qui a toutes les caractéristiques d'un conte naturaliste, qui serait sorti d'une sorte de laboratoire psychologique expérimental. Les pirates ne ressemblent guère aux personnages hauts en couleur des livres d'aventures : restes d'une race défunte, ils exercent leur métier sans cruauté ni véritable conviction. Ils sont plus à la merci des adolescents que ceux-ci ne sont à la leur. Par contraste, ces derniers paraissent à la fois curieusement pervers et troublants. Tout au long du récit se trouve un symbolisme diffus se référant surtout à l'étrange existence des animaux. Les paysages tropicaux ont une qualité hallucinatoire et, par leur splendeur immobile, semblent situer l'action dans un univers fantastique et irréel, tandis que les personnages ont tous les caractères de la vraisemblance. — Trad. Plon, 1931.

CYCLOPE (Le) [Κύκλωψ]. Drame satyrique du poète tragique grec Euripide (484-406 av. J.-C.). On ignore la date à laquelle la pièce fut représentée ; mais on s'accorde généralement à la situer vers la fin de la vie du poète. Le drame a pour sujet le célèbre épisode de l'*Odyssée* (*) dans lequel Ulysse réussit à échapper à Polyphème en lui crevant son œil unique. L'adaptation scénique ainsi que la nature même du genre ont évidemment rendu nécessaires certaines modifications. Afin de pouvoir introduire dans la pièce le chœur des satyres fils de Silène, le poète a imaginé que ceux-ci, partis à la recherche de Dionysos ravi par des pirates, ont été jetés par la tempête sur les côtes de la Sicile (qui, pour Euripide, abritait les Cyclopes) où Polyphème les a faits prisonniers et réduits à la servitude. En outre, Euripide a dû éliminer du récit d'Homère certains épisodes secondaires, qui eussent inutilement alourdi l'action dramatique. Silène, dans le prologue, expose la raison de sa présence dans l'antre du Cyclope et parle des tâches que lui-même et ses fils se sont vu assigner par la cruauté de Polyphème : il est le gardien de la grotte du Cyclope, cependant que les satyres mènent paître ses troupeaux. Et voici que fait son entrée le chœur des satyres ramenant les bêtes au bercail : à leurs accents agrestes, qui déjà font pressentir la poésie bucolique, se mêle la longue plainte de l'esclave qui regrette sa liberté perdue. Silène impose silence au chœur : il vient d'apercevoir, se dirigeant vers l'antre du Cyclope, un groupe d'étrangers. À Ulysse qui s'avance et se nomme, Silène répond par une mise en garde : son maître Polyphème est, dit-il, redoutable. Ulysse demande aux satyres des agneaux et du fromage, et offre en échange une outre de vin doux qu'il fait goûter à Silène ; celui-ci, follement tenté par l'enivrant breuvage, fait taire ses craintes et conclut le marché. Mais soudain le Cyclope s'avance : il ordonne aux satyres de préparer son repas en toute diligence. Puis, apercevant Ulysse et ses compagnons chargés de ses biens, il demande, menaçant, des explications à Silène. Silène, éperdu, rejette toute la responsabilité sur Ulysse, qui affirme-t-il, l'a menacé de mort si les vivres ne lui étaient pas livrés. Malgré les dénégations d'Ulysse, qui l'exhorte, par un long discours, à ne pas violer les lois sacrées de l'hospitalité, Polyphème fait entrer les infortunés navigateurs dans sa grotte, où il s'apprête à les dévorer. Resté devant la grotte, le chœur déplore, attristé, le sort du héros et de ses compagnons. Paraît soudain Ulysse, qui conte aux satyres l'ingénieux stratagème grâce auquel il espère échapper à la mort : mû par une heureuse inspiration, il a offert du vin au Cyclope, et celui-ci s'est enivré. Avec l'aide des satyres, Ulysse, plongeant un tronc d'arbre enflammé dans l'œil du monstre, pourra s'enfuir aisément avec ses compagnons. Ce plan est approuvé par les satyres, désireux de recouvrer eux aussi leur liberté. Mais bientôt la peur les reprend. Du fond de la grotte leur parvient l'écho des chansons de Polyphème, à qui Ulysse ne cesse de verser à boire. Polyphème demande son nom à Ulysse ; celui-ci lui répond qu'il se nomme Personne. Complètement ivre, le Cyclope se querelle avec Silène, évoque les sortilèges des Grâces, puis se retire avec Silène au fond de la grotte. Ulysse alors, après d'ultimes recommandations au chœur, se dispose à pénétrer dans la grotte. Les satyres, tremblants, se dérobent : Ulysse agira donc seul ; il les engage seulement à l'aider de leurs cris. Le chœur, rassuré, s'exécute et commente l'action qui se déroule au fond de la grotte. Ayant enfin aveuglé le Cyclope, qui hurle de douleur, Ulysse lui révèle son véritable nom et, esquivant les coups maladroits de Polyphème, s'éloigne, suivi des satyres et de ses compagnons. Euripide a fait du récit de l'*Odyssée* une œuvre entièrement originale, empreinte de réalisme et d'humour, dans laquelle le personnage d'Ulysse conserve néanmoins sa dignité traditionnelle. — Trad. Les Belles-Lettres, 1942, Gallimard, 1962.

★ Les aventures de Polyphème ont inspiré de nombreux poètes grecs, notamment Théocrite dans l'une de ses *Idylles* (*) et Timothée de Milet, auteur d'un dithyrambe intitulé *Le Cyclope*.

CYCLOPE (Le) [*Kiklop*]. Roman de l'écrivain croate Ranko Marinković (né en 1913) qui fit sensation au moment de sa parution en 1965 et fut couronné l'année même par plusieurs prix littéraires. De ce vaste roman, très complexe, on peut d'abord dire que l'action se déroule très précisément entre l'année 1940 et les premiers jours de l'attaque allemande contre la Yougoslavie royaliste. L'intelligentsia de Belgrade vivait dans l'attente de la catastrophe et les personnages du roman, journalistes et écrivains, mènent une vie de bohème pénétrée d'angoisse historique. Un élément central : Melchior Tresić, type de l'intellectuel croate de gauche d'avant-guerre, diplômé de philosophie, critique de théâtre et de cinéma, entouré d'une bande d'amis et d'ennemis, solides buveurs et coureurs de jupon. Tout un théâtre comique est représenté sur fond de bistrots, de tragédie historique, de solitudes individuelles, d'absurdité. Melchior n'a qu'un but dans l'existence : maigrir suffisamment pour être dispensé du service militaire. Mais c'est le type même du velléitaire qui s'épuise en réflexions lucides mais vaines. Il aime une certaine Viviana, mais il vit avec une autre. Tout se dilue dans d'infinies discussions alimentées pas la vanité littéraire et les exploits érotiques. Melchior désespéré se jette sous les roues d'un tramway : c'est le tramway qui s'arrête. Melchior accepte de cacher un communiste clandestin dont il abomine pourtant l'exaltation politique. Tout ce milieu littéraire frelaté est traumatisé par le pacte germano-soviétique. Vers la fin de l'année 1940, le service militaire obligatoire met fin à cette première partie monotone et grotesque de la vie de Melchior. L'épisode du service militaire tient autant du rêve que de la réalité. Melchior y a rencontré la vie à l'envers. Il semble que tous ces rappelés aient échappé à leur sort en feignant l'aliénation mentale, ruse qu'ils payent un prix élevé puisqu'ils sont internés. L'absurdité bientôt fait place au paradoxe : le premier jour de la guerre, Melchior se porte volontaire et manque d'être arrêté comme espion ennemi. Ensuite, la machine de guerre s'emballe et l'armée allemande apparaît à Melchior sous les traits du cyclope Polyphème, auquel il échappe en rampant en direction d'un zoo ou plutôt d'une zoopolis. Ce roman fait d'épisodes comiques jaillissant en faisceaux, qui donne l'image d'un monde cruel et pesamment érotique, a séduit par la liberté de la construction et considérablement influencé le roman croate contemporain.

J. M.

CYDALISE ET LE CHÈVREPIED. Ballet du compositeur français Gabriel Pierné (1863-1937), créé à l'Opéra le 15 janvier 1923. Une part de son succès revient évidemment à l'ingénieux livret de Robert de Flers et Gaston Arman de Caillavet ; mais la plus grande est due à la partition qui, sous la forme de deux suites d'orchestre, est demeurée longtemps au programme des concerts symphoniques.

L'ouvrage se divise en trois tableaux. Le décor du premier représente une clairière traversée par une route qui, à cet endroit, bifurque : faisant face à une statue d'Éros, un écriteau indique que l'un des chemins mène à Versailles. Nous sommes au temps du Grand Roi ; mais les divinités sylvestres ne sont pas mortes, et bientôt, sur les percussions de la caisse claire et du tambour de basque, s'élève un appel des petites flûtes et de la trompette en sourdine : c'est l'école des Aegipans, menée par un vieux Faune, qui entre en scène. Deux par deux, ils se rangent et commencent leurs exercices. Leçon de flûte d'abord : le Faune propose un thème simple (do, ré ; mi, ré, do) que doivent répéter les Aegipans. Le thème se complique par l'adjonction d'un fa dièse, il s'accélère, les élèves se trompent ; les cuivres éclatent, marquant la colère du maître. Un jeune Faune se signale par son indiscipline : c'est Styrax, qui bondit hors de propos, bouscule ses camarades, et est réprimandé par le maître. Arrivent alors les Nymphes, qui, elles aussi, prennent leur leçon et évoluent sur un rythme de Scherzo. L'orchestre va jouer des variations d'abord lentes, sur une gamme du mode hypolidien (gamme de fa, avec un si naturel), que montent, à trois octaves de distance, petite flûte et basson, puis que reprennent en l'accélérant et en la déformant les bois et les cordes. La page est délicieuse, et Pierné y a fait preuve d'autant de science que d'esprit. Cependant le vieux Faune et la Maîtresse des Nymphes se sont assis à l'écart, et, tandis que le thème s'alanguit, ils s'engagent dans un flirt. Styrax en profite pour faire des siennes : il s'empare de la gourde du maître, la vide d'un seul trait, puis lutine les jeunes Nymphes, et entraîne même la petite Mnesilla. Colère du vieux Faune lorsqu'il s'en aperçoit. Styrax est enchaîné au poteau de bifurcation, et ses lamentations ne fléchissent pas le maître qui emmène ses élèves, bientôt suivi par la Maîtresse des Nymphes et sa troupe. Mais Mnesilla a réussi à tromper la surveillance ; elle revient, détache Styrax et s'enfuit. Ivre de liberté, l'Aegipan danse et nargue la statue d'Éros dont la flèche part. Styrax, en la ramassant, se blesse. On entend les grelots d'un coche. Styrax se cache et guette curieusement. La voiture s'arrête, le postillon hésite sur le chemin à suivre. Deux jolis minois se montrent à la portière. Et lorsque le coche repart, Styrax bondit, saute sur un panier fixé au caisson, soulève le couvercle, et se blottit parmi les costumes de théâtre qu'emportent les belles voyageuses. Car elles se rendent au château pour prendre part à un divertissement qui sera dansé le lendemain.

Au second tableau, c'est la répétition du spectacle, sur un théâtre de verdure. On assiste aux apprêts de la fête, dont Cydalise sera la principale interprète. Manège des soupirants de la belle, apparition de Styrax qui, effrayé, regagne sa cachette, et commencement du grand « Ballet de la Sultane des Indes », qui fournit au musicien l'occasion de pasticher délicatement Lully : entrée énergiquement rythmée, en ré majeur, pour marquer la solennité de la Cour. Mais le sultan est malade ; il s'ennuie, et ce sont les bassons qui, sur des dessins chromatiques, disent sa peine morale et son trouble physique. Entrée des apothicaires, et scène moliéresque : les apothicaires, brandissants leurs clystères, poursuivent le sultan. Brusquement retentit une sonnerie de trompette ; on amène au souverain de belles captives au milieu desquelles brille Cydalise de tout l'éclat de sa beauté. Danse des captives, variations de Cydalise. Le sultan est séduit. La belle lui rit au nez quand il lui déclare son amour, et elle le frappe de son éventail. Indignation des courtisans ; mais, magnanime, il pardonne. À ce moment, Styrax bondit, reconnaissant Cydalise qu'il aperçut la veille. Il se mêle aux danseurs, saute plus haut que tous, échappe à ceux qui le poursuivent, et ramasse la fleur que portait Cydalise. Le soir tombe, les gens s'éloignent, et Styrax, à distance, suit la belle qui l'a troublé.

Il la rejoindra au dernier tableau, dans la chambre qu'on lui a donnée sous l'attique du château. Elle y est seule, occupée à lire les billets que lui ont adressés les galants ; elle est triste, car elle sent la vanité de ces hommages. Elle soupire, se jette sur son lit et s'endort. Styrax, qui la guettait, bondit à ce moment par un œil-de-bœuf et pique Cydalise avec la flèche d'Éros. Elle s'éveille et danse avec lui. Il répand la poudre, les mouches. Il est ingénu, mais il est pressant ; Cydalise est troublée. Et la belle connaîtrait avec lui un bonheur partagé si les Aegipans et les Nymphes des bois ne faisaient entendre au loin leur appel. Ils font mieux bientôt : ils viennent chercher Styrax et l'entraînent, tandis que Cydalise s'est assoupie. À son réveil peut-être croira-t-elle avoir rêvé...

La partition de Pierné, dans ce troisième tableau, traduit avec finesse ce marivaudage qui mêle le monde réel au monde de la fable. Les voix de la forêt, l'appel irrésistible de la nature qui arrache le chèvrepied des bras de Cydalise, est une page d'une poésie délicate et nuancée de tendresse. La chorégraphie de Léo Staats, interprétée par Mlle Zambelli et M. Albert Aveline (Cydalise et Styrax), a contribué au succès durable de ce charmant ouvrage.

CYGNE [*Balākā*]. Recueil de poèmes bengali de l'écrivain indien Rabindranath Tagore [Rabīndranāth Ṭhākur] (1861-1941), publié en 1916. Ce recueil qui comprend quarante-cinq poèmes appartient à la période postérieure à la composition des chants rassemblés dans *Gītāñjali* – v. *Offrande lyrique* (*) –, *Gītimālya* et *Gītāli*. Il s'agit d'une étape importante dans la carrière poétique de Tagore. Le poète a près de cinquante ans quand il commence la rédaction des textes qui formeront ce livre. Il mettra deux ans à le terminer. Il a déjà été couronné par le prix Nobel de littérature et a été honoré du titre de chevalier par le gouvernement britannique. Pourtant il ne songe pas un instant à se reposer sur ses lauriers. Refusant toute complaisance à l'égard de lui-même, au seuil de la vieillesse, il préfère se remettre en question. Sur quarante-cinq poèmes, trente-deux sont écrits dans une métrique nouvelle qui brise le schéma du vers bengali traditionnel pour laisser toute liberté au flot de la pensée et de l'émotion. Ce vers souvent nerveux et bondissant exprime à merveille l'impatience du poète devant la stagnation et l'immobilisme : « Renvoie d'un coup dans la vie tous ces demi-morts », s'exclame-t-il dans le texte d'ouverture qui est un appel au renouveau. Plusieurs poèmes font écho à la tragédie sanglante de l'Europe en guerre. Ils évoquent la danse de destruction du dieu terrible, Rudra le « Grand amant détruisant tout ». Tagore, ailleurs, se sent porté par le flot incessant de la « vie cosmique » qui fait pousser les germes du printemps dans les heures sombres de l'hiver. Bien qu'on ait parlé de l'influence qu'avait pu avoir sur lui la lecture de Bergson, il s'agit bien plutôt d'une convergence. Tagore s'exprime en artiste et non en philosophe. Dans un long poème adressé à l'empereur Shah Jahan, bâtisseur du Taj-Mahal, tombeau de sa bien-aimée, le poète médite sur la mémoire et l'oubli. Le poème 37, écrit au Cachemire, évoque superbement un vol de cygnes au-dessus de la rivière Jhelum. Il donne son titre au recueil qui, traduit du bengali en français par Pierre Jean Jouve et Kalidas Nag, est d'une beauté exceptionnelle – Trad. Stock, 1923. F. Bh.

CYGNES (Les). Ce titre appartient à deux recueils bien distincts de poèmes de Francis Vielé-Griffin (1864-1937), qui fut l'un des éminents poètes du symbolisme français, un des maîtres du vers libre. Le premier de ces recueils – qui était sa seconde publication en librairie – parut en 1887 ; quoiqu'il s'ouvre sur un bref avis au lecteur où est proclamée « l'extériorité du vers » et préconisé l'usage du « vers libéré des césures pédantes et inutiles », il est intégralement composé en alexandrins parfaitement réguliers ; l'ensemble de ces vers fut incorporé, en 1895, à l'édition collective des *Poèmes et Poésies* que publia *Le Mercure de France* et où ils se trouvent fondus avec le premier cahier intitulé *Cueille d'avril* (Léon Vanier, 1885). Dans l'intervalle, Vielé-Griffin donna *Les Cygnes, nouveaux poèmes,* au même Vanier, l'éditeur attitré des symbolistes, Verlaine en tête – Verlaine qui, pour avoir désarticulé le vers jusqu'à l'extrême limite, mais non au-delà, passe pour responsable du vers libre, ou plutôt des vers libres inaugurés, dit-on, par Jules Laforgue et Gustave Kahn.

La seconde série des *Cygnes* est entièrement écrite en mètres irréguliers, extrêmement musicaux, malgré la fusion ou l'alternance des mesures paires et impaires. À y regarder de près, le vers libre de Griffin est le seul qui, après celui de Kahn, soit réellement valable, c'est-à-dire qui ne constitue pas un compromis entre les cadences traditionnelles et une métrique arbitraire à laquelle le langage français se montrerait rebelle. Cette remarque ne signifie pas qu'il faille, lorsqu'on le prononce, compter les syllabes de chaque vers, qui existe pourtant par lui-même et non par rapport à la laisse ou strophe dont il fait partie. L'harmonie exquise de cette musique de mots tire sans doute son origine du fait que son inventeur était d'origine à demi anglo-saxonne (il était né dans l'État américain de Virginie) et donc familiarisé de bonne heure avec la prosodie anglaise. Quoi qu'il en soit, l'audace de sa conception rythmique, exactement fidèle au déroulement de la pensée, ne saurait être comparée à aucune autre tentative due à ses émules, notamment à celle de son ami Henri de Régnier, pour qui, à ses débuts de vers-libriste du moins, le vers n'était qu'une suite de variations autour de l'alexandrin et de l'octosyllabe classiques.

Quant aux thèmes de cette poésie d'une fluidité sans égale, ils n'en sont visiblement que les prétextes : légendes antiques ou moyenâgeuses, rêveries sur les saisons, brèves et changeantes comme la vie, paysages à peine appuyés... : univers à mi-chemin entre la peinture et la mélodie impressionnistes, qui ont survécu jusqu'à nous alors que ces harmonies verbales, presque dépourvues de sujet comme elles, s'estompent aujourd'hui dans un très injuste oubli.

CYGNE SOLITAIRE (Le) [*Touan hong ling yen tsi – Duan hong ling yan ji*]. Roman en partie autobiographique de l'écrivain chinois Sou Man-chou [Su Manshu] (1894-1918), publié en 1912. Dans ce livre écrit à la première personne, le personnage se fait bonze quand la belle-mère de sa fiancée oblige celle-ci à se marier dans une famille riche. Il va ensuite au Japon retrouver sa mère, et là rencontre une cousine qui est loin de le laisser indifférent ; mais, par fidélité à son engagement bouddhique, il veut se détacher de son sentiment et retourne en Chine, où il apprend que son ancienne fiancée s'est suicidée en se laissant mourir de faim. Les autres romans de cet écrivain sont souvent également des histoires d'amour brisé par la morale féodale ou par la cupidité des parents. J. P.

CYGNES SAUVAGES À COOLE (Les) [*The Wild Swans at Coole*]. Recueil de poèmes du poète irlandais William Butler Yeats (1865-1939), publié en 1919. La publication de ce septième recueil de Yeats consacre l'entrée du poète dans la période de sa plus grande maturité créatrice ; il se détache définitivement de l'héritage du symbolisme qui avait marqué sa jeunesse, et commence à ordonner la force métaphorique de sa poésie à partir de quelques grandes images centrales, pour constituer désormais une mythologie qui n'appartient qu'à lui, même si elle se nourrit toujours davantage de multiples traditions spirituelles. Délaissant, au moins pour un temps, les soucis nationalistes qui s'exprimaient jusqu'alors dans son œuvre, il semble restreindre son domaine : sa poésie habitera désormais le parc de Coole, auprès de Lady Gregory, et lui-même un cottage flanqué d'une ancienne tour qu'il va peu à peu prendre comme le symbole de son esprit. Un escalier en spirale l'habite, la traverse, l'ouvre vers l'infini, vers les étoiles, et introduit en elle un mouvement giratoire incessant, à l'image de l'inquiétude personnelle de celui qui y demeure. Et si cet escalier est, de surcroît, semblable à la « spire » de l'histoire universelle dont Yeats entreprend alors de méditer le mouvement d'après la succession des phases de la lune, c'est bien le signe que la tour est le lieu d'une méditation sur le lien entre la situation singulière du poète et le destin universel de l'humanité. Cette théorie, qui sera explicitée dans *Une vision* (*), peut sembler à quelques lecteurs sceptiques n'être rien de plus que l'aboutissement, chez lui, d'un intérêt pour l'occultisme manifesté dès sa prime jeunesse, qui le liait à plusieurs membres de sa famille, et qui est bien antérieur à la rencontre avec son épouse et au début de séances d'écriture sous la dictée de l'inconscient. Ce qui nous importe le plus aujourd'hui, c'est la force poétique de la mythologie intérieure qui en est résultée, tant il est vrai que les visiteurs invisibles annoncent au poète, dès les premiers jours de l'expérience, qu'ils sont venus « lui apporter des métaphores nouvelles pour sa poésie ». Ces méditations sont aussi, pour Yeats, au moment où il conquiert son art le plus personnel, une façon de se situer lui-même, sur cette roue des phases de la lune qui autorise le classement des différents types humains, par rapport aux grands artistes de la tradition, reconnus ou méconnus encore, de Dante à Keats. Yeats s'attribuera à lui-même la dix-septième phase, aux côtés de Shelley. L'envol des cygnes du parc de Coole, vu dans la beauté d'une heure, d'une saison, d'un lieu précis, et dont le tournoiement « en grands cercles brisés » annonce les images de spirale qui construiront les grands poèmes à venir, est un moment inaugural. Certes, c'est un moment de nostalgie, la vision d'un bonheur impossible, l'appel d'un autre lieu où vivre enfin. Mais ne nous y trompons pas : ce n'est pas le romantisme qui continue, c'est la poésie du XXe siècle qui commence. – Trad. Verdier, 1990. J.-Y. M.

CYLINDRES DE GUDÉA. Ce sont deux cylindres d'argile, de 0,50 m de haut sur 0,50 m de diamètre, retrouvés à Tellō (anciennement Girsu, alors capitale de la Cité-État de Lagaš, à la fin du IIIe millénaire) dans la basse vallée de l'Euphrate et du Tigre, à 250 km environ du golfe Persique. Ils ont pour auteur Gudéa, prince-gouverneur (en sumérien : *ensi*) de l'État en question, autour de 2100 av. J.-C., qui nous a laissé un grand nombre d'inscriptions, en langue sumérienne, en particulier sur des statues de lui, retrouvées (la plupart sont au Louvre). Les deux cylindres (peut-être en existait-il un troisième ?), le premier de 30, le second de 24 colonnes, d'une quinzaine de cases inscrites chacune, portent l'un et l'autre un long poème en sumérien, et Gudéa y explique, sur un ton à la fois hiératique et lyrique, plein d'images souvent étranges à nos yeux, comment il avait été amené à construire, puis inaugurer, en l'honneur du dieu-patron de sa ville, Ningirsu, le temple appelé É-ninnu (« Maison-Cinquante », en sumérien, en référence à la « totalité » des « pouvoirs divins » supposée y résider entre les mains de son occupant principal). Ce sont là deux chefs-d'œuvre, parfaitement typiques, de la littérature sumérienne ancienne et « classique ». – Trad. in A. Falkenstein-W. von Soden, *Sumerische und akkadische Hymnen und Gebete,* Artemis-Verlag, Zürich-Stuttgart, 1953. J. B.

CYMBALUM MUNDI. Œuvre de l'écrivain français Bonaventure Des Périers (1498 ?-1543 ?), publiée en 1537. Son véritable titre est : *Le Cymbalum mundi, en françoys, contenant quatre dialogues poétiques, fort antiques, ioyeux et facétieux.* C'est une satire allégorique et compliquée des croyances religieuses et des opinions des hommes, qui s'élèvent contre toute vanité et ne valent guère plus que le son d'un tambour. Les allusions aux luttes des calvinistes et des catholiques sont très vives. Face à l'intolérance des principes religieux, l'auteur use d'un ton sarcastique, qui parfois évoque Rabelais. Il laisse entendre qu'il peut exister une troupe de sages philosophes, amoureux uniquement de la vérité et de la vie. Au cours du premier dialogue, Mercure prétend être envoyé par Jupiter pour relier un livre. Mais dans une auberge l'ouvrage lui est dérobé par deux joyeux compères, Byrphanes et Curtalius. Ils lui substituent le livre des amours de Jupiter (certains décelèrent en Mercure une allusion au Christ, et une autre à Marthe, en la patronne de l'auberge). Dans le second dialogue, Mercure brise la pierre philosophale et en disperse les morceaux dans le sable. Tous les recherchent avec empressement (l'allusion aux alchimistes et aux métaphysiciens est évidente). Dans le troisième dialogue, on apprend que le livre volé à Mercure est celui des Destins. S'ensuit une satire piquante sur les astrologues et les devins. Dans le quatrième dialogue, deux chiens conversent entre eux.

Dans l'ensemble de l'œuvre, d'agréables farces succèdent à des considérations profondes sur la tolérance civile et religieuse ; les réformateurs tels que Calvin, Bucer et Luther sont sévèrement critiqués. L'œuvre, franchement satirique, est célèbre par sa tendance libertine. Elle porte d'âpres jugements sur les querelles théologiques, qui sont des histoires d'enfants ; sur le destin, qui fait apparaître, malgré bien des discussions, l'immuabilité des choses de l'homme et de la nature ; sur l'homme enfin, qui constitue la meilleure manifestation de Dieu et en fait la preuve de son pouvoir. L'affirmation que chaque être ne vaut qu'en tant que sa foi le sauve, en dehors du bonheur qu'il a de pratiquer plus ou moins sa religion, est ambiguë. Ce livre fut présenté comme une traduction d'un vieux grimoire latin trouvé dans un couvent. Il fut bien vite recherché et brûlé, ce qui confirme son importance à l'époque. Le style compliqué et riche de sous-entendus peut rappeler le mode d'expression d'un autre ouvrage du même auteur : *Nouvelles Récréations et joyeux devis* (*).

CYMBELINE. Drame en cinq actes, en vers et en prose, du poète dramatique anglais William Shakespeare (1564-1616), écrit aux environs de 1609 et représenté en 1609 ou 1610 ; publié pour la première fois dans le premier in-folio (1623). Les sources sont : un fragment de l'histoire britannique, adapté librement par Holinshed ; la neuvième nouvelle de la seconde journée du *Décaméron* (*) (thème du pari et le stratagème du coffre) ; le drame *Les Rares Triomphes de l'amour et de la fortune* [*The Rare Triumphs of Love and Fortune,* 1579] (vie de Belarius et Imogène dans la caverne).

Imogène, fille de Cymbeline, roi de Bretagne, a secrètement épousé Posthumus Leonatus. Mais ce mariage clandestin est dévoilé au roi par la reine, belle-mère d'Imogène qui aurait voulu la voir épouser son fils Cloten. Banni, Posthumus se rend à Rome ; là, vantant la vertu de sa femme, il propose un pari à un noble Romain appelé Iachimo : si celui-ci réussit à obtenir les faveurs d'Imogène, il recevra la bague ornée d'un diamant qu'elle a donné à son mari. Iachimo, repoussé par Imogène, prétend avoir seulement voulu la mettre à l'épreuve par amitié pour Posthumus ; il est pardonné, et la princesse consent même à prendre en garde un coffre chargé, paraît-il, de dons précieux pour l'empereur. Par ce stratagème, Iachimo réussit à pénétrer dans la chambre d'Imogène ; mettant la nuit à profit, il observe attentivement les détails de la pièce et remarque, pendant que la princesse est endormie, qu'elle a un grain de beauté caractéristique sur le sein. Revenu à Rome, il produit des preuves qui surprennent la bonne foi de Posthumus, lequel, convaincu de l'infidélité de son épouse, donne la bague à Iachimo, puis écrit à Pisanio, son serviteur à la Cour, lui ordonnant de tuer Imogène. Pisanio a pitié d'elle et l'épargne ; il l'a fait déguiser en jeune homme et lui donne une boîte de remèdes réparateurs, cadeau de la reine (en réalité, dans l'intention de cette femme perfide, la boîte devait contenir des poisons mortels, mais le médecin de qui elle l'a obtenue y a mis un somnifère inoffensif). Imogène, abandonnée dans une forêt près de la mer, est alors recueillie par un certain Belarius, praticien banni. Vivent en la compagnie de Belarius deux jeunes gens (Polydore et Cadwal), que celui-ci a élevés comme ses propres fils et qui ne sont en réalité que les fils de Cymbeline (respectivement Guiderius et Arviragus), Belarius, pour se venger de l'injustice du roi à son égard, les ayant ravis alors qu'ils n'étaient que des enfants. Une grande affection naît aussitôt entre les jeunes gens et Imogène, instinctivement attirés par les liens du sang. Sur ces entrefaites survient Cloten qui, furieux de la disparition d'Imogène, force Pisanio à lui révéler une partie de la vérité ; ayant obtenu de lui un vêtement de Posthumus, il se rend à l'endroit où il présume que se trouvent Posthumus et Imogène, avec l'intention de supprimer l'un et violer l'autre. Il a une altercation avec les fils de Cymbeline, et Guiderius lui tranche la tête.

Imogène, pendant ce temps, épuisée par le voyage, a pris la drogue que lui a donnée Pisanio : elle connaît alors une léthargie semblable à la mort. On la croit sans vie et on la dépose à terre à côté du cadavre de Cloten ; Belarius et les deux frères, après d'émouvantes et rustiques funérailles, quittent la scène. Quand elle se réveille de sa léthargie, Imogène, trouvant près d'elle un cadavre sans tête, habillé des vêtements de Posthumus, croit qu'il s'agit de son mari et ressent le plus sombre désespoir bien qu'elle ait sujet de se plaindre de la conduite qu'il a eue à son égard. Sur ces entrefaites débarque une armée romaine commandée par Lucius, qui contraint Cymbeline à payer à l'empereur le tribut qu'il lui doit. Imogène est prise comme page par le général des Romains. Dans leurs rangs se trouve Posthumus (il décidera, cependant, de se travestir en paysan britannique et de périr en combattant pour le pays d'Imogène, en expiation du meurtre qu'il croit avoir fait commettre) ; le perfide Iachimo lui-même à son tour, plein de remords, d'avoir calomnié la jeune femme, est venu avec l'expédition. Dans la bataille qui suit, les Britanniques sont d'abord mis en fuite et Cymbeline est fait prisonnier ; mais, grâce à la vaillance de Belarius, Guiderius et Arviragus ainsi que de Posthumus, qui contiennent et mettent en déroute, à eux seuls, les Romains dans un étroit défilé, le sort de la bataille change, et Lucius, son page (Imogène), Iachimo, Posthumus (celui-ci, en effet, dès qu'il a vu la victoire britannique, est retourné combattre du côté romain pour y trouver la mort désirée) sont tous faits prisonniers.

Dans une scène finale, les nœuds de l'intrigue sont déliés par une série d'identifications. Lucius demande à Cymbeline d'épargner son page ; le roi, ému à la vue de celui-ci, se laisse fléchir et lui permet de demander une grâce. Imogène (qui, en secret, révèle au roi sa véritable personnalité) demande que Iachimo soit contraint à dire comment il a eu l'anneau qu'il porte au doigt. Iachimo, repentant, narre les circonstances de sa trahison ; Posthumus, en apprenant l'innocence de sa femme, est désespéré, jusqu'au moment où Imogène se fait reconnaître, et tous deux se réconcilient. Le roi veut récompenser Belarius et ses deux fils, mais, Guiderius s'étant accusé d'avoir tué Cloten, il le condamne à mort pour avoir osé assassiner un prince royal (entre-temps, la perfide reine est morte après avoir avoué ses machinations et sa haine pour Cymbeline et Imogène). Belarius révèle alors qui sont les deux jeunes gens, et le vieux Cymbeline, dans la joie d'avoir retrouvé ses fils, pardonne à tout le monde ; bien plus, malgré sa victoire sur les Romains, il consent à leur payer de nouveau un tribut.

Le drame se ressent de la mode du temps où il fut écrit. C'est de cette époque que date l'heureuse collaboration de Francis Beaumont (1584 ou 1585-1616) et John Fletcher (1579-1625) ; ils inauguraient une manière romanesque et sentimentale destinée à un grand succès. De là vient que le drame de Shakespeare, pourtant riche de motifs tragiques, connaît une conclusion heureuse : dans la personne de Iachimo, par exemple, nous voyons une deuxième édition, revue et édulcorée, du bien autrement sinistre Iago ; dans l'épisode où Imogène se réveille à côté du cadavre qu'elle croit être celui de Posthumus, nous avons un calque affaibli – presque une parodie, étant donné la nature grotesque du personnage de Cloten – de la fameuse scène de la crypte dans *Roméo et Juliette* (*). La quantité des déguisements parmi lesquels celui de la femme en jeune homme (procédé dramatique qui rencontrera une faveur croissante) et l'absurdité des stratagèmes enlèvent à ce drame toute force de persuasion. Hormis les scènes d'une émouvante beauté qui se déroulent dans la caverne de Belarius, scènes pendant lesquelles l'auteur fait l'éloge de la vie rustique, *Cymbeline* ne laisse voir en rien la main du grand Shakespeare. L'amertume même de Posthumus, quand il se croit trahi, n'arrive jamais à la puissance d'accents qu'avait Troïlus dans une situation analogue – v. *Troïlus et Cressida* (*). Le seul personnage qui enlève vraiment notre sympathie est la douce Imogène. – Trad. Pierre Leyris, Formes et Reflets, 1954-1961.

CYNÉGÉTIQUE (La). Différents ouvrages consacrés à la chasse nous ont été légués, par l'Antiquité classique, sous ce titre. En Grèce, mentionnons le Κυνηγετιχός à l'authenticité douteuse, inséré parmi les ouvrages mineurs de Xénophon (427 ?-355 ? av. J.-C.) dont la passion pour la chasse s'affirme dans certains passages de *La Cyropédie* (*) et de l'*Anabase* (*). Dans cette brochure, on parle de la chasse surtout comme d'un moyen de préparation à la guerre et comme de la meilleure façon d'exercer son courage. Le Κυνηγετιχός de Flavius Arrien (95-175 ?) est une sorte de continuation de cet ouvrage ; l'auteur, en se comparant à Xénophon dans les premières lignes de son traité, semble ainsi faire allusion à l'ouvrage de son prédécesseur. Certains renseignements concernant la chasse chez les Celtes ont suscité un intérêt particulier. Quatre livres de *Cynégétique* [Κυνηγετιχά] furent écrits par le Grec Oppien (IIIe siècle), qu'il ne faut pas confondre avec l'auteur, du même nom, de cinq livres sur *La Pêche*, dont la valeur littéraire est infime.

★ Parmi les Latins, il faut mentionner tout d'abord un petit poème : *Cynegetica*, de Grattius Faliscus, contemporain d'Ovide. Dans les 541 hexamètres qui nous sont restés de ce poème, on examine les armes du chasseur : les filets, les pièges, les flèches, les chevaux et surtout le chien. Le texte étant incomplet, la description de la chasse, qui devait constituer l'épisode central de l'ouvrage, n'existe plus. Mais *Les Géorgiques* (*) de Virgile demeurent toujours le modèle incontesté de ce genre littéraire. Finalement, un autre poème de chasse, *La Cynégétique* [*Cynegetica*], fut écrit par Marc Aurèle Olympe Nemesianus (IIIe siècle) dont 325 vers seulement nous sont parvenus. Ce poème découle en grande partie des poètes didactiques qui l'ont précédé : Lucrèce, Virgile, Manilius, mais non pas de *La Cynégétique* de Grattius. – Trad. Champion, 1912.

CYRANO DE BERGERAC. Comédie héroïque en cinq actes et en vers de l'écrivain français Edmond Rostand (1868-1918), représentée pour la première fois à Paris en 1897. C'est l'œuvre la plus populaire du théâtre français de la fin du XIXe siècle. Cyrano de Bergerac, poète bizarre, polémiste ardent, philosophe d'avant-garde, auteur dramatique et homme d'armes, est ici évoqué d'une façon très vivante, dans un cadre et dans une action qui contribuent à mettre son caractère en relief. Dès le premier acte, à l'Hôtel de Bourgogne, il révèle les traits essentiels de sa nature : son caractère querelleur et bravache qui le pousse à empêcher une représentation pour l'unique raison qu'un acteur lui déplaît, la tournure littéraire de son esprit qui lui inspire une ballade au moment même où il va se battre en duel, et le côté romantique de son amour pour sa cousine Roxane. Roxane, elle, aime un jeune cadet de Gascogne, beau, mais peu spirituel : Christian de Neuvillette. Redoutant pour celui-ci les brimades violentes de ses compagnons d'armes, elle cherche à le faire protéger par son terrible cousin dont elle ignore la passion. Cyrano accepte et Christian, conscient de son manque d'esprit dans une époque où l'esprit est tant apprécié par les femmes, s'adresse à lui pour lui demander conseil. Et voici notre Cyrano embarqué dans une aventure qui à la fois le ravit et l'angoisse. Il écrit les lettres d'amour de son rival, lui suggère les paroles à dire à la bien-aimée et arrive même, au cours d'une scène célèbre, à faire, caché dans l'ombre, une vibrante déclaration à la jeune fille. Convaincue, elle se penchera sur son balcon pour embrasser... Christian qui, prestement, a repris sa place. Roxane est également aimée du comte de Guiche, mais grâce à Cyrano, le gentilhomme ne peut arriver à ses fins. Maintenant, Roxane et Christian sont mariés ; il ne reste plus à de Guiche qu'à se venger et envoyer Christian et Cyrano faire le siège d'Arras avec les cadets de Gascogne qu'il tient sous son commandement. Durant l'assaut, Christian est tué, le jour même où Roxane est parvenue à le rejoindre. Pendant leur séparation, c'est Cyrano qui a écrit les lettres que Christian adressait à Roxane : lettres d'amour ardentes qui avaient justement impressionné la jeune femme. Peu avant de mourir, Christian avait reconnu que ce n'était pas lui mais Cyrano que Roxane aimait, et les deux amis s'étaient mis d'accord pour lui dire la vérité et lui révéler leur supercherie. Mais la mort de Christian scelle maintenant l'aveu sur les lèvres de Cyrano. Roxane se retire dans un couvent. Durant quinze ans, Cyrano vient la voir chaque samedi et s'entretenir auprès d'elle du défunt. Un jour, des ennemis de Cyrano le blessent mortellement. Faisant un suprême effort, il ira voir Roxane une dernière fois et lui révélera son drame, sa peine. Mais il est trop tard : Cyrano s'éteint, laissant Roxane plongée dans la souffrance d'un amour deux fois perdu.

Du point de vue lyrique et dramatique, cette comédie est parfaite. Le climat en est si intense qu'il étouffe même la personnalité de chacun des personnages. En ceci résident la faiblesse de l'œuvre et son caractère un peu faux ; mais on ne peut qu'admirer sa qualité poétique, souple et étincelante, à travers laquelle se cristallise toute une tradition littéraire française qui va d'Honoré d'Urfé jusqu'à Dumas père et Richepin, en passant par Scarron et Regnard. Cyrano, le héros au grand nez et au cœur d'enfant, terrible spadassin et amant ingénu, est un personnage cher à l'esprit français et que chaque siècle a représenté sous une forme ou sous une autre. Il incarne ici, dans sa plénitude, le héros romantique du XIXe siècle. Sorti tout entier de *Ruy Blas* (*) en s'appuyant sur les précieux, les grotesques et les pédants du XVIIe siècle, *Cyrano* a procuré un regain de jeunesse au romantisme. Comment, dès lors, s'étonner du prestige de son auteur ? Qu'on le veuille ou non, durant trois lustres, Rostand s'est acquis la plus haute gloire de poète dont on puisse faire mention en France depuis Hugo.

CYROPÉDIE (La) [Κύρου παιδεία]. Roman historique en huit livres du philosophe grec Xénophon (427 ? - 355 ? av. J.-C.) qu'il faut rapprocher moins de ses ouvrages historiques, que de ses ouvrages philosophiques comme les *Mémorables* (*) ou encore l'*Apologie de Socrate* (*). L'auteur évoque, non pas seulement, comme le titre pourrait nous le faire croire, l'éducation de Cyrus, mais aussi toute la vie de ce personnage dont avaient parlé, parmi les Grecs, Hérodote (*Histoires* I, 107-1 30) et Ctésias, médecin qui vécut à la cour d'Artaxerxès et contemporain de Xénophon. Bien qu'étant un personnage historique, Cyrus avait appartenu à une époque assez lointaine pour permettre à Xénophon d'idéaliser, de la façon la plus libre, ses exploits, déjà nombreux et importants, et de le présenter comme ce modèle d'homme et de monarque, dont il rêvait sous l'influence de la philosophie socratique. Il est d'ailleurs évident que l'auteur ne recherche pas l'exactitude historique, non seulement dans la façon pleine d'amour avec laquelle il évoque longuement de petits épisodes de l'enfance de Cyrus et avec laquelle il décrit la splendeur des chasses et le faste des coutumes orientales, mais aussi parce qu'il fait mourir Cyrus d'une mort naturelle, tandis qu'il est historiquement prouvé (même par Hérodote) que ce monarque était mort dans une bataille contre les Massagètes. Et ce changement est introduit par Xénophon dans le seul but de faire prononcer à Cyrus les phrases célèbres — traduites par Cicéron dans le dernier chapitre de son *Caton l'Ancien* (*) — par lesquelles il exhortait ses enfants et ses amis à être justes, à s'aimer les uns les autres et à rechercher la paix. Il faut remarquer la description des systèmes pédagogiques ; l'éducation collective des jeunes gens, où l'on retrouve de nombreux éléments empruntés à *La République* (*) de Platon et qui furent repris ensuite par tous ceux qui, de Thomas More à Campanella, s'attachèrent à préciser les traits généraux d'un État de structure communiste.

★ Dans les temps modernes, les conquêtes aventureuses du grand monarque perse ont inspiré plusieurs ouvrages qui constituent autour de ce personnage presque légendaire une importante tradition littéraire et musicale.

★ Dans le domaine littéraire, rappelons avant tout *Le Grand Cyrus* (*) de Madeleine de Scudéry, paru en 1653. Puis, le *Cyrus reconnu* de Pierre Métastase (1698-1782), mélodrame appartenant à la dernière production de cet auteur et un des ouvrages le plus souvent mis en musique. Au cours du XVIIe siècle, ce drame fit connaître l'histoire de Cyrus.

★ Dans le domaine de la musique, rappelons l'opéra *Cyrus* de Francesco Provenzale (1624 ?-1704), représenté à Naples en 1653 ; celui de Francesco Cavalli (1602-1676), de

1655 ; le *Cyrus* d'Attilio Ariosti (1666-1740), représenté à Londres en 1721 ; et la série des opéras *Cyrus reconnu*, composés d'après le livret de Métastase : d'Antonio Caldara (1670-1736), Vienne, 1736 ; de Leonardo Leo (1694-1744), Naples, 1738 ; de Niccolò Jommelli (1714-1774), Bologne, 1744 ; de Johann Adolph Hasse (1699-1783), Dresde, 1751 ; de Giuseppe Sarti (1729-1802), Copenhague, 1756, et d'autres ouvrages moins importants.

★ Un opéra du même sujet, *Cyrus à Babylone*, fut composé par Gioacchino Rossini (1792-1868). C'est le cinquième opéra de ce compositeur italien et il ne présente qu'un intérêt médiocre. Sa première représentation à Ferrare en 1812 reçut un accueil très froid de la part du public. Un des airs les mieux réussis fut ensuite repris par Rossini dans *Le Barbier de Séville* (*), où il devint la célèbre cavatine : « Ecco ridente in cielo ».

D

DADA. Cette publication, importante parce qu'elle a marqué un tournant capital de la littérature contemporaine, fut dirigée par l'écrivain français d'origine roumaine Tristan Tzara (1896-1963). Elle est devenue si rare qu'il n'en existe presque pas de collections complètes, et qu'il est donc intéressant d'en décrire chaque numéro. *Dada 1* parut à Zurich en juillet 1917 ; s'agit d'une petite brochure sous couverture rouge illustrée, au premier plat, d'un bois d'Hilla de Rebay et comprenant des textes de Tzara, Meriano, Savinio, Moscardelli, Arp et Janco. *Dada 2* (couverture rouge ; Zurich, décembre 1917) contient des illustrations de Delaunay, Janco, Arp, Van Rees, Prampolini, Kandinsky, Helbig, Chirico et des textes de Tzara, Maria d'Arezzo, Albert-Birot, Cantarelli, S. de Vaulchier et San Miniatelli. *Dada 3* (Zurich, décembre 1918) se présente sous une couverture rouge et noir illustrée d'un bois en couleurs de Janco. On y trouve l'important « Manifeste Dada, 1918 » de Tzara – v. *Sept Manifestes Dada* (*) – et des textes de Raimondi, Reverdy, Picabia, Albert-Birot, Soupault, Sbarbaro, Dermée, Savinio, Huidobro. Les illustrations sont signées : Janco, Arp, Segal, Prampolini, Richter. *Dada 4-5. Anthologie Dada* (Zurich, 15 mai 1919) est une grande brochure sous couverture de couleur illustrée d'un bois de Arp. La collaboration est encore plus large : Picabia, Tzara, Cocteau, Reverdy, Soupault, Aragon, Breton, Albert-Birot, Radiguet, Ribemont-Dessaignes, Gabrielle Buffet, Perez-Jorba. Dix artistes ont donné des illustrations : Arp, Giacometti, Picabia, Eggeling, Van Rees, Richter, Kandinsky, Klee, Hausmann, Janco. *Dada 6. Bulletin Dada* (Paris, 1920) est un dépliant de quatre pages destiné à servir de programme à la matinée Dada du 5 février 1920 ; il donne des textes de Picabia, Ribemont-Dessaignes, Breton, Dermée, Éluard, Aragon, Tzara, *Dada 7. Dadaphone* (Paris, Au Sans Pareil, mars 1920) est encore une grande brochure sous couverture illustrée par Francis Picabia. On y trouve le programme de la manifestation Dada du 27 mars 1920 et des textes de Tzara, Ribemont-Dessaignes, Soupault, Picabia, Éluard, Breton, Dermée, Cocteau, Évola, Val Serner, Edwards, Céline Arnaud. L'illustration intérieure se compose de portraits photographiques des écrivains dadaïstes. *Dada 8. Intirol. Augrandair. Der Sangerkrieg* (Paris, Au Sans Pareil, 16 septembre 1921) est un grand dépliant illustré de deux bois de Arp et comportant des textes de Tzara, Arp, Frankel, Soupault, Ribemont-Dessaignes, Ernst, Baargeld, Heini, Éluard. – Cet ensemble de publications du mouvement Dada conserve, à côté de son intérêt historique, une grande force révolutionnaire. Il y passe un souffle de jeunesse et de non-conformisme véritablement « sans pareil », et c'est bien la première fois qu'on voit les mots mis ainsi en liberté. Rien de moins « littéraire » ne fut sans doute jamais systématiquement tenté, les membres du mouvement Dada s'adonnant à une sorte d'ascèse de la destruction, qui devait permettre une complète révision des valeurs. La deuxième série de *Littérature* (*) devait prendre le relais en attendant les prises de position constructrices de *La Révolution surréaliste* (*).

DAINAS DU PEUPLE LETTON [*Latvju Dainas*]. Comme les chants populaires de tous les pays, ces « dainas » lettons ont des formes et une inspiration très variées et leur composition remonte à des époques différentes. Dans une bonne partie de ces chants, nous trouvons des traits nettement archaïques, survivances évidentes d'un ancien monde disparu. C'est ainsi qu'il nous est possible de reconstituer une mythologie baltique, où domine un Dieu-Père, où Perkons fait rouler ses tonnerres au-dessus des autels élevés au pied des chênes séculaires : souvent, nous voyons aussi apparaître Laïma, arbitre des destinées humaines. Dans les anciens chants baptismaux ou funèbres, nous découvrons des croyances anciennes concernant la vie et la mort ; les formes archaïques de l'enlèvement et du rachat de la fiancée ont laissé des traces reconnaissables dans les chansons nuptiales. Le culte de la fécondité se révèle dans le cycle des chansons pour la Saint-Jean, la « fête du Ligo » ; non seulement on y exalte le dieu Jànis, errant au milieu des champs pendant la nuit qui marque le début de l'époque où la nature donne ses fruits, mais chaque terrain ensemencé, chaque bête dans son étable sont l'objet de rites particuliers. Les poèmes narratifs, au sujet fantastique ou concernant les animaux, sont pleins de verve et d'imagination. Les éléments dramatiques et les dialogues ne sont d'ailleurs pas absents de ces poèmes. Pourtant, ces « dainas » ont été composés en grande partie par des femmes et ont surtout un caractère lyrique ; il s'agit d'une poésie où les passions ardentes sont absentes, mais où s'expriment un idéal moral et une sensibilité capable de communier avec la nature, en enveloppant chaque petit être de la création d'une fervente sympathie humaine. « Ô, mon Dieu, qu'elle est dure ta vie, petit bouleau surgissant au milieu de l'étang ! Tu es le dernier arbre qui bourgeonne, et le premier dont les feuilles deviennent jaunes... », chante un « daina ». Cette compassion envers les souffrances d'autrui s'adresse aussi bien aux orphelins et aux faibles éprouvés par le sort qu'aux animaux incapables de se défendre ou à la fine tige d'herbe piétinée par les vaches dans la prairie. L'importance de ces « dainas » dans la civilisation lettonne est très grande ; les poètes modernes y ont puisé des formes et des idées.

Le plus grand recueil de « dainas », comprenant deux cent dix-huit mille textes, est dû à Kriyjanis Barons (1835-1923) : il a été publié en six volumes, entre 1894 et 1915, et réimprimé en huit volumes, en 1922. Une édition scientifique, *Les Dainas du peuple letton* [*Latvju tantas Dainas*], rédigée sous la direction de Klaustin, a paru, en douze tomes, entre 1928 et 1932. Les archives nationales des traditions populaires, fondées en 1924, possèdent trois cent quatre-vingt-sept mille textes de « dainas ». D'autres éditions ont été faites à Riga en 1957 et en 1979.

DAINOS [*Chants populaires lituaniens*]. Un recueil de ces chants fut publié en 1930 par les soins du poète Kazys Binkis (1893-1942) et du peintre Simonis ; antérieurement, deux importants volumes de *Dainos* avaient été publiés à Philadelphie par Juskeviciuc. Il en existe également un autre recueil, accompagné de notations musicales, dû à Antansa Sabaliauskas ; mais l'édition la plus complète, du fait qu'elle comporte d'autres aspects de la littérature populaire lituanienne, est celle de l'écrivain Vincas Krévé-Mickevičius (1882-1954), dont six volumes avaient été publiés à la date de 1940. Les *Dainos* constituent le plus beau fleuron de la poésie populaire lituanienne. Pour ces chants, un accompagnement musical est indispensable. Leur mètre est varié. On les chante à une voix ou en chœur. La forme chorale, ou « kuopas », peut être double, alternée ou parallèle, avec des variantes dans les paroles, selon que le chant est interprété par des hommes ou des femmes. Le style offre cette particularité de comporter des épithètes d'attribution invariables, comme dans les poèmes homériques : les mains sont toujours blanches ; les cheveux des jeunes filles, blonds ; ceux des jeunes gens, noirs ; les habits, verts, etc. Les *Dainos* ont pour thème les travaux humbles et quotidiens de la vie paysanne (on n'y trouve aucune trace de chants épiques ou chevaleresques : les chants à caractère guerrier sont rares). Certains sont destinés à accompagner les rythmes de la fenaison, le battage du blé, le travail du lin, la traite des vaches ; la plupart s'associent au déroulement des rites nuptiaux. Les chants funèbres ou « raudos » offrent également un certain intérêt, du fait qu'ils rappellent en de nombreux endroits la conception religieuse animiste des anciens Lituaniens. Les *Dainos* ont pour décor le paysage lituanien, vaste et mélancolique, plat et boisé, coupé de lacs et de fleuves ; les villes sont quasiment ignorées ou citées comme des lieux de perdition. Aux femmes de la ville, le jeune paysan lituanien préférera toujours les jeunes beautés du terroir, car « les mains couvertes de bagues ne savent pas traire les vaches » et la jeune paysanne des chants populaires ne donnera son cœur qu'au gars « aux mains noires et calleuses, qui donnent le pain blanc ». Les érudits ont fait remarquer que dans ces poèmes l'ancienne religion païenne se réduit à un faible apport d'éléments de superstition, transformant les vieilles divinités en esprits inférieurs, démons et fantômes, bons ou mauvais génies, relégués aux frontières du monde réel.

DALÍ ou l'Anti-Obscurantisme. Essai de l'écrivain français René Crevel (1900-1935), publié en 1931. Introduire Dalí, c'est d'abord détruire tout ce qui précédait Dalí, et particulièrement un certain état d'esprit du monde occidental qui, fier de sa spécialisation, ne voit pas qu'à coller son nez sur des détails il a simplement sombré dans l'obscurantisme. « Cloaque de volontés mutilatrices pour l'extase du devoir accompli », la spécialisation, en effet, a rendu l'univers inintelligible à l'homme dans son ensemble, et ce défaut de connaissance ne cesse d'engendrer un système de pensée réactionnaire. En brisant « la vêture traditionnelle » des objets, en ouvrant la porte au délire, Dalí « prélude à la révolution vivante », tout comme les autres surréalistes, qui sont en train de gratifier « d'une jolie petite pluie de charbons ardents le bazar de la réalité ». Ce texte de Crevel est moins remarquable par les idées exposées que par le ton du polémiste : sa verve, son extraordinaire aisance dans la violence, et ce feu roulant d'images toujours renouvelées. Il est aussi particulièrement représentatif de « l'agressivité » surréaliste, qui sut inventer un style pamphlétaire direct, efficace, imparable.

On peut rapprocher de ce texte deux courts essais publiés par Crevel sous forme de préfaces à des plaquettes de reproductions : *Paul Klee* (1930) et *Renée Sintenis* (1930). Bien qu'il s'agisse avant tout de transpositions lyriques des œuvres présentées, Crevel y fait preuve de la même virulence à l'égard des critiques (« contremaîtres des grandes usines à juger, ventriloques de la pensée »), des idées reçues et des traditions esthétiques. Le texte sur Klee, qui a l'intérêt d'être l'un des premiers parus en France sur ce peintre, est par ailleurs très significatif de la façon dont Crevel sait marier colère et poésie, sensibilité critique et ardeur polémique.

DAMAS AUX INCENDIES [*Dimashq al-ḥarā'iq*]. Recueil de nouvelles de l'écrivain syrien Zakariyyā Tāmir (né en 1927), édité en 1973. Un Winston devenu fonctionnaire de Big Brother ou un Lewis Carroll égaré après l'ère atomique retrouveraient dans ces récits un monde presque familier, auréolé du surnaturel des *Mille et Une Nuits* (*) et miné par le machiavélisme manipulateur des surréalistes. Mais l'œuvre de Tāmir est aussi profondément originale, hantée par le spectre de la faim, les paysans déclassés frottés aux mythes de néon, les visions hallucinées des campagnes steppiques aux abords des déserts, les banlieues étirées qui sont villes par décret, et les révolutionnaires de pacotille qui édifient des civilisations en plastique : le titre du recueil se révèle être un slogan détourné ; « Les Cerises oubliées » esquissent cyniquement la trahison des intellectuels devenus profiteurs ; une poupée est pendue pour crime politique dans « La Peine capitale » ; un couple d'amoureux devient, par sa seule existence, un inadmissible attentat aux mœurs dans « L'Eau et le Feu » ; un héros légendaire est déclaré fou dans « Le Cri », parce qu'il est brave ; une femme violée, devenue frigide, en arrive à désirer son bourreau pour échapper à l'étau de la société dans « La Lune sans masque » ; et Tāmir ressuscite, par le non-sens et le fantastique, l'aventure de sa jeunesse assoiffée d'idéal dans « La mer est-elle encore loin ? ». Pervers et bariolé comme son imaginaire, son langage use du classique pour mieux l'opposer au moderne ou au dialectal, dans les arabesques de l'absurde, de l'ironie et de la fatalité. Entre l'horreur et l'anticipation, cette œuvre subversive dénonce le scandale de la réalité et de ses chimères, érigeant en impératifs absolus la liberté, la tolérance, la justice et la tendresse. – Trad. partielle dans *Printemps de cendre*, P.O.F., 1983. B. Mo.

DAME À LA FAULX (La). Drame poétique du poète et dramaturge français Saint-Pol-Roux (pseud. de Paul Roux, 1861-1940), publié en 1899. *La Dame à la faulx* est un long poème à trois voix : l'Homme, la Femme et la Mort, composé en 1890 par l'auteur et dédié, non sans mélancolie, « à la Hardie qui, la première, incarnera ma tragique Dame ». Le poète, on le voit, ne se faisait pas d'illusions sur les possibilités scéniques de ce vaste drame, d'un lyrisme somptueux et parfois obscur, qui se voulait le « spectacle de l'humanité parmi le multiple conflit de la Vie et de la Mort » et que, seul, le cinéma pourrait, sans doute, matérialiser, puisqu'il exige des scintillements d'étoiles, des levers de soleil, des envols d'oiseaux, des aspersions de rosée, etc.

« J'ai voulu, disait Saint-Pol-Roux, en grande religion de la joie, en grand respect de la vie, faire œuvre de santé, et j'estime que de ce drame se dégage le robuste conseil de vivre – de vivre son écot d'énergie commune et d'universelle harmonie. » Ce conseil, nous le trouvons formulé en termes très nobles et très émouvants par Magnus, le héros principal, au cours de la scène finale qui le voit sur le point d'être abattu par la Mort qu'il a bravée : « Ô mes frères en humanité / N'émoussez pas vos heures brèves / Au désert du rêve, / Ne hantez pas ce monde en trépassés, / Vivez, c'est-à-dire agissez ! / Allez, mes frères en humanité, / Travailler votre part de la tâche commune / Aux vignes de la vie / Dont la noble fortune attend sous le ciel bleu. »

Sur le conseil de quelques amis, parmi lesquels Jean Royère, Paul Adam, André Fontainas, Saint-Pol-Roux avait remanié *La Dame à la faulx* pour qu'elle pût être jouée, mais, le comité de lecture de la Comédie-Française ayant manqué d'enthousiasme et demandé de nouvelles coupures, le poète, nous dit son biographe Paul T. Pelleau, « sourit, baisa la main des comédiennes et prit congé de leurs compagnons ». Il devait pourtant, beaucoup plus tard, dans sa solitude bretonne de Camaret, reprendre *La Dame à la faulx,* qu'il eût voulu voir représentée pour son quatre-vingtième anniversaire. Malheureusement, cette nouvelle version fut détruite, comme la plupart de ses manuscrits, lors du pillage du manoir de Coecilian par les Allemands en 1940.

DAME AUX CAMÉLIAS (La). Titre d'un roman et d'un drame de l'écrivain français Alexandre Dumas fils (1824-1895). Le roman, qu'il écrivit à vingt-trois ans, obtint, en 1848, un grand succès ; le drame, représenté en 1852, eut aussitôt un retentissement énorme à Paris, puis à l'étranger. Le sujet du roman et du drame (avec quelques variantes de peu d'importance) est l'amour d'un jeune homme de très bonne famille, Armand Duval, pour une courtisane à la mode, Marguerite Gautier. Entraînée par une passion profonde hors de son milieu, Marguerite sent la nécessité de porter son amour loin des gens qu'elle fréquente, dans un désir tout nouveau de pureté et de solitude. Les amants se réfugient donc dans une petite maison de campagne (à Auteuil dans le drame, à Bougival dans le roman), où leur idylle atteint un moment la plénitude de l'éphémère félicité accordée à l'amour. Mais, dans cette maison même, le père d'Armand se fait secrètement annoncer à Marguerite. Le vieillard comprend la sincérité de son amour, mais Marguerite, de son côté, doit comprendre que cet amour constitue un obstacle à la vie et à l'avenir d'Armand dont, par surcroît, la jeune sœur ne pourra épouser l'homme qu'elle aime, à cause de la déshonorante liaison de son frère. Marguerite se voit demander le grand sacrifice ; elle cède et s'enfuit. Armand, qui ne sait rien, croit qu'elle est lasse de lui et désireuse de relations plus rémunératrices. Quelque temps après, il la rencontre à Paris, devenue la maîtresse du comte de Varville, et, désespéré, il lui jette par dérision, devant tout le monde, une forte somme qu'il vient de gagner au jeu, en déclarant que maintenant il est quitte envers elle. La femme éprouve une si vive douleur (dans le roman, Armand affiche publiquement devant elle ses relations avec la courtisane Olympe) que sa santé, déjà chancelante, en est détruite pour toujours. La maladie prend une forme rapide et sans espoir. Quand la fidèle Nanette, à l'insu de sa maîtresse, révèle la vérité à Armand par une lettre, le jeune homme arrive au chevet de l'aimée pour recevoir son dernier soupir.

On a coutume de faire coïncider avec la première représentation de *La Dame aux camélias* le début du réalisme sur la scène, et il est certain que la « comédie de mœurs » est née de ce drame. Suspendu entre deux époques, encore imprégné d'un romantisme lyrique passionnel et déjà dirigé vers l'observation des modes de vie d'une société et des problèmes qui s'y posent, il devait réaliser une heureuse fusion de deux manières et de deux attitudes. Dans la vérité objective d'un climat réaliste, Marguerite Gautier apparaît dans toute la gloire d'un grand amour silencieux et connaît une mort pathétique. Elle acquiert un pouvoir d'émotion dramatique, qui la rend supérieure à tant d'autres héroïnes du romantisme auxquelles elle succédait pourtant. À l'époque, elle parut aussitôt chargée d'une humanité puissante.

★ C'est du drame de Dumas que, sur un livret de Francesco Maria Piave (1810-1876), le compositeur italien Giuseppe Verdi (1813-1901) tira *La Traviata* (op. 19), que le théâtre de la Fenice à Venise représenta en 1853. Cette œuvre, classée parmi les opéras, comprend deux préludes (premier et quatrième acte) et douze morceaux en quatre actes. Avec les noms des personnages changés, Marguerite en Violetta Valéry et Armand en Alfredo Germont, la trame suit fidèlement le roman, sauf dans sa conclusion : l'action est située au XVIIIe siècle. La thèse sociale et morale de la réhabilitation de la pécheresse disparaît dans le drame de Verdi et fait place au sublime du sentiment de l'amour, de la douleur et de la mort, de sorte que la catastrophe n'est pas le point culminant de l'œuvre. L'intérêt du musicien s'est entièrement porté sur le drame psychologique : états d'âme, naissance et évolution des passions sont l'objet principal de la représentation sonore. Les chants reflètent ce développement intime et en sont la traduction lyrique. Jamais jusqu'alors Verdi n'était parvenu à des expressions dramatiques et expressives de cette hauteur. À l'exception de quelques scènes secondaires et de certaines pages (chœurs, ensembles) qui, par leur inélégance et leur maniérisme traditionnel, semblent inopportunes, toute l'œuvre est ardente, noble, tendre, passionnée, mélancolique, émouvante. La primauté y appartient à la personne de la protagoniste, dont on peut suivre la vie dans tous ses méandres et toutes ses fluctuations. Alfred, à côté d'elle, vit de son reflet. Une grande importance revient aussi au personnage de Germont le père, dont les rencontres avec Violetta sont d'une force dramatique intense. Les deux préludes et bien des passages instrumentaux ont une éloquence pathétique qui touche l'âme dans ses profondeurs les plus secrètes ; l'unité de style et de sentiment donne son empreinte à l'œuvre entière. Elle ne plut pas à la première exécution à cause de la déficience de certains chanteurs que Verdi n'avait du reste acceptés qu'à regret. Retouchée en certaines parties et reprise quatorze mois plus tard au théâtre San Benedetto à Venise, elle triompha. Certains biographes ont établi qu'au temps de sa composition – qui fut faite parallèlement à celle du *Trouvère* (*) – Verdi dut trouver, sans doute, dans sa vie conjugale quelque émotion de nature à l'inspirer. En effet, vers 1852, la santé de sa femme, Giuseppina Strepponi, malade depuis sa jeunesse, lui causa de graves préoccupations : il y avait aussi une analogie entre le conformisme moral et social du père d'Alfred et les commérages des gens de Bussetto sur la vie de Giuseppina Strepponi, qui avait été la maîtresse de l'imprésario Merelli dont elle avait eu un enfant, et avait vécu de nombreuses années avec Verdi avant la célébration de leur mariage : vicissitudes et amertumes dont certaines lettres de Verdi parlent clairement et que l'on entrevoit, comme des ombres, dans la correspondance (1853) de Giuseppina, qui vouait à Verdi un amour intelligent et passionné.

DAME BLANCHE (La). Opéra-comique en trois actes du compositeur français François Adrien Boieldieu (1775-1834), sur un livret d'Eugène Scribe, et représenté à Paris en 1825. La scène se passe en Écosse, dans un village de la montagne ; la Dame blanche est une statue mystérieuse du château ayant appartenu aux défunts comtes d'Avenel, et le peuple la croit un esprit protecteur de la famille et de toute la localité. L'intendant Gaveston, à qui est confiée la garde du château, médite d'en devenir propriétaire et fait organiser une vente aux enchères afin de pouvoir s'en emparer à bon compte. Mais à son dessein s'oppose secrètement Anna, orpheline protégée par les Avenel, car elle a juré à la comtesse mourante de veiller sur les droits de son fils, que ce même Gaveston avait fait disparaître du village. Aussi fait-elle parvenir à Dickson — un fermier qui se croit le débiteur de la Dame blanche pour un bienfait reçu — une mystérieuse invitation à se trouver au château la nuit suivante. Mais il n'ose pas. Un jeune officier, George Brown (on découvrira plus tard qu'il est l'héritier des Avenel), s'offre pour aller à sa place. Venu au rendez-vous, il est exhorté par le fantôme de la Dame blanche — dont Anna s'est donné l'apparence — à acheter le château, avec promesse qu'il obtiendra la somme nécessaire et, en récompense, l'amour d'une jeune fille qu'il aime lui-même. La vente publique a lieu ; et, après des enchères mouvementées, le mettant aux prises avec Gaveston, George a le dessus et achète le château pour 500 000 francs. Le lendemain, quand sonne l'heure du paiement, la Dame blanche apparaît et offre à George la somme, prise dans le trésor secret du château. Gaveston, furieux, arrache le voile qui dissimule le visage d'Anna ; après quoi il ne lui reste plus qu'à partir. L'œuvre se termine par les noces d'Anna et George, au milieu des chants et des danses des paysans.

À ce modeste sujet, Boieldieu sut trouver la musique la plus appropriée, gracieuse et simple, dans le style, qui lui était familier, de l'opéra-comique français du temps, proche déjà du genre de l'opérette, mais d'une tenue beaucoup plus relevée que ne l'est l'opérette moderne. La structure est en effet semblable à celle du mélodrame sérieux français et allemand du début du XIXe siècle : airs, morceaux d'ensemble de différentes sortes, récitatifs accompagnés, quelques ébauches de « mélologue » (déclamation accompagnée par l'orchestre), le tout précédé d'une ouverture de forme classique. Et si l'esprit de la musique appartient dans l'ensemble à une sphère plutôt ordinaire, l'élaboration est très fine et révèle, dans la forme et l'orchestration, la main d'un musicien élevé dans la tradition de Cherubini, et, indirectement, de Haydn et de Mozart. La musique est caractérisée par une atmosphère de poésie et de secret, à laquelle concourent notamment les colorations instrumentales, surtout dans les passages où apparaît la Dame blanche et ceux où elle est évoquée, souvent accompagnés par la sonorité répandue de la harpe. La mélodie, en général sans prétention, s'élève parfois à une finesse plus grande, comme dans l'air « Viens, gentille dame » (au second acte) avec accompagnement de cor. La scène la plus saillante est celle de l'enchantement (au second acte), vive de mouvement et que, dit-on, Rossini admirait.

DAME DE CHEZ MAXIM (La). Comédie en trois actes de l'auteur dramatique français Georges Feydeau (1862-1921), représentée en 1899. Un jeune médecin, revenant d'une soirée de noce, ramène chez lui une danseuse de mœurs légères, oubliant qu'il a une femme. De la nécessité de cacher à celle-ci la présence de l'autre jaillissent les incidents les plus imprévus, parmi lesquels domine la situation du second acte. En effet, passant pour la femme du médecin, l'heureuse bénéficiaire du quiproquo en vient à présider la fête d'un mariage en province, et ses manières effrontées sont prises là pour des raffinements d'élégance parisienne et imitées par les pieuses dames du pays. Au moment où elle s'aperçoit que le marié est un de ses ex-amis, elle s'enfuit avec lui. L'obstination de l'oncle du jeune médecin à vouloir réconcilier son neveu avec l'épouse présumée fait naître une série de péripéties et d'inventions finissant par la réconciliation générale des mariés et des fiancés. Cette comédie est techniquement un des exemples les plus parfaits dans le théâtre comique du XIXe siècle, lequel, tout en mouvement et trouvailles, eut auparavant son maître en Labiche et son modèle dans *Un chapeau de paille d'Italie* (*). Elle ne manque pas d'expédients grossièrement voyants, comme celui du fauteuil « extatique » sur lequel le médecin immobilise les personnages en cas de situation inextricable ; mais ces procédés sont combinés avec une telle habileté et justifiés avec tant d'acuité d'observation que les effets comiques les plus extravagants paraissent naturels. C'est la farce typique, parfaite, dans laquelle la personne humaine agit avec la rigidité désarticulée et inadaptée d'un pantin, hors des lois normales de la vraisemblance, se sert d'expressions mordantes, riches en traits satiriques souvent bien décochés. Plusieurs adaptations cinématographiques ont été tirées de cette œuvre.

DAME DE LA MER (La) [*Fruen fra havet*]. Drame de l'écrivain norvégien Henrik Ibsen (1828-1906), publié en 1888. Ellida, deuxième femme du docteur Wangel, vit avec son mari et ses filles dans la solitude d'un fjord profond, l'âme tendue vers l'appel troublant de la mer ouverte, sur le rivage de laquelle elle est née et où elle a grandi. La mer est pour elle la joie, la liberté et elle a parfois l'impression d'avoir commis un crime inexpiable, en quittant l'océan pour épouser Wangel, qu'elle n'aime pas. Il y a de longues années, Ellida s'était liée d'une façon symbolique — en présence de la mer — avec un étranger, homme sans histoire et sans nom, qui l'avait séduite d'une façon étrange et vague : peut-être était-il l'incarnation de la mystérieuse puissance des eaux ! Il a disparu, sans jamais donner aucun signe de vie. Mais voilà qu'Ellida, par de vagues nouvelles, par d'obscurs pressentiments, sent qu'il est de retour. Et, comme si elle voulait se préparer à l'accueillir, à le suivre, elle confie son secret à son mari. Tout d'abord, celui-ci lui refuse la liberté qu'elle lui demande et, la croyant malade, essaie avec patience de la guérir. Mais dès que l'étranger paraît pour emmener Ellida pour toujours, le docteur Wangel, maîtrisant sa propre douleur, la laisse libre de décider et de choisir sa voie. La liberté donne immédiatement à Ellida le sens de la responsabilité. Elle renonce à quitter son mari, et son libre choix éloigne définitivement l'étranger et les forces obscures qu'il incarne. Le drame de cette femme est entouré de scènes où les personnages de deuxième plan aident à illustrer le thème essentiel, par des symboles au lyrisme délicat et suggestif.

La Dame de la mer se détache d'une façon originale et inattendue au milieu des drames d'Ibsen. On dirait que l'auteur a voulu voir réalisés, sur un plan de vie pratique, ces principes mêmes qui, au cours du drame précédent, *Rosmersholm* (*), triomphaient comme une conquête suprême, au seuil de la mort. Pourtant il y a encore dans cet ouvrage un sédiment de théorie qui n'a pas pu être transfiguré en poésie. L'état d'âme d'Ellida, au début, demeure trop longtemps inerte, comme engourdi. D'autre part la liberté que le docteur Wangel, empêtré dans les théories positivistes de son époque, offre à sa femme, garde la forme d'une ordonnance médicale : le choix d'Ellida est plutôt une guérison qu'un affranchissement spirituel. En général, la conquête de la maturité morale est obtenue, chez Ibsen, comme la fulgurante grâce des chrétiens ; mais ici elle ne parvient pas à nous donner ce sentiment d'exaltation que nous éprouvons en voyant Rebekka et Rosmer, dans *Rosmersholm,* se diriger vers le petit pont au-dessus de la mer, atteignant ainsi le degré le plus élevé d'humanité auquel ils étaient capables d'arriver. – Trad. Plon, 1945.

DAME DE MURCIE (La). Nouvelles de l'écrivain français Noël Devaulx (né en 1905), publiées en 1961. Ces nouvelles nous proposent des aventures merveilleuses, sans souci de réalisme ni même de vraisemblance. Leur but est atteint quand, grâce à la magie de leur style, elles nous ont fait toucher des vérités cachées, quand elles nous ont convaincus de la réalité secrète de l'univers où elles nous entraînent, une réalité qui ne peut être rendue sensible qu'à travers des histoires que le bon sens condamne, mais qui le lui rendent bien. Noël Devaulx brosse des décors de grand opéra et prend soin de rendre impossible toute interprétation rationnelle de ses contes. On se demandera pourtant si, dans « L'Aubade à la folle », ce n'est pas la beauté de la musique qui transforme un instant la vieille sorcière en merveilleuse créature. Du moins, la beauté du style de Noël Devaulx opère des métamorphoses de ce genre. Tous ces contes, d'une savante simplicité, non dépourvus d'humour, nous maintiennent dans un état d'incertitude et d'attente, à la fois suppliciant et délicieux.

DAME DE PIQUE (La) [*Pikovaja Dama*]. Récit d'Alexandre Sergueïevitch Pouchkine (1799-1837), publié en 1833. C'est une des créations les plus originales de l'écrivain russe ; l'auteur y a réalisé la fusion de certains éléments réalistes avec d'autres, de pure imagination, où l'influence d'Hoffmann est évidente. Le héros du récit, Hermann, a entendu une anecdote racontée par un de ses amis : une vieille comtesse a réussi, grâce à un tour secret avec trois cartes, à se tirer d'embarras, après avoir perdu au jeu. Hermann, qui n'a jamais joué aux cartes, est envahi par l'obsession d'arracher le secret à la vieille dame. Il réussit à pénétrer dans la maison de celle-ci et l'effraye à tel point qu'il cause sa mort, sans lui avoir toutefois arraché son secret, dont elle nie l'existence en mourant. Après les funérailles, le spectre de la comtesse apparaît au jeune homme et lui indique les trois cartes. Avec deux des cartes, Hermann gagne au jeu, mais il perd avec la troisième : croyant avoir pris un as, il trouve la dame de pique. Le jeune homme devient fou sous l'effet de son cauchemar. Le récit est surtout une analyse, très aiguë et très brève, de l'obsession du jeune homme, une objectivation de son hallucination. Artistiquement parfait, ce récit illustre un genre mis en vogue, à l'époque, par le romantisme. – Trad. par Prosper Mérimée en 1849 ; Gide en 1923 (rééd. Gallimard, 1974).

★ Sous le même titre : *La Dame de pique*, Jacques Fromental Halévy (1799-1862) créa un opéra représenté à Paris, en 1850. Plus tard, Piotr Ilitch Tchaïkovski (1840-1893), s'inspirant du récit de Pouchkine, composa un opéra en trois actes, *Pikovaja Dama*, op. 68, représenté à Saint-Pétersbourg en 1890, l'une des meilleures œuvres lyriques du musicien russe.

DAME DU CHÂTEAU DE WILDFELL (La) [*The Tenant of Wildfell Hall*]. Roman de l'écrivain anglais Anne Brontë (1820-1849), paru en 1848 sous le pseudonyme d'Acton Bell. L'arrivée d'une jeune châtelaine mystérieuse au manoir depuis longtemps délaissé de Wildfell Hall suscite la curiosité attentive, et bientôt malveillante, des habitants de la contrée. Mrs. Helen Graham (c'est le nom de l'inconnue) a un fils de cinq ans, Arthur ; une vieille servante l'accompagne. Elle mène une existence de recluse, fait de la bonne peinture (qui, d'après ses dires, lui permet de subvenir à ses besoins) et évite soigneusement toute intimité avec les voisins. L'un des gentlemen-farmers du pays, Gilbert Markham, raconte, dans une série de lettres adressées à un ami, l'histoire de la jeune châtelaine, telle qu'elle se dégage peu à peu de ses rares contacts avec les habitants du manoir et du bourg de Lindenhope (la vieille Mrs. Markham, sa sœur Rose, son frère Fergus, la famille du pasteur Millward, la belle et futile Jane Wilson, etc.). Sous la plume à la fois experte et naïve d'Anne Brontë, le caractère d'Helen Graham ne tarde pas à nous apparaître beaucoup moins séduisant qu'il ne semble l'être aux yeux de l'auteur. En effet, Helen n'est exempte ni de bigoterie ni de pédantisme ; sa vertu même risque d'exaspérer parfois des âmes moins noires et perverses que celle de son mari, Mr. Arthur Huntington. Car Helen s'appelle en réalité Mrs. Huntington ; c'est pour fuir son époux cynique et volage, dont les infidélités l'humilient, et pour soustraire l'enfant à l'influence néfaste du père, que la jeune femme s'est réfugiée dans la propriété de Frédéric Lawrence. Amoureux d'Helen, Gilbert Markham souffre des bruits que l'on répand sur elle, notamment sur ses relations avec Lawrence. Ayant surpris Helen en une conversation tendre et secrète avec le jeune propriétaire du domaine de Wildfell Hall, Gilbert, fou de jalousie, se livre un jour à des voies de fait contre Frédéric et blesse celui-ci assez grièvement. La vérité lui est révélée tardivement par Helen, dont la beauté pâle et marmoréenne ne reste pas insensible aux hommages de Gilbert. Pour se justifier devant celui-ci et pour se donner à elle-même de la force dans son intransigeance vertueuse, la jeune femme confie à Mr. Markham son « journal intime ». Ainsi apprend-il la vie douloureuse d'Helen, son mariage, ses humiliations, les beuveries et la débauche d'Arthur Huntington et de ses compagnons, la fuite enfin de l'épouse outragée. Il apprend aussi que Frédéric est le propre frère d'Helen.

Celle-ci disparaît un jour, victime de son devoir conjugal, ayant dû se rendre au chevet de son mari gravement malade. Gilbert – qui se sait aimé – n'obtient cependant ni l'autorisation de la revoir, ni celle d'espérer. Toutefois, il pourra lui écrire après une épreuve de six mois de silence... Arthur Huntington meurt, mais Gilbert et Helen ont à surmonter de nombreux obstacles avant de pouvoir s'unir pour la vie. La plupart de ces obstacles (disproportion des fortunes à la suite d'un héritage fait par la jeune veuve, etc.) n'ont plus guère à nos yeux de valeur convaincante, et nous ne parvenons guère à admirer l'héroïne du roman, par ailleurs raisonneuse et quelque peu puritaine, pour les avoir surmontés au nom d'un amour trop longtemps jugulé. – Trad. Gallimard, 1938.

DAME DU LAC (La) de Chandler [*Lady in the Lake*]. Roman de l'écrivain américain Raymond Chandler (1888-1959), publié en 1943. M. Kingsley, directeur de la Cie Gillerlain, engage le détective Marlowe pour enquêter sur la disparition de sa femme, Crystal. Celle-ci lui a adressé, il y a plus d'un mois, un télégramme disant qu'elle passait la frontière pour divorcer et épouser Lavery. Mais elle ne se trouve pas avec Lavery. Marlowe, débarqué à Puma-Point, reçoit les confidences de Bill Chess, le gardien de la propriété Kingsley, dont la femme, Muriel, est partie le même jour que Crystal en apprenant que celle-ci avait eu une aventure avec son mari. Bill Chess, effondré, découvre dans le lac de la propriété un cadavre en décomposition qui porte les bijoux de Muriel. Marlowe ne croit pas Chess coupable, et il aura bientôt des démêlés avec la police, en particulier avec un certain Degarmo. Marlowe, qui avait assisté à la découverte du cadavre de Muriel, se trouve encore là quand on découvre le cadavre de Lavery. Son enquête l'a conduit à s'intéresser aux agissements du docteur Almore, dont l'ancienne infirmière, Mildred Haviland, est la femme du policier Degarmo. Cette Mildred a pris une part active au meurtre, camouflé en suicide, de la propre femme du docteur Almore, quelques années auparavant. Degarmo, lui-même à la recherche de Mildred, a montré un jour au shérif Paton une photo qui témoignait d'une étrange ressemblance entre Mildred et Crystal Kingsley. Celle-ci, qui reparaît tout à coup, est tuée par Degarmo en proie à la jalousie. Était-ce Muriel ou Mildred Haviland qui se dissimulait sous l'identité de Crystal ? Dans cette trame complexe, il faut toute la perspicacité et la rigueur de Marlowe, sa chance aussi, pour frayer le chemin à la vérité. L'intérêt ne faiblit en tout cas jamais, et le lecteur tenu en haleine ne peut qu'apprécier une trame dont les complications ont pour but de mieux le confondre. La vérité des personnages, le réalisme de l'action, le dépouillement de l'écriture ont fait de ce roman « policier » un modèle du genre. – Trad. de Boris Vian, Gallimard, 1948.

DAME DU LAC (La) [*The Lady of the Lake*]. Poème en six chants de l'écrivain écossais Walter Scott (1771-1832), publié en 1810. Le titre a été suggéré par le nom d'un personnage mythique de la légende du roi Arthur et ce poème – ainsi que le déclare la brève introduction – a été inspiré par l'enthousiasme de Walter Scott pour les beautés naturelles de la partie ouest du comté de Perth. Toutefois, le poème, dans son début, ne décrit pas ces lieux aimés du poète, mais nous transporte d'emblée en pleine aventure. Un chevalier, qui prétend s'appeler James Fitz-James, est l'hôte de Roderick Dhu (un des chefs guerriers tenant la zone frontière entre l'Écosse et l'Angleterre sur le lac Katrine) et il tombe amoureux d'Ellen, fille du bandit lord James Douglas. Roderick et le jeune Malcolm Graeme aspirent, eux aussi, à la main de cette femme, qui aime Malcolm. Craignant une attaque imminente de la part des soldats du roi, Roderick groupe ses clans ; Douglas, qui pense être la cause de cette attaque, part vers Stirling pour se livrer au roi. C'est alors que James Fitz-James revient et propose d'emmener Ellen en lieu sûr ; mais dès que la jeune femme refuse et lui avoue qu'elle aime un autre homme, il se retire chevaleresquement, laissant à la jeune fille une bague qui lui permettra d'obtenir du roi n'importe quelle grâce. Sur la route de Stirling, Fitz-James rencontre Roderick ; les deux hommes se battent et Roderick, blessé, est emmené prisonnier à Stirling. Ellen se présente à la Cour et, en se réclamant de sa bague, demande le pardon pour son père. Un extraordinaire coup de théâtre a lieu ; Fitz-James est le roi en personne ! Le roi et Douglas se réconcilient. Roderick meurt de ses blessures et Ellen épouse Malcolm Graeme. Ce poème, à cause de ses qualités pathétiques et pittoresques, rehaussées par des vers faciles et harmonieux, eut un grand succès : Walter Scott avait découvert une nouvelle formule, le récit en vers (dénué de mystère et d'angoisse), mais à épisodes sensationnels. *La Dame du lac* est un essai sous forme poétique de ce que sera plus tard le chef-d'œuvre de Scott, *Waverley* (*). – Trad. Ratier, 1946.

★ C'est de ce poème de Walter Scott que s'inspire l'opéra en quatre actes du compositeur italien Gioacchino Rossini (1792-1868), *La Dame du lac*, d'après le livret de Leone Tottola, représenté à Naples en 1819. Cet opéra marque la première rencontre de Rossini avec le mouvement romantique.

DAME EN BLANC (La) [*The Woman in White*]. Roman de l'écrivain anglais William Wilkie Collins (1824-1889), publié en feuilleton en 1860 dans la revue *All the Year Round*, fondée et dirigée par Charles Dickens. Le professeur de dessin, Walter Hartright, rencontre un jour, dans une rue solitaire, une femme habillée de blanc donnant des signes manifestes de folie. Par la suite, il découvre, avec stupeur, une étrange ressemblance entre cette femme et l'une de ses élèves, Laura Fairlie, dont il s'éprend. Celle-ci lui rend son amour, mais le mariage est pour eux impossible : Laura a été promise, par son père, à sir Percival Glyde. Désespéré, Hartright s'expatrie, tandis que Laura épouse Glyde, qui n'a vu dans son mariage avec la riche héritière que le moyen d'échapper à la ruine, mais elle refuse de signer la cession de biens qu'il exige. Aidé par le comte Fosco (type parfait du traître, avec tous les caractères requis à l'époque par le rôle, y compris celui d'être italien), sir Percival parvient alors à faire interner Laura dans un asile, à la place de la « dame en blanc » qui vient justement de mourir, et que l'on enterre sous le nom de lady Glyde. Sir Percival avait en effet obtenu l'internement de la malheureuse, celle-ci connaissant le secret de ses origines adultérines, qui lui ôtaient tous droits au titre et à l'héritage. Mais ses machinations sont découvertes par Marian Halcombe, belle-sœur de Laura, qui parvient à la faire évader de l'asile. Hartright, entretemps revenu, prend les deux femmes sous sa protection, parvenant à dévoiler et à rendre public le secret de sir Percival ; le comte Fosco est à son tour contraint d'avouer sa criminelle entreprise. Laura peut ainsi reprendre son vrai nom et son rang social. Peu après, Percival Glyde trouve la mort dans un incendie qu'il provoque involontairement, en essayant de falsifier les registres de la paroisse ; tandis que le comte Fosco est tué par l'agent d'une société secrète italienne, qu'il avait trahie. Hartright et Laura se marient.

Par ce roman, publié vingt ans après *Le Double Assassinat dans la rue Morgue* – v. *Contes du grotesque et de l'arabesque* (*) de Poe –, Collins ouvrait la voie au roman policier, genre qui devait se révéler si fécond dans les pays anglo-saxons. Sa technique est également remarquable : le récit procède par narrations à la première personne (lettres, journaux intimes, rapports), à travers quoi l'auteur crée la tension nerveuse exigée par ce genre de romans, tout en évitant la truculence et en donnant à l'invraisemblance les caractères du réalisme (démence, usage de stupéfiants) de façon à laisser le lecteur, sinon convaincu, du moins perplexe. C'est probablement à l'influence de Dickens qu'est dû le soin avec lequel il a dessiné les caractères de ses personnages qui surgissent pleins de vie, d'entre les pages bien souvent douceâtres du XIXe siècle ; qualité qu'on chercherait, en vain, dans l'œuvre de ses devanciers et de ses contemporains, tels que Sue ou Gaboriau, maîtres du roman-feuilleton. Le personnage du comte Fosco, si bien campé, est le premier « traître » digne de ce nom dans la littérature d'aventures policières. – Trad. Éditions La Sixaine, 1947 ; Néo, 1986.

DAME NE BRÛLERA PAS (La) [*The Lady's Not for Burning*]. Pièce de l'écrivain anglais Christopher Fry (né en 1907), publiée en 1949. L'action se situe au XVe siècle : une jeune femme, Jennet Jourdemayne, accusée de sorcellerie, est condamnée au bûcher. En même temps un jeune soldat, Thomas Mendip, las de l'hypocrisie du monde et des hommes, s'accuse de forfaits et demande à être pendu. La jeune femme le persuade par son amour de continuer à vivre ; la réapparition de celui qu'elle était accusée d'avoir changé en chien la sauve elle-même de la mort. La pièce est construite sur ce contraste : la crainte d'être brûlée, d'une part, et le désir de mourir, de l'autre, opposent et rapprochent les deux personnages, créant une situation dramatique d'où naissent de très beaux dialogues. Mais le thème même de la pièce n'est que prétexte à de longues tirades et monologues lyriques où Fry laisse cheminer librement son imagination poétique, et dont la densité verbale déséquilibre la structure dramatique de l'œuvre. Fry expose les particularités d'un personnage plus par ses paroles que par ses actes. On a comparé *La dame ne brûlera pas* à l'*Intermezzo* (*) de Giraudoux, mais le théâtre de Fry ne combine pas vraiment les deux plans de la réalité, c'est-à-dire, selon ses propres termes, la réalité d'« émerveillement », qui est le domaine de la poésie, et la « réalité qui est prose ». Tout devient réalité d'émerveillement : nous sommes « perdus, étonnés, miraculeux », mais il n'y a pas de vraie vision poétique du monde comme chez Giraudoux. Plus que le déroulement dramatique ou même la présentation des personnages, c'est le langage qui intéresse l'auteur. Son écriture est étincelante, elle finit par devenir un but en elle-même. Le théâtre de Fry évoque finalement la richesse et l'exubérance de certaines pièces de l'époque élisabéthaine, notamment *Peines d'amour perdues* (*) de Shakespeare. Plein de jeux d'esprit, de calembours, de parodies verbales, il constitue un exercice brillant mais parfois artificiel dans l'art du sophisme et de l'expression lyrique. — Trad. in *Théâtre pour trois saisons*, Calmann-Lévy, 1960.

DAMES DE BONNE HUMEUR (Les) [*Le Morbinose*]. Comédie italienne en cinq actes et en vers de Carlo Goldoni (1707-1793), dramaturge italien, écrite sans doute, à l'origine, en dialecte vénitien ; elle fut ensuite réduite à trois actes en prose, sous le titre *Le donne di buon umore.* La pièce fut représentée en 1758 ; c'est une des plus vivantes de Goldoni et elle est fort représentative de la gaieté vénitienne qui dominait les derniers carnavals de la République. L'action se déroule autour de l'arrivée à Venise de l'étranger Ferdinando, à qui Marietta envoie, par jeu, une lettre d'amour lui fixant un rendez-vous : l'amante inconnue sera reconnaissable à un ruban. Quand Ferdinando va au rendez-vous, il trouve une quantité de rubans, car toutes les amies invitées par Marietta possèdent cet ornement. Et les plaisanteries de fuser au gré de l'intrigue ; d'ailleurs, les personnages ridicules, comme celui du sourd Luca, qui ne comprend rien à tant de subtilités, sont là pour faire rire. Marietta finit cependant par être prise à son propre jeu, en tombant amoureuse de Ferdinando. Elle passe de la « bonne humeur » pleine de verve à l'amour ; et ce passage qui devient le thème dominant fait évoluer la comédie de la plaisanterie à l'humanité : Marietta représente l'un des personnages goldoniens les plus heureux.

DAMES DE RENOM (Des) [*De claris mulieribus*]. Compilation biographique, en latin, de l'écrivain italien Jean Boccace (1313-1375). L'œuvre, écrite entre 1360 et 1362, amplifiée et refondue dans des années postérieures, contient la biographie de cent quatre dames de renom de tous les temps, d'Ève à la reine Jeanne de Naples ; elle est dédiée à la très belle Andrée Acciaiuoli, sœur du grand sénéchal Nicolas Acciaiuoli, épouse en secondes noces d'un comte d'Altavilla. Le volume peut être considéré comme un supplément aux *Mésaventures des nobles dames* (*). L'exemple de Pétrarque et de son traité *Des hommes illustres* (*) influença notamment Boccace, ainsi qu'il l'a reconnu lui-même, et le décida à en entreprendre la composition. Les sources auxquelles Boccace a puisé sont variées et, en raison du manque de citation, on ne peut les reconnaître toutes : Hygin, Isidore de Séville, Valère Maxime, Virgile, Ovide et, fait remarquable, Tacite, inconnu, paraît-il, à Pétrarque. Mais l'érudition est voilée, tandis que la veine narrative, bien que gênée par la rigidité du latin, s'y élargit avec quelque liberté, comme dans les pages consacrées à la vie de la papesse Jeanne, aux voluptueuses longueurs sur les amours de Thisbé, à l'histoire de la naïve Paulina, Romaine aimée du Dieu Anubis, qui rappelle d'assez près le conte de Lisette et de l'ange Gabriel du *Décaméron* (*). À part la « morale » que l'auteur tire même des histoires qui s'y prêtent le moins (ex. *Pyrame et Thisbé*), il n'apparaît pas clairement quel type ou quel idéal féminin Boccace regarde avec complaisance et propose comme modèle à ses lecteurs. Plus clair est, au contraire, l'esprit misogyne qui pénètre le traité et qui fait que certaines héroïnes sont louées comme des exceptions confirmant la règle : la femme est faible, tortueuse, sujette à tous les vices et spécialement à la luxure. À propos de la Didon de Virgile, Boccace apparaît presque scandalisé par la facilité avec laquelle elle s'éprend du héros troyen et il arrive jusqu'à mettre en doute la vérité du récit virgilien, acceptant, au contraire, la version de l'historien Justinien, selon laquelle Didon se serait suicidée pour se maintenir fidèle à Sychée, son époux mort. Dans son ensemble, le volume est un compromis entre l'érudition historique et le conte, un plaisant livre d'érudition, destiné non seulement aux hommes mais aussi aux femmes, — lesquelles, déclare Boccace, pour son excuse, « étant habituées à entendre des histoires, en ont un besoin plus grand et se divertissent d'un copieux exposé ». — Trad. G. Rouville, Lyon, 1551.

DAMNÉ PAR MANQUE DE FOI (Le) [*El condenado por desconfiado*]. Drame théologique du dramaturge espagnol Tirso de Molina (frère Gabriel Téllez, 1583 ?-1648) publié dans la seconde partie (1635) de son théâtre, mais déjà connu et représenté sous le titre : *El mayor desconfiado y pena y gloria trocadas*, titre qui subsiste encore dans l'envoi du drame. L'action se passe à Naples. L'ermite Paulo, qui résiste depuis dix ans aux plus fortes tentations du Démon, voit en rêve sa propre mort et sa damnation : incertain quant à son salut, il demande à Dieu de lui révéler son destin final. En châtiment de son superbe dédain, Dieu permet que le Démon le tente ; celui-ci lui apparaît sous la forme d'un ange qui lui ordonne de rechercher à Naples un certain Enrico, d'en étudier les actions et les œuvres, parce qu'ils auront un destin commun dans l'au-delà. Prenant cette apparition insidieuse comme la réponse du ciel à sa question, Paulo se met en route pour Naples avec son serviteur Pedrisco pour y rechercher l'homme qui lui a été proposé comme modèle. Mais, au lieu de trouver le saint qu'il cherchait, il rencontre, aux portes de la ville, un malfaiteur sacrilège et sanguinaire : celui-ci, au centre d'un groupe de voleurs et de femmes de mauvaise vie, raconte l'histoire de ses innombrables vols et assassinats. C'est là l'Enrico désigné par l'ange, et Paulo reste épouvanté à cette révélation : comment pourra-t-il se sauver si son destin est semblable à celui d'un tel pécheur ? Convaincu de sa damnation, il considère comme injuste que l'un vive dans les plaisirs et que l'autre recherche d'inutiles pénitences ; c'est pourquoi il retournera dans le désert, non pour servir un Dieu tyran, mais pour égaler Enrico et si possible le dépasser dans le mal. Paulo organise une bande de féroces brigands et terrifie le monde par ses crimes. Pour ramener la brebis égarée, Dieu envoie un ange véritable sous forme de berger ; celui-ci, tressant la couronne destinée au juste, reproche au bandit son manque de foi et, par l'exemple des saints, s'efforce de le convaincre du fait que personne ne doit douter du salut. Mais Paulo résiste à la miséricorde divine, lorsque le hasard le met en présence d'Enrico qui, fuyant la justice, est tombé aux mains des bandits ; Paulo, s'obstinant toujours à vouloir pénétrer les mystères de la Providence, le fait attacher à un arbre et menacer de mort : puis, vêtu en ermite, il l'exhorte à la pénitence en espérant qu'Enrico voudra se sauver. Mais celui-ci se moque de lui, et demande au contraire que l'on hâte sa mort pour qu'il soit plus vite arrivé en enfer. Le dernier espoir s'évanouit au cœur de Paulo, et les deux bandits, croyant qu'ils ont le même destin, décident d'unir leurs chances. Cependant Enrico conserve l'espoir de se sauver, car il a confiance en la miséricorde divine. Malgré sa vie criminelle, il a toujours aimé et respecté son vieux père et, pour l'emmener avec lui, il retourne imprudemment à Naples où il tombe aux mains de la justice. Condamné à mort, il refuse la pénitence, mais, lorsque son père vient le conjurer, son âme endurcie par le mal s'émeut : il demande alors pardon à Dieu et accepte la mort qui lui donnera la vie éternelle. Paul voit l'âme d'Enrico monter au ciel, mais il ne reconnaît pas le miracle ; s'adressant à l'ange qui revient vers lui en effeuillant la couronne qu'il avait tressée pour la brebis égarée, il lui dit qu'il n'y a pas de rémission pour ses péchés. Alors l'ange l'abandonne et Paulo, attaqué par un groupe de paysans fatigués de ses crimes, meurt désespéré, et est précipité en enfer.

S'inspirant d'une vieille légende dont les sources ont été signalées dans le *Mahâbhârata* (*), l'auteur a transposé en un conflit concret, et essentiellement dramatique, une dispute théologique des plus complexes alors fort en honneur : celle ayant trait à la grâce et à la prédestination, question déjà débattue par Molina et par Bañez. Les comédies *Antonio Roca o la muerte màs venturosa* et *La fianza satisfecha* de Lope de Vega purent avoir une influence sur la présentation du drame par Tirso de Molina ; mais contrairement à Lope et à Calderón, pour lesquels le drame prend exclusivement naissance dans le domaine de la spontanéité passionnelle ou se présente comme une équation purement symbolique, Tirso réussit à donner à ce problème de théologie une représentation plus concrète, en conservant aux personnages tout le relief et toute la couleur qu'exige une représentation dramatique. L'aisance avec laquelle s'effectue le passage de l'individuel au général, l'équilibre du jeu de scènes et la délicatesse du sentiment lyrique confèrent à cette œuvre une telle pureté qu'il est permis de la placer parmi les chefs-d'œuvre du théâtre universel.

DAMNÉS DE LA TERRE (Les) de Fanon. Essai de l'écrivain martiniquais Frantz Fanon (1925-1961), publié en 1961 avec une préface de Jean-Paul Sartre. C'est la clef de voûte d'un édifice qui comprend *Peau Noire, masques blancs* (*) et *L'An V de la Révolution algérienne* (1959). Dans l'œuvre du militant Fanon, *Les Damnés de la terre* tiennent une place capitale, car il s'agit avant tout d'une arme de combat : combat du nègre contre la négritude, combat du colonisé contre le colonisateur, combat de l'homme pour l'homme. Si, dans son premier ouvrage, Fanon montre à ses frères de couleur comment se libérer de leurs complexes, si, dans le second, il fait une analyse décisive du combat d'un peuple engagé totalement dans son entreprise de désaliénation collective, le troisième est très justement présenté comme une charte du Tiers-Monde. Psychiatre, Fanon commence à analyser les aliénations du colonisé et démasque ses faiblesses. Il montre la décolonisation telle qu'il l'a connue : dans et par la violence. Il renverse l'Européen de son piédestal. Il connaît trop bien ces phraseurs « qui n'en finissent pas de parler de l'homme tout en le massacrant partout où ils le rencontrent ». Amant déçu de cette Europe qui récompense la confiance par des coups de trique, il ne s'intéresse à elle que dans la mesure où, pour la combattre, il la faut parfaitement connaître. L'Europe démystifiée, Fanon se retourne contre la bourgeoisie nationale et se fait le critique impitoyable de cette classe prête à toutes les concessions pour conserver ses privilèges. Il n'ignore pas, en effet, que cette bourgeoisie n'existe qu'en « singeant la bourgeoisie européenne », alors que « ce qui crée la bourgeoisie, ce n'est pas l'esprit, le goût ou les manières, ce sont des réalités économiques précises... et dans les pays pauvres la réalité économique est une réalité étrangère ». Dans sa colère et son combat, Fanon reste toujours un théoricien lucide, le militant au service d'un milliard cinq cents millions d'« indigènes ». Fanon se révèle dans ses analyses un véritable chirurgien de l'âme. S'il bouscule notre confort intellectuel, il laisse la porte ouverte à l'avenir, en n'hésitant pas à écrire que le Tiers-Monde « attend que ceux qui l'ont maintenu en esclavage pendant des siècles... l'aident à réhabiliter l'homme, à faire triompher l'homme une fois pour toutes ». Son message acquiert ainsi une universalité qui l'élève au-dessus de la polémique et lui confère une valeur durable.

DAMOISELLE ÉLUE (La) [*The Blessed Damozel*]. C'est un des meilleurs poèmes lyriques du peintre et poète anglais Dante Gabriel Rossetti (1828-1882), qui fut l'un des fondateurs et le plus grand représentant de l'école préraphaélite. La première rédaction est de 1847, mais l'auteur, mécontent, la remania plus tard. Du haut des demeures célestes, une jeune fille se penche ; elle voit la terre tourner comme un minuscule papillon, et les âmes qui montent vers Dieu passer près d'elle, semblables à des flammes légères. De son regard elle scrute l'immensité et d'une « voix qui ressemble à celle des étoiles » prie dans un hymne d'amour pour que lui soit rendu son bien-aimé resté sur la terre ; une fois au ciel, grâce à son intercession, elle lui apprendra à chanter la louange du Seigneur. Joue contre joue, elle lui dira tout son amour ; la Mère céleste l'approuvera et conduira elle-même le couple devant le Christ qui bénira leur amour pour l'éternité. La voix de son bien-aimé fait écho à sa prière ; il perçoit sa triste plainte et la voit disparaître dans l'éther derrière un rayon de lumière dorée. Le chant du poète est enveloppé d'une grande tendresse, mais un peu de tristesse se devine ; on reconnaît le peintre à ces touches estompées. Les images perdent leurs contours, l'éclat des couleurs est irréel, les mots eux-mêmes ont un sens nouveau pour décrire un au-delà entrevu moins par un poète que par un inspiré. En 1862, Rossetti avait déposé, dans le cercueil de sa femme, le manuscrit contenant *La Damoiselle élue* ; il dut le faire exhumer plus tard pour le publier (1870). Il semble que le poème ait gardé quelque chose de ce séjour dans la tombe. L'influence de poèmes anciens est manifeste (tels le sonnet de Jacopo da Lentini : « J'ai voué mon cœur au service de Dieu », les chants XXIII et XXXI-91 du *Paradis* de Dante, et les sonnets de Pétrarque : « Élevant ma pensée au ciel où était Laure », « Quand ma douce et fidèle consolation »). « Rossetti fut un homme remarquable en toutes choses, mais qui ne réussit dans aucun art ; s'il avait réussi, on en n'aurait sans doute jamais entendu parler. Il doit son succès à ses demi-réussites » (Chesterton). – Trad. La Connaissance, 1924.

★ Cette œuvre a été mise en musique par le compositeur français Claude Debussy (1862-1918). Son poème lyrique *La Damoiselle élue* fut composé en 1887, et donné à Paris en 1894. À la différence de *L'Enfant prodigue*, ce choix du poème de Rossetti indique, chez le compositeur, une évidente prise de position : Debussy est attiré et inspiré par cette poésie préraphaélite, sensuelle et mystique, nimbée d'un léger voile de mystère ; on ne retrouve plus, comme dans ses œuvres antérieures, l'influence de Massenet, mais plutôt des réminiscences de Franck et de Wagner. Debussy transpose sur un plan sensuel et descriptif les thèmes romantiques de l'amour et de la foi. Le caractère préraphaélite de la « Damoiselle » en fait une moderne et pâle Béatrice ; son mysticisme maladif se transforme en une langueur morbide, tout imprégnée d'une sensualité raffinée. C'est dans cette atmosphère de mélancolie voilée qu'il trouvera sa voie ; il y puisera plus tard ses pages les plus émouvantes, la parfaite expression de son art. Certains reprochent à Debussy d'avoir abusé de ces procédés descriptifs, qu'on retrouvera encore dans les œuvres de sa maturité ; là, il s'éloigne de la musique pure. Son écriture est influencée par le mouvement symboliste. Son état d'âme est reflété par son poème lyrique ; c'est même, par moments, tout son tempérament d'artiste qui, pour la première fois, s'identifie vraiment à son art. Il limite l'expression de sa pensée aux cadres de ce mouvement préraphaélite qui rejoint le symbolisme.

DANAÏDES (Les). Tragédie lyrique en cinq actes du compositeur italien Antonio Salieri (1750-1825), sur un livret de l'écrivain italien Ranieri de Calzabigi (1714-1795). Première représentation : Paris, 19 avril 1784. Écrit à l'origine pour Gluck, le livret, traduit en français, fut adapté par Du Rollet, et l'œuvre fut dédiée à la reine de France. Danaos, pour se venger de son frère Égyptos qui l'a chassé et persécuté, réclame le secours de ses cinquante filles, bientôt les épouses des cinquante fils d'Égyptos. Elles devront assassiner leur mari aussitôt après la célébration des noces. L'une d'elles, Hypermestre, aimée de Lyncée, ne veut pas se prêter au crime paternel ; elle aussi, toutefois, doit se plier à la volonté de Danaos. Cependant au palais, après la fête accompagnant les cérémonies nuptiales, on donne le signal du massacre, qui est suivi des hurlements des époux égorgés par les Danaïdes. Hypermestre s'évanouit, Danaos, arrivant près d'elle, espère trouver à ses côtés le corps inanimé de Lyncée ; mais celui-ci, averti à temps, a réussi à fuir. Déçu et furieux, Danaos menace de mort le rebelle. Pour retrouver Lyncée, il appelle de nouveau à l'aide ses filles, ivres d'une joie féroce. Sous le Thyrsos, où gisent les cadavres encore chauds des victimes, les Danaïdes cherchent celui qui manque. Mais le fugitif, ayant rejoint ses partisans, revient et envahit le palais. Danaos se voit perdu. Il cherche Hypermestre pour se venger au moins sur elle, mais Pélasgos s'avance et lui assène un coup mortel, pendant que Lyncée enlève son épouse et s'enfuit avec elle vers Memphis, sur la terre d'Isis ; la foudre tombe ensuite sur le palais qui s'écroule. La terre s'ouvre et laisse apparaître le Tartare, où, du milieu de flots de sang, émerge le rocher sur lequel Danaos est attaché : les éclairs brillent, fulgurants, sur sa tête, le vautour lui déchire les entrailles, et les Danaïdes, enchaînées en groupes, tourmentées par les démons, cinglées par les Furies, se débattent sous la pluie de feu.

Les Danaïdes sont le chef-d'œuvre de Salieri ; à la claire veine mélodique dominant la composition se mêle, de façon remarquable, un sens du drame qui se ressent de l'action innovatrice de Gluck. Les cinq actes, malgré la pesanteur d'une dense élaboration, reçoivent de la musique une stricte unité dramatique. À la première des *Danaïdes,* Salieri figura comme collaborateur de Gluck, mais, aux représentations suivantes de l'opéra, devant l'immense succès obtenu, il fut révélé que le maestro italien était le véritable et unique auteur, et son nom fut porté au faîte de la renommée. Son œuvre maîtresse fut longtemps au premier plan sur les scènes françaises : à une reprise, en 1817, la direction en fut assumée par Gaspare Spontini (1774-1851), qui y prit un thème pour composer une bacchanale chorégraphique.

DANCERIES à quatre et à cinq parties. Ces compositions ont été publiées de 1547 à 1557, d'abord par le compositeur et éditeur de musique français Pierre Attaignant (1494 ?-1552) et ensuite par sa veuve. Plusieurs musiciens modernes se sont inspirés de ces œuvres, dues pour la plupart à Claude Gervaise ou à Estienne du Tertre, musiciens français qui vécurent tous deux dans la première partie du XVIe siècle. Ce sont presque toujours des mélodies à danser d'auteurs inconnus ou des chansons à danser traditionnelles que ces compositeurs ont arrangées et harmonisées à quatre ou cinq parties instrumentales (violes, violons, flûtes à bec, flûtes traversières, cornets, et même les voix en vocalises). Ces danceries se répartissent en pavanes (lentes), gaillardes (rapides), basses-danses (lentes), tourdions (rapides), allemandes et bransles, cette dernière dénomination recouvrant toutes sortes de danses de fantaisie (bransle de Poitou, d'Écosse, de Bourgogne, des chevaux, du chandelier, etc.). Souvent une pavane et la gaillarde consécutive sont écrites sur la même mélodie, les rythmes seuls étant modifiés. Il en va de même pour certaines basses-danses et tourdions. En dépit de certains titres, les bransles ne sont jamais d'origine folklorique directe. Ces titres ont trait à la petite mascarade qui en accompagnait obligatoirement l'exécution. Une importante anthologie des *Danceries* publiée par Pierre Attaignant a été rééditée par le musicologue Henri Expert (1863-1952) en 1908 ; plus récemment, Raymond Meylan a publié un volume de cinquante *Danceries à quatre parties* (Paris, 1969).

DANIEL (Livre de) [*hébreu : Daniyye'l* : Dieu est mon juge]. Livre de l'« Ancien Testament » — v. *La Bible* (*) —, attribué à Daniel (VIe siècle av. J.-C.), le quatrième des prophètes majeurs. En fait, le *Livre de Daniel* a été composé — sans doute à partir de plusieurs traditions plus anciennes — au moment de la persécution d'Antiochus Épiphane, entre 167 et 164 av. J.-C. Le livre, écrit partie en hébreu, partie en araméen, comporte deux parties, l'une d'apparence historique où la narration est rédigée à la troisième personne, l'autre prophétique où l'auteur expose lui-même ses visions et énonce ses prophéties. La première partie raconte les divers épisodes de l'histoire de Daniel (I à VI). Après celui de la chaste Suzanne qui remonte probablement à la jeunesse du prophète, survient le grand événement de sa vie, l'explication du songe de Nabuchodonosor. Daniel évoque le songe que le roi avait oublié et donne le sens de l'apparition de la colossale statue, formée de différents métaux et aux pieds d'argile, que détruit une pierre détachée de la montagne (*Dan.* II). Le grand roi, frappé par l'exactitude de l'évocation et par la sagesse de l'interprétation, nomme le jeune Daniel préfet de toutes les provinces du royaume, fait de lui son confident et son conseiller intime. Vient ensuite le miracle des trois jeunes gens, amis du prophète, sortis indemnes de la fournaise où les avait fait jeter leur refus d'adorer l'image du roi (chap. III). Après la mort de Nabuchodonosor (561 av. J.-C.), Daniel conserve son prestige sous les règnes de ses successeurs Evilmérodach et Nabonnaid (qui régna avec son fils Balthazar trois ans avant la chute de Babylone). Sous le règne de Balthazar, dernier roi de Babylone, commence l'activité prophétique de Daniel, sujet de la deuxième partie du livre (VIII, 1 à XII, 13). Cette partie expose les célèbres visions de Daniel, où sont décrits les rapports symboliques existant entre le royaume de Dieu et les quatre plus grands empires du monde :

l'empire assyro-babylonien, l'empire des Mèdes et des Perses, le monde gréco-macédonien et Rome. Au début du règne de Balthazar, Daniel voit quatre animaux monstrueux surgir l'un après l'autre de la mer : ils figurent les quatre royaumes qui succéderont à l'empire de Babylone (VII). Il voit ensuite un bélier furieux se ruer en direction de l'Ouest, du Nord et du Sud et se battre avec un bouc plus puissant accouru de l'Ouest. C'est alors qu'un ange lui dévoile le sens de cette vision : symbole de la destinée historique de l'empire des Mèdes et des Perses ainsi que de l'empire d'Alexandre (VIII). Balthazar a convié à un festin toute l'aristocratie babylonienne : à moitié ivre, il fait apporter les vases sacrés dont Nabuchodonosor avait dépouillé le Temple de Jérusalem. Pendant leur profanation sacrilège, une main mystérieuse trace sur le mur les trois mots fatidiques : « Mané » (Dieu a compté tes jours), « Thécel » (Tu as été mis dans la balance et tu as été trouvé trop léger), « Pharès » (Ton royaume sera partagé). Daniel dévoile le sens caché de cette énigme et la même nuit, Darius le Mède que l'on identifie avec Gobrias, général de Cyrus, s'empare de la ville. Balthazar est tué ; mais le conquérant maintient Daniel à son poste. Sous le règne de Cyrus, le nouveau roi, Daniel, reçoit les visions exposées aux chapitres IX, X, XI, XII, parmi lesquelles est célèbre celle des « Soixante-Dix semaines ». L'ange Gabriel en un rêve lui en dévoile le sens : 490 ans après l'édit d'Artaxercès Ier (environ 445 av. J.-C.) en faveur de la reconstruction du Temple, le Messie sera mis à mort, abrogeant ainsi par son sacrifice sanglant et solennel l'Ancienne Loi. Un appendice historique (XIII, 1 à XIV, 42) rassemble un certain nombre d'épisodes qui se rattachent à différentes époques de la vie du Prophète : l'histoire de Suzanne déjà racontée, l'histoire de Bel et du dragon.

Le livre fut écrit dans l'intention de maintenir le Peuple élu constant dans sa foi, au milieu des persécutions et des luttes. Le passage III, 24-90, ainsi que les chapitres XIII et XIV, 42 nous sont parvenus seulement dans la version grecque et appartiennent donc aux textes deutérocanoniques ; mais on ne met pas en doute qu'ils fassent partie du texte original et qu'ils possèdent une autorité divine et humaine égale à celle des autres parties du *Livre*. La *Bible* hébraïque a retenu de Daniel un texte plus court rangé parmi les « Écrits » dans une catégorie distincte de celles que forment les livres de la « Loi » et des « Prophètes ». La *Septante* et la *Vulgate* – v. *La Bible* (*) – le classent après Isaïe, Jérémie et Ézéchiel. Dans le texte le plus complet retenu par le canon romain, certains morceaux nous sont parvenus en grec ; ils ne figurent pas dans *La Bible* hébraïque et dans les *Bibles protestantes*.

Le style apocalyptique du *Livre de Daniel* se développera en Israël et inspirera le dernier écrit du « Nouveau Testament » (+), *L'Apocalypse* (*) de saint Jean. – Trad. œcuménique de *La Bible*, 1988.

DANIEL CORTIS [*Daniele Cortis*]. C'est le second roman de l'écrivain italien Antonio Fogazzaro (1842-1911). Paru en 1885, il contribua à confirmer le succès de son auteur, qui s'était déjà révélé avec *Malombra*. Histoire d'un amour fait de toutes les concordances qui existent entre deux âmes et auquel font obstacle toutes les forces que la loi morale peut mettre en jeu, les deux âmes sont celles de Daniel Cortis et d'Hélène Carrer. Celle-ci, exemple de délicatesse et de passion féminine, a épousé un baron sicilien, sénateur, qui l'aime à sa manière, mais ne la comprend pas et l'humilie en se ruinant au jeu et en réclamant à ses parents une aide financière. Son cousin Daniel est tout enflammé d'un rêve de réforme pour lequel il se bat, d'abord en posant sa candidature politique, puis lorsqu'il est élu député. N'ayant que trop remarqué les sentiments que Daniel nourrit à son égard, Hélène, pour ne pas risquer de manquer à son devoir d'épouse, renonce à vivre à Rome, où elle se trouverait près de son cousin le député, et s'exile à Cefalù, pays de son mari. C'est seulement quand celui-ci est sur le point de succomber sous le poids de ses dettes et risque d'être obligé de quitter le sénat à cause de son indignité qu'elle se décide à le rejoindre dans la capitale : elle s'est engagée à le sauver et y réussit grâce à la générosité d'un oncle qui lui sert de père et aux bons offices de Daniel. Puisque la condition du salut du sénateur est son départ de l'Italie, elle se déclare prête à le suivre. Ainsi les deux amants font le sacrifice de leur propre bonheur. Hélène part avec son mari pour le Japon, et Daniel se plonge dans les luttes politiques. Sacrifice total ? Non. Le renoncement au bonheur n'est pas le renoncement à l'amour. Ils s'aimeront de loin, en attendant une plus parfaite union dans l'au-delà, union de purs esprits.

Le livre est pétri d'idéalisme, bien qu'il emprunte une forme réaliste ; cela ressort d'autant mieux de l'intrigue qui est liée à l'histoire du héros. Daniel n'a pas connu sa mère, il sait seulement qu'elle s'était séparée de son mari et il la croyait morte. Au moment où il s'éprend d'Hélène, il est tiré de son erreur. Vieille, vicieuse, avide et ruinée, Mme Cortis, pour échapper à l'indigence, joue la comédie de l'amour maternel. Daniel, pour plaire à Hélène, consent à s'y intéresser ; c'est alors qu'il apprend que sa mère, ayant abandonné le foyer conjugal, avait eu pour amant précisément l'homme qui avait épousé Hélène par la suite. *Daniel Cortis* restera célèbre à cause des discussions et des polémiques – et celles-ci ne sont pas précisément de nature esthétique – qu'il suscita lors de sa publication et dont les échos se réveillent encore aujourd'hui de temps à autre. Certains reprochent au roman cet « amour platonique » auquel s'applique le « subtiliter fornicatur » de saint Augustin. Il est de fait que les critiques concernant la douteuse moralité du roman eurent sur l'auteur une influence telle qu'elles le poussèrent à une sorte de rétractation, dans une composition poétique éditée en 1891, intitulée *Éva.*

DANIEL DERONDA. Dernier roman de l'écrivain anglais George Eliot (Mary Ann Evans, 1819-1880), publié en 1876. Gwendolen Harleth, jeune femme spirituelle, égocentrique et sûre d'elle-même, est courtisée avec assiduité par Henleigh Grandcourt, homme du monde arrogant et volontaire qui cache ses défauts sous le charme extérieur du gentilhomme accompli. La jeune femme sait que Grandcourt a une liaison avec une autre femme dont il a eu des enfants, et à laquelle elle a promis de ne plus avoir aucun rapport avec Grandcourt. C'est pourquoi Gwendolen se rend à l'étranger où elle rencontre pour la première fois Daniel Deronda ; mais, lorsque sa propre famille est ruinée, oubliant sa promesse, elle consent à épouser Grandcourt. Pourtant cette union est malheureuse. La brutalité de son mari augmentant, elle finit par éprouver des sentiments de révolte et même le désir de le tuer. Dans son désarroi, Gwendolen subit par la suite l'influence de Daniel Deronda, qui lui prodigue des conseils. La naissance de ce jeune homme idéaliste était enveloppée jusqu'alors de mystère, mais à la faveur de l'attirance qu'il ressent pour un noble juif, Mordecai, et pour son aimable sœur, Mirah, le secret est enfin percé : Deronda est, lui-même, juif. Au cours d'une excursion en bateau à voiles près de Gênes, Grandcourt tombe à l'eau et se noie, car sa femme a hésité à lui jeter la corde qui aurait pu le sauver. Gwendolen se considère comme coupable de la mort de son mari. Un seul espoir reste à la pauvre femme : Daniel. Mais celui-ci a décidé de se consacrer à la cause du sionisme, en épousant Mirah. Gwendolen, d'abord désespérée, finit par se résigner. Parmi les personnages de deuxième plan, mentionnons le musicien Klesmer, dont le génie et l'enthousiasme artistique font oublier certains défauts personnels. – Trad. Lévy, 1882 ; Bourgois, 1989.

DANSE À TRAVERS LES DEMEURES DES OMBRES (La) [*Dansen gjennom skuggeheimen*]. Roman de l'écrivain norvégien Kristofer Uppdal (1878-1961), publié en 1911. Cette étude de la vie d'un poseur de rails, artiste et séducteur, est sans doute le meilleur ouvrage de Kristofer Uppdal, qui l'inséra ultérieurement à l'intérieur de son épopée sociale, à laquelle il donna d'ailleurs le titre de ce roman. Épopée qui ne comprend pas moins de dix volumes échelonnés sur quatorze ans. L'ensemble reprend au fond les thèmes développés dans ce volume, et qui tournent autour des déchirements causés par un changement de milieu social. Le héros, né paysan, quitte en effet la terre pour l'usine, mais les difficultés qu'il éprouve dans ce nouveau milieu l'amènent, à la fin, à reprendre le métier et l'existence de ses aïeux. L'étude sociale est extrêmement réussie dans ce roman, mais ce n'est pas sa seule qualité, car il s'agit aussi d'un livre plein de poésie érotique, un des plus beaux dans ce domaine que possède la littérature scandinave.

DANSE DE LA FORÊT (La) [*A Dance of the Forest*]. Première pièce de l'écrivain nigérian Wole Soyinka (né en 1934), publiée en 1963. Elle a été écrite pour les fêtes de l'Indépendance du Nigéria en 1960 mais est très éloignée d'une œuvre de commande habituelle. L'argument de l'intrigue est, dès le début, ironiquement détourné de son but initial par le dramaturge : lorsque les habitants d'un village décident, à l'occasion du « rassemblement des tribus », de demander aux dieux de leur envoyer quelques ancêtres prestigieux pour participer à leurs réjouissances, ils voient arriver un couple misérable : un vieil officier en loques et sa femme enceinte et gémissante qui surgissent de la « brume des siècles » pour demander justice. Les villageois récusent ces témoins embarrassants « venus nous montrer notre indignité » et les chassent dans la forêt. Les divinités les prennent alors sous leur protection, mettent en place le procès qu'ils réclament et organisent pour eux une fête où les esprits du ciel et de la terre viennent, tour à tour, révéler les cruels mais somptueux « secrets de la terre ». Cette pièce complexe – qui a été comparée au *Songe d'une nuit d'été* (*) de Shakespeare – met en scène une série de thèmes antinomiques que Soyinka fait superbement se rejoindre. Le passé, par exemple, remonte sans cesse à la surface pour inonder cruellement le présent : le capitaine qui revient du temps de l'esclavage témoigne de la barbarie éternelle des hommes en déclarant que « la guerre est l'unique constante que nous aient léguée les siècles » et sa femme, qui n'a pu mettre au monde l'enfant qu'elle porte depuis si longtemps, est le symbole de la stérilité des nations dites indépendantes. De même la « pièce dans la pièce » que Soyinka insère dans le texte permet au dramaturge de souligner la continuité désastreuse de l'histoire des peuples. Les rôles des courtisans du cruel tyran qui régnait il y a huit cents ans sont tenus, selon les règles du genre, par des personnages contemporains : le sculpteur moderne est, par exemple, la réincarnation d'un ancien poète de cour flagorneur, la prostituée est à l'image de la reine mère d'antan qui manipulait les hommes qu'elle séduisait et le conseiller corrompu du XXᵉ siècle n'est que le double de l'historiographe du souverain d'autrefois. Les dieux eux-mêmes continuent, à travers les âges, à s'incarner en esprits bienfaisants ou malveillants qui se livrent à une lutte très manichéenne pour éclairer ou, le plus souvent, duper les humains. L'organisateur de ce ballet d'esquives est le Père de la Forêt qui, lui aussi, se cache sous les traits d'un vieil homme débonnaire. Mais, désabusé et inefficace comme le dieu qu'il incarne, ce maître du jeu se contente de brouiller les pistes pour que les humains « se condamnent eux-mêmes ». Le vrai héros de la pièce est, finalement, le sculpteur qui a produit un totem immense admiré par tous. Malgré son triomphe, cet homme est cependant, lui aussi, accablé par son passé : pour achever son œuvre, il a projeté dans le vide son assistant qui était plus agile que lui, et il vit rongé par sa culpabilité. La pièce devient peu à peu l'histoire de la rédemption de cet artiste déchu : malgré son crime, mais en raison de ses dons, c'est lui qui va finalement prendre en charge l'« enfant inachevé » enfin sorti du ventre de sa mère et tenter d'assumer ainsi la responsabilité d'un futur incertain. Tout reste donc en suspens au terme de cette danse où la vie l'emporte de justesse sur la mort : les dieux s'affrontent confusément, les humains ne s'expriment qu'en interrogations craintives : « Dans ces ténèbres, as-tu vu luire un éclat de lumière ? » et l'Afrique, en une parade fabuleuse mais attristée, vient dire ses richesses souillées et ses ressources exploitées. – Trad. P. J. Oswald, 1971. D. Co.

DANSE DE MORT (La) [*The Dance of Death*]. Pièce en vers publiée en 1933 par l'écrivain anglais Wystan Hugh Auden (1907-1973). Nourri de ses lectures de Freud, Homer Lane et autres psychologues, l'auteur pensait alors comme eux que la société moderne est malade parce qu'elle oblige l'individu à réprimer ses désirs. Son premier recueil de poèmes, publié en 1930, et surtout son second volume *Les Orateurs* [*The Orators,* 1932] expriment cette opinion. Curieux mélange de vers et de prose, *Les Orateurs* représentent dans des paysages allégoriques le conflit des forces vitales et des forces morbides de la vie. Les orateurs sont tous responsables du vide de la société moderne. Le « Discours de la distribution des prix » prêche les vices mêmes qu'il décrie. Le journal de guerre met en accusation la moralité aristocratique et victorienne aux devises pompeuses : « Son col était immaculé ; il parlait bien / Il parla de la patrie et du devoir ; et nous tombâmes. » Auden semble ainsi rejeter sa classe qui « donne des cours de navigation quand le vaisseau coule ». Il est cependant loin d'assimiler et de réduire au prolétariat les forces de vie qu'il célèbre. Ainsi *La Danse de mort* a un fondement plus psychanalytique que marxiste. Le danseur est l'incarnation de la « volonté de mort ». Celle-ci s'épanouit dans une culture malade, et l'intrigue montre que le fascisme et l'ascétisme religieux tentent tour à tour de détruire cette société moribonde. Elle succombera au « mal économique », diagnostiqué par Marx : « Les instruments de production ont été trop pour lui. / Il est liquidé. » L'action mythique de la pièce est dialectique : la société lutte contre les forces vitales et s'effondre à la suite d'un heurt avec la classe ouvrière (représentée par le public). L'évolution est le produit d'une force – de vie ou de mort – qui cherche à tâtons des domaines nouveaux, détruisant un type de société lorsqu'elle peut s'incarner dans une autre forme. Le freudisme se mêle au marxisme quand le chœur final explique dans une perspective historique le déclin de la féodalité et l'asservissement du calvinisme au capitalisme. Comme les poètes de sa génération, Spender, MacNeice, Isherwood, l'auteur s'intéresse au monde extérieur surtout à cause des symptômes de dégénérescence morale ou religieuse qu'il présente. Si l'on prête attention à la présence d'éléments religieux dans les premiers poèmes d'Auden, l'on peut voir une évolution moins surprenante dans son passage du socialisme à la métaphysique existentielle dans *L'Âge de l'angoisse* (*). Influencé par T. S. Eliot, Wilfred Owen, Gerard Manley Hopkins, Auden se dégage de leur emprise par la satire et l'humour. *Les Orateurs* n'ont pas la froideur de *La Terre vaine* (*), Auden mêle le lyrisme à l'épigramme, juxtapose deux éléments incongrus pour créer le ridicule. De même, si sa technique dramatique rappelle celle d'Eliot, *La Danse de mort* annonce par ses passages comiques les épisodes burlesques caractéristiques de *Le Chien sous la peau* (*) ou *L'Ascension de F6.*

DANSE DE MORT (La) [*Dödsdansen*]. Drame de l'écrivain suédois August Strindberg (1849-1912). Bien qu'écrite en 1900, c'est-à-dire après la crise d'*Inferno* (*) et après des pièces telles que *Le Chemin de Damas* (*), *La Danse de mort* rejoint les pièces naturalistes des années 1887-1888 et plus particulièrement *Père* (*). C'est en effet l'éternelle histoire du couple que Strindberg reprend une nouvelle fois, le couple tel qu'il l'avait vécu, uni par la haine autant que par l'amour. La cruauté des deux personnages principaux, Alice et Edgar, ce dernier appelé « le capitaine », est moins mauvaise, plus profonde et plus douloureuse que la perfidie unilatérale de Laura dans *Père*, par exemple. Enchaînés l'un à l'autre, ils ne peuvent que se faire souffrir, rejetant l'un sur l'autre la faute de leurs insuccès. Ils sont deux « ratés » : le capitaine parce qu'il a manqué sa carrière et qu'il se voit enterré sur cette île où aucun avancement ne lui est accordé, Alice parce que son mariage a rompu une carrière d'actrice qu'elle espérait brillante et qu'elle imagine d'autant plus prestigieuse qu'elle s'en voit privée. Leur ménage est pourtant arrivé jusqu'aux noces d'argent et, quand le rideau se lève, ils sont las du combat et se contentent de se dire les vieilles perfidies habituelles ; la haine est devenue quotidienne, familière, les reproches et les insinuations ont je ne sais quoi de rituel ou de mécanique. Mais, vis-à-vis des étrangers, ils sont unis dans leur envie et leur fierté qui ont éloigné tous ceux qui les ont approchés et qui chassent de leur maison tous les domestiques. L'arrivée de Kurt, cousin d'Alice, va réveiller cette vieille haine, secouer leurs habitudes et les mener au bord de la catastrophe. L'un et l'autre chercheront en lui un allié. Kurt est d'abord disposé à avoir quelque pitié d'Alice, car les façons protectrices du capitaine le rebutent. La situation se retourne cependant lorsque le capitaine, pour démontrer sa vigueur et sa bonne humeur, s'obstine à vouloir danser la « danse du sabre » et tombe évanoui. Cette soudaine défaillance physique fait du vantard une pauvre loque humaine qui a peur de la mort. La joie cynique d'Alice repousse Kurt dans le camp du capitaine, lequel commence lentement à s'emparer de lui, de ses affaires, de ses enfants. Ayant perdu, du fait de sa maladie cardiaque, toute vie propre, il essaie de s'annexer celle de Kurt : il est, comme le pensait Strindberg et comme le dit Alice, le « vampire ». Or le capitaine se remet, part en ville et revient en uniforme de gala, armé contre ses ennemis d'armes redoutables. À Alice, il annonce leur prochain divorce ; à Kurt, l'arrivée de son fils, qui se trouvera sous ses ordres à lui, Edgar. Cette profonde méchanceté provoque les réactions d'Alice qui se décide à dénoncer le capitaine pour détournement de fonds, et de Kurt qui se jette dans les bras d'Alice, dans une sorte de passion sauvage, enivré par cette atmosphère de haine et de cruauté. Mais ce sursaut d'énergie du capitaine n'est qu'un feu sans lendemain ; déjà le voici repris par la maladie et la hantise de la mort. S'il est encore capable d'une explosion de colère quand Alice lui jette à la figure qu'elle le trompe avec Kurt, il s'effondre pourtant aussitôt. Kurt s'enfuit, atterré par le piège où il se voit pris et par la contagion morale dont il se voit atteint. Alice et le capitaine restent seuls, leur vie retourne lentement au « normal », aux « souffrances éternelles ». Il faut abolir le passé et continuer à vivre, conclut le capitaine.

La deuxième partie de *La Danse de mort,* qui n'est presque jamais jouée, fut écrite par Strindberg à la fin de l'année 1900, peut-être pour fournir à sa première pièce un épilogue plus léger. Pourtant le capitaine, qui était déjà un ogre dans la première partie, est ici devenu un monstre qui ne se laisse plus arrêter par rien. Il poursuit Kurt de sa haine, le ruine, le brouille avec tous les habitants de l'île, lui enlève son fils Allan dont il gagne la confiance, tout en destinant d'ailleurs sa propre fille Judith, qui est aimée d'Allan, au vieux colonel du régiment. Il est en train de prendre revanche sur toute la ligne, quand son allié le plus sûr lui fait défaut : Judith refuse d'épouser le colonel et s'enfuit avec Allan. Le capitaine est terrassé par une dernière attaque. Dans un ultime retour sur elle-même, Alice constate qu'elle a dû aimer cet homme autant qu'elle le haïssait. La seconde pièce, nettement plus faible que la première, nous montre les caractères du capitaine et d'Alice grossis jusqu'à l'absurde. La partie la plus intéressante est l'intrigue amoureuse entre Allan et Judith, où déjà paraît cette lutte douloureuse et sans merci qui, selon Strindberg, doit inévitablement opposer l'homme à la femme. Pièce réaliste, avons-nous dit, et c'est ainsi que tout d'abord fut jugée la pièce de Strindberg, lorsque Lugné Poe la mit à la scène. Mais aujourd'hui que l'aspect proprement réaliste de *La Danse de mort* n'est plus ressenti comme un élément de nouveauté scandaleuse, c'est un autre Strindberg que nous découvrons : un maître du fantastique, de l'horreur et du paroxysme. Certes Edgar et Alice sont des êtres d'apparence familière au premier abord ; mais peu à peu il se révèle, à la faveur d'un dialogue forcené dont le ton va croissant, que c'est le masque même de la haine et de la vengeance qui s'offre au spectateur surpris. Edgar et Alice n'existent que pour s'entre-déchirer : là est leur totale raison d'être. Acharnés sur leurs propres fantômes, c'est à leur déchéance réciproque qu'ils travaillent, au perfectionnement de leur haine, jusqu'au point où leur aventure malheureuse devient le symbole même du couple, tel que le concevait Strindberg dans sa métaphysique de la nature humaine : « Je crois que nous appartenons à une race maudite ! » s'écrie Alice. « Depuis la chute du premier homme », lui répond sa victime, elle-même bourreau. – Trad. Stock 1921, in *Théâtre complet,* t. IV, L'Arche, 1984 ; Actes Sud, 1989.

DANSE DES MORTS. Cet oratorio est la seconde œuvre résultant de la collaboration du compositeur suisse Arthur Honegger (1892-1955) et de l'écrivain français Paul Claudel (1868-1955). C'est à Bâle, en 1938, où se jouait leur première œuvre commune, *Jeanne au bûcher* (*), que Claudel conçut l'idée de cette *Danse des morts*, inspirée, en partie, par celle de Holbein. Au rebours du peintre qui représenta une scène pittoresque conforme à l'imagerie médiévale, le poète part d'une vision abstraite fondée sur les Écritures, dont le texte contient des passages en français et en latin. Créé en 1940, cet oratorio pour soli, chœurs et orchestre, plus un récitant, est composé de sept fragments de poème auxquels correspondent les sept morceaux de la partition. Le passage essentiel de celle-ci est l'entrée des Danseurs. Le grand chœur incarne la foule des morts d'où se détachent quelques types burlesques traditionnels sur des airs de chansons populaires, le récitant explique la scène tandis que le petit chœur récite le texte biblique. De l'ensemble de l'œuvre se dégage un indéniable sentiment de grandeur auquel critique et public se sont plu à rendre hommage.

DANSE DES SEPT PÉCHÉS CAPITAUX (La) [*The Dance of the Seven Deidly Synnis. – The Dance of the Seven Deadly Sins*]. Poème satirique grotesque du poète écossais William Dunbar (1460?-1520?), dans lequel ce dernier donne, mieux que dans ses autres ouvrages, la mesure de son extraordinaire facilité et du génie imaginatif et rieur qui ont fait de lui une des personnalités les plus saillantes de l'histoire littéraire anglo-écossaise de tous les temps, et un des seuls poètes écossais méritant d'être mentionné à côté de Burns. En un sens, on pourrait même dire qu'il est un Rabelais avant la lettre. Ce poème en strophes lyriques de douze vers – bien que le poète soit entré comme moine, pendant un certain temps de son existence aventureuse, dans les ordres franciscains – n'a pas été écrit en vue de l'édification des lecteurs. Il s'agit en somme d'une sorte de danse macabre et grotesque, suggérée peut-être par quelque drame religieux de l'époque. Les différentes incarnations des péchés mortels défilent en enfer devant Belzébuth : ce qui donne au poète la possibilité de décrire chaque groupe (les coléreux, les gourmands, les luxurieux, etc.), avec beaucoup de goût et avec des intentions satiriques évidentes à l'adresse surtout des choses et des gens d'Écosse. La danse se termine lorsque les Écossais, invités à défiler en cortège, selon la coutume de leur pays (« highland pageant »), font un tel tintamarre que le diable, assourdi et furieux, les enveloppe d'un nuage de fumée et les précipite dans les plus profondes régions de l'enfer.

Des réminiscences, des souvenirs de toutes sortes pullulent dans ce poème, mais la vigueur naturelle de l'auteur fait oublier beaucoup de ses défauts. De même, les coutumes grossières de l'époque justifient, tout au moins en partie, le ton licencieux de l'ouvrage. La richesse du vocabulaire et l'extraordinaire habileté de ce poète toujours prêt à essayer de nouvelles formes de prosodie classent Dunbar au premier rang des écrivains de son temps. Par sa curiosité, son abscence de préjugés, ses expériences toujours nouvelles, Dunbar annonce déjà la Renaissance.

DANSE DEVANT LE MIROIR (La). Drame en trois actes de l'auteur dramatique français François de Curel (1854-1928), représenté pour la première fois en 1914, à Paris. C'est l'expression définitive d'un motif poétique que l'artiste, insatisfait, avait déjà traité deux fois : dans *Sauvé des eaux* (1889) et dans *L'amour brode* (1893). Le thème en est la comédie tragique de l'amour qui se joue dans deux âmes plus subtiles et moins naïves que celles de Perdican et de Camille – v. *On ne badine pas avec l'amour* (*) de Musset. Paul Braent, qui est pauvre, aime Régine qui est riche, mais il ne veut pas être humilié par un mariage qui mettrait pourtant fin à ses difficultés. Régine qui aime Paul, et qui ne parvient pas à vaincre cet orgueil, enchaîne Paul en lui assurant qu'elle a besoin de son nom et de sa protection pour cacher les conséquences d'une faute. Paul accepte ce rôle, mais, comme il n'est pas entièrement convaincu par les paroles de Régine, il commence à souffrir : de jalousie lorsqu'il y croit, d'humiliation quand il doute. Régine en vient à se demander si Paul a consenti à ce rôle par dévouement ou par intérêt. Ils vont donc se torturer mutuellement pour découvrir la vérité jusqu'au jour où Paul, à l'issue du mariage, se suicide sous les yeux de Régine afin de profiter de ce bref instant de joie que de nouveaux doutes n'auraient pas manqué d'empoisonner. Chacun a donc joué un rôle à la fois sincère et faux parce qu'en amour chacun souhaite être ce que l'autre désire, chacun croit avoir devant lui son idéal alors qu'il ne voit que le miroir où se reflète fidèlement la danse de ses propres désirs. L'extrême finesse psychologique est fort bien servie par le dialogue, mais ne parvient pas à rendre très vivant un conflit dont la conclusion est amère. L'ouvrage est intéressant parce qu'il préfigure le théâtre idéologique et sentimental, subtil et exaspéré, qui fleurit en France après la guerre de 1914.

DANSE DE VIE [*Lebenstanz*]. Roman de l'écrivain allemand Emil Strauss (1866-1960). L'ouvrage fut publié en 1940, il abonde en traits autobiographiques ; le héros qui n'est plus jeune est revenu sain et sauf de la guerre mondiale ; à son retour du front, après une longue crise, il ne retrouve son équilibre que grâce à l'amour d'une femme et au contact intime avec la terre, « sa terre ». À la déclaration de guerre, Otto Durban se trouve comme professeur au Brésil, où il s'est rendu pour oublier un amour malheureux. Mais apprenant la mobilisation, il éprouve le besoin de revenir en Allemagne et de s'engager comme volontaire. Il participe aux quatre années de guerre, et est démobilisé en 1918, avec le grade de capitaine. La signature du traité de paix le laisse déçu et plein d'amertume ; il décide alors de se retirer à la campagne en attendant la renaissance nationale de son pays. Tandis qu'il se rend au grand duché de Bade pour visiter un domaine qu'il envisage d'acheter, il rencontre la femme par amour de laquelle, vingt ans auparavant, il avait abandonné l'Allemagne. Gunild est maintenant bien lasse, la guerre et la vie l'ont épuisée ; elle incarne, en quelque sorte, toute la moyenne bourgeoisie allemande de cette période. Un mariage malheureux et l'abandon de sa fille ont ruiné ses forces ; elle mène une pauvre existence de logeuse. Durban n'éprouve plus à ce moment aucun sentiment pour elle, mais, par générosité et par pitié, il lui propose de venir vivre avec lui en qualité de gouvernante de son domaine. Elle accepte, tout en se sentant humiliée de dépendre d'un homme, dont elle a apprécié toute la valeur, immédiatement après l'avoir repoussé dans sa jeunesse. Pendant quelques mois, ils vivent une existence laborieuse et idyllique : Gunild s'occupe de la maison, tandis que Durban travaille dans la propriété ; ils nouent des relations avec leurs voisins. Mais, au milieu de leurs rapports quotidiens de travail, l'homme sent renaître son amour pour la femme qui témoigne d'un caractère fort et courageux et est contente de pouvoir vivre à côté de Durban, même dans d'autres conditions que celles qu'elle aurait désirées. Un jour, Durban lui déclare son amour, et elle, heureuse, accepte de l'épouser. Mais la « danse de la vie » touche pour elle à sa fin ; l'existence de Gunild a trouvé en Durban son accomplissement et elle meurt après avoir donné le jour à un fils. Le livre est représentatif de l'état d'âme d'une grande partie des Allemands après la défaite de 1918.

DANSE DU ROI (La). Roman de l'écrivain algérien d'expression française Mohammed Dib (né en 1920), publié en 1968. Rodwan et Arfia, le citadin et la campagnarde, ont tous deux participé à la guerre d'Algérie. Le roman alterne les récits qu'ils se font l'un à l'autre, et dans lesquels apparaît avant tout la difficulté de raconter le souvenir traumatisant de la mort qu'ils ont eux-mêmes dû donner à des innocents. Arfia recommence plusieurs fois son récit par ses abords, tandis que Rodwan l'approche par des souvenirs apparemment très éloignés de ce traumatisme, mais qui sont autant de visages de jeunes filles superposés, cachant le visage ultime de la morte mais aussi celui, insaisissable, de la mère. Une fois le souvenir dit, les deux narrateurs ne sont plus que des fantômes hallucinés dans une ville moderne que leur action a contribué à faire naître et qui pourtant n'a que faire d'eux. La danse du roi, parade burlesque à laquelle ils assistent alors, est peut-être cette parodie du vide à laquelle, au-delà de la seule référence révolutionnaire, se réduisent tragiquement l'existence en général, ou plus précisément aussi le travail de l'écriture.

Ch. Bo.

DANSE MACABRE de Saint-Saëns. Poème symphonique du compositeur français Camille Saint-Saëns (1835-1921), datant de 1875, inspiré des vers d'Henri Cazalis : « Zig et zig et zig, la Mort en cadence / frappant une tombe avec son talon / la Mort, à minuit, joue un air de danse, / zig et zig et zag, sur son violon. / / Le vent d'hiver souffle, et la nuit est sombre ; / des gémissements sortent des tilleuls ; / les squelettes blancs vont à travers l'ombre, / courant et sautant sous leurs grands linceuls. / / Zig et zig et zig, chacun se trémousse ; / on entend claquer les os des danseurs. / Mais psit ! tout à coup on quitte la ronde, / on se pousse, on fuit, le coq a chanté. » Tout le poème symphonique, précédé du coup douze fois répété de minuit que scande la harpe, est une valse tripartite, dont toutefois certains éléments secondaires et de liaison se voient repris dans les tonalités relatives et constituent un développement classique. Les onomatopées de la ronde, du vent, des os qui se heurtent sont rendues avec réalisme. Un rôle concertant assez brillant est confié au violon solo.

DANSE MACABRE (La) [*Danza de la Muerte*]. Ce poème espagnol d'un auteur inconnu est conservé dans un manuscrit de l'Escurial qui contient aussi les *Proverbes moraux du Rabbi don Sem Tob,* la *Doctrine chrétienne* et la *Révélation d'un ermite.* Quelques critiques l'avaient attribué, à tort, à l'écrivain Sem Tob, auteur des *Proverbes.* Il a été composé probablement au début du XVe siècle sous le titre de *La Danse macabre.* La Mort, en effet, invite à danser avec elle les représentants de tous les « états du monde », c'est-à-dire de toutes les classes sociales : le pape et l'empereur, le cardinal, l'évêque, le roi, le duc, le chevalier, le courtisan, le marchand, le bourgeois et le paysan, le moine et le sacristain, la demoiselle et la nonne. Chacun d'eux avoue les fautes de sa vie mortelle et la complaisance qu'il a portée aux biens de ce monde dans l'oubli du bien éternel. Et chacun d'écouter les durs reproches que la Mort lui adresse.

Ce poème est la première version espagnole d'un thème largement développé par la littérature française au cours des XIVe et XVe siècles (*Danses de Macabré, Chorea Machabeorum,* que les romantiques du XIXe siècle, ayant mal interprété les textes français du XVe siècle, baptisèrent par erreur « danses macabres ») et par les arts figuratifs de l'Europe tout entière (la représentation la plus ancienne de ce genre est celle des « Innocents » de Paris, exécutée aux environs de 1426, et diffusée au moyen d'estampes aussi grossières que les vers de leurs légendes ; la plus ancienne d'Italie remonte à 1485 ; elle est représentée par les fresques de Clusone. Mais la plus célèbre est celle de Holbein qui développa ce thème en des dessins vigoureux, intitulés *Les Simulacres de la mort,* qui furent publiés, à Lyon, en 1536).

L'intention qui a présidé à la naissance de ces *Danses macabres* vise à un but moral évident : elle se rattache à la proposition fondamentale de l'ascèse chrétienne qui affirme qu'une fois acceptée l'idée de la mort comme inévitable, cette idée doit impérieusement suggérer aux âmes la pensée de la caducité de la vie terrestre et de la vanité des choses de ce monde, et donner, en conséquence, le souci de cette vie future qui, elle, est éternelle. En réalité, si nous examinons attentivement le contenu essentiel de ce genre d'œuvre, nous nous apercevons que *La Danse macabre* est une satire, souvent pénétrante et violente, des hommes et des choses du monde politique et social. C'est par là qu'elle s'insère dans l'ensemble d'une littérature très étendue qui comprend les *Bibles moralisatrices,* les recompositions et les interprétations des *Livres sapientiaux, L'Ecclésiaste* (*) et *Les Proverbes* (*), les *De contemptu mundi* et les œuvres du genre de la *Somme du roi* ou les *Vers de la mort* (*) d'Hélinand. Cette littérature, bien qu'elle se propose de développer les thèmes essentiels de la doctrine ascétique chrétienne représentant, avec des couleurs sombres et désolées, la caducité de la puissance humaine et l'impossibilité d'éviter la mort, aboutit à une représentation vigoureuse et concrète des vices et des méchancetés de l'homme. Et c'est ainsi qu'au mépris général et théorique du monde se substitue, progressivement, un vif intérêt pour les choses de ce monde, observées par un esprit réaliste et pratique que dominent des préoccupations d'ordre social et politique.

C'est cet état d'esprit que l'on retrouve dans *La Danse macabre* de l'Escurial : et même si la première impression qui s'en dégage est la vision tragique et terrifiante de la mort, suprême dominatrice du monde des hommes, ce sont, néanmoins, les motifs d'une satire sociale qui s'imposent et donnent aux vers la couleur, la puissance et le relief profond qu'ils possèdent. *La Danse* de l'Escurial est une œuvre purement lyrique ou, si l'on veut, didactique ; elle n'est pas toujours destinée à la représentation scénique. *La Danse de la mort* eut pourtant au XVIe siècle des développements dramatiques : tout d'abord dans l'« auto sacramental » de l'écrivain ségovien Juan de la Pedrara, et ensuite dans *Las cortes de la muerte,* œuvres qui étaient encore populaires au temps de Cervantès. Tout le monde se souvient de l'épisode du *Don Quichotte* (*) qui prouve que les « cortès » étaient encore représentées dans les villages de la Manche par la troupe nomade d'Augulo el Malo. – Entre autres études, on lira Ch. Martineau-Génieys, *Le Thème de la mort dans la poésie française de 1450 à 1550* (Paris, Champion, 1978), et Ph. Ariès, *L'Homme devant la mort* (Paris, Le Seuil, 1977).

DANSES ALLEMANDES de Mozart. Huit recueils de trois à douze danses composées par le compositeur autrichien Wolfgang Amadeus Mozart (1756-1791) entre 1787 et 1791, numérotés respectivement K 509, 536, 567, 571, 586, 600, 602 et 605. Les trois derniers recueils sont les plus célèbres et contiennent respectivement six, quatre et trois danses ; il n'est pas douteux qu'elles étaient destinées à former un seul recueil ; la troisième pièce de la dernière livraison possède une coda très longue qui donne à penser qu'il s'agit là d'une conclusion. C'est une situation matérielle critique qui poussa Mozart, vers la fin de 1790 et au début de l'année suivante – qui devait être celle de sa mort –, à composer de la musique de danse variée pour les bals de Vienne. Les *Danses allemandes* sont un aspect de cette production ; volontairement populaires, elles n'en possèdent pas moins une grâce exquise. Écrites pour une petite formation d'instruments à cordes et à vent à laquelle s'ajoutent parfois timbales ou musette ou grelots, certaines d'entre elles contiennent de véritables trouvailles, tels le trio de la pièce citée plus haut, *La Promenade en traîneau,* et celui intitulé *Le Canari* (n° 5 du premier recueil) qui annoncent le joyeux Papageno de l'avant-dernier chef-d'œuvre de leur auteur, *La Flûte enchantée* (*).

DANSES DE GALÁNTA. Page symphonique du compositeur hongrois Zoltán Kodály (1882-1967), composée en 1933 pour le 80e anniversaire de la Société philharmonique de Budapest. On y trouve l'évocation de danses populaires que le compositeur avait entendues, dans son enfance, dans le village de Galánta. L'œuvre commence sur une introduction lente confiée à la clarinette et gagne progressivement en dynamisme pour s'achever sur une conclusion enflammée.

DANSES ESPAGNOLES de Granados. Douze pièces pour piano op. 37 du compositeur espagnol Enrique Granados (1867-1916). Composées en 1892, elles ont largement contribué à sa notoriété au même titre que les *Goyescas* (*). Granados y puise aux sources traditionnelles de la musique espagnole sans les modifier ni chercher à reconstituer un folklore artificiel marqué de son empreinte personnelle, comme Manuel de Falla. Ces danses sont des témoignages directs des diverses traditions musicales qui se sont mêlées dans le creuset espagnol : « Oriental », « Andaluza », « Rondella aragonesa », « Valenciana », « Asturiana », « Arabesca »... Elles ont été transcrites pour les instruments les plus divers. Granados a également écrit une *Danse espagnole* pour violon et piano à l'intention de Jacques Thibaud. A. Pâ.

DANSES NORVÉGIENNES de Grieg. [*Norwegische Tänze*]. Œuvres pour orchestre op. 35 du compositeur norvégien Edvard

Grieg (1843-1907). Ce sont trois morceaux inspirés par des mélodies et des rythmes norvégiens, pleins de fougue et de couleur, construits sur deux motifs fondamentaux formant contraste : le premier, vif, caractérise la première partie, le second, plus modéré, constitue la partie centrale, tandis que la reprise du premier mouvement termine la danse. Grieg se révèle ici, comme dans ses autres compositions, un maître de la forme concise et simple. Malgré leur dessin linéaire, les danses sont riches d'un mouvement agile et spontané, qui en rend l'exécution d'un grand effet.

DANSES SLAVES [*Slovanskè Tance*]. Deux recueils du compositeur tchèque Anton Dvořák (1841-1904), composés chacun de huit danses, portent ce titre ; l'un parut en 1878, le second neuf ans plus tard. Apparemment de même nature, ces deux cycles présentent des caractères différents dus aux circonstances qui les ont vus naître. Le premier volume (op. 46) est une commande. Brahms, en 1875, fit la fortune de Dvořák en engageant Simrock, son éditeur, à publier les *Chants moraves* qu'il jugeait remarquables. L'essai ayant été concluant, Simrock pria Dvořák de lui donner un pendant aux *Danses hongroises* de Brahms, d'où le premier cycle, écrit pour piano à quatre mains, orchestré ultérieurement. Sept des huit pièces de 1878 reproduisent des danses folkloriques tchèques ; il est donc déjà possible d'examiner quelle est la position de Dvořák à l'égard de la musique populaire. Il ne s'agit pas, pour lui, d'harmoniser des thèmes préexistants, mais de produire des œuvres originales exprimées dans des formes populaires dont l'élément capital, le rythme, a naturellement été maintenu. Dvořák avait une conception encore romantique du folklore : il y puisait, certes, mais, après l'avoir assimilé, il présentait de la musique nouvelle, portant son cachet personnel, et revêtant les formes traditionnelles dansées ou chantées. Le premier volume des *Danses slaves* traduit vraiment la liesse populaire, colorée, vivante, que les timbres de l'orchestre ont rendue encore plus brillante. Le deuxième recueil (op. 78) a été composé de la propre initiative de l'auteur qui poursuivait son effort de stylisation ; on y trouve la justification du titre général : mazurka polonaise, danse ukrainienne, etc. À la joie de 1878, causée par la subite ascension de l'auteur et l'orgueil de voir accéder la musique tchèque à l'audience internationale, a succédé une période de tension intérieure qui s'exprime par une certaine mélancolie et une tendance poétique plus marquée. En 1887, Dvořák a quarante-six ans et, s'il a perdu de sa flamme, il a gagné en profondeur. L'ensemble de l'op. 78 demeure quand même très brillant et, comme précédemment, l'orchestration, postérieure, a rehaussé les couleurs des pièces à quatre mains.

DANSE SUR LA MUSIQUE DU TEMPS (Une) [*A Dance to the Music of Time*]. Sous ce titre, emprunté à un tableau de Poussin représentant les Saisons que le Temps fait danser au rythme de sa lyre, le romancier anglais Anthony Powell (né en 1905) fit paraître entre 1951 et 1975 douze volumes qui forment le cycle romanesque le plus ambitieux de l'après-guerre : *Une question d'éducation* [*A Question of Upbringing,* 1951] ; *Les Mouvements du cœur* [*A Buyer's Market,* 1952] ; *L'Acceptation* [*The Acceptance World,* 1955] ; *Chez lady Molly* [*At Lady Molly's,* 1957] ; *Le Restaurant chinois de Casanova* [*Casanova's Chinese Restaurant,* 1960] ; *Les Furies* [*The Kindly Ones,* 1962] ; *La Vallée des os* [*The Valley of Bones,* 1964] ; *L'Art du soldat* [*The Soldier's Art,* 1966] ; *Les Philosophes militaires* [*The Military Philosophers,* 1968] ; *Les livres suffisent à meubler une pièce* [*Books Do Furnish a Room,* 1971] ; *Rois pour un temps* [*Temporary Kings,* 1973] ; *À l'écoute d'harmonies secrètes* [*Hearing Secret Harmonies,* 1975]. Un narrateur qui ressemble comme un frère à l'auteur, Nicholas Jenkins, y explore cinquante ans de souvenirs pour tenter de comprendre « la Vérité dévoilée par le temps » à travers les relations qu'il a nouées depuis l'époque de Eton et Oxford avec des amis, des connaissances, des collègues. À cause du rôle qu'y joue la mémoire, et de ses dimensions, le roman d'Anthony Powell a été très tôt comparé à la *Recherche du temps perdu* (*), parfois pour faire de l'écrivain anglais une sorte de Proust au rabais. En fait, si Powell a beaucoup lu Proust, rien ne lui est plus étranger que l'idée du « Temps retrouvé ». Ce pessimiste ne croit pas que la mémoire puisse faire revivre le passé, ni que l'âme humaine soit capable de s'approprier l'univers. La vérité qu'il tente d'atteindre est celle du monde, non celle d'une âme.

La *Danse* se présente comme une sorte de « Bildungsroman », un « roman d'éducation », qui retrace les étapes par lesquelles Jenkins doit passer pour devenir capable de raconter son histoire. Powell présente ce processus à travers une série de souvenirs que Jenkins convoque au moment où la danse de sa vie lui paraît achevée, pendant les quelques semaines qui séparent les deux dernières scènes du dernier volume, *À l'écoute d'harmonies secrètes.* Quittant une galerie d'art londonienne juste après avoir appris la mort de Kenneth Widmerpool, à qui son existence a été liée par une série de rencontres apparemment dues au hasard, Jenkins aperçoit un groupe de cantonniers qui se rassemblent autour d'un brasero avant de descendre dans une tranchée ou de regagner leur baraquement. Ce spectacle relance la méditation par laquelle Powell avait ouvert *Une question d'éducation,* vingt-cinq ans plus tôt. Que signifie l'attitude de ces hommes ? Quel est le sens du rite qu'ils viennent d'accomplir ? Le narrateur n'a pas accès à la part de vie de ces hommes qui se déroule hors de la rue, dans la tranchée ou le baraquement. Alors même que cette « part cachée de la vie » est « sans doute la plus importante », comme il le dit dans le dixième volume du roman, *Les livres suffisent à meubler une pièce.*

Dans une phrase célèbre, George Orwell a décrit sa génération, celle de Powell, comme celle pour qui « les vérités officielles se sont effondrées comme châteaux de sable ». Parmi ces vérités apparemment intangibles, il y avait les structures narratives traditionnelles du roman anglais. Contemporains de Powell, Evelyn Waugh et Graham Green recherchèrent une nouvelle vérité dans le catholicisme, tandis que W. H. Auden se tournait vers le marxisme, puis vers le christianisme. Tout à l'opposé, Powell prend pour thème l'impossibilité de construire un récit qui se donne pour une explication globale du monde. Jenkins, le narrateur, ne peut que décrire les rites de la vie sociale, et les « masques » que portent ses acteurs. Les hommes agissent de façon inexplicable, et pourtant la suite de leurs actions n'est pas dépourvue de sens. Comme les Saisons du tableau de Poussin, dansant au rythme d'une musique qu'elles ne contrôlent pas, les danseurs de la vie exécutent sans en avoir décidé une suite de pas qui, l'un entraînant l'autre, finissent par former des figures. Un nouveau mariage, un nouveau travail, un accident, une amitié forment autant de pas dans la danse de chacun.

Tout le roman hésite entre ces deux pôles : la vie visible – les hommes autour du feu –, et celle qu'on ne voit pas – les hommes dans la tranchée. La *Danse,* admirable répertoire des figures que forment, sous les yeux de Jenkins, les actions des hommes en marche vers la mort, ne cesse, en même temps, de tenter de dévoiler la part de la vie à laquelle son esthétique ne s'applique pas. Par cette volonté d'intégrer au roman lui-même la marque de ses limites, Anthony Powell s'inscrit parmi les grands écrivains de la modernité. – Trad. Christian Bourgois, à partir de 1990.

F. D.-D.

DANS LA CAGE [*In the Cage*]. Nouvelle du romancier américain Henry James (1843-1916), publiée en 1898. La « cage » est un petit bureau de poste annexé à une pharmacie-droguerie et effectivement séparé de celle-ci par une grille. Nous sommes dans le quartier le plus aristocratique de Londres, et l'oiseau dans la cage, une jeune employée, vive, romanesque et pleine de fantaisie, vit à travers les télégrammes plus ou moins mystérieux qui, chaque jour, lui passent par les mains, et la vie, qui lui paraît enchantée, des nobles et riches clients du bureau. Son attention finit par se concentrer sur une femme, la plus belle qu'elle ait jamais vue, et sur l'homme autour duquel tourne la vie de cette femme. Bientôt s'établit entre la jeune employée et le capitaine Everard une sorte d'accord tacite, qui donne à l'héroïne des frissons d'émotion intense et l'amène à faire un soir une promenade à la fois imprévue et inoubliable, dont son fiancé, quand elle lui en parle, a tort de ne pas se montrer jaloux. Cette jeune fille a une amie, Mme Jordan, une veuve, dont la profession, pour le moins originale, consiste à changer et renouveler les fleurs des « homes » des riches célibataires : intrusion précieuse et périlleuse, celle-là aussi, dans un monde brillant dont les confidences exaltent la bonne dame. L'intrigue, à travers mille péripéties sentimentales, s'achève par l'écroulement des espoirs que l'héroïne principale ainsi que Mme Jordan nourrissaient sans avoir osé se l'avouer à elles-mêmes. Le zèle de la jeune employée, accru par l'intérêt morbide qu'elle porte au héros de ses rêves, réussit à sauver celui-ci d'un imbroglio d'aventures assez obscures. Quoi qu'il en soit, l'heureuse issue de ses aventures n'est autre que son mariage avec la belle dame des télégrammes qui a pour conséquence sa disparition de la scène. De son côté, Mme Jordan finit par révéler à son amie qu'elle se marie. Qui épouse-t-elle ? Lord Rye ? Non ; elle épouse Drake, l'ancien majordome de lord Rye. C'est la revanche de la jeune romantique : un majordome, un serviteur ! Mais Drake entre au service de la veuve de lord Bradeen, mort récemment, laquelle s'apprête à épouser en secondes noces le fameux capitaine Everard. Celui-ci, qui n'est pas riche mais couvert de dettes, a été sauvé du déshonneur grâce au zèle de la jeune employée qui a permis à lady Bradeen de rentrer en possession d'un télégramme compromettant. Et l'histoire est finie : l'héroïne doit quitter le quartier de Mayfair et servir désormais dans un bureau de banlieue dont M. Mudge, qui bientôt sera son mari, est le receveur principal. Mayfair n'a plus d'intérêt pour elle. Nous nous rendons compte à présent que la « cage » a aussi un sens métaphorique : c'est la classe sociale dans laquelle, malgré leurs incursions fantaisistes dans le monde de la noblesse et de l'argent, l'héroïne et Mme Jordan sont condamnées à vivre sans pouvoir s'en évader. Le charme de cette histoire, racontée du point de vue de son héroïne, consiste dans la légèreté de touche avec laquelle les différents fragments qui la composent se soudent, peu à peu, les uns aux autres pour former un tableau, net dans l'ensemble mais cependant délicieusement imprécis dans ses lignes. La « sensibilité » de James, excessive peut-être à certains endroits, se sauve malgré tout du sentimentalisme par la lucidité avec laquelle tout développement psychologique se trouve analysé jusqu'en ses moindres vibrations, mesuré et soupesé avec une exactitude pour ainsi dire scientifique. Cette nouvelle est célèbre auprès des admirateurs de James, car son art, qui consiste à procéder par allusions, s'y affirme au point que le nom de l'héroïne n'est même pas révélé au lecteur. – Trad. Stock, 1929.

DANS LA CHALEUR VACANTE. Avec ce livre paru en 1961, et qui lui vaudra le prix des critiques l'année suivante, le poète français André du Bouchet (né en 1924) accède à la notoriété. Le titre révèle deux thèmes majeurs de son œuvre, l'ardeur et le vide, mais un vide ouvert à toutes les potentialités, un « pas encore » qui réserve l'espoir, parfois déçu, de ce qui pourrait être : « Dans la chaleur qui tremble / toute seule / hors de son feu / il n'y a toujours rien. » Dans une langue faite de mots simples et de vers brefs ou de versets qui refusent le discours et le lyrisme, André du Bouchet apparaît comme un poète du mouvement et de la volonté. Tel *L'Homme qui marche* de Giacometti, il semble poussé par une nécessité intérieure vers un « autre côté » invisible et peut-être inaccessible. La montagne, le glacier, l'air, les pierres sont les principales composantes de son paysage mental. Gravir la montagne, c'est s'efforcer de maîtriser la langue pour tenter de s'approprier le monde et aller vers le voisinage de l'être. Cette quête incessante, faute d'aboutir tout à fait, doit toujours être reprise. Ce désir de coïncidence dans un monde de la séparation rappelle, mais en dehors de tout sentiment religieux, la quête mystique de l'« aeternum nunc », de l'instant confondu avec l'éternité. Il suppose que soient transcendées des catégories incompatibles, mais la pensée d'André du Bouchet met plus l'accent sur la tension entre pôles opposés (présent et futur, dedans et dehors, ici et là-bas, chaud et froid, mouvement et immobilité, etc.), que sur l'identité des contraires. Cette aspiration constamment déçue à une coïncidence que le poète ne fait qu'entrevoir suscite une valorisation du *presque* : « J'ai presque atteint ce mur. » Elle suppose une énergie que ne découragent ni les obstacles (le mur, la montagne) ni les échecs. La vérité ne se fait jour que par une déchirure qu'il faut inlassablement renouveler dans la texture du monde. Tel est le rôle de la parole que métaphorise la marche. L'immédiateté de ce monde qui nous fait face se reflète dans une langue poétique où les phrases nominales, les démonstratifs et les participes présents, notamment, créent une écriture de la présence. *Dans la chaleur vacante*, qui a été qualifié de « livre fondateur », est déjà riche de la plupart des thèmes qui réapparaîtront dans l'œuvre d'André du Bouchet et contient en germe les principes d'une poétique dont elle se nourrira. Le dernier vers témoigne d'un irrépressible désir d'aller de l'avant : « Rien ne désaltère mon pas. » C'est aussi un livre précurseur qui annonce tout un courant de la poésie contemporaine plus soucieux d'aller à l'essentiel que de séduire par des artifices ou par un lyrisme suranné.

J. De.

DANS LA JUNGLE DES VILLES [*Im Dickicht der Städte*, 1921]. Troisième pièce de l'écrivain allemand Bertolt Brecht (1898-1956). Écrite en 1921, elle fut créée à Munich en 1922, puis reprise à Berlin l'année suivante ; elle fut montée en France pour la première fois en 1963. Parlant des premières œuvres de l'auteur, Friedrich Podszus a dit fort justement : « À peine échappé de la Première Guerre mondiale... atteint et blessé dans ce qu'il avait en lui de plus vulnérable... Brecht se débarrassait de son expérience en " épatant le bourgeois ", réaction à la mode qui s'épuisa chez lui comme chez ses contemporains. L'anarchie régnait autour de lui et, avant de se trouver contraint – car il était décidé à la fermeté – de prendre d'autres chemins, il a contribué à cette anarchie par des attitudes romantiques qui s'expliquent aujourd'hui historiquement. » Cette troisième pièce, si elle dénote des préoccupations d'ordre social et de plus en plus nettes, est encore loin de la pièce politique ou engagée. Le malaise, chez Brecht, s'accroît ; il en discerne mieux les causes, mais sans pouvoir sortir de l'impasse autrement que par la violence lyrique et les recherches de style. *Dans la jungle des villes* a pour cadre une Amérique imaginaire et relate, dans l'atmosphère des boîtes chinoises de Chicago, la vie tumultueuse d'un aventurier parasite et exploiteur, et l'histoire d'une haine gratuite. Chicago, la ville monstre, repaire de miséreux, paradis des gros trafiquants et des sinistres aventuriers du capitalisme, séduisait Brecht par la violence de ses contrastes. Elle touchait aussi en lui une fibre romantique. Elle servira encore dix ans plus tard de toile de fond à *Sainte Jeanne des abattoirs* (*) et, vingt ans après, à *La Résistible Ascension de Arturo Ui* (*). Lorsque, en 1922, le rideau tombe sur la scène de Munich après la première représentation de *Dans la jungle des villes*, le public, écœuré, se retourna contre l'auteur. Désormais, Brecht allait tenir compte du spectateur. Sentant instinctivement le besoin de renouer avec les forces vives du théâtre, et d'acquérir le métier qui lui permettrait de s'affirmer, Brecht traduit et adapte des auteurs élisabéthains, espagnols et chinois. C'est en 1924 qu'il monte sa célèbre adaptation de l'*Édouard II* (*) de Marlowe ; et c'est la même année que Reinhardt, « le magicien de la scène », fait appel au jeune Brecht. – Trad. L'Arche, 1958.

DANS LA MAISON [*About the House*]. Recueil de poèmes de l'écrivain anglais Wystan Hugh Auden (1907-1973), publié en 1965. Ce volume comprend d'une part un groupe de poèmes disparates, d'autre part une séquence

« Grâces rendues à une demeure ». Ayant pour prétexte la ferme autrichienne de l'auteur, celle-ci forme le troisième maillon d'une série de poèmes qui commence, dans *Le Bouclier d'Achille* (*), avec « Horae Canonicae » et « Bucoliques ». Les pièces de la maison donnent lieu à de longues variations poétiques, depuis l'hymne à la défécation suggéré par les W.C. jusqu'à la nostalgique évocation du grenier. Malgré les ingénieuses expériences métriques, le vocabulaire rare de bibliophile, le ton d'une ironie amusée ou d'une bienveillance sarcastique, on sent passer dans ces réflexions tantôt idylliques, tantôt didactiques, des accents poignants, comme dans « La Grotte de la Création » dédiée à l'ami défunt Louis MacNeice. Le poète semble éviter consciencieusement la grandeur. Il a créé son ton et son style, tout aussi caractéristiques que ceux de Thomas Stearns Eliot ou William Butler Yeats. Il survit spirituellement à sa génération. Pourtant, au milieu des arabesques qu'il esquisse pour échapper à l'orgueil et au narcissisme, Auden garde une modestie indéniable sous ce masque perpétuel dont nous ignorons s'il est pudeur ou coquetterie ultime. Au crépuscule de sa vie, le poète s'interroge sur sa foi, il met toute son œuvre en question : « Oui, tu espères / que tes livres plaideront ta cause / te sauveront de l'enfer... / mais Dieu pourrait te faire fondre, au dernier jugement / en larmes de honte / rien qu'en récitant par cœur / les poèmes que tu aurais écrits / si ta vie avait été bonne... » — Trad. partielle dans *Poésies choisies,* Gallimard, 1976.

DANS LA MANSARDE [*Die Mansarde*]. Roman de l'écrivain autrichien Marlen Haushofer (1920-1970), publié en 1969. Cette œuvre pourrait s'intituler : « Huit jours de la vie d'une femme. » Une épouse et mère de famille se contraint, jour après jour, par discipline personnelle et par devoir, à des activités ménagères qu'elle exècre et à des visites charitables qui l'éprouvent physiquement et moralement. Elle énumère ces devoirs quotidiens dont elle constate l'inanité. Mais cette femme a un refuge, un lieu qui n'appartient qu'à elle seule, la mansarde de sa maison. Elle s'y retire et y dessine. Un matin, elle trouve dans son courrier une enveloppe qui va bouleverser l'ordre de son existence. Cette enveloppe contient quelques pages d'un journal intime qu'elle avait rédigé dix-sept ans auparavant et qui lui avait été subtilisé. Chaque jour, le facteur lui apporte quelques nouvelles pages de ce journal qu'elle avait tenu pendant les deux années d'un exil en partie volontaire : devenue sourde à la suite d'un traumatisme, elle s'était retirée dans une maison en montagne afin d'éviter le contact des humains. Pendant cette retraite, elle rencontre, lors d'une promenade, un homme qui se cache dans un bungalow isolé. Elle offre à cet homme, dont on ne saura jamais qui il est vraiment, la possibilité de parler sans être entendu, et ainsi de libérer sans risques sa conscience ou sa haine, ou peut-être ses fantasmes. Elle lui rendra de fréquentes visites, fascinée par ce personnage étrange pour qui elle est une sorte de confesseur sourd. L'homme lui fournit, en retour, une nouvelle raison d'exister. Elle consigne ces visites dans un journal que l'homme lui dérobera, car il craint sans doute qu'un jour ces feuilles ne parlent. Aussi ne comprend-elle pas pourquoi il les lui renvoie dix-sept ans plus tard. Peut-être est-ce une ultime manifestation de crainte ou un petit chantage tardif.

Ce rappel d'une époque oubliée de son existence est, pour cette femme, inconcevable dans le cadre de sa vie familiale actuelle. C'est pourquoi elle porte chaque jour les feuillets dans la mansarde, où elle les lit avant de les détruire. Chaque chapitre du livre, c'est-à-dire chaque journée, est donc à deux niveaux, dans le temps et dans le lieu.

Mais derrière cette alternance visible de deux époques bien définies s'en cache une autre : à la description de sa vie actuelle, qui n'est qu'une vie de remplacement, un enchaînement de journées la rapprochant de la mort, succède régulièrement l'évocation de sa vie réelle, qui était celle de son enfance. Les descriptions de son enfance chez son grand-père sont comme des tableaux fixant les éléments familiers et heureux d'un univers irrémédiablement perdu. — Trad. Actes Sud, 1987. M. Cou.

DANS LA RÉSERVE [*Kura no naka*]. Roman de l'écrivain japonais Uno Kôji (1891-1961), publié en 1919. Un homme parle, sans arrêt. Il a passé la quarantaine, avoue-t-il aussitôt, il est célibataire et romancier de son état. Il a décidé d'aller chez le prêteur sur gages. Mais ce n'est pas pour en soutirer quelque argent, car tous ses vêtements et même sa literie sont déjà entre ses mains, rangés au premier étage de la « réserve ». L'an dernier, il avait obtenu la faveur d'y monter et de faire lui-même le « nettoyage d'été ». Ce nomade, qui vit d'hôtel en hôtel, ne peut se résigner à vendre ce à quoi il tient le plus au monde : sa garde-robe. Tel un conteur, il prend plaisir aux digressions et raconte, au hasard, ses passions et ses déboires. Enfin on l'autorise à revoir ses « chers vêtements ». Chacun lui rappelle une figure féminine : ce sont, cette fois-ci, des souvenirs plus anciens, plus poignants. Alors apparaît une jeune femme qu'en secret il avait remarquée au fond de la boutique, la sœur du propriétaire, qui vit séparée de son mari. Elle l'interroge sur sa vie. Lui-même s'étonne de la franchise de ses réponses. Mais bientôt il ne peut s'empêcher de mentir un peu et, avant qu'il ne s'en aperçoive, il lui lance une parole blessante. Le charme est rompu. Le patron rentre et fait rappeler la jeune femme. L'écrivain part à la dérobée et se terre dans son hôtel.

Le comique naît, dès les premières lignes, d'un mélange de grotesque et de réalisme. Même les vêtements que porte sur lui le romancier sont engagés et il paie pour eux un intérêt mensuel (et non, comme à l'ordinaire, semestriel) augmenté d'une indemnité « pour l'usure ». Une situation vraisemblable est délibérément poussée à l'absurde. Cet original se situe, comme presque tous les autres personnages, en marge de la société : il le sait et en tire une sorte de fierté. Quoi qu'il lui advienne, il le raconte d'une voix égale, un peu sèche. Tour à tour il se moque des autres et de lui-même.

Le livre est un piège. Le « je » qui invite le lecteur (ou plutôt l'auditeur) à partager ses souvenirs, qui implore son attention ou fait mine de rougir, est né dans l'imagination d'un auteur de vingt-huit ans qui débutait dans les lettres et cherchait avant tout à surprendre. Bien des épisodes amoureux sont des scénarios éculés, introduits à dessein, comme autant de conventions dont il se moque. Son héros est un individu bizarre qui vit « à rebours » ; la conception même du récit trahit une intention ironique. Le sujet et la forme doivent s'éloigner autant que possible de la vérité commune que prétendaient décrire les grands romanciers, notamment les naturalistes, au début du siècle. Ce portrait d'un homme de lettres radoteur révélait un écrivain racé, au regard aigu. Dans un décor excentrique, il parvient à saisir les aspects les plus quotidiens, les plus insignifiants de la vie avec une telle netteté qu'il s'en dégage parfois une impression de pathétique. Sous les apparences du « bavardage », il invente de longues périodes, avec des détours, des redites et des ruptures de construction.

Dans la réserve rendit son auteur aussitôt célèbre. Dès les années suivantes, son style témoigna d'un changement. Après ce premier succès, Uno Kôji affirmait, affinait ses qualités pour créer une œuvre d'une rigueur peu commune, notamment avec son remarquable roman *Le Prêteur d'enfant* (*) (1923).

DANS LE CIEL. Court roman de l'écrivain français Octave Mirbeau (1848-1917), paru en feuilleton dans *L'Écho de Paris* en 1892-1893, et en volume en 1989 seulement. Il témoigne d'une longue crise, personnelle et conjugale, au cours de laquelle l'écrivain se croit frappé d'une stérilité irrémédiable. C'est une œuvre très originale par son pessimisme pré-existentialiste et par sa structure. Il s'agit d'un récit en abyme, dont la discontinuité reflète l'universel chaos : un premier narrateur rend visite à un ami, Georges, qui habite sur un piton rocheux écrasé par le ciel ; Georges fait le récit de son enfance « larvaire », produit d'une éducation qui vise à crétiniser l'enfant et à l'enduire de « préjugés corrosifs » (cf. *Combats pour l'enfant,* édité en 1990) ; puis il cite des lettres d'un ami peintre, Lucien, inspiré de Van Gogh – dont Mirbeau vient de proclamer le génie. À la poursuite d'un idéal qui toujours se dérobe, Lucien se désespère de ne pouvoir exprimer les beautés « impalpables » et les affolants « mystères » de la nature avec ces outils gauches et infidèles que sont la main et le cerveau de l'homme. Pour finir, il se tranche la main « coupable », et le récit s'achève brutalement dans le sang, sans qu'on en revienne aux deux premiers narrateurs. *Dans le ciel* est à la fois un roman impressionniste par son refus de la composition et par son « art d'arranger » impressions et souvenirs, et une réflexion sur la tragédie de l'artiste. Mirbeau tâche d'y exorciser une double angoisse : l'angoisse existentielle qui saisit tout être pensant confronté à un ciel vide, dans ce « crime » qu'est un univers contingent et impénétrable, soumis à l'inexorable loi du meurtre, et où « vivre est l'unique douleur » ; et l'angoisse de l'écrivain conscient de son impuissance à se rapprocher de l'idéal entrevu.

Pi. Mi.

DANS LE GRAND MONDE [*Aus der Gesellschaft*]. Roman de la femme de lettres allemande Ida von Hahn-Hahn (1805-1880), publié en 1838, considéré par l'auteur comme la plus significative de ses œuvres, si bien qu'en 1845 elle réunit sous ce même titre ce qu'elle avait encore écrit : *Celui qui s'imposait* [*Der Rechte*, 1839] ; *Comtesse Faustine* [*Gräfin Faustina*, 1841] ; *Ulrich*, 1841 ; *Sigismond Forster* [*Sigismund Forster*, 1841] ; *Sibylle*, 1846, qui est une autobiographie. Trois aventures sentimentales s'entrecroisent dans le récit. D'abord celle de la comtesse Ondine qui a déserté le toit conjugal pour suivre le prince Casimir (qui l'abandonnera par la suite) ; puis, celle du jeune sculpteur Polydor devenu amoureux de la comtesse Regina, fantoche entre les mains de la coquette qui le laisse croire à son amour ; s'étant aperçu de la tromperie, sa passion se mue en haine et il se vengera en la chassant lorsqu'elle-même, prise à son propre jeu, l'aimera réellement. La troisième aventure est celle de la comtesse Ida Schönholm, type d'intellectuelle incomprise qu'on retrouve dans tous les romans de la comtesse Hahn-Hahn. Ida vit avec Otto ; l'héroïne possède une « physionomie étrange, un visage non point réellement beau mais attirant, celui d'une Madone ayant l'air d'une sibylle... avec une nuance d'indicible mélancolie dans le regard changeant ». Au contraire, Otto est séduisant ; quand il parle, il prend un « ton joyeux et presque hautain ; sa lèvre supérieure, très mince, est fortement dessinée, elle donne à sa bouche une expression ironique ». L'ironie de l'homme, la mélancolie de la femme, tels sont les traits caractéristiques des personnages de l'auteur. Elle s'oppose en tous points aux écrivains de la « Jeune

Allemagne ». En premier lieu, elle s'est largement inspirée de romans de George Sand – v. *Lélia* (*) – et des poèmes de Byron ; mais surtout, face à l'esprit nouveau, bourgeois et libéral de la « Jeune Allemagne », la comtesse Hahn-Hahn n'admet, dans la collection de ses personnages, que des aristocrates selon la naissance ou l'esprit, tous appartenant au monde conservateur. Ce monde est d'ailleurs le sien, car elle descend d'une ancienne et noble famille du Mecklembourg. On lui doit cette prédilection qu'eut longtemps le roman allemand pour ce type de héros. L'œuvre eut un vif succès. Une sensibilité aiguë et parfois exaspérée, née de ses désillusions, lui évita de tomber dans un scepticisme desséchant et lui permit de se convertir au catholicisme vers le milieu du siècle. Elle fonda à Mayence le monastère du Bon Pasteur ; elle y demeura jusqu'à sa mort sans toutefois prendre l'habit, écrivant prose et vers, mais, désormais, dans une intention exclusivement religieuse et morale.

DANS LE RAVIN [*V ovrage*]. Œuvre du romancier et dramaturge russe Anton Pavlovitch Tchekhov (1860-1904), publiée en 1900. Dans cette longue nouvelle, Tchekhov brosse un sombre tableau de la province russe à la fin du XIXe siècle. C'est la vie d'une famille de marchands dans un petit bourg mi-rural mi-industriel du centre. Le chef de la maison, Grégoire Zyboukine, affiche une malhonnêteté digne et placide. Son fils aîné, Anissime, personnage verbeux au profil chafouin, exerce au loin l'honorable métier d'agent informateur ; mais il est également faux-monnayeur à ses heures. Le fils cadet, Stépan, sourd et cocu, s'occupe (normalement) du magasin paternel, où l'on vend des conserves douteuses, des produits alimentaires avariés mais surtout du vin en contrebande. En fait, c'est la femme de Stepan, la belle Aksinia, qui veille à la bonne marche des affaires. Elle est svelte, élancée : elle a des yeux gris, candides, et une démarche ondoyante. Elle sourit souvent, et sa vertu n'est pas à toute épreuve. « Dans sa robe verte, au corsage jaune, elle regardait, souriante », dit Tchekhov, « comme une vipère qui, au printemps, se dresse dans le jeune blé pour voir passer le cheminot sur la route ». Il y a aussi Barbara, la belle-mère avenante, grasse, au cœur sensible, dont la bonté courte et naïve filtre comme un mince filet de lumière (trop faible pour percer les ténèbres qui l'environnent). Dans une suite de scènes hautes en couleurs, âpres et crasseuses comme une kermesse flamande du XVIIe siècle, nous voyons se dérouler le mariage d'Anissime avec Lipa, pauvre petite villageoise timide et gentille. Puis c'est le départ du mari, son arrestation et sa condamnation aux travaux forcés. Lipa accouche d'un petit garçon. Tout le monde dans la maison l'aime bien, sauf sa belle-sœur. Quand le vieux Zyboukine, conseillé par Barbara, informe Aksinia de sa décision de léguer au petit Nicéphore une terre qu'elle convoite et qu'elle considère déjà comme sienne, la jeune femme se déchaîne. Folle de rage, elle menace de quitter la maison et de dénoncer les multiples forfaits de son beau-père. Elle se précipite à la cuisine où Lipa lave le linge, et ébouillante l'enfant qui ne tarde pas à expirer. Lipa, brisée de douleur, mais douce à jamais, incapable de haïr et de se défendre, quitte la demeure des marchands et regagne l'isba de sa mère. Et c'est le règne d'Aksinia qui commence. Désormais, c'est elle la maîtresse de la maison où le vieux Zyboukine lui-même se voit réduit au rôle d'un pique-assiette à peine toléré. – Trad. *Œuvres,* Bibliothèque de la Pléiade, t. 3, Gallimard, 1971.

DANS LES ANNÉES SORDIDES. Recueil de proses poétiques de l'écrivain français André Pieyre de Mandiargues (1909-1991). Publié en 1948, il forme le second volume des *Cahiers de poésie* (*). Cependant, les textes qu'il contient ne sont pas à proprement parler des poèmes, puisqu'ils n'en ont pas la forme. Bien qu'il soit tout à fait impossible de définir avec précision et rigueur les règles qui permettent de distinguer ce qui est poème et ce qui ne saurait être considéré comme tel, on reconnaît qu'une frontière existe à ce que l'atmosphère n'est pas la même en-deçà et au-delà. D'une façon ou d'une autre, les mots des poèmes sont moulés ensemble, ce qui donne à l'œuvre une densité que la prose la plus raffinée (et par exemple celle de ce livre) n'a aucune chance d'atteindre. Il n'empêche qu'une telle prose exerce une séduction qui n'appartient qu'à elle. De plus, quoi qu'on puisse dire de leur forme, ces écrits ont un caractère assez nettement poétique. Ils peuvent raconter une histoire, évoquer une situation déterminée, ce ne sont pourtant ni des nouvelles ni des essais. Dans une sorte d'avant-propos, l'auteur révèle ses intentions en faisant comprendre que son dessein est de créer un climat très particulier : l'ambiance horrible mais envoûtante des cauchemars. « Rien n'a l'air vivant à l'intérieur de la chambre close qu'un grand fauteuil carré, trapu, tout capitonné de velours [...] Le jour est rare, ses reflets ont quelque chose de fluide, de liquoreux même [...] Ce sont les heures infiniment longues des après-midi d'hiver et leur traînerie stérile ; alors la conscience va se perdre en un demi-sommeil nourri de venaisons... » Ayant vu quelle prédilection il a pour le déroutant et l'oppressant, quiconque a un peu fréquenté Mandiargues, et notamment le *Musée noir* (*) et *Soleil des loups* (*) ne s'en étonnera pas. Il y retrouvera, dans des textes plus ramassés, la même inspiration subtilement délirante, le même goût presque effréné pour la beauté et pour la violence, la même aptitude à imaginer et à décrire des endroits séduisants et bizarres, qu'une faune étrange peuple et où tout et tous s'inclinent devant des lois obscures, capricieuses, impitoyables.

DANS LES FORÊTS [*V Lesah*]. Roman de l'écrivain russe Pavel Ivanovitch Melnikov (Andréï Petcherski, 1819-1883), publié en 1879. Par son humour débonnaire, l'auteur se rapproche beaucoup d'Ostrovski, dans l'étude de l'âme populaire. Mais il se distingue de celui-ci en mettant en lumière l'aspect religieux de cette âme et en en faisant une analyse plus fouillée. Dans ce roman, cet aspect religieux apparaît sous un jour traditionnel et patriarcal. *Sur les montagnes,* suite des *Forêts,* est au contraire une peinture des coutumes caractéristiques des nombreuses sectes religieuses qui prospéraient le long des rives de la Volga au cours du siècle dernier. La rive gauche du fleuve était alors connue sous le nom des « Bois », et la rive droite était celle des « Montagnes ». C'est principalement sur la rive droite que se déroule l'action de la première partie du roman dont les protagonistes sont Tchapourine, un riche marchand, violent, mais au fond débonnaire, et son employé préféré, Alexéï Lochmatov. Alexéï séduit une des filles de Tchapourine ; celle-ci, sur le point de devenir mère, affolée par la crainte de la colère paternelle, se suicide. Tchapourine pardonnera à Alexéï, à la condition que celui-ci garde l'incident secret. Peu de temps après, Alexéï épouse une riche veuve, tandis que la seconde fille de Tchapourine est enlevée et épousée par un brave et honnête garçon. Les jeunes époux se présentent au père pour obtenir son pardon, ce qui nous vaut une scène de pardon particulièrement bien menée. Un autre personnage remarquable est la sœur Manefa, abbesse d'un grand couvent et sœur de Tchapourine. Dans sa jeunesse, elle aima et fut mère, mais une religieuse lui fit jurer à son accouchement de prendre le voile tout de suite après l'enfantement, pour sauver son âme. Ainsi d'une belle jeune femme, heureuse de vivre, il ne reste plus qu'un « cadavre vêtu de noir ». Sœur Manefa est d'ailleurs partagée entre le remords que lui cause son « péché » et le regret d'avoir renoncé à la vie.

Melnikov décrit la grande puissance, pas toujours bienfaisante, de la religion traditionnelle. La connaissance qu'il possède de l'âme du peuple russe, de ses coutumes, de ses traditions et de sa langue colorée et savoureuse est profonde. Mais son principal mérite réside dans sa capacité à décrire, dans tout leur éclat, les rites et les traditions des « vieux croyants » [raskolniki] et son nom peut figurer à côté de celui de Leskov et son inoubliable *Ange scellé* (*). – Trad. Gallimard, 1957.

DANS LES FORÊTS DE POLOGNE [*In poylishe Velder*]. Roman historique de l'écrivain yiddish Joseph Opatoshu (1886-1954), publié en 1921. Ce roman retrace la symbiose judéo-polonaise qui précéda la période de l'insurrection de 1863, tout en montrant son ambiguïté, lourde des malentendus futurs. À travers la peinture historique, Opatoshu cherche à enraciner l'histoire polonaise du judaïsme, tout en renouant les fils de sa propre existence, dont beaucoup de traits apparaissent de façon masquée à travers les lieux et les héros du livre. Dans ce roman d'apprentissage où le héros, Mardochée, est plus un témoin passif qu'un acteur véritable, on retrouve le clivage fondamental entre l'esprit et le corps, entre la rusticité presque païenne de la nature et l'éthique exigeante du judaïsme, dont l'auteur ne cesse de décliner les aspects. Envoyé à la cour du rabbi de Kotzk, l'un des derniers grands représentants du hassidisme polonais, qui meurt en 1859 rongé par le scepticisme et la misanthropie, Mardochée assiste avec angoisse à la fin d'un monde : monde de son enfance, de la foi pieuse de son éducation, mais aussi forme particulière de symbiose qui fit se rencontrer, à ce moment précis, les cultures juive et polonaise dans l'inspiration messianique d'un Mickiewicz et dans la fraternisation contre l'occupant russe. La figure tragique du rabbi Mendel de Kotzk est comme l'écho de l'angoisse du héros devant la naissance d'un monde nouveau, auquel il participe sans bien encore en mesurer le sens, fuyant finalement la Pologne pour la France. – Trad. Albin Michel, 1972. C. K.

DANS LES MERS DU SUD [*In the South Seas*]. Relation de voyage de l'écrivain écossais Robert Louis Stevenson (1850-1894), imprimée en 1890 en une édition hors commerce et publiée en 1896. Gravement atteint de tuberculose, Stevenson partit (1888) pour les mers du Sud et s'établit à Samoa, où il retrouva momentanément ses forces, mais où il devait mourir. Dans cet ouvrage, divisé en quatre parties, l'auteur décrit des paysages, des types, des populations et des mœurs étudiées pendant la croisière qu'il fit dans les archipels des Marquises, des Touamotou et des Gilbert. La quatrième et surtout la troisième partie, consacrées aux îles Gilbert et particulièrement à Apemana et à son roi, sont riches d'anecdotes et d'expériences personnelles, nées de rapports directs des indigènes avec l'auteur. Œuvre de la maturité artistique de Stevenson, le livre est écrit dans un style précis et délicat, de la même qualité que les pages les plus travaillées des œuvres narratives de l'écrivain. Il met en relief le fait que les maladies, le cannibalisme (alors à peu près complètement disparu), les guerres intestines et les superstitions avaient causé la mort de populations encore nombreuses quelques décennies auparavant. La vision de Stevenson est entièrement dominée par ce sentiment de déclin et de mort qui revêt un caractère d'autant plus dramatique et sombre qu'il contraste avec les paysages paradisiaques des archipels et avec la beauté physique des habitants. L'œuvre compte parmi les plus caractéristiques de Stevenson, et elle constitue l'un des meilleurs livres de voyage du siècle dernier. — Trad. Gallimard, 1920.

DANS LES MONTAGNES [*Peñas arriba*]. Roman de l'écrivain espagnol José María de Pereda (1833-1906), publié en 1893. Marcel, un jeune débauché qui vit dans la capitale, obéissant aux instances de son vieil oncle don Celso Ruiz de Bejos, se résout à aller habiter avec lui, à Tablanca, petit village de la montagne de Santander, qui est le décor préféré des romans de Pereda. Les premiers temps, Marcel, entouré des visages sympathiques des fervents de la montagne, trouve assez agréable le nouveau séjour. Les yeux de Lita, nièce d'une amie de son oncle, contribuent pour beaucoup, à cette demi-conversion. Mais la première fois que Marcel redescend des montagnes, la vie, à laquelle il a renoncé, se présente à nouveau, avec l'ensorcellement de la tentation. La maladie de son oncle, les exhortations d'un vieil ami et le dévouement de Lita suffisent pourtant à lui faire surmonter la crise et, à la mort du vieux don Celso, le « déraciné » prendra son poste de chef bienfaiteur des montagnards, près de la douce et vaillante Lita. Le sujet du roman est réduit à l'essentiel, le même qui anime *Don Gonzalo González de la Gonzalera* (*) et *El sabor de la tierruca* (1882) : la fidélité au terroir, le catholicisme traditionnellement carliste qui font du propriétaire terrien un seigneur clément et un chef providentiel pour ses administrés. L'insistance avec laquelle Pereda revient sur ce sujet finit par devenir un lieu commun pour le lecteur averti. Mais sur le plan purement narratif, l'écrivain espagnol est inattaquable : sa création a l'émouvante simplicité de cette nature de la montagne de Santander, que l'auteur aimait tant. — Trad. Delagrave, 1918.

DANS LES STEPPES DE L'ASIE CENTRALE [*V srednej Azii*]. Esquisse symphonique du compositeur russe Alexandre Borodine (1834-1887), composée en 1880. L'auteur, comme il l'explique lui-même dans une préface à sa partition, a voulu évoquer les steppes de l'Asie, où, lorsque passe une caravane protégée dans son voyage par les soldats russes, retentissent leurs chants et ceux des indigènes, d'abord alternés, puis confondus et se perdant peu à peu dans le désert. Dans sa brièveté, la composition, exemple caractéristique de « musique à programme », est conduite avec un sens lucide des proportions, une vive sensibilité de couleur et de timbre. La mélodie initiale est confiée aux clarinettes, auxquelles répondent les cors, puis le cor anglais, sous un long vibrato des violons qui tiennent des notes aiguës. Le développement conduit à un épisode central dans lequel tout l'orchestre réexpose, fortissimo, le thème du début ; suit un nouvel épisode, où la parole est donnée aux violoncelles, sur un thème qui passe ensuite aux violons et aux altos. Un decrescendo graduel, avec retour une dernière fois au thème initial, confié à la flûte, pendant une reprise de la pédale supérieure des violons, amène à la conclusion. *Dans les steppes de l'Asie centrale* est la page la plus connue et la plus souvent exécutée de Borodine. Elle démontre cette ingénieuse variété de la technique quant à l'équilibre et à la sensibilité harmonique, qui permit à l'auteur du *Prince Igor* (*) d'être considéré comme le plus raffiné du « groupe des Cinq ». Au demeurant, il réalise dans ce bref tableau symphonique, en usant de moyens simples, une page puissamment évocatrice, qui dépasse sans équivoque la pure description et qui témoigne de son talent vigoureux et original.

DANS LES TÉNÈBRES DE L'AFRIQUE. Recherche, délivrance et retraite d'Emin Pacha [*In Darkest Africa, or the Quest, Rescue and Retreat of Emin, Governor of Equatoria*]. Œuvre de l'explorateur anglais Henry Morton Stanley (1841-1904), publiée en 1890. C'est l'histoire de l'expédition, financée par un groupe de nobles et riches Anglais, et confiée à Stanley, afin de secourir Emin Pacha, gouverneur égyptien de la région équatoriale qui se trouvait isolé, sans aucune aide de la part de l'Égypte, et entouré de toute part par les rebelles mahdistes. Pour arriver à ces régions équatoriales, Stanley eut l'idée de remonter le fleuve Congo le plus haut possible afin d'y établir une base, tandis que le reste de la mission pousserait jusqu'à l'endroit où se trouvait Emin Pacha. En fait, ayant remonté le fleuve avec beaucoup de difficultés en raison des nombreux rapides et cataractes, l'explorateur américain, après avoir abandonné ses embarcations à vapeur, atteignit Bolobo et de là, par voie de terre, Yambuyâ. Sous le commandement de Emin Pacha, l'avant-garde de l'expédition se mit en marche, tandis que l'arrière-garde restait à Yambuyâ pour partir un peu plus tard sur les traces de la première caravane. Mais à peine eurent-ils pénétré dans la forêt vierge que commencèrent pour Stanley et ses compagnons des difficultés et souffrances sans nom. L'hostilité des tribus nègres, les désertions, les maladies affaiblirent à tel point la caravane qu'il fallut un homme du tempérament de Stanley et possédant sa grande expérience de l'Afrique pour la sauver de l'anéantissement total. Après avoir franchi la moitié de la route, ils découvrirent le pacha qui était loin de se trouver dans les conditions désastreuses auxquelles il faisait allusion dans ses appels au secours, mais dans un pays où régnaient l'ordre et le calme, où rien ne lui manquait du nécessaire et qu'il n'avait pas le moins du monde l'intention de quitter, y ayant fondé une famille et établi ses soldats égyptiens.

Ce ne fut qu'après un mois de tergiversations que le pacha, effrayé par la nouvelle d'une imminente attaque des mahdistes, se décida à revenir vers la côte. Le retour fut plus terrible encore que l'aller. Stanley espérait rencontrer l'arrière-garde venue à son secours, mais au contraire, une fois arrivé à Yambuyâ, il apprit une triste nouvelle : le commandant du camp avait été tué par un indigène fanatique et les autres officiers, sans ordres précis et écrits, et incapables de se mettre d'accord, avaient commis une quantité d'erreurs, sans penser que s'ils s'étaient mis en marche plus tôt, ne fût-ce qu'un mois, ils eussent épargné bien des vies. Tandis que l'expédition avance vers Zanzibar, Stanley, comme pour faire oublier au lecteur l'indolence de ses officiers, écrit de longues pages sur les nègres, sur le caractère et les expériences scientifiques d'Emin Pacha, et sur cette Afrique ténébreuse à laquelle il est sur le point de dire un ultime adieu et dont il sent plus que jamais l'irrésistible envoûtement. À Zanzibar, un autre coup de théâtre vient compléter l'amertume de cette misérable expédition. Le pacha, qui avait refusé de passer au service des Anglais, déclarant vouloir mourir pour ce drapeau égyptien sous lequel il avait servi pendant trente ans, passa brusquement à la solde des Allemands.

À travers les pages vivantes, mais un peu tristes, de ce livre, se révèle la trempe admirable de l'explorateur, jamais découragé devant l'obstacle et la difficulté. — Trad. Hachette, 1890.

DANS LES TRANCHÉES DE STALINGRAD [*V okopah Stalingrada*]. Roman de l'écrivain russe Victor Nekrassov (1911-1987), publié en 1946. Parue d'abord en revue sous le titre de *Stalingrad*, la première œuvre de Victor Nekrassov est considérée comme l'un des meilleurs romans de guerre soviétiques. C'est une chronique de la grande bataille de l'hiver 1942-1943, telle qu'elle a été vécue par le lieutenant de sapeurs Nikolaï Kerjentsev, Kiévien de naissance et architecte de formation, mobilisé en 1941 comme officier du génie, dans lequel on reconnaît l'auteur. Chargé de protéger la retraite désordonnée de son bataillon surpris par l'avance foudroyante de la Wehrmacht en Ukraine en septembre 1942, le héros se retrouve à Stalingrad, où il est affecté au commandement d'un bataillon réduit à une quarantaine d'hommes et terré dans des tranchées adossées à la Volga que les Allemands essaient d'atteindre. Encerclé avec quelques hommes à la suite de la prise d'un nid de mitrailleuses ennemies, qui est sa première expérience du commandement, il résiste jusqu'à une nouvelle attaque des siens qui le délivrera quelques jours plus tard. Au début de la contre-offensive qui marquera la fin des succès allemands et le grand tournant de la guerre, il voit massacrer ses hommes par la faute d'un officier formaliste et buté, prêt à sacrifier des vies humaines à l'exécution aveugle des ordres du commandement.

Écrit à la première personne, sous la forme d'une chronique très sobre des faits et gestes du héros et de son entourage immédiat, avec un minimum de commentaires psychologiques et de réflexions d'ordre général, le récit de Nekrassov détonne sur le fond de la littérature héroïque et pathétique des années de guerre. Il représente la vie du combattant de première ligne comme un labeur quotidien, fait de tâches immédiates, constamment périlleuses, mais où le combat lui-même n'occupe qu'une place limitée. Il met en évidence, à travers l'attention que le héros porte à ses compagnons les plus proches, en particulier son ordonnance Valéga, qui a pour son lieutenant la sollicitude d'une mère, la qualité humaine de ses personnages et de leurs rapports. La critique, gardienne de l'orthodoxie, lui reproche son dépouillement stylistique, où elle voit une incapacité à s'élever au-dessus de l'expérience des tranchées pour montrer la portée historique et la signification idéologique de la bataille de Stalingrad. La modification du titre, mais surtout l'attribution du prix Staline, en juin 1947, feront taire ces critiques. — Trad. Presses de la Cité, 1963.

M. A.

DANS LE TOURBILLON [*V vodovorote*]. Roman de l'écrivain russe Alexeï Feofilaktovitch Pissemski (1820-1881), publié à Moscou en 1871. C'est une des œuvres de l'écrivain les plus connues à l'étranger et les plus combattues par la critique. La protagoniste, Elena, est une femme de grandes qualités, mais qui a trop lu et trop réfléchi. Considérant le mariage comme une convention inutile, elle se donne à un homme marié, le prince Grigoriev, et a de lui un fils qu'elle refuse de baptiser, étant toujours fidèle à ses idées. Entre-temps, la femme du prince abandonne son mari pour aller vivre à l'étranger, et Elena vient habiter avec son fils dans la maison de son amant. Mais après quelques années son idéalisme est profondément déçu ; d'origine polonaise, elle voudrait obtenir, sur l'instigation d'un aventurier, une grosse somme du prince qu'elle distribuerait à ses compatriotes polonais réfugiés. Mais le prince lui refuse la somme, et Elena se croit en devoir de le quitter pour aller vivre seule avec son fils. Obligée de travailler pour vivre, elle est atteinte de pneumonie et meurt phtisique quelques années après. Juste le jour de sa mort, la police vient l'arrêter pour ses relations épistolaires avec quelques-uns des révolutionnaires les plus ardents, émigrés à l'étranger. Comme Bazarov du *Père et Fils* (*) de Tourgueniev, Elena veut se libérer de tout ce qui est tradition, mais elle finit par aller contre sa propre nature qui aurait été celle d'une bonne mère et d'une bonne épouse.

Pissemski met ici en valeur un des principaux aspects de la Russie de son époque : la rage de construire un nouveau monde avec des idées empruntées à l'Occident, alors que le vieux monde est encore solide et viable. Ainsi Elena aurait voulu que son fils fût élevé par la communauté, mais cette communauté n'existe pas ; d'autre part, elle se sent instinctivement le désir d'être seule à élever son fils. Le prince Grigoriev, lui aussi, voudrait concéder à sa femme cette liberté d'aimer qu'il réclame pour lui-même en reniant toute tradition, mais il devient jaloux et il souffre quand il s'aperçoit que la princesse a des préférences pour un de ses amis. « Le prince est foncièrement incapable de supporter le rôle de mari trahi », observe Miliakov, un journaliste d'avant-garde amoureux de la princesse, et qui part en Allemagne avec elle. En effet, Grigoriev, abandonné par sa femme et par Hélène après un essai inutile de reprendre son fils, se suicide. Faible du point de vue psychologique, et surchargé d'intrigues, ce roman n'est pas une des meilleures créations de Pissemski, mais il constitue une critique aiguë de l'époque, époque définie de la façon suivante par les paroles de Miliakov : « Nous voulons abolir la famille, substituer le règne ouvrier au règne du marchand, tuer le capital, mais en attendant le vieil Adam aime le luxe et le confort, et il flatte ceux qui sont riches et puissants, pour être flatté à son tour. » – Trad. Fasquelle, 1881.

DANS UN CŒUR PUR [*Vein of Iron*]. Roman de l'écrivain américain Ellen Glasgow (1874-1945), publié aux États-Unis en 1935. Ellen Glasgow, dont le premier roman, *Le Descendant* [*The Descendant*], paru en 1897, obtint le prix Pulitzer en 1942. *Dans un cœur pur* est essentiellement le récit de la vie d'Ada Fincastle, fille d'un pasteur presbytérien de Virginie, entre 1901 et 1933. Répudié par sa congrégation, le père d'Ada est devenu instituteur. Sa famille est pauvre mais respectée. Ada est amoureuse d'un des élèves de son père, Ralph Mac Bride. Mais Ralph épouse Janet Rowan. Mariage mal assorti qui amène le jeune homme à abandonner sa carrière d'avocat pour devenir vendeur d'automobiles. Six ans plus tard, Janet divorce pour épouser un homme très riche. C'est la Première Guerre mondiale : Ralph s'engage. Mais avant de partir il a été l'amant d'Ada, qui est enceinte. Elle quitte son village et travaille dans un grand magasin. Après la guerre, elle épouse Ralph : une courte période de bonheur, puis un accident qui rend Ralph paralysé pour le restant de ses jours. Après la mort de Ralph, l'assurance permet de racheter la maison de famille, où Ronnie, le fils, grandira. Le lent épanouissement d'Ada à travers un amour contrarié, la peine, la souffrance, la mort, qui traversent toute vie, sont le sujet profond du livre. Ada est un caractère exceptionnel, indomptable et tendre à la fois. C'est une des héroïnes les plus vraies du roman américain de la première moitié du XXe siècle, avec, comme « background », une partie de l'histoire de la Virginie et du vieux Sud. – Trad. Robert Laffont, 1948.

DANS UNE VILLE APPELÉE SAN JUAN [*En una ciudad llamada San Juan*]. Recueil de nouvelles de l'écrivain portoricain René Marqués (1919-1979), publié en 1960. Ce recueil de seize nouvelles traite des problèmes politiques et culturels de son pays (problèmes également abordés par l'auteur dans ses pièces dramatiques, plus particulièrement dans *La Charrette* [*La carreta*] et *Les Soleils tronqués* [*Los soles truncos*] ; dans son roman *La Veille de l'homme* [*La vispera del hombre*] ainsi que dans ses essais). Il s'agit de la domination coloniale, jadis espagnole, plus tard nord-américaine, qui engendre une grave crise d'identité culturelle mais aussi du passage – brusque et dur – d'une société, aristocratique et essentiellement agricole, à une autre, entièrement industrialisée, avec une nouvelle bourgeoisie et un prolétariat qui, connaissant des conditions de vie très difficiles, se voit souvent contraint à émigrer vers la métropole new-yorkaise.

À côté des problèmes sociaux et politiques – comme la répression des patriotes nationalistes des années 30 et 50 – intervient la personne même de l'auteur : ses problèmes personnels, son métier d'enseignant, sa lutte contre l'alcoolisme, l'homosexualité et l'évasion. Nous assistons à l'épuisement lent et progressif d'un courage personnel qui se projette dans la vie quotidienne de la capitale portoricaine, San Juan.

La grande richesse expressive et thématique de ce recueil montre que Marqués se reconnaît aussi bien dans la littérature hispanique (espagnole et hispano-américaine) que dans la littérature nord-américaine et même française. On y voit l'empreinte qu'ont laissée chez lui d'une part William Faulkner, Eugène O'Neill et Tennessee Williams, et d'autre part Jean-Paul Sartre, tant par son théâtre que par ses romans et, surtout, ses essais sur l'existentialisme. – Trad. Éd. caribéennes, 1984.

C. V.

DANS UN MÊME CARCAN [*Bekolar echad*]. Roman de l'écrivain israélien d'origine russe Haïm Hazaz (1898-1973), publié en 1963. Ce roman est très différent des autres œuvres d'Hazaz : *Les Meules brisées* (*), *Toi qui demeures dans les jardins* (*) ou *Yaish* (*). Il s'agit d'un roman de l'héroïsme, dont les deux principaux personnages, Ménahem Halperine et Éliahou Mizrahi, sont deux terroristes condamnés à la peine capitale pour avoir pris une part active à la lutte clandestine contre les Anglais (du temps du mandat anglais sur la Palestine) et qui partagent la même cellule en attendant leur exécution. Refusant aux Anglais le droit de les juger, ils refusent aussi, malgré les supplications de leur famille, de signer le recours en grâce (ce qui reviendrait à se soumettre), et pour se soustraire à la force d'oppression et sauver leur liberté, ils se tuent ensemble à l'aide d'une grenade. Hazaz n'a pas cherché à retracer la biographie de ses héros, ni à décrire un moment historique ; ce qu'il a surtout voulu, c'est nous montrer qu'en dépit d'une origine totalement différente, les deux jeunes gens se sont rejoints au point de communier dans une même mort. Ménahem et Éliahou sont des idéalistes et des purs, et Hazaz s'est attaché à dégager leur vérité intérieure. Nous citerons ici un passage qui nous paraît significatif : Éliahou qui n'a pas de montre se justifie ainsi auprès de son compagnon que la chose étonne : « Pourquoi en avoir une ? Une montre, ça ment, ça donne la même heure pour tout le monde. C'est faux, l'heure n'est jamais la même pour tout le monde ; chacun vit en soi selon une heure qui lui est propre. » C'est ce temps pour ainsi dire individuel que Hazaz cherche à éterniser ; il veut montrer la plénitude de la moindre seconde de ce temps interne qui s'écoule dans chacun des personnages et les achemine irrévocablement vers une mort libératrice. Hazaz a fixé dans ce roman un autre thème qui lui est également cher : à savoir qu'il n'existe pas de différence entre le Juif européen et instruit qu'est Ménahem et l'enfant de l'Orient pauvre qu'est Éliahou. *Dans un même carcan* est un roman qui ne cède pas au pittoresque, et s'inscrit dans un cadre dépouillé : Hazaz ne retient des circonstances extérieures (la prison, les gardiens britanniques, les mœurs administratives des Anglais) que celles qui éclairent le monde intérieur des deux condamnés, et redonne des dimensions universelles à leur épreuve : « Il est inévitable que tu ressentes la peur du néant, la peur bien humaine de mourir ; tu n'es plus un héros, ni même un Juif, mais un homme, rien qu'un homme en face de la mort. » – Trad. Calmann-Lévy, 1965.

DANTE-SYMPHONIE. Poème symphonique du compositeur hongrois Franz Liszt (1811-1886) qui, avec la *Faust-Symphonie* (*), représente une des réalisations les plus parfaites des principes esthétiques de l'artiste. Ces poèmes symphoniques furent tous deux conçus entre 1840 et 1845, et composés une dizaine d'années plus tard. Alors que les éléments décoratifs et descriptifs prédominent dans la *Faust-Symphonie*, Liszt, quoique pleinement conscient de la difficulté que présentait la « traduction musicale » (même réduite à quelques épisodes essentiels) d'une œuvre aussi vaste et complexe que *La Divine Comédie* (*), a voulu, dans la *Dante-Symphonie*, en tenter une synthèse, dont la réalisation est d'ailleurs sensiblement moins efficace et concrète que celle du *Faust* (*) de Goethe. La *Dante-Symphonie* se divise en trois parties, dont les deux dernières sont liées. La première, « L'Enfer », est conçue comme un triptyque. À l'introduction, puissante et dramatique, dans laquelle les cuivres exposent le thème, succède un épisode de caractère lyrique qui symbolise l'amour de Paolo et Francesca, puis une conclusion tumultueuse. « Le Purgatoire », dans lequel Liszt a voulu exprimer la sérénité des âmes qui se rapprochent des « portes du Paradis », débute par une ample mélodie, successivement exposée par les cors, les hautbois, puis les clarinettes et les cordes, qui donne naissance à de nouveaux chants d'une mélancolique douceur ; l'un d'eux, peu à peu, se précise et s'affirme : c'est le « Magnificat », dans lequel le chœur, faisant son entrée, s'associe à la trame symphonique. Le poème se termine sur des sonorités toujours plus atténuées, dans une lumineuse atmosphère de mysticisme.

DANUBE [*Danubio*]. Essai de l'écrivain italien Claudio Magris (né en 1939), publié en 1986. La vision la plus simple que l'on pourrait donner de ce livre consisterait à le décrire comme une fresque à la fois géographique, historique, littéraire, politique – en un mot encyclopédique – prenant pour prétexte les trois mille kilomètres du plus long fleuve européen – le Danube – qui d'Allemagne jusqu'à la mer Noire fait le lien entre le nord et le sud de l'Europe. Ce serait là manquer le sens profond du propos. Derrière le voyage informé, les « serviettes bourrées de notes », il y a la longue épreuve d'un périple – odyssée sans origine univoque (les sources du Danube sont encore objet de controverses aussi passionnées que vaines) et sans point d'aboutissement assignable (le fleuve se perd, finit en canal administré où « il n'y a rien à voir »). La fin est aussi incertaine que le départ ; reste la traversée : « Le fleuve est un vieux maître taoïste, qui au long de ses rives nous donne une leçon sur la grande roue et sur les intervalles entre ses rayons. » De la source à l'embouchure, la ligne semble toute tracée, le texte déjà écrit : le fleuve, dont les eaux chargées de souvenirs unissent et séparent les siècles, creuse le lit d'époques et de peuples riverains, souvent antagonistes, qui font l'histoire elle-même, sa chair heureuse et souffrante. Cependant, seule une attention aux détails, qu'une simple description de ce qui est déjà su (par les guides, les clichés, les attendus d'une culture...) ne peut permettre de déchiffrer, donne la possibilité de ne pas sombrer dans le lyrisme vain ou le pathos que tout fleuve ne peut manquer de susciter. Les vues panoramiques, « touristiques », la fréquentation des lieux obligés ne vient pas cacher la vie profonde, secrète, dont les eaux ont été les acteurs ou les témoins. « Ce que fait le fleuve, personne ne le sait », dit Hölderlin dans l'*Ister*.

Ce sens du détail, cette attention au plus infime libèrent l'imagination, permettent de mêler les temps (le présent éclaire un passé qui n'a pas encore dit ses derniers mots), de forcer les recoins de la mémoire, d'éclairer sous un nouveau jour des pans entiers d'histoire. Les empires passés, les figures évanouies (célèbres ou oubliées, nobles ou ignobles, anonymes ou trop connues) sont prétextes à des pages éblouissantes de lucidité où le jugement se voit convoqué à s'exercer. Le cours inexorable du fleuve, s'il ressemble à celui de l'histoire, n'a rien d'hégélien (l'érudition n'a pas toujours pour ambition l'encyclopédisme), il tient plutôt de la fragile nécessité des pages d'un livre : celles que l'on tourne, relit, oublie, celles qui obsèdent ou ennuient, fatiguent ou illuminent. – Trad. L'Arpenteur, 1988. F. W.

DANUBE ET LA SEINE (Le) [*Dunaj a Seina*]. Recueil du poète slovaque Emil Boleslav Lukáč (1900-1979), publié en 1925. Ce recueil marque un tournant dans son œuvre après les *Confessions* [*Spoved',* 1922] pleines de pessimisme et de tristesse, et avant les *Hymnes à la gloire du Seigneur* [*Hymny k sláve Hosudarovej,* 1926], où foi et certitude commenceront à s'affirmer. *Le Danube et la Seine,* fruit d'un séjour de deux ans à la faculté de théologie de Paris, illustre les contradictions intérieures du poète, mais aussi sa découverte des valeurs immémoriales de la terre natale et de la foi. Cependant la Seine restera pour lui le désir de vivre en communion avec les grands poètes : Ronsard, Baudelaire, Valéry, Claudel, qu'il traduira d'ailleurs admirablement dans *Trophées* [*Trofeje,* 1933]. Sa grande anthologie de la poésie universelle, *Le Jardin de la consolation* [*Zahrada utechv,* 1949] fit scandale sous le régime d'inspiration stalinienne et le condamna à un long silence.

DAN YACK. Roman publié en 1948 par l'écrivain français d'origine suisse Blaise Cendrars (pseud. de Frédéric-Louis Sauser, 1887-1961). Cet ouvrage est composé de deux parties : *Le Plan de l'aiguille* et *Les Confessions de Dan Yack*, qui furent d'abord publiées séparément en 1929. « Le monde est une représentation. J'ai voulu dans *Dan Yack* intérioriser cette vue de l'esprit, ce qui est une conception pessimiste ; puis l'extérioriser, ce qui est une action pessimiste. D'où la division en deux parties de mon roman : la première, du dehors au dedans, sujet du *Plan de l'aiguille* ; du dedans au dehors, objet des *Confessions de Dan Yack*, la deuxième. Systole, diastole, les deux pôles de l'existence » (1946). Dan Yack, Anglais richissime, jouisseur, impatient, gonflé de vitalité, quitte Saint-Pétersbourg après une monumentale orgie ; avec lui, le poète juif Goischmann, le paysan sculpteur Sabakoff, le musicien syphilitique Lamont, partent « là-bas, au sud, où ne vont jamais les vaisseaux », sur les traces de Gordon Pym. L'aventure imaginée par Cendrars commence où finit par une interrogation celle mise en scène par Poe. À l'île Struge, une maison parfaitement équipée accueille nos héros ; on y vit hors du temps ; les trois invités de Dan essaient de poursuivre leur œuvre, mais bientôt Lamont s'enfuit et disparaît, Goischmann se coupe le nez et meurt, Sabakoff est écrasé sous les débris de sa statue. Dan repart, repris par la passion des affaires. Il crée la ville modèle de Communauty City, mais une nouvelle tempête viendra détruire cette œuvre née de sa réconciliation avec les hommes ; en voyant chavirer un iceberg, Dan comprend l'« envers des choses, aspect nocturne de la nature et de l'âme humaine ». Le second volume nous montre le héros revenu en Europe. Il a appris le déclenchement de la guerre, s'est engagé, et le jour de l'armistice, à Paris, il s'éprend de Mireille, pure comme le jour et fille de la tenancière d'une maison close. Les confessions de Dan Yack alternent avec des extraits du journal de Mireille. Cette déconcertante relation d'une passion mystique a été entièrement dictée au dictaphone, non écrite. Aucun commerce charnel entre eux, l'aventurier de l'Antarctique aime une condamnée à mort que la maladie bientôt lui ravira. Réfugié dans un chalet des Alpes, il adopte un enfant « pâlot, triste, avec des yeux comme ceux d'Hedwiga », l'aimée de Saint-Pétersbourg. « Je l'appellerai Dan Yack, comme moi. Je lui apprendrai à rire. Je le ferai rire. » À travers l'itinéraire spirituel de Dan se dessine en filigrane la tragédie de Cendrars. Un homme de chair et de sang se bat contre soi, contre son métier d'écrivain, contre son besoin d'action, contre la tentation d'aller jusqu'au bout et le désespoir de n'être pas revenu de tout, d'être encore dupe de soi ; il se bat contre le train du monde, contre le bonheur qui enchaîne, contre l'amour qui ravit, captive, et laisse pantelant sa victime. Dan, héros moderne, n'est certes pas Cendrars tout uniment, mais il forme avec ses amis, ses protégés, ses maîtresses, ses victimes, un tout où le poète seul est capable de se retrouver au travers de cent images inversées, contestées, combattues, renvoyées par des jeux de miroirs déformants.

DAPHNÉ. Portrait lyrique du XVIIe siècle [*Dafnis, lyrisches Portrait aus dem XVII. Jahrhundert*]. Poème en mètre grec de l'écrivain allemand Arno Holz (1863-1929), publié à Munich en 1904. Il reprend le thème pastoral classique du XVIIe siècle allemand, en l'adaptant au monde moderne. Quelques poèmes sont dithyrambiques, d'autres sont burlesques ou légèrement sentimentaux avec quelques nuances de grotesque. Ce poème représente une phase particulière de Holz, qui, cette fois-ci, reconnaît une certaine valeur à la tradition bien qu'il ne veuille pas la prendre au sérieux. On y trouve aussi un jeu audacieux dans les vers et dans le langage archaïque qui prend une étrange saveur dialectale.

DAPHNÉ. Cette fable dramatique du poète italien Ottavio Rinuccini (1562-1621), mise en musique par Jacopo Peri (1561-1633) et représentée dans sa première version en 1594, compte parmi ces opéras qui permirent de fixer la nouvelle forme théâtrale du mélodrame. La fable a été empruntée à Ovide – v. *Métamorphoses* (*) – et, par son style gracieux et élégant, elle est le premier exemple célèbre de « livret ». L'action, qui débute par un chœur, est toutefois précédée d'une brève adresse d'Ovide à l'auditoire. Puis Apollon, très fier d'avoir tué Python, s'adresse en termes hautains au dieu Amour. Celui-ci, offensé et sûr de sa puissance, prépare sa vengeance. Apollon s'éprend de Daphné qui, apparaissant sur la scène, en train de poursuivre un cerf, s'éloigne aussitôt en manifestant son dédain envers le dieu. Apollon alors la poursuit. Amour réapparaît, heureux de sa victoire ; le chœur lui répond. Mais un messager arrive et raconte comment Daphné, au moment où Apollon allait l'atteindre, a demandé secours aux dieux et a été transformée en laurier. Depuis lors, cet arbre consacré à Apollon, a le privilège de voir ses branches servir à couronner les poètes et les rois ; ses frondaisons toujours vertes seront défendues par leur arôme qui éloigne les troupeaux et les bergers. Le chœur donne la conclusion de cette légende, en exaltant l'Amour : puis, effrayé par l'exemple de Daphné, il demande que chaque amant soit, grâce à la protection de l'Amour, payé de retour par la personne aimée. Ce dernier chœur débute par le vers devenu célèbre : « Belle nymphe fugitive... », qui donne le ton exact à cet ouvrage. En effet, c'est dans cette fable dramatique qu'apparaît, pour la première fois, cette forme métrique bien rythmée et vocalisée qui demeurera pendant des siècles une des caractéristiques du mélodrame, en constituant la trame verbale sur laquelle le génie musical italien déroulera son inépuisable inspiration mélodique, depuis le simple récitatif jusqu'aux fioritures les plus hardies du « bel canto ». Daphné, dans certaines éditions, est précédée par une courte ode adressée à Jacopo Corsi, qui représenta et mit en scène cet opéra.

★ Il ne nous reste malheureusement plus aucune trace de la musique écrite pour la *Daphné* de Rinuccini ; il ne nous est donc pas possible de savoir avec exactitude quelle était la valeur artistique de cet opéra, qui fut le premier drame musical et dont l'importance est décisive dans l'histoire du mélodrame. De plus, il semble qu'à cette musique aient également collaboré Jacopo Corsi (environ 1560-1604) et Giulio Caccini (1550-1618). Cet opéra fut représenté à Florence dans la demeure de J. Corsi, en 1594 ; d'autres représentations furent données au cours des années suivantes. Les nouvelles théories musicales, sur la façon de « parler en chantant », élaborées dans les réunions de la Camerata de Florence, eurent avec *Daphné* ainsi qu'avec *Eurydice* (*), une affirmation artistique splendide. Le monde intellectuel de la Renaissance était sûr d'avoir retrouvé, dans le récitatif musical, la méthode employée par les Grecs, dans leurs tragédies.

★ Ensuite le drame de Rinuccini fut mis en musique par Marco Da Gagliano (1582-1642) et représenté, en 1608, à la cour de Mantoue. Il semble que cette musique, composée selon les nouveaux principes, ait marqué un perfectionnement technique en comparaison de celle de Peri, à cause de l'utilisation plus savante de l'orchestre et des airs.

★ Un autre opéra, *Daphné*, d'après le même poème de Rinuccini, traduit en allemand par Martin Opitz (1597-1639), fut donné, avec une musique de Heinrich Schütz (1585-1672) au château de Torgau (en 1627). Il s'agit du premier opéra musical créé en Allemagne ; sa partition a été détruite dans un incendie. En 1719, Antonio Caldera a fait représenter à Vienne un opéra-seria, *Daphné* [*Dafne*].

★ En peinture, rappelons le tableau d'Andréa Appiani et celui de Gérard (au Louvre), et de nombreuses fresques murales.

DAPHNÉ de Vigny. Roman posthume de l'écrivain français Alfred de Vigny (1797-1863), publié par Fernand Gregh, en 1912, à Paris. Écrit vers 1837, il se présente dans l'œuvre de Vigny comme la continuation de *Stello* (*) et constitue le deuxième entretien du docteur Noir et de Stello, le premier symbolisant la raison, le second le sentiment. Un soir de fête, devant le spectacle offert par la foule, où « chacun semble chercher et demander quel désir l'a guidé », Stello interroge le docteur : le bonheur ne serait donc pas possible pour les hommes ? Ce dialogue est interrompu par l'arrivée d'une religieuse qui les conduit chez un étudiant malade, Trivulce. Chemin faisant, ils assistent au siège de l'archevêché (nous sommes en 1831). L'étudiant possède quatre lettres manuscrites d'un marchand juif du IVe siècle après J.-C. Ce dernier raconte dans la première, qui est la plus longue, son arrivée à Antioche et sa rencontre, dans le temple consacré à Daphné, avec le vieux philosophe païen Libanius. Pendant un dîner, auquel prennent part aussi deux disciples du maître, Basile et Jean, païens comme lui, mais qui deviendront plus tard saint Basile et saint Jean Chrysostome, la conversation roule sur l'empereur Julien qui, après avoir manifesté une grande foi, est retourné au paganisme. L'empereur arrive à l'improviste et explique les raisons de son profond changement. L'humanité seule l'intéresse ; le mal réside dans l'ignorance : loin des dogmes, les hommes pourront devenir meilleurs. Dans sa réponse, partie essentielle du livre, Libanius soutient que ceci est tout simplement un rêve, car le peuple a besoin d'une métaphysique pour conserver sa morale, et les nouveaux symboles chrétiens ont désormais plus de force que la mythologie antique. Dans les autres lettres, le Juif raconte la révolte d'Antioche, l'arrivée des Barbares et enfin la mort de l'empereur. Le temple de Daphné est détruit par les chrétiens. Ayant achevé leur lecture, Stello et le docteur observent de nouveau le peuple qui chante, rit et continue son œuvre de destruction sacrilège. Le sac de l'archevêché et la ruine du temple païen sont deux moments semblables dans l'histoire des âmes : jadis mourait le paganisme et maintenant s'éteint la foi chrétienne. Quelle autre religion surgira pour sauver la morale ? L'aventure du jeune empereur est un symbole qui voile le problème capital de la philosophie, celui de la morale. Celle-ci devrait, dans la pensée intime de Vigny, s'élever à une valeur absolue sans le secours des dogmes : ainsi la morale des stoïciens ne demande plus rien à la religion. Dans *Daphné,* Vigny ne va pas jusque-là, puisque, par la bouche de Libanius, il accepte mélancoliquement que la foi sauve encore la conscience. Riche d'idées, cette œuvre, nouvelle dans sa forme de roman philosophique, a d'incontestables mérites artistiques. La promenade de la foule est rendue d'une manière réaliste, tandis que la digression sur les amours d'Abélard et d'Héloïse rejoint les accents de la passion ; le style est grandiose et sévère.

DAPHNÉ ADEANE. Roman de Maurice Baring (1874-1945), auteur dramatique, poète et romancier anglais. Maurice Baring aborda très tard la carrière des lettres, il écrivit d'abord des poèmes (*Collected Poems,* 1925) puis un livre de souvenirs : *Les Marionnettes de la mémoire*, enfin de courtes pièces de théâtre réunies sous le titre de *Drames miniatures* [*Diminutive Dramas,* 1925]. En 1924, il débuta dans la carrière de romancier avec un roman-fleuve *« C »* qui connut rapidement un très grand succès. Deux ans plus tard, il publiait *Daphné Adeane.* Comme dans son précédent roman, le personnage central de ce roman est une femme, mais cette fois, Daphné Adeane est morte avant que ne commence le roman ; toutefois c'est le souvenir énigmatique de cette femme qui planera sur toute l'histoire et unira, d'un lien subtil, des personnages qui ne l'avaient même pas connue de son vivant. Michael Choyce, jeune parlementaire anglais d'avenir, décide, sur les conseils d'une vieille tante, de se marier. Il choisit une jeune fille, Fanny, en partie à cause de sa ressemblance avec le portrait d'une femme morte depuis plusieurs années, Daphné Adeane. Fanny est toute prête à aimer son mari mais celui-ci, qui professe un mépris total pour les jeunes filles, ne fait même pas l'effort nécessaire pour la connaître. Bien que fidèle à son mari, Fanny décide au bout de quelque temps de vivre pour elle-même. Obsédée, elle aussi, par le souvenir de Daphné Adeane, elle rencontre un de ses meilleurs amis, l'écrivain Léo Detrick, qui devient son confident. Lorsque Michael découvrira enfin la personnalité de sa femme et s'éprendra d'elle, il sera trop tard. Ils auront perdu leur chance d'être heureux. Mais la guerre éclate, et le ménage est séparé par les événements. Engagée volontaire, Fanny rencontre le mystérieux Francis Greene, l'ami le plus intime de Daphné Adeane avec Léo Detrick, et elle devient sa maîtresse. Elle apprend par la suite que Michael a disparu. La guerre terminée, elle est sur le point d'épouser Francis Greene, lorsqu'un télégramme lui annonce qu'on a retrouvé son mari. Désemparée, elle écoute les conseils d'un prêtre, le père Rendall et, peu après, elle quitte Francis Greene et se convertit au catholicisme, ne trouvant que dans la foi catholique la force suffisante pour renoncer au bonheur. Écrit dans un style sobre, ce roman présente une peinture très vivante des milieux politiques et artistiques anglais avant la guerre de 1914 ; les personnages de Baring sont mus non par des raisonnements, mais par des intuitions et des appréhensions dont ils vérifient ensuite la réalité ; ils sont conduits par une fatalité qui se manifeste d'abord discrètement dans leur vie sous forme d'obsessions passagères puis les écrase sous son poids, mais cette fatalité incompréhensible pour ceux qui la subissent n'est pas aveugle ; c'est pour Baring l'essence même des rapports entre l'homme et Dieu, et sa propre conception du catholicisme. — Trad. Stock, 1946.

D'APRÈS PARIS. Recueil du poète français Léon-Paul Fargue (1876-1947), publié en 1932. C'est une suite de rêves, de fantaisies et de cauchemars élaborés au cours des randonnées que Fargue, en compagnie de ses fantômes, accomplit dans ce Paris nocturne qu'il aima tant — v. *Haute solitude* (*) et *Le Piéton de Paris* (*). Proses en forme de poèmes, récits et fragments échappés à l'oubli suffisent à composer un des livres les plus précieux et les plus sensibles qu'ait inspirés ce monde charmant et désuet qui disparut quand disparurent les fiacres. Tableaux d'hier, sauvés du ridicule, et visions du présent s'amalgament dans la mémoire douloureuse du poète. Mais comment poursuivre ce qui ne peut revivre ? Et Fargue d'emprunter un fiacre : « Le fiacre sentait le cuir moisi, le vieux tapis, le chien mouillé, la brosse à reluire, la croupe chaude. » Nous y sommes donc, et plus rien n'arrête le poète : car il retrouve tous les mots, toutes les images de l'enfance — si chère à son cœur — dont il a dit la tendresse jalouse et ingénue. Livre du « chagrin qui n'a pas séché, qui n'a pas durci », *D'après Paris* reconstitue, pour nos regards éblouis, ce ciel de Paris où la tour Eiffel lançait timidement ses premiers arceaux de dentelle ; c'était aussi l'époque où les voyages dans l'omnibus Madeleine-Bastille étaient, pour le garçon qui commençait à sortir seul, « ses débuts dans le monde » : « Pensez donc, un salon qui roule et où l'on n'est pas obligé de parler ! » Ce livre tient son charme de cette admirable fusion qu'il réalise entre le souvenir d'une époque disparue et celui d'une jeunesse dont le poète avoue ne s'être jamais guéri. Les êtres chers et familiers sont là, ressuscités dans l'air qui les vit se mouvoir ; et pour être moins mouvementé que le voyage dans *Vulturne* – v. *Espaces* (*) –, celui-ci n'est pas moins déchirant : « Au terme de toutes les lignes du monde, il n'y a pas de choses sérieuses... il n'y a même pas un sentiment. Il y a un fantôme. » Et ici, c'est bien celui de Fargue que nous retrouvons, « debout, les jambes fatiguées... dans le plein milieu de la place Maubert », humain, amer et si proche.

DAŚAKUMĀRACARITA [*Les Aventures des dix princes*]. Ouvrage indien en prose composé vers la fin du VIIe siècle par Daṇḍin, célèbre rhéteur et poète. Il appartient à la catégorie des « kāvya » en prose, c'est-à-dire de ces ouvrages littéraires qui, sans recourir aux artifices extérieurs de la prosodie, possèdent néanmoins tous les ornements et toutes les fioritures des « kāvya » poétiques dont le premier exemple est le *Rāmāyana* (*). Ces « kāvya » en prose ont un caractère romanesque : leurs sujets sont puisés dans la littérature narrative, tandis que les « kāvya » en vers, ou poèmes, les empruntent aux cycles des dieux et des héros. Le *Daśakumāracarita* (ainsi que d'autres livres de la littérature narrative indienne, comme la *Vetālapañcavimśatikā* [*], la *Shukasaptati* [*], la *Simhāsanadvâtrimśikā* [*]) se compose d'une série d'histoires, de nouvelles, incluses dans un seul récit qui leur sert de cadre. Voici le contenu de ce récit : le prince Rājavāhana, fils de l'ex-roi Magadha, grandit au milieu des forêts ; en sa compagnie vivent neuf jeunes gens de son âge, dont certains sont aussi des princes et d'autres des enfants de ministres. Une fois adultes, ils partent tous les dix à la conquête de territoires. Après de nombreuses et extraordinaires aventures, tous se retrouvent finalement (la scène se passe dans un parc) et chacun de raconter ce qu'il a vu, connu et entendu. Ces récits ont un contenu très varié et sont riches d'éléments fantastiques, colorés et étincelants. Les intrigues, qui sont en général compliquées, se déroulent toutes au milieu d'événements merveilleux et extraordinaires. L'auteur se plaît à chanter et exalter la beauté féminine et s'attarde à nous donner la description de nombreuses scènes d'amour. Ces passages si curieux ne montrent pas seulement une très vive inspiration érotique et sentimentale, mais aussi une profonde connaissance du *Kāmaśāstra* ou science de l'amour, telle qu'elle a été décrite dans l'ouvrage de Vātsyāyana, le *Kāma-Sūtra* (*). On ne peut considérer ces récits comme entièrement nouveaux : on a en effet découvert pour certains d'entre eux des ressemblances et des sources évidentes d'inspiration dans la *Brihatkathā* (*) et dans le *Kathāsaritsāgara* (*), ainsi que dans les *Jātaka* (*). – Trad. Durand, 1862.

DATURA (Le) [*Tatoul*]. Roman de l'écrivain bulgare Georgi Karaslavov (1904-1980), publié en 1938. Ce livre retrace la vie d'une pauvre famille paysanne aux prises avec les innombrables difficultés de la vie. La narration commence par l'enterrement de Mintcho, victime d'un stupide accident du travail. Mintcho était jeune, actif, plein d'enthousiasme et de dynamisme. Il avait des idées de gauche, et pour la défense de ses opinions avait même fait quelques années de prison. Son image revit devant nous à travers son souvenir et le lourd héritage politique qu'il a légué à son frère cadet, Ivan. La mère des deux garçons, Mariola, est une paysanne dure, âpre au gain. Elle prend en grippe, après la mort de son fils aîné, la femme de celui-ci, Tochka. Désormais, elle n'aura qu'une hâte, sauver ses champs et ses biens d'un remariage de Tochka et du partage qui en résulterait. Fin psychologue, Karaslavov nous fait suivre pas à pas la progression du désir de Mariola de supprimer sa bru. Après avoir tout essayé et l'avoir fait travailler par tous les temps, la belle-mère irascible décide d'empoisonner Tochka avec du datura. Alors commence une période fébrile de préparatifs et d'atermoiements, d'impatiente attente. Mais la bru est solide et pleine de vigueur, ce qui fait le désespoir de la belle-mère. Ivan, le beau-frère, quoique homme aux idées avancées, est partagé entre l'amour de ses terres et la haine qu'il a contractée sous l'influence de sa mère, contre sa belle-sœur. Il se laissera finalement convaincre par la mère de la justesse de ses vues. Mariola, sa résolution prise, pour donner le change adopte une position fausse, conciliante. Mais sa décision doit être exécutée, coûte que coûte. Lorsqu'elle présente le breuvage empoisonné à sa bru, elle le fait avec la conviction de remplir un devoir sacré. Et Tochka meurt, innocente victime de l'incompréhension et de la fatalité, alors que triomphent l'ignorance et la haine.

DAVID. Roman de l'écrivain français André Dhôtel (1900-1991), publié en 1948. Au village de Bermont, non loin de Charleville et des forêts de l'Argonne, la mère Filasse recueille un enfant trouvé qui arrive un soir de janvier. David a la « grâce imparfaite des sculptures archaïques » et se singularise par une indifférence totale aux coups comme aux gentillesses. À son insu, il exerce une étrange séduction sur ses compagnons, à commencer par Barnabé, puis sur Robier, vieillard richissime qui achète toutes les terres du pays et vit dans une maison entourée d'une immense terrasse. Mais David a l'indépendance des animaux sauvages : il reste froid aux propositions de Robier, qui veut l'adopter après la mort de la mère Filasse, et suit au contraire la mère Mataud qui déteste Robier. Plus tard, David et Barnabé iront ensemble au collège, à Reims. De retour à Bermont, David fréquente Nelly, la petite fille de la mère Filasse, puis s'en va à Paris en compagnie de Barnabé. Il devient maître d'internat, pratique plusieurs métiers, passe un diplôme d'école pratique et se retrouve au Havre dans un hôpital où un industriel lui procure une belle situation. Il ne s'y laissera pourtant pas enchaîner. Le voilà bientôt à Charleville où il retrouvera Nelly et fera connaissance de son fils. Tous trois un jour reviennent à Bermont abandonné et désert. Les habitants ont disparu, les maisons sont en ruines, seule Mataud est restée comme pour narguer son vieil ennemi Robier. David s'installe dans le pays et bientôt la mort de Robier le fait hériter d'immenses terres, où viennent vivre des êtres en marge attirés par sa personnalité et le désir de jours calmes. Ils travaillent l'indispensable lopin de terre nécessaire à leur subsistance, se baignent, et le soir se promènent sur l'immense terrasse qui domine l'ancien hexagone des cultures, mouvante friche à présent. Le livre fermé sur la vision de cette colonie dont David, après en avoir été l'initiateur, est en quelque sorte le guide, nous restons éblouis. Par des voies banales, les personnages de ce livre, « méthodiques comme le vol d'un épervier et pareillement dénués de hâte cupide », nous ont entraînés en un lieu de sagesse et de beauté. Le style a cette même simplicité convaincante, toujours auréolée d'une poésie qui semble sourdre spontanément des mots.

DAVID COPPERFIELD. Roman de l'écrivain anglais Charles Dickens (1812-1870), publié en 1849-1850. Dickens le préférait à tous ses autres livres, sans doute parce que les péripéties de l'odyssée du protagoniste qu'il dépeint sont d'origine autobiographique. Le récit est raconté à la première personne. Les premiers chapitres, qui sont une des meilleures réussites du romancier, représentent David en compagnie de sa jeune mère qu'il adore ; c'est une créature douce, mais faible et vaniteuse ; auprès d'eux, il y a l'étrange Peggotty, dont les manières sont brusques, mais dont le cœur est plein d'une tendre affection. Cette vie idyllique est interrompue par le mariage de la jeune veuve avec Mr. Murdstone, un homme cruel qui se dissimule sous le masque de la fermeté virile ; celui-ci, encouragé par sa digne sœur, finit par causer la fin prématurée de sa jeune et naïve épouse. Les impressions de l'enfant qui ne parvient pas à s'adapter à cette nouvelle ambiance, et qui se replie sur lui-même, muet de terreur et assoiffé de tendresse, sont magistralement rendues par Dickens. Le beau-père envoie l'enfant révolté à l'école, où il a à subir les mauvais traitements du tyrannique maître Creakle. Il y conçoit une admiration sans bornes pour un de ses compagnons, Steerforth, un jeune homme séduisant qui devra plus tard le décevoir, et se lie d'amitié avec le bon Traddles, l'optimiste, dont le passe-temps est de dessiner des squelettes. David est ensuite condamné par son beau-père à faire des besognes serviles dans le magasin de Murdstone & Grinby à Londres ; il vit alors dans une profonde détresse matérielle et morale – reflet de la vie que mena Dickens, jeune, à la fabrique de cirage ; il est heureusement réconforté par l'amitié de Mr. Micawber et de sa famille. Mr. Micawber est une des immortelles créations de Dickens : commis voyageur, taillé à coups de serpe, qui dramatise toujours de façon pittoresque les circonstances de sa propre vie.

David s'enfuit de Londres et se rend à Douvres à pied ; il finit par arriver exténué à la villa de la tante Betsy Trotwood, une excentrique qui s'était désintéressée de lui à sa naissance parce qu'elle aurait voulu qu'il soit une fille. Auprès de la tante vit un doux maniaque, le pauvre Mr. Dick, qui n'arrive plus à mener à bien un mémoire sur ses affaires parce qu'il est obsédé par le souvenir de Charles Ier. David poursuit son éducation à Canterbury, dans la maison de l'avocat de miss Trotwood, Mr. Wickfield, dont la douce et intelligente fille, Agnès, exercera plus tard une grande influence sur sa vie. Puis il va faire son apprentissage auprès de Mr. Spenlow, de l'étude Spenlow et Jorkins (équipe qui devait devenir proverbiale à cause du système de Spenlow qui consistait à attribuer, à son associé et homme de paille, ses actes les plus impitoyables). David retrouve Steerforth et le présente à la famille de son ancienne nourrice, Clara Peggotty ; la série de malheurs, causée à cette humble famille de pêcheurs par ce jeune homme sans moralité, est un roman dans le roman ; il abonde en incidents dramatiques et spectaculaires jusqu'au naufrage dans lequel le séducteur, Steerforth, périt avec le fiancé de la petite Émilie (Little Emily) qu'il a séduite, alors que ce dernier risque sa vie pour le sauver. David, qui ne voit pas l'affection qu'Agnès Wickfield lui porte, épouse Dora Spenlow, une gracieuse petite sotte, et acquiert peu à peu la gloire littéraire. L'idylle de David et de Dora est décrite avec poésie, mais non sans certains traits d'humour délicat.

Au bout de quelques années, Dora meurt, et David, d'abord inconsolable, découvre bientôt quelle erreur il a faite en négligeant Agnès. Le père de celle-ci est tombé entre les mains d'une canaille hypocrite, son factotum Uriah Heep, homme au visage cadavérique et aux mains gluantes, qui administre son patrimoine et aspire à la main d'Agnès. Les méfaits de ce mélodramatique et sinistre individu sont démasqués par Micawber devenu son clerc et par Traddles qui réapparaît comme avocat. Tout se termine pour le mieux : Heep est condamné pour faux et pour appropriation indue, David épouse Agnès, Mr. Micawber règle finalement ses dettes et obtient une place de magistrat colonial qui lui permet de mener une vie honorable. Ce roman, considéré à juste titre comme le chef-d'œuvre de Dickens, illustre parfaitement ses qualités (vivacité des personnages et des esquisses) et ses défauts (intrigue mélodramatique, sentimentalisme), qui se fondent en un admirable tableau, très complexe, qu'anime la chaleur des souvenirs autobiographiques. – Trad. Gallimard, 1954.

DAVID DE SASSOUN [*Sassountsi Davit*]. Épopée populaire arménienne, anonyme. Le premier cycle épique connu des Arméniens, remontant au IIIe siècle avant notre ère, a été recueilli et utilisé par Moïse de Khorène dans son *Histoire des Arméniens* (*), au Ve siècle. Le second, que l'on retrouve chez P'awstos Buzand, se réfère aux événements du IVe siècle de notre ère. *David de Sassoun* reprend des éléments de ces deux cycles épiques, en particulier les plus archaïques. Sa période de formation peut être datée du VIIe ou du VIIIe siècle, c'est-à-dire de l'époque de l'invasion arabe et de la lutte que les Arméniens ont menée contre les envahisseurs. Ce qui est remarquable est qu'on ne trouve aucune trace écrite de l'épopée jusqu'au XIXe siècle. La première publication, à Constantinople, date de 1874, et elle est due à Servandzdiants. La seconde, en 1886, à Chouchi, est celle de Manouk Abeghian. L'épopée était transmise de façon « artisanale » : à l'époque où elle a été recueillie, ses chanteurs et ses récitants n'étaient pas des trouvères professionnels. Certains pourtant étaient des maîtres, qui veillaient encore à sa transmission. L'aire de formation de l'épopée est la région de Sassoun, au sud-ouest du lac de Van, d'où elle est passée d'abord à toute la région de Mouch et de Bitlis. Les versions que l'on connaît (publiées dans une grande édition en trois volumes à Erevan, entre 1937 et 1939) sont récitées pour beaucoup dans des dialectes arméniens occidentaux. Abeghian a recueilli et étudié lui-même un grand nombre de ces variantes, mais il a composé aussi en 1939 une version standard, en arménien littéraire oriental, synthétisant les épisodes disparates. En effet, l'absence d'une version unitaire, due au manque total de contact avec l'écrit pendant près de douze siècles, ainsi qu'à la dispersion géographique, avait eu pour effet des différences de traitement et parfois des divergences notables. Les versions de Sassoun sont toutefois les plus complètes et les plus compactes. L'épopée raconte l'histoire fabuleuse de quatre générations de héros, et possède donc quatre « branches » : celle de Sanassar et Balthassar, les fondateurs de Sassoun, qui fait intervenir les éléments les plus antiques, et contient en particulier un véritable mythe de fondation, puis celle de Mehèr le Lion, celle de David (la plus développée), et celle du petit Mehèr. Ce dernier n'a pas de descendance, et il est condamné à être enfermé dans une grotte, dont il ne sortira qu'à la fin des temps, autre « mythème » antique, que l'on trouve déjà chez Moïse de Khorène. À l'initiative de l'U.N.E.S.C.O., l'épopée (version littéraire) a été traduite dans diverses langues de la planète. – Trad. par F. Feydit, Paris, 1964.

Ma. N.

DAVID GOLDER. Roman de l'écrivain français d'origine russe Irène Némirovsky (1903-1942), publié en 1929. *David Golder* est le roman d'une tragédie. Il met en scène la longue agonie de David Golder, financier international âpre au gain. David Golder est un personnage ambigu : à la fois bourreau et victime. Bourreau, il ne rêve que d'accroître sa puissance, un peu à la manière du *Citizen Kane* d'Orson Welles. Insensible aux prières de son associé qui court à la ruine : « Je... j'ai terriblement besoin d'argent, David... Tu ne veux pas... me laisser gagner un peu ? », sa réponse tombe comme un couperet : « Non. » C'est un homme malade, usé, miné par sa vie d'homme d'affaires ; *David Golder* c'est aussi une chronique d'une mort prochaine. La mort est omniprésente dans le roman. Il y a tout un chapitre où la crise cardiaque qui frappe le financier est décrite de façon hallucinatoire : « L'obscurité, épaisse et noire, opaque, pesait sur lui comme un couvercle [...] L'air entrait dans ses poumons avec un bruit étrange et grotesque. » Victime, David Golder l'est à plusieurs titres. C'est un homme qui est prisonnier d'une spirale infernale : gagner de l'argent, toujours plus d'argent. Gloria, sa femme, et Joyce, sa fille, de par leurs demandes incessantes, furieuses, oppressantes, précipitent le drame. En ce sens, elles apparaissent comme des messagères de mort, soucieuses seulement d'entretenir leurs gigolos, de se parer de pierres précieuses. « C'est une merveille, n'est-ce pas ? dit Gloria à Golder, tu me reproches de dépenser trop ? Par les temps qui courent, les bijoux, c'est le meilleur des placements [...] Ah ! si tu me donnais plus d'argent... » Gloria ira même jusqu'à cacher la gravité du mal qui frappe Golder pour l'empêcher de s'arrêter de faire des affaires : « Je me suis arrangée pour que Ghédalia ne dise rien. Il voulait le faire renoncer aux affaires... Comment aurions-nous vécu ? » La maladie qui ronge progressivement Golder tout au long du roman le rend de plus en plus lucide. Il ne se fait plus aucune illusion sur Gloria et – ce qui est un désespoir pour lui – sur sa fille. « Faire de l'argent pour les autres, et puis crever, c'est pour ça que je suis sur cette sale terre... Joyce, c'est une grue comme toi. » *David Golder* ressemble à bien des égards au *Père Goriot* (*) de Balzac. Dans l'un et l'autre roman, le père se sacrifie pour ses proches. À cette différence près que le « Christ de la paternité » de Balzac se faisait dérober son bien et croyait être aimé de ses filles : David Golder consent au sacrifice dans un dernier sursaut d'orgueil blessé. Il se tuera à la tâche pour que sa fille n'épouse pas, contrainte par la pauvreté, Fischl : « Fischl, répéta-t-il avec haine [...] Et puis il dira, le salaud... " La fille de Golder que j'ai prise pour rien... une chemise sur le dos ! "... »

P. Bl.

DAVIDSBÜNDLERTÄNZE. Œuvre pour piano, op. 6, du compositeur allemand Robert Schumann (1810-1856), parue en 1837. Autour de la revue *Zeitschrift für Musik,* Schumann avait réuni en 1834 un cénacle de jeunes, ardents comme lui, pour la défense de la grande musique allemande contre la faveur allant à la virtuosité et à Rossini. Ses amis une fois dispersés par les circonstances de la vie, Schumann eut l'idée – ainsi qu'il le raconte lui-même – de cette « association plus que secrète », puisqu'elle n'existait que dans la tête de son fondateur : les « Davidsbündler » (compagnons de David). Il sembla opportun à l'auteur, pour permettre aux divers aspects de sa conception de se manifester, de créer des caractères artistiques opposés : parmi eux, Florestan et Eusebius, que le Maître avait pour mission de concilier, étaient les plus notables. Dans la suite pour piano qui porte le nom de *Davidsbündlertänze,* il ne reste rien de la polémique sur l'art qui constituait le but de l'association, mais seulement un continuel et mobile dialogue entre les deux éléments adverses et complémentaires d'une même personnalité : l'ardent, téméraire et impétueux Florestan, l'élégiaque, tendre et doux Eusèbius. Pour s'orienter dans l'œuvre, mais sans trop s'appesantir sur des détails déterminés, on peut attribuer à la personnalité d'Eusèbius les morceaux 2, 5, 7, 10, 11, 14, 17 et 18 ; à Florestan les numéros 3, 4, 6, 8, 9, 12, 13, 16, tandis que le 1 et le 15 semblent vouloir associer et faire alterner les deux figures. « Pièces caractéristiques », dit le sous-titre ; mais en réalité la beauté de cette suite réside surtout dans l'extraordinaire mobilité des sentiments, non encore objectivés et cristallisés comme ils le seront dans les œuvres de la maturité de Schumann, mais saisis dans cette instabilité du début qui est propre à une conscience tourmentée. Les deux personnages types, Florestan et Eusèbius, dialoguent en une alternance dont l'enchaînement est non pas logique mais sentimental ; on peut imaginer qu'Eusèbius tente de réconforter, avec une timidité affectueuse, Florestan dans son désespoir, de tempérer ses élans ; on le suppose jouissant dans une sérénité recueillie des expressions d'allégresse tumultueuse de son ami. L'essentiel est que leurs deux personnalités soient nuancées avec une infinie variété et conservent chacune non seulement leur individualité propre, mais leur signification mystérieusement complémentaire ; de ce fait, la suite forme réellement un tout organique, et aucune des dix-huit pièces n'a de sens si elle est exécutée seule.

Cette magnifique mobilité affective produit un langage musical nouveau. Il n'y manque pas de réminiscences beethovéniennes (en particulier dans les pièces liées à Florestan), mais elles se réduisent à d'épisodiques et éphémères analogies dans l'écriture ; dans l'ensemble, il faut admirer en Schumann l'originalité du vocabulaire et l'indépendance à l'égard du maître pour lequel il avait tant de vénération. Sa fuyante instabilité expressive fait que le thème se cristallise rarement en une phrase complète, avec ses sacramentelles symétries de huit en huit mesures. Plutôt que des thèmes, on a des débuts de motifs ; plutôt que des phrases, des accents, dont l'élaboration est réduite au minimum. Ces pièces sont donc très brèves et traduisent parfaitement les sinuosités de la vie affective. La succession d'états d'âme disparates sur le fond commun d'une personnalité cohérente est capricieuse comme le jeu des nuages en un ciel de printemps ; Schumann veille attentivement à ne pas en abîmer la fraîcheur par des pédanteries de construction. Il en résulte une écriture pianistique de grande originalité, qui est vraiment à la base de l'écriture moderne ; la scission, au XVIIIe siècle, entre le chant et l'accompagnement, que Beethoven avait déjà puissamment limitée en incorporant la mélodie à l'harmonie, disparaît totalement dans nombre de ces pièces et spécialement dans celles qui se rattachent à Eusèbius. Dans les numéros 2, 10, 15 par exemple se trouve déjà la conception moderne – que l'œuvre de Brahms contribuera beaucoup à élaborer – de l'écriture pour piano comme un tout harmonique auquel les deux mains concourent à égalité de rôle et dont le chant émerge, telle une efflorescence ; écriture dont on doit rechercher l'origine lointaine chez Bach, l'origine proche en des intuitions beethovéniennes comme l'adagio de la *Sonate au clair de lune* (*), et dont il est possible de trouver les dernières et subtiles filiations dans des œuvres contemporaines comme la *Sonatine* (*) de Ravel. Généralement plus conventionnelles, les pièces de Florestan contiennent quelques éclairs de génie dans les épisodes isolés, par exemple le fragment en si majeur du n° 13 et l'original enchaînement des parties dans la pièce n° 16, mesures 10-17.

DÉBÂCLE (La). Roman de l'écrivain français Émile Zola (1840-1902), publié en 1892. La fresque des *Rougon-Macquart* (*) se ferme sur le plan historique et social par ce dix-neuvième volume. Il raconte la débâcle de l'armée française à Sedan devant les troupes prussiennes et en analyse les causes (impéritie de l'état-major, manque de préparation, d'entraînement, d'équipement, rôle joué par l'impératrice et son entourage de bonapartistes durs). Il retrace la débâcle du régime impérial remplacé le 4 septembre par la IIIe République, le siège de Paris, la Commune et sa répression.

Ce que Zola veut surtout montrer, en réaction contre une abondante littérature patriotique et revancharde, c'est la réalité de la guerre. Sa trouvaille, c'est d'avoir pris pour personnage principal, non un individu, mais un groupe d'hommes, quelques soldats du 7e corps et leur caporal, Jean Macquart, et de les suivre dans leur calvaire et l'ignorance totale de ce que leur hiérarchie, incapable ou obéissant aux ordres de Paris, leur fait faire. Souffrances, peurs, démoralisation, faim, soif, mais aussi actes de courage ou de solidarité, il parle de la guerre à partir de témoignages que des combattants ou des civils lui ont envoyés sur ce qu'ils ont enduré. L'amitié qui naît entre le paysan Jean Macquart et l'intellectuel Maurice Levasseur, qui s'est engagé comme homme de troupe, donne cohérence et tension dramatique à ce long récit. Elle prend valeur symbolique : Jean représente la France saine, sage, désireuse de paix, Maurice, l'exalté, s'emportant contre les injustices en des rêves fous et néfastes. Jean, qui entrera à Paris avec les troupes régulières, portera sans le savoir un coup mortel à Maurice, qui se bat avec les Communards et meurt en souhaitant la purification de la ville par le feu et la naissance d'une « société nouvelle, [...] heureuse et candide ». La guerre est régénératrice. La branche pourrie de l'arbre a été coupée. Jean peut marcher « à l'avenir, à la grande et rude besogne de toute une France à refaire ». Comme dans l'éternel cycle de la nature, la vie naît de la mort.

La Débâcle fut un des plus grands succès de librairie de l'époque. Les ventes chutèrent avec l'affaire Dreyfus, l'œuvre apparaissant alors comme une critique de l'armée et, particulièrement, de l'état-major. C. Be.

DÉBÂCLES (Les). Quatrième recueil de poèmes du poète belge d'expression française Émile Verhaeren (1855-1916), publié en 1888, (tiré à 100 exemplaires, dont 45 avec frontispice d'Odilon Redon) par Edmond Deman, à Bruxelles; réimprimé en 1896 dans les *Poèmes, nouvelle série, Mercure de France,* à Paris ; puis, en 1919, dans le tome II des *Œuvres de Émile Verhaeren* (même éd.). Il contient dix-neuf poèmes. Avant ce volume, Verhaeren avait donné, en vers, *Les Flamandes* (*) (Bruxelles, 1883), *Les Moines* (*), et *Les Soirs* (*) (1887), et, en prose, *Les Contes de minuit* (Bruxelles, 1885). *Les Débâcles* sont, si l'on veut, le panneau central d'un triptyque dont les volets sont *Les Soirs* (*) et *Les Flambeaux noirs,* qui parurent en 1887 et 1889. Ces trois suites correspondent à une étape significative de la vie, de l'art et de la pensée de l'un des deux maîtres de la poésie française en Belgique, l'autre étant son ami Charles Van Lerberghe — v. *Entrevisions* (*) et *La Chanson d'Ève* (*). On peut même dire qu'elles marquent l'avènement de sa véritable manière et de sa puissante personnalité ; on ne les aborde pas sans surprise après le réalisme truculent et joyeux des *Flamandes* (*) (qui fait songer à un Richepin plus distingué et à un Maupassant poète plus musical) et le mysticisme décoratif des *Moines* (*). Cette trilogie — comme l'ont nommée Albert Mockel et André Beaunier — fut la transposition d'une crise physique et morale, due sans doute à un mauvais état de santé (angoisses cardiaques et troubles de la vue) et au déchirement provoqué par la perte définitive de toute croyance religieuse. *Les Débâcles* constituent la « répercussion morale » et l'état de « neurasthénie d'écorché vif » (Mockel) de la maladie décrite dans *Les Soirs* (*). On y sent comme l'approche d'une démence brutale et fiévreuse, comparable à celles que connurent Nietzsche et Van Gogh. Ces pages tourmentées, au rythme haché, sinistres et souvent traversées de mystérieux éclairs, furent inspirées en partie par les longs séjours que Verhaeren faisait alors à Londres et dans sa banlieue industrielle. Il y règne une perpétuelle atmosphère de cauchemar, dans un décor de brouillard, de suie, de poix, de bitume. S'il est vrai que certaines d'entre elles ne sont pas exemptes de système, d'artifice, de recherche voulue dans le style comme dans le thème, elles demeurent très importantes dans l'évolution du poète prodigieusement varié, robuste et libre des *Campagnes hallucinées* et des *Villes tentaculaires* (*), où ces procédés s'appliqueront mieux à l'exaltation de la fête et du drame humains qu'à l'analyse, ici trop cérébrale, d'un « moi » transitoire et versatile. Signalons, en passant, que *Les Débâcles* portaient primitivement le sous-titre caractéristique de « Déformation morale » ; le poète entendant par là qu'il s'agissait avant tout, dans son esprit, d'une expérience nécessaire.

C'est aux *Débâcles* qu'appartiennent les deux magnifiques poèmes intitulés « Prière » (« Lunes de gel dans les grottes de l'or nocturne... ») et « Pieusement » (« La nuit d'hiver élève au ciel son pur calice... »), où, sous un blasphème apparent, un grand cœur sincère pleure encore sa foi perdue. Enfin, il convient d'observer que c'est là le dernier ensemble lyrique où Verhaeren ait fait usage d'un vers relativement régulier, encore qu'on y pressente çà et là les affranchissements métriques inaugurés avec *Les Flambeaux noirs* : bientôt, en effet, la nature impétueuse et hardie d'Émile Verhaeren fera craquer les vieux moules de la prosodie, comme elle violera parfois les lois de la syntaxe et du vocabulaire.

DÉBARCADÈRES. Ce recueil, publié en 1922, représente à tous égards dans l'œuvre du poète français Jules Supervielle (1884-1960) une véritable libération. Nourri des impressions d'un voyage en Amérique du Sud, il est parcouru par « la griserie d'être libre après quatre ans de guerre », et le poète s'y délivre des contraintes académiques, adoptant pour la première fois le vers libre, et parvenant enfin à exprimer son « moi profond ». Il célèbre à la fois ses retrouvailles avec les paysages immenses de son enfance (« La Pampa »), le mouvement perpétuel (« Paquebot ») et la diversité du monde (« Une paillote au Paraguay »), qui lui inspirent des images audacieuses, dans un langage bariolé, mêlant les tons et les niveaux de langue. Mais cette ouverture aventureuse comporte un risque de dispersion : les « Distances » engendrent l'angoisse (« Flotteurs d'alarme ») et la nostalgie : « Voyageur, voyageur, accepte le retour / ... / Ton rêve modelé par trop de paysages, / Laisse-le reposer en son nouveau contour. » Et de fait, Supervielle se tournera bientôt, dans *Gravitations* (*), vers une poésie plus intériorisée, et il évoluera ultérieurement vers une forme plus rigoureuse : pour l'édition « revue et augmentée » qu'il donnera en 1934, il n'hésitera pas à sacrifier des images, des vers, des strophes entières, les jugeant désormais incongrus. Véritable mutilation, dont Supervielle s'avisera en 1956 : la dernière version du recueil qu'il donnera dans *L'Escalier* (*) représente une heureuse synthèse entre la version originale et les corrections les plus judicieuses de 1934. M. C.

DÉBAT (Le). Revue publiée à partir de mai 1980 par les éditions Gallimard, sous la direction de Pierre Nora. Sartre vient de mourir. Il semble que l'ère des maîtres à penser et des engagements soit finie. Comment redonner du sens à la vie culturelle en suscitant un lieu de confrontation raisonnée entre les idées – historiques, politiques et sociales ? Débat avec le temps : que faire d'un héritage historique dont les leçons nous échappent ? Comment appréhender l'avenir ? Comment, sous l'avalanche des informations non contrôlées, penser un « fonds commun » permettant de donner au citoyen les arguments nécessaires et réfléchis dont il a besoin pour déchiffrer le temps présent ? Ambition de ne pas laisser en friche les domaines de la pratique (éthique ou politique) alors que les idéologies semblent avoir dit tout ce qu'elles pouvaient dire, et de faire dialoguer une gauche de renouvellement et une droite qui ferait preuve d'intelligence. C'est explicitement que la revue s'inscrira contre la « disparition des entreprises théoriques » (dans le domaine des sciences de l'homme dont les années 80 marquent le reflux) et contre le « désenchantement » des intellectuels de moins en moins soucieux de la chose publique. C'est donc sur le fond du constat que les « valeurs de référence », les « normes de sensibilité » et les « formes de déchiffrement et d'interprétation de la réalité » doivent être pensées à nouveaux frais que la revue inscrira sa nécessité. De mai 1980 à janvier 1982, la production est exubérante (onze numéros par an), la mise en pages volontiers provocante, l'illustration souvent ironique. Sous une rubrique finale est introduit un ouvrage inconnu en France, dont de larges extraits sont traduits. À partir du numéro 19, on ne compte plus que cinq livraisons par an, dont une double, dans une présentation assagie et non illustrée, sauf exceptions ; si l'on y trouve encore les manifestations de tempéraments ou les traductions brillantes, la revue donne désormais une place de choix aux entretiens avec les hommes politiques et les personnalités en vue, tout en persévérant dans ses ensembles thématiques : l'humain dans l'homme, les fascismes, Foucault, le Musée d'Orsay, la Mélancolie, l'U.R.S.S., les bibliothèques, l'écriture, le paysage, l'historiographie, le religieux, la querelle du déterminisme (la série des articles sur ce dernier thème paraîtra dans un volume de la collection créée en marge de la revue). L'équipe réunie autour de Pierre Nora, comprenant Marcel Gauchet, Krzysztof Pomian, ainsi que Nicole et Louis Evrard (jusqu'en 1991), a le souci de présenter avec soin et rigueur des recherches qui s'efforcent d'être à l'écoute des malaises dont souffre notre civilisation. F. W.

DÉBAT DE FOLIE ET D'AMOUR (Le). Dialogue en prose de la poétesse française Louise Labé (entre 1516 et 1523-vers 1566), un des joyaux de son œuvre, imprimé à Lyon, en 1555. Il est fait d'une délicate allégorie. À l'occasion d'un festin donné par Jupiter, Amour et Folie arrivent ensemble au lieu des réjouissances et, pendant que l'un se dispose à entrer, l'autre lui barre la route. Amour entre en courroux, et Folie se met à discuter sur le droit de préséance. Amour, voyant que les paroles sont vaines, cherche à frapper Folie avec une flèche, Folie se rend invisible, et, pour se venger, lui met sur les yeux un bandeau qu'il ne pourra jamais plus enlever. Amour vient se plaindre à Jupiter du mauvais traitement qu'on lui a fait subir. Après s'être enquis des motifs de la dispute, Jupiter confie la défense d'Amour à Apollon et celle de Folie à Mercure. Ces deux plaidoiries constituent l'essentiel de l'ouvrage. La sentence de Jupiter condamne Folie à servir de guide à Amour. Ce *Débat* se rattache à toute une tradition littéraire qui, de Cicéron à Bembo, d'Alberti à Érasme, prend pour point de départ des questions philosophiques. Louise Labé fait montre d'une grande finesse d'observation lorsqu'elle décrit le comportement des amants, leurs songes, leur façon d'atteindre à un idéal. Les arguments mêmes dont se sert la Folie montrent la nature d'une passion qui fait comprendre la vie et qui idéalise les goûts sensuels pour les élever jusqu'aux sphères de l'esprit. L'existence aventureuse et les amours de la poétesse, surnommée la Belle Cordière, donnent aux différents exposés dont l'ouvrage est formé un double caractère d'amoureux propos et de réquisitoire en règle. La vie galante du XVIe siècle, le souvenir de Pétrarque et les dangers des passions inconsidérées sont représentés d'une manière qui donne un regain de vigueur à une littérature maintenant tombée en désuétude. L'œuvre, que Voltaire qualifia de gracieuse fable moderne, dépasse en valeur les discussions sur l'amour qui étaient de mise à cette époque, grâce à une souriante compréhension des défaites et des passions humaines.

DE BAUDELAIRE AU SURRÉALISME. Essai de l'écrivain suisse d'expression française Marcel Raymond (1897-1981), publié en 1933. C'est l'un des ouvrages majeurs de critique et d'histoire parus avant la guerre. La critique de Marcel Raymond, essentiellement respectueuse de toutes les nuances, fuit les synthèses trop faciles. Pour ce faire, elle choisit une « ligne de force », en fonction de laquelle se disposent les chapitres du livre, constate l'existence des préoccupations principales de l'époque et y participe si profondément que le livre devient une longue méditation sur l'essence même de la poésie. Rendre à la poésie de trois quarts de siècle toute sa dignité d'interrogation métaphysique et d'exploration aux régions profondes de l'être intérieur ; déceler à la fois ses nombreux contacts avec l'évolution contemporaine des valeurs sociales ; lui trouver des références dans l'épistémologie moderne ou les sciences psychologiques ; « voir les données essentielles d'une aventure ou d'un drame, auquel ont participé et participent un certain nombre d'êtres privilégiés » ; « noter les prémisses d'une dialectique qui se développe à travers l'histoire et qui emprunte à la durée humaine le lieu et les possibilités de son accomplissement, pour dessiner sur le plan de l'esprit un cycle idéal, un ensemble de démarches et d'aspirations entre lesquelles se révèle une mystérieuse cohérence », tel est le plan de grande envergure du critique. C'est ainsi que s'harmonisent ou s'opposent l'objectivité historique et l'anxiété personnelle et que tel chapitre sur le romantisme, le naturisme ou les fantaisistes fait dans l'ensemble du livre l'effet d'une survivance d'un plan antérieur. Le livre qui frappe surtout par la singularité d'une méthode (d'une vision) et d'une attitude spirituelle s'élève d'ailleurs au-dessus de toute critique. L'introduction, « Considérations sur le symbolisme », les pages sur le néo-symbolisme, celles sur Paul Valéry, tout le livre troisième nous faisant passer de Guillaume Apollinaire à Michaux forment un tout cohérent. Nous savions que la poésie moderne est une plongée dans les profondeurs noires de l'être et qu'elle tente, parallèlement au freudisme ou à l'œuvre proustienne, une exploration des régions inconscientes. D'autre part, certains manifestes de Jean Royère, certaines pages de Paul Valéry avaient mis en lumière les correspondances de la création poétique et de l'acte mystique dominant l'esthétique moderne. Cependant, aucune conciliation possible n'apparaît entre le penchant au rêve, à l'extase, à l'automatisme. C'est alors qu'intervient le désir d'intégration de Marcel Raymond : intégration dans le sens où elle est un épanouissement et une connaissance absolue des degrés, des couches de l'être, alors que dans le domaine littéraire, dans la mesure où on peut l'isoler, il s'agit d'établir les conditions d'un art pouvant exprimer cet épanouissement. Le point central, auquel reviennent sans cesse les méditations de Marcel Raymond, c'est « l'unité de l'esprit redécouverte dans la multitude même de la matière », toutes les aspirations multiples, inconciliables ne prennent leur vraie valeur que si elles sont ramenées à leur signification mystique. Instrument de connaissance irrationnelle, la poésie permet l'approche de cette « présence » unique, ineffable, mais sensible en quelques états privilégiés. C'est ainsi que le critique marque les frontières de ce départ vers l'Infini, qui peut changer la poésie en une opération divine, inhumaine : « ... un esprit tente de se libérer des choses et aspire à rejoindre une patrie infiniment lointaine. C'est là l'espoir qui commande toute l'activité des mystiques. Mais le pacte ne peut se déprendre tout à fait des choses. Sans doute même ne faut-il pas qu'il le fasse, s'il doit rester poète... C'est par une ascèse authentique, par un arrachement au corps et à la matière que l'esprit franchira le seuil d'une vie nouvelle et connaîtra la pureté. Mais l'extase est ineffable. » Importantes et nouvelles sont les remarques de Marcel Raymond sur le rôle de l'image. La poésie se situe « aux confins de l'esprit et des choses » ; elle est conquête des espaces les plus profonds du dedans que tout poète veut traverser en soi-même, sentir et fixer. Et l'organe de ces « plongées », de ces « visitations », ce seront les images. Il nous faut parler également de l'autre aspect de la poésie : celui qui établit la communication entre l'esprit et les choses ; c'est à travers le flux et le reflux des choses que l'esprit cherche à trouver le chemin de l'immuable réalité. « Des images disparates se détruisant les unes les autres, se pliant à toutes les oscillations de la vie et suivant les courbes que dessinent les plus larges mirages de la pensée ne vont-elles pas empêcher l'esprit de se fixer, et l'orienter constamment vers cela qu'il faudrait saisir, et lui suggérer sans défaillance cela qui ne saurait être formulé, l'être indicible. » Le critique va même plus loin, lorsqu'il écrit : « Le problème de la connaissance de soi, de la sincérité envers soi, est singulièrement modifié, du jour où l'on accepte de se retrouver aussi... dans ce que l'on imagine. »

DÉBIT DE LA BÊTE TRIOMPHANTE (Le) [*Spaccio della bestia trion-*

fante]. Œuvre didactique du philosophe italien Giordano Bruno (1548-1600), appartenant au groupe des dialogues moraux, publiée en 1584, un an avant *La Cabale du cheval Pégase*. Elle se compose d'une lettre explicative et de trois dialogues. Le renouvellement de la cosmologie par Copernic conduit à transformer la position éthique de l'homme et à réordonner les valeurs morales, car le problème de l'Être conduit au problème de la connaissance, et par conséquent au problème moral. Celui-ci se présente, pour Bruno, selon un processus analogue à celui du problème de la connaissance. Le processus éthique, comme le processus gnoséologique, le degré dialectique et le degré rationnel. Dans le premier, les vertus et les vices capitaux, les passions apparaissent sous une forme descriptive – v. *Boniface et le Pédant* (*) – et inspirent le mépris et le dégoût. Dans le second degré, qui est celui de l'œuvre elle-même, les hommes disparaissent : le sujet de la considération éthique, c'est l'homme. Ce sujet, à ce degré, sent, reconnaît et révèle à lui-même son fond de sainteté qui fait que l'être subjectif se trouve directement relié à l'Être objectif. Cela n'empêche pas que, eu égard au point de vue concret de la société, l'on doive respecter les formes de moralité inférieures, imposées et réglées par des lois et des expédients ; ce qui fait que les religions, sans valeur en elles-mêmes, ont une très grande valeur en tant qu'éléments de stabilité sociale. Le troisième degré, ou moment, du processus éthique, le degré rationnel, est en partie le sujet des *Fureurs héroïques* (*). Dans *Le Débit de la bête triomphante,* Bruno raconte comment Jupiter, irrité de voir son culte négligé, entreprend de « débiter » la bête triomphante, c'est-à-dire les vices qui prédominent et qui méprisent la partie divine de la création, de purger l'âme de ses erreurs et de l'orner de vertus. Pour mener son entreprise à bonne fin, il fait appel à quarante-huit constellations, avec lesquelles il veut établir un programme de réforme. Momus lui explique que tout le mal vient d'avoir donné aux astres les noms des dieux, dont les aventures scandaleuses ont suscité le mépris des hommes. Il propose donc de substituer à ces noms les noms des vertus ; Hercule devient la Valeur, le Dragon devient la Prudence, Callisto la Vérité, le Triangle la Fidélité, etc. Bruno ne condamne pas les sentiments naturels, mais il les discipline en montrant le chemin de la purification naturelle, celui qui de la bête conduit à l'homme. Sous cet aspect, on peut dire que cette œuvre est un prélude aux *Fureurs héroïques.* – Ce livre de Bruno a été traduit, en 1750, par l'abbé de Vougny sous le titre : *Le Ciel réformé.*

DEBURAU. Comédie en vers libres de l'écrivain français Sacha (Alexandre) Guitry (1885-1957), représentée pour la première fois sur la scène du théâtre du Vaudeville le 9 février 1918. Le personnage central de cette pièce appartient à la « petite histoire » ; en effet, Jean-Gaspard Deburau, né à Neuköln, en Bohême, le 31 juillet 1796 et mort à Paris le 18 juin 1846, fut non seulement un mime fameux, mais le véritable créateur du personnage de Pierrot. Le critique Jules Janin fut enthousiasmé par le jeu de ce mime et lui consacra même un livre, paru en 1832 : *Debureau* (sic)*, histoire du théâtre à quatre sous.* C'est en partant de ces données historiques que Sacha Guitry écrivit les quatre actes et un prologue de sa comédie ; toutefois, pour ajouter un attrait supplémentaire, il imagina une intrigue amoureuse entre Deburau et Marie Duplessis, la fameuse *Dame aux camélias* (*). Deburau, amoureux fou, délaisse sa femme, qui le quitte ; heureux de se trouver libre, il vole chez Marie, mais la trouve en conversation avec Armand Duval qui vient de lui être présenté. Il comprend que ce qui était un grand amour de sa part ne fut qu'une passade de la part de la « Dame aux camélias » ; il n'éprouve même plus le désir de triompher sur scène, délaisse le théâtre et tombe malade. Dans un dernier sursaut d'énergie, il retournera au théâtre pour y assister aux débuts de son fils (qui reprend son rôle de Pierrot) ; après quoi il meurt.

DÉCADENCE LATINE (La). Éthopée. Voici le grand œuvre de l'écrivain français Joséphin Péladan (1858-1918) : une fresque épico-romanesque de vingt et un volumes où l'auteur prétend continuer Balzac et enfermer la peinture des mœurs contemporaines. Pourtant, si l'ampleur de l'œuvre est parfois balzacienne, on ne saurait pousser bien loin la comparaison de *La Décadence latine* et de *La Comédie humaine* (*). C'est que le talent indéniable de notre auteur reste celui d'un orateur lyrique et non d'un authentique romancier. Péladan est incapable de sortir de soi ; il ne se soucie guère d'observer ni de rester fidèle à la vérité ; Péladan ne fait que projeter hors de soi ses chimères. Cédant à son penchant pour l'éloquence, à son appétence d'émotion, à son goût du prêche, il multiplie les démonstrations, oublie l'intrigue, insère dans sa narration des « proses lyriques » qui sont de véritables et souvent fort beaux poèmes, mais s'avère incapable de faire un plan et de s'y tenir. Même négligence dans le style, même manque de rigueur dans une expression somptueuse mais privée des bénéfices de la contrainte. Il est clair que Péladan a considéré ce roman sans objectivité et sans charpente comme une espèce de fourre-tout pour ses idées personnelles, ses haines, ses préférences, ses passions, ses dégoûts, ses désirs. L'unité de la synthèse qu'il a tentée ne vient pas, comme chez Balzac, de ce que des univers réellement différents ont été saisis dans leur ensemble à une profondeur suffisante pour révéler leurs traits communs, mais de ce qu'il n'y a point ici d'univers différents, de ce que toutes les « scènes » tournent autour de l'auteur et ne l'oublient que pour le mieux montrer.

On ne résume pas 21 volumes en quelques lignes. Le titre indique suffisamment l'idée générale de cette somme. La race latine, longtemps à la tête de l'humanité par sa civilisation et ses progrès, est aujourd'hui en pleine décadence. Dans tous les milieux et à tous les niveaux de la société, des symptômes inquiétants attestent les ravages du mal ; la vérité catholique est oubliée ; le matérialisme triomphe ; l'art s'effondre ; l'amour fait place à la perversité plus cérébrale que sensuelle ; les mœurs se corrompent ; les passions se dégradent ; les vices se multiplient. Seuls quelques êtres d'élite, initiés aux vérités suprêmes et dégagés des servitudes charnelles, ont échappé à la contamination : ce sont des mages comme Mérodack *(Le Vice suprême)*, Nebo le sculpteur *(Curieuse)*, le romancier Nergal *(Istar)*, Tammuz *(La Gynandre)*, Ilou *(Finis Lainorum)* ou le P. Alta. En groupant leurs efforts, en unissant leurs volontés Rose-Croix, ils essayent d'enrayer le mal de la décadence, de restaurer les idées et les vertus traditionnelles, de réformer la papauté en la rendant attentive à son vrai message, qui est ésotérique, à sa vraie mission, qui est de refuser toutes les compromissions. Mais ils ont présumé de leurs forces ; la décadence latine est aussi en eux et chacun de ces croisés d'un nouveau genre (sauf Mérodack, le chef) éprouvera à ses dépens la contagion ambiante et succombera à l'aventure amoureuse qui fera de lui un homme ordinaire. Les Rose-Croix reculent devant le sacrifice suprême, celui de devenir des moines laïques, comme le leur demande Mérodack ; ils auront été des précurseurs, mais n'accompliront pas l'œuvre. La décadence latine s'accomplira *(Finis Latinorum, La Vertu suprême)*.

Des souvenirs récents de Péladan orientent l'intrigue romanesque : ceux des « gestes » de la Rose-Croix catholique, fondée par l'auteur de *La Décadence latine* pour lutter sur le plan de l'art contre le matérialisme, et qui, après quelques beaux éclats, sombra dans le ridicule et l'oubli — échec que Péladan eut la bonne grâce de reconnaître et d'assumer. Une mythologie personnelle, accompagnée d'aveux faciles à détecter, court ainsi à travers l'œuvre et renforce l'omniprésence de l'auteur dans son texte ; quant à relever tous les thèmes chers à Péladan qui sont mis en œuvre dans l'« éthopée », il n'y faut pas songer : ce serait inventorier toutes ses idées, faire l'étude d'ensemble de sa pensée. Sa haine pour la civilisation contemporaine englobe les cafés et les grands magasins, aussi bien que l'armée, l'université, le clergé catholique mondain et rallié ; les remèdes qu'il propose sont la religion romaine, l'aristocratie de l'intelligence. On remarquera surtout la place privilégiée que l'occultisme occupe dans son esprit : la magie pratique fournit à ses livres des embellissements « merveilleux » d'une vraisemblance ou d'un goût douteux (scènes de magnétisme, d'incubat, de sortie en corps astral) ; et l'ésotérisme inspire la plupart de ses conceptions (théorie de l'androgyne, fréquemment exposée ; explication ésotérique de la *Genèse* qui commande sa théorie de l'aristocratie humaine telle qu'elle apparaît dans *Istar* ; constitution ternaire de l'homme ; conception occultiste de la femme et de l'amour). D'une manière générale, le sens de l'« éthopée » apparaît comme une illustration, comme un fruit de sa vision mystico-occultiste du monde, destinés au grand public : c'est l'aspect le plus frappant de l'œuvre, avec certains traits de sensibilité fin-de-siècle que traduisent nombre de scènes osées ou scandaleuses, pimentées d'érotisme sous couleur de bannir la chair, et traversées de l'obsession du vice sous prétexte de le combattre et de le vaincre.

DÉCADES ASIATIQUES [*Décades da Asia*]. Ouvrage historique de l'écrivain portugais João de Barros (1497-1570) : c'est peut-être le document le plus important de l'historiographie portugaise classique. Il est composé de quarante livres divisés en quatre décades, dont les trois premières furent publiées entre 1552 et 1563, tandis que la quatrième fut publiée, après sa mort, en 1615, avec des adjonctions et des notes de João Batista Lavanha. Barros, qui a été appelé le Tite-Live du Portugal, mérite ce rapprochement non seulement par le caractère extérieur de son ouvrage, mais aussi pour ses qualités de style, et à cause du sentiment nationaliste qui préside à son exposé. L'auteur se propose d'évoquer les actions admirables de ses compatriotes dans leurs entreprises en Asie, qui ont donné une valeur universelle à l'histoire du petit Portugal. Barros est nationaliste et souvent même chauvin ; ce parti pris limite sa valeur d'historien. Pourtant, là où il est blâmable d'un point de vue scientifique, ses qualités d'écrivain ressortent avec un plus grand éclat.

★ Les *Décades asiatiques* de Barros furent continuées par Diogo de Couto (1542-1616), qui écrivit neuf *Décades* en quatre-vingt-dix chapitres. La première, qui parut en 1602 lorsque la IVe décade de Barros était encore inédite, porte le même numéro que celle-ci. Les *Décades* de Couto, écrites par ordre de Philippe II, vont de la IIIe à la XIIe. La IVe est la continuation de la IIIe de Barros, dont on ignorait à ce moment-là l'existence. La Ve fut déformée ; la VIe fut détruite par un incendie et seuls quelques exemplaires furent sauvés. Le manuscrit de la VIIe fut égaré au cours d'un voyage, mais il fut reconstitué par la suite. La VIIIe et la IXe furent volées, en 1614, à l'auteur qui était alors malade, par des agents étrangers, et Couto en écrivit ensuite un simple sommaire. La XIe fut égarée aussi, et nous ne possédons que le XIIe chapitre de la XIIe. Ces *Décades asiatiques* évoquent les événements des Indes portugaises depuis 1526 jusqu'à 1575, c'est-à-dire les événements qui se déroulèrent sous le gouvernement des vice-rois Lopo Vaz de Sampaio, Nuno da Cunha, dom Garcia de Noronha, dom Estevão de Gama, Martim Afonso de Sousa, João de Castro, Garcia de Sà, Jorge Cabral, Afonso de Noronha, Pedro Mascarenhas, Francisco Barreto, dom Costantino, dom Francisco Coutinho et João Mendonça. Diogo de Couto est un styliste moins puissant que Barros, mais le dépasse par la profondeur et l'indépendance de son jugement. Les quatre-vingt-dix chapitres de son ouvrage sont le fruit des observations personnelles de l'auteur, qui s'efforce d'alerter les Portugais, en attirant leur attention sur les débuts de la ruine de leur empire oriental, miné par les étrangers et par leurs propres discordes et leurs propres excès. On trouve, dans cet ouvrage, une abondance extraordinaire de faits et des observations très pénétrantes, absolument fidèles à la vérité historique, bien que l'exposé soit imprégné d'un sarcasme plein de tristesse, dû au patriotisme blessé de l'auteur. L'Inquisition prit ombrage de la liberté d'esprit de l'écrivain et censura de longs passages du livre en supprimant tout à fait la VIIe et la IXe décade.

DÉCADES DU NOUVEAU MONDE [*Decades de orbe novo*]. C'est un des premiers récits que nous connaissions sur le voyage de Christophe Colomb, et il fait autorité en la matière. Il est dû à la plume d'un Lombard, Martire d'Anghiera Pietro (1459-1526), savant cosmographe qui, en qualité de chapelain de la reine Isabelle de Castille, vécut longtemps à la cour d'Espagne, où il connut le célèbre Ligurien. Il recueillit de la bouche même de Colomb les renseignements que ce dernier communiqua au retour de sa grande entreprise. Déjà, avant que les *Décades* ne soient écrites, on pouvait trouver, çà et là, dans les lettres adressées par le grand amiral à des amis italiens ou espagnols, toutes sortes de renseignements relatifs au voyage de l'explorateur. Pietro, en tant que conseiller de la Couronne, avait une connaissance parfaite des événements politiques de son temps, auxquels il avait même participé directement, depuis la prise de Grenade jusqu'à la découverte du nouveau continent. De plus, l'équilibre parfait que son intelligence établissait entre les intérêts pratiques de l'homme politique et ceux purement scientifiques du cosmographe devait le déterminer à accorder le plus vif intérêt à tous les événements se rapportant à ces découvertes. Certes, lui fut d'une aide inestimable l'amitié qui le liait à Christophe Colomb, aussi bien qu'à Vasco de Gama, Amerigo Vespucci, Fernán Cortés et Magellan. La première des huit *Décades du Nouveau Monde* fut imprimée à Séville en 1511, à l'insu de l'auteur qui se décida alors à publier les trois premières *Décades*, à Alcalá, en 1516. L'œuvre entière ne fut publiée qu'après sa mort, toujours à Alcalá, en 1550. Depuis, les *Décades* firent fortune, ce que prouvent le grand nombre de traductions en plusieurs langues que l'on en connaît, ainsi que les innombrables éditions, dont la meilleure et la plus connue est celle d'Amsterdam, de 1670.

DÉCAMÉRON [*Decamerone*]. Recueil de cent nouvelles de l'écrivain italien Jean Boccace (1313-1375), écrit entre 1349 et 1351. Au moment où il écrit le *Décaméron*, Boccace a derrière lui une œuvre narrative considérable, tant en prose qu'en vers. Depuis 1341, il est rentré avec sa famille de Naples, où il a passé quatorze années, à Florence où la vie culturelle est moins brillante, plus âpre la vie économique et politique, et plus aride la vie sociale. En 1348, la Grande Peste décime les deux tiers de la population : c'est sur ce fond de désolation que s'ouvre le *Décaméron*.

Boccace y rassemble des récits de provenances diverses. Il emprunte tour à tour à des recueils d'anecdotes latines, ou toscanes (comme le *Novellino*), aux fabliaux français, à certains récits occitans, à des auteurs classiques (Apulée, qui fournit les nouvelles V, 10 et VII, 2) ; il enregistre aussi des récits de provenance orientale, parfois orale, ainsi que des anecdotes de la chronique contemporaine ou récente de Florence.

Ce matériel hétérogène, après un travail de réécriture et, souvent, de réactualisation, s'inscrit dans une double architecture : celle de l'histoire-cadre et celle des journées. Le procédé de l'histoire-cadre avait déjà été utilisé, dans l'*Histoire des sept sages de Rome*, par exemple, ou par Boccace lui-même, dans la *Comedia Ninfe* (1342), et il connaîtra après lui bien des avatars. Mais c'est dans le *Décaméron* qu'il prend toute sa fonctionnalité et sa rigueur. Le « roman » des dix jeunes Florentins (sept jeunes femmes et trois jeunes hommes dotés de pseudonymes significatifs) qui abandonnent quelques jours une ville où la peste a pourri tous les rapports humains, sociaux et familiaux, pour une villégiature qui prend le caractère d'une utopie (temporaire), avant de regagner sagement Florence, confère aux nouvelles la distance nécessaire par rapport à la réalité historique du fléau, tout en maintenant celui-ci à l'horizon du recueil. Ainsi, le divertissement des contes devient-il aussi un inventaire du monde perdu et des valeurs sur lesquelles pourrait se fonder sa renaissance. Le dispositif de présentation est savamment calculé. Dans la Préface, Boccace se présente comme le transcripteur et le donateur de contes dont il décline la paternité. Dans l'Introduction de l'auteur, ainsi que dans les transitions (de nouvelle à nouvelle, de journée à journée) et dans la conclusion de la dixième journée, il prend en charge la relation de la peste et l'histoire de ses dix héros. Enfin, dans sa Conclusion, il reprend les habits du préfacier. Tout ce système met en évidence la délégation de pouvoir par laquelle les dix jeunes gens sont investis tour à tour de la fonction de narrateur et de celle d'auditeur (de « public » représenté) tandis que le sort du recueil se joue entre le « scripteur » et les dames cultivées auxquelles il dédie son ouvrage.

Les nouvelles sont donc « mises en scène » et cela devrait, en principe, soustraire l'auteur à toute critique directe. Or il n'en est rien : par une transgression inattendue du système, Boccace reprend la parole en son nom dans l'Introduction à la quatrième journée, pour répondre à diverses accusations d'inexactitude et d'inconvenance, et surtout pour justifier le fait qu'un homme de savoir tel que lui consacre son temps à écrire — en langue vulgaire de surcroît — des « sornettes ». Cela nous fournit une indication intéressante sur la divulgation des nouvelles avant l'achèvement du recueil, et surtout un témoignage de la résistance opposée par les clercs et par la cabale des dévots à une « littérature d'agrément », fût-elle de haut niveau. La dédidace aux dames fournit l'occasion d'une polémique significative au terme de laquelle Boccace affirme préférer ces inspiratrices réelles aux Muses, qui ne sont en quelque sorte que des conseillères techniques de l'écrivain.

Le *Décaméron* se divise par ailleurs en journées. À chacune d'elles, à partir de la Journée II et à l'exception de la Journée IX, est assigné un thème général. Cette deuxième architecture (à laquelle échappe aussi la dernière nouvelle de chaque journée, réservée au libre choix du conteur Dioneo) dessine, par-delà les thèmes proposés, les orientations morales du recueil. La fortune (Journée II) régit l'existence humaine, mais l'homme peut réagir à toute situation par son « industrie » (III) ; la nature est une force avec laquelle il faut savoir composer (récits d'amours à dénouement tragique ou heureux : IV et V), la parole est une arme de défense ou de séduction dont il faut apprendre à user (VI : journée des mots d'esprit), les *beffe* (mauvais tours) mettent en lumière l'inventivité individuelle (VII et VIII). La Journée X, enfin, s'assigne le but d'enseigner par l'exemple la vertu sociale de courtoisie, avec ses deux composantes de libéralité et de magnificence.

En ce sens, le *Décaméron* est le livre d'un philosophe qui, tout en s'efforçant de restaurer des idéaux chevaleresques assurément dépassés dans une civilisation dominée par le profit, tente aussi, pragmatiquement, de dégager dans la société réelle quelques valeurs repères. La revendication des droits bien compris de la nature, les appels à la tolérance religieuse, l'importance conférée au rôle des femmes dans la société, l'affirmation de la légitimité de l'enrichissement (dans de justes limites) : tels sont les points les plus frappants de cette éthique. La providence, si elle existe, n'est plus déchiffrable dans le monde instable et tourmenté où vivent les hommes, aussi la raison est-elle invitée à contrôler, dans la vie individuelle et collective, toutes les formes de la violence et de la bêtise comprises dans le terme de « bestialité ».

La hardiesse de ces suggestions (assorties d'une vigoureuse polémique non point antireligieuse mais anticléricale, dirigée en particulier contre les Ordres mendiants) s'accompagne d'une surprenante diversité stylistique. Le *Décaméron* n'est pas seulement une compilation de récits, mais une encyclopédie des formes narratives : « Nouvelles, ou fables, ou paraboles ou histoires ou tout autre appellation », écrit Boccace dans la Préface. On pourrait ajouter : récit romanesque, récit picaresque, comédie... Cette diversité est fonction, en premier lieu, d'une virtuosité rhétorique sans précédent : Boccace pratique aussi bien la concision que l'éloquence cicéronienne, et il a appris dans Quintilien (qu'il a traduit) les principes de l'« imitation du vrai » ainsi que les ressorts du comique. La rhétorique est ici l'instrument d'une mise en ordre des phénomènes ; elle est une logique des événements.

Elle est également le fruit, comme l'a souligné le critique Branca, d'une imitation et d'une ironisation des formes littéraires précédentes, hagiographie comprise (sur ce point, la première et la dernière nouvelle sont révélatrices).

Le sens aigu des niveaux de langue, l'imbrication savante de la narration et du dialogue, le sens, aussi, du *tempo* du récit concourent à engendrer ce que l'on appelle le « réalisme » du *Décaméron*, qui est le produit d'une opération avant tout stylistique.

Dans leur majorité, les nouvelles mettent en scène des acteurs (fictifs ou authentiques) de l'histoire récente, et couvrent tous les milieux sociaux, avec une prédilection pour celui des marchands (bien connu de ce fils de marchand qui fut lui-même « commis » dans son jeune âge) et pour le milieu nobiliaire (fréquenté à la cour de Naples, où le père de Boccace avait ses entrées), quelque peu idéalisé par la lecture des romans courtois dont le jeune Boccace faisait ses délices. Mais on peut dire que le centre idéal du *Décaméron* est la vie urbaine. Pour Boccace la ville (et Florence et Naples en particulier) est le lieu de toute civilisation, même si elle peut devenir, pour l'étranger, un lieu de perdition ou d'infortunes.

L'éventail des situations couvre tous les registres, depuis l'anecdote municipale (on retiendra le cycle de Calandrino, victime désignée d'un duo de joyeux farceurs), les mésaventures conjugales (qui sanctionnent le légitime triomphe de la ruse féminine sur la jalousie, la bigoterie, ou l'impuissance d'un mari), jusqu'aux récits tragiques de la quatrième Journée ou aux grandes aventures terrestres ou maritimes.

Certains personnages ne sont qu'esquissés ;

d'autres, comme Calandrino ou le médecin Simon, sont des « types » déjà prêts pour le théâtre ; d'autres enfin (quand l'histoire le requiert) possèdent une personnalité inoubliable, comme l'abominable sire Ciappelletto (I, 1) ou le mélancolique Federigo degli Alberighi (V, 9). La dernière nouvelle, l'histoire de Grisélidis, a été traduite en latin par Pétrarque et a connu une grande fortune en Occident.

La prose d'art italienne a trouvé en Boccace son maître. Au XVIe siècle, Pietro Bembo désigne le *Décaméron* comme un modèle de langue et de style. Les nouvelles trouveront – créeront – leur public auprès des marchands : ce public instruit mais non lettré, c'est-à-dire non latiniste, dont les « gentes dames amoureuses » de la dédicace représentent l'image idéalisée.

L'influence du *Décaméron* sur la nouvelle européenne a été considérable, tant en Italie (de Giovanni Sercambi à Masuccio Salernitano, de Bandello à Firenzuola, Da Porto, Lasca...) qu'en France, où il a été traduit dès 1545 par Antoine Le Maçon. Elle est manifeste dans *L'Heptaméron* (*) de Marguerite de Navarre. Les *Contes* (*) de La Fontaine, comme on sait, reprennent quelques nouvelles – les plus lestes, ce qui n'a pas peu contribué à la réputation d'auteur grivois qui a longtemps pesé sur Boccace. Mais aucun de ses épigones ne l'a égalé dans la construction d'un véritable livre, doté d'une unité organique, ni dans la représentation de ce que, par référence à *La Divine Comédie* (*) de Dante, la critique a appelé la « comédie humaine ». – Trad. Jean Bourciez, Garnier, Paris, 1963. C. P.

DÉCEMBRISTES (Les) [*Dekabristy*]. Fragments d'un roman inachevé de l'écrivain russe Lev Nikolaïevitch Tolstoï (1828-1910). Vers la fin de l'année 1860, Tolstoï entreprit un roman dont le héros devait être un de ceux qui participèrent au coup d'État du 14 décembre 1825. (L'empereur Alexandre Ier venait de mourir, et on se demandait qui lui succéderait sur le trône.) Des membres des grandes familles de Russie et des hauts officiers de la garde y prirent part. Ce fut un échec. Le jeune empereur Nicolas Ier réprima impitoyablement le soulèvement et ceux qu'on connaît sous le nom de Décembristes furent, les uns pendus, les autres envoyés au bagne dans les mines de Nertchinsk en Sibérie. Le sacrifice de leurs femmes qui les suivirent pour alléger leur sort est resté célèbre dans l'histoire russe. Après les travaux forcés, c'était l'exil à vie. Cependant, après la défaite de Crimée et la mort de Nicolas Ier, l'atmosphère politique avait changé ; le nouvel empereur Alexandre II était ouvert aux idées libérales et usa de clémence envers les exilés de 1825. En 1856, ils furent rapatriés. C'est par le retour de l'un d'eux à Moscou que débute la première ébauche du roman. L'auteur interrompit toutefois ce travail pour se vouer à l'étude de l'époque précédente, celle des guerres napoléoniennes, étude dont le fruit devait être la magnifique épopée de *La Guerre et la Paix* (*). Dans la seconde moitié des années 1870, Tolstoï revenait au thème des Décembristes ; ses recherches historiques furent approfondies ; il fit deux nouvelles ébauches, mais délaissa ce travail une seconde fois en janvier 1879 pour le reprendre en 1884. Il fit quelques corrections aux trois chapitres écrits en 1860 et aux deux chapitres de 1878. Ces variantes parurent dans un recueil en 1884. La première décrit le retour à Moscou du héros après un voyage d'un mois et demi. Il est accompagné de sa femme, de son fils et de sa fille, nés durant son exil en Sibérie. Jadis, ce fut un grand seigneur et il en a gardé quelque empreinte ; cependant, durant les dizaines d'années passées au bagne, il a perdu l'habitude de se mouvoir dans le monde et offre des traits de sénilité. La nouvelle de sa rentrée se propage le soir même dans Moscou. À présent que le « vent a tourné » dans les sphères gouvernementales, les visites affluent ; les gens qui il y a trois ans auraient détourné la tête à la vue du bagnard viennent déposer leurs cartes à l'hôtel. La première sortie de la famille est pour assister à la messe dans la cathédrale de l'Assomption au Kremlin ; la seconde les conduit chez la sœur de l'exilé, vieille dame jouant un rôle important dans la société de Moscou. C'est par le tableau de l'émouvante rencontre de famille que se termine ce fragment. Les deux chapitres de 1878 pourraient être considérés comme une seule variante, si l'auteur n'avait pas changé, dans le second, le nom du principal personnage. Le récit n'a pas de rapport direct avec les événements de 1825 et on voit mal de quelle façon devait s'y rattacher le litige qui, en 1815-1817, opposa un grand propriétaire et des paysans de la couronne, ses voisins, au sujet d'une terre. Les paysans gagnent le procès en première instance ; le propriétaire qui, selon l'auteur, est dans son droit, le gagne en appel ; il le perd à nouveau, lorsque l'affaire est jugée pour la troisième fois, au Sénat. Il ne lui reste plus qu'à s'adresser à l'empereur, et c'est pourquoi il va à Moscou. Il semble que Tolstoï ait abandonné son thème après s'être convaincu que le mouvement des Décembristes était d'inspiration étrangère ; il se serait alors désintéressé de son sujet. – Trad. *Œuvres complètes*. Stock, 1903.

DÉCENNALES (Les) [*Decennali*]. On comprend sous ce titre la *Première Décennale* et la *Seconde Décennale* du théoricien politique et historien italien Machiavel (Niccoló Machiavelli, 1469-1527). Ce sont deux petits ouvrages composés en tercets. Le premier fut écrit en octobre-novembre 1504 (publié en 1506), et le second, demeuré inachevé, en 1509. La *Première Décennale* relate les événements advenus en Italie entre 1494 et 1504 ; la *Seconde*, ceux qui survinrent entre 1504 et 1509. Ces deux ouvrages ont assez peu de valeur du point de vue littéraire, mais ils présentent un certain intérêt par les jugements politiques qu'y porte Machiavel sur les événements de son temps. – Trad. Gallimard, 1952.

DE CÉZANNE AU SUPRÉMATISME. Recueil complet des essais du peintre et théoricien de l'art russe Kazimir Malévitch (1878-1935), publiés entre 1915 et 1922. À partir de 1914-15 et du *Carré noir sur fond blanc,* l'activité de peintre de Malévitch est (plus que jamais) indissociable de sa réflexion sur le tableau, l'idée de la peinture ayant tendance à prendre le pas sur la peinture elle-même, la pensée du tableau ne faisant plus qu'un avec le tableau lui-même. Sur le plan formel, le suprématisme, qu'il s'attache ici à définir et à théoriser, consista d'abord à affirmer que seuls doivent entrer dans une peinture des éléments géométriques : rectangle, cercle, triangle et croix. Ainsi Malévitch fut-il avec Piet Mondrian le principal inventeur du style géométrique abstrait. Cette réflexion sur la forme et ses rapports avec l'espace lui inspira une démarche analogue dans le domaine des couleurs : d'où le *Carré noir sur fond blanc* (1913) puis le *Carré blanc sur fond blanc* (1918). Mais le suprématisme n'est pas une « recette », c'est une véritable ontologie. Il ne s'agit ni plus ni moins que de libérer l'humanité du poids du figuratif et de la lourdeur des objets pour retrouver l'apesanteur divine. À cet égard, ces textes portent incontestablement la marque des « grandes espérances » eschatologiques de la révolution d'Octobre. Ces six textes, de facture très diverse, retracent aussi l'itinéraire de la peinture à l'aube du XXe siècle, acharnée à éliminer le « fatras figuratif ». Pour Malévitch, et malgré les risques d'un « cézannisme pompier » (Fermigier), c'est Cézanne qui est à l'origine de cette révolution, poursuivie par Monet et Van Gogh : puis de Cézanne est sorti ce qu'il nomme la « déduction cubiste », de Van Gogh la « déduction futuriste » et de Monet la « déduction suprématiste » : « celle du pictural pur où la couleur pousse, telle une plante sur l'objet peint » (Marcadé). Dans « Le Suprématisme, 34 dessins » (1920), notamment, la réflexion sur la peinture a fini par nier la peinture dans son acception traditionnelle : ainsi triomphe le tableau qui, dans sa forme matérielle, n'est plus qu'« allusion à la peinture ». Car, pour Malévitch, le peintre est un préjugé du passé, la peinture a fait son temps. Il s'agit désormais de dépasser « le degré zéro de la peinture » et c'est la couleur qui fera apparaître le non-être qui est être suprême. « Ainsi, conclut Malévitch dans un apologue sur "la fabrique", Dieu n'est pas détrôné. » – Trad. L'Âge d'homme, 1974.

P.-E. D.

DÉCHÉANCE D'UN HOMME (La) [*Ningen-Shikkaku,* littéralement : la Disqualification de l'humain]. Avant-dernier roman de l'écrivain japonais Dazai Osamu (1909-1948) avant son suicide. Cette œuvre autobiographique est une profession de foi nihiliste. « J'ai vécu une vie remplie de honte. Pour moi, la vie humaine est sans but », ainsi commence le récit de Yozo. Issu d'une riche famille, dès l'enfance il joue au bouffon pour attirer la sympathie de son entourage, dont il ressent avec terreur l'hostilité. Contre la volonté de son père, il décide de devenir peintre après avoir vu la reproduction d'un autoportrait de Van Gogh, mais à Tôkyô il se transforme en esclave d'un camarade, Horiki, qui l'initie à une vie de débauche partagée entre l'alcool et les prostituées. Puis il devient chef d'un groupe marxiste, non par conviction politique, mais pour la situation d'illégalité dans laquelle cette activité le place. Son père, ayant découvert qu'il ne fréquentait pas le lycée où il l'avait inscrit, lui coupe les vivres, et Yozo va faire le rude apprentissage de la misère. Ses malheurs lui attirent l'amour des femmes, mais il ressent celui-ci comme un fléau dégradant. Avec l'une d'elles, serveuse de restaurant dont le mari est en prison, il tente un double suicide. Tous deux se jettent dans la mer à Kamakura, mais seule la jeune femme périt. À l'hôpital de la prison, on découvre à Yozo une lésion pulmonaire. Remis en liberté grâce à l'appui d'un ami de son père, il va vivre quelque temps chez celui-ci, puis s'enfuit chez Horiki, où il rencontre une jeune journaliste, Shizuko, qui le recueille. Il devient caricaturiste pour revues de second ordre mais boit de plus en plus pour étouffer son désespoir, bien qu'il ait trouvé auprès de la jeune femme et de sa petite fille, qui l'aime comme s'il était son père, un véritable foyer. Par sentiment de déchéance il n'accepte pas longtemps cette hospitalité, et abandonne bientôt Shizuko pour aller se réfugier dans une misérable chambre au-dessus d'un bar. La rencontre d'une pure jeune fille de dix-huit ans, Yoshiko, vendeuse dans un débit de tabac, lui apparaît un instant comme un espoir de salut. Mais leur vie commune est un échec, et, l'ayant surprise dans les bras d'un autre homme, il perd le peu de confiance qui lui restait en l'humanité, et sombre dans l'alcoolisme. Après une deuxième tentative de suicide, alors que sa phtisie s'aggrave, une pharmacienne infirme le prend en pitié et lui donne de la morphine pour l'empêcher de boire. Un autre calvaire commence alors, celui du drogué augmentant chaque jour les doses de stupéfiant, calvaire qui se terminera dans une clinique psychiatrique. À sa sortie de la clinique, après une cure de désintoxication, il est exilé par son frère aîné, devenu le chef de famille à la mort de leur père, dans un village du nord-est du Japon. C'est dans un isolement absolu que va désormais s'écouler le reste de sa vie. Et Yozo termine ainsi : « Cette année, je vais avoir vingt-sept ans. Mes cheveux ont blanchi très sensiblement. De l'avis général, je parais plus de quarante ans. » Même si les événements de son existence sont légèrement transposés, on reconnaît facilement l'auteur dans le personnage de Yozo. Ce document bouleversant, empreint d'une profonde sincérité et d'une excessive sensibilité, fait ressortir la figure tragique de Dazai Osamu à la fois victime et symbole d'une époque désespérée, celle du Japon foudroyé par la dernière guerre. – Trad. Gallimard, 1962.

DÉCISION (La) [*Die Massnahme*]. Pièce écrite en 1930 par l'écrivain allemand Bertolt Brecht (1898-1956) ; elle fut créée la même année avec une musique de Hans Eisler (1898-1962) ; lorsqu'elle fut reprise en 1933, la police arrêta la représentation. L'œuvre pose sous un jour cru un problème de morale communiste, en montrant des responsables du Parti mis en cause et jugés par leurs frères d'armes. Quatre agitateurs, envoyés en mission en Chine, se présentent pour être jugés devant le tribunal du Parti : ils ont exécuté là-bas un de leurs jeunes camarades, partisan convaincu et zélé, mais qui, par son individualisme et son idéalisme, ruinait leur activité politique. Les agitateurs font revivre au cours de huit tableaux les épisodes marquants de cette mission, dont chacun est examiné et jugé par le chœur de contrôle. Et les faits s'accumulent contre le jeune partisan (que joue à tour de rôle chacun des quatre agitateurs) jusqu'à l'acquittement final, et attendu, des agitateurs. La démonstration, d'une inflexible rigueur, s'adresse à une communauté restreinte qu'elle a pour dessein d'instruire d'une morale de l'efficacité, liée aux nécessités du moment. Brecht lui-même s'est expliqué là-dessus de façon plus subtile, tout aussi ferme et en définitive plus convaincante dans *Cinq difficultés que l'on rencontre en écrivant la vérité* – v. *Écrits sur le théâtre* (*) –, texte rédigé en 1935 et destiné à la diffusion illégale en Allemagne hitlérienne. Écrite dans le style précis et sec adapté à son propos, *La Décision* comporte quelques « songs » d'un lyrisme assez mince (Éloge de l'U.R.S.S., Éloge du travail illégal, Éloge du Parti), le meilleur étant sans doute le « Song de la marchandise », où Brecht retrouve pour un bref instant le ton mordant du satiriste.

Quelques mois plus tard, et fortement influencée par le style des pièces didactiques ou « Lehrstücke », l'adaptation pour la scène du roman de Gorki, *La Mère*, démontre avant tout les nécessités de la lutte et l'excellence du communisme. Le personnage central de Pelagea Wlassowa reste cependant profondément humain. La pièce, comme le roman, raconte l'histoire d'une pauvre femme russe illettrée et hostile à la révolution, qui, instruite peu à peu par les faits et les exemples de son fils, finit par militer dans les rangs révolutionnaires. Songs et chœurs abondent ; sur une musique de Hans Eisler, des projections nombreuses annoncent ou commentent chaque scène. On a beaucoup reproché à *La Mère* ses lenteurs, sa froideur et son primitivisme. Brecht lui-même était conscient de cette aridité didactique qui ne pouvait manquer de déconcerter un public plus habitué, devant un drame social, à sentir qu'à juger. – Trad. L'Arche, 1959.

DÉCISION CONTRE SON PROPRE SANG (La) [*Obligar contra su sangre*]. Comédie dramatique du dramaturge espagnol Antonio Mira de Amescua (1574 ?-1644), représentée en 1638. Elle se rattache à une autre comédie du même auteur : *Rachel la laide* [*La desdichada Raquel*], tirée elle-même d'une comédie de Lope de Vega. La favorite du roi a été tuée, et le vieux don Lope de Estrada, fidèle au monarque, accuse le jeune don Nuño de Castro d'avoir participé au crime. Don Nuño qui est innocent, en se défendant contre l'épée du vieux gentilhomme, le tue et se réfugie dans la maison de sa sœur, doña Sancha, juste au moment où don Garcia – fils d'Estrada – s'y trouve, doña Sancha étant son amante. Don Garcia, de la pièce voisine, entend la confession du frère à sa maîtresse ; il s'élance pour venger son père, mais doña Sancha réussit à persuader son frère qu'il s'agit là de gens venus s'emparer de lui, et le fait fuir. À Burgos, après s'être soustrait à la justice, désarmé, il demande l'hospitalité et la protection d'une dame qui se trouve être doña Elvire, fille de don Lope et sœur de don Garcia. Mais bien qu'elle ait reconnu, dans le fugitif, l'assassin de son père, doña Elvire convainc son frère, venu à la recherche de don Nuño, de respecter le droit d'asile. Bien plus, elle l'oblige à lui offrir sa propre épée pour qu'il puisse ensuite lui demander raison par les armes. Doña Sancha survient également, implorant l'indulgence pour son frère, au nom de son amour pour don Garcia auquel elle a sacrifié son honneur ; elle va même jusqu'à proposer à doña Elvire d'épouser don Nuño. Maintenant c'est au tour de doña Elvire : elle réclame avec acharnement vengeance de son frère. Sous les yeux des deux dames, don Nuño et don Garcia se rencontrent, les armes à la main, mais, devant le déchirement que doña Sancha éprouve, partagée entre l'amour pour son amant et l'affection pour son frère, don Garcia résout ce dilemme angoissant que posent la voix du sang et la voix de l'amour, cette dernière devant l'emporter ici. Les deux ennemis se réconcilient, et don Garcia, pour cimenter la paix, promet sa sœur au frère de son amante.

La puissance des moyens d'expression que possède l'auteur s'affirme à chaque instant : que ce soit dans la fluidité des vers, chargés parfois d'idées pleines d'emphase ou dans la variété des rythmes, qui prennent volontiers le ton lyrique (par exemple, le dramatique colloque du premier acte entre don Garcia et doña Sancha, où la répétition du premier mot en tête de chaque vers acquiert une force quelque peu grandiloquente). Toutefois, il y a une notable différence entre les deux premiers actes et le troisième. L'action extrêmement rapide, suggestive et puissante des premiers se ralentit visiblement au troisième acte, alourdie par une étrange complaisance pour le jeu des idées. L'esprit de la comédie s'empêtre dans un humour qui ne convient pas au sérieux du drame, tant par la trop évidente « heureuse fin », qu'on voit arriver à grands pas, que par la primauté donnée à la note bouffonne qui va presque jusqu'au vulgaire (la note vulgaire est personnifiée par Laïn, domestique de don Garcia, amoureux et futur époux de la servante de doña Sancha, Constance).

DÉCLAMATIONS de Sénèque le Père. On a coutume de rassembler sous ce titre les dix livres de *Controverses* [*Controversiae*] ainsi que le livre des *Suasoires* [*Suasoriae*], composés vers 37 ap. J.-C. par Marcus Annaeus Seneca (58-55 av. J.-C. – 37-41 ap. J.-C.). Le livre des *Suasoriae* contient sept déclamations sur des décisions qu'ont à prendre des personnages historiques ou légendaires. Les *Controverses,* qui développent soixante-quatorze thèmes, citent des passages d'autres orateurs et contiennent dans leurs préfaces d'intéressants portraits de rhéteurs célèbres. Chaque livre comprend de six à neuf déclamations et son titre est inspiré par les sujets traités. Le recueil nous est arrivé incomplet, en effet les livres III, IV, V, VI et VIII manquent ; nous en avons cependant un résumé dans les *Excerpta* ou *Declamationes* du IVe siècle. Cet ouvrage de la vieillesse de Sénèque est un retour vers les belles années de sa jeunesse lointaine. Par leur sujet paradoxal ou invraisemblable (un jeune homme tue son père, tyran de la patrie : doit-il être puni comme parricide ou récompensé comme libérateur ? etc.) ces déclamations aux arguments ingénieux ont quelque chose de dramatique et de ratiocinant à la fois, qui a pu exercer une influence sur des auteurs modernes tels que Corneille.

DÉCLARATION DES DROITS (La) [*Bill of Rights*]. Déclaration de caractère constitutionnel faisant partie de l'ensemble de textes constitutifs de la Couronne britannique. Elle est divisée en treize chapitres et, dans le premier, sont énumérées les raisons historiques et politiques qui l'ont déterminée. Il y est déclaré, en effet, que la Chambre des lords et la Chambre des communes, réunies à Westminster le 13 février 1688, firent aux princes d'Orange, Guillaume et Marie, une déclaration aux termes de laquelle il est dit que Jacques II a dû abdiquer pour avoir essayé de détruire la religion protestante, les lois et les libertés du pays, que le prince d'Orange a fixé les élections afin d'éviter que la religion et les autres libertés ne fussent mises en péril et que – ceci étant constaté – elle décrète ce qui est contenu dans les chapitres suivants. Sont, alors, très soigneusement dénombrés les droits et libertés exigés. Voici les principaux : le pouvoir royal ne peut suspendre les lois ni leur exécution sans l'approbation du Parlement ; ce même pouvoir ne peut exempter de la loi ni de son exécution ; la Couronne ne peut légalement ni lever des impôts ni en fixer la modalité sans l'approbation du Parlement, ni emprisonner les sujets qui font des pétitions au roi, ni leur intenter des procès, ni mobiliser, ni maintenir une armée en temps de paix sans l'approbation du Parlement ; pas davantage exiger des cautions, imposer des amendes excessives, infliger des peines cruelles et inusitées, remettre des peines ou menacer d'amendes et de peines avant le jugement ; les sujets protestants ont le droit de porter les armes réglementaires pour leur défense, d'élire des membres au Parlement, de prendre la parole au cours des discussions et au cours des actes du Parlement, etc. Les articles qui suivent règlent la succession au trône et déclarent que le prince et la princesse d'Orange, Guillaume et Marie, restent roi et reine d'Angleterre, de France, d'Irlande et des autres États dépendants ; qu'après leur mort la Couronne et la dignité royale passeront aux héritiers directs de la princesse, à défaut, à Anne de Danemark et ses descendants ou, à défaut de ceux-ci, aux descendants du prince d'Orange (Art. II-VIII). L'article IX fixe une importante limitation en matière religieuse : tous ceux qui sont ou seront réconciliés ou entreront en relation avec le Saint-Siège et avec l'Église de Rome, ou encore professent la religion papiste ou se marient avec des papistes, seront exclus et seront déclarés à jamais incapables d'hériter et de jouir de la Couronne et du gouvernement de l'Angleterre ainsi que des autres États soumis, d'avoir ou d'exercer le pouvoir royal, d'en conserver l'autorité ou la juridiction ; ils seront déliés de toute obligation et loyalisme. L'article X prescrit les modalités du serment du souverain, et les articles suivants règlent les amendements et adjonctions.

Cette *Déclaration* est avec la *Magna Charta* (*) et l'*Acte de l'Habeas Corpus* (*), ainsi qu'avec la *Loi de succession* [*Act of Settlement*] de 1701 et avec le traité d'union avec l'Écosse (1707), les statuts de Gales (1284), de Westminster (1275, 1285, 1290), etc., l'un des éléments les plus importants de ce vaste ensemble de textes constitutifs de la Couronne britannique. *La Déclaration des droits* ne s'inspire pas de formules doctrinales abstraites, mais des conditions et du moment historiques qui l'ont vue naître. En fait, les libertés que la *Déclaration* réclame sont celles-là mêmes que Jacques II avait transgressées et que l'habitude avait peu à peu confirmées dans la conscience populaire britannique.

DÉCLARATION D'INDÉPENDANCE [*Declaration of Independence*].

Document rédigé par l'homme politique américain Thomas Jefferson (1743-1826), approuvé par le Congrès continental le 4 juillet 1776 et devenu le manifeste de l'indépendance des treize colonies ex-britanniques. Le 11 juin 1776, le Congrès, réuni à Philadelphie, désigna un comité de cinq personnes pour préparer un document signifiant la rupture avec la métropole. Ce comité chargea le plus jeune de ses membres, Jefferson, alors âgé de trente-trois ans, d'en rédiger le texte. Volontairement provocateur, il fut largement amendé et amputé, avant d'être définitivement adopté. Tel quel, il se présente comme une sorte de syllogisme. La proposition initiale affirme l'existence de droits naturels : « Tous les hommes sont créés égaux et doués par le Créateur de certains droits inaliénables : parmi eux se trouvent la vie, la liberté et la recherche du bonheur. Les gouvernements sont établis parmi les hommes pour garantir ces droits... » Cet énoncé rappelle à la fois les grands principes de John Locke et ceux des philosophes français et écossais du XVIIIe siècle. Suit alors, et c'est la partie la plus longue de la Déclaration, une liste détaillée et parfois fantaisiste, d'ailleurs abrégée par le Congrès, des forfaits perpétrés par le roi d'Angleterre à l'encontre des colons. Vient ensuite la conclusion logique : le pacte tacite entre les colonies et la métropole ayant été rompu par celle-ci, « tout lien politique... est et doit être entièrement dissous ; comme États libres et indépendants, elles (les colonies) ont pleine autorité de faire la guerre, de conclure la paix, de contracter des alliances... ». Ce texte, qui fonde, unilatéralement un nouvel État, les États-Unis, est la première manifestation d'indépendance hors d'Europe, bien que ses rédacteurs soient tous les héritiers spirituels de l'Europe. Il se rattache, par son esprit, à la Déclaration des droits de 1688 (Bill of Rights), mais va beaucoup plus loin dans la mesure où il fonde le droit des peuples à disposer d'eux-mêmes. D'où son énorme succès et son utilisation à travers le monde depuis plus de deux siècles. C. F.

DÉCLARATION EN FORME DE DIALOGUE [*Declaratio Raymundi per modum dialogi* ou *Liber contra errores Boetii et Sigerii*]. Œuvre du philosophe et mystique espagnol Raimond Lulle (Ramón Lull, 1235-1315), composée à Paris en 1298. C'est un commentaire, en deux cent dix-neuf propositions – condamné le 7 mars 1277 par Antoine Tempier, évêque de Paris –, tiré de l'enseignement professé par les maîtres averroïstes, entre autres Siger de Brabant et Boèce de Dacie, quand ce n'est des textes de péripatéticiens ou des ouvrages de nécromancie et autres superstitions. Les philosophes de l'Antiquité se sont trompés, car ils ignoraient les grands principes du christianisme ayant trait à l'existence divine, l'Incarnation, la Création et la Résurrection universelle, qui déterminent la destinée humaine. Seul le Christ est la vraie Voie et la Vie, et non Aristote ni Platon. La seule philosophie, la vraie, est celle qui se revêt de l'habit de la Foi. Lulle soutient avec les augustiniens que la matière n'est pas une puissance intrinsèque, ainsi que le prétendait Averroès, puisqu'il est permis à Dieu de multiplier les êtres sans avoir recours à elle et que les individus ne diffèrent pas en tant que « matière déterminée par la quantité », comme l'avait soutenu Albert le Grand. Les perfections ou « dignités » de Dieu ne sont pas en Lui réellement « distinctes », Dieu étant avant tout « acte pur », contrairement aux choses créées. Ces perfections sont l'objet d'études théologiques, le but de la contemplation et de la mystique. S'identifiant à Dieu, elles collaborent activement à son action immédiate et à l'action « ad extra ». Pour démontrer la création de l'univers dans le temps, il suffit de se dire que, si l'univers était éternel, la puissance de Dieu s'étendrait au-delà de sa bonté et de son infinité (que nous ne pouvons du reste qu'entrevoir sur le plan fini) – ce qui serait manifestement inadmissible étant donné la parfaite égalité de ses manifestations, argument dont on retrouve l'origine dans *De la Trinité* (*) de Richard de Saint-Victor. Plus particulièrement, l'auteur combat l'averroïsme dans sa position fondamentale : séparer la philosophie de la théologie, en vertu de cette doctrine de la « double vérité » chère aux averroïstes. L'auteur subordonne la philosophie à la théologie, celle-là étant la science de la connaissance humaine. La révélation, cependant, éclaire la raison humaine sans l'anéantir, la secourt plutôt en l'élevant vers des buts que, seule, elle ne pourrait jamais atteindre. Cela démontre l'incontestable supériorité du penseur chrétien sur l'incroyant. L'auteur critique également la thèse averroïste de l'unité des âmes, ou monopsychisme, en faisant appel au témoignage de la conscience : « Si l'intelligence était identique en tous les êtres, la volonté et la mémoire le seraient également, ce qui est manifestement contraire à l'expérience. » Il s'acharne particulièrement contre la théorie de l'éternité de l'Univers, soutenue par des philosophes ignorant l'existence de la Trinité et son Éternité, qui voyaient en la création du monde la seule œuvre éternelle et infinie de Dieu. Il défend également la liberté absolue de Dieu à laquelle rien ne s'impose, pas même l'Incarnation du Verbe, bien que celle-ci fût tout à sa gloire. La *Déclaration*, sans présenter toutefois des arguments véritablement originaux, recueille et coordonne la plupart des opinions de Lulle, en philosophie, en théologie, et nous rend plus clair l'enchaînement de sa pensée.

DÉCLARATION UNIVERSELLE DES DROITS DE L'HOMME ET DU CITOYEN (La). Cette charte, qui constitue le fondement des régimes libéraux modernes, contient les principes appelés « Principes de 89 » ; elle fut votée par l'Assemblée constituante le 14 novembre 1791, et établit les principes suivants : les hommes naissent et demeurent libres et égaux en droits, les distinctions sociales ne peuvent être fondées que sur l'utilité commune (art. I) ; le but de toute association politique est la conservation des droits naturels et imprescriptibles : la liberté, la propriété, la sécurité et la résistance à l'oppression (art. II) ; le principe de toute souveraineté réside essentiellement dans la nation dont émanent tout pouvoir et toute autorité (art. III) ; la liberté consiste à pouvoir faire tout ce qui ne nuit pas à autrui, et l'exercice des droits naturels n'a de bornes que celles qui assurent aux autres membres de la société ces mêmes droits, conformément à la loi (art. IV) ; la loi n'a le droit de défendre que les actions nuisibles à la société ; tout ce qui n'est pas défendu par la loi ne peut être empêché (art. V) ; la loi doit être la même pour tous, soit qu'elle protège, soit qu'elle punisse ; elle est l'expression de la volonté générale et tous les citoyens ont le droit de concourir à sa formation (art. VI) ; tous les hommes ne peuvent être accusés, arrêtés et détenus que dans les cas déterminés par la loi, et selon les formes qu'elle a prescrites, mais tout citoyen, appelé ou saisi en vertu de la loi, doit obéir (art. VII). L'art. VIII proclame les principes de la non-rétroactivité de la loi et du « nullum crimen sine lege ». L'art. X décrète la liberté d'opinion et l'art. XI la liberté d'expression ; il est institué une force publique pour l'avantage de tous (art. XII) ; chacun doit donc contribuer aux charges publiques proportionnellement à ses possibilités (art. XIII) et a le droit de contrôler l'emploi et la nécessité des impôts. L'art. XV déclare que la société a le droit de demander compte à tout agent public de son administration et l'art. XVI que toute société dans laquelle la garantie des droits n'est pas assurée ni la séparation des pouvoirs déterminée n'a pas de constitution. L'art. XVII déclare que la propriété est inviolable, sauf en cas de nécessité publique, légalement constatée et contre une juste indemnité.

Ce document, en dépit de ses inévitables imperfections, est l'un des plus importants de l'histoire politique du monde. S'il est vrai que la *Déclaration* ne fait que traduire une partie de la Constitution américaine, elle a toutefois une originalité intrinsèque et une vitalité substantielle : d'une part, elle sanctionne, dans l'ordre historique, ces principes proclamés sur le plan doctrinal du XVIIIe siècle ; d'autre part, une déclaration a, pour la première fois, une ambition universelle, dimension absente du texte américain. Qu'il y ait quelque éclectisme, cela n'est pas douteux ; on peut même déceler certains éléments contradictoires ; comme l'existence des droits naturels et la souveraineté populaire de Rousseau, revendiquées l'une et l'autre par la *Déclaration*. Malgré ses imperfections, sa valeur historique reste majeure, dans la mesure où elle donne corps à une conception de la vie, qui a dominé et domine encore la société : l'individualisme. Le caractère abstrait que l'on reconnaît à ce texte n'est que partiel et relatif. En réalité, chaque déclaration est dense d'expérience historique, sociale et politique ; c'est au point par exemple qu'on parle de la liberté de discussion, mais non de la liberté d'association, parce que les délégués avaient présentes à l'esprit les corporations abhorrées du Moyen Âge, contre lesquelles luttait le pays tout entier. Il n'en est pas moins vrai que les principes essentiels de la *Déclaration* relèvent d'une inspiration rationaliste et abstraite. Le point faible est dans tout ce qui touche à la propriété. La Révolution ne fait véritablement que sanctionner, sur ce point, les différences sociales existantes ; tandis que, par ailleurs, la tacite interdiction du droit d'association, qui tend à empêcher le prolétariat de se coaliser pour faire valoir ses droits, le met en position d'infériorité – v. *Constitutions françaises* (*).

DÉCLIN DE L'OCCIDENT (Le) [*Der Untergang des Abendlandes*]. Cette œuvre du philosophe et sociologue allemand Oswald Spengler (1880-1936), conçue pendant la crise politique d'Agadir, parut en 1918 ; à peine remarquée, elle ne connut son grand succès qu'avec la crise née en Allemagne de la défaite de 1918. Il était alors consolant de faire coïncider l'évidente infortune nationale avec le malheur probable de l'Europe entière. Pourtant, tout bien considéré, le titre du livre était plus pessimiste que son contenu. Spengler, en effet, établit une différence entre la culture, par laquelle il entend la productivité spontanée de l'âme, et la civilisation, qui est seulement une technique rationnelle et mécanique. Or, selon son hypothèse avancée avec le ton de la conviction la plus absolue, l'Europe avait terminé l'époque de sa culture et l'on ne pouvait plus attendre d'elle désormais qu'un progrès en civilisation – ce qui représente, néanmoins, un nouveau commencement et ne correspond en rien à une décadence, ni à une perte de puissance vitale. Spengler exige que l'on ait le courage de soutenir la vision (qui, au fond, le fascine et l'enthousiasme) d'un avenir construit en ciment armé (tel est aussi son style) par des ingénieurs incapables maintenant de créer des dieux, des peintures, des tragédies ou des comédies, mais pouvant encore, dans leur domaine, faire preuve d'une superbe audace. Il nommait ce courage, d'une parole chère à Nietzsche, l'« amor fati ».

Le génie de Spengler consiste dans la description des différentes cultures, surtout des cultures antiques qu'il appelle « apolliniennes », et de la culture européenne qu'il considère (mettant l'accent sur l'influence germanique) comme un « faustisme ». À peine a-t-il déterminé les caractères propres d'une culture, qu'il la fait éclore, en véritable romantique qu'il est, dans les temps primitifs et au milieu d'un paysage nouveau animé de tous les sortilèges du printemps ; puis il en dépeint, avec une agilité de prestidigitateur, les métamorphoses, aussi bien en art et en politique que dans les sciences. Car, pour lui – et par ce trait il se place au nombre des relativistes – il n'y a pas de vérité absolue : chaque culture crée la sienne propre ; les apolliniens eux-mêmes en ont une dans leurs mathématiques, et les faustiens aussi ont la leur ; l'une ne fait en rien suite à l'autre, et, chaque fois, un élan nouveau commence.

En général, la faiblesse de sa philosophie de l'histoire est de prétendre que toutes les cultures, dont il voit nettement la multiplicité initiale et les teintes variées, ont une forme de développement absolument identique. Spengler nous présente des tables d'après lesquelles, à une heure donnée, naissent les dieux de chaque culture, à une autre les grandes villes, à une autre le socialisme, à une autre les Césars. Tout est réglé d'avance ; l'histoire devient une immense caserne. On n'y trouve pas le sentiment du hasard, ni celui des valeurs convergentes de la vie et de leurs combinaisons. Mais on ne peut nier qu'il ait eu, pour l'avenir proche, un don prophétique : en 1916, il a prévu les armées personnelles d'un parti, la prépondérance des masses, l'inadaptation d'un système parlementaire et rhétorique à la société en formation et l'intervention de figures césariennes. Ce fut donc un précurseur. Comme toujours, il est très difficile de savoir dans quelle mesure, par sa vision, il peut avoir contribué à la formation de cette Allemagne pour laquelle il avait clairement senti que la république n'était qu'une forme transitoire. Ou bien tout ce qu'il avait prévu et dicté pour l'avenir était-il, bien qu'invisible, déjà présent ? – Trad. Gallimard, 1948.

DÉCLIN DU MONDE ANTIQUE (Le) [*Untergang der Antike*]. Étude historique de l'écrivain allemand Franz Altheim (1898-1976), publiée en 1943. Professeur à l'université libre de Berlin, Altheim a divisé son ouvrage en deux parties d'importance égale, « Le Monde extra-romain » et « L'Empire romain », qui dépeignent en une large fresque la période qui s'étend de la mort de Commode à l'avènement de Dioclétien. Cette étude du IIIe siècle après J.-C., contrairement à une démarche historique plus traditionnelle, s'intéresse surtout aux peuples barbares du monde antique : Iraniens, Chinois, Huns, Arabes, nomades et Finno-Ougriens, parmi lesquels Iraniens et Chinois possédaient une civilisation déjà très ancienne. Leurs empires couvraient, avec l'Empire romain, une zone géographique continue d'est en ouest entre le 48e et le 25e degré de latitude nord.

Pas plus qu'il ne se limite à l'Imperium Romanum, le bouleversement du IIIe siècle ne peut être réduit à de simples causes économiques. Les changements dans les méthodes de guerre, notamment le rôle de plus en plus important joué par la cavalerie, comptent énormément, de même que la politique extérieure des gouvernements. Avant d'entreprendre son œuvre, Altheim, outre les langues classiques, a appris l'arabe, les dialectes iraniens et le turc ancien. Il s'est inspiré également, dans la conception de son livre, d'un des plus grands historiens connus, l'Arabe Ibn Khaldûn (1332-1406), et comme ce dernier il met en avant la lutte de deux formes historiques : l'opposition qui sépare d'une part les nomades, et d'autre part les paysans et les citadins, les errants et les sédentaires, les peuples nouveaux dans l'histoire et les empires vieillis et sclérosés par une longue tradition. A chacune de ces formes correspond une structure sociale, politique, militaire ou spirituelle particulière. Elles suivent d'abord des voies opposées, mais bientôt s'influencent l'une l'autre. A côté des États figés et vieillis, comme l'Empire romain en Occident ou la Chine des Han en Orient, surgissent des peuples jeunes et pleins de vitalité. Leur force de combat vient de leur mobilité face à laquelle les fortifications élevées par les empires anciens se révèlent souvent inefficaces. Les classiques et lourdes légions romaines sont donc remplacées peu à peu par la cavalerie, et pour cela le recrutement de troupes appropriées devient nécessaire : la défense de l'empire est ainsi confiée à des populations barbares ou semi-barbares, jusqu'alors ignorées par le pouvoir romain : Illyriens, Germains du Rhin, Maures et Arabes passent désormais au premier plan. Encore un pas, et bientôt des ressortissants de ces peuples s'élèveront au trône impérial après être passés par l'état militaire. Les mêmes changements se dessinent également en art et en littérature. A la destruction des formes antiques correspond un art clos et soumis à des règles nouvelles, comme le poème héroïque des Germains, les dinkans iraniens, les chants des Garamantes du Sahara, la forme rigoureuse de la lamentation funèbre sur Attila, citée par Mommsen.

Altheim s'inspire par ailleurs dans cette étude des idées d'Oswald Spengler, et sa vision de l'histoire est empreinte de pessimisme. Pour lui, l'étude du passé prépare à la connaissance du présent, aussi voit-il dans cette époque ancienne une préfiguration de l'histoire actuelle et en arrive-t-il à prévoir dans un proche avenir une troisième guerre mondiale qui verra l'écroulement définitif des vieilles civilisations. – Trad. Payot, 1953.

DE COLÈRE ET DE HAINE. Recueil de poèmes de l'écrivain français Jacques Prevel (1915-1951), publié en 1950. Dernier recueil publié de son vivant, il se signale par rapport aux deux précédents, *Poèmes mortels*

(1945) et *Poèmes pour toute mémoire* (1947), comme celui où l'auteur s'est le plus affirmé, où il a exprimé avec le plus de force et de fureur sa hantise du vide et sa quête d'un absolu gagné à l'aune du désespoir total. Le verbe qu'il s'y est forgé, à la mesure du but poursuivi, possède la dureté et l'éclat de la lame la mieux trempée, qui ne réfléchit le monde que pour l'anéantir. Car « ici il n'y a rien qui soit au monde », comme il le clame au détour d'un poème qui nous ouvre directement l'abîme de l'être. L'œuvre est ainsi habitée par un souci constant de dire au plus près la réalité ultime, requérant une sincérité qui pour Prevel tout autant que pour Artaud, son compagnon des derniers jours, cautionne toute entreprise poétique. Celle-ci équivaudra dans ces pièces à une mise à nu de la chair de la vie, au dépouillement des apparats de l'apparence, de sorte que le monde devienne à travers le poème transparent à lui-même. Tissés à même le vide, les mots acquièrent ici un relief, une présence hallucinante, suscitant l'impression qu'ils sont eux-mêmes la réalité qu'ils nomment. Aussi l'amour lui-même, évoqué dans un nombre assez important de ces poèmes, prend-il toujours la teinte d'un regret anticipé de l'absence dernière et définitive de la personne aimée : « Ce qui retentira / Ce qui restera de notre amour désarmé / Je voudrais l'imaginer et que ma vie s'éclaire / Sur l'absolu désarmé. »

Sans antécédent, sans parenté aucune avec quelque autre, cette poésie fait entendre la voix la plus personnelle qui soit, dont les inflexions rauques n'appellent un espace sonore que pour mieux se briser en fait sur le silence du monde. Ses clameurs cependant échappent toujours à l'emphase rhétorique. Au premier abord le poème peut paraître déconcertant, où les périodes les plus nettement rythmées achoppent de façon imprévisible sur un vers qui vient en casser la régularité à laquelle l'ouïe paresseuse du lecteur (ou de l'auditeur) était déjà habituée. L'unité de chaque pièce ne peut être ainsi appréhendée qu'à la lecture du poème tout entier, toujours assez bref pour qu'il puisse alors en rassembler les morceaux épars, sans solidarité vraiment apparente, qui viennent s'ordonner dans sa mémoire récapitulative. Le poème révèle alors son identité, longue phrase d'une seule coulée qui happe le lecteur pour l'entraîner jusqu'au dernier vers, qui, tel celui du sonnet classique, lui donne son sens définitif, au terme d'un decrescendo qui conduit au silence.

L'absence voulue d'esthétisme donne à ces pièces comme ébréchées l'apparence d'épaves échouées çà et là aux confins d'un univers ancien dont elles éveilleraient chez nous une vague réminiscence. Artaud, enthousiasmé par les poèmes que lui envoya Prevel, devait en dire : « ... Ces phrases... m'ont frappé comme de vieux dictames pris à quelque grand livre de l'humanité dont vous seriez l'auteur et dont tout le reste aurait sombré dans un désastre. »

Dans un de ces poèmes lapidaires, Prevel résume sa vie en en faisant rendre le son creux de néant à l'écoute constante duquel ce poète hors série a écrit son œuvre : « Ce que je peux dire / C'est que j'ai vécu sans rien comprendre / C'est que j'ai vécu sans rien chercher / Et ce qui m'a poussé jusqu'à l'extrême mesure / Jusqu'à l'extrême dénuement / C'est en moi je ne sais quelle force / Comme un rire qui transparaîtrait dans un visage tourmenté / Quand on a vu toutes les choses se perdre et mourir / Et quand on est mort comme elles de les avoir aimées / Le vent les feuilles la pluie le froid et l'amour qui leur donnait une mémoire / Je ne pourrai plus jamais sans doute me souvenir / Car je suis passé par toute la misère / Mon espoir fut criblé par toute la misère. » P. F.

DÉCOMBRES (Les). Œuvre de l'écrivain français Lucien Rebatet (1903-1972), publiée en 1942. Dès les premières lignes de ces chroniques d'un tour pamphlétaire, Rebatet définit ainsi son projet : « La France est couverte de ruines, ruines des choses, ruines des dogmes, ruines des institutions. Elles ne sont point l'œuvre d'un cataclysme unique et fortuit. Ce livre est la chronique du long glissement, des écroulements successifs qui ont accumulé ces énormes tas de décombres. » Ces décombres, sous lesquels la France de la Seconde Guerre mondiale se trouve ensevelie, sont l'aboutissement et la conséquence de l'aveuglement de la démocratie, qui ne pouvait nous mener qu'à cette inévitable catastrophe : « Nous souffrons depuis la Révolution d'un déséquilibre parce que nous avons perdu la notion de chef. » Voilà pour la thèse. Elle vaut ce qu'elle vaut, et il ne nous appartient pas ici de la discuter. Ce qui est insoutenable (indéfendable) dans ces pages toujours brûlantes, c'est un antisémitisme aussi naïf que cruel et, sous le couvert de la sincérité, un certain persiflage injurieux, rance et grossier. Pourtant, lorsqu'il ne se laisse pas emporter, Rebatet fait preuve d'un véritable don caricatural, d'une sorte de don polémique si l'on veut, qui souvent ne manque pas d'humour, ainsi que d'un sens de l'image qui sonne juste toujours : « On voit ainsi apparaître le bourgeois au petit ventre, en bannière flottante, et qui cherche ses pantoufles parmi les ruines et les cadavres tordus. »

DÉCOUVERTE DU NOUVEAU MONDE (La) [*El nuevo mundo descubierto por Colón*]. Comédie héroïque, en trois actes et en vers, de l'écrivain espagnol Lope Félix de Vega Carpio (1562-1635), publiée dans la IVe partie de son théâtre (Madrid, 1614). Bien que ce soit une des œuvres les moins heureuses de ce grand dramaturge, elle mérite d'être rappelée, parce qu'elle est une tentative pour porter à la scène les aventures du grand navigateur génois Christophe Colomb. La comédie nous montre tout d'abord les démarches entreprises par Colomb pour obtenir du Portugal une aide à son entreprise ; elle se termine par la présentation des produits du Nouveau Monde aux rois catholiques : Isabelle et Ferdinand. Les personnages historiques et vraisemblables voisinent avec les personnages allégoriques, tels que la Providence, la Chrétienté et l'Idolâtrie. Le but idéal de la comédie est l'exaltation de la foi chrétienne contre l'avide besoin de l'or qui pousse les conquérants. C'est à la lumière de ces faits qu'il faut considérer les différents personnages : ils apparaissent comme les instruments de la Providence. L'intrigue est décousue et aboutit à une série de tableaux séparés. – Trad. Charlieu et Huillery, 1861, puis Hatier, 1925.

DÉCRET DU ROI TÉLÉPINOU. Les érudits appellent ainsi une loi du roi Télépinou de l'ancien empire hittite, concernant la succession dynastique et les crimes commis dans la famille royale. À Hattous, capitale de son empire, le roi fonda un collège de juges, auquel il fallait soumettre tous les cas de crimes accomplis au sein de la famille du roi. Si le roi fait du mal à quelques membres de sa propre famille, il doit expier par la peine capitale. Télépinou a éliminé du droit pénal en vigueur pour la famille royale le principe de la co-responsabilité familiale. Chacun doit subir la peine pour ses propres crimes, et non celle des crimes d'autrui, ainsi qu'avait décidé la religion de l'époque. Le monarque adresse ensuite un appel ému à ses successeurs, afin qu'ils demeurent toujours unis autour de la personne du roi ; en effet la puissance d'une nation est due seulement à l'union entre les Grands de l'État et les différentes couches de la population. Le *Décret du roi Télépinou* a été rédigé en langue paléohittite et doit remonter environ au XVIIe siècle av. J.-C. – Trad. *Les Religions du Proche-Orient asiatique,* Fayard-Denoël, 1970.

DÉDAIN POUR DÉDAIN [*El desdén con el desdén*]. Comédie en trois actes, en vers, de l'auteur dramatique espagnol Agustín Moreto y Cabaña (1618-1669). Diane, fille du comte de Barcelone, portée à l'étude, affecte envers les hommes et leurs flatteries un dédain visible. Parmi ses prétendants, le plus amoureux est Carlos, fils du comte d'Urgel ; il n'a pas plus de chance que les autres. Son serviteur, Polilla, lui vient en aide et lui suggère de feindre, pour les femmes, un dédain encore plus grand que Diane n'en manifeste pour les hommes. L'expédient produit son effet. La jeune fille est attirée par ce masque de sceptique ; elle s'en irrite, fait l'impossible pour le contraindre à se jeter à ses pieds ; finalement elle est vaincue elle-même et en tombe amoureuse. Comme dans tout son théâtre, Moreto emploie ici des effets scéniques par ailleurs abondamment utilisés (par exemple, dans *La vengadora de las mujeres, La hermosa fea* et *Los milagros del desprecio* de Lope, *Celos con celos se curan* de Tirso, etc.), mais ceux-ci sont repris avec une originalité qui saisit, sur le vif, l'essence poétique et comique des situations et des caractères, leur conférant une cohésion psychologique dans laquelle le sentiment trouve son expression naturelle. Cette comédie remporta un vif succès. Elle fut imitée par Molière dans *La Princesse d'Élide* (*), par Carlo Gozzi dans sa fable théâtrale *La Princesse philosophe*, etc. – Trad. *Les Chefs-d'œuvre du théâtre espagnol anciens et modernes,* Paris (sans date).

DÉDALE DE L'AMOUR (Le) [*Rozdrożle miłości*]. Drame en trois actes de l'écrivain polonais Jerzy Zawieyski (1902-1969), créé à Cracovie en 1946, publié en 1947. Romancier, dramaturge et penseur religieux, Zawieyski confronte ici deux aspects de la foi catholique. Dans un petit village, un jeune prêtre, Jean, prend la succession de l'abbé Anastase, mort récemment. L'ancien curé, sévère et intransigeant, combattait le mal impitoyablement, et la majeure partie du village non seulement acceptait, mais encore favorisait ses méthodes. Peu de temps avant l'arrivée de l'abbé Jean, un drame avait éclaté. Élisabeth, fille étrange et plongée dans un rêve incompréhensible, avait incité son amant, André, à commettre un meurtre ; poursuivi par le remords, le garçon s'était suicidé. Son père, sa femme, Marthe, et presque tous les habitants du village appellent la vengeance, demandent la punition de la vraie coupable. Mais Élisabeth entre-temps a changé. Elle est pleine de repentir, elle désire effacer sa faute, demande le pardon. Le village ne veut ni comprendre ni admettre cette évolution. Pour lui, Élisabeth est et restera l'incarnation du mal. Seul l'abbé Jean est conscient des transformations survenues en Élisabeth. En vain il plaide la bonté, le pardon, la tolérance. Et c'est seulement le sacrifice d'Élisabeth qui permettra qu'on la comprenne. Un jour, Marthe, qui poursuivait Élisabeth en ameutant le village contre elle, tombe dans la rivière. Élisabeth se précipite à son secours, réussit à la sauver, mais périt elle-même. Alors Marthe se penche sur son cadavre et murmure : « Élisabeth, ma sœur. » La pièce de Zawieyski, qui fait penser au roman de Bernanos *Journal d'un curé de campagne* (*), est vivante et riche en réflexions.

DÉDALES [*Irrungen und Wirrungen*]. Roman de l'écrivain allemand Theodor Fontane (1819-1898), publié en 1888 ; c'est une de ses œuvres les plus travaillées, la plus profonde et la plus fine. L'histoire en est simple, elle est tirée de la courante réalité quotidienne, imprégnée d'une mélancolie résignée. Elle révèle une connaissance pénétrante de l'âme humaine.

Un dimanche, le jeune officier et baron Botho von Rienäcker sauve deux filles du peuple dont la barque s'est retournée sur un lac, aux environs de Berlin. Il s'éprend de l'une d'elles. Celle-ci, Lene Nimptsch, est la fille gracieuse et courageuse d'une repasseuse. Les jeunes amoureux se retrouvent chaque jour, dans la maison de la mère ou dans le jardin voisin des époux Dörr, deux originaux, types de Berlinois magistralement décrits. L'amour honnête et profond des jeunes gens est de courte durée. Botho est d'une famille noble, mais peu aisée. Pour sa carrière, il est nécessaire qu'il épouse une jeune fille de la riche aristocratie. Le choix est fait par sa famille, si l'on peut dire, depuis son enfance, et bien vite un oncle arrive, lui rappelant son devoir. Botho et Lene veulent faire une dernière fugue de quelques jours dans les bois de la Sprée, où ils espèrent jouir ensemble de la solitude, mais ils y rencontrent quelques camarades de régiment de Botho, qui ont tous avec eux leurs « dames », au genre assez équivoque. Lene se sent offensée par les allusions blessantes de ces gens, et entre les deux amants s'ouvre un profond abîme intérieur. Botho épouse donc une jeune coquette, gracieuse, vicieuse, et quelque peu amoureuse. Il se résigne sans oublier son premier amour. Lene souffre profondément, mais finit par se marier avec un brave homme, aux sentiments irréprochables. Le climat de résignation, dans lequel s'achève le roman, révèle la tragédie calme que recèlent souvent les destinées simples et courantes. Le roman est, par sa composition, une des œuvres les plus harmonieuses de Fontane. Avec elle, le poète se détache entièrement des traditions post-romantiques pour se tourner vers la représentation claire et fidèle de la réalité. – Trad. Aubier-Montaigne, 1980.

DÉESSE BLANCHE (La) [*The White Goddess*]. Essai de l'écrivain anglais Robert Graves (1895-1985), publié en 1948. Graves a défini son livre comme une « grammaire historique du mythe poétique ». Les mythes, qu'ils soient grecs, latins, bibliques ou chrétiens, meurent, selon l'auteur, et il appartient au poète d'en inventer de nouveaux, ou de régénérer les mythes anciens. En s'efforçant de choisir cette seconde solution Graves a en fait choisi la première. Comme *Une vision* (*) de Yeats, *La Déesse blanche* élabore à partir de mythes historiques une nouvelle mythologie adaptée à la vision du poète. Au départ, Graves ne se propose qu'une évocation érudite de mythes anciens (surtout irlandais ou gallois), qui ne sont pas seulement le fondement de la poésie mais des récits véridiques de faits historiques transmis sous une forme déguisée. On trouve des tentatives semblables dans les œuvres de Margaret Murray, *Le Dieu des sorcières* (*) et de Hugh Ross Williamson, *La Flèche et l'Épée* [*The Arrow and the Sword*], mais les interprétations qu'offre Graves sont encore plus hardies. Le point de départ de l'ouvrage fut *Le Chant de Taliesin* dans la version de lady Charlotte Guest du *Mabinogion* (*). Ce texte, ainsi que *La Bataille des arbres* [*The Battle of the Trees*], signalé en note dans le *Mabinogion,* est selon Graves de signification très obscure mais, quoique gallois, pourrait être interprété à la lumière d'une vieille tradition poétique et religieuse irlandaise. Ainsi *La Déesse blanche* nous transporte du pays de Galles en Irlande, puis en Grèce, interprétant le folklore et les attributs des dieux, construisant des hypothèses étymologiques reliant le Moyen-Orient à l'Occident le plus retiré. L'ouvrage est une œuvre digressive, poétique et allusive que l'on a comparée à un livre célèbre du XVIIe siècle, *L'Anatomie de la Mélancolie* (*) de Robert Burton. Graves attaque l'âge moderne et ses désastres spirituels et culturels, responsables du déclin actuel de la poésie. Le remède qu'il propose est la renaissance du « culte de la déesse », l'abandon du patriarcat en faveur d'une société matriarcale, le refus d'une intellectualité froide, signe de perversion. Le thème majeur de la poésie doit être les relations de l'homme et de la femme, et pour le poète il n'y a d'autre femme que la déesse blanche (« The White Snow Goddess ») Ceiridwen, qui seule est indépendante du magicien mâle, et dont l'amour s'accompagne de sagesse. La poésie tire sa magie de la lune et non du soleil. C'est la communion du poète avec sa Muse qui sera source de vérité. Cette Muse lui rendra son amour s'il est un vrai poète, mais elle finira par le trahir et le détruire. On retrouve ainsi le thème du dieu sacrifié – Adonis, Attis ou Osiris – qui, après avoir été le Roi Sacré ou l'amant de la Reine Sacrée représentant la Déesse est sacrifié afin que la fertilité de la terre, liée à sa force et à sa sagesse, soit préservée de la maladie et de la vieillesse. Cet ouvrage peu systématique, mais d'une remarquable envolée poétique, qui doit beaucoup à l'anthropologie, est la clé de voûte de l'œuvre de Graves : il affirme un nouveau romantisme dont l'inspiration se retrouve dans les poèmes que l'auteur compose alors et qu'une certaine retenue classique avait bannis de ses œuvres antérieures, comme *Whipperginny*(*), et qui s'épanouira dans *Poèmes et Satires,* publié en 1951. – Trad. Éditions du Rocher, 1979.

DÉESSES [*Nu Chen*]. Recueil de poèmes de Kouo Mo-jo, traducteur, dramaturge et historien chinois (1892-1978). Ce recueil fut publié en 1921 alors que son auteur, après des études de médecine au Japon, à l'exemple de Lou Siun, le fondateur de la littérature chinoise moderne, animait le célèbre cercle littéraire « Création ». Écrivain militant, Kouo Mo-jo s'attache d'abord à ressusciter, en marxiste, une époque donnée. Cela le pousse à avertir son lecteur : *Déesses* n'est pas une œuvre littéraire, mais la « voix enregistrée d'une époque ».

Ce recueil, qui rassemble des pièces écrites de 1918 à 1921, s'ouvre sur une sorte de chant lyrique à plusieurs voix introduit par des indications scéniques, comme au théâtre, destinées à dresser le cadre dans lequel les déesses convient allégoriquement les hommes à la création d'un monde nouveau. Mais, tandis qu'elles disparaissent du côté de la mer, derrière les montagnes s'élèvent les cris des deux empereurs qui se disputent le trône. Bruits de bataille en coulisse alors qu'un vieux paysan et un jeune berger traversent la scène, symboles du peuple que la guerre a plongé dans la misère et la souffrance. Comme dans les récits mythologiques chinois, le tonnerre gronde, les éclairs sillonnent le ciel, la foudre tombe, les montagnes se fendent... Ce premier poème, qui puise son inspiration dans le fonds des récits taoïstes et où l'on trouve l'écho, déjà, des préoccupations militantes de l'auteur (« Mesdames et messieurs, voudriez-vous voir paraître le nouveau soleil ? Eh bien, vous aurez à le créer de vos propres mains »), offre un habile mélange de poésie et de théâtre dont Kouo Mo-jo semble bien avoir dès cette époque assimilé toutes les techniques. Fidèle à la tradition, le poète l'est encore avec une autre pièce : « Le Nirvanâ des phénix », qui donne la parole à l'oiseau par excellence des vieilles légendes chinoises, lequel se lamente devant la désespérante tristesse du monde impitoyable où il vit avant de lancer vers le ciel un vibrant chant d'espoir, un hymne à la vie et au bonheur qui éclate comme un feu de joie. Les autres pièces du recueil, d'un éclectisme absolu dans l'inspiration, ont pour traits communs une sensibilité des plus vives, une chaleur de cœur prodiguée à la terre tout entière, un lyrisme et une émotion intime qui rejoignent, par-delà les siècles, ceux des poètes antiques et, tout en renouant avec une vieille tradition nationale, s'ouvrent largement au monde immense. Ce fin lettré possède une culture étendue, une connaissance profonde des littératures étrangères, et souvent il associe dans ses vers les poètes étrangers qu'il admire. Byron est de ceux-là, et Kouo Mo-jo retrouve les accents de celui qui s'en fut mourir à Missolonghi pour célébrer, « victorieux dans la mort », la mémoire du chef de l'armée républicaine irlandaise, Terence Mac Swiney, mort de faim dans une prison britannique le 25 octobre 1920 par refus de manger le pain de ses ennemis. Ainsi se manifeste déjà le poète militant à travers un admirable poème qui trouve sa place naturelle dans un recueil tout imprégné de l'amour que porte le poète aux beautés de la nature, et à l'homme créé pour en jouir dans le bonheur et la paix. – Trad. Éditions en langues étrangères, Pékin, 1960 ; Gallimard, 1970.

DÉESSES (Les) ou les Trois Romans de la duchesse d'Assy [*Die Goettinnen oder Die drei Romane der Herzogin von Assy*]. Roman de l'écrivain allemand Heinrich Mann (1871-1950), publié en 1902. Violante, dernière duchesse d'Assy, incarne aux yeux du romancier un triple idéal féminin. Cette jeune femme, qui porte en elle le parfum de la côte dalmate, avec ses longs cheveux noirs répandus sur ses épaules, est tour à tour Diane, Minerve et Vénus. Diane, c'est la chasteté et la sagesse, c'est la puissance et la politique, c'est l'action qui ne s'éprend que de liberté. Minerve, c'est la vie dans l'art, l'unité et la clarté dans l'esprit. Mais ni l'action ni l'art ne donnent une satisfaction totale : pour prendre pleine conscience de soi, il faut vivre la vie de Vénus, la vie de l'amour. Sur cette trame censément philosophique se brodent des épisodes abondants, hauts en couleur, qui servent à rehausser la figure de l'héroïne. L'auteur décrit toute sa jeunesse, et c'est la meilleure partie de l'ouvrage. Violante est ensuite aux prises avec un monarque ridicule, caricature de la puissance ; avec un tribun barbu dont elle se joue ; avec un financier trop gras qu'elle méprise. C'est son expérience en tant que Diane. En tant que Minerve, elle rencontre un peintre, Jacobus, avec qui elle se bat jusqu'au sang ; puis un dangereux journaliste, Della Pergola, auquel elle tient tête, et un aventurier séduisant, fils du prince Cucuru, auquel elle s'abandonne. Ainsi elle devient Vénus. D'autres silhouettes traversent sa courte existence bien remplie : l'imposante Properzia Ponti, femme sculpteur ; San Bacco, champion chevaleresque de la liberté ; Nino, qu'elle aime en rêvant. Les scènes de passion alternent avec les scènes de violence : révolution, assassinat, et finalement la mort de Violante, qui, en disparaissant, résume et clôt toute une race passionnée, que l'auteur et ses lecteurs habituels n'imaginent pas possible ailleurs qu'en Italie. De réelle psychologie il n'est guère ici question. Le romancier s'efforce plutôt, comme dit un de ses personnages, de « donner à une Renaissance hystérique la vêture des perversités modernes ». Monologues et dialogues se succèdent dans une prose stylisée, dont l'emphase et le manque de naturel sortent directement de D'Annunzio, constant modèle de l'auteur.

DÉFAITE (La) [*Razgrom*]. Roman de l'écrivain russe Alexandre Alexandrovitch Fadeev (1901-1956), paru en 1927. Ce roman se déroule dans un décor de guerre civile ; il conte l'histoire d'une petite unité de partisans sibériens qui, en 1919, s'opposèrent aux Cosaques contre-révolutionnaires de l'armée de Koltchak et aux Japonais qui menaient une action parallèle à celle des Cosaques. Bien que l'unité partisane en question finisse par être presque entièrement décimée (la traduction exacte du titre serait « Destruction » plutôt que *Défaite*), son action fut loin d'être inutile car elle permit à un certain nombre d'hommes et de femmes, sortis des couches populaires, de se révéler. C'est le cas des ouvriers mineurs Doubov, Gontcharenko et Morozka, de la femme de ce dernier et, surtout, de celui qui prit le commandement des partisans : le communiste Ossip Levinson. À ces types de héros plus ou moins conscients de la grandeur de l'œuvre dans laquelle ils se sont engagés, Fadeev oppose le personnage du jeune intellectuel socialiste, Pavel Metchik, que tout son passé sépare de ses camarades de combat, et qui finit par déserter à la faveur d'un engagement. Cette œuvre didactique est parcourue d'un souffle indéniable, qui donne épaisseur et réalité aux choses, l'auteur ne séparant jamais les détails de la vie quotidienne (amours, beuveries, etc.) de ses héros, de leur action révolutionnaire. – Trad. Les Éditeurs français réunis, 1950.

DÉFAITE DES PÉDANTS (La) [*La derrota de los pedantes*]. Satire littéraire en prose du dramaturge espagnol Leandro Fernández de Moratín (1760-1828), publiée en 1789. Elle appartient aux satires du genre imaginatif dont le plus typique exemple se trouve chez Boccalini avec *Les Cent Premières Nouvelles et advis de Parnasse* (*), mais le modèle le plus proche pourrait bien avoir été *La République littéraire* (*) de Saavedra Fajardo ou *Les Obsèques de la langue espagnole* (*) de Forner. Les pédants et les rimailleurs tentent de déloger du palais des Muses les bons poètes. Dans la lutte, parmi ces derniers, sont blessés Cervantès et Quevedo, mais Apollon et Mercure accourent pour calmer le tumulte ; Mercure arrête un mauvais poète et le conduit en prison où celui-ci passe son temps à composer de petits sonnets et autres bagatelles. Apollon se le fait amener et, ayant entendu les vers infâmes, le condamne au Tartare. Un autre rimailleur est appelé à exposer ses raisons, et son ignorance est si grande (« Qu'est-ce que l'art poétique ? – L'art de composer des strophes. – Que sont les strophes ? – Un ensemble de lignes inégales, appelées vers, etc. ») que Luzán, auteur d'un *Art poétique* (*), intervient pour défendre les raisons de l'art, soulevant la colère des mauvais poètes qui, armés de mauvais livres, se précipitent sur les bons poètes. Ceux-ci, sous les ordres de Garcilaso de la Vega et aidés par Apollon et Mercure, remportent la victoire. Les pédants et les rimailleurs, vaincus, sont enfermés dans un asile de fous ; quelques-uns reçoivent des Muses charitables quelque monnaie avant d'être renvoyés chez eux. Cette pointe ironique, qui anticipe le geste de don Pedro dans *Le Nouveau Genre ou le Café d'un théâtre* du même auteur, sert à lier entre elles les deux satires littéraires de l'heureux comédien espagnol.

La Défaite des pédants, écrite dans un style génialement brillant, s'acharne particulièrement contre les dernières pamoisons des « bas-bleus » et, plus généralement, contre les poètes à l'érudition vide de sens ou apprêtée, et les rimailleurs en mal de sujets académiques ou de disputes académiques. Elle fait époque dans l'histoire de la littérature espagnole et constitue – mieux que l'*Art poétique* de Luzán – le manifeste du néo-classicisme espagnol, mouvement destiné à sauver la dignité des Lettres dans la période qui précéda la renaissance romantique, et à préserver des excès tout proches du romantisme les pays de langue espagnole.

DÉFAUTS DE LA JURISPRUDENCE (Les) [*Dei difetti della giurisprudenza*]. Ouvrage de l'écrivain et archéologue italien Ludovico Antonio Muratori (1672-1750), publié à Venise en 1742. Par cet opuscule, Muratori entend combattre l'enchevêtrement de la législation italienne du XVIIIe siècle, la superposition des opinions contradictoires des juristes ainsi que des longueurs lassantes de la procédure. Critiquant avec sévérité les embûches qu'offre l'interprétation doctrinale ou chicanière, l'auteur propose que le législateur intervienne non seulement pour remettre de l'ordre, en élaguant et unifiant la masse chaotique des lois, mais aussi pour fixer définitivement la solution des questions juridiques les plus contestées, assurant ainsi une étroite cohérence entre la position de la loi et sa concrète application. L'auteur estime que la jurisprudence doit se ramener à un art de l'application du droit dans lequel le raisonnement et la logique prennent le pas sur l'habitude et sur l'autorité des citations. L'ouvrage de Muratori suscita, dès sa parution, un vif intérêt. On le considère comme un des premiers appels qui aient été lancés, et qui fut des plus écoutés, en faveur de la codification des lois.

DÉFENSE DE GUENIÈVRE (La) [*The Defence of Guenevere and other Poems*]. Recueil de poèmes du peintre et écrivain anglais William Morris (1834-1896), publié en 1858. Cette première œuvre lyrique nous paraît, aujourd'hui, inégale et trop hâtivement écrite. Sa métrique change trop fréquemment. Morris manque ici de sûreté et de mesure, ce qui, dans l'ensemble, donne à ses vers une rudesse qui n'atténue point ce qu'ils ont de faible. Privé de cette sûreté de touche indispensable, Morris termine souvent ses poèmes trop brusquement ; on le sent mièvre et sentimental à l'excès. Toutefois, le livre dénote une inspiration très personnelle ; malheureusement, son verbiage, ses phrases obscures et ampoulées en gâtent l'expression. Ce qu'il y a de meilleur, c'est cette spontanéité juvénile, lors même qu'elle empêche le poète de distinguer le beau de ce qui est franchement laid et désuet. On a le sentiment que Morris cherche sa voie. Admirateur de Browning, il le dépasse dans ses excès. Mais il est souvent possible de découvrir en lui une veine poétique sereine, dans une évidente imitation de Browning. Le sentiment très vif de la nature, joint à l'amour de la couleur et de la beauté, est ce qui demeure encore vivant dans ce recueil.

DÉFENSE DE LA POÉSIE [*A Defence of Poetry*]. Essai critique du poète anglais Percy Bysshe Shelley (1792-1822), composé en 1821. Il constitue la première partie d'une œuvre que Shelley s'était proposé d'écrire, en réponse à un essai critique de T. Love Peacock (1785-1866). Celui-ci affirmait que la poésie était arrivée désormais à sa fin, et la présentait comme une activité importante dans l'enfance du monde, devant céder le pas aux formes plus exercées de l'âge adulte. Dans sa *Défense*, Shelley part de la distinction de Locke entre « génie » et « jugement » – qu'il désigne par les termes plus justes de « raison » et d'« imagination » – et parvient, en se fondant sur des principes sensualistes et néoplatoniciens, à une théorie esthétique qui puisse le satisfaire et qui, sans être une synthèse rigoureuse des principes dérivés d'auteurs dérivés, n'en constitue pas moins une somme poétique et sentimentale parfaitement originale.

L'esprit de la beauté, dit-il en substance, donne naissance à des idées poétiques qui ont une vie absolue, mais qui, pour se faire connaître de nos intelligences limitées, doivent revêtir une forme contingente, vivre sous un voile que leur prêtent les époques et sous lequel les hommes les perçoivent, s'ils ont l'esprit pénétrant et la profondeur spirituelle indispensables. Chaque époque renferme dans ces enveloppes mortelles ce que l'esprit créateur suscite. C'est par ces représentations – qui donnent aux hommes qui les contemplent le sentiment d'être des créateurs – que l'élément périssable, présent dans chaque époque, se rattache à l'éternel. Le monde, en somme, naît continuellement en tant que poésie. Toutes les fois qu'un flot nouveau de sang poétique se déverse dans les artères de la vie, celle-ci se trouve renforcée ; de nouvelles mythologies naissent, que l'on ne peut encore assujettir aux nécessités inférieures de l'utile ; l'humanité adopte des orientations nouvelles ; et même dans les époques de décadence, comme l'époque hellénistique, par exemple, la poésie revêt un aspect idyllique et sensuel, n'en exprimant pas moins ce qui subsiste d'esprit créateur. Aussi, pour Shelley comme pour Platon, la poésie est « toute cause par laquelle ce qui n'est pas accède à l'existence ». Cette définition permet à Shelley d'appeler du nom de poètes, aussi bien les poètes lyriques, les poètes épiques et tous les artistes que les constructeurs de villes, les créateurs d'institutions civiles et religieuses. L'imagination, bien plus pour lui que pour Locke, consiste en une force qui dispose les idées, selon des affinités de goût, en associations agréables ; elle est fantaisie créatrice. À travers le mythe de l'enfant et du sauvage auquel il se réfère, il montre qu'il comprend, dans la définition de l'acte créateur, toutes les formes d'expression, depuis le geste jusqu'au discours. « Le langage est poésie, affirme-t-il ; tout langage originel, encore proche de sa source, contient en puissance un poème qui demande à prendre forme » ; c'est-à-dire que toute parole est image, « jusqu'au moment où les paroles deviennent, avec le temps, des signes fragmentaires et incomplets de pensées, perdant ainsi leur valeur totale et absolue. Alors, si de nouveaux poètes ne venaient renouveler les associations les plus appauvries, le langage ne répondrait plus à sa noble mission ».

Shelley se garde d'appliquer dogmatiquement ces principes et, malgré de nombreuses incertitudes et quelques contradictions, arrive à affirmer que la poésie est d'autant plus efficace qu'elle est poésie dans l'absolu et qu'elle exprime des aspirations nouvelles. Bien plus, il estime que le fait d'alourdir le libre jeu de l'imagination de préoccupations d'ordre pratique, est le propre des époques décadentes ; il ajoute que si le poète consent à cela, il renonce à la qualité de créateur pour se rabaisser à un rôle de divulgateur et d'annotateur de ses propres œuvres. Shelley fait également allusion à l'idée, erronée au point de vue historique, d'une « forme absolue » à laquelle toutes les époques tendraient, mais que réaliseraient seulement dans l'art majeur (la poésie : « ars artium ») les époques fondamentales du monde, liées en une parenté sublime. Il ne lui semble pas possible, en effet, que cette forme puisse également être atteinte par tous les arts, mais seulement, et au plus haut point, par la poésie comprise comme langage rythmique. Seule la poésie emploie une substance parfaitement libre : la pensée et le langage, tandis que les autres arts se servent de matières passives et brutes : la couleur, le marbre, le son. Il s'ensuit que Shelley accorde, de manière erronée, une importance décisive à la « technique » dans ces arts inférieurs tandis que, pour la poésie, il affirme que les classifications des lexiques, les institutions de rhétorique et les recettes formelles ne sont que des produits, privés de valeur créatrice, des âges mécaniques.

Dans son ensemble, la *Défense de la poésie* de Shelley est une courageuse réhabilitation de l'activité créatrice et, par là, elle est nettement en avance sur la pensée esthétique anglaise de son temps. La prose de la *Défense*, tissée d'images grandioses, magnifiquement sinueuse, est parmi les plus belles proses poétiques du XIXe siècle. Shelley réussit à dégager des vains symboles intellectualistes et rhétoriques l'essentiel de sa pensée. Le sujet qu'il étudie convient à la forme de son esprit. Parfois, Shelley semble démentir ce qu'une page précédente a affirmé ; le plus souvent, il aborde son sujet avec une franchise et une vigueur nouvelles pour l'époque. Au-delà des effusions sentimentales et humanitaires, par-delà les vides élucubrations métaphysiques, il découvre le principe vrai et fécond qui a pour nom « poésie » ; et la théorie de la poésie devient théorie de l'activité créatrice élémentaire et universelle, qui alimente la vie ; l'esprit poétique n'étant rien moins que le « moteur premier » du monde.

DÉFENSE DE LA POÉSIE (Une) [*The Defence of Poesie – An Apology for Poetry*]. Essai du poète anglais sir Philip Sidney (1554-1586), qui fut probablement écrit en 1579-80, et publié à titre posthume en 1595, les deux éditions posthumes portant deux titres différents. Provoquée par une attaque violente de Stephen Gosson contre le théâtre contemporain, avec *The School of Abuse* (1579), et bien qu'elle ait un net caractère polémique puisqu'elle tend à l'exaltation de la fonction du poète dans la société, l'œuvre de Sidney se trouve être également une discussion critique sur l'état de la poésie anglaise à l'époque de son auteur, en partant de l'époque de Chaucer. Cette discussion n'est, bien entendu, qu'accidentelle et fragmentaire ; elle représente toutefois une nouveauté pour son époque. L'essai, par ses qualités poétiques propres, illustre sa propre thèse. Ainsi, lorsque Sidney exalte les pouvoirs de la Poésie en opposition à ceux de la Nature dont l'univers est de bronze : « Seuls les poètes en créent un qui soit d'or. »

DÉFENSE DE LA TRADITION ET DES SAINTS PÈRES. Ouvrage de Jacques-Bénigne Bossuet (1627-1704), prélat et écrivain français, écrit en 1702 (et publié, après sa mort, à Amsterdam en 1763) pour combattre l'oratorien Richard Simon qui, avec des arguments contraires à la tradition, avait rédigé une *Histoire critique de l'Ancien Testament* (*), puis une *Histoire critique des principaux commentateurs du Nouveau Testament* (1692). Bossuet se déchaîne contre cet ouvrage comme il s'était déchaîné contre le précédent. Comprenant que la libre recherche est dangereuse pour la solidité de la foi et du dogme, il dénonce le rationalisme impie et mène une polémique des plus âpres par son tour doctrinaire, dû peut-être à ce qu'il avait conscience de son insuffisante préparation historique concernant les textes étudiés et les diverses discussions philologiques relatives aux passages controversés.

DÉFENSE DE L'IGNORANT (La) [*Liber pro insipiente*]. C'est un essai critique de Gaunilon (mort en 1083), moine bénédictin français de l'abbaye de Marmoutier, près de Tours, sur le *Proslogion* (*) de saint Anselme. Il est composé de huit paragraphes, où l'on analyse les affirmations de saint Anselme ; ce dernier avait tout d'abord soutenu que l'idée d'une nature suprême se trouve dès l'origine dans notre esprit ; et qu'ensuite ce qui se trouve dans notre esprit doit aussi se trouver dans la réalité. En ce qui concerne le premier point, nous ne pouvons affirmer que nous ne connaissons pas Dieu et que nous sommes absolument incapables de nous former une idée de Lui, car nous ne pouvons nous aider pour cela d'aucune idée qui lui soit semblable, à laquelle nous puissions Le comparer, étant donné que rien de ce qui nous est accessible ne peut Lui ressembler. Nous pouvons, tout au plus, nous faire de Dieu une image lointaine (et chacun peut le constater, par la vérité de la réalité divine). Pour ce qui regarde le second point, on ne peut admettre que l'idée de Dieu puisse correspondre à la réalité de Dieu, si cette réalité ne peut être prouvée par des arguments irréfutables. En guise d'exemple, citons ce cas : « Certains affirment que, dans une certaine région de l'Océan, il existe une île qui, ne pouvant pour diverses raisons être découverte, est déclarée comme "perdue". Cette île possède des richesses et des beautés inappréciables bien supérieures à celles des "îles heureuses", et quoique dépourvue d'habitants, elle est infiniment plus riche que toutes les îles que nous pouvons connaître. J'entends fort bien ce que l'on veut dire en me parlant de cette île ; mais, si quelqu'un prétendait devant moi qu'elle doit nécessairement exister, car autrement nous devrions admettre que dans la réalité il en est une, douée de plus grandes perfections encore, je considérerais mon interlocuteur comme un mauvais plaisant, et un sot ! » Voilà ce que l'ignare serait en droit de répondre aux arguments de saint Anselme. C'est pourquoi il s'agit, en premier lieu, de démontrer par un argument sûr, qu'il existe une nature suprême, c'est-à-dire meilleure et plus élevée que ce qui peut exister, afin de pouvoir en déduire les perfections de Celui qui est supérieur à tous. Il faut donc démontrer l'existence de Dieu en partant des choses réelles et terrestres, pour parvenir ensuite à l'affirmation de l'Existence, à travers les choses qui existent. Là est l'affirmation importante, et telle sera la voie adoptée par saint Thomas et les réalistes. À cette *Défense,* saint Anselme a répondu par son *Apologétique* (*).

DÉFENSE DE L'INFINI (La). Roman inachevé de l'écrivain français Louis Aragon (1897-1982). Écrit d'avril 1923 à l'hiver de 1927, où il fut en partie détruit par son auteur dans des circonstances encore aujourd'hui mystérieuses (pour lesquelles le désaveu du roman par le groupe surréaliste auquel Aragon alors appartenait, le drame amoureux avec Nancy Cunard, mais aussi certaine tentation du suicide se conjuguent), *La Défense de l'infini* constituait un défi d'écriture, une permanente provocation des limites, qui renfermait peut-être, dans la démesure de son projet, le germe même de son autodafé. Les fragments publiés alors que l'œuvre était en chantier, les mises au point ultérieures d'Aragon – qui font habilement alterner confidence et mutisme – et surtout le remarquable travail éditorial d'Édouard Ruiz (Gallimard, 1986) permettent désormais de saisir dans les ruines restées de ce monument – environ deux cents feuillets sur les mille cinq cents qui furent écrits – sa visée à la fois totalisante et explosive. Soumis aux éruptions d'une écriture surréaliste revendiquant, non sans quelque feinte, par la rage et le cri une agressive désinvolture, les débris de narration qui nous restent sont sans cesse d'eux-mêmes débordés, et donc impossibles à résumer. Revenant sur cette entreprise en 1964, Aragon dira avoir voulu « détruire le roman par ses propres moyens ». En effet, si le livre devait selon l'auteur s'achever sur « la vision de la société comme bordel », il apparaît entièrement placé sous le signe de l'orgie : par la thématique érotique, évidemment, mais, de façon plus essentielle, dans l'écriture, par l'entassement des personnages, l'odyssée panique des descriptions, la débauche désespérée de lyrisme et plus encore la pratique dionysiaque de l'excès comme destruction. Défendant, dans une virtuosité stylistique s'embrasant d'elle-même, une morale de l'ardeur (« Moi, ma vie me brûle »), il était presque logique que ce roman de l'absolu trouvât sa fin dans sa propre mise à feu.

Le Con d'Irène, qui en était un extrait, constitue une œuvre à part entière après sa publication anonyme de 1928. Aragon n'en a jamais reconnu de son vivant l'incontestable paternité, sans doute en raison de rééditions malveillantes. Pourtant, après un magistral portique désignant d'emblée la puissance poétique du texte, seule la première séquence répond (en pastiche) aux exigences de la pornographie. À travers le personnage volcanique d'Irène et celui, beckettien avant l'heure, d'un vieillard paralytique, muet et voyeur, le lyrisme fait s'entrechoquer désir et dégoût : toujours déchu, l'érotisme est ainsi réapproprié dans l'invention d'une parole où « le bonheur d'expression [...] est pareil à la jouissance ».

L'un des sommets trop méconnu de la phrase aragonienne, *La Défense de l'infini* devrait sous peu connaître, grâce aux récentes découvertes de chercheurs, un enrichissement et une nouvelle distribution. O. B.

DÉFENSE DE L'OCCIDENT. Cet essai de l'écrivain français Henri Massis (1886-1970), publié en 1927, entend mettre en garde les Français contre les périls qui risquent un jour de submerger l'Occident. L'auteur soutient que depuis la fin de la Première Guerre mondiale on assiste à un dangereux engouement pour les doctrines orientales, pour l'asiatisme, qui risque d'ébranler la civilisation occidentale et la culture gréco-latine. En Europe, les Allemands proclament par la plume d'Oswald Spengler le « déclin de l'Occident » et leur foi dans le relativisme historique qui accepte tout, même le chaos. En 1920 s'est ouvert à Darmstadt une école de la sagesse qui flatte l'indomanie, et ne voilà-t-il pas que Ernst Curtius déclare : « Nous, Allemands, nous préférons regarder vers l'Est et les cultures asiatiques. » Or, dit Massis, que constate-t-on à l'Est ? Avec le communisme, la Russie retourne à ses origines asiatiques : le prosélytisme bolchevique la place à la tête du mouvement d'indépendance et de libération qui travaille toute l'Asie. De plus, une complicité tenace existe entre l'Allemagne et la Russie bolchevique. Germanisme et slavisme visent à l'hégémonie du monde. L'Orient lui-même sécrète des philosophies dont il sait qu'elles sont nuisibles à l'Occident. En Inde, même Gandhi et Tagore sont d'autant plus suspects qu'ils affectent de se mêler à l'Occident tout en l'attaquant sur les plans spirituel et politique. Au Japon, la conférence de la ligue panasiatique qui s'est tenue à Nagasaki constitue pour l'Occident un avertissement : toutes les colonies risquent un jour d'être perdues. Pour Massis, l'Occident doit défendre ses valeurs et non pas accepter le fatalisme oriental, « débâcle mentale d'une humanité qui se renonce ». Le combat que doit engager l'Occident contre l'Orient n'est autre que « la résistance de la forme contre l'informe », « de l'unité contre le chaos ». On retrouve dans cet ouvrage les idées-forces d'Henri Massis, inspirées par la doctrine de l'Action française : lutte de l'Occident et de ses principes, « unité, stabilité, autorité, continuité » contre l'Orient ; certitude que l'Église catholique représente la véritable civilisation de l'Occident et qu'en christianisant l'Asie « elle détruira là-bas ce qui risque de nous perdre ici » ; critique sans concession, mais avec l'appui d'une claire rhétorique, du rousseauisme et des philosophies qui, d'après lui, proclament l'anéantissement de la personnalité.

DÉFENSE DES DROITS DE LA FEMME [*A Vindication of the Rights of Woman*]. Essai de l'écrivain anglais Mary Wollstonecraft (1759-1797), publié en 1792. Dédié à Charles-Maurice de Talleyrand-Périgord, ancien évêque d'Autun, dont Mary Wollstonecraft avait apprécié les idées sur l'éducation, l'ouvrage examine la situation des femmes anglaises au XVIIIe siècle dont l'auteur dresse un tableau pertinent. Après avoir critiqué l'attitude de certains écrivains, parmi lesquels Rousseau, qui font des femmes des objets de pitié, sinon de mépris, Mary Wollstonecraft analyse les causes de l'état de dégradation auquel les femmes sont réduites, dont la principale à ses yeux est l'éducation qu'elles reçoivent. Celle-ci en effet les prépare à une vie de soumission et de dépendance vis-à-vis de leur époux (Mary Wollstonecraft n'hésite pas à qualifier le mariage de « prostitution légale ») tandis que l'exigence de vertu et de chasteté qui leur est imposée et l'importance attachée à leur réputation les amènent à mentir et à dissimuler. Éduquées de la sorte, comment les femmes pourraient-elles accomplir correctement leur devoir de mère ?

L'auteur s'attaque également aux préjugés concernant l'infériorité des femmes et s'emploie à démontrer que celles-ci sont au même titre que les hommes des êtres humains. L'influence des idées de la Révolution française durant laquelle l'essai fut écrit se fait sentir sur ce point, puisque Mary Wollstonecraft va jusqu'à présenter les femmes comme une classe opprimée et compare la situation du sexe féminin à l'esclavage. Les hommes traitent les femmes comme leur propriété et, écrit-elle, « du respect qu'on paie à la propriété découlent comme d'une source empoisonnée la plupart des maux et des vices qui font de ce monde un spectacle affligeant ». Défendant l'égalité des sexes, Mary Wollstonecraft revendique donc pour les femmes une éducation qui leur permette d'obtenir ce statut d'égalité et une indépendance véritable dans tous les domaines. Ceci implique qu'elles acquièrent le droit au travail qui leur permettra d'assurer leur existence sur le plan économique. Selon Flora Tristan, « elle veut, pour les deux sexes, l'égalité des droits civils et politiques, leur égale admission aux emplois, l'éducation professionnelle pour tous, et le divorce à la volonté des parties » (*Promenades dans Londres*, 1840). C'est à ces seules conditions que l'on parviendra à une société plus juste, fondée sur la reconnaissance et le respect des droits de chacun.

Défense des droits de la femme, fruit de l'expérience de son auteur, frappe par son ton passionné et sa véhémence. Ses défauts évidents, dus à son manque d'organisation et de structure logique et à un style parfois gauche et surchargé de clichés, sont compensés par l'enthousiasme révolutionnaire qui l'imprègne. Acclamé par les uns, critiqué par les autres (Horace Walpole ira jusqu'à qualifier l'auteur de « hyène en jupons »), l'essai de Mary Wollstonecraft lui valut en son temps d'être reconnue tout à la fois comme une révolutionnaire et comme la championne du sexe féminin. – Trad. Buisson, 1792. M.-F. C.

DÉFENSE DE SE SUICIDER AU PRINTEMPS [*Prohibido suicidarse en primavera*]. Pièce de l'écrivain espagnol Alejandro Casona (1903-1965), publiée en 1937. L'imagination débordante de Casona se donne ici libre cours. Le premier acte introduit le spectateur dans le « Foyer du suicidé », étrange demeure peuplée de portraits illustres : Socrate prenant la ciguë, Cléopâtre mordue par l'aspic, Sénèque, Larra, et entourée d'un inquiétant jardin dont les arbres s'ornent de cordes de pendus. Il ne s'agit rien moins que d'un asile pour désespérés désireux d'en finir avec la vie. Toute facilité leur est offerte, tout procédé est mis à leur disposition. Les pensionnaires de cette maison ? Un jeune fonctionnaire conduit là par une passion malheureuse et en partie imaginaire pour Cora Yako, grande cantatrice ; un professeur de philosophie qui a déjà tenté trois fois de se noyer dans le lac accueillant du « Foyer » ; une « dame triste » à qui son corps pèse et qui veut en délivrer son âme. Les veillent un docteur et son assistant, Hans. Mais voici que trois nouveaux personnages surgissent. Une candidate, d'abord, Alicia, qui renonce à la mort lorsqu'elle comprend que c'est une solitude plus encore que ne l'est la vie, et que le docteur garde comme « infirmière des âmes » ; et puis un jeune couple de journalistes, follement amoureux, débordants de gaieté et d'enthousiasme, qui ont cru arriver dans quelque château enchanté et restent parce qu'ils voient dans cet extraordinaire « club des suicidés » l'occasion d'un original reportage, d'autant plus que le docteur leur a expliqué ses véritables conceptions : il pense dégoûter les candidats au suicide par l'espèce de « technique ultra-moderne » qu'il leur propose. Fernando et Chole font connaissance avec les divers pensionnaires, lorsque intervient un coup de théâtre : le docteur sauve de justesse un jeune homme en lui arrachant un revolver qu'il retournait contre lui. Or c'est Juan, le frère de Fernando. Il a toujours été jaloux de lui, il aime Chole, il voulait se tuer.

Au deuxième acte, l'auteur souligne la transformation progressive de l'asile des suicidés. Les patients reprennent déjà espoir grâce à Fernando et à Chole. Le jeune fonctionnaire a retrouvé par hasard Cora Yako venue se suicider « publicitairement » ; la dame triste file le parfait amour avec le professeur de philosophie. C'est alors que Chole, à la suite d'une révélation déchirante de Juan, fuyant cette odieuse réalité qui brise son existence, se jette dans le lac. Le troisième acte propose un dénouement délibérément optimiste. Chole, qui avait renoncé à Fernando pour ne pas gâcher la vie de Juan, est récompensée de son beau geste par Juan lui-même qui la rend généreusement à son frère. Lui-même se consolera peut-être avec Alicia. Malgré son aspect parfois mélodramatique, cette pièce possède de grandes qualités, tant par l'ingéniosité des situations que par la justesse des dialogues qui s'adaptent sans aucune faute de goût aux moments les plus franchement comiques comme aux scènes les plus pathétiques. Elle est toujours soutenue par la fantaisie poétique de Casona et sa grande générosité de vue.

DÉFENSE DE TARTUFE (La). Volume de poèmes et de prose de l'écrivain français Max Jacob (1876-1944), publié en 1919, et dédié à Juan Gris. Le livre est une autobiographie spirituelle de Max Jacob, et le journal poétique de sa conversion. L'ouvrage se partage en quatre parties : « L'Antithèse » porte sur la vie du vieil homme, « La Révolution » célèbre l'apparition du 22 septembre 1909 (« Ma chair est tombée par terre ! J'ai été déshabillé par la foudre ! Oh ! impérissable seconde ! ») ; « La Décadence ou mystique et pécheur » rappelle la division fondamentale de la vie de Jacob entre gravité et facétie ; enfin « La Vie dévote » évoque l'ouvrage de saint François de Sales, qui joue un rôle fondamental dans la conduite religieuse de Jacob.

La vision de la lumière céleste (« Le Corps céleste est sur le mur de ma pauvre chambre ! Pourquoi, Seigneur ? ») divise la vie de Max Jacob. Mais le partage n'a pas de sens uniquement temporel ; il existe dans la substance même de l'être où ne cesseront de se combattre l'ancien et le nouvel homme. Les souvenirs de la vie parisienne, les complaisances pour Fantomas (l'ouvrage d'Allain et de Souvestre est publié à partir de 1911 ; Max Jacob lui consacre un poème, et célèbre l'Ascension sur le mode d'un récit d'aventures) le disputent au recueillement et au silence, si bien que la vérité de sa foi sera contestée par ses amis, et mise en doute par les bien-pensants. Le titre de sa défense assimile l'auteur à Tartufe (à qui, sur les secondes épreuves, il restitue l'orthographe du nom commun). Il se présente en hypocrite par humilité, acceptant de se penser sous le masque qu'on lui impose. Le journal même de ses faiblesses constitue sa défense, par l'aveu, et la reconnaissance de ses fautes. Aussi la dernière partie du livre débouche-t-elle naturellement sur l'établissement d'une règle de vie chrétienne, où l'être fautif pourrait être sauvé par sa volonté de parole vraie. Car la révélation est certes à l'origine de tout, mais ne suffit pas ; elle n'a de sens que par la vie qui l'accomplit. Elle ne peut pas être tenue pour un merveilleux souvenir sous peine de n'être plus qu'un simulacre : « Le poète, ayant abandonné le faix du péché, trouve dans le catholicisme ce qu'il ne trouverait pas dans le mysticisme : la paix ! » Pour fixer ses pensées et conduire ses actions, il prend pour modèle l'*Introduction à la vie dévote* (*) de François de Sales. Ce livre l'accompagne toute sa vie, lui fournissant les sujets de méditation, et réglant leur progression.

Dans son *Art poétique* (*), Max Jacob écrit de son œuvre : « J'ai voulu recréer la vie de la Terre dans l'atmosphère du Ciel. » Telle est l'organisation de son œuvre : elle consiste à replacer les gestes, et les comportements dans l'univers spirituel. Le poète rend sensible la relation du domaine humain et du monde invisible.

L'apparition révèle à Max Jacob qu'il est un lieu de conflit entre la dispersion et la foi, la bassesse et la grandeur. Elle fait de lui un témoin, en tant que narrateur, du miracle du 22 septembre 1909. Le livre présente le drame spirituel d'un être partagé ; la dernière partie établit une méthode pour vivre le mystère en une existence unifiée.

J. Rou.

DÉFENSE DU PEUPLE ANGLAIS [*Pro populo anglicano defensio*]. Traité politique de l'écrivain anglais John Milton (1608-1674), écrit en 1651 en latin, afin de lui assurer une plus grande diffusion sur le continent. C'est une réponse à la *Defensio regia pro Carolo I* de Claude Saumaise, dit Salmasius, savant français établi en Hollande : cette œuvre vouait à l'exécration de l'Europe tous ceux qui, en 1649, avaient été responsables de la mort de Charles Ier d'Angleterre. Milton attaque Saumaise avec violence : il démontre que le régicide est justifié par le droit de nature selon la sagesse antique et moderne. Dans le cas de Charles Ier, il s'agissait, de plus, d'une nécessité publique. Il dénonce et blâme enfin l'ingérence des étrangers dans les affaires intérieures de l'État. L'ouvrage fit beaucoup de bruit et suscita d'âpres et violentes controverses, dont un écrit de Pierre du Moulin intitulé : *Regii sanguinis clamor ad coelum* (1652) [Le Cri du sang royal vers le Ciel], lequel était dirigé contre les régicides anglais. À celui-ci, Milton réplique par une *Secunda defensio* (1654) ; avec une rare violence, il s'en prend notamment à Alexandre More, savant écossais et catholique résidant en Hollande, ami de Saumaise et auteur présumé du plaidoyer royaliste. Milton prend la défense de Cromwell et des Puritains ; avec plus de fougue encore, il trouve des expressions d'enthousiasme vibrant. Il invoque Dieu lui-même et la liberté, rappelle ce qu'il a fait au service de l'État, et comment sa cécité a été compensée par une illumination intérieure envoyée par le Seigneur. Ce passage constitue un repère biographique précieux que l'on peut rapprocher de certaines pages écrites plus tard dans *Le Paradis perdu* (*) et dans *Samson Agonistes* (*). Sans vaine rhétorique, et avec une grande sincérité dans son exposé, Milton exalte la figure d'Olivier Cromwell qu'il compare aux héros de la Grèce et de Rome et qui représente à ses yeux l'incarnation de son propre idéal. More ayant répliqué par une *Fides publica,* Milton ajouta à ses deux précédents livres une brève *Pro se defensio* (1655), où il maintient son point de vue et, tout en admettant que More ne soit pas l'auteur véritable de *Regii sanguinis clamor ad coelum,* il ne l'en tient pas moins pour responsable de cette publication.

DÉFENSE ET ILLUSTRATION DE LA LANGUE FRANÇAISE. Manifeste littéraire de la jeune « école » poétique groupée autour de Ronsard (à laquelle la tradition a donné le nom célèbre de « Pléiade »). Il est signé par Joachim du Bellay (1522-1560). La *Défense* parut en mars 1549 à peine quelques mois après la publication de l'*Art poétique* de Sebillet qui venait d'exciter l'animosité des novateurs en énonçant plusieurs des principes qu'ils reconnaissaient comme leurs, d'autant qu'il avait été désigné comme l'un des principaux organisateurs de l'entrée d'Henri II à Paris en 1549. D'Italie, de Pétrarque, des *Dialogues* de Sperone Speroni (parus en 1542), « souffle » un vent de renaissance artistique, littéraire, l'idée désormais lumineuse de la mission artistique d'un peuple. Dès lors, et compte tenu de l'enthousiasme des jeunes poètes, de leur influence grandissante jusqu'à la Cour, enfin du courant puissant de l'humanisme, on comprend mieux le programme préconisé par la jeune école poétique et son sens profond. Trois articles essentiels ressortent de cette étude : tout d'abord, l'idée agissante du manifeste entier, celle du triomphe de la langue nationale française qui comporte d'une part la « défense » de cette langue contre les « latinisants » qui considèrent la « latine » comme seul mode d'expression et contre ceux qui s'en servant mal la compromettent, et d'autre part, l'« illustration » obtenue en l'enrichissant par un apport considérable de mots nouveaux. Cet apport peut être obtenu de différents façons : par l'emploi des mots de terroir rendus à la vie et au besoin modifiés, par les diminutifs, par la formation de mots composés, par la construction de mots nouveaux sur des racines existantes, soit nationales, soit grecques ou latines, encore que la plus extrême prudence soit recommandée à l'égard des emprunts au grec et au latin.

Ensuite, la création d'une vraie poésie. Pour ce, on abandonne tous les genres qui ont triomphé au Moyen Âge et dont usent encore les héritiers des grands rhétoriqueurs et rimeurs comme Marot, tels que la « ballade », le « rondeau », le « virelai », la « chanson », etc. Par contre, inspirés profondément par les Anciens, les genres de l'« ode », de l'« élégie », du « sonnet », de l'« églogue », de la « comédie » et de la « tragédie » sont ceux qui donneront à notre poésie sa valeur propre, son renouveau de goût et de profondeur. À ce changement d'inspiration correspond celui de l'esprit et de la technique poétiques : d'une part, et comme Pétrarque l'avait indiqué, une intelligente « imitation » sera permise et même recommandée au poète ; de l'autre, les règles de la versification se précisent, qui influenceront la poétique jusqu'à nos jours comme nécessité et alternance des rimes, combinaison des strophes, etc. Enfin, se trouve exprimé dans la *Défense* l'idéal artistique de la langue et du Poète. Désormais, la poésie ne doit plus être considérée comme l'occasion donnée à un homme de prouver uniquement sa virtuosité verbale ou d'« amuser ». Le poète, et c'est une idée très souvent reprise chez Ronsard et bien d'autres, par un travail long et patient, atteindra la gloire la plus haute, l'immortalité. Le Roi n'est rien sans le Poète : c'est en effet au poète qu'incombe le soin de conférer l'immortalité ; au poète d'élever les âmes, de faire comprendre la mission profonde de l'art. Ainsi se constituera une école poétique prodigieuse qui, inspirée de l'exemple italien et particulièrement pétrarquiste, l'égalera puis le transcendera.

La fermeté du style, la vitalité et l'intelligence des principes exprimés, l'influence considérable de la « Pléiade », enfin l'état d'esprit du moment et la faveur de la Cour expliquent aisément, sans qu'il soit besoin d'insister, le retentissement prodigieux et durable de la *Défense et Illustration* dont certains points essentiels, adoptés par le classicisme, ne seront plus remis en question avant les luttes du romantisme au XIXe siècle et dominent encore la poésie et la littérature contemporaines.

DÉFENSE LOUJINE (La) [*The Defense*]. Roman de l'écrivain américain d'origine russe Vladimir Nabokov (1899-1977), publié en anglais en 1964. Ce roman parut en U.R.S.S. en 1929 sous le titre *La Défense Loujine* et la signature de V. Sirin, de même que *Le Don* (1937) qui relatait l'exil et la fin d'un grand romancier russe. Dans un style qui annonce *L'Invitation au supplice*, ce divertissement macabre est l'histoire tragique d'une obsession. Le protagoniste, Alexandre Loujine, possède un talent inégalé pour le jeu d'échecs ; il a le don de pressentir l'amorce d'un mouvement de riposte chez son adversaire et de le contrer. Imbattable sur ce terrain, ce joueur qui ne sait que jouer devient dans la vie le seul adversaire digne de lui-même. Il se révèle incapable de parer les attaques et les incursions de son talent d'analyste dans sa propre pensée. Son épouse, aussi fragile qu'aimante, tente en vain de le sauver de sa monomanie et de l'aider à s'adapter à la vie quotidienne. Son amour et ses bonnes intentions se heurtent à la perversion monstrueuse de Loujine, et cependant nous sentons que cette perversion n'est pas uniquement négative puisqu'elle représente à l'état embryonnaire la passion créatrice et l'amour de l'harmonie de la conscience artistique. Pris dans ses propres pièges intellectuels, bourreau de lui-même devenu un fascinant cerveau qui tourne à vide, le joueur se met échec et mat. Son suicide (à la fois dramatiquement inévitable et navrant pour le lecteur qui s'est attaché à ce paranoïaque) est une conclusion logique. Nabokov, encore jeune, se montre d'une habileté extrême : un symbolisme récurrent (que l'on retrouve jusque dans les noms propres, comme ce Turati qui est « la tour »), et des images géométriques de damiers, d'échiquiers où les carrés d'ombre répondent aux espaces de lumière, font du monde du roman un gigantesque jeu d'échecs. Certes le héros devient fou parce que le monde lui apparaît comme un jeu d'échecs, mais la technique du romancier, présentant sous cette apparence l'univers clos du roman, donne à cette folie une présence intense et empêche le lecteur de juger Loujine selon les critères d'un autre univers. Cette stylisation fait de *La Défense Loujine* la première grande réussite de l'auteur. Une fiction qui, par un changement savant de perspective revendique la réalité de personnages irréels et d'une création purement verbale. Nous retrouverons cette démarche portée à son paroxysme dans *Feu pâle* (*). – Trad. sous le titre *La Course du fou*, Fayard, 1934 et Gallimard, 1964.

DE FIL EN AIGUILLE d'Ataç [*Sözden Söze*]. Ce recueil, publié en 1952, d'essais et critiques littéraires du célèbre essayiste turc Nurullah Ataç (1898-1957) passe au crible toutes les tendances qui marquèrent la jeune poésie moderne turque, ainsi que les particularités d'une langue qu'il voulait purifier de toute influence étrangère. Le style de l'auteur se caractérise par sa simplicité familière et sa sincérité aiguë.

Parmi les vingt-quatre essais et articles, citons : « La Poésie nouvelle », « Nous voulons une poésie d'amour », « Autre chose la rime, autre chose la poésie », « Appel au rêve », « La Poésie facile », « Orhan Vélie », où l'auteur expose sa conception de la poésie moderne turque en se référant à la poésie occidentale, qu'il connaissait bien, tout en combattant les manifestations tendancieuses et sectaires de la vie littéraire turque de son époque. Dans l'essai sur Mallarmé, on trouve un bilan des lectures et des préférences de l'auteur pour les écrivains français, ceci avec des justifications qui tiennent lieu de manifeste poétique quant aux poètes des jeunes générations, particulièrement soucieux de problèmes formels. Dans « Écrire » et « Le Monde littéraire », l'auteur analyse la situation économique de l'écrivain en général et celui des écrivains turcs de l'époque en particulier, tout en soulignant les prétentions et la vanité de certains d'entre eux. « La Pensée occidentale » traite du décalage de l'esprit occidental par rapport à celui de l'intellectuel en Turquie ; « Fuzulî » analyse la poésie du « Divan » dans l'optique du lecteur turc moderne. « Conseils aux jeunes » et « Lettres à Suut Kemal » résument les idées de l'auteur sur l'évolution des conceptions littéraires, avec des critiques à l'égard des déficiences d'élaboration artistique chez certains jeunes romanciers et des attaques contre le caractère suranné de la conception statique dans l'art. Ce recueil offre ainsi des documents précieux et un témoignage vivant sur la vie littéraire post-républicaine de la Turquie, en même temps qu'il offre l'image d'un personnage qui, par ses idées, sa culture et son goût sûr, a rapproché ses lecteurs de points de vue en harmonie avec les courants artistiques contemporains.

DE FIL EN AIGUILLE de Parain. Dans cet ouvrage publié en 1960, l'écrivain français Brice Parain (1897-1971) tente de faire le point. Que lui ont appris les cahots de son existence ? Quelle certitude a-t-il sur quoi il puisse s'appuyer ? Il aimerait être sûr d'avoir été, « comme il se doit, un lien entre le passé et l'avenir, une partie dans un tout... » Sûr qu'il y a une vérité, durable sinon éternelle, qui soit la même pour l'ensemble des hommes, les bons et les mauvais, les enfants et les vieillards, les bien-portants et les malades. Question éminemment actuelle. Autrefois il y avait la religion, une foi et une espérance communes. Puis vint la raison. Mais maintenant ? Maintenant les philosophies sont très humbles, très désabusées aussi. Elles constatent, mélancoliquement, que tout ce qu'on peut affirmer est relatif, provisoire, superficiel. Inutile de songer à une écorce solide que l'on atteindrait en grattant les alluvions des apparences de l'instant. Brice Parain n'aime pas ces déprimantes philosophies, mais par quoi les remplacer ? Voilà le problème qu'il se pose, le problème qui, décidément, le laisse perplexe. Il a toujours été fidèle au village et à la maison où il a passé son enfance, y faisant chaque année d'assez longs séjours, cuisant sa soupe, fendant son bois, fauchant son pré avec soin et amour. Au fond, c'est sans doute à son père qu'il a voulu, ainsi, être fidèle. Ce dernier était instituteur. Doué et travailleur, son fils eut une bourse et alla au lycée. Tout semblait le destiner au professorat : ce serait une manière de continuer, à un niveau plus élevé, l'œuvre de son père. La guerre en décida autrement. Quand, démobilisé, il entreprit de préparer le concours d'entrée à Normale supérieure, il n'était plus un jouvenceau, mais un homme mûr. Ce qu'on lui apprenait n'aidant pas à vivre, il trouva que c'était de la fausse monnaie, sonnant haut mais dépourvue de valeur. À quoi bon lire Tacite et Homère dans le texte, commenter avec érudition Kant ou Spinoza, si ensuite on se sent aussi seul qu'avant ? À quoi bon composer d'élégantes dissertations en trois parties si on n'arrive pas à bien parler, c'est-à-dire à communiquer efficacement et naturellement avec les autres ? Parain se mit à rêver d'un langage suffisamment limpide pour permettre de vraiment s'entendre. Curieux de voir si cela n'existait pas quelque part, il commença à prendre des leçons de russe. Voilà au moins une discipline concrète, une réalité et non un vain verbiage. Il se passionna. L'occasion de se rendre sur place finit par lui être donnée. Il resta à Moscou le temps de parfaire ses connaissances linguistiques et de regarder un peu autour de lui. Puis, en France à nouveau. C'est ici qu'il est enraciné, ici qu'il a affaire. Il va se consacrer à la réflexion, écrire les ouvrages qui lui valurent, avant la célébrité, l'estime des meilleurs. Instrument fondamental dont dépendent, en dernière analyse, l'ordre social et le bonheur de chacun, le langage est demeuré sa préoccupation essentielle. Il doit cependant beaucoup à la Russie, à commencer par sa femme. Bien que Parain esquisse, dans ce livre, une petite histoire de sa jeunesse, l'évocation de souvenirs n'était pas son but. Il voulait expliquer son cheminement, tirer quelques conclusions de ses diverses expériences, voir ce qui subsistait de soixante années de tâtonnements, de déceptions et de recherches. Il l'a fait avec une simplicité et une clarté admirables. Sa prose est, dans son genre, une véritable merveille. Les mots et les tournures qu'il emploie sont les plus courants du vocabulaire, les plus familiers si ce terme ne comportait une nuance péjorative qu'il faut exclure.

DÉFINITION DES « WEN » ET EXPLICATION DES « TSE » [*Chouo wen tsie-tse – Shuowen jiezi*]. Premier dictionnaire de la langue chinoise, composée vers l'an 100 de notre ère par le lexicographe et philologue Siu Chen (30-124), et qui distingue les caractères simples (wen) et les composés (tse). Y sont rassemblés les 5 340 caractères mentionnés dans la liste de l'ancienne collection *Ts'ang che p'ien,* ainsi que ceux qui avaient été recensés par les savants de l'époque, tant dans les livres classiques que dans les inscriptions sur bronze et sur écailles de tortues. Ces caractères se montent au total à 9 353, parmi lesquels 1 163 apparaissent deux fois ; l'ouvrage est divisé en 14 parties contenant au total des explications sur 133 041 mots. Le *Chouo wen* fut une véritable innovation dans la culture chinoise de l'époque et il est demeuré une œuvre d'une grande utilité. La classification des caractères selon 540 racines est une découverte de Siu Chen ; elle a été suivie par un grand nombre de philologues, même des contemporains. Siu Chen divise les caractères en 6 classes, d'après leur sens et leur origine : *a)* les « images » [hsiang], ce sont les caractères qui reproduisent la forme d'un objet ; *b)* les « symboles » [tche-che] ; *c)* les « composés logiques » [houei-yi] ; *d)* les « composés phonétiques » [sie-cheng] ; *e)* les « tchouanchou » (synonymes employés à la place de caractères de même racine) ; *f)* les « tsia-tsie » (caractères employés à la place des caractères qui ont des consonances identiques et des sens analogues). Grâce à cette méthode, les travaux de recherche sont simplifiés ; car on voit immédiatement le rapport qui existe entre les caractères d'après leur graphie, leur sens et leur consonance phonétique. Des 9 353 caractères, 7 697 sont des « composés phonétiques » ; c'est la raison pour laquelle sont mentionnés un grand nombre de phonèmes primitifs, qui ont servi de points de départ aux travaux de phonétique entrepris principalement sous la dernière dynastie. C'est ainsi que sont mentionnés dans le *Chouo wen,* les sens primitifs, alors oubliés, des caractères tsia-tsie des livres classiques. La graphie des caractères dans le *Chouo wen,* qui est une des sources principales des recherches sur les caractères anciens et la société antique, se rattache surtout au type de graphie « petit sceau » [siao-tchouan], qui est pratiquement une survivance de la graphie de l'Antiquité.

Elle se fonde sur l'écriture telle qu'elle fut unifiée par Li Se (mort en 208 av. J.-C.). Parmi les divers commentaires sur cette œuvre, il faut mentionner en particulier ceux de Touan Yu-ts'ai, de Wang Yun, de Kouei Fou et de Tchou Tsuen-cheng, contemporains de la dernière dynastie. Il convient de signaler en particulier les deux premiers : le commentaire de Touan est intelligent et profond, mais il contient des points de vue arbitraires ; celui de Wang par contre est renommé pour sa précision et son originalité. Le jésuite Wieger a donné une étude très poussée du *Chouo wen* dans son œuvre *Les Caractères chinois* (Hienhsien, 1924), ouvrage capital en sinologie.

DÉFINITIONS DE LA PHILOSOPHIE [*Sahmank' p'ilisop'ayout'ian*]. Également connu sous le nom de *Livre des définitions*, cet ouvrage du philosophe arménien David l'Invincible (VIe siècle) est d'inspiration néo-platonicienne. Transmis en arménien et en grec, il se caractérise par son appartenance à l'école hellénophile, qui s'est imposée principalement aux VIe et VIIe siècles en Arménie, en créant une langue calquée sur le grec. Le livre propose une « théorie de la connaissance » proche de celle d'Aristote, avec des éléments d'un enseignement pythagoricien. Il met en évidence un mode de connaissance propre à la philosophie. Il y distingue un aspect pratique et un aspect théorique, tout en affirmant leur étroite relation, puisque seul l'accès à la vérité permet de parvenir à l'union avec Dieu. Ma. N.

DÉFUNT (Le) [*Pokojnik*]. Comédie en trois actes, représentée en 1937, considérée comme le chef-d'œuvre du populaire écrivain serbe Branislav Nušić (1864-1938). Si dans ses nombreuses comédies d'avant la Première Guerre mondiale, se conformant à sa boutade « Rions, c'est notre seule consolation ! », l'auteur souligna avec bienveillance les travers de la vie patriarcale dans la Serbie de l'époque, par sa production d'après-guerre et en particulier avec *Le Défunt,* il a fouaillé inexorablement l'avidité et la corruption des nouveaux riches qui donnaient à la Belgrade d'alors son nouveau visage. Avec *Le Défunt,* Nušić donna en quelque sorte une suite moderne au *Cadavre vivant* (*) de Tolstoï. Le « défunt », que l'on croyait mort à la guerre, réapparaît trois ans plus tard, trouvant sa femme remariée, ses biens entre les mains d'héritiers illégitimes, et son œuvre scientifique exploitée par les autres. Afin de se débarrasser de l'importun qui vient troubler leur bonheur, ses parents le font passer pour un révolutionnaire, ennemi de l'État, résolu à détruire la sainteté du mariage et la propriété privée (il exige la restitution de sa femme et de ses biens) et à s'attaquer enfin au pouvoir établi (il entend démasquer le jeune savant qui a obtenu une chaire de professeur à l'université, en s'appropriant ses manuscrits). Au terme d'une lutte, longue et inutile, pour éviter d'être jeté en prison, le « défunt » doit s'exiler. Après lui avoir généreusement procuré un faux passeport, les fraudeurs se réunissent pour célébrer le triomphe de la « Justice ». Nušić a eu le mérite de porter à la scène de nouveaux problèmes et des types originaux, tels cet émigré russe se suicidant pour délivrer l'épouse adultère du remords, ce couple moderne qui s'octroie toutes les libertés, et les exploiteurs, Schwarz et Rosenfeld, sans le concours desquels toute entreprise commerciale ou industrielle se voit condamnée à la faillite. La pièce de Nušić eut du succès tant à Belgrade qu'à l'étranger, prouvant que l'auteur avait bien atteint le but qu'il recherchait.

DEGAS, DANSE, DESSIN. Essai de l'écrivain français Paul Valéry (1871-1945), publié en 1937. Valéry a toujours marqué un grand intérêt pour la peinture, dont il traite abondamment dans *Choses tues.* Il a écrit sur Manet, sur Berthe Morisot. Mais entre Degas et lui il existe, en plus du souvenir d'une jeune amitié, de très intimes correspondances. Il est aisé de reconnaître, chez le poète, tout ce que le poète salue chez le peintre : l'exigence pour soi-même et pour autrui, l'intolérance lorsque la dignité professionnelle paraît menacée, un commun refus de toute facilité, un commun goût de la contrainte qui pousse ces deux artistes à faire d'abord leur œuvre « contre eux-mêmes ». Degas, dit Valéry, « ne prisait que ce qui coûte ». Paul Valéry souligne le grand prestige qu'exerça Degas sur sa jeunesse : « M. Teste a été influencé par un certain Degas que je me figurais. » Cette leçon de Degas, qui ne manquerait pas, par sa rigueur, d'être bien utile aux artistes d'aujourd'hui, comporte néanmoins ses limites : par trop d'attachement aux choses du « métier », l'artiste risque de se laisser absorber par la technique. À propos de Degas, malgré sa fidélité fervente, Valéry le reconnaît : « Il était et voulait être un spécialiste », dit-il. À côté de ce magnifique plaidoyer, on trouvera également dans cet ouvrage de très justes réflexions sur l'art du dessin, en particulier sur la différence entre la vision distraite et lointaine que nous avons habituellement des choses et la vision voulue de l'homme qui tient un crayon et dont le corps tout entier se comporte comme un accessoire de l'œil.

DÉGEL (Le) [*Ottepel*]. Roman de l'écrivain russe Ilia Ehrenbourg (1891-1967), publié en 1954. Paru peu de temps après la mort de Staline à l'époque où une libéralisation se laissait entrevoir, ce roman eut un tel succès que son titre en est venu à désigner tout le mouvement de renouveau qui s'est fait alors en U.R.S.S., et plus particulièrement dans la vie intellectuelle et artistique. L'œuvre n'est pourtant pas une machine de guerre et ne cherche pas à avoir une grande puissance polémique. Le titre s'explique à la fois par le fait que l'action, engagée en automne, se termine au printemps, à l'époque où la neige fond et où les rivières recommencent à couler, et parce que, à ce moment-là, une série d'explications définitives rapproche enfin des couples que séparaient divers malentendus : Léna a quitté son mari, dont elle a découvert la veulerie depuis qu'elle connaît l'ingénieur Koroteïev ; Sonia se refuse, par devoir mal compris, le droit d'aimer le jeune ingénieur Savtchenko, qui est également épris d'elle ; un couple plus âgé, formé par l'ingénieur Sokolovski et par le docteur Vera Schinger, est empêché de s'unir par l'excessive timidité de l'un et de l'autre. Le dégel verra se lever tous ces faux obstacles, ces pudeurs inutiles, ces vains scrupules, et conduira tous ces malheureux, tous ces isolés, vers le bonheur qu'ils n'osaient pas souhaiter. Mais le fait même que des héros de roman puissent songer à leur bonheur personnel a déjà une extrême importance : la réalisation du Plan, les tâches professionnelles, l'édification du socialisme ne sont pas tout. L'homme a aussi un cœur, des sentiments, dont il lui est impossible d'étouffer la voix. Ehrenbourg suggère avec une certaine réserve que, dans la période qui vient de s'écouler, on ne faisait pas assez la part de l'exigence personnelle de bonheur de chaque individu. Jouravlov, le premier mari de Léna, directeur de l'usine qui est au centre du roman, avait consacré à la construction d'un nouvel atelier les crédits destinés à remplacer par des bâtiments décents les baraques dans lesquelles s'entassent les familles des ouvriers. Les hautes instances administratives lui avaient autrefois donné raison. Mais une tempête, qui jette à bas l'une de ces baraques et prive d'abri plusieurs familles, finit par montrer qu'il avait tort, et l'on nous laisse entendre que ce fonctionnaire modèle va être déplacé et que sa carrière, jusque-là brillante, est compromise. Ce n'est pourtant pas un mauvais homme : il a pour sa petite fille une véritable passion ; il s'est montré courageux pendant la guerre et il ne manque pas de compétence professionnelle. Mais, trop soucieux de plaire à ses supérieurs, trop timide devant les initiatives à prendre, trop porté à l'autoritarisme, il refuse d'entendre les justes critiques et préfère la compagnie d'un flatteur stupide à celle d'amis véritables. Il est au fond victime, d'une certaine manière, de l'esprit « bureaucratique » qui s'est installé dans le pays. C'est de la même façon que le jeune peintre Vladimir Pakhov, frère de Sonia, gâche le talent qu'il pouvait avoir, parce qu'il a trop souci de sa carrière. Il peint le portrait de Jouravlov, en flattant son personnage ; il peint des poules et des vaches pour une exposition agricole. L'attitude de flatterie, de mensonge, d'intrigue, dans laquelle il s'enferme n'est au fond que le signe du désespoir où le réduit la triste condition qui est faite aux artistes. Il n'a pas eu comme son camarade Sabourov le courage de souffrir la misère, de passer pour un fou, de perfectionner dans la solitude un véritable art de paysagiste et de portraitiste ; mais il ne peut pas ne pas s'incliner devant les extraordinaires réussites de son ami. Sur le plan de la facture, le roman est loin d'être parfait ; l'originalité de la forme et de certains épisodes est contestable ; les souvenirs de Tchekhov, de Gogol sont visibles en bien des endroits. Mais l'œuvre demeure sympathique par la générosité simple qui s'en dégage : c'est sérieusement, de tout son cœur, que le romancier demande la création d'un véritable « humanisme socialiste ». – Trad. Gallimard, 1957.

DE GOUPIL À MARGOT, histoires de bêtes. Œuvre de l'écrivain français Louis Pergaud (1882-1915), qui obtint le prix Goncourt en 1910. Ces huit nouvelles révélèrent en l'auteur – instituteur dans la banlieue parisienne, mais d'origines paysannes franc-comtoises – un excellent animalier. On retiendra surtout la « tragique aventure de Goupil », histoire d'un renard qu'un braconnier, par dérision, a affublé d'un grelot, et qui nous fait suivre d'une façon poignante le sort pitoyable de ce fauve accablé de ridicule jusqu'à sa mort ; « L'Horrible Délivrance » et « La Fin de Fuseline », où l'on voit une petite fouine s'amputer elle-même de la patte qui la retient prisonnière dans un piège, puis enlevée par un busard avec lequel elle livre un dramatique combat, dévorant jusqu'au cœur le ventre du rapace qui est en train de la broyer dans ses serres ; « La Captivité de Margot », la meilleure de ces esquisses, qui relate le calvaire d'une pie tombée entre les mains d'une féroce bête humaine. Margot pense que sa dernière heure est venue. Mais l'homme se contente de la mettre en cage, puis de lui rogner les ailes pour la mener à un total asservissement. Peu à peu, le pauvre oiseau arrive à s'accoutumer à son sort, mais le rustre s'amuse à l'exciter à l'ivrognerie. Trois cuillerées d'eau-de-vie, un soir, la rendre ivre folle, et Margot, dans son agitation, déchaîne un commencement d'incendie où elle trouve une mort libératrice. Sur une toile de fond rustique que Pergaud évoque avec une précision riche d'expérience vécue, ces petits drames réussissent à nous rendre familière l'âme des bêtes, telle que leurs mœurs la suggèrent.

DEGRÉS. Roman de l'écrivain français Michel Butor (né en 1926). Publié en 1960, c'est le dernier ouvrage de Michel Butor qui appartienne à la catégorie traditionnelle du roman. L'élément de base en est simple : ayant exceptionnellement son neveu dans sa classe de seconde, le professeur d'histoire et géographie Pierre Vernier décide de rédiger le compte rendu de l'heure de cours qu'il consacre à la découverte et à la conquête de l'Amérique. Ainsi l'adolescent aura plus tard ce souvenir de ses études. Mais le professeur s'aperçoit rapidement que cette heure ne peut se raconter que s'il tient compte de celle qui a eu lieu précédemment, de celle qui va suivre, de ce qu'ont vécu les enfants la veille, puis les semaines, puis les mois précédents. Il doit situer son neveu dans son environnement, entre ses camarades, dans l'espace de l'école, dans le milieu urbain. Peu à peu, il importe pour parler d'une heure de façon juste de tenir compte des cheminements dans Paris, des vacances possibles et prévues, enfin de tout le savoir occidental parcellisé et distribué fragmentairement. Si bien que ce roman est probablement celui de la littérature où la citation joue le rôle le plus considérable par sa multiplicité et sa diversité, mettant en jeu toute la culture de l'Occident et nos visions du monde.

Le travail d'exploration et de notation qu'entreprend Pierre Vernier lui prend de plus en plus de temps, si bien que ce qui fut noté au présent, à l'origine du projet, se trouve devenir un faux présent, un présent historique. Il lui devient nécessaire de modifier, de façon radicale, l'organisation de son récit, en inversant le point de vue. La première partie du livre était écrite à la première personne ; dans la seconde, feignant de voir les choses par les yeux de son neveu, Pierre Eller, Pierre Vernier s'adresse à lui-même à la seconde personne. Cette dissociation de soi le mène à un état de déchirement tel que ses relations avec son amie, Micheline Pavin, se détériorent ; sa santé se trouve même menacée. Lorsque son neveu récuse violemment toute collaboration, il doit renoncer à son projet. Celui-ci est dès lors repris en charge par son collègue, Henri Jouret, qui va donc parler du premier narrateur, Pierre Vernier, comme d'un « il ». Le roman a décliné la série des pronoms personnels ; mais devenant « il », « je » s'efface, et marque de sa mort la fin du texte.

Ce roman est une œuvre de la plus grande complexité, et d'une complexité dominée. Aucun hiatus n'en rend la lecture difficile ; séduit par l'art d'organiser entre elles une multitude d'histoires, le lecteur ne s'aperçoit pas qu'il s'agit d'une subtile rhapsodie. C'est aussi une œuvre d'une très grande ambition puisqu'il ne s'agit de rien moins que de ressaisir par le biais de personnages, de situations romanesques, toute la culture occidentale, non en tant qu'histoire, mais en tant que discours. Car ce qui nous importe est moins ce qu'elle fut, que la façon dont nous la parlons présentement. Et c'est en repensant la façon dont nous la considérons, dont nous l'utilisons que nous pouvons « changer la vie ». Par degrés. J. Rou.

DEGRÉS DE L'HUMILITÉ ET DE L'ORGUEIL (Des) [*De gradibus humilitatis* *et superbiae*]. Œuvre théologique de saint Bernard de Clairvaux (1090-1153), composée en 1127 et dédiée à l'évêque de Langres Godefroy, qui l'en avait prié, pour servir de guide spirituel aux moines. Elle est divisée en deux parties de vingt-deux chapitres. L'Humilité, la Charité, la Contemplation sont les trois degrés de l'ascension vers Dieu. Le Christ lui-même a appris la compassion par la douleur et fait dans sa nature humaine l'expérience de la miséricorde. Le premier degré de la vérité est la connaissance de sa propre misère ; le deuxième est de s'élever par l'expérience de sa propre faiblesse jusqu'à la compassion pour la misère du prochain ; le troisième consiste à purifier le regard du cœur, afin de pouvoir contempler les choses célestes. L'orgueil a aussi ses degrés, plus aisés à décrire que ceux de l'humilité : la curiosité, la légèreté d'âme, la recherche des plaisirs, la vanité, le désir de se singulariser, l'arrogance, la présomption, la glorification de ses péchés, la fausse confession de ceux-ci (pour cacher les vrais), la rébellion ; la liberté avec laquelle le moine expulsé du monastère, désormais sans frein, s'abandonne au péché ; l'endurcissement dans le vice. Toutefois il ne faut pas désespérer, même de ceux qui sont tombés jusqu'à ce dernier degré, ni cesser de prier pour eux. À la fin de son traité, saint Bernard prie avec beaucoup de grâce qu'on veuille bien lui pardonner d'avoir consacré plus de place à la description des degrés de la chute qu'à ceux de l'ascension, étant lui-même plus habile à descendre qu'à monter. La description de chaque degré lui fournit l'occasion d'esquisser une peinture, savoureuse et pleine d'humour, des divers types de moines. Voilà celui qui désire se singulariser : « Il se flatte davantage de jeûner une seule fois quand personne ne jeûne, que s'il jeûnait durant les sept jours de la semaine avec tous les autres... une seule prière particulière lui semble plus opportune que toute la psalmodie de la nuit... il dort... quand les autres psalmodient pour les vigiles nocturnes ; quand les autres se reposent dans le cloître, lui seul reste dans l'oratoire ; ... toutes ses pratiques, aussi singulières que vaines, lui font une grande réputation parmi les plus simples, qui jugent volontiers d'après les œuvres qu'ils voient, mais ne discernent pas d'où elles proviennent. » – Trad. Aubier, 1945. *Des degrés de l'humilité et de l'orgueil* a été traduit par E. de Solms (Namur, Éd. du Soleil Levant, 1958).

DEGRÉ ZÉRO DE L'ÉCRITURE (Le). Essai de l'écrivain français Roland Barthes (1915-1980), publié en 1953. L'expression qui donne son titre à l'ouvrage se réfère à une théorie linguistique selon laquelle une opposition signifiante peut être « neutralisée » par un troisième terme appelé « degré zéro ». Barthes utilise métaphoriquement cette théorie : il y voit la possibilité de déjouer les assignations fixées par un code. Il donnera à cet usage d'un terme « neutre », tout au cours de son œuvre, des développements considérables. Dans ce premier ouvrage, la métaphore linguistique éclaire une pratique romanesque dont l'exemple privilégié est *L'Étranger* (*) de Camus : « La nouvelle écriture neutre se place au milieu de ces cris et de ces jugements, sans participer à aucun d'eux ; elle est faite précisément de leur absence. » Si Barthes prend position dans la situation idéologique et esthétique de son temps, il affiche aussi une ambition plus large. Son ouvrage vise à réécrire l'histoire de la littérature comme une histoire des « formes de l'écriture ». Il commence par poser deux réalités stables : la « langue », collective et archaïque ; et le « style », individuel et quasi physiologique. L'écrivain ne fait le choix que des marques supplémentaires qu'il leur ajoute, et qui témoignent de son insertion dans l'Histoire et dans la société. La première partie de l'essai est consacrée à l'analyse de divers modes d'écriture. Le mode politique donne lieu à des pages brillantes, souvent polémiques, sur l'écriture révolutionnaire, l'écriture bourgeoise, marxiste ou intellectuelle. Ce sont autant de « mythologies » de la forme écrite, où est dénoncée la fausseté des rapports entre le langage et le monde, dès qu'une médiation s'y agrège de manière parasite. « L'écriture du roman » est décrite comme la fabrication d'une fausse évidence qui masque l'absence de réalité sous une fabulation crédible. Barthes s'attache à deux conventions du roman : le passé simple et la troisième personne. La poésie, quant à elle, et particulièrement la poésie moderne, échapperait au jeu de masques de l'« écriture ». Elle ne serait que langue et style, à travers lesquels « l'homme affronte le monde objectif sans passer par aucune des figures de l'Histoire ou de la sociabilité ». La seconde partie de l'ouvrage développe l'histoire de l'écriture. Barthes montre la naissance d'une mauvaise conscience de l'écrivain, voire d'un tragique de la littérature dans la France du XIXe siècle. Flaubert en serait l'exemple privilégié. Après lui, la littérature n'aurait pu choisir qu'entre l'exhibition de son propre masque (« Je suis littérature », proclame le roman naturaliste, tout en prétendant dire le réel) et le sabordage, le silence d'un Rimbaud ou d'un Mallarmé. Dans cette situation, le « degré zéro » apparaît comme une innocence reconquise. Barthes entrevoit chez certains écrivains de son temps l'utopie d'une réconciliation entre la littérature et le monde, au-delà d'une société qui demeure irréconciliée. C. Re.

DE GUSTIBUS. Poème du poète anglais Robert Browning (1812-1889), publié dans *Hommes et Femmes* (*) en 1855, puis inclus dans le recueil des *Lyriques dramatiques*. Dans ce poème, l'auteur imagine ce qu'il lui plairait de faire après sa mort ; et il se voit regardant deux jeunes gens qui s'aiment dans un sentier d'Angleterre, durant les mois où la campagne fleurit. Il décrit ensuite ce qui lui plaît le plus au monde : un château entouré d'un fossé profond, situé sur les Apennins, et exposé au vent. Ou bien, il confie à l'ami qui l'écoute, que l'on devra chercher son esprit dans la plus lointaine Italie méridionale, devant l'étendue bleue de la mer ; il rappelle enfin le souvenir de l'attentat commis contre un Bourbon, et l'espoir de cette jeune fille qui souhaitait que le meurtrier ne fût pas pris. Courte et variée, cette poésie est pleine de sensations diverses et changeantes, et d'une profusion de sentiments qui, jusque dans les détails, témoigne de la géniale extravagance de l'auteur.

DEHORS LA NUIT EST GOUVERNÉE. Recueil de poèmes de l'écrivain français René Char (1907-1988), paru en 1938. Vingt poèmes du paysage intérieur du poète, dans un temps idéal et purement mental, constituent un lieu privilégié : « ... La poésie, insolite et cinquième élément, sème ses planètes dans le ciel intérieur de l'homme. » Une « lumière mentale », l'expression est de René Char, est à la source du poème ; lumière de présence, lumière qui effleure certaines couleurs de tableaux de Braque, Cézanne, Zurbarán ou Georges de La Tour. Plusieurs poèmes de Char sont nés d'une rencontre avec un tableau. Cette rencontre n'est pas une illustration, mais bien une récréation. Le poète y met en avant ses préoccupations d'homme, ses tentatives désespérées et volontaires de communiquer avec les autres : « Lorsqu'ils s'entourent de distances qui découragent / Je tends la vigueur de mes bras à l'écume des moribonds / J'applique ma loi blanche à leur front. » La communication avec les hommes est difficile, certes, mais chargée d'espoir. L'auteur dresse toujours la très belle exaltation de l'aventure et de la liberté, de l'amitié et de l'amour. La clarté visionnaire, la colère et la tendresse d'un poète se manifestent à la hauteur de sa soif douloureuse de beauté. C'est le perpétuel combat, la vie enlevée de force à la « fausse aurore dallée de fossiles célestes et de bissacs de larmes ». Une affirmation virile, la qualité du ton ouvrent les portes de l'avenir.

DEIPNOSOPHISTES (Les) ou le Banquet des savants [*Δειπνοσοφισταί*]. Compilation savante du rhéteur grec Athénée (IIe-IIIe siècle). Cette œuvre très vaste comportait trente livres à l'origine, mais seul un précis de quinze livres, que déparent de nombreuses mutilations et lacunes, nous est parvenu (des deux premiers livres existe même uniquement un abrégé de l'abrégé !). Néanmoins, il demeure possible de se faire une idée de la structure de l'œuvre, de sa finalité et de ses caractéristiques littéraires. L'œuvre se rattache à la tradition du genre symposiaque, illustrée par *Le Banquet* (*) de Platon et continuée par *Le Banquet* (*) de Xénophon, *Les Symposiaques ou Questions de table* de Plutarque – v. *Moralia* (*), *Le Banquet* (*) de Lucien. À l'exemple des dialogues platoniciens, le texte est présenté comme un dialogue rapporté. Il s'agit en fait d'une série d'entretiens successifs entre un groupe de savants grecs et romains (grammairiens, philosophes, médecins, musiciens et autres), conviés à un banquet dans la riche demeure du Romain Larensis. Le cadre traditionnel du dialogue symposiaque est celui du moment du banquet suivant le festin, où l'on boit du vin et fait des libations, moment consacré à Dionysos (le mot grec « symposion » signifie « réunion où l'on boit ») ; mais Athénée a inclus dans son dialogue également le moment du repas, le festin proprement dit (« deipnon »). En plus de l'intention parodique à l'égard du genre, ce choix est aussi dû au rapport que l'auteur établit entre la forme littéraire et la thématique choisies : les invités de Larensis passent en revue tout le savoir qui a trait au banquet en suivant de près son ordonnance habituelle, de sorte qu'il en résulte un gigantesque « Banquet sur le banquet », autrement dit une encyclopédie systématique, en forme de dialogue symposiaque, de la sphère symposiaque prise au sens large, qui est celle du plaisir. Sont ainsi évoqués les coutumes des banquets, les mets, les boissons, les ustensiles, les courtisanes et les beaux garçons, les danses, la musique, et bien d'autres sujets encore. Les convives font sans cesse référence à des ouvrages littéraires (le théâtre comique attique a une place de choix) et d'érudition, si bien que *Les Deipnosophistes* sont un immense « patchwork » de citations. Celles-ci sont très souvent choisies selon les critères de la rareté et de l'étrangeté paradoxale. Mais l'auteur ne veut pas susciter l'étonnement du lecteur uniquement par la qualité de ses matériaux mais aussi par leur quantité, notamment par l'étendue de ses connaissances et par la diversité des sujets. Athénée suit en cela un principe esthétique clé de la littérature grecque et latine de son temps : celui de la variété. D'une manière générale, il est un représentant typique de la culture de l'époque impériale. Ses intérêts multiples touchent à tous les domaines du savoir, mais en premier lieu à celui des recherches philologiques, linguistiques et littéraires. Quant à l'étude de l'histoire sous tous ses aspects, de la philosophie et des sciences naturelles, elle est chez lui subordonnée pour l'essentiel à des visées rhétoriques et linguistiques atticistes, mais ce ne sont pas là ses seules préoccupations : on découvre chez cet écrivain une veine éthique et une nostalgie pour le passé, qui, à vrai dire, le caractérisent une fois de plus comme un homme de son temps. À travers ses personnages, il sait dramatiser sa vision désenchantée de la période qu'il vit et dont il est partie prenante : il le fait, par exemple, en mettant en scène de nombreuses joutes polémiques entre représentants de courants philosophiques antagonistes ou de conceptions différentes de la culture, relativisant ainsi ironiquement sa propre démarche intellectuelle. Sa vaste érudition est exclusivement livresque ; outre la lecture directe de ses sources, il fait largement usage de compilations, de lexiques, de monographies et de commentaires, un genre de littérature savante en pleine floraison depuis le début de l'époque hellénistique (à partir du IIIe siècle av. J.-C.). Érudit lui-même, il reste aujourd'hui encore une des sources fondamentales pour les recherches érudites dans le domaine des sciences de l'Antiquité et pour la connaissance d'un grand nombre d'œuvres anciennes perdues. – Trad. Lefebvre de Villebrune, 1789-1791 ; Les Belles-Lettres, tome I (livres I et II), 1956. A. L.

DEIRDRE. Légende celtique qui rapporte, sur le mode épique et merveilleux, les aventures de Deirdre, fille de Fedlimind, le joueur de harpe du roi Conchubar. Séduit par la beauté de la jeune Deirdre, et malgré les avertissements du druide Cathbad, Conchubar la fait élever dans la solitude afin de la garder toute à lui pour le jour où elle sera en âge de devenir sa femme. Mais Deirdre aperçoit un jour Naisi, fils d'Usna, et le séduit ; Naisi, aidé de ses frères, enlève Deirdre et l'emmène en Écosse où ils vivent en errants. Les années passent ; un messager de Conchubar apporte enfin le pardon du roi. Deirdre et Naisi rentrent en Irlande, mais Conchubar, toujours épris, fait exécuter Naisi. Deirdre se tue sur le corps de son amant. Les vieilles légendes irlandaises, probablement antérieures à l'ère chrétienne, furent remises en honneur par le mouvement de la renaissance celtique, notamment par Lady Gregory avec son *Cuchulain de Muirthemne,* 1902) et par A. H. Leary avec ses *Heroic Romances of Ireland.* La légende de Deirdre inspira alors de nombreux poètes et dramaturges, mais surtout les deux chefs-d'œuvre de Yeats et de Synge. – Trad. Lady Gregory, *Deirdre ou le sort des fils d'Usnach,* La Dogana, 1989.

★ La *Deirdre* de l'écrivain irlandais William Butler Yeats (1865-1939), tragédie en un acte et en vers publiée en 1907, ne traite que du retour des héros en Irlande, de la trahison de Conchubar et de la mort de Deirdre et de Naisi. Trois musiciennes errantes commentent l'action à la manière du chœur antique et lui restituent toute sa résonance épique et légendaire. Le lyrisme coloré et puissant des vers (Yeats emploie le pentamètre comme dans les tragédies élisabéthaines), la richesse des images, le hiératisme des figures font de cette œuvre l'une des plus achevées du grand poète irlandais. – Ces textes ont été traduits par J. Genet et coll. (La Gacilly, Artus, 1990).

★ L'ancienne légende a inspiré aussi la tragédie en trois actes : *Deirdre des douleurs* [*Deirdre of the Sorrows*], demeurée inachevée et représentée en 1910, du dramaturge irlandais John Millington Synge (1871-1909). La jeune Deirdre, d'humble naissance, mais très belle, a été obligée de vivre au sommet d'une colline, près du château royal d'Emmain, par la volonté de Conchubar, vieux roi de l'Ulster. Très épris d'elle, il désire en faire une reine et son épouse. Il connaît les prophéties qui menacent cette jeune tête : on a dit en effet qu'elle se marierait avec un roi et apporterait le malheur et la destruction dans le palais royal. Néanmoins, il attend que la jeune fille ait atteint l'âge convenable, pour pouvoir l'épouser. Mais impatient de la posséder, il se rend dans sa chaumière où elle vit, heureuse, au milieu des bois et des torrents, et l'avertit que quelques jours plus tard, il enverra la chercher. Deirdre est désespérée : elle ne veut pas devenir reine et supplie le roi de la laisser dans ses bois, mais Conchubar est inexorable ; il faut qu'elle se prépare ! Quelques instants après, trois chasseurs entrent dans la cabane pour demander à boire ; ce sont Naisi et ses deux frères, dont Deirdre a entendu déjà parler. Naisi est beau, vigoureux et, comme Deirdre, il aime la vie sauvage. Elle les accueille avec joie et finit par supplier le noble chasseur de l'arracher à sa destinée. Qu'il l'emmène avec lui, elle deviendra leur sœur et leur reine au sein de ce petit clan ! Après quelques hésitations, Naisi accepte. Les deux jeunes gens se marient selon la formule rituelle que récite un des frères. Le deuxième acte nous montre Deirdre et Naisi ayant planté leurs tentes dans la forêt d'Alban. Sept ans ont passé. Les deux amants sont un peu las de leur solitude, lorsque Fergus, un bon ami du roi, vient présenter ses lettres de créance et leur annoncer que le roi désire qu'ils se rendent tous deux au palais royal où ils seront honorablement accueillis : le roi a tout pardonné et oublié. Ils hésitent, mais Deirdre finit par accepter. Ils quitteront leur chère solitude et suivront le bon Fergus. Arrivés au palais royal de la Branche Rouge, les deux amants s'aperçoivent que cet endroit est gardé par des guerriers. Conchubar arrive ; il est maintenant en pleine décrépitude. Naisi aurait envie de l'étrangler, mais Deirdre le ramène à des sentiments plus pacifiques. Cependant, Naisi entend des cris au milieu des arbres : ses frères viennent d'être tués, par traîtrise, par les sentinelles de Conchubar. Naisi, indigné, sort son épée et court les défendre, mais surpris par les hommes de Conchubar, il est poignardé et tombe dans la fosse déjà creusée pour lui. Deirdre est seule ; elle pleure et se lamente sur le corps de son tendre ami. Conchubar s'approche d'elle ; brisé par la vieillesse et par sa passion, il essaie de l'emmener. Sur ces entrefaites, un valet annonce que Fergus est revenu du Nord et a mis le feu au palais royal qu'il est en train de piller. Conchubar a tout perdu, il n'est plus que l'ombre de lui-même. Pourtant son amour est si violent qu'il s'approche encore une fois de Deirdre : il la supplie de le suivre et d'être sa femme. Deirdre sort un petit poignard, se tue et tombe à son tour dans le tombeau de Naisi. La tragédie est écrite en prose poétique, un peu à la manière des « sagas » ; comptant parmi l'un des meilleurs ouvrages de Synge, elle est imprégnée d'une poésie admirable, triste et primitive. – Trad. Figuière, 1921 ; Gallimard, 1982 ; La Délirante, 1982.

★ La musique s'est, elle aussi, inspirée de la légende gaélique. Rappelons la cantate *Deirdre* (1897) de Michele Esposito (1855-1929) ; l'opéra *Deirdre of the Sorrows* (1917) de Brewster-Jones (1887-1949) ; le poème symphonique *The Tragedy of Deirdre* (1922) d'Edric Cundell (1893-1961). Une musique pour la tragédie de Synge fut aussi composée par Bennicke Hart (1874-1949).

DÉJÀ JADIS ou Du mouvement Dada à l'espace abstrait. Essai de l'écrivain français Georges Ribemont-Dessaignes (1884-1974), publié en 1958. Cet ouvrage, dont la première partie est une chronique documentaire portant sur la création et l'évolution du dadaïsme et du surréalisme, situe assez bien, malgré le manque de recul, les figures essentielles de ces mouvements, dont l'auteur fut en même temps le témoin direct et l'un des principaux animateurs. Malheureusement l'auteur parle peu de son œuvre propre, mais, avec beaucoup d'objectivité, établit la chronologie fidèle d'une période fertile en créations et nous renseigne, par un fourmillement d'anecdotes passionnantes, sur les intentions profondes des quelques hommes qui décidèrent de reconsidérer l'ensemble des données artistiques. Dans un style simple et clair, convenant parfaitement à la narration d'événements mal connus, il donne une image de l'art avant Dada, un art dégénéré qui laissait peu de place à l'audace, et explique la nécessité du chaos imposé par Tzara et ses amis, puis la reconstruction de normes nouvelles par Breton et le surréalisme.

Dans la seconde partie de son ouvrage, Ribemont-Dessaignes aborde l'après-surréalisme, le temps présent brûlant d'actualité. Très librement, il nous fait part de ses doutes et de ses certitudes, cite Camus, se préoccupe de rapports entre l'art et la science, aime Broglie et Lupasco. En créateur, il donne sa pensée sur le monde qui l'entoure : Picasso, la peinture abstraite, la musique concrète... Mais dans l'esprit de l'auteur la nostalgie d'un monde qui fut le sien reste présente : déjà jadis il y avait Dada, avec tout ce que cela implique d'aventure et de départ, d'éternelle jeunesse, à contretemps du temps qui malgré tout a continué d'accumuler les expériences.

DÉJEUNER AU CHÂTEAU [*Ebéd a kastélyban*]. Recueil de onze nouvelles écrites entre 1939 et 1961 par l'écrivain hongrois Gyula Illyés (1902-1983), publié en 1962, et qui évoquent, assez indirectement il est vrai, différentes périodes de la vie de l'auteur. Certaines de ces nouvelles constituent, malgré leur ton badin, des prises de position dans les débats politico-littéraires qui, vers la fin des années 30, agitaient les milieux intellectuels hongrois. Illyés accable de son ironie ceux qui abordent le problème paysan dans un esprit « naturaliste » ou qui, en quête d'effets faciles, exagèrent la misère matérielle et intellectuelle de la paysannerie hongroise. Il s'amuse par exemple à raconter qu'ayant composé une pièce de théâtre dont les personnages, tous des paysans, sont entièrement conformes aux clichés des écrivains « populistes », il a demandé à ses amis paysans d'en interpréter les rôles devant un public de paysans : l'hilarité qui sanctionne la représentation condamne ainsi les faux amis du peuple. Certaines nouvelles du recueil évoquent de hautes personnalités de l'histoire de la Hongrie : « Le Dernier Chef de tribu » (1953), « Éternel Héritage » (1954), ou certains épisodes de la vie d'Illyés, « Mariska choisit sa patrie » (1944). Elles expriment, non sans un certain lyrisme, la conviction de l'auteur que l'appartenance à une communauté peut donner sa valeur à la vie de l'individu. La dernière nouvelle, « Déjeuner au château », est un long dialogue entre un « ci-devant » qui, depuis 1945, vit retiré dans une chambre de son ex-château et l'auteur. L'ancien aristocrate veut s'intégrer dans le nouvel ordre et explique les raisons de son attitude, ainsi que la cause de la déchéance de l'aristocratie en tant que classe dirigeante. Écrit sur le mode ironique, le récit présente l'auteur et les personnages, admirablement campés, avec un certain recul. La fermeté du style assure à cette nouvelle une grande cohésion interne.

DE LA MER À UN ADOLESCENT [*Haeegesŏ sonyŏnege*]. Titre d'un poème de l'écrivain et historien coréen Ch'oe Namsŏn (1890-1957), publié en novembre 1908 dans le premier numéro de la revue *Sonyŏn*, créée par Ch'oe Namsŏn lui-même. C'est le type même du « shinchaeshi », poème de forme nouvelle, inauguré au Japon l'année précédente. On peut l'interpréter comme l'évocation de l'ardeur pour la construction d'une nouvelle société acceptant la modernité occidentale et japonaise. Mais c'est surtout le plus important poème de l'histoire littéraire moderne en raison de sa forme libre, s'appuyant sur les formes anciennes avec la répétition du même rythme à chaque vers, afin de conserver au poème un aspect chanté, accentué par l'utilisation d'un refrain onomatopéique. Paradoxalement, ce poème fondamental ne l'a pas été pour son auteur, qui a très vite abandonné ce type d'écriture. Pa. Ma.

DE L'ANGÉLUS DE L'AUBE À L'ANGÉLUS DU SOIR. Recueil de poèmes de l'écrivain français Francis Jammes (1868-1938), publié en 1898. Le poète s'adresse à Dieu et lui confie les rêves les plus chers de son âme contemplative : il souffre, mais ne cesse d'aimer son créateur à travers les splendeurs de la nature. La vie des humbles, la vie de tous les jours est le sujet de son inspiration : elle cèle ses trésors au profane, mais les révèle à celui qui sait voir la vérité avec des yeux purs. Notre journée est une aventure qu'il faut considérer selon la loi divine : chaque geste s'insère dans la vie universelle et confère aux sentiments, aux aspirations, la certitude d'une réalité. Dieu seul peut nous donner la faculté de connaître la vie : dans la paix du monde, le plus sûr moyen d'y parvenir est la prière. Les voies du Seigneur sont parsemées de bienfaits : si l'homme sait approcher les choses de la Création avec un cœur sincère, il en connaîtra les secrets. Il est deux miracles quotidiens dans l'existence du chrétien : l'aube, si douce dans sa splendeur, si tendre sous les premiers rayons du soleil, et le crépuscule où le bleu du ciel fait place à la clarté lunaire et au silence de la nuit. Les fleurs, les plantes, les lacs, les prés, les glycines, les glaïeuls et les lilas exhalent une douce mélancolie. Tout est miracle pour qui sait contempler les choses avec innocence : un simple animal (« J'aime l'âne... »), la pensée de la mort et le souvenir de la femme aimée (« Lorsque je serai mort... »), même la vue du logis et de ceux qui nous sont chers (« La maison serait pleine de roses »). Le poète évoque la rencontre d'une pauvre malade qui attend vainement un miracle (« J'allai à Lourdes ») ; il pense à des mots d'amour entendus (« Que je t'aime ») ; il admire la vie subtile de la nature qui, par une loi unique, transforme sans cesse toute chose (« Une feuille morte tombe... »). Bien d'autres poèmes révèlent toute la douceur élégiaque de Jammes ; on trouve même une petite comédie symbolique, en vers, sur « La Naissance » et « La Mort du poète », cet être qui possède le don de comprendre l'univers. Ce recueil découle d'un seul motif : l'amour de la nature.

DE L'ANGOISSE À L'EXTASE. Essai du psychologue français Pierre Janet (1859-1947) dont les deux volumes parurent en 1926 et 1928. Cet ouvrage, l'un des plus importants de Janet, analyse et décrit des comportements « extraordinaires ». Une grande partie est consacrée à l'exposition et à la critique des observations recueillies pendant les vingt-deux années de traitement d'une malade, atteinte de délire religieux avec extases mystiques et stigmates. On y trouve aussi une analyse du cas de l'écrivain français Raymond Roussel. Janet fut l'un des premiers à rompre avec le dualisme traditionnel et à poser que l'homme doit être considéré dans la connexion indivisible de son organisme et de son psychisme comme « une unité psychosomatique ». Il a contribué à la fondation de la psychologie comme science objective et quantitative. « La personnalité, dit Janet, doit se vouloir, se chercher, se conquérir, d'un mot se mériter. On ne la reçoit pas toute faite et l'on peut la manquer, comme il arrive à tant de malades. » La personnalité n'est donc pas une « donnée » de l'humain mais un « ajout », et elle « peut disparaître tout en laissant subsister des fonctions élémentaires parfaitement correctes ». La psychologie de Janet repose sur la découverte que l'essence de l'homme est l'action (l'action précède la connaissance ; les sentiments ne sont que les « régulateurs » de l'action) et la découverte de l'énergie mentale (force et faiblesse psychologique). Dans ce système, la conscience se définit comme « fonction du réel » et « activité de synthèse ». Le grand mérite de Janet est d'avoir défini la « hiérarchie des conduites » : conduite « ergétique » (action effective sur le réel), conduite « expérimentale » (leçons de l'expérience qui s'éprouve au contact du réel), conduite « progressive » (qui obéit aux notions de progrès et de création libre) à laquelle se rattachent l'invention et la personnalité. Ce qui, d'après R. Le Senne, caractérise la méthode de Janet, c'est sa perpétuelle « préoccupation de déborder chaque expérience pathologique par les autres et toutes les expériences pathologiques par l'expérience personnelle ».

DE LA PAILLE ET DU GRAIN. Essai de l'écrivain français Jean Paulhan (1884-1968), publié en 1948. Dans ce recueil d'articles publiés d'abord dans les *Cahiers de la Pléiade*, Jean Paulhan précise une position morale et « littéraire » qui trouvera son complément dans deux autres courts essais : *Petite Préface à toute critique* (1951) et *La Preuve par l'étymologie* (1951). Proposer une clé de la poésie, c'est pouvoir également l'appliquer à bien d'autres domaines que la littérature. S'interrogeant par exemple sur la question de savoir si l'on doit orthographier à la française certains mots anglais, Paulhan rencontre bientôt des vérités plus générales que les mots nous présentent, à l'envers, nos pensées. Parallèlement, nous découvrons que nos pensées nous montrent souvent nos actes à l'envers : à un goûter de famille, le seul parent qui nous entretient de morale et de propos élevés est aussi le seul contrebandier que contient la famille. Et Paulhan de conclure : la vraie morale ne consisterait-elle pas à dire tout uniment la vérité ? D'autre part, il doit exister un silence du héros, puisque les mots nous trompent et que les pensées ne sont pas moins dangereuses. En effet, par suite d'une illusion d'équilibre intérieur, plus nos actes sont incertains, plus nous sommes portés à nous former des idées claires sur la manière d'agir ; mais, inversement, plus nos actes s'accordent avec notre sentiment profond, plus ils peuvent apparaître légitimes, et moins ils nous semblent légitimes, moins nous en parlons. Avec ironie, avec ce tour incisif qui n'est qu'à lui, Jean Paulhan prend le parti du silence, et là où il nous faut parler, celui de la vérité.

Petite Préface à toute critique marque une nouvelle récidive de la verdeur polémique de Jean Paulhan, qui malmène cette fois Sartre et André Rousseaux. « J'entends par critique toute réflexion qui prononce qu'un ouvrage littéraire mérite, ou non, d'être pris en considération ; "existe" ou n'existe pas ; bref, est bon ou mauvais. Cette sorte de réflexion se trouve à la rencontre de deux critiques, dont l'une est précise, mais étroite ; l'autre ample et vaste, mais vague. » Paulhan nous demande d'être attentifs à ce fait qu'il n'est plus guère d'œuvre importante « qui ne se double d'un système critique. Observez plutôt Valéry, Proust, Gide, Claudel, Joyce, Breton, Sartre, et les autres : une bonne moitié de leur œuvre se dépense à prouver qu'ils ont eu raison d'écrire l'autre moitié. » Tout le problème de l'heure n'est-il pas de retourner contre elle-même les armes de la critique ? Elle a suffisamment jugé les œuvres pour que l'on puisse se demander si l'on ne peut la juger elle-même dans la mesure où elle-même est devenue une œuvre. Les mondes critiques ne sont pas davantage des mondes séparés et incommunicables que les mondes poétiques ; tous font partie d'un seul univers. Il y a une mythologie comparée ; il peut et il doit y avoir une poétique comparée et une critique comparée, car les mythes et les mots sont partout.

Dans *La Preuve par l'étymologie*, Jean Paulhan tente un dévoilement du langage en recherchant le pouvoir d'expression individuel des mots. Ainsi, l'auteur passe-t-il de l'étymologie véritable – celle qui remonte aux langues mères – à l'onomatopée, qui serait, selon certaines théories linguistiques, à l'origine de la plupart de nos mots ; puis à la valeur symbolique, à la puissance évocatrice des sons. Pour Mallarmé, chaque lettre possédait sa vertu significative. Rimbaud, quant à lui, fondait sur l'alphabet une vaste symbolique du monde. Paul Claudel voulait voir dans l'alphabet « l'abrégé et le vestige de tous les actes, de tous les gestes, de toutes les attitudes, et par conséquent, de tous les sentiments de l'Humanité », la lettre M représentant par exemple pour lui comme un arc de triomphe qui s'inscrit en tête des mots Monde, Mort, Montagne. Après une infinité d'exemples, Jean Paulhan peut soutenir que « nous n'en savons pas davantage sur ces mots » quand nous connaissons leur étymologie, que « nous en savons même moins ». Et « somme toute, écrit-il, si un peu d'étymologie mène à quelque découverte précieuse, beaucoup d'étymologie en détourne ».

DE LA TERRE À LA LUNE. Roman d'aventures de l'écrivain français Jules Verne (1828-1905), publié en 1865. Par la suite, il fit partie intégrante d'un autre ouvrage : *Autour de la Lune*, publié en 1870. À la fin de la guerre de Sécession en Amérique, le Gun-Club, cercle d'artilleurs de Baltimore, décide de se mettre en communication avec la Lune au moyen d'un énorme projectile d'aluminium, qui sera lancé par un énorme canon de neuf cents pieds de long. Projeté le 1er décembre à onze heures moins treize minutes, il doit arriver dans la Lune quatre jours après son départ. Le Français Michel Arden, un type « plutôt forgé que fondu », qui voyait tout en grand « sauf les hommes et les difficultés », demande à partir pour la Lune dans le monstrueux projectile. Le président du Gun-Club, Barbicane, son mortel ennemi avec lequel il est maintenant réconcilié, le capitaine Nicholl, lequel est convaincu que l'entreprise ne peut réussir, partent avec lui. Le projectile, muni du plus parfait outillage scientifique et aménagé à la façon d'un wagon-lit, part pendant une nuit de lune en présence de milliers de personnes. Pendant quatre jours les trois hommes courageux mènent l'agréable existence des passagers d'un transatlantique de luxe, interrompue seulement par d'extraordinaires événements : c'est ainsi que, pour fêter leur passage de l'orbite de la Terre à celle de la Lune, ils organisent une petite cérémonie intime, curieuse cérémonie au cours de laquelle chacun des aventuriers se sent soulevé dans les airs et voit les bouteilles et les verres flotter à l'intérieur du projectile, car ils viennent d'échapper à l'attraction terrestre. La rencontre imprévue avec un bolide fait dévier la trajectoire du projectile qui frôle la Lune comme un satellite, offrant ainsi tout loisir aux voyageurs de la voir et de la décrire sans pourtant tomber sur elle. Au contraire, en suivant son orbite elliptique, le projectile s'éloigne et revient sur la Terre, puis tombe dans le Pacifique, d'où il émerge et peut ensuite flotter. Les voyageurs seront recueillis par la corvette « Susquehanna » à bord de laquelle avaient pris place le directeur de l'Observatoire de Cambridge, Belfost, et Maston, secrétaire du Gun-Club : ces derniers avaient suivi le voyage interplanétaire de leurs amis à l'aide d'un énorme télescope placé à Longt's Peak, sur les montagnes Rocheuses. Ce sont les deux œuvres dans lesquelles Verne a réuni quelques-uns de ses personnages les plus heureux : le solennel Barbicane, l'impétueux Nicholl, le joyeux Arden ; elles sont animées, plus que les autres ouvrages de l'auteur, d'un humour qui donne un relief particulier à la folle aventure.

DE L'AUBE À MINUIT [*Vom Morgen bis Mitternacht*]. Drame de l'écrivain allemand Georg Kaiser (1878-1945), paru en 1916, le type de l'œuvre expressionniste. Un caissier, menant une existence de petit-bourgeois méticuleux, rencontre une dame qui vient d'encaisser une forte somme ; se sentant tout à coup envahi d'un souffle de grande vie, il lui vole son argent. Avant de fuir, car il se sait poursuivi, il se rend encore une fois dans sa famille qui le croit devenu fou. Il ne lui reste plus qu'une seule journée de l'aube à minuit pour vivre les instants de cette existence vaste et immense. Il se lance alors dans une course folle. Première étape : dans un vélodrome, où, pour exciter la fièvre des coureurs et du public, il offre comme prix la moitié de la somme volée. Deuxième étape : dans un bal où il cherche des aventures amoureuses et troisième étape : une maison de l'armée du Salut où il apparaît au moment de la confession des pécheurs. Montant à la tribune, il confesse son délit, et jette le restant de la somme à ses auditeurs, qui se précipitent sur le déluge d'or. Pendant que l'on appelle la police, il se tue d'un coup de revolver. Le drame avance sans le moindre répit. Le mouvement rappelle celui du cinéma : le film de l'homme qui est sous l'influence de l'Amok. Le dialogue est tout en abréviations télégraphiques, mais souvent riche en idées et en visions profondes. Par contre, l'élément tragique tant recherché par l'auteur n'est pas atteint. Ce parvenu irrémédiablement petit-bourgeois n'est qu'une caricature du vrai Faust. L'on croit au début, qu'il s'agit d'un drame poignant, mais ce n'est qu'un ingénieux mélodrame.

DE L'EXISTENCE À L'EXISTANT. Ouvrage du philosophe français Emmanuel Levinas (né en 1906), publié en 1947. La notion d'« Il y a » est au centre de ce livre. Ce terme désigne précisément l'existence sans existant, ce qu'il y a encore quand il n'y a plus rien d'étant, ce qui, en l'absence de tout objet et en deçà donc du monde et de sa lumière, demeure comme être et s'impose comme persévérance dans l'être. Quand tout est nié, on trouve encore « l'être au sens verbal », ce « murmure anonyme et impersonnel » qui est pure insistance à être. Contrairement au *Es gibt* heideggerien qui renvoie à une heureuse et généreuse abondance, Levinas insiste sur « le caractère désertique, obsédant et horrible de *l'être* » entendu selon l'« Il y a », l'« inhumaine neutralité » de cette présence indéterminée, anonyme et inquiétante à laquelle le sujet, lui-même anonyme, est exposé sans apparente possibilité de recours.

Mais – et c'est le second thème fondamental de ce livre – de l'« Il y a », il s'agit de sortir, au sens où un sujet doit advenir, où il y a passage de l'existence à l'existant quand celui-ci, comme sujet, se pose et interrompt par là le murmure incessant de la nuit. C'est l'« hypostase ». Emmanuel Levinas montre que l'hypostase, par quoi survient la « conscience d'un sujet pensant », suppose la possibilité d'un retrait, d'une contraction, d'un refuge. Le sujet de la pensée et de l'action s'identifie en se recueillant, arrive à la présence à soi en se ramassant sur soi, ce qui équivaut à un se-dresser comme sujet existant dans l'être. Ce qui s'accomplit d'abord par la localisation. L'acte par lequel on trouve un lieu conçu comme base équivaut donc à une émergence du sujet à partir de cette base où il s'est retiré, comme on se recroqueville, pour pouvoir se poser, et indique ainsi que la conscience est toujours déjà localisée – ce qui appelle une analyse du corps comme « avènement même de la conscience ».

Or, cette position du sujet apparaît aussi comme l'événement du présent, de l'instant. Ce n'est pas que le sujet se constitue dans un présent, mais plutôt que la naissance du sujet est celle du présent lui-même ou, pour le dire ainsi, que l'instant où le sujet advient dans sa localisation est l'instant où l'instant lui-même advient. De même qu'il n'y a de localisation que pour un sujet qui lui-même n'advient que *par* cette localisation, qui est subjectivation, de même le sujet surgit non seulement dans l'instant où il commence, mais *comme* commencement et pouvoir de commencer, dans cet instant donc où l'instant et, identiquement, le sujet adviennent à soi comme tels – paradoxale advenue à soi à partir de rien.

Mais, si le sujet est rapport à soi, celui-ci à son tour est impossibilité de ne pas être soi, enchaînement à soi comme impossibilité de décoller de l'existence. La subjectivité, qui est pourtant liberté, c'est-à-dire pouvoir du commencement, donc de l'irruption du nouveau, est en même temps livrée tragiquement, c'est-à-dire définitivement, à soi : la subjectivité se définit alors par ce définitif, ce fait d'être irrémédiablement soi – c'est-à-dire seul. L'instant qui revient n'est pas celui de la délivrance car il est celui du « Je » identique à soi, c'est-à-dire rivé à soi.

Impossibilité, donc, de se sauver seul. Et c'est le troisième thème fondamental, esquissé dans la dernière partie du livre. Si le sujet se définit par le définitif et la solitude, alors son salut suppose autrui et, indissociablement, implique le temps. Le dynamisme propre au « Je » n'est pas suffisant pour se sauver de soi-même par soi-même. On le dira d'un trait : « l'autre instant » ne peut être qu'un instant « venu de l'autre ». C'est-à-dire d'Autrui. C'est pourquoi le temps ne peut être appréhendé dans le sujet seul : l'altérité de l'autre instant que présuppose la temporalité ne peut venir que d'autrui. Cela se passe essentiellement dans le dialogue, c'est-à-dire comme parole résonnant dans l'espace intersubjectif qu'Emmanuel Levinas pense d'emblée comme essentiellement asymétrique. J. C.

DÉLICES [*Delights*]. Ce recueil d'essais de l'écrivain anglais John Boynton Priestley

(1894-1984), publié en 1949, est si bien venu qu'en lui un genre se définit dans ses vertus et ses charmes. De quoi s'agit-il dans ces pages ? De trois fois rien par définition. Des gendres de l'auteur qui usent de cet instrument perfectionné, le rasoir électrique, mais en ont mille ennuis, alors que lui-même est satisfait de son antique coupe-chou. Des pipes et des bains d'un paresseux, Priestley, que des étourdis réputent l'écrivain le plus abondant de feu l'empire britannique. Du jeune confrère qui lui déclare : « Vous écrivez de façon trop simple. » Ces exemples sont mauvais : on ne peut en effet que donner une impression chétive et presque niaise de textes écrits avec naturel, aplomb, santé, et qui ravissent comme un spectacle intime, ou une conversation toujours heureuse. C'est dans un petit livre tel que celui-ci qu'on se fera la plus juste idée de l'homme Priestley et de son ton de voix. Cette voix est celle d'un Anglais dépouillé d'attitudes : un provincial qui a couru à travers le monde, un homme ordinaire très intelligent, un écrivain à l'aise dans vingt domaines de la pensée mais obstiné à élucider sa pensée propre, enfin un homme qui n'est pas misanthrope.

DÉLIE, objet de plus haute vertu. Recueil de poésie amoureuse du poète français Maurice Scève (1500-1562 env.). Publié en 1544 chez Antoine Constantin avec cinquante emblèmes, ce recueil est assurément la plus haute manifestation poétique de ce que l'on appelle, un peu abusivement, la Renaissance lyonnaise. Mais si Scève par sa vie et son activité adhère parfaitement à l'esprit de l'humanisme lyonnais, sa *Délie* par de subtiles distorsions se détache des modèles culturels sur lesquels elle se profile. Ce long poème est une suite de quatre cent quarante-neuf dizains de décasyllabes, interrompus tous les neuf dizains par un emblème (une vignette gravée accompagnée d'un « motto », devise) dont le motto se retrouve versifié au dernier ou aux deux derniers vers du dizain qui le suit. Cette construction architectonique, d'une parfaite rigueur, contribue à l'impression d'hermétisme de l'œuvre, encore accentuée par le rapport énigmatique des emblèmes et du texte.

Premier *Canzoniere* français, l'œuvre se place explicitement sous le patronage de Pétrarque. Comme le *Canzoniere* (*), elle est consacrée à une dame parfaite en vertu et en beauté, objet d'un amour traversé d'exigences spirituelles, par lequel l'amant-poète entend atteindre connaissance et perfection ; mais, chez Scève, amour aussi dévoré d'une ardeur sensuelle où il se refuse à voir une faute, et qui se heurte à la rigueur impitoyable de la dame. Contrairement à ce qui se passe dans le *Canzoniere,* la mort de la dame n'ouvre pas un second versant du livre, c'est la mort de l'amant qui clôt le livre, et il n'est pas question que dans l'au-delà la dame devienne le guide de l'ascension spirituelle du poète, et le moyen de son apaisement intérieur. Dans le tombeau figuré par l'ultime emblème, image du tombeau poétique qu'est le livre, l'amant crie : « [...] apres ma mort encores cy dedens / Je pleure et ars pour ton ingratitude » (D. 447).

La personnalité de l'inspiratrice importe peu ; le nom de Délie, « surnom louable », cache en partie la personnalité de la poétesse Pernette du Guillet avec qui Scève, son aîné de près de vingt ans, a entretenu un commerce poétique et amoureux. Mais l'amour ici compte plus que l'aimée, et le poème est consacré à en exprimer la brûlure, les tourments et les contradictions. On a voulu, au XVIe siècle, entendre dans le nom de Délie une anagramme de l'Idée, ce qui ne disconvient pas à un certain versant néo-platonicien de l'érotique de Scève ; néo-platonisme un peu suspect cependant, car si Délie est la perfection du monde, « Celle beaulté qui embellit le Monde » (D. 7), elle n'est nullement le reflet d'une beauté supérieure, objet de l'ascèse spirituelle qui est le moteur platonicien de l'amour. Encore moins sera-t-elle le support et la médiatrice d'une pensée religieuse et chrétienne. Le poète, qui, dans son grandiose *Microcosme* (1562) – v. *Poèmes* (*) –, placera le rêve d'une restauration adamique dans la perspective du salut par le Christ et de la parousie, ici ne connaît d'autre transcendance que Délie elle-même, dont la perfection « clôt » « le hault ciel Empirée », la limite des sphères du monde visible (D. 4). S'il existe assurément dans *Délie* une tension spiritualiste, on ne peut dire que l'inspiration en soit platonicienne, encore moins chrétienne.

Délie est celle de Délos, la sœur nocturne d'Apollon, Artémis ou Diane. Elle en rayonne la lumière froide, qui emplit l'amant de sa substance peut-être maléfique : « ... comme Lune infuse dans mes veines / Celle tu fus, es et seras DELIE » (D. 22), et son nom dit explicitement de quelle lumière elle l'éclaire – « Car je te cele en ce surnom louable / Pour ce qu'en moy tu luys la nuict obscure » (D. 59). De Diane d'ailleurs elle a la cruelle chasteté et le goût de la chasse. De la lune elle a l'inconstance et la muabilité. Semblable à Vénus par la beauté, elle est une anti-Vénus, perpétrant le meurtre de l'amour (D. 101). Dotée d'un mystérieux pouvoir cosmique, elle règle et dérègle les saisons, faisant surgir dans cette poésie précieuse et souvent abstraite de brusques éclats d'une réalité paroxystique : « Ma Dame et moy jouantz emmy un pré / Voicy tonnoirre, esclairs, nuict, et la pluye... » (D. 170).

Ainsi le poète convoque-t-il autour de Délie un riche répertoire mythologique et métaphorique. Sa figure cependant est à peine saisissable ; de son corps, de son visage, on n'a que l'idée la plus vague. En revanche se trouvent mises en scène les tortures, les contradictions, la lutte à coups de poing (« aux Cestes contendant », D. 181) dont l'amant est le champ clos. Combat que symbolise l'antithèse, structure fondamentale du poème : lutte du oui et du non, antithèses de la lumière et de la ténèbre, de la nuit et du jour, de la mort et de la vie, de la liberté et de la servitude, de la présence et de l'absence... Cette contradiction de l'état amoureux cache sans doute une angoisse plus secrète, qui affleure parfois : « Ma face, angoisse à quiconques la voit, / Eust à pitié esmeue la Scythie » (D. 45). Un désir de mort hante l'amant-poète, lié à une haine de soi dont il renvoie la cause au refus d'amour dont il est victime : « ... en me hayant de toute hayne extreme / Comme me hayt sa gracieuseté, / Je me suis fait ennemy de moymesme » (D. 401). Blessure narcissique profonde, qui fait peser constamment la menace de la crise mélancolique : c'est de ce côté sans doute qu'il faut chercher le secret de ce texte. *Délie* passe pour une œuvre difficile, hermétique même : cette difficulté est très exagérée. Sans doute cette poésie se trouve t elle toujours aux bords de ce secret, point sombre autour duquel elle tourne. Scève recherche une forme exigeante qui peut allier le vocabulaire de l'abstraction à une somptueuse langue de la sensation. De la rigueur de la construction, du serrage extrême de la syntaxe naît l'impression de densité que chacun peut ressentir devant ce texte, qui a souvent fait penser à Mallarmé. Mais on peut se laisser porter au long de ce parcours où l'expérience poétique est constamment liée à l'expérience amoureuse. Parcours qui mène, au-delà même des pleurs posthumes de l'amant-poète, à l'espoir d'une éternité poétique « Oultre le Ciel amplement long et large ». F. Cha.

DÉLIRANTE (La). Revue littéraire, fondée en 1967 et dirigée par le poète Fouad El-Etr. Initialement trimestrielle, la parution deviendra vite irrégulière (dès le numéro 3) et le dernier cahier, portant le numéro 8, paraîtra en juin 1982. Dès la fin de 1973, en marge de la revue, Fouad El-Etr fondera une collection de livres, souvent repris de textes publiés dans la revue et édités, eux aussi, avec un soin tout particulier. En effet, et c'est ce qui caractérise avant tout cette revue, le soin de sa présentation matérielle (mise en pages, papier, qualité de l'impression...) et le choix des textes et des illustrations en font un objet d'un autre temps, pensé et réalisé hors de la précipitation et des faux impératifs des modes. En témoignent des sommaires sachant mêler auteurs contemporains et anciens, avant tout étrangers : Jünger, romantiques allemands ou anglais (Lichtenberg, Novalis, Schlegel, Keats, Shelley), Ungaretti, Trakl, Bashô, Borges, Rilke, Yeats... Dans le domaine français, peu ou pas d'auteurs inconnus, mais bien plutôt des auteurs dont l'œuvre en cours ou achevée est rare et dont chaque texte est, en soi, une nouveauté : Bounoure, de Bayser, Cioran, Fargue, Guerne, Jaccottet, Pichette, Thomas, Schéhadé... Les illustrations, avant tout des dessins, encres ou lithographies, témoignent elles aussi, tant par leur choix que par leur façon de venir en contrepoint des textes, d'un goût sûr et raffiné (Sam Szafran, Ipousteguy, Mason, Bacon, Balthus...). *La Délirante* illustre avec bonheur une certaine conception de la tradition dans ce qu'elle a de plus solitaire et intempestif à notre époque. F. W.

DÉLIRE (Le) [*Delirul*]. Roman de l'écrivain roumain Marin Preda (1922-1980), publié en 1975. Livre au succès exceptionnel, introuvable quelques jours après sa parution, réédité aussitôt en version légèrement expurgée, puis objet de véritables échanges au marché noir, ce roman de la fin des années d'apparente libéralisation est le pendant d'après-guerre de celui de Liviu Rebreanu, *La Bête immonde* (*). L'action se situe en effet dans la même période, lourde de menaces multiples et de bouleversements politiques graves, de l'immédiat avant-guerre, entre 1938-39 et 1941. Marin Preda est le premier grand romancier roumain à oser sortir du cadre fixé par la déstalinisation officielle qui encourageait la production de récits accablants pour les responsables de l'instauration du régime communiste après 1949. Il se risque à une réévaluation personnelle d'un moment essentiel de l'histoire roumaine dont l'idéologie totalitaire avait fait une de ses chasses gardées : les années Antonescu. À travers la fiction romanesque, c'est à une discrète mais très cohérente réhabilitation du général puis maréchal roumain, allié contraint et rusé d'Hitler, engageant la Roumanie aux côtés de l'armée allemande contre l'ennemi traditionnel russe, que se consacre Marin Preda. Le roman a deux personnages principaux : Paul Ştefan, surnommé « l'fils au Parisien », jeune paysan qui va découvrir la ville et le journalisme, et le militaire Premier ministre qui réussit à reléguer au second plan les deux rois qu'il domine de toute sa personnalité. Deux milieux se heurtent aussi de plein fouet : celui du monde rural dont Marin Preda a brossé un tableau inoubliable dans *Les Moromété* (*), auquel Ştefan s'arrache avec peine (et qui est celui d'une écrasante majorité de Roumains) et l'univers urbain, qu'il découvre à travers son nouveau métier de journaliste, qui lui permet de s'initier aux subtilités parfois terribles de la politique. Le formidable engouement du public roumain pour ce livre s'explique d'abord par ce qu'il y a dans *Le Délire* de réinterprétation historique d'un passé confisqué par le pouvoir.

En cela, Marin Preda exerce pleinement le rôle fondamental qui revenait aux grands écrivains de cette période : celui de perpétuer la mémoire, de se substituer aux historiens condamnés par l'idéologie totalitaire à mentir ou à se taire. C'est ainsi que son roman est la première remise en cause de la version officielle des rapports de pure et simple complicité qu'aurait entretenus le général Antonescu avec les légionnaires. La personnalité de cet homme politique maudit jusqu'alors apparaît dans toute sa complexité. On le voit se servir habilement de la dynamique de ce mouvement, plus nationaliste et mystique que fascisant, pour se hisser au pouvoir, après quoi il n'hésite pas à le pousser à se mettre hors la loi et à le liquider au nom de la raison d'État. C'est donc toute l'histoire occultée et déformée de ce moment qui a fait basculer les Roumains d'une démocratie encore fragile au totalitarisme stalinien que les lecteurs de Marin Preda découvraient avec stupéfaction. Mais le roman est aussi un roman de formation, celle d'un jeune paysan au destin étrangement analogue à celui de l'auteur. Il est riche de scènes d'amour traitées de manière très moderne dans une langue qui se veut, elle aussi, libérée des tabous de l'ordre moral issu de l'ordre idéologique. *Le Délire* est un grand moment du renouveau romanesque roumain. J.-L. C.

DÉLITS ET DES PEINES (Des) [*Dei deletti e delle pene*]. Traité du philosophe et juriste milanais Cesare Bonesana, marquis de Beccaria (1738-1794). Écrit entre mars 1763 et janvier 1764, il fut imprimé à Livourne dans l'été de 1764. Beccaria se propose dans cette œuvre de révéler les défauts de la législation judiciaire de son temps, il en demande la réforme et expose ses propres vues à ce sujet. Il part (chap. I et III) de la conception déjà exposée par J.-J. Rousseau dans *Le Contrat social* (*) selon lequel les hommes par un libre accord se seraient réunis pour une vie commune, en sacrifiant une partie de leur liberté, la plus petite possible, en vue de la plus grande utilité. Cette conception influe sur la façon d'examiner la question, et conduit l'auteur à considérer le droit pénal, comme fondé non sur le principe classique de la « restitutio juris », selon lequel « punitur quia peccatum est », mais sur le principe relativiste et pragmatique, par lequel « punitur ne peccetur ». Mais bien plus remarquable que cette thèse initiale, qui n'est pas nouvelle et qui est discutable (on peut en effet en faire remonter les sources à la sophistique grecque), est la vigueur avec laquelle est signalée à l'attention du public une question aussi grave que celle de la réforme de la législation pénale. L'opportunité pratique des remèdes proposés est également digne de remarque. Selon Beccaria, il est nécessaire que la détermination des délits et des peines soit établie sur la base d'un code précis et bien défini. Rien ne doit être laissé à l'arbitraire du juge, qui, étant homme, peut se laisser influencer et emporter par ses propres instincts. C'est pour cela que doit cesser l'abus condamnable des « interprétations », qui sont faites non tant suivant l'esprit des lois que selon les idées personnelles du juge. Tous les hommes doivent connaître clairement les limites de leur propre responsabilité, c'est pourquoi les lois doivent être diffusées de façon à ne pas laisser lieu à l'incertitude ou à l'ignorance (chap. IV-V). Puisque le droit de punir ne va pas au-delà de la nécessité de protéger les citoyens des éléments perturbateurs, il n'est pas juste de sévir contre des accusés avant d'avoir acquis la certitude de leur culpabilité. C'est une coutume répréhensible que de soumettre les inculpés à des humiliations, à des menaces et aux rigueurs de la prison préventive (chap. VI-VII). Les jugements devraient être publics, pour ne pas donner lieu à des soupçons de tyrannie et d'injustice ; il faut aussi abolir le déplorable système d'accusations secrètes qui encouragent les mauvais instincts de trahison et de vengeance (chap. VIII-IX). L'auteur condamne ensuite nettement l'usage de la torture, reste d'une barbarie inhumaine qui, le plus souvent, est d'une utilité tout à fait contestable en ce qui concerne l'éclaircissement de la vérité. Les peines ne doivent pas être cruelles : pour qu'une peine fasse effet, il suffit que le mal qu'elle procure dépasse le bien qui provient du crime ; il est superflu, donc tyrannique d'en faire davantage. Autre coutume pénale nettement condamnée (chap. XVI) : la peine de mort ; en premier lieu parce qu'elle est contraire à l'esprit du contrat social, et en second lieu parce que, au point de vue de l'intimidation, l'idée d'une peine prolongée effraie plus que celle d'une peine intense mais instantanée. C'est pourquoi un esclavage perpétuel, substitué à la peine de mort, est bien plus apte à dissuader les esprits de l'idée du crime. La peine ensuite doit être prompte (chap. XIX), à double fin d'ôter aux accusés le pénible état d'incertitude sur leur propre sort et de bien établir dans l'esprit des citoyens le lien de conséquence existant entre la faute et le châtiment. Dans une bonne législation la grâce n'a pas lieu d'exister, elle semble presque vouloir réparer les torts possibles de la loi, et ainsi elle en infirme d'une certaine façon l'autorité (chap. XX). Les châtiments (chap. XXI-XL) doivent être toujours proportionnés aux crimes, mais il vaut toujours mieux chercher à prévenir les crimes (chap. XLI) en faisant en sorte que les lois soient claires, à la portée de tous et respectées parce que craintes, en instruisant le peuple afin que « les lumières accompagnent la liberté », et en récompensant la vertu. En conclusion, la justice devrait s'inspirer de ce théorème général : « Pour que toute peine ne soit pas acte de violence d'un ou de plusieurs contre un citoyen particulier, elle doit être essentiellement publique, rapide, nécessaire, aussi bénigne que possible, étant donné les circonstances, proportionnée aux crimes et dictée par les lois. » Ce traité eut un extraordinaire succès, dû non pas à sa valeur littéraire, mais à l'opportunité de la plus grande partie des réformes souhaitées, dont un grand nombre furent en effet, et avec succès, adoptées dans les nouvelles législations pénales. L'œuvre suscita un commentaire de Diderot et de Voltaire et fut connue et admirée d'hommes comme d'Alembert, Buffon, Helvetius, Holbach, Hume, Hegel. – Trad. Éd. d'aujourd'hui, 1980.

DELPHINE. Roman épistolaire de Mme de Staël (baronne Germaine de Staël-Holstein, née Necker, 1766-1817), écrivain français, publié en 1802. Delphine, jeune veuve, généreuse et sensible, uniquement soucieuse d'orienter sa vie selon son cœur, ne veut pas tenir compte des jugements du monde. Elle aime Léonce et en est aimée, mais elle se compromet pour sauver l'honneur d'une amie. Léonce, torturé par la jalousie, aveuglé par la calomnie, dupé par la perfidie doucereuse de Sophie de Vernon, épouse la fille de celle-ci, Mathilde. Quand, par la mort de Sophie, se découvre la vérité et que les malentendus se dissipent, éclate une tempête faite de séries de conflits moraux. Delphine et Léonce continuent à s'aimer, pourtant Léonce repousse, à cause de ses principes, la solution du divorce ; il hésite entre ses principes et son amour. Delphine est entrée en religion par chagrin, au moment où Léonce devenu veuf la recherche ; par respect humain, celui-ci n'a pas le courage d'épouser une femme que les nouvelles lois révolutionnaires ont relevée de ses vœux monastiques. Désespéré, il se lance dans la guerre civile et, condamné comme noble, il est fusillé, tandis que Delphine meurt, non loin de lui, en s'empoisonnant. Mme de Staël, par la suite, changea le suicide en une mort par consomption.

Ce roman, une des premières biographies féminines de la littérature française, a un triple intérêt, littéraire, historique et humain. À peine publié, il suscita des discussions, des polémiques et des commentaires. Il fut en effet considéré comme une œuvre d'avant-garde, presque comme le manifeste d'un mouvement préromantique ; l'auteur y affirmait ses nouveaux principes dans le domaine sentimental et littéraire : cette littérature personnelle et individuelle marquait un rapprochement entre l'art et la vie, offrait une méditation sur les grands problèmes, la violence des passions et le mystère du cœur humain. C'était le libéralisme transporté en littérature, l'aube du romantisme avec toutes ses innovations et tous ses défauts. *Delphine*, récit précurseur des romans passionnés qui étudient les mouvements de l'âme et transfigurent la vérité, chaînon entre Rousseau et George Sand, fit une profonde impression en raison de la façon exempte de préjugés dont sont traités les problèmes passionnels et les nouveaux rapports sociaux. La Révolution forme le fond du récit et elle apparaît plus dans les sentiments exprimés que dans les épisodes épiques : les personnages incarnent plutôt une thèse qu'un caractère (Talleyrand est représenté avec malice par Mme de Vernon, tandis que l'on retrouve Benjamin Constant en Léonce et en Lebensei). Il résulte de tout ceci que le récit est moins un conflit de passions qu'un conflit de théories : les préjugés de l'ancienne société et les aspirations de la nouvelle.

DÉLUGE (Le) de Barlach [*Die Sündflut*]. Drame en deux parties du sculpteur et écrivain allemand Ernst Barlach (1870-1938), publié en 1924. Barlach occupe une place à part dans la littérature allemande contemporaine. Il n'était pas écrivain de métier, mais sculpteur. Tourmenté par l'idée du divin, il s'est, vers la quarantaine, adressé au drame, comme l'avait déjà fait, mais pour des raisons plus humaines, le peintre Kokoschka. Sculpteur, Barlach taillait dans la pierre de lourdes figures enveloppées de manteaux, figures de fresques aux membres à peine indiqués, symboles massifs d'êtres vivants en attente d'une révélation surnaturelle. *Le Déluge* est le cinquième drame de Barlach, le plus directement orienté vers l'expression d'une lutte entre le terrestre et le céleste, entre l'humain et le surhumain. Il s'appuie pas à pas au récit biblique, en scènes largement brossées, où le sens dramatique fait place au dialogue philosophique. Le personnage principal est l'Éternel. Il apparaît dans un désert sous les traits d'un mendiant à béquilles ; il vient, comme un calife d'Orient, se mêler à son peuple pour juger de la qualité de son existence. Deux anges l'accompagnent qui jouent le rôle du chœur antique. Les hommes sont dépravés et, dans ces hommes, Dieu ne reconnaît pas ses enfants. Ils périront. Noé survivra parce qu'il est pur. Des scènes d'envol lyrique montrent l'Éternel discutant avec Noé de l'avenir de l'humanité et Noé expliquant au compagnon Calan le mystère de l'insondable.

L'idéalisme de Barlach cherche, devant l'absurdité nocive de la vie courante, rudement fustigée par lui en des drames précédents – *Le Jour mort* [*Der tote Tag*, 1912], *Le Pauvre Cousin* [*Der arme Vetter*, 1918], *L'Enfant trouvé* [*Der Findling*, 1922] –, un refuge dans l'idée d'une éternité épurée : l'homme terrestre ne peut échapper à la malédiction qu'en se consacrant au divin. Une telle conception est à l'opposé d'une dramaturgie réaliste. Les personnages n'ont d'existence que comme symboles. Barlach dramaturge ne peut animer que des figures taillées à grands traits, analogues à celles que, sculpteur, il taillait dans le granit, à la fois massives et irréelles. *Le Déluge* a obtenu le prix Kleist en 1924.

DÉLUGE (Le) de Saint-Saëns. Cet oratorio, composé en 1875 par Camille Saint-Saëns (1835-1921) sur un poème biblique de Louis Gallet, est une des œuvres maîtresses du musicien de *Samson et Dalila* (*). Plus encore que le librettiste, Saint-Saëns s'y efforce de colorer, de manière à en faire ressortir le contraste, les épisodes dramatiques que lui fournit la Genèse. L'ouvrage se divise en trois parties : dans la première, l'auteur se propose de montrer les raisons de la colère divine, et aussi ce qui lui fait épargner Noé ; dans la deuxième, il peint la violence du châtiment ; dans la troisième, il célèbre la résurrection de la vie ; construction simple, symétrique, et qui doit à cette sobriété du plan un renforcement de sa puissance. Il semble que Saint-Saëns ait pris ici pour modèle Haydn bien plutôt que Haendel, et qu'il se soit inspiré de *La Création* (*), au moins pour le plan de son oratorio. Le Tout-Puissant s'y exprime tantôt par la voix d'un soliste, tantôt par celle du chœur. Un autre soliste tient le rôle du récitant et annonce les événements en suivant fidèlement le récit de la Genèse. L'orchestre utilise largement les cuivres, surtout dans le deuxième volet du triptyque — le plus développé — où Saint-Saëns emploie le tuba contrebasse. Dans la première partie, l'instrumentation est réduite au quatuor à cordes et aux harpes, ce qui a pour effet de renforcer singulièrement, par contraste, les puissantes sonorités du deuxième épisode.

Le prélude en mi mineur, à quatre temps, est fait d'une fugue très largement traitée et très expressive, suivie d'un long solo de violon qui chante l'innocence du monde à l'instant de la création de l'homme. Quelques accents du quatuor l'accompagnent, puis le thème est repris par tous les violons et monte jusqu'à se dissoudre dans l'aigu. Le récitant annonce alors que « Dieu se repentit d'avoir créé le monde ». Et la colère divine se manifeste dans ces paroles : « J'exterminerai cette race », que chante le chœur sur un rythme violent à 6/8. Ce dessin mélodique reparaîtra, exactement le même, mais élargi à 3/8, après le retour de la colombe, dans la troisième partie, ce qui montrera l'apaisement du courroux de l'Éternel. En attendant, c'est lui qui revient, clamé par la voix retentissante des contrebasses, pour peindre le déluge submergeant la terre et anéantissant la race maudite. La montée des eaux est figurée par une ascension chromatique ; des cris de terreur traversent la symphonie. Un decrescendo suggérera l'apaisement du cataclysme et l'arche flottant sur l'océan sans limites. Il s'achèvera sur un pianissimo des cordes en sourdine. Le prélude en ut majeur de la troisième partie achève de ramener la sérénité. Des harmonies indécises semblent flotter sur les cordes du quatuor. Des traits rapides peignent le vol de la colombe, puis c'est un retour de la phrase que le violon solo avait chantée dans le premier prélude

et enfin le thème, qui d'abord avait exprimé la colère divine, reparaît transformé, mais reproduisant identiquement le même dessin élargi pour signifier le pardon. Il est repris par le chœur fugué — et l'on a vu dans la diversité, dans la prolifération des développements de ce motif, un symbole des paroles : « Croissez et multipliez », sur lesquelles s'achève l'ouvrage.

La première audition en fut donnée, le 5 mars 1876, aux Concerts du Châtelet. Les solistes étaient Mlle Vergin (qui devint peu après Mme Édouard Colonne), Mme Nivet-Grenier, MM. Furst et Bouhy. Le succès fut d'abord indécis. Mais le Vendredi saint 19 avril 1878, au Cirque d'hiver, puis en janvier 1879 à l'Hippodrome, *Le Déluge* était chaleureusement applaudi.

DE L'UNE À L'AUTRE AURORE. Dernier recueil de vers du poète français Louis Le Cardonnel (1862-1936), publié en 1924. C'est le document le plus sincère d'une vie errante, dans laquelle l'amour du divin se manifeste par l'exaltation de la nature et de la splendeur de ses formes. Cette attitude d'inspiration nettement platonicienne qui forme la base de l'existence sereine et pure, irrégulière mais en apparence, de l'homme et du religieux, trouve ici l'occasion de se répandre dans des poèmes pleins de ravissement et de louanges pour l'Italie. La Renaissance, Marsile Ficin, Assise la franciscaine, Florence sont les motifs qui ressortent de l'ensemble varié de ce livre : reprenant l'inspiration plus homogène des *Chants d'Ombrie et de Toscane*, le poète exprime la joie de son office divin parmi ce peuple de travailleurs des champs, surtout dans cette région du Valdarno, si chère à son cœur à cause des amitiés qu'il y a gardées. On trouve, dans ce recueil, le souvenir de Figline, « pays du grand Marsile », un hommage à Federigo Tozzi, la prière aux Muses, une évocation d'Assise, qui comptent parmi les plus belles pages. Ailleurs, c'est un chant dédié à la mémoire de ceux qui ont fini leur tâche sur cette terre, une évocation de cette mélancolie qui naît chez les âmes nobles à l'heure du crépuscule, ou encore le douloureux souvenir de la Grande Guerre au cours de laquelle l'auteur a partagé la souffrance des blessés dans les hôpitaux de Provence. Le livre se termine par une poésie intitulée « À un poète » : l'auteur y redit toute sa foi dans l'art – aspiration vers la beauté, sorte de révélation où palpite la vérité éternelle – ainsi qu'il s'est manifesté depuis les sages de l'Antiquité jusqu'au Christ et à Marsile Ficin.

DEMAIN IL FERA JOUR. Drame en trois actes de l'écrivain français Henry de Montherlant (1896-1972), publié et représenté en 1949. « J'ai toujours arrêté mes pièces à temps, dit Montherlant. Je veux dire avant l'acte final, celui que je n'ai pas osé écrire. Une fois seulement, j'ai écrit cet acte final : *Demain il fera jour* est l'acte final de *Fils de personne* (*). Et, complété par lui, *Fils de personne* devient tout d'un coup la plus profonde, la plus tragique et la plus mal comprise de mes pièces. »

Nous retrouvons Georges Carrion, en juin 1944, à Paris où il est revenu deux ans plus tôt, appelé par Marie Sandoval. Dès la première scène, il nous paraît changé, sa tension qui fut orientée vers des idées nobles et justes est devenue caprice, amertumes et égoïsme. Il a vieilli. Il a suivi son fils mais n'éprouve pour lui qu'indifférence. Il s'est « dégonflé ». Marie elle aussi a changé, elle est transfigurée par l'amour maternel. Gillou, lui, est resté le même : affectueux, docile, sans personnalité propre, mais généreux et ouvert aux grandes idées. Il désire s'engager dans la Résistance. Carrion oppose à ce projet toutes sortes de raisons. Mais il a entretenu des relations coupables avec les Allemands, et il craint d'avoir des ennuis. Il a peur. Aussi, la peur le poussera bientôt à revenir sur sa décision ; pour se « couvrir », il laisse Gillou s'engager. Gillou sera tué, sacrifié ainsi une seconde fois par son père.

Montherlant refait la même pièce, mais avec des prétextes différents : « Dans *Fils de personne,* le premier mouvement de Georges était de protéger son fils (en refusant que Marie l'emmène au Havre soumis à des bombardements), et le second, de le sacrifier (en permettant qu'elle l'y amène). Dans *Demain il fera jour* aussi, son premier mouvement est de le protéger, et son second, de le sacrifier. » Le sujet est le même, mais les raisons du sacrifice de Gillou deviennent de plus en plus futiles. Georges n'aime plus son fils. « Il fait cet acte parce que cet acte ne lâche vers le risque qu'un être qui est pour lui un étranger. » Il sacrifie Gillou pour se sauver lui-même : la mort en héros de son fils étant pour lui une garantie d'honorabilité.

Cette pièce montre que l'amour parental le plus tendre peut se métamorphoser en une indifférence absolue ; elle montre aussi la coexistence dans un même être du meilleur et du pire. Et cette œuvre est importante dans le théâtre de Montherlant parce qu'elle est une tragédie de la peur. Sur le plan de l'écriture théâtrale, c'est aussi la suite de *Fils de personne* ; la recherche de la vigueur et du resserrement devient peut-être plus grande. Le dialogue, dépouillé et direct, vise à l'essentiel ; la langue reste riche et imagée.

DEMAIN LA TEMPÊTE [*Al filo del agua*]. Roman de l'écrivain mexicain Agustín Yáñez (1904-1980), publié en 1947. Avec ce livre débute l'œuvre romanesque qui devait assurer à Yáñez une place importante dans la littérature mexicaine contemporaine, mais il avait déjà publié *Passion et Convalescence* [*Pasión y convalescencia*] en 1938 et *Archipel de femmes* [*Archipiélago de mujeres*] en 1943. Dans *Demain la tempête,* l'auteur essaie de donner un panorama complet de la vie d'un petit village pendant une année, précisément avant le début de la Révolution mexicaine, en 1910. Ce panorama est une description plutôt qu'une narration, qu'il s'agisse de personnages, de leurs coutumes publiques et privées, de leurs effrois, de leurs rêves et désirs occultes. Utilisant tous les procédés du roman moderne, Agustín Yáñez se trouve moins à l'aise quand il raconte que quand il entre dans les détails d'une fête religieuse ou profane, d'une certaine situation ; les deux procédés en effet ne se mêlent pas de manière harmonieuse, mais alternent, produisant ainsi, quelquefois, des transitions brusques ou une solution de continuité. Dans le premier cas, c'est-à-dire dans la description, Yáñez s'abandonne à un élan lyrique qui nourrit ses meilleures pages, et son style très imagé est intensément expressif. Au contraire, la narration chez lui se borne presque toujours à une énumération de faits et gestes qui relèvent du reportage. Un vocabulaire et un tour trop académique nuisent à l'intention qu'a l'auteur d'assimiler à son style certaines formes populaires d'expression (dictons, chansons, prières) et de leur donner un sens nouveau. Au cours du premier chapitre, très réussi (que Yáñez appelle « Acte préparatoire »), l'auteur présente le décor : un village de femmes en deuil où le soleil est le seul réconfort dont jouissent les hommes ; de sorte que, pendant la nuit, ils ne sont plus maîtres de leur frayeur et de leurs désirs. Cette vie toujours divisée entre la lumière et les ténèbres, entre ce qui est permis et ce qui est interdit, entre l'apparente tranquillité (« lenteur de décision, d'allure, des marchandises, des causeries ») et le tourbillon des événements intimes, provoque les conflits dont souffrent les personnages de *Demain la tempête.* Conflit des femmes qui hésitent entre l'accomplissement de l'amour et la conservation de l'honneur : conflit des curés qui reconnaissent le bien-fondé du mécontentement populaire, mais qui prêchent la résignation afin de protéger leurs intérêts ; débats d'une conscience aux prises avec le souvenir d'un voyage, avec les pages d'un livre inquiétant trouvé et lu par hasard, avec le trouble causé par une conversation de révolutionnaires écoutée à l'improviste. L'étude de la vie en province, où tout acte accompli ou prémédité a des résonances profondes, demande qu'il soit tenu compte de coutumes très précises, de mœurs sévères, d'habitudes millénaires. En définitive, l'envolée lyrique et la puissance descriptive dont bénéficie *Demain la tempête* en font une œuvre belle et forte d'une originalité indéniable, parmi celles qui sont consacrées à la Révolution mexicaine. - Trad. Plon, 1961.

DEMAIN LES CHIENS [*City*]. Roman de l'écrivain américain Clifford D. Simak (1904-1988), publié en 1952. Vers 1940, il existe aux États-Unis peu d'éditeurs pour des romans de science-fiction alors que des revues publient des nouvelles. De cette contrainte, Simak tire parti. *Demain les chiens* est composé de huit contes sans autres liens que leur thématique et la persistance au fil des siècles du souvenir de la famille Webster et du robot Jenkins. Ces contes font partie de la culture des Chiens, qui les tiennent pour légendaires : ils ont tout oublié de l'Homme, de la Cité et de la guerre. Les contes retracent pourtant l'histoire de la démission progressive de l'humanité au profit des Chiens rendus intelligents et parlants par un Webster, et assistés de robots. Avec la mort de la ville, le lien social s'est rompu. Les humains sont partis sur Jupiter, monde paradisiaque à condition d'emprunter le corps d'un Dromeur indigène, ou se sont placés en hibernation dans leur dernière citadelle de Genève. Les mutants asociaux qui leur ont succédé se sont égaillés sur des mondes parallèles. Ce que les Chiens comprennent le moins, c'est la violence dont l'espèce mythique aurait été capable. Ils ont banni le meurtre et, lorsque les fourmis devenues intelligentes menacent leur société, Jenkins le robot sait qu'ils ne se résoudront pas à la solution humaine : le poison. Écrits avec sobriété et sensibilité, étranges et familiers, porteurs de valeurs simples mais subtiles, ces contes sont enrichis de *Notes* de l'éditeur, un Chien érudit du lointain avenir. — Trad. Club français du livre, 1952 ; J'ai lu, 1989. G. K.

DÉMARCHE (La) [*Urzàd*]. Roman de l'écrivain polonais Tadeusz Breza (1905-1970), publié en 1961. Un jeune avocat polonais se rend à Rome pour entreprendre des démarches auprès de toutes les instances du Vatican, officielles et non officielles, afin que son père puisse retrouver son poste de procureur dans une curie d'évêque, poste dont l'ont privé les évêques polonais en raison de son attitude trop conciliante à l'égard des autorités laïques. Les facteurs conjoncturels, juridiques et politiques conduiront le Vatican à rendre un jugement de Salomon. Certains critiques virent des échos kafkaïens dans les difficultés rencontrées par le héros. Dans ce chef-d'œuvre de conformisme, l'auteur, avec des allusions discrètes à la période des « déviations et des erreurs » de la Pologne communiste, brosse le tableau de la machine bureaucratique du Vatican sous Pie XII, de la duplicité de ses fonctionnaires et de la politique du pape à l'égard des pays socialistes. Le pouvoir apprécia d'avoir ainsi la possibilité de justifier sa propre politique à l'égard de l'Église. Ce roman, comme *Les Portes de Bronze* [*Spiżowa brama*, 1960], fut un succès. Il reçut de nombreux prix et fut abondamment traduit. — Trad. Julliard, 1963. L. Dy.

DE MÉMOIRE D'HOMME. Recueil du poète français d'origine roumaine Tristan Tzara (1896-1963), publié en 1950. Quatre parties : « Le Temps détruit » (quatorze poèmes), « Le Déserteur » (long poème en prose), « Le Bœuf sur la langue » (vingt-huit poèmes) et « Le Poids du monde » (quatre poèmes). De l'une à l'autre va se précisant — et c'est l'importance de ce recueil qui marque un tournant dans l'œuvre de Tzara — la volonté d'appartenir aux hommes, de partager leurs soucis et leurs douleurs, d'être engagé dans le présent. Le chant du « déserteur », c'est justement l'histoire du poète qui a d'abord poursuivi une aventure intérieure et solitaire : « Il s'est dressé contre le temps et la vie a couru un peu plus vite [...] Il a voulu vivre le temps. Et voilà que de tant vouloir, il l'a perdu. Il a perdu le temps. Il s'est révolté et il a déserté. » Dans la partie suivante, et tandis que le poète retrouve le chemin d'une fraternité, apparaissent de belle images baroques qui scandent les poèmes et leur communiquent une sorte d'ampleur délirante : « Crochu et hautement ganglionnaire, l'arbre se mit à secouer ses dents de rire. Jusqu'au lait de sa chevelure, la source d'amertume versa des pleurs surpris. C'était sous le ciel des seins, un vaste sursis pour anémones. Mais où est passé le sang de notre présence ? » La dernière partie développe parallèlement une sagesse amère et résignée, et le chant d'une tendresse lucide mais ardente : « Les jours se broient d'eux-mêmes personne ne les voit / leur grain ne suffit pas / il n'y a qu'une pauvre vie / ... / le mince filet d'eau qui parfait la jeunesse / le doux velours charnel de l'amitié... » Et pour finir : « Il faudra de nouveau prendre la vie / comme elle est / face à face / bonne et atroce / toujours fraternelle. »

DEMETRIO PIANELLI. Roman de l'écrivain italien Emilio De Marchi (1851-1901), publié en 1889 sous le titre *La Bella Pigotta.* Cesarino Pianelli, employé des postes à Milan, surnommé lord Cosmétique pour ses velléités d'élégance et de mondanité, et fondateur du cercle « Monsù Travet », paye une dette d'honneur, contractée au jeu, avec les fonds du cercle dont il est le secrétaire. La crainte de se voir découvert et confondu devant les membres du cercle, et de devoir décommander la fête du carnaval, pour laquelle on est en train de faire les derniers préparatifs, pousse Pianelli à abuser de la confiance du caissier Martini, son collègue de bureau, et à falsifier un chèque. La fête peut avoir lieu, mais Pianelli, découvert, après avoir fait en vain appel à la générosité de son beau-père, se tue, en confiant sa famille, chargée de dettes, à la pitié de son frère Demetrio, lui aussi petit employé et envers qui Cesarino avait toujours manifesté le plus superbe dédain.

Le nœud central du roman est justement constitué par les douloureuses aventures à travers lesquelles Demetrio, personnage falot et sans relief mais en qui palpite un sens profond de l'humanité, arrive à maintenir à flot la petite barque en danger de la famille Pianelli. Il est souvent incompris et offensé par la légèreté de la belle veuve, Béatrice, à qui cependant le malheur saura peu à peu inspirer des sentiments plus humains et plus aimables. À ces deux figures centrales, se rattachent d'autres personnages qui sont secondaires : les époux Pardi, dont l'histoire se termine tragiquement par un adultère et le meurtre de la femme infidèle ; le chef de bureau de Demetrio qui, mû par une charité rusée et tortueuse, s'efforce de conquérir la belle veuve ; le cousin Paolino, timide et gauche, mais brave paysan, amoureux de Béatrice, qui finira par accepter d'être sa femme. Le sacrifié est celui qui était le plus digne de la récompense : non seulement Demetrio a épuisé ses maigres économies, mais encore son cœur s'est-il brûlé à la flamme du beau visage de Béatrice. Parce qu'il a défendu l'honneur de cette femme contre les visées de son chef de bureau, cela lui vaut la suppression de deux mois de traitement et son déplacement à Grosseto.

Demetrio Pianelli est un roman d'atmosphère, mais il veut également être un roman de la féminité froide et perverse, cause de catastrophe : deux motifs qui ne sont pas parfaitement fondus. La construction est variée, mais dans l'ensemble faible, et comporte certaines digressions inutiles. Les parties les meilleures sont les descriptions du milieu petit-bourgeois et quelques-unes des nombreuses pages où l'auteur décrit le caractère et les peines du pauvre Demetrio. – Trad. Hachette, 1904.

DÉMÉTRIUS [*Demetrius*]. C'est le dernier drame du poète allemand Johann Christoph Friedrich von Schiller (1759-1805), publié en 1815. Bien qu'inachevé, il révèle une telle grandeur de conception qu'il nous donne la mesure du génie même du poète au moment où, comme le dit W. von Humboldt, « il fut arraché à la vie terrestre et aux possibilités encore promises à ses forces ». Le jour de sa mort, sur son bureau se trouvait le manuscrit du monologue de Marfa, mère du vrai Dimitri (acte II, scène I), monologue qui se terminait par ces mots : « Oh ! pourquoi suis-je ici recluse, retenue, alors que le sentiment de l'infini m'habite. Toi, soleil éternel, qui enveloppes le globe terrestre, sois le messager de mes désirs ! » Cet appel désespéré est aussi celui du génie mourant et il résume les aspirations de toute sa vie. De la partie achevée et des annotations que l'on a retrouvées, il ressort qu'il ne s'agit pas là, à proprement parler, d'un drame historique ; l'histoire des luttes russo-polonaises n'est que le cadre où se détache la figure centrale du faux Démétrius (ou faux Dimitri) avec son problème moral et son tragique destin. Démétrius a grandi dans la conviction qu'il était le tsarévitch, fils d'Ivan, que l'on croyait mort. Ayant fui le couvent, il vit dans une situation subalterne à la cour du Voïvode de Pologne et s'éprend de la fille de celui-ci, Marina, ambitieuse et intrigante. Par jalousie, il tue un noble seigneur qui prétendait à la main de la jeune fille. Quand on le conduit au gibet, on découvre qu'il porte à son cou une croix donnée autrefois par le tsar à son fils alors enfant, ce qui fait penser qu'il est véritablement le tsarévitch. Les boyards présents lui rendent hommage. D'âme noble et vraiment royale, il croit à sa haute mission qui est d'élever sa patrie aux idées d'humanité et de transformer les Russes « d'esclaves en hommes ». Plein de cette foi, il entraîne derrière lui les masses. À la Diète polonaise, tous lui rendent hommage, sauf un prince qui soupçonne le Voïvode de se servir de lui pour des fins ambitieuses. Entre la Russie et la Pologne, la guerre éclate, dont les horreurs ne sont justifiées que par la foi de Dimitri dans sa propre mission. En Russie règne l'usurpateur Boris Godounov. Se voyant peu à peu abandonné de tous, Boris reconnaît à ce signe la punition de la justice immanente et se soumet aux arrêts du destin en s'empoisonnant, confiant ses enfants Axinia et Fédor à la protection des moines. Tout sourit à Démétrius qui attend anxieusement l'arrivée de Marfa ; celle-ci qui vit dans un couvent espère reconnaître dans le nouveau souverain son fils, le vrai Dimitri. Mais au comble de la fortune, l'écroulement se produit : un homme se présente à Démétrius et se déclare l'assassin du vrai tsarévitch ; n'ayant pas obtenu de Boris la récompense qu'il attendait, il s'était emparé du faux Dimitri qui ressemblait au vrai et l'avait confié à un prêtre polonais en même temps que quelques objets précieux qu'il avait volés, puis l'avait conduit, pas à pas, instrument aveugle, jusqu'au trône des tsars. Démétrius, fou de douleur, tue le criminel, mais, dès lors, une angoisse épouvantable s'empare de lui : ayant conscience d'avoir perdu le droit à sa mission, il se sent irrémédiablement conduit à la ruine. Son tourment, accru du fait que Marfa ne le reconnaît pas pour son fils, lui fait perdre toute force de conviction et le pousse à devenir un sombre tyran. L'aimable Axinia dont il s'éprend, et qui aime au contraire un Romanov, le repousse avec horreur ; l'intrigante Marina, qui n'a jamais vu en lui le vrai Démétrius, insiste pour être épousée immédiatement, et fait empoisonner Axinia. Romanov, jeté en prison, se refuse à participer à un complot contre Démétrius, ne voulant pas ensanglanter ses mains de futur tsar. Mais lorsque Marfa qui se trouve auprès de Démétrius refuse de jurer sur la croix qu'il est vraiment son fils, les conjurés tuent le tsar comme mystificateur. Le drame tire sa puissance de l'idéal qui anime Démétrius et lui permet tout d'abord de triompher ; mais dès l'instant où cet idéal s'effondre et qu'au héros se substitue le faux prophète, la mort est là, qui le guette. Tout comme dans *Wallenstein* (*) et comme dans *La Pucelle* – v. *Jeanne d'Arc* (*) –, il est à remarquer qu'aussitôt que le protagoniste du drame ne sait plus renoncer aux gloires terrestres, il perd sa liberté d'action et sa foi en sa propre mission. Bien que l'œuvre soit inachevée, il est visible que, plus encore que dans *Guillaume Tell* (*), l'unité d'action de la tragédie classique y fait défaut. Goethe caressa le projet de terminer le drame, mais il y renonça, ainsi que devait le faire Hebbel qui composa plus tard un *Démétrius* suivant une conception différente. – Trad. Hachette, 1880-1910.

★ Le même sujet, déjà précédemment dramatisé par Lope de Vega *(El gran Duque de Moscovia y Emperador perseguido)*, par Aubry (1689), par Kotzebue (1782) et plusieurs écrivains russes parmi lesquels Pouchkine – v. *Boris Godounov* (*) – servit également à Mérimée dans son *Épisode de l'histoire de Russie : le faux Démétrius* (1855) et à Ostrovsky ; il suggéra à l'auteur dramatique allemand Paul Ernst (1866-1933) une tragédie néo-classique en pentamètres ïambiques qui fut publiée en 1905 et représentée à Weimar en 1910. Le *Démétrius* d'Ernst transpose le drame de Russie à Sparte, conférant ainsi à la tragédie quelque chose de la légende. Cependant cette œuvre rappelle indiscutablement celle de Schiller. Que l'on compare, par exemple, la scène de Schiller entre l'évêque Hiob et Marfa, mère de Dimitri, avec la scène analogue entre Dyme et Alcamènes. Le roi Oreste, tué plusieurs années auparavant pendant une révolte, a eu un fils d'une esclave. Le hasard apprend à ce fils le secret de sa naissance, mais en partie seulement, car sa mère, Tritea, lui cache encore son illégitimité. Depuis vingt ans, Dyme, veuve d'Oreste, est prêtresse d'Apollon, et pleure la mort de son fils Démétrius qui fut tué en même temps qu'Oreste. Cependant, pour des raisons politiques, elle reconnaît comme sien le fils de l'esclave tout en sachant la vérité. Ainsi le jeune homme devient-il roi ; le tyran Nabis est détrôné et meurt, mais sa fille, Komaetho, réussit à captiver le jeune roi. Kallirhoé, fiancée de Démétrius, se tue croyant ainsi assurer le bonheur du jeune roi, mais le mariage de celui-ci avec Komaetho, contracté pour des raisons politiques, amène la ruine de Démétrius. Komaetho est une intrigante et son époux ne sait se défendre contre les nombreuses conspirations de ses courtisans. Il succombe enfin, quand il apprend la vérité sur sa naissance, non seulement parce que cette vérité a été rapidement connue de tous, mais parce qu'il ne sent plus en lui-même la puissance divine et n'est plus convaincu de la justice de sa propre cause.

DEMEURES DU SILENCE (Les) [*Tiempo de silencio*]. Œuvre de l'écrivain espagnol Luis Martín Santos (1924-1964). Publié en 1962, ce roman rompt, par sa technique, sa tonalité toute de dérision et son écriture, avec le réalisme social espagnol de l'époque, sans pour autant renoncer à exprimer la réalité ambiante. L'auteur étant médecin, c'est une véritable radiographie de la vie madrilène, et par-delà celle-ci de la vie nationale, qui nous est ici proposée à travers l'expérience de Pedro, un « antihéros » dont tous les actes, voués à l'échec, sont des farces cruelles imposées autant par le destin que par une société aliénée et rétrograde. Pedro, un jeune chercheur, qui rêve d'un futur prix Nobel, travaille dans un institut à l'étude de la transmission de souches cancérigènes, sur des souris contaminées. Celles-ci viennent des États-Unis, de l'Illinois, mais comme elles s'épuisent et que l'établissement officiel n'a plus d'argent pour en importer, il se décide à accepter la proposition de son assistant Amador et de recourir à un élevage clandestin pratiqué par un de ses parents, El Muecas (Latrogne), dans un bidonville des environs de Madrid. Une visite à ce dernier lui fait rencontrer la famille de l'éleveur, notamment ses deux filles, adolescentes plus ou moins prostituées, dont Florita, proie sexuelle d'un voyou, Cartouche. Pedro, célibataire, loge dans une pension tenue par deux femmes au passé peu reluisant et qui n'ont qu'une préoccupation : tresser autour de leur hôte un filet matrimonial pour qu'il épouse leur petite-fille et fille, Dorita. Une machination bien inutile car un samedi, au retour d'une nuit de bars et de maison close avec son ami Matías, un Pedro embrumé d'alcool tombe de lui-même dans le lit d'une Dorita consentante. Mais déjà les événements se précipitent. Quand El Muecas surgit en catastrophe pour demander à Pedro de venir au secours de Florita qui perd son sang dans le bidonville en tentant d'avorter, celui-ci, ne pouvant refuser, se livre à une opération qui se révèle fatale. Dénoncé, Pedro se cache dans la maison close de doña Luisa, est arrêté, interrogé, emprisonné et... relaxé, après des heures d'angoisse et de désarroi, à la suite de la déposition désespérée mais sincère de la mère de la morte. Est-ce la fin de ses tribulations ? Non. L'administration n'aimant pas le scandale, Pedro est licencié par son directeur d'études qui lui retire sa bourse en lui conseillant de préparer le concours de médecine du travail en province. Le « patron » se chargera d'ailleurs de convaincre le jury. Pedro accepte. Mais pourquoi le destin, décidément hostile, l'incite-t-il à se rendre avec Dorita à la fête foraine ? Cartouche, qui les y attend pour se venger, poignarde Dorita devant un stand où la foule s'entasse. Un long monologue de Pedro, digne de celui de Molly Bloom dans la dernière partie de l'*Ulysse* (*) de Joyce, clôt ce roman noir à l'humour corrosif, féroce, émaillé de réflexions et de digressions sur le ridicule des sociétés traditionnelles et des hommes qui les servent. La description du bidonville elle-même, minutieuse, est sans compassion. Ses habitants ne sont que de tristes pantins subissant, dociles, les ricanements de leurs destins. Ils sont faits pour le malheur et le subissent en victimes sans noblesse. — Trad. Le Seuil, 1963. C. C.

DEMIAN. Roman de l'écrivain suisse d'origine allemande Hermann Hesse (1877-1962), publié en 1919. Pendant la guerre de 1914-1918, Hesse avait eu une crise de dépression nerveuse, aggravée par la maladie de son dernier enfant. On l'envoya à une clinique de Sonnmatt, où il fut soigné par un élève de Jung, en une soixantaine de séances, par les méthodes de la psychanalyse. De là est sorti *Demian.* Le nom rappelle le « daimon ». C'est le problème du bien et du mal, de l'inconscient, de l'instinct et de la culture. Le jeune écolier Sinclair tombe sous l'influence d'un mauvais camarade, Kromer, petit voyou hâbleur, qui prend les allures d'un homme d'expérience, crache par terre, tranche, commande et se fait obéir. Sinclair, pris dans ses filets, trompe ses parents, vole, descend la pente du péché et de la perdition : opposition traditionnelle du bien et du mal. Ici apparaît Demian, autre camarade de classe, qui a des expressions étranges, un regard tantôt froid tantôt mystérieux, et semble vivre hors du temps ou sortir d'un passé sans âge. Sinclair se lie avec lui après une classe où l'on a parlé de Caïn. Demian interprète Caïn à sa manière : race plus forte, et ce sont les plus faibles qui ont créé la légende. Demian serait-il donc aussi un mauvais démon ? Il est démon, sans doute, mais il n'y a pas de mauvais démons. C'est lui qui va arracher Sinclair à l'emprise mauvaise de Kromer. Il dit : Kromer est un vaurien, il faut te débarrasser de ce garnement. En fait, depuis ce jour (il s'est passé quelque chose entre Demian et lui, mais on ne sait quoi), Kromer s'est éloigné. Puis il y a des conversations sur la religion : l'histoire du bon larron paraît à Demian douceâtre et fausse... Le Dieu des chrétiens est sans doute une figure très haute ; il ne s'agit pas de le renier. Mais « il y a autre chose » : « Il faudrait un dieu qui contînt le diable en lui et devant lequel on n'eût pas à fermer les yeux quand il se passe les choses les plus naturelles du monde. » Il ne s'agit d'ailleurs pas d'une grossière réhabilitation de la chair, car Sinclair éprouve pour Béatrice une passion platonique qui le sauve une seconde fois, en dépit de ses propres instincts. Demian lui a en outre reproché de fréquenter les tavernes et de s'être enivré. À l'université, Sinclair fait la connaissance d'un organiste, Pistorius, avec qui il a de longs entretiens et qui parle comme un élève de Jung, montrant le rôle de l'inconscient individuel et collectif. Sinclair et Demian se retrouvent à l'université. Sinclair est aussi reçu par la mère de Demian, qui lui montre des portraits d'elle quand elle était jeune. Il croit reconnaître la femme qu'il eût voulu aimer : « visage aimé, homme, mère, maîtresse, ami », tout cela se confond et remonte du passé... La mère se fait appeler Ève. Puis c'est la mobilisation. Sinclair, blessé, croira reconnaître, dans son voisin de civière, Demian qui lui dit : quand tu auras besoin de moi, comme dans le cas de Kromer, ne m'appelle pas, écoute en toi-même et tu verras que je suis en toi. Mais, se réveillant un peu plus tard, Sinclair se trouve à côté d'un inconnu.

Le livre est riche et bien écrit : à rapprocher du *Loup des steppes* (*) du même auteur. Sans surcharge, il contient plusieurs épisodes frappants. Mais, si le problème est bien posé, on ne peut dire qu'il soit résolu. On ne sait quelle est au juste cette part du mal qui doit être intégrée au bien. Hesse veut sauver l'ancien humanisme en l'élargissant. Impossible de trouver, dans ce livre généreux et beau, autre chose que des exhortations à un individualisme noble, à l'indépendance de la personnalité, allant de pair avec l'enracinement dans les forces vitales, profondes et collectives. Cela n'est pas très clair et permet toutes les interprétations, comme le surhomme de Nietzsche. Hesse écrira d'ailleurs à peu près au même moment une nouvelle intitulée : « Le Retour de Zarathoustra ». — Trad. Stock, 1930.

DEMI-JOUR. Œuvre de l'écrivain français Jacques Chardonne (1884-1968), publiée en 1964. L'auteur a déclaré que ce livre serait sa dernière œuvre littéraire. Reprenant les fils conducteurs de ses œuvres précédentes, il les accommode dans un ordre nouveau, et en compose un paysage tissé qui serait sa vie même. Son portrait ne se dégage point de Mémoires présentés dans l'ordre chronologique, mais de la cohabitation de souvenirs en apparent désordre. C'est qu'il obéit à des règles extrêmement subtiles. La chronologie est un ordre extérieur et imposé : au contraire, dans *Demi-jour,* c'est la rêverie, phénomène tout intérieur, qui est respectée. Les thèmes vont et viennent comme dans une symphonie bien orchestrée. Si la tonalité générale est sombre, on ne peut faire à l'auteur le reproche d'être désespéré : « J'ai vieilli, dit-il, ce n'est plus le jour d'être ingrat. » Il nous offre des images consolantes qui sont le signe que le monde est plein de choses qui nous dépassent et nous interdisent de porter des jugements définitifs. « L'étonnement sera le dernier mot, s'il en faut un. »

DEMI-MONDE (Le). Comédie en cinq actes de l'auteur dramatique français Alexandre Dumas fils (1824-1895), représentée le 20 mars 1855. Suzanne, femme jeune et belle qui se fait appeler la baronne d'Ange et qui doit à la protection d'un grand seigneur authentique, le marquis de Thonnerins, son élévation d'un passé peu glorieux jusqu'à une honnête position sociale, s'est mis en tête de consolider définitivement sa situation par un mariage. Et comme son amant, Olivier de Jalin, refuse de l'épouser, elle encourage la passion d'un jeune homme d'excellente famille, Raymond de Nanjac ; il a vécu dix ans en Afrique et ignore son passé. Olivier, devenu l'ami de Raymond, se sent obligé moralement de le mettre en garde : mais Raymond est épris, et un voile de malentendus sépare les deux amis. S'étant rencontrés chez Suzanne par suite d'une intrigue qu'elle a ourdie contre Olivier dont elle a compris les intentions, ils se provoquent en duel. Olivier, revenu de cette rencontre, fait croire à Suzanne qu'il a tué Raymond, lui révèle qu'il l'aime, qu'il l'a toujours follement aimée en secret, et la persuade de partir avec lui. Raymond, qui a écouté la conversation, apparaît alors : Suzanne est vaincue. L'action se passe dans une société qui est au-dessus de la galanterie et au-dessous du grand monde véritable ; et les personnages secondaires de la comédie sont ou des aristocrates déchues, comme la vicomtesse de Vernières, ou des filles honnêtes mais déclassées, comme Marcelle de Saucenaux, nièce de la vicomtesse, ou encore des aventurières intrigantes et sans scrupules, comme Valentine de Santis. Au milieu de cette société de fausses veuves et de femmes divorcées, Olivier de Jalin exerce la critique de l'homme intègre, sans toutefois abdiquer le charme de l'homme du monde. C'est le plus élégant raisonneur du théâtre de Dumas ; qu'il suffise de rappeler la fameuse comparaison des pêches (un panier où les fruits semblent très beaux, mais ont tous, à les bien regarder, une petite marque de ver) par laquelle il dévoile à Raymond les tares de ce « demi-monde ». Magnifique essai de comédie de mœurs, c'est l'œuvre la plus significative et la plus robuste de l'auteur, même si l'émotion et la pitié romantiques donnent une séduction plus vive à *La Dame aux camélias* (*).

DEMI-VIERGES (Les). Roman de l'écrivain français Marcel Prévost (1862-1941), publié en 1894 et adapté pour la scène en 1895. C'est une de ses œuvres les plus connues, parce qu'elle attirait l'attention du public sur un aspect particulier de la corruption des mœurs. L'auteur créa le mot propre à le définir, mot qui passa par la suite dans d'autres langues. La « demi-vierge » est la jeune fille corrompue et calculatrice qui sait conserver son intégrité physique pour masquer les pires dépravations morales. Avec ce roman, Prévost, en nous introduisant dans un monde parisien où cette catégorie de jeunes filles semble assez répandue, nous offre un assortiment de figures féminines présentant toutes les nuances du genre. La protagoniste, Maud de Rouvre, est peut-être la moins caractéristique d'entre elles, car elle garde extérieurement une correction exemplaire, inhabituelle dans ce milieu. Fine et intelligente, orgueilleuse et volontaire, elle aspire à un riche mariage qui la libérerait des soucis quotidiens, car, avec un patrimoine dissipé par l'imprévoyance paternelle, elle arrive difficilement à satisfaire ses habitudes de luxe. Elle a réussi à rendre amoureux d'elle un riche et noble propriétaire rural, Maxime de Chantel, et elle le conduit jusqu'au seuil du mariage, en endormant par de très fins artifices ses soupçons et ses craintes de gentilhomme campagnard au contact du monde équivoque qu'elle fréquente. Mais Maud s'est fait des illusions en croyant que son charme suffirait à vaincre la jalousie de son amant : Julien de Suberceaux est un dandy qui vit du jeu et d'expédients, mais il éprouve pour Maud une passion trop sincère et trop violente pour accepter de la céder à un mari. Tout en sachant qu'il la perdra alors pour toujours, il crie à Maxime ce qu'ont été réellement ses rapports avec Maud, puis se tue. Le roman se termine sur le tableau des tragiques ravages que cette aventure a faits dans le cœur de Maxime, alors qu'en contraste il voit s'épanouir près de lui l'idylle de sa naïve petite sœur et d'un Parisien qui, dégoûté de la corruption de son monde, est venu en province pour chercher une épouse. Çà et là se trouvent intercalés dans le roman des passages où l'auteur laisse voir sa réprobation pour les mœurs corrompues qu'il décrit. Et pourtant, la grâce raffinée et l'indulgence avec lesquelles il dépeint ce milieu, l'habileté qui lui fait appliquer aux situations les plus scabreuses l'art subtil de la périphrase et de l'allusion — qui intéresse plus qu'elle ne répugne — rendent assez illusoire, sinon dans les intentions, du moins quant aux effets, son rôle de moraliste.

DÉMOCRATES (Les) [*Demokrati*]. Roman de l'écrivain slovaque Janko Jesenský (1874-1945), publié en deux volumes en 1934 et 1937. La trame, extrêmement mince, sert de prétexte à une caricature ample et savoureuse de la vie en Slovaquie après la Première Guerre mondiale. Nous suivons, en fait, l'existence du jeune bachelier Landik qui, tout imprégné des nouvelles idées démocratiques, s'est promis de toujours vivre en accord avec ses principes. Il lui arrive une quantité de mésaventures, petites ou grandes, aussi bien dans sa vie privée (lorsqu'il décide d'épouser une femme de chambre) que dans son travail, où il se heurte sans cesse à la vieille bureaucratie, aux tenaces préjugés sociaux, ou aux intrigues et à la loi du silence qui se dissimulent sous le manteau commode de la démocratie. Aux amusantes vicissitudes dont est victime le protagoniste viennent s'ajouter une série d'épisodes et de personnages qui élargissent le champ du roman jusqu'à une analyse aiguë et mordante de toute une société et des mœurs politiques. La forme elle-même, brillante et vive, valut à l'œuvre un grand succès.

DÉMOCRATIE EN AMÉRIQUE (De la). Œuvre de l'historien et essayiste politique français Alexis Charles Henri Clérel de Tocqueville (1805-1859), publiée en 1835-1840 au retour d'une mission aux États-Unis accomplie en compagnie de son ami et collègue Gustave de Beaumont. C'est d'ailleurs en collaboration avec celui-ci qu'il devait rédiger *Du système pénitentiaire* (*). L'œuvre dépasse les circonstances qui l'ont fait naître, pour s'élever à une construction politique fondamentale pour la pensée du XIXe siècle. Dans la première partie est analysé le monde politique de la Confédération ; dans la seconde, l'auteur se livre à un jugement d'ensemble sur la législation et sur la vie des États-Unis, établissant des comparaisons et des rapprochements avec la situation des États de la vieille Europe, spécialement de la France depuis la Révolution. L'égalité, facteur dominant dans la vie du nouvel État, est à la base de la Constitution et, surtout, de tout un mode de vie aussi bien politique que religieux. Les origines mêmes des austères colonies, la lutte contre les aventuriers, les transactions et les pactes de paix conclus pour le bien de la nouvelle communauté, enfin la rébellion contre des formes vexatoires de gouvernement ont joué un rôle décisif dans le développement de la grande nation. Malgré les erreurs inévitables, la liberté individuelle existant dans le domaine politique comme dans le domaine économique indique les possibilités de développement sur le chemin du progrès. Dans ce monde où le peuple se sent l'unique moteur, même si par amour pour une activité infatigable on tend à favoriser le riche dans ses rapports avec le pauvre, la seule erreur qui puisse être fatale à la vie de l'État vient de la centralisation toujours plus accentuée, qui peut asservir le pays à la volonté de la majorité. D'autre part, l'industrie, spécialisée outre mesure par rapport à l'agriculture, et la faible solidité de la famille constituent, pour l'économie comme pour la morale, des faiblesses qui, dans l'avenir, pourront être graves. C'est pourquoi, à côté d'énormes avantages, la démocratie américaine souffre de ce manque de solidité, que seule peut donner une forte tradition historique. Il peut découler des démocraties le plus formidable despotisme, si l'égalité n'est pas respectée et protégée par la vigilante conscience des institutions. Dans le développement futur de la démocratie, Américains et Russes, conclut Tocqueville, auront une tâche considérable dans l'histoire de la civilisation, à la condition qu'ils sachent discerner clairement les raisons de la place qu'ils occuperont vis-à-vis de leurs peuples et de l'humanité.

DÉMOCRATIE EN FRANCE (De la). Opuscule de l'historien et homme d'État français François Guizot (1787-1874), publié à Bruxelles en 1849, dans lequel l'ancien ministre de Louis-Philippe résuma en quelque sorte son « credo » politique. Écrivant au lendemain de la révolution de 1848 et des désordres sanglants qui suivirent, et peu après l'élection de Louis Napoléon à la présidence de la République, l'auteur est visiblement attristé par la fin de la monarchie bourgeoise de Louis-Philippe et par la faillite de ce gouvernement du « juste milieu » qu'il avait tenté d'instaurer. Guizot esquisse une rapide synthèse de la situation sociale en France, signale les dangers de la mentalité prédominante, et se propose d'indiquer les remèdes convenant aux maux politiques de la France. Les maux qui affectent la société française proviennent, d'après lui, de la conception erronée de la « démocratie », que l'on veut fonder sur une égalité chimérique de tous les hommes et sur un nivellement ruineux des conditions sociales. Il blâme spécialement Proudhon et, se référant à l'expérience comme aux leçons de l'histoire, Guizot démontre qu'à une égalité juridique totale entre tous les citoyens doit nécessairement correspondre une certaine inégalité des conditions sociales et, partant, des pouvoirs politiques. Chaque classe de citoyens doit avoir sa fonction dans l'État : l'abolition des classes conduit inévitablement à la tyrannie d'un seul homme, d'une petite minorité ou encore à l'anarchie ; de toute façon, c'est la destruction d'une civilisation. Les Français devraient donc avoir conscience des éléments sociaux qui composent leur nation : chaque classe sociale, renonçant à l'ambition de commander seule en évinçant les autres, devrait agir en vue du bien commun. L'idéologie démocratique compte sur le progrès de la société moderne, mais il faut que cette puissante marche en avant trouve un juste contrepoids dans l'esprit conservateur éclairé des « élites » du pays. Il est aisé de voir, dans cet exposé, que l'auteur admire la constitution politique anglaise ; il en a étudié avec intérêt l'évolution historique. Le style net et précis, la clarté des idées, l'aisance et la pertinence du raisonnement confèrent une valeur particulière à ce petit livre que Guizot, après une longue expérience du pouvoir, voulut laisser comme testament politique.

DÉMOCRATIE ET ÉDUCATION [*Democracy and Education. An Introduction to* *the Philosophy of Education*]. Traité pédagogique du philosophe américain John Dewey (1859-1952), publié en 1916. Le livre, comme le déclare l'auteur dans sa Préface, a pour but de recueillir et d'énoncer les idées que suggère implicitement une société démocratique et de les appliquer aux problèmes de l'éducation : c'est-à-dire, de fixer les grandes lignes constructives d'une éducation démocratique digne de ce nom. L'éducation, dit Dewey, est à la vie sociale ce que la nutrition est à l'organisme. Éduquer signifie communiquer aux autres notre expérience afin qu'elle devienne un trésor commun, et comme cette transmission s'opère par le milieu, l'ambiance, il importe avant tout de créer une ambiance propre à diriger et à canaliser l'énergie des jeunes. Le résultat fondamental de l'éducation est d'ouvrir la porte au progrès ultérieur. Dewey critique les idées pédagogiques de Platon, fondées sur les classes sociales et non sur l'individu, de même qu'il critique celles des partisans du « siècle des Lumières », qui confondent la société avec tout le genre humain et compromettent le progrès en prêchant le retour à la nature, ou les doctrines chères aux idéalistes du XVIIIe siècle en ce qu'elles soumettent l'individu à la nation, celle-ci servant d'intermédiaire entre l'humanité en général et chaque homme en particulier. Après une série de chapitres dans lesquels sont exposés divers problèmes philosophiques relatifs à l'éducation, l'auteur aborde le problème central du livre, celui des valeurs éducatives et de la distinction entre la culture et l'utilité pratique. Il rappelle comment cette distinction eut son origine en Grèce et souligne comment les Anciens considéraient qu'une vie vraiment digne d'être vécue ne pouvait l'être que par ceux qui vivaient du travail des autres, en un mot par ceux qui pensaient et non par ceux qui œuvraient, distinction qui, en termes pédagogiques, sépare l'éducation libérale de l'éducation professionnelle. L'invention de la machine a certainement émancipé l'homme des fatigues du travail mais, tant que l'éducation des travailleurs restera limitée à une instruction scolaire élémentaire, telle que d'apprendre à lire, à écrire et à compter, leurs esprits resteront inaptes à profiter des heures de loisir que le progrès leur procure. Dewey suggère alors l'idée que dans une société démocratique, toute distinction entre une instruction libérale et une éducation technique doit disparaître et que, de plus, l'éducation ne doit pas exclure une formation spirituelle. Une telle éducation atténuerait certainement les défauts du système économique actuel ; unifiant les tendances des divers membres de la société, elle unifierait fatalement cette société elle-même. En conclusion, l'auteur tente également de concilier le dualisme entre l'homme et la nature, dualisme qui a son origine dans la division entre les sciences naturelles et les humanités, lesquelles tendent à s'identifier à de simples souvenirs littéraires. Le livre s'achève sur l'exposé d'une théorie de la connaissance et de la morale appliquée à la pédagogie. – Trad. Payot, 1983.

DÉMOCRATIE ET TOTALITARISME. Essai du sociologue français Raymond Aron (1905-1983), publié en 1965. Cet essai fait suite à *Dix-huit leçons sur la société industrielle* (*) et à *La Lutte de classes* (*). Moment d'une recherche, instrument pour une recherche, ce livre apporte faits, idées, méthodes sous forme pédagogique. Dans le premier moment de sa réflexion, Aron définit la série des concepts nécessaires à l'élaboration et à la mise en œuvre d'une sociologie du politique qui ne soit pas une philosophie politique ; il s'attache principalement à isoler les variables propres à caractériser les régimes réels à partir de leurs types idéaux. Ces types sont au nombre de deux qui sont successivement décrits et analysés : régimes constitutionnels-pluralistes et régimes de parti monopolistique. La description des régimes pluralistes-constitutionnels comporte quatre aspects principaux : on doit considérer le système politique en tant que système social particulier ; puis mettre en relation le système politique avec l'infrastructure sociale ; il faut en outre analyser la bureaucratie ou administration proprement dite et enfin l'environnement historique du système politique. Ces quatre coordonnées constituent la base d'une sociologie de la démocratie qui peut rendre compte de son fonctionnement et de ses impasses (la onzième leçon a été prononcée en mai 1958, au moment du passage de la IVe à la Ve République). La description des régimes de parti monopolistique est centrée sur une étude parallèle des fictions constitutionnelles et de la réalité soviétique. Aron élabore donc une sociologie politique sur une antithèse qu'il exprime de quatre manières différentes : antithèse de la concurrence et du monopole, de la constitution et de la révolution, du pluralisme et des groupes sociaux, et de l'absolutisme bureaucratique, enfin de l'État de partis et de l'État partisan. Si l'auteur accorde en fin de compte sa préférence au régime constitutionnel plutôt qu'au régime de parti monopolistique, c'est moins en vertu d'un idéal dont il se recommanderait que par défiance des idéaux et des idéologies ; Aron met sa confiance dans un régime qui fait aux hommes le moins confiance possible.

DÉMOCRATIE INDUSTRIELLE (La) [*Industrial Democracy*]. Ouvrage des économistes anglais Sidney (1859-1947) et Beatrice (1858-1943) Webb, publié en 1897. L'analyse scientifique des différentes phases que connut le mouvement trade-unioniste (syndical) est divisée en trois parties : la première traite de la structure des Trade Unions, considérées comme organisations démocratiques en tant que leur structure interne est basée sur le principe anglais classique : « Gouverner le peuple par le peuple et pour le peuple ». La deuxième partie contient une minutieuse analyse descriptive de la fonction trade-unioniste ; la troisième et dernière examine d'une manière théorique l'effet du trade-unionisme dans la production et dans la distribution des richesses et se termine en annonçant ce que, d'après les auteurs, sera la démocratie industrielle de demain. L'œuvre a une certaine valeur historique, car les Webb furent parmi les premiers à poser le problème de la liberté individuelle dans les rapports avec la collectivité. Après avoir exposé leur conception de la démocratie industrielle, dans laquelle l'ouvrier doit pouvoir garder intacte son individualité et la tourner vers différentes activités publiques pour le bien commun, les auteurs prévoient une plus grande élévation morale, intellectuelle et religieuse des masses. « Dans le monde de la civilisation et du progrès, personne ne peut être maître de soi, mais du fait même que, dans la société moderne, l'individu perd nécessairement le contrôle de sa vie, il aspire à regagner collectivement ce qu'il a perdu individuellement. De là l'inévitable tendance au gouvernement populaire, malgré toutes ses difficultés et ses dangers. La démocratie est encore une grande inconnue, et nous avons à peine de vagues notions de ses fins et de son importance. »

DÉMODOCOS ou De la délibération [Δημόδοκος, ἢ περὶ τοῦ συμβουλεύεσθαι]. Dialogue attribué dans l'Antiquité au philosophe grec Platon (428 ?-347 ? av. J.-C.), mais certainement apocryphe. La première partie soulève trois questions : quelle valeur a le fait de se réunir en assemblée pour délibérer ? le zèle des conseillers est-il justifié ? quelle utilité a le suffrage des délibérants ? Première question : si l'on peut donner des conseils justes, ceci n'est possible qu'en prenant appui sur une science à laquelle on puisse se référer ; or, si tous les délibérants la possèdent, il serait aussi bien qu'un seul parle pour tous ; par contre, si aucun ne possède cette science, la délibération ne sert à rien. De toute façon, la délibération se révèle inutile. La deuxième question se résout facilement à partir de la première : si tous les délibérants sont compétents, ils donnent le même jugement, par conséquent il suffirait qu'un seul le donne ; leur zèle n'a donc pas de signification. Troisième question : le suffrage est inutile, puisque les délibérants ne prétendront jamais juger les conseils des compétents ; quant aux incompétents, il sera bon de les éliminer en tant que conseillers. – La deuxième partie du dialogue traite d'une question judiciaire : pour agir contre un accusé, faut-il écouter l'accusation et la défense ou cette dernière est-elle superflue ? L'un des interlocuteurs soutient la première thèse, affirmant que la vérité jaillit de la confrontation ; ce à quoi un autre interlocuteur oppose le sophisme suivant : comment la vérité qui ne se révèle pas dans les paroles d'un seul pourrait-elle se révéler dans les discours contradictoires de deux adversaires ? – La troisième partie a trait à celui qui demande un prêt : s'il ne réussit pas à obtenir ce qu'il demande, le tort est-il de son côté ? Oui, certainement, parce qu'il est clair, ou bien qu'il a demandé des choses impossibles ou bien qu'il n'a pas su employer des arguments convaincants. – La quatrième partie envisage la question de la confiance : vaut-il mieux se fier aux inconnus, aux parents ou aux amis ? La question demeure pendante parce que aussi bien les inconnus que les amis peuvent être dignes de foi comme ils peuvent se tromper et nous tromper. Ce dialogue révèle nettement l'influence de la méthode sophistique sur le raisonnement ; il est peut-être simplement un exercice dialectique. – Trad. Les Belles Lettres, 1930 ; Gallimard, 1943.

DEMOISELLE (La) [*Gospodjica*]. Roman de l'écrivain serbe Ivo Andrić (1892-1975), prix Nobel 1961, écrit pendant la dernière guerre et publié en 1945. Si les deux autres romans d'Ivo Andrić, *Il est un pont sur la Drina* (*) et *La Chronique de Travnik* (*) ont permis à Claude Aveline d'appeler leur auteur le « Tolstoï yougoslave », *La Demoiselle* peut être considérée, d'après S. Solaja, comme une œuvre « balzacienne ». Ce roman « est la réalisation psychologique du portrait d'une femme avare pour laquelle vivre signifie amasser de l'argent, et passer ses jours à veiller sur les biens acquis, ascétisme dépourvu de signification et de justification, et dans lequel il faut voir comme dans tous les cas d'ascétisme une profonde déformation de la personnalité » (P. Džadžić). – Trad. Robert Laffont, 1987.

DEMOISELLES DE PAHLEN (Les) [*Fröknarna von Pahlen*]. Le grand roman cyclique que constituent *Les Demoiselles de Pahlen* d'Agnes von Krusenstjerna (1894-1940), romancière suédoise, se compose de sept volumes parus de 1930 à 1935 : *Le Store bleu, La Route des femmes, Les Ombres de l'automne* (1930), puis *La Porte de Saint-Jean, Le Couple amoureux* (1933), enfin *Les Noces à Ekered* et *De même sang* (1935). Une traduction française partielle fut publiée en 1940 sous le titre *La Route des femmes*. Cette œuvre touffue et d'une extrême richesse comporte une intrigue dont la complexité, malgré une composition savante, défie presque l'exposé. Héritière du domaine d'Eka, Pétra von Pahlen a recueilli sa nièce Angéla devenue orpheline : c'est autour des deux jeunes filles qu'est centré le roman, mais auprès d'elles se meut une foule de parents ou de familiers de petite noblesse terrienne ou de la bourgeoisie de Stockholm, dont les figures et les destinées se mêlent pour composer un tableau de la société suédoise avant la Première Guerre mondiale.

Les deux premiers volumes retracent le passé de Pétra et l'enfance rêveuse d'Angéla, ses aventures et sa découverte de la vie dans une école ménagère où plane l'ambiance trouble d'étranges amitiés féminines. Dans *Les Ombres de l'automne*, Angéla revient au manoir provincial perdu parmi les forêts : la vision de l'écrivain s'élargit. Les personnages, jusque-là épisodiques, prennent forme, et leur vie se mêle plus ou moins étroitement à celle des personnages principaux. Hans, le frère de Pétra, dominé par sa femme, la plantureuse juive Betty, mène une brève aventure avec Dora, la maîtresse de son beau-frère, avant d'être emporté par le cancer qui le mine, comme s'il était pressé de goûter une dernière fois les fruits de la vie. Johan von Pahlen, le vieil oncle excentrique, continue de vivre dans une sorte de fantasmagorie faite des souvenirs du passé. Tord Holmström, le fermier du domaine dont la vigueur et le charme fruste troublent Pétra, est poursuivi par la haine de sa femme Adèle, monstre d'égoïsme et de méchanceté qui le ridiculisera par ses amours burlesques avec un pasteur ambulant. Dans *La Porte de Saint-Jean,* Thomas Moller, l'ancien amoureux de Pétra, réapparaît après un long séjour à l'étranger, mais délaisse bientôt celle-ci pour l'avide et fraîche sauvageonne Angéla et se fait son initiateur des choses de l'amour. Tout le livre, ainsi que le suivant constituent une sorte de ballet des couples, une symphonie amoureuse où les extases de la passion se mêlent au tragique, lorsque l'auteur décrit les luttes que soutiennent Stanny Landsborg et son frère Bernard contre l'attirance coupable qu'ils éprouvent et dont la conclusion sera le suicide de la jeune fille. Les dernières parties du roman, *Les Noces à Ekered* et *De même sang,* révèlent un univers où les passions et les entraînements s'apaisent. Les destins des multiples personnages se fixent, et parfois l'auteur en souligne l'aspect comique et presque dérisoire. Au manoir d'Eka, Angéla, Agda, la bonne séduite, Mlle Frideborg, une amie de Pétra, attendent, veillées par cette dernière déçue mais résignée, la naissance de leur enfant dans l'étrange atmosphère du château d'Eka obscurci par les ombres de l'hiver neigeux et d'où l'homme a été rejeté afin de permettre aux femmes l'accomplissement de leur fonction la plus sacrée.

Depuis Strindberg, aucune œuvre n'a soulevé en Suède plus d'étonnement et aussi plus de passions et de polémiques, au point que sa publication en fut parfois rendue difficile. L'audace de certains passages n'en est pas la seule cause : ce roman constitue un phénomène unique dans la littérature suédoise par son jaillissement brutal que rien ne laissait prévoir et dont les influences semblent, sinon absentes, au moins presque impossibles à déceler. Avec une grande maîtrise et sans concession aux préjugés, l'auteur s'est appliquée à pénétrer les sentiments les plus secrets, les remous les plus tumultueux des âmes féminines.

Pour mener à bien son immense tâche, Agnes von Krusenstjerna dispose d'un style dont la clarté ne nuit pas aux plus subtils raffinements propres à évoquer toutes les sensations, principalement celles de la vue et du toucher et qui, par sa richesse d'images, a souvent les résonances de la pure poésie.

DEMOISELLES DE PETITE FORTUNE (Les) [*The Girls of Slender Means*]. Roman de l'écrivain anglais Muriel Spark (née en 1918), publié en 1963. Jamais l'acuité de l'observation n'a paradoxalement mieux servi une poésie complexe et raffinée, une irréelle légèreté, comme dans ce vol d'oiseaux des demoiselles courant vers le palais de Buckingham pour célébrer la victoire, à la fin de la Seconde Guerre mondiale. Après un prologue qui situe le foyer des demoiselles de bonne famille et de petite fortune dans le Londres effervescent et dévasté de 1945, la journaliste Jane Wright annonce par téléphone à ses anciennes camarades de foyer le martyre à Haïti d'un jésuite, Nicolas Farringdon, qui fut jadis l'amant de l'une d'elles. Entre ces coups de téléphone s'intercalent des retours en arrière qui évoquent la vie du foyer, ainsi mise à distance dans l'éloignement d'une jeunesse devenue mythique. Spark puise dans ses souvenirs et joue de sa maîtrise de l'ellipse, du détail qui se détache sur fond d'absence et fonctionne comme la mémoire nostalgique, ne gardant du passé qu'une épure. Tout son art, c'est de donner vie par petites touches à cette stylisation poétique. Les deux figures de proue en sont Joanna Childe et Selina Redwood. Après une déception sentimentale, la première a refusé de reconnaître l'inconstance des sentiments humains, elle a refoulé un nouvel amour qu'elle sublime par la transe poétique. La deuxième, qui récite matin et soir les prescriptions d'un cours de maintien, a, symboliquement, la suprême beauté d'une robe de Schiaparelli, qu'elle finira d'ailleurs par préférer à tout être humain. Les actions des personnages importent moins que leur « essence poétique », suggérée plus que dite : le bien mais sans le discernement du vrai chez Joanna, le beau mais sans l'âme du bien chez l'amorale Selina. Sans intrigue, le roman a une structure fuguée, rythmée par les poèmes dont Joanna se sert pour ses cours de diction, tandis que Jane Wright et un trio satirique de vieilles filles servent de contrepoint ironique. Jane, boulotte et sans séduction, mais intelligente et lucide, aspire à devenir poète et travaille dur « dans le monde des livres », où règnent les plus sordides filouteries. Annoncée dès le début par le poème d'un autre jésuite, Hopkins, le *Naufrage du « Deutschland »* (*), l'horreur viendra soudain saccager le monde des demoiselles. Joanna en sera l'innocente victime. Cette « vision du mal » arrachera alors Nicolas à ses ambiguïtés sexuelles, idéologiques et morales, le détournant de Selina et le convertissant au service de Dieu, l'unique absolu. Ainsi la tragique discordance humaine entre le beau, le vrai, le bien, entre le réel et l'idéal, fracture la poésie du roman. Demeure cependant l'artiste, Jane la besogneuse, l'apprentie poète, habitée par les mots « dont le feu couve » et que la fin du livre montre les pieds solidement plantés sur terre, dans l'herbe. – Trad. Robert Laffont, 1965.

T. V.

DEMOISELLES DE SAINT-CYR (Les). Cette comédie en quatre actes de l'écrivain français Alexandre Dumas père (1802-1870), date de 1843. Dans un pavillon isolé du collège de Saint-Cyr (où sous les yeux sévères de Mme de Maintenon sont élevées les filles de la noblesse pauvre), deux jeunes filles, Charlotte et Louise, attendent Roger, le fiancé de Charlotte, qui grâce à un heureux stratagème réussit à franchir le seuil interdit à tout homme, s'il n'est le roi ou un prince du sang. Il a avec lui un ami, un brave garçon un peu niais, Dubouloy. Les quatre jeunes gens sont surpris, et les deux garçons, immédiatement enfermés à la Bastille ; il ne reste plus que le choix entre la prison perpétuelle ou le mariage réparateur. « Chaîne pour chaîne », dit philosophiquement Roger, « autant choisir le mariage ». À peine achevée la cérémonie, les deux jeunes gens mariés par contrainte partent pour l'Espagne. Naturellement, les jeunes femmes les suivent en cachette, et les couples se retrouvent à un grand bal de la Cour. La grâce de Charlotte et la jalousie qu'elle a habilement su éveiller séduisent Roger. Louise, par la beauté de sa voix, conquiert son époux un peu niais et lui apporte le titre de baron qu'elle a su se faire offrir par le roi d'Espagne. Cette comédie romanesque est parmi les meilleures de cet auteur fécond. Elle est surtout remarquable par l'aisance du dialogue, qui donne une fraîcheur particulière et une vive saveur à beaucoup de scènes, malgré la facilité frivole du sujet. En écrivant cette pièce, le truculent auteur de *La Tour de Nesle* (*) a voulu faire preuve de grâce et de légèreté. Il confirme par là ce sens très sûr du théâtre qui distingue toute sa production.

DEMOISELLES DE WILKO (Les) [*Panny z Wilka*]. Œuvre de l'écrivain polonais Jarosław Iwaszkiewicz (1894-1982), publiée en 1933. Le grand talent et le don qu'a Iwaszkiewicz de créer une atmosphère tantôt imprégnée d'une profonde tristesse, tantôt étouffante de passions morbides apparaissent en pleine lumière dans ce livre, composé de deux longs récits. Dans le premier, Iwaszkiewicz prend pour thème l'incapacité de l'homme à revivre ou à recréer le passé. Après quinze ans d'absence, Wiktor Ruben, âgé maintenant d'une quarantaine d'années, retourne dans une propriété où il avait vécu une période d'intense bonheur. À l'époque, la maison était pleine de jeunes filles. Devant Ruben s'ouvraient alors diverses perspectives sentimentales : une liaison amoureuse, une sincère amitié basée sur une compréhension mutuelle, ou encore un sentiment mal défini, poétique, envoûtant. Maintenant, les jeunes filles ont changé et l'une d'elles est morte. Ces bouleversements empêchent Ruben de retrouver ses souvenirs : une ébauche de flirt remplace l'amitié, une amitié naît là où il y avait une liaison amoureuse. Mais toute tentative de faire revivre un passé vieux de quinze ans ou de le continuer tout simplement échoue sans espoir. Triste et déçu, Ruben quitte la propriété. Il y a une profonde mélancolie dans ce récit sur « le temps inexorablement perdu ». Mais, grâce à sa sensibilité, Iwaszkiewicz parle admirablement de la nature et du paysage, face auxquels l'éternel écoulement du temps paraît illusoire, en même temps qu'il suggère le calme, la transparence, la clarté. L'atmosphère est tout autre dans le second récit. Dans une maison isolée au milieu de la forêt, un garde-chasse, qui vient de perdre sa femme, accueille son frère, gravement atteint de tuberculose et qui vient finir ses jours chez lui. Les frères ne s'entendent pas. Le garde-chasse est plongé dans la douleur après la mort de sa femme, le malade est bruyant, insupportable, il joue du piano du matin au soir, courtise Malina, une fille dont il fait la conquête. Un jour, les frères s'affrontent et tous les deux, poussés par la haine, ont des idées de meurtre. Puis vient la lente et horrible agonie du malade. Après sa mort, le garde-chasse s'éprend soudain de Malina, lui fait la cour. Et cette fille passive, sensuelle, lui cède aussi facilement qu'à son frère. Dans ce récit, où la vie remporte un triomphe lamentable sur la mort, où la cruauté de l'une égale celle de l'autre, Iwaszkiewicz a su créer un inoubliable climat de tension et de tristesse. Ce livre a connu un grand succès et a été adapté au cinéma par A. Wajda. – Trad. Éditions des Autres, 1979.

DEMOISELLES LA MORTAGNE (Les). Œuvre de l'écrivain français Paul-Jean Toulet (1867-1920), publiée entre 1905 et 1907. Partageant le point de vue du jeune courtisan relégué en province dont parle Chamfort, Toulet, dans ce roman légèrement esquissé, semble vouloir démontrer une fois de plus qu'à Paris et ailleurs la bonne compagnie est, comme partout, la « mauvaise excellente ». M. La Mortagne (ci-devant agent double sous la Commune) est un homme d'affaires correct, élégant et, d'après ses propres dires, « joueur comme Descartes ». Il n'a commis qu'un seul faux, en imitant une fois la signature d'un ami (trop engagé jadis avec Mme La Mortagne pour pouvoir se défendre autrement que par certains gestes directs et brutaux, mais qui s'oublient vite). Mme La Mortagne admire son mari qui, selon elle, serait ridicule s'il ne pouvait pas mener un train de vie convenable ; elle aurait été, pour qu'il ne fût pas ridicule, jusqu'à le faire cocu. On disait même qu'elle l'avait fait dans les mauvais moments. Le baron Marius Legris, boursier riche et généreux, est un ami de la famille ; il a le cœur jeune et le portefeuille facile ; il adore les deux filles de La Mortagne, Jacqueline (treize ans) et Marie-Louise (onze ans). C'est Jacqueline qu'il préfère. « Depuis qu'il y a des hommes, et qui dépensent, ne s'achètent-ils point, de l'un à l'autre, leurs filles, à de variables taux ? » remarque Toulet. « Cela se nomme le "Tirhatou", dans ce beau code en pierre noire que le roi Hammourabi a légué au musée du Louvre. » Aussi Jacqueline, dûment chapitrée par sa mère, finit par s'installer à l'hôtel du baron, place des États-Unis, et l'abondance refleurit dans le petit appartement de la place Saint-Sulpice. Quant à M. La Mortagne, il fait preuve d'un tact et d'une discrétion parfaites, il ferme l'œil et ne remarque rien. D'autres cependant se chargent de l'éclairer sur une situation qu'il s'obstine à vouloir ignorer. Il y a des lettres anonymes et des saluts « unilatéraux ». Par conséquent, le ménage décide de quitter Paris ; grâce à la générosité du baron, l'on va s'installer en propriétaires dans une petite ville d'eau située sur les bords de la Marne, à proximité de Melun.

La société qui peuple cette petite ville de fantaisie (appelée Larigo) est dessinée à larges traits. C'est un monde frelaté, mais somme toute inoffensif, où chacun est pris pour ce qu'il désire paraître : sens du théâtre, soi-disant grands artistes ; imposteurs naïfs ; étrangers, inclassables par définition. Sur le fond de ce bestiaire sobrement indiqué se détache la figure de Florinde d'Érèse, jeune veuve cynique (et voyageuse à ses heures) d'un capitaine au long cours. Tout en ne se montrant pas excessivement farouche envers les hommes, Florinde s'entoure d'un essaim de jeunes filles, et Marie-Louise La Mortagne ne tarde pas à devenir son amie préférée... Cependant, Jacqueline s'émancipe rapidement dans sa cage dorée. Le baron, qui la comble de prévenances et se montre prêt à lui passer tous ses caprices, constate bientôt que l'aversion qu'il inspire à sa jeune amie ne fait qu'aggraver des dispositions naturelles inquiétantes. Jacqueline le trompe, le torture et l'épuise en même temps. « Quant à la vergogne, c'est une langouste ; il faudrait la faire cuire pour qu'elle rougît. » Le maître de musique roumain, le cousin de la gouvernante anglaise, un bel officier spahi, d'autres encore se mettent sur les rangs... et y passent.

Exaspéré, le baron s'ouvre dans une lettre à ses amis La Mortagne. Sur le conseil du vicaire de Larigo (que Mme La Mortagne a consulté sans toutefois l'introduire dans tous les détails du problème), l'on charge un jeune abbé parisien, M. d'Artaxia, de catéchiser la « filleule » du pauvre M. Legris. Jacqueline se montre tout disposée à accepter un compromis... qui serait de se faire adopter par son protecteur. Cependant, il faut faire vite ; or les formalités dans ce cas risqueraient, en se prolongeant, de susciter de nouvelles complications. En effet, Jacqueline ne peut plus attendre longtemps, et le baron – tout en ne connaissant que trop ses infortunes – est enclin à s'attribuer une part (au moins) des responsabilités. Aussi décide-t-on en fin de compte que le baron Legris adoptera... le candidat susceptible de convoler avec Jacqueline. Après éviction de plusieurs postulants, la jeune femme consent, non sans répugnance, à accepter le protégé de son directeur M. d'Artaxia. C'est un certain Isidore de Lallavain, « professeur de latin et belles-lettres, chauve, mal vêtu, hérissé d'une barbe si rouge qu'il avait l'air d'une retraite aux flambeaux » ; non dénué de manières au demeurant, et ne manquant pas d'allure, mais cynique joueur. L'adoption faite et le mariage une fois célébré, Isidore Legris de Lallavain délaisse comme de juste son épouse pour perdre au casino l'argent que son père adoptif vient de lui remettre afin de couvrir les frais du voyage de noces. Au lieu de partir pour Venise, le jeune couple restera à Larigo. Qu'importe ? Isidore et Jacqueline s'en accommodent tant bien que mal, chacun à sa manière. Lui continue à tenter la chance au baccara, tandis qu'elle s'ennuie... en attendant que la roue tourne. Le beau spahi apparaît bientôt, et n'a pas trop de peine à se faire pardonner son éclipse passagère... Car Jacqueline n'avait su profiter qu'à moitié des conseils et admonestations que M. Artaxia lui prodiguait, cependant elle l'avait écouté non sans plaisir (puisque l'abbé lui semblait aussi beau qu'agréable). « Peu à peu se confondait dans son cœur la notion de l'honnête femme, et de la femme honnête. Pour être la première, il faut de la vertu, comme on sait ; à la seconde, il suffit d'une femme de chambre, d'une bonne couturière et de faire par amour, en général, cet amour que les courtisanes font, à ce qu'on assure, pour de l'argent. »

DÉMON (Le) [*Demon*]. Poème de l'écrivain russe Mikhaïl Yourievitch Lermontov (1814-1841), publié en 1840, mais achevé dès 1838, pendant l'exil de l'auteur dans le Caucase. Le sujet rappelle *Le Ciel et la Terre* (*) de Byron, père spirituel de Lermontov et aussi de Pouchkine. Pourtant, le caractère des personnages et l'atmosphère ont été profondément transformés par le poète russe : le décor est la nature splendide et sauvage, et l'héroïne une princesse géorgienne. Un démon erre autour de la terre, fier de sa solitude et de sa propre puissance, mais triste de ne pouvoir aimer. Dans un palais princier, il aperçoit les préparatifs d'une noce ; la splendide Tamara attend l'arrivée de son fiancé, d'un pays lointain. Le miracle s'accomplit ! Le démon tombe amoureux et parvient à faire tuer le fiancé par des bandits, au milieu des montagnes ; puis, invisible, par le charme de ses discours il séduit peu à peu Tamara qui vient de s'enfermer dans un monastère : « À quoi me sert, sans toi, la vie éternelle et l'étendue infinie de mon royaume ? Mon temple est vide ; il faut que tu y viennes, tu es mon Dieu ! » chuchote le démon, en donnant à la femme son baiser mortel. Les anges accueillent l'âme innocente de Tamara et le démon demeure aussi seul qu'auparavant, fier, triste et sans amour. Dans ce poème, Lermontov – à l'instar de Byron – a voulu exalter l'esprit de connaissance et de liberté ; mais la crainte de l'impitoyable censure russe de l'époque l'a contraint à cacher et brouiller ses intentions véritables, que nous parvenons à peine à distinguer aujourd'hui. La beauté du poème consiste dans l'ardente exaltation de la vie et dans la sensualité chaude et romantique qui se dégage des descriptions de la nature du Caucase et de l'amour naissant peu à peu dans le cœur de Tamara. La langue de Lermontov, même si elle est moins correcte et moins élégante que celle de Pouchkine, atteint souvent une harmonie riche en résonances pleines d'émotion. – Trad. L'Âge d'homme, 1970.

★ Le poème de Lermontov a inspiré le thème de l'opéra lyrique en trois actes *Le Démon*, du compositeur russe Anton Rubinstein (1829-1894), créé à Saint-Pétersbourg en 1875. La couleur orientale, suggérée et justifiée par le texte, revient fréquemment dans cette musique, grâce à l'utilisation plus ou moins directe de chansons géorgiennes et arméniennes. Ces chansons ont donné naissance aux pages les plus charmantes et les plus populaires de cet opéra (le chant géorgien des amies de Tamara au premier acte, la mélodie orientale du deuxième acte, et surtout les danses des femmes et la marche de la caravane au troisième ; ce sont d'ailleurs ces pages qui furent particulièrement goûtées par les musiciens du groupe des Cinq au cours de la première audition privée). Le procédé mis en œuvre par Rubinstein consiste à utiliser le folklore ainsi qu'il l'a lui-même préconisé : « Il me semble que l'esprit national du pays natal d'un compositeur doive toujours imprégner ses œuvres. Mais, en ce moment, ce qui est à la mode, c'est une sorte de nationalisme prémédité. Cela est très intéressant ; toutefois à mon avis on ne peut prétendre susciter par ce moyen les sympathies universelles, mais tout simplement un intérêt ethnographique. » Bien que cette appréciation découle d'un principe critique plus exact que celui du groupe des Cinq, elle n'en a pas moins conduit son auteur à utiliser dans la pratique le répertoire naturel du folklore comme une véritable décoration surajoutée ; et ce défaut apparaît encore plus clairement lorsque Rubinstein utilisa, dans son opéra *Le Marchand de Moscou* (1880), des thèmes populaires russes (par exemple l'air : « Lorsque je vais au jardin »). La trame est toujours celle, internationale, de l'opéra – italienne dans la forme et allemande dans la substance – rappelant tantôt Brahms, tantôt Mendelssohn, bien que l'orchestration soit à égale distance de la virtuosité de Mendelssohn et de l'orchestration du groupe des Cinq. Ce que Rubinstein y ajoute de personnel (se montrant en cela le prototype du compositeur – grand pianiste), c'est une extrême facilité d'inspiration et une façon hâtive de tracer son ouvrage.

DÉMON (Le) [Tò δαιμόνιο]. Roman de l'écrivain grec Georges Théotokas (1905-1966), paru à Athènes en 1938. Comme son roman précédent *Argo* (*), il s'agit d'une œuvre traitant des désarrois et des illusions de l'adolescence. Mais ici les tourmentes politiques n'ont plus cours. Les rêves, folies, incertitudes et angoisses de chacun concernent avant tout sa propre vie, ses amours ou ses émois d'adolescent, son avenir individuel, son refus de jouer le jeu social. Deux amis d'enfance, la sœur de l'un d'eux, Iphigénie, personnage fantasque et insatisfait, un jeune archéologue anglais dont la mort prématurée rompra les liens subtils qui unissaient ce groupe de jeunes, tels sont les personnages du *Démon*. Chacun d'eux, à l'exception du narrateur, est poussé par une force – un démon – qui le porte à accomplir des actes insensés ou absurdes. Le frère d'Iphigénie rompra de brillantes études pour s'engager sur un cargo où il mourra dans des circonstances mystérieuses, Iphigénie deviendra une comédienne ratée parcourant les provinces avec une troupe de fortune, avant de mourir dans un sanatorium. Seul le narrateur, par sa froideur peut-être, son absence de romantisme et d'inquiétude, échappera aux pièges de ce démon maudit qui poussa tous les autres, inéluctablement, vers la mort. – Trad. Stock, 1946.

DÉMON BLANC (Le) ou Vittoria Corombona [*The White Devil or Vittoria Corombona*]. Tragédie de l'écrivain anglais John Webster (1580 ?-1625 ?), représentée en 1611-1612 et publiée en 1612. Le sujet s'inspire d'un fait historique de la fin du XVIe siècle, en Italie, et dont le protagoniste fut le duc de Bracciano, Paolo Giordano Orsini, mari d'Isabelle, fille du grand-duc Cosme Ier, ayant épousé en secondes noces Vittoria Accoramboni, ancienne femme du neveu du cardinal Montalto, le futur pape Sixte V. Dans cette tragédie, les noms sont déformés et l'intrigue a été transformée, conformément à la version des événements connue au-delà de la Manche. Le duc de Brachiano, mari d'Isabelle, sœur du duc de Florence, se lasse bien vite de son épouse, s'étant épris d'une autre femme splendide, Vittoria, femme d'un de ses courtisans, un certain Camille. Mais la conquête de Vittoria est ardue en soi ; des complications et des inconvénients peuvent surgir, mais il importe que l'intervention directe du duc ne soit pas connue. Mais ce dernier a trouvé une aide précieuse en la personne du frère de Vittoria, l'ambitieux Flamineo qui, dans l'espoir de conquérir l'amitié du duc, se prête complaisamment à cette besogne abjecte. Le frère aide donc le duc à séduire Vittoria et dresse avec lui le plan pour se débarrasser de Camille et d'Isabelle. Flamineo tend un piège où Camille périt, tandis que le duc tue lui-même sa femme Isabelle, en faisant empoisonner avec perfidie les lèvres d'un de ses portraits. En l'absence de son mari, la fidèle et amoureuse Isabelle embrasse l'image de son époux, et meurt. Mais le peuple indigné réclame qu'on fasse une enquête sur ces crimes atroces. Vittoria est par conséquent accusée d'adultère et d'assassinat, et se voit condamnée après une défense aussi vaine que pleine de passion. À ce moment-là, le duc de Brachiano revient, sauve Vittoria et l'épouse. Mais le duc de Florence, voulant venger le meurtre infâme de sa sœur Isabelle, envoie deux de ses sicaires tuer Flamineo (qui avait, sous les yeux de sa vieille mère, tué son frère cadet au cours d'une rixe) et Vittoria. Le duc de Brachiano meurt, lui aussi, empoisonné. Il s'agit d'une tragédie sombre, vigoureuse, sanglante, enveloppée de ténèbres, plongée dans une atmosphère de guet-apens et de mort, se déroulant à travers une série rapide et suggestive de grands coups de théâtre. Avec *La Duchesse de Malfi* (*), ce drame est l'ouvrage le plus important de Webster. Sa puissance poétique tient au fait que l'auteur a peint des personnages et des êtres farouches qu'emporte une destinée aveugle, dans une alternance de vie et de mort, et que les thèmes tragiques se répondent sans cesse, régis par une fatalité mystérieuse et féroce. La chronique italienne a été transformée dans chacun de ses détails, pour permettre à l'imagination, souvent macabre, mais jamais vulgaire de l'auteur de se mouvoir en pleine liberté. – Trad. Renaissance du Livre (sans date) ; Aubier, 1950.

★ Le personnage d'Accoramboni inspira aussi un roman à Ludwig Tieck (1773-1853) : *Vittoria Accorombona* (*), où l'influence du drame de Webster est évidente. Stendhal s'en inspira à son tour dans une de ses *Chroniques* – v. *L'Abbesse de Castro* (*).

DÉMON DE MIDI (Le). Roman de l'écrivain français Paul Bourget (1852-1935), publié en 1914. Le titre est tiré du psaume XC qui dénonce le démon de midi comme un des personnages les plus dangereux. En dehors du symbole, on désigne ainsi la tentation qui, sous l'impulsion du démon, s'empare des hommes, même des meilleurs, vers le milieu de leur vie, pour les faire tomber dans le péché. Louis Savignan, illustre écrivain catholique ayant à peine dépassé la quarantaine, se laisse persuader par l'industriel Calvières d'accepter une candidature électorale dans son Auvergne natale. C'est pour Louis l'occasion de revoir son ancienne fiancée, Geneviève de Soléac, qui vingt ans plus tôt l'a quitté, poussée par sa famille, pour épouser le riche Calvières. Il devient son amant et vit des heures de bonheur que ne trouble même pas le remords de l'adultère qu'il commet en dépit de ses principes. Son fils Jacques l'adore, mais sous l'influence de l'abbé Fauchon il est enclin au modernisme. D'autre part, l'auteur nous raconte, parallèlement à celle de Savignan, l'histoire de l'abbé Fauchon. Celui-ci a conquis la pure Thérèse Andrault que Jacques aurait voulu épouser et qui quitte la maison paternelle pour suivre et épouser le prêtre, ennemi du célibat ecclésiastique. La liaison de Savignan et de Geneviève est découverte : Calvières trouve les lettres d'amour de l'écrivain catholique et les porte à Fauchon (qui vient d'être excommunié pour avoir publié un livre contre l'Église romaine, violemment et minutieusement réfuté par Savignan), afin qu'il les utilise dans une polémique. Jacques, averti par Thérèse, déjà spirituellement détachée de son mari et horrifiée à la pensée du scandale, se rend chez l'ancien prêtre et, par la violence, s'empare des lettres. Par malheur, Fauchon saisit un pistolet qui se trouve sur une table, dans l'intention de faire peur à son adversaire. Thérèse veut l'en empêcher, le coup part, et Jacques meurt saintement, après une longue agonie au cours de laquelle il recommande à chacun de réparer ses erreurs. L'ancien prêtre se retire dans un couvent. Thérèse retourne chez ses parents, Geneviève à son foyer. Le pauvre père, fou de douleur, traverse une période de doute, mais on pressent qu'il reviendra à Dieu.

Le roman est dominé par la thèse que veut soutenir l'auteur, et l'exposé des idées prend souvent une ampleur exagérée. Certains caractères – comme celui de Fauchon, qui a péché par orgueil contre l'Église dont il était le ministre – sont dépeints sous des traits quelque peu caricaturaux, alors que d'autres sont typiquement littéraires. Les fréquentes digressions sur les points essentiels de la controverse moderniste reflètent les préoccupations et les polémiques de l'époque à laquelle l'œuvre fut écrite.

DÉMON DES BOIS (Le) [*Nick of the Woods ; or, the Jibbennainosay*]. Roman de l'écrivain américain Robert Montgomery Bird (1806-1854), publié en 1837. On y trouve une série d'aventures, riches en coups de théâtre et menées à la manière de Fenimore Cooper (1789-1851) – v. *Le Dernier des Mohicans* (*) –, bien que l'auteur ait su éviter l'erreur de ce dernier, qui est de répéter plusieurs fois la même situation. Le capitaine Rowland Forrester et sa cousine Edith connaissent de nombreux déboires au cours du voyage qu'ils font de la Virginie au Kentucky, pour aller chercher fortune. Les deux infortunés héros ont en effet été dépouillés de leur héritage par un avocat sans scrupule, Richard Braxley, qui pour mieux les réduire à l'impuissance s'allie contre eux avec des Indiens peaux-rouges et particulièrement avec un certain Jack Atkinson qui vit au milieu d'eux et a changé son nom pour celui de Abel Doe. Trahis, les deux cousins et ceux qui veulent les aider sont capturés par les Indiens, relâchés et capturés de nouveau jusqu'à leur libération définitive, réalisée par un groupe d'hommes du Kentucky qui cernent le village et font prisonniers les Peaux-Rouges. Dans la lutte, Abel Doe est blessé mortellement, mais avant d'expirer, il remet à Rowland le testament de son oncle et lui recommande sa propre fille. Redevenus riches, les deux cousins retourneront en Virginie pour s'épouser. Sur ces aventures, plane la mystérieuse figure de Jibbennainosay, le démon des bois, qui inspire aux Indiens une terreur superstitieuse et dont on découvre, en fin de compte, qu'il n'est autre qu'un dénommé Nathan connu de tous pour sa lâcheté. Mais sa famille ayant été exterminée par l'Indien Wenonga, il était devenu l'ennemi implacable de toute la tribu et ne manquait jamais une occasion de tuer un Peau-Rouge rencontré sur son chemin ; après quoi, il faisait sur son cadavre une entaille en forme de croix. C'est là le personnage le mieux réussi du livre, lui et son inséparable ami, le chien Peter. Les autres sont assez bien décrits, mais, comme dans tous les romans de ce genre, ils manquent de vérité psychologique. Une autre caractéristique de cet ouvrage est qu'à l'encontre de Cooper, l'auteur, loin d'idéaliser les Indiens, va jusqu'à les représenter comme des bêtes sauvages qui mériteraient, selon lui, d'être exterminées sans la moindre miséricorde.

DÉMON DORÉ (Le) [*Konjiki Yasha*]. Roman de l'écrivain japonais Ozaki Kôyô (1868-1903), commencé en feuilleton en 1897, dans le journal *Yomiuri* et interrompu six ans plus tard par la mort de l'auteur : la dernière partie fut écrite et publiée par son disciple Oguri Fûyô (1875-1926). Un drame en fut tiré et souvent représenté dans les théâtres du nouveau style. L'étudiant Hazama Kan-ichi doit épouser Miya, et ses fiançailles suscitent l'envie dans tous les cœurs, à cause, en particulier, de la grande beauté de Miya. Mais, un jour, celle-ci rencontre le fils d'un richissime directeur de banque, Tomiyama, qui s'éprend d'elle, et elle rompt ses fiançailles avec l'étudiant, préférant la richesse à l'amour. Cet abandon jette Kan-ichi dans le désespoir ; il laisse ses études et s'enferme en une sombre solitude, dévoré par son désir de vengeance, par la nostalgie de son amour perdu et par ses pensées de mort ; en lui mûrit une nouvelle conception de la vie : le sentiment que l'argent donne tous les pouvoirs. Poursuivi par cette idée, il devient l'aide d'un usurier fameux, haï de tout le monde, et, se donnant entièrement à ce métier cruel, réussit à assoupir sa douleur. Son but est maintenant d'accumuler de l'argent pour être un jour en mesure d'accomplir sa vengeance, bien que sa blessure saigne encore et qu'au fond de lui-même il éprouve de l'aversion pour la profession qu'il exerce à présent. De son côté, Miya, après avoir épousé Tomiyama et bien qu'elle soit entourée de tout le luxe matériel possible, sent que son cœur est resté insatisfait et qu'il brûle de plus en plus d'amour pour Kan-ichi, surtout quand, au bout de quatre ans, elle a l'occasion de le revoir. Elle en arrive à vouloir abandonner ses richesses, pourvu qu'elle obtienne le pardon de son fiancé de jadis qui, à la tête de l'entreprise que lui a laissée son maître, ne se laisse détourner par rien, décidé désormais à conquérir la fortune, et ne se soucie pas de l'amour. Mais, quand il vient à apprendre par un ami le repentir et la tristesse de Miya, il se sent ébranlé. Une nuit, en un rêve agité, elle lui apparaît comme étant sur le point de se tuer et il lui donne un baiser en signe de pardon. Enfin, à la suite de plusieurs expériences, il parvient à comprendre le tourment de Miya, qui n'a cessé de lui envoyer lettre sur lettre pour lui exprimer ses sentiments.

Pendant les ères Meiji (1868-1911) et Taishô (1912-1925), il n'est pas d'autre roman qui ait suscité dans le public un aussi vif intérêt. Vrai chef-d'œuvre, auquel l'auteur consacra toutes les forces et le talent des dernières années de sa vie, le *Konjiki Yasha* a une grande valeur non seulement littéraire – chacune de ses pages est digne de figurer dans une anthologie –, mais aussi psychologique et sociale. Ses nombreuses adaptations scéniques ont également contribué à le répandre. Quant au style, il est une fusion d'éléments classiques et populaires, mais il atteste également des signes évidents d'influence européenne. – Trad. Club bibliophile de France, 1952.

DÉMON MESQUIN (Le) [*Melkij bes*]. Roman de l'écrivain russe Fédor Kouzmitch Sologoub (Fédor Teternikov, 1863-1927), publié en 1905. Il constitue une des contributions les plus originales à l'art narratif russe, qu'aient apportées les tendances modernistes ; il s'agit d'un roman où l'analyse psychologique est particulièrement poussée : peinture de la vie provinciale, mesquine et vulgaire, qui se déroule dans un climat de terreur policière, d'intrigues et de dénonciations. Pérédonov, le protagoniste du roman, est professeur dans une petite ville de province, où il vit maritalement avec une ancienne couturière, Varvara, qui, dans l'espoir de devenir un jour son épouse légitime, supporte avec résignation la grossièreté, la mauvaise humeur et les mauvais traitements de son compagnon. Une princesse, cliente de Varvara, a promis à Pérédonov de le faire nommer inspecteur, s'il se marie avec sa maîtresse ; mais, depuis quelque temps, elle ne donne plus signe de vie. Pérédonov doute de Varvara en même temps qu'il la craint. Un ami, qui reçoit des confidences, voudrait lui faire épouser une de ses propres sœurs, mais Pérédonov est indécis et incapable de choisir l'une d'elles. Inquiet, las d'attendre une promotion qui tarde à venir et déjà peu aimé à son école et dans la petite ville, il finit par se faire détester. Varvara, cependant, lui adresse une fausse lettre de la princesse, qui ranime ses espoirs, sans toutefois le tranquilliser tout à fait. Il épouse sa maîtresse, mais la promotion n'arrive toujours pas ; le cauchemar augmente et finit par prendre la forme d'une véritable manie de la persécution. Pérédonov craint de perdre sa place et croit voir partout des ennemis et des espions. Il rend visite aux autorités pour se disculper d'accusations inexistantes. Il devient cependant de plus en plus méchant ; il fouette les écoliers, tue son chat, maltraite sa femme. Il se croit possédé par le démon, qui lui apparaît sous la forme d'une petite bête grise, turbulente, qui le persécute, lui rit au nez et s'enfuit, pour revenir sans cesse. Enfin sa manie de persécution se concentre sur la seule personne qui lui soit demeurée fidèle : son ami Volodine ; il imagine que celui-ci veut le tuer et, dans un accès de colère, il l'égorge. Le roman s'achève par la description de la folie qui s'empare définitivement de l'esprit de ce pauvre diable devenu un assassin. – Trad. Gallimard, 1949 ; L'Âge d'homme, 1977 (*Un démon de petite envergure*).

DÉMONS (Les) d'après la chronique du chef de division Geyrenhoff [*Die Dämonen nach der Chronik des Sektionsrates Geyrenhoff*]. Roman de l'écrivain autrichien Heimito von Doderer (1896-1966), publié en 1956. Si Doderer a emprunté à Dostoïevski le titre de son roman, ce n'est pas seulement dans un sentiment de vénération, mais encore comme il l'affirme, pour des considérations de « technique ». Le narrateur de Dostoïevski est censé avoir été le témoin oculaire des événements, mais au milieu de son récit, il renonce à raconter ces événements pour « expliquer leur enchaînement véritable, tel qu'il apparut plus tard, quand toute la lumière fut faite ». Le narrateur de Doderer, Geyrenhoff, se fait aider, lui, par toute une série de rabatteurs qui lui rapportent ce qu'il ne peut voir. *Les Démons* sont à la fois une somme, une fresque historique, une analyse spectrale de Vienne à un moment essentiel de son histoire : les événements rapportés se déroulent en effet entre l'automne 1926 et le 15 juillet 1927, jour où les ouvriers sociaux-démocrates mirent le feu au palais de justice de Vienne. Mais le roman est avant tout un tableau ample de toute la société viennoise : une infinité de personnages circulent ; leurs destins, d'abord solitaires, se recoupent peu à peu ; au fur et à mesure que se déroulent les rencontres, que se dévoilent les secrets : kaléidoscope à travers lequel se dessine une « réalité seconde ». Cette fresque s'achève sur toute une série de mariages. Mais c'est la ville même de Vienne qui est le personnage essentiel, avec ses rues, ses monuments, ses quartiers pittoresques, ses faubourgs, ses guinguettes, ses établissements de toutes catégories, qui servent de lieux de rencontre, la pègre jouant son rôle dans cette chronique, au même titre que les classes laborieuses, les bourgeois, les aristocrates. À quelque classe qu'ils appartiennent, qu'ils s'occupent ou non de politique, qu'ils poursuivent une intrigue personnelle, qu'ils se cantonnent dans leur activité professionnelle ou qu'ils se laissent vivre en oisifs, tous ont plus ou moins pris part à l'événement qui orientera la destinée et dont personne ne comprend sur le moment la signification profonde. En effet, de cette journée où le palais de justice fut incendié à la suite d'une émeute, l'auteur écrit : « Ce fut le Cannes de la liberté en Autriche, mais personne ne le savait. » Et c'est pour documenter cette responsabilité collective, que le chroniqueur relate au jour le jour, presque minute par minute, les faits et gestes de chacun, les relations normales ou accidentelles, voit les individus se grouper en constellations durables ou éphémères, tel cheminement jusque-là souterrain affleurer en surface, des contacts s'établir entre des gens dont rien ne permettait de prévoir le rapprochement, les hasards qui déjouent des calculs ; il note des intrigues qui se nouent et se dénouent (l'historien René von Stangeler et sa maîtresse Grete Siebenschein ; le docteur Neuberg et sa fiancée Angelika Trapp ; le dessinateur Imre von Gyurkicz et Charlotte von Schlaggenberg, appelée Quapp ; l'ouvrier Léonhard Kakabsa et sa protectrice Mme Mary K.). Ces nombreuses actions forment un enchevêtrement serré, feutré pour ainsi dire ; on ne suit vraiment bien que la plume à la main les deux cents et quelques personnages, à travers ces douze cents pages compactes. Doderer d'ailleurs y a travaillé pendant trente ans et, en dépit de sa minutie, il doit reconnaître lui-même qu'il s'est quelque peu embrouillé dans sa chronologie. Mais ce n'est là qu'un détail insignifiant, vu les dimensions d'une œuvre dont les commentateurs n'auront pas fini de sitôt de mesurer la richesse. La création remarquable du romancier est nourrie des méditations que lui inspirent les faits historiques ou sociaux qu'il évoque : sur le mépris de l'intelligence et le culte de la force physique dans certains milieux ; sur un relâchement des mœurs que le goût de la respectabilité masque sous de fausses apparences ; sur un affairisme véreux favorisé par les tentations d'une époque troublée ; sur certaine affinité entre l'obsession sexuelle et l'idéologie totalitaire, ce dernier point illustré par la découverte d'un manuscrit du XVe siècle, qui relate les abus de pouvoir d'un châtelain puissant et sadique, Jan Herska, découverte qui permet en outre à l'auteur d'introduire la chronique dans la chronique. En janvier 1927, les « Combattants du front » – les ligues hongroises de droite du régent Horthy – et l'alliance républicaine sociale-démocrate s'affrontent dans un petit village près de la frontière hongroise. Cette lutte mène à l'assassinat d'un enfant par une balle perdue, puis à la journée du 15 juillet et à l'incendie du palais de justice. Le chroniqueur Geyrenhoff assiste en spectateur à ces événements. Le Hongrois Gyurkicz fait des discours enthousiastes et meurt victime de la vérité qu'il crie. L'ouvrier Kakabsa, malgré sa liaison avec Mary K., comprend l'exaltation ouvrière, alors que Quapp, avec son ignorance ou son indifférence habituelles, ne saisit pas l'importance de la lutte. Pour elle, seules comptent ses fiançailles avec Geza von Orkay. Au moment de leur départ pour Bâle, tous les personnages du roman défilent une dernière fois.

L'idée centrale de l'œuvre semble être la dénonciation d'une « deuxième réalité » hostile et néfaste à la vie, et qui s'oppose par conséquent à l'humanisation (Menschwerdung), à laquelle tout homme est appelé, et qu'il ne peut réaliser qu'en « rattrapant » mentalement tel événement insignifiant de sa vie, dont la signification lui apparaîtra peu à peu. Ainsi, pour l'historien Heimito von Doderer, le problème est de saisir cette « réalité » irrationnelle et universellement présente, sans l'altérer par le détour de la réflexion, en consacrant son caractère irrationnel. C'est pourquoi le langage « littéraire » exprime que la « réalité » mise en scène reste fictive ou abstraite. Quant au chroniqueur, il se garde d'élucider cette réalité à laquelle l'auteur veut conserver son opacité. Doderer ne croit pas aux idées. Une opinion politique est « une fente découpée de travers, grâce à quoi l'on hait ce qu'on ne voit pas et ce qu'on n'a pas envie de voir ». Tous les thèmes se meuvent et se recoupent dans l'immense thème du changement, et la prose infinitésimale, fluide, insaisissable, bien qu'elle n'exclue pas la hargne, la caricature, le sarcasme, semble se fondre dans la trame de chaque thème, de chaque destinée. – Trad. Gallimard, 1965.

DÉMONSTRATIONS (Les) [*Tahuyāṯā*]. Titre que l'écrivain syrien Afraate, appelé le Sage de la Perse, a donné à un recueil groupant vingt-trois de ses discours, écrits entre 337 et 345 ap. J.-C. C'est lui-même qui, parfois, les appelle « discours » [mêmrê] ; mais les auteurs syriens leur donnent aussi le titre d'*Épîtres*. Au cours de la première année, il acheva les dix premiers discours, les autres furent achevés en 345. Cet ensemble forme une unité, peut-être seulement d'un point de vue extérieur, à cause de l'acrostiche alphabétique de leurs initiales. L'auteur y évoque des problèmes de théologie ou de la vie monastique, en traitant de la foi, de la charité, du jeûne, de la prière, de la pénitence, du clergé, de la circoncision, de la fête de Pâques, de la résurrection et d'autres sujets du même genre. Parmi les derniers discours, quelques-uns sont contre les Juifs. Cet ouvrage a une certaine importance ; il nous donne en effet un exemple remarquable de l'état des lettres syriennes avant l'influence de la littérature grecque, et nous renseigne sur les idées religieuses des Syriens au début du IVe siècle. En ce qui concerne la théologie, Afraate a des idées bien personnelles qui lui donnent une place à part parmi les anciens écrivains syriens. Il existe une édition de ces *Démonstrations*, celle de Parisot, complétée par une version latine (Patrologia Syriaca, I, Paris, 1895-1907).

DÉMONSTRATIONS ÉVANGÉLIQUES [Εὐαγγελικῆ προπαρασκευῆ]. Ouvrage apologétique de l'évêque et écrivain grec Eusèbe de Césarée (260/65-337/41). Il comprenait vingt livres, dont les dix premiers seulement et un long fragment du quinzième nous sont parvenus. Ils forment un seul ouvrage avec la *Préparation évangélique* (*). Il a été écrit après l'an 315. C'est une défense contre les accusations des juifs. Après quelques observations de caractère général (par exemple sur la valeur universelle du christianisme prédit par les prophètes et, pour cette même raison, supérieur à la loi mosaïque), l'auteur développe les points particuliers de son argumentation, c'est-à-dire la position des païens par rapport aux prophètes, le Christ considéré comme Messie, les doctrines sur Dieu et sur le « logos », les prophéties concernant l'apparition du logos sur notre terre, la vie du Christ parmi les hommes. Ce que nous possédons de cet ouvrage ne contient ni la Passion ni la Mort du Christ. Eusèbe, dans cette œuvre et dans la *Préparation,* se montre nettement supérieur aux apologistes qui l'ont précédé. Tout en reprenant, dans une certaine mesure, leurs arguments, il développe sa réfutation selon un plan clair et précis. Il fait preuve d'une parfaite connaissance des ouvrages de ses adversaires, en particulier de ceux de Porphyre, qu'il avait attaqué dans un ouvrage apologétique qui ne nous est point parvenu.

DEMOS. Roman de l'écrivain anglais George Gissing (1857-1903), publié à Londres en 1886. Le protagoniste en est un jeune ouvrier, énergique, autoritaire, Richard Mutiner. En lui renaissent les révoltes et les espoirs sociaux de son aïeul paternel, tué au cours d'une émeute chartiste. Il croit en l'émancipation du peuple, et lorsqu'à la mort d'un oncle, il hérite de ses richesses, il prend la résolution d'utiliser ses biens pour cette cause. Les terrains dont il a hérité contiennent du minerai. Richard y ouvre une mine ; les ouvriers seront payés raisonnablement. Leurs maisons seront bien bâties et ils bénéficieront de centres d'approvisionnement, d'assistance et de loisirs. Son zèle sincère n'est pas exempt d'un certain orgueil personnel ; il aspire à devenir membre du Parlement, pour y défendre la cause du peuple. Il brise ses fiançailles avec Emma Vine, pour épouser Adèle Watham, appartenant à une classe sociale plus élevée, mais qui ne tarde pas à lui faire sentir son mépris, à peine caché. Entre-temps, il est battu au cours des élections pour lesquelles il avait dépensé une somme importante. Même au sein de son parti, il ne jouit plus de la confiance d'autrefois. Un autre testament de son oncle, découvert tardivement, lui enlève les richesses dont il croyait avoir hérité. Son rêve est brisé ; Richard redevient un simple ouvrier, mais il se sent désormais un déclassé, aspirant toujours à la célébrité. Il recueille des fonds pour une coopérative d'investissements et les perd au cours d'une entreprise frauduleuse. En vain essaie-t-il de se justifier, en offrant d'indemniser les souscripteurs, les cris de la foule couvrent sa voix. « Demos », déchaîné, a soif de sang. Frappé, poursuivi par le peuple furieux, Richard parvient à se cacher dans la maison d'Emma Vine où, blessé par une pierre, il meurt dans les bras de son ancienne fiancée.

Ce roman, un des premiers publiés par Gissing, est très représentatif de l'art de cet écrivain. « Demos », le peuple, en est le véritable protagoniste. Invisible mais toujours présent, au cours de tous ces événements, dans les derniers chapitres, il passe au premier plan avec toute sa brutalité primitive. Si, dans les récits précédents de Gissing, il y avait encore une certaine lumière d'espoir, malgré une tendance toujours plus accentuée vers les couleurs tragiques et douloureuses, dans *Demos* et dans les ouvrages qui le suivent (v. *Le Monde des ténèbres*), surtout dans ceux à caractère social, le pessimisme est de plus en plus intense. Son origine doit être recherchée non seulement dans le retournement des sentiments personnels de l'auteur (sa sympathie à l'égard des idées humanitaires de Dickens) et dans la crise sociale et ouvrière qui, au cours de ces années-là, troubla le pays tout entier, en se reflétant largement dans la littérature ; mais aussi, d'une façon plus ou moins directe, dans le courant pessimiste qui se répandit en Angleterre, avec la philosophie de Schopenhauer, le théâtre scandinave et les romanciers russes. – Trad. Hachette, 1890.

DENIER DU RÊVE. Ce roman de l'écrivain français Marguerite Yourcenar (pseud. de Marguerite de Crayencour, 1903-1987) a été publié une première fois en 1934 et réécrit par son auteur en 1959. Il a pour cadre la Rome de l'an XI de la dictature mussolinienne (1933). Marcella Ardeati, militante antifasciste, se prépare à tirer sur le dictateur au cours d'un discours officiel. Dans les heures qui précèdent son acte, elle apprend la mort en déportation de Carlo Stevo, l'âme du groupe, auquel elle était profondément liée. Son geste de protestation individuelle acquiert alors une dimension désespérée. Autour d'elle, dans l'atmosphère lourde du drame, évoluent des personnages du peuple romain de l'époque. Une pièce de dix lires sert de trame au récit : passant de main en main, elle devient le symbole du contact entre des êtres profondément solitaires, mais dont l'humanité est exprimée avec une force qui les rapproche des héros de la tragédie antique, leur grandeur se traduisant par de simples gestes de la vie quotidienne. Entre Lina Chiari, atteinte d'un cancer, Giulio Lovisi, parfumeur du Corso, Rosalia di Credo, vieille fille préposée aux cierges d'une église, Massimo, ange de la mort, Alessandro Sarte, médecin, la mère Dida, marchande de fleurs, Clément Roux, le peintre cardiaque, circule le « denier du rêve », servant à « payer une illusion volontaire, c'est-à-dire, peut-être, la seule chose au monde qui ne trompe pas ». É. H.

DÊNKART (v. *Avesta*).

DENT DU PIÈGE (La) [*The Man in the Net*]. Roman policier de Patrick Quentin (pseud. des écrivains américains Hughes Calligham Wheeler, né en 1912, et Richard Webb, 1892-1965), paru en 1957. John Hamilton, peintre encore peu connu, est marié à Linda, une alcoolique névrosée ; aussi se réfugie-t-il souvent au sein d'une bande d'enfants de sa petite ville et partage-t-il leurs jeux. Linda réussit à passer pour une victime aux yeux de leurs amis, se plaignant par exemple d'avoir été battue alors qu'elle s'est cognée en tombant ivre morte. À son retour de New York, où il avait refusé une situation intéressante pour garder sa liberté de peindre, John retrouve la vaisselle cassée, ses tableaux détruits et il constate la disparition de Linda. On le soupçonne d'avoir tué sa femme. Il ne peut compter que sur les enfants qui le cachent dans une grotte quand la meute des « bons citoyens » se fait menaçante et c'est grâce à eux qu'il récupère une cassette qui va l'innocenter. On retrouve dans ce roman les qualités majeures de Quentin : une intrigue bien ficelée qui met le lecteur sous tension et des personnages très crédibles sur le plan psychologique. – Trad. Presses de la Cité, 1957.

D.B.d.M.

DENTELLIÈRE (La). Roman de l'écrivain français Pascal Lainé (né en 1942), publié en 1974 (prix Goncourt). Au cœur du récit de Pascal Lainé, Pomme, la Dentellière : « C'est parce qu'elle avait les joues rondes qu'on l'appelait Pomme » ; et c'est son habileté manuelle qui lui vaut le surnom de « Dentellière » : « Elle était “ Lingère ”, “ Porteuse d'eau ”, ou “ Dentellière ”. » Deux caractéristiques : la volupté de Pomme et son adresse dans les tâches les plus humbles (Pomme excelle dans les « petites choses » de la vie : repasser, coudre, faire la vaisselle) s'inscrivent profondément dans la trame du roman. Mais peut-on véritablement parler de roman ? Pascal Lainé a voulu nous conter l'histoire d'une jeune ouvrière qui n'a pas d'histoire : « Cette histoire qui n'en est certes pas une [...] car on se doute trop qu'elles sont (Pomme et sa mère) de ceux à qui rien n'arrive. » C'est dans l'entrelacs d'une vie sans histoire que Pascal Lainé organise sa narration. D'où son refus de monter en épingle des événements insignifiants et ses diverses allusions à ce que le lecteur pourrait rencontrer dans un « vrai roman » : « Pomme et sa mère n'ont pas leur place dans un roman, avec ses grosses sophistications, sa psychologie, ses épaisseurs suggérées. » Le texte de Lainé racontera l'existence de Pomme de quatorze ans à dix-huit ans sans jamais nous plonger dans les « cœurs et les reins » de ses personnages. C'est dans la description de leur quotidien que se révèlent les « personnes » de cet antiroman. Pomme, donc : une jeune fille qui, contrairement aux autres personnages, est incapable d'arrière-pensées, vit sa vie au jour le jour, dans un bonheur tranquille. Elle est toute innocence et candeur, cette Dentellière : « La simple majesté de son geste de " Dentellière " était du même au-delà, sans doute, qu'une symphonie de Mahler. »

Autour d'elle des fantoches, des êtres qui s'épuisent à rêver leur vie. Marlène qui se fait appeler Marylène et « éprouve un violent dépit de ne pas avoir l'allure aristocratique », Aimery de Béligné, qui rêve avec délice à ses funérailles grandioses au Panthéon, traversent la vie de Pomme : l'amitié de la première n'était que de façade et l'amour du second qu'une passion fugace. Un jour, l'aristocrate fantasque donne son congé à Pomme. Elle retournera vivre dans sa banlieue. Son destin est alors accompli. L'écrivain nous informe que Pomme refusera de manger, perdra sa belle vitalité. Comme chez Diderot, le romancier s'amuse à prendre à parti le lecteur, en profite pour lui suggérer d'autres dénouements. Le souci de Pascal Lainé étant d'éviter le pathétique, qui défigurerait le noble visage de sa Dentellière. P. Bl.

DÉONTOLOGIE ou Science de la morale [*Deonthology or Science of Morality*]. Œuvre du philosophe anglais Jeremy Bentham (1748-1832), publiée après sa mort, en 1843. C'est l'œuvre la plus importante de Bentham, car elle contient un exposé systématique des principes de l'utilitarisme. La tendance du développement de la nature humaine, de la sensation à l'habitude, est, selon l'auteur, d'atteindre le plaisir et d'éviter la douleur. Plaisir et douleur ne sont pas seulement des manifestations subjectives : ils acquièrent une valeur universelle et absolue grâce aux associations d'idées, c'est-à-dire à l'habitude. De ces prémisses découle le principe de l'« utilité », qui approuve et désapprouve une quelconque action, selon les tendances de cette action à augmenter ou diminuer le plaisir de la partie intéressée. La morale du devoir est une fantaisie de doctrinaires et d'esprits dogmatiques ; la seule morale est celle de l'intérêt ; l'homme est donc le meilleur juge de ses actions parce qu'il l'est aussi de ses intérêts. La « saine morale » sera donc l'« art de diriger les hommes en vue du plus grand plaisir possible pour celui dont l'intérêt est en jeu ». L'intérêt ne peut être simple : celui qui entend suivre seulement son vice ou un caprice n'agit pas dans son intérêt, parce qu'il va à l'encontre des habitudes communes et il se prépare un avenir malheureux. « L'homme vertueux se prépare pour l'avenir un trésor de félicité ; l'homme vicieux est un prodigue qui dépense inconsidérément ses biens. » D'autre part, il ne suffit pas que l'intérêt soit d'un seul ou de quelques-uns ; il doit être général, ou mieux, selon la formule de Priestley, l'intérêt doit être « le plus grand bonheur du plus grand nombre ». D'où la formule morale : « augmenter le bonheur et diminuer les maux », qui transforme ce qui pouvait ne paraître qu'un égoïsme mesquin en un altruisme qui pousse chacun à réaliser le plus de bonheur possible, en sacrifiant, si cela est nécessaire, le sien propre à celui du plus grand nombre.

La bonhomie simpliste et souvent facile avec laquelle Bentham expose ses théories ne doit abuser personne. Il y a, sous ces théories, un terrain historique et doctrinal solide et fécond. En effet Bentham ne combattait pas seulement les théories métaphysiques et dogmatiques du rationalisme, mais aussi celle qui fondait l'activité humaine sur un principe de sympathie et d'antipathie, formulée par Adam Smith. Bentham entend formuler, lui, un principe qui soit objectif et aussi d'une évidente application pratique. Le principe de l'utilité a, pour lui, la même signification rationnelle que la liberté pour Kant. Le but commun aux deux philosophes fut, en effet, d'établir un critère de valeur absolue. Le point le plus vulnérable du système est dans la conviction que l'intérêt général se distingue de l'intérêt particulier par sa seule valeur quantitative. Bentham semble ignorer que la vie spirituelle ne se déroule pas en fonction de calculs mathématiques, et il réduit la personnalité humaine à une simple balance de plaisir et de douleur. Malgré cela, sa doctrine eut une vaste répercussion dans les domaines politique et social. On reconnaît au mouvement utilitariste le mérite d'avoir mis en évidence le principe de l'utilité qu'aucun système ne peut plus désormais ignorer ; découverte dont tout système se doit de justifier les caractères et la fonction dans les théories constitutives de la réalité humaine. – Trad. Charpentier 1834 ; réimpr. K. Schill, 1969.

DEOR. Composition anglo-saxonne de quarante-deux vers dont il ne nous reste que des fragments, conservés dans le *Codex Exoniensis* de la bibliothèque de la cathédrale d'Exeter. C'est peut-être le document littéraire anglo-saxon le plus ancien qui soit ; il fut composé au Ve siècle, à l'époque de la descente en Bretagne, quand les Anglo-Saxons, encore païens, avaient conservé le sens exact de la mythologie germanique ; c'est le seul exemplaire qui nous soit resté de cette littérature qui contienne une construction avec strophe et refrain : « Ainsi ils ont souffert, donc je le puis » [Thaes oferode, thisses swa maeg]. Dans cette élégie (six strophes de différentes longueurs), un « scôp », c'est-à-dire un barde, nommé Deor, se plaint d'être tombé en disgrâce et d'avoir été remplacé près de son seigneur par un rival heureux : Heorrenda. Pour se consoler, le poète se rappelle les grandes douleurs que supportèrent les héros et les rois des légendes mythologiques et héroïques germaniques du continent. Dans les deux premières strophes est évoqué le Vulcain germanique, Weland, le forgeron mythique auquel il est fait allusion dans *Beowulf* (*), habile à forger les joyaux et les armes et contraint de travailler pour le roi Nithhad. Ce dernier lui a fait couper les tendons des genoux pour qu'il ne puisse pas s'enfuir. Le héros emprisonné souffre, mais il fait souffrir aussi, car il se venge en violant la fille du roi, Beadohilde. Dans la troisième strophe, peut-être s'agit-il du souvenir de l'amour douloureux de Wotan pour la Walkyrie Hilda ; dans la quatrième, il est question de Théodoric ; dans la cinquième, il est fait allusion aux souffrances des Goths pendant la domination féroce d'Eormanric (à l'époque des Huns), roi « au cœur de loup », si cruel qu'il faisait désirer ardemment sa fin. Les sept vers suivants, peut-être ajoutés à une époque plus tardive et chrétienne, expriment la pensée désolée que l'homme est né pour la douleur, allégée cependant par la pâle espérance et par la confiance en un Dieu sage qui peut changer la face des choses. Cette poésie est animée par un esprit de mélancolie désespérée, caractéristique des anciens Anglo-Saxons.

DÉPART DU PROFESSEUR MARTENS (Le) [*Professor Martensi härasoit*]. Roman de l'écrivain estonien Jaan Kross (né en 1920), publié en 1984. Nous sommes en 1912. Friedrich Fromhold Martens, le personnage central, part de Pärnu (Estonie) pour Saint-Pétersbourg. Cet Estonien d'origine modeste n'est pas n'importe qui : professeur de droit international à Saint-Pétersbourg, auteur d'ouvrages de référence, théoricien et systématisateur, représentant de la Russie à mainte conférence internationale, membre actif de l'Institut de droit international, délégué aux négociations de paix de 1905 avec le Japon, candidat malheureux au prix Nobel de la paix, arbitre international de renom...

Il entreprend donc un voyage – qu'il ne terminera pas. Il vient de découvrir, dans une encyclopédie, un article critique à son égard. Ce voyage sera pour lui l'occasion de faire le bilan de sa vie, de ses choix. Le roman est un long monologue intérieur : le professeur a décidé d'être totalement sincère avec son épouse et prépare sa confession. Le lecteur découvrira que cet opuscule soulève le problème central de sa vie : ses rapports avec l'État, en fait son empressement à servir la raison d'État. Au fil des pages, le regard qu'il porte sur sa vie se fait plus pénétrant, moins complaisant, plus critique, tandis que le train traverse les paysages familiers de son Estonie natale.

Sa femme – présente dans sa pensée tout au long du voyage – est son interlocutrice, sa protectrice. Deux autres personnages interviennent dans son itinéraire : son alter ego historique, Georg Friedrich Martens, né quatre-vingt-neuf ans avant lui, professeur de droit international à Göttingen, lui aussi auteur d'ouvrages importants, professeur de diplomatie des princes anglais, éminente personnalité de l'éphémère royaume napoléonien de Westphalie, et néanmoins délégué au congrès de Vienne... Tant de coïncidences ont conduit notre héros à se voir comme une réincarnation du juriste allemand, et le lecteur sera plongé tour à tour dans la vie de l'un ou de l'autre de ces personnages.

Et puis Martens rencontrera dans le train une jeune femme, qui le conduira de surprise en surprise : estonienne, diplômée en philologie à Helsinki, spécialiste de poésie populaire estonienne, socialiste, journaliste auprès de la Ire Douma d'Empire... En fait, Hella Wuolijoki, plus tard en Finlande femme de lettres de renom, très proche collaboratrice de Berthold Brecht. Elle quitte Martens en gare de Valga. Il essaie désespérément de la retenir... Le sexagénaire alerte des premières pages a fait place à un vieillard pitoyable et émouvant.

De par sa forme introspective, ce roman étudie avec finesse les mécanismes de la « collaboration », du compromis, du pouvoir. Martens n'est pas, au fond de lui-même, un partisan de l'absolutisme tsariste. Par sa théorie, selon laquelle le respect des droits de l'homme est un critère de valeur pour juger de la politique d'un État, il a jeté les bases d'une critique de l'arbitraire et de l'oppression. Critique qu'il n'exprimera jamais qu'à mots couverts.

Sa méditation met en lumière sa fragilité. En raison de la rapidité de son ascension sociale, il veut être reconnu, accepté. Ainsi n'a-t-il pas hésité à faire de minimes entorses à la vérité, pour peu qu'un ministre le lui ait demandé. Ainsi a-t-il laissé croire qu'il était allemand – sauf quand il avait avantage à se révéler estonien. Car il est estonien. À force de fréquenter un univers où l'Estonie n'existe pas, il l'avait presque oublié. Cet examen de conscience lui révèle pourtant l'importance de son identité.

Comme la plupart des personnages de Kross, Martens est ouvert sur le monde, sur la planète : membre du conseil d'État du Congo, appelé par Roosevelt à arbitrer un conflit entre le Venezuela et la Grande-Bretagne, négociateur avec le Japon, artisan des accords russo-britanniques sur l'Afghanistan et des fameux emprunts russes... Existe-t-il plus grand écart que celui qui se creuse entre cette perspective mondiale et l'îlot isolé dans une tourbière, où il va rechercher ses racines...

Le professeur Martens n'a rien d'un « héros positif ». Mais avec sa mesquinerie, sa vanité, sa condescendance, il n'en est pas moins profondément vrai. Contrepoint au *Fou du tsar* (*), il représente le modèle le plus pur de l'autre comportement possible face à l'arbitraire. – Trad. Robert Laffont, 1990. E. T.

DÉPEUPLEUR (Le). Texte en prose de l'écrivain irlandais d'expression anglaise et française Samuel Beckett (1906-1989), qui s'inscrit dans une suite de textes brefs publiés par l'auteur dans les vingt dernières années de sa vie. Ébauché en 1967, *Le Dépeupleur* a été publié en 1970 (l'édition originale porte à tort la date de 1971). Écrit peu après *Têtes mortes* (*), ce mince recueil d'une cinquantaine de pages décrit l'intérieur d'un cylindre à la paroi criblée de niches et de tunnels. Un séjour où « des corps vont cherchant chacun son dépeupleur ». D'une rare abstraction, *Le Dépeupleur* relate la quête vouée à l'échec, le mouvement sévèrement hiérarchisé et vain, l'inextricable errance de corps voués à l'extinction et qui pourtant se cherchent, copulent, explorent et imaginent. Sédentarité obligée de ceux qui croupissent dans les limbes mus imperceptiblement par un espoir ténu d'entrevoir la lumière. Comme l'envers terrible de la caverne de Platon. Abordant l'« espoir pas mort d'autres menus mouvements localisés », et créant une chimère pour tempérer le néant, *Compagnie,* publié en 1980, reprend l'infini du vide autour d'un « toi ». Imaginant, imaginé, inventeur des voix et d'un « soi soi-disant », ce texte articule ce qui parlant de soi parle de l'autre. Il n'y a pas d'autre manière de dire « Je ». C'est une mise à l'écart tout à la fois de la première personne et du pluriel invoqués. Pour se tenir compagnie encore car chaque figure doit disparaître. Demeurent toutefois les images silencieuses de paysages entrevus durant l'enfance, de pérégrinations dominées par la question d'un enfant à sa mère exaspérée. *Pour finir encore et autres foirades*, recueil de textes en prose publié en 1976, reprend les « foirades » parues dans la revue *Minuit* en l'augmentant de textes inédits. De courts fragments des années 60, tels « Pour finir encore », « Immobile », « Au loin un oiseau », anticipent *Mal vu mal dit*, paru en 1981. Le plus discrètement substantiel, ce texte en prose examine l'étendue arpentée de ce qui reste à dire, à « mal dire », une dernière fois. D'abord, le regard, cet « indicible globe » ; ensuite, le visage esquissé et l'avènement du visage comme la gangue éclairée du ressouvenir. Divine et obsolète perspective attachée à saisir ce qui fut avant d'avoir été. Une présence pour « en mal dire le moins ». Bazardé cela aussi, tout comme la prétendue maladresse du récit dont le titre n'est pas sans évoquer la réprimande doublée d'une notation sévère, à l'instar de celles qui pénalisent l'élève. L'aveu probable de ce qui, réfractaire à la description, demeure dissimulé à la mémoire. Comme en appel d'un bonheur à connaître. Avec *Soubresauts,* paru en octobre 1989 – vingt-huit pages écrites d'abord en anglais sous le titre « Stirring still » –, le lecteur parcourt le texte le plus bref, le plus exigeant, le plus retenu de Beckett. Un homme reclus entre quatre murs, la tête entre les mains, murmure les mots qu'il faut pour « passer ». « Langage rincé d'oripeaux ». L'extrémité dicible de l'équipement, du dénuement. L'extrême limite du tressaillement, en écho à *Compagnie* : « Informulables soubresauts de l'esprit. Inapaisables. » Ultime recours d'un « soi soi-disant » pareil au râle d'un agonisant à l'affût. « Oh tout finir », ultimes mots d'un texte qui est comme l'ultime signature d'un écrivain considérable, proche de Proust, auquel il avait consacré très tôt un remarquable essai dont il refusa la publication en français, *Cap au pire* [*Westward Ho*], paru posthume en 1991 et traduit de l'anglais par Édith Fournier, inscrit ce qui pour soi doit désormais mal se dire. Plus de corps, plus d'esprit. Un souffle. Exténué. La flamme éteinte. Plus de mèche. Agenouillé. S. R.

DÉPIT AMOUREUX (Le). Deuxième comédie en cinq actes du dramaturge français Molière (Jean-Baptiste Poquelin, 1622-1673), créée à Béziers en décembre 1656. Éraste et Lucile s'aiment, mais Valère révèle à Éraste le bonheur dont il jouit depuis qu'il a épousé en grand secret, dit-il, la belle Lucile. C'est la rupture entre les deux amoureux : la jeune fille, injustement offensée par Éraste, pense à se tourner du côté de Valère, qui l'aime aussi. Mais on apprend que ce dernier, à la faveur de l'obscurité, a épousé non Lucile, mais une autre personne follement éprise du jeune homme et qui s'était substituée à Lucile. Il s'agit d'une sœur de Lucile, élevée dans la maison paternelle sous des habits d'homme pour ne pas perdre un héritage. Son identité ayant été découverte, elle gardera l'époux qu'elle s'est procuré. Le choix, au plus fort de la vogue de la comédie à l'espagnole, d'une intrigue à l'italienne (la pièce est adaptée de *L'Interesse* de Nicola Secchi), qui nous paraît aujourd'hui invraisemblable, révèle la volonté d'innovation de Molière, soucieux de trancher sur la production contemporaine et de chercher sa voie propre en s'inscrivant dans la lignée de la « vraie comédie », la comédie d'intrigue qui, à travers les Italiens, remonte à Plaute. De nos jours, on représente cette pièce réduite à deux actes. Deux serviteurs, Gros-René et Mascarille, une suivante, Marinette, et un pédant égaient la pièce. Déjà s'affirment les solides qualités du maître, notamment dans les scènes de brouille et de réconciliation entre Éraste et Lucile, Marinette et Gros-René.

DÉPOUILLES DE POYNTON (Les) [*The Spoils of Poynton*]. Roman de l'écrivain américain Henry James (1843-1916), publié en 1896. Les personnages et leur ambiance sont anglais. Mrs. Gereth, qui a passé toute sa vie à parcourir le monde, avec son mari, à la recherche d'objets d'art pour orner sa demeure princière, Poynton Hall, s'aperçoit, à la mort de son mari, qu'elle s'est donné une peine inutile, car le château passe dans les mains de son fils Owen, qui n'attache, lui, aucun prix aux objets d'art. Préoccupée de ce que Poynton Hall pourra devenir dans ses mains, Mrs. Gereth envisage de donner à son fils une femme qui sache apprécier ces trésors et pense l'avoir trouvée dans Fleda Vetch, jeune Américaine, dont l'intelligence et la sensibilité l'ont tout de suite frappée. Mais Owen prévient ses desseins : fasciné par la grâce d'une certaine Mona Brigstock, riche mais vulgaire, il se fiance avec elle, en dépit des efforts de sa mère pour lui faire apprécier Fleda. Celle-ci, de son côté, se sent attirée par la simplicité et la rectitude d'Owen, qui lui-même, sans s'en rendre compte, s'éprend peu à peu de Fleda, infiniment supérieure à sa fiancée. En même temps, Mrs. Gereth, désespérée de voir que tant de belles choses vont tomber dans les mains avides de Mona, qui ne les apprécie que pour l'argent qu'elles représentent, fait demander à son fils, par l'intermédiaire de Fleda, qu'il lui permette d'emporter de Poynton quelques objets qui sont sa propriété personnelle ou auxquels elle tient particulièrement. Owen y consent et laisse sa mère libre de choisir. Celle-ci en profite pour emporter tout ce qu'il y avait de plus beau. Mona, voyant cela, est furieuse et menace de rompre ses fiançailles. Pour consoler Owen, Fleda lui promet qu'elle arrivera à convaincre sa mère de rendre ce qu'elle a emporté à tort ; mais le jeune homme lui répond que, si ses fiançailles avec Mona sont rompues, cela ne lui causera aucun chagrin. En effet, excédé par celle-ci, qui cherche à lui imposer ses exigences à propos de tout, Owen s'est épris de Fleda. En apprenant cela, Mrs. Gereth décide de rendre à Poynton tous ses trésors. Mais trop de hâte gâte son jeu. Ayant appris que les objets d'art sont retournés à Poynton, Mona, qui est toujours fiancée, fait valoir ses droits, cependant que, par un scrupule de droiture, Fleda n'ose pas lutter pour son amour. Elle se retire, et Owen, bien qu'il n'aime plus Mona, se trouve contraint à l'épouser. À la fin, un incendie détruit Poynton Hall et toutes les richesses qu'il renferme. *Les Dépouilles de Poynton* occupe une place éminente dans l'œuvre d'Henry James. L'auteur, qui en avait fait d'abord une nouvelle, considérait ce roman comme un de ses meilleurs, persuadé d'avoir atteint cet idéal de perfection vers lequel il avait toujours tendu. Après ses expériences théâtrales, ce livre marquait son retour au genre narratif en même temps qu'un tournant dans sa carrière artistique : il commençait la série de ses romans d'introspection, sa dernière manière. – Trad., sous le titre *Le Sort de Poynton,* « La Revue de Paris », 1928 ; Calmann-Lévy, 1974.

DE PROFUNDIS ['H ζωή ἐν ταφῷ]. Œuvre du romancier grec Stratis Myrivilis (1892-1969), parue en 1924. Ce livre – un des plus marquants de la littérature grecque de l'entre-deux-guerres – décrit, sous forme d'un journal tenu par un combattant, les épisodes de la guerre menée en Macédoine par les Grecs alliés aux Serbes contre les Bulgares en 1916-1918. L'œuvre se présente comme une chronique de la vie quotidienne des tranchées, mêlant tour à tour, avec un réalisme incisif et une grande vigueur de style, les événements anodins ou tragiques de la vie militaire, l'horreur des massacres, l'angoisse des êtres devant la mort, les intermèdes cocasses, les descriptions lyriques. Mais chaque fait concret du récit – une attaque soudaine, la mort d'un ami, une dispute entre deux soldats, l'altercation avec un supérieur, une amitié nouvelle et ardente – appelle une idée, une réflexion, une méditation engageant profondément l'homme dans son époque et son destin. La notation se fait alors critique lorsqu'elle rend compte de la cruauté ou de la lâcheté des êtres, de l'anarchie des consciences, de l'absurdité des hiérarchies et des conventions devant la mort sans cesse présente. Véritable descente dans les enfers complexes de la guerre – avec son cortège d'humiliations et de jubilations, d'héroïsme et de lâcheté –, ce livre affirme avant tout, au cœur du sépulcre où les hommes tâtonnent comme dans une nuit sans fin, l'amour de la vie et de la liberté. Le chauvinisme ne tient aucune place dans cette œuvre qui est – sous des dehors sobres et concis – le cri de l'homme affrontant la mort les yeux ouverts, sans illusions. – Trad. Flammarion, 1933.

DE PROFUNDIS. Longue lettre de l'écrivain irlandais Oscar Wilde (1854-1900), publiée à titre posthume, en 1905 dans une version expurgée, en 1962 dans sa version originale. Cette lettre que Wilde écrivit, entre janvier et mars 1897, depuis la prison de Reading où il était incarcéré, est autant une lettre d'amour qu'une lettre de rupture adressée à Alfred Douglas, son ami et amant, l'homme par qui le scandale et le procès de

1895 étaient venus. Souffrant du silence de ce dernier et bien décidé à vider l'abcès et à se libérer de l'amertume, Wilde se propose d'écrire, sur le mode de la confession, sa version des faits et de relater l'enchaînement des événements qui l'ont conduit en prison. Une large part du texte est consacrée à ses relations avec Alfred Douglas, qu'il ne ménage pas, maniant tour à tour, dans un esprit volontiers polémiste, le mépris et la haine. Confession des torts et des péchés de « Bosie » (Douglas) plus que des siens propres donc. Mais s'il l'accable, dit-il, c'est pour mieux lui pardonner. Car le *De profundis* est aussi le texte d'une renaissance à travers la découverte de la douleur et de l'« humilité », dont il dit qu'elle « consiste pour l'artiste à franchement accepter toutes les expériences ». Wilde veut trouver dans les épreuves traversées le fondement d'un renouveau spirituel ; en témoigne la figure omniprésente du Christ, que son calvaire permet à Wilde de mieux embrasser. D'où une certaine parenté avec la *Vie de Jésus* (*) de Renan. Cela ne le conduit pas pour autant à embrasser le christianisme : « La religion ne m'est d'aucune aide [...] Seul ce qui se crée sa propre forme est spirituel. » En revanche, assimilant la figure de l'artiste à celle du Christ, il dépeint ce dernier comme le « vrai précurseur du mouvement romantique dans la vie », en ce qu'« il a concrétisé dans toute la sphère des rapports humains cette sympathie imaginative qui dans la sphère de l'art est l'unique secret de la création ». Le texte du *De profundis* n'est cependant pas dépourvu des ambiguïtés propres au texte autobiographique. Est-ce une lettre au seul Bosie ou une apologie destinée à un public plus vaste ? Comment réconcilier la lettre souvent empreinte d'arrogance et de véhémence et la profession de foi toute tendue vers la résignation, l'humilité, le pardon ? L'homme nouveau dont Wilde fait le portrait ne participe-t-il pas plus de la projection littéraire que d'une véritable régénération ? Car si, à sa sortie de prison, Wilde chercha, en vain, à se faire admettre chez les jésuites pour une retraite de six mois, il ne lui fallut pas plus de quatre mois pour aller rejoindre Bosie à Naples, où il le retrouva tel qu'il l'avait dépeint et honni, égocentrique, méchant, irresponsable, dépensier, mesquin, mais tel qu'il l'avait aimé aussi... — Trad. Mercure de France, 1905 ; Stock, 1975 ; Gallimard, 1992. V. Bé.

DÉPUTÉ D'ARCIS (Le). Titre d'un roman inachevé de l'écrivain français Honoré de Balzac (1799-1850), publié en 1847. Dans la petite ville d'Arcis-sur-Aube, en 1839, le jeune avocat Simon Giguet, s'appuyant sur le bon renom de son vieux père, ex-colonel de l'Empereur, et poussé par la vanité de sa tante, Mme Marion, décide de poser sa candidature aux prochaines élections. Cette circonscription a été jusqu'alors représentée par un financier, le vieux Keller, gendre du comte de Gondreville : il a été fait pair et voudrait faire élire son filleul, officier en Afrique. L'avocat Giguet réussit à obtenir le vote des plus importants électeurs, et la nouvelle inattendue de la mort du jeune Keller semble lui assurer la victoire. Mais il a pour ennemis les représentants du gouvernement, en particulier le sous-préfet Goulard, le juge Martener, le procureur du roi Marest, et Olivier Vinet, son substitut ; les trois premiers ont encore contre lui un autre motif de rivalité. La plus riche héritière de la ville est en effet la belle Cécile Beauvisage, fille du maire, sur laquelle se sont concentrées toutes les ambitions de sa mère, fille elle-même du riche et octogénaire notaire Grévin ; elle rêve pour Cécile, c'est-à-dire aussi pour elle-même, d'une haute situation sociale à Paris. Le juge, le sous-préfet et le procureur ont demandé en vain la main de la jeune fille, que Giguet espère obtenir à la faveur de son élection. Les choses en sont arrivées à ce point, quand tout ce petit monde est mis en ébullition par l'arrivée d'un étranger, homme très élégant d'un âge moyen, dont la conduite est mystérieuse. il s'agit de Maxime de Trailles, qui a déjà paru dans d'autres œuvres de Balzac — v. *Gobseck* (*), comme le « prince des débauchés » de Paris : arrivé à quarante-huit ans, il est maintenant décidé à devenir sage et à « se ranger » : il a pour cela accepté de son ami Rastignac la tâche difficile de se porter comme candidat ministériel à Arcis, avec l'espoir de trouver en province le riche mariage dont il a besoin ; il est facile de deviner que sa proie sera la belle Cécile.

Ce texte de Balzac, paru en appendice dans *L'Union monarchique* avec le titre *L'Élection,* ne reçut jamais de suite de son auteur. Après la mort de Balzac, le roman fut repris par le journaliste Charles Rabou, qui en composa treize volumes, publiés de 1853 à 1854 sous le titre *Le Député d'Arcis, Le Comte de Sallenauve, La Famille Beauvisage.* Bien qu'elle soit incomplète, cette œuvre du grand romancier offre de telles qualités qu'elle peut être considérée comme une de ses meilleures œuvres. Le tableau de mœurs y apparaît dépouillé de ces apocalyptiques digressions qui alourdissent souvent les romans du Balzac de la première manière ; la psychologie des personnages, qui se retrouve plus ou moins dans les habituels violents clairs-obscurs d'inspiration romantique, conserve pourtant, avec son habituelle minutie, une puissante sobriété de lignes — v. aussi *La Comédie humaine* (*).

DÉRACINÉ [*Talouch*]. Nouvelle de l'écrivain israélien Itshak Dov ben Ezriel Berkovitch (1885-1967), publiée en 1903. L'histoire individuelle du héros, le docteur Weinik, reflète le drame collectif de la bourgade juive d'Europe orientale au seuil du XXe siècle. Issu d'une famille pauvre, Weinik, après des études à l'université en ville, retournera dans son village natal où il exercera la profession respectable de médecin. Le récit tout entier raconte l'effort désespéré de Weinik pour s'arracher à son milieu naturel, la bourgade. Repoussé tant par les siens que par les notables qu'il fréquente, il oscillera éternellement entre ces deux mondes opposés. La tragédie du héros cristallise celle des Juifs de la bourgade déchirés entre tradition et modernité. Avec une langue réaliste, l'auteur décrit le pourrissement et l'agonie de la bourgade et peint ses habitants avec force détails concrets : les familles se disloquent, les plus vaillants aspirent à l'émigration faussement salvatrice. Ceux qui restent sont prématurément vieillis ou malades. Le concept du « déraciné », suite à cette nouvelle, sera définitivement adopté par la critique israélienne. Déracinement existentiel, culturel et religieux : l'émigration rendue nécessaire après les pogroms et la Révolution russe ne fait que précipiter l'effritement de l'autorité religieuse. Mais aussi déracinement linguistique. Le yiddish, la langue de la bourgade, tombe peu à peu en désuétude. Cette nouvelle de la période russe (de 1903 à 1915) reste un témoignage vivant et émouvant s'il en est d'un monde révolu à jamais. K. W.

DÉRACINÉS (Les). Roman de l'écrivain et homme politique français Maurice Barrès (1862-1923), publié en 1897. Premier volume de la trilogie *Le Roman de l'énergie nationale* et qui fut suivi, en 1900, par *L'Appel au soldat* (*) et, en 1902, par *Leurs figures* (*). Sept lycéens de Nancy découvrent en 1879, dans les paroles de leur jeune professeur Paul Bouteiller, un élan profondément républicain et le sens même du devoir. Lorsque Bouteiller est appelé à Paris par Gambetta qui lui confie des fonctions culturelles et politiques, ils le suivent. Ils affrontent la vie et cherchent à réaliser leur propre personnalité. Maurice Rœmerspacher et François Sturel sont les plus doués. Ils découvrent toutes les difficultés d'une organisation spirituelle dans une France déchirée par les luttes politiques, écrasée par la défaite de 1870, dans une république encore mal assurée et dont la capitale elle-même est en proie aux troubles sociaux. C'est dans cette atmosphère que l'écrivain reconstitue la vie de la nation. Entre les funérailles de Gambetta et celles de Hugo, entre 1882 et 1885, c'est l'éducation, non seulement spirituelle, mais politique des sept « déracinés » qui s'accomplit. Ils en viennent peu à peu à abandonner la véritable richesse de leur terre natale pour des abstractions et des utopies. Quelques-uns d'entre eux se font une place dans le journalisme, tout en demeurant fidèles aux idées de Bouteiller. Mais un événement très grave survient : désireux de procurer de nouvelles ressources à leur journal, et poussés par le romantisme du malheur, deux d'entre eux, Racadot et Mouchefrin, tuent une riche Arménienne. Le premier est interrogé par la police, qui l'arrête, et l'autre craint à tout instant d'être découvert. Le roman s'achève ici. Racadot est guillotiné et Bouteiller élu député en Lorraine. La célébrité de ce roman vient de ce que Barrès y expose les principes de son nationalisme. Le déracinement détruit toute vie morale et l'amour de la patrie, comme les abstractions détruisent les traditions ; c'est ainsi que la révolution, avec ses luttes et son nouvel ordre social, jeta la France dans le gouffre de l'anarchie.

DERBORENCE. Roman de l'écrivain suisse d'expression française Charles-Ferdinand Ramuz (1878-1947), publié en 1934. « Derborence, le mot chante doux ; il vous chante doux et un peu triste dans la tête... » On croit entendre un conteur de veillées. C'est pourtant sur un fait divers assez banal que Ramuz se fonde dans ce roman. Mais ce fait divers, il est vrai, résulte d'une manifestation des forces naturelles, et de ce fait il acquiert donc une ample résonance. L'on sait du reste que l'auteur est apte autant que personne à se mouvoir en ces lieux où la poésie se rencontre avec la condition humaine.

D'abord le sujet du roman. Il est très simple : dans le canton de Vaud, une montagne s'éboule, engloutissant une vingtaine de bergers. On devine ce qui s'ensuit. Voilà tout le village en révolution pour commenter la nouvelle. Ce chœur angoissé de vieillards, de femmes et d'enfants que suscite depuis Eschyle toute catastrophe de ce genre. Après un long mois d'attente, ils voient soudain apparaître un des bergers. Il est l'homme par excellence – l'homme qui revient de loin. Il leur conte son odyssée souterraine. Moins pour les éclairer sans doute que pour briser le sortilège dont son propre cœur est la proie. Hélas, il semble bien que le génie des Ténèbres soit le plus fort, puisque notre berger finit par retourner sur ses pas, pour rejoindre un de ses compagnons – dans ce mystérieux domaine qui leur sert à tous de tombeau.

Est-il besoin de le redire ? Écrivain de toujours acquis au symbolisme, Ramuz procède par images. C'est le fond de son esprit comme c'est la forme de son art. Mais si l'image est son privilège, il n'en use jamais que dans la mesure où elle est en accord avec les mœurs de son pays romand. Il veut qu'elle soit liée au parler de ses personnages, à leurs gestes, voire à leurs intentions secrètes. Entendez que l'auteur n'aspire qu'à s'effacer. Et c'est par le scrupule qu'il a de s'incarner dans ses héros qu'il acquiert ce ton véridique qui caractérise son œuvre. Il est permis d'avancer que les belles pages de *Derborence* ont trait moins au drame qu'à des scènes d'un caractère familier situées en marge de ce drame. Un vieillard retrouve au détour d'un chemin l'odeur même qui fit le délice de son enfance ; une jeune femme découvre qu'elle sera mère ; un homme sent en pleine solitude qu'une amitié lui est acquise. C'est dans l'évocation de ces sentiments très humbles que Ramuz atteint à la grandeur. On oublie alors l'agacement que peuvent apporter certains de ses procédés stylistiques : forme naïve à l'excès, répétitions savantes, discordance des temps et autres tours hasardeux. Dans *Derborence* plus qu'en toute autre de ses œuvres, Ramuz se trouve être avant tout le chantre des hommes : de leur accord profond, en dépit des rivalités accidentelles – de tout ce qui en eux s'obstine à ne pas mourir.

DÉRIVE (La) [*Spätestens im November*]. Roman de l'écrivain allemand Hans Erich Nossack (1901-1977), publié en 1955. L'angoisse de ne pas accomplir sa propre mort, de ne pas couvrir son propre silence, implacablement contraint l'homme à se raconter avant de se résoudre à survivre à son propre tourment. Nous ne sommes pas, nous ne sommes même pas un nom, mais une voix qui s'attarde à crier l'abîme que ni l'amour ni la parole n'ont pu abolir. Marianne est morte, et pourtant elle demeure : sa voix raconte, au-delà de la mort et l'une après l'autre, exactement, les choses de sa vie. Mais comme elle est d'une seule coulée, entière dans sa durée, elle se demande justement : « Il se peut que les choses aient commencé plus tôt, même beaucoup plus tôt. Peut-être au temps où j'étais encore un enfant. Il m'arrive même souvent de penser que cela n'a pas commencé du tout, que cela a toujours été. Mais je n'ose pas trop réfléchir là-dessus ; il se peut qu'il y ait là présomption de ma part. » Tout être possède en soi la permanence d'un signe que rien n'efface ; et comme la vie retrouve et reperd, à travers le flux et le reflux du temps, ce signe qui ne cesse jamais d'y résider, mais qui cesse à chaque instant d'être saisi, la parole, écart et accord de l'être avec son signe, sans cesse se perd et se retrouve à travers l'amour. Une simple phrase a suffi pour que Marianne, femme d'un riche industriel jusque-là froide et réservée, quitte son foyer, son ordre – la phrase de Berthold Möncken, un écrivain, qui lui a dit en la rencontrant : « Avec vous, mourir vaudrait la peine. » Sur-le-champ elle décide de partir avec lui. La vie des amants, dans un hôtel de campagne d'abord (admirablement évoqué en quelques pages), puis dans une grande ville, est le récit d'une ascèse : l'homme travaille à son œuvre et ce travail lui demeure étranger. Il en sort las, sans visage, frappé de silence et de mutisme : les paroles ont un goût de cendre. Marianne l'entoure, l'aime, retrouve sur lui ce regard d'enfant qui a décidé de leur destin. Mais l'intervention de son beau-père la pousse à tenter le retour, et leur rencontre, même si elle se passe de mots, nous donne les plus belles pages du livre. Marianne revient au foyer, aux habitudes d'une existence monotone, puis s'enfuit de nouveau avec Berthold et meurt près de lui, au sortir de la ville, dans un accident d'auto. Le mari, l'affabulation incarnée, habitué à tout expliquer, commenter, justifier, justifiera la fuite et la mort de son épouse. Une fois de plus, la banalité du sujet s'efface devant sa signification tragique, devant la profondeur de l'analyse, devant les personnages enfermés dans un réseau de traits d'incertitude et d'absence, devant l'envoûtante beauté de l'écriture. Une fois de plus, le lecteur peut se demander si ce livre, unique dans l'œuvre de Nossack et peut-être dans la littérature allemande contemporaine, n'est pas une longue réponse à l'un des thèmes de l'auteur : la « disparition » de la femme, thème déjà présent dans *Spirales* (*) et dans *Le Frère cadet* (*). – Trad. Gallimard, 1961.

DERNIER ATHÉNIEN (Le) [*Den siste Athenaren*]. Roman de l'écrivain suédois Viktor Rydberg (1828-1895), publié en 1859. L'action se situe dans les dernières années de l'Antiquité. Les héros principaux sont d'une part le philosophe néo-platonicien Crysanteus et sa fille Hermione, tous deux accessibles aux idées chrétiennes, mais que heurtent les dogmes de l'Église et son intolérance ; d'autre part le plébéien Pétros d'Athènes, et enfin le courageux et pieux Théodoros. En accord avec l'évolution historique, Crysanteus et Hermione se convertissent, reconnaissant les nouvelles valeurs de liberté et de dignité humaine qu'enseigne le christianisme, mais ils acceptent ces valeurs en tant que morale et non comme une religion révélée. *Le Dernier Athénien* est manifestement, et d'après l'auteur lui-même, un roman tendancieux, écrit pour défendre la liberté, et s'élevant contre toute emprise de l'Église sur la vie d'une nation. Le roman se rapproche des *Derniers Jours de Pompei* (*) de Bulwer-Lytton et tient une certaine place parmi les romans historiques suédois du XIXe siècle.

DERNIER CHAPITRE (Le) [*Siste kapitel*]. Ouvrage du romancier norvégien Knut Hamsun (pseud. de Knut Pedersen, 1859-1952). Exécution capitale, en 1923, de la civilisation moderne, conformément au jugement rendu jadis par J.-J. Rousseau. Dans un sanatorium pour malades plus ou moins imaginaires – presque tous des représentants types de notre société pourrie – Hamsun fait entrer la Mort, qui finit par faire place nette moyennant un bel incendie. Deux personnages, un homme et une femme, en qui les forces de la vie s'avèrent invincibles, réussissent à s'échapper : la femme, Julie d'Espard, s'éprend d'un malade, Fleming, personnage mystérieux, dont nous ne saurons jamais si c'est vraiment un escroc en fuite ou si c'est par goût du geste gratuit qu'il se fait arrêter comme tel, après avoir donné une grosse somme d'argent à Julie, qui attend un enfant de lui. Par respect des convenances, celle-ci cherche un père légitime à l'enfant qui va naître et finit par s'installer à la ferme voisine, chez Daniel, paysan plein de vie animale et représentant de la seule culture vraie : celle des champs. Mais Fleming revient, libre et guéri ; et Julie est sur le point de repartir avec lui quand il se fait abattre par Daniel, jaloux de son bien et de sa dignité. Daniel prend le maquis et tient toute la région sous la terreur, puis se rend sur les instances de Julie qui attendra son retour de prison. L'autre rescapé, c'est celui qui, trompé par sa femme, s'est voué lui-même à la mort : Magnus, dit « le Suicide », mais sa lâcheté – ou plutôt l'espoir jamais avoué de pouvoir un jour pardonner – l'empêche de réaliser son projet. En effet, la femme revient à lui, mais seulement pour périr la nuit même dans les flammes. Plus décidé que jamais à mourir, il est encore une fois sauvé par sa lâcheté, qui, comme toujours, n'est que l'expression d'une force vitale : son amour profond pour sa petite fille, qu'il va rejoindre. Parmi les autres pensionnaires, il y en a de relativement innocents, qui ne sont là que pour mourir. Car si le sanatorium, comme notre civilisation, est le domaine de la mort, celle-ci, une fois entrée, montre ici la même tendance à se tromper de personne que dans le monde réel. Quant aux personnages vraiment vils, ils sont arrivés à un état de putréfaction ou de momification tellement avancé que l'auteur n'a pas même besoin de les tuer. – Trad. Calmann-Lévy, 1976.

DERNIER CIVIL (Le) [*Der letzte Zivilist*]. Roman de l'écrivain allemand Ernst Glaeser (1902-1963), publié en 1936. Ce roman est un tableau de l'Allemagne préhitlérienne avec ses ambitions, ses drames, et la corruption dont les troupes de S.A. étaient le foyer. Jean-Gaspard Bäuerie, le dernier civil, et sa fille Irène reviennent d'Amérique en Allemagne, et s'installent dans une ville sur le Neckar. Bäuerie y combattra les idées du national-socialisme, puis il émigrera de nouveau avec sa fille en 1933. Au centre du livre, un jeune étudiant, Hans, que l'amour d'un officier trouble, puis tourmente. Ce qu'il cherche dans cette rencontre, c'est peut-être à remplacer le dieu de la jeunesse mort à Verdun. Peu à peu, il se persuade que ce sera le rôle de sa génération de bâtir le « royaume de demain », de déblayer les décombres et les absurdités de l'histoire. La foi du jeune homme lui permet d'adhérer au mythe qui se forge alors en Allemagne, et il partage les rêves du national-socialisme. Au moment où son amour pour Irène commence à le détourner de ses illusions politiques, les lettres compromettantes qu'il a adressées à l'officier sont remises à la presse. Hans se suicide. « La nation s'éveille, mais l'homme meurt. » Ce roman vibrant contient de belles pages qui révèlent la puissance de Glaeser, notamment la mort de Hans et la poursuite d'Irène, ainsi que toutes les méditations sur l'angoisse de la génération dont ici, comme dans *Classe 1922* (*), l'écrivain a voulu être le porte-parole. – Trad. de Jean-Paul de Dadelsen, Bernard Grasset, 1937.

DERNIER DÉLAI (Le) [*Poslednij srok*]. Récit de l'écrivain russe Valentin Raspoutine (né en 1937) publié en 1970. Une vieille paysanne sibérienne est à l'article de la mort après une longue vie de peines et de joies. Ses enfants, dispersés, accourent pour un dernier adieu, mais la vieille, ragaillardie, semble ressusciter. Ses deux fils se soûlent alors avec la vodka qui était destinée à la commémoration funèbre tandis que ses filles se chamaillent. Seule l'absence de la cadette, mariée à Kiev à un militaire, empêche la vieille Anne de s'abandonner à la mort qu'elle pourrait maintenant sereinement accueillir. Quand elle comprend que sa fille ne viendra pas, elle décide de mourir pour ne pas retenir plus longtemps ses enfants. Pour y avoir souvent songé, elle a acquis la « mémoire de la mort » et s'est familiarisée avec elle. La vieille va alors vivre un extraordinaire passage de la vie à la mort, décrit comme une révélation lumineuse et une seconde naissance. Raspoutine semble prendre *La Mort d'Ivan Ilitch* (*) de Léon Tolstoï là où celui-ci l'avait laissée : « À la place de la mort, il y avait de la lumière. » Mais au dernier moment, l'entrée dans cette vie nouvelle est refusée à la vieille. Est-ce parce qu'elle n'a pas dit adieu à la pittoresque mère Mironichka que ses enfants ont abandonnée ? Ou bien parce qu'elle n'avait pas eu le temps d'apprendre à sa fille aînée les paroles pour la pleurer selon le rite populaire ? Sans doute aussi est-ce parce qu'elle « avait gêné la mort en voulant prendre son travail sur soi ». La vieille mourra la nuit suivant le départ de ses enfants, qui avant de la quitter plaisantent sur sa résurrection et l'invitent chez eux : « Nous irons au cirque... On se marrera. »

Le drame est là, dans l'incompréhension par les enfants de l'expérience spirituelle de mort-résurrection vécue par leur mère, à qui sont révélés le mystère et la beauté de la vie ; il est aussi dans leur déracinement et leur oubli (le péché le plus grave, pour Raspoutine) de leurs origines campagnardes et du sens du travail. Ce récit à la fois réaliste et métaphysique (qui rejoint les intuitions théologiques de la spiritualité chrétienne orientale) s'étend sur trois jours mais établit continuellement des ponts avec le passé, non pour l'idéaliser mais pour en rappeler les valeurs maintenant perdues (abnégation, droiture, entraide, sobriété). Il y a de mémorables dialogues des deux frères pochards qui justifient leur besoin de boire par leur désir de remplir le vide de leur âme aliénée par un travail devenu individuel et mécanisé. Raspoutine use d'une langue d'une extrême précision, où le parler sibérien de la vieille se mêle à la voix de l'auteur pour pénétrer au plus profond des êtres et des choses. Avec son antique sagesse, la vieille Anne est devenue une figure d'anthologie de la littérature soviétique. Beaucoup des richesses de ce récit échapperont malheureusement au lecteur de la traduction française. – Trad. sous le titre de *Matouchka*, Robert Laffont-E.F.R., 1977. M. N.

DERNIER DES JUSTES (Le). Roman de l'écrivain français d'origine polonaise André Schwarz-Bart (né en 1928), publié en 1959. Ernie Lévy est le descendant d'une lignée de justes : un juste étant dans la tradition juive un homme élu par Dieu pour assumer le malheur des autres. Il est appelé ainsi, dit Schwarz-Bart, car Dieu aurait fait, d'après une légende ancienne, lors de l'holocauste des Juifs d'York, la grâce d'un juste par génération « aux descendants du très doux et lumineux rabbi Yom Tov Lévy, qui égorgea de sa propre main deux cent cinquante fidèles – certains disent mille ». Or les descendants du rabbi, quel que soit leur comportement personnel, furent tous persécutés au cours des siècles suivants. Glissant imperceptiblement de la légende à la chronique puis au roman, l'auteur évoque Lévy dans ses morts successives. Le roman débute au Moyen Âge par le supplice d'un juste, mourant d'un coup de dague enfoncée dans la gorge et « retournée trois fois ». Plus tard c'est le ghetto de Stillenstadt qui est persécuté après l'assassinat du conseiller von Rath en 1938. Le nazisme se profile et le martyre d'Ernie se prépare. Témoin pacifique et déchiré, il ira rejoindre, de son propre choix, au camp de Drancy en 1943, celle qu'il aime. Mais il a reçu toutes les bénédictions divines : il a perdu son visage comme Jonathan, il est devenu fou comme Néhémias et chien comme le juste de Saragosse. Le seul devoir qu'il lui reste à accomplir est de mourir, mais il demeurera éternel comme le Juif errant : « Ernie, mort six millions de fois, est encore vivant, quelque part, je ne sais où... » Cette œuvre poignante et rigoureuse fut couronnée par le prix Goncourt. Elle avait coûté onze ans de travail à l'auteur. C. de C.

DERNIER DES MOHICANS (Le) [*The Last of the Mohicans*]. Roman de l'écrivain américain James Fenimore Cooper (1789-1851), publié en 1826, et deuxième volume de la série des « Bas-de-Cuir ». Ce livre est le meilleur et le plus populaire de l'auteur. L'action se déroule au temps de la dernière guerre entre la France et l'Angleterre, dans le nord de l'Amérique. Monro, commandant d'un fort avancé sur les rives du lac Sacré et menacé par le commandant français Montcalm, demande du secours à un autre fort situé à l'extrémité occidentale de l'Hudson. On lui envoie mille cinq cents hommes qu'accompagnent ses propres filles, Alice et Cora, sur lesquelles veille le commandant Heyward, amoureux de la jeune Alice. Guidés par un Indien du nom de Magua, le commandant, les deux jeunes filles et quelques hommes prennent un raccourci. Mais Magua, chef des Hurons, cherche à se venger de Monro qui, un jour, l'a fait fustiger, et il conduit le petit groupe dans un endroit où les guettent des Indiens à la solde des Français. La rencontre du chasseur Œil-de-Faucon et de deux de ses amis Peaux-Rouges dont l'un, Uncas, est le dernier des Mohicans, sauve tout d'abord les Anglais, mais finalement ceux-ci tombent dans l'embuscade et sont faits prisonniers par les Hurons. Ils sont ensuite sauvés par leurs nouveaux amis et réussissent à gagner le fort assiégé par les Français. Au moment où le fort est obligé de se rendre, les Anglais s'en échappent mais se trouvent alors face à face avec les Hurons venus pour les massacrer ; un certain nombre d'entre eux sont faits prisonniers, dont les jeunes filles Alice et Cora. Monro, Œil-de-Faucon et leurs compagnons se mettent à la recherche des jeunes filles ; leurs tentatives sont vaines et Cora est attribuée à Magua comme tribut de guerre. Cependant, avec l'aide de la tribu des Delaware, les Anglais parviennent à vaincre les Hurons ; mais, avant de mourir de la main d'Œil-de-Faucon, Magua a tué Cora et son fiancé Uncas. Les deux fiancés sont enterrés l'un près de l'autre, et « après que les années eurent succédé les unes aux autres et que le soleil eut renouvelé plusieurs fois sa course sur les pins qui abritaient les deux tombes, Monro pleurait encore cette perte cruelle ». Alice retourne au pays des Visages pâles où Œil-de-Faucon et les fidèles Delaware l'accompagnent. Bien que le style de Cooper soit souvent un peu lâche et hâtif, la richesse du récit, l'intérêt qu'éveille la description des régions sauvages en font un livre émouvant. *Le Dernier des Mohicans* est une sorte de classique du roman d'aventures. – Trad. Gosselin, 1826 ; nombreuses éditions récentes.

DERNIER DES VIKINGS (Le) [*Den siste Viking*]. Roman de l'écrivain norvégien Johan Bojer (1872-1959), publié en 1921. Ce roman décrit un milieu que Bojer connaît bien, celui des pêcheurs de Lofoten. À la fin de l'automne, les pêcheurs du sud de la Norvège se rendent à Lofoten, où ils s'installent dans des cabanes prévues pour eux et où ils passent ensuite l'hiver à pêcher au large de la côte. Parmi ces pêcheurs, se trouve Kristaver Myran, le « dernier des Vikings », qui vient d'acheter un bateau, « Kobben », lequel a la mauvaise réputation de se retourner facilement par gros temps. Dans l'équipage se trouve aussi son fils aîné Lars. Le voyage jusqu'à Lofoten se passe sans incident, malgré l'instabilité du bateau. Commencent alors les longs mois d'hiver, le rude travail de tous les jours : mains qui saignent et qu'il faut ensuite plonger dans le sel. À terre, des bagarres éclatent entre les pêcheurs du Sud et ceux du Nord ; en mer, c'est la course après un banc de harengs dont le passage est signalé par la présence d'une baleine. La saison a été bonne, mais dure, et sur le chemin du retour « Kobben » se retourne dans la tempête. Il est sauvé par un bateau à vapeur, mais Kristaver a dû lâcher un des hommes de l'équipage avant l'arrivée du secours. Une grande partie de ce qu'il avait gagné au cours de la saison est consacrée au nouvel équipement du « Kobben », mais cette fois Kristaver fait placer le mât légèrement en arrière : son bateau ne se retournera plus. Telle est la vie dure et dangereuse que mène Kristaver ; quant à sa femme, qui vient de l'intérieur du pays, elle déteste la mer qui menace de lui prendre tout ce qu'elle a de plus cher. Lars est mis à l'école, puis devient instituteur ; son frère Oluf s'en va en Amérique, et quand leur père meurt, la mère fait vendre le bateau et se retire avec ses autres enfants dans la vallée. Si la mère semble l'avoir emporté, ce n'est que pour quelque temps. En effet, Tosten, le cadet, ne tarde pas à retourner à Lofoten, mais cette fois en qualité de simple homme d'équipage. Il ne reviendra plus jamais auprès des siens. Quand Lars, de son côté, revient voir le petit village de pêcheurs où il avait vécu, il est un étranger qui a de la peine à se retrouver parmi ses souvenirs : il a peut-être trahi. – Trad. Calmann-Lévy, 1924.

DERNIÈRE À L'ÉCHAFAUD (La) [*Die Letzte am Schafott*]. Récit de la romancière allemande Gertrud von Le Fort (1876-1971), publié en 1931, inspiré par l'exécution des seize carmélites de Compiègne, qui furent guillotinées le 17 juillet 1794. Dans le cadre d'une relation adressée par un certain gentilhomme à une émigrée de ses amies, apparaît tout d'abord la touchante figure de Blanche de la Force. Entrée au Carmel, c'est une nature maladivement craintive qui, avec les aspirations les plus hautes, « incarne toutes les peurs », toutes les angoisses du monde, et le récit se dénouera par la miraculeuse réhabilitation de cette faiblesse même. Blanche la peureuse, que l'on surnommait le « petit lièvre », après avoir été une martyre par son angoisse, se transforme finalement en une martyre par le sang. Un tel épilogue n'a d'ailleurs été possible que grâce au sacrifice d'une autre moniale, sœur Marie de l'Incarnation, la maîtresse des novices. Or, son sacrifice est double, car, après avoir entraîné ses compagnes dans un vœu d'immolation commune pour l'Église et la France, le destin exigera qu'elle soit la seule à échapper au supplice. Le récit a pour point culminant cette minute, où, sur l'échafaud, la frêle voix de Blanche, chantant le *Veni Creator*, exprime l'apaisement d'une angoisse désormais sanctifiée. Cette histoire d'une martyre dominée par la peur et qui, en fin de compte, se conforme à la sainte agonie du Christ, a fourni à Georges Bernanos le thème de sa pièce *Dialogues des carmélites* (*) (1948). – Trad. Desclée de Brouwer, 1937.

DERNIÈRE BANDE (La) [*Krapp's Last Tape*]. Pièce en un acte publiée en 1958 par l'écrivain irlandais d'expression anglaise et française Samuel Beckett (1906-1989). Le dialogue, presque effrayant, de *La Dernière Bande* a lieu entre un homme devenu animal et une machine. Il n'y a plus de présences vivantes. Même le monde désespéré de *Fin de partie* (*) est dépassé. Krapp, myope, assis tout seul dans un cercle de lumière crue, entouré de ce qu'il considère comme une obscurité réconfortante, écoute une bande enregistrée trente ans auparavant, quand il avait trente-neuf ans. Le pathétique de la scène ne vient pas tant d'un contraste entre le vieil homme rongé et la créature évoquée par la bande, car il n'y a pas de grande différence. La tragédie de Krapp, et de tous les hommes, selon Beckett, n'est pas que nous devenons ce que nous n'étions pas, mais que nous sommes, maintenant et toujours davantage, les mêmes. L'animal, à la base, ne change pas : Krapp, à soixante-neuf ans, boit toujours beaucoup d'alcool, mange toujours des bananes (dont il jette les peaux par-dessus le bord de la scène, dans la fosse), et couche toujours avec des prostituées. Ce qui a disparu, c'est l'espoir et l'intellect, les appétits non physiques. Il doit maintenant chercher dans un dictionnaire la signification des mots dont il se servait il y a trente ans. Ce qui a augmenté, c'est sa désintégration physique : myopie, surdité, voie fêlée, toux, démarche laborieuse, tout cela caractérise Krapp. Le seul bonheur qui lui reste est la joie de prononcer le mot « bobine » : « Dégusté le mot bobine », note Krapp dans sa dernière bande, et il ajoute avec délectation : « Bobîine... ! », « l'instant le plus heureux de ces derniers cinq cent mille ». À la fin de la pièce, Krapp est assis, immobile, regardant devant lui dans le vide, pendant que la bande continue à se dérouler en silence. Car il n'y a plus rien à dire. L'ouvrage fut créé en France en 1960 par Roger Blin, au Théâtre national populaire, salle Récamier, dans une traduction de l'auteur. – Trad. Éditions de Minuit, 1960.

DERNIÈRE CHRONIQUE DE BARSET (La) [*The Last Chronicle of Barset*]. Roman de l'écrivain anglais Anthony Trollope (1815-1882), publié à Londres en 1867. Le révérend Josiah Crawley règle quelques dettes avec un chèque de vingt livres sterling égaré par Mr. Soames, agent de lord Lufton. Invité à justifier l'origine de ce chèque, il ne peut donner une explication satisfaisante. Poursuivi devant les tribunaux et laissé en liberté provisoire, il est obligé, en particulier à cause des persécutions dont il est l'objet, à l'instigation de la femme de l'évêque, l'intrigante

Mrs. Proudie, de renoncer à sa charge. Enfin l'innocence du révérend Crawley est prouvée. On lui confie la paroisse de St. Ewold, tandis que sa fille, Grace, peut épouser le fils de l'archidiacre Grantly, dont elle est éprise. Avec Mrs. Proudie et l'archidiacre Grantly, nous retrouvons ici un certain nombre des personnages de la *Série du comté de Barset : La Sinécure, Les Tours de Barchester* (*), *Le Docteur Thorne* (*), *La Cure de Framley* (*), *La Maison d'Allington,* série dont *La Chronique de Barset* est le dernier ouvrage. Les *Barsetshire Novels* ne forment pas cependant un de ces cycles tels qu'en produisirent plus tard le vérisme et le naturalisme proprement dits, et ils ne développent pas un plan ou un thème prévus. La série est formée d'éléments extrinsèques, parce que Trollope reprend dans ses différents romans les mêmes personnages en suivant leur évolution dans le temps, et qu'il circonscrit les faits dans le cadre d'une même ville imaginaire qu'il décrit cependant avec une grande richesse de détails et de relief. L'intrigue se ressent de l'influence de Dickens.

DERNIÈRE EXPÉDITION DU CAPITAINE SCOTT (La) [*Scott's last Expedition*]. Journal du capitaine Robert Falcon Scott (1868-1912), publié en 1913. Ce journal fut trouvé sur le corps de l'infortuné explorateur anglais. Scott raconte comment, encouragé par l'expédition entreprise par Shackleton en 1909 (expédition qui fut près d'atteindre son but), il tenta en 1910 une expédition au pôle Sud. Scott et ses compagnons, à bord du « Terre-Neuve », quittèrent la Nouvelle-Zélande le 29 novembre 1910. Le bâtiment pénétra dans la mer de Ross après une âpre lutte avec la banquise antarctique. Le 14 janvier 1911, l'expédition débarqua au cap Evans (île de Ross) où elle installa ses quartiers d'hiver. Au printemps (qui, dans l'Antarctique, a les mêmes caractéristiques que notre automne), la mission pénètre plus avant, souvent au prix d'énormes difficultés, et cherche à établir des dépôts de vivres en direction du pôle. Le « Terre-Neuve » est ensuite renvoyé, l'été se passe en recherches scientifiques, souvent gênées par de terribles tempêtes de neige, nommées « blizzards ». C'est seulement à l'automne que Scott entreprend, au moyen de traîneaux tirés par des chevaux, une grande expédition vers le sud. La marche est lente et dure, souvent arrêtée par le blizzard. Au pied du glacier du Beardmore, il faut abattre les chevaux qui ont survécu, et les hommes poursuivent l'ascension, s'attelant eux-mêmes aux traîneaux, au prix d'efforts inouïs, à travers les séracs et les crevasses profondes. Sur le plateau, le chemin est plus facile mais tout aussi fatigant. Enfin, quand le 18 janvier 1912, un groupe composé de cinq hommes, parmi lesquels Scott lui-même, atteint le pôle, le drapeau norvégien flotte sur cette terre si difficilement conquise. Amundsen les a précédés d'un mois. Déçus, mais satisfaits d'avoir mené à bien l'expédition, les explorateurs prennent le chemin du retour. De nouvelles peines les attendent au pied du glacier de Beardmore ; un des membres de l'expédition, Evans, meurt de fatigue et de froid. Sur la banquise, la neige tombe, la température s'abaisse et le blizzard rend la situation presque désespérée. Le 16 février, un autre membre de l'expédition, Oates, sentant venir la fin, quitte la tente et ne reparaît plus. Les trois survivants continuent courageusement la route mais, le 21 mars, un violent ouragan les immobilise dans la tente, ils sont sans combustibles et les vivres sont rares. Ils sont à dix-sept kilomètres seulement d'un dépôt ; l'atteindre eût été le salut. Le 29 mars, les vivres épuisés, toute espérance est désormais perdue, le capitaine Scott, après avoir écrit les dernières lignes de son journal et son « Message au public » qui est une sorte de testament spirituel, se prépare à mourir sereinement avec ses compagnons. Le journal de Scott est un des livres les plus intéressants sur les expéditions polaires. La tragédie des trois hommes, condamnés à une mort certaine dans les glaciers, est animée d'un souffle héroïque, et la fierté du devoir accompli l'emporte victorieusement sur les souffrances et la mort. — Trad. *Journal de mon expédition au pôle Sud,* École des loisirs, 1979.

DERNIÈRE HARDE (La). Roman de l'écrivain français Maurice Genevoix (1890-1980), publié en 1938. L'auteur a situé toute son œuvre dans le Val de Loire qui incarne la permanence à la fois d'une réalité, d'une civilisation et d'un humanisme. L'œuvre de Genevoix dépasse le pittoresque de terroir ; elle participe de l'aventure la plus humaine pour saisir personnages, coutumes, paysages dans une même réalité romanesque, l'homme ne pouvant être détaché de la nature — refuge et exemple. Tourné vers le monde extérieur, Genevoix n'en saisit pas moins « cet au-delà des apparences qui ressemble à ce que l'on sent ». Ce roman est une histoire d'amour. L'amour du cerf Le Rouge, le plus bel animal de la forêt, et du « piqueux » La Futaie (valet à cheval qui suit la bête ou règle la course des chiens). Au cours d'une chasse, La Futaie capture Le Rouge, jeune encore, dont il surveille l'épanouissement. Enfin, après avoir relâché Le Rouge qui devient vite le chef de la harde, La Futaie, quelque temps après, débuche le cerf traqué et le « sert » (tue la bête aux abois) au fond d'un ravin. Cette brillante analyse du mélange de crainte et d'attirance de la bête pour l'homme recourt sans cesse aussi bien à la richesse d'une prose descriptive qu'aux expressions régionales ou techniques.

DERNIÈRE HEURE D'INNOCENT III (La) [*Das letzte Stundlein des*

Papstes Innocenz des dritten]. Récit de l'écrivain suisse d'expression allemande Heinrich Federer (1866-1928), publié en 1914 dans le recueil *Histoires ombriennes.* Innocent III, un des plus grands papes du Moyen Âge, va mourir. La scène se passe le 26 juin 1216, alors qu'il se trouve à Pérouse, dans le palais archiépiscopal ; déjà c'est l'inexorable fin. Tandis que de son lit d'agonisant il distingue, par-delà les vallées, les maisons d'Assise, il pense au petit moine qui, un jour, se présenta devant son trône, avec une poignée de compagnons, simples et gais comme lui. Il demandait l'autorisation de fonder un ordre qui aurait, comme règle, la pauvreté, comme moyen d'existence, celui des fleurs des champs et des oiseaux du ciel. Dans l'angoisse de l'heure dernière, Innocent a l'intense désir de revoir cet homme, ce saint. Mais il ne peut parler, ni bouger un seul doigt, et personne ne peut comprendre ce qu'il veut. Finalement, un jeune séminariste raconte qu'il a vu François, le matin même, sur la place ; peut-être le pontife voudrait-il le voir ? Comme le regard anxieux d'Innocent III acquiesce, on demande d'abord à un archiprêtre d'appeler François, puis on lui dépêche deux cardinaux, mais François refuse de venir : il doit aider à l'hôpital un paralytique qui ne peut manger seul, puis il a à distribuer du pain et des oranges à quelques gamins, auxquels il raconte l'histoire sainte. La troisième fois, il est occupé à arranger une toile d'araignée qu'il a quelque peu abîmée en passant. Seule une quatrième démarche le décide à venir. Dès le seuil de la chambre, il demande que l'on enlève tout cet or et ce damas qui étincellent autour du lit du moribond. Puis, il s'approche avec des paroles affectueuses, satisfait de voir le pontife, redevenu à son tour humble et pauvre. Les prélats présents protestent, et demandent à François de rappeler au grand pape ses guerres victorieuses contre les Albigeois, l'excommunication lancée contre l'empereur d'Allemagne, l'interdit par lequel il a frappé deux rois adultères. Mais François sourit et secoue la tête ; il lui remémore seulement le livre écrit durant sa jeunesse : *Du mépris du monde* (*), où il répudiait toute vanité humaine. Avec des mots toujours plus tendres, François berce le mourant comme le ferait une mère avec son enfant : « Assez de bruit pour les faits d'ici-bas. Il entre maintenant dans le silence. Cher pape, cher petit pauvre, sois en paix avec Dieu. » Avec les paroles de François, l'âme du mourant retrouve sa sérénité, et il meurt en souriant. Courte nouvelle d'une trentaine de pages, mais si fidèle à la réalité historique et à la légende franciscaine qu'elle mérite la réputation qui lui est faite.

DERNIÈRE JOIE (La) [*Den siste glaede*]. Roman de l'écrivain norvégien Knut Hamsun (pseud. de Knut Pedersen, 1859-1952). Ce roman, daté de 1912, réunit plusieurs thèmes caractéristiques de Hamsun, entrelacés suivant un art qui lui est propre. La « dernière joie » est celle de l'homme âgé qui nous raconte cette histoire, lequel se voit contraint à renoncer à l'amour, à l'aventure, à la vie. Au cours de ses vagabondages – encore un thème cher à Hamsun –, il a rencontré la jeune institutrice Ingeborg Torsen, fière, moqueuse, mais au fond très seule et en secret atterrée par une vie qu'elle est en train de gaspiller. Ils ne s'avouent rien de ce qui les attire l'un à l'autre ; lui se trouve trop âgé, il est trop « raisonnable » malgré sa grande liberté ; elle est trop fière et trop incertaine de ce qu'elle veut. Des hommes tournent autour d'elle, mais elle finit par succomber au plus vulgaire d'entre eux, le vagabond Solem, d'ailleurs plus par fierté que par faiblesse. En face de cette Ingeborg Torsen, qui représente le déchirement tragique de l'être trop civilisé qui n'ose pas suivre son instinct, Solem est le type de l'homme naturel, doué d'une force virile, animale, qui le fait agir sans égards et sans remords. Hamsun ne glorifie d'ailleurs pas ce type profondément égoïste, pas plus qu'il ne flatte le portrait d'Eilert, le voleur rencontré dans la montagne et qu'il retrouve plus tard comme aubergiste avisé et peu scrupuleux ; mais il ne peut s'empêcher d'admirer malgré lui la force tranquille d'un homme qui agit à sa guise, suivant ses instincts et avec une insolence qui est près de la méchanceté. Son aventure avec Solem pousse Mlle Torsen dans un état d'âme encore plus hésitant qui devient presque du désespoir. Le « comédien » qu'elle appelle à son secours n'est évidemment qu'un être faible, efféminé, et le jeune riche de la ville, qu'elle pense aimer, n'est qu'un bouffon mondain. Enfin elle se décide, devant le refus constant de « l'auteur » de ce récit d'intervenir réellement dans sa vie, à épouser un paysan, Nikolai, qui est de la race virile de Solem et d'Eilert et qui saura lui donner un foyer, un enfant, un bonheur peut-être un peu trop voulu. Le roman se déroule dans une Norvège qui commence à s'ouvrir au tourisme, qui commence à apprendre à exploiter le voyageur – et c'est là encore un thème cher entre tous à Hamsun : le vagabond et le touriste. *La Dernière Joie* est, en même temps que le récit du vieillissement d'un homme et de la résignation d'une femme, celui du pourrissement d'un pays. – Trad. Calmann-Lévy, 1979.

DERNIÈRES ANNÉES ET MORT DE VÉRONIQUE. Récit publié en 1953 par l'écrivain français Marcel Jouhandeau (1888-1979). Dans une première partie, l'auteur nous livre quelques derniers récits, quelques dernières anecdotes qui donneront au visage de Véronique les dernières retouches nécessaires. La plupart de ces chroniques concernent les années 1940 à 1947 qui précèdent la mort de Mlle Pincengrain. Nous y retrouvons notre Véronique de toujours, celle qui apparaissait dans *Les Pincengrain* (*), qui devenait elle-même dans *Monsieur Godeau intime* (*) et *Véronicana* (1933), et qui achève ici de se dessiner au courant des dernières années de sa vie. Ainsi cette apparente férocité du cœur qui lui fait refuser de connaître ou même de reconnaître la jeune femme de son beau-frère, celle qui prit la place de Prisca, et qui n'est au fond qu'une délicatesse particulière de sa religion. Pureté et dureté : « Dussé-je passer pour intransigeante, c'est là ma marque. » Véronique reste donc seule, avec la seule ressource d'un travail extérieur et se refusant aux soins de ses amis. Marguerite de ce Faust qu'est Jouhandeau, elle demeure certaine du triomphe final de l'amour, « de l'amour d'une femme sur toutes choses et sur Dieu lui-même ». C'est à la Noël 1947 que meurt Véronique, seule dans sa chambre sans lumière et sans feu, et Jouhandeau note : « Une flamme vient de s'éteindre comme il n'y en avait guère de plus ardente et de plus pure au monde. » Il termine son ouvrage par une biographie de Véronique. Ensevelie au cimetière de Thiais, qu'elle détestait, Véronique fut exhumée quelques mois après sa mort pour être transférée, par les soins de Jouhandeau, jusqu'à Versailles où elle rejoignait sa sœur Prisca.

DERNIÈRE SEMAINE (La). Long poème de l'écrivain français Michel Quillian, sieur de La Tousche, qui vécut dans la seconde moitié du XVIe siècle. Publié en 1596 à Rouen, chez Thomas Daré (seconde édition augmentée en 1597), dédiée à Henri IV, cette œuvre de cent quatre-vingt-douze pages est divisée en sept jours d'environ huit cents alexandrins chacun, les six derniers jours développant un des éléments de la fin du monde : la guerre, la famine, la peste « et autres maladies », l'Antéchrist, le jour du Jugement et le Grand Sabbat. Ainsi que l'indique le huitain liminaire en latin, cette *Dernière Semaine* peut être vue comme une réponse catholique et un complément à *La Sepmaine* (*) (1578) du calviniste Du Bartas ; on y trouve, outre un « argument » en tête de chaque journée, des effets de style bartasien (les vents, par exemple, sont les « roussins d'Éole » : métaphore descendante du genre à l'espèce que critiquait vivement Du Perron qui relevait chez Du Bartas l'expression les « postillons d'Éole »). Mais, d'entrée, Quillian prend ses distances avec son modèle en soulignant qu'il ne tombera pas dans l'erreur du poète gascon coupable de ne pas « avoir coloré sa première semaine de quelque fiction poétique » : il justifiera donc son poème en faisant intervenir l'ombre d'un vieillard qui lui montre « en vision le sujet des six jours ensuyvants ». Long discours encyclopédique (le sujet est prétexte à des exposés sur les vins, le bétail, les humeurs, etc.), cette œuvre est originale par sa visée prospective et non plus rétrospective, comme la plupart des autres productions du temps. Quillian ne paraphrase pas les textes passés mais tente, à partir d'eux autant qu'il est possible, d'inférer l'avenir. Parler de la guerre, c'est inscrire le combat primordial de Dieu contre Satan au cœur des guerres qui ravagent la France contemporaine, replier le temps qui avait été déployé et construire l'avenir moins avec le passé qu'avec l'éternel présent. F. Rou.

DERNIÈRES LETTRES DE JACOPO ORTIS (Les) [*Ultime lettere di Jacopo Ortis*]. Roman de l'écrivain italien Ugo Foscolo (1778-1827), publié en 1802, et dont des éditions considérablement revues et augmentées parurent en 1816 et 1817. Avant l'édition de 1802, Foscolo avait en 1799 commencé la publication d'une autre rédaction du roman qui fut interrompue à cause des événements de ces années-là et fut indignement achevée par un certain Sassoli sous le titre de *Véritable histoire de deux amants malheureux*. Mais déjà, en 1796, Foscolo avait conçu et rédigé une partie de son œuvre intitulée *Laure, lettres*. De cette toute première rédaction, il ne reste que quelques pages dans la version définitive. Le premier modèle de l'auteur avait été *La Nouvelle Héloïse* (*) de Rousseau (et le nom du Genevois restera à son héros, Jacopo ; quant au nom de famille, il dérive de celui d'un étudiant de Padoue, Gérolamo Ortis, qui se suicida). Plus tard, *Les Souffrances du jeune Werther* (*) de Goethe qu'il connut avant d'arriver à la seconde rédaction lui suggérèrent de composer différemment son œuvre : entre autres modifications, il fait adresser les lettres du héros à un seul destinataire, unique confident du jeune homme tourmenté. Mais, plus que par tel ou tel détail, *Les Dernières Lettres* se rattachent à la littérature romanesque du préromantisme et du romantisme (dont elles sont un des exemples les plus remarquables) par le désir de l'auteur d'offrir à ses lecteurs, sous forme de roman, son expérience la plus intime. Le caractère autobiographique paraît évident dans l'œuvre de Foscolo, qui, composée en plusieurs temps et inspirée par diverses circonstances, reflète les événements de la vie et de l'esprit du poète de 1796 à 1816. C'est ainsi que le héros en arrive à être presque un « alter ego » de l'auteur et, dans ses aventures et dans ses sentiments, nous voyons s'esquisser l'histoire de Foscolo lui-même : les premières tristesses amoureuses de celui qui était épris d'Isabella Teotochi, et les préoccupations politiques du jeune adversaire de l'aristocratie (1796) ; sa passion malheureuse pour la femme de Vincenzo Monti, Teresa (1798), et la tragique déception de Campo-Formio (1797) ; son amour contrarié pour la jeune Florentine Isabelle Roncioni, fiancée à un autre (1801), et les voyages à travers l'Italie convoitée et trahie par les étrangers (1797-1801) ; enfin le nouvel exil de 1815 après la chute du royaume d'Italie.

Dans un roman comme celui-ci, l'intrigue peut avoir seulement une importance relative, l'intérêt réside dans cette nouvelle personnalité qui se manifeste dans ces pages qui sont presque celles d'un journal, avec de rapides notations d'états d'âme, de fortes impressions de spectacles naturels, des réflexions piquantes. Tous les motifs de la poésie et de la pensée de Foscolo se trouvent déjà dans ce roman, sous une forme certes provisoire et approximative par rapport à celles qu'ils prendront dans *Les Tombeaux* (*) et *Les Grâces* (*) mais par là même plus accessible à un large public romantique. Ce livre, qui à la fois se démarquait de la nouvelle sensibilité et la promouvait, put être considéré par certains comme malsain. En fait, le pessimisme de l'œuvre suppose une vive soif d'idéal, et le suicide de Jacopo, qui ne peut vivre parce qu'il ne possède pas de patrie, s'il a pu troubler des âmes faibles, fut pour les meilleurs et surtout pour Mazzini une admonestation et un encouragement à faire en sorte que la patrie devînt une réalité et non plus un vain mot. C'est par le roman de Foscolo que Mazzini sentit se fortifier la conscience de sa propre mission. Mais l'influence des *Lettres de Jacopo Ortis* ne se limitera pas à l'Italie : traduites dans les principales langues européennes, elles soutinrent et raffermirent les esprits dans la lutte contre la domination napoléonienne et pour les libertés nationales. – Trad. Ombres, 1986.

DERNIÈRES NUITS DE PARIS (Les). Roman de l'écrivain français Philippe Soupault (1897-1990), publié en 1928. Un étrange cortège d'hommes vêtus de noir, une prostituée, un marin à la dérive, ainsi commence à se peupler une nuit de Paris. De l'un à l'autre personnage de mystérieux liens surgissent tandis que le narrateur assiste à un colloque de voleurs dans l'aquarium du Trocadéro, ou étudie de rue en rue le bizarre itinéraire de Georgette, la prostituée. Cette femme est la clef de la nuit, de toutes les nuits de Paris, elle que le narrateur ne peut évoquer que par les mots : « le sourire d'une ombre », ou en disant que, si elle disparaissait, il n'y aurait plus de nuit. Le temps du livre est donc le temps de cette femme souvent rencontrée et toujours insaisissable (même quand elle se vend) – le temps du hasard, du mystère, des marches jusqu'au matin dans les rues où coulent les ténèbres comme un fleuve peuplé de visages, de gestes, de paroles énigmatiques. Le marin a tué un homme, puis l'a découpé en morceaux ; il erre par la ville et son retour cyclique, ou les nouvelles qui parviennent de lui, scandent l'en allée du narrateur à travers « les dernières nuits de Paris ». Georgette, un soir, disparaît. Les rues deviennent désertes ; l'autorité du maître des ombres est contestée, le monde nocturne se désagrège. Les mauvais garçons tiennent en vain des assemblées houleuses. Enfin, Georgette reparaît aussi brusquement qu'elle avait disparu. « Par la porte de Versailles je vis un lent courant d'hommes, de femmes, d'animaux qui entraient dans Paris. Le jour et la nuit reprenaient leur ronde. » Le charme de ce livre tient dans le naturel du merveilleux, l'aisance du style, la poésie surtout de cette présence féminine identifiée à la nuit. Sans doute ce roman est-il moins marquant que *Le Paysan de Paris* (*), mais il a sa place à côté, et mérite mieux que l'injuste oubli où il est tombé.

DERNIÈRE TENTATION (La) [Ὁ τελευταῖος πειρασμός]. Roman de l'écrivain grec Nikos Kazantzakis (1883-1957), écrit en 1951 et publié à Athènes en 1954. Sur la croix où il va mourir, Jésus éprouve, en un éclair, sa dernière tentation : celle de ne pas avoir réellement vécu les épreuves de la Passion. Au lieu de suivre la voie difficile de l'ascèse et de devenir le Messie, il s'est marié, a eu des enfants et mène, aux côtés de Marthe et de Marie, la vie d'un homme simple et heureux. Mais l'ultime tentation s'efface devant ses yeux et il se retrouve sur la croix, soulagé parce que crucifié : sa mission a été accomplie et le monde a été sauvé. En dépit des apparences, ce livre est moins une biographie – imaginaire – de Jésus que la confession d'un homme qui lutte pour gagner le salut de l'humanité. Au cours de cette ascèse continuelle, de ces épreuves de chaque instant, de ce que Kazantzakis nomme « une marche sans fin vers les hauteurs » (marche dont on retrouve les étapes dans toute l'œuvre de l'écrivain), Jésus affronte l'éternel combat de la chair et de l'esprit – « cet oiseau de proie perpétuellement affamé qui dévore la chair et l'anéantit en l'assimilant ». Rebelle, au début, à la voix qu'il sent sourdre en lui, Jésus se soumet peu à peu à l'exigence divine et devient le Fils de l'Homme, le Messie attendu par tout le peuple d'Israël. Mais ce Messie ne vient pas apporter la foudre, l'incendie et la destruction. Il incarne au contraire celui de la prophétie d'Isaïe, « l'agneau que l'on mène à l'abattoir sans qu'il ouvre la bouche ». Jusqu'au dernier instant, le doute subsistera chez ceux qui l'ont connu et suivi, partisans et apôtres, sur la véritable nature de Jésus (est-il ou non le Messie ?) et sur le sens de sa mission. Ce n'est qu'à l'ultime instant de la crucifixion que certains comprendront que leur maître fut réellement le Fils de Dieu. En acceptant de s'unir à Dieu au terme d'une longue épreuve, Jésus a ouvert, pour tous les hommes, la voie royale permettant de vaincre la mort. Cette leçon impitoyable se déroule toutefois au sein d'une réalité et d'une nature tout à la fois austères et accueillantes. Rarement un livre a su imaginer la vie quotidienne du Messie avec autant de chaleur, de simplicité et d'amour. À la terrible leçon de l'apôtre Paul, venu visiter Jésus au cours de sa dernière tentation sur la croix (« Mensonge ou vérité [c'est-à-dire que tu aies été ou non crucifié] peu m'importe, pourvu que les hommes soient sauvés [...]. Pour que le monde soit sauvé, il faut qu'on te crucifie et moi je te crucifierai, que tu le veuilles ou non ; il faut que tu ressuscites et moi je te ressusciterai, que tu le veuilles ou non... »), s'oppose ou plutôt s'ajoute celle du vieil ascète du mont Carmel, auquel Jésus demande : « Comment as-tu été délivré ? As-tu beaucoup lutté ? – Non, répond l'ascète. Un matin, j'ai vu un amandier en fleur, et j'ai été délivré. » Les positions résolument non conformistes de ce livre valurent à leur auteur l'hostilité de l'Église orthodoxe grecque. De plus, *La dernière Tentation* a été mise à l'Index par le pape en avril 1954. – Trad. Plon, 1959.

DERNIER HOMME (Le). Récit publié en 1957 par l'écrivain français Maurice Blanchot (né en 1907). Comme la pension d'*Aminadab* (*), la ville du *Très-Haut* (*), le « sanatorium » du *Dernier Homme* est un monde clos, un lieu anonyme, à la fois étrange et étrangement compréhensible, opaque et transparent, fantastique et familier. Dans l'étroitesse d'une chambre, derrière une porte, au bout du couloir de la maladie, quelqu'un meurt. Dans *Thomas l'obscur* (*), c'est une jeune femme et elle se nomme Anne ; elle se nomme Judith dans *Au moment voulu* (*) ; on l'appelle « le professeur » dans *Le Dernier Homme*. Il meurt, elle meurt, cela arrive. Mais jamais la mort comme image particulière du récit n'est le point le départ ou l'accomplissement de celui-ci. Elle se loge dans l'insignifiance des pages, çà et là, et le récit la recouvre bientôt, habité par elle. Mais d'avoir été une fois, elle est toujours, et même avant d'être arrivée, elle était là. Un homme encore jeune meurt dans l'emportement « sauvage » de sa vie ; il meurt, n'ayant jamais été aussi vivant. Qu'est-ce là ? Pensée impossible, image sans forme. Les frontières du toi, du moi, sont ensevelies. L'expérience de la mort n'en est pas une puisqu'en elle disparaissent les conditions mêmes de l'expérience, et la toute première, le sujet. Non seulement tel sujet, ici disparu, mais la possibilité d'être sujet. Les mots de douleur, de joie, s'égarent l'un dans l'autre, sans plus d'attache. Ce visage, si vivant qu'on croit le saisir, si absent déjà qu'on se demande s'il est visage, les mots du récit l'ensevelissent plus sûrement encore que le tombeau. Ainsi vont et viennent les personnages, et leur événement, assez personnages pour qu'un mouvement sensible s'affirme près d'eux, assez impersonnels pour se confondre et cesser d'être personnages, aussitôt parus, de sorte que toute souffrance quand elle éclate se retourne dans la mise en souffrance du seul langage, devient distance. La mort singulière ruine le domaine du singulier pour ouvrir celui de la distance, qui est le champ de la littérature. L'écrivain ne parle jamais pour se souvenir, il ne remonte pas vers un maintenant comme vers une source, car, en écrivant, il reconnaît que l'origine se déploie partout. Son langage ne tente pas de se rendre maître de l'origine par quelque récapitulation libératrice, mais il se tient incessamment en sa présence. Ce n'est pas dans la mémoire qu'il se souvient, mais dans l'oubli. Partout et nulle part se lève le terrible et le merveilleux, l'image, opacité qui ne renvoie à rien d'autre qu'à elle-même. La mort n'est pas ici cette finitude du monde, « la fin à partir de laquelle l'homme est la décision d'être sans être », mais cette autre mort « à laquelle je ne puis jamais dire oui, avec laquelle il n'y a pas de rapports authentiques possibles... » non pas le terme mais l'interminable, non pas la mort propre mais la mort quelconque. L'espace que la mort comme impensable dessine pour l'homme n'est ni celui de l'Être ni celui du Néant ; cet espace, qui est aussi l'« espace littéraire », est celui que Maurice Blanchot appelle le neutre : « Écrire sous la pression du neutre, c'est écrire comme en direction de l'inconnu. » Dans l'incessante immobilité de cette pensée, et de ce regard, du fond du neutre, du fond de la chambre, le verbe est en agonie, non pas jusqu'à la fin des temps pendant lesquels il nous faudrait ne pas dormir, mais dans le non-temps où dormir (écrire) est la seule manière de veiller.

DERNIER JOUR D'UN CONDAMNÉ (Le). Roman de l'écrivain français Victor Hugo (1802-1885), publié en 1829. L'auteur est tourmenté par les problèmes sociaux ; plus tard, dans *Les Misérables* (*), il les abordera à nouveau. Ce titre est le récit que fait un condamné à mort jusqu'au moment de son exécution. Victor Hugo plaide en faveur de la suppression de la peine capitale et se réclame de l'écrivain italien Beccaria. Indiscutablement, le sentiment qui le meut est très noble, mais le roman est trop littéraire, livresque et conventionnel ; il lui manque le sens de l'humain et une psychologie du personnage. Au moment d'être conduit à l'échafaud, le prisonnier nous livre ses impressions afin, dit-il, de trouver un dérivatif à son angoisse, dans l'espoir aussi que son histoire « puisse être un jour utile à d'autres ». Il s'occupe de l'argot qu'on parle dans les prisons, déchiffre les inscriptions gravées sur les murs de son cachot, imagine à l'avance l'instant de sa mort : « Il me semble que, dès que mes yeux seront fermés, je verrai une grande clarté et des abîmes de lumière où mon esprit roulera sans fin. » Dans sa préface, Hugo nous dit avoir voulu plaider la cause d'un condamné quelconque, exécuté un jour quelconque, pour un crime quelconque. C'est en définitive le défaut capital du livre dont les héros manquent singulièrement de personnalité.

DERNIER JOUR EST CELUI DE DIEU (Le) [*Dén posleden-dén gospoden*].

Roman historique en trois parties de l'écrivain bulgare Stoyan Zagortchinov (1889-1969), publié en 1931-34. À partir de l'édition de 1949, l'auteur a supprimé la deuxième partie de son titre, qui est devenu simplement *Le Dernier Jour.* Avec maîtrise et érudition, l'auteur décrit certains événements importants dans la destinée du peuple bulgare, et au fond de l'ensemble des peuples balkaniques. On sait que, vers la fin du XIVe siècle, la Bulgarie et les autres États des Balkans furent absorbés par l'Empire turc. Les trois parties du *Dernier Jour* mettent en scène trois groupes de personnages, représentant trois classes sociales : les moines, la couche miséreuse du peuple, et enfin les nobles. Abondamment documenté sur l'époque qu'il évoque, Zagortchinov fait revivre un passé où le réel voisine avec la légende, où imaginaire et fantastique se mêlent intimement. Le personnage central du livre, le preux Momtchil, est un héros de légende, connu surtout à travers les chants du folklore, qui vantent ses actions en faveur des pauvres et des opprimés. Momtchil vivait au XIVe siècle en Bulgarie du Sud, dans le Rhodope, où il régnait sur un territoire échappant entièrement au contrôle du roi. Incapables de s'unir devant la masse turque, les peuples chrétiens des Balkans : Bulgares, Grecs, Serbes, succomberont l'un après l'autre. Momtchil voit le danger, et il essaie d'agir, mais les gouvernements sont trop corrompus, trop futiles. Lui et ses preux, par contre, sont prêts à se défendre, mais ils sont indisciplinés et manquent d'armes. En fin de compte, l'Empire ottoman submergera toute l'Europe balkanique et étendra sa conquête jusqu'aux portes de Vienne. À côté de Momtchil, qui est dynamique et efficace, le moine Théodossi, âme noble et pacifique, veut réformer le monde par l'amour entre tous les hommes. Raïko, le second de Momtchil, est le héros faillible avec tous ses travers et ses petits vices d'ivrogne. De la foule des autres personnages, tous peints avec vigueur, se détache la figure d'Elena, qui aime et déteste à la fois le valeureux Momtchil. Finalement, héros et peuples balkaniques succomberont devant l'envahisseur turc, et l'aristocratie sera effacée en tant que classe, cependant que toutes les valeurs matérielles et spirituelles seront détruites, et qu'une civilisation disparaîtra. Livre dense et parcouru d'un souffle épique, *Le dernier jour est celui de Dieu* est écrit dans une langue riche, souple et volontiers archaïsante. Zagortchinov est l'un des meilleurs romanciers historiques de la Bulgarie comme le prouve encore son roman important *La Légende de Sainte Sophie* (*).

DERNIER PAS (Le) [*Buoc duong cùng*]. Roman de l'écrivain vietnamien Nguyên Công Hoan (1903-1977), édité en 1938. Pha, un pauvre paysan poussé à la dernière extrémité (endettement, maladies, crues, corvées de digues, mort de sa femme et de son fils), commet un acte de violence contre son propriétaire et patron Nghi Lai. Pour éponger ses dettes, il doit se faire domestique dans les pires conditions chez ce dernier. Il se fait arrêter. Le roman, qui se termine par une défaite de l'opprimé, met en scène les personnages types d'un monde sans merci : d'un côté le grand propriétaire avec ses relations, ses complicités, peut commettre impunément des exactions ; de l'autre le monde paysan aux prises avec la misère, les adversités naturelles, les pénibles conditions de travail. Les tentatives naturelles pour faire échec aux nantis (Pha, son frère ouvrier, son cousin..., mettent en commun leur travail pour moissonner et mettre à l'abri la récolte, avant la spoliation par Lai) s'avèrent inefficaces. Roman social à thèse, *Le Dernier Pas* se contente de décrire les forces en jeu avec justesse et d'une manière vivante et, s'il esquisse une solution progressiste, il n'appelle pas à la radicalisation, encore moins à la révolution. T.-T. L.

DERNIER PURITAIN (Le) [*The Last Puritan*]. Seul roman écrit par le philosophe américain George Santayana (1863-1952) et qu'il a lui-même défini comme un « jeu d'esprit » né de ses moments de loisirs. Commencé pendant les années de jeunesse et publié seulement en 1937, *Le Dernier Puritain* est une attaque directe contre le monde puritain traditionnel, en lutte ouverte contre tout ce que la nature a pu créer de beau. Nathaniel Alden est le personnage type de ce monde faussé : il voudrait contraindre son demi-frère Peter, plus jeune et plus exubérant, à grandir et à se développer selon les principes et les préjugés traditionnels ; mais le jeune homme, doué d'un tempérament artistique exceptionnel, attiré par la lumière, l'humanité, le mouvement, se révolte violemment contre ce genre de vie et trouve la force de s'évader de la maison ancestrale aux fenêtres trop hermétiques et aux murs trop richement couverts de mauvais tableaux. Il part alors à la recherche du sentiment et de la spontanéité dans l'espoir d'y trouver une compensation à ses longues années d'enfance, vécues dans l'étouffant cauchemar d'une conscience extérieurement rigide et intérieurement agonisante. Mais il ne peut y avoir pour lui ni tranquillité ni repos : la tradition héréditaire ne lui permet pas de se détacher complètement d'un passé qui le poursuivra toute sa vie comme un rêve importun. Enfin, dégoûté, il se soustraira lui-même volontairement à cette peine accablante. Rien de tragique cependant dans cet épilogue naturel, conséquence inévitable d'une série d'erreurs et surtout de son hérédité. De toutes les angoisses qui ont rendu la vie de son père si douloureuse héritera à son tour Oliver Alden ; en effet, si Peter s'était révolté contre le puritanisme et avait cherché à le fuir en se plongeant dans la contemplation et dans l'art, son fils Oliver est par contre le vivant reflet de la grandeur primitive du puritanisme observé dans son intégrité. Dans le prologue, Santayana nous dit que cette tradition ne se révèle jamais sous la forme d'une simple timidité farouche ni d'une dureté calculée ; c'est bien plus une attitude spéculative : haine de toute honte, mépris de toute simulation et un plaisir amer et intransigeant pour toutes les actions difficiles. Oliver a un ami et cousin très cher, Mario ou Vanny Van der Weyer, dont le caractère est en contraste parfait avec le sien : insouciant, il aspire à tout le bonheur humain possible, trouvant des compromis faciles à la rigide discipline du devoir.

Autour de ces principaux personnages se noue l'intrigue du *Dernier Puritain*, roman philosophique absolument nouveau dans son genre ; on pourrait toutefois lui reconnaître un précédent dans *Richard Feverel* (*) de G. Meredith. Ses qualités ne tiennent pas à la structure générale de l'œuvre qui manque d'intrigue proprement dite ; c'est une sorte de biographie entrecoupée, mais on y trouve de nombreux passages d'une réelle poésie, spontanée, jaillissant de façon imprévue ; quant à l'étude psychologique des personnages masculins, elle est particulièrement intéressante. L'élément érotique, s'il apparaît quelquefois, ne prend jamais une importance de premier plan. Du reste, ce n'était pas l'intention de l'auteur qui a défini assez clairement dans le prologue le but de son roman : raconter l'histoire d'une vie triste, et rendue telle par les entraves d'un milieu limité et renfermé. – Trad. Gallimard, 1947.

DERNIER SEIGNEUR D'UN VIEUX CHÂTEAU (Le) [*Egy regiudvarhaz utolso gazdaja*]. Roman de l'écrivain hongrois Pál Gyulai (1826-1909), publié en 1857. L'ouvrage retrace l'époque de la répression qui suivit la guerre d'indépendance de 1848-1849. Le héros est un seigneur hongrois de l'ancien monde, Alex Radnothy, dont les terres de Transylvanie ont été occupées par le jardinier. Radnothy veut chasser celui-ci, mais les gendarmes l'arrêtent. Sa fille qui, au mépris des traditions familiales, a embrassé le parti allemand, réussit à faire libérer son père de prison. Cependant, considérant que les sentiments de sa fille sont une honte pour la maison, le vieillard la renie et se retire seul, ne vivant que pour son fils. Radnothy est encore atteint dans cette dernière affection : le jeune homme, enrôlé dans l'armée impériale, est envoyé à Milan où il tombe malade et meurt. Gyulai écrivit ce roman désespéré à l'époque la plus sombre de la répression autrichienne, mais il ne le publia que lorsque les esprits furent apaisés, à l'époque des accords. C'est l'ouvrage relativement le plus connu de Gyulai ; son style, d'une sobriété classique, son effort de rester toujours dans le cadre de la vérité psychologique lui aliénèrent la faveur du grand public. Jókai, dans le *Nabab hongrois* (*) qui se passe à la même époque et développe le même thème, eut un succès immédiat.

DERNIERS ET LES PREMIERS (Les) [*Last and First Men*]. Roman de l'écrivain anglais Olaf Stapledon (1886-1950), publié en 1930. C'est l'histoire du futur la plus ambitieuse jamais écrite. Les Derniers Hommes vivent sur Neptune dans deux milliards d'années et entrent en contact télépathique avec un de nos contemporains à qui ils dictent l'histoire des espèces humaines. Il y a eu dix-huit humanités successives. La première, la nôtre, après avoir créé un État mondial puis connu la décadence, a disparu dans une catastrophe atomique presque fortuite. La deuxième espèce surgit dix millions d'années plus tard mais est à son tour détruite par une invasion de nuages intelligents venus de Mars. Le Troisième Homme, obsédé de technique, crée le Quatrième, Grands Cerveaux qui produisent les Cinquièmes Hommes qu'ils veulent parfaits. Cette espèce, à la grande longévité, apprend à se déplacer mentalement dans le temps et colonise Vénus puis l'habite durant deux cents millions d'années. Pour s'adapter à de nouveaux milieux ou satisfaire des désirs comme celui de voler par ses propres moyens, les espèces ultérieures sont artificiellement modifiées et, de migration en migration, parviennent sur Neptune où la dix-huitième est confrontée au cataclysme ultime, l'explosion du soleil en « nova ». Les Derniers Hommes s'efforcent de donner une chance à la vie en expédiant dans l'espace interstellaire des semences humaines.

Les nombreuses péripéties collectives imaginées par l'auteur, qui se sert de sociétés entières et d'espèces comme de personnages, introduisent une foule de thèmes alors originaux : des formes de vie radicalement étrangères, parfois symbiotiques, des modifications génétiques provoquées, l'accession à une longévité de plusieurs millénaires qui garantit une certaine maturité, l'apparition de nouvelles sciences et d'autres perceptions, l'ascension et la décadence de sociétés futures, utopies et empires, et de manière générale la fragilité sinon la futilité de l'existence humaine, fétu dans le cosmos mais aussi note imprescriptible d'une symphonie universelle. Ce sentiment est encore accru dans une œuvre ultérieure, *Créateur d'étoiles* [*Star Maker,* 1937] où l'aventure humaine occupe onze lignes du texte. – Trad. Denoël, 1972. G. K.

DERNIERS JOURS (Les). Roman de l'écrivain français Raymond Queneau (1903-1976), publié en 1936.

Vincent Tuquedenne débarque du Havre à Paris pour préparer, à la Sorbonne, une licence ès lettres (nouveau régime). La première année, il est recalé au certificat de philosophie générale. La seconde année, il est reçu au certificat d'histoire de la philosophie. Entre-temps, il change ses bretelles contre une ceinture, se met à fumer du tabac anglais, cherche l'amour sans succès, en découvre cependant les apparences avec Marguerite moyennant vingt francs, discute de philosophie et boit de nombreux demis de bière. À la fin, il part pour le service militaire.

Brabbant, aigrefin au petit pied, monte, à soixante-dix ans, une escroquerie gigantesque qui réussit, puis il meurt misérablement. Tolut, professeur de géographie en retraite, découvre soudain que, n'ayant jamais voyagé, il a pendant toute sa vie enseigné des choses dont il n'avait pas eu personnellement connaissance, se consume de remords et périt sous une automobile.

Alfred, enfin, garçon de café versé dans les chiffres, prévoit l'avenir de tout le monde et trouve une martingale qui lui permet de récupérer, à Longchamp, deux cent un mille six cent quarante-trois francs, tout juste ce qu'avait perdu son père de longues années auparavant, compte tenu de la hausse du coût de la vie et de la baisse du franc.

Les Derniers Jours est le roman de Raymond Queneau le plus riche en détails autobiographiques. Il se déroule très précisément pendant les deux premières années scolaires que l'auteur, débarquant du Havre, a lui-même passées à la Sorbonne (1920-1922). On y rencontre de nombreux personnages imaginaires, mais Tuquedenne incarne le jeune Queneau avec beaucoup de fidélité. Quelques-uns de ses caramades d'études sont également présents.

L'action de ce roman est très précisément incluse dans l'histoire réelle. Il est ainsi fait allusion à la défaite de Georges Carpentier, au procès de Landru, à la venue d'Einstein et de Chaplin. L'œuvre s'insère donc sans ambiguïté dans les « romans d'apprentissage », ce qui ne saurait étonner de la part d'un jeune écrivain qui venait d'abandonner le surréalisme pour chercher des modèles chez Flaubert, chez Joyce, chez Faulkner. Ce qui fait son originalité, c'est l'écriture très personnelle de Queneau, mise au point quatre ans auparavant pour *Le Chiendent*, et qui, appliquée notamment à la description des états d'âme d'un adolescent, y trouve une émotion et une force nouvelles.

Raymond Queneau, gêné a posteriori par les confidences trop personnelles que contient ce roman, en a interdit la réimpression pendant une trentaine d'années. Ce n'est qu'en 1965 qu'il l'a autorisée : juste le temps que s'atténue l'acide mélancolie des vieux souvenirs. J. B.

DERNIERS JOURS DE HUTTEN (Les) [*Huttens letzte Tage*]. Œuvre du poète et romancier suisse d'expression allemande, Conrad Ferdinand Meyer (1825-1898) parue en 1871. L'existence violente et aventureuse d'Ulrich von Hutten, chevalier errant, poète et pamphlétaire, ami de Reuchlin, partisan de la Réforme et compagnon intermittent de Luther, a inspiré à Meyer ce poème en sept livres, assez décousu dans la forme et parfois d'un effet trop facile, mais dont certaines strophes ne manquent ni de vigueur ni de beauté. C'est en 1522, âgé de 34 ans mais déjà prématurément vieilli, miné par une maladie incurable, que Hutten s'était réfugié en Suisse. Après avoir brillé d'une courte gloire comme poète lauréat à la cour de l'empereur Maximilien Ier, combattu dans la ligue de Souabe contre le duc Ulrich de Wurtemberg (son ennemi personnel) et fustigé dans ses écrits la Rome pontificale, il s'était vu forcé de quitter le territoire de l'Allemagne, pour éviter le cachot, sinon le bûcher. Érasme s'étant prudemment abstenu de l'accueillir, c'est Zwingli qui lui procura un dernier refuge, chez un chapelain compréhensif et dénué de fanatisme, sur l'île d'Ufenau (lac de Zurich).

Dans le poème de Meyer, la dernière année de Hutten (qui mourut en septembre 1523) est évoquée en une suite de soliloques, de réminiscences, de rêveries rétrospectives. Ce sont les joyeuses beuveries de Fulda, l'université de Pavie, la rencontre avec Bayard, la cour fastueuse et amicale de l'Électeur de Mayence ; ce sont des considérations sur Aristote, sur l'astrologie et le libre arbitre, sur les mercenaires et les malheurs de la nation divisée (où l'auteur attribue à son héros des idées que lui inspire la création de l'Empire allemand, car son poème date de 1871) ; ce sont enfin des rencontres ultimes et romantiques, possibles certes mais aussi invraisemblables que l'est parfois la réalité elle-même : un moine espagnol, à qui Hutten offre l'hospitalité un soir d'orage, est un certain Ignace de Loyola en route vers Jérusalem ; un grand médecin que son hôte compatissant fait venir pour soigner le malade, et c'est Paracelse. Mais, en dépit de cette ordonnance dramatique (ou peut-être à cause d'elle), l'œuvre respire une fraîcheur tendre et agreste, et dans les dernières pages elle atteint à une grandeur simple et majestueuse.

DERNIERS JOURS DE L'HUMANITÉ (Les) [*Die Letzten Tage der Menschheit*]. Tragédie en cinq actes, un prologue et un épilogue de l'écrivain autrichien Karl Kraus (1874-1936), publiée sous forme partielle dans le journal de Kraus *Le Flambeau* [*Die Fackel*], sous forme définitive en 1922. Pièce « injouable » par son ampleur (plus de sept cents pages de texte, deux cent vingt scènes et quelque cinq cents personnages), *Les Derniers Jours de l'humanité* n'étaient du reste pas destinés, dans l'esprit de son auteur, à être représentés. Kraus y dresse le tableau, éclaté en une mosaïque de scènes dialoguées, des absurdités, hypocrisies, mensonges et horreurs de la Première Guerre mondiale, s'achevant à l'échelle cosmique en Apocalypse de l'humanité. Les lieux où se déroulent ces dialogues sont aussi multiples que les personnages : scènes quotidiennes de l'« arrière » (rues de Vienne et de Berlin, café de Vienne, salon bourgeois, Prater, salle de rédaction, salon de coiffure, etc.), théâtre des champs de bataille (Isonzo, Verdun, Sibérie...), hauts lieux du commandement militaire. Les personnages de ce kaléidoscope sont tantôt des figures historiques nommément désignées (Guillaume II, Ludendorff, Hindenburg), tantôt des représentants stylisés de leur type, anonymes (un officier, l'abonné de la *Neue Freie Presse*, un garçon de café, le poète, etc.) ou affublés d'un nom cyniquement évocateur (général Gloirefaisant, capitaine de Massacré, colonel Meurtrier). À intervalles réguliers sont insérés les dialogues entre les deux personnages commentateurs des événements, l'Optimiste et le Contestataire : l'un reproduit avec un optimisme inébranlable les arguments et les phrases clichés de cette « grande époque » où la guerre régénératrice « élève l'âme » et ouvre un avenir prometteur, l'autre (la voix de Karl Kraus lui-même) démystifie ce langage faussement pathétique et patriotique qui masque la sinistre réalité. Se conformant à un procédé qu'il utilise dans tous ses écrits satiriques, Kraus se sert du montage, de la citation, pour faire surgir la vérité que cachent les mots : le texte est ainsi composé pour une bonne part de propos authentiquement prononcés, de slogans guerriers constamment rabâchés, d'extraits de journaux, de paroles « historiques », ou simplement de banalités quotidiennes cent fois répétées, sur lesquels l'effet de contraste, la mise en situation de dérision, la juxtaposition projettent un éclairage décapant. Le cynisme, la stupidité, l'aveuglement béat s'étalent avec complaisance dans une langue le plus souvent teintée de dialecte viennois évoquant, comme une parodie acerbe, la comédie populaire viennoise. Sans héros, sans structure stricte ni action dramatique, la tragédie des *Derniers Jours de l'humanité* est un énorme pamphlet dialogué contre la guerre, une vision apocalyptique et terriblement lucide de l'avenir, une œuvre dramatique unique en son genre dont les procédés ont influencé tout le théâtre allemand contemporain des années 20 à 30 et au-delà, qu'il soit expressionniste, épique ou documentaire. Une « version scénique » réduite a été établie par Kraus lui-même, c'est cette version qui existe en traduction française : *Les Derniers Jours de l'humanité*, Publications de l'université de Rouen, 1986. G. Ra.

DERNIERS JOURS D'EMMANUEL KANT (Les) [*The Last Days of Emmanuel Kant*]. Récit de l'écrivain anglais Thomas De Quincey (1785-1859), publié en 1827. Ce récit, par un prétendu secrétaire, des derniers moments du philosophe allemand est inspiré par les Mémoires de Wasianski, de Borowski, et de Jackmann, publiés en 1804, l'année de sa mort ; mais on y sent avant tout la marque de De Quincey, sa fascination pour la mort imminente, son observation clinique de ses signes avant-coureurs. D'abord sont soulignées les petites bizarreries de la vie quotidienne de Kant, ainsi que son goût immodéré pour le fromage de Hollande, ou le curieux attirail qui remplace ses jarretières, accusées d'entraver la circulation sanguine. Mais, malgré l'abondance de ces détails concrets ou amusants, et le ton assez sec de l'ensemble, il se dégage de ce texte le sentiment oppressant d'une marche inéluctable vers la mort, plus tragique encore lorsqu'il s'agit du naufrage d'un grand esprit. Kant, triturant sans cesse la ceinture de sa robe de chambre, ou assailli en rêve par de fantomatiques assassins, y perd peu à peu la parole, avant de s'éteindre sur un terrible : « C'est assez. » – Trad. de Marcel Schwob, Ombres, 1985. A. Gr.

DERNIERS JOURS DE POMPÉI (Les) [*The Last Days of Pompei*]. Roman historique de l'écrivain anglais Edward George Bulwer-Lytton (1803-1873), publié en 1834. Cet ouvrage devint très vite populaire : il fut traduit dans presque toutes les langues et marqua le début d'une série de romans ayant pour toile de fond la vie de la Rome ancienne, romans qui furent en vogue au cours du siècle dernier : celui qui eut à juste titre le plus grand succès est *Quo Vadis* (*). La valeur intrinsèque du livre est très inférieure à sa renommée. L'imagination de Lytton est plus visuelle que psychologique et les nombreux personnages de ce récit compliqué sont dessinés à la hâte ; mais le tourbillon mouvementé de leurs aventures fait oublier un peu l'absence de profondeur du livre. L'action se déroule à Pompéi, et s'achève avec la célèbre éruption du Vésuve de 79 ap. J.-C. Le héros est Glaucus, jeune Grec, riche, beau et généreux, en butte à l'hostilité de l'Égyptien Arbacès, adepte des sciences occultes, dévoré par un orgueil démesuré et par une luxure jamais assouvie. Glaucus est l'amant heureux de la belle Ione, Grecque elle aussi, riche en grâce et en vertu. Arbacès, séduit par la beauté de la jeune femme, s'oppose par tous les moyens à l'amour des deux jeunes gens. Pourtant ses intrigues sont déjouées par Nydia, jeune esclave aveugle, que Glaucus a affranchie, en l'achetant à des maîtres infâmes. L'amour passionné de cette dernière pour Glaucus est l'élément le plus dramatique et le plus humain de tout le livre ; il constitue, en outre, une heureuse trouvaille de l'auteur pour résoudre ou compliquer tour à tour l'intrigue. Le moment le plus dramatique est celui où Arbacès parvient, grâce à une femme jalouse de Ione, à faire avaler à Glaucus un philtre qui rend fou. Ensuite Arbacès tue par traîtrise un jeune prêtre d'Isis (frère de Ione), en accusant de ce crime Glaucus qui semble, entre-temps, avoir perdu la raison. À partir de ce moment, les événements se compliquent : Glaucus recouvre la raison, et est condamné à être dévoré vivant par les fauves, dans un cirque. Ione est prisonnière d'Arbacès, en même temps que Nydia. Mais bientôt un heureux dénouement survient : Nydia parvient à s'enfuir et à avertir les amis de Glaucus. Les sauveurs arrivent au cirque au moment même où la foule hurle et s'impatiente parce que le lion, étrangement inquiet, se refuse à dévorer Glaucus. En réalité le fauve, par son flair instinctif, pressent déjà le danger qui plane sur la ville. Bientôt, en effet, les cendres brûlantes enveloppent les citoyens en liesse. Dans la fuite éperdue, Nydia, toujours oublieuse d'elle-même, et aidée par sa cécité qui lui permet de s'orienter au milieu des ténèbres brusquement survenues, retrouve Glaucus et Ione et les emmène à l'abri. Arbacès et d'autres personnages détestables meurent. Les amis de Glaucus et le chrétien Olynte, qui devait lui aussi mourir dévoré par les fauves, sont sauvés. Nydia, pour ne pas assister au bonheur de Glaucus et Ione, se jette à la mer, du bateau qui les emmène tous en lieu sûr. Au cours de sa détention, Glaucus s'est converti au christianisme grâce à Olynte, et Ione va le suivre à son tour dans sa nouvelle foi.

Les faits sont racontés avec une grande abondance de détails, au cours de cinq cents pages et plus, pleines de couleur mais aussi d'emphase. La description de Pompéi (écrite par l'auteur sur les lieux mêmes au moment où l'on s'enthousiasmait pour les fouilles qu'on venait de commencer) est particulièrement suggestive ; il est étonnant que ces pantins à deux couleurs — allant du blanc éblouissant au noir le plus dense — et dont l'auteur raconte les aventures compliquées, aient gardé une telle vitalité. Dans la structure romantique de cette composition, il est facile de reconnaître les influences de W. Scott et surtout des traces curieuses de byronisme. — Trad. Gallimard, 1984.

★ Ce sujet a été largement exploité par l'opéra : parmi les compositions portant le titre de *Derniers jours de Pompéi*, il faut mentionner l'opéra de Giovanni Pacini (1796-1867), d'après le livret de Léone Andréa Tottola — qui pourtant ne s'inspira pas du roman de Lytton, paru un peu plus tard — et représenté à Naples en 1825 ; et les opéras de A. Gast et de Félix Victorin de Joncières (1839-1903), empruntés tous les deux à Lytton : le premier fut représenté à Breslau en 1864, le deuxième à Paris en 1869. Ces opéras furent vite oubliés tant à cause de leur pauvreté musicale que de la faiblesse de leur structure dramatique.

DERNIERS JOURS DE TENIAN (Les) [*Teniyan no matsujitsu*]. Roman de l'écrivain japonais Nakayama Gishû (1900-1969), publié en 1948. Le Dr Hamano, libéré d'un camp de prisonniers du Texas voici trois ans déjà, évoque des souvenirs de guerre. Mobilisé au sortir de l'université, promu capitaine après un séjour dans une caserne de la métropole, il avait été affecté en février 1944 à la base aérienne de Tenian, îlot des Mariannes voisin de Saipan. Poste de tout repos, semblait-il, sur un atoll que la guerre a jusque-là oublié, peuplé d'une garnison d'aviateurs et de marins enlisés dans la routine, et de quelques milliers de travailleurs civils, japonais ou coréens, qui ont créé un semblant de village sur cette île déserte. Mais le sort des armes a tourné, et l'ennemi, sautant d'île en île, se rapproche. Le jour même de l'arrivée de Hamano, un premier bombardement détruit en grande partie ce qui n'était qu'un aérodrome de transit mal défendu, et qui deviendra désormais une base de départ pour la chasse japonaise. Pendant quelque temps, chaque jour verra s'envoler des escadrilles dont, invariablement, le tiers seulement revient : « Nous sommes les sacrifiés de la patrie », dira le lieutenant Kazama avant de disparaître à son tour. Hamano a été rejoint par son ami Okazaki, et à deux ils essaient de lutter contre l'« illogisme » de la vie militaire dont ils souffrent plus que des privations, en se livrant à une étude scientifique d'un ictère infectieux qui sévit dans la garnison. L'illogisme militaire se manifeste aussitôt : le Dr Koseki, médecin de campagne gâteux dont l'armée a fait un major, leur interdit de poursuivre ce travail, dont le médecin général, quelques jours plus tard, fera l'éloge... Mais, au matin du 12 juin, une flotte ennemie prend position entre Tenian et Saipan, puis écrase sous son feu ce qui reste de l'île dont la garnison réfugiée dans des cavernes assiste impuissante à l'occupation méthodique de Saipan, tandis que la radio des armées célèbre les victoires japonaises. Le 24 juillet viendra le tour de Tenian : la garnison à peu près sans armes ne peut que se laisser massacrer dans ses terriers, victime, ainsi que les civils, de la propagande officielle qui, à force de célébrer le fanatisme nippon, a convaincu l'ennemi que seul un « nettoyage » impitoyable pouvait en venir à bout.

L'analyse d'une telle œuvre peut se passer de commentaires, car elle suffit à en dégager la signification. Il convient toutefois de noter la technique très particulière de la narration, toute cinématographique : Hamano est certes le centre du récit, ce sont ses souvenirs, et eux seuls, qui sont rapportés (le roman s'achève au moment précis où, épuisé, il perd connaissance), mais ils le sont à la troisième personne, de même que le cinéma nous montre un personnage évoluant dans les méandres de sa propre mémoire. Il en résulte une vision subjective des événements qui perdent leur aspect froidement statistique, et la prise d'un îlot insignifiant devient un raccourci saisissant d'une guerre planétaire dont elle fait comprendre le mécanisme. La critique et l'opinion ne s'y étaient pas trompées qui avaient salué lors de la parution de ce court « roman » — à peine une longue nouvelle — l'une des œuvres les plus achevées et les plus vraies consacrées au drame que le Japon venait de vivre.

DERNIERS OISEAUX (Les) [*Son Kushlar*]. L'un des onze recueils de nouvelles de l'écrivain turc Sait Faik Abasïyanïk (1906-1954), publié à Ankara en 1952. L'auteur, fidèle à son style tout en évocation, et au ton intimiste de ses récits antérieurs, ressuscite quelques moments de la vie des gens simples et des déclassés d'Istanbul. Par touches discrètes, le décor des îles où Sait Faik aimait à partager la vie des pêcheurs s'anime, tandis que leur monde intérieur est restitué grâce à une sorte d'empathie miraculeuse. Cette osmose d'un lieu exceptionnel et du destin des anonymes qui le peuplent, rendue dans une langue colorée proche du parler populaire d'Istanbul, a profondément influencé le réalisme des nouvellistes turcs de la génération suivante. – Trad. de quelques nouvelles du recueil dans *Un point sur la carte,* éd. Sijthoff (Pays-Bas), 1962, rééd. Souffles, 1988.

S.A.D.

DERNIERS POÈMES de Leconte de Lisle. Recueil du poète français Leconte de Lisle (1818-1894), publié après la mort de l'auteur, en 1895. La pensée profonde du poète, sur les diverses religions qui ont dominé le monde, est résumée ici dans « La Paix des dieux ». La raison propose à l'homme une évocation de tous les dieux disparus, créés par ses rêves, et qui, peu à peu, se sont évanouis après qu'il eut espéré en eux ou qu'il se fut révolté contre eux. Dans un monde désormais vide, l'homme reste seul. On retrouve dans ces poèmes les thèmes favoris du poète : l'Inde, la beauté grecque (« Hymnes orphiques ») ainsi que le chaud parfum de son pays (« Les Yeux d'or de la nuit ») ; dans « Les Raisons du Saint-Père », il semble que le point de vue historique et humain du catholicisme ait été mieux compris. À ces poésies lyriques s'ajoute le drame *L'Apollonide* (1888) qui ne fut jamais représenté. Ion, fils d'Apollon et de Kréousa, abandonné par sa mère, entre au service des dieux dans le temple de Delphes, mais sa mère, qui ne l'a pas reconnu, veut le faire empoisonner ; elle est condamnée à mort, et la sentence est prête à être exécutée, mais, grâce à l'intervention de la pythie, mère et fils se reconnaissent et Ion deviendra roi de l'Attique. C'est le thème de *Ion* (*) d'Euripide, dont Leconte de Lisle a atténué la cruauté : à la fin, le génie grec est glorifié et la voix des muses prédit la splendeur de la cité de Périclès. Le recueil contient encore des préfaces, des articles de critique sur les poètes du XIXe siècle qui permettent ainsi d'avoir une opinion sur les idées du chef des parnassiens en fait d'esthétique. Il faut ajouter à cet ensemble les *Œuvres diverses* publiées par Edgar Pich en 1978.

DERNIERS POÈMES D'AMOUR. Recueil du poète français Paul Éluard (1895-1952), publié en 1962. Cette édition rassemble des poèmes publiés antérieurement et séparément dans des plaquettes intitulées *Le Dur Désir de durer* (1946), *Le temps déborde* (1947), *Corps mémorable* et *Le Phénix* (1951). Ce sont des derniers poèmes écrits par Éluard aux femmes qu'il aima. *Le Dur Désir de durer* est écrit pour Nusch Éluard qui fut sa femme durant seize années. On y retrouve le poète tendu par nature vers l'amour et son dérivé la tendresse, dans des vers où la musicalité, le lyrisme, l'amour de la simplicité et de la gravité rivalisent. Certains poèmes, de quelques lignes seulement, sont évocateurs par leur concision même. Ainsi le « Dit d'un jour » : « Pour cerner d'un peu plus de tendresse ton nom ; la rue était absurde et la maison amère. Le jour était glissant, la nuit était malade. » Mais Nusch « la parfaite » meurt brutalement le 28 novembre 1946 ; le 16 juin 1947, Éluard publie *Le temps déborde* illustré de photographies de Man Ray et de Dora Maar. Il se refuse à admettre la mort irrémédiable : « Nous ne vieillirons pas ensemble / Voici le jour / En trop : le temps déborde. » Intitulés « Je vis toujours », « Les Limites du malheur », ou « Ma morte vivante », ces poèmes parlent déjà par leurs titres. « Je souffre pour toujours de ton silence, ô mon amour », y lit-on. La raison du poète chancelle sous la douleur et le désespoir. En 1948, il compose « Corps mémorable », recueil de poèmes violents, érotiques, sensuels, où le corps de la femme qu'il a aimée est glorifié comme avant. Cependant il y dit aussi : « Je me vois sous ton masque et je me reconnais... », ce qui a pu faire dire que « Corps mémorable » est un « prélude au salut ». La crise redoutable sera en effet bientôt surmontée.

Quelques années plus tard, Éluard rencontre au Mexique Dominique, qui vivra avec lui jusqu'à ce qu'il meure en 1952. L'amour renaît, c'est *Le Phénix*, écrit pour Dominique. « Le Phénix, c'est le couple – Adam et Ève – qui est et n'est pas le premier. » Il y a dans ces pages la joie d'aimer (« Nous deux nous tenant par la main... Nous sommes l'évidence même ») et la foi d'Éluard en la permanence et en la fécondité de l'amour. L'idéaliste qu'il était, hanté par l'édification d'un monde meilleur réapparaît dans ses derniers poèmes : « Tu bâtis une maison Et ton cœur la mûrit... » Grâce à sa force créatrice, par l'exaltation qu'il permet, l'amour est la source de l'universelle fécondité. Seul l'amour peut faire comprendre aux hommes le monde tel qu'il est et aussi tel qu'il pourrait être.

DERNIERS POÈMES EN VERS ET EN PROSE. Œuvres de l'écrivain français Max Jacob (1876-1944), publiées en 1945. Hormis un « Reportage de juin 1940 » et un « Roman de 1943 », les poèmes ne sont pas datés ; ils ont été écrits pendant la guerre, et on peut leur prêter une valeur testamentaire. Ils sont marqués par les signes de l'agonie et de l'espérance, par le détachement (« Passé de mon passé, nous sommes des passants ») et par la foi : « Que tout me quitte, ô Dieu, mais non pas le souci / Du jour où de vous, Dieu, je recevrai l'acquit ! » La famille humaine de Max Jacob est décimée ; sa famille poétique est sans pouvoir : à Saint-Benoît, il reçoit la visite affectueuse et régulière de jeunes poètes, mais il sait que la folie de l'histoire transforme sa vie en une réelle « Imitation de Jésus-Christ », jusqu'au sacrifice.

L'angoisse maîtrisée et surmontée n'entraîne pas une modification du rapport ludique que Max Jacob entretient avec la langue : il joue du soulignement ou de l'effacement du « e » muet, des allitérations (« Ma plèbe est à Pleyben »), révèle des mots sous les mots (« Déménagement de la sacristie : sa crédence sacrée danse », ce dont s'inspirera Michel Leiris pour composer son *Glossaire*). Cet usage des sortilèges du vers le ramène sans cesse à ses thèmes fondamentaux : le sentiment de la dissociation de soi, et la préparation à mourir. Les figures qu'avive la culture, la triste Élodie et Claudien le Sage, le grand Albert et Jacob Boehm, sont ses composantes intimes. De tous ceux-là, qui l'ont occupé jusque dans le rêve, il doit prendre congé : « Je suis mourant d'avoir compris /que notre terre n'est d'aucun prix. » Se développant de méditation en méditation (Max Jacob applique sa réflexion à des questions ordonnées comme le lui a enseigné la lecture de l'*Introduction à la vie dévote* (*) de saint François de Sales, qu'il a consultée sa vie durant), le livre constitue un équivalent des « artes moriendi » médiévaux. Se préparer à mourir entraîne le remords d'avoir dilapidé le temps, fût-ce généreusement (« J'ai perdu ma vie par délicatesse »), et surtout d'avoir fait de la poésie un but, quand elle aurait dû demeurer un moyen : « C'est à travers mon cœur qu'il faut pleurer d'amour. » Le renoncement à soi passe par l'abandon de l'espérance mise en la célébration poétique, conçue non plus comme un exercice mais comme une vanité : « Quoi, le ciel et le monde me verront dans mes hontes et c'est sur des vers que je compte ? » L'angoisse l'effleure d'avoir préféré le simulacre à la vérité, d'avoir fait trafic de la parole, de s'être vanté de ses fautes en se disant Tartufe.

En fait, le souci formel que manifeste Max Jacob, tant dans les poèmes en vers que dans les textes en prose minutieusement composés, lui permet de maintenir ferme sa pensée. Il est un moyen de concentration de l'esprit. L'usage du vers et l'attention aux mots ne l'emportent pas sur le souci spirituel. Le terme « Paradis » rime certes avec « radis », mais sa fréquence d'emploi dans le volume fait triompher l'espérance sur le jeu et l'angoisse. La crainte de l'arrestation et de la déportation est moindre que celle de la damnation. La mort est sans effet si, ayant été pensée comme un seuil, elle est vécue comme un passage superficiel, si la vie, orientée par la vision béatifique, se fait introduction à l'éternité. Au terme des obsèques d'un inconnu imaginées dans un poème (elles pourraient être celles mêmes du poète), les discours et les journaux proclament : « Un saint ! c'était un saint ! »

De cette poésie, Jean-Marie Gustave Le Clézio dit qu'elle est « incantatoire, divinatoire, elle est débordement vers le futur ». L'œuvre littéraire de Max Jacob constitue un examen critique de l'existence orienté par l'espérance d'une réintégration. Le dernier poème du recueil s'intitule : « L'âme agitée refait le ciel ».

J. Rou.

DERNIERS SONNETS SUPPOSÉS DE SHAKESPEARE [*Ultimele sonete inchipuite ale lui Shakespeare*]. Premier volume posthume, publié en 1964, du poète roumain Vasile Voiculescu (1884-1963). Préfacée par l'historien et théoricien littéraire Perpessicius (pseudonyme de Panaitescu), c'est une suite de quatre-vingt-dix sonnets, numérotés de CLV à CCXLIV et composés du 5 décembre 1954 au 21 juillet 1958. C'est, ainsi que l'écrit avec insistance Perpessicius, un « nouveau Voiculescu » : si l'œuvre publiée du vivant du poète « sacrifie à d'autres idoles », la série des *Sonnets* est un cycle d'amour ; plus qu'une suite aux cent cinquante-quatre sonnets de Shakespeare, plus qu'un pastiche ou une réponse, c'est une grande explosion d'amour qu'a jetée sur le papier le poète à la fin de sa vie. C'est une poésie sexuée, à la différence de celle d'avant-guerre, et érotique. Parnassien comme Heredia, comme Leconte de Lisle et, en Roumanie, comme Ion Barbu, Vasile Voiculescu s'aide de ces termes archaïques, slavons et religieux, pour traduire sa passion ; parfois lubriques, les *Sonnets* n'en gardent pas moins une violence, une flexibilité étonnantes. On y trouve, au-dessus de tout autre, ce thème de la blessure que formule Shakespeare (« O, no ! it is an ever-fixed mark, / That looks on tempests and is never shaken ») et une exaltation du mot (« La semence immortelle, c'est le verbe », CLXX). Du premier sonnet (« Ne me cherche pas d'origine, mais considère l'élément, / On goûte le fruit, non la racine... ») à la dédicace à Shakespeare (« Nuis-je en quoi que ce soit à ta célébrité ? Permets-moi de te dire, / Océan de génie, toi qui noies même l'oubli... »), les quatre-vingt-dix sonnets occupent, par l'ensemble qu'ils constituent, une place importante dans la littérature roumaine contemporaine.

DERNIERS VERS de Laforgue. Le poète français Jules Laforgue, né en 1860, est mort en 1887 : il avait 27 ans. Il était donc tout jeune encore lorsqu'il écrivit ses « derniers vers ». Les poésies qui composent « Derniers vers » et « Des fleurs de bonne volonté » furent, pour la première fois en 1890, recueillies en un volume par les pieuses mains de Dujardin et Fénéon, amis du poète. Mais nombre d'entre elles avaient paru – et en tous les cas les douze pièces des « Derniers vers » – du vivant de Jules Laforgue dans des revues de l'époque, et notamment dans *La Vogue* et *La Revue indépendante.*

Ce qui fait le charme des derniers vers de Jules Laforgue, c'est leur forme souple, leurs images simples, leurs sentiments vrais. Sa vie durant, le poète cherchera la netteté des images et le rythme aux mouvements multiples et combinés, choses qui donnent tant d'expression singulière à son œuvre. En effet le poète se dégage petit à petit des alexandrins des premiers sonnets (« Le Sanglot de la terre ») : « Les jardins de rosiers mouillés de clair de lune / Font des rumeurs de soie, aux langueurs des jets d'eau... », ou encore : « Sous le ciel pluvieux noyé de brumes sales, / Devant l'océan blême, assis sur un îlot, / Seul, loin de tout, je songe au clapotis du flot, / Dans le concert hurlant des mourantes rafales... » Certes, le poète reviendra, ici et là, aux sonnets, aux vers de douze pieds, mais jamais avec la même conviction. Dans *Les Complaintes* (*), dans *L'Imitation de Notre-Dame la Lune* (*), il cherchera des effets dans toutes sortes de métriques. « Lune bénie / Des insomnies / Blanc médaillon / Des Endymions / Astre fossile / Que tout exile... » Il les cherchera aussi dans les vers de deux pieds qui, dans leur raccourci, savent si bien « saisir » les images fugitives et marquer par cela même la beauté mouvante de la pensée et de l'état poétique : « La Femme, / Mon âme : / Ah ! quels / Appels ! / Pastel / Martels / Qu'on blâme / Mes gammes ! / Un fou / S'avance / Et danse / Silence... / Lui, où ? / Coucou. »

Mais ce qui fait, disons-nous, la qualité des *Derniers vers* de Jules Laforgue, c'est leur forme souple, volontairement désarticulée. Le poète, avec cette insouciance apparente qui cache presque toujours un travail lent et sûr, et aussi une réelle inspiration, cherche sans cesse de nouveaux effets rythmiques et, comme dans certaines pièces des *Complaintes*, un dessin net, une forme quasi populaire où il peut s'épancher : « J'aurai passé ma vie à faillir m'embarquer / Dans de bien funestes histoires. / Pour l'amour de mon cœur de Gloire !... / Oh ! qu'ils sont chers, les trains manqués / Où j'ai passé ma vie à faillir m'embarquer !... »

La mélancolie de Jules Laforgue n'est pas grandiloquente et, si elle est faite parfois de soupirs et de larmes, encore se garde-t-elle de dramatiser. Il y a, dans les derniers vers de ce « bon Breton né sous les Tropiques », de la tristesse et des regrets – n'a-t-il pas un peu plus de 20 ans ! – mais tristesse et regrets ne vont pas juqu'au « trémolo ». C'est pourquoi ses poèmes ont un charme tout particulier. Ils peuvent nous donner une grande émotion, précisément parce qu'ils gardent le sens de la mesure et une certaine pudeur des sentiments. Cela les protège des excès de langage que l'on commettait si volontiers à l'époque. Il y a dans cette poésie sentimentale, légèrement désabusée, grâce à l'ironie savante et douce qui l'accompagne, une fraîcheur, une jeunesse qui lui donnent un son clair et qui trouvent d'infinies résonances dans notre esprit et dans notre âme. « Vous ne m'aimeriez pas, voyons, / Vous ne m'aimeriez pas plus / Pas plus, entre nous, / Qu'une fraternelle occasion ? »

DERNIER VOILIER (Le) [*Het Fregatschip « Johanna Maria »*]. Roman de l'écrivain hollandais Arthur van Schendel (1874-1946), publié en 1930. Il conte l'histoire d'un voilier construit en 1865, dans un chantier d'Amsterdam. Ce roman, dans lequel l'influence de Stevenson est visible, est comme un adieu nostalgique à un monde qui disparaît : en effet, peu à peu le voilier a dû céder la place au navire à vapeur. Le héros du récit est le robuste marin Jacob Brouwer, être taciturne et renfermé, et qui considère son voilier, la « Johanna-Maria », comme son bien le plus précieux. Le capitaine de la « Johanna-Maria », Wilkens, est un homme infortuné dont la femme est toujours malade, si bien que les voyages qu'il fait sont toujours brefs. Pendant quatorze ans, la « Johanna-Maria » couvre régulièrement le parcours d'Amsterdam aux Indes. Brouwer aime le bateau comme s'il était à lui et il sait le conduire aussi bien que le capitaine qui en éprouve un certain ombrage. Une nuit, le capitaine se jette à la mer. Il a perdu sa femme et ses enfants, et la vie n'a plus d'attraits pour lui. Le voilier est vendu à des Norvégiens qui changent son nom en celui d'« Ingrid ». Brouwer est autorisé à rester à bord, mais sa vie devient difficile. Le nouveau capitaine est dur et grossier, il néglige son bâtiment et ses hommes, à tel point qu'un jour une querelle éclate entre lui et Brouwer. Ce dernier est jeté en prison et, lorsqu'au bout de quelques mois on lui rend la liberté, le navire est parti. Brouwer se lance à la recherche du voilier et finit par le retrouver au Chili ; mais le bateau est dans un état déplorable. Brouwer se fait engager et, comme il sait réparer les voiles et qu'il est adroit menuisier, il remet le navire en état ; finalement, après de nouvelles aventures, il réalise son rêve et devient propriétaire du bâtiment. C'est en tant que propriétaire qu'il retourne dans sa patrie. Malheureusement le voilier est vieux comme son patron, le bois commence à s'user. Arrivé à Amsterdam, Brouwer monte dans les haubans pour les réparer ; mais il tombe et on le transporte à l'hôpital où il meurt. La « Johanna-Maria » repose maintenant dans un canal d'Oostenburg, et elle continue à se refléter dans les eaux tranquilles, en attendant sa fin. Le thème sentimental est habilement mêlé au goût de l'aventure ; aussi le roman se présente-t-il comme une sorte d'élégie où la vie et le rêve se marient aux reflets changeants de l'eau.

DE ROSES ET DE FEU [*Drömmar om rosor och eld*]. Roman de l'écrivain suédois Eyvind Johnson (1900-1976), publié en 1949. Dans une ville du département de la Vienne, Loudun, déchirée par des luttes politiques et religieuses (l'action se situe au XVIIe siècle), le prêtre Urbain Grandier, bel homme et bon prédicateur, obtient un grand succès auprès de ses paroissiens et de ses paroissiennes. D'autres ecclésiastiques, moins séduisants, s'en prennent à lui et, lorsque les sœurs d'un couvent de la ville se trouvent possédées par des démons, ils finissent par obtenir son jugement et sa condamnation : il est brûlé vif.

D'autres écrivains suédois s'étaient déjà intéressés à ce procès, en particulier le poète Erik Axel Karlfeldt, qui y fait allusion dans son poème *Les Sorcières* [*Häxorna*]. Ce sujet a été excellemment exploité par Eyvind Johnson, qui est un bon historien et qui sait toujours dégager les leçons universelles d'un événement isolé. — Trad. Stock, 1952.

DERRIÈRE L'OMBRE DES NUAGES [*Podir sěnkata na oblacitě*]. Titre donné à l'œuvre poétique de l'écrivain bulgare Pejo Javorov (Pejo Kračolov, 1877-1914), l'un des maîtres de l'école symboliste. Les poèmes furent rassemblés en 1934 et divisés en quatre parties : *Anthologie, Insomnies, Choses aperçues* et *Reines de la nuit.* Le premier de ces recueils, *Anthologie,* groupe les poèmes de la période présymboliste de l'œuvre de Javorov. Il comprend notamment le recueil *Vers* [*Stihotvorenija*] daté de 1901, qui laissait pressentir l'évolution future du poète (note sentimentale l'emportant sur la note réaliste, idéalisme, images symboliques, sensation d'égarement, de rêve, de solitude, de mort). Néanmoins la réalité quotidienne y apparaissait de façon plus immédiate, en outre, ces premiers poèmes étaient imprégnés d'une sorte d'idéalisme politique, tour à tour social et national qui, par certains côtés, rappelait Botev — v. *Poésies* (*) de Botev. Cet idéalisme politique trouva ses plus beaux accents dans les *Chants des Haïdouks* [*Hajduški pěsni*] (qui s'inspiraient de l'idéal macédonien) et dans « Les Réfugiés ». Avec les « Exilés » et surtout avec la « Feuille détachée » et les « Arméniens », l'inspiration patriotique s'enrichit de revendications sociales. Mais les motifs spirituels qui domineront bientôt la poésie et l'existence même de Javorov se devinent déjà (ex. le poème lyrique de la « Nuit », poésie toute pénétrée d'un sens du mystère et de la mort, qui annonce le poète symboliste de la seconde période). Notons, au passage, que le chant des « Arméniens » n'était pas dépourvu, lui non plus, d'un certain symbolisme, sinon dans la forme, du moins dans la signification : les Arméniens symbolisant en l'occurrence tous les humains égarés qui errent à la recherche d'un but. Ces poésies et d'autres encore, inspirées par la nature, sont les manifestations les plus caractéristiques du talent de l'auteur pendant sa première période.

Sous l'influence de la littérature française, le symbolisme de Javorov s'affirma et, en 1907, il publia *Insomnies.* Le poète a abandonné les problèmes politico-sociaux qui l'avaient inspiré dans sa jeunesse. Il sonde les voies de l'Univers, lutte, souffre, se rebelle et se tourmente dans le désir stérile de parvenir à la lumière. Si les sept années qui précédèrent la mort de Javorov furent capitales pour son art, elles furent aussi les plus tragiques de sa vie douloureuse. Ses tentatives successives aboutirent à la solitude et à la nuit. Ainsi dans « Mur de glace », poème lyrique des *Insomnies,* une vitre semble isoler le poète du monde : s'il entrevoit ce qu'il désire, aucune possibilité ne lui est donnée de l'atteindre. L'amour lui-même se change en douleur ; il accentue ses ténèbres, sa solitude, son égarement en élevant cette barrière glacée et infranchissable entre son âme et son cœur. Seul l'amour maternel lui apparaît parfois comme la dernière ancre de salut dans ce naufrage total. Mais, au fond, c'est la mort, tour à tour redoutée et désirée, qui se révèle le seul et vrai refuge. Ce sentiment domine la troisième partie du recueil, *Choses aperçues,* et surtout les poésies : « La Mort », « Nirvâna », « Je souffre », « Le Masque ». De ces trois parties se détachent, de par leur physionomie bien marquée, trois chants épico-lyriques que lui inspirèrent l'Antiquité classique et certains de ses thèmes érotiques, « Messaline », « Cléopâtre » et « Sapho », réunis sous le titre de *Reines de la nuit* : « Reines de la nuit » que le poète traîne avec lui dans son monde de ténèbres, et qui nous font penser, dans le cadre des inspirations de Javorov, à la *Phryné* de Penčo Slavějkov.

DERRIÈRE SON DOUBLE. Ces textes poétiques parus en 1950 et réédités en 1965, de Jean-Pierre Duprey (1930-1959), poète et sculpteur surréaliste français, ont été composés en 1949. Ce recueil précède un lourd silence de dix ans. Jean-Pierre Duprey sculptera ce qu'on a pu appeler son « Harrar ». Hanté par la mort, il exprime en une philosophie du désespoir, hautaine et irréductible, le néant de l'homme et du monde. La vraie vie est absente et ne recouvre son sens qu'identifiée à la mort. « Derrière son double », qui donne son titre au recueil, en est le témoignage le plus clair. L'indication parodique du décor situe l'aire mentale du drame : « La terre, le ciel, la mer, le vide (quelquefois rempli d'air), ou rien. » Le moi du poète se fragmente en une profusion de doubles, doubles innombrables qui se partagent sa chair et son esprit. Le fait de vivre appelle ces masques, ces miroirs interchangeables, « car, si le décor ne change pas, il faut que la scène change », ainsi que les êtres fulgurants qui y surgissent. Ils émettent les sentences, les formules sombres et désespérantes, angoissantes, qui traduisent notre impossible effort de sacralisation, dans la multiplicité du réel. Ils sont les doubles derrière lesquels le poète poursuit son ombre et l'inutilité de se dire. Jean-Pierre Duprey accepte ses « locataires ». Créateurs cruels de l'épreuve, ils en sont les acteurs familiers et dispensent, sous l'angle de la révélation, un enseignement nécessaire et unique. Protagonistes de l'instant de « foudre » ou « d'aiguille », fantômes d'une connaissance douloureuse, ils habitent le lieu théâtral de la cruauté, et participent de l'enfoncement de l'homme dans sa dualité. À la recherche du point central, « on peut trouver – un point c'est tout ! ». Jean-Pierre Duprey passera sans doute à la postérité comme l'inventeur d'une métaphysique surréaliste. *Derrière son double,* par le refus de la morale et du jugement, l'exercice souverain de l'humour noir, signifie le dépassement définitif du romantisme. Le poète parle désormais « d'après » sa mort. Dans cette lignée d'esprits insatisfaits qui va d'Alfred Jarry à Roger Gilbert Lecomte, en passant par René Daumal, Antonin Artaud ou Georges Bataille, il ratifiera enfin l'insoumission par la soumission à la mort – la mort qui est l'exploration de nouveaux possibles, leur vision par le suicide.

DERVICHE ET LA MORT (Le) [*Derviš i smrt*]. Roman de l'écrivain yougoslave (Bosnie-Herzégovine) d'expression serbo-croate, Meša Selimović (1910-1982), publié en 1966. Selimović est un écrivain dont la langue est parmi les plus belles, faite de simplicité, de justesse et d'exactitude. Son débit seul peut heurter par une ponctuation artificielle, choisie pour que le mouvement de la phrase épouse celui que l'on prête à la pensée. Mais une fois cette ponctuation acceptée, on se laisse porter par une anecdote frémissante, emporter au-delà du réel concret dans un débat où l'homme tout entier est impliqué. Ce n'est certes pas le moindre mérite de Meša Selimović que de savoir mêler intimement un récit linéaire, parfois traversé de retours en arrière et de destins latéraux, à une réflexion, une spéculation subtile, où ne se devine jamais le dessein philosophique. Dans *Le Derviche et la Mort* il nous emmène dans le dédale d'une histoire assez simple car il en a chassé toute référence historique, mais assez compliquée car il la situe dans un monde dont tous les aspects sont musulmans et parfois turcs.

Notre héros, qui a toutes les caractéristiques d'un antihéros, est un derviche, un moine musulman, qui est de surcroît le chef de son monastère ou « téké ». Il jouit, à ce titre, de la considération de tous, croit-il, y compris de celle des représentants locaux du pouvoir, qui, sur le plan civil, concourent, comme lui sur le plan religieux, à la grandeur de l'Empire ottoman à travers la théocratie musulmane. Ce derviche mène une vie simple, socialement confortable et spirituellement paisible. Il en est tiré par l'arrestation de son frère. L'idée de son frère emprisonné est à la fois vague – elle ne le tire pas de sa passivité – et sans cesse présente ; si présente que dans la conscience du derviche elle creuse comme un cratère où toute sa vie, en apparence identique à elle-même, va jour après jour, s'engouffrer. Il pourrait sortir de cette situation où il s'enlise mais, en tant qu'homme de religion, il se heurte aux détenteurs du pouvoir. Il s'aperçoit que c'est en cette qualité que l'on veut l'utiliser, mais non point le servir en retour et que le respect dont il peut bénéficier ne tient qu'à son adhésion silencieuse à l'organisation politique. L'islam lui apparaît confusément comme une façade derrière laquelle se cachent les intérêts des grands, un instrument dont on use sans vergogne. Il l'apprendra à ses dépens puisqu'il sera jeté dans un cul-de-basse-fosse en proie au mépris de la plus vile police. Finalement, il n'obtient un résultat tangible que lorsqu'il agit, de façon trouble et occulte, en homme du commun c'est-à-dire, enfin ! véritablement en homme. Hélas ! il le fait en hypocrite et en intrigant. La machination qu'il a ourdie et qui devrait conduire à sa perte le juge qui a tué son frère fait long feu et le dépasse. L'anonymat administratif qui permet de diluer la décision et la responsabilité lui sera refusé ; le juge ou cadi va être tué, mais par la foule en révolte dont il apparaît malgré lui comme l'inspirateur. Lui qui aurait voulu rester dans l'ombre et continuer, une fois vengé, de couler des jours paisibles, va se trouver projeté au premier plan et se voir confier les fonctions de celui qui vient de mourir. En devenant juge, il s'intègre à un monde dont il a détruit l'unité par la violence. Tous vont faire bloc contre lui jusqu'à ce qu'ils l'aient rejeté, condamné à mort. Ce sera vite fait : entre le début du récit et sa mort il se passe deux mois et trois jours. Celui qui a manqué d'audace et de courage pour sauver un innocent, n'aura pas l'énergie et la détermination qui lui permettraient de renverser l'ordre des choses et de se maintenir dans les fonctions rénovées. Le nœud du drame est là : la lâcheté dans l'opposition ne peut mener qu'à la lâcheté au pouvoir et inéluctablement à la mort. Un homme seul peut-il vouloir transformer le pouvoir sans être anéanti par cette machine abstraite ? En face de cette mort par omission, par refus de l'action, se lève un héros resplendissant de toutes les vertus, prêt à tous les pardons, toujours actif et posant sans cesse acte après acte pour construire passionnément sa vie. C'est le glorieux Hasan, un ouragan de certitude triomphant, le hasard, le destin, la providence semblent le suivre avec constance et veiller à la réussite de tous ses projets. En fait toutes ses manifestations d'une spontanéité éblouissante convergent finalement et parviennent à leur but inexprimé parce qu'il est animé d'un amour universel qu'il est capable de donner à chacun en entier. La seule référence invariable de ses actes c'est le cœur : d'où une unité sans faille qui le protège des aléas de la vie et en définitive de la mort.

À travers la passivité malsaine, inefficace et bourrelée de remords du derviche, soulignée en contrepoint par l'élan vital et spontané de Hasan, se dégage une philosophie de l'action, comparable en plus subtile, plus altruiste et moins didactique à celle dégagée par un Malraux ou un Hemingway. L'homme, à la condition de maintenir en lui une pression intensément dynamique, peut écarter, reculer les limites de la mort qui sans cela le saisit insidieusement. Ici le héros et l'antihéros ont échangé leurs positions, mais ce n'est pas le seul travestissement, il y en a d'autres, ainsi que des miroirs trompeurs. Le décor turco-musulman ne résiste guère ; quoiqu'il soit solidement étayé par mille détails vrais, on a le sentiment qu'il pourrait disparaître au profit d'un autre sans que le récit en soit affecté. C'est sans doute cela qui a pu faire penser à certains que *Le Derviche et la Mort* était une fable politique. Réduire le roman de Selimović à cette seule lecture reviendrait à le mutiler. *Le Derviche et la Mort* est plus qu'une contestation contingente, c'est une protestation contre la trop fréquente passivité de l'homme face à son destin, c'est l'affirmation que l'homme n'est en sursis que par sa faute. Dès qu'il agit délibérément, l'homme réussit et rien ne l'arrête ; par les actes dont il jalonne sa voie, il dénature la volonté qui tenterait de s'imposer à lui et la fait sienne – ces actes il les accomplit alors que tout semble devoir les lui interdire.

D'un côté l'antihéros, une tiède médiocrité qui ne dédaigne pas la mauvaise foi et la félonie, de l'autre le héros, Hasan, le flamboyant chevalier. Leurs destins se croisent et s'entrecroisent, entre eux se tissent des liens d'amour et de trahison. Ils sont affrontés, non pas, suprême subtilité de Selimović, l'un à l'autre comme le dragon blanc et le dragon noir ; mais à un ennemi insaisissable que parfois on entrevoit sous la forme des égoïsmes, des passions individuelles, de la tyrannie, mais qui n'est autre en fait que la mort que chacun de nous forge, subit ou repousse selon ses aspirations ou sa volonté d'être. – Trad. Gallimard, 1977. L. K.

DE SANG-FROID [*In Cold Blood*]. Récit véridique de l'écrivain américain Truman Capote (1924-1984), publié en 1966. On ne peut pas ne pas considérer *De sang-froid* comme le chef-d'œuvre de Capote, et sans doute comme l'une des œuvres les plus fortes de la littérature américaine. Du meurtre de quatre membres de la famille Clutter, dans un hameau du Kansas, par Dick Hickock et Perry Smith, le 15 novembre 1959, l'écrivain a tiré un livre de cinq cents pages, après avoir enquêté sur place pendant un mois et recueilli une montagne de témoignages (quatre mille pages dactylographiées de notes), dont ceux des assassins eux-mêmes, avec lesquels il obtint l'autorisation de s'entretenir longuement, une fois ceux-ci arrêtés.

Très vite, à la lecture de *De sang-froid,* on voit que Capote va faire de ce massacre d'une famille innocente un drame aux dimensions cosmiques. C'est vraiment le mal contre le bien. « De tous les habitants de ce vaste monde, les Clutter étaient les moins susceptibles d'être assassinés [...] Qu'une chose semblable puisse leur arriver [...] c'est comme d'apprendre qu'il n'y a pas de bon Dieu. » Car les Clutter étaient les gens les plus rangés, les plus paisibles, les plus honnêtes qu'on pût imaginer : « une vertu si évidente ». Hickock et Smith, c'est l'irruption de l'irrationnel, du plus refoulé, du monstrueux. L'acuité dramatique est accentuée par le paysage : sous un « dur ciel bleu [...] le pays est plat et la vue étonnamment vaste » ; l'air a « une pureté de désert ». On dirait que, sur cette plaine infinie, le mal, comme le bien, ne peut venir que d'en haut, d'une instance hors des proportions humaines. Et le livre, qui se déroule entièrement sur le plan horizontal, se conclut avec la verticalité de la potence.

Mais Capote ne fait pas non plus de son sujet une occasion de moraliser. Au contraire, tout est décrit avec impassibilité, un soin infini, une pléthore de détails, jusqu'aux plus infimes, et une avalanche de documents qui éclairent le drame : une « Histoire de la vie de mon garçon » écrite par le père de Perry, une longue lettre de sa sœur – car Truman Capote n'a pu s'empêcher de se prendre de sympathie pour Perry Smith, auquel il trouve une « aura d'animal exilé, une créature qui se traînait avec ses blessures ».

Mais c'est sans doute la construction de ce long livre qui en fait une œuvre maîtresse. D'abord, description de la dernière journée des Clutter, entrecoupée de séquences décrivant les assassins qui approchent dans leur Chevrolet noire. Là, cependant, ce n'est pas le récit du massacre qui prend place, mais celui de sa découverte, le lendemain matin, un dimanche, par des proches. Puis l'abattement, et la terreur, qui fondent sur la petite ville. Puis la longue, pénible et incertaine enquête, à son tour entrecoupée par les séquences dépeignant l'errance des deux assassins après leur crime. L'emprunt aux techniques du roman policier est évident : ce n'est qu'au bout de deux cent quarante pages que le lecteur apprend le mobile. Les assassins, sachant que Mr. Clutter était riche, croyaient trouver chez lui une grosse somme d'argent. Ce qu'ils ne savaient pas, c'était que Clutter n'avait jamais de liquide chez lui, pas plus que de coffre-fort. Le suspense n'est cependant pas terminé. Les enquêteurs, au bout d'un mois et demi de travail acharné, connaissent l'identité des coupables qui, après avoir séjourné au Mexique, sont revenus au Kansas, où ils échappent de justesse à leurs poursuivants. Et il faut avoir dépassé la page 300 pour qu'ils soient enfin arrêtés à Las Vegas...

À ce suspense de trois cents pages succède l'inexorable de l'inévitable fin. Le récit du crime par Perry, le procès, la double condamnation à mort, puis la longue vie en prison. Car Hickock et Smith ne seront pendus que le 14 avril 1965 – en présence de Truman Capote. La paix pouvait retomber sur Holcomb, Kansas. L'écrivain fit mettre deux simples dalles de granit sur les deux tombes. – Trad. Gallimard, 1966. Ph. Mi.

DÉSARROIS DE L'ÉLÈVE TORLESS (Les) [*Die Verwirrungen des Zöglings Törless*]. Roman de l'écrivain autrichien Robert Musil (1880-1942), publié en 1906. Cette œuvre est l'inquiétant chef-d'œuvre d'un jeune homme de vingt-six ans. Musil s'y est montré d'une intrépidité assez confondante dans l'exploration des « aspects nocturnes » de l'homme : qu'il s'agisse de l'analyse de l'âme adolescente ou de l'évocation de perversions trop réelles. Le roman a pour cadre une école pour fils de bonnes familles, dans la campagne orientale de l'Autriche. Campagne désolée dont la description au début du livre prend la valeur d'une introduction musicale. Parmi les élèves, Törless peut être considéré comme Ulrich adolescent – Ulrich est le héros du grand roman de Musil *L'Homme sans qualités* (*). Il a seize ans et découvre que la vraie vie est absente ou du moins qu'elle se cache derrière les apparences d'un monotone quotidien. Il connaît aussi la sourde inquiétude de sentir en lui le grouillement de forces confuses, mais puissantes. Bref, ce sont les troubles de l'adolescence. Musil les évoque comme personne : avec la plus grande précision possible, en refusant ce qu'on appelle habituellement poésie et qui n'est que déformation sentimentale des souvenirs. Pour un esprit épris d'exactitude, il est extrêmement pénible de ne pas savoir ce qui se passe en soi-même, de ne pas arriver à se connaître et de découvrir que les autres, eux aussi, sont autres qu'on ne croyait, autres qu'ils ne se donnent. Törless a deux camarades plus âgés qui l'admettent dans le repaire qu'ils ont pu s'aménager dans un grenier. Ces deux camarades ont l'esprit hautain et aventureux. Beineberg est vivement impressionné par ce qu'il connaît des philosophies hindoues et par les problèmes de l'au-delà, tandis que Reiting met toute son ingéniosité à ourdir des intrigues et des complots parmi les élèves. C'est Reiting qui découvre que le jeune Basini a commis un vol. Dans une scène extraordinaire, il obtient de Basini un aveu. Dès lors, la machine infernale est en marche. Reiting et Beineberg vont faire de Basini leur esclave, leur jouet et même leur cobaye pour certaines expériences. Ils se considèrent comme des seigneurs ayant tous les droits sur un être d'une essence inférieure. Törless est le témoin du calvaire imposé à Basini. Il est fasciné, car il assiste à l'écroulement, dans ce cas précis, des apparences quotidiennes. À un certain moment, il doit s'avouer aussi qu'il éprouve une violente attirance pour Basini, mais il se dit : « Non, ce n'est pas moi, ce ne peut être moi, je vais redevenir moi-même ! » L'attitude de Basini est d'ailleurs confondante, puisque, au lieu d'aller se dénoncer au directeur de l'école, il accepte de se plonger dans l'abjection. Préfère-t-il l'abjection à l'aveu du vol commis ? Törless a certainement raison quand il lui dit : « Tu es lâche et une mauvaise graine. » Hélas, Basini est ce qu'il est. Sa faiblesse même encourage ses tortionnaires aux pires excès. Le livre culmine dans une scène de sadisme collectif où Basini est livré à tous les élèves de l'école. Törless intervient alors pour mettre fin à l'histoire. Basini sera renvoyé chez sa mère et Törless demandera lui-même à retourner dans sa famille : « Il avait honte, comme on a honte au petit matin, quand on a vu pendant la nuit, sous les morsures de la fièvre, approcher de tous les coins de la chambre obscure de monstrueuses et terrifiantes menaces. » – Trad. Le Seuil, 1960.

DÉSASTRE DE PAVIE (Le). Cet ouvrage de l'écrivain français Jean Giono (1895-1970) a été publié, en 1963, dans le cadre de la collection « Trente journées qui ont fait la France ». Il commence par des portraits, genre où l'auteur excelle. Ceux qu'il brosse de Charles Quint et de François Ier sont parmi ses meilleurs. Une telle entrée en matière donne tout de suite le ton, l'ambiance du livre : livre d'histoire, oui, mais écrit par un romancier, c'est-à-dire par quelqu'un qui a davantage tendance à recréer qu'à analyser, et qui s'intéresse plus aux éléments humains qu'aux rapports de force. Comme il est naturel qu'il le fasse, Giono applique à l'histoire des idées qu'il a déjà développées dans ses romans. Il nous rappelle une fois de plus cette phrase de Pascal qui semble être une des clés de son œuvre d'après-guerre : « Un roi sans divertissement est un homme plein de misères. » À l'époque, la guerre était un divertissement, au même titre que la chasse et l'amour. Tout ce que de nos jours les historiens trouvent étrange s'explique ainsi et n'est explicable qu'ainsi. On joue. Duché de Milan, royaume de Naples, etc., on conquiert avec fougue, avec panache, avec « furia francese », mais on ne sait pas garder. Pourquoi ? Une seule explication : l'indifférence. Chevaucher, donner de grands coups de sabre, piller, il faut s'y résigner, les ambitions se limitaient là. Quand on en avait assez, ou plus simplement quand l'argent manquait (car ce jeu, comme tous les jeux, coûtait cher), on laissait sa proie, on rentrait chez soi, on passait à une autre distraction. Bien entendu, il y avait des règles et des tricheurs. À cette époque, comme maintenant, on ne livrait bataille que si on y était obligé. La bataille était en quelque sorte le sommet, le grand moment du jeu, après elle, c'était fini. On était donc attentif à ne pas bâcler, à ne pas prendre trop vite le plus vif du plaisir. Mais le jour venu (et c'était souvent à cause d'un malentendu, du manque d'argent ou d'un caprice des Suisses) les généraux s'élançaient à la tête de leurs troupes. La tactique en pâtissait : occupés à trancher des cous, les chefs ne voyaient rien. « Qu'est-ce qui se passe ? » demanda François Ier quand il fut pris. Alors qu'il était cerné et acculé, il se croyait vainqueur. Personne ne s'en offusqua. Au contraire, on l'applaudit comme un héros parce qu'il avait combattu vaillamment. Tout était perdu, sauf l'honneur. Et la France, que les Impériaux furent bien incapables d'envahir. Une partie très serrée et déjà plus moderne (Charles Quint n'étant pas un chevalier, mais un bourgeois) s'engagea alors. Qu'allait céder François en échange de sa liberté ? Son geôlier voulut la Bourgogne. Il ne l'eut pas. Conflit d'intérêt entre deux hommes, discussions, chantage, marchandage, mauvaise foi, c'est évidemment un sujet pour romancier, et il n'est pas étonnant que l'auteur, qui en vieillissant est devenu un connaisseur de caractères extraordinaire, « amateur d'âmes » éclairé, raconte ces difficiles tractations avec vivacité et finesse. On s'est scandalisé de voir un écrivain aussi explicitement antimilitariste reconstituer avec minutie un champ de bataille et se passionner pour des mouvements de troupes. Mais qu'y a-t-il de commun entre le super-rugby de 1525 et les boucheries obligatoires du XXe siècle ? Pas grand-chose. Ce livre fascinant s'attache justement à le montrer.

DESCENDS, MOÏSE [*Go Down, Moses*]. Roman de l'écrivain américain William Faulkner (1897-1962), publié en 1942. Après les grandes œuvres « individualistes » et tragiques des années 30 (et de la trentaine), et avec *Le Hameau* (*), qui le précède de deux ans seulement, Faulkner a écrit là le deuxième et dernier chef-d'œuvre de sa maturité. Chef-d'œuvre, *Descends, Moïse* l'est à plus d'un titre, le premier étant incontestablement celui de la structure romanesque. En effet, après avoir intégré plusieurs nouvelles dans le texte d'un roman comme *Le Hameau,* Faulkner va plus loin, puisque aussitôt après, il compose une œuvre romanesque à l'aide de huit textes qu'on ne peut pas tous, du moins au même titre, nommer nouvelles (la plupart, mais pas toutes, furent publiées en magazine au cours des années 1940-1942), mais qui sont incorporés (non sans quelques modifications) dans le livre, avec leur titre originel (auquel tenait Faulkner), et sans numérotation de chapitre. L'unité architecturale de l'ensemble fut d'ailleurs signifiée par la volonté manifestée par Faulkner, dès la seconde édition, de voir abandonné le sous-titre « and Other Stories », qu'on avait malencontreusement donné à la première. (En outre, Faulkner devait écrire à son « editor » en 1949 : « *Moïse* est bel et bien un roman. »)

Contrairement à certains titres « symbolistes », comme *Le Bruit et la Fureur* (*), *Sanctuaire* (*) et *Lumière d'août* (*), par exemple, le titre de l'ensemble est emprunté au début d'un « negro spiritual » dont la suite fournit très exactement son thème au livre : « Let my People go ». (On notera au passage que le titre ne suppose ni plus ni moins que Dieu comme énonciateur.) Il s'agit en effet, tout du long des sept parties, de liberté, depuis la chasse bouffonne à l'esclave du prologue intitulé « Autre temps », jusqu'à la coda ironique et brutale qui porte le titre du livre et qui le clôt. Les autres textes qui composent la totalité signifiante qu'est *Descends, Moïse* sont « Le Feu et le Foyer », lui-même composé de trois parties dont les deux premières avaient paru en tant que nouvelles ; « Le deuil sied au bouffon », un texte paru séparément, parfaitement autonome et sans aucun rapport autre que thématique avec le reste du livre ; « Gens de jadis », histoire d'initiation à la chasse qui sert de prologue à « L'Ours », également paru en magazine ; « Lion », nouvelle qui parut en 1935, qui constitue le germe de « L'Ours » et qui est narrée à la première personne par le jeune initié, lequel a pour nom, non pas Isaac McCaslin, mais Quentin Compson : ainsi s'établit le lien entre *Descends, Moïse* et *Le Bruit et la Fureur* ; « L'Ours » enfin, le texte majeur, sans lequel celui-ci ne serait qu'un livre d'histoires de chasse à la façon des *Grands Bois* (*), mais texte qui lui-même ne serait qu'une savante gradation d'histoires d'initiation d'un adolescent à la chasse s'il ne contenait la célèbre « section IV », l'âme du livre (et non de « L'Ours »), celle *sans* laquelle Faulkner voulait qu'on publiât séparément « L'Ours » et sans laquelle il fut effectivement publié deux jours avant le livre, en mai 1942 ; enfin, « Automne dans le delta », qui procure à l'ensemble consacré à la chasse une admirable « chute mourante » et « Descends, Moïse », nouvelle éponyme où l'on voit la boucle bouclée et la longue histoire des McCaslin se dénouer dans le contemporain, sous une lumière à la fois tragique et dérisoire. C'est qu'il s'agit des McCaslin, c'est-à-dire d'une vieille famille de pionniers dont la double descendance, blanche (les deux cousins Cass et Ike) et noire (Lucas Beauchamp, qui sera le héros de *L'Intrus* (*), et sa femme Mollie), assume toute la vie déchirée de ce pays où la rivalité des sangs n'empêche pas le partage d'une même terre, d'une même douleur et d'un même et fatal péché originel. Ce péché, c'est la double et impardonnable faute commise par l'ancêtre, Carothers McCaslin, celui par qui un double scandale est arrivé – le double scandale qui hante déjà la conscience des héritiers de Thomas Sutpen dans *Absalon ! Absalon !* (*) :

la myxogénation (puissance fantasmatique de l'image de la relation sexuelle du maître blanc avec l'esclave noire), mais aussi l'inceste (archaïsme du tabou, mais aussi figure même du prestige romanesque) avec la fille qu'il a eue de la Noire avec laquelle il a couché. C'est ce qui est révélé à son descendant à la suite d'une scène mémorable, la laborieuse et haletante lecture à deux (Ike McCaslin et son cousin Cass) des registres de la plantation (la parole de l'histoire), laquelle intègre deux autres lectures : celle d'une strophe de l'« Ode sur une urne grecque » de Keats – v. *Odes de Keats* (*) – (la parole du poète, invoquée par Cass) et celle de *La Bible* (*) (la parole divine, la loi invoquée par Ike). La vérité selon le Faulkner de 1942 (un Faulkner que la guerre mondiale rend profondément malheureux) n'est évidemment d'aucun de ces trois côtés seulement : elle est devenue dialectique, ou du moins composée. Isaac McCaslin, horrifié par ce qui vient de lui être révélé de son passé, aura beau renoncer à son héritage et choisir de vivre, tel le Christ, une vie de menuisier, il n'empêchera que sa « solution » ne doive être relativisée face à celle de Cass, le cousin actif, presque en âge d'être son père, qui, lui, assume l'héritage et gère la plantation. Ni l'un ni l'autre n'empêcheront d'ailleurs que l'histoire se manifeste « in fine » par un de ses plus cinglants retournements ironiques. Moins virtuose peut-être que dans certaines parties du *Hameau,* l'écriture de Faulkner n'en atteint pas moins ici à un summum inégalé : il suffit de penser à « L'Ours » et au déploiement de styles sinon de langues qu'on y lit, depuis le dialecte censément parlé par les ruraux dans leurs dialogues jusqu'aux plus somptueuses descriptions de la grande forêt en termes d'un tout organique et vivant, comme l'océan lui-même ; chez Faulkner – romancier terrien s'il en est – la « wilderness » est essentiellement perçue comme un infini liquide. Mais c'est peut-être au bestiaire qu'il faut penser pour finir, tant il est vrai que, comme le disait Maurice-Edgar Coindreau, ici comme ailleurs Faulkner se révèle être « le plus grand peintre animalier de notre époque ». – Trad. Gallimard, 1955. M.G.

DESCENTE D'IŠTAR AUX ENFERS (La). La littérature babylonienne et assyrienne est riche en textes mythiques concernant Ištar, la déesse de la guerre et de l'amour. Le texte le plus important est celui qu'on appelle généralement *La Descente d'Ištar aux Enfers,* écrit en un style vivant et poétique ; il éclaire d'une remarquable façon les idées que les anciens Mésopotamiens avaient sur l'au-delà et sur l'enfer qui se trouve sous terre et où, après leur mort, les défunts mènent une existence sombre et sans joie. Ištar serait descendue aux Enfers pour en retirer son époux Tamûz. La grande ville des morts est entourée de sept murailles ; la déesse est arrêtée par un gardien dès la porte de la première enceinte du royaume d'Ereškigal ; celui-ci ne la laisse passer qu'après avoir reçu la permission de la reine des Enfers. Ištar doit, à chacune des sept portes, enlever une pièce de ses vêtements et ses bijoux ; de sorte qu'elle parvient devant la reine Ereškigal tout à fait nue. Ištar se précipite alors, pleine de colère, sur la reine, pour lui réclamer Tamûz. Mais le ministre de la reine, Namtâru, obéissant aux injonctions de sa maîtresse, enferme cette violente déesse de l'amour dans le palais et lâche contre elle les soixante maladies. À cause de la descente de la déesse Ištar dans l'« arallû », toute vie amoureuse cesse parmi les hommes et les animaux. Le messager des dieux, Papsukkal, très soucieux de ce qui se passe, va demander conseil au dieu le plus sage, Ea, dieu de l'eau et des incantations. Ea pétrit un dieu et l'envoie à Ereškigal, pour la persuader de libérer la déesse de l'amour. La reine des Enfers acquiesce à la demande du dieu et demande à son ministre Namtâru d'asperger Ištar avec l'eau de la vie, en la laissant remonter à la lumière du soleil. La déesse, en franchissant à nouveau les sept portes, retrouve un à un ses vêtements et remonte enfin à la surface de la terre où la vie reprend son rythme coutumier. Les anciens Mésopotamiens possédaient un texte mythique très semblable à celui-ci. Il concernait la descente de la même déesse à la demeure Ekur, où habite le dieu Enlil. D'autres textes célébraient sa glorification. Ces écrits ont été conservés dans les rédactions sumériennes et dans la rédaction akkadienne. – Édition de la *Descente d'Ištar aux Enfers* par Jensen dans : *Keilinschriftliche Bibliothek,* VI 1 (Berlin 1900, 80-91).

DESCRIPTION DE LA GRÈCE (v. *Périégèse*).

DESCRIPTION DE LA TERRE [*Descriptio orbis terrarum*]. Poème géographique de l'écrivain latin Rufius Festus Avienus (IVe siècle). Formé de 1 393 hexamètres, c'est une paraphrase de la *Situation du monde* de Denys d'Alexandrie (IIIe siècle). L'auteur le compléta par 713 sénaires iambiques dédiés à un certain Probus ; cet appendice est une description des rivages de la mer, depuis l'Angleterre jusqu'à la mer Noire ; il est intitulé : *Les Rivages de la mer* [*Ora maritima*]. Ce traité de géographie, mis en vers afin d'être appris plus facilement, fait partie de la littérature du *Périple* (*). – Trad. Panckoucke, 1843.

DESCRIPTION DE LA TERRE HABITÉE [Οἰκουμένης περιήγησις]. Poème didactique grec de 1187 hexamètres. Il dissimule deux acrostiches (vers 112-134 et vers 512-532) qui nous apprennent l'identité et l'origine de l'auteur (Denys le Périégète ou

Denys d'Alexandrie) et l'époque à laquelle il vécut (règne de l'empereur Hadrien, 117-138 ap. J.-C.). Le poème se propose de décrire « la terre et la vaste mer, les fleuves, les cités et les tribus innombrables des hommes » (vers 1-2). Cette description, qui englobe l'Océan, l'Afrique, l'Europe, les îles et l'Asie, n'est en rien scientifique. Il s'agit d'une compilation où tout un héritage culturel livresque est assimilé : les souvenirs littéraires, mythologiques et historiques y côtoient l'intérêt cosmologique et la vulgarisation des connaissances géographiques de l'époque. Comme ce poème contenait un savoir encyclopédique en moins de deux mille vers agréablement écrits et donc faciles à mémoriser, il a connu une grande fortune. Après s'être diffusé dans le monde gréco-romain, il est adapté en latin par Avienus au IVe siècle, puis par Priscien au VIe. Dans le monde byzantin, la tradition se perpétue et Eustathe au XIIe siècle consacre à Denys un long commentaire. Enfin, grâce à l'essor de l'imprimerie, le poème, plusieurs fois édité, servira encore de manuel de géographie, mais aussi de grec et de civilisation antique au XVIe et au XVIIe siècle. – Trad. Albin Michel, 1990.

O. R.

DESCRIPTION DE L'ÉGLISE DE SAINTE-SOPHIE. Poème composé et déclamé par le poète byzantin Paul le Silentiaire (500 env.-575 env.), dignitaire à la cour de Constantinople, à l'occasion des fêtes magnifiques qui marquèrent la seconde inauguration de la grande église byzantine et qui eurent lieu la veille de Noël 562. Ce grandiose édifice, fondé par Constantin et dédié à la « Divine Sagesse » (d'où son nom), fut reconstruit par Justinien après l'incendie de 530 et la révolution dite de Nica. Le même empereur le restaura après le tremblement de terre du 7 mai 558 qui avait détruit l'abside orientale, le tabernacle et la chaire. Ce poème de mille vingt-neuf vers (cent quarante trimètres et huit cent quatre-vingt-neuf hexamètres) est une description de l'église dans son architecture d'ensemble ; trois cent quatre vers (vingt-neuf trimètres et deux cent soixante-quinze hexamètres) ont été ajoutés par le poète, qui servent à décrire la chaire. Après un exorde flatteur à l'égard de l'empereur et du patriarche Eustache qui présidaient la cérémonie, l'auteur exprime la consternation des fidèles devant les destructions dues au tremblement de terre, puis la joie qui s'est emparée des cœurs quand la reconstruction de l'édifice fut achevée. Suit une minutieuse description de l'église, dont la construction avait été confiée par Justinien aux célèbres architectes Isidore de Milet et Anthémios de Tralles. Devant l'église, il y avait jadis un grand atrium flanqué de portiques, et en son centre, une fontaine de marbre déversait son jet d'eau dans un bassin. L'entrée du saint édifice comprenait neuf portes qui donnaient sur la nef centrale, laquelle était surmontée, en son milieu, d'une énorme coupole que soutenaient quatre arcades, ces dernières s'appuyant à leur tour sur quatre piliers géants. Deux de ces arcades étaient encastrées dans une muraille renforcée par deux rangées de colonnes. Sur les autres arceaux s'appuyaient deux demi-coupoles qui soutenaient la coupole centrale. Il y avait trois absides, dont celle du milieu, orientée vers l'est, enfermait l'autel et le sanctuaire. Les absides latérales s'ouvraient sur des colonnades à deux étages, le dernier étage étant réservé aux femmes. Ce qui frappe le plus l'imagination du poète – et cela n'a rien pour nous surprendre, chez un Byzantin qui s'enivre de luxe et de magnificence –, c'est la superbe décoration de l'église. Presque deux cents vers sont consacrés à la description des marbres polychromes, des mosaïques qui revêtent les voûtes, des travaux de ciselures et des enjolivures appliquées aux dalles d'argent du presbytère, des étoffes tissées en or et soie. Le poète nous parle aussi de l'éclairage éclatant de l'édifice, réalisé grâce aux candélabres en forme d'arbre distribuant la lumière en bouquets de fleurs ou aux lanternes qui pendent au centre de la coupole ; ainsi « la nuit resplendit comme le jour qui surgit au pied de la rose ». Ensuite, vient la description de la chaire, cette grande tribune qui s'élevait au centre de la nef et à laquelle on accédait par huit escaliers. Cette tribune était aussi décorée de marbres polychromes ainsi que d'autres merveilles.

La description est parsemée de souvenirs classiques et d'éléments épiques. Le poème intéresse tout particulièrement l'histoire de l'art : avec la description que renferme le traité *Des édifices de Constantinople* (*) de Procope de Césarée, ce texte est le document le plus détaillé que nous ait laissé un témoin direct de la reconstruction de cette église, l'un des plus grands et des plus significatifs monuments de l'art byzantin.

DESCRIPTION DU PAYSAGE DES LACS DANS LE NORD DE L'ANGLETERRE [*A Description of the Scenery of the Lakes in the North of England*]. Ouvrage du poète anglais William Wordsworth (1770-1850), publié à l'origine, sous une forme abrégée, comme introduction à *Vues choisies du Cumberland, Westmoreland et Lancashire* [*Select Views in Cumberland, Westmoreland and Lancashire*] du révérend Wilkinson, en 1810 ; réimprimé avec des adjonctions et des modifications dans le volume *Le Fleuve Duddon* [*The River Duddon,* sonnets] en 1820 et publié séparément, en 1822, « Avec des adjonctions et des observations pour illustrer les paysages alpins » [With Additions and Illustrative Remarks upon the Scenery of the Alps]. En 1823, une quatrième édition fut donnée, avec d'importants changements, et, en 1835, le livre, complètement remanié, parut sous un nouveau titre : *Guide pour le district des lacs du nord de l'Angleterre,* etc. [*A Guide through the District of the Lakes in the North of England*]. L'ouvrage est une description du fameux district des Lacs, qui valut à Wordsworth et à Coleridge (surtout sur le continent) le nom de « poètes lakistes », à cause des séjours qu'ils y firent, description tant du paysage que des habitants, d'autant plus intéressante que Wordsworth évoque ici, en prose, ce cadre naturel qui inspira sa poésie.

DESCRIPTIONS DE DESCRIPTIONS [*Descrizioni di descrizioni*]. Proses critiques de l'écrivain italien Pier Paolo Pasolini (1922-1975), publiées en 1979. Du 26 novembre 1972 au 24 janvier 1975, Pier Paolo Pasolini assura la chronique littéraire du *Tempo* : il accordait une extrême importance à cette collaboration régulière dont la contrainte aiguisait en lui ce sens du raccourci et de la fulgurance qui marque aussi ses meilleurs poèmes. Ces critiques « à chaud » lui permirent d'exprimer la part la plus sincère de lui-même en confrontant ses déchirements à de multiples œuvres révélatrices. Ne se dissimulant jamais derrière la retenue du critique, mais assumant en pleine lumière une tension paroxystique entre rigueur et impulsion, lecture et narcissisme, l'auteur de ces pages dit « je » de la première à la dernière ligne. Jusque dans leur fragilité, dans leurs redites ou l'incertitude de leur style, ces proses livrent un Pasolini d'une étonnante immédiateté – *Passion et Idéologie* [*Passione e ideologia*, 1960], son recueil de textes parus dans *Officina* et consacrés à la littérature italienne en langue nationale et en dialecte, était autrement maîtrisé mais aussi plus académique dans son expression. Le parti pris de Pasolini (quand il critique fort injustement l'œuvre de Beppe Fenoglio, quand il assène des jugements terroristes sur celles d'Elsa Morante ou de Bassani) n'est jamais un repoussoir : on sent la sincérité du trait, l'évidence de la pulsion, le risque, en un mot, pris par le chroniqueur.

La rapidité de l'écriture est physiquement perceptible et nous renseigne sur ce laboratoire secret de Pasolini que sa poésie permet aussi d'entrevoir, mais avec moins de crudité. Ici, comme dans les aphorismes de Saba, la trajectoire de la « fusée », le spasme du « cœur mis à nu » sont inscrits avec une netteté impressionnante. La double fascination pour la forme et la pensée, leur dualité irréductible, l'entrelacs secret de sadisme et de masochisme au cœur même de la générosité critique, tout concourt à une redécouverte des meilleures œuvres contemporaines, de Mandelstam à Gombrowicz, de Calvino à Benn et de Gadda à Strindberg. Le lecteur retrouvera dans ces « descriptions de descriptions » les obsessions de Pasolini : la quête d'une réalité antérieure à la langue et qui serait elle-même un langage, le mythe dialectal mais aussi le culte du décadentisme, la provocation autant que la souffrance contenue. Justifiant son éloignement des groupes gauchistes à travers l'auto-analyse de son drame *Calderón* (en réponse à une critique acerbe du leader de *Lotta continua*, Adriano Sofri), Pasolini explore cette impossible alliance de l'intervention politique et de la notion de poème et, plus généralement, offre en quelques pages une remarquable réflexion sur l'enfer des pouvoirs. Ces proses restituent un geste critique qui, depuis la mort de Pasolini, n'a guère eu d'équivalent. – Trad. (partielle) Rivages, 1984. B. Si.

DÉSENCHANTÉ EN SONGE (Le) [*El desengaño en un sueño*]. Drame romantique de Angel de Saavedra, duc de Rivas (1791-1865), homme politique et écrivain espagnol, publié en 1842. Nous voyons se développer le thème, déjà traditionnel dans la littérature espagnole, d'un songe tuant une illusion créée artificiellement : pour cela on peut remonter jusqu'à Juan Manuel : « Don Eliano et le Vicaire de Santiago », nouvelle XI du *Comte Lucanor* (*). Comme argument, ce drame reprend une comédie du XVe siècle : *Sueños hay que lecciones son y efectos del desengaño*, non sans être influencé par *La vie est un songe* (*) de Calderón de la Barca. Lisardo, contraint par la volonté de son père à vivre dans une petite île déserte, se ronge du désir mélancolique de connaître le monde. Marcolan, pour le guérir, emploie un « charme » qui endort le jeune homme ; en un songe prodigieux, il expérimente tous les plaisirs et tous les mensonges du monde. Par désir du pouvoir, il oublie l'amour pur de la belle Zora et devient l'instrument docile des haines d'une reine qui se sert de lui pour supprimer le roi. Mais, une fois monté sur le trône, Lisardo est victime de la même conspiration ; il est jeté en prison et condamné à mort par la reine infidèle. À ce moment, Lisardo, de terreur, s'éveille ; il renonce alors à vivre la vie tumultueuse des hommes, l'ayant suffisamment expérimentée à travers se songe prodigieux. Ce drame est parmi les meilleurs de l'auteur. Nous y trouvons des créatures délicates comme Zora ou perverses comme la reine, des songes, des espoirs, des désillusions qui poussent graduellement le héros, après avoir tant désiré la société à se réfugier de nouveau dans son île, où la méchanceté des hommes ne peut l'atteindre.

DÉSENCHANTÉES (Les). Roman de l'écrivain français Pierre Loti (1850-1923), écrit en 1906, alors que l'auteur était déjà très célèbre. L'Orient, qu'il aimait tant, lui avait déjà inspiré de belles pages – *Aziyadé* (*), *Vers Hispahan*. Comme le sous-titre l'indique : *Roman des harems turcs contemporains*, Loti a voulu brosser dans son livre un tableau de la condition des femmes turques, montrer « la haute culture intellectuelle épandue aujourd'hui dans les harems de Turquie, et la souffrance qui en résulte ». L'intrigue n'est pas entièrement imaginée, comme Loti le prétend. Le héros, André Lhéry, romancier connu en Turquie, c'est Loti lui-même, qui a effectivement rencontré trois jeunes femmes appelées dans le roman Djénane, Zeyneb et Mélek. Djénane et ses cousines vivent soumises aux lois rigoureuses du harem, et leur malheur est aggravé du fait que leur culture leur permet d'entrevoir et de désirer une vie plus riche sous tous les rapports. Djénane, révoltée, écrit à l'écrivain qui « régnait depuis si longtemps sur ses rêves ». Lorsque celui-ci vient à Stamboul, les trois jeunes Turques courent mille dangers pour rencontrer l'écrivain. Des rendez-vous se donnent, une correspondance s'établit, et Lhéry, ému par le sort de ses amies soigneusement voilées, leur promet d'écrire un livre dans lequel sera racontée la triste vie de ces âmes captives, de ces cœurs « auxquels l'action est interdite, qui ne peuvent rien faire, pas même le bien, qui se dévorent ou s'usent en rêves irréalisables ». La malheureuse Djénane s'use d'amour pour André, et de retour en France il apprend bientôt que sa chère petite énigme est morte. Très sensible à la beauté du pays, Loti a su communiquer à ses descriptions du Bosphore et des scènes turques un peu de la poésie et du charme de ce pays lumineux. En 1923 parut en France *Le Secret des Désenchantées*. Dans ce livre, l'auteur, Marc Hélys, prouve que le personnage de Djénane n'a jamais existé. C'est Marc Hélys elle-même, intéressée par le sort des femmes turques, qui, costumée en Turque, rencontra Loti, lui écrivit sous le nom de Leyla et poussa la mystification jusqu'à lui adresser le faire-part de mort de la soi-disante Leyla.

DÉSERT. Roman de l'écrivain français Jean-Marie Gustave Le Clézio (né en 1940), publié en 1980. *Désert* est un roman composé de deux récits entrelacés. Le premier de ces récits est la chronique de l'extermination des hommes bleus du désert, au début du siècle, par les troupes françaises : en 1909, le Cheikh Ma el Aïnine a pris la tête d'une rébellion et rassemble ses troupes à Smara, la ville qu'il a fait construire en plein Sahara. Ils remontent vers le nord pour livrer bataille et sont décimés par les automitrailleuses du colonel Mangin à Agadir en 1911. Le fait historique, vu à travers le regard d'un jeune adolescent, Nour, dont le nom signifie la lumière (« La lumière de son regard était presque surnaturelle ») prend une dimension épique : les nomades en marche vers leur extinction se profilent sur les grands espaces du désert et incarnent une humanité légendaire. Le désert est une sorte de milieu transparent qui sert de révélateur à la noblesse des hommes. Y apparaissent simultanément dans leur pureté et leur brutalité élémentaires l'évidence de l'être et l'ordre de la matière niant l'homme : « C'était ici l'ordre vide du désert, où tout était possible, où l'on marchait sans ombre au bord de sa propre mort. » Dans ce voisinage insoutenable, les nomades en s'adaptant ont su inventer une façon de vivre, une culture, qui les apparente au paysage. Il y a en eux une douleur, un désir qui les fait marcher sans cesse et adopter trois valeurs cardinales : la pauvreté, la liberté et le partage. Ces trois valeurs, un homme les incarne aux yeux de son peuple, le Cheikh Ma el Aïnine qui enseigne le triple chemin d'une réconciliation avec le monde : la prière, la douleur endurée, et le silence. Par la transe, il unit directement ses hommes avec le « centre du ciel et de la terre », abolit le temps et l'espace, et par l'imposition des mains il guérit les aveugles. Avec la mort du Cheikh et l'extermination des nomades, c'est cette sagesse de la réconciliation qui disparaît et un type d'humanité très pur qui avait su réduire sa vie à l'essentiel.

Le second récit du roman est celui de la jeune Lalla Hawa qui descend des guerriers bleus du désert et qui fait successivement l'apprentissage de la vie dans le désert et de la vie des villes avant de retourner au lieu de son enfance afin d'y accoucher d'une petite fille. À travers ces trois expériences, Lalla Hawa redécouvre d'une manière instinctive la sagesse de ses ancêtres. Quand elle marche au bord de la mer ou qu'elle monte sur le grand plateau calcaire au-dessus de la cité, elle sent peser sur elle avec toute l'intensité de la chaleur du désert, un regard qui l'entoure et la protège. Cette présence surgie du paysage et qu'elle appelle « Es Ser, le Secret », on comprend progressivement qu'elle est celle du grand Cheikh disparu. Es Ser l'accompagne à Marseille où elle connaît la misère et la peur qui mutilent l'homme et le tiennent séparé de l'essentiel. Avec la lumière du désert dans les yeux, habitée par la présence de Es Ser, elle regarde les pauvres et leur redonne le goût de la liberté. Un photographe s'éprend d'elle et elle ressuscite un instant devant l'objectif, le désert et le jugement du peuple disparu : « Quand elle a ce regard étrange, le photographe ressent un frisson, comme un froid qui entre en lui. Il ne sait pas ce que c'est. C'est peut-être l'autre être qui vit en Lalla Hawa qui regarde et qui juge le monde, par ses yeux, comme si à cet instant cela, cette ville géante, ce fleuve, ces places, ces avenues, tout disparaissait et laissait voir l'étendue du désert, le sable, le ciel, le vent. »

La chronique de Nour sert de toile de fond épique à l'histoire de Lalla ; elle permet à la fois de superposer deux mondes, celui de la ville et celui du désert et de juger le premier en fonction du second, et elle permet de donner à l'expérience individuelle qui est celle de Lalla, le soutien de la mémoire collective. L'individu atteint de cette manière, dans le livre, une dimension universelle qui abolit l'espace et le temps.

Avec *Désert*, Le Clézio parvient à ébaucher une sorte de « métaphysique sensible » :

l'espace du désert sert à donner forme à un absolu insituable mais tangible : le sable « repoussait la lumière, il chassait l'eau, la vie, loin d'un centre que personne ne pouvait reconnaître ». Le chemin que dessinent les nomades en se déplaçant autour de ce centre, le rythme litanique de leurs prières, leur survie dans l'espace et dans leur descendance tracent dans la mémoire et le présent des hommes l'empreinte de cet absolu et la direction d'une foi. J.-M. S.

DÉSERT (Le). Ode symphonique en trois parties du compositeur français Félicien David (1810-1876) avec déclamation, orchestre et chœur, sur des paroles d'Auguste Colin (Paris, 8 décembre 1844). Cette vaste composition appartient au genre descriptif et se rattache, d'une façon étroite, à l'histoire et aux origines du poème symphonique à la manière de Berlioz. Elle décrit d'abord le silence du désert (« Comment avez-vous pu trouver des sons pour exprimer le silence ? » demanda-t-on à David. – « En l'écoutant », répondit-il), puis la marche de la caravane et le simoun ; c'est ici que les chœurs interviennent, leurs cris se mêlent aux sonorités exaspérées de l'orchestre. La deuxième partie du poème décrit la nuit : hymne à la nuit, fantaisie arabe et danses des aimées. Le chœur célèbre la liberté du désert, un soliste chante la « rêverie », et c'est en chantant que le chœur s'abandonne au repos. La troisième partie décrit le lever du soleil, le chant du muezzin et le départ de la caravane. L'ouvrage connut une popularité foudroyante et bouleversante ; il arrivait au bon moment et s'adressait à un public catéchisé par la littérature romantique et par les articles de Berlioz, désireux aussi de pénétrer et de comprendre la valeur concrète de la nouvelle esthétique romantique appliquée au « symphonisme ». La musique n'est pas nouvelle : c'est la pensée directrice qui l'est et non les matériaux. Mais il y dans cet ouvrage une couleur d'orientalisme en avance sur l'époque ; c'est la plus ancienne affirmation de l'orientalisme dans la musique occidentale. On peut donc aisément comprendre l'enthousiasme populaire qui l'accueillit : un monde, d'une nouveauté extraordinaire et extravagante, ouvrait ses portes à l'imagination du public parisien ; l'Orient de la fable (que la peinture avait un peu, mais d'une manière fragmentaire, introduit en Occident) faisait son apparition, élevait sa voix et déroulait ses voluptés.

DÉSERT DE GLACE (Le). Aventures du capitaine Hatteras. Roman d'aventures de l'écrivain français Jules Verne (1828-1905), publié en 1870. Au cours de l'année 1860, le capitaine Hatteras part de Liverpool avec son bateau pour atteindre le pôle Nord, mais, à un certain point du voyage, l'équipage se révolte et fait sauter le navire, se sauvant dans les chaloupes. Le capitaine, dépourvu de secours, continue courageusement sa route sur les glaces, accompagné par le médecin du bord et le maître d'équipage ; ils sont guidés par les indications d'un document que le hasard leur a fait découvrir. Au cours de leur marche désespérée, ils se trouvent en présence du bateau américain « Porpoise », abandonné dans les glaces, et où seul survit le capitaine Altamont, qui était parti, lui aussi, avec l'intention d'arriver au Pôle. Des restes de la « Porpoise », ils construisent une cabane et, avec les provisions trouvées à bord, ils se disposent à camper pour passer l'hiver. Durant la longue saison polaire s'élève entre les deux capitaines, à la faveur de l'orgueil national et de la rivalité d'intentions, une discorde qui ne tourne pas au tragique pour cette seule raison qu'ils sont l'un et l'autre dominés par une reconnaissance réciproque. L'hiver une fois passé, ils réussissent, au moyen de traîneaux et de chaloupes, à atteindre enfin leur but : c'est alors que le capitaine Hatteras, ayant planté le drapeau anglais sur la cime d'un volcan dans lequel il a identifié le point précis du pôle Nord, tomberait dans l'effrayant cratère et y trouverait la mort si le capitaine Altamont ne le sauvait. Mais Hatteras est fou désormais et, dans l'asile où il sera interné, il continuera à « marcher vers le pôle ». Il est rare que Jules Verne ait terminé ses livres par un épisode tragique comme la folie du capitaine Hatteras ; l'atmosphère de cauchemar qui accompagne toute l'histoire fait de cet ouvrage l'un des meilleurs romans inspirés par les aventures polaires.

DÉSERT DE L'AMOUR (Le). Roman publié en 1925 par l'écrivain français François Mauriac (1885-1970). Dans un bar parisien, Raymond Courrèges traîne l'ennui de sa solitude. Une femme entre dans la salle. N'est-ce pas celle que, depuis vingt ans, il souhaite rencontrer pour se venger de l'affront qu'elle fit à son adolescence ardente et malhabile ? La voilà, si peu vieillie, Maria Cross ; un homme l'accompagne, Larousselle, qui déjà l'entretenait à Bordeaux. Une gêne subite de la femme marque qu'elle a reconnu le jeune homme, mais elle se ressaisit pour ne plus se départir d'une indifférence qui ne semble pas feinte. Cette scène, vécue dans le présent, constitue un préambule. Après quoi, par ses souvenirs, Raymond revivra son amour de jeunesse. Il se revoit à dix-huit ans, violent de caractère et d'humeur taciturne. Comme la plupart des familles, celle de Raymond, unie dans les grandes circonstances, ne manque pas de se déchirer dans l'ordinaire. Absorbé par ses malades, le père s'occupe peu de sa femme, bourgeoise terre à terre : à son fils, il manifeste une indulgence marquée. Une succession de détails, de tableaux, de menus événements va permettre de suivre le développement d'une double action tout intérieure, très contenue de part et d'autre : l'amour du docteur et de son fils pour Maria Cross. Il y a très peu d'événements, mais beaucoup d'intérêt et d'émotion. Les scènes capitales sont les visites que les Courrèges rendent à la jeune femme. Le docteur souhaiterait lui dire son amour, mais elle ne facilite pas la confidence. Raymond, lui, vient chez Maria un jour d'orage avec l'intention bien arrêtée de la posséder. Il s'y prend maladroitement et sa tentative manquée paraît détruire la sympathie qu'il avait jusque-là inspirée. Il en conçoit une rage démesurée. Quant à Maria, entre le père qui l'ennuie et le fils dont l'âcre jeunesse la rebute, elle s'enlise à tel point qu'elle tente de se suicider. Ici se terminent les souvenirs de Raymond. Il faut maintenant revenir au bar complètement oublié, car à vrai dire ce lieu, cette soirée sont loin de l'esprit ; nous ne nous sommes jamais crus à Paris, près de cet homme qui se souvient, mais à Bordeaux avec un adolescent vivant sa première aventure d'amour. C'est maintenant le mode présent qui sera appliqué au récit, lequel comporte un lot de péripéties assez médiocres. Larousselle reconnaît Raymond et l'invite à leur table, puis soudain, pris de boisson, il s'abat sur le sol. Il est blessé, et Raymond aide Maria à le ramener chez lui sans scandale. Il appelle son père au chevet de Larousselle. Maria, toute angoisse dissipée, est impatiente de voir partir les Courrèges. Ceux-ci, indifférents, se séparent sans pressentir qu'ils ne se reverront jamais. Ainsi finit dans la sagesse, la froideur, le regret, ce roman qui mit en jeu beaucoup d'amour. En dépit d'une intrigue bien marquée, d'un élément romanesque et passionnel prédominant, *Le Désert de l'amour* qui, par ces points essentiels, se différencie des romans antérieurs, leur reste semblable par la complexité, le jeu secret des consciences et le raffinement littéraire. L'intrigue est nette, les deux actions se développent simultanément avec des points de contact bien ménagés qui assurent l'unité du roman.

DÉSERT DES TARTARES (Le) [*Il deserto dei Tartari*]. Roman de l'écrivain italien Dino Buzzati (1906-1972), publié en 1940. Giovanni Drogo, jeune lieutenant frais émoulu d'une académie militaire, doit, au terme d'une permission, rejoindre sa première affectation. Durant des mois, il a attendu avec impatience ce moment ; mais, à l'instant où il quitte sa ville natale, il n'a pas seulement le sentiment de laisser derrière lui sa mère, ses amis, mais encore, avec sa première jeunesse, un bonheur dont il n'avait pas conscience. Du moins pense-t-il qu'il entre dans la vie indépendante des adultes, cette « vraie vie » dont il s'est promis de tirer le plus joyeux parti. Mais lorsque, au terme d'une longue chevauchée, il atteint enfin le but de son voyage, c'est pour connaître la déception, voire l'inquiétude. Dans la solitude des hauts sommets, le fort Bastiani verrouille depuis des siècles le col qui conduit au royaume du Nord. De ce pays, on n'aperçoit qu'une immense plaine caillouteuse et désolée, le Désert des Tartares. C'est un « bout de frontière morte », que nul envahisseur n'a jamais tenté et ne tentera peut-être jamais de franchir. Dans le petit univers clos du fort, d'où l'on finit par douter de l'existence du monde extérieur, le règlement s'est développé jusqu'à l'absurde et enserre dans ses mailles toute la vie des officiers et soldats. Ceux qui y restent trop longtemps finissent par s'adapter au corset disciplinaire, qui leur devient aussitôt fraternel et confortable comme un vieux vêtement. Alors il faut la retraite pour les en arracher. Mais, plus que l'habitude, c'est la présence obsédante du désert qui attache certains officiers au fort Bastiani. Au long des heures de garde, la vaste étendue aride et brumeuse se creuse sous le regard comme un gouffre et, fasciné, le veilleur pressent l'approche de quelque événement bouleversant. Périodiquement, le bruit court qu'une armée ennemie s'apprête à franchir le désert et que le fort est promis à la gloire. Cette drogue nourrit l'attente et, insensiblement, les années passent. C'est ainsi que Drogo, qui ne voulait pas rester au fort, renonce bientôt à partir. Un soir, d'ailleurs, un cheval mystérieux surgit du désert et les soldats y voient l'annonce d'une invasion. En effet, des hommes en armes ne tardent pas à apparaître, mais ce n'est qu'un détachement chargé d'établir la ligne frontière. Au bout de quatre ans, le lieutenant rentre enfin chez lui en permission. Il croit qu'il va pouvoir se donner du bon temps, peut-être même se fiancer et demander une mutation bien méritée. Mais les années d'absence ont creusé entre lui et ses anciennes relations un abîme qu'il ne parviendra pas à combler. Avec la jeune fille qu'il a connue enfant, qu'il aime et qu'il pourrait peut-être conquérir, il ne parvient pas à trouver les mots qui briseraient le vernis des conventions. Avec sa mère aussi toute intimité est morte. À la fin de sa permission, Drogo demande pourtant à quitter le fort. Mais il est trop tard : à l'occasion d'une révision des effectifs, la plupart des jeunes officiers l'ont devancé et il rentre au fort pour assister à leur départ. C'est à ce moment que le lieutenant Simeoni découvre avec sa longue-vue que les hommes du Nord tracent une route à travers le désert ; à nouveau Giovanni espère qu'un conflit est imminent. – Quinze ans ont passé. La route que l'on pensait voir achever en six mois vient juste d'être terminée, mais personne ne l'emprunte. Drogo est capitaine. Sa mère est morte, ses frères, ses amis, dispersés. L'officier ne quitte plus guère le fort. Sa jeunesse est finie, mais il garde toujours l'espoir de connaître « un jour » son heure de gloire, « cet obscur pressentiment de choses fatales, une profonde certitude que ce que la vie avait de bon n'avait pas encore commencé ». – Quinze autres années se sont écoulées. Simeoni est devenu commandant du fort et a pour adjoint le chef d'escadron Drogo.

Les années ont durement mordu sur celui-ci. Il est malade, épuisé mais habité par un nouvel espoir : guérir. Surtout, il ne veut pas quitter le fort, aller se faire soigner en ville, car il craint de perdre cette heure de gloire qu'il attend depuis si longtemps. Mais, le jour où les régiments du royaume du Nord déferlent vers le fort Bastiani, le vieil homme, malgré ses protestations indignées, est brutalement évacué vers l'arrière. Le soir, à l'étape, seul dans sa chambre d'auberge, Drogo sent que le tourbillon du temps, qui lui paraissait toujours plus rapide et épuisant, s'est arrêté. Le mirage qui l'entraînait en avant s'est du même coup dissipé et il se retrouve hors du temps, conscient de la déchéance de son corps et affronté à une mort terne et sans gloire. En un sursaut, il rassemble alors son énergie pour arracher à son dernier ennemi son masque funèbre et, toute crainte dépassée, peut avoir l'ultime grâce de sourire. *Le Désert des Tartares* occupe une place tout à fait originale dans le panorama du roman italien contemporain. De la première à la dernière ligne du récit, le lecteur est immergé dans une atmosphère fluide, décantée, étrangère à tout pays et à toute époque définis, mais propice à l'accomplissement d'événements à la fois humbles et essentiels. Le domaine du *Désert des Tartares* est celui de la traversée d'une existence, sur un tempo qui est comme donné par le battement d'un cœur, une respiration, le pur tracé d'un destin dans sa fascinante progression. La langue est simple, dépouillée, la marche du récit linéaire, mais l'ouvrage n'a jamais la froideur du roman symbolique : êtres et choses sont dessinés avec une force tranquille, et leur portée métaphysique ne nous semble jamais dissociable de leur présence charnelle. – Trad. Robert Laffont, 1949, 1984.

DÉSERTEUR (Le). Récit de l'écrivain français Jean Giono (1895-1970), publié à tirage limité en 1966, puis, en 1973, après la mort de l'écrivain, en édition courante sous le titre *Le Déserteur et autres récits*. L'auteur feint d'écrire une biographie, celle d'un personnage réel, Charles-Frédéric Brun, dit « le Déserteur », un peintre d'images pieuses d'origine française, installé au milieu du XIXe siècle près d'un village perdu au fond d'une vallée valaisane. N'ayant jamais été en Valais, Giono ne l'évoque que brièvement, et ne décrit presque pas ses paysages de montagne. Il prétend s'être livré à une sorte d'enquête policière sur son héros, mais, vu l'absence presque totale de faits attestés, il invente non ses origines ou les raisons de son exil, dont il se garde de prétendre éclairer le mystère, mais sa vie ascétique dans la communauté qui l'a recueilli, certains des êtres qu'il rencontre, et même quelques-uns de ses tableaux. Ce récit, où il ne se passe pas grand-chose de saillant, se déroule parmi des hommes d'humble condition, austères et attachants, dénués d'égoïsme, désintéressés. Brun, après une période d'errance où il cherche un refuge, arrive au village, y est accueilli avec simplicité ; c'est avec humilité qu'il y vit, y peint, y meurt. On n'entend pas sa voix, on sait bien rarement ce qu'il pense. Par certains côtés, il est une silhouette. Mais sa réserve et son mystère sont fascinants. La narration sans aucun pittoresque, le style dépouillé s'accordent au sujet du récit, qui, en marge apparemment de l'œuvre de Giono, n'en manifeste pas moins son humanité profonde et son attention devant les caractères exceptionnels. Giono, à plus de soixante-dix ans, aborde ici pour la dernière fois un thème qui l'a hanté depuis la guerre de 1914 (où il a peut-être connu la velléité de la désertion), et qu'il a plusieurs fois utilisé dans ses romans, avec Bobi de *Que ma joie demeure* (*) quittant la communauté qu'il a revivifiée, avec Saint-Jean de *Batailles dans la montagne* (*) délaissant ceux qu'il a sauvés et celle qu'il aime, avec des personnages comme Melville de *Pour saluer Melville* (*) et comme le personnage-titre d'*Angelo* (*) ; la désertion chez lui est celle d'un anarchiste : non pas lâcheté, mais quête de la liberté à tout prix. Dans l'édition de 1973, le récit est suivi de trois autres textes. *La Pierre* est une série de variations étincelantes sur le monde minéral comme sur l'architecture (Giono jouait à acheter en imagination des maisons et des églises), se fermant sur le thème de ce bonheur que peut conférer une sagesse profonde. *Arcadie... Arcadie...* est fait de pages provençales, issues de souvenirs de jeunesse, sur l'huile d'olive et sur le vin, mais aussi sur les joies du mensonge et de la paresse. Dans *Le Grand Théâtre*, Giono fait apparaître pour la dernière fois, avec beaucoup de liberté, la figure de son père le cordonnier philosophe, ainsi que celle d'un grand-oncle qui enrichit son être à partir de sa surdité et d'une cécité menaçante ; dans ces pages surprenantes est esquissée une sensualité fictive.

DÉSERTEUR (Le). Créé le 6 mars 1769 à la Comédie-Italienne, ce « drame lyrique en trois actes et en prose, mêlé de musique », signé de l'auteur dramatique français Michel Jean Sedaine (1719-1797), et Pierre Alexandre Monsigny (1729-1817), fit un tel effet que Mme du Deffand cria au génie. Et pourtant cette histoire artificielle, péniblement tirée en longueur, est peut-être du plus mauvais Sedaine. Alexandre Spinaski, soldat, revient au pays – un pays frontière. La duchesse des lieux complote, on ne sait trop pourquoi, une petite mystification. Quand Alexandre apparaîtra sur le chemin, Louise, sa fiancée, se mariera en grande pompe avec un sien cousin : pour rire, bien sûr. Veut-on stigmatiser ici certain penchant des grands à faire leur jouet de la roture ? Le soldat en effet revient, se voit oublié, trompé, et déserte. On l'arrête. Il sera fusillé. Ou plutôt il ne le sera pas, on s'en doutait :

à la dernière minute, alors qu'Alexandre est couché en joue par les fusils, que la salle tremble, Louise arrive hors d'haleine, portant la grâce du condamné. Elle vient de l'arracher au roi qui tient son camp dans les parages. Et cet opéra républicain finira comme tant d'autres, par un « Vive le roi » sonore et ému.

La matière est si fragile que Sedaine la corse de sketches divers qui font prévoir, d'un peu loin sans doute, le geôlier ivre de *La Chauve-souris* ou les intermèdes policiers de Pagnol. Là-dessus s'exerce la veine diverse de Monsigny : airs, couplets populaires, duos et trios, chansons à boire ; des intermèdes courts dont se souviendra Gluck, deux Finales avec chœurs. On a dit à propos d'*Aline, reine de Golconde* (*) comment on retrouvait dans cette musique le parti pris de dépouillement si sévèrement exigé par Jean-Jacques, et dont l'opéra allemand lui-même fera plus que son profit. Incontestablement, le mérite de Monsigny aura été de trancher dans l'épaisseur du drame musical selon Rameau, et de promouvoir une musique avant tout transparente et expressive. Comme toujours chez lui, nous sommes pris entre la convention dramatique – elle n'est pas toujours heureuse, et lui-même n'a pas le don du langage tragique – et la bonhomie ou la fraîcheur : voyez l'air initial de Louise : « Peut-on affliger ce qu'on aime », le duo fluide : « Serait-il vrai ? ». Les triolets chicanés de « Mourir n'est rien » hanteront quelque jour Leporello et l'air du registre. Que dire pour finir du grand air d'Alexandre devant les fusils : « On s'empresse, on me regarde », sans doute brodé sur un thème populaire polonais ; ou que dire de l'entracte du deuxième acte, qui présage les intermèdes troublants et orageux de *L'Arlésienne* (*) ? Le tragique, fût-il un peu forcé, la sensiblerie, la bonhomie et la gauloiserie : cela faisait à tout prendre un substantiel repas.

DÉSERTS. Œuvre du compositeur américain d'origine française Edgard Varèse (1885-1965), écrite de 1952 à 1954 (New York et Paris). Le titre évoque pour Varèse les déserts naturels, mais plus encore ce « lointain espace intérieur que nul télescope ne peut atteindre, où l'homme est seul, dans un monde de mystère ». Pour la première fois dans l'histoire de la musique, une œuvre associe les moyens traditionnels d'émission du son, instruments et interprètes, aux moyens neufs de l'électro-acoustique. La bande magnétique stéréophonique diffuse des « sons bruts », remaniés par les techniques de l'électro-acoustique (superpositions, filtrations diverses, etc.), ainsi que des fragments de la partie instrumentale ; l'orchestre « accompagnateur » se compose de quatre bois et dix cuivres, piano et cinq percussions. La structure de l'œuvre ne rappelle aucune forme musicale connue, ni aucun élément classique du langage. On distingue sept épisodes, quatre fragments orchestraux alternant avec trois interpolations électroniques. Cette œuvre, décisive dans la musique du XXe siècle, a été créée, avec un scandale mémorable, au Théâtre des Champs-Élysées à Paris, sous la direction d'Hermann Scherchen, le 2 décembre 1954.

DÉSESPÉRANCE (La) [*La desesperanza*]. Roman sur l'exil de l'écrivain chilien José Donoso (né en 1924), publié en 1986. Le récit se déroule au Chili en vingt-quatre heures, lors du retour d'un chanteur célèbre, Mañungo Vera. L'axe central en est la veillée funèbre de Matilde Neruda, veuve du poète. Mañungo retrouve des amis d'autrefois, dont une jeune femme, Judit – qu'il a jadis aimée –, qui s'est engagée dans la lutte révolutionnaire. Elle l'entraînera à sa suite dans une nuit pleine d'aventures et d'imprévu, à travers un Santiago sillonné par les voitures des militaires qui font respecter le couvre-feu, – Trad. Presses de la Renaissance, 1987. C. Bou.

DÉSESPÉRÉ (Le). C'est le premier roman de l'écrivain français Léon Bloy (1846-1917). Sa publication, en 1887, n'alla pas sans difficultés, le premier éditeur, Stock, ayant reculé au dernier moment devant la cabale montée par les hommes de lettres qui savaient devoir trouver dans le livre annoncé une féroce peinture de leur milieu. Le roman parut chez un petit imprimeur et se heurta à une conspiration du silence savamment organisée. Il faut avouer que Bloy s'était montré fort imprudent et n'avait guère ménagé ses confrères. Avant même que ne fussent mises en circulation des « clés » du *Désespéré,* tous les lecteurs avaient identifié, sous des pseudonymes transparents, les personnages, rendus odieux ou grotesques, de Daudet, Richepin, Bourget, Mendès, Maupassant, Scholl, Cladel et vingt autres. Du reste, Bloy, qui les connaissait peu, avait utilisé les informations fournies naïvement par Huysmans ou Villiers de l'Isle-Adam.

Le scandale provoqué par cette satire a fait méconnaître longtemps la vraie valeur d'une œuvre où la peinture des salons littéraires n'est qu'un épisode très secondaire. *Le Désespéré* est à la fois une autobiographie romancée et un prétexte à méditations lyriques ou mystiques. Lorsque Léon Bloy compose ce livre puissant et étrangement original, il sort à peine d'une série d'épreuves qui ont ravagé sa vie. De 1877 à 1882. Il a vécu avec Anne-Marie Roulé, qu'il a recueillie, aimée, convertie, et avec laquelle il a partagé une existence où se sont mêlées les pires misères matérielles et les plus singulières exaltations mystiques. Les visions de sa compagne ont persuadé Bloy qu'il était appelé à jouer un rôle de témoin privilégié dans les événements de l'imminente Fin des Temps. Ensemble, ils l'ont attendue, dans la fièvre et l'impatience, jusqu'au jour où, en 1882, Anne-Marie a perdu la raison. C'est elle qui, dans le roman, sert de modèle au personnage de Véronique, tandis que Bloy lui-même se peint sous les traits du « désespéré », Caïn Marchenoir. Mais leur histoire vécue est très librement transposée, et d'ailleurs Bloy est un romancier assez singulier : les événements et l'intrigue, chez lui, comptent moins que les grands thèmes intérieurs que développent somptueusement d'immenses digressions.

Ainsi Marchenoir raconte-t-il l'histoire de son âme douloureuse, de sa conversion, de son séjour à la Grande Chartreuse. Ailleurs, il expose ses vues sur l'histoire universelle, comprise comme « une seconde révélation, corroboratrice de la première » – celle des Écritures – qui demande à être interprétée pareillement selon les méthodes de l'exégèse symbolique. Des pages étonnantes sur l'art sacré, sur la pauvreté, sur la douleur, s'intercalent entre les moments d'un drame humain dont chaque épisode avoisine l'épouvante. Avec une extraordinaire liberté à l'égard de toute composition littéraire, Léon Bloy charge le roman d'exprimer tous ses tourments personnels, ses angoisses, les illuminations spirituelles dont il a été favorisé et les terribles rechutes dans la nuit qui les ont suivies. En pleine époque naturaliste, *Le Désespéré* ne pouvait trouver ses vrais lecteurs. Il fallut à Bloy toute son œuvre des trente années suivantes pour situer et rendre en partie intelligibles l'énorme matière et les mystérieuses connaissances qu'il avait jetées dans ce livre, les habillant de l'un des styles les plus éclatants qu'on ait jamais inventés en France.

DÉSHÉRITÉE (La) [*La desheredada*]. Roman de l'écrivain espagnol Benito Pérez Galdós (1843-1920). Publié en 1881 après deux années inhabituelles de silence, ce roman inaugure la nouvelle « manière » de Galdós, fortement influencé par sa lecture récente de *L'Assommoir* (*) de Zola. Isidora Rufete est la fille d'un fonctionnaire qui a sombré dans la folie et a été enfermé à l'asile de Leganés, que l'auteur évoque de façon détaillée dans le premier chapitre. Ayant peut-être hérité de la folie de son père, elle croit être la fille de la marquise d'Aransis, qu'elle poursuit de ses vaines prétentions. Partant de ce roman familial typique, Isidora développe un délire qui la coupe de plus en plus de la réalité prosaïque qu'elle refuse. Élevée par sa tante dans des conditions modestes, elle a un frère qui souffre de crises d'épilepsie et dont l'idée fixe est d'assassiner le roi, projet qu'il tente de mettre à exécution. Isidora refuse de se marier avec Augusto Miquis, un brillant étudiant en médecine, ce qui lui permettrait de s'intégrer aux nouvelles classes moyennes. Elle reste stérilement tournée vers le passé en nourrissant des rêves nostalgiques et absurdes de grandeur. Elle finit par prendre le travail en horreur et sombrer dans la prostitution. Elle est engloutie par la ville tentaculaire où elle se perd comme dans un océan infini.

Malgré l'inspiration naturaliste, Galdós n'applique pas de théories rigides. L'hérédité reste problématique, elle entre en concurrence avec l'action du milieu et celle de l'éducation en particulier. La référence aux textes classiques espagnols oriente le style de Galdós vers un humour, absent des œuvres de Zola, et qui déroute souvent le lecteur français. Dès cette époque, la description du psychisme, documentée sur des recherches récentes, est plus détaillée et plus subtile que dans les romans naturalistes français. Le roman paraît d'ailleurs en feuilleton dans une revue médicale espagnole. La place des récits de rêves, de rêves éveillés, d'insomnies y est très importante ; elle permet à l'auteur de donner libre cours à une riche imagination dont il dénonce les dangers mais qu'il est incapable de réprimer totalement. Isidora offre l'exemple des ravages que peuvent exercer les forces imaginatives non contrôlées par l'éducation et une stricte hygiène mentale. La crainte d'être submergé par des forces incontrôlables, inconscientes, apparaît constamment dans l'œuvre de Galdós et *La Déshéritée* en offre un exemple saisissant. C'est par l'observation et la science que Galdós pense pouvoir contrôler le flot de l'imaginaire qui entraîne irrémédiablement son héroïne vers la perdition. S. L.

DÉSHÉRITÉS (Les) [*The Disinherited*]. Roman de l'écrivain américain Jack Conroy (1899-1990), publié en 1933. *Les Déshérités* constituent, avec *Le Pays de l'abondance* (*) de Robert Cantwell, l'un des exemples les plus authentiques de la littérature ouvrière des années 30 aux États-Unis. Sa valeur de chronique de la crise économique mise à part, c'est un roman que sa sincérité, son originalité, la fraîcheur de sa facture devraient tirer de la défaveur dans laquelle est tombée la littérature prolétarienne. Fondant l'intrigue sur sa propre expérience (ce fils de mineur irlandais vit le puits de Moberly engloutir son père et deux de ses frères), l'auteur retrace la lutte pour la vie et l'évolution spirituelle de Larry Donovan, fils de mineur, dans un univers de crassiers, de chômage, de grèves mais aussi de frais paysages ruraux, de solidarité et d'abnégation. Comprenant que ses efforts seront toujours frustrés par le système qui l'exploite, le héros montre assez de persévérance pour échapper à la mine et se consacre au syndicalisme. Le roman est remarquablement libre de tout souci de propagande. Les ouvriers ne sont pas idéalisés, l'indignation devant l'injustice sociale naît de la vérité de la description et non d'une attitude sentimentale ou didactique de l'auteur. Conroy connut avec ce premier roman un succès de critique considérable, mais des ventes limitées par la pauvreté du public qu'il touchait. Dos Passos salua en lui un nouveau Jack London, tandis que de jeunes écrivains comme Richard Wright prenaient pour modèle le ton des *Déshérités*. L'auteur a publié également *Un monde à conquérir* [*A World to Win*, 1935], plusieurs anthologies, une étude sur les migrations noires écrite avec Arna Bontemps, *N'importe où sauf ici* [*Any Place But Here*, 1966] et des articles de critique, dont un remarquable essai sur Dreiser qu'il considérait comme son maître. Il occupe une place importante dans l'histoire de la littérature radicale américaine comme fondateur du magazine *L'Enclume* [*Anvil*] qu'il dirigea de 1933 à 1936.

DES HOMMES ET DES FEMMES [*Men and Wives*]. Roman de l'écrivain anglais Ivy Compton-Burnett (1892-1969), publié en 1931. Comme dans tous les autres romans de l'auteur – de *Dolorès* (*) (1911) à *Un père et son destin* [*A Father and His Fate,* 1957] et *La Chute des puissants* (*) –, la période qui intéresse ici Ivy Compton-Burnett est l'époque edwardienne, les dix premières années du XXe siècle. Le milieu est celui d'une famille bourgeoise vivant de ses rentes à la campagne et ne se préoccupant que de l'intensité de sa propre existence. C'est un monde nettement délimité, fermé, restreint. *Des hommes et des femmes* nous montre la tyrannie qui règne au sein de la cellule familiale. Le tyran est la mère, lady Haslam, une obsédée hypochondriaque qui tente de se suicider, apparemment plus pour éprouver son entourage que par désespoir véritable, puis se retire provisoirement dans une maison de repos. Son mari et ses enfants, délivrés de sa présence, retrouvent une indépendance nouvelle et la joie d'être eux-mêmes sans contrainte. Lorsque lady Haslam revient chez elle, son fils Matthew la tue afin d'éviter le retour de l'ancienne tyrannie et de pouvoir épouser librement sa fiancée Camille. Mais lorsque Camille apprend le crime, elle refuse de devenir la femme de Matthew et, quand il avoue son crime aux siens, ceux-ci refusent de le croire. Et peu à peu s'instaure un autre cycle de contrainte et d'oppression familiale dans lequel chacun s'installe à nouveau.

Les romans d'Ivy Compton-Burnett sont souvent l'histoire d'un chef de famille tyrannique : généralement un homme, comme dans *Une famille et son chef* (*) (1933), *Parents et Enfants* [*Parents and Children,* 1941] ou *Serviteur et Servante* (*) (1947) ; parfois une femme comme dans *Les Ponsonby* (*) (1937) ou *Les Vertueux Aînés* (*) (1944). Les titres des romans sont significatifs : ils soulignent les conflits qui opposent un mari et sa femme, deux générations, plusieurs membres d'une même famille – le mot famille étant pris au sens large puisque les serviteurs y sont représentés et participent activement à cette saga d'oppression et de révolte dont chaque roman est une péripétie. L'univers de la romancière est foncièrement tragique, et désordonnés les sentiments des personnages qui rappellent les Furies du théâtre grec. La structure du roman est celle du drame, et le dialogue, qui transmet toute la tragédie, apparaît aussi comme une discipline que s'impose l'auteur. Certes, il semble que tous les personnages parlent le même langage, quels que soient leur âge, leur sexe, leur rang social, mais leurs paroles les révèlent entièrement. Il ôte les masques qui leur servent de défenses et leur donne en même temps une dimension qui manque aux personnages de la vie quotidienne, dimension proprement héroïque et tragique. Le style confère à l'œuvre d'Ivy Compton-Burnett une perfection que peu de ses contemporains sont parvenus à égaler. – Trad. Gallimard, 1957.

DÉSHONNEUR [*Der unwürdige Liebhaber*]. Récit de l'écrivain allemand Rudolf Borchardt (1877-1945). *Déshonneur* est le récit le plus important d'un recueil de Borchardt paru en 1929 et qui en comprend quatre en tout, intitulé *La Génération désespérée* [*Das Hoffnungslose Geschlecht*]. Venu très tard à la forme narrative, Borchardt, avant tout poète et jusque-là uniquement préoccupé de critique littéraire, de travaux érudits d'histoire de la Renaissance et de traduction des grands classiques (Pindare, Dante, Homère...) descend de sa tour d'ivoire pour protester contre son époque. Dans une famille aristocratique allemande qui vit encore du produit de ses terres et que menace une conjoncture économique de plus en plus difficile (nous sommes en 1923), l'arrivée d'un jeune officier désœuvré, en mal de position sociale après la dissolution de l'armée allemande, sème le trouble entre les personnages et les conduit tous au scandale. Borchardt entend donner une portée symbolique à son récit qu'il sous-titre : « une tragédie », et qui est en effet traité comme une pièce de théâtre, avec unité de temps (quelques jours), de lieu (la propriété familiale) et d'action (avec de très longs dialogues). Tous les personnages, y compris le chef de famille menacé de perdre son épouse, s'avèrent incapables de résister à la corruption de l'époque, au règne de plus en plus impitoyable de l'argent, à la contagion, après la défaite de 1918, d'un déshonneur généralisé. La force de ce récit très dense réside cependant dans le fait qu'à aucun moment le lecteur n'éprouve le sentiment d'avoir affaire à l'illustration d'une thèse : la crise des valeurs aristocratiques et de l'Allemagne traditionnelle sous la République de Weimar s'y trouve mise en scène avec un art qui fait irrésistiblement penser à celui d'un cinéaste comme Visconti. Le traditionalisme monarchiste de Borchardt lui permet de dénoncer la faillite morale d'un capitalisme triomphant qui fera le lit du nazisme. Borchardt ne renouvela pas le miracle avec son seul véritable roman, paru à Vienne en 1937, *Jonction par-delà les lignes ennemies*

[*Vereinigung durch den Feind hindurch*] que le sentiment d'une faillite historique déjà accomplie rend presque caricatural dans la dénonciation des erreurs de Weimar. – Trad. Verdier, 1991.

J.-Y. M.

DÉSINENCE EN A (La) [*La Desinenza in A*]. En 1878, en rupture avec la célébration romantique de la femme, l'écrivain italien Carlo Dossi (1849-1910) publie *La Désinence en A*. Le *A*, c'est en italien la marque du féminin, et c'est la femme réduite à un simple phénomène grammatical que Dossi présente là. Une femme qui n'est plus un être vivant mais un sous-produit du nom, une désinence, une variante négative d'un positif qui serait l'homme. On s'aperçoit bien vite cependant que l'aigreur de Dossi s'exerce avant tout à l'égard de ses pairs et que, face à ces innombrables femmes, il n'y a pas l'homme en général, mais lui, Carlo Dossi. Un milliard de négatifs, contre un seul positif.

En 1894, Carlo Dossi publie une réédition de *La Désinence en A*, enrichie d'une préface, qui est un véritable manifeste de ses intentions littéraires et dans laquelle le romancier, qui se revendique comme l'écrivain des Happy Few, défend trois points essentiels : le premier, c'est l'absolue liberté de l'artiste de se forger la langue la plus propre à exprimer sa pensée. Foin des censeurs, des puristes et de ceux qui « voyageraient éternellement en voiture, plutôt que de jamais dire "*wagon*" » ! Le deuxième point c'est son refus de tendre vers une clarté que sa sensibilité trop réceptive rend impossible. Il revendique son droit à rester le « hiéroglyphique Dossi » et ajoute : « Un style semblable à une roue bien huilée serait la perdition de mes livres. En revanche, un style plein de complications, d'obstacles, d'embûches, obligeant le lecteur à avancer prudemment et à s'arrêter de temps en temps [...] fait remarquer des choses qu'une lecture plus rapide cacherait. »

Le troisième point sur lequel insiste Dossi et qui l'installe d'emblée dans la modernité, c'est son refus de toute intrigue évidente, de tout support réellement narratif. « Je ne nie pas qu'une histoire très enlevée [...] ne soit la chance suprême pour un roman dépourvu de la moindre puissance d'idée [...]. Mais, dans les livres où les événements sont un simple prétexte à l'expression des idées [...] l'intrigue doit certes exister mais ne pas trop apparaître. » Ce fil à peine visible, ce prétexte de l'intrigue, on pourrait ici le définir simplement : *La Désinence en A* est une tragi-comédie de la femme. – Trad. Ombres blanches, 1991.

C. Moi.

DÉSIRS DE JEAN SERVIEN (Les). Roman de l'écrivain français Anatole France (François-Anatole Thibault, 1844-1924), publié en 1882. Cette œuvre parut après *Le Crime de Sylvestre Bonnard* (*). Elle nous apparaît comme une diversion, comme une tentative vers un art cérébral moins raffiné. Jean Servien, fils d'un modeste relieur parisien, orphelin de mère depuis son enfance, grandit entouré de l'affection indulgente que lui vouent son père et une vieille tante. L'enfant est d'une nature délicate et fantasque. Sa sensibilité est presque morbide. L'ambition de son père et sa propre intelligence le poussent à faire des études ; il est y encouragé aussi par une sorte d'instituteur privé, le marquis Tudesco de Venise, qui s'est un jour trouvé dans leur boutique. Tudesco est un vieil exilé politique, type du maniaque bonasse et fanfaron, qui aime d'un amour excessif la poésie et le bon vin. Jean, ayant passé entre-temps son baccalauréat, s'aperçoit qu'il manque de cette énergie indispensable à quiconque veut réussir dans la vie. Il a besoin de gagner son pain et cette réalité l'accable d'autant plus qu'il voit ses ambitions poétiques et littéraires demeurer à l'état de rêves malheureux. Il n'est qu'un déclassé et sa situation s'aggrave d'un grand amour romantique pour une actrice, la belle Gabrielle de la « Comédie ». Après différents épisodes plutôt tristes, Servien plonge dans le tourbillon de la Commune. Il y apporte toutes ses désillusions, toutes ses aspirations de révolté et y perd bêtement la vie. L'œuvre a de belles pages nuancées qui s'appuient sur une analyse psychologique et morale des plus fines, et c'est là tout l'art de France. Quelques personnages et quelques épisodes sont franchement émouvants (le personnage du père, par exemple) ; mais le protagoniste est dépourvu de toute vitalité personnelle. Il constitue plutôt un sujet d'expérience, suivant les règles de l'école réaliste auxquelles l'auteur semble être encore lié dans ce roman. Les traits par lesquels France esquisse l'extravagant personnage qu'est Tudesco ont beaucoup de valeur, puisqu'en effet ils représentent la première ébauche du personnage qui sera, plus tard, l'une des créations les plus heureuses de cet écrivain, c'est-à-dire l'abbé Coignard.

DÉS-LYRE. Recueil de poèmes de l'écrivain français Roger Vitrac (1899-1952), publié en 1964. Ce dossier complet a été constitué par Vitrac peu de temps avant sa mort ; il y réunit des morceaux qui furent, pour la plupart, publiés dans diverses revues entre 1921 et 1948. Étendus sur une grande partie de sa vie, ces poèmes oscillent entre la forme symboliste (« Le Faune noir »), classique, et les énigmes surréalistes. Cette sinusoïde de la forme correspond à une oscillation entre deux pôles. D'abord l'amour, amour de rêve, amour presque mièvre, que l'impossible dépouillement des chairs et des peaux oblitère et détruit. Et c'est le cri qui désespère « l'amour, hélas, n'est que cheville ». L'autre pôle, où l'amour le rejette, est la mort. Là, le réconfort que l'amour lui avait enlevé lui est rendu, « la mort, une jeune fille »... la mort, c'est le havre après une traversée perturbée. C'est le calme, c'est la solitude enfin gagnée, c'est le charme d'une sépulture nocturne où la chair a disparu, où demeure la carcasse. Que le repos soit d'eau ou de terre, que les êtres qui habitent ce repos soient beaux ou hideux, le mort est seul. La mort, inscrite dans le futur, et inéluctable, pousse Vitrac à un rire désabusé ou attendri, rire qui secoue ou qui grince, perceptible par ces calembours, ces jeux de mots qui laissent à l'esprit le temps de caracoler vers des infléchissements solitaires, et vers des recherches qui tuent le temps. Deux poèmes, l'un dédié à Paul Éluard, l'autre à Raymond Queneau, sont une sorte d'art poétique de Vitrac. Dans le premier, le poète est « le cousu », celui auquel on a ôté la parole et qui doit lutter contre le « forgeron bien en chair ». Pour se faire entendre, le poète doit être grisou, tonnerre, volcan. Dans la deuxième partie de cet art poétique, « Démarches d'un poème », Vitrac expose d'une façon entièrement métaphorique la création d'un poème : l'« écrire », le « rêver », l'« oublier », « rechercher son contraire », l'« humaniser », enfin le « retrouver en l'analysant ».

DES MÉTAPHORES OBSÉDANTES AU MYTHE PERSONNEL. Essai de l'écrivain français Charles Mauron (1899-1966), publié en 1963. Dans l'introduction, l'auteur revendique la paternité d'une méthode dont d'autres ont utilisé les fruits et que lui-même appelle la psychocritique. Il en précise ainsi les étapes : c'est d'abord de superposer plusieurs textes d'un écrivain pour faire apparaître « des réseaux d'associations ou des groupements d'images » ; ensuite, de reconstruire le « mythe personnel » de l'écrivain, c'est-à-dire de « rechercher, à travers l'œuvre du même écrivain, comment se répètent et se modifient les réseaux, groupements, ou, d'un mot plus général, les structures, révélés par la première opération » ; puis d'interpréter ce mythe comme expression de la personnalité inconsciente ; enfin de contrôler les résultats par référence à la vie de l'écrivain. On connaît déjà les travaux de l'auteur sur Mallarmé, *Mallarmé l'Obscur* (*) et sur Racine. Il analyse de nouveau ici Mallarmé, mais aussi Valéry, Nerval, Baudelaire, surtout pour illustrer les deux premières démarches de sa méthode ; pour la dernière, il étudie Corneille et Molière. La première démarche est une innovation heureuse ; elle est fort attirante quand il s'agit de l'auteur le plus lucide, Valéry ; pour Baudelaire, Nerval, Mallarmé, ce tissage, quoique délicat, est aussi couronné de succès. La psychanalyse, maniée avec une méthode à la fois souple et rigoureuse, subtile et tranchante, intervient dans les explications que fournit ensuite l'auteur, auquel on pourrait seulement reprocher de refouler dans le subconscient des écrivains étudiés tous ces éléments « mythiques » qu'après tout ils ont peut-être mis sciemment dans leur œuvre.

DÉSOBÉISSANCE (La) [*La disubbidienza*]. Roman de l'écrivain italien Alberto Moravia (1907-1990), publié en 1948. Chronique d'une crise et d'une métamorphose, *La Désobéissance* est l'histoire d'un enfant qui frôle la mort pour renaître adulte. Luca Mansi a quinze ans. Son corps, qui a grandi trop vite, se rebelle devant les tâches les plus insignifiantes. « Cette rébellion des objets et cette incapacité où il était de les aimer et de les dominer avaient justement atteint leur comble, cet été-là, pendant son séjour au bord de la mer. » Sur le chemin du retour, un incident minime amènera Luca à « sentir que ses parents étaient faits de la même matière hostile et rebelle que les autres choses ». Le garçon a « la sensation de ne pas être bien, de couver une maladie », mais, accablé par l'idée de reprendre son travail scolaire, il ne parvient pas à relier sa répugnance à son état de délabrement physique. En lui, « la sensibilité est éveillée et la conscience encore assoupie ». Il pense qu'il n'aime « ni le monde ni ces rôles qu'on voulait lui faire jouer » et qu'il doit « désobéir » aux sollicitations de son entourage « avec calme et détachement ». Il se défait d'abord de son orgueil de lycéen, puis de son amour de la propriété. Enfin, en se privant de manger, il aborde « l'ultime étape de son plan : la mort physique ». Il n'a pourtant pas conscience de se décider au suicide, mais à « un sacrifice nécessaire, conclusion inévitable d'une série d'autres sacrifices mineurs ». Approfondissant encore le sens de son projet, il découvre que c'est pour ses parents et pour le monde dont ils font partie qu'il veut mourir, « pour se libérer du sentiment de haine et d'absurdité qu'ils lui inspiraient et qui l'empêchait de les aimer comme il l'eût voulu ». Seule une attirance sensuelle et trouble pour une gouvernante réussit un moment à entamer sa volonté d'autodestruction. Mais la femme meurt et, un jour, au retour du lycée, Luca tombe gravement malade. Durant des semaines, il est la proie des cauchemars, puis une sorte de retournement de tout l'organisme dans le sens de la vie a lieu et, lorsque l'adolescent reprend conscience, c'est une nouvelle vision du monde qui, avec le retour à la santé, s'offre à lui. Il a faim des êtres et des choses et l'univers lui paraît « acceptable et nouveau ». À son chevet, il a trouvé l'infirmière qui l'a soigné durant sa maladie, une femme déjà mûre, mais chaleureuse et pleine de vitalité. Du même amour qu'il porte au monde, le convalescent se prend à aimer et à désirer l'infirmière. Celle-ci est elle-même troublée par le garçon et, la veille de son départ, elle se donne à lui. Luca sent alors qu'il a passé un nouveau pacte avec la vie et qu'il peut voir les choses avec les yeux « qui, à sa naissance, avaient été éblouis par la première lumière du jour ». « Seconde et plus authentique mère, l'infirmière l'avait fait naître une seconde fois, après qu'il fut mort dans son désir de mort. » Cependant, Luca comprend que « cette seconde naissance n'eût jamais pu avoir lieu si auparavant il n'avait pas désiré aussi sincèrement et aussi absolument mourir ». La sincérité du refus d'obéissance est le gage du sérieux et de la validité de toute reconstruction ultérieure d'un être et de ses rapports avec les autres. Écrite quelques années après *Agostino* (*), *La Désobéissance* présente à la fois un approfondissement et une issue à cette crise de l'adolescence dont le précédent roman peignait le sombre enlisement. Cette seconde étude d'une âme juvénile est aussi plus ample, plus nourrie et plus souple que la première. L'art de Moravia y réalise un bel équilibre entre le traitement réaliste et la liberté poétique, la recherche psychologique et le souci éthique. – Trad. par Michel Arnaud. Éd. Denoël, 1949, Gallimard, 1973.

DÉSORDRE ET DOULEUR PRÉCOCE [*Unordnung und frühes Leid*]. Courte nouvelle, parue en 1926, du grand écrivain allemand Thomas Mann (1875-1955) : c'est un de ces petits tableaux familiers de la vie bourgeoise où excelle le conteur et l'essayiste. On y admire l'harmonie des proportions, le caractère si direct et vif des évocations, la finesse d'une analyse psychologique qui va jusqu'à la virtuosité ; enfin la ciselure du style.

Dans l'ambiance familiale qui entoure Cornelius, professeur d'université, on reconnaît aisément l'auteur et sa famille : c'est l'époque de l'inflation qui suivit la guerre mondiale, dans un milieu bourgeois de Munich, en Bavière. Les aînés du professeur sont Ingrid et Albert : Ingrid, d'une charmante impertinence, est candidate au baccalauréat et voudrait devenir actrice ; Albert, écervelé, ennemi personnel de toutes les écoles, prétend devenir soit danseur, soit valet de chambre dans un hôtel du Caire, ou encore un artiste de variétés.

Malgré la situation économique et la difficulté qu'éprouvent leurs parents à maintenir les conditions de vie au niveau traditionnel, ces deux jeunes gens, avec des amis et des camarades, organisent une petite fête de famille, amenant ainsi le désordre dans la vie quotidienne du professeur. Voici, déchaînée, la joyeuse assemblée des garçons et des filles : Bibi, un bon garçon, mais furieux ; Lorine, l'enfant adorée du père qui lui prodigue une tendresse faite d'admiration et d'émotion. Lorine sera l'héroïne du *Poème de la gosse* et l'héroïne de ce bref récit.

Un soir, au lit, la petite fille pleure devant son père, consternée parce que « Max n'est pas son frère ». En effet son jeune cœur a été bouleversé par un amour subit et inconscient pour un jeune invité, étudiant brillant et charmant qui, en badinant, la fit danser. Elle se calme seulement quand le jeune homme mandé par le domestique entre dans la chambre pour lui souhaiter une « bonne nuit ». Demain tout sera oublié, pense le père, désormais tranquillisé, mais cette aventure lui révèle la morbide sensibilité de ces enfants précoces, grandis dans un milieu anormal.

Le récit insiste avec un humour débonnaire sur les manières bizarres de cette jeunesse désaxée, symbole d'une époque absurde, dont se souviendront ceux qui connurent la vie bavaroise au temps de l'inflation. Disons tout de suite que, du point de vue littéraire, le récit occupe parmi les nouvelles de Mann la place la plus importante. On n'a peut-être jamais si justement perçu, comme en cette évocation bien simple en apparence, ni avec plus de délicatesse, de discrétion et de tact, le sens des multiples problèmes que nous pose la vie, sens qui est toujours à l'origine de l'inspiration de Mann. Il s'agit en effet d'un père qui découvre en ses enfants une réalité tout à fait inconnue et étrangère à sa façon de sentir et de penser. Pourtant il ne peut faire autrement que de l'accepter telle qu'elle est, car « c'est la vie ». Au fond de ce consentement difficile du père et dans lequel la surprise et l'angoisse se résument en un sourire, il y a une grande bonté humaine. Dans ses traits réalistes, le style de narration est empreint d'un lyrisme doux et délicat comme une caresse sur la tête d'un malade. – Trad. Kra, 1929.

DÉSORDRES DE L'AMOUR (Les). Roman de la femme de lettres française Mme de Villedieu (1640 ?-1683), publié en 1675. Illustrant le genre de la nouvelle historique et galante, il met en scène des personnages historiques (Henri III, Henri de Navarre, le duc de Guise) à l'époque des guerres de religion et de la Ligue. Empruntant son matériau à l'*Histoire de France* (*) de Mézeray, il veut découvrir « l'histoire secrète », les dessous amoureux des intrigues politiques. Mais ces passions qui commandent l'histoire sont condamnables en tant qu'elles corrompent l'homme, ce dont témoignent les trois récits exemplaires qui composent le roman. Le premier révèle « que l'amour est le ressort de toutes les autres passions de l'âme » en racontant les intrigues de la coquette Mme de Sauve, qui divise la cour d'Henri III et tourne le duc de Guise vers la Ligue en 1576. Le deuxième, qui relate l'histoire du maréchal de Bellegarde et de la marquise de Termes, s'ouvre par une scène où Mme de Termes avoue à son mari son amour pour Bellegarde. Comparée, par Valincour en 1678, à la scène de l'aveu de *La Princesse de Clèves* (*), elle n'est en fait qu'un moyen pour libérer des amants qui sombrent peu à peu dans la déchéance. La haine qui envahit le couple a des conséquences politiques : Bellegarde trahit la France et s'empare du marquisat de Saluces pour le compte de la Savoie. Le dernier récit, en deux parties, situé après l'assassinat du duc de Guise en 1588, raconte les aventures de Givry, qui trompe sa maîtresse, Mme de Maugiron, pour la frivole Mlle de Guise qui l'éconduit. Désespéré, il se jette dans la bataille de Laon et y trouve la mort, illustrant la maxime qu'« il n'y a point de désespoir où l'amour ne soit capable de jeter un homme bien amoureux ». A. Gé.

DESPERADO (Le) [*The Desperado*]. Roman de l'écrivain américain Clifton Adams (né en 1919) paru en 1950. L'œuvre relève du « western » qui aux États-Unis n'est pas seulement un genre cinématographique mais également littéraire. L'action se déroule au Texas en 1869 pendant la guerre de Sécession. Le narrateur, Tall Cameron, a 18 ans. Amoureux de Laura comme Ray Novack, le fils du shérif, il accompagne dans sa fuite son rival qui vient de rosser un militaire yankee. Dans leur course, ils croisent Pappy Garret, un des tueurs les plus recherchés. Ray tente de le tuer, Tall lui sauve la vie et, en remerciement, il reçoit deux magnifiques pistolets. De retour chez lui, Tall apprend que son père a été tué pour avoir refusé de dire où il se trouvait. Il tue le meurtrier et deux autres policiers. Cerné par la cavalerie, il est sauvé par Garret qui le prend sous sa protection, lui enseigne à tirer et ce qu'il faut savoir pour rester en vie. Engagés comme convoyeurs de troupeaux, ils sont dénoncés par leur patron à un shérif ancien ami de Garret et ils doivent encore tuer avant de se réfugier chez les Indiens. Revenu au Texas, Tall découvre que Laura a peur de lui et qu'elle va épouser Ray venu se mettre sur son chemin. Ray, lancé à leur poursuite, tue Garret, Tall, qui l'a dans sa ligne de mire l'épargne et disparaît. Il sait qu'il est guetté par le même désespoir solitaire que Pappy Garret et qu'il lui arrivera à lui aussi de souhaiter mourir. C'est un canevas à la « Billy the Kid » où un adolescent, trahi par son meilleur ami, maudit l'humanité avant de devenir lui-même un « animal sauvage que l'odeur du sang a rendu fou ». Ce très beau roman a inspiré deux films : celui de Thomas Care en 1954 sous le même titre et celui de Springstee en 1958 sous le titre de *Cole Younger Gunfighter* (*Le Desperado de la plaine*). – Trad. Gallimard, 1959.

D. B.d.M.

DÉS PIPÉS (Les) ou les Aventures de miss Fanny Hill. Œuvre de l'écrivain français Pierre Mac Orlan (1882-1970), publiée en 1929. Elle s'inspire de la vie (vraie, imaginaire ou reconstituée) de la courtisane anglaise Fanny Hill, écrite au XVIIIe siècle par John Cleland. Il ne reste ici rien de l'original, si ce n'est la trame d'un argument d'ailleurs conventionnel. Dans sa préface, Pierre Mac Orlan déclare sans nulle hésitation que cet original est un livre médiocre. Mais l'art du romancier est pour partie de s'emparer d'écrits particuliers, que ne fréquentent plus que des spécialistes assez rares, afin de leur conférer une dignité littéraire indiscutable. Ses connaissances et son talent transfigurateur sont du reste au principe d'un autre livre exceptionnel, *Le Nègre Léonard et maître Jean Mullin* (*). Voici, selon Mac Orlan, qui fut Fanny Hill : Aux commencements, une fillette picarde (la « payse » de l'auteur, par conséquent) rencontre un dégourdi qui la propose aux divertissements salaces d'un vieux : un marchand, vers qui aboutissent les recherches des détrousseurs de cadavres. Ces pages évoquent, quoique de côté, les guerres napoléoniennes. La fillette est ensuite négociée à un Anglais, buveur et espion, qui par le port de Boulogne lui fait quitter la France, et à Londres la séquestre. Dans cette maison vit déjà une servante irlandaise, Pat, qui procure à Fanny leçons et conseils. Les deux femmes donnent un mauvais bouillon à leur maître, puis s'enfuient. Ces deux putains enfin émancipées s'adjoignent une négresse. C'est alors la vie des prostituées dans les tavernes du port. On détrousse les ivrognes, et quelquefois les sergents du roi d'Angleterre recrutent des soldats parmi la pègre. Fanny se délivre d'un amant, se sépare de ses deux compagnes et gagne les beaux quartiers, où un valet de chambre l'aborde. Celui-là la conduit dans un des sérails à la mode. En ce lieu, Fanny est d'abord servante, puis admise parmi le bétail doré des putains pratiquantes. C'est la belle vie. Un jour elle décide de monter sa propre maison (un fonds acheté à bas prix, qu'elle va remettre en valeur). En ce temps-là, elle s'éprend d'un militaire, lequel s'installe à demeure. Elle en vient à se lasser de l'homme, et elle ne pleure pas le jour qu'on le lui ramène transpercé par une épée. Cet amant mort, Fanny Hill vend son fonds, et avec sa servante retourne à son pays. Chez les Picards, elle rachète une gentilhommière, mais les ruraux n'ont pour elle que nasardes, et quand enfin elle regagne l'Angleterre, alors elle est ruinée. La trentaine l'accable. La patronne d'une accueillante maison, avec bon sens et sans malignité, la congédie. Elle devient écrivain public, et dans ces fonctions fait la rencontre d'un lord protecteur qui l'engage à écrire des souvenirs. Ces souvenirs, « un paquet en mauvais état qui ne contenait qu'une sorte de registre relié en peau de porc », sont retrouvés par un quidam. Toute l'aventure est condensée dans une complainte où le sens en est généralisé : « Écoutez la sombre histoire... » Cette complainte elle-même finit par ces conseils aux fillettes précoces : « Écoutez bien votre père, / Fût-il pendu par le cou. / Un père est toujours un père. / Ça vaut mieux que rien du tout. »

Bien plus que John Cleland, l'inspirateur des *Dés pipés* est le peintre satirique et documentaire William Hogarth. Il n'est pas surprenant que Mac Orlan ait médité les images, à ses yeux bonnes conductrices, des « Progress »

(« La Carrière d'un libertin », « La Carrière d'une courtisane ») peints par un artiste anglais, à l'imitation profane de Bunyan ; lui-même, Mac Orlan, excellant comme aucun de ses contemporains à donner la vie à l'envers des histoires officielles. Il est à noter encore que son récit est épuré des descriptions érotiques proprement dites. C'est l'art de Mac Orlan de tout dire en soustrayant tout. Comme tout est quand même dit, de cette façon-là, on ne quitte pas l'annexe érotique des littératures, mais *Les Dés pipés ou les Aventures de miss Fanny Hill* ont le mérite de poser une question simple. Pourquoi cette annexe ? Pourquoi ne pas faire que ce domaine soit enfin public ? La réponse est élémentaire. Presque toute l'œuvre de Mac Orlan montre du reste qu'il n'y a jamais de société sans hypocrisie, et dans cette hypocrisie une littérature trace ses chemins – du moins, quelquefois, dans certains écrits : ici, par exemple.

DESSINS DES PEINTRES FLORENTINS, classés, analysés et étudiés comme documents de l'histoire et de la critique de l'art toscan [*Drawings of the Florentin Painters, Classified, Criticized and Studied as Documents in the History and Appreciation of Tuscan Art*]. Œuvre du critique d'art américain Bernard Berenson (1865-1959), publiée en deux volumes en 1903. Une édition augmentée en trois volumes parut en 1938. Cet ouvrage, sur bien des points aujourd'hui dépassé, n'en marque pas moins une date importante dans l'histoire de l'art, car il représente le premier recensement systématique des œuvres d'une école donnée, en même temps qu'il propose une méthode d'identification. La première partie se compose d'une série de chapitres, chacun consacré à un des maîtres de l'école florentine et à ses élèves : Botticelli, Pallaiuolo, Léonard de Vinci, Fra Bartolomeo, Andrea del Sarto, Michel-Ange et Pontormo. La seconde est un catalogue raisonné des dessins, avec un index des musées et collections où ils se trouvent. La partie discutable de cet immense travail réside dans la méthode d'identification, où l'intuition personnelle l'emporte sur les critères scientifiques (bien peu avancés d'ailleurs à cette époque), mais l'ordonnance même de ce livre, et l'extraordinaire culture qu'il suppose, continue à en faire un modèle d'une grande valeur et un inestimable instrument de travail.

DES SOURIS ET DES HOMMES [*Of Mice and Men*]. Roman de l'écrivain américain John Steinbeck (1902-1968), publié en 1937. George et Lennie sont deux journaliers qui louent leurs bras à travers la Californie dans l'espoir de pouvoir acheter un jour une petite ferme. George est « petit et vif, brun de visage, avec des yeux inquiets et perçants, des traits marqués ». Son compagnon, tout au contraire, est « un homme énorme, à visage informe, avec de grands yeux pâles et de larges épaules tombantes ». Ce colosse a l'âge mental d'un enfant ; sa seule passion est de caresser des matières soyeuses et douces, les peaux de souris par exemple. Mais il est si fort qu'il finit toujours par tuer les souris en les caressant. Sans George, qui s'est attaché à lui, il ne pourrait vivre. Un jour les deux hommes s'engagent dans le ranch des Curley. La présence de la bru du patron, fille ardente et provocante, et la jalousie exacerbée de son époux font peser une atmosphère tendue sur la communauté. George devine l'imminence de quelque catastrophe sans pouvoir la prévenir. Mme Curley fait des avances à Lennie, puis prend peur, et l'idiot, en voulant l'empêcher de crier, la tue. Pour lui éviter le lynch ou l'asile, George abat lui-même son ami, par-derrière et tout en lui parlant de cette ferme, de ces lapins qu'ils ne posséderont jamais : ainsi s'explique le titre du livre, emprunté à un poème de Robert Burns : « Les plans les mieux conçus des souris et des hommes souvent ne se réalisent pas. » Poème de l'extrême misère et de la solitude humaine, l'œuvre est coulée dans une forme sans digressions, parfaitement linéaire. Le ton est constamment objectif, sans froideur ni vaine émotion, et tout le récit empreint d'une sobriété grave. Le roman obtint un immense succès dès sa publication, et l'adaptation dramatique que l'auteur fit représenter la même année fut accueillie avec la même faveur. – Trad. du roman par Maurice Edgar Coindreau : Gallimard, 1939 ; de la pièce : Robert Laffont, 1946.

DESTIN (Du) [*De fato*]. Ce petit traité philosophique, composé par l'écrivain latin Cicéron (Marcus Tullius) (106-43 av. J.-C.) en l'an 44 et dédié à Hirtius, ne nous est parvenu qu'en partie. L'auteur y discute des rapports entre le destin et le libre arbitre empruntant à la philosophie néo-académique (Carnéade) un certain nombre d'arguments propres à mettre en échec la conception stoïcienne de la nécessité. Cicéron soutient la liberté de la volonté humaine qui réussit à se soustraire au destin. L'argument principal est fondé sur la distinction entre causalité et nécessité. – Trad. Les Belles Lettres, 1945. – O. Hamelin, *Sur le De fato*, Mégare, 1978.

DESTINATION DE L'HOMME [*Die Bestimmung der Menschen*]. Œuvre du philosophe allemand Johann Gottlieb Fichte (1762-1814), publiée à Berlin en 1800. « Le doute » est la première phase de la recherche. L'homme, curieux de fouiller sa propre nature intime, se sent d'abord une pauvre et misérable créature perdue dans l'immensité de la création. Cependant la conscience qu'il a de lui-même, partie intégrante de ce tout, lui dit que le principe qui constitue l'univers et sa propre personne est le même, et que la loi qui régit sa destinée est identique. L'énigme de l'homme est l'énigme de l'univers. En contemplant ce dernier, il peut espérer trouver une solution au premier problème. Mais le spectacle des phénomènes lui fait parfois penser au hasard, parfois à l'ordre nécessaire et rigoureux : soit à la nécessité inflexible, soit à la liberté sans limites. Sera-t-il alors le jouet d'un hasard capricieux ou l'esclave d'une inexorable fatalité ? Il hésite, en proie à des doutes et à de douloureuses angoisses. Il décide alors de renoncer à interroger le monde extérieur et de chercher dans sa propre conscience la réponse : cette réponse est la « science ».

Le « Connais-toi toi-même » commence par l'analyse de la sensation, qui se révèle comme étant la modification de l'être pensant ; mais cela ne donne pas pour autant le droit de conclure à une cause qui existe hors de l'être pensant. Le principe de la causalité, s'il n'est pas donné par la sensation, existe cependant tout au fond de l'intelligence elle-même. Ainsi ce principe n'a qu'une valeur subjective : et à une induction, tirée d'un principe, on ne peut accorder plus de réalité ni une autre espèce de réalité que celle qui se trouve dans le principe lui-même. De sorte que, puisque les choses extérieures, c'est-à-dire le monde, n'existent que comme une induction du principe de causalité, elles n'ont qu'une réalité purement subjective. Le monde serait donc, dans l'intelligence de l'homme, comme une copie sans original, dessinée en nous par une main inconnue : une ombre que ne projette aucun corps. Nos sentiments, nos passions, nos idées seraient aussi réels que les fantômes créés par le délire. Les réactions qui se font jour en nous traduisent un besoin d'agir, une impulsion irrésistible qui nous pousse à entrer dans cette même réalité qui semble brisée et anéantie par l'analyse. Ce besoin d'agir se mêle à ce qu'il y a de plus intime chez l'homme. Nos passions, nos sentiments, les instincts de toutes sortes s'accordent pour nous révéler que notre mission sur la terre n'est pas de contempler oisivement notre pensée, mais de la révéler, de la réaliser, d'agir. L'action n'est pas seulement le destin de l'homme, mais l'homme lui-même ; et si l'impulsion qui nous mène vers elle ne rejoignait aucun but, notre vie serait un effort continuellement renouvelé et avorté au sein même d'une bizarre contradiction. Ceci ne peut être et n'est pas. Pour agir et pour vivre, l'homme doit croire à la possibilité de l'action, à la marche vers un destin qui peut être rejoint : « croire » – et c'est la troisième phase – que des devoirs existent et qu'une voix intérieure, dont l'autorité ne peut être méconnue, lui ordonne de les exécuter en ce monde. La croyance au devoir devient donc pour Fichte comme la planche de salut qui se met entre l'homme et les abîmes créés par la spéculation, dans lesquels il risque de sombrer.

Doute, science de sa propre ignorance, croyance : il s'agit d'une espèce de trilogie philosophique présentée sous une forme vivante et dramatique, animée par un souffle de poésie. Nous lisons dans les dernières pages de l'œuvre : « La mort n'est que le développement instantané d'une vie nouvelle, jusque-là latente dans la vie précédente. » La naissance et la mort sont toutes deux un progrès de la vie, de nouveaux paliers à escalader, des épurations successives vers une manifestation toujours complète. « Comment pourrait-il en être autrement, si moi, au lieu d'être une forme passagère de la vie éphémère, je suis la vie primitive, réelle, essentielle ? » La nature ne peut pas anéantir une vie qui n'est pas issue d'elle, « alors que... elle est faite pour moi ». L'acte par lequel la nature anéantit un être libre et intelligent est comme un cachet qu'elle imprime sur la période de vie déjà parcourue, pour en rendre témoignage et en accepter la responsabilité, avant de l'introduire dans une vie nouvelle. Pendant qu'ici-bas nous pleurons un homme, au-dessus de nous d'autres créatures fêtent sa naissance dans un nouveau monde, comme nous le faisons, dans ce monde, pour la naissance d'un de nos fils. « Que le jour où je devrai le rejoindre vienne vite ; ce jour-là sera le bienvenu. » – Trad. Aubier, 1942.

DESTINATION DU SAVANT ET DE L'HOMME DE LETTRES (De la) [*Die Bestimmung des Gelehrten*]. Ce sont cinq leçons faites par le philosophe allemand Johann Gottlieb Fichte (1762-1814), en 1794, à l'université d'Iéna. L'individu particulier, l'homme en soi (Iʳᵉ leçon), hors des relations sociales, doit ramener à l'intime cohérence de sa nature rationnelle la grande quantité de ses inclinations et de leur objet, ce qui demande une lente et laborieuse éducation, qui élève au « plus grand bien » et dont découle le vrai bonheur. L'homme ne peut cependant atteindre d'une telle manière la perfection, c'est-à-dire l'accord absolu avec lui-même ; puisque la raison trouve des résistances et des limites, nécessaires à sa vie, dans la sensibilité, sa mission doit s'effectuer dans une suite infinie de perfectionnements. Parmi les instincts fondamentaux (l'instinct, pour Fichte, n'est pas une impulsion aveugle, mais une tendance spirituelle), il y a l'instinct social (IIᵉ leçon), au moyen duquel l'homme entre en rapport avec les autres êtres raisonnables et libres, et cet instinct impose une coordination et non une subordination. De cette façon, la société apparaît comme une réciprocité des actions dans la liberté, liberté à la faveur de laquelle l'homme détermine d'une manière plus concrète sa destination consistant à contribuer à l'« unification progressive » des êtres conscients par la culture ; le but dernier, idéal, qui ne peut être atteint, en est le consentement intime et complet. La distinction de la société en classes (IIIᵉ leçon) ne signifie pas une scission absolue entre ses membres qui, au contraire, avec une double tendance instinctive à éduquer et à se laisser éduquer, contribuent à former un patrimoine commun, humain, auquel chacun peut puiser, mais à condition d'y apporter cette contribution que sa condition et son état particuliers lui permettent. Tels sont l'origine et la base légitimes de la distinction des classes dans le circuit de la vie sociale. Dans celle-ci seulement, l'homme trouve la véritable immortalité : en effet, par le seul fait que l'homme participe à une construction éternelle et infinie, son œuvre ne peut être perdue. Le savant a (IVe leçon) le devoir grand et noble, au-dessus de tout autre, d'encourager l'élévation incessante du genre humain conformément à un idéal rationnel ; mais il ne peut remplir sa mission si, en plus d'être l'« homme moralement le meilleur », il ne possède pas la « doctrine », laquelle est synthèse de la connaissance philosophique des instincts et des besoins, de la connaissance historico-philosophique des moyens propres à développer les premiers et à satisfaire les seconds et de la connaissance historique du degré culturel de la société, grâce auquel les uns et les autres pourront entrer en relation. Le savant, gardien et prêtre du vrai, auquel sont liés les destins moraux de l'humanité, ne doit, à aucun prix, déserter sa fonction éducative. La vérité, donc, se trouve aux antipodes de la thèse de Rousseau (V[e] leçon) qui, attristé par la misérable et désolante vision de la douleur et de l'abjection des hommes dans la société, imagina un édénique et mythique « état de nature », prétendant ainsi nous rendre meilleurs, alors qu'il ne faisait que nous précipiter à nouveau dans ce monde de l'immédiat animal, duquel, avec peine, nous nous sommes libérés pour nous élever vers la raison. – Trad. sans éditeur, 1838 ; Vrin, 1969.

DESTIN DE A. D. (Le). Un homme dans l'ombre de l'Histoire [*Das Schicksal des A. D.*]. Roman de l'écrivain allemand Ernst von Salomon (1902-1972), publié en 1960. Ce livre retrace le destin de A. D., condamné par différents régimes politiques à la prison où il passe en tout vingt-sept ans. Né en 1901, officier de la Reichswehr, mais amoureux d'une jeune communiste, il déserte le jour où il apprend que la police a trouvé son nom dans une circulaire destinée aux membres du parti communiste, puis se constitue prisonnier et se voit infliger quatorze ans de détention. C'est alors qu'il devient lui-même un communiste, ce qui lui vaut d'être transféré dans un camp de concentration après la prise de pouvoir de Hitler. À Buchenwald, où il se trouve à partir de 1938, il parvient, grâce à son emploi à l'infirmerie, à sauver un grand nombre de détenus du four crématoire. Suspecté lors de l'effondrement du régime hitlérien par les Américains d'avoir assisté le médecin chef de l'infirmerie dans les expériences auxquelles celui-ci s'était livré sur les détenus, il est de nouveau condamné à une longue peine de prison pour être ensuite définitivement libéré. Avec ce réalisme impitoyable qui caractérise l'art de Salomon, ce livre se veut le roman exemplaire de l'homme d'aujourd'hui, impuissant en face de la force écrasante d'une bureaucratie aveugle et des bouleversements historiques de son époque. – Trad. Gallimard, 1963.

DESTIN DE LA GÉORGIE (Le) [*Bedi Kárt'lisa*]. Poème de l'écrivain géorgien Nikoloz Barat'ašvili (1817-1845), qui a donné des œuvres d'une grande valeur à la littérature romantique de son pays, composé en 1839 et publié en 1876. Ce poème d'inspiration patriotique, aux accents élégiaques et solennels, célèbre la Géorgie et sa nature, ses montagnes et ses fleuves, et glorifie son passé en s'attachant particulièrement aux batailles victorieuses contre les Perses. Un épisode se détache, avec une force et une puissance dramatique particulières, c'est celui qui transporte le lecteur sur les rives du fleuve Aragvi et le fait assister à un entretien entre le roi Héraclius II et son grand chancelier Solomon Léonidzé. Las de toutes ces guerres menées contre les musulmans et inquiet pour le destin de son peuple, le vieil Héraclius voudrait mettre le pays sous la protection russe, faisant confiance à un peuple qui, comme le sien, est de religion chrétienne. Le chancelier cherche, en vain, à s'opposer à un projet dans lequel il voit la ruine de sa patrie : le roi s'est éloigné de son peuple et n'entend plus sa voix. Les Russes envahiront la terre sacrée de la libre Géorgie, humiliant et saccageant le pays. C'est sur la dramatique vision de l'invasion que se termine ce poème, tout empreint de la profonde douleur qu'éprouve le poète en songeant au destin de son pays.

DESTIN DES CIVILISATIONS (Le) [*Schicksalskunde im Sinne des Kulturwerdens*]. Un des derniers ouvrages de Léo Frobenius (1873-1938), ethnologue et historien allemand, publié en 1931. Dans ce livre, Frobenius entend tirer les conclusions générales qui découlent de ses travaux antérieurs entrepris depuis 1897 sur les civilisations africaines. Le but qu'il se propose est de définir la situation du monde moderne dans la perspective de l'histoire universelle des civilisations et, en particulier, de déterminer le rôle privilégié que jouera l'Allemagne dans l'orientation nouvelle que doit prendre, selon lui, le cours de l'histoire. Frobenius définit, ensuite, son apport personnel dans ce domaine et rappelle qu'il a été le fondateur de la « théorie scientifique des cultures ». Selon lui, le monde moderne est caractérisé par l'encerclement du globe, mais cette expansion spatiale, maintenant achevée, doit se compléter et se réaliser par une découverte en profondeur du monde ; cette découverte s'appuiera sur les nouvelles disciplines scientifiques : Archéologie, Préhistoire, Histoire primitive, Ethnographie et Ethnologie, au moyen desquelles l'homme découvre, par-delà les raisonnements et les faits, sa réalité profonde et permanente. L'auteur s'efforce ensuite de déterminer les constantes qui caractérisent les différentes civilisations du globe ; d'après lui, c'est par les rapports de l'homme avec le réel (qu'il oppose au fait) qu'elles se distinguent les unes des autres. Après avoir analysé deux civilisations qui se définissent d'une façon évidente par deux attitudes fondamentales en face du réel : l'éthiopienne, qui est de type végétal, et l'hamitique, qui est de type animal, Frobenius montre l'influence sur la mentalité humaine des facteurs irrationnels tels que les constellations mythologiques et le symbolisme des nombres. C'est par ce rapport avec l'essence du réel que Frobenius distingue également quatre périodes de civilisations : Période de culture mythologique, localisée dans l'océan Indien et le Pacifique ; Période religieuse et de formation de la notion d'État, localisée en Asie occidentale ; Période philosophique, en Europe méridionale et occidentale ; enfin Période des faits, utilitariste, en Europe occidentale d'abord, puis dans le monde entier. Il explique en quoi consiste cette perception du réel sur laquelle repose la civilisation ; c'est la saisie de l'essence des choses par l'esprit humain. La civilisation elle-même réunit à la fois le réel qui est intuition (« saisissement ») et création, donc dynamisme et jeunesse, et le fait qui est concept et conservatisme, donc statisme et vieillesse. Le présent déséquilibre mondial est la conséquence de la priorité accordée au fait sur le réel ; aussi la civilisation mondiale ne sera-t-elle qu'une caricature tant que l'homme moderne n'aura pas dépassé le fait pour atteindre le réel. C'est naturellement à l'Allemagne, située entre la civilisation orientale du réel et la civilisation occidentale du fait, que revient de droit le privilège de donner à la civilisation mondiale cette authenticité qui lui manque encore. — Trad. Gallimard, 1940.

DESTINÉES (Les). Poèmes philosophiques. Recueil posthume du poète français Alfred de Vigny (1797-1863), publié par Louis Ratisbonne en 1864. Il se compose de onze poèmes : quelque deux mille alexandrins. Le plus ancien de ces poèmes est de 1839 et le dernier de 1863. C'est dire que tout le recueil s'échelonne sur l'espace d'un quart de siècle environ. Chacun de ces poèmes nous révèle un aspect de ce pessimisme fondamental dont Vigny s'est fait le champion jusqu'à sa mort.

« Les Destinées » (1849). C'est la pièce liminaire du recueil du même nom. Conçue d'un bout à l'autre en strophes de trois vers, elle ne laisse pas d'évoquer ce rythme dont Dante use dans son « Enfer ». Sauf à noter que pour Vigny l'enfer n'est autre que ce monde même. Écoutez plutôt : « Depuis le premier jour de la création / Les pieds lourds et puissants de chaque Destinée / Pesaient sur chaque tête et sur toute action. » Ces « Destinées » sont donc les filles du Destin, les hideuses divinités qui s'ingénient à tourmenter l'espèce humaine. Sans doute la venue du Christ a-t-elle pu faire naître chez l'homme un immense espoir. Mais cet espoir-là ne fut qu'un leurre — par la volonté du Créateur. Dieu n'a fait, en somme, qu'élargir notre collier de misère. Quel est donc le mot de cette énigme ? Bien malin qui pourrait le dire : « Ô sujet d'épouvante à troubler le plus brave ! / Question sans réponse où vos saints se sont tus ! / Ô mystère ! Ô tourment de l'âme forte et grave ! » En dépit de certains accents chaleureux, cette composition est laborieuse. Au vrai, le pessimisme de Vigny n'atteint à la grandeur que dans l'invective. Ici, le philosophe étouffe le poète, et par là même toute émotion devient impossible.

« La Colère de Samson » (1839). C'est une longue suite d'alexandrins à rimes plates. Vigny aborde ici le mythe de l'éternel féminin. Depuis toujours, en effet, un combat sans trêve se livre « entre la bonté d'homme et la ruse de femme ». Par la bouche de Samson, le poète prophétise, et sa vision est atroce. Écoutez-le : « Bientôt, se retirant dans un hideux royaume. / La Femme aura Gomorrhe et l'Homme aura Sodome / Et se jetant de loin un regard irrité / Les deux sexes mourront chacun de son côté. » Devant cette Dalila qu'il aimait naguère plus que tout au monde, Samson, le juste, se sent triste à mourir : « Toujours voir serpenter la vipère dorée / Qui se traîne en sa fange et s'y croit ignorée. » Réquisitoire que couronne le vers fameux : « La Femme, enfant malade et douze fois impur. » Samson, soûl de colère, se vengera. Secouant les colonnes du temple, il écrase d'un seul coup ses ennemis, leurs dieux et leurs autels. Des onze poèmes que renferme le recueil des *Destinées,* celui-ci est un des meilleurs, précisément parce que l'invective l'emporte sur l'argument philosophique.

« La Mort du loup » (1843). Ce poème est trop célèbre pour avoir besoin d'éclaircissements. Rien de plus simple que sa donnée : « Comment on dit quitter la vie et tous ses maux / C'est vous qui le savez, sublimes animaux. » Que l'homme, donc, se garde d'oublier cette leçon. Que, pareil au loup acculé par les chasseurs, il se renferme dans un stoïcisme farouche et meure avec bravoure sans proférer une parole : « Gémir, pleurer, prier est également lâche / Fais énergiquement ta longue et lourde tâche / Dans la voie où le sort a voulu t'appeler / Puis après, comme moi, souffre et meurs sans parler. »

« La Maison du berger » (1844). Ce long poème en strophes de sept vers nous montre que l'homme peut trouver quelque remède à ses maux dans l'amour de la créature, un amour fondé tout entier sur la tendresse et la mutuelle compassion : « Sur mon cœur déchiré, viens poser ta main pure, / Ne me laisse jamais seul avec la Nature / Car je la connais trop pour n'en pas avoir peur. » Vigny dresse ici une certaine image de la femme qui s'oppose en tout point à celle qu'il avait dressée dans « La Colère de Samson ». Éva est bien, en effet, l'antithèse de Dalila. Témoin ces vers admirables par lesquels s'achève son invocation : « Pleurant, comme Diane au bord de ses fontaines / Ton amour taciturne et toujours menacé. »

« La Bouteille à la mer » (d'octobre 1853). Une fois de plus l'auteur s'applique à mettre en symbole la misère humaine. Son monde est un monde sans Dieu. Mais le désespoir auquel le mène un pareil état de conscience n'en demeure pas moins toujours actif. Son stoïcisme est loin d'exclure chez lui tout sentiment de fraternité. Bien au contraire : il éprouve une réelle pitié pour ses compagnons d'infortune. Faute de mieux, on peut toujours préparer le progrès de l'humanité future. Que l'homme travaille donc à son œuvre sans se soucier du résultat immédiat. Si cette œuvre comporte quelque grandeur, elle sera sûrement comprise un jour et vraiment féconde. Tel est justement le thème de « La Bouteille à la mer ». Ici, Vigny exalte le don de soi-même jusqu'à l'exhaustion ; voyant que son navire est sur le point de couler, un capitaine refuse d'accepter la mort avant d'avoir légué aux hommes de l'avenir le fruit de son ultime expérience. Brave autant que lucide, il veut que la terre puisse connaître un jour toutes les circonstances qui ont marqué son trépas. Au mépris de la tempête, il se livre à divers calculs, consigne maintes observations, dresse, en somme, le plan de son propre naufrage dans le détail. Après quoi, il glisse son message dans une bouteille... Maintenant, il peut mourir tranquille : « Il sourit en songeant que ce fragile verre / Portera sa pensée et son nom jusqu'au port ; / Que d'une île inconnue il agrandit la terre ; / Qu'il marque un nouvel astre et le confie au sort ; / Que Dieu peut bien permettre à des eaux insensées / De perdre des vaisseaux, mais non point des pensées / Et qu'avec ce flacon, il a vaincu la mort. » Vigny use ici de la strophe de sept vers, celle-là même que nous retrouvons dans « L'Esprit pur » et dans « La Maison du berger », strophe qu'on tient pour sa plus belle réussite lyrique.

« La Flûte » (non datée). Réduit par la malchance à mendier son pain, un joueur de flûte se croit le dernier des hommes. Vigny s'efforce de le consoler : « C'est assez de souffrir sans se juger coupable. » Il lui montre que, le plus souvent, notre échec relève moins de l'esprit que de la matière : « Du corps et non de l'âme accusons l'indigence. / Des organes mauvais servent l'intelligence... » Il n'en veut d'autre preuve que cette flûte même que le malheureux tient dans ses doigts : « Regardez votre flûte, écoutez-en le son. / Est-ce bien celui-là que voulait faire entendre / La lèvre ? Était-il pas ou moins rude ou moins tendre ? / Eh bien c'est au bois lourd que sont tous les défauts, / Votre souffle était juste et votre chant est faux... » Sous l'effet de ces paroles, le pauvre se réconforte et considère l'avenir avec plus de sérénité.

« La Sauvage » (1843). Quelque part, dans les solitudes du Nouveau Monde, une jeune Indienne, fuyant les horreurs de la guerre, s'en vient, avec ses enfançons, demander asile à quelque sujet britannique. Maison cossue et puritaine où l'on célèbre justement la fête de Noël. C'est dire que la pauvre s'y voit aussitôt accueillie avec tous les égards qu'implique la vraie charité chrétienne : « Ma sœur, dit-il enfin, entre dans ma famille ; / Tes pères ne sont plus ; que leur dernière fille / Soit sous mon toit solide accueillie, et chez moi / Tes enfants grandiront innocents comme toi. »

« Wanda » (1847). Dans ces strophes, Vigny évoque la Russie telle qu'on la pouvait voir quelques années avant la prise de Sébastopol : un tsar dont l'énorme puissance se fonde uniquement sur l'esclavage. Rien ni personne n'est capable d'émouvoir ce cœur de pierre. Témoin l'histoire que voici : une femme appartenant à une famille illustre, jeune et belle, promise au plus heureux destin, n'hésite pas à quitter son palais de Moscou pour suivre en Sibérie son époux condamné aux travaux forcés. Tout héroïsme, tout sacrifice. Sous ce climat terrible, elle endure les pires privations et finit par en mourir. Car le tsar est en tout point à l'image du Dieu de Vigny, à savoir l'indifférence en personne : « Quel signe formidable a-t-il au front cet homme ? / Qui donc ferma son cœur de trois cercles de fer / Dont s'étaient cuirassés les empereurs de Rome / Contre les cris de l'âme et les cris de la chair ? / Croit-on parmi ses serfs qu'à la fin il se lasse / De semer les martyrs sur la neige et la glace / D'entasser les damnés dans un terrestre enfer ? »

« Les Oracles » (1862). De tous les poèmes contenus dans ce recueil, voici le moins réussi. Du haut de sa tour d'ivoire, Vigny invective la démocratie. Mais son verbe manque d'efficacité, car il cède partout à l'emphase et aux lieux communs : « Toute démocratie est un désert de sables / Les parlements jouaient aux tréteaux populaires / Maîtres en long discours à flots intarissables / Non. Dans l'histoire il est de noirs anniversaires. »

« Le Mont des Oliviers » (1839-1851), en revanche, relève fort heureusement d'une bien autre inspiration. Toute la fleur du pessimisme de l'auteur s'y trouve enclose. Tandis que ses apôtres dorment à poings fermés, Jésus confie à Dieu, son père, l'angoisse dont son âme est rongée. Se sentant plus pauvre que jamais, il l'adjure de venir à son aide. En vain ! Dieu élude toute réponse. On ne saurait vraiment être plus seul au monde. Morceau d'une superbe venue, qui s'achève par ces simples mots : « Dans le bois, il entendit des pas / Et puis il vit rôder la torche de Judas. »

« L'Esprit pur » (1863). Comme dans « La

Maison du berger », Vigny use ici de la strophe de sept vers. Il chante les travaux de la plume, le métier d'écrivain. Évoquant le souvenir de ses aïeux, il constate qu'ils furent tous des gens pleins de bravoure : chasseurs, guerriers, corsaires, que sais-je. Hélas, ils n'eurent jamais souci de laisser la moindre relation de leurs exploits ! Pas un d'eux ne sut se recueillir « pour graver quelque page et dire en quelque livre / Comme son temps vivait et comment il sut vivre ». Si bien que « tous sont morts en laissant leur nom sans auréole ». Quant à lui, Alfred de Vigny, il s'est bien gardé de les imiter. Car en soi l'action n'est rien. Seul l'esprit la sublime, et par là même la consacre. Véritable testament poétique, ce poème contient, en dépit de certains prosaïsmes, quelques-uns de ses plus beaux vers.

Tel est le recueil des *Destinées.* Onze poèmes, mais non pas onze chefs-d'œuvre. Faut-il citer Eugène Marsan : ces poèmes, « qui oserait prétendre qu'ils soient vraiment purs de toute longueur, de toute obscurité gratuite, de toute gaucherie et de toute rhétorique au mauvais sens du mot ? ». Mais gardons-nous bien d'être injuste. Vigny prend place parmi ce petit nombre de poètes soucieux de mettre en scène « sous une forme épique et dramatique » une pensée philosophique. Tâche difficile et audacieuse, mais, que l'abstrait et le concret viennent à se fondre dans le feu de l'invective ou de l'imprécation, et la réussite est parfaite. Aussi devons-nous à Vigny une centaine de vers qui sont au nombre des plus parfaits de notre poésie.

DESTINÉES SENTIMENTALES (Les). Roman de l'écrivain français Jacques Chardonne (1884-1968), en trois volumes : *Les Destinées sentimentales* (1934), *Pauline* (1934), *Porcelaine de Limoges* (1936). Ce roman se déroule entre les années 1905 et 1935, et raconte l'histoire de quelques familles, telles que l'auteur en a connu depuis son enfance : marchands de cognac, fabricants de porcelaine. Ces marchands et ces fabricants sont des artisans de haut bord. L'artisan est d'abord un artiste. L'argent n'est pas le principal ressort de son activité. Sa vraie passion, c'est son ouvrage et la qualité de cet ouvrage. Chardonne se montre ici le peintre d'une religion de la qualité dont M. Pommerel et Jean Barney sont les saints. Leur vie privée est sage et austère. Quelques fêtes en interrompent la monotonie. Trois bals jalonnent l'ouvrage : l'un en 1905, l'autre après la guerre, le dernier à la veille de la crise de 1929. Du premier au dernier, on mesure l'évolution des mœurs. On voit bien que l'auteur ne l'a pas observée avec plaisir. Mais le sujet principal du livre, c'est le problème du mariage. La tragédie du divorce est traitée avec l'histoire de Nathalie, tandis que Pauline permet d'écrire le roman du bonheur conjugal. À vrai dire, Pauline se sacrifie en laissant Jean Barney venir prendre la barre aux usines désemparées de Limoges. Il y a, pense Chardonne, un sacrifié dans tout ménage qui paraît heureux. Mais pourquoi Pauline serait-elle jalouse de la fabrique ? Elle sera l'élément apaisant d'une vie agitée. L'aventure sociale et l'aventure sentimentale sont étroitement mêlées et sans doute est-ce ici le roman le plus ambitieux de l'auteur.

DESTINS. Roman publié en 1928 par l'écrivain français François Mauriac (1885-1970). Bob, le mauvais ange, convalescent d'une maladie grave, se repose à Viridis, chez sa grand-mère ; bien qu'issu de souche paysanne, il est reçu chez Mme Élisabeth Gornac, la propriétaire de Viridis. Élisabeth l'entoure de prévenances ; ignorante de l'amour aux mille pièges, elle se laisse aller sans méfiance au charme de cette présence : elle ignore à tel point la nature de ses sentiments qu'elle permet à Bob de rencontrer chez elle une de ses parentes, Paule de la Sesque, dont il est épris. C'est seulement lorsque Élisabeth voit le rayonnement des jeunes gens, leur ivresse, le peu d'attention qu'ils lui prêtent, qu'elle sent naître un étrange tourment et pressent que sa tendresse pourrait ne pas être uniquement maternelle. Elle qui durant dix années de veuvage n'a jamais ressenti de trouble, elle mesure soudain le sentiment de sa solitude. Cependant l'orage menace. Pierre, le fils d'Élisabeth, chrétien scrupuleux et militant, tombe au milieu de leur idylle. Il ne peut admettre que Bob, dont chacun connaît les tares, soit aimé d'une jeune fille pure et droite. Son intervention décide Paule à s'éloigner de Bob. Ce dernier s'en prend à Pierre qui s'efforce de le réconforter, lui offre son appui moral et lui demande pardon ; comme il lui tend la main, Bob lui envoie son poing dans la figure et le laisse gisant sur le sol. Par une lettre désolée, Bob supplie Paule de revenir ; elle ne répond même pas. Désespéré, Bob part avec des amis vers Deauville. Et voici le drame : l'accident d'automobile dû à la folle imprudence de Bob. On ramène à Viridis son corps charmant broyé et affreusement brûlé, et Élisabeth s'écroule près du cercueil ; Pierre est bouleversé à l'idée que cette mort soudaine n'a pas permis le repentir du pécheur. Il fait part à sa mère de sa vocation religieuse. Élisabeth restée seule sera « une de ces mortes qu'entraîne le courant de la vie ». Un des grands intérêts du roman, outre la diversité des personnages, est dans le jeu des contrastes dont l'auteur a usé ; ainsi l'harmonie entre Paule et Bob, et l'entretien amer de Pierre avec sa mère. D'un côté tout est joie, fraîcheur, clarté ; de l'autre c'est l'incompréhension, l'hostilité. Riche par de tels traits psychologiques, *Destins* l'est aussi par le style particulièrement pur, harmonieux. Le développement de l'œuvre se poursuit en ligne droite, sans ruptures, aucune obscurité, nulle ambiguïté. Pas de ruses, d'artifices, pas de dissertations ni d'épisodes parasitaires. L'auteur mène ses personnages avec leurs passions, leurs douleurs, leur idéal, droit à un dénouement qu'il veut net et sans réticences. Parti d'une donnée de base assez vulgaire, le roman se hausse peu à peu, brise son cadre et dépasse son sujet. Par-delà l'amour humain, l'auteur a su montrer où peut conduire l'amour de Dieu : joie totale par le don total de soi.

DESTINS (Les). Méditation philosophique en vers du poète français Sully Prudhomme (1839-1907), publié en 1872. L'ère du chaos est finie : les mondes naissent. La Terre, énorme masse encore informe, oscille pesamment sur ses pôles gigantesques, tout à son travail lent et confus ; pendant ce temps, le Mal l'épie avidement pour lui composer le plus tragique des destins. Dans sa sombre méditation, l'esprit du Mal façonne pour la planète les instruments de destruction ; et, pour la plus grande torture des hommes, existeront les instants de joie et les pièges suprêmes tels que l'amour, tandis que le Mal prendra toutes les formes les plus séduisantes de la beauté et de l'idéal. Voici l'anathème jeté sur le monde, mais le vigilant gardien de l'ordre universel cherche à donner à la Terre, à peine née, un sort meilleur : que l'amour et la science soient pour l'homme une conquête à travers la lutte et la douleur, cette source méconnue de toute valeur. Le Destin invariable de l'univers est le voisinage du Bien et du Mal, et la Nature, qui est la Raison même, nous dit que l'univers cache un accord profond de destins alternés et poursuit une fin toujours plus lointaine. Devant cet hymne de la Nature, le sage s'incline et s'efforce d'accorder son cœur aux lois de l'Univers. Tel est le thème que développent *Les Destins*, poème grandiloquent, mais encore plein de chaleur ; par la suite, l'œuvre de Sully Prudhomme devait connaître une évolution qui fut loin d'être heureuse : l'élément intellectuel ayant pris le dessus (notamment après que l'auteur eut traduit, en 1866, le premier livre de Lucrèce), Sully Prudhomme s'orienta résolument vers le poème philosophique. Les essais postérieurs : *La Justice*, de 1878 (dans l'idée de justice, il y a la dignité de l'homme, la garantie du progrès social), et *Le Bonheur*, de 1888 (le bonheur est seulement dans le sacrifice), devaient apparaître, malgré certaines qualités poétiques qui manquent aux *Destins*, comme des échecs, et confirmer la faillite de la plus grande ambition de l'auteur.

DESTITUÉ (Le) [*De utsatta*]. Roman de l'écrivain suédois Birgitta Trotzig (née en 1929), publié en 1957. Troisième œuvre de Birgitta Trotzig, *Le Destitué* fut un succès. Son projet est d'éclairer l'histoire d'une âme par la description des circonstances extérieures. Comme la plupart des Suédois, Birgitta Trotzig est sensible aux atmosphères qui se dégagent de la nature et parvient admirablement à en rendre les aspects sombres, en accord avec l'état d'esprit de son héros. Ici le pasteur Isak Graa (dont le nom signifie « gris ») se fond parfaitement dans le paysage aux plaines balayées par un vent glacé, aux terres grasses et nauséabondes. La région et l'époque (XVIIe siècle) choisies accentuent encore l'image de cette noirceur. Jusqu'en 1679, date de son rattachement définitif à la Suède, la Scanie est ravagée par des conflits incessants entre Danois et Suédois qui se disputent cette contrée. Isak Graa ne peut que subir, au même titre que les malheureux paroissiens de son village, la misère engendrée par la guerre ; avec eux, il est contraint d'endurer la saleté, la décrépitude et les disettes. Une fois la paix revenue, il reste pris dans un tourbillon d'événements incompréhensibles car, continuant de prêcher en danois comme il l'avait toujours fait, il est accusé de trahison et destitué de ses fonctions pastorales. Ce vieillard presque septuagénaire est obligé d'errer en plein hiver comme un vagabond, transi de froid et tenaillé par la faim. Tenu pour fou, sa déchéance s'aggrave et il est envoyé à l'asile. Enchaîné à un mur, d'une maigreur effrayante, il ressemble davantage à une bête qu'à un être humain. La peinture de ce long martyre montre la capacité de Birgitta Trotzig à décrire les souffrances de l'homme et à mettre à nu sa vulnérabilité. Le terrible sort d'Isak Graa ne doit pas faire oublier que les autres personnages sont aussi exposés (traduction littérale de *De utsatta*) à d'atroces tourments. Dans ce monde où le dénuement moral et physique est total, les individus survivent repliés sur eux-mêmes, sans connaître l'amour, incapables de communiquer, comme en témoigne la quasi-absence de dialogues. Ils supportent leur supplice, écrasés par la solitude, maudits de Dieu. L'homme a détourné son regard du Créateur, attirant ses foudres : il est condamné à chercher Dieu dans les ténèbres. Ainsi Isak Graa se sent-il poursuivi après sa destitution par Celui qu'il avait fidèlement servi. Malgré ses prières et son humiliation sans cesse plus tragique, Dieu demeure silencieux. Cependant, confronté à l'ultime mise à l'épreuve, juste avant de mourir, Isak Graa ne renie pas sa foi. Grâce à la force de celle-ci, il a l'intense révélation que sa mort est aussi renaissance. Par cette fresque volontairement douloureuse sur l'injustice, Birgitta Trotzig veut réveiller notre opinion de nantis indifférents aux maux qui frappent le reste du monde. C'est une mise en garde contre le danger de succomber à nos mauvais instincts. Dès cette œuvre Birgitta Trotzig s'élève au-dessus du roman réaliste. La forme littéraire choisie, la légende, fait appel à l'imaginaire et paraît plus appropriée pour illustrer la condition humaine. Son récit, d'une conception picturale, offre une succession de tableaux poétiques au lecteur, désarçonné par les changements de perspective. Le style enfin, rythmé et lancinant, produit un effet d'envoûtement où les évocations visuelles et olfactives donnent une tenace impression de détresse intolérable. Birgitta Trotzig sait émouvoir par le cri viscéral qu'elle jette. – Trad. Gallimard, 1963. M.-B. L.

DESTRUCTION D'ILION (La) [Ἰλίου πέρσις]. Le poète grec Arctinos de Milet (VIIIe siècle av. J.-C.) composa ce poème en deux livres qui, dans le *Cycle épique grec* (*), figurait immédiatement après *L'Éthiopide* (*). Son contenu n'était pas très différent du récit du deuxième livre de l'*Énéide* (*) de Virgile. On y trouvait l'histoire des héros grecs qui, enfermés dans le cheval de bois, parvinrent à pénétrer dans l'enceinte de Troie. On devait y voir paraître également Laocoon et Sinon, d'où Virgile tira ses épisodes célèbres. On ignore si le poème s'achevait avec l'incendie de Troie ou avec le départ des Grecs. Une partie de ce récit étant en tout point semblable à un passage de *La Petite Iliade* de Leschès, on imagina, à tort, que l'auteur de *La Destruction d'Ilion* était celui de *La Petite Iliade*. L'importance du poème fut énorme dans le monde classique : il proposait un matériel mythologique troyen à tous les poètes posthomériques qui n'avaient pu lire dans l'*Iliade* (*) la chute de la ville de Troie, tandis que dans l'*Odyssée* (*) on donnait cette chute comme un fait déjà accompli.

DESTRUCTION OU L'AMOUR (La) [*La destrucción o el amor*]. Recueil du poète espagnol Vicente Aleixandre (1898-1984) publié en 1935. Cette œuvre se présente comme une mosaïque de poèmes où l'auteur laisse éclater, à travers une succession d'intenses instants poétiques, son violent désir de vivre. Le thème essentiel de l'amour identifié à la mort est le fil qui unit ces poèmes. Aleixandre s'adresse aux valeurs « permanentes » qui sont en l'homme, à celles qui « unissent » au lieu de « séparer » : l'amour, la tristesse, le bonheur, la haine, la mort. Le poète, pour atteindre à la plénitude de la vie, se met en « communication immédiate » avec la terre. Ainsi enraciné, il laisse monter en lui et s'exprimer la prodigieuse sève d'amour dont la terre se nourrit. Parti d'une vision pessimiste de l'homme qui n'éprouve que nostalgie devant le spectacle souverain de la création – faune et flore –, le poète parvient, à travers une série d'identifications et de métamorphoses majestueuses, à l'union totale avec la nature, récompense suprême de son chemin d'amour et de destruction : « Ah, vite, vite ; je veux mourir face à toi, mer, / face à toi, mer verticale dont l'écume touche les cieux, / dont les célestes poissons parmi les nuages, / sont comme des oiseaux oubliés du fond. » Les thèmes sont empruntés aux mondes animal, végétal et minéral. Aleixandre confère à l'amour-passion qui les régit une vertu salvatrice. Dans la variété de ces mondes, la préférence du poète va aux forces élémentaires et, au sein du bestiaire qui anime la terre, aux forces destructrices et incorruptibles (aigles, tigres, lions). Le vêtement, symbole de civilisation et de servitude intellectuelle, est dénigré au profit du corps dénudé : « La mort c'est le vêtement. / L'accumulation des siècles qui jamais ne s'oublient / la mémoire des hommes sur un corps unique... » L'homme se sauve par la communion avec les forces élémentaires qui s'affrontent dans une lutte perpétuelle d'amour : « ... tandis que l'on sent la puissante griffe en terre, / tandis que les racines des arbres, tremblantes, / sentent les ongles profonds / comme un amour qui ainsi envahit. » L'amour apparaît comme le seul acte capable de briser les limites qui enchaînent l'homme. Celui-ci en aimant, en mourant, rejoint le flot de la nature indivisible pour survivre en elle. L'union que chante Aleixandre aboutit à une sorte de panthéisme cosmique (tout est dans tout) : « Fleur, rocher, doute ou soif ou soleil ou fouet : / le monde entier est un, la rive et la paupière. » Telle est la vie authentique : primaire, instinctive, qui seule permet à l'homme de s'identifier à la roche, à la vague, au poisson, et de s'élever ainsi au-dessus de sa condition d'être « changeant » et « minime ». Cette poésie d'inspiration surréaliste est d'une grande richesse formelle. L'image est fondée sur la comparaison ou l'identité. La strophe est parfois emphatique, le vers, souvent un long verset, animé d'un souffle vital et passionné que le poète semble retrouver au fil de la plume pour chanter l'amour total. – Trad. Fédérop, Lyon, 1975.

DES VERS. Sous ce titre, l'écrivain français Guy de Maupassant (1850-1893) réunit, en 1880, un certain nombre de poèmes publiés séparément les années précédentes. Il devait, cette même année, révéler ses dons de conteur avec *Boule-de-Suif* – v. *Les Soirées de Médan* (*) –, mais ici il apparaît, sans conteste, comme un prosateur égaré dans les rimes. Certes on trouve maintes notations fines et pénétrantes (ces dames qui se promènent nuitamment dans un parc « ayant toutes un peu de clair de lune à l'âme »), d'heureuses évocations de ruisseaux et de campagnes ou de vibrants appels aux sens ; cependant Maupassant n'est pas un véritable lyrique ; s'il décrit avec force, esprit et précision, c'est à peu près sans l'ombre de la moindre grâce poétique. La plupart de ses poèmes ont l'air de nouvelles qui auraient été péniblement rimées en une suite plus ou moins longue d'alexandrins ; certains même sont tirés de ses meilleures nouvelles, comme « Le Mur » extrait d'« Une conquête », à la singularité enjouée ; « Un coup de soleil » est d'une sensualité lugubre, la « Dernière escapade », profondément mélancolique. « Fin d'amour », la pièce la plus sincère et la mieux réussie, est d'une poignante tristesse. On trouve un savoureux dialogue narquois, une satire mordante de la traditionnelle « bêtise bourgeoise » dans « Propos de rues ». Bien préférables sont certaines pièces courtes, purement descriptives, où Maupassant se borne à fixer avec bonheur l'intensité des sensations du moment : « L'Oiseleur », « Promenade ». Les deux poèmes essentiels sont d'une sensualité ardente et déchaînée : « Au bord de l'eau » d'un réalisme brutal et « Vénus rustique », une assez lourde fable. Le premier, publié en 1876, connut un vif succès et valut à l'auteur l'accueil chaleureux des cénacles parnassiens et naturalistes ; l'autre est un témoignage caractéristique des liens profonds existant entre la poésie parnassienne et la nouvelle école des conteurs réalistes. Aujourd'hui, l'intérêt du livre est purement documentaire ; c'est une tentative hardie d'introduire le naturalisme (tant sa doctrine que son objet) dans le discours poétique habituel, avec l'âpre volonté de scandaliser les esprits timorés et les conservateurs de tout genre.

DÉTERMINISMES SOCIAUX ET LIBERTÉ HUMAINE. Essai du sociologue français Georges Gurvitch (1894-1965), publié en 1955. Il s'agira d'abord pour Gurvitch de faire ressortir la spécificité des déterminismes sociaux, leur relativité, leur variabilité en fonction des cadres sociaux dans lesquels ils agissent. Pour ce faire, le sociologue distinguera les déterminismes sociaux partiels : 1. Unidimensionnels, c'est-à-dire correspondant aux paliers en profondeur de la réalité sociale ; 2. Microsociaux, c'est-à-dire correspondant aux formes de la sociabilité ou à certaines collectivités structurales : groupements particuliers ou classes sociales, et le déterminisme sociologique global. Cet appareil conceptuel extrêmement élaboré va permettre au sociologue de mettre en évidence les ruptures et les discontinuités qui constituent l'aspect vivant et caractéristique des déterminismes sociaux, et de poser la question qui lui tient à cœur : si les déterminismes sociaux sont, plus fortement que les autres manifestations du déterminisme, limités par la contingence et la discontinuité, quelles sont les chances de la liberté humaine, collective et individuelle, d'intervenir dans l'engrenage de ces déterminismes ? Ses analyses concrètes conduisent Gurvitch à conclure que les possibilités offertes à la liberté humaine, quant à son intervention dans la réalité sociale, sont essentiellement variables en fonction des cadres et des structures sociales diverses : « Cette liberté située, encastrée dans l'être [...] voit ses forces et ses perspectives s'élargir ou se rétrécir avec chaque type social [...] Seule persiste toujours, bien que se modifiant chaque fois d'une façon nouvelle, la réalité des obstacles, des résistances, des difficultés que cette liberté doit vaincre à chacun de ses degrés. »

DÉTERREUR (Le). Roman de l'écrivain marocain de langue française Mohammed Khaïr-Eddine (né en 1941), publié en 1973. *Le Déterreur* pose la problématique de l'écriture chez Khaïr-Eddine dans son propre déroulement et signifie une véritable errance et quête du récit. Il se manifeste tout d'abord comme un récit éclaté. Il s'agit de l'autobiographie fictive d'un « bouffeur de cadavres » arrêté, jugé et déjà condamné à mort. Enfermé dans une tour/prison, le héros/narrateur revit son passé. Le récit procède par fragments, alternances et enchâssements. Le croisement des lieux s'accompagne d'une imbrication des temps. En fait, plutôt qu'à une rétrospection, c'est à une introspection que se livre le récitant. La mémoire se laisse contaminer par l'imaginaire.

La mort est au cœur même du récit qui semble s'organiser autour de l'idée centrale du piège mortel et le constitue en récit menacé. Texte éclaté, piégé, *Le Déterreur* pose la problématique du récit en termes de manque et de désir, de refus et de quête. Répulsion/attirance, récit/non-récit, écriture/non-écriture, mourir/vivre semblent être les éléments constitutifs de la logique profonde du texte. Même dans ses piétinements et dans ses pulsions contradictoires, le champ récitatif aspire à l'ouverture et à l'existence. Tout un travail de la narration tend à manifester un désir de parole, un besoin vital de narrer liés à la question de l'identité. Cette perte/quête du récit correspond à un refus et une recherche de soi. Les incessantes transformations du texte se mêlent à la continuelle métamorphose du « je » ; le texte est fuyant à l'image du « je » errant. Z. M.

DÉTOURS. Roman de l'écrivain français René Crevel (1900-1935), publié en 1924. On rêve, on a les yeux ailleurs, on n'est plus là : c'est un détour pour échapper, enfant, à sa famille. On aime, on voyage, on sème des mots : c'est un détour pour échapper au temps, à la réalité. On ouvre les mains, on refuse les choses acquises, on lâche la proie pour l'ombre : c'est un détour pour ne pas se laisser prendre au piège du confort. Un peu au hasard, Daniel parcourt ainsi, de l'enfance à l'âge d'homme, les chemins détournés qui lui permettent de prendre le large vis-à-vis de sa classe sociale, de l'habitude, de tout ce que cachent les mots fortune, réussite ou talent. À la fin, au moment où les bras de Cyrilla, qu'il aime, s'ouvrent pour l'étreinte durable, le couple, l'avenir, Daniel s'enfuit et, dit-il, « une minute, je suis heureux d'un inexplicable bonheur, d'un bonheur qui ne ressemble à aucun autre, car il n'a pas renoncé ». La valeur de ce roman (le premier livre de Crevel) tient dans l'agilité et le charme du langage : tout y est grâce, rapidité, humour, cependant que perce sous les images une volonté systématique d'être jeune, de ne pas accepter ce qui pourrit l'enthousiasme, le besoin de découverte, l'amour. La poésie, ici, n'est plus seulement dans les mots, elle descend dans la vie, devient sa règle unique et proclamée, si bien que l'écriture, toujours courant, toujours nous entraînant, a ce merveilleux pouvoir de nous jeter au cœur de l'aventure, tout naturellement.

DE TOUTE MA PEINE [*Fun maïn gantzer mi*]. Recueil de poèmes de l'écrivain yiddish Jacob Glatstein (1896-1971), publié en 1956. Le recueil se compose de neuf parties, formant une coupe transversale de l'œuvre du poète remontant des derniers écrits aux premiers. Entre 1921 et 1937 (« Jacob Glatstein », « Vers libres », « Credos », « Vernaculaires ») éclôt la veine moderniste du poète, un des chefs de file des introspectionnistes [Inzikh]. Il tente de reproduire en « mobiles de mots » son « panorama intérieur — kaléidoscopique, contradictoire, obscur et confus » par des techniques d'association et de suggestion, jouant avec virtuosité, en vers libres, de toutes les possibilités lexicales, prosodiques, rythmiques de la langue.

Avec la période de l'extermination son œuvre change de tonalité. Poésie de l'anéantissement elle exprime, en images d'une intensité, d'une audace et d'une fulgurance inégalées, le sens de l'irrémédiable : « La nuit est éternelle pour un peuple mort. » Lieux, visages, êtres effacés (« Chants du souvenir », « Juifs rayonnants », « Le Rabbi de Bratzlav », « L'Ombre de mon père », « Juifs de terre ») hantent le poète. La rhétorique de l'imprécation se mêle aux lamentations ou cède la place à une poétique du silence qui dit un monde dévasté où ne demeure que la cheminée du four crématoire « ... comme un solitaire Sinaï éteint », un sentiment de déréliction absolue, un univers aux cieux vides dont le dieu déchu, tantôt fraternel dans sa souffrance tantôt coupable de mutité, de cécité, d'abandon, devient la figure de l'indicible et du néant. — Traductions in Dobzynski, *Le Miroir d'un peuple, anthologie de la poésie yiddish,* Le Seuil, 1987 ; in Ertel, *Dans la langue de personne, poésie yiddish de l'anéantissement,* Le Seuil, 1993. R. E.

DÉTRÔNEMENT DE LA RAISON [*Az ész trónfosztása*]. Œuvre du philosophe et critique littéraire hongrois György Lukács (1885-1971), publiée en 1954. Elle est essentiellement consacrée à la critique de la philosophie idéaliste allemande et démontre que toutes les philosophies qui considèrent la vie comme dépourvue de sens, irraisonnée et déshumanisée, reflètent la réalité sociale de l'impérialisme. L'ouvrage expose l'histoire des idées qui, par leur irrationalisme, sont à l'origine de l'idéologie fasciste. Lukács adresse une critique particulièrement véhémente aux tendances existentialistes d'avant-guerre et notamment aux œuvres de Heidegger et de Jaspers, ainsi qu'à la nouvelle forme de l'existentialisme que nous avons connue après la Seconde Guerre mondiale. Dans cet ouvrage, Lukács s'affirme comme un partisan du rationalisme, de la dialectique et de la théorie de la connaissance marxistes.

DEUIL À BAYAL (Le) [*'Azâdârân-e Bayal*]. Deuxième recueil de nouvelles de l'écrivain iranien Gholâm-Hoseyn Sâ'edi (1936-1985), publié en 1964. Les nouvelles se répartissent en trois groupes, géographiquement, selon les voyages d'études de Sâ'edi ou ses activités professionnelles : l'Azerbaïdjan, le golfe Persique et Téhéran. *Le Deuil à Bayal* fait partie du premier groupe. C'est un recueil de huit nouvelles reliées par l'unité du lieu et des personnages. Sâ'edi y décrit la vie simple des paysans, la faim, la maladie, les rapines nocturnes, les cultures, les amours rarement heureuses. Bayal est un petit village très pauvre éloigné de tout, qui échappe aux progrès de la civilisation moderne et se crispe dans ses préjugés et ses superstitions. Ainsi privés de science et de raison, les habitants sont livrés à la peur de l'inconnu et à la terreur que leur inspirent les événements les plus naturels et les plus étranges. Le génie de Sâ'edi, c'est de savoir mêler naturel et supranaturel en jetant sur les événements quotidiens de ces paysans une lumière trouble et inquiétante. Sâ'edi se sert de ce « surréalisme » pour porter un regard critique sur cette population. Le choc du réel et de l'étrange — voire du fantastique — crée une épaisseur, un relief original. L'approche psychiatrique permet à l'auteur une description sociale de type analytique. Les trois premiers récits sont tous marqués de l'empreinte de la mort. Une mort inquiétante, obsédante, qui fige le village dans l'angoisse tandis que le « penseur » du village, Eslâm, ne voit pas d'autre solution que le deuil. Dans la première nouvelle, la vieille Ramezâne tombe malade et on l'emmène mourir dans un sordide hôpital de la ville ; son fils qui ne peut se résoudre à la quitter erre dans les rues jusqu'à ce que la peur le fasse fuir. Dans le récit suivant, l'épidémie qui a ravagé le village voisin emporte le chef du village ; un garçon de Bayal part à la recherche de sa fiancée tuberculeuse dans les hôpitaux, mais celle-ci s'est enfuie et perdue dans la cohorte des mendiants. Le troisième récit se déroule dans le vent noir de la peste et de la famine. Deux vieilles femmes, balai en main, aspergent la procession de deuil qui tourne autour du village pour conjurer le sort pendant que les hommes reviennent bredouilles de leur quête de provisions : partout sévit la famine. Dans le septième récit, également sur fond de famine, le Rouquin, un homme du village, se métamorphose en bête et, dévorant tout sur son passage, sème la terreur. Le quatrième et le cinquième récit racontent comment la mort conduit l'homme désespéré à la folie ; folie de

Machd-Hassan dont la vache est morte et qui, perdant la raison, prend la place de cet animal ; folie qui s'empare du pauvre Abbâs quand les gens du village tuent le chien qui était son seul compagnon. Folie encore une fois, dans la sixième nouvelle, des hommes du village qui ont trouvé sur le bord de la route une valise métallique, symbole d'un mystère qui les dépasse : la technologie. Désespoir enfin d'Eslâm, écœuré par l'ingratitude des siens ; il fuit vers la ville à la poursuite d'un mystérieux inconnu. C. Ba.

DEUIL AU PARADIS [*Duelo en el paraíso*]. Roman de l'écrivain espagnol Juan Goytisolo (né en 1931), publié en 1955. Le 2 juillet 1954, Juan Goytisolo écrivait à l'hispaniste américain John B. Rust : « Beaucoup de jeunes romanciers d'aujourd'hui n'étaient que des enfants pendant la guerre civile. Avec leurs yeux d'enfants ils virent, impassibles, des choses atroces. Ils les oublièrent. Mais, au cours de leur croissance, un moment arriva où ils s'en souvinrent. Et le souvenir s'en précisait à mesure que leurs os se faisaient plus durs et leur sang plus riche. Alors, non pour oublier ces choses – c'eût été impossible –, mais pour s'en délivrer, ils se mirent à écrire des romans. » *Deuil au paradis* est l'un des livres les plus réussis de cette tentative. En Catalogne, le dernier jour de la guerre civile, un combattant de l'armée républicaine, Martín Elósegui, abandonne le champ de bataille et se cache dans une grotte, en attendant l'arrivée de l'armée nationaliste. Soudain, il entend le claquement d'une détonation et comme un bruit de pas qui fuient, amortis par le tapis de mousse et d'aiguilles de pin du petit bois. Martín sort de son refuge et découvre bientôt le cadavre d'un enfant. C'est un garçon d'une douzaine d'années, Abel Sorzano, qui, depuis la mort de ses parents tués durant le conflit, vivait réfugié chez une de ses tantes, dans une vaste propriété appelée « Le Paradis ». Une brève enquête permet à Martín de découvrir sans difficulté les meurtriers qui ne sont autres qu'une poignée de gamins, réfugiés dans l'école voisine. Singeant tragiquement la génération de leurs parents, les imitant dans leurs haines et leurs actes fratricides, ils ont assassiné Abel qu'ils soupçonnaient de trahison. Le roman dénonce à travers cette parodie sanglante l'absurdité de la guerre civile. – Trad. Gallimard, 1959.

C. C.

DEUIL DES PRIMEVÈRES (Le). Deuxième recueil de vers de l'écrivain français Francis Jammes (1868-1938), publié en 1901 par la Société du *Mercure de France*. Il contient les dix-sept « Élégies », « La Jeune Fille nue », « Le Poète et l'Oiseau » (ces deux pièces dialoguées déjà éditées en plaquettes en 1899 et 1900), « Poésies diverses », « Quatorze prières » (ibid. en 1898). Ce serait le plus beau de tous les ouvrages poétiques de Jammes si *Clairières dans le ciel*, qui parut cinq ans après, ne contenait les *Tristesses*. Ce serait, en outre, le plus pur ensemble de vers d'amour qui soit sorti de l'âme et de la plume de ce grand poète s'il ne s'achevait sur les « Quatorze prières », lesquelles sont, avec « En Dieu » et « L'Église habillée de feuilles » (exorde et clausule de *Clairières*), à la cime de l'inspiration religieuse moderne. Le volume s'inscrit entre les millésimes 1898 et 1900. Il succédait, après un intervalle de deux ans, à *De l'Angélus de l'aube à l'Angélus du soir* (*).

Sous un titre heureusement adapté au thème de son chapitre initial, *Le Deuil des primevères*, ou chant de la jeunesse fanée, marquait une étape très nette dans le développement sentimental et formel d'un artiste qui venait de se révéler prosateur de grande classe par *Clara d'Ellébeuse* (*) et *Almaïde d'Étremont* (*). Plus d'un lecteur du premier recueil, rebuté par une métrique fort originale parce que volontairement dissonante, dut alors donner sa complète adhésion à cette nouvelle suite de poèmes. Jammes, en effet, sans rien céder des innovations prosodiques préconisées dès 1893 (dans son troisième cahier de *Vers*), semblait renoncer, provisoirement du moins, au ton familier, naïf, humoristique parfois, qui caractérisait presque toutes les pages de *L'Angélus*. Mais, à l'école d'une souffrance vraie, il s'affirmait lyrique pur, rajeunissait bravement, comme son ami Charles Guérin vers la même époque, une sorte de romantisme empreint d'une mélancolie profonde, trempé de larmes sincèrement répandues. Il fut, à l'aube de ce siècle, comme le Musset de la période post-symboliste, pour les jeunes gens que lassaient déjà les subtilités esthétiques et le style chantourné des mallarméens sans génie, et qui cherchaient un refuge dans la simple émotion du cœur et de la chair. Il suffit d'extraire, presque au hasard, quelques alexandrins de ces admirables « Élégies » pour y retrouver un frisson, un charme comparables à ceux qui durent s'emparer des premiers lecteurs de « La Jeune Captive », du « Lac », de « Lucie », de la « Tristesse d'Olympio », du « Balcon », de « La Maison du berger » : « Toi qui ne m'as pas fait mal encore, femme inconnue, / toi qui m'aimes, toi que l'on dit si belle et douce, / mon âme éclate en feu vers ta pureté nue, / ô sœur des azurs blancs, des pierres et des mousses... »

La dernière partie du *Deuil des primevères* est, on l'a vu, constituée par les « Prières », qui présentent un contraste inattendu avec la sensualité assez païenne des « Élégies ». Ces « Prières » ont fait beaucoup pour la réputation d'un poète de premier ordre dont les tendances se sont, par la suite, orientées vers l'exaltation exclusive de la foi chrétienne. Mais il sied de ne point négliger, au chapitre des « Poésies diverses », les strophes si délicatement colorées et voisines de la première manière, d'« Amsterdam », de

« Madame de Warens » et de « Guadalupe de Alcaraz ». Les « Élégies », il importe qu'on le souligne, furent toutes composées en 1898, certaines durant le séjour de Jammes en Normandie, chez André Gide, du temps que celui-ci écrivait son *Isabelle* (*), proche parente des jeunes filles chantées par son ami le poète. Plus jeunes d'une année sont les deux ravissantes églogues qui occupent la partie centrale du livre, « La Jeune Fille nue » et « Le Poète et l'Oiseau ».

DEUIL DES ROSES (Le). Nouvelles de l'écrivain français André Pieyre de Mandiargues (1909-1991), publiées en 1983. Ce recueil, dans le titre duquel il est bon d'entendre « le deuil d'Éros », vient à la suite de deux autres : *Mascarets* (1971) et *Sous la lame* (1976). Parmi les huit nouvelles qui composent *Mascarets,* la première, intitulée « La Marée », est l'une des plus significatives de l'ensemble. Elle raconte comment un jeune homme entraîne sa cousine de seize ans pour une promenade qui les conduit à se faire cerner par la marée sur un éboulis rocheux. Le jeune homme apprend alors à la jeune fille à pratiquer sur lui la fellation pendant qu'il explique scientifiquement le phénomène de la marée. La montée du désir est rythmée par celle de la mer et sa violence aboutit à l'instant où la mer est étale. Dans cette nouvelle, comme dans « Les Formes charnelles » ou « Le Triangle ambigu », la provocation est toujours présente, mais comme révélateur et non pour elle-même. La provocation, en fait, est une offre et un jeu : elle amorce le désir parce qu'il propose un échange dont le rite représente l'inscription charnelle d'un acte qui ne simule la possession que pour transformer au moins l'incertaine communication en un état du corps.

La réussite de Mandiargues est que son texte ne développe pas seulement un récit mais, à travers lui, accomplit justement le rite au point de le faire célébrer par le lecteur. Il y parvient grâce à une phrase dont les propositions s'articulent comme des facettes habiles à suggérer la présence à l'intérieur du reflet : on avait cru entrer dans une histoire et nous voilà tout à coup dans un monde où l'intelligence est devenue frisson et où le trouble qui s'ensuit réalise si adéquatement nos fantasmes que nous sommes en train de les vivre. Cet effet théâtral a, dans le récit, l'efficacité du mouvement que produisent les grands drames d'autrefois par le mélange de la fatalité, de la passion et de la douleur ; ici, les ingrédients sont plus souvent la cruauté, l'érotisme, l'angoisse et la tentation – celle qui est associée au mot « nudité » pour peu qu'on le prenne dans tous les sens qui le lient au corps et à l'esprit.

Ces qualités générales des nouvelles de Mandiargues (il préfère en général les dénommer « récits ») depuis les deux premiers et célèbres recueils, *Le Musée noir* (*) et *Soleil des loups* (*), acquièrent une intense noirceur dans *Sous la lame,* dont les six récits sont placés sous le signe de Mishima. L'érotisme s'accompagne ici de tortures et même de meurtre (« Mil neuf cent trente-trois », « Peau et couteau »), mais la violence et la cruauté sont du côté des derniers outrages, non du sadisme. Il s'agit d'illimiter la relation, et sur quel autre infini s'appuyer que le vertige suscité par les gestes extrêmes ? La violence permet, un instant, de détruire la fermeture de l'autre et d'abolir la discontinuité : elle peut susciter la même rencontre forcenée entre le lecteur et le texte. La justesse des mots, le rythme des phrases composent une sorte de précipité mental où le sujet n'est plus que le conducteur d'un courant noir, qui déclenche en nous des accords bouleversants entre l'imaginaire et la réalité.

Le dernier livre de nouvelles, *Le Deuil des roses,* est dans la coulée du précédent, mais si les corps y réfractent la même lumière sombre à la suite des violences qu'ils subissent ou s'imposent, le ton diffère (notamment dans « Madeline aux vipères » et « Sixtine Agni ») et diffuse une déréliction mêlée de tendresse. L'amour et la mort s'enlacent, comme pour nous porter au plus haut de l'ici-bas en nous faisant rendre l'âme. La douleur exalte la beauté ; tous nos appétits sont un entraînement vers une exigence supérieure. Non qu'il y ait des dieux à l'extérieur de nous, car les dieux sont la projection de nos clartés et de nos ombres, cependant que leur double jeu constitue sous les mots la vraie langue des sens – une langue que la prose de Mandiargues insuffle en nous par la souplesse insinuante des phrases, dont la forme parfaite caresse l'intelligence et fait battre l'imagination.

B. N.

DEUIL ET ÉCHEC [*Shekhol vékhishalon*]. Roman de l'écrivain hébraïque Yosef Ḥayyim Brenner (1891-1921), publié en 1920. Ce récit, le plus long de son auteur, apparaît comme un procès intenté au judaïsme désormais incapable, en ce XXe siècle naissant, d'insuffler une foi en quoi que ce soit. Le héros, ou plutôt « antihéros », Yéḥezqel Ḥefeẓ, Juif d'Europe orientale qui a choisi de vivre en Palestine, ne supporte pas l'existence collective en colonie agricole. D'un tempérament nerveux et maladif, il décide, après une crise plus violente que les autres, de s'installer en ville, en l'occurrence à Jérusalem. Il n'aspire qu'à une chose : trouver le bonheur, mais ses nerfs trop à vif le plongent dans un état de souffrance permanente. Il est confronté au mensonge qui régit le monde dans lequel il vit, mensonge d'une existence juive qui s'est vidée de sa substance, de ses valeurs. Aux antipodes de Ḥefeẓ le désespéré (son nom signifie en hébreu à la fois « objet » et « désir ») se tient Hamelin, le médecin éclatant de santé, totalement dépourvu de sens moral et dont l'éthique se résume à une vénération sans bornes du plaisir charnel, tout le reste lui demeurant étranger. Pour Ḥefeẓ, c'est là le comble de l'absurde : Hamelin, en dépit de sa cruauté et de son égoïsme, incarne l'homme du salut « négatif » puisqu'il transmet, lui, quelque chose à ses patients – son diagnostic. En même temps Ḥefeẓ « se met à genoux », en pensée, devant Hamelin qui a aussi cette capacité de pouvoir reproduire l'espèce, lui qui « n'est que sexe ». Brenner considère les créatures faibles et malades, autant dans leur psychisme que dans leur physique, comme un échec de l'existence ; elles sont vouées à la stérilité, à la folie ou à la mort. *Deuil et Échec* représente bel et bien la dernière phase, le verdict sans appel, l'existence absurde dont le seul remède est le néant. C'est là l'unique réalité du monde juif pour Brenner : tout y est déshumanisé, jusqu'au langage, mosaïque de langues, elles-mêmes déchets de valeurs perdues qui ne sont plus que caricature d'un jargon révélateur de l'irréversible corruption humaine. Au bout du compte, un constat désabusé et sans complaisance pour les premiers pionniers juifs en terre d'Israël : la réalité du monde juif s'ancre dans la modernité et devient aliénée à sa tradition et à ses valeurs ancestrales. M. T.

DEUIL POUR DEUIL. Œuvre (la première) de l'écrivain français Robert Desnos (1900-1945), publiée en 1924. Moutonnement, comme d'une eau où courent à l'infini des cercles : il suffit de laisser tomber une image dans son esprit, et mille autres aussitôt se pressent, élargissant son onde. Il faut réapprendre à lire, non pas les mots, mais ce moutonnement d'images. Pas de sens défini, arrêté, on se laisse emporter, et, récompense, on découvre une femme, ou la mer, ou ces ruines hantées sur lesquelles le temps pèse très lourd. « Ridicules événements », est-on parfois au bord de dire, mais aussitôt le texte répond : « Il n'y a pas de qualificatif pour la Destinée. » Et, quoi qu'on dise, le texte présente une réponse : « Le miroir impassible et toujours neuf ne révèle que moi-même. » Ou encore : « Les questions que je veux bien admettre sont toutes insolubles. » Le critique, s'il y tient, peut noter une certaine constante des images d'eau (eau enfuie, eau terrible, eau mouvante) et de ce qui s'y rattache : océan, étrave, rouler, évaporer, nageur, corail, étoile de mer ; souligner que les couleurs sont le blanc, le rouge, le violet ; citer l'humour noir : « Je constatai que la femme de gauche était devenue un gigot d'agneau à collerette de Malines. Un homme impassible la découpait. » Mais à quoi bon, une voix énonce un monde sur lequel les clés de la logique n'ont pas de pouvoir : il suffit de l'écouter, de se laisser rêver par elle.

DEUIL SIED À ÉLECTRE (Le) [*Mourning becomes Electra*]. Drame que fit jouer en 1931 le dramaturge américain Eugene O'Neill (1888-1953). Cette œuvre, qui compte treize actes et dont la représentation dure six heures, a été composée sur le modèle de l'*Orestie* (*) d'Eschyle. Première partie : « Le Retour ». Le rideau se lève sur l'austère et puissante demeure des Mannon, en 1865, à la fin de la guerre de Sécession. Ezra Mannon, actuel chef de la dynastie, est général dans l'armée nordiste et a emmené avec lui son fils, Orin. Sa femme, Christine, et sa fille, Lavinia, attendent leur retour. Mais une faute plane sur la famille : autrefois, Abraham Mannon, père d'Ezra, a chassé une gouvernante parce que son frère, David, en était amoureux et l'avait mise enceinte. David, au lieu de se soumettre, est parti avec sa maîtresse. Leur fils, Adam, a pris le nom de Brant et a juré de venger son père réduit au désespoir par le rigorisme des Mannon. Pour punir Ezra d'avoir exposé la vie de son fils chéri Orin, Christine a pris un amant qui n'est autre que Brant, devenu capitaine au long cours. Lavinia est au courant de cette liaison mais veut épargner son père. Elle jure de se taire si sa mère renonce à Brant. Christine se moque du scandale mais celui-ci priverait son amant de son bateau. Une seule issue : le crime. Elle révèle son inconduite à Ezra et, quand ce dernier s'effondre sous la révélation, au lieu de son médicament elle lui donne du poison. Lavinia à l'affût survient, et Ezra a le temps d'accuser Christine. Deuxième partie : « L'Homme traqué ». Lavinia révèle la vérité à Orin et Orin tue Brant, mais c'est par jalousie autant que pour venger son père. Il raconte, en justicier, son crime à sa mère ; change de ton, la console, lui propose un voyage et l'oublie. Christine se tue. Troisième partie : « L'Homme hanté ». Lavinia et Orin sont de retour d'un grand voyage. Lavinia est gaie, elle va épouser Peter. Orin est hanté par son crime. Il révèle à Peter que Lavinia l'a trompé quand elle était aux îles, puis se tue. Lavinia reste seule dans la grande maison dont elle clôt tous les volets. En quittant le plan du mythe pour entrer dans la société bourgeoise, la tragédie s'est encombrée de complexes freudiens. Elle y perd en grandeur mais n'en demeure pas moins exemplaire et donne toute la mesure de O'Neill, le plus grand dramaturge américain. – Trad. Arche, 1965.

DEUTÉRONOME [*Devarim ; Δευτερονόμιον*]. Dernier livre du *Pentateuque* (*) et cinquième partie de *La Bible* (*). Attribué à Moïse, il aurait donc été écrit entre le XIIe et le XIIIe siècle av. J.-C. Cependant on incline à penser aujourd'hui, sur la foi de critères historiques internes et externes, que le *Deutéronome* a été composé en réalité au VIIe siècle avant J.-C. et promulgué au temps de Josias (641-611). Ce serait une réédition revue et corrigée conformément aux idées du temps et notamment à la doctrine des premiers grands prophètes (Amos, Osée, Isaïe), de l'ancienne législation mosaïque. Le *Deutéronome,* ou seconde loi, tire son nom d'une expression hébraïque du chapitre XVII, 18. Ce n'est pas une simple répétition de la législation contenue dans les livres précédents, car avec l'institution de nouvelles lois on y trouve des déclarations, des modifications et des compléments au premier groupe de lois. Ces suppléments ont été écrits dans le dessein d'adapter une législation, prévue pour le nomadisme, aux conditions d'une vie différente qu'avait ouverte aux Juifs l'occupation du pays de Chanaan. L'élément caractéristique de ce livre est la manière avec laquelle les lois sont répétées et ajoutées. Nous n'avons pas là un code comme dans l'*Exode* (*) ou dans les *Nombres* (*) et le *Lévitique* (*), mais simplement une série de discours par lesquels Moïse « exhorte, encourage, invective, inculque le respect des lois, en commençant par les grands principes fondamentaux de morale. Il y évoque à nouveau la mission historique d'Israël et prédit les triomphes de l'avenir ». Les quatre discours de Moïse divisent le livre. La première partie (premier discours) est un résumé des événements advenus depuis le départ de l'Horeb jusqu'aux dernières conquêtes au-delà du Jourdain. Dans la deuxième partie (second discours), on trouve le remaniement de la législation avec ses principes directeurs (Décalogue, culte et amour d'un Dieu unique et vrai, lutte contre l'idolâtrie, bienveillance de Dieu, reproches des infidélités passées d'Israël, menaces et promesses) ; ses lois spéciales (devoirs religieux, unité de sanctuaire et les dispositions qui y ont trait, lutte contre l'apostasie, aliments et dîmes, année de pardon, les trois grandes cérémonies annuelles) et son droit civil (juges, rois, prêtres, prophètes, homicide involontaire, guerres, homicide d'auteur inconnu, droit familial et privé, mariage, descendance et divorce, etc.). La troisième partie (troisième et quatrième discours) contient le renouvellement de l'alliance avec Dieu, des malédictions, des bénédictions, des menaces et des promesses. La quatrième partie est un appendice historique : Josué y est désigné comme successeur de Moïse ; Cantique de Moïse ; bénédiction des douze tribus, et mort du prophète qui, dans les dernières années de sa vie, prédit l'avènement du Messie (XVIII, 15-18).

Le *Pentateuque,* pour les sublimes règles de vie qui foisonnent dans chacune de ses pages, est un de ces grands livres pleins d'une sagesse profonde et incomparable. – Traduction œcuménique de *La Bible*, Éd. du Cerf, 1988.

DEUX AMANTS DU CIEL [*Los dos amantes del cielo*]. Comédie en trois actes et en vers de l'écrivain espagnol Pedro Calderón de la Barca (1600-1681), comprise dans le IVe tome de son théâtre, édition approuvée par lui (1636). Elle fait partie des drames ayant pour sujet des légendes religieuses. Crisanto, fils de Polemio, gouverneur de Rome sous le règne de l'empereur Numérien, est violemment partagé entre deux sentiments contraires, alors qu'il s'efforce de comprendre par lui-même le mystère de la Sainte Trinité : l'un de ces sentiments est païen ; l'autre, chrétien. Son père l'exhorte à jouir des privilèges et des plaisirs que lui offre sa noble condition, et le confie à son cousin Claudio qui le conduit dans le bois où se trouve le temple de Diane. Là, Crisanto est charmé par le chant de Nisida qui a mis en musique les vers de Cinzia ; puis il rencontre Daria dont il tombe amoureux, jeune fille hautaine et cruelle, d'une merveilleuse beauté, imbue du mythe païen de sa grâce mortelle ; celle-ci exige la mort pour celui qui prétend à son amour. Mais voici que Crisanto rencontre Carpoforo qui conduit, à travers le désert, les chrétiens chassés par Polemio. Mais, alors que Carpoforo révèle au jeune homme les mystères de la Sainte Trinité, les gardes de Polemio surviennent et arrêtent Crisanto ; Carpoforo disparaît grâce à un enchantement divin. Polemio fait apposer une affiche dans laquelle il offre richesses et récompenses, et même la main de son fils s'il s'agit d'une dame, à celui qui libérera l'esprit de Crisanto de la sorcellerie chrétienne dont il le croit victime. Les trois jeunes filles du Temple se présentent : Nisida essaie de le charmer par la musique de son chant et Cinzia par des poèmes. Mais Dieu intervient, rompt le double enchantement de la voix et de l'esprit, et plonge Crisanto dans une profonde léthargie. C'est alors que se présente Daria, et avec elle commence la lutte entre la beauté mortelle et la vérité chrétienne ; cette dernière a déjà conquis l'âme de Crisanto, grâce à Carpoforo qui, sous les traits d'un médecin athénien, a offert à Polemio de guérir son fils. La lutte entre Vénus et Dieu invisible s'achève par la conversion de Daria, qui a été bouleversée d'entendre Carpoforo s'écrier, avant d'avoir la tête tranchée : « Âme, recherche Celui qui meurt par amour pour toi » ; ce cri étant une réplique, sur le plan spirituel, de la cruelle exigence païenne de la femme qui va jusqu'à demander à son amant de se sacrifier. Les deux jeunes gens finiront par s'évader ainsi que Dieu le veut, l'un de la prison d'État, l'autre du lupanar où Polemio l'avait enfermée. Une lionne guide alors Daria à la caverne de Carpoforo. Là, Polemio les fait mourir tous deux et les précipite dans un gouffre. Il se produit à ce moment mille prodiges de la nature indignée. Un ange descend du ciel et ferme la caverne avec un rocher. Ainsi la foi finit par se concilier avec le véritable amour sous l'influence du désaccord terrestre et du sacrifice commun, puisque les deux jeunes gens convertis sont devenus les « deux amants du ciel ».

Le mysticisme de Calderón s'exprime ici sous une forme légère et musicale quand il traduit l'aspect sensible de la grâce humaine et terrestre, et avec une douceur prenante quand il touche à la vérité secrète de l'esprit invisible. Bien que cette œuvre ne soit pas exempte d'une certaine stylisation et de la volonté de tout peindre sous des couleurs idéales et allégoriques, Calderón a su cependant éviter le prodigieux et toute superstition, et conférer à son œuvre un accent d'authentique spiritualité. Le conflit entre le paganisme et le christianisme finit par s'intégrer tout naturellement à l'ordre harmonieux de la poésie. L'auteur a exprimé avec un égal bonheur le rythme, la richesse des images, la grâce du chant, et fait coexister l'esprit païen et le miracle de la foi dans l'amour divin. On a prétendu que Corneille s'était inspiré de cette comédie pour écrire *Théodora* (*).

DEUX AMIS DE BOURBONNE (Les). Conte de l'écrivain français Denis Diderot (1713-1784), écrit en 1770, d'abord diffusé dans la *Correspondance* (*) de Grimm, puis publié en 1773. C'est l'histoire de deux amis, tous les deux pauvres : « Félix était un gueux qui n'avait rien ; Olivier était un autre gueux qui n'avait rien, et concluez qu'il ne peut y avoir d'amitié entière et solide qu'entre des hommes qui n'ont rien ; un homme est alors toute la fortune de son ami et son ami est toute la sienne. » Ce thème est développé à travers toute une série d'aventures, où Félix et Olivier se sacrifient tour à tour l'un pour l'autre : lorsqu'ils s'aperçoivent qu'ils aiment la même femme, Félix, qui en a conscience le premier, s'efface devant Olivier. Devenu contrebandier par chagrin, il est condamné à mort ; au milieu de la nuit, son ami court à Reims où l'exécution doit avoir lieu et suscite une véritable émeute au cours de laquelle Félix peut s'enfuir, mais Olivier lui-même succombe sous les coups de la maréchaussée. Après la mort de son ami, Félix, réfugié dans les bois, provoque involontairement la mort d'un charbonnier ancien complice d'Olivier ; tombé dans un abattement immense, il est soigné par la femme du charbonnier et par celle d'Olivier, qui ne se quitteront plus. Félix, qui continue à mener une vie aventureuse, n'oubliera jamais, où qu'il se trouve, d'envoyer des secours aux veuves des deux hommes qui se sont sacrifiés pour lui. Toute cette histoire romanesque, écrite avec l'incomparable rapidité de style propre à Diderot, n'est qu'un prétexte pour illustrer sa théorie esthétique du récit : il a voulu montrer comment on pouvait concilier l'éloquence et la poésie, qui sont mensonge, avec l'histoire qui a pour objet la vérité rigoureuse. Il faut, dit-il, prendre une figure idéale, un modèle qui n'existe pas dans la nature, et y ajouter un détail, une imperfection, qui individualise cet idéal et donne l'impression du vrai : « Je dirai donc à nos conteurs historiques, écrit-il, vos figures sont belles si vous voulez ; mais il y manque la verrue à la tempe, la coupure à la lèvre, la marque de petite vérole qui les rendraient vraies. » Diderot composa ce récit lors d'un voyage qu'il fit à Bourbonne auprès de Mme de Maux, sa dernière passion, et de sa fille Mme de Prunevaux, en réponse aux *Deux Amis, conte iroquois* de Saint-Lambert, qui venait d'être reçu à l'Académie, aux *Deux Amis* de Beaumarchais et aux *Deux Amis* de Sellier de Morainville. D'après Goethe, *Les Deux Amis de Bourbonne* seraient à l'origine des *Brigands* (*) de Schiller.

DEUX AMOURS CRUELLES. C'est sous ce titre qu'ont été réunies en 1956, en traduction française, deux nouvelles de l'écrivain japonais Tanizaki Jun-ichirô (1886-1965). La première, « L'Histoire de Shunkin » [Shunkin-Shö], parue dans une revue en 1933, est écrite sous la forme d'une biographie rigoureuse et précise, et se passe au XIXe siècle. Dès sa plus tendre enfance, un sort cruel s'est acharné sur Shunkin, fille d'un riche apothicaire. À neuf ans, une nourrice perverse lui fait contracter une ophtalmie purulente qui rend l'enfant aveugle. Mais Shunkin triomphe de son infirmité en devenant une grande musicienne de koto et de shamisen, et ses cours attirent de nombreux élèves. Sa beauté, sa célébrité, son infirmité même, devraient lui gagner la sympathie et l'admiration de tous, mais son orgueil exacerbé, sa dureté et surtout son génie l'isolent du monde qu'elle s'efforce de conquérir. Seul Sasuke, ancien apprenti de son père, guide de l'infirme, devenu plus tard son élève puis, en secret, son amant, n'est pas rebuté par ses mauvais traitements ni son mépris et lui voue une vénération sans bornes. Bien qu'étant enceinte de lui, elle a refusé de l'épouser parce qu'il était son inférieur, et a abandonné l'enfant. À trente-sept ans, un nouveau coup du destin accable Shunkin. La surprenant dans son sommeil, un amoureux éconduit lui verse sur le visage une bouilloire d'eau brûlante. Elle est défigurée. Désormais elle vivra en recluse ; personne n'aura plus le droit de jeter un regard sur son visage abîmé. Pour obéir à cet ordre, Sasuke, qui s'occupe de l'infirme jusque dans les soins les plus intimes, se crève les yeux avec une aiguille. Ce geste brise magiquement la rigueur de Shunkin, déjà si fortement humiliée par la perte de sa beauté ; en partageant la solitude de son infirmité, Sasuke lui a donné la seule preuve d'amour capable de la toucher. Dès lors, la fière Shunkin peut enfin connaître la douceur et la paix en une étroite communion avec son amant dans l'art et la nature, et accéder ainsi à une félicité supérieure « que ne sauraient imaginer les gens ordinaires ». Les caractères héroïques de Shunkin et Sasuke, dans cette admirable nouvelle écrite dans un style d'une sobriété et une densité incomparables, rappellent étrangement ceux des personnages des monogatari de la littérature japonaise médiévale. La seconde nouvelle est intitulée : « Une coupe dans les roseaux » [Ashikari]. « La montagne disparaît / Dans les brumes de la rivière Minase / Et ce soir, on ne songe plus qu'à l'automne. » Un promeneur, venu visiter le site de l'ancien palais de l'empereur Go Toba, qui composa ces vers en 1204, rencontre sous un « splendide clair de lune » un étranger qui lui confie les amours malheureuses de son père Serisawa et de la belle Oyu. Celle-ci a épousé très jeune le fils d'une riche famille, qui meurt en lui laissant un garçon. Dès qu'il la voit, Serisawa s'éprend d'Oyu qui représente pour lui la femme idéale. Il ne peut la demander en mariage car les vieilles coutumes, faisant encore force de loi, interdisent à la jeune femme de quitter la famille de son ancien mari à laquelle son fils appartient. Pour vivre dans la proximité de celle qu'il aime, Serisawa épouse sa sœur Oshizu, qui lui révèle, le soir des noces, que son amour est partagé, et propose de ne pas consommer le mariage afin que le jeune homme reste fidèle à Oyu. Pendant trois ans, les deux femmes et Serisawa vont vivre dans une profonde et chaste intimité, brusquement interrompue par la mort du fils d'Oyu, qui libère celle-ci de toute attache avec la famille de son ex-mari. Bientôt le frère d'Oyu, pour faire taire les calomnies que ce singulier trio n'a pas manqué de faire naître, marie la jeune veuve à un vieux et riche marchand qui l'installe dans une villa au bord du lac Ogura. Les amants sont ainsi définitivement séparés. Serisawa et sa femme vont voir leur fortune décliner, et la misère pénètre dans ce foyer où va naître enfin un fils, le remariage d'Oyu ayant anéanti leur serment de chasteté. Oshizu meurt peu après, et Serisawa emmène chaque année son fils près du lac Ogura pour contempler de loin, le soir, la belle Oyu au milieu de ses amis dans sa riche maison. Cette nostalgique et poétique nouvelle fait ressortir avec cruauté la faiblesse de l'homme devant ces deux puissances éternelles : le destin et la nature. – Trad. Stock, 1960.

DEUX ANNÉES SUR LE GAILLARD D'AVANT [*Two Years Before the Mast*]. Récit de l'écrivain américain Richard Henry Dana (1815-1882), publié en 1840. Si l'auteur s'engagea sur le brick « Pilgrim » en 1834, c'est moins par curiosité que pour des raisons de santé. Dans son journal, il consigne les faits de la vie du bord et les commente avec cet enthousiasme ou ce « mysticisme », qui est particulier aux Américains de l'époque dite classique. L'état d'âme de Dana fait l'intérêt des incidents d'une vie de simple marin ; l'auteur veut s'éprouver en luttant contre les éléments, afin d'en tirer une meilleure connaissance de lui-même. Ce livre contient des passages d'une poésie étonnante, par exemple celui où il décrit l'apparition de l'île Juan Fernandez, l'île de Robinson Crusoé. En outre, Dana ramène à sa vision morale et mystique des choses les menus faits qui l'intéressent. Accueilli avec faveur en Amérique et en Angleterre, il provoqua certaines réformes du traitement des marins. Après ce livre, l'auteur fit publier *L'Ami du marin* [*The Seaman's Friend*], lexique de tous les termes de marine et de toutes les coutumes du bord, qui fut réédité de nombreuses fois, souvent sous le titre : *Manuel du marin*. – Trad. Robert Laffont, 1990.

DEUX ANS DE VACANCES. Roman de l'écrivain français Jules Verne (1828-1905), publié à Paris en 1888. Il raconte les aventures de quatorze garçons âgés de 8 à 13 ans, élèves d'un collège de Nouvelle-Zélande, qui s'embarquent pour un court voyage d'agrément. Mais, à la suite d'une imprudence de l'un d'eux, le navire gagne la haute mer tandis que l'équipage est resté à terre à l'exception d'un mousse noir. Le bâtiment subit une violente tempête et finit par s'échouer sur une île déserte près des côtes de l'Amérique du Sud. Là, pendant deux ans, ces garçons organisent leur existence, surmontent toutes les difficultés dont la moindre n'est pas l'antagonisme qui naît des différences de caractères et de races. D'autres naufragés débarquent au cours de la seconde année ; ce sont de redoutables bandits contre lesquels les enfants, aidés par deux captifs qui ont pu s'échapper, soutiennent une lutte acharnée, finalement couronnée de succès. Ils ont enfin la possibilité de rejoindre leur patrie. Avec ce roman, Jules Verne a voulu ajouter un nouveau chapitre au cycle si riche des *Robinson Crusoé* (*). À l'attrait de tels récits d'aventures il joint, avec bonheur, celui qu'exercent sur les jeunes ces histoires d'une société en miniature, formée d'écoliers. L'intention pédagogique n'est pas absente : comme dans *Capitaine de quinze ans* (*) il démontre comment un jeune garçon intelligent peut, par la force des circonstances, assumer des responsabilités bien au-dessus de son âge.

DEUX CAPITAINES [*Dva kapitana*]. Roman de l'écrivain russe Veniamine Kavérine (1902-1989), publié en 1945. Des deux héros qui donnent leur nom au roman, l'un est sans doute mort : c'est Ivan Tatarinov qui avait organisé en 1912 une expédition dans le Grand Nord. Il n'est jamais revenu et l'on ignore les péripéties de son voyage comme les découvertes qu'il a pu faire. L'autre capitaine, Sania Grigoriev, est le narrateur. Dès son enfance, à l'époque de la Première Guerre mondiale, il a appris par une lettre, que le hasard a fait tomber entre ses mains, l'existence du capitaine Tatarinov et son expédition. Dès la première page du roman, un lien mystérieux se tisse entre ces deux hommes qui ne se verront jamais. Sania mène une vie malheureuse. Son père meurt en prison, accusé d'un crime dont il est innocent ; sa mère se remarie avec un individu parfaitement méprisable, qui terrifie l'enfant. Elle meurt à son tour. L'orphelin réalise alors le rêve qu'il avait bâti avec l'un de ses camarades de partir pour le Turkestan, qu'ils prennent pour un paradis.

Mais ils s'arrêtent à Moscou, et deviennent deux de ces malheureux enfants perdus, si nombreux en Russie après la guerre civile. Finalement, Sania est recueilli par un organisme officiel et placé dans une école, dont le directeur est un certain Tatarinov, cousin du capitaine. L'enfant fait ainsi la connaissance de Katia, fille du capitaine et de la veuve de celui-ci. Il s'intéresse de plus en plus à l'expédition de Tatarinov et en vient vite à la conclusion qu'elle a échoué par la faute de Nicolas Tatarinov, le cousin, qui était chargé de fournir le matériel et qui s'est volontairement mal acquitté de sa tâche. Sania forme alors le projet de devenir aviateur et d'aller sur place, dans le Nord, pour éclaircir l'affaire. Il parvient à rassembler des documents sur l'expédition et à les publier, malgré l'hostilité de Nicolas Tatarinov, qui accumule devant lui toutes sortes d'obstacles. Enfin, pendant la Seconde Guerre mondiale, au cours d'un atterrissage forcé, il retrouve le dernier camp et le cadavre gelé d'Ivan Tatarinov. Il peut alors démontrer que celui-ci est le premier à avoir fait certaines découvertes que par ignorance on attribue à d'autres. Dans une communication à la Société de géographie, il démasque l'odieux Nicolas Tatarinov, qui, après avoir saboté l'expédition de son cousin, avait entrepris de se faire son historien pour pouvoir raconter les choses à sa manière. Évidemment, Sania Grigoriev a épousé Katia, la fille du capitaine, qui lui a apporté une aide précieuse dans ses recherches. – Ce sujet un peu mélodramatique est traité avec une grande finesse. Kavérine sait rendre intéressante comme une énigme policière la recherche de Grigoriev ; il ne craint pas d'entrer dans les détails et d'être aussi précis que possible. En même temps, il évite le pathos et, par un récit rapide et sobre, entrecoupé d'innombrables épisodes pittoresques, il retient d'un bout à l'autre l'attention de son lecteur.

DEUX CAVALIERS DE L'ORAGE. L'écrivain français Jean Giono (1895-1970) n'a publié qu'en 1965 ce roman écrit pour l'essentiel de 1938 à 1942, et publié en feuilleton en 1942-1943. Il y raconte l'histoire de deux frères, Marceau et Ange Jason, descendants d'un révolutionnaire qui a fait fonctionner la guillotine en haute Provence. Le second, de vingt ans plus jeune que le premier, a reçu le surnom de « Mon Cadet ». Cette différence d'âge contribue à expliquer l'extraordinaire affection qu'ils se portent et le drame que, trop passionnée, elle finit par provoquer. On ne sait pas en quoi ce drame consistera au juste, mais on pressent longtemps à l'avance que l'intensité qu'ils mettent à vivre et à se tailler une large part de bonheur conduira fatalement les héros à une catastrophe. Comme tant d'autres personnages de Giono, Marceau Jason est un être que son envergure – dont son exceptionnelle force physique semble être le symbole particulièrement remarquable – met à part. Mais l'existence monotone que mènent ses voisins est trop morne pour lui. Il s'ennuierait à mourir s'il n'avait pour s'occuper l'âme et le corps que leur terre ingrate et leurs maigres récoltes. Il est acculé à trouver des occasions de se dépenser davantage. Au début, l'exercice de son métier les lui procure. Arriver à vendre d'invendables mulets est une façon de dominer. Aller de foire en foire, un prétexte pour respirer l'air vif et pur des grands chemins. Mais Marceau acquiert vite tant d'assurance, de morgue et d'habileté que le jeu devient, à son goût, un peu trop facile. Dieu sait ce qu'il inventerait pour le corser si Mon Cadet ne surgissait à point nommé, bel adolescent presque aussi doué mais plus fragile, et ne devenait à ses côtés le protégé, le disciple, le confident, le complice et le témoin émerveillé, donnant ainsi aux chevauchées et aux marchés le sel qui commençait à leur manquer. Avec lui, Marceau cesse d'être seul et reste libre. Les années passent, aventureuses mais sereines. Ayant atteint l'âge requis, Ange est appelé au service militaire. Son frère réussit à obtenir pour lui un régime tout à fait particulier, qui leur permet de ne pas se quitter et de vadrouiller plus librement que jamais en achetant des mulets pour l'armée. Démobilisé, Ange se marie, mais les équipées continuent comme quand il était célibataire. Marceau, d'ailleurs, a depuis longtemps femme et progéniture. Chacun à son tour sauve la vie de l'autre. Cependant l'aîné, en assommant à main nue et d'un seul coup un cheval emballé, a donné de sa force une preuve éclatante. Un célèbre lutteur venu le provoquer a beau tricher, il est vaincu. D'autres champions encore plus renommés subissent le même sort. Personne ne résiste à Marceau. Mon Cadet se met à lutter aussi. Il finit par vaincre Marceau, qui le tue parce que, battu, il ne peut plus donner au frère cadet qu'il adore « l'homme le plus fort du monde » ; aussitôt après, Marceau, parti dans la montagne, meurt « de la vie qui a refusé d'aller plus loin ». Vivement conté, ce beau roman parle du bonheur, en mettant en lumière ce qu'il peut avoir d'insolent et d'orgueilleux, mais aussi de la force, dont le danger est qu'elle se transforme en violence (l'œuvre a été conçue juste avant la guerre de 1939-1945, et écrite pour l'essentiel durant cette guerre). L'allégresse de l'écriture, la liberté de l'invention s'y manifestent à plein.

DEUX CHIENS (Les) [*The Two Dogs*]. Poésie en dialecte écossais du poète Robert Burns (1759-1796), publiée dans le recueil des *Poésies* (*) en 1786. César, chien de luxe, et Luath, modeste chien de paysan, sont bons copains. Un jour, après s'être flairés et salués, ils ont une longue conversation au sujet des « Seigneurs du monde », c'est-à-dire des hommes. César, plaignant les pauvres, décrit la vie fastueuse de ses maîtres ; et le contraste semble plus criant, quand Luath à son tour expose la misérable condition des gens parmi lesquels il vit. Toutefois, les humbles ne sont pas aussi malheureux qu'on le croit : ils ont leurs joies, eux aussi. Une bonne épouse, les enfants sont la consolation de l'agriculteur ; et il oublie ses préoccupations personnelles quand il discute politique avec ses amis. César déplore la pauvreté du sentiment patriotique chez les riches et, à l'ami qui les croit heureux, il explique combien, au fond, leur vie est frivole et triste. Ils n'auraient pas d'ennuis, mais ils vont les chercher puisque telle est la nature des hommes, même instruits. Les hommes dans la dissipation, les femmes dans des bavardages, gaspillent leur temps sans profit. Enfin les deux amis se séparent en remuant la queue et en se réjouissant d'être des chiens et non des hommes. C'est évidemment une imitation du *Colloque des chiens* (+) de Cervantès. Mais au ton sarcastique de Cervantès, Burns substitue une ironie légère. Toutefois la vie des paysans n'est pas décrite selon la convention idyllique de l'époque, mais avec ce réalisme humain que l'on retrouvera dans une autre poésie de Burns : « Le Samedi soir à la chaumière. » – Trad. Delahaye, 1843.

DEUX COMTESSES (Les) [*Zwei Komtessen*]. Ce sont deux tableaux de mœurs de la romancière autrichienne Marie Ebner-Eschenbach (1830-1916), publiés en 1884 avec le sous-titre : *Comtesse Musci* et *Comtesse Paola*. Au cours du premier, la comtesse Musci raconte à son amie Nesti, dans une suite de lettres, sa vie de jeune fille aristocratique et sportive, au château de Sedenberg, puis l'arrivée du comte Aich-Kromburg, fils d'un vieil ami de son père, que ses parents désirent lui voir épouser. Elle juge ce prétendant bon garçon, mais pédant et un peu lourdaud, et elle projette de le marier avec son amie Clara.

La seconde histoire est écrite sous forme de journal : celui auquel la comtesse Paola confie ses souvenirs d'enfant et d'adolescente. Elle y fait le portrait de son père, authentique gentilhomme viennois, qui termine toutes les réprimandes à sa fille par les mots, devenus pour lui une formule : « Fais comme tu veux », et elle décrit le caractère de sa mère, absorbée dans ses œuvres pieuses. Elle raconte ensuite les premières révélations de la bibliothèque paternelle, son enthousiasme d'enfant pour Don Quichotte, et son amour pour le comte Schwarzburg, gentilhomme impulsif, généreux et altruiste, bien différent du parfait gentilhomme que ses parents voudraient lui voir épouser. Après quelques différends avec sa famille, Paola qui trouve une alliée chez sa sœur Élisabeth, atteint le bonheur par le mariage désiré.

L'auteur, aristocrate-née, a finement décrit son propre monde, monde que sa culture et ses usages distinguent si nettement des autres.

DEUX CORPS DU ROI (Les). Essai sur la théologie politique au Moyen Âge [*The King's Two Bodies*]. Ouvrage de l'historien américain d'origine allemande Ernst Kantorowicz (1895-1963), publié en 1957. Cet ouvrage a assuré à Kantorowicz une durable renommée. Fréquemment cité, il a souvent été mal lu. Sur la foi du titre ou d'une lecture rapide, on a parfois cru que l'auteur analysait, dans la personne du souverain occidental d'Ancien Régime, une partition entre le public et le privé, sur fond de redécouverte de la spécificité corporelle. En fait, il s'agit d'autre chose : Kantorowicz explique la naissance de l'État moderne par une spéculation médiévale qui ordonne l'idée d'une continuité souveraine de l'institution politique autour de la figure concrète d'un monarque doté de deux corps : l'un naturel, souffre et meurt, l'autre, immortel, se transmet surnaturellement au successeur. Cette analyse, par un déplacement génial et simple, impute la naissance de l'État moderne européen à la notion de perpétuité et non plus à celle de transcendance. Après avoir montré l'aboutissement de cette conception dans des textes explicites des juristes anglais d'époque élisabéthaine, Kantorowicz entreprend une immense et minutieuse généalogie de cette fiction juridico-politique dans l'Occident médiéval. La souveraineté occidentale, au début du second millénaire, cherche à installer une transcendance, difficilement articulable dans un monde féodal et chrétien. Avant l'essor du droit médiéval au XIIe siècle, le seul outil disponible provient de la liturgie chrétienne. La souveraineté se centre alors sur la personne du Christ. La transcendance monarchique imite sa royauté, divinement fondée et éternelle, humainement incarnée dans une forme individuelle et périssable ; cette tentative n'a guère de force, car elle parasite la liturgie sans grand fondement théologique. Une deuxième étape centre la souveraineté sur la loi : le pouvoir monarchique, à l'époque de Frédéric II et de Bracton (XIIIe siècle) s'appuie sur la renaissance du droit et le monarque se présente comme la « loi animée ». La transcendance du souverain tient non plus à une nature, mais à une fonction quasi immortelle. Puis, en un troisième moment, une métaphore organique, qui représente la société humaine comme un corps, détourne efficacement les références théologiques et juridiques ; le souverain se loge aisément à la tête de ce corps ; à partir du XIVe siècle, sous la pression des besoins nouveaux de l'État (fisc, armée, diplomatie), en synchronie avec l'affirmation aristotélicienne sur la perpétuité de l'univers, la souveraineté crée, à partir de la métaphore corporelle, la fiction juridique de la perpétuité dynastique, représentée rituellement par la vie au-delà de la vie accordée à l'effigie royale, lors des funérailles. La théorie des deux corps, dans sa généalogie complexe, reconstruite en de remarquables analyses formelles, ne crée aucune sacralité réelle du corps royal, mais elle permet d'exprimer, de penser, d'argumenter, sans donner à croire, ni même à voir. – Trad. Gallimard, 1989. A. Bo.

DEUX COUSINES (Les) [*Yu-kiao-Li – Yujiaoli*]. Roman sentimental chinois du XVe siècle. C'est un des rares livres dans ce genre qui soit bref, puisqu'il ne se compose que de vingt chapitres. Un jeune lettré, candidat aux examens d'État, est follement amoureux d'une poétesse. Mais un jour il fait la connaissance d'un jeune homme extraordinairement fascinant, et s'éprend de la sœur de celui-ci, une jeune fille d'une grande beauté qui est elle aussi poétesse. Peu après, il découvre que son nouvel ami et sa sœur ne sont qu'une seule et même personne, laquelle a coutume de se vêtir en homme ou en femme, selon les circonstances ; par surcroît, la jeune personne est orpheline, et en relation d'étroite amitié avec la première fiancée dont elle est la cousine. Comme elle ne le cède en rien par l'intelligence et par les grâces à celle-ci, le jeune lettré lui porte un amour égal. La situation est fort embarrassante : les deux jeunes filles sont passionnément éprises du lettré qui le leur rend bien. L'épilogue est conforme à l'esprit chinois : le jeune lettré épouse les deux jeunes filles et tous trois vivent heureux. Le style du roman est assez médiocre, mais l'œuvre reste une des plus connues en Europe à cause des traductions qui en furent faites par Rémusat (Paris, 1826) et Julien (Paris, 1864).

DEUX DAMES SÉRIEUSES [*Two Serious Ladies*]. Roman de l'écrivain américain Jane Bowles (1917-1973). C'est le seul roman de cet auteur ; il fut publié en 1943 et reçut un accueil enthousiaste de la part de certains écrivains (Truman Capote, Tennessee Williams, Alan Sillitoe, John Ashberry). Le roman raconte les aventures de deux femmes, Christina Goering et Frieda Copperfield, dont les chemins ne se croisent brièvement que deux fois, au début et à la fin du roman. Christina, riche célibataire, s'en va vivre dans une inconfortable maison avec son inquiétante compagne miss Gamelon. Les gens qu'elle se met à fréquenter lui feront vivre de nouvelles et bizarres aventures. Elle, une femme apparemment forte, s'attachera à Andy, alcoolique mélancolique. Mrs. Copperfield, agitée et faible, arrive à Panama avec son mari. Elle trouvera l'amour dans ce pays auprès d'une prostituée, Pacifica, qui va bientôt se marier.

Le livre présente le conflit favori de Jane Bowles, la lutte entre les forts et les faibles. Il y trouve son issue habituelle ; personne ne gagne car ni les uns ni les autres ne sont ce qu'ils semblent. Les forts plongent leurs griffes dans la chair des faibles sans jamais rien saisir puisqu'ils ignorent qui ils sont et méconnaissent la « terrible force des faibles ». Ces derniers, amoureux éperdus de la force, se sacrifient et se défendent comme ils peuvent, mais finissent par succomber, victimes de leurs propres stratégies.

Les dialogues du roman ont un charme bizarre qui a fait dire à un critique qu'ils lui semblaient traduits d'une langue étrangère plutôt que directement écrits en anglais. Pour expliquer l'étrangeté et la beauté du texte, le poète John Ashberry a pu écrire : « Imaginez George Ade (folkloriste américain) et Kafka collaborant pour écrire une version moderne du *Voyage du pèlerin* (*) de Bunyan et vous aurez une petite idée des qualités de *Deux dames sérieuses.* » – Trad. Gallimard, 1969.

C. Gr.

DEUX EAUX [*Duas Aguas*]. Recueil de poèmes de l'écrivain brésilien João Cabral de Melo Neto (né en 1920), publié en 1956. Le titre de cette première somme poétique de João Cabral, *Deux eaux,* ne signifie pas chez lui la distinction radicale de deux courants dans sa production, mais plutôt de deux inflexions majeures. Dans les « premières eaux », comprenant la quête formelle, parfois expérimentale, de son œuvre, le poète a inclus *Pierre du sommeil* [*Pedra do Sono,* 1942], *L'Ingénieur* [*O Engenheiro,* 1945], *Psychologie de la composition* [*Psicologia da Composição,* 1947], *Le Chien sans plumes* [*O Cão sem Plumas,* 1950], *Un couteau lame* [*Uma Faca só Lâmina,* 1955] et *Paysages avec figures* [*Paisagens com Figuras,* 1954-1955]. Les « deuxièmes eaux », plus directement « engagées » dans les drames sociaux du Nordeste, comprennent *Les 3 Mal-Aimés* [*Os 3 Mal Amados,* 1943], *Le Fleuve ou Relation du voyage que fait le Capibaribe de sa source jusqu'à la ville de Recife* [*O Rio ou Relação da Viagem que faz o Capibaribe de sua Nascente à cidade do Recife,* 1954] et *Mort et vie Sévérine* [*Morte e Vida Severina,* 1955]. À vrai dire, cette organisation commode et imagée a induit une partie de la critique dans l'erreur ; *Paysages avec figures* est porteur de solidarité humaine et *Mort et vie Sévérine* n'est pas réductible à une lamentation nourrie du folklore nordestin. Dans l'exigence de rupture avec l'éloquence poétique pour atteindre le dépouillement ascétique qui épouse la forme du réel, João Cabral a pris le parti de ne pas travestir le monde sans pour autant le réduire aux apparences. Dans le souci de présenter son œuvre en deux masses, le poète, préoccupé par la réception de ses poèmes, veut proposer les premiers recueils à la lecture silencieuse tandis que les seconds sont faits pour être dits car leurs différentes voix peuvent être mises en scène. D'ailleurs l'énorme succès de *Mort et vie Sévérine* aussi bien au Brésil qu'en d'autres pays, notamment en France, a suscité la lecture d'un poète qui n'a cessé d'approfondir la double voie croisée de son inspiration.

M. C.

DEUX ÉTENDARDS (Les). Roman en deux volumes de l'écrivain français Lucien Rebatet (1903-1972), publié en 1952. Rebatet écrivit cet énorme roman en prison, où l'avait conduit son attitude durant la dernière guerre et son penchant pour l'idéologie nazie. Toutefois, à la différence des *Décombres* (*), il n'est pas question de politique dans *Les Deux Étendards,* mais seulement de religion, de littérature et d'amour, ces ingrédients indispensables à tout bon roman d'apprentissage. L'auteur présente son personnage, Michel Croz, au moment où il va terminer ses études secondaires dans une institution catholique du Massif central. Michel, dont les véritables révélations se situent du côté de Baudelaire et de Rimbaud plutôt que du côté de l'Écriture sainte, se prépare à jeter par-dessus bord son bagage catholique. Dès les grandes vacances qui suivent son baccalauréat, c'est chose faite, cependant qu'il éduque ses sens avec quelques solides paysannes du voisinage. Il entre ensuite à la faculté de droit de Lyon pour suivre la carrière à laquelle son père le destine, mais le droit ne l'intéresse pas, ni l'université en général d'ailleurs. Les livres, la musique occupent l'essentiel de son temps, et son amitié pour Régis, un jeune musicien très doué, qui toutefois, au contraire de lui, promène à travers l'art et la littérature une foi de militant catholique. Bientôt, lassé de la province et désireux de s'affirmer, Michel « monte » à Paris. Il y mène d'abord une fort joyeuse vie de bohème, multiplie les aventures amoureuses, se lie avec les surréalistes et pratique brillamment l'écriture automatique, tout cela jusqu'au jour où Régis, qui depuis longtemps lui parle de son amour mystique pour une certaine Anne-Marie Villars, lui fait rencontrer la jeune fille. Michel, ébloui, tombe amoureux. Mais Anne-Marie est à Régis ; il n'a aucun espoir. Il fait retraite, trouve un emploi de pion et de répétiteur, accumule les cahiers d'un journal où revient sans cesse le nom d'Anne-Marie. L'extase religieuse et pure en laquelle s'est transformé l'amour d'Anne-Marie et de Régis est pour lui une énigme torturante. Il essaie de savoir ce que peut représenter la foi et, pour être près du couple ami, s'en retourne vivre à Lyon. Là, tout en menant une existence misérable qu'illuminent les rencontres d'Anne-Marie, il poursuit des études d'apologétique et glisse vers la conversion, mais avec des sursauts de révolte. D'infinies discussions religieuses avec Régis l'occupent également : sarcastique et brillant, Michel se défend longtemps avant d'en venir à la confession et à l'église. Toutefois, il ne sait pas toujours s'il joue pour entrer plus avant dans l'intimité d'Anne-Marie et de Régis, ou s'il est pris par son jeu. Pour Anne-Marie, en tout cas, il a renoncé à une carrière parisienne que la publication de ses premiers textes annonçait éblouissante ; mais, ce qu'il a parié sur l'amour, l'amour finira par le lui rendre au centuple. Libéré de sa crise religieuse, il manœuvre désormais plus franchement pour séduire Anne-Marie à mesure que se relâche son amitié pour Régis décidément de plus en plus « jésuite ». Pour être libre et sortir de sa misère, il dévalise un soir un bourgeois en bordée : il peut maintenant se consacrer tout entier à Anne-Marie, qui a rompu avec Régis. Anne-Marie enfin se donne à lui ; l'extase sensuelle et le comble d'amour qu'ils connaissent ensemble devraient dissoudre l'ancienne influence exercée par Régis, mais il n'en sera rien. Peut-être parce qu'elle a, malgré elle, conservé la nostalgie de la « pureté » de son adolescence, Anne-Marie, à tout jamais « déformée » par Régis, finit par rompre avec Michel à la veille même de leur mariage accepté par leurs familles après que tous deux, grâce à l'argent volé par Michel, eurent vécu une longue fugue en Italie et jusqu'en Turquie. Michel, désespéré, s'en ira faire son service militaire, et Anne-Marie, désormais « perdue », parce que l'érotisme a tué son mysticisme sans le remplacer, voguera d'amant en amant. Quant à Régis, qui se prépare à entrer chez les Jésuites, il continuera à promener une bonne conscience invulnérable, bien que Michel, dans la scène de rupture qui clôt le livre, l'assure qu'il a été l'artisan de la perdition d'Anne-Marie. C'est sans comprendre qu'il s'entend dire : « Ta foi, ta vocation, ta fameuse vie spirituelle ? Une série d'accommodements, de sordides petites manœuvres, d'une sordidité que tu ne perçois plus, et depuis longtemps, parce qu'elle est l'essence même de ta secte. Vous avez immolé une femme, l'une des plus exquises, des plus touchantes qui soient au monde. Tes fameux devoirs ne t'ont servi qu'à la torturer pour ton plaisir... Tu as été d'une hypocrisie trop raffinée pour être consciente... Tu n'es plus que le prêtre, non seulement l'ennemi des hommes, mais le pire ennemi de Dieu, si Dieu existe. » — Malgré un style assez terne, ce roman réussit à doter ses personnages et leurs problèmes d'une vie étonnante. La richesse des descriptions (en particulier de l'atmosphère de Lyon), la sensualité des pages d'amour, la vivacité de tout ce qui touche à la vie intellectuelle du héros, la beauté des analyses musicales et littéraires contribuent à faire de ce livre une des œuvres marquantes du roman français contemporain.

DEUX ÊTRES HUMAINS [*Zwei Menschen*]. Roman lyrique divisé en chants (romances) de l'écrivain allemand Richard Dehmel (1863-1920), publié en 1903. S'inspirant d'une expérience personnelle qui fut à l'origine de son second mariage, Dehmel y développe sa doctrine sur l'amour et sur la vie. Obéissant à la force de leurs instincts, deux êtres, Léa et Likas, se détachent des autres liens d'affection qu'ils avaient noués auparavant. La femme y réussit facilement et brise des attaches indignes ; l'homme a plus de difficulté. Puis, ensemble, prêts à vaincre tout ce qu'il y a de matériel dans leur passion, ils se fortifient, se purifient, trouvent le bonheur, dans une volonté de sacrifice qui est, en même temps, une joie. Ils s'abandonnent à cette nouvelle béatitude, fidèles à la doctrine de Dehmel qui trouve que la valeur d'un être est dans la capacité de développer son sens de l'humain. Cette transformation spirituelle commence en hiver pour se terminer à l'automne. Dans l'intervalle, on parcourt toutes les régions allemandes si diversement civilisées : la plaine, la haute montagne, la mer, la petite ville de province, la grande métropole. La structure de ces chants possède cette originalité que Dehmel appelait « la nouvelle forme de la ballade, une forme qui permet de reproduire, avec plusieurs variations, une vie entière de l'âme et du destin humain ». La construction en est plutôt artificielle. L'œuvre est divisée en trois cycles — « La Révélation », « La Félicité », « La Clarté » — et chacun des trente-six chants est composé de trente-six vers. Presque toujours, ils débutent par une description de la nature qui veut exprimer, sous une forme allégorique, les divers moments de l'âme. Suivent les discours et répliques des deux personnages, le finale de chaque chant servant d'introduction au suivant. Les dix-sept premiers chants commencent par le mot « et » et les dix-sept derniers par « toutefois », procédé caractéristique d'un certain symbolisme allemand. Des traits d'un goût moins heureux s'y rencontrent : la femme tue son enfant aveugle, l'homme essaie de voler certains documents d'archives, autant d'épisodes qui alourdissent le texte et vont à l'encontre du principe spirituel dont l'œuvre prétend s'inspirer.

DEUX FEMMES MARIÉES ET LA VEUVE (Les) [*Two Maryit Women and the Wedo*]. Dialogue du poète écossais William Dunbar (1460?-1520?). En utilisant dans ses vers les allitérations comme Langland et Chaucer, le poète raconte ce qu'il fait semblant d'avoir entendu de sa cachette, en écoutant les trois femmes nommées dans le titre de son ouvrage. Dunbar a une grande facilité d'inspiration, et son cynisme est extraordinaire ; on a dit que son récit est capable de faire rougir même un des personnages les moins pudiques de Chaucer. Les femmes, un peu ivres, bavardent à bâtons rompus, dans leur petit jardin. Les remarques concernant le mariage sont très curieuses, mais très scabreuses aussi. Ce dialogue est surtout un exercice littéraire, une sorte de pastiche burlesque. C'est un art très conscient et contrôlé ; dans le sarcasme et dans ses locutions osées, on a l'impression de découvrir le goût de l'auteur qui excelle dans l'usage des mots et des rimes.

DEUX FOSCARI (Les) [*The Two Foscari*]. Drame en cinq actes en vers du poète anglais George Gordon (lord) Byron (1788-1824), publié en 1821. Ce drame débute par le spectacle de la mise à la torture de Jacopo, fils du doge Francesco Foscari, qui exilé par deux fois, à cause de sa vénalité et de sa complicité dans un crime, vient d'être ramené à Venise, sous l'accusation de trahison. Le doge, épuisé, signe sa condamnation pour qu'il soit exilé la troisième fois. Mais l'amour de Jacopo pour Venise est si fort qu'il meurt à l'idée de quitter cette ville. Le vieux doge, forcé d'abdiquer par le conseil des Dix, quitte le Palais ; lorsqu'il descend les escaliers, et entend la cloche de Saint-Marc sonner à toute volée pour célébrer l'élection de son successeur, il tombe mort à son tour. Byron prend certaines libertés avec l'histoire ; en réalité, Jacopo mourut en exil, à Candie, et le Doge ne mourut pas immédiatement après sa déposition. — Trad. Calmann-Lévy, 1881.

★ Des drames sur le même sujet furent écrits par Carlo Marenco (1800-1846) : *La Famille Foscari* (1835), et Giacinto Battaglia (1803-1861). Le même sujet inspira un tableau (*Jacopo traîné hors de la chambre de torture rencontre sa famille*) à Eugène Delacroix (1798-1863).

★ Le sixième opéra de Giuseppe Verdi (1813-1901), *Les Deux Foscari* [*I due Foscari*], composé d'après le livret de Francesco Maria Piave (1810-1876), s'inspira lui aussi du drame de Byron ; il fut représenté au théâtre Argentina de Rome, en 1844. Classé parmi les « tragédies lyriques », cet opéra est composé d'un prélude et de quinze morceaux en trois actes. George Byron était mort depuit vingt ans lorsque Verdi, ayant déjà rangé *Les Deux Foscari* (qui dataient de 1821) parmi les pièces susceptibles de l'intéresser, décida de les mettre en musique, précisément parce qu'ils appartenaient à la série des drames « vénitiens » de Byron. En effet, les Italiens avaient à cette époque un véritable engouement pour l'art de Byron, à cause de son caractère sombre, ténébreux et profond. Verdi disait, à propos des *Deux Foscari* : « Il s'agit d'un sujet qu'il faut soigner, et qui se prête énormément à être mis en musique, parce qu'il déborde de passion. » Jacopo Foscari, fils du doge Francesco, revenant d'exil, est accusé d'un crime politique, à cause d'une lettre ambiguë qui a été interceptée ; de nouveau, le conseil des Dix le condamne à l'exil. Loredano s'acharne contre lui : Jacopo devra partir en laissant à Venise sa femme Lucrèce et ses deux enfants. Le doge est partagé entre son sentiment paternel et son sentiment du devoir. Il ignore si Francesco est coupable ou innocent, aussi son angoisse n'en est-elle que plus profonde. Mais il laisse libre cours à la loi. Il accompagne son fils jusqu'au rivage d'où celui-ci partira pour ne plus jamais revenir. Après ce cruel sacrifice de son amour paternel, ses ennemis décident de lui enlever aussi le pouvoir qui lui avait été confié à vie. Son indignation et sa résistance sont vaines. Il est forcé de renoncer à sa place de doge. Au moment où il parvient à avoir la preuve de l'innocence de son fils, il apprend que celui-ci est mort le jour même où il dut partir.

La tragédie de Byron ne laissait aucune possibilité pour des tons apaisés et des moments de sérénité. Le milieu, les personnages, tout y est sombre, noir et tragique. La barcarolle du IIIe acte est une vaine tentative de diversion. Le côté négatif de cet opéra consiste en ce que la musique n'est pas toujours et partout tragique. Le personnage du doge n'est pas très puissant. Il est en quelque sorte le premier croquis de *Simon Boccanegra*, en effet en lui s'opposent le sentiment du devoir et les affections de famille. La douleur et l'austérité sont peintes par des récitatifs solennels et pathétiques, par des effusions très denses, mais aussi par des cantilènes mélancoliques. Pourtant, comme dans d'autres opéras de Verdi, les parties les plus belles ne sont pas les « cantabili », mais les « ariosi » ; « Ô, mon vieux cœur qui bat... », « Est-ce donc là la récompense inique ? », « Ce glas funèbre » sont des chants vraiment vigoureux. Verdi a composé aussi pour le personnage de Jacopo plusieurs airs émouvants, exprimant son angoisse impuissante en face des accusations mensongères et des rigueurs cruelles et détestables. La scène de l'hallucination, avec son introduction instrumentale tortueuse et chromatique, ne manque pas d'efficacité. Elle est caractérisée par un thème délicat et triste. Les personnages de Lucrèce et de Loredano sont faiblement dessinés. Par contre le Conseil est caractérisé par un motif – l'introduction – grave et lourd, plein de vigueur. En général, les récitatifs sont meilleurs que ceux d'*Hernani*. Dans son ensemble, cet opéra, qui révèle une réelle compréhension de la part de Verdi de l'état d'âme byronien, est remarquable à cause de son intensité dramatique assez souvent réussie.

★ Un opéra du même titre (1863) fut composé aussi par Max Zeuger (1837-1911).

DEUX GENTILSHOMMES DE VÉRONE (Les) [*The two Gentlemen of Verona*]. Comédie en cinq actes, en prose mêlée de vers, du poète dramatique anglais William Shakespeare (1564-1616), publiée dans l'édition in-folio de 1616 ; elle a certainement été écrite au début de sa carrière (environ 1594). On devine, à certains signes manifestes, que la pièce a été composée hâtivement ; notamment, la situation des villes est étrange : Vérone et Padoue sont confondues avec Milan. Vérone est au bord d'un fleuve où la marée se fait sentir ; elle communique par voie d'eau avec Milan ! Une seule explication est possible : Shakespeare utilisa les noms de Vérone et de Milan pour pouvoir parler plus aisément et sans crainte de Londres ; dès lors, elles ne sont plus que de simples prête-noms. Les autres bévues s'expliquent de même. Au surplus, les deux bouffons, Lance (Launce) et Diligence (Speed) sont des types spécifiquement londoniens. L'intrigue imite la « commedia dell'arte » et la manière italienne ; Shakespeare avait tenté un essai de ce genre à l'instar de *L'Histoire de Félix et de Philomène* [*The History of Felix and Philomena*, 1584-1585]. Le procédé était commode pour donner de l'ampleur à un thème assez mince : ainsi en usa-t-il avec la *Diane amoureuse* – v. *Diane* (*) – de Jorge de Montemayor (1521-1561).

Nous voyons dans *Les Deux Gentilshommes de Vérone* Valentin et Protée unis par une amitié profonde. Valentin aime Silvia, fille du duc de Milan ; Protée en devient amoureux à son tour, et oublie Julia, sa fiancée. Le duc veut marier sa fille à Thurio, personnage grotesque. Protée manque aux devoirs de l'amitié en confiant au duc que Valentin a projeté d'enlever Silvia ; Valentin est chassé de Milan. Dans sa fuite, il rencontre une troupe de brigands ; sa qualité, sa prestance lui valent d'être nommé capitaine de la bande. Protée a été autorisé à voir Silvia pour qu'il plaide en faveur de Thurio et lui fasse oublier Valentin. Il en profite pour lui faire sa cour. Indignée, la jeune fille le repousse ; Julia, déguisée en page, assiste à l'une des entrevues ; elle est venue à Milan chercher le fiancé qui a trahi sa foi. Pour n'être point unie au méprisable Thurio, Silvia s'enfuit de Milan en compagnie d'Églamour, un chevalier qui a fait vœu de chasteté après la mort de celle qu'il aimait. Silvia est capturée par les brigands (Églamour s'éclipse de façon bien peu chevaleresque !) et conduite devant le chef. Protée survient dans l'intention de libérer Silvia ; ses assiduités se font plus pressantes ; repoussé de nouveau, il tente de lui faire violence, mais Valentin, qui a assisté à la scène sans être vu, démasque le perfide séducteur. Protée se repent et implore sa grâce ; Valentin pardonne, et si grande est sa magnanimité qu'il lui abandonne Silvia. Alors, Julia, toujours sous son habit de page, s'évanouit ; cette touchante fidélité émeut Protée qui lui rend sa foi. Enfin, le duc de Milan accordera à Valentin la main de sa fille ; les noces des deux couples seront célébrées le même jour.

L'élément comique est apporté par les deux bouffons : Diligence et Lance, respectivement pages de Valentin et de Protée ; le plus drôle est Lance, toujours escorté de son chien Crab. Cette comédie n'est pas négligeable : on y trouve l'ébauche de certains caractères, de situations que Shakespeare développera plus tard dans *Roméo et Juliette* (*), dans *Le Marchand de Venise* (*), etc. Si les personnages manquent de relief (sauf peut-être Lance et Julia), il n'en reste pas moins qu'ils se dégagent souvent des formes conventionnelles et qu'ils prennent un ton vraiment humain. Mais ce qui relève de la convention est encore très important : voir le dénouement et la scène ridicule où Valentin est prêt à renoncer à Silvia en faveur de Protée – on retrouve la conception de l'amour fraternel, si chère au Moyen Âge dans de nombreux récits tels que le noyau français *Ami et Amile* (*). La beauté du style dénote la précocité du génie de l'auteur. On cite souvent la chanson du IVe acte, scène 2 : « Quelle est cette Silvia ? Qu'est-elle ? » [What is Silvia, what is she]. – Trad. Formes et Reflets, 1954-1961.

DEUX GENTILSHOMMES ENCHAÎNÉS [*Two Gentlemen in Bonds*]. Ce recueil de poèmes, de l'écrivain américain John Crowe Ransom (1888-1974), parut en 1926. Après *Poèmes sur Dieu* [*Poems about God,* 1919], après *Coups de froid et Coups de fièvre* [*Chills and Fever,* 1924], il vint établir la réputation du poète. L'auteur était déjà connu pour sa participation à la rédaction de la revue *The Fugitive* (*) ; il allait le devenir davantage pour ses essais critiques défendant le mouvement « agraire ». Les théories critiques qu'il exprime dans *Le Dieu sans tonnerre* (*) expliquent en partie les préoccupations esthétiques du poète. Ses thèmes sont proches des visions d'Allen Tate d'un Sud idéalisé, sa poésie tantôt amère et nostalgique, tantôt consacrée au dilemme de l'écrivain moderne, incapable de se raccrocher à une tradition exemplaire. Il chante l'innocence perdue des victimes des idéaux progressistes, qui se détachent de leurs origines. Le poème de ce recueil qui illustre le mieux cette prise de conscience lucide du présent, doublée d'un appel à la défense des valeurs du passé, est peut-être « Moissonneurs de jadis ». Utilisant des symboles qui unissent la perception de l'action actuelle aux archétypes de la mémoire collective, cette évocation d'une moisson contient une morale à l'usage de la génération nouvelle : les anciens moissonneurs apportent aux jeunes leur récolte spirituelle de souvenirs historiques et de coutumes régionales. Cette tradition est le produit d'un sacrifice – refus de consommer soi-même ces richesses –, si bien que la moisson, tout comme la chasse au renard, devient le moment d'un sacrifice rituel : offrande des blés consacrés à « la Dame », renard qui « offre son fantôme sans substance à la curée ». Dans une atmosphère de dévotion, pleine du sens de la mort et du passage du temps, parmi les formes durables de la civilisation rurale, le poème est une justification des modes de vie et de pensée du vieux Sud. Parfois, comme dans « Piazza Piece », le ton devient plus galant, le rythme plus léger, le cadre plus romantique : « Voyez sur la treille la dépouille des roses / Écoutez de la lune le chant funèbre / Il me tarde d'avoir la belle de mes rêves / En cache-poussière, je lui fais la cour. » Souvent le poli de certaines images, le parfum désuet de certaines recherches, la prosodie traditionnelle de Ransom donnent à sa poésie un air « d'époque ». Opposé aux expériences du modernisme, ce farouche conservateur exprime pourtant l'un des problèmes de la génération perdue : la difficulté de trouver un mythe, une vocation, une foi qui s'adaptent à notre civilisation en conservant les valeurs de nos ancêtres.

DEUX GOSSES (Les). Roman populaire en deux volumes (*Les Deux Gosses*, *Fanfan*), publié en 1896 par l'écrivain français Pierre Decourcelle (1856-1926). Il nous conte les malheurs de Gaston, dit Fanfan, fils unique de Ramon de Montlaur et de sa femme Hélène. Cet enfant, victime d'un atroce malentendu survenu entre ses parents, a été livré par son père à un gredin surnommé La Limace, auprès de qui il fera l'apprentissage du vol. Mais, dans ce milieu abject, il se liera d'amitié avec un autre gosse, Claudinet, de santé chétive. Après avoir connu le travail forcé, le vagabondage, la prison, il sera finalement (grâce à la récupération de certaine correspondance révélatrice où il est question d'un enfant adultérin) l'artisan de la réconciliation du ménage Montlaur, et retrouvera son foyer. Ramon de Montlaur, ayant cru devoir suspecter la fidélité d'une épouse passionnément aimée, s'était vengé en livrant leur enfant à des inconnus. Or les lettres dont il s'agit concernaient Carmen de Montlaur, la belle-sœur d'Hélène. Cette histoire, aux multiples rebondissements, d'un enfant disparu et d'un portefeuille volé, nous promène des bords de la Loire à la Guyane et se déroule tantôt dans la pègre où sévissent le repris de justice La Limace et son épouse Zéphirine, somnambule extralucide, tantôt dans des milieux aristocratiques que l'auteur décrit avec une complaisance naïvement émerveillée.

DEUX HUSSARDS [*Dva gusara*]. Récit de l'écrivain russe Lev Nikolaïevitch Tolstoï (1828-1910), publié en 1856, un des premiers écrits du romancier et un de ses rares ouvrages de pure imagination. L'action se déroule dans une petite ville de province pendant les premières années du XIXe siècle. Tourbine, noble et brillant officier des gardes, s'y trouve par hasard ; profitant de son bref séjour, il fait la noce, a une aventure amoureuse avec une jolie veuve, et sauve un officier du déshonneur, en lui rendant l'argent que celui-ci a perdu au jeu. Par la violence, il a arraché cet argent au vainqueur qui est supposé être un tricheur ; cela n'a aucune importance, pense Tourbine, qui est un homme violent, dur, mais qui, à cause de sa noble origine, peut tout se permettre. Les années passent et, dans la même ville, arrive le fils de Tourbine, lui aussi officier. Le hasard fait qu'il est logé dans la maison de cette veuve qui avait aimé son père ; celle-ci a une fille, Liza. Le jeune officier voudrait entrer dans ses grâces. Mais il ne ressemble pas à son père ; tout en étant beau, bien élevé et sage, il ne possède pas la générosité ardente de Tourbine. Il gagne une certaine somme d'argent en jouant avec la veuve, et essaie de séduire Liza par de jolies promesses. La jeune fille est naïve, mais sait pourtant démasquer les froids calculs du jeune officier, qui s'en va, déçu et furieux. Tolstoï a voulu décrire, ici, deux représentants de cette noblesse russe, frivole et autoritaire, dont les défauts gâchaient toutes les qualités. Ce récit, comme en général tous les ouvrages de jeunesse de Tolstoï, a le caractère d'une simple étude. – Trad. Payot, 1931.

DEUXIÈME SEXE (Le). Essai publié en 1949 par l'essayiste et romancière française Simone de Beauvoir (1908-1986). L'auteur s'efforce de définir la condition féminine actuelle, et dénonce le mythe de la féminité qui, en parant la femme d'un charme qui n'est qu'un mirage de l'imagination, tente de lui faire accepter dépendance et passivité en face de l'homme. Elle montre que les limitations de la femme ne sont pas naturelles, mais résultent du droit et des mœurs. Le complexe de castration, par exemple, n'est frustrant qu'à travers la valorisation de la virilité, de l'activité et de l'indépendance chez le garçon, alors que la fille doit surtout plaire, tout en restant pudique et réservée. Dans l'érotisme, l'homme ne voit souvent que l'exaltation de sa virilité, sans égard pour l'individualité de la femme, pour sa jouissance. Il n'y a pas, entre les sexes, de relation de réciprocité, le terme d'homme désignant à la fois la masculinité et l'humanité dans son sens générique, la femme ne fait partie de cette humanité que secondairement et grâce au bon vouloir de l'homme. Si elle tente de dépasser sa condition par l'indépendance dans la profession ou la vie amoureuse, l'homme, menacé dans sa suprématie, s'efforce de compliquer cette accession à l'égalité. La femme doit alors se réfugier dans une passivité frustrante, ou dans une agressivité qui sont toutes deux inauthentiques, car ce sont des nécessités sociales, non des aspirations vécues. La femme est pour l'homme comme le Noir pour le Blanc : l'autre, qui doit accepter une infériorité dont la seule compensation est l'irresponsabilité. Simone de Beauvoir retrace l'histoire de la condition féminine et l'aspect qu'elle prend chez divers écrivains (Breton, Claudel, Lawrence, etc.), pour montrer les rôles contradictoires et complémentaires que la femme assume ; épouse ou mère, dans le divertissement érotique ou la soumission, la réserve ou le libertinage, la vertu ou la prostitution, la femme est toujours définie par rapport à l'homme, non par rapport à elle-même. Mais l'évolution économique et sociale fait que la femme commence de conquérir l'indépendance sur le plan professionnel comme sur le plan amoureux. Si la femme indépendante est parfois forcée de s'affirmer sur le mode inauthentique du défi, c'est que l'évolution psychologique est en retard sur ce début d'émancipation. Seule l'égalité complète des sexes entraînera la liberté intérieure de la femme. Les deux sexes doivent abandonner le mirage de la féminité pour la réalité de la fraternité.

DEUX JEUNES GENS SE RENCONTRENT [*To mennesker modes*]. Roman de l'écrivain danois Knud Sønderby (1909-1966), publié en 1932. C'est l'histoire de l'amour de deux êtres qui, tout en étant faits l'un pour l'autre, ne sauraient vivre ensemble à cause de la différence de leurs milieux. L'auteur a su décrire le bonheur des amants, mais surtout leurs réactions devant le monde que représente pour chacun d'eux la famille de l'autre. Ainsi, il n'y a pratiquement pas d'action dans ce livre, mais une étude toute en nuances, à la fois poétique et précise, et qui a valu à Sønderby de prendre place parmi les meilleurs romanciers scandinaves.

DEUX JOURNÉES (Les) ou le Porteur d'eau. Opéra en trois actes du compositeur italien Luigi Cherubini (1760-1842) sur un livret de J.-N. Bouilly *(Les Deux Journées)*, représenté pour la première fois à Paris en 1800. En 1647 à Paris, Antoine et sa sœur Marcelline s'apprêtent à partir pour Gonesse où Antoine va se marier. Mais leur père, le porteur d'eau Mikeli, survient en compagnie du comte Armand, président du Parlement, et de sa femme Constance qui sont activement recherchés par les gardes de Mazarin, car le comte Armand a pris position contre un édit du Cardinal. Antoine reconnaît dans le comte un ancien bienfaiteur et toute la famille s'emploie à faire franchir aux fugitifs les portes de Paris. Constance revêt le costume savoyard de Marcelline et accompagne Antoine à sa noce ; ils réussissent à passer les barrières après quelques incidents. Le comte Armand s'échappe d'une façon plus inattendue : il se cache dans le tonneau de Mikeli. Malheureusement, les gardes de Mazarin éventent la ruse et vont fouiller le bourg de Gonesse au moment où arrivent Armand, Constance et Antoine. Armand est pris et Constance décide de partager son sort quel qu'il soit. C'est alors que, véritable « deus ex machina », arrive Mikeli avec un officier porteur d'un ordre de la reine : le comte Armand est relaxé. La pièce s'achève dans l'allégresse et tous chantent le dévouement de Mikeli et des siens. Au point de vue musical, cet opéra se rattache à deux genres étrangers au théâtre italien : la comédie à ariettes française et le singspiel allemand ; les récitatifs ordinaires sont remplacés par de la prose parlée, et la suite des morceaux de bravoure par quelques « couplets », des duos et des trios. Au point de vue scénique, l'ouvrage se situe entre le genre larmoyant de la fin du XVIIIe siècle et le style plus dramatique du XIXe. La légèreté de certains ensembles instrumentaux, la grâce pathétique de certains couplets (tels que la chanson : « Un pauvre petit Savoyard ») évoquent Mozart et Paisiello. Par ailleurs, l'ouverture dans laquelle Cherubini fait preuve de ses dons de symphoniste, et le choix du sujet (la louange de l'amour conjugal) qu'on retrouve dans *Fidelio* (*) révèlent combien Cherubini est proche de Beethoven. D'ailleurs, Beethoven le jugeait « le premier compositeur dramatique de son temps ». L'opéra de Cherubini manque par trop de passion et d'action pour être jamais très populaire ; mais la pureté de sa ligne mélodique, la grâce des ensembles, l'unité de style et de composition, le dosage savant des situations comiques, tout cela en fait une œuvre digne d'intérêt.

DEUX LIARDS D'ESPRIT AU PRIX D'UN MILLION DE REPENTIR [*A Groatsworth of Wit Bought with a Million of Repentance*]. Récit en prose de l'écrivain anglais Robert Greene (1558-1592), publié en 1592 et qui, sous la forme d'une nouvelle dont les faits sont certainement presque tous imaginaires, contient de nombreux éléments autobiographiques. L'avare Gorinio a deux enfants : Lucanio et Robert (l'auteur lui même). En mourant, il laisse son riche patrimoine à son aîné, Lucanio, ne donnant au cadet qu'une vieille pièce de monnaie de deux liards (« an old groate ») pour que Robert s'achète deux liards d'intelligence. Le jeune déshérité essaie de spolier son frère, avec l'aide d'un courtisan ; mais son complice finit par le trahir en avertissant Lucanio dont il gagne la confiance, et qu'il ruinera plus tard, à son seul et unique profit. Nous assistons ainsi à la déchéance progressive de Robert : Greene mena en effet une vie troublée et équivoque, et connut la pègre de Londres : dans ses notes et croquis autobiographiques, groupés sous le titre : *L'Art d'apprivoiser les merles* [*Conny-catching*, 1591-1592], il nous a laissé des tableaux intéressants des bas-fonds. Son récit s'achève par un curieux sermon adressé à ses collègues dramaturges, Marlowe, Lodge et Peele, où il leur conseille de consacrer leur talent à un but plus élevé que celui d'écrire des ouvrages dramatiques. Ce passage est devenu célèbre, parmi les érudits skakespeariens. On considère, en effet, qu'il s'agit d'un des premiers témoignages concernant l'activité du grand écrivain, auquel fait peut-être allusion le passage sur le « Corbeau qui se fait beau avec nos propres plumes », ou « Jean le Factotum » qui se croit « le seul homme capable de secouer les tréteaux » [Shake-scene] du pays. Il est donc très probable que tout cela s'adressait à Shakespeare, qui débuta justement en faisant des adaptations de ses prédécesseurs.

2001, L'ODYSSÉE DE L'ESPACE [*2001 : A Space Odyssey*]. Roman de l'écrivain anglais Arthur C. Clarke (né en 1917), publié en 1968. Ayant lu *La Sentinelle*, nouvelle de l'auteur, Stanley Kubrick lui proposa d'écrire avec lui un scénario dont seraient tirés un film et un livre. Kubrick réalisa le film. Clarke rédigea le roman. Il y a des millions d'années un monolithe apparaît à une tribu d'hommes-singes, éveille leur intelligence et leur enseigne l'usage de la pierre, arme et outil. L'humanité, ingénieuse et agressive, est née. À l'aube du XXIe siècle, on dégage sur la Lune un second monolithe enfoui dans le sol d'un cratère. À peine a-t-il été atteint par la lumière du soleil qu'il émet un signal radio directionnel et puissant en direction des étoiles. C'est une « sentinelle » destinée à annoncer l'intervention de l'humanité sur la Lune. Le seul navire interplanétaire à propulsion nucléaire, « Explorateur 1 », est envoyé vers Saturne. Son équipage ignore le but de sa mission, à l'exception de son membre le plus étrange, Carl, l'ordinateur intelligent qui contrôle tout à bord. Une panne touchant les liaisons avec la Terre vient surprendre la mission. Elle a été simulée par Carl qui souffre d'un conflit de programmation : il sait ce que ses collègues humains ignorent. Démasqué, menacé d'être débranché, il réagit en tuant tous les passagers sauf un, Dave, qui le désactive dans une scène poignante. Seul à bord, Dave apprend le but véritable de l'« Explorateur » : un satellite de Saturne, Japet, qui semble d'origine artificielle. Il y découvre un monolithe géant, une porte des étoiles. Cette porte avale sa navette et la transfère à travers l'hyperespace, à des milliers d'années-lumière, dans une sorte de cage d'observation. Là, les extra-terrestres, intervenant à nouveau dans l'évolution humaine, étudient Dave, le transforment en enfant des étoiles et le renvoient à proximité de la Terre où il ouvrira une nouvelle ère. Équilibrant admirablement les précisions techniques et les envolées métaphysiques, riche d'images inédites, prônant une sorte de mysticisme matérialiste selon lequel il existe dans l'univers des espèces si évoluées qu'elles sont quasi divines pour l'homme, *2001*, le livre, complète et éclaire le film. – Trad. Robert Laffont, 1968.

G. K.

DEUX MONDES ET LEURS FAÇONS [*Two Worlds and their Ways*]. Les deux mondes de ce roman publié en 1949, de l'écrivain anglais Ivy Compton-Burnett (1892-1969), sont la maison et l'école. L'auteur est implicitement du côté des faibles (serviteurs et enfants), mais surtout elle montre à travers le dédale des conversations les vices des forts (maîtres et parents). L'intrigue est un peu compliquée peut-être, et il n'est pas évident que la sous-intrigue (des boucles d'oreilles perdues) la relève ou soutienne beaucoup ; mais le comportement des écoliers et des écolières est peint avec une exactitude magistrale. Le récit, dans ses meilleures scènes, est aigu, glacialement spirituel, et rien des hypocrisies humaines ne lui semble étranger. L'un des dons de l'auteur : l'aptitude à faire dire aux personnages ce qu'ils pensent comme si tel était leur mode naturel d'expression, est souvent mis en évidence. Par lui, le lecteur est convaincu autant qu'étonné. Ivy Compton-Burnett lui enseigne une fois encore que la vérité est scandaleuse.

DEUX MORTS DE QUINQUIN-LA FLOTTE (Les) [*A Morte e a Morte de Quincas Berro d'Agua*]. Nouvelle du romancier brésilien Jorge Amado (né en 1912), publiée en 1962. Cette courte « histoire du port de Bahia » se détache par son humour satirique et son émotion contenue dans l'abondante production romanesque d'Amado. Un bourgeois las des conventions sociales décide de mourir à son monde pour renaître sous la peau d'un bohème extravagant assimilé par ses détracteurs à un fou. Cet anti-héros opère un véritable renversement dans sa vie, ainsi il préfère un taudis — avec son irrésistible maîtresse — à sa confortable résidence — avec sa bourgeoise ; le titre de « sénateur des bals populaires » lui plaît infiniment plus que l'ennuyeuse respectabilité des notables. Il sera surnommé, à cause de son penchant pour l'alcool et de son allergie à l'eau, Quinquin-la-Flotte après une scène mémorable où, ayant confondu un verre d'eau-de-vie et un verre d'eau, il avait poussé un cri inhumain qui avait ébranlé la ville. Sa famille vient à apprendre la mort de ce lunatique et prétend récupérer le cadavre pour l'enterrer dignement. S'engage alors un combat entre les « légitimes » possesseurs du mort et ses compagnons de bohème qui finissent par soulever le corps de Quinquin pour l'entraîner dans une soirée festive avec des filles de joie. Après cette soirée mémorable, toujours sous l'emprise de l'alcool, ils décident de partir en mer où Quinquin va disparaître mystérieusement au petit matin « enveloppé par le linceul de la mer », après avoir prononcé une ultime phrase fort énigmatique : « À chacun son enterrement, car tout peut arriver. » En effet, dans le domaine de l'imaginaire et de la fiction tout est possible, le peuple de Bahia ne s'y trompe pas et voit dans ce message un « témoignage prophétique ». Le narrateur malicieux s'amuse et s'émeut des manigances de son héros qui a le record de la mort. Il ne peut s'empêcher d'admirer Quinquin qui a trompé son monde et qui a finalement choisi sa mort comme il a su choisir sa vie.

Amado excelle dans l'opposition de deux mondes, celui de la respectabilité bourgeoise et celui de la solidarité populaire. Dans le premier, les conventions masquent les misères morales, dans le second la plaisanterie et le libertinage servent de seul remède à la pauvreté. Pour sauver les apparences, la famille calculatrice habille le défunt « si peu présentable » d'un costume de mauvaise qualité « presque trop bon pour les vers ». Mais elle n'arrive pas à dompter le cadavre dont l'un des pouces se rebelle « en se dressant en l'air, anarchique et rigolard ». À l'opposé, les marginaux vont vivre l'événement « avec l'œil du cœur », car ils aimaient cet homme comme un père. Eux seuls veillent en accomplissant ainsi l'un des « rites de la gentillesse du peuple de Bahia, l'un des plus pauvres et le plus civilisé ». Cette générosité s'exprime dans le débordement de la fête nocturne : « Quinquin était dans l'un de ses meilleurs jours. » L'inspiration politique d'Amado homme de gauche est manifestée par le point de vue du narrateur qui établit une distance par rapport aux codes dominants et se veut porteur des valeurs du peuple. Abandonnant les limites du néoréalisme engagé, Amado atteint une forme originale de réalisme fantastique, à la langue savoureuse, au lyrisme inextricablement lié à l'humour. Ce récit picaresque est un hymne à la liberté et à la fantaisie car, en se faisant peuple, Amado se rattache à la tradition subversive du carnaval qui permet de vivre « le monde à l'envers ». — Trad. Stock, 1971. M. C.

DEUX ORPHELINES (Les). Mélodrame de l'auteur dramatique français Adolphe Philippe Dennery (1811-1899), écrit en 1874. Cette longue histoire, aux complications extrêmement habiles, constitue le type même du mélodrame. Le public, en effet, est tenu constamment en haleine par les aventures d'Henriette et de Louise. Vers la fin du règne de Louis XV, ces deux orphelines, que l'on prend pour deux sœurs, arrivent de leur province à Paris. À leur descente du coche, l'aînée, Henriette, est enlevée par les gens du marquis de Presles. Mais Louise, la plus jeune — et qui est aveugle — reste abandonnée. Henriette, qui a rencontré un protecteur, le chevalier de Vaudrey, vit honnêtement de son travail, mais elle n'a qu'une pensée : retrouver Louise. Quant à cette dernière, elle est tombée entre les mains d'une affreuse mégère qui, aidée par la jeune infirme, mendie à la porte des églises. Louise attire bientôt l'attention de la comtesse de Linières, femme du lieutenant de police et tante du chevalier de Vaudrey. La dame est émue par cette enfant, tant elle lui rappelle un péché de jeunesse. On apprend ensuite que le chevalier a refusé un mariage arrangé par son oncle le lieutenant de police, lequel ne tardera pas à découvrir que son neveu est amoureux d'Henriette. La comtesse, de son côté, comprend aux explications d'Henriette que Louise n'est autre que sa fille. Au dernier acte, non seulement Louise a retrouvé sa mère, mais Henriette épouse le chevalier.

DEUX OTAGES [*The Hostage*]. Pièce en trois actes de l'écrivain irlandais Brendan Behan (1923-1964), représentée par le Workshop Theatre en 1958. Dans une maison louche de Dublin, qui sert de repaire à une bande de prostitués mâles et femelles et qui appartient à un vétéran de la révolution, l'armée secrète irlandaise (l'I.R.A., qui lutte pour la libération de l'Ulster) amène un jeune soldat anglais, capturé comme otage. Ce soldat sera fusillé si un Irlandais de dix-huit ans, condamné à mort par les Anglais pour avoir tiré sur la police, est pendu le lendemain, comme cela a été annoncé. Durant la nuit, les multiples locataires de la maison entrent et sortent, échangeant plaisanteries, injures et chansons, tout en vidant force verres de bière. Un officier de l'armée secrète monte la garde, et le jeune soldat, qui ne comprend rien à ce que les Irlandais reprochent aux Anglais, flirte avec la jeune servante, une orpheline comme lui. Cependant, à la fin, la police fait irruption dans la maison et dans la confusion qui s'ensuit, le jeune soldat est tué par une balle perdue. Le petit condamné irlandais sera donc pendu, au matin. Dans cette pièce, Behan ridiculise patriotisme et chauvinisme, mais ce qui touche d'abord le spectateur (et le lecteur), c'est la verve et la truculence du langage, qui dote les personnages d'une vie étonnante et pathétique sous la caricature. – Trad. Gallimard, 1961.

DEUX PEINTRES (Les) [*Chudožniki*]. Récit de l'écrivain russe Vsevolod Mikhaïlovitch Garchine (1855-1888), publié en 1879. Garchine représente une exception dans la littérature russe du XIXe siècle. Il rappelle Dostoïevski par la profondeur psychologique de son imagination maladive, Poe et Baudelaire par son pessimisme raffiné et morbide, et aussi Tolstoï par le grand intérêt qu'il a porté aux problèmes sociaux. Dans cette œuvre, deux peintres content, dans leur journal, une année de leur vie. Tous les deux sont élèves de l'Académie et participent à un concours donnant droit à l'attribution d'une bourse qui leur permettrait un séjour de perfectionnement à l'étranger. L'un d'eux, doué d'énergie et d'un certain talent, gagnera la bourse. L'autre, Riabinine, vraiment génial, sera victime de sa sensibilité maladive. Il peint, en effet, un de ces ouvriers appelés les « sourds », qui sont spécialisés dans la réparation des chaudières et deviennent sourds précisément parce qu'ils travaillent à l'intérieur de grandes chaudières sonores. Le « Sourd » peint par Riabinine, obsède les nuits du peintre. Riabinine, incapable de réagir, devient fou et, lorsqu'il quittera la maison de santé, il ne saura plus peindre. Garchine, dans *Les Deux Peintres*, traite en outre, et avec courage, le problème de l'utilité de l'action artistique. L'art sert-il seulement à l'artiste dans la mesure où il lui permet d'exprimer sa propre personnalité et d'avoir des satisfactions matérielles, ou bien peut-il aussi être utile à l'humanité ? Le « Sourd » peinture de Riabinine, n'a produit aucun effet sur le public et jamais plus son auteur ne pourra peindre. La conclusion de Garchine est qu'à de rares exceptions près, l'homme doit agir pour l'utilité des autres. C'est ainsi que l'individualisme russe des dernières années du XIXe siècle se résout, même chez Garchine, en une forme d'humanitarisme extrême. Cet humanitarisme pénétrera la littérature et l'esprit de la Russie à l'aube du XXe siècle. – Trad. Povolozky, 1923.

DEUX PIGEONS (Les). Ballet en deux actes et trois tableaux, livret de H. Régnier et L. Mérante, musique du compositeur français André Messager (1853-1929) d'après la fable de La Fontaine. Pepio, jeune pigeon, s'ennuie auprès de Gourouli, jeune pigeonne. Il la quitte pour suivre une bohémienne nomade. Mais Gourouli s'attache aux pas de Pepio. En vain déploie-t-elle toutes ses grâces. Pepio ne se laisse pas reconquérir. Tout à coup un orage éclate. La bohémienne s'enfuit et Pepio douché rentre au colombier. Cette œuvrette anodine a été représentée pour la première fois à l'Opéra de Paris le 18 octobre 1886. C'était le quatrième ballet de Messager qui, depuis 1878, avait écrit pour la danse *Fleur d'Oranger, Les Vins de France, Mignons et Vilains*. En 1885, le musicien avait connu l'insuccès avec un opéra-comique, *Le Bourgeois de Calais*. Saint-Saëns, qui avait foi en son avenir, le signala au directeur de l'Opéra, Vaucorbeil, lequel lui commanda aussitôt un ballet. Ce furent *Les Deux Pigeons* dont le succès, grâce à la musique, fut très vif. Gabriel Fauré écrivait à son sujet : « Sa veine mélodique va d'un rythme alerte, aisé, renouvelé de formes, de lignes très pures et toujours distinguées, sans ambiguïté comme sans banalité, et sans cesse une écriture fine, serrée, mais simple, la rehausse de ses plus délicats ornements. Son orchestre est clair, sonore, riche d'inventions heureuses ; vous n'y trouverez jamais ce laisser-aller, ces négligences qui ont si souvent compromis la dignité des œuvres de poésie légère. »

DEUX PRISONNIERS [*Két fogolz*]. Roman le plus connu de l'écrivain hongrois Lajos Zilahy (1891-1976). Publiée en 1927, cette œuvre évoque certains problèmes nés de la Première Guerre mondiale. La guerre sépare un jeune couple. Le mari est fait prisonnier par les Russes, sa femme, restée seule, connaît une existence de plus en plus dure. Elle tombe amoureuse d'un autre homme et le mari, dans sa captivité, se résigne à son sort ; puis la vie réconcilie les « deux prisonniers ». Bien que le sujet ait été souvent traité, l'art de Zilahy, conteur plein d'aisance, a su créer une œuvre de grande qualité, grâce surtout à une ambiance empreinte de mélancolie. La première partie du roman est particulièrement remarquable : elle évoque avec lyrisme et humour la vie paisible des classes moyennes hongroises d'avant-guerre, avec ses rites et ses coutumes. Le public hongrois a surtout apprécié le portrait de l'héroïne, Miett Almady, femme subtile, sensible et passionnée que l'amour comble et torture à la fois.

DEUX PROBLÈMES FONDAMENTAUX DE L'ÉTHIQUE (Les) [*Die beiden Grundprobleme der Ethik*]. Œuvre du philosophe allemand Arthur Schopenhauer (1788-1860), publiée à Francfort-sur-le-Main en 1841 ; puis l'année de la mort du philosophe, dans une édition revue et augmentée. Dans cette œuvre Schopenhauer a rassemblé ses deux écrits : *Sur la liberté de la volonté humaine* [*Über die Freiheit des menschlichen Willens*] et *Sur le fondement de la morale* [*Über das Fundament der Moral*] ; le premier avait été présenté par Schopenhauer en 1839 à un concours organisé par la Société norvégienne des sciences de Trondheim, qui lui attribua un prix ; le second, en 1840, à un concours organisé par la Société danoise des sciences qui ne lui donna aucun prix. Les doctrines morales de Schopenhauer sont en étroite relation avec sa théorie fondamentale – v. *Le Monde comme volonté et comme représentation* (*) – selon laquelle toutes les réalités, internes et externes (le monde qui nous entoure et notre âme elle-même) ne sont que des phénomènes, tandis que la vraie réalité qui se trouve en dessous de tout est la volonté d'exister (« volonté de vivre »), impulsion aveugle qui donne lieu à toutes les réalités apparentes. Il y a donc un monde du phénomène (et le moi lui-même est un phénomène) et une volonté, qui n'est pas plus la mienne que celle des autres, qui ne peut être connue directement en soi, mais seulement à travers ses effets, le monde et le moi, qu'elle produit dans son effort pour s'affirmer.

À la question proposée par l'Académie norvégienne : si l'on peut prouver la liberté de la volonté en partant de la conscience de soi – Schopenhauer répond naturellement que la conscience de soi tout comme la connaissance du monde extérieur prouvent que la volonté « n'est pas » libre. En effet, la connaissance sous toutes ses formes est liée à l'espace et au temps : « connaître » signifie situer quelque chose dans l'espace et dans le temps et, par conséquent, le soumettre à la loi de cause et d'effet selon laquelle tout effet doit avoir une cause préalable. Même un acte de ma volonté doit avoir quelque chose qui le précède et qui le produit (un « motif ») : il ne peut donc être autonome, « libre ». D'autre part, tout homme se sent responsable de ses actes, comme s'il était la cause unique, la cause primitive de tout ce qu'il décide de faire. Cette conviction n'est pas fausse, puisque tous les phénomènes, le monde, la connaissance et l'âme, sont dus à la « volonté de vivre » ; c'est donc celle-ci, en dernière analyse, qui produit ces motifs, ces causes (externes ou internes) qui entraînent nos actes volontaires. Cette « liberté » (ou originalité) de la volonté n'est évidemment pas ce que l'on entend habituellement par « liberté de la volonté » ou « libre arbitre », c'est-à-dire l'indépendance de la volonté individuelle en face de toute cause qui doit faire prendre une décision. C'est une liberté et une volonté « transcendantales », c'est-à-dire situées au-delà de notre connaissance immédiate et par conséquent de notre influence personnelle.

Dans le second essai, Schopenhauer s'efforce de résoudre cet autre problème fondamental de la morale ; quelle est la source ou l'origine de la moralité, qu'est-ce qui nous porte à distinguer le bien du mal, ou bien encore en quoi consiste exactement ce qui est moral ? La réponse de Schopenhauer découle de son attitude en face de la morale de Kant – v. *Fondement de la métaphysique des mœurs* (*), *Critique de la raison pratique* (*). Kant soutenait qu'une action est morale lorsqu'elle suit la loi morale ; quant à la loi, elle n'est pas morale parce qu'elle ordonne une certaine action (ne pas tuer, faire du bien, etc., « contenu » de la loi), mais parce qu'elle l'ordonne d'une certaine façon (« forme » de la loi et de l'action morale). Comme la raison de l'homme est douée d'universalité, et étant donné que la volonté n'est qu'un aspect de la raison, la volonté ne sera bonne que lorsqu'elle suivra une loi universelle ou douée d'universalité, telle enfin qu'elle puisse être une règle pour tous les êtres doués de raison. Pardonner à son ennemi, par exemple, n'est pas moral parce que c'est pardonner à son ennemi, mais parce que celui qui pardonne à son ennemi peut considérer son action comme une action que tous les hommes, se trouvant dans les mêmes conditions que lui, devraient faire.

Schopenhauer s'élève contre ce « formalisme moral » ; rappelons que sa thèse philosophique fondamentale est que la volonté est la vraie réalité, tandis que la raison n'est qu'un phénomène né de la « volonté de vivre ». Il ne peut donc admettre que la raison, et son universalité, aient une existence et une valeur absolue capables de déterminer la moralité des actions, c'est-à-dire de dominer notre vouloir. Au formalisme moral il manque un motif suffisant pour mettre en action le vouloir : Kant lui-même dit que nous n'agissons moralement que par respect envers la loi – mais le respect envers la loi peut nous induire à agir d'une façon plutôt que d'une autre, une fois que nous avons décidé d'agir ; ce respect ne peut toutefois, à lui seul (semble-t-il), pousser l'homme à prendre une décision. C'est pourquoi il faut une impulsion, c'est-à-dire une passion ou un sentiment non pour un principe abstrait (la loi), mais pour des êtres concrets (les hommes). Par conséquent, c'est en reprenant au fond le « sentimentalisme » des penseurs anglais antérieurs à Kant que Schopenhauer arrive à déclarer que l'action bonne doit être due à un « sentiment moral » spécifique, déterminé. Nombreux avaient été les prédécesseurs qui avaient affirmé que seul l'égoïsme est capable de pousser l'homme à agir et ils avaient expliqué les sentiments moraux comme des transformations de l'égoïsme. Mais Schopenhauer accepte ici l'universalisme de Kant et, comme sa philosophie implique que la volonté est une réalité absolue, universelle, qui n'est pas limitée à l'individu, il n'hésite pas à affirmer qu'une action égoïste ne peut jamais être morale, car la morale est la négation même de l'égoïsme ; par conséquent ne sont morales que les actions qui ne tiennent pas compte de l'intérêt individuel. L'homme n'est moral que lorsqu'il réussit à sortir de lui-même, à renoncer à son propre moi (qui est un phénomène), pour vouloir au-delà de lui-même. Or, un sentiment suffisant pour pousser l'homme à agir doit être un sentiment « individuel » : l'homme n'agira donc moralement que lorsqu'il sentira la douleur des autres comme sa propre douleur et qu'il cherchera à les en préserver, c'est-à-dire lorsqu'il éprouvera de la « compassion » pour les autres hommes et pour tous les êtres en général ; il agira poussé par cette compassion, qui est donc le seul et véritable fondement de la morale.

DEUX SŒURS [*Zwei Schwestern*]. Roman de l'écrivain allemand Friedrich Georg Jünger (1898-1977), publié en 1956. L'influence de Goethe est évidente dans ce « journal romain ». L'auteur passe un printemps et un été à Rome. La ville qu'il avait connue lors d'autres visites lui paraît transformée. Il apporte par gentillesse quelques lettres qui tombent sous la censure italienne. Il devient le témoin de la vie de plusieurs personnes ayant des attitudes politiques et religieuses différentes. Il rencontre par hasard son ami de jeunesse Aust, dans son hôtel, sans savoir ce que celui-ci est venu faire à Rome. Des incidents minuscules amènent de profonds changements, et le séjour à Rome, qui devait être consacré à l'étude, prend une tournure inattendue du jour où l'auteur entre par caprice dans une salle de jeu et parle avec le jeune romain Tomaso, qui vit « pour le plaisir du présent et le moment ». Par l'intermédiaire de Tomaso, il fait la connaissance de la famille Rusconi, qui appartient à la petite bourgeoisie. Mme Rusconi n'a qu'un désir : c'est d'élever ses deux filles au-dessus de ce pauvre milieu. Rosalia est blonde et douce. Fernanda, brune et orgueilleuse. Rosalia devient la femme de l'étranger pour lui apporter la chaleur humaine dans sa vie isolée et solitaire. Pendant le voyage de noces, l'auteur cesse en effet de se sentir un étranger, mais il a peur de la police. Rosalia rêve que sa sœur part avec son mari et qu'elle reste seule. Ce rêve prend des dimensions exagérées, si bien que Rosalia tombe malade et meurt dans un état de grande fièvre. Désespéré, l'auteur quitte la ville pour deux mois. À son retour, il est interrogé par un agent secret politique et Aust, qui est également un agent politique, intervient pour le sauver. L'auteur est sur le point de tomber dans des filets qui ne lui sont point destinés. À ce moment, il s'éveille comme d'un rêve. Il remercie son ami Aust et se prépare à quitter Rome sans vouloir connaître le fond de toutes ces intrigues mystérieuses. Fernanda déplore la mort de sa sœur. L'auteur gagne son cœur, et elle part avec lui. G. Jünger est moins doué pour le roman que pour le récit — v. *Chemins croisés* (*). La beauté de son style est diminuée par la volonté de déguiser ses idées derrière les faits et gestes des personnages, défaut que l'on retrouve dans *Les Premiers Pas* [*Der erste Gang*, 1954], roman sur la Première Guerre mondiale.

DEUX SOLITUDES (Les) [*Two Solitudes*]. Roman de l'écrivain canadien d'expression anglaise Hugh MacLennan (1907-1990), publié en 1945. De la Première à la Seconde Guerre mondiale, il étudie les rapports entre les deux peuples fondateurs du Canada. D'un côté, le Québec féodal et rural, étroitement catholique, de Saint-Marc-des-Érables, de l'autre, le Montréal, alors dominé par l'oligarchie protestante britannique du monde des affaires, où les Québecois, employés et ouvriers, habitent les quartiers pauvres de l'est de la ville. Dans l'avant-propos l'auteur explique : « Aucun mot n'existe au Canada qui désignerait clairement pour les deux races un habitant du pays. Lorsque ceux de la langue française disent Canadien, c'est presque toujours à eux-mêmes qu'ils se réfèrent. » Le thème des *Deux Solitudes* est la recherche de l'unité canadienne. Mais les préjugés sont tenaces : ceux des Québécois sont représentés par le père Beaubien, réactionnaire et raciste, qui voit dans tout début d'industrialisation du village une menace pour l'autorité de l'Église et le salut des âmes. Ceux des Anglais sont incarnés en Janet Methuen, caricature des vertus d'ordre, de propreté et de respectabilité, plus anglaise que les Anglais. Deux hommes tentent un rapprochement : Huntley MacQueen, au nom symbolique, propose à Athanase Tallard, seigneur de Saint-Marc-des-Érables, d'utiliser sa rivière pour créer une usine en commun. Athanase, qui se voit en homme des Lumières du XVIIIe siècle, y trouve l'occasion de défier l'obscurantisme de son curé. Face au boycott organisé par ce dernier, il commet l'erreur de se convertir au protestantisme, perd toute allégeance de son village et finit ruiné. Ce n'est ni en cherchant à intégrer l'autre camp à soi, ni en se faisant transfuge que l'on trouvera la solution. La peinture du village de Saint-Marc-des-Érables (qui doit beaucoup à *Trente arpents* de Ringuet) est tout à fait convaincante.

La solution s'ébauche avec l'installation (assez peu vraisemblable) du capitaine John Yardley, mûri par les naufrages et la guerre. Il gagne l'estime des villageois en affirmant tout à la fois sa différence et son respect de leurs opinions et sert de mentor à la nouvelle génération, sa petite-fille Heather, pourtant fille de Janet Methuen, et Paul Tallard, second fils d'Athanase, parfaitement bilingue. Leur idylle symbolise l'acceptation de la différence perçue comme une richesse. Heather fait comprendre à Paul qu'il doit prendre le Canada pour cadre et pour sujet du roman qu'il écrit, afin d'établir le paysage littéraire à partir duquel pourra se créer une littérature canadienne, avec ses valeurs propres : « Paul Tallard savait qu'il tirait enfin une harmonie de cette société qui l'avait produit, puis frustré, société qu'à sa propre façon il avait appris à accepter. » Ce livre fondamental, c'est *Les Deux Solitudes,* montrant la voie de l'unité, annonçant la politique fédérale de multiculturalisme et l'image dominante de la mosaïque, face à celle du creuset assimilateur des États-Unis. – Trad. Éditions Spès, 1963. J. L.

DEUX SOURCES DE LA MORALE ET DE LA RELIGION (Les). Le dernier des quatre grands ouvrages du philosophe français Henri Bergson (1859-1941), publié en 1932, dans lequel l'auteur veut acheminer sa philosophie de la vie créatrice vers des problèmes humains, vers des conclusions éthiques et religieuses. Cet effort tend, du même coup, à situer et à dépasser les thèses de la sociologie française. Il s'agit, dans les deux premiers chapitres, de faire à Durkheim sa place et de dessiner par là même ses limites, en le plaçant dans une perspective plus totale. L'analyse de Bergson remonte plus haut que les données premières de la sociologie. En deçà des sociétés primitives, elle cherche à retrouver l'impulsion et le sens de l'évolution qui les porte, qui a conduit la vie animale à leur humanité. Les sociologues avaient décelé, dans l'abstraite « obligation morale », où Kant voyait un impératif de la Raison, la pression tacite de la société. Mais celle-ci même, pour Bergson, exprime cette activité aveugle et sûre de soi dont l'instinct animal est le type, ce montage d'actes spécialisés, fermés sur eux-mêmes mais accordés spontanément au dehors, cet ajustement sans conscience. Parce que la conscience a émergé avec l'homme, et qu'ainsi les sociétés humaines sont « lestées de variabilité et d'intelligence », le détail de nos obligations n'est pas stéréotypé comme les gestes de l'instinct. Pourtant, à la racine des obligations particulières, qui demeurent contingentes, l'obligation en général, « le tout de l'obligation », nous apparaît « comme la forme même que la nécessité prend dans le domaine de la vie quand elle exige, pour réaliser certaines fins, l'intelligence, le choix et par conséquent la liberté ». Chaque règle n'est plus imposée par la nature, comme dans la ruche ou la fourmilière ; dans la cité humaine, seule est prescrite la nécessité d'une règle, véritable « instinct virtuel », comme le langage auquel l'usage donnera un contenu plus ou moins fortuit. Et c'est le même mouvement de la vie qui, au sommet de l'échelle animale, organise les sociétés humaines closes, recourbées sur elles-mêmes, modelées par une hostilité, du clan à la cité et à la nation, et, dans l'individu, impose cette courbure qui contraint et qui maintient. Ainsi le citoyen romain, dans le sentiment de la dignité, est soutenu par l'amour-propre du groupe ; et c'est du groupe le plus puissamment centré de l'Antiquité qu'est issu le droit le mieux « ordonné ».

De cet ordre instinctif et néanmoins compatible avec l'intelligence, la vie humaine tire sa cohésion la plus élémentaire. Mais c'est de celle-là que des personnalités créatrices, au cours de l'histoire, ont refusé de se contenter : prophètes d'Israël, sages de la Grèce, saints du christianisme. Ils se sont dégagés du conformisme social pour « creuser sous l'acquis, puis sous la nature » : ce qu'ils retrouvent est alors l'élan même de la vie. Sous la justice mercantile, née des échanges sociaux pour assurer l'intégrité du troc, ils exigent la justice absolue, qui est charité universelle. Dans leur sillage, la contamination de la morale sociale par cette morale humaine fera peu à peu accéder la conscience commune à un niveau supérieur de moralité, que stylisera et codifiera l'intelligence. Mais dans cette « formule générale de la moralité », il faudra discerner les deux sources de la morale : « un système d'"ordres" dictés par des exigences sociales "impersonnelles", et un ensemble d'"appels" lancés à la conscience de chacun de nous par des "personnes", qui représentent ce qu'il y eut de meilleur dans l'humanité ». La première répète l'un des jeux montés par la vie aux différents paliers de l'évolution, marque la pression de l'instinct, qui assure une continuité sans question, sur l'intelligence qui a surgi pour tout mettre en question. La seconde se replace au cœur du courant, de l'« élan vital » que Bergson, dans *L'Évolution créatrice* (*) (1907), dessinait comme en blanc pour marquer l'insuffisance des explications mécanistes en biologie.

Ces deux sources de la morale sont aussi celles de la religion, dans son ambiguïté, qui va de la superstition à la spiritualité. « Très probablement, remarque Bergson, l'animal ignore la superstition. » Dans les fictions qui l'engendrent et qui sont comme des hallucinations naissantes, venant contrecarrer le jeu des facultés intellectuelles, il faut voir une ruse de la vie ; elle compense la force centrifuge qui peut signifier dans l'organisme social l'exercice de l'intelligence, sa faculté d'initiative, son indépendance, sa liberté. Ici encore, un instinct virtuel s'exerce dans cette « fonction fabulatrice », réaction de défense suscitée par l'apparition de l'intelligence ; et la conscience d'un décalage imprévisible et décourageant entre l'initiative prise et l'effet souhaité est voilée par des fantômes de faits, par l'appel aux puissances toutes fiduciaires du « mana », des esprits, des dieux. Avec la sécurité morale de l'individu, la cohérence de la société est préservée : à ce niveau, religion est synonyme d'une fuite devant la lucidité, moins née d'une crainte que d'une réaction contre la crainte. En présence de forces naturelles prêtes à le broyer aveuglément, l'homme primitif cherche à qui parler : le « mana » de la magie sera le véhicule de ses souhaits, c'est ainsi qu'il prévient « une contracture de la volonté devant la représentation trop intelligente de cataclysmes sans fins ». La superstition, la « religion statique », est refus de l'inévitabilité de la mort ; elle est un aspect de ce que Heidegger appellera l'« inauthenticité ». Mais cette évasion dans la fiction a un sens réel, pour l'homme dérivé de ses origines : Bergson cherche à comprendre la fabulation mythologique en la rapprochant d'une observation recueillie par la « science psychique » de son temps : une femme qui, par distraction, allait se jeter dans une cage d'ascenseur vide voit en surgir l'homme chargé de manœuvrer l'appareil, qui la repousse sur le palier. Cette vision hallucinatoire, jaillie de la « personnalité instinctive, somnambulique, sous-jacente à celle qui raisonne », avait devancé l'intervention de celle-ci. De même, magie et religion statique permettent à l'homme primitif d'attendre la science et ses vues positives. Il est vrai que leur développement parasitaire finit par entraver l'avènement de la pensée scientifique, et c'est ce qui est arrivé aux sociétés « primitives » actuelles, sans doute plus envahies par la magie que ne le furent celles de nos ancêtres. Mais, à ce cercle dans lequel elles ont tourné, l'homme peut s'arracher pour s'insérer à nouveau, en le prolongeant, dans le courant évolutif : il s'ouvre alors à la « religion dynamique » ; celle-ci sourd en deçà du point où la vie humaine débouche dans le groupe social, pour l'entraîner au-delà, dans la société mystique de tous les hommes. Au César divinisé de la religion statique, qui est bien une « idéologie » au sens marxiste du terme, une fiction disciplinaire, elle oppose le Dieu d'amour. En elle l'homme retrouvera la confiance qui lui manque, ou que la réflexion a pu ébranler, non en se laissant rassurer par le miroir tournant des mythes collectifs, mais « en remontant, pour reprendre de l'élan, dans la direction d'où l'élan était venu ». Ce mouvement ne peut être celui de l'intelligence et de la réflexion ; celle-ci nous fait tout au plus concevoir des possibilités, elle ne touche pas une réalité. Il rejoint un point d'expérience qui est la fois conscience et action, celui que semble connaître l'expérience mystique, et non complaisance visionnaire. L'accord des mystiques entre eux est déjà une présomption en faveur de son objectivité, surtout lorsqu'il persiste approximativement par-delà les frontières des diverses traditions religieuses, bouddhisme, néo-platonisme, christianisme. Expérience d'amour, ressentie mystérieusement comme opérée par un amour qui la déborde, qui s'adresse à l'âme, qui a besoin d'elle comme elle a besoin de lui ; qui crée des créateurs – des êtres capables d'amour – « pour s'adjoindre des êtres dignes de son amour ».

Ici, la recherche philosophique quitte le domaine des purs faits auquel voulait se cantonner *L'Évolution créatrice*, elle est seulement dans celui du vraisemblable. Pourtant, il ne s'agit pas là d'un ralliement précipité à des positions dogmatiques, mais d'un résultat approché, obtenu par l'investigation de ces faits privilégiés que s'efforcent d'exprimer les écrits mystiques. Une telle démarche, qui vient conclure le lent cheminement du bergsonisme, ne peut contenter les esprits qui préfèrent à l'enquête le dogmatisme, théologique ou positiviste. On peut lui reprocher parfois une certaine facilité, malgré sa loyauté et sa prudence. On peut être gêné par les difficultés qu'il y aurait à vouloir accorder ces thèses aux premières analyses bergsoniennes, en dépit d'une continuité plus apparente que réelle ; car la durée vécue des *Données immédiates de la conscience* – v. *Essai* (*) du même nom – se rapproche plus de l'introspection de Proust que de l'expérience spirituelle, qui est rien moins qu'introspective. On peut trouver suspect également le raccord, ébauché à la fin des *Deux Sources*, entre les données de la mystique et celles des « sciences métapsychiques » modernes. Mais il faut reconnaître la fécondité du thème central : la distinction entre religion statique et religion dynamique rend compte du paradoxe qui a fait du mot « religion », au cours de l'histoire, le signe de la violence intolérante et celui de la charité. Car, en société close, « celui qui n'accepte pas la croyance commune l'empêche, pendant qu'il nie, d'être totalement », puisqu'elle n'a d'autre vérité que l'unanimité qu'elle rend possible. Mais la société ouverte, révélée dans l'expérience spirituelle, replace chaque vivant dans l'éclairage total, qui en fait une réponse approximative à la demande créatrice. *Les Deux Sources* se mêlent plus ou moins dans les formes de religion existantes. Sans s'interroger sur la possibilité, pour l'une ou l'autre d'entre elles, de proposer une dimension historique privilégiée, qui ferait de sa présence « statique » le signe d'une communauté universelle en croissance, Bergson est loin d'ailleurs d'opposer radicalement l'un à l'autre le plan social et le plan spirituel. Et le machinisme de la civilisation née en Europe lui apparaît comme le complément même de la spiritualité, grâce auquel l'humanité, libérée des servitudes matérielles par l'organisation de la vie économique et sociale, sera mise en mesure d'accomplir la « fonction essentielle de l'univers, qui est d'être une machine à faire des dieux ».

DEUX VILLES (Les) [*Le due città*]. Roman de l'écrivain italien Mario Soldati (né en 1906), publié en 1965. C'est toute l'Italie contemporaine que Mario Soldati évoque dans cette immense fresque, et principalement les avatars de cette bourgeoisie italienne déchue de sa prééminence sociale et qui, entre les deux guerres, assiste impuissante à la montée du socialisme. Et c'est à travers deux villes, Turin et Rome, l'histoire amère d'Emilio Viotti. Piero, son ami d'enfance, son seul ami, est un ouvrier, un prolétaire. Vévé, son amour de jeunesse, son seul amour, est la fille d'un conducteur de tramway : une plébéienne. Il perdra l'un et l'autre, en grande partie par sa faute, ses préjugés de caste et sa veulerie. Turin, cité piémontaise austère et rigide, est la ville natale d'Emilio Viotti, fils d'une famille bourgeoise et traditionnelle. Il s'en échappe, non sans remords, après un mariage qui lui assure aisance et situation pour mener dans la Rome de l'époque fasciste une existence facile et désenchantée. Paradoxe d'un destin touchant et un peu vain, Emilio Viotti meurt assassiné par la fille de Piero, qu'il a aimée et avec laquelle il veut rompre, sur la tombe même de son ami. Ainsi, l'auteur développe un tableau de la vie italienne saisie à travers le monde de la noblesse et de la bourgeoisie d'affaires à Turin et les milieux du cinéma à Rome. C'est au Piémont, en effet, puis dans la capitale que vit le personnage de faible moralité, qui achève de se corrompre au contact du fascisme et dont le goût de l'argent et des femmes fait taire chaque fois les scrupules, qui restent à l'état de simples velléités. L'expérience acquise durant soixante ans par Soldati se déverse tumultueusement dans ce livre foisonnant de personnages et de péripéties. Nous y retrouvons ces touches ambiguës et cette psychologie de la relativité qui étaient l'attrait principal de ses précédents livres : « Vérité ou mensonge, certains malheurs irréparables sont ainsi ; refoulés vers le doute, envolés dans les incertitudes de l'inconscient, précisément parce qu'il existe un désir, une volonté de les rendre irréparables [...] parfois, il arrive que le mensonge contienne une vérité encore plus puissante, la vérité des espoirs, des remords, de la foi en un ordre d'affections plus élevées, même si elle n'est ni réalisée, ni réalisable... » Très romain dans l'humour et la décadence dont il témoigne, ce roman est la prise de conscience d'un désarroi. La critique française, qui accueillit favorablement le livre de Soldati, ne manqua pas d'en souligner le sens sociologique, politique : « C'est le constat géographique, sur toute l'étendue de l'Italie, d'une tension entre Nord et Sud, d'une irréductibilité provinciale dont la France n'a aucune idée. » – Trad. Plon, 1966.

DE VAN EYCK À BREUGHEL [*Von Eyck bis Bruegel*]. Œuvre de l'érudit allemand Max Jacob Friedländer (1867-1958), un des meilleurs spécialistes de l'art des Pays-Bas, publiée à Berlin en 1916, et rééditée en 1921, dans une édition augmentée. C'est une synthèse de l'histoire de la peinture aux Pays-Bas aux XVe et XVIe siècles. Passant rapidement sur les artistes secondaires, auxquels il consacre une plus grande place dans les quatorze volumes de son œuvre ultérieure, *La Peinture ancienne des Pays-Bas* [*Die Altniederländische Malerei*, Berlin, 1924 à 1937], l'auteur, dans une série de chapitres-monographies, étudie le développement artistique des principaux peintres, en recherchant leurs traits essentiels au moyen de l'étude des œuvres certaines et de celles qui leur sont attribuées avec la plus grande probabilité. Les artistes sont divisés en deux groupes. Du premier font partie Van Eyck, Petrus Christus, Rogier van Der Weyden, Dirck Bouts, Hugo van Der Goes, Hans Memling, Jérôme Bosch ; du second Quentin Metsys, Patinir, Lucas de Leyde et Pieter Breughel. Deux essais précèdent cette série de monographies, le premier sur la « géographie artistique des Pays-Bas », l'autre est une synthèse des caractères qui permettent de distinguer les peintres du XVIe siècle de ceux du XVe. Dans la première étude, l'auteur recherche les raisons de la différenciation progressive qui, après l'intime coexistence du XVe siècle, a vu au XVIe l'art du Sud, toujours plus ouvert aux influences latines, se séparer de celui du Nord, qui se replie sur lui-même « avec une sévérité puritaine et une stricte fidélité à sa culture germanique ». Dans l'autre essai, Friedländer porte un jugement sur l'art du XVIe siècle, où il voit une involution, une fuite de soi-même dont il trouve les principaux symptômes dans l'incapacité de réinterpréter les traditions et d'autre part d'assimiler, de donner une couleur personnelle aux influences étrangères, italienne en particulier. Ces réserves n'empêchent pas l'auteur de reconnaître que la nouvelle époque a abattu de « nombreuses barrières, offert aux artistes des horizons plus vastes, des possibilités plus variées, des connaissances et des besoins nouveaux », toutes choses qui préparent l'art du XVIIe siècle ; de même ces réserves n'ont pas empêché l'auteur de mettre en lumière le génie de certains artistes, comme Lucas de Leyde et surtout Pieter Breughel. L'étendue de la documentation, la clarté et la concision du style, la rigueur de la recherche ont permis à cette œuvre de rester au bout d'un demi-siècle, et en dépit des travaux plus récents, y compris ceux de l'auteur lui-même, une des sources d'information les plus utiles sur l'art des Pays-Bas aux XVe et XVIe siècles. – Trad. Julliard, 1964 ; Monfort, 1985.

DEVANT LA DOULEUR. Livre de l'écrivain français Léon Daudet (1867-1942), publié en 1932, et où l'auteur, alors étudiant en médecine, conte ses expériences au cours des lointaines années de sa jeunesse. De violents traits satiriques se mêlent à ses souvenirs. Le milieu étudié est celui des médecins, de cette grande médecine française qui, à la fin du dernier siècle, s'imposait par une activité puissante, géniale et quasi miraculeuse, se glorifiait de noms illustres et occupait une place « prépondérante » dans la vie de la troisième République. Daudet avait déjà présenté une satire vigoureuse et originale de ce milieu dans un premier ouvrage : *Les Morticoles* (*) qui le révéla au grand public. Un second livre suivit, qui fut presque un commentaire historique, grandiloquent pamphlet aux traits brefs et colorés, minutieusement commenté à la lumière d'une chronique enrichie de souvenirs personnels. C'est pour cette raison que souvent l'esprit satirique de l'auteur fait place à la chaleur de la sympathie. Nous voyons Daudet oublier rapidement son mépris devant l'inégalable noblesse, le mode de vie généreux de ses maîtres et le souvenir de ses jeunes années au cours desquelles, tantôt enthousiaste, tantôt dédaigneux, il se laissa conquérir, à son corps défendant, par l'élan donné aux recherches et aux passions dont il fut le témoin. Ainsi, les mêmes traits satiriques, les mêmes révélations perfides ajoutent vie et relief aux portraits. Autour du grand Charcot, les visages de ces médecins, maîtres géniaux ou marionnettes médiocres, apôtres ou politiciens douteux, animent les pages de ce livre et en élèvent le ton jusqu'à ce degré de sincérité pathétique et très simplement humaine que l'on a coutume de rencontrer dans les œuvres de Léon Daudet. Le style est toujours riche en relief et en couleurs, mais toutefois moins forcé et truculent que dans les autres œuvres de ce pittoresque écrivain.

DÉVELOPPEMENT DU SÉCULARISME EN TURQUIE (Le) [*The Development of Secularism in Turkey*]. Étude écrite en anglais par le sociologue et historien turc Niyazi Berkes (né en 1908) et publiée à Montréal en 1964. Cet important travail expose la transformation de la Turquie traditionnelle en un État laïc, tenant compte de tous les changements économiques, techniques, politiques et religieux, ainsi que des relations complexes qui conditionnèrent cette transformation. Après une introduction sur les particularités du caractère traditionaliste de l'État ottoman, sur la hiérarchie, l'autorité temporelle et spirituelle et sur les structures de l'ordre établi, l'auteur étudie les sources de l'évolution de ces valeurs à partir du début du XVIIIe siècle. Le processus de sécularisation est analysé à travers les rapports de l'État avec la religion, dans la conjoncture de l'emprise et de la poussée de la civilisation moderne. L'Empire ottoman étant géographiquement proche des pays européens, il en a subi le premier l'influence. Le système des valeurs et la politique turques commencent à se désintégrer sans qu'une nouvelle structure sociale se reconstitue dans l'immédiat. Toutes les réformes, les conflits, les problèmes d'ordre moral et matériel sont étudiés, étape par étape, en fonction d'un matériel de documentation très complet, et avec une érudition exhaustive dans le cadre de leur contexte historico-politique. L'idée dominante qui se dégage de ce travail est qu'un renouveau politique, social et culturel est indispensable pour le développement d'un pays, afin qu'une économie et une technique nouvelles puissent devenir efficaces. L'auteur souligne que la sécularisation de la société des pays occidentaux est à la base de leur progrès, et constate d'autre part que l'irruption de la civilisation moderne dans les structures et institutions traditionalistes des pays sous-développés a eu un rôle plus destructif que constructif dans la vie sociale et culturelle de ces pays, auxquels il incombe donc, dit l'auteur, de trouver une identité nationale et culturelle sur des bases nouvelles. Le problème, pour une société ayant longtemps conservé des structures traditionalistes, est ainsi de reprendre son élan sur des bases nationales dotées de structures laïques. Le nationalisme turc s'éveilla avec la désagrégation de l'Empire ottoman ; il rompit avec l'unité islamique, le sultanat et le califat, remplacés par une République basée sur la souveraineté du peuple, et fonda, ce faisant, une nation. Cet État national ne pouvait plus maintenir l'association traditionnelle entre l'État et la religion. Une nouvelle conception de la nation, de la religion et du modernisme naquit d'une politique de laïcisation, bien différente, il est vrai, de celle des pays occidentaux, mais poursuivant les mêmes objectifs. Un glossaire et un index complètent cet ouvrage, qui est un livre de base pour la connaissance de l'évolution de la Turquie et des pays musulmans du Proche-Orient.

DEVENIR. Roman de l'écrivain français Roger Martin du Gard (1881-1958), publié en 1909. André Mazerelles est le fils d'un notaire parisien. Enfant, son esprit de contradiction l'a mis en état de révolte contre son père. Le goût qu'il a des livres, où il trouve de quoi alimenter son besoin de parade, lui laisse penser qu'il a une vocation d'écrivain. Au régiment, il se lie avec d'autres jeunes gens attirés eux aussi par les arts et les idées. Libérés, ces jeunes gens se réunissent souvent, bien qu'ils n'aient aucun but commun. Mazerelles vit dans sa famille et doit feindre de suivre des cours. Chaque fois qu'il essaie de réaliser une œuvre, son projet avorte. C'est un velléitaire, incapable d'un effort suivi, incapable aussi de solitude. Quand ses anciens camarades de régiment sont dispersés, il fréquente les jeunes bourgeois de son milieu, bridge et bostonne (c'est l'époque du boston). À deux reprises, il rencontre l'amour : c'est d'abord Ketty Varine, dont il devient l'amant, puis Valentine Druel-Dethieux, relation mondaine. Il les abandonne lâchement parce qu'elles sont sans fortune. Il épouse une riche héritière, Denise Herzeaux, renonce aux lettres et se décide pour une vie active de propriétaire terrien, se proposant d'appliquer les nouvelles méthodes agricoles, comme un héros de Tolstoï. Après quelques années la paresse revient et Mazerelles se laisse vivre. Il est heureux d'ailleurs et s'entend parfaitement avec sa femme qui ne vit que pour lui. Mais Denise meurt en mettant au monde avant terme une fillette qui ne vit que quelques heures, Mazerelles est rivé à ses terres par les dépenses qu'il y a faites et l'hypothèque qu'il a prise. Il faudra des années avant de songer à vendre.

DE VIE À TRÉPAS [*Unclay*]. Roman de l'écrivain anglais Theodore Francis Powys (1875-1953), publié en 1931. La vie toute réelle, avec ses champs, ses amours, ses saisons, et puis soudain, au milieu de tout ce naturel, un petit fait étrange qui suggère l'existence d'une autre réalité : c'est toujours ainsi que s'y prend T. F. Powys pour faire retentir, non pas vraiment un message – il est trop discret pour cette prétention –, mais l'écho de ses méditations sur le sens de notre agitation appelée vie. Dans *Le Bon Vin de M. Weston* (*), Powys avait déguisé Dieu en marchand de vin courant la campagne pour placer sa marchandise ; ici, il déguise la mort en un curieux passant qui s'arrête dans un village pour se reposer et, si possible, goûter l'amour. Ce passant, John Le Trépas, « c'était un homme de taille moyenne dont la petite moustache et la barbe grisonnaient déjà. Ses yeux laissaient dans le doute quant à leur couleur ». Il s'explique assez volontiers sur sa profession : « Mon métier est très simple : j'opère des transformations. Il est bon de changer quelquefois la couleur des choses. Mon travail est des plus nécessaires. Rien ne peut toujours durer sous la même forme. Rien n'est immuable. » Pendant que John se repose, les habitants du village s'agitent entre vie et trépas, comme à l'ordinaire il est vrai, mais avec peut-être un peu plus conscience de l'éphémère. Le pasteur, le révérend Hayhoe, continue à voir partout non des hommes mais des âmes ; lord Bullman à courir ses terres et la prétentaine ; M. Solly à proférer des malédictions contre les femmes ; le cabaretier à admirer sa clientèle et Susie Dawe à se laisser aimer par l'ingénu Joe Bridle. Puis John reprend sa faux – sa faux dont il est si fier – et deux hommes « disparaissent » et Susie et Joe se laissent glisser dans l'étang pour, dans un tressaillement d'allégresse, éterniser leur éphémère amour.

Le style marie la phrase acide d'humour ou pétillante de cocasserie au souffle tragique qui passe sur la tendresse humaine, toujours insatisfaite parce que toujours fascinée par un absolu sans cesse en allé au moment où il paraissait enfin accessible. La réussite du livre est dans un perpétuel balancement entre le quotidien et le mystérieux, de même que son indéfinissable grandeur – grandeur ressentie à la manière de cette « flamme » qui, au dire de D. H. Lawrence, danse derrière les personnages de tout chef-d'œuvre et qui, bien qu'indicible, en est le seul véritable et continuel « héros ». – Trad. Gallimard, 1961.

DEVIN DU VILLAGE (Le). Intermezzo en un acte de l'écrivain et philosophe genevois d'expression française Jean-Jacques Rousseau (1712-1778), joué au théâtre de la Cour à Fontainebleau en 1752, et en public, à l'Opéra de Paris en 1753. Bref opéra-comique de sujet pastoral, qui doit son origine aux loisirs champêtres d'un séjour de Rousseau à Passy. Il fut écrit en l'espace d'un mois (sauf le ballet final et conventionnel ajouté pour la représentation à l'Opéra). Ce n'est pas, en fait, l'œuvre d'un dilettante sans expérience : Rousseau était plus qu'un dilettante en musique et cet opéra n'est qu'une de ses nombreuses compositions. Il se rapproche du goût simple et brillant de l'opéra-comique italien, que Rousseau avait appris à connaître durant son séjour dans la Péninsule et, en particulier, à Venise ; il utilisait des accents du chant populaire français. L'œuvre eut un tel succès qu'elle procura à son auteur des ennuis peu communs, sans parler des ironies faciles de ceux qui réfutaient les arguments de Rousseau contre la musique française – v. *Lettre sur la musique française* (*).

DEVOIR (Le) [*The Task*]. Poème d'un peu plus de cinq mille vers, publié en 1785 par le poète anglais William Cowper (1731-1800). Il est divisé en six livres : « Le Sofa » [The Sofa], « L'Horloge » [The Time-piece], « Le Jardin » [The Garden], « Le Soir d'hiver » [The Winter Evening], « La Promenade matinale d'hiver » [The Winter Morning Walk], « La Promenade de midi en hiver » [The Winter Walk at Noon]. Son nom lui vient de ce que le sujet avait été assigné au poète, comme celui d'un devoir, par son amie lady Austen. Dans l'intention primitive de Cowper et de son inspiratrice, ce devrait être un petit poème plaisant sur l'histoire du sofa ; il fut commencé comme tel dans l'été de 1783, mais bien vite, de digression en digression, le thème initial est complètement perdu de vue. L'œuvre est donc volontairement fragmentaire, comme un recueil d'épîtres poétiques (Cowper, d'ailleurs, a laissé une des plus belles correspondances de la littérature anglaise) qui ne peut être jugé comme un tout et n'a pas cette ambition. Aujourd'hui, toute la partie moralisatrice – sur les défauts du clergé, l'éducation scolaire, la vie dans les villes – a perdu la saveur d'actualité qui avait beaucoup contribué au succès de l'œuvre ; mais les délicieux petits « tableaux de genre » enchâssés dans le poème (le bûcheron, le facteur, la charrette dans la neige) et les fameuses descriptions du paysage champêtre et du jardin restent toujours vivants. Ce sont des images minutieuses, aux détails finis un à un, avec une précision qui fait penser, selon l'observation de Sainte-Beuve, aux peintres flamands, et dont se dégage une fraîcheur d'impression tout à fait nouvelle, qui annonce Wordsworh. – Trad. partielle dans *Les Préromantiques anglais,* Aubier, 1977.

DEVOIRS (Des) [*De officiis*]. Traité de morale en trois livres écrit en 44 par l'écrivain latin Marcus Tullius Cicéron (106-43 av. J.-C.) et dédié à son fils, Marcus, qui était allé à Athènes, en 45, étudier la philosophie. Les deux premiers livres sont inspirés du livre portant le même titre de Panaetius, philosophe stoïcien ; le troisième est plus original et plus personnel. Dans le premier, l'auteur discute de la moralité (*honestum*), qui a pour bases quatre vertus fondamentales : la sagesse, la justice, la grandeur d'âme, la convenance (*decorum*). Il faut que l'homme les pratique, qu'il règle ses actions, ses gestes et ses paroles suivant les normes de la moralité. Il peut y avoir conflit entre la justice et la convenance, mais seulement en apparence ; en effet, il y a une hiérarchie des devoirs : on pourra en sacrifier un au profit d'un autre. Dans le second livre, Cicéron montre que l'« utile » ne peut être disjoint de l'« honnête » : aucune chose ne peut être véritablement utile si, tandis qu'elle l'est pour un individu, elle s'avère nuisible pour un autre. Ainsi, l'« utile », pris dans son acception la plus générale, est inséparable de l'« honnête ». Or, les hommes étant portés par nature ou par calcul à s'entraider, on les voit agir dans cette intention par bienveillance, peur, orgueil, libéralité ou corruption. Si deux choses utiles se présentent simultanément, il convient de choisir celle dont l'utilité prime. Le troisième livre aborde un problème passé sous silence par Panaetius : celui du conflit possible entre l'« utile » et l'« honnête » (c'est le chapitre le plus remarquable). Ce n'est qu'en théorie que la vertu peut s'opposer à l'utilité ; en pratique, il n'y a aucune chance de conflit si l'on ne fait intervenir une morale intransigeante à l'excès. Tout ce qui est moralement bon est également utile ; rien n'est utile qui ne soit moralement bon, la nature, les lois, la raison interdisant à l'homme de satisfaire son égoïsme aux dépens de son prochain. Tout ceci était implicitement contenu dans la théorie stoïcienne de Panaetius. Mais Cicéron y ajoute une distinction entre l'utile apparent et l'utile réel : seul ce dernier ne saurait entrer en conflit avec l'honnêteté et les vertus qui le composent. Au contraire, des discordances se manifesteront chaque fois que l'essence de l'utile ne sera pas clairement définie et que l'on croira réel ce qui n'est qu'apparent.

Rendu moins aride par de nombreux exemples empruntés à l'histoire ou aux réalités de la vie quotidienne, ce traité est conforme aux méthodes d'enseignement des Romains. De belles et bonnes pages où l'on sent vibrer l'amour paternel, chaud et profond, ainsi qu'un ardent patriotisme et un attachement à l'humanité, nous montrent un Cicéron simple et franc. Il semble qu'en attendant le moment propice de remonter à la tribune l'orateur ait improvisé ce livre, si différent des précédents, ne serait-ce que par l'absence de la forme dialoguée. Les objections y sont prévues et réfutées. Le style rappelle davantage le ton simple et confidentiel de certaines lettres écrites à des amis intimes que le style ambitieux des traités de philosophie alors publiés par l'auteur. – Trad. Les Belles Lettres, 1965 (I) et 1970 (II-III).

DEVOIRS DES ÉTATS LIBRES (Les) [*The Duty of the Free States*]. Œuvre du pasteur évangélique américain William Ellery Channing (1780-1842), publiée l'année même de sa mort. L'auteur y analyse la lettre de protestation adressée par lui au gouvernement américain et au gouvernement anglais, au sujet de l'abolition de l'esclavage. Ayant émancipé ses propres esclaves depuis la fin de 1833, le gouvernement anglais essayait de faire pression sur le gouvernement américain afin qu'il prît les mêmes mesures, proposition qui se heurtait à une forte opposition dans les milieux officiels américains, encore esclavagistes, d'où l'intervention de Channing. Ardent défenseur du libéralisme, celui-ci soutient, avec de solides arguments, l'attitude des Anglais et préconise la libre décision de chaque État en cette matière.

DÉVOTION À LA CROIX (La) [*La devoción de la cruz*]. Drame religieux de l'écrivain espagnol Pedro Calderón de la Barca (1600-1681), composé en 1633, ou un peu avant selon certains, publié dans un recueil de comédies de différents auteurs, à Huesca, en 1634. L'action se déroule dans les environs de Sienne et se divise en trois « journées » ou actes. Eusebio aime Julia, fille du vieux patricien Curzio, mais il est repoussé par celui-ci, bien que la jeune fille réponde à sa passion. Lisardo, frère de Julia, pour défendre son honneur, provoque en duel Eusebio ; blessé à mort, Lisardo demande à Dieu que son adversaire, dont il connaît la dévotion à la croix, ne puisse mourir sans confession. Aperçu par quelques paysans qui ont assisté au drame sans se montrer, l'homicide est rapidement démasqué, et Curzio jure de se venger de ce double affront. Eusebio parvient entre-temps à pénétrer dans la maison de Curzio pour parler à sa bien-aimée. Mais le vieillard, ayant pris la résolution de faire entrer sa fille au couvent, se rend chez elle pour le lui annoncer. Celle-ci, qui avait caché Eusebio alors que son père s'approchait de sa chambre, laisse éclater son désespoir en se retrouvant seule avec le cadavre de son frère et le fiancé qui l'a tué (Ire journée).

Eusebio, poursuivi, devient un bandit de grand chemin ; mais au fond son âme n'a rien perdu de sa bonté ; bien qu'il soit poussé au mal par les hommes à cause de son origine – il est un enfant trouvé –, il a conservé, vivace en lui, la dévotion à la croix : le rameau croisé qu'il porte dans sa chair, depuis son enfance, est le symbole d'une vie de piété. Les brigands ayant fait prisonnier un prêtre, Alberto, Eusebio s'empresse de le libérer. L'abbé lui remet en échange un livre traitant des miracles de la croix et lui promet d'accourir, le jour de sa mort, pour le confesser. Poursuivi à travers bois et montagnes, Eusebio sait que Curzio et les siens accompliront coûte que coûte leur vengeance et le prendront mort ou vif. Poussé par la passion, Eusebio pénètre, accompagné de deux de ses fidèles, dans le couvent et veut enlever Julia ; mais, lorsqu'il voit briller la croix sur la poitrine de sa bien-aimée, il s'éloigne plein de vénération pour ce symbole sacré ; cependant la jeune fille était prête à le suivre, prête à manquer à tous ses devoirs (IIe journée).

Curzio et les siens, guidés par les paysans d'alentour, se rapprochent toujours plus de l'endroit où se cachent les brigands. Pendant ce temps, Julia, habillée en homme, et le visage voilé, s'enfuit du couvent et se joint aux soldats d'Eusebio, pour le rejoindre ; sur le point de se battre en duel avec lui, elle cède et finit par se dévoiler : prise de désespoir, elle veut accomplir sur le brigand la vengeance de sa famille. De son côté, en apprenant qu'elle s'est enfuie du couvent, Eusebio est pris, lui aussi, de remords, et, comme s'il avait entendu la voix du ciel, il la supplie de retourner dans le saint lieu. Serré de près par Curzio et les siens, Eusebio se trouve face à face avec ce dernier. Comme Curzio se refuse à croiser le fer avec un traître, ils engagent un combat à mains nues. Mais voici que, dans la mêlée du corps à corps, Curzio reconnaît, sur la poitrine de son adversaire, le signe de la croix ; aucun doute n'est possible : Eusebio est son fils, ce fils qui fut abandonné alors qu'il n'était qu'un enfant. Eusebio meurt en pardonnant à son père : son corps sera enterré dans un bois tout proche. Pour que la promesse faite par Alberto s'accomplisse, Dieu intervient et lui permet de retrouver le cadavre d'Eusebio ; celui-ci sera rendu à la vie ; Alberto pourra le confesser, avant qu'il ne quitte la vie de nouveau. Julia, tragiquement instruite du destin de sa famille, retournera au couvent, et désormais la croix sera le symbole de la grâce divine sur la tombe d'Eusebio. Le drame, qui illustre un thème religieux traditionnel, ne manque pas de scènes vigoureuses, bien que quelquefois le fait de célébrer les mystères de la foi et leur répercussion sur le cœur humain donne à l'action une certaine raideur. – Trad. Charlot, 1946 ; adaptation d'Albert Camus, Gallimard, 1953.

DIABLE (Le) [*Der Teufel*]. Roman historique, paru en 1926, de l'écrivain allemand Alfred Neumann (1895-1952), naturalisé américain en 1947. Cette œuvre est écrite avec une grande pénétration psychologique et un sens historique remarquable, surtout lorsqu'il s'agit de reconstituer le cadre et l'atmosphère de l'époque. Le roi Louis XI, pris tout entier par son idéal : constituer une nation forte et unie, est haï de tous, mais aveuglément suivi, obéi et même aimé par ses « compères », Tristan l'Hermite, Jean de Beaune et Olivier Necker. « Le Diable », c'est le surnom de son âme damnée, Olivier Necker, un barbier d'origine flamande qui, grâce à ses talents exceptionnels pour l'intrigue politique et sa connaissance de la psychologie humaine, est admis comme conseiller par le roi et pénètre si bien dans ses desseins qu'il finit par s'identifier à lui moralement. Il en arrive même à lui sacrifier sa femme, seul être qu'il aime sur terre en dehors du roi. Ce geste, dans la pensée d'Alfred Neumann, n'a pourtant rien de bas : ce n'est pas du tout celui d'un courtisan, accompli dans l'espoir de quelque prébende nouvelle ; Olivier Necker n'y aurait vu que la conséquence logique de ce « double dédoublement », qui fait que le roi lui apparaît comme étant lui-même tout en étant le roi, et lui le roi tout en restant Olivier Necker. C'est ainsi qu'avant de mourir sur l'échafaud il dira à son serviteur et ami : « J'ai été presque un roi, Daniel... Et Louis XI est devenu pour moi presque un Necker. » Mais, véritable maître de la France à cette époque, Olivier Necker n'assume – consciemment et volontairement – que les actes impopulaires du gouvernement royal, voire même ses crimes. Par contre, lorsqu'il s'agit d'un bienfait, telle la grâce du cardinal La Balue, Olivier Necker prétend qu'il obéit aux ordres du roi. Outre *Le Diable*, on doit également à Neumann, en plus de quelques romans, des études très poussées sur certains romantiques français, et des traductions parmi lesquelles il faut citer celle des œuvres complètes de Musset. – Trad. Calmann-Lévy, 1952.

DIABLE (Le) [*Il Diavolo*]. Essai de l'écrivain italien Giovanni Papini (1881-1956), publié en 1953. Pris à la lettre, ce livre est le développement d'une idée hérétique, alors que dans son esprit l'auteur a voulu bâtir un gigantesque paradoxe sur la miséricorde infinie de Dieu. Papini se propose donc, non pas de défendre le Diable ou de faire l'histoire des croyances qui s'y rapportent à travers les légendes anciennes ou modernes, mais d'étudier les vraies causes de la rébellion de Lucifer, les vrais rapports entre Dieu et le Diable, la possibilité, pour les hommes, de tenter de faire retourner Satan à son premier état, en nous libérant de la tentation du mal. Pour les deux premiers problèmes, l'essayiste cherche à appuyer ses observations sur des textes de l'Ancien et du Nouveau Testament, des Pères de l'Église et d'écrivains chrétiens. Pour le dernier problème, il se contente d'« indiquer les conjectures et les espérances qui, même si elles ne sont pas confirmées par des preuves dogmatiques, me semblent en parfaite harmonie avec la conception d'un Dieu défini comme l'absolu de l'amour ». Cet ouvrage, vivant et agressif comme tous ceux de l'auteur, fit scandale à sa publication et fut mis à l'Index. — Trad. Flammarion, 1954.

DIABLE AMOUREUX (Le). Nouvelle de l'écrivain français Jacques Cazotte (1719-1792), publiée une première fois en 1772, puis en 1776. C'est cette seconde version que nous lisons aujourd'hui. Ce chef-d'œuvre de Cazotte est considéré comme l'ancêtre de la littérature fantastique française. Il s'agit d'un conte plein de fantaisie et de sensualité, qualités qu'apprécièrent avant tout les contemporains. De nos jours le lecteur, à la suite des romantiques, l'interprète parfois comme une œuvre initiatique inspirée par l'illuminisme et, plus particulièrement, par la secte des Élus-Cohens. Ce récit relate l'inquiétante aventure survenue à un jeune Espagnol, officier dans un régiment napolitain, Alvare Maravillas, qui s'éprendra d'une jeune femme, belle et désirable, dont on ne sait si elle n'est pas le diable en personne. Alvare, esprit fort et curieux, est entraîné par un compagnon dans une cérémonie d'invocation du démon. Apparaît alors une horrible tête de chameau qui, après avoir proféré d'une voix sépulcrale un terrifiant « Che vuoi ? », se transforme d'abord en un charmant épagneul, puis en une jeune femme ravissante. Biondetta entre ainsi dans la vie d'Alvare. Dès lors, elle n'aura de cesse de le séduire afin de devenir sa maîtresse. Alvare, d'abord prudent, tombe jour après jour sous le charme de la tentatrice. Cazotte, habilement, a doué Biondetta de tous les traits d'une jeune adolescente : elle est fragile et tendre. Femme aimante, elle se laisse blesser par une rivale. Le lecteur connaît l'étrangeté diabolique de la première apparition mais, comme le héros, finit par l'oublier en partie. Alvare, sur le point de succomber, ne sera sauvé que par l'image de sa mère qui se manifeste, tantôt dans un songe, tantôt dans une église à Venise. Enfin, fou d'amour pour cet être ambigu qu'il veut humain, il décide d'emmener Biondetta en Espagne pour que doña Mencia, sa mère, modèle de piété, bénisse leur union. Biondetta s'opposera de toutes ses forces — démoniaques ? — à ce voyage qui se fera cependant. Durant le périple, elle multipliera les embûches et les sortilèges. À peu de distance du château familial, les deux jeunes gens sont contraints de se réfugier dans une ferme. Cette fois, Alvare cède et, après une nouvelle apparition de la tête de chameau, il sombre dans l'inconscience. Revenu à lui quelques heures après, il constate la disparition de Biondetta. De retour chez sa mère, il conclut que son aventure n'était qu'un rêve. N'était-ce qu'un songe ? C'est la question que continueront à se poser les lecteurs. On peut voir dans *Le Diable amoureux* soit un conte à la fois fantaisiste et sensuel, soit l'histoire d'une tentation et d'une initiation rédemptrice : Alvare a réussi, malgré les puissances du Mal, à faire son salut. Cette alternative pose la question du sens de l'œuvre. Les romantiques ont voulu y voir une œuvre initiatique. De nos jours, la critique se veut plus nuancée. Le Cazotte du *Diable amoureux* est d'abord un auteur qui désire plaire : le diable est à la mode, le conte une forme littéraire qu'apprécie le public. Il n'en demeure pas moins que Cazotte est aussi un mystique qui rejette l'idéal des Lumières et qui, à une date difficile à préciser, mais en tout cas située bien après la parution de sa nouvelle, adhéra, pour un temps, au martinisme. Œuvre initiatique ou conte libertin au goût du jour ? C'est la deuxième solution qui est à retenir, en n'oubliant pas que les convictions religieuses et mystiques de Cazotte furent toujours très proches de celles des illuministes. Il a une vision de l'homme ballotté par les forces du Bien et du Mal, et en butte aux attaques du Malin, tout comme l'est Alvare. Le lecteur contemporain, plus qu'à cet aspect du conte, sera surtout sensible à son caractère fantastique. Dès les premières lignes, il est plongé dans un univers, dont il ne sait s'il est celui du rêve ou de la réalité, de l'illusion ou du réel. Tout ensemble, Alvare pense que Biondetta est un démon et une femme. Cazotte sait, en outre, parfaitement susciter l'angoisse en jouant sur les registres de l'humain et du surnaturel, du réalisme et de l'onirique. C'est ce mélange qui fait du *Diable amoureux* une œuvre originale. Cazotte a l'art de créer un climat inquiétant fait de soupçon, dans lequel le lecteur se perd sous l'œil ironique d'un écrivain dont la plume a plus d'un charme. C'est cette dernière lecture du conte qui fait de Cazotte le précurseur français du récit fantastique. P. K.

DIABLE AU CORPS (Le). Premier roman de l'écrivain français Raymond Radiguet (1903-1923), écrit alors que son auteur avait entre 16 et 18 ans, et publié l'année même de sa mort. L'histoire racontée par ce jeune romancier est en partie autobiographique et certainement inspirée par ses souvenirs. Il convient toutefois d'ajouter ce que Radiguet lui-même écrivait dans une note trouvée après sa mort : « On a voulu voir en mon livre des confessions. Quelle erreur !... C'est à la fois pour donner au *Diable* le relief d'un roman que tout y est faux, et ensuite pour peindre la psychologie d'un jeune garçon. » Le récit commence en 1918 : le héros, François, n'a que 16 ans, mais les troubles apportés par la guerre, dans la vie habituelle, l'indulgence aveugle de ses parents lui permettent de mener, bien qu'il soit encore au lycée, une vie relativement indépendante. C'est alors qu'il rencontre une jeune fille, Marthe, de deux ans son aînée et déjà fiancée à un jeune homme mobilisé, Jacques. Une liaison s'ébauche entre les deux jeunes gens. Et lorsque Marthe, qui s'est mariée au cours d'une permission de Jacques, habite seule l'appartement conjugal, les rencontres se font de plus en plus rapprochées, et François vit presque entièrement chez elle. Ils se lancent alors tous deux à l'aventure et commettent mille imprudences, auxquelles la mère de Marthe s'efforce de remédier. Les multiples lâchetés de François, trop jeune pour l'aventure qu'il vit, n'atteignent pas l'amour que Marthe lui porte. Plus âgée que lui, elle ne s'étonne pas de ses faiblesses, elle les prend en charge sans les lui reprocher. Mais Marthe s'aperçoit qu'elle est enceinte. Le premier instant de bonheur passé, François succombe sous le poids d'une responsabilité qu'il ne peut assumer. Il laisse à la famille de Marthe le soin de dissimuler cette naissance et de laisser croire à Jacques que cet enfant est le sien. Marthe, peu après la naissance, meurt en appelant François, sans que celui-ci ait osé franchir les barrières qui le séparent d'elle pour la revoir.

Toute la force du livre réside dans le personnage de François lequel vit une aventure d'homme avec une âme d'enfant. Raconté à la première personne, le récit ne nous fait grâce d'aucune de ses faiblesses, mais l'analyse des sentiments qui l'animent est présentée avec une telle justesse de ton que, sans pour cela l'excuser, on ne peut imaginer qu'il puisse agir autrement. L'intrigue du *Diable au corps* fit quelque scandale lors de sa parution. La guerre y apparaissait comme la condition même du bonheur des héros du livre : cette femme qui trompait sans remords, avec un tout jeune homme, son mari alors qu'il était au front, ce jeune garçon qui lui dictait les « seules lettres tendres » que son mari ait jamais reçues d'elle, semblaient inspirés par un cynisme révoltant. Les héros du livre pouvaient paraître cyniques, mais ils l'étaient avec innocence et, si l'aventure était scabreuse, le roman était chaste ; aussi bien ce récit eut-il d'emblée une valeur mythique qui ne fit que grandir. La merveilleuse sobriété des moyens d'expression, la simplicité essentielle du récit ont, très vite, fait de ce petit livre un véritable classique. Qu'on le veuille ou non, Radiguet renoue avec la tradition des romanciers moralistes, qui va de Mme de La Fayette à Stendhal et même à Proust.

DIABLE BOITEUX (Le) [*El diablo cojuelo*]. Roman de l'écrivain espagnol Luis Vélez de Guevara (1579-1644), publié à Madrid en 1641 et divisé en « trancos » et non en chapitres. L'étudiant don Cléofas Pérez Zambullo s'enfuit sur les toits de Madrid, à la suite d'une aventure amoureuse avec doña Tomasa et, entrant dans le logement d'un astrologue, il délivre l'esprit du diable boiteux (Asmodée, dans la version française), emprisonné dans une ampoule. Pour récompenser l'étudiant, le diable boiteux soulève par magie les toits de Madrid, permettant ainsi au jeune homme de surprendre une suite de tableaux intimes des plus comiques. Sur la satire de mœurs qui constitue le thème essentiel du livre, se greffe un très médiocre roman picaresque, constitué par les aventures du diable et de l'étudiant, dans différentes villes d'Espagne, et par la persécution amoureuse dont Cléofas est l'objet de la part de l'ardente Tomasa, déguisée en soldat.

★ L'écrivain français Alain-René Lesage (1668-1747) reprit ce roman espagnol, très riche en péripéties, mais trop empreint d'un comique purement verbal ; il le développa dans un ouvrage narratif, plein d'esprit, qui devait être universellement connu. La version française, *Le Diable boiteux*, publiée pour la première fois en 1707, puis en 1726 (certains passages étant supprimés et d'autres rajoutés), est plus riche en épisodes que son modèle espagnol ; il s'agit d'une série de tableaux séparés qui ne sont nullement reliés entre eux. De plus, ils sont souvent interrompus par de longues digressions et des contes insérés dans le récit lui-même. De cette façon, l'étudiant assiste à des scènes très variées : entre autres, à la tentative de certains voleurs qui escaladent nuitamment une maison ; à la scène où deux vieux intrigants partagent entre eux les bénéfices de leurs escroqueries réalisées pendant le jour ; puis il aperçoit une vieille femme qui, n'ayant pas encore renoncé à certaines velléités de jeunesse, enlève, avant de se coucher, ses cheveux postiches et ses fausses dents ; il surprend également un auteur qui, selon les explications d'Asmodée, compose ses livres en saccageant ceux d'autrui. Voici finalement un médecin qui, la nuit, blesse les passants pour se procurer d'une façon assez originale de nouveaux clients ! Au milieu de cette suite de tableaux si riches se détache, avec une extrême finesse, celui d'un usurier qui, avant de commencer sa journée, veut assister à tout prix à la messe et qui, après avoir écouté un sermon contre l'usure, reprend en toute tranquillité sa profession ! La scène des fous enfermés et des fous — innombrables — qui courent les rues, est aussi remarquable. Voici ensuite la dispute entre un poète épique et un poète comique, et le ravissant récit des rêves faits par les gens les plus divers. Le roman s'achève par les noces de l'étudiant avec une jeune fille de noble famille que le diable a sauvée d'un incendie au cours de cette nuit aventureuse, en prenant les traits de son libérateur qui l'en avait supplié.

Dans son livre, Lesage s'éloigne d'une façon très nette de ses contemporains ; en effet les problèmes sociaux qui passionnaient et inquiétaient tellement son siècle ne le touchent guère. Ce qui le séduit, c'est l'enquête morale poursuivie par les grands écrivains du siècle précédent, de La Bruyère et La Rochefoucauld jusqu'aux romanciers picaresques espagnols. Lesage reprend ce sujet, mais toutefois avec des exigences moins vastes ; ce qui se perpétue dans son ouvrage, c'est le goût du portrait, plutôt physique que moral, qu'il contemple et caresse avec amour dans tous ses détails. Mais tandis que La Bruyère (chez qui la principale préoccupation, comme pour tous les écrivains de son siècle, est l'étude de l'homme en général) se borne à tracer quelques lignes sobres, dans une intention essentiellement moralisatrice, chez ce dernier au contraire domine un intérêt très différent : l'amour du pittoresque, l'amour purement artistique de la réalité contemplée sous ses aspects les plus colorés et les plus mouvementés ; cette tendance à l'observation du monde de nos semblables se rattache à une longue tradition de l'esprit français : s'étant exprimée pour la première fois dans les fabliaux et dans les *Chroniques* (*) de Froissart, elle devait trouver plus tard, dans l'œuvre de Balzac, son aboutissement et son couronnement. C'est cette tournure d'esprit qui donne tout son sens et toute sa valeur au *Diable boiteux*, lequel d'ailleurs n'est pas inférieur dans son ensemble à l'autre roman du même auteur : *Gil Blas* (*). Malgré ses longues digressions, et en dépit de certains récits intercalés qui sont par trop conventionnels, ce roman ne manque ni de vie ni de mouvement.

DIABLE EST UN SOT (Le) [*The Divell is an Asse*]. Comédie en cinq actes et en vers de l'écrivain anglais Ben Jonson (1572?-1637), représentée en 1616 et publiée en 1631. C'est une attaque contre ces fléaux de la société qu'étaient alors les diseurs de bonne aventure. Les deux principaux personnages sont le devin Meercraft et le riche et stupide bourgeois Fitzdottrel. Le fripon Meercraft utilise divers genres d'escroqueries : spéculations imaginaires, promesse faite à Fitzdottrel de lui donner le titre de duc de « Drowndland » (terres englouties) après amélioration du sol ; il assure également qu'il détient une puissance diabolique. Quand Fitzdottrel se rend compte qu'il est encore victime d'un autre larron, Wittipol, il consent, se rendant aux avis de Meercraft, à se faire passer pour possédé : les yeux hagards, la bouche écumante il abuse le magistrat. Pug, un diable de deuxième ordre, à qui Satan a permis d'essayer d'obtenir tout ce qu'il pourrait de la méchanceté des hommes au cours d'une seule journée, est dupé par ces gredins et finit en prison. Cette pièce reprend le thème du diable trompé, thème cher aux fabliaux du Moyen Âge *(Le Diable battu par le Vice)* ; on le retrouve aussi dans la *Nouvelle du Diable qui prit femme* – v. *L'Archidiable Belphégor* (*) de Machiavel –, et dans deux drames élisabéthains antérieurs à la pièce de Jonson, l'un dû à Haughton, l'autre à Dekker. *Le Diable est un sot* manque d'unité, mais témoigne de la richesse d'invention propre à l'auteur ; quant à la langue, elle est d'une virtuosité inégalable. L'une des scènes les plus réussies est la troisième de l'acte III, où Meercraft suscite l'enthousiasme de sa victime réticente en lui faisant un exposé de la procédure à son tribunal des « Litiges en cours » et décide le pauvre Fitzdottrel à investir sa fortune dans ce projet.

DIABLE ET DANIEL WEBSTER (Le) [*The Devil and Daniel Webster*]. Nouvelle de l'écrivain américain Stephen Vincent Benét (1898-1943), d'abord parue dans le *Saturday Evening Post*, elle fit ensuite partie du recueil intitulé *Histoires de treize heures dans plusieurs mondes* [*Thirteen o' clock Stories of Several Worlds*] (1937). L'auteur était déjà célèbre dans le domaine de la poésie : *L'Exécution de John Brown* (*), poème narratif sur la guerre civile, qui lui avait valu le prix Pulitzer en 1929. Avec ce poème, *Le Diable et Daniel Webster* est l'œuvre la plus connue de Stephen Vincent Benét : on y retrouve cette évocation de thèmes et de personnages typiquement américains qui devait rendre très populaires ses ouvrages, en prose ou en vers. C'est d'ailleurs une des tendances de la littérature américaine de cette époque que ce retour au « régionalisme ». L'action se situe dans le New Hampshire au XIXe siècle. Le paysan Jabéz Stone, pour connaître la prospérité, a vendu son âme au diable mais il fait appel au célèbre avocat Daniel Webster pour le défendre au jour de l'échéance. Devant une cour infernale composée de personnages connus des débuts de l'histoire des États-Unis, Webster finit par l'emporter sur le diable. Cette nouvelle connut un succès considérable, elle devint plus tard le sujet d'un film, et Benét en tira le livret d'un opéra en un acte avec musique de Douglas Moore, représenté à New York en 1939. La fantaisie et l'humour, la couleur locale dans les caractères et jusque dans les paroles des personnages, mêlés à l'évocation de souvenirs historiques, devaient en faire une légende classique du folklore américain, au même titre qu'une œuvre comme *Rip van Winkle* (*).

DIABLE ET LE BON DIEU (Le). Pièce en trois actes et onze tableaux de l'écrivain et philosophe français Jean-Paul Sartre (1905-1980), jouée pour la première fois le 7 juin 1951 au théâtre Antoine, et publiée en 1951. Cette pièce a pour thème le drame d'un homme qui veut choisir librement le Mal, puis le Bien, opter pour le Diable, puis pour le Bon Dieu, mais éprouve la vanité de ce choix, dans la mesure où il est gratuit et opéré dans la solitude, en dehors de la communauté humaine. L'action a pour cadre l'Allemagne de la Renaissance, en proie à la guerre des seigneurs entre eux, et des paysans opprimés contre les seigneurs. Gœtz, un chef de guerre, fils bâtard d'une mère noble et d'un paysan, avait d'abord décidé de faire le Mal. Il pillait, guerroyait, trahissait ses alliances. Mais il finit par trouver le Mal monotone, se fatigue d'inventer toujours de nouvelles infamies. Heinrich, un prêtre, le met au défi de faire le Bien. Gœtz relève le défi, et décide de devenir un saint, non par amour des hommes, mais par soif d'absolu. Gœtz veut, par le Bien, échapper à sa condition d'homme en se faisant l'instrument de Dieu. Il distribue ses terres à ses paysans, bien que ce don risque de provoquer la révolte du reste de la paysannerie contre les seigneurs, et son extermination, car elle n'est pas assez forte pour ce combat. Mais Gœtz se moque des conséquences de son action, il ne se soucie que de la grandeur de son geste. Il organise une communauté modèle, la « Cité du Soleil », dont l'amour est la loi. Mais il s'agit d'un amour à usage interne, indifférent aux souffrances des autres hommes. La guerre éclate entre les paysans et les seigneurs, mais la « Cité du Soleil », qui condamne la violence, refuse de prendre parti. Elle est brûlée par les paysans, et Gœtz haï et maudit pour avoir refusé de se joindre à eux. Sa tentative de sainteté n'a abouti qu'à la mort et à la destruction autour de lui. Gœtz comprend qu'il n'a pas « agi », qu'il a seulement « fait des gestes ». Son désir d'absolu a échoué plus radicalement encore dans le Bien que dans le Mal. Il renonce à son rêve de salut individuel, et, sur la demande de Nasty, un chef de la rébellion, il prend la tête de l'armée des paysans contre la noblesse. En même temps, il renonce à sa foi en Dieu et proclame son athéisme. En Gœtz, Sartre a montré un homme qui « en voulant faire l'absolu dans le bien ou dans le mal n'arrive qu'à détruire des vies humaines ». Il ne parvient pas à l'action véritable, car il est étranger à la lutte des masses. Ce n'est qu'à travers une transformation radicale de son attitude, à travers la négation de Dieu, donc de l'absolu, qu'il trouve la voie d'une action qui transforme réellement le monde. Il peut alors affirmer : « Dieu est mort... il n'y a que des hommes. »

DIABLE ÉTRANGER (Le) [*Zamorski djabel*]. Roman de l'écrivain polonais Waclaw Sieroszewski (1860-1945), publié en 1903. Il évoque la lutte éternelle entre l'Orient et l'Occident : Jan Brzeski, le héros, est un jeune Polonais qui, contraint par la pauvreté d'interrompre ses études, part pour la Chine afin d'y trouver du travail. Il se joint à une mission scientifique qui traverse l'Asie, et quitte son pays avec le désir de se faire estimer de tous. Malheureusement, son caractère confiant ne lui vaut qu'humiliations ; il n'échappe que par miracle à la mort à laquelle le condamnait la loi de la steppe, pour avoir désobéi au chef de l'expédition en donnant à boire aux guides mongols qui avaient perdu leur chemin. Cette première partie du roman est très belle. Les plaines de Sibérie, les « yurte » avec leurs foules pittoresques de Mongols, servent d'admirables toiles de fond aux aventures les plus variées. La seconde partie se déroule en Chine, où le héros accumule erreurs sur erreurs. Pour bien apprendre la langue, il s'installe chez un professeur chinois et, peu à peu, devient comme étranger aux Européens qui le considèrent comme un original. Pris tout entier par ses rêves d'études, il croit s'unir à sa lointaine patrie à travers l'amour de l'humanité. Il se prend d'affection pour les Chinois, admire leur civilisation et la poésie de leurs fêtes, se montre généreux pour tous. Par là, il éveille la défiance des Européens, qui maintiennent seulement par la force leur prestige au milieu des indigènes. Il ne réussit pas mieux auprès des Chinois, convaincus que jamais un « diable étranger » ne leur sera utile. Pendant ce temps, par la faute de Jan, se produisent des émeutes dans l'usine où il travaille ; une jeune fille chinoise, qui l'a en vain supplié de lui donner une heure d'amour, finit par se suicider. Les esprits s'échauffent, et, pour prévenir d'autres troubles, le directeur de l'usine le fait partir secrètement. Jan reviendra dans son pays comme un vaincu. Ce roman, qui met en scène un des thèmes chers à la Pologne (celui d'une pensée généreuse qui se voit étouffée par les circonstances), eut un succès considérable. – Trad. Dujarric, 1904.

DIABLE-MONDE (Le) [*El diablo mundo*]. Poème fantastique et philosophique du poète espagnol José de Espronceda (1808-1842). Il a été écrit en 1840 mais, inachevé, s'arrête au septième chant. L'écrivain romantique a mis dans cette œuvre tout son idéal, toute sa vertu et ses défauts d'homme et d'artiste, toute son intuition et sa culture. Sa douloureuse et ironique vision du monde s'appuie sur le naturalisme traditionnel de la littérature espagnole et sur l'« humour » byronien. L'auteur s'est inspiré tant du *Faust* (*) de Goethe que de *L'Ingénu* (*) de Voltaire. Ceci pourrait paraître contradictoire, mais s'explique par le fait qu'Espronceda dut trouver par trop obscure la métaphysique du poète germanique et éprouva le besoin de chercher un appui auprès de la concrète clarté d'un Latin. Après un « prélude dans le ciel », confié à des voix qui nous invitent à suivre les différents cheminements de l'esprit et de la matière, l'auteur présente son héros, Fabio : vieil homme qui a usé sa vie, de désillusion en désillusion. Alors qu'il résume en termes pathétiques sa propre existence, un fantôme charmeur jaillit des ténèbres de sa chambre. C'est la Mort qui le flatte et l'appelle : ce qui nous vaut un des plus célèbres morceaux lyriques de ce poème. Fabio meurt, mais une autre divinité, la Vie cette fois, le ressuscite et lui promet l'immortalité. À ce moment, le motif goethéen du poème s'épuise et cède la place au motif voltairien. Fabio renaît et connaît une situation fort semblable à celle du Huron de *L'Ingénu*. Mais, alors que ce dernier peut comparer ses nouvelles expériences d'homme civilisé à ses expériences passées d'homme sauvage, le Fabio renouvelé d'Espronceda a tout à fait oublié son existence précédente : il justifie sa nouvelle appellation d'Adam. Car, tel un nouveau-né qui se serait paradoxalement développé, il doit apprendre la vie, pas à pas. Lorsqu'il parcourt, tout nu, les rues de Madrid, la police l'arrête et l'enferme dans une prison où il fait la rencontre d'un étrange précepteur. C'est l'oncle Luc, vieux voleur philosophe. La charmante fille du voleur, Salada, hante la trouble pénombre des cellules et tombe amoureuse de Fabio-Adam. Sa passion est si forte qu'elle recourt pour le libérer au même sacrifice qu'accomplit, dans *L'Ingénu*, mademoiselle Saint-Yves quand elle veut arracher le Huron de la Bastille.

Les deux amoureux vivent, pendant quelque temps, une lune de miel irrégulière, mais le chatoiement et les couleurs de la vie suscitent, dans le cœur d'Adam, une douloureuse effervescence de désirs. L'amour aveugle, dévoué et passionné, de Salada ne lui suffit plus : dès qu'il a acquis les premières notions des différences sociales, il est attiré par les richesses. Cela le porte à obéir aux suggestions d'une bande de voleurs : une nuit, il ira cambrioler avec eux la maison d'une dame. Ce désir de richesse est, chez Adam, la seule manifestation de virilité : hormis cela, il n'est qu'un enfant qui accepte de jouer un jeu amusant. La vue de la femme endormie et des merveilles artistiques dont est remplie la maison patricienne ont, sur Adam, un effet presque hypnotique. Les beautés qu'il vient d'apercevoir le désarment et le déterminent à s'opposer au projet de ses complices. Une fois le coup manqué, Adam erre à travers les rues de Madrid, connaît la joie insolente des orgies, mais aussi, après avoir rencontré une pauvre mère qui vient de perdre sa fille à la fleur de l'âge, découvre la douleur que provoque la grande interrogation de la mort. Par-derrière l'ombre de la mort, voici qu'apparaît la lumière divine, et Adam de prier Dieu dans l'espoir que la fille morte sera rendue à sa mère. C'est sur cette prière que le poème est interrompu.

Ce long fragment poétique, où l'imagination du poète se donne libre cours, manque d'unité. Les divagations continuelles, qui en brisent le rythme, constituent des parenthèses trop longues entre une scène et l'autre ; de plus, l'humour qu'y introduit l'auteur n'est pas convaincant, bien qu'il soit adapté à l'affabulation. Le défaut principal réside dans la trame elle-même de l'œuvre, qui est bizarre et capricieuse, et ne s'appuie sur aucune idéologie cohérente. Espronceda, incapable d'entrer dans le monde magique de Goethe, se révèle décidément incapable de s'approcher aussi du monde rationnel de Voltaire. Il en résulte, pour le poème, un débordement d'éloquence fastueuse mais vide, sillonnée de temps en temps d'éclairs de vraie poésie.

Le deuxième chant du *Diable-Monde* rompt volontairement avec le reste de l'ouvrage. Intitulé le *Chant à Thérèse*, il constitue un poème, plein de passion, dédié à la femme qui avait été le grand et douloureux amour de la vie du poète. Le *Chant à Thérèse* est un sanglot contenu d'une intense poésie ; c'est sans aucun doute l'œuvre lyrique où l'auteur a mis le meilleur de lui-même.

DIABLES AMOUREUX (Les). Recueil de vingt-deux textes, notices et préfaces de l'écrivain français Guillaume Apollinaire (1880-1918), réunis et annotés par Michel Décaudin en 1964. Apollinaire avait lui-même réuni pour une publication en 1914, qui n'eut jamais lieu, des introductions aux volumes de la collection « Les Maîtres de l'amour », des notices destinées aux volumes de la collection « Le Coffret du bibliophile » et des articles écrits pour *L'Enfer de la Bibliothèque nationale*. Il avait déposé une maquette de ce recueil sans doute au Mercure de France, en y ajoutant de nombreuses notes, afin que ce soit à la fois un ouvrage d'information et de référence. On a dit que ces textes étaient purement alimentaires, ou qu'au contraire Apollinaire était un précurseur parmi les grands explorateurs de l'érotisme. Il s'agit plutôt d'un intérêt spontané d'Apollinaire pour l'érotisme et d'une curiosité pour cette littérature mal connue, enfouie et cachée sous les tabous, les interdits moraux et politiques. Qui sont ces diables ? Les plus célèbres sont l'Arétin, le chevalier Andrea de Nerciat, Mirabeau, le marquis de Sade ; mais aussi, bien d'autres qui ont en commun d'avoir écrit des ouvrages libertins. Ce libertinage va de la paillardise gauloise et saine à la perversion sexuelle la plus outrée, du sentiment le plus dur à la bestialité la plus sauvage. Apollinaire se conduit ici en véritable exégète, quant à l'histoire et à l'authenticité des textes, mais aussi en critique lucide et en érudit parfois salace. En se penchant sur ces auteurs libertins et érotiques, dont il cite souvent des extraits, Apollinaire ne peut s'empêcher de jeter des coups d'œil à la petite histoire ; les rues de Londres vues au XVIIIe siècle par John Cleland retiennent son attention, parmi bien d'autres curiosités.

DIABLES DE LOUDUN (Les) [*The Devils of Loudun*]. « Étude d'histoire et de psychologie » de l'écrivain anglais Aldous Huxley (1894-1963), publiée en 1952. En retraçant l'histoire d'Urbain Grandier et des « possédées » de Loudun, l'auteur retrouve l'époque qu'il a étudiée dans son livre sur le père Joseph, l'étrange capucin conseiller de Richelieu ; il retrouve là également les problèmes religieux et les déformations du mysticisme qu'il a souvent abordés dans ses essais. Le cas d'Urbain Grandier, brûlé comme sorcier en 1634, sur ordre de Richelieu, à Loudun, procure à Huxley l'occasion de dépeindre avec beaucoup de verve et de précision la vie d'une petite ville provinciale bouleversée par un phénomène d'hystérie collective éclatant au milieu de querelles politiques, de scandales vaudevillesques et de rivalités de clocher. Comme il aime à le faire, l'auteur part des détails les plus pittoresques de ce fait divers célèbre pour en dégager des considérations plus générales au cours de brillantes digressions morales, historiques et métaphysiques. Sous le règne de Louis XIV, il n'y eut plus de sorcières dès le jour où son bon plaisir décida simplement d'arrêter les persécutions. Huxley lui-même est persuadé que sans l'arrivée des exorcistes à Loudun il n'y aurait pas eu de possédées, et il développe sur un plan plus large, en l'appliquant à notre époque, ses réflexions sur les méfaits du fanatisme, religieux ou non. Ces excès et ces perversions doivent-ils nous scandaliser comme des survivances de l'obscurantisme médiéval ? Huxley en retrouve des séquelles dans notre monde actuel : la « chasse aux sorcières » et les persécutions raciales sont un scandale sous tous les régimes. Citant des exemples tout récents d'hystérie collective et de vertige totalitaire, il remarque avec amertume que chacun de nous dans certaines circonstances est capable de commettre ces actes abominables qui nous indignent dans les récits du temps passé. Dans son réquisitoire Huxley se montre impitoyable, et ne nous fait grâce d'aucun détail, aussi cruel et scabreux soit-il. La critique anglo-saxonne lui reprochera de se complaire dans l'obscénité (il décrit en effet les manifestations spectaculaires chez ces religieuses de la « furor utericus »), et la scatologie (mais ce n'est pas lui qui a inventé les clystères bénits pour chasser les démons, petit fait vrai, digne pourtant de Swift et de Molière). Mais les « fautes de goût » qu'on peut reprocher à certaines pages n'empêchent pas le livre de demeurer comme l'un des meilleurs essais de l'auteur, et dont la lecture est des plus attachantes.

★ L'écrivain anglais John Whiting (1917-1963) s'inspira de la première partie du livre pour en tirer une pièce sous le titre *Les Démons* [*The Devils,* 1961] dont l'action se situe entre 1623 et 1634, c'est-à-dire jusqu'au supplice d'Urbain Grandier.

DIABLES DE LOUDUN (Les) [*Die Teufeln von Loudun*]. Opéra en trois actes du compositeur et chef d'orchestre polonais Krzysztof Penderecki (né en 1933), créé en 1969 à l'Opéra d'État de Hambourg. Écrit par le compositeur, le livret en allemand s'inspire d'une pièce de théâtre de l'Anglais John Whiting, elle-même conçue d'après un récit de Aldous Huxley (*The Devils of Loudun,* 1952). Trente courtes scènes émaillent un drame terrestre aux images fort contrastées allant de la bouffonnerie à la méditation spirituelle. L'argument évoque un fait vécu : un procès de sorcellerie à Loudun (près de Poitiers) gravitant autour du prêtre Urbain Grandier, martyr, héros, brûlé vif en 1634. Les thèmes toujours d'actualité de l'intolérance, la cruauté, la menace du fanatisme dogmatique, l'hostilité organisée sont évoqués dans un contexte historique, religieux, socio-politique. Grandier le mal aimé était réputé pour ses aventures amoureuses avec certaines paroissiennes. Ses ruses et ses connivences suscitant la jalousie des carmélites et des capucins, la supérieure hystérique du couvent jette son dévolu sur le prêtre ; elle s'imagine être possédée par lui et ses démons. Un grand orchestre avec solistes, chœurs et bande magnétique donne à l'édifice une dimension dramatique saisissante, se confondant très souvent avec l'oratorio (litanie, chant quasi monodique au galbe grégorien, *Pater Noster, Ave Maria*). Parfois la solennité des prières est rompue par des nuages de glissandos, des « clusters » compacts ou des cris de torture, huées, chuchotements, rires rythmés.

P.-A. C.

DIABOLIQUES (Les). Célèbre recueil de nouvelles de l'écrivain français Jules Barbey d'Aurevilly (1808-1889), publié à Paris en 1874. Expliquons-en d'abord le titre : croyant à l'ingérence du diable dans toutes les affaires humaines, l'auteur s'attache à raconter plusieurs cas surprenants de perversion morale, propres à lui servir de pièces à l'appui. Ici, cet esprit du mal s'incarne toujours dans une femme. Donnons maintenant l'argument de chacune de ces nouvelles. D'abord « Le Rideau cramoisi » : sous le premier Empire, un tout jeune officier, le vicomte de Brassard, se trouve avoir pris pension chez d'honnêtes bourgeois de province. Quelqu'un détonne dans ce milieu : leur fille Alberte. Belle à faire peur, elle le subjugue d'autant plus qu'il la voit toujours observer la politesse la plus froide. Pourtant, un soir, pendant le dîner, il sent que le pied d'Alberte se pose sur le sien, de telle manière qu'il ne peut croire à une méprise. Il lui remet donc un message. Peine perdue, car le lendemain, il la voit se détourner de lui. Faute de s'expliquer ce changement d'attitude, il se met tant à la maudire qu'il songe à déménager. Or, en pleine nuit, voilà qu'elle arrive dans sa chambre et se donne avec une frénésie qui n'a d'égale que son mutisme. Elle récidive. Entreprise d'autant plus hardie qu'Alberte doit traverser chaque fois la chambre de ses parents pour l'aller rejoindre. S'ils venaient à se réveiller ? Non, l'épilogue sera plus terrible : certaine nuit plus belle que les autres, Brassard s'aperçoit soudain qu'Alberte n'est plus qu'un cadavre, jamais il ne saura la cause de ce mystérieux trépas. Plus anodine est la nouvelle intitulée « Le Plus Bel Amour de don Juan » : ce don Juan s'appelle ici le comte Ravila de Ravilès. Fort assidu auprès d'une dame du faubourg Saint-Germain, il a remarqué qu'il inspirait quelque aversion à la fillette de cette dernière. Ce sentiment, il l'attribue au dépit que la petite éprouve de se voir supplantée par un tiers dans le cœur de sa mère. En quoi il s'abuse. Devant sa mère, en effet, la fillette avoue finalement qu'elle est enceinte de Ravila. En toute innocence, elle explique ainsi la chose : s'étant assise par mégarde dans le fauteuil du don Juan, elle avait eu l'impression d'être tombée dans le feu et dès lors en avait déduit qu'elle était grosse. – « Le Bonheur dans le crime » : fille d'un maître d'armes surnommé la Pointe-au-corps, Hauteclaire Stassin l'a remplacé dans l'exercice de son métier. Étant belle autant que sage et redoutable escrimeuse, elle voit venir chez elle la jeunesse qui tient à s'entretenir dans l'art de manier l'épée. Bientôt courtisée par le comte Serlon de Savigny, elle répond à ses espérances et devient sa maîtresse. Bien qu'il soit marié, elle renonce à son métier pour le suivre dans son château. Là, travestie en femme de chambre, elle fait preuve de tant de qualités qu'elle gagne vite la confiance de la châtelaine. De connivence avec Serlon, elle décide de l'empoisonner et s'acquitte si bien de sa tâche que personne ne songerait à l'accuser. Si diabolique est ce crime qu'il dispensera ses auteurs de tout remords. Devenue comtesse, Hauteclaire Stassin pourra jouir avec son amant de tous les plaisirs du monde. – « Le Dessous de cartes d'une partie de whist » : Dans quelque ville de province où le jeu est la grande affaire, la comtesse de Stasseville est le mystère en personne. Spirituelle autant que froide, elle est devenue la maîtresse d'un certain Mermor de Kerkoël. Bientôt jalouse de sa fille, elle l'empoisonne, de telle manière qu'on puisse croire à une maladie de langueur. Elle y réussit à merveille. Il n'empêche qu'elle survivra peu à sa victime. Après le décès, on découvre dans sa demeure, au fond d'une caisse de résédas, le cadavre d'un poupon. Ajoutons qu'en ses derniers jours, elle avait pris l'habitude de mâchonner sans répit des tiges de la fleur en question. – « À un dîner d'athées » : Un certain major Ydow se trouve avoir pour maîtresse une splendide créature surnommée la Pudica. Et pour cause : idéalement chaste, son visage évoque celui d'une Vierge de Raphaël. Hélas, l'intérieur est tout autre. On ne saurait imaginer pire putain que cette fille-là. Devenue l'idole du régiment, elle jette le mouchoir à qui sait lui plaire, tout en restant avec Ydow pour sauver les apparences. Sans être dupe, ce dernier ferme les yeux. Jusqu'au jour où, l'ayant surprise en train de cacheter quelque lettre, il apprend de sa bouche même qu'il est de tous ses amants celui qu'elle a le moins aimé. Ivre de rage, Ydow la renverse sur la table : s'emparant de la cire à cacheter, il lui en barbouille le sexe et scelle le tout avec le pommeau de son épée. – « La Vengeance d'une femme » : Faussement soupçonnée d'adultère, la duchesse de Sierra-Leone a été contrainte d'assister à un spectacle effroyable : son époux, un grand d'Espagne, s'étant saisi de l'amoureux, lui a fait arracher le cœur pour qu'on le donne à manger aux chiens. Anéantie de dégoût, elle déserte à jamais sa demeure pour se fixer à Paris, avec la ferme intention de se venger de ce monstre. Voici comment elle s'y prendra : elle, duchesse de Sierra-Leone, se fait fille publique, afin que sa propre ignominie rejaillisse un jour sur le duc et ruine à jamais cet honneur auquel il tient plus que tout au monde. Elle réussira au-delà de toute espérance. Témoin sa terrible épitaphe : « Duchesse de Sierra-Leone, fille repentie, morte à la Salpêtrière, etc. » Dans sa préface, l'auteur précise qu'en dépit de sa hardiesse ce livre est avant tout l'œuvre d'un moraliste chrétien : « Toute peinture étant toujours assez morale quand elle est tragique et qu'elle donne l'horreur des choses qu'elle retrace. »

Les romans de Barbey décrivent un monde privé d'espérance. Les nouvelles des *Diaboliques* se meuvent dans un univers sulfureux où le crime est sans punition et surtout sans remords : les monstres qui s'y meuvent illustrent une sorte de tératologie de la morale humaine. Ils excitent une étonnante « fascination ». Ce monde d'où la grâce est absente est soumis à la séduction et à la toute-puissance destructrice de la Femme : Barbey se plaît, comme Baudelaire, à dessiner le double visage de la féminité dans lequel la décadence se reconnaîtra, séduction et fatalité. Tout comme chez Gobineau et Villiers de L'Isle-Adam, une forme de réalisme fait bon ménage avec le mystère. Un art consommé du récit estompe les disparates et soutient l'intérêt des lecteurs en même temps qu'il déconcerte ces derniers par la multiplicité et la diversité des points de vue. Avec Villiers de L'Isle-Adam, Barbey d'Aurevilly tient une grande place dans le renouvellement du récit court vers 1870.

DIABOLIQUES (Les) de Boileau-Narcejac (v. *Celle qui n'était plus*).

DIADÈME. Poèmes de l'écrivain français Pierre-Jean Jouve (1887-1976), publiés en 1949. Après un « engagement » d'une dizaine d'années, ou tout au moins après avoir donné son regard à l'humanité menacée puis soumise par la barbarie nazie – *Kyrie* (*), *La Vierge de Paris* (*) (1944-46), Jouve prend une nouvelle fois du recul, bien que quelques passages de *Diadème* nous montrent qu'il n'est pas dupe de la non-barbarie nouvelle : « Agitation de banlieues ! Rappel de bestialité / Papiers faux, fausses nouvelles, faux travail et fausse guerre » ; et plus loin : « Voici voici les acrobaties infâmes / Des invertis de l'âme et des laiderons / ... / Journaux, salons, éditeurs, parlements / La machination dans les bouges tépides / Est sans fin... » Recul pourtant, et de cet arrière qui est une avancée en âge, Jouve se demande ce qu'il reste de son vécu, de ses pensers, de ses amours : « D'une extrême douleur vaste confusion / Et d'une ardeur extrême / Je voulus faire le bonheur humain. » Pour nous qui le lisons, ce qui reste, c'est, affermi, un métier poétique, activité régulière. Le poète a trouvé ses longueurs et son site. Il s'admet charnel et mortel, plus qu'il ne hurle le malheur de notre condition. Sa dialectique de la vie et de la mort, dont l'expression resserrée et abstraite pouvait paraître autrefois sophistique, est maintenant attitude grave ; aux motifs religieux, aux figures et invocations religieuses, qui chevillent sa méditation, répondent, sans le caractère blasphématoire de *Sueur de sang* (*), des souvenirs et excitations profanes et coupables, qui soudain reprennent de la vigueur (dans la seconde partie, « Diadème »), les rythmes devenant plus heurtés, et moins nette la versification (jamais absolue) du début ; et cela, tout en sculptant des diadèmes, de fer (la Croix est en fer), comme il cisèle « Cantique », l'un des plus beaux textes de ce livre, l'un des plus beaux poèmes contemporains. Les deux dernières parties (« Ciels » et « La Main de Dieu ») constituent le dernier mouvement jouvien où tout est posé à plat, étendue vivante dont les vibrations sont couleurs (bleu et vert surtout), « une idée de Chine intérieure », sérénité impliquant l'attachement, permis, à l'autre, à la nature ; la tonalité nervalienne doit être, plus qu'ailleurs, notée, quand il écrit par exemple parlant des morts : « O dis ! ils ne séparent pas ils veillent / À la rencontre de nous-mêmes et du divers / Qui est le même », paix que vient troubler, ou durcir, la réinjection de thèmes plus tragiques (alors, écriture brisée), principalement dans « La Main de Dieu », pour que le poète conclue en scandant (« La Croix glorieuse ») : « Qui ne croit pas aimera, par ce fer / Et qui n'aime pas croira, par ce fer / Celui qui meurt vraiment saura mourir / De ne jamais mourir. »

DIADORIM [*Grande Sertão : Veredas*]. Roman de l'écrivain brésilien João Guimarães Rosa (1908-1967), publié en 1956. L'homme a un sommeil à l'intérieur, mais devant lui il voit un songe : le souvenir de sa vie et ses réseaux innombrables. Toute chose est terrible, qu'aucune âme ne peut oublier, même à l'extrémité d'elle-même. La souffrance du corps et celle de la pensée. La nuit, le ciel répand un immense scintillement, et, dessous, l'homme décante et compare. Toute joie prépare des regrets dans le même moment. L'amour naît de l'amour, et l'homme aime fatalement. Entrevoir faiblement, à la lueur d'une chandelle, la douceur d'un visage de jeune fille dans le cadre d'une fenêtre. Une jeunesse, une petite figure ronde, de longs cheveux... et un sourire. Cela suffit. La mort et l'amour doivent avoir des régions bien délimitées. Dans l'obscurité : une flamme recouverte de cendres. Au-dessus, quelque courbe dans l'air. Mais il faut le savoir ou le voir. L'amour peut venir du diable. L'amour peut venir des esprits désincarnés qui se démènent dans les pires ténèbres et veulent se mêler aux vivants. Ils donnent leur appui. Le diable existe et n'existe pas ? Dieu est. Le diable existe, mais la souffrance consciente et la joie de l'amour l'effraient. L'homme tombe, et le sol ne veut pas de sa chute. Il pense. Il expie. Il souffre de ses anciens méfaits. Il prie. « Dieu tourne le dos mais il tend un peu l'oreille. » Il prie. Il n'a pas vendu son âme, et son amour n'était pas interdit. Il l'affirme. Il a lutté pour trouver une seule chose : chacun a un chemin strictement déterminé qu'il doit suivre, chacun a le sien, mais comment le reconnaître ? Le doute. L'angoisse. C'est lorsque le soleil se lève que surgit vraiment l'instant des remords. Ou, à l'aube, juste avant l'éveil, lorsque les yeux ne sont pas encore ouverts. Il faut marcher, perdre le chemin, le retrouver. Vivre dans le noir. Et soudain rencontrer la grâce incarnée ou la faute. Il faut marcher, se battre, vaincre, s'épuiser à travers les plateaux, les hauteurs, les maquis, foulant l'herbe ou des sables de couleur devenus durs comme ciment. Il y a une vérité secrète que personne n'enseigne jamais : la façon de se libérer. Il faut passer des jours entiers à repenser à toutes ces choses. Le démon n'existe pas. C'est Dieu qui laisse l'instrument s'accorder à son gré, jusqu'à l'heure où commence la danse. Un passage, et Dieu au milieu. « Quand ai-je commis ma faute ? [...] Le sertão c'est être seul. Le sertão c'est en vous [...] Maître n'est point celui qui toujours enseigne, mais celui qui vite apprend. » Le sertão a beaucoup de noms : ici, les Gerais, là, le Grand Plateau, plus loin, le Maquis. Dès le point du jour, le sertão est fou. Son immensité. Son âme. Voyager dans le sertão est aller dans une direction sans fin. Au cœur du sertão, des bandits, des aventuriers — les jagunços — vivant dans la violence, la rapine et le pillage, des jeunes épris d'aventures ou pressés par un idéal, tous à la solde de politiciens et de chefs locaux, se livrent un combat impitoyable qui doit se terminer par la destruction complète de l'ennemi ; et l'homme, le jagunço, lorsqu'il gagne une bataille, tremble de peur et ne reconnaît plus. Il se sent grand, plus grand que lui-même et rit tout seul à grands éclats. Il rit. Il hennit comme un cheval sauvage. Un homme s'achemine vers la vieillesse dans l'ordre et le travail : Riobaldo, ancien jagunço devenu fazendeiro, hanté par l'idée qu'il a pu vendre son âme à Dieu et par le regret d'avoir laissé passer un grand amour ; il fait à un « Monsieur » de la ville le récit des épisodes de sa vie. Au sortir d'une longue convalescence, le jeune Riobaldo, en demandant l'aumône, a rencontré l'enfant, Diadorim. « L'enfant m'avait donné la main pour descendre la berge, une bien jolie main, douce et chaude. Alors j'en étais honteux, gêné. Ce balancement du canot me donnait une crainte croissante. J'ai regardé le gamin : ses yeux merveilleux, parfaits, très verts, avec de longs cils durs, rayonnaient un calme qui me pénétrait presque. Je ne savais pas nager [...] J'ai résolu d'être brave. Une seule chose était bonne : j'étais auprès de l'enfant. Je ne pensais même plus à ma mère, j'étais lancé dans l'aventure. » Le nom de Diadorim, dès que Riobaldo le prononce, lui fait perdre toute honte. Dans sa pensée, Diadorim prend une autre figure, un peu étrange, une sorte d'apparition hors de la vie commune. Un Diadorim pour lui seul, tout à ses mystères. Mais en pensée il étreint ce Diadorim qui n'est pas réel. Il pense à lui tout comme sûrement le serpent quand il fixe l'oiseau qu'il veut prendre. Il y a en lui un serpent. « Je vais dire à Monsieur une chose qu'on connaît guère : quand on commence à avoir de l'amour pour quelqu'un dans le courant journalier, cet amour prend et grandit parce qu'en quelque sorte on veut que ça soit, dans sa pensée, on le désire et y aide ; mais, quand c'est fixé par le destin, on aime fatalement, sans avoir besoin de le désirer ; on se trouve d'un coup devant la surprise. Un amour pareil, ça pousse d'abord, ça jaillit qu'après. » Riobaldo et Diadorim ont combattu ensemble, traversé le sertão, partagé les mêmes peurs et les mêmes ténèbres. « Diadorim et moi, on avait qu'une ombre pour nous deux. » Riobaldo veut se délivrer et permettre à son corps de désirer Diadorim. « La beauté [...] qu'est-ce que c'est ? Que Monsieur me le jure ! La beauté, c'est la forme des traits de l'un pour que ça devienne la loi de l'autre et fixe son destin [...] Et j'étais forcé d'aimer ainsi Diadorim en secret, sans prononcer une parole. S'il avait été une femme, même hautaine et méprisante, je trouverais le courage pour déclarer ma passion [...] Mais deux guerriers, comme c'était le cas, comment pourraient-ils s'aimer, même en paroles sincères, au-delà de tant d'armes et de valeur ? Ils se tueraient plutôt l'un l'autre en se battant. Complètement impossible. Si impossible que j'ai plus fait attention et que j'ai dit : “ Mon amour, si seulement il faisait jour et je pouvais voir la couleur de tes yeux... ” » Devenu, sous le nom de Tatarana (crotale blanc), le chef d'une troupe puissante, Riobaldo court l'aventure, toujours en compagnie de Diadorim, et ce ne sont que cavalcades, fusillades, vacarme, soif de liberté ou de vengeance. Riobaldo n'a bientôt plus qu'une idée en tête : tuer son grand rival, son adversaire implacable, Hermogenes. Et sa haine le pousse de l'avant, comme va de l'avant le fleuve qui toujours devient plus puissant, plus profond. Toujours de l'avant en attendant le tourbillon, le grand combat : « Un tourbillon, Monsieur connaît ça : une bagarre de vents, l'un rencontre l'autre et alors ils s'enroulent, un spectacle affolant. La poussière monte, à faire l'obscurité, dans la hauteur, et ça tourne, avec des tas de feuilles, des ramures brisées, ça siffle, ça chuinte, ça se tord confusément, sautant comme une toupie. » Un jour, sans rien dire à personne, Riobaldo enfourche son cheval et part en quête d'autres choses. Il s'évade. « J'ai dormi, couché sur une peau de mouton. Quand on dort, on devient tout, on devient pierre, on devient fleur. Ce que je sens et m'efforce de dire à Monsieur, j'y arrive pas en rapportant mes souvenirs ; pourtant je relate tout dans ces divagations. Mais si je me suis endormi, c'était pour bien confirmer mon destin. Aujourd'hui je le sais. Et je sais qu'à chaque détour de la campagne, dans chaque arbre, il y a jour et nuit un diable immobile aux aguets. » La nostalgie vient avec le vent. Le vent est vert, et le ciel a sa splendeur, qui donne le sentiment d'être parvenu à se dégager de possibilités horribles. Une offense ancienne se pardonne, mais comment pardonner une inimitié ou une offense qui est encore à venir et qu'on ne connaît pas encore ? Riobaldo a peur, peur de cette confusion de tout dans les mouvements de cet avenir qui est seulement désordre et simple manifestation d'une rancune : Hermogenes. Au terme d'une poursuite acharnée, les troupes de l'ennemi et de Riobaldo se font face. Tous, la rage au ventre, arrivent en tempête, s'affrontent, se heurtent. Hermogenes meurt. Diadorim tombe. Diadorim était une femme. « Elle perdait ainsi son mystère dans un mystère aussi terrible [...] Je me tais, Monsieur. J'ai tout raconté [...] Y a pas de diable ! C'est ce que je dis, à moins qu'il existerait [...] Ce qu'existe, c'est l'homme, l'être humain. Un passage. » Ce chant immense de la terre et de l'homme s'efforce de restituer leur communion au niveau élémentaire. Le langage y est traité comme un matériau que le chant plie et modèle au gré de son essor et de ses retombées, un matériau qui s'invente inépuisablement. Et l'on ne sait ce qu'il faut admirer le plus, de l'imagination créatrice du romancier ou de sa puissance verbale. — Trad. Albin Michel, 1991.

DIAGRAMME DU FAÎTE SUPRÊME (Le) [*T'ai-tsi-t'ou* – *Taijitu*]. Œuvre de pensée cosmologique et métaphysique, composée par Tcho Touen-yi (1017-1073), philosophe chinois appelé le « Confucius de la dynastie des Song ». Sa doctrine s'appuie sur l'examen du « T'ai-tsi » (Faîte suprême, c'est-à-dire Principe premier) transmis, semble-t-il, par Heu-chang-Kong, l'antique commentateur du *Tao-teu-tsing* (*) de Lao-tse. Tcho Touen-yi n'est pas cependant un pur taoïste, puisque sa doctrine s'est enrichie d'emprunts faits à la doctrine de Confucius et à celle du *Yi-tsing* (*). Pour lui, la cause de l'Univers est le « t'ai-tsi », qui n'a ni commencement ni fin, que l'on ne peut ni entendre ni toucher, et que l'on appelle aussi pour cette raison « wou-tsi » (absence de principe). On ne peut nier que ceci ressemble fort au « wou-tsi » et au tao immobile, indéfinissable et privé de visage, de Lao-tse. « T'ai-tsi » et « wou-tsi » sont essentiellement une même chose que l'on nomme « wou-tsi » lorsqu'il s'agit de la substance, et « t'ai-tsi » lorsqu'il s'agit de la fonction. Le « t'ai-tsi », en se mouvant, engendre le yang, ou élément masculin de l'univers ; puis, au plus fort de son mouvement, il s'arrête et engendre le yin, ou élément féminin de l'univers. Tel est le premier stade de la création. Après avoir suivi le développement de l'univers dans son processus logique, l'auteur s'écarte de l'interprétation du *Yi-tsing* (le deux donne naissance au quatre, et le quatre au huit, etc.), mais adopte celle de Lao-tse – v. *Tao-teu-tsing :* l'un engendre le deux, le deux engendre le trois, et le trois engendre le yin et le yang, qui à leur tour engendrent les cinq éléments : eau, feu, bois, métal et terre. Puis, d'une harmonie mystérieuse entre le yin et le yang, d'une part, et des cinq éléments de l'autre, dérivent les deux ts'i (esprits) : le masculin et le féminin, qui sont les deux genres de tous les êtres et se manifestent de mille manières. Il en résulte que les êtres dans leur variété sont des manifestations successives du « t'ai-tsi ». C'est de ce principe que relève aussi le problème éthique : l'homme, manifestation d'un ts'i plus délicat, est doué d'intelligence, et sa nature est parfaitement bonne et pure. Mais cette nature se corrompt lorsqu'elle entre en contact avec le monde extérieur. Seul le sage, l'homme vertueux, réussit à conserver son intégrité, et parvient à ne point se compromettre et à ne point devenir l'esclave de ses passions. En dehors de la pratique des vertus confucéennes, la loi morale suprême est de se tenir dans un juste milieu. Cette philosophie est une synthèse éclectique de la pensée de Confucius, de Lao-tse et de Bouddha.

DIALECTIQUE d'Abélard. Titre donné par le philosophe Victor Cousin à une œuvre de logique du philosophe et théologien français Pierre Abélard (1079-1142). Cet ouvrage fut ignoré des éditeurs qui, en 1626, publièrent les œuvres du célèbre controversiste breton ; Migne lui-même ne la connut pas, elle fut trouvée dans un supplément manuscrit édité en 1836. Après la découverte de Cousin, deux autres œuvres de logique, du même Abélard, furent découvertes et éditées par Geyer en 1919 ; elles ont pour titres les mots par lesquels elles commencent : *Ingredientibus nobis,* et *Nostrorum petitioni sociorum.* Il résulte de la comparaison de ces trois œuvres qu'Abélard, de même que pour ses œuvres théologiques, a exposé trois fois d'une manière différente une matière presque semblable : c'est ainsi que d'une œuvre à l'autre on remarque parfois les mêmes expressions. La *Dialectique* est divisée en cinq parties : la première a pour titre « De partibus orationis » : il manque le livre I, qui traitait des prétendus « anté-prédicats », c'est-à-dire genre, espèce, différence, propriété et accident, selon l'*Isagogé* de Porphyre ; le livre II traite des « sermones » ou catégories selon Aristote, c'est-à-dire la substance et les neuf accidents ; le livre III traite des différents sens possibles, selon le « De interpretatione » d'Aristote. La seconde partie est composée de trois livres : livre I : « De oratione » ; livre II : « De affirmatione et negatione » ; livre III : « De compositis et simplicibus propositionibus ; figurae et modi syllogismorum ». La troisième partie concerne les « Topiques », c'est-à-dire les sources des arguments destinés à former les syllogismes. La quatrième partie se rapporte aux propositions et syllogismes hypothétiques, selon les *Analytiques Seconds* d'Aristote – v. *Organon* (*). La dernière partie traite des « divisions et définitions » et est une paraphrase du *De divisionibus* de Boèce. Comparée avec les deux autres traités de logique, la *Dialectique* semble être le dernier état des doctrines d'Abélard en matière de logique.

DIALECTIQUE de Ramus. Œuvre du philosophe et humaniste français Pierre de La Ramée dit Pierre Ramus (vers 1515-1572), publiée en 1555, première *Dialectique* en français. La Ramée, suivant les traces de Valla et d'Agricola, oppose à la logique scolastique une grammaire de la pensée, tirée des œuvres des écrivains de l'Antiquité. Il dit en effet qu'au milieu du grand naufrage aristotélicien il n'est parvenu à se sauver qu'en recherchant l'art de penser dans les livres antiques. Tandis qu'il se dresse avec une constance inlassable contre Aristote, il étudie le fonctionnement de la pensée telle qu'elle se révèle naturellement à travers les œuvres des poètes, des orateurs, des philosophes, dans leurs formes les plus expressives. Dans le premier livre de sa *Dialectique*, La Ramée définit l'« invention » comme la technique grâce à laquelle, une fois le problème posé, on est capable de trouver les arguments qui l'expliquent et le démontrent. Lorsqu'il a trouvé ces arguments, il cherche à les classer selon un ordre organique. C'est de cette « dispositio » que traite le second livre : il parle du syllogisme et de la méthode, qu'il définit comme la « disposition des arguments variés ». En réalité, en dépit de sa polémique violente contre Aristote, La Ramée ne s'éloigne pas sensiblement de ce dernier dans l'examen du processus de la pensée logique : il se contente de souligner l'importance de l'invention, en la détachant du développement syllogistique. D'autre part, se rapprochant plutôt de l'humanisme littéraire que de l'humanisme philosophique, il croit découvrir dans la langue latine, telle qu'elle se manifeste chez les auteurs classiques, le secret du rythme naturel de la pensée humaine dans sa manifestation originelle.

DIALECTIQUE de Schleiermacher [*Dialektik*]. Œuvre du théologien philosophe allemand Friedrich Schleiermacher (1768-

1834), publiée, après sa mort, dans le recueil complet de ses œuvres édité à Berlin à partir de 1836. La dialectique est, pour Schleiermacher, une propédeutique à la philosophie ayant pour but de définir les conditions générales du savoir. Deux conditions sont essentielles : que toute pensée soit reliée aux autres en un tout systématique, et qu'à chaque pensée et à chaque liaison de pensée corresponde une entité ou un rapport réel. Dans l'idée de savoir, être et connaître s'identifient, et cette identité est en acte, en tant que l'unité systématique du savoir correspond à l'unité du réel. Mais cette idée qui constitue le fondement du savoir et de tout son processus, et que l'idéalisme de Schelling a englobée dans l'Identité absolue, est, pour Schleiermacher, qui se ressent de l'influence dialectique de Kant, une simple idée limite, loi régulatrice et non objet ou contenu du savoir. L'idée de Dieu en tant qu'identité de la pensée et de l'être, comme l'idée du monde en tant qu'unité du multiple, est la conclusion idéale du savoir, mais ni l'une ni l'autre ne sont données au savoir. C'est pourquoi tout notre savoir est relatif et provisoire ; tout système absolu, comme toute prétention à déduire l'un du multiple, l'absolu de l'empirique, est inadmissible. Pour nous, le savoir reste toujours un compromis entre l'idéal de la raison et la détermination concrète de l'existence. Seule la foi peut accomplir le saut ultime, mais son savoir reste un pur savoir symbolique que la critique spéculative a le droit de critiquer : en effet, cette dernière ne peut admettre que les images mythiques exprimant l'exigence même de la raison, c'est-à-dire celles qui représentent à la fois la distinction et la liaison entre l'idée de Dieu et celle du monde. Bien que la *Dialectique* de Schleiermacher occupe une position un peu isolée, elle eut une certaine importance dans la critique du dogmatisme idéaliste, en ce qu'elle constitue un progrès dans la voie d'une critique systématique de la raison en tant que fondement du savoir en général.

DIALECTIQUE DE LA RAISON (La). Fragments philosophiques [*Dialektik der Aufklärung. Philosophische Fragmente*]. Ouvrage de philosophie et de psychologie sociale écrit entre 1942 et 1944 par les philosophes allemands Theodor Adorno (1903-1969) et Max Horkheimer (1895-1973), publié en 1947. Les auteurs partent de la thèse selon laquelle « dans la société, la liberté est inséparable du penser éclairé », mais que « la notion même de ce penser, non moins que les formes historiques concrètes, les institutions de la société dans laquelle il est imbriqué, contiennent déjà le germe de cette régression qui se vérifie partout de nos jours ». Il faut donc, pour éviter que la raison « ne scelle son propre destin », entreprendre un travail de réflexion sur ce « moment de régression ». Deux tendances de l'« Aufklärung », de la raison, sont particulièrement analysées : la tendance à la destruction des mythes et la formalisation mathématique du savoir. Mais les mythes, victimes de la raison, « sont déjà des produits de celle-ci ». Et la raison devenue simple construction de moyens est destructrice, une « imposture totale pour les masses ». La morale et la science sont dénoncées par Adorno et Horkheimer comme les incarnations d'une raison qui n'est plus qu'instrumentale. Cette régression est analysée en particulier dans le nivellement de la production cinématographique et radiophonique : l'art standardisé, conforme aux exigences des mass media, se réduit à un simple amusement ; les produits sont entièrement conformes au système. L'industrie culturelle reproduit le « toujours identique ». Adorno et Horkheimer s'intéressent aussi à l'antisémitisme sous la forme du fascisme, en tant que « limite de la raison », appliquant à leur analyse des critères psychologiques et psychanalytiques : ici, « la dialectique de la raison se renverse et devient folie ». Si l'ambiguïté à l'œuvre au sein même de la notion de progrès n'est pas continuellement dénoncée et surmontée, l'autodestruction de la raison ne peut qu'engendrer de nouvelles formes de totalitarisme. Le « livre le plus noir » d'Adorno et d'Horkheimer, selon Habermas, continue d'exercer sa fascination et de démontrer son actualité. – Trad. Gallimard, 1974.

V. B.

DIALECTIQUE DU MOI ET DE L'INCONSCIENT [*Die Beziehungen zwischen dem Ich und dem Unbewussten*]. Œuvre du psychiatre, psychologue et psychanalyste suisse Carl Gustav Jung (1875-1961). Issu d'une conférence publiée en 1916 sous le titre « La Structure de l'inconscient », ce livre, paru en 1933, présente une vue d'ensemble de la conception et de la pratique jungiennes des rapports avec l'inconscient. Jung y expose sa distinction entre l'inconscient personnel, lié au passé personnel de chacun, et l'inconscient collectif où s'activent des structures vivantes, en elles-mêmes plus impersonnelles, et susceptibles d'organiser nos représentations et nos comportements. Il décrit ainsi la relative autonomie du travail inconscient, sa fonction compte tenu de l'état du conscient, ses effets dans les rapports à soi-même et à l'autre sexe – il traite de la « persona », de l'« anima » et de l'« animus » – , puis il présente les techniques de différenciation qui peuvent soutenir chacun dans son « processus d'individuation », enfin il en vient à analyser le décentrement qui par là s'opère du moi au « soi » et il discute les rapports de ce processus avec les rites initiatiques et les systèmes de projection proposés jusqu'ici par les religions. C'est un livre étonnamment clair, qui se présente comme une excellente introduction à la pensée de Jung. – Trad. Gallimard, 1964.

C. G.

DIALOGUE AVEC ANDRÉ GIDE (Le). Œuvre publiée en 1929 par le critique français Charles Du Bos (1882-1939). Cette œuvre est moins un livre à proprement parler qu'un simple recueil d'impressions. Recueil qui est le résultat d'un long échange spirituel. Du Bos « usant du plain-pied que lui accorda une amitié entre toutes libérale ». Tout nous convie à chercher le meilleur de l'ouvrage dans la partie qu'il intitule « Cinq entretiens sur André Gide ». Bien loin d'être imaginaires, ces « Entretiens » eurent lieu devant un auditoire restreint au cours du printemps 1925. Tout en s'efforçant de garder le caractère intime qui sied à tout entretien, Du Bos tient à s'effacer devant son interlocuteur. Témoin les citations nombreuses dont il rehausse son propos et qu'il se borne à commenter. Voici le ton : « Relisons donc ensemble la merveilleuse page de *La Porte étroite* (*) qui nous livre tout l'incorruptible noyau, etc. » Quelle que soit la bonne volonté qu'on y apporte, il est difficile de suivre tous les méandres de la pensée de Du Bos au cours de ces entretiens.

Du Bos admire ce regard sans complaisance que Gide sut toujours diriger sur son enfance. Des traits de l'enfance en question, il note avant tout celui-ci : le goût de la matière vivante, autrement dit l'émerveillement devant toutes les formes de la vie (« Ô cœur encombré de rayons ! »). Abordant plus loin le problème de l'adolescence, il pousse au premier plan le problème de Dieu tel qu'il se présente pour Gide : « Ne souhaite pas, Nathanaël, trouver Dieu ailleurs que partout. » Dieu lui-même n'est pas en question ; mais il cesse d'être sensible à l'âme dès que, du fait d'une convoitise, le regard perd sa clarté et le monde sa transparence. « La foi en Dieu, en dehors de toute religion déterminée, ne peut consister en rien d'autre qu'à donner raison à Dieu dans son œuvre. » Le seul moyen d'y parvenir est de rendre heureux les autres. En d'autres termes, Gide tient qu'il n'est de vrai bonheur que dans le renoncement à soi-même. Du Bos en vient ensuite à parler de la musique. Chez Gide, en effet, quand il s'agissait d'écrire, la préoccupation était d'ordre musical et primait tout le reste (« Mais déjà la musique m'occupait à l'excès ; j'en oignais mon style »). Du Bos met l'accent sur la perfection musicale du style de Gide. Dans *Si le grain ne meurt* (*), surtout, il voit « l'un de ces points très rares où la prose française rejoint la musique sans faire pour cela intervenir la moindre orchestration ». Un autre entretien nous conduit dans le fameux domaine des *Nourritures terrestres* (*). Selon Du Bos, ce titre est révélateur de la nature même de Gide. Nature spécifiquement « terrestre » dans toutes ses manifestations, sans excepter celles-là qui sont d'essence religieuse. Il cite une fois de plus : « Que l'homme est né pour le bonheur, tout nous l'enseigne. C'est l'effort vers la volupté qui fait germer la plante, emplit la ruche de miel et le cœur de l'homme de bonté. » Gide ne fait pas mystère de sa nature « terrestre ». Évoquant, par exemple, le souvenir des cénacles qu'il hantait dans sa jeunesse (entendez ceux de l'époque symboliste), il déclare « qu'il fut sauvé par la gourmandise ». En tant qu'artiste, le plus grand souci de Gide est alors la mise en forme de l'émotion. L'exemple de Mallarmé lui a appris à reporter sur l'œuvre d'art cette notion de la contrainte dont sa nature ne peut se passer : « Mon émotion ne joue jamais avec le style par trop grand-peur qu'après, le style ne se joue d'elle. » Enfin, Du Bos met en lumière ce qu'il appelle un des attributs essentiels de Gide : à savoir la ferveur. S'il se trouve que parfois on la discerne mal, c'est parce que le grand écrivain fut toujours conduit par son classicisme à en modérer l'expression. Il n'empêche qu'elle lui dictera un jour ce mot admirable : « C'est dès à présent qu'il faut vivre dans l'éternité. »

En plus de ces « Cinq entretiens », l'ouvrage renferme plusieurs textes dont le plus considérable est « Le Labyrinthe à claire-voie ». Du Bos y étudie certains aspects de Gide qu'il avait trop laissés dans l'ombre. Mais tout ajouré qu'il soit, ce labyrinthe n'en dégage pas moins quelque chose qui a toute l'opacité du brouillard. Aussi est-ce avec soulagement qu'on retrouve le Du Bos véridique des « Entretiens » dans le message qu'il adresse à Gide en manière de conclusion.

DIALOGUE AVEC LE JUIF TRYPHON [Πρὸς Τρύφωνα Ἰουδαῖον διάλογος]. Écrit de saint Justin, Grec palestinien, martyr, né vers l'an 100, mort entre 163 et 165. Avec les *Apologies* (*), c'est la seule des nombreuses œuvres de Justin qui nous soit parvenue, si l'on ne tient pas compte des nombreux écrits apocryphes attribués à cet auteur. Le *Dialogue* a été composé après l'*Apologie à Antonin le Pieux*, probablement vers 160. D'après Eusèbe, l'action se déroule à Éphèse ; imitant Platon, Justin s'attache à décrire longuement l'atmosphère et le décor extérieur. Avec son interlocuteur, le Juif Tryphon, qui semble pouvoir être identifié avec l'illustre rabbin Tryphon, Justin reprend, et parfois complète, les thèses déjà exposées dans l'*Apologie*. Il tend surtout à prouver qu'une nouvelle Alliance s'est substituée à l'ancienne, que Jésus est l'incarnation du Verbe, après avoir été l'instrument de la révélation dans l'Ancien Testament, et que, depuis l'exclusion du peuple juif, les Gentils sont le peuple élu. Dans cette discussion avec Tryphon, Justin fait profession de millénarisme. Il approfondit et précise, chose qu'il n'avait pas faite dans l'*Apologie*, sa conception de la Trinité, particulièrement en ce qui concerne les rapports du Fils avec le Père. Comme dans l'*Apologie*, il insiste sur le Verbe qui s'est incarné en Jésus pour sauver les hommes. Il faut remarquer l'importance que Justin, tout en considérant la véritable religion comme le fruit exclusif de la révélation, donne à la spéculation philosophique qui, d'après lui, peut conduire à une connaissance partielle de la vérité. Bien que la recherche stylistique soit, à cause même des difficultés de la forme dialoguée, plus apparente ici que dans l'*Apologie*, cet ouvrage manque lui aussi d'unité et les développements sont souvent interrompus par de longues digressions. La foi de l'auteur apparaît toujours aussi ardente, et son amour de la vérité toujours aussi sincère. Dans sa rédaction, Justin s'est sans doute souvenu des discussions avec ses disciples, celles-là mêmes dont parlent les « Actes » de son martyre. Même s'il n'a pas toujours donné de solution définitive aux divers problèmes soulevés, il a le mérite de les avoir affrontés avec enthousiasme et loyauté, et d'avoir ainsi frayé la voie à ses nombreux successeurs. – Trad. G. Archambault, 1909.

DIALOGUE AVEC LE VISIBLE. Œuvre de l'historien et critique d'art français René Huyghe (né en 1906), publiée en 1955. Elle comprend un préambule sur les « Pouvoirs de l'image », et sept chapitres : « Réalités, beautés et poésie », « Destinées du réalisme », « La Peinture en quête d'elle-même », « La Peinture en quête d'elle-même : la composition et l'œuvre », « Le Langage de l'âme : la puissance des images », « Le Langage de l'âme : le monde intérieur », « L'Art dans notre destin », plus un complément : « La Psychologie de l'art ». L'auteur est convaincu que l'art a accompli le miracle d'être le lieu élu de la vie physique et de la vie morale, où l'homme, uni de force à l'univers, ne se sent jamais séparé de lui, et qui résout une dualité auparavant irréductible. C'est donc en humaniste que René Huyghe embrasse les formes les plus diverses de l'art à travers le temps et l'espace, et son *Dialogue avec le visible* nous apparaît écrit d'abord pour en dégager les constantes, ensuite pour cerner la réalité artistique, rendre lucide ce qui y fut tenté, poursuivi, enfin pour en comprendre l'origine et la portée humaines. Toutefois, c'est à travers le champ circonscrit de la peinture, où l'image déploie ses multiples ressources à travers ce qu'elle a créé hier et aujourd'hui, que l'auteur mène son enquête sur la nature de l'œuvre d'art, sur sa raison d'être et ses pouvoirs. « En scrutant le monde et ses apparences, le peintre lui pose une interrogation ; mais par la manière dont il le représente, il interprète sa réponse, parfois même il la lui dicte. Ainsi, par la peinture, l'homme engage le dialogue avec le visible. Parfois, l'artiste, quasi muet, se borne à écouter, à enregistrer ce qu'il entend : on l'appelle un réaliste ; parfois, il hausse le ton, il tonitrue, il couvre la voix des choses : c'est la tentation de nos contemporains. »

Et puisque comprendre signifie, non pas approcher quelques idées maniables, mais s'en pénétrer, l'homme à travers les siècles, sans cesse, continue, poursuit, recommence son dialogue avec l'univers, avec lui-même.

DIALOGUE DE LA MUSIQUE ANCIENNE ET MODERNE [*Dialogo della musica antica e della moderna*]. Ouvrage de théorie musicale du compositeur italien Vincenzo Galilei (1520 ?-1591), père du célèbre Galilée, publié à Florence en 1581-82. C'est la première œuvre de valeur que nous ait laissée la « Camerata florentina », cénacle de musiciens et d'écrivains florentins qui se réunissaient chez le comte Giovanni Bardi, à qui ce *Dialogue* est dédié. C'est de ce cénacle que devait sortir plus tard le style récitatif et monodique qui atteignit son apogée avec la production théâtrale du XVIIe siècle. Ce dialogue ne comporte pas de chapitres séparés ; comme l'indique le titre, c'est une conversation supposée entre un maître et son disciple, l'un personnifié par le comte Bardi, l'autre par Pietro Strozzi, l'un des compositeurs du cénacle : cette forme, inspirée de Platon, connut un certain succès jusque dans les ouvrages de théorie musicale du XVIe siècle.

L'intention de l'auteur est de démontrer la supériorité de l'ancienne musique monodique sur la polyphonie moderne que Galilei n'abordera qu'après s'être longuement étendu sur d'autres théories : il débute par les systèmes acoustiques, en profite pour réfuter certaines opinions exposées par Zarlino dans ses *Institutions* – tout en se proclamant son disciple – et passe, tour à tour, aux sujets les plus variés concernant la théorie musicale de l'époque, sans suivre un plan défini. Bien souvent, son style est confus ; de plus, sa thèse part d'un point de vue erroné, car elle situe sur le même plan la monodie du style récitatif, alors à ses débuts, et la monodie essentiellement différente de la Grèce antique dont, à vrai dire, on ne connaissait guère que le nom. (Dans son livre, Galilei reproduit de nombreux documents sur la musique grecque tels que les « Hymnes à la Muse », « au Soleil », « à Némésis » que l'on attribue aujourd'hui, ainsi que les tables de notation du Grec Alypius, à un certain Mésomédès de Crète du IIe siècle ap. J.-C.)

Ces comparaisons entre les diverses techniques qu'il examine et celle à laquelle il se rallie seraient pour nous sans grand intérêt, si nous ne savions que, déjà au temps de Galilée, le style polyphonique donnait des signes de décadence, et cela tout particulièrement dans le madrigal qui était soumis à des règles rigoureuses de contrepoint et à certaines exigences descriptives (les unes et les autres minutieusement étudiées dans le *Dialogue*). Souvenons-nous également que Galilée, instruit dans la tradition du contrepoint et lui-même contrapuntiste de valeur, se rattachait avec conviction aux tendances nouvelles : il a composé des morceaux importants tels que les accompagnements monodiques du récit d'Ugolin (de Dante) et des « Lamentations » de Jérémie, malheureusement perdus aujourd'hui. Du reste, sa critique de la polyphonie n'était qu'un prétexte pour réclamer une unité plus grande entre la musique et les paroles, unité qui avait été trop souvent compromise par des notations séparées. Cet idéal qui ne présente rien de bien nouveau, reçoit, chez Galilei, sa justification la plus exacte et la mieux comprise, encore qu'il soit formulé d'une manière trop réaliste ; Galilei invoque une règle courante à l'époque : la musique doit être une « imitation du sens des mots ». Ce *Dialogue* fut l'objet d'une réimpression en 1602, après la mort de l'auteur.

DIALOGUE DE L'INFINITÉ DE L'AMOUR [*Dialogo della infinità di amore*]. Œuvre de la poétesse italienne Tullia d'Aragona (1510 ?-1556), probablement revue par l'historien et littérateur italien Benedetto Varchi, publiée à Venise en 1547. Elle est dédiée à Cosme de Médicis, duc de Florence. La célèbre courtisane, dans une discussion pleine de vie et de mouvement, soutient devant Varchi la thèse que l'amour, spécialement dans sa forme la plus élevée, est infini, en ce sens qu'il ne peut jamais rejoindre son but suprême, c'est-à-dire la fusion complète et parfaite de l'être aimant avec l'être aimé. La question ayant été débattue, Lattanzio Benucci intervient le dernier et soulève quelques doutes ; l'un d'entre eux (l'amant est-il supérieur à l'aimé ou inversement ?) est résolu contre l'opinion généralement acceptée de Platon – v. *Phèdre* (*) –, en attribuant à l'être aimé la supériorité ; cela démontre l'influence de l'œuvre doctrinaire de Léon l'Hébreu sur l'érotologie à la mode dans la société cultivée et élégante du XVIe siècle. L'argumentation du dialogue, en un jeu rapide et désinvolte de répliques, est correcte, parfois subtile, mais sans originalité ; Tullia d'Aragona y étale cependant une culture philosophique qui n'est pas commune.

DIALOGUE DE SAINTE CATHERINE DE SIENNE (Le) [*Libro della divina dottrina*]. Œuvre de la mystique italienne sainte Catherine de Sienne (Caterina Benincasa, 1347-1380), qu'elle dicta, dans des instants d'exaltation mystique, en 1378, à certains de ses disciples, parmi lesquels Cristofano di Gano Guidini, qui donna, par la suite, une forme plus littéraire au texte en langue vulgaire, et Stefano Maconi, qui en approuva et en corrigea la rédaction, avant d'en donner une traduction en latin. Il eut des titres divers : *Dialogue* ou *Traité* ou *Livre de la divine providence, Livre de la divine révélation, Dialogue de la divine doctrine,* etc. Ayant été répandu d'abord à l'état de manuscrit (d'où le grand nombre des copies et de variantes), il fut imprimé pour la première fois en 1472, à Bologne, chez Baldassarre Arzoguidi, et sept autres fois, de 1472 à 1479. L'édition la plus connue est celle faite par Girolamo Gigli, qui publia les œuvres de la sainte (1707 et ss.) ; la dernière, texte critique, date de 1912. La division actuelle en traités et chapitres est d'époque postérieure aux manuscrits les plus anciens. La rédaction de Cristofano, par souci d'exactitude, conserve encore les naïvetés de l'expression, les pléonasmes, les idiotismes de la langue vulgaire et parfois même certains défauts de concordance syntaxique.

Dans sa forme actuelle, l'œuvre se présente en cent soixante-sept chapitres ; les sept premiers constituent une sorte d'introduction ; du IX au LXIV, ils portent le titre de « Traité de la discrétion » ; du LXV au LXXXIV, « Traité de la prière » ; suivent le « Traité de la providence » (CXXXV-CLIII) et le « Traité de l'obéissance » (CLIV-CLXVII). Mais souvent la matière des différents chapitres ne correspond pas au titre du traité et s'étend à toutes les branches de l'ascétisme et du mysticisme. L'idée fondamentale s'affirme dans l'intention de l'auteur d'amener l'âme de la « crainte servile », c'est-à-dire de la peur des châtiments divins, au parfait amour de Dieu, à être « fils et amis ». La « Discrétion » (traité I) n'est autre qu'une véritable connaissance de soi-même et de Dieu. Le chemin qui mène au ciel ayant été interrompu à cause de la désobéissance d'Adam, Dieu a fait de son Fils un pont qui comporte trois « marches », les trois états ou trois facultés de l'âme : ceux qui veulent suivre un autre chemin périssent spirituellement, entraînés par l'« esprit charnel », par l'avarice, par l'injustice, par le faux jugement. Le « Traité de la prière » montre à quel haut degré de perfection peut atteindre l'âme au moyen de la prière mentale, c'est-à-dire par la conversation directe avec Dieu. Il met en garde contre certains de ses aspects qui sont trompeurs ; il énumère « cinq catégories de larmes » et leurs fruits, et explique comment la lumière de la raison doit être renforcée par la lumière de la foi pour arriver à la contemplation de la divine Vérité. Il s'attarde ensuite sur la mission des prêtres, en regrettant que l'indignité et les fautes de beaucoup d'entre eux empêchent les âmes d'atteindre à la perfection.

Le court « Traité de la providence » illustre tous les moyens que Dieu employa et emploie pour amener les âmes à bon port. Quant au dernier, il traite de l'« Obéissance », dans ses différentes formes selon les différents états, de ses fruits, de son importance. Le livre a un caractère essentiellement mystique : Dieu parle à l'âme désireuse de perfection ; celle-ci se borne à épancher ses sentiments, à demander de plus grands éclaircissements, à remercier avec dévotion. – Trad. Lethielleux, 1947 ; Le Seuil, 1953.

DIALOGUE DES MIRACLES [*Dialogus miraculorum*]. Œuvre du moine cistercien allemand Césaire d'Heisterbach (vers 1180-vers 1240), qui recueille une très vaste et importante documentation, non seulement sur l'origine de nombreuses légendes médiévales, mais également sur l'histoire des coutumes. Dans le cadre d'un dialogue, en douze livres, Césaire passe en revue un grand nombre de légendes et de « visions », en partie empruntées à la tradition médiévale (Herman de Valenciennes, Guibert de Nogent, etc.), en partie aux nouvelles et aux contes ; en partie également à ces éléments plus vivants de l'actualité contemporaine qui trouvent en son œuvre un essor et un renouveau plus vifs que dans les ouvrages de ses prédécesseurs. L'auteur entendait faire œuvre de dévotion ; néanmoins, sous une apparence de rigorisme, transparaît cette imagination gothique, perpétuellement émerveillée, qui se meut dans un monde nocturne et fabuleux, où l'on croit retrouver les monstres étranges et les symboles dont se peuple la cathédrale de Cologne. Cette faculté imaginative se manifeste en formes lyriques qui traduisent la crainte et l'émotion, soit que l'auteur raconte quelque légende délicate et mystique, telle que celle de *Sœur Béatrice* (*), soit qu'il évoque, avec une puissante fantaisie, les visions terrifiantes des pécheurs dans le dessein d'épouvanter ceux qui font le mal. Les intentions que recèle cette œuvre furent regardées à la fois comme un attrait et un danger. Car, même si elle fut, par la richesse des thèmes poétiques et humains, la mine précieuse à laquelle vinrent puiser, pendant près de deux siècles, les prédicateurs et les écrivains, par son élan mystique et la force des sentiments qu'elle renferme, elle ne tarda pas à être jugée suspecte.

L'œuvre, également connue sous le titre de *De miraculis et visionibus suae aetatis,* devait avoir une suite de huit autres livres. Mais de cette suite, cinq livres seulement sont parvenus jusqu'à nous. Deux d'entre eux constituent une *Vie de saint Engilbert* [*Vita sanctis Engilbert*], biographie de l'illustre archevêque de Cologne qui fut « Gubernator » du royaume sous Frédéric II, tuteur du jeune Henri IV, et qui occupa une place si importante dans les événements de son temps, avant de périr assassiné en 1225, victime de haines familiales. Par la clarté et l'ordre de son exposition, la fidélité des écrits historiques et la belle succession des événements, cette biographie est restée justement célèbre durant tout le Moyen Âge.

DIALOGUE DU CORBEAU [*Hrafnsmál*]. Également désigné sous le titre de *Chants d'Harald* [*Haraldskvaedi*], ce poème doit être rangé, avec les *Chants d'Haakon* (*), parmi les plus anciens et les plus célèbres de la poésie scaldique. Il fut écrit par le scalde Thorbjörn Hornklove (IXe siècle), à la gloire d'Harald le Chevelu (mort en 933). On a donné le nom de scaldes à des poètes de cour vivant auprès des princes de Norvège, qui élaborèrent, à partir du IXe siècle, en vertu d'influences celtiques et irlandaises, une forme poétique caractérisée par la recherche de la distinction et de la préciosité, s'attachant au rare et au difficile. Par sa rigueur et sa subtilité, la poésie scaldique se différencie de la poésie plus simple des *Eddas* (*), qui se proposait d'être goûtée et prisée non seulement par les princes, mais aussi par tous ceux qui aimaient les entreprises audacieuses, les exploits guerriers et les faits mémorables. Les scaldes étaient à la fois poètes et hommes d'armes. Tous les souverains et les chefs illustres de Norvège, à commencer par Harald le Chevelu, eurent des scaldes attitrés ou furent parfois poètes eux-mêmes. La poésie scaldique a pour thème principal l'éloge du prince et, en premier lieu, du prince guerrier selon les normes d'une société héroïque. Le *Dialogue du corbeau* est un poème héroïque et dithyrambique. Après avoir réclamé l'attention de l'assemblée, à la fois réelle et irréelle, des guerriers, le poète rapporte le dialogue qui eut lieu entre une Walkyrie et un corbeau, oiseau d'Odin et des champs de bataille. Le dialogue se divise en deux parties. La première célèbre la vertu maîtresse d'un prince, sa valeur guerrière, et cela nous vaut la description de la bataille d'Hafrsfjord (872) qui fit d'Harald le souverain incontesté de la Norvège. La seconde magnifie la générosité du prince envers les gens de sa suite et en premier lieu envers les scaldes favoris du seigneur, portant les signes distinctifs de leur condition : le manteau de pourpre, la cuirasse damasquinée et le fourreau d'or. Le dialogue se poursuit par une succession de demandes et de réponses, concernant la situation à la cour, des Berserkir (« peaux d'ours », « hommes en peaux d'ours », guerriers qui étaient sujets à de sauvages fureurs et se changeaient en ours ou en loups) et des jongleurs ainsi que des bouffons, individus pour lesquels Hornklove manifeste un profond mépris.

DIALOGUE DU JEU DE CARTES (Le) ou les Cartes parlantes [*Dialogo delle carte parlanti*]. Ouvrage fameux de l'auteur satirique et pamphlétaire italien l'Arétin (1492-1556), publié en 1543, dans lequel sont passés en revue les divers types de joueurs et cités d'illustres personnages, de l'empereur au roi très chrétien et au pape. Princesses, nobles dames et courtisanes défilent avec leurs caractéristiques de joueuses, aussi bien que les gens de basse extraction, « pédagogues, gendarmes, porteurs, voituriers, cuisiniers, aubergistes, artisans, serviteurs, meuniers, galériens, prisonniers, bergers, ruffiants, malandrins, pêcheurs, jardiniers, juifs ». Le dialogue est censé se tenir entre les cartes, personnifiées comme un interlocuteur collectif, et un artiste, peintre de cartes à jouer Padovano. L'œuvre est écrite avec esprit et vivacité ; le ton ironique de l'Arétin s'y manifeste pleinement et le dialogue est avivé par des contes, de petites histoires comiques, de brefs épisodes dénonçant les divers caprices et les mœurs des hommes. L'ouvrage parut sous le titre : *Dialogue du divin Arétin dans lequel on parle du jeu avec une plaisante morale.* Il fut réimprimé diverses fois. – Trad. « Bibliothèque des curieux » (notes de G. Apollinaire), 1909-1923.

DIALOGUE EN FORME DE VISION NOCTURNE. C'est la première œuvre de la femme de lettres française Marguerite de Navarre (1492-1549), composée – selon P. Jourda – vers la fin de 1524 et publiée en 1533, en même temps que la seconde édition du *Miroir de l'âme pécheresse*. La mort de la reine Claude de France, sa belle-sœur, et surtout celle de la princesse Charlotte, fille de la reine et de François Ier, frappèrent vivement l'imagination de Marguerite, alors duchesse d'Alençon. La crise qu'elle traversait à cette époque – troubles mystiques et espoir d'une nouvelle lumière intérieure – la conduisit à se livrer à un profond examen de conscience sur la foi et les destinées de l'âme humaine. Cette œuvre, écrite en tercets, montre l'influence italienne sur la littérature française de l'époque : l'auteur révèle une connaissance approfondie de Dante et de Pétrarque. Ce dialogue entre la duchesse et Charlotte, sa petite-nièce disparue, a pour sujet le destin de l'âme et les récompenses de l'au-delà, à la lumière des vérités religieuses. La conversation, qui s'anime parfois de remarques sur la vie de l'époque, propose certaines idées et fait état d'une méditation que les érudits de ce temps-là et les réformateurs calvinistes devaient largement développer. Souvent la conversation prend la forme d'une confession de caractère douloureux : c'est comme un journal intime, muet colloque avec l'âme de la petite fille morte. Deux problèmes préoccupent sans cesse l'auteur : quel est le sort de l'âme chrétienne et comment peut-elle préparer son propre salut ? La réponse semble surtout s'appuyer sur une méditation nourrie de la certitude que l'homme ne peut être sauvé que par la grâce de Dieu. Bien que Marguerite ne puisse nier la valeur du libre arbitre dans les discussions relatives au péché et au dogme de la rédemption, elle oriente et développe surtout ses arguments sur la foi et l'amour de Dieu. L'œuvre, d'une forme littéraire extrêmement délicate, est remarquable surtout pour le caractère passionné et mystique qu'elle révèle chez cette grande dame de la Renaissance.

DIALOGUE ENTRE UN JUIF, UN PHILOSOPHE ET UN CHRÉTIEN [*Dialogus inter iudaeum, philosophum et christianum*]. Œuvre du philosophe et théologien français Pierre Abélard (1079-1142), une des figures les plus caractéristiques et les plus discutées d'écrivain, de philosophe et de théologien de la première période de la scolastique. Le *Dialogue* appartient à la dernière période de l'activité littéraire d'Abélard et peut être approximativement daté de 1141. Dans sa forme littéraire, l'œuvre imite les dialogues platoniciens. L'auteur entend démontrer que le christianisme est la vérité totale qui comprend toutes les autres et que la raison, d'une part, et la religion judaïque, d'autre part, ne peuvent l'appréhender que partiellement. Abélard imagine que trois personnages, après de longues discussions, se présentent à lui comme un arbitre pour arriver à une conclusion qui les satisfasse. Tous les trois admettent et adorent un Dieu unique, mais le philosophe sert Dieu selon la seule lumière de la raison, le juif selon l'« Ancien Testament », le chrétien selon le « Nouveau ». Le philosophe reprochera aux croyants d'admettre des opinions dont ils ne peuvent se rendre compte ; il nie qu'il puisse y avoir une certitude là où l'on constate une grande diversité d'opinions. Le juif défend sa propre foi, parce qu'il l'a reçue de Dieu et que ses ancêtres l'ont maintenue en dépit de la persécution des païens et des chrétiens. Le chrétien démontre que le « Nouveau Testament » contient tout ce qu'affirme la raison et représente un perfectionnement par rapport à l'« Ancien Testament » ; la diversité d'opinions qu'on trouve chez les chrétiens n'atteint pas les vérités essentielles de la foi : la perfection de celle-ci nous prouve son origine divine. Quant au bien suprême, le philosophe affirme qu'il consiste à être heureux, et que, ce bonheur étant réalisé par la paix intérieure, on peut l'obtenir ici-bas. Le chrétien soutient que le bien suprême est Dieu, que le bonheur de l'homme consiste dans la vision béatifique et donc se trouve au pouvoir de Dieu seul. Le philosophe affirme que le mal suprême est le châtiment qui sera imposé au coupable ; le chrétien rétorque que le mal suprême est la faute elle-même, parce qu'elle rend l'homme mauvais et que la peine, étant imposée selon la justice, est en elle-même un bien. Le philosophe demande ensuite des éclaircissements concernant la vision béatifique de Dieu, le lieu de l'Enfer et la résurrection des corps. Le dialogue s'achève sur l'exhortation à lire *Le Traité de la grâce* [*De summo bono*] de saint Augustin et par l'affirmation que seul le Christ peut donner aux hommes la vraie félicité, parce qu'Il enseigne la loi naturelle que soutiennent les philosophes et qu'Il accomplit la loi mosaïque des juifs. Le style et la langue donnent une grande valeur littéraire au *Dialogue* ; le débat est noble et élevé ; on y trouve parfois réunies des réminiscences classiques de Cicéron et de Plotin, et les citations des Saintes Écritures y sont nombreuses. L'œuvre reflète bien la pensée, la culture, les tendances d'esprit et la méthode didactique d'Abélard. On pourra se reporter à la traduction anglaise *A Dialogue of a Philosopher with à Jew, and a Christian,* Toronto, 1979.

DIALOGUE HISTORIQUE SUR LA VIE ET LES ACTES DE SAINT JEAN, ÉVÊQUE DE CONSTANTINOPLE [*Διάλογος ἱστορικὸς περὶ βίον καὶ πολιτείας* τοῦ μακαρίου Ἰωάννου ἐπισκόπου Κωνσταντινουπόλεως]. En 1680, E. Bigot publiait à Paris, d'après un manuscrit de la Laurentienne de Florence, un dialogue du IIe siècle consacré à la vie de saint Jean Chrysostome, reproduit en 1738 par dom Bernard de Montfaucon dans le volume XIII de sa grande édition des Œuvres de saint Jean Chrysostome. C'est une longue conversation, qui se déroule à Rome entre un évêque oriental et un diacre romain appelé Théodore, sur les luttes que Jean Chrysostome (bouche d'or) avait soutenues, avec l'infortuné patriarche de Constantinople, contre ses nombreux adversaires. Ce n'est pas une biographie dialoguée, mais une véritable apologie. L'évêque oriental essaie de dissiper tous les mensonges que les adversaires de Chrysostome font courir sur son compte. Dans une première partie, il apporte des documents authentiques sur le déroulement de cette controverse historique. Dans la seconde partie, il s'élève contre toute une série d'imputations que Théophile d'Alexandrie avait réunies contre Chrysostome dans un ouvrage bien connu, même à Rome. Le diacre romain pose des problèmes et passe au crible les accusations, mais finalement il conclut, avec l'évêque oriental, et déclare que l'Église romaine ne manquera pas de maintenir très haut le souvenir du grand orateur, mort entre-temps, et de demander à ses ennemis de le réhabiliter. Cet ouvrage est donc d'une très grande importance pour la connaissance des événements ecclésiastiques en Orient, à l'aube du Ve siècle. De récentes recherches ont confirmé que l'auteur en était l'évêque Palladios d'Hélénopolis (368 ?-431 ?), auteur également de cette précieuse *Histoire lausiaque* (*), qui nous donne des renseignements si suggestifs et, en même temps, si romanesques sur la vie des ascètes égyptiens à la fin du IVe siècle. Celui qui, plus que tout autre, a contribué à établir définitivement la paternité de Palladios en ce qui concerne ce dialogue, est le bénédictin dom Butler, dont une étude a été publiée à Rome en 1908 dans ces grands volumes où furent recueillies les *Études et recherches autour de saint Jean Chrysostome* à l'occasion du quinzième centenaire de sa mort. – Trad. *Discours sur la vie de Jean Chrysostome*, Cerf, 1968.

DIALOGUE PESSIMISTE (Le). C'est un assez court ouvrage (quatre-vingt-six vers), en akkadien, pas plus ancien, sans doute, que le début du Ier millénaire avant notre ère, qui nous est parvenu presque entier. Il est divisé en onze couplets et tout s'y passe entre deux personnages : un maître, riche oisif, et son « valet ». Dans chaque couplet, le maître réclame les services de son valet pour diverses activités auxquelles il veut se livrer : chaque fois une différente (manger, aller au temple, se marier, etc.). Le valet l'approuve et lui fournit, pour l'encourager, de bonnes raisons, sous forme de proverbes et de truismes. Mais alors, aussitôt, faisant volte-face, le maître déclare ne pas vouloir se livrer à l'occupation qu'il avait projetée ; et le valet, sans sourciller, de lui aligner d'aussi bonnes raisons, mais en sens contraire. L'œuvre n'est donc pas dénuée d'un certain humour, en même temps qu'elle laisse une impression pessimiste, comme si tout se valait ici-bas, dans ce que nous faisons. La fin semble élever le débat, en rappelant notre condition fort limitée de créatures. – Trad. et discussion aux pp. 303-322 de J. Bottéro, *Mésopotamie : l'Écriture, la Raison et les Dieux*, Gallimard, 1987. J. B.

DIALOGUES de Castillejo [*Diálogos*]. Les *Dialogues* du poète espagnol Cristobal de Castillejo (1490 ?-1550) font partie des *Œuvres* (Madrid, 1573) de cet auteur qui s'opposa vivement à l'introduction de la métrique italienne en Espagne. Ils sont écrits en vers traditionnels très brefs et ne sont pas dépourvus de grâce et de légèreté. Les sentiments de l'homme – un moine dont la morale envers lui-même n'est pas trop rigide – se révèlent notamment dans le « Dialogue et discours sur la vie de Cour » où les deux états d'âme du poète, alors qu'il entrait dans la vie et alors qu'il se retrouve, sans illusions et misérable, sur le point d'en sortir, sont personnifiés par Lucrecio et Prudencio ; nous y trouvons la condamnation de la vie de Cour : les bassesses et les misères matérielles y sont dépeintes avec le ton sincère de l'expérience personnelle. Dans un autre Dialogue « entre la Vérité et la Flatterie », il s'efforce d'exposer poétiquement des concepts moraux et de montrer leur influence sur les hommes. Les paroles de la Flatterie, qui cherche à se justifier, sont beaucoup plus remarquables que les paroles simples de la Vérité. Il parvient beaucoup mieux à l'effet artistique désiré dans le « Dialogue entre la Mémoire et l'Oubli », dans lequel chacun discute de sa propre supériorité. Si la Mémoire peut se vanter de garder le nom des grands hommes et des grands événements du passé et d'éterniser leur courte vie par le souvenir glorieux, elle ne peut taire, non plus, le nom des hommes et des choses marqués par l'infamie ; tandis que l'Oubli, avec raison, est plus agréable parce que, s'il fait aussi oublier quelques heures heureuses, il est surtout capable d'apaiser nos douleurs et nos misères, donnant ainsi à l'homme, plus habitué à subir les maux qu'à jouir des biens, la paix après laquelle il soupire. Le « Dialogue entre l'auteur et sa plume » est encore une confession autobiographique : l'un et l'autre se renvoient les torts qui font qu'au seuil de la vieillesse ni l'un ni l'autre n'ont atteint la fortune. Le poète se lamente de l'injustice de son propre destin et des efforts continuels qu'il a dû faire ; la plume répond qu'il aurait dû suivre l'exemple de ceux qui n'ont pas hésité à avilir leur propre art par goût du lucre. Enfin le « Dialogue qui parle de la condition des femmes », écrit en 1546, est une féroce satire contre les dames « jeunes, nonnes, veuves, vieilles filles, etc. » ; les protagonistes en sont Alessio et Filéno : celui-ci cherche à réfuter les graves accusations de l'autre qui laissent, parfois, percer la propre expérience de l'auteur. Dans tous ces *Dialogues,* on devine la désillusion de l'homme en lutte avec la misère morale et matérielle, désillusion exprimée non sans cynisme.

DIALOGUES (Les) [*I colloqui*]. Poèmes de l'écrivain italien Guido Gozzano (1883-1916), publiés en 1911. Plus que la suite du *Chemin du refuge* [*La via del rifugio*, 1907], ce deuxième et dernier recueil de Gozzano est le « livre » définitif, le bilan d'une aventure poétique. Ses vingt-quatre poèmes, répartis dans trois sections (*L'Erreur de jeunesse, Au seuil, Le Rescapé*) forment une structure circulaire reliant le premier et le dernier poème (homonymes et éponymes). *Les Dialogues* sont à la fois le journal désabusé d'un jeune homme aux prises avec la phtisie et la mort, et une réflexion métacritique sur la difficile survie d'un poète bourgeois dans la société du début du siècle. En somme, si l'homme lutte contre la phtisie, le poète lutte contre une « intoxication littéraire » aussi pernicieuse que la maladie : l'emprise de D'Annunzio et de sa poésie « haute ». La guérison équivalant au silence, Gozzano procède par remplacements : à la poésie mondaine et esthétisante de D'Annunzio, il oppose le code poétique de Jammes, de Pascoli, l'ironie de Laforgue. C'est dire la subtilité de la poésie gozzanienne, à peine masquée par ses sujets intimistes : charme des époques révolues, évocation d'amours fanées, salons bourgeois XIXe remplis de vieux objets, rêve d'une existence paisible à la campagne. Mais le « je » est d'emblée dédoublé : le poète regarde vivre et agir son alter ego, mais avec le regard froid et distant de celui qui aurait déjà franchi les portes de la mort. *Les Dialogues* sont truffés de références littéraires, de renvois ironiques. Ils font coexister un lexique emprunté aux classiques de la poésie italienne (Dante, Pétrarque) et le langage parlé. Si Gozzano joue en virtuose de la versification, c'est pour en saper les bases, pour tourner en dérision, grâce à un démontage aussi brillant que pervers, vers classiques, rimes, strophes, grands mots creux. Palimpseste, mosaïque de citations, l'écriture gozzanienne est le gage de modernité d'une poésie étonnamment originale malgré ses vieilleries. Au-delà de ces procédés techniques perce l'angoisse du devenir et de la mort, enfouie mais non surmontée dans cette mise en question de la parole poétique et des valeurs qu'elle véhicule. F. Li.

DIALOGUES de Grégoire le Grand [*Dialogorum libri quattuor de vita et miraculis patrum italicorum et de aeternitate animorum*]. Ces quatre livres furent écrits par saint Grégoire le Grand (vers 535-604), entre les années 593 et 594. Très fatigué par les soucis et les responsabilités de sa charge, et s'étant retiré pour quelque temps en un lieu solitaire, Grégoire imagine d'exprimer à un diacre, Pierre, son profond regret de n'avoir pu se consacrer à la vie ascétique qui permet à tant d'hommes d'atteindre la perfection. Pierre l'ayant prié de lui en donner les raisons, il le lui explique, au moyen d'exemples concrets. Il décrit la vie et énumère les miracles de plusieurs saints italiques, tels qu'il les a appris par des témoins dignes de foi ou par son expérience personnelle. Le premier et le troisième livres citent des personnages pour la plupart inconnus, si l'on fait exception de saint Paulin de Nole ; le deuxième (qui, au point de vue historique, est le plus important) est consacré à saint Benoît de Nursie. Le quatrième a aussi une importance considérable, puisqu'il traite de la vision de l'au-delà qui, pendant longtemps, jusqu'à Dante, a inspiré la poésie médiévale. Le Purgatoire y est amplement étudié dans les chapitres 37 et 57. Le texte contient, en outre, des passages d'un intérêt historique évident, comme par exemple ceux qui concernent les Lombards ou ceux qui décrivent la conversion des Wisigoths. Il n'est pas non plus dépourvu d'une certaine vivacité et d'un franc réalisme. Le chapitre 30 du même livre traite d'une légende qui sera évoquée très souvent dans la littérature postérieure et selon laquelle l'âme de Théodorie aurait été jetée dans le volcan des îles Lipari.

La forme des *Dialogues*, déjà utilisée précédemment dans les œuvres semblables, par exemple dans les écrits de Sulpice Sévère, constitue pour l'auteur un simple moyen de donner de la vivacité à la narration. Son style, volontairement simple et clair, à la portée de tous, a favorisé l'immense diffusion de l'œuvre, qui fut célébrée, non seulement par les écrivains du temps, mais aussi plus tard par Grégoire de Tours, Isidore de Séville, Ildefonse de Tolède, par Bède le Vénérable et bien d'autres. La diffusion de ces *Dialogues*, jusque dans les pays les plus lointains, est prouvée notamment par la traduction grecque (741-752) qu'en fit le pape Zacharie, ainsi que par celle, anglo-saxonne, rédigée à l'époque d'Alfred le Grand par Werferth, évêque de Worcester, et par d'autres traductions françaises, italiennes et même arabes. — L'on peut lire ces *Dialogues* dans la *Patrologie latine*, t. LXXV-LXXIX ; voir aussi les éditions du Cerf (1980-1989).

DIALOGUES de Sénèque [*Dialogorum libri XII*]. Recueil d'écrits philosophiques de l'écrivain latin Sénèque (1 ? av. J.-C. – 65 ap. J.-C.). Ce sont des écrits de circonstance, chacun étant adressé à un interlocuteur particulier, constituant en quelque sorte la réponse à une consultation. Ils furent réunis plus tard sous ce titre, bien qu'il n'y ait rien dans cette œuvre qui rappelle un dialogue, si l'on en exclut le septième : *De la tranquillité de l'âme* (*). Mais étant donné que depuis Platon on avait pris l'habitude de développer la philosophie sous forme de conversation, entre deux ou plusieurs interlocuteurs, on continua à appeler dialogues ces dix traités. Dans le premier : *De la providence* (*), Sénèque se propose d'expliquer pourquoi la fortune favorise ordinairement les méchants, tandis que les bons sont en général malheureux. Cela provient, dit-il, du dessein de la divine Providence, qui veut exercer la vertu des hommes les plus dignes. Chaque homme doit suivre sa destinée dure et harassante avec une âme d'autant plus reconnaissante à la Providence qu'elle la fait digne de lutter et de vaincre. Le deuxième : *De la constance du sage* (*), dédié à Annaeus Serenus, développe le thème du sage qui, possédant comme seul bien la vertu, ne peut être atteint par l'offense, car sa vertu est invulnérable. Les outrages de la fortune et les outrages des lâches ne peuvent pas le troubler. Le troisième : *De la colère,* en trois livres, est dédié à son frère Novatus, et traite de la psychologie et de la morale. La colère, qui entraîne l'homme à des actes de violence impulsifs ou prémédités et contraint l'humanité à être en guerre avec elle-même, constitue l'obstacle principal à l'œuvre individuelle et sociale du bien. Ainsi donc les deux premiers livres, qui sont les plus originaux, étudient les caractères de l'instinct, de la passion, de la raison et les limites de la responsabilité morale, alors que le troisième traite de la colère en tant que maladie sociale, et suggère des remèdes.

Le quatrième écrit, *La Consolation à Marcia* (+), s'adresse à Marcia, la vertueuse femme de Cremutius, qui a perdu son fils. Sénèque lui rappelle la brièveté de toute chose et l'inéluctable et providentielle nécessité de la mort. Le cinquième : *De la vie heureuse* (*), dédié à son frère Gallion, démontre que la seule vie heureuse est celle de la vertu et non celle des plaisirs. Le sixième : *De l'oisiveté* (*), dédié à Serenus, fait valoir que la nature nous a créés, non seulement pour la vie contemplative, mais aussi pour la vie active, et nous a fourni les moyens de pourvoir au bien d'autrui. Le septième : *De la tranquillité de l'âme*, dédié à Serenus, est le seul qui soit composé sous forme de dialogue. Serenus, dégoûté de la vie, hésite entre le mal et le bien qu'il n'a pas le courage d'entreprendre. Sénèque lui fait la morale : une conscience tranquille ne redoute aucun trouble, il ne faut ni s'enthousiasmer ni s'avilir. On doit participer à l'activité publique et à l'exercice des devoirs civils, développer son activité suivant les circonstances ou quitter l'action sans haïr le genre humain : il vaut mieux assister avec une âme paisible au spectacle donné par l'immoralité publique. Le huitième : *De la brièveté de la vie* (*), est adressé à Paulinus. La vie nous paraît brève parce que nous avons l'impression d'être immortels. Il est difficile de savoir vivre en reculant toujours le moment du repos. Le neuvième : *Consolation à Polybius* (+) et le dixième : *Consolation à Helvia* (+) furent écrits au cours de son exil en Corse, et traitent d'arguments moraux et du problème de la mort suivant la morale stoïcienne. Exception faite de l'ouvrage *De la colère* (*), qui est en trois livres et qui par son étendue se détache des autres traités ; ce recueil peut être considéré comme l'œuvre mineure de Sénèque : il a réservé pour les *Lettres à Lucilius* (*) sa principale activité. Sont communes à toutes les œuvres morales de Sénèque, l'éclatante nouveauté du style, qui marque son langage philosophique — bien éloigné de l'obscure terminologie scolastique — et sa façon de réfuter les arguments, sans s'embarrasser de préjugés et sans user d'un système rigide, mais uniquement en se fiant à ce que son enquête sur les valeurs morales lui suggère. — Trad. Les Belles Lettres, 1922-1950.

DIALOGUES de Sulpice Sévère [*Consolatio Postumiani et Galli*]. Œuvre de l'écrivain latin Sulpice Sévère (363-425 env.). Elle complète sa *Vie de saint Martin* (*). L'auteur veut démontrer à un ami, Postumianus, par ces deux dialogues, la supériorité de saint Martin, célèbre évêque de Tours, sur les saints orientaux les plus connus. Après un séjour de trois ans, Postumianus rentre d'Orient où il a étudié, avec le plus grand intérêt, la vie des moines et des ermites égyptiens. Il décrit leurs coutumes ascétiques, leurs visions et leurs miracles. D'après Sulpice, les miracles de saint Martin sont bien plus importants : ce saint est moins connu que les ascètes égyptiens, car il n'a jamais recherché la gloire en ce monde. Gallus, un de ses disciples, conte ses miracles au milieu de l'émerveillement et de l'émotion générale. Bien que cette œuvre soit moins intéressante que la *Chronique* (*) ou que la *Vie de saint Martin* du même auteur, elle révèle pourtant l'art narratif de Sulpice et donne des détails importants qui aident à la connaissance de la biographie du saint et de la vie monastique de l'époque. C'est ainsi qu'on y trouve des détails précieux sur les rapports entre saint Martin et les empereurs Valentinien et Maxime ou sur l'intervention de saint Martin auprès de Maxime en faveur des priscilliens. — Trad. *Dialogue sur saint Martin,* Payot, 1927.

DIALOGUES de Tahureau. Œuvre satirique de l'écrivain français Jacques Tahureau (1528 ?-1555). C'est dans ces *Dialogues* de 1555 (publiés, posthumes, en 1565, puis à seize reprises jusqu'en 1602) que l'on voit se cristalliser diverses tendances de la pensée de Tahureau qui se sont manifestées de façon fugitive dans ses poésies — v. *Poésies* (*) de Tahureau. Le titre complet de cet ouvrage annonce tout un programme : *Les Dialogues de feu Jacques Tahureau... Où les vices d'un châcun sont repris fort aprement, pour nous animer davantage à les fuir et suivre la vertu.* C'est précisément le rôle de ces deux dialogues satiriques, que l'on rattache volontiers au modèle fourni par Lucien de Samosate, de reprendre les vices moraux où l'homme sombre afin de nous les faire fuir, avant de définir cette « vertu » que nous serons ainsi en mesure de suivre. La définition de la « vertu » et la critique des vices (celle-ci fournissant les « thèmes » satiriques des *Dialogues*) s'enchevêtrent sans cesse, mais les grandes lignes de la première ne s'en dégagent pas moins. Les *Dialogues* sont imprégnés de la double notion de responsabilité personnelle et d'authenticité. Le « Démocritic » arrache au « Cosmophile » tous les points de repère irrationnels qui ont guidé jusqu'ici sa vie, pour lui révéler sa liberté existentielle, pour lui imposer la responsabilité de choisir son mode de conduite, qui doit être aussi authentique que possible, ainsi qu'il convient à sa nature d'homme. Nature et raison vont de pair dans les *Dialogues* : impossible d'atteindre à cette « vertu » sans bien pratiquer, et constamment, la raison, principe régulateur octroyé par la nature pour le bien des hommes. Ce système d'idées est de couleur nettement épicurienne, voire primitiviste dans son exigence d'une austérité morale jointe à une ouverture d'esprit aux plaisirs que nous offre, raisonnablement, la vie. Il s'agit en fin de compte de bien persuader l'homme que sa vie sur terre est unique, et de lui faire rejeter les constructions intellectuelles superposées à sa nature qui l'amènent à oublier ce fait essentiel. La satire, souvent traditionnelle, lancée contre les femmes et l'amour, l'honneur et la gloire, la noblesse, les gens de justice et les médecins, les philosophes, et le surnaturel (occultiste ou religieux), doit s'entendre par rapport à cette toile de fond idéologique. Et tout ceci est présenté d'une manière concrète et souvent des plus pittoresques qui fait pardonner le ton parfois déclamatoire. – Une édition critique des *Dialogues* par Max Gauna a été publiée à Genève en 1981. Consulter également : Trevor Peach, *Nature et Raison. Étude critique des Dialogues de Jacques Tahureau,* Genève, 1986. T. P.

DIALOGUES de Torquato Tasso [*Dialoghi*]. Ces dialogues sont au nombre de vingt-six, et si l'on considère comme des œuvres distinctes les diverses versions que l'écrivain italien Torquato Tasso dit le Tasse (1544-1595) a faites pour certains d'entre eux en leur donnant un titre différent, on peut en compter trente et un. Un petit nombre de *Dialogues* (peut-être quatre) est antérieur à la réclusion du poète ; leur majeure partie (vingt-deux) fut composée à l'hôpital Sainte-Anne, les autres après sa libération, au cours des années « de l'infâme et trouble obscurcissement » ; le dernier, *Porzio,* date de 1594. Ils furent réunis par César Guasti (Florence, 1858-1859). À cette époque, la forme dialoguée n'est pas nouvelle ; au contraire elle est considérée comme la plus appropriée pour traiter n'importe quel sujet. En revanche l'intention de se rapprocher le plus directement et le plus nettement possible des dialogues de Platon est évidente : en effet, dans son *Discours sur l'art du dialogue,* le poète les célèbre comme des modèles du genre. De plus, il est à noter que c'est du *Phèdre* (*) que découle la trame du dialogue *Il Nifo ou la Vérité du plaisir ;* est également tirée du *Phèdre* la question de savoir si la personne aimée doit être plus aimable envers celui qui l'aime qu'envers celui qui ne l'aime pas, question dont le Tasse a fait le sujet de son dialogue, *Le Chevalier amoureux et la Dame aimée,* transportant la discussion dans une atmosphère de cour et lui donnant comme prétexte le refus d'une dame à une invitation à danser. Les titres aussi, doubles en général parce que tirés du nom d'un interlocuteur et du sujet traité, rappellent ceux de Platon (*La Molza ou la Vérité de l'amour, Minturno ou la Vérité de la beauté, Manso ou la Vérité de l'amitié,* etc.). De même que Socrate, dans certains dialogues de Platon, se présente comme l'étranger d'Athènes, le Tasse comparaît comme l'étranger de Naples dans plusieurs des siens. Mais l'imitation ne se borne pas à ces éléments extérieurs. Le Tasse a voulu s'approprier la méthode socratique du dialogue. Bien que ce procédé ne soit rien d'autre qu'un artifice littéraire, l'appareil socrato-platonique, introduit uniquement par esprit d'imitation, loin de rendre le mouvement de pensée de l'auteur, ne peut qu'en souligner l'aspect statique et montrer l'incapacité du Tasse – qui a pourtant voulu opposer les thèses les unes aux autres et les a incarnées dans différents personnages – à développer sous une forme dialectique le sujet qu'il s'est proposé de traiter. Les problèmes philosophiques ne sont pourtant pas étrangers à l'esprit du poète de *La Jérusalem :* dans sa jeunesse, n'avait-il pas connu l'enthousiasme et la fièvre des spéculations philosophiques, et ne s'était-il pas posé des questions qui devaient plus tard susciter en lui la terreur d'avoir péché par hérésie. Mais si cette expérience s'est transformée à un moment donné en poésie et a donné naissance à cette atmosphère chargée de songes et de pensées qui entoure les personnages de *La Jérusalem délivrée* (*), ici, le Tasse n'a conservé qu'une habitude de raisonner qui, trop souvent, dégénère en subtilités et en sophismes.

Les *Dialogues* veulent en effet recueillir cette vaste érudition, que l'auteur se complaisait toujours à accroître, *Le Second Malpiglio ou la Vérité de fuir la multitude* le prouve mieux que tout autre. L'auteur, sous le prétexte de démontrer que, même après s'être réfugié au port de la philosophie, il n'a pas retrouvé pour autant la paix à cause de la multiplicité des opinions contradictoires, en vient à exposer une interminable série de doctrines physiques et métaphysiques ; le but poursuivi par le poète, de toute évidence, n'est pas d'aboutir à une conclusion sceptique ou mystique, mais uniquement de faire montre de virtuosité littéraire, en se délectant des visions imaginaires que ces doctrines peuvent faire naître. Le dialogue du *Messager* offre une série d'étranges et de merveilleuses images, prises aux sources les plus diverses. Il contient l'exposé de la doctrine néo-platonicienne des êtres intermédiaires entre Dieu et l'homme. On ne peut affirmer avec exactitude si ce que dit l'écrivain est pour lui une fiction poétique ou une réalité à laquelle il croit, mais il est certain que, là aussi, toute recherche philosophique est absente. Dans ses *Dialogues,* n'ont une valeur purement spéculative que l'affirmation empruntée à Porzio de l'intrinsèque dignité de la science ou l'éloge de la tolérance, que l'on trouve dans *Gonzaga ou la Vérité du plaisir honnête,* et sous une forme atténuée dans la deuxième version intitulée : *Il Nifo ou la Vérité du plaisir,* dialogue en faveur de l'hérésie philosophique distincte de l'hérésie des Écritures. Cependant, même dans ces deux derniers *Dialogues,* qui sont parmi les meilleurs, le Tasse ne paraît pas, comme il l'aurait voulu, tenir le juste milieu entre le poète et le dialecticien. La matière la plus appropriée à son raisonnement semble être la poésie, à laquelle, il fait plus d'une fois allusion dans tous ses dialogues et à laquelle est dédiée *La Cavaletta ou la Vérité de la poésie toscane,* discussion technique sur la chanson et sur le sonnet.

Les *Dialogues,* à vrai dire, et là réside leur valeur principale, ont offert au poète la possibilité de transposer sur le plan poétique, en évitant les dangers d'une confession directe, son goût pour la vie de cour et surtout sa douloureuse et tragique expérience. *Le Chevalier amoureux et la Dame aimée,* déjà cité, est une scène admirable d'une grande comédie. Tout émaillé de citations de Pétrarque, le dialogue : *Les Bains ou la Vérité de la dévotion* (il entend la dévotion amoureuse, celle de l'amant pour sa maîtresse) est la description complète de la passion mélancolique et secrète d'un courtisan. Le Tasse des années de folie et des tristes vagabondages est représenté dans plus d'une page avec des accents inoubliables, soit que, libéré momentanément, il nous apparaisse en compagnie de belles dames, dissertant sur la passion de l'amour *(Molza ou la Vérité de l'amour),* soit qu'il discoure de masques et de mascarades, ayant été invité à sortir un moment de sa cellule pour se mêler à la foule du carnaval et qu'il évoque Ferrare, telle que jadis elle lui apparut pour la première fois.

Ces *Dialogues* furent d'autant plus précieux pour lui qu'ils lui permirent, grâce à l'étude de descriptions objectives et à la possibilité de renouveler des sujets et des méthodes platoniciens, de se distraire de l'obsession de la folie, ce qui était pour lui d'une nécessité vitale. De l'opinion unanime, le dialogue, qui fut pour lui une véritable libération, est *Le Père de famille,* composé la première année, la plus tragique, de sa réclusion à Sainte-Anne. Il y évoque avec une nostalgie paisible un épisode de sa récente fugue à Ferrare, l'hospitalité qu'il reçut d'un gentilhomme dans sa maison de campagne, près de Vercelli – idylle grave et sévère qui retient longtemps le poète avant qu'il n'arrive à ce qui doit constituer le sujet du dialogue, l'exposition des règles pour bien diriger sa famille et qui est, en réalité, la raison d'être de l'œuvre.

DIALOGUES AVEC LEUCÒ [*Dialoghi con Leucò*]. Œuvre de l'écrivain italien Cesare Pavese (1908-1950), publiée à Turin en 1947, la même année que *Le Camarade* [*Il compagno,* 1947]. Pavese, qui n'avait pas encore publié les romans qui allaient le rendre célèbre, décrit dans son journal les conditions dans lesquelles les *Dialogues* ont été composés : en réaction contre la guerre et les difficultés qu'il avait eues dès 1935 avec le fascisme italien – il fut ainsi exilé pendant un an en Calabre – les *Dialogues* décrivent, au travers d'une solitude forcée et consentie, un retour à l'origine, loin du bruit et de la confusion où l'Europe se sacrifie.

Retiré près du sanctuaire de Crea, à Sarralunga, c'est, sous le prétexte du mythe, la tentative de réinvention d'un langage universel, compris de tous, et transcendant aux situations qui accablent les hommes. Ainsi l'aventure mythologique concrétise une tragédie qui est de tous les temps. En établissant un dialogue avec ce qu'il appelle le « vivier des symboles », c'est toute une civilisation, de ses origines aux racines les plus ténues soient-elles du présent, qui est mise en cause. Et à partir du tragique, un dialogue de l'homme avec sa condition. Dans le prologue aux *Dialogues,* Pavese peut dès lors écrire que l'« inquiétude est plus vraie et plus pénétrante quand elle agite une matière connue ». Chez tous les hommes les mythes helléniques ont laissé trace. C'est à partir d'eux, de leur acceptabilité, de leur immédiateté, que le poète, dialoguant avec les symboles, s'ouvre à ses semblables dans ce qu'il considère comme l'universalité. Le dialogue devient communion, participation aux mêmes symboles. Et Pavese redécouvre dans la psychanalyse et l'ethnologie ses préoccupations de toujours, la possibilité d'un nouvel affrontement et d'une nouvelle formulation. Il ne s'agit donc pas de « rêveries » sur le destin mythique de l'homme mais de limiter sa réflexion sur l'élément qui lui paraît le plus stable, le plus évident de toute civilisation qui s'interroge sur son sort. Il ajoute : « Nous avons horreur de tout ce qui est désordonné, hétéroclite, accidentel, et nous cherchons – même de façon matérielle – à nous limiter, à nous donner un cadre, à insister sur une présence définie. » Ainsi les héros des *Dialogues,* une fois définis, pourront-ils s'entretenir sur les sujets les plus variés : la loi des dieux, le désir, le souvenir, la passion, et surtout la destinée de l'homme – de ce destin dont Pavese avait la conviction qu'il pesait inéluctablement sur l'humanité.

Nul doute qu'il n'ait considéré les *Dialogues avec Leucò* comme son œuvre la plus importante. Lorsqu'il part, le 26 août 1950, pour la chambre d'hôtel où il se suicidera, il emporte dans sa valise un exemplaire des *Dialogues.* On le retrouvera, ouvert à la première page où il a inscrit ces mots : « Je pardonne à tout le monde, et je demande pardon à tout le monde. Ça va ? Pas trop de bavardages, s'il vous plaît. » – Trad. Gallimard, 1964.

DIALOGUES D'AMOUR. Ouvrage philosophique de l'écrivain espagnol Jehudah

Abravanel (1460/1470-avant 1535), dit Léon l'Hébreu ; sa première publication eut lieu, en italien, à Rome en 1535, et il paraît certain que le texte original en fut rédigé en cette langue et non en espagnol ou en hébreu. Dans trois dialogues sur l'amour (un quatrième, qui aurait complété l'œuvre, n'a probablement jamais été écrit), Sophia et Philon – symboles de la sagesse rationnelle et de la passion – discutent afin de définir l'amour et le désir, et de fixer, du premier, les limites, les caractères, l'universalité et enfin l'origine. Ces dialogues, dont le plus ample et le plus vigoureux est le troisième, s'appuient sur la culture hébraïque à travers la théorie platonicienne de l'amour et son interprétation par Marsile Ficin, en ce sens qu'y est posée, avec évidence, la nécessité d'une pleine appréciation de l'amour comme élément de connaissance du divin, en même temps que son importance fondamentale dans les rapports entre Dieu et l'homme. Dans le premier dialogue (« De l'amour et du désir ») sont examinés les rapports entre l'amour (« on aime ce que l'on a ») et le désir (« on désire ce que l'on n'a pas ») ; entre l'utile, l'agréable et l'honnête. Il y est établi que, de l'amour et du désir de l'honnête, proviennent la vertu et la sagesse, et que l'homme doit tendre à la vertu et à la pleine réalisation de ses fins : aimer et connaître Dieu, souverain bien. Dans la connaissance de Dieu seulement est la béatitude humaine. Aimer Dieu, c'est en réalité connaître Dieu ; émanant de lui se reflète sur l'homme une lumière d'amour qui est sagesse. L'amour trouve donc sa source dans l'ordre de l'univers, comme on le voit aux passions humaines qu'en vain la raison cherche à freiner ; point de vue qui est analysé dans le second dialogue, « De la communauté de l'amour ». Après avoir considéré la nature de l'amour dans le monde inférieur sublunaire, dans le monde élémentaire et dans le monde céleste (toujours sous forme de discussions entre Philon et Sophia), l'auteur y approfondit les rapports entre amour et connaissance, en s'appuyant sur la mythologie érotique des Grecs et des Romains et les manifestations d'amour du monde intelligible. Dieu étant posé comme fin suprême, qui est aimée dans la perfection même de l'univers, l'ascension de tous les êtres vers lui, précisément par l'amour, est profondément ressentie par chacun ; c'est là qu'il faut voir l'unité du monde : l'élévation de l'imparfait au parfait et l'acte d'amour de Dieu envers les créatures. En cette dernière conception, l'on reconnaît les origines juives et, à certains égards, chrétiennes, de la pensée de Léon l'Hébreu, ainsi que l'influence de Platon et des néoplatoniciens italiens. Pour la théorie de l'amour, qui eut tant de développements dans la civilisation de la Renaissance, le troisième dialogue (« De l'origine de l'amour ») est très important. L'amour y est examiné dans ses attitudes passionnelles (Philon souffre devant l'incompréhension de Sophia) : sa nature, précisément parce qu'il est toujours désir, est de tendre vers le bien sous toutes ses formes en une aspiration continuelle à l'universalité. Après avoir considéré son origine cosmique à divers points de vue, Léon l'Hébreu établit sa genèse à partir d'une nécessité de perfection qui se trouve en toutes choses et pousse Dieu lui-même vers la créature humaine et les êtres créés. La création aussi est un acte d'amour. Dieu est beauté première (entendue comme splendeur sans égale et suprême harmonie), car il est sagesse parfaite. De la suprême beauté est issu l'amour, qui tend à Dieu comme à la complète béatitude ; la perfection de l'aimé est donc la fin universelle de l'amour. Le dialogue se termine par l'image tourmentée de Philon dont l'amour spirituel n'est pas encore compris par Sophia. Dans un quatrième dialogue, probablement Sophia aurait cédé à la passion de son amant, à la suite d'une nouvelle discussion sur la nature et sur les fins de l'amour. Ces dialogues, bien que coupés de digressions mi-astrologiques, mi-métaphysiques, héritées de la littérature antérieure, posent avec une nette évidence le principe de la connaissance dans l'amour et dans la passion. Cette œuvre appartient de droit à l'histoire de la pensée, surtout si l'on tient compte des développements qu'elle aura dans les théories de Giordano Bruno et des autres philosophes de la nature. – Trad. *De l'amour*, Lyon, 1551.

DIALOGUES DE BÊTES. Recueil de textes de l'écrivain français Colette (1873-1954) ; ces textes étaient au nombre de quatre dans l'édition originale de 1904, de sept en 1905, de douze enfin en 1930 ; le livre a grandi à la mesure de la gloire de Colette. C'est pour elle, en 1903, l'occasion de faire entendre sa petite musique personnelle, en marge de la série des *Claudine* (*) ; c'est pour elle, en 1930, une manière d'affirmer que son talent d'écrivain animalier n'est en rien usurpé. Au point de départ, elle ne se contente pas de mettre en scène, dans un artifice théâtral teinté d'humour, les dialogues d'un chien et d'un chat, évoqués dans leur vie propre et dans les rapports qu'ils entretiennent avec leurs maîtres : une peinture en filigrane de ces maîtres – le mari et la femme – suggère l'existence d'un couple heureux, ce qui est l'envers rêvé de ce qui est analysé dans *Claudine en ménage* (*) (1902) et dans *Claudine s'en va* (*) (1903) ; aussi, à partir d'une telle prémisse, comprend-on comment la description de l'animal – dans son apparence extérieure comme dans les sensations qui le lient intimement au monde – va devenir la clé de la vision du monde de Colette, d'une sorte d'acceptation sereine et émerveillée de l'univers. À sa manière propre, l'écrivain rivalise désormais avec celui dont elle admire la maîtrise, le Rudyard Kipling du *Livre de la jungle* (*), dont les deux livres venaient d'être traduits en 1899. Observation exacte, sympathie profonde, contemplation heureuse : entre le monde humain et le monde animal, Colette, ostensiblement, fait pencher la balance vers le monde animal, dont l'évocation lui est à la fois recréation et récréation – loisir de la vraie vie. Après les *Dialogues de bêtes,* elle publie les trente-trois textes qui composent, en 1916, *La Paix chez les bêtes* : « Tout le mal vient des hommes », constatait déjà Bagheera, la panthère du *Livre de la jungle.* En 1932, elle publie les dix textes de *Paradis terrestres* qu'elle reprendra en 1935 dans un ensemble plus vaste intitulé *Prisons et Paradis* : Colette y déplore les instincts de geôlier de l'homme qui enferme dans des zoos les animaux qu'il aime capturer, tout en chantant un hymne à la liberté – et à ses risques – dans un monde qu'elle rêve pur de tout contact humain. La description du serpent, celle des paons, toutes deux ouvrant le recueil, sont devenues des pages d'anthologie. Il faut lire enfin *Autres bêtes,* titre fourre-tout des œuvres complètes du Fleuron, où sont regroupées des œuvres diverses : *Regarde* (1929), *Chats* (1936), *Broderie ancienne* (1944), *De la patte à l'aile* (1943). De la pochade de quelques lignes à la mini-nouvelle de quelques pages, Colette n'a cessé de dialoguer, toute sa vie, à sa façon, avec les bêtes : elles apparaissent partout dans l'œuvre, dans des textes spécifiques comme dans les textes où rien ne semblait les appeler particulièrement, et leur absence même en devient significative, jusque dans tel ou tel roman.

M. Mer.

DIALOGUES DES CARMÉLITES. Ces *Dialogues* ont été composés par l'écrivain français Georges Bernanos (1888-1948) au début de 1948 et n'ont été publiés qu'après sa mort, en 1949. Le sujet est emprunté à une nouvelle de Gertrude von Le Fort, *La Dernière à l'échafaud* (elle-même inspirée d'une circonstance historique : l'éxécution des seize carmélites de Compiègne, guillotinées, le 17 juillet 1794, à Paris). L'accord fondamental entre l'histoire elle-même et les thèmes constants de l'œuvre de Bernanos, ainsi que la correspondance occasionnelle, mais combien dramatique, entre la peur que la mort inspire à deux personnages (la prieure et Blanche) et celle que connaissait l'auteur lui-même avec l'aggravation de la maladie qui l'emporta, ont contribué à faire de ce travail de circonstance, et même de commande, une œuvre très belle, très nouvelle et révélatrice, sur laquelle d'ailleurs l'auteur a passionnément et longuement travaillé.

La femme du marquis de la Force est morte en donnant le jour à une fille, Blanche, quelques heures après avoir éprouvé une violente peur : le carrosse du marquis et de la marquise a été arrêté par une foule prise de panique et soudain menaçante. La jeune Blanche de la Force dissimule avec une douloureuse honte cette peur permanente qu'elle tient des conditions de sa naissance. Elle décide d'entrer au Carmel. À la prieure l'interrogeant sur les raisons de son choix, elle répond que ce qui la pousse au Carmel est « l'attrait d'une vie héroïque ». Mais, en fait, elle cherche dans le Carmel le refuge contre la peur qui la menace à chaque instant dans le monde, ou plutôt un héroïsme plus facile, un héroïsme « à la portée de la main ». Peu de temps après l'arrivée de Blanche au Carmel, la prieure entre en agonie et, contre toute attente, donne le spectacle d'une grande peur. Une jeune carmélite, qui s'attache à Blanche un peu en dépit d'elle, simple, joyeuse, mais très pure, s'exprime sur la mort de la prieure en des termes qui annoncent le drame imminent et en révèlent le sens secret. « On dirait qu'au moment de lui donner (sa mort), le Bon Dieu s'est trompé, comme au vestiaire on nous donne un habit pour un autre. » « La mort d'une autre, qu'est-ce que cela peut bien vouloir dire, Sœur Constance ? », demande Blanche. Et Constance répond : « Ça veut dire que cette autre, lorsque viendra l'heure de la mort, s'étonnera d'y entrer si facilement et de s'y sentir confortable... Peut-être même qu'elle en tirera gloire : Voyez comme je suis à l'aise là-dedans, comme ce vêtement fait de beaux plis... »

La prieure meurt, et, comme le cours des événements – c'est le début de la Révolution – menace de plus en plus la sécurité des religieuses, le couvent choisit pour la remplacer, non point la plus digne d'une telle charge, mais celle dont l'origine et le bon sens populaires peuvent rassurer. Le Carmel vit dans une atmosphère d'attente dramatique : certaines souhaitent le martyre, mais Blanche, elle, a peur, et honte d'une peur qui ne passe pas inaperçue. Les religieuses sont expulsées ; elles se dispersent. Blanche, dans l'hôtel de son père qui vient d'être guillotiné, est devenue la servante des anciens domestiques. Cependant, ses compagnes sont arrêtées. Elle apprend qu'elles doivent être guillotinées. La dernière scène, qui ne comporte pas de dialogue, montre l'échafaud dressé place de la Révolution, les carmélites montant l'une après l'autre en chantant le « Salve Regina » et le « Veni Creator ». Le chœur s'amenuise : plus que deux voix, plus qu'une... Alors, partant d'un autre coin de la place, une nouvelle voix s'élève. Blanche de la Force s'avance vers l'échafaud, fendant la foule qui s'écarte : son visage est pur de toute crainte.

Le texte est d'une simplicité et d'une force extrêmes. Les figures de Blanche de la Force, de mère Marie rejoignent les créations les plus vigoureuses et les plus hautes de Bernanos. Par le thème de la communion des saints (celui de la réversibilité des mérites), les *Dialogues* se situent en plein cœur de l'œuvre de Bernanos. La prieure a porté la croix que Blanche était appelée à porter. Et le motif de la peur de la mort humaine, qui reprend celui de la peur de l'agonie du Christ, acquiert ici toute sa force poignante.

★ Sur le texte, Francis Poulenc (1899-1963) a écrit un opéra représenté à Milan (en version italienne) le 26 janvier 1957, et à Paris, le 21 juin 1957, à l'Opéra.

DIALOGUES DES COURTISANES ['Εταιρικοί διάλογοι]. Groupe de quinze dialogues de l'écrivain grec Lucien de Samosate (125 ?-192 ? ap. J.-C.). Cette œuvre est une peinture, sous ses multiples aspects, du monde équivoque des courtisanes, avec leurs amours, leurs jalousies, leurs intérêts, leurs médisances. Grâce à son habileté coutumière, Lucien ne se contente pas de nous décrire l'âme de ses personnages, mais il nous les présente, vivants, réels, à travers leurs répliques brèves et rapides. Les interlocuteurs, qui sont en règle générale toujours les mêmes, se différencient cependant les uns des autres grâce à certains détails : une expression, une allusion mise en évidence parviennent à fixer de véritables types ; il s'agit ici de personnages féminins qui dominent, par leurs artifices, le faible monde des hommes qui les entourent. Certains dialogues sont plus vivants et plus réussis que d'autres : par exemple, le troisième entre Philinna qui, furieuse contre son amant Diphilos, agit en vue de le rendre jaloux, et sa mère qui lui prodigue de sages conseils de prudence. Dans le VIIe dialogue, une mère, courtisane expérimentée, essaie, sans y parvenir, de convaincre sa fille Musarion à quitter un jeune homme pauvre, qu'elle aime sincèrement, pour aller vivre avec un riche amant. Musarion est très jeune et très timide, et semble opposer une faible résistance ; mais, en réalité, elle est parfaitement sûre de son amour et ne se laisse pas convaincre par sa mère, qui fait miroiter à ses yeux comme un bonheur idéal le luxe des courtisanes les plus célèbres. Le VIIIe dialogue nous montre Ampélis en train d'apprendre à Chrysis que la jalousie la plus violente est l'unique gage d'un véritable amour. Il faut remarquer aussi le Xe dialogue, où Drosis maudit un certain philosophe qui, étant devenu le maître d'un jeune homme qu'elle aimait, l'empêche de la fréquenter. Tandis que dans les *Dialogues des dieux* (*) et dans les *Dialogues des morts* (*), l'auteur utilisait une satire plus variée, acérée, cruelle, et des intrigues plus mouvementées et dramatiques, ici nous trouvons un ton particulièrement délicat, dans la description des caractères, des sentiments, une malice pleine de verve dans les observations perspicaces, spirituelles et pénétrantes, de sorte que ces *Dialogues* acquièrent une vivacité et un réalisme qui nous permettent de les ranger à côté d'autres ouvrages de Lucien, plus célèbres et plus parfaits. – Trad. Garnier, 1922.

DIALOGUES DES DIEUX [Διάλογοι θεῶν]. Série de vingt-six dialogues satiriques qui, avec les *Dialogues marins* (*), sont les premiers écrits pour lesquels l'écrivain grec Lucien de Samosate (env. 125-192 ? ap. J.-C.) ait employé la forme dialoguée qui, par la suite, se retrouvera si souvent dans son œuvre. Ces dialogues ont pour sujet les aventures des plus importantes divinités de l'Olympe, comme les prouesses d'Hermès enfant (dial. VII), ses constantes et graves occupations (dial. XXIV), la naissance d'Athéna, sortie du cerveau de Zeus (dial. VIII), les visites amoureuses de Séléné à Endymion (dial. XI), le jugement des déesses (dial. XX), les querelles et discussions entre les divinités, comme entre Héraclès et Asclépios pour la priorité à table (dial. XIII), entre Héra et Léto, jalouses de leurs enfants (dial. XVI), entre Héra et Zeus à propos de Dionysos (dial. XVIII). Dans ces dialogues comme dans les *Dialogues des dieux marins*, l'auteur n'intervient pas personnellement pour critiquer ou railler ainsi qu'on le verra dans des œuvres ultérieures, par exemple dans *Le Banquet* (*). Ce sont simplement, racontées sur un ton apparemment sérieux, les scènes de la vie mythologique, telles que la tradition poétique les avait créées et transmises en masquant et dissimulant avec art la puérilité de l'intrigue ; d'où la satire chez Lucien, car ce sont les dieux eux-mêmes qui se rendent ridicules en dévoilant bien innocemment leurs propres défauts et ceux de leurs compagnons. Ainsi, dans le second dialogue, Zeus accusant Éros de ses méfaits raconte toutes ses comiques et fort peu honorables aventures amoureuses avec leurs conséquences souvent douloureuses ; bien puéril, au contraire, apparaît-il dans son rôle de juge quand il intervient pour faire cesser par ses menaces la querelle d'Héraclès et d'Esculape (dial. XIII) ou quand, après avoir blâmé le Soleil d'avoir cédé son char à Phaéton, il conclut en lui intimant l'ordre de réparer aussitôt le timon et les roues du char endommagés par la chute (dial. XXV). Le style de cet ouvrage, comme celui des autres ouvrages de Lucien, possède un brio et une vivacité vraiment remarquables : la souplesse et la richesse de la langue montrent tout l'esprit d'assimilation de Lucien, syriaque de naissance. Cette langue n'est pas exclusivement et pédantesquement attique comme celle de nombreux néo-sophistes, ses contemporains, dont il se plaît à railler l'exagération, mais elle soutient la comparaison avec celle des meilleurs écrivains de l'époque classique. – Trad. Robert Laffont, 1942.

★ *Les Dialogues des dieux* [*Die Göttergespräche*], parus en 1790, sont le fruit des longues et patientes études que l'écrivain allemand Christoph Martin Wieland (1733-1813) consacra durant trois ans à Lucien de Samosate, dont il traduisit toute l'œuvre. Les *Dialogues* se divisent en deux parties : les personnages des premiers dialogues sont mythologiques, ceux de la seconde partie, historiques. Tandis que dans les dialogues de Lucien, les divinités secondaires ont seules une grande importance, dans Wieland, Jupiter a le rôle prépondérant. Le premier dialogue se déroule entre Jupiter et Hercule : ce dernier lui demande s'il est vrai qu'il s'intéresse à tout ce qui se passe dans le monde, même aux plus petites choses. Jupiter lui répond que la puissance des dieux est limitée puisqu'ils sont eux-mêmes soumis au destin ; aucun dieu ne peut rompre la loi d'airain de la causalité. Jupiter, après avoir exposé le concept de la divinité d'après les principes d'Épicure, loue le philosophe Ménippe qui détruisit la sotte croyance en l'omnipotence divine. Le troisième dialogue est le plus important et le plus original. Licinus et Athénagoras discutent devant la statue de Jupiter Olympien. Athénagoras, chrétien fanatique, se déchaîne contre Phidias qui a sculpté dans le marbre un faux dieu trompeur. La statue de Jupiter s'anime, et tandis qu'Athénagoras, terrifié, fait les rituels d'exorcisme, Jupiter déclare qu'il ne faut pas s'irriter et s'emporter : les dieux de l'Olympe ne peuvent ni ne veulent prendre la place du dieu éternel sans forme et tout esprit. Mais ils continueront à vivre dans l'art, dans la sereine représentation du beau. Jamais l'Olympe ne présidera aux discussions théologiques et philosophiques des penseurs abstraits. Ce thème est repris dans le sixième dialogue qui a lieu dans l'Olympe ; Mercure annonce que le Sénat romain a décrété la déposition de Jupiter : aux dieux attristés par cette nouvelle, Jupiter répond qu'il faut accepter les dures lois du destin et que le jour viendra où les hommes, las de la rigide et ascétique conception du christianisme, sentiront le besoin d'alléger leur esprit par un retour aux sereines visions de l'Olympe païen. Dans les derniers dialogues, les anciens dieux discutent des plus récents événements historiques et notamment de la Révolution française : Jupiter et Junon y parlent avec Louis XIV, Henri IV, Saint Louis. Jupiter, contrairement à Junon qui se renferme dans un légitimisme intransigeant, comprend que l'histoire n'est qu'une continuelle évolution et rejette la responsabilité de certains excès involontaires sur l'aveugle incompréhension de ceux qui voudraient cristalliser la vie des hommes et des peuples.

Lucien, que Wieland admira et imita, avait été un démolisseur. La destruction du « panthéon grec » fut seulement pour lui le moyen d'exprimer sa conception philosophique et d'exposer ce qui lui semblait désirable et sublime pour tout homme. Wieland, interprétant à sa façon l'auteur grec, en vient à admirer ce que précisément Lucien voulait détruire. Les dieux de l'Olympe sont pour lui des idées platoniques, au-delà des contingences, images éternelles qui satisfont l'instinct esthétique de ceux qui cherchent le repos de l'esprit dans le culte du beau. Politiquement, Wieland était favorable aux idées nouvelles de la Révolution française qu'il cherchait à canaliser en un libéralisme éclairé, et il était aussi hostile à la tendance réactionnaire des hautes sphères allemandes qu'à l'extrémisme désordonné du « Sturm und Drang ». Cet éclectisme à base d'optimisme est le thème principal des *Dialogues.*

DIALOGUES DES MORTS de Fénelon. Fiction de l'ecclésiastique et écrivain français François de Salignac de La Mothe Fénelon (1651-1715), publiée en 1712. Composé pour l'édification du jeune duc de Bourgogne, dont l'illustre prêtre était le précepteur, ce livre jette une lumière assez complète sur les faits et les personnages les plus importants de l'histoire : il est en quelque sorte la vivante leçon du maître, désireux de susciter, chez son élève, l'amour du passé. Confucius et Socrate, Platon et Aristote, Coriolan et Camille, ainsi que d'autres esprits célèbres discutent entre eux ; dans l'époque plus moderne, l'auteur évoque Louis XI, le cardinal La Balue, le Connétable de Bourbon et Bayard. Au royaume des ombres, ces personnages et beaucoup d'autres, aussi célèbres qu'eux, entourés d'une atmosphère de noble spiritualité, parlent de la vertu, du bonheur, de l'amour de la patrie et du sentiment de la gloire. Dans le style de Fénelon, chaque personnage perd ses caractéristiques historiques pour s'entourer d'une auréole légendaire. Fénelon a pour seul but de présenter des principes moraux, humains et aimables, et d'éduquer son élève dans la noblesse d'esprit et dans l'idée du devoir. C'est ainsi que l'on voit Léonidas prêcher à Xerxès qu'il est plus noble de souffrir pour la défaite des Perses à Salamine que de se réjouir, à l'apogée de sa propre puissance. Richelieu expose de la même façon à Mazarin la nécessité d'allier justice et politique ; Henri IV dit au duc de Mayenne que le courage est une des conditions de la grandeur d'âme ; l'amour de la patrie est exalté par Camille et par l'héroïque chevalier Bayard : il ne faut jamais tourner les armes contre sa terre natale. Même les allusions à des conversations de personnages, tels que Charles Quint et François Ier, ne sont que prétextes pour puiser dans le passé des leçons utiles pour le présent. La valeur de cet ouvrage n'est pas due tant à l'évocation idéalisée du passé qu'à ces considérations humaines et chrétiennes qui ornent les conversations et élèvent le débat. La nécessité d'adapter l'histoire au niveau de l'intelligence de son royal élève n'empêche pas Fénelon de s'exprimer avec cette candeur et cette douceur sentimentale qui firent que Louis XIV l'appela le caractère le plus chimérique de tout son royaume.

DIALOGUES DES MORTS de Fontenelle. L'imitation de l'écrivain français Bernard Le Bovier de Fontenelle (1657-1757), publiée en 1683, est à juste titre célèbre. En faisant précéder son ouvrage d'une lettre, en guise de préface, adressée à Lucien dans les Champs-Élysées, l'auteur rend hommage à l'illustre satirique et à son idée géniale de parler aux vivants par le truchement des trépassés. Tout en construisant son livre sur la trame de celui de Lucien, dont il appréciait profondément la valeur, Fontenelle fait preuve d'une extrême habileté dans la présentation de situations nouvelles. Sa façon de moraliser, sur un ton vif et presque enjoué, crée un développement efficace de rencontres inattendues et étranges pour le lecteur. Les dialogues entre des morts de différentes époques sont les plus intéressants, avec leurs contrastes de pensée et d'action : par exemple ceux entre Auguste et l'Arétin discutant de la gloire, Sapho et Laure de l'amour, Socrate et

Montaigne devisant sur les vertus des Anciens et des Modernes, etc. Même les dialogues entre contemporains suggèrent à l'auteur de fines et savoureuses comparaisons de caractère social : par exemple Phryné, qui fut tellement courtisée, démontre au grand Alexandre qu'elle a fait plus de « conquêtes » que lui ; Charles Quint dit à Érasme que le fait d'avoir de l'esprit est toujours dû au hasard. Dans ces vingt-quatre dialogues où apparaissent, de manière tout à fait inattendue, Sénèque, Côme de Médicis, Marguerite d'Autriche, Raphaël, Cortés et de nombreux personnages dont les occupations et les conditions sont très différentes, s'insinue un esprit moqueur et plein d'aisance, qui fait preuve d'originalité dans la contemplation des choses de l'existence. Il ne faut pas oublier d'autre part que Fontenelle, qui bientôt, dans ses *Entretiens sur la pluralité des mondes* (*), allait donner la preuve de son amour pour la vérité sous la forme d'une vulgarisation scientifique élégante, nous montre son intérêt pour la vie, même par sa façon de sourire de tout. Par exemple, dans le dialogue entre Artémise et Raymond Lulle, l'auteur fait remarquer que, si la science ne peut jamais atteindre ses propres chimères, il ne faut toutefois jamais se lasser de les poursuivre, parce qu'au long de cette poursuite on est amené à mettre à jour des connaissances utiles. Le *Jugement de Pluton* (*), qui est une sorte de conclusion aux conversations satiriques des morts, doit être considéré comme la continuation naturelle de cet ouvrage.

DIALOGUES DES MORTS [Νεκρικοὶ διάλογοι]. Ouvrage satirique de l'écrivain grec Lucien de Samosate, qui vécut à l'époque où triomphait la seconde école des sophistes, sophiste lui-même (125 ?-192 ? ap. J.-C.). Il s'agit de trente courts dialogues considérés à l'heure actuelle comme authentiques par la plupart des érudits, et qu'il faut rapprocher des ouvrages les plus importants du même auteur, évoquant l'au-delà selon une inspiration pleine d'un souriant esprit satirique et ayant comme fondement la mythologie grecque. Les Enfers sont peuplés d'ombres ignobles ou illustres, et la brève évocation de leurs vies n'a pour but que de démontrer la vanité des ambitions humaines ; qu'il s'agisse des richesses de Crésus ou de Sardanapale (dial. II) ou de celles de Mausole (dial. XXIV) ; de la beauté d'Hélène (dial. XVIII) ou de celle de Nirée (dial. XXV) ou bien encore des flatteries des faux serviteurs ou des faux amis (dial. V, VI, VII, VIII, XI) ou des vantardises des philosophes et des imposteurs (dial. I, XVI, XX). Les protagonistes des dialogues sont tantôt des personnages mythologiques, tels qu'Éaque (dial. XX), Tantale (dial. XVII), Chiron (dial. XXVI), Nirée (XXV) ou des dieux comme Hermès (IV, XVIII, XXII, etc.), Pluton (II) ou encore des héros tels qu'Achille (XV), Ulysse et Ajax (XXIX) ; tantôt des personnages historiques comme Mausole, l'illustre tyran d'Halicarnasse (XXIV), Scipion et Annibal (XII), les philosophes Socrate (XX), Ménippe (II, III, X, XXII, XXVIII, etc.) et Diogène (I, XIII, XIV, XVI). Parfois les protagonistes sont tout simplement des hommes au type très marqué, tels que les flatteurs Damon, Carinus, Terpsion, avides de l'héritage des vieillards riches et sans progéniture (V, VI, VIII, IX, XI). C'est surtout aux divinités et aux personnages célèbres, dépouillés de leur auréole et de leur splendeur traditionnelles que s'adresse la satire de Lucien, qui sape et détruit toute transfiguration mythique, en vue d'exalter au contraire l'heureuse pauvreté des cyniques. Hermès et Charon sont décrits sous l'aspect de vulgaires ouvriers, l'un comme un marchand, le deuxième comme un nocher (IX, XXII), tandis qu'Achille envie tristement le sort d'un humble laboureur des champs (XV) et qu'Hélène n'est plus qu'un misérable crâne (XVIII). Le seul personnage à l'aspect triomphant est ici le gai Ménippe que l'on pourrait même considérer comme le véritable protagoniste de cet ouvrage : il est l'homme qui, selon les règles de l'école cynique, n'a demandé à l'existence que son plat quotidien de fèves et son manteau déchiré. Le dénuement de la mort n'a pas de prise sur lui, parce qu'il ne dépassera jamais celui au milieu duquel il a passé son existence ; il est au contraire exalté par l'épouvante des autres ; dans le rire qui sert de commentaire à cette tragi-comédie de l'au-delà résonne un écho sinistre, celui de la Grèce désormais seulement soucieuse de dialectique et de bavardage avide, enfoncée dans le drame de sa propre décadence. Dans cet ouvrage, comme dans tous les autres qu'il a écrits, Lucien n'est certes pas profond : son ironie s'exerce à fond sur les croyances de son époque, sans faire aucune distinction entre les apparences et la réalité des choses et sans élaborer à son tour un vigoureux système religieux, philosophique et moral. Toutefois, en tant qu'artiste et écrivain, il a créé un genre littéraire très vivant et très valable, vers lequel se tournèrent plus tard de nombreux et remarquables imitateurs, jusqu'à l'époque moderne, et parmi eux Fontenelle, Fénelon, Gozzi et Leopardi. La forme du dialogue découle en partie de la comédie, en partie du dialogue philosophique : Lucien a fondu ces deux éléments en un ensemble unique, où ne font jamais défaut la verve, la finesse, l'aisance de l'action, la dialectique pleine de vivacité et d'habileté, capable de s'adapter à toute suggestion inattendue, une pureté de langage et de style que l'on ne trouve dans aucun autre écrivain de cette époque : autant de qualités qui le rendent digne d'être rangé parmi les meilleurs écrivains attiques de l'âge classique.

DIALOGUE DES ORATEURS [*Dialogus oratoribus*]. Œuvre de l'historien latin Tacite (55-57 ?— après 117), le *Dialogue des orateurs* nous offre un pastiche réussi de la langue de Cicéron, bien éloigné de la brièveté éloquente des œuvres historiques de Tacite, au point qu'on a parfois mis en doute son authenticité. L'auteur répond à son ami Fabius Justus qui lui demandait son avis sur les causes du déclin de l'éloquence (problème souvent débattu au Ier siècle ap. J.-C.). L'écrivain rapporte les conversations qu'il a entendues dans sa jeunesse entre Marcus Aper et Julius Secundus, Curiatius Maternus (ce dernier avait abandonné l'éloquence pour la poésie et il avait écrit des tragédies contre Néron) et Vipstanus Messalla, homme de grande culture. Et tout d'abord, on voit Aper faire des reproches à Maternus, exalter la noblesse et l'utilité de l'éloquence, vanter la gloire qui en découle. La réponse de Maternus est une défense émue de la poésie, source de joies secrètes et très pures. C'est à ce moment qu'intervient Messalla, et la conversation revient au vrai sujet du *Dialogue*. Des différents discours prononcés, il ne reste que celui d'Aper qui défend, avec une grande véhémence, l'éloquence contemporaine, l'opposant à celle d'autrefois. Il affirme le principe d'une évolution naturelle : à une simplicité absolue se substituent la délicatesse des ornements et la profondeur des pensées ; c'est en tout point comme une riche maison qui ne doit pas seulement vous défendre de la pluie et du vent, mais aussi vous réjouir les yeux. Messalla riposte en faisant une vive caricature de l'art oratoire moderne, plein de complications et de mièvreries, puis il passe aux causes de la décadence. Il en rend responsable l'éducation négligée des enfants : autrefois, les anciens élevaient leurs enfants chez eux, au milieu de grands exemples de vertus publiques et privées ; ils leur enseignaient l'art militaire, le droit et l'éloquence, c'est-à-dire le service de l'État ; aujourd'hui, ils sont confiés à des nourrices mercenaires et à des esclaves incapables. Les pires vices leur sont appris par l'exemple de leurs parents et des écoles de rhétorique. Dans celles-ci, on ramène tout le savoir à une question de forme, ce qui revient à méconnaître les nécessités et les lois de la vie et de la patrie.

Une grande coupure nous prive d'une longue partie de l'invective de Messalla, du discours de Julius Secundus et du début de Maternus, qui termine la discussion et triomphe aussi des critiques de Messalla. Ce n'est pas seulement l'éducation qui a changé, mais toute la vie publique, depuis que le régime impérial, en assurant la paix et la justice, a supprimé la plupart de ces importants débats publics d'où sortaient les grands orateurs. C'est ainsi que cette œuvre, qui prend si souvent à cœur d'évoquer les vertus privées et la discipline des anciens, se termine par une condamnation sans appel de l'éloquence, « car personne ne peut en même temps acquérir une grande réputation et une grande paix ». La fine mélancolie de cette constatation vient du sentiment que tous les éléments qui avaient formé l'idéal de l'époque la plus glorieuse de Rome étaient disparus pour toujours. – Trad. Garnier, 1949 ; Les Belles Lettres, 4e éd. 1960 ; Gallimard, 1990.

DIALOGUES HISTORIQUES [*Logistorici*]. L'écrivain et homme politique latin Varron (116-27 av. J.-C.) avait disposé ces traités en soixante-seize livres. Leur titre même se ressent de l'influence traditionnelle des traités académico-péripatéticiens : *Logistorici*, c'est-à-dire « dialogues historiques ». En effet, les Dialogues de Platon et, malgré leur dessein plus littéraire que philosophique, les Dialogues ésotériques d'Aristote et les Dialogues d'Héraclide du Pont étaient imprégnés de détails historiques. De ces soixante-seize livres il ne nous reste qu'une centaine de fragments et dix-sept titres : *Catus, de l'éducation des enfants* [*Catus, de liberis educandis*] ; *Curion, du culte des dieux* [*Curio, de cultu deorum*] ; *Marius, de la fortune* [*Marius, de fortuna*] ; *Messala, de la santé* [*Messala, de valetudine tuenda*] ; *Tubéron, de l'origine humaine* [*Tubero, de origine humana*] ; *Atticus, de la chronologie* [*Atticus, de numeris*] ; *Gallus Fundanius, des merveilles* [*Gallus Fundanius, de admirandis*] ; *Oreste, de la folie* [*Orestes, de insania*] ; *Pie, de la paix* [*Pius, de pace*] ; *Sisenna, de l'histoire* [*Sisenna, de historia*] ; *Calenus* ; *Laterensis* ; *Nepos* ; *Scaevola* ; *Scaurus ; Des mœurs* [*De moribus*] ; *De la pudeur* [*De pudicitia*]. Le traité le plus important, parce que le plus riche en fragments, est celui qui a pour titre *Catus*. Son contenu était à peu près le suivant : un père, Quintus Helios Tubéron, avait demandé à Varron de s'occuper de l'éducation de son fils, Sextus Helios Catus, qui venait de naître. Varron accepte et compose ce traité sous forme de dialogue : il y donne des conseils sur l'allaitement, la nourriture, les études et les jeux de l'enfant. Il n'y a pas de progression intérieure dans ces *Dialogues* qui servent seulement à lier un argument à l'autre. En général, le but de ces traités est de faire paraître dans le dialogue un personnage historique particulièrement versé dans la matière dont on parle. – Trad. *Fragments, intitulés Logistorici*, Hachette, 1868.

DIALOGUES MAÇONNIQUES [*Ernst und Falk. Gespräche für Freimaurer*]. Écrit philosophique de l'écrivain allemand Gotthold Ephraïm Lessing (1729-1781). Les trois premiers dialogues ont paru anonymement en 1778, les deux suivants en 1780. Il s'agit d'une réflexion sur la nature et la fonction véritable de la franc-maçonnerie, à laquelle Lessing s'est fait initier en 1771 dans une loge de Hambourg, mais qui l'a déçu si profondément qu'il s'abstient au bout d'un mois d'en fréquenter les tenues. Tout au long de ces dialogues, Lessing oppose à la franc-maçonnerie réelle de l'Allemagne de son temps ce que devrait être, dans son esprit, une franc-maçonnerie authentique, ayant pleinement conscience de son être et de sa vocation. Il ne s'agit donc pas – et la formulation du titre dans la langue originale le laisse clairement entendre – d'un texte qui constituerait une sorte de catéchisme maçonnique, de l'exposé dogmatique d'une doctrine par alternance de questions et de réponses ; mais bien plutôt d'une incitation (adressée plus particulièrement aux dignitaires de l'ordre) à réexaminer sur des bases nouvelles, celles d'une authentique spéculation philosophique, leur conception de la vie et du travail en Loge, ainsi que l'idée qu'ils se font du rôle de la franc-maçonnerie dans la société. Les dialogues instaurent une démarche socratique. Au fur et à mesure de leur déroulement, le lecteur, d'abord déconcerté par un ton souvent empreint d'ironie désabusée et qui lui paraît en outre délibérément énigmatique, s'aperçoit peu à peu qu'il est conduit par une série d'approximations successives à entrevoir ce que pourrait être une franc-maçonnerie véritablement éclairée, ayant atteint enfin à la conscience de soi et agissant en conformité avec une mission clairement définie en référence à l'idéal cosmopolitique des Lumières. Ernst et Falk, les deux personnages entre lesquels ont lieu ces entretiens, portent des noms métaphoriques. Ernst est le profane animé du désir « sérieux » de se faire expliquer l'essence de la franc-maçonnerie. Falk est le « faucon », l'esprit souverain, capable des vues les plus hautes et les plus vastes. Ce franc-maçon idéal sera pour Ernst un guide au début décevant, dont les réponses ressemblent à des dérobades. Mais il ne tardera pas à apparaître comme le penseur archétypal de l'ère des Lumières. Ernst, après avoir compris sous la conduite de Falk, mais également par un effort de sa pensée propre qui lui confirme sa dignité de sujet autonome, l'essence véritable de la franc-maçonnerie, décide à la fin du 3e Dialogue de s'y faire recevoir. Le 4e et le 5e Dialogues exposent sa déconvenue et son irritation face aux carences et aux lubies de l'ordre tel qu'il se présente dans la réalité empirique. Il est évident que Lessing n'est pas un franc-maçon. L'initiation bâclée et le séjour éphémère dans la Loge ont suffi à rebuter cet esprit rationaliste, sans parler du rituel et du symbolisme mis en œuvre au cours des tenues. Ce qui, en revanche, le fascine dans la franc-maçonnerie, ce sont les convergences avec la philosophie des Lumières, le projet de travailler à l'amélioration de l'humanité, ainsi que l'élitisme d'une société close, recrutant ses membres par cooptation. Lessing érige la franc-maçonnerie telle qu'elle devrait être – et donc telle qu'elle existe nécessairement sans forcément porter ce nom – en principe moteur de l'Histoire. Le progrès n'est pas considéré ici sous son aspect scientifique et technologique (maîtrise croissante de la nature physique), mais sous son aspect moral et politique (maîtrise de la nature morale et sociale de l'homme). La franc-maçonnerie regroupe les esprits éclairés sans distinction de rang, de confession ou d'origine ethnique dans le but d'œuvrer à l'édification d'une société nouvelle pour surmonter la triple aliénation résultant des barrières religieuses, nationales et sociales. Le véritable « secret » de la franc-maçonnerie tel que le conçoit Lessing est la praxis correspondant à la revendication émancipatrice de l'âge des Lumières : la moralisation de la société civile. Ce n'est qu'une fois ce travail accompli, tâche qui s'étendra sur des siècles, peut-être sur des millénaires, que l'on pourra envisager d'abolir le pouvoir – nécessairement répressif et coercitif – de l'État. L'attitude de Lessing vis-à-vis du secret maçonnique porte donc la marque d'une profonde ironie. Le secret est la chose la plus publique qui se puisse concevoir, puisqu'il réside dans la diffusion des véritables Lumières. Mais celle-ci, vu l'état lamentable dans lequel se trouve la conscience bourgeoise en Allemagne, ne peut s'accomplir, pour longtemps encore, que de façon souterraine, dans le monde fermé d'une société qui cache au vulgaire sa véritable raison d'être. En s'interrogeant ainsi sur l'avenir de l'humanité, Lessing refuse par avance toute pensée totalisante. La franc-maçonnerie idéale qu'il esquisse est un espace de liberté, sans rien de commun avec la raison historique dont se réclameront plus tard Hegel et Marx. Lessing maintient fermement la dichotomie entre la sphère privée, dans laquelle une élite humaine est capable de perfectionnement, et la sphère publique, où l'État absolutiste doit continuer d'assurer la conservation physique des conditions de la civilisation, du milieu où la « Raison » peut se développer. L'utopie humanitaire de Lessing n'est pas un objectif politique, mais un idéal philanthropique. – Trad. Aubier-Montaigne, Paris, s.d. P. V.

DIALOGUES MARINS ['Ενάλιοι Διάλογοι]. Suite de quinze récits assez courts, les premiers que l'écrivain grec Lucien de Samosate (125 ?-192 ? ap. J.-C.) ait écrits sous forme de dialogue. Ils ont pour décor la mer : les protagonistes en sont les dieux marins, les fleuves, les sources, les néréides, les tritons, les zéphirs, les dauphins. Certains sont tirés d'Homère (le deuxième décrit l'épisode d'Ulysse crevant l'œil de Polyphème ; le quatrième décrit les métamorphoses de Protée ; dans le onzième, le fleuve Xanthe se plaint de Vulcain qui l'a brûlé pour défendre Achille) ; d'autres sont tirés de la mythologie ; amours d'Alphée et d'Aréthuse (troisième dialogue), qui ont déjà servi de sujet à une célèbre *Métamorphose* (*) d'Ovide (vers 487 et ss.) ; amours d'Io et d'Hermès (septième dialogue) ; Arion sauvé par les dauphins (huitième dialogue) ; l'aventure de Danaé abandonnée en mer avec son fils (douzième dialogue) ; l'enlèvement d'Europe par Jupiter (quinzième dialogue) ; le rapt d'Amymoné (sixième dialogue) ; Persée délivrant Andromède (quatrième dialogue). Les *Dialogues marins* ne sont pas satiriques comme les *Dialogues des dieux* (*) ou les *Dialogues des morts* (*), mais simplement et finement ironiques. Cette ironie, dans les meilleurs dialogues, naît de la seule représentation réaliste du Mythe qui en fait ressortir la puérilité. C'est ainsi que, dans le troisième dialogue, Poséidon le puissant roi de la mer, demande au fleuve Alphée les raisons de son long et étrange voyage sous-marin depuis l'Arcadie jusqu'en Sicile. Apprenant qu'il s'agit d'une aventure amoureuse, il encourage paternellement Alphée, mais ne parvient pas à comprendre comment ce fleuve a pu connaître en Arcadie la fontaine Aréthuse qui est en Sicile. De même, dans un passage qui rappelle Moschos, Notos (quinzième dialogue), après avoir écouté Zéphyr qui lui fait une merveilleuse description du voyage de Zeus transformé en taureau et portant Europe sur sa croupe, entouré de petits amours qui volent autour de lui et de néréides qui chevauchent des dauphins, se lamente de n'avoir pu assister à ce voyage, occupé qu'il était, sur les bords de la mer Rouge, à regarder des monstres, des éléphants et des hommes noirs. La poésie avec laquelle Lucien décrit les paysages marins est assez nouvelle, de même que la tendresse que l'on rencontre souvent dans ces dialogues, dans celui de Danaé par exemple (douzième), et la délicatesse avec laquelle il peint certaines scènes qui rappellent les bas-reliefs helléniques. – Trad. *Œuvres complètes,* Garnier 1933-1934.

DIALOGUES PHILOSOPHIQUES [*Philosophische Gespräche*]. Œuvre du philosophe allemand Karl Wilhelm Ferdinand Solger (1780-1819), publiée à Berlin en 1817, et où sont exprimées, sous la forme d'un dialogue – choisie comme la plus propre à mettre en relief le caractère dialectique de la pensée –, les idées philosophiques de l'auteur ; on peut en trouver un commentaire utile dans les *Écrits posthumes et correspondance,* publiés en deux volumes par Tieck et von Raumer en 1826. Il est possible, pour des raisons de simplicité et de clarté, de suivre le développement du dialogue qui ne met nullement en scène de réels et caractéristiques personnages, mais n'est qu'une projection de la pensée de l'auteur se saisissant dans son propre effort. En général, le point de départ de Solger est celui de la philosophie de l'identité de Schelling, et son effort – qui correspond, mais par des voies différentes, à celui de Schelling sur la fin de sa vie – consiste à justifier, en face de l'immanente réalité totale de l'absolu, le monde fini, la réalité individuelle et les diverses directions de la spiritualité.

Dieu est, pour Solger, l'absolu, l'essence unique et éternelle, mais il y a en elle – et ici apparaît l'expérience de Böhme déjà rappelée par Schelling dans ses *Recherches philosophiques sur l'essence de la liberté humaine* (*) – un moment négatif : celui-ci tient dans le fait de poser Dieu comme apparence de lui-même, comme un véritable non-être qui lui serait propre, comme un monde séparé et différencié dans les individualités multiples, dont le « principium individuationis » est ce non-être divin, qu'une révélation immanente résout et rachète (le sacrifice et l'amour divins concluent ainsi l'histoire du monde dans l'unique réalité de Dieu). Le processus de cette révélation et de cette rédemption de l'homme est sa vie spirituelle. Or la conscience commune vit dans l'expérience d'une variété infinie de données, de positions existentielles opposées en soi, dont le contraste s'accentue dans la position existentielle de cette conscience même. L'effort vers l'unité et l'universalité est perpétuellement contrarié et, en face du multiple et du particulier, ces dernières n'apparaissent que comme des abstractions. Précisément par cette expérience, la conscience est invitée à rentrer en elle-même, comme « auto-conscience », à saisir, en même temps que son propre caractère fini, la présence de l'infini qui la reconnaît, la juge et la résout en lui ; dans cet acte même elle est poussée à découvrir l'immanence du divin ou l'idée. Et il ne s'agit pas ici de l'idée qui serait une unité ou une universalité abstraites, mais du caractère intérieur de l'un et de l'Éternel présent dans le fini, le posant et le résolvant, le consacrant, pour l'absorber en soi. Cette auto-conscience de l'absolu – non comme identité statique, mais comme vie ; en d'autres termes, l'idée – qui est dans sa pureté l'essence même de Dieu – se manifeste à nous sous diverses formes. Elle est idée du vrai comme conscience de l'immanente unité du particulier et de l'universel, du fini et de l'infini ; elle est idée du bien comme processus et « devoir-être » de cette unité.

La dialectique de la théorie et de la pratique, de la limite que l'on trouve en soi bornant la contemplation et qui se résout dans la tâche illimitée de l'action, domine la vie spirituelle. Mais celle-ci ne consiste pas seulement, de la part de l'individu, à présupposer le divin comme réalité ou comme tâche ; dans son essence la plus profonde, elle est participation au divin. C'est un acte qui traduit l'idée en apparence et l'apparence en idée, qui réalise, dans le fini, l'infini, et résout le premier dans le second suivant une dialectique immanente, et cela en deux directions : comme dialectique du moi qui se pose et se nie, résolvant son existence dans l'existence du tout et celle-ci en Dieu ; comme dialectique du monde qui se pose et se nie, résolvant son existence dans l'existence du moi et celle-ci en Dieu. Ce sont là les deux voies de la rédemption totale, de la participation au divin : la voie de l'art et celle de la religion, auxquelles correspondent les idées de beauté et de sainteté. En elles, l'unité dialectique du divin n'est pas subie et présupposée, mais vécue en un processus, une activité infinie, qui à chaque moment est en soi complète et se suffit à elle-même.

Position et méthode sont, en général chez Solger, celles de l'idéalisme ; le moment d'hypostases mystiques est le cadre où il se meut. L'originalité de Solger réside dans son sens vif des problèmes spirituels ; il l'exprime méthodiquement par une accentuation de l'antinomie dans le processus dialectique, dont la synthèse n'est pas l'idée en soi, mais l'idée en tant que vie, évolution ; ce qui lui permet d'affirmer, en regard de la sphère théorétique et pratique, l'indépendance, ou mieux la prédominance du domaine esthétique et religieux.

DIALOGUES SUR LA RELIGION NATURELLE [*Dialogues concerning Natural Religion*]. Traité sous forme de dialogues du philosophe écossais David Hume (1711-1776), publié en 1779. Hume y expose ses vues sur les principaux problèmes, en particulier sur celui de la possibilité que nous avons de nous représenter le caractère naturel de la cause ou des causes régissant l'univers par analogie avec l'intelligence humaine ; en d'autres termes, le problème du théisme. Pamphile rapporte à Hermippe le dialogue qui se déroule entre le déiste rationaliste Cléanthe, le mystique Déméa, orthodoxe rigoriste, et Philon, sceptique insouciant. Tous les arguments en faveur du théisme traditionnel sont minutieusement analysés par les divers interlocuteurs, exposant leur point de vue : « Est-il évidence et certitude plus grandes que celles de l'existence de Dieu ? Les plus grands génies se sont évertués à en donner des preuves par des arguments nouveaux ; elle est le fondement de notre espoir, la base morale la plus sûre de nos actions, le plus ferme soutien de la société, le seul principe qui ne devrait jamais être écarté de notre esprit et de nos méditations. Mais l'admirable mystère de la nature divine laisse subsister nombre de questions obscures quant à sa nature, ses décrets, ses attributs et l'économie de la providence. L'humaine raison n'a pu encore porter un jugement décisif : les recherches les plus poussées n'ont donné que doutes, incertitudes, contradictions. » La preuve la plus répandue, celle de la finalité du monde, laquelle implique l'existence d'un auteur intelligent accomplissant son dessein selon un mode analogue à celui de l'esprit humain dans ses créations, suppose que la raison et l'intelligence de l'homme, animal d'une planète, est à même de devenir un modèle de l'univers tout entier, et, malgré l'imperfection de la connaissance que nous avons du système cosmique, entend en attribuer l'organisation au génie humain. Peut-on sérieusement soutenir que l'harmonie de l'Univers soit issue d'un esprit semblable au nôtre ? En supposant même que cette analogie soit fondée, il faudrait admettre un Dieu fini et imparfait comme l'artiste humain, en butte à la résistance de la matière inerte. L'argument de la « raison suffisante » prétend démontrer un état de fait par un argument « a priori » : elle est cependant gratuite, car la non-existence d'un être ne pourra jamais impliquer contradiction ; d'autre part, il ne peut nous autoriser à nous placer hors du monde, à moins que l'on ne suppose ce dernier comme un tout limité, ni à faire appel à un esprit plutôt qu'à la matière, dont nous connaissons mieux les propriétés. Nos idées sont fausses et illusoires, nos sentiments changeants, notre être labile, et nous n'hésiterions pas à postuler l'existence d'un être simple et immuable, tout entier dans le présent et en chaque point de l'espace. La religion naturelle entend affirmer non seulement l'existence de Dieu, mais également sa « providence », tout en fermant les yeux sur la réalité du mal ; ce terrible argument contre la providence est en même temps le plus puissant allié de la religion considérée comme le seul soulagement aux misères de l'existence. Le spectacle que nous offre le monde autorise plutôt la conception manichéenne des deux principes du bien et du mal, irréductiblement en conflit. Cependant, Déméa, pour qui tout homme reconnaît la religion du fond du cœur et se trouve amené, par le sentiment de sa propre faiblesse et de sa misère plutôt que par une démarche logique, à admettre la perfection de l'être dont il dépend, s'accorde par endroits avec le sceptique Philon pour entrevoir un être divin dans l'inexplicable mécanisme et l'admirable structure de la nature. « La nature ne fait rien en vain ; elle utilise les moyens les plus simples et les mieux adaptés aux fins, nous dit la science en nous montrant les merveilles de l'organisme animal ; et s'il est légitime de chercher à savoir si la cause de celui-ci doit être appelée "esprit" ou "intelligence", "âme" ou "pensée", c'est là un débat purement verbal. » Cléanthe, de son côté, admet que les œuvres de la nature ont beaucoup plus d'analogies avec les produits de notre art et de notre industrie qu'avec ceux de notre justice et de notre bonté. Philon proclame toutefois son horreur de la superstition, cause de tant de maux publics et privés, et n'entend pas concéder à Cléanthe qu'il vaille mieux avoir une religion, même corrompue, que d'en être totalement privé. Quand bien même la superstition et le fanatisme n'entreraient pas directement en conflit avec les vertus morales, le seul fait d'engendrer une diversion dans l'esprit, de créer un mérite frivole d'un nouveau genre, de procéder à une distribution arbitraire du blâme et de la louange entraîne les plus pernicieuses des conséquences. L'efficacité des motifs religieux étant précaire et intermittente, les exercices du culte obligatoire engendrent la dissimulation, la fraude, la fausseté, l'hypocrisie. Le fait de fixer individuellement la pensée sur le salut éternel peut étouffer la bienveillance et inspirer un pur égoïsme. Il faut se garder à jamais de mettre les faisceaux et les haches entre les mains des prêtres : il faut veiller à ce que leur autorité et leur nombre ne s'accroissent excessivement ; le pouvoir civil ne devra jamais favoriser une secte plutôt qu'une autre. Il est impossible qu'un homme se croyant placé entre une éternelle félicité et un châtiment non moins éternel, soit à même de connaître le calme et la sérénité. Il est contraire au sens commun de faire croire qu'un plus libre usage de la raison nous fasse encourir des risques après notre mort : cette conception absurde et contradictoire prête à Dieu les plus basses passions. Ramener Dieu à la mesure de vils mortels se complaisant dans les prières et les adulations revient à le dégrader. Nous pouvons résumer toute la théologie naturelle en un seul principe : « La cause, ou les causes de l'ordre régissant l'Univers ont probablement quelque lointaine analogie avec l'intelligence humaine. » – Trad. Alcan, 1912 ; Vrin, 1973.

DIALOGUES SUR LE COMMERCE DES BLÉS. Composés à Paris, en 1768, par l'abbé italien Ferdinando Galiani (1728-1787), originaire des Abruzzes, ils furent publiés par les soins de Mme d'Épinay et de Diderot en 1770. Dans le premier des huit dialogues que comprend l'œuvre, l'auteur a rassemblé certaines réflexions suggérées par des événements dont il fut témoin : l'occasion lui en fut fournie par un voyage à Naples et à Rome après la disette et l'épidémie de 1764 ; donnant de ses nouvelles à ses interlocuteurs parisiens, l'auteur en profite pour raconter ce qu'il a vu et pour démontrer comment, dans les questions économiques toujours hasardeuses et variables, des lois absolues ne peuvent être appliquées. À travers l'artifice d'une conversation brillante sont abordées quelques-unes des principales questions traitées par les physiocrates. Galiani n'est pas ennemi, en principe, de la libre exportation des grains telle qu'elle était admise en France dans les édits de 1764. Mais il pense, comme les physiocrates, que doivent être observées les règles et les restrictions que la diversité des lieux et la différente façon d'agir des êtres suggèrent d'appliquer. L'expérience directe de la désastreuse économie agricole du Royaume de Naples sert à illustrer cette pensée. L'esprit du XVIIIe siècle, même dans sa vivacité un peu spécieuse, manifeste une répugnance à accepter comme universellement valable le mécanisme abstrait de la logique rationaliste. On dirait que l'acuité de certaines observations, celles qui concernent le caractère différent des peuples agricoles ou des peuples d'artisans, ou qui ont trait à l'opportunité de suivre librement ou de guider le cours de la nature, déchire çà et là le voile brillant derrière lequel la personnalité de Galiani a l'habitude de se dissimuler et de s'isoler.

DIALOGUES SUR L'ÉLOQUENCE. Œuvre du prélat et écrivain français François de Salignac de La Mothe Fénelon (1651-1715), écrite entre 1681 et 1686, et publiée en 1718. Elle se compose de trois dialogues inspirés des dissertations socratiques. L'auteur veut éclairer par cette étude un problème très important dans la littérature de son temps, celui des moyens et des fins de l'éloquence. Il sait qu'à son époque les orateurs sacrés abondent et possèdent souvent à un haut degré le don d'enseigner ; cependant on remarque souvent qu'un discours, strictement lié à des formules logiques et fort admiré des auditeurs, n'est suivi d'aucun effet bienfaisant dans le redressement de la morale. Il faut donc établir avant tout quel est le but de l'art oratoire sacré. Fénelon, suivant l'attitude fondamentale de son caractère d'écrivain religieux, affirme la nécessité d'un style intimement persuasif, plein de délicatesse et de sentiment, qui vise à obtenir un réel renouvellement intérieur, à l'encontre de toute apparence littéraire artificielle. Pour cela, il faut avoir une connaissance profonde de la vie, et surtout aimer ses semblables ; l'orateur sacré est un maître, mais il doit être aussi et surtout le frère qui guide, stimule et console. Depuis les orateurs grecs, qui peuvent indiquer la voie à suivre, jusqu'aux Pères de l'Église, aux orateurs français contemporains, nombreux sont les exemples ; on apprend d'eux, en premier lieu, que l'éloquence sacrée n'est autre qu'une partie de l'éloquence générale et que cette dernière elle-même doit être ramenée à une conception générale de l'art et de la morale. Ainsi, à l'égal de toute œuvre d'art, l'éloquence ne vaut que par le but moral qu'elle se propose d'atteindre à travers le culte de la beauté et le sens de l'humanité. Même si ce principe, à bien des égards, peut convenir à ce qu'on définit précisément d'habitude comme oratoire, cela n'empêche pas que l'éducation d'humaniste de Fénelon trouve son développement naturel dans des considérations pratiques sur divers exemples offerts par l'histoire. Aussi l'auteur, en parlant d'œuvres littéraires, ne peut jamais passer sous silence le côté profondément moral que révèle le culte du beau, aussi bien dans le style que dans l'harmonie intime de la forme. De cette manière, le bon goût littéraire de l'écrivain justifie les pensées que lui inspire le sentiment plutôt que la rigueur logique.

DIALOGUE SUR LA POÉSIE [*Gespräch über die Poesie*]. Essai de l'écrivain allemand Friedrich von Schlegel (1772-1829), paru en 1800. C'est un témoignage très vivant sur ce « salon littéraire des romantiques » qui eut une si grande part dans la formation de ce mouvement. Amélie (Caroline Schlegel) – v. *Diotima* (*) – accueille chez elle un groupe d'amis : Camille (Dorothée Veit) – v. *Lucinde* (*) –, Marc (August Wilhem von Schlegel), Ludovic (Friedrich von Schlegel), Lotaire (Novalis), Antoine (Schelling) et André. Après de longues dissertations qui ont pour but de définir « les genres poétiques », Amélie les invite à quitter le terrain aride de la théorie pour se tourner vers la libre nature ; Ludovic lit alors son important essai « De la mythologie », où il déplore l'infériorité de la poésie moderne incapable d'engendrer ses propres mythes en les puisant dans la contemplation de la nature, à travers la science. Lotaire veut à son tour définir « la poésie de la poésie », ou « poésie romantique », c'est-à-dire celle qui recueille et définit les mystères les plus intimes qui s'expriment dans la nature ou par la nature : la magie (c'est Novalis en effet qui parle), le magnétisme, la physique, qui attiraient tous les esprits contemporains (y compris Goethe). « Les jeux infinis de l'art ne sont que de pâles imitations du jeu infini du monde, de l'œuvre d'art qui se crée elle-même ! » Ensuite, Antoine lit sa célèbre « Lettre sur le roman », dans laquelle il définit comme « romantique » toute œuvre qui « représente dans une forme imaginative une matière sentimentale » ; cet élément sentimental ne doit pas être confondu avec le sentimentalisme édulcoré, mais doit être bien au contraire fondé sur l'amour, « hiéroglyphe de l'éternel et unique amour de la sainte plénitude de la vie dans la nature créatrice ». L'imagination et l'ironie en sont les expressions artistiques. En dernière analyse, l'orateur conclut que la forme parfaite du romantisme est une sorte de confession, « composée de narration, de chant et de beaucoup d'autres choses », ainsi que nous le voyons dans *La Comtesse Dolorès* d'Arnim, dans la *Chronique d'un écolier vagabond* ou dans le *Godwy* (*) de Brentano, et dans maints autres ouvrages, y compris *Wilhelm Meister* – v. *Années d'apprentissage* et *de pèlerinage de Wilhelm Meister* (*) – de Goethe, qui dépasse de beaucoup toutes les œuvres précédemment citées.

Ce dialogue fondamental pour le romantisme – puisqu'il définit les nouveaux buts de la poésie (lesquels sont fortement influencés par Schleiermacher) et aussi, dans sa conclusion, ceux du roman – pose les bases théoriques selon lesquelles la nature et toutes les activités humaines – la vie, la pensée, le sentiment – sont transfigurées au sein de la poésie. Cette idée qui fut en faveur au cours de tout ce siècle apparaît aujourd'hui encore comme un thème éternel et universel.

DIALOGUE SUR LE GOUVERNEMENT DE FLORENCE [*Dialogo del reggimento di Firenze*]. Œuvre de l'homme politique et historien italien François Guichardin (Francesco Guicciardini, 1483-1540), rédigée entre 1521 et 1525 et restée inédite jusqu'au XIXe siècle. Elle se présente sous la forme d'un dialogue entre quatre personnages qui furent tous des républicains convaincus : Bernardo del Nero (condamné à mort sous le régime de Savonarole), Piero Capponi, Paolantonio Soderini (un des partisans d'une république aristocratique fondée sur le modèle vénitien) et Piero Guicciardini (père de l'auteur). L'ouvrage comporte un prologue méthodologique et deux livres (le premier est une critique des gouvernements médicéens, alors que le second contient un programme de réforme). Ce dialogue s'inscrit en effet dans le cadre des nombreux discours, traités ou autres textes rédigés à Florence pour présenter des propositions de réformes en une période d'incertitudes institutionnelles durant laquelle, alternativement, les Médicis perdent le pouvoir sur la cité-État, en 1494 et en 1527, puis le reprennent, en 1512 et en 1530. *Le Prince* (*) ou les *Discours* (*) de Machiavel, ami de Guichardin, sont d'ailleurs deux exemples plus connus de cet âge d'or de la réflexion politique florentine. Dans son *Dialogue sur le gouvernement de Florence*, Guichardin, quant à lui, refuse aussi bien la solution du prince-héros machiavélien que celle de la république populaire vertueuse « à la romaine » : il leur préfère un gouvernement tempéré dans lequel un système complexe de magistratures et de conseils (grand conseil, mais surtout sénat et conseils restreints de gouvernement) écarte tout danger de tyrannie et permet l'accès au pouvoir des hommes les plus capables, d'après leur naissance – leur *grado* – mais aussi d'après leurs compétences – leur *merito*. En suivant l'exemple des Vénitiens mais en l'adaptant aux spécificités de l'histoire florentine, en acceptant le poids des nécessités nouvelles mais en puisant dans la tradition citadine, l'auteur entend ainsi assurer à la république, au-delà des aléas de la conjoncture, la stabilité dans la liberté (la *libertas* louée par les humanistes florentins du Quattrocento). Grâce à la conjonction d'une méthode rigoureuse (partir de l'analyse de la réalité et non d'illusions théoriques) et d'un but clair (une république tempérée), ce *Dialogue* de Guichardin représente le seul texte de l'auteur qui relève à la fois de la double logique de l'espoir et de la nécessité.

J.-L. F. et J.-C. Z.

DIALOGUE SUR LE LANGAGE [*Diálogo de la lengua*]. Œuvre de l'humaniste et réformateur espagnol Juan de Valdés (fin XVe ou début XVIe s. ?-1541), publiée anonymement la première fois par Gregorio Mayáns, en 1737. Le *Dialogue* fut écrit en Italie, probablement à Naples en 1535, et les interlocuteurs en sont, outre Valdés, deux Italiens de ses amis. Il s'agit certainement de deux personnages historiques qui se cachent sous les noms de Marcio et Coriolano, et d'un soldat espagnol d'abord appelé Pacheco, puis Torres. La discussion prend pour premier prétexte les lettres que Valdés avait écrites en castillan et dont on exalte la forme simple et transparente, élégante et précise. Puis on traite de la langue castillane comme de celle qui était généralement connue et parlée en Italie dans tout milieu cultivé et aristocratique ; enfin

Valdés répond aux différentes demandes qui lui sont adressées, en exposant sa pensée avec une simplicité et une clarté didactique admirables. Au sujet des origines du castillan, il fait valoir que le vocabulaire est essentiellement latin avec quelques influences dues à l'arabe : de là, il passe à un exposé de phonétique et d'orthographe, s'efforçant de fixer certaines lois générales. La seule règle qu'il connaisse se résume à choisir tour à tour les expressions les plus belles (« los mejores vocablos »), les plus expressives et les plus justes, celles où apparaît davantage le sens premier. Quant au style, il déclare qu'il écrit comme il avait l'habitude de parler, en parfaite concordance avec son sentiment et sa pensée, sans faire violence à sa propre nature et sans tomber dans l'affectation : « J'écris comme je parle ; je m'attache seulement à employer des mots qui expriment parfaitement ce que je veux dire; et je le dis le plus simplement qu'il m'est possible parce que je crois que l'affectation ne plaît en aucune langue. » La dernière partie du *Dialogue* concerne les textes littéraires que l'on peut prendre pour modèles : ici Valdés révèle la finesse et la sûreté de son goût critique par des jugements qui, de nos jours encore, sont valables. Les valeurs esthétiques et humaines de la littérature castillane sont mises en lumière, selon des critères qui sont en accord avec l'idéologie de Valdés, et révèlent la prédilection particulière qu'il avait pour les « romances viejos », les proverbes et les « refranes ». Il veut une langue qui prenne ses racines dans les usages et dans l'histoire, et qui s'adapte à la vie de l'esprit. Le *Dialogue* s'inspire non point des théories linguistiques de Bembo, mais de celles qu'expose Castiglione dans *Le Parfait Courtisan* (*).

DIALOGUE SUR LES DEUX GRANDS SYSTÈMES DU MONDE [*Dialogo sopra i due massimi sistemi del mondo*]. Œuvre du philosophe et savant italien Galileo Galilée (1564-1642), publiée à Florence en 1632. Elle est parmi les œuvres les plus célèbres qui existent au monde, que ce soit pour la méthode de recherche scientifique dont elle se sert, ou pour les nombreuses et, en ce qui concerne Galilée, tristes vicissitudes dont elle fut la première cause, ou encore pour la valeur intrinsèque du contenu. Déjà dans *Sidereus nuncius* — v. *Le Message céleste* (*) —, Galilée avait annoncé la publication de son « systema mundi », mais alors que certains l'exhortaient à le révéler, d'autres le retenaient, imaginant les polémiques et l'hostilité que son livre allait susciter. En 1630, Galilée, avec le manuscrit de son *Dialogue,* se rendait à Rome, où il obtenait des autorités ecclésiastiques une licence préliminaire pour qu'il fût imprimé. Les premiers obstacles ayant été franchis, cette œuvre put être imprimée au début de l'année 1632 à Florence par Landini, avec l'« imprimatur » romain et florentin. Dans la préface de l'œuvre, l'auteur s'explique sur les raisons qui l'ont déterminé à donner à son œuvre la forme d'un dialogue : raisons littéraires en partie, mais aussi désir de pouvoir, de cette façon, présenter et discuter les idées de Copernic en les attribuant à ses interlocuteurs. Ils sont au nombre de trois : Salviati, Sagredo et Simplicio ; dans les deux premiers sont immortalisés « les chers amis » de Galilée, le troisième est un personnage imaginaire. Salviati, issu d'une noble famille florentine, représente l'auteur lui-même : parfois il est simplement appelé dans le *Dialogue* l'« académicien Linceo » ou « notre ami commun ». Sagredo, d'une famille patricienne de Venise, est de son côté désigné comme un « simple auditeur » : en réalité il est un profane, mais fort savant par rapport aux adversaires compétents que sont Salviati et Simplicio ; bien disposé à l'égard des nouvelles doctrines pour lesquelles il s'enthousiasme, il les expose souvent sous une forme plus facile. Ces deux interlocuteurs composent une synthèse admirable du personnage de Galilée ; Simplicio, qui rappelle par son nom l'interprète des écrits d'Aristote, représente la science conservatrice et pédante qui ne reconnaît d'autres arguments que ceux qui sont admis dans les œuvres anciennes ; il ne semble pas qu'il représente une personne déterminée du temps de Galilée, ni donc, comme ses ennemis ont voulu le faire croire, le pape Urbain VIII. Le *Dialogue* dure quatre jours et est divisé en quatre journées.

Des raisonnements avancés par les interlocuteurs dans la première, nombreux sont ceux qui avaient déjà été exposés dans une œuvre précédemment publiée de Galilée, notamment ceux relatifs aux lois du mouvement des corps et des corps célestes, aux nouvelles découvertes célestes et aux caractéristiques de la lumière solaire reflétée par la Lune. Le dogme d'Aristote de l'immutabilité y est combattu ; il est incompatible avec les observations de la Lune, du Soleil, des comètes et des nouvelles étoiles. L'existence des « planètes médicéennes », des phases de Vénus et de Mercure, les variations du diamètre apparent de Mars démontrent combien est plus simple l'hypothèse de Copernic du mouvement diurne de la sphère céleste et du mouvement des planètes, alors que, dans l'hypothèse de Ptolémée, les complications s'accumulent.

La deuxième journée s'ouvre sur l'argument qu'oppose Salviati aux doctrines d'Aristote, à savoir que le mouvement diurne est propre à la Terre et qu'il n'est à l'origine d'aucun changement parmi les corps célestes ; ceux-ci devraient au contraire accélérer et retarder leur mouvement lorsque la sphère étoilée est immobile. La discussion s'anime lorsqu'il est question du mouvement ou de l'immobilité de la Terre, et à ce sujet sont évoqués les mouvements des corps et des projectiles. En combinant le mouvement de la chute libre, avec la rotation terrestre, Galilée pensait arriver à un mouvement circulaire uniforme, estimant que la nature ne procédait que par ce mouvement et par le mouvement rectiligne. Au cours des expériences qui démontrent la nullité de toutes les épreuves apportées contre le mouvement de la Terre, se trouve clairement expliqué le principe de la relativité. L'auteur s'attache ensuite à l'expérience du pendule (oscillations du pendule) et en vient à parler de la gravitation universelle dont on ne connaît ni l'origine, ni l'essence. La deuxième journée se termine par une discussion au cours de laquelle Galilée défend les conceptions de Kepler : la grandeur et la petitesse des corps interviennent dans la détermination du mouvement et y apportent des modifications, mais ne jouent pas lorsque les corps sont immobiles, et l'ordre de la nature est tel que les orbites mineures sont décrites en un temps plus bref et les plus grandes en des temps plus longs.

Dans la troisième journée, il est discuté des nouvelles étoiles et du mouvement annuel ; particulièrement de la position et de la distance de l'étoile apparue en 1572 dans Cassiopée ; et l'auteur de conclure qu'elle devait être très au-dessus de la Lune et se situer parmi les plus lointaines étoiles fixes. À partir de cet argument, les interlocuteurs en viennent à examiner la théorie communément admise selon laquelle le mouvement annuel serait dû au Soleil, théorie que nièrent Aristarque de Samos et ensuite Copernic, pour rapporter ce mouvement à la Terre elle-même. Le système de Copernic est alors expliqué ; Galilée montre que l'étude du mouvement des planètes inférieures et supérieures apporte des preuves en faveur de ce système, et que l'on doit abandonner le système de Ptolémée. Le mouvement annuel de la Terre autour du Soleil peut, à lui seul, expliquer les grandes inégalités de mouvement que l'on remarque dans la marche des cinq planètes. À cela, on peut ajouter que le mouvement apparent des taches solaires, observées, pour la première fois, par l'académicien Linceo dans toutes leurs particularités, prouve celui du globe solaire et confirme, en même temps, l'hypothèse de Copernic. La grandeur de l'univers est incompréhensible pour notre intelligence, et c'est une preuve de la puissance divine ; celle-ci ressort de la difficulté que nous avons à mesurer la distance des étoiles qui, si elles étaient très proches, devraient présenter des déplacements (parallaxes) très sensibles. Il est enfin parlé de la philosophie magnétique de Guglielmo Gilberto, de la composition du globe terrestre et des propriétés de l'aimant.

Dans la quatrième journée, le flux et le reflux de la mer sont discutés, et d'une manière erronée puisque Galilée l'explique par les différentes vitesses accélérées ou retardées des différentes parties du globe terrestre, s'opposant ainsi à Kepler qui découvrit le premier que ce phénomène devait être attribué à l'attraction lunaire. Le *Dialogue* se fixe un double but : démolir les anciennes croyances, en construire de nouvelles. En cela les erreurs, bien justifiables, ne manquent pas. La plus grave, celle sur l'interprétation du flux et du reflux de la mer, trouve sa raison dans la relativité du mouvement, expliquée clairement et exactement par Galilée, mais dans ce cas appliquée d'une manière erronée.

En août 1632, la vente du *Dialogue* fut défendue, et en octobre, Galilée fut appelé à Rome par l'Inquisition. Le procès suivit : en juin 1633, le livre fut interdit et Galilée devait en signer l'abjuration. Le *Dialogue* marque non seulement l'affirmation décisive de la recherche scientifique telle qu'elle est comprise aujourd'hui, mais il inaugure une nouvelle conception de l'homme et du monde. Jusqu'à ce moment-là, la connaissance du monde était fondée, d'une part sur la révélation contenue dans les textes sacrés, d'autre part sur une tradition profane remontant à Aristote, ces deux aspects de la connaissance ayant été conciliés par la scolastique et marqués d'un même dogmatisme. Selon cette double tradition, on s'accordait pour concevoir l'univers en fonction de deux termes extrêmes : Dieu, qui comprend tout, et l'homme qui est compris et reste le centre de tout. Si le *Dialogue* – modèle fondamental de la prose scientifique –, fort seulement de l'observation directe, méthodique et contrôlée de la nature, ouvrait à l'homme toute une série de recherches qui devaient lui révéler un nouveau visage du monde, il démolissait en même temps, autour de lui, toute une ancienne, consolante et rassurante interprétation de l'existence, et le forçait, au moment où les esprits sortaient de la profonde crise de la Renaissance et de la Réforme, à chercher la signification et le sens d'autres vérités dans les nouvelles connaissances avec lesquelles il était en contact. L'Église romaine comprit cela et en pressentit les conséquences ; sa tentative pour arrêter l'homme au moment où il s'aventurait dans la plus audacieuse de ses expériences devait être fatalement vouée à l'échec. – Trad. partielle dans *Dialogues et lettres choisies,* 1966 ; intégrale, Le Seuil, 1992.

DIALOGUE SUR LES ÉVÉNEMENTS DE ROME [*Dialogo de las cosas ocurridas en Roma*]. Œuvre de l'écrivain espagnol Alfonso de Valdés (1490-1532), publiée en 1529 ou en 1530 ; on l'appelle d'ordinaire *Lactancio* à cause du principal interlocuteur, mais elle s'intitule exactement : *Dialogue dans lequel on parle en particulier des choses survenues à Rome en l'an 1527 pour la gloire de Dieu et le bien universel de la république chrétienne* [*Dialogo en que particularmente se tratan las cosas acaecidas en Roma el año de MDXXVII a gloria de Dios y bien universal de la república christiana*]. L'œuvre, précédée par un avertissement au lecteur dans lequel on affirme que la religion ne prétend qu'à régenter les domaines de l'âme, comprend deux parties qui se distinguent entre elles par le sujet de leurs argumentations et de leurs discussions ; la première tend à disculper Charles Quint d'un grave méfait : le sac de Rome ; la seconde, se situant sur le terrain même de la foi, proclame la nécessité d'un renouvellement spirituel, et va dans le sens des doctrines d'Érasme. Sur la place de Valladolid, Lactancio (c'est-à-dire l'auteur lui-même) rencontre l'archidiacre de Viso, un de ses meilleurs amis avec lequel il séjourna à Rome : dès l'abord il ne le reconnaît pas, et croit qu'il s'agit d'un de ses frères car, au lieu de porter l'habit ecclésiastique, il est vêtu en soldat. Mais celui-ci le rassure sur son identité : à Rome, il a dû revêtir cet habit pour échapper aux persécutions tout comme d'autres membres du clergé. Les deux amis pénètrent dans l'église de Saint-François, et ils discutent des événements ; après avoir étayé leurs raisonnements par des exemples, ils en arrivent à cette conclusion que toute la faute du regrettable sac de la Ville éternelle retombe sur la politique personnelle de Clément VII et sur son aversion pour la paix désirée par l'empereur Charles Quint. En particulier, en ce qui concerne le duché de Milan, les États du Saint-Siège et le royaume de France, la papauté a été la cause de nouvelles guerres en raison du mépris de François Ier et de la politique sournoise de la Curie : comme il ne réussit pas à maîtriser les vices de ses gens, le Vicaire du Christ favorise tout acte de violence pour empêcher la réalisation d'une monarchie universelle que Charles Quint poursuit au nom même de la chrétienté, et dans ce dessein il favorise également Venise qui, soulevée par le roi de France, s'oppose à l'exécution des plans impériaux. C'est donc à cause des visées temporelles de l'Église que sont survenus les tristes événements du sac, précédés, le 20 septembre 1526, par l'entrée des troupes de Hugo de Moncade et du cardinal Colonna ; l'attaque effectuée par les soldats du connétable de Bourbon, mort héroïquement pendant l'assaut – v. également la *Vie* (*) de Cellini –, n'est que l'épilogue d'une longue crise et ne doit pas retenir outre mesure l'attention. Sous ce nouveau jour, le sac apparaît comme la punition des manquements de la papauté et le début d'une ère nouvelle pour les chrétiens.

L'ouvrage prône la nécessité d'un sentiment religieux réel, qui transformerait l'homme au profond des cœurs et le mènerait au bien. Il semble opportun d'abandonner les pompes et les fastes du culte, qui ne visent qu'à assujettir les esprits. On doit se reporter aux sources des textes primitifs plutôt qu'à des interprétations subtiles et à des traditions culturelles qui ne sont pas bien assimilées par le peuple. Le dialogue se poursuit. Après avoir cité plusieurs fois les paroles de saint Paul, les interlocuteurs proclament la grandeur philosophique d'Érasme, qui a fait son profit de la culture antique et du message chrétien pour s'élever à une nouvelle sagesse. En même temps Luther est condamné, car il persiste dans de vieilles erreurs et il amène des dissensions à la suite de débats stériles, soit en ce qui concerne l'interprétation des dogmes de la foi, soit au sujet de la politique vis-à-vis de l'empereur.

Le dialogue, qui est toujours conduit d'un commun accord entre Lactancio et l'archidiacre, et qui est riche de pages particulièrement pénétrantes à cause des descriptions de mœurs et des apostrophes politiques qu'elles contiennent, se termine par cette proclamation que le Christ a fondé l'Église et que Charles Quint, après tant de maux causés par les vicaires apostoliques, l'a restaurée « a gloria de Dios y bien de la cristiandad ». Cette œuvre d'Alfonso de Valdés, secrétaire de la chancellerie impériale, qui s'inspire surtout de la doctrine de son frère Juan – v. *Alphabet chrétien* (*) –, fut accusée, alors qu'elle était encore à l'état de manuscrit, d'hérésie luthérienne par Castiglione, en ce temps-là nonce pontifical, mais elle fut absoute par les censeurs espagnols eux-mêmes.

DIANE (La) [*Los siete libros de la Diana*]. Roman pastoral de l'écrivain espagnol Jorge de Montemayor (1520 env. - 1561). Il l'écrivit en langue castillane et le publia à Valence aux environs de 1559. Ce roman a été publié en français sous le titre : *La Diane de Montemayor ou Aventures secrètes de plusieurs grands d'Espagne.* Cette œuvre est un roman à la gloire de l'amour si, par là, on entend désigner cette aspiration métaphysique de l'âme qui lui fait entrevoir, dans l'expression concrète et individuelle de la beauté, l'occasion unique de se dépasser elle-même en recourant à la magie de l'art. Diane, la bergère qui donne son nom au roman, répond à l'amour du berger Syrène et méprise Silvain, passionnément épris de sa beauté. Cependant, durant une absence de Syrène, elle épouse le berger Délie. Quand Syrène revient, il ne lui reste d'autre consolation que de se lier avec Silvain et de chanter avec lui la beauté radieuse de Diane, la femme aimée et perdue. La bergère Silvanie s'efforce d'adoucir leurs peines en leur contant combien nombreux et douloureux sont les « embarras » causés par l'amour : on n'est jamais aimé par celle que l'on aime et l'on n'aime pas celle par qui l'on est aimé. Silvanie aime le berger Alanis, qui est pris tout entier par la beauté d'Isménie, mais cette dernière aime éperdument le berger Montane et elle le suit en vain de colline en colline, tandis qu'il mène paître son troupeau. À ce groupe d'amants douloureux et abandonnés vient se joindre la bergère Félismène, qui expose ses malheurs. Déguisée en homme, elle a suivi son cher Félix et lui a servi de page, portant de sa part les plus doux messages d'amour à la belle bergère Dalie. Mais cette dernière la prenant pour un homme – le sujet est emprunté à une nouvelle de Bandello (II, 36) – s'éprend d'elle et lui offre toute son affection. Ayant nécessairement essuyé un refus, Dalie s'est tuée ; Félismène a été obligée de fuir la vie de la Cour et s'est réfugiée dans les bois. Tous les amants s'approchent de la demeure de la sage Félicie pour chercher un conseil et une aide ; et tandis qu'ils sont en route, la bergère Bélise se joint à eux. La sage Félicie les reçoit dans son palais somptueux ; c'est par des musiques, des chansons et des danses qu'ils sont accueillis : Orphée, le chanteur amoureux qui par trop d'amour perdit sa chère femme, pleure la perte d'Eurydice. Sous la présidence de Félicie, tous les amants assis par couples dans un pré bordé de saules verts entreprennent une discussion sur l'amour : l'auteur s'inspire du premier des *Dialogues* – v. *Dialogues d'amour* (*) – de Léon l'Hébreu. Et nos amants d'évoquer la dualité entre l'amour spirituel et l'amour sensuel : c'est dans l'union de ces deux aspects de l'amour que réside la nature même de l'homme. Mais Montemayor abandonnant cette distinction ne connaît que l'amour platonique, rêve de pureté cristalline qu'il oppose à l'appétit ou amour naturel. « Un tel amour, déclare la sage Félicie, n'est ni illicite ni déshonnête, car il n'a d'autre but que d'aimer la personne en elle-même, sans attendre ni récompense, ni profit. » En effet, pour Montemayor, l'amour est une pure passion séparée de l'action, et qui mène à une contemplation sentimentale. Il est fait de douceur, de rêve, mais il n'est jamais principe d'énergie et détermination de la volonté qui conquiert son propre avenir. L'amour est cette aspiration à la beauté inaccessible, aspiration d'une ineffable tristesse, à la faveur de laquelle l'âme donne sa propre mesure : éloignés de tous les excès de la passion, nous ignorons alors la haine et la jalousie. Avant de clore cette discussion, la sage Félicie donne à boire à tous les amoureux une eau enchantée, qui change en chacun d'eux le penchant de la nature. Voici que sur le chemin du retour, Silvanie se serre avec amour contre Silvain, et Félix contre Félismène, tandis que Syrène peut considérer avec indifférence le sort de Diane tourmentée par son mari jaloux.

Le roman de Montemayor est fait d'une série de nouvelles, qui se juxtaposent et s'entremêlent l'une l'autre et qui sont autant de variations autour du même thème. Comme *L'Arcadie* (*) de Sannazaro, l'œuvre est un mélange de vers et de prose. Cependant, le motif fabuleux de l'eau enchantée semble étranger au reste de l'œuvre, ainsi que le fit remarquer Cervantès dans les pages de son roman consacrées à l'examen de la bibliothèque de don Quichotte (I, 6). Montemayor n'a pas les préoccupations artistiques de Garcilaso qui, dans ses églogues pastorales, s'attachait à des comparaisons et à des métaphores qui traduisaient la fraîcheur d'âme et d'ingénuité primitive, propres à l'homme lié à la terre et sensible à la beauté des choses. Avec Montemayor pénètre dans le roman pastoral le néo-platonisme de la Renaissance : il introduit une façon particulière de sentir et d'agir ; la vie apparaît comme illuminée et embellie par les splendeurs nostalgiques de la beauté. Ce néo-platonisme acquiert toutefois, ici, une signification plus large et universelle du fait qu'il s'amalgame à la tradition amoureuse de la poésie lyrique des trouvères. L'œuvre est écrite en un langage élégant, tout empreint de raison et éminemment policé ; et par là, elle porte témoignage sur cette société galante et cultivée, qui fut celle où vécut Montemayor. Le succès de *Diana* fut immense, non seulement en Espagne où il y eut immédiatement les suites d'Alonso Pérez : *Seconde Partie de la Diane* [*Segunda parte de la Diana*] et de Gaspar Gil Polo : *La Diane amoureuse* [*Diana enamorada*], mais aussi dans toutes les littératures européennes (spécialement en France). Traduite par N. Collin (Reims, 1569), elle exerça une influence sur *L'Astrée* (*) d'Honoré d'Urfé, qui fut le modèle de tous les romans sentimentaux du XVIIe siècle et l'expression du goût courtois depuis le temps d'Henri IV jusqu'à celui de Louis XIV. – Trad. Prault, 1733.

★ *La Diane amoureuse* [*Diana enamorada*], roman pastoral de l'écrivain espagnol Gaspar Gil Polo (XVIe siècle), publié à Valence, en 1564, eut une renommée plus méritée. Elle commence par la plainte de Diane qui, en visitant la fontaine des aulnes, se rappelle être venue là plusieurs fois avec Syrène. Le souvenir de ce premier amour volontairement brisé est, pour elle, une continuelle source d'angoisse. La bergère Alcida, qui l'écoute, s'efforce de la consoler : l'amour n'est pas tout-puissant ; en ne lui résistant pas, nous le proclamons invincible. Les triomphes de l'amour sont les triomphes de nos faiblesses. Des bergers viennent se joindre à Diane et Alcida. Et chacun de raconter les malheurs et les déceptions qu'il eut à connaître. Jalousie et amour sont évoqués, et c'est l'occasion pour l'auteur de montrer que la jalousie est un manque de confiance en celui que l'on aime et un amour exagéré de soi-même : ce n'est pas l'amour. L'amour porte en lui-même la crainte, mais la crainte de perdre ce que l'on aime : une crainte qui se nourrit du bien que nous découvrons dans la personne aimée et qui, par là même, n'est jamais dissociée de l'espérance. Après tant de récits à la faveur desquels est évoqué le destin et des uns et des autres, il ne reste plus à Gil Polo qu'à dénouer les fils qu'il a lui-même emmêlés : tous se retrouvent et c'est dans la joie, au son des musiques et des danses, que seront célébrées les noces d'Alcida et Marcelio, de Diane et Syrène. Leurs vœux les plus chers sont exaucés en harmonie avec eux-mêmes, en harmonie avec la nature extérieure, qui se dévoile sous leurs yeux comme un sourire de l'univers. Chacun atteint au royaume du bonheur : royaume de l'amour juste fait de beauté et de bonté. *La Diane amoureuse* est la synthèse harmonieuse et poétique du roman pastoral espagnol : le monde des images évoque, ici, cette recherche de la beauté, exaltation de l'intelligence qui permet, en abandonnant tout égoïsme, d'atteindre à la pure connaissance de soi-même. La fusion des éléments lyriques et imaginatifs, plus complète que dans l'œuvre de Montemayor, donne à *La Diane amoureuse* son unité de style et de ton. Le vers, au lieu de s'opposer à la prose, s'en détache avec une légèreté de rythme des plus heureuses. Le mot, que l'analyse a pour ainsi dire transfiguré dans l'atmosphère lucide de son rêve, en perdant de sa densité acquiert une réelle valeur musicale : autant de signes attestant la maîtrise et l'art de l'auteur.

DIANE DE LA CROISÉE DES CHEMINS [*Diana of the Crossways*]. Roman de l'écrivain anglais George Meredith (1828-1909), publié dans la *Fortnightly Review,* entre 1884 et 1885, et en volume en 1885. Une jeune Irlandaise, belle, vive, intelligente, Diana Merion (Crossways – croisée des chemins – est le nom de sa demeure), a épousé un officier anglais, Warwick, d'une intelligence bornée, incapable de comprendre et d'apprécier les dons de sa femme. Celle-ci est entourée de nombreux admirateurs parmi lesquels le fidèle Redworth, qui forme le plus vif contraste moral avec son mari, dont la jalousie est pourtant éveillée par lord Dannisburgh. Warwick intente un procès en divorce. Cependant, un jeune diplomate, Percy Dacier, s'éprend de Diane, et elle accepte ses hommages ; mais par simple indiscrétion, elle dévoile au directeur d'un journal un secret politique qui lui a été confié par son amoureux, et Dacier l'abandonne pour épouser une brillante et riche héritière, tandis que Diane, restée veuve entre-temps, épouse son fidèle admirateur Thomas Redworth. *Diane de la croisée des chemins* est l'étude implacable d'une âme de femme, tout comme *L'Égoïste* (*) était celle d'un homme. Mais les tendances féministes de Meredith le poussent à traiter le sujet avec une touche plus délicate. Malgré ses défauts, Diane est une des figures les plus attirantes parmi les créations féminines de Meredith. – Trad. Gallimard, 1931.

DIANE ET TUDA [*Diana e la Tuda*]. Comédie du dramaturge italien Luigi Pirandello (1867-1936), représentée tout d'abord en allemand, à Zurich en 1926, et à Milan, l'année suivante. Abandonnant les sujets et le style naturalistes de sa première manière, Pirandello s'était attaché à exprimer le dualisme constant qui existe entre la « vie » et les « formes » qu'elle revêt (la « forme » désignant aussi bien les conventions sociales, y compris celle du langage, que toute schématisation intellectuelle, définition ultime de l'art). Dans la création poétique et imaginative, non seulement ce dualisme est apparent, mais il est un des éléments essentiels dont se sert l'artiste, et qui offre au critique comme au spectateur une formule pratique, facilitant l'intelligence de l'œuvre. Avec le temps, et aussi avec le succès, ce thème devint le « problème central » du théâtre pirandellien. En effet, après la Première Guerre mondiale, ce genre de théâtre devait susciter un très vif intérêt sur toutes les scènes européennes ; on assistait alors au triomphe des conceptions relativistes tant dans le domaine de la physique que de la morale. C'est dans cette perspective que Pirandello fut amené à rechercher certains thèmes particulièrement propres à illustrer la thèse qu'il se proposait de démontrer. La comédie tient tout entière dans le fait que le processus vital, en ce qu'il aspire à s'inscrire dans une forme, ne peut que s'opposer à cette forme elle-même, puisque cette dernière est appelée à le contenir dans une prison, d'autant plus douloureuse qu'elle est immortelle. La pièce est émouvante par le côté autobiographique, car le drame du jeune Sirio Dossi et du vieux sculpteur Nono Giuncano, son maître et son père, est le drame du poète lui-même. Sirio travaille à une monumentale statue de Diane, dont il veut faire l'image même de la beauté, tout en lui conservant les aspects réalistes de la vie. À cette fin, il oblige son modèle, Tuda, à d'exténuantes poses. Nono Giuncano, qui a détruit toute ses œuvres, ne voit de son côté qu'une chose : c'est que la jeunesse et la beauté de Tuda sont sacrifiées aux formes mortes de l'art. Pour éviter que Tuda ne serve de modèle à d'autres artistes, Sirio décide de l'épouser, mais la femme se rebelle contre l'égoïsme inhumain de celui qui, indifférent à sa féminité, ne songe qu'à transmettre à la statue le tourment de la chair insatisfaite. Elle se venge, à sa manière, en posant pour un artiste rival, un peintre que Sirio blessera en duel, après avoir détruit son œuvre. Au désespoir, Tuda crie son chagrin et, comme une forcenée, se jette sur la statue, espérant ainsi lui communiquer un dernier souffle de vie. Sirio, croyant qu'elle veut détruire son œuvre, la menace de mort. Alors, Giuncano, pour empêcher que Sirio ne sacrifie la vie à la forme, se jette sur Sirio et l'étrangle.

Malgré le côté irréel et abstrait du drame, Pirandello apporte, dans le langage et dans le jeu des situations, une telle puissance que l'œuvre dégage une atmosphère pleine d'angoisse dans un monde d'une impossible pureté. – Trad. Gallimard, La Pléiade, t. II, 1985.

DIANE FRANÇAISE (La) et **EN ÉTRANGE PAYS DANS MON PAYS LUI-MÊME.** Ces deux recueils de poèmes de résistance de l'écrivain français Louis Aragon (1897-1982) ont une histoire bibliographique assez complexe. Si *La Diane française* a été publiée en volume en 1945 après la Libération, les poèmes qui la composent avaient été pour la plupart publiés précédemment dans la clandestinité, certains sous forme de tracts... *En étrange pays dans mon pays* *lui-même*, publié en volume en 1945 aussi, regroupe *Brocéliande*, publié en Suisse l'été 1942 et qui put être diffusé publiquement en France, *En français dans le texte*, publié en Suisse en 1943, mais dont la diffusion publique en France fut interdite à l'époque. Les deux volumes, publiés en 1945, ont été complétés par des textes en prose, *La Diane française* par une préface, vite célèbre, qui est une sorte de poème en prose sur la France de l'Occupation et de la Résistance, *En étrange pays dans mon pays lui-même* par l'essai : « De l'exactitude historique en matière de poésie », daté de 1945. Le premier recueil contient les poèmes les plus connus, les plus vite popularisés d'Aragon en cette période : « La Rose et le Réséda », « La Ballade de celui qui chanta dans les supplices » et « La Légende de Gabriel Péri », « Il n'y a pas d'amour heureux » (depuis, mis en musique et chanté par Brassens) et enfin le poème final qui se termine par le vers : « Mon parti m'a rendu les couleurs de la France. » Si les poèmes de ce recueil sont en vers rimés et comptés, dans le long poème de *Brocéliande*, où à travers les mythes bretons réinventés ou revécus par le poète s'évoque la permanence de la nation, pour déboucher avec la partie finale sur la prophétie de la Libération en un mois d'août (qui fut dans la réalité celui de 1944 et non celui de 1942 comme on l'avait alors espéré), les parties en vers réguliers (I-III-V-VII) alternent avec les parties en vers libres (II-IV-VI). En revanche, les poèmes de *En français dans le texte*, où le poète chante notamment le Paris perdu et en imagine la lutte (« Le paysan de Paris chante »), sont en vers réguliers. Il faut mettre à part le premier poème intitulé « Art poétique », en distiques, où s'affirme (comme vers la même époque dans certains poèmes d'Éluard, écrits à Paris) la volonté d'une poétique nouvelle : « Pour mes amis morts en Mai / Et pour eux seuls désormais. » Il s'agit ici de Politzer, Feldmann, Sémard, etc., fusillés par les nazis en mai 1942. L'ensemble de ces deux recueils représente probablement le sommet de la poésie d'Aragon sous l'Occupation.

DICTATEUR (Le). Pièce de l'écrivain français Jules Romains (Louis Farigoule, 1885-1972), jouée pour la première fois à la comédie des Champs-Élysées, le 5 octobre 1926, publiée en 1926. Le parti révolutionnaire renverse le gouvernement d'un royaume constitutionnel d'Europe. Intelligent, le roi, malgré son entourage hostile, place, à la tête du nouveau gouvernement, Denis, le chef des insurgés. Dès lors, nous allons assister au processus de désagrégation qui va faire d'un être d'abord épris de justice et d'idéal un despote. Il commence d'abord par entrer en lutte contre la grève générale que ses compagnons de la veille ont déclenchée, et finit par faire arrêter Ferréol, son ami d'enfance, révolutionnaire épris d'absolu, qui dirige l'opposition. Deux thèmes se superposent dans cette pièce, celui de l'amitié trahie et rompue, et celui, plus grave encore, du reniement de soi, de l'infidélité aux principes de justice qu'on avait pris l'engagement de défendre. Encore que cette transformation, que ce revirement soient pour celui qui en est l'objet très angoissants et à l'origine d'une solitude implacable, il n'en est pas moins certain que leurs conséquences paraissent autrement importantes du fait qu'elles atteignent un très grand nombre d'individus. À la vérité, l'auteur a voulu mettre en accusation le complexe de puissance, et ses conclusions ne peuvent être que pessimistes. L'exercice du pouvoir, les obligations qui incombent à un chef, en isolant un homme des autres, en lui octroyant tous les droits sur eux, le condamnent au rôle de dictateur, et l'incitent à passer outre les raisons d'humanité qu'il pourra invoquer.

DICTATEURS (Les). Ouvrage historique de l'essayiste français Jacques Bainville (1879-1936), publié en 1935. On ne trouvera point dans ce livre d'étude politique approfondie de la dictature et de l'évolution de ses formes à travers les siècles. Il s'agit d'une œuvre de vulgarisation : l'auteur se contente de raconter la vie des dictateurs, laissant au lecteur le soin de méditer sur les similitudes qui rapprochent les tyrans de l'Antiquité et les monarques absolus du siècle classique des dictateurs de 1935. L'argument du livre est que la dictature est un fruit naturel de la démocratie, qu'elle apparaît dans l'histoire des régimes démocratiques selon une sorte de « loi de retour éternel » (ce sont les mots mêmes de Bainville). La dictature n'est pas une mode : elle peut répondre à des nécessités, à l'exigence des faits, et c'est pourquoi, par exemple, les Romains l'avaient légalisée en certaines circonstances. Les causes immédiates de son apparition peuvent être néanmoins très diverses : nécessité de salut public, pour parer à une invasion étrangère — réaction contre l'anarchie et la ruine —, mouvement de défense sociale contre le communisme ; ou bien encore, la dictature peut être la forme extrême et violente prise par la démocratie égalitaire pour vaincre ses adversaires. À Athènes, dans l'Antiquité, ce sont, avec l'accroissement des richesses, l'élévation de la bourgeoisie et l'abaissement de la classe pauvre, les luttes sociales acharnées qui introduisent la dictature : les deux partis, épuisés, prenaient l'habitude de s'en remettre à un tiers pour juger leurs différends. Le dictateur est alors surtout légiste. Mais on voit aussi, avec Pisistrate, apparaître le « tyran », plus proche de nos dictateurs modernes, car il prétend toujours s'appuyer sur le peuple et n'assure son pouvoir que par la démagogie et la violence. À Rome, le Sénat, aristocratique, craignait par-dessus tout l'élévation trop rapide d'un homme politique : cependant, voulant corriger les défauts de la République par l'autorité, le Sénat avait prévu et légalisé la dictature au nom du salut public en cas de guerre extérieure ou civile.

Le Moyen Âge ignore la dictature, et celle-ci, ce qui confirme la thèse de Bainville, ne reparaît qu'en Angleterre, précisément pays de système parlementaire, avec Cromwell. En Europe continentale, avec le « ministériat » de Richelieu et la dictature royale d'un Louis XIV, on est en présence, au XVIIe siècle, d'un système autoritaire absolu, mais ces dictatures sont dominées, animées, réglées par l'idée royale et nationale. Le « despotisme éclairé » est une sorte de dictature « didactique » et « pédagogique » : il s'agit, renforçant le pouvoir royal, d'imposer de vive force les « lumières » à la masse du peuple, et, pour cela, de briser les résistances des vieux « préjugés » et de leur citadelle, la religion... La dictature de Robespierre, qui rappelle la dictature romaine car elle est exercée au nom du « salut public », s'apparente aussi à ce « despotisme éclairé » : car il s'agit bien d'une dictature « pédagogique » (comme sera plus tard également la dictature soviétique) où la Révolution est identifiée à un homme et à un bureau politique. Les dictatures napoléoniennes nous découvrent une constante de la politique française : les 18 brumaire ne sont possibles en France qu'à ceux qui détiennent déjà une part du pouvoir... Après avoir envisagé rapidement les diverses dictatures de l'Amérique latine, Bainville en arrive aux dictatures contemporaines : celle d'Ataturk qui rappelle le « despotisme éclairé » d'un Pierre le Grand ou d'une Catherine II et qui a mis au service du mimétisme occidental toutes les ressources du despotisme oriental ; le fascisme, pour lequel Bainville nourrit une certaine sympathie, et dont il condamne ici les pseudo-imitations françaises que préparaient alors certains. Dans le fascisme, Bainville voit autant un mouvement de réaction contre l'anarchie que l'ultime règlement de comptes entre les « interventionnistes » et les « neutralistes » de 1915, ces derniers étant restés au pouvoir, malgré l'entrée en guerre de l'Italie et la victoire. S'il s'attaque vivement à Hitler, Bainville montre au contraire la plus grande sympathie pour la dictature de Salazar, au Portugal.

Notons, pour conclure, que si Bainville considère avec une certaine satisfaction les dictatures d'avant-guerre comme une revanche des systèmes d'autorité que les hommes de Versailles avaient prétendus bannis à tout jamais par le « progrès », il voit cependant plus loin et s'efforce de montrer que les dictateurs ne sont point des sauveurs, mais bien les expressions les plus féroces et les plus dégénérées du gouvernement « démocratique », qu'il a toujours vivement critiqué et combattu.

DICT DE PADMA [*Padma Than Ying*]. Poème tibétain de cent huit chants, consacré à Padmasambhava, célèbre et légendaire magicien, qui introduisit le bouddhisme tantrique au Tibet où il arriva d'Inde au VIIIe siècle de l'ère commune, et que les Tibétains – surtout la secte la plus ancienne (Nying napas) des Bonnets rouges – révèrent sous le nom de « Précieux Maître » (Gourou Rimpoché). Il fut considéré comme un nouveau Bouddha ; la légende s'empara de lui, et le *Dict de Padma* conserve sa geste sous une forme épique et merveilleuse. – Trad. Gustave Charles Toussaint, Ernest Leroux ; rééd. sous le titre *Le Grand Guru Padmasambhava*, Éditions orientales, 1979. J.-P. L.

DICTIONNAIRE ALLEMAND [*Deutsches Wörterbuch*]. Œuvre des écrivains allemands, les frères Jacob (1785-1863) et Wilhelm (1786-1859) Grimm. C'est le plus important des dictionnaires de langue allemande. Jacob Grimm commença d'y travailler en 1838 avec l'aide de son frère. Le premier volume parut en 1854. L'idée d'entreprendre ce travail leur vint à la suite d'un revers de fortune ; en 1837, un prince réactionnaire allemand, le roi Ernest-Auguste de Hanovre, abrogea la Constitution ; comme, par dignité, les frères Grimm ne voulurent pas renier le serment qu'ils avaient prêté aux anciennes institutions, ils perdirent leur place de bibliothécaire. Afin de leur venir en aide, les Éditions Weidmann leur proposèrent d'entreprendre un dictionnaire de la langue allemande. Jacob vieillissait et savait qu'un dictionnaire est avant tout le fruit de savantes et longues recherches. Les deux frères acceptèrent néanmoins. La passion de Jacob Grimm pour l'histoire et son peu d'affinité pour la grammaire traditionnelle donnèrent à l'ouvrage entrepris un caractère essentiellement historique. Ainsi qu'il convient, les citations abondent, et Grimm a puisé chez un grand nombre d'écrivains, allant du milieu du XVe siècle jusqu'à Heine et Gotthelf. Elles sont accompagnées du nom de l'auteur avec un renvoi aux passages cités, de sorte qu'il est aisé de s'y reporter et d'avoir des repères chronologiques précis. Les définitions ont été supprimées et remplacées par l'équivalent latin (ex. : « Aar », « Aquila » ; « All », « integer »...). J. Grimm s'est rendu célèbre par ses travaux sur l'Antiquité et sur les langues germaniques dans la préhistoire, d'où, dans son dictionnaire, la place importante accordée à l'étymologie. L'auteur suit la formation d'un mot depuis les plus lointaines origines jusqu'à sa forme moderne ; autant qu'il le peut, il relève les analogies avec l'indo-européen, et se sert de la nouvelle linguistique comparée dont il fut un promoteur.

Sur le plan historique, le *Dictionnaire* renseigne sur la langue allemande à partir de la première moitié du XVe siècle. Mais Grimm n'a pas poursuivi son but avec constance ; il avait un sentiment religieux du passé, et le formalisme des puristes l'irritait. Fils de son époque, c'était un authentique romantique allemand, détestant le « courant des Lumières ». Il aimait ce qui était populaire et ancien. Ses tentatives pour restaurer les vieux mots interviennent aux dépens de la part historique et documentaire. Ce serait, écrivait-il, « le comble de l'absurdité de détourner nos regards de l'Antiquité et de limiter un dictionnaire allemand à la durée éphémère du présent ». « Aigle » se dit en allemand « Adler » ; ainsi disait-on au temps des frères Grimm, ainsi avait écrit Goethe. Mais parce qu'elle était moderne, cette forme déplaisait à J. Grimm, qui renvoie dans son dictionnaire au mot archaïque « Aar ». J. Grimm était un de ces vieux érudits allemands habitués à vivre hors du monde ; il pensa qu'une œuvre comme la sienne, si rigoureusement scientifique et technique, se lirait à haute voix, en famille, après le repas du soir, et que même les braves mères de famille tendraient l'oreille. Cela explique cette tendance pédagogique ; elle est également manifeste dans son parti pris de rejeter tout vocable étranger, de résister « à la pénétration aussi envahissante qu'injustifiée » d'éléments empruntés à d'autres langues. « Un dictionnaire ne doit pas favoriser la xénomanie ni les mélanges linguistiques : bien au contraire, il doit s'y opposer. » Un tel purisme, doublé de patriotisme, se conciliait mal avec l'impartialité historique qui doit examiner les faits et non les passer sous silence. Le vocabulaire allemand abonde en mots – dont certains très communs – qui sont d'origine étrangère. Un dictionnaire ne peut pas ne pas en faire état.

Le *Dictionnaire allemand* n'en reste pas moins une des premières œuvres ayant servi de base à la linguistique historique fondée au temps du romantisme. J. Grimm était arrivé au mot « Frucht », c'est-à-dire au début du quatrième volume. Son frère Wilhelm avait été chargé de la lettre « D ». À la mort de Jacob, la rédaction fut assumée par un groupe de philologues : K. Weigand, R. Hildebrand, H. Wunderlich, M. Lexer et surtout M. Heyne. Par la suite, l'Académie des sciences de Prusse confia ce travail à un comité dont firent partie des hommes de valeur, tels que A. Hübner. C'est seulement en 1960 que l'œuvre fut achevée.

DICTIONNAIRE DE L'ACADÉMIE.

L'entreprise du *Dictionnaire* constitue la part la plus connue, la plus visible, des travaux de l'Académie française ; la part la plus sujette à controverses et à dérisions traditionnelles aussi. Les enjeux en ont cependant été souvent sous-estimés. À cet égard, il est nécessaire de revenir sur les origines de cette entreprise, ses diverses réalisations ensuite ayant été de façon constante le prolongement de la démarche initiale, avec des corrections successives des travers que celle-ci avait révélés. La création d'un dictionnaire fait partie des buts assignés à l'Académie par les lettres patentes de 1635 qui la fondent. Et l'article XXIV de ses statuts précise alors, de plus, qu'elle doit travailler à « rendre notre langue pure, éloquente » et apte « à traiter des arts et des sciences ». À côté du dictionnaire étaient également prévues une grammaire, une poétique et une rhétorique, de manière à composer un corps de doctrine normative complet pour la langue et ses usages.

La grammaire a vu partiellement le jour par les *Remarques sur la langue française* (*) de Vaugelas (1647) issues des notes prises pour les travaux préparatoires, mais la poétique et la rhétorique ont été laissées dans les limbes. L'attention de l'Académie s'est donc concentrée sur le lexique. Le premier dictionnaire ne fut élaboré qu'au bout de plus d'un demi-siècle, puisqu'il n'atteignit un état d'achèvement qu'en 1690. Depuis, la tradition s'est maintenue, et les travaux du dictionnaire, auquel l'Académie consacre une séance par semaine, restent empreints de lenteur ; cela dit, il faut tenir compte de ce que suppose de difficultés un tel ouvrage, dès lors qu'il est destiné, dans son principe, à devenir la référence culturelle première du pays et de la francophonie. Et l'enjeu, au XVIIe siècle, se trouvait encore alourdi par le fait que l'unité linguistique du pays était loin d'être réalisée, et que le pouvoir, pour d'évidentes raisons politiques, mais aussi juridiques et administratives (la justice et l'administration se faisaient en français), attendait de l'Académie qu'elle instaurât l'institution culturelle fondamentale de la société, sa langue (il est intéressant de voir comparativement, à cet égard, qu'en Angleterre le pouvoir procéda tout autrement et prit appui sur les autorités religieuses, puisque la norme linguistique y fut instaurée, à peu près en même temps qu'en France, par la *Traduction autorisée de la Bible*).

La première ébauche du projet de dictionnaire fut préparée par Chapelain. L'Académie se mit d'accord sur deux principes : il n'y aurait point de citations accompagnant les définitions, et les mots seraient classés non dans l'ordre alphabétique simple, mais par radicaux ; la première de ces décisions évitait les conflits entre membres pour le choix des auteurs et ouvrages cités, la seconde tendait à régler le problème des homonymes et à donner un caractère plus « savant » au dictionnaire, en faisant ressortir les sources latines ou grecques de la langue française. Un troisième choix se dessina bientôt, qui fut de réduire le lexique légitimé aux termes de la langue de bon ton, en évitant les mots familiers, mais en excluant aussi les termes techniques et de métier.

L'élaboration n'en fut pas moins lente. Au bout de vingt-cinq ans, Colbert exigea que les travaux s'accélérassent, et imposa une réorganisation de l'Académie, en même temps qu'il instaurait les jetons de présence pour stimuler le zèle des membres et récompenser les plus assidus. Le travail s'anima en effet, mais le résultat paradoxal fut que, les dissensions se faisant sentir plus fortement (sur l'extension du lexique, sur les citations, sur l'orthographe, enfin sur les définitions elles-mêmes), des scissions se produisirent. Un groupe, autour du vieil académicien Patru, se lança à partir de 1676 dans la réalisation d'un dictionnaire indépendant, qui aboutit au *Richelet* (1680) : c'est un dictionnaire puriste et moderniste, au lexique restreint, mais aux définitions claires et souvent très sensibles à l'actualité de la langue ; interdit en France, il fut imprimé en Suisse et diffusé clandestinement. L'autre scission fut celle de Furetière, qui entreprit son propre dictionnaire : il fut exclu de l'Académie, se réfugia aux Pays-Bas (1685), où il trouva l'appui de Bayle, qui paracheva son ouvrage après sa mort. Son *Dictionnaire universel* (*), au lexique très étendu (il prend en compte les termes de métier, les mots vieillis ou familiers), donne des étymologies (souvent fantaisistes) et abonde en commentaires et citations ; il est certainement le plus complet des trois dictionnaires du français vivant nés à cette époque : imprimé en Hollande et diffusé clandestinement (1690), il eut du succès. Le troisième fut celui de l'Académie, enfin venu à son terme. Sa première version était tellement défectueuse qu'elle fut supprimée et retravaillée ; en même temps, un *Dictionnaire des sciences* commandé à Thomas Corneille venait combler les lacunes du lexique principal ; l'ensemble fut enfin mené à terme en 1694. Le mode de classement adopté, qui impose un recours constant à l'index, les définitions lapidaires et le vocabulaire restreint retenu font que ce dictionnaire apparut comme le moins tonique des trois. Et durant le XVIIIe siècle, le *Richelet* et le *Furetière* furent, autant que le *Dictionnaire* de l'Académie, réédités et mis à jour, avant qu'au XIXe d'autres concurrents n'entrent en lice (Larousse, Littré...). Le *Dictionnaire de l'Académie* conserve cependant un avantage particulier : seul à avoir, depuis plus de trois siècles, constamment été entretenu, il permet de suivre mieux qu'aucun autre l'évolution de la langue et des façons de concevoir le genre dictionnariste. A. V.

DICTIONNAIRE DE LA LANGUE ANGLAISE [*Dictionary of English Language*]. Dictionnaire classique, publié en 1755 par l'écrivain anglais Samuel Johnson (1709-1784). Cet ouvrage, qui ne lui demanda que huit années de travail, se proposait de « raffiner la langue grammaticalement, de la nettoyer de tout barbarisme, de licences idiomatiques et combinaisons irrégulières ». Cela avait déjà été fait, en Italie, par l'Académie de la Crusca, en 1612, et, en France, par l'Académie, en 1694. Johnson conçut l'idée d'établir son dictionnaire d'après de semblables principes, estimant que la langue anglaise avait désormais atteint une telle perfection quant au lexique, qu'elle n'aurait plus besoin d'aucune amélioration : l'essentiel était donc de la sauver en fixant les bornes par une nouvelle autorité. Dans son « plan » ou programme, il nous parle encore de l'avantage qu'il y a à adopter le principe historique de la valeur des mots : cela nécessite une abondance de citations qui, si elles sont bien choisies, peuvent corroborer les définitions et rendre toutes les nuances de signification qui ne ressortiraient pas de la simple définition. Enfin, un autre de ses buts fut de fixer la prononciation de la langue pour en conserver la pureté et, par là, en prolonger la durée. Le comte de Chesterfield, à qui Johnson avait d'abord envoyé le plan de l'ouvrage sans en obtenir de réponse, devait par la suite reconnaître en Johnson le véritable organisateur de la langue anglaise. À cette louange tardive du comte, Johnson fit la fameuse réplique que l'on sait : si un tel accueil, disait-il, « avait été fait plus tôt, il aurait été courtois, mais il avait été à ce point tardif qu'il le laissait indifférent, et qu'il ne pouvait s'en réjouir ». Cette fameuse lettre du 7 février 1755 est considérée comme l'événement qui met fin à l'âge des mécénats, et marque le début de l'indépendance des écrivains. Johnson devait s'apercevoir, au fur et à mesure qu'il composait le *Dictionnaire*, que celui-ci n'était déjà plus parfait, car la langue change perpétuellement, et de nouveaux mots surgissent alors que d'autres disparaissent. Cette erreur même confère une valeur spéciale à l'ouvrage ; visant à fixer la langue à une époque de grande floraison littéraire, il réussissait à établir ce qui en devait être l'usage anglais. Considérant que l'époque élisabéthaine constitue l'âge d'or de la langue, Johnson affirme que les écrivains qui ont précédé la Restauration (1661) étaient « des sources limpides d'expression pure », et il justifie son opinion en prenant pour modèles Sidney (1554-1586) et Spenser (1552 ?-1599). S'il introduit des mots archaïques, il leur redonne de la valeur, grâce à des citations d'auteurs bien connus, et démontre la nécessité de les faire rentrer en usage. Sa plus grande crainte est que la langue soit corrompue par l'influence du français ; aussi déclare-t-il que c'est folie de naturaliser des mots étrangers au détriment de ceux du pays.

Le *Dictionnaire* est une œuvre très personnelle à travers les abondantes définitions et les exemples, Johnson révèle ses qualités de styliste et de critique, ses propres idées politiques, et souvent son humour, par exemple dans la définition qu'il donne implicitement de lui au mot « Lexicographe » : « un bûcheur inoffensif ».

DICTIONNAIRE DE LA LANGUE FRANÇAISE. Dictionnaire de Maximilien Émile Littré (1801-1881), médecin, philosophe et homme politique français, considéré comme un des chefs du positivisme ; l'ouvrage a été publié entre 1863 et 1872. L'auteur applique à l'étude de la langue son système philosophique, en se proposant de recueillir tout ce qui peut servir à éclairer l'histoire de la langue française. Il signale dans sa préface qu'il a voulu combiner « l'usage présent de la langue et son usage passé, afin de donner à l'usage présent toute la plénitude et la sécurité qu'il comporte ». En effet, on remarque dans un lexique de langue vivante trois acceptions : la forme usuelle de l'époque en cours, la forme archaïque, enfin le néologisme qui n'est que l'embryon de l'acception future. Le *Dictionnaire de l'Académie française* (*) ne consacre que le sens principal des mots qui sont employés depuis que la langue française a acquis sa forme moderne. Au contraire, celui de Littré donne le sens propre et le sens figuré de chaque mot à travers les âges ; il fait remonter ses citations jusqu'au plus ancien auteur. Le tout est complété de références historiques se rapportant au même mot, dans le vieux français comme dans le français moderne ; enfin il fournit l'étymologie et les principaux synonymes. Recueil d'observations positives et d'expériences, le *Dictionnaire* historique de Littré est le « flambeau de l'usage et ne passe par l'érudition » — comme le voulut son auteur — « que pour arriver au service de la langue », l'ambition de Littré ayant été en quelque sorte de transporter le langage des sciences naturelles dans la science des mots. Considérant avec raison qu'il est difficile, pour ne pas dire impossible, de limiter avec précision le domaine vivant de la langue, Littré a préféré inscrire au compte du présent plus de mots qu'il ne lui en appartenait : l'auteur fait d'ailleurs valoir, dans sa Préface, que sont nombreux les cas où des mots vieillis reprennent une vie nouvelle. Si les exemples tirés des auteurs classiques ou même anciens abondent — « Un dictionnaire sans citations est un squelette » (Voltaire) —, le but de Littré n'a pas été cependant de faire un dictionnaire de langue archaïque : le vieux français, abondamment mis à contribution, ne figure jamais qu'à propos de la langue moderne et seulement dans la mesure où il l'éclaire. Dépassé à certains égards sur le plan critique et scientifique, ce *Dictionnaire* demeure néanmoins un répertoire indispensable pour rechercher le sens précis d'un mot. Ample recueil d'exemples très clairs, il est resté la base principale sur laquelle ont été fondées, par la suite, les diverses études sur l'histoire de la langue française.

DICTIONNAIRE DE MUSIQUE. Œuvre du philosophe et écrivain genevois d'expression française Jean-Jacques Rousseau (1712-1778), publiée en 1767. En 1748, Rousseau avait rédigé en trois mois, à la demande de D'Alembert et de Diderot, la partie musicale de l'*Encyclopédie* (*), s'attirant, entre autres, les critiques minutieuses de Rameau. Mécontent de son travail à cause de la hâte qu'il avait dû y apporter, Rousseau y revint et le reprit lentement, de 1756 à 1764, composant ainsi le *Dictionnaire de musique*, dernière œuvre publiée par lui.

À l'exclusion de notes biographiques ou critiques, le sujet ainsi traité embrasse, en substance, toute la théorie musicale, l'instrumentation exceptée, dans un style subjectif et verbeux, presque sur un ton de confidence. L'harmonie est celle de Rameau, bien que Rousseau déclare explicitement qu'il préfère le système de Tartini encore peu connu en France. Dans la préface, Rousseau assure qu'il a observé une stricte impartialité « dans la querelle des deux Musiques », mais il montre continuellement sa préférence pour la musique italienne, dans laquelle il voit parfaitement réalisée l'« imitation de la nature » (c'est-à-dire la vérité des accents passionnés) et, objet de ses prédilections, l'« unité de la mélodie », principe dans lequel il résume son antipathie pour toute complication d'harmonie et de contrepoint qui se superposerait à la nudité et à la pureté de la mélodie. « S'il nous faut des accords, c'est parce que nous avons le goût dépravé », avait-il déjà dit dans *La Nouvelle Héloïse* (*). Sans cesse, dans le *Dictionnaire*, il répète ces affirmations fondamentales : « Il est bien difficile de ne pas soupçonner que toute notre harmonie n'est qu'une invention gothique et barbare [...] Monsieur Rameau prétend toutefois que l'harmonie est la source des plus grandes beautés de la musique : mais cette opinion est contredite par les faits et par la raison. » « Toute musique qui ne chante pas, si harmonieuse qu'elle soit, n'est qu'une musique imitative, et ne pouvant ni émouvoir ni peindre par ses accords, elle lasse vite les oreilles et laisse toujours le cœur froid. » « Le plaisir de l'harmonie n'est qu'un plaisir de pure sensation, et la jouissance des sens est toujours courte, vite suivie de satiété et d'ennui ; mais le plaisir de la mélodie et du chant est un plaisir d'intérêt et de sentiment, qui parle au cœur [...] Je conclus donc et je dis [...] : premièrement, que toute musique qui ne chante pas est ennuyeuse, quelque harmonie qu'elle puisse avoir ; secondement, que toute musique où l'on distingue plusieurs chants simultanés est mauvaise », assertions dans lesquelles il y a peut-être quelque contradiction à soutenir que l'harmonie est un plaisir purement sensuel en même temps qu'une invention gothique et barbare, alors que l'homme à l'état de nature ne connaîtrait et n'apprécierait que le chant à l'unisson.

DICTIONNAIRE DE TRÉVOUX. Cet ouvrage a reçu son nom de la petite ville du département de l'Ain où fut imprimée en 1704 la première édition, en trois volumes in-folio ; il fut réimprimé pour la cinquième et dernière fois en 1771, en huit volumes in-folio. Œuvre des jésuites, ce *Dictionnaire* de la langue eut pour principaux auteurs les pères Buffier, Castel et Tournemire. On peut blâmer, outre un certain esprit sectaire, l'inexactitude de plusieurs définitions et le choix parfois peu judicieux des exemples. L'ouvrage constitue néanmoins un véritable trésor de renseignements. On y trouve, notamment, nombre de mots anciens que l'Académie avait bannis de son vocabulaire et qui sont utiles pour la compréhension des anciens auteurs. En conséquence, les services que le *Dictionnaire* de Trévoux a rendus à la langue française sont immenses. Ainsi, cet ouvrage a joui longtemps d'un grand crédit auprès des lexicographes, tant en France qu'à l'étranger.

DICTIONNAIRE DU DIABLE (Le) [*The Cynic's Word Book*]. Recueil d'aphorismes de l'écrivain américain Ambrose Gwinett Bierce (1842-1914), paru en 1906, puis en 1911 sous le titre *The Devil's Dictionary*. Il s'agit, à proprement parler, d'un vrai dictionnaire. Loin des recueils de bons mots qu'ont pu fournir à leurs heures certains humoristes, *Le Dictionnaire du diable* contient de véritables définitions d'une variété de mots (dont une majorité se rapporte au comportement humain) qui atteignent à la perfection du cynisme et de l'humour noir. Élevé dans le dénuement d'une famille fruste de neuf enfants, Bierce l'Amer (Bitter Bierce, ainsi que l'a surnommé le milieu journalistique où il rivalisait de causticité avec Mark Twain) apprend rapidement la haine du genre humain, sentiment que la guerre de Sécession n'a rien fait pour apaiser. Composé petit à petit, de 1881 à 1906, et publié par bribes dans divers journaux, ce dictionnaire révèle non seulement la verve cinglante d'un humoriste noir mais le génie pessimiste d'un esprit incisif, d'une clairvoyance extrême, intimement persuadé que l'homme n'est que mesquinerie et méchanceté à l'état pur. Voici quelques exemples de son acidité : Homme : « Animal si profondément plongé dans la contemplation extatique de ce qu'il croit être, qu'il en oublie totalement ce qu'il devrait être. » Air : « Substance nutritive fournie par une généreuse Providence pour engraisser les pauvres. » Seul : « En mauvaise compagnie. » Mien : « Qui m'appartient si je peux m'en emparer. » Félicitations : « Politesse de l'envie. » Antipathie : « Sentiment que nous inspire l'ami d'un de nos amis. » Parfois simplement drôles, plus souvent acerbes, les définitions de Bierce sont la plupart du temps extrêmement violentes et virulentes, et leur justesse d'observation, exacerbée dans l'art de l'ellipse, fait frémir. Ambrose Bierce : la seule plume qui a manqué au panache de l'*Anthologie de l'humour noir* (*) d'André Breton. – Trad. Quatre Jeudis, 1955 (incomplète) ; Rivage, 1990 (intégrale).

X. P.

DICTIONNAIRE HISTORIQUE ET CRITIQUE. En 1692, le critique et philosophe français Pierre Bayle (1647-1706) s'était proposé d'écrire un dictionnaire qui contiendrait toutes les erreurs de fait qui se trouvaient dans les autres dictionnaires, spécialement dans celui de Moreri. Persuadé par la suite que la découverte des erreurs n'est importante et utile « ni à la prospérité de l'État, ni à celle des particuliers », il renonça à son projet et publia, de 1695 à 1697, à Rotterdam, les deux volumes du *Dictionnaire historique et critique,* en l'augmentant au fur et à mesure des éditions successives. Pour chaque mot, il y a deux parties, l'une purement historique, l'autre critique ; la première est une courte narration des faits, la seconde un long commentaire dans lequel sont réunis essais, discussions, longues citations, le plus souvent dans leur langue originale, ainsi que la critique de beaucoup d'erreurs et des réflexions philosophiques sur ces erreurs, « afin que chaque sorte de lecteurs y trouve, d'une façon ou de l'autre, quelque chose qui puisse le satisfaire ». Cette œuvre, devait, selon Bayle, tenir la place de plusieurs bibliothèques, ce qui justifie le développement donné à tous les articles. Pourtant, comme l'auteur s'était proposé de ne pas y parler des papes, des rois, des Pères de l'Église, des empereurs, des personnages de *La Bible* (*), il en résulte qu'il manque beaucoup de noms, tandis que d'autres très obscurs y figurent. Si ce dictionnaire n'est pas l'œuvre la plus importante du XVIIe siècle comme certains l'ont pensé, il est tout de même remarquable par son extraordinaire érudition, par l'étude directe des auteurs cités, par l'esprit et l'intention qui font de Bayle un précurseur de l'*Encyclopédie* (*) et de la conception rationaliste de la religion. Bayle, élevé dans la religion calviniste, était ensuite passé au catholicisme, puis de nouveau au calvinisme sans trouver de contentement dans aucune des deux religions. Toutes les religions lui paraissent remplies d'erreurs et de causes de discorde, car l'opposition entre la révélation et la connaissance rationnelle est inconciliable : science et foi sont nettement en contradiction. Toutefois il ne repousse pas les systèmes dogmatiques, mais il tire argument de l'incapacité de la raison humaine à arriver à la certitude absolue, pour reconnaître le mérite de la foi qui, seule, en posant comme certain ce qui est contraire à la raison, crée l'autodiscipline qui est la base du sentiment religieux. Cela n'empêche pas que la morale doive être considérée indépendamment de la foi et fondée sur la religion naturelle ; de la même manière que la physique doit être limitée à l'expérience et aux hypothèses probables. La préoccupation fondamentale de Bayle est donc la tolérance, dont toute son œuvre s'inspire : tolérance envers toutes les sectes, toutes les religions et toutes les philosophies, parce que la raison sert à éclairer la valeur des arguments qu'elles présentent et à donner quelques indications sur l'existence de Dieu et de l'âme. Telles sont les idées qui se détachent de la lecture de l'œuvre, dont les articles sont précisément choisis par l'auteur de façon à en permettre l'exposition.

De quelque façon que l'on juge cette œuvre du point de vue philosophique et religieux, le *Dictionnaire* reste la première tentative pour présenter aux gens cultivés les questions les plus variées et les plus ardues, en les rendant accessibles à tout le monde.

DICTIONNAIRE KHAZAR (Le) [*Hazarski rečnik*]. Roman de l'écrivain serbe Milorad Pavić (né en 1929), publié en 1985. Présenté comme un roman-lexique en cent mille mots et deux exemplaires masculins ou féminins au choix, ce roman en est-il un ? Sans doute, puisqu'il obtint à Belgrade l'année même de sa parution le grand prix du roman de l'hebdomadaire *Nin*. C'est du moins la structure romanesque la plus originale qui soit. La présentation encyclopédique dissimule une histoire, plusieurs histoires, évoluant autour de l'énigme historique du peuple khazar. La critique, à propos de cette narration unique en son genre, a parlé des *Mille et Une Nuits* (*), de Kafka, de Borges et d'Umberto Ecco, mais Pavić, quant à lui, fait référence à Vuk Karadžić, qui introduit sans vergogne dans son dictionnaire serbe-latin-allemand (1818-1852) contes, récits, anecdotes, poèmes, proverbes, devinettes, etc., faisant œuvre littéraire autant qu'œuvre lexicographique. *Le Dictionnaire khazar* nous en apprendra peu sur ce peuple dont on sait seulement qu'il vécut environ du VIe siècle au XIe siècle dans une région située entre la Volga et la Crimée, qu'il fut décimé par le prince de Kiev Sviatoslav, et disparut sans laisser de traces. La première histoire est construite à partir de ce fait, ou plutôt de cette absence de fait. L'ouvrage de Pavić serait la suite du dictionnaire khazar d'un certain Daubmannus, de 1691, dont ne resteraient que deux exemplaires ayant la faculté de provoquer la mort de ceux qui y touchent. Une question se pose : les Khazars étaient-ils juifs, chrétiens ou musulmans ? D'où la composition de l'ouvrage en trois grandes parties : livre rouge (où les Khazars sont chrétiens), livre vert (où ils sont musulmans), livre jaune (où ils sont juifs). La « grande polémique khazare » ne peut trouver de solution que dans l'esprit du lecteur, à qui appartient la réponse. Une petite note (page 219 de l'édition française) lui apportera quelque lumière, selon que son exemplaire se trouvera être masculin ou féminin. La « polémique khazare » se complique de deux développements romanesques non moins importants : le premier (au XVIIe siècle) concerne trois « chasseurs de rêve », un juif, un chrétien et un musulman, qui écrivent leur propre version de l'énigme et meurent sur un champ de bataille sans jamais se rencontrer ; le second (1982) introduit dans l'œuvre trois chercheurs contemporains, obsédés par le même mystère. Tous ces récits regorgeant de détails fantastiques, de récits imaginaires, de rêves, de discussions métaphysiques, se croisent et s'enchevêtrent pour donner une œuvre à facettes multiples à la magie de laquelle on échappe difficilement. – Trad. Belfond, 1988.

J. M.

DICTIONNAIRE PHILOSOPHIQUE. Œuvre philosophique de l'écrivain français Voltaire (François Marie Arouet, 1694-1778), publiée en 1764. Elle portait alors pour titre : *Dictionnaire philosophique ou la Raison par alphabet*, titre qui en définissait assez explicitement la tendance ; à partir de l'édition augmentée qui parut l'année suivante, l'œuvre s'intitula : *Dictionnaire philosophique portatif* ; on prit ensuite l'habitude de le désigner simplement comme *Le Portatif*. Voltaire était déjà âgé lorsqu'il publia *Le Portatif* ; depuis quatre ans, il vivait à Ferney. Il se sentait désormais à l'abri : son éloignement, sa gloire même le protégeaient. Il pouvait enfin dire ouvertement tout ce qu'il avait à dire, il craignait pourtant de se laisser distancer par les jeunes. Aussi cette période de sa vie est-elle marquée d'une immense activité : en 1756, il donne l'*Essai sur les mœurs* (*) dans son édition définitive ; la même année parurent son *Poème sur la Religion naturelle* et le *Poème sur le désastre de Lisbonne ;* en 1759, *Candide* (*). Mais c'est avec le *Discours sur les Cinquante* (1762) et surtout avec *Le Portatif*, qu'il se déchaîne. Sa participation à l'*Encyclopédie* (*), à laquelle il avait offert ses services, lui fournit le prétexte à écrire une série d'articles qui étaient de franches prises de position. Appuyés sur une érudition incertaine bien qu'étendue, sur des raisonnements souvent spécieux, ces articles sont généralement des merveilles de vivacité et parfois de clairvoyance. Ce sont eux que, sans attendre la sortie de l'*Encyclopédie* – le dernier volume n'en parut qu'en 1772 –, il rassemble dans le *Dictionnaire philosophique*. Le plus grand nombre des articles porte sur la religion, et leurs titres sont assez éloquents en eux-mêmes : Athéisme, Fanatisme, Miracles, Persécution, Superstition, Tolérance. Chacun d'eux est une discussion parfois sérieuse, parfois indignée, le plus souvent malicieuse. Quelques-uns se présentent sous forme de dialogues : entre un Anglais et un Espagnol sur la liberté de penser, entre un philosophe grec et un Scythe (article Dieu), entre un fakir et un Chinois, entre deux Chinois ou entre deux Turcs. Mais, quelles que soient leurs nationalités, les caractères sont toujours les mêmes : l'un des deux interlocuteurs est l'ignorant plein de bon sens, l'autre est le pédant qui se trouve vite à court d'arguments. Une série d'articles, eux aussi dialogués et intitulés : Catéchisme chinois, Catéchisme japonais, du Curé, du Jardinier, entendent montrer que, sous les diverses figures qu'on donne à Dieu, c'est partout le même Dieu qu'on vénère. Voltaire ne s'attaque plus seulement au clergé, mais il attaque de face la religion, le dogme ; il veut démontrer que même si les Livres saints ne sont pas falsifiés, ils sont absurdes et immoraux. Il ne va pas cependant jusqu'à l'athéisme. En désaccord avec d'Holbach et même Diderot, il reconnaît l'existence d'un Dieu, architecte de l'univers. Une autre série plus courte est consacrée à la politique : De la Liberté ; Des Lois ; Guerre ; États ; Gouvernements, quel est le meilleur ; Tyrannie. Voltaire s'y montre comme à l'accoutumée le défenseur de la liberté de penser et du régime constitutionnel ; et il répond à la question : « Quel est le meilleur État ? » par : « Celui où l'on n'obéit qu'aux lois ». Après quoi il ajoute : « Mais ce pays-là n'existe pas. » Quelques articles sur la psychologie, l'esthétique et surtout les mœurs complètent le dictionnaire.

Les thèses exposées dans *Le Portatif* furent développées par Voltaire dans l'*Évangile de la Raison* (1764), *Le Recueil nécessaire* (1768), enfin, de 1770 à 1772, dans les neuf volumes de *Questions sur l'Encyclopédie.* Dans ces œuvres comme dans *Le Portatif*, Voltaire s'affirme philosophe dans un sens spécial. Ce n'est pas un spéculatif, c'est un moraliste et un moraliste pratique. Nulle rigueur scientifique dans ses exposés, pas de longs raisonnements, mais des saillies, des moqueries, des attaques : ses moqueries sont toujours efficaces et ses attaques portent. En fait, Voltaire s'y affirme comme un pamphlétaire, comme un journaliste de génie. Le retentissement du *Dictionnaire philosophique* fut immense, c'est autour d'œuvres comme celle-là que devaient se former la philosophie voltairienne, l'esprit voltairien, qui ne sont qu'une petite partie, et bien déformée, de l'esprit de Voltaire.

DICTIONNAIRE RAISONNÉ DE L'ARCHITECTURE FRANÇAISE DU XIe AU XVIe SIÈCLE. Ouvrage de l'architecte français Eugène Emmanuel Viollet-le-Duc (1814-1879), publié à Paris de 1854 à 1868. Il comprend dix volumes, dont le dernier contient une table analytique des noms. Dans la seconde moitié du XVIIIe siècle, grâce aux ouvrages des Anglais Langaly, Walpole et Bentham, l'architecture gothique connut un renouveau de faveur, et les études faites sur les monuments français du Moyen Âge amenèrent la création du Musée des monuments français du Comité historique des arts et autres institutions semblables auxquels travaillèrent plus ou moins directement Alexandre Lenoir, d'Agincourt, Delaborde, De Chaumont, Vitet, marquant ainsi le début de cette période où l'on se mit à observer directement les monuments, à juger de leur valeur d'après l'observation, et à les classer systématiquement d'après les caractéristiques de style. Viollet-le-Duc porta ensuite ces recherches à la dignité d'une science, leur donna une vitalité incomparable, précisa un très grand nombre de faits et parvint à établir une classification d'une autorité inégalable. Son principe fondamental est que l'architecture est de tous les arts celui qui est le plus lié aux idées, aux coutumes et aux besoins des peuples. Il est donc impossible d'en suivre l'évolution sans connaître les conditions sociales et les tendances des populations. Ces conditions peuvent se répéter : il fait remarquer que les diverses races humaines ont adopté certains modes de construction dont les éléments se retrouvent à chaque époque. Le but de l'archéologie ne doit pas être pour autant de conduire à une imitation servile, mais de faire connaître ces principes premiers qui sont valables en tous temps.

Viollet-le-Duc ne se propose pas seulement de donner des exemples des divers types d'architecture médiévale ; il cherche surtout à retrouver les raisons déterminantes du développement de la civilisation et des tendances liées au milieu historique. L'architecture française médiévale serait justement caractérisée par une correspondance organique entre l'art et l'esprit des peuples. Aussi doit-on tenir compte de l'histoire religieuse et politique, des traditions locales, des coutumes et des goûts, des relations commerciales et enfin des lois imposées par la nature du matériau de construction. D'autre part, l'auteur remarque que les processus d'évolution sont variés et complexes dans l'histoire de l'art au Moyen Âge. Il est possible d'écrire une histoire de l'art classique parce qu'en Égypte, en Grèce, à Rome, l'art suit une courbe régulière jusqu'à l'apogée d'abord, puis jusqu'à la décadence. Au contraire les changements sont rapides au Moyen Âge et il est difficile d'en déterminer les causes. Les habituelles classifications en styles « primaire », « secondaire », « tertiaire » et de « transition » ne sont pas acceptables, parce que purement formelles. Dans l'étude de l'art, il faut tenir compte de deux facteurs : la connaissance du principe créateur, et le choix de l'œuvre créée. C'est un principe constant, dans l'architecture française à l'époque de son développement original, que la forme se soumet aux coutumes, aux idées du moment en perpétuel devenir. Viollet-le-Duc considère l'art gothique, et les cathédrales, qui en constituent la pièce maîtresse, comme le résultat d'un nouvel ordre d'idées, qui s'est dégagé de l'émancipation communale, comme un signe visible de la puissance monarchique et de l'unité nationale. Bien qu'il attribue aux ouvriers et à la technique un rôle fondamental dans le développement de l'architecture, il reconnaît qu'au Moyen Âge la matière est au service de l'idée et que c'est la théologie qui dirige les arts et leur impose sa parfaite unité. Bien que l'importance du *Dictionnaire* soit de tout premier plan, il est entaché d'un déterminisme excessif qui a troublé la sérénité du critique aussi bien que celle du restaurateur des monuments médiévaux.

DICTIONNAIRE UNIVERSEL contenant généralement tous les mots français tant vieux que modernes, et les termes des sciences et des arts. Ouvrage d'Antoine

Furetière, lexicographe et écrivain français (1619-1688). Furetière passa quarante ans de sa vie à la rédaction de cet ouvrage qui, bien qu'ayant obtenu un privilège royal en 1684, parut seulement deux ans après la mort de son auteur, en 1690, à Rotterdam, avec l'aide de Pierre Bayle qui le préfaça. L'Académie française, à laquelle appartenait Furetière, avait commencé, en 1638, un dictionnaire qui ne verra le jour qu'en 1694. Elle tenta par tous les moyens d'empêcher la publication de l'ouvrage de Furetière. Exclu de son sein en 1685, celui-ci répondit par des factums allant du plaidoyer sincère aux attaques violentes dénonçant la lenteur de ses rivaux (*Les Couches de l'Académie,* 1686). Son dictionnaire comporte une nomenclature de près de quarante mille mots, classés par ordre alphabétique (innovation imitée par l'Académie, en 1718), recouvrant de vastes domaines de savoir. Les arts, les techniques (deux cent cinquante métiers sont évoqués, y compris les plus modernes relevant de l'industrie et de la marine), les sciences (une place importante est faite à la médecine) y côtoient des registres plus traditionnels (héraldique, vénerie) ou plus familiers (agriculture, droit, zoologie). Furetière, à la différence de Richelet (qui s'en tient au langage des « honnêtes gens ») ne craint pas de donner des tournures archaïques, populaires, des locutions proverbiales, et des exemples empruntés à des superstitions qu'il dénonce d'ailleurs comme telles. Il lui arrive en effet d'intervenir par des jugements personnels (« feu », « pédanterie ») mais, le plus souvent, il s'efface, ou se réfère à des érudits, tel Gilles Ménage, pour proposer des étymologies. Son *Dictionnaire* permet donc de découvrir la langue de son époque, d'observer des phénomènes culturels relevant des mentalités collectives (« lynx », « moine bourru ») ou traduisant les avancées de la connaissance scientifique, mais il peut aussi être considéré comme une œuvre personnelle susceptible d'être mise en relation avec ses autres écrits, satiriques ou romanesques. P. Ro.

DIDACHÈ (La), Instruction des apôtres. Cet opuscule fut écrit en grec, vraisemblablement vers la seconde moitié du Ier siècle de notre ère ; il s'agit, par conséquent, d'un des premiers documents connus de la naissante Église chrétienne. Tenue en grande vénération par l'Église primitive, à tel point que, pendant fort longtemps, elle fut lue, en même temps que les *Épîtres* – v. *La Bible* (*) – aux services divins, la *Didachè* est citée dans l'*Épître* (*) de Barnabé (fin du Ier siècle), dans *Le Pasteur* (*) d'Hermas (IIe s.) et par de nombreux Pères grecs. Perdus dès le bas Moyen Âge, les enseignements de *La Didachè* ne nous étaient connus que par des extraits cités par saint Clément d'Alexandrie et par Origène, jusqu'au jour où, en 1873, SS. Philothée Bryennios, patriarche de Nicomédie (il n'était alors qu'évêque de Sérès en Macédoine), découvrit le texte complet dans un manuscrit grec daté de l'an 1056. Ce manuscrit, appartenant à la bibliothèque du Saint-Sépulcre, conservé au palais du Phanar à Constantinople, fut publié par Mgr Bryennios, avec une introduction et un commentaire, en 1883.

La Didachè se compose de deux parties bien distinctes : 1° un livre de préceptes moraux, dit le livre « des deux voies », destiné à la préparation des catéchumènes ; écrit à la deuxième personne du singulier, il donne, en un raccourci saisissant, les règles de vie chrétienne, telles qu'elles étaient observées au sein des premières communautés christiques. Il est intéressant de noter qu'en plus des interdictions prescrites déjà par le Décalogue et par l'enseignement de Jésus-Christ, transmis par les *Évangiles, La Didachè* mentionne expressément, parmi les interdictions, celle de tuer un enfant par avortement et celle de s'adonner à la magie ; 2° un manuel contenant les règles de vie d'une communauté chrétienne déjà constituée ; il est écrit à la deuxième personne du pluriel. C'est, en quelque sorte, le premier « corpus juris canonici » de l'Église chrétienne. Après les prescriptions concernant le baptême, le jeûne, l'eucharistie, les prières et les actions de grâces, trois chapitres (XI à XIII) sont consacrés à la question des prophètes et le moyen de distinguer un vrai prophète d'un faux : « Qu'il ne prenne rien en partant, sinon le pain suffisant pour atteindre l'endroit où il passera la nuit ; s'il demande de l'argent, c'est un faux prophète » (XI, 3). « Aucun prophète qui dit sous l'influence de l'Esprit de dresser la table ne doit manger ; s'il mange, c'est un faux prophète. Tout prophète qui enseigne la vérité, s'il ne fait pas ce qu'il enseigne, est un faux prophète » (XI, 5). Très particulière est la règle concernant le nouveau venu à une communauté : s'il ne fait que passer et ne reste que quelques jours, on doit l'aider le plus possible, l'accueillir comme un frère ; mais « s'il veut, ayant un métier, se fixer parmi vous, qu'il travaille et qu'il mange ; s'il n'a pas de métier, veillez selon votre intelligence à ce qu'un chrétien ne vive pas parmi vous sans rien faire » (XII, 3). L'ouvrage se termine par une vision apocalyptique de la fin des temps (XVI, 3-7). Mais, contrairement à ce que l'on peut rencontrer chez les auteurs des *Apocalypses* – v. *Apocryphes du Nouveau Testament* (*) – écrites immédiatement avant ou après le début de l'ère chrétienne, la vision de l'auteur de *La Didachè* nous est transmise en quelques phrases sobres et mesurées : le monde n'est pas bouleversé, le ciel et la terre ne sont pas anéantis ; mais quand apparaîtront les « signes », les morts verront leur résurrection s'accomplir ; « non tous », il est vrai, mais comme il est dit : « Le Seigneur viendra et tous les saints avec lui. » – Trad. Gabalda, 1958.

DIDACTICA MAGNA. Ouvrage du philosophe et pédagogue tchèque Comenius (Jan Amos Komenský, 1592-1670), composé primitivement en tchèque de 1629 à 1632 et plus tard, en 1640, en latin. C'est l'un des ouvrages les plus remarquables de la littérature pédagogique mondiale. Il se compose de trente-trois chapitres dont le but fondamental est de jeter les bases d'une science pédagogique solide et universelle. Les chapitres XVI à XIX, partie centrale de l'ouvrage, contiennent l'essence de la pensée didactique de Comenius, qui consiste à trouver l'art d'enseigner toute chose à tous, avec la certitude « d'obtenir d'heureux résultats ». Autour de ce thème, l'auteur en développe d'autres qui envisagent le problème de l'éducation au point de vue religieux, social et moral, le tout s'éclairant à la lumière d'une idée fondamentale. Cette idée, c'est la divinité de la nature humaine : l'homme est orienté vers Dieu, sa vie est une préparation à la vie éternelle. L'homme est l'image du Dieu vivant, il possède en germe dans sa nature tout ce qui lui est nécessaire pour réaliser sa fin éternelle, c'est-à-dire l'intelligence, la vertu et la piété. Dans cette ascension vers Dieu, le rôle du monde visible est de servir d'école aux hommes ; c'est pourquoi l'auteur puise continuellement des exemples dans la nature, dans l'instinct et le comportement des créatures privées de raison. Dans les sept premiers chapitres de la *Didactica*, Comenius pose comme base de l'œuvre éducative la valeur intrinsèque de la nature humaine, création de Dieu ; l'éducation n'est donc autre chose que la possibilité qu'a l'homme de faire fructifier les semences déposées par Dieu en lui, semences du savoir, de la vertu et de la piété. Elles sont distinctes dans la pensée de l'homme, mais, au fur et à mesure de leur développement, elles arrivent à se subordonner au savoir ; c'est pourquoi la majeure partie de l'ouvrage est consacrée à l'instruction, ce qui justifie son titre. S'instruire est un devoir individuel, mais aussi un devoir social : c'est par l'école que se forme la conscience sociale de l'individu. Par conséquent, il faudrait un grand nombre d'écoles ouvertes à tous, hommes et femmes, riches et pauvres, et dont la fonction serait d'enseigner tout ce qui touche à la culture en général. La nécessité s'impose de réformer les écoles existantes et d'en créer de nouvelles (chap. VIII à XV). L'ouvrage s'occupe ensuite des règlements dans les écoles et, au cours des quatre chapitres centraux de la *Didactica*, l'auteur explique comment il entend fixer de manière universelle et infaillible les règles de la méthode didactique, pour s'assurer toujours de bons résultats. Il s'efforce d'édifier une théorie générale de la méthode didactique en appliquant à l'homme, par des procédés artificiels, les procédés infaillibles de la nature. Ces chapitres sont donc pleins de « préceptes », c'est-à-dire de schématisations et de généralisations des moyens par lesquels la nature opère sur les êtres vivants ; de ces moyens, Comenius tire des règles qu'il juge fondées sur la nature même des choses, telle que Dieu l'a voulue, et qu'il pense pouvoir être universellement sûres. Ainsi, de l'observation des agents naturels, il tire des principes généraux, tels que ceux-ci : « Dans l'accomplissement de ses œuvres, la nature ne procède pas de façon désordonnée, mais distinctement », « toute opération de la nature débute par les parties les plus intérieures ».

Selon Comenius, les différents arts sont fondés sur la reproduction de ces principes généraux. Il note les aberrations des écoles, et propose enfin des amendements didactiques, comme celui de former l'esprit avant la langue, de placer les disciplines positives avant les disciplines linguistiques et logiques. La dialectique ne doit pas être étudiée en même temps que la grammaire, et il ne faut occuper les élèves qu'à une seule étude à la fois. Enfin, d'un autre précepte il déduit que « l'intelligence des choses devra être formée en premier, puis la mémoire et, en troisième lieu, le langage et l'habileté manuelle ». Ayant ainsi fixé les règles générales de la méthode didactique, l'auteur s'occupe ensuite de la didactique appliquée aux sciences, aux arts et aux langues. Puis il étudie la méthode pour développer les germes de la vertu et de la piété (morale et religieuse) qui, avec l'instruction, forment l'homme complet. Dans les derniers chapitres (XXV à XXXIII) il revient au problème de l'école et esquisse la réforme des institutions scolastiques : quatre degrés : école maternelle, école de langue nationale, école de latin, académie. Il clôt enfin son livre en répétant ses directives pour obtenir un ordre universel et parfait dans les écoles, réfutant les objections qui pourraient s'élever contre l'universalité de sa méthode.

La *Didactica magna* de Comenius est une des plus grandes manifestations de la science pédagogique qui cherche à trouver les bases d'une constitution théorique. Pour comprendre son importance, il faut la situer dans l'esprit scientifique de son temps dont elle est une géniale application. Les fondateurs de la science moderne étaient convaincus que la nature était régie par des lois immuables, inscrites par Dieu lui-même d'une façon mathématique dans la structure des choses. N'était-il pas juste de penser que ce monde de la nature devait servir de modèle et guider l'homme au cours du développement de sa vie spirituelle ? C'est à cette exigence qu'a obéi Comenius. Après deux siècles d'évolution de la science pédagogique, nos idées touchant la nature et ses lois ne sont plus celles de Comenius. Il nous faut cependant reconnaître à Comenius le mérite d'avoir envisagé le problème pédagogique dans ses points essentiels. – Trad. P.U.F., 1952.

DIDASCALICON ou Du savoir [*Eruditionis didascalicae libri septem*]. Ouvrage du théologien et mystique Hugues de Saint-Victor (1097 ?-1141). L'auteur, originaire des Flandres, fut successivement moine, prieur et directeur des études de l'abbaye de Saint-Victor à Paris et composa probablement cet ouvrage avant 1137. Trois livres sont consacrés à l'étude des arts libéraux, trois autres à celle des Écritures et de la théologie, constituant un précis du savoir profane et sacré au XIIe siècle. Un septième livre, enfin, se présente comme une sorte de traité à part sur la méditation des choses visibles permettant d'atteindre aux choses divines invisibles. Hugues tient le savoir profane en haute estime : « Il apprend tout, et tu y trouveras que rien n'est superflu. » Cherchant à coordonner chaque matière en une vaste synthèse, selon les tendances de l'époque, l'auteur partage les sciences en théoriques (théologie, physique), pratiques (éthique, économie, politique), mécaniques (arts et métiers), traitant de chacune séparément. La logique est envisagée en particulier, en tant que préliminaire à toute connaissance, ayant en outre pour objet non les choses, mais l'entendement : elle comprend la grammaire et la dialectique. La philosophie sert d'introduction aux sciences supérieures, et la préparation à la philosophie exige l'étude de tous les arts libéraux. Pour aborder les sciences, il convient surtout d'être nanti de hautes qualités morales : pureté des actions, parcimonie, modération des désirs, habitude d'évaluer les choses visibles et transitoires. « Est délicat celui à qui sa patrie est douce ; fort, celui pour qui toute terre est patrie ; parfait, celui pour qui le monde entier est une terre étrangère ; partout le philosophe est un exilé. »

Pour prouver l'existence de Dieu, Hugues renonce aux arguments a priori de saint Anselme et s'appuie uniquement sur l'expérience, surtout intérieure. De l'existence d'un moi qui n'a pas toujours eu conscience de lui-même, il conclut à l'existence d'un être dont toute créature serait issue. La corrélation entre les instincts, les appétits animaux et leur assouvissement, spectacle qui nous est offert par la nature, démontre qu'une « providence préalable a veillé à ce que chacun eût de quoi se satisfaire en cas de nécessité ». « Ce qui donne aux choses la possibilité de croître est à l'origine des choses invisibles. » Abordant le problème de la connaissance, il opère une nette distinction entre la sensation et l'imagination d'un côté, et de l'autre la pensée abstraite et générale, qui isole certains éléments essentiels de la chose désirée et considère séparément, « inconfus », ce qui en réalité est mêlé, « confus » ; et il rapproche cette analyse de celle que font les mathématiciens qui arrivent à la conception d'une « ligne » abstraite, en dehors de la surface dont elle fait toujours partie. De même le physicien, par abstraction, isole l'un des quatre éléments dont les corps sensibles sont composés. L'abstraction est le résultat d'une illumination rationnelle qui circonscrit le contenu. L'auteur se livre également à des remarques et des rapprochements intéressants sur chacun des arts et métiers ; de la laine, la mécanique, la chasse, la navigation, l'agriculture, la médecine, la technique théâtrale. Des jeux, il déclare qu'il faut « les compter au nombre des actions légitimes, car l'exercice modéré alimente la chaleur naturelle du corps et entretient son état de gaîté ».

Le *Didascalicon* a tenté de réaliser au profit du XIIe siècle, à partir de saint Augustin, Boèce, Cassiodore, Isidore, le programme d'introduction à la philosophie et à la théologie, effectué au VIe siècle par Cassiodore avec les *Institutions des lettres divines et humaines* (*), au VIIe siècle par Isidore avec *Le Livre des origines* (*), au IXe siècle par Raban Maur avec *L'Instruction du clergé* (*) : en dépit des lacunes inévitables et des imperfections imputables à l'époque, il témoigne du caractère encyclopédique des connaissances de Hugues de Saint-Victor. Entre une attitude conservatrice hostile à toute nouveauté et un rationalisme par trop téméraire, il sut se frayer une voie et tracer un itinéraire que devait emprunter la scolastique médiévale.

DIDON ABANDONNÉE. Une des figures féminines les plus pathétiques de la littérature classique est celle de la reine de Carthage que la poésie virgilienne, dans le livre IV de l'*Énéide* (*), a magnifiée comme étant, en quelque sorte, le symbole du plus haut sacrifice d'amour. La légende, dérivée dans ses lignes essentielles de Timée, de Justin et peut-être de Naevius, raconte longuement les vicissitudes qui conduisirent Didon à une mort tragique : son fatal amour pour son hôte Énée que la tempête avait fait aborder à Carthage ; l'abandon dans lequel il la laissa, son destin l'appelant à fonder, en Italie, une ville et une civilisation nouvelles. De nombreux poètes et dramaturges l'ont chantée, non plus reine, mais femme, seule et abandonnée. Ils ont créé une tradition littéraire vivante qui, à son tour, donna naissance à une tradition musicale.

★ Le théâtre de la Renaissance aima tout spécialement ce sujet virgilien. La première *Didon* de cette période, qui mérite d'être citée, est celle de Jacques de la Taille (1542-1562), en 1560, aujourd'hui perdue. Vient ensuite *Didon se sacrifiant,* d'Étienne Jodelle (1532-1573), tragédie en cinq actes avec chœurs, écrite en alexandrins vers 1564, publiée en 1574. Après le grand succès obtenu par sa *Cléopâtre* (*), le génial rénovateur du théâtre français qui joignait au respect de la règle des trois unités classiques une sensibilité toute nouvelle, attentive à l'univers moral de ses personnages, essaie, avec Didon, de pousser à l'extrême la psychologie hautement humaine de l'héroïne, éliminant de son œuvre tout épisode extérieur. Ce drame élégiaque se déroule surtout dans l'âme de la reine désespérée ; la peinture de la passion doit plus à Sénèque qu'à Virgile. Malgré d'assez beaux passages pleins de lyrisme, l'œuvre manque en définitive d'action ; aussi, du point de vue dramatique, *Didon* est-elle plus faible que *Cléopâtre*. Elle a cependant une notable importance dans l'histoire du théâtre classique français qui, avec la psychologie plus fine et profonde du théâtre racinien, donnera ses plus grands chefs-d'œuvre, insérant dans les thèmes classiques une forme d'« intelligence romantique » de l'âme humaine que nous pouvons aujourd'hui qualifier de moderne.

★ En Angleterre, la *Tragedy of Dido,* publiée en 1594, écrite par Christopher Marlowe (1564-1593) en collaboration avec Thomas Nash (1567-1601), est une œuvre qui est loin de compter parmi les meilleures du grand dramaturge.

★ Vient ensuite, chronologiquement, en France, la tragédie, *Didon se sacrifiant,* d'Alexandre Hardy (1572 ?-1632 ?), auteur fécond de plusieurs centaines de pièces. Composée sans doute en 1603, elle est un bon exemple de ce théâtre nouveau qui faisait pressentir Corneille et Racine, bien que les moyens scéniques et la construction du drame non encore astreint aux unités classiques, marquent une transition entre le théâtre humaniste et le théâtre classique. Avec l'abolition des chœurs et le soin plus attentif donné à l'action dramatique considérée comme centre et raison d'être de l'œuvre théâtrale, Hardy conduisit le théâtre de son temps au seuil de la grandeur que devaient atteindre d'autres poètes.

★ La littérature dramatique espagnole de la Renaissance connut, elle aussi, le destin tragique de l'amoureuse reine à travers quelques œuvres poétiques et dramatiques. Une des premières et des plus intéressantes est la tragédie *Elisa Dido* de Cristóbal de Virués (1550-1610), écrite en 1579 et 1581, publiée dans les *Obras trágicás y liricas* (Madrid, 1609). Virués ne suit pas la version de Virgile. Didon vit dans la douleur de la mort de Sychée, tué par Pygmalion. La reine est toutefois résolue à céder à l'amour de Iarbas pour la paix de son peuple, et elle accepte les présents que l'ambassadeur du roi maure lui apporte : une épée, une couronne et un anneau. De tristes présages cependant se manifestent et, en effet, Carquedonius et Seleuchus, conseillers de la reine et prétendants à sa main, assaillent le camp de Iarbas pour empêcher les épousailles ; tous deux meurent dans le combat. Didon ouvre les portes de la ville au vainqueur qui vient recueillir le prix de sa victoire. Mais quand il passe le seuil du palais royal, il aperçoit Didon transpercée de son épée : plutôt que de manquer à la foi jurée à Sychée, la reine a préféré la mort. La tragédie emprunte à Sénèque son schéma classique, avec chœurs à la mode grecque ; et comme dans le modèle, le développement dramatique graduel est remplacé par de violents effets scéniques qui transforment la scène en champ de carnage. La même version de l'histoire de Didon servit également à Ercilla pour son poème épique *La Araucana* (*) ; à Gabriel Lobo Lasso de la Vega (*Romancero y tragedias,* Alcalá de Henarès, 1587) ; à Alvaro Cubillo de Aragon (1596 ?-1661) pour *L'Honnêteté défendue* [*La honestidad defendida* ou *Elisa Dido*], et à d'autres. En revanche, *Les Amours de Didon et d'Énée* [*Amores de Dido y Eneas*] de Guillén de Castro (1569-1631), de grande force dramatique, sont inspirées de Virgile.

★ L'écrivain français Georges de Scudéry (1601-1667) écrivit en 1636 une tragédie, *Didon,* qui compte parmi les plus artificielles du rival malheureux de Corneille. Une autre, intitulée *Didon la chaste ou les Amours de Hiarbas,* fut écrite, en 1642, par François Boisrobert (1592-1662), conseiller et ami de Richelieu et l'un des fondateurs de l'Académie française.

★ De très nombreuses œuvres musicales se sont inspirées de la figure légendaire de la fondatrice de Carthage et spécialement de son aventure amoureuse avec Énée, si tragiquement terminée. Comme tous les mélodrames à sujet mythologique, ceux-ci abondent aux XVIIe et XVIIIe siècles. Avant la création de *Didon abandonnée* [*Didone abbandonata*] de Métastase (1698-1732), l'épisode fut diversement interprété par les librettistes ; plus tard, au contraire, ils s'inspirèrent directement du texte de Métastase. Au XIXe siècle, le goût pour les sujets mythologiques fut moins accentué. Cependant on retrouve encore quelques œuvres inspirées de Didon : la plus importante, pourtant, n'en porte pas le nom ; elle est intitulée *Les Troyens à Carthage* – v. *Troyens* (*) – et son auteur est Hector Berlioz.

★ Parmi les œuvres les plus importantes portant le nom de *Didon,* il faut citer l'opéra en trois actes de Francesco Cavalli (1602-1676), sur des vers de Gian Francesco Busenello (XVIIe siècle), représenté au théâtre S. Cassiano de Venise en 1641. Le manuscrit de l'œuvre se trouve à la Bibliothèque Saint-Marc à Venise. On a dit que Cavalli avait montré cette fois un meilleur goût qu'à l'accoutumée dans le choix de son livret, jugé par quelques-uns comme le meilleur ouvrage de Busenello, lequel fut aussi le librettiste du *Couronnement de Poppée* (*) de Monteverdi. Le sujet est tiré de la classique aventure amoureuse d'Énée et de Didon, devenue ici un simple épisode d'un ensemble coloré et décoratif. Un relief particulier est donné à l'événement antérieur de la chute de Troie, présentée dans le Prologue comme une vengeance de la déesse Junon pour l'offense subie du fait du jugement de Pâris. L'acte final s'éloigne plus encore de la légende : Didon y est bien sur le point de se tuer de désespoir après l'abandon d'Énée, mais elle est retenue par Iarba, le roi maure, son prétendant jusqu'alors repoussé, et le mélodrame se termine par un hymne de louanges à l'amour et par un duo nuptial. *Didon* est une des œuvres les plus importantes de Cavalli. Chronologiquement, c'est la seconde ; plus encore que la précédente, *Les Noces de Pélée et de Thétis* [*Le Nozze di Pello e Teti*, 1639], elle s'écarte du genre de l'ouvrage florentin du commencement du siècle et s'oriente vers l'opéra décoratif, goût qui se développera de plus en plus dans les décades suivantes et auquel appartiennent déjà les dernières œuvres de Monteverdi, parues en 1641-1642. Les caractéristiques en sont l'abondance des personnages, l'enchevêtrement continuel des épisodes et des scènes, l'importance des chœurs et aussi, dans une certaine mesure, des parties instrumentales. Le chœur à six voix « Aux armes, aux armes » qui ouvre le premier acte est un de ces chants de bataille à éléments descriptifs dont Cavalli avait déjà donné un exemple dans *Les Noces de Pélée et de Thétis,* et le thème du combat réapparaît plus d'une fois dans l'ouvrage. Parmi les soli et duos, il faut spécialement retenir : le récitatif de Créuse : « Énée, Énée, il n'est plus temps » (acte I, scène 1), après le chœur des soldats et peu avant l'épisode du petit Ascagne qui cherche à retenir son père, épisode traité musicalement en une libre forme ; le duetto entre Corebo et Cassandre (acte I, scène 2) où l'air « L'Âme coupable » [L'alma ria] rappelle le célèbre *Lamento d'Ariane* (+) de Monteverdi. Enfin il faut particulièrement remarquer les scènes, toutes deux dans le premier acte, où sont évoquées respectivement les ombres d'Hécube et de Créuse (les ombres sont un thème assez cher aux créateurs d'opéras de l'école dite vénitienne du XVIIe siècle). Il est indéniable que du chromatisme du chant, de la basse continue, chromatique également, et de la souveraine insistance du rythme naît une expression artistique intime et désolée. La prophétie de Cassandre comporte aussi des chromatismes très expressifs.

★ Un chef-d'œuvre de l'histoire musicale de tous les temps est *Didon et Énée* [*Dido and Aeneas*], premier ouvrage du compositeur anglais Henry Purcell (1659-1695) qui n'avait fait jusqu'alors que collaborer aux œuvres des autres ou plutôt aux représentations avec musique du théâtre anglais. Cette œuvre fut exécutée pour la première fois dans le pensionnat féminin dirigé par Josias Priest à Chelsea, en 1689 ; les rôles, sauf celui d'Énée, étaient tenus par les élèves. Les choristes étaient des professionnels de Westminster. L'œuvre contient des trésors. Il n'en est pas d'aussi belle dans tout le XVIIe siècle, si l'on met à part celles de Monteverdi, les meilleures de Lully et de Scarlatti et l'oratorio de *La Fille de Jephté* – v. *Jephté* (*) de Carissimi. La page : « Souviens-toi de moi, mais oublie mon sort » [Remember me, but forget my fate], qui termine l'opéra avec le chœur « With drooping wings, ye Cupids, come », fait penser au *Lamento d'Ariane* de Monteverdi. Certaines pages ont la puissance de Bach. Gluck en loue d'autres encore pour leur composition dramatique et leurs correspondances psychologiques. Par ailleurs, certains fragments de chœurs ou des morceaux à deux voix de femmes (par exemple : « Fear no danger to ensue, the hero loves as well as you ») font penser aux légères compositions en forme de madrigal d'un Morley, cent ans auparavant. Si une œuvre reflète le véritable esprit musical anglais, c'est bien cette admirable production d'un génie indiscutable qui, s'il avait vécu plus longtemps, aurait pu s'opposer à l'asservissement de l'Angleterre à la manière de Lully d'abord et de Haendel ensuite. L'action diffère de la source virgilienne. Purcell y a introduit la confidente Belinda, des sorcières et des esprits.

Suivent à une distance de quelques années : *Didon* d'Henri Desmarets (1662-1741), représentée à Paris en 1693 ; *Didon, reine de Carthage* [*Dido Koenigin von Carthago*] de Christoph Graupner (1683-1760), jouée à Hambourg en 1707 ; *La Mort de Didon* [*The Death of Dido*] de l'Anglais Johann Christoph Pepusch (1667-1752), musique pour un « masque », représentée en 1716.

★ En 1724 fut représentée à Naples : *Didon abandonnée* [*Didone abbandonata*], mélodrame en trois actes de l'écrivain italien Pietro Métastase (Pietro Trapassi, 1698-1782), mis en musique par Domenico Sarro (1678-1741) et interprété par Marianne Bulgarelli, inspiratrice, amie et protectrice du poète qui avait composé l'œuvre pour elle. Le thème dramatique est habilement choisi et révèle l'instinct théâtral de l'auteur. Énée, déjà décidé à quitter Carthage, n'a pas encore fait part de ses projets à la reine. Ignorante de tout, Didon est heureuse ; sa sœur Séléné (et non Anna comme dans Virgile), secrètement amoureuse d'Énée, sait au contraire ce qui menace Didon et voudrait l'en informer, mais elle n'ose et hésite. Cependant le roi de Numidie, Iarba, déguisé en son propre ambassadeur sous le nom d'Arbace, vient poser l'alternative à Didon : ou le mariage ou la guerre. Quand la reine apprend les préparatifs de départ d'Énée, la situation lui apparaît désespérée ; elle ne s'en prépare pas moins à résister énergiquement. Campé avec une indéniable maestria, le drame sera la lutte tragique de la femme blessée dans son amour, sa dignité et son orgueil, contre les adversités qui l'accablent. De ses efforts, de l'expression tantôt prudente, tantôt violente de ses sentiments, se dégage un pathétique intense, que des incidents scéniques cependant arrivent à voiler. La situation de Didon, abandonnée par son amant, menacée par son ennemi, plainte par sa sœur, entourée de familiers peu sûrs et de courtisans cruels, aurait pu trouver sous la plume d'un poète plus puissant des accents d'une profonde poésie. Métastase, fidèle interprète de la société de son temps, a enveloppé le sujet d'une intrigue théâtrale qui l'appauvrit et l'entraîne dans des situations absurdes, rendues plus impropres par la forme tour à tour légère et modeste, superficielle et affectée, que le poète a choisie. Cependant, si l'on replace l'intrigue dans sa naturelle atmosphère musicale, on remarquera, comme dans un livret, la disposition des personnages sur divers plans psychologiques, scéniques et musicaux. Sous cet aspect, *Didon abandonnée* est un chef-d'œuvre, en raison notamment de l'exacte correspondance des procédés scéniques avec la progression des événements qui poussent la malheureuse reine au bûcher, tandis que les vaisseaux d'Énée ont déjà gagné la haute mer et que les ennemis assiègent Carthage. L'œuvre est le premier mélodrame écrit par l'auteur. Également à Naples fut donnée une autre *Didon abandonnée,* de Baldassare Galuppi (1706-1785), alors qu'à Rome on jouait la *Didon abandonnée* de Domenico Scarlatti (1685-1757). En France, dix ans plus tard, en 1734, Lefranc de Pompignan (1709-1784) écrivit une *Didon* qui connut la même faveur que le mélodrame de Métastase : sous l'Empire, elle était encore au répertoire. C'est sur le modèle de cette tragédie que Jean François Marmontel (1723-1799) écrivit en 1783 une *Didon,* mise en musique ensuite par Niccolò Piccinni (1728-1800). Elle fut jouée à Paris en 1783 en présence de Louis XVI et obtint un éclatant succès. La partition contient de beaux airs, surtout ceux de Didon, mais l'œuvre ne peut être considérée comme un des chefs-d'œuvre de Piccinni.

★ Les trois éditions de *Didon abandonnée* de Niccolò Jommelli (1714-1774) sont importantes. L'auteur mit à trois reprises en musique la *Didon* de Métastase, et ces œuvres nous permettent de suivre les différents aménagements que l'auteur apporta à sa conception du drame musical. La première *Didon* parut au théâtre Argentina de Rome en 1746 ; la scène la plus remarquable est la scène finale du suicide de Didon qui, par sa puissance dramatique, due à la prépondérance d'un vigoureux récitatif accompagné, entrecoupé d'airs, se montre déjà au-dessus du niveau général de l'opéra italien du temps. La deuxième *Didon* est très importante ; représentée pour la première fois à Vienne, au théâtre de la Cour, en décembre 1749, elle est certainement la plus moderne des œuvres composées par Jommelli. L'exécution à laquelle participèrent quelques-uns des plus célèbres chanteurs de l'époque fut décrite par Métastase dans une lettre de Vienne à la princesse de Belmonte à Naples : « Ma *Didon* a été mise en scène dans ce théâtre, agrémentée d'une musique qui a justement surpris et enchanté la ville et la Cour. Elle est pleine de grâce, de profondeur, de nouveauté, d'harmonie et, par-dessus tout, d'expression. Tout y parle, jusqu'aux violons et aux contrebasses. Je n'ai pas entendu jusqu'ici dans ce genre une chose qui m'ait autant convaincu. » Dans cet opéra, le commentaire orchestral qui participe intimement à l'expression du chant, est admirable, surtout dans l'accompagnement des récitatifs (ceux-ci occupent, dans l'œuvre du musicien, une place de plus en plus importante et, dès cette époque, c'est par cette forme récitative que Jommelli commence et termine chacun de ses actes). La troisième *Didon* appartient à la période de Stuttgart, la plus importante peut-être de l'activité artistique de Jommelli. Elle fut exécutée pour la première fois dans cette ville en février 1763. Cet opéra nous a été conservé seulement dans sa partie, d'ailleurs incomplète, pour clavecin. Dans ce qui nous est resté de la musique, il faut remarquer, outre la puissance des récitatifs, une richesse particulièrement remarquable du contrepoint et de l'harmonie ce qui était dû en grande partie aux influences du milieu musical allemand. La symphonie est une sorte de morceau « à programme » en ce qu'elle sert d'introduction à la première scène de l'opéra où Enée conte la vision qu'il a eue de son père Anchise, lequel l'a incité à rejoindre les côtes italiennes.

★ Rappelons enfin que parfois le même sujet a donné naissance à des œuvres comiques ou des ballets : par exemple *Didon et Énée* [*Dido and Aeneas*] du compositeur anglais Thomas Arne (1710-1778) en forme de « masque » (représentation mêlée de vers, de musique et de figuration qui eût beaucoup de vogue en Angleterre), composé en 1733 ; et *Didon* de Giuseppe Marco Maria Felice Blangini (1781-1841), opéra-bouffe représenté en 1806. En 1887 parut la cantate : *Didon,* de Gustave Charpentier (1860-1956).

★ Muzio Clementi (1752-1832) intitula *Didon abandonnée* une de ses plus importantes sonates parue en 1831 (dans le recueil des trois grandes sonates dédiées à Luigi Cherubini, op. 50). Au titre, il ajouta les mots : « scène tragique ». C'est une des rares compositions instrumentales de l'époque classique inspirée par un sujet poétique déterminé. On peut donc parler ici, en un certain sens, de « musique à programme », bien que cette expression s'adapte à proprement parler à des compositions de tendance différente et plus moderne, de caractère plus spécialement descriptif — v. particulièrement les poèmes symphoniques (*) de Liszt et de Richard Strauss. En réalité, Clementi s'est contenté de considérer le thème que lui proposait la tragédie comme un prétexte offert à son inspiration ; il s'en est pénétré jusqu'à identifier la succession des temps de la sonate avec celle des principaux moments du drame psychologique. Le premier mouvement, composé d'une introduction lente et d'un allegro, exprime l'indécision tourmentée de l'âme de l'héroïne en face de sa déception amoureuse ; le deuxième, « Adagio dolente », un douloureux recueillement ; le troisième, « Allegro agitato e con disperazione », la catastrophique décision finale. Malgré ce programme, la forme et le caractère de la composition restent dans les limites du plus sévère classicisme ; mais d'un classicisme déjà tout imprégné de ces éléments dramatiques qui florissaient à l'époque où Beethoven composa la plus grande partie de ses

Sonates (*). Dans ce sens, *Didon abandonnée* est – auprès des sonates en « fa dièze mineur » et en « si mineur » et de quelques autres – parmi les meilleures œuvres de Clementi ; bien qu'elle pèche par une certaine lourdeur, elle est cependant animée d'un noble souffle tragique et s'impose par sa forme magistrale et son riche contenu harmonique. Dans le finale, il faut remarquer certaines harmonies chromatiques qui font présager celles de Wagner dans le premier thème de *Tristan* (*). L'écriture pianistique est compliquée comme il est de règle chez Clementi et s'oriente vers la plénitude de la période romantique et moderne.

★ Dans l'art de la Renaissance, nombreuses sont les œuvres picturales qui se sont inspirées des divers épisodes de la vie de Didon ou de sa mort. Quelques-unes sont des chefs-d'œuvre, comme *Didon sur le bûcher* de Raphaël, *Didon sur le bûcher* de Rubens, *Didon pleurant le départ d'Énée* de Claude Lorrain, *Didon fait construire Carthage* de Joseph Turner, etc.

DIES IRAE. Premier vers d'une séquence musicale célèbre attribuée au franciscain italien Tommaso da Celano, mort vers le milieu du XIIIe siècle. C'est, avec le *Stabat mater* (*), l'une des rares séquences qui aient été conservées par la liturgie catholique après la réforme opérée par le concile de Trente. Comme le *Stabat mater*, elle s'écarte des séquences plus anciennes, car son découpage en strophes l'apparente plutôt aux « Hymnes » de l'Église. Les paroles annoncent les horreurs du jour du Jugement dernier ; on retrouve les thèmes et les accents de nombreuses hymnes et laudes antérieures, mais la sévérité du rythme cadencé, les strophes ternaires à rime unique et en vers octosyllabiques marquent une inquiétude et une intention dramatique qui n'existent pas dans les anciens chants. Le pécheur est épouvanté par cette évocation du Jugement dernier selon les visions des prophètes et des sibylles, du monde réduit en cendres, de l'éclat des trompettes résonnant entre les sépulcres, du livre des actions humaines, du Christ qui trône et juge – le justicier implacable, dira Dante – et de l'impossible fuite ; anéanti, il se jette à genoux, implorant anxieusement le pardon, le salut et le repos éternel. Plus qu'un chant – en dépit de la rime obsédante et de l'intensité de l'émotion –, c'est une prière telle que cet âge de foi et de repentir savait en inspirer à plus d'un prédicateur, mais marquée du sceau de l'épouvante. Et la poésie naîtra quand l'antique séquence chantée à l'église par le chœur troublera et glacera l'âme de Gretchen (dans l'*Urfaust* – v. *Faust* (*) de Goethe), accablée sous le poids du remords par le souvenir de sa faute.

Le *Dies irae* comprend trois phrases musicales qui se répètent six fois avec des paroles différentes, et une quatrième phrase terminale plus courte ; l'ensemble a un caractère très sombre, bien en rapport avec le texte qui inspire la terreur ; en cela il diffère du lyrisme serein du chant grégorien ; par son indéniable puissance d'évocation, il servit de point de départ à de nombreux compositeurs qui en firent des développements plus ou moins prolixes. La séquence entra dans le Missel romain, dans la deuxième partie de la *Missa pro defunctis* ; c'est pour cette raison que l'histoire de la musique la mentionne rarement en tant qu'œuvre distincte (comme le *Stabat mater* par exemple) ; on la retrouve généralement dans les *Requiem* (*), mais non d'une façon constante ; ainsi, elle ne figure pas dans le *Requiem* de Palestrina. Dans leurs *Dies irae*, certains compositeurs du XVIe siècle ont repris la mélodie originale pour les motifs à plusieurs voix : par exemple les Italiens Giovan Francesco Anerio (1567-1621 ?) et Giovan Matteo Asola (1560-1609), dans leurs *Requiem* respectifs (édition moderne dans le recueil « Musica divina », Ratisbonne). Ces compositions polyphoniques conservent un caractère dramatique : celle d'Anerio – pour quatre voix – est à ce point de vue d'une intensité remarquable. Cependant les compositeurs de ce temps avaient tendance à harmoniser les oppositions dans la pureté de l'ensemble polyphonique ; ce n'était certes pas dans cet âge d'or du chant « a cappella » que le *Dies irae* pouvait parvenir à son maximum d'intensité dramatique. Les temps modernes réussirent, grâce aux ressources toujours plus grandes de l'orchestre, à mieux en accentuer le ton apocalyptique ; mais bien des compositeurs ne surent pas éviter l'emphase ; elle se fit bientôt sentir. Non pas encore dans le *Dies irae* du *Requiem* (*) de Mozart (sa dernière œuvre composée, en 1791, peu de temps avant sa mort et demeurée inachevée) dont il semble qu'il n'ait écrit que le « Recordare », le « Confutatis » et les premières notes du « Lacrymosa », le reste étant dû à son élève Süssmayer ; dans cette œuvre, la séquence divisée en plusieurs parties conserve son expression dramatique, sans se départir de la ligne très sobre de l'ensemble.

Il n'en est pas de même avec le *Requiem* en *do mineur* (1816) de Cherubini (1760-1842) qui est pourtant une œuvre remarquable, mais où l'orchestre prend un éclat inédit grâce à ses ressources nouvelles, par le soutien des trois trombones et de certains instruments à percussion. Le sommet du genre a été atteint par Berlioz (1803-1869) qui, dans le *Dies irae* de son *Requiem* (1837), et spécialement dans le « Tuba mirum » – l'une des parties de la séquence –, donne à l'orchestre son maximum de sonorité et même, si l'on peut dire, de fracas ; il suffit de rappeler qu'il emploie douze cors, autant de trompettes, seize trombones, quatre batteries de timbales, outre de nombreux instruments à vent et à percussion. Dans le *Dies irae* de sa célèbre *Messe de Requiem* (*), Verdi n'échappe pas à l'emphase, quoique à un degré moindre, mais il est entendu que, chez ces grands compositeurs, emphase ne signifie pas grandiloquence outrée, mais plutôt un relief particulier donné au caractère déjà majestueux du texte. Dans ces œuvres, paroles et musique concourent à une expression dramatique qui est plus déclamatoire que poétique. En général, ces compositeurs ne se sont pas inspirés de la mélodie originale, contrairement à leurs devanciers du XVIe siècle ; ils ont suivi leur propre inspiration. Citons encore, parmi les *Requiem* modernes de moindre valeur, ceux de Schubert, de Liszt, de Saint-Saëns, de Sgambati. De tout autre facture est le *Requiem allemand* (*) de Brahms, composé sur un texte allemand, qui n'a rien de commun avec les *Requiem* latins. Parmi les diverses œuvres qui ont été plus ou moins inspirées par le chant grégorien du *Dies irae*, rappelons le dernier mouvement de la *Symphonie fantastique* (*) de Berlioz (1830) et la *Danse macabre* (*) de Liszt – variations pour piano et orchestre (1865).

DIEU [*Bog*]. Ode du poète russe Gavril Romanovitch Derjavine (1743-1816), commencée en 1780, terminée et publiée en 1784. Ce poème donna à son auteur une renommée européenne inattendue et l'éleva au-dessus de tous les autres poètes de l'époque qui chantèrent le même sujet (tels Haller dans *L'Éternité*, Brockes dans *La Grandeur de Dieu* (*), Gellert, Kleist, Klopstock et Cotta dont le chant *Hymne à Dieu* fut considéré à tort par quelques critiques, comme le point de départ de l'ode de Derjavine). Cet ouvrage fut traduit quinze fois en français, huit fois en allemand, plusieurs fois en polonais, en italien, espagnol, suédois, tchèque, latin, grec et japonais. L'ode de Derjavine est une suite de considérations philosophiques sur la nature de la divinité et sur les rapports entre Dieu et l'homme, qui se fondent poétiquement en un chant unique et grandiose : « Ô toi dont l'existence infinie, immuable, / De vie et de splendeur remplit l'immensité, / Seul en ta triple essence au fidèle adorable, / Seul traversant les temps en ton éternité ! / Esprit présent partout et partout invisible, / À l'humaine raison toujours inaccessible / Toi que nul n'a créé, que n'embrasse aucun lieu, / Dont la présence auguste anime la nature, / La règle, la soutient, l'embellit et l'épure, / Auteur de l'univers, que nous appelons Dieu », « À l'aurore des temps, ta volonté suprême, / Du vide sans limite a tiré le chaos ; / Mais, avant sa naissance existant par toi-même, / L'éternité marquait ton sublime repos. / En toi toute existence a sa source première ; / Lumière sans déclin, d'où jaillit la lumière, / Des âges infinis tu poursuivais le cours : / Tu parlas, et soudain le monde, ton ouvrage, / En traits étincelants réfléchit ton image ; / Seul tu vis, tu vécus et tu vivras toujours. » L'ode de Derjavine révèle plutôt Jéhovah que le Dieu des chrétiens. Cette position s'explique par l'influence qu'exercèrent les encyclopédistes à l'époque de Catherine II et aussi par l'étude attentive que Derjavine fit des *Psaumes* (*). Il en fut le traducteur et on pourrait même dire qu'il en fut un restaurateur efficient. – Trad. sous le titre d'*Hymne à Dieu*, par Eichhoff, Paris, 1857 ; *Poésie russe*, Anthologie présentée par E. Etkind, La Découverte/Maspero, 1983.

DIEU. Quatrième volume de poèmes inédits de l'écrivain français Victor Hugo (1802-1885), publié en 1891. Ce long poème en rimes plates fut longtemps l'objet de l'indifférence, voire de l'ignorance totale du public et de la critique littéraire et scolaire, en raison de son caractère d'écrit posthume.

Cette vaste épopée métaphysique et théologique mais, avant tout, d'une rare puissance lyrique, fut composée à Jersey, puis à Guernesey en 1855 et 1856 (exactement entre le 12 avril 1855 et le 26 avril 1856), c'est-à-dire durant la meilleure époque de production de Victor Hugo, en même temps que la fin des *Contemplations* (*) et que *La Légende des siècles* (*). Dans la préface de cette dernière œuvre, en effet, datée de Hauteville-House, septembre 1959, il déclarait : « Plus tard, nous le croyons, lorsque plusieurs autres parties de ce livre auront été publiées, on apercevra le lien qui, dans la conception de l'auteur, rattache *La Légende des siècles* à deux autres poèmes, presque terminés à cette heure, et qui en sont, l'un le dénouement, l'autre le couronnement : *La Fin de Satan* (*) et *Dieu*. L'auteur, du reste, pour compléter ce qu'il a dit plus haut, ne voit aucune difficulté à faire entrevoir dès à présent qu'il a esquissé dans la solitude une sorte de poème d'une certaine étendue où se réverbère le problème unique, l'Être, sous sa triple face : l'humanité, le mal, l'infini ; le progressif, le relatif, l'absolu ; en ce qu'on pourrait appeler trois chants : *La Légende des siècles, La Fin de Satan, Dieu.* » Mais le poète abandonna ces deux « chants », déjà très proches de leur achèvement, à la suite du refus opposé, en mars 1857, par son éditeur de les publier, en raison de l'intransigeance religieuse du régime impérial (*Les Fleurs du mal* (*) allaient être condamnées quelques mois plus tard) ; Hetzel, en revanche, lui demandait deux volumes de « petites épopées » ; et l'on sait que ce fut là le sous-titre de *La Légende des siècles*, qui parut deux ans après.

En dépit d'une certaine incohérence, qui ne va pas sans quelque boursouflure, *Dieu* reste un des prodiges de la poésie française de tous les temps et peut-être de tous les pays occidentaux. Tel que les manuscrits nous en sont parvenus, il comporte trois parties : – « Ascension dans les ténèbres » (I. « L'Esprit humain » ; II. « Les Voix ») – « Dieu » (I. « La Chauve-Souris » ; II. « Le Hibou » ; III. « Le Corbeau » ; IV. « Le Vautour » ; V. « L'Aigle » ; VI. « Le Griffon » ; VII. « L'Ange » ; VIII. « La Lumière ») – « Le Jour » (ébauche de trois pages). C'est, si l'on veut et si l'on accorde quelque crédit à ce terme, un poème philosophique ; mais c'est surtout de la philosophie de poète, et de grand poète, à qui une musique, un vocabulaire, une syntaxe exceptionnellement riches et sonores confèrent le droit de déraisonner et de demeurer sublime jusque dans ce que les logiciens ont vite fait de déclarer absurde. Certes, le thème, ou plutôt les thèmes successifs – très voisins de ceux du vaste morceau qui termine, ou peu s'en faut, *Les Contemplations* et qui en est contemporain, « Ce que dit la bouche d'ombre » – échappent souvent à l'analyse ; et il est même assez difficile d'en dégager une idée directrice. En bref, nous y assistons à un dialogue du poète avec l'Esprit humain, puis avec des voix fantomatiques du Ciel, enfin avec une séquelle d'animaux symboliques, en vue de résoudre l'énigme de la Création et le problème de la destinée. Mais on peut dire que ce somptueux édifice – dont l'architecture chaotique, composite, voire des plus baroques, se ressent d'un grand nombre de lectures d'ouvrages de sciences occultes et de la fréquentation des tables tournantes – vaut surtout par le détail. On en peut détacher de longs épisodes d'une grandeur à la fois éblouissante et empreinte d'un pittoresque de style et d'images inégalé. Citons, en particulier, la description vraiment hallucinante du cirque de Gavarnie, que creusa la goutte d'eau primitive, et la bacchanale des créatures animales, humaines, fabuleuses, qui sillonnent la Terre au chapitre du « Vautour ». Il faut par moments remonter jusqu'à Dante, et même jusqu'à Lucrèce et à l'Apocalypse, pour rencontrer un sens de l'universel, du mystère, exprimés sur un clavier d'une puissance analogue.

DIEU, ÂME ET MONDE [*Gott, Gemüth und Welt*]. Ensemble de cent dix petites pièces, distiques, quatrains, etc. de l'écrivain allemand Johann Wolfgang Goethe (1749-1832), se rattachant aux *Proverbes* (*) et aux *Xénies* (*). Publiées dans les *Poésies*, datées de 1815, elles traduisent la pensée de l'époque religieuse de Goethe. Il conçoit la religion comme un optimisme absolu du monde et de l'homme, comme une vénération de la majesté divine, immanente à la nature, mais il ne s'attache pas à une forme confessionnelle : que serait un Dieu qui ne communiquerait son impulsion que du dehors ? c'est du dedans qu'il doit mouvoir le monde. Goethe ne manque pas d'un certain sens mystique de l'infini, mais il part toujours d'un point limité : « Si tu veux procéder vers l'infini, épuise de toutes parts le fini. » Il envisage le monde infini tant dans sa variété que dans son mouvement ; de cette conception, il passe à celle de la polarité magnétique qu'il reprendra dans sa *Théorie des couleurs* (*). Dans ces vers, Goethe entend fixer, en de brèves sentences, des pensées fugitives qui perdent leur caractère philosophique pour devenir des images poétiques précises. – Trad. Hachette, 1881-1894 ; et dans *Poésies*, t. 2, Aubier-Montaigne, 1982.

DIEU CACHÉ (Le). Essai du critique français Lucien Goldmann (1913-1970) publié en 1959. Comme la plupart des travaux de Lucien Goldmann, *Le Dieu caché* répond à un double projet : celui de formuler les termes d'une méthode, et celui d'en proposer une application. La méthode, c'est celle d'une critique sociologique appliquée aux textes littéraires et philosophiques. À la question : « Comment définir la signification d'un écrit ou d'un fragment ? », Lucien Goldmann répond par la notion de « vision du monde ». Dégager la vision du monde à laquelle renvoie la totalité d'une œuvre, c'est une façon de distinguer en chaque texte l'essentiel de l'accidentel, et finalement de donner sens aux éléments partiels d'une totalité de pensée. Or la vision du monde n'est pas le point de vue d'un individu, mais celui d'un groupe social. Elle est « l'extrapolation conceptuelle jusqu'à l'extrême cohérence des tendances réelles, affectives, intellectuelles et même motrices des membres d'un groupe ». Aussi, traitant de la question du jansénisme – la démarche se propose en effet de mieux comprendre les *Pensées* (*) de Pascal et les tragédies de Racine –, Lucien Goldmann s'efforce-t-il, en sens inverse des études qui l'ont précédé, d'établir « d'abord ce qu'est le jansénisme en tant que phénomène social et idéologique, ensuite ce que serait un jansénisme entièrement conséquent, pour juger enfin par rapport à ce jansénisme "conceptuel" et "schématique" les écrits de Nicole, d'Arnauld et de Pascal ». C'est dire que l'entreprise suppose une profonde connaissance du mouvement : l'érudition et le scrupule du chercheur définissent, chez Lucien Goldmann, la stature d'un exceptionnel historien des idées.

L'unité du jansénisme, et précisément des deux œuvres étudiées, réside dans une « vision tragique » dont l'auteur examine successivement les trois foyers : Dieu, le monde et l'homme. C'est parce que sa voix ne parle plus d'une manière immédiate à l'homme que Dieu est, pour Pascal, « toujours absent et toujours présent » : tel est le centre de la tragédie. La conscience, dès lors, ne sait que refuser le monde à l'intérieur du monde même : refus « intramondain » qui dessine la position de l'homme tragique, et qu'illustre le « dialogue solitaire avec Dieu » des *Pensées*.

Or à cette vision tragique, Lucien Goldmann reconnaît un fondement historique et sociologique : la montée de l'absolutisme royal au XVIIe siècle et, parallèlement, le repli progressif des anciens détenteurs d'office. De forts liens unissent en effet cette « noblesse de robe », essentiellement représentative des milieux parlementaires, au jansénisme. Dans la « situation paradoxale [...] d'un mécontentement et d'un éloignement par rapport à une forme d'État – la monarchie absolue », Lucien Goldmann reconnaît « l'infrastructure du paradoxe tragique de *Phèdre* (*) et des *Pensées* ». Structure paradoxale, c'est-à-dire antithétique, qu'il repère à différents niveaux d'interprétation dans la vie même de Pascal comme dans la construction des *Pensées*, et dans les positions épistémologiques, morales, esthétiques, politiques et théologiques qu'elles expriment. Cette vision tragique propre au jansénisme, Lucien Goldmann la retrouve également dans les tragédies raciniennes, d'*Andromaque* (*) à *Phèdre*, où « l'homme devient réellement tragique par le refus du monde et de la vie ».

Constamment référé aux pensées fondatrices du matérialisme dialectique (Hegel, Marx et surtout Lukacs), l'ouvrage inscrit une perception renouvelée du XVIIe siècle dans la vision plus générale d'un progrès historique de la conscience. C. D.

DIEU D'EAU. Entretiens avec Ogotemmeli. Œuvre de l'ethnologue français Marcel Griaule (1898-1956), parue en 1948. Dans cet ouvrage capital, Marcel Griaule rapporte les trente-trois entretiens qu'il eut en 1947 avec un vieux chasseur dogon aveugle. Alors qu'il travaillait depuis quinze ans au Mali, Ogotemmeli lui révéla un système cosmologique sans parallèle, où un réseau philosophique serré unit le monde extérieur à la société et à la pensée dogon, tissant d'étroites correspondances entre les notions de personne, de société, d'univers et les divinités. Le titre de chacune des trente-trois journées nous éclaire sur la nature des entretiens : « La Première Parole et la jupe de fibres », « La Seconde Parole et le tissage », « La Troisième Parole et le grenier de terre pure ». Délaissant la formation des quatorze systèmes solaires dont parle le peuple, Ogotemmeli ne traite que de notre seul système solaire : Amma, dieu unique, lance une poignée de glaise dans l'espace, elle s'étale, gagne au nord qui est le haut, s'allonge au sud qui est le bas, s'étend à l'orient et à l'occident. Cette terre est une femme à qui Amma veut s'unir. Ce fut le premier désordre de l'Univers. Les ruptures d'interdit se succèdent ensuite dans un mythe d'une extrême complexité au terme duquel le corps humain serait une image non seulement de l'univers existant contenant toutes les graines cultivées, mais aussi des relations de parenté, de l'organisation sociale et territoriale, des instruments de musique, de l'ordre animal... sans que rien soit laissé au hasard. Les entrevues sont coupées par des commentaires de l'auteur qui se désigne lui-même comme le « Nazaréen », selon la terminologie locale. À la fin un Tableau des correspondances doit aider le lecteur à déchiffrer un système du monde rigide, encore que d'autres structures inconscientes sembleraient également plausibles. L'image offerte d'une société parfaitement cohérente doit être replacée dans le cadre de rapports complexes entre un chercheur à forte personnalité et un informateur exceptionnel ne parlant pas la même langue. Certes, dans *Dieu d'eau* l'ethnologue est le disciple qui reçoit l'enseignement du maître ; il n'en joue pas moins un rôle actif, intervenant souvent au cours de ces « entretiens sinueux ». Enfin la forme très littéraire de *Dieu d'eau* en fait un ouvrage romancé qui n'est pas sans évoquer la première œuvre de son auteur, *Les Flambeurs d'hommes*, brillant récit d'un voyage mouvementé en Abyssinie. D. P.-S.

DIEU DES SORCIÈRES (Le) [*The God of the Witches*]. Essai publié en 1952 par l'anthropologue anglaise Margaret Alice Murray (1863-1963). L'auteur a consacré une bonne partie de son œuvre à l'étude de la sorcellerie, ainsi *La Sorcellerie en Europe occidentale* [*The Witch Cult in Western Europ*, 1921] et *Le Roi divin en Angleterre* [*The Divine King in England*, 1954]. Qu'est-ce que la sorcellerie ? Une magie ? Un ramassis de superstitions ? Non, mais une véritable religion qui a son dieu, son culte, ses prêtres depuis les temps préhistoriques jusqu'à nos jours. C'est la thèse que soutient *Le Dieu des sorcières* avec une extraordinaire vigueur, s'appuyant sur une masse énorme de faits qui éclairent au passage bien des énigmes historiques, qu'il s'agisse du procès de Jeanne d'Arc ou de celui de Gilles de Rais. Quoique ayant volontairement limité son étude au Moyen Âge et à l'Europe occidentale, l'auteur soutient avec une force de conviction étonnante que le culte d'une divinité cornue était répandu aussi bien en Europe centrale que dans le Proche-Orient ; là comme ailleurs la religion officielle – christianisme en Europe, islamisme en Orient – le masquait, mais elle ne l'avait pas supplanté. Là également, les « lettrés » professaient la religion dominante, tandis que le paganisme recrutait ses fidèles parmi la population illettrée et inculte sur laquelle, durant des siècles, la nouvelle foi n'eut aucune prise. De ce fait, les documents sur l'Ancien Culte sont rares. Ouvrage de vulgarisation en même temps qu'une mine précieuse de documents pour le spécialiste, l'essai de Margaret Murray s'efforce de dresser un tableau suffisamment complet de la religion et des rites des « sorciers », tout en esquissant une comparaison permanente, entre le culte du « dieu cornu » et d'autres religions, antiques ou modernes. – Trad. Denoël, 1957.

DIEU ENCHAÎNÉ (Le) [*Den fångne guden*]. Recueil de poèmes de l'écrivain suédois Erik Blomberg (1894-1965), publié en 1927. Les critiques ont souvent souligné combien la poésie d'Erik Blomberg est proche de l'œuvre de Pär Lagerkvist. Ce recueil, le plus important de Blomberg, confirme cette affinité car, comme Lagerkvist, Blomberg essaie de se prouver à lui-même que Dieu ne peut exister. Le Dieu que prient les hommes n'existe qu'à l'intérieur d'eux-mêmes. Nous avons créé notre propre Dieu. Il n'y en a pas d'autre. Certains grands poèmes comme « Qui es-tu, Dieu ? » [Vem är du Gud ?] témoignent d'une interrogation passionnée à l'égard de ce Dieu dont Blomberg récuse l'existence, mais dont il voudrait bien obtenir une réponse. La poésie de Blomberg, plus qu'une négation de Dieu, est ainsi une protestation véhémente contre son silence, et dans « La Voix de Dieu » [Guds röst], Blomberg va jusqu'à plaindre Dieu, ce grand solitaire des cieux pour qui il n'existe ni ciel ni réponses aux questions éternelles. Le poème qui a donné son nom au recueil utilise les mêmes arguments. Il est vain d'évoquer Dieu, car son corps, enchaîné dans les ténèbres entre les étoiles, est grand mais invisible. Cependant, son cœur vit, et son cœur est la terre. Dieu pleure et demande pardon de nous avoir créés, de nous avoir fait souffrir. Son âme se trouve dans nos poitrines, et c'est à nous de la libérer, de libérer le Dieu qui existe en nous-mêmes pour nous unir finalement à Lui.

DIEU EST-IL FRANÇAIS ? [*Gott in Frankreich*]. Essai de l'écrivain allemand Friedrich Sieburg (1893-1964), publié en 1929. La critique n'a jamais cessé de louer le style pur, simple, et la justesse des vues politiques de Friedrich Sieburg, très tôt conquis par l'esprit français. Dans son livre *Dieu est-il français ?* l'écrivain décrit la forme de vie statique des Français, leur vie bourgeoise et culturelle, et les paysages de la France. Si la Pucelle d'Orléans y est vue comme protagoniste d'un nationalisme mystique, l'auteur parle ouvertement des dangers que rencontrera la France en s'opposant à l'européanisation naissante, à l'intérieur de laquelle elle représentera néanmoins la somme de tout ce qui rend la vie plus humaine et plus digne. Dès les premières pages, l'écrivain répond à la question : « Pourquoi j'ai écrit sur la France ? » « Parce que je préfère le progrès des idées, à l'idée de progrès... Parce que j'ai la faiblesse de préférer séjourner dans un paradis négligé qu'en un univers modèle, étincelant, mais désespérant... Parce que je voudrais éterniser la larme que je verse en prenant congé d'une France têtue, avant de me faire inscrire sans enthousiasme, bon gré mal gré, comme membre actif de la communauté européenne... Parce qu'il faut dans le monde un pays qui oppose une résistance tenace au perfectionnement social, afin que le bonheur de l'homme ne lui soit pas sacrifié. » Sieburg est venu vivre en France avec une certaine notion de l'ordre et du progrès, et cependant son livre est moins l'étonnement d'un étranger que l'explication d'un ami. S'il arrive à l'auteur d'être choqué de ce que tout en France n'est pas tendu vers un certain perfectionnement mécanique ou social (il déplore par exemple que les cordonniers ne sachent pas découdre convenablement une simple pièce de renfort et qu'ils ferment leur porte le dimanche), il se laisse séduire par une certaine forme de liberté, d'harmonie, de plaisir, de légèreté. Ce livre, dont l'édition française comprenait une importante postface de Bernard Grasset, eut un profond retentissement, grâce entre autres à son charme et à l'authenticité de ses remarques. — Trad. Grasset, 1930.

DIEU EST NOTRE FORTERESSE [*Eine feste Burg ist unser Gott*]. Hymne évangélique du réformateur allemand Martin Luther (1483-1546), inséré dès 1529 dans les recueils des hymnes de Wittenberg ; c'est une réplique du psaume 46. Il fut écrit à l'époque où les Turcs, ayant envahi l'Autriche, étaient déjà sous les remparts de Vienne. L'hymne reflète ces années-là, riches en événements tragiques pour la nation et particulièrement pour Luther. Ce fut une époque de luttes civiles, de menaces extérieures, de maladies et de soucis spirituels. « C'est un rempart que notre Dieu. / C'est une forte armure / Qui nous garantit en tout lieu. / Si l'on nous fait injure. / Le vieil ennemi / N'est point endormi ; / Il veut la guerre, / Et le monde a frémi / Au feu de sa colère. » « Si notre bras est impuissant / En ce péril extrême / Pour nous combat l'homme vaillant / Choisi par Dieu lui-même. / Notre défenseur, / C'est Christ, le Sauveur, / Dieu des Armées / Tout puissant Rédempteur / Des tribus opprimées. » « On les verra bon gré, mal gré / Respecter la Parole. / Parmi nous Christ est adoré, / Son Esprit nous console. / Qu'on nous prenne argent, / Honneur, femme, enfant : / Laissez-les faire ! / Le Christ aura pourtant / La victoire dernière. » Nous sommes en présence d'un hymne populaire et qui est resté tel, parce que convenant à un peuple encore imbu de la foi du Moyen Âge : hymne plutôt dramatique que spirituel. C'est surtout un hymne de crise nationale, comme l'hymne anglais *Dieu protège le roi,* qui lui ressemble, mais qui est plus ancien.

Par le prestige de son auteur, par sa puissance d'adaptation aux peuples et aux circonstances, par son fond symbolique et mystique, par les mots et par la mélodie, c'est l'hymne protestant destiné aux Églises de toute dénomination, et chanté aux heures des grandes décisions, des graves calamités publiques et des désastres nationaux. — Trad. Wattier, 1883.

DIEU ET LA BAYADÈRE (Le) [*Der Gott und die Bajadere. Indische Legende*]. Ballade de l'écrivain allemand Johann Wolfgang Goethe (1749-1832), écrite en 1797. Le poète a recueilli cette légende dans un ouvrage du Hollandais Abraham Roger, traduit en allemand en 1663 ; elle fut reprise par Pierre

Sonnerat (1745 ?-1814) dans ses *Voyages aux Indes* (1783). Il s'agit du dieu Mahadéva qui s'incarne pour la sixième fois, désireux d'approcher les hommes sous une apparence humaine afin de les mieux juger. Mahadöh parcourt villages et cités ; arrivé à la nuit tombante dans un faubourg, il rencontre une bayadère qui l'invite à l'aimer. Il consent. La femme, conquise par le dieu, lui propose ses plus humbles services, se jette à ses pieds en pleurant, car elle a compris pour la première fois ce qu'est l'amour. Se réveillant au matin de cette nuit nuptiale, elle ne trouve qu'un cadavre entre ses bras. Les prêtres surviennent et préparent le bûcher qui doit consumer ce corps selon le rite hindou ; la bayadère se lance dans les flammes, voulant mourir du feu qui doit brûler son époux d'une nuit. Mais le « jeune dieu se dresse au-dessus de la flamme », emportant sa bien-aimée dans ses bras. De même la divinité élève au ciel ses enfants coupables, mais repentis. C'est le thème de Madeleine, placé dans un autre cadre. En 1785, dans une lettre à Charlotte von Stein, Goethe parlait déjà du sujet de cette ballade à laquelle il pensa durant plusieurs années, avant de lui donner sa forme poétique. Parmi ses *Ballades* (*), c'est une des plus parfaites, bien qu'il ne faille pas en prendre la moralité trop au sérieux. Par contre, la métrique est remarquable : dans l'octave courte et non rimée le rythme est léger, tandis que le tercet terminal prend au contraire un ton solennel. Ce tercet est à rimes embrassées. — Trad. Hachette, 1881-1894.

DIEU ET LE MONDE [*Gott und Welt*]. Poèmes philosophiques de l'écrivain allemand Johann Wolfgang Goethe (1749-1832), réunis dans le recueil intitulé *Poésies* (*). Ils appartiennent à la dernière période de la vie de l'auteur et datent approximativement des années postérieures à 1815. Quelques vers en guise d'introduction, précédant le « Proemium » (1816), nous donnent l'idée directrice de ces poèmes inspirés par les tendances philosophico-scientifiques de Goethe et ses idées sur la métamorphose et l'entéléchie. Le « Proemium » expose sous une forme poétique l'immanentisme de Goethe, qu'il tend d'ailleurs à préciser à l'égard de Jacobi, avec qui il soutient une âpre dispute au sujet de son livre *Des choses divines* (*). La faculté de Goethe de s'intégrer dans le monde infini de la nature divine, de « voir Dieu dans la nature et la nature en Dieu », trouve sa parfaite expression dans la poésie : « L'Individu et le Tout » (1821) : l'entéléchie d'Aristote remplace la monade de Leibniz pour contraindre ce Dieu à une activité perpétuelle, si bien qu'il ne « peut se reposer jamais ». Tout être doit se mouvoir en créant, agir, se former, sans cesse se perfectionner ; car, immobile en apparence, l'Éternité passe, rapide, en toutes choses ; car « toutes choses dans le néant disparaissent / Si elles veulent persister dans l'être ». Ces derniers vers, pris isolément, furent interprétés à tort comme un pessimisme proche du nihilisme. Goethe s'en défendit dans le poème intitulé « Testament ». Ces vers, inspirés de Kant, rejoignent le ciel et la conscience morale : « Regarde en toi-même, / Là, tu retrouveras immédiatement le sens / Qui aux généreux jamais ne faillit. / Là, nulle règle ne te manquera, / Ta conscience avertie et assurée / Sera pour toi le soleil qui mène le jour. » Les vers suivants rappellent Giordano Bruno : « Fie-toi librement à tes sens / Par eux rien de faux ne survient / Si l'esprit est éveillé. » Enfin, le concept de la vérité tel qu'il suit est essentiellement goethéen : « Ce qui fructifie, voilà la vérité » ; cette fécondité splendide engendre seule les élus : poètes et philosophes qui « savent » fixer clairement ce qui « s'agite en eux ». C'est toujours cet instant éternel qui intervient comme pensée prédominante dans l'incessante activité de l'homme selon Goethe — v. *Essai sur la métamorphose des plantes* (*) et *La Métamorphose des animaux* (*).

« Paroles originelles — Orphisme », publié en 1820, mais conçu dès 1818, résulte des études du poète sur les anciens mythes grecs et les « mystères orphiques ». En 1818, Goethe envoya ce poème à Boisserée, le qualifiant de « vieilles sentences magiques sur le destin des hommes », « résumé d'une description très ancienne et très condensée du sort humain ». Il comprend cinq strophes de huit vers ; chacune porte un titre grec et allemand, soit, successivement : « Démon », « Hasard », « Amour », « Nécessité », « Espérance ». Le « Démon » représente le caractère indélébile de la personnalité qui, dans l'Antiquité, était déterminée par l'astrologie et comportait quelque chose de fatal, d'immuable. Mais la vie sociale, le milieu, l'éducation modifient la personnalité : c'est le rôle du hasard. « Hasard » et « Démon » s'unissent avec « Amour », créant en l'homme une apparence de liberté. Mais « Amour » est soumis à des lois inflexibles qui le lient « à la volonté des astres » ; la « Nécessité » domine la volonté et la liberté ; quant à l'« Espérance », elle rouvre ces portes murées, nous soulève sur ses ailes légères et nous emporte vers les mystères infinis. Le poème écrit en l'honneur de l'Anglais Howard, auteur d'un ouvrage important sur les nuages dans lequel il « avait déterminé l'indéterminé, en le limitant et en lui donnant un nom », fut inspiré à Goethe par ses études de météorologie. À chacun des termes de Howard : « stratus », « cumulus », « cirrus », « nimbus », correspond une strophe de Goethe. Malgré l'aridité du sujet, ces morceaux sont éminemment poétiques. Chaque pensée, que nous retrouvons ailleurs décomposée et discutée en ses éléments philosophiques, acquiert ici, grâce au génie poétique, une clarté, une unité et une originalité nouvelles. — Trad. Hachette, 1881-1894.

DIEU ET MAMMON. Œuvre de l'écrivain français François Mauriac (1885-1970), publiée en 1929, avec une préface de Ramon Fernandez (« François Mauriac et le Roman moderne, son art et son humanité »). *Dieu et Mammon* est une sorte de mise au point philosophique par un romancier catholique. L'auteur évoque d'abord les pièges de la critique. Selon lui, les ressortissants de cette discipline littéraire se divisent en deux catégories : les critiques pacifiques, qui se bornent à rechercher les attaches du romancier dans le passé et dans le présent, et les critiques agressifs (ce sont les plus irritants) qui s'en tiennent aux affinités politiques. Mauriac rappelle ensuite son enfance profondément chrétienne, puis dégage la dualité de sa vingtième année, Dieu ou Mammon ? Les joies de ce monde ou la montée spirituelle ? Mauriac cite l'exemple de Rimbaud, en insistant sur sa soif d'absolu, sur son mépris de Mammon et de Dieu, sur sa conversion finale, enfin, sur la dure expiation de sa mort. L'écrivain se doit d'être responsable et de livrer son drame avec art. Mauriac laisse alors deviner la contradiction existant entre la description complice des œuvres de la chair et l'acceptation de la Grâce, dont la peinture manque peut-être de piquant, mais qui assure l'indispensable ouverture spirituelle de l'œuvre. Il faut « purifier la source », hausser l'expression littéraire au niveau d'une âme sincèrement chrétienne. « On écrit le livre qu'on mérite » ; la part du feu ne doit pas exister chez le pécheur : il faut trancher le mal. « Dès avant ta naissance, les jeux étaient faits » : Dieu nous prédestine. Publié après *Thérèse Desqueyroux* (*) et avant *Le Nœud de vipères* (*), deux de ses romans les plus importants, *Dieu et Mammon* rend compte de la démarche spirituelle de Mauriac.

DIEU LE SAVAIT ou La vie n'est pas sérieuse. Pièce en trois actes de l'écrivain et dramaturge français Armand Salacrou (1899-1989), créée en décembre 1950 par Jean Mercure et publiée en 1951. L'action se déroule en septembre 1944 au Havre. Cette fois l'auteur s'intéresse au problème du libre arbitre. Mais il ne s'agit pas d'une pièce philosophique, ou métaphysique. C'est une œuvre humaine où des hommes, des femmes, des vieillards et des enfants se croisent, s'affrontent, s'aiment et se font du mal – nous font rire aussi, nous émeuvent et nous inquiètent. Si Dieu savait qu'Aziza tromperait son mari, le conduisant ainsi à réclamer une mission dangereuse contre la Kriegsmarine, le conduisant à la mort, pourquoi a-t-il « laissé faire » ? Pour que l'homme soit libre ? Mais alors, qu'est-ce qu'une liberté qui ne joue que dans le cadre étroit du destin ? du « mektoub », à quoi fait penser le nom même d'Aziza, « bénie des dieux ». À rebours, la même Aziza ne montre-t-elle pas un trop vif penchant pour les excuses faciles, elle qui rejette sur la guerre, avec, semble-t-il, l'approbation de l'auteur, la faute que son corps a bel et bien fait commettre à son âme ? De même, en faisant à son mari, et avant de savoir qu'il savait, le reproche de l'avoir délaissée au profit de la Résistance, ne donne-t-elle pas dans une humanité assez monstrueuse ? Le tout est évidemment de savoir quelle part d'innocence il y a dans la monstruosité. C'est cette ambiguïté même du personnage qui fait la richesse de la pièce. Salacrou n'a jamais traité qu'un seul sujet, et n'a jamais réussi à l'épuiser : l'angoisse de l'homme qui veut faire très bien son métier d'homme, c'est-à-dire qui veut être tout entier présent – passé et avenir compris – dans chacun de ses contacts avec les hommes ou les femmes qu'il approche. C'est pourquoi les défauts mêmes du dramaturge portent tous des noms de qualités : la générosité, la richesse de l'imagination, la foi dans le théâtre, l'ingénuité et l'indiscipline.

DIEU MANCHOT (Le) [*O memorial do convento*]. Roman de l'écrivain portugais José Saramago (né en 1922), publié en 1982. En ce début de XVIIIe siècle, Lisbonne est une des capitales les plus riches d'Europe. Les épices, la soie et, surtout, l'or trouvé au Brésil créent un univers où l'excès semble être la mesure de toute entreprise. La corruption s'épanouit, les bûchers de l'Inquisition se dressent, la délation se pratique allègrement. Le roi dom João V, quant à lui, s'inquiète de ne pas avoir d'héritier après deux ans de mariage avec la fade et pieuse dona Maria Ana Josefa. Comme il ne néglige rien, ni l'aide de Dieu ni l'appui de l'Église qui soutient ses ambitions de pouvoir absolu, le monarque promet solennellement un couvent si la reine lui donne un enfant. Naît enfin l'héritier tant désiré : c'est une fille. Qu'à cela ne tienne ! Commence alors la grande entreprise : la construction du couvent de Mafra, à quelques kilomètres de Lisbonne. L'organisation des plus chaotiques, la modification fréquente des plans et le désir de concurrencer l'Escurial donneront une étrange et énorme bâtisse, sans charme réel, mi-palais, mi-couvent. Parallèlement à l'histoire de cette construction nous est contée celle d'un prêtre, Bartolomeu de Gusmão, mathématicien, professeur à l'université de Coimbra, qui essaie, lui, de voler ! De fait, sa machine volante (« passarola »), s'élèvera au-dessus de Lisbonne le 7 août 1709. Malgré l'intérêt que lui porte le roi, Bartolomeu de Gusmão, soupçonné de sympathie envers les Juifs, doit s'exiler en Espagne – où il mourra dément, dit-on.

Ces événements et ces personnages, très célèbres dans l'histoire portugaise, pourraient faire du roman de Saramago une grande fresque historique. Mais les véritables héros du livre sont deux inconnus : Balthazar, le manchot, et Blimunda, la voyante. Ils établissent, à l'intérieur de la narration, le lien entre le récit de la construction du couvent et celui de la « passarola », puisqu'ils participent à ces deux créations. L'édification du couvent est menée à un rythme infernal. Les hommes des campagnes sont enrôlés de force et sacrifiés à cette entreprise mégalomane. L'auteur recrée ces personnages que l'Histoire a oubliés et il leur donne, à travers Balthazar et Blimunda, toute la dimension qui leur est due. Balthazar et Blimunda, couple idéal, purs héros issus du peuple, représentant les forces du bien. Par contre, les « grands » de ce monde sont traités avec une extrême irrévérence, leur cupidité, leur soif de pouvoir, dénoncées avec une féroce ironie. En prenant ainsi parti pour l'opprimé du XVIIIe siècle, José Saramago, bien évidemment, stigmatise notre époque. Son regard sur l'histoire est celui d'un homme du XXe siècle qui a fait un choix idéologique : celui du marxisme. Mais cette position politique ne lui dicte pas un récit austère. L'imagination, le rêve et la magie sont en effet les éléments moteurs du livre, eux qui donnent à la vie des personnages toute son intensité. Saramago, allègrement blasphématoire, porte ici l'homme au plus haut. Dieu n'existe pas. Il n'y a pas d'âme, mais il y a la volonté (située au creux du ventre). Il n'y a pas de surnaturel ; mais le pouvoir de la voyance. Ce récit illustre bien la pensée du romancier quant à l'histoire : seule la fiction peut lui rendre sa vérité en incluant les laissés-pour-compte, les victimes, les oubliés.

Son style baroque permet à l'auteur d'évoquer les situations les plus scabreuses dans une langue recherchée, de fleurir la narration de détails savoureux, de perdre le lecteur dans le dédale de dialogues non ponctués, de faire sentir pleinement le grouillement d'un monde dont il renverse, avec un humour féroce, les valeurs convenues. – Trad. Albin Michel, 1987.

F. Be.

DIEU NOURRIT L'ÉPERVIER [*Selambs*]. Roman de l'écrivain suédois Sigfrid Siwertz (1882-1970), publié en 1920, et dont le titre original signifie « Les Selamb ». Ce livre est une étude de cinq formes différentes de l'égoïsme, représentées chacune par l'un des cinq membres d'une même famille, les Selamb. Un tel projet risquait d'être fatal à n'importe quelle œuvre littéraire, mais Siwertz a réussi le miracle de rendre vivant chacun de ses cinq personnages. La lecture de son roman est à la fois fascinante et répugnante. L'auteur venait de lire Freud, et son roman en porte les traces. Il porte aussi celles de la guerre de 1914, et à la fin de son ouvrage Siwertz donne un avertissement prophétique à ses lecteurs, en leur disant que l'égoïsme individuel qu'il vient de peindre appartient à une époque sans doute révolue, et que l'égoïsme encore plus à craindre est celui, pour l'instant futur, des masses. Sigfrid Siwertz a surtout écrit des nouvelles, art qui convient mieux à ses qualités de peintre d'atmosphère, mais *Dieu nourrit l'épervier* est son œuvre maîtresse. – Trad. Stock, 1933.

DIEU NU (Le). Roman de l'écrivain français Robert Margerit (1910-1988), publié en 1951. Le Dieu nu, c'est l'amour, divinité qui dévoile, devant laquelle l'être se dévoile, et qui restitue à chacun son vrai visage, délivré de son masque social. Paradoxalement, cette œuvre nous en décrit l'apparition au sein d'un des milieux les plus mondains et les plus conventionnels qui soient : la bourgeoisie d'une ville de province, Limoges, à l'époque qui précéda la Seconde Guerre mondiale. Mais la passion y éclatera précisément avec d'autant plus de force dans le cœur du jeune protagoniste, Bruno, qu'elle naît dans une atmosphère confinée, lourde, parfois oppressante, sur la scène d'un théâtre assez étroit pour que chaque incident, chaque geste figure le lieu de rencontre d'un certain nombre de regards qui se croisent, s'effleurent ou se percent et dont la résultante accorde un sens définitif à ces événements. Ce microcosme fonctionne d'une manière analogue à celle d'une « camera oscura », qui ne charme que dans la mesure où on s'abandonne à son pouvoir d'illusion.

C'est précisément dans une salle de cinéma qu'a lieu la première rencontre entre Bruno et Jacqueline de Beaufort, que lui présente alors sa sœur Marité et dont il se sent tout de suite épris. Il profitera par la suite des relations amicales qu'entretiennent les deux femmes pour voir Jacqueline plusieurs fois par semaine, Jacqueline chez qui une grâce naturelle faite de fragilité est jointe au charme de la victime sacrifiée sur l'autel du mariage bourgeois à un être qui lui est odieux et qu'elle fuit en se réfugiant chez ses parents.

L'histoire paraît jusqu'ici simple, voire banale, mais on s'aperçoit vite que l'intrigue se joue non pas à deux, mais à trois personnages. Marité représente un passage obligé entre Bruno et Jacqueline, car elle semble détenir la clef des relations futures entre eux deux dans la mesure où il lui est loisible de favoriser leur rapprochement tout autant que de les écarter l'un de l'autre. Elle se révèle d'autant plus omniprésente qu'un attachement profond unit le frère et cette sœur aînée, mariée à un haut fonctionnaire, fine, sensuelle, d'une beauté somptueuse, qui n'aime rien tant que jouer le jeu social, tout en sachant très bien qu'il n'est qu'un jeu.

Aussi, plus Bruno est épris de Jacqueline, plus s'interroge-t-il sur l'influence éventuelle de sa sœur sur celle-ci, qui expliquerait tel ou tel geste, telle ou telle parole de Jacqueline à son adresse. Torturé par un sentiment permanent de jalousie, il ne parvient jamais à se résoudre à une interprétation univoque de son comportement. Son angoisse est bien celle de tout amoureux suspendu aux lèvres de la personne aimée dans l'attente de la parole fatale : « Je vous aime. » Ce sont ces mots que Jacqueline prononcera lorsque Bruno pourra profiter de la première occasion venue pour lui avouer sa passion. Ils se verront alors de plus en plus, parfois en cachette, car Jacqueline a pour père un colonel des plus intransigeant sur le plan de la morale. Avec toute la fougue de l'adolescence, Bruno cherche à débusquer l'être libre et vrai que cèle le personnage de Jacqueline. Mais elle saura toujours invoquer ses obligations à l'égard de son père et même de son mari pour refuser de se donner charnellement à lui. Dépité, Bruno tentera de la piéger un des soirs passés dans une ville d'eau voisine de Limoges en compagnie également de Marité, du mari de celle-ci et de quelques amis. Il s'enfermera dans le placard de la chambre d'hôtel de Jacqueline pour la surprendre, seul à seule, lorsqu'elle reviendra du concert où elle s'est rendue avec le reste de la bande. C'est avec Marité cependant qu'elle entrera dans sa chambre, une Marité rieuse et ensorceleuse qui se livre à une véritable entreprise de séduction amoureuse à l'égard de Jacqueline, qui paraît accepter le jeu – ou ne s'apercevoir de rien. Lorsque, fou de jalousie, Bruno bondit hors du placard, il se heurte au rire railleur de sa sœur qui rend compte de son comportement par un désir de provocation à son endroit, disant savoir très bien qu'il se cachait là. Mais au moment où le frère et la sœur rejoignent ensemble leurs chambres respectives, soudain, Marité écrase sa bouche sur celle de Bruno.

L'attitude de Marité était-elle spontanée (Bruno avait déjà suspecté chez elle des désirs lesbiens) ou obéissait-elle vraiment au désir de voir échouer son frère ? Jacqueline était-elle consciente du jeu de celle-ci ? Autant de questions auxquelles Bruno ne pourra répondre, mais, après cet échec, il s'éloignera peu à peu de Jacqueline, tombant d'accord avec sa sœur lorsque celle-ci lui confiera ce qu'elle pense d'elle : elle n'est qu'une sotte qui par peur du monde a trouvé un alibi dans le devoir moral. Dès lors il cherche un réconfort dans la compagnie de Marité qui lui trouve par ailleurs une jeune fille appétissante et saine qui se révèle à la fin du roman être la femme qu'il a épousée.

Cet amour vécu par Bruno, dont celui-ci est censé retracer l'histoire après la guerre, alors que tout à la fois cette époque, son époque, et sa sœur sont mortes, tire son prix de la sensibilité même du chroniqueur au décor, à l'atmosphère de sa jeunesse et si, des années après, il lui accorde l'importance dont le récit témoigne, c'est pour tenter d'en ressusciter le parfum baudelairien disparu que dispensait celle qui l'animait à elle seule, son profond et véritable amour, sa sœur, Marité. P. F.

DIEU SANS TONNERRE (Le) [*God Without Thunder*]. Cet ouvrage publié en 1930 par le poète américain John Crowe Ransom (1888-1974) est consacré à l'examen des rapports de la science et de la foi. Il tend à démontrer que le mythe d'une ou plusieurs divinités régissant l'univers moral est indispensable, et que le dieu moderne, réduit à un principe explicatif, ne constitue qu'un reflet inefficace des anciennes divinités. Le christianisme du Nouveau Testament a lui-même permis de déformer ses doctrines en les présentant dans un contexte qui met trop l'humilité en valeur. Le Dieu de l'Ancien Testament est le seul qui importe et l'on doit préserver ou rétablir le rituel qui constitue l'unique moyen de maintenir le sens du sacré dans une civilisation technique et scientifique. La position de l'auteur exprime une réaction contre les efforts de la science de tout réduire à des faits explicables, jetant ainsi le discrédit sur un ensemble de mythes indispensables à l'esprit humain : « Le mythe est un objet [...] unique, intraduisible, débordant d'une énergie démoniaque, que l'on ne saurait appauvrir en le réduisant à un concept de classe [...] La science est un mode d'expérience qui mutile et viole la nature. » Ransom insiste sur les rapports du religieux et de l'esthétique : la faculté créatrice de mythe de la religion est productrice de beauté ; de même l'amour, par un rituel d'attentions délicates envers l'objet aimé, participe à l'un et à l'autre. Il s'agit donc de rendre leur importance aux traditions contemplatives et à l'expérience mystique, moyens de connaissance supérieurs à la science du mesurable. Il faut régénérer la notion de divinité réduite à une loi naturelle peu à peu expliquée et définie : « Il faut rendre son tonnerre à Dieu [...] à un Dieu viril et concret, au lieu de lui substituer un Principe. » Cette philosophie antiscientifique a pour conséquence dans le domaine littéraire un retour à un certain classicisme, aux formes traditionnelles, aux images proches des représentations de l'âme collective. Le fondamentaliste Ransom se trouva tout naturellement parmi « Les Fugitifs » – voir *The Fugitive* (*) – de Vanderbilt University qui prônèrent le retour à une civilisation « agraire » dans *Je prends parti* [*I'll Take My Stand,* 1930]. Il y définissait le Sudiste traditionnel comme celui d'avant la guerre de Sécession, qui continue « à vénérer une certaine contrée, une certaine histoire et un certain mode de vie ». Le Sud, représentant à ses yeux le seul bastion aux États-Unis de la culture et des valeurs européennes, devait être défendu à tout prix. Cette attitude réactionnaire ne vise pas à un impossible retour en arrière, mais seulement à empêcher le Sud de perdre le « sentiment de son identité historique ». Le Sud devient en effet le symbole commode d'une tradition aristocratique, tout comme la Russie était pour les communistes de l'époque celui d'une civilisation progressiste et égalitaire. John Crowe Ransom joua un rôle important dans la propagation d'une critique et d'une esthétique fondées sur ces principes grâce à ses fonctions de rédacteur de *Kenyon*

Review, le magazine littéraire du collège où il enseignait. Il a publié des recueils de poèmes, un second volume d'essais, *Le Corps du monde* [*The World's Body,* 1938] et, en 1941, *La Nouvelle Critique* [*The New Criticism*], fort importante pour la compréhension des concepts et des attitudes de cette « nouvelle » école d'appréciation de la littérature.

DIEU VIVANT. Perspectives religieuses et philosophiques. Vingt-sept cahiers publiés entre 1945 et 1955. Comité directeur : Maurice de Gandillac, Louis Massignon, Marcel Moré. Secrétaire de rédaction : Pierre Leyris. Au sommaire du premier cahier : « Le Symbolisme des rites baptismaux » de Jean Daniélou ; « La Spiritualité du désert » de Jules Monchanin ; « Kierkegaard et Nietzsche » de Hans von Balthasar ; « La Théologie de la Lumière chez saint Grégoire de Thessalonique » de Vladimir Lossky ; « L'Humiliation du Fils éternel » de Newman. Le liminaire précise que les hommes qui se réunissent autour des Cahiers n'appartiennent pas à une seule Église, mais relèvent de confessions diverses. Les deux points de rencontre des chrétiens de *Dieu vivant* sont une conception eschatologique du christianisme et de la communion des saints. Soucieux de découvrir les racines souterraines de l'angoisse présente et d'approcher les abîmes mêmes de la conscience moderne, tout en se pliant parfois à poser en termes nouveaux le problème éternel du christianisme, les responsables publieront tout au long des vingt-sept numéros des textes visant à aboutir à une reviviscence de la pensée religieuse, à un approfondissement de la doctrine du Christ. Rien ne saurait mieux donner une idée de la liberté d'esprit de *Dieu vivant* que le quatrième cahier (1945) où est reproduite une « Discussion sur le péché », où Georges Bataille définit sa position devant Blanchot, Klossowski, le R. P. Daniélou, J. Hippolyte, Sartre, Leiris.

DIEUX (Les). Ouvrage du philosophe français Alain (pseud. d'Émile Chartier, 1868-1951), publié en 1934. C'est un de ses livres les plus importants.

« Nous connaissons souvent les choses à travers une vitre », écrit Alain dans l'Introduction des *Dieux*, « et il n'est pas besoin de mouche. » Il fait allusion, dans cette sorte d'apologue, à l'histoire que lui aurait contée « un homme qui philosophait de la bonne manière, c'est-à-dire pour son propre salut ». Cet homme, rapporte Alain, « se trouvait en wagon, laissant errer ses yeux sur un paysage de collines, lorsqu'il vit sur une des pentes, et grimpant vers un village, un monstre à grosse tête, muni de puissantes ailes, et qui se portait rapidement sur plusieurs paires de longues pattes ; enfin de quoi effrayer. Ce n'était qu'une mouche sur la vitre ». Cette fable résume bien la manière d'exposition d'Alain, qui en profite pour conclure que « ce court moment de l'erreur et de la croyance l'enchanta. La vérité, disait-il, nous trompe sur nous-mêmes ; l'erreur nous instruit bien mieux ». Cette maïeutique à la manière de Socrate, selon laquelle procède Alain, ne présente pas des certitudes toutes faites, mais conduit le lecteur à discerner, sous le masque des fables, les vérités substantielles. Cette méthode ne redoute pas le paradoxe pourvu qu'il conduise, même par des chemins détournés, à une vérité. Il soumet les dieux eux-mêmes à cette méthode critique, non pas tant en leur qualité de divinités, mais entendant par ce mot les vérités admises comme telles et n'étant plus mises en question : le héros, le saint, la religion, voire le diable qui inspire à Alain un des plus beaux essais de ce volume. Dans cette recherche du vrai, les légendes, les croyances populaires, les fables, devront, elles aussi, être interrogées, car elles contiennent leur part de vérité.

La conclusion de la pensée d'Alain est qu'il n'existe pas de vérités absolues, non plus que d'erreurs. Son scepticisme souriant et grave à la fois admet qu'il est prudent de consulter aussi l'imagination, et proclame que les œuvres d'art sont porteuses de hautes et sereines vérités. « Le beau, dit-il, est un fidèle témoin du vrai, et qui anticipe sur le vrai. » Ce volume contient une quarantaine de brefs essais, dont chacun ouvre des perspectives intéressantes sur quelques-uns de ces domaines de la sagesse, dont les passions, les idées, les sentiments, les figures mythiques constituent les thèmes. La dialectique d'Alain formule des sentences d'une frappe gnomique extrêmement vigoureuse et brève, riche de sens : « Tout combat est dans nos pensées. Toute légende est dans les nuages » (« La Légende »). – « Le temps n'est rien ; car une chose passée n'est plus rien si elle est passée, et une chose conservée est absolument et toujours présente » (« L'Esprit »). – « Considérez longtemps la croix aux quatre chemins. C'est ce que j'appelle prier. Et pour finir là-dessus, je dirai qu'il importe beaucoup qu'une religion soit idolâtre. En de pures idées elle n'est plus religion, et elle n'est pas grand-chose » (« Le Figuier »).

DIEUX (Les). Recueil du poète français Pierre Oster Soussouev (né en 1933), publié en 1970. Le livre comprend sept poèmes, de cent vers chacun, et numérotés, selon leur ordre de composition dans l'œuvre entière, de vingt et un à vingt-sept. Depuis *Un nom toujours nouveau* et *La grande année*, la réalité extérieure, sous la forme de ce qu'on peut appeler la nature des champs et des bois, a fait son apparition chez Oster. Mais celui-ci ne vise nullement à chanter les arbres et les sources dans une poésie descriptive qui les reproduirait. Les différents lieux du paysage, évoqués avec un intense lyrisme, servent de médiation dans une grande quête ontologique.

La nature est un ensemble de signes que le poète déchiffre selon son intuition du spirituel. L'ordre du texte ne ressortit donc pas au narratif, mais obéit aux mouvements discontinus d'une conscience. « Discontinu » ne veut pas dire « désordonné », car Oster se réclame de la réalité telle que la conscience l'organise : selon la verticalité (enracinement du végétal : « pénétrer le fécond sommeil de la sainte et puissante substance [la terre] » ; exaltation de l'arbre dressé vers le ciel : « un chêne ardent m'élève » – « un pin inextinguible / Irrite en moi l'orgueil d'appartenir d'abord aux dieux ») ; et, parallèlement, selon une horizontalité dans laquelle l'imagination du poète se donne libre champ (« Et la neige en un voile invisible / Protège à l'horizon le pays de vallons que j'avais défendu »). Voilà définis les axes d'une poésie à la respiration large et au souffle puissant.

Mais ces dieux, que sont-ils ? D'abord, peut-être, des forces telluriques, qu'il faut apprivoiser, en soi et hors de soi, pour conquérir sa part de l'être. Ne seraient-ils pas, comme les dieux païens et les démons de Ronsard, les figures multipliées de l'Un ? Car une intense énergie spirituelle les anime. Le passage par la matière et l'intérêt porté à l'ici-bas n'ont pas rendu Oster dualiste pour autant : « Les arbres et les pierres t'enseigneront ce que tu ne saurais apprendre de tes maîtres », dit saint Bernard en épigraphe du recueil. Ces dieux, d'ailleurs, ne contreviennent pas à Éros ; c'est souvent en compagnie d'un « vous » aimé que s'accomplit la quête du poète (« J'attendais que le plein de la nuit dévoilât votre intense tiédeur »). L'unité du propos est si grande que les solutions de continuité entre les nombreux tableaux qui composent un poème échappent au lecteur : elles créent, remarquons-le bien, cette impression de surgissement qui définit tout un aspect de l'œuvre d'Oster. Quoi qu'il en soit, le poète entend maîtriser sa part du monde après l'avoir subie : « L'univers de nouveau rime avec le langage [...] Je dis. Je vois. Je nais... Je suis sûr de l'essence divine. » A. G.

DIEUX ANCIENS (Les) [*Gamla gudar*]. Recueil de poèmes de l'écrivain suédois Bo Bergman (1869-1967), publié en 1939. Huit ans après le recueil *En dépit de tout* (*), Bo Bergman lance, dans *Les Dieux anciens,* ses protestations contre la violence et la bêtise, et défend avec ardeur ses « dieux anciens » qui symbolisent l'idéalisme. Il compare le nazisme et le communisme dans « Deux firmes » [Två firmor] (Hitler & Cie, Les Successeurs de Lénine), et prévoit leur alliance funeste pour l'Occident. Il fait aussi fréquemment la satire du mal de l'époque, cette tendance de ses compatriotes à l'uniformité, et son profond pessimisme est ici comme ailleurs son trait distinctif. Le poème « S.O.S. » [Nödsignal] est le merveilleux pastiche d'une œuvre écrite cent ans plus tôt par le poète romantique Erik Gustaf Geijer qui, dans une très brève et très belle poésie, avait chanté le courage du marin qui s'aventure sur la mer, confiant dans son Dieu, dont le règne est aussi grand dans les profondeurs que dans les cieux. Bo Bergman, dans des vers plus brefs encore, dépeint la détresse à la fois de la civilisation tout entière et de l'âme individuelle ballottée sur un océan gris : « Au-dessus : rien. Au-dessous : rien qu'une tombe » [Ovan : ingenting. Under : blott en grav].

DIEUX DES INDO-EUROPÉENS (Les). Essai du sociologue français Georges Dumézil (1898-1986), publié en 1952. Cet essai est constitué par le développement de quatre conférences faites en 1951, et son but, semblable à celui de *L'Héritage indo-européen à Rome* (*), est de faire le point d'une recherche nécessairement multiple et sinueuse, de mettre en perspective le travail de plusieurs années. Dumézil, en un premier temps, fait saillir l'essentiel de l'argumentation comparatiste. Pour l'analyse de la théologie des Indo-Européens, on procédera, comme en linguistique, par l'observation analytique et comparative des faits les plus anciens possibles. On remarquera ainsi que les hymnes védiques groupent les dieux en trois classes, qui correspondent à trois catégories de fonctions (administration mystérieuse et régulière du monde ; jeu de la vigueur physique, de la force, principalement mais non uniquement guerrière ; fécondité avec des résonances comme : prospérité, santé, longue vie, tranquillité, volupté, nombre) ; que cette classification est même prévédique puisqu'on la retrouve dans les archives cunéiformes de Boghaz-Keni – v. *Naissances d'Archanges* (*) ; on la reconnaît dans les paganismes germains et à Rome avec la triade des dieux hiérarchisés qui ont à leur service un flamine majeur : Jupiter, Mars, Quirinus. On a donc affaire à une structure constituant l'armature d'une théologie articulée. En un second temps, Dumézil fait état de résultats plus récents obtenus par la même méthode : l'examen de la première des trois classes de dieux révèle qu'elle est elle-même munie d'une structure précise. D'une part on relève toujours une bipartition de la souveraineté (Mitrá, Váruna dans les hymnes védiques ; le Jupiter Feretrius de la légende romuléenne opposé au Dius Fidius), d'autre part aux dieux souverains sont associés toujours des systèmes de souverains mineurs (Jupiter – Juventas – Terminus ; Mitrá – Aryaman – Bhaga). En un troisième temps, Dumézil s'attache à éclaircir deux points de méthode que les polémiques sur la religion romaine ont rendus cruciaux. Il s'agit tout d'abord de la nécessité méthodologique de comparer des faits homogènes. Certains historiens des origines de Rome croient pouvoir reconstituer la naissance des dieux romains à partir de la religion des « Naturvölker » ; ils supposent un zéro de l'histoire romaine. Or Dumézil montre avec une grande finesse les contresens linguistiques qui sont à la source d'une telle illusion (par exemple sur le mot « numen ») : déjà pour les Indo-Européens, il y a des dieux personnels, et Rome, loin d'inaugurer en matière religieuse, hérite d'une théologie conséquente. En dernier lieu, Dumézil montre que des faits apparemment hétérogènes sont en réalité structuralement homogènes et susceptibles en conséquence d'être comparés : ce qui est mythe chez les Germains par exemple est histoire chez les Romains (Odinn et Týr chez les Germains, Horatius le cyclope et Mucius le gaucher, à Rome). Ainsi, par les vertus d'une méthode structurale et comparative rigoureuse, Dumézil parvient à faire parler des aurores de l'histoire ces dieux oubliés, dont les descendants et les masques ont hanté notre propre histoire.

DIEUX, LES HÉROS ET WIELAND (Les) [*Götter, Helden und Wieland*]. Farce de l'écrivain allemand Johann Wolfgang Goethe (1749-1832), écrite au cours de l'automne 1773, à la même époque que *Satyros* (*). Dans cette farce, des personnages tels que Mercure, Euripide, Alceste, Admète discutent avec Wieland et s'en prennent notamment à l'*Alceste* de ce dernier et aux cinq lettres qu'il avait publiées dans le premier numéro de sa revue, *Le Mercure allemand* (*), pour la défense de sa pièce. La prétention de Wieland de placer son hellénisme propre au-dessus de celui d'Euripide indigna si bien Goethe qu'il voulut épancher sa colère dans cette satire impitoyable. Plus tard, il est vrai, Goethe devait changer d'avis quant au problème de la transposition d'un personnage classique à l'époque moderne, transposition ou adaptation qui en modifie fatalement le caractère fondamental. Mais, sur un point au moins, cette dure critique a un sens vraiment positif. Pour la première fois, peut-être, Goethe nous révèle sa conception du classicisme compris dans toute sa grandeur humaine et divine. Cela nous éloigne de sa discussion avec Winckelmann sur l'esthétique. Il avait pressenti, à travers les vues grandioses de Herder, la « puissance » qui émane d'un héros de Shakespeare ou d'Euripide. Cette puissance, il la sent grandir en lui jusqu'au paroxysme, et c'est elle qui lui dictera son *Prométhée* (*). Cette farce est sans grande valeur, mais elle annonce l'approche de l'ère que le grand poète personnifiera en Allemagne. Le public lui fit un accueil enthousiaste ; si la vieille génération prit le parti de Wieland, tous les jeunes furent pour Goethe ; Lessing et Nicolaï ne comprirent pas ce qu'il y avait de génial dans cette nouvelle conception ; le vieux Bodmer, lui, la défendit. Wieland se tira d'affaire avec élégance : dans sa revue, il qualifia la satire de « chef-d'œuvre d'ironie et de docte raillerie » ; désarmé, Goethe lui garda son amitié jusqu'à sa mort. – Trad. Aubier, 1930 ; Gallimard, 1942.

DIEUX ONT SOIF (Les). Avec cette œuvre publiée en 1912, l'écrivain français Anatole France (François-Anatole Thibault, 1844-1924) s'est attaqué au grand roman historique, sans pour cela renoncer à la manière qu'il affectionne, puisque le récit est divisé en une série de tableaux : conversations, discours, digressions de toutes sortes y abondent et l'on y retrouve l'habituel personnage, cultivé et raisonnable, du philosophe mondain, chargé de commenter les faits et de les juger sous forme d'élégants paradoxes. Le philosophe est, en l'occurrence, le citoyen Brotteaux des Ilettes, ex-financier de l'Ancien Régime, sceptique et épicurien, qui mène paisiblement sous la Terreur une vie misérable et fabrique des marionnettes dans sa mansarde. Mais le vrai héros du récit est le jeune peintre Évariste Gamelin, élève du grand David, révolutionnaire austère et fanatique qui s'est voué corps et âme à la grande cause de la Révolution personnifiée par Marat et Robespierre. De sa section, il passe à la Commune et devient membre du tribunal révolutionnaire. Son art le met en contact avec Élodie Blaise, la jolie fille d'un grand éditeur d'estampes et marchand de tableaux à l'enseigne de l'« Amour peintre » ; il se prend pour elle d'une violente passion et l'austère révolutionnaire fait ainsi deux parts dans sa vie. Autour de lui se meuvent divers personnages : sa mère, femme du peuple ; sa sœur, qui a fui à l'étranger avec un aristocrate ; une élégante intrigante, autrefois amie de l'ex-financier Brotteaux ; un prêtre non assermenté, le barnabite Longuemare qu'héberge ce même Brotteaux... Tout ce monde est emporté dans le grand tourbillon des événements : Marat est assassiné, la Vendée se soulève, les armées de l'Europe envahissent la France, Robespierre et ses partisans mettent la Terreur à l'ordre du jour. Un vent de folie sanguinaire obscurcit les esprits : les dieux ont soif. Persuadé qu'il accomplit, en tant que juge, un devoir atroce mais nécessaire, l'infortuné Évariste ne recule pas devant son destin, et quand éclate la contre-révolution de Thermidor, il s'arrache des bras de la trop tendre Élodie pour courir à la mort au côté de Robespierre. Presque tous les personnages du récit périssent sur la guillotine. Après les horreurs de la réaction commence avec le Directoire une vie nouvelle de luxe et de corruption ; et la voluptueuse fille de l'éditeur ne tarde pas à remplacer le malheureux Évariste.

Anatole France écrivit rapidement ce livre, dont le style est cependant fort soigné, mais il travailla avec beaucoup de conscience à la documentation qui le sous-tend. Bien qu'il connût parfaitement la période révolutionnaire, il se fit un almanach où il inscrivit, jour par jour, les événements historiques qui se déroulèrent pendant la période dont il voulait traiter. Son livre se proposait surtout de développer certaines de ses vues sur l'histoire et la condition humaine, vues qui avaient déjà inspiré la satire qu'il avait publiée en 1908, *L'Île des pingouins* (*). Dans *Les dieux ont soif,* France entend montrer que ceux qui vivent les plus grandes crises politiques et sociales passent au travers sans les voir et que la majesté de l'histoire ne se discerne que de loin. Mais surtout, il enseigne, avec l'exemple de son héros, Évariste Gamelin, que les hommes sont cruels et féroces dans la mesure ou ils imaginent posséder la vérité. Enfin, avec le personnage d'Élodie, il illustre cette idée, qui lui est chère, que la vie dévore la vie, que le propre des vivants est, avant tout, d'oublier les morts. Élodie, « trop sage pour ne plus aimer », tient à son nouvel amant les mêmes propos, tendres et tout aussi sincères, dont elle enchantait son amant de la veille. Parmi les œuvres d'Anatole France, *Les dieux ont soif* est, avec l'*Histoire comique* (*), une de celles qui ont le moins vieilli ; c'est certainement une des plus vigoureuses et des moins complaisantes. Toutefois, Anatole France ne peut être considéré comme un romancier de première grandeur : ses héros sont plutôt l'incarnation de ses idées que des personnages vivants, et la tragédie d'Évariste Gamelin, par exemple, est expliquée par un esprit critique plutôt que profondément vécue. En revanche, l'art raffiné de France demeure incomparable dans la peinture des personnages secondaires ; son esprit fin et pénétrant lui permet de saisir le sens des événements, le reflet des idéaux et des faits dans les mœurs, l'atmosphère, la mentalité de l'époque.

DIFFÉRENCE DES LANGUES VULGAIRES ET LA VARIÉTÉ DE LA LANGUE FRANÇAISE (La) [*De differentia vulgarium linguarum*]. Traité de réflexion linguistique du philosophe et mathématicien français d'expression latine Charles de Bovelles (Carolus Bouillus, 1479-1566), composé en 1531, publié à Paris chez Robert Estienne en 1533. Le problème posé est celui du rapport des langues vulgaires et particulièrement de la langue française avec le latin. À un moment où l'on commence à écrire des grammaires françaises – *Grammatica latino-gallica* de Sylvius, 1531 –, Bovelles veut montrer que le projet de régulariser le français est utopique, en mettant en évidence l'instabilité de notre langue et les inconséquences de l'usage. L'ouvrage commence par un historique sur la formation de la langue française, sa parenté d'origine avec la langue latine, comme celle de l'italien et de l'espagnol, les emprunts au grec et l'influence des invasions germaniques. Suit une sorte de phonétique : examen successif de toutes les lettres de l'alphabet latin, de leur prononciation et des modifications qu'elles subissent, avec des exemples et un tableau récapitulatif. La conclusion de ces observations et réflexions est que la prononciation du peuple présente trop de défauts pour qu'il soit possible de la corriger par des règles. Les variations d'une région à l'autre s'expliquent par l'influence du ciel (« horoscopus caeli »), il est donc vain de chercher un archétype dans une langue vulgaire. Seule la langue latine est immuable et peut jouer ce rôle. C'est le premier homme qui a reçu de Dieu le privilège d'instituer la première langue du genre humain. Cette langue dans laquelle Dieu s'adressa à Adam et Ève, à Noé, à Moïse, est la langue de la Pentecôte et celle que nous retrouverons au Jugement dernier. Elle est l'archétype idéal. Après cette conclusion inspirée par la thèse théologique de la monogenèse du langage, deux opuscules de valeur inégale illustrent et complètent le raisonnement. Les *Tabulae breves Gallicanarum vocum* constituent l'ébauche d'un dictionnaire étymologique où chaque mot est proposé avec une explication ou un équivalent en latin, accompagné éventuellement d'expressions usuelles dans lesquelles on peut le rencontrer et suivi d'une étymologie latine en général, parfois grecque ou caractérisée par les adjectifs « barbare » ou « incertaine ». Il est à noter que, contrairement à la tendance de certains de ses contemporains, Bovelles ne tombe pas du tout dans la mode de l'étymologie grecque à tout prix et demeure, en ce domaine, fort raisonnable. Enfin, le troisième traité a pour titre : *De hallucinatione Gallicanorum nominum.* C'est un recueil d'onomastique topographique dans lequel sont étudiées l'origine, souvent douteuse, de noms de villes ou de régions et la « confusion » qui peut en résulter (« hallucinatio ») comme entre Aquitaine et Guyenne ou Belges et Picards. Ces étymologies sont plus pittoresques que scientifiques. L'essentiel est la pensée théorique du premier traité : les langues vulgaires sont changeantes, seul le latin est digne d'être un modèle (« idea »), mais l'édit de Villers-Cotterêts (1539) et la *Deffence et illustration de la langue françoise* (1549), suivant de peu l'ouvrage de Bovelles, vont contribuer à renverser la situation. – Trad. Klincksieck, 1973. C. De.

DIFFÉREND (Le). Cet ouvrage du philosophe français Jean-François Lyotard (né en 1924) a été publié en 1983. Il approfondit et donne ses bases ontologiques à sa réflexion sur les « jeux de langage », les « petits récits » et la « postmodernité » entreprise à partir de 1975 – *Au juste* et *La Condition postmoderne* (1979). Il se situe au confluent de deux courants majeurs de la philosophie contemporaine, la tradition de la philosophie analytique du langage anglo-saxonne influencée par Wittgenstein et celle de la philosophie « continentale » inspirée par la phénoménologie et l'ontologie heideggérienne. *Le Différend* est centré sur l'analyse des « actes de langage » élémentaires que Lyotard nomme « phrases » et de leurs modes d'enchaînement. Qu'il y ait des phrases est en effet l'unique présupposition indubitable – car « douter qu'on phrase est en tout cas phraser ». Ce qui ne requiert pas la position d'un sujet transcendantal comme condition ultime, comme le prétend la métaphysique moderne, puisque le « sujet » d'une phrase ne préexiste pas à la phrase qui le présente. Le langage n'est donc pas un instrument de communication servant à transmettre des messages entre des sujets constitués. Chaque phrase présente quatre instances – destinateur, destinataire, référent et sens – dont la disposition réciproque forme un « univers de phrases ». S'« il y a autant d'univers que de phrases », ces univers se constituent cependant selon des groupes de règles, ou « régimes de phrases », qui permettent de distinguer différents types de phrases – de les répartir en descriptives, ostensives, prescriptives, normatives, délibératives, etc. Mais cet inventaire ne nous autorise pas à élaborer une syntaxe ou une grammaire universelle. C'est en effet une thèse fondamentale du *Différend* – qu'il partage avec Wittgenstein comme avec Lacan – qu'« il n'y a pas de métalangage » : pas de règle unique présidant à l'ensemble des enchaînements ; pas de « genre suprême » qui saurait énoncer la loi de tous les genres de récits. Ainsi, c'est au prix d'une illusion transcendantale que la modernité se légitime par un « grand récit » d'émancipation dont le sujet se présente sous l'apparence d'un « nous » homogène – humanité, peuple ou prolétariat. L'inconsistance du métalangage implique que le langage soit traversé de discontinuités irréductibles. Entre deux phrases de régime hétérogène, aucune traduction n'est possible : il sera vain, par exemple, de prétendre dériver une politique ou une éthique d'une connaissance. Enfin, d'une phrase à une autre, aucune règle préétablie ne saurait préjuger des enchaînements valides, combler « l'abîme de non-être qui s'ouvre entre les phrases ». De là cette affirmation capitale du *Différend* : « Enchaîner est nécessaire, comment enchaîner est contingent. » L'hétérogénéité des régimes de phrases expose ainsi le langage au « différend ». Lyotard nomme « litige » un conflit énonçable au sein d'un même régime de discours, où le « dommage » peut être réparé par la simple application d'une règle de jugement préexistante. Le terme de « différend » désigne au contraire un conflit dont les parties s'expriment dans des régimes hétérogènes. Le « tort » causé ne peut donc être réparé avec justice, faute d'une règle commune, d'une instance de jugement acceptable par les deux parties. Le tort se signale par un silence, comme « appel à des phrases inconnues », indice « que quelque chose reste à phraser, qui ne l'est pas encore ». Cette analyse ontologique, qui montre que le langage est, en son être même, voué au différend, peut être située dans une perspective historique. En effet, ce qui révèle l'inconsistance du métalangage, la dispersion irréductible des phrases, est la faillite historique du « métarécit » moderne, dans ses variantes historico-politiques (libérale ou marxiste) comme dans sa dimension proprement spéculative (celle du Savoir absolu hégélien). Selon Lyotard, le nom d'Auschwitz – mais aussi ceux de la Kolyma ou de Budapest 1956 (cf. *L'Enthousiasme, la critique kantienne de l'histoire*, 1986) – est l'indice d'un tort radical, où s'atteste l'échec des idéaux émancipateurs des Lumières, l'imposture du « progrès dialectique de l'Esprit ». Il se confirme ainsi que l'impératif premier d'une éthique ou d'une politique des phrases consiste à « faire droit au différend », à inventer un nouveau langage, de nouvelles règles d'enchaînement « pour que le tort trouve à s'exprimer et que le plaignant cesse d'être une victime ». Ce qui laisse ouverte, cependant, la question de savoir s'il est possible de « réparer » en le phrasant un tort vraiment radical.

J. Rog.

DIFFICILE (Le) [*Der Schwierige*]. Comédie en trois actes de l'écrivain autrichien Hugo von Hofmannsthal (1874-1929), publiée en 1921. Le comte Johann-Karl Bühl est le type du parfait gentilhomme quadragénaire de la vieille Autriche. De retour à Vienne après la guerre, il ne réussit plus à reprendre contact avec la vie sociale, après toutes les années de vie de camp ou d'hôpital, lors desquelles il s'est découvert une vie intérieure très intime et très sensible qu'il ne veut pas exprimer, préférant la pénombre irréelle du rêve à la lumière claire de la parole. Cela représente parfaitement cette « sensibilité intelligente » ou, si l'on veut, cette « intelligence sensible », caractéristique de Hofmannsthal, et qui sembla être son unique refuge, après l'écroulement de la monarchie des Habsbourg et la dispersion de la culture qui s'était formée autour d'elle à travers les siècles.

L'intrigue est presque inexistante : Bühl se voit confier par tous les missions les plus délicates ; Hechingen, le mari de son ancienne maîtresse, lui demande de le réconcilier avec sa femme Antoinette ; sa sœur Crescence, de combiner le mariage de son fils Stani avec Hélène Altenwyl, belle jeune fille et bon parti. Mais toutes les femmes sont amoureuses de lui, car il incarne, pour toutes, la poésie inexprimée et latente en chacune d'elles. Finalement, la petite Hélène, dans un dialogue où, sans être prononcées, les choses essentielles sont exprimées, réussit à lui dire son amour et à se fiancer avec lui. L'atmosphère est décrite avec finesse et naturel. Les personnages évoluent librement dans leur milieu. Les passions, les amours, les déceptions, les intrigues et les ambitions sont à peine évoquées, seulement effleurées, mais conservent néanmoins toute leur vivacité. L'étiquette de la vie mondaine, du valet à la dame, voile les luttes trop intimes. Dans cette comédie d'Hofmannsthal, les sujets sont maniés légèrement, avec une sorte d'appréhension, car une vie de feu couve sous les cendres. Elle témoigne de la survivance, des dernières lueurs de vie, du monde aristocratique autrichien de l'après-guerre.

DIFFICULTÉ D'ÊTRE (La). Essai de l'écrivain français Jean Cocteau (1889-1963), publié en 1947. « Je sens une difficulté d'être », c'est, nous rappelle Cocteau, ce que répond Fontenelle, centenaire, lorsqu'il va mourir, et que son médecin lui demande : « Monsieur Fontenelle, que sentez-vous ? » et l'auteur ajoute : « seulement la sienne est de la dernière heure, la mienne date de toujours ». Ce boitement intérieur, l'auteur ne le soumet à aucune radiographie, n'en recherche nullement le pourquoi. Retiré dans un hôtel à Morzine, malade – « la douleur me harcèle et je dois penser pour m'en distraire » –, Cocteau lance son esprit à la recherche de tout ce qui, passé ou présent, témoigne en lui de cette nécessité de toujours : « Accepter l'inextricable et s'y soumettre au point qu'il s'en dégage un charme et que la brousse rejoigne par son innocence sauvage les attraits de la virginité. » Ayant pris conscience de son âge et accepté de ne plus être jeune, le magicien se fait botaniste patient pour nous offrir les fleurs étonnamment vivaces d'un passé qu'il prospecte avec sérénité. Pour cet être qui se loue de « mieux faire l'amitié que l'amour », chaque souvenir lui impose un aveu de partage, de fidélité à une rencontre, que ce soit celle de Proust, de Gide, Radiguet, Satie, Diaghilev, Nijinsky, Apollinaire, ou Picasso, Bérard, Genet, Colette. La qualité de ses hôtes, le plaisir et le bonheur avec lesquels Cocteau nous les présente par le dedans ne le distraient nullement de son investigation. Elle nous vaut des pages brillantes sur l'amitié, la lecture, la mort, les mots, la jeunesse, les mœurs, la responsabilité, pages où le désordre s'ordonne avec une candeur contrôlée, où le moraliste dévoile l'homme qui n'en conserve pas moins élégance et mystère. À une jeunesse qui le prend pour exemple et l'oblige à marcher droit, Cocteau s'adresse sans ménagements pour lui déclarer qu'elle manque à son devoir, lequel est « d'être l'armée des grands aventures de l'esprit » et non de siffler l'audace, d'organiser des monômes, de vivre dans une anarchie farceuse et de surface – « je conseille donc aux jeunes d'adopter la méthode des jolies femmes, et de soigner leur ligne, de préférer le maigre au gras [...] par ligne, j'entends la permanence de la personnalité [...] chez l'écrivain, la ligne prime le fond et la forme [...] c'est pourquoi je répète incessamment que le progrès moral d'un artiste est le seul qui vaille, puisque cette ligne se débande dès que l'âme baisse son feu ».

Ces textes qui ont le chatoiement et la séduction d'une conversation brûlante sont-ils autre chose que les propos d'un homme d'esprit – vivant selon l'esprit ? En effet pour Cocteau, sensible aux mots et aux images, « l'animal, le végétal, la semence ou l'œuf » ne sont que « rébus ». Si la solitude l'entraîne au jardin, ce n'est que pour « y contempler l'absurde génie des fleurs », et seule la crainte du vide l'incite à « parler aux chiens... comme on lit des livres d'enfants ». Arrivé au terme de cette œuvre, Cocteau s'interroge et se juge « intrépide et stupide... toujours en fuite de quelque chose, en route vers quelque chose... tu as voulu ne te priver d'aucune cause. Te glisser entre toutes et faire passer le traîneau... Eh bien, avance. Risque d'être jusqu'au bout ».

DIFFICULTÉ DE VIVRE (La) [*Neftulé-Adam*]. Roman de l'écrivain israélien d'origine palestinienne Yéhudah Bourla (1886-1969), publié en 1929. En marge du principal courant de la littérature néo-hébraïque qui se rattache à l'Europe orientale, Bourla est l'un des meilleurs représentants littéraires des communautés séfarades. À cet égard, le héros de *La Difficulté de vivre* est bien différent de ceux d'*Un hôte pour la nuit* (*) d'Agnon ou des *Meules brisées* (*) d'Hazaz, car c'est essentiellement un Oriental, tant par sa sensibilité que par sa conduite, sa passion pour les femmes n'étant, par exemple, que l'expression d'une quête des valeurs spirituelles d'une forme achevée de sagesse, où s'extériorisent une imagination exaltée et une religiosité profonde. Le roman se présente comme une sorte de regard rétrospectif que le héros jette sur son passé, alors qu'ayant franchi la cinquantaine il en est réduit à une misérable existence d'aveugle. Bien des années auparavant, il s'est épris de Shéfika, il a voulu alors répudier son épouse, mais la famille de la jeune musulmane est survenue sur ces entrefaites et, le considérant comme un séducteur, s'est vengée en lui crevant les yeux. Shéfika est devenue folle. Certains thèmes rappellent *L'Épouse haïe* (*) et *L'Épopée d'Aqabia* (*), en particulier celui de l'épouse légitime victime d'un amour fatal. Bourla a su peindre l'atmosphère orientale avec une sympathie profonde, qui donne à son style une couleur et une vérité tout à fait originales.

DIFFICULTÉS SUR LA RELIGION PROPOSÉES AU PÈRE MALEBRANCHE. Traité déiste de l'écrivain français Robert Challe (1659-1721), composé vers 1710-11. Ce texte a d'abord été connu dans une version remaniée par Naigeon dans le sens de l'athéisme, et publiée en 1768 sous le titre *Le Militaire philosophe ou Difficultés...* Son attribution à Robert Challe est désormais incontestable. L'ouvrage se présente comme une demande pressante au père Malebranche, sommé de répondre à un auteur sincèrement en quête de la vérité ; il se divise en quatre cahiers : I – Contenant ce qui m'a fait ouvrir les yeux ; II – Examen général des religions factices ; III – Examen de la religion chrétienne ; IV – Contenant un système de la religion fondé métaphysiquement sur les lumières naturelles et non sur les faits. Il s'agit d'un monument capital de la pensée déiste, notamment en raison de la date de sa composition. J. Po.

DIGNITÉ DE L'HOMME (De la) [*De dignitate hominis*]. Discours du savant italien d'expression latine Jean Pic de La Mirandole (1463-1494), composé alors qu'il n'avait que vingt-quatre ans et publié en 1496. Il devait servir d'introduction aux neuf cents thèses — v. *900 conclusions* (*) — qu'il rêvait d'aller soutenir à Rome, mais elles furent frappées d'interdit par Innocent VIII. Ce discours doit à la vigueur du style d'être tenu pour l'œuvre maîtresse de Pic de La Mirandole. Celui-ci se demande tout d'abord pourquoi l'homme est considéré comme la créature la plus parfaite, presque supérieure aux anges mêmes. Il répond en affirmant que l'homme possède en effet un privilège exclusif : Dieu l'a créé sans lui imposer une règle de vie absolue et en lui donnant toutes choses, tandis que les autres créatures n'en ont reçu qu'une part limitée. Ainsi, tandis que les anges furent, dès leur origine, ce qu'ils seront éternellement, l'homme est libre de devenir ange ou démon. On peut devenir ange par les voies d'une vie active ou d'une vie contemplative mais, pour parvenir à la contemplation, il faut gravir les degrés de l'échelle de Jacob : d'abord se purifier les pieds, symboles de la concupiscence, puis les mains, symboles de la colère ; après quoi, on monte ou on descend l'échelle de Jacob en s'aidant de la philosophie — monter, c'est aller du multiple à l'unité, et descendre, c'est aller de l'unité au multiple. Ainsi parvient-on finalement à la perfection selon la théologie, en se reposant au sein du Père qui est au sommet de l'échelle. La philosophie nous donne les moyens d'atteindre la gloire céleste car, en unifiant le multiple qui est la discorde, elle prépare le règne de la paix. Même dans les religions primitives, la philosophie et la dialectique (sciences purificatrices du cœur et de l'esprit) servaient d'introduction aux mystères de la foi. Sur ce point des savants comme Pythagore, des mages comme Zoroastre et même l'oracle de Delphes sont d'accord. C'est pour cette raison que Pic de La Mirandole avait étudié la philosophie avec passion, tandis que ses contemporains méprisaient cette science qui ne procurait ni honneurs ni richesses. Tout son discours sur la dignité humaine tend vers un but précis : justifier l'audace d'un jeune homme qui prétend être à même de soutenir plusieurs centaines de thèses devant les docteurs de son temps. Il affirme que cette philosophie dont il a exalté la valeur doit être discutée publiquement.

Étant ainsi parvenu à l'argument qui lui tient à cœur, Pic de La Mirandole résume ses thèses. En premier lieu, il veut mettre en évidence son union de pensée avec Platon et Aristote, puis bâtir un nouveau système philosophique ou, pour mieux dire, une nouvelle méthode philosophique qui permettra de donner une solution exacte à tout problème, naturel ou divin. Il s'agit de l'« ars numerandi », de cette science des nombres, non pas telle que l'entendent les marchands, mais telle que l'étudièrent Pythagore et Platon. Il se propose ensuite de démontrer des théorèmes magiques ; rejetant la magie fondée sur le pouvoir des démons, il fait sienne celle qui approfondit la philosophie naturelle, la plus noble et la plus sainte, qui remonte à Zamoixis et à Zoroastre, fils d'Oromazès, que Platon mentionne l'un dans *Charmide* (*) et l'autre dans *Alcibiade* (*). Il parlera ensuite de la kabbale transmise par les Hébreux — v. *Zohar* (*) —, qui n'est pas du domaine de la fable, mais confirme la foi chrétienne. En effet, Dieu a donné à Moïse la loi et son interprétation : la loi fut rendue publique, tandis que son interprétation demeura entre les mains des grands prêtres qui se la transmirent sous le sceau du secret, cela afin de ne pas donner les choses saintes aux pourceaux. « Kabbale » signifie « chose reçue », soit héritage de révélations transmis selon une loi de succession. Après l'exil à Babylone, Esdras, prophète de l'Église, craignit que les malheurs du peuple juif n'amenassent la dispersion des secrets de la sainte foi ; il convoqua les grands sages du temps et leur commanda d'écrire ce que chacun d'eux savait encore du secret des lois ; l'ensemble forma soixante-dix livres.

Ainsi Pic de La Mirandole croit à l'origine divine de la kabbale ; il est vrai que le IVe livre d'*Esdras* (*) au chapitre XIV semble justifier cette thèse, mais ce livre IV, tout comme le livre II, est apocryphe. Enfin, le jeune écrivain considère son « ars numerandi » comme une méthode nouvelle ; or, si elle n'a rien de commun avec celle d'un Bacon ou d'un Descartes, elle rejoint directement, dans son abstraction mathématique et son symbolisme métaphysique, la pensée de Pythagore, telle du moins qu'elle était interprétée au temps de la Renaissance. — Trad. Delresse, 1957.

DIGNITÉ ET DE L'ACCROISSEMENT DES SCIENCES (De la) [*De dignitate et augmentis scientiarum libri IX*]. Œuvre du philosophe anglais Francis Bacon (1561-1626), dédiée à Jacques Ier. C'est la traduction latine avec quelques compléments, publiée en 1623, du traité en langue anglaise *Of Proficience and Advancement of Learning*, de 1605. L'ouvrage se compose de deux parties : la première, consacrée à l'exaltation de la science, occupe le premier livre ; la deuxième porte sur le progrès des sciences ; il y en a huit autres. Bacon prend la défense des sciences contre les théologiens d'une part, qui accusent la science de mener à l'athéisme, et contre les praticiens et hommes politiques d'autre part, qui jugent à tort que les lettres affaiblissent les âmes, alors qu'au contraire les siècles de grande valeur militaire ont été également les plus splendides au point de vue de la culture. Ayant ainsi traité des défauts imputés ou imputables aux savants, il saisit cette occasion pour énoncer l'idée que l'Antiquité ne représente que l'enfance du monde, dans laquelle se trouvaient déjà les germes de la pensée moderne. La noblesse des sciences provient de la noblesse de leur objet, qui est la nature, création divine. Les sciences étaient honorées déjà par les Anciens ; elles exercent une grande influence sur les mœurs des hommes en les adoucissant, elles nous mettent en mesure de commander à notre être raisonnable comme à la nature, constituent une source de jouissance et procurent l'immortalité. Dans la seconde partie, ayant passé en revue ce qui a été fait pour le progrès des sciences et ce qu'il reste encore à faire, Bacon procède à la classification et à la revue des sciences mêmes, établissant des correspondances entre histoire, poésie et philosophie d'une part, et mémoire, imagination et raison de l'autre. L'histoire, à son tour, est divisée en histoire naturelle (dans laquelle est comprise l'« historia praeter generationum » ou description des monstres), et en histoire des arts, ou de la nature modifiée par l'homme. Dans l'histoire civile, il distingue l'histoire ecclésiastique, l'histoire littéraire, comprenant celle de toutes les découvertes et de toutes les inventions de l'homme, et l'histoire civile au sens strict. Pour la poésie, il accepte l'idée d'une interprétation des mythes, qui nous donnerait ce que l'on peut appeler la sagesse des Anciens.

Avec le troisième livre, Bacon traite de la véritable science : la philosophie. Cette science se divise en théologie inspirée, ou sacrée, et philosophie, étant en cela semblable aux eaux qui, pour une part, descendent du ciel et pour l'autre sortent de la terre. La philosophie comprend la science de Dieu ou théologie naturelle, la science de la nature ou philosophie naturelle et la science de l'homme. Tout ceci est précédé par la philosophie première, vieille en ce qui concerne son nom, nouvelle quant à sa signification, en tant que mère commune, comprenant les principes communs de toutes sciences et l'étude des propriétés adventices ou transcendantes des êtres. La science, ou philosophie naturelle, est ou théorique ou agissante. La philosophie spéculative, ou théorique, est à la fois science des causes efficientes et matérielles, et science des formes, ou essences, de la propriété et de la cause finale des êtres mêmes, et c'est la métaphysique. Dans la philosophie agissante, la distinction en mécanique et en magie est, au point de vue historique, significative, la magie devant fournir la méthode pour modifier dans tous les sens les corps en leur donnant de nouvelles qualités, ceci en vertu de la connaissance des formes acquises dans la métaphysique. La mathématique est considérée seulement comme un instrument. Finalement la science de l'homme est la philosophie de l'humanité ou de l'homme en tant qu'individu, et la philosophie civile, celle de l'homme considéré comme faisant partie de la société. Bacon fait aussi une place à une science du corps humain, qui comprend, outre la médecine, l'étude ou la science du plaisir et de la recherche du plaisir et une étude des rapports entre l'âme et le corps. La science de l'usage des facultés de l'âme, divisée en logique et en morale, est d'une grande importance, mais elle sera plus amplement traitée dans le *Novum organum* (*). Suit un appendice consacré à l'art pédagogique, et riche de pensées fécondes sur les méthodes. Dans le chapitre consacré à la morale, la définition donnée par Bacon de la culture de l'âme, art de former la volonté au bien, est particulièrement significative de sa pensée. La science civile est divisée en art de vivre en société, art de conduire ses propres affaires et art de gouverner. Ce dernier art comprend la politique ou l'économie ou art d'administrer la famille. Dans le livre IX, il est brièvement question de la théologie sacrée. L'œuvre se termine par une justification des innovations proposées, qu'il faudra peut-être un siècle pour comprendre et plusieurs siècles pour exécuter. Bacon se contente d'écrire pour la postérité. De ce point de vue, son œuvre a une véritable valeur. Le programme en est discutable dans ses parties et dans certains de ses concepts, mêmes fondamentaux, mais fécond dans son inspiration, car il pose les bases du nouveau savoir. – Trad. Charpentier, 1843 ; Gallimard, 1991.

DIGRESSION SUR LES ANCIENS ET LES MODERNES. Essai de l'écrivain français Bernard Le Bovier de Fontenelle (1657-1757), édité en 1688. Cet ouvrage a été publié en supplément à un petit volume de *Poésies pastorales* et en même temps qu'un *Discours sur la nature de l'églogue.* Desmarets de Saint-Sorlin, dans le *Traité pour juger des poèmes grecs, latins et français* (1670), et le père Bouhours, dans ses *Entretiens d'Ariste et d'Eugène* (*) (1671), avaient exposé leurs idées relatives à la supériorité du merveilleux chrétien sur le merveilleux païen en littérature. À la suite de ces discussions, Fontenelle prône la valeur des Modernes. En 1687, Charles Perrault avait lu à l'Académie des sciences *Le Siècle de Louis le Grand ;* dans ce poème, il comparait le siècle de Louis XIV à celui d'Auguste, et soulignait discrètement la supériorité intellectuelle des Modernes. C'est là l'origine de l'intervention de Fontenelle dans la discussion. La *Digression* participe à la controverse avec une désinvolture qui lui est très particulière, si l'on considère l'atmosphère tendue provoquée par les querelles : bientôt allaient y participer Boileau et La Fontaine, surtout à la suite de l'énergique prise de position de Perrault lui-même dans le *Parallèle des Anciens et des Modernes* (*). Fontenelle commence son essai par une réflexion paradoxale : les arbres qui poussaient dans l'Antiquité n'étaient certainement pas plus grands que ceux de son temps ; telle serait l'humanité si, au contraire, les progrès des sciences et des arts ne la rendaient meilleure de siècle en siècle. Si nous pensons à la supériorité des temps modernes en physique, mathématiques et sciences naturelles, nous devons constater que c'est un préjugé d'estimer que la civilisation moderne est inférieure à la civilisation antique. Ancien et moderne sont, d'ailleurs, des expressions très relatives : les Latins, par exemple, étaient des modernes par rapport aux Grecs qui étaient les anciens. Le petit livre de Fontenelle mentionnant l'instabilité des opinions annonce, en quelque sorte, l'esprit du « siècle des Lumières ». La polémique pourtant pèche dès le début par un défaut, car elle est fondée sur le fait, étranger à l'art, du progrès scientifique.

DIMANCHE DE BOUVINES (Le). Œuvre de l'historien français Georges Duby (né en 1919), publiée en 1973. Paru dans la collection « Trente journées qui ont fait la France », l'ouvrage est fort éloigné de la vieille histoire-bataille. L'auteur plonge l'événement dans la grille d'analyse de la Nouvelle Histoire : longue durée, aire culturelle immense, imaginaire collectif. Il emprunte trois voies successives : l'érudition (publication de la source principale, la *Chronique* de Guillaume le Breton), la réflexion (sociologie de la guerre) et l'historiographie (anthropologie de la mémoire). Au cœur du livre, quatre chapitres : « La Paix », « La Guerre », « La Bataille » et « La Victoire ». La paix, devenue depuis le XIe siècle chose de l'Église, peut être à présent imposée par le roi dont l'autorité croît à mesure qu'augmente la prospérité de son « pays ». La guerre jusqu'alors est faite d'expéditions pillardes, peu meurtrières ; elle est « une chasse menée par des gens expérimentés qui ne rêvent que de saisir leur ennemi » pour en tirer rançon. La bataille, elle, est une procédure de paix, aux rites depuis longtemps fixés ; elle est le « recours ultime au jugement de Dieu ». Aussi la victoire de Philippe-Auguste sur l'empereur allemand légitime-t-elle l'action du roi et sacralise-t-elle la monarchie capétienne à laquelle des foules empressées rendent un tribut d'hommages. Ensuite naît et se développe le légendaire ; mythe qui, de 1214 à nos jours, a vu chaque siècle, chaque génération fabriquer une image utile et mobilisatrice du dimanche de Bouvines.

C.-O. C.

DIMANCHE DE LA VIE (Le). Roman de l'écrivain français Raymond Queneau (1903-1976), publié en 1952.

Engagé volontaire pour cinq ans, le soldat Valentin Brû a fait son temps dans les colonies françaises, et notamment à Madagascar, où il a participé à la campagne contre les Hain-Tenys Merinas. Démobilisé au Bouscat, près de Bordeaux, il cède à la convoitise d'une mercière sensiblement plus âgée que lui, Julia Ségovie, et l'épouse. Peu après le mariage, un petit héritage amène le couple à Paris. Valentin exploite un modeste commerce de cadres pour photographies, et Julia la crédulité publique sous le nom de Mme Saphir. Puis, une grave maladie de sa femme conduit Valentin à la remplacer dans la psychologie élémentaire appliquée à la seconde vue. La guerre de 1939 survient alors, sans l'étonner car il l'avait depuis longtemps prévue.

Valentin Brû ressemble au héros de *Pierrot mon ami* (*). Il en a l'innocence et le fatalisme. Il ne cherche pas, lui non plus, à modifier l'ordre du monde, dont il se satisfait d'ailleurs grosso modo. Mais, plus rusé que naïf, moins généreux que méfiant, il n'a pas une trop bonne opinion de ses contemporains, ce qui lui permet de réussir dans le commerce des cadres et la boule de cristal.

Le Dimanche de la vie s'orne d'une épigraphe (assez discutable) de Hegel, clin d'œil de l'auteur vers une signification « philosophique » de son ouvrage. Et, de fait, de 1932 à 1939, Raymond Queneau a suivi les cours d'Alexandre Kojève sur Hegel à l'École pratique des hautes études. Sans entrer dans un commentaire qui n'aurait pas sa place ici, disons seulement que Valentin Brû considère avec une sorte d'indifférence, en tout cas sans état d'âme particulier, le déroulement d'événements qui lui paraissent inéluctables, parce que l'histoire se répète toujours, parce que le passé façonne l'avenir.

Julia, l'épouse de Valentin, la mercière du Bouscat devenue voyante, est un de ces personnages de « femmes fortes » qu'affectionne Raymond Queneau. Contrairement à son jeune époux, elle a le caractère plutôt dominateur, tient à diriger sa vie et s'efforce de modifier les événements à son avantage. Elle n'y parvient pas toujours, puisque la maladie la terrasse, puisque la mobilisation la sépare de Valentin. Mais l'auteur nous laisse entendre, dans les toutes dernières lignes de son roman, que tout espoir n'est peut-être pas perdu.

L'histoire et son interprétation intéressaient baucoup Raymond Queneau. Déjà, en 1942, il avait entrepris un essai sur ce sujet, essai resté inachevé, mais qu'il publia vingt-quatre ans plus tard sous le titre *Une histoire modèle*, parallèlement à son roman *Les Fleurs bleues* (*), autre réflexion sur l'histoire et ses recommencements.

J. B.

DIMENSIONS DE LA CONSCIENCE HISTORIQUE. Essai du sociologue français Raymond Aron (1905-1983), publié en 1961. Les huit études réunies dans cet ouvrage ont été écrites au gré des circonstances entre 1946 et 1958. Elles font constellation autour de l'*Introduction à la philosophie de l'histoire* (1938), complétant cette œuvre d'épistémologie par une série d'analyses visant à rendre intelligible notre conscience de l'histoire en référence aux traits majeurs de l'époque présente. La première partie de l'essai éclaire de deux façons différentes les rapports de l'histoire comme science avec l'histoire comme exigence de sens, c'est-à-dire philosophie. Aron examine la portée de la critique de l'histoire qui est à la base des *Considérations inactuelles* (*) de Nietzsche ainsi que celle qui fonde pour Dilthey, Rickert, Simmel, Weber, l'application, à la connaissance historique, de la philosophie kantienne. Il montre comment l'histoire comme science a ruiné les diverses philosophies de l'histoire sans pour autant annuler la possibilité et l'exigence pour les hommes d'un sens de l'histoire qui ne soit pas direction mécanique mais expression rationnelle d'une volonté.

La deuxième partie, se plaçant au cœur même de la méthode historique et des concepts qu'elle utilise (évidence, inférence, unité, totalité, etc.), dégage entre l'incertitude quant à l'avenir et l'inachèvement du sens, qui est une propriété caractéristique de l'objet que se donne l'historien, une relation nécessaire. Ainsi Aron peut-il saisir le lien ambigu et toujours métamorphosé de la conjoncture historique à la condition humaine, l'impossibilité de penser définitivement la relation tragique de l'événement vécu à son sens futur – et Aron illustre ce dernier point par une remarquable analyse de Thucydide et du récit historique. Après avoir donné les caractéristiques de la conscience historique propre à notre temps, Aron, dans un troisième moment, s'attache à en évoquer les grands thèmes (guerres mondiales, décolonisation) ; ce qu'ils nous révèlent et tendent à confirmer, c'est qu'avec le XXe siècle les hommes sont à l'aube d'une histoire vraiment « universelle » parce que chaque événement retentit aujourd'hui également en tous les points de l'horizon et parce que de partout les hommes, dans la défiance réciproque, travaillent pour la première fois à une même œuvre de civilisation. Cette radicale nouveauté de l'avenir historique jette les hommes sur deux écueils : le relativisme ou l'attachement frénétique à une cause. Aron conçoit sa tâche, en tant que philosophe de l'histoire, comme une tentative pour surmonter en acte cette oscillation tragique.

DÎNER DE BABETTE (Le) [*Skæbneanekdoter*]. Récits de l'écrivain danois Karen Blixen (Karen Dinesen, baronne Blixen-Finecke, 1885-1962), publiés en 1958. Ces cinq récits, « Le Plongeur », « Le Dîner de Babette », « Tempêtes », « L'Éternelle Histoire », « L'Anneau », où évoluent cinq « héroïnes », participent à la fois du monde réel de la mer, de la famille, de l'art, des affaires et de l'univers du rêve, de la fantaisie et de la légende. Un pêcheur de perles s'entretient avec des poissons discoureurs et philosophes, pris de pitié pour l'homme, cette créature « toujours inquiète de la direction à suivre, et qui attache une importance vitale au fait de tomber ou de se redresser [...] Nous autres, poissons, sommes bien tranquilles... L'expérience nous a prouvé [...] que l'on peut très bien flotter sans espoir et même que l'on flotte mieux ». Alors que l'homme est effrayé, au fond, par l'idée du temps, qu'il ne trouve pas son équilibre par suite de son déplacement incessant entre le passé et le futur, les habitants de l'élément liquide, écrit l'auteur, ont réuni le passé et le futur dans la maxime « Après nous le déluge ». Babette, une cuisinière française réfugiée, après la Commune, en Norvège, entre au service de deux vieilles filles protestantes, chefs de file d'une secte de puritains très austères. Un jour, l'idée lui vient d'offrir à ces gens un dîner qui lui coûte sa petite fortune, gagnée à une loterie. Le succès de la soirée tient du miracle. Une joie insolite envahit les convives : « Ils se rappelèrent tous la clarté céleste qui inondait la pièce... de vieilles gens taciturnes reçurent le don des langues, des oreilles sourdes depuis des années s'ouvrirent pour les écouter. Le temps lui-même se confondit dans l'éternité... » Autre héroïne : la fille d'un mystérieux capitaine de vaisseau écossais, qui incarne l'Ariel de Shakespeare, sauve un bateau et son équipage en pleine tempête, et finalement se refuse à l'homme qu'elle aime. Il y a aussi « l'éternelle histoire », racontée par tous les marins de la terre, pauvres dupes de l'éternelle illusion, et enfin la légende de « l'anneau » perdu, symbole de l'impossible amour. Les fables que conte Karen Blixen dans une langue précise et pure sont en fait des méditations sur la justice, la peur, la mort, l'amour. Livre transparent en apparence, mais que la mélancolie et la poésie toute nordique obscurcissent, et où chaque phrase entraîne le lecteur à réfléchir sur les rapports mal connus et mystérieux de l'homme avec l'univers qui l'entoure, plein de menaces et de signes. – Trad. Gallimard, 1988.

DINGLEY, L'ILLUSTRE ÉCRIVAIN. Nouvelle des écrivains français Jérôme (1874-1953) et Jean (1877-1952) Tharaud, écrite en mars 1902 et parue dans le treizième cahier de la troisième série des *Cahiers de la quinzaine* (*). Dingley, un écrivain anglais fort connu et apprécié, décide d'écrire un roman patriotique relatant la vie d'un déclassé qui s'engage dans l'armée uniquement pour toucher la prime, mais qui, sous l'influence bienfaisante de la guerre – avec ses actions d'éclat –, retournera, la paix revenue, en Angleterre, où il reprendra sa place parmi les citoyens sains de corps et d'esprit et dignes d'estime. Afin de donner à son roman l'indispensable « couleur locale », Dingley s'embarque, accompagné de sa femme et de son jeune fils, pour l'Afrique du Sud, remontant ensuite jusqu'aux premières lignes, où la guerre lui apparaît sous un tout autre aspect que celui qu'il imaginait. Après de nombreuses péripéties, qui le font changer d'avis tant sur les Boers que sur la guerre en général, il retourne au Cap pour y apprendre que son fils est mort de la dysenterie. Décidément, dira Dingley, « il aurait mieux fait de rester à Londres, de ne connaître pour décrire la guerre que les nouvelles données par les journaux ». Ce volume reçut le prix Goncourt en 1906.

DINNY [*Maid in Waiting*]. Ce roman de l'écrivain anglais John Galsworthy (1867-1933) est un complément, d'ordre mineur, à *La Saga des Forsyte* (*) ainsi qu'à *Une comédie moderne* (*). Il fait partie de la *Fin du chapitre* qui comprend encore *Floraison* (*). Dinny Cherrel, héroïne du livre, lutte pour sauver son frère Hubert, menacé d'extradition pour avoir tué un indigène lors d'un voyage en Bolivie. Elle cherche simultanément à faire le bonheur des siens, en particulier de son oncle Adrian, amoureux d'une femme mariée à un fou. Toute la famille Cherrel – sir Conway, le général père de Dinny et d'Hubert, Lionel le magistrat, Hillary le pasteur, Adrian l'archéologue – est comme sortie d'un autre âge. L'Empire britannique, le château des ancêtres, Condaford, sont le véritable sujet de cette résurrection romanesque, vaste fresque exemplaire d'une famille type de la vieille Angleterre. D'admirables portraits, notamment de femmes, animent ce beau récit. L'intelligence sensible de Galsworthy, sa tendresse pour les femmes belles et silencieuses, les intérieurs calmes, les vieillards philosophes et bienveillants, les chiens débonnaires, tout un style de vie post-victorien se retrouvent dans *Dinny,* avec les goûts et les amours surannés de l'Angleterre du début du siècle. – Trad. Calmann-Lévy, 1946.

DION ou Du mode de vie selon son modèle [*Δίων ἤ περὶ τῆς κατ αὐτοῦ διαγωγῆς*]. Écrit composé vers 405 par le philosophe grec Synésios de Cyrène (370 ?-413), élève de la célèbre néo-platonicienne Hypatie et évêque de Ptolémaïs après 410. Le *Dion,* inspiré à Synésios par la *Vie* que Philostrate de Lemnos avait déjà écrite, mais qui ne traitait que de son activité de sophiste, est peut-être le plus important et le plus soigné des ouvrages de caractère philosophique de Synésios. Il est dédié à son premier fils, dont la naissance lui avait été prédite en rêve, et se compose de trois parties : la première est consacrée à Dion de Pruse et à ses œuvres ; la deuxième contient une défense de la poésie et de la sagesse contre leurs détracteurs ; la troisième esquisse l'idéal du philosophe. Dion, d'après l'auteur, personnifie cet idéal, puisqu'en lui l'élévation du génie et la force de spéculation, nécessaires au philosophe, s'allient à la puissance du rhéteur, c'est-à-dire à l'éloquence et, en général, à l'art d'exprimer ses propres pensées et d'y faire participer les autres. Au philosophe, qui doit être homme dans le sens le plus élevé et le plus complet du mot, sont également indispensables les vertus morales qui le rendent digne d'être écouté et respecté partout. Comme exemple de fusion de la philosophie avec l'éloquence et avec la vertu, Synésios propose Socrate, dont il trace une image proche de l'interprétation qu'en avaient donnée les cyniques. Le *Dion* est beaucoup plus important par les idées personnelles que l'auteur y exprime que par les renseignements qui concernent le personnage auquel il est consacré.

Il nous permet de connaître beaucoup de choses non seulement sur la culture et sur la vie intellectuelle de Synésios lui-même, mais aussi, à travers l'idéal qu'il nous propose, sur les hommes cultivés de son temps. Les sources auxquelles le philosophe a dû puiser sont, d'après lui, Platon (le *Dion* fait de continuelles allusions à son œuvre), même à travers l'interprétation néo-platonicienne, et les cyniques, c'est-à-dire celles-là mêmes qui ont eu la plus profonde influence sur la culture de cette ultime période de l'hellénisme.

DIONYSIAQUES (Les) [*Διονυσιακά*]. Poème épique du poète grec Nonnos de Panopolis (Ve siècle après J.-C.). Long de quarante-huit livres – qui sont comme l'addition des vingt-quatre chants de l'*Iliade* (*) et des vingt-quatre chants de l'*Odyssée* (*) –, le gigantesque poème des *Dionysiaques* est dédié à Dionysos. Fils de Zeus et d'une mortelle, Sémélé, le Dionysos de Nonnos n'est pas d'entrée de jeu un dieu à part entière : il doit gagner, par ses exploits, le droit de siéger parmi les Immortels comme une figure salvatrice et civilisatrice. Nonnos n'est pas le premier, dans l'histoire du genre épique, à consacrer une épopée à Dionysos. Des poètes comme Sotérichos d'Oasis, Euphorion de Chalcis ou Néoptolème de Parion l'avaient précédé avec des épopées (aujourd'hui perdues) ; par ailleurs, le dieu du vin est très aimé par les souverains du IIe siècle de notre ère qui ne manquent pas de s'identifier à lui.

Le poème rapporte les aventures de Dionysos, depuis sa naissance jusqu'à son apothéose. D'autres épisodes en compliquent singulièrement la trame. La guerre contre les habitants de l'Inde, cette guerre qui doit civiliser l'Orient barbare, constitue une épreuve. Avec l'aide des Grecs, des Phrygiens, des Lydiens qu'il a soumis, accompagné des satyres, des Ægipans, des Ménades, aidé par la conversion de Morrhée, chef des Indiens, il triomphe de ses ennemis.

La poésie des *Dionysiaques* répond à l'idéal esthétique de la « poikilia », une poésie bigarrée, variée et multiforme. Dès le prologue, Nonnos avertit son lecteur que sa poésie sera comme Protée, riche de mille formes. Le dieu qu'il chante est un maître de la métamorphose, insaisissable, et Nonnos se plaît à le décrire en multipliant paradoxes et oxymores. Les sources de Nonnos sont aussi nombreuses que diverses. Le poète se réclame, bien sûr, d'Homère qu'il admire d'autant plus qu'il entend le dépasser ; mais il se réfère aussi à Hésiode, à Pindare, à Apollonios de Rhodes, à Quintus de Smyrne. Pour la métrique, Callimaque est son maître (Nonnos n'utilise que neuf formes possibles d'hexamètres contre trente-deux chez Homère). – Trad. Firmin-Didot, 1856 ; Les Belles Lettres, 1976 sqq.

D. Bou.

DIONYSOS [Διόνυσος]. Poème de l'écrivain grec Euphorion (IIIe siècle av. J.-C.). Les quelques fragments de ce poème qui nous sont parvenus laissent supposer qu'il racontait l'entrée triomphale de Dionysos dans le monde grec, avec la victoire de l'armée du dieu en Béotie, en Attique, son passage à Némée et sa conquête d'Argos. On reconnaît là la manière de ce poète jugé obscur à force de recherche et d'érudition : aux épisodes célèbres du mythe de Dionysos, comme ceux de Penthée et d'Ariane, il préfère les légendes rares ; aux récits clairs et circonstanciés, il préfère les brèves allusions savantes. O. R.

DIOPTRIQUE (La). C'est le second des *Essais philosophiques* du philosophe et savant français René Descartes (1596-1650), publié en 1637 avec le *Discours de la méthode* (*), *La Géométrie* (*) et *Les Météores* (*). Il se compose de dix discours, consacrés aux questions de la lumière et de l'optique. Le premier propose une explication strictement mécaniste de la lumière, la définissant comme une action qui se transmet instantanément à partir des corps lumineux et qui provoque un mouvement de la matière subtile, qui remplit les pores de la matière grossière. Cette interprétation est présentée comme un modèle, une hypothèse utile, sans prétendre être absolument vraie et assurée. Descartes en tire une explication des phénomènes d'optique expérimentalement connus. En particulier, il examine celui de la réfraction, sujet du deuxième discours. Il énonce à ce propos le principe de la constance des rapports des sinus, que l'on désigne comme la « loi de Descartes ». Les discours III à VI analysent le phénomène de la vision humaine, dans son aspect proprement optique (structure de l'œil, formation des images) et dans ses aspects physiologique et psychologique (transmission des images au cerveau et sensation). Descartes applique là son système mécaniste pour expliquer le phénomène de la vision : la vision selon lui n'est pas produite par l'élaboration d'une image dans l'œil et sa transmission au cerveau, mais par les mouvements qui composent les effets lumineux, dont l'œil est le récepteur et le relais vers le cerveau via les nerfs : c'est en fonction de la force de ces mouvements de la matière que l'on perçoit la lumière plus ou moins grande, et en fonction de leur diversité que l'on perçoit les couleurs. Selon lui, c'est l'âme humaine qui sent, mais cela tient au fait que l'âme a son siège dans le cerveau, et non pas parce qu'elle animerait les autres parties du corps ; elle sent par le relais des nerfs, au sujet desquels Descartes suit les théories des autres médecins mécanistes de son époque. Les discours VII à X traitent des lentilles optiques et de leurs propriétés, et donnent des conseils techniques sur les matériaux à utiliser. L'œuvre de Descartes a été peu après dépassée par le *Traité de la lumière* (*) de Huygens, et critiquée par Newton. Mais elle a eu une grande importance historique, parce qu'elle marque le point de départ d'une série de recherches qui forment, à côté de la dynamique, le thème principal des travaux des physiciens modernes.

A. V.

DIOTIMA [*Über Diotima*]. Essai de l'écrivain allemand Friedrich von Schlegel (1772-1829), paru dans le *Berliner Monatsschrift* en 1795. Il puise son inspiration dans le *Banquet* (*) de Platon, et demande que soit reconnue la valeur de la femme, en donnant comme but à l'humanité, non pas la différenciation, mais au contraire l'intégration du type féminin et du type masculin. C'est un des thèmes préférés des romantiques, qui chantèrent aussi l'apothéose de l'androgyne. Tandis que le « Sturm und Drang » avait proclamé le déchaînement de la passion face à l'austérité de mœurs des partisans de l'« Aufklärung », ici, au contraire, on prône une morale personnelle de vertu et de beauté qui, selon Schlegel, a été incarnée par Caroline Böhmer, née Michaelis, laquelle épousa le frère de Schlegel, Wilhelm, pour divorcer ensuite et se remarier avec Schelling. C'est ainsi que se construit le nouveau catéchisme moral des romantiques, selon lequel la seule faute consiste à s'unir ou à vivre ensemble sans s'aimer ; ce qui importe, c'est la « fidélité intérieure ». Ces idées finiront par créer, parmi les initiés du romantisme, des cohabitations curieuses à trois ou à quatre, d'étranges unions sensuelles, intellectuelles, où l'on recherche surtout la compréhension parfaite. Il est par conséquent essentiel que la femme non seulement participe pleinement à la vie intellectuelle de l'homme, mais aussi qu'elle en devienne partie intégrante. Le problème sexuel est secondaire ; l'amour est quelque chose de bien plus élevé, quelque chose de philosophique, poétique et intellectuel ; il s'agit d'une compréhension totale de l'existence, d'une synthèse supérieure.

DIRECTEUR D'ÉCOLE (Le) [*Modir-e Madreseh*]. Roman de l'écrivain iranien Jalâl Aleahmad (1923-1969), publié en 1958. Roman ou long récit ? Œuvre de fiction ou critique sociale ? Ce récit, comme la plupart des œuvres de l'auteur, pose la question de sa littérarité. Contrairement à Hedâyat, auquel il doit beaucoup, et à Tchoubak son contemporain (qui le précède de quelques années), Aleahmad est ce qu'il est convenu d'appeler un écrivain engagé, on peut dire même un révolutionnaire. Il est d'abord un homme de politique avant d'être un homme de lettres ; c'est peut-être ce qui fait l'ambiguïté de son œuvre ; une œuvre très diverse qui comprend nouvelles, romans, récits de voyages, monographies ethnologiques, essais et articles. *Le Directeur d'école* est le roman qui a le plus fait parler de son auteur ; plusieurs fois réédité, traduit en anglais, il a fait connaître Aleahmad à l'étranger. C'est la chronique d'une partie de la carrière d'un instituteur qui se hisse à force de volonté et d'obstination au poste de directeur. L'histoire se déroule dans le contexte d'expansion économique et sociale de l'Iran des années 50. La trame du récit est fort simple : après avoir acquis ce poste de haute lutte, le jeune directeur goûte progressivement l'amertume de la désillusion ; tous ses idéaux pédagogiques se heurtent à la routine administrative, à la pesanteur des conventions sociales. Le directeur accumule les frustrations jusqu'au jour où un drame dans son établissement (une histoire d'homosexualité parmi les élèves) l'oblige à réagir et fait exploser tous ses sentiments refoulés, au risque de mettre en péril une situation si chèrement acquise. *Le Directeur d'école* est avant tout une observation impitoyable de la réalité sociale contemporaine précédée par toute l'expérience acquise par l'auteur dans ses nouvelles (*L'Échange de visites, La Peine que nous endurons, Le Sétar, La Femme de trop, Cinq récits*). À la suite de Sâdegh Hedâyat, de Bozorg Alavi et de toute la génération d'après guerre, Aleahmad utilise la fiction pour décrire minutieusement la réalité sociale contemporaine. Il le fait, comme tous les écrivains modernes d'Iran, de façon privilégiée dans le genre de la nouvelle. Ainsi dans la cinquantaine de nouvelles que nous avons de lui, ce sont les uns après les autres les problèmes cruciaux causés à la société iranienne par la modernité qui défilent comme un kaléidoscope : problèmes de la femme écartelée entre les mœurs traditionnelles de l'Iran musulman et celles (parfois imposées de force comme la suppression du voile) de la nouvelle société laïque installée par le pouvoir de Rezâ Shâh Pahlavi ; c'est aussi la perte progressive du pouvoir et de son influence par le clergé shiite et la bourgeoisie du bazar ; ce sont les problèmes d'éducation liés à la création des écoles nouvelles sur le modèle occidental, question centrale du *Directeur d'école*. Question de la mutation culturelle de l'Iran au XXe siècle qui revient comme le thème majeur du célèbre essai d'Aleahmad, *L'Occidentalite* [*Gharbzadegî*] : à savoir comment harmoniser une série d'importations culturelles et technologiques avec une culture traditionnelle multiséculaire. Question qui se transforme en rejet des innovations par les éléments conservateurs de la société et se traduit par les phénomènes d'aliénation sociale que produit le choc des cultures. Un choc qu'Aleahmad a vécu tout particulièrement puisque, né dans une famille de mollahs, il réagit contre son milieu familial et social en suivant des études à l'université, en choisissant le métier d'enseignant, en s'engageant dans le combat social et politique (il est membre du premier parti communiste d'Iran) et en épousant une femme de la bourgeoisie occidentalisée, une intellectuelle qui deviendra comme lui écrivain et romancier : Simine Dâneshvar. *Le Directeur d'école* est l'écho direct de cet aspect de la vie de l'auteur, sans être une véritable autobiographie .C'est le cas d'un grand nombre de nouvelles, à commencer par la toute première, *Le Pèlerinage* [*ziyârat*], et même le long récit *La Lettre N et le calame* qui est une parabole de la vie politique des années 40 dans laquelle le jeune Aleahmad fait son apprentissage de « révolutionnaire ». *Le Directeur d'école* est aussi, comme les autres romans et récits d'Aleahmad, une analyse « politique ». C'est probablement la raison du demi-échec, au plan esthétique, de ces œuvres de fiction. À trop vouloir raisonner, prouver, analyser et même enseigner, Aleahmad ne parvient pas toujours à créer des personnages romanesques crédibles, à trouver la distance esthétique indispensable pour assurer la littérarité de son œuvre. Les personnages des romans d'Aleahmad – c'est tout à fait le cas de ce directeur d'école – passent fugacement sous les yeux du lecteur, sans laisser sur lui aucune trace vraiment durable. Êtres de papier, figures idéologiques au service d'une démonstration, ils n'acquièrent que rarement un statut d'autonomie nécessaire à la fiction romanesque. En revanche, *Le Directeur d'école* est une satire sociale très forte, et en cela, Aleahmad, plus que tout autre écrivain de sa génération, réussit à créer un style original et puissant, dans une prose qui est devenue modèle d'écriture pour toute la génération suivante. L'ironie désabusée du narrateur (le directeur lui-même) est faite d'un certain regard de biais sur la vie qui passe et d'une acidité de langage peu égalée. La prose d'Aleahmad est nerveuse, tranchante, rapide, saccadée, presque essoufflée. Elle épouse le rythme des battements du cœur. Impulsive, parfois violente, elle traduit l'impatience et l'exaspération d'un être qui refuse de se laisser broyer par la machine sociale. Il y a quelque chose de pathétique et de désespéré dans cette fureur d'écrire qui accompagne chez Aleahmad une fureur de vivre. À cet égard, *Le Directeur d'école,* comme la plupart des œuvres d'Aleahmad, annonce la crise intellectuelle et sociale qui secouera l'Iran des années 80 et se traduira par la révolution de 1978. – Trad. anglaise, *The School Principal*, Chicago, 1974. C. Ba.

DIRECTEUR DE THÉÂTRE (Le) [*Der Schauspieldirektor*]. Singspiel sur un livret de Stéphanie le Jeune, musique du compositeur autrichien Wolfgang Amadeus Mozart (1756-1791). Cette œuvre fut commandée au compositeur par l'empereur d'Autriche à l'occasion d'une fête donnée à Schoenbrunn en 1786, l'année même qui vit naître de sa plume un des plus grands chefs-d'œuvre de l'art lyrique, *Les Noces de Figaro* (*) ; la première représentation en fut donnée le 3 février. Le livret allemand est d'une indéniable faiblesse : il s'agit d'une rivalité entre cantatrices d'un même théâtre à Salzbourg. La partition, très courte, comprend quelques pages ravissantes, tels l'ouverture, les deux airs des deux sopranos, un grand trio, et le final gai et enjoué. L'inspiration mélodique de cette œuvre est des plus agréables et le réel esprit dont fait preuve ici Mozart relève certaines pages qui auraient pu succomber à cause de la vulgarité du livret. *Le Directeur de théâtre* eut un grand succès à sa création en Autriche ; peut-être une très brillante distribution comprenant Mme Cavalieri et Mme Lange, belle-sœur de Mozart, avait-elle sa large part dans pareille fortune. Il n'en reste pas moins que l'œuvre, malgré ses faiblesses, mérite de ne pas tomber dans l'oubli.

DIRE ET LE DIT (Le). Ouvrage du linguiste français Oswald Ducrot (né en 1930), publié en 1984. Cet ouvrage réunit, sous une forme souvent remaniée, sept articles publiés entre 1968 et 1980, et un long texte inédit qui présente pour la première fois de manière synthétique une notion centrale de la théorie de l'énonciation de Ducrot, la polyphonie. Ducrot part d'une distinction entre la signification de la phrase, conçue comme un ensemble d'instructions permettant d'interpréter les énoncés de cette phrase, et le sens de l'énoncé, qui est une représentation de son énonciation ; le sens de l'énoncé donne en particulier des indications d'ordres illocutoire et argumentatif, qui attachent à l'énonciation certains pouvoirs et certaines conséquences, et des indications d'ordre polyphonique, qui signalent dans l'énonciation la superposition de plusieurs voix. Rejetant, après Bakhtine – *Le Marxisme et la philosophie du langage* (*) et *Esthétique et théorie du roman* (*) –, le postulat de l'unicité du sujet parlant qui domine depuis deux siècles les théories linguistiques, qu'elles soient comparatiste, structuraliste ou générativiste, Ducrot est amené à distinguer l'auteur empirique de l'énoncé, correspondant au sujet parlant effectif, le locuteur, qui est le responsable de l'énonciation, et l'énonciateur, qui exprime un point de vue, une attitude. Il décrit ainsi les relations entre locuteur et énonciateur : « Le locuteur, responsable de l'énoncé, donne existence, au moyen de celui-ci, à des énonciateurs dont il organise les points de vue et attitudes. Et sa position propre peut se manifester soit parce qu'il s'assimile à tel ou tel des énonciateurs, en le prenant pour représentant (l'énonciateur est alors actualisé), soit simplement parce qu'il a choisi de les faire apparaître et que leur apparition reste significative, même s'il ne s'assimile pas à eux. » Ducrot distingue ensuite deux cas de polyphonie : la première, qualifiée de double énonciation, est caractérisée par la présence de deux locuteurs distincts dans le même énoncé et se manifeste en particulier dans le discours rapporté direct ; la seconde, beaucoup plus fréquente, qui est caractérisée par la présence de plusieurs énonciateurs dans le même énoncé, apparaît en particulier dans les énoncés ironiques, ainsi que dans le nouveau traitement que Ducrot propose des négations polémiques et des actes de langage. Les premiers articles du recueil sont consacrés à une révision de la conception de la présupposition développée dans *Dire et ne pas dire* (*) et à ses conséquences pour le développement de la théorie de l'énonciation. On retiendra en particulier l'article sur le concept, central aujourd'hui en pragmatique linguistique, de loi de discours, définie comme une norme imposée à l'acte d'énonciation par la communauté linguistique. E. Ro.

DIRE ET NE PAS DIRE. Ouvrage du linguiste français Oswald Ducrot (né en 1930), publié en 1972 (2e éd. revue et augmentée, 1980). Cet ouvrage, qui pose les premières bases de la théorie de l'énonciation de Ducrot, à partir des travaux des philosophes analytiques anglo-saxons Austin : *Quand dire, c'est faire* (*), Strawson et Searle : *Les Actes de langage* (*), et du linguiste français Benveniste : *Problèmes de linguistique générale* (*), est consacré à l'acte de présupposition, qui présente cette propriété très intéressante, pour le linguiste comme pour l'énonciateur, de permettre de dire sans dire ouvertement. La présupposition, c'est, comme l'avait déjà observé le logicien Frege *(Sens et Référence)*, la partie du sens d'un énoncé qui n'est pas touchée quand on met celui-ci à la forme négative ou à la forme interrogative ; par exemple, l'information selon laquelle Pierre fumait dans l'énoncé « Pierre a cessé de fumer » (ou dans « Pierre n'a pas cessé de fumer » ou encore dans « Pierre a-t-il cessé de fumer ? »). Mais c'est aussi, observe Ducrot, ce qui commande les enchaînements possibles entre deux énoncés (par exemple entre une question et les réponses appropriées à celle-ci). À la différence des philosophes analytiques, qui traitent les présuppositions comme des conditions de réalisation de l'acte de langage, Ducrot est amené ainsi à définir la présupposition comme un acte illocutoire qui, en tant que tel, transforme les possibilités de réaction de l'interlocuteur. La présupposition se distingue d'une autre forme d'implicite, le sous-entendu, en ce qu'elle est inscrite dans la forme linguistique alors que le sous-entendu est lié à un certain emploi de l'énoncé et au recours à des lois de discours. Ducrot sera amené à modifier cette conception de la présupposition en admettant en particulier que celle-ci n'est pas nécessairement marquée linguistiquement – voir le chapitre ajouté à la deuxième édition et *Le Dire et le Dit* (*) –, mais son premier ouvrage présente déjà les traits caractéristiques de son approche de l'énonciation : refus d'une conception de la communication réduite à la simple transmission d'information au profit d'une conception « juridique » centrée sur les obligations imposées à l'interlocuteur par l'emploi de la langue ; corollairement, priorité accordée à l'étude des contraintes sur les enchaînements discursifs possibles (d'où la dénomination de « structuralisme du discours idéal » souvent utilisée par Ducrot pour caractériser son approche) ; importance accordée à la description de formes linguistiques guère étudiées jusque-là : opérateurs argumentatifs comme « peu » ou « presque », « mots du discours » ou connecteurs argumentatifs comme « mais » ou « d'ailleurs », qui commandent ces enchaînements ; enfin, intérêt porté aux différentes formes d'implicites, qui jouent un rôle déterminant dans l'interprétation des textes.

E. Ro.

DISCERNEMENT [*Bescheidenheit*]. Important recueil de maximes composé en tétramètres, publié en Souabe entre 1225 et 1229. On ne sait de source sûre si son auteur, un certain Frîdanc (Freidank), est un chevalier ou un noble. Quoi qu'il en soit, son dessein est d'imiter le grand poème didactique de Thomasin von Zirklaere intitulé *L'Hôte italien*. La première maxime du recueil affirme : « Servir Dieu sans hésitation : tel est le principe de toute sagesse. » L'auteur s'attache ensuite à enseigner la sagesse pratique dans tous les domaines. Sa culture est très étendue ; il n'hésite pas à puiser aux sources les plus variées : sa propre expérience, *La Bible*, les poètes anciens et aussi les poètes contemporains Hartmann von Aue et Wirnt von Gravenberc. Il se montre un fervent partisan de l'Empereur et tourne en dérision la papauté et les princes. Cette attitude politique l'apparente à Walther von der Vogelweide, au point que Frîdanc a été pendant longtemps considéré comme le pseudonyme du célèbre poète lyrique allemand. À noter une maxime caractéristique concernant la noblesse : « Qui possède la vertu possède aussi la noblesse : contre la vertu noblesse ne prévaut. » Cette phrase constitue l'un des indices permettant de situer la position de Frîdanc vis-à-vis de la noblesse et de la bourgeoisie, à laquelle il est nettement favorable. Il fait également allusion à la condition des paysans et à la vie des champs. Le recueil constitue en quelque sorte la somme des connaissances de l'époque : il suffirait à lui seul à nous donner une idée exacte de la vie sociale et culturelle en 1225. Vers 1440, le dernier des minnesinger, Oswald von Wolkenstein, a composé un poème tout entier à l'aide des maximes contenues dans *Discernement*. En 1508, l'ouvrage, dont il existait déjà plusieurs manuscrits, fut imprimé par Sebastian Brant et largement diffusé jusqu'au moment de la guerre de Trente Ans. Le recueil a été traduit en allemand moderne en 1867 par le germaniste Karl Simrok. La mairie d'Erfurt et l'« Alter Scharren » de Hanovre portent, encore aujourd'hui, des inscriptions tirées des adages de la *Bescheidenheit*.

DISCIPLE (Le). Roman de l'écrivain français Paul Bourget (1852-1935), publié en 1889. Adrien Sixte, défenseur austère du positivisme le plus absolu, prétend nier jusqu'à l'inconnaissable de Spencer. S'étant appliqué à l'étude de la volonté et des passions, il défend les origines animales de la sensibilité humaine et soutient que l'univers moral est l'exacte reproduction de l'univers physique. Le plus enthousiaste de ses disciples, Robert Greslou, précepteur chez le marquis de Jussat, se souvenant que son maître déplorait que la psychologie ne disposât pas d'une pleine liberté d'expérience, choisit comme sujet la fille de son hôte, Charlotte. Se prétendant incompris et malheureux, il fait en sorte que la jeune fille s'éprenne de lui, puis sans le vouloir il s'en éprend lui-même. Par un dédoublement de la personnalité, il subit de violentes crises spirituelles, car il n'arrive pas à concilier en lui-même le domaine de l'expérience scientifique avec celui du sentiment. Charlotte cherche à oublier l'amour de Robert : elle s'éloigne de lui pendant quelque temps et est prête à épouser un autre jeune homme de son milieu. Mais avant son mariage, Greslou lui écrit qu'il a l'intention de se suicider, et elle lui cède, au cours d'une nuit d'amour, décidée à mourir avec lui à l'aube. Maintenant Greslou ne veut plus et cherche à la dissuader, mais elle est brisée et désemparée par cette lâcheté. Ayant découvert le Journal du jeune homme, elle apprend les raisons de sa conduite et, désespérée, s'empoisonne. Robert est arrêté. Le frère de Charlotte, à qui elle a tout avoué, dépose en sa faveur et le fait acquitter, pour faire justice lui-même. En effet, après l'acquittement, il tue le séducteur. Le maître, à qui le jeune homme a confessé dans un long mémoire le drame qu'il a vécu, sent obscurément, en veillant la dépouille mortelle de son disciple, sa responsabilité et le mystère qu'il a toujours nié : et les paroles du « Pater Noster » reviennent au cœur de l'athée. L'œuvre, discutée avec passion, marque un tournant décisif chez l'auteur qui, formé à l'école du positivisme, en montre le danger :

l'intellectualisme sceptique, et rappelle la puissance de la tradition. La lourdeur de la démonstration, qui s'aggravera dans les autres ouvrages de Bourget, est ici atténuée par la ferveur sincère du moraliste qui donne à son œuvre une lumière et une vie à la fois austères et émouvantes.

DISCIPLES À SAÏS (Les) [*Die Jünger von Sais*]. Ce fragment poético-philosophique du poète allemand Novalis (1772-1801), fut écrit durant l'hiver 1797-98. En 1797, après la mort de Sophie Kühn, sa fiancée de quinze ans, Novalis s'abandonna à un profond désespoir. Un voyage à Freiberg auprès du célèbre minéralogiste Werner lui rendit l'amour de la vie et lui fournit le sujet des *Disciples à Saïs,* qui représentent une nouvelle phase de son existence. Durant ce même hiver, il avait approfondi son étude sur Fichte. Ce fut la fusion du Moi de Fichte avec la religieuse vision de la nature de Werner, qui donna naissance à cette manifestation poétique de sa pensée intime, à laquelle n'est pas non plus étrangère la conception romantique de Friedrich Schlegel, proclamant dans l'*Athenaeum* (*) la suprématie absolue de la poésie. *Les Disciples à Saïs,* demeurés à l'état de fragment, interrompus comme l'*Henri d'Ofterdingen* (*) par la mort du poète, se divisent en deux parties : « Le Disciple » et « La Nature ». En un langage poétique et hermétique à la fois, Novalis nous présente le maître transfiguré, comme un être qui trouvait sa joie à réaliser la liaison des choses les plus opposées : pour lui, tantôt les étoiles étaient des hommes, tantôt les hommes des étoiles ; les pierres, des animaux ; les nuages, des plantes ; il jouait avec les forces et les phénomènes de la nature : il savait où et comment faire ressusciter ou retrouver tel ou tel autre personnage. C'est, en somme, une sorte de mage qui opère à travers la puissance infinie de son « moi », grâce à cet « idéalisme magique » vers lequel s'achemine l'humanité fantastique, exaspération de l'idéal de Fichte. Les disciples vivent dans cette atmosphère de magie, éblouis de temps à autre par de soudains éclairs qui se meurent bientôt dans les lointains pays du rêve. L'un d'eux « avait des yeux bleus profonds, sombres et la peau blanche comme un lys » ; il était le préféré. Un jour, il disparut, mais quand il revint – dit le maître – « alors il n'y eut plus de leçons ». Un autre, un maladroit, ne trouvait ni ne comprenait rien jusqu'au jour où, « rayonnant de béatitude », il apporta « une petite pierre à la forme étrange », qui provoqua en tous « le net pressentiment du monde admirable ». Maître et disciples aspirent aux vérités cachées que seule l'intuition dévoile, aux moments de grâce. Dans la deuxième partie, Novalis parle de la nature avec laquelle, aux temps de l'Âge d'or, l'homme était en contact immédiat ; il y conte la fable de Hyacinthe et Petite-Fleur-de-Rose, dont la morale est que l'amour est au-dessus de toutes choses et au-delà de toute recherche. Pour comprendre la nature, il faut agir de sorte que celle-ci se développe en nous dans toute sa plénitude ; dans cette entreprise, nous devons nous laisser guider uniquement par l'impulsion divine qui nous achemine vers nos semblables ; car « de l'intime cohérence » du monde spirituel de la nature et de l'harmonie de ce dernier avec l'univers, jaillit presque automatiquement un système de pensée, reflet fidèle et formule de l'Univers. La nature est donc muette si le « moi » ne s'y plonge entièrement pour la déchiffrer, pour l'animer et pour en extraire l'esprit qui s'y cache ; l'homme qui n'a pas d'yeux, pour pouvoir lire en elle, est donc un aveugle. Mais seuls les poètes, enfants comblés d'amour, découvrent durant les heures de béatitude des choses admirables parmi les secrets de la nature, et savent les annoncer avec une inconsciente simplicité. C'est à ce point du récit qu'un disciple intervient et chante un « hymne à la gloire de l'eau », élément tout-puissant d'amour et de fraternité sur terre : « Ce n'est pas seulement un reflet du ciel que nous voyons dans l'eau, c'est un doux rapprochement, un signe de voisinage ; et quand le désir inapaisé veut s'élever, l'amour heureux aime à descendre dans la profondeur sans limite. » Parmi les expressions poétiques de Novalis, celle-ci est peut-être la plus révélatrice de sa personnalité, puisque l'auteur, loin d'être un panthéiste et de résoudre le moi dans l'univers, retrouve l'esprit de la nature dans l'approfondissement de son moi et exalte la poésie qui, dans l'univers entier, fait fraterniser amoureusement les créatures. – Trad. par Maeterlinck, Lacomblez, 1895 (Bruxelles) ; Gallimard, 1975.

DISCIPLINES (Les) [*Disciplinarum libri IX*]. Œuvre encyclopédique, en neuf livres, de l'écrivain et homme politique latin Varron (116-27 av. J.-C.), composée pendant la vieillesse de l'auteur. Elle ne nous est parvenue que de manière incomplète et l'on ne sait, par conséquent, comment en avaient été divisés les livres. Mais on peut, en bonne logique, les classer dans l'ordre suivant : I grammaire, II dialectique, III rhétorique, IV géométrie, V arithmétique, VI musique, VII philosophie, VIII médecine, IX architecture. Les trois premiers livres formeront ensuite le « Trivium », tandis que les deux derniers seront supprimés parce qu'ils n'avaient pas de rapport avec les arts libéraux. Des matières qui formeront le « Quadrivium », l'absence de l'astronomie est à noter. Cette science fera partie, mais plus tard, des arts libéraux qui seront en honneur au Moyen Âge. Chez Varron, l'astronomie (et non pas l'astrologie) fait encore partie de la géométrie ; elle n'en sera, en effet, séparée et rendue indépendante que par l'interprétation mystique qu'on lui attribuera plusieurs siècles plus tard. Varron met, à la place de l'astronomie, la philosophie en s'inspirant de la méthodologie des membres de l'Académie. Il fait suivre son enseignement scientifique, disposé en six disciplines, d'une théorie éthique. Les trois arts littéraires (grammaire, dialectique et rhétorique) et les trois disciplines mathématiques (géométrie, arithmétique et musique) forment un ensemble que complète la philosophie. Viennent ensuite la médecine et l'architecture. Ces dernières parachèvent l'établissement du système encyclopédique de Varron.

★ Saint Augustin (354-430), théologien latin, a projeté, sous le même titre : *Les Disciplines* [*Disciplinarum libri*], une œuvre très vaste. Elle aurait dû comprendre les sept arts libéraux : grammaire, rhétorique, dialectique, philosophie, arithmétique, géométrie et musique. Mais l'auteur n'eut que le temps d'esquisser la *Rhétorique* et la *Dialectique* et de composer la *Grammaire* [*De grammatica*] et la *Musique* (*). Cette dernière, cependant, ne fut pas terminée, et seuls les six premiers livres sur le « Rythme » furent achevés. Après saint Augustin, on a remplacé définitivement dans les arts libéraux la philosophie par l'astronomie. – Trad. *Œuvres*, Bibliothèque augustinienne, t. 7, 1947.

DISCOURS d'Andocide. Parmi les six *Discours* cités par les Anciens comme ayant été écrits par l'orateur grec Andocide, issu d'une noble famille athénienne (vers 440-391 av. J.-C.), quatre – dont le troisième, « Contre Alcibiade », est sans aucun doute apocryphe – nous sont parvenus ; bien que ce ne soient pas des documents impartiaux, ils ont une certaine importance pour connaître cette période très agitée de l'histoire d'Athènes, et ils nous renseignent, d'une façon très large, sur les événements complexes de la vie de leur auteur. Andocide ne fut ni un sophiste ni un logographe : il composa ces *Discours* pour sa défense personnelle. Le premier en date a comme titre : *Sur son retour* [Περὶ τῆς ἑαυτοῦ καθόδου] ; l'auteur le prononça vers 409 pour essayer de rentrer dans sa patrie, d'où il avait été forcé de s'exiler à la suite du célèbre procès de la mutilation des statues d'Hermès, au cours duquel il n'avait échappé à une condamnation qu'en accusant les autres membres du complot. Dans le deuxième discours : *Sur les mystères* [Περὶ τῶν μυστηρίων], prononcé en 399, il se défend avec succès contre l'accusation d'impiété, en choisissant habilement les arguments et en les exposant avec une certaine vivacité. Son dernier discours, *Sur la paix* [Περὶ τῆς εἰρήνης], fut prononcé en 390, à propos de la paix avec Sparte : il est très inférieur au deuxième, mais il n'y a aucune raison pour le croire apocryphe. Dans la liste des dix orateurs athéniens, Andocide est nommé parmi les derniers au point de vue du mérite ; mais les critiques modernes l'ont jugé avec une sévérité peut-être excessive. Andocide n'est pas un rhéteur de profession ; il n'a pas eu, dans sa vie agitée, la possibilité d'étudier sérieusement l'art de l'éloquence ; c'est ce qui explique les inégalités de son style et, en général, l'absence d'un ordre quelconque dans la construction, et de toute fioriture rhétorique dans la forme. Toutefois, les morceaux d'une grande richesse descriptive et dramatique ne manquent pas : citons, par exemple, celui où il évoque (*Sur les mystères*) la terreur qui envahit Athènes après la mutilation des statues d'Hermès ; ou encore celui où il décrit les sentiments opposés qui occupèrent son esprit, la nuit qui précéda la dénonciation de ses complices. – Trad. Les Belles Lettres, 1930.

DISCOURS (Les) du Buddha. Ces discours, fort nombreux, sont presque tous essentiels pour la connaissance de la doctrine bouddhique. Ils sont éparpillés dans le canon « pāli », c'est-à-dire dans l'immense *Tipitaka* et surtout dans le *Suttapitaka* [*Panier des enseignements de la doctrine*]. Gautama Buddha (qui vécut vers 500 ou 480 av. J.-C.) diffusa la nouvelle religion au moyen de la prédication, de l'enseignement parlé et du raisonnement par dialogues. Au charme extraordinaire de sa personne, qui subjuguait les cœurs et les esprits, le Buddha joignait un don de parole qui l'aida puissamment dans sa prédication. Ses disciples nous ont conservé ses discours, ses sermons et les sentences à peu près dans la forme où il les avait prononcés au cours de nombreux événements de sa longue existence terrestre. Ces enseignements furent pendant une période assez longue conservés par la tradition orale, mais avec une fidélité qu'on peut supposer complète grâce à cette mémoire exceptionnelle et proverbiale qu'ont en partage les Indiens. Il est probable que le canon « pāli » a été fixé par écrit au Iᵉʳ siècle av. J.-C.

La plus célèbre parmi les allocutions du Buddha est la première, celle qui, d'après l'endroit où elle fut prononcée, porte le nom de « Sermon de Bénarès » : on y expose les principes de la doctrine bouddhique. Par son importance, elle a été comparée au Sermon sur la montagne de Jésus. Elle est reproduite dans tous ses détails et avec une fidélité absolue en différents endroits du canon « pāli » et aussi dans des textes bouddhiques en langue sanskrite : ce qui prouve l'authenticité de ce sermon. Les enseignements suprêmes donnés par le Buddha dans le *Mahā-Parinibbānasutta* (*) se rapportent à la dernière période de sa vie terrestre. Le *Majjhimanikāya* [*Recueil des discours doctrinaux d'une longueur moyenne*], contenant cent cinquante-deux discours et dialogues, a une importance particulière, parce qu'il développe et discute presque tous les thèmes essentiels de la religion bouddhique. La transmission mnémonique orale et quotidienne des *Discours* du Buddha a contribué à la formation d'un style rhétorique qui semble souvent pédant. Pourtant, au milieu de tant de lenteurs dans l'exposé, brillent, comme des pierres précieuses, des sentences mémorables, des affirmations sublimes, inspirées par une vision quasi surnaturelle des mystères éternels qui entourent l'homme. Qu'il nous suffise de citer les mots célèbres conservés dans le *Dhammapada* [*Recueil de phrases sur la religion*], que le Buddha aurait prononcés après avoir obtenu la « bodhi » (clairvoyance) : « J'ai parcouru inlassablement le cycle des naissances innombrables, à la recherche du constructeur de la maison [c'est-à-dire des désirs et des plaisirs mondains, cause des renaissances]. L'éternelle renaissance est terrible. Ô constructeur de la maison, je te découvre ! Tu ne bâtiras plus aucune maison. Tes poutres sont brisées, le toit de ta demeure est détruit. Le cœur, enfin affranchi, a éteint toute convoitise. » – Trad. Cerf, 1990.

DISCOURS de Caton le Censeur [*Orationes*]. L'orateur latin Marcus Portius Caton (234-149 av. J.-C.) prononça plus de cent cinquante discours ; il nous reste des fragments de quatre-vingts d'entre eux environ, réunis par l'auteur ; les plus anciens remontent à l'année de son consulat (194), les derniers à l'an 150. Sa langue au style volontairement archaïque, pleine d'expressions empruntées aux paysans, sa forme rude et désordonnée, le fond de sa pensée habile et rusée, tout cela crée dans le discours une sorte de rythme étrange. Sa technique consiste à aligner diverses conceptions qu'il combat avec violence et aussi avec cette ironie caustique qui l'a fait comparer à un « chien aboyant ». Il lui manque l'art heureux des périodes se suivant selon les règles prescrites, mais ses dons innés firent de lui un brillant rhéteur, tant aux Comices qu'au Sénat. Caton lutta contre le patriciat, les Scipions, les Grecs, le luxe et les Carthaginois (*Delenda est Carthago*). Propriétaire de riches domaines, conservateur en politique comme il l'avait été dans l'administration de ses terres, il comparut quarante-quatre fois en justice, car il était en butte à l'hostilité du parti aristocratique, mais il sortit toujours vainqueur de ces procès. Quoique incomplets, ses *Discours* sont des documents précieux pour la connaissance de la vie du censeur.

DISCOURS de Cicéron [*Orationes*]. On a réuni sous ce titre les cinquante-huit discours de l'écrivain latin Cicéron (106-43 av. J.-C.) que nous possédons. Ils constituent la partie la plus riche de son œuvre, car ils sont en rapport étroit avec les diverses circonstances importantes de sa vie. On peut les diviser en trois groupes : les discours pré-consulaires (81-63), les discours consulaires (63) et les discours post-consulaires (63-43).

La première partie comprend : en 81, *Pour Publius Quinctius* (*) ; en 80, *Pour Sextus Roscius d'Amerie* (*) ; en 71, *Pour Marcus Tullius* [*Pro M. Tullio*] ; en 70, les sept *Verrines* (*) ; en 69, *Pour M. Fonteius* [*Pro Fonteio*] et *Pour Cecina* [*Pro Cecina*] ; en 67, *Pour S. Roscius le comédien* (*) ; en 66, *Sur les pouvoirs de Pompée* (*), *Pour Aulius Cluentius Habitus* [*Pro A. Cluentio Habito*].

Les discours consulaires comprennent : les trois discours sur la *Loi agraire* (*) ; *Pour C. Rabirius Postumus* (*) ; les quatre *Catilinaires* (*) et *Pour Lucius Murena* (*).

Les discours post-consulaires sont les suivants : en 62, *Pour Publius Cornelius Sylla* [*Pro P. Cornelio Sulla*] ; *Pour le poète Aulus Licinius Archias* [*Pro A. Licinio Archia poeta*] ; en 59, *Pour Lucius Valerius Flaccus* [*Pro L. Valerio Flacco*], les quatre *Discours après le retour* (*) ; en 57, *Pour Publius Sestius* (*) ; en 56, *Pour M. Caecina* [*Pro M. Caecina*], *Pour Lucius Cornelius Balbus* [*Pro L. Cornelio Balbo*], *Sur les provinces consulaires* [*De provinciis consularibus*] ; en 55, *Contre Calpurnius Pison* [*Oratio in Pisonem*] ; en 54, *Pour Cnaeus Plancius* [*Pro Cn. Plancio*], *Pour Marcus Emilius Scaurus* [*Pro M. Aemilio Scauro*], *Pour Caius Rabirius Postumus* [*Pro C. Rabirio Postumo*] ; en 52, *Pour T. Annius Milon* (*) ; en 46, les trois *Discours à César*, avec *Pour Claudius Marcellus, Pour Quinctus Ligarius, Pour le roi Deiotarus* ; en 44, les quatorze *Philippiques contre Antoine* (*).

Si l'on ajoutait à ces cinquante-huit discours une cinquantaine d'autres que nous ne possédons plus ou qui nous sont parvenus seulement à l'état de fragments, nous aurions un tableau complet de l'activité oratoire de Cicéron, l'homme le plus éloquent de toute la latinité ; au cours des siècles, peu d'orateurs l'ont égalé.

Ce don naturel de l'éloquence fut à la fois, pour lui, un moyen et un but : moyen qui lui permit d'entrer dans la politique où il n'aurait pu parvenir ni par l'argent ni par sa noblesse trop récente ; but également, car son goût instinctif dûment cultivé a réussi à créer une œuvre qui lui a valu à travers les siècles une admiration et une gloire sans égales. De là est né un problème fameux : Cicéron doit-il être modèle unique et exclusif pour qui veut employer le latin comme langue vivante ? La diversité des sujets, la richesse des expressions, l'admirable structure logique et la syntaxe des périodes, la clarté et l'harmonie des phrases ont fait identifier pendant des siècles l'éloquence de Cicéron à la latinité elle-même. Il n'empêche qu'en dépit de cette exagération la valeur littéraire et artistique de sa prose demeure indiscutable. Il ne faut pas la considérer uniquement comme un modèle dont on imite le style, mais comme un chef-d'œuvre de clarté dans l'art de discourir, comme un témoignage humain, vivant, palpitant, de la passion politique de Cicéron, de ses crises morales, de son amour des lettres ; il est vrai que défauts et qualités s'enchevêtrent et se mêlent, et qu'il est bien souvent impossible de discerner ce qui demeure vivant de ce qui est caduc. Le débats entre accusés et accusateurs, le nom des personnages connus et de ceux qui sont obscurs, tout cela ne touche pas à la grande histoire de Rome, mais relève de la chronique, de l'anecdote et des coulisses de la scène politique. Mais l'œuvre va plus loin ; chacun de ces *Discours* renferme un problème plus général ou, pour mieux dire, universel. Le coupable, l'innocent, le magistrat, le sicaire sont des personnages qui ne font que passer. Derrière eux, c'est tout le peuple romain qui apparaît à la veille des grandes expéditions militaires, des émeutes, des révolutions et des coups d'État, ce peuple que l'on saisit, grâce à lui, dans sa vie réelle et mouvementée. Cicéron avait voué son existence à l'idéal républicain ; il devait mourir en même temps que tombait l'autorité des magistratures républicaines. On pressent dans ces *Discours* le déclin des anciennes institutions et l'acheminement de Rome vers l'Empire. — Trad. Les Belles Lettres, à partir de 1929.

DISCOURS de Danton. Documents essentiels pour saisir l'activité politique de l'homme d'État français Georges-Jacques Danton (1759-1794). Ces *Discours* furent d'abord recueillis par A. Vermorel en 1886 puis, sous forme d'une édition critique, par A. Fribourg en 1910. Parmi les *Discours* les plus caractéristiques, fondamentaux pour comprendre sa position politique, en particulier comme ministre de la Justice, se trouvent ceux contre La Fayette (en commençant par celui du 29 mai 1790 à l'Assemblée générale du district des Cordeliers, puis celui du 21 juin 1791 au club des Jacobins) et divers autres contre Roland, les Girondins et le général Dumouriez. Danton se déclare l'adversaire inexorable de tous ceux qui, n'ayant pas une vraie foi républicaine, temporisent en conservant des amitiés avec des traîtres et cherchent à tergiverser, alors que la nation est engagée dans la lutte contre les étrangers et les émigrants. La déclaration du 19 août 1792 aux tribunaux est importante. Se consacrant entièrement à sa nouvelle tâche de ministre, Danton annonce officiellement la révolution du 10 août, entreprise dans le but de conquérir de nouvelles positions en faveur du peuple et de la liberté. Le discours sur la tolérance à l'égard des prêtres, du 20 novembre 1792, montre la souplesse politique du personnage. Il faut poursuivre le fanatisme, uniquement pour assurer la liberté des opinions religieuses (19 avril 1793 à la Convention). Il faut laisser ses croyances au peuple qui n'a pas encore évolué ; il arrivera ensuite à la vraie connaissance de la réalité. Pour le moment, il y a des maux plus graves à combattre : il faut juger celui qui portait autrefois le titre de roi, et Danton démontre toute sa culpabilité vis-à-vis du peuple français. Il est surtout urgent de combattre et d'exterminer la triste faction qui dénigre les représentants du peuple et cherche à barrer le chemin de la liberté. Lorsque ses adversaires cherchent à étouffer les conquêtes de la Révolution, ses discours inspirés par la gravité du moment sont d'une violence étonnante et d'une exceptionnelle vigueur oratoire.

Son discours le plus célèbre est celui couramment appelé *Sur la patrie en danger* (*) du 2 septembre 1792, à l'Assemblée législative : la France en péril répondra à l'ennemi par la levée en masse ; la commune de Paris défendra sa liberté avec des piques et des tranchées. « Le tocsin que l'on va sonner n'est point un signal d'alarme, c'est la charge sur les ennemis de la patrie. Pour les vaincre, il nous faut de l'audace, encore de l'audace, toujours de l'audace, et la France est sauvée. » De graves problèmes se posent pour l'existence de la jeune nation : il faut annexer les provinces belges (31 janvier 1793, à la Convention) comme cela a été fait pour le comté de Nice, combattre la Hollande, l'Angleterre et tous les ennemis du nouvel État populaire. Parmi d'autres *Discours* remarquables, il faut citer celui sur la nécessité de l'instruction publique, gratuite et obligatoire (13 août 1793) et surtout celui qu'il prononça le 1er août 1793 pour que le Comité de salut public soit érigé en gouvernement provisoire : l'intransigeance la plus absolue est indispensable pour sauver la nation. Célèbre aussi est sa propre défense, faite lors des séances des 2 et 3 avril 1794, au tribunal révolutionnaire qui devait l'envoyer à la guillotine avec l'accusation de favoriser la tyrannie et de comploter pour le retour du légitimisme. Danton, qui méprise juges et jurés, se refuse violemment à être interrogé comme un quelconque accusé ; car il sait que si, bientôt, il sera dans l'autre monde, son nom sera inscrit au Panthéon de l'histoire.

La violence brutale des *Discours* de Danton est typique et justifie, par certains côtés, l'accusation de tyrannie, d'égoïsme et de politique personnelle lancée contre lui. Mais parmi les différents aspects de ce révolutionnaire, intrépide et violent quand il parle au peuple, logique dans ses principes lorsque, pénétrant observateur, il examine la réalité contemporaine et la condition de la France, prédomine celui du patriote qui a cru invinciblement aux destinées d'une nation nouvelle, prête à lutter pour la liberté.

DISCOURS de Dinarque. Dernier, au point de vue chronologique, des orateurs grecs nommés dans le canon alexandrin, Dinarque (360 ?-290 ? av. J.-C.) vécut à Athènes en tant que métèque. Il fut un adversaire farouche de Démosthène ; il nous laissa trois *Discours* ayant une certaine importance du point de vue historique, mais d'une infime valeur littéraire. Ils constituent une petite partie de l'activité de cet orateur, auquel les Alexandrins attribuaient environ soixante à soixante-quatre discours, mais dont vingt-sept étaient considérés comme apocryphes. Ces trois *Discours* se rapportent au procès d'Harpale. Ils sont dirigés respectivement contre Démosthène, Aristogiton et Philoclès. Les sujets traités, surtout dans le premier discours, sont les mêmes que ceux d'Eschine, avec quelques passages ajoutés, mais sans importance. La structure de ces *Discours* est le schéma traditionnel ; cependant aucune logique et aucune cohésion n'a présidé à leur élaboration. Aussi l'auteur du dialogue des *Orateurs* (19-26) reconnaît, dans ces défauts, un des premiers signes de la décadence de l'éloquence. Dans sa forme, Dinarque imite la manière de Démosthène, tout en demeurant plus fruste et plus âpre que lui ; il fut en effet appelé par les Anciens le « Démosthène paysan ». Certains éléments en outre sont empruntés à Eschine, à Lysias, à Isocrate ; l'auteur ne s'éloigne jamais de l'atticisme. Les Anciens avaient une certaine estime pour les *Discours* de Dinarque (Cicéron le cite plusieurs fois parmi les derniers modèles du style attique), et leur appréciation, d'ailleurs fondée sur une connaissance bien plus vaste et plus profonde que la nôtre, de l'œuvre de Dinarque correspond à peu près à celle des critiques modernes. – Trad. Volland, 1792 ; Les Belles Lettres, 1990.

DISCOURS de Dion de Pruse [Λόγοι]. Les quatre-vingts textes conservés sous le nom de l'orateur et philosophe grec Dion (dit aussi Chrysostome, env. 40-115 ap. J.-C.) – deux d'entre eux sont à attribuer à son disciple Favorinus – ne sont en réalité pas tous des discours au sens moderne du terme : tout en étant également destinés à la déclamation devant un vaste public, certains ont la forme de dialogues de type socratique et sont composés à la manière de Platon et de la diatribe cynique, d'autres semblent plutôt destinés à la lecture, et à l'étude dans un cercle restreint. Très riche, ce corpus n'est pas complet, puisque les auteurs anciens évoquent et citent des œuvres de Dion qui n'y figurent pas (par exemple, un éloge du perroquet, un discours contre les philosophes, un autre adressé à son maître Musonius Rufus, une histoire des Gètes). En outre, la rédaction des textes conservés ne semble pas toujours être de la main de l'auteur : on a supposé qu'il pourrait s'agir en partie de versions transcrites sténographiquement de la vive voix de Dion par quelque disciple. Il est vrai que la forme des *Discours* présente parfois des traces d'inachèvement et de désordre alors que Dion était considéré dans l'Antiquité comme un exemple illustre d'atticisme (pureté de la langue conformément aux modèles classiques) et un champion du style rhétorique dit « simple ». Et en effet, dans ses œuvres les meilleures, sa manière est agréable et séduisante, même s'il peut souvent paraître par ailleurs difficile, ennuyeux (selon Momigliano) ou dispersé (suivant le goût de l'époque, il applique le principe de la « variatio » et enrichit ses œuvres de digressions et d'anecdotes). Sa thématique est vaste : il traite des sujets moraux chers à la diatribe cynique, au stoïcisme ou au platonisme, des sujets politiques et littéraires de toutes sortes, qu'il envisage d'un point de vue toujours éthique. Il développe ses discours avec éloquence et richesse d'invention, mais sans grande originalité. Ses idées et ses jugements de valeur reflètent les courants de pensée de son époque les mieux assortis à sa personnalité et à ses expériences (celle de l'exil était déterminante). Son classicisme concilie les voix discordantes du passé, qu'il admire toutes dans leur diversité, même s'il prend par moments et tout à fait provisoirement une position partisane et polémique : on le voit, par exemple, dans sa manière de traiter Platon et Homère. Tout en manifestant une prédilection pour les sujets politiques, il ne s'engage dans le débat idéologique d'actualité qu'avec prudence, et cela sous l'apparence d'une parole critique, véhémente et libre. Il ne faut pas oublier qu'il fut un familier des empereurs et que même le bannissement dont il fut frappé par Domitien fut motivé par ses liens étroits avec la cour impériale. Ainsi, bien qu'il soit fier de son hellénisme, il ne sait pas trouver de réponse adéquate aux questions posées par les rapports difficiles de la province hellénisée avec le pouvoir central de Rome. Les *Discours* suivants sont parmi les plus intéressants : *I-IV Sur la royauté* (conseils de Diogène le Cynique à Alexandre ; Dion a prononcé ces discours devant Trajan) ; *VI, VIII-X* (probablement composés pendant l'exil ; ils tournent autour de la figure de Diogène) ; *VII* ou *Euboïque* (sur la beauté de la vie agreste des chasseurs) ; *XII* ou *Olympique* (prononcé à l'occasion des jeux Olympiques ; il y est question de la statue de Zeus Olympien, œuvre de Phidias, et de l'importance des images cultuelles pour le sentiment religieux) ; *XVIII* (conseils de lecture adressés à un provincial) ; *XXXI* ou *Rhodien* (sur la décadence de l'hellénisme) ; *XXXVI* (nommé d'après le pays du Borysthène, l'actuel Dniepr, que Dion visita pendant son exil) ; *LII* (analyse des trois tragédies consacrés à Philoctète par Eschyle, Sophocle et Euripide, et jugement comparatif et contrastif des trois poètes). A. L.

DISCOURS d'Hypéride. Hypéride (390/389-322 av. J.-C.) fut un des orateurs grecs les plus illustres, souvent cité par Cicéron, en même temps que Démosthène, comme un des modèles les plus parfaits d'éloquence. Les Anciens connaissaient de cet auteur soixante-dix-sept discours, dont ils pensaient que vingt-cinq seulement étaient apocryphes. Ils appartenaient pour la plupart au genre judiciaire, mais il y avait aussi quelques discours politiques (un exemple caractéristique en est son « Discours contre Démosthène »), et un de genre démonstratif, l'« Oraison funèbre ». Nous ne possédions d'Hypéride que des fragments tout à fait insignifiants, mais des fouilles couronnées de succès, en Égypte, nous ont rendu, tour à tour, des fragments très longs du discours « Contre Démosthène », une partie importante du discours « Pour Lycophron », celui « Pour Euxénippe », mais avec quelques brèves lacunes ; le discours « Contre Aténogène », dont le début est égaré ; enfin un long fragment de l'*Epitaphios*, oraison funèbre, pour les morts de la guerre Lamiaque. Cependant ces textes retrouvés ne sont pas suffisants pour que nous soyons à même de donner une appréciation complète de son art, d'autant plus qu'ils ne représentent pas la meilleure partie de son œuvre. Ils nous permettent toutefois de vérifier l'exactitude des appréciations enthousiastes des Anciens à son égard. En réalité, Hypéride est le seul orateur que l'on puisse, bien que de loin, comparer à Démosthène. Nous pourrions mieux l'apprécier si nous possédions son « Discours pour Phryné », que les Anciens admiraient par-dessus tout.

L'éloquence d'Hypéride a comme caractère essentiel une élégance facile, continuelle, une spontanéité qui nous rappelle Lysias, une vivacité qui n'atteint pas la vigueur d'émotion de Démosthène, mais qui utilise le plus souvent l'esprit, la verve, l'ironie et jusqu'au sarcasme. Les raisonnements sont choisis et développés avec habileté, ainsi qu'en témoigne le début du discours « Pour Euxénippe ». Dans la composition, Hypéride respecte l'ordre traditionnel, sans jamais engendrer l'ennui ou la lassitude, grâce à la vivacité et à la simplicité, plus souvent apparente que réelle, du récit (« Contre Athénagore »). Le vocabulaire est toutefois riche, jamais forcé ni artificiel, tantôt solennel et noble (*Epitaphios*), tantôt simple et naturel, avec un usage fréquent de termes familiers et une certaine négligence dans la composition : ainsi l'auteur n'évite pas toujours l'hiatus. Hypéride, à l'instar de Lysias, donne un soin particulier à l'épilogue de ses *Discours*, où il résume ses raisonnements et où il essaie d'émouvoir son auditoire par tous les moyens que son art et les circonstances lui suggèrent. — Trad. Les Belles Lettres, 1946.

DISCOURS d'Isée. Sous le nom d'Isée, orateur grec mentionné, bien qu'en deuxième position, dans la fameuse liste alexandrine des orateurs célèbres de l'Antiquité, nous sont parvenus onze *Discours* concernant des procès d'héritage. Les Anciens ne connaissaient exactement ni la patrie d'Isée, qui naquit, paraît-il, à Chalcis ou à Athènes, ni les dates extrêmes de sa vie : selon des allusions que l'on trouve dans ses discours, il semble qu'Isée aurait vécu après les guerres du Péloponnèse et jusqu'à l'époque du règne de Philippe de Macédoine (420-350 av. J.-C. environ). Cela nous est confirmé d'ailleurs par la tradition affirmant qu'il fut le disciple d'Isocrate et le très vénéré maître de Démosthène. Dans l'Antiquité, on pouvait lire, sous son nom, soixante-quatre *Discours* en tout, dont quatorze étaient considérés comme apocryphes, et appartenant tous, selon le témoignage de Denys d'Halicarnasse, au droit. L'appréciation des Anciens, et surtout celle de Denys d'Halicarnasse concernant les *Discours* d'Isée, correspond exactement à celle que nous pouvons nous faire après avoir lu les onze *Discours* qui nous sont parvenus. Plutôt que de rattacher Isée à Isocrate (dont il semble avoir été le disciple, mais auquel il a emprunté seulement une forme plus polie ; ce qui ressort par exemple du soin avec lequel il évite tout hiatus dans son septième et son dixième discours), il convient de le rapprocher de Lysias. Isée marque en effet une transition entre ce dernier et Démosthène. Ses caractéristiques révèlent en outre l'influence de son époque : à la simplicité et à la clarté de la pensée et de la forme — si naturelles par exemple chez Lysias — a succédé un art plus travaillé et plus complexe, mûri dans les écoles de rhétorique. Les traces d'un long travail sont partout évidentes : dans le ton simple du récit, qui débute parfois à l'encontre de la tradition, sans aucune introduction (discours VI et X) ; dans des formes délibérément négligées (discours VII) ou encore dans l'habileté de l'argumentation (utilisation, dans la plupart des cas, des lieux communs de la casuistique judiciaire, mais présentés avec une logique et un sentiment particulièrement vigoureux, parfois même avec une ironie assez âpre) ; enfin dans la distribution complexe et souvent volontairement inaccoutumée des différentes parties. (Dans le discours VIII sur l'héritage de Chiron, après la conclusion l'auteur reprend et expose une dernière preuve.)

En ce qui concerne la forme, les *Discours* d'Isée sont écrits dans un style simple, limpide, précis, presque toujours pur, qui les rapproche beaucoup de ceux de Lysias. Pour les modernes, ces *Discours* sont très importants surtout pour connaître la législation civile athénienne en matière de droit d'héritage et, en général, la société attique de cette époque. — Trad. Les Belles Lettres, 1922.

DISCOURS de Mirabeau. Discours prononcés par l'orateur et homme politique français Gabriel Honoré Riquetti de Mirabeau (1749-1791) aux états de Provence et aux états généraux. Ces *Discours* furent publiés en cinq volumes dans la collection complète de ses travaux à l'Assemblée nationale française (1791). Le manifeste *À la nation française* du 11 février 1789 soulève la question du droit de vote pour les possédants fief en Provence, droit que l'on contestait à l'auteur. Dans ce manifeste, Mirabeau pose les principes fondamentaux dont s'inspirera toute sa lutte politique. En effet, sans cesse, il s'efforcera de concilier les forces vives de la Révolution avec celles du parti conservateur ; ces dernières étaient encore fortes sous la monarchie, bien que tempérées déjà par le régime constitutionnel. Ces *Discours* témoignent, aujourd'hui encore, de la géniale et puissante éloquence de leur auteur ; pleins de force convaincante, ils attestent la souplesse de son esprit. Ces qualités se retrouvent tout au long de sa carrière, aussi bien dans les propositions qu'il fit lors des débats parlementaires que dans les périlleuses luttes qu'il soutint pour sauver les Jacobins vis-à-vis du roi et le roi vis-à-vis des Jacobins, alors qu'il menait un combat à la tribune et un autre derrière les coulisses d'une vie fastueuse. Citons parmi les plus célèbres de ses *Discours* : celui du 15 juin 1789, pour que les députés des communes se constituent sous le titre de « représentants du peuple français » ; celui du 23 juin 1789, en réponse aux ordres du roi exigeant que la réunion des ordres ait lieu dans des salles séparées (s'adressant au marquis de Brezé, grand maître des cérémonies, Mirabeau devait déclarer : « ... Pour éviter toute équivoque et tout délai, je vous déclare que, si l'on vous a chargé de nous faire sortir d'ici, vous devez demander des ordres pour employer la force, car nous ne quitterons nos places que par la puissance de la baïonnette ») ; également celui du 17 août 1789 sur la *Déclaration des droits de l'homme* (*), ainsi que celui du 9 octobre sur l'inviolabilité des députés. Le succès de son art oratoire et de sa lutte politique réside dans le fait qu'il a su s'élever au-dessus des polémiques, avec une rigueur et une logique admirables. Il savait aussi ramener un débat de caractère abstrait à des notions plus immédiates et plus humaines, « car il n'est pas toujours opportun de consulter seulement le droit sans rien concéder aux circonstances ». Lui-même, d'ailleurs, accorda beaucoup à ses ambitions d'homme du monde ; mais il tint parole, au-delà de toutes les compromissions pratiques de sa vie, et se voulut « l'homme de la liberté publique, l'homme de la Constitution ». « En effet, affirmait-il dans le langage prophétique que lui inspirait sa mission, les privilèges finiront, mais le peuple est éternel. » On a longuement épilogué sur son rôle politique secret, mais bien souvent sans tenir suffisamment compte de sa pensée politique dont ce rôle ne fut jamais après tout que l'expression. Et c'est ainsi que Proudhon a pu écrire, dans son livre *La Justice dans la Révolution et dans l'Église* : « Mirabeau, pensionnaire secret de Louis XVI, ne fut point apostat. On peut l'accuser d'inconduite et désapprouver une tactique dans laquelle entrait la stipulation de ses intérêts personnels ; il ne vendit pas sa pensée et sa conscience ; il ne se prosterna jamais devant l'absolu ; il le força, au contraire, de ployer devant son programme qui n'était autre que la Révolution pour principe avec la monarchie constitutionnelle pour organe. Mirabeau voulait fortement une chose dans laquelle l'absolu n'entrait réellement pour rien ; l'unité monarchique comme résultant de la pondération des forces sociales. Le nom de Mirabeau est synonyme de monarchie domptée. » On ne saurait mieux définir la politique menée par le tribun.

DISCOURS de Robespierre. L'homme politique français Maximilien de Robespierre (1758-1794) fut peut-être, avec Saint-Just – v. *Discours* (*) de Saint-Just –, le seul homme de l'époque révolutionnaire à s'être fait une conception plus économique et sociale que politique de la Révolution. De ce fait témoigne indiscutablement l'ensemble des *Discours* et *Rapports* que l'Incorruptible prononça tant aux assemblées Constituante et Législative qu'à la Convention. De ces *Discours*, notons parmi les plus importants : ceux « sur la liberté de la presse » (24 août 1789) ; « sur la rééligibilité des députés » (18 mai 1791) ; « sur la peine de mort » (30 mai), dont il demanda la suppression absolue ; « sur l'inviolabilité royale » (14 juillet) ; « sur la nécessité de révoquer le décret du marc d'argent ». Ce dernier discours, en date du 11 août 1791, devait valoir à Robespierre une popularité grandissante. Prononcé au milieu des applaudissements de l'extrême gauche de l'assemblée et des tribunes, il affirmait le droit pour tout citoyen, fût-il pauvre ou non, d'être électeur. Reprenant les termes mêmes de *La Déclaration des droits de l'homme* (*), Robespierre, par une dialectique passionnée, montra l'illogisme qu'il y avait à apporter la moindre restriction au droit de suffrage. Non moins célèbre est son *Discours* « sur la guerre » où, presque seul, Robespierre s'opposa à une mobilisation générale qui, sous le prétexte de disperser les émigrés rassemblés à l'étranger, pouvait donner à la Cour un formidable instrument d'oppression (prononcé les 2 et 11 janvier 1792, au club des Jacobins). Élu membre de la Convention, Robespierre eut à se défendre contre le Girondin Louvet, qui l'accusait de marcher à la dictature. Sa réponse (le 5 novembre 1792) fut si éclatante que la Convention, bien que composée de Girondins dans sa majorité, l'applaudit à l'unanimité et ordonna l'impression de son discours. Mentionnons encore les deux *Discours* sur le jugement de Louis XVI, par lesquels Robespierre se prononça « pour la mort de Louis Capet ».

La Convention ayant entamé, dès le 17 avril 1793, la discussion d'un projet de Constitution, Robespierre prit la parole, le 24, pour présenter tout d'abord quelques articles additionnels où il s'attachait à définir et préciser le droit de propriété ; ensuite, pour défendre un projet de « Déclaration des droits de l'homme et du citoyen ». D'une importance capitale pour l'étude des idées sociales de l'auteur, ce *Discours* développe les doctrines économiques dont allaient s'inspirer plus tard Babeuf et son groupe et, dans tout le cours du XIXe siècle, les écoles socialistes naissantes. Ces idées, audacieuses et d'une clairvoyance exceptionnelle pour l'époque, devaient être précisées à nouveau par le tribun dans son *Discours* sur la Constitution, du 10 mai 1793. Entré au Comité de salut public le 26 juillet 1793, Robespierre présenta un rapport sur la situation politique de la République (18 novembre

1793), qui fut imprimé et traduit dans toutes les langues, « pour attester à l'univers les principes de la République et les atteintes de ses ennemis contre la sûreté générale de tous les peuples ». En vue de compléter ce tableau des affaires publiques, Robespierre s'attacha à définir, dans un autre rapport (5 février 1794), les principes de morale politique dont devait s'inspirer la Convention : les buts et les moyens de la Révolution y sont précisés avec un réel sens politique, sans que soient escamotés le moins du monde les problèmes d'ordre moral que soulève une telle entreprise. Robespierre devait d'ailleurs revenir sur cette question dans son *Discours* du 7 mai 1794, qui annonçait et préparait en quelque sorte la fête de l'*Être suprême* (*). Mais le plus célèbre de tous ses *Discours* est sans doute celui du 8 thermidor (26 juillet 1794) que Robespierre prononça au milieu de l'hostilité silencieuse de l'Assemblée. Bien que le tribun fût acclamé et l'impression du discours votée, la Convention décida, après une brève discussion, d'en renvoyer l'examen aux Comités : c'était donc l'échec pour Robespierre, et dès ce moment, sa chute fut certaine. Robespierre mort, ce qui devait lui survivre fut son rêve d'égalité sociale. Ce rêve, Buonarrotti, qui vécut dans l'intimité du tribun et devint l'un des babouvistes les plus ardents, devait le reprendre à son compte avant de le transmettre à d'autres, lui qui voulut, ainsi qu'il le proclame dans *La Conspiration des Égaux, dite de Babeuf* (*), « ajouter à la révolution des pouvoirs et des grandeurs celle, incomparablement plus juste, dont l'impartiale distribution des biens et des lumières eût été le résultat final ».

DISCOURS de Ronsard. On peut grouper sous ce titre de nombreux écrits du poète français Pierre de Ronsard (1524-1585), d'inspiration et de tendances variées, mais dans lesquels le poète se double d'un éducateur, soucieux de politique. Sans tenir compte de certaines *Exhortations* adressées aux Français en 1558 pour les pousser à bien se battre et à accepter, après Saint-Quentin, une paix douloureuse (*Paix au Roi*, 1559), il y a lieu de noter comme particulièrement importante l'*Institution pour l'adolescence du roy très chrestien Charles IXe du nom*, de 1562, dans laquelle le poète rappelle, en des vers graves et éloquents, la rude tâche qui attend le jeune roi. Le *Discours sur les misères de ce temps* (*), dédié à Catherine de Médicis, et suivi (toujours en 1562) d'une *Continuation du Discours des misères*, se classe parmi les compositions politiques les plus vigoureuses du poète. Il en est de même pour la *Remonstrance au peuple de France*, écrite la même année. Les protestants ayant promptement réagi à des attaques violentes de la part du poète, celui-ci riposta à son tour en publiant une *Réponse*, adressée à leurs pasteurs (en 1563), pleine de traits dignes d'un pamphlétaire. Toujours pour se défendre contre de nombreuses attaques qui blessent son orgueil, Ronsard écrit encore, en 1564, l'*Épître au lecteur* qui peut, comme les compositions précédentes, se classer parmi les *Discours* d'exhortation et de polémique. Dans ces œuvres de circonstance, Ronsard fait preuve d'une vigueur insoupçonnée ainsi que d'une éloquence lucide et ardente qui le classent parmi nos meilleurs poètes militants.

DISCOURS de Royer-Collard. Les *Discours* de l'homme politique et philosophe français Royer-Collard (1763-1845) constituent un témoignage important sur la vie politique durant la période de la Restauration. Le fait que ces discours n'ont jamais été réunis en volume, mais seulement imprimés en fascicules séparés selon l'usage parlementaire, marque leur but essentiellement pratique. Chef des « doctrinaires », profondément attaché à l'observance des lois, comme un légitimiste de bonne foi, Royer-Collard voit dans le respect de la charte constitutionnelle la garantie de la nation : si la base de l'État réside dans le pouvoir héréditaire du souverain, de nouveaux droits sont désormais sanctionnés par l'institution des deux Chambres. Le gouvernement possède réellement la souveraineté (« Discours sur la loi des élections », du 17 mai 1816). Pour donner à la vie parlementaire toute sa force et en même temps empêcher les abus de la part des factieux et des réactionnaires, l'inamovibilité des juges et la liberté de la presse sont nécessaires. Les juges ont la fonction des anciens « probi viri » ou « boni homines » ; ils sont la base solide des institutions nationales. La liberté de la presse, par le contrôle qu'elle exerce sur le gouvernement et par la diffusion des idées générales, indique la nécessité d'une nouvelle démocratie ; les « Discours à propos de la loi sur la presse de janvier 1820 » sont célèbres et constituent le plus grand titre de gloire de l'orateur et de l'homme politique ; écrits d'une plume spirituelle, brillante, ils sont néanmoins rigoureux dans leur argumentation et leur position de principe — v. *Discours sur la presse* (*). C'est ainsi qu'en 1827 encore, presque au seuil de la révolution de Juillet, Royer-Collard ironisera sur les prétendus maux dus à la presse. La Providence avait créé l'homme libre, dira-t-il, mais une sagesse supérieure, voulant remédier à cet état de choses en supprimant les écrivains, les typographes et les journaux, suivant le nouveau régime, rendra rapidement « à l'humanité, sagement mutilée, le service de l'élever enfin à l'heureuse innocence des brutes ».

Il faut particulièrement apprécier, dans ses *Discours*, la vivacité littéraire due à l'heureux tempérament de l'orateur, sûr dans ses affirmations, naturel et spirituel dans ses exemples et dans ses images. Les longues études philosophiques, conduites dans un isolement forcé pendant l'Empire, avaient fortifié l'expérience de l'ancien membre des Cinq-Cents : d'autre part, sa subtilité et son esprit d'observation s'étaient formés dans des conversations et de fréquents contacts avec les hommes politiques et les hommes d'affaires. De ces études et de cette expérience, Royer-Collard allait tirer la matière même de ses *Discours*, qui se présentent comme des œuvres à la fois bien documentées et ayant une réelle valeur idéologique.

DISCOURS de Saint-Just. Louis Antoine Léon Saint-Just (1767-1794), l'une des figures les plus étonnantes de la Révolution française, a laissé, outre *Les Institutions républicaines* (*) et un essai sur *L'Esprit de la Révolution* (*), des discours et des rapports d'une fermeté de pensée et d'une pureté de style qui sont surprenantes, si l'on ne décelait, au centre même de sa vie et tout au long de sa carrière fulgurante, le souci majeur d'accorder sa pensée à ses actes. À ce point de vue, ses *Discours* sont pleins d'enseignement et d'une lecture vivante. Candidat inéligible à la Législative (août 1791), car il n'a pas tout à fait 24 ans, il fut le plus jeune membre de la Convention (sept. 1792). Il fit ses premières armes d'orateur le 13 novembre de cette année-là : son intervention concerna le « jugement de Louis XVI » ; c'est dans ce *Discours* que se trouve la formule célèbre : « On ne peut régner innocemment. » Dès cette date, sa réputation est faite et son importance sur la scène politique ne fera que croître. Ses *Discours* se succèdent : le 29 novembre, « Sur les subsistances », le 27 décembre, second *Discours* concernant le jugement de Louis XVI ; le 28 janvier 1793, « Sur les attributions du ministre de la Guerre » ; le 12 février, « Sur la réorganisation de l'armée » ; le 24 avril, « Sur la Constitution à donner à la France » (« La liberté ne doit pas être dans un livre – dira-t-il – elle doit être dans le peuple et réduite en pratique » ; « En général, l'ordre ne résulte pas des mouvements qu'imprime la force. Rien n'est réglé que ce qui se meut par soi-même et obéit à sa propre harmonie ; la force ne doit qu'écarter ce qui est étranger à cette harmonie [...] Les lois ne repoussent que le mal ; l'innocence et la vertu sont indépendantes sur la terre »).

Chargé par le Comité de salut public de faire un rapport sur les trente-deux Girondins arrêtés le 2 juin, Saint-Just se présente devant la Convention comme un accusateur implacable (8 juillet 1793). Mais la situation intérieure s'aggrave, le danger extérieur grandit : on le charge de présenter un « Rapport sur la nécessité de déclarer le gouvernement révolutionnaire jusqu'à la paix ». Élu président de la Convention (19 février 1794), Saint-Just devait présenter le rapport « Sur les personnes incarcérées » (26 février) : ce *Discours* est un des plus enflammés qu'il ait jamais prononcés. « Nous avons, dit-il, un gouvernement [...] mais les institutions qui sont l'âme de la République nous manquent... » « Citoyens, on arrête en vain l'insurrection de l'esprit humain ; elle dévorera la tyrannie. » Faisant suite à ce rapport, Saint-Just en présenta un autre, le 3 mars 1794, d'où devaient sortir les fameux « Décrets de Ventôse ». Mathiez a signalé l'importance de ces décrets, en indiquant qu'ils représentaient le point extrême atteint par la Révolution, puisque leur mise en application équivalait « à un vaste transfert de propriété d'une classe à une autre ».

DISCOURS de Synésios [Καταστάσεις]. Dans la dernière période de son activité littéraire, le philosophe grec néoplatonicien Synésios de Cyrène (370 ?-413), qui est surtout connu pour son ouvrage *Dion* (*), a écrit deux discours remarquables par la chaleur et l'habileté rhétorique. Dans le premier, Synésios remercie publiquement Anisius, habile et actif capitaine, lors de sa sortie de charge, pour la victoire qu'il a remportée à la tête de ses troupes contres les tribus barbares du désert libyen, qui dévastaient la Cyrénaïque par de continuelles razzias. Dans le deuxième, il se lamente sur les déplorables conditions de sa terre natale. Les Barbares, en effet, ont commencé une nouvelle et terrible guerre contre la Pentapole cyrénéenne, très mal défendue, à cause de la décadence des milices, au moment où Innocentius remplaçait Anisius. Ce dernier discours, en particulier, est dicté par un sentiment profond, et exprime avec une chaleur que la rhétorique ne parvient pas à dissiper la douleur de Synésios, alors évêque de Ptolémaïs, devant le nouveau malheur qui avait frappé son peuple, et son ferme propos de défendre jusqu'au bout l'Église qui lui avait été confiée.

DISCOURS ADMIRABLES DE LA NATURE DES EAUX ET FONTAINES. Traité sur les sciences naturelles du céramiste et écrivain français Bernard Palissy (vers 1510-1589), publié en 1580. Inspiré par son art – il était potier et chimiste –, l'auteur y traite avec beaucoup de compétence des eaux et des fontaines, tant naturelles qu'artificielles, et, comme le très long titre de l'ouvrage l'indiquait à l'origine, des métaux, des sels et des salines, des pierres, des terres, du feu et des émaux, en même temps que des propriétés de la marne et de son utilité en agriculture. L'importance de ces débats (conduits par deux personnages fictifs : « Théorique » et « Pratique ») résulte de la passion de l'auteur pour l'étude de la grande puissance de la nature et des lois divines qui y président. L'ardent huguenot ne s'en tient pas aux énoncés scientifiques arides et, avec une humilité et une foi de néophyte, il tente d'expliquer les beautés de la nature. Pour l'homme de bonne volonté, tout est miraculeux : la découverte d'une loi (fameuse est la découverte de ses majoliques, les « rustiques figulines ») est un moyen de bien connaître l'univers et de propager la vérité qui se cache en chaque chose. Anticipant sur les progrès des sciences et admirant les lois du cosmos, comme seul Léonard avait pu le faire avant lui, Palissy se montre un pur philosophe de la nature et établit un système qui harmonise les efforts de la civilisation et les forces primitives du sol, et (pour ce qui se rapporte strictement à l'agriculture) permet de rendre à la terre, grâce à des substances et des sels, ce que les fruits et les récoltes lui ont pris. La lettre de dédicace à Anthoine de Ponts, capitaine et conseiller du roi, exprime sa foi envers la nature et son désir de faire connaître les lois qui la régissent : faire du bien aux hommes et chanter les louanges de Dieu. Cet écrit a été souvent mal compris ; on y a vu un traité purement technique d'agriculture et d'économie, alors que la partie la plus originale est bien cette admiration véritablement « Renaissance » pour la nature : enthousiasme qui opère la fusion des différentes sciences en une compréhension lyrique de l'harmonie du monde. Les pages de Palissy sont représentatives d'un nouvel état d'esprit et rénovent complètement un sujet qui avait été maintes fois étudié au Moyen Âge.

DISCOURS À LA CHAMBRE DES DÉPUTÉS de Constant. Recueil de discours de l'écrivain français d'origine suisse Benjamin Constant de Rebecque (1767-1830), publié en 1827-28. De 1819 à 1827, Benjamin Constant joua un rôle important au Parlement, au sein du parti libéral (règne de Louis XVIII et de Charles X). Pendant le règne de ce dernier, il devait devenir le chef de l'opposition et coopérer au développement d'un mouvement politique et spirituel qui prépara la révolution de Juillet et l'avènement de la monarchie orléaniste. Sous tous les régimes, Benjamin Constant entend se battre pour la liberté, en particulier sous la monarchie légitimiste, lorsque les droits de la Charte constitutionnelle sont ouvertement et constamment violés par les ultra-royalistes. Avec une fougue et une ténacité de jour en jour accrues, Benjamin Constant montre la nécessité de l'union contre l'ennemi commun ; déjà un ministère a rassemblé l'hostilité des hommes de toutes opinions et fait disparaître les dissensions qui existaient entre les différents groupes libéraux. D'une forme limpide et d'une ironie mordante, les *Discours* de Benjamin Constant mettent en lumière, à l'occasion des événements les plus retentissants de la Restauration, l'intégrité de l'homme et du politicien, sa générosité, son énergie inflexible toujours dirigée contre les injustices, les illégalités, les privilèges. Ses interventions répétées sur la liberté de la presse sont particulièrement remarquables.

DISCOURS À LA NATION ALLEMANDE [*Reden an die deutsche Nation*]. Ce sont quatorze leçons que le philosophe allemand Johann Gottlieb Fichte (1762-1814) donna à l'université de Berlin, du 15 décembre 1807 au 20 mars 1808. Un an à peine après la bataille d'Iéna, le philosophe se propose d'indiquer à la nation allemande le moyen de se relever moralement et d'affirmer à nouveau sa propre noblesse et sa vitalité. Le moment durant lequel il aurait été possible de sauver l'indépendance du pays au moyen de réformes politiques est passé : un rétablissement moral est nécessaire. La philosophie de Kant a montré que la vraie nature de l'homme doit être recherchée, non dans la tendance au bonheur individuel, mais dans le devoir : il faut que ces principes entrent dans la vie, qu'ils forment de nouveaux individus pour une renaissance politique. Alors que l'éducation passée, même si elle donnait des règles de moralité, fondait ses exhortations sur des principes égoïstes et utilitaires, la nouvelle éducation devra encourager chez la jeunesse la conviction suivante : toute réalité est création, l'homme ne dépend pas des biens matériels, mais il les détermine comme tels ; le vrai bien consiste dans l'activité productrice de toutes les valeurs dont l'existence est formée. La culture intellectuelle, même si elle est exercice et développement de l'activité, est une culture morale et une connaissance de l'ordre surnaturel, lequel est pensée et amour divin. Ainsi les enfants deviendront, grâce à l'éducation, les créateurs d'un avenir tout à fait différent du passé.

L'histoire montre que le peuple allemand a été choisi par Dieu et a pour mission de sauver le monde ; la profonde différence qui existe entre les Allemands et les autres peuples est fondée sur le fait que seuls les premiers ont conservé la pureté et l'intégrité de l'énergie humaine. Les Néo-Latins ne sont que des Germains qui se sont égarés ; abandonnant leurs terres d'origine, ils se transportèrent dans les territoires romains, où ils se laissèrent engloutir par une culture qui n'était pas la leur, et, ce qui est pire, ils adoptèrent la langue des Romains, tranchant de ce fait le rapport intime entre l'intuition de la réalité et la signification expressive. En effet la langue néo-latine est incapable de développement, c'est un instrument sans lien vivant, et non une continuelle création de réalité matérielle et spirituelle ; pour cela les peuples qui la parlent n'ont, en eux, aucune aptitude au progrès. Les Allemands, au contraire, qui parlent une langue d'origine qui s'est développée d'une manière ininterrompue le long des siècles, peuvent seuls révéler cette pensée divine qui coule en eux immédiatement. Maintenant que la bataille des armes est terminée entre les Allemands et les Germains latinisés doit surgir la « nouvelle lutte des principes, des coutumes, des caractères ». Quand la nouvelle éducation aura régénéré les Allemands, les menant à nouveau à la connaissance de leur force naturelle et à la conscience de leur mission, la profondeur, le sérieux, la gravité de la manière de penser s'introduiront dans la vie allemande et donneront à la nation la capacité de diriger le développement de la perfection humaine.

Dans le contenu des *Discours*, il est impossible de ne pas relever une partie faible, un ensemble de jugements qui, bien qu'ils soient en apparence déduits scientifiquement, sont, en réalité, arbitraires, inspirés par le moment, dictés par l'impétuosité de la passion. Mais il faut se souvenir que Fichte se proposait d'infuser de l'énergie à un peuple abattu, de l'éperonner pour qu'il se retrempe physiquement et moralement. – Trad. Costes, 1923 ; Aubier-Montaigne, 1975.

DISCOURS À LA NATION EUROPÉENNE. Ouvrage polémique de l'écrivain français Julien Benda (1867-1956), publié à Paris en 1933. Benda y demeure inébranlable dans son culte de l'Absolu. C'est par *La Trahison des clercs* (*) qu'il prit position à cet égard. Dans son *Discours à la nation européenne*, Benda traite toujours ce problème du pouvoir spirituel, mais en le confrontant avec la politique. Il estime que l'Europe doit se faire avant qu'il ne soit tard. Elle n'y pourra guère parvenir qu'à la condition d'adopter un certain système de valeurs morales qui sont transcendantes à l'économique. Autrement dit, il fait le procès du marxisme pour en revenir à Platon. Après quoi, l'auteur poursuit : cette volonté de faire l'Europe est-elle singulière à notre temps ? Pas du tout, répond-il. Toute l'histoire nous le prouve. Plusieurs tentatives d'unification de l'Europe ont été faites dans le passé : par Justinien, Charlemagne, Charles Quint, Napoléon, sans oublier les Hohenstaufen, le pape Innocent III. Or, toutes sans exception ont été vouées à l'échec. Pourquoi ? Parce que les unificateurs ont voulu être des tyrans : unifier l'âme de l'Europe par des moyens militaires. Il est vrai, remarque l'auteur, que s'ils avaient montré plus de compréhension ils auraient échoué tout de même, parce que l'Europe, de soi, voulait être désunie. Cette volonté de sécession atteint son apogée au début du XXe siècle. Maintenant, Dieu merci, s'écrie alors Benda, l'idée de l'Europe existe. Oui, l'Europe a trop souffert de la désunion pour se garder d'accueillir son contraire. Pour hâter l'éclosion de l'idée européenne, l'auteur propose de s'appuyer sur une classe d'hommes libres de tout lien, « des hommes qui pensent, dit-il, en dehors du national ». Érasme est le type le plus accompli de ce genre d'homme : Hollandais vivant à Venise et qui s'énonce en latin. Selon Benda, l'on ne saurait trop glorifier cet Érasme. Cette position mène à flétrir Machiavel et ses tenants, autrement dit les créateurs des souverainetés nationales. Toute l'œuvre philosophique du XIXe siècle est particulièrement nocive à cet égard, car elle tend à diviniser le national. Faisant le procès de Fichte, de Nietzsche, de Sorel et de quelques autres, Benda veut que l'on honore la théologie platonicienne. Quels sont les ennemis de l'Europe ? Benda n'hésite pas à répondre : tous les fanatiques du réel. Ceux-là mêmes qui ont la religion de l'héroïsme, les artistes, les champions de l'ordre, etc. Un dernier point : il serait vain d'espérer que les nations puissent faire l'Europe tout en gardant leur attachement à leurs personnalités respectives. Tout comme elle devra se garder d'être un nouveau nationalisme. En tout cas et qu'on le veuille ou non, « elle sera vraiment une victoire de l'abstrait sur le concret... ». « Elle ne pourra se faire que par un certain renoncement de l'homme à lui-même... » « Elle n'aura de portée morale que si, loin d'être une fin à elle-même, elle n'est qu'un moment de notre retour en Dieu. »

Si l'on peut faire un reproche à ce genre de critique, c'est de simplifier par trop les données de ce problème que pose la vieille Europe. Benda reste toujours un esprit dogmatique. Ayant conscience qu'il s'adresse aux hommes de bonne volonté, il croit devoir les guider vers tout ce qui est absolu.

DISCOURS À MME DE LA SABLIÈRE. Sous ce titre existent en fait deux textes du poète français Jean de La Fontaine (1621-1695), s'adressant à l'épouse du riche M. Rambouillet de La Sablière, mondaine qui tenait un brillant salon et fut, de 1672 à sa mort en 1693, la protectrice et mécène du poète. Le premier *Discours* se trouve à la fin du *Second Recueil de fables* paru en 1679. La Fontaine y expose, de façon enjouée, une explication de ses *Fables* (*) et du fait qu'il y fasse parler les animaux. Il évoque la théorie cartésienne des animaux-machines, et soutient qu'à défaut bien sûr d'être doués de la forme d'esprit qu'est la raison les animaux en ont une autre forme, celle d'un mécanisme finement agencé, qui les rend capables d'actions équivalentes à celles des jeunes enfants. Dès lors, les faire parler n'est qu'une extrapolation que la fiction autorise, et un déguisement commode pour présenter les traits universels des comportements humains.

Le second *Discours* est de plus de portée. La Fontaine en donna lecture lors de sa réception à l'Académie (2 mai 1683), après avoir prononcé son remerciement ; il fut publié en 1685 dans les *Ouvrages de prose et de poésie des sieurs Maucroix et de La Fontaine*. Il s'agit d'un hommage à sa protectrice qui, après avoir mené une vie mondaine brillante, s'était retirée dans la dévotion depuis quelques années. Inspiré par son exemple, La Fontaine expose un bilan de sa vie, et s'exhorte à renoncer à son oisiveté et à ses penchants amoureux, désormais qu'il voit venu le temps de la vieillesse : « Renoncer aux Philis en faveur de soi-même, / Bannir le fol amour et les vœux impuissants. » En même temps, il fait un retour sur son entreprise littéraire, et, en une forme d'autocritique, remet en question ses choix esthétiques, sa polygraphie diversifiée, s'interrogeant sur la possibilité, s'il s'était consacré à un seul genre, d'être « allé plus haut peut-être au temple de Mémoire ». A. Vi.

DISCOURS APRÈS LE RETOUR [*Orationes post reditum*]. Sont compris sous ce titre quatre discours prononcés en 57-56 av. J.-C., à son retour d'exil, par l'écrivain latin Cicéron (106-43 av. J.-C.). Dans le premier : *Remerciements au Sénat* [*Oratio cum Senatui gratias egit*] comme dans le second : *Remerciements au peuple* [*Oratio cum populo gratias egit*], l'auteur exprime sa reconnaissance à ceux qui l'ont rappelé à Rome, tout en attaquant ceux dont il a été la victime. Dans le troisième : *Pour sa maison* [*Oratio de domo sua ad pontifices*], prononcé devant le collège des pontifes, Cicéron, dont la maison avait été détruite sous un prétexte religieux, s'en prend à son adversaire Clodius, instigateur du méfait ; il prouve que Clodius est également coupable de certaines irrégularités, de sacrilèges, si bien qu'au point de vue religieux toute son activité est condamnable. Le quatrième discours : *Sur la réponse des haruspices* [*De haruspicum responso*], date de 56. Les haruspices venaient d'affirmer que certains phénomènes récents étaient de fâcheux augure ; Clodius proclama sur-le-champ que c'était une manifestation de la colère des dieux devant le sacrilège de Cicéron qui voulait réédifier sa demeure sur un lieu sacré. Cicéron accuse à son tour et explique l'oracle aux dépens de Clodius, le seul impie à son dire. De ces quatre discours, les plus intéressants sont les deux derniers, car ils se rattachent à des faits précis. Les deux premiers, au contraire, ne sont qu'un tissu de vagues invectives dirigées contre des ennemis que l'orateur ne nous désigne pas toujours. Le personnage représenté le plus défavorablement est Publius Clodius ; Cicéron en dévoile la bassesse morale, les illégalités constitutionnelles, la mauvaise foi, voire la scélératesse. Ces *Discours après le retour* sont écrits dans une langue alerte, pleine d'esprit de repartie et d'ironie. Sauveur de Rome et « père de la patrie », Cicéron ne cache pas les sentiments de colère que provoque en lui son injuste exil. – Trad. Les Belles Lettres, 1930.

DISCOURS AUX ANIMAUX (Le). Pièce ou roman ? de l'écrivain français Valère Novarina (né en 1947). L'interrogation s'impose. Novarina lui-même, dans son journal *Le Drame de la langue française* (1973-1974), a précisé qu'il n'écrivait plus « pour le théâtre mais vers le théâtre – avec l'acteur comme objet de désir ». Et en effet, il y a bien dans ce *Discours aux animaux*, créé en 1987, une adresse, une apostrophe, un désir tourné vers... les animaux. Un homme parle à des animaux, c'est-à-dire à des êtres sans réponse. Il parle à trois cents yeux muets. Il (le narrateur, le « discoureur » est une voix anonyme, un être pétri de part en part par le langage) prononce *Le Discours aux animaux* sous forme d'une suite de onze « promenades », une navigation dans l'intérieur, c'est-à-dire d'abord dans sa langue et dans ses mots. Un homme parle à des animaux et ainsi il leur parle des choses dont on ne parle pas : de ce que nous vivons par exemple, quand nous sommes portés à nos extrêmes, écartelés, dans la plus grande obscurité et pas loin d'une lumière, sans mots et proches du dénouement. Le ton est au constat tragique, le discoureur constate la « disparition totale de tout ce qui fut ». C'est sur ce champ de néant, sur ce paysage d'Apocalypse qu'il va tenter, encore et encore, de « dialoguer », d'amorcer, lui, « le seul qui va sonnant et raisonnant », un discours, balbutiant, chaotique, fait de bric et de broc. D'où l'incessant jeu sur le langage, le travail sur la langue comme préalable à la reconquête du sens. Si le constat est tragique, les moyens de l'énoncer relèvent, souvent, d'un humour digne des meilleurs calembours surréalistes. D'abord, le discoureur se sent lui-même un animal : « J'ai vécu comme un lièvre dans la terre, le seul à rien comprendre à l'aventure des danses au-dessus. Monde est un trou pour moi. » On remarque l'absence d'article défini (Monde est...), tout comme le détournement d'expressions toutes faites (sonnant et raisonnant pour sonnant et trébuchant). Ce sont les deux axes majeurs du travail de Novarina sur la langue : la simplifier (le discoureur mime le désordre du monde. Il parle « petit nègre ») et la dévier (reconquérir le Sens, lui couper des habits neufs). C'est donc dans une langue travaillée de l'intérieur, travaillée par les néologismes, les barbarismes, les inventions linguistiques (« Aniamal, aniâmla, j'ai aimé l'animau, j'ai quitté la peau d'aniamnimal, j'ai quitté ») que lentement se recompose un monde jusque-là déformé, vidé d'être. Et, c'est sous le regard muet des animaux convoqués par Novarina, que se lèvent le Sens et un possible retour à la vie. P. Bl.

DISCOURS CATÉCHISTIQUE de Grégoire de Nysse [Λόγος κατηχητικὸς ὁ μέγας – *Oratio catechetica magna*]. Exposé raisonné du dogme catholique, à l'usage des prêtres préparant les catéchumènes au baptême, rédigé, vers 381, par Grégoire, le célèbre évêque de Nysse (335 ?-394 ?). Il constitue, malgré sa brièveté, l'écrit doctrinal le plus important du savant théologien, puisqu'il expose, sans recourir aux polémiques et aux développements exégétiques habituels, les points centraux de la doctrine chrétienne selon leur enchaînement logique et selon leur justification en regard des objections des païens, des juifs et des hérétiques. Dans sa préface, l'auteur fait observer que la catéchèse doit être adaptée à la mentalité de ceux auxquels elle s'adresse et développer des arguments différents, selon qu'il s'agit de convaincre un païen, un Juif ou un hérétique. Aux païens, il sera préférable de présenter des arguments tirés de l'analogie avec la vie naturelle, des déductions logiques, des comparaisons ; aux Juifs, des arguments tirés de l'Ancien Testament. Quant à l'hérétique, il faut lui citer les livres du Nouveau Testament, qu'il reconnaît lui-même comme inspirés. C'est pourquoi Grégoire se prévaut beaucoup plus d'arguments métaphysiques, logiques et déductifs que de l'autorité de *La Bible* (*).

Ce traité est centré sur trois grands points : Dieu, la Rédemption par Jésus-Christ, la sanctification par le baptême et l'eucharistie. En ce qui concerne Dieu, il enseigne brièvement son unité substantielle dans la Trinité, l'égalité du Fils et du Père et la divinité de l'Esprit saint, en recourant à l'analogie de la « parole » et du « souffle humain » pour rendre compréhensible le mystère de la vie trinitaire. La partie centrale, la plus étendue, est consacrée à la Rédemption, à ses possibilités dans l'homme et en Dieu, et à ses effets. Le catéchiste comprend que c'est ici que résident les plus grandes difficultés pour le non-croyant. Il part donc de ce fait que la nature originelle de l'homme était destinée à participer aux dons divins mais que, par suite du péché, c'est-à-dire du volontaire éloignement de l'homme de Dieu, cet ordre lumineux a été détruit. Le seul et véritable mal est donc exclusivement le péché, en tant qu'il est un manque de bien. La mort elle-même ne doit pas être considérée comme un mal. En partant de ce principe, on peut réfuter l'objection la plus fréquente des platoniciens et des hérétiques, selon laquelle Dieu, en se faisant homme, aurait accompli une action indigne de lui, et appliquer à l'union intime de la divinité et de l'humanité du Christ ce que l'on admet de la nature humaine, laquelle est le résultat de l'intime union de l'âme et du corps.

Il n'est pas vrai que la vie et la mort de Jésus-Christ constituent des faits indignes de Dieu, puisque les miracles du Christ, la différence entre la naissance et la mort d'un homme et celles du Christ, la raison profonde de l'Incarnation, c'est-à-dire l'amour miséricordieux de Dieu, sont autant d'arguments contraires. L'objection de la longue attente de Dieu pour réaliser la Rédemption et celle de l'ignominie de la mort sur la Croix, qui lui a permis de la réaliser, sont réfutées par Grégoire qui met en lumière la Providence divine et la glorieuse victoire sur la mort remportée par le Christ ressuscité. Dans les chapitres 33-37 sont expliqués, dans leur sens mystique et charismatique, les deux sacrements du baptême et de l'eucharistie. Le premier constitue une nouvelle naissance spirituelle qui s'accomplit par l'invocation de ce même Dieu tout-puissant qui opère le miracle de la génération terrestre. La triple immersion dans l'eau baptismale, selon les rites antiques, symbolise mystiquement la mort du péché et la résurrection avec le Christ. L'eucharistie, elle, a pour mission de conserver et de raffermir cette nouvelle vie, en l'intégrant dans le corps mystique qui est le Christ, toujours vivant dans l'Église. L'auteur conclut à la nécessité de la foi en un Dieu, un et triple, condition de cette nouvelle vie.

Ce *Discours* se présente donc, dans sa forme concrète, comme la synthèse du dogme chrétien et de la pensée métaphysique grecque. En plus de sa valeur historique, il constitue un moment particulier du développement de la patristique grecque face à la latine. Il possède, en outre, une valeur littéraire et doctrinale permanente pour tous ceux qui veulent connaître les principaux points du christianisme dans toute leur complexité organique.

DISCOURS CHRÉTIENS [*Christelige Taler*]. Ouvrage du philosophe danois Søren Aabye Kierkegaard (1813-1855), publié en 1848. Prélude à l'attaque directe que Kierkegaard lancera dans ses dernières années contre le christianisme officiel et la soi-disant société chrétienne, où les chrétiens se comptent par millions, se comptent même au nombre des naissances, mais pour qui le Christ est devenu une image douce et molle. Le sens du pur christianisme consiste essentiellement, selon Kierkegaard, à voir dans le Christ un « paradoxe absolu », ou plus simplement, un « scandale ». Le scandale est d'admettre un Dieu auquel tout est possible, aussi bien de revêtir l'aspect d'un esclave que de se poser en roi et maître. Comme le dit saint Paul, « opportet ut scandala eveniant », et le Christ, par le « scandale » de sa mort, a racheté la faute de l'humanité. Pour Kierkegaard, le christianisme est si étroitement associé à ce motif que si le Dieu-Homme ne portait pas en lui la possibilité du scandale, il ne pourrait même pas devenir l'objet de la foi. Celle-ci se présente donc comme une décision, un choix entre la répulsion que le divin suscite en nous, et l'attraction que d'autre part il exerce. Résultant d'une décision, la foi conservera toujours une incertitude essentielle ; c'est pourquoi le croyant n'est jamais certain de croire ou de ne pas croire, de posséder la grâce divine ou de l'avoir perdue.

Tous ces motifs inhérents à la foi (scandale, décision, incertitude) ne sont pleinement mis en lumière que par le péché et par l'angoisse. Ce qui rend en effet possible et nécessaire le rapport entre l'homme et Dieu, c'est la conscience du péché, qui correspond à celle de sa propre liberté, de sa singularité, ou mieux, de son « unicité ». C'est dans le péché que s'établit entre l'homme et Dieu un rapport étroitement personnel, différent de celui de tous les autres hommes. Et sur la façon dont on peut tomber dans le péché, le concept d'angoisse nous éclaire. L'innocence n'est pas en effet un état de candeur absolue ; le profond mystère de l'innocence c'est d'être en même temps angoisse, c'est-à-dire de renfermer le sentiment vague et inquiétant d'aller au-devant de quelque chose qui sera peut-être terrible. L'homme en arrive à un tel état d'anxiété qu'il ne peut plus reculer et tombe. Néanmoins, entre cet instant et celui qui lui succède immédiatement, l'instant où se produit la chute, existe un abîme aussi profond que celui séparant l'innocence de la faute. Il se produit, entre ces deux instants, un « saut » qu'aucune science ne peut expliquer. Il est donc inutile de vouloir le comprendre au moyen des catégories de la responsabilité et de la liberté abstraite. Le paradoxe du péché doit être accepté au même titre que le paradoxe absolu du Dieu-Homme. L'essence du christianisme réside précisément dans sa nature paradoxale, dont relèvent la conscience angoissée et torturée du vrai chrétien, son amour malheureux pour Dieu, son incertitude et même (comme ce fut le cas pour Kierkegaard) son incapacité « d'accomplir le dernier acte de la foi ». Auprès de quoi, le christianisme, tel qu'il est officiellement conçu et tel que le pratiquent la plupart des hommes qui s'en réclament, ressemble à « quelque festin de la Noël ». — Trad. Cerf - Foi vivante, 1967-1971, L'Orante, 1981, t. 15 des Œuvres complètes.

DISCOURS CONTRE LES ARIENS ['Απολογητικός κατά 'Αρειανῶν]. Traité de forme oratoire du Père de l'Église grec saint Athanase, évêque d'Alexandrie (295-373), dans lequel l'auteur expose les principes théoriques de cette lutte contre l'arianisme qui a été la raison constante de sa vie, si active et si agitée. Les *Discours* sont au nombre de quatre. Les trois premiers ont été écrits entre 347 et 360 ; le dernier, ainsi que semblent le prouver certaines particularités dans le contenu et dans le style, plus simple et plus concis qu'il n'est coutume chez Athanase, n'est pas authentique et a été probablement composé plus tard contre les doctrines d'Arius et de Sabellius. Le premier expose la doctrine de l'éternité du Fils et de l'identité de sa substance avec celle du Père. Lui fait suite une vive polémique dirigée contre les ariens, qui niaient la divinité du Christ. Athanase reproche entre autres à Arius de n'avoir pas su adopter une position précise, puisqu'au moment même où il nie la consubstantialité du Fils et du Père et détruit ainsi le dogme de la Trinité, il affirme que le Fils est distinct de toutes les autres créatures en ce qu'il a existé « avant les temps ». Le second *Discours* débute par une longue introduction, dans laquelle Athanase éclaircit, de son point de vue, l'usage et la signification de termes et d'expressions qui, dans les Textes sacrés, ont pu donner lieu à des interprétations ambiguës. Dans les deuxième et troisième *Discours*, il poursuit son commentaire sur certains passages des Écritures qui servent de base aux ariens (*Proverbes* VIII, 22, et *Jean* XIV, 10 ; XVII, 2 ; II 4 ; *Luc* II, 52, etc.). Dans sa discussion contre les ariens, il revient plus souvent et il insiste plus longuement sur la conception de l'Incarnation dont il a déjà longuement parlé dans le second de ses livres, *Contre les Grecs et Sur l'Incarnation du Verbe* (*) : les erreurs que commettent les ariens, dans leur exégèse de certains passages des Saintes Écritures, proviendraient, selon Athanase, de la confusion de leurs idées en ce qui concerne les caractéristiques de la nature, à la fois divine et humaine, du Fils de Dieu.

Même dans ces deux *Discours*, l'exposition n'est pas continue, mais souvent coupée de passages doctrinaux ou polémiques, et d'exhortations chaleureuses et émouvantes qu'il adresse aux ariens pour leur faire abandonner les fausses doctrines qui les rapprochent des Juifs et les amener à embrasser la véritable religion chrétienne. Son argumentation n'est soutenue que par quelques conceptions fondamentales, les mêmes qu'il a fait valoir et accepter par le concile de Nicée (325) et qui sont devenues le « Symbole d'Athanase ». Mais l'habileté de son éloquence, jointe à la chaleur de sa foi, les lui fait présenter sous des formes toujours différentes et lui dicte de nouveaux arguments, dont il enrichit au fur et à mesure son discours.

DISCOURS DE LA MÉTHODE pour bien conduire sa raison et chercher la vérité dans les sciences. Œuvre du philosophe et savant français René Descartes (1596-1650) que l'on peut considérer comme le point d'ouverture de la philosophie moderne. Il fut publié en 1637, avec *La Dioptrique* (*), *La Géométrie* (*) et *Les Météores* (*), dans les *Essais philosophiques*, auxquels il sert de préface : statut singulier, donc, d'un texte qui ne constitue pas par lui-même le cœur du propos, mais qui eut pourtant un retentissement plus vaste que ceux qu'il introduit, et qui de fait est d'une portée plus considérable. Comme son titre l'indique, il s'agit d'un essai d'épistémologie, donc d'un métadiscours scientifique : en ce sens, il correspond, par sa nature même, au statut fondamental du texte philosophique dans sa plus haute définition. Cependant, autre paradoxe, cet écrit de haute portée intellectuelle ne se présente pas sous une forme absconse ; au contraire, il présente deux propriétés qui en font un texte ouvert à la lecture du plus grand nombre possible de lecteurs cultivés : il est rédigé en français, alors que la langue de communication savante à l'époque était le latin, et il adopte essentiellement le mode narratif, plus précisément celui de la narration autobiographique, et non celui de l'exposé spéculatif abstrait. Les deux grandes innovations de Descartes se situent là, dans la proposition, adressée à quiconque souhaite réfléchir sur la vérité, d'un texte révélant une aventure intellectuelle, rompant ainsi avec les traditions de l'exposé dogmatique ; et c'est bien d'une aventure intellectuelle qu'il s'agit, puisque la réflexion rompt avec les doctrines établies en autorité. Le *Discours* relève ainsi d'un effort pour surmonter des contradictions formelles, entre un contenu d'épistémologie très élaborée et une écriture d'accès aisé, qui traduisent dans la structure de l'œuvre la contradiction où se trouvait placé l'auteur : l'épistémologie qu'il expose est en rupture avec les dogmes alors dominants, mais il ne souhaite pas afficher sa position déviante, préférant l'édulcorer pour la rendre recevable, en tout cas pour échapper à la censure et aux poursuites que les autorités religieuses auraient pu lui intenter.

Le *Discours* est en effet, dans sa genèse, lié au *Traité du monde*, que Descartes avait achevé dès 1634 et qui donnait une « physique » générale inspirée des conceptions de Copernic et Galilée. Mais au vu des condamnations dont ce dernier avait fait l'objet, il renonça à le publier. Les *Essais philosophiques* constituent une reprise, sous forme de fragments anthologiques, de quelques points essentiels de ce traité, et le *Discours*, qui les préface, a pour fonction à la fois de marquer la nouveauté de la démarche et de garantir que celle-ci n'est pas sujette à suspicion d'hérésie. La stratégie textuelle de Descartes consiste donc à se tourner vers un auditoire élargi, à se faire connaître comme un philosophe parlant au présent pour les gens du présent, et non comme un auteur qui réitère et prolonge les thèses de la tradition autorisée, et à exposer ses nouveautés comme des hypothèses, des raisonnements possibles, sans les donner comme assurés et universels, d'où le recours à la forme du récit autobiographique : il expose la méthode qu'il s'est donnée et a suivie, lui, dit-il, pour sa quête du savoir, sans prétendre qu'elle est universellement vraie — il la traite plutôt comme une sorte de fable ou d'« exemplum », tirant de sa propre expérience ce qui peut donner matière à réflexion pour un chacun, sans imposer ses vues, s'en tenant à les proposer. Il affirme nettement que son but n'est pas d'enseigner « la méthode que chacun doit suivre pour conduire sa raison, mais seulement de tâcher de faire voir en quelle sorte (j') ai conduit la (m)ienne ». Pour libérer sa pensée philosophique d'une contrainte qui la rendrait aphasique, Descartes use donc de ressources proprement formelles, d'une invention dans l'écriture qui font du *Discours*, en même temps qu'un exposé philosophique de premier plan, une œuvre littéraire singulière.

La démarche qu'il suit l'atteste, qui mêle et fait alterner les temps proprement narratifs et les analyses raisonnées et abstraites. Le texte se divise en cinq parties : la première, très autobiographique, expose sa formation et la problématique de quête du savoir vrai qui est la sienne ; la deuxième expose les deux instruments essentiels de son épistémologie, sa logique et son outillage mathématique ; la troisième donne les règles de morale pratique adoptées pour la vie usuelle en fonction de sa démarche ; la quatrième établit le lien entre le principe fondamental de la pensée cartésienne, la vérité première sur laquelle toute la réflexion prend appui et qui est le célèbre « Je pense donc je suis » (*Cogito ergo sum*) et la vérité de certitude évidente de l'existence de Dieu, mettant ainsi Descartes à l'abri des soupçons de libre pensée que son scepticisme méthodique pouvait attirer ; la cinquième enfin montre de quelles applications sa méthode (son épistémologie) est susceptible dans les sciences, en physique et en physiologie. Le plan d'ensemble est donc clair : question-réponse-conséquences pratiques-enjeu théologique-enjeu scientifique ; et le va-et-vient entre récit personnel et pensée spéculative est constant, qui rend l'exposé accessible et signifiant pour les « honnêtes gens » qui réfléchissent sincèrement. Et un tel va-et-vient crée une représentation de l'entreprise de recherche où les interrogations sur le savoir vrai et l'art de vivre ne font qu'un : le récit de l'aventure intellectuelle et le récit de vie se confondent.

Rien de plus célèbre que la remarque qui ouvre le *Discours*, sur la qualité générale du « bon sens », mais cette faculté de raisonner, si elle est quasi omniprésente, risque fort de rester lettre morte à défaut d'un effort méthodique pour la mettre à profit ; et les méthodes scolaires ne suffisent pas à fournir les moyens adéquats. Tel est le propos de la première partie, fondé sur le récit et le constat de son expérience personnelle. Dressant l'inventaire des disciplines pratiquées à l'époque, il conclut qu'elles ne peuvent résoudre l'aporie de la diversité des opinions et de l'incertitude des savoirs appuyés sur la tradition autorisée mais non vérifiés en raison. Il s'étonne que les mathématiques, qui paraissent aptes à nourrir le goût des certitudes, n'aient pas été mieux mises à profit. Pour expliciter sa pensée, il recourt là à l'une des comparaisons célèbres dans le *Discours* : les traités des anciens moralistes, pour avoir négligé l'apport des sciences exactes, et en particulier de la mathématique, la plus assurée et la plus avancée de toutes, ressemblent selon lui à des palais somptueux dont les fondations seraient fragiles ou quasi inexistantes. Poursuivant dans l'ordre de l'autobiographie, il relate alors comment, saisi par le sentiment d'insatisfaction que procure ce savoir mal assuré, il a résolu, très jeune, de rechercher dans l'expérience des voyages et de la méditation solitaire ce que l'enseignement reçu ne lui avait pas procuré, les moyens pour une quête de vérités sûres et utiles à la vie dans toutes ses dimensions.

L'essentiel de la deuxième partie est l'exposé des principes qui, une fois constatée la nécessité de rompre avec les acquis insatisfaisants de sa formation, ont guidé sa quête. Ils sont au nombre de quatre. « Le premier était de ne recevoir jamais aucune chose pour vrai que je ne la connusse évidemment être telle, c'est-à-dire d'éviter soigneusement la précipitation et la prévention. » Ce principe fonde la démarche du *doute méthodique*, caractéristique de la méthode cartésienne. Passant du doute sur ce qu'il avait appris dans ses années d'études à une réflexion plus étendue et généralisée, il fait du scepticisme l'outil constant nécessaire pour atteindre à la vérité par l'évidence, récusant toute proposition qui ne présente pas cette qualité, et n'en recevant aucune pour évidente qu'il ne l'ait d'abord soumise à cet examen critique radical. On voit combien une telle attitude pouvait choquer les tenants de l'ordre religieux fondé sur le dogme et le caractère contraignant des vérités déclarées révélées. Par ailleurs, la notion d'évidence exige d'être précisée : Descartes l'explicite en spécifiant sa décision de « ne comprendre rien de plus en (m)es jugements que ce qui se présenterait si clairement et si distinctement à (m)on esprit que je n'eusse aucune occasion de le mettre en doute ».

Que faut-il entendre par « clairement » et par « distinctement » ? La question est cruciale : en effet, le fondement de la réflexion cartésienne, une fois rejetées les idées ou les opinions imposées par la tradition ou le dogme, s'inscrit dans une logique de l'*intuition intellectuelle*. Le cheminement de la pensée ne peut se faire qu'à partir de quelques vérités auxquelles l'esprit accède et qui, après examen critique, résistent au scepticisme méthodique par leur clarté et leur distinction. Aussi les principes suivants sont voués à préciser les moyens de reconnaître clarté et distinction. Le deuxième de ces principes s'énonce ainsi : « Le second, de diviser chacune des difficultés que j'examinerai en autant de parcelles qu'il se pourrait et qu'il serait requis pour les mieux résoudre. » Il s'agit donc de construire des séries discrètes, c'est-à-dire d'opérer des distinctions logiques ; et le moyen pour cela est de construire des chaînes élémentaires, c'est-à-dire de séparer les éléments constitutifs d'un ensemble, de décomposer une idée en autant de données qu'elle peut en comporter. La division en parties constitutives (les « parcelles ») assure le critère de la distinction ; la décomposition élémentaire (« *autant* de parcelles *qu'il se pourrait* ») assure la clarté : d'une idée réduite en éléments simples on peut tirer des éléments « clairs » puisque, ne comportant chacun qu'une proposition, ils ne sont pas susceptibles de formulations ambivalentes. Reste que, bien entendu, le risque serait alors de revenir à des données sans cesse plus élémentaires, donc de déconstruire la complexité du réel vivant jusqu'au point où la pensée serait tout entière accaparée par l'inventaire des parties constitutives, et ne pourrait jamais en faire la moindre synthèse, indispensable à la construction d'une idée (« jugement ») ; aussi Descartes fait intervenir comme facteur modérateur le principe de pertinence : « autant de parcelles [...] qu'il serait requis pour les mieux résoudre ». De la sorte, des trois principes clés de toute épistémologie, deux se trouvent mobilisés au service de la quête du troisième : pour accéder au principe ontologique, le principe de véracité (une proposition ne doit être que si elle est vraie et assurée comme telle), sont utilisés le principe de cohérence (la construction de chaînes logiques à partir de données élémentaires) et le principe de pertinence (les points limites de l'opération d'analyse puis synthèse étant indiqués par la nécessité de l'opération, par le seuil *nécessaire pour résoudre au mieux le jugement* objet de la réflexion). On voit donc que l'épistémologie cartésienne est fondée sur une démarche d'*intuition logique*. Elle consiste ainsi, pour l'essentiel, à passer de l'ordre de la créance (les opinions reçues, que l'on remet en doute) à un ordre de la raison (les certitudes vérifiées, que l'on prend pour fondement du jugement).

Les deux autres principes de la *Méthode*, tels qu'indiqués dans la suite de la deuxième partie, sont les applications instrumentant les deux premiers, fondamentaux à proprement parler. Principe trois : « Le troisième de conduire par ordre mes pensées, en commençant par les objets les plus simples et les plus aisés à connaître pour monter peu à peu comme par degrés jusques à la connaissance des plus composés ». Principe quatre : « faire partout des dénombrements si entiers et des revues si générales qu'il fusse assuré de ne rien oublier ». Ces inventaires systématiques sont le moyen de vérifier que la division d'une question en ses parties constitutives a été faite et de façon complète (principe deux) ; progresser du plus simple au plus complexe, donc construire la synthèse après l'analyse, est le moyen de construire des propositions ayant les propriétés de clarté et d'évidence, critères de la certitude (principe un).

On peut souligner là le lien avec la réflexion mathématique, essentiel dans la pensée cartésienne. Si les mathématiques lui paraissent un outil incomparable, c'est qu'elles offrent de « longues chaînes de raisons », donc des éléments, chacun en lui-même vérifiable et, épistémologiquement « simple », donc possédant les propriétés de la certitude. Mais pour que cet outil soit efficient, il faut le soumettre lui-même aux principes de la méthode. En particulier, la géométrie lui paraît alourdie, compliquée en vain, par la contrainte de la représentation par des figures : exprimer les propriétés d'une figure au moyen de chiffres est exactement le passage du complexe (l'ensemble que constitue la figure) à la chaîne des données simples (la série des chiffres que forme l'équation correspondant à la figure). Là réside la ligne d'exigence logique qui conduit la pensée cartésienne à son invention mathématique : la géométrie analytique. Le reste, la construction des énoncés proprement mathématiques, n'est affaire que de bon sens (au sens où Descartes emploie le terme : de jugement sain des proportions et des relations), qui permet d'énoncer les proportionnalités et les formules qui les désignent, et de mémoire, pour retenir ces formules et pouvoir, en allant du simple au complexe, associer ces formules entre elles sans revenir à chaque fois au point de départ.

La démarche proposée là par Descartes est, prise dans sa généralité et sur le plan épistémologique, une démarche inductive. En effet, elle ne propose pas de poser des lois à partir desquelles on déduirait l'explication des phénomènes, mais d'observer des séries de relations, à partir des données élémentaires, et de pouvoir tirer des propositions générales, des lois, de ces observations premières. La déduction, la construction des relations de conséquence, est alors traitée comme un instrument (le raisonnement par déduction est l'outil même de la logique mathématique, et Descartes fait de celle-ci l'outil de sa réflexion générale). Là se situe le point le plus délicat, surtout en son temps, de l'insertion de la pensée cartésienne dans les mentalités occidentales et chrétiennes. En effet, la tradition reposait sur le principe de la « vérité révélée » (les Évangiles et le dogme), donc d'énoncés de la plus grande généralité possible, à partir de quoi le philosophe et le « savant » étaient censés interpréter la vie et le monde dans leurs caractères particuliers. Le *Discours de la méthode* marque, de ce point de vue, l'accomplissement d'une innovation épistémologique et d'une rupture avec la pensée scolastique que seul Bacon auparavant avait élaborées en une réflexion d'une telle portée, mais qu'il mène plus avant parce qu'il les inclut dans une logique générale, couvrant aussi bien l'espace de l'ontologie et de la métaphysique que celui des sciences, où Bacon se cantonnait.

On conçoit que, même sans les contenus galiléens du *Traité du monde*, le *Discours* apparaissait ainsi comme propre à choquer les autorités, notamment les représentants de la croyance dogmatique. Descartes consacre la troisième partie, non pas à une poursuite logique de son propos d'épistémologie, mais à des questions de morale pratique. En effet, deux questions surgissent, sitôt les principes de la méthode exposés : que faire, comment vivre, en attendant que la quête de la vérité ait abouti ? Et la quête entreprise est-elle en accord avec la foi religieuse ? La troisième partie traite de la première de ces questions, la quatrième, de l'autre.

La morale provisoire qu'il expose, comme moyen de gérer la vie courante tandis que l'esprit est accaparé par la recherche et suspendu dans le doute méthodique, tient en quelques maximes. Leur citation suffit. « La première était d'obéir aux lois et coutumes de mon pays, retenant constamment la religion en laquelle Dieu m'a fait la grâce d'être instruit dès mon enfance et me gouvernant en toute autre chose selon les opinions les plus modérées et les plus éloignées de l'excès. » « Ma seconde maxime était d'être le plus ferme et le plus résolu en mes actions que je pourrais. » « Ma troisième était de tâcher toujours plutôt à me vaincre que la fortune, et à changer mes désirs que l'ordre du monde. » Révolutionnaire en philosophie, Descartes apparaît ainsi comme conformiste, par calcul lucide, par décision délibérée, en morale pratique.

La quatrième partie aborde l'exposé des premiers acquis édifiés grâce à la méthode exposée dans la deuxième partie. Le principe du doute méthodique n'a d'efficacité, y est-il souligné, que si on n'en exclut rien a priori, si on admet que tout objet, tout domaine peut en être lieu légitime d'exercice. On voit là que l'éventualité du scepticisme généralisé, et donc de l'accusation d'incroyance, est présente dans le propos. L'exposé cartésien progresse alors en marquant que, toute opinion et toute idée de certitude, fût-elle mathématique, étant rejetées parce que susceptibles d'être données par les sens et l'imagination, trompeurs les uns comme l'autre, ne reste que la perception du fait de penser. La première proposition de la philosophie cartésienne réside dans cette intuition de la pensée comme fait humain le plus élémentaire, comme fondement même de la conscience d'exister. C'est le, célèbre autant que galvaudé, « Je pense donc je suis », première application du principe de la certitude accordée à une proposition en vertu de sa clarté d'évidence. Il constitue un retour sur soi au sens premier du terme : il n'est de quête de la vérité que par et pour la pensée, donc l'ensemble de la réflexion n'a de cohérence qu'à partir de la conscience de la pensée. Et sans la conscience de la pensée, il n'est point de possibilité d'une spécificité de l'humain, donc l'ensemble des questions antérieures perd toute pertinence, toute raison d'être. Le cartésianisme est bien un humanisme.

La plongée aux extrêmes du doute suscite donc la certitude élémentaire, base à partir de laquelle peut être engagée la conquête progressive des certitudes : pour penser, même par erreur, même dans un songe, il faut bien d'abord « être ». Accédant à la conscience de l'existence par la pensée capable de se mettre radicalement en doute, il en tire, par conséquence logique, une deuxième proposition qui définit l'être humain : « substance dont toute l'essence ou la nature n'est que de penser ». En cela donc, substance spécifique, différente de celles qui ne pensent pas (application du critère de distinction).

Survient alors un raisonnement qui conduit à inscrire la pensée cartésienne dans la logique chrétienne. On peut le résumer ainsi : si je pense et prends conscience de l'existence grâce à cette pensée, c'est en passant par le doute ; or le doute est indice d'imperfection, car il est plus parfait de connaître avec certitude que de douter ; et si je ressens l'imperfection, ce ne peut être que par référence à une idée de la perfection. Mais étant imparfait, je ne puis moi-même, dit Descartes, être la source de l'idée de perfection. Il y faut donc une source extérieure ; laquelle ? La réponse est prévisible, on s'en... doute. On peut bien imaginer si l'on veut, poursuit-il, que les réalités matérielles extérieures (la lumière, la chaleur, etc.) ne soient que des prolongements de la substance humaine, rien en elles n'étant, en bonne logique, plus parfait que la substance humaine, mais on ne peut concevoir que le parfait émane, soit une production, de l'imparfait ; donc l'existence même du « cogito », à la fois pensant et affecté d'imperfection puisque doutant, implique l'existence d'une autre nature, « véritablement plus parfaite que je n'étais », et qui est Dieu. En cela, Descartes rejoint un procédé de la scolastique, qui tirait du caractère imparfait et fini de l'ici-bas la preuve de l'existence de Dieu, parfait et infini. Mais la démarche cartésienne le fait non pas en prouvant à proprement parler l'existence de Dieu, mais bien en prouvant l'existence d'un être humain ayant l'idée de la perfection, donc de Dieu.

Sur quoi, Descartes avance une seconde preuve. Analysant l'espace en termes de géométrie, il constate que si l'idée du triangle impose de reconnaître que la somme des angles de celui-ci est égale à deux angles droits, elle n'implique pas pour autant qu'il ait jamais existé un triangle effectif dans l'univers. Mais l'idée de Dieu, elle, à l'inverse, impose l'idée que Dieu existe, avec autant de force que l'idée du triangle impose celle que ses angles sont égaux à deux angles droits. En effet, si nous pouvons bien examiner la « substance étendue », le monde des corps matériels, nous ne pouvons le faire que parce que existe la « substance pensante », l'âme, qui définit l'homme ; et pour que les observations et idées de celle-ci soient définitivement validées, fondées en certitudes, il faut une instance supérieure qui garantisse que l'on peut accéder au degré suprême de la qualité de connaissance, la certitude intégrale, c'est-à-dire métaphysique. Car, dit-il dans une sorte de raisonnement par l'absurde, si au moment même où l'évidence est présente l'homme se trouvait dans l'illusion, cela signifierait que la perfection n'existe pas, puisque l'illusion est une imperfection et, comme telle, dévaluerait sans recours l'évidence ; donc, pour que l'entreprise de connaissance soit possible, il faut que Dieu existe.

Toute cette partie du *Discours* justifierait d'une discussion serrée : Descartes y démontre la logique qui conduit l'homme à postuler que Dieu existe, que le « cogito » implique l'idée d'imperfection et donc, par retour logique, l'idée de la perfection ; et celle-ci rend nécessaire la possibilité que Dieu puisse exister... Rien en cela qui constitue une affirmation de foi, mais l'affirmation qu'en bonne logique l'idée de perfection est nécessaire, et le saut, ensuite, dans le raisonnement, qui fait de cette idée même la preuve de Dieu... À quoi s'ajoute le fait que, dans la logique même de la démarche, cette étape n'est pas indispensable d'emblée, et, logiquement, aurait pu, sinon dû, venir plus tard... Elle dénote le souci de se mettre à couvert des accusations d'incroyance, ou de pyrrhonisme ; bref, un effet des mentalités du temps autant que de la logique épistémologique.

Après les perspectives métaphysiques tracées dans cette quatrième partie, la cinquième, en un volet complémentaire, expose les lignes de force de l'application de la méthode dans l'ordre physique. Il s'agit alors de ce qui est le plus conforme au titre, la manière de « chercher la vérité dans les sciences » (« conduire sa raison » peut certes s'appliquer en tous domaines, mais on voit que l'exposé métaphysique n'est pas inhérent au propos lui-même, mais bien à la situation d'énonciation). Les aperçus que donne là Descartes de sa physique et de sa physiologie témoignent d'une conception mécaniste de l'univers. On doit aussi y relever quelques entorses aux règles de la méthode énoncées dans les sections précédentes, en particulier l'abandon de la recherche d'explications proprement scientifiques au profit d'une argumentation faisant crédit à « certaines lois que Dieu a tellement établies en la nature et dont il a imprimé de telles notions en nos âmes... » – soit le retour d'un propos de type « déductivo-fidéiste » que la méthode cartésienne semblait avoir, justement, eu pour vertu singulière de bannir de l'ordre des savoirs scientifiques.

Il est vrai que les bases expérimentales nécessaires aux sciences du monde et de la nature faisaient encore défaut, ces bases qui forment la substance du propos de la sixième partie, conclusion provisoire où Descartes lance un appel aux princes mécènes qui pourraient, par les subsides distribués, permettre que se développe l'expérimentation.

Celle-ci est cependant loin d'être assez mûrie dans la pensée de l'époque en général, et dans celle de Descartes en particulier, de sorte que, plus que dans l'ordre des connaissances proprement dites, le *Discours*, et les *Essais philosophiques* dans leur ensemble, marque une étape historique dans l'ordre de l'épistémologie et dans les conséquences mathématiques de la nouvelle façon de construire l'interrogation scientifique. Ce qui en fait, en soi, un texte révolutionnaire de la philosophie occidentale.

A. V.

DISCOURS DE LA SERVITUDE VOLONTAIRE. Cette œuvre fut écrite par l'écrivain français Étienne de La Boétie (1530-1563) alors qu'il avait, au témoignage de Montaigne, seize ou dix-huit ans. Montaigne, qui réunit après la mort de son ami ses papiers et publia, en 1571, un recueil de ses œuvres (vers latins et français, traductions de Xénophon et de Plutarque), ne publia ni le *Discours* ni les *Mémoires de nos troubles sur l'édit de janvier 1562*, car il leur trouvait, écrit-il, « la façon trop délicate et mignarde pour les abandonner au grossier et pesant air d'une si mal plaisante saison ». Un long fragment du *Discours* parut en 1574, d'abord en latin dans les « Dialogi ab Eusebio Philadelpho cosmopolita » (2e dialogue), puis en français dans le « Réveille-Matin des Français » (2e dialogue), enfin en son entier en 1576, dans les *Mémoires de l'état de la France*, recueil de pamphlets calvinistes de Simon Goulard ; toutefois le texte en avait été transformé à des fins de propagande religieuse. À cette époque, le *Discours* était plus couramment appelé « Le Contr'un », mais le titre que La Boétie lui avait donné est bien, selon Montaigne, *Discours de la servitude volontaire*. On a attribué le *Discours* à Montaigne, mais le témoignage de Montaigne lui-même et des contemporains est formel : le *Discours* est bien de La Boétie.

Œuvre de jeunesse, pleine des résonances des discours de l'Antiquité classique, le *Discours* n'est pourtant ni un pastiche ni l'œuvre d'un écolier. On y trouve un écho des luttes intestines de l'époque où il fut composé et une prise de position contre la tyrannie : c'est pourquoi cet opuscule fut largement utilisé par les calvinistes et détourné de son sens premier. En effet, il ne semble pas que La Boétie, alors jeune magistrat, ait songé à s'attaquer à la monarchie, et son écrit reste théorique. Inspiré par la passion antique pour la liberté, le *Discours* a pour objet de montrer les frontières que la nature et Dieu assignent à la tyrannie, d'avertir que la patience des peuples n'est pas sans limite et que, passée celle-ci, le refus, la révolte deviennent non seulement légitimes mais obligatoires. Implicitement, La Boétie reconnaît qu'il n'y a pas de pouvoir qui ne doive s'appuyer sur le consentement des sujets. Le *Discours* est un des tout premiers maillons de cette chaîne qui aboutira aux pamphlets de 1789 ; il est caractéristique que ce soit un jeune humaniste qui prêche ainsi la haine contre les tyrans et que ce soit la culture des lettres classiques qui dicte cet appel à la liberté. Bien que peu porté aux innovations littéraires, La Boétie écrit dans un style vigoureux, impétueux, généreux et qui, malgré son éloquence, reste toujours simple et naturel.

DISCOURS DE MÉTAPHYSIQUE. Traité sur les perfections de Dieu. Ouvrage du philosophe allemand Gottfried Wilhelm Leibniz (1646-1716), écrit en français en 1685-86. La première édition de Grotenfeld (1846) est incomplète ; l'édition définitive date de 1907 ; elle fut publiée par Lestienne. Dieu est l'être absolument parfait. Il faut distinguer son action de celle de ses créatures et, pour cela, définir le concept de la substance individuelle. Dans toute proposition réelle, l'attribut est contenu explicitement (ou se trouve en puissance) dans le sujet ; ce sujet, que l'on ne peut rapporter à aucun autre sujet en qualité d'attribut, et qui groupe tous les attributs, c'est la « substance individuelle », que Leibniz appellera monade par la suite. Toute substance est unique dans son espèce et forme un monde complet ; reflet de Dieu et de l'Univers, que chacune représente à sa manière, elle incarne le présent, le passé et l'avenir. (Quand cette proposition fut connue du cartésien catholique Arnauld par un sommaire du *Discours*, il en résulta entre Leibniz et lui une longue polémique par correspondance ; Leibniz fut amené à préciser que la substance contient tout son passé et son devenir si elle est vue en Dieu et non en elle-même ; ainsi, le fait de « contenir » doit être compris dans le sens d'une possibilité de prévision divine et non d'une nécessité logico-métaphysique. Par la suite, ce système deviendra le point central de la philosophie de Leibniz.)

Dieu a créé les substances de la même façon que nous pensons ; en fait, ce sont des pensées de Dieu qui, ainsi que toute pensée divine, contiennent chacune tout l'Univers. Cette conclusion panthéiste, à laquelle l'auteur se défend toutefois d'arriver, apparaît déjà dans le concept de la « substance individuelle » comprise à la manière de Spinoza « en soi et par soi » : bien que chacune soit complète et limitée, chacune est semblable à Dieu n'étant qu'un aspect de Dieu. Ce manque d'assurance de la pensée de Leibniz, panthéiste sans le vouloir, se retrouve dans la dernière partie du *Discours* : notre esprit, dit-il, en tant que substance individuelle ne cesse de penser mais avec plus ou moins de clarté ; il ne peut recevoir des impressions extérieures ; c'est une métaphore de dire ceci, au même titre que les disciples de Copernic disent que le soleil se lève et se couche : donc l'unique objet de notre pensée est Dieu. Mais alors Dieu seul est vraiment actif, conclusion inévitable à laquelle Leibniz tente vainement de se soustraire en faisant une distinction entre la volonté « inclinée » et la volonté « nécessitée » : Dieu incline notre pensée sans la nécessiter. Mais quel est le sens de tout cela si notre essence même est une pensée divine ?... Ces graves problèmes étant laissés en suspens, le *Discours* de Leibniz doit être considéré comme un programme de méditations futures et non comme l'exposé d'une doctrine complète. Le désir d'éclaircir, sinon de résoudre ces questions, sera, par la suite, le mobile des recherches de l'auteur ; il inspirera ses œuvres les plus achevées : les *Essais de théodicée* (*) et *La Monadologie* (*).

DISCOURS DES CHAMPS FAËZ, À L'HONNEUR ET EXALTATION DE L'AMOUR ET DES DAMES. Œuvre publiée en 1553 par l'écrivain français Claude de Taillemont (1526 ?-1560 ?), disciple de Maurice Scève, à l'apogée de la Renaissance lyonnaise. Elle appartient à la fois à des genres divers : genre narratif, car c'est le récit d'une visite à la campagne, dans des jardins féeriques

(« faëz ») ; genre dialogué, puisque l'essentiel du livre est fait de conversations sur les souffrances de l'amour (c'est le sens du titre, « Discours ») ; poésie enfin, de très nombreuses pièces versifiées s'y mêlant à une prose largement onirique. Ce coup d'essai du jeune écrivain est inspiré des *Azolains* (*) (trad. par J. Martin, Lyon, 1545, des *Asolani* du Vénitien Pietro Bembo). Si, esthétiquement, l'œuvre parvient mal à se dégager des contradictions nées de sa complexité même, son intérêt demeure extrême. Elle montre de quelle façon le néo-platonisme de la Renaissance italienne a été reçu et compris à Lyon, porte de la France vers l'Italie. Elle affiche une idéologie teintée de polémique, s'ouvrant sur un éloge passionné de la femme, divinisée en la personne d'Eumathe, marmoréenne hôtesse du domaine enchanté, et les accents du premier Discours, appelant les dames à s'arracher à la torpeur domestique, sont peut-être la source de la fameuse Épître liminaire de Louise Labé. Ces mêmes *Discours* offrent un avatar caractéristique du genre romanesque « bref » en mutation, car les devisants de l'histoire-cadre (très boccacienne) introduisent, à l'appui de leurs thèses, des récits encadrés qui ressortissent déjà, plus qu'à la « nouvelle » humaniste, aux « histoires tragiques » de la fin du siècle. Surtout, les *Champs faëz* mettent en scène, en la personne de Philaste, le narrateur, un étrange visage d'amoureux, inhibé par une effrayante timidité en même temps que par son ambition d'écrivain : frappante image d'un dolorisme (ou masochisme ?) amoureux qui prend au pied de la lettre chaque formule du discours pétrarquiste. Si l'on ajoute que les *Champs faëz* jouent sans cesse avec les parallèles plastiques les plus raffinés (évocations de sculptures et d'architectures avec leurs devises, comme chez Fr. Colonna), on mesure la richesse d'une œuvre dont le renom resta pourtant discret, jusqu'à encourir un durable oubli. — Édition critique par J.-C. Arnould, Genève, Droz, 1991. G.-A. P.

DISCOURS DES MISÈRES DE CE TEMPS (Les). Poèmes politiques du poète français Pierre de Ronsard (1524-1585), publiés en 1562-1563. Les guerres dites « de Religion » (l'expression date en fait du XVIIIe siècle) commencèrent en France en mars 1562. Mais l'apparition de la Réforme est bien antérieure au déclenchement de ces guerres. Ronsard, qui a des amis chez les protestants, ne se déclare pas contre eux tant que les questions soulevées sont du ressort des théologiens et des évêques. Il ne prête pas non plus une grande attention aux ultimes efforts de conciliation déployés par les modérés des deux camps, notamment lors du fameux colloque de Poissy (automne 1561), organisé par Catherine de Médicis, régente du royaume. Tout change lorsque les protestants français prennent les armes pour éviter d'être massacrés. Ronsard entre alors en lice et publie coup sur coup quatre « plaquettes » contre les protestants : le « Discours des misères », qui va donner son nom à l'ensemble constitué en 1567 (mai 1562) ; la « Continuation du Discours sur les misères de ce temps » (août de la même année) ; la « Remonstrance au peuple de France » (décembre) ; et la « Responce aux injures et calomnies » (avril 1563). D'autres pièces de vers viendront grossir cette section des *Œuvres collectives*, certaines antérieures au soulèvement protestant, d'autres postérieures, notamment celles qui furent composées en 1569 pour célébrer les victoires de Jarnac et de Montcontour remportées par le duc d'Anjou, futur Henri III, sur les protestants. Mais ce sont les quatre citées ci-dessus qui firent la gloire de Ronsard polémiste et qui, de l'aveu même des intéressés, portèrent à la Réforme des coups très durs dans l'opinion publique.

Avant cette date, Ronsard considérait que la poésie, qui est liberté, pouvait se fourvoyer dans les débats d'idées. En 1562-1563, il s'engage avec fougue pour défendre tout à la fois l'Église catholique et la monarchie française, menacées par une sédition. À celle-ci, il ne reconnaît aucune légitimité : les premiers chrétiens, remarque-t-il, enduraient les persécutions sans protester. Cela ne veut pas dire qu'il n'admet pas la justesse de certaines critiques adressées au catholicisme par les protestants : la « Remonstrance au peuple de France » dresse un catalogue très sévère des fautes commises par le clergé. Comme les prélats du concile de Trente, le poète est persuadé de la nécessité et de l'urgence d'une profonde réforme intérieure de l'Église. Il voudrait pourtant qu'elle se fasse sans violence. Et ce qu'il exclut, c'est l'idée d'une liberté de culte qui porterait un coup fatal à l'unité du royaume. C'est autant au nom de la France, qui apparaît dans le second *Discours* grâce à une prosopopée, qu'à celui du catholicisme que Ronsard s'engage dans la mêlée. Il y prend des coups, les protestants se déchaînant contre lui dans une série de libelles souvent inférieurs à la poésie de leur adversaire. Aussi vite qu'il s'était engagé, Ronsard se dégage non sans avoir, dans sa « Responce », accablé les « ministres » protestants de son ironie et de son mépris. D. M.

DISCOURS DES ROYAUMES [*Kouo-yu — Guoyu*]. Cet ouvrage de la littérature chinoise ancienne est attribué à un contemporain de Confucius, Tsouo Ts'io-ming (première moitié du Ve siècle av. J.-C.), parce que la tradition donne celui-ci pour auteur du *Commentaire de Tsouo* (*), auquel il constitue une sorte de supplément. Les vingt et un chapitres composant ce livre rapportent l'histoire des royaumes qui formaient la Chine sous la dynastie des Tcho (1122-255 av. J-C.). Après une histoire des Tcho (chapitres I-III) sont exposées celles du royaume de Lou, dans l'actuel Chan-tong (chapitres IV et V), du royaume de Ts'i (au Chan-tong) (chapitre VI), du royaume de Tsin (au Chan-si) (chapitres VII à XV), du royaume de Tcheng (au Heu-nan) (chapitre XVI), du royaume de Tch'ou (au Hou-pei) (chapitres XVII et XVIII), du royaume de Wou (au Tsiang-sou) (chapitre XIX) et enfin du royaume de Yue (au Tcheu-tsiang) (chapitres XX et XXI). Précieux pour la connaissance de la Chine ancienne, cet ouvrage, qui avait sombré dans l'oubli malgré les nombreux commentaires qui en furent faits ultérieurement, a été remis en valeur grâce aux érudits modernes chinois. À l'époque des Trois Royaumes (221-265 av. J-C.), Wou Wei-tchao composa un commentaire en vingt et un livres, qui est encore utilisé aujourd'hui. – Trad. Paris, 1894.

DISCOURS DE SUÈDE. Textes du discours et de la conférence prononcés par l'écrivain français Albert Camus (1913-1960) en décembre 1957, lors de la remise du prix Nobel de littérature, et publiés en 1958. Dans le premier de ces deux textes complémentaires, Camus définit l'idée qu'il se fait de son art et du rôle de l'écrivain. Il ne s'agit pas de théorie esthétique, mais d'une réflexion d'ordre moral, qui voit dans l'écrivain le porte-parole non de ceux qui font l'histoire, mais de ceux qui la subissent, et le place au service de la vérité, « mystérieuse, fuyante, toujours à conquérir », et de la liberté, « dangereuse, dure à vivre autant qu'exaltante ». La conférence, intitulée « L'Artiste et son temps », part du constat que l'artiste, au XXe siècle, est « embarqué » dans la galère de son temps. À la question « l'art est-il un luxe mensonger ? », la réponse est que l'art pour l'art peut l'être, et que l'artiste qui ne crée que des œuvres formelles ou abstraites s'éloigne de la réalité et des autres. À l'inverse, le réalisme pur n'existe pas ; le réalisme socialiste, qui décrit un monde irréel, tombe dans l'idéalisme et l'art de propagande, c'est-à-dire dans un autre mensonge. L'art véritable est, en même temps, contestation du réel, révolte contre lui, et consentement ; par là, il est une tension perpétuelle, un déchirement renouvelé. Ni prophète ni juge, l'artiste s'efforce seulement de comprendre. L'art est une aventure ; il n'est pas d'artiste sans courage, ni d'art sans liberté. L'œuvre d'art véritable est une force d'émancipation ; en elle s'unissent la beauté du monde et la douleur des humiliés. L'époque contemporaine, qui fait des créateurs et des intellectuels les premières victimes de l'oppression, exige des artistes responsables ; ils sont à la fois solitaires, car la solitude est nécessaire à la création – et solidaires, puisque l'œuvre apporte le témoignage de la dignité de l'homme, et que là où l'oppression sépare, l'art rassemble. Proches de « Jonas ou l'artiste au travail », nouvelle de *L'Exil et le Royaume* (*), et de la réflexion sur « Révolte et Art » de *L'Homme révolté* (*), ces discours éclairent la conception exigeante que Camus a de l'art et de l'écrivain, fondée sur l'équilibre difficile que l'artiste maintient, dans une « insécurité innocente », entre le réel et le refus du réel, entre ses propres désirs et la présence du monde, entre le monde et l'histoire.

J. L.-V.

DISCOURS DU DOCTEUR O'GRADY (Les). Œuvre de l'écrivain français André Maurois (pseud. d'Émile Herzog, 1885-1967), publiée en 1922. Le succès immédiat et considérable des *Silences du colonel Bramble* (*) incita André Maurois à poursuivre sa chronique d'un poste de commandement anglais en France pendant la Grande Guerre. Reprenant les mêmes personnages : le docteur, le padre, le major Parker, le colonel Bramble devenu général, ajoutant à cette liste de vieux amis de nouvelles figures tels le capitaine Barton et « l'enfant » Dundas, l'interprète Aurelle poursuit le récit de quelques anecdotes du temps de guerre puis ajoute, en guise d'adieux, quatre chapitres datés de 1920 contant le retour des héros à la vie civile. Ce recueil obtint autant de succès que *Les Silences du colonel Bramble,* dont il paraissait la suite logique et, par miracle, ne fut pas considéré comme inférieur. « Bramble » et « O'Grady » sont depuis considérés comme deux titres jumeaux dans l'œuvre d'André Maurois.

En 1950, après la Seconde Guerre mondiale, André Maurois voulut reprendre cette forme de conversations à bâtons rompus et retrouva l'optique particulière d'un humour spécifiquement anglais pour exprimer des opinions générales sur l'époque. Coupés de contes philosophiques, tel « Le Voyage au pays des érophages », qui remplacent les poèmes placés en entractes dans les deux premiers volumes, ces dialogues publiés sous le titre *Nouveaux Discours du docteur O'Grady* expriment une sagesse plus réfléchie, un ton moins léger. L'interprète Aurelle, devenu écrivain, sert toujours de truchement à l'auteur pour exprimer aussi bien ses vues politiques et ses réflexions sur le demi-siècle qu'une philosophie sans illusion mais sans amertume, qui est un véritable humanisme. Riche de pensée et d'expérience, ce volume renouvelle le thème des *Discours* commencés vingt-cinq ans plus tôt, et les poursuit sans les imiter.

DISCOURS DU GRAND SOMMEIL. Poèmes de l'écrivain français Jean Cocteau (1889-1963), écrits en 1916-1918 et publiés en 1924 dans *Poésies 1916-1923.* Les mots tendent vers la limpidité, ils sont simples et directs, groupés en images concises parmi lesquelles, comme autant de collages, sont disposés des fragments empruntés à la réalité (répliques entendues, titres de chansons, enseignes). Tout ce « Discours » (« Traduit de quoi ? De cette langue morte, de ce pays mort où mes amis sont morts ») parle de la guerre, de son quotidien, de son horreur froide, l'ensemble des poèmes constituant un témoignage d'où est exclu tout pathétique pour ne laisser place qu'à la tendresse amicale et à la nudité du souvenir, par exemple dans cette image de Cendrars : « Blaise, on t'a arraché ta main droite. / Tu as porté ta main, comme un perdreau tué, / pendant des kilomètres. / Ils t'émondent / pour que les poèmes coloriés refleurissent. » Cependant, dans cet univers massacré, Cocteau se cherche, creuse en lui-même, écarte l'anecdotique pour atteindre les sources profondes, et il développe le thème de l'ange, qui va prendre une place de plus en plus importante dans son œuvre poétique — cet ange qui déclare : « Je n'entre pas en toi. / Je ne sors pas de toi. / Je somnole intérieur. » Par ailleurs éclate une sorte de plaisir verbal qui se plaît aux sonorités (« Ophélie au fil / De l'eau. Bats le lit, ô fée... »), aux allitérations, aux chocs de syllabes. Quant à la poésie elle-même, Cocteau en décrit les arcanes dans un beau poème en prose intitulé « Visite », où il déclare notamment : « La poésie ressemble à la mort. Je connais son œil bleu. Il donne la nausée. Cette nausée d'architecte toujours taquinant le vide, voilà le propre du poète. »

DISCOURS D'UN ITALIEN SUR LA POÉSIE ROMANTIQUE [*Discorso di un Italiano intorno alla poesia romantica*]. Dans cet essai écrit en 1818 mais non publié, le poète italien Giacomo Leopardi (1798-1837) rédige une sorte de manifeste esthétique qui constitue une introduction utile à la lecture des *Chants* (*). Répondant aux arguments des romantiques, Leopardi expose ses convictions sur le rôle et la nature de la poésie. La poésie exprime pour lui l'émerveillement de l'homme devant le spectacle de la nature, source unique d'harmonie et de bonheur ; expression spontanée, non savante, elle a accompagné l'enfance des peuples. Les temps modernes, au contraire, sont caractérisés par le triomphe de la raison et de la philosophie, et Leopardi en appelle aux poètes pour réveiller chez le lecteur contemporain l'enfant qui sommeille en lui et lui rendre la capacité de rêver et de s'émouvoir : la poésie ne doit pas s'adresser à l'entendement mais à l'imagination, elle n'a pas pour but d'instruire mais de plaire. Leopardi s'insurge contre la volonté de réalisme des romantiques, contre l'idée que le quotidien, les conquêtes scientifiques peuvent être objet de poésie ; il s'irrite contre les « traités en vers » sur des sujets triviaux, qui contribuent à la corruption du goût en recourant à des images vulgaires ou violentes, destinées à flatter un public grossier et insensible ; il leur oppose la simplicité émouvante des vers d'Homère ou la délicatesse de ceux de Pétrarque. Leopardi met en lumière une contradiction dans le discours de ses adversaires qui, tout en chantant la civilisation et le progrès, et rejetant les sujets de la poésie classique, sous prétexte qu'il s'agit de fables mensongères, recourent à l'exotisme, à la description de contrées lointaines, de légendes barbares, de mœurs étranges et recherchent l'originalité à tout prix. Pour Leopardi, la poésie doit rester proche des préoccupations et de la sensibilité du lecteur : la mythologie et les thèmes évoqués par les poètes anciens étaient justement nés du besoin de l'homme de tout ramener à lui et de peupler la nature d'êtres anthropomorphes dans lesquels il se reconnaissait et qui la lui rendaient familière.

La poésie moderne, entachée de philosophie, a été détournée de son but : l'imitation d'une nature immuable et intemporelle. Aussi Leopardi exhorte-t-il les auteurs modernes à fréquenter assidûment les poètes de l'Antiquité afin de retrouver l'art de toucher et de plaire. Il ne s'agit pas pour eux d'imiter platement les grands poètes : la nature n'est pas uniformité mais variété infinie et les moyens de la refléter sont innombrables. Ils ne doivent pas non plus élaborer une poétique recherchée car la nature n'est pas artifice et le poète qui l'imite ne doit pas laisser apparaître l'effort : il doit surprendre par sa justesse, mais l'art consommé se révèle dans l'économie des moyens.

Dans ses *Chants*, Leopardi concevra une poésie qui, tout en tenant compte des angoisses de l'homme moderne, se fonde sur la relation de l'homme avec la nature, sur le regret d'une innocence à jamais perdue et sur la nécessité de trouver un réconfort dans le souvenir et la douceur des images les plus familières : Leopardi les évoque avec une maîtrise qui lui permet de retrouver la simplicité de ses modèles les plus chers. S. V.

DISCOURS EN L'HONNEUR DE GOETHE. Discours prononcé par l'écrivain français Paul Valéry (1871-1945), le 30 avril 1932, en Sorbonne, à l'occasion de la commémoration du centenaire de la mort de Goethe. Avant d'entrer dans le vif de son sujet, Valéry a tenu à revenir sur une idée — une illusion peut-être ? — qui lui est particulièrement chère et qu'il a souvent reprise — v. *Regards sur le monde actuel* (*) : que serait devenue l'Europe si « la puissance politique et la puissance de l'esprit » avaient entretenu des rapports moins incertains ? « Le réel eût assagi les idées, répond Valéry ; le spirituel eût peut-être ennobli les actes. » Quant à Goethe, il est précisément un de ces esprits qui, par l'image à la fois singulière et universelle qu'il nous a donnée de l'homme, nous permet de rêver pleinement de cette Europe idéale. D'ailleurs toute la longue vie du poète de Weimar ne s'inscrit-elle pas dans un moment unique de l'histoire, où se précipite la fin d'une époque heureuse et s'ouvre un monde nouveau ? Mais « ce n'est pas tout que d'assembler tant d'avantages », encore fallait-il ne pas s'abandonner à toutes ces circonstances heureuses. « Ce vivant terriblement vivant » s'est installé dans la société et l'univers, avec cette aisance et cette mobilité qu'il découvre chez les plantes dont il fut un des observateurs attentifs. Pour avoir reconnu dans le mouvement de ses passions une loi dont il reporte tout le mérite sur la nature, il a pu s'abandonner avec une parfaite soumission aux injonctions et aux enseignements du monde sensible, estimant avec un orgueil qui confine à la modestie infinie que le monde était plus génial que son génie. Est-ce à dire qu'il s'est limité à n'être que l'apologiste de l'apparence ? Le poète devait découvrir, par-delà les formes de l'univers et dans la discontinuité même de leurs effets, les forces cachées qui le gouvernent et la continuité des causes qui le régissent. Le poète rejoint donc le naturaliste : quant à « ce passage de la pensée poétique à la théorie scientifique », qui résume tout le processus créateur de Goethe, nous le saisissons dans la découverte qu'il fit de la métamorphose des plantes. Et Valéry note, fort justement, qu'il y a lieu de parler, ici, d'un certain romantisme : Goethe, ne se satisfaisant plus entièrement de cette « poésie de la répétition pure » que sont les mathématiques, s'est tourné vers les sciences de la vie, alors naissantes. Valéry peut conclure, parlant de l'ambiguïté fondamentale que le poète de Weimar offre en un tel moment : « De Goethe, un visage s'oppose au siècle qui s'achève ; l'autre, vers nous, regarde. » En lui, le romantique au classique s'oppose et, parmi tant d'autres contrastes, simplement indiqués ou pressentis, une pensée surgit, qui ramasse et résout ces oppositions en un accord fondamental et que Valéry reprend à la légende ou à l'histoire, la phrase même par laquelle Napoléon accueillait Goethe : « Vous êtes un homme. » « Un homme », interroge Valéry, c'est-à-dire « une mesure de toutes choses ».

DISCOURS EN VERS SUR L'HOMME. Discours philosophiques de l'écrivain français Voltaire (François Marie Arouet, 1694-1778). Ces *Discours sur l'homme*, écrits en vers en 1738, ont été incorporés dans « Les Œuvres philosophiques ». Ils sont au nombre de sept : *L'Égalité des conditions, De la liberté, De l'envie, De la modération, De la nature du plaisir, De la nature de l'homme, De la vraie vertu.* Partisan de la liberté individuelle, Voltaire discute ardemment de cette question dans sa *Correspondance* — v. *Lettres* (*) de Voltaire — avec le prince Frédéric de Prusse opposé à cette thèse. Les *Discours* sont les premiers pas de l'écrivain dans sa philosophie moraliste, qu'il devait développer dans le *Dictionnaire philosophique* (*). Il approuve et conseille la croyance en Dieu, parle avec assurance d'une vie éternelle, beaucoup plus pour les besoins de l'ordre social que par conviction, comme il brandirait une arme défensive pour le maintien de la justice. Son œuvre est, avant tout, une œuvre humanitaire, et dans ses *Discours sur l'homme* il veut éclairer, faciliter, adoucir son sort, en prêchant l'indulgence. Dans son second Discours : *De la liberté*, nous lisons : « Aime la vérité, mais pardonne l'erreur... » Et plus loin : « Ce mortel qui s'égare est un homme, ton frère, / Sois sage pour toi seul, compatissant pour lui. / Fais ton bonheur, enfin, pour le bonheur d'autrui. » Il s'attaque au jansénisme qui refuse à l'homme toute liberté intérieure. Dans son cinquième discours : *De la nature du plaisir*, parlant de l'homme janséniste, il le traite de « rêveur fantastique qui ferme le ciel au monde... ». Non seulement il est tolérant, mais il approuve fermement la dispensation des plaisirs : « Partout d'un Dieu clément la bonté salutaire / Attache à vos besoins un plaisir nécessaire. » Il ne veut pas, comme Pascal, le bannissement des passions indispensables à la société : son but et son désir sont de les diriger, sans pour cela renoncer au bien-être, et même au luxe, que les progrès de la civilisation peuvent et doivent apporter. Donc, il n'approuve pas les excès, et, parlant des passions, il ajoute : « L'usage en est heureux, si l'abus est funeste. » Il conseille de fuir également Épictète, représentant du stoïcisme, et Pétrone, image de la vie voluptueuse. Cependant, il reconnaît, et en cela il suit la tendance de son époque, qu'une passion quelle qu'elle soit est nécessaire à l'activité. Son septième Discours : *De la vraie vertu*, est adressé à Louis Racine, fils du grand poète tragique, qui venait d'écrire son premier ouvrage, un poème janséniste intitulé *La Grâce*. La « vraie vertu » lui paraît « un beau mot, sans doute, et qu'on se plaît d'entendre, / Facile à prononcer, difficile à comprendre ». Il parle de « l'ermite à sandales, engraissé d'ignorance. / Le ciel puisse bénir sa piété profonde ! / Mais quel en est le fruit ? / Quel bien fait-il au monde ? ». Cette inutile passivité le rebute. S'il croit à la liberté de l'homme, sa vertu le laisse sceptique, et il en souffre avec une sorte d'aigreur révoltée qui le pousse à la lutte.

La vie de Voltaire, ses petits travers, ses défauts, son esprit caustique pourraient paraître en contradiction avec ses dogmes et sa morale. Il faut cependant reconnaître qu'il s'est appliqué, acharné même à les mettre en pratique, et que son dévouement à la cause sociale, au bien de l'humanité, s'est manifesté autrement que par de belles paroles.

DISCOURS ET PLAIDOYERS POLITIQUES de Gambetta. Publié par les soins de Reinach à Paris en 1881-1886, ce recueil en onze volumes rassemble l'œuvre parlementaire et patriotique du fameux tribun français Léon Gambetta (1838-1882). Déjà dans le procès Baudin, le 14 novembre 1868, alors qu'il n'était pas encore député, l'auteur expose les principes d'un libéralisme radical dans ses droits et ses affirmations : comme défenseur du journaliste Delescluze, Gambetta attaque le second Empire, coupable d'avoir corrompu la vie de la nation et de la conduire au désastre. Puis, le 15 juillet 1870, quatre jours avant la déclaration de guerre franco-prussienne, il affirme devant la Chambre son adhésion aux principes de gauche et son amour de patriote pour l'honneur et la défense de la France. Mais, après Sedan, le 4 septembre, il est dans les rangs de ceux qui proclament la République. Dans la grave situation qui résulte de la continuation de la lutte contre l'ennemi, il enflamme les esprits avec ses paroles, provoque d'ouvertes polémiques chez ses adversaires, fait sentir toute la nécessité d'une réorganisation en de brûlantes proclamations (« Trahis, mais non déshonorés »), où la fougue de l'orateur sert l'activité du patriote. La reprise de l'action politique proprement dite, dans le culte de la discipline républicaine et dans l'amour des lois et de l'armée qui défend le pays, se manifeste, une fois de plus, à la commémoration de la naissance de Hoche, à Versailles, par une invitation au pardon après le drame de la guerre civile (24 juin 1872), par la prédiction d'un accord national entre les paysans, les ouvriers et les bourgeois (le 14 juillet, à La Ferté-sous-Jouarre). Et si le triomphe de la démocratie avec une « nouvelle génération sociale » est sûr (le 26 septembre, à Grenoble), la nation ressent toujours vivement la perte de l'Alsace-Lorraine (le 29 septembre, à Thonon). Gambetta fit preuve d'une remarquable énergie pendant la période située entre la chute de Thiers et la présidence du maréchal Mac-Mahon. Dans la lutte qui aboutira à la fin de l'Assemblée nationale et à la nouvelle Constitution, le tribun est toujours présent. Il lance de vigoureux plaidoyers autant contre le parti bonapartiste ou monarchique que contre le parti des réactionnaires. Il prononce un important discours aux obsèques de Quinet, d'autres à la mémoire de Michelet et de Ledru-Rollin (29 mars 1875), d'autres encore à Ménilmontant, sur le renversement du régime provisoire et la nécessité d'institutions vraiment enracinées dans le peuple (23 avril).

Après le vote de la Constitution de 1875 et les premières conquêtes de la république parlementaire, ses discours sont remarquables. Il met en question la fonction du nouveau Sénat (6 février 1876, à Lille) et le pouvoir effectif de la démocratie (15 février, à Paris). Son activité d'orateur en 1877 s'appuie sur sa position politique : il lutte contre toute ingérence ecclésiastique (« Le cléricalisme, voilà l'ennemi ») et proclame l'union de tous les vrais républicains contre Mac-Mahon qui tente de dissoudre la Chambre (« Se soumettre ou se démettre »). Gambetta fut le défenseur des nouveaux droits du peuple, faisant la part de l'amour de la liberté autant que celle des malheurs d'une nation mutilée dans ses provinces, et isolée pendant de nombreuses années de la politique européenne. Ainsi, face aux nouvelles tendances socialistes, il pourra maintenir ses principes au nom de la justice sociale (8 novembre 1877) et, toujours avec sérénité mais avec décision, comme président de la Chambre et vrai chef du parti républicain, défendre la politique ministérielle en respectant les lois et l'intérêt de la nation. Le discours de Cherbourg (9 août 1880 : « Les grandes réparations peuvent sortir du droit »), qui incite à attendre le retour de la prospérité, et le discours du 26 janvier 1881, à la Chambre, sur la nécessité d'une solide politique parlementaire, sont essentiels. Celui du 18 juillet — le dernier — est significatif. Il a trait à l'occupation éventuelle du canal de Suez en accord avec les Anglais : l'extrême nécessité d'une politique ferme et décidée y est affirmée dans l'intérêt suprême de la nation contre tout « guet-apens » de Bismarck et des autres ennemis. Cette œuvre, avec les *Dépêches, circulaires et décrets* publiés aussi par les soins de Reinach en 1886-1891 en deux volumes, grâce à la surprenante richesse des développements, des luttes oratoires, de chaleureux plaidoyers, fait revivre une des personnalités les plus singulières du XIXe siècle.

DISCOURS ET SERMONS. Recueil, souvent remanié, du patriarche bouddhiste chinois Houei Neng (638-713), et qui est considéré comme un des textes majeurs du bouddhisme chinois « tch'an ». Le recueil, qui s'ouvre sur une autobiographie du patriarche, est constitué de dialogues, d'instructions et de sermons dont le fameux sûtra de l'Estrade : de ton populaire, percutant, le fougueux Houei Neng y enseigne l'« éveil subit » ; adversaire des rites et de la science livresque, inculte lui-même, le patriarche eut beaucoup de succès dans la Chine du Sud de l'époque T'ang, puis au Japon plus tard, où le tch'an (« dhyana », en sanskrit, désigne l'exercice de la méditation) a donné son nom au bouddhisme « zen ». — Trad. Albin Michel, 1963. J.-P. L.

DISCOURS PHILOSOPHIQUE DE LA MODERNITÉ (Le) [*Der philosophische Diskurs der Moderne*]. Œuvre du philosophe allemand Jürgen Habermas (né en 1929), publiée en 1985. Présenté sous la forme de douze conférences — dont les quatre premières furent prononcées au Collège de France en mars 1983 —, *Le Discours philosophique de la modernité* se présente comme un répertoire des occasions manquées qui auraient pu permettre, dans l'histoire de la philosophie occidentale, de sortir du paradigme de la « raison centrée sur le sujet ». Car si c'est chez Hegel que culmine le principe de subjectivité, puisqu'il en fait le principe même des « temps nouveaux » s'incarnant dans tous les domaines de la vie moderne (religion, État, morale, science, art), ses critiques les plus virulents en restent également tributaires, ne serait-ce que sur le mode négatif et jusque dans leurs tentatives les plus affirmées de détrôner la raison instrumentale dont il est la contrepartie. Habermas caractérise ainsi le problème : « Dans le discours de la modernité, un reproche est formulé qui, en substance, reste inchangé de Hegel et de Marx à Nietzsche et à Heidegger, de Bataille et de Lacan à Foucault et à Derrida, reproche qui consiste en une accusation – dirigée contre une raison qui se fonde dans le principe de la subjectivité – selon laquelle une telle raison ne dénoncerait toutes les formes apparentes d'oppression et d'exploitation que pour y substituer l'intangible domination de la rationalité elle-même. » Le problème est que les théories offertes n'ont pas réussi à s'affranchir du modèle qu'elles contestent, ou ne s'en affranchissent qu'au prix d'apories autoréfutatives, comme l'aporie de la théorie du pouvoir chez Foucault ; si toutes les volontés spécifiques de savoir et de vérité – constitutives de la modernité – se réduisent à une volonté de pouvoir « per se », l'objectivité de la connaissance à laquelle Foucault prétend par ses analyses se trouve elle-même mise en question ; la théorie se trouve prise dans un cercle qui exclut toute réflexion sur les fondements normatifs de sa critique.

Ainsi, dans sa critique – justifiée – d'une philosophie du sujet aboutissant, via la raison instrumentale, à un objectivisme irrémédiable (ce que diagnostiquent par exemple Adorno, Horkheimer, Heidegger, Foucault), le discours philosophique de la modernité aboutit-il à une critique « défaitiste » de la raison, mais qui ne peut relever le défi de ses apories. Dans le post-structuralisme entre autres, la critique de la raison aboutit à un « rejet » de la raison. Or le projet mené à travers le *Discours de la modernité* est de « poursuivre » la critique du modèle de la philosophie du sujet, mais avec des moyens philosophiques qui permettent de revivifier le projet des Lumières sans en abandonner les acquis, notamment dans ses revendications d'autonomie et de « capacité à trouver en elle-même ses propres garanties » [Selbstvergewisserung]. C'est ce projet dont Habermas s'acquitte en passant du paradigme de la raison centrée sur le sujet au « paradigme de la raison communicationnelle », c'est-à-dire à celui de l'« entente » entre sujets capables de parler et d'agir. Les sujets « coordonnent » leurs projets et n'ont ainsi plus ni vis-à-vis d'Alter ni vis-à-vis d'eux-mêmes l'attitude objectivante dénoncée par les critiques de la rationalité instrumentale. Ainsi la rationalité n'est-elle pas perdue, mais élargie, permettant une théorie de la « société » où les sujets ne sont pas simples producteurs, mais où ils peuvent intersubjectivement coordonner leurs actions, bien que toujours menacés par la logique autonome des systèmes (argent et pouvoir) ; une théorie de la « rationalité », où par l'entente intersubjective se trouve réactivé le potentiel critique de la raison ; une théorie de la « modernité » enfin, qui se refuse à voir dans les Lumières un projet mort-né. – Trad. Gallimard, 1988. M. Hu.

DISCOURS PHILOSOPHIQUES. Œuvre de l'écrivain français Pontus de Tyard (1522 ?-1605). C'est en 1587 que Tyard rassemble sous le terme générique de *Discours philosophiques* (Paris, Abel L'Angelier) six dialogues publiés d'abord séparément à Lyon, chez Jean de Tournes : le *Solitaire premier, ou prose des Muses et de la Fureur poëtique* (1552), le *Solitaire second, ou prose de la musique* (1555), le *Discours du temps, de l'an et de ses parties* (1556), *L'Univers, ou discours des parties et de la nature du monde* (1557) et *Mantice, ou discours de la verité de divination par astrologie* (1558). L'ensemble satisfait à un projet encyclopédique annoncé dès la préface du *Solitaire premier,* mais le dialogue philosophique, qui permet à Tyard de confronter des opinions variées, ne joue pas seulement un rôle expositif. Dès le *Solitaire premier*, en effet, se dessine la problématique de la connaissance telle que Tyard ne cessera de la poser : peut-on systématiser la matière diverse des connaissances et trouver le modèle d'un ordre capable de ramener à l'unité les facultés morales et intellectuelles de l'homme ? Dans le *Solitaire premier*, un dialogue entre l'auteur et sa bien-aimée conçu sur le modèle des *Dialogues d'amour* (*) de Léon L'Hébreu (que Tyard a traduits en 1551), la réponse affirmative ne fait pas de doute : la notion ficinienne de « fureur » (ou enthousiasme inspiré) et la méditation du sens des mythes y jouent le rôle de principes ordonnateurs de l'âme et du divers. Mais la position de Tyard devient plus complexe et nuancée dans les dialogues ultérieurs. Dès le *Solitaire second*, Tyard cherche dans la musique le moyen de pacifier l'âme et d'ordonner la matière confuse des sons sans tout à fait y parvenir et il conteste la théorie néoplatonicienne de la « musique mondaine », qui décrivait en termes musicaux la structure du cosmos. C'est alors que s'introduit dans le dialogue philosophique un tiers personnage, le Curieux, auquel Tyard laissera désormais le soin d'exposer des opinions qu'il ne veut plus tout à fait cautionner. Le *Discours du temps*, qui met en scène Maurice Scève, s'oriente résolument vers le monde du devenir, « duquel l'invisible, mais insensible fuite, entraine continuellement toute notre asseurance », pour y chercher, avec un succès incertain, une périodicité capable d'« arrester cette vie sur le plinthe de quelque solide et cubique seureté ». L'année d'après, *L'Univers* se présente comme une tentative ambitieuse de rassemblement encyclopédique des connaissances humaines, le Curieux y entreprenant de montrer « le vray moyen, s'il s'en peut trouver un, pour former quelques certitudes aux speculations theologiennes et naturelles » ; mais son épistémologie ne peut dépasser le niveau de l'« opinion raisonnable » et accéder à la certitude véritable. Avec *Mantice* enfin, le dialogue philosophique éclate en discours opposés : la question de l'astrologie y fournit l'occasion d'un débat contradictoire dans lequel le Curieux attaque le partisan de l'astrologie, Mantice, au nom d'une épistémologie presque précartésienne de l'évidence (« en laquelle il se permet tousjours de desdire tout ce qui par raison ne luy est vivement desmontré ») ; mais, là encore, l'œuvre s'achève sur une conclusion provisoire et partielle, Tyard condamnant les méthodes des astrologues de son temps sans plus prétendre à aucune systématisation globale du savoir.

Tyard réédite à Paris séparément quatre de ces discours (*Mantice*, Galiot du Pré, 1573 ; le *Solitaire premier*, ibid., 1575 ; le *Discours du temps* et *L'Univers*, désormais scindé en *Deux discours de la nature du monde et de ses parties*, Mamert Patisson, 1578) avant l'édition collective des *Discours philosophiques* en 1587. D'une édition à l'autre chacun des textes est augmenté d'additions qui problématisent toujours davantage sa signification et qui témoignent de l'approfondissement constant des connaissances scientifiques de l'auteur et de l'élargissement de ses curiosités. L'ensemble est complètement réordonné en 1587, où *Mantice* est placé en troisième position après les deux *Solitaire* et avant *L'Univers* et le *Discours du temps*, dans une construction aporétique qui s'achève sur l'aveu des limites de la science humaine : « ny le Ciel ny le cours de ses estoilles ne sera jamais exactement cogneu et tant plus que les astronomes entreront avant en telles considerations, et tant moins ils auront de certitude : car ils recognoissent toujours de nouveaux mouvemens (...) tellement que la nouvelle apparence de l'un confond la resolution des autres precedents » (*Discours du temps*, 1587, f. 367). Si le texte se clôt sur une profession de soumission à Dieu, l'humilité de l'homme de foi s'accorde avec les hardiesses de la pensée du savant : par ses questionnements, Tyard fait souvent figure de précurseur, et sa place dans l'histoire des sciences mériterait d'être réévaluée.

S. B.

DISCOURS PRÉLIMINAIRE de l'Encyclopédie. Écrit par le philosophe et mathématicien français Jean Le Rond d'Alembert (1717-1783), à la demande de Denis Diderot. Ce *Discours* fut publié en 1751, en tête du premier volume de l'*Encyclopédie* (*). C'est une œuvre complète et autonome par sa logique, synthèse de la conception philosophique des encyclopédistes et document sur la foi rationaliste du XVIIIe siècle. Reconnaissant en Descartes le fondateur de la nouvelle méthodologie scientifique, d'Alembert évite la pente du dogmatisme et s'inspire de l'exemple de l'empirisme anglais. Les conceptions, d'après lesquelles il délimite le cadre des connaissances humaines et leurs rapports entre elles, dérivent directement de l'*Essai philosophique concernant l'entendement humain* (*) de Locke. La sensation et la réflexion sont en effet considérées comme les seules sources de connaissance.

Le *Discours* comporte trois parties. Dans la première, ayant constaté que les sciences et les arts se prêtent un concours mutuel et qu'ils sont de ce fait reliés entre eux, il veut démontrer qu'il appartient aux sciences exactes, et non à la révélation, de donner à l'humanité les principes et les règles de vie et de pensée. La raison, appliquée à découvrir tous les rapports entre le moi et le monde extérieur, garantit par son intervention l'existence de ce dernier et révèle en elle-même un principe divin. Ainsi la science est élevée à la dignité de sagesse et se sent en mesure de renverser la métaphysique de son piédestal. La deuxième partie du *Discours* est un regard jeté en arrière, sur un passé où régnaient les ténèbres de l'ignorance et du fanatisme. Le Moyen Âge n'a pas d'histoire parce qu'il est privé des lumières de la raison. C'est d'elle que naît la véritable histoire, miroir de la raison raisonnante, et c'est à elle qu'elle retourne. C'est seulement grâce à Descartes et à Newton que l'humanité a été réveillée par le ferment de la pensée scientifique qui a fait bondir le XVIIIe siècle au premier plan. Même les arts rentrent dans l'ombre là où resplendit la lumière de la raison. Leur histoire est servilement empruntée à l'*Art poétique* (*) de Boileau. Dans la troisième partie, sont exposés les projets de publications de Diderot, qui promet aux lecteurs de l'*Encyclopédie* un aperçu des efforts de l'esprit humain dans tous les domaines et au cours des siècles, pour découvrir les liens proches et lointains qui unissent les êtres composant la nature. Pour rendre plus clair cet enchaînement de rapports dans lequel tient tout le secret de la nature, d'Alembert, suivant Bacon, y ajoute un schéma des connaissances humaines, véritable arbre généalogique, découlant de trois souches principales : la raison, et beaucoup plus loin, la mémoire et l'imagination.

Le *Discours* est imprégné d'une foi solide qui alimente l'inépuisable soif de connaître de l'auteur et lui imprime le sceau de la certitude. Son rationalisme est ferme et mesuré. Il fuit les abstractions et la métaphysique, mais respecte la théologie comme science formant un tout. Il repousse l'immatérialisme de Berkeley, mais n'est pas loin de postuler un principe supérieur qui s'exprime par une véritable admiration religieuse pour la raison. Ici l'empirisme n'est pas encore tombé dans le sensualisme ; il est gouverné par la seule raison.

DISCOURS SUR LA NATURE DE L'AIR. Traité du savant français Edme Mariotte (1620-1684), publié en 1674 à Paris et en 1680 à Leyde, reprenant et résumant toutes les observations théoriques et expérimentales de Mariotte sur l'air, lesquelles continuent et complètent les expériences faites antérieurement par Otto von Guericke et par Boyle. Exposant dans un style net et d'une grande clarté sa méthode de recherche, l'auteur étudie d'abord les caractéristiques les plus évidentes de l'air, telles que son poids et son élasticité, puis ce qu'il appelle la condensation de l'air (c'est-à-dire la contraction de volume que subit une masse d'air sous l'effet d'une pression exercée sur elle) et parvient ainsi, grâce à des expériences minutieuses et ingénieuses, à établir une loi d'une importance primordiale en ce qui concerne les gaz : loi qui, démontrée par Boyle pour les pressions supérieures à la pression atmosphérique, devait prendre plus tard le nom de loi de Boyle et Mariotte, et selon laquelle le volume d'une masse de gaz varie en raison inverse de la pression exercée sur elle. Parmi les expériences faites par Mariotte pour étudier la pression atmosphérique se situe l'intéressante et originale expérience dite des « larmes bataviques », constituées par des gouttelettes de verre liquide plongées dans l'eau froide et qu'il est impossible, une fois refroidies, de casser, même à coups de marteau, mais qui se pulvérisent immédiatement quand on en rompt la pointe, sous l'effet de l'air qui s'introduit entre les particules de verre. En outre, Mariotte approfondit l'étude des relations qui existent entre la hauteur de la colonne barométrique et les conditions météorologiques, de même qu'entre la pression atmosphérique et l'altitude.

DISCOURS SUR LA PEINTURE [*Discourses*]. Recueil de quinze discours faits par le peintre anglais sir Joshua Reynolds (1723-1792), en sa qualité de président de l'Académie royale artistique de Londres, de 1769 à 1790, à l'occasion de la distribution traditionnelle des prix aux élèves les plus méritants. Publiés d'abord partiellement (1771-1778) et édités, dans leur totalité, pour la première fois en 1821, à Londres, les *Discours* contiennent les idées et les réflexions du Maître sur la peinture ; il les exprime sous forme de conseils donnés aux jeunes artistes. Le sujet porte, de préférence, sur les avantages de l'enseignement académique, sur la méthode à suivre dans l'étude des arts figuratifs ; sur le « grand style » et sur les styles inférieurs ; sur le génie et sur ses rapports avec le goût et les règles. Un discours entier est consacré à l'éloge funèbre de Gainsborough ; un autre, le dernier, à l'éloge de Michel-Ange. Suivant Reynolds, l'Académie a pour but principal de préserver les jeunes artistes des déviations et de l'arbitraire individuels, en les soumettant aux règles de l'art. Arrivé à sa pleine maturité, l'artiste peut alors se permettre de se passer des règles apprises et de l'autorité d'autrui, et s'abandonner aux forces de son imagination, parce que la familiarité des grands génies lui aura donné des habitudes de dignité, et aura ouvert la voie à la compréhension de la nature, source inépuisable de toute perfection. L'imitation des parties les plus belles et les plus nobles de la nature est, toutefois, un moyen et non un but de l'art, dont la fin dernière est de frapper la sensibilité et l'imagination.

Comme exemple de grand style, fait d'idéal et de synthèse, véritable sommet de l'art, Reynolds propose l'école florentine et romaine du XVIe siècle. Le parallèle entre Raphaël et Michel-Ange dans le cinquième discours se termine par cette conclusion : le premier a un plus grand nombre de qualités supérieures, mais le second possède la plus grande de toutes, le don du sublime. Bien qu'en théorie ennemi de l'éclectisme, Reynolds estime l'École bolonaise du XVIIe siècle, il n'apprécie que médiocrement les Vénitiens, sauf Titien, et trouve Tintoret et Véronèse quelque peu théâtraux. Il pense, en revanche, que l'imitation de la statuaire antique rend la manière de Poussin sèche, et que les défauts apparents de Rubens contribuent à mettre en relief ses qualités positives : facilité d'invention, richesse de la composition, splendeur de la couleur. Quant à la peinture hollandaise, Reynolds la considère comme parfaite dans son genre — genre inférieur d'ailleurs, car anecdotique et limité à la représentation de la vie domestique et des mœurs locales. Dans leur ensemble, les idées exprimées dans les *Discours* ne sortent pas d'un certain climat néo-classique et académique, tempéré toutefois par une tendance typiquement anglaise à l'empirisme, par l'expérience picturale et le goût de l'auteur surtout, qui lui suggèrent des jugements aigus sur tel ou tel artiste. Aussi la position théorique de Reynolds est-elle beaucoup moins rigide et dogmatique que celle d'un Winckelmann ou d'un Mengs. C'est pourquoi les *Discours*, plusieurs fois réimprimés et traduits, représentent typiquement la tendance la plus répandue de la critique anglaise du temps qui, bien qu'orientée vers les principes classiques, ne perd pas entièrement le contact avec la période baroque précédente. — Trad. Laurens, 1909.

DISCOURS SUR LA PREMIÈRE DÉCADE DE TITE-LIVE de Machiavel [*Discorsi sopra la prima deca di Tito Livio*]. Œuvre célèbre du théoricien politique et historien italien Machiavel (Niccoló Machiavelli, 1469-1527), écrite entre 1513 et 1519, pour le moins en deux temps bien distincts. Les premiers fragments furent en effet rédigés par Machiavel au début de sa retraite à San Casciano, plus précisément en avril 1513. Accusé d'être au fait de la conjuration de Pietro Paolo Boscoli contre les Médicis, il venait de subir un bref emprisonnement. Il avait ensuite abandonné son commentaire sur Tite-Live, pour écrire d'un seul jet *Le Prince* (*). Ce n'est que plus tard qu'il avait repris les *Discours*, qu'il lisait au fur et à mesure qu'il les composait aux amis des « Orti Oricellari », c'est-à-dire aux habitués des jardins Rucellai. L'œuvre parut après sa mort : la première édition date en effet de 1531 (Rome, Antonio Blado). La même année, une autre édition, légèrement postérieure, mais indépendante de celle de Blado, parut à Florence, chez Bernard Giunta.

L'œuvre, qui est dédiée à Zanobi Buondelmonti et à Côme Rucellai, est divisée en trois livres. Le premier est composé de soixante chapitres, le deuxième de trente-trois et le troisième de quarante-neuf. Dans l'ensemble, on peut dire que le premier livre concerne les problèmes de politique « intérieure », c'est-à-dire l'organisation de la république, ses lois, etc. (Ce sont les « ... délibérations faites par les Romains relativement aux affaires intérieures de la cité ».) Le deuxième traite de politique étrangère (les délibérations « que le Peuple romain fit pour accroître son Empire »). Le contenu du troisième est plus varié, car l'auteur s'était proposé de démontrer « combien les actions des particuliers ont fait de Rome une grande cité, et y ont produit de bons effets ». Il traite donc indifféremment de questions de politique intérieure (par exemple dans le chapitre « sur les complots »), de politique étrangère et surtout de questions militaires.

Il faut remarquer que non seulement le troisième livre, mais l'ensemble de l'ouvrage est loin d'être conçu avec la même rigueur que *Le Prince*. Machiavel commente Tite-Live ; mais Tite-Live n'est guère plus qu'un point de départ, un prétexte permettant à Machiavel de développer sa propre pensée. Or, on peut dire que cette pensée est profondément et rigoureusement cohérente. Mais le fait d'avoir choisi de l'exposer sous forme d'un commentaire à un auteur classique a pour résultat, d'un point de vue formel, qu'elle ne peut se déployer en un discours continu, en un enchaînement logique. Le texte de Tite-Live, que l'auteur veut interpréter et transformer en un raisonnement politique, lui impose quelquefois de passer d'un argument à l'autre, même s'il n'est pas entre eux de liens logiques étroits ; c'est ainsi que même dans le premier livre, dont Machiavel déclarait qu'il devait étudier le « dedans de la cité », se trouvent insérés des chapitres qui n'ont rien à voir avec les problèmes relatifs à la structure politique de l'État, mais qui se réfèrent à des questions militaires. Il est, pour cette raison, impossible de fournir un schéma ou un résumé systématique des *Discours* ; car le même sujet est traité à plusieurs reprises, dans des passages différents. Aussi vaut-il mieux se contenter d'indiquer les temps forts de l'œuvre, c'est-à-dire les chapitres où la pensée de Machiavel atteint son expression la plus haute et la plus complète.

Les chapitres fondamentaux du livre I sont : les chapitres III et IV, où l'auteur soutient que les dissensions entre la plèbe et le Sénat romain ne nuisirent pas à la République mais, au contraire, furent la cause première de sa grandeur ; les chapitres IX et X, qui affirment la nécessité de l'action d'un seul homme lorsqu'il s'agit d'organiser ou de réformer entièrement une république (c'est la thèse de la nécessité d'une action individuelle, thèse qui revient dans le chapitre LIV du livre I et le chapitre I du livre III) ; les chapitres XI à XV traitent de l'importance décisive de la religion pour la vie politique. Le chapitre XXVII fait allusion à l'incapacité des hommes à être « tout à fait gens de bien ou tout à fait scélérats », thème largement développé dans *Le Prince*. Les chapitres XXXIV et XXXV, XXXVII et XL traitent de l'autorité des dictateurs, des decemvirs et de la loi agraire de la Rome antique. Les chapitres XXIX et LVIII développent l'idée que le peuple est moins ingrat, plus sage et plus constant qu'un prince. Du livre II, retenons à cause de leur importance : le prélude, sorte de parallèle entre les temps antiques et les temps modernes, qui se termine sur la constatation que « la vertu qui régnait alors et le vice qui règne aujourd'hui sont plus clairs que le soleil » ; le chapitre I, où il est question de savoir si c'est la vertu ou la fortune qui fut cause de la grandeur de l'empire romain (Machiavel répond : la valeur) ; le chapitre IV ou les méthodes suivies par les différents États « pour parvenir à la grandeur » ; les chapitres X, XVI à XVIII, XIX, sur le problème militaire : problème résolu par Machiavel conformément à ce qu'il avait déjà énoncé dans *Le Prince*, à savoir la nécessité de posséder des « armes à soi » ; notons, en outre, que Machiavel se refuse à accepter l'opinion courante qui prétend que l'argent est le nerf de la guerre (« ... parce que ce n'est pas avec l'or qu'on trouvera de bons soldats, alors que de bons soldats n'auront pas de peine à trouver de l'or »). Dans le livre III, le chapitre I est le plus important. Il traite de la nécessité, pour qu'une république vive longtemps, « de la rétablir souvent sur la base de ses premiers principes », c'est-à-dire de la réformer de façon à faire revivre les principes d'où dérivait initialement la force de l'État (par exemple : le sentiment religieux, le sentiment de la justice, etc.).

Les *Discours* se présentent donc, extérieurement, comme beaucoup moins structurés et denses que *Le Prince*. On n'y retrouve point l'extraordinaire netteté, le caractère incisif des développements du *Prince*. La phrase s'y fait plus ample, le ton plus calme. Mais pour ceux qui aiment aller au fond des choses et qui, par-delà l'aspect fragmentaire de l'œuvre, s'efforceront de saisir la pensée de l'auteur dans son ensemble, les *Discours* apparaîtront comme l'œuvre la plus puissante de Machiavel. Alors que dans *Le Prince* la vie de l'État se résumait dans la seule personne du condottiere, du chef, elle tire ici sa force non seulement de la participation du « peuple » à la vie politique, mais aussi de l'extrême importance que prennent, dans la vie politique, les institutions, les lois, l'éducation et la religion. Dans *Le Prince*, l'État vivait grâce à la seule « vertu » de son chef, il était, autrement dit, un organisme à caractère anthropomorphique. Au contraire, dans les *Discours*, l'État prospère si les lois, l'éducation, la religion... sont efficientes — ce qui ne peut advenir que grâce à la « vertu » du peuple —, et périclite si elles ne sont plus respectées. L'État apparaît maintenant comme un « corps mixte », une organisation pareille à celles que la nature crée et qui naît, croît, arrive à son plein développement ; se corrompt et meurt si nul n'intervient pour la ramener à sa pureté première (Chap. I du livre III), car seule une action énergique peut insuffler une nouvelle vitalité interne à ce qui constitue le fondement de l'État (lois,...). Notons que Machiavel n'oublie nullement le rôle joué par l'individu, avec sa capacité d'action, ou la nécessité d'un chef, spécialement en certaines périodes. Bien mieux, il insiste toujours sur le fait que réglementer ex novo une république ou redonner vie aux institutions d'un État est nécessairement l'œuvre d'un seul homme, de la « vertu » d'un citoyen (Chap. IX du livre I et Chap. I du livre III).

Ce serait néanmoins une erreur de vouloir opposer un Machiavel démocrate et républicain à un Machiavel partisan de la monarchie et du pouvoir absolu, comme on l'a fait à plusieurs reprises ; en réalité, il n'y a pas contradiction, car, dans les *Discours* comme dans *Le Prince*, Machiavel ne cesse de considérer la vie politique du point de vue général de l'État : l'intérêt de l'État, et non celui des particuliers ou des groupes, étant toujours le point de départ de sa pensée. Et si Machiavel en vient à approuver les dissensions survenues entre patriciens et plébéiens dans la Rome antique, ce n'est pas qu'il estime juste et convenable de laisser à chacun le droit d'exprimer ses opinions, c'est qu'il pense que ces querelles furent la cause principale de la liberté et de la grandeur de la République. Il les juge donc en raison de leur effet bénéfique pour l'État et non selon un principe de droit individuel. — Trad. Gallimard, 1952.

DISCOURS SUR LA PRESSE. Des nombreux *Discours* (*) prononcés sous la Restauration par l'homme politique et philosophe français Pierre Paul Royer-Collard (1763-1845), le recueil contenant ceux qu'il consacra aux problèmes de la presse est remarquable. L'auteur y définit les droits du libéralisme à l'égard de la monarchie légitimiste des Bourbons. Ils font suite à diverses enquêtes : « Sur le projet de loi relatif à la publication des journaux et écrits périodiques », de 1820, « Sur la loi relative à la répression des délits de presse », de 1822, suivis d'autres discours sur le même thème, écrits en 1828 et (sous la monarchie de Juillet) en 1835. Chef des « doctrinaires », Royer-Collard mérite bien cette appellation que justifie la logique serrée de ces discours. Ayant posé le principe de la monarchie légitime et celui de la nécessité d'établir une loi sur laquelle s'appuie l'édifice social en entier, il démontre l'utilité d'une presse libre qui exprime les besoins des citoyens et leur permette de collaborer directement à l'œuvre des gouvernements. Aussi les typographes et les journalistes ne doivent-ils pas être inquiétés pour des délits inexistants : les poursuivre serait en contradiction avec les plus légitimes conquêtes de l'époque moderne. La presse, instrument qui fait connaître les nouvelles conquêtes de la démocratie, est, pour Royer-Collard, l'un des éléments qui limite et guide le pouvoir de la monarchie et en justifie ainsi l'existence par le jeu des luttes politiques. Fidèle aux principes de la meilleure tradition française, qui a son origine dans *L'Esprit des lois* (*) de Montesquieu, l'auteur fait sentir la nécessité de contrôler la centralisation administrative par l'équilibre des pouvoirs : la liberté de la presse contribue à assurer ce contrôle, de même qu'elle atteste la réalité nouvelle du libéralisme européen. Le style, calme, ample et empreint d'une limpide harmonie, rendit très vite célèbres ces écrits, une fois qu'eut triomphé le parlementarisme. Le « Discours à propos de la loi sur la presse », de 1820, est aujourd'hui considéré comme le plus vigoureux et le plus simple de tous.

DISCOURS SUR LA RELIGION [*Ueber die Religion, Reden an die Gebildeten unter ihren Verächtern*]. Ces cinq discours du philosophe et théologien allemand Friedrich Ernst Schleiermacher (1768-1834) ont été publiés une première fois à Berlin en 1799 et, en une seconde édition, avec quelques changements, en 1806. Œuvres polémiques, ces discours sont dirigés contre ceux qui s'opposaient au mouvement romantique naissant, c'est-à-dire contre les rationalistes de l'« époque des Lumières » et en général contre les philistins. Le ton prophétique des *Discours* se rapproche de celui de Novalis et des frères Schlegel ; l'argumentation employée et le fait de s'inspirer des mythes anciens rappellent que l'auteur doit en partie sa célébrité à la traduction de Platon.

Schleiermacher commence par un examen du moi, moment intime de l'homme (thème cher à la pensée allemande, et qui fut à l'origine de toute la floraison mystique romantique), et l'étudie dans son perpétuel dualisme : tendance à se limiter et à se concentrer en soi, tendance à se disperser nostalgiquement vers un infini inaccessible. Le prophète, l'homme élu intermédiaire entre le fini et l'infini, triomphe en son « centre » d'un tel dualisme « par un don immédiat venu d'en haut ou au moyen d'une formation intérieure parfaite ». Si la religion est tellement tombée en décadence parmi les hommes, cela vient de ce que l'on ne se réfère plus à son noyau vital fécond fait d'« émotion et d'harmonie intime », mais que l'on s'en tient seulement aux manifestations extérieures du culte et du dogme. La religion est « goût et sentiment de l'infini » ; elle ne peut donc consister en des concepts qui définissent et limitent. La source de vérité immédiate est le « pur sentiment », sphère différente de la pensée et de la volonté, mais qui les domine et les pénètre. Le contact intime avec Dieu se réalise à travers cette humanité infinie que l'homme doit accueillir en lui-même, « dans l'amour et à travers l'amour », sans cependant perdre rien de sa propre individualité, partie nécessaire à l'harmonie infinie. Le moment essentiel est justement ce reflet de l'infini dans le fini. Dieu est la somme unique et l'unité inaccessible ; toute représentation de lui n'a de valeur que pour autant que le sentiment peut la dépasser. Toute confession religieuse est bonne en soi mais non parfaite, car il n'existe pas de religion universellement valable ; il n'y a que des hommes religieux individuellement, dans le sens le plus élevé du terme, qui « dans le monde fini savent s'unir à l'infini et être à chaque instant éternels » ; le Christ en est le plus parfait modèle. Le rôle de la nouvelle Église des initiés romantiques est justement de le ressusciter au-delà de toute Église officielle. Les *Discours* firent époque dans l'histoire de la pensée allemande en dépit de leur ton emphatique et précieux. Ils représentent la codification et l'expression philosophique du mouvement piétiste, et donnent une définition précise de la religion, parfaitement distincte du mythe et de la philosophie. Par ces *Discours,* Schleiermacher ouvrit les voies de l'infini à la pensée romantique, influença Schelling et fut à l'origine de la mystique de l'amour de Novalis ; il inspira aussi l'éthique de Schlegel. — Trad. Aubier, 1944.

DISCOURS SUR LA VIEILLESSE [*Rede über das Alter*]. Discours de l'écrivain allemand Jacob Grimm (1785-1863), l'aîné des frères Grimm, lu au cours d'une séance de l'académie de Berlin en 1860. Si Jacob Grimm fut surtout un conteur comme son frère, il fut aussi le père des études germaniques. Par sa clarté, sa concision, sa profondeur, la noblesse de son style, le *Discours sur la vieillesse* est l'un des meilleurs exemples de l'art oratoire allemand. S'inspirant du *Caton l'Ancien* (*) de Cicéron, il passe en revue les privilèges et les ennuis de la vieillesse ; pour elle, il trouve des mots réconfortants. Le texte abonde en citations latines et allemandes, surtout empruntées aux poètes moyen haut allemands que Grimm préfère entre tous. Il montre les caractères des divers âges de la vie, en se fondant sur les coutumes des divers peuples. Ce n'est pas tant l'homme qui change, mais l'époque. Quant aux défaillances physiques et mentales attribuées aux vieillards, elles sont indéniables, mais néanmoins compensées par de nouvelles forces vitales : « La nature n'abandonne personne au point de lui ôter tout moyen d'autodéfense. » Suit une intéressante digression sur la cécité et la surdité : d'après Grimm, un aveugle est, de nos jours, plus affligé qu'un sourd ; autrefois, au contraire, avant l'invention de l'imprimerie, quand tout était transmis oralement, le sourd était le plus infortuné : le vieux rhapsode aveugle ne fut-il pas l'authentique gardien de la poésie populaire ? L'auteur affirme en outre que l'affaiblissement des facultés mentales et les défaillances physiques des vieillards sont souvent largement compensés par leur sagesse. Les personnes âgées ne sont point inaptes au travail intellectuel car, chez elles, l'expérience supplée à l'énergie. C'est à juste titre qu'elles étaient honorées dans l'Antiquité ; pourtant, il ne faut rien exagérer et se souvenir qu'Athènes ne l'emporta sur Sparte que pour avoir su mettre en valeur les dons de sa jeunesse. La mort enfin, qui met un terme à la vieillesse, découle d'une sage loi de la nature.

DISCOURS SUR LE CHEMIN [*Ben Dô*]. Œuvre principale du penseur japonais Ogyû Soraï (1666-1728), un des confucianistes les plus importants du Japon, qui est, comme le titre l'indique, un essai sur le Chemin [dô] et fut publiée en 1727. Par ce terme de « Chemin », l'auteur entend la politique exemplaire exercée par les rois saints de la Chine antique et sur laquelle l'enseignement de Confucius s'est basé. Réaliser le Chemin est donc mettre en place une « bonne » politique afin de créer un État et une société stables, en paix. Dans cette œuvre, Ogyû développe ouvertement une critique de Chu Si, fondateur chinois du néo-confucianisme, et ceci sous deux angles : d'abord, sur le concept de « Chemin », et ensuite sur celui d'« Esprit ». Le Chemin selon Chu Si est la réalisation de la Raison céleste [tenri], transcendante à l'homme. Ogyû refuse cette vision métaphysique et insiste sur le fait que le Chemin a été matérialisé une fois dans l'histoire. Pour lui, le monde doit consister en faits réels, non pas en théories irréalistes. Sur l'Esprit aussi, Ogyû s'oppose à Chu Si, selon qui la société ou l'État doit se fonder sur le « bon » esprit de chaque individu. Ogyû pense, au contraire, que c'est l'État ou la société qui doit former le « bon » esprit individuel, et c'est pour cela qu'il insiste sur l'importance de la politique, art de gouverner. L'individu a ses limites ; c'est la politique qui le met en valeur.

Ben Dô est aussi une œuvre importante du point de vue méthodologique. Pour la première fois dans l'histoire de la littérature japonaise, un ouvrage a exploité systématiquement une méthode de lecture analytique et « objective ». Tout texte est analysable, et pour l'interpréter, il ne faut pas chercher d'autres sources que le texte lui-même. C'est cette attitude qui sous-tend la méthode de Ogyû Soraï.

H. O.

DISCOURS SUR LE DESSIN ET LA SCULPTURE. Deux traités : l'un sur les huit arts principaux de l'orfèvrerie ; l'autre, sur l'art de la sculpture [*Due trattati, uno intorno alle otto principali arti dell'oreficeria ; l'altro in materia dell'arte della scultura*]. Œuvre de l'orfèvre et sculpteur italien Benvenuto Cellini (1500-1571), publiée à Florence en 1568. Le premier traité expose largement les différentes techniques de l'orfèvrerie, c'est-à-dire de l'art de sertir et de tailler les pierres précieuses — dont les quatre espèces les plus précieuses sont décrites : rubis, saphirs, émeraudes et diamants —, de nieller, d'émailler, de ciseler, de faire des filigranes, des cachets et des coins en acier pour les médailles, enfin de sculpter à partir de la matière brute des figures et des vases d'or et d'argent. Le second traité a pour thème la fonte des statues en bronze, les différents marbres et les manières de les travailler, la façon d'élaborer des sculptures de grandes dimensions et d'agrandir les modèles. Pour finir, on trouve un chapitre sur le dessin, que l'écrivain définit comme « l'ombre du relief ». Cellini conclut en affirmant la supériorité de la sculpture sur la peinture : cet art, à son avis, serait beaucoup moins complexe. Très caractéristique est aussi l'opinion — appuyée sur l'exemple de Michel-Ange — selon laquelle, pour devenir un excellent architecte, il faut être aussi sculpteur. Malgré leur caractère souvent théorique, ces deux traités gardent un aspect essentiellement pratique, se différenciant en cela de l'ensemble de la littérature artistique de l'époque. À cet égard, il faut retenir comme importants les menus détails sur les procédés techniques employés par Cellini lui-même, par Caradosso et par quelques-uns des plus grands orfèvres du temps. En plus d'un endroit, Michel-Ange lui-même est mentionné avec le plus grand respect, et l'auteur nous propose en exemple sa façon de dégager les figures du marbre en partant du point de vue principal, comme dans un bas-relief. Ces deux ouvrages peuvent être considérés comme des compléments à la *Vie* (*), pour les détails qu'ils fournissent sur les œuvres de sculpture et d'orfèvrerie de Cellini (telle la célèbre salière de François Ier), pour l'originalité de la langue et surtout pour les nombreux passages qui éclairent la puissante personnalité de l'auteur. — Trad. Paulin, 1847.

DISCOURS SUR LE DROIT DE PAIX ET DE GUERRE. Ces discours furent prononcés par l'homme politique français Antoine Barnave (1761-1793), dans le plus grand duel oratoire engagé entre lui et Mirabeau au sein de l'Assemblée nationale française, en mai 1790. L'orateur les prononça à l'occasion d'un incident survenu entre les Anglais et les Espagnols en Amérique du Nord, sur les rives du Pacifique. À ce propos, la question suivante fut posée : « La Nation doit-elle déléguer au roi l'exercice du droit de faire la paix et la guerre ? » Il s'agissait d'établir les principes qui régleraient les relations internationales de la France révolutionnaire. Barnave trouve la force de ses arguments dans les principes fondamentaux de la *Déclaration des droits de l'homme* (*) : la souveraineté du peuple, la séparation du pouvoir législatif et exécutif, la loi comme expression de la souveraineté du peuple. L'exercice du droit de faire la paix ou la guerre, comme celui de faire les lois, devra appartenir à l'Assemblée législative représentant le peuple, réservant au roi le droit de commander les forces de terre et de mer, de commencer les pourparlers, de nommer les ambassadeurs, de signer les traités. Barnave accusait le projet de Mirabeau d'être de l'« anarchie constitutionnelle », et dévoilait le piège qui se cachait derrière le mirage d'une facile coexistence des deux pouvoirs : le législatif et l'exécutif. Par une habile manœuvre parlementaire, Mirabeau rétorquait : « Dites-moi qu'il n'y a pas besoin de roi, ne me dites pas qu'il y a besoin d'un roi inutile. » Mais le courage et la force de Barnave ne fléchirent pas : l'initiative, la sanction et le décret ne peuvent jamais être confondus. Parmi les différents pouvoirs, il y en a un qui a toujours la priorité de l'initiative ; à un autre appartiennent le décret et la sanction. L'Assemblée nationale a décidé que les lois se feraient toujours sur motion de l'un de ses membres. Donner au corps législatif non le droit de décréter la guerre, mais seulement un droit négatif sur la guerre, c'est donner au pouvoir exécutif le droit de la commencer, c'est choisir une forme moins constitutionnelle, convenant moins à la dignité nationale et à celle du roi. Après cinq jours d'un débat qui allait grandissant, l'Assemblée approuva le texte de Mirabeau, auquel lui-même avait diplomatiquement accordé quelques corrections : le droit de faire la paix et la guerre appartient à la Nation. La guerre ne pourra être décidée que par un décret de l'Assemblée nationale, qui sera émis à la suite de la proposition formelle et nécessaire du roi et qui sera sanctionné par lui. Les journaux de l'époque nous apprennent qu'à la sortie de la séance Barnave et les autres rapporteurs jacobins furent portés en triomphe par la foule, tandis que Mirabeau était qualifié de traître.

DISCOURS SUR LE POÈME HÉROÏQUE [*Discorsi del poema eroico*]. Œuvre critique du poète italien Torquato Tasso dit le Tasse (1544-1595), divisée en six livres, publiée en 1594. C'est une refonte des *Discours sur l'art poétique et en particulier sur le poème épique,* écrits en trois livres, en 1570. Plus légers et plus vifs dans leur forme primitive, alourdis d'une érudition excessive dans leur dernière rédaction contemporaine de *La Jérusalem délivrée* (*), ces *Discours* tendent à justifier vis-à-vis de l'auteur, du public et des critiques, la poésie de *La Jérusalem* selon des règles de cette poésie classique que, guidés par la *Poétique* (*) d'Aristote, les lettrés élaboraient dans les années 1540-1570.

Dans ces *Discours,* l'auteur rejette la distinction entre le roman dit roman de chevalerie et le poème héroïque, dit épique — cela en toute connaissance de cause car, dès sa première jeunesse, il avait caressé l'idée d'un poème qui eût accueilli et concilié la tradition classique et la tradition romanesque, la sévérité de l'épopée et la belle variété du roman de chevalerie. Ce poème, écrit-il dans les *Discours,* devait avoir un sujet tiré de l'histoire, qui donne par elle-même de la dignité et de la grandeur à la poésie, surtout si l'on ne choisit pas un sujet trop reculé — car, trop reculé, il est trop obscur — ni trop proche, parce que la connaissance des faits empêche ces altérations de la vérité historique indispensables dans le genre poétique ; en effet, la poésie ne vise point au « vrai » comme l'histoire, mais au « vraisemblable ». Le sujet historique exige toutefois d'être relevé par le « merveilleux » et, afin que le contraste entre le « vraisemblable » et le « merveilleux » ne jure pas trop, le merveilleux doit être « croyable » et, pour cette raison, s'appuyer sur les croyances religieuses du poète et de ses lecteurs. Ainsi, en butte aux méfiances que manifestaient les ennemis de toute réforme devant les œuvres nées de la fantaisie, le Tasse justifie l'élément merveilleux de *La Jérusalem,* les magies et les incantations qu'il attribue à des interventions surnaturelles, divines ou diaboliques. Et aux vagabondages effrénés des héroïnes et des chevaliers de Boiardo et de l'Arioste, il oppose la nécessité de l'unité d'action, d'une fin unique vers laquelle convergent tous les actes des personnages en réclamant toutefois une variété d'épisodes plus grande que dans le poème épique de l'Antiquité. La dignité et la grandeur sont les préoccupations constantes du Tasse. Dans les derniers livres, il discute sur l'éloquence, les figures de rhétorique et la versification, à grand renfort de citations et fait certaines remarques dont la finesse rend ces pages du poète-critique singulièrement attirantes. D'ailleurs, tous les *Discours* offrent, même à un lecteur profane, un grand intérêt en raison des sujets divers qui y sont traités, nous renseignant ainsi sur les préoccupations littéraires de l'époque. De plus, on y découvre sous les raisonnements et les nombreuses citations de philosophes et de littérateurs faisant autorité la poésie élevée et nouvelle de *La Jérusalem délivrée.*

DISCOURS SUR LES ŒUVRES DE M. SARASIN. Préface de l'écrivain français Paul Pellisson (1624-1693) à l'édition posthume, en 1656, des écrits de Jean-François Sarasin (1614-1654). L'édition avait été préparée par Ménage et Pellisson, avec l'appui du cercle de Mlle de Scudéry : elle constituait un hommage à un écrivain membre de leur groupe, mais aussi un moyen d'affirmer la suprématie d'une esthétique littéraire, au sein des débats animés qui agitaient la vie des lettres au lendemain de la Fronde. Sarasin avait été considéré, dans les salons, notamment celui de l'Hôtel de Rambouillet, comme un rival de Voiture. Ce dernier, mort en 1649 et dont les œuvres avaient été publiées posthumes en 1650, était tenu pour un concurrent de Guez de Balzac. Le texte de Pellisson tend à montrer que Balzac est le continuateur légitime de l'entreprise puriste commencée par Malherbe, et que Sarasin s'inscrit dans la même voie ; il relativise ainsi l'importance de Voiture, que les critiques de l'époque, surtout dans la vogue de la littérature mondaine, présentaient comme le modèle du bon goût. Pellisson souligne le rôle du savoir et de la connaissance des Anciens, minimisés par les « voituriens », mais en même temps il affirme la nécessité d'écrire pour les « honnêtes hommes », c'est-à-dire pour un public mondain de culture moyenne et moderne. Il prend donc position en refusant aussi bien l'attitude des doctes trop érudits que celle des précieux. Cela se traduit par la prééminence donnée au « style moyen », celui qui n'est ni héroïque ni familier, et par le refus de faire des distinctions rigides entre les genres, ou d'imposer ou interdire quelque sujet que ce soit à la création littéraire. Cette souplesse et cette ouverture de l'esthétique se fondent sur une conception originale, et appelée à un grand avenir, de la fonction de la littérature et de l'écrivain : « honnête homme » parmi les « honnêtes hommes », l'écrivain est par définition le « philosophe » (Pellisson emploie le terme, et donne comme modèle premier Socrate lui-même) qui, soit en divertissant soit en instruisant, contribue à la réflexion de la société sur elle-même, à l'éducation de l'esprit et du goût, en un mot, qui propose un art de l'intégration sociale, de l'harmonisation entre les humains. Tournée vers les nobles, les dames et les « gens de mérite », cette modernité se définit sous divers termes, dont ceux d'« urbanité » (emprunté à la tradition cicéronienne, via Guez de Balzac), d'« atticisme » (idem), ou de « politesse » et surtout de « galanterie ». Ce dernier terme souligne qu'il s'agit de faire à la fois une place au plaisir et au jeu libre de l'esprit et une place à la sociabilité : jouer et savoir-vivre sont les deux sèmes que porte alors le mot galant (selon son étymon « galer »). Ce *Discours*, plusieurs fois réédité, eut de l'écho dans les salons littéraires et dans toute la sensibilité des années 1660, celles que l'on désigne par habitude historique établie bien plus tard comme le temps fort du classicisme.

A. V.

DISCOURS SUR LES PASSIONS DE L'AMOUR. Le *Discours sur les passions de l'amour* est-il, n'est-il pas de l'écrivain français

Blaise Pascal (1623-1662) ? On comprend mal aujourd'hui qu'une telle question ait pu se poser et qu'il se soit trouvé des critiques pour attribuer à l'auteur des *Pensées* (*) cette série de maximes – décousues et souvent même contradictoires – à laquelle le titre même de « discours » convient si mal. Le texte de cet ouvrage est connu par deux manuscrits, dont l'un, découvert en 1843 par Victor Cousin, fait état d'une attribution à Pascal. On a eu tôt fait alors de mettre le texte en rapport avec la période dite « mondaine » de Pascal (1652-1653) et de rêver sur les expériences sentimentales qu'il aurait connues avant son ultime conversion de 1654. On trouve dans le *Discours* des expressions et des thèmes d'origine indéniablement pascalienne : géométrie et finesse, la notion de modèle, l'interrogation sur la mode et la coutume, la place accordée à l'idée de règle. Mais le sens général du texte est la plupart du temps parfaitement incompatible avec les positions philosophiques et morales de Pascal ; on pourrait presque y voir une imitation moqueuse ou un pastiche des *Pensées*, né par jeu dans un salon, tel celui de Mme de Sablé : l'amusement consiste précisément à adopter une terminologie pascalienne pour traiter de questions et adopter des points de vue étrangers à Pascal. La recherche dans la formulation rend certains passages peu compréhensibles et aucun effort n'est fait pour organiser ni mener à une conclusion cette suite de réflexions sur la passion amoureuse. Quelques thèmes dominent cependant : l'incompatibilité de l'amour et de l'ambition, l'accord parfait entre la raison et l'amour, la nature intellectuelle de la passion amoureuse (qui n'atteint donc sa plénitude que chez les esprits les plus évolués), la célébration du délicat.

L. T.

DISCOURS SUR LES RÉVOLUTIONS DE LA SURFACE DU GLOBE. Œuvre du naturaliste français Georges Cuvier (1769-1832), publiée en 1815, et dans laquelle l'auteur expose sa célèbre thèse sur les bouleversements subits et violents de la croûte terrestre. Ceux-ci auraient été déterminés au cours de périodes successives et accompagnés alternativement d'avances et de régressions de la mer et des eaux douces. Les dépôts paléontologiques à l'étude desquels s'était consacré Cuvier étaient à la fois la preuve et l'aboutissement de la thèse qu'il soutenait. La faune et la flore de vastes régions du globe se seraient ainsi trouvées détruites et périodiquement remplacées par de nouvelles espèces. L'opinion publique attribue à Cuvier la thèse de créations survenant après chaque révolution mais, bien que créationniste convaincu, il n'a jamais formulé par écrit une telle idée qu'il faut attribuer à ses élèves et continuateurs. Sa théorie fut à l'honneur parmi ses contemporains, et il semble être sorti victorieux de la controverse qui l'opposait à Geoffroy Saint-Hilaire, lequel soutenait l'opinion de Lamarck sur le transformisme, controverse qui fut menée pendant dix mois à l'Académie des sciences de Paris.

DISCOURS SUR LES SCIENCES ET LES ARTS. C'est la première œuvre publiée par le philosophe et écrivain genevois d'expression française Jean-Jacques Rousseau (1712-1778). En 1750, Rousseau a 38 ans. Il n'a encore rien fait paraître sous son nom. Au cours d'une existence toujours aventureuse et précaire, il a fait un peu de tout, il a même écrit une comédie, *Narcisse*, et un système nouveau de notation musicale. S'il s'est fait connaître de la société mondaine et intellectuelle de Paris, c'est en tant que musicien. Diderot lui a confié les articles de musique pour l'*Encyclopédie* (*). En 1749, l'académie de Dijon met en concours une question qui est l'occasion pour Rousseau de développer et d'exposer ses idées : « Si le rétablissement des sciences et des arts a contribué à épurer les mœurs. » En posant cette question en plein siècle des Lumières, les académiciens ne pensaient pas qu'on y pût répondre autrement que positivement. L'originalité de la position qu'adopte Rousseau fit le succès du *Discours*. Son auteur devint, en quelques mois, célèbre, et le *Discours sur l'origine et les fondements de l'inégalité parmi les hommes* (*), publié en 1755, le met pour ses contemporains au niveau même de Voltaire, tandis que la présentation du *Devin de village* (*) à la Cour en 1752, et à la ville en 1753, lui assure un autre genre de popularité. En quelques années, l'obscur copiste de musique, l'ancien laquais atteint à la gloire. C'est que déjà, dans le *Discours sur les sciences et les arts*, apparaissent les éléments essentiels du système des idées de Rousseau.

La thèse qu'il y défend se développe en deux parties : dans la première, il démontre par des exemples tirés de l'histoire universelle que les sciences et les arts sont responsables de cette opposition qui existe entre la politesse et le raffinement des sociétés civilisées et la férocité des mœurs qu'elles dissimulent. Il montre que les peuples vainqueurs étaient des barbares mais vertueux, et que leur victoire n'a pour cause que l'amollissement des caractères et la décadence des mœurs chez leurs rivaux plus civilisés. Dans la seconde partie, il expose qu'il n'en saurait être autrement puisque le fondement des sciences et des arts est une vaine curiosité, que leur exercice n'est possible qu'aux oisifs, et qu'il suppose l'inégalité sociale, puisque enfin même la recherche de la vérité ne vaut peut-être pas les risques qu'elle fait courir à l'esprit. Le *Discours* conclut par un éloge des sages – les sages sont ceux qui se sont rendus utiles à l'humanité ; Rousseau en cite quelques-uns : Verulam (Bacon), Descartes, Newton, et demande au Prince de s'entourer de leurs conseils. Quant à lui, il entend rester dans l'obscurité. Il termine son

Discours par un hymne à la vertu : « Ô vertu, science sublime des âmes simples, faut-il donc tant de peines et d'appareil pour te connaître ? Tes principes ne sont-ils pas gravés dans tous les cœurs ? Et ne suffit-il pas, pour apprendre tes lois, de rentrer en soi-même et d'écouter la voix de sa conscience dans le silence des passions ? »

Dans le *Discours* apparaît déjà l'enchaînement de la série de raisonnements qui est à la base de toute l'œuvre de Rousseau : la nature avait fait l'homme bon, la société l'a fait méchant ; l'homme était libre et heureux, la société le rend esclave et misérable. La corruption commence avec la prédominance de la raison sur l'instinct. La tare de la société est l'inégalité. Plus l'état social est avancé, plus il est corrompu ; et le progrès des sciences et des arts est parallèle à une décadence de la vertu, mieux : il accélère cette décadence. De plus, Jean-Jacques Rousseau prend une position personnelle vis-à-vis de la société et affirme à l'avance son mépris de ceux qui lui donneront la gloire mondaine : « Je ne me soucie de plaire ni aux beaux esprits, ni aux gens à la mode. »

DISCOURS SUR LES SCIENCES NOUVELLES [*Discorsi e dimostrazioni matematiche intorno a due nuove scienze attenenti alla meccanica e i movimenti locali*]. Œuvre du philosophe et physicien italien Galileo Galilée (1564-1642), publiée à la typographie des Elzévir à Leyde en 1638, et dédiée par l'auteur au comte de Noailles ; elle est présentée sous forme de dialogue, divisé en quatre journées. Première journée : « Science nouvelle concernant la résistance des corps solides qui peuvent êtres brisés ». Deuxième journée : « Quelle pourrait être la cause d'une telle cohérence ? » ; Troisième journée : « Autre science nouvelle des mouvements locaux, c'est-à-dire du semblable, du naturellement accéléré » ; Quatrième journée : « Du violent ou plutôt des projectiles, avec en appendice certaines propositions et demonstrations concernant le centre de gravité des solides ». Il y a, à la suite, un « index » par ordre alphabétique des choses les plus remarquables ; ainsi se termine l'édition de Leyde. Mais, en accord avec Galilée, les Elzévir ajoutèrent une Cinquième journée, écrite par l'auteur bien auparavant : « De la force du choc », et une Sixième : « Sur les définitions des proportions d'Euclide ». Ces deux journées qui ont été ajoutées se trouvent dans toutes les éditions des *Discours* depuis l'édition florentine de 1718. Cette œuvre, communément appelée *Dialogues des sciences nouvelles,* est le chef-d'œuvre du grand philosophe, car elle montre tout son génie inventif et illustre la connaissance parfaite qu'il possédait des sciences mécaniques. En établissant les lois du mouvement accéléré, Galilée ouvrait la voie de la cinématique classique que devait codifier Newton. La matière des *Discours* se trouve déjà élaborée dans ses premières œuvres de jeunesse, et notamment dans le *De centro gravitatis solidorum* (1585-1588) qui se trouve en appendice à la Quatrième journée. Le *De motu* de 1590 contenait, de son côté, une confirmation explicite des expériences relatives à la chute des corps ; quant à l'observation des oscillations du pendule, une lettre du 29 novembre 1602, adressée à Guidoaldo del Monte, en fait déjà état avec beaucoup de précision, cependant que l'essai des *Mécaniques* (*), composé vers 1593, définit la composante d'un poids sur un plan incliné. Les premières études sur la force du choc remontent à l'année 1598 ; Galilée n'en donna pas alors la solution exacte, car il lui manquait ces éléments qu'il ne mit à jour que beaucoup plus tard. Quant au texte du premier chapitre du *De motu accelerato,* il remonte à peu près à 1604 ; enfin, il résulte d'une lettre du 11 février 1609, adressée à Antoine de Médicis, que de nombreuses propositions des *Discours* relatives au mouvement des projectiles, qui ne devaient être reprises qu'après cette glorieuse période où il fit ses découvertes astronomiques et à propos desquelles il eut à subir les sévices de l'Inquisition, avaient déjà été élaborées par Galilée.

Les deux sciences nouvelles correspondent à ce qu'aujourd'hui, dans l'enseignement de la mécanique, on appelle statique et dynamique ; les deux premières journées traitent de la science de l'équilibre des forces et de la résistance des matériaux. C'est là que nous trouvons exprimé sous une forme claire, et pour la première fois, le principe de l'action et de la réaction ; s'y ajoutent des considérations sur la cohésion, sur le continu, le discontinu, l'infini, le tout accompagné de nombreuses démonstrations géométriques, dans lesquelles le sens des proportions prédomine car, à l'image des Grecs, Galilée aimait à s'en servir, et toujours avec beaucoup de finesse, sans avoir recours à des notations algébriques. La Troisième journée traite du mouvement local ; l'auteur s'attache particulièrement à l'étude du mouvement égal ou uniforme, sujet déjà traité par Archimède : l'élégance de la démonstration ne saurait cacher toutefois que le raisonnement ici développé est un cercle vicieux. Les théorèmes relatifs au mouvement uniformément accéléré révèlent, par contre, la finesse d'esprit et la perspicacité de Galilée, et de nombreuses démonstrations expérimentales servent encore aujourd'hui dans l'enseignement à cause de leur évidence première et de leur efficacité. Il est probable que la découverte de cette loi désormais célèbre, suivant laquelle l'espace parcouru par un corps en chute libre est proportionnel au carré des temps, lui a été soufflée par la relation de Pythagore entre les carrés de nombres et les nombres impairs ; et c'est à partir de cette intuition que, par une audacieuse généralisation et en s'aidant de raisonnements graphiques et géométriques, il a mis au point sa démonstration à l'aide du plan incliné, démonstration pleine d'élégance et qu'il a jugée suffisante, les appareils qui étaient alors mis à sa disposition ne lui permettant pas de vérifier directement la loi de la chute libre des corps. Ayant retenu de précédentes expériences le parfait isochronisme des oscillations du pendule, Galilée s'est attaché à établir la formule du mouvement pendulaire : s'il a déterminé avec précision le rapport qui existe entre la durée et la racine carrée de la longueur, il n'a pu faire entrer dans son calcul l'élément gravité. Notons que le pendule, comme moyen de mesure de temps, fut souvent employé par Galilée et par ses disciples, les académiciens du « Cimento ». Cette insistance pour introduire la variable temps dans de nombreuses expériences et observations constitua un énorme progrès dans les recherches expérimentales de laboratoire et d'observation. De cette journée, comme de tous ses écrits, on ne peut conclure que le savant italien ait considéré la masse comme un attribut constant des corps indépendamment de la pesanteur. C'est pourquoi on ne peut lui attribuer la loi fondamentale de la dynamique, sous sa forme newtonienne $p = mg$: mais il lui reste la gloire d'avoir déterminé le rapport de proportionnalité qui existe entre la force appliquée et l'accélération produite.

Dans la quatrième journée, s'appuyant sur des théorèmes relatifs aux cônes d'Apollonios, il élabore sa théorie du mouvement des projectiles, faisant ainsi table rase de toutes les précédentes tentatives, y compris celles de Tartaglia, attentif à relever la forme de la courbe décrite. Il distingue, ici également, l'expérience théorique correcte de l'expérience réelle et mesure tous les empêchements qui séparent le calcul de la réalité. Il se révèle comme le véritable précurseur de la balistique moderne, avec ses tables théoriques de tir sous des inclinaisons différentes. Il suggère de tracer la parabole par un enchaînement de points ; mais la remarque qu'il fait, suivant laquelle l'adaptation des deux courbes est d'autant plus précise que la parabole est moins incurvée, et la présence d'un de ses dessins parmi les manuscrits laisseraient supposer qu'il ne considérait pas les deux courbes comme identiques.

Le dialogue est mené avec cette clarté et cette profusion de raisonnements, parfois un peu lourde, qui en font un modèle de style scientifique : ici, contrairement à ce qui s'est passé pour le *Dialogue sur les deux grands systèmes* (*), l'auteur a abandonné le ton de la polémique ; les interlocuteurs sont les mêmes ; cependant, dans la Sixième journée, Aproino remplace Simplicio ; mais ce Simplicio est quelque peu revu et corrigé ; il intervient un peu moins dans la discussion et n'est pas ce bon à rien du *Dialogue,* sujet aux sarcasmes et aux paroles ironiques de Sagredo ; peut-être les malheurs du procès y sont-ils pour quelque chose ?

DISCOURS SUR LE STYLE. Discours de réception à l'Académie française prononcé par le naturaliste français Georges Louis Leclerc, comte de Buffon (1707-1788), le 25 août 1753. Plutôt que de faire l'éloge de son obscur prédécesseur, Jean-Joseph Lauguet de Gergy, archevêque de Sens, Buffon préféra examiner ses idées sur le style. Son dessein, dans le *Discours,* est double : d'une part, il pousse une critique allusive quant aux hommes, serrée et pertinente quant aux défauts du style à la mode ; d'autre part, il édifie une théorie, formule des règles, propose une rhétorique. Tout juste accorde-t-il à ses confrères la flatterie un peu forte qu'il a puisé ses idées dans leurs ouvrages. Il s'attache d'abord à différencier la fausse éloquence de la vraie, la première où « le corps parle au corps » la seconde supposant « l'exercice du génie et la culture de l'esprit ». Ainsi peut-il affirmer que « ceux qui écrivent comme ils parlent, quoiqu'ils parlent très bien, écrivent mal », et l'on a pu croire qu'il s'en prenait à Diderot. Le style, pour lui, c'est « l'ordre et le mouvement qu'on met dans les pensées ; d'où la nécessité du plan issu de la méditation. Ce plan n'est pas encore le style, mais il en est la base ; il le soutient, il le dirige, il règle son mouvement et le soumet à des lois ». Pour Buffon, « tout sujet est un », la clarté étant à ce prix, et il en trouve la preuve dans le fait que, si les ouvrages de la nature sont parfaits, c'est qu'« elle travaille sur un plan éternel dont elle ne s'écarte jamais ». Par suite, il s'agit pour l'écrivain « d'imiter la nature dans sa marche et dans son travail ». La véritable éloquence est opposée à « l'emploi de ces pensées fines et à la recherche de ces idées légères, déliées, sans consistance et qui, comme la feuille du métal battu, ne prouvent de l'éclat qu'en perdant de la solidité ». (Là, il vise Fontenelle et Marivaux.) Buffon tient au surplus qu'il ne faut pas exprimer des choses ordinaires et communes d'une manière singulière et pompeuse ; que, possédant pleinement son sujet, y ayant réfléchi longuement, il ne s'en faut point écarter ; et qu'à la délicatesse, au goût, au scrupule sur le choix des expressions, à l'attention de ne nommer les choses que par les termes les plus généraux, il y a lieu de joindre « de la défiance pour son premier mouvement, du mépris pour tout ce qui n'est que brillant, et une répugnance constante pour l'équivoque et la plaisanterie ». (Voltaire est, ici, directement visé.)

Sa conclusion est que « bien écrire, c'est tout à la fois bien penser, bien sentir et bien rendre ». À son sentiment, « le style est l'homme même » et, la pensée étant commune à tous, un beau style n'est tel « que par le nombre infini des vérités qu'il présente », exprimées par un beau génie. On peut juger sévère une théorie qui cherche principalement dans le style la noblesse, la gravité et la majesté, qui ne voit guère de salut hors de l'éloquence, et pour qui l'aimable se confond avec le frivole. Néanmoins, le *Discours sur le style* demeure un ouvrage clef, auquel devront toujours se reporter ceux qui voient dans le style une haute valeur de civilisation et l'un de ses signes essentiels.

DISCOURS SUR L'HISTOIRE UNIVERSELLE. Ouvrage de Jacques-Bénigne Bossuet (1627-1704), prédicateur et théologien français, publié à Paris en 1681. C'est un cours d'Histoire générale qui fut écrit uniquement pour l'éducation du dauphin. Fondé sur la Révélation, il embrasse toute la suite des temps qui se sont écoulés depuis la création du monde jusqu'à l'empereur Charlemagne. Il se divise en trois parties : la première s'intitule « Les Époques » ; la seconde, « La Suite de la religion » et la troisième, « Les Empires ». Dans la première, l'auteur s'attache à résumer dans l'ordre chronologique les principaux événements dont le monde fut alors le théâtre. Dans la seconde, il aborde la religion chrétienne : exaltant sa marche progressive, il montre comment, préparée par Moïse, elle aboutit au triomphe de l'Église. Dans la dernière, il étudie les empires de l'Antiquité : les causes de leur grandeur et de leur décadence, leur lente destruction mutuelle, leur unification enfin par les Romains — laquelle devait faciliter la diffusion de l'Évangile. Comme on peut s'en rendre compte, Bossuet considère tout du seul point de vue de l'action de la Providence. Tous les événements qu'il évoque, il les explique par le dessein qu'avait le Créateur d'assurer le triomphe du christianisme. Aujourd'hui, certes, une telle conception de l'histoire ne laisse pas de nous mettre en défiance. Chez Bossuet, l'historien cède trop souvent le pas au théologien. Il n'empêche que le *Discours sur l'histoire universelle* fait grand honneur à son auteur dans la mesure même où il nous permet d'admirer les incroyables ressources de son génie. Il ne s'agit pas seulement de ce style plein d'antithèses qui fait de lui le plus grand de nos prosateurs. Mais du fond même de l'ouvrage : la richesse de l'information n'a d'égale ici que l'ampleur de la conception. Qu'on y ajoute la sûreté de l'analyse. D'où il suit que, mis à part l'objectif et les moyens, Bossuet se révèle ici le précurseur de Montesquieu.

DISCOURS SUR L'INCARNATION DU VERBE ET CONTRE LES GRECS. Ouvrage du Père de l'Église grec saint Athanase (295-373), évêque d'Alexandrie. Cette œuvre, qui dut son titre à saint Jérôme, était déjà divisée, dans sa forme primitive, en deux parties : *Discours contre les Grecs* [Λόγος κατὰ Ἑλλήνων] et *Discours sur l'Incarnation du Verbe* [Λόγος περὶ τῆς ἐνανδρωπήσεως τοῦ λόγου]. Elle fut probablement composée pendant la jeunesse de l'auteur, avant son épiscopat. Elle est dédiée à un personnage dont le nom n'est pas mentionné, et semble avoir été écrite pour le public. Dans la première partie, Athanase s'élève contre le polythéisme païen sur le même ton que les apologistes qui l'ont précédé et particulièrement Tatien et Théophile. Les arguments ne sont pas nouveaux, mais l'on sent dans son exposé, plus méthodique, et dans son interprétation de certains passages de l'Écriture, par exemple celui qui traite de la Création et de la chute de l'homme, dans sa conception de la fonction du Verbe comme intermédiaire entre Dieu et l'homme, l'influence de la philosophie des néo-platoniciens et d'Origène. Elle s'achève par la réfutation des doctrines épicurienne et platonicienne de l'origine du monde, par des reproches sévères et de chaleureuses exhortations aux Juifs et aux Grecs et invite, enfin, le lecteur à purifier son âme de toute passion par l'étude des Saintes Écritures. L'authenticité de cette œuvre a été mise en doute sans preuves suffisantes. La profondeur de sa foi donne à Athanase une éloquence sûre et convaincante dans laquelle les moyens rhétoriques sont parfaitement subordonnés au contenu ; l'auteur ne vise à aucune élégance de style ; cependant on ne rencontre aucune négligence, ni dans le vocabulaire, ni dans la forme. L'importance de cet ouvrage, qui contient déjà, et tout particulièrement dans la seconde partie, les arguments dont Athanase se servira dans sa polémique contre Arius — v. *Discours contre les ariens* (*) — et qui, du point de vue littéraire, n'a pas, comme les autres, exercé une grande influence sur les écrivains qui lui sont postérieurs, réside surtout dans l'utilisation d'éléments philosophiques parfaitement fondus avec la foi profonde et ardente de son auteur.

DISCOURS SUR L'ORIGINE ET LES FONDEMENTS DE L'INÉGALITÉ PARMI LES HOMMES. Essai philosophique du philosophe et écrivain genevois d'expression française Jean-Jacques Rousseau (1712-1778), publié en 1755. Dans cet essai célèbre, sur lequel repose une partie de la littérature politique moderne, Rousseau établit les fondements de sa doctrine en affirmant que tous les maux, les misères, les aberrations, causes de l'inégalité parmi les hommes, découlent uniquement de l'état social. Pour résoudre le problème, il faut rappeler à l'homme ses devoirs les plus élémentaires ; cela est d'autant plus difficile que l'homme moderne est « semblable à la statue de Glaucus, que le temps, la mer et les orages avaient tellement défigurée qu'elle ressemblait moins à un dieu qu'à une bête féroce ». C'est à l'homme pris dans l'état de nature, à l'époque où son âme n'était pas encore corrompue par les passions et les erreurs de toutes sortes, qu'il convient de se reporter. L'auteur s'appuie sur deux principes, antérieurs, dit-il, à la raison : le premier est celui de notre bien-être et de notre conservation, le second est celui de notre répugnance à voir souffrir et périr nos semblables. Partant de l'hypothèse que la structure et l'aspect des corps ne se sont pas modifiés, Rousseau voit l'homme primitif comme un être menant une existence sauvage et vagabonde. Moralement, l'homme se distingue de la bête : c'est un être libre et perfectible, qui n'a pas à suivre aveuglément ses instincts, mais qui peut agir dans le sens qui lui plaît. Dans cet état, l'homme vit isolé, hors de la société ; ses passions sont limitées à la satisfaction de ses désirs naturels et il ignore les complications sentimentales et imaginaires. S'opposant à Hobbes, Rousseau nie qu'un tel homme soit mauvais par nature ; bien plus, il possède un sens inné de la pitié qui le porte à secourir instinctivement ceux qui souffrent. En dehors de ces rares contacts, l'individu ne fréquente pas ses semblables, si bien que les inégalités entre les hommes sont imperceptibles ; il s'agit seulement de quelques différences naturelles, de force, santé, beauté, etc.

« Le premier qui, ayant enclos un terrain, s'avisa de dire : “ ceci est à moi ” et trouva des gens assez simples pour le croire, fut le vrai fondateur de la société civile » : un tel fait n'advint pas spontanément, mais il fut préparé par une lente évolution. L'homme commença à éprouver un besoin de stabilité : des familles se fondèrent, on construisit des cabanes ; de petites industries naquirent de même que l'agriculture, qui porte en elle le germe de la propriété. La propriété engendra les exigences, les besoins de toutes sortes, le luxe : voilà les hommes lancés dans une course folle vers les richesses, développant chacune de leurs facultés pour améliorer leur sort aux dépens d'autrui. D'où la nécessité de s'imposer et de dominer : le riche et le pauvre, le plus fort et le premier occupant s'abordèrent comme des loups affamés. Le riche pour préserver son bien conçut le projet d'utiliser à son profit les forces hostiles : il lui fut facile de convaincre les pauvres que leur intérêt résidait dans l'union de toutes leurs forces sous une tutelle commune. C'est ainsi que fut créée la société civile, que furent fixées les lois, et que la liberté naturelle de l'homme fut définitivement abolie. Ceci étant posé et puisque le droit à la liberté (comme tout ce qui nous vient de la nature) est incessible, il en résulte que les pouvoirs politiques fondés sur une telle aliénation sont essentiellement arbitraires. L'inégalité politique entraîne l'inégalité civile : d'où le despotisme, sous lequel les individus sont également esclaves, car ils ne sont plus rien, « n'ayant plus d'autre loi que la volonté du maître ».

Les contemporains de Rousseau virent dans cet opuscule un réquisitoire implacable contre les institutions sociales et politiques de leur temps, et acclamèrent, en la personne de l'auteur, le praticien hardi qui avait osé porter la lancette au plus profond de la plaie. Son *Discours* marque un moment capital dans l'histoire des doctrines politiques ; il contient les éléments de la thèse que Rousseau soutiendra plus tard dans le *Contrat Social* (*), œuvre de raison et de droit destinée à fonder le règne de la justice et du bonheur collectif.

DISCOURS SUR L'UNIVERSALITÉ DE LA LANGUE FRANÇAISE. Essai de l'écrivain français Antoine Rivarol (dit comte Antoine de, 1753-1801), publié en 1784. En 1783, l'Académie de Berlin avait mis au concours les questions suivantes : 1°) Qu'est-ce qui a rendu la langue française universelle ? 2°) Pourquoi mérite-t-elle cette prérogative ? 3°) Est-il à présumer qu'elle la conserve ? C'est dans l'esprit de cette initiative « in linguae gloria », émanant au surplus d'une puissance étrangère édifiant autour d'elle le germanisme en nation, que Rivarol s'emploie à justifier la prééminence du français en Europe, voire dans l'univers, et qu'est couronné son discours. Faisant fond sur le relativisme de Montesquieu, il pose que le langage, au même titre que n'importe quelle production des êtres entre eux, et des êtres avec le monde matériel, s'inscrit dans l'ordre général des lois et que, comme cet ordre, il ressortit, de nécessité, au jeu des rapports dérivant de la nature des choses dans le temps. D'où un registre de causes, aussi dissemblables que multiples, qui a pour but de montrer jusqu'à quel point « la position de la France, sa constitution politique, l'influence de son climat, le génie de ses écrivains, le caractère de ses habitants et l'opinion qu'elle a su donner d'elle au reste du monde [...] ont pu se combiner et s'unir pour faire de [la] langue [française] une fortune si prodigieuse ». L'enquête de Rivarol se veut donc résolument scientifique et déterministe. Davantage : que quelques rares contemporains aient pu la trouver dénuée de tout fondement à maints endroits, ils attribuèrent ses lacunes, non pas au parti pris de l'auteur, mais à son ignorance de certaines réalités philologiques et à une interprétation forcée de l'histoire. Et c'est là précisément que le bât blesse Rivarol. S'il n'est point douteux que la langue française doit ses qualités de clarté, de logique et d'élégance — qui en font, au dire de l'auteur, la « langue humaine », la « langue universelle » dont rêvait Leibniz — à un concours unique de circonstances tant géographiques et politiques que sociales, linguistiques et littéraires, il demeure que ces qualités, pour remarquables qu'elles soient, ne sauraient se constituer en supériorité à partir d'exclusions ou de jugements à l'emporte-pièce. Affirmer sérieusement, par exemple, que « la pensée la plus vigoureuse se détrempe dans la prose italienne » ou encore, que l'on trouve à l'anglais « des formes serviles qui [...] la rendent moins propre à la conversation que la langue française », c'est tout bonnement donner dans la niaiserie. Mais le discours de Rivarol, quelque niais qu'il puisse paraître çà et là, procède tour à tour de la *Logique* grammairienne de Port-Royal, de l'éblouissant causeur qu'il est lui-même, de la seule passion qu'il ait jamais eue : la passion de la langue française, enfin de l'hégémonie qu'assure toujours un peu, à ses yeux, un pays dont les étrangers apprennent la langue. Rivarol, en s'appliquant à prouver l'universalité de la langue française par toutes les voies possibles, assure l'hégémonie politique de la France et engage les Français à faire œuvre, notamment par leur littérature, de la grandeur qui garantira la diffusion de leur langue. Aussi Monsieur, frère du roi, sera-t-il amené à remarquer du lauréat de Berlin : « Comme il est bien français, comme il nous fait valoir ! » Car Rivarol pressent la menace que fait peser sur le français, langue internationale, l'Angleterre dont s'engouent déjà trop ses compatriotes. Son écriture qui, par surcroît, sort avec brio de l'académisme, fait ici leur part à la politique et à l'avenir tout ensemble. H. M.

DISCOURS THÉOLOGIQUES de Grégoire de Nazianze. Les quarante-cinq discours grecs de saint Grégoire de Nazianze, dit « le Théologien » (330 ?-390 ?), très connus au Moyen Âge, sont le plus parfait témoignage du talent de cet écrivain au point de vue doctrinal et littéraire. Ils sont de genres différents, discours d'occasion, apologies de l'œuvre de l'auteur, panégyriques, discussions exégétiques. Par leur contenu théologique, les *Discours* XXVII-XXXI, prononcés en 380 à Constantinople, ont une particulière importance : c'est à eux que Grégoire doit son surnom de « théologien ». Ils reprennent et traitent d'une manière très développée la question de la divinité du Saint-Esprit qui, souvent agitée au IVe siècle, avait donné lieu à l'hérésie d'Eunonie et à la réaction de saint Basile — v. le traité *Contre Eunome* (*). Grégoire, après avoir affirmé la nécessité de se purifier moralement pour pénétrer les mystères des choses divines qui, contrairement à ce qu'affirme Eunome, ne peuvent être saisies par les seules forces de la raison, reprend et développe, avec tous les moyens et tous les ornements d'une rhétorique raffinée, les principes d'Athanase et de Basile. Les discours prononcés à l'occasion de solennités religieuses telles que Noël, l'Épiphanie, la Pentecôte, ont également un contenu théologique.

Dans ce recueil, les oraisons funèbres prononcées par Grégoire à l'occasion de la mort de ses parents, la VIIe pour son frère Césaire, la VIIIe pour sa sœur Gorgonia, la XVIIIe pour son père, sont intéressantes tant au point historique, à cause des nombreux renseignements que Grégoire nous donne sur lui-même et sur sa famille, qu'au point de vue littéraire, à cause de la délicatesse et de la sincère émotion qui se font jour, même dans les phrases hyperboliques et emphatiques de son style souvent trop fleuri. De nombreuses pages de l'oraison funèbre pour Basile et du panégyrique d'Athanase sont vives, animées, riches de données historiques. Parmi les panégyriques, nous rappellerons celui des Maccabées, de saint Cyprien et de Héron. Les deux diatribes contre l'empereur Julien l'Apostat, IVe et Ve, sont violentes, souvent injustes, mais ne manquent pas de quelques traits éloquents. Dans les autres *Discours*, Grégoire, ainsi que le fit Basile, fait allusion aux affaires publiques ou explique des passages de l'Évangile. Le IIe discours, prononcé pour justifier sa fuite de Nazianze, est bien conduit et très important, parce que l'auteur y esquisse le type idéal du prêtre, ainsi que saint Jean Chrysostome le fera plus tard dans son ouvrage consacré à ce sujet. Sur le plan littéraire, Grégoire est, de très loin, supérieur à tous les écrivains de son temps, même à Basile. Il est attique dans le choix méticuleux des mots, alors que son éloquence est nettement asiatique : les moyens utilisés (figures de rhétorique, comparaisons, etc.) sont ceux-là mêmes que l'on enseignait dans les écoles païennes de rhétorique et qu'il avait appris en partie des sophistes Himérios et Proairesios. Avec la technique propre à l'art païen, Grégoire exprime toutefois des pensées et des sentiments chrétiens. Les exemples qu'il utilise, dans un but didactique, sont tous puisés dans *La Bible* (*) ou dans le Nouveau Testament. Plus tard, les *Discours* de Grégoire devinrent célèbres. Ils ont été non seulement très lus et commentés (par exemple par Élie de Crète, au Xe siècle), mais ils ont souvent servi de prétexte à des compositions poétiques de l'époque byzantine, telles que celles de Jean de Damas, Nicéphore Blemmidès, et autres demeurés anonymes. — Trad. Éd. du Cerf, 1978-1990.

DISCOURS THÉOLOGIQUES de Grégoire de Nysse. Recueil de discours de saint Grégoire de Nysse (335 ?-394 ?), similaires, par le contenu, à ceux de Basile et de Grégoire de Nazianze, qui sont à peine antérieurs. Ils furent prononcés dans différentes occasions : homélie à l'occasion des grandes fêtes chrétiennes, Noël, Épiphanie, Pâques, Ascension, Pentecôte ; deux panégyriques, l'un de saint Étienne, l'autre de Théodore martyr ; deux des quarante martyrs de Sébaste ; un de Grégoire le Thaumaturge ; oraisons funèbres de Basile, frère de l'auteur, de Mélésius, évêque d'Antioche, de Pulchérie, fille de l'empereur Théodore Ier et de Flacilla, mère de celui-ci ; une oraison, de caractère dogmatique, sur la divinité du Fils et du Saint-Esprit, dont nous possédons un remaniement copte, une oraison pour exhorter au baptême, d'autres pour exhorter à secourir les pauvres, dont il décrit, avec un réalisme comparable à celui de Basile, la misérable condition. De son temps, Grégoire eut une grande renommée grâce à son éloquence. Elle manque, cependant, de cette originalité que nous admirons dans les oraisons de Basile et de Grégoire de Nazianze.

DISCOURS VÉRITABLE DE LA CONFÉRENCE TENUE À FONTAINEBLEAU LE QUATRIÈME DE MAI 1600. Œuvre de l'homme politique et écrivain français Philippe de Mornay du Plessis-Marly, plus connu sous le nom de Duplessis-Mornay (1549-1623). Protestant convaincu – il fut surnommé postérieurement le Pape des huguenots –, orateur célèbre et grand patriote, Duplessis-Mornay s'efforça dans ces temps troublés de chercher les compromis et d'éviter à tout prix la guerre civile. Henri IV, qui l'appréciait beaucoup, le fit revenir d'Angleterre où il s'était réfugié à la suite de la Saint-Barthélemy pour en faire son conseiller le plus écouté. En 1600, il soutint, à Fontainebleau, une controverse publique avec le cardinal Du Perron qui se faisait fort de désigner, dans le *Traité de l'Eucharistie* (1598) de son adversaire, cinq cents « énormes faussetés », allégations fausses, citations tronquées, références inexactes. Duplessis-Mornay n'eut pas l'avantage dans cette controverse, mais il voulut en fixer les termes précis dans son *Discours*. Il existe plusieurs autres discours de Duplessis-Mornay : un *Discours de la vie et de la mort* et des *Discours et Méditations chrétiennes*, écrits dans un style noble et dépouillé, mais plein d'élan et de verdeur. Toutefois l'œuvre qui se lit encore avec le plus d'intérêt sont ses *Mémoires* (*), document très vivant sur l'esprit de son temps, écrit dans une langue admirable.

DISCUSSION [*Discusión*]. Recueil d'articles de l'écrivain argentin Jorge Luis Borges (1899-1986), publié en 1957. Dans le prologue l'auteur déclare : « La vie et la mort ont manqué à ma vie. De cette indigence, mon amour laborieux pour ces bagatelles. » Bagatelles, en ce sens que ces articles sont écrits en marge de l'œuvre et en même temps en marge des œuvres des autres. Ce sont donc plutôt des points de convergence, parfois avec l'actualité, à propos de livres ou de films : « Notes », « Films », plus souvent sur les problèmes essentiels et d'une certaine manière anachroniques – mais Borges c'est l'actualité de l'anachronisme – que se pose et que pose l'auteur, problèmes anachroniques parce qu'ils ont reçu de fausses solutions ou une solution unique, alors qu'il y en avait une multitude de possibles, lesquelles se sont trouvées de ce fait périmées. De là le goût de Borges pour les hérétiques condamnés, les gnostiques oubliés qui apparaît ici dans trois textes de 1928 et 1931, « L'Avant-Dernière Version de la réalité », « Une défense de la cabale », et « Une défense du fallacieux Basilide », après la lecture desquels on en vient à se demander, sans que l'auteur l'ait même suggéré, si ces systèmes périmés ne seraient pas des anticipations, plus conformes, somme toute, au monde vers lequel nous allons, que nos formes actuelles de pensée. L'auteur de l'*Histoire de l'éternité* (*) et de l'*Histoire de l'infamie* (*), à la fin d'un texte sur « la durée de l'enfer », conclut « je crois que dans notre impensable destin, où des infamies comme la douleur corporelle sont en vigueur, n'importe quelle extravagance est possible, même la perpétuité de l'Enfer, mais je crois aussi que c'est irréligiosité que d'y croire ». Tout aussi singulières – c'est-à-dire personnelles, intimes – sont les remarques de Borges sur « L'Art narratif et la magie » : « On conclut à bon droit de ce qui précède que l'art du roman est la causalité », « La magie est le couronnement ou le cauchemar de la causalité », sur « L'Autre Whitman » ou sur « Les Traductions d'Homère » où se pose le problème d'une œuvre si complètement isolée qu'on ne peut savoir « ce qui appartient au poète et ce qui appartient à la langue ». Plutôt que des réponses, ce sont ici des questions qui sont proposées et discutées, des questions que nul n'ose poser, des questions qui n'ont probablement pas de réponses. – Trad. Gallimard, 1966.

DIS-MOI DE VIVRE [*Bid Me To Live*]. Roman de l'écrivain américain H. D. (Hilda Doolittle, 1886-1961), publié en 1961, l'année même de la mort de son auteur. Les romans écrits par H. D. et notamment celui-ci, qui, avec *Le Don* [*The Gift*, 1969-1982] et *Hermione* (1981), forme la trilogie publiée à ce jour en français, sont des récits autobiographiques, ou plutôt l'exploration poétique, parfois à des années de distance, d'épisodes qui ont profondément marqué la vie de l'auteur. *Dis-moi de vivre* est ainsi un roman à clef centré sur les années 20, période durant laquelle H. D. se voit abandonnée par son mari, le poète et romancier Richard Aldington, mais aussi par D. H. Lawrence, qui, après avoir semblé lui promettre un « amour inscrit dans le sang de toute éternité », « s'écarte en frissonnant, tel un fauve blessé », lorsqu'elle le touche. Des chassés-croisés amoureux se déroulent sur le fond tragique de la Première Guerre mondiale, dont H. D. rend parfaitement le climat. Le livre s'achève sur l'exaltation de l'artiste (D. H. Lawrence est comparé à Van Gogh) comme héros du monde moderne. Remontant le temps, *Hermione* met en scène, dans un style impressionniste plein de fraîcheur, les années d'adolescence et de jeunesse de H. D. à Philadelphie, lorsqu'elle connut et se fiança avec Ezra Pound et découvrit sa bisexualité. Enfin *Le Don* laisse l'auteur relater ses impressions de petite fille dans une écriture qui rappelle que H. D., comme tout grand poète, a su garder intact le territoire de son enfance. – Trad. Éd. des Femmes, 1987, 1986, 1988.

C. Ma.

DISPARITION (La). Roman de l'écrivain français Georges Perec (1936-1982), publié en 1969. Ce roman est sans doute l'ouvrage le plus risqué de Georges Perec. Sous quelques dehors de roman policier (la disparation d'un certain Anton Voyl, puis dans son sillage celle d'une série d'autres personnages, les cascades d'enquêtes, de crimes, d'épais mystères, de vengeance, de damnation et d'extermination familiales...). *La Disparition* est un roman exceptionnel par son écriture lipogrammatique. Lipogramme : texte écrit dans une langue diminuée d'une (ou de plusieurs) de ses lettres. Ici, la lettre e est absente, qui est la lettre la plus fréquente en français. Outre cette contrainte formelle, Perec veut traiter un sujet caché sous les apparences du roman d'énigme : le lipogramme lui-même est sujet du roman et l'on voit ce qui manque à Voyl pour que son nom se lise « voyelle », ce qui manque à son compère nommé Conson pour que son nom se lise « consonne ». Cette dimension involutive du roman est sa deuxième originalité.

La jubilation du livre tient à la langue française très particulière du lipogramme, lue comme langue française, mais un peu décalée. La virtuosité perecquienne est extraordinaire, tant dans la richesse du lexique balayé que dans celle de la syntaxe. Le texte y trouve sa dimension comique, qui n'était que souterraine dans les livres antérieurs. L'incipit, pour exemple : « Trois cardinaux, un rabbin, un amiral franc-maçon, un trio d'insignifiants politicards soumis au bon plaisir d'un trust anglo-saxon, ont fait savoir à la population par radio, puis par placards, qu'on risquait la mort pas inanition. On crut d'abord à un faux bruit. » Aux antipodes du minimalisme des *Choses* (*) ou d'*Un homme qui dort* (*), on a ici la dimension de la dissémination narrative. Ce que Perec appellera plus tard sa « racontouze » : sa fécondité proprement narrative culminant dans *La Vie mode d'emploi* (*), c'est *La Disparition* qui en assure, si l'on peut dire, l'apparition. Et cette fécondité du manque, thème perecquien par excellence, est relayée dans un nombre important de références littéraires de *Moby Dick* (*) à *La Lettre volée* de Poe... pour culminer dans une traduction lipogrammatique de six poèmes du patrimoine français, parmi lesquels le « sonnet des voyelles » de Rimbaud, lequel disait précisément : « E blanc ».

Perec publia en 1972 *Les Revenentes* (sic) qui sonne le retour des lettres e. Cette fois, le roman est monovocalique : la seule voyelle utilisée est la voyelle e. Le registre est libertin, voire sadomasochiste, et, contrairement à ce qui se passe dans *La Disparition,* Perec choisit ici de faire éclater le carcan de la règle formelle pour s'accorder avec une verve irrésistible toutes les tricheries possibles et imaginables.

J. J.

DISPOSITION À LA CIVILISATION ET DE SES FACTEURS (De la) [*Dell'indole e dei fattori dell' incivilimento con esempio del suo Risorgimento in Italia*]. C'est l'un des ouvrages les plus significatifs du juriste italien Gian Domenico Romagnosi (1761-1835), paru en 1832. Il comprend deux parties de caractère différent : la première, « Des lois de la civilisation », expose très sommairement mais avec vigueur la « philosophie civile » de Romagnosi. La seconde, « De la renaissance de la civilisation italienne », est de caractère historique et dessine, à grandes lignes, l'histoire de la civilisation italienne depuis la chute de l'Empire romain jusqu'au XVIIIe siècle. Les fins constantes des individus aussi bien que des groupements humains sont la conservation et le perfectionnement ; la paix, la justice, la sécurité, que toutes les nations de la terre demandent depuis toujours, ne sont que les moyens d'arriver à ces fins ou les conditions nécessaires pour les obtenir. Les hommes y tendent d'abord obscurément et presque inconsciemment, poussés par l'instinct aveugle ou par les caprices de l'imagination, « sous l'empire de la nature ou du hasard » ; ce n'est que plus tard qu'instruits par une douloureuse expérience ils apprennent à dominer leurs impulsions et à se laisser guider par la raison. Fruit de l'action volontaire de l'homme, l'élévation progressive des conditions générales de vie, parallèlement à l'accroissement des besoins, se réalise par la réduction des charges de l'individu, et par le transfert à la société des pouvoirs qui lui sont ainsi soustraits. De cette façon, les groupements humains se renforcent et s'étendent : les petits groupes, d'abord désagrégés et autonomes, se fondent pour donner vie à des organismes plus vastes et mieux différenciés : la famille, la tribu, la cité, la nation sont les formes successives de groupement dont l'une absorbe l'autre, et qui marquent les grandes étapes de la civilisation, chacune correspondant à un âge, celui des sens, de l'imagination et de la raison. La loi qui gouverne l'entière évolution est la tendance perpétuelle de toutes les parties d'un État et des nations à réaliser l'équilibre de l'utilité et des forces, en mettant en conflit les intérêts et les pouvoirs.

Dans la seconde partie, Romagnosi entend fournir une preuve a posteriori de ses assertions. Cette preuve lui semble fournie par le renouveau de la civilisation italienne entre le XIe et le XVe siècle. Remontant à la décadence de l'Empire romain, il soutient qu'il faut en chercher la cause principale non dans la monarchie tempérée d'Auguste et des meilleurs d'entre ses successeurs, mais dans l'opprimant despotisme de Dioclétien. Les invasions barbares ne réussirent pas à supprimer complètement toute trace de la civilisation antique, et les Barbares finirent par être, les uns après les autres, assimilés par la population italique plus nombreuse. Les communes en marquèrent le premier réveil ; les seigneuries et les principats suivirent le mouvement communal, du moins partiellement. De l'extrême fractionnement de la période précédente, l'Italie se dirigeait vers des formes d'États territorialement plus vastes, qui faisaient pressentir une unification politique prochaine. Du milieu du XVIe siècle à la fin du XVIIe, l'Italie connut une autre période triste de décadence et d'oppression. Mais, dès le XVIIIe, Romagnosi découvre, et s'en réjouit, les signes évidents d'une renaissance.

Si, dans la première partie, Romagnosi semble avoir accordé une trop grande importance à une civilisation donnée, au détriment de l'idée générale, dans la seconde partie il a remarquablement pressenti quelques-unes des conceptions historiques les plus récentes. L'ouvrage s'intègre dans la longue tradition de Vico, en Italie, et en est un des maillons principaux. La vie sociale y est considérée comme un instrument de progrès et d'élévation morale et culturelle. Cette idée, émise par Vico et développée par ses successeurs, en particulier par Pagano et par Romagnosi, devait triompher des abstractions rationalistes, et apporter au grand courant de la doctrine historique du XIXe siècle une précieuse contribution.

DISPUTATION CONTRE L'ASTROLOGIE [*Disputationum in astrologiam libri duodecim*]. Ouvrage du philosophe et savant italien d'expression latine Jean Pic de la Mirandole (1463-1494), publié en 1496. L'astrologie part de la supposition préalable que l'univers céleste ou terrestre forme un tout organique et que c'est dans les astres et les cieux que l'on peut découvrir le signe des événements humains déjà survenus et la prévision ou simplement la cause des événements nouveaux. L'affirmation de la valeur scientifique de l'astrologie, qui d'ailleurs ne fut pas sans conséquences sur le développement des études astronomiques, s'appuie sur la tradition stoïcienne du déterminisme universel, tradition reprise par le néo-platonisme et qui fut fortement répandue au temps de la Renaissance. Contre cette affirmation, Pic de la Mirandole avance une série d'arguments de diverses valeurs. L'un des principaux est que les philosophes ont toujours condamné l'astrologie, qui du reste ne trouve même pas un appui solide dans l'opinion courante, parce qu'elle n'a aucune cohérence logique et qu'elle dégénère souvent en absurdités et radotages. En outre, l'Église et la religion ne peuvent être d'accord avec les préjugés de l'astrologie ; c'est pourquoi l'autorité religieuse, comme d'ailleurs l'autorité civile, l'a toujours condamnée. L'argument le plus fort est celui, cher à l'auteur, de la dignité de l'homme, libre et arbitre de son propre destin. Il lui répugne que l'homme, être spirituel, soit déterminé fatalement par les astres, qui sont des êtres matériels. De plus, si ce que l'on prévoit en interrogeant les astres doit inéluctablement arriver, il est préférable de ne pas le savoir ; c'est pourquoi l'astrologie est une science inutile. Si Roger Bacon affirme que la religion est compatible avec l'astrologie parce que « Coeli enarrant gloriam Dei et opera manus ejus annuntiat firmamentum », Pic de la Mirandole en appelle à saint Paul qui oppose la religion à l'astrologie, comme la lumière aux ténèbres. Enfin, si l'influence des astres est réelle et efficace, pourquoi deux jumeaux, nés à la même heure ou tout au moins conçus dans le même instant, ont-ils un destin différent ? Cela signifie pour le moins que les cieux ont une influence très vague et indistincte et qu'ils ne peuvent être les causes véritables des événements humains, lesquels dépendent de nombreuses autres raisons particulières.

DISPUTATIONS DIALECTIQUES [*Disputationes dialecticae*]. Ouvrage polémique en trois livres, écrit en latin en 1439 par l'humaniste italien Lorenzo della Valle, dit Valla (1407 ?-1457) et publié en 1499. Il bat en brèche l'aristotélisme. Déjà Pétrarque, en son temps, s'était montré rebelle à ces faiseurs de syllogismes qui se retranchaient sur le latin. Selon l'auteur, la philosophie n'est autre chose que l'amour de la sagesse, autrement dit tout le contraire de ces vaines subtilités qu'implique le goût du formalisme. Il importe donc de balayer les définitions inutiles et de recréer une dialectique simple et nette qui représente le seul instrument efficace permettant de parvenir à la vérité. Emporté par son raisonnement, Valla ne fait pas de distinction entre Aristote et ses disciples ; il ramène de six à un seul les « principes » d'Aristote, et de dix à trois ses fameuses « catégories ». Étudiant le syllogisme, ce point faible de la culture médiévale, Valla montre les insuffisances et le caractère erroné de certaines de ses formes accueillies aveuglément par les penseurs scolastiques. Bien que Valla, « le maître de ceux qui savent », n'ait pas toujours été apprécié à sa juste valeur, ni exactement situé dans son cadre historique, son traité n'est pas dénué d'importance en raison de sa position critique. En effet, Valla affirme hautement la nécessité de ne pas se fier à la tradition, pour respectable qu'elle soit, et de résoudre les problèmes de la science avec un esprit exempt de préjugés — seul moyen d'avancer dans cette voie avec une parfaite liberté.

DISPUTATIONS MÉTAPHYSIQUES [*Disputationes metaphysicae*]. Traité philosophique du théologien espagnol Francisco Suárez (1548-1617), publié à Salamanque en 1597 et réimprimé à Venise en 1605. C'est un vaste commentaire d'Aristote, comme l'indique le titre original : *Des disputes métaphysiques où est traité par ordre toute la théologie naturelle et où sont discutées toutes les questions relatives aux douze livres d'Aristote* [*Metaphisicarum disputationum, in quibus et universa naturalis theologia ordinate traditur et quaestiones omnes ad duodecim Aristotelis libros pertinentes disputantur*]. L'œuvre, divisée également en douze livres, commente la pensée du philosophe grec de manière à établir, sur cette base et aussi sur celle de saint Thomas d'Aquin, une refonte harmonieuse de la science naturelle, en donnant un fondement à la connaissance des vérités sublimes et divines.

Tout d'abord, les différentes opinions des Anciens sur les origines des choses y sont examinées et combattues quand elles ne tiennent pas compte de l'activité de l'homme et du sens de la responsabilité qui distingue toutes ses attitudes (livre I). Il est très difficile de trouver la vérité, mais il faut se munir d'instruments efficaces pour atteindre le but : la philosophie fournit les moyens de dissiper l'erreur et de tendre vers l'éclaircissement des problèmes. L'histoire de l'humanité a toujours vu l'effort de ses plus grands penseurs porté vers la lumière et la perfection de la connaissance. Sur ces bases, la science théologique peut fonder ses possibilités (livre II) Il y a de nombreux doutes dont il faut tenir compte dans la voie qui conduit à la connaissance ; en avoir conscience est déjà d'un secours précieux pour atteindre la vérité (livre III). A ce point, Suárez développe plus à fond son exposé, traitant des noms communs et analogues aux multiples significations, et de leurs distinctions (livre V). Il parle, en particulier, de l'être compris comme substance, et pose le principe d'après lequel les universaux ne sont pas des substances séparées des individus (livres VI-VII). Sujets très ardus chez Aristote, et entendus diversement par les commentateurs, que ceux concernant la substance sensible et ses origines, la division de l'être en puissance et en acte, l'unité et la multiplicité, avec leurs oppositions et différences réciproques (livres VIII-X). Les livres XI et XII présentent et discutent quelques autres problèmes de moindre importance touchant Aristote.

L'œuvre de Suárez, inspirée des traditions théologiques de la Contre-Réforme est largement pourvue de notes et de tables, fournissant ainsi une véritable encyclopédie du savoir philosophique et religieux, même en ce qui concerne la pensée thomiste ; mais, plus encore qu'un commentaire (au sens scolastique) de la philosophie d'Aristote, on doit la considérer comme la plus vaste tentative de synthèse que la philosophie catholique du XVIe siècle ait pu opposer aux théories naturalistes. On sent chez Suárez un esprit moins pénétrant qu'habitué à argumenter, et la volonté de fondre les attitudes discordantes en une nouvelle synthèse ; il fut pour cette raison — particulièrement lorsqu'il tente de concilier la grâce et le problème du libre arbitre — considéré par ses contemporains comme un habile spécialiste des discussions métaphysiques ; la postérité préféra cependant apprécier en lui le penseur politique de la *Defensio fidei catholicae* (1613).

DISPUTE (La) de Malaspina [*Tenzone*]. Le marquis Alberto Malaspina (1165 ?-1210), fut un de ces princes italiens chez lesquels les troubadours provençaux trouvèrent une hospitalité généreuse et honorable. Un biographe anonyme, écrivant en provençal, dit de lui qu'il fut un « homme brave, généreux, courtois et instruit », habile à faire « des sirventes et des chansons ». Ces poésies dont parle le biographe ont été perdues. Il nous reste seulement, sous la signature du marquis Malaspina, une dispute avec Raimbaut de Vaqueiras — v. *Poésies* (*) —, son hôte. La critique a pourtant soulevé quelques doutes sur son authenticité. Il paraît, en effet, difficile de prouver que les strophes où le marquis intervient personnellement ont été écrites de sa main ou si, au contraire, toute la dispute a été composée par Raimbaut. *La Dispute* développe une brève mais violente querelle entre le marquis et le troubadour vagabond. Albert rappelle tout d'abord au poète provençal le misérable jongleur qu'il avait rencontré en Lombardie et à qui il avait offert l'hospitalité et donné à manger. Le troubadour lui réplique assez vertement l'accusant, bien qu'issu de grands seigneurs, de ne savoir dire et faire que des vilenies ; d'ailleurs n'est-il pas un homme de peu de valeur, lâche et méchant. Ce à quoi Albert lui répond que lui-même, misérable jongleur, a été fait chevalier bien qu'il n'ait jamais eu entre les mains ni épée ni lance. À Raimbaut de riposter que si lui n'est pas Olivier, le marquis n'est pas non plus Roland. La dispute se termine par des attaques et des ripostes injurieuses. Écrit en langue provençale, ce texte présente un intérêt certain par ce qu'il nous révèle des cours italiennes ; enfin, il témoigne du succès qu'y connut, aux XIIe et XIIIe siècles, la poésie provençale. — Sur ce texte, voir Bertoni, *I Trovatore d'Italia,* Slatkine, 1974.

DISPUTE (La) de Marivaux. Comédie en un acte, en prose, de l'écrivain français Marivaux (1688-1763). Retirée de l'affiche après une unique représentation par les Comédiens français, le 19 octobre 1744. Pour savoir qui, de l'homme ou de la femme, a donné le premier exemple de l'infidélité, le souverain « philosophe » d'un royaume imaginaire, s'est livré à une expérience. « Quatre enfants au berceau », deux garçons et deux filles, « furent portés dans la forêt où il avait fait bâtir cette maison exprès pour eux, où chacun d'eux fut logé à part, et où actuellement même il occupe un terrain dont il n'est jamais sorti, de sorte qu'ils ne se sont jamais vus ». Au moment où le rideau se lève, dix-huit ans ont passé ; le prince et sa cour s'installent dans une « galerie » ménagée autour de l'édifice pour observer leur rencontre : « On peut regarder le commerce qu'ils vont avoir ensemble comme le premier âge du monde ; les premières amours vont recommencer, nous verrons ce qui en arrivera. » L'intrigue, extrêmement épurée, fait tenir en un acte toute l'évolution et les diverses figures du sentiment amoureux telles que Marivaux les a disséquées dans son œuvre depuis plus de vingt ans. Les spectateurs voient successivement la naissance à soi-même dans le miroir d'un ruisseau (« Mais savez-vous bien que cela est très beau, que cela fait un objet charmant ? »), la rencontre de l'autre et la surprise de l'amour, la séparation qui doit le faire durer, adoucie par le don du portrait (et déjà la naissance de la coquetterie, car la jeune femme garderait volontiers son image qui l'enchante), l'intrusion de la rivale et le défi lancé à ses charmes (« Je n'ai qu'à lui ôter son Azor dont je ne me soucie pas, mais rien que pour avoir la paix »), l'attrait d'un visage nouveau et, finalement, le chassé-croisé inévitable des couples. L'« épreuve » ne répond guère à la question qui l'avait suscitée : vanité, faiblesse, vengeance, ennui de se voir trop souvent et trop facilement, inconstance sont également le fait des hommes et des femmes. Un troisième couple amoureux et fidèle surgit inopinément à la dernière scène sans corriger l'impression de désillusion et d'amertume créée par le déroulement de la pièce. Cette comédie philosophique rencontra, au XVIIIe siècle, l'incompréhension d'un public insensible à son originalité. Une remarquable mise en scène de Patrice Chéreau, en 1973, prouva qu'elle est une des plus graves et des plus intéressantes d'un dramaturge parvenu à sa maturité. Ainsi ressuscitée, elle n'a cessé, depuis, d'être à l'affiche. C. B.

DISQUE VERT (Le). Revue fondée et dirigée par l'écrivain belge d'expression française Franz Hellens (pseud. de Franz van Ermenghem, 1881-1972), parue de 1922 à 1925, puis en 1934, en 1936, et enfin de 1953 à 1957. La situation de la littérature en 1920 se caractérisait par la diversité des tendances, mais aussi par la nécessité de sortir de la stagnation. Apollinaire, Cendrars, les dadaïstes luttaient contre le symbolisme qui achevait de mourir, et surtout contre la survivance de la littérature bourgeoise de la Belle Époque. La brève carrière de la revue *Signaux,* que dirigeait Franz Hellens, fut à l'origine du *Disque vert* qui en prolongea les idées. En mai 1922 parut le premier numéro sans manifeste préliminaire ; au sommaire : Cendrars, Cocteau, Jacob, Supervielle, qui publiaient contes, poèmes, essais. La revue s'efforça de développer un caractère européen. On pouvait y trouver des textes de Gorki, les premiers poèmes d'Essenine, traduits en français par Hellens. Elle fut pour la première fois, non pas le laboratoire d'un groupe littéraire, mais un champ d'expériences. Pour traiter quelques-unes des questions qui sollicitaient alors une grand partie de la jeunesse intellectuelle, elle entreprit des numéros spéciaux réalisés en collaboration, notamment sur la question : le symbolisme a-t-il dit son dernier mot ? Et sur Max Jacob (1923), sur Charlie Chaplin et Freud (1924), sur le suicide, les rêves, le cas Lautréamont (1925). C'était le tour de force de Franz Hellens que d'avoir trouvé « un biais » susceptible de retenir des esprits si divers, si étrangers les uns aux autres qu'ils étaient faits, semblait-il, pour se fausser compagnie. Ainsi Hellens parvenait-il à réunir dans un même numéro des noms comme Cendrars, Paulhan, Jacob, Cocteau, Éluard, Supervielle, Michaux, Artaud et les poètes belges Odilon-Jean Périer, Mélot du Dy, Roland Purnal, Lucien Jublou. Ce faisant, *Le Disque vert* se proposait de jeter les bases d'un nouvel humanisme en fuyant poétique, polémiques d'école, investigations esthétiques. Quelques-uns reconnurent cet appel : Valéry, Rivière et Gide. Toutefois, pour marquer l'insuffisance de cette unité un peu forcée des sujets traités en commun, chaque numéro spécial contenait une partie anthologique où les collaborateurs critiquaient films, recueils de poésies, romans, essais. Mais la revue où les premières proses d'Henri Michaux virent le jour sous le titre *Cas de folie circulaire* (n° 5 du *Disque vert*) en fut vite réduite à une parution irrégulière à cause des difficultés financières. Lors de sa brève carrière d'après la dernière guerre, elle consacra un important numéro à Jung (1956), cependant que son ultime numéro (1957) constitua un grand et amical hommage à son fondateur, Franz Hellens.

DISQUISITIO METAPHYSICA ADVERSUS CARTESIUM. Œuvre en latin du philosophe français Pierre Gassendi (1592-1655), publiée à Amsterdam en 1644, et sous une forme plus complète, la même année, sous le titre : *Disquisitio metaphysiqua seu Dubitationes et instantiae adversus Renati Cartesii metaphysicam et responsa.* C'est le chef-d'œuvre de l'auteur, parce qu'il se détache de sa polémique sensualiste comprise en elle-même et pour elle-même, et fait un retour vers la philosophie épicurienne, mettant en évidence la nécessité d'une discussion profitable sur le terrain du cartésianisme. Dans le *Discours de la méthode* (*), Descartes avait fixé, avec son fameux principe « je pense, donc je suis », le point fondamental d'une certitude : ainsi il élimine le doute qui pouvait naître du problème de l'existence et de la connaissance. À son tour, Gassendi, inspiré par un sensualisme naturaliste, ne veut pas s'enfermer dans un monde de principes logiques. Selon lui, la certitude d'une vérité incontestée ne peut être donnée que par la connaissance sensorielle. Il objecte donc que l'on peut trouver la certitude de l'existence non seulement dans la pensée, mais aussi dans toute action humaine.

Cette opposition au principe fondamental de la méthode cartésienne parut, à certains, étrangère à la logique même formelle. D'autres y trouvèrent une idée féconde en ce qu'elle présente une réalité plus complète et immédiate que celle d'une pensée abstraite. Par ailleurs, Descartes n'établissait pas une conséquence entre la pensée et l'existence, mais une relation qui de psychologique pouvait être considérée comme logique ; car, dans la conscience, la pensée était plus directe. C'est dans l'idée de substance que Gassendi a trouvé le point faible de la position cartésienne : il avertit qu'on ne peut avoir de celle-ci une idée précise, et qu'on réussit à en concevoir la réalité seulement au moyen de l'activité logique. Avant Locke, une critique est ainsi esquissée. Kant la reprendra. — Trad. Vrin, 1962.

DISSÉMINATION (La). Ouvrage du philosophe français Jacques Derrida (né en 1930), publié en 1972. « Ceci (donc) n'aura pas été un livre. Encore moins, malgré l'apparence, le recueil de trois essais dont le temps serait venu, après le fait, de reconnaître le trajet, de rappeler la continuité ou d'induire la loi, voire d'exhiber, avec l'insistance requise en pareille occasion, le concept ou le sens. On ne feindra pas, selon le code, la préméditation ou l'improvisation. L'agencement de ces textes est autre, mon intention n'est pas ici de les présenter. » On le voit, la forme traditionnelle du livre, rêve de l'unité et de la totalité du discours clos sur lui-même, achevé définitif, se trouve ici profondément inquiétée. La redéfinition derridienne de l'écriture permet d'interroger le trajet du sens. Sa linéarité, son univocité, ses gages référentiels (qui sont aussi les gages traditionnels de la signification et de la compréhension), se voient travaillés, décousus jusqu'à ce que se découvre un « mouvement » disséminatoire du signifiant comme du signifié (qui fait voler en éclats la logique même du signe). « Perdre la tête, ne plus savoir où donner de la tête, tel est peut-être l'effet de la dissémination. » Cette perte, ce vertige sont liées à l'affirmation centrale de ce qu'il n'y a pas de « hors-texte », c'est-à-dire de référent ou de garantie « objective » de la validité de ce qui est dit ou écrit. « S'il n'y a rien hors du texte, cela implique, avec la transformation du concept de texte en général, que celui-ci ne soit plus le dedans calfeutré d'une intériorité ou d'une identité à soi [...] mais une autre mise en place des effets d'ouverture et de fermeture. » Cette affirmation de la non-existence du hors-texte remet en cause également les limites traditionnellement assignées aux différents « champs » d'écriture, par exemple celui de la philosophie et celui de la littérature. Où passe désormais cette limite, s'il n'y a plus de lieu extra-textuel à partir duquel on puisse faire la différence ? Derrida instruit ici ces questions difficiles en proposant trois lectures : l'une de Platon (« La Pharmacie de Platon »), l'autre de Mallarmé (« La Double Séance »), la dernière de Sollers (« La Dissémination »). C. Ma.

DISSERTATIONS de Maxime de Tyr [Φιλοσοφοιμενα λοςοι]. Recueil de quarante et un discours (sur trente-cinq dissertations qui nous sont parvenues, certaines sont divisées en plusieurs parties) du rhéteur d'expression grecque Maxime de Tyr (125 ?-185 ?). L'auteur y traite de nombreux sujets dont la plupart se rattachent à la philosophie platonicienne. Quelques discours ont le même sujet mais, à la manière des sophistes, ils apportent des conclusions contradictoires. Dans l'un, par exemple, on affirme la supériorité de la vie pratique sur la vie spéculative (XV), dans l'autre le contraire. L'un prouve que dans un État les guerriers sont plus importants que les agriculteurs (XXIII), l'autre que les agriculteurs l'emportent sur les guerriers (XXIV). Certains de ces discours ont été prononcés à Rome où Maxime de Tyr vécut un certain temps. Les plus intéressants ont trait au « daimon » de Socrate (VIII et IX), à l'amour socratique (XVIII-XXI), au but de la philosophie (XX-XXXIII), à l'opportunité de la prière (V), aux maladies de l'esprit et du corps (VII), à la divinité d'après Platon (XI), aux prédictions (XIII), aux discours philosophiques (XXII), à la vie délivrée de toute douleur (XXXIV), à l'utilité de l'infortune (XXXIV). Maxime de Tyr n'est pas un philosophe, mais un sophiste. Il ne se propose pas de créer de nouvelles doctrines ni d'en donner une démonstration originale, mais simplement de les faire mettre en pratique en les présentant d'une manière agréable et facile, en les émaillant d'anecdotes et de citations poétiques. La tendance platonicienne de l'auteur apparaît même dans le choix de ses sujets. Toutefois ses idées ne sont pas exclusivement platoniciennes et sont mêlées d'éléments pythagoriciens, stoïciens et surtout cyniques. La vie de Diogène et des cyniques est explicitement louée dans la trentième *Dissertation*, et l'influence de l'école cynique est évidente dans l'interprétation allégorique et morale des ouvrages d'Homère et d'autres poètes, ainsi que dans l'usage fréquent d'exemples tirés de la vie de Sardanapale et d'autres personnages. L'auteur s'élève fréquemment contre les épicuriens. Ses *Dissertations* ont la forme d'improvisations, mais en réalité elles ont été dictées et écrites dans un style artificiel, riche en images de rhétorique. La langue tend à l'atticisme. Maxime fait partie de ce courant moralisateur auquel ont appartenu les écrivains qui l'ont précédé, tels que Dion et Plutarque. — Trad. Masson et Besson, an XI (1802).

DISSERTATION SUR LA NATURE DES RICHESSES, DE L'ARGENT ET DES TRIBUTS. Ouvrage de l'économiste français Pierre le Pesant, seigneur de Boisguilbert (1646-1714), rédigé entre 1697 et 1707, années durant lesquelles il publia *Le Détail de la France* et *Le Factum de la France,* ce dernier livre renvoyant au précédent. Tandis que ces deux ouvrages représentent, en substance, un mémorandum destiné à faciliter une réforme du système fiscal français, qui aurait dû, en définitive, prendre pour base un impôt unique sur la terre, la *Dissertation,* presque schématique dans son développement formule les principes qui guideront la vie économique, sous l'influence bienfaisante des lois naturelles. C'est ainsi qu'à la fin du XVIIe siècle ont été élaborés, en France, les premiers éléments d'une doctrine économique naturaliste. La tradition historique a retenu l'opinion selon laquelle Boisguilbert, avec *Le Détail et Le Factum,* se classe parmi les précurseurs de la physiocratie ; avec raison, Hazel van Dicke Roberts a affirmé que Boisguilbert était un précurseur d'Adam Smith, *La Dissertation* étant le prototype de *Recherches sur la nature et les causes de la richesse des nations* (*) de Smith.

DISSIPATEUR (Le) [*Der Verschwender*]. Comédie de l'auteur comique autrichien Ferdinand Raimund (1790-1836), créée le 20 février 1834 au Théâtre de la Josefstadt de Vienne. *Le Dissipateur* est la dernière pièce de Raimund qui, après avoir écrit quelques « tragicomédies » tel *Le Roi des Alpes et le misanthrope* (*), se rapproche ici à nouveau des comédies populaires proprement dites. La « passion » humaine sur laquelle est fondée la fable est une qualité devenue défaut par la démesure : l'excès de générosité qui aveugle le héros Flottwell, le laisse entraîner par les faux amis qui l'exploitent et par Wolf (le loup !), son serviteur véreux : il chasse ainsi son fidèle serviteur Valentin et sa fiancée Rosl faussement accusée de vol. Vingt ans plus tard, Flottwell, totalement ruiné, revient dans son château devenu propriété de Wolf. Seul Valentin reconnaît celui qui n'est plus qu'un mendiant et lui offre l'hospitalité. L'intervention d'une fée, Cheristane, lui fait découvrir un trésor lui permettant de passer les dernières années de sa vie dans la sérénité enfin trouvée auprès de Valentin et de sa famille. *Le Dissipateur* appartient au genre des « pièces de la résipiscence » traditionnel de la comédie populaire viennoise : après les épreuves subies, le héros y est corrigé de son défaut et reconnaît ses erreurs. L'intervention des êtres surnaturels reste l'ingrédient obligé, mais sa signification n'a plus rien de magique : c'est dans l'homme et par l'homme que s'opère la métamorphose morale. Le serviteur Valentin est le personnage comique : il a conservé bien des traits du traditionnel valet de la comédie populaire viennoise, de Hanswurst et de Kasperle, mais il est aussi porteur de la vérité et du message : glorification du « fidèle serviteur », garant d'un ordre social stable, éloge d'un bonheur modeste trouvé dans une humanité simple et dans l'acceptation de la réalité telle qu'elle est.

DISSOLUTIONS DE LA MÉMOIRE (Les). Thèse de doctorat ès lettres du professeur Jean Delay (1907-1987), publiée en 1942. Elle devait apparaître comme le signe d'une réconciliation entre la psychologie et la médecine. Dans son ouvrage, Jean Delay s'efforce de réunir ce qu'il y a de plus durable dans les deux théories les plus importantes, celle du philosophe Jouffroy, dont les théories sur la hiérarchie des facultés et sur leur dissolution par suppression de contrôle supérieur ont inspiré les premiers psychiatres français, et celle de Hughlings Jackson enseignant « l'organisation hiérarchique non plus des facultés, mais des centres nerveux, l'action dominatrice et inhibitrice non plus de la volonté, mais des zones supérieures, l'émancipation occasionnelle de ces mécanismes subordonnés dans les symptômes positifs des psychoses ». C'est sous ce signe que Jean Delay a écrit sa thèse où il affirme que le phénomène psychologique dépend de la mémoire « quand on peut discerner dans ce phénomène une influence quelconque de la vie passée, quand l'exécution actuelle de cette action dépend en quelque façon des actions antérieures du sujet ». La psychologie distinguait depuis longtemps les habitudes qui reproduisent une action plus ou moins transformée par son exécution antérieure, et les souvenirs qui, sans reproduire l'acte lui-même, présentent aujourd'hui une description symbolique de ce qui s'est passé autrefois. « Tantôt c'est le morceau entier que l'on récite sans se préoccuper des circonstances de son acquisition, tantôt c'est l'une des lectures de ce morceau dont on évoque la représentation sans réciter les vers eux-mêmes. » Ainsi, Jean Delay distingue-t-il le récit et la répétition. Il met en relief le caractère social de la mémoire proprement dite. Il est donc amené à distinguer deux grands types de dissolution : les dissolutions de la mémoire sensori-motrice, et celles de la mémoire verbale du récit qu'il appelle mémoire sociale. L'étude des dissolutions de la mémoire sensori-motrice conduit Jean Delay à celle des gnosies et des agnosies. Entre la mémoire sensori-motrice et la mémoire verbale, l'auteur place une troisième forme de mémoire qu'il appelle mémoire autistique, c'est-à-dire mémoire désocialisée, libérée des cadres sociaux — c'est la mémoire des rêves et des délires. Il réunit en un seul groupe les troubles inclassables : la fabulation, quand, la mémoire n'étant pas soumise aux critiques de la croyance réfléchie, le récit n'a pas encore une place déterminée dans le tableau des degrés du réel ; les ecmnésies ou hallucinations du passé, « perspective sous laquelle il convient de reconsidérer la plupart des faits décrits sous le nom d'hypermnésie » ; enfin les paramnésies, fausses reconnaissances et illusions du déjà vu. Signe manifeste du rapprochement de la médecine et de la psychologie, cet ouvrage montre bien l'importance que Jean Delay accorde aux études anatomiques et physiologiques, et cela en une langue simple et souple s'efforçant toujours de rendre plus clair qu'il ne l'était le langage de la psychiatrie. Jean Delay reprit et développa certains aspects de la question dans *Les Maladies de la mémoire* (1942).

DISTINCTION (La). Critique sociale du jugement. Ouvrage du sociologue français Pierre Bourdieu (né en 1930), publié en 1979. Dans ce livre, Bourdieu construit une analyse sociologique des goûts. Il remet en cause le postulat kantien de la *Critique de la faculté de juger* (*) qui veut qu'en matière de jugement de goût il n'y ait pas de critère universel à la différence du jugement sur le beau. Le goût en matière d'art peut faire l'objet d'une analyse des conditions sociales de production de la disposition esthétique. Celle-ci va au-delà de la relation apparemment explicative entre le goût et l'éducation. Car « derrière les relations entre le capital scolaire ou l'origine sociale et tel ou tel savoir se cachent des relations entre les groupes entretenant des rapports antagonistes avec la culture » selon les conditions d'acquisition du capital culturel. Cette analyse est habituellement absente dans les réflexions esthétiques sur l'œuvre d'art, qui ne s'intéressent qu'aux goûts légitimes, et qu'aux « perceptions pures » de l'œuvre d'art c'est-à-dire désintéressée et procédant d'un point de vue spécifiquement esthétique déconnecté de toute utilité dans la réalité. En fait cette vision kantienne écarte ainsi le goût populaire, qui « attend de toute image qu'elle remplisse une fonction » et qui porte un jugement « barbare », c'est-à-dire mêlant des références à la morale et à l'agrément dans l'appréciation de la beauté. Les goûts légitimes (légitimes parce qu'ils sont ceux de la classe dominante) sont une des dimensions d'un style de vie « distingué » qui oppose la distance au monde, à la nécessité économique et aux urgences pratiques. La disposition esthétique est donc également une « expression distinctive » d'une position privilégiée dans le monde social, c'est-à-dire avec un fort volume de capital économique, social, culturel et symbolique. La famille et l'école sont les deux lieux décisifs de formation du goût ; distingué « par nature » quand la première joue le rôle le plus important ; le goût se veut distingué, témoigne d'une volonté de distinction, quand c'est à l'école que s'acquièrent les dispositions esthétiques. À ces deux modalités de formation du goût correspondent deux attitudes à l'égard de la culture et deux styles de vie, le sens de la distinction et la bonne volonté culturelle propre à deux groupes sociaux différents, la classe dominante et la petite bourgeoisie. Le sens de la distinction consiste à établir des différences entre le beau et le laid, le distingué et le vulgaire, de manière à les faire passer pour le fruit d'un don naturel, dans la mesure où elles résultent en fait d'une acquisition très précoce des normes dans le milieu familial. La bonne volonté culturelle se traduit par une révérence envers les œuvres d'art considérées comme légitimes et dans une certaine ignorance qui porte à « prendre l'opérette pour la grande musique, la vulgarisation pour la science, le simili pour l'authentique ». Bourdieu souligne également que ces dispositions esthétiques ont partie liée avec l'ensemble des goûts alimentaires, vestimentaires, mobiliers, avec les façons de parler et de consommer qui définissent les styles de vie exprimés par les habitus. À travers les pratiques de consommation culturelle, Bourdieu analyse le principe de production des pratiques, qui rend compte des goûts et dégoûts de chaque agent social : l'habitus.

L'habitus est le capital incorporé qui organise le style de vie et produit à son tour des conduites politiques, économiques, alimentaires spécifiques des groupes sociaux. Les classes populaires se définissent comme le groupe qui doit « faire de nécessité vertu » et donc déploie un habitus marqué par la nécessité, un choix du nécessaire et le principe de conformité à ce choix. H. T.

DISTINGUER POUR UNIR ou les Degrés du savoir. Œuvre du philosophe français Jacques Maritain (1882-1973), parue en 1932. Le problème de la connaissance, qui domine toute la philosophie moderne, est aussi au centre de ce livre où Maritain semble avoir voulu donner l'esquisse d'une « somme » de sa pensée. Pour l'auteur, le réalisme thomiste est authentiquement critique ; il est même le seul capable de sauver la valeur de la connaissance des choses, d'explorer dans son intimité l'univers de la réflexion et d'en établir, en quelque sorte, la « topologie métaphysique ». À l'idéalisme contemporain, Maritain reproche essentiellement d'établir l'esprit tout entier sur un même plan d'intellection, alors que le premier devoir de l'esprit, pour rester dans la vérité, est au contraire de ne négliger aucune des particularités du monde. Il y a des degrés d'abstraction, qui correspondent à des degrés d'être. L'esprit humain doit donc se développer lui-même organiquement, dans une multitude de concepts, de sciences, de degrés du savoir, dans une série de plans en profondeur ordonnés selon une hiérarchie précise, imposée par le réel. À partir de cette thèse centrale, Maritain s'efforce d'élaborer une sorte de topique transcendantale. Dans une première partie de l'ouvrage, consacrée aux degrés du savoir rationnel, il montre la différence entre le monde d'abstraction propre aux sciences de la nature et le monde d'abstraction métaphysique : les sciences de la nature, qui ont pour objet la possession de l'univers matériel tout entier, vont vers une différenciation de plus en plus grande de leurs procédés ; mais, dans le domaine métaphysique, l'esprit s'efforce d'atteindre à une intériorité plus profonde de l'être, il pénètre jusqu'au noyau ontologique, complètement dégagé de toute matérialité. Ce contact supérieur avec le réel est en quelque sorte sans limites ; il entraîne l'esprit humain vers des abîmes que, réduit à ses seules forces naturelles, il ne parviendra jamais à explorer tout à fait. Ainsi se trouve posé le problème du savoir suprarationnel, dont Maritain étudie les degrés dans la seconde partie du livre, passant en revue successivement les rapports de l'expérience mystique et de la philosophie, la sagesse augustinienne et enfin la doctrine de saint Jean de la Croix, dont l'esprit anime encore la conclusion, « Todo y nada ». Écrits dans un style sévère et souvent difficile, *Les Degrés du savoir* sont pénétrés d'un bout à l'autre par la grande pensée de toute l'œuvre de Maritain : celle des liaisons infinies qui rattachent l'homme et son esprit à un ordre universel.

DISTRAIT (Le). Comédie en cinq actes, en vers, de l'écrivain français Jean-François Regnard (1655-1709), représentée en 1697. Elle peut être considérée comme une des œuvres les plus marquantes de cet auteur qui, bien que cherchant avant tout à faire rire, atteint parfois – comme c'est ici le cas – à la véritable comédie de caractères. Mme Grognac voudrait marier sa fille Isabelle au jeune distrait de Léandre ; celui-ci aime Clarisse dont il est aimé. Isabelle, de son côté, est éprise du Chevalier, frère de Clarisse et protégé de l'oncle Valère. Sur cette situation de fond se greffent des épisodes comiques dus aux distractions de Léandre. Celui-ci appelle Clarisse Isabelle en lui parlant de son amour, ce qui rend la jeune fille jalouse ; une autre fois, croyant s'adresser à son serviteur, il révèle à Isabelle son amour pour Clarisse. Toujours par distraction, il donne rendez-vous en même temps aux deux jeunes filles, provoquant de nouvelles jalousies injustifiées. Finalement, l'oncle du Chevalier, Valère, fait savoir à Mme Grognac que Léandre est déshérité, et la dame, pour qui comptait avant tout la question d'argent, consent alors au mariage d'Isabelle et du Chevalier. Une fois le fait accompli, Valère avoue avoir inventé l'histoire du prétendu héritage, afin que le Chevalier, son neveu, puisse épouser celle qu'il aimait, et accorde à Léandre la main de sa nièce Clarisse. On ne peut voir en cette œuvre une parfaite comédie de caractères, puisque le trait principal du héros, sa distraction, ne sert qu'à animer, et non à provoquer, le déroulement d'une action qui aurait pu connaître exactement les mêmes rebondissements sans cela. Si, à ce titre, elle manque d'intérêt, elle présente par contre un tableau de la société française à la fin du XVIIe siècle tout à fait vivant, et le personnage de Léandre possède un caractère comique indiscutable, encore qu'extérieur, qui fait de lui un des personnages types de la scène de tous les temps. Probablement Regnard s'est-il inspiré de Ménalque, le « distrait » des *Caractères* (*) de La Bruyère.

DISTRICT DE COLUMBIA [*District of Columbia*]. C'est sous ce titre générique que l'écrivain américain John Dos Passos (1896-1970) composa, de 1939 à 1949, une deuxième trilogie romanesque (réunie et publiée comme telle en 1952) dont le premier volume s'intitule *Aventures d'un jeune homme* [*Adventures of a Young Man*, 1939]. Gleen Spotswood, le héros, poursuit ses études tant bien que mal, tout en travaillant comme ouvrier agricole, puis à New York. Glenn rencontre par hasard un jeune chimiste et tombe amoureux de sa femme ; mais celle-ci refuse de le suivre et Glenn, déçu, se décide à aller travailler dans une banque à Horton. Il y fait la connaissance d'un jeune avocat dévoyé, Jed, progressiste, et il se trouve mêlé à un mouvement de grève qui oppose les ouvriers mexicains aux patrons bourgeois. Cela suffit à motiver son renvoi. Il retourne à New York, s'inscrit au Parti. On lui confie une mission dans une région minière. Des hommes de main l'assomment et le blessent grièvement. C'est à l'hôpital que Marice, la femme de l'un de ses anciens professeurs, vient le chercher. Elle est fort riche et se dit, elle aussi, socialiste. Glenn devient son amant ; adulé, fêté comme un héros de la cause socialiste, il jouit d'une certaine célébrité comme orateur. Mais il ne tarde pas à se rebeller contre la ligne du Parti et s'en fait exclure. Dès lors, tous l'abandonnent. Il s'engage pour aller se battre en Espagne. Mais on sait qu'il a été exclu du Parti et, suspect, il n'est pas autorisé à se battre ; il travaille dans un atelier de réparations. Jeté en prison, il passe en conseil de guerre. Après de longs jours passés au secret, dans une cellule, tandis que la ville où il se trouve est bombardée par les franquistes, deux de ses juges viennent le libérer sous prétexte de lui confier une mission : porter deux seaux pleins d'eau aux combattants isolés sur une colline, entre deux feux. Glenn accepte, sans aucune illusion. Dès qu'il s'est engagé sur le chemin qui mène au sommet de la colline, il entend les balles siffler, les balles qui le tueront. Dos Passos brosse ici un tableau des milieux progressistes américains pendant l'ère Roosevelt. Il nous fait assister aux espoirs, aux déceptions d'un homme qui, sans doute, lui ressemble ; et cette œuvre est la plus âpre prise de conscience que nous ayons du tournant d'une génération américaine.

La trilogie se poursuit avec *Numéro Un* [*Number One,* 1943]. « Numéro Un » est le surnom que ses partisans donnent à Chuck

Crawford, le sénateur. Et ce livre est un portrait haut en couleur, truculent et féroce, de la vie de cet homme public. On voit Chuck avec ses fidèles, Chuck haranguant ses électeurs, Chuck au sein de sa famille, Chuck dans les milieux gouvernementaux, etc. L'essence de ce caractère est la vulgarité. En effet, tout ce que dit Chuck, tout ce qu'il pense, tout ce qu'il fait est profondément vulgaire. C'est une âme sans noblesse, exclusivement vouée à la poursuite de la réussite matérielle. Mais Chuck est une force de la nature. Sa crapulerie ingénue, son énergie, son opportunisme, son mauvais goût, tout, jusqu'à sa bêtise, le sert. Il fait une carrière magnifique. Dans un certain sens, on peut dire que sa vie est exemplaire : il est l'exemple et le portrait de l'homme politique contemporain. Bien entendu, l'auteur a situé son héros en Amérique, mais les Chuck sont de tous les pays. *Numéro Un* offre un aspect nouveau au talent de Dos Passos : la grande satire politique et sociale. Il y excelle. *Le Grand Dessein* [*The Grand Design,* 1949] constitue le troisième volet de la trilogie. Plus que l'échec des individus, c'est l'échec des principes même que décrit le romancier. Le principal personnage ici, c'est Herbert Spotswood dont le fils aîné, Glenn, a été tué pendant la guerre d'Espagne, alors que le second fils, Tyler, jouait le rôle de bouc émissaire dans *Numéro Un.* Herbert, ancien professeur, arrive comme tant d'autres fonctionnaires idéalistes à Washington, où le New Deal bat son plein. Qu'il s'agisse de lui ; de Millard Caroll qui a tout abandonné pour se consacrer à l'agriculture à l'échelon national ; de Paul Graves, qui veut porter la bonne parole aux fermiers américains ; de Georgia Washburn, qu'un amour malheureux a transformée en ardente propagandiste, tous arrivent à Washington pleins d'espoir et décidés à tout faire pour leur pays. Mais, lentement, leurs plus beaux projets s'enlisent dans la paperasserie. Du « grand dessein » il ne reste bientôt que des projets dont discutent des commissions d'étude. Dans cette vaste fresque, où l'on retrouve les qualités de narration de l'auteur, la maîtrise avec laquelle il mène une foule de personnages, cet art généreux qui fait de lui, selon J.-P. Sartre, le plus grand romancier de sa génération, Dos Passos a évoqué l'histoire en marche. Sans être exactement un roman à clés, *Le Grand Dessein* est avant tout le roman d'une époque et des hommes qui l'ont marquée, les personnages de la fiction se mêlant aux personnages historiques qui ont été les protagonistes du New Deal, instrument de la politique économique et sociale du président Roosevelt. Dans cette œuvre, John Dos Passos poursuit l'analyse des problèmes abordés dans la trilogie précédente *U.S.A.* (*) : le mouvement ouvrier dans *Aventures d'un jeune homme,* la possibilité d'une démocratie véritable dans *Numéro Un,* le cancer bureaucratique des gouvernements modernes dans *Le Grand Dessein.* — Trad. *Aventures d'un jeune homme,* Gallimard, 1957 ; *Numéro Un,* Gallimard, 1954 ; *Le Grand Dessein,* Gallimard, 1959.

DIT DE L'HERBERIE (Le). Composition du jongleur parisien Rutebeuf (1230-1285 env.), lequel ne nous est connu que par ce que nous apprend son œuvre : « Vilain d'origine, clerc par le savoir, laïque par l'habit et pauvre comme Job. » On ne peut assigner aucune date à sa naissance ni à sa mort. On sait seulement qu'il fut le contemporain de Saint Louis. Son œuvre se situe de 1250 à 1285. Doué pour l'invective autant que pour la complainte, il sait à fond son métier et sa verve annonce celle de Villon. Son *Dit de l'Herberie* est de peu d'étendue et comprend deux parties, l'une écrite en vers, l'autre en prose. De soi, le meilleur exemple que nous possédions de ce genre qu'on appelle le mime ou monologue dramatique et qui fut en vogue durant tout le Moyen Âge. Dans la présente composition, Rutebeuf parodie à loisir un marchand d'orviétan. Voici, d'ailleurs, quel en est le ton : « Belles gens, je ne suis pas de ces pauvres prêcheurs... » Pour mieux séduire son auditoire, il évoque ses courses mirifiques à travers le monde. Puis, il énumère les maux qu'il guérit. Pour vanter enfin l'efficacité de ses remèdes : « Ôtez vos chaperons, tendez les oreilles, regardez mes herbes que ma dame envoie en ce pays... » Veut-on qu'il dise à présent le mode d'emploi ? Rien de plus facile : « Ces herbes, vous ne les mangerez pas... Vous me les mettrez trois jours dormir en bon vin blanc ; si vous n'avez blanc, prenez-le vermeil ; si vous n'avez du vermeil, prenez de la belle eau fraîche... » Pour conclure avec détachement : « En telle manière, je vends mes herbes : qui en voudra, qu'il les prenne : qui n'en voudra pas, qu'il les laisse. » Ce *Dit de l'Herberie* n'est donc qu'un jeu de bouffon ; mais le chef-d'œuvre du genre. Il nous apparaît, en tout cas, comme une éclatante expression du génie populaire français. — *Le Dit de l'Herberie* a été édité par E. Faral et J. Bastin (Picard, t. II, Paris, 1960).

DIT DES JEUX DU MONDE (Le). Poème dramatique de l'écrivain belge Paul Méral (1895-1946), représenté au théâtre du Vieux Colombier en 1918 et publié la même année. C'est un récitatif à plusieurs voix sur la naissance, la vie et la mort du monde et de l'homme, en trois suites et deux intermèdes. Dans la première suite, nous assistons à la naissance de la terre et de l'amour : noces du monde dans sa fraîcheur d'aube et de la femme aimée. Plusieurs voix se mêlent, se démêlent dans ce chant polyphonique : la terre, la femme, l'homme, les animaux, les plantes — chant tellurique où la répétition du même motif imprègne le lecteur comme le ressac de la marée. La puissance hypnotique de la répétition des mots, des phrases, des thèmes qui s'organisent à l'infini dans la transparence d'un langage simple, bâtit un chant primitif, biblique et mythique hors de l'espace et du temps, en un lieu imaginaire et réel où l'on assiste à la genèse d'un amour. Un chant de naissance achève la première suite. Le premier intermède chante le tigre, la femme, le cheval et l'homme. Il s'achève sur une série de paradoxes. Alors que le final de la deuxième suite est un hymne à la vie, aux éléments, à la femme et au monde, le dernier intermède introduit les thèmes de la mort, de l'angoisse, de la solitude : tout passe, tout demeure, le monde est immobile. Ce poème d'un genre absolument original innove un nouveau style dramatique où les voix se marient musicalement ; c'est une épopée lyrique sous forme d'opéra parlé et chanté qui retrouve la force religieuse des mythes où tout n'est que parabole derrière un langage de source limpide : c'est la cérémonie du monde dans le prisme des mots ; l'aile du rêve s'éveille à de tels chants d'aurore où tous les poncifs sont absents ; vers libres, versets, proses rythmées, dialogues sont les instruments d'un poète qui ne fait pas de littérature, mais nous livre la modulation de son expérience, son chant d'innocence. Plus tard, dans un texte de prose, il dira : « Les humbles seuls peuvent juger parce que tout leur est volupté et embrassements » — naïveté rare d'un poète qui perdit par la suite ce lyrisme et dont l'esprit devint tranchant. Mais Paul Méral a la nostalgie de cette voix enfouie, d'enchantement où le langage joue sa danse : « Je veux écouter ces ténèbres, renverser ces murailles vrombissantes de silence, trouver une raison plausible de vivre en anéantissant tout ce qui m'empêche une chose évidente et nécessaire à elle-même, et, peut-être aux autres » ; après le lyrisme la lucidité froide qui a parcouru l'enfer mais qui recherche toujours le chant dionysiaque des jeux du monde.

★ Le compositeur français d'origine suisse Arthur Honegger (1892-1955) a écrit la musique de scène qui accompagnait le poème dramatique de Méral. Composée en 1918 à la demande de Jane Bathori qui dirigeait alors le Théâtre de Jacques Copeau à Paris, elle fut exécutée en première audition le 2 décembre de la même année. Destiné à un orchestre de chambre à l'effectif restreint (double quatuor à cordes, contrebasse, flûte, trompette, et divers instruments ou éléments de percussion, entre autres le « bouteillophone » (série de bouteilles suspendues percutées à la manière d'un xylophone), le ballet comprend dix danses, deux interludes et un épilogue, dont certaines uniquement réalisées par la percussion, seule ou soutenant un instrument : « Le Soleil et la Fleur », « La Montagne et les Pierres », « L'Enfant et la Mer », « L'Homme tournant sur le sol », « L'Homme fou », « Les Hommes et le Village », « Les Hommes et la Terre », « L'Homme et la Femme », « L'Homme qui lutte et qui conduit », « L'Homme et l'Ombre », « Le Rat et la Mort », « L'Homme et la Mer », « Épilogue » ; Paul Méral, dans l'exposé de l'argument de son poème, assignait à la musique de scène appelée à lui servir de soutien un rôle très précis : « La musique-décor est exclue [...] elle ne sera plus qu'un mot intérieur et elle provoquera parfois la danse. » Honegger a souscrit à ce principe esthétique par une concision thématique et surtout une acuité rythmique qu'une écriture linéaire d'une grande liberté, assez proche de celle de Schoenberg, met habilement en valeur. — La première représentation suscita de violentes et très hostiles réactions. Cette œuvre n'en marque pas moins, par sa facture et par les dons de musicien de théâtre qu'elle révèle, une étape importante dans la carrière d'Arthur Honegger.

DIT DU GENJI [*Genji Monogatari*]. C'est le plus grand chef-d'œuvre de la littérature classique japonaise : long roman en cinquante-quatre chapitres, terminé vers 1004, et contenant les aventures du prince Genji, personnage imaginaire créé par l'auteur. Celui-ci est une femme, Murasaki Shikibu, veuve de Fujiwara Nobutaka et dame de cour de Fujiwara Akiko (988-1074), femme de l'empereur Ichijô (987-1011). Genji est le fils de Kiritsubo, concubine noble [kôi], la préférée d'un empereur et la fille de vice-ministre n'appartenant pas à la famille Fujiwara, alors omnipotente à la Cour. Pour cette raison, Kiritsubo, bien que de caractère très doux, doit souffrir toutes sortes de persécutions de la part des membres de cette puissance maison, tout en subissant les flèches que lui décoche la jalousie de ses compagnes. Accablée de chagrin, elle meurt alors que Genji n'a encore que trois ans à peine. Le jeune prince, que le souverain désolé a pris sous sa protection, grandit, plein de beauté et de distinction et, à douze ans, est marié à sa tante, Aoi no ue. Mais il n'aime pas cette femme, plus âgée que lui et, par surcroît, qu'on lui a imposée. Aussi se donne-t-il bientôt à d'autres amours qui suscitent la jalousie de son épouse. L'empereur, d'autre part, a remplacé la défunte Kiritsubo par une autre concubine, Fujitsubo, qui lui ressemble beaucoup. Et Fujitsubo attire le jeune homme ; éperdument épris d'elle, il est vite incapable de dominer sa passion. De leurs relations naît un enfant, que l'empereur croit sien et nomme prince héritier quand il abdique en faveur d'un demi-frère aîné de Genji. Entre-temps, Aoi no ue étant morte, Genji a épousé en secondes noces Murasaki no ue, femme sage et vertueuse, nièce de Fujitsubo. Mais son tempérament sensuel ne peut désormais se satisfaire des chastes amours domestiques, et la découverte de ses rapports avec Oboro-Zukiyo, concubine du jeune souverain, est cause de l'envoi en exil de Genji à Suma, village situé à trente milles de Kyôto, la capitale. Là, il connaît la belle Akashi no ue, fille d'un ex-gouverneur de l'endroit et qui est entrée dans un ordre religieux ; de leur amour naît un autre enfant. Grâcié, Genji rentre dans la capitale et, peu après, son fils, le prince héritier, monte sur le trône. Le nouvel empereur, ayant appris qui est son véritable père, comble Genji d'honneurs et le nomme, entre autres, premier ministre et « Empereur père » [Dajô Tennô]. Mais le destin commence à présent à se venger de lui. Un certain Kashiwagi séduit la princesse Nyosan, sa concubine préférée, et de cet amour naît un enfant, le prince Kaoru, que Genji croit être son fils. Sur ces entrefaites, Murasaki no ue meurt, et Genji, qui ne l'a jamais oubliée, se retire du monde ; il meurt dans sa cinquante-quatrième année. Ainsi finit la première partie de l'œuvre, qui embrasse quarante-quatre chapitres.

Les dix derniers chapitres rapportent la vie et les aventures de Kaoru, lequel, beaucoup moins heureux en amour que Genji, son père putatif, ne réussit pas à faire la cour à une femme sans que Niou, son oncle, ne s'interpose et la lui enlève. Même quand le sort semble enfin lui sourire avec la gracieuse Ukifune, Niou réussit à s'introduire nuitamment près de la jeune femme, qui le prend pour Kaoru. S'étant aperçue trop tard de son erreur, elle tente alors de laver cette honte par le suicide, mais un bonze l'en empêche, et elle décide finalement d'entrer dans un couvent bouddhiste. Kaoru veut l'en faire sortir et, dans cette intention, se rend au couvent avec le frère d'Ukifune, qu'il envoie le premier avec une lettre. À la vue de son frère et de la missive, Ukifune, qui aime toujours Kaoru dans le secret de son cœur, désespérée fond d'abord en larmes, mais bientôt elle se raidit dans la décision prise et reprend force au point d'affirmer que le porteur de la lettre n'est pas son frère et qu'elle n'a jamais été la maîtresse de Kaoru. Celui-ci, accablé, se voit contraint de retourner dans la capitale avec son compagnon sans avoir abouti.

Le *Dit du Genji* est une description vive et une excellente peinture psychologique de l'ambiance de la Cour, dont il rend admirablement la mentalité, les goûts, les faiblesses, les qualités, les défauts, en un mot la vie. L'intérêt du roman ne réside pas tant dans la trame, qui répète des aventures amoureuses en une succession monotone, que dans l'atmosphère spirituelle dans laquelle se déroulent ces épisodes. Genji, le protagoniste, est le type du jeune homme distingué, aimable, élégant, séducteur plein de tendresse, qui conserve toujours un délicat souvenir de ses maîtresses. À lui s'oppose Murasaki no ue, sage, vertueuse et belle, qui incarne, manifestement, selon les désirs de l'auteur, l'idéal féminin de l'époque. C'est une société efféminée et jouisseuse que celle qui est ici décrite, tout absorbée dans l'instant qui fuit, sans préoccupation de l'avenir, sans considération pour le passé : une société qui vit toute d'un esthétisme délicat, qui aime les allusions, les comparaisons voilées, et a l'explicite en horreur, mais possède une sensibilité bien à elle, une sorte de sentiment mélancolique devant les créatures, l'enchantement, la fascination des choses. Ce qui compte le plus, pour les courtisans de l'époque, est seulement ce qui est moderne, d'actualité, et la vertu humaine que l'on exalte le plus est de posséder une âme pleine de sensibilité, pour comprendre, connaître l'intime mélancolie, l'intime beauté des choses.

L'importance du *Dit du Genji* est d'avoir donné une nouvelle orientation et un nouveau contenu au genre narratif [monogatari]. Jusqu'à ces temps, les écrivains s'étaient bornés à produire des récits, en règle générale assez brefs, qui puisaient largement, sinon exclusivement, dans le merveilleux et le fantastique. Le *Dit du Genji* est le premier roman réaliste : innovation hardie pour le temps, et que l'heureuse inspiration de l'auteur tenta avec plein succès. Le roman est écrit dans la langue parlée de l'époque, qui devient, entre les mains de Murasaki, un instrument parfait, propre à exprimer les nuances les plus délicates. Devenu, avec le temps, inintelligible à cause de la différence, de plus en plus profonde, entre la langue parlée et la langue écrite, le texte fut l'objet de commentaires laborieux et faits avec soin dès l'époque de Kamakura (1186-1333), mais ce fut surtout durant l'ère des Tokugawa (1603-1868) que les plus grands philologues japonais, tels que Keichû (1640-1701), Kitamura Kigin (1618-1705), Kamo no Mabuchi (1697-1751), Motoori Norinaga (1730-1801), publièrent des études et des gloses précieuses sur cet ouvrage. En Europe, ce roman a été peu apprécié de certains : Bousquet, par exemple, appela l'auteur « cette ennuyeuse Scudéry japonaise », tandis que d'autres ne ménagèrent pas des louanges souvent exagérées. W. G. Aston, le plus compétent de tous ces critiques, résume ainsi les qualités essentielles de l'œuvre et de son auteur : « Il y a, dans le *Genji,* de la chaleur, du brio, une source abondante d'émotions attirantes, une observation aiguë des hommes et des coutumes, une appréciation du charme de la nature et une admirable maîtrise des ressources de la langue [...] Femme vraiment cultivée, Murasaki fuit toute pédanterie et toute élégance stylistique, qui empoisonnent tant de romans du Japon moderne. » L'excellente traduction intégrale de tout l'ouvrage (la première en une langue européenne), faite en anglais par A. Waley, en six volumes [*The Tale of Genji, The Sacred Tree, A Wreath of Cloud, Blue Trousers, The Lady of the Boat, The Bridge of Dreams,* Londres, 1925-1933], en éveillant un écho de commentaires favorables, a rendu pleinement justice aux dons de l'auteur et au fruit de son talent. — Trad. Publications orientalistes de France, 1977.

DITES-NOUS COMMENT SURVIVRE À NOTRE FOLIE [*Warera no kyôki* *o ikinobiru michi o oshieyo*]. Recueil de nouvelles de l'écrivain japonais Kenzaburô Oe (né en 1935), publiées en 1958, 1964, 1969 et 1971 ; en 1977 pour ce choix en anglais. *Gibier d'élevage* [*Shiiku,* 1958] valut à son auteur le prix Akutagawa. Dans un village de montagne imaginaire un pilote américain noir est, à la suite d'un accident d'avion, capturé. À partir de ce qui ne pourrait être qu'un fait divers, l'écrivain met en place son univers mythique et surtout son style narratif très particulier : le narrateur est un enfant qui témoigne d'événements qu'il ne comprend pas entièrement. Pris en otage par le prisonnier, il est blessé à la main, lorsque son père décapite l'Américain. Le récit envoûte le lecteur par son rythme lancinant et la description presque hallucinée de la violence paysanne en temps de guerre. Dans *Dites-nous comment survivre à notre folie* (1969), Oe s'attache au rapport passionnel qui l'unit à son fils, handicapé mental. Un homme d'une « obésité vraiment peu commune », originaire d'un village où sa mère reçoit à son propos des lettres anonymes, essaie de comprendre pourquoi son fils, qu'il surnomme Eyeore (du nom de l'âne dans le livre pour enfants *Winnie the Pooh – Winnie l'ourson* – d'A. A. Milne), est anormal. Hanté par la crainte d'être fou, accusé d'avoir attrapé à l'étranger la syphilis qui lui détraque le cerveau, le héros établit avec son fils une relation d'intimité telle qu'il espère partager toutes ses sensations. Très autobiographique, ce récit est probablement celui qui a permis à Oe de gagner son plus large public. Le narrateur d'*Agwîî le monstre des nuages* [*Sora no kaibutsu Agui,* 1964] raconte comment, étudiant, il obtint, d'un banquier, la curieuse charge de chaperonner son fils, musicien devenu lunatique. Ce dernier, frappé par le film d'Henry Koster, *Harvey* (tiré d'une pièce de J. H. Chase), imite son héros en promenant un monstre imaginaire, non plus un lapin géant comme dans le film, mais « un énorme poupon, grand comme un kangourou et emmailloté de blanc ». Le musicien est obsédé par son bébé né anormal et mort peu de temps après sa naissance, en ayant émis pour seul son : « Agwîî ! » Réflexion poétique sur le temps, la folie et le suicide, cette nouvelle est, peut-être, la plus « surréaliste » d'Oe. Enfin, *Le jour où Il daignera Lui-même essuyer mes larmes* [*Mizukara waga namida o nugui tamau hi,* 1971] se réfère, de façon parodique, à l'atmosphère « impérialiste » dans laquelle meurt Mishima, mais aussi à un souvenir : au moment de la reddition du Japon, le père du narrateur (qui est en train d'agoniser d'un cancer du foie, dans une chambre d'hôpital) participait à une action politique de dernière chance en chantant la cantate de Bach qui donne son titre à la nouvelle, l'une des plus polémiques et complexes qu'Oe ait écrites. – Trad. Gallimard, 1982. R. de C. et R. N.

DITHYRAMBE À DIONYSOS [*Dionysos Dithyramben*]. Ouvrage du philosophe allemand Friedrich Nietzsche (1844-1900), achevé dans sa forme actuelle durant l'été de 1888, à Sils Maria. Il consiste en un recueil de neuf poésies en forme de dithyrambes, dont trois appartiennent à *Ainsi parlait Zarathoustra* (*) ; les six autres sont intitulées : « De la pauvreté la plus riche », « Parmi les oiseaux de proie », « Le soleil décline » , « Dernière volonté », « Le Signe de feu », « Gloire et Éternité ». La poésie de Nietzsche touche ici son plus haut sommet. Le talent musical du poète, qui s'était déjà montré dans les poésies lyriques précédentes – v. *Le Gai Savoir* –, lui permet de transcrire sous une forme lyrique les sentiments éclos dans les régions inaccessibles de l'esprit, à la limite de l'extase et de la folie. Le sentiment du vertige spirituel, l'ivresse de la plénitude du cœur, l'angoisse de la connaissance et du tourment de soi-même, le ravissement dans l'éternité et, plus intense que toute autre passion, la sérénité de sa « septième solitude », dans laquelle le poète a un avant-goût de la mort, tels sont les thèmes essentiels de ce livre qui, par sa valeur lyrique, est supérieur même à *Zarathoustra* et qui peut être regardé comme le chant du cygne de Nietzsche poète. – Trad. Seuil, 1948 ; Gallimard, 1974.

DITHYRAMBE À LA JEUNESSE [*Oda do młodości*]. Célèbre chant polonais de Adam Mickiewicz (1798-1855), conçu dans un style encore imprégné de classicisme, mais considéré comme l'appel à la renaissance romantique de la nouvelle génération polonaise, enflammée par l'idéal sacré de la libération de la patrie et de la rédemption du genre humain. Il fut composé à Kowno (Kaunas), en décembre 1820. Proclamant dans une haute forme poétique les idéaux humanitaires des intellectuels de Wilno, il expose le programme du poète lui-même : « Le but de tous est dans le bonheur de tous », « L'union fait la force », « Prudence dans l'enthousiasme », « On répond à la violence par la violence. »

DITS. Ce genre poétique fut très populaire en France surtout aux XIIIe, XIVe et XVe siècles. Il se rattache à la littérature morale et didactique, toutefois le Dit est aussi libre dans son esprit que dans sa forme, et sa portée dépend avant tout de son auteur. Le Dit est tantôt poème de circonstance et satire du temps présent, tantôt fable morale ; enfin au XVe siècle, devenu le Dittié, c'est un long poème constituant ou bien un véritable recueil poétique réunissant des genres tout à fait différents, comme les *Dittiés* de Jean Froissart – v. *Poésies* (*) de Froissart –, ou bien un récit historique de tendance épique comme le *Dittié de Jeanne d'Arc* – v. *Jeanne d'Arc* (*) – de Christine de Pisan. Parmi les Dits satiriques qui connurent un si vif succès aux XIIIe et XIVe siècles, signalons : le *Dit des Jacobins*, le *Dit des cordeliers*, le *Dit des cornettes*, le *Dit des rues de Paris*, le *Dit du bon vin*, le *Débat de l'eau et du vin*, la *Bataille de Carême et de Carnage*. Tous ces poèmes procèdent de la verve populaire la plus malicieuse ; ils s'attaquent aux moines qui exploitent la piété des pauvres gens, aux marchands rusés, aux femmes capricieuses et malignes, aux modes ridicules ; ils célèbrent les plaisirs souvent les plus vulgaires. Par leur esprit, ils se rapprochent des *Fabliaux* (*). Mais à côté de ces innombrables Dits satiriques, généralement anonymes, certains poètes authentiques ont relevé le Dit en lui donnant un accent et une allure tout personnels. Le premier en date de ces grands poètes est Rutebeuf (XIIIe siècle). Son *Dit de l'herberie* (*) est un monologue dramatique plein de pétulance. Son *Dit des béguines*, petit poème satirique alertement troussé, est plus classique dans sa forme et dans son esprit. Par contre, le *Dit d'Aristote* est un poème moral — v. *Poésies* (*) de Rutebeuf. C'est probablement du début du XIVe siècle qu'il faut dater un véritable petit chef-d'œuvre d'un poète artésien, Jean Auri : le *Dit des ivrognes*. Ce court poème débute par une invocation à « Saint Tortuel de la montaigne », un saint qui fait à lui seul plus de miracles que tous ses collègues réunis : ce saint n'est autre que le patron des ivrognes, le vin. La description des heureux effets du culte qu'on lui rend est écrite avec une malice et en entrain remarquables.

Avec le chef de l'école poétique du XIVe siècle, Guillaume de Machaut, grand inventeur de genres poétiques nouveaux, le Dit se transforme. Il devient un genre mi-narratif, mi-lyrique ; sur une hypothèse romanesque, en laquelle se mêlent scènes réalistes et imaginaires, le poète brode de belles variations lyriques. Tels sont, de cet auteur, le *Voir dit* — v. *Poésies* (*) de Guillaume de Machaut — et le *Dit de la fontaine amoureuse*. Dans ce dernier, le poète entend un amant se plaindre, il le console et l'accompagne au jardin de féerie où Vénus, sur les instances du poète, réconciliera les amants. Guillaume de Machaut a donc annexé le Dit à la littérature courtoise. Il n'empêche que, parmi ses contemporains ou après lui, le Dit conservera son caractère premier, à la fois moralisateur et satirique. Nous en avons un bon exemple dans le *Dit des patenôtres*, composé vers 1320 et œuvre d'un certain Geffroy, dont nous ne connaissons, outre ce poème, qu'un *Martyre de saint Bacus*, poème parodique de la meilleure venue. Le *Dit des patenôtres*, sous prétexte d'inviter à la prière toutes les classes de la société, nous en présente un tableau fort pittoresque où ne manquent ni le réalisme ni la malice. À peu près à la même époque (premier quart du XIVe siècle), un ménestrel du comte Gui de Blois et de Gaucher de Chastillon, connétable de France, Watriquet de Couvin, composait un grand nombre de *Dits moraux*, pleins d'agrément et fort ingénieux ; le *Dit de l'Iraigne*, le *Dit des huit couleurs*, où il met souvent en scène des animaux, tirant de l'observation de leur vie des considérations morales qui ne sont pas dénuées de fraîcheur. Ses descriptions, dans une langue colorée et pittoresque, sont d'une réelle beauté. Philippe de Vitry (1285 env.-1361), poète, mathématicien, érudit, philosophe, moraliste, et grand personnage (il mourut évêque de Meaux), est l'auteur du plus célèbre Dit de tout le Moyen Âge : le *Dit de Franc Gontier*, qui met en scène le paysan Gontier et sa femme, dame Helaine, et décrit avec beaucoup de pittoresque et de véracité la vie champêtre. Gontier est un homme heureux, il est son seul maître : « Je n'ay la teste nue / Devant tirant, ne genoil qui se ploie » ; il est libre : il n'a ni ambition ni envie : « Labour me paist en joyeuse franchise ; / Moult j'aime Helaine et elle moy sans faille, / Et c'est assez. » Cette noble exaltation de la vie libre et simple de la campagne rend un son d'une authentique pureté. Avec Jean Froissart et Christine de Pisan, qui reprendront la tradition créée par Guillaume de Machaut, le Dit s'éloignera de plus en plus de la poésie populaire, pour devenir un genre savant avant de disparaître.

DIVAGATIONS. Recueil de textes en prose du poète français Stéphane Mallarmé (1842-1898) et dernière œuvre publiée par ses soins, en 1897, chez Eugène Fasquelle, dans la « Bibliothèque Charpentier ». Cette édition, en partie originale, comprend dix chapitres : « Anecdotes ou Poèmes », « Volumes sur le divan », « Quelques médaillons et portraits en pied », « Richard Wagner, Rêverie d'un poète français », « Crayonné au théâtre », « Crise de vers », « Quant au Livre », « Le Mystère dans les lettres », « Offices », « Grands faits-divers ». Outre les poèmes en prose qui composent la première partie, Mallarmé a repris — et souvent remanié — dans ce recueil ses articles, chroniques, hommages et autres écrits de circonstance, en particulier sa rêverie sur Wagner donnée à *La Revue wagnérienne* (1885), ses chroniques théâtrales de *La Revue indépendante* (1886-1887), sa conférence sur Villiers de l'Isle-Adam (1890), ses dix articles publiés dans *The National Observer* (1892-1893) et ses onze « Variations sur un sujet » de *La Revue blanche* (*) (1895-1896). Comme l'indique le titre d'un des chapitres, « Grands faits-divers », il s'agit bien de journalisme, et le poète s'en excuse d'ailleurs dans un avertissement tout de modestie, quand on sait que pour le poète le journal est l'antithèse absolue du livre : « Un livre comme je ne les aime pas, ceux épars et privés d'architecture. Nul n'échappe, décidément, au journalisme. » Et de fait Mallarmé aborde, d'un texte à l'autre, les sujets les plus divers, de Richard Wagner au scandale de Panama et du théâtre au Livre, en passant par la musique, la messe, les vacances à la campagne, la danse, l'alchimie, le travail prolétarien, l'aristocratie ou encore l'Académie. Mais le titre et l'aveu initial de modestie ne doivent pas tromper le lecteur, car l'avertissement se poursuit ainsi : « À part des poèmes ou anecdotes, au début, que le sort exagéré fait à ces riens, m'obligeait (envers le public) de n'omettre, les Divagations apparentes traitent un sujet, de pensée, unique — si je les revois en étranger, comme un cloître quoique brisé, exhalerait au promeneur, sa doctrine. » Un sujet, de pensée, « unique » : toutes les *Divagations*, sous leur diversité apparente, sont en somme, pour reprendre le titre des articles de *La Revue blanche*, des « Variations sur *un* sujet », qui révèlent au lecteur-promeneur, d'une façon qui n'a rien de dogmatique, la « doctrine » même de Mallarmé. Cette doctrine à reconstituer en prolongeant mentalement les lignes d'un cloître brisé, c'est naturellement la conception mallarméenne de la poésie, et plus généralement de la littérature : c'est dans « Crise de vers » qu'après avoir évoqué la révolution du vers libre Mallarmé définit ce qu'il appelle le double état de la parole en opposant précisément la littérature à l'universel reportage ; c'est dans « Quant au Livre » qu'il évoque le Livre, « instrument spirituel », limite et fin de toute littérature. Mais s'il est vrai que la littérature n'est pas seulement une activité parmi d'autres, mais ce qui rappelle, par son étymologie même, l'énigme primordiale de la lettre, les *Divagations* proposent, au-delà de simples considérations littéraires stricto sensu, une réflexion sur toutes les formes de représentation, qu'il s'agisse des mythes, des religions, des représentations littéraires, artistiques, politiques ou sociales, qui renvoient toutes à ce que Mallarmé nomme le « Mystère dans les lettres », un mystère qui a remplacé pour lui le mystère chrétien et qui témoigne du génie symbolique de l'homme. De ce point de vue, l'utopie du Livre est bien le centre de la rêverie ou des divagations mallarméennes. S'il est vrai que « la littérature existe et, si l'on veut, seule, à l'exclusion de tout », le Livre fait figure d'aboutissement rêvé pour cette odyssée des lettres qui est aussi la bible de l'esprit humain.

Livre de journaliste, mais d'un journalisme essentiel, ces *Divagations* sont ainsi à lire, en contrepoint des *Poésies* (*), comme une poétique générale de la fiction, où l'esthétique peut rejoindre l'économie politique. B. Ma.

DIVAN (Le) de Bâqî [*Dîvân*]. Ce recueil des œuvres en vers du poète turc Bâqî ('Abd ul-Bâqî 1525/26-1600) a eu l'avantage en Europe — cas assez rare pour la poésie ottomane — de faire l'objet d'une traduction dès 1825 (par J. von Hammer-Purgstall), d'une bonne édition critique, et d'une monographie exemplaire de l'illustre orientaliste tchèque Jan Rypka. Encouragé à l'époque de ses études par le poète Zâtî (1471-1546), Bâqî se fait bientôt connaître de Soliman le Magnifique, à qui il dédie une « qasîde » en l'honneur de son retour d'une campagne militaire en Perse (1555). Le sultan fait aussitôt de lui son compagnon et son poète favori ; les deux hommes entretiennent une sorte de correspondance poétique : Soliman commande à Bâqî des répliques, sur le même mètre, de ses propres compositions. Poète courtisan, Bâqî adresse la majorité de ses vers plus ou moins directement à son souverain. Il traite avec une virtuosité inégalée les thèmes de la poésie de cour, dans laquelle l'amour de Dieu, du Prophète... et celui des éphèbes se mêlent en de gracieuses amphibologies. La poésie de Bâqî offre ainsi un reflet de la vie aisée et facile des hautes classes d'Istanbul à l'apogée de la civilisation ottomane. Jan Rypka n'éprouve aucun mal à dénoncer le caractère conventionnel de son inspiration. En effet Bâqî emprunte à la tradition soufie sa terminologie, ainsi que les images de la passion qu'il exprime pour le vin et les éphèbes. Mais les enseignements de la mystique islamique sont chez lui inversés, car si dans ce monde de rêve, en perpétuel changement, tout est éphémère, la leçon qui s'impose à Bâqî est un « carpe diem » : « Ne renoncez pas à cette occasion car les plaisirs de ce monde sont aussi fugitifs que la saison des roses. »

Il ne faut cependant pas négliger un aspect essentiel de la poésie de Bâqî : le primat de la convention poétique. Le poète n'était pas le sybarite auquel ses vers peuvent laisser croire ; en effet son appartenance aux hautes sphères du corps des ulémas n'était guère très compatible avec une consommation immodérée du vin et le désordre des sens. Maître de l'équivoque, admiré de tous pour ses vers à double, triple ou quadruple sens, sur l'intention profonde desquels on glosera encore longtemps, Bâqî occupe une place de choix dans l'histoire des littératures par la puissance de son artifice poétique. Parmi les poètes ottomans, il demeure inégalé pour sa science de la forme : choix des mots, empruntés notamment à la langue populaire d'Istanbul, emploi judicieux des ressources de l'onomatopée, etc. Loin de se présenter en imitateur, Bâqî contribua à rompre la fixité du langage poétique de la poésie lyrique traditionnelle, par une constante réélaboration de la structure logique et rhétorique du vers. Par ces innovations, et le degré de perfection de son style, l'œuvre de Bâqî exerça dans la poésie ottomane une influence très durable. S.A.D.

DIVÂN (Le) de Hâfez. Recueil de poèmes persans de Chams al-Dîn Mohammad Hâfez (1325/26-1389) : nom qui, en arabe, veut dire « celui qui sait réciter le *Coran* par cœur » ! Cet ouvrage est constitué par quelques centaines de poèmes, en grande partie des « ghazals » (ghazal : composition constituée d'un nombre variable de distiques où la rime du premier vers est répétée dans le deuxième hémistiche de tous les autres ; et, dans le dernier distique, le poète rappelle son nom et exprime une pensée qui sert de conclusion). Ces poèmes exaltent, en une forme parfaite, riche en images chatoyantes et en vers harmonieux, l'amour, le vin, la nature interprétée avec une sensibilité frémissante. La lune, paisible au milieu du ciel, insouciante des fleurs qui l'embaument et du rossignol qui élève pour elle son chant le plus sublime, est semblable à Zouleïkha, indifférente à l'amour du poète. Des champs de roses, des vols de colombes, voilà la toile de fond pour la beauté de la femme aimée, qui est tellement jolie que « le monde, comme une esclave noire, lui présente un miroir ». Il ne s'agit toutefois pas d'une passion dévastatrice ; le vieux Hâfez désire seulement vivre paisiblement, sans honneurs, sans richesses. Il a conquis une philosophie personnelle. Rien n'a de valeur dans l'univers, excepté le péché, expression de la vie elle-même, tandis que tout le reste correspond à la mort. La faute est semblable à une belle femme séduisante, la vertu est un squelette horrible. C'est une chose sublime que d'avoir atteint la pureté parfaite, mais il vaut mieux encore pécher et, en buvant, détruire cette pureté. « Je n'ai plus d'argent pour acheter du vin, chante Hâfez, mais je peux te vendre, ô mon cher hôtelier, ma vertu et même le froc bleu des ascètes ! »

Hâfez, qui a été un théologien très profond ayant appartenu à une confrérie de « soufis », professeur de nombreux élèves à l'école que les Mouzafarides lui avaient laissé ouvrir, à leur cour, à Chiraz, raille avec l'ironie la plus âpre la culture qui dessèche le cœur. La belle Zouleïkha (parfois appelée aussi Zouleïma) n'a jamais été à l'école, et pourtant, par la lumière de ses prunelles et les formes parfaites de son corps, elle domine tous les maîtres. Son rire étincelant, qui ferait encore tomber les anges du ciel s'ils l'apercevaient, ne peut certainement pas être compris par les pédants, « arides, ignorants et insensibles, bouffis d'une dévotion stupide, fouillant dans les tas des ordures savantes, et toujours tristes parce qu'ils ne comprennent pas la physique de la poésie, la botanique et la minéralogie de l'amour ». Hâfez connaît par cœur tout le *Coran* (*), mais il souhaite de ne plus s'en rappeler une seule syllabe ; le chant, l'amour et les orgies, voilà les seuls gages de bonheur dans cette brève existence terrestre. Après avoir tant médité sur le salut de l'âme, en vue d'atteindre la lumière de la vérité, l'auteur a trouvé sa joie seulement sur les lèvres douces et brûlantes de Zouleïkha. Lorsqu'il supplie le vent d'est de lui apprendre à chanter les martyrs et les héros de la foi, celui-ci lui répond qu'il ferait mieux de s'occuper de douces bagatelles, du corps de Zouleïkha ou du vin. Voici un poème qui est la satire de la théorie, trop commode, du fatalisme : « Si tout a été prévu depuis l'éternité, que me reste-t-il à faire ? Si la sagesse éternelle m'a destiné à la boisson, que puis-je y faire ? L'oiseau aime son champ, le lion aime son bois [...] Hâfez aime la taverne. Dieu, qui a tout établi, en a ainsi décidé ; que puis-je y faire ?... »

La poésie de Hâfez (appelé par les générations suivantes le « rossignol de Chiraz ») reçut des « soufis » le nom de « lisân al ghaïb » (le langage de l'invisible) et fut l'objet de différentes interprétations ; certains lui donnèrent le sens d'une allégorie mystique. Pourtant, la véritable signification de ces poèmes, qui apparemment ne sont que des jeux étincelants de style, est dévoilée par Hâfez lui-même, dans son Épilogue, où il affirme : « Je veux délivrer le monde de l'esclavage du chapelet et de l'étole, et des verges du geôlier de l'esprit. » Hâfez ne se souciait pas trop d'être compris, parce que « l'amour et l'ivresse sont un secret qu'il ne faut pas dévoiler ; pour l'expliquer aux foules, même la langue des anges ne suffirait pas ». Maintes légendes se formèrent autour de ce poète ; elles furent recueillies par Dowlatchâh (XVe siècle). Les vers de Hâfez eurent beaucoup d'admirateurs et d'imitateurs : Goethe estimait que c'était une folie de l'imiter, mais ne s'en inspira pas moins dans son *Divan occidental-oriental* (*).

DIVAN (Le) de Shaykh Mashrab [*Hikâyât-i dîvâna-i Shaykh Mashrab*]. Recueil des œuvres poétique connu également sous le nom d'*Anecdotes du vagabond Shaykh Mashrab,* en turc tchaghatay du derviche et poète d'Asie centrale Bâbâ Rahîm Mashrab (1657/1659-1711). Écrit dans une langue adaptée à la masse des populations turcophones de l'Asie centrale, cet ouvrage d'édification populaire reprend la tradition des poèmes religieux [*hikmat*] inaugurée au Turkestan par Ahmad Yasavî. Mashrab y exprime toutefois les pures conceptions d'un derviche malâmatî : ce soufi intransigeant tente d'éveiller l'âme du fidèle par toutes sortes de provocations et en pratiquant le renversement des valeurs établies, selon la voie des plus ardents mystiques de l'islam. « Comme Mansour Hallâj, je bois le vin de la Vérité : Je pleure devant le gibet, ainsi en ont décidé les astres. / Je suis un étrange fou, je n'ai ma place ni dans la steppe ni dans le désert : mon cœur est un fleuve de lumière impétueux qui n'a pas sa place en ce monde. / Je suis un miséreux, Mashrab l'esclave : je n'ai ma place ni en ce monde ni dans l'autre » (trad. *L'Action poétique,* n° 121, 1990). Récités jadis dans tout le Turkestan, les *ghazal* de Mashrab restent populaires aujourd'hui en Asie centrale ; déplorons toutefois que les éditions soviétiques des œuvres du « vagabond de Namangân », présenté comme un « auteur national », les amputent souvent de leur message religieux et de leur pouvoir de subversion.

S.A.D.

DIVAN (Le) de Nedîm [*Dîvân*]. Recueil des œuvres en vers du poète ottoman Ahmed Nedîm (1681 ?-1730) de l'époque des Tulipes, édité une première fois en 1922, puis en 1951 par A. Gölpïnarlï. Riche de deux cent cinquante et un poèmes de forme courte, le *Dîvân* de Nedîm comprend une trentaine de *qasîde*, la plupart en l'honneur du sultan Ahmed III et du grand-vizir Ibrâhîm Pâshâ, de brefs *mesnevî*, une trentaine de *ghazals* en turc et en persan, vingt *sharqï* (chansons) — un genre accompagné de musique, très à la mode pendant l'époque des Tulipes — , quelques quatrains et des vers épars, également en turc et en persan. On y trouve en outre un *ghazal* en djaghataï, imité de ʿAli Shîr Navâ'î, et un *türkü* en métrique populaire syllabique, fait inhabituel pour un poète de cour. Son œuvre est en effet dominée par l'influence des maîtres persans, Hâfez et Sâ'ib, et ottomans — v. *Le Divan* (*) de Bâqî —, auxquels les vers de Nedîm sont redevables de leurs finesses ornementales, de leurs figurations artificielles, et de la place dévolue au lexique étranger. La légèreté du style, l'insouciante joie de vivre, doivent autant à l'héritage de Bâqî qu'au génie personnel de Nedîm et à l'ambiance épicurienne de l'époque des Tulipes. À la différence toutefois de son illustre prédécesseur ottoman, Nedîm bannit de sa poésie toute allusion mystico-philosophique, si ce n'est sous la forme d'une survivance dénuée de signification propre. Son inspiration païenne s'ennuage certes de mysticisme islamique, mais le sens de ses hymnes à l'amour souffre peu d'équivoque, et le rattache à la tradition hédoniste représentée dans la poésie persane par Omar Khayyâm : « Rions, jouons et prenons plaisir du monde / Buvons aux sources de l'Eden / Contemplons les flots de la vie lorsqu'ils sortent de la bouche de dragons / Allons ensemble à Saʿdâbâd, ô mon cyprès en marche ! » S.A.D.

DIVAN de Sayat-Nova. Recueil des poèmes du troubadour arménien Sayat-Nova (1712 ou 1721-1795), écrits entre 1742 et 1759, en arménien, en géorgien et en turc. La première édition des poèmes en arménien date de 1853 (Moscou). Il existe aujourd'hui une édition plus complète, publiée à Erevan en 1963, avec des traductions arméniennes partielles des poèmes écrits dans les deux autres langues du Sud Caucase (le *Divan* comprend au total quatre-vingt-cinq poèmes en arménien, trente-six en géorgien et cent vingt-cinq en turc). Une partie des poèmes avait été conservée dans les archives géorgiennes, d'autres transmis oralement. Ces poèmes chantés sont composés selon les règles complexes de l'art des troubadours et certaines formes de la poésie persane, que Sayat-Nova a transposées en partie dans sa langue maternelle et dans la langue de cour de Tiflis, ce à quoi il doit sa renommée. Ma. N.

DIVAN (Le) de Yûnus Emre [*Dîvân*]. Recueil des œuvres en vers du poète turc d'Anatolie Yûnus Emre (milieu du XIIIe siècle-vers 1320). Pendant tout le XIIIe siècle, en Anatolie, l'usage écrit du turc vernaculaire était resté épisodique, confiné à des buts essentiellement pratiques, tandis que les lettrés lui préféraient le persan. Poète derviche, prédicateur populaire, Yûnus Emre, lui, adopte la langue du vulgaire. Il emploie les formes de la poésie populaire, avec le mètre syllabique d'abord, mais aussi dans les constructions logiques, dans la recherche de contraste entre le concept et l'image. Et même si la langue de beaucoup de compositions est mêlée de mots persans passés dans l'usage littéraire, et si sa prosodie obéit partiellement aux règles fort contraignantes de la poésie lyrique persane, l'effet de l'emprunt stylistique est vite effacé par des intrusions de caractère populaire. Car les vers de Yûnus répondaient d'abord à une finalité didactique : il s'agissait d'enseigner la morale de l'islam selon un itinéraire psychologique classique. En même temps, le poète-derviche s'attache à éveiller l'âme du fidèle, à la confronter aux questions essentielles. C'est pourquoi le thème de l'instabilité de la vie et de l'horreur de la mort, extrêmement prégnant dans cette Anatolie du XIIIe siècle ravagée par les invasions et les guerres féodales, est répété sans relâche. Ainsi, le poète s'attarde à décrire comment la beauté est vouée à la désagrégation : « Je suis allé me promener. Au matin j'ai vu les tombeaux. / À la terre noire mêlés j'ai vu les corps délicats / ... / Dessous la terre noire j'ai vu les mains qui ont cueilli les roses. / Les uns tête inclinée ont à la terre abandonné leur corps / Partis fâchés avec leur mère je les ai vus tourner la tête. / Certains pleurent en gémissant. Les démons marquent leur âme au fer / Leur tombeau est en flammes. J'ai vu s'élever la fumée. / Lorsque Yûnus a vu cela il est venu nous l'annoncer / Mon esprit s'émut, ma raison s'étonna lorsque je vis tout cela » (trad. G. Dino *et alii*). Menacé des peines de l'enfer, l'homme doit se préparer à temps à la mort, et la prédication de Yûnus s'attarde sur la vanité des biens de ce monde. Ces considérations morales, rehaussées de terrifiantes évocations, constituent l'enseignement élémentaire du poète-derviche, son aspect ésotérique, fondé sur l'observance de la loi sacrée [sharîʿat]. La vraie vie religieuse commence, aux yeux de Yûnus, avec l'admission de l'adepte parmi les derviches ; elle passe par l'enseignement d'un guide spirituel auquel est confié l'enseignement ésotérique, et avec lequel se nouent d'authentiques relations de vénération. C'est lui qui mène le derviche sur la voie [tarîqat] d'une morale héroïque, l'amenant à renoncer aux êtres les plus chers :

« Yûnus dit ceci : Ô mon maître, bien différent est mon seigneur / Abandonnons l'or et l'argent, le cuivre et le bronze du monde. » Les pratiques soufies sont riches d'une intériorité inconnue du formalisme rituel. C'est ainsi qu'on arrive au dépassement de la norme religieuse, que l'on parvient à la gnose [ma'rifat] et à la divine vérité [haqîqat] : « Nul ne connaît ce que nous sommes ni à quoi nous nous affairons / Nous n'avons pas de passions ni aucun souci de nous-mêmes / Devant la fortune d'un autre en nous nul rire, en nous nul blâme / Les doctes nous ne renions. Nous ne sommes pas des chrétiens / De tout cela que savons-nous et du monde à quoi tenons-nous ? » La quintessence de la vérité est la notion, fondamentale en islam, de l'unité [tawhîd], vers laquelle tend la méditation du mystique. Yûnus esquisse ces concepts sans leur donner une claire formulation, ni les organiser en un apparat philosophique. Le poète, à l'égal des prophètes, se conçoit comme le siège de la révélation. Parvenant à la suprême expérience de l'union dans l'amour, il se répand en hymnes de joie : la béatitude est accessible en ce monde. Or l'amour des soufis confond l'admiration pour la beauté terrestre, la dévotion envers le guide spirituel et l'adoration de Dieu : les vers de Yûnus sont ponctués de mille expressions d'affection envers le maître légendaire, Taptuq Emre. L'amour de Yûnus plane cependant au-dessus de l'apparence terrestre pour rejoindre directement la réalité suprême. Enfin le derviche amoureux trouve son apothéose dans la poésie : « Tous les poètes sont les rossignols du jardin de l'ami : parmi eux, Yûnus Emre sera la perdrix. » La lecture des œuvres de Yûnus Emre suppose l'analyse préalable de ses idées religieuses, car sa poésie est caractérisée par la rencontre d'un langage empreint d'une saveur personnelle et des doctrines déjà élaborées du mysticisme islamique. Cependant les conceptions de Yûnus ne sont pas réductibles à un système fermé et cohérent, comme celles de Mowlânâ Jalâl ul-Dîn Rûmî dont elles sont dérivées. La majeure partie des poèmes du *Dîvân* sont dépourvus d'unité logique, le distique isolé y trouve une signification singulière, vivifiée par le fondement intuitif de la cosmologie de Yûnus.

Une ancienne tradition rattache au *Dîvân* un petit poème de morale, le *Risâla-i nuskhîya*, et une ode [münâjât]. Le premier est écrit dans une langue archaïque, et appartient au genre didactique des manuels de morale [destûr ül-'amal], dont un des premiers exemples turcs avait été, en Asie centrale, le *Qutadgu bilik* (*). Une courte introduction qui fait alterner vers et prose, sur les facultés humaines, précède d'assez monotones digressions de morale ascétique construites sur un fastidieux thème allégorique : la lutte épique des vices et des vertus personnifiés. La modération, l'effacement et la pauvreté mystiques combattent contre l'avidité et l'orgueil. Sur un fond sapiental, on trouve disséminées des notions empruntées au soufisme. L'ode est une apostrophe à la divinité, à qui Yûnus reproche son incohérence : Dieu, après avoir créé l'homme peccable, lui demande compte de ses errements. Cette inspiration n'est pas sans évoquer celle d'un Omar Khayyâm, et témoigne de la profondeur du doute qui n'épargne pas le mystique musulman. – Trad. *Poèmes,* GLM, 1949 ; *Le Divan,* Gallimard, 1963 ; *Poèmes,* Publications orientalistes de France, 1973 ; *Le Livre de l'amour sublime,* Seghers, 1987. Voir également *La Montagne d'en-face. Poèmes des derviches anatoliens,* Fata Morgana, 1986.

S.A. D.

DIVÂN DE CHAMS DE TABRIZ (Le) [*Divân-é-Shams é-Tabrizi*]. Cet immense recueil du poète mystique persan Jalâl al-Dîn Roumi (1207-1273) est composé de « ghazals », c'est-à-dire d'odes lyriques, dont le nombre de distiques ne dépasse généralement pas une vingtaine. Chacun d'eux comporte deux hémistiches. Les deux premiers riment entre eux, puis le second hémistiche de chaque distique adopte la même rime ; tous les distiques étant composés sur un mode identique. Le « ghazal » est en général un poème d'amour, sacré ou profane. Chaque distique est indépendant, mais relié aux autres par une même tonalité spirituelle, le « hâl », qui confère au poème son unité profonde.

Chams de Tabriz, à qui sont consacrés ces merveilleux « chants d'amour et de deuil », apparut un jour dans la vie de Roumi et la transforma en lui faisant découvrir la passion de l'amour divin. « J'étais cru, je fus cuit, je suis consumé », disait-il, décrivant ainsi, en termes d'alchimie, cette métamorphose. Le nom de Chams signifie « soleil », et Roumi joue constamment sur ce thème : « De Tabriz a brillé le soleil du visage de Chams al-Dîn. / Chams est celui qui fait entrer la lumière dans le monde » (Ode 1002). Ou encore : « Le soleil de la face de Chams al-Dîn, gloire des horizons, / N'a brillé sur rien de périssable sans le rendre éternel » (Ode 861). La mystérieuse disparition de Chams – mort, dit-on, assassiné – causa à Roumi une douleur immense. Il institua, à sa mémoire le « samâ », cette danse cosmique caractéristique de la Confrérie qu'il avait fondée. Puis il finit par retrouver en lui-même son maître bien-aimé. « Je suis lui, il est moi, ô chercheur ! » dit-il. – Trad. de quelques poèmes en anglais dans (*Selected Poems from the Divân Shamsee*) Cambridge 1898 et 1952, et en allemand par Ruckert, au XIXe siècle. Trad. française partielle sous le titre *Odes mystiques,* Klincksieck, 1973.

E. de V.-M.

DÎVÂN-I HIKMAT (Le). Recueil d'œuvres en vers apocryphes du grand mystique et poète turc d'Asie centrale Ahmad Yasavî (fin XIe siècle-1165/1167). La collation des poésies attribuées à Ahmad Yasavî commença trois siècles seulement après sa mort, et les plus anciens manuscrits qui nous soient parvenus ne remontent pas au-delà du XVIIe siècle. De plus, le recueil continua de recevoir de nouveaux apports jusqu'à une époque récente. Cela rend son authenticité très douteuse. Les œuvres qu'il contient, écrites en dialecte turc, selon le vieux mètre syllabique, ont toutefois le mérite de nous restituer l'esprit et le style des originaux d'Ahmad Yasavî – dont nous pouvons ainsi avoir une idée, malgré les modifications apportées par de nombreux copistes, mais grâce aux imitations de ses disciples spirituels.

Les vers d'Ahmad Yasavî, continués par ceux de ses successeurs, étaient en fait destinés à populariser la doctrine mystique de la confrérie soufie Yasavîya (*hikmat* = poème religieux). Le *Dîvân* constitua le livre de prières communes et d'hymnes de l'ordre mystique pendant les siècles qui suivirent la mort de son fondateur. Ces poèmes étaient chantés et récités pendant le *zikr* (invocations) des soufis yasavî. Leur contenu reste des plus classiques : on y trouve l'éloge de la vie de derviche, illustrée par des légendes islamiques connues, réactualisées par de nombreuses allusions à la biographie merveilleuse de Yasavî : sa recherche de Dieu depuis la plus tendre enfance, les événements marquants de sa vie de shaykh, sa retraite dans un lieu souterrain lorsqu'il fut sur le point d'atteindre l'âge auquel le Prophète mourut... Les poèmes du *Dîvân-i hikmat* ne traitent guère des subtilités de l'amour divin, il s'agit plus simplement d'« homélies » islamiques (H. F. Hofman), limitées à des prescriptions éthiques et canoniques. Le soufisme ici présenté est le plus orthodoxe, dénué de toute ombre de panthéisme, sans aucune tendance à une quelconque forme de tolérance universelle comme on en rencontre chez les théoriciens les plus avancés du mysticisme islamique.

Cela ne suffit pas à ôter au *Dîvân-i hikmat* son intérêt historique, car le recueil inaugure un nouveau genre littéraire turc : la poésie mystique populaire. Le style simple, répétitif, et dont la monotonie est renforcée par le retour invariable d'un très petit nombre de thèmes, s'accorde avec une mission de prosélytisme élémentaire. Peut-être l'ajout de musique venait-il d'ailleurs animer quelque peu cette poésie – même si nous restons évidemment fort loin de l'inspiration de 'Attâr, de Sanâ'î, voire de Yûnus Emre. Le saint de Yasî utilisait une langue populaire, vernaculaire – et fut en cela imité par ses adeptes, qui ne concéderont aux modes nouvelles que l'usage de la prosodie arabo-persane. Cela démontre au moins une chose : une tradition de littérature soufie en turc a pu être inaugurée dès le XIIe siècle, et maintenue, grâce notamment à son usage dans les rituels des assemblées mystiques. Cependant, malgré le caractère conservateur de la Yasavîya, la doctrine de son fondateur, véhiculée oralement dans les vers du *Dîvân*, fut peu à peu adaptée parmi les Turcs nomades, et progressivement influencée par les croyances et les rites turcs préislamiques. S.A.D.

DIVAN OCCIDENTAL-ORIENTAL [*West-östlicher Divan*]. Recueil de poèmes de l'écrivain allemand Johann Wolfgang Goethe (1749-1832), publié en 1819 et augmenté d'une quarantaine de pièces nouvelles dans l'édition définitive (cinquième volume de l'édition revue des « Œuvres », Stuttgart, 1827). À ce recueil Goethe ajouta, dès la première édition, un appendice très important sur la vie et la poésie des Orientaux, et plus particulièrement des Persans : ce sont les « Notes et Dissertations » dont les éléments sont empruntés aux sources les plus diverses, antiques et modernes, allemandes et étrangères. Quelques années auparavant (1812-1813), le diplomate et orientaliste Joseph Hammer avait publié une traduction du *Divan* (*) de Hafiz. C'est à la suite de cette lecture que Goethe entreprit son nouvel ouvrage. Mis à part la poésie hébraïque et la poésie hindoue – de l'époque de la ballade : *Le Dieu et la Bayadère* (*) –, le monde oriental n'avait que médiocrement intéressé le poète. Certes, lorsqu'il était jeune, au temps de ses grands projets pleins de hardiesse, il s'était tourné vers le *Coran* (*), afin d'y trouver la couleur et l'accent de son drame *Mahomet* (*), demeuré à l'état d'ébauche. Plus tard, en 1783, il avait projeté de donner en langue allemande l'une des sept *Mu'allaqà* (*) bédouines préislamiques, traduites en anglais par Jones. Mais tout cela n'avait été que projets bientôt abandonnés, rien de plus qu'« un motif arabe en marge du livre de sa vie ». Enfin, le 7 juin 1814, son « Journal » porte brusquement ces deux mots : « Hafiz, Divan. » Un mois et demi plus tard, pendant sa cure de Wiesbaden, le poète est en pleine activité créatrice ; les vers naissent à jet continu : tout un ensemble de poèmes le 25 juillet, entre Weimar et Eisenach ; huit autres, datés dans son manuscrit du 26 juillet, entre Eisenach et Fulda ; à la fin d'août, il y en a déjà trente. L'année qui suivit son retour de Weimar fut placée sous le signe de Hafiz. Une première suite de poèmes, pour l'éditeur Cotta, était déjà prête le 30 juillet 1815 ; lorsque l'impression fut commencée, en février 1818, leur nombre avait plus que doublé. Pendant trois ans environ, Goethe fit alterner avec ardeur, et sans discontinuer, études et créations. Certes, ses efforts pour apprendre la langue de Mahomet se bornèrent à des exercices de graphie en caractères arabes, à des notions grammaticales et à quelques mots usuels : juste de quoi avoir « l'impression d'un peu respirer sur les lieux mêmes ». Au contraire, ses recherches historiques et littéraires furent menées avec acharnement et étendues à tout ce que l'on pouvait se procurer à Weimar. Parmi ses contemporains, Goethe ne réclama pas seulement les conseils de

Hammer, mais aussi ceux du traducteur du *Livre de Kâbous* (*), Friedrich Diez, auteur des *Choses mémorables d'Asie* (1811-1815). Plus tard, il s'adressa à Gottfried Kosegarten, rentré depuis peu de Paris où il avait suivi les cours de Sylvestre de Sacy. Après l'effondrement de l'empire napoléonien, l'Europe entière semblait bouleversée par une secousse sismique : les vieilles frontières traditionnelles disparaissaient, les anciennes constructions d'État croulaient, les peuples luttaient pour leur liberté, la Sainte-Alliance forgeait, dans ses congrès, les anneaux de nouvelles chaînes. Quant à Goethe, hors du monde, pour ainsi dire, dans son tranquille Weimar, il recherchait de vieux manuscrits persans ayant appartenu à la bibliothèque de Tippoo-Sahib, achetait pour la collection du Grand-Duc un exemplaire précieux, enrichi d'enluminures du *Màthnawi* (*) de Djalal al-Din Roumi, ou s'appliquait, rivalisant avec Hafiz, à ciseler des motifs, à formuler d'ingénieuses sentences, à ordonner des rythmes et des rimes aux résonances magiques.

Le *Divan* est l'une des œuvres où le poète a mis le plus de lui-même malgré le bagage littéraire dont il s'est entouré. On y trouve quelques-unes de ces « dernières paroles » qu'il n'est permis, même aux plus grands poètes, de n'exprimer qu'à de très rares instants de grâce suprême. On a trop l'habitude d'y voir exclusivement le besoin d'évasion vers un monde lointain, la « libération du présent » dans l'« oubli et la jouissance artistique ». Cette œuvre ne relève pas seulement des contingences extérieures, mais aussi des forces les plus profondes de la vie du poète. Entre son ralliement au classicisme — qui, dès 1800, l'avait fait reconduire Hélène aux rivages de Sparte, à la rencontre de Faust — et sa perception des nouvelles valeurs esthétiques et mystiques — ce qui le poussa à créer, vers 1807-1809, dans *Les Affinités électives* (*), la romantique figure d'Ottilie, pur reflet d'une vie toute intérieure —, la distance est bien trop grande pour qu'un équilibre puisse s'établir autrement que sur une base nouvelle, sur un mode de vie et sur une culture qui n'ont pas encore été mis à l'épreuve. Par le raffinement précieux de ses formes, par l'argumentation lucide de ses maximes de vie pratique, par son ardeur sensuelle, par la netteté du relief dans le détail de ses figures, par les reflets étranges de son symbolisme, l'Orient de Hafiz ainsi que celui des autres « princes-poètes » persans de la même époque, de Roumi à Saadi ou Giami, devint la base nouvelle sur laquelle les deux tendances goethéennes purent s'unir dans une richesse et une splendeur inconnues. « À Dieu est l'Orient / À Dieu est l'Occident : / Toutes les terres du Nord et du Midi / Reposent dans la paix de ses mains » : ainsi s'exprime un des premiers morceaux du « Livre du chanteur ». Sous le turban « qui orne son front mieux que toutes les couronnes impériales », sous la tente qui « se déplaçant d'un lieu vers un autre, permet de résider partout », le poète occidental, de son côté, chante la réalité de l'Orient, mais aussi la vie secrète de son âme.

Certes, l'Orient sert de prétexte au poète, mais une fois de plus se vérifie cet étrange « phénomène fondamental » de la vie goethéenne qui, sans cesse, conduit la réalité à sa « rencontre » et la fait correspondre aux besoins de son esprit. Rien de plus typiquement goethéen que ce « vieux mage » portant allègrement ses soixante-cinq ans, mais qui commence à souffrir de la goutte et se met en route pour aller « prendre les eaux ». Blotti au fond de sa voiture afin de moins ressentir les cahots sur les chemins défoncés et pierreux, « comme par la puissance du talisman de son Orient intime », il découvre soudain que son « âme est pleine de chant comme la gorge des oiseaux ». Tout doucement, il se chante à lui-même en sourdine, se reprend et recommence : « Tes cheveux sont blancs / Et cependant tu aimeras ! » Il aima, en effet, et fut payé de retour. Marianne von Willemer, rondelette, vive et ardente, aux lèvres charnues, aux petits yeux noirs étincelants sous une cascade d'épaisses boucles brunes, entre, elle aussi et tout entière, dans la frêle et féerique « trame de vérité et de rêve » que tissait « son poète ». Elle y prit le nom de Suleika. Le huitième livre du *Divan* lui est dédié. Parmi les poèmes qui portent son nom, huit au moins, sans compter ceux qui ne sauraient lui être attribués avec certitude, ont été écrits par elle. Leur ton, simple et vif, ressemble si bien à celui du poète qu'il peut tromper les commentateurs les plus avertis : « Je ne veux jamais te perdre » [Nimmer will ich dich verlieren] ; « Bienheureuse ardeur » [Hochbeglückt in deiner Leibe] ; « Que signifie ce mouvement ? » [Was bedeutet die Bewegung ?] ; et surtout : « Ah ! sur tes ailes humides » [Ach ! um deine feuchten Schwingen], autant de poèmes qui sont de purs miracles, par leur harmonie, leur accent tendre et leur abandon confiant. La pauvre Suleika s'y brûla les ailes ; mais le poète devait s'en libérer par la fuite quand, à trop « jouer avec le feu », il en craignit les flammes qui commençaient à le consumer.

Depuis le « Minnesang », on n'avait plus trouvé dans la poésie allemande un tel monde de fiction purement idéale, monde né entièrement de l'imagination ; on s'acheminait — à nouveau — vers la forte réalité issue de l'émotion. La vivacité de cette poésie est telle que lorsque Suleika, souriante et douce, pose ces questions sur un ton de défi : « Dis, Poète, dis, Prophète. / Que signifie ce rêve ? » [Sag' Poete, sag'Prophete / Was bedeutet dieser 'raum ? », on croit percevoir le timbre joyeux de sa voix, comme l'on imagine, sitôt après, le geste large et le profond salut par lesquels le poète entre à son tour dans le jeu amoureux : « À te le dire, me voici prêt ! » [Dies zu deuten bin erbotig !]. Dans « À peine t'ai-je retrouvée » [Wiederfinden], Goethe atteint par sa poésie un ravissement, une béatitude qu'il n'avait pas connus jusqu'alors : le bonheur, l'émotion jaillissent de chaque mot : le poète « tremble », la réalité, inattendue et pourtant vraie, l'effraye : on dirait qu'à un demi-siècle de distance, c'est l'élan et la pureté d'inspiration des poèmes à Frédérique Brion qui renaissent — v. *Chants* (*). Mais le ton est neuf. Jadis, la nuit était peuplée de géants informes, de cent « yeux de ténèbres », comme dans « Bienvenue et Séparation ». Maintenant, la nature ne reflète pas seulement l'âme du poète ; toute la vie infinie des espaces immenses est présente à son esprit, jusque dans les instants de la plus haute ivresse. Ses sentiments se confondent avec l'harmonie universelle où l'amour réunit sans cesse ce qui fut séparé lors de la création, quand, se détachant du sein de Dieu « par un acte de puissance », l'unité du Tout, « en jaillissant, se dispersa dans la multitude innombrable des créatures ». Ce qui était jadis exaltation est devenu contemplation émue et consciente. La passion brûle avec l'ardeur d'autrefois ; mais la flamme resplendit sans éblouir ni consumer. Sa splendeur est limpide et pure, elle illumine et n'aveugle pas.

Dans sa plénitude et avec toute son intensité, la vie s'insère dans la poésie du *Divan*. Elle est celle d'un monde formé de choses tangibles, précises, proches de nous, bien qu'y pénètrent les reflets des profondeurs les plus reculées : poésie de sentiment précis, en parfait accord avec le réel, faite de pensées « mûries » afin que se dissipe toute vapeur d'ivresse, que toute illusion factice s'éloigne, que toute lueur artificielle disparaisse. Certains ont voulu y voir la poésie d'une existence limitée, heureuse dans ses bornes, en quelque sorte une anticipation du style « Biedermeier ». Ce n'est pas exact. En effet, le jeune échanson ne dit-il pas à son cher poète, son maître et son hôte : « Je sais combien tu aimes contempler ce qui se trouve au delà, l'Infini. » D'autres, au contraire, ont voulu y voir un retour au rationalisme après tant de « luttes contre la raison ». C'est également faux. La poésie du *Divan* recherche la « présence de Dieu » « dans tous les éléments ». Dans l'« Hégire », première pièce du recueil, le poète sent vibrer autour de lui l'« air des patriarches », lorsque entre ciel et terre passaient, « en confidence, des paroles exprimées » et que les hommes recevaient directement de Dieu « la céleste doctrine » en langage terrestre.

La sagesse de Goethe n'a rien de rigide, ni d'abstrait et, à plus forte raison, de statique. « Gaiement, le poète chevauche » sur les chemins du monde ; « au-dessus de sa tête, il n'y a que les étoiles ». La sagesse goethéenne est semblable à une légère ivresse qui fait le regard plus prompt et plus vif, une « ivresse à froid » [eine nüchterne Trunkenheit]. La réflexion, avec sa multitude d'yeux ouverts et vigilants, est l'instrument grâce auquel le poète, brisant tous les écrans qui s'interposaient entre la réalité et lui, réussit à cueillir dans son essence le « miracle toujours présent de la vie innombrable » ; non seulement il le perçoit et le reconnaît, mais il l'observe sous tous ses aspects et, en l'observant, il le revit, « le fait sien ». Par sa connaissance, il multiplie sa joie propre. La poésie du *Divan* est celle d'une vie de connaisseur raffiné et délicat. Le « Livre de Suleika », celui de l'« Amour » et les dix autres livres également, depuis « Le Livre du chanteur » qui ouvre le recueil jusqu'au « Livre du paradis » qui le termine, représentent ce qu'il y a de plus érotique dans l'œuvre de Goethe. Partout, de près comme de loin, la « vie mise à nu » l'appelle, et il cède à l'invitation ; c'est toujours l'état d'âme qu'il retrouve quand « il passe et repasse la main dans l'opulente chevelure de l'élue », geste qu'il aimerait répéter « sans fin, durant l'éternité ». La parole, dit-il encore, est semblable à un éventail : « Entre les lames brillent deux beaux yeux. » Car le sens énigmatique de l'existence demeure. Comme elle est « étrangement et merveilleusement diverse », « amère et douce à la fois » ! Mais le plus paisible des poètes sent parfois s'échauffer sa bile, si bien qu'un des livres du *Divan* a été consacré aux accès de mauvaise humeur (« Livre de mauvaise humeur »). Ces crises sont brèves. Lorsque la vie est entrevue, comme dans le *Divan*, par « l'œil de l'amour », l'âme reste libre et « apte à la jouissance ». « Vivez dans l'allégresse ! », tel est le conseil qu'il répète. Un bonheur impérissable repose au sein de toute créature : c'est « la personnalité » ; tout mode de vie est heureux quand « on reste ce que l'on est » : « Devant Dieu seul, tout est splendeur / Car Lui seul est parfait ; / C'est pourquoi l'oiseau dort à présent / Dans son nid, grand ou petit. / Il en est un là-haut, sur les branches du cyprès / Que berce le vent tiède, / Jusqu'à l'heure où perle l'aérienne rosée. »

Le poète du *Divan* adore ces « menues joies, solitaires, hautes et rares ». Plus intensément encore, il goûte d'autres bonheurs moins accessibles. Son regard est si limpide, si clair, qu'il peut l'abaisser sans se troubler et, par les voies les plus secrètes, atteindre aux profondeurs mystérieuses où s'unissent la vie et la mort (voir « Nostalgie bienheureuse » [Selige Sehnsucht], où vibre l'énigmatique lueur de ces vers si courts : « Vivante vie qui aspire à la mort de flamme »). Jamais sans doute l'éternel mystère d'où jaillit toute existence — le « mourir pour renaître » — n'a été exprimé d'un ton si tendre et si humain que dans le quatrain suivant : « Tant que tu ne détiens pas / Ceci : Meurs et deviens ! / Tu n'es qu'un hôte triste / Sur la terre obscure. »

Dans la première de ses « Paraboles » (« Livre des paraboles »), Goethe a comparé sa poésie à la « goutte de pluie tremblante, que, du haut du ciel, l'averse précipita sur la mer en furie » : un coquillage la recueillit, en son sein paisible l'enferma ; désormais elle resplendit comme une perle du diadème royal. Voici ce que veut être la poésie du *Divan* et ce qu'elle est vraiment : « la vie la plus pure, la plus intense, contenue dans le plus petit espace ». Par bien des côtés, elle évoque l'art du joaillier qui, lui aussi, « sait mettre dans les reflets de ses gemmes la quintessence de la lumière ». Certes, dans le *Divan*, tout n'est pas « diamant ou émeraude », pas plus que « pure lumière de saphir oriental ». Goethe parle en souriant de ces bazars orientaux où l'objet le plus précieux voisine avec des choses de peu de prix. Ainsi dans le *Divan* — surtout dans le « Livre des réflexions » et dans le « Livre des maximes » — il arrive que l'inspiration manque, que les finesses soient peu sensibles, et le ton doctrinal ou maussade. Mais les grands seigneurs ont toujours le droit de se permettre des écarts. — Trad. Aubier, 1940 ; Gallimard, 1984.

DIVERSE INGEGNOSISSIME, VARISSIME ET NON MAJ PIU VISTE CURIOSE PARTITE. Recueil de pièces pour clavecin, du compositeur allemand Johann Jacob Froberger (1616-1667), publié à Mayence après la mort de l'auteur en 1693. Ce recueil et un second, paru en 1696, rassemblent l'intégralité de l'œuvre de Froberger. Elle comprend vingt-trois toccatas, dix-huit capricci, six canzone, quatorze ricercari, sept fantaisies, trente suites et fragments de suites, deux lamentations, et le « Tombeau » fait à Paris pour la mort de M. Blancrocher. Considéré comme le précurseur des « goûts réunis » tant recherchés au XVIIIe siècle, Froberger opère la synthèse des styles allemand, italien, français et anglais. À la suite de Frescobaldi, il introduit en Europe une conception nouvelle de la virtuosité, particulièrement dans les toccatas (littéralement, pièces de musique « touchées »), organisées un peu à la manière d'un mouvement perpétuel, où le « toucher » du claveciniste est mis en valeur. Toujours disciple en cela de Frescobaldi, il développe un langage expressif très personnel. La célèbre *Lamentation faite sur la mort très douloureuse de Sa Majesté Impériale Ferdinand le troisième,* écrite en 1657, en est un des plus beaux exemples. Il établit également le premier l'ordre des mouvements de la suite classique, en faisant alterner des tempos lents, souvent ternaires, à des tempos rapides, souvent binaires. Enfin l'adoption d'une écriture plus harmonique que polyphonique présente des compositions où l'idée musicale une fois émise est alors développée et présentée sous des aspects différents, très ornementés, et où l'emploi du « style brisé » (qui consiste à arpéger les accords) est fréquent. D. Ja.

DIVERSITÉS. Œuvre polygraphique de l'évêque humaniste français Jean-Pierre Camus (1584-1652), publiée en onze volumes de 1608 à 1618. La publication des *Diversités,* qui commence peu après la nomination de Camus à l'évêché de Belley, est étroitement liée à son activité pastorale : comme il l'indique dès le Frontispice du premier volume, c'est la charité qui anime son entreprise. Il s'agit tout à la fois de sensibiliser aux problèmes moraux les mondains indifférents, de tenter de faire découvrir la morale chrétienne et sa supériorité sur la morale de la philosophie antique, et de ramener dans le giron de l'Église les chrétiens égarés dans le protestantisme. Pour faire passer le message auprès d'un public multiple, distrait par le monde, ou rétif, Camus se souvient du modèle des *Essais* (*) de Montaigne et adopte le principe de la « diversité » : variété des sujets (anthropologie, morale, sciences...), des modes d'expression (citations, poèmes, dialogues, lettres, traités), des styles. En tout neuf cent soixante éléments qui vont de dix-huit lignes à trois cent soixante-douze pages (huit traités représentent le tiers de l'ensemble). Cette œuvre a été très importante en son temps à plusieurs points de vue : témoignage d'une culture, Camus a été lu par les humanistes de son temps (et un peu plus tard par les jansénistes, notamment Pascal, qui ont voulu le réfuter) ; prosateur, il a (malgré la hâte qui anime souvent sa rédaction) à la fois contribué à rétablir, dans la lignée de Montaigne, un idéal de simplicité et de naturel, et enrichi l'écriture de la lettre — les *Diversités* comprennent quatre cent quarante-sept lettres — de cette rhétorique décorative qui devait établir quelques années plus tard la supériorité de Guez de Balzac. G. F.

DIVERS JEUX RUSTIQUES et autres œuvres poétiques. Dernier recueil de poèmes de l'écrivain français Joachim du Bellay (1522-1560), publié en 1558. Ce sont de courts poèmes imités du grec et du latin. Ceux qui ont donné son titre à l'œuvre sont inspirés par les *Lusus*, poèmes latins du poète italien Navagero (en latin : Naugerius) compris dans ses *Eclogae*, publiées en 1546. Ce sont douze pièces intitulées : *Vœux rustiques*, en forme d'invocations aux divinités païennes, et dont la plus connue est celle qui est intitulée : « D'un vanneur de blé aux vents ». On trouve, dans ces courts poèmes, une grande variété de rythmes et, bien que le sujet soit imité de l'antique, une simplicité qu'atteignit bien rarement Ronsard. D'autres poèmes sont aussi des imitations d'œuvres de poètes modernes, latins ou étrangers : tel « La Courtisane repentie », poème latin de P. Gilbert, « La Vieille Courtisane », tirée des *Dialogues* (*) de l'Arétin, « La Complainte des satyres aux nymphes du Bembe (le cardinal Bembo) ». D'autres encore sont de libres traductions, plutôt des adaptations de poèmes de l'Antiquité : « Le Combat d'Hercule et d'Acheloys », d'Ovide, ou le *Moretum*, encore attribué à Virgile. Mais s'il cherche son inspiration auprès de ces écrivains et s'il leur emprunte le thème de ses poèmes, du Bellay reste personnel, il ne se contente pas d'adapter ;

partout on retrouve les qualités qui lui sont propres. Enfin, un certain nombre de pièces sont des œuvres originales et elles sont parmi les plus charmantes qu'ait laissées Du Bellay. Elles comprennent des poèmes élégiaques comme la villanelle : « En ce mois délicieux, / Qu'amour toute chose invite » ; des poèmes satiriques, par exemple « Contre une vieille », qui sont de petits tableaux de mœurs aux traits amers et concis et dont certains atteignent à une violence, à une vivacité dans la raillerie qu'on n'aurait pas attendue de Du Bellay ; des poèmes adressés à ses amis de la Pléiade : Olivier de Magny, Ponthus de Tyard et Ronsard. Il faut faire une place à part à deux longs poèmes : *Contre les pétrarquistes*, Du Bellay qui avait pétrarquisé dans *L'Olive* (*), s'élève, au nom du naturel, contre les stériles imitateurs de Pétrarque : « J'ay oublié l'art de pétrarquizer, / Je veulx d'Amour franchement deviser, / Sans vous flatter, et sans me déguizer » ; il s'y moque des « soupirs et pleurs », des « flammes et glaçons » des poètes précieux. Dans l'*Hymne de la surdité*, dédié à Ronsard, Du Bellay, en nobles alexandrins, n'ose se comparer à Ronsard : « Je ne suis pas, Ronsard, si pauvre de raison, / De vouloir faire à toy de moy comparaison, » que sous le rapport de leur commune infirmité. Il se réjouit de ne plus entendre l'« importun caquet », mais cet éloge se termine sur une note sombre : si le sourd pouvait jouir vraiment du silence, mais « les chutes du Nil tempêtent à l'entour » de son oreille, ce sont les bourdonnements qui accompagnent la surdité. Les *Divers Jeux rustiques* sont l'œuvre la plus diverse de Du Bellay et, s'il y montre les limites de son génie, il en prouve l'étendue : de la satire à la gracieuse pièce mythologique, de l'alexandrin de l'hymne aux vers de six pieds des villanelles ; toujours il s'essaie, et avec succès, à quelque rythme nouveau, mais partout on retrouve le même charme prenant, le sens des demi-teintes, la mélancolie tempérée de gaieté qui sont les traits distinctifs de sa personnalité.

DIVERS WEHMÜLLER ET LES VISAGES NATIONAUX HONGROIS (Les) [*Die mehreren Wehmüller und die ungarischen Nationalgesichter*]. Nouvelle de l'écrivain allemand Clemens Brentano (1778-1842), publiée en 1817 dans la revue *Der Gesellschafter,* mais écrite bien antérieurement. Elle relate l'histoire d'un peintre viennois, Wehmüller, qui porte toujours avec lui une cinquantaine de portraits typiquement hongrois, offrant ainsi à ses clients la possibilité de choisir celui qui se rapproche le plus de leur type, avec la faculté de faire ajouter par l'artiste, moyennant un petit supplément, moustaches, barbe, cicatrices, uniformes ou décorations. Le système obtient un très grand succès. Hôte de la Croatie, Wehmüller, qui doit se rendre auprès d'une garnison hongroise, est contraint de s'arrêter à la frontière, fermée par suite d'une épidémie qui vient d'éclater en Autriche. Certains paraissent très étonnés de le trouver là. Ils affirment l'avoir vu passer quelques jours plus tôt et le prouvent en lui montrant les portraits de son épouse qu'il a distribués alors en guise de pourboires. Profondément troublé par cette étrange affaire, Wehmüller se rend au camp militaire où on lui tient les mêmes propos ; mais il peut enfin, grâce au médecin major, retrouver son identité. Celui-ci, en effet, se souvient d'avoir arraché une dent au précédent et supposé Wehmüller, tandis que le présent Wehmüller a conservé une bouche intacte. Contraint de passer la nuit au poste frontière, le pauvre diable est rongé par la crainte que son sosie inconnu ne le remplace auprès de sa chère épouse. Le poste est rempli de voyageurs en provenance de toutes les régions de l'empire austro-hongrois, et chacun, pour tuer le temps, raconte une histoire : celle du chat Mores et des sorcières, par exemple ; enfin, plus proche de la réalité, l'histoire de la belle bohémienne Mitidika, qui rappelle le personnage de Mignon des *Années d'apprentissages de Wilhelm Meister* (*). À l'aube, Wehmüller et ses compagnons tentent de traverser la frontière, mais un officier à cheval survient et les arrête. À la stupéfaction générale, on découvre qu'il s'agit de la belle bohémienne de l'histoire, dont l'amant se trouve parmi les voyageurs. Par contre, au sujet du peintre, la confusion s'accroît, car la jeune fille affirme avoir voyagé avec le véritable Wehmüller, ajoutant qu'ils avaient eu, tous deux, des ennuis à la frontière, à cause d'un prétendu Wehmüller. Les deux autres Wehmüller se trouvent finalement démasqués une fois la frontière franchie ; le premier n'est autre que la fidèle épouse du peintre, déguisée avec les vêtements de son mari pour échapper au sosie de ce dernier ; l'autre est un pauvre peintre autrichien qui, cherchant à se procurer les moyens d'épouser la femme qu'il aimait, avait tenté de faire fortune en imitant son confrère et en se faisant passer pour lui. Ainsi se termine, sur un éclat de rire, l'inextricable aventure des trois Wehmüller.

Mais Brentano entendait démontrer par cette farce, que celui qui veut ramener tous les hommes à des types, en les privant de leur individualité, est finalement puni par où il a péché et court le risque de perdre sa propre personnalité, avec toutes les conséquences désagréables qui en découlent : n'importe quel amateur est alors capable de l'imiter. Le brillant esprit de l'auteur s'est complu dans cette véritable cascade de situations comiques et d'extravagantes complications qui se résout dans la fameuse ironie romantique ; ironie qui risquerait, sans la brièveté même du conte, d'entraîner héros et lecteur dans la folie, ainsi qu'il advint au pauvre « maître de chapelle Kreisler » de E. T. A. Hoffmann – v. *Le Chat Murr* (*).

DIVERTIMENTO de Bartók. Œuvre pour orchestre à cordes composée au cours de l'été 1939 par le compositeur hongrois Béla Bartók (1881-1945), pendant un séjour dans l'Oberland bernois. Elle est dédiée au chef d'orchestre et mécène suisse Paul Sacher, qui avait accueilli Bartók après son départ de Hongrie, et qui en assura la création à Bâle en 1940. Imprégnée de l'esprit et du style du XVIIIe siècle, cette partition fait alterner une volonté de vivre et un cri de désespoir (Adagio central). Les deux mouvements extrêmes sont conçus d'après des motifs traditionnels hongrois, sans avoir jamais recours à la citation textuelle. Le finale est un rondo construit sur deux thèmes, l'un emprunté à une bourrée du *Mikrokosmos* (*), l'autre de caractère élégiaque. A. Pâ.

DIVERTISSANTES AVENTURES DU NEVEU DE JUAN MOREIRA [*Divertidas aventuras del nieto de Juan Moreira*]. Roman de l'Argentin Roberto Jorge Payró (1867-1928), publié en 1911. Un certain Mauricio Herrera Gomez, fils d'une personnalité politique et neveu présomptif du célèbre « gaucho » Juan Moreira, relate avec cynisme les événements de sa vie politique et privée. L'auteur s'est manifestement inspiré de *Bel-Ami* (*) de Maupassant, mais ici le caractère primitif du milieu donne au personnage une franche amoralité. Après avoir séduit Teresa, fille d'un ami de son père, Mauricio parvient habilement à ne pas tenir ses promesses, échappant ainsi aux conséquences de sa faute. Il entreprend ensuite de séduire la fiancée de son meilleur ami, et, lorsque celle-ci se montre disposée à l'épouser, il fait un mariage d'amour et d'intérêt avec une troisième conquête. Entre-temps il poursuit une heureuse carrière politique : par une impitoyable révélation publique, il réduit pour toujours au silence le seul journaliste d'opposition qui ait osé s'attaquer à lui. En effet, ce jeune journaliste n'est autre que son propre fils, né de sa liaison avec Teresa. Les événements et les hommes font donc le jeu de l'aventurier. La corruption des milieux politiques argentins à la fin du XIXe siècle est restituée dans ce roman sous un jour particulièrement sombre. — Trad. *Le Petit-Fils du gaucho,* Nouvelles Éditions latines, 1946.

DIVERTISSEMENT POUR LE ROI KHEOPS (Un) ou Papyrus Westcar. Nom que les égyptologues s'accordent à donner à un papyrus que la paléographie permet d'attribuer au temps de la XVe dynastie, vers 1700 av. J.-C., et dont la langue serait celle du Moyen Empire. Il a appartenu en premier lieu à Miss Westcar et se trouve actuellement au musée de Berlin. Ce texte est le plus ancien modèle connu du « récit-cadre ». L'auteur a utilisé ce genre littéraire pour présenter avec art les récits que font à tour de rôle, à l'intention du roi Kheops (IVe dynastie, 2749-2726 av. J.-C.), les neuf fils de ce roi. L'ennui royal cause de divertissement est un thème oriental par excellence, qui prête aux plus merveilleuses histoires. Le papyrus s'achève sur une liste d'incantations, de sortilèges, réalisés en présence de Kheops ; il fait aussi mention de la naissance de trois rejetons royaux de Rws-Sète, épouse d'un prêtre du dieu Rê, enceinte des œuvres de ce dieu. Cette suite de contes variés et brillants laisse une grande place à la magie, aux tours et aux jeux des sorciers. « L'esprit égyptien s'y révèle épris de merveilleux et profondément humain, soucieux aussi de l'équité de toute vie » (Cl. Lalouette). — Trad. *Textes sacrés et textes profanes de l'ancienne Égypte,* t. II, Gallimard, 1987.

DIVERTISSEMENTS de Mozart. Au nombre de dix-sept, pour diverses nomenclatures instrumentales, le compositeur autrichien Wolfgang Amadeus Mozart (1756-1791) les écrivit généralement pour répondre à ses obligations de compositeur de la Cour. Le genre du divertissement se confond souvent avec ceux du nocturne, de la sérénade et même du concerto. *Divertissement ou Concerto* : c'est le titre que Mozart donne à la première composition de cette série (K 113), pour deux violons, alto, deux clarinettes, deux cors et violoncelle, écrite à Milan en 1771 ; et il montre par là que ce genre apparaissait au public comme une continuation du concerto instrumental cultivé par les maîtres anciens.

Dans le *Divertissement en ré* (K 131), composé à Salzbourg en 1772, l'instrumentation (deux violons, deux altos, flûte, hautbois, basson, quatre cors et violoncelle) répond aux ressources de cette ville, qui disposait de bons cornistes et manquait, par contre, de clarinettistes. Des six mouvements, deux sont des menuets et chacun d'eux est suivi, selon l'usage allemand, de plusieurs trios répartis entre divers groupes d'instruments. De facture et d'instrumentation variées, ce *Divertissement en ré* est cependant dépassé comme valeur musicale intrinsèque par le *Divertissement en si bémol* (K 186) et par le *Divertissement en mi bémol* (K 166), composés aussi à Milan entre 1772 et 1773. Ici, Mozart reflète moins le goût et la manière des Italiens que dans les autres œuvres écrites pendant la période de ses voyages en Italie, ce que l'on peut attribuer au fait que, dans ce genre nettement allemand, il était naturellement porté à se rapprocher du style de ses compatriotes. Durant son bref séjour à Vienne en 1773, il écrivit le *Divertissement en ré* (K 205) pour violon, alto, deux cors, basson et violoncelle, dont la forme est celle de la sérénade viennoise ; les quatre morceaux suivent le plan de la symphonie classique, avec adjonction d'un second menuet. Vient ensuite le *Divertissement en ut* (K 187) pour deux flûtes, cinq trompettes et quatre timbales, composé à Salzbourg à la même époque ; c'est une série de dix petites pièces — marches, menuets, contredanses — devant être exécutées probablement dans les réceptions pour saluer l'arrivée des hôtes ou pour annoncer solennellement, durant le repas, les différents plats. Il s'agirait, en ce cas, de « musique de table » ; cette qualification s'ajoute explicitement au titre des six *Divertissements* suivants (K 213, 240, 252, 253, 270, 289), écrits par Mozart entre 1775 et son départ de Salzbourg en 1777, pour égayer les repas du prince archevêque du château de Mirabello. Bien que de conception facile et de facture modeste, ces *Divertissements* ont la miraculeuse fraîcheur qui élève le style de Mozart au-dessus de tous ses contemporains en dépit de l'identité du langage et des éléments de construction. Tracées selon la forme de la Sérénade à 4 voix dont Michael Haydn (1737-1797) avait donné des exemples connus, ces compositions sont formées d'une série de morceaux séparés par de courts intervalles. L'instrumentation se compose de deux hautbois, deux cors et deux bassons, dont les parties sont tour à tour associées ou opposées avec bonheur, notamment dans le *Divertissement en si bémol* (second de la série), œuvre aux formes très pures, où la charmante invention mélodique est avivée par des rythmes de danse caractéristiques. Dans le cinquième (K 270), la technique devient plus raffinée, spécialement en ce qui concerne l'élaboration thématique. Puis ce sont les *Divertissements en fa* (K 247) de 1776 et *en si bémol* (K 287) de 1777, composés tous deux pour la comtesse Lodron : deux véritables chefs-d'œuvre. L'ensemble instrumental est formé de deux violons, alto, deux cors et violoncelle, mais la partie des cors, peu développée, se contente d'ajouter quelque touche de couleur au quatuor à cordes. Le premier est, sans aucun doute, le plus parfait : c'est un exemple typique de la manière de Mozart en 1776, où la ligne pure de la mélodie a une expression intime et d'une intense ferveur. Il y a plus d'ampleur au monde poétique du *Divertissement en si bémol*, par la grâce du premier menuet, le profond lyrisme de l'Adagio, l'éloquence dramatique du curieux récitatif qui sert de prélude au finale, grandiose construction de rythmes gais et impétueux. Quant au *Divertissement en ré* (K 251) pour deux violons, alto, violoncelle, hautbois, deux cors, dont Mozart, en 1776, fit hommage à sa sœur Marianne pour son anniversaire, il présente un caractère tout à fait nouveau ; riche de vivacité et de légèreté, il porte l'empreinte du goût français ; les éléments mélodiques, dans leur grâce un peu sensuelle, naissent les uns des autres par une féconde inspiration.

Durant l'été de 1777, Mozart écrit encore le *Divertissement en ut* (K 188) pour deux flûtes, cinq trompettes et quatre timbales, ensemble déjà adopté pour l'autre *Divertissement en ut* (K 187). Ici aussi, il s'agit d'une série d'« entrées » destinées à accompagner les solennels banquets de la cour salzbourgeoise. Mais, malgré les intentions également modestes, cette œuvre est de beaucoup supérieure à la précédente par l'élégance de la forme et l'esprit poétique attestant la pleine maturité à laquelle l'artiste est désormais parvenu. La dernière composition de ce genre, le *Divertissement en ré* (K 334), porte la date de 1779. Écrit pour quatuor à cordes et deux cors, il montre une intuition pénétrante dans l'Andante variato au style dramatique — non sans influence de Gluck — dans les deux Menuets à la française, le solo de violon de l'Adagio et le Finale joyeux et brillant.

DIVINATION (De la) [*De divinatione*]. Traité philosophique en deux livres de l'écrivain latin Cicéron (106-43 av. J.-C.), composé en 45 av. J.-C., dans lequel l'auteur imagine une discussion avec son frère Quintus sur le don prophétique. Dans le premier livre, Quintus, pénétré des doctrines stoïciennes et profondément convaincu de la providence des dieux, admet également la réalité d'un art divinatoire grâce auquel les dieux communiquent leurs desseins aux hommes. Ainsi, ces derniers peuvent-ils pénétrer les mystères divins, d'abord par l'inspiration, l'extase, les oracles, les songes et manifestations semblables, ensuite par l'art divinatoire qui appartient aux augures et aux haruspices. Mais Cicéron démontre à son frère, dans le deuxième livre, l'absurdité logique de la divination si les événements dépendent du hasard, et son inutilité s'ils dépendent du destin. Il critique les prétentions des haruspices (deux d'entre eux, selon Caton, rappelle-t-il, ne pouvaient se regarder sans rire), la divination par les foudres, par les prodiges, par les auspices, par les sorts, par l'astrologie, par les songes. Il n'y a là que superstition ; y renoncer ne nuit pas à la religion.

DIVINE COMÉDIE (La) [*La Divina Commedia*]. « Poème sacré » du poète italien Dante Alighieri (1265-1321), dont les premières éditions imprimées remontent à 1472. Il comprend trois parties : *L'Enfer, Le Purgatoire* et *Le Paradis*, composées chacune de trente-trois chants et d'un nombre à peu près uniforme de vers ; cette structure a comme fondement le nombre trois. Un chant supplémentaire d'introduction donne le nombre cent, multiple de dix, symbole de la perfection. Le mètre utilisé est la « terza rima », empruntée au sirvente populaire et élaborée d'une façon artistique. « Comédie », tel était à l'origine le titre général du poème ; il était commandé par le caractère même de l'œuvre : commencé dans la tristesse, le poème s'acheminait vers une fin heureuse : *Incipit Comedia Dantis Alagherii florentini natione non moribus*, c'est ce que Dante lui-même déclare dans son épître à Cangrande della Scala.

« Divine » est l'épithète que la postérité donna à ce poème et qui fit partie du titre même du livre à partir de l'édition vénitienne (1555) de Giolito. Il est difficile d'établir avec exactitude à quelle époque Dante composa son poème et quelles ont été les phases de son élaboration, mais l'opinion la plus fondée nous paraît être celle qui fixe le début de cet ouvrage à 1307 environ. Dante, se laissant entraîner par l'élan d'une inspiration morale et religieuse qui le reportait aux moments les plus heureux de son activité poétique, c'est-à-dire à l'époque de ses chansons philosophiques, aurait alors interrompu son *Banquet* (*). À l'appui de cette opinion et de cette date, on peut citer d'une part les nombreuses allusions aux événements historiques que contient le poème et d'autre part, le fait que bien avant avril 1314, on parlait à Florence d'un ouvrage « quod dicitur Comedia et de infernalibus inter cetera multa tractat ». Ceci semble indiquer d'une façon certaine que les deux premières parties étaient déjà divulguées et connues, soit séparément, soit ensemble. Un peu plus tard, Dante le confirme lui-même lorsque vers 1319, répondant à Giovanni del Virgilio — v. *Églogues* (*) —, il affirme être absorbe par la composition du *Paradis* (« Cum mundi circumflua corpora cantu / Astricoleque meo velut infera regna patebunt »). De toute façon, le vœu que Dante avait exprimé dans le dernier paragraphe de la *Vita nuova* (*) trouvait ainsi son parfait accomplissement : au seuil de l'éternité, vers la fin de sa vie, Dante achevait son « poème sacré » et il plut à Dieu, « sire de la courtoisie », d'appeler l'âme du poète pour « contempler la gloire » de Béatrice, élue au Ciel, après qu'il eut dit d'elle « ce qu'aucun homme ne dit jamais d'aucune femme... ».

Structure du poème. — *La Divine Comédie*, synthèse d'une vie et d'une pensée, est l'expression la plus lumineuse de ce que fut, pour une âme de croyant et de poète, l'humanisme chrétien du XIIIe siecle. En reconnaissant dans la nature créée, le domaine souverain et métaphysique de l'analogie et de la ressemblance, Dante s'installe au centre d'un monde fantastique qui, par ses proportions et ses harmonies reflète l'univers créé, sensible et suprasensible, considéré en lui-même comme une œuvre d'art. Les rapports d'analogie qui relient le monde poétique de Dante et l'univers de Dieu, gardent toute leur spiritualité, même s'ils se réalisent sur un mode essentiellement différent. Dans un univers créé, où tout ce qui est, par le seul fait d'exister, est le Bien, le Mal, engendré par l'orgueil démesuré du premier ange rebelle, n'est que la privation du Bien : le non-être, l'abîme, le néant. Il est le sombre gouffre du désespoir, de la douleur où tombe la créature humaine, lorsqu'elle refuse volontairement la perfection qu'elle détient en elle-même, par nature. Dans le monde de Dante, cet abîme est symbolisé par *L'Enfer* : gouffre sombre, qui s'ouvre au-dessous de la croûte terrestre, dans cette partie de l'hémisphère boréal habité par l'homme. Ayant la forme d'un cône renversé, ce gouffre s'enfonce jusqu'au centre de la terre, qui est aussi le centre de l'univers et l'endroit le plus éloigné de Dieu, lequel est toute Lumière. C'est là que, précipité du haut du ciel, est tombé Lucifer : c'est là qu'il demeure, pour l'éternité. Devant sa chute, la terre se retira et remonta en sens inverse ; émergeant des eaux de l'hémisphère austral, elle donna naissance à la petite île du *Purgatoire*, une haute montagne abrupte sur le sommet de laquelle, aux antipodes de Jérusalem, croît la forêt fraîche et vivante du *Paradis terrestre*. Cette montagne, qui limite et ferme les horizons infinis de la liberté et de la lumière vers lesquels tendent toutes les âmes, est le symbole de la matière : non-être qui existe, non-être relatif que chaque âme devra combler par son activité personnelle, pour acquérir la perfection qui lui revient de droit. C'est à ce prix seulement que l'âme pourra monter au *Paradis terrestre*, qui se trouve à l'extrême limite des deux mondes : au-dessous, le monde de la matière en train de se sublimer, au-dessus le monde purement immatériel qui devient de plus en plus vaste et lumineux. Ce dernier est le *Paradis* de la foi chrétienne, fruit du Saint-Esprit : sorte d'ascension spirituelle qui, de degré en degré, dans l'illumination de l'amour traverse, symboliquement, les neuf cieux du système de Ptolémée. Au-dessus de ces cieux, s'étend le ciel infini de la flamme divine : l'Empyrée, le ciel de la charité, le siège de Dieu, de ses anges et de ses saints. « Le chemin fatal », le voyage de Dante à travers les trois règnes de l'au-delà, suit une ligne verticale descendante : Dante descend de l'hémisphère boréal vers le centre de l'univers, de là s'enfonce vers l'hémisphère austral jusqu'au sommet du Purgatoire, pour s'élancer dans les profondeurs abyssales des cieux, et atteindre enfin l'Empyrée. Mais cette chute se transforme en réalité pour Dante en une perpétuelle ascension ; la vie sans cesse accrue de son esprit participe à son perfectionnement spirituel jusqu'au point de se connaître dans son expansion totale, dans la pleine lumière et la transparence : de même qu'un arbre qui, plus il enfoncerait ses racines dans l'obscurité de la terre, plus il plongerait avec ses frondaisons et ses fleurs dans la liberté radieuse du soleil. Ce voyage de Dante, dans *La Divine Comédie*, n'est que la transposition fantastique et fabuleuse de cette activité poétique que tout homme recèle : activité vitale, de la pensée et de l'amour, qui dans l'acte de connaître et d'aimer se perfectionne, pour atteindre à la contemplation divine. En effet, le but poursuivi par Dante, c'est la connaissance de Dieu, bien suprême, éternelle béatitude. Ce Dieu est à la fois souverainement personnel et transcendant : il est celui qui existe pour lui-même, étant, dans sa substance, sa propre bonté, sa vérité et sa beauté. Cependant ce Dieu ne peut être connu en lui-même, mais seulement par analogie, à travers une forme créée qui n'est pas Lui. Connaissance réelle donc, concrète, connaissance poétique de ce mystère qui, du plus profond des abîmes, anime toute la création et vibre dans toutes choses, comme leur vie la plus secrète. Cette connaissance par analogie de Dieu, auteur de la nature, organisateur et législateur suprême (Dieu-Providence gouvernant le monde) est au centre de toute l'activité intellectuelle et spirituelle de Dante. Dans l'ordre naturel, par l'analogie ascendante qui, des effets, remonte vers leur cause première, Dante connaît Dieu comme justice (en *Enfer*), comme miséricorde (au *Purgatoire*). Dans l'ordre surnaturel de la grâce et de la charité, par l'analogie descendante de la foi, Dante connaît Dieu selon son essence propre, en tant qu'objet d'un amour infini. Cette connaissance expérimentale de Dieu est pour lui le fondement de son action concrète. Se possédant grâce à l'intelligence et à la volonté, Dante adhère de plus en plus intimement à ce qui constitue la véritable vie de l'esprit. Par une ascèse continuelle de l'intelligence et du cœur, il réalise progressivement en lui-même, dans toute la pure immanence de ses opérations, la sagesse morale ou science des actions humaines et de la liberté (Virgile), puis la sagesse humaine et divine des livres sacrés (Mathilde) ; enfin, par voie de conséquence, au sein de la révélation lumineuse, la sagesse chrétienne des saints (Béatrice) et la sagesse mystique (saint Bernard).

L'amour et son objet. — Dans ce voyage de l'âme à travers le temps, en quête d'un bien infini, il faut rendre sa part à l'amour humain ; n'est-ce pas en lui, à l'origine, que Dante a trouvé les raisons de son œuvre ? Même au sein de ses misères, de ses erreurs, de ses égarements, l'amour humain est un amour naturel pour Dieu, car Dieu n'est-il pas en même temps et la cause et le but ? L'homme aimant la beauté aime Dieu sans même le connaître, car c'est lui la perfection de tous les amours créés ; comme une vivante vérité, une bonté qui se communique, il se répand partout. Dante avait connu cette expérience d'amour au cours de l'heureuse période de sa « vita nuova », il avait exalté en la personne de Béatrice la splendeur de l'Être spirituel, l'aimant à l'image du Bien suprême — v. *Vita nuova.* Mais cette volonté juste qui nous pousse à aimer le divin dans les choses, Dante ne l'avait-il pas perdue, en même temps qu'il avait rompu la divine harmonie de sa propre nature ? Entraîné par le tourbillon de ses passions politiques et partisanes, « au milieu du chemin de la vie », Dante ne s'était-il pas égaré dans cette « forêt sauvage » où chaque homme, enfermé dans son individualité, n'est plus qu'une nature en friche dont l'existence est semblable à celle des animaux, des plantes et des pierres ? Dante se réveille de sa torpeur et s'élance aussitôt vers la colline du bonheur, toute baignée de soleil ; mais il est repoussé : trois passions se déchaînent dans son cœur d'homme avant que la raison ne soit intervenue : l'envie des biens d'autrui (la panthère), l'orgueil, son ancien orgueil héréditaire (le lion), et la cupidité ou avarice (la louve), désir immodéré de l'homme se prenant pour le centre de l'univers. Dante est déjà en proie au désespoir lorsque après une longue période de silence, il perçoit la voix de la raison poétique (Virgile), de cette raison qui nous pousse à la recherche d'un paradis de bonheur qu'il faudrait, dès ici-bas, conquérir. Dans le domaine de la connaissance pratique et de la contingence, cette raison poétique ne nous oriente peut-être que vers des buts particuliers et concrets, mais par le seul fait qu'en nous elle suscite le désir de chercher, en nous elle a jeté les racines du devoir moral et nous conduit insensiblement à l'amour : d'abord l'amour de notre vie personnelle, mais aussi de celle de nos semblables, l'amour de notre famille et de notre patrie, enfin de la société tout entière. Création vivante de la raison, la société doit être, de toutes les choses humaines, aimée comme un bien essentiel de l'homme.

La raison poétique de l'œuvre. — C'est Virgile, le poète qui avait exalté les idéaux de paix et de justice, et en avait vu la réalisation dans la politique d'Auguste, qui s'offrira à Dante pour lui servir de guide. Il le mènera au fond de *L'Enfer*, gravira avec lui la montagne du *Purgatoire*, mais arrivé au sommet c'est Béatrice qui le conduira ; grâce à elle Dante pourra accéder au ciel de Dieu. Cependant Virgile réconforte Dante. Voix de sa conscience déchirée, il lui assure que l'Italie, plongée dans les discordes civiles, connaîtra un suprême organisateur (le Lévrier) ; doué de « sagesse, d'amour et de vertu », il apportera de nouveau aux hommes la justice et la paix. C'est ainsi que le voyage de Dante (expérience concrète en relation étroite avec les événements historiques qui l'ont suscitée et au milieu desquels le poète devra conquérir sa vérité et sa lumière individuelles) débute sous le signe d'un esprit prophétique, d'une foi encore naïve dans la Providence divine. Mais comment n'aurait-il pas confiance en cette Providence, qui contient en son sein la justice, la miséricorde et l'amour ? Dante connaît cette divine Providence non point en elle-même, mais dans le miroir de toutes perfections — perfections qui se sont incarnées dans les « trois femmes élues » qui l'accueillent au seuil de l'univers céleste : la miséricorde de la Vierge Marie, la justice de Lucie qui connaît la vérité par ses yeux éteints ; et l'amour, aimé et exalté par Dante, de Béatrice. Les trois femmes médiatrices de la grâce divine reconnaissent et aiment en lui la réalisation de l'idée divine présidant à sa destinée ; Béatrice, descendant de son trône de gloire, se présente toute rayonnante de lumière mais les yeux pleins de larmes, devant Virgile, et le prie de porter secours à Dante ; Virgile exauce tout de suite sa prière, et Dante, par amour de cette beauté dont le souvenir demeure encore vivant dans son cœur, accepte de devenir le disciple de Virgile. Avec lui, il quitte l'univers corporel, plonge dans le monde éternel de l'Être. Déjà Dieu nous guide d'une façon providentielle puisqu'il suscite en nous l'amour de la beauté. Grâce à cet amour, nous faisons plus que nous soumettre à la loi ou à la raison naturelle, déjà nous embrassons cette loi avec joie, nous acceptons ses obligations au nom d'une raison absolue et se suffisant à elle-même, ayant une validité universelle dans des conditions d'existence égales pour tous.

Esprit de justice. — La conscience religieuse et morale de Dante plonge ses racines dans la science et dans la foi. En suivant Virgile, son guide, Dante s'achemine vers ce point où le monde naturel et le monde de la grâce se rencontrent et s'interpénètrent. Dante devient ainsi le juge des vivants et des morts, grâce à sa raison éclairée par les vérités de la foi. Par conséquent, chacun de ses jugements est aussi bien une appréciation morale que religieuse. Dans *L'Enfer* et dans *Le Purgatoire*, les jugements de Dante sont centrés sur le mystère de l'homme : être fait de chair et d'esprit, et sur le drame de son existence. Au contraire, dans *Le Paradis*, la vie de l'homme est reconnue dans ses fins naturelles et temporelles, mais aussi et surtout dans son but surnaturel : atteindre à la connaissance de Dieu. De la sorte l'expérience de Dante, dans le cadre de la raison naturelle, est une expérience semblable à celle d'Énée qui descend aux Enfers, dans le but d'y puiser les règles pratiques de la vie. Dans l'ordre surnaturel de la charité et de la grâce qui, dès cette vie terrestre, nous rend en quelque sorte citoyen du Ciel, l'expérience de Dante est analogue à celle de saint Paul : Dante vit cette double expérience, parce que la première est subordonnée à la seconde. Il connaîtra ainsi les deux buts pour lesquels l'homme fut créé — v. *La Monarchie universelle* (*) —, la perfection terrestre et temporelle de l'être doué de raison, qui trouve son accomplissement dans la vie politique ou civile ; mais il faut toutefois que cette existence ici-bas reste strictement et toujours subordonnée au Bien spirituel et éternel — but véritable et ultime de la personne humaine.

L'Enfer. — L'Enfer est le royaume des ténèbres, la « vallée douloureuse de l'abîme » où tombe l'être humain, dès l'instant où il s'est refusé à la vie de la raison et de la vertu (vie civile), où il s'est refusé à la lumière. L'homme s'engouffre dans la vie égoïste de ses passions lorsqu'il perd la conscience de l'être, et s'enferme à jamais dans son individualité charnelle. Il devient ainsi un simple fragment séparé de l'univers corporel, dont il subit les lois. L'homme, point d'intersection de toutes les influences physiques et cosmiques, végétatives et animales, n'est qu'un corps ballotté par la pluie, par les tourbillons de la tempête, torturé par le feu. La nature humaine s'enfonce de plus en plus dans la matière sans toutefois échapper à la loi de sa nature propre. Cette loi, qui a été sur terre méconnue par l'homme, reprend tous ses droits en dehors du temps ; elle triomphe alors comme force d'amour, comme un élan vers la paix, une soif de justice, un souvenir nostalgique du doux monde terrestre égayé par le soleil. Ainsi, en Enfer, la douleur jaillit de la contradiction que toute âme vit dans son for intérieur sans pouvoir la comprendre. Pour avoir méconnu cette force spontanée qui nous pousse au bien, voici que vous êtes brûlé par les flammes de l'ancienne concupiscence, écrasé sous le fardeau héréditaire du péché originel, dévoré par la corruption. Cet être humain éternellement en proie à ses contradictions, le voici incarné dans le Vieillard de Crète : Minos est ici l'image de l'homme qui, ayant été créé pour la vie civile — son but temporel —, se dresse sur des pieds d'argile. De cet état de choses découlent les misères, les illusions, les chutes inévitables, la douleur infinie et amère. Voici les pleurs silencieux qui alimentent depuis des âges les fleuves de l'Enfer : l'Achéron, le Styx, le Phlégéthon et le Cocyte. L'homme dépourvu de raison — de cette raison qui l'eût modelé, donnant une expression au chaos discordant et informe de ses passions et de ses instincts —, cet homme n'est qu'un terrain en friche, terre sauvage, lande stérile et sablonneuse, aux forêts dépouillées de verdure, aux rochers abrupts et escarpés. Tel est l'Enfer dantesque « couleur d'éternité ». Là où n'existe pas l'action de l'homme, il n'y a plus que la nature sauvage, parce que le devoir de l'homme, c'est de vivre selon la raison.

Dans l'Enfer, les actions des damnés tournent toujours à vide : ce sont des actions sans but et c'est là un tourment indicible. Dante et Virgile en franchissent la porte et dans la sombre plaine qui les accueille, ils aperçoivent des « malheureux qui ne furent jamais vivants », des lâches, des anges neutres, forcés de courir après un étendard, talonnés par des taons et des guêpes, dédaignés par la miséricorde et la justice divines. Dante les regarde, sans s'arrêter. Mais voici la « triste rivière de l'Achéron » ; sur ses rives, plongées dans une livide lumière automnale, les âmes viennent échouer comme les feuilles mortes détachées de l'arbre, portées par leur propre poids. Après avoir franchi le fleuve sur la barque de Charon, les deux pèlerins arrivent au premier cercle : les Limbes, d'où le Christ fit sortir les Patriarches. Ici, nul pleur, mais seulement des soupirs. C'est la demeure des enfants morts sans baptême ; c'est aussi dans un noble et lumineux château, la demeure de tous ceux qui honorèrent les sciences et les arts, sans avoir possédé la vraie religion. Là, vivent les grands poètes de l'Antiquité, parmi lesquels se trouve Virgile ; ceux qui aimèrent la beauté de l'être et qui furent des chrétiens, du moins dans leur espoir et leur attente ; les « grands esprits », ceux dont la parfaite raison dans l'ordre des vérités naturelles fut une sorte de lumière chassant les ténèbres. Avec le deuxième cercle, commence véritablement l'Enfer ; un gouffre qui se rétrécit à chaque cercle jusqu'aux dix fosses du Malebolge ; en son milieu s'ouvre un puits profond. À son entrée se tient Minos ; terrible voix de la conscience qui juge les intentions et prononce les condamnations. Les pécheurs sont alors distribués dans les différents cercles, suivant une échelle de valeurs rapportées à leurs tendances vitales (ou « dispositions ») : l'incontinence, la malice, la bestialité la plus folle. Dans les cercles supérieurs, du IIe au Ve, il y a les incontinents, chez qui l'être, impuissant à se contrôler, s'est laissé entraîner par le torrent de la vie sensuelle. Dans les cercles inférieurs, dans la Cité de Dité, Dante a placé ceux qui péchèrent par « malice » : ce sont les individus doués d'une volonté libre, mais qui ont délibérément violé l'ordre naturel et rationnel, en se mettant au service des puissances passionnelles inférieures et instinctives. Après eux, voici ceux qui ont péché par « bestialité » : leur intelligence fut mise au service d'une volonté perverse qui devint le centre de leur être, enfermant leur âme dans une solitude sauvage et hagarde. Les forces aveugles de la nature gouvernent l'Enfer, selon un plan providentiel qui en a ainsi décidé ; puissances obscures de la matière symbolisées par des monstres et les esprits du mal, c'est-à-dire les démons. Dans le IIe cercle, les luxurieux, âmes terrassées par la passion charnelle, sont entraînés dans une tempête perpétuelle. Dans le cercle suivant, les gourmands, couchés à plat ventre, fouettés par une pluie éternelle et violente, sont écartelés et déchirés par Cerbère, monstre à trois têtes. Dans le IVe cercle, les avares et les prodigues roulent des rochers et s'injurient les uns les autres. Le cercle suivant est celui des coléreux : plongés dans le bourbier des marais du Styx, ils s'entredéchirent avec leurs dents, tandis que les paresseux du fond de la vase soupirent après « le doux air égayé de soleil ». Toutes ces visions, Dante nous les restitue dans leur violence prodigieuse ; mais par-delà la simple intuition des sens, il découvre, allant au-devant de ces maudits, les secrets de l'âme dans leur immédiate vérité. En effet voici dans le cercle des luxurieux, Francesca, créature de bonté, qui aspire en vain à la félicité, toute pelotonnée avec passion contre Paolo ; cet amour l'a menée à la mort et cependant n'affirme-t-elle pas qu'il était inéluctable ? Avec le cercle des gourmands, Dante a retrouvé certains de ses concitoyens : Ciacco, qui l'entretient avec fureur et dédain des luttes qui déchirent Florence et prédit au poète un prochain exil. Mais lorsque Filippo Argenti, l'orgueilleux, essaie de sortir du bourbier de Dité, Dante réagit avec colère et le replonge dans la boue sans hésitation ; car Dante souhaite, admet et approuve la peine infligée au pécheur, dans la mesure où il en déteste la faute, le mal qu'il incarne.

Ayant franchi le Styx sur la barque de Phlégias, Dante parvient sous les murailles ardentes de Dité. Des démons pleins de colère et de violence barrent l'entrée à Virgile. Dante passe quand même ! Un messager céleste brise devant lui tous les obstacles et ouvre la porte, tandis que les esprits du mal s'enfuient de tous côtés. L'expérience de Dante dans le Bas Enfer a été voulue et secondée par Dieu, parce qu'elle lui était nécessaire et salutaire. Pour avoir plongé dans les ténèbres de la douleur et de la souffrance, Dante pourra, dans la sphère de la vie pratique, mettre en œuvre les dons qui lui furent donnés et agir en harmonie avec lui-même. Voici le VIe cercle ; c'est une lande parsemée de sépulcres où gisent les hérétiques, hommes présomptueux qui n'eurent foi qu'en leur volonté, faisant de celle-ci la mesure de toute chose. Parmi ces damnés, se trouve le noble Farinata degli Uberti, homme de parti, qui aima passionnément sa patrie et la défendit à visage découvert, mais n'en laissa pas moins derrière lui un sillage inexorable de haines et de vengeances... Cette contradiction est le centre de sa vie ; la partie ne parvient pas à s'identifier avec le tout. Dante, homme de parti, connaît, lui aussi, cette contradiction et aura à en subir les conséquences : il sera exilé, ainsi que le lui prédit Farinata. Sans la charité, il n'existe ni de véritable amour de la patrie, ni de véritable amour pour ses enfants. En effet l'affection que Cavalcante de Cavalcanti porte à son propre fils Guido, hérétique lui aussi, n'est que de l'orgueil. Privée de la charité, la volonté humaine ne peut s'enraciner solidement dans le bien vers lequel elle est pourtant tournée. Elle déchoit fatalement de sa sphère normale, et se met au service des passions intérieures et des instincts. L'unification totale de la vie humaine, en tant que raison et sens, se révèle donc impossible, et dans l'homme, à côté de l'être de raison, surgit l'animal. Son symbole en est le Minotaure, préposé au VIIe cercle, où sont punis les révoltés contre Dieu, créateur de l'ordre de la nature et législateur suprême. Dante y descend à travers des ravins alpestres, et doit franchir les trois fosses concentriques qui le composent. Les violents, les tyrans, les meurtriers sont plongés dans le sang bouillant du Phlégéthon. Le long des rivages courent les Centaures, fauves sveltes et agiles, symboles de cette raison naturelle que l'animal possède aussi, d'une façon latente, mais à laquelle l'homme participe sous la forme de la connaissance rationnelle. Au-delà du Phlégéthon, s'étend une broussaille sauvage et déchiquetée où demeurent les Harpies : là poussent et germent, dans une végétation désolée et gémissante, les âmes des suicidés ; pour s'être arrachés à leur corps, ils demeurent prisonniers de leur corps comme les plantes. Les gaspilleurs qui se sont confiés au hasard et au jeu courent dans ce bois, talonnés par des chiennes faméliques et voraces. Un peu plus loin, l'on aperçoit un terrain sablonneux, écrasé par une atmosphère étouffante ; le feu descend du ciel en larges flocons : ici, gisent ceux qui ont blasphémé la divinité ; ceux qui ont agi contre nature (sodomites) courent comme des fous enchaînés au mouvement de leurs membres ; ailleurs les usuriers sont cloués au sol et, comme les chiens, essaient de se défendre des guêpes. Partout ce n'est que paysages d'horreur, scènes de deuil, de tourments, gens torturés, misères et douleurs.

Sur la croupe de Géryon, monstre ailé, symbole de la fraude, Dante descend dans le VIIIe cercle, les Malebolge, ou Fosses maudites, prison de tortures pour tous ceux qui eurent recours à la fraude : les séducteurs, les entremetteurs, tous horriblement flagellés ; les flatteurs, enveloppés dans les excréments ; les simoniaques, tête enfoncée dans des trous percés dans la pierre d'où sortent leurs jambes, aux talons brûlants ; les devins et les magiciens, qui marchent la tête tournée en arrière ; les prévaricateurs, plongés dans un lac de poix bouillante et surveillés par les démons ; les hypocrites, recouverts d'une chape de plomb toute dorée : les voleurs, mordus et entourés par les serpents dont ils prennent l'aspect, tandis que les serpents prennent à leur tour l'aspect humain ; les mauvais conseillers ; ceux qui provoquèrent des scandales et des schismes ; les faussaires (faux-monnayeurs, faux témoins, parjures), gens galeux et assoiffés, malades de rage, d'hydropisie. C'est le monde inhumain de l'intelligence qui, dans l'action, s'est mise au service d'une volonté perverse : telle est l'intelligence du pape Nicolas III, dans le cercle des simoniaques, qui pense que Boniface VIII est arrivé à prendre sa place ; telle est l'intelligence de Ciampolo de Navarre le prévaricateur ; telle est l'intelligence pleine de malignité des Malebranche, qui guettent le poète et le font trembler de peur. Mais c'est aussi l'intelligence animale de Vanni Fucci, découvert par Dante au milieu des voleurs et qui prend une expression de honte et de tristesse pour lui prophétiser méchamment les malheurs de son parti. Dante observe et aime à mettre en évidence les aspects comiques et triviaux de cette intelligence pratique qui fait de l'homme une sorte de serpent. Dans le cercle des mauvais conseillers, il écoute avec attention le récit du dernier voyage d'Ulysse. Le héros de la volonté a négligé les intérêts de son âme, pour s'adonner à la joie de la connaissance pure : tout alors devient un spectacle qui absorbe et attire et entraîne. À ce point de son voyage aux Enfers, l'être humain s'enfonce toujours plus dans la matière originelle. Pour la symboliser, des géants monstrueux, masses inertes et grossières, sont là qui sortent de toute leur taille du puits des Malebolge. L'un d'eux, Antée, fait descendre Dante au fond du puits, séjour de glace où vivent les traîtres à leurs parents, à leur patrie, à leurs hôtes et à leurs bienfaiteurs. Ces hommes ont renié bestialement cette civilisation humaine qui est « la forme de la raison » et sans laquelle nous ne pouvons ni vivre ni exister en société. Emprisonnée dans la glace et dans le silence, leur existence est semblable à celle des minéraux ; leur tourment est inexprimable. C'est la douleur du comte Ugolino, traître à sa patrie, qui s'acharne farouchement sur le crâne de celui qui l'a trahi à son tour, l'archevêque Rugghieri ; c'est la douleur muette et honteuse de Bocca degli Abati qui a trahi son parti, le parti guelfe. Au centre de l'univers, au point le plus éloigné de Dieu, Dante aperçoit Lucifer, trinité matérielle de l'abîme aveugle, monstre à trois faces, qui pleure par six yeux, tout en mâchant dans chacune de ses trois bouches un pécheur : Judas, traître au Christ ; Brutus et Cassius, traîtres à César. Le premier a repoussé la raison divine ou charité, les deux autres ont repoussé cette raison naturelle qui fait de l'homme un champ cultivé, labouré par les vertus et la juste raison. En s'agrippant aux poils de Lucifer, les deux poètes franchissent le centre de la terre et montent enfin, à travers un chemin caché, dans l'hémisphère opposé revoir les étoiles et la lumière.

Le Purgatoire. — C'est une montagne difficile, escarpée et abrupte, qui se lève du grand océan de l'Être, pour « monter vers le haut des Cieux ». C'est la terre humaine sanctifiée par le Christ – l'âme qui se construit de l'intérieur, en croissant sur elle-même. Sous le ciel des vertus cardinales et théologales, on trouve sur son sommet (le Paradis terrestre) les fleurs de la paix de la contemplation, en harmonie avec les exigences et les destinées de la nature humaine. Cette montagne se rétrécit au fur et à mesure qu'on approche de son faîte ; sur ses flancs sont creusées des corniches ou terrasses circulaires : là, les âmes purgent leur peine. Stade intermédiaire, le Purgatoire est ce monde métaphysique à travers lequel l'essence spirituelle s'achemine vers le but assigné par la divine Sagesse, et tout d'abord l'âme doit coopérer activement à la vie sociale et civile (développement des qualités spéculatives et pratiques, artistiques et morales). Par conséquent le Purgatoire est le royaume de la liberté, en ce sens que chacun peut choisir parmi les moyens propres à le rapprocher de la fin qu'il poursuit. Cette liberté qui est inhérente à la personnalité humaine, et par laquelle l'homme formule en dehors de lui-même une loi positive qui le défend et le guide, trouve sa parfaite expression dans la personnalité de Caton, placé par Dieu à l'entrée du Purgatoire. Lorsque les deux poètes arrivent, dans l'aube fraîche baignée de rosée, sous un ciel bleu où resplendissent la planète Vénus et les quatre étoiles des vertus cardinales, c'est Caton qui montre à Dante le chemin qui mène à la montagne : la route est simple, il suffit d'être humble, d'avoir le regard limpide et le cœur pur. Le Purgatoire est en effet ce monde de l'amour humble et fraternel, où Dieu est aimé à travers la bonté de ses créatures, à cause de l'idée divine que, pour la plus grande gloire de Dieu, chacune d'elles est appelée à réaliser. Par groupes, sur une nacelle guidée par un ange, arrivent de la pleine mer des âmes ravies, qui s'apprêtent à accueillir l'expiation et le salut ; parmi elles, Dante reconnaît son ami Casella. Oh, joie de se rencontrer ! Rythme intérieur, qui scande l'allégresse de l'âme ! Vie de l'esprit, qui veut se répandre et qui communie avec les autres !... Casella, à la prière de Dante, se met à chanter, et à ce chant toutes les âmes sont transportées de bonheur ; mais Caton intervient pour leur reprocher ce retard et les inciter à gravir la colline. L'amour qui s'exprime dans l'intelligence est la première perfection de l'âme, mais comment pourrait-il suffire ? Il faut que l'âme agisse ; c'est l'action qui rend l'âme meilleure, et la rattache à ses fins. Dans la lente ascension au flanc de la montagne escarpée, Dante réalise la perfection latente de son être. L'expérience s'ajoutant à l'expérience, il acquiert des actions humaines et de la liberté une science qui lui permet de choisir et de juger.

Au pied de la montagne, en dehors du Purgatoire proprement dit, Dante rencontre en exil temporaire les âmes de ceux qui vécurent en état d'excommunication et, parmi elles, Manfred de Hohenstaufen. Gravissant la pente de la vie, il reconnaît les paresseux assis à l'ombre des rochers. C'est alors la litanie de ceux qui moururent de mort violente, comme Jacopo del Cassero, Buonconte da Montefeltro, et Pia, femme amoureuse qui n'a que des mots de douceur et de pardon pour un cruel mari. Grâce à leur repentir et à la miséricorde divine, ces âmes connurent au fond d'elles-mêmes, au moment même de mourir, l'état de grâce. Et maintenant elles peuvent contempler leur vie terrestre, juger de leurs fautes et de leurs erreurs, tout en glorifiant la douceur du pardon divin. Que l'homme aussi pardonne à ses ennemis, oublie offenses et injustices. Telle est la poésie des affections humaines dont la douceur pleine de mansuétude jaillit de la vérité dont ces âmes resplendissent. Et sur le visage grave du poète, se profile un sourire indulgent : les faiblesses d'autrui nous sont un commun fardeau. Cette communauté des esprits, Dante va en découvrir une forme nouvelle et bouleversante ; partout ce n'est qu'appels, supplications : rappelez notre souvenir aux êtres chers qui vivent encore sur la terre ; qu'ils soient soulagés dans leurs douleurs ; que par leurs prières ils obtiennent pour eux la béatitude qui attend de toute éternité les hommes. Cet amour fraternel, qui à travers l'amour de Dieu relie les vivants et les morts, et exige que les esprits et les cœurs s'unissent, trouve sa forme lyrique la plus achevée dans la rencontre de Sordello de Mantoue et de Virgile. En entendant nommer sa terre natale, Sordello embrasse son concitoyen Virgile. Cette scène arrache à Dante une violente invective contre « l'Italie esclave », mal gouvernée, déchirée par les égoïsmes, les haines, les intérêts matériels. Au Purgatoire, on participe de la lumière du ciel ; mais que la lumière cesse et les vertus morales ne suffisent plus. Elles produisent leurs fleurs, bien sûr, mais au milieu des corolles s'insinue toujours le serpent de l'orgueil. Voici le soir qui tombe : l'âme se sent pleine de mélancolie ; seule, elle prie, tandis que dans le ciel commencent à poindre les étoiles des trois vertus théologales. Dante s'endort sous la protection des anges descendus du ciel, et dans son rêve, il est transporté au-delà de la sphère de feu.

Ainsi la loi de Dieu devient notre propre loi, et s'identifie à notre plus profonde aspiration vitale. La structure morale du Purgatoire est fondée sur la libre manifestation de cet amour naturel qui est au fond de nous-mêmes, et qui révèle en nous l'élan créateur divin. Mais que nous freinions cet élan ou le dirigions vers le mal, aussitôt apparaissent les désordres de l'amour, et ce sont les sept péchés capitaux. Ces péchés sont punis dans les sept corniches du Purgatoire. Tout d'abord, il y a l'orgueil, l'envie, la colère, péchés contre le bien collectif. Viennent ensuite : la paresse, l'avarice, la gourmandise et la luxure. Dans le domaine de l'activité pratique, où la volonté plie l'intelligence à son caprice, l'homme n'est capable de juger exactement ce qu'il doit faire que lorsque l'amour naturel de soi-même a été corrigé profondément par la prudence et par les vertus morales qui s'opposent, une à une, à chacun de ces péchés : l'humilité, la charité, la mansuétude, la patience, la mesure, la tempérance et la pureté. Dieu illumine l'intelligence des âmes pénitentes et consolide leur volonté, en offrant à leur réflexion des « exemples » exaltant la vertu morale qui leur a manqué. « Langage visible », ces exemples s'expriment en images sculptées à même le rocher, ou bien dans les visions d'extase et les chants des âmes qui s'encouragent et se soutiennent mutuellement, au cours de leur expiation. Cette solidarité spirituelle est consacrée par Dieu, qui bénit les cœurs qu'il a voulu frères entre eux. C'est le mystère des âmes, dont la vie est la vie même de Dieu. Mystérieuse aussi est leur activité immanente : en effet la bonté des créatures est la bonté de Dieu lui-même, qui l'insuffle en elles, tandis que celles-ci à leur tour invoquent Dieu, leur Père commun, pour qu'il leur octroie cette bonté. De la sorte, la poésie du *Purgatoire* de Dante est imprégnée d'une ardeur sacrée, baignée d'une tendre mélancolie ; elle a le ton et l'inspiration de la prière chrétienne. C'est la poésie de la bonté humaine, qui s'humilie en s'exaltant, qui retrouve en Dieu ce bien qu'elle possède déjà en partie par la grâce et qu'elle aspire à posséder totalement. L'expérience de Dante, approfondissement de cet amour fraternel qui relie les âmes, n'est au fond que la lente et sévère ascension de son esprit, afin que la loi du Bien, en s'imposant à sa volonté, fasse de lui un ami de Dieu. En lui, Dieu agit et lui apporte réconfort, car le chemin qui gravit la montagne est dur. Des anges lui sont envoyés qui effacent de son front toute trace de péché, ou qui entonnent les versets des « Béatitudes » des Évangiles, en ravivant en lui et dans toutes les autres âmes l'amour et le désir de la purification. Ascension spirituelle, élévation du cœur, mais aussi de l'intellect : Dante est parti à la conquête progressive de sa personnalité morale, qui s'affranchit des misères de l'individualité matérielle : vanités, rivalités et conflits...

Et c'est le premier cercle : domaine des orgueilleux qui marchent courbés et recroquevillés sous de lourdes pierres. Voici, comme un solennel avertissement, que se présente à ses regards, le comte Umberto Aldobrandeschi ; lui succède Oderisi da Gubbio, l'homme qui sait combien la renommée terrestre s'évanouit et Dante d'accepter par avance l'oubli éventuel de sa gloire de poète dans les siècles à venir. En la personne de Provenzan Salvani, s'incarne la force de la bonté généreuse qui triomphe de l'orgueil, bonté qui devient opaque pour elle-même dès que son activité tend seulement à la satisfaction des intérêts individuels ou matériels. Mais le deuxième cercle nous ouvre ses portes : là, se tiennent les envieux qui se soutiennent les uns les autres et ont les paupières cousues ; voici Sapia, la Siennoise, qui reconnaît avoir été autrefois pleine d'envie envers ses concitoyens. Envieux aussi sont les habitants de la vallée de l'Arno, selon les dires de Guido del Duca ou de Ranieri da Calboli, qui déplorent la disparition des vertus chevaleresques de leur Romagne natale. Pourtant la corruption actuelle du monde n'est pas due à la nature de l'homme, qui est foncièrement bonne, mais au manque de force morale seule capable de soutenir et de guider l'homme : ainsi s'exprime Marco Lombardo, que Dante rencontre dans le IIe cercle, perdu au milieu des violents. Les lois existent ; l'homme est destiné au bien commun de la cité, en sa qualité d'individu ; mais en sa qualité de personne, il doit œuvrer en vue du bien spirituel et éternel. Mais qui respecte les lois, en cette époque où la confusion existe entre les deux autorités suprêmes, l'Église et l'empire ? L'homme, conformément à sa nature d'animal doué de raison, est créé pour le bien rationnel et moral et doit le vouloir sous peine de perdre sa raison d'être. L'homme doit agir selon ce que sa conscience lui suggère : et c'est pour cela que les paresseux, punis dans le IVe cercle, sont contraints d'agir avec empressement et dans une perpétuelle fébrilité. Le Bien doit être aimé pour lui-même, car il répond à l'ordre essentiel des choses, et le créateur de cet ordre suprême est Dieu. Dans le Ve cercle, voici les avares et les prodigues ; et parmi eux le pape Adrien, qui reconnaît que, parvenu au sommet des honneurs, « son cœur n'avait point trouvé apaisement » ; Hugues Capet, après avoir conté les origines de sa famille et les sombres exploits de ses descendants, depuis Charles d'Anjou jusqu'à Charles de Valois et Philippe le Bel, éprouve alors au fond de son âme comme un ordre nécessaire et impératif, les droits de la justice et en demande à Dieu la claire vision.

Mais soudain, la montagne du Purgatoire retentit de cris d'allégresse : une âme purifiée va monter au Ciel ! De tous côtés, s'élève un chant : « Gloria in excelsis ». La charité unit en un même élan les âmes. Cette âme, digne du Ciel, est celle de Stace. Le poète latin révèle que c'est à Virgile qu'il doit l'inspiration première de son œuvre et de sa vie. Virgile n'avait-il pas chanté le retour à l'ancien âge d'or, l'instauration d'une nouvelle humanité au sein d'un univers juste et paisible ? De ce rêve poétique, Stace avait reconnu la réalisation dans la foi chrétienne qu'il avait alors embrassée ; aussi exprime-t-il toute sa gratitude à Virgile pour l'avoir si bien guidé. En lui il reconnaît cette raison poétique qui appartient à l'ordre naturel, et retourne à Dieu, créateur de la nature, raison qui nous pousse à rêver d'un monde de paix et de bonheur, de justice et d'amour, à instaurer sur terre. Aspiration permanente de notre « moi » l'effusion lyrique de notre âme n'est que le « principe formel » du corps, un principe de vie et de passion insufflé par Dieu, premier moteur de l'univers, dans la matière. Les perfections de l'intelligence et de la volonté — facultés spirituelles de l'âme — sont, dans l'ordre de l'action, la sagesse, et dans l'ordre de la réalisation, l'art. À ce monde de sagesse et d'art, appartiennent les pécheurs du VIe cercle qui achèvent leur purification. Ici, Dante rencontre Forese Donati, ancien camarade de ripaille et d'errements. Tous deux, heureux de se retrouver, évoquent leur commun passé, tandis que les souvenirs familiaux surgissent, doux, tendres, et que sur leurs lèvres résonnent les noms de ces êtres purs que l'on a adorés et admirés avec la meilleure partie de son âme. Forese exalte son épouse, laquelle pria pour lui, et lance une invective contre les impudiques femmes de Florence, en prophétisant la fin malheureuse de Corso Donati. C'est ici que Dante, en réponse à une question de Bonagiunta da Lucca, formule la règle suprême de l'art, ou amour juste (« ordo amoris »), qui inspira la jeune poésie lyrique de son « dolce stil nuovo ». Mais dans la chanson d'amour, la perfection artistique est déterminée par la beauté du style, cette beauté qu'il avait admirée dans les images et dans les vers de son maître Guinizelli et dans ceux du troubadour Arnaud Daniel ; ce sont ces deux poètes qui, dans le dernier cercle, celui des luxurieux, sont en train de purger leur péché au milieu des flammes. Dante, guidé et poussé avec tendresse par Virgile, traverse ces flammes. Il est maintenant devant l'escalier qui mène au Paradis terrestre. À la vie sociale et active va succéder la vie contemplative. Lia cède la place à Rachel. Ici prend fin l'enseignement de Virgile, ou science des actions humaines et de la liberté. Guidé par sa sagesse

(sagesse de l'art, ou le « beau style » de la raison pratique), Dante a conquis une volonté droite et instauré en lui-même sa ressemblance avec Dieu, sa fidélité à sa nature propre. Il est maintenant devenu une « personne » qui a en elle-même son existence, agissant « pour elle-même », capable de dépasser par son intelligence le monde de la réalité sensible et de puiser la vie au centre de la vie universelle.

Le Paradis terrestre. — Sous un ciel infini, la haute montagne du Purgatoire dresse son sommet qui se termine par un plateau verdoyant. Virgile abandonne avec émotion son disciple. Maintenant la parole est à l'âme de Dante lui-même. Son intelligence jouit de l'allégresse spirituelle, savoure la beauté lumineuse des choses dans le cadre d'une nature savamment ordonnée et pleine de résonances et d'analogies. Alors, par un mouvement spontané de l'intelligence contemplatrice, tandis que le cœur s'humilie en lui-même, Dante s'adresse à la Sagesse supérieure : puissance ordonnatrice, Dieu créateur. Cause première de Beauté et de Vie. Cette perfection suprême atteinte par la sagesse humaine s'incarne en Mathilde (symbole de la sagesse des livres sacrés), qui va lui servir de guide à travers *Le Paradis terrestre.* Mathilde explique à Dante la structure du Paradis (ses deux rivières, le Léthé et l'Eunoé) et la raison de la chute du premier homme ; puis elle l'initie à la sagesse divine, qui veille à l'exécution du plan providentiel et qui prête assistance (par l'intermédiaire des saints et des anges) aux hommes en voyage vers l'éternité. « Je crois au Saint-Esprit, à la sainte Église catholique, à la communion des saints, à la résurrection de la chair et à la vie éternelle » : tel est le thème qu'exprime cette procession mystique qui se présente au regard étonné et attentif de Dante. La procession, en forme de croix, défile sur le décor d'une nature splendide (« dont la beauté est fille du Verbe ») et se déploie dans une atmosphère vibrante de lumière, frissonnante de mélodies et de chants. Les mystères de la foi sont représentés sous la forme d'étranges symboles : les dons du Saint-Esprit ; le mystère de l'Incarnation divine, dernier terme de toutes les promesses de l'Ancien Testament ; le corps mystique de l'Église (un chariot tiré par un griffon ailé) — autrement dit, l'Église est conçue comme une société spirituelle au sein de laquelle coule (venant de Dieu, et grâce à la Vierge, médiatrice, et au Christ rédempteur) un fleuve surnaturel de lumière et d'amour qui suscite dans toutes les âmes les dons du Saint-Esprit et la soif de la charité, de cette charité qui est le lien unissant en Dieu, les fidèles de la terre, les âmes du Purgatoire et les saints et les anges du Ciel. En perfectionnant chez l'homme les vertus cardinales (les quatre vertus qui se tiennent à la droite du char et qui rendent l'homme capable d'accéder à la vie sociale ou civile, son but naturel), la charité s'empare de la vie intime et la façonne à l'image des vertus théologales (les trois vertus à gauche du char), en fonction du but surnaturel des âmes. De cette façon l'homme devient effectivement un concitoyen des saints et un enfant de Dieu.

Mais voici que la procession s'arrête et du sommet de la cité de Dieu descend, dans un nuage de fleurs, Béatrice la sainte, qui veille au salut de Dante, car elle aime en lui une nature capable de recevoir la grâce de Dieu. Voilée de blanc, ceinte d'une branche d'olivier, portant un manteau vert et une robe flamboyante, Béatrice vient se poser sur le char de l'Église ; Dante la reconnaît... Se rappelant les années heureuses de sa jeunesse, mais enrichi d'une expérience nouvelle, Dante se reprend d'amour pour la beauté spirituelle de Béatrice, car elle est le reflet lointain du Verbe de Dieu créateur. Maternelle et charitable, Béatrice lui rappelle ses promesses d'une vie nouvelle ; les errements qu'il connut n'ont rien effacé de ces promesses : en lui s'est conservée la possibilité d'une existence divine, et celle-ci sera réalisée. Dante avoue alors ses fautes et regrette sincèrement le temps gaspillé. Mathilde le plonge dans le Léthé, dont il sort ressuscité dans la grâce, pour entrer dans la cité de Dieu. Les quatre vertus cardinales — vertus acquises, ou « nymphes » dans *Le Paradis terrestre*, mais aussi vertus infuses ou « étoiles » dans le Ciel — le mettent à même, avec l'aide des trois vertus théologales, de contempler un deuxième aspect de la beauté de Béatrice, la beauté de l'être spirituel en état de grâce et par conséquent « resplendissant » d'une vivante et éternelle lumière. La procession mystique reprend son chemin s'en retournant vers l'est, par là où elle est arrivée. Elle s'arrête d'abord devant l'Arbre de la vie spirituelle, dont les frondaisons vont s'élargissant dans le ciel.

Cet arbre symbolise la volonté de Dieu, qui est en nous l'origine de toute justice, mais cet arbre avait été rendu stérile par la désobéissance d'Adam. Il a fallu que le Christ (le Griffon) fixe sur l'arbre, branches contre branches, la croix (le timon du char de l'Église), pour que l'arbre aussitôt refleurisse, prenant la couleur de l'améthyste ou couleur de la charité. En effet Dieu nous a créés pour sa propre gloire, mais aussi pour notre glorification. Le Christ (le Griffon) remonte au Ciel tandis que, sur le terrain nu de la grâce, Béatrice demeure pour garder le char de l'Église. Grâce à Béatrice la Sainte, Dante aura découvert ce qu'est le péché contre Dieu ou manque de respect (c'est-à-dire les premières persécutions de l'Église) à l'égard de l'Arbre de la vie spirituelle, autrement dit à l'égard de la personne humaine créée en vue d'un but essentiellement surnaturel. Dante découvre aussi ce qu'est le péché contre la vérité ou le refus de reconnaître celui qui est la voie de toute béatitude (les hérésies). La donation de Constantin *(Monarchie)* a été un bouleversement de l'ordre providentiel ; grâce à ce don, l'esprit de cupidité est entré dans l'Église militante ; le Char se transforme alors en monstre et sur lui apparaît une courtisane (la Curie romaine), qui s'unit à un géant (Philippe le Bel). Mais la Providence divine veille et bientôt, l'ordre sera rétabli ; la cupidité qui a brisé le « vase sacré » de l'Église chrétienne sera punie en la personne du coupable. La monarchie universelle aura enfin un monarque digne d'elle, capable d'en faire valoir les droits imprescriptibles. Un messager de Dieu viendra (le « Dux »), grâce auquel l'esprit de charité triomphera dans l'Église, et la justice, dans la cité terrestre. La sagesse de Béatrice — qui est la sagesse des saints — est aussi un abandon plein de confiance aux mains de la Providence ; c'est elle qui réconforte Dante. En compagnie de Stace, il boit alors l'eau de l'Eunoé et, ressuscité en esprit, il se retrouve « pur et disposé à monter aux étoiles ».

Le Paradis. — La vie éternelle qui commence dans le temps, voilà le Paradis, vie surnaturelle de la grâce à laquelle Dante participe. En exaltant sa nature dans ce qu'elle a de meilleur, la grâce sanctifiante le rend digne de la béatitude éternelle ou vision de l'essence divine. Après avoir contemplé la lumière qui descend des hauteurs, Dante tourne son regard vers Béatrice, mais comme Béatrice a les yeux rivés sur Dieu, en admirant sa beauté, Dante se sent du même coup transfiguré. C'est l'expérience de saint Paul : « Ce n'est pas moi qui vis, mais le Christ vit en moi ! » La grâce fait de Dante un enfant adoptif de Dieu qui participe de la nature divine, Dieu devient objet de connaissance et d'amour. Mais il s'agit d'une connaissance et d'un amour dont on peut jouir, et qui engendrent la possession de Dieu — non point une possession éloignée, mais une union réelle avec Lui. Une nouvelle nature spirituelle s'instaure, qui se caractérise par la pratique des vertus théologales, de l'espérance, de la foi, les dons du Saint-Esprit ; mais cette nature ne s'épanouira pleinement que dans la vision de l'essence divine, lorsque Dante sera parvenu au terme de son pèlerinage, au-delà du temps... Le poète, brûlé par le désir de contempler Dieu comme lui-même se contemple, se voit transporté au-delà de la sphère du feu, dans la lumière éblouissante des cieux et les harmonies sonores des sphères. Maintenant la raison qui le guide est celle de Béatrice, raison toute pure, ne vivant que de la foi et qui tire d'elle espérance et charité. C'est en somme la sagesse chrétienne, qui permet d'accéder à la connaissance de Dieu dans sa vie intime. Le monde surnaturel de la grâce et de la charité, dont est fait *Le Paradis* de Dante, transpose en images d'espace, de lumière et d'harmonie, la vie intérieure de l'Arbre spirituel, planté par Dieu dans le *Paradis terrestre*. En remplaçant sa volonté personnelle par la volonté de Dieu, Dante acquiert l'indépendance absolue vis-à-vis de la création, le détachement vis-à-vis des choses, qui sont alors aimées pour elles-mêmes, comme Dieu les aime, et, par cela même, dignes d'être aimées. Le Paradis dantesque symbolise donc la cité de Dieu, l'Église triomphante. Des hauteurs du ciel, un flot surnaturel de lumière et d'amour descend sur tous les hommes, les plongeant dans l'éclat de cette radieuse bonté qui retourne en quelque sorte à Dieu ; absorbé par ces images de la foi, et grâce à la charité (qui, de Dante vivant encore sur terre, a déjà fait un citoyen du ciel), le poète peut s'adresser aux âmes élues et les connaître en un contact spirituel direct.

La structure du Paradis dantesque est fondée sur l'idée d'un perfectionnement progressif des énergies naturelles et surnaturelles : la force dans le ciel de la Lune, animé par les anges ; la justice en Mercure, animé par les archanges ; la tempérance dans le ciel de Vénus, régi par les principautés, et la prudence dans le Soleil, animé par les puissances. Quant aux vertus théologales, elles sont considérées dans leur pratique humaine et selon l'usage qu'en fait l'intelligence : la foi se trouve dans le ciel de Mars, animé par les vertus ; l'espérance dans celui de Jupiter, animé par les dominations et la charité en Saturne, animé par les trônes. Et c'est ainsi que les âmes, tout en se situant chacune dans une sphère différente, se retrouvent toutes au Paradis. Un esprit unique agit en chacune d'elles, malgré la diversité des dons qu'il octroie. En Dieu elles se retrouvent en harmonie avec elles-mêmes et avec les autres ; elles agissent les unes sur les autres, animées par le saint zèle du bien et la sainte haine du mal. Ainsi se réalise la communion des saints, qui prient pour que la volonté de Dieu s'accomplisse et que son royaume s'installe sur terre comme au ciel.

Dans le ciel de Mercure, Justinien exalte son œuvre de législateur et loue l'esprit de justice, qui avait présidé aux lois de l'Empire romain, organisé d'une façon providentielle en vue du bien de l'individu et de la personne humaine. Cette vertu de justice, qui est ignorée par les Guelfes et les Gibelins, est analogue à la justice distributive de Dieu. Dans ce même ciel, en effet, on a couronné l'humble Romée. Dans le ciel de Vénus, Dante reconnaît Charles Martel, qui blâme l'intempérance des princes de sa race, uniquement soucieux de dominer. Puis voici Cunizza de Romano, et Folquet de Marseille, qui apaisèrent l'ardeur de leur passion, en la tournant vers des buts surnaturels. Dans le ciel du Soleil — domaine des esprits sages — la prudence qui a présidé à la vie de saint Thomas d'Aquin et de saint Bonaventure s'affirme comme le triomphe de la Divine Providence qui régit le monde. Dans le ciel de Mars, parmi les martyrs de la foi. Dante retrouve Cacciaguida, ancêtre de sa famille. Cacciaguida évoque la Florence d'autrefois, cité organisée selon un ordre spirituel en vue du bien-être civique et du respect de la personne humaine. Cette Florence est en contraste criant avec celle que connaît aujourd'hui son petit-fils : aussi le vieillard condamne-t-il solennellement cette Florence moderne, qui réserve à Dante exil et pauvreté pour l'avenir. Si de cet avenir douloureux et injuste, le poète tire un motif d'orgueil, il y voit aussi l'occasion de s'abandonner avec confiance à la justice infaillible de Dieu. Notons que, si le thème de l'exil et de la pauvreté revient à plusieurs reprises dans le poème, et chaque fois selon un aspect nouveau, c'est seulement dans cet épisode qu'il acquiert la lumière et la réalité de la véritable foi. Pour l'amour de Dieu, Dante accepte par avance ce destin : il se glorifie même des persécutions qu'il devra subir, de la part des hommes injustes dans lesquels pourtant il aime une âme immortelle, capable de se repentir et d'accueillir la grâce. Puis Dante accède au ciel de Jupiter : il y rencontre les esprits pieux qui aiment la justice pour elle-même, par-dessus toutes choses. Comme un aigle dont le regard parvient là où l'œil humain ne peut rien déceler, la justice de Dieu s'identifie avec sa miséricorde et demande seulement à être vaincue par l'amour : n'est-ce pas elle qui a dicté, à des esprits païens comme Trajan, la foi et l'espoir du salut éternel ? Finalement, Dante parvient au ciel de Saturne ; ici demeurant les saints qui vécurent dans la charité et la contemplation. Ces hommes ont coopéré à l'œuvre divine en gouvernant et en aidant les âmes en prière, car Dieu en avait disposé ainsi, de toute éternité. Dante écoute la parole inspirée de saint Pierre Damien et de saint Benoît ; ceux-ci évoquent leur vie et leurs actions ; tandis que l'un blâme le clergé, l'autre s'en prend à ses disciples, trop attachés aux choses de la terre et oublieux des buts surnaturels vers lesquels doivent tendre les âmes. Dans la personnalité parfaite des saints, Dante reconnaît, grâce à une affinité de nature, les vertus que Dieu y a semées ; ainsi, il conquiert sa propre personnalité, dans la mesure où il s'en remet docilement à Dieu, qui le guide...

Acquérant en face des choses une indépendance de plus en plus grande, il peut regarder la terre à ses pieds, la terre qui gît au-delà du cercle des sept planètes, et sourire de son aspect si mesquin. Car il est maintenant arrivé au Ciel des étoiles fixes : le Christ et Marie, la médiatrice, y sont les astres majeurs ; des myriades d'étoiles les glorifient. Entré dans la sphère de la grâce, le poète atteint en quelque sorte à une connaissance inspirée, qui s'exprimera avec force lorsque saint Pierre l'interrogera sur la foi, saint Jacques sur l'espérance et saint Jean sur la charité ; en effet, ces trois vertus théologales ne peuvent devenir un objet de connaissance que lorsque l'âme est enfin sensible au souffle de Dieu. Dans les réponses avancées par Dante, c'est l'esprit même de Dieu qui se manifeste et l'âme de Dante s'en réjouit, frissonne, heureuse, comme avait frissonné, en pleine allégresse, l'âme du premier homme créé en état de grâce par la libre volonté divine. Le poète aperçoit alors, en un raccourci plein de puissance, toute l'histoire d'Adam, manifestation première de l'homme. L'histoire de la création entière, dans les vicissitudes d'une humanité changeante, se résume en Adam, son principe et son achèvement. La bonté divine non seulement nous a donné notre nature, mais l'a en outre organisée en vue d'un perfectionnement infini. La grâce se mêle divinement à l'atmosphère humaine que nous respirons, aux souvenirs de notre histoire et de celle de notre espèce ; elle nous entoure de tous côtés et nous pousse, nous encourage à vivre cette vérité et cette charité, unis à Dieu à travers le Christ, notre rédempteur ; telle est la communion des saints ; et c'est au nom de cette communion que saint Pierre du haut du Paradis, au milieu de l'étonnement général, adresse une violente invective contre ceux qui, sur terre, usurpent son trône : Boniface VIII et les autres pontifes, oublieux de leur haute mission. Mais en même temps qu'il menace, il promet le secours de la divine Providence.

Dante est alors conduit au Ciel cristallin, le ciel de la foi surnaturelle dont la lumière dirige le mouvement de la raison. Ici, utilisant des images qui dépassent toute analogie, le poète esquisse un tableau des mystérieux abîmes de la révélation divine tels que la raison peut les entrevoir : Dieu est saisi comme une lointaine vision, sous la forme d'un point lumineux ; flamme d'amour autour de laquelle gravitent les neuf chœurs des anges, source de lumière intellectuelle d'où s'écoule, avec le mouvement de la vie et du temps, un éternel mouvement de causalité créatrice, se reflétant dans les êtres et se brisant comme dans un prisme. Puis la vision s'évanouit ; un éclair aveuglant enveloppe le poète, sorte d'obscurité lumineuse qui le transporte au Ciel de la paix divine et de la contemplation pure : l'Empyrée. La charité divine y triomphe dans le flot bleu de l'éternité. C'est alors qu'une sorte de rivière lumineuse se déploie dans la grâce de rivages fleuris, d'où jaillissent des étincelles vivantes, voletant dans le calice des fleurs avant de se replonger dans l'admirable gouffre de lumière. Expression tangible de la bonté divine, cette rivière se transforme aux yeux de Dante ébloui en une rose éclatante dont chaque pétale est le siège d'un élu ; une multitude d'anges voltige, allant de la lumière éternelle au centre de la fleur, puis remontant vers la clarté. Parvenu au faîte de son expérience paradisiaque et au sommet de l'univers créé, Dante prend alors conscience de la vie surnaturelle de la grâce qui l'habite et le remplit d'amour. Désormais, Béatrice, la sainte qui l'a guidé à travers les cieux d'une perfection à l'autre, peut le quitter et remonter vers son siège de gloire. Dante se connaît comme un réceptacle de l'amour de Dieu pour Dieu, comme une image vivante de la divinité. La foi lui avait fait connaître Dieu, mais la foi connaît Dieu en tant qu'Inconnaissable ! Il ne lui reste plus qu'à plier les genoux et à prier. S'adressant à la Vierge médiatrice, saint Bernard — symbole de la sagesse mystique — demande que le poète puisse goûter la joie de la vision divine ; à sa prière s'associent tous les élus. La Vierge tournant alors son regard vers l'éternelle Clarté, Dante peut, dans le silence immense de tous les êtres et dans l'évanouissement de toute image, jouir enfin de la connaissance parfaite de la divinité. La Trinité enfin l'habite et le possède ! Dieu est tout entier présent dans son être ; intuition divine répandant une douceur infinie : un instant d'éternité... Et Dante se sent à nouveau plongé dans le courant universel de l'amour qui met en mouvement le soleil et les autres étoiles.

Allégorie fondamentale du poème. — La connaissance expérimentale de Dieu en tant qu'objet d'amour, tel est le but suprême de *La Divine Comédie*, pour lequel Dante s'est mis en chemin en sortant de la « forêt obscure et sauvage » pour entrer dans le monde de l'expérience. Cette expérience ne peut s'accomplir que si l'on admet un « lieu éternel » où les âmes vivent et réalisent leur existence. Car, dans le royaume de l'esprit, recevoir signifie agir, c'est-à-dire s'enrichir intérieurement de l'être d'autrui. C'est ce perfectionnement intérieur qui est la raison d'être du voyage de Dante ; tant et si bien qu'au terme de son voyage, la vie spirituelle du poète, qui s'est enrichie dans l'ordre surnaturel de la grâce, résume en elle-même toute la création, le ciel et la terre. C'est ainsi que *La Divine Comédie*, microcosme poétique, est à l'image du macrocosme. De même que Dieu a créé son univers en sept jours, en commençant son œuvre au printemps, lorsque le soleil se trouvait dans la constellation du Bélier — de même Dante crée son univers poétique en sept jours, en commençant son voyage au printemps, lorsque le soleil se trouve dans le Bélier, à la date symbolique de 1300 et au cours de la Semaine sainte de cette année-là. Du point de vue allégorique, le voyage de Dante est le voyage de chaque âme qui, à travers le monde de l'existence, tend vers la béatitude surnaturelle, son but ultime, par la grâce de Celui qui l'a pétrie et qui l'a laissée libre de choisir ses fins particulières dans les limites et dans le cadre du but général. De cette façon, le principe vital et dynamique autour duquel s'organise le poème tout entier est la vie de l'âme, « forme intentionnelle », élaborée par l'intellect divin et contemplée par les anges. Expérience vécue, *La Divine Comédie* est en somme une immense métaphore, riche d'une quantité extraordinaire et inépuisable de sens différents (« polisensos, hoc est plurium sensuum », ainsi que Dante le dit dans son Épître à Cangrande). Ses diverses significations se déroulent constamment sur plusieurs plans. C'est ainsi que la répartition des âmes dans les trois royaumes de l'au-delà, selon l'ordre d'une justice qui a pesé pour chacune d'elles ses mérites ou ses fautes particulières, est aussi l'expression historique ou littérale (« sensus litteralis sive historialis ») d'un réel état de choses : c'est l'état où se trouve, historiquement, l'être humain, la nature humaine, en rapport direct avec ses conditions d'existence et son activité dans le monde réel. De cela jaillit la double division du poème : suivant que l'on considère l'homme (« simpliciter acceptus ») du point de vue de sa nature d'animal social (*Enfer et Purgatoire*) dont la fin temporelle et naturelle est la contemplation (*Paradis terrestre*) ; ou du point de vue de l'essence profonde de son être (« non simpliciter acceptus, sed contractus »), dont le but surnaturel et éternel est la vision de Dieu (*Paradis*). Quant à la peinture des peines et des récompenses méritées par les âmes, elle s'explique en fonction de l'idée même de « personnalité », de cette personnalité dont le modèle surprême, le terme de l'analogie, est Dieu.

Individualité et personnalité. — La personne humaine, substance individuelle complète par elle-même, dotée d'une nature intellectuelle, maîtresse de ses propres actions, constitue la véritable « noblesse » de l'homme — v. *Le Banquet* (*). Mais il s'agit d'une noblesse que chacun doit conquérir pour lui-même, en la mettant en lumière au fur et à mesure que la vie de la raison et de la liberté dominera la vie sensuelle et passionnelle. S'il en était autrement, l'homme demeurerait un « individu » en qui la vie serait semblable à celle des animaux, des plantes et des minéraux. On peut conduire le développement de notre individualité charnelle. C'est ce que Dante nous montre en accomplissant sa descente aux Enfers : au fur et à mesure que nous nous enfonçons dans l'obscurité de la matière, nous assistons à la disparition de notre liberté innée. Sous l'influence d'une passion, l'harmonie bien équilibrée de la personne humaine, dans son unité indissoluble de corps et d'âme, se déforme, se fêle et finit par se briser (c'est l'exemple du Vieillard de Crète), pour devenir une pluralité multiforme de tendances contradictoires en lutte les unes contre les autres. Quant à la conquête progressive de notre personnalité, dont les dons et les possibilités sont cachés au sein de l'individualité charnelle, Dante nous en indique les moyens, au cours de son ascension de la montagne du *Purgatoire* : ici, c'est le domaine de la raison qui se réalise en nous affranchissant des suggestions de la sensibilité ; ainsi naît un ordre intime et nous nous orientons d'une façon durable vers le véritable bien. Mais le développement complet de la personnalité ne peut être réalisé qu'en contemplant les cieux de la foi, les cieux de la grâce divine, les âmes de ceux qui aimèrent en Dieu le modèle éternel et la source de toute personnalité. En renonçant au moi limité pour réaliser le Moi divin, les élus sont devenus enfants de Dieu.

Tel est le chemin parcouru par Dante : de l'individu à la personnalité morale et de celle-ci à la personnalité véritable, épanouissement, en Dieu, d'une idée créatrice de Dieu. Lorsque l'homme agit dans une direction opposée à cet ordre, il va à l'encontre de la volonté divine : il renie en lui-même le but pour lequel Dieu l'avait créé et se refuse à la béatitude éternelle, à laquelle il était destiné. Par conséquent l'Enfer, où les âmes sont mortes à la vie de la grâce, est un abîme creusé dans la direction opposée à son but naturel : sorte de gouffre s'enfonçant dans le sombre domaine de l'individualité jusqu'à ce que l'on ait atteint le roc solide de l'instinct. Au Purgatoire et au Paradis, où les âmes vivent de la grâce actuelle et sanctifiante, c'est au contraire une ascension d'une liberté à une autre, d'une lumière à une autre, en ligne droite.

Le Dieu de la vie. — La conscience morale et religieuse de Dante plonge ses racines dans la sensation intime d'un Dieu vivant en nous-mêmes et qui nous parle. C'est pourquoi Dante peut se présenter comme un nouvel Énée. Investi d'une mission providentielle, il espère racheter les fautes, les erreurs, non pour sa propre gloire, mais pour la glorification de Dieu. L'expérience qu'il entreprend s'établit essentiellement sur une connaissance poétique de l'âme humaine, considérée dans ses divers moments sur le chemin de la perfection. Ainsi que le poète nous le dit lui-même, dans son épître à Cangrande, c'est bien à une connaissance expérimentale de « la nature humaine » qu'il parvient, grâce à une communion et à une affinité de substance qui lui fait considérer, en termes fantastiques, le dynamisme intérieur de tout esprit dans sa réalisation concrète ; l'être humain est apprécié selon l'usage qu'il fait de sa liberté dans la poursuite de fins particulières, en rapport avec le Bien suprême. Ainsi le poète parvient-il à exprimer le mystère de chaque âme, sans jamais trahir sa secrète originalité et tout en décelant ce qui, analogiquement, la rapproche et l'identifie au monde des valeurs transcendantes. Nous atteignons de la sorte au plan métaphysique de la nature créée, où chaque âme se révèle, avant tout, comme une participation analogique de l'amour que Dieu nourrit à l'égard de lui-même, en vertu de sa perfection. Et en admirant la beauté qui resplendit dans l'univers, l'âme se dirige inconsciemment vers Celui qui possède toutes les perfections créées, grâce à une réelle identité de son être avec Celui qui est cette vie et en comparaison de laquelle toutes les choses semblent inanimées.

Pour Dante, le sens du divin est cette participation active de l'Être créateur à toutes les manifestations des êtres, depuis les forces obscures de la nature jusqu'au mouvement des astres et même au sein de la lumière radieuse des étoiles. Ce sentiment, qui conduit à une contemplation poétique des choses dans leur vie la plus intime, n'est pas sans entraîner avec lui une sorte d'angoisse morale et religieuse : dès lors comment le paysage que Dante le pèlerin contemple au cours de son voyage, ne serait-il pas riche en ombres et en lumières ? Dans la nature, tout dépend de Dieu ; même les puissances aveugles de la matière, les monstres de l'Enfer, les esprits du mal, sont les ministres inconscients de la divine volonté. L'homme aussi dépend de Dieu, mais, créature d'amour, il est un centre de liberté, campé en face de Dieu et de l'univers tout entier ; dans son for intérieur Dieu seul peut lire ! La racine de cet amour, graine de bonheur déposée en nous par le divin semeur — v. *Le Banquet* —, est si profondément enfouie dans la matière de notre individualité charnelle, que nous ne pouvons la trouver qu'en allant au-delà de notre nuit (Enfer), au-delà de notre planète, vers les antipodes où luit le jour et où brille le soleil (Purgatoire). À ce moment-là seulement le moi spirituel, le moi divin qui règne en nous, sera capable, dans sa double pratique de la science et de l'art, d'engendrer un perfectionnement continuel de notre personnalité.

Les différents sens du poème. — Le long chemin suivi par Dante, et qui s'enfonce dans les ténèbres pour parvenir à la lumière de l'hémisphère opposé, est jalonné d'épisodes empruntés à la vie de personnages historiquement connus ou célèbres. En demeurant dans le domaine des choses sensibles et à travers elles, Dante met à nu ce principe de vie et de passion que chacun de nous recèle au fond de lui, et qui constitue la vérité propre à chacun. Cette vérité, choisie en exemple, se présente comme une vérité morale (« sensus moralis »), si on l'envisage par rapport aux fins naturelles ou temporelles pour lesquelles l'homme a été créé. Mais elle devient une vérité spirituelle (« sensus anagogicus ») si on l'envisage par rapport aux fins ultimes, surnaturelles et éternelles de l'homme. Adoptant les points de vue théoriques du thomisme, Dante fonde son expérience poétique sur le développement « historique » des âmes après leur mort corporelle, jugées selon l'ordre de leurs actions, de leur vie et de leur existence. Cette expérience s'accomplit sur trois plans parallèles et analogiques : le plan de la pure nature, privée de la grâce, ou la nature humaine dans les limbes de l'Enfer ; le plan de la nature humaine touchée par la grâce et en route vers l'éternité ; enfin le plan de la nature humaine anoblie et magnifiée par la grâce sanctifiante. Entre ces trois plans (*Enfer, Purgatoire* et *Paradis*) s'établissent des symétries, des correspondances et des analogies à la faveur desquelles les trois parties du poème s'éclairent les unes les autres et s'organisent en une unité parfaite.

Le sujet allégorique du poème. — Poésie de la présence divine, tel est ce que Dante saisit dans chaque être humain, et de cette présence jamais en défaut le poète tire la vigoureuse unité d'inspiration qui caractérise *La Divine Comédie* sans toutefois sacrifier l'innombrable variété des valeurs individuelles. Poésie de la nature : élans lyriques de l'âme, affections éternelles, dont la pureté et la droiture sont un appel vers ce Dieu qui les inspire. Mais pour que ces sentiments deviennent une habitude et s'élèvent à la hauteur de vertus morales, il faut qu'ils soient fécondés par la charité, laquelle ne peut naître que de la grâce. Sans quoi, ces sentiments demeureront — et c'est là l'*Enfer* — de simples aspirations lyriques en conflit avec notre activité concrète ; dès lors, notre vie spirituelle coule sans harmonie et n'est plus qu'une éternelle source de douleur ! Telle est la vie de Francesca, qui recherchant la paix dans l'amour, croit l'atteindre au moment même où elle se plonge dans le gouffre des passions. Telle est la vie de Farinata qui, croyant travailler au bien de sa patrie, engage une action violente et dure qui suscite des haines implacables et appelle des vengeances. C'est aussi la vie de Pier della Vigna : certes, il est assoiffé de justice mais s'il la désire, c'est pour parer de gloire son propre nom. Il y a également Ulysse qui, aspirant à tout connaître, s'arrache à toutes ses affections pour poursuivre une vérité purement intellectuelle qui l'entraînera à sa perte ; c'est enfin le cas d'Ugolino s'aimant avec désespoir dans ses propres enfants, au moment même où cet amour se transforme en une haine éternelle. Toutes ces âmes dans leur quête naturelle du bonheur n'ont fait que se plonger un peu plus au sein des choses, dont elles sont devenues les esclaves. Si, pour s'exprimer, ces âmes inquiètes et déchirées ne trouvent que des accents d'éloquence, tantôt hâtive et fébrile, tantôt solennelle et hautaine, tranchante — selon le sentiment qui les domine — rien ne peut cependant obnubiler totalement en elles ce désir de lumière et de paix que Dieu a placé en chacun de nous et qui jaillit de notre moi le plus profond.

En subordonnant ses fins particulières et contingentes aux fins surnaturelles, l'homme retrouve l'unité de son existence : harmonie et musique intérieure... Dès ce moment, l'homme est capable de commencer son ascension, son intégration, en tant que personne, dans l'univers moral ; telle est l'expérience chrétienne du *Purgatoire*. Celle-ci s'accomplit sous le signe du *Pater Noster* et revêt la forme de la prière : simplicité des gestes et humilité des regards tournés vers les cieux. Ici jaillit la poésie éternelle de l'âme qui réalise l'amour sous la forme de la générosité de la bonté universelle. Cette bonté est l'essence de notre moi divin : humblement, nous demandons à Dieu une existence heureuse, parce qu'il est conscient de notre pauvreté commune, de nos faiblesses et de notre lumière aveugle... C'est une bonté appelant la bonté, s'offrant spontanément aux autres et qui nous arrache de notre individualité charnelle, rivée aux choses, aux événements et aux circonstances éphémères. Elle nous entraîne vers l'action concrète, parce que l'amour est devenu la loi commune. Dans le cadre de la charité fraternelle, toutes les âmes du *Purgatoire* échappent à l'écoulement des choses fugitives. Elles aiment en l'homme ce qui plaît à Dieu et ce que l'homme doit être pour plaire à Dieu ; autrement dit, elles aiment l'homme en lui-même, dans l'intégrité de sa nature, déjà capable d'accueillir la grâce. Le langage de ces âmes est celui de la charité fraternelle, ou sentiment de la collectivité spirituelle dont chacun se sent un élément complémentaire. Au sein de cette société, chaque âme devient créatrice de sa propre vie intérieure et de sa destinée, et pétrit des œuvres de beauté, où s'exprime la splendeur de l'amour qui la guide : voici l'éloquence chaude et fervente de Manfredi et de Bonconte, l'éloquence tendre et pieuse de Pia ; voici les paroles inquiètes et dédaigneuses de Ranieri da Calboli et de Guido del Duca ; le langage persuasif et ému de Marco Lombardo, ou encore celui de Nino Visconti, suave et nostalgique, et la tendresse joyeuse de Stace... Éloquence sereine et confiante chez Forese ; empreinte d'admiration et de vénération chez Guinizelli... À ce point de leur pèlerinage, les âmes connaissent une vie située aux frontières de deux horizons : l'horizon de la matière qui les limite et l'horizon de la lumière qui les inonde. La poésie devient douceur méditative, et cette douceur est celle dont notre âme est envahie à l'heure du souvenir. Nous sommes alors semblables à ces pèlerins qui, à la tombée de la nuit, lorsque les cloches sonnent vêpres, recommencent à vivre avec les chers absents ; nous aspirons à revenir parmi eux, avant de nous plonger dans le sommeil, sous le ciel où veillent les étoiles.

Mais, à travers cette tentative pour vivre hors du temps, s'affirme le désir de l'âme de se connaître hors des limites charnelles, dans un éternel présent. Cette connaissance ne peut se réaliser que dans le monde de la grâce, laquelle exalte la nature humaine, en la fondant avec celle de Dieu ; et cela n'est possible qu'en renonçant à notre individualité pour la remettre tout entière dans les mains de Dieu qui seul peut la rétablir dans son intégrité : telle est l'expérience du *Paradis* de Dante. C'est l'expérience des saints qui participent, chacun selon sa vocation particulière et sa mission personnelle, au patrimoine humain de la spiritualité commune et active, et de la liberté morale. Solidement établie en Dieu, objet de son amour, l'âme travaille à son perfectionnement, agissant non plus pour elle-même mais pour Dieu. Dans l'action libre et hors de toute contingence matérielle, nous accédons à la connaissance expérimentale de notre moi divin. Ainsi commence, dans le temps, la vie éternelle ! Plongé dans le flux éternel de l'Amour incréé, celui-ci se livre à nous dans la mesure où nous nous donnons à lui, et ainsi il nous élève, selon son bon plaisir, vers les cieux de sa grâce et de sa lumière, dans l'intimité même de sa vie. Le *Paradis* devient cette vie des âmes en Dieu. Le but de toute activité, sur terre comme au ciel, est donc l'instauration du royaume de Dieu. Ciel et terre sont donc étroitement unis dans la vie des âmes et forment une unité indissoluble, puisque chacune de ces existences, considérée dans ses rapports réciproques ou dans sa stricte individualité, est habitée par « la soif perpétuelle du royaume divin ». Au *Paradis*, toutes les âmes sont les citoyennes d'un « empire juste et pieux » : elles participent de là-haut à la vie de l'Église militante, et les bienfaits de leur contemplation se déversent ici-bas sous forme de protection et de bénédiction pour la communauté humaine. De cette façon, les âmes, tout en vivant hors du temps, interviennent quand même sur le plan de la charité et de la vie temporelle. Leur langage est prière, prière à Dieu pour qu'il concède à toutes les personnes vivant sur la terre la grâce de participer à cette vie divine. Mais ce langage, à travers la multitude des voix qui le composent, témoigne de la source unique qui l'inspire. Dans sa foisonnante richesse, il a recours à tous les styles : lyrique, épique, dramatique, oratoire, prophétique, allégorique et mystique. C'est alors la douceur suave et la force d'âme de Piccarda, le zèle divin et la bonté généreuse de Justinien, la passion amoureuse effrénée et la tempérance qui la sanctifie, chez Folquet de Marseille — la sagesse suprême et la simplicité pure chez saint Thomas, la contemplation et l'action chez saint Bonaventure. Harmonie d'éléments opposés, c'est ce que réalise, dans le domaine de la foi, le langage ferme et sûr de Cacciaguida : foi dans la justice de Dieu, impénétrable mais certaine. C'est enfin la voix de notre âme qui s'épanche en tous temps et en tous lieux, partout où notre pauvre humanité qui souffre et prie, devient la fidèle servante de la vie. Notre prière s'élève à un sentiment de l'universel qui l'anoblit et lui enlève toute trace d'égoïsme ; ainsi s'accomplit le destin naturel et surnaturel des hommes, selon la pensée du Créateur.

L'expérience poétique de Dante. — De la forêt sauvage jusqu'au sommet de l'être spirituel, Dante s'enrichit de l'expérience d'autrui, de tous ces personnages « exemplaires » qu'il rencontre le long de son chemin. Mais ces personnes qui, du point de vue historique se firent connaître par leurs paroles, par leurs actions ou par leurs œuvres, revêtent, ici, une signification symbolique en ce sens qu'elles incarnent, chacune, un des aspects ou une des limites de la nature profonde du poète. Artiste doué de la plus haute puissance créatrice, Dante individualise ses personnages pour en faire des expressions autonomes de la vie intérieure et de la beauté. Devant eux, Dante s'émeut, parle, s'écoute, discute, s'attendrit, s'apitoie, hurle et se met en colère ; il s'apaise et raisonne, se tourmente et s'exalte... En effet, dans cette aventure, Dante s'est engagé tout entier : le poète, l'artiste, le croyant et le sage y participent. Artiste et poète, il dispose et organise, sur les trois plans de l'analogie (l'individualité dans *L'Enfer*, la personne morale dans *Le Purgatoire* et la personnalité dans *Le Paradis*), la plus grande variété d'êtres qui soit ; il les pétrit avec une puissance lyrique incomparable et, sans jamais perdre de vue son dessein, leur confère à chacun une valeur à ce point distincte qu'une voix demeure toujours identique à elle-même, par-delà la diversité et la variété de ses attitudes et des situations qu'elle connaît. Dans *La Divine Comédie*, le seul personnage vraiment vivant est Dante lui-même, parce qu'il agit en harmonie avec les lois universelles, résumant en lui, sur le plan concret de l'histoire collective, sa propre expérience individuelle et l'expérience la plus lointaine des siècles passés. La vie de Dante, en tant que poète dont l'idéal de justice et de paix eut à connaître des conflits politiques de son époque, acquiert la valeur d'un mythe et à ce titre revêt une signification universelle, symbole de la vie intime de chaque homme. L'histoire contemporaine de Florence et de l'Italie, la vie chrétienne et catholique de l'époque sont mises à contribution et entrent dans *La Divine Comédie* comme des données réelles. Elles sont à l'origine, bien que d'une manière occasionnelle, de l'expérience que Dante poursuit et exprime avec un sens de la beauté, qui charme à la fois le cœur, l'intuition, l'intellect et l'imagination, de telle sorte que chacun, selon sa propre expérience, peut, au contact de son œuvre, s'y retrouver tout entier.

Mais à côté du poète, du créateur, de l'artiste, maître des lignes, des couleurs et des sons, il y a le croyant et le sage : l'homme qui aime dans chaque être la vie profonde qu'il irradie, la bonté de la nature qui s'y exprime. De cet amour (qui reconnaît en chaque homme le représentant de l'humanité tout entière), découle l'esprit de justice ou raison organisatrice reliant chaque vie individuelle au principe dont elle est issue. C'est ce qui donne à chaque page du poème ce ton méditatif et lucide ; les instants de recueillement et d'abandon y alternent avec les accents d'une éloquence émue. La « vision » dantesque a été symboliquement datée par le poète de l'année 1300 — date qui coïncide avec le triomphe du parti des Blancs à Florence ; l'année même où Dante fut prieur ; c'est là, nous dit-il, la cause et l'origine de ses mésaventures. C'est l'année où toute la chrétienté affluait à Rome pour le saint jubilé et où le pape Boniface VIII triomphait dans sa double splendeur temporelle et spirituelle. Cette année-là, au printemps, Dante semble se réveiller d'un long sommeil spirituel. La voix de sa conscience — voix du Dieu vivant — retentit et le poète se met en marche. Gravissant la sphère temporelle de *L'Enfer* et du *Purgatoire*, il connaît la prophétie du « Lévrier », qui annonce l'arrivée d'un suprême organisateur qui mettra un terme aux discordes de Florence, « la ville entredéchirée », et de l'Italie, « non plus maîtresse des peuples, mais lieu de prostitution ». Dans la sphère spirituelle du *Paradis*, il recueille la prophétie du « Dux », et cela entraîne chez lui une joyeuse confiance envers la divine Providence.

L'expérience de Dante, tout alourdie des démentis, des déceptions, des apports de la réalité, devient une sorte de science des actions et des choses humaines. *L'Enfer* est le royaume de la subjectivité pure, impuissante à sortir d'elle-même : subjectivité de la vie sentimentale, volontaire et intellectuelle, de notre moi matériel, devenu le centre d'un monde inhumain, écrasant et sombre. Expérience douloureuse et dramatique, c'est, au fond, l'image de la vie que Dante connut à Florence, au milieu de gens avares, envieux, hautains, en grande partie des parvenus et des nouveaux riches, déchirés par des haines inépuisables et de violentes passions. S'adressant aux âmes de la génération qui précéda la sienne il les interroge sur le sort de Florence : mais de leurs bouches ne peuvent sortir que d'angoissants anathèmes et d'amères prédictions ; parfois recourant à un mépris furieux, il se sent pris de pitié et de honte, honte de rencontrer ses concitoyens au milieu des voleurs ; alors s'exhale une tristesse infinie et muette. L'amour et la nostalgie de la « douce Italie », de cette terre heureuse où l'on aime et où l'on travaille, lui inspirent ses accents les plus beaux.

La vie sociale. — Mais, traversant le *Purgatoire*, Dante sent renaître en lui toutes les forces vives d'un rêve de justice et de paix. Voici venu le temps d'une poésie de la vie sociale et active, éprouvée en un esprit de fraternelle charité : car à l'appel du poète, toutes les âmes sont prêtes à répondre. Et ce sont des rencontres inattendues et heureuses, la naissance de tendresses sincères, toutes les formes d'une indulgence compréhensive, qui sait plaindre en même temps que sourire ! Les souvenirs lointains d'une vie commune affluent : tout redevient possible et le désir s'apaise, dans une joyeuse communion. Son âme enfin se retrouve : pauvre âme d'exilé, chassé de Florence, vagabond sans repos, allant d'une ville à l'autre, parcourant l'Italie, « auberge de la douleur ». Car comment oublier aujourd'hui que, sur cette terre même d'Italie, jadis un idéal de vie commune, de courage, de courtoisie, de lutte et d'amour, de peines et de richesses, fut réalisé ; c'était l'époque où l'Église et l'empire n'étaient pas encore entrés en lutte. Comment ne pas rêver et souhaiter que cet idéal d'un passé disparu soit à nouveau réalisé dans l'avenir ? Le but que nous devons poursuivre, tant dans la sphère de notre vie pratique que dans la réalisation de nos œuvres, n'est-il pas de faire luire dans la matière la clarté d'un « principe formel » inséparable de la matière : la beauté de l'être spirituel !

Contemplation et action. — Au sommet de la « vie sociale et active », Dante, ayant désormais conquis la liberté, jouit enfin de cette paix tant recherchée ; dans son voyage vers l'éternité, il peut compter sur Béatrice, la « femme du salut » — v. *Vita nuova.* Accédant au temple de la foi, Dante retrouve le « premier amour » de sa plus lointaine jeunesse. Et cet amour d'autrefois, si pur, si chaste, est pour lui dorénavant le véritable, l'unique amour, seul capable de lui assurer salut et rédemption.

Ressuscité par l'eau et par l'esprit, Dante participe du corps mystique de l'Église de Rome, qu'il considère comme une vivante personnalité dont le Christ est la tête, et dont le Saint-Esprit relie tous les membres : elle est la grande contemplatrice, qui n'est pas de ce monde, mais qui agit pour le bien du monde, la mère des saints, l'image de la Cité céleste, dont le Paradis dantesque n'est de son côté, qu'une image poétique — v. *La Monarchie universelle.* Avec son entrée au *Paradis*, Dante s'initie à l'univers des Causes divines, là où Dieu, en dehors du cosmos, mais plongé dans l'éternité créatrice et organisatrice, régit et gouverne le monde des esprits et le monde de la nature. Dans cet univers, le ciel et la terre se répondent et s'interpénètrent. La vie des anges, des saints et des hommes, ainsi que la vie des choses, sont plongées dans le flot éternel de l'existence increée de Dieu, et rattachées à leur source, « l'amour, qui met en mouvement le soleil et les autres étoiles ». C'est cette unité du drame (drame de l'existence, qui soude les siècles dans l'éternité, en réalisant l'unité de l'action et de la destinée totale de l'homme en même temps que celle de l'univers), qui est à la base de l'unité architecturale du *Paradis* et par conséquent de tout le poème. De la conscience de cette unité découle directement la poésie humaine et divine qui imprègne toute *La Divine Comédie.* Et cette ascension du poète vers le Paradis de sa foi est un chemin de perfection qui le détache de la terre, « cette petite plate-bande qui nous rend si féroces », — en vue d'aimer en Dieu tous les hommes et d'aimer en eux l'action sainte et libératrice de la charité. Suprême poésie de l'âme en état de grâce ! Vie de Dieu enfin puisée à sa source ! Tel est le plus haut sommet où parvient l'expérience de Dante.

Le but du poème. — Témoin de son temps et prophète de l'avenir ! Dante vit dans son époque déchirée et orageuse, et souffre du désordre spirituel qui s'est insinué dans la vie de l'Église, avec la soif des conquêtes matérielles ; mais il demeure aussi en dehors du temps, parce qu'il a conscience d'appartenir au royaume de Dieu. Il est plongé dans les espaces infinis de la prière, qui le transforme en une flamme d'amour ardent. Le lyrisme qui s'exprime dans *Le Paradis* ne ressemble en rien aux effusions démesurées des mystiques ; c'est un lyrisme essentiellement humain qui réalise progressivement en lui la présence divine, sans rien sacrifier de toutes les richesses de l'expérience humaine : c'est une sorte de chœur immense, résumant en lui tous les styles et toutes les correspondances. Son flot coule harmonieusement des deux sources qui jaillissent des deux sommets du Parnasse. En lui, on peut saisir les liens mystérieux qui unissent la matière et l'esprit, le visible et l'invisible, la nature et la vie terrestre. L'enthousiasme sacré qui s'empare de lui à l'approche de la divinité n'exclut pas un contrôle ferme et vigoureux de l'expression et se traduit par une précision et une transparence de style éblouissantes. Mais dans le moment où Dante exprime son enthousiasme dans la forme la plus achevée qui soit, il ressent que la plus belle partie de cette réalité demeure encore au-delà de la parole concrète, et dépasse à jamais l'expression qu'il lui donne. L'expérience sensible, à partir de laquelle s'organise tout le poème, est cet amour que nous éprouvons pour nous-mêmes et qui ne peut trouver son apaisement qu'en Dieu, Vie, Voie, Vérité et Lumière. Mais Dante éprouve non moins fortement que cette expérience doit s'accomplir dans le temps, historiquement, c'est-à-dire au sein de la société à laquelle il participe, à travers les oppositions, les conflits, les erreurs et les déceptions. Les conditions de l'Église et de l'empire, leurs rapports réciproques, les égoïsmes effrénés qui empêchent l'homme de son temps de se dominer, tout cela ne constitue que les prémices du poème de Dante, les thèmes historiques et contingents de son inspiration. Sur cette matière première, Dante a projeté son univers moral, qui se colore de ses sentiments, de ses espoirs et de sa foi dans les décrets de la Providence.

Les symboles concrets. — L'affaiblissement des doctrines métaphysiques chrétiennes ainsi que le triomphe d'un esthétisme facile dans le domaine de la poésie – tels furent les éléments qui poussèrent les critiques vers une interprétation unilatérale ou par trop équivoque de *La Divine Comédie.* C'est ainsi que fut négligée cette vérité morale qui, à travers une analogie de rapports, relie la vie de l'homme à la vie de Dieu, et – dans l'histoire humaine – le passé à l'avenir en se plaçant dans un éternel présent. Dieu est en effet sans cesse présent dans *La Divine Comédie.* C'est lui qui rend possible le voyage de Dante à travers le monde de l'expérience ou le monde de la nature, depuis la forêt sauvage jusqu'à celle du Paradis terrestre, terme ultime de la contemplation naturelle. Mais de ce point jusqu'à l'Empyrée, dans la vie contemplative et active de l'Église, Dieu est aussi présent, mais cette fois, sous la forme d'un don, le don de charité. Dante est animé par une foi d'apôtre et par un enthousiasme sacré pour l'éternel. Son expérience, tant poétique que morale, tend à instituer un ordre spirituel, métaphysique, qui s'exprime dans l'architecture même de son œuvre poétique. C'est un ordre analogue à celui qui régit tout l'univers créé, « principe formel » vers lequel tendent naturellement tous les êtres. C'est à cet ordre qu'appartient tout ce qui régit la personne humaine ; l'activité morale et libre et, d'une façon plus générale, l'activité volontaire, telle qu'un esprit est capable de la posséder. Mais à l'intérieur de cet ordre se trouve aussi un élément métaphysique (« Je parle d'Aristote, de Platon et de beaucoup d'autres ») ; sur ce plan vécurent les grands poètes de l'antiquité classique, ceux-là mêmes que Dante rencontre dans les limbes de l'*Enfer.* Ces grands hommes, en s'inspirant de la beauté de la nature, modelèrent des œuvres de beauté et furent des chrétiens, sinon dans la totale possession de la foi, du moins dans leur espoir. Dante suit en Virgile, leur « école » ; autrement dit, il se conforme, au point de vue artistique, à cette raison poétique d'ordre naturel, qui l'avait inspiré à l'aube de sa vie, lorsqu'il aimait dans la beauté de Béatrice un bien analogue au Bien suprême. Virgile symbolise par conséquent la conscience morale de Dante. Mais l'école de Virgile est « une voie qui s'éloigne de la voie divine autant que la terre est distante du ciel le plus haut, qui se meut le plus rapidement ». Car, au-dessus de la sagesse naturelle, dans le monde surnaturel de la grâce se trouve l'autre sagesse, qui est celle des saints : l'« école » de Béatrice. « Ici, la connaissance et l'amour, la spéculation et l'action s'interpénètrent toujours plus intimement », parce qu'ils sont reliés à la source de la sainteté ; c'est l'harmonie, la fusion réelle des vertus dans la sagesse et l'amour de Dieu. Si Dante doit aux enseignements de Virgile, qui sont ceux de la raison naturelle, son « beau style », il doit par contre à l'enseignement de Béatrice (qui est celui d'une âme élue) son style sacré, réalisation de la beauté dans laquelle brille la lumière de la grâce. En partant des mystères de la foi et dans l'éclat de la révélation divine, Béatrice pousse l'âme de Dante à croire à ces mystères et à les pénétrer en profondeur par une adhésion toujours plus intime et vitale. Dante non seulement acquiert ainsi une pleine compréhension de tout ce qui est et par conséquent de lui-même, mais aussi une connaissance expérimentale de Dieu, amour non créé, mais créateur. Grâce aux vertus théologales de la foi, de l'espérance et de la charité, Dante peut pénétrer dans la vie intime de Dieu. En mourant à lui-même, il participe à la nature même de cet amour céleste.

Philosophie du poème. — Par conséquent, *La Divine Comédie*, ainsi que Dante l'affirme dans son épître à Cangrande, a un but pratique et moral, qui concerne les actions et la liberté humaines : aussi, la philosophie n'apparaît-elle jamais que comme un adjuvant de l'action concrète. C'est pourquoi, même dans les passages les plus abstraits du poème, la matière proprement poétique domine, et l'être spirituel parvient à sa propre réalisation dans la joie d'une conscience entièrement possédée par la beauté de son chant. L'œuvre s'établit à partir d'un effort concret de liberté, dans la conquête plénière et directe de l'amour et de la vérité, en un acte de beauté.

Le poème de Béatrice. — C'est ainsi qu'au

terme de ce long périple à travers la connaissance universelle qu'est *La Divine Comédie*, Dante rejoint les certitudes premières et fondamentales de sa *Vita nuova*. En glorifiant Béatrice, la sainte, Dante accomplit avec gratitude un vœu de sa jeunesse, déjà lointaine : exalter la femme dans sa beauté spirituelle. Considéré sous cet aspect, le pèlerinage spirituel de Dante est, dans sa réalité historique, une expérience intime, effectivement vécue par le poète. Néanmoins, grâce à la forme poétique qu'il a su donner à ce pèlerinage, cette expérience peut être considérée comme celle de tout homme, qui découvre dans les formes de beauté individuelle cet élément qui le pousse pour la première fois à rechercher la vérité et le véritable bien, — cette vérité et ce bien dont Dante avait parlé avec ardeur et passion dans sa chanson de jeunesse « Ô femmes qui avez l'intelligence de l'amour... » [Donne ch'avete intelletto d'amore...]. L'idéal de perfection que tout homme, au cours de sa « vie nouvelle », entrevoit dans l'être de pureté et de beauté qui l'incarne d'une façon lumineuse, n'est autre que cet idéal qui plus tard le poussera à reconnaître l'existence de la Cause première, de l'Intelligence suprême, de l'Être unique. Et c'est en accomplissant un retour vers ces premiers moments où il conçut, à l'aube de sa vie, l'existence d'un être parfait, que l'homme découvre quelle richesse virtuelle contenait cette intuition première plongeant dans la sphère de la nature. Pour avoir entrevu cette richesse, il sera capable, grâce à la lumière de la révélation, de saisir ce qui existe de semblable, par analogie, dans la sphère surnaturelle de la grâce. Toute la poésie dantesque tient précisément dans ce pouvoir de passer d'une sphère à l'autre du réel, tout en demeurant étrangère aux idéalismes de notre culture contemporaine, parce que son centre de gravité et sa force résident dans la conscience que le poète a d'être un homme créé à l'image de Dieu. *La Divine Comédie* est le poème de la vie intime de l'être tendant vers l'Être ; c'est aussi le poème de l'univers dans lequel tout ce qui existe tend, par le seul fait d'exister, tout naturellement vers Dieu, partout présent comme cause finale. Et de même que Dieu s'exprime dans les harmonies de la création et donne une image parfaite de lui-même, de même Dante se raconte dans son microcosme poétique, en offrant une image spirituelle où chacun peut se saisir et se contempler selon la capacité de son esprit et de son expérience, tant dans le domaine de la vie que de l'art.

Unité poétique. — Dante est entièrement présent dans son poème : il est le pèlerin d'un univers fantastique, qui, autant par ses perspectives idéales que par ses limites précises de temps et d'espace, nous apparaît comme doué d'une parfaite et totale réalité, car il a réellement visité et connu ce monde. Toutefois ce monde s'ouvre mystérieusement sur le centre de la conscience morale. Dans la trame vivante et mobile des paysages et des scènes que son imagination crée avec une liberté extrême, Dante s'exprime dans toute la spontanéité de ses impressions, sans jamais perdre de vue qu'il est intimement et directement lié à ce but ultime qui est Dieu. Expérience réelle et concrète, acquise au contact des autres âmes, mais aussi expérience poétique, indivisible, une et pourtant variée, parce qu'elle résume la vie de chaque homme en tous temps, dans de semblables conditions d'existence et d'action : celles même du réel. Grâce aux puissances de son art, il élève cette expérience à la hauteur d'un mythe et lui donne une valeur exemplaire. Capable désormais de saisir le divin dans l'humain, Dante identifie l'acte poétique à un acte de contemplation et d'amour, qui trouve son aboutissement dans des symboles concrets, dotés d'une signification universelle. Épousant le rythme secret de sa marche en avant, des abîmes de notre individualité matérielle aux lumineux sommets de la vie divine, la poésie et les images dans lesquelles elle triomphe font de *La Divine Comédie* un chef-d'œuvre universel : jaillie du centre même de la vie, dont elle est une des expressions les plus achevées, la poésie dantesque se révèle capable de traduire toutes les formes de beauté liées à notre nature dans ce qu'elle a de plus spirituel. Ce chef-d'œuvre d'art et de vie ne peut être comparé qu'au *Don Quichotte* (*) de Cervantès. L'une et l'autre de ces œuvres, en effet, tirent leur force et plongent leurs racines dans la métaphysique chrétienne de l'être. L'une et l'autre reflètent, par les seules vertus de leur beauté, la vie de l'humanité dans son passé, dans son présent et, dans son avenir, en dehors de toute limite de temps et d'espace. — Trad. Gallimard, 1965 ; Cerf, 1987 ; Flammarion, 1985-1990.

DIVINE PROPORTION (De la) [*De divina proportione*]. Traité du mathématicien toscan fra' Luca Pacioli (1445 environ, après 1514), achevé en 1496 et imprimé à Venise en 1509, avec une dédicace à Ludovic le More. Le titre complet du traité est : *Proportion divine. Ouvrage nécessaire à tous les esprits perspicaces et curieux, que tous ceux qui étudient la philosophie, la perspective, la peinture, la sculpture, l'architecture, la musique et autres mathématiques estimeront attachant, subtil et admirable, et dont ils se délecteront : avec différentes observations sur les sciences secrètes, etc.* La divine proportion dont l'œuvre tire son titre n'est autre que le « nombre d'or » euclidien, bien connu des artistes de la Renaissance, à partir de Brunelleschi. Le traité, écrit en langue romane mêlée de latin, comme d'autres œuvres du genre, et divisé en de nombreux petits chapitres, commence par un éloge des disciplines mathématiques, fondement de toutes les autres sciences. Vient ensuite l'exposé, selon les principes euclidiens, des « effets » de la divine proportion ; de là, Pacioli passe à l'étude des polyèdres réguliers et de la sphère, traitant de leurs propriétés et de leurs mesures. Ensuite, il nous donne un bref traité d'architecture dans lequel, de façon très cohérente, avec les principes mathématiques déjà exposés, il cherche à déterminer les premiers éléments de l'art de construire, s'occupant en particulier des différents types de colonnes, mais aussi de la construction géométrique du corps humain et des lettres de l'alphabet. Il faut retenir des allusions à des édifices de la Renaissance, comme le palais ducal d'Urbin – choisi comme modèle d'architecture – et les constructions de Bramante. La première édition de l'œuvre comprend un autre petit traité en trois parties, développé selon la même rigueur mathématique, et où il s'agit des corps réguliers ; mais des études récentes ont démontré que l'ouvrage dérive entièrement du traité *Des cinq corps réguliers* (*) du peintre et écrivain Piero della Francesca, maître de Pacioli. Mathématicien et humaniste à la fois, ce dernier porte un vif intérêt philosophique et religieux – le titre déjà l'indique – aux recherches géométriques sur les corps réguliers qu'il exalte, à la manière de Platon, dans leur pureté idéale comme des archétypes de tous les corps qui en dépendent. Dans la littérature sur les arts plastiques, l'ouvrage *De la divine proportion* a une importance particulière, à cause des rapports de l'auteur avec le milieu artistique de la cour milanaise de Ludovic le More et en particulier avec Léonard de Vinci, avec qui Pacioli fut en relations étroites. Dans certains passages (tel que l'éloge de la peinture), le livre reflète la pensée de Léonard et contient, en effet, d'intéressantes remarques sur les œuvres du grand maître auquel il faudrait attribuer, selon les déclarations de l'auteur lui-même, les figures des polyèdres dessinées en perspective et des lettres de l'alphabet rassemblées sur des planches à la fin du volume.

DIVINES PAROLES [*Divinas palabras*]. Tragi-comédie de l'écrivain espagnol Ramón María del Valle-Inclán (1869-1936). L'illustre Galicien manchot reprend, dans cette pièce, la tradition du théâtre espagnol de Rojas – v. *La Célestine* (*) – qu'il pousse jusqu'au naturalisme le plus cru mêlé au romantisme le plus échevelé. Des scènes d'une brutalité inouïe et d'un paganisme truculent alternent avec des descriptions délicates et avec l'expression singulière et inquiétante d'une foi brûlante. La pièce se déroule, suivant la tradition classique, en trois journées. Les personnages sont des gens du peuple, des paysans, au milieu desquels se détachent : le sacristain Pedro Gailo, personnage couard et solennel ; un couple de saltimbanques vagabonds, Lucero et sa maîtresse Poca Pena ; enfin Juana la Reina, sœur du sacristain, une mendiante qui traîne dans un chariot à quatre roues un nain hydrocéphale, son fils. L'intrigue ne saurait être résumée ; c'est une suite de tableaux extrêmement animés et variés : au moment précis où ces gens du peuple, pris d'une ivresse irrésistible où se mêlent la colère et la luxure, semblent prêts à lapider la femme adultère, dans un dénouement quasi liturgique, résonnent, prononcées par une bouche indigne (celle du sacristain), les « divines paroles », le latin incompréhensible qui apaise la colère de la foule et l'ivresse des sens. Mélange singulier du blasphème et de la foi, d'une sensualité toute païenne et d'une mystique chrétienne, les *Divines paroles* sont écrites dans une langue qui, derrière les trouvailles de l'auteur, garde la saveur du terroir et ce n'est vraiment que dans le pays des autos sacramentales que pouvait naître une œuvre aussi baroque et aussi violente. – Trad. Stock, 1927.

DIVIN NARCISSE (Le) [*El divino Narciso*]. Auto sacramental de l'écrivain mexicain Sor Juana Inés de la Cruz (vers 1650-1695), publié à Mexico en 1690. Les autos sacramentales sont des pièces de théâtre en vers à la gloire de l'Eucharistie, représentées pour la Fête-Dieu. *La Bible* (*) y est souvent allégorisée grâce à la mythologie. Ici Narcisse est le Christ, Écho est le démon. Narcisse tombe amoureux de la Nature humaine pécheresse dont l'image se reflète dans la fontaine. La beauté des vers, la sensualité diffuse, les jeux de miroir entre les trois personnages ont fait la fortune littéraire de ce texte. – Trad. Gallimard, 1987. M.-C. B.

DIVISION DE LA NATURE (De la) [*De divisione naturae*]. C'est l'œuvre principale du philosophe et théologien irlandais Jean Scot Érigène (810 ?-878 ?), le premier grand philosophe du Moyen Âge ; elle fut écrite entre 860 et 865. C'est un dialogue en cinq livres, comme le *Timée* (*) de Platon, que Scot a longuement fréquenté et dont il fait de larges citations. Les quatre premiers livres traitent de la division de la réalité en nature créatrice et non créée (Dieu, comme origine du tout) ; nature créatrice et créée (le Fils) ; nature non créatrice et créée (le monde) ; nature non créée et non créatrice (Dieu comme fin de tout), tandis que le cinquième parle du retour de toutes les choses à Dieu. Il faut remarquer cependant que si chaque « division » de la nature part de l'Unité divine pour aboutir à la multiplicité des choses, il est nécessaire de procéder en contre-partie à une synthèse qui, partant des choses, remonte à leur principe ; si bien qu'assister à la division de la nature, c'est voir en acte l'unité dans la multiplicité et la multiplicité dans l'unité. Les idées soutenues ici se ressentent de l'influence de Maxime le Confesseur dont Scot avait traduit le *De ambiguis*, de saint Grégoire de Nysse, de saint Augustin et surtout du pseudo-Denys l'Aréopagite, dont il avait traduit et répandu les œuvres

Des noms divins (*), *De la théologie mystique* (*), *De la hiérarchie céleste* (*) et *De la hiérarchie ecclésiastique* (*), soumettant ainsi de manière définitive la spéculation médiévale à l'influence néo-platonicienne. Le développement logique est conduit avec une grande force dialectique : l'auteur s'appuie sur les *Catégories* et *L'Interprétation* — v. *Organon* (*) d'Aristote — et fait une profonde confiance à la raison, dont l'autorité est au-dessus de tout et dont la tâche consiste à comprendre pleinement les vérités révélées auxquelles nous croyons ; nous pouvons, en effet, affirmer que « la vraie philosophie est la vraie religion et, réciproquement, la vraie religion est la vraie philosophie ».

Si nous examinons les quatre divisions de la nature, nous remarquons que la première et la quatrième — incréées — nous conduisent au Créateur, alors que la seconde et la troisième — créées — nous portent vers les créatures. Dieu est inconnaissable non seulement pour nous, mais aussi en soi, parce que supérieur à l'essence (théologie négative et théologie positive). En passant du Créateur à la créature, c'est-à-dire à la réalité que Dieu a appelée du non-être à l'être, nous voyons agir la Trinité, puisque dans le Verbe incarné, coéternel au Père mais aussi créé par lui, sont depuis l'éternité les idées créées (et qui, pour cette raison, ne sont pas absolument coéternelles à Dieu), hiérarchisées dans l'ordre suivant : Bien, Essence, Vie, Raison, Intelligence, Sagesse, Vertu ; selon elles et en elles est formé et réglé le monde, qui vit dans la mesure où il en est participant. La créature subsiste en Dieu, et Dieu en la créant se crée en quelque sorte : d'incompréhensible, il se rend compréhensible ; de supra-essentiel, il devient naturel ; d'invisible, visible ; de créateur, créé ; de sorte que toute la création est une théophanie. « En effet, sa création, c'est-à-dire sa manifestation en toute chose, est certainement la formation de toutes les choses existantes » ; et, entre le monde idéal et le monde réel, il y a identité : « L'unique et identique nature des choses est considérée, d'une manière, dans l'éternité du Verbe de Dieu, de l'autre, dans l'état temporel constitué qui est celui du monde. » La création — créatrice et non créée — est Esprit saint. Quant à l'homme, c'est un microcosme, centre et compendium de la création, synthèse d'esprit et de corps.

Comme esprit, ses trois facultés de connaissance — l'intellect (qui veut, en lui-même, comprendre Dieu par intuition), la raison (qui veut définir Dieu en contemplant les idées) et les sens (par lesquels nous connaissons les choses multiples) — sont en nous l'image de la Trinité. Au commencement, comme l'âme, le corps aussi était incorruptible ; mais, par le péché, l'homme s'étant tourné vers lui-même plutôt que vers Dieu, s'est rendu dissemblable à Lui et ne pourra Lui revenir tant qu'il ne s'efforcera pas de retrouver sa ressemblance ; le retour se fera au moyen d'une série de « réversions », À la mort, le corps se dissout en retournant aux quatre éléments du monde sensible ; la nature humaine, dès cette première phase, est libre de retourner à Dieu ; avec la résurrection de la chair, nous sommes à la seconde phase, et la troisième est atteinte quand le corps, montant graduellement vers la spiritualité, se change en esprit ; le retour aux idées marque la quatrième phase, tandis que contempler intimement la Vérité, c'est s'élever à la cinquième : la Sagesse. Enfin, avec la sixième, on s'identifie à Dieu ; ainsi se clôt l'évolution, non par la suppression de la nature humaine, mais par l'unification en Dieu, unification « sans confusion, ni mélange, ni composition », où « Dieu, en effet, sera toutes choses en tout, quand rien n'existera que Dieu seul ».

L'œuvre de Scot fut jugée panthéiste et, en conséquence, hétérodoxe ; elle fut condamnée par l'Église comme contraire au dogme. On ne peut certainement qualifier de chrétienne sa vision de la Trinité, qui est en fait une triade : non plus que le peu de consistance donnée à la création, la radicale négation du mal, la conception de l'identité dans les rapports entre foi et raison. Mais il est hors de doute que le *De divisione naturae* montre l'importance du néo-platonisme dans l'interprétation de la Révélation et inaugure la philosophie du Moyen Âge par une vision métaphysique quasi complète ; elle sera présente à l'esprit de bien des scolastiques, de Rémi d'Auxerre et Gerbert d'Aurillac à Abélard, à Alain de Lille, à Anselme de Laon et aux victorins.

DIVISION DU TEMPS (De la) [*De ratione temporum*]. Importante œuvre scientifique et scolastique de Bède le Vénérable (673 env.-735), l'infatigable moine et historien anglo-saxon que le Moyen Âge célébra comme un de ses plus grands maîtres et honora du titre de Vénérable. À la demande de ses disciples, qui considéraient comme trop concises ses œuvres précédentes : *Le Livre sur le temps* [*De temporibus liber*], bref écrit chronologique, et *De la nature des choses* (*) dont le sujet traité était la cosmographie, ce traité fut rédigé vers 725-726 et dédié à l'abbé de son monastère, Cuthbert. Les soixante-cinq premiers chapitres parlent de la division du temps, des heures, du jour, de la nuit, de la semaine et de ce qu'on appelait la « Grande Semaine », c'est-à-dire de l'âge du monde, et aussi des mois chez les Romains, les Hébreux, les Grecs, les Égyptiens et, par amour patriotique, les Angles ; il traite également dans cet ouvrage des constellations, des phénomènes de la lune et des éclipses de cette planète, de son influence sur la mer, des équinoxes et des solstices, de l'inégale durée du jour, des quatre saisons, des années régulières selon les différents peuples, des années bissextiles, du cycle de dix-neuf ans et de sa division, de l'ère chrétienne, des indictions, des épactes, du cycle lunaire, de la détermination de la fête de Pâques.

Le long chapitre 66 constitue, à lui seul, presque un petit traité et porte un titre propre *Chroniques ou les Six Âges du monde* [*Chronicon sive de sex huius saeculi aetatibus*]. La théorie de saint Augustin y est exposée : elle fut reprise par saint Isidore et, selon lui, l'histoire est divisée en six époques. La source fondamentale de ce texte est la *Chronique* (*) d'Eusèbe avec les adjonctions de saint Jérôme ; d'autres sources présumées sont les Chroniques de Prosper d'Aquitaine et de Marcellin, la plus importante chronique de saint Isidore et celle de Marius d'Avenches ; on y trouve aussi quelques souvenirs du *Liber pontificalis* d'Eutrope et d'Orose. Pour ce qui est de sa terre natale, Bède puisa beaucoup dans l'*Histoire des Anglais* [*Historia Britonum*] de Gildas. Les chapitres 67-71, enfin, traitent de la venue du Christ, de l'Antéchrist, du jugement dernier et des deux derniers âges du monde (une fois toute vie disparue sur la Terre) ; le septième, celui du « Sabbat éternel » et le huitième, celui de la « Résurrection », dans le triomphe de la possession de Dieu.

L'auteur éprouve la joie profonde de pouvoir offrir à son « humble fatigue », « au cours de l'inexorable et fluctuante marche du temps », cette fin opportune au sein de l'éternelle stabilité et dans l'immuable éternité du ciel. Le traité, qui eut comme principales sources : saint Isidore, Macrobe et Pline l'Ancien, exerça une influence très grande sur tout le Moyen Âge et particulièrement dans le monde scolastique ; pour les Modernes, il représente la preuve évidente de l'extraordinaire érudition de Bède, même dans le domaine des études strictement scientifiques.

DIVISIONS DE L'ART ORATOIRE [*Partitiones oratoriae*]. Traité de rhétorique élémentaire de l'écrivain latin Cicéron (106-43 av. J.-C.), composé en 46 à l'intention de son fils. Écrit sous forme de catéchisme, il comprend trois parties : la première traite des fonctions de l'orateur (invention, disposition, élocution, action, mémoire) ; la seconde du discours et de ses divisions (d'où le nom du traité) ; la troisième des genres oratoires (laudatif, délibératif, judiciaire). C'est une vulgarisation des idées de la nouvelle Académie. — Trad. Les Belles Lettres, 1924.

DIVORCE (Un). Roman de l'écrivain français Paul Bourget (1852-1935), publié en 1904. Dans cet ouvrage, Bourget, catholique, se déclare nettement opposé au divorce et le juge, selon l'expression employée par un de ses personnages, l'abbé Euvrard, dangereux pour la famille et pour la société. Gabrielle Darras, divorcée d'avec un mari indigne, le comte de Chambault, dont elle a eu un fils, Lucien, a épousé en secondes noces le libre-penseur Darras. Après quelques années, quand l'exaltation du bonheur s'est apaisée, Gabrielle, croyante convaincue, souffre d'être exclue de l'Église catholique et se sent en état de péché. Cette angoisse devient encore plus profonde quand une grave dissension s'élève entre Darras et Lucien, qui se révolte contre sa mère et son beau-père et retourne chez son vrai père. Entre-temps, le comte meurt et Gabrielle espère que son mari consentira à un mariage religieux qui redonnera la paix à sa conscience. Mais Darras refuse, plus pour des considérations politiques que par intransigeance. Gabrielle, désespérée, s'enfuit en emmenant leur petite fille, afin de garder au moins l'âme de celle-ci dans la vraie foi. Ce geste épouvante le mari, amoureux de sa femme et, pour ne pas perdre Gabrielle, il renonce à ses obligations de libre-penseur et consent au mariage religieux. Cependant, Lucien ne reviendra pas avec sa mère ; elle a pu lui donner un autre père, mais elle n'a plus aucun droit sur lui qui veut vivre seul, sans compromis et sans hypocrisie. Ce roman est l'un de ceux où l'auteur révèle avec le plus de force la préoccupation constante qu'il avait de démontrer une thèse, de sorte que le drame de Gabrielle, combattue par des sentiments contradictoires, demeure comme étouffé au lieu d'apparaître dans sa profonde et humaine vérité.

DĪWĀN d'Abū Nuwās. Recueil des vers du poète arabe Abū Nuwās (vers 762-vers 813). L'œuvre, dont il existe deux recensions différentes, a posé de nombreux problèmes d'édition : d'une part, elle contient des pièces apocryphes, insérées après la mort de l'auteur, généralement en raison de leur caractère scandaleux ; d'autre part, elle comporte des poèmes empruntés à des recueils antérieurs, notamment le *Dīwān* (*) d'al-Walīd, qu'Abū Nuwās semble s'être attribués de son vivant. De telles pratiques n'avaient d'ailleurs rien d'exceptionnel à une époque où la poésie, et la littérature en général étaient considérées comme un discours essentiellement collectif, et où les notions d'auteur et de propriété intellectuelle n'avaient pas la prégnance qu'elle ont acquises aujourd'hui. Comme tous les recueils de ce genre, le *Dīwān* se veut exhaustif, et, de ce fait, comporte des pièces d'intérêt inégal : Abū Nuwās a ainsi composé toute une série de « poèmes cynégétiques » [ṭarḍiyyāt], purs morceaux de bravoure destinés à mettre en valeur sa connaissance du vieux vocabulaire bédouin, et que seuls de très rares philologues peuvent comprendre sans l'aide d'un commentaire explicatif. C'est essentiellement dans les registres bachique [khamriyyāt] et amoureux [ghazal] qu'Abū Nuwās donne toute la mesure de son génie, dans des poèmes généralement brefs et nerveusement charpentés, où le matériau thématique et l'imagerie, traités avec un grand sens de l'économie, sont mis au service d'une inspiration intensément personnelle, largement affranchie des canons de la vieille poésie bédouine ; il n'hésite d'ailleurs pas à la brocarder avec bonne humeur, transposant les thèmes et les situations classiques des *Mu'allaqāt* (*) dans les faubourgs mal famés de Bagdad, parmi les filles d'auberge et les bagarres d'estaminet. Ce goût de la provocation, joviale ou crispée, ce rejet de toute idéalisation qui l'amène parfois à évoquer certaines scènes avec le réalisme le plus cru, sont cependant toujours inséparables, chez lui, d'une sensibilité ardente et délicate, d'une tendresse volontiers mélancolique, et simultanément, d'un sens aigu de la bouffonnerie et de l'autodérision. Ainsi, dans un poème traitant le thème de l'adieu à la jeunesse, évoque-t-il avec une nostalgie mi-feinte mi-réelle le temps où le « fier claquement de ses sandales sur le chemin » faisait trembler les maris jaloux. Ainsi encore, dans l'une de ses pièces les plus belles, l'aveu d'un amour sans espoir pour un jeune chrétien, et le souhait d'être auprès de lui fût-ce sous la forme d'une bulle de vin dans le calice où il boit lors de la messe, afin de mourir près de ses lèvres, cache-t-il en filigrane une joyeuse obscénité, basée sur l'argot homosexuel de l'époque, où l'« église » et le « prêtre » désignent respectivement le partenaire actif et passif. Cette facilité à combiner dans une même pièce plusieurs niveaux de sens, chacun correspondant à un registre émotionnel particulier, tout en gardant un ton d'une simplicité et d'une justesse absolue, donne au génie poétique d'Abū Nuwās un caractère tout à fait original à l'intérieur de la poésie arabe. — Trad. (partielle) Sindbad, 1979. J.-P. G.

DĪWĀN (Le) d'Ibn al-Fāriḍ. Recueil de poèmes du mystique arabe Ibn al-Fāriḍ (1181-1235). Largement diffusé dans les milieux sunnites, ce *Dīwān* reste impeccablement classique, fasciné par les codes de la passion bédouine et l'extase bachique, les mots d'un autrefois et d'un ailleurs nostalgiques, ce qui en a assuré la postérité pour une lecture exotérique. Mais, sans cesse, la quête amoureuse de Dieu et le désir lancinant de l'union avec Lui surgissent, combinés dans un tourbillon de recherches stylistiques et de trames allégoriques, permettant de nombreuses exégèses ésotériques. Comprenant essentiellement trente-trois qasidas et trente et un distiques, ce recueil est aujourd'hui encore amplement récité ou chanté dans les rituels d'invocation de Dieu [dhikr] des confréries. *L'Éloge du vin* [*al-Khamriyya*] demeure incomparable par sa musicalité, son symbolisme et sa mélancolie : « Nous avons bu à l'évocation de l'aimé un vin immémorial, nous enivrant avant même la création de la vigne, / Pureté et non souillure, tendresse et non passion, lumière et non flammes, âme et non corps. » *La Voie mystique* [*Naẓm al-sulūk*, appelée aussi *al-Tā'iyya l-kubrā*, du fait de sa rime en T] développe un itinéraire allégorique de l'initiation sufie. Par l'annihilation du moi d'ici-bas, grâce au dhikr et aux mortifications, le sage accède à l'ivresse de l'extase, puis à la lucidité de l'union avec Dieu : il est enfin apte à vivre en communion avec Lui et Son univers. Ambigu, multivoque, tour à tour précieux, simple ou hermétique, ce *Dīwān* constitue l'une des plus attachantes œuvres de la littérature arabe, où l'humble amoureux et le croyant le plus tourmenté trouvent chacun une consolation à la mesure de leur inquiétude. — Trad. *L'Éloge du vin*, Véga, 1931 ; *La Voie mystique*, La Différence, 1987. B. Mo.

DĪWĀN d'Ibn Zaydūn. Recueil de poésies de l'homme politique et poète andalou Ibn Zaydūn (1003-1070), publié en 1935. Les poèmes, formellement de très belle facture, sont le plus souvent liés aux vicissitudes de la vie d'Ibn Zaydūn. Une bonne partie est en effet constituée de pièces adressées à Wallāda, princesse omeyyade avec laquelle il a eu une tumultueuse histoire d'amour : on y voit alterner le rappel des jours heureux, les reproches amers et les espoirs d'une réconciliation. Mais on trouve aussi dans ce recueil de superbes descriptions de la nature, et des poèmes de circonstance : élégies et louanges dédiées aux bienfaiteurs et amis du poète. L'œuvre est très représentative de l'art poétique de l'Andalousie arabe. D.-E. K.

DĪWĀN d'al-Khansā'. Recueil de vers de la poétesse arabe de l'époque antéislamique Tumāḍir bint 'Amr al-Khansā' (575 ?-664 ?). L'ouvrage se compose surtout d'élégies funèbres [rithā'] consacrées aux deux frères d'al-Khansā', tués dans des guerres tribales, et qu'elle ne cessa de pleurer tout au long de sa vie. D'une facture vigoureuse, bien que non dépourvue d'une certaine uniformité, sa poésie, marquée par la force des images et la violence des sentiments, ainsi que par un sens du rythme qui atteint parfois une dimension quasi incantatoire, illustre remarquablement l'aspect tragique de la poésie antéislamique, inséparablement complémentaire de l'aspect héroïque évoqué notamment par les *Mu 'allaqāt* (*). — Trad. (partielle) Sindbad, 1979. J.-P. G.

DĪWĀN (Le) d'al-Mutanabbī. Recueil de vers du poète arabe al-Mutanabbī (915-965). L'essentiel de l'œuvre, sur le plan tant qualitatif que quantitatif, est constitué de poèmes d'apparat, célébrant les mécènes successifs du poète et les événements marquants de leur cour. Mais, par son génie poétique autant que par un intense investissement personnel, al-Mutanabbī a su donner à ce genre conventionnel et un peu apprêté une puissance et une profondeur qui n'ont pas eu d'égales dans la poésie arabe classique, du moins dans ses meilleures pièces (le *Dīwān*, de par son caractère exhaustif, contient aussi des morceaux de circonstance d'intérêt secondaire). À travers l'éloge de tel ou tel personnage, al-Mutanabbī s'attache en effet à dresser le portrait d'un type humain idéal, celui du héros bédouin chanté par les poètes des « temps barbares », libre et fier, assumant volontairement l'errance et la dépossession, tendu dans une lutte grandiose et sans espoir contre un destin aveugle. Idéal profondément nostalgique, voire réactionnaire à une époque où les Bédouins sont en voie de marginalisation, et où leurs valeurs traditionnelles ne subsistent plus que sous forme de conventions littéraires. Mais cette nostalgie, précisément, donne à la poésie d'al-Mutanabbī son ardeur crépusculaire, son pessimisme héroïque, sa raideur grandiose et hautaine, servie par une langue somptueuse et parfaitement maîtrisée, une écriture dense et nerveuse, qui, tout en prônant un retour aux thèmes et à l'éthos de la vieille poésie du désert, celle des *Mu'allaqāt* (*), n'en fait pas moins son profit des expérimentations du mouvement « novateur » du siècle précédent (représenté notamment par Abū Nuwās). Les connaisseurs admirent tout particulièrement l'« attaque » de ses poèmes, c'est-à-dire sa capacité à installer l'auditoire, dès les tout premiers vers, dans un registre émotionnel particulier, fonctionnant comme horizon d'attente pour le reste du morceau. Ainsi en est-il de l'une de ses pièces les plus célèbres, élégie funèbre consacrée à la mère de son protecteur Sayf al-Dawla : transcendant une occasion officielle qui ne devait guère le toucher personnellement, le poète aborde son sujet en évoquant, avec une densité et une sobriété admirables, un campement de guerriers bédouins en route pour quelque razzia : les armes qu'ils tiennent à la main, les chevaux entravés tout près ne leur serviront à rien contre la mort, ennemi lâche et sournois qui rôde dans la nuit. À l'ignominie inévitable du trépas, le poète oppose son propre stoïcisme : le destin l'a tellement criblé de ses flèches qu'elles lui font comme une cuirasse que plus rien ne saurait entamer. C'est seulement après avoir ainsi installé cette atmosphère de tristesse hautaine que le poète aborde le thème principal, donnant à celui-ci une résonance universelle sans commune mesure avec son caractère anecdotique. Toutes ces caractéristiques font du *Dīwān* d'al-Mutanabbī le parangon de la poésie arabe classique, dont la célébrité ne s'est jamais démentie. J.-P. G.

DĪWĀN d'al-Walīd ibn Yazīd. Recueil des vers de ce poète arabe, onzième calife de la dynastie omeyyade, né et mort dans le désert de Syrie (707-744). L'ouvrage ne comporte qu'une centaine de pièces fort courtes (de deux à dix vers), dont la majeure partie est inspirée par son amour pour sa cousine Salmā ; petite chronique d'une passion tragique, évoquée avec une pudeur et une délicatesse qui n'excluent jamais la provocation (mentionner le nom de l'aimée est en soi considéré comme scandaleux). Les morceaux les plus émouvants sont sans doute ceux qu'al-Walīd a composés après la mort de Salmā, suggérant, avec une économie et une sûreté de moyens admirables, cette « blessure secrète » et inguérissable que le moindre incident (ici, le chant d'un oiseau) vient à chaque instant rouvrir (le poème tout entier est une sorte d'anagramme sur le nom de Salmā), ou proclamant son dégoût du pouvoir suprême, qu'il échangerait volontiers contre Salmā, un verre de vin et une chanson. D'autres poèmes se rattachent plus classiquement au registre, bachique ; mais, ici aussi, le goût du défi, le mépris aristocratique de l'opinion commune leur confèrent une tension, une nervosité qui les égalent aux pièces les plus réussies d'Abū Nuwās (qui l'a d'ailleurs copieusement pillé). Poète dilettante et peu prolifique, al-Walīd n'a jamais été compté parmi les « grands » de la poésie arabe classique ; il est certainement l'un des plus personnels. J.-P. G.

DĪWĀN MYSTIQUE. Recueil des poèmes du mystique musulman d'expression arabe al-Ḥusayn ibn Manṣūr al-Ḥallāj (vers 857-922). De dimensions réduites, l'œuvre se compose de brefs morceaux d'une facture intensément personnelle ; suivant une tradition courante chez les mystiques, dans et hors de l'islam, al-Ḥallāj se sert fréquemment des thèmes de la poésie amoureuse pour exprimer la tension entre le désir d'une union totale et le sentiment de séparation radicale que maintient, jusque dans l'union, la dualité de l'amant et de l'aimé ; tension qui, pour al-Ḥallāj, est au cœur même de la condition humaine, et qui ne peut s'abolir que dans la mort de l'amant, librement consentie et provoquée par lui. Aussi, convoquant la figure canonique des « amis secourables » du poète-amant malheureux, ne leur demande-t-il que l'ultime secours de leur sabre, pour franchir le pas ultime qui le sépare de l'aimé. — Trad. Gallimard, 1959 (L. Massignon) ; Sindbad, 1985 (Sami-Ali). J.-P. G.

DIX ÂGES DE CE MONDE (Les) [*Die zehn Alter dieser Welt*]. Spectacle destiné à la période précédant le Carême — v. *Farces de Carnaval* (*) —, dû à l'écrivain suisse d'expression allemande Pamphilus Gengenbach (1480 ?-1525) et composé aux environs de 1515, où se trouvent représentés les dix âges du genre humain au moyen d'autant de personnages allégoriques défilant devant un ermite. Ce dernier engage un dialogue avec chacun d'eux, au cours duquel il dresse la liste des vices et défauts qu'il leur reproche. Il n'y a pas à proprement parler de développement dramatique, car toute la représentation n'est qu'une succession de dialogues, mais l'auteur a su concilier l'ampleur du sujet, qui veut être une revue universelle de la vie humaine, avec les exigences théâtrales de chacune des scènes. C'est précisément la raison pour laquelle ce spectacle a une certaine valeur : il constitue ainsi l'une des premières œuvres du théâtre allemand moderne.

DIX ANS [*Deset let*]. Recueil de vers du poète tchèque Josef Hora (1891-1945), publié à Prague en 1929. L'œuvre marque une étape importante dans son évolution spirituelle. Après avoir été défini comme « vitaliste » dans ses premiers recueils *Poèmes* [*Básně*, 1915] et *L'Arbre en fleur* [*Strom v květu*, 1920], Hora était passé ensuite à la poésie « prolétarienne », exprimant dans ses œuvres nouvelles *Journée de travail* [*Prascující den*, 1920], *Le Cœur et le tumulte du monde* [*Srdce a vřava světa*, 1922], *Le Printemps d'orages* [*Bouřlivé jaro*, 1923] sa foi socialiste en une transformation de la société et dans des transformations structurelles capables de guérir les blessures laissées ouvertes par la guerre mondiale. Dans *Dix ans* s'est inscrit dans sa problématique un nouveau thème : la désillusion et l'effondrement des espérances juvéniles. En se remémorant les dix années écoulées, et en revenant à cette période comme on fait un pèlerinage, à travers des visions apocalyptiques, l'auteur avoue son propre pessimisme face aux conflits du monde, de l'humanité et de son propre destin. Découragé, il se retire dans une solitude désespérée, dans laquelle les explorations polaires d'Amundsen deviennent pour lui le symbole d'une fuite vers la pureté immaculée de ces lieux recouverts d'une neige éternelle, solitaires et tranquilles. Après ce recueil, l'élément lyrique prend plus nettement encore le pas sur les préoccupations sociales dans la poésie de Hora mais son pessimisme se transforme en une virile résolution dans les poèmes de *La Patrie* [*Domov*, 1938], écrit à la veille de l'invasion de la Tchécoslovaquie par les nazis.

DIX-HUIT LEÇONS SUR LA SOCIÉTÉ INDUSTRIELLE. Œuvre du sociologue français Raymond Aron (1905-1983), publiée en 1962, et reprenant un cours professé en 1955-1956. Les quatre premières leçons sont consacrées à des questions de méthode : l'auteur situe l'objet de son étude par rapport aux autres sciences humaines, montre comment une étude économique n'a de sens que si elle débouche sur des faits sociaux et les « modalités de la stratification sociale », donc sur le « problème philosophique d'un ordre vrai ». Comment faire la synthèse des faits économiques d'une époque ? Repoussant l'explication unitaire de Marx pour qui les faits sociaux découlent des faits économiques, Raymond Aron approuve la méthode de Montesquieu qui voit « des relations causales dans tous les sens et saisit tous les rapports de solidarité sans en privilégier aucun ». Enfin le vrai sociologue doit être aussi historien et fonder ses recherches sur les faits concrets. Le cours proprement dit traite du phénomène moderne de la croissance économique avec les problèmes de mesure qu'elle implique ; il conclut d'abord que sur le plan théorique on ne peut prouver la supériorité d'un régime économique sur l'autre. Il reste à faire l'étude concrète des types de société industrielle et des « modèles de croissance », à savoir des régimes soviétique et américain. L'auteur alors, malgré son souci, maintes fois répété, de rigueur scientifique et d'impartialité, semble céder au plaisir, tout intellectuel sans doute, du paradoxe, quand il rappelle que l'argument productiviste du régime soviétique actuel était celui même que l'idéologie égalitaire du socialisme du XIXe siècle reprochait au capitalisme. Dans la dernière partie du cours, l'auteur passe en revue les grands thèmes économiques contemporains. On apprend que l'autodestruction du capitalisme, prédite par Marx, n'est pas démontrable sur le strict plan économique ; le capitalisme peut mourir, mais d'autre chose ; il n'y a de fatalité ni du progrès ni de la catastrophe. Quant à la « socialisation » progressive des sociétés européennes, elle est qualifiée de « controverse verbale », puisqu'elle a pour limites inévitables la propriété privée et le mécanisme du marché. Enfin l'attitude des ouvriers est sensiblement la même en U.R.S.S. et aux U.S.A., en ce sens que l'« organisation managériale » soviétique est identique à celle du patronat français et « mystifie » de la même façon les travailleurs. Ainsi, ni dans la théorie ni dans l'histoire n'existe un système économique qui permette, plus qu'un autre, un ordre vrai et juste parmi les hommes. Pour être public, l'auteur s'est abstenu d'explications trop techniques ; c'est peut-être ce qui lui permet de proposer des conclusions dont l'ironie trahit ses préférences d'Occidental ; mais l'ironie et le sophisme ne sauraient convaincre que ceux qui partagent déjà les mêmes convictions.

DIXIÈME FRÈRE (Le) [*Deseti brat*]. C'est le titre de deux ouvrages slovènes : l'un, de Fran Levstik (1831-1887) est l'histoire, en partie autobiographique, d'un curieux type de vagabond. C'est de ce récit que s'inspira Josip Jurčič (1844-1881) pour son roman qui porte le même titre, publié en 1866 et considéré comme le premier roman de la littérature slovène. Selon une tradition populaire, le dixième fils doit partir en voyage dans le monde pour « percevoir la dîme » ; il s'agit donc d'un pauvre diable destiné à une existence misérable et errante. C'est sous cet aspect que nous connaissons le protagoniste, Martin Spak, vagabond à l'origine obscure. Un jour, Martin rencontre un étudiant, Lovre Kvas, et l'accompagne au château de Slemenice, où le jeune homme devient le précepteur du petit Balček, l'enfant du châtelain, et s'éprend de Manica, sœur de son élève. La jeune fille répond à cet amour et provoque la jalousie de Marjan, fils du propriétaire d'un château des environs, le Dr. Kaves-Piškav. Au cours d'une partie de chasse, les deux rivaux se disputent ; le vagabond Martin survient et prend la défense de son ami, l'étudiant. Marjan, exaspéré, le blesse à mort d'un coup de fusil et est à son tour gravement blessé par lui. Avant de mourir, Martin révèle à Kvas qu'il est, lui aussi, le fils du docteur Kaves-Piškav et d'une femme que ce dernier avait séduite au cours de sa jeunesse. Kvas est jeté en prison en tant qu'agresseur présumé de Marjan : le docteur Kaves, terrorisé par le scandale qui le menace, se tue. Mais l'étudiant parvient à prouver son innocence ; après avoir terminé ses études, il se mariera avec Manica. Marjan s'éloigne du village. Il épousera plus tard la fille d'un médecin et commencera une vie nouvelle. Jurčič, influencé par le réalisme de son ami Levstik, et en suivant les traces de Walter Scott — surtout dans le roman *L'Antiquaire* (*) — a créé, avec ce roman, de nombreux types populaires très vivants qui constituent le plus grand attrait du récit. Si l'intrigue manque d'une véritable unité, le tableau de la vie slovène est riche en couleur et imprégné d'un souffle très vaste. *Le Dixième Frère* a été adapté pour le théâtre par Fran Govekar (1871-1939) en 1901.

DIX LIVRES D'ARCHITECTURE (Les) de Vitruve [*De Architectura*]. Ouvrage en dix livres de l'architecte latin Vitruve (Ier s. av. J.-C.) composé probablement vers l'an 27 avant J.-C. C'est le seul ouvrage de ce genre que l'Antiquité nous ait transmis. Le texte a le caractère d'un manuel de divulgation et d'un résumé ; il rappelle les procédés de l'architecture romaine au dernier siècle de la République, mais il a des lacunes et des obscurités. L'auteur, déjà vieux et malade, dédie son livre à son bienfaiteur Auguste. Le livre I s'ouvre sur des considérations générales portant sur les qualités et sur les devoirs de l'architecte, sur la nature de l'architecture, entendue comme science et comme art ; sur ses différents aspects : l'« aedificatio » comprend en effet la construction d'édifices publics, répartis selon que leur but est la « defensio », la « religio » ou l'« opportunitas », et la construction d'édifices privés, « gnomonica », « machinatio ». Le problème de l'urbanisme est ensuite examiné : choix des lieux adaptés à la fondation des villes ; tracé des routes ; construction des murs d'enceinte pour la défense ; distribution des édifices à l'intérieur des murs. Dans le livre II, après quelques notes sur le développement historique des édifices dans les premiers temps de l'humanité, Vitruve traite du choix du matériau de construction et des techniques de maçonnerie, et donne des exemples précis de leur emploi dans les œuvres italiques et grecques. Dans le livre III, l'auteur décrit les divers types de temples. Il donne les normes réglant les proportions et les symétries pour les planimétries et pour les différentes parties des temples, en insistant particulièrement sur les temples ioniques. Dans sa conception, la colonne prend une importance capitale par rapport aux proportions du temple qui sont données mathématiquement. Le livre IV traite des temples doriques, corinthiens, toscans et donne les préceptes rituels et techniques de construction. Le livre V est consacré aux édifices d'utilité publique : le forum, la basilique, le Trésor, la prison, la curie, les théâtres, les portiques, les bains, le gymnase, les ports. Vitruve confirme sa compétence technique quand il traite des théâtres et des ports : il apparaît même comme un novateur quand il cite et décrit sommairement une de ses propres œuvres, la basilique de Fano. Dans le livre VI, parlant des édifices privés, il se libère des théoriciens grecs et précise les raisons techniques et les différences de climat et d'habitudes auxquelles correspondent des dispositions diverses dans les édifices privés grecs et romains. Au livre VII, l'auteur donne des préceptes pratiques pour les travaux de finition (revêtements, carrelages, décorations sculptées et peintes), qui confèrent aux constructions, « venustatem et firmitatem ». Curieux de science hydraulique, lui-même constructeur de canaux, Vitruve traite, dans le livre VIII, les questions qui s'y rattachent. Viennent ensuite, dans le livre IX, les problèmes géométriques et astronomiques appliqués à la « gnomonique » (art de placer des cadrans solaires). Enfin, dans le livre X, s'appuyant de nouveau sur les Grecs, l'auteur parle de mécanique et de machines de guerre et de paix.

La pensée de Vitruve s'inspire de concepts rationnels et arithmétiques d'origine pythagoricienne, compliqués de préceptes pratiques. En effet, dans son jugement intervient toujours l'élément expérimental de l'art de la construction. D'un point de vue théorique, les idées sont plutôt confuses et l'interprétation de certaines théories sur lesquelles il semble se fonder est loin d'être solide (« ordinatio », « dispositio », « distributio », « eurytmia », « symmetria »). Le traité eut des fortunes diverses à travers les siècles, mais n'exerça aucune véritable influence sur la pensée artistique jusqu'à Léon-Battista Alberti (xve s.) et aux traités de la Renaissance. L'imprimerie lui donna une très grande diffusion (édition princeps, Rome, 1486). Pendant le xvie siècle, la renommée de Vitruve grandit démesurément et dépassa de beaucoup les mérites de l'œuvre. Il prit alors la valeur de canon rigide pour l'architecture antique et comme tel on le considéra essentiellement pour son contenu normatif. Parmi les nombreuses traductions en toutes les langues qui en furent faites alors, mentionnons celle de Cesariano (1483-1543) : *De Lucio Vitruvio Pollione et de Cesar Auguste, De architectura... traduit en langue vulgaire et commenté et reproduit par Cesare Cesariano, citoyen milanais, professeur d'architecture.*, etc. qui était accompagnée d'un important commentaire. En France, il fut traduit une première fois par Ian Martin, en 1547. Mais c'est à l'architecte Claude Perrault (1613-1688) que l'on doit une magnifique édition : *Les Dix Livres de l'Architecture de Vitruve, Corrigez et Traduits nouvellement en François, avec des Notes et des Figures* (1673). — Trad. de Claude Perrault, Mondaga, 1979 ; revue et corrigée par A. Dalmas, Balland, 1986 ; trad. moderne, Les Belles Lettres, 1969-90 (se continue).

DIX LIVRES DE CUISINE (Les) [*De re coquinaria*]. Traité de gastronomie rédigé par Apicius (Ier siècle ap. J.-C.), riche romain trop prodigue, qui s'empoisonna après avoir dilapidé tout son patrimoine. L'ouvrage est composé de dix livres : il est écrit à l'intention des cuisiniers des grandes maisons. À la fin du IVe siècle, ce traité fut condensé à l'usage de la bourgeoisie italienne et provinciale, ainsi peut-on expliquer pourquoi, alors qu'il fut composé sous Tibère, à une époque où l'on écrivait encore un latin assez pur, il est plein d'expressions en langue vulgaire. De plus, nombreuses sont les recettes de ragoûts fameux, de sauces succulentes portant le nom de l'empereur, qui en avait fait ses délices, et qui révèlent, par les copies ultérieures, comment cette œuvre du « roi des cuisiniers » a été modifiée par les générations successives. La xénophilie étant alors à la mode, de nombreux termes sont dérivés du grec ; c'est de Grèce, d'ailleurs, que venaient les plus célèbres cuisiniers ainsi que les premiers traités de gastronomie comme : *Les Gourmandises* d'Archestrate de Gela, traduites en latin par Ennius. — Trad. Bonnel, 1933 ; Les Belles Lettres, 1974.

DIXME ROYALE (La). Œuvre politique de Sébastien Le Prestre de Vauban (1633-1707), maréchal de France et ingénieur militaire, publiée à Paris en 1707 ; son titre exact est : *Projet d'une dixme royale.* Dans cette œuvre, Vauban, s'adressant à Louis XIV, cherche à résoudre la grave crise sociale de son temps et, par conséquent, le malaise économique et spirituel qui déjà a commencé à se faire sentir dans l'Ancien Regime. Il indique avec beaucoup de détails les procédés qui peuvent conduire à la création d'un impôt unique dans le royaume et qui se substituerait à tous les autres plus ou moins inspirés par un mauvais principe économique, et, par conséquent, par une désastreuse évaluation des forces politiques de l'État. Vauban affirme connaître, dans le menu détail, les conditions réelles de la vie économique du pays : les classes pauvres, toujours grevées de taxes et offensées par l'orgueil de ceux que l'on nomme privilégiés, supportent les guerres, les famines, sont négligées et maltraitées, et finissent par devenir une charge pour tout le monde, alors qu'elles devraient être la fleur de la force et la splendeur de la nation. Plus d'un dixième de la population est contraint de mendier ; cinq dixièmes sont dans des conditions tellement précaires qu'ils ne peuvent faire l'aumône à de plus pauvres ; trois dixièmes sont entraînés dans des procès et discussions au cours desquels ils finissent par perdre leur capital ; finalement un seul dixième, constitué par les nobles et les riches bourgeois, peut tirer tout avantage de privilèges accumulés, soit par la tradition féodale, soit par un commerce ou une industrie, dirigés avec une tenace avarice. Il y a donc cent mille bénéficiaires, tandis que le reste de la population est obligé de payer les impôts, de vivre misérablement et de supporter toutes les fatigues du travail, de la disette et des guerres. L'auteur propose un impôt unique pour toutes les classes ; réparti proportionnellement, sur la propriété, sur les produits de la terre, sur le commerce et sur l'industrie, il libérerait les pauvres de toutes charges et inciterait les riches à un fécond labeur. La réforme du souverain cimenterait aussi l'affection de ses sujets, en ôtant au clergé et à la noblesse ce caractère odieux qui les éloigne de la vie du pays. Pour étayer sa proposition, Vauban indique la nécessité d'une statistique générale, afin que l'État sache à tous moments sur quels hommes il peut compter avec certitude, en temps de paix comme en temps de guerre.

Malgré ses sages propositions, l'œuvre de Vauban fut bien vite combattue par la Cour, et l'édition fut envoyée au pilon. L'importance de cet ouvrage est évidente ; elle est un témoignage accablant sur la situation économique et surtout politique de la France à la fin du règne de Louis XIV ; témoignage perspicace et libre qui, bien qu'il soit celui d'un soldat rempli de dévotion pour la cause de la monarchie, annonce la grave crise du régime et se présente comme un des signes lointains, mais avant-coureurs de la Révolution.

DIX-NEUF POÈMES ANCIENS (Les) [*Kou-che san-pai-cho — Gushi sanbaishou*]. Ensemble de poèmes anonymes chinois datant du second siècle de notre ère, et considérés comme initiateurs de la forme pentasyllabique en Chine. Inclus dans *L'Anthologie* (*) composée par Siao T'ong vers 530, *Les Dix-Neuf Poèmes anciens,* dont certains peuvent sembler fragmentaires, ne forment pas un ensemble homogène à proprement parler ; la controverse quant à leur unicité ou multiplicité d'époque et d'auteur ne s'est pas éteinte depuis le VIe siècle. Ils constituent en tout cas la majorité des pièces conservées en genre kou-che — poésie « ancienne » — en vogue sous les Han postérieurs (25-220), et conjuguent une grande simplicité de ton à la délicatesse des images, l'usage de proverbes, la forme du dialogue et un traitement raffiné des thèmes, l'art de la litote et de l'évocation. La disposition des rimes, le redoublement des adjectifs, un certain nombre de clichés ont été imités par les poètes de l'ère Tsien-an (196-220) et de Wei (220-265). Quant aux thèmes illustrés par *Les Dix-Neuf Poèmes anciens,* ils comptent parmi les plus récurrents de la poésie chinoise. Ce sont la douleur de l'éloignement, la vanité des plaisirs et de la gloire, la brièveté du temps dans la perspective inexorable de la mort – tous thèmes composés autour des deux figures de la belle esseulée qui se languit de son amant, et du voyageur nostalgique de son pays natal, comparant sa vie à un long périple. « Canonisés » dès le VIe siècle par les jugements très élogieux des critiques de l'époque, la postérité des *Dix-Neuf Poèmes* s'étend sur presque deux mille ans de poésie pentasyllabique. – Trad. in J.-P. Diény, *Les Dix-Neuf Poèmes anciens,* 1963. V. L.

DJANN [*Džann*] Récit de l'écrivain russe Andreï Platonov (1899-1951), paru en version abrégée en 1938. Au printemps de 1933, Platonov fit un voyage au Turkménistan en compagnie d'autres écrivains. Il en rapporta *Djann.* À la différence des nombreuses œuvres de cette époque qui décrivent l'instauration du pouvoir soviétique dans les contrées arriérées d'Asie centrale, ce récit n'est rien moins qu'un essai à caractère documentaire. Il s'agit d'un conte philosophique, écrit de façon ouvertement stylisée. Le héros, Tchagataïev, est lui-même originaire d'Asie centrale. Le dénuement ayant forcé sa mère à l'abandonner, il a vécu à Moscou avec son père adoptif et y est devenu communiste. Ses études terminées, il épouse Véra qui attend un enfant de son mari mort, et part presque immédiatement pour l'Asie centrale, où le Parti lui a confié la mission de retrouver et de sauver le petit peuple Djann dont il est lui-même issu. Ce peuple multinational composé de misérables et d'exclus de toute sorte erre dans les sables ; il a perdu mémoire et sentiments, figure et mœurs humaines. (Le mot « djann » signifie dans leur langue âme, vie.) Retour au pays natal donc, retour géographique, certes, mais aussi retour à soi-même, à son identité profonde. Tchagataïev y découvrira sa mère, la vieille Glioutchataï, qui le reconnaît à peine et aussi une petite fille, Ajdym, seul être encore doué de volonté et d'espoir, figure de l'avenir et de la vie. Au cours d'un long périple à travers le désert, marqué par diverses épreuves, morts, pertes et retrouvailles, Tchagataïev guidera son peuple vers la vie au travers d'une renaissance intérieure où il réapprendra l'humanité. Et le peuple djann reconstruit une société où l'on ne survit plus mais où l'on vit. (Platonov ne manque pas de rappeler le rôle joué par le Parti dans ce processus de renaissance.) Sa mission remplie, Tchagataïev regagne Moscou en compagnie d'Ajdym, qui poursuivra l'œuvre civilisatrice. Véra est morte ; il se lie avec Ksénia, la fille qu'elle a eue de son premier mariage. – Trad. L'Âge d'Homme, 1972. M. G.

DJINNS (Les). Poème symphonique pour piano et orchestre du compositeur français d'origine belge César Franck (1822-1890), d'après le célèbre poème de Victor Hugo. Première audition en 1884. Les *Djinns* de Victor Hugo pouvaient tenter un musicien : ce poème n'est qu'un long crescendo, suivi d'un decrescendo exactement symétrique ; chaque strophe impose un rythme différent sans cesse plus saccadé et des sentiments de paix, de terreur, de calme retrouvé. Franck n'avait qu'à se laisser guider par le mouvement du poème. Il choisit deux thèmes principaux : le premier qui symbolise les Djinns, émanation du démon ; le second qui sera la cellule de la peur grandissante. Des accords lourds et lents créent une atmosphère d'inquiétude latente : « Dans la plaine / Naît un bruit... » qui s'enfle insensiblement ; « D'un nain qui saute / C'est le galop », dont on entend le rythme fortement scandé à la basse. La rumeur s'approche, « l'écho la redit » et c'est la danse guerrière, le martèlement du pas des Djinns, « leur troupeau lourd et rapide / Volant dans l'espace vide ». Un chant plaintif que le vent roule : « Cris de l'enfer / Voix qui hurle et qui pleure. » Une prière monte vers le ciel, un appel de délivrance. Les Djinns s'éloignent : « L'air est plein d'un bruit de chaînes... / Un chant sur la grève par instant s'élève. » Le retour, toujours plus assourdi, du thème des Djinns, réveille l'inquiétude, mais bientôt l'air de la nuit magique devient plus doux : « Un bruit vague qui s'endort », et tout s'évapore. Le piano joue ici un rôle très concertant. Franck ne lui confie aucun trait de virtuosité pure et le considère comme une couleur sur sa palette de peintre.

DOCTE IGNORANCE (De la) [*De docta ignorantia*]. Œuvre du théologien et philosophe allemand Nicolas de Cuse (1401-1464), composée en 1440 et imprimée en 1488. La « docte ignorance » consiste dans le fait de constater l'impossibilité d'une connaissance rationnelle de Dieu, puisque l'intelligence humaine est finie, et qu'au contraire la divinité est infinie. Aucune relation ne pouvant exister entre le fini et l'infini, nous devons nous approcher de Dieu, ayant conscience de notre nature finie, « en recherchant la vérité avec une méthode non compréhensible, c'est-à-dire au-delà de celle qui est propre à la raison humaine ». Ainsi, en dépassant les limites de la logique, on doit concevoir Dieu en dehors de toute contradiction. Il est en fait le plus grand qui est aussi le plus petit, étant en tout acte ce qu'il peut être, en sorte qu'il est la combinaison de toutes les choses dans son unité triple ; pour rendre claire intuitivement ce concept, Cuse se sert de symboles mathématiques, considérant les mathématiques comme la science la plus parfaite parce que, plus que toute autre, elle est exempte de tout élément matériel. Prenons comme symbole, par exemple, la circonférence : si on en agrandit le diamètre, on en diminue la courbure ; procédant à une série de déductions et de combinaisons (dont la légitimité est liée à celle de l'usage, discutable dans le domaine des mathématiques, de concepts comme ceux de puissance et d'acte), l'auteur en vient à conclure que, dans un cercle infini, diamètre, centre et circonférence sont une même chose. « Tu vois donc, conclut Nicolas de Cuse, que le maximum est, en tant que centre, principe de toute chose, et en même temps fin de toute chose en tant que circonférence ; enfin, en tant que diamètre, milieu de toute chose. »

Une théologie « affirmative », selon la pensée de Cuse, est insuffisante « parce qu'elle a toujours égard aux créatures », tandis qu'une théologie « négative » est plus vraie en tant qu'elle s'efforce de mettre en mouvement tout attribut humain de Dieu, en l'atteignant d'une façon incompréhensible à travers la docte ignorance. Dans le second livre, Cuse traite de l'Univers et de ses relations avec la divinité. Toutes les choses sont en puissance contenues en Dieu : c'est ce que Cuse exprime, en disant que Dieu « complique » en lui toutes choses. D'autre part, Dieu est regardé par lui comme la suprême et plus haute forme, ou actualité, la « forme des formes », si bien que l'on peut dire qu'« Il explique » toutes les choses en les tirant de lui-même. La totalité des choses créées se présente, en opposition aux créatures particulières, comme un « maximum » ; pourtant Cuse se hâte de préciser que l'univers est seulement le « maximum concret » (pour comprendre une telle expression, il faut l'accepter à la lettre, comme antiphrase du « maximum absolu », qui est Dieu) : de cette façon, l'univers sera compris comme le maximum concret et relatif, « unité dans laquelle il y a Dieu et la créature, sans qu'ils se confondent, ni se composent ». L'univers est infini, pourtant l'infinité de l'univers n'est pas comme l'infinité divine, une véritable infinité, mais bien une infinité « particulière », en ce sens que, puisqu'il n'existe aucun acte qui puisse limiter l'univers, celui-ci est exempt de limites, c'est-à-dire infini.

L'unité de Dieu, bien qu'étant la source de toute pluralité, est dégagée de la pluralité ; au contraire, l'unité de l'univers, bien qu'elle soit très grande, se contracte (ou se concrétise) en fonction de la pluralité des choses qu'elle contient, si bien que son unité est « unité dans la pluralité ». L'Univers, à la ressemblance de l'infinité absolue, possède des graduations d'êtres infiniment variées. Quant à la matière de l'univers, Cuse nie qu'elle préexiste comme une possibilité absolue, réelle pour les corps. D'autre part, Cuse rejette nettement la doctrine d'une « âme du monde » qui contiendrait en elle les formes diverses et parfaites, ou les idées, « subsistantes en elles-mêmes » et principes des choses. Pour Cuse, toutes les choses ont une unique et très simple raison qui est Dieu même sous forme de Logos (ou Verbe, ou concept). Toutes choses sont unies à l'Unique par un lien d'amour, au moyen d'un mouvement ou d'un esprit, qui conserve l'univers en montant continuellement vers l'universel et en descendant vers le particulier et le déterminé : ce mouvement, ou esprit répandu, procède de Dieu et est l'Esprit-Saint ; si bien que Dieu unique et triple est l'unique principe de l'univers.

Arrivé à ce point, sous le titre de « Corollaires autour du mouvement », l'auteur traite du mouvement, théorie très remarquable tant par l'élégance avec laquelle elle est développée que par son importance objective et l'influence qu'elle exerça sur la pensée postérieure métaphysique et cosmologique. Puisque l'univers est chargé de possibilités, c'est-à-dire relatif, rien en lui ne peut exister qui ne soit parfaitement égal et absolu : tous les corps célestes se meuvent, et la terre aussi avec eux, puisque le mouvement est vie. Mais le mouvement est relatif comme toute autre détermination du monde : c'est pourquoi on peut dire, bien que rien ne puisse être absolument ni centre ni circonférence, que la machine du monde a son centre dans chaque point et sa circonférence nulle part ; en tant que centre et circonférence il y a Dieu, qui est à la fois partout et nulle part. On ne doit pas considérer la terre comme plus vile que les autres astres, car elle est parfaite pour ce qu'elle renferme de possibilités, c'est-à-dire relativement ; et l'art que Dieu a déployé dans la création est admirable.

Enfin, dans le troisième livre, Cuse traite de Jésus-Christ, qui est le maximum absolu, et, comme l'acte concret, est rassemblé en un moment du temps chargé de toute la vie en puissance ; c'est pour cela qu'il est le médiateur entre Dieu et le monde. La nature humaine, parce qu'elle est « le plus haut degré des natures inférieures et le plus bas des natures supérieures », renferme en elle toutes les natures, si bien qu'elle fut justement appelée « microcosmes » ; c'est celle qui, élevée à l'union avec le maximum absolu, pouvait devenir la plénitude de toutes les perfections de l'univers. C'est pourquoi le Christ fut Dieu et homme : par lui la nature humaine fut libérée du poids des passions temporelles et criminelles et atteignit à l'immortalité. C'est par un tel processus – processus qui dépasse la compréhension rationnelle – que le Christ est l'anneau de jonction entre le fini et l'infini. Jésus, impossible à connaître pour l'intelligence, se comprend seulement par le moyen de la foi qui, pour être vive, doit être jointe à l'amour. La vraie foi rend l'homme « semblable au Christ », c'est-à-dire capable de se détacher de toute chose sensible pour suivre les traces du Christ.

Nicolas de Cuse peut être regardé comme le précurseur des temps nouveaux, en parti-

•

culier de Bruno et de Spinoza pour l'immanentisme et le dynamisme de sa conception de l'univers : celle-ci, entre autres choses, le conduit à la géniale intuition du mouvement de la terre ; mais d'autre part, il ne peut éviter cette simplicité un peu naïve de l'amour croyant qui, dans son œuvre, dérive d'un certain mysticisme médiéval dont elle est remplie tout entière. En résumé, la *Docte ignorance* possède une sévère beauté, faite de lucidité intellectuelle, d'ingénuité, d'amour et de foi profonde. – Trad. Alcan, 1930 ; Cerf, 1991.

DOCTEUR FAUSTUS [*Doktor Faustus*]. Ce récit de l'écrivain allemand Thomas Mann (1875-1955), publié en 1947, où l'on a voulu voir « son testament littéraire », est la vie du compositeur allemand Adrian Leverkühn, racontée par un de ses amis. Ce n'est pas un testament, pour la seule raison que rien n'y est expressément affirmé. C'est l'examen d'un cas clinique. De plus, Mann a perfectionné la technique du roman en superposant trois plans : histoire d'un musicien de génie, atteint de syphilis (et qui a du génie parce qu'il est syphilitique) ; symbole de la destinée de l'Allemagne (la maladie c'est l'hitlérisme), tableau de la vie à Munich à la veille de la Seconde Guerre mondiale : récit fait, après la mort de Leverkühn, par son ami Zeitblom qui écrit sous les bombardements et fait ainsi voir, en mêlant à ces mémoires des réflexions de 1944, le lien de la faute et du châtiment. On voit la complexité de l'œuvre. Leverkühn s'appelle Faustus, car il a fait, ou croit avoir fait, un pacte avec le diable qui lui donne le génie pour quelques années, en échange de la santé. C'est le Faust de la légende populaire qui sert ici de modèle. Le dialogue avec le diable, qui paraît d'abord sous un aspect tout à fait moderne et change plusieurs fois de visage et de costume, forme un long chapitre au centre même du récit et rappelle Dostoïevski. Leverkühn emprunte d'autre part beaucoup de ses traits à Nietzsche dont la maladie évolua à peu près de même. Certaines anecdotes (Leverkühn adolescent entraîné dans une maison publique et se réfugiant au piano) sont tirées de la vie de Nietzsche. Leverkühn est aussi le peuple allemand, et le problème génie-maladie devient à la fois le problème art-décadence, le procès d'une culture, la chronique de la fin d'un monde. On a dit : réquisitoire. C'est aussi une explication et jusqu'à un certain point un plaidoyer.

Leverkühn – ce qui peut nous étonner – ne présente pas les traits de caractère que nous disons germaniques : s'il s'est distingué de très bonne heure par son intelligence et sa facilité à apprendre, il a le cœur sec, il est renfermé, solitaire, aime les combinaisons abstraites et est enclin à se moquer de tout ; il n'est pas intinctivement musicien, et ne s'adonnera à la musique que par goût de la complication habile et de l'ambiguïté. Il a d'abord étudié la théologie, « pour se discipliner », ensuite il a songé aux mathématiques « qui l'avaient toujours beaucoup amusé ». Son biographe, qui a pour lui une grande tendresse, se demande si vraiment il s'est intéressé à quelque chose. Dans la composition musicale, ce qui l'attire c'est la possibilité de combinaisons curieuses, inattendues, agressives, baroques, qui préservent de la banalité et de l'ennui. À l'humanisme (bien édulcoré et insipide !) de Zeitblom, il oppose ce qui est curieux, piquant, comique, caricatural ou apocalyptique. Il n'a aucun sens des réalités ; il vit toujours en marge, inadapté, d'ailleurs sans enthousiasme, et il écrit ses œuvres comme on mène une partie d'échecs. Il ne recherche que l'« intéressant » quel qu'il soit. Cela lui donne le désir de la gloire, mais pour avoir la gloire il n'est d'autre moyen que de pactiser avec le démon... En effet, l'art est désormais impossible (problème de la décadence, de la complication croissante et des renouvellements de plus en plus difficiles !), car on ne peut plus rien créer de neuf avec la simplicité du cœur et sans la complicité de l'enfer.

En face de ce personnage « problématique », le brave Zeitblom, son biographe, incarne un rationalisme très prudhommesque, aussi plat qu'il est possible, prêt d'ailleurs à se laisser entraîner par les mouvements populaires, l'enthousiasme guerrier aussi bien que le défaitisme dans l'insuccès. Fils d'un pharmacien catholique (Leverkühn est protestant), il a fait des études régulières et il est devenu professeur de lycée. Il connaît les « divinités de l'abîme » grâce à ses « chers Grecs » et il s'étonne que, les tenant pour dangereuses, il ait du goût pour la musique : mais ce sont là « contradictions inhérentes à la nature humaine ». Si Zeitblom représente l'« autre Allemagne », celle-ci est bien mal partagée, et l'auteur a voulu sans doute laisser entendre qu'elle avait perdu toute vigueur et n'était plus qu'un pâle reflet d'un passé disparu. Il reste en somme passif, tour à tour bon patriote au sens vulgaire, et appelant la défaite de ses vœux quand, « de l'avis des hommes compétents, la guerre ne peut plus être gagnée ». Il s'est réjoui des succès de la guerre sous-marine, a applaudi à l'enlèvement de Mussolini, « magnifique exploit de hussards », parle avec satisfaction de la forteresse Europe, et, sous les bombardements massifs, se demande si, au fond, il n'a pas souhaité la catastrophe totale... Cet humaniste est ridicule et tout aussi détaché de la vie réelle que Leverkühn. Ce procédé d'exposition par double personnage permet à Mann de demeurer dans l'ambiguïté qui lui est chère, se contentant de suggérer et laissant au lecteur le soin de conclure.

À côté et derrière ces deux figures principales, il y a dans le récit un tableau très riche, une peinture de la vie en Allemagne, et spécialement à Munich, où l'on retrouve toutes les qualités du psychologue et de l'observateur. Les inadaptés : Clarissa, qui voudrait faire une carrière de cantatrice sans en avoir le talent et qui s'empoisonnera ; Institoris, esthète malingre et nietzschéen, admirateur des surhommes de la Renaissance, marié à une femme riche qui le trompe avec le violoniste Rudi, interprète de Leverkühn ; Inès, son épouse infidèle et morphinomane. Les ferments de décomposition : le Dr Chaim Breisacker, d'une laideur fascinante, corps étranger propre à activer la décomposition, qui ne vit dans l'histoire qu'un processus de décadence ! Saul Fittelberg, incarnation très vivante et très vraie de l'impresario international, avant tout homme d'affaires, sans aucun sens artistique mais habile à constituer son « haras », qui pérore sans fin en plusieurs langues. Ensuite, les maîtres de Leverkühn : Wendel Kretschmar, germano-américain, devenu organiste à Kaisersaschern (la petite ville où se passe la jeunesse de Leverkühn) ; il fait des conférences en donnant des exemples au piano ; il affirme qu'il n'est pas important de s'intéresser à quelque chose, mais d'éveiller chez autrui un intérêt quelconque auquel on ne se laissera pas prendre soi-même. Esprit paradoxal, il pense qu'il faudrait redevenir beaucoup plus barbare pour être susceptible de culture. Il est l'ennemi de la sensibilité, de la « chaleur animale » : c'est encore de l'intellectualisme abstrait. Les professeurs de théologie qu'a eus Leverkühn sont d'abord Nonnenmacher, une des lumières de l'université, philosophe présocratique qui célèbre la suprématie des nombres et l'harmonie mathématique des sphères. Ensuite, Ehrenfried Kumpf, qui croit au diable et ne croit pas à la raison : Luther redivivus. Enfin, Schleppfuss, qui enseigne la psychologie religieuse comme une démonologie, à l'aide de la sexualité et de la psychanalyse : le mal fait partie intégrante et nécessaire du bien ; le démon est plus « intéressant » que Dieu, et la théologie n'est au fond que la science du diabolique. Est évoquée enfin la société européenne à Munich avant la guerre : certains personnages dont on a discerné ou supposé la clef : Rudi, le violoniste virtuose qui rappelle Peter Gast auprès de Nietzsche ; David zur Höhe (le cercle Stefan George), Jeannette Scheuerl (Annette Kolb), Madame la Sénateur (la mère de Mann), cercle cosmopolite ou beaucoup d'idées, d'ailleurs contradictoires, sont évoquées, expression d'une culture qui se met à douter de sa propre valeur.

Sur la musique de Leverkühn, l'auteur donne des précisions de véritable technicien et quelques analyses (œuvres de Leverkühn, de Wagner ou de Beethoven) qui sont magistrales. Mais, s'il est permis de se demander jusqu'à quel point Leverkühn incarne l'Allemand, on peut aussi constater combien sa musique est éloignée de ce que nous connaissons de la musique spécifiquement allemande : peut-être est-ce une façon de montrer que cette Allemagne-là s'est détachée de ses meilleures traditions. Cette musique n'est pas faite pour être « entendue », mais pour donner à l'esprit un plaisir et la vue d'un « ordre cosmique ». Elle adopte le système dodécaphonique de Schönberg (qui a cru devoir revendiquer son droit d'inventeur en protestant auprès de Mann ! !) et utilise tous les raffinements de la science de l'orchestre ; Berlioz, Richard Strauss... et le jazz. On sait d'ailleurs que la musique que Mann aurait écrite serait au contraire celle d'un disciple de Franck et de Brahms.

Pour comprendre, ou essayer de comprendre le sens du roman, il est utile de voir comment est venue la « maladie » de Leverkühn. Ce n'est pas l'effet d'un pacte avec le diable, comme dans la légende, mais un glissement sur une pente. Il y a une part d'orgueil, de mépris, d'absence d'amour, d'exaspération du sentiment de la solitude ; puis une part d'imprévoyance : Leverkühn n'écoute pas les avertissements et il a le désir, l'instinct de l'aventure : « On verra bien... » Enfin, le hasard et la malchance ont joué aussi : Leverkühn, ayant constaté son mal, veut le soigner et va, à deux reprises, consulter un médecin, chaque fois en vain : l'un meurt subitement, l'autre est un charlatan, et, quand Leverkühn revient pour se faire soigner, il le voit emmené, menottes aux poignets, par la police. Il ne s'obstine d'ailleurs pas et s'abandonne assez légèrement au destin... Cette maladie est aussi l'œuvre d'un malin génie qui, lui, sait ce qu'il veut, d'une puissance infernale. Voyez le dialogue avec le diable, dont on ne sait si c'est une réalité, un rêve ou une hallucination. Leverkühn se moque du démon, ne le prend pas au sérieux, veut même se débarrasser de lui. Mais il doit reconnaître que le Malin tient les discours qui reflètent sa propre pensée. Est-ce à dire que la Providence est diabolique ? Les peines de l'enfer sont aussi bien le froid que le chaud excessifs : alors on court de l'un à l'autre, trouvant toujours l'autre désirable. Sont-ce les idées de Leverkühn, du diable ou de l'auteur ? L'œuvre de Leverkühn conjugue les extrêmes : primitivité et raffinement, constructions cérébrales et brutalité (national-socialisme) ; elle veut opérer un renversement des valeurs : les grandes compositions de Leverkühn, « Apocalypsis cum figuris » et « Lamentations », sont le contre-pied de la *IXe Symphonie* et de l'hymne à la joie : c'est l'apothéose de la douleur et du désespoir, avec la glorification de l'énergie pour elle-même, de la volonté de puissance, « esthéticisme de la barbarie ».

Parmi les très nombreux tableaux de genre, esquisses, croquis, où l'on retrouve le meilleur Mann, citons l'épisode émouvant du jeune Népomuk qui joue dans ce Faust un rôle analogue à celui d'Euphorion dans le *Faust* (*) de Goethe, et aussi énigmatique : jeune garçon en culotte de cuir et pieds nus, qui apporte la joie dès qu'il paraît. Il ressemble à un prince des Elfes. Il a l'accent suisse et retrouve d'instinct des expressions de l'ancienne langue allemande. On lui apporte des jeux compliqués, mais il préfère tous les ustensiles de bureau... Leverkühn se prend à l'aimer, en dépit de son caractère insensible et sardonique. Mais Népomuk meurt, comme s'il avait été tué par la seule présence et l'haleine de Leverkühn. Ce roman entremêle les thèmes philosophiques, l'histoire, la politique et l'esthétique, et l'on mesure jusqu'à quel point il est tour à tour un acte d'accusation et un plaidoyer. Mann a écrit qu'il avait ressenti douloureusement « sur lui-même » la tragédie de Leverkühn. C'est sans contredit une œuvre considérable et troublante que les commentateurs n'ont pas fini d'analyser. On peut déplorer que le style, toujours très soigné, n'ait plus le relief, la couleur, la netteté du trait que l'on aimait dans d'autres œuvres du même auteur, mais Mann se renouvelle sans cesse, et ce que nous critiquons ici peut être aussi bien, pour d'autres, une raison de l'admirer. Le plus grave reproche que l'on puisse sans doute faire à cette œuvre monumentale tient dans le fait que le démon n'y a pas de contre-partie. Dans les *Faust* (*) de Goethe, de Marlowe, de Lessing, il y avait en face du diable d'autres puissances, divines et bienfaisantes. – Trad. Albin Michel, 1951.

DOCTEUR GLAS [*Doktor Glas*]. Roman de l'écrivain suédois Hjalmar Söderberg (1869-1941), publié en 1905. Söderberg fit scandale avec ce troisième roman, chef-d'œuvre reconnu aujourd'hui comme un classique de la littérature suédoise. Lors de sa parution, certains accusèrent ce livre de professer un nihilisme pernicieux et un amoralisme dangereux. En effet, si Söderberg reprend ici ses thèmes favoris, l'amour et la religion, il les traite d'une façon provocante. La sensualité habituelle fait place à une abstinence malsaine du héros, et la critique de l'Église s'avère particulièrement acerbe. Avec beaucoup de finesse, Söderberg coule le débat d'idées, objet premier de son inspiration, dans le moule d'un drame psychologique et moral. Il en résulte un roman-confession où le personnage principal consigne dans son journal ses sentiments et des pensées qui contrastent par leur complexité avec le dépouillement de l'action. Le docteur Glas est un névrosé qui, par dégoût pour la sexualité, n'a encore jamais connu l'amour charnel à 33 ans. Pourtant ce misanthrope est capable d'émotion. Derrière une impassibilité apparente il cache une passion dévorante pour un être qui, dans ses rêves, devient une figure idéalisée, pleine de grâce et de pureté. Il est en effet tombé amoureux d'une de ses patientes, dont il a recueilli les confidences pendant ses consultations : victime du comportement brutal et des abus sexuels de son époux, le pasteur Gregorius, qui lui répugne, et pour qui elle n'éprouve que haine et aversion, Helga aime un autre homme. Le docteur Glas souffre de la voir martyrisée et désire la rendre heureuse. Esthète dont l'acuité est exacerbée par une vive intelligence et une grande probité intellectuelle, il exècre la laideur, la grossièreté et la duplicité du pasteur qui, sous des dehors aimables, utilise la religion pour forcer sa femme à accomplir ses devoirs conjugaux. Söderberg a mis l'accent sur l'intensité du dilemme que vit le médecin tiraillé entre son éthique personnelle et la morale sociale. Obéissant à ses propres lois, il décide d'empoisonner le pasteur Gregorius. Acte altruiste à ses yeux, ce meurtre s'avère vain en réalité, car il n'apporte le bonheur ni à Helga ni au docteur Glas. Helga, délaissée par son amant, lui échappe. Réduit à une solitude encore plus atroce, le docteur voit son existence se poursuivre sous le signe de la résignation et l'acceptation du déterminisme auquel nul ne saurait se soustraire. Ce roman est fascinant à plus d'un titre : il souligne l'échec du surhomme, dénonce la vacuité de la religion dévoyée à des fins égoïstes, stigmatise l'institution du mariage qui légitime les violences du mari sur son épouse. Profondément révolté contre les injustices engendrées par une société bourgeoise sclérosée, Söderberg dissèque au scalpel les hypocrisies de son temps avec une sobriété et une ironie mordante qui accentuent la force de ce récit audacieux.

M.-B. L.

DOCTEUR JIVAGO (Le) [*Doktor Živago*]. Roman du poète russe Boris Pasternak (1890-1960), publié en 1957. « Depuis qu'il était au lycée, dit Pasternak de son héros Iouri Jivago, il rêvait d'une œuvre en prose, d'un livre de biographies où, dissimulées comme des charges explosives, il pourrait faire entrer les choses les plus étourdissantes qu'il avait vues et pensées. Mais il était encore trop jeune pour écrire ce livre, aussi se contentait-il de faire des vers, comme un peintre qui passerait sa vie à dessiner des études pour un grand tableau. »

Le Docteur Jivago est en effet une somme, l'aboutissement d'une vie et d'une œuvre de poète. Son héros central, Iouri Jivago, est le dernier avatar de la figure romanesque dans laquelle, dès 1924, dans le « roman en vers » *Spektorski* (*), Pasternak tentait d'incarner le sujet lyrique, essentiellement réceptif, de sa poésie dans ses relations conflictuelles avec son temps. Le passage à la prose était amorcé dès 1929 dans le complément que formait *Le Récit* – v. *Spektorski*. Mais c'est avec le « grand tournant » des années 30, et la rupture totale avec le passé qu'il implique pour le poète, que le projet romanesque prend forme : en décembre 1934, Pasternak annonce à son père son intention de se « reconvertir en romancier de style dickensien ». Il travaille depuis plus d'un an à ce roman que le conformisme intolérant des années staliniennes fait avorter, et dont il ne réalise que quelques fragments, publiés à la veille de la guerre. Le projet est cependant repris en 1946, dans l'euphorie de la victoire. Poursuivi malgré le retour à la terreur qui marque les dernières années de la vie de Staline (1946-1953), il sera mené à son terme en 1955 à la faveur du dégel. Annoncé dès 1954, il est refusé par les éditeurs soviétiques, mais paraît à Milan (en italien et en russe) en novembre 1957, chez l'éditeur communiste Feltrinelli.

Le Docteur Jivago apparaît comme une fresque historique de forme traditionnelle, où l'auteur nous présente, à la veille de la première révolution de 1905 et pendant son déroulement, plusieurs personnages appartenant aux différentes couches sociales de la société russe, auxquels il fera traverser les épreuves de la Première Guerre mondiale et de la révolution de 1917. Cependant, l'action se concentre très vite sur le trio formé par une jeune femme, Larissa Guichard (Lara), fille d'un ingénieur belge dont la mort précoce a plongé sa famille dans le besoin, et les deux hommes qui se disputent son amour, le poète Iouri Jivago et le révolutionnaire Pavel Antipov. Lara, la jeune fille pauvre, a été séduite dans sa jeunesse par Komarovski, riche avocat et homme d'affaires, qui a été le protecteur et l'amant de sa mère. À la veille de la Première Guerre mondiale, elle épouse Pavel Antipov, fils d'ouvrier qui a cru pouvoir oublier ses origines en faisant des études supérieures, mais que le besoin de venger Lara transformera, sous le pseudonyme de Strelnikov, en une sorte d'ange exterminateur de la Révolution. Sur le front, où, infirmière, elle recherche son mari disparu, Lara fait la connaissance de Iouri Jivago, médecin et poète, fils d'un riche industriel ruiné et acculé au suicide ; celui-ci l'a déjà aperçue sans la connaître, lors de la révolution de 1905, lorsqu'elle était pour lui « la petite fille d'un autre milieu ». Le hasard — ou la providence — les réunira un peu plus tard dans l'Oural, où il est allé se réfugier avec sa femme, Tonia, son jeune fils et son beau-père le professeur Gromeko, dans le domaine familial de Varykino, près de la petite ville de Iouriatine où Lara est bibliothécaire. Il est devenu son amant, lorsqu'il est réquisitionné de force par les partisans rouges luttant contre l'armée Blanche de l'amiral Koltchak. Ayant réussi à s'échapper, il se réfugie avec elle dans la solitude enneigée et assiégée par les loups du domaine de Varykino ; mais il la laissera partir avec Komarovski, venu la lui enlever sous prétexte de la mettre à l'abri. Revenu à Moscou, il n'est plus désormais qu'une épave que seule une mort soudaine sauvera de la déchéance totale. Cependant, quinze ans après sa mort, en 1945, ses amis associent son recueil poétique posthume, réuni par leurs soins (et par lequel va se clore le livre), au pressentiment d'une délivrance prochaine que leur apporte la fin de la guerre.

À travers ces personnages et leur destin, on voit ainsi se dessiner une fable symbolique. Lara personnifie la vie, le sentiment de la beauté, de l'éternelle nouveauté du monde qui s'exprime par tout le tissu poétique du roman, et dont Iouri Jivago est l'interprète et le serviteur. Mais elle incarne aussi pour lui la résonance tragique de ce thème : la scène où, ne la connaissant pas encore, Jivago surprend le regard qu'elle échange avec son séducteur, dans la chambre d'hôtel sordide où sa mère, soupçonnant leur liaison, a tenté de se donner la mort, lui fait pressentir avec angoisse et fascination le lien obscur et mystérieux qui asservit la beauté au mal, et qui en fait un appel de détresse. Cet appel, Jivago et Antipov l'entendent de la même façon : pour l'un et l'autre, Lara, dont l'image s'associe à celle de la révolution de 1905, est un objet à la fois de passion et de compassion, un défi auquel ils doivent répondre. Pour relever le défi, Antipov veut changer l'ordre du monde, « transformer la vie », créer par la violence un univers où la femme ne sera plus jamais soumise, avilie, exploitée par le pouvoir de l'argent. À travers lui, Pasternak rend justice à la noblesse d'esprit, à la pureté d'intention du révolutionnaire ; mais il récuse aussi un remède qui ne fait qu'amplifier le mal et finit par détruire ceux qui y ont recours.

Iouri Jivago, apparemment, n'a que sa passivité d'amant et de poète à opposer à l'héroïsme du révolutionnaire, et ne parviendra pas plus qu'Antipov à arracher Lara au dragon : elle ne finira par échapper à Komarovski que pour tomber dans l'enfer du goulag. Mais cet échec temporel est une victoire spirituelle. Le sens de la destinée de Jivago s'éclaire à travers les poèmes qui forment le dernier chapitre du roman. Quelques-uns sont inspirés par des épisodes de l'*Évangile*, et illustrent la pensée du philosophe Nikolaï Vedeniapine, maître à penser du jeune Jivago, incarnation synthétique de la philosophie religieuse russe du début du siècle. Pour lui, l'essentiel, dans l'*Évangile*, « est ce que le Christ a exprimé en paraboles tirées de la vie courante, éclairant la vérité par la lumière du quotidien. Au fond de tout cela, il y a l'idée que les liens qui unissent les mortels sont immortels et que la vie est symbolique, parce qu'elle a un sens ».

Deux thèmes dominent la symbolique religieuse du roman : celui de l'immortalité et celui du sacrifice. Le premier s'exprime d'abord par la place centrale de l'image de la Résurrection, à laquelle sont consacrés plusieurs poèmes, et qui est incarnée dans la construction même du roman par le cahier de poèmes dans lequel Jivago revit quinze ans après sa mort. « La mort n'existe pas », affirme-t-il lui-même au chevet de sa belle-mère mourante. Récusant la « résurrection des morts » dans son interprétation littérale, tenté parfois par l'image poétique d'une immortalité semblable à celle du règne végétal, Jivago défend surtout l'idée d'une immortalité personnelle accessible ici-bas, dans laquelle il voit le message principal du Christ : « La mort n'est pas notre affaire.

Vous avez parlé de talent : cela, oui, c'est autre chose, c'est à nous, c'est nous qui l'avons découvert. Et le talent au sens le plus haut, c'est le don de la vie. » La réponse du poète au défi du mal et de la mort, c'est la création : elle fait accéder à une immortalité qui est comme un autre plan de notre existence, où ce qui a été vécu existe à jamais : « On peut ne pas croire en Dieu, déclare Vedeniapine, et savoir que tout ce qui se passe ne s'accomplit pas seulement sur cette terre, mais aussi ailleurs, dans ce que les uns appellent le royaume de Dieu, d'autres l'histoire, ou encore autrement. » Le don de la vie, c'est l'aptitude du créateur à la faire accéder à cette immortalité qui n'est, selon une formule du même Vedeniapine, qu'un « autre nom de la vie, un peu accentué ».

Quant au thème du sacrifice, il s'exprime le plus nettement dans le poème « Hamlet », en tête du cahier de vers de Jivago, où l'image du héros de Shakespeare se confond avec celle du Christ au jardin de Gethsémani. Ainsi, les poèmes de Iouri Jivago, qui représentent une réalisation du personnage dans sa fonction de créateur, substituent-ils imperceptiblement l'auteur à son héros, et lui permettent d'apporter lui-même par l'acte créateur que constitue son roman une réponse au défi symbolique que le destin de Lara lance à Iouri Jivago.

Première œuvre d'un écrivain soviétique connu à contester les bases idéologiques du système communiste, *Le Docteur Jivago* fait sensation en Occident, où ses qualités littéraires lui assurent un très large succès populaire. En octobre 1958, l'attribution du prix Nobel de littérature suscite la fureur des autorités soviétiques qui ont tout fait pour en empêcher la publication. Dénoncé comme traître à son pays par une violente campagne de presse à laquelle s'associe une partie de la communauté littéraire, Pasternak doit refuser cette distinction et adresser aux autorités une supplique où, sans se renier, il doit désavouer l'interprétation politique donnée à son œuvre en Occident. – Trad. Gallimard, 1958 ; col. Folio, 1972 ; Bibliothèque de la Pléiade, in *Œuvres* de B. Pasternak, 1990. M.A.

DOCTEUR MARTINO (Le) et autres histoires [*Dr Martino and Other Stories*]. Recueil de nouvelles de l'écrivain américain William Faulkner (1897-1962), paru en 1934. C'est le deuxième recueil de nouvelles de Faulkner : le premier était *Treize histoires* (*). Des quatorze textes groupés ici, deux seulement, « Musique noire » et « La Jambe », connaissaient alors leur première parution ; parmi les autres, deux avaient été révisés pour ce volume. Toutes les nouvelles ont reparu en 1950 dans *Collected Stories* – v. *Nouvelles* (*) –, sauf deux qui, entre-temps, avaient été soit incorporées dans un roman – « Le Chien », dans *Le Hameau* (*) –, soit réutilisées dans un autre recueil, comme ce fut le cas de « Fumée » dans *Le Gambit du cavalier* (*).

Ce volume est très composite, et, sans aucun doute, inégal : on y trouve des fantaisies sans grande importance ni impact comme « Musique noire », dont Faulkner disait lui-même que c'était « un tour de force ésotérique, et rien de plus », ou « La Jambe », simple – et maladroite – analyse de l'obsession d'un amputé, ou encore « Au-delà », plate confrontation au paradis d'un agnostique et d'un croyant : quoique le choix du premier soit typiquement faulknérien (conserver la douleur plutôt qu'abandonner le doute), cette histoire confirme que Faulkner n'est pas un écrivain à thèse. Par contre, « Victoire dans la montagne » est une des plus belles histoires jamais écrites sur la profondeur silencieuse des conflits suscités par la guerre de Sécession. Il s'agit de l'implacable et meurtrière tension qui oppose, dans les montagnes du Tennessee en 1865, un jeune officier sudiste et son serviteur noir, de retour de la guerre, et une famille de « hillbilly rednecks » ou pauvres Blancs des montagnes. Dans « Victoire dans la montagne », Faulkner a donné la quintessence de sa vision de la plus grande épreuve qu'ait connue l'Amérique : la guerre de Sécession.

Parmi les autres histoires, trois ont trait à la guerre aérienne en 1914-18 (« Chacun son tour » est encore un « tour de force », si l'on songe que, comme nous le savons maintenant, l'auteur n'a jamais fait la guerre) ou à ses lendemains amers et dangereux pour les aviateurs désœuvrés (« Course à la mort » et « Honneur »). Outre « Le Chien », macabre histoire de cadavre enfoui dans un tronc d'arbre, mais qui prendra sa valeur dans *Le Hameau,* figure ici la première version du terrible récit de la mort de Sutpen au chapitre VII d'*Absalon ! Absalon !* (*) (« Wash »), qui fut aussi repris dans *Collected Stories,* et les très belles pages où meurt la fameuse miss Jenny DuPré, l'Invaincue de *Sartoris* (*) (« Il était une reine »). Enfin, trois nouvelles ont un décor contemporain et sont preuves du souci obsédant qu'avait Faulkner des problèmes posés par la sexualité féminine, présentée ici dans son mystère (« Docteur Martino » et même « Chasse au renard ») ou dans son hystérie (« Elly », qui paraît devoir son thème et sa tonalité à Sherwood Anderson). « Fumée » est une habile histoire policière où apparaît Gavin Stevens, l'avocat bavard au grand cœur, personnage central et « engagé » de la trilogie d'ouvrages sur la question noire : *L'Intrus* (*), *Le Gambit du cavalier* et *Requiem pour une nonne* (*). S'il est un fleuron dans cette couronne inégale, c'est à coup sûr « Victoire dans la montagne ». – Trad. Gallimard, 1948. M.G.

DOCTEUR PASCAL (Le). Roman de l'écrivain français Émile Zola (1840-1902), publié en 1893. Ce vingtième et dernier volume des *Rougon-Macquart* (*) sert de conclusion à l'histoire de la famille. Le fils de Pierre et Félicité Rougon, médecin à Plassans, a recueilli dans sa propriété de la Souléiade Clotilde, la fille de son frère Aristide alors qu'elle avait à peine sept ans. Biologiste dont le renom est inconnu dans la ville où il est le médecin des pauvres, il poursuit des recherches sur l'hérédité. Sa famille, avec laquelle il n'a pas d'affinités, est son sujet d'étude privilégié. Elle lui offre en raccourci l'histoire de l'humanité. Différent des siens au point qu'on ne l'appelle que par son prénom, il peut porter sur eux un regard objectif. Le docteur Pascal est le porte-parole, voire un double du romancier.

Endoctrinée par sa grand-mère et Martine, la servante de son oncle, qui ne voit dans les recherches du savant qu'œuvre diabolique, Clotilde, dont Zola fait une incarnation de la renaissance idéaliste de la fin du siècle, traverse une crise de mysticisme. Elle veut brûler ces révélations secrètes sur la famille. Pascal la surprend et lui explique ce qu'il a voulu faire, lui révélant ce à quoi il est arrivé. L'œuvre est alors un vaste résumé et un commentaire de l'ensemble de la fresque. Clotilde, séduite par ces recherches sur les lois de la vie, aide désormais son oncle et délaisse l'église. « Connais donc la vie, aime-la, vis-la telle qu'elle doit être vécue : il n'y a pas d'autre sagesse », affirme-t-il. Elle devient sa maîtresse, allusion aux amours de Zola et de Jeanne Rozerot. Pour faire cesser les ragots, Pascal la pousse à partir. Très malade et désespéré, il meurt. Félicité et Martine ayant trouvé ses dossiers les brûlent, mais Clotilde sauve l'arbre généalogique de la famille dressé par le médecin et se rappelle ce qu'il lui a appris. Elle met au monde un fils. Le livre et la fresque se terminent sur une image d'espoir, celle d'une jeune mère allaitant son enfant, nouveau messie, espoir d'un monde nouveau.

C. Be.

DOCTEUR SAX [*Doctor Sax*]. Roman de l'écrivain américain Jack Kerouac (1922-1969), publié en 1963. Écrit en 1952 à Mexico chez William Burroughs, dont le physique inspira celui du Docteur Sax, ce livre naquit du rêve de l'« étranger au suaire » que Kerouac avait fait en 1948. La première partie du roman s'intitule d'ailleurs « Les Fantômes de la nuit ».

Personnage maléfique pourvu d'une cape qui flotte au vent et d'un chapeau mou dissimulant un regard haineux, le Docteur Sax fait partie d'une horde de spectres, de monstres et de démons qui hantent les nuits — et parfois même les journées — d'un adolescent, Jack Duluoz, derrière lequel se cache Kerouac. Jack habite Pawtucketville, une bourgade ouvrière, grise et morne, de la Nouvelle-Angleterre. Les fantasmes et la réalité se mêlent ici en une prose exubérante et truculente, qui inclut de nombreux et savoureux dialogues en canadien français, langue maternelle de Jack Kerouac. En effet, deux univers se chevauchent dans *Docteur Sax :* d'abord celui, quotidien et joyeux, de la famille Duluoz : jeux, soirées animées, menus conflits et amitiés adolescentes campent un monde paisible et stable. Mais en certains lieux et à certains instants du jour fait irruption l'univers irrationnel et terrifiant du Docteur Sax : l'« étranger au suaire » fut en partie tiré de la revue *Shadow,* que Jack Kerouac lisait dans son enfance, et dont il élargit les thèmes pour créer, selon ses propres termes, « une sorte de conte de fées gothique, un mythe de la puberté ». Du coup, ce qui n'était qu'une fantasmagorie de bandes dessinées prend la dimension d'une lutte mythologique entre le bien et le mal. Ainsi le Docteur Sax déclenche-t-il par vengeance une crue destructrice du Merrimac, le fleuve qui traverse la petite ville. Mieux, à la fin du livre, Kerouac s'inspire d'une légende mexicaine pour décrire une vision d'apocalypse : dans un château proche de la ville vit le Grand Serpent du Monde qui menace d'anéantir la terre entière. Sax, accompagné par le petit Jack, réussit à détruire le château grâce à ses pouvoirs magiques, et un Grand Oiseau Noir enlève au ciel le Serpent maléfique, permettant ainsi au monde de retrouver son équilibre.

Avec *Docteur Sax,* Kerouac affronte tout un ensemble de fantasmes et de rêves qui, jusque-là, n'avaient pas trouvé leur expression écrite. De tous ses livres, c'était celui qu'il aimait le plus, sans doute à cause de son évocation vigoureuse et sensible de son enfance, partagée entre la tendresse familiale et les terreurs d'univers intimes inexplorés. Point de voyages ici, mais une exploration des forces du subconscient, incarnées par une série de personnages surnaturels qui font de *Docteur Sax* un roman certes surprenant, mais très attachant. — Trad. Gallimard, 1962. B. M.

DOCTEUR THORNE (Le) [*Doctor Thorne*]. Roman de l'écrivain anglais Anthony Trollope (1815-1882), publié en 1858. Il est le troisième, dans la série des six constituant *Les Chroniques de Barchester* (1855-1867). D'un bout à l'autre de la série, les mêmes personnages paraissent, tantôt jouant un rôle important, tantôt faisant figure de fond. Chaque roman d'ailleurs a sa propre intrigue — ce qui lui confère une indépendance quasi totale vis-à-vis des autres — et *Le Docteur Thorne* raconte les moyens par lesquels la famille Gresham, tombée dans l'infortune, cherche à se rétablir en mariant richement le fils, Frank. Amoureux de la nièce adoptive du docteur, Frank se refuse à ces projets ; les raisons du cœur et de l'intérêt se concilient enfin, après de nombreuses péripéties, lorsque la nièce du docteur se trouve elle-même héritière richissime. Si improbable que soit ce dénouement (et ici comme ailleurs Trollope fait de nombreuses concessions au goût de ses lecteurs), l'auteur le rend acceptable par sa manière de le traiter. Fin observateur, il parvient à éviter les extrêmes du mélodrame et de la sentimentalité qui défigurent le roman victorien, notamment chez Thackeray et Dickens. En un sens, c'est grâce à son manque d'imagination que Trollope réussit ses portraits de la société anglaise, et ce même défaut, se transformant en qualité, donne à ses tableaux une objectivité et une valeur documentaire que l'on chercherait en vain chez ses contemporains plus doués. *Le Docteur Thorne,* par exemple, dépeint très exactement la manière dont on procédait aux élections vers 1850 ; l'auteur promène un regard amusé sur la corruption qui les caractérise, sans, bien entendu, l'approuver, mais sans trop la condamner non plus. Son réalisme — du moins en a-t-on l'impression — relève parfois de l'artifice littéraire ; chroniqueur plutôt que critique de la société, Trollope dans ses romans reflète en quelque sorte la suffisance d'une époque dont il accepte, sans jamais les mettre en question, les valeurs profondes. Néanmoins, ces restrictions une fois faites, il reste, grâce à l'humour partout présent dans ses livres, un des romanciers les plus attachants de l'époque victorienne.

DOCTRINE CHRÉTIENNE (De la) [*De doctrina christiana*]. Traité d'herméneutique et d'homilétique en quatre livres, du théologien latin saint Augustin (354-430), écrit à Hippone, les trois premiers livres en 397, le dernier en 426-427. La première partie, qui est constituée par les trois premiers livres, aide à comprendre les Écritures, la seconde dit de quelle façon doivent être expliquées les vérités divines.

Après un long prologue, dans lequel sont prévues et combattues les objections éventuelles de ses adversaires, Augustin enseigne, dans le premier livre, que toute science est faite de « choses » et de « signes ». Les choses (« res ») sont de deux espèces : celles dont il faut « jouir », et celles dont il faut « se servir ». Les unes rendent par elles-mêmes les hommes heureux, les autres les aident à atteindre ce bonheur. « Jouir » d'une chose, c'est s'appliquer à cette chose pour l'amour de la chose en soi ; « se servir » d'une chose signifie employer cette chose comme un moyen pour obtenir ce que nous aimons ; mais l'usage illicite d'une chose n'est plus usage, mais abus. Les choses dont il faut jouir sont les trois « Personnes divines », le Dieu infaillible, la sagesse immuable. Mais, pour connaître cette divine sagesse, il faut avoir l'âme pure ; et, pour nous apprendre à être purs, la sagesse divine s'humilia dans la chair mortelle, guérit l'homme du péché, le libéra des passions et de la mort. Augustin dit aussi que nous ne devons aimer les créatures que par amour pour Dieu, puisque aimer son prochain pour lui-même, c'est « en jouir », et l'aimer pour l'amour de Dieu c'est « s'en servir ». Et il conclut : étant donné que l'amour de Dieu et l'amour du prochain sont le but de toute l'Écriture, ce double précepte de la « Charité » doit servir à l'intelligence des textes bibliques. Foi, Espérance et Charité sont les trois attributs sur lesquels sont fondées toute la science et l'interprétation des livres saints, et ce n'est qu'après avoir rapporté à ces trois vertus l'intelligence de la divine Écriture que l'on peut, avec un esprit serein, entreprendre l'étude de *La Bible* (*). Dans le second livre, Augustin, traitant des « signa », estime que, parmi les signes conventionnels, les mots occupent la première place. Les Livres saints, d'abord écrits en une même langue, furent ensuite traduits et répandus par toute la terre. Mais ils ne sont pas toujours compréhensibles ; et il énumère les procédés par lesquels on peut arriver à leur parfaite connaissance : il donne, en outre, la liste des livres canoniques et il les recommande à ceux qui ont la crainte de Dieu, aux doux, à ceux qui cherchent à connaître la volonté divine, leur suggérant les moyens qui leur permettront de comprendre les passages obscurs : connaître les langues grecque et hébraïque, consulter et confronter les différentes versions ; enfin, il conseille la connaissance des noms propres des hommes et des villes, des noms des animaux, des plantes, des herbes ; la connaissance des nombres, de la musique, de la rhétorique, de l'histoire, etc. Dans le troisième livre, il dicte quelques règles pour résoudre les ambiguïtés dérivant des mots propres et métaphoriques de l'Écriture et il affirme qu'il faut se garder de l'interprétation littérale des expressions figurées ; il condamne les juges qui furent esclaves de la lettre, comme les gentils le furent des faux dieux ; il donne des règles sur l'allégorie, et choisit quelques exemples tirés de *La Bible.*

Dans le quatrième livre, l'auteur expose les préceptes de la rhétorique et suit Cicéron en particulier dans sa distinction entre les différentes sortes de style : le « simple », le « médiocre » et le « sublime », citant des exemples tirés des Livres sacrés et des écrivains chrétiens. La *Doctrine chrétienne* fournit la clef pour connaître la méthode suivie par saint Augustin dans ses commentaires de l'Écriture ; c'est une œuvre destinée surtout aux ecclésiastiques qui, au Moyen Âge, la considérèrent comme un véritable manuel. — Trad. *Œuvres,* Bibliothèque augustinienne, t. 11, 1949.

DOCTRINE DE LA SCIENCE [*Wissenschaftslehre. Versuch einer ausführlichen und grösstenteils neuen Darstellung der Logik mit steter Rücksicht auf deren bisherige Bearbeiter*]. Œuvre du philosophe tchèque Bernhard Bolzano (1781-1848), publiée à Sulzbach en 1837 en quatre volumes. Par « Doctrine de la science », l'auteur entend la logique formelle. La science étant un ensemble de vérités objectives, la « Doctrine de la science » est l'ensemble des règles qui servent à répartir la vérité dans les cadres divers des disciplines particulières, à découvrir la vérité à l'intérieur de chacun d'eux et à disposer les vérités selon leurs rapports. La « Doctrine de la science » est donc un art ou une technique, mais la technique aussi est une science, qui se propose de donner une série de règles de conduite. Pour singulière qu'elle soit, cette conception ne laisse pas d'être très importante ; en contraste avec l'orientation subjectiviste de l'ouvrage du même titre de Fichte — v. *Doctrine de la science* (*) —, la logique est considérée ici d'un point de vue strictement objectiviste, en tant que théorie de l'ordre des « vérités ». Indépendamment du fait qu'on la pense ou non et du processus psychologique de la pensée qui la conçoit, elle est le « contenu » idéal de la pensée et non la « chose » à laquelle la pensée se rapporte. La première partie, la « Doctrine fondamentale » [Fundamentallehre], est justement destinée à définir le concept de « vérité en soi » et à démontrer, à l'encontre du scepticisme, qu'il existe au moins une vérité en soi : quiconque nie qu'il existe une proposition vraie affirme la vérité de cette assertion ; il affirme donc qu'il est vrai qu'aucune proposition n'est vraie et que la proposition qui précède est vraie, et ainsi de suite à l'infini. La partie historiquement la plus importante de l'œuvre est la seconde, ou « Doctrine élémentaire » [Elementarlehre], consacrée à développer la notion de « proposition en soi » : celle-ci consiste dans l'affirmation que quelque chose est ou n'est pas, indépendamment du fait qu'elle est vraie ou fausse, exprimée ou non par la parole, pensée ou non pensée. Les « propositions en soi » sont des entités idéales, comme la notion d'infini et d'autres notions mathématiques ; elles n'ont pas d'existence réelle. Il existe (en un sens idéal, c'est-à-dire mathématique) un nombre infini de vérités qui, pour ne jamais avoir été pensées, n'en sont pas moins vraies ; toutefois, à l'instar de Leibniz qui, avant lui, avait affirmé l'autonomie des vérités mathématiques par rapport aux actes concrets de la pensée qui les conçoit, Bolzano pose l'omniscience divine en tant que pensée actuelle de toutes les propositions en soi. Celles-ci se composent de « représentations en soi », mais un ensemble de représentations ne suffit pas à constituer une proposition ; il faut aussi l'affirmation qu'elle est ou n'est pas. C'est là un point important : grâce à lui, Bolzano introduit dans la logique le calcul des valeurs modales des propositions, premier pas vers les logiques « polyvalentes » de notre siècle. Enfin Bolzano distingue entre « objectivité » et « réalité » des représentations en soi ; l'objectivité d'une représentation naît de son objet ; celui-ci peut être idéal ou réel, ou même impossible (comme il advient par exemple pour la représentation du « décaèdre régulier ») ; dans ce dernier cas, la représentation est dite irréelle. Les trois dernières parties de l'ouvrage : la « Théorie de la connaissance » [Erkenntnislehre], l'« Euristique » [Euristik] et la « Doctrine de la science » [Wissenschaftslehre] ont moins d'importance. Bien que cette œuvre fasse de Bolzano le second fondateur, après Leibniz, de la logique mathématique, il ne parvient toutefois pas à se dégager entièrement de la logique qualitative et métaphysique d'Aristote et de Leibniz. Son principal mérite est d'avoir frayé la voie que parcourront bien plus tard, au début de notre siècle, la logique symbolique et Husserl.

DOCTRINE DE LA SCIENCE. Sous ce titre sont réunis habituellement les deux principaux écrits du philosophe allemand Johann Gottlieb Fichte (1762-1814) : *Sur la conception de la doctrine de la science* [*Ueber den Begriff der Wissenschaftslehre oder der sogenannten Philosophie*] et *Les principes fondamentaux de toute la doctrine de la science* [*Grundlage der gesamten Wissenschaftslehre*] qui, publiés une première fois en 1794, eurent, du vivant de l'auteur, de nombreuses éditions.

Pour Fichte, la philosophie est « doctrine de la science », en ce qu'elle a pour objet non un être en lui-même, cause présumée du contenu sensible de nos connaissances, mais le système du savoir humain en général. La recherche doit, d'un principe fondamental absolument de base, bien qu'il soit indémontrable, déduire les formes théoriques et pratiques de la raison. Un tel principe est le Moi, position absolue de soi-même : ce n'est pas une substance, mais une activité de laquelle naît tout le monde varié de l'expérience, qui se déroule sans besoin de recourir au « noumène », posé par Kant comme une source inconnue de sensations... Une philosophie dans laquelle le principe fondamental qui la commande inconditionnellement est le moi saisi dans son mouvement même est une philosophie critique et idéaliste ; en revanche, la philosophie qui pose une inconnaissable immanence comme réellement opposée et supérieure au Moi, en supprimant tout recours à un principe légitime et immanent de déduction, et qui finit, si elle veut être cohérente, dans le scepticisme, est une philosophie dogmatique. L'esprit construit son monde par un processus dialectique, c'est-à-dire par une activité qui, se fondant sur une opposition intérieure (entre la thèse et l'antithèse), conclut à une synthèse dans laquelle, le différend ayant été surmonté, on trouve le concret. Les opposés (Moi et non-Moi, c'est-à-dire le sujet et l'objet pris séparément), liés l'un à l'autre, sont abstraits : leur intimité est nécessaire, leur liaison se fait dans la synthèse, dans laquelle ils se déterminent réciproquement. Donc, dans la conception d'une détermination concrète, les trois moments sont implicites ; en d'autres termes : si un acte déterminé est synthèse, il doit poser en fait la thèse et l'antithèse ou les opposés qui seront conciliés dans la synthèse.

La « doctrine de la science » doit enfin traiter de l'« intelligence », où acte de connaissance par lequel on montre à la raison pratique la limite à dépasser, afin d'assurer à l'esprit son développement infini suivant un plan téléologique. Cependant l'esprit-en-soi est activité pratique en ce sens qu'il est le fait d'agir qui engendre le réel avec une éternelle anxiété de conquête pour un but qui ne peut être atteint. Cette activité se révèle comme à la fois finie et infinie : le Moi est fini en comparaison avec une détermination particulière, mais il est infini, car il peut franchir toutes les limites. Le Moi, pour être absolument infini, devrait ne pas paraître, mais alors l'infinité serait irréelle, parce que l'existence consiste dans le fait de paraître comme fini et limité. Et il faut considérer l'infini comme la règle de l'infini réalisé par le fini, comme une tendance, un « effort », et non un acte déterminé en soi. L'existence de l'esprit balancé continuellement entre le fini et l'infini est dramatique, il est sollicité par une anxiété fébrile à déplacer au-delà de toute limite l'objet de ses penchants, bien que, dans le concret, il ne puisse que passer par des déterminations limitées. Dans l'effort qu'il fait pour remplir l'infini, il se trouve toujours aux prises avec une quantité déterminée, qui donne un sentiment de non-satisfaction et un désir de rétablir sa liberté propre et absolue ; mais l'évasion à peine réalisée rejette l'esprit dans une restriction nouvelle.

Tel est le destin de l'homme ; ce n'est pourtant pas un destin triste, parce qu'il lui propose un progrès illimité vers des réalités toujours nouvelles, que, s'il ne peut les posséder toutes ensemble et immédiatement, il peut conquérir petit à petit par un effort qui engage sa personne tout entière. Et quand il agira seulement par devoir (impératif catégorique), suprême loi de la conscience, il sentira son âme inondée par une complète satisfaction, par un « contentement » qui, nous dit Fichte, « dure seulement un moment, puisque le désir revient obligatoirement ». Fichte, fondant d'une façon critique l'idéalité de l'être, qui est engendrée par l'intime drame dialectique de la conscience, revendique pour le Moi la pleine liberté dans la construction du monde de ses valeurs : construction et valeurs que la philosophie postérieure approfondira pour saisir, d'un point de vue plus intime, la liaison qui existe entre la réalité et l'esprit. — Trad. Ladrange, 1843 ; Aubier, 1967 ; Vrin, 1987.

DOCTRINE DE L'ÉTAT [*Staatslehre*]. Œuvre du philosophe allemand Johann Gottlieb Fichte (1762-1814), publiée, après la mort de l'auteur, en 1820, par son fils. Il s'agit d'un recueil de conférences tenues par Fichte à l'université de Berlin durant le semestre d'été de l'année 1813. Elles s'inspirent de cette conception des rapports entre le droit et la morale que Fichte avait élaborée après la publication de *L'État commercial fermé* (*) et qu'il avait exprimée dans le *Système de la doctrine du droit* en 1812. Ici, Fichte définit le droit comme une étape vers la morale, en ce qu'il pose les conditions et l'intégrité de chacun en particulier dans la vie commune. Le principe fondamental de l'œuvre est l'affirmation de la liberté morale comme étant la seule réalité dans le monde sensible ; il faut donc établir quelles sont les conditions extrinsèques qui en rendent possible la célébration. Comme la liberté se réalise dans les individus, dont la multiplicité rend possible l'interférence de l'un dans la sphère d'action de l'autre, il faut une loi qui oblige le respect réciproque, sous la menace de sanctions pénales ; c'est ainsi qu'apparaît le monde du droit. Mais l'ordre juridique qui s'instaure au moyen de la coaction se trouve en contradiction avec le but de liberté. Une telle antithèse ne se résout que si l'action coercitive dans le monde du droit se transforme en un appel à la raison : il faut donc que l'ordre social puisse être établi sans avoir recours à la force. Ceci n'est possible qu'au moyen de l'éducation ; il en résulte donc que l'État, c'est-à-dire l'organisme dans lequel le droit se réalise concrètement, doit devenir, de simplement policier, l'État éducateur, dépassant petit à petit le moment coactif initial. L'œuvre éducatrice étant le moyen terme entre l'État policier et coercitif et l'État de la raison, Fichte affirme que le problème du pouvoir politique s'identifie avec celui de la culture. Le souverain peut dominer et se servir, quand il est nécessaire, des moyens coercitifs pour l'instauration progressive de la raison, à condition toutefois qu'il possède les qualités requises pour assumer une telle responsabilité morale. Celles-ci se perfectionnent par la culture : celui qui peut être éducateur a seul le droit d'exercer le pouvoir. Fichte exige du souverain une haute et mûre intelligence, condition nécessaire pour qu'il puisse interpréter les exigences et les destinées de son peuple et le gouverner comme une communauté d'esprits libres.

Partant de ce principe, Fichte conçoit l'histoire du genre humain comme une ascension progressive vers un but idéal constitué par un État de pleine justice dans lequel la coaction n'a plus aucune raison d'être : c'est le règne de la raison. Un tel progrès n'est concevable que si l'on suppose un éducateur initial, lequel est identifié par Fichte avec un peuple, avec une race dont le devoir sera d'éduquer les autres peuples : ainsi l'histoire de la formation morale du genre humain se réduit-elle à l'éternelle synthèse dynamique d'un peuple éducateur et d'un peuple éduqué. Fichte distingue en elle trois époques. La première, dont le type est représenté par les monarchies aristocratiques-religieuses de la Grèce archaïque, est caractérisée par l'acceptation de l'autorité ; l'État est reconnu comme divin, et l'on a une soumission illimitée envers les souverains considérés comme des dieux. La seconde est marquée par l'abandon de l'extrême inégalité juridique de l'âge précédent et la naissance de formes démocratiques d'ordre civil. Ceci est l'œuvre de l'intelligence qui brise les liens de la foi aveugle et y substitue le jugement individuel : Socrate en est le représentant. Cependant l'antithèse avec l'époque de l'autorité conduit à l'affirmation de l'utilité de l'être individuel comme principe fondamental et, du même coup, au triomphe de l'égoïsme, dont l'État devient l'instrument. C'est alors que naissent l'indifférence envers le bien de la communauté, l'ambition et le désir de gloire individuelle (Thémistocle). La troisième phase est caractérisée par le christianisme, qui propose pour but unique à l'humanité l'instauration du règne de la liberté morale comme règne de Dieu. On a ainsi l'affirmation d'une loi qui dépasse et résout l'antithèse entre autorité et volonté individuelle, et l'intelligence la reconnaît spontanément. Avec le christianisme apparaît dans le monde humain le principe de la liberté, de la fraternité, de l'égalité entre les hommes, considérés comme les fils de Dieu, en dehors de toute appartenance à l'un ou à l'autre État. Le règne de Dieu, que le christianisme, en s'affirmant progressivement, veut mettre en exécution, est précisément le règne de la raison, une disposition des peuples dans laquelle l'État coactif est dépassé, la célébration de la conscience morale se substituant, en lui, à la sanction extérieure.

Avec cette œuvre qui marque l'aboutissement de sa pensée politique, Fichte s'est efforcé de résorber le droit dans la morale ; cependant il ne réussit pas à surmonter effectivement l'antithèse qu'il avait posée dans *Les Fondements du droit naturel* (*), de l'année 1796 : en effet, la synthèse ici réalisée, qu'il présente comme instaurant le règne de la raison, ne rend pas compte de la sphère du droit ; celle-ci, extérieure et coactive, reste toujours, dans son essence, étrangère à l'intériorité morale. C'est ainsi que, loin d'introduire la morale dans la sphère du droit, le dépassement tenté ici par Fichte aboutit plutôt à la substitution du droit par la morale.

DOCTRINE DU FASCISME (La) [*Dottrina del fascismo*]. Œuvre de l'homme politique italien Benito Mussolini (1883-1945), publiée en 1936. Appelé au pouvoir en 1922, Mussolini, s'il suivait quelques idées longuement méditées, n'intervenait pas brusquement sur le devant de la scène en doctrinaire, pour faire triompher une théorie sociale, mais comme l'initiateur d'un mouvement. À ses yeux, le fascisme avait toujours été et ne pouvait cesser d'être avant tout une action, la manifestation d'un effort incessant pour rendre à l'Italie le respect de soi-même et d'autrui. Aussi n'est-ce que bien plus tard, en 1936, que le chef du fascisme se soucia d'en ordonner la doctrine. Journaliste de profession avant d'accéder à la dictature, il le fit en un petit livre écrit avec la vigueur du polémiste, où abondent les formules lapidaires et les jugements tranchés, encore que l'auteur n'ait pas négligé d'apporter ses raisons et qu'il cite à l'occasion des écrivains imprévus, par exemple Renan. Le fascisme repose donc sur un petit nombre d'idées fondamentales et permanentes ; comme système historique, il s'insère dans une conjoncture étroitement déterminée dans le temps et dans l'espace. Il propose une idée de l'Italie au XXe siècle. La doctrine que, par ses actes, ses discours, ses écrits, Mussolini donne au fascisme — il y insiste — « n'est pas une tunique de Nessus », un appareil idéologique constitué une fois pour toutes, c'est une orientation, un ensemble de points de repère destiné à rendre le mouvement plus aisé. Rejetant les principes de 1789, le libéralisme, la démocratie, le socialisme, les idées maçonniques et tous les dogmes qui annoncent le paradis sur la terre, le fascisme se présente comme une conception « positive » de la société qui veut faire de l'homme lui-même l'instrument déterminant de son destin. La vie est une lutte sans fin, la félicité universelle une illusion, le pacifisme et le refus de la guerre un mensonge et une démission ; la volonté politique, l'État créant la société (la nation ou l'empire), c'est la liberté de l'État, et, pour l'individu, la liberté dans l'État, qui seules importent. « Tout dans l'État, rien contre l'État, rien en dehors de l'État », proclame Mussolini. L'État fasciste prétend ainsi être à la source des libertés de chacun par les disciplines qu'il impose à l'individu et les lois qu'il donne à la société. Dans son développement historique — et c'est l'objet de la deuxième partie de l'ouvrage —, la doctrine fasciste veut prendre en Italie la succession du socialisme démocratique, exprimer les aspirations « des combattants et des producteurs », le travail étant, au même titre que la guerre, une lutte qui donne la victoire sur le monde extérieur. Comme telle, elle tend à constituer un État corporatif en un temps où l'intervention des pouvoirs publics dans l'économie est de plus en plus nécessaire, et elle suscite parallèlement la vocation impériale dans le peuple. — Trad. Flammarion, 1937.

DOCTRINE ET LA DISCIPLINE DU DIVORCE (La) [*The Doctrine and Discipline of Divorce*]. Traité de l'écrivain, poète et polémiste anglais John Milton (1608-1674), publié pour la première fois en 1643, puis en 1644 dans une édition augmentée. Après une vie conjugale difficile avec sa première femme, Mary Powell, il semble que Milton veuille justifier ses secondes noces par ce nouveau livre : au moyen de citations et de références puisées dans l'Écriture sainte, il prouve que le mariage, conçu comme la communion suprême de deux créatures, peut être dissous non seulement pour des raisons matérielles et physiques, mais surtout pour des motifs d'ordre spirituel tels que l'incompatibilité des sentiments et des caractères. Il insiste sur le fait qu'un lien extérieur imposé par les lois ne peut être éternel si l'amour et la paix ont cessé de régner. Nous retrouvons, dans ce traité, sa conception familière de l'infériorité de la femme par rapport à l'homme. Milton en vient à affirmer catégoriquement que l'homme a le droit de décider quand et comment l'union doit être dissoute. Trois autres livres sur le divorce firent suite à ce traité : *Le Jugement de Martin Bucer sur le divorce* [*The Judgement of Martin Bucer concerning Divorce,* 1644], *Tetrachordon* et *Colasterion* (1645), dans lesquels il précise sa pensée.

DOCTRINES ET MAXIMES [*Κύριαι δόξαι*]. Œuvre du philosophe grec Épicure (341-270/71 av. J.-C.), dans laquelle il résume en brèves maximes les principaux points de son système. Elle nous a été transmise par Diogène Laërce qui la plaça comme couronnement à sa biographie d'Épicure. Dans les cinq premières maximes sont indiquées les règles qu'il faut toujours avoir présentes à l'esprit pour vivre heureux : la quiétude devant le spectacle de la nature première et indestructible, l'impassibilité devant la mort qui ne nous concerne pas (tant que nous sommes en vie, elle n'est rien, et quand elle est là, nous ne sommes plus), l'absence de douleur comme limite suprême du plaisir, la courte durée de la douleur physique, la nécessité d'une vie sage et juste. Une seconde série d'aphorismes développe les règles prescrites par la sagesse et par la prudence, si le sage veut atteindre à l'« ataraxie » ou impassibilité. Il faut s'abstenir de la puissance et des honneurs, de la recherche des plaisirs qui apporte plus de troubles que de joies ; de la richesse, chaîne illimitée de désirs. Le sage goûtera son plaisir dans une vie modérée et tranquille, éloignée de tout trouble, pour tendre uniquement vers l'absence de douleur au-delà de laquelle il n'y a que des variations (qualitatives) limitées et non nécessaires de plaisir. Dans les maximes suivantes (22-24) sont définis les critères de la vérité et du jugement moral : pondération dans le jugement du témoignage des sens ; critère du bien dernier (« aponie » et non « ataraxie ») dans le jugement du bien moral. L'auteur poursuit en classant les désirs en deux catégories : nécessaires, ceux qui ont en vue l'« aponie » ; et non nécessaires, ceux qui peuvent être réprimés sans qu'il nous survienne de douleur. Parmi les premiers, il y a le désir de l'amitié, souverain bien, rendue inébranlable à cause de l'impassibilité du sage en face de la douleur et de la mort. Suit une série de maximes de caractère juridique (31-38), dans lesquelles sont exposés le droit naturel (nécessité de ne pas faire de mal, si on ne veut pas que l'on nous en fasse), et le concept éthico-politique de l'auteur. Selon ce concept, « la justice et l'injustice n'existent pas par rapport aux êtres qui n'ont pas pu conclure de pacte dans le but de ne point se nuire mutuellement. Elles n'existent pas non plus par rapport aux peuples qui n'ont pas pu ou n'ont pas voulu conclure de tels pactes en vue de ne pas causer et de ne pas subir de dommages » (32). La justice n'est pas une entité métaphysique existant en soi, mais elle découle des rapports qu'entretiennent les hommes entre eux ; sa suppression entraîne l'absence de tranquillité et de sécurité. Le droit spécifique change suivant la diversité des lieux et des circonstances ; par suite les législations peuvent être différentes dans les différents lieux, mais elles ne resteront valables qu'aussi longtemps qu'elles conserveront un caractère d'utilité.

Les *Doctrines et Maximes* furent le livre d'or des épicuriens : Lucien l'appelle « le plus beau des livres » et nous savons par lui comment Alexandre d'Abonotique le fit brûler sur la place publique. Il eut une grande influence dans l'antiquité classique, spécialement sur les œuvres de Lucrèce, de Sénèque, d'Épictète et de Marc Aurèle qui fonda à Athènes une chaire de philosophie épicurienne. Cependant on s'aperçoit dans ses *Maximes* à quel point la morale ascétique d'Épicure, qui recherche seulement l'« absence de la douleur », diffère de la morale cyrénaïque des plaisirs momentanés. On sait, d'autre part, à quel point ce but du « bonheur personnel » limite sa conception de la vie, puisqu'il fait des vertus des « remèdes préventifs » contre les douleurs et de l'égoïsme sous tous ses aspects la règle fondamentale du sage. – Trad. Presses universitaires, 1925 ; sous le titre *Lettres et maximes,* par Marcel Conche, P.U.F., 1987 ; et Hermann, 1939 ; 1990.

DOCTRINE SANGUINAIRE DES PERSÉCUTIONS POUR MOTIFS DE CONSCIENCE (La) [*The Bloody Tenent of Persecution for Cause of Conscience Discussed*]. Le plus fameux des écrits qui furent consacrés à la défense de la liberté religieuse. Publié à Londres en 1644, il a pour auteur le pasteur et prédicateur libéral américain Roger Williams (1604 ?-1684). Après avoir courageusement soutenu l'illégalité de la conquête des territoires indiens, il condamne et réprouve avec une égale intrépidité toute persécution pour motif religieux. Cette thèse n'avait sans doute jamais été défendue jusqu'alors avec tant de vigueur et d'éloquence. Elle s'ouvre sur l'exposition de la théorie fondamentale de l'entière et absolue liberté religieuse. C'est la volonté et l'ordre de Dieu, depuis l'avènement de son fils Jésus, que le droit pour tous les hommes de toutes les nations sur toute la terre d'exercer le culte choisi par eux, et la seule arme de combat permise est la parole de l'Esprit-Saint. Williams fit bien de s'éloigner de l'Angleterre quand il publia ce livre qui, un mois plus tard, fut brûlé publiquement par la main du bourreau. Il donna lieu à une vive polémique, avec Cotton qui avait publié un écrit intitulé : *La Doctrine sanguinaire purifiée et blanchie dans le sang de l'Agneau divin* [*The Bloody Tenent Washed and Made White in the Blood of the Lamb*] auquel Williams répondit en publiant à son tour : *La doctrine sanguinaire de M. Cotton rendue encore plus sanguinaire par sa tentative de la laver dans le sang de l'Agneau* [*The Bloody Tenent yet more Bloody by Mr. Cotton's Endeavour to Wash it White in the Blood of the Lamb*, 1652] ; cet écrit fut suivi d'un opuscule dans lequel il préconisait l'abolition de toute Église d'État et des pasteurs salariés par le denier public : *Le ministre mercenaire n'a rien à voir avec le Christ, Discours sur la propagation de l'Évangile de Jésus-Christ* [*The Hireling Ministry none of Christs, or a Discourse Touching the Propagating the Gospel of Jesus Christ*, 1652]. Mettant sa parole en action, Williams, comme fondateur et gouverneur de l'État de Rhode Island, donna hospitalité et protection aux Quakers, persécutés jusque dans l'État du Massachusetts, bien qu'il fût lui-même un adversaire de leur doctrine et qu'il ait invité leur fondateur, G. Fox, à une discussion publique où il le mit en contradiction avec trois de ses disciples.

DOCTRINE SECRÈTE (La) [*The Secret Doctrine*]. Traité de doctrine mystique et théosophique de la femme de lettres russo-américaine Helena Blavatski (1831-1891), fondatrice de la Société théosophique. Il comprend trois volumes publiés en 1888 et 1897. D'après l'auteur, le but de l'ouvrage, qui porte en sous-titre « Synthèse de science, de religion et de philosophie », est de « montrer que la nature n'est pas un assemblage fortuit d'atomes » ; il entend assigner à l'homme sa juste place dans le cadre de l'Univers ; sauver de la dégradation les vérités archaïques qui se trouvent à la base de toute religion ; découvrir en partie l'unité fondamentale d'où naissent toutes ces vérités et montrer que le mystère de la Nature n'a jamais été percé par la science de la civilisation moderne. L'auteur s'inspire d'un mystérieux poème, le « Livre de Dzyan », découvert dans un vieux « manuscrit sur feuilles de palmier, rendues imperméables à l'eau et indestructibles par le feu et par l'air grâce à une technique inconnue » ; elle le présente comme le document d'une doctrine secrète, religion universelle du monde préhistorique.

Selon cette doctrine, un principe immuable, éternel, illimité, impensé et inexprimable, la « Parabrahma », la Conscience absolue, se révèle sous les deux aspects qui emplissent tout l'Univers visible : l'esprit ou sujet, et la matière ou objet. Lien mystérieux entre l'esprit et la matière, principe qui anime et vivifie chaque atome, telle est la Pensée divine, « transmise et manifestée grâce aux Architectes du Monde visible ». L'éternité de l'Univers est périodiquement le théâtre d'innombrables univers qui se manifestent et s'évanouissent incessamment comme un flux et un reflux régulier, semblable à l'alternance du jour et de la nuit, de la vie et de la mort. Toutes les âmes ont une identité fondamentale avec la super-âme universelle qui est, elle-même, l'aspect de la Racine inconnue : toute âme accomplit un pèlerinage obligatoire à travers un cycle de réincarnations selon la loi du « Karma ». Nulle âme divine ne peut parvenir à une existence consciente avant que l'étincelle divine, née de la Super-âme, ne soit passée par toutes les formes élémentaires du monde des phénomènes et n'ait acquis l'individualité, tout d'abord par une impulsion naturelle, puis par des efforts d'auto-induction et d'initiative propre : ainsi elle montera par tous les degrés de l'intelligence, du stade minéral et végétal jusqu'à celui des anges supérieurs. La philosophie ésotérique n'admet chez l'homme d'autres privilèges ou qualités que ceux que le « moi » a conquis par une longue suite de métempsycoses et de réincarnations.

Le « Livre de Dzyan » étant inconnu des orientalistes, il reste le problème de l'originalité ou du moins de la pensée de la commentatrice : il est permis de se demander quelle est, dans son livre, la part de la philosophie et de la mystique occidentales, car on en trouve de nombreux rappels. — Trad. Adyar, 1982-1988.

DOCUMENTS. Revue française d'art, d'archéologie et d'ethnographie ; la première série (1929) comprend sept numéros parus d'avril à décembre avec une interruption en juillet-août, la seconde (1930) huit numéros simplement numérotés de 1 à 8. C'est moins à un brillant comité de rédaction, où figuraient notamment J. Babelon, G. Contenau, P. Pelliot, P. Rivet, G.-H. Rivière, que cette revue doit son importance qu'à son seul « secrétaire général » : Georges Bataille, qui après y avoir d'abord publié des études d'excellent chartiste : « Le Cheval académique » et « L'Apocalypse de Saint-Sever », fit de cette revue (à partir du numéro 3) une publication de recherche comparable à *La Révolution surréaliste* (*). Toutefois, au contraire de cette dernière, qui publie les expériences d'un groupe hostile à l'esthétique bien qu'il travaille à en promouvoir une nouvelle, *Documents* est une revue ouverte à la culture esthétique parce qu'elle y voit (en particulier dans les cultures primitives ou populaires) la somme d'une expérience collective susceptible de déclencher, non pas un réflexe conservateur, mais une mutation par la connaissance, une sorte de purification par l'incendie de la mémoire qui libère l'imagination créatrice. Bataille publia dans *Documents* d'anciens surréalistes comme Robert Desnos, Michel Leiris, Georges Limbour. Surtout, il y fit paraître ses premiers textes importants :

« Figure humaine » (n° 4, 1929), « Le Jeu lugubre » (n° 7, 1929), « Le Bas Matérialisme et la Gnose » (n° 1, 1930), « Les Pieds nickelés » (n° 4, 1930), « La Mutilation sacrificielle et l'Oreille coupée de Vincent van Gogh » (n° 8, 1930). Dans ces textes, comme dans *L'Anus solaire* (*), on pressent, derrière la recherche d'un langage et d'une esthétique, le feu intérieur d'une quête plus fondamentale, qui ne trouvera son expression qu'à partir de la revue *Acéphale* (*) et de *L'Expérience intérieure* (*) ; mais il passe déjà dans l'écriture une sorte d'ivresse et de fureur, de halètement, qui sont la marque du génie de Bataille.

Documents eut une troisième série composée d'un unique numéro 1 daté du 28 février 1933, et une quatrième série également composée d'un unique numéro 1 (15 mars 1934), mais ni l'une ni l'autre, en l'absence de Bataille et de l'ancien comité de rédaction, n'offre un grand intérêt.

DOGMATIQUE [*Kirchliche Dogmatik*]. C'est à bon droit qu'à propos de cette œuvre du théologien suisse d'expression allemande Karl Barth (1886-1968), considérable tant par son ampleur que par l'originalité de ses perspectives, on a pu parler d'une véritable *Somme théologique* (*) protestante. Publiée entre 1932 et 1970, elle comprend quatre volumes représentant au total treize tomes. Il faut d'ailleurs avouer que cette abondance ne va pas sans des répétitions et des obscurités nombreuses, et que bien des développements auraient pu, sans dommage, être considérablement réduits. Le premier volume se présente comme un prolégomène à la *Dogmatique* proprement dite ; il traite de la doctrine de la Parole de Dieu, critère de la dogmatique ; de la Révélation de Dieu (le Dieu trinitaire, l'Incarnation de la Parole de Dieu, l'effusion du Saint-Esprit), de l'Écriture sainte ; enfin de la prédication de l'Église. Le deuxième volume aborde successivement la connaissance de Dieu, la réalité de Dieu, la doctrine de la prédestination, le « commandement de Dieu » ou éthique théologique. Dans le troisième volume est exposée la « Doctrine de la Création » à travers les étapes suivantes : la foi au Dieu créateur ; l'œuvre de la Création ; la créature (un seul chapitre de huit cents pages) ; la Providence divine ; le problème du néant ; les anges ; les rapports de la prédestination divine et de la liberté humaine et les limites de cette liberté dans l'individu et la communauté (problèmes du crime, de la guerre, etc.). Le premier tome du quatrième volume traite du Réconciliateur ou de la christologie : Jésus-Christ le Seigneur comme serviteur ; le péché et l'orgueil de l'homme ; le Jugement divin et la justification de l'homme ; la présence et l'action du Saint-Esprit dans l'Église et la foi chrétienne. Cette *Dogmatique* marque une rupture totale avec le protestantisme « libéral » du XIXe siècle, dont Barth avait d'ailleurs subi l'emprise dans sa jeunesse, et un retour à l'attitude antihumaniste du protestantisme luthérien originel. Aucun théologien dans les temps modernes n'a mis à tel point l'accent sur la transcendance divine : la Parole, pour Barth, n'est pas seulement la source suprême, mais la seule source de la connaissance de Dieu. À la thèse de l'analogie de l'être, sur laquelle s'appuie la théologie catholique thomiste, Barth réplique qu'il est impossible de parler d'analogie, puisque l'essence divine nous est inaccessible. La théologie naturelle est impuissante ; elle est même nocive, corrompant le dépôt révélé et ne manifestant rien d'autre, finalement, que le vieil orgueil humain, la tentation éternelle de l'homme de faire un Dieu à sa propre image. Quel rapport peut-il exister entre Dieu et sa créature vouée au péché et à la mort ? Dieu est « Tout Autre » et on ne peut accéder à lui qu'en anéantissant toute perspective humaine. Entre l'homme et Dieu, il n'est pas d'autre chemin, d'autre lien que la Révélation. Barth ne professe cependant pas une certaine superstition protestante de la « lettre » : lorsqu'il exalte la seule Parole divine, il songe moins en effet au texte même de *La Bible* qu'à la grâce divine à laquelle l'Écriture rend témoignage. C'est en quelque sorte l'action présente de Dieu qui donne aux textes leur signification et leur puissance de vérité et de salut ; l'inspiration n'appartient pas au texte comme tel, mais, semble-t-il, à l'activité actuelle du Saint-Esprit. Le souci moral paraît dominant dans la position barthienne : c'est surtout à la crainte que l'homme se satisfasse en lui-même et se contente d'un christianisme « vivable » et « raisonnable », que tient ici le refus radical de la théologie rationnelle. Mais quelle consistance Barth accordera-t-il donc à la créature ? De même que la seule vraie connaissance de Dieu est celle que Dieu lui-même opère actuellement dans l'esprit, la liberté humaine semble disparaître devant l'efficace de la liberté divine : toute idée de mérite et de coopération réelle de la liberté humaine à l'œuvre de salut devient une illusion de l'orgueil. Karl Barth, qui eut une attitude particulièrement courageuse en face du nazisme, fait cependant un effort évident pour atténuer les effets que pourrait avoir son pessimisme dans l'ordre de la culture et de la politique. Il n'y a d'ailleurs là de sa part aucune contradiction : sa doctrine, tendant à remettre à Dieu seul une activité réelle, au détriment de la créature, aboutit à une doctrine du salut universel ; privé d'initiative réelle avec Dieu, l'homme n'en a pas plus contre Dieu ; l'objet de la prédestination divine étant non l'individu mais l'humanité comme telle, tout l'ordre de la culture et de l'histoire se trouve du même coup revalorisé. Des positions aussi extrêmes ont naturellement suscité maintes polémiques ; la *Dogmatique* de Barth reste en tout cas le plus grand témoignage qui ait été rendu au sens perdu du sacré, en notre temps des « religions séculières ». — Trad. Labor et Fides, 1953-1974.

DOIT ET AVOIR [*Soll und Haben*]. Roman de l'écrivain allemand Gustav Freytag (1816-1895), publié en 1855. Roman bourgeois, écrit en un siècle bourgeois et se voulant l'expression du sentiment de cette époque. Ce livre connut une énorme popularité et fut, sans aucun doute, le plus lu en Allemagne au XIXe siècle ; il fut diffusé à l'étranger et traduit en de nombreuses langues. Le maître de Freytag fut Dickens dont il se rapproche dans la peinture des personnages secondaires et les contrastes dramatiques, tout en restant cependant inférieur à son modèle anglais. L'Allemagne sortait alors à peine d'une période d'enthousiasmes libéraux et patriotiques qui avait duré tout le second quart du siècle. Dans cette Allemagne qui, tout en ne renonçant pas à ces enthousiasmes, les exprimait plus calmement et espérait pouvoir les réaliser en s'adaptant à un gouvernement monarchique, Freytag fut le premier à prendre pour sujet de son récit la classe sociale qui lui paraissait la plus vivante, la bourgeoisie, afin de montrer « le peuple allemand dans sa valeur, c'est-à-dire au travail ». Mais à côté d'Anton Wohlfart, fils d'un pauvre employé, et de la maison Schrœter où il travaille et fait fortune, Freytag dépeint l'aristocratie représentée par le baron von Rothsattel et sa famille, et, en contraste, les Juifs Itzig et Ehrenthal : les uns symbolisant la richesse improductive, les autres, l'avidité au gain. Les vicissitudes financières d'Anton qui s'enrichit par son travail, celles du baron qui, tombé aux mains des usuriers juifs, se trouve dans la gêne, se débat au milieu des difficultés d'un patrimoine qui s'effrite et n'a pas la force de dominer d'une part les événements et, d'autre part, les sombres machinations d'Itzig, lequel finit par tuer son complice Hippus, constituent le fond du roman. À une époque où la littérature se plaisait aux discussions politiques et aux débats pour ou contre le socialisme, Freytag, avec *Doit et Avoir,* a écrit un roman de pure atmosphère. Mais si, après s'être libéré des thèmes romantiques, il a réussi à en dominer aussi la forme, il n'a pas toujours su éviter le danger opposé, et son style manque parfois d'une certaine tenue.

DO KAMO. La personne et le mythe dans le monde mélanésien. Cet ouvrage de Maurice Leenhardt (1878-1954), ethnologue français, qui fut pendant vingt-cinq ans missionnaire protestant en Nouvelle-Calédonie, constitue la synthèse de patientes recherches entreprises sur place et d'une vie tout entière consacrée à la compréhension de l'âme mélanésienne. Publié en 1947, *Do Kamo* forme le couronnement d'une série de travaux ethnographiques qui vont de *Vocabulaire et grammaire de la langue houailou* (1935), *Notes d'ethnologie néo-calédonienne* (1930), *Documents néo-calédoniens* (1932) à des œuvres d'ensemble, tels *Gens de la Grande Terre* (1937), sur les mœurs et coutumes anciennes de l'Archipel, et *L'Art océanien* (1949).

Disciple de Lévy-Bruhl, Leenhardt part des ultimes prises de position du grand ethnologue et des développements que leur ont donnés ses successeurs. Pour lui, le primitif n'est pas foncièrement différent de nous — à bien des égards, nous sommes aussi primitifs que lui —, mais sa vie, son comportement, ses modes de pensée ne sont pas réductibles à une explication analytique qui mette en jeu les catégories de notre entendement telles que les ont fixées — provisoirement — des siècles de culture philosophique. La forme véritable de l'être mélanésien ne peut donc être perçue et définie qu'à travers sa vie profonde : « comment il appréhende le monde, se reconnaît soi-même en lui, se dirige, se singularise, donne un appui à une société restée viable durant des millénaires... ». C'est dans l'idée qu'il se fait de son propre corps, dans la notion même de corps qui se développe seulement sous l'angle de deux dimensions — « le Canaque ignore la profondeur » — et qui, n'existant que par éléments dispersés, non synthétisés, ne peut être isolée et donc ne peut constituer le fondement matériel de l'individualité, que se marque le mieux la distance entre la personnalité mélanésienne et la personnalité occidentale. De là procède l'absence de distinctions qui nous semblent à nous essentielles, celle du vivant et du fantôme, de l'homme et de l'animal, de l'homme et du dieu. C'est ainsi que le terme de « Kamo » désigne aussi bien l'animal, le végétal que l'homme plein de force ou l'être mythique ; tandis que sous le nom de « Bao » se groupent le vieillard, le cadavre, l'ancêtre, ou encore l'étranger à la société, le Blanc par exemple. Même abîme pour ce qui est de la notion de temps qui ne comporte que l'actuel, englobant et niant à la fois le passé et l'avenir, la vie et la mort, ou celle d'espace, ou celle de descendance, écartelée entre le clan maternel qui constitue le fond vital et l'affirmation indépendante de la virilité dans les manifestations sociales, ou encore celle de parole, à la fois acte et pensée, manifestation de force créatrice. La personne ne peut donc se définir par son individualité physique mais seulement par l'ensemble des relations qu'elle entretient avec les autres et dont elle constitue le centre, vide en quelque manière. Le nom lui-même ne confère pas l'unicité à la personne ; il diffère en effet suivant la place occupée dans la collectivité au sens large, c'est-à-dire comprenant aussi les défunts. Infiniment souple, la personnalité mélanésienne ne bute pas contre les obstacles logiques — auxquels chez nous elle se heurte, et par là se définit —, elle est susceptible de toutes les métamorphoses : les passages de la veille au sommeil, de la vie à la mort, du statut d'ancêtre à celui de descendant ne sont pas perçus comme des modifications essentielles. De plus, l'homme ne vit pas séparé de la nature, des animaux et des plantes, mais en communication d'égal à égal avec eux.

Grâce à la subtilité d'analyses qui pénètrent au plus intime de l'âme mélanésienne, Leenhardt fait percevoir à l'Occidental la relativité des attitudes mentales, mais aussi leur profonde unicité. Comme *Dieu d'eau* (*) de Griaule, son livre ouvre des aperçus nouveaux et pleins d'avenir sur la structure de la conscience humaine dans ses manifestations les plus éloignées les unes des autres.

DOLLY. Pièces pour piano à quatre mains du compositeur français Gabriel Fauré (1845-1924), données en première audition le 30 avril 1898 par Cortot et Risier. L'art de Fauré contient deux éléments principaux : d'abord, un sens mélodique qui le conduisit à toujours dessiner de longues et souples phrases musicales aux arabesques d'une sensibilité raffinée ; ensuite, une subtilité harmonique fondée sur des équivoques tonales, des enchaînements d'accords qui introduisent discrètement, sans heurt, des tonalités sans cesse nouvelles, c'est-à-dire des couleurs mouvantes et irisées. Fauré voulait charmer, mais ce poète du piano cachait un penseur profond, un technicien audacieux, un réformateur dont l'influence a été capitale sur la musique du XXe siècle. *Dolly* est un des ouvrages les plus révélateurs de l'art de Gabriel Fauré, car il en montre la forme la plus sobre. Les six pièces de cette suite sont dédiées à Dolly Bardac, qui devait devenir la belle-fille de Claude Debussy. La « Berceuse » (mi majeur) évoque le doux balancement du berceau. Une mélodie simple et pure que vient subitement éclairer une fraîche modulation en ut majeur s'élève, retombe, reparaît à la basse dans la tonalité initiale, puis s'éteint. Lentement le berceau s'immobilise. « Miaou » (la majeur) : le chat joue avec l'enfant. Brève accalmie : l'enfant s'endort ; on entend en sourdine sur des harmonies troublantes monter le thème populaire, « L'enfant dormira bientôt », et le chat s'enfuit d'un bond souple et léger. « Le Jardin de Dolly » (mi majeur) résume toute la subtilité harmonique de Fauré avec le tendre frottement de modulations poétiques. Fauré utilise ici le thème qu'il reprendra dans sa *1re Sonate* pour violon. « Kity Valse » rappelle les deux premières *Valses caprices*. « Tendresse » (ré bémol) est remarquable par ce mélange d'abandon confiant et de grave réflexion qui traduit, avec une grande finesse psychologique, l'état d'âme de l'enfant. « Pas espagnol », traité à la manière de Chabrier, apporte une conclusion pimpante à cette partition qui distille une émotion sincère et rêveuse. L'œuvre a été orchestrée par Henry Rabaud.

DOLORAS. Recueil de deux cent vingt-trois brèves compositions, de dimensions et de mètres différents, du poète et philosophe espagnol Ramón de Campoamor (1817-1901). Le mot « Doloras » a été officiellement adopté par l'Académie espagnole qui en attribue la paternité à Campoamor, et fixe la date de sa composition aux alentours de 1846. D'après le dictionnaire, le mot « dolora » désigne « une brève composition poétique d'esprit dramatique qui renferme une pensée philosophique suggérée généralement par les contrastes de la vie ou les ironies du destin ». Cette interprétation, qui semble s'appuyer sur la dernière « Dolora » : « Dans ma triste vie je passe les heures / jusqu'à ce que j'atteigne la mort / en transformant en "doloras" / les tristes ironies du sort », est pour le moins incomplète, car elle ne précise pas le thème fondamental de l'œuvre de Campoamor. Nous noterons à ce propos, avec Valéra, que l'on peut parler d'une « éroticosophie » à peu près complète. Connaisseur très perspicace du cœur humain, en particulier du cœur féminin, Campoamor crée toutes sortes de variations sur le thème de l'amour, et sur les comportements psychologiques qui s'y rapportent : désir, plaisir, indifférence et l'espoir toujours déçu d'une forme d'amour qui ne s'éteigne pas. La vanité de cet espoir conduit à une conception de la vie dominée par l'amour, qui devient alors une sorte d'aspiration désespérée et entraîne à la recherche incessante de valeurs éternelles, jamais atteintes.

Il y a de très nombreux thèmes secondaires qui répondent tous à la « conception du monde » du poète : les inégalités sociales, les tragédies de la misère sont souvent traitées avec une puissance qui rappelle parfois d'illustres modèles étrangers (« La Nuit de Noël », « Le Fisc », etc.), mais ces thèmes sont abordés uniquement d'un point de vue sentimental ; dans d'autres cas, Campoamor se révèle comme un écrivain réaliste particulièrement puissant : ainsi, cette « Histoire d'un amour » qui est une des meilleures réussites du poète, ou encore l'excellent : « Un roi remplace l'autre » (qui fait partie du poème « Les Trois Roses ») et qui a une vigueur très particulière. L'expérience que Campoamor a acquise de la vie lui fait affirmer, ailleurs, qu'au lieu de se souvenir, de souffrir et de pleurer, il « vaut mieux vivre et douter » (« L'Irréalité du désir »). Le même sentiment l'invite à garder une souriante ironie devant les « niaiseries » des grandes amours terrestres (« Ce que l'on pense en mourant », « Héro et Léandre », « Un rendez-vous au ciel », « L'Amour immortel », « C'est toujours la même chose », etc.). Plus résigné que malheureux, il pardonnera aux égoïsmes individuels (« Le Grand Festin »), à la vanité des croyances (« Les Croyances »), à la relativité des choses terrestres (« L'Opinion », « Qu'est-ce que l'amour », « Vénus sacratissima ») ; il n'aura qu'une certitude : celle de la caducité de tout (« La Vérité et les Mensonges », etc.). Néanmoins, il apparaît que l'œuvre de Campoamor ne porte pas la moindre trace d'un réel désespoir ; l'on peut même dire que le sentiment de la douleur qui affleure, ici et là, a quelque chose qui ne semble nullement tragique, comme c'est le cas chez d'autres poètes où il est un élément de vie (Bécquer par exemple). C'est qu'en effet il s'agit d'un désespoir qui dérive beaucoup plus de la satiété que de la privation. Du reste, la biographie de Campoamor est là pour nous confirmer dans cette opinion.

DOLORÈS. Premier roman, publié en 1911, de l'écrivain anglais Ivy Compton-Burnett (1892-1969). L'auteur a désavoué cet ouvrage de ses débuts. Il semble pourtant qu'on puisse difficilement l'ignorer. S'il est vrai que la technique du récit n'annonce pas les œuvres à venir (car ici commentaire et narration ont la prédominance, qui sera plus tard, si distinctement, donnée au dialogue), le thème apparaît déjà : Dolorès, l'héroïne (une jeune intellectuelle dépourvue de grâces sociales), se sacrifie à autrui, et les bénéficiaires ne lui témoignent aucune reconnaissance. Si le thème des autres romans est bien le même, il sera inversé — du second roman *Pasteurs et Maîtres,* qui est de 1925, jusqu'aux derniers publiés ; alors que Dolorès est montrée comme un être noble qui sait s'effacer et tendre la perche à des gens qui n'en méritent pas tant, ce sont ces gens égoïstes qui, par la suite, seront montrés en premier plan. C'est comme si, entre 1911 et 1929, une expérience traumatique était entrée dans la vie de l'auteur ; et qu'une fois absorbée, il eût décidé de ne plus s'intéresser vraiment qu'à des monstres : non plus seulement d'ailleurs des humains indifférents et égoïstes, mais des exploiteurs, de méchanceté délibérée, et qui gagnent toujours la partie.

DOLORÈS. C'est la poésie la plus célèbre du volume *Poésies et Ballades* (*) de l'écrivain anglais Algernon Charles Swinburne (1837-1909), publié en 1866. Écrite sous la forme d'une litanie (de rythme anapestique) à Notre-Dame-de-la-Douleur [Our Lady of Pain], elle constitue un hymne d'enthousiaste soumission au vice et à la loi de cruauté universelle que le poète dégageait de la lecture des œuvres du marquis de Sade. Au contact des lèvres de Dolorès, les hommes abandonnent « les lys et les langueurs de la vertu / Pour les extases et les roses du vice » [The lilies and languors of virtue / For the raptures and roses of vice]. Ce distique, presque proverbial à cause de son apparente absurdité, n'est que la transposition poétique de la conception de Sade qui, à la vertu apathique et opprimée, oppose le vice actif et triomphant. *Dolorès* fut récitée par les jeunes gens de l'époque pour jeter un défi à la société victorienne qui avait trouvé son chantre en Tennyson. — Trad. dans *Poèmes choisis,* José Corti, 1990.

DOLORÈS (La). Drame populaire en trois actes, typiquement espagnol, de l'écrivain barcelonais José Feliú y Codina (1847-1897), représenté en 1892. L'action se développe au milieu de gens rustiques, dans une région espagnole renommée pour la violence de ses passions ; nous sommes dans un village de l'Aragon, Calatayud. Dolorès est une « moza de posada », serveuse dans une auberge ouverte à toutes les ripailles populaires. Elle est très belle fille et a déjà eu un amant, le coiffeur Melchor, homme blagueur, fanfaron et bon guitariste. De nombreux garçons du village sont amoureux d'elle, entre autres Celemin, le sergent Rojas et Lazare, orphelin séminariste. Après avoir longtemps repoussé tout le monde, elle tombe sérieusement amoureuse du séminariste. Melchor, qui s'en aperçoit, cherche à se rapprocher de son ancienne maîtresse et lui propose de partir avec lui. Dolorès refuse. Le coiffeur, irrité par ce refus, se venge en la défiant d'un outrageant cartel, d'un couplet devenu populaire par la suite : « Si tu vas à Calatayud, / demande Dolorès / c'est une fille très belle / qui ne refuse pas ses faveurs. » Lazare lave l'outrage dans le sang en tuant son rival. Ce sont les caractères folkloriques qui, dans cette tragédie régionale, ont le plus de relief. Les sources du drame doivent être recherchées d'abord dans la littérature des « romances » primitives et dans les nouvelles picaresques, ensuite dans le théâtre classique — v. *L'Alcade de Zalamea* (*) — et aussi dans le théâtre moderne (les « saynètes » de Ramón de la Cruz et le théâtre de Bretón de los Herreros). On a tiré de ce drame célèbre un livret qui a été mis en musique par Thomas Breton.

DOMAINE (Du). Poème du poète français Eugène Guillevic (né en 1907), publié en 1977. Il est rare de lire une poésie aussi aérée, aussi elliptique, aussi dépouillée, que celle de *Du domaine,* qui vient s'inscrire après *Paroi* et *Inclus* dans l'inlassable quête poétique de Guillevic. Plus que les précédentes, cette œuvre est sculptée dans le silence : long poème qui, de distique en distique, parfois entrecoupés de vers solitaires ou de tercets, tente de restituer le monde cher au poète (où dehors et dedans communiqueraient). Chant en éclats, tâtonnante phrase faite d'îlots de mots communs, dont l'unité même réside dans l'extrême morcellement. Rigoureux mot à mot qui dit, se dédit et s'épuise dans le « creusement » vertigineux de son objet, éprouvant la transcendance inépuisable du monde et faisant l'aveu de ses limites, de son « domaine »... Jamais sans doute le poète n'aura été si proche du silence à l'image des « choses » qu'il tente d'élucider, et qui constituent son lieu privilégié. Jamais aussi le poète ne se sera peut-être retrouvé si constamment démuni, si appauvri dans sa quête. Poème fragmenté, lapidaire et concrètement métaphysique qui approche le mystère muet des présences élémentaires : Guillevic traite « du domaine » dont il essaie de définir les limites : propriété intérieure qui pourtant appartient à tous, centre universel, géographie sacrée, terre rêvée où il aime à flâner : « Le domaine / Est peut-être un rêve / / Qui a trouvé / Son territoire. »

Le « domaine », que l'hôte sans cesse dessaisi régit, est convoqué dans son merveilleux désastre : c'est, tout d'abord, le lieu propre, le pays profond où l'homme a le sentiment d'être chez soi : « domaine » hérité comme le révèle la figure archétypale et centrale de l'étang, eau de la mémoire qui stagne, eaux de la Mère originelle ; univers sans formule, hors des nomenclatures, modeste territoire (où « rien ne caracole ») : lieu commun et accueillant, monde de la nature que seul habite un silence compact, dont les arbres sont les « sentinelles ». Guillevic rejoint ici le noyau muet des choses : dès lors, son regard stupéfait, comme hébété, se refuse à interroger ce mutisme si obtus, du moins à la manière occidentale, et choisit désormais de laisser être ce silence inentamable des présences élémentaires pour mieux s'en laisser pénétrer, pour mieux les habiter : l'homme qui retrouve l'étang, l'arbre, les pierres (autant de lieux sans formule), désire même se confondre au terreau universel... Sa parole naît, en fait, d'un paradoxe, d'une déchirure : le poète est, en effet, confronté au mutisme de la présence qu'il veut rejoindre : tel est l'impossible « domaine » dont sa parole approche et s'écarte par là même : d'un côté, les vocables dépouillés ouvrent, convoquent ses éléments fondamentaux ; de l'autre leur bavardage infirme l'en éloigne. *Domaine* poétique, champ du silence, noyau immobile, certes, qui constitue l'axe du monde, mais espace existentiel tout aussi bien où le poète tente d'instaurer son équilibre : si le « domaine » apparaît comme un lieu clos de murs avec chambre, étang, pierres, arbres, fleurs, tourterelle..., il est surtout un espace naturel de liberté : ici point de reptile, ni de roi, ni d'esclave, mais une « terre à bonheur », une patrie d'accueil, de justice et d'égalité où le temps reste ouvert, stagnant comme celui de l'étang, dans un présent immobile et universel : temps de l'innocence où rien ne bouge, de l'apaisement, de l'harmonie où les minutes sont heureuses comme lestées d'éternité. « Toutes les minutes / Qui peuvent être des noces. » Le « domaine » est bien ce noyau élémentaire, irréductible, que le poète doit se contenter d'approcher dans le retrait de son chant pulvérisé. Inentamable et mystérieuse justesse que seul un regard décanté saura retrouver, dans une stricte présence.

Y. L.

DOMAINE (Le) [*The Mansion*]. Roman de l'écrivain américain William Faulkner (1897-1962), publié en 1959, qui s'inscrit dans le même cycle que *Le Hameau* (*) et que *La Ville* (*), dont il reprend certains événements et personnages, mais pour leur donner une interprétation nouvelle plutôt qu'une suite. La trilogie dite des Snopes est ainsi constituée d'épisodes « revisités », souvent avec changement de narrateur, c'est-à-dire de point de vue — et non comme une chronique linéaire et chronologique. Bien qu'extrêmement complexe, riche de mille digressions qui permettent la réapparition d'une foule de personnages faulknériens, notamment le Jason Compton du *Bruit et la Fureur* (*), le Gavin Stevens de *Requiem pour une nonne* (*), la miss Reba de *Sanctuaire* (*), *Le Domaine* est bâti autour d'une trame très simple : la volonté de vengeance de Mink Snopes qui, condamné à la réclusion perpétuelle pour le meurtre de Jack Houston, décide de mériter une commutation de peine par sa bonne conduite, afin de pouvoir, aussitôt libéré, aller tuer son cousin Flem Snopes, coupable à ses yeux de ne pas l'avoir fait libérer. Durant trente-huit années, de 25 à 63 ans, Mink ne vit pas le temps comme temps mais comme étendue : une étendue à parcourir sans impatience, un espace mesuré déjà par le « Vieux Maître » et qu'il ne lui servirait à rien de mesurer lui-même (« Il ne comptait pas les années à mesure qu'il les accomplissait. Il les enfermait dans l'oubli sous ses lourds godillots... »). Au cours de toute une longue deuxième partie, intitulée : « Linda », le roman abandonne ensuite Mink pour retracer l'histoire du mariage de Flem Snopes avec Eula Varner, puis la vie de leur fille, Linda, qui consomme déjà la ruine morale de son parvenu de père en dédaignant sa fortune, en épousant un artiste, en allant combattre en Espagne au côté des Républicains, en affichant une attitude « communiste », en travaillant dans une usine. La dernière partie, « Flem », débute au moment où Mink sort enfin du pénitencier (Linda a payé sa caution) ; durant de longs jours, désorienté par la transformation du monde, mais soutenu par son obsession de vengeance, il erre à la recherche d'un revolver, fait du stop, travaille à la cueillette du coton pour gagner un dollar, approche lentement et inexorablement de son but : Flem, maintenant directeur de banque après avoir ruiné tous ceux qu'il a approchés ; Flem, dont la scandaleuse ascension résume tous les vices de la civilisation que le Nord a imposée au Sud vaincu ; Flem, qui sait que Mink avance invisiblement vers lui, ne se cache pas, et il se laissera abattre sans un geste de défense. « Peut-être qu'il en avait assez ? » dit le commis voyageur Ratliff en guise d'explication ou de moralité ; quant à Mink : « Il est libre maintenant. Il n'a plus personne à tuer de sa vie. »

Les personnages de Mink et de Flem Snopes comptent parmi les plus tragiques et les plus réussis de l'œuvre de Faulkner, et les romans cycliques qui les mettent en scène, parmi les plus puissants. Faulkner conjugue ici la dimension tragique de l'espace — v. *Le Hameau* —

avec celle du temps en soumettant ses héros, l'un à la pression inexorable des événements qui, en s'accumulant, font son destin, et l'autre à la poussée, comme à ras de terre, d'une fatalité qui semble s'identifier à son instinct. — Trad. Gallimard, 1962. M.G.

DOMAINE (Le) [*The Country House*]. Roman de l'écrivain anglais John Galsworthy (1867-1933), publié en 1907. L'action se passe en Angleterre, au cours de la dernière décennie du XIXe siècle dans le village de Worsted Skeynes ; la vie de ce domaine est fondée sur la tradition, sur les sentiments profonds ; « là, les efforts de la société, tendant depuis une époque immémoriale à la stabilité, ont atteint leur apogée ». Le propriétaire du domaine est le squire Horace Pendyce, à l'esprit étroit, mesquin, provincial. Les personnages qui l'entourent sont aussi très caractéristiques : Mme Winlow, « dont le visage, absolument vide de toute expression, révèle sa parfaite éducation » ; le pasteur Hussel Barter, dont le caractère cristallisé est exempt de toute exigence d'auto-critique et de lutte spirituelle ; sa femme, dont le regard semble dire sans cesse « qu'elle accomplit péniblement son devoir ». Parmi ces personnages, on remarque la femme du squire, Margery Pendyce, douée d'un charme qui la rend différente et supérieure, éloignée de la mesquinerie des autres. Brusquement, un petit drame vient bouleverser cette paisible existence campagnarde, son oisiveté affairée, son complet repos intellectuel : le fils aîné du squire, George, qui passe le plus clair de son temps aux courses ou dans un cercle d'oisifs, tombe amoureux d'Hélène Bellew, jeune femme séparée de son mari, dont la vitalité provocante blesse et heurte le conformisme des habitants du village. Quelque temps après, le mari d'Hélène, Jaspar Bellew, intente une action en divorce contre sa femme, en l'accusant d'être la maîtresse de George Pendyce. Le scandale, que ce procès pourrait susciter, apparaît au squire comme un tel désastre qu'il oblige son fils à cesser ses relations avec cette femme. Et puisque George refuse, il le maudit. Mais Margery, poussée par son amour maternel et par un sentiment de justice plus fort chez elle que les convenances, quitte sa maison et va vivre à Londres, aux côtés de son fils. Hélène Bellew, pourtant, n'aimant plus George, décide d'interrompre leurs relations ; la mère arrive à Londres, juste à temps pour offrir à son fils le réconfort de sa présence silencieuse. Enfin, elle rentre à Worsted Skeynes où le squire, qui, au cours de la courte absence de sa femme, a compris quelle grande place elle tient dans son existence, l'accueille avec émotion et tendresse. Jaspar Bellew, en voyant que tout est fini, accepte facilement de renoncer au procès, et le nuage qui assombrissait la vie familiale se dissipe. Dans *Le Domaine,* qui est peut-être l'ouvrage le plus harmonieux du populaire romancier anglais, la thèse sociale, toujours présente dans son art, et qui devient trop apparente dans certains autres romans, ne revêt jamais un ton polémique ; elle donne tout simplement une nuance de mélancolie délicate au réalisme vigoureux avec lequel l'auteur a décrit son petit monde. — Trad. Calmann-Lévy, 1922.

DOMAINE (Le) [*A casa grande de Romarigães*]. Roman de l'écrivain portugais Aquilino Ribeiro (1885-1963), publié en 1957. Cette chronique romancée est une longue histoire qui se déroule sur trois siècles au cours desquels défilent des personnages, gentilhommes campagnards, héritiers du domaine de Romarigães. Aquilino Ribeiro déploie ici tout son art de conteur, dans une langue tour à tour familière et châtiée, truculente, foisonnante et précise comme le serait une sculpture baroque. L'action est rapide. Sous la bienveillance apparente du narrateur se glisse une satire sociale et un violent anti-cléricalisme. Michèle Guidiccelli, la traductrice française du roman, remarque qu'« à chaque héritier du domaine correspond à tel ou tel souverain du Portugal et la décadence des propriétaires du domaine correspond à celle des souverains ». C'est en effet l'aristocratie et tout ce qui soutient un régime royaliste qui sont, sans ménagement, mis en cause. Cependant, si les événements historiques du Portugal et les choix politiques de la royauté sont souvent évoqués dans le roman, ils ne le sont qu'à travers les heurts et malheurs du domaine. Les personnages qui l'occupent sont incroyablement frustes ; non seulement ils ne voient pas leur propre décadence mais ils semblent l'entretenir. Ils ne tiennent compte d'aucun événement extérieur au domaine, enfermés, sans prévoyance, ni analyse ni sagesse, tels des êtres bornés, limités à leurs terres. C'est une aristocratie rurale, débauchée, corrompue froussarde et capricieuse, parfois criminelle que présente Aquilino Ribeiro avec une verve à la fois humoristique et sérieuse. Ni le moral, ni le physique de ses personnages ne trouvent grâce à ses yeux et la nature, très présente, n'apporte évidemment pas l'harmonie qu'elle est supposée engendrer. C'est enfin le récit d'une décadence qui n'est pas le fruit de circonstances dramatiques ou regrettables, mais celui de l'inconscience. L'auteur ne se lamente pas, il désigne avec énergie la responsabilité des héritiers du domaine comme sa vie durant, il n'a cessé de le faire avec les gouvernants — roi ou dictateur — quand ceux-ci bâillonnaient les consciences et saccageaient aveuglément les biens matériels et spirituels du Portugal. — Trad. Sylvie Messinger, 1989. F. Be.

DOMAINE PUBLIC. Sous ce titre on a publié en 1953 l'essentiel de l'œuvre poétique de l'écrivain français Robert Desnos (1900-1945). Outre qu'il rendait accessible une œuvre jusque-là dispersée (et en soulignait la continuité), l'ouvrage a l'importance d'avoir marqué vraiment le début de la vie posthume de Desnos, qui dès lors a pris place parmi les poètes importants de son temps. Les deux premières parties reprennent les poèmes déjà parus dans les recueils : *Corps et Biens* (*) et *Fortunes* (*) ; la troisième, d'allure anthologique, présente un choix tiré de textes alors introuvables : *Deuil pour deuil* (*), *La liberté ou l'Amour* (*), *C'est les bottes de sept lieues cette phrase : « Je me vois »* (*), plus de nombreux inédits, qui appartiennent en propre à *Domaine public* et en multiplient ainsi l'intérêt. Ces inédits : proses, poèmes, chansons, complaintes, chantefables, sont en eux-mêmes un panorama de l'œuvre de Desnos, depuis l'écriture automatique et le récit de rêve jusqu'à la redécouverte des formes fixes traditionnelles et de cette merveilleuse simplicité des comptines, qui fait le charme inimitable de petits poèmes comme « Le Papillon » ou « La Fourmi ». On y trouve aussi des « Réflexions sur la poésie », où Desnos déclare notamment qu'un retour à Nerval et à Villon peut seul libérer la poésie du poids, désormais écrasant, de la trinité : Mallarmé, Rimbaud, Lautréamont. Et l'ensemble se referme sur le dernier poème de Desnos, le seul qui nous soit parvenu du bagne nazi où il périt : « J'ai rêvé tellement fort de toi, / J'ai tellement marché, tellement parlé, / Tellement aimé ton ombre, / Qu'il ne me reste plus rien de toi. / Il me reste d'être l'ombre parmi les ombres, / D'être cent fois plus ombre que l'ombre, / D'être l'ombre qui viendra et reviendra / dans ta vie solitaire. »

DOMAINES HANTÉS (Les) [*Other Voices, Other Rooms*]. Roman de l'écrivain américain Truman Capote (1924-1984), publié en 1948. Un petit garçon nommé Joel Harrison Knox (nom de jeune fille de sa mère, qu'il vient de perdre) se rend seul de La Nouvelle-Orléans à un lieu perdu dans l'arrière-pays, pour y vivre avec son père qu'il ne connaît pas et dont il n'a jamais porté le nom de famille, Sansom. Dans ou autour de cette demeure jadis patricienne qui, en se délabrant, a pris un caractère primitif et hanté, Joel rencontre sa belle-mère Amy, son languissant cousin Randolph, ainsi que diverses figures qui contribuent à l'atmosphère extrêmement féerique du lieu : Idabel et Florabelle, les farouches jumelles d'une ferme voisine ; Jesus Fever, le nain noir qui conduit la charrette ; Zoo, sa petite-fille, la servante au cou zébré de rouge ; Little Sunshine, ermite noir vivant seul dans les ruines marécageuses du Cloud Hotel, splendide au XIXe siècle. Sans compter l'apparition à une fenêtre d'une dame étrange, qui semble appartenir à un siècle encore plus reculé...

Joel ne désire toutefois qu'une chose : voir son père. Quand, après bien des hésitations, on l'y autorise enfin, c'est pour découvrir un paralytique quasiment muet, qui fait rebondir des balles de tennis rouges depuis son lit quand il a besoin de quelque chose, et auquel son fils doit faire la lecture après lui avoir donné à manger cuillerée par cuillerée. Dès lors, qu'est-ce que le jeune garçon pourrait bien encore attendre d'une maison construite autour d'un vide (« Mr. Sansom ? Et qui était-ce ? Personne, le néant. Un nom qui semblait n'avoir aucun sens » et, plus loin, « On aurait dit que l'édifice reposait sur un cône de verre »), maison qui se nomme d'ailleurs « Skully's Landing », ce qui peut presque se lire comme « le débarcadère du crâne » ? En dépit du beau récit fait par Randolph de ses mésaventures avec Pepe Alvarez, le boxeur mexicain trop aimé, en dépit d'une escapade à la foire en compagnie d'Idabel, Joel ne va plus aspirer qu'à repartir de ce domaine hanté. Il le fera avec Randolph, dont l'ambiguïté en fait une sorte de passeur d'identités : « Randolph avait autant de facettes que l'œil d'une mouche. Ni homme ni femme, ses différentes identités s'annihilaient les unes les autres. Assortiment de mascarades, Randolph c'était qui, quoi ? X, un contour que l'on remplit d'une personnalité à l'aide de crayons de couleur. » Et c'est au Cloud Hotel, autre domaine hanté (« c'était l'endroit où se trouvaient les gens qui avaient été rayés de la surface de la terre, ceux qui mouraient sans être morts »), que Joel va se transfigurer en lui-même et ressortir de l'épreuve, s'écriant vainqueur et joyeux : « Je suis moi. »

Rappelons qu'à neuf ans Truman Streckfus Persons devint le plus légalement du monde Truman Garcia Capote... – Trad. Gallimard, 1949.

Ph. Mi.

DOMBEY ET FILS ou Affaires avec la société Dombey et fils, Gros, Détail et Exportation [*Dombey and Son Dealings with the Firm of Dombey and Son, Wholesale, Detail and for Exportation*]. Roman de l'écrivain anglais Charles Dickens (1812-1870), publié en feuilleton vers 1847-1848. Le châtiment de l'orgueil en constitue le thème principal, illustré par la ruine qui succède à l'opulence insolente de Mr. Dombey. L'orgueilleux propriétaire des Messageries maritimes Dombey & Fils a un enfant en qui il place toutes ses espérances et toute sa tendresse depuis la mort de sa femme. La santé du jeune garçon est délicate ; de plus, il manifeste une maturité d'esprit qui ne laisse pas de donner à son caractère une certaine étrangeté. Envoyé à l'école dirigée par le docteur Blimber, il ne peut supporter la sévère discipline en vigueur dans cet établissement, tombe malade et meurt (les contemporains de Dickens s'émurent profondément du cas de cet enfant). Quelques jours plus tard, le malheureux père se prend à penser à l'attachement que le jeune garçon témoigna à sa sœur Florence avant de mourir, n'acceptant de nourriture ou de remèdes que de sa main. Ces souvenirs changent en haine les sentiments de gêne et d'indifférence que Dombey a toujours éprouvés à l'égard de sa propre fille. Walter Gay, sympathique garçon, employé à la firme, s'éprend de Florence, mais Dombey, qui désapprouve leurs relations, l'envoie aux Indes occidentales. Le navire sur lequel s'est embarqué Walter fait naufrage et tout laisse supposer que le jeune homme a péri. Dombey convole alors en secondes noces avec une jeune veuve ambitieuse et démunie de fortune, Édith Granger. Mais, bientôt lasse de ce mari tyrannique, celle-ci s'enfuit en France en compagnie de Carker, directeur peu scrupuleux de la firme. Dombey, qui a suivi le couple, rencontre Carker sur le quai d'une gare. Carker roule sous un train et meurt. Les Messageries font faillite. Dombey a perdu son fils, sa femme et sa fortune ; sa fille qu'il maltraitait s'est enfuie. Humilié, il mène une existence solitaire et désespérée, jusqu'au jour où Florence, revenue vers lui, parvient à toucher son cœur. On apprend alors que Walter Gay a survécu au naufrage.

Dans ce roman Dickens tente de donner plus de réalisme à ses intrigues mélodramatiques ; il n'en demeure pas moins que ses personnages « normaux » — Dombey, Florence — ne sont pas aussi convaincants que ses personnages grotesques, tels que le major Bagstock, véritable caricature, les deux capitaines Cuttle et Bunsby (rappelant par de nombreux traits certains personnages de Smollett), le portrait incisif et caustique de Mrs. Skewton, Toots et sa famille, Mrs. Pipchin et son asile pour enfants. Dans la peinture d'un milieu différent de ceux qu'il avait jusqu'alors étudiés, et surtout dans l'étude des rapports psychologiques (relations entre Dombey et sa fille), Dickens n'arrive pas à réaliser ses desseins ; il retrouve cependant toute son aisance avec les personnages secondaires, qui lui permettent de donner libre cours à son humour. — Trad. Desclée de Brouwer, 1937 ; Gallimard, 1956.

DOMESTIQUE CHEZ MONTAIGNE. Roman de l'écrivain français Michel Chaillou (né en 1930), paru en 1982. Dans son précédent récit, *Le Sentiment géographique* (1976), l'auteur avait su conjuguer en une promenade littéraire et langagière d'un genre inédit les surprises suscitées par un lieu (le Forez) et les découvertes d'un lecteur (attentif et rêveur) perdu dans les méandres d'une œuvre précieuse, *L'Astrée* (*) d'Honoré d'Urfé. Les mots naissant sous les pas du promeneur et retrouvant les paysages déjà transformés par la fable du vieil auteur donnaient corps et vie sensible (voire sensuelle) à une œuvre s'inventant au gré de ses rêveries. Dans *Domestique chez Montaigne,* c'est, amplifiée aux dimensions d'un roman, que nous retrouvons cette même osmose savante et jubilante entre lieux et langage, œuvre du passé et invention présente. Le nom de Montaigne — qui n'est pas seulement celui de l'auteur des *Essais* (*), mais aussi celui du « château » où il vécut et du village qui lui est attenant — va croître, germer, étendre ses racines, permettre de faire le voyage, visiter les lieux, mais aussi de conjuguer les temps. Temps empiétant les uns sur les autres et non sagement entassés en couches successives. Le nom ne fait pas qu'évoquer un passé défini, enfermé dans sa date, il provoque la prolifération des souvenirs. « On se croit aujourd'hui, on est hier, on s'imagine tout à l'heure, on est maintenant. » Le temps de la narration est plus proche de celui du souvenir que de celui que s'efforce linéairement de reconstituer le chroniqueur. Temps débridé, anachronique, livré aux intempéries et péripéties d'une mémoire constamment en éveil, « à l'ancienne fornication des heures ». Deux personnages principaux servent de guide à travers le dédale des siècles et des impressions : Gabriel Lorgerie, archiviste (« homme de bric-à-brac historique, batteur de poussière ») faisant retour sur les lieux où, réfugié, il passa son enfance durant la Seconde Guerre mondiale ; Alex Lambert, gardien du château, dernier descendant en date d'une lignée de domestiques attachés à Montaigne. Une journée (le dimanche 23 septembre 1980, jour anniversaire du mariage de Michel de Montaigne, quatre siècles plus tôt) sert de cadre à ces pérégrinations géographiques et temporelles. Les vies se mêlent, pas seulement celles des vivants mais aussi celles de leurs ancêtres, des morts et de leurs « démêlés » avec les vivants. Le roman s'invente au gré des sensations, épouse le rythme cahotant — tantôt large et diffus, tantôt précis — des « retours de mémoire », la phrase se hasarde en tours inédits puis s'interrompt pour laisser place à d'autres jeux, d'autres digressions, d'autres joies. F. W.

DOM GARCIE DE NAVARRE ou le Prince jaloux. Comédie en cinq actes et en vers du dramaturge français Molière (Jean-Baptiste Poquelin, 1622-1673), créée sur la scène du Palais-Royal le 4 février 1661. Au début de 1661, Molière ambitionne encore de réussir dans la tragédie, le plus haut genre littéraire avec l'épopée, à la fois comme acteur et comme auteur. Cette obsession pour le genre poétique par excellence, qui représentait pour lui le plus court chemin pour passer de la situation de bouffon au statut glorieux de « poète dramatique », explique la création de sa première « pièce sérieuse », *Dom Garcie de Navarre*, intitulée simplement *comédie* non par prudence, mais parce que Corneille, une dizaine d'années plus tôt, avait inventé un type de pièce qui, tout en faisant appel au personnel dramatique de la tragédie, était dénué de tout péril de mort, comme la tragédie et même la tragi-comédie le requéraient alors. Cette pièce, *Don Sanche d'Aragon*, Corneille l'avait intitulée « comédie héroïque », et l'on voit que Molière, en mettant à l'affiche *Dom Garcie de Navarre ou le Prince jaloux, comédie*, marquait explicitement la filiation. Le succès fut loin d'être à la hauteur des espérances qu'il avait dû former pour une œuvre annoncée depuis de longs mois et dont on dit qu'il avait fait des lectures privées un an plus tôt. Elle chuta rapidement, et, hormis deux représentations à la Cour (1662 et 1663), une devant Condé (1663) et deux reprises au Palais-Royal en novembre 1663, elle disparut du répertoire. Non seulement il ne la fit pas publier, mais il en reprit des passages entiers dans *Le Misanthrope* (*) et en dispersa des vers çà et là dans *Tartuffe* (*), *Amphitryon* (*) et *Les Femmes savantes* (*).

Elvire, la belle princesse de León, chassée de son État par l'usurpateur Mauregat, vit depuis des années en exil dans le royaume de Navarre, dont le prince, dom Garcie, se prend pour elle d'une violente passion. Elvire l'aime, elle aussi, mais montre une certaine réserve, ce qui n'est pas fait pour rassurer le prince jaloux, lequel craint surtout la rivalité de dom Sylve, prince de Castille. On peut entrevoir une longue série d'intrigues et d'événements qui concourent à réintégrer la princesse de León dans son royaume et dans ses prérogatives. Mais tout ceci n'est qu'un prétexte pour amener des incidents permettant de mettre en lumière le défaut capital de dom Garcie : la jalousie. Pour le malheureux prince, tout est prétexte à s'abandonner à d'injustes soupçons, à se désespérer et à donner cours à sa fureur en de violentes scènes qui blessent et offensent Elvire. À la fin, une méprise plus lourde que les autres le rend tellement repentant et confus qu'il n'ose même plus se présenter devant Elvire ; son désespoir atteint au comble lorsqu'il apprend que dom Sylve, en qui il voit un rival plus heureux, l'a précédé dans une action décisive contre l'usurpateur Mauregat. Tout ceci pourtant s'arrange de la meilleure façon : après la victoire, le prétendu dom Sylve révèle sa véritable identité. Il se fait reconnaître : c'est Alphonse, prince de León et frère d'Elvire, qui a dû, pendant de nombreuses années, cacher son nom par crainte des sicaires de Mauregat. Elvire pardonnera à dom Garcie et consentira à l'épouser.

DOMINIQUE. Roman du peintre et écrivain français Eugène Fromentin (1820-1876), publié en 1862 dans *La Revue des Deux Mondes* (*). Dominique de Bray, orphelin, est élevé par une vieille tante et un jeune instituteur à la campagne ; sauvage et instinctif, il est d'une nature très sensible. Adolescent, on l'envoie au collège ; rêveur, il s'adonne à la poésie et a un seul ami, Olivier. Une cousine de celui-ci, Madeleine, le trouble profondément, mais, de deux ans son aînée, elle épouse Alfred de Nièvres et reste en bonne amitié avec le jeune homme. L'amour non avoué de Dominique devient plus vif et douloureux ; il veut vivre auprès d'elle, lui faire un peu connaître son âme ; sa passion devient si aiguë qu'il ne peut plus la taire. La femme, dans sa générosité d'âme, voudrait le guérir, mais elle s'aperçoit bien vite qu'elle l'aime aussi et, atterrée, l'éloigne pour toujours, mettant entre eux sa confession, obstacle suprême. Dominique, pendant ce temps, a tenté sa chance dans les milieux littéraires, mais sans succès ; puisqu'il n'a pas réussi davantage comme écrivain politique, il revient à sa terre, où il restera, gentilhomme campagnard, maire, mari et père, inconnu et rasséréné. Le renoncement à l'amour, imposé à la conscience de l'homme par le déchirement de la femme amoureuse et honnête, est traité avec une extrême délicatesse sur le ton d'une confession voilée. Ce livre est d'ailleurs en partie autobiographique ; il est significatif en ce sens que Fromentin, peintre de qualité, écrivain habile — v. les pages descriptives d'*Un été dans le Sahara* (*), d'*Une année dans le Sahel* (*) —, critique pénétrant de la peinture flamande et hollandaise — v. *Les Maîtres d'autrefois* (*) —, connaissant parfaitement ses limites, a voulu dire ici le renoncement nécessaire à l'homme, quand il sent ne pas avoir la force d'être celui dont il rêva dans sa jeunesse orgueilleuse. Telle est la pensée profonde de ce livre, et sans doute est-ce là ce qui le distingue des autres chefs-d'œuvre du roman psychologique autobiographique. Le ton nuancé, automnal, modéré même dans l'effusion, la ferveur ingénue et romantique dominée, muée en une attitude presque classique, autant de caractères qui font de ce roman une œuvre originale et attachante.

DOMMAGE QU'ELLE SOIT UNE PUTAIN [*'Tis Pity she's a Whore*]. Tragédie en cinq actes, en vers et en prose, du dramaturge anglais John Ford (1588-1639 ?), écrite entre 1625 et 1628, publiée en 1633. Elle traite de l'amour incestueux de Giovanni pour sa sœur Annabelle, qui, enceinte, décide de se marier avec un de ses nombreux soupirants. Elle choisit Soranzo, lequel s'aperçoit bien vite qu'Annabelle le trompe. Il voudrait connaître à tout prix le nom de son amant, et menace de la tuer si elle ne le lui révèle. Annabelle pourtant ne trahit pas son terrible secret. Un des valets de Soranzo, un certain Vasquès, homme méchant et sans scrupules, conseille à son maître de simuler le pardon : pendant ce temps, il essaiera de savoir qui est l'amant d'Annabelle. Le secret est enfin dévoilé ; c'est Giovanni, son frère ! Les deux hommes songent à une vengeance ; Soranzo donne une grande fête où sont invités le père d'Annabelle et de Giovanni, les personnalités les plus illustres de la ville et Giovanni en personne. Ce dernier a été alerté, mais décide d'accepter quand même l'invitation. Avant le début de la fête, il a une dernière conversation avec sa sœur adorée : pour la soustraire à la colère et à la vengeance de Soranzo, il la tue de sa propre main. Puis il entre au salon où se déroule la fête et avoue cyniquement, à haute voix, ce qu'il vient de faire. Soranzo se jette sur lui ; les deux hommes se battent, Giovanni tue son rival. Mais l'infâme Vasquès venge, à son tour, son maître en tuant Giovanni. Cette tragédie est considérée comme le chef-d'œuvre de Ford. Elle met en lumière le conflit des passions que le poète peint tout d'abord dans leur triomphe incontrôlé et farouche, puis dans leur forme plus raffinée, et enfin dans leur exaspération dernière, au sein du climat complexe de la Renaissance. Les valeurs morales s'effacent devant l'affirmation désespérée des éléments tragiques, maniés avec un réel sens du drame. Il était logique que Ford jouît, au cours de la deuxième partie du XIXe siècle, d'une grande faveur de la part des parnassiens et des symbolistes. Rappelons que Maeterlinck reprit, sous une forme moderne, cette tragédie avec le titre d'*Annabelle*. — Trad. Charlot, 1947 ; Le Prat, 1961 ; Avant-Scène n° 565.

DOMOSTROJ. Recueil anonyme russe du XVIe siècle, qui expose comment organiser au mieux son foyer. L'ouvrage, qui ne compte pas moins de soixante-trois chapitres, peut se diviser en trois parties, ayant trait respectivement à l'organisation religieuse, laïque et domestique. La partie la plus intéressante est celle relative à l'éducation des enfants et aux obligations des épouses ; elle témoigne de mœurs rudes, imputables probablement aux influences tartare et byzantine. Les conseils qui correspondent le mieux au titre du recueil ont trait à l'organisation domestique (comment diriger sa maison, surveiller les dépenses, composer les menus, conserver les vêtements, etc.). Un dernier chapitre, dont l'auteur est le « protopope » Sylvestre, contient les instructions de celui-ci à son fils ; c'est l'œuvre d'un homme remarquable qui, sous maints aspects, peut être comparé à Vladimir Monomaque. — Trad. partielle dans : *Annales du musée Guimet,* 1904.

DOÑA BARBARA. Ce roman est considéré comme le chef-d'œuvre de Rómulo Gallegos (1884-1969) le plus célèbre des écrivains vénézuéliens contemporains et qui dut, à sa haute réputation morale et littéraire, d'avoir été président de la République de son pays. *Doña Barbara* a pour cadre les « llanos », les vastes savanes du Venezuela où paissent encore des troupeaux sauvages de chevaux et de bêtes à cornes. L'intrigue en est tres simple, mais passionnante. Un « llanero » transplanté à la ville, ayant presque perdu le souvenir de son enfance campagnarde, regagne le domaine familial dans l'intention de le vendre. Mais à peine est-il de retour qu'il subit l'envoûtement de cette vie libre et hasardeuse où l'homme mène une lutte perpétuelle contre les bêtes et la nature. Les fleuves sont infestés de caïmans et de poissons dangereux, les forêts abritent les jaguars et, dans la savane, vivent à l'état sauvage les chevaux et les taureaux qu'il lui faut rassembler, dompter et domestiquer. Il lui faudra aussi lutter contre tous ceux qui désirent s'emparer de son domaine et surtout contre sa voisine, l'énigmatique doña Barbara, aventurière sans scrupules, sensuelle et maléfique, qui règne sur toute la contrée asservie à sa loi. Déjà les bornes, les clôtures ont été déplacées ; de grands espaces lui ont été volés. Quelques péons fidèles l'assisteront dans sa tâche et les puissances du bien finiront par triompher des forces du mal ; la savane retrouvera son maître et la paix. Doña Barbara, qui était devenue amoureuse de son rival, partira, et il épousera la petite cousine dont il est aimé et qu'il aime et dont le père était tombé dans la pire déchéance, victime des manœuvres de doña Barbara.

À cette intrigue habilement conduite, se mêlent les tableaux de la vie dans les llanos, tous les tableaux de la savane : le « rodeo », la « ferrade », les danses et les chansons, les superstitions, les légendes et, avec ces scènes de mœurs, l'étude des caractères. À côté des coquins qui sont les complices de doña Barbara, le général Pernalete, l'Anglais Mr. Danger, Balbino Paiba et le Brujeador, sans scrupules et sans moralité, se moquant de la justice, l'auteur nous dépeint les « llaneros » loyaux et courageux, les Antonio Sandoval, Carmelito et Pájarote, les infatigables cavaliers, habiles à lancer le lasso et à accomplir tous les travaux dangereux de la « vaquería », et qui sont les authentiques descendants des conquistadors. Santos triomphe, mais avec lui la savane ne tardera pas à mourir à la vie héroïque, elle entre maintenant dans la phase civilisatrice qui lui fera perdre sa grandeur et son caractère. Les clôtures et les fils de fer barbelés, l'asservissement des troupeaux sauvages, l'exploitation rationnelle des richesses naturelles gagnent des terres à la production économique du pays, mais font disparaître la vie héroïque des « llaneros ». C'est un monde qui disparaît que Rómulo Gallegos nous a décrit avec nostalgie et ferveur, nous en faisant subir l'envoûtement mêlé de douceur et d'âpreté, de tendresse et de violence, opposant à la démoniaque et autoritaire Barbara la sauvage et ardente Marisela, faisant succéder aux scènes de meurtre et de sorcellerie les chants, les danses et les courses ardentes à la poursuite des chevaux sauvages. — Trad. Sorlot, 1943, puis Gallimard, 1951.

DONA BRANCA. Poème composé de dix chants en décasyllabes libres de l'écrivain portugais João Baptista Almeida Garrett (1799-1854), publié en 1826. Dans la première édition, ce poème n'avait que sept chants. L'Infante dona Branca, fille du roi de Portugal Alphonse III, quitte le monastère de Lorvão, en pompeux équipage, pour se rendre au couvent de Las Huelvas, près de Burgos, dont elle a été nommée abbesse. En chemin, le cortège s'arrête dans un couvent qui, pendant la nuit, est assailli par les Maures ; leur roi, Aben-Afan, enlève dona Branca et l'emmène sur son cheval noir au palais merveilleux de la fée Alcina, palais qu'il avait découvert un jour que, s'étant égaré dans la forêt, il errait à la recherche de son chemin. Alcina lui offre alors de choisir entre l'amour et la gloire. Aben-Afan choisit l'amour et reste avec l'Infante dans le palais de la fée. Cependant Alphonse III descend en Algarve pour terminer la conquête entreprise par les Chevaliers de Santiago. Il sait que sa fille, dona Branca, est enchaînée dans le palais d'Alcina, et il appelle le magicien portugais, frère Gil, pour qu'il libère l'Infante de l'enchantement. Frère Gil évoque un ancêtre d'Aben-Afan et lui demande de rappeler ce dernier aux devoirs de son trône ; et, dans la nuit de la Saint-Jean, il rompt l'enchantement, tandis qu'Aben-Afan meurt à la tête de ses troupes. Dona Branca se repent de sa faute et finit ses jours dans une dure pénitence. Le premier titre du poème était *Dona Branca ou la Conquête de l'Algarve,* titre qui soulignait l'intention qu'avait le poète de célébrer un événement national. Mais l'imagination et le sentiment lui firent oublier ce premier dessein, et il accentua jusqu'à l'excès l'atmosphère romantique, que Scott et Byron avaient mis à la mode.

DOÑA PERFECTA. Roman de l'écrivain espagnol Benito Pérez Galdós (1843-1920), publié en 1876. Pepe Rey, jeune ingénieur libéral épris de science et de progrès, vient à Orbajosa, une petite ville arriérée et conservatrice, pour se marier avec sa cousine Rosario, fille de doña Perfecta. Pepe, qui a dévoilé ses opinions religieuses et politiques, s'oppose vite à sa tante, qui incarne le fanatisme le plus intransigeant. Isolé progressivement par les manœuvres hypocrites de sa tante et de son confesseur, Pepe tombe finalement sous les coups d'un homme de main de doña Perfecta. Rosario perd la raison, on l'enferme dans un asile de Barcelone.

Les personnages puissamment campés, les clivages simples qui opposent bons et méchants, libéraux et conservateurs, fanatiques et tolérants, ont séduit d'emblée un vaste public. L'œuvre écrite pendant la dernière guerre carliste est ouvertement polémique et engagée. La vigueur et la simplicité de l'intrigue, le caractère dramatique de nombreux passages ont permis une adaptation réussie de l'œuvre pour le théâtre en 1896. Le personnage de doña Perfecta représente le conservatisme obtus et le fanatisme religieux de l'Espagne profonde, celle des milieux ruraux les plus retardés. Elle incarne sur le plan psychologique une figure saisissante de la mauvaise mère, ce qui explique le jeu des identifications et des projections passionnées dont l'œuvre a été l'objet. — Trad. Éditeurs français réunis, 1963. S. L.

DON CARLOS. La figure du prince don Carlos et le mystère de sa mort furent l'objet d'une romantique légende d'héroïsme et de passion qui inspira de nombreuses œuvres artistiques, surtout théâtrales.

★ L'auteur qui ouvre la série est l'écrivain espagnol Diego Jiménez de Enciso (1585-1634), avec son drame en vers : *Don Carlos* [*El principe don Carlos*], tiré de *L'Histoire de Philippe II* [*Historia de Felipe II*] (1619) de Luis Cabrera de Córdoba. Le drame respecte la vérité historique, mais ne fait pas encore mention du fabuleux amour du prince pour la reine Élisabeth ; il traduit le heurt entre les caprices et les désordres de don Carlos, et la rigide raison d'État personnifiée par Philippe II. Le drame dans lequel on sent l'influence de Lope de Vega, se recommande par son sens psychologique et par la mesure de l'expression, en un temps où l'on se complaisait aux effets tragiques et sanglants.

★ Le premier écrivain qui ait recueilli la légende protestante est César Vichard (1643-1692), de Saint-Réal, écrivain français, auteur d'un *Don Carlos* (1672), roman historique qui racontait l'amour de Carlos pour Élisabeth de Valois, ses luttes pour contenir sa passion lorsque cette princesse fut devenue la femme de son père Philippe, les machinations d'un courtisan contre le malheureux prince, la sombre jalousie du père et enfin la lamentable mort des deux amoureux. Saint-Réal a proprement créé le mythe de don Carlos, symbole de la liberté vaincue par la tyrannie. Le récit, des plus dramatiques et romanesques, reprend des topos du roman baroque (le tournoi, le rival déloyal, le document volé). L'analyse pénétrante des motivations cachées de personnages fait songer aux *Maximes* (*) de La Rochefoucauld, dont certains éditeurs agrémenteront les *Œuvres* de Saint-Réal (1730-1745). La représentation de l'atmosphère étouffante de la cour associée à une vision pessimiste des passions rappelle aussi *La Princesse de Clèves* (*). La nouvelle eut un grand succès, donnant lieu à des imitations. Ce roman eut le mérite d'inspirer à l'anglais Otway et à Schiller des tragédies portant le même titre.

★ Dans le *Don Carlos* de l'écrivain anglais Thomas Otway (1652-1685), cinq actes, en vers, représenté en 1676 et publié la même année, Philippe II, roi d'Espagne, épouse la belle Élisabeth de Valois ; mais il s'aperçoit très vite que son amour n'est pas payé de retour ; comme Élisabeth avait été fiancée auparavant à don Carlos, fils du roi, ce dernier ne tarde pas à soupçonner son fils et sa femme de le trahir. Tiraillé entre l'amour paternel et la jalousie, Philippe vit dans une agitation continuelle ; un de ses courtisans, Ruy Gomez, ainsi que sa femme, la duchesse d'Eboli, font tout pour aviver l'atroce soupçon dans l'âme du roi. Sataniquement entretenu par les deux courtisans, ce soupçon se mue en certitude ; aussi Philippe ordonne-t-il que les deux coupables soient punis. La reine meurt empoisonnée, tandis que don Carlos est contraint de se donner la mort. Finalement quand l'innocence de son fils et de la reine lui apparaît clairement, il ne reste plus au méfiant despote qu'à se plaindre amèrement, devant les cadavres des innocentes victimes, de sa jalousie et de l'envie ainsi que des intrigues de ses courtisans. Inférieure à la tragédie de Schiller comme au *Philippe* (*) d'Alfieri, cette œuvre nous présente cependant, dans le personnage de Philippe, une singulière figure de tyran, cruel mais non entièrement dénué de sentiments affectueux envers son fils et sa jeune femme. La comparaison avec *Othello* (*) de Shakespeare se fait tout naturellement. Dans cette tragédie se révèlent certains thèmes fondamentaux du théâtre tragique d'Otway : la ruine de l'homme, fatale conséquence de sa passion amoureuse. — Trad. *Chefs-d'œuvre des théâtres étrangers* (Théâtre anglais), Paris, 1822.

★ La tragédie de Jean-Galbert de Campistron (1656-1723), *Andronic*, est l'histoire de don Carlos sous des noms figurés.

★ Plus que toute autre œuvre du dramaturge et poète allemand Friedrich von Schiller (1759-1805), *Don Carlos*, poème dramatique en cinq actes, avec sa lente et laborieuse composition, reflète l'élargissement graduel de l'horizon intérieur du poète vers de nouveaux problèmes et de nouveaux idéaux. Déjà conçu pendant l'idylle de Bauerbach, commencé à Mannheim, continué sous l'influence de sa passion pour Charlotte von Kalb, le drame fut terminé (1787) à Loschwitz, près de Dresde, dans le calme de la petite maison hospitalière de Christian Körner, père de Théodore, le poète-soldat. Après avoir d'abord pensé à un drame de famille, comme l'avaient envisagé Vichard et Otway, et en avoir écrit le premier acte en prose, Schiller sous l'influence de Wieland — *Missive à un jeune poète* [*Sendschreiben an einem jungen Dichter*] — abandonna le style naturaliste pour se rapprocher du classicisme, en employant pour la première fois, dans son œuvre dramatique, les vers iambiques. C'est sous cette nouvelle forme que parurent, dans la revue *Rheinische Thalia* (1785), puis dans *Thalia* (1786), le premier et le second acte et les premières scènes du troisième. La comparaison entre les différentes parties publiées dans les revues, et entre celles-ci et l'édition définitive, nous permet de suivre la naissance, le développement et l'enchaînement des divers thèmes qui inspirèrent le poète. À côté de Carlos, prend peu à peu relief la figure de Posa qui, initialement symbole de l'amitié, personnifie à la fin l'idéal de la liberté et les exigences de l'« époque des Lumières » contre l'absolutisme et l'Inquisition. Si *Intrigue et Amour* (*) était dirigé contre les préjugés de caste du XVIIIe siècle, *Don Carlos* vise à flétrir en Philippe II d'Espagne, le symbole de l'absolutisme.

À Carlos tourmenté, au début du premier acte, par le terrible secret de son malheureux amour pour sa belle-mère Élisabeth, se présente le marquis de Posa qui l'incite à se rendre dans les Flandres, à la place du duc d'Albe, pour donner la liberté aux peuples opprimés par la tyrannie de Philippe II. La reine elle-même pousse le jeune homme à cette entreprise afin qu'il oublie son amour pour elle. Philippe ayant refusé à son fils de diriger l'expédition, ce dernier s'abandonne complètement à l'ouragan de sa passion. Dans son exaltation amoureuse, il reçoit une lettre qu'il croit être de son aimée, mais qui provient, en réalité, de la princesse d'Eboli ; celle-ci, pour se venger de Carlos qui l'a déçue et d'Élisabeth qu'elle croit coupable de répondre à l'amour de Carlos, se joint à Domingo, confesseur du roi, et au duc d'Albe dans les intrigues qu'ils ourdissent contre le prince, leur ennemi religieux et politique. Fortifié dans ses soupçons à l'égard de sa femme, Philippe en vient, au début du troisième acte, à ne plus avoir aucune confiance, que ce soit dans les accusateurs ou dans les accusés. Il se trouve dans cet état d'esprit quand ses regards tombent sur Posa en qui il croit rencontrer un ami et un conseiller. Dans la fameuse scène X de l'acte III — qui reflète en grande partie *L'Esprit des lois* (*) de Montesquieu et rappelle la scène II, 7 du *Nathan le Sage* (*) de Lessing —, Posa, avec une éloquence persuasive et entraînante, cherche à ébranler l'âme du roi et à lui communiquer sa flamme pour son idéal de liberté. Philippe est frappé par l'ardeur et la sincérité du marquis qui devient son confident. Au IVe acte, pour convaincre le roi de l'innocence de son fils, Posa lui remet quelques lettres personnelles de don Carlos et, parmi celles-ci, le billet passionné de la princesse d'Eboli ; Carlos, déconcerté par la conduite de son ami qui lui paraît incompréhensible et ambiguë, est prêt à se jeter dans les bras de la princesse pour lui dire son secret quand Posa l'en empêche, le sauvant ainsi de la ruine. Puis, pour détruire complètement les soupçons du roi, Posa envoie à ce dernier une lettre où il se déclare lui-même coupable d'aimer Élisabeth. Au début du Ve acte, don Carlos apprend l'entière vérité des lèvres de son ami qui tombe la poitrine transpercée par ordre de Philippe. Celui-ci voit alors, dans son fils, le continuateur de l'idéal politique du marquis, de celui qui pourrait abattre, au nom de la liberté, l'absolutisme et l'intransigeance religieuse, et il se décide à le sacrifier. Surpris durant un colloque nocturne avec sa belle-mère qui veut lui transmettre, avant qu'il ne prenne la fuite, les dernières volontés de Posa, don Carlos est envoyé devant le tribunal de l'Inquisition par son père qui croit ainsi, grâce à la complicité de l'Église, s'innocenter de la mort de son fils.

Le seul énoncé de l'intrigue suffit à laisser entrevoir l'ampleur particulière de l'œuvre où l'on trouve cependant un manque de méthode et d'équilibre et où la complexité de l'action nuit à la clarté. Les critiques faites par les contemporains, et spécialement par Wieland, poussèrent l'auteur à prendre la défense de son œuvre dans ses *Lettres sur Don Carlos* [*Briefe über « Don Carlos »*] publiées dans le *Mercure allemand* (*) en 1788. Les défauts viennent précisément de la longue et difficile élaboration de la pièce ; celle-ci constitue d'ailleurs le centre de toute l'œuvre de Schiller et représente un tournant décisif de son art. Sous l'influence d'études historiques et philosophiques, l'âme du poète s'est intimement transformée. À la passion fougueuse du « Sturm und Drang » s'est substituée une méditation calme, un pur désir d'idéal. Le monde doit être transformé non plus par la force brutale, la violence et l'insurrection, mais à la lumière de la vérité et de la liberté. La passion de l'Infant pour sa belle-mère, qui tout d'abord avait été le mobile essentiel de la tragédie, cède le pas au nouvel idéal politico-humanitaire représenté par Posa. En se transformant, l'originaire drame de famille est devenu une tragédie historique, politique, religieuse, dont l'apothéose est l'exaltation du sacrifice de l'individu en faveur de l'humanité. Au centre, deux figures idéales : Carlos et Posa. Mais Carlos, bien que brûlant d'amour pour la liberté et la gloire, apparaît parfois trop incertain, faible, passif, en regard de la haute figure morale de Posa, homme plein de résolution et décidé à se sacrifier. Auprès de ces personnages principaux, se groupent les figures secondaires : Philippe, un malheureux élevé sur le trône le plus puissant du monde, étouffé par la solitude de son univers de despote absolu et inflexible ; Élisabeth, austère gardienne de la vertu, mais qui cependant ne cache pas la pure ardeur d'un cœur aimant ; la princesse d'Eboli, fascinante dans sa sensualité, et qui se rachète par sa promptitude à expier sa faute dès qu'elle la reconnaît. Quant à l'atmosphère générale du drame, elle est tout entière dominée par les thèmes de l'amour, de l'amitié, de la liberté ! Et que d'éloquence pour les exprimer ! C'est presque du Rousseau mis en action avec une jeunesse enivrée, une ardeur, une puissance d'autant plus entraînantes qu'elles se développent sur la toile de fond de la Cour la plus sombrement majestueuse ; le tout étant maintenu – mieux que Goethe ne le fit jamais – dans le cadre strict des nécessités scéniques. La première représentation à Hambourg, le 28 août 1787, fut un triomphe. Schiller est un homme de théâtre connaissant parfaitement son métier jusque dans ses astuces et cependant nul n'est plus honnête et plus pur que lui. – Trad. Aubier-Montaigne, 1934 ; Avant-scène, 1986.

★ Le poète allemand Friedrich de La Motte Fouqué (1777-1843) écrivit également une tragédie *Don Carlos* (1823), dédiée à Schiller et dans laquelle il tente de réhabiliter Philippe et le duc d'Albe.

★ Le drame *Le Fagot* [*El haz de leña*, 1872] du poète Gaspar Nuñez de Arce (1834-1903) est aussi à retenir à cause de son respect de la vérité historique ; on le tient pour le meilleur drame historique du romantisme espagnol.

★ Parmi les œuvres musicales composées sur le drame de *Don Carlos*, la plus importante est le *Don Carlos* de Giuseppe Verdi (1813-1901). Elle fut représentée à Paris en 1867. L'argument de la tragédie de Schiller avait été suggéré, dès 1850, à Verdi par Alphonse Royer et Gustav Vaez, mais le maître avait réservé son acceptation. Quinze ans après, il se décida à traiter le sujet et à écrire un opéra pour l'Exposition universelle de Paris de 1867, sur le livret français de Méry et Du Locle. Le livret ayant été traduit en italien, sous le titre de *Don Carlo*, l'œuvre fut représentée au Théâtre communal de Bologne la même année. Pour s'adapter aux coutumes du théâtre parisien, l'opéra compta d'abord cinq actes. Il fut ensuite réduit à quatre. Enfin en 1883, on le remit en cinq actes avec vingt-cinq tableaux. Sous cette dernière forme, la surabondance des épisodes secondaires qui favorisait la chorégraphie et la mise en scène de « grand opéra », plutôt que les nécessités dramatiques, alourdit et ralentit l'action. Mais, comme dans cet autre opéra de Verdi, *La Force du destin* (*), tout ce qui est essentiel au drame est fort bien réalisé. L'élément amoureux y est certes moins vivant que les passions déchaînées de la haine, de l'ambition, de la vengeance. Les rôles d'Élisabeth et de Carlo sont beaux, mais combien plus saisissants sont ceux de Philippe, de Rodrigue et de l'Inquisiteur.

DON GIL DE VERT VÊTU [*Don Gil de las calzas verdes*]. C'est la comédie d'intrigue la plus connue du dramaturge espagnol Tirso de Molina (frère Gabriel Téllez, 1583 ?-1648), comédie en trois actes, composée après 1618, publiée en 1635. Juana, noble mais pauvre demoiselle de Valladolid, séduite par Martin, lequel sera amené par son père à demander la main d'une riche jeune fille de Madrid, Inès, pense qu'« il est rare que l'habileté ne triomphe pas d'une mauvaise fortune » : aussi s'en va-t-elle à Madrid, déguisée en homme et accompagnée du fidèle Quintana, pour reconquérir son amant. Entre-temps, Martin s'est présenté à Inès, mais celle-ci lui préfère celui qui feint d'être don Gil, et qu'elle appelle, comme elle n'en connaît pas le nom, « l'homme aux chaussures vertes » (en réalité, il s'agit de Juana) ; et pour Gil elle méprise même son vieux prétendant Juan. Juana, non contente de son premier déguisement, se fait connaître par Inès mais cette fois comme femme, sous le nom d'Elvira, pour avoir la possibilité de lui parler de la fidélité de Martin à son égard. Quintana fait croire à Martin que Juana est morte en couches, de telle sorte que celui-ci finit par penser que le mystérieux don Gil, qui lui joue des tours multiples et lui dispute avec fortune Inès, est l'esprit inquiet de la femme abandonnée. Enfin, lorsque les choses menacent d'avoir des conséquences judiciaires, Juana révèle son jeu et reconquiert Martin, tandis qu'Inès, étant donné que le soi-disant Gil est une femme, se contente de Juan.

Tout le ressort dramatique de la comédie tient dans le jeu alterné des fictions de Juana, qui semble à chaque instant tomber elle-même dans l'engrenage de ses mensonges compliqués : c'est ainsi que nous trouvons sur scène, à un moment donné, au moins quatre don Gil, naturellement tous faux, de telle sorte que même le rusé Caramanchel, le « gracioso » qui sert de valet à celui qu'il croit être don Gil, est amené à penser qu'il y a vraiment, dans le jeu, une âme du purgatoire. Juana finira par avoir raison de Martin, en qui il lui avait semblé reconnaître « un jeune Adonis qui éveillait l'amour chez mille Vénus et la jalousie chez mille Mars », alors qu'en réalité il s'agit d'un jeune homme plutôt terne, conciliant et opportuniste, qui fatalement va céder à sa volonté. À Inès, capricieuse et impulsive, qui se plaît à assister à cette scène de jalousie, fait pendant sa cousine Claire, elle aussi amoureuse du beau don Gil, et assez audacieuse pour le lui dire la première. Ainsi cette comédie, comme bien d'autres du subtil moine de la Merced, est l'exaltation de l'habileté, de la grâce et des délicieuses intrigues des femmes. Par un art plein de vivacité et de lumière, l'auteur prend plaisir à souligner le jeu de la sentimentalité féminine en des scènes pleines de sous-entendus et menées avec un sourire d'indulgente ironie. — Trad. L'Arche, 1961.

DON GONZALO GONZÁLEZ DE LA GONZALERA. Roman de l'écrivain espagnol José María de Pereda (1833-1906), publié en 1879. Dans la montagne de Santander, vers le milieu du siècle passé, règne une paix céleste alors que dans le reste de l'Espagne éclatent des luttes politiques cruelles et acharnées. Le mérite de cette heureuse exception revient, pour la plus grande part, à don Román Pérez de la Llosia, petit seigneur local qui, arrivé au seuil de l'Université, a préféré lâcher les Pandectes pour se consacrer à l'administration des pouvoirs ancestraux. Lucas del Robledal, étudiant exilé dans ce pays en raison de ses idées révolutionnaires, apporte, dans ce coin, un ferment dangereux. Bien qu'il ne soit qu'un idéaliste confus, son action trouve un élément agissant dans le fils d'un notaire, ivrogne local, qui s'est enrichi en Amérique et qui, revenu au pays, a corrigé l'humble nom paternel de González en celui bien plus rutilant, qui donne son titre au livre. L'« Américain », d'abord parce qu'il se sent un peu limité par la dictature bon enfant de don Román et aussi parce qu'il ne réussit pas à épouser la fille de celui-ci, Magdalena, devient le soutien de Lucas et finance ses menées révolutionnaires. Mais les seuls qui vraiment bénéficient de l'ordre nouveau que ces derniers réussissent habilement à créer, sont les deux louches individus, Patricio et Gildo Riguelta, père et fils, qui parviennent à monnayer la « révolution » mise en scène par l'idéaliste fantasque et par le pompeux et vindicatif « Américain ». Après une lutte sanguinaire, l'ordre revient dans le petit village de la montagne à l'avantage complet de don Román qui sait se montrer généreux avec ses adversaires.

Homme de droite, Pereda se bat, dans ce roman, pour ses idées, et le cadre délicieusement ironique des coutumes locales souffre un peu d'un parti pris politique trop ouvertement affirmé. La satire des mœurs politiques est bien souvent un peu simpliste, mais le romancier espagnol sait camper et faire mouvoir ses personnages avec maîtrise.

DON JUAN. Dans l'histoire de la littérature universelle, il est rare de trouver un sujet et un personnage qui aient été l'objet d'une tradition plus riche que celle créée autour du nom de « Don Juan », figure des plus humaines symbolisant la joie de vivre, le plaisir terrestre, l'amour léger et insatiable, et jusqu'à une frivolité impie de l'esprit en opposition avec l'austère gravité, l'inquiétude du divin, qui caractérisent la figure d'un « Faust » — v. *Faust* (*). L'origine de la légende de don Juan est l'un des problèmes les plus discutés par les érudits et les philologues ; on en a placé le berceau au Portugal, en Italie, en Allemagne, en en faisant un personnage tantôt historique, tantôt fantastique, tenant ses racines du Moyen Âge mystique ou de la Renaissance païenne. Aujourd'hui, tout en lui reconnaissant un fond commun de folklore européen, on tend à restituer la paternité de la légende à l'Espagne, où les « romances » populaires et les chroniques font explicitement mention du thème et du personnage.

★ La première œuvre dans laquelle la légende trouve sa forme artistiquement définie est *Le Séducteur de Séville et le Convive de pierre* [*El burlador de Sevilla y convidado de piedra*], comédie en trois journées, en vers, attribuée à Tirso de Molina (frère Gabriel Téllez, 1583 ?-1648), dont la plus ancienne édition connue se trouve dans les *Doce comedias nuevas de Lope de Vega, y otros autores* (Barcelone, 1630) ; cependant, le nom de Tirso n'y figure pas. Ayant pénétré de nuit dans le palais royal de Naples, don Juan Tenorio trompe la duchesse Isabelle en se faisant passer pour son fiancé, le duc Octavio. Son oncle, l'ambassadeur, qui devrait l'arrêter, l'aide à fuir par sentiment d'honneur et don Juan s'embarque pour l'Espagne. Mais une tempête survient, le navire fait naufrage et don Juan, sauvé par son serviteur Catalinón, est recueilli et soigné dans la cabane de la belle Tisbée. Sans se soucier des admonestations de Catalinón qui lui rappelle en vain la justice de Dieu, le trompeur récompense la belle Tisbée de son hospitalité en la séduisant, après lui avoir promis le mariage, puis s'enfuit à Séville. Là s'est déjà répandue la nouvelle de son aventure de Naples et le roi qui avait décidé de marier don Juan avec la belle doña Ana, fille de don Gonzalo de Ulloa commandeur de Calatrava, ordonne que le séducteur répare le tort fait à l'honneur d'Isabelle en l'épousant, tandis que le duc Octavio recevra en dédommagement la main de doña Ana. Mais celle-ci aime au contraire le marquis de la Mota ; don Juan, ayant intercepté une lettre dans laquelle la jeune fille donne rendez-vous à celui qu'elle aime, se substitue au marquis par un stratagème et pénètre dans la maison du Commandeur. Doña Ana s'aperçoit cependant de la tromperie ; à ses cris, don Gonzalo accourt pour venger son honneur, mais il est tué par don Juan qui s'enfuit, poursuivi par la malédiction du vieillard, tandis que le marquis est arrêté comme l'auteur du meurtre. Don Juan s'arrête dans un village où l'on célèbre les noces de deux paysans : Patricio et Aminta ; enflammé par les grâces de la jeune épouse, le séducteur éloigne le mari par une imposture, éblouit le père de la jeune femme avec la promesse de grandes richesses ; puis ayant pris le ciel à témoin de ses serments en demandant que la mort lui soit envoyée par la main d'un homme... déjà mort, il frustre Patricio de ses droits, et se sauve avec Catalinón. Revenu à Séville, il voit dans une église la statue de pierre que le roi a fait élever à don Gonzalo de Ulloa, et par moquerie il l'invite à dîner. La statue se rend au rendez-vous et, à son tour, convie don Juan à le retrouver le jour suivant dans la chapelle d'Ulloa. Don Juan tient parole, se présente à la chapelle avec Catalinón ; le dîner est infernal et lorsque don Juan, ayant donné la preuve de son courage, veut prendre congé, la statue le prend par la main et l'engloutit en enfer, lui refusant la confession que le pécheur demande trop tard. Il ne reste plus à Catalinón qu'à rapporter le prodige de la punition au roi et aux victimes de don Juan, venues demander justice de ses tromperies.

Le drame apparaît divisé en deux plans distincts qui s'assemblent, mais ne se fondent pas : le plan réaliste de la comédie « de cape et d'épée », le plan imaginaire et symbolique de l'« auto sacramental ». La rapidité presque idéale de l'action et les situations conventionnelles dans la schématisation des figures romanesques et scéniques donnent à l'œuvre une atmosphère de farce que rompt soudainement le « mystère » de l'acte final. Cependant, le personnage de don Juan est d'une psychologie concrète et parfaitement déterminée : la valeur du symbole y est voilée par l'ardeur de la sensualité insatiable qui domine don Juan, et fait de lui un mythe, le mythe du pouvoir démoniaque de la chair qui se rebelle contre Dieu. C'est en tant que symbole qu'il traduit une réalité et c'est dans cette intime dualité dramatique qu'il faut chercher l'universalité de don Juan et son inépuisable richesse poétique. — Trad. Michel-Lévy, 1863, nouvelle traduction avec Introduction et notes par Pierre Guenoun, sous le titre *L'Abuseur de Séville,* éd. Aubier, 1962.

★ Rapidement connue en Italie, la comédie espagnole fut mise à contribution par les comédiens de la « commedia dell'arte », et parmi de nombreux textes, on a retenu deux remaniements du sujet, intitulés *Le Convive de pierre,* un de Giliberto, aujourd'hui perdu, l'autre de *Giacinto Andrea Cicognini* (1606-1660), « œuvre modèle » en prose, composée probablement avant 1650. Le mérite de Cicognini est d'avoir introduit le sujet de don Juan sur les scènes italiennes et de compter parmi les sources directes de la comédie de Molière (v. ci-dessous). En général, Cicognini tend à couper et à condenser, souvent avec un désagréable effet de sécheresse, le texte de Tirso. La figure du marquis de la Mota disparaît et à sa place nous trouvons, au second acte, le duc Ottavio. La scène orageuse du premier acte, entre don Juan et l'oncle, est abrégée ; les effusions douloureuses et amoureuses du duc Ottavio avant son départ de Naples disparaissent et les idylles de don Juan avec Tisbée et Aminta (devenues respectivement Rosalba et Brunetta) se réduisent à de brèves scènes, à peine esquissées. Notons cependant que les coupures faites à l'original par Cicognini sont parfois justifiées par un sens réaliste de la vie et de la scène qui, s'il élimine des beautés poétiques et dénature les motifs artistiques de Tirso, rend les personnages plus immédiats et plus rapide l'intrigue. Caractéristique est, à ce propos, la scène du naufrage, où le monologue précieux de Tisbée est remplacé par une chanson joyeuse et où la double attitude de la femme et de l'homme à leur première rencontre est dessinée avec un heureux comique. Loin de négliger aucun trait comique, Cicognini en ajoute au contraire de nombreux, en se servant du riche répertoire de lazzi de la « commedia dell'arte ». Il nous présente le père de Brunetta comme un « Docteur » qui parle bolonais et marie de force sa fille avec un grotesque « Pantalone » vénitien ; de plus, les conversations qu'il a avec les jeunes époux sont agrémentées de devinettes auxquelles ne manque naturellement pas un double sens obscène. Le duc Ottavio acquiert, en la personne de Fichetto, un serviteur facétieux et affamé. Catalinón se transforme en un Passarino qui, dans son jargon lombard, lance des saillies à jet continu, même pendant le tragique festin, et commente la mort de son maître avec un cri passionné de regret pour son propre salaire, dont se souviendra le Sganarelle de Molière. La figure de don Juan, elle aussi, a été transformée : plus rude et plus violent avec les femmes, plutôt capricieux et moqueur que fier dans son défi à la statue, il meurt, inaccessible au remords. L'extraordinaire intervention de la statue n'est plus la conclusion de la mystérieuse menace qui, suspendue sur la tête du coupable, inspirait une religieuse terreur : c'est un émouvant artifice scénique ; et le drame puissant de Tirso est réduit à la mesure de tant d'œuvres semblables du théâtre italien de ce temps, dans lesquelles le tragique et le comique, le sens réaliste et le romanesque se heurtent sans réussir à se fondre.

★ Apportées en France par les acteurs de la « commedia dell'arte » qui, en 1657 triomphaient au Théâtre des Italiens à Paris, les œuvres de Giliberto et de Cicognini connurent à leur tour de nombreuses imitations. Rappelons la tragi-comédie en cinq actes de l'acteur Dorimond, représentée à Paris en 1661 et imprimée en 1665 ; la tragi-comédie, également en cinq actes et en vers, d'un autre acteur, Villiers, imprimée après 1665, etc.

★ C'est dans les œuvres de ces imitateurs français et surtout italiens, que Molière (Jean-Baptiste Poquelin, 1622-1673), dramaturge et comédien français, trouva les grandes lignes de son *Dom Juan, ou le Festin de pierre,* en cinq actes en prose, représenté à Paris le 15 février 1665. Malgré le succès, la pièce disparut de l'affiche au bout de quelques semaines. Elle ne fut plus jamais représentée (jusqu'au XIXᵉ siècle, on ne joua que la version de Thomas Corneille), et ne fut pas publiée du vivant de Molière. Dom Juan (c'est l'orthographe des éditions du XVIIᵉ siècle), en quête de nouvelles aventures, a quitté sa femme Elvire ; quand celle-ci le rejoint, il lui déclare hypocritement qu'il se repent de l'avoir arrachée au cloître ; elle le quitte alors en le menaçant de la punition céleste. Aidé de son serviteur Sganarelle, il veut ravir en mer une jeune fille à son fiancé (I) ; mais les deux compères vont faire naufrage et deux paysans les sauveront. Malgré les reproches du fiancé qui est l'un des sauveteurs, dom Juan fait la cour à la villageoise et lui promet de l'épouser, promesse qu'il a déjà faite auparavant à une autre villageoise : Mathurine. Les deux femmes se prennent aux cheveux et dom Juan les tient toutes deux en respect (II). Dans une forêt, où les deux compères déguisés fuient les frères d'Elvire, dom Juan et Sganarelle font la rencontre d'un mendiant. Sganarelle cherche en vain à s'opposer à l'impiété de son maître lequel veut bien faire l'aumône d'un louis d'or, à condition que le mendiant blasphème. Ce dernier ayant refusé avec la plus vive énergie, dom Juan lui donnera néanmoins le louis promis « par amour de l'humanité ». Un hasard fait, un peu plus tard, qu'il sauve un gentilhomme attaqué par des voleurs ; ce gentilhomme est dom Carlos, l'un des frères d'Elvire qui, reconnaissant, lui accorde jusqu'au lendemain pour réparer l'honneur de sa sœur. — Ils tombent alors sur le superbe tombeau d'un Commandeur que dom Juan a tué en duel, quelques mois plus tôt. Dom Juan fait inviter la statue à dîner par son serviteur (III). La scène se passe ensuite dans sa propre maison où il reçoit un marchand, Monsieur Dimanche, son créancier ; après s'être moqué de lui, il le renvoie sans le payer. Son père, dom Louis, blâme sévèrement ce fils débauché qui lui répond en peu de mots, avec une froide dérision, et le vieillard lui prédit la punition que lui-même, avant le Ciel, pourrait bien lui infliger. Survient Elvire, tout à fait détachée des affections de ce monde, mais qui le supplie d'éviter la colère divine : dom Juan loin de se troubler, se sent à nouveau attiré par sa femme transfigurée par la douleur. La table est prête, la statue du Commandeur entre, s'assied et, à son tour, invite dom Juan à dîner pour le jour suivant (IV). Devant son père, le jeune dépravé se montre repentant, mais cette hypocrisie sera sa dernière tromperie. À dom Carlos, qui lui demande de considérer Elvire comme son épouse, il répond négativement, en alléguant le projet d'Elvire de vivre uniquement dans la dévotion. Un dernier avertissement lui est donné par un spectre, qui disparaît lorsque dom Juan veut le frapper. Mais voici la statue du Commandeur qui se présente au libertin, pour l'emmener dîner ; elle le prend par la main et lui révèle qu'il est condamné. Foudre et tonnerre tombent sur dom Juan, la terre s'ouvre pour l'engloutir. Sa mort venge ses offenses et libère le monde ; seul le serviteur réclame son salaire impayé.

Que *Dom Juan* soit aujourd'hui la pièce la plus fameuse de Molière ne s'explique pas seulement par son inscription dans le célèbre mythe du séducteur foudroyé : le *Dom Juan* de Molière est jugé mystérieux dans son origine, énigmatique en ses significations, maudit par son immédiat étouffement. On a cru jusqu'à une date très récente que *Dom Juan* avait été rapidement écrit pour pallier l'interdiction de *Tartuffe* (*) et la perte de recettes qui en résultait. Par là s'expliqueraient la prose, l'irrégularité des lieux et des temps, l'éclatement de l'action, l'absence de liaison nette entre les actes, le mélange des genres. On sait aujourd'hui que deux mois et demi avant la première, Molière était tellement avancé dans l'écriture de sa comédie qu'il pouvait déjà passer commande de tous les décors nécessaires à sa représentation. Début décembre 1664, tous les linéaments de l'action sont donc en place. Quand on sait que pour un dramaturge du XVIIᵉ siècle, lorsque le plan est fait, la pièce est faite, et que trois semaines suffisent pour la versification — activité secondaire — d'une pièce en cinq actes, on comprend que le choix de la prose pour *Dom Juan* est un choix tout à fait délibéré. Il en va de même pour toutes les caractéristiques atypiques de la pièce. La clé de l'écriture, de la structure et de la scénographie de *Dom Juan,* a été fournie par la connaissance que nous avons aujourd'hui des décors de la pièce : cette comédie s'apparentait au genre contemporain de la *pièce à machines.* Dès lors, si *Dom Juan* est la patiente reconstruction en pièce à machines d'un matériau emprunté à des auteurs français ou italiens, qui avaient déjà fait représenter des *Festins de pierre* (tragi-comédie pour les auteurs français, farce pour les Italiens) sur les scènes parisiennes, on est délivré de toute tentation de voir dans son étonnante liberté structurelle une « modernité » anachronique ou une volonté absolue de subversion. Reste à résoudre la question : pourquoi une pièce à machines ? Une pièce à machines, parce que son sujet, tel que le lui ont fourni ses prédécesseurs, était un sujet de tragi-comédie, inassimilable à la structure de la comédie classique ; parce que, surtout, les mouvements de la statue (IV et V), l'apparition du spectre (V, 5), le foudroiement et la disparition de dom Juan, tout cela ressortit au merveilleux et à l'usage d'une machinerie que seul le théâtre à machines permettait au plan matériel, et légitimait par rapport aux étroites classifications des genres littéraires.

Étroitement liée à *Tartuffe* sur le plan des significations (notamment la dénonciation de l'hypocrisie et de la fausse dévotion), *Dom Juan* en diffère ainsi radicalement pour tout le reste, action, dramaturgie, personnages... De là cette structure très particulière, dans laquelle la progression de l'action n'a rien à voir avec celle de la comédie, ni même avec celle de la tragi-comédie, genre des œuvres qui sont les sources de la pièce de Molière (deux *Festin de pierre* en 1659 et 1660). Si tels passages de l'acte I (dialogue entre un maître conquérant et un valet à l'esprit court, préparation d'une nouvelle entreprise amoureuse qui risque d'être dangereuse) pourraient annoncer une action de tragi-comédie, la présence dès la scène 1 de Gusman, l'écuyer de la femme délaissée, Elvire, puis l'arrivée de celle-ci, dont les reproches embarrassent dom Juan, situent dès le début la nature de l'action de toute la pièce : dynamisme des personnages humains ou surnaturels qui vont apparaître à la suite les uns des autres pour harceler le héros ; passivité de celui-ci, qui se contente d'agir (de parler surtout) à l'intérieur des situations créées par les autres et qui doit même faire face aux remontrances de son valet. Ainsi, c'est par hasard, après l'échec lamentable de la tentative d'enlèvement, qu'à l'acte II dom Juan et Sganarelle se retrouvent sur une plage ; et les paysannes qu'il séduit lui « tombent dessus » sans qu'il puisse profiter d'une victoire purement verbale : le fiancé, une autre paysanne l'en empêchent, et la fin de l'acte annonce que des hommes sont à sa poursuite. De même à l'acte III : dom Juan et Sganarelle en fuite sont égarés, la rencontre du Pauvre est « providentielle », puisqu'il les met sur la route du tombeau du Commandeur, et la rencontre des deux frères d'Elvire résulte de la logique de la poursuite. C'est encore plus clair à l'acte IV, où dom Juan, rentré chez lui, n'exprime pour tout projet que la préoccupation terre à terre de souper, et subit les fâcheux qui le harcèlent (son créancier, son père, Elvire, la statue du Commandeur). Quant à l'acte V, si dom Juan pense avoir trouvé dans le masque du faux dévot le moyen d'échapper à ses poursuivants, il se contente encore de subir leur défilé, jusqu'à ce que la statue vienne à sa rencontre pour le foudroyer.

Mais qui est dom Juan ? Grand seigneur corrompu, sensuel et volage, comédien admirable dont la parole vaut de l'or, jeune homme indifférent à l'autorité et à la mort, aristocrate qui soutient son rang par la démonstration de son courage, athée sans pitié pour les certitudes des misérables, séducteur insensible et cruel, héros poursuivi en définitive par tous ceux qu'il a bernés, les facettes du personnage sont innombrables. Aussi n'est-il pas sympathique tout en attirant l'intérêt, ni franchement condamnable malgré son absence totale d'authenticité. Comme si Molière, dépositaire de la tradition humaniste, condamnait l'éternel comédien incapable de découvrir la vérité derrière la comédie du monde, tandis qu'un autre Molière, que les dévots voulaient envoyer au feu, se projetait dans le libertin foudroyé, le tout sans négliger une intention satirique dans le croquis de certains grands seigneurs de la Cour.

Toutes ces facettes ont un dénominateur commun : déjà désigné comme un petit marquis par son habillement et comme un personnage comique par ses éloges paradoxaux (de la conquête amoureuse notamment), dom Juan partage avec les autres grands ridicules de Molière cette caractéristique fondamentale qu'est l'aveuglement. Ce n'est pas un paradoxe si l'on considère que dom Juan est certes le plus actif des grands héros de Molière en paroles, mais qu'il est sans prise sur l'action une fois que son projet d'enlèvement du premier acte a échoué. Or, chez tous les maniaques de Molière, il y a un lien nécessaire entre leur passion, leur absence de prise sur l'action et leur aveuglement. Les érudits ont montré que Molière avait parfaitement illustré dans *Dom Juan* le lieu commun théologique de l'« endurcissement du pécheur », à travers la relation qu'entretient dom Juan avec les avertissements et les manifestations du ciel. Mais cette illustration tire toute sa force de ce que dom Juan refuse d'entendre ces avertissements et se révèle incapable de déchiffrer les signes que lui adresse le Ciel. Ce n'est qu'à l'extrême fin, quand il aura vérifié par la pointe de son épée la « preuve » de la manifestation céleste, qu'il confirmera sa volonté d'« endurcissement » (« Non, non, il ne sera pas dit, quoi qu'il arrive, que je sois capable de me repentir », V, 5). Jusqu'à ce moment, il se contente de se refuser à voir.

Ce refus de voir est manifeste dès le début de la pièce, lorsque, au premier avertissement de Sganarelle concernant la mort du Commandeur, Molière fait répondre par son personnage : « Ah ! n'allons point songer au mal qui peut nous arriver, et songeons seulement à ce qui peut nous donner du plaisir. » (I, 2). Il est régulièrement réaffirmé ensuite, à partir du moment où la statue est entrée en scène (fin de l'acte III). Refus de voir, incapacité à déchiffrer : incontestablement ce personnage, dans les paroles duquel des générations d'exégètes se sont ingéniées à rechercher un discours organisé de libertin en révolte contre Dieu, est, avant tout, un personnage typiquement moliéresque par son aveuglement. Libertin certes, mais en 1665, on l'était « jusques au feu exclusivement ». Don Juan, lui, va jusqu'au feu parce qu'il est aveugle. De même qu'en 1665 on pouvait être dévot sans aller jusqu'à donner sa fille et sa maison à son directeur de conscience.

★ La comédie de Molière eut, en 1677, une imitation en vers expurgée qui occupa longtemps les scènes parisiennes : le *Don Juan ou le Festin de pierre* de Thomas Corneille (1625-1709).

★ En 1714, l'Espagnol Antonio de Zamora (1660/64-1728) fit représenter la comédie *Il n'y a pas de délai qui n'expire, ni de lettre qui ne se paye* [*No hay plazo que no se cumpla, ni deuda que no se pague*], inspirée du *Burlador* de Tirso. Don Juan, qui a déjà séduit à Naples Julia Octavia, dame de haut lignage, est devenu l'amant de doña Beatriz Fresneda, sœur de don Luis, lequel, dans une rixe, sauve don Juan de la mort, mais ayant reconnu en lui le séducteur de sa sœur, le provoque en duel. Le fiancé de Julia, Filiberto Gonzaga, qui correspond au duc Octavio du *Burlador,* va lui aussi, de Naples à Séville non pour y chercher asile, mais pour porter au roi une lettre, dans laquelle il demande justice contre le trompeur. Doña Ana a appris de Béatriz la trahison de don Juan, et n'en veut plus pour mari. Don Juan provoque alors Filiberto, et comme celui-ci lui conseille calmement de garder sa colère pour le jour du duel que le roi a autorisé, il se déchaîne contre lui et tue le vieux Gonzalo qui s'efforçait de le retenir. Sorti de prison au bout de trois mois, le séducteur se rend dans la chapelle funéraire de don Gonzalo et invite la statue du mort à dîner. Averti par Béatriz que son frère vient avec d'autres pour le tuer, don Juan échappe au péril, entre dans le palais de doña Ana et tente de la violenter. Les serviteurs accourent, et il s'enfuit. Le soir suivant se déroule la scène du repas avec la damnation du pêcheur et le récit du valet, comme dans le *Burlador.*

★ Le dramaturge italien Carlo Goldoni (1707-1793) fut également tenté par le sujet et, en 1730, écrivit une tragi-comédie : *Don Juan ou la Punition du libertin* [*Il Don Giovanni o La punizione del dissoluto*], de ton populaire ; mais l'œuvre n'a pas la spontanéité et le brio des autres œuvres de Goldoni, auxquelles elle est nettement inférieure.

★ Le romantisme donna à la figure de don Juan tout son éclat. Une des *Nouvelles musicales* (*) les plus connues de l'écrivain allemand Ernst Theodor Amadeus Hoffmann (1776-1822) s'intitule *Don Juan.* Quoique souvent publiée à part ou avec d'autres récits d'argument analogue, elle appartient au premier recueil de jeunesse d'Hoffmann : *Fantaisies dans la manière de Callot* (*). C'est une interprétation originale et suggestive, d'une psychologie très libre, du *Don Juan* de Mozart (voir ci-dessous). La musique y sert en quelque sorte d'occasion à un commentaire fantaisiste, riche de pénétrantes délicatesses et de touchantes audaces. Assistant à une représentation de l'opéra de Mozart, une sombre épouvante envahit l'âme de l'écrivain à l'audition de l'Andante, et l'allègre fanfare, qui commence à la septième mesure de l'Allegro, résonne à ses oreilles comme le cri d'un forfait, comme l'expression de la lutte entre la nature et les puissances inconnues qui l'environnent pour la détruire. Hoffmann fait ainsi passer, devant les yeux du lecteur, divers personnages de l'histoire fatale de don Juan ; mais une figure féminine d'une grande beauté, celle de doña Anna, se détache de toutes les autres et est dépeinte avec ferveur. Le personnage de don Juan à travers la musique mozartienne est interprété par Hoffmann comme une âme aspirant aux élévations surhumaines, alors qu'elle est plongée dans la plus cynique sensualité et dans la criminalité la plus effarante, précisément à cause de cette insatiable aspiration vers les choses élevées ; ses forces humaines n'arrivent jamais à le satisfaire et le livrent finalement aux esprits démoniaques. Selon Carl Maria von Weber, Hoffmann a su, dans ces pages, « sentir » l'esprit musical de Mozart et le traduire avec une riche et ardente fantaisie. Alfred de Musset se montra aussi un grand admirateur du *Don Juan* d'Hoffmann. — Trad. Stock, 1929.

★ Le Danois Johan Ludvig Heiberg (1791-1860) publia, en 1814, dans son livre *Théâtre de marionnettes* [*Marionettheater*] un *Don Juan* qui conserve l'empreinte légèrement romantique de toutes ses œuvres de jeunesse, avant que le clair et subtil écrivain renouvelât la littérature de son pays en y instaurant ce « réalisme poétique » qui est la caractéristique la plus marquante de son œuvre littéraire.

L'écrivain anglais George Gordon (lord) Byron (1788-1824) dans le poème *Don Juan, satire épique* [*Don Juan, an Epic Satire*] en seize chants (plus un fragment du XVIIe), publié entre 1819 et 1824, traite le personnage avec une intention ironique. C'est un poème burlesque sur les modèles italiens (Pulci, Casti) : genre qui avait été inauguré, en Angleterre, par John Hookham Frere (1769-1846) avec *Whistlecraft* (1817-1818). Don Juan, jeune noble de Séville, par suite d'une intrigue galante avec doña Julia, contée sur le ton de la comédie cynique et frivole, est envoyé à l'étranger par sa mère, à l'âge de seize ans.

Le navire qui le porte fait naufrage (la description de ce naufrage, conduite avec un grand réalisme, est en maints endroits la simple mise en vers d'un texte qui lui servit de source) ; don Juan trouve place sur la chaloupe avec une partie de l'équipage et des passagers et voit son chien et son précepteur destinés à nourrir les naufragés. Finalement, après des souffrances inouïes, il est jeté sur la côte d'une île grecque. Juan est alors secouru par Haidée, la belle fille du corsaire Lambro (c'est dans le chant III que se trouve l'hymne fameux « Les Îles de la Grèce » [The Isles of Greece]). Mais voici que Lambro que l'on croyait mort, revient, surprend les amants et terrasse Juan qui, enchaîné, est emmené sur un des navires corsaires. Haidée devient folle et meurt, et Juan est vendu comme esclave à une sultane de Constantinople, Gulbeyaz, qui s'éprend de lui. L'épisode, comique et sensuel, se termine par une scène de jalousie de la sultane qui menace Juan de mort ; mais il réussit à se réfugier chez les Russes qui assiègent Ismailia. À cause de sa valeureuse conduite pendant le siège, Juan est envoyé, porteur de dépêches, à Saint-Pétersbourg, où il gagne les faveurs de Catherine II. Le séjour de Juan à la cour de Catherine (Ch. IX ; ici Byron s'inspire en partie du *Poème tartare* (1787) de Giambattista Casti) fournit le principal exemple de cette impudence que Goethe admirait dans le poème. Catherine envoie Juan en Angleterre, avec une mission politique. Les derniers chants traitent des aventures de don Juan, en Angleterre, et donnent une vivante image de la société anglaise de la Régence, tandis que quelques portraits habilement brossés (lord Henry et lady Adelina, la duchesse de Fitz-Fulke, Aurora Raby) rehaussent l'action qui commençait à s'appesantir. Dans ce poème, Byron abandonnant tout esprit de mystification ou de pose — v. *Le Chevalier Harold* (*) —, s'exprime librement et bavarde en vers avec la même veine endiablée que dans ses lettres à ses amis ; il se rattache ainsi aux humoristes et aux satiriques du XVIIIe siècle : on juge généralement que *Don Juan* est son chef-d'œuvre. — Trad. Michaud, 1908.

★ La tragédie en quatre actes en vers *Don Juan et Faust* [*Don Juan und Faust*] du dramaturge allemand Christian Dietrich Grabbe (1801-1836), publiée en 1829 et inspirée de Goethe et de Mozart, tend à exprimer, à travers les deux symboles poétiques, le double visage de l'esprit européen : le nordique et le méditerranéen. Les deux protagonistes sont réunis autour de la figure d'une femme, qui pour l'un représente une nouvelle et merveilleuse aventure, pour l'autre l'inaccessible mirage de la paix et de la félicité. L'action se déroule à Rome, carrefour des deux civilisations. Doña Anna, fiancée de don Octavio, est aimée par don Juan et par Faust qui jurent tous deux de la posséder. Don Juan, dans un entretien avec la jeune fille, lui avoue son amour et la trouble ; mais elle entend rester fidèle à jamais à son fiancé. Don Juan, décidé à s'emparer de la jeune épouse, provoque don Octavio et le tue en duel. Mais lorsque, dans la bagarre qui s'ensuit, il veut enlever la femme, celle-ci a déjà été transportée dans un palais magique au sommet du Mont Blanc, grâce aux sortilèges de Faust, maître du démon, lequel est son compagnon constant sous les dehors d'un cavalier. Don Guzman, père de doña Anna, pour venger la mort de son gendre et la disparition de sa fille, provoque don Juan qui le tue, lui aussi. Pendant ce temps, Anna vit seule et désespérée dans le château du démoniaque Faust, pleine de haine et de sombre colère. Faust, dans un moment d'exapération, désire la mort de la jeune fille, et comme il a des pouvoirs magiques, son désir est immédiatement exaucé. Alors sa frénésie ne connaît plus de bornes, son âme se précipite dans les plus noirs abîmes du désespoir : il s'abandonne sans réserve au diable. Pourtant, auparavant, il se rend chez son rival, don Juan, pour lui apprendre la mort de la femme aimée. Dans cette entrevue, le diable l'accompagne. Mais, à la funèbre nouvelle, don Juan ne se montre pas aussi brisé de douleur que Faust l'avait imaginé ; il célèbre au contraire la vie qui pourra lui offrir encore d'autres beautés de tout genre, beautés que Faust, dans sa fiévreuse recherche, ne pourra jamais comprendre. Tandis qu'il parle, le diable saisit Faust, le tue et emporte son âme en enfer. Puis il se met aux aguets pour s'emparer aussi de don Juan. Mais celui-ci, nullement impressionné par la fin de Faust, lance son défi ironique à la statue funèbre du père de doña Anna. C'est en vain que la statue prend vie, répond et tente d'amener don Juan au repentir ; même en présence des puissances mystérieuses et occultes, celui-ci continue à exalter sa propre vie, splendide et dorée, fastueuse et joyeuse. Néanmoins, il succombera au diable qui s'empare de lui.

Dans ce drame, deux Titans sont mis en parallèle. L'un, don Juan, incarnation de l'irrésistible force vitale et de l'ardente sensualité méditerranéenne, vit en proie à son insatiable désir de plaisir. « Faire tout ce qui plaît — Rester toujours ce que l'on est — Vivre dans la variété et dans le danger » sont les maximes quelque peu byroniennes, auxquelles il demeure fidèle jusqu'à la mort. Faust, au contraire, avec ses « nordiques » penchants à la méditation, est le « surhomme » dominé par un désir non moins grand de puissance et de possession, mais qui en recherche la satisfaction dans une sphère supérieure. Sa soif de connaissance se manifeste jusque dans la subtilité de son pacte avec le diable, qui ne doit pas le rendre heureux, mais seulement lui montrer comment il pourrait le devenir ; l'immensité même de l'Univers que lui montre le diabolique cavalier, dans un voyage à travers le ciel et l'enfer, n'éveille en lui que le désir d'en pénétrer le secret par la pensée ; et c'est ce désir de l'infini qui, en élevant son esprit, le rend finalement sensible à l'amour, car celui-là ne possède rien qui possède toute la science, mais non l'amour. Cependant, le développement de la tragédie intérieure de Faust — à part quelques scènes qui atteignent un accent vraiment humain — manque de continuité et reste contradictoire et paradoxal. Il en est de même, mais sous un aspect différent, pour le personnage de don Juan qui renverse sur son chemin toutes les normes de la tradition, de la morale et de la religion avec une entière indifférence, et pour la seule raison qu'il ne tolère aucune barrière à son ardeur. D'autre part, le drame ne surgit pas du heurt entre les deux protagonistes : en effet, les deux rivaux ne se rencontrent que deux fois et leurs actions continuent à se dérouler parallèlement ; c'est une vision fantastique et magique plus qu'un drame. La figure même d'Anna ne sort pas d'un froid schématisme ; jusqu'à celle du diable, incertaine et contradictoire, qui est trop passive et trop soumise à Faust pour pouvoir représenter la puissance du mal.

La beauté de la tragédie se concentre dans certaines scènes isolées, d'une grandeur presque apocalyptique, dans lesquelles les deux titans projettent leurs ombres gigantesques. C'est par là surtout, c'est par les effets scéniques auxquels elle pouvait donner lieu, que cette chaotique tragédie — dans laquelle se mêlent des influences très diverses, du satanisme de Byron aux idéaux révolutionnaires de la « Jeune Allemagne » —, a conservé une certaine vitalité et a été à plusieurs reprises portée à la scène.

★ La tragédie du poète russe Alexandre Pouchkine (1799-1837) : *Le Convive de pierre* [*Kamenny Gost'*], écrite en 1830, mais publiée après la mort de l'auteur, tient dans la littérature russe du XIXe siècle une place importante. Elle fait partie d'un groupe dit « Petites tragédies ». Elle reprend le motif de don Juan, plus toutefois dans le sens d'Hoffmann et de Mozart que dans la tradition de Molière, bien que Pouchkine connût le drame de ce dernier et qu'il s'en soit inspiré sur plus d'un point. Don Juan, tout en sachant que son retour à Madrid peut lui coûter la vie, est décidé à revenir dans la capitale avec son fidèle serviteur Leporello, pour y retrouver la belle Laura, fameuse actrice dont il n'a pas réussi jusqu'ici à conquérir l'amour. Alors qu'il est dans le cimetière sous les murs de Madrid, il vient à apprendre que doña Anna, veuve encore jeune et belle du Commandeur, va tous les jours pleurer sur la tombe de son mari ; il voulait l'attendre, mais Leporello l'en dissuade. Cependant, dans la maison de Laura a lieu un festin auquel participe don Carlos, son admirateur. Les invités partis, Laura retient don Carlos ; c'est alors que survient don Juan qui tue son rival. Laura cède enfin à ses protestations d'amour et l'embrasse. Don Juan, tout fier de cette nouvelle conquête, se rend au cimetière où il rencontre doña Anna ; celle-ci, pour mettre fin aux effusions du libertin, lui donne un rendez-vous chez elle, où elle l'écoutera, loin de la tombe de son mari. Don Juan, satisfait, s'adresse à la statue du Commandeur et l'invite ironiquement chez sa veuve ; mais il a l'impression que la statue lui a fait un signe d'assentiment. Et le jour suivant, tandis qu'il est dans la chambre de doña Anna et que celle-ci, déjà troublée par ses déclarations, va tomber dans ses bras, on entend frapper à la porte : la statue du Commandeur apparaît. Doña Anna s'évanouit, et don Juan, épouvanté, cherche vainement à s'enfuir. La statue le retient et lui demande s'il a peur ; don Juan, retrouvant pour un instant son orgueil et son courage, lui tend la main. La statue la lui serre jusqu'à ce qu'il en meure. Le drame de Pouchkine a donc une fin différente de la version traditionnelle : don Juan meurt victime de son ardeur et de son impudence. Comme dans l'opéra de Mozart, don Juan est un mélange de cynisme et d'idéalisme. — Trad. éd. du Seuil, 1947 ; *Œuvres poétiques,* t. 2, L'Âge d'Homme, 1981.

★ Rattaché au contraire à la tradition, bien que traité avec liberté et originalité, est le *Don Juan de Maraña ou la Chute d'un ange* d'Alexandre Dumas père (1802-1870), publié en 1836, drame fantastique dans lequel l'auteur met en œuvre le ciel et la terre face à l'impiété du séducteur. Don Juan, pour arracher à son frère bâtard, don Josés, la part d'héritage que son père lui a destinée, tue le prêtre don Mortes exécuteur testamentaire, puis enlève Teresita, la fiancée de don Josés ; celui-ci, dépouillé et battu par les serviteurs de don Juan, vend son âme au diable pour se venger de cette infamie. Un ange (le second acte se déroule au ciel), pour sauver don Juan de la colère du Seigneur, demande à la Vierge d'être envoyé sur la terre afin de racheter le pécheur. L'ange s'incarne en sœur Marthe laquelle, tentée par don Juan, lui donne rendez-vous dans une église. Là se présentent toutes les victimes du séducteur qui lui rappellent ses crimes, et don Juan repentant se fait moine. Mais don Josés vient chercher sa vengeance et don Juan le tue. Cependant sœur Marthe, amoureuse de don Juan, cède à la tentation de Satan, et renonce à sa nature angélique pour renaître femme dans les bras de son séducteur ; pour le racheter et se racheter elle-même, elle lui révèle sa céleste origine. Mais, pour don Juan, le paradis, c'est l'amour terrestre : Marthe meurt alors et sauve son âme, tandis que don Juan, tué par l'ombre de sa victime, est damné.

★ Avec *Don Juan Tenorio* de l'écrivain espagnol José Zorrilla (1817-1893), représenté en 1844, don Juan s'incarne dans le type du réprouvé qui se rachète par le miracle de l'amour. Don Juan Tenorio et don Luis Mejia, libertins dissolus et téméraires, ont fait le pari de se surpasser l'un l'autre en crimes et scélératesses. Au bout d'un an, ils se retrouvent, masqués, dans une taverne de Séville. Devant leurs amis, parmi lesquels se cachent don Diego, père de don Juan, et don Gonzalo de Ulloa, père d'Inès, la fiancée de don Juan, ils racontent leurs prouesses. Don Luis est allé dans les Flandres et à Paris qu'il a rempli de ses aventures ; mais las maintenant de cette vie irrégulière, il veut épouser la femme qu'il aime, doña Ana de Pantoja. Don Juan dépasse son rival dans le récit des scélératesses commises à Naples et à Rome, et comme dans la liste des femmes qu'il a séduites il manque une religieuse, il parie qu'avant six jours il ajoutera à sa liste une nonne et la fiancée même de Luis. Don Diego les ayant fait arrêter après avoir déclaré qu'il ne donnerait jamais la main de sa fille à don Juan, les deux libertins réussissent à s'évader de prison. Comme don Luis, sous le balcon de doña Ana, la supplie de le recevoir dans sa chambre, don Juan le fait attacher par ses serviteurs et prend sa place auprès de doña Ana. Puis avec l'aide de l'entremetteuse Brigida, il parvient à enlever doña Inès du monastère où son père l'a cloîtrée. Mais la candeur et la vertu d'Inès font naître enfin l'amour dans l'âme du libertin. Il est en train de confesser son repentir à l'aimée quand fait irruption don Luis qui vient venger l'honneur de doña Ana. Don Gonzalo est aussi à la recherche du séducteur, et don Juan s'humilie à ses pieds, le priant de lui pardonner les crimes passés et de lui donner sa fille qui a changé son âme. Mais don Juan, méprisé par le père et la fille, dans un accès de fureur, les tue. Cinq ans après, don Juan revient à Séville. Il rencontre un convoi funèbre et reconnaît, parmi les nombreuses personnes qui le composent, toutes ses victimes : son père mort de douleur, don Gonzalo, etc. Don Juan suit la procession au cimetière où, à sa stupeur, il assiste à son propre ensevelissement. C'est alors qu'a lieu l'invitation à dîner de la statue. Mais au moment où le séducteur va se perdre, Inès apparaît dans sa céleste candeur et gagne au ciel l'âme du pécheur. Le drame que l'on dit avoir été écrit en vingt et un jours, est animé, dans la richesse de ses coloris, d'une intense violence mélodramatique. Ce drame est joué chaque année en Espagne, le jour des Morts, comme une représentation sacrée.

★ Le poème dramatique *Don Juan,* du poète allemand Nicolas Lenau (1802-1850), fut publié en 1844. L'auteur, comme il l'avait déjà fait pour le *Faust* (*) de Goethe, veut maintenant opposer son don Juan à celui de Byron. Mais alors que, dans Byron, don Juan est un étrange et, par certains côtés, génial mélange de romantisme et de scepticisme, il n'est ici qu'un sensuel, passant d'un amour à l'autre, sans enthousiasme et sans plaisir, à la recherche d'un type idéal de femme. On ne peut parler d'action ; le poème est tout entier composé de scènes détachées n'ayant entre elles qu'un seul lien : la présence du protagoniste. Tandis que dans la première scène don Juan annonce à don Diego, son sage conseiller, qu'il veut jouir de toutes les femmes jusqu'à mourir dans le baiser de la dernière, on le retrouve par la suite qui cavalcade dans un bois avec son ami Marcello, suivi d'une douzaine de donzelles vêtues en pages, à l'aide desquelles il donne l'assaut à un couvent dont il transforme la quiétude en bacchanale. Le prieur, indigné, met le feu à l'édifice sacré, brûlant les indignes religieux en même temps que les femmes. Suit la scène avec Maria, délicate figure d'amante, qui reconnaît en don Juan un libertin, privé de cette profondeur d'âme sans laquelle l'amour perd son sens d'éternité et d'humanité. Les scènes se précipitent jusqu'à la conclusion ; don Juan se présente à Isabelle (scène empruntée au *Burlador de Séville* de Tirso), déguisé avec les vêtements de son fiancé Antonio ; grâce à ce grossier stratagème, il la verra choir dans ses bras. Dans la scène suivante, Antonio provoque don Juan en duel, et est tué. Mais don Juan est désormais blasé et las de la vie. Se promenant, la nuit, dans les cimetières, il comprend « qu'il n'y a rien que le pur néant » et que « l'amour lui-même n'est peut-être qu'une magie », un mirage qui s'évanouit avec la nuit. Aussi, quand survient la dramatique apparition de don Pedro de Ulloa, suivi de la foule des femmes que don Juan a possédées et abandonnées et qui viennent maintenant lui crier leur haine et l'injurier, tout en retombant d'ailleurs sous l'enchantement dès qu'elles revoient le beau visage de leur séducteur, il accepte le duel avec don Pedro. Don Juan sait qu'il pourrait tuer son adversaire comme il a tué Antonio, mais il ne s'y résout pas : désormais la vie lui est à charge, l'amour même l'ennuie. Il jette son épée et tombe transpercé par don Pedro. Cet amoureux de la vie finit donc par un suicide, renonçant à une existence qui ne lui laisse que satiété et dégoût. L'ouvrage est demeuré inachevé ; Lenau était en train d'y travailler quand il devint fou. Ce poème traduit le moment du désespoir, l'apogée de cette « douleur du monde » que vécurent si profondément les écrivains de la fin du romantisme et qui trouva avec Lenau son expression la plus accomplie. — Trad. Aubier, 1931.

★ C'est à une véritable diatribe sociale que se livra le poète portugais Abílio Manuel de Guerra Junqueiro (1850-1923) dans son poème *La Mort de don Juan* [*A morte de Dom Joâo*], publié à Porto en 1874. Dans l'intention de l'auteur, ce devait être la première partie d'une trilogie dont *La Vieillesse du Père Éternel* (*) devait être la seconde et *Prométhée et Jésus* la troisième ; trilogie qui ne fut jamais achevée et dont il ne reste que quelques fragments. Dans une note, l'auteur nous avertit que dans la figure légendaire de don Juan, il a voulu symboliser « tout ce qu'il y a de maladif dans notre société : l'idéalisme creux, l'ennui, la névrose, l'indifférence, le doute, le manque de caractère. Je ne voulus pas le punir d'une manière épique en lui ouvrant les portes de l'enfer : un parasite comme lui doit mourir de faim, dans l'avilissement et l'abandon. Qui ne travaille pas n'a pas droit à la vie : invoquer contre lui la justice de Dieu est un suprême cynisme, car cela équivaut à nier la justice des hommes et à proclamer que la société est impuissante à châtier les coupables ». Dessiné avec un esprit de sarcasme qui le vide de toute poésie et le dépouille des couleurs de la légende, le don Juan de Guerra Junqueiro, après une vie de dissipation et d'orgies, finit comme bouffon dans un misérable cirque de saltimbanques et meurt de faim, assisté par celle qui fut la plus fameuse de ses maîtresses, la belle Imperia. Celle-ci, après avoir vendu ses charmes aux ducs et aux nobles, devenue vieille, a sombré dans la gêne et finit par jouer de la trompette à la porte d'une baraque foraine. Le poème, précédé d'un long prologue, se divise en trois parties. Çà et là, on rencontre quelque page de fraîche poésie, comme dans la « Chute des feuilles » où est décrite la vie saine et joyeuse des gens de la campagne et dans la « Vie nouvelle » où la pureté d'un noble sentiment lui inspire des accents de sincère émotion : « Je veux élever jusqu'à Dieu cette âme immaculée qui est la mienne / Du miel de tes lèvres encore toute embaumée. » Mais ces pages ne compensent pas le prosaïsme des autres où la satire étouffe tout intérêt poétique et où les pires perversions humaines et les plus repoussantes misères causées par le vice sont exposées avec un réalisme cruel.

★ L'écrivain allemand Paul von Heyse (1830-1914), dans son drame en cinq actes : *La Fin de don Juan* [*Don Juans Ende*] représenté à Munich en 1884, met don Juan aux prises avec le sentiment de la paternité. Devenu vieux, le séducteur s'éprend d'une petite jeune fille, nièce de doña Anna et fiancée de son fils. Il se débat entre l'amour de la femme et l'amour paternel ; à la fin, il tente de violer la jeune fille, mais il se trouve en face de son fils. Alors il prend la fuite et va se jeter dans le cratère du Vésuve.

★ C'est encore de la figure de don Juan que s'inspire *Le Commandeur de pierre* [*Kaminnyij Hospodar*], drame ukrainien en six tableaux de Lesja Ukraïnka (1871-1913), paru la première fois dans une revue ukrainienne *Literturno-Naukovyj Vistnyk* (1913). Le don Juan de Lesja Ukraïnka ne se distingue pas du type romantique connu ; l'originalité de l'œuvre réside dans la présentation des autres personnages : doña Anna, Dolorès et le Commandeur, son époux. Doña Anna et Dolorès sont deux aspects du même type féminin, mais si dans l'image de Dolorès nous pouvons retrouver les traits de l'Elvire de Molière, doña Anna est un type nouveau. Elle devient ici le personnage principal de l'œuvre, qui crée tout le drame, et pose devant don Juan le but à atteindre ; tout en étant éprise de lui, elle le domine plus qu'elle n'est dominée par lui ; elle le contraint à reconnaître en elle son idéal féminin, si longtemps cherché ; elle le pousse aussi à s'adapter à sa propre compréhension de la vie, dominée à son tour par le haut idéal d'ordre social et moral du Commandeur, véritable et inflexible représentant de la tradition. Doña Anna voudrait que don Juan vive de la même vie que le Commandeur, occupât dans la société la même haute position et cherchât à continuer les mêmes traditions sociales et politiques. Elle ne se rend pas compte qu'en prenant part à l'inexorable déroulement des événements qui aboutissent au meurtre de son mari, elle enfreint elle-même cet ordre social qu'elle voudrait continuer. Ce n'est que plus tard, en face du volage don Juan, qui, rééduqué par elle, étouffe dans la rigide maison sur laquelle pèse l'ombre du Commandeur, qu'Anna comprend que son bonheur est impossible. Ainsi le Commandeur, même après sa mort, continue à être le véritable maître de la maison (d'où le titre insolite du drame) ; finalement, il fait périr les deux amants. C'est dans cette conception que réside l'originalité de l'œuvre, l'une des plus remarquables de la littérature ukrainienne moderne.

★ D'autres écrivains ont repris le thème de don Juan, chacun lui conférant, selon son caractère et son propre climat poétique, une couleur romantique ou réaliste, ou encore symboliste. Il suffira de rappeler les noms d'Alfred de Musset (1810-1857), de Théophile Gautier (1811-1872), du Suédois Carl Jonas Love Almquist (1793-1866), du Russe Alexeï Tolstoï (1817-1875) qui, en 1862, donna une interprétation assez libre de la traditionnelle figure : un don Juan perpétuellement déçu par les femmes qu'il aime, et qu'il mène à la ruine. Il faut aussi noter le récit : *Le Plus Bel Amour de don Juan* de Jules Barbey d'Aurévilly. Parmi les *Don Juan* les plus récents, rappelons le *Don Juan* italien de Giovanni Alfredo Cesareo (1860-1937), publié en 1883 ; *Don Juan de Mañara,* drame en vers d'Edmond Haraucourt (né en 1857), représenté en 1898.

★ Le *Don Juan* (1910) de l'écrivain allemand Carl Sternheim (1878-1942) sacrifie à l'idéal romantique. L'auteur s'inspira passablement de Byron et Lenau. Don Juan escalade les murailles, fracasse les portes, allume des incendies pour se rapprocher de ses amours dans une atmosphère trouble d'érotisme et de mysticisme. La même année, Hans Otto tenta d'esquisser un *Don Juan* plus proche du réel. Son héros a 45 ans. Il sent que sa jeunesse est passée et s'entoure d'adolescents auxquels il enseigne son art de vivre. Mais aucun ne comprend ce que don Juan a réellement cherché dans ses plus folles aventures : la femme sur qui il pourrait enfin se fixer. Or voici qu'il rencontre Cornelia, et pour la première fois son âme est touchée. Cornelia, fiancée à Francesco, est belle, mais prude. Don Juan met en œuvre toutes ses ressources de séducteur et la séduit en effet. Mais il veut savoir si Cornelia est attirée vers lui autrement que par une curiosité physique. Il écrit à Francesco que Cornelia est sa maîtresse, et qu'elle participera à une orgie en tel lieu et à telle date qu'il indique. Francesco accourt, et don Juan attend avec fièvre l'instant où Cornelia choisira entre eux deux. À la vue de son fiancé qu'elle n'a pu oublier, elle est saisie de dégoût devant son séducteur et s'écrie : « Francesco, c'est toi que j'aime. » Don Juan a perdu la partie. La vie n'a plus de valeur pour lui. Il se donne la mort.

★ De nombreuses autres œuvres littéraires sur le même sujet, mais portant des titres différents, sont à citer : *Le Libertin* [*The Libertine*], écrit en 1676 par l'Anglais Thomas Shadwell (1640-1692) et mis en musique par Henry Purcell (1659-1695) ; *Les Âmes du purgatoire* (*) de Prosper Mérimée (1803-1870), publié en 1834 ; *La Damnation de don Juan* d'Arthur Graf (1848-1913), publié en 1905 ; *Homme et Surhomme* (*) de George Bernard Shaw (1856-1950) ; *L'Homme à la rose* (*) d'Henry Bataille (1872-1922).

★ Mérite une mention spéciale le « mistère » écrit, en 1911-1912, par le poète lithuanien de langue française Oscar-Venceslas de Lubicz-Milosz (1877-1939), qu'il intitula *Miguel Mañara* (*).

★ Moins vaste que la tradition littéraire, la tradition musicale est néanmoins importante, surtout à cause du chef-d'œuvre de Mozart. Avant Mozart, Christoph Willibald Gluck (1714-1787) avait composé, en 1761, un ballet pantomime en quatre parties ; bien que classé parmi les productions mineures du grand musicien, cette œuvre est l'une des rares qui soient dignes d'être retenues parmi les innombrables ballets, pantomimes et vaudevilles qui ont trait à don Juan.

★ L'opéra du compositeur autrichien Wolfgang Amadeus Mozart (1756-1791), *Don Juan* [*Don Giovanni*] « dramma giacoso » en deux actes représenté à Prague le 20 octobre 1787, éclipse tous les précédents *Don Juan* mis en musique. Le livret, en italien, de Lorenzo Da Ponte (1749-1838) est tiré de la comédie de Molière et suit d'assez près celui écrit par Bertali (1735-1815), librettiste du *Mariage secret* pour un opéra de Gazzaniga (1743-1818), représenté à Vienne dans la même année 1787. Outre la célèbre ouverture qui débute par trois puissants accords syncopés en ré mineur, symbolisant l'effrayante apparition du convive de pierre, l'opéra mozartien se compose de vingt-six airs et morceaux d'ensemble reliés par des récitatifs, accompagnés ou non par l'orchestre, souvent remarquables par la justesse de leur accent et par l'efficacité dramatique de la déclamation.

Dans une cour attenant au palais du Commandeur, tandis que Leporello, serviteur de don Giovanni, fait la sentinelle, don Giovanni sort précipitamment suivi de la fille du Commandeur, donna Anna, qu'il a en vain tenté de séduire. Attiré par les cris, le Commandeur sort à son tour, provoque en duel l'inconnu, mais est tué par celui-ci. Don Giovanni et Leporello s'éloignent après un bref récitatif comique, et donna Anna s'avance, suivie de son fiancé don Ottavio, auquel elle fait jurer, au cours d'un dramatique duetto, de venger son père. Suit un air de don Ottavio : « De sa paix dépend la mienne » [Dalla sua pace] que Mozart ajouta pour la représentation de l'opéra à Vienne ; un air tout de grâce et de tendresse mais qui n'est pas indispensable, dramatiquement parlant, car d'autres éditions ne le placent que plus tard. L'arrivée de donna Elvire, l'épouse abandonnée de don Giovanni, interrompt un duo entre ce dernier et Leporello : le libertin entreprend alors de consoler la belle affligée, mais elle le reconnaît, et il ne lui reste plus qu'à fuir, laissant à Leporello le soin de calmer le désespoir d'Elvire. Le valet ne trouve rien de mieux que de lui lire, dans un étincelant air bouffon, le catalogue des conquêtes de son maître, l'exhortant à trouver un réconfort dans le grand nombre de ses compagnes d'infortune. Douleur pour la trahison, constance de l'amour pour l'époux ingrat sont exprimées par Elvire dans un air : « L'ingrat, il m'a trahie... » [Mi tradi], qui fut ajouté pour la représentation de Vienne et que l'on place souvent au second acte. La scène demeurée vide, un chœur de villageois s'avance qui fêtent les noces prochaines de Masetto et de Zerline. Celle-ci est remarquée par don Giovanni qui charge Leporello d'éloigner Masetto, malgré les protestations du fiancé, et qui invite Zerline à la suivre dans son château ; c'est là le célèbre duetto : « Viens, une voix t'appelle » [Là ci darem la mano], dans lequel, aux phrases brûlantes et passionnées de don Giovanni, répondent les ripostes tremblantes, puis peu à peu consentantes, de Zerline. Mais les plans de don Giovanni sont contrecarrés par l'arrivée d'Elvire, qui emmène avec elle Zerline pour la protéger contre le désir du séducteur. Surviennent donna Anna et don Ottavio, qui demandent assistance à don Giovanni pour découvrir et punir l'assassin inconnu du Commandeur. Elvire, de retour, met les deux fiancés en garde contre la perfidie de don Giovanni (celui-ci tente de la faire passer pour folle), et leur communique ses graves soupçons, lesquels ne tardent pas à devenir certitude pour le cœur de donna Anna : « Tu sais quel infâme » [Or sai chi l'onore]. Pour reprendre la séduction interrompue de Zerline, don Giovanni organise une fête champêtre dans sa maison de campagne et y fait inviter tous les villageois par Leporello (l'air endiablé : « Pour cette fête / Que tout s'apprête » [Fin ch'han dal vino], connu en Allemagne et en France sous le nom d'« air du champagne »). Zerline, cependant, apaise le courroux de son époux désolé par de délicieuses minauderies : « Frappe, frappe une innocente » [Batti, batti] ; il ne s'en cache pas moins dans une charmille pour assister à la rencontre de don Giovanni et de Zerline et s'assurer de la nature de leurs rapports ; mais, découvert par don Giovanni, il est entraîné à la fête en même temps que Zerline. Là se présentent, masqués, don

Ottavio, donna Anna et donna Elvire, tous décidés à surprendre l'imposteur ; trois orchestres exécutent simultanément un menuet, une valse et une contre-danse, avec une audacieuse superposition de rythmes. Don Giovanni, tout en dansant avec Zerline, la conduit dans une autre pièce, et bientôt les cris aigus de la jeune fille appelant au secours interrompent la fête : la porte enfoncée, don Giovanni est découvert et démasqué dans une bruyante scène finale.

L'acte II débute par un duo entre don Giovanni et Leporello qui voudrait quitter son service. L'apparition de donna Elvire à la fenêtre de son hôtellerie suggère à don Giovanni une plaisanterie perfide : dans l'obscurité, il change de manteau et de chapeau avec son serviteur ; puis ayant invoqué le pardon d'Elvire, il s'éloigne en sourdine, la laissant avec Leporello ; mais il ne tarde pas à revenir pour les mettre en fuite, feignant d'être un voleur de grand chemin. Demeuré seul, il entonne une sérénade à l'adresse de la caméristе d'Elvire : « Parais à ta fenêtre » [Deh vieni alla finestra]. Survient Masetto à la tête d'une troupe de paysans armés de bâtons pour tirer vengeance de don Giovanni. Celui-ci profite de son propre déguisement, éloigne les paysans par un stratagème, puis bastonne le pauvre Masetto qui croit toujours avoir affaire à Leporello ; il sera ensuite secouru et consolé par Zerline : « Pauvre Masetto, veux-tu connaître... » [Vedrai, carino]. Cependant, Leporello dans l'obscurité, cherchant vainement à se libérer de donna Elvire qui le prend pour don Giovanni, a fini par aller dans la cour du palais du Commandeur ; donna Anna et don Ottavio y arrivent également, ainsi que Masetto et Zerline. Leporello se fait reconnaître dans un sextuor des plus animés qui probablement avait été conçu pour servir de finale au second acte ; mais le long développement du premier acte avait incité Mozart et Da Ponte à fondre en un seul les deuxième et troisième actes, pour rétablir l'équilibre dans les proportions. Suivent quelques scènes ajoutées par l'édition viennoise, et qui troublent tant soit peu l'unité du drame : un air de don Ottavio : « Ah ! quand je suis loin d'elle » [Il mio tesoro], et un duetto comique, souvent omis, entre Zerline et Leporello. Le drame reprend tous ses droits dans la scène du cimetière où don Giovanni, en face de la statue du Commandeur, parle et rit irrévérencieusement avec Leporello, bientôt interrompu par la terrible voix du Commandeur ; terreur du valet et stupeur de don Giovanni qui cependant ne perd pas son sang-froid et, ayant observé que la statue paraît vivante, ordonne à Leporello, peu enthousiaste, de l'inviter à souper. Un air amoureux de donna Anna à don Ottavio : « Cruelle, suis-je cruelle » [Crudele... Non mi dir, bell'idol mio], interrompt encore le cours dramatique des événements ; enfin après un dernier changement de décor, commence le grand finale.

Dans sa propre maison, don Giovanni soupe gaiement tandis qu'un petit orchestre d'instruments à vent joue quelques morceaux en vogue, c'est-à-dire un air de l'opéra : *L'Oiseau rare* [*La cosa rara,* 1785] de Vicente Martin y Soler, sur un livret de Da Ponte, un menuet de l'opéra : *Les Deux Adversaires* [*I due litiganti,* 1782] de Giuseppe Sarti et enfin l'air : « Tu n'iras plus » [Non più andrai] des *Noces de Figaro* (*). Au plus beau du souper arrive donna Elvire, qui veut tenter une dernière fois de ramener don Giovanni à la vie chrétienne ; mais l'impénitent pécheur se moque d'elle en célébrant les femmes et le bon vin. Un hurlement d'Elvire qui vient de sortir signale l'apparition surnaturelle du « convive de pierre » : la statue du Commandeur monte, de son pas pesant, les escaliers. Leporello disparaît sous la table, et malgré les comiques prières qu'il émet de temps à autre, le drame va se précipiter, puisque le dépravé don Giovanni, ne perdant rien de son assurance, se dresse dans une sorte d'héroïsme pervers, refusant obstinément de se repentir. Sous l'étreinte de la main glacée du Commandeur, la vie l'abandonne; le feu s'élève de tous côtés, un abîme s'entrouvre, le Commandeur disparaît, on entend un chœur menaçant de spectres jusqu'à ce que surgissent les furies qui s'emparent de don Giovanni et s'enfoncent avec lui sous la scène. Surviennent donna Anna, don Ottavio, donna Elvire, Zerline et Masetto qui, informés de l'événement par Leporello affolé, chantent un serein et sentencieux commentaire.

Pour bien comprendre le chef-d'œuvre de Mozart, il ne faut pas surestimer le sombre héroïsme dont fait preuve le protagoniste dans la dernière scène, et il faut oublier les interprétations dramatiques qui, d'Hoffmann à Baudelaire, ont fait de don Juan le héros du mal, le symbole de la rébellion de la chair contre l'idée de péché. Toute conception de satanisme est absolument éloignée de la candide âme de Mozart. Qu'on se rappelle que *Don Giovanni* est un drame « giocoso », comique, musicalement conçu en style d'opéra bouffe, à part quelques scènes intensément dramatiques. Durant tout l'opéra, Leporello — personnage d'une incalculable importance au point de vue musical — garde son caractère de comique bouffonnerie. Et don Giovanni ne veut être, dans les intentions de Mozart, que le libertin dépravé, l'exemple odieux du pécheur impénitent. Enfin, cette inclination innocente et enfantine au plaisir, qui forme le climat même de l'œuvre mozartienne, prend ici conscience d'elle-même ; elle y crée, dans sa forme pure et involontaire, le caractère de Zerline, délicieux mélange de coquetterie qui s'ignore, d'imprudence et d'ingénuité. Parmi les autres personnages, la passionnée et douloureuse donna Elvire qui, dans une indécision trop humaine, ne sait se libérer de son amour ni de sa pitié envers l'imposteur, a un relief particulier. Donna Anna, au contraire, nous apparaît toute raidie dans sa passion de vengeance. Don Ottavio est un fantoche, un ténor charmant auquel Mozart a fait don de deux airs célestes. Il ne nous reste qu'à indiquer ce qui est le miracle de style de *Don Giovanni :* la puissante réalisation du drame théâtral (les quelques rares choses gênantes sont dues à des contingences facilement repérables) au moyen d'une musique qui ne renonce à aucun de ses droits, mais qui, au contraire, domine le texte poétique dans un style parfait d'opéra bouffe. Ceci est dû non seulement à la puissance nourrie du discours orchestral dans lequel les voix se fondent et trouvent leur complément, mais aussi à la parfaite correspondance entre les diverses scènes dramatiques et à la forme musicale des airs et des ensembles. Ainsi la parole se subordonne-t-elle entièrement à la musique ; il arrive souvent que deux personnages ou plus chantent sur un même motif des paroles d'une valeur sentimentale totalement différente. Mais, de la mobilité des rythmes, de la richesse du coloris orchestral, de la parfaite correspondance des modulations harmoniques avec le drame, enfin de la clarté que les divers personnages reçoivent l'un de l'autre — leurs intérêts différents gravitant autour de la figure centrale de don Giovanni —, naît une intense et inattendue puissance dramatique qui se réalise en de grandes masses orchestrales.

★ En 1887, le compositeur allemand Richard Strauss (1864-1949) composa sur un passage du *Don Juan* de Lenau le poème symphonique du même nom (*Don Juan,* op. 20). La nature impulsive et instable du libertin espagnol qui, dans la vision poétique de Lenau, voudrait « embrasser entièrement la magique âme féminine, infinie, multiforme et fascinante » et « voler à travers tous les espaces, partout où fleurissent de belles femmes, et, ne fût-ce que pour un instant, conquérir chacune d'elle », a fourni à l'auteur de *Salomé* (*) l'occasion d'exercer ses talents. L'origine littéraire du poème symphonique est évidente dans la nature même de ses thèmes ; mais la générosité du post-romantique trouve ici, pour s'exprimer, cette chaleur et cette sincérité impétueuses que, dans ses œuvres de maturité, Strauss finira par sacrifier au développement compliqué d'une technique poussée à l'extrême. L'exaltation du *Don Juan* de Lenau est sincèrement partagée par l'esprit rebelle du jeune compositeur de 23 ans : « Je hais la lassitude et l'ennui, je me consacre au service de la beauté... si je change de jour en jour et si mon amour va errant à travers le cercle infini des beautés féminines, il n'est pourtant jamais le même... Plus haut et toujours en avant vers de nouvelles conquêtes, tant que battra le pouls ardent de la jeunesse ! » Le poème symphonique repose sur l'exposition de deux thèmes contradictoires : celui de la violence du conquérant et de la fragilité féminine, et, dans l'âme même de don Juan, celui de l'arrogant héroïsme et de l'avilissement qui « fait de tous les désirs et de tous les espoirs des choses vaines ». Ce second thème fournit à l'œuvre des pages intensément vivantes et dynamiques, où l'orchestre, entrelaçant les lignes rythmiques et mélodiques en un crescendo de plus en plus intense, se brise au summum de la sonorité : « Peut-être la foudre, tombée de hauteurs par moi ignorées, a-t-elle frappé à mort ma puissance d'aimer ; en un instant le monde est devenu sombre et désert. Ou peut-être le bois s'est-il consumé et ne reste-t-il dans le foyer que cendre froide et grise... » Le climat de timbre et d'harmonie de la conclusion est extrêmement glacé et opaque : la vie s'éteint avec un accent de lassitude qui n'apporte aucune espérance.

DON JUAN de Montherlant. Pièce en trois actes de l'écrivain français Henry de Montherlant (1896-1972), publiée et représentée en 1958. L'auteur déclare l'avoir écrite en réaction contre l'abondante littérature qui a voulu faire de Don Juan un être complexe, démoniaque et un mythe. Ici, Don Juan est un personnage simple qui court après les femmes, mais ne leur souhaite pas de mal. Le Don Juan de Montherlant n'est pas méchant, au contraire. Et justement, ce qui semble le différencier des autres Don Juan, c'est que celui-ci, avec les femmes, « cumule le changement et la durée ». Il est fidèle et infidèle à la fois, il ne renonce à rien ; alors que le Don Juan de la tradition est essentiellement infidèle. De damné, Montherlant fait de Don Juan un obsédé.

Physiquement, le Don Juan de Montherlant est vieilli ; il a soixante-six ans ; psychologiquement, il a « besoin » de la « chasse » et de la possession pour se sentir vivre : la chasse et la possession sont pour lui une « drogue ». Don Juan a horreur de la mort, parce que la mort va mettre fin à ses plaisirs. Mais, courageux, il risque sa vie de son plein gré, ne cherche pas, ou guère, à se sauver, et quand elle est devant lui, il traite la mort avec courage. C'est là la part tragique du personnage créé par Montherlant, qui, d'un autre côté, dans sa simplicité, sa rondeur, son naturel, est un être d'insouciance, « un Sévillan blagueur et brûlé », qui ne devient profond qu'au moment où il a la vision de la mort devant lui. Le trait essentiel du comportement de ce Don Juan est la mobilité : il passe très rapidement du pathétique au badinage, de la gravité à la bouffonnerie, et la pièce suit dans sa construction la progression du personnage : le premier acte est léger, Don Juan s'affirme peu et reste fidèle à ses devanciers ; le second acte approfondit son caractère, c'est l'acte psychologique ; au troisième acte, le drame pénètre sur la scène, et le masque de la mort se colle sur le visage de Don Juan. Il ne peut l'arracher : c'est l'acte pathétique. La pièce, commencée de façon légère, s'achève sur une scène dramatique. C'est une œuvre gaie sur le thème profondément dramatique de la mort.

Cette gravité étroitement mêlée à la bouffonnerie permet à Montherlant de donner toute sa mesure dans une langue colorée et variée, d'où jaillissent parfois des images d'une rare qualité poétique, faisant souvent alterner dans une même réplique le sérieux et la boutade.

DON JUAN ou la Vie de Byron. Essai biographique de l'écrivain français André Maurois (pseud. d'Émile Herzog, 1885-1967), publiée sous le titre de *Byron* en 1930 et rééditée en 1952. Avec Byron, c'est le thème de don Juan qu'André Maurois voulut traiter ; c'est aussi toute la période romantique anglaise déjà abordée dans sa première biographie, celle de Shelley — v. *Ariel ou la Vie de Shelley* (*) —, dont la vie fut à un moment liée à celle de Byron. Il est normal qu'une étude sur « Ariel » ait amené son biographe à « Don Juan », plus représentatif et dont l'œuvre eut plus de retentissement. André Maurois voulut aussi, sans doute, compléter des notes déjà réunies afin de peindre ce portrait dans le tableau du romantisme anglais. Il n'eût peut-être pas envisagé cette tâche sans la découverte du *Journal de Byron à Ravenne*. « Je donnerais volontiers la vie de Byron par Moore, et Elze et Edgcombe et tous les autres, et même Trelawny, pour ces quelques pages de journal », a-t-il écrit.

À l'époque de sa parution, certains critiques ont reproché à ce livre une érudition trop visible et une multiplicité de détails. Mais Maurois voulait montrer toutes les facettes de son personnage et non le voir à travers son œuvre : « Une vie de Byron n'est pas une étude critique sur la valeur poétique ou sur l'influence littéraire de Byron. J'ai indiqué le sujet, je ne l'ai pas traité. » Il est vrai que la vie aventureuse de George Gordon, lord Byron, est suffisamment riche d'événements, de passions, de scandales et de grandeurs pour remplir un ouvrage copieux sans nécessité de le romancer. « Byron, depuis l'enfance, avait pensé qu'il était fait pour une vie martiale » ; c'est pourquoi, après avoir quitté la puritaine Angleterre, qui ne lui pardonnait pas l'échec de son mariage et encore moins une liaison avec sa demi-sœur, Augusta, après de nombreuses aventures en Italie, Byron mourut dramatiquement à Missolonghi en combattant pour la liberté de la Grèce. — Moins proche de ce héros que de Shelley ou de Disraeli, André Maurois réussit cependant, en publiant cette troisième biographie, à prouver sa maîtrise dans un genre littéraire alors peu recherché.

DON JUAN DE MOZART (Le). Essai publié en 1942 par le poète et écrivain français Pierre Jean Jouve (1887-1976). Jouve, pendant les années qui ont précédé la guerre, s'est rendu à Salzbourg comme en l'un des hauts lieux de l'Europe. Il fut aussi un familier des festivals d'Aix-en-Provence. Il a écrit sur la musique de nombreux articles réunis aujourd'hui dans *Commentaires* (1950). Ce que Salzbourg signifie pour le poète, divers textes nous le donnent à entendre. Il n'oublie pas que Mozart fut malheureux dans sa ville natale ; mais il croit que l'interprétation moderne, seule vraie et profonde, du génie mozartien, qui se forma à Vienne sous l'influence de Gustav Mahler, s'est fixée désormais à Salzbourg. Il s'était enthousiasmé pour la cause de Mozart dès 1921 ; cependant, c'est en écoutant les exécutions de *Don Juan* (*) par Bruno Walter, entre 1934 et 1937, qu'il imagina de « faire le portrait d'un opéra ». Le résultat fut cet essai, dont la complexité et la force, la transparence et la grâce, sont à la mesure de « l'opéra des opéras ». Jouve montre comment la musique, à peine guidée par les mots, peut représenter un mystère affectif, en découvrir le contenu latent et faire que le réel devienne mythe. Quand Jouve écrit que l'idée mère de Don Juan est celle de « l'intervention directe de la puissance divine après une longue impunité accordée au péché », il retrouve la tradition du « Burlador de Séville ». Grâce à la musique de maître de Mozart, le « deus ex machina » signifie une réalité extra-théâtrale, surhumaine, transcendante.

C'est à Salzbourg encore, en 1951, que Jouve entendit pour la première fois le *Wozzeck* (*) d'Alban Berg. Il y sentit une correspondance profonde avec *Don Juan :* de part et d'autre, une forme musicale rigoureuse et un drame souterrain, particulièrement influencé des forces inconscientes dans le cas de Wozzeck. « De même que l'on voit toute une théologie sortir inattendue du châtiment de Don Juan, de même une métaphysique, une métapsychologie apparaissent dans l'assassinat de Marie. » Il écrivit donc *Wozzeck ou le Nouvel Opéra* (1953), en collaboration avec Michel Fano. Ce qu'il y a d'important dans le nouvel opéra, c'est la coïncidence entre une forme toute-puissante et une invention tout à fait libre : les deux constituant une « dramaturgie sonore géniale ». Cette dramaturgie, observe Jouve, se déroule comme une destinée, soit en avant, soit en arrière, en mouvement droit et en mouvement contraire. Et de conclure : « Je crois maintenant que ce maximum de forme peut produire le maximum d'invention, et que cet agencement, c'est l'inspiration elle-même. » Cette dernière idée, Jouve l'a constamment accomplie dans son œuvre.

DON JUAN EN SICILE [*Don Giovanni in Sicilia*]. Roman de l'écrivain italien Vitaliano Brancati (1907-1954), publié en 1941. Après leur éducation sentimentale avec les femmes délaissées par leurs maris au front, Giovanni Percolla et ses amis oisifs quittent Catane, ville dont « l'histoire est d'abord celle des regards », pour aller à Rome et dans les grands lieux de villégiature italiens, en quête de femmes et d'aventures plus parlées que réellement consommées. Ainsi rêvent-ils, de touristes septentrionales en prostituées sordides, en passant par une poupée — parisienne ! — de caoutchouc.

Mais Giovanni va être regardé par la femme la plus convoitée de Catane, Ninetta dei Marconella. Cet amour va le transporter au point d'abandonner ses amis et leur grossièreté, et sa maison maternelle, où il vivait entouré des soins de ses trois sœurs, pour s'isoler dans un faubourg de Catane et se mettre au travail, guettant les prochains regards de Ninetta, dont enfin il effleurera les lèvres dans le train fantôme du « luna-park ». Ainsi, découvrant le sentiment de l'universel, se retrouve-t-il marié.

Après le mariage, le couple s'installe à Milan. Giovanni, que Ninetta intègre à l'arrivisme ambiant, est assiégé par les amies de la famille, persuadées de la virilité du don Juan sicilien. Il se laisse aller, dans la peur et l'ennui, à des relations faciles et privées de ce charme dont il rêvait du temps où, d'une Sicile qu'ils jugeaient étroite et mesquine, ses amis et lui faisaient du Nord un paradis de joies inaccessibles.

Il finit par retrouver sa Sicile, la tiédeur des couvertures du lit de sa jeunesse, et les discours sur les femmes qui exaltent leur véritable saveur, emportant l'activité milanaise.

Avant *Le Bel Antonio* (*) et *Les Ardeurs de Paolo* (*), c'est le premier roman d'une trilogie sur le « gallisme », dont le *Journal romain* (1961) nous donne la définition : « Mal commun aux hommes du Sud, pour qui le mot "honneur" trouve sa signification la plus élevée dans l'expression "se faire honneur avec une femme", le gallisme consiste principalement à faire croire qu'on détient une extraordinaire puissance virile. » Ce livre a inspiré André Roussin pour sa pièce *La Mamma.* — Trad. Gallimard, 1968. M. D.

DON JUAN ET LE DONJUANISME [*Don Juan y el donjuanismo*]. Essai de l'écrivain espagnol Gregorio Marañón (1887-1960), publié en 1940. Ce brillant essai relatif à don Juan aboutit à des vues très nouvelles sur le personnage. Pour Marañón, don Juan est un « homme sans nom » (Tirso de Molina), c'est-à-dire un sexe et non pas un individu. Par ailleurs, son attitude devant l'amour ne répond pas à l'idée proverbiale d'un magnifique modèle de virilité. Enfin, il a besoin de changer de partenaire comme de voyager, est incapable de ressentir de la jalousie, et a le goût du scandale. Marañón démontre ensuite qu'il ne représente nullement un prototype espagnol, car l'amour en Espagne est conçu à la manière arabe (le sultan qui possède plusieurs courtisanes à la fois) ou à la manière gitane (l'amour passion unique) et l'honneur y est le ressort même de la morale, cet honneur que le don Juan ne cesse de bafouer. Selon l'érudit espagnol, c'est le comte de Villamediana, noble et poète de la Renaissance, qui aurait servi de modèle à Tirso de Molina pour le Tenorio. Après une étude sur les mystères de Saint-Placide, le célèbre couvent qui abrita des illuminées, ce qui permet à Marañón d'évoquer le donjuanisme de Philippe IV, se placent quelques réflexions sur la vieillesse et la mort de don Juan. Selon l'auteur, le chagrin de vieillir est atroce pour un séducteur, et il ne peut s'en consoler, dans les meilleurs cas, qu'en vivant de souvenirs, comme Casanova. Quant à ses fins, il y en a trois : le mariage, qui marque la faillite totale du donjuanisme, la continuation sur un mode mineur du même genre de vie, et enfin l'ascétisme, la religion. Dans la dernière partie de l'ouvrage, Marañón se penche médicalement sur le « cas » de Casanova et n'hésite pas à le classer parmi les véritables don Juan, ne serait-ce que pour son physique efféminé, son besoin de déplacements continuels, sa passion du jeu, son narcissisme et son penchant à l'exagération, qui sont les constantes psychologiques du personnage. Mais il regrette que Casanova ait exalté un mythe sexuel fondé sur le concept, irritant, de l'infériorité féminine. Le développement est incisif, clair, servi par une très belle langue. Il ne laisse jamais le lecteur indifférent, suscite souvent la controverse, reste toujours un thème de réflexion passionnant. — Trad. Stock, 1958.

DON JULIAN [*Reivindicación del conde don Julián*]. Œuvre du romancier espagnol Juan Goytisolo (né en 1931), publiée en 1970. En rupture, depuis *Pièces d'identité* (1966), avec le courant espagnol du réalisme social qui lui inspira ses romans antérieurs, Goytisolo reflète ici dans son écriture la double influence de ses lectures de Benveniste et des formalistes russes, notamment de Chlovsky dont il a traduit l'essai sur Tristan Shandy. C'est également à Barthes, Todorov, Genette et aux textes de Sollers et Julia Kristeva sur la notion d'« inter-textualité » qu'il se réfère pour écrire ce roman qui veut être une « agression aliénée, onirique, schizophrène ». Le narrateur, un homme sans nom, installé à Tanger, médite et monologue devant les côtes espagnoles. Apatride volontaire, il a renoncé à la réalité physique de son pays natal, l'Espagne, que les hommes, l'histoire, l'Église et la littérature ont transformé en bastion mythique ; mais il n'a pas renoncé à sa langue ni à sa culture, son unique patrimoine, et, avec celles-ci pour armes, il se livre à une véritable extermination des mythes qui défigurent son ancienne et « irréelle » patrie. À l'instar du comte Julien, qui, au Moyen Âge, dans la même ville dont il était le gouverneur, trahit l'Espagne wisigothe en l'ouvrant aux musulmans, il va jusqu'à rêver d'une nouvelle invasion de la péninsule, totalement purificatrice. Cassé comme un cauchemar de schizophrène, ce journal d'une âme hantée par le mal d'Espagne a la douloureuse beauté des grandes œuvres blasphématoires. Sur un thème qui obsède tous les romanciers et poètes espagnols contemporains, Juan Goytisolo a réussi, le premier dans son pays, à lui donner une dimension universelle. En 1975, avec *Juan sans terre* [*Juan sin tierra*] le romancier a poursuivi son expérience de démythification. Juan sans terre était le nom donné aux Juifs condamnés à l'errance et au vagabondage par l'Inquisition de l'Église des rois. Alvaro, sa projection moderne, exilé de tout, nomade intégral mais sollicité comme tout homme par des tentations et des fantasmes, s'attaque à son tour à une culture transie s'inventant des utopies où toujours, qu'elles soient politiques ou sexuelles, le conformisme triomphe. Dans le roman suivant, *Makbara* (1980), le narrateur vit encore au Maroc, cette fois sur la célèbre place Jamaa-el-Fna, à Marrakech, où se côtoient vendeurs ambulants, conteurs et charmeurs de serpents, au milieu des badauds. C'est un récitant qui mime et psalmodie une étrange histoire d'amour entre deux personnages dont l'identité est ambiguë : l'un est un ange tombé d'un paradis organisé sur le modèle des bureaucraties totalitaires ; l'autre, un paria condamné par la technicité des pays dits développés. Les voyages qui emportent les deux compagnons du Sud marocain à New York, du côté de Manhattan et de ses égouts, ou à Paris, parmi la foule des grands boulevards, sont autant de prétextes à une satire effrénée des mythes et tabous des sociétés occidentales. « Profanateur », « hispanicide » pour les uns, polémiste purificateur pour les autres, Goytisolo défend en fait le métissage des cultures. « Le héros d'aujourd'hui, animal urbain, écrit-il, constate qu'il n'existe pas de culture fermée, uniforme, à l'abri derrière une autosatisfaction affichée, mais des cultures opposites, mêlées, fondues dans un vaste et fascinant creuset, que la littérature — sur les traces de Picasso et de sa curiosité omnivore pour tout ce qui touchait aux arts asiatique et africain — ne peut plus être exclusivement nationale, ni même européenne, mais multiple, bâtarde, fécondée par les apports de civilisations diverses. » — Trad. *Don Julian*, Gallimard, 1971 ; *Juan sans terre*, Le Seuil, 1977 ; *Makbara*, Le Seuil, 1982.

C. C.

DONNER À VOIR. Recueil de textes en prose et de poèmes de l'écrivain français Paul Éluard (pseud. d'Eugène Grindel, 1895-1952) publié en 1939. La série de textes qui ouvre le volume — « Les Dessous d'une vie ou la Pyramide humaine » (1919-1926, publiés séparément en 1926) ; « Juste milieu » (1938) ; « Nuits partagées » (déjà publiées dans *La Vie immédiate* (*) (1932) ; « Appliquée » (publiée séparément en 1937) ; « Les Songes toujours immobiles » ; « Au fond du cœur » — se rattache à la période surréaliste de l'auteur. Dans une langue simple, transparente et pure, le poète nous donne des « nouvelles » d'un univers où le sommeil et la veille ne se distinguent plus, et où on ne saurait se référer aux habituelles conventions de temps et de lieu : « Le temps ne passe pas. Il n'y a pas : longtemps, le temps ne passe plus. Et tous les lions que je représente sont vivants, légers et immobiles. »

La seconde partie du volume est plus particulièrement consacrée à des textes relatifs, à la poésie et à la peinture : « Physique de la poésie » ; « L'Évidence poétique » (publiée séparément en 1937) ; « Peintres » ; « Le Miroir de Baudelaire » ; « Premières vues anciennes ». Dans « L'Évidence poétique », fragment d'une conférence prononcée à Londres le 24 juin 1936, nous trouvons des phrases sur le phénomène poétique qui pourraient servir d'épigraphe à toute l'œuvre d'Éluard : « Les poèmes ont toujours de grandes marges blanches, de grandes marges de silence où la mémoire ardente se consume pour recréer un délire sans passé. Leur principale qualité est non pas, je le répète, d'invoquer mais d'inspirer. » *Donner à voir* se termine sur de beaux poèmes inspirés par quelques-uns des grands peintres modernes : « Max Ernst », « Giorgio de Chirico », « Pablo Picasso », « Georges Braque », « Paul Klee », « Yves Tanguy » ; poèmes qui avaient parfois déjà vu le jour dans des recueils précédemment publiés.

DONOGOO TONKA. Pièce de l'écrivain français Jules Romains (Louis Farigoule, 1885-1972), le premier volet d'une trilogie qui se poursuit avec *Monsieur Le Trouhadec saisi par la débauche* (*) et *Le Mariage de M. Le Trouhadec* (*). Jouée pour la première fois au théâtre Saint-Georges, le 9 février 1929, publiée en 1929. — M. Le Trouhadec, professeur de géographie, a décrit dans un de ses livres une ville imaginaire qu'il appelle Donogoo. Pour exploiter les aléatoires richesses de cette cité, on fonde une société, on ouvre une souscription, et il se trouve des gens assez crédules pour acheter des actions. Plusieurs aventuriers s'en iront ainsi à la recherche de ce nouvel Eldorado et, au lieu de succomber sous le poids de leur déception lorsqu'ils ne trouvent que désert et néant, ils fondent une ville : Donogoo. Les gens qui avaient souscrit des actions s'enrichissent alors réellement, tout comme les aventuriers. Et Le Trouhadec, flanqué de ses conseillers Bénin et Lamendin, parvient au triomphe. — Nombre d'idées affleurent et s'affrontent dans cette pièce satirique : la facilité avec laquelle les hommes enfourchent des chimères, le fait que tout espoir de gain les jette dans les illusions les plus folles, ce qui n'empêche pas que (les idées-forces, les idées-clés de Romains se manifestent ici) des phantasmes et même du charlatanisme peuvent surgir des réalisations concrètes. Mais on est bien fondé de considérer avec quelque méfiance ce M. Le Trouhadec, piteux et médiocre individu servi par le hasard. En d'autres circonstances, un tel maître à danser n'aurait peut-être pas été si chanceux, et sa réussite inquiète plus qu'elle ne séduit.

DON PAEZ. Ce conte en vers du poète français Alfred de Musset (1810-1857), qui appartient peut-on dire à l'adolescence du poète, fut écrit en 1829. Bien que daté de 1830, il fut publié cette même année, dans les *Contes d'Espagne et d'Italie* (*). Don Paez, cavalier et officier espagnol, aime une jeune comtesse d'une incomparable beauté. Après avoir passé une nouvelle nuit d'amour avec elle, il rejoint ses compagnons dans un château fortifié. Là, au milieu des fumées du vin, chacun d'entre eux vante le charme exceptionnel de la femme qui lui accorde ses faveurs, sans en taire le nom. À son tour, l'un des cavaliers, presque un adolescent, nomme la femme qu'aime don Paez. Ce dernier le traite d'abord de menteur et de vantard, mais, lorsque le jeune homme lui affirme que ce qu'il dit est la stricte vérité, il lui propose de se battre : le survivant — et c'est la promesse qu'ils se font solennellement — tuera dès le lendemain la femme infidèle. Vainqueur, don Paez se rend chez une sorcière qui lui donne un philtre ; ce philtre, après avoir procuré l'ivresse à celui qui l'absorbe, cause une mort lente mais sûre. Don Paez le boit, puis se rend chez la comtesse. Après lui avoir reproché son infidélité, il s'unit à elle en un long embrassement voluptueux, puis, l'ayant poignardée, il reste près d'elle à attendre la mort. Dans ce récit, rien ne manque à l'habituel et truculent répertoire romantique ; la composition de ce conte naïf n'est pas dépourvue d'une certaine harmonie. Quelques vers, dépeignant Madrid au clair de lune, sont remarquables : on y pressent déjà ce que sera plus tard la poésie de Musset.

DON PAISIBLE (Le) [*Tihij Don*]. Premier roman de l'écrivain russe Mikhaïl Alexandrovitch Cholokhov (1905-1984), composé de quatre livres, le premier publié en 1928, le quatrième en 1940. Dans les années 20, des bruits circulèrent, qui attribuaient *Le Don paisible* à l'écrivain cosaque Krioukov (1870-1920). Ces accusations de plagiat seront reprises en 1974 dans un ouvrage patronné par Soljenitsyne. Elles sont également étudiées dans le livre de Roy Medvedev, *Qui a écrit le Don paisible ?* (1975).

Certains ont comparé *Le Don paisible* à *La Guerre et la Paix* (*), et en effet Cholokhov s'est inspiré de Tolstoï pour la structure de son roman, il y a mêlé, comme lui, personnages réels et fictifs ; s'il évite, à la différence de Tolstoï, les considérations philosophiques sur l'homme et le sens de l'histoire, il répond néanmoins en homme aux problèmes essentiels de la condition humaine, justice, honneur et vérité. On a critiqué la composition du roman, voyant dans l'abondance des personnages épisodiques et des lignes d'intérêt secondaires un manque d'unité. En réalité la composition, très proche de celle de *La Guerre et la Paix,* est subordonnée au thème central : le destin d'un couple pendant la Révolution et la guerre civile, et il faut au contraire en apprécier la souplesse. Cholokhov passe d'une vision de masses au destin de tel ou tel individu, d'une bataille à la description de la vie champêtre ou à une scène d'amour. Le récit se déroule en fonction du héros central. Comme les autres grandes œuvres de Cholokhov : *Terres défrichées* (*) et *Le Destin d'un homme*, le *Don paisible* débute par une « préhistoire », par une généalogie de ses personnages. Cette introduction ne fait pas partie du récit proprement dit. Peu d'action, description ethnographique minutieuse des êtres et des lieux : le village cosaque, les « khoutors », grandes propriétés, des Cosaques. Ce sont des terriens rudes et braves, encore primitifs, batailleurs. Ils se laissent dominer en tout par leurs instincts et leurs passions : luxure, vengeance sanglante. Ils sont fiers de ce que les tsars leur ont laissé d'indépendance. Cholokhov nous montre les différentes couches sociales de la population de la « stanitsa », le village cosaque, les grandes familles, les Melekhov, les Astakhov, les Korchounov..., les scènes de la vie quotidienne, de la vie des champs, la pêche sur le Don, les noces, les fêtes et les danses, les traditions et les préjugés si profondément enracinés.

La première partie nous introduit dans le drame de deux jeunes êtres, Grigori Melekhov et Aksinia Astakhova, femme de Stépan Astakhov. Aksinia, nature forte et libre, se révolte contre la cruauté et la bêtise des traditions presque moyenâgeuses, dont sont prisonnières les femmes cosaques. Face à elle, un mari faible et mou, qui a tenté de se rapprocher de sa femme, puis s'est soumis aux traditions toutes-puissantes. Le type d'Aksinia est classique dans la littérature russe. Hardie, belle, orgueilleuse, elle est prête à tout pour défendre son droit à l'amour et au bonheur ; son mari parti à l'armée, elle s'abandonne à l'amour coupable, à la passion dévorante. Dans la deuxième partie les conflits familiaux s'élargissent en conflits historiques, les tempêtes intérieures en tempêtes révolutionnaires. Au premier plan de la troisième partie le début de la Première Guerre mondiale, les Cosaques sont sortis de leur cadre natal. L'auteur nous montre les deux faces de la guerre : son côté inhumain et son côté héroïque. Puis ce sont les deux révolutions, celle de Février et la grande, celle d'Octobre. Parallèlement aux événements à l'échelle nationale, peinture des événements familiaux et locaux, ici aussi de grands changements, reflets des changements historiques.

Deuxième livre : avec la quatrième partie,

le roman adopte le rythme même de l'histoire. C'est le début de la tragédie cosaque ; de quel côté vont se tourner les Cosaques, peuple à part, sorte de classe sociale ? Les jeunes se tournent vers l'avenir, vers la révolution. Les vieux se rangent autour de l'ataman contre-révolutionnaire, les familles se scindent en deux. La cinquième partie voit la formation d'un front séparatiste, soutenu par les Allemands. L'état souverain du Don est pris entre les Blancs, qui reculent vers le Caucase, et les Rouges. La lutte entre séparatistes et communistes se poursuit. Le peuple cosaque accueille les communistes moscovites avec confiance. Mais les séparatistes font appel aux Blancs, la région du Don devient une nouvelle « Vendée », où règne la terreur blanche, l'indépendance cosaque n'est plus qu'un mot. Les Cosaques doivent participer à l'offensive sur Moscou, mais dès les premiers revers ils font demi-tour. Dans la sixième partie nous voyons Grigori à la recherche de la « vérité » cosaque ; il interroge sa conscience. De part et d'autre, on commet des crimes, de part et d'autre, il y a des héros : c'est la mort des leaders communistes, Podtelkov et Likhatchev, et du frère de Grigori, Pierre, qui est passé aux Blancs. Les deux dernières parties du roman voient Grigori, qui a choisi de mener une guérilla sans espoir contre les Rouges, mais il n'est pas non plus chez lui parmi les Blancs, il reste un solitaire. La révolte cosaque est définitivement vaincue, Aksinia est morte, Grigori, resté en vie, est écrasé par son destin. Il rentre à son village natal pour se soumettre à la nouvelle justice.

Le Don paisible est une « épopée tragique », ont dit bien des critiques, tragédie d'un couple, d'un peuple, d'une époque, mais épopée d'un homme fier, courageux, à la recherche de l'absolu. L'auteur est sans cesse présent dans son œuvre, non seulement comme juge, mais comme acteur : il analyse les faits, explique les conflits, le jeu des forces sociales et historiques. Il éprouve une amitié et une admiration profondes pour ses héros. Cet humanisme de Cholokhov marque d'une sorte de sérénité les moments les plus pénibles de toute l'œuvre. — Trad. Julliard, 1959-1964.

DON PASQUALE. Opéra-comique en deux actes, livret de Salvatore Cammarano (1801-1852), musique du compositeur italien Gaetano Donizetti (1797-1848), représenté en 1843. Don Pasquale veut marier son neveu Enrico. Mais comme celui-ci désire Norina et pas une autre, Don Pasquale le chasse de chez lui. Norina a alors recours à son frère Malatesta qui, pour convaincre don Pasquale, lui propose en mariage pour lui-même Norina. Celle-ci se présente sous le nom de Sophronia et sous les apparences d'une pensionnaire timide, respectueuse, ingénue, adorable ; d'où notaire, donation, dot. Mais à peine l'acte est-il signé, que l'agnelle devient tigresse, met sens dessus dessous la maison, les meubles, les habitudes de son conjoint un peu mûr, le plante là pour aller au théâtre, lui donne une gifle, lui laisse découvrir un billet compromettant. Pour prendre son épouse sur le fait, le pauvre homme est conduit par Malatesta à un rendez-vous romantique avec sérénade et balcon. Désespéré, il permet à Enrico d'épouser Norina. Mais l'imbroglio se démêle et tout se termine par une chanson-conseil à l'usage de qui se marie à un âge avancé. Quatre personnages, quatre portraits vivants ; deux actes, deux chefs-d'œuvre, en particulier le premier. En somme, un des plus purs joyaux de l'opéra-comique du XIXe siècle, pouvant soutenir la comparaison avec *Le Barbier de Séville* (*) et *L'Élixir d'amour* (*).

DON QUICHOTTE [*El ingenioso hidalgo don Quijote de la Mancha*]. Chef-d'œuvre de la littérature mondiale, récit en prose de l'écrivain espagnol Miguel de Cervantès Saavedra (1547-1616), écrit probablement entre 1598 et 1604 et publié en 1605 à Madrid. Dix ans plus tard, en 1615, parut une deuxième partie qui est en quelque sorte l'illustration, l'interprétation et la conclusion définitive de la première. Selon ce que Cervantès nous déclare lui-même dans le Prologue de la 1re partie, son but a été d'écrire un roman de chevalerie, capable de se détacher de tous les autres largement répandus à cette époque. En suivant l'exemple traditionnel des livres de chevalerie à la mode, le roman de Cervantès prétend être la traduction d'un original arabe rédigé par l'historien Cid Hamet Benengeli. Il s'agit en effet de l'histoire d'Alonso Quixano, imaginaire gentilhomme campagnard (« hidalgo ») qui, en s'adonnant à la lecture des romans de chevalerie, découvre ses propres tendances fondamentales : les vagabondages sans frein de son imagination, le lyrisme ému de son âme simple, candide et généreuse. Il se passionne à tel point pour cette lecture qu'il commence par en discuter, comme s'il s'agissait d'événements réels, avec ses amis, le curé et le barbier. Il se plonge tellement dans ces livres qu'il fait siens les idéaux pour lesquels se battaient les chevaliers errants : des idéaux de paix, de justice, d'une justice imprégnée d'amour. Désormais il se sent appelé à les réaliser dans un monde tourmenté qui l'attend, et qui lui donnera la renommée et la gloire. Après avoir fourbi les vieilles armes de ses ancêtres et s'être fabriqué une visière en carton, Alonso Quixano ennoblit son cheval décharné en l'appelant Rossinante et prend lui-même, comme nom de bataille, celui de don Quichotte de la Manche ; puis il choisit, comme Dame de ses pensées, une paysanne, en la transfigurant sous le nom de Dulcinée du Toboso. Un jour, à l'aube, en cachette, il monte à cheval, armé de son bouclier et de sa lance et, s'éloignant par une porte secrète de la cour de sa demeure, il part en rase campagne, à l'aventure. Mais, malheureusement pour lui, don Quichotte n'avait pas été armé chevalier et ne pouvait exercer de plein droit sa profession : il décide donc de s'en remettre, pour cette formalité, au premier individu qu'il rencontrera. Tout en se laissant conduire par Rossinante, il se voit déjà, idéalisé, dans un livre qui exalterait ses futurs exploits ; il parvient fatigué et affamé, après une journée passée sous le soleil, à une auberge perdue dans la campagne. Don Quichotte la prend pour un château ; les filles vulgaires qui se tiennent près de la porte et qui l'aident à se déshabiller et à se mettre à table sont par lui saluées et honorées comme de nobles demoiselles. Dès qu'il s'est rassasié, il se jette aux genoux de l'hôtelier, canaille rompue à toutes les ruses de la mauvaise vie, et l'adjure de l'armer chevalier. L'aubergiste, ayant compris que don Quichotte n'a pas un sou en poche, lui conseille de se procurer de l'argent et de prendre un écuyer capable de s'occuper des nécessités pratiques de son existence errante. Enfin il lui promet de l'armer chevalier le lendemain même, après la veillée d'armes dans la cour de l'auberge. Pendant cette veillée, des incidents graves éclatent à cause de la réaction très prompte de don Quichotte aux plaisanteries de certains charretiers ; et l'on hâte la cérémonie de l'Investiture. L'aubergiste, dans son rôle de parrain, lit en grommelant la formule rituelle dans le livre où il tient ses comptes d'avoine, tandis que les deux filles jouent le rôle de marraines. Étant ainsi légalement accueilli dans l'ordre de la chevalerie errante, don Quichotte reprend son chemin. Le premier acte de justice qu'il accomplit, c'est d'empêcher un paysan de fouetter jusqu'au sang un petit garçon, son berger ; mais sitôt que le chevalier errant s'est éloigné, le sort du malheureux valet n'en est que plus dur. Il enjoint ensuite à des marchands de Tolède de déclarer, sans l'avoir jamais vue, que sa Dulcinée est d'une beauté incomparable. Hélas, quelle triste aventure ! Au cours du combat qu'il livre à ceux qui se moquent de lui, don Quichotte est entraîné par son cheval et reçoit une volée de coups de bâton sur le dos. Un de ses compatriotes le retrouve, blessé et meurtri ; il écoute les explications que lui balbutie don Quichotte, le croit fou et le ramène chez lui où sa nièce et sa gouvernante, le curé et le barbier l'attendaient dans l'angoisse. Tous considèrent que les responsables de la folie chevaleresque de don Quichotte, jaillie de son cœur bon, généreux mais rêveur, sont « les livres innocents » se trouvant dans sa bibliothèque. En conséquence, le curé et le barbier font un inventaire de ces livres, sauvant ou essayant de sauver des flammes ceux où chacun d'eux se retrouve le mieux, avec ses tendances personnelles, son éducation et sa culture particulière. Les livres sont condamnés.

Mais voici que don Quichotte est de nouveau sur les routes. Suivant les conseils de l'aubergiste, il choisit comme écuyer un paysan de sa bourgade : Sancho Pança qu'il attire par l'appât d'un gain important et le mirage d'une île dont il deviendrait le gouverneur. Les voilà donc ensemble, le chevalier et son écuyer, sur les chemins déserts de Castille ; l'un, couleur d'olive, grand et décharné, monté sur Rossinante ; l'autre, rubicond, dodu et trapu, sur son âne ; don Quichotte incarne un type d'esprit en proie à une activité incessante (qu'il s'est d'ailleurs lui-même imposée), spontanément déterminée par la connaissance et la volonté, et tournée vers un idéal qui répond aux tendances et aux exigences de sa nature ; Sancho est au contraire le fidèle écuyer ignorant tout de la chevalerie errante, qui d'une part assistera de loin et en toute sûreté aux dangers que son maître voudra affronter, mais d'autre part sera prêt à se jeter sur tout ce qui lui paraîtra une proie facile. Leur première aventure est celle des moulins à vent qui, aux yeux de don Quichotte, prennent l'aspect de géants démesurés. En vain Sancho essaie de ramener son maître à une observation attentive. L'image première que don Quichotte a acceptée et grâce à laquelle il découvre ses propres sentiments, lui suffit comme preuve de la vérité : « Je pense, il en est donc ainsi » [Yo pienso y es así]. Son subjectivisme est à ce point absolu, tant dans l'ordre de la connaissance que dans l'ordre de l'action, qu'aucune expérience désastreuse ne parviendra à le briser. Don Quichotte ne revient jamais au témoignage des sens : il trouve toujours des justifications pour lui-même et pour toute chose, dans les maléfices des magiciens envieux de sa gloire.

Don Quichotte, tout en ayant été entraîné par les moulins à vent, est déjà prêt pour de nouvelles aventures. Voici deux bénédictins qui s'avancent sur la route ; à leurs côtés, par hasard, se trouve une dame de Biscaye qui rend à Séville. Pour don Quichotte, les deux moines « doivent être et sont » [deben de ser y son] deux enchanteurs s'apprêtant à enlever une princesse. Il fonce donc avec fureur sur eux. Quant à Sancho, il s'apprête à se jeter sur l'un des moines, tombé à terre, pour le dépouiller de tout ce qu'il possède, mais le voici malmené et battu par les valets accourus pour secourir leur maître. Don Quichotte s'incline devant la dame, en lui présentant ses hommages ; avec l'un des valets de cette dame, il engage un duel dont il se tire comme il peut. Mais ce ne sont là que les inévitables douleurs et les conséquences des actions d'un chevalier errant ! Heureusement, don Quichotte et son écuyer rencontrent au crépuscule des bergers qui les accueillent cordialement. Au cours du souper, au milieu de l'étonnement et de l'attention générale, tandis que Sancho, affamé, s'empiffre, don Quichotte s'exalte en proclamant son idéal de paix, le merveilleux âge d'or et le bonheur qui s'ensuivront : image lyrique exprimant un idéal concret, profondément enraciné dans tous les pays, parce qu'il jaillit des entrailles de l'histoire elle-même, en explique le dynamisme intérieur et, sous des couleurs différentes et variables, en commande le devenir perpétuel. Don Quichotte l'affirme avec une ferveur religieuse, une conviction profonde ; c'est pour cela que nous le regardons toujours avec la même sympathie. Pourtant, nous ne pouvons retenir un sourire, lorsqu'il déclare que pour cette fin les armes de la chevalerie errante sont indispensables. Ce thème lyrique, au caractère universel, s'incarne et s'individualise dans chaque être comme une aspiration spontanée au bonheur ; don Quichotte s'efforce de l'introduire dans la réalité, en suivant les méthodes apprises dans ses livres de chevalerie : méthodes d'un rêve se déroulant en dehors de l'histoire, dans un univers imaginaire ; sentiment pur, se reflétant dans ses propres images où il se reconnaît et où il s'aime.

Désormais, la trame du roman de Cervantès se déroule sur deux plans s'imbriquant continuellement. Sur le premier plan se détachent dans une violente lumière, don Quichotte et Sancho, fidèles à eux-mêmes, l'un représentant l'amour et la générosité, l'autre la tendance vers l'utile : deux principes intelligibles, deux principes en soi, expliquant et justifiant l'activité particulière du chevalier et celle de son écuyer, mimétisme parfait, selon les conceptions de Cervantès. Sur le deuxième plan, celui de la réalité quotidienne, défilent en un continuel mouvement, de nombreux êtres aspirant au bonheur en vertu de leur tendance naturelle qui les pousse vers la beauté des choses existantes, avec une force bien supérieure à celle de la raison humaine. C'est de cette tendance, qui est un appétit, un désir, un amour, que don Quichotte essaie de parler aux bergers : ceux-ci lui racontent la mort de Chrysostome, qui vient de se tuer pour Marcela. À son tour Marcela intervient pour se défendre des accusations de cruauté qu'on a formulées contre elle, et revendique le droit de choisir librement l'objet de son amour. Don Quichotte se range à son côté. Le chevalier et son écuyer ressentiront toute la force de cette libre tendance, lorsqu'ils recevront des coups de bâton de la part des « yanguais », parce que Rossinante s'était approché en trottinant, plein de désir et de joie, de leurs belles juments.

Meurtris, blessés, don Quichotte et Sancho parviennent à une deuxième auberge, leur deuxième château, où ils sont soignés avec empressement et bonté. Cependant, au cours de la nuit, don Quichotte dérange les amours furtives de la servante Maritorne et d'un charretier : un tapage et de nouveaux ennuis pour les deux malheureux s'ensuivent. Lorsque les deux amis font mine de partir sans payer, selon les lois de la chevalerie, Sancho est attrapé et roulé dans une couverture ; il paye de sa personne. Mais déjà les aventures recommencent, toujours selon le même rythme : des troupeaux de brebis et de moutons sont pris pour des armées ennemies ; des gens suivant, la nuit, un enterrement, sont pris pour les ravisseurs d'un chevalier blessé. Le vacarme d'un moulin à foulon dans les ténèbres remplit don Quichotte de rêves héroïques et fait trembler de peur Sancho. La cuvette d'un barbier, posée sur la tête de son propriétaire, en guise de parapluie, devient le heaume rutilant de Mambrin. Enfin don Quichotte s'engage à être le défenseur volontaire d'un groupe de gens condamnés au bagne ; au nom d'une liberté totale et sans limites, il les arrache des mains de la justice. Mais à son tour il doit subir des mauvais traitements et des spoliations, lorsque les bagnards délivrés par ses soins se révoltent, irrités et dédaigneux, contre ses stupides règles de chevalerie. Don Quichotte avec une ruse pleine de succès et poussé par Sancho, qui croit déjà avoir à ses trousses les sbires de la justice royale, s'enfonce dans les méandres boisés de la Sierra Morena ; il y rencontre le pauvre Cardenio que son amour pour Lucinde a rendu fou, et qui s'imagine avoir été trompé. Don Quichotte décide à son tour de devenir volontairement fou, sans aucun motif valable, et de faire pénitence au milieu des bois, à l'instar d'Amadis, repoussé par Oriane. Mais, auparavant, il écrit à Dulcinée du Toboso, nom qui résume pour lui l'idéal de la beauté féminine, une lettre d'amour et la confie à Sancho, qui égare sa missive. Sancho revient à l'auberge des tristes souvenirs et y rencontre le curé et le barbier ; il leur révèle, après avoir reçu la promesse d'une nouvelle récompense, l'endroit où se trouve don Quichotte ; il leur sert même de guide.

Le long du chemin, au milieu des forêts de la Sierra Morena, ils rencontrent Dorothée, jeune femme avenante, intelligente, qui recherche anxieusement Fernand, son amant perdu. Le curé et le barbier s'entendent avec elle. Qu'elle fasse semblant d'être une princesse ayant besoin de secours ! Elle pliera à ses désirs la volonté de don Quichotte et le ramènera chez lui. C'est ce qui se passe en effet ! Don Quichotte n'obéit spontanément qu'aux sollicitations de ses belles imaginations chevaleresques ; heureux de mettre ses armes au service de la princesse, mais plus heureux encore, dans son for intérieur, d'apprendre par Sancho que Dulcinée a reçu sa lettre, don Quichotte se laisse mener à l'auberge qui devient véritablement pour tout le monde une sorte de château enchanté.

À ce point du récit, nous sommes parvenus au centre de l'action : c'est le moment où l'ensemble des aventures constituant la trame du roman trouvent leur dénouement. En face de l'amour chevaleresque de don Quichotte, dont le sentiment s'oublie dans une solitude en dehors du temps et s'exprime en images qui sont pour lui seul une joie, Cervantès campe, sur le plan de l'activité morale, l'amour illusoire, douloureux et fatal, d'Anselme qui n'aime en Camille que sa propre image (récit du « Curieux extravagant » — « El curioso impertinente »). Ainsi l'auteur entendait exalter le véritable amour, source inépuisable de vie et de joie, et dont chacun réalise le but éternel dans la richesse de l'expérience concrète : but qui s'avère inexprimable au moment même où on le vit. Nous sommes au point des rencontres heureuses et des conjonctions harmonieuses : les couples de Cardenio et de Lucinde, de Fernand et de Dorothée se recomposent, après de longues aventures ; un capitaine, évadé de captivité, rencontre son frère qui s'apprête à partir pour l'Amérique, deux jeunes gens, Claire et Louis, tissent leur rêve d'amour... Mais don Quichotte, au milieu de tant de liesse, est la cause de nouveaux troubles qui heureusement s'achèvent dans la joie. Tout le monde en effet le considère comme fou et, comme tel, on justifie ses actes et on lui pardonne. Le curé et le barbier, en utilisant les mêmes artifices que ceux abondamment mis à contribution par les romans de chevalerie, parviennent à lui faire croire qu'il est la victime d'une incantation et le ramènent à la maison sur un char à bœufs, mais sans pouvoir l'empêcher auparavant d'accomplir encore quelques folies. Telle est l'intrigue de la première partie de *Don Quichotte*, dans la simplicité presque schématique de son développement et dans l'idée fondamentale qui l'anime.

Le roman est issu, à l'origine, d'une inspiration polémique contre les livres de chevalerie dont il devait prendre tout simplement le contre-pied sous la forme d'une imitation ; mais il s'est transformé, petit à petit, en une représentation poétique et sincère d'un monde de plus en plus vaste et complexe, au sein duquel agit une force analogue à celle qui explique la vie individuelle et la vie universelle, l'histoire humaine et son devenir perpétuel. Pour Cervantès, cette force se manifeste essentiellement sous trois aspects, facettes d'un même prisme : d'un côté, la générosité et la grandeur morale de don Quichotte ; de l'autre, le réalisme et l'égoïsme pratique de Sancho Pança ; mais ces deux modalités de l'action, apparemment inconciliables, profondément contradictoires, cèdent le pas devant le mystérieux attrait d'un idéal de beauté qui, s'il ne triomphe, du moins survit aux déceptions, donnant un constant démenti à l'affligeante réalité. Mais cet idéal, quel est-il ? La réponse ne peut être qu'obscure ; sinon que, profondément enraciné dans l'homme, le pouvoir lui a été donné de se dépasser ; et plus particulièrement pour ce qui est de Cervantès, ce dépassement se réalise dans l'œuvre d'art où il trouve un champ d'action propre à l'exercice de son talent. En face de cet univers poétique que son imagination installe dans la réalité, Cervantès est amené à éprouver un sentiment de charité qui adhère, avec une indulgence bienveillante, à toutes les formes dans lesquelles l'amour se réalise : sorte d'inspiration d'un genre naturel qui entraîne l'ensemble des hommes dans son sillage. Et même au sein de sa hâte pleine d'angoisse, c'est vers une vie contemplative qu'il nous conduit. Ainsi, grâce à ce sentiment de charité, tous entrent dans le sillage lumineux des aventures incroyables de don Quichotte : l'œuvre entière est comme enveloppée d'un sourire immatériel et translucide, qui laisse percer secrètement une inépuisable richesse d'humanité et d'expériences réellement vécues. La magie de ce sourire, en conférant au récit un caractère inimitable, a assuré à Cervantès une renommée triomphale.

Ce succès l'encouragea à reprendre la plume, pour justifier, analyser et interpréter son propre chef-d'œuvre, en se défendant contre les érudits et les critiques, et contre leurs palabres autour de la négation de la beauté idéale, de la beauté concrète. Et voici une troisième chevauchée de don Quichotte ! Le chevalier vient d'apprendre par Sancho et par le bachelier Samson Carrasco que le roman de ses exploits court déjà le monde entier : il s'agit de l'histoire, pure et simple, dépouillée de tout déguisement flatteur, des coups de bâton qu'il a reçus et des malheurs comiques de son écuyer. Tout le monde en rit, mais personne n'a compris sa véritable vie sentimentale, toute tendue dans un effort héroïque vers l'idéal dont il est épris ; don Quichotte en est attristé. Il ressent le besoin de la réaffirmer dans toute sa plénitude, en l'exaltant contre les objections de sa nièce et de sa gouvernante. Il trouve de nouveau à ses côtés son fidèle Sancho qui, flatté par cette renommée inattendue, essaie en vain de la matérialiser sous la forme d'une avance d'argent pour ses services. Don Quichotte se rend au Toboso pour recevoir la bénédiction de Dulcinée; elle devrait être en possession de la lettre d'amour que Sancho, selon ses dires, lui avait remise de ses propres mains. Mais Dulcinée est le verbe mental de don Quichotte ; elle est la beauté féminine idéale dans laquelle le chevalier contemple avec joie son propre sentiment. Par conséquent Sancho ne peut la trouver au Toboso. Pour se tirer d'affaire et cacher son mensonge, l'écuyer identifie cette beauté idéale avec la première paysanne qu'il rencontre et la montre du doigt à son maître. Mais don Quichotte est peiné ; cette femme n'est pas celle dont il rêve ! Pour lui, l'actuelle et méprisable apparence de Dulcinée est le résultat d'un envoûtement diabolique, qu'il s'agit de dissiper. Le voici maintenant sur la route de Saragosse, accablé d'une grêle de pierres, que lui lance une troupe d'acteurs ambulants qu'il a importunés ; puis il se bat en duel contre le Chevalier-aux-Miroirs, c'est-à-dire le bachelier Carrasco qui, ainsi affublé, voulait le ramener à la maison par la force des armes. C'est alors que don Quichotte rencontre le chevalier don Diego de Miranda, gentilhomme paisible, à la raison claire, qui tout d'abord admire chez don Quichotte une sagesse et un jugement très équilibrés ; mais ensuite, il le voit agir comme un fou et affronter avec une héroïque fureur un lion en cage. Qu'est-il donc ce chevalier don Quichotte ? Ses affirmations et ses actions forment une opposition criante : cet homme est une énigme vivante qui, dans l'unité indissoluble de ses propres contradictions, demeure inexplicable, à ce dialecticien qu'est le fils de don Diego. Il est impossible de saisir par le froid raisonnement l'acte vital du sentiment pur qui veut se réaliser en tant qu'infini dans les images où il se retrouve avec amour ; il faudrait plutôt l'interpréter. C'est alors que Cervantès interprète son propre chef-d'œuvre, devenant luimême le guide de ses critiques.

Don Quichotte et Sancho assistent aux noces, qui devaient être célébrées entre le riche Gamache et la belle Quitteria ; mais cette dernière est heureuse de se faire enlever au dernier moment par son fidèle Basile, qu'elle va épouser, bien qu'il soit pauvre et miséreux. Sancho regrette les fastueux banquets déjà apprêtés ; don Quichotte devient le paladin du sentiment pur et triomphant. Poussé par un désir de mystérieuses aventures, le chevalier descend dans la caverne de Montésinos, où il s'endort en rêvant d'une rencontre avec les anciens paladins et avec Dulcinée qui a subi un enchantement. Son récit fabuleux suscite des questions pleines de doute de la part de Sancho, mais est considéré en même temps comme une source de renseignements précieux par un savant érudit qui accompagne les deux amis ; ce dernier donne à ce rêve à cette plongée au sein du sentiment pur, la valeur d'un document sur lequel il est possible de construire un travail scientifique ! Partout où ils passent, le chevalier et son écuyer affirment leur personnalité ; l'un, comme un homme en proie à un sentiment vibrant qui se reconnaît dans ses propres images, l'autre esclave de son instinct qui s'accroche empiriquement aux objets réels. Et c'est tantôt la fuite devant le paysan excité par les braiments de l'âne de Sancho ; tantôt l'élan guerrier de don Quichotte au cours d'un spectacle de marionnettes ; enfin c'est un voyage sur l'Èbre qui se termine de façon désastreuse, car il a cru se trouver sur un bateau magique.

Mais voici, semble-t-il, que la réalité historique coïncide avec le rêve ! Don Quichotte et Sancho sont accueillis dans un château, par une fausse mise en scène singeant un accueil triomphal : bien vite ils deviennent la risée du duc, de la duchesse, des demoiselles et des valets. Tous, sans distinction de rang, en imitant les formes creuses des romans chevaleresques, sont associés dans la besogne vulgaire et ignoble de transformer les deux hôtes en objets de dérision et de moquerie. Mais ces gens ne parviennent à bafouer que ce qu'ils ont eux-mêmes voulu voir dans ces formes : c'est-à-dire leur propre sentiment, leur intelligence même ! La personne de don Quichotte n'est nullement effleurée par leurs moqueries : le chevalier se dévoile tel qu'il est, dans sa bonté naïve, sa foi candide et sa véritable noblesse spirituelle. Et Sancho, qui a été nommé par plaisanterie gouverneur de l'île de la Concussion, conquiert enfin l'admiration de tous, parce qu'il met en œuvre, dans ses nouvelles fonctions, ce sens réaliste et pratique qui est sa caractéristique essentielle, cet instinct de l'utile, enraciné dans chaque individu. Cervantès n'aurait pu mieux indiquer la signification symbolique de ses deux personnages, les deux tendances de la nature humaine qu'ils représentent : l'un, tout sentiment, l'autre, instinct pur de l'utile, deux aspects qui, se réalisant sur le plan de l'expérience quotidienne, s'accordent dans l'acte même de la vie concrète.

Après avoir pris congé des ducs, don Quichotte s'engage sur la route de Barcelone, heureux d'avoir conquis sa propre liberté ; il s'agit toutefois d'une liberté abstraite, qui ne parvient jamais à la conscience du réel. Le voilà tombé au milieu des bandits de Rocco Guinart, cœur généreux qui s'est mis hors la loi en s'abandonnant pour un instant à la folie toute-puissante de son sentiment. Rocco, véritable chevalier errant persécuté par la loi commune, laisse en liberté don Quichotte et Sancho, en les recommandant à ses amis de Barcelone : ceux-ci à leur tour, avec une cordialité ostentatoire, se moquent des deux amis. Sur ces entrefaites, survient Samson Carrasco, qui, sous le nom de Chevalier de la Blanche Lune, parvient cette fois à désarçonner don Quichotte et à le forcer, sous la foi du serment, à rentrer chez lui. Don Quichotte est enfermé désormais dans les limites de ses fantaisies chevaleresques elles-mêmes ; et ce qui était chez lui aspiration, mouvement, élan vers une perfection toujours plus vaste, devient maintenant une source de douleur et de regret. Il est en dehors du cercle vivant de sa vie profonde et réelle. Le sentiment pur, éternelle poésie jaillissant du cœur humain, dès qu'il se voit forcé de quitter ses chères images, se renferme sur lui-même avec nostalgie et découvre autour de lui une réalité triste et sans charme. Devant cette vision, don Quichotte sent arriver la mort. Et il meurt en effet ; mais au seuil de l'éternité, la douleur exalte providentiellement dans son âme la certitude en l'identifiant à la vérité. Sancho, lui, ne meurt pas ; l'instinct veut vivre, parce qu'il trouve dans l'existence une valeur absolue. Mais Sancho, privé de don Quichotte, rentre inexorablement dans l'ombre.

Grâce à des images compréhensibles en elles-mêmes et reliées entre elles avec une habileté prodigieuse de construction, Cervantès a expliqué et éclairé cette idée qui, dans la première partie de son chef-d'œuvre, avait été complètement fondue dans une pure vision fantastique. Mais la trame intellectuelle selon laquelle a été construite cette deuxième partie, son ton de franche polémique, ralentissent et dispersent ce souffle de lyrisme qui caractérisait l'inspiration première de l'auteur. L'attention de Cervantès se tourne alors vers les personnages que don Quichotte, auréolé de gloire, rencontre le long du chemin. Tous ces gens le jugent d'un point de vue empirique — comme Sancho d'ailleurs, sans pouvoir pénétrer par un effort d'intelligence et d'amour jusqu'aux intentions profondes qui guident l'âme du chevalier, intentions infiniment supérieures aux faits matériels dans lesquels elles se sont exprimées. Cervantès oppose maintenant aux illusions généreuses du sentiment pur les illusions de l'intelligence pure, qui arrive inconsciemment à la cruauté et à la moquerie, parce qu'elle est impuissante à se transférer dans l'objet et à la reconnaître de l'intérieur. Ainsi, avec la deuxième partie de cet ouvrage, c'est comme le sentiment d'une sagesse qui s'est retrouvée elle-même dans sa longue expérience des choses du monde, et triomphe : une sagesse qui contemple, d'un œil apaisé et apaisant, toutes les illusions et surtout celles de l'intelligence impuissante à sortir d'elle-même, qui n'en répudie aucune parce qu'elles appartiennent toutes à l'homme. Cervantès gardera le véritable don Quichotte seulement pour lui-même : « Mi verdadero don Quijote. » Car ce personnage représente la libre existence de son sentiment qui avait couru le long des routes du monde, avec les armes de la chevalerie errante ; tandis qu'au fond de son cœur, dans une solitude absolue, il scandait harmonieusement son rêve d'amour, de justice et de paix, selon le rythme aérien du verbe ailé. Les échos, les résonances, les nouvelles inspirations, les imitations et les critiques, les interprétations suscitées au cours des siècles, en Espagne et dans le monde, par un ouvrage qui est devenu l'étendard le plus noble de tous les peuples de langue espagnole, se trouvent rassemblés, en une large documentation, dans L. Rius : *Bibliografia crítica de las obras de M. de Cervantes* (1895-1904) ; dans J.-J. Bertrand : *Cervantès et le Romantisme allemand* (1914) ; M. Bardon : *Don Quichotte en France au XVIIe et au XVIIIe siècle* (1931). Pour connaître une interprétation du réalisme chrétien de Cervantès et de son esthétique, il faut consulter M. Casella : *Cervantès, Don Quichotte* (1938). Célèbre traduction française de Louis Viardot, avec des illustrations de Tony Johannot, éd. J. J. Dubochet, Paris, 1836, puis de Gustave Doré.

★ En 1614, tandis que Cervantès était en train d'écrire la deuxième partie de son roman, une suite apocryphe parut sous le titre : *Second volume de l'ingénieux hidalgo don Quichotte de la Manche* [*Segundo tomo del ingenioso hidalgo don Quijote de la Mancha*]. L'auteur, qui cache son identité sous le nom du « licenciado » Alonson Fernández de Avellaneda de Tordesilla, a été identifié avec différentes personnes : et même avec Lope de Vega, Ruiz de Alarcón, Tirso de Molina, etc., mais il demeure au fond anonyme. Le pseudo-Avellaneda, en faisant semblant de continuer le récit interrompu par Cervantès à la fin de la Ire partie du *Don Quichotte*, présente l'extravagant chevalier comme ayant recouvré toutes ses facultés intellectuelles et s'enlisant dans la paix de sa demeure, jusqu'au moment où Sancho Pança, en lui parlant d'un nouveau roman chevaleresque, parvient à susciter, dans l'esprit de son maître, son ancienne manie. Don Quichotte, prenant le nom de Chevalier sans amour, « El caballero desamorado », repart à la recherche d'aventures et en connaît une longue série, très semblable à celles évoquées dans la première partie du véritable roman de Cervantès. Le pseudo-Avellaneda demeure fidèle à l'étrange délire d'interprétation du héros de Cervantès, mais presque toujours l'imagination de ce dernier est remplacée par une certaine habileté dans l'invention et dans l'intrigue : l'humour devient trop souvent lourd et grotesque. Cette mystification, comme on le sait, attisa le désir de Cervantès d'achever la deuxième partie de son chef-d'œuvre ; ce n'est pas là d'ailleurs le seul mérite de la curieuse tentative d'Avellaneda, dont l'ouvrage fut réimprimé plusieurs fois jusqu'à nos jours et qui fut en outre traduit assez librement, en français, par Lesage (1704). L'auteur inconnu, aragonais d'origine (c'est là un des rares points acceptés par tous les critiques), n'est certainement pas un écrivain méprisable. Même si la comparaison entre les deux ouvrages montre, naturellement, la supériorité écrasante de celui de Cervantès, toutefois le *Don Quichotte apocryphe* est un roman ayant un grand intérêt littéraire ; il nous prouve comment un homme de talent, en suivant les foulées d'un homme de génie, parvient parfois à briller à son tour. — Trad. *Alain-René Lesage*, Barbin, 1704.

★ En plus de l'imitation d'Avellaneda, il existe de nombreux ouvrages s'inspirant du personnage de don Quichotte ou des différents épisodes et héros de ce roman. Parmi les plus connues, rappelons les pièces de Guillén de Castro (1569-1631) : *Don Quijote de la Mancha* et *El curioso impertinente*, qui a élaboré, sous une forme théâtrale, le conte du même titre inséré dans le roman. De ce conte, s'inspire également la pièce de Juan Mato Fragoso (1608-1689) : *El yerro del entendido*. Aux aventures de Cardenio (Ire partie, chap. 23-27), il faudrait rattacher la pièce égarée *Cardenio*, représentée à Londres, en 1613, par la compagnie de Shakespeare et *The History of Cardenio*, de Fletcher et Shakespeare, insérée dans l'édition londonienne (1653) de certaines pièces de Shakespeare. Parmi les très nombreuses imitations espagnoles, il faut mentionner les suivantes : *Quijote de los teatros*, de Cándido María Trigueros ; *Vida y empresas literarias de D. Quijote de la Manchuela*, de Cristóbal de Anzarena ; *Adiciones a la historia del ingenioso hidalgo Don Quijote de la Mancha* (1786) de Jacinto María Belgado ; *El Quijote del siglo XVIII*, de F. Siñeriz ; *Semblanzas caballerescas*, publié anonymement à La Havane, et surtout les *Capítulos que se le olvidaron a Cervantes* (1882) du Sud-Américain Juan Montalvo — v. *Chapitres qu'oublia Cervantès* (*).

★ En Italie, il faut mentionner le poème en

douze chants en dialecte sicilien : *Don Quichotte et Sancho Pança* [*Don Chisciotti e Sanciu Panza*] de Giovanni Meli (1740-1815), rédigé, paraît-il, en deux années seulement (1785-1786). Selon l'intention de l'auteur, ce poème ne devait pas être (et il ne le fut d'ailleurs pas) une imitation directe du célèbre roman espagnol ; toutefois, on trouve, ici et là, plusieurs épisodes puisés directement chez Cervantès, bien que modifiés et transformés de telle façon qu'ils acquièrent une certaine originalité. Dans son *Don Quichotte*, Meli eut l'intention de faire le portrait de deux de ses amis, hommes cultivés, vivant toutefois de mirages fantastiques, en dehors de la réalité ; dans le personnage de Sancho Pança, au contraire, il voulut brosser son propre portrait, le portrait d'un homme aux aspirations banales et doué de ce vulgaire bon sens qui, selon l'auteur, devrait être le but essentiel des hommes lorsqu'ils veulent tant bien que mal vivoter dans ce monde. Puisque ce poème est donc l'apologie à peine voilée de ce genre de bon sens, il apparaît naturel par conséquent que Sancho y joue le rôle principal et en devienne le véritable héros. Néanmoins, ce personnage (Meli ne fut jamais capable de créer des caractères) finit par être un autre porte-parole du poète et non un personnage vraiment vivant. En effet, l'auteur lui prête des pensées que l'on retrouvera plus tard dans ses pertinentes *Réflexions concernant l'état actuel de l'agriculture et de l'élevage dans le royaume de Sicile* (1801). Dans cet ouvrage écrit dans les dernières années de sa vie, Meli nous présente un tableau effroyable de l'existence misérable des paysans et des bergers siciliens de son temps. On dirait que, dans un brusque et douloureux élan de remords, l'auteur se soit efforcé d'opposer ces pages lugubres et accusatrices à la description arcadienne et conventionnelle que, dans sa jeunesse, il avait brossée avec sa *Bucolique* [*Bucolica*]. Ce poème d'ailleurs est riche lui aussi en épisodes intéressants, mais une vigoureuse construction d'ensemble lui fait défaut.

★ Très nombreux furent les opéras en musique sur le thème de don Quichotte. Au XVIIe siècle, parut en Angleterre l'*Histoire comique de don Quichotte* [*The Comical History of Don Quixote*], trilogie de Thomas d'Urfey, musique de Purcell (1659-1695), composée en collaboration avec Courteville, Eccles, Pack et Morgan. De nombreuses compositions parurent aussi au cours des siècles suivants : l'opéra *Don Quichotte dans la Sierra Morena*, de Francesco Bartolomeo Conti (1682-1732) ; l'opéra *Don Quichotte* (1727) de Giovanni Alberto Ristori (1692-1753) ; le ballet *Don Quichotte* (1743) de Joseph Bodin Boismortier (1689-1755) ; l'opéra de Daniel Treu (1695-1749) ; les opéras *Don Quichotte de la Manche* de Giovanni Paisiello (1740-1816), représenté à Modène en 1769 ; de Niccolò Piccinni (1728-1800), Antonio Salieri (1750-1825), Vienne, 1771 ; le mélodrame *Don Quixote*, de Franz Spindler (1759-1819), Breslau, 1797 ; les opéras d'Angelo Tarchi (1760-1814), Paris, 1791 ; de Ditters von Dittersdorff (1739-1799), Oels, 1795 ; le ballet de Wenzel Gährich (1794-1864) ; Saverio Mercadante (1795-1870) écrivit aussi un opéra *Don Quichotte*, représenté à Lisbonne en 1829. Rappelons enfin l'opéra d'Alberto Mazzuccato (1813-1877) ; *Die neue don Quixote* de Stanislaw Moniuszko (1820-1872), l'opéra bouffe en un acte, *Don Quichotte*, d'Émile Pessard (1843-1917), Paris, 1874 ; ainsi que le poème symphonique *Don Quixote* op. 87, d'Anton Rubinstein (1829-1894). Parmi les opéras les plus récents (et peut-être le seul qui ait encore un certain intérêt), il faut mentionner le *Don Quichotte* de Jules Émile Massenet (1842-1912), d'après le livret tiré par Cain d'une intrigue écrite par Lorrain. Dans son ouvrage, Lorrain avait transformé Dulcinée en une femme de chambre, le chevalier en un prédicateur grandiloquent et le sage Sancho en une sorte de propagandiste du socialisme.

★ En 1898, Richard Strauss (1864-1949) composa un poème symphonique pour violoncelle et orchestre, appelé *Don Quixote*, qui comprend une introduction, dix variations (où l'on évoque les épisodes du roman, certains d'une façon très vague, d'autres avec toutes les ressources véristes et imitatives de l'orchestre) et un finale.

★ Rappelons, parmi de nombreux autres ouvrages, l'ouverture *Don Quichotte*, de Georg Philipp Telemann (1681-1767) ; l'opérette *Don Quixotte* de Reginald de Koven (1859-1920), Boston, 1889 ; l'opéra du même titre d'Anton Beer Waldbrunn (1864-1929), Munich, 1908 ; la trilogie *Faust, Don Quichotte et François d'Assise*, de Charles Tournemire (1870-1939), l'opéra *Don Kijote* (1917) de Emil Abranyi (1882-1970) et l'opéra bouffe *Mademoiselle don Quichotte* de Paul Pierné (1874-1952). Maurice Ravel (1875-1937) a composé trois mélodies intitulées *Don Quichotte à Dulcinée* ; Jacques Ibert (1890-1962), *4 Chansons de Don Quichotte* ; Jean Rivier (1896-1987) une *Ouverture pour un Don Quichotte imaginaire* ; Goffredo Petrassi (né en 1904) un ballet *Portrait de Don Quichotte*. Dans le domaine chorégraphique, il faut mentionner le ballet *Don Quijotte* (1940) du compositeur anglais d'origine espagnole Roberto Gerhard (1896-1970).

★ Le personnage de don Quichotte inspira aussi de nombreux peintres. Parmi les tableaux les plus remarquables, il faut rappeler la toile de Rodríguez de Miranda (au Prado), les illustrations de Gustave Doré et quelques eaux-fortes, tableaux et dessins de H. Daumier.

DON QUICHOTTE, DON JUAN ET LA CÉLESTINE. Essais en hommage [*Don Quijote, Don Juan y la Celestina. Essayos en simpatía*]. Œuvre de Ramiro de Maeztu (1875-1936), journaliste, académicien et diplomate, un des maîtres de la prose espagnole contemporaine. Ce livre, de ton polémique, publié en 1926, tend à infuser une vie nouvelle aux mythes littéraires espagnols les plus célèbres, en s'attachant, par-delà le point de vue historique, à les présenter en tant que valeurs humaines permanentes. Défenseur des valeurs morales, Maeztu ne se limite pas à étudier les créations principales de la littérature hispanique dans leur réalité littéraire concrète. Il les élève jusqu'à d'abstraites catégories : c'est ainsi que les trois essais, riches d'idées suggestives, qui composent cette œuvre, s'intitulent : « Don Quichotte ou l'Amour », « Don Juan ou le Pouvoir ». « La Célestine ou le Savoir ».

Dans le premier essai, il confirme et explique une tentative d'interprétation qu'il fit dans sa jeunesse du type de l'habile hidalgo – interprétation qui, mal comprise, lui valut alors le qualificatif d'iconoclaste. Don Quichotte personnifie, selon lui, l'Espagne décadente, le chef-d'œuvre de Cervantès ayant été écrit par un faible vieillard, pauvre et oublié, à une époque où commençait le déclin de la grandeur de son pays, épuisé par tant de guerres. Cette opinion n'était d'ailleurs pas nouvelle : Byron l'avait envisagée au XIIIe chant de *Don Juan* (*) et elle fut, d'une certaine manière, corroborée dans la suite par le célèbre savant espagnol Santiago Ramon y Cajal. L'auteur établit, de plus, un parallèle entre don Quichotte et le Hamlet de Shakespeare, son contemporain ; il trouve, également, une corrélation étroite entre le chef-d'œuvre de Cervantès et *Les Lusiades* (*) de Camoens. Puis il disserte sur l'Espagne de Cervantès, analyse et réfute en partie les jugements formulés sur *Don Quichotte* (*) par des critiques nationaux et étrangers. Dans la seconde étude, après avoir ébauché le type du don Juan universel tel que le comprit Baudelaire, il démontre le parfait « espagnolisme » du fameux « Burlador de Séville », réfutant à cet égard quelques timides hypothèses contradictoires d'érudits étrangers. Il considère le *Don Juan* comme un mythe et comme un drame.

Dans le troisième essai, enfin, il discourt sur l'amour de Calixte et Mélibée, les héros de la fameuse tragi-comédie attribuée à Fernando de Rojas (1475-1540), plus connue sous le nom de *La Célestine* (*). « Calixte », dit Maeztu, « est le mystique espagnol pour qui il est nécessaire de supprimer le monde pour aimer Dieu », mais quand il sent en Mélibée l'appel de la terre, et cède tout à coup, « il retourne vers elle toute l'impétuosité de son absolutisme religieux », et, avec la même violence, l'aime jusqu'à la mort. Non moins espagnole et ardente que lui est Mélibée, « la femme espagnole qui n'accorde pas un regard sans donner du même coup toute sa vie ». À propos de la fable de Calixte et Mélibée, il rappelle *Roméo et Juliette* (*), mais le parallèle n'est pas exact : chez Shakespeare, le sujet de la tragédie est extérieur, c'est-à-dire qu'il gravite autour du fait accidentel qu'un des deux amants appartient à la famille des Montaigus alors que l'autre porte le nom des Capulets. Ici, au contraire, le sujet est immanent, c'est la violence même de la passion qui bouleverse, comme un ouragan, les amoureux. L'auteur passe, ensuite, à l'étude de l'intéressante figure de la Célestine, la vieille mégère repoussante, qui accomplit l'ignoble besogne d'entremetteuse avec une adresse raffinée et diabolique. Il la définit comme « la sainte de l'hédonisme », parce que sa devise est : « La nature fuit la tristesse et recherche le plaisir. » Pour elle, il n'y a d'autre Dieu que le plaisir, dont elle est prêtresse et prédicatrice.

Selon la pensée de Maeztu, don Quichotte est l'amour, et, comme l'amour seul ne suffit pas à former une personnalité entière, don Quichotte succombe, manquant de savoir et de puissance. À la Célestine, qui possède le savoir, il manque la capacité d'aimer, et c'est pour cela qu'elle s'abîme dans l'abjection. Tandis que don Juan se sauve parce que son âme abrite non pas un, mais deux péchés : la luxure et l'orgueil, chacun le libérant de l'autre.

DON RODRIGO. Opéra en trois actes du compositeur argentin Alberto Ginastera (1916-1983) sur un livret d'Alejandro Casona, créé à Buenos Aires en 1964. L'action retrace le règne de Don Rodrigo, dernier roi wisigoth d'Espagne, qui fut battu à Guadalete par les Sarrasins. Premier volet d'une trilogie d'opéras sur des personnages historiques (avec *Bomarzo* [*] et *Beatrix Centi*), cet ouvrage marque les débuts de Ginastera dans une écriture résolument moderne, dégagée des influences du folklore national. A. Pâ.

DON SANCHE D'ARAGON. « Comédie héroïque » de Pierre Corneille (1606-1684), auteur dramatique français, qui vit le jour en 1650. Chronologiquement, elle se place entre *Andromède* (*), tragédie à machines, et *Nicomède* (*). Par son genre et l'atmosphère qui y règne, *Don Sanche* se rattache autant au théâtre espagnol qu'au théâtre classique. Ce genre, la comédie-héroïque, avait été inventé par les Espagnols et particulièrement par Lope de Vega ; mais les Français ne connaissaient que celui de « tragi-comédie ». *Don Sanche,* de l'aveu même de Corneille, tire son sujet d'une pièce espagnole : *El palacio confuso ;* la fin en est empruntée au roman de Pélage. Dans l'épître dédicatoire à M. de Zuylichem, conseiller et secrétaire du prince d'Orange, Corneille défend ce genre singulier qui n'est pas tragique puisqu'il « n'excite ni la pitié ni la crainte », qui est donc par son sujet une comédie, mais dont les personnages sont des rois ou des grands, ce qui commande qu'on l'appelle héroïque. Un soldat de fortune, Carlos, aime la reine Isabelle de Castille et en est secrètement aimé ; celle-ci combat en elle-même cette inclination à cause de la bassesse de la naissance de Carlos. Isabelle doit justement choisir un époux entre trois gentilshommes de son royaume. En même temps que la reine détrônée d'Aragon et que sa sœur Elvire, aimée elle-même par un des trois gentilshommes, don Alvar, Carlos assiste à la réception des prétendants par la reine, mais il se trouve en butte à leur mépris. La reine, qui ne peut souffrir de voir Carlos à un rang moindre que ses soupirants, le fait marquis sur-le-champ, mais, se reprenant, c'est à lui qu'elle demande de désigner son époux. Cependant, une révolution appelle sur le trône d'Aragon le fils du roi défunt, mais celui-ci demeure introuvable. Au Ve acte, on découvrira que Carlos n'est autre que le fils du roi, élevé par un pêcheur et ignorant lui-même de sa naissance illustre. Ainsi, Carlos devenu don Sanche pourra épouser Isabelle, tandis que sa sœur Elvire épousera un des prétendants évincés, don Alvar.

On a longtemps méconnu les qualités de cette pièce à cause de ce dénouement, jugé artificiel. C'était la lire à la lumière de *Ruy Blas* (*) de Victor Hugo, qu'elle a probablement inspiré, et, par là, méconnaître que dans la perspective du XVIIe siècle un héros qui était aimé par des reines parce qu'il avait toutes les qualités pour être roi ne pouvait que se révéler véritablement roi. Loin d'être une facilité de dénouement, la reconnaissance de la véritable identité de « Carlos », héros trop grand pour n'être qu'un fils de pêcheur, détermine au contraire toute la construction ainsi que la signification de la pièce. D'une part, toute l'action roule sur les difficultés créées par la différence de condition entre le héros et les reines qui l'aiment, difficultés génératrices d'affrontements entre lui et les grands qui peuvent prétendre à la main des reines, ainsi que de situations pathétiques. D'autre part, *Don Sanche* s'inscrit, à la suite d'*Héraclius* (*), et avant *Pertharite* (*) et *Œdipe* (*), dans un véritable cycle de l'identité royale : au milieu de sa carrière, Corneille choisit des intrigues qui placent des héros à l'identité incertaine dans des situations de vacance du pouvoir (ou d'usurpation du pouvoir par un roi non légitime), situations dans lesquelles ils doivent faire la preuve qu'ils sont plus dignes de régner que quiconque, avant que la révélation finale de leur identité confirme que l'essence royale était bien conforme à l'apparence. Représentée en pleine Fronde, la pièce tomba rapidement parce que Condé et ses partisans avaient cru que Corneille, favorable à Mazarin, avait voulu représenter le destin de celui-ci, Italien d'extraction obscure devenu le premier personnage du royaume par la faveur de la reine Anne d'Autriche. G. F.

DON SÉBASTIEN, ROI DU PORTUGAL [*Don Sebastian, King of Portugal*]. Tragédie en cinq actes, en vers et en prose de l'écrivain anglais John Dryden (1631-1700), représentée en 1689 et publiée en 1691. Sa source historique la plus importante a été l'ouvrage du père José Texeira, traduit en anglais par Anthony Munday, sous le titre *La Plus Étrange Aventure de tous les temps* [*The Strangest Adventure that ever happened*, 1601] ; mais Dryden lut aussi d'autres ouvrages sur ce même sujet, qui avait déjà suscité une littérature assez vaste. D'ailleurs, son intrigue est purement imaginaire, ainsi que le poète le déclare lui-même. Dryden accepte la légende selon laquelle Don Sébastien a survécu à la bataille d'Alcazar-Quivir (août 1578) ; il est emmené, prisonnier, devant le roi maure Mulay Abd el-Malik, avec Almaïde (Almeyda), princesse royale dont il est amoureux. Le Maure, ému par la bravoure et la dignité princière de Sébastien, le laisse en vie. Pourtant Sébastien profite de sa liberté pour épouser Almaïde. Alors Mulay Abd el-Malik, follement amoureux de la princesse, donne l'ordre de tuer Sébastien, et charge de cette exécution un noble portugais, le renégat Dorax. Cependant ce dernier, ne voulant pas accomplir une si basse vengeance, épargne Sébastien. Mulay Abd el-Malik est tué au cours d'une révolte ; Sébastien et Almaïde ont dès lors le royaume entre leurs mains. Mais, en apprenant qu'ils sont les enfants d'un même père, Sébastien se fait anachorète et Almaïde se retire dans un couvent.

La scène la plus célèbre est celle où Dorax, après avoir renoncé à tuer Sébastien, lui révèle qu'il est don Alonzo, et demande satisfaction pour une ancienne injustice subie. La scène se termine en une joute de générosité et par une réconciliation. Cette tragédie a les mêmes beautés de style que les autres pièces héroïques de Dryden ; il utilise ici « une hardiesse plus grande dans ses personnages, pour demeurer fidèle à la grandeur de son sujet ». Dryden y exalte les nobles passions, l'amour romantique ; mais, sous les voiles d'un langage grandiloquent, on aperçoit clairement le caractère très peu platonique de cette passion : une nuit d'amour, voilà le but suprême des amants.

DON SEGUNDO SOMBRA [*Don Segundo Sombra*]. Récit de l'écrivain argentin Ricardo Güiraldes (1886-1927), publié pour la première fois en 1926. Si l'acte de naissance de la littérature nationale argentine est constitué par la publication de *Martín Fierro* (*) de José Hernández, le récit de Güiraldes est, sans aucun doute, le premier ouvrage de caractère universel qu'ait enfanté cette jeune littérature. Le « gaucho » don Segundo Sombra est bien moins caractéristique, bien moins typique que le gaucho Martín Fierro, mais il est plus réel et plus universel ; car, tout en demeurant cent pour cent argentin, il suscite des échos de sympathie humaine même chez le lecteur qui n'a jamais vu la campagne argentine. Le récit attribué à un jeune enfant trouvé, dont Sombra a été le tuteur illégitime et le maître le plus libre, consiste dans la narration de fragments de la vie quotidienne : le dressage des poulains, la transhumance du bétail, le rodéo, sorte de danse rustique, un combat de coqs... La vie simple du jeune gaucho est pour ainsi dire projetée dans celle du vieux Sombra, elle aussi très simple mais rendue prestigieuse par les intenses expériences qui font de cet homme un héros exempt de toute rhétorique et de toute littérature. Le récit semble être un chapitre, morne jusqu'au cauchemar, de l'histoire exemplaire du labeur quotidien des hommes : Güiraldes l'a écrit, en polémique ouverte et vigoureuse contre toute littérature et même contre la littérature régionaliste et, dans plusieurs épisodes, il atteint un ton d'intense poésie. Le récit s'achève avec la douloureuse séparation du maître et de son élève, lorsque celui-ci, à cause d'une révélation inattendue, est devenu un propriétaire foncier destiné, même contre sa volonté, à ne plus participer aux luttes pour lesquelles, au cours de ces longues années de vie commune, le vieux « gaucho » lui avait donné les armes nécessaires. — Trad. Gallimard, 1932.

DONS ULTIMES [*Letzte Gaben*]. Recueil lyrique de la poétesse allemande Annette, baronne von Droste-Hülshoff (1797-1848), publié en 1860. Ces poésies — qui sont de caractères différents — sont divisées en quatre groupes. Le premier : « Sentiment et vie » [Gemuth und Leben], renferme vingt poèmes dont quelques-uns ont pour sujet le poète et la poésie ; d'autres expriment des sentiments ardemment religieux ; certains morceaux, plus spécialement lyriques, sont l'expression directe de sentiments et d'états d'âme. Viennent ensuite les « Poésies narratives » [Erzählende Gedichte], aux sujets variés, dont plusieurs s'inspirent du folklore pyrénéen. Les « Poésies dédicatoires » [Denkblätter] sont douze compositions, généralement assez brèves, adressées à des personnes déterminées. Enfin les « Chants orientaux » [Klänge aus dem Orient] traduisent des impressions lyriques particulièrement délicates et simples. Si les poésies réunies dans *Dons ultimes* forment un tout, ce n'est pas parce que l'auteur les composa sous l'influence de quelque facteur extérieur, ou pour obéir à quelque idée préconçue : ce qui les unit réellement, jusque dans la divergence des arguments et des témoignages, c'est leur commune excellence, c'est l'art même de Droste. Des poésies comme « Dans l'herbe » [Im Grase], « Réveil tardif » [Spätes Erwachen], « Lune naissante » [Mondesaufgang], « Nuit de veille » [Durchwachte Nacht], etc. comptent parmi les plus hautes manifestations du lyrisme allemand. L'auteur y atteint à cette richesse de couleurs et à cette limpidité d'accents, à ce réalisme, à cet accord du sentiment et de l'expression qui font d'elle un des poètes les plus marquants de son époque — v. aussi *Poésies* (*).

DORN ou le Musée de l'enfance [*Die Verteidigung der Kindheit*]. Roman de l'écrivain allemand Martin Walser (né en 1927), publié en 1991. L'œuvre de Martin Walser possède un humour et une dérision tragiques qui ne manquent pas de faire songer à Kafka ; cependant, à la différence de ce dernier, Martin Walser a situé son roman *Dorn* dans un cadre historique bien précis, celui de l'Allemagne d'après guerre. Alfred Dorn est ce personnage né en 1928 dans ce qui deviendra la R.D.A., et qui aura à subir tout au long de son existence cette « coupure » entre l'Est et l'Ouest jusqu'au plus profond de lui-même. À ce titre, Dorn doit sans aucun doute être considéré comme l'archétype des Allemands de cette génération dont Walser nous décrit la vie au quotidien avec un art romanesque comparable souvent à la technique utilisée par Joyce dans *Ulysse* (*). D'ailleurs, *Dorn* peut être vu comme le récit d'un voyage qui aboutira à l'« extinction » de son héros. Après avoir fini par achever ses études à Berlin-Ouest, Alfred Dorn entre dans un cabinet d'avocats. Mais il a déjà le pressentiment qu'il devra lutter contre une force qui commence à lui nuire : « Il lui fallait se défendre contre les menaces d'anéantissement. » Devant ce monde dit moderne, dans lequel il ne se sentira jamais à son aise ni à sa place, Dorn choisit de se retourner vers son passé pour tenter de le ressaisir : souvenirs de sa mère surtout, de sa famille, des lieux où il avait vécu. Une tristesse se dégage soudain de certaines choses, ainsi quand Dorn entend les premiers accords d'une symphonie de Beethoven : « Il ne faudrait pas, dans l'expression de la douleur, aller au-delà de cette limite. » Avec ce personnage que Martin Walser appelle, dans les dernières pages du roman, un « jeune homme-enfant », l'auteur semble nous montrer une Allemagne qui n'est pas encore devenue adulte, une société dont chaque élément cache le non-sens général. *Dorn*, pur produit de l'esprit de la « Mitteleuropa », dénonce, non sans paradoxe, cette immaturité qui fut aussi le thème central de l'œuvre d'un Gombrowicz. — Trad. Robert Laffont, 1992. J.-E. M.

DOROTÉA (La) [*La Dorotea*]. Pièce en prose, en cinq actes, de l'écrivain espagnol Lope Félix de Vega Carpio (1562-1635), publiée à Madrid en 1632. C'est une des meilleures œuvres de ce grand dramaturge. Elle est aussi très importante pour la biographie du poète. Lope transpose, dans cette comédie, son amour de jeunesse pour Elena Osorio. Dorotéa, jeune femme frivole et sensuelle qui a oublié son mari disparu dans les colonies lointaines, aime un étudiant, don Fernando. Ce dernier unit au charme de la jeunesse celui de la poésie. Mais la jeune femme est incapable de se donner entièrement à un seul sentiment ; elle cède aux flatteries de l'entremetteuse Gérarda, à l'avidité de sa mère Téodora, et devient la maîtresse d'un riche Indien, don Bela. Fernando, ne pouvant s'adapter à son rôle d'amant de cœur, est désespéré de devoir se servir de stratagèmes humiliants pour voir sa bien-aimée. Il rompt avec elle et se fait donner de l'argent par la rivale de Dorotéa, Marfisa, à qui il fait croire qu'il doit s'enfuir parce qu'il a tué. Il quitte Madrid. Dorotéa aime Fernando et décide, après son départ, de se suicider en avalant une bague : sa tentative échoue. Trois mois après, Fernando, qui ne peut oublier Dorotéa, revient à Madrid et à son tourment. Mais, une nuit où il rencontre don Bela devant la maison de son amante, il le provoque en duel et le blesse. Dans le cœur de Dorotéa demeure toujours présent l'amour de Fernando : elle a l'impression que quelque chose de mystérieux sauve sa beauté de créature destinée à la mort. Un jour qu'elle le surprend au Prado, elle écoute en cachette la confession de ses tourments : c'est alors la réconciliation. Mais Fernando, par une irrésistible contradiction, dès qu'il aura reconquis la femme qu'il avait perdue, la trahira avec Marfisa. Dorotéa souffre de cette trahison, brûle les lettres et les vers de son amant et envisage de s'enfermer dans un couvent. Fernando, pressentant que la rupture est désormais inévitable, s'enrôle dans l'Invincible Armada. Don Bela, remis de ses blessures, est tué au cours d'une rixe nocturne. Dorotéa, en apprenant cette nouvelle, s'évanouit. Gérarda, l'entremetteuse, qui veut l'aider, tombe de l'escalier dans une cave où elle meurt.

Cette comédie est l'œuvre la plus personnelle et la plus profonde de Lope ; la seule qu'il n'ait pas écrite sous le feu de sa géniale improvisation. Commencée dans sa jeunesse, elle l'accompagna pendant toute son existence et ne fut terminée que trois ans avant sa mort. On a certainement exagéré en ne voulant voir dans cette œuvre qu'une confession autobiographique ; d'ailleurs l'auteur lui-même a répété maintes fois qu'elle n'était que le fruit de sa fantaisie. La connaissance même des sources dont il s'est servi pour la composer : *La Célestine* (*) et *Euphrosine* (*), permet de donner à ce problème une solution purement littéraire. Il n'en demeure pas moins que Lope a mis, dans cette œuvre, tout son monde sentimental, moral et littéraire. Les différents éléments de sa poésie, son amour pour la forme élégante, et la spontanéité de son élan lyrique, sa passion littéraire et sa fièvre de vie, son érotisme et son sentiment de la solitude humaine y trouvent un équilibre et une fusion psychologique rare dans le reste de son œuvre. C'est ce qui fait de cette comédie un authentique chef-d'œuvre. — Trad. Lemerre, 1892.

DOSTOÏEVSKI. Ouvrage de critique de l'écrivain français André Gide (1869-1951), publié en 1923. Gide a réuni, dans ce livre, un certain nombre d'articles parus dans la *Revue hebdomadaire* et de causeries prononcées au Théâtre du Vieux-Colombier. La plupart de ses grandes œuvres avaient déjà paru et lui avaient acquis la gloire, quand il fit paraître cette étude dont un fragment remonte à 1908 et était destiné à une Vie de Dostoïevski qu'il n'écrivit jamais. Gide expose tout d'abord l'incompréhension dans laquelle le public français cultivé tient encore, à l'époque où il écrit (1908), l'œuvre du grand romancier russe ; il en donne la raison essentielle : la différence de mentalité entre le Français et le Russe et son représentant le plus extrême et le plus authentique, Dostoïevski lui-même, mais il accuse en partie de cette défaveur l'introducteur du « roman russe » en France, Melchior de Vogüé, qui fit découvrir Dostoïevski aux Français, lui reconnut « une manière de génie », mais fit sur l'œuvre « des réticences de bon ton ». À propos de la correspondance récemment publiée de l'écrivain russe, Gide fait le portrait de cet homme paradoxal que fut l'auteur des *Possédés* (*). Dans les conférences prononcées par la suite au Vieux-Colombier, il se livre à travers cette œuvre énorme à une étude de l'homme Dostoïevski, puis à une exégèse de ses livres, dont il découvre un à un les thèmes principaux et les préoccupations qui les ont dictés. Il insiste en particulier sur le nationalisme très prononcé de Dostoïevski et explique que ce nationalisme n'exclut pas, mais suppose, son internationalisme ; il souligne également la conception originale et cependant si traditionnelle à bien des égards que se fait Dostoïevski du christianisme, qui est chez lui prophétique et hétérodoxe. Viennent ensuite des chapitres remarquables par leur perspicacité et leur compréhension humaine, et guidés par le souci de ne pas réduire l'œuvre ou le caractère de l'homme à des formules, mais d'en montrer constamment la complexité. Il est certain que le livre de Gide, mettant en garde le lecteur contre des simplifications abusives et les fausses interprétations des critiques, a grandement contribué à faire connaître et aimer en France les ouvrages du grand écrivain russe. De plus, Gide replaçait aussi l'œuvre dans son cadre propre et dans la perspective de la littérature universelle, en montrant la subtile parenté qui unit Dostoïevski à certains génies isolés tels que Blake, Browning et Nietzsche plutôt qu'aux romanciers russes, ses contemporains.

DOT FATALE (La) [*The Fatal Dowry*]. Tragédie en cinq actes et en vers de l'écrivain anglais Philip Massinger (1583-1640), écrite en collaboration avec Nathan Field (1587-1620), publiée en 1632 et représentée probablement avant 1620. Charalois, pour retirer des mains de ses créanciers le cadavre de son père et lui donner une sépulture, se laisse emprisonner avec son fidèle ami Romont ; mais le juge

Rochfort, ému par le geste des deux jeunes gens, les fait libérer et accorde à Charalois la main de sa fille adorée, Beaumelle, avec une riche dot. Celle-ci se laisse séduire pourtant par le fils du juge Noval, son ancien adorateur. Quand Charalois découvre leur faute, il tue en duel Noval et demande à Rochfort de juger sa fille. Condamnée par son père, Beaumelle est tuée par Charalois. Dans le cinquième acte, on assiste au long procès de ce dernier pour le double assassinat de Noval et de Beaumelle ; il est acquitté, mais un ami de Noval le tue et est à son tour tué par Romont. La tragédie jouit d'une célébrité peu proportionnée à ses mérites. Contrairement à ce qui se passe dans les autres œuvres de Massinger, l'action manque d'une solide architecture ; l'épisode principal, la faute de Beaumelle, est introduit sans aucune justification psychologique, affaiblissant ainsi la structure dramatique de l'œuvre. Les personnages ont, en revanche, un fort relief et quelques scènes sont vraiment remarquables par la puissance d'expression et la profondeur des sentiments, comme la scène finale dans laquelle Beaumelle, après une complète confession, est condamnée par son père et tuée par son mari – Trad. Metzel, 1864.

DOUBLE (Le) [*Dvojnik*]. Roman de l'écrivain russe Fedor Mikhaïlovitch Dostoïevski (1821-1881), publié en 1846. C'est un des premiers romans de l'auteur et il lui valut un échec immérité. La trame en est, à première vue, irréelle et confuse. Mais déjà dans cette œuvre se révèlent l'étonnante profondeur d'analyse et toute la souplesse expressive qui marqueront le style de Dostoïevski. Le héros est un certain Goliadkine qui, peu équilibré déjà, perd complètement la raison par une série de circonstances et finit dans un asile de fous. L'auteur n'abandonne à aucun moment son personnage et surveille sans cesse les progrès de sa folie. Goliadkine va voir le médecin. Il parle avec lui de choses et d'autres afin de se convaincre lui-même de son état normal. Puis il se rend auprès d'un camarade de travail chez qui se donne un bal. Il veut présenter ses hommages à la fille de la maison en l'honneur de qui le bal est donné. Il aime la jeune fille. Mais, là, on est déjà au courant de sa folie et l'on refuse de le recevoir. Cette circonstance aggrave son état, et c'est en cachette qu'il pénètre dans la maison où il commet toutes sortes d'extravagances et d'où il est renvoyé. Dans son délire, il voit son double : un autre Goliadkine créé par sa fantaisie et qui serait l'auteur de tous ses malheurs. Sa folie en arrive même à lui faire provoquer en duel ce sosie imaginaire : ce double devient son constant cauchemar. C'est lui qui mange ses gâteaux dans la pâtisserie ; c'est lui qui, fatal et menaçant, suit ses pas dans la rue. Enfin le malheureux est conduit dans une maison de santé, suivi toujours de son double. Mais ce dernier, peu à peu, disparaît derrière la voiture qui l'emporte. Le réalisme psychologique de Dostoïevski atteint, dans cette œuvre, à des effets puissants de terreur et de pitié. L'analyse des états d'âme et des pensées du personnage principal y est inexorable et obsédante. – Trad. in Dostoïevski, *Récits*, Bibliothèque de la Pléiade, 1969.

DOUBLE ACCENT [*Doble acento*]. Œuvre du poète cubain Eugenio Florit (né en 1903), publiée en 1937. La description du paysage cubain, de la mer – qui est un thème constant dans la poésie de Florit –, de tout le baroque tropical est servie par une langue réfléchie, presque analytique, qui stylise son objet, comme si l'auteur le voyait d'une certaine distance. C'est que le regard de Florit s'est formé à la lumière de la Méditerranée – le poète passa son enfance et son adolescence à Port-Bou, sur la côte catalane – et cette netteté, ce classicisme vont modifier, rendre presque géométrique sa perception de la nature cubaine. Les deux pôles du livre sont « Le Martyre de saint Sébastien », long poème mystique qui rappelle le tableau du Pérugin, et « Statue », image de la beauté, d'une extrême précision verbale, où, dans une atmosphère hellénisante, Florit se livre à ce « lyrisme droit et lent » qui est le trait capital de sa poésie. Avec l'influence du classicisme espagnol, on trouve dans *Doble acento* celle des romantiques anglais et celle du poète cubain Juan Clemente Zenea. Dans *Cuatro poemas* (1940), *Asonante final* (1950) et *Reino,* Florit va insister sur l'épuration verbale, sur la nudité de la parole (où l'influence de Juan Ramón Jiménez sera de plus en plus sensible) et sur ce qu'il appelle la transparence de la pensée. Le rôle de ce mot, qui revient très souvent dans toute l'œuvre poétique de Florit, mérite une analyse. Pour Florit la pensée n'est pas simplement une opération de l'intellect, mais aussi le centre émotif de la personnalité. Si, dans *Doble acento,* les Néréides mortes, les chapiteaux doriques et les statues grecques qui regardent la mer sont superposés au paysage cubain, la pensée de Florit, le géométrisme essentiel de sa langue poétique font, de cette superposition, une intégration. Les hyperboles, les métaphores où le souvenir de Góngora est reconnaissable, et les images à la fois nettes et baroques donnent à *Doble acento* et à toute l'œuvre de Florit un caractère très personnel et en font une des manifestations essentielles de la littérature cubaine.

DOUBLE ACCUSATION (La) ou les Tribunaux [*Δίς κατηγορούμενος ἤ δικαστήρια*]. Dialogue allégorique de l'écrivain grec Lucien de Samosate (125 ?-192 ? ap. J.-C.), aussi important que Le *Songe* (*) et que *Le Pêcheur* (*) du même auteur, parce qu'il contient, lui aussi, des éléments autobiographiques. Dans *Le Pêcheur,* l'auteur défend sa façon de philosopher et de juger les philosophes ; dans *La Double Accusation,* Lucien justifie la forme qu'il a presque toujours donnée à ses écrits : sous le surnom du Syrien, il se disculpe de la double accusation lancée contre lui par la Rhétorique et par le Dialogue, devant un Tribunal dont font partie Hermès et la Justice. Lorsque la Rhétorique se plaint d'avoir été abandonnée au moment où elle lui valait des applaudissements, Lucien réplique en lui reprochant d'être vaine, frivole et banale ; au Dialogue, qui l'accuse de l'avoir ravalé, en substituant au ton sérieux et grave un style comique et plaisant, Lucien répond en affirmant qu'il l'a rendu plus agréable et amusant pour le public, en le forçant à sourire et en l'associant pour ainsi dire à la comédie. Dans son ensemble, *La Double Accusation,* à cause de l'habile satire, de la variété et de la vivacité continuelle du dialogue et du ton dramatique du récit, constitue un des ouvrages les plus caractéristiques de Lucien. — Trad. *Œuvres complètes,* Garnier 1933-1934.

DOUBLE CONCERTO de Brahms (voir *Concerto pour violon, violoncelle et orchestre de Brahms*).

DOUBLE CONCERTO POUR CLAVECIN, PIANO ET DEUX ORCHESTRES DE CHAMBRE. Œuvre du compositeur américain Elliott Carter (né en 1908), composée en 1961, dans laquelle s'opposent deux groupes instrumentaux menés par chacun des solistes. L'écriture de chaque groupe repose sur des rythmes et des intervalles spécifiques dont le contraste s'amplifie au long des sept mouvements avant de revenir vers une unité apparente à la fin de l'œuvre.

A. Pâ.

DOUBLE FAMILLE (Une). Récit de l'écrivain français Honoré de Balzac (1799-1850), publié en 1830. Dans une vieille rue de Paris, obscure et misérable, habite avec sa mère une délicieuse jeune fille, Caroline Crochard. L'unique distraction des deux femmes, qui passent leur journée à la fenêtre en faisant de la couture, est le spectacle des rares passants ; l'un de ceux-ci s'impose vite à leur attention par sa silhouette aristocratique et sa noble physionomie qui semble attristée par une peine secrète. Entre Caroline et l'inconnu naît un amour, d'abord prudent et craintif, puis de plus en plus avide et bouleversant ; si bien qu'après quelques années nous retrouvons la pauvre couturière dans le luxe, possédant un élégant appartement égayé par deux beaux enfants. Elle n'est pourtant pas mariée, car son fidèle ami, qui est le comte Roger de Grandville, s'est lié dès sa prime jeunesse par un mariage malheureux. Arrivé à ce point, le narrateur retourne en arrière, dépeignant avec une rapide et mordante analyse toute l'histoire de Grandville, jeune et brillant magistrat de l'Empire, et de sa vie familiale fatalement désolée par l'invincible bigoterie janséniste d'une femme épousée trop vite pour des raisons d'intérêt. La solution extra-légale, bien qu'elle soit née sous les auspices les plus enchanteurs, ne semble pourtant pas porter bonheur au malheureux magistrat, qui finira par être à son tour cruellement trahi et abandonné par Caroline, séduite par Solvet, un débauché avec qui elle connaîtra une vie misérable. L'écrivain a compliqué le simple motif initial en chargeant l'histoire de thèmes toujours nouveaux, en l'alourdissant de commentaires moralisateurs et en dénouant finalement l'intrigue par une hâtive catastrophe un peu arbitraire. Mais toute la première moitié du récit, avec l'image exquise de Caroline et la très délicate histoire du premier amour, s'élève à un ton poétique d'une pureté absolue et égale les plus heureuses créations de Balzac.

DOUBLE INCONSTANCE (La). Comédie en trois actes de l'écrivain français Marivaux (1688-1763), représentée à Paris, le 6 avril 1723. Le prince s'est épris d'une jeune paysanne Silvia, l'a fait enlever et conduire en son château. Il voudrait l'épouser, mais elle aime Arlequin. Le prince fait venir Arlequin à sa cour ; il veut le rendre infidèle et, par là, ruiner l'amour que lui garde Silvia. Flaminia, fille d'un domestique du prince, se montre secourable aux deux amoureux captifs, dans l'intention de gagner leur confiance : la bonne table, les honneurs rendus par les courtisans et la grâce de Flaminia atténuent la peine d'Arlequin. Silvia apprend que les dames de la Cour se moquent d'elle pour sa beauté rustique : piquée au vif, elle décide de les confondre. Il y a, à la Cour, un officier qu'elle a aperçu naguère et qui lui plairait si elle n'aimait déjà Arlequin. L'officier se présente et assure Silvia de son amour tendre et respectueux ; cela l'émeut et la flatte. Arlequin, mis en présence du prince, est fâché de contrarier un si bon seigneur, tandis que Flaminia, qui ne lui déplaît pas, le gagne de plus en plus. À son tour, Silvia est désolée de faire souffrir l'officier, qui est en réalité le prince lui-même. Le dénouement est celui qu'on attend : quand le prince se sera fait connaître à Silvia, la comédie se terminera par deux mariages. À l'inverse des autres comédies, où Marivaux nous montre un amour naissant, nous voyons tout d'abord la fin d'un tendre sentiment et l'apparition d'une nouvelle passion ; la vanité et l'attrait du nouveau sont cause de ce changement. Une cour galante sert de fond à cette mince intrigue qui est présentée avec un art délicat. Marivaux annonce Musset, par son pessimisme léger en face de l'inconstance des cœurs, même les plus simples.

DOUBLE MAÎTRESSE (La). Roman de l'écrivain français Henri de Régnier (1864-

1936), publié en 1900. L'action se passe dans un XVIIIe siècle finement évoqué : un jeune officier, François de Portebize, se trouve héritier d'un grand-oncle, le comte de Galandot, mort à Rome ; mais, comme personne ne semble disposé à se rappeler le défunt, le jeune homme, par curiosité, s'informe de l'existence qu'il mena. Nicolas de Galandot, qui a reçu l'éducation la plus sévère, s'éprend à la fleur de l'âge de sa cousine Juliette de Massenil, qui représente pour lui l'abandon à la joie, l'insouciance ; mais son caractère timide l'empêche de répondre à l'ardeur et à la pétulance de la jeune fille et il ne tire de son amour que des souffrances. La mère de Juliette intervient et, interrompant l'idylle, oblige sa fille à se marier : elle a choisi pour elle un capitaine de cavalerie, M. de Portebize, et de leur union naîtra François. Nicolas va ensuite à Rome étudier l'archéologie. Mais dans ce monde estudiantin, joyeux vivant et quelque peu aventurier (Régnier fait en passant une étude de mœurs assez vive contre les milieux papal et bourgeois), le pauvre Galandot tombe dans les rêts d'une belle et vicieuse créature en laquelle il croyait reconnaître Juliette ; et c'est cette Olympe, qui le tient sous son charme, qui peu à peu et avec l'aide de ses amants le dépouillera de presque tout son bien. C'est elle la double maîtresse, celle qui incarne le rêve d'un amour unique et deux fois vain. Le comte, humilié par sa passion pour cette femme et constamment trahi, essaie de se libérer d'une telle ignominie ; seule la mort qui le frappe à l'improviste empêchera Olympe de le dépouiller complètement. Le neveu, qui a cherché à comprendre la vie de cet étrange oncle « romain », n'aura lui-même aucun respect pour l'urne contenant ses cendres dont la présence, dans son jardin, témoigne de sa vie scandaleuse. Ce roman contient des pages brillantes là où il dépeint la vie d'un château au XVIIIe ou la société romaine de cette même époque (encore que la figure du cardinal Laparelli soit nettement caricaturale, avec son existence aventureuse et baroque) ; mais la composition du livre est incertaine, car le lecteur oscille continuellement entre l'époque où vivait le comte et celle où vit le neveu.

DOUBLE MÉPRISE (La). Nouvelle de l'écrivain français Prosper Mérimée (1803-1870), publiée en 1833. Julie de Chaverny a épousé six ans avant le début du récit un homme grossier et fat, le moins apte à comprendre les aspirations de son âme délicate. Peu de mois après son mariage, elle a mesuré l'étendue de son irréparable infortune et s'est repliée dans la solitude ; sa fierté naturelle la garde contre les pièges que le monde tend à sa jeunesse avide d'affection. Mais, quand la brutalité de son mari devient plus odieuse encore, elle sent qu'elle accepterait les hommages d'un galant quel qu'il soit. Arrive un jour de Constantinople un jeune diplomate, Darcy, qui sait parler à son cœur. Elle se souvient qu'étant jeune fille elle avait cru le distinguer des autres et l'avait regretté quand il avait dû s'éloigner, n'étant pas assez riche pour demander sa main. En le revoyant, elle croit retrouver l'amour qu'il lui vouait. Et comme il évoque tendrement ce souvenir, la dame l'instruit de ses désillusions et tombe dans ses bras. Darcy ne comprend pas, croit à une trop facile conquête et envisage de continuer cet adultère banal. Julie, qui a rêvé de refaire sa vie dans la plénitude de cet amour, est écrasée par cette nouvelle désillusion et par la honte. Elle va chercher refuge chez sa mère, mais elle meurt au cours du voyage sans que Darcy ait compris son drame. Cette nouvelle qui se rattache au genre mondain rappelle *Le Vase étrusque* (*) sans en avoir l'exquise perfection, car elle débute à la façon d'un roman et s'achève trop brusquement. Les dons de l'auteur sont néanmoins manifestes, et le portrait de l'héroïne est dessiné avec pénétration et délicatesse. Le renoncement de Darcy à épouser Julie est peut-être un passage autobiographique évoquant un souvenir du temps de la jeunesse pauvre de l'auteur.

DOUBLE VIE [*Doppelleben*]. Essai autobiographique de l'écrivain allemand Gottfried Benn (1886-1956), publié en 1950. Nous sommes en Allemagne, à l'heure de la prise du pouvoir par le national-socialisme. Quelques écrivains, savants, intellectuels, sentent le péril qui vient, et émigrent. Parmi eux, Klaus Mann (1906-1949), fils de Thomas Mann, vingt-sept ans, admirateur passionné de Gottfried Benn, alors considéré comme le plus grand poète de langue germanique. Benn est resté à Berlin, et n'a pas cru devoir démissionner de l'Académie prussienne des arts. Le problème dont il est ici traité est posé dans une lettre que Klaus Mann, alors au Lavandou, envoie à Benn, et dans la réponse de celui-ci. Il s'agit de savoir si, au nom d'un credo artistique, et singulièrement quand on est célèbre, qu'on « représente », on a le droit de s'isoler dans une attitude de mépris, de prendre de haut ce qu'on appelle les contingences historiques ; bref, de laisser se faire, sous nos yeux, une fausse révolution. Les questions sont formulées nettement, sans agressivité. Dans ses réponses, Benn tente de se justifier. Le fort et le faible de l'intellectuel s'y trouvent mêlés, sans veulerie, avec la rigueur et la passion du médecin et du poète qu'il était : « Mon existence spirituelle, ma langue, ma vie, mes relations humaines, la somme totale de mon cerveau, je les dois à ce peuple en premier lieu. C'est de lui que sortent mes ancêtres, c'est à lui que reviennent nos enfants, et comme j'ai été élevé à la campagne, parmi les troupeaux, je sais encore ce qu'est la patrie. » On lui reproche son irrationalisme, il rétorque en sublimant l'idée de patrie. Mais ce qu'avaient bien vu Klaus Mann et quelques autres, c'est qu'un raisonnement ainsi conçu dans l'« immobilité », tout authentique qu'il fût, ne tenait pas, s'effritait, au contact des réalités aveuglantes qui devaient si cruellement leur donner raison. (Klaus Mann s'est suicidé.) Gottfried Benn décide, lui aussi, d'émigrer. Mais à sa manière aristocratique, il s'engage dans l'armée allemande. Il se tiendra ainsi au-dessus de la mêlée sans risque de mauvaise conscience ; il pourra vérifier « existentiellement » — c'est là son paradoxe — un de ses thèmes favoris, à savoir que : « La pensée et l'être d'un même homme, l'art et la personne qui le produit, voire l'action et la vie personnelle des particuliers, accusent une essence entièrement différente. » Tous les termes de ce propos ne devaient pas tarder à éclater, laissant les hommes dans un présent dont Benn lui-même, revenu de ses inévitables erreurs, devait avoir la terrible intuition. Mais il est évident qu'à partir d'une pensée aussi fermement axée sur le « discontinu » l'art seul semble capable de sauver l'homme en proie au vertige que provoque en lui cette multiplicité de « moi », dont aucun ne ressemble vraiment à l'autre. Problème essentiel, que les intellectuels n'ont pas fini d'évoquer. Nous sommes aujourd'hui beaucoup trop bien placés, quasiment privilégiés, pour entamer quelque procès que ce soit sur l'équivoque qui a déchiré la vie de Benn. Le choix qu'il a fait, d'ordre métaphysique, n'excuse rien. Mais il explique. *Double vie* est cette explication, souvent pathétique. Elle rend caduc ce qu'elle défend, avec, c'est bien vrai, l'énergie du désespoir : la croyance tenace en des valeurs « éternelles ». Croyance qui fit la gloire de plusieurs siècles, mais ne peut qu'assombrir le nôtre. Ce « curriculum d'un intellectualiste » est donc aussi un avertissement. À ce titre, exemplaire. — Trad. Éd. de Minuit, 1954.

DOUBROVSKI [*Dubrovskij*]. Récit du poète et romancier russe Alexandre Sergueïevitch Pouchkine (1799-1837), écrit en 1832. C'est l'histoire dramatique de Vladimir Doubrovski, jeune homme doué d'une âme noble et courageuse, mais que le destin force à mener une vie de brigandage. Un petit seigneur, riche et insolent, Kiril Petrovitch Troekourov, personnage autoritaire et cruel, fut jadis l'ami du père de Vladimir, d'origine noble, mais pauvre. Un jour que celui-ci, offensé par un serviteur de Kiril, ne voulut pas transiger sur le point d'honneur et exigea des excuses, l'amitié de Kiril se transforma en haine, et le riche seigneur, plein de rancune, complota une vengeance contre son ancien ami. Profitant de la servilité obséquieuse de tous les fonctionnaires du pays, Kiril réussit avec toutes les formalités légales à s'approprier le domaine de Doubrovski. Celui-ci, exaspéré par l'indignation et la douleur que lui causa ce coup inattendu, devint fou. Le fils, rappelé de chez sa vieille nourrice à Saint-Pétersbourg, arrive à temps pour voir son père mourir dans ses bras et, tout de suite après, les fonctionnaires envahir sa maison. Poussé par sa profonde douleur, en partie par haine contre l'ennemi de son père, en partie contre le système de la société qui permet tous les abus aux riches et aux puissants, Vladimir met le feu à son ancienne demeure, et s'enfuit dans les bois. À partir de ce jour, il exerce un brigandage téméraire et chevaleresque et demeure insaisissable par la police. Mais la maison de Kiril, qu'il ne connaît pas personnellement, n'est pas attaquée, car le jeune bandit est amoureux de Macha, la fille du seigneur, et tout ce qui entoure la jeune fille devient sacré pour le jeune homme. Se faisant passer pour un précepteur, il réussit à se faire recevoir dans cette maison et à se faire aimer par la jeune fille, qui est d'ailleurs belle et romantique. Mais il est découvert et, en fuyant, il lui révèle sa véritable identité et lui fait promettre qu'en cas de danger elle aura recours à son aide. Cette occasion se présente ; car Kiril, insensible aux larmes de sa fille, veut la marier de force à un prince riche et vieux. Macha envoie le signal convenu à Doubrovski qui accourt, malheureusement trop tard, pour trouver Macha déjà unie au vieux prince par les liens sacrés du mariage. Doubrovski, voyant son dernier rêve d'amour détruit, s'enfuit à l'étranger. Dans ce récit, comme dans d'autres romans de Pouchkine, on ne trouve pas de conclusion ; car l'auteur veut imiter la vie réelle où il arrive rarement que des épisodes soient tranchés par des conclusions nettes. *Doubrovski*, par son genre de structure narrative et son atmosphère de réalisme romantique, fait suite aux *Récits de Belkine* (*), que l'auteur avait écrits en 1830. — Trad. Gallimard, 1974.

DOUCHENKA [*Dušen'ka*]. Œuvre du poète russe Hippolyte Fedorovitch Bogdanovitch (1744-1802), publiée en 1775. Elle est tirée des *Amours de Psyché et de Cupidon* — v. *Amour et Psyché* (*) — de La Fontaine et non pas directement de l'*Âne d'or* — v. *Métamorphoses* (*) — d'Apulée, dont s'inspira le poète français. L'oracle a prédit au roi, père de Douchenka, que sa fille épouserait un monstre. Pour satisfaire la volonté des dieux, elle sera abandonnée sur une montagne. La jeune fille devient la femme du monstre et vit dans un palais magnifique, entourée de richesses. Mais elle ne voit jamais son mari, car il ne l'approche que de nuit. Elle ne devra point chercher à le connaître, car elle perdrait tout son bien-être et toute sa richesse. Sa curiosité l'emporte pourtant : une nuit, pour satisfaire au désir de son épouse, le monstre allume un candélabre. La jeune femme voit, à son grand étonnement, que son mari est l'Amour. Sa curiosité est satisfaite, mais elle perd tout et erre désespérée à travers le désert à la recherche de la mort. Amour la sauve et Douchenka, enfin repentie, retrouve son mari et ses richesses. La morale du poème russe est la même que celle du poème grec. Mais son importance dans la littérature russe provient du ton et du style vivant et franc de Bogdanovitch. Après les poèmes graves et lourds de l'époque précédente, c'était la première fois qu'apparaissait une poésie aussi légère. Poésie traitée avec un sens subtil de la représentation comique, elle annonçait déjà une certaine tendance réaliste. Cette tendance contrastait avec le style pseudo-classique auquel la poésie russe restait liée. On comprend l'admiration suscitée par *Douchenka* chez les grands écrivains et critiques russes du XIXe siècle (en particulier chez Pouchkine et Belinski). Ils reconnurent, dans ce poème, la première manifestation d'une littérature et d'une poésie purement russes. — Trad. Fragments, dans *Histoire intellectuelle de l'empire de Russie*, Chez Amyot, 1854.

DOULEUR (La). Récit de l'écrivain français Marguerite Duras (née en 1914), publié en 1986. Largement autobiographique, il relate le retour des camps de concentration de Robert L., le mari de la narratrice. En exergue, Duras confie qu'elle « a retrouvé ce *Journal* dans deux cahiers des armoires bleues de Neauphle-le-Château ». Elle atteste que *La Douleur* est « une des choses les plus importantes de sa vie ». Le mot « écrit », précise-t-elle, ne conviendrait pas. « Je me suis trouvée devant des pages régulièrement pleines d'une petite écriture extraordinairement régulière et calme. Je me suis trouvée devant un désordre phénoménal de la pensée et du sentiment auquel je n'ai pas osé toucher et au regard de quoi la littérature m'a fait honte. »

On entre dans *La Douleur* comme on entre dans la violence de cette écriture sans concession. En phrases brèves, en cris de détresse et de révolte, avec sa haine pure jetée au visage du lecteur, ces débris de joie, avec cette envie de mourir rivée au cœur, Duras raconte l'histoire de cette attente du retour, tandis que des camps parviennent des milliers de prisonniers, fantômes humains, qu'on apprend l'holocauste juif, dans la terreur et la stupéfaction. Rarement Duras avait atteint cette force de persuasion directe, émotive, sans passer par le symbolique, mais de manière lapidaire, frontale, qui nous fait presque honte d'entrer avec elle dans cette douleur qui est la sienne ; si viscéralement. Après *L'Amant*, elle témoigne encore ici de cette violence qui l'a toujours portée, de cette force, de sa fréquentation abrupte avec le sauvage et le barbare, de cette promiscuité avec la mort et la vie, de ce frôlement constant avec la folie, servis par cette langue inimitable traversée de rugissements muets et d'accès brutaux de colère. Quelque chose couve dans ce livre d'incandescent et de mortel, quelque chose qui ne ment pas dans ce noyau de douleur, et qui atteint sans le secours d'aucun effet volontaire de l'écriture, dans une absolue nudité, à une sorte de beauté tragique, inexprimable et pathétique, comme figée par la force du malheur.

A. VIR.

DOULEUR DU PEUPLE (La) [*Jâni Gal*]. Premier roman kurde (central) écrit par le poète et meilleur romancier kurde d'Irak Ibrahim Ahmad (né en 1914). Les premières pages du roman, commencé en avril 1956, paraissent dans l'hebdomadaire politico-culturel *Libération* [*Rizgâri*] d'avril 1969 à mars 1970, et l'œuvre paraît enfin à Sulaimâni en 1972. *Jâni gal* contribue à la définition du réalisme socialiste au Kurdistan. En partie autobiographique, le roman relate la lutte des Kurdes rendus conscients. Si par prudence l'auteur évite de révéler la nationalité de ses héros, les lecteurs ne s'y trompent pas et réservent un accueil chaleureux à cette œuvre considérée unanimement comme l'équivalent kurde de *La Mère* (*) de Maxime Gorki. Le roman a été traduit en persan par Mohamad Qâzi et Ahmad Qâzi en 1978, et en kurde septentrional sous le titre de *Jana Gel*, à Stockholm en 1992.

J. BL.

DOULEUR DU VENDREDI SAINT [Ἐπιτάφιος Θρῆνος]. Recueil de nouvelles de l'écrivain grec Yòrgos Ioànnou (1927-1985), publié en 1980. Athènes, un soir de vendredi saint ; dans une chambre d'hôtel minable et collective qu'il partage avec d'autres paumés, prénommés Marc, Mathieu, Luc et Jean, le narrateur assiste en même temps à deux scènes : par la fenêtre il suit le passage de la procession, avec ses foules, ses fleurs, ses chants, et le corps du Christ en son catafalque ; par une fente de la cloison il observe les ébats d'un couple. Ce soir-là l'homme est frappé d'impuissance ; mais le lendemain, le voilà comme ressuscité... Tel est l'argument de la nouvelle-titre, la plus impressionnante du recueil. Jusqu'alors Ioànnou était connu par ses premiers livres faits de textes brefs, aigus, allusifs où il décrivait son enfance et son adolescence à Thessalonique ; *Douleur du vendredi saint* ouvre soudain une deuxième période de son œuvre. Il s'agit d'ailleurs moins d'un tournant que d'un approfondissement : on y retrouve ses thèmes de toujours : l'union d'Éros et de Thanatos, du sexe et de la religion, du désespoir et de l'espérance. À cela près que tout, dans cette œuvre brûlante, hallucinée, qui sent l'insomnie et la fièvre, avec ses passages obscurs, son humour hagard, tout apparaît comme exacerbé, transfiguré ; les phrases ne sont plus courtes, mais débordantes, grouillantes comme la foule, étouffantes comme le parfum des fleurs, obsédantes comme des chants d'église, scandées par des citations des Écritures à la fin des paragraphes, comme des points d'orgue ou des stations sur un chemin de croix. Ces dix pages resteront sans doute ce que Ioànnou a écrit de plus fort ; mais les douze autres nouvelles du recueil sont à peine moins étonnantes. Elles leur ressemblent par l'étrangeté des situations, par un érotisme d'autant plus intense qu'il reste à demi voilé, imprégné d'angoisse (celle du désir, celle du remords – l'homosexualité n'est pas facile à vivre dans les sociétés méditerranéennes traditionnelles), par leur façon d'accorder les héritages païen et byzantin, et par la splendeur, l'audace flamboyante de l'écriture, où l'écrivain Ioànnou atteint son sommet. Dans « L'Infirme », le narrateur, jeune enseignant muté dans un village, se lie d'amitié avec un adolescent infirme. Tous deux solitaires et frustrés, ils se racontent des histoires au contenu de plus en plus ouvertement sexuel. L'infirme en est malade d'excitation. Aucun des deux n'osera faire le geste que chacun attend. Le narrateur s'enfuit, poursuivi par un double remords : avoir allumé un feu, ne pas l'avoir éteint. « Les Serpents d'eau » ont pour héros l'un de ces « bons serpents », avec lequel joue érotiquement un jeune homme inconnu, un soir près d'une fontaine isolée, devant le narrateur et d'autres enfants. Jeune homme et serpent ne reviendront jamais, mais le narrateur n'oubliera pas leur jeu ; plus tard, mené à la neurasthénie par ses inquiétudes religieuses, il trouvera son salut dans un retour « aux rochers, aux fontaines et aux serpents d'eau ». « La Table » se déroule en Libye – où Ioànnou passa un an –, mais nous n'en verrons rien qu'une petite table où se succèdent trois cercueils et le corps nu du narrateur. Dans « L'Éclipse totale », une vieille fille bizarre est violée dans la montagne après une éclipse. Rentrée chez ses deux sœurs – encore vierges –, elle les entraîne dans une nouvelle vie : elles feront désormais le trottoir, toutes les trois, regardant les hommes à travers un verre fumé. « L'Enseignante » – l'un des rares textes de Ioànnou où il n'apparaît pas – raconte l'idylle entre une quadragénaire et son ancien élève, âgé de vingt ans. Se retrouvant par hasard, ils se parlent à n'en plus finir, s'apprêtent à passer la nuit ensemble, il s'allonge près d'elle... et s'endort. Ils se revoient, il lui promet de revenir passer la nuit ; même scénario, plusieurs fois. Certains soirs, en son absence, elle croit entendre ces bruits de pas sur sa terrasse ; elle se décide à monter... *Douleur du vendredi saint*, malgré – ou grâce à ? – son étrangeté, est certainement l'œuvre de Ioànnou la plus rayonnante, et la plus révélatrice, sinon sur lui-même – plus tard, dans *Trappe* [Καταπακτῆ], il ira plus loin encore – du moins sur son pays, dont elle nous fait entrevoir toute une face obscure.

M. V.

DOULOUREUSE PASSION DE N.-S. JÉSUS-CHRIST (La) [*Das bittere Leiden unsers Herrn Jesu Christi. Nach den Betrachtungen der gottseligen Anna Katharina Emmerich, Augustinerin des Klosters Agnetenberg zu Dülmen († 9. Febr. 1824.) nebst dem Lebensumriß dieser Begnadigten*]. Œuvre religieuse de l'écrivain allemand Clemens Brentano (1778-1842), inspirée des visions de la stigmatisée Anne Catherine Emmerick, publiée en 1833, sans nom d'auteur. En Allemagne, l'anonymat était alors une pratique courante dans la littérature conservatrice et édifiante. De la part de Brentano, il constitue cependant une habile précaution, destinée essentiellement à augmenter la crédibilité des visions d'Anne Catherine Emmerick, auxquelles il valait mieux ne pas mêler son propre nom, ce qui aurait fait croire plus à une œuvre d'imagination qu'à une transcription fidèle d'un « secrétaire » objectif. Une deuxième édition, augmentée d'un texte sur la Cène, parut en 1834. *La Douloureuse Passion* est la dernière partie d'une vaste trilogie dont le premier volet est consacré à la vie de la Vierge et le deuxième à l'activité publique de Jésus. Si Brentano a commencé par la *Passion*, c'est qu'il s'agissait là pour lui de la partie la plus importante. En outre, l'action, très concentrée, ne durant qu'une nuit et un jour, la matière était plus facile à dominer, et les notes prises au chevet d'Anne Catherine Emmerick étaient plus aisées à grouper. En 1842, à la mort du poète, quatorze feuilles de *La Vie de la Vierge* étaient imprimées. Le manuscrit, presque entièrement terminé, fut revu et achevé par le frère du poète, Christian Brentano. L'ouvrage fut publié sous le titre *Vie de la sainte Vierge Marie* [*Leben der heiligen Jungfrau Maria*] en 1852, deux ans avant la proclamation du dogme de l'Immaculée Conception, à un moment donc où l'hyperdulie suscitait beaucoup d'intérêt dans les milieux catholiques. Quant à la partie centrale de la trilogie, consacrée aux enseignements de Jésus (donc à la vie publique du Seigneur, à partir de la prédication de saint Jean-Baptiste), l'essentiel du travail a été terminé en 1842. Il est difficile de dire quel titre Brentano avait prévu pour cette œuvre. Dans ses lettres au peintre Steinle, il parle en 1838 de ses *Années de prédication du Christ* [*Lehrjahre Christi*] ; en 1839, il donne à l'ouvrage le titre *Vie de Jésus* [*Leben Jesu*], formule par laquelle on entendait au XIXe siècle les récits des Évangiles qui avaient pour objet la période de l'activité publique du Christ, qui commence après la mort de Joseph, alors que Jésus était âgé de trente ans. Les manuscrits avaient été remis au père rédemptoriste K. Schmöger, qui publia de 1858 à 1860 une *Vie de Jésus* [*Das Leben unsers Herrn und Heilandes Jesu Christi. Nach den Gesichten der gottseligen Anna Katharina Emmerich, aufge schrieben von Clemens Brentano*], en apportant beaucoup de modifications et de coupures aux textes de Brentano. Des textes originaux que Schmöger avait en sa possession, une partie était restée au couvent des rédemptoristes à Gars, en Bavière, une autre a été transportée à Rome, en vue du procès de béatification d'Anne Catherine Emmerick, qui se déroula de 1892 à 1899 et qui n'a pas reçu de conclusion définitive :

historiens de la littérature et théologiens n'ont pas cessé de discuter la véridicité de Brentano et de s'interroger sur l'authenticité de ses écrits, en se demandant si les révélations rapportées doivent être considérées comme ayant un caractère surnaturel. L'état actuel de la recherche permet d'affirmer que la plus grande partie de la trilogie religieuse est à mettre sur le compte de l'imagination et de l'érudition de Brentano, interprète peu fidèle d'Anne Catherine Emmerick. De multiples emprunts du poète ont pu être décelés, notamment au *Coran* (*), à *La Légende dorée* (*), aux *Actes des saints* (*), à l'ouvrage *Vie du Christ* [*Leben Christi*] (1677) du père capucin Martin von Cochem (1634-1712), tributaire à son tour de Bernard de Clairvaux, de saint Bonaventure, et de bien d'autres auteurs. De plus, Brentano a souvent recours aux Évangiles apocryphes. L'ensemble des manuscrits du poète concernant son œuvre religieuse se trouve actuellement à Francfort-sur-le-Main (dans les archives du *Freies Deutsches Hochstift*). Une édition critique est en cours.

La Douloureuse Passion revêt la forme d'un récit dramatique, riche en détails réalistes. Le côté descriptif a un caractère visionnaire et profondément poétique. Chacune des stations douloureuses de la *Passion* reflète aussi l'émotion et l'inquiétude de Brentano lui-même. Dans l'introduction à son ouvrage, Brentano déclare que « ces méditations n'ont pas la moindre prétention au caractère de vérité historique », transmise par les textes du *Nouveau Testament* – v. *La Bible* (*). Mais cette déclaration ne diminue de fait en rien le « caractère d'objectivité historique rigoureuse » qu'il attribue aux visions d'Anne Catherine Emmerick et qui, dans son esprit, n'est pas identique à la réalité empirique, à la « fidélité » de l'Histoire. C'est précisément en niant toute prétention de son œuvre à la vérité historique que Brentano affirme, avec d'autant plus d'énergie, sa prétention à la vérité absolue. Les visions de la religieuse, suggérées souvent par les lectures et les récits du poète, représentent pour Brentano un « drame historique et allégorique dont l'année ecclésiastique fournissait les motifs et les scènes ». La conjonction des termes « historique » et « allégorique » montre bien l'intention de Brentano de déceler le symbolisme dans les faits historiques, ce qui revient à dire, dans sa terminologie, de découvrir la vérité absolue dans la vérité relative de l'Histoire. Avec son œuvre religieuse, Brentano souhaitait prendre part aux grandes questions de son temps, parmi lesquelles se trouvaient les discussions sur la vie de Jésus et sur l'authenticité des miracles. Les polémiques devaient atteindre leur point culminant dans les années 30 du XIXe siècle, avec la publication de *Wally la Sceptique* [*Wally, die Zweiflerin*] (1835), de Gutzkow, vulgarisateur des recherches sur la vie de Jésus, et qui s'en prenait aux théologiens orthodoxes, puis avec le pamphlet de Heine, *Contributions à l'histoire de la religion et de la philosophie en Allemagne* [*Zur Geschichte der Religion und Philosophie in Deutschland*] (*), également de 1835, où la figure du Christ n'a plus qu'une valeur symbolique, et avec l'œuvre la plus discutée de l'année 1835, *La Vie de Jésus* [*Das Leben Jesu*] (*) du jeune David Friedrich Strauss, qui se livra à un examen critique des paraboles et nia radicalement les miracles. Brentano, en revanche, se référant aux visions d'une religieuse mystique et tentant une harmonisation des *Évangiles* (*) dont les contradictions ne lui échappaient pas, voulait prouver la divinité du Christ et la réalité des miracles. Son ouvrage sur les années de prédication de Jésus devait représenter une réfutation des thèses de Strauss. Mais le fait que *La Douloureuse Passion,* grand succès populaire, avait été considérée comme un simple livre d'édification, qu'elle n'avait pas été prise au sérieux par les érudits, lui avait inspiré la crainte de ne prêcher que des convaincus, de ne pas réussir à gagner les esprits lucides. Découragé, il avait renoncé à livrer au public l'ensemble de sa trilogie. — Trad. par Edmond de Cazalès, en 1835. Périodiquement rééditée aux éd. Téqui (1966, 1979). E. Tu.

DOUMY POPULAIRES UKRAINIENNES [*Ukrajins'ki Narodni Dumy*]. Recueil des chants populaires des cosaques ukrainiens des XVIe-XVIIe siècles. Ils comptent parmi les plus belles créations du folklore européen. Ce sont des œuvres à la fois épiques et lyriques, aux vers de longueur variée, avec des rythmes alternés qui les rendent très vivants. Ils eurent une grande influence sur la renaissance de la littérature ukrainienne et sur le mouvement national en général. Grâce à la forme de leur versification et à leur rythme musical, les « doumy » représentent le récitatif arrivé au point le plus évolué de son développement. Ce genre était adopté à l'origine dans les complaintes qui étaient de rigueur dans les anciennes cérémonies funèbres ukrainiennes. Les doumy empruntèrent quelques éléments et images poétiques à ces chants. Un autre point les rapproche de ces lamentations : la liberté d'improvisation que garde chaque « kobzar », lequel comporte le plus souvent quelque variante personnelle. On fait mention des doumy, pour la première fois, dans les *Annales* de l'historien polonais Stanislas Sarnicki (*Annales sive de origine et rebus Polonorum et Lithuanorum,* Cracovie, 1587). Le plus ancien texte de doumy complet porte la date de 1684. En 1819, le prince Certelev fit imprimer le premier recueil de doumy, accompagné d'une étude, dans laquelle le compilateur met l'accent sur la beauté singulière, l'originalité, la profondeur de sentiment et la force expressive de ces chants populaires. De nombreux recueils suivirent celui-là, mais c'est seulement en 1920, grâce à Filareth Kolesa, que parut à Lemberg la première édition méthodique de toutes les doumy connues, avec une vaste et savante introduction et des notes très complètes. Les doumy peuvent se subdiviser en deux grandes catégories ; les plus anciennes évoquent les épisodes de la guerre entre les Ukrainiens et les Tartares ou les Turcs, ou encore les tourments qu'on infligeait aux Ukrainiens dans les prisons turques. Appartiennent à la seconde catégorie, au contraire, celles qui traitent des événements du XVIIe siècle (l'époque de l'hetman Bohdan Chmelnic'kyj et de ses guerres contre la Pologne). Elles sont moins lyriques, plus réalistes, et ont assez souvent un ton humoristique et satirique. — On pourra se reporter à l'ouvrage de Scherrer, *Les Dumes ukrainiennes, épopée cosaque,* Paris, 1947.

DOUZE (Les) [*Dvenadcat'*]. Poème épique de l'écrivain russe Alexandre Blok (1880-1921), publié en 1918. Écrit en janvier 1918 et imprimé le 18 février 1918 (3 mars, selon le nouveau calendrier) dans le journal *Le Drapeau du travail*, le poème parut en avril 1918 dans la revue *Notre voie* (n° 1), puis sortit en mai, sous forme de livre, avec le poème *Les Scythes* (*). D'après Blok lui-même, ce poème, écrit sous le coup de l'inspiration deux mois après la révolution de 1917, était la meilleure chose qu'il eût jamais écrite. De fait, cette œuvre inclassable (épopée ? drame lyrique ? rhapsodie de « častuški », romances, cris de la rue, slogans et chants révolutionnaires du moment ?) vibre à l'unisson avec l'époque tourmentée qui la fit naître. *Les Douze* expriment poétiquement la conception mystique de Blok au sujet de la Russie et de la révolution, telle qu'elle se trouve exposée notamment dans son article « La Classe des intellectuels et la révolution », écrit à peu près au même moment. La révolution est comme l'incarnation historique de la « Belle Dame » des poèmes symbolistes de jeunesse, accommodée au « scythisme » mis à la mode par Ivanov Razumnik et qui voyait dans la Russie une figure collective de type messianique, chargée du salut de l'humanité entière. À ces composantes il faut ajouter le rôle essentiel dévolu à la musique, élément fondamental de la philosophie esthétique de Blok, parce qu'elle se confond avec cette entité éminemment lyrique, musicale, qu'est pour lui la Russie. En un certain sens, *Les Douze* représentent une synthèse saisissante de tout l'art de Blok, attentif à capter, dans le vers et par le vers, le bruit du temps, la mélodie de l'histoire. L'intrigue du poème est assez lâche : douze gardes rouges, mi-bandits, mi-soldats de la révolution, parcourent les rues de Petrograd durant une tempête de neige, par une nuit du terrible hiver 1917-1918. Au cours de leur patrouille, ils houspillent des « bourgeois », apostrophent des passants suspects, règlent à coups de fusil leurs comptes personnels. À la fin de la randonnée nocturne apparaît le Christ, cheminant devant eux, avec une blanche couronne de roses, tandis que plus loin encore on aperçoit un drapeau sanglant... Ce finale ouvertement mystique ne satisfaisait pas entièrement le poète, mais lui-même notait dans son carnet que cette figure s'était imposée à lui avec une netteté apodictique. Évidemment, le nombre des gardes est lui aussi symbolique : ce sont les douze apôtres d'un monde nouveau, les porteurs d'un évangile paradoxal, théomachique... Quelle que soit l'interprétation philosophique ou politique que l'on donne des *Douze*, cette œuvre constitue un sommet poétique par son organisation verbale : l'ensemble est bâti sur la loi des contrastes qui unit dans une même structure des unités dissonantes, incompatibles entre elles. Blok a introduit dans le tissu du discours poétique les rythmes de la chanson populaire, de la « častuška », de la romance, la diction vulgaire du russe parlé, la cadence des slogans révolutionnaires scandant la marche des douze gardes, et de cet entrechoquement de rythmes discordants il a su tirer des effets poétiques d'une rare beauté. On peut dire que, dans cette œuvre singulière, il a su rendre avec une totale maîtrise de ses moyens poétiques le rythme impétueux et spasmodique de la révolution. — Trad. Nouveau Commerce, 1988.

J.-C. L.

DOUZE CHAISES [*Dvenadcat' stul'ev*]. Roman écrit en collaboration par les écrivains russes Ilia Ilf (1897-1937) et Eugène Petrov (1903-1942) et publié en 1928. L'action du roman se situe à l'époque de la N.E.P., pendant la période de réorganisation qui suivit la Révolution et la guerre civile. Hippolyte Matvéiévitch, un ancien aristocrate, mène dans une ville de province une existence de petit fonctionnaire besogneux. Sa vieille tante, sur son lit de mort, lui révèle qu'elle a caché les diamants de la famille dans l'une des douze chaises de la salle à manger. Mais elle meurt sans fournir d'autres précisions. Or, depuis le temps, les chaises ont été vendues et dispersées à travers toute la Russie. Le bonhomme part donc à leur recherche, talonné par le pope, qui a surpris son secret. Très vite, il trouve un auxiliaire à la fois précieux et redoutable en la personne d'Ostap Bender. Celui-ci, dont les origines sont obscures et qui n'exerce aucun métier, est le type de ces charlatans qui florissaient en Russie pendant cette époque encore trouble. Panurge des temps modernes, totalement dénué de scrupules, doué d'une imagination fertile en ruses, il impose sa collaboration à son compagnon, moyennant une commission dont le taux ne cessera de monter à mesure que la recherche se prolonge. En effet, nos héros retrouvent l'une après l'autre les douze chaises, mais les diamants ne se trouvent que dans la dernière ; ou plutôt ils s'y trouvaient, car, découverts par d'autres, ils ont permis la construction d'un club de travailleurs. Cette odyssée permet aux deux auteurs de promener leurs héros à travers toute la Russie, d'Odessa à Moscou et jusqu'au Caucase. Ils dessinent toute une galerie de personnages cocasses, tous plus sots ou plus fripons les uns que les autres. Ils imaginent des épisodes burlesques, des situations invraisemblables dont Ostap Bender se tire toujours à son honneur. C'est ainsi que, dans une petite ville sur les bords de la Volga, il improvise un tournoi d'échecs « interplanétaire », et parvient à tenir seul pendant deux heures contre cent soixante partenaires, alors qu'il connaît à peine les règles du jeu. Il s'enfuit, non sans avoir empoché le prix des entrées. L'élément satirique est toujours présent : les auteurs imaginent une mise en scène d'avant-garde pour une pièce du répertoire classique, *Le Mariage*, de Gogol. Acrobaties, numéros de cirque, couplets de chansonniers, tout contribue à rendre la pièce méconnaissable. Il y a là une allusion évidente aux recherches théâtrales de l'époque, par exemple à celles de Maïakovski ou de Meyerhold. La scène de l'inauguration du tramway propose de bons exemples d'éloquence ampoulée et vide, caractéristique de certains fonctionnaires. Mais jamais la satire ne se transforme en attaque violente. Il ne s'agit que de faire rire, en montrant les petits côtés de la vie ou bien en inventant des aventures presque absurdes, et les auteurs y parviennent sans peine, car ils allient à un sens aigu de l'observation une imagination digne de leur créature, Ostap Bender. — Trad. Éd. des Autres, 1979.

DOUZE PAROLES DU TZIGANE (Les) ['Ο *δωδεκάλογος τοῦ γύφτου*]. Poème en mètres variés comportant douze « paroles » ou chants, composé en 1907 par l'écrivain grec Kostis Palamàs (1859-1943). Il s'agit d'une légende épico-lyrique écrite d'après l'histoire des Tziganes, depuis leur première apparition en Thrace, antérieurement à la chute de Constantinople (1453). Voici les Tziganes, en vue de la ville de Constantin, rayonnante dans sa fatale décadence (Parole I). L'un d'eux, l'Élu, exalte lyriquement la libre vie de sa race. Au milieu de l'incompréhension générale, il est possédé par la fièvre de créer pour que soit assuré le triomphe de la Beauté sur la Nécessité (« Présent partout, assistant à tous les ébats, chien docile et Tzigane musicien, partout j'étais l'étranger et j'étais le témoin. / Parmi la rage des passions, j'étais, moi, la sérénité ; j'étais le souffle pur au milieu du désordre »). Mais fatigué, sans confiance, il demande en vain le secret et la force de la vie à l'amour (« Tzigane à la gorge de perdrix, ô enchanteresse qui, à minuit, parles aux astres une langue impérative... / Apprends-moi à connaître les destinées des mortels et des nations, les arcanes des cycles cosmiques et des cieux » — Parole III) ; et tandis que les savants, chassés de Constantinople par l'irruption des hordes turques, portent la civilisation en Occident, jetant les graines fécondes de la Renaissance, il condamne l'erreur commune aux chrétiens et aux polythéistes, qui consiste à vouloir ressusciter la gloire du passé (Paroles V et VI) ; lui, reste dans l'attente d'une ère nouvelle. Pendant ce temps, les Tziganes célèbrent la pittoresque fête du 1er mai (Parole VII) ; survient un envoyé de l'empereur de Byzance, qui leur offre de changer de vie et de s'établir sur les ruines de l'antique Sparte. Conscient de la mission de son peuple, le Tzigane lui oppose un refus, et la fête reprend, effrénée. Comme il entre ensuite à Constantinople, alors que les Turcs victorieux s'en approchent, il entend un prophète prédire à la foule la ruine de l'empire et le triomphe d'un futur hellénisme (Parole VIII). L'Élu comprend alors que tout est vain, même l'idéal de patrie, et ne sait plus où porter ses regards. Ayant trouvé, par hasard, dans une grotte le violon d'un ermite, il s'abandonne à la magie de la musique. Cette magie incomprise encore par les hommes, entendue et suivie par les enfants, annonciateurs, et hérauts de l'avenir, lui permet d'oublier le passé et, en lui redonnant courage, le pousse vers une nouvelle vie. Et c'est ainsi qu'après avoir réveillé de leurs longues ténèbres l'amour, la patrie, les dieux (« Autels des dieux, citadelles des patries, jardins de l'amour ! réveille ces êtres immortels, ô musique créatrice du monde » — Parole X) il retourne en Thrace, où la nature l'invite à chanter la vérité et la naissance d'un nouvel Olympe, illuminé par la science. Ce poème riche en éléments symboliques est adressé à une femme, image, peut-être, de la patrie à laquelle le poète avoue sa propre défiance, puisqu'il ne voit pas comment pourra naître et travailler l'homme, le fort, qui dirigera et régénérera son peuple. — Trad. Stock, 1931.

DOUZE POÈMES POUR UNE ANNÉE. Publiée en 1950, cette mince plaquette du poète belge d'origine et d'expression française Anne-Marie Kegels (née en 1912) est un vrai livre, à l'instar du recueil de Catherine Pozzi, qui ne compte que six poèmes. Anne-Marie Kegels, dont c'est la première publication, se montre en pleine possession de sa voix et de son domaine. D'emblée et comme d'instinct, elle en délimite le champ, en inventorie les ressources : vivre, « rien que vivre », le cœur et la chair à l'unisson de tout ce qui vit, vibre, l'entoure, l'entraîne, l'exalte ou la meurtrit, rien de plus, rien de moins, mais avec une flamme, une allégresse que la rigueur formelle de son chant — l'alexandrin classique — ne fait que renforcer. D'un seul coup, pour elle, la poésie se révèle comme la seule manière d'exister, d'être, de participer à l'élan vital du monde et de communiquer à travers lui, dans la sève des mots, cet amour de vivre, d'aimer qui la consume. Écrit au rythme des saisons, ce livre s'offre comme un calendrier du cœur avec son alternance de joies et de souffrances, sous le signe du feu : « Printemps, quand tu viendras pour la dernière fois / que je sois jeune ou vieille, écoute : enivre-moi / si fort de ta beauté, jette-moi un tel sort / que je reste éveillée dans les bras de la mort. » Fraîcheur, fluidité prosodique, simplicité ainsi que bonheurs d'expression désarmants font de ces quelques pages un petit chef-d'œuvre, un livre « donné » où tout Anne-Marie Kegels est contenu en filigrane. G. G.

DOUZE PRINCIPES DE LA PHILOSOPHIE (Les) [*Duodecim principia philosophiae*]. Œuvre de vulgarisation du philosophe espagnol Raimond Lulle (Ramón Lull, 1235-1315), composée en 1310, publiée à Paris en 1516, traitant de cosmogonie et de philosophie scolastique. L'œuvre est dédiée à Philippe le Bel, comme le furent d'autres de la même époque, parmi lesquelles notamment *La Plainte de la philosophie*. Dans cette dernière ainsi que dans l'œuvre que nous analysons, la Philosophie expose, au roi de France, ses plaintes, en particulier contre les averroïstes.

Afin de vulgariser la véritable philosophie aristotélicienne, et plus spécialement sa métaphysique, sa psychologie et sa physique, ainsi que les doctrines de saint Augustin et de saint Bonaventure — en particulier celle relative à l'art de former les concepts en laissant la prépondérance à l'élément volontaire et affectif —, l'auteur a eu recours à un artifice littéraire : il a imaginé de faire rencontrer Raimond et les Dames Contrition et Satisfaction (« dans un pré délicieux, sous l'ombre d'un arbre où chantent de nombreux oiseaux »), avec la Philosophie ; celle-ci, de concert avec ses « Douze Principes », se lamente sur l'opposition dans laquelle les averroïstes, par calomnie, l'ont placée par rapport à la Théologie, dont elle est sincèrement, dit-elle, la servante. D'autre part, l'« Intellect », interpellé, déclare avoir été, durant son séjour à Paris, choqué et obscurci ; à présent, il est réduit à suffoquer, « sans souffle ni vertu ». La Philosophie conjure Raimond et les Dames d'intercéder auprès du roi des Français, Philippe le Bel.

À la demande de Raimond et des Dames, qui désirent être informés, les Douze Principes eux-mêmes se présentent à tour de rôle et déclinent leurs états de service et leurs caractéristiques individuelles. L'allégorie et la construction dramatique sont ingénument enfantines, ceci toujours dans un but de vulgarisation. Chaque « principe », en quelques phrases brèves et nettes, comme autant de coups de pinceau précis, fait son propre portrait ; aucun n'a l'air de vouloir enseigner mais, à la faveur des confidences bonasses et familières, il présente une habile leçon. Ayant parlé pendant une petite heure, la « Forme » prend congé. Toutefois, ce « principe » aurait pu parler longtemps encore ; nous sommes assurés qu'il a tout dit de façon implicite, comme on peut le vérifier avec « une intelligence scientifique, subtilement intuitive ». Lui succède la « Matière » — entendue au sens scolastique et aristotélicien — qui se présente comme une passion absolue, sous une forme également absolue, à laquelle elle est unie. « À la façon de la mer de laquelle dérivent toutes les eaux des fleuves et à laquelle les eaux retournent, ainsi de moi dérive et à moi revient tout ce qui est matière, parce que je suis absolue. » Elle cède la place à la « Génération », et celle-ci, à son tour, à la « Corruption », qui prend un grand plaisir à illustrer le « corruptio unius generatio alterius » prouvant que dans la justice, la tempérance, la chasteté, l'humilité, la foi, etc. sont renfermés en puissance leurs contraires : l'avarice, la gourmandise, la luxure, l'orgueil, l'infidélité, etc. Suivent les Vertus : l'« Élémentative » et la « Végétative », la « Sensitive » et l'« Imaginative » ; le « Mouvement », l'« Intellect », la « Volonté », et enfin la « Mémoire ». Raimond et les Dames, à présent très bien informés, acceptent d'être les ambassadeurs « près du sérénissime roi de France, avec humilité et dévotion », et le roi, nous dit-on, accepta benoîtement leurs requêtes.

Les Douze Principes de la philosophie confirment la renommée de Lulle en tant que vulgarisateur de la scolastique qui a mis au service de l'action, et non à celui de la science spéculative, son savoir encyclopédique et ses talents littéraires.

DOYEN DE KILLERINE (Le). Roman de l'abbé Prévost (1697-1763), écrivain français, publié de 1735 à 1740. Après avoir privilégié la sensibilité amoureuse dans les *Mémoires et aventures d'un homme de qualité* (*) (1728–1731), puis exposé une quête philosophique dans *Histoire de monsieur Cleveland* (*) (1731-1739), Prévost rapporte une entreprise morale, pédagogique, religieuse, sans pour autant permettre au lecteur d'y adhérer : il la donne à voir, et à interpréter. Recourant comme dans ses autres romans à la forme des mémoires fictifs, il soumet l'ensemble du récit au point de vue unique du doyen, qui raconte comment il a aidé et dirigé sa famille, et qui interprète son intervention comme une véritable croisade contre les aspirations mondaines de ses deux demi-frères et de sa demi-sœur : il voit Georges mû par l'ambition et par le sentiment de sa nature noble, Patrice cherchant à combler le vide de son cœur et à guérir sa « mélancolie », Rose suivant les sollicitations extérieures du luxe et de l'amour, et les autres protagonistes prêts à tout pour satisfaire leurs désirs ou leur ambition, quand ils ne professent pas ouvertement le libertinage. Tentant de fléchir et de convaincre par d'incessantes mises en garde, le doyen passe à l'action pour échapper aux violences qui menacent sa famille ou aux effets de sa propre manie à organiser des unions contre les désirs des intéressés. Rose est ainsi poursuivie par des Pesses, par un duc, puis par Linch, mais elle s'éprend d'un homme marié à une vieille femme, dont la mort attendue survient à temps : Rose n'a succombé ni aux persécutions, ni aux richesses, ni aux rigueurs de la pauvreté. Le doyen marie Patrice à une riche Irlandaise, Sara, qui les a sauvés de la prison et de la ruine, mais celui-ci reste fidèle à Mlle de L. qu'il a connue à Paris, qu'il finit par rejoindre et, après avoir fait casser son premier mariage, par épouser. Mais il découvre à son retour d'Espagne qu'elle est morte après avoir sombré dans le libertinage, malgré les efforts du doyen. Il revient alors à Sara, tandis que Georges opte pour une union libre avec l'intrigante dona Figuera ; le doyen effrayé parvient à persuader Georges d'épouser une Irlandaise qui a eu un enfant de lui. Après tant d'enlèvements, de duels, de vols, de noires « impostures », de renversements, de complots, la morale triomphe définitivement. Toutefois Prévost, loin d'asservir son roman à un projet idéologique, invite le lecteur, par une série de dissonances et de mises à distance, à s'interroger sur la célébration par le doyen de Killerine de sa pieuse réussite. Au niveau interne du récit, Prévost suggère la bizarrerie de son héros, dépourvu de tout sens érotique, et affecté d'une monstrueuse difformité : nain, doublement bossu, et doté de deux excroissances en forme de corne, il ne peut manquer d'évoquer le diable, et crée un contraste comique avec l'univers mondain où il évolue. Plongé dans de folles intrigues, il ressemble, par ses actions et par ses motivations, à ceux qu'il conteste : délaissant sa fonction, il se consacre à une vaste manipulation qui conduit après bien des détours à asseoir la réussite sociale de sa famille. Au niveau historique, Prévost situe son roman quarante ans en arrière, autour de l'année 1690, quand la crispation dévote de Louis XIV suscite un mouvement de rejet grandissant et, dans le milieu du roi d'Angleterre détrôné, et réfugié à Saint-Germain, Jacques II, et il attribue à ses héros nobles des ambitions guerrières et des motivations passionnelles désormais obsolètes. Au niveau littéraire, Prévost associe le propos moralisant du doyen à un registre romanesque qui évoque par sa tonalité le goût baroque, démodé depuis environ 1660, et il lui oppose la teneur moderne, libertine ou passionnée, des intrigues où il plonge ses personnages. Le discours du doyen a un parfum d'archaïsme, et ses mémoires laissent transparaître en creux, dans les marges des projets et des intrigues parallèles, un monde neuf qui contredit leur sens affiché : liberté des mœurs, pouvoir de l'administration royale, montée des philosophes, légitimation du monde, des sens, du plaisir. Prévost fait de son héros un soldat de Dieu dans un monde sans Dieu, qui en est réduit à assurer la promotion de sa famille : son itinéraire participe d'un moment historique où l'Église occupe encore une place politiquement dominante, mais où les consciences et les mœurs se détachent d'elle. Le triomphe du doyen anticipe l'échec de sa cause parce qu'elle a été vidée de son sens.

J.-P. S.

DRAGEOIR AUX ÉPICES (Le). L'édition originale du premier volume que publia l'écrivain français Joris-Karl Huysmans (1848-1907) offre une particularité curieuse : elle porte le titre de : *Le Drageoir à épices*, et le nom de l'auteur est précédé du double prénom « Joris-Karl », qui, dès la seconde édition, sera remplacé par les deux initiales J.-K., dont il signera désormais tous ses livres. En outre, *Le Drageoir à épices* devient *Le Drageoir aux épices*, en passant de la librairie Dentu, qui l'avait publié en 1874, à la Librairie générale qui le réimprima l'année suivante, en se bornant à cet unique changement. Le livre est intéressant, et point seulement parce qu'il est la première manifestation d'un écrivain destiné plus tard à la célébrité. On l'y trouve déjà tout entier, avec son originalité, son style, ses manies. *Le Drageoir* avait été commencé pendant les loisirs que laissaient au jeune rédacteur du ministère de l'Intérieur des fonctions pas trop absorbantes, mais assez mal rétribuées. La guerre l'avait interrompu : mobilisé au 6ᵉ bataillon des Gardes mobiles de la Seine, évacué pour maladie sur l'hôpital d'Évreux, il avait rapporté de son court passage aux armées la nouvelle *Sac au dos* qui, avant d'être insérée dans le recueil des *Soirées de Medan* (*), allait être publiée en 1877 par *L'Artiste* de Bruxelles. *Le Drageoir* est donc postérieur à la nouvelle, pour la plupart des morceaux qu'il renferme. Morceaux disparates quant au sujet, mais d'une singulière unité de style, et ce fut ce style qui effaroucha l'éditeur Hetzel à qui Huysmans soumit d'abord son manuscrit. Sa mère, qui possédait un atelier de brochage 11, rue de Sèvres, était en relations avec Hetzel. Huysmans s'en autorisa pour lui remettre son ouvrage. On le lui rendit, rapporte Lucien Descaves, en lui demandant « si son intention n'était pas de refaire, en s'insurgeant contre la langue française, la Commune de Paris ». Il se décida donc à publier à ses frais. Plus tard, Huysmans s'amusait à conter que, de ce premier tirage, on avait tout juste vendu quatre exemplaires.

Cependant la critique n'avait point été mauvaise. Houssaye, dans *L'Artiste*, remarquait que « M. Huysmans, qui est peut-être un Huysmans de Malines, avait, dans sa plume bien française, un peu d'encre flamande ». J. Claretie, dans *L'Illustration*, le louait de « son prestigieux talent de description », et signalait son goût pour « la bizarrerie et la recherche ». Monselet, dans *L'Événement*, trouvait le drageoir « ouvragé par Aloysius Bertrand, et les épices fournies par Baudelaire », ce qui n'était vraiment pas mal indiquer les influences subies, recherchées même, par Huysmans. Le meilleur jugement reste celui de Georges d'Heilly, qui, dans *La Presse*, trouvait dans le volume, non moins étrange que son titre, de rares qualités. « C'est un recueil de petites études en prose, écrites dans un style très imagé, plus cherché que recherché. L'auteur a de la verve et du feu, des idées souvent heureuses, mais qui gagneraient à être exprimées dans une langue plus pure et moins tourmentée. Toutefois, ceux qui voudront bien prendre la peine de lire ces pages si hautes en couleur, et même en brutalité, constateront comme nous qu'il y a vraiment dans ce petit volume " quelque chose " écrit par un simple débutant en littérature, lequel, s'il veut courageusement travailler, pourra devenir un jour " quelqu'un ". » Si l'on ajoute à cette critique les éloges de Banville dans *Le National*, on verra que les contemporains n'ont point si mal compris les promesses encloses dans *Le Drageoir :* « Les poètes seuls savent célébrer les poètes, et c'est ainsi que je trouve la plus touchante, la plus douloureuse, la plus superbe apostrophe au grand rimeur de ballades, Villon, dans un petit livre de prose amoureusement ciselée par un poète, M. Joris-Karl Huysmans, qui, en un temps dédaigneux (sa part est pourtant la meilleure), s'occupe de sertir le mot, de peindre par l'harmonie et le mouvement de la phrase, comme *Gaspard de la nuit* (*), comme Flaubert, comme Baudelaire, comme les Goncourt ; son *Drageoir aux épices* est un joyau de savant orfèvre, ciselé d'une main ferme et légère. »

Il a paru curieux de rassembler ces jugements : ils montrent que Huysmans ne fut point, comme on l'a dit parfois, incompris à ses débuts, au moins de la critique. Si le public le bouda, la critique, en signalant son originalité, lui préparait une audience plus large. Dans son sonnet liminaire, Huysmans lui-même avait défini son livre, « un choix de bric-à-brac ». C'était vrai si l'on veut bien ôter au mot son acception péjorative ; il y a de tout dans le *Drageoir*, mais il y a surtout un don de peindre avec le mot inattendu, le mot qui fait image, et qu'on n'oublie plus. Il y a, sous la férocité voulue des propos, une pitié pour les miséreux, les plus humbles, les créatures les plus viles ; il y a un accent fraternel que ne voile pas toujours complètement l'ironie. L'humour, la gouaille ne sont ici qu'une forme de la pudeur. Dès la seconde pièce du recueil, dès « Ritournelle », on entend ce cri de révolte qui sonne comme un rire inquiétant : « Défunt son homme la roua de coups, lui fit trois enfants, et mourut, tout imprégné d'absinthe... » Le peuple est peint dans ces pages, sans attendrissement, sans complaisance envers ses tares, ses vices. Mais le peintre choisit des couleurs dont les heurts et la violence ne font que rehausser cette sorte de tendresse qui ne veut pas s'avouer et qui, d'être comprimée si fort, éclate par instants et fait tomber le masque sous lequel Huysmans cache les traits de son véritable visage. Surtout, on trouve dans *Le Drageoir aux épices* des qualités exceptionnelles de peintre et de critique d'art qui préludent à l'*Art moderne* (*).

DRAGON (Le) [*Drakon*]. Pièce en trois actes du dramaturge soviétique Euguéni Schwarz (1896-1958), publiée en 1943. L'auteur emprunte les motifs et les personnages de ses pièces aux contes de Perrault, d'Andersen, de Grimm ou au folklore russe, mais cette affabulation n'est qu'un voile léger sous lequel transparaît son véritable propos, qui est de dénoncer la lâcheté, l'égoïsme et les méfaits du despotisme sous toutes ses formes. De constantes allusions à la réalité font de *Dragon* une véritable satire politique, et cette pièce est généralement considérée comme le chef-d'œuvre de Schwarz. « Rien de plus vivace que les âmes humaines, dit le Dragon. Tranchez le corps humain par le milieu : l'homme mourra. Mais essayez donc d'écraser une âme ! Elle n'en devient que plus docile. Il y a des âmes manchotes, des âmes culs-de-jatte, des âmes sourdes et muettes, des âmes trouées. » C'est contre cette mutilations des âmes, contre la terreur qui les déforme que s'élève l'auteur par la voix de son héros. L'action de la pièce se déroule dans une petite ville allemande. Un dragon, monstre ailé à trois têtes, y règne depuis quatre cents ans. Tous les ans, il choisit la plus belle parmi les jeunes filles et en fait sa proie. Lancelot, un chevalier errant, apprend que la fille de l'archiviste, la douce et jolie Elsa, a été élue par le monstre et doit lui être livrée. S'insurgeant contre ce sort cruel, Lancelot décide de provoquer le dragon en combat singulier. Mais tous les habitants de la ville le supplient de renoncer à son dessein. Le dragon n'est-il pas invulnérable ? Cette provocation ne pourrait que l'irriter et le rendre encore plus cruel. Cependant la décision de Lancelot est irrévocable. Muni d'armes merveilleuses — tapis volant, épée magique, chapeau qui rend invisible — le chevalier se lance contre le monstre et réussit à l'abattre. Mais c'est le bourgmestre qui s'empare du pouvoir cependant que Lancelot, grièvement blessé, quitte la ville. Au dernier acte, nous apprenons que la mort du dragon n'a rien changé. Les citoyens se prosternent maintenant devant le bourgmestre, qui s'est arrogé le titre du bienfaiteur, et de vainqueur du dragon ; c'est lui qui s'apprête maintenant à épouser Elsa. Ce n'est plus la terreur implacable qui règne sur la petite ville, mais une espèce de paternalisme hypocrite et cauteleux, tout aussi tyrannique. Au moment même où le mariage doit être conclu apparaît Lancelot que tout le monde croyait mort. Il fait arrêter le bourgmestre et entreprend de redresser les âmes avilies. Y parviendra-t-il ? La pièce, bien construite, est servie par une langue exacte, imagée, très vivante. Un humour narquois, enjoué ou corrosif confère toute son efficacité au dialogue, grâce auquel coïncident la féerie et la satire. Cette pièce figure toujours à l'affiche du Théâtre de la Comédie à Leningrad ; elle a été jouée dans plusieurs républiques populaires, à New York et aussi à Paris, où elle a été présentée par le Deutsches Theater (Allemagne de l'Est) lors de la saison 1966 du Théâtre des Nations. – Trad. Théâtre populaire Romand, 1976.

DRAGON IMPÉRIAL (Le). Roman de l'écrivain français Judith Gautier (1845-1917). Cet ouvrage parut en feuilleton en 1868, dans le journal *La Liberté,* qui annonçait sa parution en termes très élogieux. Judith Gautier venait de publier *Le Livre de jade* (*), et on la savait versée dans la connaissance des langues et coutumes orientales. Judith Gautier prend comme point de départ une légende chinoise qui raconte que « si l'ombre d'un homme prend la forme d'un dragon », cet homme sera un jour empereur. « Mais nulle bouche ne doit s'ouvrir pour révéler le miracle qu'ont vu les yeux, car la destinée serait renversée et une nuée de malheurs descendrait du ciel. » C'est ainsi que l'ombre de Ta-Kiang, le laboureur, révèle au poète Ko-Li-Tsin et à la jeune Yo-Men-Li la destinée de ce simple paysan. L'auteur nous entraîne alors dans toutes les intrigues, les complots, les aventures extraordinaires que le Destin – grand maître de l'Orient – accumule sur la route du futur empereur et de ses fidèles amis. L'invraisemblance des situations fait contraste avec la minutie que l'auteur apporte aux descriptions d'un pays qu'elle ne connaissait que par l'intuition et les livres, et qu'elle se plaît à nous découvrir avec l'art gracieux d'un miniaturiste. On retrouve dans ce roman l'influence de l'école du Parnasse et le goût de l'orientalisme de l'époque. Aujourd'hui, les critiques nous semblent exagérément élogieux lorsqu'ils déclarent, en 1868, être en présence d'une « œuvre éminemment remarquable ». *Le Dragon impérial* est un conte charmant, où se manifestent surtout des qualités d'invention romanesque et assez de sens exotique pour faire naître un réalisme de conte de fées. Théophile Gautier fut très fier du roman de sa fille dont l'art, tout en ciselure et délicatesse, correspondait à ses propres goûts littéraires.

DRAGONS DE VILLARS (Les). Opéra-comique en trois actes du compositeur français Aimé Maillart (1817-1871), paroles de Lockroy et Cormon. Cette œuvre, dédiée à la mémoire de sa mère par le compositeur, fut représentée pour la première fois à Paris au Théâtre Lyrique le 19 septembre 1856. La scène se passe dans un village de la montagne de l'Esterel vers 1704 après la guerre des Cévennes. Les femmes sont en train de travailler et Georgette, femme du fermier Thibaut, chante un air provençal lorsque celui-ci arrive précipitamment. Il dissimule les femmes dans un vieux pigeonnier, car on entend arriver les dragons du Roy. Une brave et maligne paysanne, Rose, épargne à Thibaut une infortune conjugale, en effrayant Georgette, prête à se laisser séduire par Bellamy, le sous-officier de dragons. Rose et Sylvain, premier garçon de Thibaut, s'avouent leur amour et décident de s'unir. Sylvain, pris de soupçons sur la franchise de Rose, soudain hésite mais, dans la gaieté générale, se livre au bonheur du mariage avec sa « Rose bien-aimée ». La partition est amusante, pleine de vie et de mouvement : certains airs ont connu et connaissent encore une juste popularité, tels « Maître Thibaut, vos mules sont charmantes » (air de Rose au premier acte), « Ne parle pas, Rose, je t'en supplie » (duo entre Sylvain et Rose), les ensembles « Heureux enfants de Provence » (au début) et « Vous savez la nouvelle » (au troisième acte), enfin l'air de Rose : « Espoir charmant » et les couplets de l'Ermite.

DRAGONS SCULPTÉS SUR L'ESPRIT DE LA LITTÉRATURE [*Wen-sin tiao-long – Wenxin diaolong*]. Traité de critique et de théorie littéraires, composé par le critique chinois Lio Sie (465 ?-522/532 ?), et qui représente en Chine le premier ouvrage de ce genre qui soit aussi exhaustif et théoriquement abouti. Il est constitué de cinquante chapitres avec l'ambition d'embrasser l'ensemble des écrits existants, qu'ils soient littéraires [*wen*] ou « utilitaires » [*pi*], mais aussi d'envisager chacun des aspects concernant la création de l'œuvre littéraire, sa rhétorique et son évaluation. Au sein du titre, l'expression des « dragons sculptés » fait référence au surnom d'un personnage réputé pour l'élégance et la préciosité de son style. Mais si Lio Sie révèle lui-même dans une « prose parallèle » superbement travaillée son goût pour le raffinement formel (au nom duquel ne sont pas condamnées certaines œuvres), il renie par ailleurs les excès (précieux) des « Six dynasties » (265-589).

Quoi qu'il en soit, le *Wen-sin tiao-long* révèle une construction quasi parfaite, qui organise et mène de concert réflexion et « panorama » des lettres chinoises anciennes. Les cinq premiers chapitres fondent historiquement et théoriquement le discours du critique ; ils traitent de l'origine du « wen » (qui s'incarnera en « littérature »), des classiques – v. *Classiques chinois* (*) – desquels provient toute forme écrite, de l'évaluation première (celle des textes apocryphes), et enfin du premier genre – celui du *Sao* – v. *Élégies de Tch'ou* (*) –, qui ouvre la voie à tous les autres en inaugurant l'évolution historique. Les vingt chapitres suivants dissertent, dans l'ordre (les écrits sans ornementation esthétique succédant aux écrits « ornés »), des genres les plus divers, illustrés par une appréciation des œuvres et des auteurs représentatifs. La troisième partie est celle qui a le plus souvent retenu l'attention des critiques modernes, et traite des « modalités de la chose » littéraire ; du style, de la musicalité, de l'allusion, du choix des mots, de la métaphore, de l'inspiration et de l'activité spirituelle de l'écrivain... Enfin, après avoir considéré l'insertion de l'évolution de la littérature dans l'histoire, et fait la critique de la critique, l'auteur livre dans le dernier chapitre une « déclaration d'intention » qui tient lieu d'introduction ou de préface.

L'esprit inspirant tout l'ensemble pourrait être « syncrétique » : pour certains, il est tout empreint d'orthodoxie (dite confucéenne), pour d'autres nettement influencé par le bouddhisme, alors que le texte du *Wen-sin tiao-long* révèle par ailleurs une parfaite connaissance des œuvres taoïstes fondamentales. Cet esprit, allié à l'ambition presque encyclopédique de l'œuvre, ainsi qu'au choix délibéré de consacrer la littérature en exerçant son style à son propos, fait l'immense intérêt du traité de Lio Sie, en même temps qu'il l'enracine profondément dans son époque (celle des Six dynasties) — l'une des plus passionnantes, riches et troublées de l'histoire chinoise. — Trad. anglaise : V. Yu-chung Shih, *The Literary Mind and the Carving of Dragons,* Columbia University Press, 1959.

DRAGONTEA (La). Poème épique en dix chants de cent octaves chacun, de l'écrivain espagnol Lope Félix de Vega Carpio (1562-1635), écrit en 1596 et publié en 1598. L'auteur célèbre la victoire remportée par l'Espagne sur la flotte anglaise au cours de la guerre de 1595 et la mort de l'amiral anglais Francis Drake, que les Espagnols avaient surnommé « el Dragón ». Devant le tribunal de Dieu se présentent la Religion et ses trois filles : l'Espagne, l'Italie et l'Amérique [Indias] ; elles viennent se plaindre des attaques incessantes des corsaires anglais. Mais la Cupidité, sous les apparences d'une ravissante créature, paraît en songe à Drake et l'invite à organiser une nouvelle expédition contre les colonies espagnoles. Avec l'appui de la reine, Drake arme une flotte et cingle vers les Indes occidentales, pendant que Richard Hawkins attaque les possessions du Pacifique. Dieu se déclare en faveur des Espagnols contre les protestants, ennemis de la foi. Après avoir mis à feu et à sang maintes colonies de la Nouvelle Espagne et des Philippines, les Anglais sont vaincus par la ténacité castillane ; Richard Hawkins est pris et Drake meurt des fièvres, à bord de son navire, devant la côte américaine (1595). Délivrées de leurs ennemis, l'Espagne, l'Italie et les Indes expriment leur reconnaissance au Tout-Puissant. Ce poème est meilleur que *La Jérusalem conquise* et *La Beauté d'Angélique* — v. *Angélique* (*) — du même auteur. Lope de Vega veut imiter les poèmes italiens du même genre, mais il n'atteint pas à leur perfection. Il lui manque cette technique du style classique qui permet à un Boïardo, à l'Arioste et au Tasse de mêler l'histoire à la légende, la fiction à la réalité. Aussi les meilleurs passages de son poème sont-ils ceux où l'actualité du sujet lui a laissé toute liberté pour le traiter ; elle a donné plus d'élan à son inspiration et à son sentiment ; le récit y gagne en émotion.

DRAMATIS PERSONAE. Ouvrage en vers de l'écrivain anglais Robert Browning (1812-1889), publié en 1864. C'est un de ses recueils les plus importants, dont les meilleurs poèmes sont « L'Abbé Vogler », *Prospice* (*), outre divers monologues où il crée des personnages pour en interpréter ensuite le caractère, selon le mode déjà utilisé dans *Hommes et Femmes* (*). Avec peut-être moins de richesse dans le coloris, mais une compréhension plus grande et avec son originalité coutumière, le poète nous donne là quelques-uns de ses plus beaux poèmes d'amour : « La Femme de James Lee », « Art et Jeunesse », « Confession ». En recréant poétiquement de grandes figures du passé, Browning recourt moins que dans ses œuvres de jeunesse au grotesque et à l'étrange ; il insuffle à ses personnages une vie réelle, à la fois poétique et humaine, pénétrant dans leur âme, s'identifiant à eux et menant une sorte d'enquête psychologique véritablement passionnante. On songe à quelque dilettante atteignant parfois à la perfection, presque en se jouant, mais toujours avec la profondeur de pensée et la maîtrise qui lui sont propres. Dans « La Théologie de Caliban » [Caliban upon Cetebos], les problèmes abordés présentent un caractère universel et une plus grande complexité : le shakespearien Caliban, songeant à son dieu, Cétébos, pense que celui-ci a créé le monde par caprice, prêt à le détruire dès qu'il aura cessé de lui plaire ; et il se demande pourquoi Cétébos le tourmente, pourquoi le créateur se montre plus cruel que la créature. Il décide alors de ne plus l'adorer, mais une tempête qui se déchaîne l'épouvante, et il revient à Cétébos. Ce poème révèle un pessimisme inhabituel chez Browning, une sorte de « théologie blasphématoire » (Chesterton). Les saisons, la fuite du temps, l'année qui meurt, la naissance et la mort de l'amour — thèmes propres à la poésie de tous les temps — sont repris dans « La Femme de James Lee » avec une originalité qui met l'accent sur l'amour excessif, le « trop bien aimer ». Pour Browning, l'amour est entendu comme une suprême possession de soi, une révélation du monde, qui se réalise par miracle, mettant à l'épreuve le caractère de celui qui aime.

DRAMATURGIE DE HAMBOURG [*Hamburgische Dramaturgie*]. Recueil de critiques que l'auteur dramatique et critique allemand Gotthold Ephraïm Lessing (1729-1781) publia au cours de deux années passées à Hambourg (1767 à 1769). Il se proposait de soutenir, en tant qu'écrivain et en qualité de conseiller et de critique théâtral, le projet d'un « premier théâtre national allemand ». Grâce aux méthodes françaises, l'art de la scène avait pris en Allemagne, après Gottsched et Neuber, un vigoureux essor, mais il restait encore tout, ou presque tout à faire pour réaliser « un théâtre national ». Il fallait renouveler le répertoire, former des acteurs, éduquer le public, affiner les goûts. Lessing, selon son habitude, s'y consacra de toutes ses forces. Il avait le don de voir grand : qu'il s'agît d'une polémique privée, du compte rendu d'un livre, d'une remarque philologique, il se référait toujours à des critères d'ordre universel. Aussi cette expérience de Hambourg intéressa-t-elle, grâce à lui, la nation entière. Peu importe si l'entreprise échoua et si l'auteur fut obligé d'interrompre brusquement son œuvre en s'écriant avec colère que, pour être à même d'avoir un théâtre national, il fallait d'abord être une nation. L'entreprise devait échouer, malgré la volonté du directeur Ackermann et l'art puissant d'Ekhof, car cette création était un projet trop vaste pour être immédiatement réalisable. Il fallait détruire tout un monde pour en construire un nouveau.

L'importance historique de la *Dramaturgie de Hambourg* fut d'avoir donné — au-delà de Hambourg : dans toute l'Allemagne, et au-delà de l'Allemagne : dans toute l'Europe — la première impulsion à cette révolution. Le terrain devait être défriché. Ce faisant, Lessing devint un libérateur, car il fut pour l'art allemand ce que Frédéric le Grand avait été pour la nation à la bataille de Rossbach. Il arrive souvent que l'on mette trop en relief la partie négative de l'œuvre : suppression du théâtre tragique français de Corneille à Voltaire. Mais, si l'on voit Lessing se livrer à des attaques acharnées, c'est aussi parce que le répertoire théâtral de l'époque était presque entièrement français, et qu'en qualité de critique il devait donner son jugement sur les pièces que l'on représentait. Sa critique des tragédies de Corneille ou de Voltaire — il n'attaque pas la comédie mais seulement la tragédie — constitue la seule partie négative du livre, et elle est largement compensée par d'autres aspects.

L'idéal pour Lessing, c'est le théâtre de Shakespeare et celui des Grecs : il les considère comme deux fidèles miroirs de la nature. Il avait déjà affirmé, dans le *Laocoon* (*), que la poésie est « action » et que, dans Shakespeare et chez les Grecs, le drame met en scène la vie telle qu'on peut l'observer. « Le seul défaut impardonnable d'un poète tragique, c'est de nous laisser froids... Le drame qui naît du récit vise à l'expression des passions ou à une représentation très vive des coutumes et des caractères... Il doit reproduire l'éternel et infini enchaînement de tout ce qui existe, il doit provoquer l'événement de telle sorte qu'il semble qu'on n'eût pu l'amener autrement ni l'éviter... Il doit si bien intéresser notre esprit que l'œuvre même puisse être considérée comme une manifestation de la nature. »

Nouvelles alors, pour le goût de l'époque, toutes ces idées étaient presque inassimilables, ainsi que l'était la « catharsis » d'Aristote. Bien que Lessing ne pût mettre à exécution qu'une partie des projets formulés au nom de la nouvelle poésie, son idéal serait réalisé un jour par Goethe. Telle fut l'immense valeur de la *Dramaturgie* de Lessing. Elle emprunte un style mordant et reflète toute la courtoisie perfide du XVIIIe siècle. Au cours des années qui suivirent sa parution, l'œuvre fit grand bruit en Europe, et elle agit sur la formation du théâtre moderne, à la manière d'un ferment. — Trad. Didier, 1873.

DRAME AU BORD DE LA MER (Un). Courte nouvelle de l'écrivain Honoré de Balzac (1799-1850), publiée à Paris en 1835 ; dans la grande fresque de *La Comédie humaine* (*), elle fait partie du cycle des « Études philosophiques ». Sur les côtes bretonnes, parmi les rochers, un homme vit en ermite. À qui s'aventure dans ces parages désolés il semble être une pierre au milieu des roches qui se dressent face à l'Océan. Il fut un temps où Cambremer (ainsi se nomme le vieil ermite) habitait dans un îlot voisin avec sa femme et son fils ; il vivait du produit de sa pêche, car il possédait des barques. À seize ans, son fils avait déjà tous les vices, faisait des dettes et volait sa mère. Elle, consternée, cachait ces larcins au père ou les mettait sur le compte de voleurs étrangers. Mais Cambremer, pris de soupçons en voyant la vie déréglée que menait son fils, se mit à le surveiller et se rendit compte de ses détournements qui menaient la famille à la ruine. Honnête Breton, jaloux de la tradition de probité qui faisait la fierté des siens et impitoyable devant le vice, il fit comparaître son fils devant la famille réunie et appela un prêtre pour le confesser. Non seulement le malheureux était un voleur, mais il était aussi parjure. Pendant son sommeil, son père lui lia les pieds et les mains, le bâillonna, lui attacha une pierre au cou, le déposa au fond de sa barque et, gagnant le large, alla le jeter en pleine mer. La mère mourut de chagrin et le vieux Cambremer expie encore son crime en menant une vie solitaire de purification, face à la mer, entre les rochers. Cette nouvelle fait partie d'une suite d'histoires tragiques où Balzac semble, de propos délibéré, avoir recherché des situations atroces qui devaient lui servir à mettre en valeur son tempérament d'artiste et à mieux pouvoir sonder les abîmes mystérieux de l'âme humaine. On ne saurait dire qu'il a pleinement réussi. Pourtant, dans ces quelques pages si fortes et si hautes en couleur où se retrouvent les caractères et l'ambiance de cette terre bretonne particulièrement âpre, les dons de conteur de Balzac, son réalisme intense sont manifestes.

DRAME NOUVEAU (Un) [*Un drama nuevo*]. Drame en trois actes de l'écrivain espagnol Manuel Tamayo y Baus (1829-1898), joué en 1867. L'action se passe en Angleterre, en 1505. Les personnages : Yorick, acteur comique, Alice sa femme, Edmond, recueilli par Yorick (son bienfaiteur), et Walton, font partie d'une compagnie dramatique dirigée par Shakespeare. Yorick désire ardemment s'essayer à un rôle tragique dans un nouveau drame où un comte, après avoir gratifié de ses faveurs un pauvre diable, se voit trahi par celui-ci, follement amoureux de la comtesse. Shakespeare confie à Yorick le rôle du comte, qui devait normalement être attribué à Walton. Envieux, Walton dissimule sa rage, tout en préparant sa vengeance. Il sait qu'Edmond et Alice s'aiment en secret, sans avoir pourtant jamais manqué à leur devoir de gratitude envers Yorick. Walton laissera entendre à Yorick que sa femme le trompe, mais se gardera bien de lui dire avec qui. Tandis que le malheureux cherche à savoir, Edmond propose à Alice, atterrée, de fuir avec lui et lui envoie un billet dont Walton s'empare. Au cours de la représentation, le drame se noue avec un réalisme que la situation véritable des acteurs rend effrayant. Walton doit remettre une lettre à Yorick et il en profite pour y substituer le message d'Edmond à sa femme ; il manque ainsi à la promesse formelle qu'il avait faite à Shakespeare. Yorick substitue alors la réalité à la fiction ; tandis que le public, qui croit à une imitation parfaite, applaudit à tout rompre, il tue Edmond (le « Manfred » du drame). Mais Shakespeare punira le coupable ; il vient en personne avertir le public que Yorick a blessé par erreur l'acteur qui jouait le rôle de Manfred et que Walton, tué en duel, a été trouvé dans la rue. Dans ce drame, comme, plus tard, dans le théâtre de Pirandello, les acteurs exposent leurs conflits personnels sous le couvert de ceux que l'auteur a inventés et la tragédie dépasse le cadre de la scène pour se transformer en un véritable drame qui n'est pas uniquement celui des acteurs, mais celui d'êtres humains qui, pour une fois, ne peuvent s'oublier eux-mêmes en jouant leur rôle.

DRAMES de Jahnn. Parmi les drames les plus remarquables de l'écrivain allemand Hans Henny Jahnn (1894-1959), il faut citer : *Le Pasteur Éphraïm Magnus* [*Pastor Ephraïm Magnus*, 1919], *Le Couronnement de Richard III* [*Die Krönung Richards III*, 1921], *Le Médecin, sa femme et son fils* [*Der Arzt, sein Weib, sein Sohn*, 1922], *Le Dieu volé* [*Der gestohlene Gott*, 1924], *Médée* [*Medea*, 1926], *Coin de rue, un lieu, une action* [*Strassenecke, ein Ort, eine Handlung*, 1931], *Nouvelle Danse macabre de Lübeck* [*Neuer Lübecker Totentanz*, 1931], *Pauvreté, Richesse, Homme et Animal* [*Armut, Reichtum, Mensch und Tier*, 1948], *La Trace de l'ange noir* [*Die Spur des dunklen Engels*, 1952].

Tout le théâtre de Jahnn est essentiellement tragique, déchiré, atroce, exploration des gouffres avec une intensité brûlante et cependant avec la volonté de dominer la matière par le poids, la tranquillité du regard et un désir absolu de vérité. Et toujours derrière, un chant de pitié, de pardon, une lamentation poignante qui entoure, enveloppe et rend tolérables les scènes les plus affreuses. Hans Erich Nossack, ami de Jahnn et l'un des rares à le défendre, a peut-être le mieux défini l'infortune de son théâtre : « Rien n'est plus insupportable que la vérité vraie [...] : ses pièces passèrent pour injouables dès l'abord, et, il est vrai que malgré leurs vertus dramatiques extraordinaires, elles posent — ne fût-ce que sous l'angle de la forme et de la dimension — de considérables exigences envers la mise en scène. Et pourtant, même quand elles en vinrent à être représentées dans une version abrégée et atténuée [...], elles durent, le plus souvent, disparaître de l'affiche au terme de quelques soirées. Le public fut stupéfait, révolté, des batailles s'ensuivirent, et la critique quotidienne contribua, aussi bien par son manque de proportions habituel que par ses grossièretés hargneuses, à donner à Jahnn le cachet de l'auteur dévoyé, perverti, se vautrant dans la fange, auteur que le grand public n'avait point à tolérer. »

Le premier drame, *Pasteur Éphraïm Magnus*, qui valut à Jahnn le prix Kleist en 1920, déclencha une véritable querelle littéraire à travers l'Allemagne. Son souffle expressionniste balaya toute la rhétorique académique, sa force sauvage et ses images dionysiaques reflétant un mysticisme baroque. Un vieux prédicateur, que le mensonge du sacerdoce et le vide de l'existence désespèrent, a perdu toute confiance en lui-même. Pour obtenir la grâce de la certitude, deux chemins s'offrent à lui : aimer comme Dieu le désire, c'est-à-dire violer la loi humaine, ou bien souffrir comme le Christ sur sa croix — voie de l'impossible, parce que le supplice doit ouvrir sur la délivrance. Il s'empoisonne et meurt dans une plainte terrible. Comme lui, ses enfants doivent choisir. Un fils naturel (le bâtard) prend le chemin de l'amour absolu. Son amante doit s'abandonner à son ami pour prouver son amour, et parce qu'elle manque l'épreuve, il veille à ce qu'elle meure à la naissance de son enfant. Sa soif d'absolu atteint son extrême quand, pour se venger des femmes qui l'ont déçu, il tue une putain : meurtre qui l'entraîne devant la justice. Le procès débute par un hommage au poète de *Wozzeck* (*) : cri de révolte contre l'État et la société. Son demi-frère, le théologien Éphraïm Magnus, choisit l'autre chemin. Il accepte la charge de prédicateur, et sa lutte, traversée par l'angoisse et le dégoût, passe par des fièvres et des tortures épouvantables afin de coïncider avec l'image du Christ en croix. Il oblige la sœur aimée à le crucifier ; il se châtre, se crève les yeux, et ne peut cependant vaincre l'idée de la décomposition, ni faire naître en lui ce sentiment d'éternité que suggèrent les lignes d'une nef. Haï par ses supérieurs, mais élevé au rang de martyr par la communauté, il achève la construction d'une chapelle à l'intérieur du dôme et y dépose le corps du bâtard et celui de la sœur aimée. Durant l'élévation de la chapelle, il acquiert la foi en sa propre pureté et en l'indestructibilité du Christ, comme la certitude que le corps de son frère bâtard et de sa sœur se sont transformés en images de marbre dans leur sarcophage. La langue de ce « mystère » est unique, malgré tous ses excès, qui visent à traduire le monde de la mort et de l'érotisme. Les scènes les plus bouleversantes de *Pasteur Éphraïm Magnus* (et elles sont nombreuses — à l'origine le drame devait comprendre trois cents pages et durer sept heures) tentent frénétiquement d'éclairer, d'interroger le néant noir du tombeau, cependant que le personnage du bâtard dresse la figure du proscrit, du maudit, figure qui ne cessera de hanter Jahnn.

Dans le drame *Le Couronnement de Richard III*, c'est en effet le personnage du bâtard et du possédé qui est la figure centrale. Pour lui, le pouvoir est frère du crime, et tout ce qui vit, tout ce qui bat doit mourir. Cependant, il ne parvient pas, en lui-même, à se débarrasser du doute et, comme qui est laid et crie sa laideur, il extériorise son tourment, son abjection de l'univers et, prenant Dieu à partie, plaide la souffrance humaine, les horreurs de la décomposition, le règne du mal dont il est lui-même l'incarnation. « Dieu, dit-il, a enfoncé le pôle de la douleur dans ma poitrine. »

Dans *Le Médecin, sa femme et son fils*, Jahnn tempère son souffle expressionniste, lui donne plus de rigueur, et transplante les motifs religieux dans le monde du quotidien. Un chirurgien reconnaît que son art est destruction de la création, que la mort d'une accouchée a peut-être plus de sens que sa délivrance. Invoquant les temples païens, il abandonne tout et va s'enfermer avec sa femme, son fils et un ami de ce dernier dans une maison singulière, faite de granite et perdue dans les montagnes. C'est là qu'il vit dans l'horreur de l'humanité vouée à la décomposition. Sa femme partage son attitude. Toutefois, pour expier le fait qu'elle a mis un enfant au monde, elle décide de vivre les états limites de l'amour maternel. Elle approuve que son fils rêve d'elle, qu'il la désire, qu'il voie en elle l'amante idéale. Mais elle se donne à son ami pour lier indissolublement les deux adolescents à travers elle, puis s'empoisonne. Le père, étranger au pacte des deux amants, s'abandonne à sa solitude au milieu des montagnes et se construit dans les rocs un tombeau, où les adolescents iront mourir volontairement, emportant dans la mort le reproche du père. Le remords vient aussitôt hanter sa solitude et trouble son esprit. Abandonné de tous et de tout, il fixe le néant avec ses yeux vides.

Le drame *Le Dieu volé* est un flux et un reflux ample et violent. Les premières pages s'ouvrent sur la lutte impitoyable des parents et des enfants ; les dernières se ferment sur le mariage des adolescents dans un tombeau. Le « Dieu volé » n'est autre que le Dieu incompréhensible de la procréation, et ses victimes apparaissent sous les traits de deux adolescents qui s'aiment et d'un organiste se transfigurant en serviteur de la religion de l'amour tragique.

Médée, chef-d'œuvre du jeune Jahnn, résume les crises religieuses de sa jeunesse. Dans cette nouvelle version grandiose du mythe antique — v. *Médée* (*) —, Jahnn laisse au second plan Jason et Créon pour mettre au centre Médée, la mère barbare, et ses deux fils. Médée est l'incarnation de la femme primitive, de l'amante absolue, se vengeant de sa déception. Elle est le démon du sexe, mais aussi celui de l'art, car elle donne à Jason une éternelle jeunesse pour qu'il puisse vivre comme un dieu dans l'instant éternel. Médée, pour s'être donnée, est vouée à la malédiction du vieillissement, et Jason se détourne d'elle. Il vit alors l'état pitoyable de ceux qui se révoltent contre leur propre amour ; il demande la main de la fille de Créon. Médée se défend selon le droit des amants : violer la loi et instituer la mort. Elle « efface » le lien qui l'unit à Jason, tue ses enfants et fait retourner le monde au chaos. À la violence de l'action correspond une succession abrupte des scènes, avec leurs contrastes cruels, la description stylisée des personnages et la dureté du langage, tout en éclats, en cris, en images rapides et frappantes.

Coin de rue, un lieu, une action est une pièce à thèse mettant en lumière la haine des races et les conséquences de la barbarie. C'est surtout le chœur final des Noirs qui donne au drame toute sa signification, et dont les accents de menace et de révolte font figure de protestation contre les ténèbres qui se préparaient alors en Allemagne.

Le point de départ du drame *Nouvelle Danse macabre de Lübeck* est le célèbre tableau de l'église Sainte-Marie de Lübeck, où la mort-squelette, la « mort-nature », apparaît au milieu de ses victimes blafardes. Un deuxième meneur surgit, la « mort-robot » de l'ère du machinisme, qui est aussi l'ère de la destruction collective. L'antagonisme de ces deux fléaux du monde, l'un au service du Créateur, l'autre créé par l'homme, se retrouve dans le double cortège qui leur fait suite et où s'affrontent et se retrouvent tour à tour la mère et le jeune homme. La musique de Yngve Jan Trede, qui accompagne le texte à la fois véhément et ruisselant de piété, illustre la pensée de Jahnn que « les accords harmonieux du ciel ne nous révèlent pas s'ils expriment le deuil ou la joie ». Elle souligne aussi bien l'un des sommets de l'œuvre — le monologue de la pauvre âme souffrante — que l'impression de tragique déchirement que le poète a voulu donner du monde dans cette œuvre forte.

Le drame *Pauvreté, Richesse, Homme et Animal* est imprégné des souvenirs norvégiens de Jahnn. Vouant à son cheval un culte proche de l'amour mystique, un paysan norvégien, que deux femmes convoitent, est déchiré entre les forces de l'instinct et la nostalgie de la rédemption. *La Trace de l'ange noir* reprend très librement, et avec des accents très surréalistes, l'épisode biblique de l'amitié de David et de Jonathan.

DRAMES de Livius Andronicus [*Tragoediae, Comoediae*]. Le poète latin Lucius Livius Andronicus (284 ?-200 ? av. J.-C.) a non seulement traduit l'*Odyssée* (*), mais il a été le premier à faire connaître aux Romains, dans leur langue, les tragédies et les comédies grecques. Nous connaissons les titres de neuf de ses tragédies : *Achille* [*Achilles*], *Ajax* [*Aiax*], *Andromède* [*Andromeda*], *Le Cheval de Troie* [*Equus Troianus*], *Danaé* [*Danäe*], *Égisthe* [*Aegistus*], *Hermione* [*Hermiona*], *Ino* [*Ino*], *Térée* [*Tereus*], plus une quarantaine de fragments. Andronicus a pris la plupart de ses sujets dans les légendes troyennes. Ces tragédies évoquaient, en les transposant, les grands thèmes chers aux classiques de l'Attique. Quant aux comédies du même auteur, ce sont les premières « palliatae » romaines (le mot vient de « pallium », espèce de manteau semblable à la robe des acteurs grecs que portaient les acteurs romains). Les titres sont des surnoms de personnages comiques : *Le Pied-Bot* [*Vargus*], *Courte-épée* [*Gladiolus*] qui a fourni le type du soldat fanfaron. Ce thème du guerrier vantard se trouvait déjà dans une comédie de Ménandre, *Philémon et Diphile,* mais c'est à Andronicus que revient le mérite de l'avoir introduit à Rome. Plaute devait l'immortaliser avec son Pyrgopolinice dans *Le Soldat fanfaron* (*), et Térence avec son Trason dans *L'Eunuque* (*).

DRAMES de Roswitha. Parmi les œuvres connues de Roswitha (935 env. - 973 env.), religieuse allemande qui vécut au couvent de Gandersheim durant la reconnaissance d'Othon, ces six *Drames* ont retenu tout particulièrement l'attention et suscité l'intérêt des érudits modernes. Postérieurs aux poèmes hagiographiques et comme eux composés dans la solitude silencieuse d'une cellule, ils constituent, malgré leur pieuse humilité, une audacieuse tentative de l'esprit chrétien pour s'opposer aux « pernicieux délices des gentils ». Devant le succès du théâtre de Térence, même auprès des catholiques, elle se propose de le prendre pour modèle, « ne se défendant pas d'imiter » la limpidité, la douceur et l'élégance de son style, dans le seul but de substituer aux « basses turpitudes des femmes lascives » la « chasteté louable des vierges sacrées », pour mieux « proclamer en tous lieux la puissance du Christ ». Telles furent les intentions que Roswitha exposa elle-même dans la Préface en prose de ses *Drames.* Cette préface est suivie d'une « Épître », adressée aux doctes « responsables de cet ouvrage », témoignage de reconnaissance et de respect envers ceux qui permirent au livre de franchir le cercle étroit du monastère et d'affronter l'épreuve du public. Ces drames sont respectivement intitulés : *Gallican ou la Conversion de Gallican, chef de l'armée*, composé de deux parties quasi indépendantes l'une de l'autre et offrant un contraste suggestif entre l'empereur chrétien Constantin et son rival Julien l'Apostat ; *Dulcis ou la Passion des vierges saintes Agape, Chionia et Irène ; Callimaque ou la Résurrection de Drusiana et de Callimaque*, conversion d'un païen qui, après avoir persécuté une chrétienne jusqu'à la mort, sera ressuscité avec elle pour vivre en parfait chrétien ; *Abraham ou la Chute et la conversion de Marie, nièce de l'ermite Abraham*, tenu de par son contenu humain pour le chef-d'œuvre de l'auteur, conte l'histoire d'une religieuse séduite par un moine, échouée dans un bouge, rachetée par son oncle, l'ermite Abraham, et ramenée à une sainte vie ; *Paphnuce ou la Conversion de la courtisane Thaïs* reprend de façon plus abstraite le thème du drame précédent ; *Sagesse ou la Passion des trois saintes vierges Foi, Espérance et Charité.* À propos de ce dernier drame, on peut dire que cette tentative échoua, comme la plupart de ces essais destinés à introduire la spiritualité chrétienne dans une forme profane : les *Drames* édifiants de Roswitha, purement et typiquement médiévaux, ne sont en effet qu'une nouvelle élaboration de ses Poèmes hagiographiques, des Vies de saints et Actes des martyrs de la légende ; cependant le Moyen Âge ne salua jamais avec enthousiasme l'apparition de son Térence chrétien. Il semble bien que l'auteur n'ait pas voulu opposer dans ses *Drames* un spectacle moral à un spectacle immoral, mais offrir plutôt une lecture plus chaste et plus pure aux amateurs de Térence. En fait, tirant tout son contenu des anciennes sources chrétiennes dont Roswitha s'était inspirée pour ses *Poèmes* (*), l'œuvre manque d'originalité ; l'élément artistique est bien pauvre (en dépit d'un effort certain pour atteindre à la maîtrise de Térence) ; on décèle enfin trop de réminiscences scolastiques. Néanmoins, à travers les faiblesses de l'œuvre transparaît l'âme de Roswitha. L'uniformité des lieux et des personnages, la totale absence de personnalité et de relief, le fait de présenter en quelque sorte sur un même plan la vierge et le débauché, de tout ramener à une intervention soudaine de l'élément miraculeux, ne sont que le reflet d'un cœur pur contemplant, de son oasis bienheureuse, le désert de la vie et ne pouvant que célébrer le triomphe du bien, la puissance et la chasteté, la « victoire de la fragilité féminine sur les ivresses de la force virile ». – Les *Drames* de Roswitha furent publiés avec les *Poèmes* du même auteur par l'humaniste Conrad Celtis : *Hrosvite illustris Virginis et monialis germane gente saxonica orte, nuper a Conrado Celte inventa* (Nuremberg, 1501), in-folio avec sept remarquables xylographies.

DRAMES DE JEUNESSE de Lessing [*Jugenddramen*]. Ce titre désigne les premières productions de l'écrivain allemand Gotthold Ephraïm Lessing (1729-1781). *Le Jeune Érudit* [*Der junge Gelehrte*], écrit en 1747 et publié en 1754, dans la quatrième partie des « Écrits », est une comédie d'ambiance estudiantine imitée de Molière et où l'auteur se moque de lui-même dans la personne de l'étudiant pédant. Jouée par la célèbre Caroline Neuber, elle représente dans l'œuvre de Lessing une première émancipation du vieux monde et l'évasion vers le monde humain.

Plus importante est l'autre œuvre : *Les Juifs* [*Die Juden*, 1749], pièce en un acte, publiée dans la cinquième partie des « Écrits » en 1754. Un baron est volé par deux brigands masqués, qu'il croit être deux juifs, tandis qu'il s'agit de son intendant et d'un compère travestis en juifs afin de détourner les soupçons sur des boucs émissaires. En revanche, le voyageur qui avait généreusement sauvé la vie au baron en l'arrachant aux mains des brigands est le seul à être juif ! Cette découverte confirme en fait la phrase prononcée au premier acte par le voyageur, en réponse à une boutade qui condamnait en bloc toute la race : « Je ne suis pas partisan des jugements exclusifs émis contre un peuple entier. » Ce court drame, bien que encore impersonnel et embarrassé, annonce déjà vaguement *Nathan le Sage* (*) et renferme quelque originalité. *Le Libre-Penseur* [*Der Freigeist*, 1755], publié dans la cinquième partie des « Écrits » et qui s'inspire des *Caprices du cœur et de l'esprit* de De l'Isle, se ressent beaucoup de l'influence de Molière. Cette pièce est destinée à montrer aux « rationalistes berlinois et voltairiens » de Frédéric II la mesquinerie d'Agraste, qui se dit un esprit libre, et la générosité et la douceur de Théophraste, pasteur protestant. À ces drames, il faut encore ajouter *Le Trésor* [*Der Schatz*] et *Le Misogyne* [*Der Mysogen*], en un acte, de 1748, publié en 1755, dans la sixième partie des « Écrits », tiré de *La Veuve à la mode* de Saint-Foix. Wunshater, le personnage du vieux misogyne, représente, sous certains de ses aspects, une caricature que Lessing s'amusa à faire de lui-même.

DRAMES DE PARIS (Les). Titre donné à un groupe de romans de l'écrivain français Ponson du Terrail (1829-1871), et qui constitue le premier volet du cycle *Rocambole*. Inspirée des *Mystères de Paris* (*) de Sue, la série paraît en feuilleton dans *La Patrie* de 1857 à 1860 ; elle se compose, après un prologue général (*Les Deux Frères*), de *L'Héritage mystérieux*, du *Club des Valets de Cœur*, des *Exploits de Rocambole* et de *La Revanche de Baccarat*. L'intrigue des deux premiers volumes met aux prises le vertueux Armand de Kergaz, qui emploie sa fortune au service des malheureux, et son frère Andréa (alias sir Williams), le « génie du mal ». Très vite cependant deux silhouettes secondaires se détachent pour occuper le devant de la scène : la très belle Baccarat, pécheresse repentie qui épouse le comte Artoff et prend sous sa poigne de fer l'armée du bien ; et Rocambole, voyou gouailleur qui devient le protégé puis le second de Andréa. Ce dernier ayant été vaincu (et aveuglé) par Baccarat, Rocambole recueille son maître en maléfices et met à profit ses conseils pour tenter de devenir grand d'Espagne ; mais Baccarat triomphe une fois de plus et envoie Rocambole (qui s'est entre-temps débarrassé d'Andréa) au bagne. La série rencontre à sa sortie un immense succès, aussi Ponson tente-t-il de la prolonger avec *Les Chevaliers du Clair-de-Lune* (*La Patrie*, 1860 ; puis *Les Coulisses du monde*), puis *Le Testament de Grain-de-Sel* (*Les Coulisses du monde*, 1861-1863) ; mais ce nouvel épisode, où Rocambole est laissé dans l'ombre, ne connaît guère de réussite. Fort de cet enseignement, Ponson revient en 1865 à son héros fétiche ; c'est *La Résurrection de Rocambole* (*Le Petit Journal*, 1865-1866), qui vaut à son auteur un triomphe et le condamne désormais à aligner les suites. Se succèdent ainsi *Le Dernier Mot de Rocambole* (*La Petite Presse*, 1866-1867), *La Vérité sur Rocambole* (idem, 1867), *Les Misères de Londres* (idem, 1867-1868) et *Les Démolitions de Paris* (idem, 1869-1870), la mort de l'écrivain interrompant en 1871 l'interminable succession des épisodes. Rocambole a dans l'intervalle conquis les foules de son temps, comme il séduira bientôt les lecteurs de l'autre siècle (Breton, Sartre ou Genet comptent parmi ses admirateurs). Héros surhumain aux allures de redresseur de torts (depuis 1865 il met sa force au service de l'innocence bafouée), il traverse sa saga en multipliant les identités : vicomte de Cambolh, don Inigo, marquis de Chamery, major Avatar... Si ses fidèles (Wanda, Milon et Marmouset) lui sont acquis corps et âme, ses ennemis cèdent devant son regard fascinateur ; plus fort que la mort, l'« homme aux mille visages » est l'avatar par excellence, l'autre qui séduit autant qu'il terrifie. Héritier des grands maudits romantiques, signe avant-coureur des Arsène Lupin et autres Fantômas, Rocambole s'est ainsi taillé une place de choix au panthéon des héros immortels ; André Breton lui réserve pour sa part un rayon de sa bibliothèque idéale, « parce qu'il fait oublier peu à peu le Christ et Napoléon ». L. Ba.

DRAMES GRECS [*Griechische Dramen*]. Trois pièces de l'écrivain allemand Georg Kaiser (1878-1945) sont rassemblées dans ce volume publié en 1948, après sa mort : *Bellérophon, Deux fois Amphitryon, Pygmalion*. On pourrait leur rattacher aussi une autre pièce, plus ancienne que celles-ci, mais aussi le sujet antique : *Alcibiade sauvé* [*Der gerettete Alkibiades*]. La physionomie de Georg Kaiser a dominé, pendant plus de quinze ans, le théâtre expressionniste allemand, dont les sujets, le style et la technique portent la trace des grandes inquiétudes morales et intellectuelles, des grands bouleversements sociaux qui ont remué l'Allemagne, depuis la guerre de 1914 — et l'inquiétude avait commencé avant déjà — jusqu'à l'avènement du nazisme. L'abondante œuvre dramatique de cet écrivain est caractérisée par un renouvellement brutal des thèmes empruntés à la vie quotidienne, mais de telle manière que, dans cette vie quotidienne, c'est encore le mystère et les prolongements de l'immédiat et du perceptible qui se laissent entrevoir. Les extrêmes complications de la destinée humaine, l'impossibilité où l'homme se trouve d'atteindre l'harmonie sociale, et même l'harmonie intérieure, sont à l'origine de la plupart des drames de Kaiser, et lorsqu'il écrit des comédies, elles ont un accent équivoque et grinçant qui les rapproche beaucoup du drame. Toute la période de l'histoire de l'Allemagne entre 1914 et 1933 se reflète dans le théâtre de Kaiser, qui en est l'expression la plus exacte et la plus saisissante. On sent battre le pouls de ces années tragiques, pourrait-on dire, dans ces pièces, tout en déchirements et en explosions, dictées par une conception pessimiste de la vie et une notion particulière de l'angoisse, individuelle ou collective.

En 1933, Georg Kaiser se réfugia en Suisse, et c'est là qu'il écrivit ses trois *Drames grecs,* dans une atmosphère nouvelle, à la fois douloureuse et apaisée, qui fournit à son génie dramatique de nouveaux moyens d'expression. Le style haché, convulsif, explosif, de ses œuvres « expressionnistes », s'apaise, se dénoue. Au dialogue harcelant qui ressemblait à des crépitements de mitrailleuses ou d'appareils Morse, succède une phrase plus longue, plus mélodieuse. Empruntant ses sujets à l'Antiquité, on croirait que Georg Kaiser s'est inspiré aussi de la langue et de l'écriture des grands tragiques grecs. Une personnalité nouvelle, assez différente de celle que l'on rencontrait dans les premières œuvres, s'epanouit. Non pas apaisée, certes ; ni la situation de l'Europe ni celle de Kaiser lui-même n'étaient favorables à cette sérénité. Pourtant un accent nouveau se fait entendre dans ces trois pièces, la voix d'un homme qui, transportant dans les mythes du passé, Pygmalion, Amphitryon, Bellérophon, des passions et des idées très modernes relie en quelque sorte ce passé au présent, ré-enracine idées et passions dans un terrain où l'éternel l'emporte sur le provisoire et le passager.

L'espoir du théâtre expressionniste était de faire naître un homme nouveau de toutes les angoisses et de tous les déchirements, intérieurs et extérieurs : il n'y est pas parvenu. Il a seulement plongé l'homme dans une anxiété encore plus grande, et la société dans un désordre encore plus douloureux. Interprète de ces années tragiques, Georg Kaiser ébauche dans ses trois *Drames grecs* quelque chose que nous n'avions pas encore aperçu dans ses œuvres précédentes : une doctrine constructive du salut.

DRAMES HISTORIQUES [*Történelmi drámák*]. Pièces de l'écrivain hongrois László Németh (1901-1975), parues en 1963. Dans *Grégoire VII*, écrit en 1937, Németh s'interroge sur les rapports entre les personnalités historiques et les forces de l'Histoire. La conduite des premières est toujours exemplaire : elle est proposée comme modèle à la postérité. L'Homme, en effet, se définit essentiellement par sa conduite morale : le rôle qu'il joue dans l'Histoire est déterminé par sa conscience morale et par son caractère. Les héros de Németh sont des fanatiques de la vérité ; ce sont, pour reprendre une expression de l'auteur lui-même, des « idées ambulantes », toujours en conflit avec les forces de leur époque : la nation (*Misztólfalusi, Széchenyi,* 1946), l'État (*Joseph II,* 1954) ou l'Église (*Jan Hus,* 1948 ; *Galilée*, 1953 ; *Grégoire VII,* 1937). La responsabilité de la personnalité historique constitue le sujet de sa pièce *Le Traître* qui évoque le destin tragique d'Arthur Görgey, chef de l'armée hongroise pendant la guerre d'indépendance de 1848-49, adversaire de Kossuth, chef politique de la révolution. Militaire de grande valeur, Görgey dut assumer un rôle historique qui allait à l'encontre des aspirations révolutionnaires de la nation. Un autre drame de Németh *Les Deux Bólyai*, retrace une période de la vie de deux savants hongrois de Transylvanie, le célèbre professeur Farkas Bólyai et son fils, le mathématicien génial Janos Bólyai et aborde en même temps le problème du « conflit des générations ».

DRAMES PHILOSOPHIQUES. Recueil d'écrits dramatiques, rédigés de 1878 à 1886 par le philosophe français Ernest Renan (1823-1892) et publiés en volume en 1888. Sous une forme dialoguée, dépourvue d'« intention scénique », mais que l'auteur estime convenir à l'exposition d'idées philosophiques, Renan présente quatre variations d'un état d'âme pour lui fondamental, celui de la liberté de l'esprit devant l'histoire contemporaine. Dans *Caliban*, reprenant l'argument de *La Tempête* (*) de Shakespeare, il achève l'histoire sur un trait d'ironie saisissant. Prospero, duc de Milan, gouverne en s'appuyant sur la science et l'idéalisme. Ariel, esprit aérien souvent invisible, l'aide à régir le peuple par la musique et les enchantements. Mais soudain la foule, conduite par Caliban, une espèce de monstre brutal, pourtant fort redevable à Prospero, chasse ce dernier et installe Caliban à sa place. Celui-ci cherche à favoriser les artistes et les philosophes et protège même Prospero en personne. Chacun accepte le fait accompli, mais tout à coup Ariel (qui symbolise la liberté individuelle en face de la tyrannie) s'évanouit dans les airs. Ce drame a pour ainsi dire une suite dans *L'Eau de jouvence*. Loin de Caliban avec lequel il a eu maille à partir, Prospero vit à la cour d'Avignon, sous le faux nom d'Arnaud de Villeneuve, et découvre un philtre capable de donner la vie et la mort. Poursuivi par les ennemis de sa découverte, mais protégé par le pape, Prospero se suicide en recourant au philtre de son invention, manifestant ainsi, une fois de plus, un dilettantisme charmant mais dangereux. Dans *Le Prêtre de Némi*, l'idéaliste Titius, qui vit près d'Albe-la-Longue, abolit les sacrifices humains du temple de Diane pour promouvoir une religion plus spirituelle. Quand éclate la guerre contre Rome, il est assassiné par un bandit qui rétablit les anciens rites propitiatoires et l'amour fanatique de la terre natale. *L'Abbesse de Jouarre* est un drame d'amour sous la Révolution ; drame assez compliqué quant à l'intrigue, et qui célèbre la noblesse de la femme et la dignité des actions humaines. Ces quatre *Drames philosophiques* témoignent d'une véritable inspiration artistique et prouvent assez explicitement tout ce qu'il y avait de poétique et de profondément créateur dans le talent de l'auteur de *La Vie de Jésus* (*).

DRAMES SOCIAUX [*Társadalmi drámák*]. Recueil en deux volumes des drames de l'écrivain hongrois László Németh (1901-1975), paru en 1958. Németh exprime dans ces pièces soit des luttes politiques, comme la crise de la classe moyenne hongroise, soit le drame des grands génies créateurs. Son théâtre constitue une véritable critique des idées qu'il a développées par ailleurs dans ses romans et dans ses essais. Les protagonistes de ces drames vivent dans la hantise d'idées fixes qui les poussent inéluctablement vers des conflits tragiques parce que insolubles. *À la lueur de l'éclair* [*Villámfénynél,* 1936] est le drame de la conscience sociale : son héros, un médecin de campagne, veut changer son existence, et choisit une voie où ni sa femme ni sa maîtresse ne peuvent le suivre. Dans *La Cerisaie* [*Cseresnyés,* 1939], ce même médecin a rompu avec la société pour fonder une colonie où il poursuit ses expériences rédemptrices, mais, une fois de plus, il est abandonné par les femmes, séduites par l'idéologie fasciste. L'échec de l'idéaliste, fondateur de colonies ou simplement d'une famille, sa lutte contre l'incompréhension, la sécheresse de la vie quotidienne et surtout contre les compagnes de son existence sont l'objet de plusieurs autres drames sociaux de Németh. Plus tard, le héros idéaliste dégénère en monstre dans *Le Monstre* [*Szörnyeteg,* 1947] ou *Samson* (1945-57), précurseur de l'avenir, mais insupportable à son entourage et à lui-même. Une seule comédie, *Le Voyage* [*Utazás,* 1958], égaie le sombre tableau de ces drames, mais le rire de Németh est amer. Ces pièces dénotent une certaine influence de la tragédie grecque ; on y trouve aussi une passion prophétique qui fait quelquefois penser à Ibsen.

DRAME UNIVERSEL (Le) [*El drama universal*]. C'est la plus importante des compositions poétiques du poète et philosophe espagnol Ramón de Campoamor (1817-1901). Elle parut en 1853, après que les *Doloras* (*) eurent déjà apporté la notoriété à l'écrivain. Cette œuvre, avec *Colomb* et *Le Licencié Torralba*, est la seule composition à laquelle l'auteur ait donné le nom de « poème ». En effet, dans le langage de Campoamor, « poème » désigne essentiellement une œuvre de grande dimension, par opposition aux poésies qu'il a recueillies dans les *Doloras* (*), les *Humoradas* (*) et les *Fables morales* [*Fábulas*]. Ces poèmes se caractérisent aussi par le fait que l'auteur y reprend des thèmes déjà traités ailleurs, pour leur donner une ampleur nouvelle et les élever au plan de l'universel. Ceci est particulièrement évident dans *Le Drame universel :* composé d'hendécasyllabes groupés en quatrains, à rimes alternées, ce poème comprend huit « journées », chacune divisée en six « scènes », à l'exception de la première, qui en a sept, et de la seconde, qui en compte cinq. L'action y acquiert un grand relief en raison du décor réaliste dans lequel elle se déroule et également en raison de la forme dramatique qu'elle revêt : il s'agit là d'une méthode qui est chère à l'auteur, et qu'il a employée jusque dans ses « petits poèmes ». Cependant dans l'œuvre qui nous occupe, personnages et lieux décrits revêtent parfois une signification symbolique qui fait penser à un surréalisme avant la lettre.

Il est difficile de donner un résumé de l'intrigue : Honorio est amoureux de Soledad, mais elle est fiancée à Palaciano. Pour parvenir à ses fins, il jette Palaciano en prison et tente de séduire Soledad, mais celle-ci s'enferme dans un couvent et y meurt. Honorio meurt aussi de douleur. Jésus le Mage intervient et prédit à Honorio les souffrances qu'il devra endurer pour assurer le salut de son âme. Honorio, par l'intercession de Jésus le Mage, se transforme en marbre sur la tombe de Soledad, mais il s'enfuit et tente de se réincarner dans Charles Quint, s'incorpore à un cyprès auprès de la tombe de l'aimée jusqu'à ce que celle-ci détruise ses propres cendres pour racheter Honorio. Celui-ci se transforme encore en aigle et commence un voyage merveilleux dans le monde de la vérité : monde étrange dans lequel on entend tout ce qui est dit, « où l'on voit tout ce qui se fait » et où l'on pénètre tout ce que l'on pense. Mais il lui suffit d'entrevoir le visage de Soledad pour revenir sur la terre. Capturée, son enveloppe mortelle d'aigle est brûlée, et l'âme s'envole au ciel tandis que Soledad revient souffrir sur terre pour expier les péchés d'Honorio. Nouvelle incarnation d'Honorio dans le corps d'un jeune novice du diocèse de Palaciano : l'âme du novice s'enfuit, et Honorio reste maître de son corps. Hérétique et païen, Honorio est condamné à mort : la brève apparition de Soledad ne fait qu'accroître son amour terrestre. Le novice Honorio meurt, et Palaccio mourra aussi de remords. Tous deux montent au ciel pour faire pénitence ; Honorio suit la voie lactée et atteint l'astre de la paresse où il rencontre doña Paz : en sa compagnie, il passe dans la planète des avares, puis dans celle qui abrite les gourmands, enfin dans un astre en putréfaction où expient les impurs ; pendant le voyage, il assiste à la fin du monde. Paz et Honorio rencontrent Soledad et Palaciano : mais ils doivent se séparer aussitôt, et de leurs soupirs d'adieu naît un monde nouveau dont nous verrons bientôt les premiers habitants. Le voyage se poursuit dans le monde de l'expiation, de l envie, de la colère et de l'orgueil : les protagonistes assistent à la chute des dogmes, à la fuite des dieux et à la scène du triomphe du Christ. Lorsqu'ils seront appelés devant la justice divine, Honorio seul ne serait pas sauvé : deux larmes de douleur accomplissent le miracle de le purifier de ses péchés.

Il est évident que cette longue composition n'a rien de dantesque, bien que Dante lui-même soit le protagoniste d'un des épisodes. Ramón de Campoamor fait montre d'un scepticisme ironique et souriant, ce qui lui permet de donner à son œuvre des traits d'une exquise sensibilité, pleine d'humanité. C'est un nouveau poème sur l'amour, mais où toute la force de l'amour céleste et pur lutte, en vain, contre les affections humaines. C'est seulement la douleur d'une mère qui fera se repentir le pécheur ; quelques épisodes, malgré le sérieux et la profondeur du thème, prennent tout à fait le ton de la plaisanterie tandis qu'ici ou là on retrouve une ingénuité voulue et un style qui rappelle celui des « romances ». La narration est sans cesse entrecoupée de récits accessoires, mais qui s'intègrent harmonieusement à l'ensemble. Si la lecture du poème est rendue difficile, c'est que les vers recherchés ou emphatiques y abondent : ceux-ci ne peuvent faire oublier cependant certains passages, d'une grande richesse d'émotion et de poésie.

DR FISCHER DE GENÈVE [*Doctor Fischer of Geneva or the Bomb Party*]. Roman de l'écrivain anglais Graham Greene (1904-1991), publié en 1980. Avec cette dernière œuvre, Graham Greene nous conte la troublante et mystérieuse histoire du Dr Fischer. À Genève, où il a fait fortune dans le dentifrice, celui-ci vit comme un nabab reclus, entouré d'un cercle de sycophantes, ses « crapauds », qu'il accable de sa haine et asservit par ses munificences au cours de soirées fastueuses et démoniaques. Alfred Jones, le narrateur, quinquagénaire, veuf, sans enfants, pauvre et solitaire, mutilé lors d'un bombardement, semble cumuler tous les handicaps de la vie lorsqu'il rencontre Anna-Luise, de trente ans sa cadette, orpheline de mère et détachée de son père, le célèbre docteur éponyme. Jones est, malgré les réticences de la jeune femme, attiré dans l'univers délétère de son beau-père qui le fascine et le révolte à la fois à mesure qu'il découvre sa nature infernale. Le lecteur apprendra, par le truchement de « retours en arrière » savamment dosés, que le milliardaire a acculé son épouse au désespoir et à la mort en lui interdisant d'écouter la musique de Mozart avec son ami Steiner, qu'il fait renvoyer de son travail par vengeance. Le lecteur devinera, grâce à des prolepses symétriques, qu'Anna-Luise mourra elle-même bientôt... en fait dans un banal accident de ski. Jones, rendu à sa solitude, accepte par désespoir la dernière invitation — celle de la « bombe » du titre anglais — et s'enfonce dans l'univers et dans l'âme du Dr Fischer qui impose une ultime séance de roulette russe et de dégradation à ses invités. Ici on joue à qui perd gagne, la honte ne tue aucun des « crapauds » et Jones ne parvient pas à en finir avec la vie comme il le voudrait. Seul le Dr Fischer parvient à se suicider, non sans avoir une dernière fois dénoncé la cupidité sans limites et la déchéance morale irrémédiable de ses riches flagorneurs ; il révèle ainsi le nihilisme radical qui présidait à ses activités sado-masochistes.

Bref roman, dépouillé, conte cruel et noir, *Dr Fischer de Genève* s'appuie sur une technique classique rigoureuse où chaque scène fait monter d'un degré dans l'échelle du mal. Une atmosphère envoûtante naît de la profusion d'images de froid et de mort qui président à l'évocation des soirées maléfiques. Tout un univers corrompu, courant à l'Apocalypse, se révèle avec une précision quasi onirique. Le lecteur referme le livre, hébété, comme au terme d'une saison en enfer dans un monde absurde et glacé. Malgré sa minceur, ce bref récit résume de manière saisissante les thèmes fondateurs de la fiction greenienne, solitude, cruauté, déracinement d'un homme en proie à un destin absurde. Il brille d'un noir éclat et met un point final à l'œuvre protéenne de ce grand écrivain de notre temps qu'est Graham Greene. — Trad. Robert Laffont, 1980. A. Bl.

DROIT À LA PARESSE (Le). Pamphlet publié en 1880 par Paul Lafargue, homme politique et écrivain français (1842-1911). Si le reste des œuvres de Lafargue n'est pas passé à la postérité, parce qu'il s'agissait d'écrits de circonstance, *Le Droit à la paresse* assure sa célébrité, comme en témoignent les innombrables rééditions et traductions de cet texte bref, mais dense et puissant. On a pu y voir un second *Manifeste du parti communiste* (*), aussi voire plus novateur que celui rédigé par son beau-père, Karl Marx, trente-deux ans auparavant. Critique virulente du système capitaliste et de son productivisme effréné, apologie du loisir et de l'hédonisme, ce livre tranche sur la production littéraire socialiste de l'époque par son ton libertaire et enjoué. D'emblée, Lafargue assène : « Une étrange folie possède les classes ouvrières des nations où règne la civilisation capitaliste. » Cette « folie », c'est le travail, dont il convient de dénoncer le « dogme désastreux » et les prétendus bienfaits. Le travail est une abominable malédiction et non l'honorable vertu dont on vante les mérites au salarié. Jouant du paradoxe et de l'ironie, Lafargue montre ensuite, sous le titre « Bénédictions du travail », les atroces conséquences physiques, morales et sanitaires du travail industriel à la fin du XIXe siècle. Le martyre infligé au prolétariat et consenti par lui est, du reste, inutile : l'accroissement des richesses aboutit à une dispendieuse surproduction, alors que les besoins élémentaires de la population ne sont pas satisfaits. Lafargue propose le développement des « machines industrielles » qui, dans le cadre d'une société communiste, permettraient la diminution très sensible du temps de travail, voire sa totale abolition. Les dernières pages de l'ouvrage sont consacrées à évoquer, sur un ton rabelaisien, la future et épicurienne société où régnera le « régime de paresse », et où « les collectivistes feront aller les flacons, trotter les jambons et voler les gobelets ». Et Lafargue de s'écrier, en guise de conclusion : « Ô Paresse, prends pitié de notre longue misère ! Ô Paresse, mère des arts et des nobles vertus, sois le baume des angoisses humaines. » Lire ce pamphlet, c'est d'abord jouir d'un style alerte et d'une pensée qui touche ce qu'il y a de plus humain en nous. On peut certes objecter bien des choses à ce texte ; par exemple que, de nos jours, la multiplication des miraculeuses « machines industrielles » conduit à une « paresse » forcée, nommée chômage, génératrice de misère. Néanmoins, une telle critique manquerait son objet, car la vision de Lafargue, peut-être utopiste, peut-être futuriste, ne saurait être mesurée à l'aune des conjonctures économiques. Avec lui, les marxistes ont trouvé leur seul penseur qui soit à la dimension d'un Fourier, énonçant ce que pourrait être une société d'harmonie et de parfaite humanité.

A. Q.

DROIT D'ASILE (Le). Recueil de poèmes publié en 1954 par l'écrivain français André de Richaud (1909-1968). Parallèlement à son œuvre romanesque, l'auteur a publié un certain nombre de recueils poétiques. Ce fut d'abord *La Création du monde,* en 1930, que l'auteur classe parmi ses œuvres poétiques bien qu'il s'agisse d'une vaste évocation en prose du récit des origines ; subdivisé en quatre parties : « Le Monde », « Adam et Ève », « L'Âne et l'Enfant », « Le Vin et la Mort », il s'agit bien là d'un poème, et cette histoire de la création de l'Univers, contée par un ivrogne (« Paye-moi encore un pot et je commence la Création »), évoque à la fois nos grands poètes provençaux et les mystères du Moyen Âge. Puis, en 1937, l'auteur publie un premier recueil déjà intitulé *Le Droit d'asile* et groupant des poèmes datés des années 1925 à 1930. En 1944, Richaud publie *La Confession publique,* où alternent poèmes et textes en prose formant, comme le titre l'indique, une somme d'écrits intimes : « Je me cache mais insensés, / Ne voyez-vous pas que ce n'est que pour être cherché ! » Enfin, en 1954, l'auteur donne une dernière plaquette, à nouveau intitulée *Le Droit d'asile,* et qui couvre cette fois-ci les années 1943 à 1953. Nous y trouvons pêle-mêle des poèmes d'amour et des vers dédiés à la nature, à laquelle de Richaud semble vouer une passion quasi charnelle. Notons surtout un long poème dédié à Jules Supervielle : « La Chanson de mort », qui clôt ainsi le recueil : « Heure de ma mort, voyez comme je vous connais par ma peau la plus sensible / comme je vous pénètre avec rage / inconnaissable. »

DROIT DE LA GUERRE (Le) [*De jure belli libri tres*]. Ouvrage de doctrine d'Alberico Gentili (1552-1608), paru sous sa forme définitive en 1598. Bien que ce ne soit pas, chronologiquement, le premier ouvrage traitant de ce sujet, c'est le premier qui le traite systématiquement sur une base de principes clairement définis. Gentili appartient à l'école italienne du droit. S'il ne va pas jusqu'à tenter d'établir, comme le fera Grotius – v. *Le Droit de la guerre et de la paix* – (*), une doctrine générale des pratiques internationales, il entreprend cependant une systématisation unificatrice de la matière suivant les principes du droit romain qui avaient été mis en lumière par le travail ardu des glossateurs. Il parle même d'une « naturalis ratio », mais on ne peut penser qu'il entende par là ce que Grotius entend par ces mêmes mots. Pour lui, ils n'ont que le sens – que leur donnent les romanistes – d'une exigence logique, intrinsèque à tous les préceptes juridiques qui ont leur origine dans la nature des choses. Le livre premier traite de la notion générale de guerre, définie comme « une injuste rencontre de forces publiques », c'est-à-dire entre « États souverains ». La souveraineté est donc le fondement « subjectif » indispensable de la légitimité de la guerre. La guerre faite par des feudataires, des pirates, des brigands, etc. est illicite parce qu'ils n'ont aucun titre et pas de légitimation ; ils sont donc en dehors du droit des gens. Le fondement « objectif » de la légitimité de la guerre est sa nécessité, c'est-à-dire l'absence réelle et concrète de toutes possibilités pacifiques de solution des conflits. Le caractère de nécessité est étroitement lié à celui de légitimité, car une juste cause, ou du moins le sentiment qu'elle est juste, doit être la cause ou le sentiment de qui a le pouvoir de disposer de la guerre ou de la paix. Dans le second livre, l'auteur traite des règles qu'il faut observer dans la conduite de la guerre : regles qui existent, et ont leur source dans le droit des gens, car le droit des gens ne cesse pas du fait de la guerre. Gentili y expose les principes généraux relatifs à la contrebande, au respect des populations civiles, au traitement des prisonniers, à l'usage des moyens déloyaux (devançant son époque, il condamne comme illégitime l'usage des toxiques). Le dernier livre traite de la paix qui est la conclusion logique de la guerre, et dont l'objet n'est pas d'imposer des conditions déshonorantes ou trop dures qui contiennent le germe de nouvelles guerres, mais au contraire de préparer la voie, au moyen de traités justes et bien élaborés, à une vie internationale fondée sur la confiance et le respect réciproques.

Gentili dispute à Grotius le titre de fondateur du droit international moderne. Le fait est qu'il a su s'élever à des considérations d'une telle hauteur et d'une telle acuité juridique qu'il apparaît souvent d'une déconcertante actualité bien qu'il reste attaché à la tradition médiévale du droit romain. Il a posé, au sujet du droit des neutres, de la liberté des mers, de l'extradition, etc., des principes qui sont aujourd'hui en vigueur. Le meilleur éloge qu'ait fait de lui son grand continuateur, Hugo Grotius, tient dans cette phrase : « Cujus diligentia sicut alios adjuvari posse scio, ita me adjutum esse confiteor. »

DROIT DE LA GUERRE ET DE LA PAIX (Le) [*De jure belli ac pacis libri tres, in quibus jus naturae et gentium, item juris publici praecipue explicantur*]. Ouvrage de l'écrivain hollandais Hugo Grotius (Huig van Groot, 1583-1645) ; publié à Paris en 1625, il eut le plus grand retentissement Grotius n'était pas le premier à s'occuper de la question ; mais son livre est tellement supérieur à ceux de ses prédécesseurs qu'il est juste de faire commencer, avec lui, la spéculation juridique sur le droit de la guerre et sur le droit international en général. Tout d'abord, Grotius a su s'élever jusqu'à une vision supérieure des choses, reflétant à la fois la pratique positive et les principes fondamentaux. La question de la guerre et de la paix lui donne l'occasion de traiter des principes juridiques suprêmes (qui seront, comme on le verra, ceux du droit naturel) et de relier ainsi cette question à une science morale générale. À vrai dire, la grandeur de Grotius est due davantage à ce point particulier de son œuvre qu'au thème central.

La question du droit naturel se trouve exposée, surtout, dans les « Prolégomènes ». L'argument essentiel du raisonnement est l'indépendance du juge soumis à la seule raison et soutenu par la « communis opinio », par l'autorité des auteurs (Aristote spécialement) ainsi que par la tradition et les coutumes. Le droit naturel, affirme Grotius, a une existence absolue, indépendante de tout autre ordre de réalité et par conséquent aussi de la religion et de la théologie ; il existerait, « encore même Dieu n'existerait pas », parce qu'il a ses racines dans la nature même de l'homme, essentiellement rationnelle. « Parmi les besoins propres à l'homme », il y a l'« appetitus societatis », c'est-à-dire le besoin d'une communauté « pacifique et réglée conformément à sa propre logique ». Mais la nature rationnelle de l'homme postule un âge pré-social où l'homme, bien que non lié par des obligations coercitives, vivait d'une vie primitive en obéissant aux suggestions de la raison. L'auteur compare cet âge à l'enfance, car chez les enfants, avant même que leur soit imposée une discipline, se manifeste une certaine tendance à faire du bien aux autres de même que la pitié naît spontanément à cet âge pré-social. Si bien que l'homme, voyant ses besoins croître, et l'égoïsme de chacun se développer d'autant, est amené à accepter, dans son intérêt comme dans l'intérêt de la communauté, un pacte en vertu duquel il se soumet à une volonté supérieure : cette volonté est celle de l'État.

C'est ainsi qu'on passe du droit naturel au droit positif : le pacte crée l'État et le droit de l'État (« jus publicum »), nettement distinct du droit privé qui règle la conduite réciproque des citoyens. L'État toutefois ne naît pas de la seule utilité, mais avant tout du besoin de protéger la société qui, si elle ne se constitue pas avec lui, le conditionne, comme elle conditionne le droit lui-même. Le pacte « d'origine » ainsi stipulé est le « pactum subjectionis » ; il est indissoluble dans la mesure où c'est « une nécessité pour les hommes de s'obliger les uns les autres et où il ne leur est pas donné de concevoir un autre moyen naturel pour ce faire ». « Pacta sunt servanda », tel est le principe suprême de toute obligation juridique, aussi bien entre les hommes qu'entre les États. Il en résulte que le droit public prime le droit privé, et que l'État a sur l'individu un « dominium eminens » en vertu du pacte d'origine. De même que l'État naît du pacte, de même naissent les institutions de droit positif ; et l'auteur les décrit dans leurs grandes lignes (propriété, famille, succession, etc.).

Il convient d'attribuer à Grotius le mérite d'avoir le premier distingué la morale du droit, distinction qui trouvera sa confirmation dans les spéculations postérieures de Thomasius (cf.

Fondements du droit naturel et des gens) et de Pufendorf — v. *Droit de la nature et des gens* (*). Mais le droit naturel reste cependant le modèle éternel et immuable auquel l'État doit se référer pour établir le droit positif : « Le droit naturel est tellement immuable que Dieu même ne peut le changer. » Ces prémisses posées, l'auteur passe au thème qu'il s'est proposé de traiter : considérant que la guerre « ferait honte même à des nations barbares », il se demande s'il n'y a pas un « droit qui soit commun aux peuples et qui soit valable à l'égard de la guerre et en temps de guerre ». Un tel droit doit exister et existe pour la simple raison que le droit existe partout où la race humaine existe. Or la guerre, si elle fait des hommes des ennemis, ne les dépouille pas pour autant de leur humanité ; aussi doit-il exister un droit de la guerre : un droit qui s'inspire, lui aussi, de la nature rationnelle de l'homme, et qui s'appelle droit des gens parce qu'il règle les rapports entre les nations. En temps de guerre, on ne peut pas tout permettre. Outre les obligations d'humanité qui sont permanentes et communes à tous les hommes, il y a toujours au-dessus des peuples ennemis le jugement de l'universalité des nations, qui est la voix de la justice éternelle contenue dans les principes naturels et rationnels. Que le droit des gens manque de sanction, cela ne signifie nullement qu'il ne soit pas : l'accord — exprimé ou tacite — des intéressés est coercitif par la vertu de la seule raison qui impose l'observance des pactes librement consentis. Ici, Grotius reprend, avec une force particulière, l'argument fondamental de Gentili, à savoir que la guerre entre nations civilisées ne peut être faite qu'en vue de la paix, et doit tirer ses lois de cet objectif : elle doit donc être conduite et conclue de façon à ne laisser aucune trace de haine susceptible de compromettre un avenir de paix entre les nations. Ainsi toute la question du droit de la guerre trouve ici un ample et minutieux développement : alliances, traitement des prisonniers, blocus, etc. y sont étudiés et considérés dans le cadre des principes.

Le retentissement de cet ouvrage fut énorme, aussi bien dans la doctrine que dans la pratique internationale ; nombre de ses opinions sur tel ou tel point précis sont encore aujourd'hui « jus receptum » dans les rapports internationaux, même si la théorie sur le fondement de ce droit a subi des changements considérables. Héritier de la pensée critique et scientifique de la Renaissance, Grotius est, par cet ouvrage, à l'origine de toutes les théories du droit naturel ainsi que de la conception rationaliste, de Locke à Rousseau. Il inspira directement Vico qui appela Grotius « le jurisconsulte du genre humain » ; son œuvre se place parmi les grands monuments de la pensée du XVIIe siècle, entre les *Dialogues sur les deux grands systèmes du monde* (*) de Galilée et le *Discours de la méthode* (*) de Descartes. — Trad. Guillaumin, 1865-1867.

DROIT DE LA NATURE ET DES GENS (Du) [*De jure naturae et gentium*]. Traité du juriste allemand Samuel von Pufendorf (1632-1694), publié en 1672. Il comprend huit livres, et constitue l'un des piliers de la doctrine du droit naturel. À la différence de Grotius et de Hobbes, Pufendorf admet l'existence d'un État de nature où se ferait jour un certain rationalisme dépourvu de droits et de pouvoirs, à la faveur duquel l'homme suivrait ses instincts naturels sans que ceux-ci soient forcément un élément d'opposition à la sociabilité. C'est des rapports sociaux que par la suite naissent les obligations conventionnelles qui lient, chacun à son tour, les associés selon des intérêts précis. La volonté de se lier par contrat est, pour Pufendorf, le fondement de toute institution : le contrat est l'origine de la propriété, l'origine des successions, de la famille, de l'État tout entier enfin. L'État, une fois constitué, fait valoir le droit qui prend ainsi forme de droit positif. C'est sur la distinction du droit positif (parfait) et du droit naturel (imparfait) que Pufendorf fonde la distinction entre le droit et la morale. La morale, ou droit naturel, repose sur la nature rationnelle de l'homme ; le droit naît au contraire de la volonté de contrat dans la vie en société. Pufendorf nie la possibilité d'une opposition entre le droit naturel et le droit positif, celui-ci n'étant que le droit naturel sanctionné par l'État. Toutefois l'État, pour réaliser ses propres fins, peut suspendre ou modifier le droit naturel. L'œuvre de Pufendorf, bien qu'elle ait contribué d'un côté à séparer l'éthique et le droit, a abouti, finalement et en fait, à l'abandon des droits de l'individu livré à l'arbitraire du souverain, en lui donnant un fondement doctrinal. Le point le plus remarquable de cette œuvre est la conception du droit positif qui prélude à toute la spéculation allemande sur le droit public qui a suivi. Toutefois, la distinction empirique entre la morale et le droit nuit au système : en effet, elle est fondée sur l'élément de contrainte qui perd alors tout sens et toute utilité. — Trad. Tournoisen, 1771.

DROIT, LÉGISLATION ET LIBERTÉ [*Law, Legislation, and Liberty*]. Ouvrage de l'économiste anglais Friedrich von Hayek (1899-1992), publié en 1960, en trois volumes. L'hostilité de Hayek à toute intervention de l'État n'est pas seulement théorique. Elle s'appuie sur l'observation du monde de l'entre-deux-guerres où nazisme, fascisme et communisme s'étendent. Hayek ne se vit pas comme un économiste, mais comme un spécialiste des sciences sociales. En 1960, à Chicago, il rassemble sa réflexion sur les institutions libérales. Nées au XVIIIe siècle, les idées libérales, dès leur application à l'économie, ont permis l'« accès des travailleurs à un degré de confort matériel, de sécurité, d'indépendance impensable un siècle auparavant ».

Il est impossible de réconcilier État et liberté sauf si l'on restreint ses fonctions. Elles se limitent à favoriser la paix, la justice et la liberté. Les individus peuvent vivre en paix, à condition qu'ils aient intériorisé les règles de conduite qui réduisent la violence. Alors l'État doit s'effacer et les choix individuels sont spontanément compatibles. Le droit consiste moins à fabriquer des lois ou règlements qu'à faire comprendre que les droits sont plus importants que les lois. La justice doit seulement assurer la liberté des transactions, elle n'a pas à prétendre se préoccuper de leurs résultats nécessairement inégaux. Comme dans un jeu de société, il faut apprendre à respecter la règle du jeu. Mais il est normal qu'il y ait des gagnants et des perdants. Au plan économique, les prix et les salaires ont la même fonction : faire comprendre cette règle du jeu. Dans cette optique, l'égalité des chances est une utopie, et les avantages acquis sont une source de blocage. La liberté qui en résulte est celle des joueurs : tous les libres choix sont possibles et compatibles avec une société de paix et de liberté, à condition d'en connaître et d'en assumer les conséquences. L'État doit intervenir le moins possible. Même la création de monnaie peut avantageusement être transférée au secteur privé où le risque de faillite rend plus vigilant à l'égard des erreurs. Hayek est le théoricien le plus cohérent et le plus radical en matière de libéralisme. – Trad. PUF, 1983.

L. L. V.-L.

DROITS DE L'HOMME (Les) [*The Rights of Man*]. Dans cette œuvre publiée en 1791 et 1792 et dédiée à George Washington, Thomas Paine (1737-1809), Anglais émigré en Amérique du Nord, soutient la cause des « colonies » contre l'Angleterre – contribuant ainsi largement à la guerre de l'Indépendance – et réfute les *Réflexions sur la Révolution française* (*) de Burke, qui avait condamné ladite révolution qu'il considérait non comme le triomphe, mais comme la défaite de la liberté. Pour Paine, au contraire, la Révolution est l'affirmation de ces « droits » originels que la monarchie absolue avait depuis longtemps foulés aux pieds. Ces droits sont « naturels » (ils appartiennent à l'homme par le fait de son existence) et « civils » (ils appartiennent à l'homme en tant que membre de la société et s'expriment par la « sécurité » et la « protection »). En outre, et contrairement aux idées exprimées par Rousseau dans le *Contrat social* (*), Paine soutient que l'homme ne cède pas à la société tous ses droits naturels, mais seulement ceux (comme la justice) dont l'exercice dépasse les pouvoirs de l'individu. Il étudie ensuite les diverses origines du gouvernement : celui-ci peut s'appuyer sur la superstition (gouvernement sacerdotal), sur la force (gouvernement despotique des conquérants et monarchie de droit divin) ou sur la « raison » (gouvernement fondé sur les intérêts et les droits). Finalement il confronte la Constitution française et les institutions anglaises dont il relève les imperfections, affirmant que la Révolution française n'a pas seulement reconnu l'égalité de tous les citoyens, mais qu'elle les a élevés en ce sens qu'elle a substitué à l'injuste dignité du titre celle de la valeur individuelle qui est plus authentique. Après d'autres observations sur la guerre, les rapports entre l'Église et l'État, la liberté de conscience, l'interdépendance du droit et du devoir, l'auteur retrace l'histoire des événements qui conduisirent à la *Déclaration des droits de l'homme* (*). Il en rapporte les dix-sept articles qu'il complète d'observations qui se lisent encore aujourd'hui avec intérêt et profit. L'œuvre s'achève sur une « conclusion » par laquelle il constate que le perpétuel état de guerre dans lequel vit l'Europe est dû à la cupidité des gouvernements absolus, tandis que les républiques, où l'intérêt de ceux qui gouvernent s'identifie avec l'intérêt de la nation, sont essentiellement pacifistes : défendre la « république » signifie assurer la paix du monde. – Trad. Buisson, 1793.

DROITS ET DES DEVOIRS DU CITOYEN (Des). Petit ouvrage du philosophe français Gabriel Bonnot de Mably (1709-1785), publié après sa mort, à Kell, en 1790. Il se compose de huit lettres écrites à un ami inconnu habitant Paris, et datées de 1758. L'auteur rappelle ses conversations avec un certain milord Stanhope qui était invité à Marly, résidence royale dont Mably faisait les honneurs. Les conversations portent sur des sujets politico-juridiques et, en particulier, sur l'obéissance que le citoyen doit aux lois justes de son pays, lesquelles lois ne peuvent d'ailleurs naître que d'une organisation rationnelle de l'État. L'auteur réaffirme ici, sous une forme plus modérée, son opposition au luxe des cours, au despotisme des gouvernants et à l'hérédité des charges, et se prononce, par la bouche de milord Stanhope, en faveur d'un État conçu pour des citoyens libres et égaux ; il justifie spécialement la guerre civile comme instrument de liberté. Il souhaite une convocation des états généraux dans une monarchie que nous appellerions maintenant constitutionnelle ; pour conserver la liberté acquise, il propose que ces mêmes états généraux effectuent, tous les vingt ou vingt-cinq ans, un contrôle sévère des actes accomplis par les autres magistrats de l'État. Mably est considéré comme un précurseur de cet « État des citoyens », fondé sur la représentation et sur la division des pouvoirs que la Révolution française chercha plus tard à réaliser historiquement.

DROIT UNIVERSEL (Le) [*Il diritto universale*]. Sous cette dénomination, employée par le philosophe et historien italien

Giambattista Vico (1668-1744) lui-même, on a l'habitude de désigner un ensemble d'ouvrages de caractère philosophique et juridique, écrits par l'auteur entre 1720 et 1722 : le *Synopsis du droit universel* [*Sinopsi del diritto universale*] ou introduction à l'œuvre entière de Vico ; deux livres complets par eux-mêmes, le *De uno universi juris principio et fine uno,* le *Origine de la poésie et du droit* [*De constantia jurisprudentis*], et les *Notae,* parfois simples annotations à un passage de l'un de ces deux livres, parfois riches additions où, entre autres choses, apparaît pour la première fois la fameuse théorie de Vico sur l'origine des poèmes d'Homère. On considère l'ensemble de ces ouvrages comme la première rédaction, disons mieux la première ébauche, de *La Science nouvelle* (*) ; en tout cas, ils représentent, après une dizaine d'années de labeur dans le recueillement, le premier fruit, chargé de promesses, de la pleine maturité de Vico.

L'idée, longuement caressée, d'une recherche qui fondrait ensemble les raisons idéales et les faits historiques, ou, pour s'exprimer comme l'auteur, la « philosophie » avec la « philologie », s'y trouve enfin réalisée dans la sphère du droit, après que l'auteur eut réduit la distinction traditionnelle entre droit naturel et droit positif à une distinction entre les deux principes directeurs de la jurisprudence : la raison, ou forme de la vérité dans les lois, et l'autorité, ou forme de la certitude – principes qui, dans leur connexion intime, montrent que l'Histoire, domaine du certain, s'appuie dans sa marche sur la philosophie, domaine du vrai. Le *De uno* en particulier, encore inspiré d'une vieille métaphysique d'allure augustinienne (Dieu est « nosse », « velle », « posse » infini, et l'homme est « nosse », « velle », « posse » fini qui tend à l'infini), mais enrichi désormais d'une longue et solide expérience culturelle, surtout sur le terrain du droit romain, se propose de ramener le droit à Dieu comme à son principe et à sa fin ; il essaie donc de construire un système rationnel de toute la matière juridique. Il le déduira des trois vertus fondamentales : prudence, tempérance et force, lesquelles sont respectivement l'élément constitutif des trois institutions placées à la base du droit privé ; la propriété, la liberté et la protection ; institutions qui à leur tour sont à la base des trois formes d'État : monarchie, démocratie et aristocratie.

En 1719, une leçon inaugurale (non publiée) avait développé la thèse selon laquelle les sciences ont leur origine en Dieu, retournent, comme par un cercle, à Dieu, et « demeurent » en Dieu ; le *De constantia,* reprenant le même programme de recherches, s'arrête particulièrement sur le troisième point, mais traite une matière qui va bien au-delà de ce qu'il annonce. Il est divisé en deux parties : le « De constantia philosophiae », exposé bref et plutôt général de principes philosophiques, et le « De constantia philologiae », qui décrit les quatre époques de l'histoire sacrée et les cinq du monde profane avec une originalité de perspective et un désir de renouvellement justifiant le titre prophétique et ambitieux du premier chapitre « Nova scientia tentatur » et avance quelques-unes des principales doctrines de Vico sur la Providence immanente à l'Histoire, sur l'histoire idéale éternelle, sur les universaux imaginaires. Le livre a, dans l'ensemble, le caractère d'un essai, encore naïf mais original, de recherche sociologique sur les âges primitifs, et, si parfois il développe une trop ingénieuse philosophie de l'Histoire, il s'élève en maints endroits jusqu'à une véritable philosophie de l'esprit. – Trad. *Œuvres choisies*, Presses universitaires, 1946 ; *Origine de la poésie et du droit*, Café, Clima, 1983.

DRÔLE DE JEU. Roman de l'écrivain français Roger Vailland (1907-1965), publié en 1945. Aéré, un peu décousu en apparence, mais en fait fort adroitement construit (la fin, très bien amenée, est passionnante), aussi concret et vivant qu'un documentaire, ce livre est à la fois un témoignage sur la Résistance et le portrait d'un homme, l'ex-journaliste François Lamballe, dit Marat. Communiste, mais jouisseur, cet homme a recherché et trouvé, au risque de déplaire à tous, un équilibre assez séduisant entre deux attitudes contradictoires : celle du militant, qui entre au Parti et au maquis comme en religion et s'oblige à une pureté et à une abnégation totales ; celle de l'hédoniste, qui refuse de considérer autre chose que sa convenance et son plaisir. Il méprise ceux qui s'enrichissent en faisant du marché noir et sont parfois de mèche avec la Gestapo mais, profitant de ce que, trompés par son côté libertin, ils ne soupçonnent pas son courage, il continue d'aller, de temps à autre, boire leur whisky. D'autre part, la sympathie qu'il éprouve pour ses camarades de combat ne l'aveugle nullement sur ce qu'il estime être des travers, et il ne mâche pas ses mots quand se présente l'occasion d'exposer ou d'imposer ses vues. Ainsi, il a une altercation avec son adjoint Rodrigue à propos d'une somme d'argent que celui-ci voudrait donner à une organisation parallèle dont les ressources sont modiques et qu'il préfère dépenser, non seulement pour développer son propre réseau, mais pour son confort personnel. Depuis quinze ans, lui dit-il, je voyage en première classe. Mais sa bête noire est un étudiant toulousain nommé Frédéric, communiste fervent et discipliné qui, à la suite d'une dénonciation, a dû se réfugier précipitamment à Paris. Ce jeune homme est très malheureux parce que sa fiancée, Annie, qu'il a séduite à force de volonté et grâce à son ascendant intellectuel, a craqué aux premières difficultés et ne veut plus entendre parler ni de lui ni de la Résistance. L'ayant rencontrée par hasard, Marat, toute une nuit, discute avec elle. Elle lui reproche de « jouer » à se battre et d'envoyer des innocents à une mort inutile. Il n'a pas de peine à s'expliquer. Peut-être s'amuse-t-il en effet, mais ce sont ses convictions qui dictent sa conduite. Et à quoi bon changer le monde si la vie doit être un joug auquel s'asservissent des hommes moroses et non un jeu que des hommes raisonnablement légers s'efforcent de rendre divertissant, malgré les drames inévitables ? Finalement, la petite se laisse embaucher comme agent de liaison. Après une autre soirée passée en tête à tête avec elle, Marat trouve le moyen de la séduire tout à fait et, contrairement à Frédéric, la prend. Il se réveille à onze heures, manquant un rendez-vous où la Gestapo l'attendait, alors que, torturé par la jalousie et poussé par la hâte de savoir si oui ou non ses craintes étaient fondées, le pauvre fiancé s'est jeté dans la gueule du loup et a été pris. Il ne reste plus à Marat qu'à conclure de cette aventure que « le destin n'a pas de morale », à décommander Annie, qu'il n'a pas envie de consoler, et à relire les très belles et toujours justes exhortations que fit, il y a si longtemps, Xénophon aux Dix Mille. Cette nuit des dupes et les mille événements divers qui l'ont précédée sont retracés en courtes séquences dans un style musclé et direct, qui analyse comme on photographie et raconte comme on filme.

DRÔLE DE VOYAGE. Roman de l'écrivain français Drieu la Rochelle (1893-1945), publié en 1933. Cet écrivain, dont l'œuvre se situe entre Céline, Malraux et Montherlant, ne fut jamais un vrai romancier. Esprit singulièrement ouvert, il ne voit guère dans le roman qu'un moyen d'unifier ses tendances de poète, de psychologue et d'essayiste. Il n'en fait pas mystère, d'ailleurs : « Saurai-je un jour raconter autre chose que mon histoire ? » écrivait-il en tête d'*État civil*. En somme, il brode toujours sur une trame personnelle. C'est assurément son droit strict.

Drôle de voyage illustre en tout point ce propos. Sans vouloir identifier l'auteur à Gille, son héros, on ne laisse pas d'être convaincu que c'est à partir de lui-même que Drieu a créé son personnage. Disons-le vite : ce Gille n'est pas un simple reflet de l'auteur. Il est de chair, et il présente un tel relief que l'on peut en faire le tour. Quant à l'intrigue : un minutieux marivaudage, tantôt âpre, tantôt nonchalant, que traversent des silhouettes à se récrier de plaisir. *Drôle de voyage* est, en somme, l'histoire d'un mariage manqué : Béatrix, la jeune fille, est la fille d'un vieux lord un peu gâteux, qui habite Grenade avec ses parents « parce que c'est adorable ». Elle est immensément riche, jolie encore qu'un peu maigre, enfin « un monstre de faiblesse ». D'entrée de jeu, en quelque sorte, tout le monde songe à la possibilité d'un mariage entre Gille et la jeune personne, voire la mère, « car elle désirait placer la chair de sa chair ». Gille qui ne connaît pas Grenade, accepte l'invitation. Est-ce parce que l'hiver est proche ? Gille constate que « la plaine de Grenade n'est, au vrai, qu'une plaine comme les autres ». Voici comment l'auteur s'y prend pour exprimer l'amour naissant chez son héros : « Béatrix était toute seule devant la maison. Béatrix l'aimait. Ah, le délice d'apercevoir une silhouette sûre ! Mais Gille serait tout aussi bien entré dans toutes les maisons du monde avec une femme devant leur porte. Cette façon qu'elles ont de mal se tenir sur un pied. Ah, si tous les jours c'était une nouvelle femme et que ce fût pourtant toujours Béatrix ! » Quelle merveille ! Drieu sait y faire. Et voici la fin du roman d'amour : « Décidément, j'aime plus l'amour que les amoureuses. Je suis plutôt fait pour Dieu que pour Béatrix. Je pourrais ajouter pour éclaircir la situation que Béatrix est trop marquée par la prudence bourgeoise, trop protégée par l'argent [...] Béatrix, adieu, tant pis ; l'entreprise de te changer serait trop longue, trop périlleuse, je glisserais dans ton argent. » Au vieux lord, il déclare qu'il se retire « parce qu'il s'aperçoit qu'il ne ferait pas le bonheur de sa fille ».

Est-il besoin de l'écrire ? Tout Drieu se retrouve dans cette fuite. Nul esprit plus oscillant que le sien et pourtant nul esprit plus intimement contraire à ses propres faiblesses et moins capable de les cacher. Toujours l'obsession de lui-même qui lui faisait dire naguère : « Que le chant de ma paresse emporte la rumeur de mes derniers soucis... » Roman complexe, subtil, cruel et au fond très délicat, qu'on ne peut s'empêcher d'aimer, tant il sonne juste. Selon la remarque de Marcel Arland : eût-il autant de défauts que de qualités, une dernière vertu le sauverait — la clairvoyance.

DUBLINOIS [*Dubliners*]. Recueil de nouvelles publié par l'écrivain irlandais James Joyce (1882-1941) en 1914. Il s'agit du premier livre révélé au public par cet auteur, après les poésies de jeunesse connues sous le titre de *Musique de chambre* (*) (1907). Joyce s'acquit une réputation grâce à ces nouvelles, composées durant son séjour à Trieste. L'auteur évoque plusieurs types d'habitants de Dublin et leur attribue certains traits conventionnels de la nature humaine. La position littéraire de Joyce est résolument réaliste. Mais il s'agit d'un réalisme psychologique dont l'objectivité naît d'un examen attentif de l'univers intérieur. Joyce s'affirme ici également comme un des plus profonds observateurs de la vie bourgeoise de son temps. Certains de ses récits mettent en relief ce caractère de tragique fatalité, qui caractérise l'atmosphère trouble dans laquelle vivait la société irlandaise. Dans toutes les œuvres de cet écrivain, certains traits douloureux, typiquement irlandais, sont mis en relief malgré l'humour et le scepticisme qui les masquent. Mais c'est dans *Dublinois* que cette discrète amertume a le plus de sincérité. Il en est ainsi dans la nouvelle intitulée « Correspondances » (Counter-parts), qui évoque un type d'employé paresseux et bon à rien, criblé de dettes et sans cesse sur le point d'être licencié, mais pour qui l'attrait de la débauche compense toutes les misères ; le récit se termine par le retour du personnage à son foyer ; pour oublier sa peine, il bat ses enfants qui ont fait réchauffer son dîner en l'attendant, tandis que la mère est à l'église. Les dernières lignes de la nouvelle sont scandées au rythme des coups, selon un procédé que Joyce utilisera dans ses œuvres ultérieures. Une fine intuition psychologique marque la nouvelle intitulée « Les Morts » [The Dead] par laquelle s'achève le volume. Il s'agit d'une audacieuse incursion dans l'âme d'une femme troublée par le souvenir d'un homme qui l'a jadis aimée, et qui vient de mourir, au moment où son mari lui manifeste impatiemment son désir. Le mort l'empêche de céder, car c'est bien le seul homme envers qui toute jalousie est vaine et contre qui on ne peut plus rien. D'autres récits sont chargés des senteurs marines de Dublin, « ce cher et malpropre Dublin » que Joyce aimait tant. — Trad. sous le titre *Gens de Dublin. Préface de Valery Larbaud*, Plon, 1950 ; Gallimard, 1974.

DUC DE VISEO (Le) [*El duque de Viseo*]. Tragédie en cinq actes, en vers, de l'écrivain espagnol Manuel José Quintana (1772-1857), représentée en 1801. Henri a arraché à son frère Édouard le duché de Viseo et retient prisonnière, dans un château, sa nièce Mathilde, lui laissant ignorer le secret de sa naissance. L'usurpateur est amoureux de Mathilde, qui est le portrait vivant de Théodora, femme d'Édouard. Quand il apprend que Mathilde aime le jeune comte d'Orén, il fait emprisonner celui-ci. Mais Ataide, gardien de Mathilde et de son adorateur, fidèle en secret au duc légitime, libère le comte et révèle à la jeune fille qu'elle est Violante, fille du vrai duc Édouard, lequel, contrairement à ce que croit Henri, est encore en vie. Henri, en songe, est terrifié par les spectres de ses victimes ; apprenant par Ataide que son frère est en vie, il souhaite obtenir son pardon. Pourtant informé que le comte d'Orén est prêt à donner l'assaut au château, il met Ataide à la torture, afin de connaître la retraite d'Édouard. De plus, il impose à Mathilde d'avoir à l'épouser sous peine de mort. La jeune fille refuse et est jetée dans une cellule à côté de celle de son père, par qui elle est reconnue. Les deux frères se rencontrent ; Édouard reproche à l'usurpateur ses crimes et ordonne que Mathilde soit tuée, ne consentant pas à la donner à Henri ; en effet il préfère sacrifier la vie de sa fille. Quand le comte d'Orén, arrivant à temps avec ses armées, libère les prisonniers, Henri, pardonné par son frère généreux, prend le chemin de l'exil. La tragédie est bien construite, mais la truculente invraisemblance de l'intrigue, tirée du très médiocre drame anglais : *The Castle Spectre,* de Matthew Gregory Lewis, ne permet pas toujours une claire représentation des situations, des caractères et des passions en lutte.

DUC ERNEST [*Herzog Ernst*]. Titre d'un fragment épique de 1180, en dialecte franco-rhénan, d'un auteur inconnu. Sous le même titre, une autre version du même récit fut donnée vers 1210-1220 environ, par un écrivain franco-rhénan qui subit l'influence de Wolfram von Eschenbach et d'Ulrich von Tazikhoven. Une autre composition, de la fin du XIIIe siècle, anonyme également, rappelle le style d'Ulrich von Tazikhoven. Enfin, il existe une rédaction latine de trois mille six cents hexamètres, composée, en 1206, par Odo de Magdebourg ; une seconde, en prose, également en latin, de la seconde moitié du XIIIe siècle et enfin une traduction allemande en prose de cette dernière rédaction, du XVe siècle ; ces ouvrages ont été conservés jusqu'au siècle dernier, ainsi qu'un chant populaire qui remonte probablement au XIVe siècle. L'argument du récit est d'origine historique, et se fonde sur deux épisodes de révolte, l'un (953) de Ludolf, fils d'Othon le Grand, l'autre (1025) d'Ernest, beau-fils de Conrad II de Souabe. De ces deux épisodes, le poème prend les héros les plus populaires ; dans le premier, Othon le Grand ; dans le second, le duc Ernest. Il remplace la Souabe par la Bavière, cette dernière région étant préférée dans la littérature guelfe entre 1160 et 1180 ; de plus, un mouvement de révolte contre l'empereur était plus vraisemblable en Bavière — comme le démontre déjà l'épisode d'Aldeger dans la *Chronique des Césars* (*). Dans la première partie du poème, Adélaïde, mère d'Ernest, devient la seconde femme d'Othon, lequel adopte Ernest comme fils et en fait son conseiller. Mais les rapports entre les deux hommes se gâtent. Ernest tue le comte palatin Henri et va jusqu'à menacer son beau-père. À la suite de quoi il est contraint de fuir et se fait brigand. Après cinq ans de guerre, Ernest part pour la Terre sainte. La seconde partie conte ses aventures et ses hauts faits dans le style du *Voyage d'Alexandre.* En compagnie de son ami Wetzel (historiquement Werner von Kyburg), Ernest connaît des aventures fabuleuses de tout genre : il fait naufrage contre l'écueil magnétique ; il rencontre des hommes à tête d'oiseau, à pieds plats et à longues oreilles ; il va dans le pays des géants et des nains, habite chez les cyclopes et dupe le griffon. Il combat à Jérusalem contre les infidèles et revient enfin dans sa patrie où, dans la cathédrale de Bamberg, il se jette aux pieds de l'empereur. Grâce à l'intercession des princes, il est gracié et recouvre tous les honneurs. La grossière ingéniosité des aventures et l'absence de la « Minne » (amour) comme motif central font douter que le poème soit purement un ouvrage de cour. Au lieu d'un amour de femme, on y trouve l'amitié entre hommes (Ernest-Wetzel) : Adélaïde, la mère d'Ernest, a quelque ressemblance avec les figures de saintes, chères au haut Moyen Âge, mais elle a aussi des accents modernes.

★ C'est du récit traditionnel que Ludwig Uhland (1787-1862) tira sa tragédie en vers, en cinq actes, *Ernest de Souabe* [*Ernst von Schwaben*], représentée pour la première fois, en 1819, à Hambourg, puis à Stuttgart. La trop minutieuse reconstitution du fait historique et la personnalité du dramaturge toujours présente dans des dissertations qui retardent l'action dramatique concourent à rendre cette tragédie difficilement représentable. Elle fut d'ailleurs défavorablement accueillie par le public aussi bien à Hambourg qu'à Stuttgart.

DUCHESSE DE MALFI (La) [*The Duchess of Malfi*]. Tragédie en cinq actes de l'écrivain anglais John Webster (1580 ?-1625 ?), publiée en 1623, mais représentée depuis 1614. L'action est tirée d'une nouvelle de Bandello (I.26) recueillie, à travers la version française de Belleforest, dans le fameux *Palais du plaisir* de Painter. Elle se déroule au début du XVIe siècle, à Malfi (Amalfi), à Rome et à Milan. Ferdinand, duc de Calabre, est d'accord avec son frère, le cardinal, pour empêcher leur sœur, la duchesse d'Amalfi, qui est veuve, de se remarier, à seule fin, comme le lecteur l'apprendra au dernier acte, de demeurer les uniques héritiers de ses richesses. Mais la duchesse, parmi de nombreux courtisans vils, adulateurs ou faux, a découvert le seul homme véritablement honnête : Antonio, son majordome, auquel elle révèle son amour et qu'elle épouse secrètement. Ses frères, qui se trouvent à Rome, ne soupçonnent rien ; mais Bosola, espion à la solde de Ferdinand, qui est demeuré à la cour d'Amalfi, vient à découvrir que la duchesse a eu un fils, et en avise immédiatement le duc. En proie à une fureur insensée, celui-ci voudrait, dans son premier mouvement, revenir à Amalfi pour tuer sa sœur ; mais, se ravisant, il décide d'attendre pour connaître le nom de l'amant de celle-ci. Arrivé à Amalfi, il se fait remettre par Bosola une fausse clé et pénètre, par surprise, dans l'appartement de sa sœur. Il ne trouve pas Antonio qui s'était retiré à temps, et, après avoir accablé sa sœur de reproches, lui remet un poignard pour qu'elle se tue. La duchesse décide alors de fuir avec Antonio, à Ancône ; sur de fausses accusations, elle provoque un procès contre le majordome et le fait chasser d'Ancône, puis, se fiant imprudemment à la loyauté de Bosola, lui révèle qu'Antonio est son mari. Les deux fugitifs, la duchesse et Antonio, sont rejoints à Lorette. Antonio réussit à se mettre en sécurité en se dirigeant vers Milan, tandis que la duchesse est arrêtée et emprisonnée dans un château où Bosola, sur l'ordre des deux frères, l'étrangle ainsi que ses enfants. Mais, après cet horrible crime, Ferdinand devient fou ; Bosola, déjà tourmenté par le remords, et chargé par le cardinal d'assassiner Antonio à Milan, projette de racheter sa faute en l'épargnant ; cependant, il le tuera par erreur. Fou de colère, Bosola se jette sur le cardinal et le tue, tandis que Ferdinand, dans une crise de folie, poignarde Bosola qui le tue à son tour.

Cette tragédie de Webster a une place de choix parmi les « tragédies sanglantes » de l'époque élisabéthaine, à cause de l'horreur tragique qui s'en dégage, de la force du dialogue et du relief grandiose des personnages. Il est à noter que certains motifs romantiques s'y affirment pleinement, ce qui prouve que ce mouvement eut ses plus profondes racines en Angleterre. Non seulement le « sens des ruines » vient créer le climat scénique du dernier acte, mais il y a, dans toute la tragédie, une succession continuelle de motifs qui s'appellent et se répondent, de secrètes affinités sentimentales, d'obscurs destins dans lesquels s'épanouit déjà la conception romantique d'un monde secret, d'une fatalité intérieure qui se déroule parallèlement à l'enchevêtrement extérieur des faits et en est la signification profonde. Avec *Le Démon blanc* (*), *La Duchesse de Malfi* est la plus importante tragédie de Webster. Lope de Vega écrivit, en 1618, un drame sur le même sujet : *El majordomo de la Duquesa de Malfi*, mais l'antériorité de la tragédie de Webster est incontestable. — Trad. La Renaissance du livre (sans date).

DUCHESSE DE PADOUE (La) [*The Duchess of Padua*]. Tragédie en cinq actes de l'écrivain irlandais Oscar Wilde (1854-1900). Représentée en Amérique en 1883, elle ne reçut pas un accueil favorable. En réalité, c'est la moins personnelle des œuvres théâtrales de Wilde : fruit de l'imitation des dramaturges élisabéthains, elle lui permet plus que les autres, du fait de son sujet particulier, de céder à un goût du paradoxe et à une position esthétique, qui, sans déformer la réalité, la fausse néanmoins. On recherche habituellement les sources de cette tragédie dans certains drames de Shakespeare, dont Wilde s'est surtout inspiré pour la structure du dialogue, les vers alternant avec la prose, et dans *La Duchesse de Malfi* (*) de Webster, qui lui a suggéré le conventionnel scénario italien. Mais l'influence du romantisme français n'en est pas exclue. L'intrigue, qui ne s'inspire d'aucun fait historique, se déroule dans une Padoue imaginaire de la seconde moitié du XVIe siècle. Guido Ferranti, à qui incombe le devoir de venger son père, dont la trahison de Simon Gesso, duc de Padoue, a causé la mort, oublie son tragique devoir par suite de la soudaine et violente passion qui naît entre lui et Béatrice, la femme du duc. Le comte Moranzone, un ami de son père, réussit cependant à l'arracher à ce nouveau sentiment, en lui rappelant la vengeance à laquelle il ne peut se soustraire. À partir de ce moment jusqu'à la catastrophe finale, les coups de théâtre se succèdent. Béatrice tue son mari par amour pour son amant, et comme celui-ci, horrifié, la repousse, son amour se transforme en haine, et elle accuse Guido du crime. Pendant le procès, le courage et la noblesse du jeune homme réveillent, chez Béatrice, la passion qu'elle avait pendant quelque temps étouffée. Travestie, elle pénètre dans la cellule de Guido pour lui proposer un moyen de fuir ; mais, le trouvant endormi, elle boit le poison qu'on avait préparé pour lui. À son réveil, Guido, qui renonce à la fuite pour un dernier duo d'amour, assiste à la terrible agonie de Béatrice et se tue sur le cadavre de sa bien-aimée. Après un premier échec, la tragédie ne fut plus représentée ni éditée pendant la vie du poète. C'est une des œuvres les moins heureuses de Wilde, et les rares échos de poésie qu'on y rencontre demeurent noyés dans l'abondance des éléments purement décoratifs. – Trad. Éditions de la Banderole, 1926 ; Ressouvenances, 1986.

DU CÔTÉ DES SAULES ET DES FLEURS [*Udekurabe*]. Roman de l'écrivain japonais Nagai Kafû (1879-1959), publié dans la revue *Bunmei* d'août 1916 à octobre 1917. La Première Guerre mondiale, à laquelle le Japon ne participa, aux côtés des Alliés, que d'une façon très limitée, coïncida avec une période de prospérité. Les affaires et la vie mondaine battaient leur plein. Au cœur de cette animation, et situé près des grands théâtres, le quartier de Shinbashi, où les hommes politiques, les industriels, les acteurs, les écrivains se retrouvaient en compagnie des geishas, connaissait une vogue sans précédent. L'une de ces geishas est le personnage central de ce récit tourbillonnant de mouvement et de couleur. Komayo avait épousé un riche propriétaire de province, mais, après la mort de son mari, elle avait regagné la capitale et repris ses occupations anciennes. Elle rencontre son amant d'autrefois, ils s'imaginent vivre à nouveau comme par le passé mais, quand il lui propose de la libérer des contraintes de ce milieu, elle refuse. Elle est vive, intelligente et, dans cette société où toutes les réussites lui semblent promises, elle nourrit des rêves plus ambitieux. À ce moment, l'un des plus célèbres acteurs du temps en fait sa maîtresse... Mais rêves et ambitions s'écrouleront. L'acteur épousera une autre geisha pour sa fortune. L'ancien amant abandonnera Komayo pour l'une de ses compagnes, qui n'a pas, certes, son élégance raffinée, mais qui offre à son partenaire un plaisir sans partage. Ses espoirs ruinés, la jeune femme s'abandonne à des crises de désespoir. La propriétaire de la maison de geishas où elle se trouve meurt, et son mari, un vieillard déjà retiré du monde, qui ne peut ni ne veut lui succéder, offre à Komayo de prendre la direction à son compte. Autour de ces figures gravite une foule de personnages les plus divers, des domestiques, des esthètes, des gens du peuple, des antiquaires, chacun avec sa silhouette propre. Et l'intrigue est beaucoup plus complexe que ne peut le suggérer un résumé. Ici le mot « intrigue » garde son sens littéral, car l'histoire se compose de plusieurs actions parallèles qui, à tout moment, s'entrecroisent, nées des multiples desseins de conquête ou de vengeance que nourrit chacun des protagonistes. À quinze ans d'intervalle, Kafû semble retrouver la veine d'*Une fleur en enfer* (*) et sa passion première pour Zola. Il prend à nouveau plaisir à imaginer un univers romanesque foisonnant de perspectives, à « mettre en scène » des caractères différents, à ménager des coups de théâtre. Derrière l'éclat de cette vie mondaine, il « met à nu » les vrais mobiles de la conduite humaine, il révèle le pouvoir de l'argent et la fascination du plaisir. Dans une société où les métiers du théâtre étaient interdits aux femmes, les geishas, de par leur formation et leur prestige, tenaient une place qui n'est pas sans rappeler celle des actrices ou des grandes mondaines dans les capitales européennes du XIXe ou du début du XXe siècle. Depuis son retour d'Occident, Kafû avait résolu de ne plus peindre que les milieux de plaisir, mais sa description jette une lumière sur l'ensemble de l'époque. L'ordre ancien, le système des conventions raffinées et orgueilleuses qu'incarne Komayo, s'effrite. Le romancier avait vécu plusieurs années en plein quartier de Shinbashi, il avait multiplié les études et les observations, comme s'il voulait fixer une dernière image de cet univers en apparence si florissant et déjà menacé. Il s'est débarrassé de la rhétorique qui alourdissait ses récits de jeunesse « à la Zola ». La psychologie n'est plus la pesante machinerie de jadis ; maintenant, il cherche à saisir les « faiblesses » et les incertitudes du cœur, les mouvements intérieurs qui échappent à l'emprise de la volonté. Reprenant ce qu'il avait ébauché dans *Récits d'Amérique* et *Récits de France* (*), il tente des descriptions érotiques en toute liberté, sans se soucier plus longtemps des contraintes que pouvait lui imposer la censure. Les étoffes, la musique, les pièces de théâtre mentionnées au cours du roman, et qui en constituent pour ainsi dire le décor, remontent toutes à l'époque d'Edo. De nombreux personnages secondaires, issus du menu peuple ou de vieilles familles de médecins et d'artistes, gens d'esprit et de goût, pleins d'humour et de modestie, vivent encore dans la nostalgie de ce passé proche d'eux. Kafû entretient en lui-même le culte du vieil Edo. Sans cesse il évoque des fêtes et des coutumes d'autrefois, inscrites dans le cycle des saisons ; sa phrase se gonfle de réminiscences et s'épanouit, sinueuse, chantante, selon des rythmes anciens.

L'audace de certains passages poussa l'auteur à publier, en dehors des circuits commerciaux, une édition privée en cinquante exemplaires qu'il destina à ses amis. Une auréole de scandale entoura aussitôt le livre et contribua à le rendre encore plus célèbre. Il demeure l'une des œuvres les plus accomplies de Kafû. — Trad. Picquier, 1991.

DUEL (Le) [*Poedinok*]. Roman d'Alexandre Ivanovitch Kouprine (1870-1938) publié en 1904, pendant la guerre russo-japonaise. Il obtint un succès immédiat, inaugurant ainsi la célébrité littéraire de cet écrivain, dont le talent objectif et profond rappelle Maupassant. *Le Duel* est une étude assez impartiale de la vie militaire, que Kouprine entreprit en s'appuyant sur ses expériences acquises pendant ses sept années de service dans l'armée. Mais le public, influencé par les événements de la guerre qui battait alors son plein, ne vit dans le roman qu'une violente satire des milieux militaires. Dans une petite ville de province, Romachov, un jeune sous-lieutenant, rêve d'une brillante carrière militaire. Mais peu à peu la vie monotone du régiment l'avilit et l'exaspère. Seul son amour sans espoir pour Chourotchka, la femme belle et ambitieuse d'un autre officier, l'empêche d'abandonner la carrière militaire. Un jour, le sous-lieutenant et le mari de Chourotchka, tous deux ivres, se disputent et se provoquent en duel. Chourotchka, pour donner le beau rôle à son mari qu'elle n'aime pourtant pas, va chez Romachov et se donne à lui, en obtenant la promesse qu'il ne touchera pas son adversaire ; d'ailleurs à l'en croire, celui-ci fera de même. Mais Chourotchka a menti et Romachov est tué dans le duel. Kouprine décrit, avec un réalisme déconcertant, les officiers paresseux et obtus, exaspérés par la médiocrité de leur solde et brutalement cruels envers les soldats. Même les meilleurs d'entre eux, opprimés par la monotonie du service, finissent par chercher une diversion dans la vodka et dans de mesquines intrigues amoureuses. Le seul officier qui se révolte contre cet état de choses est un alcoolique et, par conséquent, un vaincu. « Dans notre métier, dit-il, raisonner est inutile et dangereux [...] Il n'y a que trois vocations qui sont dignes de l'homme : la science, l'art et le travail physique libre. » Bien que Kouprine ait toujours affirmé l'absence totale d'une thèse dans *Le Duel,* on comprend facilement que cette conclusion est aussi la sienne. — Trad. Bossard, 1922.

DUEL (Le). Pièce en trois actes de l'écrivain français Henri Lavedan (1859-1940), représentée pour la première fois en 1905 à la Comédie-Française. On y voit se battre deux frères, dont l'un est médecin et l'autre prêtre. L'enjeu de la dispute est l'âme d'une femme passionnée autant que croyante. Voici les faits : la duchesse de Chailles est infiniment malheureuse ; elle se trouve avoir épousé un triste sire que ses vices et ses maladies ont conduit à la folie. Or cette loque humaine est soignée dans un asile que dirige le docteur Morey. Rapprochés par les soins quotidiens qu'exige le malade, le docteur et la duchesse viennent à éprouver l'un pour l'autre une attirance invincible. Le docteur Morey, farouche anticlérical, a pour frère l'abbé Daniel, lequel est précisément le confesseur de la duchesse. Au second acte, le « duel » éclate entre l'avocat de Dieu et l'avocat du diable. Chacun défend sa thèse avec violence. Voyant uniquement le salut de sa pénitente, l'abbé veut l'empêcher de devenir la maîtresse de son frère. Mais au dernier acte, la duchesse étant devenue veuve, il rend les armes et lui conseille d'épouser celui qu'elle aime. Cet éternel combat de la chair et de l'esprit est traité d'un bout à l'autre dans ce style conventionnel qui est le propre de l'auteur, dès l'instant même qu'il vise à moraliser son auditoire. En 1939, Pierre Fresnay a réalisé un film adapté de cette pièce, avec pour interprètes Raimu, Yvonne Printemps et lui-même.

DUEL (Le) [*Duel'*]. Ce roman de l'écrivain russe Anton Pavlovitch Tchekhov (1860-1904), publié en 1897, un de ses ouvrages les plus connus, est un tableau véridique du marasme spirituel de la vie russe à la fin du siècle dernier. Les personnages sont presque tous des êtres faibles, qui poursuivent des idéaux qu'ils savent hors de leur portée, des esclaves de l'habitude. L'action se déroule dans une petite ville du Caucase, sur les bords de la mer Noire ; Laevsky, jeune employé, s'y est fait transférer, dans le but de refaire sa vie qu'il juge jusqu'à maintenant gaspillée. En quittant l'université, il est parti avec sa maîtresse, une femme mariée. Mais, au lieu de se remettre dans le droit chemin, il passe toute la journée en pantoufles, mangeant, buvant, jouant aux cartes et racontant des balivernes. C'est du moins ce qu'affirme von Koren, biologiste d'origine allemande, homme énergique qui le déteste de tout cœur, parce qu'il le considère comme un être condamné à la disparition par la loi de la sélection naturelle. Leur antipathie réciproque devient tellement violente que von Koren saisit un prétexte quelconque pour avoir un duel avec Laevsky. La nuit avant le combat est, pour ce malheureux, une nuit d'examen de conscience. Il revoit tout son passé inutile, où il n'y a qu'indifférence et mensonges ; la crainte de la mort fait jaillir du fond de son être le désir de vivre et, surtout, de vivre mieux. Avant de quitter sa maison, il embrasse avec tendresse sa pauvre femme, qu'il voulait abandonner et qui, maintenant, lui apparaît comme un être irremplaçable. Le duel n'a aucun résultat, mais la mort a frôlé Laevsky. Commençant une nouvelle existence, il épouse sa maîtresse et s'adonne complètement à son travail.

Laevsky est un personnage caractéristique de l'art de Tchekhov et fort semblable à l'*Oblomov* (*) de Gontcharov. Toujours faible, hésitant, il accomplit le mal sans le vouloir ; son dégoût du prochain n'est que le masque de son dégoût de lui-même. Pour trouver une excuse devant sa propre conscience, il essaie de se convaincre que ses vices sont les conséquences fatales de son époque et des lois de l'hérédité. Pourtant, la conclusion de ce roman introduit un élément nouveau dans le pessimisme de Tchekhov ; les rapports entre Laevsky et von Koren, ennemis et pourtant secrètement unis par le même élan de bonne volonté, nous rappellent *Le Récit d'un inconnu* (*) et mettent en lumière un élément moins visible, mais essentiel, de l'art du poète : son amour pour ses personnages. — Trad. Gallimard, 1970.

DUEL DE LA MORT (Le) [*Death's Duel*]. Dernière prédication du poète anglais John Donne (1572-1631), doyen de Saint-Paul de Londres, prononcée devant la cour du roi d'Angleterre le 25 février 1631, et qui fut en quelque sorte sa propre oraison funèbre ; elle fut publiée, après sa mort, en 1632. Pour sa composition, Donne s'est inspiré de Praz, « représentant typique d'un des aspects du XVIIe siècle : le macabre majestueux ». Pour la dernière fois, nous voyons Donne aux prises avec la Mort : elle avait été son inspiratrice bien souvent, en particulier dans *Biathanatos* (*) et dans les *Sonnets sacrés* (*). Nous assistons là au dernier duel et au plus acharné. Ce fut seulement la puissante volonté du prédicateur qui donna à son pauvre corps exténué la force de prononcer son commentaire au texte choisi par lui, avec l'intuition du prophète : « C'est à Dieu qu'appartiennent les portes de la mort. » Il amena son auditoire « aux limites mêmes de l'agonie mortelle » par ses méditations sur l'indicible horreur de la tombe, alors qu'il était déjà lui-même « la larve qui s'agite et qui gronde ; le feu ardent qui scintille au-dessus des cendres ».

Le Duel de la mort est une démonstration du triomphe universel et final du ver sur l'homme : « Nous devons tous passer par cette mort après la mort, par cette dissolution après la dissolution, par cette mort de corruption et de putréfaction, par cette incinération de la vermine... » « Ô corruption, sois ma mère ; ô ver, sois mon père et mon frère ! » Le macabre prend le dessus sur l'horrible et le terrifiant : « Quand ma bouche sera pleine de poussière et que le ver se repaîtra tranquillement de moi, quand l'ambitieux n'éprouvera plus aucune joie à voir le plus pauvre des vivants ramper au-dessus de lui, et que le plus pauvre ne sera pas plus heureux de se voir l'égal des princes, égal seulement en tant que poussière... », « Voilà ce que seront les draperies et les tapisseries suspendues au-dessus des baldaquins et les tentes dressées au-dessus du plus grand des fils des hommes : le ver qui le recouvre et qui est étendu sur lui... » Étrange et théâtrale préparation à la mort ! Ce n'est pas « Madame notre mort corporelle » de saint François, ni « la mort qui finit par être absorbée par sa victoire », de saint Paul ; c'est une sculpture dans le style le plus exagéré du XVIIe siècle, pompeuse, triomphante, et qui se complaît dans l'horrible et le macabre.

DU MIEL AUX CENDRES. Ouvrage de l'ethnologue et écrivain français Claude Lévi-Strauss (né en 1908), publié en 1967. Ce livre constitue le deuxième volume des *Mythologiques*, et la suite du *Cru et le Cuit* (*). Alors que le premier volume traitait des mythes se rattachant au feu et à la cuisine dans le continent sud-américain comme mythes du passage de la nature à la culture, ce deuxième volume, élargissant le champ de la recherche, est axé sur les mythes se rapportant au miel et au tabac. Si le miel et le tabac relèvent toujours du domaine alimentaire, ils échappent au domaine culinaire, le miel, « élaboré par des êtres non humains, les abeilles », se situant en deçà de la cuisine, puisqu'il est comestible tel quel, et le tabac constituant un au-delà de la cuisine, puisqu'il doit se consumer entièrement pour qu'on en absorbe la fumée. Il s'agit donc de l'opposition d'une infra-cuisine à une méta-cuisine. L'auteur commence par l'étude de la mythologie du miel. Si la collecte du miel s'entoure d'une telle richesse de rites et de mythes, c'est que le miel, aliment des périodes de disette et chargé ainsi d'une grande valeur émotionnelle, est bien plus que le miel : en lui s'inscrit pour l'homme le risque de la disjonction totale de la culture, de l'indistinction de l'humanité et de l'animalité, comme en témoignent les variantes du mythe de la fille folle de miel, où toujours la séduction d'une fille par un animal particulièrement expert dans la collecte du miel sème la perturbation dans le groupe social. Dans ces mythes, où les bêtes parlent ou prennent forme humaine, le miel représente la puissance séductrice de la nature, et de l'amour en dehors des règles qui président à la distribution des femmes dans la communauté. Cette puissance séductrice de la nature représente un risque de dissolution pour la société, et c'est pourquoi la collecte d'un aliment riche d'une telle charge émotive s'entoure d'une mythologie et d'un rituel dans lesquels l'analyse structurale reconnaît une progression vers la formalisation et l'abstraction par rapport aux mythes de la naissance de la cuisine, qui constituaient une logique du sensible : en effet, si les mythes de la naissance de la cuisine utilisaient des catégories sensibles comme le sec et le mouillé, le brûlé et le pourri, etc., la mythologie et le rituel se rapportant au miel ne peuvent se contenter de catégories sensibles en face de la menace de dissolution qui vient de la puissance séductrice de la nature. Les rituels entourant la collecte du miel, à travers la forme des récipients, les instruments à percussion qu'elle utilise, les critères pour distinguer les arbres à miel établissent une série d'oppositions : plein-creux, sifflé-frappé, contenant-contenu, exclu-inclus, interne-externe, dépassant en pouvoir de généralisation les oppositions sensibles. Ce progrès vers la formalisation met en évidence l'impossibilité pour la pensée sauvage de trouver dans le sensible même le moyen de penser la menace de dissolution de la culture par la puissance séductrice de la nature. Le progrès de la pensée vers l'abstraction viendrait donc de la nécessité toujours présente de redessiner la frontière entre l'humanité et l'animalité en face de la séduction de la nature. La formalisation des mythes et des rites qu'opère l'analyse structurale est lisible selon trois codes : le code alimentaire, le code sociologique, le code astronomique. Ces trois codes sont convertibles et traduisibles l'un dans l'autre : en effet, si l'alimentation est le rapport le plus proche que l'homme ait avec la nature, et la contemplation des astres le plus lointain, la périodicité des constellations indique la régularité des saisons et le retour de la disette pendant la saison sèche, où le groupe social est le plus menacé dans sa survie, période, précisément, où la collecte du miel prend toute son importance. De façon symétrique et inverse, les mythes et les rites concernant le tabac indiquent le risque d'une culture coupée totalement de la nature : dans plusieurs mythes d'origine du tabac, celui-ci doit être volé à une société d'amazones qui, vivant seules dans une île, ne peuvent procréer et figurent donc le risque d'extinction de l'espèce humaine. De plus, le tabac est souvent consommé à des fins rituelles, médicales, magiques ou religieuses : nourriture, il peut être aussi toxique ou émétique, devenant par là une antinourriture. Pouvant être stimulant ou narcotique, il est ainsi symétrique du miel, qui, dilué et fermenté, donne l'hydromel. L'analyse structurale vérifie cette symétrie à l'aide de l'étude de nombreux mythes qui, par leurs redondances, permettent de déduire une grammaire qui les rend lisibles. Ainsi, les mythes d'origine du tabac, liés d'une part à ceux d'une société de femmes stériles, d'autre part à ceux de l'origine des pouvoirs chamaniques, toujours acquis à travers une série d'épreuves, de dangers, de deuils qui en font une véritable quête, ces mythes côtoient toujours une antinature qui, risquant de disjoindre la société de la nature, la frapperait de stérilité et la condamnerait à mort. Les rites et les mythes concernant le tabac visent donc à penser et éviter sur le plan symbolique cette disjonction de la société et de la nature. Ils présentent par là une homologie avec les mythes et les rites entourant la collecte du miel, qui exprimaient le danger de dissolution de la société par la nature, la même propension à dépasser les catégories sensibles par la formalisation des oppositions. Lévi-Strauss rejette du côté de la contingence de l'Histoire les limites imposées à ce progrès et qui ont interdit la naissance d'une pensée scientifique véritable. Ainsi, l'analyse structurale constitue-t-elle une méthode qui, en s'inclinant devant « la puissance et l'inanité de l'événement », s'interdit l'intelligibilité de l'Histoire, mais qui n'échappe cependant pas à toute dialectique, puisqu'elle situe à l'origine des progrès de la pensée humaine la difficulté de penser à la fois l'animalité et la mort de l'espèce.

DU MONDE CLOS À L'UNIVERS INFINI [*From the Closed World to the Infinite Universe*]. Ouvrage d'histoire des sciences du philosophe français d'origine russe Alexandre Koyré (1892-1964), publié en anglais, à Baltimore, en 1957 puis en français en 1962. Dans cet ouvrage, Koyré reprend et élargit les analyses qu'il avait développées dans l'introduction à son *Copernic* (1934) et dans ses *Études galiléennes* (1939), mais sous un angle plus particulièrement cosmologique. Ainsi, selon Koyré, l'essentiel de la révolution opérée par la naissance de la science classique consiste à avoir remis en chantier la représentation philosophique et théologique du monde. D'après lui, les effets de cette révolution se réduisent à deux points fondamentaux :

1°) La destruction du cosmos grec, fini et géocentrique, ainsi que celle du monde anthropocentrique médiéval, remplacés par un Univers indéfini, voire infini.

2°) La géométrisation de l'espace physique qui cesse d'être un « ensemble de lieux différenciés » (comme c'était encore le cas chez Aristote), et se voit remplacé par l'espace euclidien : homogène, infini et identique à l'espace réel.

Cette révolution cosmologique est le résultat d'une histoire assez complexe. Celle-ci commence à la Renaissance avec Nicolas de Cues et Copernic qui « planétarisent » la Terre autour du Soleil tout en la réhabilitant, car elle n'est plus la « sentine du monde » et se voit élevée au rang des autres corps célestes. Ce passage à une cosmologie héliocentrique entraîna l'écroulement de l'antique division aristotélicienne de l'Univers en deux régions absolument distinctes, le monde sublunaire et le monde supralunaire. L'hypothèse de Copernic fut rectifiée, mais renforcée et en partie confirmée grâce à l'action de coperniciens comme Giordano Bruno (farouchement infinitiste, mais brûlé vif par l'Inquisition), Kepler (qui découvrit les lois des mouvements planétaires) et les extraordinaires découvertes effectuées par Galilée à l'aide de sa lunette en 1609-1610. Désormais, plus rien ne s'oppose, au moins en principe, à ce qu'une même science mathématisée s'applique à l'étude des mouvements célestes et terrestres. Par ailleurs, le scandale du procès de 1633, à la fin duquel Galilée dut abjurer, fit une énorme publicité au copernicianisme et déclencha un vaste débat métaphysique et théologique de premier ordre à propos des rapports de Dieu et du monde. Les principaux protagonistes de ce débat furent Descartes, Morus, Malebranche, Newton, Bentley, Raphson, Leibniz, Clarke et Berkeley. Enfin, au cours des dernières années du XVIIIe siècle, cette histoire s'achève avec le triomphe de la science newtonienne dans la cosmologie de Laplace. Mais ce triomphe s'accompagne d'un tragique désenchantement du monde : « Le monde, de plus en plus, était à même de se passer des services du Divin Architecte. [...] L'Univers infini de la nouvelle cosmologie [...] n'avait plus besoin de l'hypothèse de Dieu. » J. Se.

D'UN CHÂTEAU L'AUTRE. Roman de l'écrivain français Louis-Ferdinand Céline (pseud. de L.-F. Destouches, 1894-1961), publié en 1957. Comme l'auteur ne cesse de le rabâcher, il a dépassé la soixantaine, mais il n'a pas perdu une miette de sa véhémence. Il rabâche, il ne s'en prive pas. Il en est même très conscient, si conscient qu'à l'occasion il s'en vante. Quand ça lui passe par la tête, il proclame sans s'émouvoir qu'il est gâteux. Il ne mâche pas ses mots, le bonhomme Céline. Il les mâche même si peu qu'il faut se garder de prendre ce qu'il dit à la lettre : il n'a jamais dû en penser le dixième. Avant tout, c'est un comédien. Sa valeur vient de son tempérament, de sa présence.

Ayant pour théâtre trois châteaux où Céline est passé, ce roman retrace trois étapes successives de son existence mouvementée, les dernières. Entre Sigmaringen et la villa de Bellevue, la prison et l'hôpital de Copenhague font figure de parents pauvres : il n'a pas trouvé grand-chose à en dire. On a l'impression qu'il a souffert de ne pas pouvoir s'agiter. C'est quand il court à droite et à gauche, quand il est harcelé et surmené, quand il doit se dépatouiller d'une foule d'enquiquineurs que Céline l'écrivain est à son affaire. La réflexion, la contemplation et l'analyse ne sont pas son fort. Il lui faut une riche matière à exploiter, de la vie et du mouvement à brasser. Pour cette raison, les pages les plus réussies et les plus passionnantes du livre sont celles qui dépeignent le petit monde qui, la guerre finissant, s'entassa, à la suite de Pétain et de son gouvernement, dans la bourgade de Sigmaringen. Avec ses tournures populaires, ses répétitions savamment rythmées, sa gouaille et ses enflures, le style de Céline parodie le ton épique. Cette emphase faussement naïve sert à la fois à faire ressortir et à faire passer ce qu'il voit partout : le navrant, le pitoyable, le grotesque, la mesquinerie et la laideur. De plus en plus affolés, les réfugiés ne cessent d'affluer. La nourriture, le charbon, les chambres, les médicaments, les installations sanitaires, tout vient à manquer. Les avions alliés pilonnent le pays. Des tyranneaux allemands, désemparés mais encore arrogants, maintiennent l'ordre à coups de cravache. Leurs filles traînent à la gare où manœuvrent, interminablement, des trains bondés de soldats désœuvrés. Pendant que les obscurs et les sans-grade piétinent, attendant d'imaginaires distributions de pain, le Maréchal et ses ministres vont se promener à la queue-leu-leu, en respectant l'ordre hiérarchique. Jumelles aux yeux, un amiral frais émoulu surveille le Danube. Quand, et c'est souvent, il croit voir arriver la flotte russe, il donne l'ordre de faire demi-tour. Laval, en échange d'un peu de cyanure, nomme l'auteur gouverneur de Saint-Pierre et Miquelon. Ajoutez à cela un évêque cathare et un voyage en Prusse, effectué dans le train que le shah d'Iran aurait dû prendre, en août 1914, pendant une visite officielle, et vous conviendrez que la chronique est riche et souvent très drôle, d'une drôlerie qui exagère mais ne tombe jamais dans l'extravagance. Céline est un caricaturiste-né. À Bellevue, par contre, l'écrivain vit en sauvage. Cela le condamne à être trop vague, trop général. Mais à force de récriminations, il finit par nous donner un autoportrait fort savoureux. Le personnage n'était pas de ceux qui restent éternellement jeunes : cela exige une souplesse qu'il était loin de posséder. À soixante-trois ans, acariâtre, avare, grincheux, aigri, misanthrope, ne se laissant plus aller qu'en la compagnie de ses molosses, de ses chats et de son hérisson, il a déjà, irrémédiablement, tourné au vieillard. Criailleries et palinodies ne valent rien en elles-mêmes, mais, plus encore que la truculence du langage, l'authenticité du témoignage saisit. On voit l'homme. En s'étalant, il sait s'imposer, ce qui le justifie. Son art est de livrer bruts des matériaux dont d'autres eussent tiré, en prenant du recul et en composant, œuvre sûrement plus harmonieuse, mais presque aussi sûrement plus froide et plus fade. Son pouvoir créateur est primitif, mais énorme.

DUNCIADE (La) [*The Dunciad*]. Poème satirique de l'écrivain anglais Alexander Pope (1688-1744), dont les trois premiers livres furent publiés en 1728 ; en 1735, Pope déclara en être l'auteur. Le IVe livre : *La Nouvelle Dunciade* [*The New Dunciad*], parut en 1742 et l'édition complète en 1743. Le héros principal du poème fut tout d'abord l'écrivain Lewis Theobald, qui avait critiqué une édition de Shakespeare présentée par Pope ; dans l'édition finale, le dramaturge Colley Cibber (1671-1757) remplaça Theobald. Malgré l'habileté du style et du vers, ce poème où Pope exprime son ressentiment contre les écrivains médiocres et même contre des personnes estimables tels que l'homme de lettres et philologue Theobald, et où en général il cloue au pilori tous les vices du monde littéraire, dominé par la déesse de la Stupidité, nous paraît aujourd'hui lourd et ennuyeux. Le titre original devait être *Le Progrès de la fadeur* [*The Progress of Dulness*]. Ensuite Pope préféra le titre actuel, qui dérive du mot « dunce », gourde (à l'origine « dunsman », terme de mépris qu'on donnait au XIVe siècle aux disciples de saint Thomas d'Aquin, de Duns Scot, le Subtil Docteur). – Traduit en français à La Haye, 1744.

★ Le même titre fut donné à un poème satirique français de Charles Palissot de Montenoy (1730-1814), inspiré par *La Dunciade* de Pope et publié en 1764. Palissot, comme il l'avait déjà fait dans sa pièce *Les Philosophes* (*), se moque ici avec bonne humeur des écrivains, des philosophes et des encyclopédistes, ses contemporains. Cet ouvrage comprenait une suite d'épigrammes sur les hommes de lettres et les philosophes les plus renommés. Avant de le publier, Palissot fit lire cette partie à tous ceux qui étaient visés, en cachant toutefois à chacun d'eux le passage qui le concernait, permettant ainsi à tous de s'amuser aux dépens des autres. Ce n'est qu'à cause de cet épisode de chronique littéraire qu'on mentionne encore aujourd'hui ce médiocre poème.

DUNE [*Dune*]. Cycle romanesque de l'écrivain américain Frank Herbert (1920-1986), dont le premier volume paraît en 1965. L'auteur y décrit un macrocosme, un empire interstellaire, à partir d'un microcosme, la planète Dune, désertique, qui produit seule l'« épice » qui donne longévité et prescience et qui est le bien le plus convoité de tout l'Univers. La société impériale a rejeté, des milliers d'années plus tôt, le culte des machines et en particulier des machines pensantes. Elle n'a guère conservé que les armes atomiques qui assurent l'équilibre entre les grandes familles féodales. Elle a en revanche développé de véritables technologies de l'humain qui font des Mentats des ordinateurs humains ; technologies de la reproduction qui conduisent l'ordre féminin du Bene Gesserit à poursuivre un projet eugénique visant à créer le « Kwisatz Haderach », doté de pouvoirs surhumains ; ou encore de l'idéologie ou de la manipulation psychologique qu'utilisent à peu près tous les héros de *Dune*. Le duc Leto, qui a reçu Dune en fief, est assassiné par le baron Harkonnen, tyran sans scrupules. Son fils Paul décide de le venger en proposant aux farouches Fremen l'eau de leurs rêves. Il devient Muad'Dib, leur prophète, à travers des épreuves qui le révèlent comme un Kwisatz Haderach prématuré, ayant échappé au contrôle du Bene Gesserit. À la tête des Fremen, il bat Harkonnen et l'empereur lui-même, et lance ses légions sur la galaxie. Mais, devenu *Le Messie de Dune* [*Dune Messiah,* 1969], il se trouve accablé par la prescience totale qui l'enferme dans l'ennui et menace d'emprisonner l'humanité dans un destin préécrit. Il choisit de disparaître dans le désert, laissant son héritage à Leto II et à Ghanima, *Les Enfants de Dune* [*Children of Dune,* 1976]. Ceux-ci doivent faire face aux transformations subies par Dune où l'eau abonde désormais et où le désert recule, menaçant les vers géants qui produisent l'épice. C'est en s'alliant génétiquement aux précurseurs des vers que Leto II pare au danger, devient lui-même versiforme et, fort d'une longévité de plusieurs millénaires, engage sous sa tyrannie bénévolente l'humanité sur le Sentier d'or de sa paix. *L'Empereur-Dieu de Dune* [*The God-Emperor of Dune,* 1981] saura préparer sa propre disparition pour rendre à l'humanité sa liberté et assurer sa dispersion dans tout l'univers afin qu'elle soit désormais indestructible. Mille cinq cents ans plus tard reviennent des lointains les Honorées Matriarches, groupe dissident du Bene Gesserit, qui use de techniques érotiques pour dominer les mâles. Cette crise précipite le déclin du pouvoir théocratique détenu par *Les Hérétiques de Dune* [*Heretics of Dune,* 1984]. Dune est détruite. Dans *La Maison des mères* [*Chapterhouse : Dune,* 1985] enfin, l'ordre menacé du Bene Gesserit demeure seul à défendre des valeurs humanistes face à la violence des Matriarches.

On ne résume pas une œuvre de cette ampleur dont la fascination repose sur des « effets de moirés », d'entrecroisements entre des desseins. Au-delà des personnages individuels, les véritables sujets de Dune sont collectifs, acteurs d'une Histoire qui se dérobe bien que son contrôle ou sa prescience soient leur enjeu. *Dune* est une méditation sur l'écologie, l'histoire, le pouvoir, l'adaptation et l'évolution, et sur tout ce qui peut étendre l'humanité. – Trad. Robert Laffont, 1970, 1972, 1978, 1982, 1985, 1986. G. K.

D'UNE MER À L'AUTRE [*From Sea to Sea*]. Journal de voyage de l'écrivain anglais Rudyard Kipling (1865-1936), publié en 1889. Invité à se rendre des Indes en Angleterre par le « Pioneer », Kipling accomplit son voyage en passant par le Japon, San Francisco et New York, et il nous raconte ses impressions. Ses observations spirituelles, ses associations paradoxales d'idées, le mélange de notations aiguës et irrespectueuses font du journal un livre génial et singulier. Citons le « complot de trente dames à bord pour se débarrasser de la femme de chambre », le portrait d'un « enfant de huit ans qui a épuisé le cycle des joies de ce monde », la description des bas-fonds de Hong Kong dont Kipling dira : « Il n'y a pas d'enfer dans l'autre monde pour ces femmes, car elles l'ont en cette vie, et moi j'y suis allé. » Après être passé par Kobe, Osaka, Kyoto, parvenu à Tokyo, il déplore que la civilisation européenne en ait corrompu les mœurs. Neuf sur dix des hommes sont vêtus à l'européenne. Après avoir traversé le Pacifique, à San Francisco, il entre aux États-Unis : et voici la ville-ruche américaine, où les hommes s'abrutissent et s'égorgent ; la pêche du saumon, scène horrible de carnage et de sang ; l'« expérience religieuse » qui obsède ces gens dans un pays où règne un mécanisme qui ne laisse aucun répit, et qu'on appelle « progrès ». À Chicago, voici l'abattage des porcs, auquel assistent des dames curieuses et élégantes, aux souliers de cuir rouge. Pourtant, Kipling admire, dans ce pays, l'indépendance et la liberté des jeunes filles qui savent se défendre seules : on ne leur enseigne pas à regarder dans chaque homme un mari possible ; grande liberté dont il n'est pas fait abus, sauf exceptions. La petite histoire, rapportée par l'auteur, du mineur qui, ayant demandé un dictionnaire comme « livre à lire », le rendit bien vite, observant que ces récits, quoique intéressants, étaient trop variés, cette petite histoire pourrait parfaitement servir à ce journal de jugement sommaire : tout le talent de Kipling journaliste s'y trouve résumé.

D'UN ESPACE DÉPLOYÉ. Œuvre pour soprano et double orchestre, composée en 1972 par le compositeur français Gilbert Amy (né en 1936) à l'intention de l'Orchestre de Paris. À l'effectif orchestral principal s'oppose un concertino dans l'esprit du concerto grosso formé de dix-huit cordes solistes, de percussions à clavier, harpes, d'une guitare électrique et d'un piano. La voix ne joue qu'un rôle complémentaire pour apporter un élément lyrique à l'ensemble, sur un vers de Mallarmé dans le deuxième mouvement et en vocalise expressive dans le dernier. L'ensemble de l'œuvre repose sur une succession de sept sons. Les deux premiers mouvements relèvent respectivement de la forme sonate et du lied alors que le dernier est, selon l'auteur, « résolument évolutif dans son langage et sa formulation instrumentale ». A. Pâ.

D'UN MOMENT À L'AUTRE [*De un momento a otro*]. Œuvre de l'écrivain espagnol Rafael Alberti (né en 1902), publiée de 1930 à 1939. Ce titre regroupe les recueils les plus caractéristiques de ce qu'on pourrait appeler la deuxième manière du grand poète andalou. Déjà *Sermons et demeures* [*Sermones y moradas*] le montraient conscient de sa place au sein de la collectivité humaine, dont les problèmes ne pouvaient plus le laisser indifférent. L'histoire intérieure de son pays va l'engager plus avant encore dans l'action révolutionnaire qu'il servira par son œuvre ; d'autant plus qu'à ce moment-là il a trouvé la paix intérieure avec l'amour. *L'Élégie civique* [*Elegía civica*], à l'aube de 1930, annonce *L'Aube des mains en l'air* – puis il compose *Consignes* (1933), suite de poèmes satiriques et provocants qu'il récitait en tous lieux ; suit *Le Poète dans la rue* [*El poeta en la calle*] (écrit en 1931-35) qui évoque la vie humble de l'Espagne soudain révélée au poète, lequel incite son pays à la résistance et à l'unité : « La liberté catalane, / sachez-le ! C'est à Madrid qu'elle se joue. » *D'un moment à l'autre*, au centre de cette production, souhaite l'avènement d'une ère de justice qui verra triompher celui que l'Europe craint et que l'homme de bien appelle « camarade ». *Treize bandes et quarante-huit étoiles* [*Trece bandas y 48 estrellas*] (écrit en 1935) viennent prouver que le poète s'attache à la révolte de tous les peuples contre l'impérialisme, symbolisé par New York d'où jaillit « un miasme obsédant de pétrole [...] une brûlante infection de pétrole [...] une marée de pétrole illimitée ». Il chante avec lyrisme la fraternité des races, adoptant le rythme du « son » (danse antillaise) que son ami Neruda lui a fait connaître. Les événements se précipitent alors : en Espagne, les jeunes Républicains, les « Rouges », meurent en défendant leur cause ; un Lorca disparaît, injustement fusillé. Alberti – dont la poésie, pour être plus expressive, avait risqué de tomber dans la trivialité – retrouve alors l'élan élégiaque pour pleurer l'ami mort : Federico, et aussi le torero Ignacio Sanchez Mejías dans *Te voir et ne pas te voir* [*Verte y no verte*] – ou pour défendre l'idéal de ceux qu'il représente. Il remet en cause les piliers de la société espagnole, comme la religion : « On nous a éduqués pour cela seul : notre âme. / Pourtant pour moi déjà le ciel s'est écroulé » (*La Famille*, 1934). Dans *Capitale de la gloire* [*Capital de la gloria*] (écrit entre 1936 et 1938), il rend un vibrant hommage à Madrid qui détient dans ses « entrailles de catastrophe et de gloire / le germe le plus beau de (sa) vie à venir » et acclame le courage des brigades internationales : « ... Frères ! / Madrid à votre nom grandit et s'illumine. » En 1939, la plupart de ces poèmes sont rassemblés sous le titre *D'un moment à l'autre*. Le style nouveau d'Alberti s'y affirme pleinement. Le vers se fait ample, lyrique, martelé et rehausse avant tout l'idée force qui anime le poète. Les thèmes sont nobles, repris d'une brûlante actualité : la lutte pour la liberté ; le refus de la misère, de l'ignorance ; la douleur devant la mort ; la haine de l'oppression ; enfin et surtout la nécessité de l'action : « Quand dans le creux des os tremble vive la haine / et que dans la moelle brûle sans arrêt la vengeance, / les mots alors ne servent plus : ne sont que / mots. Des balles. Des balles. » Les procédés littéraires visant à une plus grande expressivité sont variés à l'infini : répétitions insistantes, scandées, vers haché ou déployé, métaphores hardies. Alberti a trouvé sa voie : un lyrisme sincère d'où sourdent une émotion et une tendresse contenues qu'il fait immédiatement partager au lecteur.

DUO. Roman de l'écrivain français Colette (1873-1954), publié en 1934. La bande publicitaire de l'ouvrage portait cette mention « Duo ou Duel ? » et cette interrogation situait assez bien cette œuvre. Un couple, Michel et Alice, prend ses vacances dans un manoir avec la seule compagnie d'une servante, Maria, qui ne se fait pas faute de les regarder vivre et figure ici le témoin. Dès le début du roman, Michel trouve sous un buvard une lettre de son associé Ambrogini, adressée à Alice et qui la remercie d'une nuit d'amour accordée à la faveur d'une de ses absences. Tout le conflit sort de là, avec toutes ses nuances qui apparaissent au long du roman. Questionnée à ce sujet par Michel, Alice, qui a d'ailleurs oublié cette histoire, déclare que ce moment de faiblesse n'est plus que du passé. Mais, Michel insistant, elle se voit obligée de lui en donner les détails. Alice aime Michel et souffre d'être ainsi forcée dans son intimité féminine ; elle en est amenée à juger Michel, à l'observer avec toute la psychologie propre à son sexe. Elle essaie de lui faire comprendre que cette faute est simplement le fait d'une amitié amoureuse, d'une compréhension réciproque. Cette esquive heurte Michel ; il eût préféré que ce fût l'assouvissement d'un désir. En quoi il commet l'erreur de prêter à la femme un comportement masculin. Au beau milieu du conflit, Michel reçoit un coup de téléphone de son associé, et Alice s'effraie de l'entendre appeler son rival « mon vieux », de lui parler familièrement. Michel, même dans ses silences, ne peut cacher qu'il est torturé. Ici l'atmosphère devient suffocante : quelque chose s'est brisé entre eux et, si chacun a le désir de réparer, d'oublier, sa nature même l'en empêche. Devant tant d'interrogations, Alice finira par donner à Michel quelques lettres d'Ambrogini. Il les lira, les déchirera, mais n'en pourra point oublier les termes. D'un côté, Michel souffre ; de l'autre, Alice se désole de ne pouvoir rien pour lui. Chacun reste très franc pour essayer de sortir de cette situation, mais tout n'est pas si simple. Pour apaiser son mari, Alice triche avec elle-même : elle finira par lui avouer qu'il ne s'agissait que d'un désir, d'ailleurs vite assouvi, et une autre forme de douleur envahira Michel. Hanté par ces lettres, par une angoisse toute charnelle, ivre de tout ce qu'il imagine, Michel ne trouvera d'issue que dans le suicide. Dans ce roman, Colette donne toute sa mesure. Une histoire aussi simple s'élève au chef-d'œuvre par la précision des détails, la finesse de la touche, la grandeur dans la simplicité. Le conflit se passe à la campagne, et c'est l'occasion, pour Colette, d'agrémenter son récit d'images qui sentent le terroir et d'accorder étroitement les personnages au décor qui les entoure. — Nous retrouverons Alice dans *Le Toutounier* (*).

DURÉE ET SIMULTANÉITÉ, à propos de la théorie d'Einstein. Œuvre du philosophe français Henri Bergson (1859-1941), publiée en 1922. Dans cette œuvre, Bergson expose une nouvelle preuve de sa théorie de la durée, théorie qui est fondamentale pour l'intelligence de toute sa pensée, puisque c'est ensuite par elle que s'est développée la philosophie de l'intuition. *Durée et Simultanéité* est donc immédiatement lié à l'*Essai sur les données immédiates de la conscience* (*), thèse de doctorat de Bergson qui partit de là pour établir ses constructions successives. Bergson note que, pour la physique et les mathématiques, la durée d'un phénomène est quelque chose de relatif. En effet, la durée se réduit à un nombre déterminé d'Unités de temps ou de simultanéité qui est invariable ; de là si tous les mouvements de l'Univers (y compris celui qui sert pour la mesure du temps) s'accéléraient à l'improviste dans la même proportion, rien ne changerait pour la science parce qu'il y aurait toujours le même nombre de simultanéités. Au contraire, la vie de la conscience coïncide avec un changement effectif, puisque ses moments ne se juxtaposent pas, mais se fondent et s'interpénètrent à l'intérieur d'un tout organique, en une unité qui est un devenir absolu, perpétuel enrichissement qualitatif, processus continu, « durée réelle ». Celle-ci implique donc une succession irréversible qui est soustraite à toute prévision comme à toute détermination causale. Le temps des sciences physico-mathématiques, le temps homogène, n'est pas du tout le temps, il est son équivalent, sa traduction en terme spatial, et à cause de cela il peut supporter calcul et révision. Dans *Durée et Simultanéité*, Bergson veut préciser ce point : la conception de la durée peut-elle cadrer avec la théorie de la relativité d'Einstein ? Il compare la conception commune d'un temps universel et unique avec la conception de temps multiples d'Einstein. Selon Bergson, cette dernière confirme sa théorie de la durée, parce qu'elle démontre la nécessité d'éviter de se servir de l'espace pour mesurer et symboliser le temps ; elle ratifie, malgré son apparence paradoxale, la croyance naturelle des hommes en un temps unique et universel. Au temps du sens commun, qui peut toujours être converti en durée psychologique, la théorie de la relativité substitue un temps qui peut être converti en durée psychologique seulement dans le cas d'immobilité du système : dans les autres cas, le temps n'est qu'une ligne élastique de lumière qui, en s'allongeant ou en se rétractant suivant la vitesse attribuée au système, produit les temps multiples contemporains les uns des autres. Pour ceux-ci, simultanéité et succession ne sont que les manifestations de rapports d'égalité et d'inégalité entre les lignes de lumière, dont la relation réciproque change selon l'état de repos ou de mouvement du système.

DU REFUS À L'INVOCATION. Recueil d'articles et de conférences du philosophe français Gabriel Marcel (1889-1973), publié en 1940. Cet ouvrage groupe plusieurs textes importants : « L'Être incarné », « Remarques sur les notions d'Acte et de Personne », « De l'opinion à la foi », « La

Fidélité créatrice », « L'Orthodoxie contre les conformismes » et « Situations fondamentales et situations limites chez Karl Jaspers ». « Ce que je voudrais simplement marquer – écrit l'auteur dans l'introduction – c'est que, si l'expression " philosophie concrète " a un sens, c'est d'abord qu'elle correspond à un refus de principe, opposé aux " ismes ", opposé à une certaine scolarisation. » C'est à cette exigence de refus que répond la forme même de cet ouvrage philosophique et de la plupart de son œuvre, forme qui d'ailleurs s'est imposée à lui « sans qu'il l'ait expressément voulue ». La première obligation du philosophe est de se maintenir en contact permanent avec le concret. Il lui faut résister à toute tentation d'évasion ; trahir, pour un philosophe, c'est « faire un usage inconsidéré des idées abstraites ». « Celui qui philosophe hic et nunc est en proie au réel, il ne s'habitue jamais au fait d'exister ; l'existence n'est pas séparable pour lui d'un certain étonnement, d'un certain émerveillement. » Ainsi le philosophe rejoint-il le monde de l'enfance et des poètes. Le philosophe, à l'opposé du savant, n'est pas un sujet abstrait et dépersonnalisé « qui prétendrait légiférer du haut d'un je ne sais quel tribunal purement fictif ». Aussi le philosophe n'occupe-t-il pas une place centrale, il ne lui est pas permis de dépasser les perspectives particulières de l'univers. « Je serais enclin pour une part à dénier la qualité philosophique à toute œuvre où ne se laisse pas discerner la morsure du réel. On ne saurait trop se méfier du philosophe qui juge, qui fonctionne, en tant que philosophe. Car il opère au sein de sa réalité propre une discrimination qui le mutile et qui tend à fausser irrémédiablement sa pensée... » D'où la nécessité pour le vrai philosophe de ne rien abstraire, d'envisager la situation fondamentale en termes concrets. Toute la recherche philosophique a pour but d'approfondir la situation de l'être humain, c'est-à-dire de l'existant.

DU SANG, DE LA VOLUPTÉ ET DE LA MORT. Recueil de descriptions et d'évocations de l'écrivain et homme politique français Maurice Barrès (1862-1923), publié en 1894, complété en 1904. L'édition définitive de 1909, après que l'auteur eut fait de nouveaux voyages sur les lieux pour « raviver ses sensations et rassembler des images », témoigne de l'amour que Barrès portait à cette œuvre. Lors des prises de contact avec des régions lointaines, et dans cet accord délicat que Barrès réalise entre son esprit et les choses, il manifeste une grande compréhension des rapports qui peuvent lier un homme et la terre. Le sang, la volupté et la mort se compénètrent dans la vision qu'il reçoit du monde, et, de la sorte, elles justifient la douleur et la conquête, la joie et la défaite : l'homme se réalise lui-même dans un domaine qui est à la fois affirmation et opposition, dans une lutte qui est victoire et renoncement à ce qui n'est pas idéal. Le livre contient de très belles pages sur Bruges, sur l'amour, sur la gloire, sur l'examen de conscience du poète, sur la volupté dans la dévotion. Les passages qu'il a burinés sur sa rencontre avec la nature luxuriante de l'Espagne et de l'Italie sont particulièrement brillants. Les chapitres sur Cordoue, Tolède, Séville, et les lacs de Lombardie si tendres de couleurs, sur l'automne à Parme et sur Stendhal, sur Pise, Ravenne, Sienne, Florence, Lucques et Pistoia demeureront célèbres. La partie qui nous décrit un voyage dans le Nord est des plus suggestives par la peinture d'un monde tout différent, pauvre de couleurs, mais ouvert à la méditation.

DYBBOUK (Le) [*Der Dibek*]. Pièce de l'écrivain russe d'expression yiddish et russe An-Ski (1863-1920), publiée en 1919. An-Ski, qui avait été nommé à la tête de la grande expédition folklorique juive financée par le baron Ginzburg, avait accumulé, de 1911 à 1914, de nombreuses années sur le folklore des communautés juives hassidiques d'Ukraine. La pièce, écrite en russe et en yiddish, sera traduite en hébreu par Bialik. Elle met en scène une histoire d'amour tragique entre deux êtres prédestinés mais séparés par leur statut social. Lorsque Léah est fiancée à un autre, Khonen perd la vie au cours de tentatives kabbalistiques pour la récupérer, et son âme se réincarne, sous la forme d'un « dybbouk » dans le corps de Léah. La deuxième moitié de la pièce est constituée par un procès au tribunal rabbinique entre un mort et un vivant, et la scène finale d'exorcisme. *Le Dybbouk* est traversé par un souffle mystique, témoin de l'influence des symbolistes russes et de l'intérêt de l'auteur pour la démonologie, le hassidisme et *La Kabbale* (*). Mais, selon An-Ski, c'est aussi une confrontation entre les désirs des individus et la nécessité, pour la communauté, de « maintenir son existence nationale ». On ressent l'angoisse de l'auteur devant la perte de la mémoire collective et des traditions, que lui-même remplace déjà par le travail d'historien et d'ethnologue. La pièce fut produite par la troupe de Vilna en 1920, puis, par Vakhtangov au théâtre Habimah de Moscou, dans une mise en scène expressionniste qui fit date. La version filmée de M. Waszynski (Pologne, 1938) est l'œuvre la plus célèbre du cinéma yiddish. – Trad. L'Arche, 1957. De. Be.

DYNAMIQUE DES FORMES (Sur la) [*On Growth and Form*]. Essai du biologiste, philosophe et mathématicien écossais Wentworh Thompson d'Arcy (1860-1948), publié en 1917. Il fait partie de ces livres dont l'influence est si profonde qu'ils sont cités par de nombreuses personnes qui ne les ont jamais lus. Cela était excusable jusqu'en 1961, date à laquelle parut une édition abrégée et débarrassée de beaucoup des inexactitudes qui encombraient les mille pages de la première édition... Il est vrai aussi que le thème essentiel du livre, l'interprétation physique et mathématique des phénomènes biologiques, est longtemps resté un champ fort peu exploré.

Biologiste autant que mathématicien, l'auteur s'interroge sur l'origine des formes vivantes et leur stabilité physique. Il mène une réflexion originale sur la taille des animaux, la forme des cellules et leur relation avec les problèmes mathématiques de surfaces minimales, et l'architecture des squelettes en liaison avec les impératifs de la résistance des matériaux. Il s'agit donc d'un véritable traité de morphogenèse, dont le point d'orgue est une « théorie des transformations » qui montre que des animaux a priori dissemblables, tels que la baudroie et le poisson-lune, ont une identité de nature géométrique : il est en effet possible, par une déformation simple de l'espace, de passer de la silhouette du premier à celle du second ! La même opération géométrique s'applique à quantité d'espèces animales et végétales, ce qui suggère une étonnante unicité des formes naturelles. *Sur la dynamique des formes* est un surprenant traité « minimaliste » de philosophie naturelle — Trad. Le Seuil, 1993. N. W.

DYNASTES (Les) [*The Dynasts*]. Drame épique anglais en trois parties, dix-neuf actes et cent trente scènes, en vers et en prose, de l'écrivain anglais Thomas Hardy (1840-1928), publié, la première partie en 1904, la deuxième en 1906, la troisième en 1908. Le sujet est tiré de l'histoire des dix dernières années du règne de Napoléon, de 1805 jusqu'à la défaite de Waterloo. La première partie contient la bataille de Trafalgar et les étapes victorieuses des guerres sur le continent jusqu'à Austerlitz ; la deuxième partie concerne la défaite de la Prusse, la guerre d'Espagne, la tentative napoléonienne d'établir sa propre dynastie sur le trône de France, par le divorce d'avec Joséphine et le mariage avec Marie-Louise. La troisième partie est consacrée à la campagne de Russie, à la bataille de Leipzig, à la première abdication de Napoléon, au congrès de Vienne, à la fuite de l'île d'Elbe et enfin à la bataille de Waterloo. À ces événements historiques assistent des spectateurs surnaturels que le poète appelle des « intelligences » [spirits], dont le plus important est la « Volonté immanente » [Immanent Will] représentant la force inconsciente qui anime le monde. Depuis le début du XIXe siècle déjà, à cause de la divergence toujours plus forte entre les tendances littéraires dominantes et les goûts du public, surtout en matière de théâtre, se répandit en Angleterre l'habitude d'écrire des drames ne devant pas être représentés. Mais, tandis que la plupart de ces pièces n'avaient toutefois jamais perdu entièrement de vue les nécessités pratiques d'une mise en scène, Hardy, au contraire, ne s'en soucia absolument pas et considéra son ouvrage comme une sorte de « représentation mentale ». La structure complexe de ce drame épique tend à montrer l'Histoire sous différents points de vue et à la présenter comme partie d'un processus cosmique, ce qui permet à l'auteur d'exprimer ses propres opinions au fur et à mesure du déroulement de l'action. Ces notes ont pour but de montrer les aspects des événements historiques ne pouvant pas être représentés sous une forme dramatique.

Les Dynastes expriment l'orientation de la pensée de Hardy au cours de la dernière période de son activité. Le déterminisme fataliste, qui l'avait poussé à considérer les hommes comme des produits en même temps que des victimes du milieu, en lutte contre une force aveugle par laquelle ils sont fatalement terrassés, se retrouve jusque dans ce drame ; l'auteur veut démontrer comment chaque effort humain n'est qu'un fragment d'une volonté supérieure inconsciente, sous-jacente aux faits, mais en même temps dominant toutes les activités de l'existence humaine. Pourtant, au cours de ce drame grandiose, Hardy parvient à nourrir l'espoir que cette volonté puisse graduellement développer en son sein une sorte de conscience, grâce à laquelle les hommes seront poussés à forger eux-mêmes leur destinée individuelle. Cette lueur d'espoir est l'élément nouveau, s'opposant au fatalisme total contre lequel l'écrivain avait réagi en utilisant l'ironie. Cet ouvrage, écrit avec une technique poétique totalement nue et dépouillée, ne doit pas être étudié d'un point de vue théâtral. Sa valeur essentielle réside dans les nombreux passages de lyrisme qu'il contient. — Trad. Stock, 1947.

E

ϵ. Ce livre de poèmes, publié en 1967, est le premier ouvrage de l'écrivain français Jacques Roubaud (né en 1932). Son titre est aussi difficile à classer dans une nomenclature qu'à prononcer ou à citer, voire à imprimer : il est passé par tous les avatars du « E », du « epsilon » (ce qu'il n'est pas) à « appartient à »... ce qui correspond justement à la signification de ce signe mathématique. Il faut plutôt dire « signe d'appartenance ». Au seuil du livre, Roubaud définit ce signe en référence à la théorie des ensembles : « On écrit *a* ϵ *A* et on lit : *a "élément de A"* ou *a "appartient à A"*. Par extension, symbole de l'appartenance au monde de l'« être au monde. »

Véritable révélation d'un auteur, ce livre constitue une date importante dans la poésie française contemporaine. C'est une œuvre à la fois érudite, structurale, interactive. . et tout simplement elle manifeste des qualités de pratique du vers et de pensée exceptionnelles. Il est possible de la lire de chacune de ces façons, ou de toutes à la fois, comme on le veut ou comme on le peut. Il est difficile d'y demeurer tout à fait étranger. D'ailleurs, ce fut dès sa parution, toutes proportions gardées, un best-seller de poésie.

L'ouvrage est érudit par sa référence à la forme du sonnet, forme canonique de la poésie occidentale. En ce sens, le propos est anti-moderniste (anti-vers-libriste à tout le moins) à savoir, et contradictoirement, pensé en termes de reconstruction. Le sonnet, dont on ne connaît souvent que les avatars dominants, est ici considéré dans son champ le plus vaste qui n'exclut ni ses origines italiennes, ni les baroques, ni G. M. Hopkins, ni E. E. Cummings, ni le « sonnet de prose » que Roubaud déduit des sonnets de Shakespeare traduits par Pierre Jean Jouve. Les poèmes sont des variations sur la forme sonnet. Le livre est érudit, encore, par son recours à des signes mathématiques qui sortent la rhétorique de ses sillons conventionnels : signe d'appartenance, mais aussi signe du couple, signe de l'éventuel, signe du choix, signe de la réflexion. Le livre est donné avec des définitions, un mode d'emploi, une bibliogaphie, un schéma d'ensemble, des diagrammes partiels, des tables.

Autre rupture avec le livre de poésie dominant, ϵ n'est pas un recueil mais un livre structuré, lui-même un ensemble organisé où les poèmes forment un poème : on trouve des sonnets de sonnets. Il y a plusieurs livres possibles suivant les lectures proposées et les tables des matières différentes. Le poème, alors, change de voisinage suivant l'axiome de lecture choisi. Dans tous ses différents visages, la structure est fragmentaire, inachevée, elle ménage la présence du blanc.

L'une des manières de lire est enfin d'ordonner les textes selon le déroulement d'une partie de jeu de go, ce qui demande au lecteur, outre la connaissance des règles de ce jeu, une activité particulière de feuilletage guidé.

Tous ces éléments, loin de contrecarrer une voix de poésie, aident à la matérialiser. À l'œuvre, la métaphorisation active des signes mathématiques. On va de l'appartenance au choix, en passant par le couple et la question du hasard : « J'appartiens au doigt qui frappe le *la* à la trame au manteau à l'assiette de miel au mocassin à la fourrure du bourdon j'appartiens au voyant bleu de la fenêtre... » Une poésie profuse et juteuse, qui procède, pour une bonne part, de la rigueur formelle.

J. J.

EAU ET LE FEU (L'). Recueil de nouvelles publié en 1956 par l'écrivain français Marcel Arland (1899-1986). Après ses premiers romans, Marcel Arland se consacre surtout au conte et à la nouvelle : *Les Âmes en peine* (*) (1927), *Les Plus Beaux de nos jours* (1937). Dans ses contes, l'auteur pratique l'art du sous-entendu : ses personnages laissent deviner le secret de leur âme à travers la banalité voulue de leurs propos. Le style est d'une stricte simplicité. Des garçons que l'orgueil rend timides, des filles brusques et fines que leur chimère égare, des paysannes, de vieilles gens, des couples que sépare, puis rassemble, en un combat constant, sourd ou avoué, la difficulté de vivre et de s'aimer ; le mariage du ciel et de l'enfer, de l'eau et du feu, tels sont les thèmes des nouvelles réunies dans ce recueil. Brèves ou longues, savamment alternées et mesurées, elles trouvent leur unité dans la même violence retenue qui est déchirante. Marcel Arland a d'ailleurs lui-même précisé ses intentions : « Ce livre n'est pas un recueil, mais un ensemble de nouvelles. Chacune d'elles a été conçue par rapport à cet ensemble [...] Toutes ces nouvelles exposent le même conflit : entre la vie et la mort, et prennent le même parti, jusqu'aux plus sombres, celui de la vie, et des eaux vives. » Dans l'une d'entre elles « L'Âme en peine », dont le titre rappelle le recueil paru en 1927, nous vivons un dimanche d'octobre dans une petite ville provinciale ; un dimanche qui pourrait être comme les autres, mais sur lequel s'abat une tempête : Marie Clairon, une insignifiante vendeuse des Galeries Nouvelles, s'est suicidée en se jetant du haut des remparts ; tous les yeux se tournent vers Simon Calombe, son patron, conseiller municipal et membre du Conseil curial, soupçonné d'avoir été son amant. Simon Calombe, gros homme affolé, s'effondrerait si Léone, sa sèche épouse, ne prenait les choses en main en intervenant auprès de l'archiprêtre. Au soir de cette journée tumultueuse, tout semble rentré dans l'ordre : l'époux pardonné, la famille de la jeune fille muselée par quelques billets. Seule l'âme de Marie plane sur le sommeil de tous, Marie prise au piège, succombant, enceinte et abandonnée, « toute confuse d'avoir fait parler d'elle dans la ville, d'avoir même, depuis l'aube, mêlé indûment sa voix aux voix et aux pensées des vivants, petite âme sans corps — si tant est qu'une Marie Clairon puisse avoir une âme ».

EAU FERRÉE DE MADRID (L') [*El acero de Madrid*]. Comédie en vers de l'écrivain espagnol Lope Félix de Vega Carpio (1562-1635), écrite en 1603. L'action se déroule en trois journées. Elle appartient à la catégorie des comédies d'intrigue [comedias de enredo]. Bélise est amoureuse de Lisardo ; mais elle n'est pas satisfaite des brèves rencontres qu'elle a avec son amoureux, dans la rue ou à l'église pendant la messe. Il lui faut, avant tout, tromper la stricte surveillance de sa tante Téodora, bigote intransigeante qui l'accompagne partout. Bélise réalise un projet qu'elle avait formé après avoir prévenu en cachette Lisardo, qui doit l'aider. Beltran, domestique rusé de Lisardo, se déguise en médecin et va lui faire une visite. Il amène avec lui son patron qui fait fonction d'assistant. Il recommande à la jeune fille de boire un verre d'eau ferrée [agua de acero] chaque matin et d'effectuer de longues promenades à travers Madrid. Entre-temps un ami de Lisardo, Riselo, se charge de distraire Téodora par d'ardentes déclarations d'amour. Cette dernière se laisse gagner par ces douces flatteries ; elle en oublie les saints préceptes de la morale et fait de sa nièce, Bélise, sa complice. Elle en arrive même à lui donner d'hypocrites conseils quand elle apprend sa chute fatale. La comédie ne prétend décrire aucun caractère. Elle tient debout par le comique des situations, qui se complique de la jalousie de Marcelle, maîtresse de Riselo, et des préoccupations de Léonora, l'amante de Beltran. Molière s'inspira de cette comédie lorsqu'il écrivit son *Médecin malgré lui* (*) et *L'École des femmes* (*). — Trad. Didier, 1874.

EAU TROUBLE (L') [*Tangnyu*]. Roman du Coréen Ch'ae Manshik, publié en feuilleton dans le quotidien *Chosŏn* du 12 octobre 1937 au 17 mai 1938, en cent quatre-vingt-dix-huit livraisons, et en volume en 1939. À travers la vie d'une femme, l'auteur décrit de façon approfondie le destin des classes inférieures et la situation coréenne dans les années 30. L'héroïne, Chobong, fille pure de Kunsan, obéit à son père et se marie à un banquier corrompu, mais quitte le lieu de sa naissance après avoir été violée le jour même du meurtre de son mari adultère. Séduite par un ami de son père, elle voit réapparaître le violeur, un bossu, qui la contraint à vivre avec lui, car elle est enceinte de lui. Elle finit par le tuer et se rend à la police. Ce texte très mélodramatique développe une critique de la société de l'époque, considérée comme un courant d'eau sale. L'auteur s'y livre à une analyse détaillée du destin de la classe aristocratique moyenne en cours de désagrégation. Pa. Ma.

EAU VIVE (L'). Ouvrage de l'écrivain français Jean Giono (1895-1970), publié en 1943. Les textes réunis dans ce volume, rédigés sur une période de vingt ans, sont de nature diverse. Dans le premier, qui a donné son titre au recueil, l'auteur confie son amour pour les chansons qu'avaient élaborées des générations d'artisans pour dire les joies et célébrer les mystères de leur travail. C'est aussi une occasion pour Giono de parler du monde de son enfance, auquel il s'était attaché et qu'il a eu la tristesse de voir s'étioler et disparaître, ou d'évoquer une fois de plus son père. D'autres, consacrés à la nature, évoquent cette Provence et ce Trièves si chers à l'auteur, ou dépeignent, avec un ample lyrisme doucement solennel, le printemps et l'été, l'automne et l'hiver. La Suisse sert de cadre, largement imaginaire, à des promenades en forêt, à des histoires de chamois et de papillons, et au long récit d'une femme seule qui finit par trouver le bonheur en adoptant un enfant *(Vie de mademoiselle Amandine)*. Le recueil contient aussi plusieurs chapitres d'un roman que

Giono commença puis abandonna en 1940, et qui devait s'intituler *Chute de Constantinople*. L'un de ces fragments, qui nous conduit à Marseille en 1939, est uniquement descriptif : on passe un après-midi avec un chauffeur de taxi, on voit avec lui toutes sortes de gens, toute une atmosphère très bien rendue, rien qu'avec des détails concrets, sans jamais une phrase creuse. Il y a aussi le dernier voyage en carriole d'un vieux paysan et les amours d'une laie. Tout cela, peu lié — et peut-être est-ce pour cette raison que Giono abandonna son projet — mais riche de rêve, de sens et de saveur. On se prend à regretter que *Chute de Constantinople* soit resté en chantier, à se demander quel livre cela aurait donné. On retrouve les mêmes qualités dans la nouvelle qui ferme le recueil *(Le Poète de la famille)*. L'héroïne en est un personnage que Giono présente comme sa tante. Madame construit des ponts et creuse des tunnels. Autriche, Italie, France, Suisse, elle bourlingue à travers les Alpes, un an ici, deux ans là, régentant sa tribu, car elle a autant de fils et de brus que les patriarches de *La Bible* (*) et aussi curieusement nommés : Hector et Achille, Sirius, Primo et Secundo, etc. Seul l'aîné, Djouan, échappe à son autorité : il n'a pas besoin d'elle pour concevoir et mener à bien, sur les cinq continents, des ouvrages encore plus grandioses. Parfois, entre deux voyages, il rend à la famille une visite éclair. Avec un explosif de son invention, il provoque une mini-catastrophe — présentée sur le mode comique — à l'entrée du tunnel où travaille sa famille. Giono aime parler de la sagesse et de la folie, d'une sagesse et d'une folie qui ne sont pas celles de tout le monde. Pour illustrer ses idées, il donne une vie intense et vigoureuse à des êtres pittoresques, voire extraordinaires, mais toujours assez enracinés dans le réel pour ne pas dérouter.

EAUX DE SAINT-RONAN (Les) [*St. Ronan's Well*]. Roman de l'écrivain écossais Walter Scott (1771-1832), publié en 1824. L'auteur traite cette fois un sujet contemporain ; il a choisi pour cadre la station thermale écossaise de Saint-Ronan et nous dépeint, sous une forme satirique, la société élégante et oisive qui la fréquente. Si cette toile de fond fait songer aux romans de Jane Austen (1775-1817), l'intrigue est typiquement de la manière pessimiste de Walter Scott : c'est l'histoire de deux demi-frères qui convoitent la main de la belle Clara Mowbray ; mais la jeune fille perd la raison à la suite d'émotions trop violentes. L'auteur dut remanier la première version de son livre, car ses éditeurs, par excès de scrupules, jugèrent malséant de présenter une jeune fille de bonne famille qui avait pu être séduite. On s'est demandé pourquoi ils n'avaient pas agi de même envers Scott, lors de la publication des *Prisons d'Édimbourg* (*), dont l'héroïne, Effie Deans, apparaissait sous un jour plus sombre encore. Peut-être parce que Effie Deans n'était qu'une paysanne ! En raison des changements que Scott dut apporter, le roman manque d'unité et certains passages sont obscurs. Le seul personnage vraiment réussi est la patronne du vieil hôtel de Saint-Ronan, Meg Dods. — Trad. Bry, 1849-1857.

EAUX DU JARAMA (Les) [*El Jarama*]. Roman de l'écrivain espagnol Rafael Sánchez Ferlosio (né en 1927), publié en 1956, prix Nadal 1955. Œuvre majeure du courant réaliste, dénonçant le malaise social de la jeunesse espagnole sclérosée par la dictature franquiste. Un dimanche d'été pareil à tous les autres, les Madrilènes viennent oublier au bord du Jarama, petit affluent du Tage, la chaleur de Madrid et les soucis d'une semaine de travail. Dans la guinguette de Mauricio apparaissent, très excités, Sebastián et sa fiancée Paulina, qui annoncent l'arrivée de leurs camarades : Carmen, Tito, Mely, Miguel, Alicia, Daniel, Luci, Fernando, Santos. Après avoir abandonné les bicyclettes sous les treilles et s'être munis de bouteilles de vin, la petite troupe dévale vers la rivière. Loin du garage, du magasin, du bureau où ils se sont ennuyés toute la semaine, ces compagnons du dimanche s'ébattent au bord de l'eau, se baignent, rient ou se disputent, se laissent aller au plaisir de l'oisiveté. Pendant ce temps, dans la guinguette de Mauricio, les habitués — une clientèle typique de village — comparent leur existence à celle des Madrilènes. À la nuit tombante, une fraction de la bande remonte vers la guinguette afin d'y retrouver quelques camarades arrivés de la capitale avec des disques et un phono. Restés seuls au bord du Jarama, Sebastián et Paulina profitent de l'ombre pour s'aimer, tandis que, non loin d'eux, Daniel, Tito et Luci, pour tromper leur tristesse et leur nostalgie, décident de s'enivrer. Sentant que la tête lui tourne, Luci — la timide et pudique Luci — se laisse embrasser par Tito. Lorsque Sebastián propose une dernière baignade nocturne, tous acceptent. Tragique initiative : Luci, désorientée, se noie, entraînée par la rivière, sous les yeux horrifiés de ses compagnons. Une fois le corps de la jeune fille repêché, une ronde macabre s'organise autour de la morte, étendue dans l'herbe. Ronde pathétique quand les camarades de Luci se penchent sur elle avec une tendresse effrayée ; ronde atroce quand se présentent les gardes civils impassibles et surtout le juge, élégant fonctionnaire, obligé d'abandonner ses amis au casino pour venir faire une enquête, et qui porte encore un œillet rouge à la boutonnière. Lorsque le corps est remonté et déposé provisoirement dans la cave de la guinguette, on procède à l'interrogatoire des témoins et à l'inventaire des objets de la morte contenus dans son sac à main. Mais déjà le roman s'achève. Autour des tables maintenant désertes, la servante balaie les papiers piétinés, les pelures de fruits, les paquets vides de cigarettes. Une à une les lumières s'éteignent ; filles et garçons reprennent à bicyclette le chemin de Madrid, et le cadavre de Luci est transporté jusqu'à la morgue où il attendra, nu, sur la table de marbre, l'arrivée du médecin légiste. Roman où tout est vu de l'extérieur, comme surpris par l'objectif d'une caméra, *Les Eaux du Jarama* rappellent techniquement le procédé utilisé par Camilo José Cela dans *La Ruche* (*). Si les instantanés de Sánchez Ferlosio sont moins cruels et moins inquiétants que ceux de son terrible aîné, ils révèlent avec autant de force, en leur apparente neutralité, le mal espagnol d'un temps douloureux. — Trad. Gallimard, 1959. C. C.

EAUX PRINTANIÈRES (Les) [*Vešnié vody*]. Récit de l'écrivain russe Ivan Sergueïevitch Tourgueniev (1818-1883), publié en 1871. Comme dans presque tout les ouvrages de cet écrivain, le sujet en est l'amour, mais un amour enveloppé d'un pessimisme romantique. De passage à Francfort, Sanine, jeune noble russe, s'éprend d'une splendide jeune fille italienne, Gemma. Elle est fiancée à un Allemand, riche mais peu intelligent. À la suite d'un duel romantique où Sanine défend l'honneur de la jeune fille, celle-ci l'aime à son tour. Les nouveaux fiancés ont besoin d'argent, et Sanine se rend dans la ville la plus proche, Wiesbaden, pour vendre une de ses propriétés à une riche dame russe qui y habite. Cette belle femme capricieuse s'éprend, elle aussi, de Sanine, et parvient à lui faire oublier sa fiancée. Trente ans plus tard, Sanine, en évoquant son passé, apprend que Gemma, épouse et mère heureuse, vit maintenant en Amérique. Tourgueniev peint toujours d'après nature. *Les Eaux printanières.* — c'est lui-même qui l'a écrit, — « est un roman que j'ai vécu ; c'est mon histoire elle-même et je l'ai par conséquent écrite sans aucun effort ». C'est ce qui explique la puissance d'évocation de ce récit, où les images sont tellement claires qu'elles semblent familières à n'importe quel lecteur. — Trad. Corrêa, 1947 ; Gallimard, Bibliothèque de la Pléiade, 1986.

EAUX STAGNANTES [*Se chouei — Si shui*]. Recueil de poèmes du poète chinois Wen Yi-touo (Wen Yiduo, 1899-1946), publié en 1928 et dont le titre est en fait celui d'une des œuvres incluses dans cet ouvrage. Son auteur créa une poésie à la fois entièrement moderne et entièrement chinoise qui se démarquait aussi bien des imitations occidentales, des slogans politiques, du sentimentalisme à la mode que de la longue tradition chinoise. L'audace de ses images, en particulier dans le poème « Eaux stagnantes », fit scandale à l'époque. La mort d'une de ses filles, un amour violent mais discret, et surtout le désespoir devant la situation de la Chine sont ses principaux thèmes. Dans un de ses essais, Wen Yi-touo voulait que la poésie allie la construction de l'architecture et la musique des mots, qu'elle ait une structure sans avoir pour autant la forme des poèmes anciens, et il a admirablement réalisé son idéal dans ce recueil. Certains intellectuels chinois (même si pour des raisons politiques ils ne peuvent le dire) pensent que, grâce à ce chef-d'œuvre, Wen Yi-touo, et non Lou Siun, est l'écrivain le plus important de l'entre-deux-guerres. J. P.

ÉBLOUISSEMENTS (Les). Roman de l'écrivain belge d'expression française Pierre Mertens (né en 1939), paru en 1987. Ce roman qui fut couronné de plusieurs prix (le prix Médicis et le prix Paul Celan) permit à beaucoup de lecteurs de découvrir une œuvre attentive aux liens souvent conflictuels et paradoxaux qui unissent vie et histoire, fiction et réalité. Nul exemple ne pouvait être mieux choisi que celui de la destinée du poète expressionniste allemand Gottfried Benn (1886-1956), qui sert de trame à cette biographie fictive. Ce serait une grave méprise que de classer cette œuvre sous la rubrique (peu glorieuse) des « biographies romancées ». La vie de celui qui raconte et la vie de celui qu'il cherche à déchiffrer, quels que soient les décalages historiques et idéologiques, ne sont pas séparables ; autobiographie et biographie empiètent l'une sur l'autre, et la littérature n'est pas qu'une « façon de dire » (façon de romancer), elle est moyen d'exploration, de connaissance. Le moi qui écrit, le « moi lyrique », engagé par toute une part de son être dans son époque (au point, comme Benn, d'en épouser les fantômes et de boire jusqu'à la lie les conséquences de ses erreurs), est cependant irréductible aux « bruits du temps ». L'existence charnelle (et l'on sait combien la chair sous toutes ses formes obséda le poète) de l'auteur de *Morgue* (*), à l'écart des analyses psychologiques toujours trop courtes ou des jugements moralisateurs inutiles, est rendue sensible par une écriture qui a su en préserver tout le mystère. Ce n'est qu'à la lumière d'une autre œuvre que la vie d'un homme peut être révélée. F. W.

ÉBLOUISSEMENTS (Les). Recueil de poèmes de l'écrivain français Anna de Noailles (1876-1933), publié en 1907. L'auteur peut bien laisser croire qu'elle renie le romantisme, les caractères essentiels de sa poésie en sont encore tout entiers marqués dans ce recueil : primat de l'imagination qui transfigure les choses : « ... c'est de moi que monte et que s'élance / Un univers plus beau, plus plein de sensations... » Sensation effrénée qui anime une poésie fondée d'abord sur l'émotion devant le monde sensible. Ce ne sont là que les traits communs à toute la poésie d'Anna de Noailles : l'accord physique avec une nature qui résonne infiniment dans le cœur de l'auteur formait la trame des œuvres précédentes. Mais la « nature » y semblait par trop restreinte : l'auteur pouvait bien n'être que la « muse des Jardins ». Elle le demeure ici, et les évocations de l'Île-de-France, de Versailles, de la Malmaison se confondent avec celles d'Annecy et des Charmettes. Mais, outre que l'évocation des jardins d'enfance se teinte de nostalgie, les puissances de sentir essaient de se hausser à la taille du vaste monde. L'éblouissement est cosmique : des milliers de formes se heurtent, les éléments, orage, eaux, souffles, entrent en scène. Vers le soleil monte un chant d'adoration fervente : « Ma joie est un jardin dont vous êtes la rose. / Énorme soleil d'or... ». Ce recueil marque donc à la fois, dans l'œuvre d'Anna de Noailles, un élargissement de la matière poétique et un besoin plus exacerbé de sentir, de jouir, de posséder toutes choses. Le poète s'ouvre, avec une sorte de joie primitive, à tous les mouvements de l'univers : « Mon esprit est ouvert comme une immense porte / Je m'attendris, je meurs, je m'exalte, je porte / Quelque chose ce soir de divin dans mon sang... » Aux thèmes traditionnels du panthéisme poétique s'ajoute dans *Les Éblouissements* celui de la correspondance des sursauts de l'univers et des sursauts de l'âme. Le bonheur sera de s'identifier complètement au mouvement cosmique, identification non point intellectuelle (car ici rien n'est fixe, rien n'est idée), tout est sensation, impression, identification physique qu'exprime le désir. Rien d'autre ne demande le poète : « Du désir, des plaisirs, des extases profondes... » Il n'est pas, pour Anna de Noailles, d'autre bonheur sensuel que celui que donne l'ivresse qui confond l'homme au monde et accomplit l'aspiration panthéiste. Et cependant le livre ne s'achève point sur ces « éblouissements » supérieurs : une grande ombre couvre les derniers poèmes, tous empreints du sentiment de l'immensité de la mort. L'âme, qui tout à l'heure se plaisait aux jardins, lançait des hymnes au soleil et aux orages, avoue tout à coup : « Je suis l'être que tout enivre et tout afflige... » Il fallait tout transfigurer par le rêve. Mais maintenant la femme a connu la réalité. L'enthousiasme de *Cœur innombrable* (*) fait place au regret du passé, sentiment nouveau chez Anna de Noailles. Pour la première fois aussi la crainte de la mort apparaît, et avec elle une faim sauvage, une hâte de vivre, de jouir tout de suite, avant de mourir, qu'on ne trouve point dans les premières œuvres. Pour surmonter la mort, l'artiste n'en appelle pas au sentiment religieux, aux certitudes supérieures de la foi. Elle ne voit d'issue que dans une exaltation plus forte : « Mourante, je dirai qu'il faut jouir et vivre... »

ECCE HOMO. Recueil publié en 1945 par l'écrivain français Georges Ribemont-Dessaignes (1884-1974). Après les époques dada, surréaliste, réaliste, c'est presque d'un quatrième moment de l'œuvre du poète qu'il s'agit vers la fin de la guerre. Ribemont-Dessaignes est descendu vers la mer qu'il contemple de son village de Saint-Jeannet. Son œuvre a pris une ampleur nouvelle, comme le bonheur en Europe. Il écrit alors une suite de préludes, récitatifs, ariosos complets, duos, quintettes et final. Le poète s'interroge. L'homme n'est-il qu'une erreur dans un monde prodigieusement doué pour les créations les plus belles ? Il veut à son tour se faire créateur. Il appelle à la vie les dieux et les hommes ; il retrouve Ariane et le fil mystérieux qui l'a guidé dès sa jeunesse. Ariane est néant : nul ne possède jamais que le reflet de soi-même. La mort nous ouvrira-t-elle la porte d'un monde plus réel ? Illusion encore : à la fin du vaste univers que reste-t-il ? Composition, décomposition. L'os, la chair. La chair est décomposition mais elle seule contient la vie, le temps éphémère — mortel — de toutes les joies et de toutes les douleurs accrochées au squelette. L'os est stérile. Il n'est rien quand le temps, cette dent affamée, a rongé la vie-viande. « Et quand tombe la fin dernière / Du grand, de l'immense univers / Il ne reste plus rien qu'un os. » Au cœur de ce livre se joue le drame entre le dur et le mou, le durable et le périssable, entre le mal, qui est le gaspillage d'une procréation délirante aboutissant à un vaste anéantissement, et le bien, qui est un effort pour organiser raisonnablement des structures capables de s'opposer à l'universelle dégradation.

ECCE HOMO. Comment on devient ce que l'on est [*Ecce Homo. Wie man wird was man ist*]. Autobiographie du philosophe allemand Friedrich Nietzsche (1844-1900), écrite en 1888 et publiée après sa mort en 1908. Dans la première partie, intitulée « Pourquoi je suis si sage », Nietzsche distingue les éléments de sa propre personnalité et relève en lui deux tendances opposées : l'une, décadente et qui le conduirait à l'apathie, déterminée par son déplorable état physique (il fut souvent et longtemps malade) ; l'autre, anti-décadente et combative, développée par la volonté de salut qui veille en lui et marque toute sa philosophie, volonté qui lui a fait surmonter la compassion et le ressentiment. Avec une fierté qu'il ne cache pas, il attribue la diversité de son caractère au sang polonais qu'il a hérité de ses aïeux paternels et qui se révèle dans son physique. Doué d'un instinct aigu de propreté qui lui permet de découvrir la boue cachée sous l'hypocrisie des formes morales, il aspire avec passion à la solitude.

Dans la seconde partie : « Pourquoi j'en sais si long », Nietzsche se déclare « immunisé » par nature contre les problèmes de la transcendance. Une espèce d'« excursus » psycho-physiologique lui montre la vie libre au grand air comme favorable au travail spirituel le plus noble ; il en arrive à prétendre que l'air sec favorise la naissance du génie, alors que l'humide chaleur germanique tue les germes de la grandeur. Quant à la « récréation » de l'esprit, Nietzsche pense que la lecture en est la forme la meilleure, puisqu'elle aide l'homme à se séparer de lui-même, et lui permet de pénétrer les sciences et les âmes étrangères ; toutefois, il ne faut pas laisser la pensée des autres « escalader les murs » de notre esprit quand celui-ci est sur le point de créer des conceptions nouvelles. Quelques livres donc forment sa bibliothèque, tous français. Comme récréation, il accepte encore la musique de Wagner, durant les jours de leur accord à Triebschen ; mais Wagner, en réalité, n'est que l'héritier du romantisme français tardif et décadent, alors que la musique dont rêve Nietzsche doit être profonde et sereine comme un après-midi d'octobre. Nietzsche recherche enfin l'origine de sa propre sagesse : celle-ci tient dans sa géniale habileté à exclure de soi ce qui devrait toujours être nié ; il faut se garder de toute passivité, qui pourrait infirmer la liberté de l'individu. Pour devenir ce que l'on est, il n'est pas besoin de s'étudier ; même les erreurs de la vie ont leur valeur, parce qu'à travers elles se développe et grandit, s'alimentant des capacités artistiques de l'instinct, l'« idée organisatrice » qui s'épanouira ensuite spontanément au moment de la maturité.

Dans la troisième partie : « Pourquoi j'écris de si bons livres », Nietzsche reconnaît que l'incompréhension que rencontrent ses œuvres est juste, puisqu'il s'est élevé à un niveau humain supérieur à celui que les hommes modernes peuvent atteindre, et son parfait lecteur devrait être un monstre de courage et de curiosité. Il a façonné la langue allemande par des moyens artistiques incroyables, et il a découvert le grand style des périodes. C'est à cette partie que sont annexées les fameuses préfaces des œuvres, à travers lesquelles on peut suivre l'évolution de la philosophie nietzschéenne.

La quatrième partie : « Pourquoi je suis une fatalité », explique l'importance que Nietzsche attribue à sa propre philosophie ; il sent qu'il a commencé quelque chose de prodigieux : sa vérité est terrible, « parce que auparavant on appela vérité le mensonge ». Il est le premier immoraliste et, s'il a mis en tête de son plus grand ouvrage le nom de Zarathoustra, de celui qui créa la fatale erreur de la moralité en expliquant le monde par le concept métaphysique de la lutte du bien contre le mal, il l'a fait délibérément, car il était juste que celui qui erra et fut un temps le plus sincère des penseurs se surmontât lui-même par amour du vrai jusqu'à se transformer en son contraire, le Zarathoustra nietzschéen, lequel a découvert et dénoncé la morale chrétienne et, par cela même, représente le destin. L'impératif de Nietzsche a cette signification : il faut avoir la force de concevoir la réalité telle qu'elle est ; ce n'est que par cette voie que l'homme peut trouver la grandeur. Et *Ecce Homo* se termine par ces mots : « M'a-t-on compris ? Dionysos en face du Crucifié... » Dans cet ouvrage – ainsi qu'il l'affirme lui-même dans une lettre – Nietzsche a voulu se présenter « avant l'acte funeste et solitaire de la transmutation des valeurs » ; en traçant en lignes hardies son portrait mythique, il entendait appeler l'attention sur lui et rompre ainsi l'absurde silence qui s'était fait autour de lui. – Trad. Gallimard, 1942 et, dans une trad. nouvelle, 1974.

ECCLÉSIASTE [*Qôhélet*, Ἐκκλησιαστής]. Livre de l'Ancien Testament – v. *La Bible* (*) – qui occupe la seconde place dans les écrits sapientiaux et qui suit immédiatement les *Proverbes* (*). Il fut écrit en hébreu, apparemment par un auteur inconnu, vers le milieu du IIIᵉ siècle av. J.-C. Le titre hébreu, « Propos de Qôhélet, fils de David », explique la traduction l'« Ecclésiaste », car Qôhélet signifie « l'homme de l'assemblée » (en grec « Ecclèsia »). On n'y trouve aucun prologue, aucune présentation ; l'idée fondamentale est présentée sans détour, ainsi que le problème harcelant et angoissant : « Vanité des vanités, tout est vanité » (I, 1-2). La douleur longuement contenue éclate, après avoir impitoyablement tourmenté le cœur de l'auteur, qui manifeste sa peine avec une insistance douloureuse. L'homme passe inexorablement et il cherche en vain quelque soulagement dans les choses terrestres qui sont vouées au même destin que lui. Tout aboutit au mystère. La science, exaltée par les philosophes et les poètes, n'est d'aucun secours, elle ne fait qu'attiser l'insatiable curiosité de l'homme. Les plaisirs sensuels, les richesses et le luxe sont des choses insensées. L'auteur se lamente sur les fruits de ses efforts qui profiteront seulement à un inconnu, lequel lui succédera sans le savoir dans l'engrenage de la vie. L'auteur se replie sur lui-même et se demande : Pourquoi suis-je ? – Où vais-je ? Sa raison, affaiblie par l'erreur, ne lui répond pas. Même auprès de ses frères et de sa famille, il ne trouve pas le réconfort. L'agitation de la vie civile le dégoûte. Il s'arrête brusquement et, regardant en arrière, il mesure l'étendue de son œuvre et la résume en condamnant l'excessif désir de jouir et l'abandon exagéré à la tristesse. On ne peut nier à l'*Ecclésiaste* cette teinte de pessimisme et ce sentiment de morne tristesse. Mais, alors que le fataliste et le pessimiste ne trouvent pas de remède à leur douleur, l'*Ecclésiaste* rencontre infailliblement la sérénité dans la foi en Dieu qui récompense le bien accompli et châtie le mal commis, selon une justice infaillible, qui contraste avec l'injustice de cette misérable vie terrestre. L'*Ecclésiaste* a donc un but éthique. Elle étudie le problème du bien suprême, s'efforçant de déterminer le côté positif, puis le côté négatif de toute chose, et répondant comme elle peut à la question : « Comment l'homme doit-il agir dans ce monde pour vivre heureux et paisible ? », elle avance certaines règles de conduite.

Le livre se présente sous la forme d'une harangue, inquiète et vigoureuse, qui tend à persuader tous les hommes de la vérité inculquée. Les éléments oratoires par conséquent y foisonnent. L'auteur n'expose pas seulement des pensées, mais aussi des sentiments et des impressions. Il raisonne et apprécie. Ne répudiant nullement les forces de son imagination, il a recours à des éléments fantastiques qui donnent à l'œuvre couleur et relief. L'inspiration poétique apparaît, ici et là, et anime l'argumentation, la rendant plus sincère et plus pénétrante. Les questions sont nombreuses et piquantes ; les exclamations, ainsi que les figures rhétoriques et les paraboles, sont fréquentes. Un seul but préside à l'inspiration de l'œuvre : démontrer le néant de toute chose et notamment de la vie en dehors de Dieu. Dans *La Bible* hebraïque, l'*Ecclésiaste* se situe dans le troisième groupe dit des « Hagiographes », entre les Lamentations de *Jérémie* (*) et *Esther* (*). — Trad. éd. du Cerf, 1988.

ECCLÉSIASTIQUE (L') [*Σοφία Ἰησοῦ υἱοῦ Σιράχ* : sagesse de Jésus, fils de Sirach]. Le plus long des cinq livres sapientiaux de l'Ancien Testament — v. *La Bible* (*) —, écrit en hébreu au début du IIe siècle av. J.-C., par Jésus, fils de Sirach. Par la suite, le livre fut traduit en grec par le neveu de l'auteur. À cause de l'excellence des préceptes qui y sont contenus, les Latins lui donnèrent ce titre, qui signifie : « en usage dans l'Église ». Dans les éditions grecques, le livre est intitulé : *Sagesse de Sirach*, ou *Sagesse du fils de Sirach*, tandis que les juifs connaissaient plus communément l'ouvrage sous le nom de : *Proverbes* ou *Paraboles du fils de Sirach*. Il comprend cinquante et un chapitres, et on peut le diviser en deux parties inégales. La première partie parle en général de la pratique de la vertu et contient des préceptes et des maximes concernant le comportement dans la vie. On y insiste beaucoup sur les avantages de la sagesse, qui y est admirablement étudiée. La seconde partie fait l'éloge de Dieu créateur, et des saints de l'Ancien Testament, et se termine en rendant grâces à Dieu des bienfaits accordés à l'auteur. Le Prologue, qui précède la version grecque (ou latine) du neveu de l'auteur, n'est pas considéré comme Écriture d'inspiration divine.

L'Ecclésiastique, avec sa surprenante abondance de préceptes et d'enseignements, constitue tout un code éthique de vie qui enseigne à jouir avec réserve, et avec gratitude envers Dieu, des joies de la vie présente, sans s'abandonner à l'apathie des Stoïciens ou au raffinement des Épicuriens. On y apprend à souffrir avec patience, à accepter la mort des mains du Très-Haut, à se comporter avec les amis et avec les convives, à garder les secrets et à bien mener la vie conjugale. On y respire déjà l'air de la morale évangélique. On est aux portes d'une ère nouvelle. Près des deux tiers de l'écrit furent découverts dans une synagogue du Caire entre 1896 et 1900. Deux versions de la traduction grecque existent. L'une d'elles, la plus pure, est conservée dans les manuscrits du Vatican, et dans l'édition de Sixte-Quint ; l'autre, moins parfaite, se trouve dans d'autres manuscrits et c'est celle qui a donné naissance à la *Vulgate* latine. — Traduction œcuménique de *La Bible*, 1988.

ÉCHANGE (L'). Drame en trois actes de l'écrivain français Paul Claudel (1868-1955), publié en 1901. Louis Laine, jeune homme léger et menteur, a ramené de France sa femme Marthe qu'il a arrachée à son foyer. Elle l'a suivi sans regret, car il a su lui inspirer la « passion de servir ». Il a été engagé comme gardien de la propriété d'un riche Américain, Thomas Pollock Nageoire, marié à une actrice, Lechy Elbernon, qui est l'anti-Marthe par excellence : la femme de tous les hommes, la femme aux cent visages, le mensonge. Thomas Pollock Nageoire offre à Louis Laine de lui acheter sa femme, qui l'a séduit par sa modestie et sa sagesse même ; Laine accepte le marché, consent à partir et empoche l'argent. Il annonce sa décision à Marthe, en cherchant à la persuader qu'il répare ainsi le tort qu'il lui a fait en l'épousant. Marthe le supplie de la garder, en déclarant que ce n'est pas le bonheur qu'elle cherche « mais la peine et la douleur » qui sont la part de la femme mariée. Entre-temps, Louis Laine est devenu l'amant de Lechy Elbernon, qui en sa présence vient insulter Marthe, en lui révélant son déshonneur. Marthe s'adresse encore à son mari et lui rappelle qu'il ne peut la quitter, car elle lui est unie « par un serment et une religion indissolubles ». Le soir même se déroule un étrange entretien entre les deux femmes : Lechy Elbernon prévient Marthe qu'elle tuera Louis si Marthe ne parvient pas à l'empêcher de s'enfuir et qu'elle ruinera Thomas Pollock en brûlant sa maison. Lors du dernier adieu entre Louis Laine et Marthe, où ils se pardonnent mutuellement, Louis lui ment encore en niant avoir gardé l'argent du marché, qu'elle le supplie de rendre. Mais le drame éclate lors d'un entretien entre Marthe et son acheteur : Lechy Elbernon arrive délirante et montre au loin la maison qui brûle et le cheval de son amant qui ramène le cadavre. Marthe convainc le mari de prendre soin de cette folle : quant à elle, elle va « coudre sa robe de deuil, car elle est veuve », persuadée que « cela est bien ainsi ». Dans cette pièce, Claudel s'est proposé d'illustrer une des quelques vérités catholiques qu'il n'a cessé de proclamer tout au long de son œuvre, avec cette poésie primitive qui lui est propre : l'indissolubilité du lien du mariage.

ÉCHARDES [*Lascas*]. Recueil de poèmes, publié en 1901, de l'écrivain mexicain Salvador Díaz Mirón (1853-1928). Díaz Mirón, après avoir été un des adeptes du romantisme sud-américain, influencé par l'œuvre de Victor Hugo, ne tarda pas à se rallier à l'esthétique « moderniste » qui, sous le signe de Rubén Darío, renouvela toute la poésie de langue espagnole. La musicalité assourdie de ses vers, qui présentent une facture parnassienne, retient moins l'attention que l'usage délibéré des dissonances. À côté de certains poèmes, telle la pièce fameuse intitulée « Á un prophète », où s'exprime un sentiment inquiet de révolte, le recueil contient des poèmes d'amour d'une force insolite et brutale, par exemple les derniers vers du poème dédié « Á Gloria » : « Soumets-toi, ô femme / Nous sommes venus dans cette vallée de larmes / Toi, comme la colombe, pour y faire ton nid / Moi, comme le lion, pour combattre. »

ÉCHELLE DE MAHOMET (Le livre de l') [*Liber scalae Machometi*]. Traduction latine médiévale d'un ouvrage apocalyptique arabe relatant le voyage céleste *(miʿrāj)* de Mahomet dans les sept cieux et les sept terres, sa rencontre avec les anges et les prophètes, et son entretien avec Dieu. L'*Échelle de Mahomet*, dont il existe aussi une version en ancien français, est en fait la traduction latine d'une version castillane effectuée en 1264 sur l'ordre d'Alphonse le Sage (1221-1284), dont la cour fut l'un des principaux points de contact, à l'époque, entre le christianisme, le judaïsme et l'islam. L'ouvrage arabe qui a servi de point de départ au *Livre de l'échelle* n'a jamais été identifié ; le texte latin manifeste néanmoins une étroite homogénéité avec plusieurs autres ouvrages arabes du même genre. Apparu sans doute à une date ancienne, le thème du voyage céleste de Mahomet n'est pas explicitement mentionné dans *Le Coran* (*) ; la tradition exégétique musulmane en fait cependant état, le rattachant au « voyage nocturne » auquel fait allusion le début de la 17e sourate (chapitre) du *Coran*. Tout en conservant l'essentiel des données fournies par l'exégèse canonique, les récits du *miʿrāj* les ont considérablement enrichies par la multiplication de notations descriptives et l'inclusion de thèmes et de motifs, notamment cosmogoniques et apocalyptiques, absents des commentaires savants, mais dont certains apparaissent également dans les *Récits sur les prophètes* (*). L'ouvrage emprunte le cadre classique du « songe » ou de la « vision » rapportée à la première personne – v. le *Livre d'Ézechiel* (*) ou l'*Apocalypse* (*) de Jean, mais aussi *La Divine Comédie* (*) –, permettant de rattacher un discours descriptif et informatif au point de vue d'un narrateur témoin, qui en garantit ainsi l'authenticité. Bien que la structure de l'ouvrage soit assez complexe et présente diverses incohérences, peut-être dues à des interpolations, il est possible d'y distinguer six grandes parties. 1) Le voyage nocturne accompli par Mahomet accompagné par l'ange Gabriel et porté par la monture merveilleuse Burāq, depuis le sanctuaire de La Mecque jusqu'au temple de Jérusalem, où il est accueilli par les prophètes et prie en leur compagnie. 2) Sa visite des sept cieux, conçus comme des coupoles hémisphériques emboîtées et tenues ensemble par le trône de Dieu ; chaque ciel est présidé par un prophète et peuplé par diverses catégories d'anges, décrites avec un grand luxe de détails. 3) Description du paradis et des délices réservés aux élus. Rencontre de Mahomet avec Dieu (dont il reste toutefois séparé par deux tentures, voiles ultimes de la transcendance divine). Dieu lui révèle *Le Coran* et prescrit à tous les musulmans de faire cinquante prières par jour et de jeûner deux mois par an ; sur le conseil de Moïse, Mahomet obtient l'allégement de ces obligations à cinq prières quotidiennes et un seul mois de jeûne. 4) Description du monde par Gabriel : il se constitue de sept terres plates empilées et peuplées de diverses créatures. 5) Description de l'enfer et évocation du jour du Jugement dernier. 6) Retour de Mahomet à La Mecque, où il se heurte à l'incrédulité et à la dérision de ses concitoyens, hormis un petit groupe de fidèles. Outre son intérêt historique, le *Livre de l'échelle* présente des qualités esthétiques indiscutables, combinant avec bonheur un intense désir de donner une représentation sensible et en quelque sorte « matérielle » des choses célestes et un tact et un souci de respecter la transcendance divine qui évitent les pièges du réalisme vulgaire et de la platitude descriptive ; l'atmosphère, intensément vivante et en même temps totalement idéale, n'est pas sans évoquer celle de certaines miniatures persanes ou de certaines icônes byzantines. Image d'un cosmos serein et ordonné, dont la splendeur émerveille plus qu'elle n'inquiète, cette apocalypse islamique, aux antipodes de celles d'Ézechiel et de Jean, reflète assez fidèlement l'attitude quiétiste de l'islam sunnite médiéval, pour qui le salut est essentiellement dans l'abandon confiant à la mansuétude divine, et l'univers des créatures, un réservoir inépuisable de signes qui renvoient tous à l'ineffable majesté du Créateur. – Trad. Le Livre de Poche, 1991. J.-P. G.

ÉCHELLE DE SOIE (L') [*La scala di seta*]. Opéra en un acte du compositeur italien Gioacchino Rossini (1792-1868), sur un texte de Giuseppe Foppa tiré d'une farce française de même titre, créé à Venise le 9 mai 1812. Giulia a épousé secrètement David. Elle le reçoit la nuit ; de la fenêtre pend une échelle de soie. Le tuteur de Giulia, qui ne sait rien, l'a promise à un certain Blansac, lequel courtise de son côté la cousine de la jeune femme. Giulia, pour s'en débarrasser, voudrait qu'il épousât vraiment sa cousine. David, jaloux, peut soupçonner que l'échelle sert aussi à d'autres qu'à lui-même. À un certain moment, tous se sont cachés pour voir qui montera : il y a David, le tuteur, Blansac, le domestique, la cousine, la tante, Giulia elle-même, la servante, chacun pour son compte et avec son propre soupçon. Quand l'affaire s'éclaircit, Blansac épouse réellement la cousine de Giulia, le tuteur donne son approbation au mariage, le domestique épouse sa Tognetta. Rossini ne nous a pas donné sur cette trame, qui plus tard aurait pu servir son génie de manière splendide, la partition pleine d'allant que l'on imaginerait. L'ouverture est le meilleur moment de l'œuvre ; elle seule a survécu à l'oubli et elle laisse vraiment prévoir ce que sera Rossini à son apogée, par sa vivacité.

ÉCHELLE SAINTE (L') [Κλιμαξ]. Œuvre byzantine de Jean le Scolastique (575 ?-650 ?), dit Climaque, du titre grec de son œuvre principale. Anachorète, moine et abbé du couvent du mont Sinaï, il vécut dans la première moitié du VIIe siècle. Cet écrit fut ainsi appelé parce qu'il devait constituer pour les fidèles une « échelle » ou un guide vers le ciel, allusion à l'échelle biblique de Jacob. Cette œuvre eut un grand succès en Orient et en Occident, et elle fait partie de l'abondante floraison ascétique et mystique des monastères de l'époque. Ceux-ci étaient alors non seulement les asiles de la culture qui avait survécu, mais aussi les centres vitaux de l'orientation spirituelle chrétienne à l'opposé des tendances rhétoriques, rationnelles et philosophiques de l'époque. *L'Échelle de Jacob* constitue un véritable guide qui conduit le chrétien à la connaissance de Dieu. — Trad. Abbaye de Bellefontaine, 1978.

ÉCHELLE SECRÈTE (L') [*The Secret Ladder*]. Roman de l'écrivain guyanais Wilson Harris (né en 1921), publié en 1963. Dans ce livre aux fortes connotations autobiographiques, Fenwick et ses hommes effectuent des mesures hydrologiques dans la brousse guyanaise. Rapidement leur entreprise se heurte à l'hostilité de Poséidon, vieux chef d'une communauté d'Africains, descendants des « marrons » réfugiés dans la forêt pour fuir l'esclavage. Fenwick, qui représente la science matérialiste et le « progrès » et ignore l'attachement presque métaphysique des Noirs à cette maigre terre gagnée de haute lutte, est soupçonné de préparer l'expropriation des gens de Poséidon. Progressivement, Fenwick se trouve impliqué dans une confrontation qui bouleverse sa perception du monde. Refusant la manière forte préconisée par son adjoint Jordonne, il cherche à établir une communication véritable avec les rebelles. Ce roman allégorique, sans doute le plus abordable de l'auteur, rejoue les drames de la conquête et ouvre sur des perspectives visionnaires. La limpidité apparente ne doit pas faire oublier le travail grâce auquel Wilson Harris creuse la langue, dynamise la perception métaphorique qui ouvre sur des perspectives pratiquement infinies. Comme une créature venue tout droit des *Métamorphoses* (*) d'Ovide, Poséidon apparaît à Fenwick avec « ses mains [qui] se lovaient dans les cordes torturées d'un filet de pêcheur (enchevêtrement de veines et de phalanges qui entraînaient ses doigts dans un mouvement de lutte continue)... Les cordes vivantes semblaient pousser de ses bras, de son corps pour s'aplatir comme une paille épaisse et poilue sur sa poitrine... » Sa présence sombre et salutaire inspire tout le roman, à la fois tragédie d'un groupe menacé de mort et perspective d'une nouvelle compréhension entre les peuples. — Trad. Belfond, 1981.

J.-P. D.

ÉCHO (L') et autres nouvelles [*Collected Stories*]. Nouvelles de l'écrivain américain Paul Bowles (né en 1910), publiées en 1979. En 1952, l'écrivain américain Gore Vidal déclarait : « Carson McCullers, Paul Bowles et Tennessee Williams sont actuellement les trois meilleurs écrivains des États-Unis. » Cette réputation, Paul Bowles la doit beaucoup à ses nouvelles. Ce sont elles qui le firent connaître avant même la publication d'*Un thé au Sahara* (*), son roman le plus célèbre. Situées d'ordinaire dans un contexte « exotique » — le Maroc, l'Amérique du Sud ou l'Asie —, elles mettent très souvent en scène des voyageurs occidentaux confrontés à une culture étrangère. Ainsi, dans la nouvelle qui donne son titre au présent recueil, une jeune Américaine s'aventure dans la jungle et rencontre un indigène, sans doute fou, qui lui crache de l'eau au visage. Cette confrontation est emblématique des rapports entre Occidentaux et autochtones, tels que les décrit Bowles : l'ambiguïté, le malentendu, l'exclusion, voire la duplicité les minent. Dans la nouvelle intitulée « Tapiama », c'est un photographe qui, par une nuit torride d'Amérique du Sud, se rend en barque dans un bouge à la clientèle difforme, où il absorbera plusieurs « cubiambas », boisson locale qui engendre rêves et hallucinations. Paul Bowles introduit souvent des rêves dans ses nouvelles, non seulement parce qu'il a d'abord pratiqué l'« écriture automatique » chère aux surréalistes, mais aussi parce que le rêve nous révèle notre propre étrangeté, la fragilité de nos idées et de nos comportements. La précarité de notre civilisation est aussi soulignée par des nouvelles « fantastiques » ayant pour thème la magie : « Tu n'es pas moi », où une femme aliénée mentale échange son âme avec sa sœur ; « La Vallée circulaire », où un esprit malin occupe le corps des humains et des animaux ; « Le Scorpion », où une femme se transforme en scorpion ; « L'Initié », où, sous l'influence d'une drogue (le kif), un Marocain vit dans plusieurs univers parallèles ; « Allal », où un Marocain (encore sous l'influence du kif) devient littéralement un serpent... D'autres nouvelles, comme « Un épisode lointain » ou « Une proie délicate », décrivent les mutilations encourues par des voyageurs imprudents. Chez tous ces personnages, le désir d'exotisme, la fascination de l'autre ont pour contrepartie la peur de la différence, mais aussi la peur de soi-même, l'angoisse de perdre sa propre identité.

Davantage influencé par Edgar Poe, André Gide et son « acte gratuit », Baudelaire ou Lautréamont que par Herman Melville ou Joseph Conrad, Paul Bowles manifeste dans ses nouvelles un talent aigu de conteur cruel et onirique, attentif à la musique des mots, aux civilisations du « Sud » et aux désarrois d'Occidentaux confrontés à l'inconnu. – Trad. en trois volumes, *L'Écho, Le Scorpion, Un thé sur la montagne,* Rivages, 1988-89. B. M.

ÉCHO DES CHANTS RUSSES et **ÉCHO DES CHANTS TCHÈQUES** [*Ohlas písní ruských* et *Ohlas písní českých*]. Recueils de poèmes de l'écrivain tchèque František Ladislav Čelakovský (1799-1852), publiés respectivement en 1829 et en 1839. Ce sont les deux plus importants parmi les divers recueils de Čelakovský, intéressants encore aujourd'hui pour leur valeur artistique, et le second particulièrement pour sa valeur patriotique. Il s'agit, comme l'indique le titre des deux recueils, d'échos et de variations sur des thèmes de poésie populaire, mais on peut les considérer comme de véritables créations originales, sur un thème fondamental. Dans l'*Écho des chants russes*, on remarque la présence de personnages venus tout droit des *Bylines* (*), comme Ilya Muromec ; il s'agit en général de remaniements d'épopées. Dans l'*Écho des chants tchèques*, au contraire, l'élément lyrique prédomine, avec des nuances humoristiques surtout dans les chants de paysans. Cette œuvre, au souffle lyrique plein de jeunesse, contribua, au seuil du romantisme, au développement d'une poésie nationale, poésie qui était, avant Čelakovský, d'inspiration idyllique et conventionnelle.

ÉCHOS ET REFLETS D'UN TEMPS [*Vang bong môt thòi*]. Nouvelles de l'écrivain vietnamien Nguyên Tuân (1910-1987), éditées en 1940, après des publications échelonnées (1938-39). Ce chef-d'œuvre de onze récits évoque un art de vivre qu'il pense sur le point de disparaître. Il y développe une esthétique ancienne qui trouvait un bonheur fugitif dans la perfection du geste et donnait aux actes les plus simples ou les plus douloureux la solennité d'un rite intemporel (la préparation du thé, la dernière calligraphie d'un condamné, une exécution capitale...). Si cet épicurisme feutré, refuge des déçus, peut irriter quand on pense aux graves problèmes du moment, il y a aussi dans son œuvre une part de voyeurisme cruel sur fond de répression politique qui peut le faire considérer comme un révolutionnaire dès 1940. T.-T. L.

ÉCLUSE (L'). Roman de l'écrivain français Jean-Pierre Faye (né en 1925), paru en 1964 (prix Renaudot), cinquième volet d'une série de six regroupés sous le titre *Hexagramme* : *Entre les rues* (1958), *La Cassure* (1961), *Battement* (1962), *Analogues* (1964) et *Les Troyens* (1970). La ville scindée en deux (Berlin) où se déroule l'intrigue n'est pas seulement le lieu neutre où prennent place les acteurs d'une scène écrite d'avance, c'est en elle, dans son corps à la fois clos sur lui-même et ouvert en son centre, que se font et défont les rencontres. Que s'invente le temps d'un récit. La ville, lorsqu'elle n'est plus simple espace sans histoire, où loger, devient lieu d'errance, de transit. Lieu où s'échangent les mémoires, les paroles forcées d'inventer leur avenir. Berlin renvoie à Jérusalem — autre ville « coupée en deux » — dessinant les frontières de notre histoire et son impossible unité. F. W.

ÉCOLE À LA FRONTIÈRE (Une) [*Iskola a hatàron*]. Roman de l'écrivain hongrois Géza Ottlik (né en 1912), publié en 1959. *Une école à la frontière* est l'œuvre d'un « écrivain du silence ». Son auteur, en effet, Géza Ottlik, est parmi les moins prolixes de sa génération, celle qui s'affirme après 1945. S'il a écrit d'autres œuvres en prose, il n'en est pas moins l'homme d'un grand roman. Celui-ci aura attendu onze années de maturation (entre une première version de 1948 et l'œuvre publiée en 1959) pour voir le jour et remporter auprès de la critique et du public un succès non dépourvu d'une dimension polémique.

L'école annoncée par le titre, lieu central de l'action, est une école militaire, à la frontière austro-hongroise. Ottlik, qui sait par expérience de quoi il parle, raconte quatre années de la vie d'une promotion dans le microcosme de l'école.

Le roman se présente sous forme d'une réévocation, a posteriori, par un groupe de condisciples, de la vie collective dans l'établissement. Ottlik fait intervenir un narrateur, Benedek Both, qui raconte à la première personne ses souvenirs. Ces souvenirs, il les confronte à ceux, parfois contradictoires, d'un autre élève, Gabor Medve. Ce dernier est mort, mais lui a fait parvenir son cahier de mémoires. Ainsi les deux récits se mêlent-ils, dialoguent-ils, et conduisent-ils le lecteur à s'interroger de manière critique sur la valeur absolue du souvenir, et à percevoir de manière palpable la multiplicité des vécus au sein d'une situation identique. La forme traditionnelle du Bildungsroman éclate d'autant plus qu'un double rythme traverse le roman. L'histoire en effet ne se déroule pas de manière linéaire : les épisodes s'enchaînent autant par analogie que par leur succession chronologique, avec des incursions dans le passé pré-scolaire des enfants, dans la vie des adultes qu'ils deviendront.

Les enfants admis à l'école militaire découvrent un univers sans protection, où ils sont soumis à l'arbitraire d'une double hiérarchie : la hiérarchie militaire, avec ses règlements, ses sanctions, son dispositif de conditionnement psychologique, d'une part, et d'autre part la hiérarchie interne au groupe, représentée par un groupe d'adolescents plus âgés qui imposent la loi du plus fort. Ces deux systèmes de pouvoir s'imbriquent, tantôt de manière convergente, tantôt de manière divergente. Dans leurs réactions, les enfants vont se découvrir, et seront conduits à forger leurs mécanismes individuels de défense. La diversité des caractères se révèle : les flatteurs, les lâches, les dominateurs, les réfractaires.

Ceux qui commandent dans les dortoirs font reposer leur autorité sur le bâton et la carotte : ils imposent la terreur, et flattent les vanités par des alliances aussi arbitraires que provisoires, reproduisant par là les mécanismes d'un système qui, le moment venu, n'hésitera pas à les broyer à leur tour.

Les héros, présentés soit de façon subjective (les narrateurs), soit par la narration elle-même, sont singulièrement vrais : Medve, personnage pivot, que nous suivons pas à pas ; mais aussi d'autres personnages non moins omniprésents. Ainsi l'adjudant Schultze, chargé du dressage ; ainsi la bande qui impose sa loi : Merényi, le chef aux yeux ensommeillés, le Corbeau. Ainsi également Tibor Toth, le catholique pratiquant qui, attiré par la bande, ne tolérera pas d'en être rejeté, la dénoncera et provoquera son exclusion. Mais ces individualités sont tout d'abord des êtres sociaux : les mécanismes collectifs d'oppression reposent en effet sur le besoin d'insertion dans le groupe. Nous pensons à Musil — v. *Les Désarrois de l'élève Törless.* Avant et après 1945, les écrivains européens s'interrogent sur les ressorts qui conduisent de l'expression du sadisme individuel à l'exercice collectif de l'arbitraire. Le roman d'Ottlik est situé dans l'entre-deux-guerres : son titre rappelle que l'empire austro-hongrois est désormais coupé par une frontière et que, pour la Hongrie, c'est une période de frustration et d'impuissance. Ainsi *Une école à la frontière* s'insère-t-elle de plain-pied dans une problématique contemporaine, hongroise, et universelle. — Trad. Seuil, 1964.

E. T.

ÉCOLE DE LA MÉDISANCE (L') [*The School for Scandal*]. Comédie de l'écrivain irlandais Richard Brinsley Sheridan (1751-1816), publiée en 1777. Deux jeunes frères orphelins, Charles et Joseph Surface, grandissent sous la tutelle de sir Peter Teazle. Ils reçoivent une pension que leur verse un oncle très riche, Olivier, qui habite les Indes et qu'ils n'ont jamais vu. Charles, l'aîné, a un caractère étrange et difficile, mais son cœur est bon et son âme généreuse. Joseph, lui, cache sous des dehors de moralité un esprit détestable. Tous deux sont dépensiers, couverts de dettes. Le cadet commence par céder à son frère les portraits de famille, puis il essaie de gagner l'amour de Maria, pupille de sir Peter, pour la seule raison qu'elle possède une riche dot, alors que Charles est sincèrement amoureux de la jeune fille. Mais ce dernier, pressé de dettes, se voit obligé de se défaire des portraits de famille. À la vente aux enchères, un étranger, M. Premium, achète tous les tableaux, à l'exception du portrait de l'oncle Olivier, car Charles n'a pas le courage de s'en séparer. À la fin, M. Premium révèle qu'il est le vieil oncle revenu des Indes, et l'hypocrite Joseph est démasqué. On trouve chez lui, cachée derrière un paravent, la femme de son plus cher ami ; d'autre part, il refuse d'aider son oncle qui, pour le mettre à l'épreuve, s'est présenté à lui incognito, sous le nom d'un parent pauvre. À cette intrigue servent de fond le personnage de lady Teazle, la jeune fille de la campagne qui a épousé depuis peu sir Peter, et tout le petit monde cancanier et intrigant qui l'entoure. Sous des dehors de moralité, cette société raffinée cache la plus grande corruption. Comédie de mœurs, où les personnages sont campés en traits précis vigoureusement colorés, la pièce abonde en pointes satiriques. Elle est toute pétillante d'esprit, et la conduite du dialogue autant que l'invention d'ingénieuses situations dramatiques révèlent chez l'auteur une véritable expérience du théâtre. Sheridan, à la suite de Wycherley et de Congreve, s'opposa à la mode sentimentale et licencieuse de son temps et mettra fin brillamment à l'histoire du vieux théâtre anglais. — Trad. Aubier, 1949.

ÉCOLE DE LA VIRTUOSITÉ. Ouvrage technique du pianiste et compositeur autrichien Karl Czerny (1791-1857). Élève de Beethoven, devenu l'un de ses meilleurs interprètes (il donne de 1816 à 1823 des concerts hebdomadaires consacrés à sa musique), professeur lui-même de Thalberg, Jaëll et Liszt, Czerny est surtout connu pour ses études et exercices pour piano. Depuis les claviers du facteur Stein, père de la « mécanique viennoise », les pianos à marteaux ne cessent de se perfectionner. La puissance, la résonance et l'étendue de cet instrument « nouveau » nécessitent une technique également nouvelle. Czerny s'est ainsi donné pour tâche de la développer à un degré très avancé. Cette technique est fondée sur les gammes et arpèges exécutés avec des doigtés traditionnels. Si elle hésite un peu devant les grands déploiements d'énergie, surtout dans le jeu du poignet (et ceci parce qu'elle tient encore du clavecin), la technique pianistique de Czerny a toujours une actualité pédagogique certaine.

D. Ja.

ÉCOLE DES DICTATEURS (L') [*La scuola dei dittatori*]. Quatorze dialogues de l'écrivain italien Ignazio Silone (pseud. de Secondo Tranquilli, 1900-1978), publiés en 1938. En 1939, deux Américains viennent en Europe enquêter scientifiquement sur les dictatures, afin d'implanter un régime totalitaire aux États-Unis : M. Double Vé, aspirant dictateur dans son pays, et son conseiller idéologique, le professeur Pickup. S'arrêtant à Zurich, ils y rencontrent un réfugié politique, un antifasciste italien connu sous le nom de Thomas le Cynique. L'expérience de ce dernier leur paraissant digne d'intérêt, tous trois sont censés discuter pendant plusieurs jours sur l'art politique. C'est ainsi que quelques dialogues auront pour sujet : « Sur l'art politique traditionnel et ses déficiences à l'époque de la civilisation de masse », « Sur certaines des conditions qui favorisent à notre époque les tendances totalitaires », « Schéma d'un coup d'État consécutif à une révolution manquée », « Que, s'il est beaucoup d'appelés, il n'y a que peu d'élus », « Sur la nausée de la vocation totalitaire et la nostalgie de la vie privée », « Sur les dangers des complots et révoltes fomentés sans l'appui de la police et de l'armée ». Les analyses fondées essentiellement sur la situation de la Russie, de l'Italie et de l'Allemagne renseignent avant tout le lecteur sur la position très personnelle de Silone. On sait qu'il fut en Italie l'un des fondateurs du mouvement communiste, qu'il dirigea sous la dictature fasciste. Après avoir rompu avec le parti, à l'époque stalinienne, l'écrivain se définit comme « socialiste sans parti et chrétien sans Église ». Ainsi, à travers ces dialogues et ces entretiens, Silone fait réapparaître une matière politique et historique pour dégager aussi bien la technique du coup d'État à fins totalitaires, l'art du double jeu et le danger de croire à ses propres mensonges que la technique moderne de subjuguer les masses. – Trad. Gallimard, 1964.

ÉCOLE DES FEMMES (L') de Gide. Récit de l'écrivain français André Gide (1869-1951), publié en 1930. Une femme, ou plutôt une jeune fille à l'âme noble et enthousiaste, chez laquelle l'ingénuité et la fraîcheur des jeunes années cachent un jugement indépendant et singulièrement limpide, tombe amoureuse d'un jeune homme catholique, bien-pensant, plein de noblesse et d'« idéalisme », Robert, qui lui semble résumer toutes les perfections. Mais d'année en année, dans l'intimité la plus étroite, elle est obligée de revenir progressivement sur son opinion première : Robert est en réalité un homme d'une avidité raffinée, capable de déguiser ses actions sous les apparences les plus brillantes, et qui ne vise qu'à se garantir des coups de la fortune et à se présenter sous le meilleur jour possible. Ainsi la femme confiante et amoureuse devient-elle une rebelle et un juge inexorable de ce qu'elle croit être l'« hypocrisie » de son mari ; sa révolte est singulièrement favorisée par le caractère résolu et indépendant de sa fille, dans laquelle la mère se complaît à retrouver une autre elle-même, mais infiniment plus libre et sans préjugés. La femme confie sa longue et douloureuse expérience aux pages d'un journal qui – on l'imagine –, après la mort de la mère, est livré par sa fille même à l'auteur et publié par lui.

Malgré l'ingéniosité de la construction, il n'est pas difficile de voir dans cette œuvre, pour laquelle l'auteur a repris le titre de la comédie de Molière (*), l'intervention trop nue d'une thèse. La révolte de la femme devient en vérité une polémique contre ce catholicisme accommodant et trop souvent proche de l'hypocrisie dont Robert est le symbole. Les raisons de l'autre partie, l'auteur les a exposées en imaginant que le mari veuf, Robert, ayant appris l'existence du journal de sa femme, écrit son autodéfense, qui est publiée en appendice dans le livre sous le titre de *Robert.* « Ce qu'Évelyne méprisait en moi, c'était cet effort vers le mieux qui seul n'était pas méprisable. Sans doute elle s'était méprise d'abord, mais qu'y pouvais-je ? Aux premiers temps, son amour pour moi s'aveuglait sur mes défauts, sur mes manques ; mais devait-elle ensuite m'en vouloir, si j'étais moins intelligent, moins bon, moins vertueux, moins valeureux que d'abord elle me voyait ?... Le besoin de ressembler à cet être meilleur que moi, que d'abord elle avait cru que j'étais, cette application, ce zèle ne méritaient-ils pas surtout son amour ? »

On comprend que Gide, entre deux dangers, une téméraire franchise ou une prudente hypocrisie, se soit disposé à faire face à l'hypocrisie ; il en tire sans effort une démonstration systématique de la vertu. Le livre reste un document suggestif de l'infatigable désir de vérité qui guide et anime presque toute l'œuvre d'un moraliste si particulier et si intrépide. Le style, bien qu'il demeure dans chaque réponse rigoureusement analytique, trouve, dans la lumineuse précision avec laquelle il réussit à rendre vivante chaque nuance de la pensée avec un ton classique et châtié, une remarquable force d'émotion.

ÉCOLE DES FEMMES (L') de Molière. Comédie en cinq actes du dramaturge français Molière (Jean-Baptiste Poquelin, 1622-1673), créée sur la scène du Palais-Royal le 26 décembre 1662. Proche de la courte comédie de *L'École des maris* (*) par son titre, par le thème du cocuage, par le point de départ (un barbon de quarante ans tient recluse sa pupille qu'il veut épouser), par la perspective morale (Arnolphe a les mêmes idées rétrogrades sur les femmes et sur le mariage que Sganarelle), par le caractère du personnage central (un ridicule désigné comme tel par une scène initiale qui le met aux prises avec un « honnête homme »), *L'École des femmes* est la première « grande comédie » de Molière parce qu'elle est sa première comédie en cinq actes et en vers où peinture des mœurs et peinture des caractères sont étroitement associées dans le cadre d'une intrigue originale. Première « grande comédie » véritablement moliéresque, donc, elle profite pleinement des élargissements permis par le passage des trois actes de *L'École des maris* à cinq actes : l'approfondissement du personnage central, riche bourgeois qui prétend à la noblesse, ainsi que de l'ingénue, que l'on voit passer de la niaiserie à l'intelligence amoureuse, et l'étoffement réaliste que confère à la pièce l'introduction d'un couple de paysans, geôliers maladroits de l'héroïne.

Bourgeois intelligent et redouté depuis vingt ans pour son esprit prompt à se moquer des cocus de sa ville, Arnolphe révèle son aveuglement par ses prétentions nobiliaires (il veut se faire appeler monsieur de la Souche, du nom d'une métairie qu'il possède), par sa phobie du cocuage et par sa certitude d'y échapper en faisant élever sa pupille et future épouse, Agnès, dans la plus grande sottise possible. De retour de voyage, il rencontre le fils de son meilleur ami, Horace, qui lui apprend qu'il a séduit une jeune fille nommée Agnès, séquestrée par un certain monsieur de la Souche (I, 4) : il comprend ainsi que la naïveté d'Agnès a précisément permis au jeune homme de s'introduire chez lui pour faire sa cour avec succès, ce qu'elle lui avoue de bon gré (II, 5). Désormais l'intrigue progresse au rythme des ruses d'Agnès, que l'amour éveille à l'intelligence : lançant un pavé à la tête d'Horace, elle en profite pour lui faire passer un message (III) ; elle l'introduit dans sa chambre et le cache dans son armoire à l'arrivée d'Arnolphe (IV), et pour finir elle s'enfuit avec lui en pleine nuit (V). Mais l'une des grandes originalités de la pièce est que nous ne voyons rien de tout cela : toutes ces actions sont des récits faits par Horace à Arnolphe, dont il ignore toujours la double identité. Ainsi le comique provient-il de la naïveté d'Horace qui informe son rival et surtout de la confusion croissante d'Arnolphe, ridicule et pitoyable à la fois, qui découvre l'inutilité de chacune de ses précautions et la vigueur de l'intelligence amoureuse qu'Agnès déploie pour un autre que lui. C'est cette rétractation de l'action scénique au profit du discours et de l'approfondissement psychologique qui a permis de parler du classicisme de *L'École des femmes.* La pièce ne s'en termine pas moins par un double coup de théâtre, le premier par lequel Horace, croyant mettre Agnès en sécurité, la confie à Arnolphe, le second qui assure le dénouement en révélant la véritable identité d'Agnès, reconnaissance qui la rend à son père et à Horace, tandis qu'Arnolphe s'enfuit, la parole coupée.

Sur le plan dramaturgique, *L'École des femmes* résulte de la rencontre entre deux schémas dramatiques d'origine différente. On y retrouve la trame de la comédie à l'italienne : un jeune homme au nom italien – Horace est la transposition d'Horatio, l'amoureux type de la commedia dell'arte –, tombé amoureux d'une jeune fille aperçue à son balcon, cherche à s'introduire auprès d'elle en dépit de toutes les précautions prises pour la réserver au barbon qui veut l'épouser. Mais là où on attendrait un Mascarille ou un Scapin qui aurait aidé son maître à parvenir à ses fins, on trouve au centre de la pièce non un valet, mais le barbon précisément, au nom symbolique d'Arnolphe, saint patron des cocus depuis le Moyen Âge. Par là, la véritable ossature de *L'École des femmes* est à nouveau celle de la farce : l'histoire d'un mauvais tour joué involontairement à un jaloux, qui avait justement cru prendre toutes ses précautions. Mais une fois encore ce jaloux, cocu virtuel, n'est pas n'importe quel jaloux. Comme dans *L'École des maris*, la pièce s'ouvre sur un dialogue entre lui et le raisonneur, qui permet de définir sa folie. C'est un esprit assez fin pour s'être daubé de la bêtise de tous les cocus de la ville, mais qui sombre dans l'aveuglement quand il s'agit de sa propre relation aux femmes : persuadé que la femme doit être sous l'entière dépendance de l'homme, il croit qu'il pourra faire ce qu'il voudra d'une innocente. Ainsi Arnolphe n'est pas un simple personnage de farce qui est ridiculisé parce qu'il a constitutivement, en tant que mari (ou futur mari), vocation à être cocu, donc trompé et berné : il est ridiculisé parce qu'il se révèle être un fantoche, victime des apparences, aveugle sur le monde et sur lui-même. Enfin, Molière retient de la farce le principe du personnage vedette, que jusqu'alors seules quelques comédies en cinq actes fondées sur l'acteur comique Jodelet avaient utilisé. Ainsi la révolution que constitua *L'École des femmes* tient aussi au fait que, pour la première fois dans une pièce en cinq actes, l'opposant d'un couple amoureux, Arnolphe en l'occurrence, est présent dans trente et une scènes sur trente-deux. Cessant de se cantonner dans la petite comédie, la synthèse moliéresque entre la comédie à l'italienne et la farce, synthèse révolutionnaire, ne pouvait que heurter ceux qui se faisaient une idée arrêtée de la « grande comédie » en cinq actes et en vers, et ce d'autant plus que la satire, qui déborde maintenant le domaine du « petit divertissement », frappe une deuxième fois une puissante catégorie d'individus : les tenants de la morale traditionnelle fondée sur la religion. De là une violente querelle littéraire qui dura toute l'année 1664 et qui revêtit toutes les formes (libelles, pièces de théâtre, chanson insultante, accusation d'inceste auprès du roi). En réaction, Molière fit jouer deux courtes comédies, *La Critique* de *l'École des femmes* (*) et *L'Impromptu de Versailles* (*) (juin et octobre 1663), où il se défend, explique ses principes esthétiques et dresse une éblouissante caricature de ses ennemis. Malgré l'approbation très hautement manifestée par le roi, à la demande duquel est écrit et devant qui est créé *L'Impromptu*, Molière était devenu un homme dangereux. Le climat dans lequel allait naître la longue bataille de *Tartuffe* (*) était déjà en place.

G. F.

ÉCOLE DES FILLES (L'). Récit publié en 1960 par l'écrivain français Marcel Jouhandeau (1888-1979). Le 2 mai 1951, à Châtenay, on baptisa une fillette de dix ans, qui reçut le prénom chrétien de Céline. Élise en était la marraine. À ce moment, Marcel Jouhandeau et sa femme ne se doutaient guère de la place que la petite Céline allait prendre dans leur vie. En effet, ils l'adoptèrent. Et ce livre, c'est le livre de Céline, une sorte de « Céliniana » véritablement monumental. Marcel Jouhandeau a regardé sa pupille comme les autres personnages de son œuvre, c'est-à-dire avec objectivité et tendresse, sans complaisance, mais non sans indulgence. Il a écouté toutes ses paroles et — ce qui est plus important encore —, ses inflexions de voix, son ton, le timbre de son rire. Ainsi se dégage peu à peu, de cent petits dialogues, de mille menues aventures, une frimousse prodigieuse. Céline, dans toute sa vérité, est la petite fille la plus piquante, la jeune fille la plus attachante que l'on puisse rencontrer dans la littérature moderne. Elle a eu la chance d'être adoptée par l'un des plus grands écrivains de notre temps, qui l'a fait poser devant lui. Nous la retrouverons, éternellement présente à son côté, au même titre qu'Élise, tout au long des *Journaliers* (*). Nulle jeune princesse, aujourd'hui ou jadis, n'a rencontré, pour son portrait, pareil peintre.

ÉCOLE DES INDIFFÉRENTS (L'). L'une des premières œuvres, publiée en 1911, de l'écrivain français Jean Giraudoux (1882-1944). « Avec Jean Giraudoux, a écrit Kléber Haedens dans son *Histoire de la littérature,* il y a une aventure du langage, chaque phrase créant le départ pour l'irréel par son existence même. Giraudoux, à ses débuts, par sa syntaxe et ses images qui rappelaient beaucoup celles de Jean-Paul Richter, mais qui étaient inhabituelles à la littérature française, déconcerta la critique et ses lecteurs. On le trouva obscur, on l'accusa de préciosité et de gongorisme, on lui prêta des intentions compliquées, une intelligence aiguë et raffinée qui dépassait de trop loin celle de l'humain ordinaire. En réalité, Jean Giraudoux écrit pour le plaisir, faisant éclore à son usage un univers qui enchante, inventant des complicités imprévues entre les fraîcheurs éparses d'un nouveau paradis sur la terre. Son univers est peuplé de jeunes filles, de fruits, de fleurs et d'oiseaux [...] Le charme de Jean Giraudoux, car il faut bien employer le mot charme lorsqu'il est question de lui, ne vient pas seulement de son intelligence, de sa liberté, de son manque total de sérieux et de pompe, et de la légèreté presque angélique de ses pages ; il vient aussi d'une sorte de fraternité ironique et tendre avec tout ce qui fait l'ornement et la beauté du monde. »

Cette remarquable et amicale analyse du monde de Giraudoux s'applique mot pour mot à *L'École des indifférents.* Dans ses romans de jeunesse, Giraudoux se livre au plaisir de jouer avec une intelligence fraîchement aiguisée et une dialectique toute brillante de culture. Plus tard, le démon de la rhétorique l'entraînera sur des pentes dangereuses et ses récits ne seront plus que d'interminables monologues étincelant de trop de paillettes. Pour l'heure, *L'École des indifférents* est un délicieux exercice d'assouplissement sentimental. Jacques l'Égoïste, don Manuel le Paresseux, Bernard, le faible Bernard, ne sont que prétextes pour l'auteur à s'ébrouer. « Je courus dans le jardin anglais ; je m'étendis sur le dos. Le soleil le plus brûlant tombait sur moi d'aplomb, je ne le sentais pas. Un épervier qui planait là-haut suffirait à éventer le monde » — et plus loin : « Vous m'appartiendrez... Bon. Quel jour ? Elle n'entend plus mon badinage. Elle a fermé ses yeux immenses. Il me semble maintenant qu'il fait plus clair. Ainsi, la lampe éteinte, l'horizon entre par les fenêtres. Voilà les villas cannelées qui viennent se regarder dans l'eau, et la colline qui les suit, et le Capitole lui-même, si doré qu'il semble aurifié par un dentiste du Kentucky. — Quel jour, quelle heure ? — Or, cette fois, je parle sérieusement, nerveusement. Et elle ne saurait s'y méprendre. Elle s'éloigne, face au soleil. Son ombre nous étreint une minute, et Charlie jaloux voit ses bras, qui ajustent son chapeau, m'entourer, m'enlacer puis, glissant à mes pieds, m'offrir, toujours arrondis, l'ombre de la plus large fleur et d'un oiseau-mouche endormi. Je la rejoins, l'ombre passée. — Quel jour ? Quelle année ? Elle ne sourit pas. Elle murmure : Demain, chez moi, à six heures. — Je suis quelqu'un qui va étouffer [...] Je suis quelqu'un qui va comprendre [...] Je suis cet oiseau aveugle dont on ouvrit la cage sur la mer. »

Ces variations sur les thèmes éternels du cœur et des sens rappellent parfois la grâce de Valery Larbaud. Mais il y a chez Giraudoux quelque chose de plus sec, de plus étudié et aussi de plus abandonné. Larbaud a poussé plus loin l'amour de la culture, jusqu'à le savourer dans un raffinement presque silencieux. Chez Giraudoux, tout est prétexte à fantaisie intellectuelle : c'est l'école de l'allusion et peut-être celle de l'illusion, où disparaissent idées et sentiments dans le feu d'artifice des métaphores.

ÉCOLE DES JALOUX (L') ou le Cocu volontaire. Comédie en cinq actes de l'auteur dramatique français Antoine Jacob dit de Montfleury (1640-1685), représentée en 1664. Santillane, furieusement jaloux de sa femme Léonor, ne cesse de la tourmenter par ses soupçons. Exaspérée, l'épouse modèle, voulant effrayer et corriger son mari, ne trouve de meilleur remède à son infortune que celui de se faire enlever en sa compagnie par des pirates barbaresques. Mais le pirate en chef s'éprend de Léonor et la situation devient extrêmement délicate du fait qu'il veut en faire sa favorite et que celle-ci, vertueusement, s'y refuse. Irrité par tant d'obstination, le pirate trouve enfin le moyen d'échapper à l'impasse ; une idée lui vient, fort simple : puisque le mari constitue le seul obstacle, il suffira de le pendre ; réduite au veuvage, l'épouse n'aura plus de raison valable pour persister dans son refus. Atterré, Santillane, qui ne l'entend point de cette oreille, oublie d'un coup sa jalousie et va se jeter aux pieds de sa femme, la suppliant d'accepter sans scrupules les propositions du terrible Turc. Bien entendu, tout finit pour le mieux, grâce à la générosité du pirate. Le mari sauve sa tête et la femme sa vertu. La pièce est alerte, divertissante : les scènes, en dépit d'un comique légèrement équivoque, ne tournent jamais à la farce et rappellent plutôt le style d'un ballet. C'est en effet la qualité du rythme, la vivacité agréable et colorée, disposant et alternant les attitudes psychologiques dans un jeu gracieusement décoratif, qui font tout le prix de la pièce : caractères essentiels qui ne manquèrent point de séduire les contemporains et la sauvent, aujourd'hui encore, de l'oubli.

ÉCOLE DES MARIS (L'). Comédie en trois actes du dramaturge français Molière (Jean-Baptiste Poquelin, 1622-1673), créée sur la scène du Palais-Royal à Paris le 24 juin 1661, et destinée, comme toutes les « petites comédies » en un acte ou en trois actes, à accompagner la représentation d'une grande pièce en cinq actes. Deux frères, tuteurs de deux très jeunes sœurs qu'ils doivent épouser malgré la différence d'âge (Sganarelle a quarante ans, Ariste la soixantaine), agissent au rebours l'un de l'autre à l'égard de leurs pupilles respectives. Tandis qu'Ariste laisse Léonor jouir d'une entière liberté, par quoi il s'en fait aimer, Sganarelle, rétrograde en tout, et qui ne voit dans la femme que la servante de son bon plaisir en même temps qu'un risque de cocuage, se fait haïr d'Isabelle qu'il tient recluse. Toute l'action découle du principe énoncé par le valet de l'amoureux d'Isabelle : « Une femme qu'on garde est gagnée à demi » (I, 4). C'est Isabelle elle-même qui forge les ruses, et le comique de l'intrigue tient au fait que c'est Sganarelle qui en est l'agent inconscient : en lui demandant d'expliquer à Valère qu'elle ne veut plus qu'il l'aime, elle fait savoir à celui-ci qu'elle a découvert sa passion (II, 1-2) ; en chargeant ensuite Sganarelle de retourner à Valère une cassette contenant un billet qu'elle refuserait de lire (alors qu'il ne lui a rien envoyé), elle informe le jeune homme de sa situation et de sa volonté de le rejoindre pour l'épouser (II, 3-6) ; c'est encore Sganarelle qui transmet à Valère l'idée de l'enlèvement (II, 7-8) puis qui amène les deux jeunes gens à se parler à mots couverts devant lui (II, 9). Les péripéties de l'enlèvement occupent tout le dernier acte : c'est en fait une fuite, Isabelle, voilée, se faisant passer auprès de Sganarelle pour sa sœur Léonor, et c'est Sganarelle en personne, trop content d'imaginer son frère trompé par sa pupille, qui fait venir notaire et commissaire et oblige Ariste à signer, avant de signer lui-même, un acte dont il découvrira après coup qu'il rend Isabelle et Valère mari et femme.

Avec *L'École des maris*, l'essentiel de la dramaturgie moliéresque est désormais en place. L'équilibre entre le schéma à l'italienne et celui de la farce est modifié définitivement, la part accordée aux relations entre les jeunes amoureux issus de la comédie à l'italienne étant véritablement subordonnée à la vision du monde délirante du personnage ridicule qui ne fait qu'un désormais avec le personnage obstacle traditionnel. Mais on voit qu'il ne s'agit nullement d'un retour pur et simple à la farce. Le personnage ridicule n'est pas ridicule parce qu'il occupe la position d'obstacle, comme le seront encore certains pères de petites comédies franchement farcesques comme *L'Amour médecin* (*) et *Le Médecin malgré lui* (*). C'est au contraire parce qu'il présente une relation au monde erronée qu'il est ridicule et qu'il se retrouve en position d'obstacle aux vœux des jeunes amoureux. En cela le Sganarelle de *L'École des maris* est le premier de la lignée des grands ridicules de Molière, d'Arnolphe à Argan. À cet égard, l'introduction du personnage de l'honnête homme (ou « raisonneur ») est capitale. Ariste est, en effet, infiniment plus âgé que son frère Sganarelle, et sa sociabilité (élégance, honnêteté et tolérance) fait qu'il est aimé d'une autre jeune fille : le contraste entre les deux personnages souligne le ridicule de la pensée et du comportement de Sganarelle, sans qu'il soit besoin désormais de prêter à celui-ci des actions explicitement burlesques pour disqualifier ses actions et susciter le rire du public ; c'est par son apparence et ses idées que d'emblée, avant même d'agir, le personnage est posé comme ridicule. Aussi le tour dont il va être la victime n'a-t-il plus rien de la « burle » traditionnelle : craignant d'être cocu, il sera berné par celle qu'il aime non parce que tout barbon doit être cocu, mais du seul fait de son aveuglement existentiel qui ne se traduit pas seulement par la peur du cocuage, mais par un comportement général. Aveugle sur lui-même et sur son rapport à la société qui l'entoure, il ne peut qu'ignorer les conséquences de cet aveuglement au point d'être involontairement complice des menées entreprises par sa pupille pour épouser un autre que lui. Est-il besoin de préciser qu'en construisant toute sa pièce autour du comportement d'un personnage à la vision du monde erronée, Molière ne se bornait pas à faire la satire d'une petite coterie ridicule comme dans *Les Précieuses ridicules* (*) ? Abordant le thème du mariage et de la liberté des femmes à travers l'opposition entre une sociabilité moderne – la « galanterie » d'Ariste est d'autant plus remarquable qu'elle est le fait d'un vieillard – et une morale rétrograde, Molière venait d'inventer, à l'occasion d'une « petite comédie » en trois actes, la grande comédie morale.

G. F.

★ Le compositeur français Emmanuel Bondeville (1898-1987) a écrit un opéra bouffe d'après la pièce de Molière qui a été créé à l'Opéra-Comique en 1935.

ÉCOLE DES VIEILLARDS (L'). Comédie en cinq actes de l'auteur dramatique français Casimir Delavigne (1793-1843), représentée en 1823. Danville, riche armateur du Havre, épouse, à soixante ans, la jeune Hortense, qui en a vingt. Il est à tel point confiant dans les vertus de sa femme qu'il n'hésite pas à l'envoyer à Paris, en compagnie de sa mère, afin de solliciter une charge en son nom. La capitale permet à Hortense, guidée par les conseils maternels, de connaître la joie de dépenser sans compter et lui donne le goût de la vie élégante. Le soir même où Danville doit arriver avec Bonnard, son ami et trésorier, Hortense accorde au duc d'Elmar, amoureux d'elle, de se rendre au bal donné par le ministre. Il s'en faut de peu que l'arrivée de son mari ne lui fasse renoncer à cette fête, mais les instances du duc font taire ses scrupules. À son arrivée, apprenant que sa femme est au bal du ministre, Danville s'y rend aussitôt pour la ramener ; peine perdue, car Hortense, repentie, n'a passé là que quelques minutes. Revenu sur ses pas, Danville trouve enfin sa femme, mais en compagnie du duc d'Elmar, qui vient de lui remettre le décret accordant la charge sollicitée. Les deux hommes se battent en duel et le duc se contente de faire sauter l'épée des mains de son adversaire. Au terme de diverses péripéties, Danville acquiert la certitude de la fidélité d'Hortense, goûtant ainsi la joie d'une sorte de reconquête. Bien qu'elle reprenne le thème comique, plutôt usé, du mariage entre un vieillard et une jeune femme, *L'École des vieillards* apporte une note sobrement pathétique, révélatrice des temps nouveaux : Danville n'est jamais ridicule et encore moins tyrannique, Hortense n'est ni arrogante ni rebelle. La dignité et l'affection juvénile du vieillard sont attachantes, parvenant même à émouvoir. Les effets comiques sont réservés à des personnages de second plan : la belle-mère insouciante et le trésorier Bonnard, célibataire endurci. Cette pièce annonce, de façon assez heureuse, le genre théâtral vertueux, reflétant la satisfaction de la bourgeoisie, qui fit fortune pendant la seconde moitié du XIXe siècle.

ÉCOLE DE THÉOLOGIE : LE SAULCHOIR (Une). Essai du dominicain français Marie-Dominique Chenu (1895-1990). Imprimée à Tournai à moins de mille exemplaires en décembre 1937, cette plaquette sur la rénovation des études théologiques n'a pas véritablement été diffusée : il s'agissait d'abord d'un exposé prononcé pour la fête de saint Thomas d'Aquin par le recteur de la faculté de théologie. Le père Chenu y développait ses idées sur la méthode historique montrant comment l'intelligence du mystère n'est perceptible que dans l'histoire où elle surgit. Cela allait contre une conception traditionnelle de la théologie, savoir intemporel et immobile. À la suite de longs litiges, le livre est mis à l'Index le 6 février 1942 et son auteur perd sa charge de régent du Saulchoir. Il est réduit au silence et assigné à résidence au couvent Saint-Jacques à Paris. Le livre ne sera véritablement édité qu'en 1985.

J.-P. L.

ÉCOLE D'IMPIÉTÉ (L') [*Škola bezbožništva*]. Roman de l'écrivain yougoslave (Vojvodine) d'expression serbo-croate Aleksandar Tišma (né en 1924). Au-delà du parti pris – quelque peu didactique – moral et philosophique, du texte même se dégage un charme austère coloré de quotidien, car, à l'intérieur de sa narration simple, l'auteur inscrit la vie des hommes dans l'Histoire – une histoire proche, sans événements précis – et ancre leur conscience voilée ou faussée dans un entrelacs de causes et d'effets, plus ou moins importants où tout effort pour se dégager resserre l'étau. La vie est ainsi une sorte d'incarcération libre où chacun joue une comédie dont certains seulement font semblant de connaître le texte et le décor, poussant même l'outrecuidance jusqu'à croire qu'ils agissent.

Pour autant il n'y a pas d'innocence, et Aleksandar Tišma excelle à montrer les reniements intimes ou publics engendrés par telle ou telle conjonction de faits ou de sensations qui conduisent à un retournement de situation. Car un moment précis s'institue tournant temporel ou dramatique et renverse l'action, lui confère un sens nouveau et inattendu. Ce moment est ténu, peut paraître invisible et n'exister que dans la conscience du personnage qui a besoin de lui pour donner temporairement, au sein de l'aberration, une certaine cohérence à ses actes.

Les personnages de Tišma – Schnack, le bourreau, le père déchiré, le solliciteur – sont délibérément enfermés dans une problématique réduite à la mouvance présente et immédiate où ils croient leur libre arbitre contraint de se limiter ; à cela s'ajoutent des conditions objectives, dont certaines sont sans doute insurmontables. Aucun d'entre eux ne songe un instant qu'il pourrait se soustraire à ce fatum insidieux qu'il perçoit trop bien pour le reconnaître. Chez tous ces hommes il y a un ressort de brisé ou un rouage fou qui les amènent à penser que la vie est un don obligatoire au déroulement obligatoire.

Le plus beau récit, parce qu'il est le plus doux dans sa violence légale, le plus insidieux dans le remuement de la conscience, mais aussi le plus odieux dans sa banalité, est, à n'en pas douter, *L'Appartement*. L'auteur y montre bien comment un État fondé sur l'égalitarisme et abandonné aux fonctionnaires dégénère, dans une situation de pénurie, en une oligarchie médiocre préoccupée de ses petits intérêts et broie ceux qui, humblement, restent accrochés à l'ordre ancien ou quiconque ne veut pas respecter la règle du jeu. La vie est une école d'impiété, mais elle a de bons élèves. — Trad. L'Âge d'Homme, 1981. L. K.

ÉCOLE DU CHRISTIANISME (L') [*Indovelse i Christendom*]. Ouvrage du philosophe danois Søren Aabye Kierkegaard (1813-1855), dont le titre complet est *L'École du christianisme par Anti-Climacus,* édité à Copenhague en 1850, participant d'un ensemble d'écrits polémiques dirigés contre le christianisme officiel, légal et constitué. C'est dans cet ouvrage que se trouve plus particulièrement développée la dialectique du « choix », ou attirance-répulsion envers la divinité. Le thème du Christ fait homme, souffrant et mourant comme tel, rachetant la faute de l'humanité par le « scandale » de sa mort et témoignant de la rédemption, est poussé par Kierkegaard jusqu'à l'identifier avec l'essence même de la religion. Ce thème constitue la clef de voûte de ce que l'on pourrait appeler l'apologétique kierkegaardienne. Il ne peut y avoir de christianisme si le « scandale » intérieur que constitue la divinité pour l'homme n'est pas ressenti : Dieu-Homme est objet de foi en tant qu'il comporte la possibilité de scandale. C'est par le scandale que l'homme est placé devant cette alternative : ou bien « rejeter » le Dieu-Homme ou bien accepter la foi. Selon Kierkegaard, la chrétienté de son époque a précisément perdu le sens de cette vérité et, de ce fait, n'est pas chrétienne d'esprit et n'a pas la foi. C'est avec Luther qu'a commencé la corruption du christianisme, par la mise en valeur de l'homme au détriment de Dieu : le christianisme, devenu mondain, s'est ainsi perverti de lui-même. Pour voir disparaître le mépris et la dérision qui frappent le christianisme, il est indispensable pour la chrétienté de considérer le Christ en tant que « paradoxe absolu », autrement dit : le Christ en tant qu'homme, souffrant et mourant comme tel, et, d'autre part, le Christ affirmant être le fils de Dieu, parlant et agissant en tant que Dieu. Ainsi entendu, le Christ suscite en l'homme une répulsion, mais c'est justement à travers le désespoir et le scandale que l'on atteint la foi ; non certes par « compréhension », la raison ne pouvant que se scandaliser devant le paradoxe Christ, signe de contradiction. La raison se tait et doit se taire : alors seulement peut naître la foi, alors seulement, se heurtant à la contradiction, les pensées s'éclairent par rapport à elle et « tu es placé devant un choix, tu dois choisir de croire ou de ne pas croire ».

De tous les ouvrages de Kierkegaard, *L'École du christianisme* est celui où le caractère paradoxal et antinomique de la religion se trouve renforcé par la chaleur même de la polémique. Il apporte un élément presque définitif sur la conception kierkegaardienne de la vie. La foi en tant que « décision », « choix », « alternative », devant laquelle l'homme est placé, constitue la découverte de Dieu et la révélation de la personne à elle-même. Il y a Dieu et l'homme existe parce qu'il y a Dieu : c'est par Dieu que s'accomplit toute chose, et par conséquent, également le « miracle » de la foi ; mais, cependant, l'homme qui a la foi accomplit cet acte de volonté, décision suprême, par laquelle il comprend que la foi « ne » se peut comprendre (elle est grâce et non logique), et du même coup on saisit que la destinée de chacun est « incompréhensible ». — Trad. L'Orante, 1982, t. 17 des Œuvres complètes.

ÉCOLE DU MARIAGE (L') [*La escuela del matrimonio*]. Comédie en trois actes de l'écrivain espagnol Manuel Bretón de los Herreros (1796-1873), représentée en 1852. Par son comique sain et fort, par ses intentions morales et par la fluidité de son dialogue, elle appartient à la meilleure tradition du théâtre espagnol. L'auteur y présente trois couples différents, tous mal assortis : les uns à cause de l'âge, les autres à cause de leur rang social ; les derniers enfin à cause de leur éducation et de leur culture. Chacune des trois épouses est poursuivie par un séducteur (aimable, rusé et riche), mais l'intelligence, la grâce et la piété de l'une d'entre elles — Luisa — réussit à éviter la catastrophe. La trame des aventures sentimentales est légère ; les traits, sont rapides et le ton familier. Après Moratín, dont il fut le continuateur, Bretón de los Herreros a beaucoup contribué à ramener le bon goût sur la scène espagnole. Son théâtre est une merveilleuse galerie de tableaux et de types de l'époque, et le caractère du peuple espagnol — idées, vertus, défauts, usages et coutumes — y est dépeint sous ses différents aspects ; il faut noter également la sobre simplicité du style vif, pittoresque et plein de verve, la facilité poétique, la richesse du comique, la profondeur de l'observation qui nous dépeint plus particulièrement le milieu bourgeois. Ses personnages parlent un espagnol simple et limpide, dépouillé de clinquant et d'artifices comme de vulgarité : c'est l'espagnol courant que parlait la classe moyenne madrilène, vers le milieu du siècle passé.

ÉCOLE ROMANTIQUE (L') [*Die romantische Schule*]. Essai critique en trois livres du poète et écrivain allemand Henri Heine (1797-1856). La première partie – la plus importante – parut à Paris, où le poète s'était fixé, dans la revue *Europe littéraire* sous le titre : *État actuel de la littérature en Allemagne*. La dernière partie, depuis le chapitre III du livre III, fut publiée avec le reste en 1836 sous le titre définitif *L'École romantique*. Après la mort de Goethe qui paraissait, et était en effet, la fin d'une époque, et après la révolution parisienne de Juillet, Heine sentit le besoin de faire le bilan de la littérature allemande dans ce tiers de siècle qui avait vu surgir à côté de Goethe ou contre lui, se développer et se clore l'« école romantique ».

Le livre I est consacré aux questions historiques. Pour Heine, qui avait assisté à son développement religieux et catholicisant, le romantisme allemand était, en substance, une renaissance du Moyen Âge. Aussi commence-t-il son étude en partant du Moyen Âge et du christianisme. Après avoir parlé brièvement de la Renaissance italienne, du néo-classicisme français, du renouveau littéraire allemand au XVIIIe siècle avec Lessing, Herder et Wieland, Heine, d'une part, les romantiques et Goethe, de l'autre. Le livre II est consacré à la « coterie proprement dite », au premier romantisme : les frères Schlegel, Tieck, Schelling et les philosophes et publicistes, au service des gouvernements et de l'obscurantisme, Novalis et Hoffmann. Le livre III traite successivement de Brentano, Arnim, Jean-Paul, de la « Jeune Allemagne » et, enfin, de Werner, Fouqué et Uhland, dont l'œuvre poétique est supérieure, à son avis, à celle des autres romantiques. Le fascicule s'achève en reprenant le thème initial. Le romantisme allemand a un tout autre caractère que le romantisme français ; à la différence de la France, le « Moyen Âge allemand ne gît pas en poussière dans son tombeau, mais, ressuscité par un esprit malfaisant, il retourne parmi nous et suce notre sang ». *L'École romantique* se présente comme la correction et la continuation de *L'Allemagne* (*) de Mme de Staël. Comme une suite, parce que « depuis l'apparition de ce livre fameux, il s'était écoulé beaucoup de temps et il s'était développé en Allemagne toute une littérature nouvelle » ; comme une correction, parce que Mme de Staël, en faisant l'éloge de la vie spirituelle et de l'idéalisme allemands, entendait attaquer le régime de Napoléon. Heine fut au contraire un de ces écrivains qui, sous la Restauration, créèrent ou aidèrent à créer le culte de Napoléon.

La cible de *L'École romantique* est l'Allemagne absolutiste et réactionnaire des princes, l'Allemagne féodale des notables, l'Allemagne politiquement indifférente du peuple. Chez les romantiques allemands, Heine dénonce et critique, avec une irrévérence espiègle et sa grâce accoutumée, le contenu moyenâgeux et de tendance cléricale, l'ultramontanisme, la servilité de pensée de tous ceux (et de Schelling surtout) qui avaient mis la philosophie au service des gouvernements et de l'Église. Mais *L'Église romantique* n'est pas seulement une scintillante polémique, animée d'une veine caricaturale très heureuse ; Heine s'était formé à cette école romantique, et il connaissait choses et gens de première main ; il avait aussi un goût excellent et avait acquis une importante culture française. Il put par conséquent non seulement donner des portraits et des caricatures inoubliables, mais porter un jugement de valeur sur la littérature romantique, travail que la paresse des érudits allemands ou des historiographes ne leur permit pas de poursuivre. Encore aujourd'hui, nous pouvons avec profit nous reporter à ses jugements sur les auteurs et les œuvres, plutôt qu'à ceux, insignifiants, de ce sentimentalisme insensible aux valeurs formelles qui dominait la culture moyenne allemande. Outre sa valeur autobiographique, *L'École romantique,* qui est la première et reste la plus vivante étude d'ensemble du romantisme, a donc une valeur critique considérable.

ÉCOLIER VAGABOND (L') [*Der farendt Schuler im Paradeiss*]. Une des *Farces de carnaval* (*) les plus connues du poète de Nuremberg Hans Sachs (1494-1576), représentée pour la première fois en 1550. Le personnage qui d'ordinaire est tourné en dérision, c'est le paysan avare, sot et vilain. Dans cette pièce, un écolier, qui est en quête de dupes, rencontre certaine paysanne veuve et remariée. Ayant appris qu'il arrive de Paris, celle-ci se trouble au point de croire qu'il revient du paradis. Profitant de son erreur, l'étudiant lui fait comprendre qu'il a vu, dans l'autre monde, son premier mari assez mal vêtu et sans un sou en poche. La pauvre femme pense pouvoir remédier à cela en lui donnant de l'argent et des vêtements pour qu'il les remette au défunt à son prochain voyage au pays des bienheureux. L'écolier vagabond s'en va avant que le mari ne revienne ; ce dernier, s'étant aperçu que sa femme a été victime d'une mauvaise plaisanterie, fait mine de vouloir donner d'autres oboles au précieux messager afin qu'elle lui indique la direction que le jeune homme a prise, pour le rejoindre et lui donner une volée de coups de bâton. Mais l'étudiant rusé, dès qu'il voit venir le paysan, cache le produit de son escroquerie, lui indique une fausse route et feint de garder le cheval que le paysan lui confie, pour l'enfourcher et s'enfuir lorsque tout danger est écarté. Le paysan, revenant bredouille, comprend qu'il a été trompé, mais se montre beau joueur et déclare à sa femme qu'il a également donné le cheval à l'écolier pour que celui-ci arrive plus rapidement au paradis. Après la morale de la fable proposée par le paysan (il vaut mieux maintenir la paix chez soi), la comédie, où l'auteur a repris un sujet de farce que l'on retrouve à peu près dans toutes les littératures, se termine sur ce ton de résignation naïve, avec, pour prendre congé, la phrase habituelle : « C'est ce que vous souhaite Hans Sachs ! » Sa brièveté — un peu plus de trois cents vers — la fait considérer à juste titre comme l'une des mieux réussies, mais aussi parce que les caractères des personnages sont présentés rapidement et avec un grand art : telle est la principale qualité de cet ouvrage, et non pas tant la bouffonnerie qui, chez Hans Sachs, menace souvent de prendre le ton de la farce.

ÉCONOMIE ANTIQUE (L') [*The Ancient Economy*]. Ouvrage de l'historien anglais Moses Finley (1912-1986), publié en 1973. *L'Économie antique* est certainement de tous les livres de Moses Finley celui qui a eu le plus grand retentissement et a suscité le plus de débats parmi les spécialistes de l'Antiquité classique. C'est aussi le livre dans lequel le grand historien a exposé pour la première fois avec force sa conception de ce que devait être la démarche de l'historien : poser les bonnes questions et tenter d'élaborer un modèle à partir duquel il serait possible d'analyser une réalité qui nous échappe, non seulement du fait du caractère fragmentaire de la documentation, mais surtout parce que celle-ci émane de structures sociales et idéologiques qui nous sont étrangères. Finley entendait ainsi sortir du débat stérile qui opposait depuis le siècle dernier « modernistes » et « primitivistes », les premiers appliquant à l'étude de l'économie antique les concepts élaborés depuis le XVIIIe siècle, les seconds mettant l'accent au contraire sur ce qui relevait de la simple « économie de subsistance ». Finley partait de la constatation que les termes désignant les concepts caractéristiques de l'economie moderne (production, travail, capital, investissement) n'existaient pas en grec et en latin. Une telle absence ne signifiait pas un « échec intellectuel » de la part des Anciens, mais était plutôt révélateur de l'absence d'autonomie de l'économie au sein des sociétés antiques. Affirmant que le monde antique constituait « une seule entité politique » et qu'une « structure culturelle et psychologique commune » le caractérisait, Finley allait s'efforcer, à partir de cette double constatation, d'élaborer un modèle susceptible de rendre compte des différents aspects de l'économie antique. Un premier critère lui paraissait devoir être pris en compte : celui de la richesse. C'est elle qui déterminait tout un « spectre » de statuts, depuis le riche propriétaire foncier, rentier de ses terres et qui consacrait l'essentiel de son temps à la vie politique, jusqu'au paysan pauvre, vivant aux limites de la pénurie et d'autant plus attaché à son statut de citoyen que celui-ci lui procurait les compléments nécessaires. Les esclaves ne constituaient pas une classe uniformément exploitée, et il existait d'autres formes de travail sous contrainte. De ce fait l'esclavage n'était pas un frein au développement des techniques comme on l'a souvent répété. En fait, la production artisanale était le plus souvent limitée à la satisfaction des besoins locaux, et alimentait exceptionnellement un commerce d'exportation. Quant aux commerçants, ils étaient d'abord des importateurs, la ville étant un centre de consommation, un centre politique et culturel, accessoirement un marché local. Compte tenu de variables, essentiellement quantitatives, le modèle ainsi défini permet de comprendre pourquoi les Anciens n'ont pas inventé de monnaie fiduciaire, pourquoi le crédit n'avait pas pour objet l'investissement dans la production, pourquoi enfin les interventions de l'État avaient pour fin d'assurer « la satisfaction des besoins naturels » et non de promouvoir une quelconque politique économique. Revenant douze ans plus tard, à l'occasion d'une seconde édition, sur les conclusions de son livre, Finley réaffirmait la validité de son modèle, tout en admettant la nécessité de nuancer certaines de ses analyses. Encore une fois, il s'agissait de variables, et c'est en multipliant les analyses de détail que les chercheurs pourraient affiner le modèle et permettre ainsi une plus juste évaluation de ce qu'était l'économie antique.

C. M.

ÉCONOMIE DU XXe SIÈCLE (L'). Œuvre de l'économiste français François Perroux (1903-1987), dont le début est paru en 1961 puis la suite en 1963 et la fin en 1969. Il s'agit d'un ensemble d'études publiées à des dates différentes mais dont le regroupement par l'auteur donne l'essentiel de sa pensée. Perroux analyse d'abord l'économie dominante, les pôles de croissance, les macrodécisions, l'information économique, la croissance harmonisée et l'économie « généralisée ».

Pour François Perroux, l'équilibre n'est pas automatique, il est à rechercher par des négociations entre des décideurs dont les pouvoirs sont inégaux et dont les relations oscillent entre le conflit et la coopération. Il y a équilibration, plus qu'équilibre, la régulation est toujours à conquérir. Le monde moderne est celui de l'organisation. Il y a donc plusieurs types de régulations, faites de compromis qui font jouer des agents, des firmes, des institutions parfois rigides face à un marché qui réclame une parfaite fluidité. La rénovation des politiques économiques doit tenir compte de ces perpétuelles et normales adaptations et vise à contrôler les effets de domination. Mais l'auteur refuse l'opposition entre idéologies de l'Ouest et de l'Est :

dans la pensée scientifique comme dans les faits, les conflits enseignent aux hommes leurs déterminations sociales et les mettent ainsi en situation de les dominer et de les dépasser : le but de l'auteur est de débloquer l'analyse économique « en brisant les moules étroits des concepts systématiques et en remettant les idées en mouvement ». L. L. V.-L.

ÉCONOMIE RURALE (L') [*De re rustica*]. C'est le plus grand traité d'agriculture que nous ait transmis l'Antiquité. L'auteur en est l'écrivain latin Columelle (Ier siècle apr. J.-C.), né à Cadix, contemporain de Sénèque. Il est entièrement rédigé en prose à l'exception du livre X, composé de 430 hexamètres imités de Virgile, mais qui lui sont bien inférieurs malgré leur qualité technique. Les douze livres qui le composent sont dédiés à un certain Silvinius, dont les domaines étaient limitrophes de ceux de Columelle. Ils constituent sans doute la deuxième édition complétée d'un autre traité plus bref, en 3 ou 4 livres, sur le même sujet. De celui-ci, il ne reste qu'un fragment : « Des arbres », correspondant aux livres III et V de la nouvelle version. D'après les préfaces de chaque livre, et tenant compte des inégalités nombreuses de son agencement, il est permis de supposer que l'ouvrage a été publié en plusieurs parties parues successivement. Dans le préambule, l'auteur annonce son intention de donner d'utiles conseils aux agriculteurs (car la science de la terre est aussi indispensable qu'elle est négligée) ; en terminant, il cite ses principales sources grecques et latines. Le premier livre expose les questions générales sur le fond du sujet ; le second est consacré aux travaux des champs, le troisième et le quatrième à la viticulture, le cinquième à la culture des arbres fruitiers, le sixième et le septième à l'élevage du bétail, le huitième aux oiseaux et aux poissons, le neuvième aux abeilles. Écrit en vers sur les conseils de Gallion et de Silvinius, le dixième livre, consacré aux jardins, complète les *Géorgiques* (*) où Virgile, à son grand regret (IV-148), n'avait pas traité ce sujet. Les onzième et douzième sont consacrés aux devoirs du maître et de la maîtresse de la ferme. Dans les sources que Columelle cite au début de son ouvrage, ainsi que dans certains passages où il les approuve ou les discute, nous relevons des œuvres d'écrivains qui ont traité avant lui le même sujet : la plupart sont latins. Le traité qu'il a le plus souvent consulté est celui de Celse : *Les Arts*. Il s'est également servi d'études traitant de sujets particuliers, comme celle de Julius Atticus et de Grécinus sur la culture de la vigne ou encore des livres XI et XII de l'*Économique* (*) de Xénophon, traduit par Cicéron.

Le traité *L'Économie rurale* a donc une certaine importance, ne serait-ce que par les indications qu'il nous fournit sur d'autres œuvres perdues. C'est un ouvrage original par lequel Columelle prouve ou réfute, grâce à son expérience, ce que ses précurseurs lui avaient transmis ; c'est ce qu'il déclare à la fin du livre II. En le dédiant aux agriculteurs, l'auteur déplore qu'ils soient devenus esclaves. Tout en visant un but pratique, il ne néglige pas les questions techniques et scientifiques. Il met beaucoup de chaleur et de sentiment dans l'expression de son amour pour la terre et pour la vie des champs ; il regrette les temps révolus. Cependant, le plan général de l'ouvrage est défectueux ; Columelle n'a pas su lui conserver une unité suffisante, éviter les répétitions et la monotonie, le manque de lien entre les diverses questions. La forme simple convient au but didactique sans que soient négligés les effets de rhétorique comme l'allitération, la litote. Il y a même une certaine recherche des formes poétiques archaïques. *L'Économie rurale* de Columelle eut peu de succès auprès des générations suivantes, mais divers auteurs, tels que Pline, Martial et Palladius, ne manquèrent pas de l'utiliser. — Trad. intégrale : Nisard, t. III. 1864 : (la vigne) ; Les Belles Lettres, 1892 ; t. X (horticulture), 1969 ; t. XII (De l'intendance), 1988.

ÉCONOMIQUE [*Θενοφῶντος οἰκονομικός*]. Dialogue de l'historien grec Xénophon l'Athénien (426 ?-355 ? av. J.-C.) ; avec *Les Mémorables* (*) et *Le Banquet* (*), il appartient à la série des œuvres socratiques, bien que celles-ci ne rapportent pas directement les paroles de Socrate. C'est Xénophon qui applique les idées de Socrate à une matière particulière : l'art domestique et l'art de l'agriculture dans lesquels, à la différence de Socrate, il est particulièrement versé. L'*Économique*, dont la construction est touffue et dont la forme dialoguée manque de vie et de simplicité, se compose de deux parties. Dans la première, Socrate discute avec Critobule en présence d'autres disciples, et explique en quoi consiste la véritable économie. Il montre qu'être riche signifie savoir gérer ses biens, puisque la richesse que l'on ne sait utiliser est inutile. Socrate, n'étant pas lui-même en mesure d'enseigner l'économie, rapporte une conversation qu'il a eue avec un certain Ischomaque, excellent citoyen et père de famille, qui lui a exposé la manière de bien conduire une maison, les devoirs de l'homme et de la femme, les règles de la culture des champs, et enfin les moyens indispensables pour réussir en toute chose : la diligence et l'art de commander et de se faire aimer. Écrit après 401, et probablement durant le séjour de Xénophon à Scillonte, l'*Économique* est un ouvrage assez important pour la connaissance de la vie privée en Grèce. Il contient surtout des principes relatifs aux rapports avec les femmes et les esclaves, principes vraiment nouveaux et supérieurs. La forme est soignée et, comme toujours chez Xénophon, simple et sans ornements. L'Antiquité a beaucoup admiré ce petit ouvrage dont Cicéron fit une imitation en trois livres — v. *Des devoirs* (*). Dans l'*Économie rurale* (*) de Columelle, on peut en trouver certains passages traduits en latin. — Trad. Les Belles Lettres, 1949.

ÉCONOMIQUE EN TANT QUE SCIENCE (L'). Ouvrage de l'économiste français Maurice Allais (né en 1911), paru en 1968. Comme beaucoup d'ingénieurs économistes, Allais est un adepte de la théorie néoclassique, mais il la modifie pour la rendre plus opératoire. Selon cette théorie, la société se compose d'individus ou d'entreprises, les « agents économiques » qui utilisent rationnellement et au mieux les ressources dont ils disposent, compte tenu de leurs contraintes personnelles (budget, préférences). Se rencontrant sur des marchés, ils proposent des achats (demande) ou des ventes (offre). En vertu de la loi de l'offre et de la demande, selon laquelle le prix d'un bien augmente quand la demande est plus grande que l'offre et baisse dans le cas contraire, des prix s'établissent. Dans le contexte idéal de la concurrence parfaite, les prix d'équilibre s'établissent spontanément et optimisent l'allocation des ressources de la société. On peut mathématiser la manière dont ces prix s'établissent, en utilisant des fonctions ; on peut aussi rechercher le meilleur équilibre (maximisation) en étudiant les extremums de ces fonctions. Deux critères de vérité fondent cette doctrine : sa cohérence interne (sa logique) et sa capacité à rendre compte du réel. Parce qu'il ne néglige pas ce second critère, Allais est amené à modifier ce schéma idéal sur plusieurs points :

1) Le paradoxe d'Allais : les agents économiques ne sont pas si mathématiquement rationnels. Privilégiant la sécurité, surtout quand il y a risque de faillite, ils préfèrent cent mille francs de façon certaine à deux cent mille francs avec une probabilité de 99 %. Cela remet en cause la continuité des fonctions de préférence.

2) Toute décision économique qui ne dégage pas un surplus distribuable est irrationnelle. La théorie de l'équilibre général est donc à reconstruire à partir de cette recherche d'un surplus global pour toute l'économie.

3) Dans la gestion des services publics, il faut rechercher le mieux pour la société, l'optimum social, et non celui d'un seul agent économique. En ce cas les tarifs publics peuvent être établis au coût marginal (au coût de la dernière unité produite) et non au coût global.

4) Deux secteurs économiques sont donc à distinguer : un secteur « différencié » (concurrentiel), où les prix s'établissent en fonction du profit maximal, et un secteur non différencié avec de grandes firmes ou même des monopoles, où là le prix serait fixé au coût marginal. Dans ce cas, même si la firme y gagne peu, le rendement « social » est maximal. L'équilibre général se reconstruit sur la base de ces nouvelles données.

L. L. V. L.

ÉCORCHÉ (L'). Roman de l'écrivain et essayiste suisse Robert de Traz (1884-1951), publié en 1927. L'action se passe à Genève dans les années qui ont suivi la guerre de 1914-1918. Son héros, Marc Lepreux, étudiant en médecine, est sans cesse pris entre cette sorte de peur que lui donne la vie et son ambition de dominer cette peur. En fait de famille, il n'a plus qu'une sœur, bourgeoise uniquement préoccupée du « qu'en-dira-t-on », et un beau-frère, jouisseur égoïste qui ne pense qu'à bien manger. C'est par amour sans doute, mais aussi pour braver son milieu, que Marc finit par épouser Olga, une étudiante russe et pauvre. Loin de le sauver, Olga ne fait qu'encourager son mari dans ses faiblesses. Elle semble même trouver une volupté à le voir sans cesse plus désarmé. De plus, elle introduit dans la maison deux autres réfugiés russes : Volodia Stalinsky et Boris Kartzev, ex-capitaine de l'armée de Wrangel. L'amitié de Stalinsky donne à Marc une certaine joie, mais Kartzev au contraire, parasite insolent et brutal, lui inspire une terreur qu'il n'arrive pas à dominer. Un jour cependant, comme Kartzev, revolver au poing, exige de lui des excuses, Marc a un sursaut et le chasse de sa maison. Mais cette scène l'a brisé et il avoue à sa femme sa lâcheté. Olga d'ailleurs semble ne voir là qu'une nouvelle raison de l'aimer. En même temps, Marc fait engager Kartzev dans un manège, mais il recommande qu'on lui fasse monter les chevaux les plus ombrageux, espérant vaguement qu'un accident le débarrassera du Russe. L'accident se produit, mais Kartzev guérit et, sur les conseils de Stalinsky (qui, en réalité, est un agent des Soviets), il se rallie au régime communiste. Sur ces entrefaites, Marc est menacé de cécité. En revenant de chez l'oculiste, il trouve une lettre d'Olga. Elle lui annonce qu'elle est partie avec Stalinsky, qui est son amant. Marc alors renoue avec une jeune veuve qui l'a toujours aimé et qui lui offre de partager sa vie.

Encore que ce roman soit trop près de la vie pour être qualifié de roman à thèse, il est difficile cependant de n'en pas dégager une conclusion : le mariage, la compréhension, l'amour sont sans doute impossibles entre deux êtres issus de traditions aussi différentes, entre un Marc tout pétri, quoi qu'il veuille, des manières de penser de l'Occident, et une Olga venue des steppes lointaines de la Russie et nourrie d'une autre culture. On remarquera à cet égard l'impartialité avec laquelle le romancier donne raison aux personnages les moins sympathiques — ou plutôt les moins généreux — du livre : la sœur de Marc, son ami Villiers. La description du caractère de Marc est faite avec beaucoup de sûreté et de bonheur. C'est le caractère d'un de ces hommes foncièrement inadaptés à la vie et qui ne peuvent que reculer devant elle. La dernière phrase du livre est, à ce sujet, singulièrement explicite : « Et tandis qu'elle l'embrassait encore, il enleva ses lunettes pour ne plus rien voir et, avec un soupir de soulagement, murmura : Devenir aveugle, quel alibi... »

ÉCORNIFLEUR (L'). Roman de l'écrivain français Jules Renard (1864-1910), publié à Paris en 1891. Le héros, Henri, un jeune écrivain qui a encore beaucoup de chemin à faire pour affirmer son talent, gagne la sympathie d'une brave famille bourgeoise composée de M. Vernet, Blanche, sa femme, et Marguerite, sa nièce. Installé dans leur maison pour un assez long séjour, il séduit ses hôtes par son air artiste et par le fait qu'il vient d'un monde absolument nouveau pour eux. Afin de maintenir son prestige, et par désœuvrement, il courtise la femme qu'il entraîne au bord de la faute, trouble ensuite le cœur naïf de la jeune fille qu'il essaie même de violenter. Après quoi il disparaît à l'improviste, fuyant des responsabilités qui l'effraient, et laissant derrière lui une famille triste et déçue – surtout le bon M. Vernet. À chaque page du livre, Henri s'analyse lui-même et se reconnaît pour ce qu'il est : un parasite, un malade de littérature. Incapable de s'adonner à aucun autre travail, il essaie de vivre de sa plume ; de là son aventure avec les Vernet. Ce mal inguérissable de l'écrivain impénitent, drame si bien décrit dans le *Journal* (*) de Jules Renard, pèse ici sur un être qui ne manque pas de vitalité malgré sa triste amertume. Le style du roman est parfait, rigoureux au point d'être presque épigrammatique, avec des notations aiguës et parfois un souffle lyrique rappelant les *Histoires naturelles* (*). Autour du misérable Henri, l'honnête famille des Vernet est présentée dans toute sa simplicité et presque sans ironie. Ici, la sympathie pour l'hôte brave et confiant l'emporte sur le mépris habituel de Renard pour la classe bourgeoise. Dans la pièce que l'auteur a tirée de son roman et qui fut représentée en 1903 sous le titre de *Monsieur Vernet,* ce dernier est devenu le héros principal et incarne le type du brave et honnête bourgeois.

ÉCOSSAISE (L'). Comédie de l'écrivain français Voltaire (François-Marie Arouet, 1694-1778), représentée pour la première fois le 26 juillet 1760 comme l'œuvre d'un certain M. Hume – « pasteur de l'Église d'Édimbourg, parent et ami du célèbre philosophe » –, traduite par Jérôme Carré. L'héroïne, Lindane, est la dernière héritière d'une grande famille ruinée par la haine implacable que lui voue la famille ennemie des Murray. La jeune femme, qui vit à Londres dans une pauvre auberge, supporte dignement une affreuse misère. Indifférent aux obstacles placés devant lui par son ancienne fiancée, lady Alton, le jeune lord Murray, amoureux de Lindane, parvient à faire gracier le père de celle-ci, contraint de s'exiler pour échapper à une injuste condamnation à mort. Ainsi les deux familles, divisées par la haine, sont-elles réunies par l'amour. Les douloureuses épreuves de la pauvre Lindane et de son père trouvent un heureux dénouement dans un mariage d'amour, respectant les exigences d'un genre où le sourire doit finalement percer à travers les larmes. Campés d'un trait incisif, certains personnages de second plan retiennent également l'attention : tels l'aubergiste, le généreux marchand Freeport et en particulier ce Frélon, journaliste à gages, en qui Voltaire a voulu satiriquement représenter le vieux jésuite Fréron, ennemi juré des « Lumières » et des « philosophes ». Sans atteindre à l'émotion poétique ou à la profondeur, néanmoins charmante et discrètement attendrie, brillant surtout par l'esprit de son auteur, *L'Écossaise* demeure parmi les plus vivantes des pièces de Voltaire. Elle est, sans nul doute, supérieure à *Nanine ou le Préjugé vaincu*, représentée en 1749, les deux pièces ayant en commun une même affinité avec le drame « larmoyant » si cher aux hommes du XVIIIe siècle.

ÉCOUTE, ISRAËL. Recueil de vers de l'écrivain français d'origine suisse Edmond Fleg (pseud. de Edmond Flegenheimer, 1874-1963). Publiée en sept volumes, dont le premier parut en 1913 aux *Cahiers de la Quinzaine* (*) et le dernier en 1948, cette œuvre importante fut réunie en un seul volume en 1954. Chantre de l'histoire du peuple d'Israël – auquel il n'a jamais cessé d'appartenir –, Fleg rappelle les hauts faits de Moïse et des prophètes, l'exil de Babylone, l'histoire d'Hérode et la destruction du temple de Salomon. Puis, dans les derniers livres, il décrit la vie, sous l'étendard romain et sous celui des califes, des fils dispersés d'Israël, les souffrances imposées à son peuple par l'Inquisition et, enfin, par le « Messie des brutes ». À travers cette sombre et parfois sanglante histoire de son peuple se dessine la morale de cette œuvre touffue et dont les vers sont beaucoup moins orthodoxes que l'idée directrice : la fidélité du peuple juif à sa Loi. Dans certains poèmes qui composent ce recueil, le lecteur retrouve les thèmes préférés de Fleg, déjà traités par lui dans ses œuvres précédentes, telles que *Jésus raconté par le Juif errant, Le Juif du pape, Moïse* ou *Pourquoi je suis juif.*

Jésus raconté par le Juif errant (1933) est l'histoire de la Passion de Jésus-Christ, relatée par un témoin oculaire qui, après avoir été guéri par Jésus de sa paralysie, refuse de l'aider lorsqu'il succombe sous le poids de la croix sur le chemin du Golgotha. « Jusqu'à ce que Je revienne, tu marcheras », lui aurait alors dit Jésus – et le voilà devenu le Juif errant, condamné à ne plus connaître de repos.

Moïse (1928) est une œuvre de poète. Rassemblant les données des innombrables « haggadas » qui appartiennent au folklore juif, Fleg dessine un portrait très personnel du grand législateur hébraïque, dont le plus grand péché aurait été d'avoir douté de son peuple. Ce récit légendaire sera pour Fleg une occasion de plus pour affirmer sa foi en la mission messianique du peuple d'Israël, « peuple de prêtres ; non pas de prêtres retranchés de la vie dans la prière et la contemplation, mais vivant toutes les formes de la vie, en sanctifiant chacun des actes de cette vie par la prière et la contemplation ».

Le Juif du pape est une pièce de théâtre en quatre actes et douze tableaux, représentée pour la première fois au Théâtre des Arts le 28 octobre 1925. On ne pourrait donner de meilleur résumé de cette pièce qu'en rappelant celui que Fleg lui-même a écrit dans son introduction : « Au milieu d'une Europe en guerre, un pape et un Juif refont ensemble le rêve éternel de la paix du monde. Ils ont contre eux l'empereur, le ghetto et l'Inquisition. » Le médecin juif Salomon Molco prédit au pape Clément VII une crue désastreuse du Tibre et le sauve d'un empoisonnement ; le pape, à son tour, sauvera Molco du bûcher inquisitorial lorsque Molco sera arrêté sur une dénonciation de ses propres coreligionnaires, qui voient en lui un hérétique voulant réconcilier « le peuple de Moïse avec celui du Christ ».

Enfin, dans *Pourquoi je suis juif* (1928), Fleg donne son autobiographie. C'est l'histoire de la vie d'un jeune Juif élevé au sein d'une famille attachée aux croyances traditionnelles, qui perd sa foi tant par la fréquentation de camarades protestants que par l'étude des philosophies matérialistes. L'affaire Dreyfus fut pour lui un choc qui détermina une révision de ses conceptions philosophiques et un retour à la foi judaïque traditionnelle, dont il devient un apologiste convaincu et passionné. Cette autobiographie se lit, comme toutes les œuvres en prose de Fleg, avec intérêt.

ÉCOUTE NOTRE VOIX Ô SEIGNEUR... [*Hear Us O Lord from Heaven thy Dwelling Place*]. Cycle de nouvelles de l'écrivain anglais Malcolm Lowry (1909-1957), publié intégralement en volume par sa veuve Margerie Bonner Lowry en 1961. Sept nouvelles d'inégales longueurs le composent. Sept, chiffre de la perfection, que Lowry semble bien atteindre ici dans l'écriture et dans le projet qu'il mène à terme : « Le Sentier de la source » clôt le cycle du « Voyage qui ne finit jamais » inspiré de *La Divine Comédie* (*) de Dante, et ce par un éclat de rire : « En riant, nous nous sommes penchés vers le ruisseau et nous avons bu. » Étrange mais splendide coda d'une œuvre somme toute mélancolique et divisée. L'écriture et la vocation artistique en sont le thème ; le voyage en mer, la Colombie britannique et l'Italie, le décor. Le « Brave petit bateau » voyage dans le temps et les âges de la vie ; message dans la bouteille jetée à la mer par un enfant, message pour une union future au gré des vents et des tempêtes, il trouve son destinataire. « La Traversée du Panama » tient du journal maritime mais intègre les réflexions de Lowry sur les rapports de l'auteur avec ses personnages, sur la fiction et la vie : sous-titré « Extrait du journal de Sigbjörn Wilderness », l'écrivain héros de *Sombre comme la tombe où repose mon ami* (*), il se présente comme une juxtaposition de fragments ou de morceaux, de citations — la *Ballade du vieux marin* (*) de Coleridge —, de pseudo-citations (l'histoire falsifiée de la percée du canal de Panama), d'autocitations qui contribuent par une mise en pages simultanée et une typographie différenciée à une spatialisation éclatée de la lecture. « Le Métier, cet étrange réconfort » met encore en scène Sigbjörn Wilderness, à Rome, visitant la maison où mourut Keats. Les carnets, réversibles, commencés aux deux bouts, aux citations énigmatiques qui finissent par s'entrelacer, engagent une interrogation dérisoire sur le travail qu'effectue l'écrivain sur son autobiographie. « Éléphant et Colisée », biographie grotesque du romancier mannois Kennish Drumgold Cosnahan, en visite chez son éditeur romain, laisse entrevoir une poétique de la vignette réaliste chez Lowry. « Pompéi, aujourd'hui » propose une forme d'écologie mentale du voyage, dans l'espace et dans le temps, un hymne à l'esprit de construction, destiné aux marginaux d'une civilisation industrielle. « Gin et verges d'or », simple anecdote dipsomane, installe la machine à écrire dans le jardin menacé de la Colombie britannique. Enfin, « Le Sentier de la source » célèbre la création naturelle et artistique, les cycles des saisons et des pluies comme les architectures de la composition musicale ou poétique. Lowry envisage ici une esthétique du bonheur, de la sagesse et de la transparence aux antipodes de l'apothéose de la confusion essentielle à la malédiction de *Au-dessous du volcan* (*). Tout est maintenant simple joie de la connaissance, lumière de la révélation et de la conscience : chemin unique et non plus chemin fourchu, chemin de l'aller pensif et du retour léger, vers le rire et la bénédiction de l'eau pure. — Trad. Julliard, 1962.

G. P.

ÉCRITS de Dominique. Œuvres attribuées au mystique espagnol saint Dominique (1170-1221), fondateur de l'ordre des frères Prêcheurs ou Dominicains. Saint Dominique avait fait de l'étude une obligation fondamentale. Dès 1216, cette étude était prescrite par la règle de l'ordre : les frères doivent s'y adonner de telle façon que, de jour ou de nuit, à la maison ou en route, ils lisent quelque chose ou méditent. L'ordre des Prêcheurs devenait ainsi le premier ordre du Moyen Âge à inscrire ce devoir à la base de sa règle. Saint

Dominique lui-même était épris des sciences et des lettres et, tout particulièrement, de la théologie et de l'Écriture sainte. Il portait toujours sur lui l'*Évangile* (*) de saint Matthieu et les *Épîtres* (*) de saint Paul, qu'il connaissait par cœur. Il aurait fait des conférences sur ces dernières au palais apostolique de Rome, ainsi que d'autres, sur les Psaumes et les Épîtres canoniques, aux frères de Bologne. Cependant, par une singulière fatalité, il ne nous reste pour ainsi dire rien des écrits de saint Dominique, si ce n'est les titres des œuvres qui lui sont attribuées par la tradition de l'ordre, entre autres, la *Constitution* de celui-ci, dont la rédaction définitive ne fut pourtant fixée qu'après la mort du fondateur. On sait que, pour éluder l'ordonnance du concile de Latran interdisant la création de nouveaux ordres religieux, saint Dominique embrassa la règle de saint Augustin, en y ajoutant quelques pratiques. Il prêcha longtemps aux Albigeois et eut avec eux des controverses qui forment une partie du contenu de ses écrits.

Voici la liste des œuvres attribuées à saint Dominique, telle que nous la trouvons dans les *Scriptores Ordinis Praedicatorum* de Quétif et Echard (t. I. Paris, 1719) : 1) *Le Livre des raisons et des autorités en confirmation de la foi* [*Libellus rationes atque auctoritates in confirmationem fidei continens*] ; 2) *Le Livre des autorités en confirmation de la foi de l'Église catholique* [*Schedula auctoritates pro Ecclesiae catholicae fide exhibens*] ; 3) *Les Actes de saint Dominique comme ministre de la prédication et de la réconciliation des hérétiques* [*Acta ejus ut ministri praedicationis seu potius ut ministri reconciliationis hœreticorum in sinum Ecclesiae redeuntium a legatis summi pontificis constituti*] ; 4) *Les Constitutions de l'ordre* [*Constitutionum quas S. Augustini regulae superaddidit, corpus ab ipso de primorum sodalium assensu ex antiquiorum ordinum statutis collectum et concinnatum*] ; 5) *Les conférences faites à Rome au palais apostolique sur les Épîtres de saint Paul* [*In Pauli apostoli epistolas lectiones Roma in palatio apostolico dictae*] ; 6) *Les Conférences faites à Bologne sur les Psaumes et les Épîtres canoniques* [*In psalmos et epistolas canonicas collationes Boloniae habitae*] ; 7) *Commentaires sur l'Évangile de saint Matthieu* [*Super Evangelium Matthaei enarrationes ac scorsim super caput VIII : Ascendente Jesu in naviculum*, etc., *ubi omnia navis armamenta elegater trahit*]. — Deux œuvres : *Le Livre sur le Corps du Christ* [*Liber de Corpore Christi*] et les *Homélies sur la Grâce et sur la Trinité*, sont considérées comme apocryphes.

ÉCRITS de Galois. Ces écrits, recueillis pieusement par Chevalier dans le *Journal des mathématiques* en 1846, après la mort tragique du jeune mathématicien français Évariste Galois (1811-1832), énoncent les grandes innovations qu'il avait apportées à la théorie des équations. C'est ici qu'est formulée la théorie des substitutions qui représente la base la plus solide de la théorie des équations algébriques. Il démontre le lien existant entre une équation et un groupe de substitutions effectué sur les racines de l'équation même (« groupe de Galois »). Les propriétés relatives aux racines des équations passent aux groupes de substitutions. Ces concepts de « groupe » et de « sous-groupe » avec leurs propriétés relatives permettent de résoudre, d'après les démonstrations de Galois, les questions qui ont trait à la simplification ou à la solution des équations. En outre, Galois énonce les conditions nécessaires et suffisantes pour résoudre une équation au moyen de racines. Ces écrits traitent aussi de nouveaux nombres imaginaires (« nombres de Galois ») et apportent des considérations nouvelles sur les théories des fonctions algébriques et de leurs intégrales.

ÉCRITS de Giacometti. Publiés en 1990 et présentés par Jacques Dupin et Michel Leiris, les *Écrits* du peintre et sculpteur suisse Alberto Giacometti (1901-1966) réunissent tous les textes publiés du vivant de l'artiste (de 1931 à 1966, dans des revues comme *Le Surréalisme au service de la révolution* (*), *Minotaure* (*), *Documents* (*), *Labyrinthe, Verve*) ainsi que des extraits de carnets et de cahiers tenus par le sculpteur. S'y ajoutent quelques entretiens. Les livres de Jean Genet (*L'Atelier d'Alberto Giacometti,* 1953) et de James Lord (*Un portrait de Giacometti*, 1981 [*A Giacometti Portrait,* 1965]), qui furent l'un et l'autre des modèles de l'artiste, avaient déjà donné, en se fondant sur les longues séances de pose, une approche concrète et émouvante de l'expérience unique qui fut sans fin recommencée dans le petit atelier de la rue Hippolyte-Maindron, au sud de Montparnasse. Mais, avec la réunion des écrits de Giacometti, c'est véritablement le creuset de cette expérience qui est rendu présent, dans sa tension inquiète comme dans ses éblouissements. Notations théoriques, réflexions sur la sculpture, fragments, articles plus circonstanciés, commentaires sur d'autres œuvres, dessins, souvenirs — les *Écrits* présentent une forme disparate et suivent rarement une forme linéaire, n'empruntant qu'en passant ce que l'auteur lui-même appelle la « forme-tuyau du récit », qu'il juge factice. C'est donc avant tout à des éclats que le lecteur se trouve confronté. La forme fragmentaire du livre répond à l'apparence d'inachèvement, de chantier perpétuel, qui caractérise la démarche artistique de Giacometti. À l'opposé du traité et loin de l'assurance du discours, ces éclats ont pourtant une teneur poétique et théorique très dense, et font des *Écrits* un texte non seulement indispensable à la compréhension de l'œuvre de Giacometti, mais aussi un livre fondamental qui expose à nu, et dans le libre cours de l'intuition, quelques-uns des traits fondateurs de l'art du XXe siècle. Tout se passe pour Giacometti comme si la remise en cause de l'espace classique avait eu pour principal effet de rendre à la vue le réel lui-même, que masquait l'imitation. Et s'il a suivi un temps, avec les surréalistes, la voie majeure de l'art moderne — celle de l'invention — ce ne fut que comme un détour, et pour revenir, dès 1935, à la terrible injonction du motif, comme un apprenti. C'est donc vertigineusement que Giacometti se réinstalle devant un visage, ou devant une pomme, et ses textes, même ceux de la période surréaliste, portent tous la marque de ce perpétuel débordement de l'objet, d'où jaillit une vitalité inépuisable, et en un sens effrayante. C'est sans doute au cours des séances à l'atelier que l'expérience de ce vertige est approfondie et reconduite, mais il n'y a pour Giacometti aucune solution de continuité entre le travail proprement dit et les autres moments qui font l'expérience. Ainsi les écrits sont-ils emplis de notations de sensations éprouvées en passant, devant un paysage, une rue, au café, en sortant d'un musée. Et c'est toujours la même qualité, le même « noyau de violence » du réel qui le saisit, l'éblouit et le désespère. La sécurité de la représentation classique comme le caractère évanescent de l'invention délibérée ont été dépassés, il ne reste qu'un réel hypersensible et qu'un espace sans bords, que chaque événement (un arbre, un animal, un visage) dilate selon sa seule mesure. Ainsi n'y a-t-il plus rien comme une « grandeur nature » qui pourrait garantir et filtrer la vision. L'espace a cessé d'être un contenant ou un habitacle pour devenir le lieu et le lien d'une relation, à chaque fois différente et qui s'enferme en elle-même, parce qu'elle a, à elle seule, la profondeur d'un monde. Le monde est toujours « totalement présent » dans chacune de ses apparitions. Ainsi, par le menu, par des fragments qui sont bien plutôt le récitatif d'une impuissance et le constat d'un échec que l'annonce d'une libération, dans leur humilité et dans leur témérité devant la vie, les *Écrits* de Giacometti s'ouvrent-ils à l'interprétation, proches comme ils le sont des avancées de la phénoménologie ou de l'obsession de « vérité » qui, par-delà tous les masques formels, conduit la poésie moderne dans ce qu'elle a de plus spécifique. À côté de leur portée théorique qui reste pour ainsi dire à disposition, les *Écrits* sont aussi, cela va de soi, un formidable document, et l'autoportrait, involontaire et lumineux, du plus intègre de tous les artistes contemporains.

J.-Ch. B.

ÉCRITS de Lacan. Recueil de textes du psychanalyste français Jacques Lacan (1901-1981), publié en 1966. Si elle ne fit pas connaître Jacques Lacan aux psychanalystes, philosophes, anthropologues et linguistes qui s'y voyaient et revoyaient cités, convoqués et discutés, cette publication les mit devant une évidence. Celle-là même à laquelle ses lecteurs, avant 1968, alors que triomphait le « structuralisme », étaient confrontés : de ces fragments épars, dispersés sur plus de vingt ans, naissait une œuvre. Celle d'un psychanalyste, à l'expérience et à la culture hors de pair, pour qui l'écrit n'était ni un simple compte rendu ni une relation, mais exigeait la frappe d'un style qui lui assure le détachement et la pérennité qui imposent la lecture. Lacan attendait ses lecteurs.

Que leur apportait-il ? Outre une doctrine et une théorie exposées au long d'un séminaire commencé en 1953, il leur livrait, en guise d'avertissement et de vade-mecum, un bien rude message. « Mon combat, disait-il, est celui des lumières. » Fidèle à la vocation de Freud, elle-même nourrie de la dernière parole de Goethe (« Plus de lumière »), il inscrivait la psychanalyse dans le combat de la raison contre l'obscurantisme, le despotisme et le fanatisme. Après l'horreur nazie et dans l'impensé du mal, il importait de délier l'analyse de toute complaisance et de toute alliance avec les forces obscures comme avec celles du pouvoir et de la répression, qu'elles viennent d'une tyrannie de la normalité ou de la puissance des idéologies ou de l'État. Volontairement, et en toute clarté, la tradition freudienne s'inscrit dans un combat pour ce que Freud appelait la civilisation (« Kultur »), même s'il était l'un des plus vigoureux à en dénoncer l'hypocrisie et le malaise.

L'autre partie du message s'adressait à ses pairs, les psychanalystes. Pairs bien ingrats, bien sourds à l'homme de parole que Lacan voulait être. Pairs dont une part l'a bien malmené, à travers deux scissions qui ont mis en cause son droit et sa capacité à former des psychanalystes. Pairs qu'il n'a guère laissés en repos, pris qu'il était par la nécessité d'avoir à faire entendre ce dont, comme tout ce qui émarge de l'inconscient, « on ne veut rien savoir ». Aussi, point d'issue ni de voie médiane, comme il en avertit son lecteur : « À ce qu'ils formulent, il n'y a qu'à se rendre ou bien à les laisser. Chacun n'est d'apparence que le mémorial d'un refus de mon discours par l'audience qu'il incluait : strictement les psychanalystes. » Ce refus qui frappe le lecteur, tout autant que les psychanalystes et que Lacan lui-même, est celui du refoulement. Au-delà seulement s'ouvre l'inconscient.

Quelle unité se dégage des *Écrits* ? Celle d'un parcours tout entier soumis au « retour », à Freud, et qui se donne pour fondement à la fois de faire de ce retour la condition de toute avancée et de tout avenir pour la psychanalyse et de pouvoir, par ce mouvement même, re-fonder la psychanalyse dans le lieu même de son expérience. Car elle est est l'épreuve d'un sujet parlant — une expérience de parole soumise aux conditions de la parole — dans le champ du langage.

Tel est le titre du rapport de Lacan au congrès de Rome en 1953, qui préface ses écrits de psychanalyste et pose les bases de sa doctrine : *Fonction et champ de la parole et du langage en psychanalyse.* Lacan entendait par là retourner au premier Freud, non qu'il y en ait, en ce sens, un second ni un troisième, mais à celui qui fonde la psychanalyse dans une expérience de langage. En effet, *L'Interprétation des rêves* (*), *La Psychopathologie de la vie quotidienne* (*) et *Le Mot d'esprit et sa relation à l'inconscient,* trois ouvrages où Freud décrit et analyse les formations de l'inconscient, ses lois et ses productions reposent sur des expériences langagières. Le rêve n'existe que dans le récit du rêveur ; les oublis de mots et de nombres, les lapsus et actes manqués se parlent et s'analysent dans et par la parole ; le mot d'esprit, sa technique, ses effets et les mécanismes du rire montrent comment une vérité inconsciente force la barrière d'un dire pour en faire surgir par un autre dire — celui du mot d'esprit volontaire ou non — une vérité faite de mots. Car l'inconscient, comme ce qu'il livre, n'est pas un au-delà des mots, ce n'est ni du biologique, ni de l'infralinguistique, ce sont des mots, ceux, refoulés, de l'oubli, comme ceux inscrits dans la chair du symptôme où le corps parle. L'interprétation ne fait que rendre les mots qui délivrent une vérité de langage refoulée. Le support théorique que Lacan trouve dans la linguistique de Ferdinand de Saussure, dans la linguistique structuraliste du *Cercle de Prague* (Roman Jakobson) et dans l'anthropologie de Claude Lévi-Strauss donne à sa doctrine les éléments d'une relecture de Freud où se définissent et se créent des concepts qui ont eux-mêmes une histoire mais sont subvertis par ce qu'ils permettent de penser : l'expérience psychanalytique.

Lacan distingue trois domaines dont la définition permet de dissiper la confusion qui recouvre des notions trop générales et trop prises dans le corps d'une expérience souvent aveugle à elle-même. Le symbolique, c'est le langage en tant qu'il est lui-même structuré. « L'inconscient, écrit Lacan, est structuré comme un langage. » Le symbolique ordonne tout le champ humain comme celui de la parole, il définit l'humanité par la loi de l'interdit de l'inceste qui sépare la nature de la culture. Le symbolique, réduit au signifiant, est prééminent.

L'imaginaire, le domaine des rêves, des images captatrices, des fantasmes et de la fantaisie, est fondamental. Mais il reçoit et subit la détermination du symbolique. Le réel, le troisième terme de la structure, se signale soit comme insistance : celle de la répétition du traumatisme et de l'hallucination, soit comme manque, par défaut. Mais l'insistance du réel n'est pas la répétition de la lettre qui, elle, obéit à la loi répétitive de l'inconscient, à son temps symbolique, qui n'est pas un temps historique.

Cette structure de trois termes trouve son application dans le jeu et la place des instances psychiques, dans la direction de la cure, dans la place du père (le père symbolique n'est pas le père imaginaire ni le père réel) comme dans la pensée de l'objet. L'objet de la psychanalyse n'est pas l'objet illusoire du fantasme ni l'image, mais un objet impossible à retrouver. De même le sujet parlant n'est pas le « moi », le personnage imaginaire qui se perd dans le narcissime, mais le sujet divisé par la castration et pris dans la loi de l'autre. Un autre qui désigne l'altérité dans son aspect symbolique, et non l'autre du semblable et du même, piège pour un faux amour et une envie dévastatrice.

Par ces catégories fondamentales, c'est toute la psychanalyse qui se trouve repensée et restituée. Elle n'est pas une technique d'adaptation, un ensemble de recettes thérapeutiques, mais une expérience de parole qui ne peut se maintenir sans ce que, après Freud, Lacan a su lui rendre et lui donner : la véritable dimension d'une pensée. P. G.

ÉCRITS de Langevin. Outre les essais proprement scientifiques recueillis en 1923 sous le titre : *La Physique depuis vingt ans,* le physicien français Paul Langevin (1872-1946) a publié un certain nombre d'essais de philosophie et d'histoire de la science qui sont peut-être ce qu'il a écrit de plus vivant. Œuvre d'un esprit parvenu à sa maturité, ils révèlent non seulement une grande intelligence, mais la qualité exceptionnelle d'une conscience toujours en éveil. Sans prétendre donner de ses travaux un tableau complet, citons les principaux ouvrages qu'il publia au cours des années 1913-1934 : un essai sur Henri Poincaré, des conférences sur la valeur éducative de l'histoire de la science, sur la théorie de la relativité et sur la notion de corpuscules et d'atomes. L'essai sur Poincaré en tant que physicien, publié dans la *Revue de métaphysique et de morale* de 1913, est l'étude la plus importante sur ce sujet. Nul mieux que Langevin n'a mis en évidence (ce sont ses propres paroles) « la prodigieuse activité mentale, l'extraordinaire rapidité d'esprit qui conduisent Poincaré à s'intéresser aux problèmes les plus difficiles et les plus variés [...] la fréquentation quotidienne de ces problèmes devait avoir sur son évolution intellectuelle une influence primordiale ». Pour ce qui est de l'aspect philosophique de la pensée de Poincaré, Langevin n'insiste pas, mais il estime que la possibilité de traduire un même fait d'une langue dans une autre ne doit pas faire oublier l'essentiel, qui est l'existence du fait. Les faits sont les rapports entre les choses révélées par l'expérience et ils ont une valeur parce qu'ils sont égaux pour tous : ils sont une richesse commune en augmentation continue. La théorie sert à les exprimer et à les rendre dans le même temps intelligibles et utilisables. La Conférence sur la valeur éducative de l'histoire de la science fut publiée dans le *Bulletin de la Société française de pédagogie* de décembre 1926. L'auteur y combat le caractère dogmatique de l'enseignement des sciences dans certaines écoles : ainsi conçu, cet enseignement perd de son intérêt et donne faussement l'impression que la science est une chose figée et comme morte. Pour combattre le dogmatisme, il importe de se pénétrer que les fondateurs des théories nouvelles ont été les premiers à se rendre compte de leurs points faibles. S'avise-t-on d'oublier leurs réserves, ce qui n'était encore qu'une hypothèse se transforme alors en dogme, et l'on doit ensuite réagir avec vigueur pour se réconcilier avec l'expérience. En remontant à la source, on rend les idées plus claires et l'on sert la science au lieu de la paralyser. À chaque progrès de l'humanité, on a tendance à exagérer la valeur des résultats obtenus, et l'on s'imagine posséder les clés du monde.

La Relativité – Conclusion générale (Paris, 1932) est un commentaire des quatre conférences ayant pour sujet la relativité et qui furent données, sur l'initiative de Paul Langevin, au Centre international de synthèse par Bauer, de Broglie, Perrin, Darmois ; ce texte constitue une interprétation de la théorie d'Einstein. Ce que dit le savant sur les rapports entre le principe de causalité et la relativité, sur l'action à distance, sur la fécondité de la théorie d'Einstein est du plus haut intérêt. Selon lui, l'effort scientifique n'est ni arbitraire ni isolé, et ne peut se développer qu'en maintenant le contact avec toutes les ressources de la collectivité humaine. Dans sa conférence sur *La Notion de corpuscules et d'atomes* (Paris, 1934), tenue le 16 octobre 1933 à l'inauguration de la Réunion internationale de chimie et de physique, Langevin a voulu dresser un bilan de la physique à ce moment-là, ou, comme il le disait lui-même, brosser un tableau exact indiquant à la fois les lumières et les ombres. Il reconnaît que les lumières sont puissantes et les ombres pleines de promesses mais, tout en acceptant la physique d'aujourd'hui, il considère l'indéterminisme qui y règne comme provisoire. Il n'est pas permis, précise Langevin, de nier le déterminisme dès l'instant que la nature ne répond pas de façon précise quand nous l'interrogeons sur le mobile corpusculaire. Il est plus simple de dire que le problème est mal posé et que la nature ne connaît pas les mobiles corpusculaires. Le principe d'indétermination sous-entend que nous pouvons suivre un électron, et cela revient à dire que nous ne pouvons le représenter comme un objet. Il faut donc renoncer à l'individualité du corpuscule, à celles du photon et de l'électron. La conférence sur *La Pensée et l'Action* (Paris, 1947), dernier écrit de Langevin, a la portée d'un testament spirituel : le savant y rappelle notamment que c'est un devoir de diffuser la science et que celle-ci contribue à la libération matérielle et spirituelle des hommes.

ÉCRITS de Lincoln [*The Writings of Abraham Lincoln*]. Publiés dans l'Édition fédérale de 1905, ils comprennent les lettres sur les problèmes de politique nationale, les débats politiques et judiciaires, les discours et la totalité de la correspondance du président des États-Unis Abraham Lincoln (1809-1865). Les discours concernant l'esclavage y tiennent une place prépondérante ; y sont joints les débats de la célèbre campagne dans l'État de l'Illinois en 1858 ; le fameux discours sur la sentence du juge Douglas dans l'affaire Dred Scott, discours parfaitement constitutionnel et respectueux des lois, encore que profondément révolutionnaire, puisqu'il se réclame de l'esprit de la *Déclaration d'Indépendance* (*) et d'une loi supérieure conçue par la conscience humaine : « tous les hommes sont nés égaux » ; le « Discours perdu », de mai 1856 (ainsi nommé parce que tous les reporters présents, entraînés par la puissante éloquence de l'orateur qui s'écriait : « Nous dirons aux États anti-unionistes du Sud : nous ne voulons pas sortir de l'Union et vous ne devez pas le faire ! », en vinrent à oublier qu'ils étaient là pour transcrire le discours, lequel eût été perdu sans la présence d'esprit d'un jeune avocat qui se trouvait parmi l'auditoire).

Un bref discours (mars 1865) à un régiment de l'État d'Indiana, au moment où on pouvait redouter que des nègres du Sud ne se laissent enrôler pour combattre contre leurs libérateurs des États du Nord, occupe une place à part. « Toute ma vie j'ai entendu prononcer des arguments en faveur de l'esclavage... Mais si les esclaves nègres devaient combattre aujourd'hui pour maintenir leur esclavage, j'avoue que ce serait là l'argument le plus éloquent qu'on m'ait jamais opposé. Si ceux-ci désirent rester esclaves au point de combattre pour cette cause, alors ils méritent d'être esclaves. Et s'il y en a un sur quatre prêt à combattre pour être lui-même affranchi, tout en laissant les trois autres esclaves, lui-même mérite l'esclavage pour se montrer si bassement égoïste. Qui désire l'esclavage pour soi-même ou ses frères mérite en effet d'être esclave. » Parmi les nombreux discours politiques de Lincoln, celui, désormais historique qu'il prononça pour la consécration du cimetière national de Gettysburg, sur le champ de bataille de la guerre de Sécession pour l'abolition de l'esclavage, est le plus mémorable. Merveilleusement lucide et simple, dépouillé de tout ornement rhétorique, mais fort, puissant, incisif, définitif, il fit la plus forte impression sur tous ceux qui le lurent, tant en Europe qu'en Amérique, et sur ceux qui l'entendirent tout habitués qu'ils étaient aux discours politiques grandiloquents et emphatiques : « Nous proclamons solennellement que ces morts ne doivent pas être tombés pour rien, que cette nation, sous l'œil de Dieu, devra renaître dans la liberté ; que le gouvernement du peuple, par le peuple, pour le peuple, ne devra jamais disparaître de la surface de la terre » (10 novembre 1863). Certaines phrases de ses discours sont demeurées célèbres : « Nul n'est assez bon ni assez sage pour gouverner un autre homme sans l'assentiment de celui-ci... » « ... Vous pouvez tromper tout un peuple pour un certain temps, et une partie du peuple pour toujours, mais vous ne pouvez tromper tout un peuple pour toujours. »

Dans ses écrits et ses discours, comme dans ses lettres, la simplicité, la spontanéité, la largeur d'horizon, sont les caractéristiques de sa pensée ; la clarté, la propriété des termes, la sobriété, celles de son style. Il s'efforce constamment d'atteindre au cœur du problème et de faire connaître ses pensées les plus intimes, les plus profondes. Par son effort pour saisir l'essentiel, les faits fondamentaux, ses discours se rapprochent de ceux de Cromwell ; dans sa façon d'aller droit au but, ils évoquent ceux de Bismarck. Quand il fait appel à l'émotion, il le fait tranquillement et avec gravité. Sa parole impressionne, non par la véhémence du ton, mais par la profondeur des convictions et la chaleur de ses sentiments. Il conduit ses discours comme il conduisit la jeune République dans les crises les plus terribles de son histoire, la menant, avec calme et sérénité, « saine et sauve au port, victorieuse et intrépide, ayant enfin touché le but » (Walt Whitman).

ÉCRITS de Picasso. Recueil des œuvres littéraires diverses du peintre espagnol Pablo Picasso (1881-1973), paru en 1989, sous la direction de Michel Leiris. L'ouvrage réunit les *Carnets* du peintre poète en même temps que des œuvres littéraires plus « achevées », et parfois publiées, sur une période de vingt-cinq ans (1935-1959), soit quelque trois cent quarante textes écrits directement en français ou en espagnol. Une annexe reproduit les journaux manuscrits d'adolescence (1893-1895), où s'affirment déjà l'esprit loufoque du futur peintre et son goût prononcé du mariage de l'image et du mot. Mais c'est en 1935 pour la première fois, afin de surmonter des difficultés d'ordre intime, qu'il abandonne temporairement la peinture pour écrire. Il a 54 ans. Jusqu'en 1941, il poursuivra de pair œuvre poétique et picturale. L'œuvre poétique, le plus souvent en espagnol, est libre de toute contrainte : « hors de ses gonds », suivant le mot de Michel Leiris. Le premier poème datant du 18 avril 1935, le plus récent du 20 août 1959. La lecture de ces textes éclaire à plus d'un titre la genèse des œuvres picturales, notamment des gravures. Picasso s'interrogea toujours sur l'opportunité de publier ses œuvres poétiques, que Breton jugeait « semi automatiques » et admirait mais que Gertrude Stein tournait en ridicule.

L'œuvre poétique se double d'une œuvre théâtrale d'inspiration plus cohérente. *Le Désir attrapé par la queue,* pièce en six actes écrite en français, entre le mardi 14 et le vendredi 17 janvier 1941, est d'une veine satirique. Gros Pied, le protagoniste, en qui l'on reconnaît certains traits de l'auteur, écrit un roman de plus de trois cent quatre-vingt mille pages avec, pour toile de fond, le sordide marché noir qui s'est développé à la faveur de l'Occupation allemande. Dix personnages, qui « se situent pour la plupart à la hauteur des orteils », suivant le mot de Queneau, passent leur temps à taper des pieds au sens propre comme au figuré et vivent leurs amours prosaïques à l'instar d'Angoisse Grasse et d'Angoisse Maigre. Cette première pièce trahit l'influence d'*Ubu cocu* de Jarry – v. *Ubu roi* (*) –, dont l'auteur des *Demoiselles d'Avignon* faisait grand cas. *Les Quatre Petites Filles* (24 novembre 1947-13 août 1948), pièce en six actes, tiennent davantage de la fable : des adolescentes s'ébattent jour et nuit dans un potager de rêve que hantent cependant des apparitions fantastiques ou terrifiques telles qu'un Pégase étripé. Le lyrisme baroque y contredit l'écriture automatique d'inspiration surréaliste. Ces deux pièces seront toutes deux portées sous les feux de la rampe. Enfin, la dernière œuvre écrite de Picasso, *L'Enterrement du comte d'Orgaz* [*El Entierro del conde de Orgaz*], « esquisse théâtrale virant à la poésie pure », est une fresque picaresque, grouillante de personnages, dont le titre est emprunté à un tableau du Greco. Il s'agit en fait de quatorze textes composés de 1957 à 1959 (mais publiés en 1978 seulement en français) qui témoignent d'un goût certain du télescopage jubilatoire, tant pictural que littéraire : ainsi dans cette digression du 14 août 1957 sur le thème « dans leurs lits les ménines s'adonnent au jeu d'enterrer le comte d'Orgaz ». P.-E. D.

ÉCRITS de Rathaire de Vérone. Rathaire (ou Rathier), évêque de Vérone (890 ?-974), produisit cinquante-six ouvrages écrits au cours des péripéties d'une vie troublée et douloureuse. C'était un homme très cultivé pour son temps, et, quoique incompris et détesté par ses contemporains, il donna par ses œuvres la première impulsion à la réforme de l'Église au XIe siècle : ses écrits contribuèrent, peut-être d'une manière excessive, à dénoncer les abus ou les insuffisances des évêques de son temps. Sur les cinquante-six ouvrages, il y a lieu de retenir les « Præloquiorium libri sex », dans lesquels sont considérés et étudiés les devoirs des hommes, les devoirs envers l'évêque ainsi que ceux des évêques eux-mêmes, les péchés capitaux, la charité, la pénitence, la grâce et la manière d'interpréter les Écritures ; l'« Excerptum ex dialogo confessionali cujusdam sceleratissimi, miro dictu, Ratherii Veronensis episcopi sed lobiensis monarchi » et le « De contemptu canonum » reflètent l'attitude extrêmement hostile de Rathaire envers le clergé suborneur et corrompu. La « Vita S. Ursmari » et le « Liber Apologeticus » sont également à retenir. Mais l'œuvre qui montre le mieux l'élévation de sa culture, et qui foisonne de souvenirs classiques, est la « Phrenensis », écrite en 835 dans la prison de Pavie. Dans cet ouvrage, d'un caractère autobiographique, l'auteur – selon les règles de l'enseignement classique – s'exprime dans un style, souvent obscur et difficile, qui rend l'interprétation assez pénible. On lui attribue également trois essais poétiques, qui nous parviennent par les textes LX et LXXXVIII du Chapitre de Vérone, ainsi qu'une idylle en vers, dans laquelle on remarque une fusion parfaite des éléments classiques et chrétiens. Son activité érudite est également démontrée par les textes qui contiennent ses annotations, conservés pour la plupart au Chapitre de Vérone. Toutes ces œuvres, traitant de sujets divers, témoignent du grand intérêt que Rathaire ne cessa de porter aux études en général, et aux questions théologiques en particulier.

ÉCRITS de Rigaut. C'est sous ce titre neutre que fut publiée en 1970 l'édition intégrale des textes, pour la plupart inédits, laissés par l'écrivain français Jacques Rigaut (1898-1929). Cette édition critique due aux soins de Martin Kay vient heureusement remplacer celle publiée en 1934 par un ami de l'écrivain, Raoul de Roussy de Sales. Elle offre, outre les huit courts textes parus du vivant de l'auteur – pour l'essentiel dans la revue du mouvement Dada *Littérature* (*) – les écrits parus souvent de façon fautive ou incomplète dans les publications posthumes et un grand nombre d'inédits (fragments, ébauches, brouillons, lettres...). Véritable travail de reconstitution accompagné de nombreuses notes (description des manuscrits, essais de datation, indication des variantes, ratures...) et agrémenté d'un dossier donnant des témoignages sur l'auteur et d'utiles chronologie et bibliographie.

Ces pages, dans leur concision et leur état d'inachèvement et dont rien n'indique que leur auteur les destinait à la publication (son mépris pour la littérature et son peu de respect de la chose écrite feraient croire tout le contraire), dessinent comme l'impossible autobiographie de qui aurait mis entre soi et soi une distance infranchissable que l'écriture essaierait en vain de combler. Le suicide, véritable obsession que Rigaut partageait avec d'autres contemporains, Jacques Vaché ou René Crevel, l'impossibilité d'adhérer à une quelconque image de soi (et des autres) et la recherche véhémente et égotiste du plaisir constituent les thèmes récurrents de ces textes. Expérience quasi métaphysique d'un « Cogito » pris à rebours, rien ne peut m'assurer que je suis moi : « C'est par les miroirs que mon histoire doit commencer ou bien par l'impossible possession – je me le demande. » Non-identité originaire, moi d'emblée scindé, séparé de son être, la vie n'est que fuite effrénée pour tenter de se rencontrer afin de jouir narcissiquement de soi ou pour sombrer dans la détestation suicidaire. S'il « croit s'assurer devant la glace qu'il est encore là », c'est encore pour constater que le reflet perçu le laisse indifférent et ne peut l'assurer qu'il s'agit bien de son image. « Mon secret, je suis de l'autre côté de la glace. » L'humour viendra répondre à cette distance dévastatrice et portera avec lucidité – parfois cynique, souvent noire – ses coups contre ceux qui par esprit de sérieux adhèrent possessivement à eux-mêmes. « Vous n'hésitez pas à vous attribuer les désirs de l'amour ; ses douleurs sont vôtres. Mais qui songerait à se vanter d'une rage de dents ? » Humour sous la glace duquel percent les inquiétudes d'une chair à vif : « Mes cinq sens ne m'appartiennent pas. On n'a qu'une chose à soi, c'est son désir. Je voudrais vivre à mon propre compte. » La mort ne viendra pas clore le compte, elle ne couronnera rien. Elle est aussi indifférente que ce qui la précédait. Elle peut être manquée aussi bien que la vie (vers l'âge de vingt ans, Rigaut rata sa première tentative de suicide). « Ascète et jouisseur », comme il le dit de Pascal, sa vie, ses écrits et même sa mort ne furent qu'une courte soustraction à ce qui n'avait pas de légitimité d'être. F. W.

ÉCRITS de Roud. C'est sous ce titre qu'ont été rassemblées en trois volumes, à partir de 1950, la plupart des œuvres de l'écrivain suisse d'expression française Gustave Roud (1897-1976). Composée d'un ensemble de proses poétiques, l'œuvre de Roud se reconnaît à ses longues phrases mélodiques qui épousent les lignes des collines, ses inflexions modalisées et teintées d'humour, ses tournures anxieusement interrogatives, ses échappées lyriques qui dramatisent les élans du cœur, les surprises, les effrois. Leur sujet en est simple, accessible et familier : les rivières et les collines, les routes et les bois, les fermes, les chevaux et les moulins ; quelques moissonneurs, faucheurs et bûcherons, suivant la saison ; des oiseaux qui appellent. Mais cette harmonie possible est perdue depuis toujours, et c'est au poète de la retrouver.

Son premier recueil, *Adieu* (1927), est une salutation à la solitude, à l'exil et à la mort, comme l'expérience augurale de toute pensée et de toute poésie. « L'adieu comme source ; la blessure, comme porte », écrit Philippe Jaccottet citant Rilke. Le dernier recueil, *Pour un requiem* (1967), consacré à la présence-absence de la mère, propose « à travers les images du temps retraversé » la voie de la réconciliation de la rencontre patiemment désirée, de l'unité recouvrée.

Entre ces deux pôles, où départ et retour se superposent, quelques jalons marquent la quête des signes du poète en marche. *Feuillets* (1929), fragments poétiques proches des notes du *Journal* tenu par ailleurs, et le *Petit traité de la marche en plaine* (*) (1932), où Roud, non sans humour et goût du jeu, défend, contre Ramuz, la beauté souple et douce des collines, mettent en place les composantes essentielles de l'univers poétique roudien : l'errance et le rythme du pas, les travaux de la vie paysanne, les échanges qui adviennent entre l'homme et le monde et dont les oiseaux et les fleurs sont parfois les messagers, l'aveuglement et la surdité humaine qui empêchent d'aller au-delà des apparences, le mystère des noms propres et des paysages familiers.

Essai pour un paradis (1931) et *Pour un moissonneur* (1941) forment un diptyque lumineux, un ample chant de l'été, de l'accord et de la plénitude que de son exil le poète considère avec une profonde nostalgie.

Air de la solitude (*) (1945), *Le Repos du cavalier* (1958) et *Campagne perdue* (1972) sont autant d'étapes exprimant les difficultés de l'accord, la solitude douloureuse, l'exil, la séparation, la perte. L'automne et l'hiver figurent le lent déclin du monde, l'absence et le vide menaçant. Quelques « traits épars du paradis dispersé sur la terre » surgissent cependant à l'improviste : l'assise du moulin, la double rampe de l'auberge, la servante que le dragon délaisse, le secret du bouvreuil, « petite flamme rose soufflée de branche en branche par le vent de nulle part ».

Un *Journal* (publié, posthume, en 1982) accompagne l'œuvre poétique si extraordinairement dense et concentrée, mettant en relief la solitude croissante et jamais assumée du poète, le drame de la passion sans retour, le commerce rêvé avec les morts, la faim de la prière ; il appelle à la relecture de l'œuvre poétique, où se trouve le plus sûr « chemin du cœur ». D. J.

ÉCRITS ASCÉTIQUES de Théodore le Studite. Œuvre en prose de l'abbé du fameux couvent byzantin de Studion, Théodore (756-826). Au point de vue religieux et social, il fut un des plus grands hommes d'action de l'époque troublée des iconoclastes. L'activité littéraire de Théodore n'est qu'un complément de son activité religieuse, politique, ecclésiastique et sociale. En qualité d'higoumène de l'ordre cénobite, il réforma la vie monastique, défendit la liberté de l'Église contre l'ingérence impériale au sujet des dogmes. Il fut l'ennemi le plus acharné des iconoclastes et des « moechianistes » (de *μοιχός*, adultère) comme s'appelèrent les partisans de la réhabilitation du prêtre Joseph, excommunié pour avoir béni le deuxième mariage de Constantin VI. Celui-ci avait fait enfermer dans un couvent sa femme légitime, Marie d'Amnia (795), et s'était remarié avec Théodote.

Sa principale œuvre est le recueil des homélies ordonnées dans la *Petite* et la *Grande Catéchèse* [**Μεγάλη Κατήχησις**]. La *Petite Catéchèse* [**Μικρὰ Κατήχησις**] comprend un choix de discours faits par Théodore à ses moines. Il y traite des devoirs de la vie monastique et il cherche à introduire dans l'esprit de ses confrères un très haut idéal de perfection chrétienne. On pourrait croire tout d'abord ces discours monotones ; loin de là, ils sont variés et pleins d'intérêt parce que Théodore sait toujours donner à son sujet de nouvelles perspectives. Pour cela, il puise dans son expérience, en s'inspirant des faits quotidiens qui offraient un vaste champ à son zèle, étant donné le désordre politico-religieux des milieux de Constantinople. Il s'inspire aussi des faits les plus communs, tels que la mort des moines ou les changements de saison. Le style en est varié : tantôt exquisément poétique, tantôt simple et sans ornement, tantôt soutenu et sévère. La *Grande Catéchèse* est un recueil d'homélies dont le contenu ne diffère guère de la *Petit Catéchèse*, si ce n'est qu'elle est plus étendue, et que l'enquête qu'elle entreprend est beaucoup plus systématique. À ces homélies se rattachent étroitement les *Discours* qui, à l'origine, devaient appartenir à un *Recueil de panégyriques* aujourd'hui perdu. Parmi ces discours, remarquables au point de vue historique et biographique, sont : l'oraison funèbre de sa mère Théoctista dans laquelle, après avoir loué la grandeur spirituelle de cette femme, qui sut elle aussi « souffrir pour la justice et pour la vérité », Théodore décrit sa première éducation qui fut uniquement l'œuvre de sa mère. D'autres écrits moins importants offrent un remarquable intérêt pour la connaissance de la vie monastique byzantine.

Les écrits mentionnés jusqu'à présent concernent l'activité monastique de l'abbé ; en revanche, les *Discours contre les hérétiques* en trois livres, les deux premiers sous forme de dialogue, reflètent l'activité politique contre les iconoclastes. Dans ceux-ci, l'auteur soutenait la thèse iconodule qui déclarait hérétiques les iconoclastes par le seul fait qu'ils niaient la faculté de représenter le Christ et lui refusaient ainsi un des plus importants attributs de sa nature humaine ; par conséquent, ils étaient à rapprocher des monophysites. D'autres écrits contre les iconoclastes ne nous sont pas parvenus, ainsi que ceux dirigés contre les moechianistes. Toute son activité est résumée dans son abondante correspondance qui comprend cinq cent cinquante lettres dont la plus grande partie est liée à la lutte en faveur des images religieuses et à la question des moechianistes. Elles révèlent clairement le caractère énergique et combatif d'un homme qui, insouciant de l'exil et des souffrances, pour la juste cause de la foi, fut avec ses moines à la tête d'un parti opposé à l'empereur. Les autres sont des lettres pastorales qui toutes révèlent un tact psychologique très fin et un zèle dominé par l'amour fervent de Dieu, un grand sens humanitaire et un intérêt passionné pour la liberté de l'Église et pour son unité. Elles comptent, sans aucun doute, parmi les modèles de la forme épistolaire byzantine. — Trad. Édition de l'Abeille, 1945.

ÉCRITS ASTRONOMIQUES de Herschel. Ces textes font partie des communications que l'astronome anglais d'origine allemande William Frederik Herschel (1738-1822) présenta à la Société royale de Londres. La première de ces communications remonte seulement à mai 1780, mais l'on sait que depuis longtemps Herschel s'occupait d'astronomie, qu'il réparait ou construisait des télescopes dont lui-même polissait les miroirs. Ayant obtenu des instruments d'observation répondant à ses besoins, il put, à partir de 1774, se consacrer enfin à l'observation systématique de la voûte céleste. Ses deux premiers mémoires concernaient l'étoile variable Mira (de la constellation d'Hercule) et les montagnes de la Lune. Il rattacha le phénomène de la « variabilité » des étoiles à l'étude du Soleil. Le Soleil est doué d'un mouvement de rotation autour de son axe (lequel s'effectue en l'espace de un mois environ), et sa photosphère présente des taches dont le nombre et la grandeur varient périodiquement, en passant par des valeurs maximales et minimales, dans un espace de temps dont la durée est d'environ onze ans. Cela, observe Herschel, pourrait faire penser que le Soleil est une « étoile variable ». En réalité, nous savons aujourd'hui que les phénomènes dont dépend la variabilité des étoiles ne peuvent se ramener aux simples variations de maculation présentées par le Soleil. Quoi qu'il en soit, Herschel fut amené à fixer son attention sur les taches solaires (découvertes par Galilée), et le résultat de ses observations fut exposé dans six longs mémoires qu'il publia de 1780 à 1801. Il étudia les rapports entre les variations périodiques des taches et la vie terrestre, suivant une voie déjà indiquée par Riccioli (XVIIe siècle), en rapprochant cette périodicité des années de disette ou d'abondance observées sur notre planète et déduites des variations du prix du blé ; mais il ne parvint à aucune conclusion satisfaisante. De 1781 à 1797, Herschel communiqua à l'Académie sept mémoires destinés spécialement à l'étude de la durée de rotation des planètes et de leurs satellites, en cherchant — par analogie — à établir si la durée du jour (terrestre) subissait des variations. Mais là encore il fut loin d'aboutir aux résultats concluants qu'obtint Darwin par l'étude des marées : celles-ci tendent à allonger — bien que de peu — l'espace de temps que nous appelons un jour. Par contre, Herschel remarqua incidemment les taches blanches voisines des pôles de Mars, et il en fournit une explication que l'observation moderne devait pleinement confirmer. De 1781 à 1815, Herschel communiqua sept autres mémoires relatifs à une découverte fort importante qu'il fit en 1781, celle de la planète Uranus, à laquelle il voulait donner le nom de son fils George, et dont il observa certains satellites (six, mais en réalité Uranus n'en a que quatre). Par sa continuelle recherche de nouveautés célestes, Herschel fut amené, au cours des dernières années de sa vie, à faire une découverte d'un grand intérêt : celle des étoiles doubles. Il en communiqua deux grands catalogues en 1782 et en 1785, et il émit l'hypothèse que ces étoiles pouvaient justement être des « étoiles doubles » tournant l'une autour de l'autre, selon les lois communes de la gravitation. Onze ans après, mesurant la position réciproque de ces étoiles, il confirmait définitivement son hypothèse. Son célèbre mémoire *Sur le mouvement du système solaire dans l'espace* date de 1783 ; il y déduit d'observations admirablement simples et précises que tout notre système solaire se déplace vers la constellation d'Hercule. Des travaux d'autres savants ont précisé, par la suite, la vitesse de ce mouvement, qui est vingt fois supérieur à celui d'un projectile d'artillerie, atteignant 20 km/sec. De 1784 à 1818, il développa sa « théorie de la meule », démontrant que le Soleil est une étoile située non loin d'une bifurcation de la Voie lactée, et que toutes les étoiles que nous pouvons voir sont placées dans un vaste espace, relativement étroit, dans une sorte d'« écrasement » constituant pour ainsi dire « notre » Univers. Mais, en plus de cette gigantesque nébuleuse d'étoiles dont font partie le Soleil, la Terre et toutes les étoiles que nous connaissons isolément, Herschel découvrit bientôt l'existence d'autres nébuleuses : d'autres univers. Ainsi prit forme sa théorie des univers-îles. Il y a un autre mémoire important, celui qui concerne la construction de son fameux télescope (réfracteur) dont la longueur focale était de 13 m et l'ouverture de 1,20 m. La description de cet instrument se trouve dans les Actes de la Société royale, tome 85. À peine avait-il terminé son télescope qu'il confirmait (août 1789) sa découverte du sixième satellite de Saturne (les cinq premiers ayant été découverts successivement par Huyghens et par Cassini), et il en découvrait aussitôt un septième (septembre 1789). Par contre, il ne vit pas le dernier : Hypérion.

ÉCRITS CONTRE LES ARIENS d'Avit [*Contra arianos*]. Écrits polémiques de l'écrivain latin Sextus Alcimus Ecdicius Avitus (saint Avit), évêque de Vienne, né vers le milieu du Ve siècle, d'une famille de sénateurs de l'Auvergne, mort en 518 environ. En 490, il devint évêque de Vienne, succédant à son père, un certain Isicius (?). Il est probable que son grand-père occupa la même chaire. À l'époque, le célibat n'existant pas encore, la dignité épiscopale se transmettait souvent de père en fils. Il fut l'évêque le plus marquant de son temps et s'adonna avec zèle à la défense de la foi catholique contre les hérésies, notamment contre l'arianisme répandu alors dans le royaume des Burgondes dont Vienne faisait partie. Gondebaud, roi des Burgondes, quoique arien, aimait à discuter avec Avit de questions dogmatiques et protégea la religion catholique. Saint Avit ne réussit pas à convertir le roi, mais bien son fils Sigismond qui lui succéda en 516. Le saint évêque soutint la cause du pape Symmaque contre l'antipape Laurent et prit une part des plus actives au concile d'Epaone en 519, qui fortifia la discipline ecclésiastique. Avit salua avec enthousiasme le baptême de Clovis, auquel il adressa une lettre.

Les œuvres de saint Avit étaient nombreuses, mais ne nous sont pas toutes parvenues. Ses écrits contre les ariens n'ont été conservés que sous forme de fragments. Nous possédons les *Dialogues avec le roi Gondebaud* [*Dialogi cum Gundobaldo rege*], dont quelques extraits ont été trouvés dans l'œuvre de Grégoire de Tours *Historia Francorum*, et dans les écrits de saint Agobard. Nous possédons également des fragments de ses livres contre les ariens : *Ex libris seu epistolis contra arianos fragmenta quae extant.* Il faut y ajouter une lettre de saint Avit à Sigismond, datée de l'an 499 (?). Par contre, l'écrit qui lui fut attribué sous le titre de *Collatio Episcoporum contra arianos coram Gundobaldo rege* est un manuscrit apocryphe du XVIIe siècle.

Dans ses écrits contre les ariens, saint Avit affirme la divinité de Jésus-Christ, la réalité de son corps, la divinité du Saint-Esprit, sa procession « a Patre Filioque » et sa mission « a Patre vel Filio ». Il combattit aussi l'hérésie d'Eutychès par deux lettres formant traité : *Contra eutychianam haeresim* et le sémipélagianisme. Sa prose latine est embarrassée, comme celle de la plupart des auteurs de l'époque. — Chanoine Ulysse Chevalier, *Œuvres complètes de saint Avit*, Lyon, 1890. Rudolf Peiper, *Monumenta Germaniae historiae : Auctorum antiquissimorum*, t. VI-2, Berlin, 1883. Migne, *Patrologie latine*, LIX.

ÉCRITS CONTRE LES ARIENS de Fulgence. Sous ce titre fort clair sont rassemblées les œuvres écrites par le théologien latin saint Fulgence (468-533), évêque de Ruspe en Numidie, contre les ariens, œuvres qui lui valurent d'être persécuté par le roi vandale Thrasamond, et contraint de s'exiler pendant quelques années en Sardaigne. Parmi les nombreuses œuvres de Fulgence, celles qui se rapportent à la polémique contre l'arianisme sont les suivantes : *Contre les ariens* [*Contra arianos*], dans laquelle il répond aux dix questions que lui avait posées Thrasamond ; *À Thrasamond, roi des Vandales* [*Ad Trasimundum regem Vandalorum*], trois livres traitant de la divinité du Verbe, des deux natures du Christ et de sa Passion ; *Contre Pinta* [*Adversus Pintam*], réponse à un évêque arien qui avait attaqué son œuvre précédente, document perdu ; *Notes très brèves sur le Saint-Esprit* [*De spiritu sancto commenitorium parvissimum*], qui ne nous sont pas parvenues ; *Contre le sermon de l'arien Fastidiosus* [*Contra sermonem Fastidiosi ariani*], écrit dans lequel il attaque un prêtre catholique passé à l'arianisme ; *Contre Fabien* [*Contra Fabianum*], discussion en six livres avec un arien ; *De la Trinité* [*De Trinitate*], œuvre qui expose le dogme catholique de la Trinité à un notaire arien. Les *Écrits contre les ariens* de Fulgence révèlent à la fois une grande science théologique et une culture littéraire particulièrement vaste.

ÉCRITS DE JEUNESSE. C'est sous ce titre que Paul Viallaneix a publié, en 1959, une édition critique de certains écrits de l'écrivain français Jules Michelet (1798-1874), rédigés entre 1820 et 1829. Par son testament, Michelet non seulement avait légué tous ses papiers à sa femme, mais encore il lui avait laissé tout pouvoir quant à leur utilisation. Mme Michelet abusa singulièrement de cette liberté lorsqu'elle se mit en devoir de publier les œuvres posthumes de son époux : « Elle se souvenait que Michelet l'avait traitée en collaboratrice. Il lui semblait donc naturel de disposer des papiers de son mari comme elle s'imaginait qu'il en eût disposé lui-même » (Viallaneix). Elle commença d'abord par tirer d'un manuscrit de Michelet intitulé *Mémorial* un volume qu'elle publia, en 1884, sous le titre de *Ma jeunesse*. Pour composer ce texte, Mme Michelet avait mutilé, corrigé et parfois « allongé » le texte du *Mémorial*. Avec d'autres manuscrits de Michelet — *Journal, Journal des idées, Journal de mes lectures* — elle confectionna, en suivant les mêmes méthodes, un nouveau volume, *Mon journal*, qui fut publié en 1888. Ce n'est donc qu'en 1959, avec la publication des *Écrits de jeunesse*, que les inédits utilisés par Mme Michelet virent le jour sous leur forme originale. Le volume comprend : *Journal (1820-1823), Mémorial, Journal des idées* et, en appendice, *Correspondance Michelet-Poinsot, Examen des « Vies des hommes illustres » de Plutarque, Discours sur l'unité de la science* et *Journal de mes lectures.*

Le *Journal* commence en mai 1820 et se termine en 1823, mais il ne fut tenu régulièrement que durant une période de dix-huit mois (mai 1820-novembre 1821). Lorsqu'il en écrit les premières lignes, Michelet est donc âgé de vingt-deux ans. Pour le grand travailleur qu'était le jeune homme, le *Journal* était une tentative d'arrêt, de saisie du temps qui passe, le lieu du retour méditatif sur soi. Dès la première page nous lisons une sorte de protestation contre l'envahissement de toute la vie par le travail : « N'est-ce pas assez de respirer, de vivre ? Les gens qui ont toujours un but en vue ne vivent pas. Il faut un peu s'arrêter sur la vie pour la sentir. » Et la fonction du *Journal* est vite trouvée : « Ce Journal aura un grand avantage, c'est que ma vie ne se perdra pas pour moi et que je la retrouverai, jour par jour, avec mes sentiments, mes pensées, mes actions » (4 mai 1820).

Tout au long de ce *Journal* de jeunesse nous assistons à la lutte d'une extrême sensibilité et d'un extrême effort de concentration, de discipline de soi. Facilement ému par les autres, Michelet s'efforce de garder ses distances à leur égard. Ce n'est que dans la solitude d'ailleurs qu'il fait le juste compte de ses sentiments : « Même dans la société la plus douce et la plus chère, on a besoin de se retirer souvent en soi, quand ce ne serait que pour réfléchir à son bonheur » (18 mai 1820). Mais lorsque Michelet accordait son amitié, il n'était avare ni de son temps ni de son cœur, et quelques-unes des plus belles pages du *Journal* sont consacrées à son ami Poinsot.

C'est pour Poinsot que Michelet commença à rédiger en juin 1820 une autobiographie qu'il intitula *Mémorial.* Grand lecteur de Rousseau, c'est ainsi qu'il présente l'objet de son ouvrage : « Je veux fixer ce qui s'est déjà écoulé pour moi de cette vie si courte et jouir du souvenir du bien et du mal que j'ai éprouvés ; je veux améliorer l'avenir par le passé ; je veux vivre auprès de ceux que j'ai aimés, si je meurs avant eux ; enfin, si je réunis jamais ces souvenirs à mon *Journal* et si, leur donnant une forme, je les mets au jour, Rousseau ne sera pas le seul homme que l'on ait connu. » C'est avec beaucoup de fraîcheur que Michelet décrit ensuite ses années d'enfance, qui furent parfois si sombres, sa rencontre avec Poinsot à la pension Mélot (vers 1811), les tribulations qu'il subit à son entrée au collège Charlemagne, l'école de dessin de Mossa — dont il suivit les cours de 1810 à 1812 — et ses premiers penchants amoureux. Malheureusement Michelet ne poussa pas la rédaction de ses souvenirs au-delà de l'époque de son adolescence. Bien des années plus tard, il utilisa le *Mémorial* pour rédiger la lettre à Edgar Quinet qui sert de préface au *Peuple* (*).

Le *Journal des idées* (que Mme Michelet publia à la suite de *Mon journal*, mais en lui faisant subir divers « arrangements ») fut commencé par Michelet le 20 septembre 1821. Il s'ouvre sur une récapitulation des « tentatives intellectuelles » auxquelles Michelet s'était livré de 1818 à 1821 ; vient ensuite le véritable *Journal des idées*, qui va de 1821 à 1829, mais ne fut tenu qu'avec une extrême irrégularité. C'est dans ce *Journal* que la pensée de Michelet se risque en essais, projets, hypothèses : de ces germes naîtront les grandes œuvres de la maturité. — Outre qu'ils sont essentiels pour la compréhension de l'histoire des idées du grand écrivain, les *Écrits de jeunesse* contiennent des pages qui sont déjà d'une admirable beauté.

ÉCRITS DE JEUNESSE SUR LA THÉOLOGIE [*Theologische Jugendschriften*]. Recueil d'œuvres de jeunesse du philosophe allemand Georg Wilhelm Friedrich Hegel (1770-1831), qui remontent environ à 1792 et vont jusqu'à 1800, publiées à Tübingen en 1907, mais qui avaient déjà été utilisées par Dilthey pour sa *Jugendgeschichte Hegels* de 1905, et destinées à former le volume XXV de l'édition critique des œuvres de Hegel entreprise par G. Lapon et H. Hoffmeister, publiée à Leipzig. Ce sont des écrits fondamentaux pour l'étude du développement et de l'évolution de la pensée de Hegel.

La première méditation du philosophe est tournée vers des problèmes qui ne sont pas strictement spéculatifs, mais plutôt culturels : c'est une analyse historico-critique de la réalité concrète de la culture sous ses formes politique, éthique et religieuse. La manière dont sont posés ces problèmes reflète l'influence du rationalisme par leur tendance critique et réformatrice, mais leur développement et les lignes principales de leur solution se ressentent nettement des nouveaux courants de la culture allemande : la doctrine morale de Kant, l'idéalisme esthétisant de Schiller, les théories historiques de Lessing et de Herder, le nouvel humanisme et l'immanentisme panthéiste de Goethe. Et, bien que la pensée de Hegel oscille entre ces divers courants, elle révèle déjà ce qui sera le motif personnel caractéristique de sa pensée et qui se précise et s'universalise progressivement. Ce motif, c'est l'intolérance pour les formules d'estimation abstraites, pour l'idéalisme vague et général qui voile la réalité ; c'est l'effort d'adhésion de la pensée à cette réalité, à sa progression, à la variété de ses tensions internes et de ses contrastes apparents, c'est en somme la tendance à estimer de façon positive un certain rythme dynamique : principe d'idéalisme objectif et concret qui, en se développant et en prenant conscience de soi, fait apparaître une conception dialectique de l'histoire de la culture d'une part, et d'autre part une vision immanente et dynamique de la réalité.

Dans ses premiers fragments théologiques sur « La Religion du peuple et le christianisme » [Volksreligion und Christentum], Hegel cherche en effet à définir le concept de religion idéale par rapport à la réalité historique contemporaine qu'est le christianisme : mais il ne la conçoit pas comme une religion naturelle telle que la représentaient les doctrines rationalistes ; pour lui, c'est un système de principes rationnels métaphysiques protégeant contre toute morale eudémoniste ; c'est une religion populaire, principe et centre de la vie spirituelle d'un peuple qui, tout en donnant à l'individu, grâce à son effort d'élévation morale, une dignité et une responsabilité absolues, l'unit pourtant aux autres dans une moralité féconde et active soutenue par le lien de l'amour. Dans cette doctrine, l'idéalisme chrétien évangélique se fond, à travers la morale esthétisante de Schiller, à l'idéal néo-humaniste d'une synthèse équilibrée de culture, ayant son centre et sa source dans la religion. Mais, par un examen plus profond du christianisme, Hegel découvre l'impossibilité de le réduire à cet idéal dont il voit la pauvreté en face de la dramatique richesse de la réalité historique concrète.

Dans *La Vie de Jésus* [*Das Leben Jesu*], le sens spirituel de la révélation chrétienne ainsi que le drame même de la vie, de la mort et de la résurrection du Christ lui apparaissent à la lumière de la doctrine éthico-religieuse de Kant, et le dualisme radical devient, ou tout au moins se prépare à devenir ici, pur développement dialectique de l'histoire spirituelle. La révélation chrétienne n'est en somme que l'affirmation de la pure loi du devoir, de l'ordre moral pur, en dehors de toute contamination de valeurs ou de règles particulières. C'est pour cette raison qu'elle devait inévitablement être méconnue des hommes et niée radicalement au nom de la loi écrite et par la force de la passion aveugle. Jésus devait mourir sur la croix pour que sa vérité apparût telle qu'elle est véritablement : vérité de la pure conscience morale. Mais cette pureté n'a de valeur que si elle se réalise et se répand en se réalisant. Dans son écrit sur la « Positivité de la religion chrétienne » [Die Positivität der christlichen Religion], Hegel montre en Jésus lui-même cette exigence de réalisation qui, par la constitution de l'Église, se répand dans la réalité humaine et ainsi la forme et la met en mouvement. Ce processus n'est pas une négation de l'idéalisme religieux, c'est la dialectique selon laquelle elle arrive progressivement à pénétrer la réalité de la vie en la fécondant : la révélation du Christ trouve sa vérité dans le drame de l'histoire des hommes.

Ces considérations historiques et culturelles sur la vie religieuse conduisent Hegel vers un idéalisme dialectique ; et dans son écrit sur *L'Esprit du christianisme et son destin* [*Der Geist des Christentums und sein Schicksal*] ainsi que dans le « Fragment de système » (1800), il définit cet idéalisme comme une philosophie de la vie de ton religieux. La réalité est en elle-même un absolu organique, processus vivant ; c'est la Vie : vie divine qui se répand et se concrétise sous d'innombrables aspects, et chacun de ces aspects finis trouve son propre destin dans la vie même qui l'a produit, destin limité, d'opposition aux autres vies, de mort et de réduction à de nouveaux aspects. Mais ce destin de l'être fini est l'acte même de la vie infinie : le fini se résout dans l'infini, la mort dans la vie, le conflit dans l'harmonie suprême ; c'est la vérité suprême que la philosophie entrevoit, mais que seul l'amour confirme et assure, et que la religion introduit et répand dans la vie des hommes. Le christianisme, qui a pour base le dogme de l'unité de la nature humaine et divine du Christ, et d'où naît le drame de sa Passion et de sa mort, principe de rédemption de l'humanité, est donc l'actualité vivante pleine de cette vérité.

De ces réflexions de jeunesse, si l'on excepte le jugement sur le christianisme, se détachent deux idées importantes : d'une part la conception de la réalité immanente et dynamique, vie absolue ayant en elle-même son propre principe ; de l'autre, le caractère dialectique de ce développement, c'est-à-dire son processus à travers des réalisations finies qui, précisément parce qu'elles sont finies, expliquent l'apparition d'autres réalisations finies, niant les premières : position et négation qui ne sont toutefois que des moments d'un seul développement ; c'est pourquoi elles ne tombent pas l'une en dehors de l'autre, mais se réunissent dans une nouvelle synthèse, principe d'un nouveau processus. Toutefois sa position théorique est encore loin d'être définie : immanentisme et dialectique sont encore pris dans une conception métaphysico-religieuse qui les détermine et les limite. Ils ne prendront leur véritable sens théorique que dans la période d'Iéna, lorsque Hegel se souciera vraiment d'élaborer une doctrine spéculative. – Trad. *L'Esprit du christianisme et son destin* et *La Vie de Jésus*, Vrin, 1967.

ÉCRITS DES ROYAUMES COMBATTANTS [*Tchan-kouo-ts'eu – Zhanguoce*]. Connue aussi sous le titre de *Kouo Ts'eu*, cette œuvre d'histoire chinoise appartient à la série des Tsa-che, ou mélanges historiques, qui se distinguent nettement des tcheng-che (histoire officielle), compilées par ordre des différentes dynasties. Le Tchan kouo-ts'eu relate les événements qui survinrent pendant la période Tchan-kouo (Royaumes combattants, 403-247 av. J.-C.) ; il fut rédigé par un auteur inconnu, repris et publié en 26 ap. J.-C. par Lio Siang (80-9 av. J.-C.). Parmi les commentaires, il convient de mentionner particulièrement le *Tchan-kouo-ts'eu tsiao chou* [*Corrections et commentaires au Tchan-kouo-ts'eu*] compilé par Wou-Che-tao, de la dynastie des Yuan (1277-1367), où l'auteur examine et critique tous les commentaires précédents.

ÉCRITS DIVERS, ESSAIS ET MÉMOIRES de Washington [*Writings, Essays and Diaries*]. Les écrits divers et les lettres de l'homme d'État américain George Washington (1732-1799), recueillis et publiés par W. C. Ford (New York et Londres, 1889) en quatorze volumes, ne comprennent pas les *Mémoires*, mais constituent cependant le recueil le plus complet qui existe. Ils comportent un grand nombre de lettres à ses parents, à des amis, à des compagnons de lutte (dont quelques-unes, importantes, à La Fayette) ; des rapports, des plans et des projets d'action militaire, des discours au Congrès, des proclamations, etc. Le style, presque toujours sec et direct, donne une exacte idée de l'homme et de son caractère fort et équilibré. L'orthographe est souvent incertaine, non pas tant quand il s'agit de mots rares que dans l'emploi de termes ordinaires. La plupart de ces *Écrits*, comme certains passages des *Mémoires*, furent longtemps soustraits à la publication et ne parurent qu'ultérieurement, revus et corrigés par les soins de fanatiques admirateurs de Washington, qui ne concevaient pas que leur idole pût être présentée autrement que dans toute sa grandeur et toute sa beauté.

Les *Mémoires* [*The Diaries*, 1748-1799] se composent de quatre volumes, recueillis et publiés avec une préface de J. C. Fitzpatrick (Boston et New York, 1925) ; les manuscrits sont conservés à la Bibliothèque du Congrès, à Washington. Ces *Mémoires* sont assez irréguliers pour les premières années. On sait que certains ont été perdus, surtout parmi ceux de la première période. Importants déjà par le fait qu'ils fournissent des éléments de premier ordre, directs ou indirects, pour connaître la personnalité de leur auteur, ils offrent par ailleurs, en certaines pages, un grand intérêt historique ; en effet, ils présentent la vision personnelle de l'homme d'État par rapport aux événements politiques et militaires dont il fut le protagoniste ou auxquels il participa. Dans les notes des dernières années se révèle avant tout le propriétaire foncier de Mount Vernon. Aujourd'hui, la sécheresse, le caractère « matter of fact » de tous les écrits de Washington sont devenus légendaires ; de temps en temps apparaît çà et là, presque à l'insu de l'auteur, un peu d'émotion et d'humour.

ÉCRITS DU MAÎTRE D'ÉCOLE DE LA FORÊT (Les) [*Die Schriften des Waldschulmeisters*]. Roman de l'écrivain autrichien Peter Rosegger (1843-1918), publié en 1875. Dans l'œuvre prolifique de cet écrivain populaire encore très prisé il y a peu, ce roman — le plus connu et le meilleur — résume en quelque sorte les aspirations personnelles de l'auteur : être éducateur, prêtre, et glorificateur de la « forêt ». Originaire d'un village de la haute Styrie, l'auteur se projette dans le rôle du maître d'école, Andreas Erdmann, appelé à extraire de son état à demi sauvage une population éparse vivotant des divers métiers offerts par la forêt. Dans son œuvre pédagogique, il est secondé par un jésuite, renégat et ermite, que Rosegger transforme en « prêtre libéral » et dont la tâche sera de relever la vie spirituelle de ces hommes plongés dans l'obscurantisme et les superstitions. À la fin du roman, l'église et l'école, symboles de la civilisation, forment le cœur d'une commune naissante. Erdmann, après une vie de sacrifices dans laquelle il s'est pourtant pleinement accompli, trouve la mort un 24 décembre, au sommet d'une montagne d'où il voulait contempler la mer... — Trad. Delachaux et Niestlé, 1905. E. Ph.

ÉCRITS ET PROPOS SUR L'ART. Textes du peintre français Henri Matisse (1869-1954), réunis par Dominique Fourcade et publiés en 1972. S'il a toujours marqué une réelle méfiance à l'égard de tout discours sur la peinture — au point de conseiller à ses amis et élèves de « se couper la langue » avant de parler —, Henri Matisse n'a cependant pu s'empêcher de livrer au cours de sa longue carrière un certain nombre de réflexions sur son métier, sur ses recherches et ses espoirs. Mais il l'a toujours fait sobrement, sous forme de notes, de confidences, d'entretiens ou de lettres à des proches. Textes brefs donc, qui sans jamais dessiner une théorie reviennent néanmoins sur les questions fondamentales qui au fil des ans n'ont cessé de hanter l'esprit du peintre. Un ton franc, pratique, sans verbiage, conduit ainsi ses explications sur la difficulté de faire coïncider la règle du dessin et l'appel de la couleur, commente son souci d'équilibrer les parties agissantes du tableau ou de soumettre le réel — sans jamais l'oublier complètement — aux exigences de son art. D'autre part, la puissance de mémoire, d'une limpidité remarquable chez Matisse, évoque avec une émotion mesurée les réussites soudaines après des mois d'acharnement et de noir, et parvient ailleurs à faire émerger sans hâte des souvenirs enfouis dans l'inconscient, comme les splendeurs océanes ou les rêves marocains, jugés trop forts pour être assimilés tout de suite. Sans jamais porter de jugements sur les autres peintres, sans se comparer à eux, Matisse donne simplement l'exemple d'une méthode personnelle, empirique, singulièrement respectueuse du travail assidu et de la répétition : à aucun moment il ne ressort de la lecture de ces écrits le sentiment de la suffisance. Tout au plus l'aveu d'une certaine satisfaction exprimée au cours des ultimes années laisse-t-il entrevoir un dépassement de ces doutes qui n'ont jamais cessé d'assaillir cet artiste venu fort tard à la peinture et qui n'a jamais prétendu, contrairement à ce que pourraient parfois laisser paraître ses images emplies de bonheur, en maîtriser l'usage. Dans ce recueil des *Écrits et propos sur l'art*, deux textes fondamentaux se font écho à quarante ans de distance, même si le ton a changé, sensiblement. Les *Notes d'un peintre,* datant de 1908, sont la réponse calme et solidement étayée d'un « jeune peintre » de 39 ans brutalement attaqué dans la presse, incompris du public, obligé de se justifier sur l'emploi de la couleur expressive et sur les déformations de la ligne, qui avaient tant choqué, notamment dans *La Femme au chapeau* exposée au Salon d'Automne. En revanche les *Notes* qui accompagnent les découpages de *Jazz,* admirable ouvrage publié par Tériade en 1947, apparaissent comme déliées de tout besoin explicatif ; leur liberté de ton, leur humour révèlent la sérénité — relative malgré tout — que Matisse a acquise à la suite de la très grave opération de laquelle il avait réchappé en 1941, et qu'il considéra toujours comme le point de départ, à plus de 70 ans, d'une nouvelle vie, comme offerte en supplément. F. Ro.

ÉCRITS INTIMES. Ouvrage de l'écrivain français François Mauriac (1885-1970), publié en 1953. Il comprend quatre parties : « Commencements d'une vie », « La Rencontre avec Barrès » « Journal d'un homme de trente ans », « Du côté de chez Proust ». La première partie comprend onze chapitres où le romancier relate son enfance. Il rappelle, en premier lieu, la mort d'un père dont il ne garde aucun souvenir, puis ses jeunes années passées au milieu de ses frères et sœur, veillé par une mère affectueuse, à la piété stricte. Mauriac retrace ensuite les temps où il était élève au lycée Grand-Lebrun, à Bordeaux. Un fort sentiment de solitude, allié à un âpre désir de pureté, a fortement marqué sa conscience d'enfant. « La Rencontre avec Barrès » est surtout le récit des diverses circonstances qui mirent en présence l'auteur des *Déracinés* (*) et le jeune poète des *Mains jointes* (+). Mauriac fait le bilan de l'influence que le maître exerça sur lui et de son heureuse intervention dans sa carrière d'écrivain ; il énumère par ailleurs ses premières amitiés parisiennes : Jean de la Ville de Mirmont et Robert Vallery-Radot, notamment. Dans le « Journal d'un homme de trente ans », l'auteur de *L'Enfant chargé de chaînes* (*) retrace ce que fut pour lui la Grande Guerre, son affectation à l'armée d'Orient comme auxiliaire de santé, sa présence au front de Champagne, son départ pour Salonique, son rapatriement lorsqu'il fut gagné par les fièvres, enfin, son retour à Bordeaux, où il reprit la patiente élaboration de son œuvre et s'incorpora de nouveau à la société littéraire et mondaine. Ce journal est constitué de courtes annotations datées, où Mauriac laisse parfois échapper un aveu poignant : « Si je voulais téléphoner à un ami de venir jusqu'à moi, je ne retrouverais pas un seul nom. » « Du côté de chez Proust » nous livre des impressions profondément senties sur cet auteur. Le romancier du *Baiser au lépreux* (*) relate sa première rencontre avec Marcel Proust et la visite qu'il lui fit sur son lit de mort. « J'ai foi en la pérennité de cette œuvre », affirme Mauriac, qui analyse « l'amour selon Proust » : « Sous le nom d'amour, Proust a toujours désigné la souffrance que lui donnent les rapports connus ou devinés, ou supposés, ou pressentis de l'être aimé avec d'autres êtres. » Les dernières pages d'*Écrits intimes* reproduisent des lettres de Jacques Rivière où celui-ci fait le point de l'évolution de Mauriac romancier : « Votre développement de romancier est celui qui m'intéresse le plus aujourd'hui : c'est le plus dramatique que je connaisse. »

ÉCRITS LOGIQUES ET PHILOSOPHIQUES. Ensemble d'articles publiés entre 1881 et 1924 par le mathématicien allemand Gottlob Frege (1848-1925), en parallèle de ses écrits techniques où s'inventait le premier état de la logique quantificationnelle. Certaines de ces études ont joué un rôle déterminant dans la constitution de la philosophie analytique anglo-saxonne. Ce qui leur valut de figurer de plein droit, à partir des années 50, dans le canon des œuvres philosophiques. Considérées dans leur ensemble, on y reconnaîtra aujourd'hui l'analyse la plus aiguë des difficultés qui entravaient la rédaction d'un traité de logique « universel » pour lequel Frege a multiplié les projets. Et dès lors qu'elles entérinent une fracture définitive dans le statut et la nature de ce que la tradition entendait par « logique », elles démontrent a contrario l'utopie d'une discursivité monotone, à visée fondationnelle ou canonique, dont l'échec du logicisme n'avait été que l'avertissement.

Ces articles soulignent les trois étapes du programme logiciste (i.e. la constitution de l'arithmétique sans recours à une quelconque intuition). Frege, relevant le défi d'une conjecture alors largement partagée, lui avait donné consistance en identifiant les concepts arithmétiques à la chaîne d'inférence où ils opèrent, et les principes de l'arithmétique aux lois fondamentales, d'ordre strictement logique, qui en développent la générativité. Les premiers textes soulignent les capacités d'un système symbolique, *Écrits logiques* [*Begriffs schrift,* 1879], conçu pour l'expression de la preuve. Frege en illustre le pouvoir analytique, montrant aussi combien il se révèle supérieur à la logique de Boole pour la démonstration, tout en approchant plus exactement le cours même de la pensée. Rien jusqu'ici, et pas même cette critique du formalisme, qui excède les projets leibniziens, n'était que Frege en produit effectivement un exemple et y approprie les dimensions d'une syntaxe déjà éprouvée par l'arithmétique. L'idéographie pouvait donc prétendre être un « formulaire de la pensée pure, imité de l'arithmétique ».

Le second groupe de textes, plus directement lié au programme logiciste, en assume la responsabilité. En 1884, Frege avait publié les *Fondements de l'arithmétique* [*Grundlagen der Arithmetik*] où l'analyse conceptuelle se trouvait précéder, et préparer, sa réduction aux seules structures démonstratives. Frege y définissait le nombre comme l'extension d'une relation biunivoque entre concepts (ainsi : « douze » est le cardinal commun aux concepts « Apôtre du Christ » et « Chevalier de la Table ronde »). Restait à insérer cette définition dans l'économie symbolique précédemment exposée. Un premier pas est franchi lorsque Frege établit une analogie entre la quantification existentielle et la cardinalité. Demeurait la difficulté essentielle, celle de représenter idéographiquement le rapport du concept au nombre. Frege tenta de la résoudre en introduisant l'extension de concept dans le contexte d'une nouvelle loi logique. Celle-ci, donnant lieu à une conséquence antinomique, condamnait par implication l'ensemble du projet. Aussi les articles où Frege ménage ce passage entre l'analyse conceptuelle et discursive d'une part, et l'économie quantificationnelle de son premier système d'autre part, éclairent-ils la genèse de cette antinomie. Trois d'entre eux élargissent la notion de fonction de manière à y inclure toute la symbolique idéographique (quantification, prédicats, fonctions de termes et relations « n-aires ») et non moins le « concept » de notre usage philosophique. Corrélativement, l'article intitulé *Sens et Dénotation* [*Sinn und Bedeutung,* 1892] prend appui sur la relation d'identité pour combiner la « signification » discursive et un régime « sémantique » propre aux langages extensionnels (i.e. libérés des conditions énonciatives) dont, avant même qu'ils aient été identifiés, l'idéographie faisait valoir la contrainte. Ainsi une formule d'identité (telle : « l'Étoile du soir est identique à l'Étoile du matin ») désigne un même objet sous deux significations différentes. La loi antinomique, qui héritait de ces transactions, sanctionnait l'importation d'une épistémologie du concept et de l'objet dans une syntaxe quantificationnelle qui la récusait par principe. Les *Recherches logiques* [*Logische Untersuchungen,* 1916-25] en tirent les conclusions. Frege y définit un mode d'inférence dont l'extensionnalité est un trait suffisant pour l'écarter de nos inférences coutumières, le réserver aux mathématiques et rompre l'hypothèse d'une logique uniforme, identique au cours même de la pensée. La quantification, maintenant présentée comme une procédure annexe, ouvre ses dimensions à une analyse libérée de l'économie conceptuelle. Elle renonce donc à cette universalité épistémologique qui avait, en fin de compte, suscité une construction proprement chimérique dans la seconde version de l'idéographie.

On notera que les mêmes épisodes scandent le développement de la philosophie « analytique ». De Russell à Carnap et à Quine, l'interprétation de la quantification et la réduction des notions sémantiques, qui devaient accommoder la nouvelle logique à la rectification de notre usage, allaient commander les paradigmes successifs de l'analyse. Mais on doit à Wittgenstein, qui avait été le plus exact dans la formulation des critères d'extensionnalité, d'avoir effectivement déployé, selon un rapport qui n'est ni d'engendrement ni de hiérarchie, les jeux de langage propres à notre usage et ceux qui sont le véhicule singulier des mathématiques. Ici s'achevait l'hypostase de la pensée hors de l'effectivité d'une expression. Car tout ici est question de détail et de précision, et Frege y avait été inégalable. Une « Fiche » en donne le plus évident témoignage. « Le style de mes propositions est extraordinairement influencé par Frege. Et si je voulais, je pourrais montrer que cette influence s'exerce là même où personne, à première vue, ne le soupçonnerait. » Confirmant de son propre travail la fécondité des écrits de Frege, et son exactitude jusque dans l'échec, il rappelait ici que « la logique est encore au creuset ». Mais tout avait commencé avec l'essai de 1879, dont Quine pouvait dire qu'« il n'est pas plus vieilli aujourd'hui que le *De revolutionibus* de Copernic pour les contemporains de Galilée ». — Trad. Seuil, 1971 ; *Fondements de l'arithmétique,* Seuil, 1960. C. I.

ÉCRITS NON RECUEILLIS [*Uncollected Writings*]. Ensemble de textes de l'écrivain américain Stephen Crane (1871-1900). Il s'agit essentiellement d'articles de revues et de magazines qui n'avaient été inclus encore dans aucun recueil, pas même dans les douze volumes de *The Works of Stephen Crane* (New York, 1925-27). À l'exception de quelques rares textes, dont *Le Sang du martyr* (*) qui revêt une forme dramatique, ce sont des essais descriptifs ou des comptes rendus de faits réels. Ils vont des débuts littéraires de Stephen Crane en 1891 et 1892, alors qu'il était à l'université de Syracuse, puis à l'agence de presse d'Asbury Park, jusqu'à la période ultime de Londres et du Sussex en 1899 et 1900, en passant par la période new-yorkaise, le voyage au Far West et à Mexico, et les trois équipées en Floride, en Grèce et à Cuba, comme correspondant de guerre. Ces cent vingt-trois petits textes qui jalonnent la vie de Crane parallèlement à son œuvre de romancier et de conteur ont le grand intérêt de le montrer en prise directe avec le réel avant le travail de l'imagination créatrice. Il est très fructueux de comparer le récit qu'il a fait de son naufrage en Floride dans *The New York Press* à la nouvelle *La Chaloupe* (*) qui s'en inspire directement, mais qui a une tout autre portée. Non que ces pièces fugitives, d'une observation si aiguë et d'une vérité apparemment si impitoyable, n'aient leur valeur propre. Il leur arrive d'ailleurs de déboucher secrètement dans la fiction, telle la juvénile satire sociale d'*Une expérience du luxe* [*An Experiment in Luxury*] qui dépeint avec l'humour le plus sardonique une famille de millionnaires. Leur connaissance est indispensable à quiconque se penche attentivement sur l'œuvre de Crane.

ÉCRITS PHILOSOPHIQUES ET SCIENTIFIQUES. Robert Grosseteste (1175-1253) ou Greathead, nommé aussi Lincolniensis ou Capito dans les chroniques latines, évêque de Lincoln, joua un rôle important dans l'histoire ecclésiastique de l'Angleterre et fut également grand comme pasteur, comme théologien et comme savant. Il possédait une érudition surprenante dans tous les domaines de la science d'alors. Né à Stradbrook et d'extraction modeste, il réussit grâce à la générosité d'amis à étudier à Oxford la théologie, et probablement aussi la médecine et le droit. Peut-être vint-il pour une courte période continuer ses études à Paris ; cependant, vers 1200, nous le retrouvons à Oxford où, après avoir passé son doctorat en théologie, il est nommé « rector scholarum » ou vice-chancelier de l'Université. C'est à cette époque qu'il doit avoir composé ses commentaires sur Aristote. À la demande du provincial des franciscains Agnello de Pise, il se laissa nommer en 1224 recteur des franciscains qui venaient de s'établir à Oxford ; il fit des cours dans leur maison et les encouragea grandement à continuer leurs études de la Bible et des sciences naturelles. Possédant plusieurs bénéfices, selon l'usage abusif du temps, il renonça à tous, à l'exception d'un seul, en 1232, après une grave maladie. Il passait la plupart de son temps à Oxford, écrivant des œuvres mathématiques, théologiques et des études bibliques, faisant des cours dont le contenu est conservé en manuscrit sous le titre de *Dicta Roberti.* Après la mort de saint Hugh de Wells, Grosseteste fut élu, en 1235, évêque de Lincoln, le plus étendu et le plus peuplé des diocèses d'Angleterre. C'est alors qu'il entame avec force une action contre les nombreux abus dans la vie du clergé et des moines, et s'attire des inimitiés, au point de devenir l'objet d'une tentative d'empoisonnement. Le pape Innocent IV le soutient en 1245 dans sa lutte, mais lui retire son appui en 1250 lorsqu'il s'enhardit à dénoncer également les abus de la Curie romaine. En 1252, il entre en lice contre le roi d'Angleterre Henri III, et finit par obtenir gain de cause. Un an plus tard, c'est le tour du souverain pontife lui-même, au sujet d'une nomination abusive que ce dernier exigeait de lui. Il paraît que le pape reconnut, dans une certaine mesure et à contrecœur, le bien-fondé des remontrances que lui fit l'évêque.

Son savoir encyclopédique lui valut le surnom de « the great clerk Grosseteste ». Son œuvre littéraire est énorme. Il est vrai que plusieurs écrits lui furent attribués à tort, mais ceux qui sont authentiques suffisent pour le compter parmi les esprits les plus productifs et les plus encyclopédiques du Moyen Âge. Outre des commentaires sur Aristote, Boèce et d'autres philosophes, nous possédons de lui de nombreux écrits sur l'histoire naturelle, par exemple sur le mouvement, la chaleur, le son, la couleur, la lumière, la pression atmosphérique, l'arc-en-ciel, l'astrolabe, les comètes, la nécromancie, la sorcellerie, etc., et même sur l'agriculture [*Regulae agriculturae per menses digestae*]. Connaissant à la perfection le grec et l'hébreu, il fit des traductions latines d'œuvres écrites en grec, par exemple de Suidas, du pseudo-Denys l'Aréopagite (avec commentaires), et fit paraître, en 1242, à la surprise générale, la traduction du *Testamentum XII Patriarcharum.* L'original grec de cet écrit, qu'Origène déjà avait connu, lui fut communiqué par John de Basingstoke, qui l'avait vu à Athènes. Il y a lieu de croire aussi que c'est Grosseteste qui rédigea la version anglo-latine des Épîtres de saint Ignace. Il fit également de larges extraits des gloses hébraïques. Il enrichit les mathématiques par des traités comme *De sphaerae, De arte numerandi,* etc. Vers 1231, il composa un écrit polémique contre les Juifs : *De cessatione legalium.* Il connaissait la médecine, écrivait des poésies et était un virtuose de la harpe. Les œuvres de Grosseteste qui n'ont pas encore été imprimées rempliraient plusieurs gros volumes. Ce sont 200 à 300 sermons, 60 à 70 traités plus ou moins longs, et 147 courtes conférences ou *Dictae.* Sa connaissance de l'Écriture sainte est extraordinaire et apparaît dans toutes ses lettres et ses œuvres. La liste complète de ses écrits, pour la plupart inédits, conservés au Trinity College de Cambridge, occupe 23 pages imprimées in-4°. (Voir S. H. Thomson, *The Writings of Robert Grosseteste, Bishop of Lincoln 1235-1253,* Cambridge, Mass. 1940.)

Voici les principales œuvres imprimées : Collections de Lettres, éd. par Luard dans *Rolls series,* Londres, 1861 ; *Commentarius in Dionysii Areopagitae librum de Mystica Theologia,* Strasbourg, 1502 ; *Commentarium in libros Posterium Aristotelis,* Venise, 1494, souvent réédité depuis ; *Compendium sphaerae mundi* (avec d'autres opuscules sur les sciences), Venise, 1508 et 1514 ; *Libellus de Physicis uniis,* Nuremberg, 1503 ; *Commentarius in libros physicos Aristotelis,* Venise, 1506 ; *De Doctrina cordis et speculum concionatorum,* Naples, 1607 ; *Testamentum XII Patriarcharum,* 1520, Haguenau, 1532, réédité souvent depuis ; il fut en partie traduit en français pour la quatrième fois en 1555. Un fragment du *De cessatione legalium* parut, à Londres, en 1658. Ses œuvres philosophiques ont été publiées par L. Baur : *Des Robert Grosseteste, Bischof von Lincoln, Philosophische Werke, zum erstenmal vollständig besorgt,* 2 vol., Münster, 1912.

ÉCRITS RELIGIEUX de Colomban. Le plus connu des écrits religieux de saint Colomban (ou Columbanus, 543 environ -615), l'austère apôtre irlandais, fondateur des couvents d'Annegray, Luxeuil, Fontaines, Bobbio, est certainement la *Règle monastique,* qu'il composa en France et qui fut adoptée par de nombreux monastères. Cet écrit comprend neuf chapitres traitant de l'obéissance, du silence, de la nourriture et de la boisson, de la pauvreté, du mépris de la vanité, de la chasteté, de la récitation des psaumes, du bon jugement et de la mortification. Ce n'est pas là un traité complet sur les devoirs qui incombent au moine pour atteindre la perfection ; l'auteur y trace seulement les principales règles de vie, d'après la primitive et rigide discipline irlandaise, bien différente de la douce gravité romaine de la *Règle* bénédictine. Cette *Règle*, dans laquelle puisa au VIIe siècle Donat, évêque de Besançon, fut très répandue jusqu'au XIIe siècle, comme il ressort des catalogues des manuscrits de Reichenau, Fulda, Saint-Gall, Lorsch, Bobbio, Toul, Pomposa, etc. bien qu'au VIIIe siècle les cénobites, qui vivaient jusque-là selon cette règle, préférèrent désormais adopter celle de saint Benoît, destinée à l'emporter sur toutes les précédentes fondations irlandaises. Le *Pénitentiel* [*Poenitentiale*] et *Le Livre sur l'importance des pénitences*

[*De poenitentiarum mensura taxanda liber*] — qui est un recueil de peines très sévères contre les fautes, même minimes, commises à l'encontre des prescriptions de la vie monastique — sont étroitement liés à la *Règle*. La critique ne reconnaît comme authentiques que deux seulement des treize « exhortations », sermons théologiques attribués aussi à Colomban (elles sont indiquées comme siennes dans le catalogue de Bobbio, en 1461). Sept épîtres de l'ascète irlandais dont le contenu est, dans leur plus grande partie, théologique témoignent, par l'abondance de leurs citations bibliques, de la valeur de la culture littéraire de l'auteur. En outre, il ne reste aucune trace d'un écrit contre les ariens, rédigé à Milan, et d'un *Commentaire* des Psaumes, fruit peut-être de sa jeunesse, textes dont on connaissait l'existence à Saint-Gall au IXe siècle et à Bobbio aux Xe et XIe siècles.

ÉCRITS SUR LA PEINTURE. Recueil d'études du peintre français André Lhote (1885-1962), publié en 1946. André Lhote n'a jamais cessé d'écrire, guidé surtout par la nécessité de comprendre les problèmes posés par l'évolution foudroyante de l'art. Impressionnisme et fauvisme furent ses premières révélations, surtout le premier « qui transforme, sans que le peintre y prenne garde, les objets magnifiés par la lumière en fantômes plus existants et plus vrais que nature ». Vers 1910, la production picturale de Lhote se rapproche de l'esthétique cubiste de la déformation lyrique des objets ; puis les toiles de Cézanne lui font découvrir la peinture en profondeur. Telles furent les phases essentielles de son évolution en tant que peintre et nous les retrouvons dans ses principaux articles : « L'Enseignement de Cézanne » (1920), « Renoir et l'impressionnisme » (1920), « Nature-peinture, peinture-poésie » (1923), « À propos du surréalisme » (1928), « Une présentation didactique de l'œuvre de Van Gogh » (1938), « Rembrandt et le surnaturel » (1938), « Matisse et la pureté » (1939). La fonction de peintre est double, écrit André Lhote ; il s'agit toujours d'être ébloui sans cesser de mettre à leur place les rudiments, les abréviations sensibles des choses, d'être malgré soi entraîné ailleurs, mais de rester dans les dimensions et le rythme du cadre. Dès lors, les éléments naturels, transformés par des phénomènes accidentels, seront les seuls objets ressemblants (et revêtant autant de ressemblance qu'il y aura de phénomènes transformateurs). D'un article à l'autre, une idée essentielle revient : l'œuvre fut de tout temps une abstraction, dont les traces, dans les musées, ne se trouvent usées que par l'accoutumance. En considérant des œuvres dues à des époques lointaines, nous sommes surpris de la hardiesse et de la violence de l'abstraction qui a présidé à leur création. En vérité, des multiples éléments qui conditionnent la réalité, ceux qui, à n'importe quelle époque, ont été retenus par l'artiste sont excessivement rares : ligne et ton local chez les primitifs, modelé et couleur atténuée chez les renaissants, clair-obscur sans couleur chez les baroques du XVIIe siècle, atmosphère et ton du prisme chez les impressionnistes, si bien que, pour reconstituer la réalité, il faudrait superposer les éléments différents et contradictoires, accumulés dans des œuvres s'échelonnant au long de vingt siècles. Désormais, voir, artistiquement parlant, c'est inventer avec sincérité. Ainsi, en appuyant ses propos d'ingénieuses confrontations, André Lhote compare ses maîtres, et particulièrement Cézanne qu'il défend de l'esprit cartésien, et il nous entretient des deux visions de la nature : la première est celle qui consiste à isoler chaque objet, à l'établir dans sa parfaite et commode intégrité. Cette vision successive du monde, par addition de figures fermées, est une vision de tout repos, elle est éminemment bourgeoise et utilitaire. La seconde vision, celle des figures ouvertes, est moins simpliste et moins intéressée. Dès que l'œil du peintre se pose sur l'objet le plus simple, celui-ci se met aussitôt à sécréter mille aspects variés, selon que l'artiste le compare à tel ou tel autre objet voisin, ou à telle lueur, ou à telle ombre. « Car l'opération première de la vision picturale consiste à rattacher chaque forme voisine et à enregistrer les modifications qui résultent de cette confrontation. » « La vision de l'artiste doit être simultanée. » André Lhote illustre abondamment ses démonstrations par l'étude organique de tableaux de Cézanne, de Rembrandt... Il tire de leurs œuvres le schéma géométrique qui les conditionne, ramène leur imagination à l'observance d'un certain nombre de lois quasi mathématiques. Ce recueil prouve en somme que la peinture doit être d'abord un art de réflexion. En effet, tout ce qui compose un tableau, sa magie, son mystère est le résultat d'un calcul et nullement d'une inspiration. Enfin, le peintre atteint le fond des choses lorsqu'il associe à la décadence de l'art la décadence du public. Les enseignements de Lhote, écrits dans un style direct, restent d'une haute importance, tant par les idées qu'ils suscitent que par les disciplines qu'ils instaurent.

ÉCRITS SUR L'ART de Fiedler [*Schriften über Kunst*]. Recueil posthume d'essais et d'aphorismes du philosophe allemand Konrad Fiedler (1841-1895), publiés séparément et de façon fragmentaire à partir de 1876 (première édition complète : Munich, 1913-1914). Les œuvres de Fiedler, dont la plus importante est l'essai *Sur l'origine de l'activité artistique* (1887), constituent, dans leur ensemble, le premier et le plus rigoureux exposé de la théorie dite de la « visibilité pure », théorie à laquelle sont liés les noms du sculpteur Adolf Hildebrand et du peintre Hans von Marées, tous deux amis de l'auteur. Partant des principes kantiens, comme celui de la distinction entre la perception objective et la perception subjective, mais les développant dans le sens du formalisme esthétique de Herbart (pour qui toute beauté était réduite à sa forme abstraite par le sentiment), Fiedler affirme que les conditions a priori de la sensibilité imposent à chaque art une limite et une cohérence propres : il en arrive ainsi à nier l'existence même d'un problème de l'art en général. En ce qui concerne l'architecture, la sculpture et la peinture — dont l'auteur s'occupe exclusivement —, leur caractère essentiel et distinctif consiste dans la visibilité ou, si l'on préfère, dans l'activité de l'œil de l'artiste, productrice d'images et de formes : vision et réalisation ne font qu'un dans la « clarté de la vue autonome », non altérées par des influences naturalistes et sentimentales, non plus que par des préoccupations littéraires et sociales. Ce n'est pas que l'œil de l'artiste voie différemment d'un œil quelconque : mais, au lieu de se limiter à recevoir passivement les impressions visuelles et à contribuer à la formation des représentations conceptuelles, sa fonction se développe et se spécialise en une connaissance de la réalité d'une nature particulière, dans un sens exclusivement visuel. « L'œil de l'artiste contemple, distingue, isole, combine, ordonne, détermine, crée son monde autonome, riche, infini, réel et idéal à la fois. » La synthèse artistique a donc valeur de connaissance et présente des analogies avec la connaissance scientifique : cependant, selon Fiedler, elle ne s'identifie pas du tout avec cette dernière, dont elle est même complètement indépendante.

Partant de ces prémisses, l'histoire des arts plastiques ne doit pas seulement considérer les œuvres des artistes comme l'expression d'un temps, d'un peuple, d'exigences culturelles et sociales déterminées ; elle doit être une histoire de cette connaissance du réel sous l'aspect de la visibilité, qui est la véritable nature de l'activité artistique. Une telle histoire n'est pas conçue par l'auteur comme un développement impersonnel et ininterrompu des éléments visuels ; pour lui, au contraire, ce qui a de l'importance, c'est l'action des fortes personnalités, qui n'ont pas tant des précurseurs que des imitateurs, et qui, révélant de nouvelles perspectives visuelles, c'est-à-dire stylistiques, rendent discontinue l'évolution de cette histoire. L'unique essai d'exposition historique fourni par Fiedler se rapporte à l'architecture. La doctrine de Fiedler, selon laquelle la perfection artistique ne doit pas être cherchée en dehors des purs moyens plastiques, s'intègre historiquement dans ce mouvement vaste et complexe qui, au début du romantisme, réagit contre les théories classiques de l'art, considéré comme imitation du monde objectif ou du beau idéal ; mais, en isolant l'art du sentiment, cette doctrine s'oppose aux tendances mystiques, symbolistes et métaphysiques du romantisme lui-même, et renchérit encore sur la théorie de Lessing quant aux limites des arts — v. *Laocoon* (*). Œuvre en partie polémique, s'opposant aux idées esthétiques du positivisme, la doctrine exposée dans les *Écrits sur l'art* a déterminé, dans les études modernes, tout un nouveau mouvement des arts plastiques. Bien qu'aujourd'hui elle ne soit plus accueillie sous sa forme originelle, la théorie de la visibilité a suscité une exigence plus vive que jamais dans la critique d'art, en ceci qu'elle affirme la nécessité de fonder sur les éléments formels, c'est-à-dire sur les valeurs de style effectives, le jugement sur l'œuvre d'art.

ÉCRITS SUR LE THÉÂTRE. Titre sous lequel on pourrait rassembler l'ensemble des écrits théoriques de l'écrivain allemand Bertolt Brecht (1898-1956). La « Bertolt Brecht Archiv », fondée après la mort du grand dramaturge et officiellement subventionnée, travaille à mettre au point une édition complète, historique et critique des œuvres de Brecht, qui a laissé une quantité considérable de manuscrits inachevés, d'ébauches et d'essais, dont le classement méthodique réclame le plus grand soin. On sait l'influence considérable exercée sur le théâtre contemporain aussi bien par l'enseignement de Brecht au « Berliner Ensemble » que par ses principaux écrits théoriques : *Cinq difficultés que l'on rencontre en écrivant la vérité* [*Fünf Schwierigkeiten bei schreiben der Wahreit*, 1935], *Petit organon pour le théâtre* [*Kleines Organon*, 1949], *Réflexions sur les pièces populaires* [*Anmerkungen zum Volksstück*, 1950], *La Scène de la rue* [*Strassenszene*, 1950], *Une nouvelle technique de jeu du comédien* [*Neue Technick der Schauspielkunst*, 1952], et *La Dialectique au théâtre* [*Dialektik auf dem Theater*, 1955].

C'est l'exil qui, en le privant durant quatorze ans de toute possibilité de travail concret, incita Brecht à fixer le souvenir de ses expériences de naguère, en éliminant l'accessoire, et en insistant sur ce que le recul et l'isolement lui font voir comme essentiel. Le théâtre épique, qui avait été jusque-là exclusivement un instrument de lutte, doit, pour se mesurer avec d'autres formes dramatiques, se trouver des fondements esthétiques valables, sans rien perdre de ses vertus combatives. Les théories de Brecht visent avant tout à fournir une méthode d'action. Il a analysé, modernisé, et naturellement dépassé les règles des Lessing, Schiller, Diderot et Piscator, dont il s'est inspiré. Il a été également influencé par le mouvement de la « nouvelle objectivité » [Neue Sachlichkeit], qui connut un bref essor dans les années 20. De plus, Brecht esquisse dès *L'Opéra de Quat'Sous* (*) la technique du théâtre épique.

En 1935, dans un manifeste clandestin adressé aux intellectuels allemands, il dénonce la technique du mensonge fasciste. Il donne aussi les armes pour le combattre ; ce sont les *Cinq difficultés que l'on rencontre en écrivant la vérité*, et les conséquences sociales que Brecht en dégage sont inexorables. Les bons ne sont jamais vaincus à cause de leur bonté, mais à cause de leur faiblesse. À certaines conditions, la vertu peut vaincre. La vérité brechtienne est à la fois subjective et objective. Elle est inscrite dans les faits, et l'acteur l'y inscrit. Elle doit traduire très exactement le rapport dialectique du spectateur au monde, et ne vise qu'un but : permettre à l'homme de manier, diriger, dominer le monde.

En 1949, c'est le *Petit organon*, l'ouvrage capital dans lequel Brecht, écrit : « Si nous donnons à nos personnages des moteurs sociaux, variables suivant les époques, nous empêchons dans une certaine mesure le spectateur de s'idendifier avec eux... le style théâtral susceptible de créer de telles présentations repose sur " l'effet de distanciation " ou " effet V " [Verfremdungseffekt]. Le théâtre antique, le théâtre médiéval " distanciaient " leurs personnages grâce à des masques. Le théâtre asiatique utilise aujourd'hui encore des effets V par la musique et la pantomime. Mais ces effets reposent sur une base de suggestion hypnotique ; leurs buts sociaux diffèrent totalement des nôtres. Cette technique permet au théâtre de mettre en œuvre, pour élaborer ses images, la méthode de la nouvelle science de la société : la dialectique matérialiste... Pour elle, rien n'existe qu'en transformation, donc en désunion avec soi-même. Cela vaut aussi pour les sentiments, les opinions et les attitudes des hommes par lesquels s'expriment les caractères spécifiques de la vie sociale. » L'effet V n'est donc pas seulement, comme on l'a dit, un procédé de mise en scène en réaction contre de vieilles habitudes propres à la scène allemande. La société qui dans son mouvement même est contradictoire, donc en perpétuelle rupture avec elle-même, nous est présentée comme une succession d'expériences qui permettent, qui impliquent des contre-expériences. Il faut laisser du jeu à la représentation c'est-à-dire prendre vis-à-vis d'elle ses « distances » si l'on veut respecter ses contradictions. Distance entre l'auteur et l'histoire racontée, distance entre l'histoire et l'acteur qui la retransmet, distance entre la représentation et le spectateur qui la reçoit. Il y a certes des faiblesses dans le *Petit organon :* la critique du système aristotélicien par exemple reste assez superficielle : les poètes tragiques grecs attribuaient en fait à la tragédie une importante fonction pédagogique. À côté de la catharsis, Aristote parle de l'anagnosis qui signifie reconnaissance ou plus exactement passage de l'ignorance à la connaissance par le moyen du drame.

Mais toute la partie constructive du *Petit organon* révèle la fermeté de qui a fait passer ses principes au feu de l'expérience. On y trouve en particulier les plus précieuses indications concernant le style de jeu épique, que Brecht développera en 1952 dans *Une nouvelle technique de jeu du comédien.* Ce style de jeu doit beaucoup à l'art de l'acteur chinois. L'acteur chinois se regarde jouer sans crainte de montrer qu'il est attentif à bien exécuter la tâche qui lui incombe. Des signes extérieurs ancestralement choisis pour chaque nuance de l'émotion ou du sentiment constituent un vocabulaire parfaitement clair. L'interprète n'est pas le héros, il le montre. L'acteur épique, plus simplement, peut prendre modèle sur la façon dont le témoin d'un accident dans la rue explique à la foule comment les choses se sont passées. La recherche de l'effet V est à la base de toutes les innovations dans ce domaine ; Brecht utilise tous les procédés qui permettent à l'acteur d'apparaître sur scène comme une double figure ; personnage et interprète restant distincts et sensibles dans leur dualité. Ainsi l'étude d'un rôle ne se fera jamais séparément des autres rôles. Au besoin, des acteurs échangeront leurs rôles pendant les répétitions. Nous ne pouvons ici mentionner tous les moyens, grands et petits, dont Brecht se servait pour faire travailler ses acteurs. Quant aux arts voisins de celui de l'acteur, Brecht leur a toujours accordé la plus vive attention. La musique de scène, les décors, les costumes, la chorégraphie, le mime, aucun de ces éléments n'abdique au profit des autres, ni ne se fond dans l'ensemble ; chacun a son rôle propre et « leurs rapports se définissent par une aliénation mutuelle ».

Le théâtre épique refuse les mensonges de l'art, l'illusion parfaite de la vie, et « apparaît comme la seule alternative viable au théâtre d'illusion ». La somme de ces recherches, dont les résultats sont éparpillés sur plusieurs années dans de nombreux articles, des études, des commentaires de mises en scène, Brecht l'a résumée et illustrée dans *Travaux de théâtre* [*Theaterarbeit*, 1951]. Dans cet ouvrage collectif, réalisé par l'équipe du « Berliner Ensemble », Brecht fait le bilan de ses essais de théâtre épique et analyse les six pièces les plus représentatives qu'il a montées au cours des dernières années : *Mère Courage* (*), *Maître Puntila et son valet Matti* (*), *La Mère, Le Procès de Lucullus* (*), *Les Fusils de la mère Carrar* — v. *Têtes rondes et têtes pointues* (*) — et *Le Cercle de craie caucasien* (*). Tout ce qui se rapporte à son théâtre y figure : mise en scène, éclairages, projections, accompagnement musical, jeu des acteurs, critiques de l'auteur. C'est un livre indispensable, qui met en lumière les raisons profondes de cet art et de ses exigences, la volonté de son créateur de se tourner vers un public populaire, celui des masses, de répondre à ses désirs de l'éclairer et de provoquer en lui les réactions nécessaires de la révolte contre tout ce qui entrave son ascension et sa libération. Signalons enfin que trois créations du « Berliner Ensemble » ont fait l'objet chacune d'un « livre modèle » publié chez Henschel à Berlin, sorte de film de la réalisation, accompagné d'études et de notes : *Antigonemodelle* (1955), *La Vie de Galilée* (1956-58) et *Mère Courage* (1958). — Trad. *Petit organon pour le théâtre* in *Théâtre populaire*, n° II, janvier 1955 ; *Cinq difficultés que l'on rencontre en écrivant la vérité* in *Les Lettres nouvelles*, n° 46, février 1957 ; *« La Scène de la rue* in *La Revue théâtrale*, nos 9/10, 1948 ; et *Écrits sur le théâtre*, L'Arche, 1963.

ÉCRITURE MÊME : À PROPOS DE BARTHES (L'). Essai de l'écrivain américain Susan Sontag (née en 1933), publié en 1982. Avec son essai sur Antonin Artaud intitulé *À la recherche d'Artaud,* ce livre témoigne de l'intérêt de Susan Sontag pour l'avant-garde française. Publié après la mort accidentelle de Barthes, *L'Écriture même* est à la fois un hommage ému, une biographie amicale et une analyse pleine d'intelligence. Sontag excelle ici à définir la spécificité de Barthes : « pédagogue, homme de lettres, moraliste, philosophe de la culture, connaisseur des idées fortes, mémorialiste protéen de sa propre vie », l'auteur du *Degré zéro de l'écriture* (*) fascine Susan Sontag qui retrace tout l'itinéraire intellectuel de l'écrivain : son intérêt précoce et révélateur pour le *Journal* (*) de Gide, sa passion pour le théâtre et pour Brecht, ses rapports conflictuels avec Sartre, pour qui la littérature est « communication » alors que Barthes se méfie des pièges de l'engagement et prône l'« exploration radicale de l'écriture ». La symbiose entre Sontag et Barthes est sans doute la plus frappante lorsqu'elle évoque le « bonheur » de la lecture et de l'écriture, revendique le « plaisir du texte » et défend le caractère « intransitif » de l'écriture moderne. Les deux écrivains partagent en outre un vif intérêt pour la photographie, à laquelle ils ont chacun consacré un livre. — Trad. Bourgois, 1982.

B. M.

ÉCRITURES. Ouvrage du peintre franco-allemand Max Ernst (1891-1976), publié en 1970. Ce recueil réunit les principaux textes écrits par Max Ernst de 1919 à 1969. Poèmes, pour la plupart brefs, réflexions, interviews alternent ainsi avec les légendes destinées à commenter les illustrations de ses « romans-collages » et des études plus approfondies sur son art. S'il fut essentiellement sensible aux prestiges de la vue, Max Ernst s'intéressa cependant très jeune aux possibilités de perturbations inscrites au cœur des mots. Et il n'est pas exagéré d'affirmer que la technique du collage, que le peintre établit dès 1918 en principe de son œuvre, dérive de la métaphore poétique, de cette licence nouvelle du langage et de l'esprit qui avait permis à Lautréamont de convoquer sur la même table de dissection une machine à coudre à côté d'un parapluie. Dans un certain nombre de ses textes les plus significatifs, comme *Notes pour une bibliographie* (1969) et, surtout, *Au-delà de la peinture,* Max Ernst revient sans cesse sur cette notion fondamentale de son esthétique. À ses yeux l'opération qui consiste à associer deux réalités visuelles en apparence antinomiques, détermine un dépaysement, un dépassement des frontières établies par la raison et des normes convenues par la société. En réalité Max Ernst considère le collage comme un véritable acte de connaissance amoureuse, qui non seulement est susceptible de réconcilier les camps radicalement opposés dès l'origine, mais qui permet en outre d'échapper aux lois de la pesanteur logique et aux limites de la géographie ordinaire. Grâce aux paradoxes du collage la conscience, hallucinée, du regardeur devient apte à parcourir sans effort des zones inexplorées de la sensibilité, de franchir les portes du rêve et de la mémoire.

Mais l'écriture, chez Max Ernst, accomplit la même fonction : jeux de mots et d'esprit, questions déplacées et réponses inopportunes, métaphores inabouties, affirmations tronquées et apories exercent sur la conscience du lecteur une sorte de déchaussement des repères logiques. Pourtant le léger trouble qui en résulte provient davantage du sourire de l'intelligence, d'une liberté de type philosophique, que de la cocasserie des rencontres. Or cette lucidité et ce bonheur de vivre, cet homme supérieur, fidèle à l'enfance et avide de réconciliation, a su les maintenir vivants et actifs en lui malgré les incessantes agressions de la bêtise et de l'envie dont il fut victime au cours de son existence.

F. Ro.

ÉCRIVAIN PUBLIC (L'). Récit de l'écrivain marocain d'expression française Tahar Ben Jelloun (né en 1944), publié en 1983. Ce beau roman, qui joue avec le masque de l'autobiographie, raconte par l'intermédiaire d'un scribe, narrateur à son tour, habitué à fabuler, les histoires d'une vie, celle d'un homme pressé, toujours « entre deux voyages, entre deux amours » et, comme l'auteur lui-même, né à Fès, déraciné/enraciné à Tanger, exilé à Paris, en pèlerinage à Médine et à La Mecque, de passage à Chios puis de retour chez lui où il se sent finalement étranger. Ce récit des voyages d'une vie dessine évidemment l'itinéraire d'une descente dans la sensibilité et l'imaginaire, chaque espace renvoyant à un faisceau d'impressions ou de souvenirs « dans l'espoir de dévisager l'image trouble du miroir ». Le texte déroule les expériences multiples du personnage-narrateur depuis le couffin où l'enfant malade rêvait la vie et inventait des signes, en passant par les émois et les déceptions de l'adolescence, le traumatisme du camp disciplinaire, l'ennui des années d'enseignement à Tétouan, les échappées à Paris, en Grèce, à Médine, jusqu'à cette terrasse du café maure où, dans la nuit de Tanger, l'homme « réconcilié avec le pays intérieur » peut rêver de nouveau et démentir le « désespoir de vivre ». Mais les incessantes plongées dans la mémoire personnelle et dans les replis de l'histoire collective (guerre d'Algérie, révolte de 1965 à Casablanca, Liban, Première Guerre mondiale, histoire contemporaine des Arabes) brouillent la linéarité du récit et de la chronologie. L'emboîtement des flash-backs (souvenirs du narrateur, de la fiancée, du père) se matérialise par une technique du collage (photos, journal intime, extraits de lettres, dialogues et sous-conversation, rêves) qui sacrifie moins à la mode du nouveau roman qu'elle n'explicite les stratifications du moi. Cependant le livre ouvre la quête d'identité sur les problématiques fondamentales du temps, de l'histoire, de la mort, à travers les motifs de l'errance, de l'exil, de l'angoisse et finalement du pouvoir des mots. La phrase génératrice de l'œuvre : « Déchiffrer, me souvenir, écrire », puis la méditation centrale du chapitre VII rendent manifeste la signification du récit : l'interrogation sur l'écriture et sur l'expérience extatique de l'écrivain. P. Re.

ÉCROULEMENT DE LA BALIVERNA (L') [*Il crollo della Baliverna*]. Recueil de nouvelles de l'écrivain italien Dino Buzzati (1906-1972), publié en 1954. Tous ces brefs récits, au nombre de trente-deux, appartiennent au domaine fantastique et baignent dans une atmosphère d'insidieuse angoisse. L'écrivain nous entraîne dans un univers plein de menaces, de chausse-trapes et de métamorphoses, où, d'une mare bourbeuse, peut tout à coup surgir le monstre qui, depuis des siècles, attend son heure (« La Grosse Couleuvre »). Pourtant, de prime abord, cet univers se présente comme familier et sans surprise : « normal ». Mais, brutalement, quelque chose se détériore, le cauchemar s'insinue dans la vie quotidienne. Pire, nous soupçonnons bientôt le prosaïque de dissimuler l'inquiétant et le geste le plus innocent de pouvoir conduire à la catastrophe. La nouvelle qui donne son titre au recueil est, à ce point de vue, très caractéristique. Le héros, un tailleur, se promenait parfois aux alentours de la « Baliverna », énorme et antique édifice où s'entassaient des sans-logis et des réfugiés. Un jour, sans but précis, il a arraché une tige de fer fixée dans la maçonnerie. Aussitôt, par une inexplicable série de réactions en chaîne, la grande bâtisse s'est disloquée comme un château de cartes, ensevelissant ses habitants. La crainte que l'origine du drame soit découverte empoisonne dès lors la vie du tailleur. Dans ces contes inquiets et cruels où les hommes côtoient en aveugles les abîmes qui vont les dévorer, Buzzati exprime une angoisse qui, pour être très répandue dans le monde contemporain, n'en est pas moins séculaire et intimement liée à la condition humaine. — Trad. Robert Laffont, 1960.

ECUADOR. Journal de voyage de l'écrivain français d'origine belge Henri Michaux (1899-1984), publié en 1929. Succédant à la première publication véritable de Michaux, *Qui je fus* (*), *Ecuador* inaugure une période de production abondante. Michaux, dont la santé est faible (il souffre de tachycardie), qui se considère comme un raté et qui ne se supporte pas plus qu'il ne supporte les siens (ses parents, sa patrie, l'Europe, les autres), part, après une attente de deux ans, pour l'Équateur avec son ami Alfredo Gangotena, « poète habité par le génie et le malheur » (mais sur cette amitié Michaux ne dira presque rien dans son journal d'homme seul). Il embarque à Amsterdam le 27 décembre 1927, puis traverse l'Océan, qu'il a déjà connu lorsque, matelot volontaire en 1920-1921, il est allé jusqu'à Rio et Buenos Aires : « Océan, si seulement ta surface était capable de soutenir un homme comme elle en a souvent l'apparence stupéfiante, son apparence de pellicule ferme » ; escale à Curaçao, où il retrouve la face humaine (ici de nègre), la ville humaine ; puis elliptiquement Quito, salué d'un poème (28 janvier 1928), mais déception, car « cette terre est rincée de son exotisme », ce qui lui suggère la seule solution : que l'humanité entre en contact avec une autre planète. Alors commencent d'éprouvantes randonnées, épuisantes, dans la Cordillère volcanique, coupée de rapides. Revenu à Quito, il goûte à l'éther (« Quelle projection ! Et quelle grandeur ! L'éther arrive à toute vitesse »), puis à la maladie (jaunisse), qui le fait vomir son vomissement et au cours de laquelle il rencontre un chien putride. Rétabli, il recommence ses randonnées. Maintenant (août), il veut revenir en Europe par l'Amazone. Au moment du départ : mal de dents, sinusite. Il part quand même. Avec deux autres hommes, il va traverser, au prix de mille souffrances, le Pérou, pour rejoindre Iquitos d'où il descendra en navire l'Amazone. Cette traversée est décrite avec une grande précision ; son journal se termine donc par un récit d'aventures, que clôt le poème de l'arrivée « vers » Le Havre (15 janvier 1929). Il se livre ensuite dans une postface à une sorte de mise au point rétrospective, où l'auteur d'*Un Barbare en Asie* (*) et du *Voyage en Grande Garabagne* — v. *Ailleurs* (*) — apparaît plus encore.

Ecuador est un journal d'adolescent (« *Ecuador*, c'est étonnant d'absence de savoir-faire », dira-t-il plus tard), où pêle-mêle sont notés, écrits ou chantés (par un grand écrivain) des pensées, des exclamations, des réflexions, des faits, des rencontres, le tout traversé par d'admirables poèmes (« Je suis né troué », « Nausée ou c'est la mort qui vient ») inégaux cependant et parfois plus impersonnels que ceux de *Qui je fus*. En effet, Michaux cherche surtout une ouverture sur le monde et la preuve qu'il n'est pas un lâche, hantise correspondant à celle d'être un raté, ce dont l'accusent sans cesse ses parents : « On n'a pas été des lâches / On a fait ce qu'on a pu », chante-t-il alors que la jaunisse monte. Il note avec satisfaction que le climat est mauvais pour le cœur : l'épreuve n'en sera que plus probante. Michaux a, à cette époque, besoin des autres (« les hommes qui n'aident pas à mon perfectionnement : Zéro » et « j'aurais tant désiré avoir un père »). Le bilan de ce voyage est positif. L'« écrivain » en revient avec des preuves et des richesses. Son insuffisance cardiaque ou aortique a été rêvée par les médecins. Il n'est pas un lâche, ni un traître. Il a trouvé un point d'application à son agressivité : la nature équatoriale, qu'il a pratiquée à coups de revolver, de fusil, de machette, détruisant, un soir, quantité d'araignées, envahissante vermine qu'il a réduite en bouillie. S'étant ruiné la santé, il rapporte la maladie et les moyens de l'exorciser : déjà, dans les plis du rideau, il voit un monde entrer en transes, divertissant le malade qui bientôt le domine : il rapporte une quantité incroyable d'agresseurs de toutes sortes (hommes, bêtes, arbres dont l'un est le Grand Roi), desquels il peut triompher. Mais quel délice aussi de fuir et de laisser un précipice à main gauche. Ce réservoir d'images, il l'utilisera pendant plus de dix ans. Cette voiture pleine d'Équatoriens d'où sort une foule d'instruments de musique deviendra son cerveau, d'abord étalé devant lui, dans *Mes propriétés* – v. *La nuit remue* (*). Tel ver aquatique qui pénètre l'anus du baigneur aura un destin somptueux : transposé extrêmement en moyen de jouissance de la race Urdes dans *Mes propriétés*, il s'attaquera dans *La nuit remue* à Emme, sorte de Plume et verbalisation (?) du M de Michaux ; enfin donnera, sous forme de chenille, de coupables satisfactions à Michaux lui-même dans *Face aux verrous* (*). Sans compter une partie des peuples et des pratiques magiques d'*Ailleurs*, Michaux rapporte aussi d'Équateur un métier d'écrivain et la possibilité d'écrire beaucoup, mais il lui faut désormais passer du « serait » au « est », de « on marcherait sur l'océan, on irait en traîneau » à « je marche » ou « quelqu'un marche ».

ÉCUEIL (L') [*The Reef*]. Roman de la romancière américaine Edith Wharton (1862-1937), publié en 1912. Edith Wharton pousse très loin l'analyse psychologique des personnages autour desquels se noue le drame. Ce drame naît de la situation particulière dans laquelle se trouve George Darrow, un jeune diplomate. Après quatorze ans, Darrow retrouve la délicate Anna Summers Leath, qu'il avait aimée mais dont une certaine froideur l'avait éloigné. Maintenant Anna est veuve. Elle a vécu toutes ces années au château de Givré, menant une existence retirée, loin de la vie et de ses expériences. L'amour qu'elle avait éprouvé autrefois pour Darrow renaît et celui-ci la demande en mariage. Par un télégramme, Anna lui inflige un nouveau délai. Profondément déçu, désemparé, Darrow recherche une consolation passagère dans la promesse de Sophy Viner, une jeune fille rencontrée au cours de son voyage vers Givré. La vie a toujours été dure pour Sophy. George la persuade de passer plusieurs jours avec lui à Paris, heureux de pouvoir offrir quelques heures de bonheur à la jeune fille, séduit par sa vivacité et son charme. Ces journées s'effacent vite de sa mémoire tout occupée d'Anna ; et il ne se doute pas que Sophy s'est laissé prendre au jeu et qu'elle éprouvera désormais pour lui un amour passionné.

Quelques mois plus tard, Darrow se rend à Givré. Le bonheur semble à portée de main, car Anna consent au mariage. Son beau-fils, Owen, est également sur le point d'épouser la jeune gouvernante du château, qui n'est autre que Sophy Viner, et Darrow se retrouve en présence de celle-ci ; à partir de ce moment, le drame se noue lentement. Les personnages entrent un à un dans l'action dramatique. D'abord Sophy, bouleversée par la présence de Darrow et anxieuse de l'attitude que celui-ci va prendre : dira-t-il ce qu'il sait de son passé pour empêcher son mariage ? Puis George, indécis, bien peu à son aise devant Sophy. Enfin Owen, intrigué par les entrevues secrètes de Darrow et de Sophy, met Anna au courant. L'aventure passée de Darrow et de Sophy se découvre insensiblement. L'auteur nous mène d'une main sûre à cette révélation, et nous assistons au progrès du doute dans l'esprit d'Anna. Le drame s'intensifie encore lorsque celle-ci connaît la vérité. Saura-t-elle comprendre et pardonner cette aventure, elle qui, ayant vécu à l'écart de la vie, ignore la complexité de l'âme humaine et ses faiblesses ? Des conceptions morales différentes opposent George et Anna. Tantôt, obsédée par l'image de Darrow et de Sophy, Anna est prête à renoncer à son amour, tantôt elle ne peut se résigner à le perdre. C'est uniquement grâce à sa propre souffrance qu'elle aura la révélation de toutes les passions qui agitent le monde et dont elle ignorait la violence. Aura-t-elle la force de surmonter cet « écueil » sur lequel peut s'échouer leur amour ?

Le roman d'Edith Wharton est solidement bâti. C'est peut-être celui qui se trouve le plus dans la tradition de son maître Henry James. Le drame moral prend d'autant plus de relief qu'il se développe dans la solitude poétique du château de Givré, et aucun incident extérieur au drame ne vient affaiblir le sentiment tragique qui se dégage. On a justement comparé *L'Écueil* à une tragédie classique à laquelle l'héroïne, Anna, communique « son calme vivant ». – Trad. Bourgois, 1986.

ÉCUME DES JOURS (L'). Roman de l'écrivain français Boris Vian (1920-1959), publié en 1947. Dans un étrange pays s'ennuie un jeune homme répondant au nom charmant de Colin. Son coffre-fort contient la coquette somme de cent mille doublezons. Son cuisinier, Nicolas, n'a pas son pareil pour mettre au point, dans le secret de son laboratoire, des petits plats aussi succulents que déconcertants. Son « pianocktail » lui procure de vives satisfactions. (Ce subtil et irremplaçable instrument qui débite à volonté des cocktails, dès que l'on y joue un air de jazz – lequel compose la boisson lui correspondant –, unit avec un rare bonheur deux plaisirs également raffinés et particulièrement complémentaires.) Mais comment ce confort et cette liberté suffiraient-ils à faire le bonheur d'un homme de son âge ? Quelle chance a eue son ami Chick de plaire à la jolie Alise ! Combien lui paraît enviable le sort de ce garçon qui n'a pourtant ni doublezons ni cuisinier ni pianocktail et doit gagner son pain à la sueur de son front ! Il veut aimer, lui aussi, être aimé. Cette pensée le tourmente sans répit. Quand on en est à ce stade, l'occasion, généralement, ne tarde pas à se présenter. Il rencontre Chloé. Timidité, aveu, fiançailles. Depuis que « toutes les rues mènent à Chloé », la ville et la vie lui paraissent merveilleusement gaies et légères. Il donne vingt-cinq mille doublezons à Chick pour qu'il puisse vivre tranquille avec Alise. Ainsi le bonheur régnera autour de lui et sa félicité sera sans nuage. Mais prendre femme est prendre souci. Allant en voyage de noces visiter le sud du pays, Colin, Chloé et Nicolas – qui, tel Maître Jacques, a troqué sa livrée de cuisinier contre celle de chauffeur – traversent en chemin un lugubre pays minier. Le matin suivant, à cause d'un carreau malencontreusement cassé par Colin, Chloé se réveille glacée. Elle tousse. Les vacances et le soleil du Sud sont si loin de la guérir qu'elle doit s'aliter sitôt rentrée en ville. Le médecin diagnostique une maladie grave : un nénuphar pousse en elle, rongeant un de ses poumons. La seule façon de la guérir est de lui faire respirer des fleurs, des brassées de fleurs, vite fanées. Colin se ruine à les acheter. Au fur et à mesure que baisse, dans son coffre, le niveau des doublezons, son appartement subit une étonnante métamorphose. Il devient sombre, exigu. Nicolas, qui ne peut plus élaborer, dans la cuisine dépouillée de ses appareils, que de fort médiocres saucisses, vieillit de plusieurs années en quelques jours. Tristement, il finit par obéir à Colin, qui le presse d'offrir ses services à de nouveaux maîtres. De son côté, Chick a pareillement tout dépensé, non pour Alise mais pour se procurer les éditions de luxe et les manuscrits du très prolifique écrivain Jean-Sol Partre, les enregistrements de ses innombrables conférences, les vieilles pipes et les vêtements élimés qui, à en croire les libraires, lui ont appartenu. Colin et lui se résignent à chercher du travail. Ayant un diplôme d'ingénieur, Chick en trouve aisément. Mais quatre ouvriers sont victimes d'un accident imprévisible et le rendement de l'atelier dont il a la charge baisse de 0,8 %. Conformément aux règles en vigueur, il est congédié. Quant à Colin, sa tâche consiste à faire pousser, en les couvant, des fusils. Son obsession le trahit : au bout de ceux qu'il obtient se dresse, délicate et dérisoire, une fleur d'acier. Il ne réussit pas mieux comme veilleur de nuit parce qu'il ne marche pas assez vite pour arriver à temps aux rendez-vous fixés avec des voleurs très ponctuels. Les événements, alors, se précipitent. Alise tue Jean-Sol Partre et met le feu aux librairies de la ville. Chick meurt pour avoir voulu s'opposer à la saisie de ses livres pour le compte du percepteur. Talonné par la nécessité, Colin se résout à occuper le poste bien rétribué mais particulièrement déprimant d'annonceur de mauvaises nouvelles. Suivant les indications d'une liste qui lui est remise chaque matin par l'Administration, il va prévenir ceux qu'un malheur doit frapper le lendemain. Un jour, son nom figure sur cette liste. En ce pays plus encore qu'en d'autres, les cérémonies, suivant qu'on a de l'argent ou non, sont fastueuses ou bâclées. La fortune de Colin ayant fondu comme beurre au soleil, l'enterrement de sa Chloé est aussi sinistre que ses noces furent belles. Près de sa tombe, un étang où des nénuphars s'épanouissent attire le jeune homme. Il est toujours à les contempler, à se pencher. Depuis l'époque lointaine où il était encore célibataire, une souris grise à moustaches noires vivait avec lui. Elle s'était attachée à Chloé. Elle lui a tenu compagnie jusqu'au bout. Maintenant elle voit la détresse de Colin. Il ne résistera pas longtemps à l'appel de l'eau. Elle va trouver un chat qui, se faisant violence, consent à ce qu'elle lui propose. La laissant s'allonger entre ses dents, il déroule sa queue sur le trottoir, où presque aussitôt apparaissent et s'approchent en formation compacte, incertaine et lente onze orphelines aveugles. Émouvant et merveilleux, étrange et angoissant, spontané et pur de toute fausse note, désinvolte mais par pudeur, plein de fantaisie et pourtant profondément triste, ce livre, qui nous conte avec une rigueur et un tact parfaits une histoire extrêmement simple, est à ranger parmi les plus admirables romans d'amour jamais écrits. Il nous plonge dans un monde neuf et déroutant, un univers de science-fiction où tout serait poésie et rien lourdeur, un univers dont les lois absurdes et impitoyables parodient celles du nôtre. Au début, la vie y semble libre et facile, mais on s'inquiète de constater que la mort s'abat sans crier gare sur des multitudes d'innocents. Au fil des pages on découvre d'autres fléaux. L'amitié est parfois déçue. L'amour cause bien des tourments. La maladie invente des tortures raffinées. La pauvreté contraint à fournir un travail stupide et abrutissant, expose à la laideur, à la faim, aux humiliations. L'opiniâtreté, le courage sont inutiles, bafoués. Ailée comme un rêve, cette œuvre tout à fait hors série est comme les rêves les plus beaux : poignante, lourde de sens, inoubliable.

ÉCUME DES RAPIDES (L') [*Juha*]. Roman de l'écrivain finlandais d'expression finnoise Juhani Aho (1861-1921), publié en 1911. Dans ce roman, l'un des plus célèbres de Juhani Aho, est abordé un thème qui n'est pas nouveau dans son œuvre : celui du triangle amoureux, que l'on retrouve dans *La Fille du pasteur* [*Papin tytär*, 1885] et *La Femme du pasteur* [*Papin rouva*, 1893]. Les trois personnages sont Juha, sa femme Marja et le séducteur de celle-ci, Shemeikka. À partir d'un thème universel, Aho bâtit un roman profondément inscrit dans l'univers finlandais, et très rigoureusement construit. L'histoire, située en Carélie orientale, est simple : Marja et Shemeikka partent ensemble. Convaincu de ce que sa femme a été enlevée de force, Juha ne lui en veut pas et se montre compréhensif : il va même avec elle chercher son enfant. Quand il apprend la vérité cependant, il perd goût à la vie et se laisse emporter avec sa barque le long des rapides.

Rédigé dans un style très travaillé, très épuré, parfois elliptique, ce roman est surtout remarquable par l'étude des personnages. Le séducteur, Shemeikka, grand coureur de femmes, est inspiré de deux artistes qu'Aho avait sous les yeux. Il est décrit sans nuances ; malgré ses innombrables succès cependant il ne se trouvera pas du côté des vainqueurs. Le personnage de Marja a souvent été considéré comme le plus achevé et le plus complexe du roman : contrairement aux autres amoureuses de la littérature finlandaise de l'époque, c'est une femme passionnée, prête à assumer jusqu'au bout les conséquences de ses actes. Elle a une volonté et une personnalité propres : elle est au-dessus des interdictions et des contraintes de la société, et elle fait face avec vigueur à ses déceptions, à ses souffrances, à son humiliation. Ses sentiments sont complexes, et elle éprouve tour à tour de la reconnaissance et de la haine pour ce mari magnanime, Juha, personnage authentiquement finlandais. Juha est le prototype de l'homme des grandes forêts, habitué à la solitude et au silence. Travailleur, habile, sombre et renfermé, dans un accès de violence il peut aller jusqu'à tuer. La relation avec sa femme est particulière : jusqu'au dernier moment, il veut se convaincre qu'elle a été contrainte, et il est incapable de faire face à la révélation de la vérité. C'est un personnage éminemment tragique, dans lequel les traits nationaux sont poussés particulièrement loin.

Ce roman, relativement court, est très fort. Cela tient certainement au fait qu'Aho traite dans le roman une situation qu'il connaît dans la vie : il vivait en effet une liaison passionnée avec sa belle-sœur, Tilly Soldan. Sa femme se montrera aussi généreuse que Juha et fera preuve, à l'égard de sa sœur également, de beaucoup de compréhension. Ainsi le personnage de Marja doit-il autant au caractère entier de Tilly qu'aux sentiments qu'Aho lui-même n'a pas dû manquer d'éprouver à l'égard de son épouse. — Trad. POF, 1978. E. T.

ÉCUME ET CENDRE [*Schuim en Asch*]. L'écrivain néerlandais Jan Jacob Slauerhoff (1898-1936) a publié pour la première fois ce recueil de cinq nouvelles en 1930. Le titre indique déjà à quelle source d'amertume et de désespoir ce romantique moderne a puisé. Comme sa très grande poésie, ces nouvelles exotiques de Slauerhoff (qui avait en horreur la tranquillité bourgeoise de l'Europe) — quoique assez diverses quant à la « tonalité », tantôt cynique, tantôt passionnée — témoignent toutes d'une nostalgie profonde de l'impossible, d'une affirmation farouche de la vie et d'une âpre révolte contre la mort (qui semble parfois se changer en son contraire : une complicité secrète avec les forces destructrices).

« L'Héritier » raconte, sur un ton de léger persiflage, l'histoire du pauvre clerc Kassem Hassein qui végète misérablement dans un bureau du port de Bassora. Ayant fait le vœu d'aller, aussitôt qu'il le pourra, en pèlerinage à La Mecque, il essaie d'obtenir d'Allah qu'il change son sort. Un jour, le cadi lui annonce que son oncle Yezi Azid est mort, lui laissant une fortune immense. Kasem, dans sa richesse, oublie un peu ses prières, mais, pour contenter sa mauvaise conscience, il entreprend un pèlerinage à Stamboul, qui, dans le fond, est aussi une ville sainte, et plus près... Le sultan de Bassora a besoin d'argent et couvre donc Kasem d'honneurs, qui coûtent très cher au nouveau riche. Il est nommé amiral de la flotte, composée de quelques vieilles carcasses ; mais bientôt il n'a plus d'argent pour payer son équipage et, redevenu pauvre, il se met en route pour La Mecque. — « La Fin du chant » symbolise, dans un récit hallucinant, en la personne d'un aristocrate russe (qui écrit ses confessions), la recherche absurde d'un paradis perdu. Ayant, sans raison, si ce n'est par ennui, délaissé une femme, ce jeune homme est puni : une inquiétude perpétuelle le poussera partout à chercher il ne sait quoi. Il s'adonne à la boisson, s'engage pour la guerre russo-japonaise, où il est blessé ; il guérira de cette blessure, mais non de son ennui. Il apprend que la femme en question, après avoir été la maîtresse de deux ou trois hommes, se trouve quelque part dans un couvent d'où elle ne sortira jamais. Retourné dans sa propriété, il entend, une nuit, en rêve, une voix qui lui dit : « Lève-toi et cherche-la. » Après de multiples aventures, il la retrouvera dans un couvent près de Feodosia, en Crimée, mais ce sera pour assister à son agonie.

« Le Dernier Voyage à Nybord » raconte l'histoire d'un voilier transportant de San Francisco les cadavres de Chinois riches qui ont voulu être enterrés en Chine. Soden, le second, qui lit Strindberg, a une peur superstitieuse, mais le capitaine Fröbom, vieux buveur, en rit, ne croyant ni à Dieu ni au diable ;

pourtant, dans les cales, des choses assez étranges se passent qu'il ne sait expliquer. Surpris par une tempête, le bateau s'écrase sur les rochers. Et dans un fracas épouvantable, mêlés aux cadavres chinois, tous les hommes se noient. — « Larrios » est le nom d'une pauvre fille — incarnation du désir éternel — rencontrée par hasard à Burgos, perdue et retrouvée, comme prostituée à Malaga, par l'homme qui raconte cette histoire. Après une nuit passée chez elle, il la perd de nouveau. Pour l'oublier, il s'engage sur un bateau. Des années passent. À Shanghaï, il la rencontre dans un bordel, d'où il l'aide à s'échapper. Un camarade la met sur un bateau qui part pour Manille. Quelques mois après, il y arrive aussi. Il la cherche partout et la trouve enfin dans un beau quartier de la ville ; entretenue par un homme riche, elle est devenue élégante. Par sa froideur, elle tue l'idole chérie de « Larrios » dans le cœur de l'homme pour qui la vie désormais n'a plus de sens.

« Such is Life in China » est un merveilleux tableau, presque « réaliste », de la vie rongée par l'ennui de quelques Européens vivant en marge de la société dans un port chinois. Il y a là un certain Talman, gérant d'une banque, et Ibsen, pilote, tous deux ne faisant bien leur travail que lorsqu'ils ont bu. Il y a aussi Dupérier, importateur d'Amer Picon et consul de France, grand ennemi des Anglais, à qui il essaie de ravir la clientèle du très « select » Cercle anglais en fondant un club à lui, qui au bout de quelque temps ne manque pas de péricliter ; on le soupçonne d'organiser d'étranges orgies. Bruce, médecin de la mission américaine, appartient aussi à ce clan de « maudits » ; mais, trop timide pour faire la morale, il ne s'occupe que de ses malades et fait pauvre figure parmi les « arrivistes ». Et tout ce beau monde patauge dans une vie monotone et ennuyeuse que l'auteur nous décrit avec beaucoup de liberté et d'ingéniosité.

Telles sont en résumé ces cinq nouvelles dont on ne saurait apprécier assez la beauté si l'on ne faisait allusion au style désinvolte, mais parfaitement adapté à la matière, de ce romantique, qui n'est pas seulement un des plus riches poètes, mais aussi un des plus grands écrivains de sa génération. — Trad. 1976.

ÉCUMES DE LA MER. Recueil de poèmes du poète français Pierre Reverdy (1889-1960), publié en 1925 avec un portrait de l'auteur par Picasso. *Écumes de la mer* est un recueil anthologique qui reprend des poèmes empruntés pour la plupart à *La Guitare endormie* (*) et aux *Ardoises du toit* (*). « Ce n'est que la moitié du ciel et l'autre monde / Qui s'en va » (Le Vide). « Tout s'évapore et sèche / Et même l'illusion qui rendait / l'aube moins amère » (Et dans le vide son objet). « Un trou dans la lumière et la porte l'encadre. » La voix, lorsqu'elle a cessé de ritualiser le corps, devient râle, affleurement, absence qu'elle s'épuise à maintenir. Elle veut qu'au cri se substitue un mot qui l'efface, à celui-ci un autre mot qui le fuit, et à ce dernier le mouvement même de la fuite. S'inversant, la voix découvre alors le temps de la chute — sa durée dont elle ne peut mesurer la cime — et sa vague immense, inlassable, dont elle veut exprimer la plénitude cyclique. Toutes formes se substituent. Le verre invente l'espace. La transparence invente le poème. L'écume éternise la vague qu'elle crible sur tout un front d'absence, et sa blancheur contient toutes les cimes et toutes les chutes. La forme vague, fluide et immense de l'univers se déchire en lignes dures et précises, se disperse, s'échevelle, déborde démesurément : dans un mouvement de ruine et de renouvellement, le monde liquide, fuyant, dévide le silence et l'air, l'eau et le verre, son propre mouvement de rotation entraînant le poème, la fuite du temps, où l'homme et l'univers poursuivent une course parallèle. Le poème, dès lors, roule à l'infini entre la dureté du verre et la dispersion de la vague, à transparence égale entre l'eau et le ciel. La gravitation des êtres, des lieux, des objets renouvelle l'enchevêtrement de lignes, de courts-circuits, d'arêtes, d'orbites, où se cristallisent les images et l'écheveau universel dont l'homme tente d'abolir la fuite incessante. Ces lignes aux doigts d'écume, qui figurent la transparence de l'homme, ces lignes de terre, ces lignes qui sont aussi des rides, des bords, des plis de vague, tous les plissements de la nature physique se rejoignent en un moment d'effusion et donnent enfin leur apparence au poème, au vent et au verre, à toutes les choses précises qui traversent le livre et le blanc.

EDDA. Ce titre s'applique à deux ouvrages différents, tous deux rédigés en Islande au Moyen Âge. Après de nombreuses controverses sur son sens possible, les spécialistes se sont mis d'accord pour voir dans le substantif *edda* un équivalent de notre « poétique ». Le premier de ces ouvrages, dit *Edda poétique* ou *Edda ancienne* (naguère : Edda de Saemundr, en vertu d'une erreur tenace qui voulait que l'auteur en eût été l'historien islandais Saemundr Sigfusson le savant, 1056-1133) a été composé par des auteurs anonymes, au XIIe siècle sans doute, bien que le manuscrit, islandais que nous en possédions (Codex Regius) date de la fin du XIIIe siècle. Il rassemble une trentaine de poèmes différents qui constituent, en quelque sorte, le trésor spirituel des anciens Scandinaves et, pour une bonne part, des anciens Germains. Les poèmes qu'il contient sont mythologiques et, à ce titre, nous parlent des grands dieux et mythes du Nord ancien (ainsi les *Grímnismàl* ou le *För Skirnis*), ou bien éthiques comme les *Hàvamàl* qui résument toute la vision du monde que se faisaient les Vikings, ou encore proprement gnomiques

(Vafprúđnismàl, Alvìssmàl), et enfin héroïques : ils mettent alors en scène Sigurđr (Siegfried dans la tradition allemande), meurtrier du dragon Fàfnir, le parangon du héros germanique, et ses homologues, Helgi ou Völundr le forgeron merveilleux équivalent d'Icare ou de Dédale. Se situe à part un chef-d'œuvre inégalable, la *Völuspà* ou Prédiction de la prophétesse, qui retrace en splendides visions dantesques l'histoire du monde, des dieux et des hommes, depuis l'âge d'or originel jusqu'à la Consommation du destin des Puissances ou Ragnarök et la régénération universelle qui s'ensuit. Le mètre, d'une belle facture, est issu du « long vers » germanique ancien, dans diverses variantes, « fornyrđislag » (mètre des chants anciens), « ljóđahàttr » (mode des lais), « màlahàttr » (mode des dits) et « galdralag » (pour les chants magiques comme le Gròttasöngr) : il est donc apparenté aux mètres scaldiques, sans en avoir l'extrême complexité. On ne sait au juste de quand datent ces textes, certains pouvant remonter assez loin dans le temps, à l'échelle de cette culture (VIIe ou VIIIe siècle), d'autres paraissant avoir été rédigés plus récemment. De même, nous ne pouvons que conjecturer sur le foyer d'origine de ces poèmes. Beaucoup sont pangermaniques, voire indo-européens en essence (ainsi de la *Völundarkviđ*), certains portent une forte empreinte celtique (Rigspula), mais la plupart semblent bien scandinaves, sans que l'on puisse décider s'ils viennent, en dernière analyse, du Danemark (les trois poèmes différents intitulés *Helgakviđa*), de Norvège (*Hàvamàl*), la *Völuspá* semblant purement islandaise. En tout état de cause, ils expriment bien le génie du Nord en vertu de la vision du monde qu'ils supportent et qui revient à une longue et sombre méditation sur le Destin tout-puissant, véritable dieu suprême de cet univers, aux arrêts duquel nul n'échappe, fût-il dieu ou héros.

Nous pouvons suivre de la sorte les hauts faits des dieux Óđinn (*Grìmnismađl* qui rapporte l'initiation douloureuse qu'a dû subir le dieu aux corbeaux pour obtenir la science des choses sacrées), Þòrr (*Hymiskviđa* ou *Þrymskviđa* qui nous relatent deux des aventures célèbres de l'Ase au marteau-foudre), Freyr (*För Skìrnis* qui est une superbe variation sur les amours du dieu-soleil-printanier et de la géante-terre-germinante), Loki le fauteur de désordre (*Lokasenna* où le dieu couvre de sarcasmes tous les membres de ce panthéon), Heimdallr (*Rigspula* dont le thème fascina Dumézil : on nous y explique comment furent fondées les « classes » des esclaves, des hommes libres et des rois et jarls) et la déesse Freyja (*Hyndluljòđ*). Pareillement, on nous raconte la vie, les amours malheureuses et la fin de Sigurđr (*Sigurđarkviđa*) et des femmes qu'il a aimées : Brynhildr, la vierge-au-bouclier (*Helreiđ Brynhildar*) et Guđrùn (les chants tragiques intitulés *Gudrùnarkviđa* I, II et III). Celle-ci occupe une place centrale dans ce cycle héroïque puisque son union avec Atli-Attila est l'objet de l'*Atlakviđa* et de l'*Atlamàl* qui le dédouble. Ajoutons que certaines sagas contiennent d'autres poèmes qui évoquent très fort, par la forme comme par le fond, les poèmes eddiques : ainsi du *Darrađarljòđ* qui figure dans la *Saga de Njàll le Brûlé,* ou des grands textes poétiques (*Hlöđskviđa,* notamment) que contient la *Saga de Hervör et du roi Heiđrekr.*

Trois traits remarquables rassemblent ces poèmes. En premier lieu, leur facture qui est d'une savante élaboration et témoigne d'un culte de la forme, d'une recherche de l'image et d'un sens du rythme notamment dont la réussite interdit définitivement de prendre la culture qui les a enfantés pour « barbare ». Deuxièmement, ce sont des textes dynamiques, qui ignorent la méditation ou la contemplation, et encore plus le registre lyrique ; mais ils ont souvent une structure de type dramatique et s'expriment fréquemment sous forme de dialogues. Enfin, l'observateur est frappé de l'imprégnation magique qui les caractérise. Contrairement à tant d'idées aussi fixes que fausses, la mythologie ainsi illustrée ne privilégie pas du tout la force, ni même, en un sens, l'intelligence, mais bien la fertilité-fécondité, où règne sans partage la magie.

Bien différent est l'ouvrage intitulé *Edda en prose,* ou encore *Edda de Snorri,* bien que celui-ci ne se conçoive pas sans le précédent. Snorri Sturluson (1178-1241) fut un grand chef islandais, scalde et « historien » (au sens que pouvait avoir ce mot à l'époque), auteur des sagas historiques rassemblées sous le titre de *Heimskringla,* d'une grande saga de la catégorie dite des Islandais, la *Saga du scalde Egill fils de Grìmr le chauve,* et de cette *Edda.* Scalde, il savait que la poésie qu'il aimait ne pouvait se composer sans les figures de style dites *heiti* et *kenningar,* lesquelles, à leur tour, exigeaient des références aux dieux et aux mythes païens — v. *Poésie scaldique* (*). Or, au début du XIIIe siècle en Islande, il y a plus de deux siècles que l'île s'est convertie au christianisme et le sens des figures païennes se perd. C'est donc certainement pour inciter les jeunes scaldes à ne pas perdre l'usage de leur art que Snorri entreprend de composer, vers 1220 sans doute, son *Edda* : il entend en faire un manuel de poésie selon les règles des arts poétiques qui se pratiquaient un peu partout ailleurs en Occident. En se fondant sur les poèmes de l'*Edda poétique,* qu'il cite souvent par fragments, il rédige donc un ouvrage en trois parties : la première, intitulée *Gylfaginning* (Fascination de Gylfi, qui nous est donné pour un roi suédois en quête de savoir mythologique) retrace, par le jeu de questions et réponses adressées à une trinité divine où figure Óđinn, la plupart des grands mythes qu'a vraisemblablement connus le Nord : c'est, pour nous aujourd'hui, une prodigieuse mine de renseignements de tous ordres sur ce sujet ; sans ce texte, nous en serions réduits à balbutier sur le compte de cette mythologie. Le style a toutes les qualités de celui des sagas et Snorri y ajoute un humour tout à fait caractéristique qui tend également à démontrer qu'il n'est pas dupe de ce qu'il rapporte. Sont particulièrement célèbres des morceaux comme la relation de la mutilation du dieu Týr pour assurer l'ordre du monde, l'histoire de la construction d'Ásgarđr, résidence des dieux, et de la naissance du merveilleux cheval Sleipnir, monture d'Óđinn, la truculente aventure de þórr chez le géant Útgarđa-Loki et surtout le récit de la mise à mort de Baldr et de ses funérailles, ainsi que l'évocation du Ragnarök.

La seconde partie ou *Skáldskaparmál* (proprement : poétique), toujours sous forme de questions et réponses, met en scène le dieu Bragi, dieu de la poésie, qui explique à Aegir (un dieu également mais qui est donné ici pour un homme) les secrets des *heiti* (synonymes) et des *kenningar* (métaphores) indispensables à la création de la poésie scaldique. Cette élucidation se fait par le biais de la relation de mythes encore, qui peuvent intéresser Sigurđr meurtrier du dragon Fáfnir aussi bien que telle antique légende comme celle de Hrólfr kraki. Nous apprenons ainsi pourquoi, pour donner un exemple, un scalde doit appeler l'or « la farine de Fróđi » : ce dernier est un roi merveilleux qui possédait un moulin moulant de l'or, actionné par deux géantes-serves — thème que le *Gróttasöngr* de l'*Edda poétique* exposait également.

Une dernière partie ou *Háttatal* (Dénombrement des mètres) énumère, avec chaque fois un exemple à l'appui, la bonne centaine de mètres différents dont pouvait se servir un scalde. Ce poème d'une éblouissante virtuosité célèbre, chemin faisant, le jarl Skúli de Norvège, ami de Snorri, et son gendre le roi Hákon Hákonarson.

Il convient aussi de noter qu'au passage, dans chacune des parties de cet ouvrage, Snorri ne répugne pas à citer des extraits, non seulement de l'*Edda poétique,* mais aussi de scaldes célèbres, islandais ou norvégiens, ce qui fait également de son livre une petite anthologie. — Trad. de l'*Edda poétique* et textes apparentés, Fayard, 1992 ; de l'*Edda de Snorri* (partielle), Gallimard, 1991. R. Bo.

EDGAR. Roman de l'écrivain français Henri Duvernois (1875-1937), publié à Paris en 1919. Gabriel Chévetain, typique produit de la société parisienne, vit à la limite de la morale et des conventions bourgeoises, représentées par sa famille d'origine modeste, et par l'existence insouciante des artistes vers laquelle il se sent attiré. Puéril et compliqué, sincère et artificiel, malingre et maladroit, il marche dans la vie avec l'arrogance facile des vingt ans. Ses gestes saccadés de marionnette cachent toutefois cette sensibilité profonde et maladive qui est particulière aux êtres fantasques et timides. Comiquement suffisant devant Mme Delacruze, une demi-mondaine qui se pique de littérature et qui voudrait en faire son conseiller, il est embarrassé et irrésolu devant Thérèse, sa jeune cousine, petit animal encore sauvage, fine et intelligente, sensible comme lui. Il ne sait pas la retenir. La femme du destin lui apparaît sous l'aspect banal d'une petite modiste pleine de courage et de sens pratique : Marie Pélatz. Pendant six mois, à la chaleur de cette saine jeunesse, toutes ses complications cérébrales s'évaporent et puisque Marie, pour le mettre à l'épreuve, lui a fait croire qu'elle est enceinte, il s'agite fébrilement et demande à la littérature de lui procurer quelque argent pour subvenir aux besoins de sa future famille. Il déploie une émouvante activité, mais sans résultat. L'enfant attendu ne viendra jamais et Marie elle-même, toujours pratique, attirée par un avantageux arrangement, quitte Gabriel, la chambre où ils ont partagé leur misère et leurs caresses, et l'abandonne à sa douleur qu'il noiera dans des extravagances de plus en plus nombreuses, Edgar n'est qu'un pantin que Marie lui a présenté un jour comme l'enfant de leurs amours. Symbole pathétique et comique de cet absurde héros, c'est tout ce qui restera à Gabriel. L'art de Duvernois se meut avec une grâce incomparablement sûre au milieu des situations les plus extraordinaires sans perdre jamais sa maîtrise. Certaines pages sont d'une admirable acuité psychologique.

EDGAR HUNTLY ou les Mémoires d'un somnambule [*Edgar Huntly or Memoirs of a Sleepwalker*]. Roman de l'écrivain américain Charles Brockden Brown (1771-1810), publié à Philadelphie en 1799. Il adapte à la réalité américaine les recettes de la terreur du roman gothique anglais. Au château hanté, il substitue le désert de pierre du Norwalk, « selva obscura » du Nouveau Monde. Aux scélérats et aux moines de l'Inquisition, les Indiens. À la jeune vierge qui s'enfuit pour échapper à ses poursuivants, un narrateur inexpérimenté qui croit tout comprendre mais se trompe pour mieux abuser le lecteur.

Edgar Huntly, qui enquête sur l'assassinat d'un ami, poursuit à travers la forêt un personnage étrange, Clithero, dont il comprend bientôt qu'il est somnambule et donc probablement tourmenté par d'obscures culpabilités. Pressé de questions par Edgar, Clithero fait le récit de ses mésaventures. Enclave irlandaise dans ce récit américain, la triste histoire de Clithero est entachée de meurtres et d'inceste, et l'homme a dû gagner l'Amérique pour échapper à la justice. Le texte fait rupture quand Edgar se réveille dans une caverne du désert où il avait poursuivi Clithero. Il comprend que lui aussi est somnambule et au terme d'une aventure haletante, parcours initiatique dans les méandres d'une nature hostile, Edgar ne retrouvera la « civilisation » que pour découvrir qu'il n'est pas moins coupable que son « double ».

Plus encore que dans ses autres romans, Brown réalise ici l'ambition qui était la sienne de faire œuvre spécifiquement américaine et d'utiliser la nature humaine comme principal ressort de la terreur. – Trad. J.-M. Place, 1980.

M. A.

EDISON. Long poème de l'un des plus grands poètes tchèques modernes, Vítězslav Nezval (1900-1958), écrit en 1927, publié en 1928. Il constitue (avec le poème « L'Acrobate », 1927) la partie centrale d'un recueil publié par le poète en 1930 sous le titre *Poèmes à la nuit* [*Básně noci*] où l'on trouve encore les longs poèmes « Le Magicien merveilleux » de 1921, « L'Inconnu de la Seine » de 1929 et « Poème funèbre pour Otokar Březina » de 1929. Ces poèmes marquent la première période ascendante de la poésie « prolétarienne » et « poétiste » de Nezval. Sa période suivante est, dans les années 30, « surréaliste » et culmine avec le recueil *Prague aux doigts de pluie* (*) et la pièce *Manon Lescaut* (*). Écrit pour le quatre-vingtième anniversaire du célèbre physicien américain et composé en vers réguliers (trochées de six pieds), ce poème est un hymne incantatoire à la gloire du génie humain, de l'inventeur-enchanteur qui fait avancer l'humanité par son inlassable recherche, son courage ; Edison pousse plus loin sa recherche, repoussant les ténèbres et la peur afin d'échapper au vide de la vie. Ce poème qui reflète l'engouement pour les conquêtes de la civilisation moderne d'après-guerre a un certain support philosophique, une religion dont l'absolu est purement humain, et un ressort, l'esprit scientifique créateur qui inspire « le courage et la joie » et repousse « la tristesse et la terreur de la vie et la mort ». La fascinante et éblouissante profusion d'images et la virtuosité de Nezval ne seraient pas possibles sans le « poétisme » libérateur (en Tchécoslovaquie, ce mouvement fut une réaction spontanée contre l'austère poésie « prolétarienne », et fut à partir de 1925 une sorte de prologue au « surréalisme »). Après la mort d'Edison, Nezval composa une sorte d'épilogue à son grand poème, *L'Indicatif du temps* [*Signal času*, 1931] qu'il inséra dans les éditions ultérieures des *Poèmes à la nuit* ; il y poursuit sa méditation sur la mort, sur le vide que l'homme veut nier, et y laisse libre cours à son panthéisme et matérialisme athée. – Trad. de fragments in *Prague aux doigts de pluie*, Éditeurs français réunis, 1960.

ÉDIT DE CARACALLA. C'est la fameuse constitution (dont nous ne possédons qu'un fragment), proclamée en 212 par l'empereur romain Caracalla (188-217). Cet *Édit* étendait la qualité de citoyen romain à tous les sujets de l'Empire. Toutefois, suivant l'opinion la plus autorisée, ne bénéficièrent pas de cette mesure les « dediticì », c'est-à-dire les affranchis « dediticì ex lege Aelia Sentia », et les Barbares « dediticì » (qui s'étaient rendus sans conditions). Avant cette constitution, il existait entre l'état de citoyen romain et celui d'étranger l'état intermédiaire de « latinité », créé par la loi « Julia Urbana » et étendu à la plus grande partie des provinces impériales par des mesures qui se sont succédé depuis le début de l'Empire jusqu'à Vespasien. La différence des droits du citoyen romain et du Latin « julien » était toutefois une source de mécontentement dans les provinces. Pour supprimer cette source de mécontentement, et aussi pour augmenter le revenu des impôts, Caracalla étendit le droit de cité à tous les sujets de l'Empire. Mais cette mesure rencontra une certaine opposition dans les provinces répugnant à se défaire de leur droit local en faveur du droit romain. L'édit eut des effets historiques et politiques d'une importance exceptionnelle dont les contemporains ne se rendirent pas compte. Il marque une date fondamentale dans l'histoire de l'Occident, parce qu'il contribua, de façon décisive, à préparer cette uniformité juridique qui devait favoriser le triomphe du christianisme et la création de cette « comitas gentium », fondement de l'actuelle civilisation européenne.

ÉDIT DE THÉODORIC. Compilation des lois romaines destinée à la fois aux Goths, autres Barbares et aux Romains. La date de la publication, que la critique la plus récente (Patetta, Besta) place en 524, est discutée. Les cent cinquante-quatre articles de l'édit traitent de questions diverses, sans ordre systématique et sans prétendre épuiser toute la législation existante. Le préambule renvoie en effet au reste du Droit romain, pour les cas non envisagés (en fait, les Barbares eurent alors tendance à conserver leurs coutumes). Les points principaux prévus par l'*Édit* sont : interdiction de se remarier dans l'année pour les veuves, incapacité de la femme pour répondre des dettes d'autrui, interdiction pour les parents de mettre leurs enfants en gage, validité de la donation faite par écrit et contresignée par des témoins selon la simple tradition, interdiction de céder les droits litigieux à ceux qui ont la « potestas », peine de mort contre le juge qui condamne un innocent, contre le ravisseur d'une vierge et contre l'adultère, etc. La matière testamentaire est ensuite amplement traitée. Les sources de l'*Édit* sont romaines : Paulus Julius – v. *Sentences* (*) –, les *Codes grégorien* (*), *hermogénien* (*) et *théodosien* (*). Il eut une grande importance, car sa vaste diffusion permit de faire connaître le Droit romain aux Barbares ; il contribua à civiliser et adoucir les mœurs, bien que le but de Théodoric, à savoir l'unification culturelle des Barbares et des Romains, n'ait pas été atteint.

ÉDIT DU ROI POUR LA SUPPRESSION DES CORVÉES et pour la confection des grandes routes à prix d'argent. Cet édit, écrit sur ordre de Louis XVI, par l'économiste et homme politique français Robert Jacques Turgot (1727-1781), alors contrôleur général des Finances, fut publié en 1776. Il eut l'appui du roi, mais fut repoussé par le Parlement avec cinq autres décrets qui visaient à abolir les contrôles sur les marchés, les prévôtés, le droit de propriété. Il suggérait qu'aux « corvées » fût substitué un impôt territorial suivant le principe que tous les hommes sont égaux devant l'impôt ; les travailleurs se verraient assurés de la pleine jouissance des droits acquis par leur travail, conformément au principe que le droit au travail est la plus sacrée et la plus imprescriptible des propriétés. À travers ces réformes de caractère économique, Turgot tendait audacieusement à la suppression des privilèges et, en sa qualité de contrôleur général (ministre des Finances), il n'hésita pas à adresser une lettre au roi. Dans cette lettre, il se déclarait partisan des réformes, le seul moyen pour mettre fin à toutes les discordes et à toutes les menaces d'émeute, et pour parvenir à un changement pacifique des anciennes institutions. Cet essai, où se révèlent la fermeté et les capacités de Turgot, est empreint d'une chaude humanité qui le distingue de l'universalisme abstrait et théorique de la science économique des physiocrates.

ÉDIT PERPÉTUEL. Dans l'Empire romain, édit énoncé par le magistrat, en vertu de son « jus edicendi », au début de son entrée en charge pour faire savoir au peuple « quae observaturum erat in jure dicundo ». Cet édit restait en vigueur pendant toute la durée de la magistrature, d'où son titre, par opposition à l'« edictum repentinum » valable pour un seul cas concret. Mais l'*Édit perpétuel* était, en réalité, une « lex romana » qui perdait force de loi, quand le magistrat dont elle émanait sortait de charge. Le nouveau magistrat, toutefois, avait coutume de reprendre dans son édit, ce qui, dans l'ancien, répondait à ses propres vues et avait donné de bons résultats à l'usage. Le reste était modifié par le magistrat, selon ses propres opinions ou selon des critères tirés de l'expérience et de ce que nous appelons aujourd'hui « la doctrine ». Papinien affirme en effet que le travail du préteur est de « supplere, adjuvare vel corrigere » le simple droit civil, et cela, principalement par introduction, dans l'édit, de règles émanant des lois et décrets du Sénat, de la coutume et de « remedia a jureconsultis excogitata ». Au cours de plusieurs siècles d'évolution et de perfectionnement, l'édit prétorien atteignit un niveau très élevé, au point de constituer un vrai monument de sagesse et d'expérience juridiques. Aussi l'empereur Adrien fut-il d'avis que l'élaboration doctrinale et pratique des dispositions contenues dans l'édit avait atteint un degré de perfection et de maturité tel qu'il était possible de les codifier. En 130 ap. J.-C., il chargea le jurisconsulte Salvius Julianus de rédiger une compilation définitive de l'édit, à laquelle les futurs magistrats ne pourraient rien ajouter ni retrancher. Salvius Julianus compila l'édit du préteur urbain, mais aussi l'édit pour « étrangers » et même l'édit provincial ; Caracalla ayant étendu en 212 le droit de cité à tous les sujets de l'Empire, l'édit du préteur urbain subsista seul à titre d'édit perpétuel.

Cet *Édit* n'ayant pas été conservé, les romanistes se sont appliqués, à partir du XVIe siècle, à le reconstituer en se fondant sur le contenu et sur les inscriptions tirées du *Digeste* ; c'est Ottone Lenel qui établit, en 1883, la plus parfaite reconstitution. On peut aujourd'hui consulter ce travail dans les *Fontes juris romani antejustinianei* publiées par Riccobono, Baviera et Ferrini (Florence, 1909). Lenel suivit le plan probable de Salvius Julianus et divisa l'ensemble en quatre parties et un appendice ; la division suit la marche du procès et la succession chronologique des mesures juridiques. La première partie sert d'introduction et comprend le règlement du procès « in jure » jusqu'à la constitution du « judicium ». La deuxième partie : « de judiciis », comprend les méthodes juridiques ordinaires ; la troisième, les poursuites sommaires et spéciales (jugements de rachat) ; la quatrième, le processus d'exécution personnel et réel et le recours pour l'annulation des sentences. L'appendice se compose de trois parties : la première traite des interdits, la seconde des exceptions, la dernière des stipulations prétoriennes. L'*Édit perpétuel* constitue, dans son ensemble, un système inorganique et incomplet, nécessairement fragmentaire ; il n'est qu'un supplément qui devait intégrer le droit civil. La partie relative au procès est la plus développée. L'œuvre présente l'un des aspects les plus grandioses de l'Antiquité romaine et constitue une expérience unique dans l'histoire du monde : la formation d'un droit « équitable » par un magistrat d'esprit supérieur, qui a su, à partir de décisions quotidiennes et de cas particuliers, élaborer un droit objectif répondant constamment aux plus vives exigences populaires.

ÉDOUARD. C'est l'un des deux romans de la duchesse de Duras (1778-1828) qui fut la grande amie de Mme de Staël et de Chateaubriand. *Édouard,* qui parut en 1824, n'est guère qu'une longue nouvelle qui se présente comme le manuscrit laissé à un de ses compagnons par un jeune homme qui meurt dans les rangs français au cours de la guerre d'Indépendance américaine. Édouard est le fils d'un célèbre avocat : il appartient à la grande bourgeoisie de robe. Son père l'introduit chez un de ses clients qui le tient en haute estime, le maréchal d'Olonne. À la mort du père, le maréchal d'Olonne recueille même Édouard, un jeune homme fort distingué, et le fait vivre dans son hôtel. Le maréchal a une fille, la duchesse de Nevers, qui a été mariée à douze ans, est devenue veuve tout de suite et a vingt ans maintenant. Entre les deux jeunes gens s'établit une intimité qui, pour Édouard, signifie bien davantage... Intimité qui est encore renforcée, lorsque le maréchal tombe en disgrâce et va vivre, avec sa fille et Édouard, dans son château de Faverange. Édouard y reçoit l'aveu le plus doux : Mme de Nevers l'aime aussi. Mais hélas, le rang est entre eux un obstacle insurmontable. La passion mutuelle des deux jeunes gens grandit ; Mme de Nevers parle même d'épouser Édouard, ou de fuir avec lui. Mais, au retour à Paris, des bruits malveillants commencent à circuler sur leurs rapports ; ils parviennent à Édouard et au maréchal. Édouard devra s'exiler : il se fait tuer à la guerre après qu'une coupure de journal lui a appris que, à Paris, Mme de Nevers vient de mourir d'une maladie de langueur. Sur ce thème très simple et même banal, Mme de Duras a construit un petit roman psychologique très fin et très gracieux qui peut prendre place entre *Adolphe* (*) et *Dominique* (*) dans la tradition du roman psychologique français. La seule autre œuvre publiée de Mme de Duras est également une longue nouvelle, *Ourika* (1823). Ces deux petits chefs-d'œuvre sont injustement oubliés.

ÉDOUARD II [*Edward II*]. Pièce du poète dramatique anglais Christopher Marlowe (1564-1593), représentée en 1592 (?) et peut-être publiée en 1593 – aucun exemplaire ne subsiste. Trop sentimental (donc trop faible), Édouard II se laisse dominer par ses favoris, successivement le Français Gaveston (que les nobles assassineront), le très jeune Mortimer et le très très jeune Spencer. Mortimer devient l'amant de la reine (qui, lassée des humiliations, a quitté son mari) et la convainc de faire emprisonner puis tuer celui-ci. Édouard III vengera son père. La pièce se termine sur un jeu de scène comme en raffolaient les contemporains : un seigneur apporte la tête de Mortimer au nouveau roi. *Édouard II,* la seule œuvre que Marlowe ait située en Angleterre, est sans doute la plus simple de toutes ses pièces : moins de tirades, plus de dialogues, elle y gagne en humanité et se rapproche plus de la réalité quotidienne que les histoires à surhommes dont Marlowe semblait friand. Il n'est plus question, dans *Édouard II,* d'un seul caractère, comme dans les deux *Tamerlan* (*), dans *La Tragique Histoire du docteur Faust* (+) ou dans *Le Juif de Malte* [*The Jew of Malta,* 1589]. Édouard II représente le faible, le poète qui préfère rêver sa vie au lieu de la vivre ; Mortimer, c'est l'ambitieux, l'« homme sans scrupule mais non sans envergure » (Marlowe ne pouvait pas tout à fait se renier). Telle quelle, la pièce annonce déjà les drames politiques de Shakespeare. – Trad. Aubier (bilingue), 1964. J. F.

ÉDUCATION (De l') de Milton [*Tractate of Education*]. Traité didactique du poète anglais John Milton (1608-1674), sous la forme d'un projet adressé à sir Harlib, disciple du célèbre pédagogue protestant Comenius. Il a été publié, sans nom d'auteur, en 1644. Fruit d'une longue méditation et d'une grande expérience de l'enseignement, il trace un programme et expose un idéal de haute culture humaniste en vue de la formation d'une classe dirigeante qui pourrait représenter la nouvelle société puritaine et républicaine anglaise. Les études devraient commencer par la grammaire latine avec la prononciation selon le mode usité en Italie : « Le latin estropié par une bouche anglaise procure la même pénible impression que le français du jargon judiciaire. » Puis viendraient l'étude du grec, de l'italien, des notions de médecine et de sciences naturelles, enfin les sciences politiques. L'hébreu lui paraît aussi nécessaire pour qu'on puisse lire l'Écriture sainte dans l'original, afin d'acquérir une solide formation religieuse. Après cette première période d'études, on passerait à la logique, à la poétique – « art sublime répandu dans les œuvres d'Aristote et d'Horace et dans celles de critiques italiens tels que Castelvetro, le Tasse, Mazzoni ». Puis viendraient des exercices de composition, de rhétorique, et des leçons d'art militaire (escrime, lutte, etc.). Pendant les pauses, de la musique serait jouée pour détendre le corps et l'esprit, pour reposer de l'effort fourni par la mémoire. Selon l'usage des Romains, on tiendrait de fréquentes réunions, en plein air ou à l'intérieur suivant la saison, consacrées à une solide étude du métier des armes ; au printemps, on ferait de longues randonnées à cheval afin d'observer les ressources naturelles du pays ; parfois même, une sortie en mer dans l'espoir de rejoindre quelque escadre, ce qui fournirait des connaissances dans l'art de la navigation et du combat. De cette façon, les jeunes gens seraient aptes à servir leur patrie dès leur sortie de l'école : « Il ne sera plus nécessaire que ces “messieurs” de Paris prennent notre jeunesse sous leurs ordres pour l'éduquer selon des méthodes de frivolité et de prodigalité ; ils ne nous la renverront plus changée en perroquets, singes et têtes fêlées. » Ce plan destiné à des jeunes gens de douze à vingt et un ans devait être complété par un voyage à l'étranger. Malgré sa concision, cette œuvre révèle la puissance, la noblesse de la morale civique et chrétienne de Milton. – Trad. *Bibliothèque étrangère d'histoire et de littérature,* 1823.

ÉDUCATION DE HENRY ADAMS (L') [*The Education of Henry Adams*]. Œuvre autobiographique de l'écrivain américain

Henry Adams (1838-1918), publiée en 1907. L'auteur y raconte surtout comment il est parvenu à édifier ses théories historiques – v. *Le Mont-Saint-Michel et Chartres* (*) ; il retrace longuement son histoire intellectuelle et spirituelle. Ses observations sur l'époque où il vécut sont de premier ordre et ont une importance documentaire exceptionnelle ; les personnages y sont dessinés de main de maître ; Adams, pour la plupart, les connaissait personnellement. L'intention de l'auteur, en exposant les épisodes de sa propre vie, n'était pas tellement de nous faire le tableau historique de la société de son temps ; il voulait plutôt nous montrer les nombreuses influences qui avaient contribué à la formation de son caractère. Descendant d'une famille de la Nouvelle-Angleterre, Adams vécut cette période particulièrement dramatique de l'histoire américaine qui suit immédiatement la guerre de Sécession (1861-1865). C'est le moment où les États-Unis parviennent à faire leur unité et à prendre une place de plus en plus importante dans l'histoire mondiale. Il est à noter toutefois qu'une certaine légèreté de jugement n'est pas sans diminuer la valeur de ses observations. Cependant l'œuvre conserve une grande valeur personnelle, et sa place dans l'histoire des idées aux États-Unis n'est plus contestée par personne. C'est un grand livre d'épistémologie vécue que *L'Éducation de Henry Adams*. C'est pourquoi, avec l'œuvre de Henry James, elle prend place au seuil de la « modernité ». – Trad. Boivin, 1931, sous le titre *Mon éducation.*

ÉDUCATION DE L'ENFANT À LA LUMIÈRE DE LA SCIENCE SPIRITUELLE (L') [*Die Erziehung des Kindes vom Standpunkt der Geisteswissenschaft*]. Œuvre du philosophe et pédagogue autrichien Rudolf Steiner (1861-1925), fondateur de l'anthroposophie. On y trouve déjà certaines des idées, qui devaient être à l'origine du mouvement créé par Steiner en matière de pédagogie, et à la base duquel se trouve la doctrine des sept aspects de la nature humaine. Celle-ci comporte un corps physique, corps éthéré ou vital, un corps astral ou psychique, le Je ou l'Esprit, et des éléments supérieurs qui sont déjà le fruit d'un travail du Je sur les éléments naturels. De même qu'avant la naissance, le corps physique en voie de formation, étant protégé et isolé par le placenta maternel, ne reçoit pas directement les impressions, de même, jusqu'à l'âge de sept ans environ (seconde dentition), puis jusqu'à l'âge de quatorze ans (puberté), le corps éthéré, puis le corps astral sont protégés. C'est pourquoi il y a lieu de ne pas les stimuler directement. Pendant les sept premières années de la vie, les facteurs éducatifs agissent principalement sur le corps physique. Les discours de morale et les enseignements rationnels sont encore inutiles : seule l'expérience du réel a quelque valeur pour l'enfant. C'est au moment de la deuxième dentition que le corps éthéré se dégage complètement et, avec lui, les tendances stables, la conscience, le caractère, la mémoire. L'éducateur représente alors pour l'enfant l'autorité à laquelle doivent se soumettre ses inclinations et ses tendances. Il est donc nécessaire qu'il soit surtout « une véritable autorité morale et son propre éducateur ». L'enseignement doit être dispensé de manière à présenter à l'esprit des images nettes, aptes à agir moralement sur les sentiments. Par leur intermédiaire, et grâce aussi à la mémoire qu'il est très important de cultiver, la pensée est alimentée. C'est seulement par la libération du corps astral – libération qui s'exprime physiquement par la puberté – que la pensée, cette faculté de vie intérieure qui se manifeste sous forme de concepts abstraits, prend véritablement forme. Il faut alors rechercher les rapports conceptuels qui peuvent exister entre les premières choses apprises, les conjonctions historiques et les grands courants d'idées. L'éducateur n'est plus l'autorité naturelle que le disciple cherche à imiter, mais celui qui lui apprend à se servir librement de son jugement et de ses dons d'observation. – Trad. Triades, 1982.

ÉDUCATION DE L'HOMME (L') [*Die Menschenerziehung*]. Essai du pédagogue allemand Friedrich Fröbel (1782-1852), publié en 1826. L'auteur y expose les principes fondamentaux de sa conception pédagogique, fruit non seulement de ses méditations, mais aussi de son expérience d'éducateur. L'éducation, qui comprend instruction et enseignement, a pour but de « conduire l'homme à la pleine clarté de lui-même », et donc « à connaître sa véritable vocation et à la remplir spontanément et librement ». Cette conception éclaire l'œuvre entière, qui accompagne le petit enfant du tout premier âge à l'enfance, et qui a pour but le développement de toutes les facultés humaines et le perfectionnement moral, étant donné que tout être est conditionné par Dieu. L'éducation doit, dès le début, tolérer et protéger, mais jamais ordonner, ou plutôt empêcher la spontanéité pour la remplacer par des modèles artificiels.

L'homme, dans la première période de sa vie, accueille en lui la multiplicité du monde extérieur pour la faire sienne. Fröbel note l'importance de ce moment pour le présent et l'avenir, car les premières impressions restent durables dans l'esprit humain. Ce qui caractérise la première enfance est l'éclaircissement du brouillard qui enveloppe toutes choses, de sorte qu'elles apparaissent progressivement distinctes grâce à la parole. Ainsi il semble à l'enfant lui-même qu'il est « comme un objet tout à fait différent et divers des autres objets » ; par ses sens, l'enfant « rend extérieur l'intérieur et intérieur l'extérieur » ; la connaissance est donc dans le parfait rapport entre la chose et l'esprit. Les premières tentatives de langage, le développement des sens, l'effort pour unir le monde intérieur au monde extérieur sont les caractéristiques de l'enfance, mais sont aussi les premiers degrés sur lesquels s'appuie l'éducation spirituelle. Le langage s'identifie « encore » avec le signe linguistique, c'est-à-dire qu'il n'est pas « encore » séparé de l'objet comme le corps de l'esprit lesquels sont, pour l'enfant, une chose identique. Le jeu occupe une grande partie de la vie enfantine : Fröbel l'appelle « le produit le plus pur et le plus spirituel de l'homme à cet âge ». Il doit être alimenté par la mère et guidé par le père, car, dans son essence intime, il révèle l'activité spirituelle de l'homme de demain. C'est aussi dans l'enfance qu'ont lieu les premières tentatives de dessin, qui sont une extériorisation des choses apprises. De la représentation de la multiplicité, on passe à la définition quantitative, c'est-à-dire à la conception du nombre : cette connaissance élève beaucoup la vie de l'enfant.

Riche de ces connaissances, le bambin entre dans l'enfance, âge qui s'oppose à la toute première enfance qui unissait l'homme à l'objet en ce qu'elle les sépare de nouveau tout en les rapprochant intimement. « Cette période est celle dans laquelle le langage paraît comme quelque chose d'indépendant, d'existant en lui-même et pour lui-même. » L'enfant rend intérieur le monde extérieur, c'est-à-dire qu'il apprend tout comme avant il s'exprimait. L'enfance est l'âge de l'instruction comme la première enfance était celui de l'éducation. L'instruction lui est donnée par l'école où il acquiert la « connaissance générale, de l'intérieur et de l'unité par la présentation de l'extérieur, du singulier, du particulier ». L'enfant devient écolier quand s'affirme en lui la conscience de la vie et de la volonté, qui est l'activité spirituelle de l'homme consciemment dirigé vers un but. L'école intervient donc pour former l'esprit. L'enfant aime le jeu, qui est surtout à cet âge une manifestation de sa propre force ; ainsi il aime le jardinage pour son contact direct avec la nature qui satisfait sa curiosité. De là, Fröbel traite des matières d'enseignement ; ce sont la religion, les sciences naturelles et les mathématiques, qui sont « unies à l'intelligence de l'homme comme l'âme à la religion ». Il s'arrête ensuite sur l'enseignement de la langue qui est « la représentation de l'unité de tout ce qui est multiple » ; sur l'art, expression du monde intérieur de l'homme.

L'œuvre est remarquable à cause de la chaleur de ses sentiments, du souffle de pure religiosité dont elle est animée et pour l'idéal moderne qu'elle défend de la liberté du développement de l'être humain. Fröbel y apparaît, après Rousseau, comme un des plus illustres représentants de la théorie de l'« autonomie éducative ». Une telle démarche conduit, non seulement à la découverte du véritable objet de l'éducation, l'être humain libre, mais reconnaît que cet objet lui-même n'est pas libre, s'il ne se développe pas comme un principe autonome de son monde intérieur, qui n'est pas le monde de l'individu isolé, mais le monde humain, c'est-à-dire le monde de l'histoire et de la culture. – Trad. Hachette, 1861.

ÉDUCATION DU GENRE HUMAIN (L') [*Die Erziehung des Menschengeschlechts*]. Essai philosophique de l'écrivain allemand Gotthold Ephraïm Lessing (1729-1781), paru anonymement en 1780. Divisé en cent aphorismes, ce texte bref et dense est issu d'un commentaire dont Lessing avait accompagné son édition du manuscrit laissé par un orientaliste hambourgeois, Hermann Samuel Reimarus (1694-1768), et que celui-ci avait écrit entre 1735 et 1768, et intitulé *Apologie pour les adorateurs raisonnables de Dieu* [*Apologie oder Schutzschrift für die vernünftigen Verehrer Gottes*]. Lessing avait donné aux extraits de l'ouvrage que Reimarus, par prudence, s'était abstenu de publier de son vivant, le titre *Fragments d'un anonyme* [*Fragmente aus den Papieren eines Ungenannten*, 1777]. Reimarus avait contesté en particulier, dans une critique d'une extrême virulence, que l'Ancien Testament pût être considéré comme faisant partie de la Révélation divine, s'attachant à mettre en relief, non sans délectation antisémite, qu'il n'y figurait aucune vérité témoignant d'une quelconque élévation morale ou métaphysique. Lessing, tout en livrant au public ce texte typique d'un certain déisme, en réfutait dans son commentaire l'idée directrice. Dans la version définitive de l'essai, dégagée des références explicites à Reimarus, Lessing expose sa métaphysique de l'histoire et sa conception du fait religieux. Cette petite œuvre peut donc être tenue pour le couronnement de sa pensée philosophique. Il s'agit pour Lessing de dépasser l'irréligion simpliste et la conception trop linéaire du progrès, si répandues à la fin du XVIIIe siècle. Dans ce but, il opère la réconciliation de la Révélation et de la Raison dans le cadre d'une eschatologie laïcisée. Prenant le contre-pied des attaques de Reimarus, il affirme le caractère effectivement divin de la Révélation mosaïque, tout en soulignant, comme Reimarus, l'arriération intellectuelle des Hébreux. La religion censément fruste des juifs constitue la première des Révélations divines, mais les rabbins ont eu le tort de s'en tenir à ce « livre élémentaire » et de ne chercher à y introduire par leurs ratiocinations qu'une complexité factice et stérile. Car c'est intentionnellement que Dieu, l'« Éducateur du genre humain », a donné à ses deux premières Révélations, le judaïsme et le christianisme, la forme hybride et peu satisfaisante de textes où des croyances fausses se mêlent à des éléments de vérité. Son but était de donner par ce moyen une impulsion décisive à l'esprit de libre examen. Car c'est précisément en prenant conscience de l'erreur que l'homme s'engage sur la voie du progrès intellectuel et moral qui est le sens même de son existence. Le caractère irrationnel et fragmentaire des Révélations incite en effet l'esprit de l'homme à s'élever au-dessus d'elles, à séparer dans leurs contenus le rationnel et l'absurde. Le christianisme apparaît dans cette perspective comme un progrès par rapport au judaïsme, parce qu'il institue une transcendance véritable et intègre une forme de conceptualisation philosophique. Mais il continue de dogmatiser l'hétéronomie de l'homme (livré à la Grâce, menacé de damnation, incité à aspirer au Paradis), et il est donc lui aussi porteur de négativité. L'éducation du genre humain ne s'achèvera que lorsque sera atteint le stade du « Troisième Évangile », celui du pur idéalisme philosophique, l'« accomplissement », dit Lessing, de la « pensée des Lumières ». Ce temps final, où s'achèvera l'histoire, parce que l'homme y pratiquera la vertu pour elle-même, étant intégralement moralisé, sera celui de la véritable liberté, dont la conquête aura justifié les errements antérieurs. — Trad. Aubier-Montaigne, Paris, 1946.

P. V.

ÉDUCATION ERRONÉE [*Salah asuhan*]. Roman de l'écrivain indonésien Abdul Muis (1886-1959), publié en 1928. Tant par son style que par son évocation d'un problème social contemporain, ce roman est l'une des œuvres maîtresses du courant « moderne » qui infléchit la littérature de langue malaise, au début de ce siècle, sous l'influence des genres littéraires européens. Lui-même nationaliste d'éducation hollandaise, l'auteur était préoccupé par les bouleversements provoqués par l'influence coloniale dans les sociétés indonésiennes traditionnelles. Au même titre que les métis, mais avec un statut social différent, toute une classe d'indigènes cultivés ne pouvait plus adhérer aux valeurs de sa société d'origine, sans pour autant être admise dans les rangs de la société européenne. Le roman évoque, avec un souci didactique, les effets destructeurs de l'éducation occidentale et les dangers des mariages mixtes. Le héros, Hanafi, élevé à l'occidentale, abandonne l'épouse indonésienne que lui avait désignée le conseil familial pour épouser une Eurasienne, Corrie (qui est la fille d'un Français et d'une Indonésienne). Mais la différence de leurs milieux sociaux et culturels et les heurts raciaux, aggravés par l'orgueil et le manque de maturité, provoquent rapidement des querelles déchirantes qui épuisent leur amour. À la mort de Corrie, Hanafi retourne dans son village, où l'attend fidèlement sa première femme. Mais il est désormais déraciné ; plus jamais il ne retrouvera paix et équilibre : il se tue. Abdul Muis ne porte pas de jugement moral sur ses personnages, pas plus qu'il ne réprouve le mariage mixte en soi. Mais la situation causée par l'état colonial, qui suscite chez l'individu une aspiration à une responsabilité propre et à une acculturation, tout en lui déniant le statut social correspondant, ne peut aboutir qu'à une fin tragique.

H. Ch.-L.

ÉDUCATION FAMILIALE VERSIFIÉE [*Gia huân ca*]. Recueil de sept cent quatre-vingt-seize vers en nôm, longtemps attribué à l'écrivain vietnamien Nguyên Trai (1380-1442). Très populaire, ce livre a longtemps suscité des débats quant à son auteur, mais sa facture et son vocabulaire autorisent à le situer au XVIIIe siècle et à lui attribuer plusieurs auteurs dont le principal pourrait être Ly Van Phuc (1785-1849). Il y est surtout question de l'éducation de la femme, mais aussi des enseignements qu'il faut donner aux enfants pour leur inspirer une conduite vertueuse, et aux élèves qui doivent rester vigilants et studieux. Malgré son caractère conservateur, voire rétrograde, il mérite d'être cité pour son immense impact, pour l'idée sous-jacente d'une certaine égalité de la femme, qui reçoit le discernement en don du ciel. La qualité de la versification en mode 6-8 et 7-7 pieds y est imparfaite, mais le langage populaire utilisé rend simple, limpide et efficace cette éducation d'inspiration confucéenne, par imprégnation poétique, à l'insu même de ceux qui la reçoivent. — Transcription et publication à Hanoi en 1883, 1894, réédité à Saigon en 1953.

T.-T. L.

ÉDUCATION INTELLECTUELLE, MORALE ET PHYSIQUE (De l') [*Education Intellectual, Moral and Physical*]. Œuvre du philosophe anglais Herbert Spencer (1820-1903), publiée en 1861. C'est à elle que l'auteur doit, pour une bonne part, sa renommée, et l'on en a reconnu l'importance au point de l'adopter comme livre de classe aux États-Unis et en Angleterre. La pédagogie de Spencer se rattache à celle de Locke, de Rousseau et de Pestalozzi, mais en systématisant ce qui chez les écrivains précédents était le fruit d'observations isolées. La psychologie d'où découle l'enseignement de Spencer s'appuie, comme toute la philosophie du penseur anglais, sur la théorie de l'évolution ; il défend donc une méthode éducative qui favorise le développement spontané, et revendique le régime libéral qui, en évitant, comme le plus grand des maux, que le professeur superpose sa personnalité à celle de l'élève, accorde à l'enfant la liberté. Le style uni et la clarté des concepts rendent la lecture de cette œuvre facile et compréhensible, et lui assurent encore une actualité dans les pays anglo-saxons, où l'étude des sciences naturelles tend à ce confondre avec la spéculation philosophique plutôt qu'à y trouver un domaine qui la dépasse. — Trad. Alcan, 1921.

ÉDUCATION MANQUÉE (Une). Les librettistes Leterrier et Vanloo qui, en 1877, avaient collaboré avec le compositeur français Emmanuel Chabrier (1841-1894) pour un opéra bouffe, *L'Étoile* (*) représenté le 28 novembre aux Bouffes-Parisiens, se retrouvèrent avec lui pour un acte destiné à être donné au Cercle de la Presse, au cours d'une soirée privée, le 1er mai 1879 : *Une éducation manquée*. Les auteurs ne se doutaient point que cette fantaisie serait reprise par Serge de Diaghilev, au Théâtre des Champs-Élysées en juin 1924, puis entrerait au répertoire de l'Opéra-Comique en 1938. L'œuvre éphémère a duré, et son succès n'a point cessé depuis.

L'anecdote est mince, mais la qualité de la partition fait passer sur le livret. Le jeune Gontran de Boismassif a tout appris de son maître Pausanias, tout, hormis ce qu'un mari doit savoir. Et le soir de ses noces avec Hélène de la Cerisaie, sa cousine (qu'une tante célibataire, sa seule parente, n'a pu instruire de ce qu'ignore Gontran), le couple demeurerait d'une chasteté totale si un bienheureux orage ne faisait qu'Hélène apeurée vînt se blottir dans les bras de son mari. Gontran comptait en effet sur les conseils que devait lui donner son oncle ; mais l'oncle, retenu au logis par la goutte, a dépêché Pausanias près de Gontran, lui confiant une lettre fort spirituelle dont le dernier mot suppose qu'un jeune homme de dix-huit ans n'a plus rien à apprendre, au moins sur ce chapitre. Et Pausanias lui-même, qui n'a guère levé le nez de ses livres, n'est pas plus savant là-dessus que son disciple. Tout cela fait songer à une estampe galante. Mais les estampes galantes de la Restauration ou des années 50 (la scène se passe au XIXe siècle) sont assez semblables aux meubles Louis XV fabriqués au faubourg Saint-Antoine : les pieds sont lourds et le galbe mal proportionné. La grivoiserie de Leterrier et Vanloo, en s'efforçant de demeurer convenable, s'appesantit. Mais c'est ici qu'intervient miraculeusement Chabrier. Dans ses mains l'ouvrage se transforme, l'esprit reprend ses droits, la musique fait oublier le livret, ou plutôt, elle prend appui sur les paroles avec tant de légèreté qu'on oublie l'insignifiance de l'anecdote, séduit que l'on est par les éblouissantes trouvailles du musicien, par le jaillissement sans cesse renouvelé de la mélodie délicate, qui fait songer au Mozart de *L'Enlèvement au sérail* (*).

Invention mélodique, harmonies subtiles et transparentes, instrumentation exquise, Chabrier a tout cela, et quelque chose de plus ; une originalité qui, malgré l'imprégnation wagnérienne, donne à sa partition un style inimitable. Cela apparaît dans les couplets de Pausanias : « Après vous avoir saturé d'hébreu... » dans les couplets de Gontran, qui imitent si légèrement une pastorale du XVIIIe, dans la lettre du grand-père sur un thème de gavotte archaïque, dans le duo de l'orage enfin qui rehausse la manière de l'opérette, jusqu'où bien peu ont su l'élever. *Une éducation manquée* reste, en définitive, digne de *L'Étoile*, du *Roi malgré lui* (*) — ces deux chefs-d'œuvre — dont les livrets, hélas, qui ne valent guère mieux que celui de *L'Éducation manquée*, ont fait dire à Pierre Lalo : « Si l'on contait la vie d'Emmanuel Chabrier, il faudrait à sa biographie ce sous-titre : Histoire d'un grand musicien fourvoyé par des poètes. »

ÉDUCATION PROGRESSIVE ou Étude du cours de la vie. Ouvrage de la femme de lettres et éducatrice suisse d'expression française Albertine Necker de Saussure (1766-1841), publié à Genève entre 1836 et 1838. L'auteur, partant d'une conception religieuse de la vie humaine, y voit une « éducation incessante » dont le but est la perfection intérieure, but poursuivi par les deux grandes forces de l'esprit : la volonté et l'espérance, qui sanctifient la vie présente en la dirigeant vers la vie future. Se servant de ses observations personnelles, éclairées par une foi profonde, Mme Necker décrit cette « histoire de l'âme » insistant particulièrement sur l'époque qui va de la naissance à l'adolescence. Chaque âge a ses propres caractéristiques. Dans les premiers mois de la vie, l'enfant entre en relations avec le monde physique et moral : non seulement se développe en lui l'aptitude à « recevoir » les impressions sensorielles, mais aussi s'affirme cette disposition « active » qu'est l'instinct ; cependant, celui-ci fait rapidement place aux facultés de l'esprit, tout d'abord la mémoire et l'imagination, puis à l'action de la volonté consciente. Tandis qu'aux yeux du tout-petit se révèle peu à peu un monde d'objets réels dans lesquels il aperçoit déjà confusément les rapports constants de cause à effet, s'éveille en lui le premier sentiment moral, suscité par le visage de sa mère : « la sympathie », source de communications intuitives entre l'enfant et les personnes qui s'occupent de lui, et, par suite, source de progrès infinis. À un an, le développement intellectuel devient très rapide, le perfectionnement prodigieux du langage en est le témoignage. À l'âge de cinq ans débute l'instruction intellectuelle « préméditée » qui, d'après Mme Necker, doit être harmonieusement fondue avec l'instruction morale, sur le fondement commun de l'idée de Dieu ; la religion doit y avoir la première place comme « principe de vie » et « cause d'activité » ; qualités de l'intelligence et du cœur doivent contribuer au perfectionnement de soi-même et des autres. Le but de l'enseignement est de former harmonieusement toutes les facultés de l'élève en le rapprochant de la nature, de la conquête du travail humain, des arts, de l'histoire.

Quant aux méthodes d'enseignement, Mme Necker observe qu'il n'y a jamais rien de définitif et qu'il faut encourager toute nouvelle expérience. Les moyens qu'emploie l'éducation pour susciter la « coopération active » de l'enfant revêtent une particulière importance, car ils influent aussi sur la formation du caractère ; critiquant toute incitation à l'amour-propre et à l'émulation, Mme Necker veut que l'on fasse appel à des sentiments comme l'amour filial et l'amour de Dieu et surtout que l'on enseigne à l'enfant la maîtrise de soi-même. De cinq à sept ans devient spécialement nécessaire l'éducation de l'« obéissance » qui, d'involontaire et presque mécanique, doit devenir réfléchie et voulue, soutenue par l'affection et l'estime envers l'éducateur. De sept à dix ans, le développement de l'intelligence diminue la spontanéité et la grâce de l'enfant sans cependant aider à soutenir sa morale ; ainsi surgissent de nouvelles difficultés qui ne se peuvent surmonter que par un véritable enseignement religieux. Mme Necker insiste sur la nécessité pour cet âge de cultiver non seulement la mémoire, mais la vivifiante imagination par le moyen du jeu, de la vision des belles choses, et de la lecture. À partir de dix ans, l'éducation des deux sexes se différencie. Chez les garçons, le besoin croissant d'indépendance leur cause des souffrances que l'on ne peut éviter qu'en donnant une forme plus active et joyeuse à leur vie, par exemple par de fréquentes récréations et des jeux de plein air. Mais bientôt il est presque toujours nécessaire de recourir au collège, l'éducation privée étant incapable de former ces « mâles vertus » que l'homme devra exercer dans la vie publique.

Mme Necker consacre de plus larges observations à l'éducation féminine : considérant le cours entier de la vie de la femme, il lui semble plus facile d'y reconnaître ce processus intérieur de la formation de l'individu en vue d'un but éternel. C'est pourquoi l'éducation progressive de la femme s'identifie avec le développement intime de l'âme qui, à travers les affections, s'adresse à Dieu en réalisant dans la tâche quotidienne les vérités de la foi. Mais les pages les plus émues et significatives de l'œuvre sont celles où l'auteur expose ses propres principes sur l'éducation morale, sous forme de conseils adressés à son fils devenu adulte, mettant en lumière le caractère hautement moral de la paternité : grâce à elle, l'homme, se sentant investi d'une mission sacrée, se dépouille de tout égoïsme. L'action éducatrice du père sur l'enfant est comparable à celle de Dieu sur l'homme, toutes deux visant à conduire à la perfection morale un être faible par lui-même et qui est la proie de désirs déréglés. Partant de ce jugement sur la nature humaine, lequel découle peut-être de sa foi calviniste, Mme Necker soutient l'obligation pour le père de faire valoir sa propre autorité par le simple commandement, sans inutiles tentatives de persuasion, et pour le fils, le devoir d'obéir sans discussion. Les très fines observations de Mme Necker, nées non seulement de sa connaissance profonde de la pensée pédagogique de Rousseau, de Peztalozzi et de Kant, mais surtout d'une exquise expérience de mère et d'éducatrice chrétienne, ont été depuis largement appréciées par les pédagogues.

ÉDUCATION SENTIMENTALE (L'). Sous ce titre, l'écrivain français Gustave Flaubert (1821-1880) écrivit deux romans : l'un, œuvre de jeunesse, ne fut publié qu'en 1914 ; l'autre, composé alors que l'auteur était en pleine possession de ses moyens, compte parmi les œuvres maîtresses du XIXe siècle.

★ La première *Éducation sentimentale*, commencée à Paris en 1843 et terminée à Rouen en 1845, est de toutes ses œuvres de jeunesse la plus importante. C'est l'histoire de deux amis, Henry et Jules, qui après une adolescence remplie des mêmes songes ardents, voient le destin les conduire à des rivages différents. Henry, venu de province à Paris, y connaît cette désillusion lente mais irrémédiable, à laquelle ne résistera aucun de ses rêves d'adolescent ; c'est alors l'aventure avec une femme mariée, lasse de la vie et déçue, Émilie Renaud, et qui finit de manière banale, par une séparation sans éclat ; après quoi, instruit par l'expérience, Henry remisera ses chimères, délaissera beauté et idéal, pour se consacrer aux affaires ; désormais, il connaît le monde, sait le dominer et l'exploiter. Jules, lui, est resté dans son pays. À la suite d'une déception amoureuse avec une actrice, Lucinde — épisode qui n'est pas sans rappeler les amours de Wilhelm et Marianne dans *Les Années d'apprentissage de Wilhelm Meister* (*) de Goethe —, il se renfermera dans la solitude, se repliera sur lui-même, s'adonnant à l'art comme à un sacerdoce, artiste fier et passionné dans lequel on reconnaît volontiers le portrait de Flaubert lui-même. Soucieux de perfection, Flaubert se refusa toujours à publier son œuvre. Il devait d'ailleurs porter sur elle un jugement parfaitement lucide et en dénoncer le manque d'unité : « Il y a en moi littérairement parlant, deux bonshommes distincts : un qui est épris de gueulades, de lyrisme, de grands vols d'aigle... un autre qui fouille et creuse le vrai tant qu'il peut, qui aime à accuser le petit fait aussi puissamment que le grand, qui voudrait vous faire sentir presque *matériellement* les choses qu'il reproduit [...] *L'Éducation sentimentale* [celle de 1845] a été, à mon insu, un effort de fusion entre ces deux tendances de mon esprit (il eût été plus facile de faire de l'humain dans un livre et du lyrisme dans un autre). J'ai échoué. »

Malgré cette défaite avouée, Flaubert ne devait jamais détruire le manuscrit de la première *Éducation* et conserver toujours, à l'égard de ce roman, une certaine « faiblesse », qui s'expliquerait mal si nous ne savions tout ce qu'il contient de vérité autobiographique, d'expérience douloureuse. Cette expérience a pour nom : Mme Élisa Schlésinger, 26 ans, mariée depuis sept ans ; pour cadre : Trouville et la campagne normande, un matin d'été, en 1836. Flaubert est alors un adolescent à peine âgé de 15 ans ; mais désormais, durant toute sa vie, jusqu'à son dernier souffle, elle sera son unique passion ; c'est elle qu'il immortalisera dans la seconde *Éducation sentimentale*, sous les traits de Mme Arnoux.

★ Commencée en octobre 1864, *L'Éducation sentimentale* parut le 17 novembre 1869. À vrai dire, ce qui sépare et rend profondément étrangère la première *Éducation* à la seconde, ce n'est pas tant la diversité des scénarios (les preuves abondent, qui permettent de considérer la première comme une ébauche du roman de 1869), que la transmutation opérée par Flaubert des valeurs de la première et, par-delà ces valeurs, de la vie elle-même en œuvre d'art. La deuxième *Éducation* est à la fois l'histoire morale des hommes qui vécurent sous la monarchie de Juillet et l'histoire sentimentale d'une âme qui recherche l'inaccessible. Roman social et confession personnelle, étude de mœurs et livre d'amour, de passion : c'est dire le chemin parcouru. Frédéric Moreau, étudiant à Paris vers 1840, inquiet, mécontent, nourrit de vagues ambitions, ou plutôt des velléités à la fois littéraires, artistiques et mondaines. Son amour tendre et profond pour Mme Arnoux, femme d'un équivoque éditeur d'art tenant boutique de tableaux et gravures faubourg Montmartre, semble être la seule lumière de sa vie. Le ménage Arnoux est plutôt mal assorti ; fidèle jusqu'au sacrifice à son mari qu'elle n'aime point, Mme Arnoux — une des plus délicates figures qu'aient créées Flaubert — ne peut réprimer vis-à-vis de Frédéric une tendresse faite d'audace et de froideur, d'abandon et de découragement. Ayant fait la connaissance de Rosanette, une courtisane de bas étage, Frédéric hésite entre elle et Mme Arnoux, dont les indécisions finissent par le lasser. Il s'intéresse par ailleurs à une autre femme, la très riche Mme Dambreuse, qui pourrait l'aider à réaliser ses ambitions mondaines. Car, Frédéric est une de ces âmes impressionnables et sensuelles mais faibles, secouées par des frissons d'énergie qui retombent vite, en définitive toujours prêtes aux compromissions les plus lâches. Mais voici que Marie Arnoux lui avoue qu'elle l'aime et accepte un rendez-vous. Il l'attendra vainement pendant des heures, au coin de la rue Tronchet. Énervé, déçu, empli d'une colère orgueilleuse, sentant son amour disparaître « comme un feuillage emporté par un ouragan », il ira sangloter de détresse et de volupté dans les bras de Rosanette. Plus tard seulement, il saura que si Mme Arnoux ne fut pas fidèle au rendez-vous, c'est parce qu'elle fut retenue auprès de son enfant, brusquement en proie à une atteinte du croup. Mais maintenant Rosanette le tient, vulgaire, jalouse, provocante. Il a d'elle un fils qui meurt rapidement : même la paternité se réduit à une expérience terne et malheureuse. Sans amour, ayant délaissé Rosanette, il s'est rapproché de Mme Dambreuse dont il devient l'amant. Maintenant qu'elle est veuve, il se dispose à l'épouser pour donner à sa vie une solution quelconque. Mais, dans un sursaut d'énergie, il quittera Mme Dambreuse qui insulte à sa douleur et à son amour pour Marie Arnoux. Frédéric retourne alors dans son pays : il va retrouver la petite Roque qui l'aima si longtemps, si fidèlement, et à qui il avait laissé quelque espoir. Mais la petite Roque a épousé un de ses vieux camarades de classe qui est parvenu à le supplanter.

Bien des années après, en mars 1867, à la nuit tombante, « comme il était seul dans son cabinet, une femme entra » — « C'est lui, c'est donc lui », dit-elle en l'attirant vers la fenêtre. Dans le jour qui se meurt, ils évoqueront le passé ; des ombres se lèveront sous leurs pas, puis ce sera l'aveu, l'aveu tant attendu. Brusquement, s'arrachant à sa torpeur, à la griserie : « Adieu ! dit-elle... je ne vous reverrai jamais. C'était ma dernière démarche de femme ! » Mais avant, « elle défit son peigne ; tous ses cheveux blancs tombèrent. Elle s'en coupa, brutalement, à la racine, une longue mèche. — Gardez-les ! Adieu. Et ce fut tout ».

Livre d'amour, de passion douloureuse : cette scène et tant d'autres, la présence enchanteresse de Mme Arnoux qui domine l'œuvre entière, comme Mme Schlésinger domina la pensée de Flaubert, font de *L'Éducation sentimentale* un témoignage irrécusable sur la vie sentimentale de l'auteur. M. Gérard-Gailly a montré avec toute la précision, mais aussi toute la délicatesse et la pudeur qu'une âme sensible et farouche comme celle de Flaubert exigeait, les interférences et les recoupements du rêve et de la réalité dont cette œuvre est le fruit amer et brûlant. Un fait éclairera, mieux que tout autre, cette émouvante histoire : on a retrouvé les livres que Flaubert envoya à Mme Schlésinger. Tous sont conservés avec leur dédicace, un seul manque : c'est *L'Éducation sentimentale*.

Outre le ménage Schlésinger, auquel correspond partiellement dans le roman le ménage Arnoux, on a pu retrouver ainsi un certain nombre de « clefs » qui, si elles permettent d'identifier les modèles vivants auxquels des traits furent empruntés, montrent, par-delà l'intérêt anecdotique d'une telle identification, le mécanisme de la création flaubertienne et la maîtrise que l'auteur apporta dans l'art de tisser le réel et l'imaginaire, tant et si bien qu'« il devient impossible d'apercevoir le point où l'œuvre cesse d'être de l'histoire » (René Dumesnil). À la faveur d'une telle analyse, on découvre le roman de mœurs, la fresque sociale. Si Mme Dambreuse, dont le salon sert de cadre à de nombreuses scènes de *L'Éducation sentimentale*, lui fut inspirée par Mme Delessert, l'amie de Mérimée, si Martinon n'est pas sans rappeler Mérimée lui-même, M. Dambreuse, quant à lui, est un banquier de la bourgeoisie orléaniste, qui conseille à Frédéric de se livrer à des opérations boursières ; Dussardier, le jeune émeutier qui se mêle à la bagarre opposant étudiants et police, au quartier Latin, fait partie de cette jeunesse qui, vivant dans la fièvre révolutionnaire préparatoire à 1848, était « assez intelligente et assez forte pour concevoir un idéal, mais pas assez pour le réaliser ». Et ainsi, de proche en proche, se reconstitue une époque, selon la scrupuleuse méthode d'information que Flaubert avait déjà utilisée pour *Madame Bovary* (*). Nous savons par sa *Correspondance* (*) que Flaubert s'inquiéta de savoir la nature des principales spéculations boursières durant l'été de 1847, qu'il demanda à Schlésinger lui-même de lui raconter ses souvenirs sur un vieux vaudeville qui fut joué, alors que Paris était en pleine révolution. À son ami Duplan, il écrit pour savoir si, « dans la nuit du 25 au 26 juin », c'était « la garde nationale ou la ligne qui occupait la rive gauche ». Ainsi, se trouve minutieusement recréée toute la vie parisienne de la cinquième décade du XIXe siècle, cette fermentation politique et sociale qui conduisit à la révolution de 1848 et au coup d'État. Georges Sorel a pu dire : « Un historien désireux de connaître l'époque qui précéda le coup d'État ne peut négliger *L'Éducation sentimentale*. »

Par tous ses aspects, *L'Éducation sentimentale* est le livre flaubertien par excellence : l'auteur y a mis la surabondance de toute sa vie intérieure et son peu de dispositions pour la vie pratique. C'est le livre du « bovarysme » masculin, à cette différence toutefois que l'échec de Frédéric Moreau, dans son pessimisme radical, n'a pas la force émotive de l'histoire de *Madame Bovary*, et c'est là sans doute ce qui explique l'insuccès du livre à sa parution et la défaveur dont, aujourd'hui encore, il se ressent auprès de certains lecteurs. Henry Céard nous rapporte qu'ayant un jour dit son admiration à Flaubert pour *L'Éducation*, celui-ci, laissant transparaître sa surprise, lui répliqua que c'était « un livre condamné, parce qu'il ne fait pas ça ; et joignant ses mains longues et élégantes, il simula une construction en pyramide. Le public — ajoutait-il — veut des œuvres qui exaltent ses illusions, tandis que *L'Éducation sentimentale* !... et il renversa ses grandes mains, fit le geste que tous ses rêves renversés tombaient dans un trou sans espoir ».

L'apparente monotonie d'un style accordé à l'écoulement quotidien de l'existence, mais riche en harmonies cachées, ne pouvait que confirmer le lecteur dans cette impression. Comment, aujourd'hui, ne pas reconnaître en cette œuvre goethéenne par son ampleur, un des livres capitaux de la littérature moderne qui a vu, par la suite, tant de copies de ce héros mélancolique. Certaines pages comme celles décrivant la rencontre des deux amants, à la fin du roman, comptent parmi les plus pures et les plus lyriques de toute l'œuvre flaubertienne. Livre condamné, « livre maudit » écririons-nous aujourd'hui, nous pouvons conclure, avec Théodore de Banville, que de ce chef-d'œuvre « tout le monde contemporain était sorti ».

EFFET GLAPION (L'). Comédie de l'écrivain français Jacques Audiberti (1899-1965), représentée et publiée en 1959. Monique s'ennuie. Sauf quand les princesses lamerlingoises y viennent en visite, la vie à Orléans est un peu monotone. Faire les courses, la cuisine, la vaisselle, les parquets, les cuivres. Ouvrir la porte aux malades. D'une corvée à l'autre se traîne la semaine. Vient le dimanche. Le docteur va à la chasse. Elle serait tout à fait intenable, la vie, s'il n'y avait ce drôle de phénomène, l'effet Glapion, « l'usufruit d'une donnée concrète objective par la logique visionnaire subjective ». Tenez, on sonne à la porte. Entre une banale cliente. Très vite sa conversation, ses manières deviennent bizarres, déroutantes. « Je ne veux pas glapionner », crie Monique, affolée. Inutile. Je glapionne, tu glapionnes, tout glapionne. La dame subit une série d'extravagantes métamorphoses. Et pas seulement elle. Le docteur, Monique, la table d'élongations elle-même à qui mieux mieux entre dans la danse. Un mot sur ci, deux sur ça, et hop, on change d'accoutrement, de peau, de perspectives. Ballottés, étourdis, les spectateurs ne songent plus qu'à s'amuser. Ce gnome, cet elfe, ce lutin, ce farfadet d'Émile Glapion, professeur, pourtant, à l'université de Québec, donne le vertige, mais un vertige rose et acide.

EFFETS DE LA TERREUR (Des). Ouvrage politique de l'écrivain français d'origine suisse Benjamin Constant de Rebecque (1767-1830), publié en 1797 (an V) et réimprimé en 1829, dans une version moins soucieuse des principes républicains et plus conforme à l'action déployée par l'auteur, militant libéral, dans le cadre de la Charte constitutionnelle. Constant réaffirme sa foi dans les valeurs historiques de la Révolution française, affirmant qu'elle est sortie indemne des égarements de la Terreur. Celle-ci n'a eu pour effet que de durcir les âmes, accumulant victimes et abus, mais les républicains véritables ont conservé le respect de la loi et la haine de la violence. La Terreur, selon lui, a servi les amis de l'anarchie ; son souvenir sert aujourd'hui les amis du despotisme. Il faut barrer la route à la contre-révolution et sauver les bons principes en les rendant historiquement réalisables, en fonction du progrès des peuples et de la dignité des citoyens. L'éloge des véritables révolutionnaires (les Girondins aux idéaux solides et constitutionnels), la citation relative à un « auteur éloquent et célèbre » (Mme de Staël pour son ouvrage *De l'influence des passions*), la façon enfin dont Constant, Suisse d'origine, se défendait d'être étranger, constituent les passages les plus célèbres de cet ouvrage. Il convient d'associer à l'esprit de ce livre le *Discours prononcé au* *cercle constitutionnel,* le 30 Fructidor an V, lorsque fut planté l'arbre de la liberté : Constant y proclame sa foi dans les principes de la Révolution et dans la force que représente la culture pour la formation politique d'un pays. Les dissertations finales sur les libertés de la presse et de la pensée sont particulièrement importantes et nous révèlent un Benjamin Constant publiciste politique plein de fougue.

EFFI BRIEST. C'est le dernier roman publié par l'écrivain allemand Theodor Fontane (1819-1898) de son vivant, et le plus beau, car il est le fruit d'une connaissance et d'une sagesse humaines longuement mûries à travers les expériences de toute une vie. Effi Briest appartient à la noblesse terrienne de la Marche de Brandebourg. Elle a dix-sept ans ; elle a grandi dans la liberté et l'innocence de la vie champêtre ; un pasteur aux idées larges et simples a été chargé de son éducation. Sa mère a aimé, dans sa jeunesse, un officier, le baron Instetten ; mais elle a épousé le chef de district von Briest qui représentait un meilleur parti. Le baron cependant a quitté l'armée et a fait une carrière en Poméranie comme chef de district lui aussi. Au cours d'une visite chez les Briest, il s'éprend de la très jeune fille de la femme qu'il a autrefois aimée et la demande en mariage. Effi est une enfant et ignore tout de l'amour. Par ailleurs, elle se sent flattée dans ses ambitions et accepte le joug conjugal. Après un voyage en Italie où son mari la fatigue avec sa manie des musées et de la culture, elle revient avec lui dans un coin perdu de la mer Baltique, en Poméranie. Elle partage désormais sa vie avec un chien, une nourrice et un pharmacien Gieshübler — l'auteur fut inspiré par l'existence de son propre père, mais aussi par le pharmacien de *Madame Bovary* (*). La société noble des alentours et ses conventions demeurent inaccessibles et insupportables à la jeune femme habituée à la vie franche et libre de la campagne. Elle met au monde une petite fille, mais à la même époque apparaît un nouveau personnage, le commandant de la milice territoriale, von Krampas, et le destin de la jeune femme se cristallise tout à coup. Von Krampas est certes un bel homme, mais de nombreuses aventures d'amour, une fortune insuffisante, la vie avec une femme âgée et jalouse et plusieurs enfants l'ont rendu amer et pessimiste. Une idylle s'ébauche entre Effi et Krampas ; les longues absences du mari la favorisent et Effi glisse bientôt dans une liaison coupable qui la rend malheureuse. Mais Briest est appelé au ministère à Berlin, et dans la capitale commence une vie nouvelle. Ce n'est qu'après plusieurs années de vie heureuse qu'Effi se sentira délivrée de sa faute et de son cauchemar. Cependant, un hasard mettra entre les mains de son mari les billets que Krampas lui avaient autrefois envoyés. Un vieil ami de la famille conseille au mari d'enterrer cette histoire dans le silence et l'oubli ; mais, esclave des préjugés de son temps, Briest se bat en duel avec son ancien rival et le tue. Le malheureux Krampas laisse sa famille dans une sombre misère. Effi, chassée par son mari et par sa propre mère, se trouve brusquement jetée hors de tout ce qui faisait sa vie. Enfin son père, le personnage le plus humain du livre, lui ouvre la vieille maison de son enfance. Là, elle retrouve le contact des beautés de la nature et, grâce à une vie libre, se réconcilie avec elle-même et avec le monde. Finalement, elle meurt, innocemment coupable.

Si, dans ses autres livres, Fontane se révèle comme un artiste accompli du verbe et de la phrase, ici, il se montre comme un maître du silence : tout se passe en sourdine, sans accents pathétiques et sans drames (à l'exception des catastrophes provoquées par le duel). Tout exprime une résignation consciente devant le destin inéluctable, les lois inexorables de la société dite « bonne », dont l'auteur dénonce avec perspicacité les faiblesses et les erreurs, tout en les excusant avec une indulgence faite de compréhension et d'une supérieure bonté. Ce roman, considéré comme le chef-d'œuvre de Fontane, est aussi l'un des chefs-d'œuvre de l'école réaliste allemande. — Trad. Tauchnitz. Leipzig, 1942 ; Robert Laffont, 1981.

EFFRAIE (L'). Poèmes de l'écrivain suisse français Philippe Jaccottet (né en 1925), publiés en 1953. Dans ce recueil, on voit un poète progressivement sortir des conventions dans lesquelles il se meut cependant avec aisance, pour trouver la manière qui lui est propre. L'artifice est parfois sensible : dans tel poème, l'évocation de la mort fait craquer les jointures du sonnet, dans tel autre le jeu des enjambements, des liaisons mime le glissement de la fuite du temps. Parfois c'est l'intention symbolique qui se fait trop manifeste, une clausule explicative faisant apparaître rétrospectivement le sens des éléments du paysage. Cette double tendance correspond dans l'ensemble aux poèmes de tonalité élégiaque. Trois thèmes en effet parcourent le livre : l'usure du temps, l'angoisse de la mort et la perte de l'amour. Étranger, voyageur immobile, exilé à la fois de sa vie et de son amour, c'est tout naturellement, pour rompre la distance, que le poète, s'appuyant sur l'arche fragile du tutoiement, s'adresse à ce qui se dérobe. Séparation et dépossession ouvrent un vide dans le présent du poète, qui favorise sinon l'utilisation du dialogue — personne ne répond — du moins le recours à l'adresse : « Je ne parle qu'à toi avec d'étranges mots. » C'est dans cette parole aventurée, si l'on peut dire, que s'accomplit la magique conversion au réel en quoi consiste la poésie. La destinataire, la bien-aimée ou l'absente, s'estompe progressivement pour laisser place à une figure plus vaste, la patrie, la terre, où il faut découvrir une image du monde réel. C'est alors que le poème se dégage de la charge symbolique et de l'artifice. Allégé, rendu au caractère énigmatique de la vie, il hésite entre les significations sans se fixer : « Un printemps peut / jaillir en joie ou souffler vers la mort / — Voici le merle. Une fille timide / sort de chez soi. L'aube est dans l'herbe humide. » Chacun de ces signes est ambigu ; le détail signifiant a fait place à la notation concrète : le paysage se met alors à vivre, à vibrer, à scintiller. « L'air tissait de ces riens une toile tremblante. » Quand le poème est cette petite construction de mots qui abrite l'avènement du réel, on touche alors à la merveille, comme dans le poème XII de « La Semaison », la « fraîcheur acide du particulier ». Comme ce qui est vécu, le poème a force d'évidence. On retrouve la trace de cette évolution dans *L'Ignorant* (1958) où Jaccottet parvient à établir un équilibre entre la méditation et la contemplation. Si dans son angoisse le poète s'adresse encore au monde, de plus en plus souvent, aux moments les plus clairs de sa poésie, sa voix est relayée par celle, lumineuse, du monde. Dans le poème, le monde parle : « Écoutez nous parler / avec la voix du jour. » Pour parvenir à la disponibilité, à l'écoute nécessaires, le poète s'exhorte à plus de transparence. La parole poétique proprement dite, la « voix du jour », est alors sertie dans un ensemble de propositions, de maximes énonçant un art de vivre.

J.-M. S.

ÉGAREMENTS DU CŒUR ET DE L'ESPRIT (Les). Roman de l'écrivain français Claude Prosper Jolyot de Crébillon, dit Crébillon fils (1707-1777). Le livre est dédié à son père, en son temps auteur apprécié de tragédies sanglantes. Il paraît en 1736, alors que le gouvernement commence à s'inquiéter de la prolifération des romans, dont beaucoup sont licencieux, de mauvais goût ou simplement très mal écrits ; au même moment, les meilleurs auteurs, s'efforçant de renouveler la définition et les desseins du genre, souhaitent le consacrer à la peinture réaliste de la société et de la psychologie. Le texte est précédé d'une intéressante préface : « Le roman, si méprisé des personnes sensées, et souvent avec justice, serait peut-être celui de tous les genres qu'on pourrait rendre le plus utile, s'il était bien manié, si, au lieu de le remplir de situations ténébreuses et forcées, de Héros dont les caractères sont toujours hors du vraisemblable, on le rendait, comme la comédie, le tableau de la vie humaine et qu'on y censurât les vices et les ridicules. » M. de Meilcour, assagi après plusieurs années de libertinage, écrit ses *Mémoires.* Les trois parties de ce texte inachevé présentent les premières expériences d'un jeune homme de dix-sept ans à son entrée dans le monde. Ignorant des femmes, de l'amour, des stratagèmes du désir et de l'ambition, il est cependant avide de les connaître. La marquise de Lursay, amie de sa mère et ancienne coquette que ses quarante ans contraignent à beaucoup de prudence, traite Meilcour avec une familiarité amicale dont il s'obstine à ne pas profiter, ne saisissant ni les avances ni les occasions complaisamment créées. Mme de Lursay pense avoir assez d'autorité sur la jeunesse du narrateur pour vivre une dernière passion dans la discrétion, la tendresse et la fidélité. Piquée d'avoir à faire toutes les démarches, elle est bientôt supplantée par deux rivales. Mme de Senanges, à qui le narrateur devra son « éducation », ne demande au jeune homme que le partage d'un caprice ; elle est décrite comme « une de ces femmes philosophes, pour qui le public n'a jamais rien été », « toujours au-dessus du préjugé », « sans caractère comme sans passion ». « Vous êtes trop jeune pour ne pas avoir Mme de Senanges, dit-on à Meilcour. Vous avez actuellement besoin d'une femme qui vous mette dans le monde. » En revanche, Hortense de Théville, jeune fille sage, sensible et raisonnable, aimée au premier regard, est-elle destinée à lui faire connaître une passion plus authentique et plus heureuse ? Peut-elle protéger Meilcour de l'exemple d'un Versac ? L'état d'inachèvement du récit ne permet pas de le deviner. Mais le mouvement qui le porte vers Hortense est si violent et si soudain qu'on est tenté de reconnaître, à tant de trouble et de respect mêlés, l'amour véritable, et d'ailleurs, semble-t-il, partagé. C'est en compagnie d'Hortense que Meilcour apprend à distinguer le « goût » et la passion. Ces trois portraits de femmes habilement contrastés, les analyses que fait le narrateur de ses propres émois sont complétés par une cinquième figure importante, celle de Versac, petit-maître et roué qui, dans la troisième partie, se met en tête d'instruire Meilcour, en qui il voit l'étoffe d'un successeur, par une peinture sans hypocrisie de sa propre existence, de son caractère et des pratiques mondaines. Ce Versac lucide et dangereux, à qui son rang ouvre tous les salons, qui a tué en lui-même tout sentiment et méprise les femmes, est arrêté par la beauté et la vertu d'Hortense, dont l'indifférence s'annonce comme son plus grave échec. On y voit à bon droit une préfiguration du personnage de Valmont dans *Les Liaisons dangereuses* (*).

C. B.

ÉGARÉS (Les). Roman de l'écrivain français Frédérick Tristan (né en 1931), publié en 1983 (prix Goncourt). Dans l'Angleterre des années 30, deux amis concluent un pacte selon lequel le premier, Cyril Pumpermaker, s'adonne en secret à son œuvre, tandis que le second, Jonathan Absalon Varlet, joue aux yeux du monde le rôle de l'écrivain, sous le pseudonyme de Gilbert K. Chesterfield. La séduction, pour ainsi dire diabolique, de Jonathan est si efficace que Chesterfield, qui n'existe que par la presse, connaît vite la gloire, est comblé d'honneurs et d'argent. À ce niveau, le roman joue d'autant plus de la farce qu'il pastiche allègrement le roman-feuilleton, accumulant les événements dramatiques, dépaysant sans cesse le lecteur qui suit le prétendu Chesterfield de l'Allemagne nazie aux U.S.A., de l'Afrique à l'Espagne de la guerre civile. Mais peu à peu s'opère une surprenante inversion des signes, la farce devient tragédie, et les aventures multiples de Jonathan se fondent en une seule, essentielle, celle du sens, l'engageant à la quête héroïque de son identité. Don Juan, Faust, saint Antoine, telles sont les figures mythiques qu'il incarne tour à tour dans un parcours allant à l'inverse de l'histoire occidentale et mettant a contrario en évidence celui des égarés que nous sommes. Pervertissant le romanesque pour libérer l'imaginaire, la fiction fait accéder le lecteur à de nouveaux états de conscience, suggérant sa propre transfiguration. J.-L. M.

ÉGLANTINE. Paru en 1927, c'est le troisième livre, après *Siegfried et le Limousin* (*) et *Bella* (*), de ce qui fut appelé la « trilogie politique » de l'écrivain français Jean Giraudoux (1882-1944). Mais ici le thème politico-social traité par allusions transparaît à peine. La jeune Églantine, sœur de lait de la fille du noble Fontrange (un descendant des croisés), est unie à ce dernier par un amour délicat que chacun d'eux exprime en un langage symbolique qui lui est propre et que l'autre comprend mal. Après une longue période de cette escrime. Églantine, comme lassée de la réserve du vieux Fontrange, se laisse peu à peu conquérir par l'humble et tenace passion du milliardaire levantin Moïse : un autre vieil homme. Les jeunes gens lui font peur parce qu'ils lui rappellent l'inévitable décadence, à laquelle ils seront sujets avec l'écoulement des années, et la destruction de la mort, alors qu'elle trouve chez les « vieux » une rassurante impression de stabilité. Presque insensiblement, elle semble se lier pour toujours à son nouvel ami. Mais à peine un voyage oblige-t-il celui-ci à disparaître de sa vie qu'elle revient à Fontrange comme poussée par une fatalité et bien décidée cette fois à le reconquérir. C'est un livre à clef, et tout peut être considéré comme une allégorie : Églantine représente la France, un moment indécise entre l'Orient et l'Occident ; influencée par la sensibilité très raffinée mais dangereusement libre du Levantin, elle est vite reprise par des sentiments qui sont infiniment plus simples et qui restent dans la tradition. Allégorie qui ne trouble pas l'œuvre dans son ensemble, mais n'est pas sans alourdir parfois le style, plus orné d'arabesques et plus cérébral ici peut-être que dans d'autres œuvres du même auteur. Toutefois, en certaines scènes et descriptions (la campagne, Fontrange dans son écurie, un café luxueux de Paris, la maison de Moïse), l'auteur atteint à cette magie lyrique qui triomphera dans *Le Combat avec l'ange* (*).

ÉGLANTINE BIEN-AIMÉE (L') [*Die geliebte Dornrose*]. Comédie du poète tragique et comique allemand Andreas Gryphius (1616-1664), écrite à l'occasion du mariage du duc George IV de Brieg avec la comtesse palatine Élisabeth Marie Charlotte bei Rhein, et représentée le 10 octobre 1660 à Glogau. Elle fut conçue, par opposition à l'horreur tragique des drames, comme une comédie d'intrigue gaie, et Gryphius eut l'idée de relier cette comédie sur la vie des paysans, à une autre comédie *Le Fantôme amoureux* (*) qui représente au contraire la société élégante : *L'Églantine bien-aimée* devait servir d'intermède à cette autre comédie pleine de spectres, de morts, de philtres et de poisons, mais pourvue d'un heureux dénouement grâce au triomphe de l'amour. C'est ainsi que ses quatre actes devaient s'intercaler entre les quatre actes du *Fantôme.* Pour rendre la séparation entre ces deux mondes plus évidente et en même temps pour affirmer l'universalité de l'amour, Gryphius écrivit le *Fantôme* sous forme d'alexandrins pompeux en haut allemand plein de tournures françaises, tandis qu'il donnait à *L'Églantine* la langue prosaïque des paysans silésiens. Bien que la première idée de cette pièce ait été prise dans la comédie intitulée *Lewendalen* (*) du Hollandais Jost van den Vondel, la fraîcheur du style, le naturel des caractères et un certain humour très plaisant, font de *L'Églantine* une pièce bien supérieure au *Fantôme* et égale aux meilleurs ouvrages de Gryphius. Le sujet est la réconciliation de deux familles de paysans ennemies grâce à Lise Églantine et Grégor Kormblume dont l'amour, en dépit des haines familiales et après diverses péripéties, finit par triompher, apportant à tous paix et bonheur.

ÉGLISE (De l') [*De Ecclesia*] **et autres traités de Ján Hus.** Peu original quant à la doctrine religieuse, le célèbre hérésiarque tchèque Ján Hus (1370 ?-1415) fut avant tout un prédicateur et, pourrait-on dire, un tribun populaire : ses œuvres oratoires latines ne peuvent donc donner qu'une idée fort incomplète de sa manière. Le mouvement hussite reste inséparable d'une puissante explosion du sentiment national bohémien, et c'était d'habitude en tchèque que Hus prononçait ses sermons, très simples et très clairs, remarquablement adaptés à de frustes auditoires dans lesquels ils suscitaient un enthousiasme considérable. Théologien, Hus se contente de reprendre, souvent littéralement, les thèses de Wycliffe (sauf en ce qui concerne le dogme de la transsubstantiation). Son premier écrit, composé en 1403, fut d'ailleurs une traduction en tchèque du *Trialogus* de son inspirateur anglais. Quant au *De l'Église* [*De Ecclesia*], le plus long et le plus célèbre de ses traités dogmatiques (1413), qui devait fournir les matériaux de l'accusation portée contre Hus au concile de Constance, il n'est pour une grande part qu'un démarquage pur et simple d'une œuvre composée sous le même titre par Wycliffe. « L'Église catholique, c'est-à-dire universelle, écrit Hus, est l'assemblée de tous les prédestinés présents, passés et futurs. » Et, comme ce prédestinationisme est absolu, que personne ne peut savoir si un fidèle est sauvé ou non, et par conséquent s'il appartient ou non à l'Église, c'est tout l'appareil de la hiérarchie et de l'Église visible qui se trouve mis en question. Le salut ne dépend en aucune manière de l'obéissance aux décrets des papes et des cardinaux, mais seulement de la fidélité à la loi divine. Les sanctions de l'Église visible sont sans valeur sur les prédestinés. Qui pourrait de même nous garantir que les saints proclamés par le pape aient été réellement des prédestinés ? Hus proteste donc contre l'action de l'autorité envers les hérétiques ; il défend Wycliffe [*Actus pro defensione libri Joannis Wiclef de Trinitate*] et soutient *Qu'il faut lire les livres des hérétiques* [*De libri haereticorum legendis*, 1410] ; il s'insurge contre le culte des saints et les pseudo-miracles inventés par un clergé cupide dans son traité *De tout sang du Christ glorifié* [*De omni sanguine Christi glorificato*, 1405] ; enfin, dans son traité *Des six erreurs* [*Opusculum de sex erroribus*], il résume toute sa querelle contre le clergé catholique en général auquel il reproche : de prétendre recréer dans la masse le corps de Jésus-Christ ; de croire aux papes, aux saints et à la Vierge ; de prétendre posséder le pouvoir de remettre les péchés ; d'enseigner qu'il faut obéir aux supérieurs, quels que soient leurs ordres ; de soutenir qu'une excommunication est réelle en tous les cas ; de pratiquer la simonie par les indulgences. Comme Wycliffe et plus tard Luther, Ján Hus fait appel aux princes contre l'autorité ecclésiastique : dans ses traités *Des dîmes* [*De decimis*] et *Du retranchement des biens* [*De ablatione bonorum*], il prend position en faveur de la juridiction laïque sur les richesses de l'Église et demande même qu'on contraigne le clergé à la pauvreté par voie d'expropriation. Alors que Wycliffe n'était qu'un professeur, Ján Hus est un puissant tempérament. Il préfigure Luther. Il a déjà son don de l'invective fougueuse et populaire, il a son courage, sa sincérité absolue, il a surtout la même conviction de remplir une mission divine, comme en témoignent les lettres qu'avant d'être conduit au bûcher il expédiait à ses disciples de sa prison de Constance. – Trad. *Lettres écrites durant son exil et sa prison*, L. R. Delay editeur, Paris, 1846.

ÉGLISE EST UNE (L') [*Tserkov odna*]. Rédigé dès 1840, cet essai de catéchèse ecclésiologique de l'écrivain russe Alexis Stépanovitch Khomiakov (1804-1860) commence aussitôt à circuler comme manuscrit, mais la publication n'en est pas autorisée. Il ne verra le jour qu'après la mort de son auteur : publié à Berlin en 1867, il ne pourra paraître en Russie qu'en 1879. Khomiakov – est-ce un trait du romantisme de l'époque ? – avait pensé d'abord le publier en grec et le présenter comme un traité ancien qui aurait été redécouvert : un Ossian théologique !

Les influences qui ont marqué cet ouvrage restent difficiles à établir et l'auteur ne se livre à aucune confidence. Cependant, une convergence est indéniable avec certaines vues fondamentales de Möhler et l'antériorité est au bénéfice de celui-ci. Quant aux remarques cruelles de Soloviev, faisant état d'influences catholiques moins recommandables comme celle de Bordas-Demoulin, il convient de ne pas les ignorer, même si leur valeur n'est pas décisive.

Khomiakov n'entend pas tellement donner une définition de l'Église, mais plutôt la situer et la décrire en sa vivante richesse. Il désigne comme principe fondamental la communion de tous dans l'Esprit : la « catholicité » [sobornost']. Cette note « catholique », selon lui, serait comprise en Occident dans son sens géographique et quantitatif, tandis que l'Orient la comprendrait dans un sens qualitatif de totalité et d'intégrité. Cette sobornost' exprime la nature de l'Église comme un mystère d'unité et comme un plérome d'amour à l'image de la Sainte-Trinité, et donc comme une communion entre les croyants.

Les pages qu'il rédige prennent cependant la forme d'un exposé assez construit qui s'articule en onze chapitres. Les aspects polémiques ne manquent pas, mais le contenu positif est plus important et peut se résumer comme suit : l'unité de l'Église vient de l'unité de Dieu ; tel est le point de départ et le fondement (1-2). Ce principe permet de comprendre les « notes » qui caractérisent l'Église : une, sainte, catholique, apostolique (3-4). Si l'Église vit ces notes et en témoigne, c'est parce que l'Esprit Saint l'anime et la vivifie ; cet Esprit vivant se manifeste dans l'Écriture, dans la tradition et dans les œuvres (5). Il gratifie l'Église de ses dons : un amour qui se traduit dans les œuvres, une espérance qui s'exprime dans la prière, une foi qui se dit dans la confession (6). L'exercice de la foi, de l'espérance et de la charité se reflète dans l'enseignement, les sacrements et les rites de l'Église ; l'enseignement se résume dans le symbole de Nicée-Constantinople qui contient le mystère même de Dieu (7). Les sacrements sont, dans l'Église, le véhicule de la grâce divine ; les rites et le culte, à leur tour, expriment l'unité intérieure, seule véritable et essentielle : l'unité de l'Esprit (8-9). La plénitude de l'Esprit se consommera avec la plénitude de l'Église dans la consommation de la fin des temps (10). En attendant, l'Église orthodoxe, sans aucun orgueil, prétend incarner l'unité de l'Église qui, en réalité, transcende toute localisation particulière (11).

Cet ouvrage ne saurait prétendre épuiser toutes les dimensions de son sujet (l'institution, le droit, par exemple, ne sont guère évoqués). Mais il a le mérite d'avoir mis en lumière, dans sa présentation de l'Église, les valeurs de communion et le primat de l'amour.

C'est bien cet aspect positif qui justifie l'audience et le rayonnement de *L'Église est une*. Khomiakov a été l'initiateur d'un renouveau d'intérêt pour l'Église ; et ce renouveau marque, et peut-être commande, toute la renaissance religieuse, avec ses ombres et ses lumières, de la Russie romantique et moderne. – Trad. Cerf, 1953. R. T.

ÉGLISE SUR LA COLLINE (L') [*Kirken paa bjerget*]. Sous ce titre, l'écrivain islandais Gunnar Gunnarsson (1889-1975) a réuni une suite de cinq romans : *Le Jeu des brins de paille* [*Leg met straa,* 1923], *Vaisseaux dans le ciel* [*Skibe paa himlen,* 1925], *La Nuit et le Rêve* [*Natten ag drömmer,* 1926], *Der Werfarne rejsende* (1927), *Hugleik den haardtsejlende* (1928). Ce cycle, célèbre dans tous les pays scandinaves, est en grande partie autobiographique. Sans cesse l'auteur interroge sa propre mémoire et le passé millénaire de l'Islande, ses *Sagas* (*), ses contes, ses incantations, son étonnante mythologie, son univers brumeux où s'attarde, par-delà l'Océan, le rêve de toute une race. Cependant, de grandes images appartenant à l'enfance hantent l'imagination de l'auteur : son premier voyage à l'âge de sept ans, lorsque son père, fermier chez un frère aîné pasteur, s'installe à son compte dans une région voisine ; voyage qui lui fit découvrir les pistes creusées par un immémorial usage, les grands espaces, une existence biblique. C'est l'évocation à peine romancée de cet événement que nous offrent les deux premiers volumes, évocation que prolonge le récit des années qui suivent ; le roman illustre la vie : élevage, travaux des champs, légendes, âpreté de la nature et de l'existence, paysannerie naïve, scènes familiales, mort de la mère, enfin, au fil des pages, histoires étranges de l'Islande où l'antique science verbale des scaldes habite encore la mémoire populaire, où la métrique devient dictons, poèmes élémentaires et narquois sur les lèvres de fermiers, de valets, de la vieille servante Begga. Excité par les histoires de la vieille Begga, le jeune Uggi ne cesse d'imaginer des royaumes célestes, qu'il peuple d'ombres mystérieuses auxquelles, au long des heures, il donne des noms : « J'habitais à l'intérieur d'une boule dont le fond était formé de terres parsemées de mers, mers appelées ciel, sur le côté et le couvercle. » Brusquement, les objets semblent se métamorphoser et perdre leur apparence première. Aux grands espaces, aux larges taches des champs et des plaines, à la présence des gorges et des mers se substituent le toit, le corridor, l'escalier, la chambre. Aux sifflements du vent, les chuchotements des valets, du père, du médecin et le râle de la mère mourante. L'univers semble, pour la première fois, réduit à une chambre compliquée d'ombres, de tiroirs et d'objets inconnus ; et le temps à l'attente d'un jugement. Une nuit, la vieille Begga murmure : « Pauvre orphelin, pauvre orphelin. » Ce sera ensuite le remariage du père, la fin de l'enfance, l'apprentissage de la virilité et de la douleur, tout au long de volumes où Gunnar Gunnarsson s'est efforcé de recréer quelque chose des rythmes, de la spontanéité, de la rudesse et de l'énergie expressive de l'ancienne langue littéraire islandaise et de l'idiome populaire qui en demeure parfois si proche. La simplicité des moyens l'achemine vers le ton épique, à cette ampleur lente comme l'existence qui constitue l'un des attraits des littératures septentrionales. – Trad. *Vaisseaux dans le ciel,* Stock, 1942 ; *La Nuit et le Rêve,* Stock, 1944.

ÉGLOGUES de Dante [*Egloghe*]. Ce sont deux compositions, en langue latine, écrites par le poète italien Dante Alighieri (1265-1321) au cours des deux dernières années de sa vie et publiées, la première fois, en 1719 à Florence. Elles ont pour origine une épître dans le style d'Horace que Giovanni del Virgilio, lecteur de poésie latine à l'université de Bologne, envoya à Dante vers la fin de l'année 1319. Célébrant en lui « la voix sublime des muses » (« Piéridum vox alma »), Giovanni del Virgilio, qui connaissait les deux premiers chants de *La Divine Comédie* (*), regrette que tant de trésors de science et d'art soient prodigués à des gens incultes. Il propose donc à Dante de chanter en latin quelques événements de l'histoire contemporaine, persuadé qu'ainsi ils ne seront pas engloutis dans le gouffre du temps et qu'il emportera l'admiration des lettrés qui, indifférents à la langue vulgaire, continuent d'ignorer ses dons de poète. Quant à lui, Giovanni del Virgilio, il ne demande rien d'autre que de se faire le héraut de la gloire de Dante et de le présenter dans les écoles de sa docte cité, les tempes ceintes du laurier triomphal. À une marque aussi affectueuse d'estime et d'admiration, Dante répond par une églogue pastorale où, imitant la première Églogue de Virgile, il se cache sous le nom de Tityre, alors que sous celui de Mélibée il désigne le Florentin Dino Perini, plus jeune que lui et exilé comme lui à Ravenne. Après cet essai de poésie latine, Giovanni del Virgilio, reprenant à son tour la forme de l'églogue virgilienne, répondit à Dante, l'appelant un nouveau Virgile ou mieux, Virgile lui-même ressuscité, et lui renouvela l'invitation de se rendre à Bologne où, de concert, ils pourraient, l'un et l'autre, librement laisser chanter leur âme, au milieu d'un chœur affectueux d'admirateurs et d'amis. C'est alors que Dante, probablement dans la dernière année de sa vie, lui adressa une deuxième églogue, où, toujours sous le nom de Tityre, il évoque les tendres préoccupations dont il est l'objet de la part de Mélibée (Dino Perini), d'Alphésibée (le maître Fiducio dei Milotti, médecin) et des personnes chères qui l'entourent, inquiets à la pensée de le voir abandonner la riante Ravenne pour des cieux moins cléments.

Ces deux compositions, qui sont inspirées de l'églogue virgilienne et lui empruntent certaines attitudes et certains mouvements, témoignent hautement de l'art de Dante qui, dans un moment d'heureux abandon, a su échapper au latin scolastique de ses œuvres de prose pour se révéler poète une fois de plus. La fiction bucolique, presque toujours légère et transparente, n'est qu'un moyen pour donner un arrière-plan à la scène où l'action est mise au service d'une représentation qui peint des caractères et atteint dans son dénouement à des accents d'une profonde humanité. À travers la densité d'un langage savamment composé, des figures s'individualisent d'une manière dramatique : Tityre, avec sa foi dans la valeur de la poésie et son rêve de gloire, Mélibée et Alphésibée avec leur dévotion pour le « divin vieillard » dont la présence honore le lieu de leur commun exil. Le tout se déroule dans une atmosphère idyllique de la meilleure venue. — Trad. Gallimard, 1965.

ÉGLOGUES de Pétrarque [*Bucolicum Carmen*]. Œuvre latine réunissant douze églogues de François Pétrarque (1304-1374), poète et humaniste italien, composée en 1345-1347 et définitivement revue en 1357. L'attention du lecteur est surtout retenue par les éléments biographiques que contient cette œuvre et qui se cachent souvent sous un voile allégorique et pastoral. Le poète lui-même se montre assez peu convaincu de la valeur poétique de son œuvre ; bien qu'il s'agisse d'une description idyllique de la vie à la campagne, l'intérêt de l'ouvrage est surtout historique et polémique, comme le soulignent les annotations portées par la main de Pétrarque ou de l'un de ses amis. La première des *Églogues* est la plus pure par ses allusions et ses témoignages sur la vie spirituelle du poète ; celui-ci, sous le nom de Silvio (Silvius), discute avec son frère Gherardo, moine nommé justement Monico (Monicus). Ce dernier fait l'éloge de la vie religieuse tout en prières et en méditations, alors que le poète s'abandonne à l'emprise du monde et de ses plaisirs et connaît les tourments de l'amour. Gherardo oppose à la beauté classique et païenne la poésie des *Psaumes* (*) ; mais l'artiste, bien qu'ayant une certaine nostalgie pour la sérénité du monde religieux, s'engage résolument dans la vie nouvelle des lettres et exprime toute son admiration pour la beauté. Les églogues V et VIII (pour Cola de Rienzo), la VIe et VIIe (sur les maux de la Curie), la IIe (pour la mort de Robert, roi de Naples), la IXe (sur la fameuse peste de 1348) sont riches d'allusions à la vie du temps. Les IIIe, X^e^ et XIe sont célèbres pour les souvenirs qui ont trait à la vie de Laure. La XIIe a un intérêt européen, car elle évoque le conflit entre la France et l'Angleterre ; la IVe églogue traite en revanche de la différence entre la culture italienne et la culture française et affirme une supériorité chez les Italiens dans le domaine de la poésie, fleur de la spiritualité humaine. — Trad. Librairie des Bibliophiles, 1891.

ÉGLOGUES de Rodrigues Lobo [*Éclogas*]. Ce sont dix compositions de caractère bucolique que le poète portugais Francisco Rodrigues Lobo (1580-1621) publia en 1605. Elles sont précédées d'un *Discours sur la vie et le style pastorals,* dans lequel le poète expose ses idées esthétiques sur le genre littéraire qu'il a adopté, et exalte la vie pastorale comme étant celle qui met en lumière les trésors de l'âme humaine : trésors de sagesse qui trouvent leurs plus hautes expressions avec les rois, les princes, les pages, les capitaines, etc. ; il établit en effet certaines affinités entre les conducteurs de troupeaux et les conducteurs de peuples. L'églogue est l'expression littéraire du regret et de la nostalgie de l'âge d'or, où triomphait la vie pastorale dans sa plus parfaite innocence. En cet âge mythique se situe tout ce qui existe de bon, tout ce qu'on peut imaginer et désirer, que ce soit un retour vers le passé ou un espoir d'avenir. C'est pourquoi l'églogue représente le meilleur subterfuge dont l'écrivain puisse user pour combattre les vices des hommes. Grâce à cette conception, le poète évite un des plus grands défauts de la bucolique classique : la plate médiocrité, mais il tombe par contre dans un autre artifice : celui de chercher à justifier, par des raisonnements sophistiqués, le langage philosophique de ses pasteurs vêtus en paysans, pour le triomphe de la vertu et la défaite du vice.

À ce « Discours », important pour l'histoire des idées esthétiques au Portugal, font suite dix églogues, dont l'intention morale est dévoilée par les lettres qui accompagnent chacune d'elles. La première églogue traite du mépris des beaux-arts ; la seconde s'élève contre la haine et l'envie ; la troisième contre la tromperie et l'avarice ; la quatrième est écrite pour un ami qui fuit la peste et va se retirer à la campagne ; la cinquième parle de la mort et de la perte des amis ; la sixième s'élève contre la médisance ; la septième et la huitième évoquent les changements de la fortune ; la neuvième décrit l'inquiétude et les voyages du poète, ainsi que son séjour à la cour des ducs de Bragance à Vila Viçosa ; la dernière traite de la vie amoureuse des vachers. Les mètres employés sont, de préférence, le mètre national appelé « redondilha » et l'hendécasyllabe italien ; cependant, les tercets et les huitains ne manquent pas.

ÉGLOGUES de Ronsard. Œuvres lyriques du poète français Pierre de Ronsard (1524-1585), qui font partie des pièces qu'il composa en tant que poète de cour. Elles furent publiées séparément à partir de 1578 de ses Œuvres. La première d'entre elles est la *Bergerie* (1564), dialogue entre des bergers qui ne sont autres, sous leur travestissement bucolique, que les Grands de la cour de France. Orléantin, c'est le duc d'Orléans, Angelot le duc d'Anjou, tous deux frères du roi Charles IX ; Navarrin, c'est le roi de Navarre, le futur Henri IV ; Guisin le duc de Guise, Carlin Charles IX, enfin la bergère Margot est Marguerite de Valois, future épouse de « Navarrin ». Ces pièces sont des divertissements de cour où, autant et plus que le texte, comptaient les mouvements, les costumes et les voix. Elles ont été vivement critiquées par Fontenelle dans son *Discours sur l'Églogue* ; mais que serait un opéra réduit à son livret ? Du reste, les *Églogues* de Ronsard contiennent des descriptions de nature, des portraits d'animaux sauvages qui comptent parmi ses pages les plus charmantes.

ÉGLOGUES DE FLEET STREET [*Fleet Street Eclogues*]. Recueil de vers de l'écrivain écossais John Davidson (1857-1909), publié en deux fois, en 1893 et 1896. Dans ce livre, Davidson a trouvé sa véritable inspiration et la plus originale, en décrivant le monde de tous les jours et la vie qui l'entoure. Ce sont des poésies dont la rédaction est aisée, et qui sont pleines d'humanité, de réalisme et de fantaisie. Ces vers sont empreints d'une tendresse qui n'est pas habituelle à celui qui fut aussi le rude poète de « Veillée de Noël ». Dans ces *Églogues,* Davidson a la virtuosité de langage d'un poète lyrique authentique, et celle-ci, jointe à une simplicité de moyens et à un style sans ornements le font parvenir à une puissance et à une habileté picturale indéniables.

EGMONT. Tragédie en cinq actes de l'écrivain allemand Johann Wolfgang Goethe (1749-1832), commencée en 1775 à Francfort, après la rupture avec Lili Schönemann, dans sa période « prométhéenne », et terminée à Rome, après diverses interruptions, en septembre 1787. Elle fut représentée à Weimar, en 1791, avec peu de succès, et accueillie plus favorablement, en 1796, dans un arrangement de Iffland et Schiller. Les principaux personnages, sculptés en haut-relief, sont Egmont, Guillaume d'Orange, le duc d'Albe et Claire, la fiancée d'Egmont, une des figures poétiques les plus exquises de Goethe. Les caractères de Ferdinand, fils du duc d'Albe, et de Brackenburg, le prétendant de Claire, fidèle et dédaigné, apportent une note légère et lumineuse dans le sombre climat de la tragédie. Les autres personnages, y compris la reine Marguerite de Parme et un certain Machiavel, son secrétaire, ont un rôle secondaire et ne sont là que pour faire masse. L'action se déroule sur trois plans parallèles (le peuple, l'amour, la politique) qui se maintiennent tout au long des cinq actes ; l'entrée en scène des trois personnages historiques est préparée par des conversations préalables, de telle sorte que le public les connaît avant de les avoir vus. Le sujet est emprunté à la guerre des Pays-Bas (1556-1598), mais Goethe n'a pas voulu pour autant faire une pièce historique. La révolte des Pays-Bas contre l'Espagne de Philippe II n'est qu'une toile de fond sur laquelle évolue le comte Egmont, prince de Gavre, défenseur idéal de la liberté.

L'action se déroule à Bruxelles, du mois d'août 1566 aux premiers mois de 1567. Au premier acte, nous sommes sous la régence de Marguerite de Parme qui gouverne suivant les sages conseils d'Egmont et de Guillaume d'Orange, et l'on respire encore un certain air de tolérance et de liberté. Bien qu'Egmont n'apparaisse pas, sa haute figure domine la scène. On devine sa présence à travers les conversations de la régente et de Machiavel, dans les espérances du peuple, et dans l'attente inquiète de Claire dont l'amour transfigure le héros populaire. Au second acte, Egmont, fêté par le peuple, précise sa position politique au cours d'une conversation avec Guillaume d'Orange. Si Egmont se refuse aux intrigues politiques et, fidèle au roi, entend faire valoir légalement les droits du peuple, Guillaume d'Orange, par contre, lui démontre l'inefficacité et les dangers d'une telle position, et essaie de lui faire accepter l'idée d'une révolution. Il se déclare, en cas de refus, prêt à abandonner – certes à contrecœur – son ami Egmont. Le troisième acte, très bref, prépare l'arrivée du duc d'Albe et se termine sur la scène d'amour, pleine de fraîcheur, entre Egmont et Claire : cette scène rappelle celle de *Faust* (*) et de Marguerite. Mais la tempête se prépare au quatrième acte : le duc d'Albe, le cruel oppresseur du peuple, décide de tendre un piège à Guillaume et Egmont ; Egmont seul tombera dans le piège, à cause même de son idéal ; le dialogue qui s'engage alors entre le duc et Egmont est très beau. Le contraste entre les deux personnages éclate avec force ; tandis qu'Egmont dévoile loyalement à l'adversaire la situation des Pays-Bas, affirmant le droit imprescriptible de son peuple à la liberté et à l'indépendance, le duc d'Albe, diplomate rusé et créature politique sans âme, ne pense qu'à exécuter les ordres de son roi. Au cinquième acte, l'action se précipite : c'est le suicide de Claire, qui s'empoisonne après avoir vainement tenté de soulever le peuple pour délivrer Egmont ; puis la mort d'Egmont. Écrit dans une prose hautement poétique, ce cinquième acte unit, en un sentiment profondément humain, la nostalgie de vivre au sentiment de la liberté ; si l'amour de Claire ne trouve d'autre solution que la mort, le regret nostalgique du bon Brackenburg, le prétendant refusé, lui survit ; et si le héros meurt en invoquant une dernière fois la vie, si — très humainement — il rêve un instant de fuir, il reconnaît cependant en Claire, qui lui apparaît en songe, le symbole de la liberté ; et grâce à son frère spirituel Ferdinand, le fils de son ennemi, il sent que son idéal de liberté ne meurt pas, mais renaît à une vie universelle dans la solidarité humaine : « Je meurs pour la liberté pour laquelle j'ai vécu et combattu et à laquelle aujourd'hui je me livre en sacrifice. »

Cette tragédie, qui appartient du moins en partie à la période du « Sturm und Drang » de Goethe, s'en détache cependant au dernier acte. Prölss remarque combien elle perd de sa puissance, du point de vue théâtral, à cause du lyrisme excessif du poète ; Goethe, fait-il remarquer, est « si près de son héros qu'il lui enlève son caractère de personnage tragique ». Toutefois, si ce lyrisme n'est pas sans nuire au drame, du moins donne-t-il au héros goethéen un relief particulier, qui tient à ce que, transporté hors de l'histoire, il s'élève au-dessus des autres personnages, enclos dans leurs limites historiques. — Trad. Gallimard, 1942.

★ C'est cette transposition d'*Egmont* et non l'Egmont historique qui a inspiré au compositeur allemand Ludwig van Beethoven (1770-1827) sa célèbre ouverture (1810), morceau le plus fameux de la musique de scène que le compositeur écrivit pour la tragédie de Goethe. Le sort individuel du personnage historique s'efface, et Beethoven célèbre, sur un mode homérique, tout homme qui lutte pour sa liberté. C'est un des ouvrages où se manifeste le plus complètement l'idéalisme héroïque de l'âme de Beethoven, idéalisme alimenté par la lecture des classiques et par la participation passionnée du compositeur aux événements de son temps. Comme les autres grandes ouvertures — v. *Coriolan* (*) et *Léonore* (*) —, *Egmont* (*) a le mérite d'une extraordinaire concision, d'une exposition sans défauts et remplie de pensée musicale sans développements purement formels ; toutefois, elle a une structure plus complexe que *Coriolan* par exemple, puisqu'elle comprend trois parties. Le corps central de la composition proprement dit est précédé d'une introduction Sostenuto ma non troppo, construite sur l'opposition entre les accords rudes des cordes et les accents douloureux des instruments à vent qui s'échappent et se perdent dans les airs comme des gémissements. Mais ces gémissements, d'abord épars, se rapprochent petit à petit, se groupent en une phrase musicale, répétée à plusieurs reprises et qui éclate avec une force renouvelée dans l'Allegro. Sous cette phrase devenue presque vertigineuse, les violoncelles font entendre dans le grave une phrase solennelle :

reprise à chaque fois dans l'aigu par les violons, très bel exemple de ce contrepoint, non pédant et doctrinal, mais naturellement expressif, grâce auquel Beethoven était parvenu à se créer un langage totalement libéré du poids des accompagnements lourds et encombrants. Une progression en crescendo, créant une tension physique hallucinante, soulève le thème des violoncelles jusqu'à en faire une sorte de déclamation aiguë et vibrante.

Mais les pesants accords des cordes, qui ouvraient l'introduction, imposent à nouveau leur tyrannique expression ; alors les accents de douleur qui leur répondaient continuent de se faire entendre, mais dans un mouvement qui n'est plus celui de l'introduction. Ils prennent le rythme rapide de l'Allegro qui retentit comme un appel à l'action et emporte tout. La force d'âme du héros se traduit par les gammes montantes des cordes impétueuses ; une fois de plus les gémissements épars se groupent en un puissant crescendo, le chant solennel résonne fortement et triomphalement comme un drapeau agité au-dessus du tumulte de la lutte. Mais les terribles accords de la tyrannie font prévaloir leur force brutale. Il semble que le sort du héros soit indiqué par sa voix qui s'éteint dans des accords tenus et prolongés en point d'orgue. Comme c'est le destin des martyrs que de trouver la victoire dans la mort, à partir de ces accords, modulant vers ut majeur comme dominante de la nouvelle tonalité de fa, se développe, en un crescendo plein d'enthousiasme, une troisième partie Allegro con brio en 4/4 (l'allegro précédent était en 3/4), qui éclate bientôt en une fanfare de victoire carillonnante que couronne un morceau contrapontique d'une fulgurante énergie.

ÉGOÏSTE (L') [*The Egoist*]. Roman de l'écrivain anglais George Meredith (1828-1909), publié en 1879. Sir Willoughby Patterne est l'héritier d'une noble et riche famille. Beau et intelligent, à vingt et un ans il est admiré par tous, mais il est égoïste et présomptueux. Par vanité, il encourage l'amour de Letizia Dale, jeune fille intelligente, mais timide et pauvre, tandis qu'il se fiance avec la belle et riche Costance Durham. Mais Costance ne tarde pas à découvrir que son fiancé n'aime que lui-même et elle l'abandonne pour un pauvre capitaine de hussards. L'orgueil et la vanité du jeune baron souffrent de ce coup.

Pour faire croire à la société que la rupture est venue de lui, il courtise assidûment Letizia, ravivant ainsi ses espérances. Mais, soudainement, il part pour un long voyage, et à son retour, il se fiance avec la fille d'un savant, Claire Middleton. Très vite, Claire s'aperçoit qu'elle a commis une erreur et elle voudrait se dégager de ce lien ; malgré les tentatives de Willoughby, elle l'abandonne pour épouser Vernon Whitford, cousin de celui-ci, modeste et pauvre, et qui personnifie vraiment son contraire. Sir Willoughby obtiendra avec peine le consentement de Letizia, chez laquelle est désormais éteint le germe de l'amour. *L'Égoïste* est le roman le plus typique de Meredith, car il reste entièrement dans les limites d'une étude psychologique approfondie et attentive. Dans cette œuvre disparaît la complication des événements qui caractérisait ses œuvres antérieures : l'action se réduit au minimum et toute l'attention se porte sur l'étude d'une âme humaine, sur la lente et implacable découverte du plus commun et du plus naturel des vices. Malgré cette absence presque absolue d'événements extérieurs et la densité du roman, dont chaque phrase est saturée de pensées et de réflexions, l'attention du lecteur est toujours tenue en haleine par l'art très fin avec lequel le romancier dénonce et condamne l'égoïsme. Dans *L'Égoïste* est abordé, une fois de plus, le problème des rapports entre les sexes, au sujet duquel, depuis longtemps, Meredith avait pris le parti de la femme. À côté de Willoughby, il a placé la figure de Claire Middleton, une des créatures les plus parfaites de la vaste galerie de portraits de femmes qui apparaissent dans ses œuvres. — Trad. Gallimard, 1924, 1980.

ÉGRENEURS DE MAÏS [*Cornhuskers*]. Ce recueil poétique, publié en 1918, valut à l'écrivain américain Carl Sandburg (1878-1967) le prix Pulitzer spécial. Écrit d'une manière lyrique et contemplative, il est la meilleure preuve que, sous la rudesse des mots, Sandburg est un tendre. « Je suis né sur la prairie et le lait de son blé, le rouge de son coquelicot, les yeux de ses femmes, m'ont donné une chanson et un leitmotiv. » Le réalisme de sa langue ne l'empêche nullement de donner cours à son sentimentalisme, mais ce qui domine est le rêve. Il use ici d'un système d'évocation, le poème paraissant émaner d'un personnage symbolique : « Je suis ici quand les villes ne sont plus / J'ai nourri les hommes solitaires à cheval / Je garderai les hommes riants qui chevauchent le fer / Je suis poussière d'hommes. » Walt Whitman réclamait des « bardes » : dans *Cornhuskers*, Sandburg s'en révèle un avec tout ce que cela implique de fidélité à la réalité, à la nature, de compréhension de son vaste pays.

ÉGYPTIENS (Les) ou De la Providence [*Αἰγύπτιοι λόγοι ἤ περὶ προνοίας*]. Roman historico-allégorique en deux livres du philosophe grec néo-platonicien Synésios de Cyrène (370 ?-413). La première partie a été composée, comme l'auteur nous le dit lui-même dans sa préface, entre 400 et 402, et la deuxième quelques années plus tard. Dans une bizarre allégorie qui transporte l'intrigue de Byzance en Égypte pour pouvoir la représenter plus librement, Synésios rapporte dans cet ouvrage des événements qui s'étaient déroulés à Constantinople, alors qu'il s'y trouvait, chargé d'une mission par ses concitoyens. Osiris et Typhon, fils d'un roi d'Égypte, représentent en réalité Aurélien, consul à Constantinople, et Césaire, son frère, fils de Taurus. Typhon, poussé par une épouse cruelle et aidé par des soldats barbares, qui représentent les Goths, maîtres de Constantinople, chasse Osiris et s'empare du pouvoir. Il est bientôt chassé lui-même par une révolte et Osiris, tel Aurélien, reprend sa place. La voie que l'on doit suivre pour interpréter cet écrit nous est indiquée par Synésios lui-même qui, suivant l'enseignement d'Hypatie, la néo-platonicienne, développe une théorie astrologico-astronomique selon laquelle les astres, en revenant au point d'où ils sont partis pour accomplir leur cycle, renouvellent également le cours des événements humains. C'est ainsi qu'aux épisodes de l'antique cour égyptienne rapportés dans cet ouvrage correspondent les événements qui, du temps de l'auteur, se déroulaient à Constantinople. Les digressions philosophiques, d'inspiration néo-platonicienne ou proches du mysticisme orphique et oriental, dont Synésios et, en général, les savants de son temps étaient profondément marqués, sont très nombreuses.

EIMI. Récit de voyage publié en 1933 par l'écrivain américain Edward Estlin Cummings (1894-1962). Tout comme André Gide et bien d'autres écrivains, l'auteur entreprit en 1931 un voyage en Union soviétique afin de se rendre compte par lui-même des effets de la Révolution russe et des progrès réalisés par le régime communiste. L'impression générale qui se dégage de ce journal corrobore le sentiment de l'auteur que l'individu a été non seulement subordonné à l'État communiste, mais totalement écrasé par lui.

Cummings fut ainsi le premier poète américain à attaquer l'idéal de domination politique comme la tyrannie par excellence, après s'être opposé à l'absurdité militaire et administrative dans *L'Énorme Chambrée* (*). Cet individualiste croit en effet en la conscience personnelle, en la liberté d'une action spontanée, tout en admettant la nécessité « d'une discipline stricte et consciencieuse dans la formation de la personnalité ». Aux États-Unis mêmes, il combat donc tout collectivisme qui mutile l'individu dans le but d'instaurer le conformisme. Il se défie des théories et des rationalisations qui interfèrent dans le libre exercice des droits individuels. Rien d'étonnant à ce qu'il juge sévèrement les applications du marxisme léniniste et stalinien. La primauté accordée à l'économie dans l'histoire humaine, la lutte des classes, la soumission de l'individu aux buts de l'État lui semblent autant d'expressions d'une tyrannie qui consiste à ériger les desseins d'une partie (qu'il s'agisse d'une nation au lieu d'un homme) en but valable pour l'humanité. Cet égoïsme titanesque revient à remplacer Dieu par l'État, et c'est en face de ce faux dieux que l'auteur se dresse, revendiquant la primauté du moi, comme l'indique le titre grec, qui signifie « Je suis ».

Cummings appuie sa critique sur les impressions consignées dans son journal en un style calqué sur le courant de conscience joycéen. Ce qui frappe, c'est l'abondance de détails de mauvais goût, la lourdeur géométrique de l'architecture. Le mausolée de Lénine symbolise ainsi le pouvoir destructeur de l'originalité excentrique mais créatrice : « Une composition rigide de blocs ; un jeu d'arêtes quasi purement mathématique ; une conception cubique d'une cruauté presque absolue ; tout aussi terne qu'exagérée, et au demeurant puérile ; quelque chose qui équivaudrait en architecture à : "Hou ! Je t'ai fait peur, cette fois" (tout près de là, les tombes des martyrs)... »

La prose fluide et imagée dénote une aisance naturelle. Par contre, le public de l'époque ne fut pas peu surpris de trouver dans un journal de voyage des parodies, des jeux de mots, des cryptogrammes et des innovations typographiques rappelant *Tulipes et Cheminées* (*). La poésie de « e.e.cummings » (puisqu'il aimait ainsi orthographier son nom) devait peu à peu y accoutumer le lecteur américain.

EKKEHARD, une histoire du Xe siècle [*Ekkehard, eine Geschichte aus dem zehnten Jahrhundert*]. Roman historique de l'écrivain allemand Joseph Victor von Scheffel (1826-1886), publié en 1855. Ce roman est un voyage dans le passé, contrepartie des incessants voyages que fit l'auteur, « errant sans trêve ni repos », comme il le dit lui-même, « toujours en quête d'une situation, tourmenté par la nostalgie de l'infini ». Deux années auparavant, il avait publié un poème, mélange d'épopée et d'humour, *Le Trompette de Saekkingen* (*), dont le succès avait été extraordinaire ; puis il avait tenté d'acquérir un renom dans la peinture, mais en vain. Il revint donc à la littérature avec cet *Ekkehard*, dont le succès égala presque celui du *Trompette*. Le sujet est tiré d'une vieille chronique qui appartenait à l'abbaye de Saint-Gall et qui fut conservée dans la *Monumenta Germania Historica* (*).

La scène se passe au Moyen Âge. Ekkehard est un moine de Saint-Gall, qui peu à peu va entrer en conflit avec la règle monastique et les traditions. Ces traditions sont en partie incarnées dans la noble duchesse Hadwig de Souabe, sensible à l'amour, mais pétrie d'orgueil. Le décor est la Forêt-Noire et le lac de Constance, où Scheffel, né à Karlsruhe, a éprouvé ses premières impressions de nature. On ne peut douter que Scheffel se soit peint lui-même sous les traits d'Ekkehard avec son goût naturel pour la rêverie et la solitude méditative. En face de lui, dame Hadwig, dont le visage d'une rare beauté « est l'indice d'un esprit pénétrant et d'un cœur indomptable qui incline à la sévérité ». Ainsi inspire-t-elle à ses sujets une crainte toute particulière en dépit de la fraîcheur juvénile de son visage. Elle vient visiter le couvent. Ekkehard la prend dans ses bras pour lui faire franchir le seuil qu'aucun pied de femme ne doit jamais effleurer. Émue par ce contact, la duchesse ordonne que Ekkehard se présente à son château avec une édition de Virgile pour lui enseigner le latin. Les leçons commencent par la lecture des amours d'Énée et de Didon. De doux sentiments se forment que la duchesse accueillerait sans doute, si Ekkehard savait les exprimer. Soudain s'annonce l'approche des Huns. Une bataille a lieu ; les ennemis sont vaincus. Ekkehard, plongé dans le siècle, sent « s'élargir l'horizon de sa pensée », mais dans le même temps la duchesse est humiliée « de son incompréhension apparente ». Elle ne pourra plus la lui pardonner, et peu à peu Ekkehard lui devient odieux. On l'accuse d'avoir voulu porter une main coupable sur sa suzeraine. Il s'enfuit et se cache dans une chapelle des montagnes suisses, où il vivra désormais en solitaire.

Au contact de la nature, il guérit de son funeste amour, et voici qu'en lui se réveille le souvenir des antiques légendes germaniques. Au son de la harpe, il compose un chant : *Waltharius manufortis.* Ce court poème épique est rédigé en latin, et c'est l'occasion pour Scheffel d'en donner une très belle traduction allemande. Le ton est humoristique, et à l'ironie se mêle une pointe de bonhomie sentimentale qui situe Scheffel dans la tradition de Jean-Paul Richter. Il en résulte que l'atmosphère n'est nullement celle du Xe siècle, époque de l'action, et que ce roman historique est avant tout une confession. — Trad. Didier, 1934.

ÉLECTIONS (Les) [*Reštavrácia*]. Conte de l'écrivain slovaque Ján Kalinčiak (1822-1871), publié en 1860. En 1848, l'aristocratie détenait à elle seule l'administration des provinces et en élisait les chefs : élections habituellement pleines d'intrigues, appelées en dialecte « reštavrácia ». Kalinčiak nous décrit avec beaucoup de verve l'une de ces élections, à laquelle se mêle une intrigue amoureuse. Adam Besenovský, le chef de la province, et Ján Potocký, son adjoint, sont les deux candidats. Toute l'aristocratie provinciale se rencontre à la réception donnée par Adam Besenovský ; parmi les invités il y a le riche comte Zelinský, qui aspire, non seulement au poste d'adjoint, mais encore à la main de la charmante fille de Besenovský, Anueka. Celle-ci cependant préfère Stefan Levický, un de ses cousins, employé de son père et sans fortune. Naturellement le père, lui, préfère le riche prétendant : aussi, lorsque l'autre oncle de Stefan, le vieil Ondrej Levický, intervient auprès de son beau-frère, ce dernier déclare que Stefan doit d'abord devenir adjoint de la province, s'il veut épouser la belle Anueka. L'oncle Ondrej est un habile avocat ; il s'emploie à rassembler le plus de voix possibles sur la candidature de Potocký, qui lui a promis, au cas où il serait élu, de prendre pour adjoint Stefan. Les intrigues continuent à se développer. La veille des élections, il y a une autre réception chez Adam Besenovský, cette fois-ci pour les électeurs. Stefan reçoit les invités à la place de son oncle et les fait si bien boire que le lendemain ils ne s'aperçoivent pas que les voitures ne les conduisent pas vers la capitale de la province, où ont lieu les élections, mais dans le sens opposé. Ainsi, le nombre des électeurs d'Adam Besenovský est-il plus faible ; Ján Potocký est élu et Stefan Levický, nommé adjoint, peut épouser la belle Anueka. Adam Besenovský obtient une charge importante à Budin ; à la faveur des noces de Stefan et d'Anueka, les deux familles Besenovský et Levický se réconcilient. C'est un conte très vivant et savoureux où l'on voit souvent apparaître la satire ; il est écrit dans une langue très pittoresque, toute farcie de proverbes populaires slovaques. L'ouvrage fut adapté à la scène par Vladimirov, et représenté avec succès au Théâtre national de Bratislava.

ÉLECTRE [Ἠλέκτρα]. Titre de deux tragédies grecques d'Euripide et de Sophocle. Sur le retour d'Oreste dans sa patrie et sur le meurtre de sa mère, Eschyle avait écrit *Les Choéphores* (*) où le motif dominant est tiré d'une idée religieuse : l'ordre du dieu d'accomplir la vengeance. À ce drame, Euripide (484-406), répond, au printemps de 413, par une *Électre* dans laquelle l'épisode se réduit à une histoire de famille : c'est le rationalisme qui contredit le droit du croyant à la légende, en introduisant des nouveautés, non seulement dans l'interprétation de la fable et dans les caractères, mais aussi dans les données du fameux récit traditionnel.

Électre, après la mort d'Agamemnon, a été mariée par Clytemnestre et Égisthe à un pauvre cultivateur pour qu'elle ne puisse donner le jour à des fils nobles capables de venger Agamemnon. L'héritier d'Agamemnon, Oreste, celui qui doit exercer la vengeance, a été tout enfant soustrait à Égisthe, qui voulait sa mort, par son pédagogue ; maintenant exilé, il vit auprès de Strophios, roi de Phocide. Égisthe, qui n'a cessé de désirer sa mort, a promis une récompense à celui qui le tuerait. Cependant Électre demeure dans la maison du pauvre paysan, qui, modèle de délicatesse et de bon sens comme le sont souvent chez Euripide les personnages d'humble condition, a respecté sa pureté. C'est lui-même qui raconte tout ceci dans le prologue, devant la maison où se déroule la scène. C'est alors qu'Électre entre en scène : elle se lamente sur son sort, et le brave homme tente de la consoler. Ils s'éloignent tous deux. Mais voici Oreste et Pylade, Oreste qui, sur l'ordre d'Apollon de Delphes, est venu venger son père. Il se terre, pour l'instant, dans un lieu isolé près de la frontière pour fuir plus facilement s'il venait à être surpris. Lorsque Électre revient, à la pauvreté de ses vêtements Oreste la prend pour une esclave et se cache pour écouter. Électre commence un chant de lamentation sur la mort de son père et sur sa misérable condition, chant qu'elle poursuit avec le chœur composé de jeunes filles de l'Argolide. C'est la fête d'Héra en Argos et les jeunes choristes voudraient qu'Électre s'y rende avec elles. Mais il n'est pas de joie et de fête possibles pour Électre. C'est le moment qu'Oreste et Pylade choisissent pour se montrer : la jeune fille est d'abord épouvantée ; Oreste qui l'a reconnue à ses paroles lui dit — sans se nommer encore — qu'il est venu lui apporter des nouvelles de son frère. Toute réjouie, Électre raconte à l'étranger sa vie, ses humiliantes noces et la générosité du bon paysan. Elle avoue la haine qu'elle porte à sa propre mère et son désir de la voir mourir ; mieux que cela, elle est prête à la tuer de ses propres mains. Que l'étranger rapporte son message à Oreste : sa sœur l'attend de toute son âme, comme l'exécuteur de la vengeance. Oreste, en l'écoutant, a de la peine à réfréner son émotion. Invité par le paysan, il accepte son hospitalité humble et généreuse. Pour mieux accueillir ses hôtes, Électre envoie demander au vieux serviteur, qui fut le pédagogue d'Agamemnon et qui sauva Oreste enfant, de lui apporter quelques provisions. Il sera heureux de rendre visite à l'homme venu annoncer qu'Oreste est vivant.

Durant une pause, le chœur chante la gloire et le malheur d'Agamemnon, le héros splendide, vainqueur de Troie, qui devait être sacrifié à l'amour adultère de Clytemnestre. Arrivée du pédagogue d'Agamemnon, vieillard qui se traîne difficilement, mais s'est fait un plaisir d'apporter le peu qu'il avait. En passant devant la tombe d'Agamemnon, il s'est arrêté pour l'honorer de ses hommages, et il a vu — il en est encore tout bouleversé — les traces d'un sacrifice récent et une boucle de cheveux blonds sur le tumulus. Pour lui, il n'y a pas de doute : Oreste est revenu. Il cherche à convaincre Électre, mais celle-ci refuse de se rendre à ses arguments qui sont — et l'intention polémique de l'auteur est évidente — ceux mêmes qui avaient suffi à l'Électre d'Eschyle, dans les *Choéphores*, pour reconnaître son frère : la ressemblance des cheveux, les traces de pieds sur le terrain en tout point comparables à celles d'Électre, enfin la possibilité de le reconnaître à son vêtement tissé par Électre elle-même. Encore tout bouleversé par ses pressentiments, lorsque le vieillard se trouve face à face avec l'étranger, il remarque tout de suite la cicatrice d'une blessure qu'Oreste enfant s'est faite en tombant. Électre maintenant peut être convaincue à son tour. Le frère et la sœur s'étreignent, tendus vers une seule pensée : la vengeance. Le chœur manifeste sa joie, puis Oreste et Électre se mettent d'accord pour mener à bien leur dessein. Le vieillard suggère un plan pour tuer Égisthe. Ce dernier se prépare, non loin de là, à faire un sacrifice aux Nymphes. Il faut qu'Oreste se présente à lui ; il sera certainement convié à participer au sacrifice. Il devra choisir le bon moment pour le tuer. Ensuite Électre n'aura plus qu'à attirer sa mère chez elle, en lui envoyant la fausse nouvelle de son accouchement Elle ne doute pas que Clytemnestre ne vienne. Sinistrement, Électre compte sur ce qui reste à Clytemnestre de sentiment maternel, même après son crime, et s'en sert comme moyen pour conduire sa mère à la mort. Après une prière à l'âme de son père et aux puissances infernales pour qu'elles aident à la vengeance, Oreste s'éloigne.

Durant une pause, le chœur évoque — ce qui a peu de rapport avec l'action — les débuts du règne d'Atrée. Puis on entend des cris lointains et des gémissements. Électre est toute tremblante, mais voici qu'arrive un messager qui, plein de joie, narre le triomphe d'Oreste. Égisthe, le voyant passer sur ses terres, l'a invité à sacrifier avec lui et lui a offert une arme pour dépecer le taureau abattu. Avec cette arme, Oreste l'a tué. Les gens du palais ont reconnu le vengeur et l'ont acclamé comme leur légitime seigneur. Accueilli par la joie d'Électre et du chœur, Oreste survient en personne, portant le cadavre d'Égisthe. En face de son ennemi mort, Électre se répand longuement en reproches et en insultes.

Devant le parricide qu'il lui faut maintenant accomplir, Oreste n'éprouve qu'angoisse et répugnance, mais Électre est là, qui le réconforte. Il entre dans la cabane pour y attendre sa mère, obéissant, l'âme déjà déchirée, à l'ordre divin. Survient Clytemnestre qui ignore encore la mort d'Égisthe. Un long débat l'oppose à sa fille : Clytemnestre se défend des accusations que sa fille porte contre elle ; mais Électre l'accable. Cependant l'attitude de sa fille paraissant s'adoucir, la mère accepte l'invitation d'Électre à entrer dans sa maison pour y accomplir le sacrifice de purification obligatoire après une naissance. Le chœur entonne un chant bref pour déplorer le crime de Clytemnestre. Puis on entend des cris désespérés et les deux justiciers sortent, tout maculés du sang de leur mère. La vengeance ne leur donne pas un instant de joie ; ils fondent en larmes, tourmentés par le remords immédiat, et par la vision de leur mère ensanglantée, implorant la pitié. L'apparition des Dioscures, frères d'Hélène et de Clytemnestre, marque la fin du drame. Ils ordonnent à Oreste de se réfugier à Athènes où il sera purifié selon les vœux de l'Aréopage ; il laissera Pylade qui épousera Électre. Les Furies sont sur le point d'intervenir et ne s'éloignent de lui qu'après la sentence des juges et à cause de la protection qu'Athènes lui accorde. Oreste s'enfuit alors en pleurant, poursuivi par les Furies.

Alors qu'Eschyle, avec une foi religieuse profonde, avait représenté l'immense et presque insoutenable gravité d'un acte de justice voulu par le dieu de Delphes, faisant d'Oreste un héros, Euripide en a fait la victime d'une féroce superstition à laquelle, presque explicitement, il n'ajoute pas foi. Son drame est beaucoup trop commandé par le souci de prouver une thèse pour qu'il ait pu, malgré l'habile structure scénique et de nombreux détails poétiques excellents dans les chœurs et les discours, atteindre le grand art. Les motifs religieux, qui seuls peuvent rendre nécessaire l'horreur du parricide, n'existant pas chez le poète, ne peuvent s'incarner dans les personnages. Ceux-ci demeurent injustifiables dans leur haine et leur dessein. Et la plus injustifiable de tous est justement celle qui devrait être l'héroïne de la tragédie : Électre, si déchaînée contre sa mère pour des raisons humaines, mesquines, incommensurablement disproportionnées à la monstruosité de son acte, et puis soudainement terrassée par un remords auquel rien ne semblait la préparer. C'est cependant à cette attitude d'horreur devant le sang, particulière à la religion d'Apollon, que l'on doit la partie la plus poétique de cette tragédie : l'évocation pleine de déchirement du crime à peine commis. — Trad. Les Belles-Lettres, 1949 ; Gallimard, 1962.

★ L'*Électre* écrite par Sophocle (496 ?-406 av. J.-C.) appartient probablement à la fin de sa carrière. Elle reprend un thème traité par Eschyle — dans les *Choéphores*, la seconde pièce de l'*Orestie* (*) —, et peut-être, avant Sophocle lui-même, par Euripide — voir plus haut. Elle met en scène le drame d'une héroïne, dont les uns estiment qu'il est conduit jusqu'à la sérénité de la délivrance, tandis que d'autres jugent qu'il débouche sur la désolation la plus totale. En considérant la fin de la pièce, on peut croire que Sophocle a délibérément transformé une donnée de la fable traditionnelle et qu'à ses yeux, Oreste ayant accompli droitement le meurtre de sa mère et d'Égisthe, son amant, le justicier n'a plus à expier pour son acte. Il est également légitime de penser que la donnée de l'expiation est implicitement présente et que le silence du poète suggère l'imminente irruption des Érinyes, vengeresses du meurtre. L'analyse présente s'attache au sens qui a paru le plus probable, celui de la méprise des vengeurs.

La scène a lieu devant le palais où règnent désormais Égisthe et Clytemnestre. Nous voyons d'abord apparaître Oreste, accompagné de Pylade et de son précepteur. Venu venger son père, il procédera avec ruse. Il fera précéder l'exécution de la vengeance de la fausse nouvelle de sa propre mort. La construction de la pièce dépend étroitement de cette ruse à laquelle Oreste se résout pour obéir à l'oracle de Delphes qu'il avait consulté et qui l'invitait à exécuter « de justes égorgements avec le geste furtif de la main » et à ne pas reconquérir le pouvoir avec l'aide d'une armée. L'oracle est ambigu, étant donné la façon dont il désigne, par la métonymie de l'égorgement, un meurtre sous le mode d'un sacrifice. Ensuite, il était demandé à Oreste d'agir en « voleur » ; il devait récupérer le trône de son père « furtivement » et non par la force. Le choix des moyens était laissé à son libre arbitre : il n'a donc rien trouvé de mieux que la fausse nouvelle de sa mort. Aux yeux des spectateurs, cette nouvelle a pour premier effet de créer une attente dans le creux de laquelle nous apparaîtra Électre, lui laissant le temps d'exprimer, dans un premier moment, la plainte qui l'attache à la mémoire de son père, la douleur des brimades qu'elle doit subir du fait des meurtriers, et son désir ardent de la vengeance. Clytemnestre la rejoint pour lui demander de cesser de tenir publiquement ses propos malveillants et de rentrer dans le palais. Le précepteur survient : en un long récit, qui occupe le milieu de la pièce et qui la partage nettement en deux parties — attente de l'annonce de la ruse, conséquence de l'annonce — il fait donc croire à la mort d'Oreste. Clytemnestre, douloureusement partagée entre son soulagement et la pitié qu'elle éprouve pour son fils, rentre avec le messager dans le palais. Électre refuse de considérer que le récit puisse être une ruse ; elle écarte les indices qui suggèrent que son frère pourrait être vivant. Elle cultive son propre désespoir, entretient ainsi sa haine d'une mère, en qui elle n'a vu qu'indifférence, jusqu'à vouloir exécuter elle-même le meurtre vengeur. Oreste lui-même, sous une identité empruntée, apporte une urne censée contenir ses propres cendres. L'aveuglement d'Électre est tel qu'elle est persuadée de la vérité de ce qu'on lui dit à propos d'un contenu invisible, une cendre elle-même sans figure ; à l'inverse, elle est incapable d'identifier celui qu'elle a devant les yeux, son double fraternel. Mais, se laissant prendre au piège du désespoir, Oreste se donne à reconnaître à sa sœur. Celle-ci passe alors aussitôt de la plainte du deuil, qui la fixait à une urne vide, à un irrésistible transport de bonheur : ne se voit-elle pas enfin munie de l'organe qui la rend capable d'exécuter le seul projet dont elle a entretenu obsessionnellement son existence ? (« Je te tiens dans mes mains / de mes mains », crie-t-elle à son frère, en même temps qu'elle nous fait entendre qu'il est désormais impossible à Oreste d'exécuter « par le geste furtif de la main » la vengeance.) Ce qui fait jubiler Électre, c'est de découvrir soudain la main qui lui permettra de réaliser par procuration son désir, le meurtre de sa mère. Ainsi, la ruse d'Oreste aura d'abord abouti à son propre enchaînement, à sa réification instrumentale : ayant failli à son propre plan, il agira lui-même en agent dédoublé, incapable d'entendre les doubles sens du discours d'Égisthe, sa future victime, et de se rendre compte que l'ultime argument qu'il lui donne pour justifier son meurtre se retourne contre lui. Oreste n'a pas été l'agent d'exécution de la justice divine, mais celui de la vengeance de sa sœur. Et Électre elle-même ? Seule la mort de ses ennemis pouvait la délivrer de ses maux, disait-elle. N'était-ce pas avouer que la haine l'avait rendue étrangère à elle-même ? La pièce de Sophocle nous fait donc assister à la transformation de ce qui aurait dû être un acte de justice en une perversion meurtrière, à partir de la tentative manquée de répondre à la demande d'un oracle. C'est une donnée sophocléenne insistante : dans les rapports des hommes aux dieux, la méprise est l'issue la plus probable. Quand on croit avoir saisi le sens de leur demande et que l'on a pris soin de tout disposer pour exécuter un geste qui perce au cœur leur secret, c'est alors que le coup dévie. Comme si, au dernier moment, infailliblement, l'obstacle impénétrable d'un noyau mettait hors d'atteinte le sens qu'il enveloppe. Il n'est pas douteux que les dieux jouent un rôle dans le cosmos. Pourtant, il apparaîtra vite malavisé celui qui se prétend capable de le comprendre et d'agir conformément à l'ordre qui est le leur. Parce qu'ils refusent la tragédie du sens, les personnages sophocléens s'abîment dans les ténébreuses délices du « pathos ». — Trad. Les Belles-Lettres, 1958 ; par Jean Grosjean, Gallimard, 1967. A. Sa.

★ En 1558, le Hongrois Pierre Bornemisza (1535-1584) publia une version de l'*Électre* de Sophocle : la *Tragédie en langue hongroise*, qui transplante sujet et héros dans l'ambiance magyare. Bornemisza qui fut étudiant à Padoue et plus tard précepteur de Valentin Balassa, créateur de la poésie lyrique hongroise, fut certainement poussé à entreprendre son œuvre par la traduction que le Napolitain Coriolano Martirano avait faite de l'œuvre de Sophocle. Aujourd'hui, la tragédie de Bornemisza n'a rien perdu de sa vitalité et a pu affronter avec succès les scènes modernes.

★ Avec la renaissance de la tragédie en France au temps de Corneille et de Racine, l'*Électre* connut de nombreuses imitations. La meilleure est sans nul doute *Électre* de Prosper Jolyot de Crébillon (1674-1762), représentée en 1708. Doué d'un sens profond de l'horreur tragique (on attribue à Crébillon la phrase : « Corneille a pris la terre, Racine le ciel, il me reste l'enfer »), il imprime à l'action et aux situations une grandeur presque sauvage, les enrobant dans un style violent et robuste, parfois lourd et obscur. Dans les deux derniers actes surtout, Crébillon atteint une puissance dramatique que l'on ne peut retrouver que chez Corneille.

★ Au début de notre siècle, parut l'*Électra*

de Bénito Perez Galdós (1843-1920), représentée en 1901 et qui se ressent de l'influence d'Ibsen ; l'*Élektra* de Hugo von Hofmannsthal (1874-1929), représentée en 1905 et mise en musique par R. Strauss (v. plus bas). Récemment (1932), la légende fut reprise par le dramaturge nord-américain Eugene Gladstone O'Neill (1888-1953), dans sa trilogie : *Le deuil sied à Électre* [*Mourning becomes Électra*] qui reprend la tragédie classique en lui ajoutant des éléments psychanalytiques.

★ Mérite une mention toute particulière l'*Électre* de l'écrivain français Jean Giraudoux (1882-1944), publiée en 1938. Il est probable qu'avec *Judith* (*), *Électre* est la meilleure pièce de Giraudoux ; la plus dense, la plus forte, la plus représentative de son auteur. Dans son *Histoire de la littérature française*, Henri Clouard écrit : « Le théâtre de Giraudoux a de la grandeur. S'il prend des points de départ au niveau de n'importe quel spectateur ou dans l'acquis classique le plus usé, il s'élève en moins de deux heures jusqu'aux problèmes de la condition humaine, il embrasse l'amitié, l'amour, la cité jusqu'aux dieux. » C'est en effet dans le théâtre que les dons de Giraudoux ont trouvé leur champ d'application le plus sûr : contraints par les nécessités du genre, ils gardent leur fraîcheur d'innovation verbale sans se perdre, comme dans trop de récits, en d'infinis méandres. « Giraudoux n'a aucun souci des formes extérieures de la vraisemblance, le théâtre non plus. Le temps paraît à Giraudoux une substance qu'on peut comprimer ou étendre à son gré ; au théâtre, une heure vaut cinq minutes ou inversement. Giraudoux a le goût du couplet, il n'y a plus guère qu'au théâtre qu'on puisse honnêtement l'assouvir. Giraudoux a la passion de l'inattendu, il demande toujours à une fin de phrase ou à un homme ce qu'on n'espérait pas d'eux. Le théâtre, c'est l'autel même élevé à l'imprévu, au coup de théâtre. Giraudoux aime à jouer avec les mots : le théâtre est fait pour les mettre en valeur » (Marcel Thiébaut). Cette juste analyse permet de comprendre comment le lettré, le normalien, le diplomate que fut Giraudoux passa tout naturellement de la fantaisie irrévérencieuse d'*Elpénor* (*) à une lutte plus sévère avec les grands mythes de l'Antiquité sans perdre ce goût et ce bonheur du langage qui fait s'écrier un de ses héros : « Des adjectifs dans un moment pareil ! »

C'est dans les deux actes d'*Électre* que la rhétorique, les procédés de l'auteur (car, avec le recul du temps, ce qui paraissait libre imagination révèle son articulation logique) s'épanouissent avec le plus d'équilibre. La pièce possède une incontestable force tragique malgré les anachronismes, les jeux, l'esprit de canular toujours présents chez Giraudoux. Sur le thème classique d'Oreste vengeant le meurtre de son père Agamennon en tuant sa mère Clytemnestre et l'amant de celle-ci, Égisthe, sur les instigations d'Électre, sa sœur, Giraudoux a composé le drame de la justice et de la pureté.

Au début de la pièce, Électre n'a pas encore agi : depuis des années, elle se confine dans un coin solitaire du Palais, mûrissant inconsciemment sa vengeance. Elle figure une protestation muette contre le pouvoir d'Égisthe. Aussi celui-ci cherche-t-il à la marier à un jardinier pour détourner sur « la famille des Théocathoclés tout ce qui risque de jeter, quelque jour, un lustre fâcheux vers la famille des Atrides ». C'est alors qu'Égisthe définit ce qui semble bien être la théologie personnelle de l'auteur : « Je me suis demandé souvent si je croyais aux dieux. Je me le suis demandé parce que c'est vraiment le seul problème qu'un homme d'État se doive de tirer au clair vis-à-vis de soi-même. Je crois aux dieux. Ou plutôt je crois que je crois aux dieux. Mais je crois en eux non pas comme en de grandes attentions et de grandes surveillances, mais comme en de grandes distractions. Entre les espaces et les durées, toujours en flirt, entre les gravitations et les vides, toujours en lutte, il est de grandes indifférences qui sont les dieux. Je les imagine, non point occupés sans relâche de cette moisissure suprême et mobile de la terre qu'est l'humanité, mais parvenus à un tel grade de sérénité et d'ubiquité, qu'il ne peut plus être que la béatitude, c'est-à-dire l'inconscience... » « Il est hors de doute que la règle première de tout chef d'un État est de veiller férocement à ce que les dieux ne soient point secoués de cette léthargie et de limiter leurs dégâts à leurs réactions de dormeurs, ronflement ou tonnerre. »

Il faut donc éviter qu'Électre se déclare, car le problème est de savoir quand Électre deviendra Électre. C'est l'arrivée d'Oreste qui précipite cette mue. Dorénavant Électre ne sera plus, avec son petit visage fermé et son mince corps d'adolescente, qu'une flèche vibrante de pureté, de haine, de justice, qu'une faim inapaisable d'absolu, qu'un mépris de tout ce qui veut composer, accepter, se résigner. « C'est cela la tragédie, avec ses incestes, ses parricides, de la pureté, c'est-à-dire en somme de l'innocence. » La lutte entre cette innocence terrible, qui pousse Oreste au crime, et la sagesse équivoque de Clytemnestre et de son amant forment la trame d'une pièce que viennent parfois égayer les sourires et les agaceries d'Agathe Théocathoclés, petite bourgeoise égarée dans un drame et qui se trouve être la messagère inconsciente du destin. « Veillez à vos actes, s'écrie Clytemnestre. Tout le mal du monde est venu de ce que les soi-disant purs ont voulu déterrer les secrets et les ont mis en plein soleil » ; ce à quoi Électre répond : « Quand le crime porte atteinte à la dignité humaine, infeste un peuple, pourrit sa loyauté, il n'est pas de pardon. » Débat éternel qui s'achève par le meurtre de la reine et d'Égisthe, tandis qu'Argos est livrée à la guerre et à l'incendie. Dans les dernières scènes au deuxième acte, Giraudoux a trouvé des accents plus graves que de coutume et qui atteignent à la grandeur de ses illustres prédécesseurs grecs. Quant à la conclusion, elle est d'une poignante beauté dont on trouve peu d'exemples dans le théâtre contemporain. « *Femme Narsès* : Où en sommes-nous, ma pauvre Électre, où en sommes-nous ! – *Électre* : Où nous en sommes ? – *Femme Narsès* : Oui, explique ! Je ne sais jamais bien vite. Je sens évidemment qu'il se passe quelque chose, mais je me rends mal compte. Comment cela s'appelle-t-il, quand le jour se lève, comme aujourd'hui, et que tout est gâché, que tout est saccagé, et que l'air pourtant se respire, et qu'on a tout perdu, que la ville brûle, que les innocents s'entre-tuent, mais que les coupables agonisent, dans un coin du jour qui se lève ? – *Électre* : Demande au mendiant. Il le sait. – *Le mendiant* : Cela a un très beau nom, femme Narsès. Cela s'appelle l'aurore. »

★ L'*Elektra* de l'écrivain autrichien Hugo von Hofmannsthal (1874-1929) est connue surtout pour avoir été mise en musique par Richard Strauss (1864-1949). L'opéra, monté à Dresde en 1909, est considéré comme l'une des plus puissantes expressions du théâtre de Strauss, supérieure peut-être à *Salomé* (*) par son sens épique du tragique. L'art symphonique de Strauss atteint ici une prodigieuse richesse orchestrale. Par l'homogénéité de son style où, plus que dans toute autre de ses œuvres, on reconnaît le « titanisme » wagnérien, l'œuvre s'inscrit parmi les compositions les plus valables de la musique postromantique allemande.

★ Il faut en outre rappeler : *Électre*, opéra en trois actes de Jean-Baptiste Lemoyne (1751-1796), Paris 1782, qui a subi l'influence de Gluck ; *Électre*, tragédie avec chœurs de Rochefort, musique de François-Joseph Gossec (1733-1829), Paris 1783 ; *Électre*, opéra en trois actes d'André-Ernest Modeste Grétry (1741-1813), jamais représentée ; *Elektra* de Johann Christian Friedrich Haeffner (1759-1833), Stockholm, 1785.

ÉLECTRODYNAMIQUE ET CONTRIBUTIONS À L'ÉTUDE DE L'ÉLECTRICITÉ DESTINÉES AUX SOCIÉTÉS DES INGÉNIEURS [*Electrodynamics and Electrical Contributions to Engineering Societies*]. Mémoire du physicien anglais sir William Thomson (lord Kelvin, 1824-1907), publié à Cambridge en 1911 dans le cinquième tome des *Mathematical and Physical Papers.* Examinant divers phénomènes électriques, l'auteur nous parle des instruments nouveaux, des derniers systèmes de mensuration et des techniques particulières qui permettent d'obtenir le maximum de précision. C'est ainsi que lord Kelvin décrit son fameux « électromètre à cadran », qu'il conçut et construisit lui-même afin de mesurer les différences de potentiel. Grâce à un « électrodynamomètre » de son invention, lord Kelvin détermine le rapport qui existe entre l'unité électromagnétique et l'unité électrostatique, rapport qui est égal à la vitesse de la lumière. Étudiant, par ailleurs, la résistance des conducteurs, l'auteur découvre les variations subies par eux, qu'ils soient soumis à la torsion ou bien à l'aimantation ; il se réfère en outre à ses recherches sur les phénomènes électriques, notamment ceux apparaissant dans certains cristaux et qui sont dus soit au réchauffement (pyroélectricité), soit à une action mécanique. Toutefois le sujet le plus important de ce Mémoire réside dans les recherches sur les câbles transatlantiques : au cours de ses travaux sur la nature du courant qui parcourt un câble isolé, lord Kelvin devait découvrir la fameuse loi selon laquelle le temps mis par un courant pour parcourir la distance séparant les deux extrémités d'un câble est directement proportionnel au carré de la longueur du câble ; de cette loi dérivent les applications pratiques qui permirent l'établissement des câbles télégraphiques sous-marins. L'importance de ce Mémoire n'est pas moins considérable du point de vue méthodologique : en effet, lord Kelvin ne considère pas les mathématiques comme une fin en soi, mais comme l'expression de phénomènes concrets dont l'examen doit permettre d'en tirer des applications pratiques.

ÉLÉGANCES DE LA LANGUE LATINE [*Elegantiae latinae linguae*]. Œuvre doctrinaire, en six livres, composée en latin de 1435 à 1444 par l'humaniste italien Lorenzo della Valle, dit Valla (1407 ?-1457) et divulguée contre la volonté de l'auteur à la fin de 1444. Elle est considérée comme son chef-d'œuvre ou tout au moins comme son ouvrage le plus représentatif avec la polémique sur la *Donation de Constantin.* Jadis, dans les *Disputations dialectiques* (*), il s'était montré l'adversaire audacieux de la culture médiévale de type aristotélicien ; l'humaniste se préoccupe, maintenant, de déterminer les qualités du latin, langue merveilleuse qui a dominé le monde civilisé et porte encore les signes d'un pouvoir supérieur. Œuvres originales, traductions du grec, institutions juridiques, vérités religieuses, tout a contribué à faire de l'austère langue romaine un mode d'expression incorruptible, toujours digne de servir d'exemple aux peuples. D'où la nécessité de se reporter à ce splendide modèle de langue et de pensée, au-delà de la corruption et de la confusion des siècles intermédiaires. Valla voulait rendre au latin son antique pureté, en tirant certaines règles du style des grands écrivains. La partie qui est consacrée à l'examen des classiques, Cicéron et Quintilien en particulier, est plus spécialement intéressante. On trouve dans le dernier livre une certaine recherche de la perfection formelle et d'une expression philosophique approfondie. Y sont discutées et combattues les opinions de Varron, de Boèce et d'autres sur le sens de certains mots latins. La partie la plus originale est constituée par les notes critiques dans lesquelles le style des écrivains antiques, soit en prose, soit en vers, est examiné grâce à une méthode complètement ignorée des latinistes précédents, admirateurs empiriques du monde latin.

Cet ouvrage souleva d'âpres discussions, dont l'une célèbre avec Poggio Bracciolini, qui accusa Valla de copier les Anciens et de les compromettre au surplus, en entremêlant ses idées libertines et hérétiques aux leurs. C'est là une de ces réactions comme en eurent les humanistes italiens et qui devaient bientôt les rendre célèbres dans toute l'Europe.

ÉLÉGIE AUX NYMPHES DE VAUX. Poème composé par le poète français Jean de La Fontaine (1621-1695) en 1661 pour prendre la défense du surintendant Fouquet, qui avait été son mécène et qui venait d'être arrêté. Il composa peu après un poème *Au roi* dans le même but. Cette prise de position avait le mérite de la fidélité, à défaut de celui de la plus subtile diplomatie de carrière... Le poème prend pour destinataires explicites du propos les statues qui ornaient le parc du château de Fouquet à Vaux-le-Vicomte, et le destinataire effectif est bien entendu Louis XIV lui-même. L'ensemble constitue une déploration, suivie d'un appel à la clémence royale. Mais le ton employé, qui, en recourant à la fiction des divinités des rivières du château, s'inscrit dans la lignée de l'esthétique galante, fait de ce texte un moyen aussi de sensibiliser l'opinion de la bonne société parisienne, dont Fouquet était jusque-là la figure la plus en vue. On pourra comparer le texte avec les poèmes de Pellisson sur le même sujet : la matière est identique, mais Pellisson prend position de façon plus critique, disant ouvertement que la décision est injuste, alors que La Fontaine fait reposer tout l'effet de son intervention sur l'émotion de compassion et l'appel à l'indulgence. A. Vi.

ÉLÉGIE ÉCRITE DANS UN CIMETIÈRE CAMPAGNARD [*Elegy Written in a Country Church Yard*]. Œuvre du poète anglais Thomas Gray (1716-1771), composée de quatrains à rimes alternées, commencée vers 1742, terminée en 1750, publiée en 1751. Le poète se trouve, au crépuscule, dans un cimetière de campagne (peut-être celui de Stoke Poges, où Gray fut enterré) et décrit le paysage que le coucher du soleil rend solennel et mystérieux. La vue des tombeaux évoque en lui l'idée que rien ne pourra plus jamais rappeler à la vie les simples ancêtres de ce village, et que jamais plus ils ne s'adonneront à leurs humbles tâches quotidiennes. Dans ce cimetière ne reposent que des paysans, et il n'y a pas de riches monuments ni d'épitaphes exaltant de grandes actions ou des vertus notoires. Il n'y a que de petites tombes, des poèmes naïfs, dus à la fruste imagination des paysans qui ont voulu apprendre à leurs concitoyens comment il fallait mourir. D'ailleurs, les sépulcres luxueux ne peuvent ni rappeler l'âme qui s'est envolée ni séduire l'oreille impitoyable de la Mort. Peut-être quelques-uns de ces morts auraient pu devenir un Milton, un Cromwell, si la connaissance avait été offerte à leur esprit, et si la pauvreté n'avait étouffé tous leurs élans généreux. Cependant, si cette humble naissance a rendu stériles toutes leurs qualités naturelles, du moins a-t-elle empêché que les germes du vice ne prennent racine dans leurs âmes. C'est donc la voix de la nature elle-même qui se lève des tombeaux des pauvres, voix qui remplit d'émotion le cœur des passants. Le poète imagine qu'après sa mort un homme solitaire et contemplatif demandera ce qu'il est devenu : peut-être alors un paysan chenu, se rappelant l'avoir vu vagabonder dans l'enceinte sacrée, montrera au passant l'épitaphe gravée sur sa tombe. C'est par cette épitaphe que s'achève l'élégie.

Gray fut le véritable poète de transition entre l'époque classique et l'époque romantique. Talent discipliné, artiste plein de scrupules, de délicatesse, il écrivit très peu. Il prépare et annonce la grande époque romantique, par sa sensibilité envers la nature, sa préférence pour l'humble vie campagnarde, l'amour de la mélancolie (caractères saillants de cette *Élégie*), par son intérêt pour les âges anciens et barbares, les littératures primitives, par exemple pour les littératures galloise et scandinave — source d'inspiration de ses autres ouvrages, voir *Le Barde* (*), *Les Parques* (*). À la création de cette *Élégie* ne fut certainement pas étrangère la poésie sépulcrale mise à la mode par Young, dont les célèbres *Nuits* (*) furent publiées entre 1743 et janvier 1746, avec la date de 1745. D'une inspiration un peu moralisatrice, le poème de Gray se révèle profondément humain ; empreint de gravité, il témoigne d'une réelle et exquise perfection de style. C'est le chef-d'œuvre de Thomas Gray.

ÉLÉGIE POUR DE JEUNES AMANTS [*Elegie für junge Liebende*]. Opéra en trois actes, sur un livret de Auden et Kallmann, du compositeur allemand Hans Werner Henze (né en 1926), créé par l'Opéra de Munich le 20 mai 1961. L'action se situe en 1910 dans un hôtel des Alpes autrichiennes. Toni, un étudiant, est amoureux d'Élizabeth, la maîtresse d'un poète célèbre, Mittenhofer. Celui-ci feint de renoncer à elle, mais provoque la mort des amants. Plusieurs années après, on célèbre à Vienne l'anniversaire du poète et son ouvrage *Élégie pour de jeunes amants.* Henze et ses librettistes dénoncent ici la vision de l'artiste qui se nourrit des autres pour réaliser son œuvre en satisfaisant ses appétits les plus égocentriques. L'opéra est écrit pour un petit orchestre où prédominent les percussions. Mi. Ri.

ÉLÉGIES d'Archiloque. Poèmes du poète grec Archiloque de Paros (première moitié du VIIe siècle av. J.-C.). Archiloque fut placé par les Anciens à côté d'Homère comme l'un des fondateurs de la poésie grecque. Mais, contrairement à la poésie homérique, impersonnelle, celle d'Archiloque émane d'un « je » qui s'affirme à la fois comme sujet de l'énonciation et comme objet essentiel d'inspiration. Archiloque est surtout connu par ses *Iambes* (*), mais parmi les fragments de son œuvre qui nous ont été conservés se trouvent aussi des fragments d'*Élégies*. Dans la classification grecque traditionnelle des genres, le terme élégie ne définit pas tant un contenu qu'une forme métrique qui unit en distiques un hexamètre et un pentamètre. Archiloque s'en sert aussi bien pour esquisser son propre portrait de poète que pour évoquer des événements de guerre ou des voyages, ou encore pour consoler, avec vigueur, ses concitoyens plongés dans le malheur. Dans un fragment célèbre entre autres par l'imitation qu'en a faite Horace, le poète déclare avoir abandonné son bouclier au cours d'une bataille, sauvant ainsi sa propre vie : « Pourquoi me soucier de ce bouclier ? Qu'il aille au diable ! J'en achèterai un autre plus solide ! » On est loin, dans ces vers, de la conception idéalisée du combattant homérique, conception qu'Archiloque rejette, avec les valeurs éthiques qui lui sont liées. Pour lui, la guerre n'a plus rien d'héroïque, elle n'est qu'un devoir de citoyen, souvent pénible, et sauver sa vie est le mieux qu'on puisse en espérer. On perçoit ici l'affirmation d'une personnalité forte et originale, ne craignant pas les attitudes extrêmes et se plaisant à blesser les convictions du plus grand nombre. Ainsi dans ses vers, qui sont les plus anciens de la poésie lyrique, Archiloque nous touche par l'expression très directe de sa subjectivité, et il nous est encore très proche par la verve et la fraîcheur de son style. — Trad. Les Belles-Lettres, 1958.

M. Ro.

ÉLÉGIES de Bertaut. Poèmes de l'écrivain français Jean Bertaut (1552-1611), publiés par son frère dans le second recueil des Œuvres de Bertaut parues de son vivant : le *Recueil de quelques vers amoureux* (1602). Bertaut, encouragé à ses débuts par Ronsard, bien que celui-ci lui reprochât d'être trop retenu, fut également disciple de Philippe Desportes. Courtisan d'Henri III, puis d'Henri IV, Bertaut fut considéré comme un poète officiel (« poète du Louvre »). Il composa des poèmes sur tous les événements marquants de la cour de France et surtout sur les deuils royaux. Ses poèmes officiels ne manquent d'ailleurs ni d'émotion sincère ni de simplicité, en particulier : la *Complainte sur la mort du feu Roy* (Henri III) *faite peu après son trépas,* et le *Sonnet sur la mort du grand roy Henri IV.* C'est dans la déploration, la mélancolie résignée, que Bertaut se sent le plus à l'aise. Dans les quatre *Élégies,* dédiées à un amour discret et méconnu, ce sont les tendres plaintes, la souffrance silencieuse de l'amant qui n'est pas aimé comme il aime, qui forment le fond de son inspiration. Écrites en alexandrins harmonieux, d'une facture déjà toute classique, mais souvent monotone, les *Élégies* expriment des grâces nonchalantes, parfois un peu plates. De temps en temps, cependant, quand il se laisse soulever par sa passion, un cri lui échappe, et les accents vigoureux de ses vers font alors penser à la grande rhétorique amoureuse qui annonce celle qui remplira le théâtre français du Grand Siècle. On y trouve également un sentiment descriptif, très sensible aux beautés de la nature. Dans la forme même, Bertaut, qui se veut successeur de Ronsard et de Desportes, à qui il consacre une cinquième *Élégie,* annonce Malherbe.

ÉLÉGIES de Chénier (v. *Poésies* de Chénier).

ÉLÉGIES de Goethe [*Elegien*]. Dans l'édition des *Poésies* de l'écrivain allemand Johann Wolfgang Goethe (1749-1832), elles sont réunies en deux groupes : le premier comprend les *Élégies romaines* (*), le second comprend six compositions différentes qui n'ont de commun que leur forme métrique : le distique. — « Alexis et Dora » est une idylle, composée à Iéna entre le 12 et le 14 mai 1796 et publiée dans l'*Almanach des Muses* (*) en 1797 ; elle reprend un thème cher à Goethe, thème rapidement évoqué par le poète lorsque, dans son *Voyage en Italie,* il raconta comment il prit congé de la « belle Milanaise » (avril 1788), et amplement développé dans la scène d'adieu de Wilhelm Meister et de la belle comtesse — scène composée en 1794. Ce thème est le suivant : la passion n'éclate et ne devient consciente qu'au moment où les amants se séparent. L'image des dauphins nageant dans le sillage du navire qui emporte Alexis, la vision de Dora préparant une corbeille d'oranges et de figues couvertes de myrte, et autres détails caractéristiques placent l'idylle en Italie. Beaucoup de « poésies italiennes » du XIXe siècle ont d'ailleurs leur point de départ dans cette idylle — depuis les *Idylles de Capri* et les *Églogues* de Platen jusqu'à *l'Arrabiata* de Heyse. « Le Nouveau Pausias et sa bouquetière » [Der neue Pausias und sein Blumenmädchen] est un dialogue à la manière antique où le poète établit un parallèle, d'inspiration classique, entre la peinture et la poésie, en avouant sa préférence pour les valeurs sensuelles et plastiques ; ce dialogue a été composé à Iéna le 20 mai 1797 et publié dans l'*Almanach des Muses* en 1798 ; il acquiert une valeur toute particulière du fait que la fleuriste en question n'est autre que Christiane ; on sait en effet que Christiane, avant d'entrer dans la maison de Goethe, avait été ouvrière à Weimar dans la fabrique de fleurs artificielles de Bertuch. Deux amants, donc, décrivent la naissance de leur amour, tout en tressant des guirlandes ; ils parlent de leur première dispute, de la première séparation, de leur réunion définitive. « Voilà des fleurs ! mais elle manque l'aimable enfant qui les eût tressées en couronnes. » Le ton de la poésie est sensuel et serein : très proche en certains endroits de celui des *Élégies romaines*.

« Euphrosyne » au contraire est un chant funèbre à la mémoire de l'actrice Christiane Neuman-Becker (1778-1797). Ébauchée en Suisse en octobre 1797, sous l'impression de la nouvelle de sa mort, reprise à Weimar au printemps de 1798 et terminée au mois de juin suivant, cette élégie parvient à fixer dans une lumière quasi mystique la douleur qui l'a inspirée. Le regret de la jeune amie perdue, de tout ce qu'elle avait déjà réalisé dans les domaines de la vie et de l'art, de tout ce qui n'était qu'espérance, promesse, songe, autant de thèmes qui acquièrent leur pleine résonance du fait de la comparaison que le poète établit entre la nature calme et éternelle dans la fixité de ses lois et l'incertitude de la destinée humaine. La mort apparaît comme une déesse, sur le fond grandiose des montagnes ; puis c'est l'évocation émue de nombreux souvenirs, l'exaltation de l'art qui seul permet « l'accomplissement de ce que, dans la réalité, la vie refuse à l'homme ». Le rythme est calme, le ton apaisé et mélancolique. Alors que tout disparaît dans le silence de la nuit, déjà le poète pressent une aube nouvelle et lointaine. Parmi les élégies de Goethe, celle-ci est l'une des plus significatives : le titre est tiré d'un opéra de Weigl où l'actrice tenait le rôle d'Euphrosyne, « créature de grâce et de joie ».

« L'Au revoir » [Das Wiedersehen], élégie composée en 1793, est une variation, sous forme de dialogue, sur le thème de la femme et de l'homme : tandis que la femme, en se donnant, réalise complètement sa vie et reste par conséquent liée pour toujours « au monde d'hier », l'homme vit entièrement « dans le moment présent ». — L'élégie de « Amyntas », composée le 19 septembre 1797 et publiée dans l'*Almanach des Muses* en 1798, est une souriante confidence du poète après dix ans de vie commune avec Christiane. L'amour consume les forces de l'homme, mais le poète est comme l'ormeau que le lierre enserre et étouffe : il est heureux de se donner : « Toute dissipation est douce ; oh ! laissez-moi jouir de la plus belle ! Qui se livre à l'amour, tient-il compte de sa vie. » — « Hermann et Dorothée », élégie composée en décembre 1796, est une défense de la poésie inspirée par un sentiment païen de la vie et par l'art des Anciens ; elle évoque Homère au moment où les théories de Wolf paraissaient le faire oublier : « C'est beau d'être un fils d'Homère même si l'on doit être le dernier. » Cette élégie est un prélude à la publication du poème qui porte ce même titre — v. *Hermann et Dorothée* (*). Dans l'édition des *Poésies* de 1808, il y avait aussi « Les Métamorphoses des plantes », composées les 17 et 18 juin 1798, publiées dans l'*Almanach des Muses* en 1799 ; dans l'édition définitive, Goethe lui-même les a mises dans un autre recueil intitulé : *Dieu et le Monde* (*). — Trad. Hachette, 1881-1894, et dans *Poésies*, t. 2, Aubier-Montaigne, 1982.

ÉLÉGIES de Guillén [*Elegías*]. Œuvre de l'écrivain cubain Nicolás Guillén (1902-1989), publiée de 1948 à 1958. Sous le présent titre on a regroupé les divers poèmes qui ont en commun cet intitulé : « L'Élégie à Jacques Roumain » (1948) ; « L'Élégie à Jesús Menéndez » (1951) ; « L'Élégie cubaine » (1954) ; « L'Élégie à Emmet Till » (1956) ; « L'Élégie camagüeyenne » (1958). La première fut dictée à Guillén par la mort, survenue trois ans plus tôt, du romancier haïtien avec qui il s'était lié d'amitié à Paris. Très sobre, elle ébauche, touche par touche, le portrait du disparu, se fait l'écho de ses préoccupations, dans un style d'une harmonieuse musicalité que permet la composition, généralement classique. Jesús Menéndez, figure majeure du syndicalisme cubain, assassiné par un officier de l'armée en 1948, inspire à Nicolás Guillén un de ses poèmes les plus « engagés », ce héros devenant le symbole de tous les opprimés ; sa mort étant la promesse de toutes les révolutions. Traitée à la manière d'une symphonie, l'œuvre fait appel à toutes les possibilités du rythme, y compris les silences . « L'Élégie cubaine » reprend les grands thèmes dénonciateurs chers à Guillén qui ne cesse de les renouveler par de hardies métaphores. Emmet Till, un enfant noir de quatorze ans, tué par les Blancs, est évoqué avec douceur, cependant que « Dans l'Amérique des Yankees / La rose des vents / À son pétale sud éclaboussé de sang. » Avec « L'Élégie camagüeyenne », Guillén fait un retour aux sources. Il revoit, de son exil parisien, son enfance, sa rue, ses voisins, tout le passé qu'il cherche « au plein cœur de la nuit » et de son espérance. — Trad. Éd. Seghers, 1955. puis N. G., *Le Chant de Cuba*, Belfond, 1984.

ÉLÉGIES de Millevoye. Bien que la poésie du premier Empire soit des plus insignifiantes, il n'en faut pas moins signaler quelques élégiaques — ne fût-ce que pour établir la filiation entre André Chénier et les romantiques : un Chênedollé, un Fontanes et surtout l'auteur du présent recueil : Charles-Hubert Millevoye (1782-1816). C'est, en effet, par ce volume d'*Élégies,* paru en 1811, que Millevoye se trouve avoir acquis quelque renommée. Millevoye est un élégiaque selon le sens grec du mot. Entendez qu'il s'inspire toujours des objets les plus ordinaires : quelque demeure abandonnée, un bois détruit ou des feuilles qui tombent de l'arbre – tout ce qui peut prêter, en somme, à un petit chant triste ou tendre. Son inspiration est sensible et pure : la discrétion, la pudeur même. Elle élude tout artifice et se garde de forcer la note. Le titre de ses morceaux est, d'ailleurs, significatif : « Le Souvenir », « L'Inquiétude », « La Promesse », « L'Anniversaire » ou simplement « La Chute des feuilles ». Ses élégies sont loin, toutefois, d'avoir toutes la même valeur. Bien que « La Chute des feuilles » soit d'une composition moins achevée que « Le Poète mourant », elle n'en marque pas moins un moment de la poésie française : « De la dépouille de nos bois/ L'automne avait jonché la terre/ Le bocage était sans mystère/ Le rossignol était sans voix. »

ÉLÉGIES de Mimnerme. La poésie du poète grec Mimnerme de Colophon (fin du VIIe siècle et début du VIe siècle av. J.-C.) reflète la vie facile et pleine de mollesse des villes ioniennes d'Asie Mineure. Certaines de ses élégies (dont il ne nous reste que quelques fragments) traitaient certes de sujets politiques ou guerriers, comme celle intitulée *Smyrnéide*, qui évoquait entre autres la bataille livrée entre Smyrne et les Lydiens au temps du roi Gygès, vers 680. Un passage contient l'éloge du courage d'un guerrier qui, sur le fleuve Hermos, mettait en fuite les phalanges des cavaliers lydiens : le ton en est héroïque, les expressions vigoureuses comme celles de Tyrtée. Mais Mimnerme a surtout chanté les douceurs de la vie et les joies de l'amour. L'élégie, qui, chez les Grecs, était jusqu'alors utilisée pour exprimer des idées et des conseils politiques, moraux ou philosophiques, devient ainsi avec Mimnerme un moyen d'expression des sentiments et des passions. Les Anciens désignaient sous le titre de *Nannô* un long poème élégiaque, ou plus probablement un groupe d'élégies qui n'avaient peut-être jamais été conçues comme un tout et dont le titre pourrait avoir été tiré de l'adresse à une femme nommée Nannô. La thématique de ces élégies, d'après les quelques fragments qui nous en restent, semble avoir associé à des motifs historiques et mythologiques des réflexions sur la paix et le bonheur qu'elle apporte, sur les plaisirs de l'amour et de la jeunesse. Mais chez Mimnerme, l'idée de l'amour et de la jouissance est indissolublement liée à celle de leur fugacité, le plaisir devient immédiatement regret et mélancolie, et il ne va pas sans la pensée de la mort : « Quelle vie y a-t-il et quel agrément, sans Aphrodite d'or ? Puissé-je mourir quand je n'aurai plus le goût de l'amour secret, de ses présents de miel, et du lit ! La fleur de la jeunesse est désirable ; mais quand arrive la vieillesse chagrine qui rend l'homme disgracieux et laid, les méchants soucis sans cesse l'accablent et il n'a plus plaisir à voir la clarté du soleil, mais il inspire de la répugnance aux jeunes garçons et les femmes le dédaignent. Telle est la terrible vieillesse que la divinité a instituée ! » De cette conscience de la douleur et de la fragilité du bonheur naît, au milieu même du plaisir, le ton mélancolique propre à Mimnerme et qui deviendra caractéristique de l'élégie. M. Ro.

ÉLÉGIES de Phocylide. Le poète grec Phocylide vécut à Milet durant la première moitié du VIe siècle av. J.-C. Son œuvre, dont il ne nous reste que de brefs fragments, représente une tendance à la méditation philosophique et morale, qu'on peut considérer comme caractéristique des Ioniens. Ses vers, qui se présentent sous la forme fermée de l'aphorisme et de la sentence, peuvent se rattacher à la tradition hésiodique, et annoncent aussi l'œuvre de Théognis, une ou deux générations plus tard. Mais la sagesse qu'ils expriment est également d'inspiration et de ton purement populaires : « C'est pendant la nuit qu'il faut réfléchir. » « Une ville bâtie sur un rocher, si elle est bien administrée, vaut dans sa petitesse mieux que Ninive frappée de folie. » Comme le fera Théognis, Phocylide inaugure ses sentences par une formule de signature [σφρᾱγίς, « sceau »] qui en garantit l'authenticité : « Ceci aussi est de Phocylide. » Les sentences sont en général très brèves (souvent deux vers seulement), et leur contenu touche souvent à des sujets civiques et moraux ; d'autres sentences, de caractère symposiaque, célèbrent le bonheur de boire au banquet. Un fragment évoque les différentes « races de femmes », thématique misogyne assez répandue dans la poésie archaïque, que l'on peut faire remonter à Hésiode et que l'on rencontre chez Sémonide par exemple. Si la pensée de Phocylide est souvent banale, elle manifeste toutefois une certaine conscience et une réflexion politiques, et elle annonce les concepts que développera et mettra en pratique Solon. Un recueil de deux cent trente hexamètres nous a été transmis sous le titre de *Sentences de Phocylide* : émanation d'un fond de sagesse populaire, il est apocryphe et a dû être composé au début du Ier siècle av. J.-C. M. Ro.

ÉLÉGIES de Properce [*Elegiarum libri*]. Œuvre en quatre livres du poète latin Properce (47 ?-14 ? avant J.-C.). Le premier livre fut probablement publié en 28, le deuxième de 28 à 25, le troisième de 25 à 22 et le quatrième les années suivantes jusqu'en 15 ou 14. Dans les deux premiers, la figure dominante est Cynthia, la femme aimée par le poète ; le troisième célèbre certains personnages romains. Avec le quatrième livre, dans les « Élégies romaines », Properce s'intéresse aux légendes de la Rome antique : le dieu Vertumne, la légende de Tarpéia, celles d'Hercule et de Cacus, de Jupiter Férétrien et la victoire d'Auguste. Dans ces *Élégies,* l'influence de Virgile et de Callimaque est évidente ; Properce reste cependant un poète original : il a su donner à la mythologie une valeur d'art s'inspirant de peintres ou de sculpteurs de son temps. La mythologie intervient aussi sous forme savante par des détails allusifs dans les élégies amoureuses (livres I-III) où Properce chante les joies et les affres de la passion, avec des scènes nocturnes proches du fantastique, des querelles dignes de la comédie, des trahisons, des séparations et des réconciliations. – Trad. Les Belles Lettres, 1929 (beaucoup d'erreurs) ; Garnier, 1931 ; Les Belles Lettres (nouv. trad.), 1968.

ÉLÉGIES de Ronsard. Au nombre de vingt-cinq, elles font partie de l'œuvre lyrique du poète français Pierre de Ronsard (1524-1585). Composées à partir de 1560, date à laquelle Ronsard devint poète de cour, elles sont contemporaines de pièces de circonstance : les *Mascarades, combats et cartels* (*), mais elles ont un tour bien plus personnel ; elles furent publiées en recueil sous le titre : *Élégies, mascarades et bergerie* (1565), puis figurèrent dans la seconde édition de ses Œuvres (1567). Elles furent encore accrues par la suite et on trouve, dispersées dans l'œuvre de Ronsard, un certain nombre d'*Élégies* qui ne font pas partie de ce groupe, comme l'« Élégie sur les troubles d'Amboise », de caractère nettement politique et publiée à part en 1560 ; l'« Élégie du Printemps », publiée dans les *Sonnets pour Astrée* et quelques autres qui ont paru dans les *Sonnets pour Hélène* (*). Le sujet central des *Élégies* est les amours, tantôt heureuses, tantôt contrariées, du poète pour une certaine Genèvre, mais elles sont surtout – et c'est par là qu'elles nous touchent encore – prétexte à des évocations de sa jeunesse, à des allusions aux plus fugitifs événements de sa vie et aussi, l'occasion, pour lui, de nous confier ses impressions de nature. Parmi les *Élégies*, il convient de mentionner la plus célèbre de toutes : « Contre les bûcherons de la forest de Gastine », publiée seulement en 1584, mais sans doute écrite bien avant, à l'époque où le Roi de Navarre vendit une partie de la forêt de Gastine. C'est, en effet, sur des impressions directes que cette *Élégie* fut composée. Ronsard y déplore les coups portés par les bûcherons contre les arbres. La fraîche forêt n'abritera plus les jeux des nymphes et ne sera plus un refuge pour l'inspiration du poète. Ainsi l'homme porte sans cesse une main sacrilège contre la nature. Certains vers sont restés, à juste titre, parmi les plus fameux de toute l'œuvre de Ronsard : « Écoute, bûcheron, arreste un peu le bras ; / Ce ne sont pas des bois que tu jettes à bas ; / Ne vois-tu pas le sang lequel dégoutte à force / Des Nymphes qui vivoient dessous la dure escorce ? » Il faut noter que dans une Ode (parue dans le premier recueil de 1550), l'Ode XV du Second Livre, le poète avait déjà chanté la forêt de Gastine, lieu de son inspiration rustique. Une des *Élégies*, d'abord adressée à Pierre Paschal qui promettait d'écrire des éloges de ses contemporains illustres, narre l'histoire de la famille de Ronsard qui y conte sa jeunesse. Une autre *Élégie*, publiée dans le recueil des *Sonnets pour Hélène* en 1584, évoque le jeune Ronsard, insouciant et indépendant, vivant au milieu de la nature : « Car, seul maistre de moy, j'allois, plein de loisir, / Où le pied me portoit, conduit de mon désir. » Le style des *Élégies* a une simplicité et une aisance, l'émotion qu'y manifeste le poète un accent de sincérité, qui en font une des œuvres les plus charmantes de Ronsard.

ÉLÉGIES de Sannazar [*Elegiarum libri tres*]. S'inspirant des modèles latins de Tibulle et de Properce, l'humaniste napolitain Jacopo Sannazaro, dit Sannazar (environ 1456-1530), a laissé un recueil de très élégants distiques latins dans ses *Trois livres d'élégies* ; celles-ci ont été écrites à des dates diverses. Celles surtout qu'il a composées dans sa jeunesse rendent un son délicat et très fin qui correspond aux meilleures qualités de l'auteur : en témoignent, par exemple, l'élégie qu'il a dédiée à son ami Giovanni di Sangro, et qui est pleine d'un triste pressentiment de mort, ou encore celle qui chante les ruines de Cumes ; dans cette dernière, écrite dans les années où l'on célébrait la « renaissance » du monde antique, l'auteur exprime un « goût très vif pour les ruines », thème que l'on retrouvera chez le Tasse et qui sera cher à l'inspiration préromantique. Ailleurs domine la note d'allégresse presque païenne des chants qui convient à jouir de la vie : c'est le cas de cette élégie où le poète invite ses amis à fêter le jour de son anniversaire. Une grande mélancolie se dégage des distiques à Cassandre Marchesse – belle et malheureuse dame de qualité, à qui sont dédiées les *Rimes* (*) du même auteur – et notamment des vers où il prie son inspiratrice de lui rendre, lorsqu'il sera mort, les derniers devoirs.

Avec les *Épigrammes* (*), cette œuvre constitue un document sur la vie de Sannazar et, en même temps, illustre quelques-uns des éléments artistiques qui trouveront leur pleine expression dans *L'Arcadie* (*). Dans les *Élégies* s'expriment surtout les deux aspects contradictoires de l'humanisme : d'une part le désir de jouir de la beauté du moment présent ; de l'autre un renoncement nostalgique qui cherche la paix dans une sorte de retour à la nature.

ÉLÉGIES de Simonide. De l'œuvre importante du poète grec Simonide (557/6 - 467/6 av. J.-C.) – qui comprenait des élégies, des épinicies, des péans, des dithyrambes, des poèmes encomiastiques et des thrènes, ainsi que des épigrammes –, il ne nous reste que quelques fragments transmis par la tradition indirecte et par de maigres trouvailles papyrologiques. Il est néanmoins une des figures intellectuelles majeures de la fin de l'époque archaïque et un écho, par sa pratique poétique, des grands événements de son époque.

Littérateur professionnel, Simonide adapta sa finesse d'esprit, parfois taxée de versatilité, aux exigences des milieux politiques qu'il fréquenta durant sa longue carrière : les Cours des tyrans de Thessalie et de Sicile ou la démocratique Athènes de Thémistocle. On le considère généralement comme un poète lyrique ; s'il s'illustra dans de nombreux genres, il doit sa célébrité entre autres aux chants funèbres (« thrènes »), qu'il composa en particulier à l'occasion des grands moments des guerres médiques ; le thrène pour les morts des Thermopyles demeure, bien qu'il n'en subsiste que quelques vers, un modèle de poésie commémorative. Simonide excelle à peindre en quelques phrases un événement ou un personnage, et il a cultivé ce talent dans ses épigrammes, genre où il atteint une indéniable perfection (quoiqu'il ne soit pas toujours aisé de savoir, parmi toutes les épigrammes qu'on lui attribue, lesquelles il a vraiment écrites lui-même). Presque tous les autres genres alors en honneur, élégies, iambes, scolies (chansons de banquet) furent également cultivés avec succès par Simonide. Sur le plan du contenu, son œuvre reflète les thèmes de son époque : réflexions sur le destin de l'homme, sur la brièveté de la vie, sur l'incertitude de la fortune, sur les valeurs civiques aussi ; la place centrale qu'il attribue à l'homme à l'intérieur des relations politiques, sociales et psychologiques, ainsi que la question de la définition du beau et du laid annoncent déjà la réflexion des sophistes, de même que son scepticisme et son relativisme moral. Mais, à côté de cette acuité critique et intellectuelle qui le caractérise, Simonide sait aussi émouvoir par les sentiments tendres ou intenses de certains de ses vers : en témoigne un fragment où le poète fait résonner la plainte de Danaé abandonnée sur la mer avec son enfant Persée. Denys d'Halicarnasse admirait la fluidité et l'unité rythmique de ce thrène, dont le passage conservé nous permet d'apprécier le contraste entre l'évocation de la mer menaçante et la tranquillité de l'enfant qui dort. Dans ces vers, Simonide atteint au lyrisme le plus pur. M. Ro.

ÉLÉGIES de Tibulle [*Elegiarum libri*]. Sous ce titre sont rassemblés quatre livres d'élégies dont deux seulement ont été écrits par le poète latin Tibulle (48 ?-18 ? av. J.-C.) lui-même. Ces deux livres portent les noms de deux femmes aimées par le poète. Le premier, « Délia », comprend dix élégies composées de 30 à 25 av. J.-C. et publiées par l'auteur lui-même. Le deuxième, « Némésis », est formé par six élégies publiées après la mort de Tibulle. Le troisième et le quatrième contiennent les œuvres de différents auteurs. Les livres de Tibulle reflètent la vie du poète, issu d'une famille aisée de l'ordre équestre. Ses rapports avec Messala Corvinus ne sont pas ceux d'un artiste avec son mécène. Âme candide et sentimentale, aimant la paix et la simplicité des champs et non les armes, Tibulle, en tant que chevalier, avait été obligé de faire son service militaire ; c'est ainsi, sans doute, qu'il connut Messalla et rencontra de nombreux amis, poètes et lecteurs de poésies. Leur cercle eut moins d'importance que celui de Mécène, mais il trouvait sa raison d'être dans une amitié plus profonde. Tibulle avait suivi Messalla au cours de ses expéditions militaires en Aquitaine et en Orient. L'amour tient une place assez importante dans son œuvre. La dixième élégie de son premier livre est un hymne à la paix ; la troisième est une lettre de vœux adressée à Messalla pour son anniversaire. Cette date correspondait aussi à la victoire remportée par Messalla sur les Aquitains et donne l'occasion à Tibulle de célébrer ce triomphe. La quatrième, la huitième et la neuvième élégie sont consacrées à l'amour pour l'éphèbe Marathus. Les cinq autres (I, II, III, V et VI), qui constituent le noyau du livre, disent, en un récit romanesque, l'amour de Tibulle pour Délia. Son nom réel aurait été Plania. Le surnom que lui donne Tibulle évoque Dèlos, île natale d'Apollon, dieu de la poésie (cf. Cynthie pour Properce). Tibulle malade rêve de mourir entre ses bras (I,1). Il se plaint de son infidélité (I,5), souhaiterait vivre avec elle à la campagne (I,1). Il serait sans doute vain (bien qu'on l'ait tenté), de voir dans ces élégies l'expression d'une histoire d'amour bien réelle. Au livre II est chantée la cruelle Némésis, fille avide d'argent et non de poésie. Le poète malheureux s'en plaint dans les troisième, quatrième et sixième élégies de son deuxième livre. La cinquième élégie est à la louange de Messalinus, fils de Messalia ; la première décrit d'une façon émouvante la fête rurale des Ambarvales, et la deuxième est dédiée à l'anniversaire de Cornutus, le Cérinthus aimé par Sulpicia.

Les deux derniers livres, qui avaient été longtemps conservés par Messalla, ne furent publiés que plus tard. Leurs auteurs sont de très jeunes hommes, presque des débutants, qui vécurent dans le cénacle qui s'était formé autour de Messalla et dont Tibulle était l'âme. On reconnaît dans le recueil au moins trois poètes : Lygdamus, Sulpicia et l'auteur du *Panégyrique de Messalla* qui venait, paraît-il, de terminer ses études. L'œuvre de ce dernier est alourdie de flatteries et conçue dans le seul dessein d'obtenir de l'argent ; il s'exprime maladroitement, au moyen de tirades sur la mythologie, la géographie et les choses de la guerre. Tout autres sont les poèmes de Sulpicia, nièce de Messalla ; amoureuse de Cornutus, qu'elle appelle du nom grec de Cérinthus, elle lui avoue son ardente passion dans six billets très brefs. Ces poésies n'étaient pas destinées au public ; aussi sont-elles dictées par une éclatante sincérité. Étant donné que Cérinthus ne peut prétendre, à cause de sa situation sociale, au mariage avec Sulpicia, celle-ci lui avoue combien sa joie est grande de se savoir aimée et lui confie en quel mépris elle tient l'opinion d'autrui. L'autre poète disciple de Tibulle, Lygdamus, chante son amour pour Néera, mais son œuvre est pleine de longueurs et manque d'un sentiment sincère. — Trad. Les Belles Lettres, 1931.

ÉLÉGIES de Verlaine. Publiées à Paris en 1893 par l'éditeur Léon Vanier, ces *Élégies* du poète français Paul Verlaine (1844-1896) sont au nombre de douze : chacune d'elles forme une longue suite d'alexandrins à rimes plates. Il serait téméraire de prétendre que ce recueil n'ajoute rien à la gloire de Verlaine. Dès 1888, le poète n'est guère plus que l'ombre de lui-même. Dans ces *Élégies,* essaie-t-il de se donner le change ? Pas du tout. Quel en est le thème ? Rien que la passion sensuelle. Verlaine a rencontré une fille qu'il croit aimer et qui lui rend ce qu'il lui donne. C'est donc ce commerce intime qu'il évoque ici dans ces incidents divers : « Châtelaine de qui je ne suis, las ! le page / Mais le vieil écuyer fidèle et pas trop sage. » Parlant de son propre caractère, lequel est aussi détestable que celui de sa maîtresse, il constate que « c'est un champ de bataille où tout choc est suivi / D'une trêve d'autant meilleure que plus brève ». Après l'avoir trompée, il avoue en riant : « Dans ces femmes, d'ailleurs, je n'ai pas trouvé l'ange / Qu'il eût fallu pour remplacer ce diable. Toi. » Plus loin, il prend un air contrit : « Ô, tout de même, si l'on se pardonnerait ? » Après avoir fait une fois de plus l'éloge de la vie de bohème, il conclut enfin sans vergogne : « Baste ! qu'il en retourne ainsi qu'il te plaira. / Je t'obéis en tout, advienne que pourra. / La mort est là, d'ailleurs, conseillère émérite. / Qui nous dit de jouir vite et beaucoup de suite / Et qu'un traître jupon prime un royal linceul. / Son avis est le tien, pas chéri ? C'est le seul. »

ÉLÉGIES de Xénophane. Le Grec Xénophane de Colophon (580 ?-470 ? av. J.-C.) fut une curieuse figure de philosophe et de poète. Il représente ce rationalisme ionien qui voulait opposer aux superstitions et aux mythes une conception philosophique du monde. Il s'est servi des vers pour donner une forme à sa pensée puisqu'à son époque la prose n'était pas d'usage courant. Il a laissé des œuvres en hexamètres, en distiques et en iambes, remarquables par l'originalité de la pensée et par leur vigueur polémique. Nous avons de lui des fragments de poèmes satiriques et parodiques où l'anthropomorphisme des divinités d'Homère et d'Hésiode est tourné en ridicule Deux élégies fort intéressantes sont également parvenues jusqu'à nous : la première proclame l'opportunité de substituer aux fables irrévérencieuses de la mythologie que l'on chantait lors des festins des réflexions sur la vertu et la sagesse. Dans la deuxième, Xénophane oppose énergiquement au culte excessif de la force athlétique l'utilité du savoir et la noblesse du sage. C'est, dans le monde grec, la première affirmation explicite de la valeur de la philosophie, non seulement au point de vue théorique, mais aussi au point de vue pratique. — Trad. *Hésiode et les poètes élégiaques et moralistes de la Grèce*, Garnier, 1940.

ÉLÉGIES (Les). Œuvre du poète français Emmanuel Hocquard (né en 1940), publiée en 1990. Née d'un « travail de boucher sur une page de Tite-Live », la poésie d'Emmanuel Hocquard est d'abord une affaire d'« organisation logique de la pensée ». Ce poète qui hait le poétisme, le pathos, la sensiblerie, qui considère que la poésie « n'a pas plus à voir avec la littérature qu'avec n'importe quel autre secteur d'activité où l'intelligence est aux prises avec le langage », se risque, avec *Les Élégies*, dans le tissu biographique, sur le terrain périlleux de la nostalgie. Il s'agit littéralement de « classer l'affaire », en rassemblant des textes dont certains avaient déjà été publiés en volume. L'élégie 7 suggère ce dépôt de bilan : « Je suis devant mes tables / mes longues tables / ... / avec des morceaux de fresques / mes calendriers / mes cadrans solaires / qui ne mesurent qu'eux-mêmes / ... / J'ai commencé ce livre / il y a tout juste 20 ans / le temps s'écoule et ne s'écoule pas / à l'intérieur du sablier. » Le titre *Élégies* cache donc un texte qui subvertit la plainte, l'apitoiement sur soi, sur l'amour ou le temps qui passe, tout ce qui nourrit le genre depuis Catulle et Properce. L'émotion nous sera restituée par les évidences du réel, éparses, mises au jour par la fouille du poème, non plus par les figures idéalistes du langage ou les effets rythmiques. Les références culturelles sont convoquées pour mieux les battre en brèche. Le texte se présente parfois comme un objet archéologique dont les lacunes ouvrent sur les abîmes de la désolation. Au-delà de la provocation formelle, ce livre sans effusion témoigne d'une volonté poignante de changer, par les télescopages d'un quotidien de tous les temps, le temps mesuré en un absolu du temps non linéaire. Les traces de l'intime retrouvées parmi des fragments de vies périmées, le poème comme lieu natal de la parole s'écroule sous le poids des signes. Tout bascule dans un infranchissable présent. Parole désolée mais libérée des entraves de la tradition et de l'idéologie poétique dominante, qui a pour tâche de mettre en forme, avec le maximum de lucidité, les éléments d'un vécu qui se confond avec l'immense éparpillement de l'Histoire. Ce champ de ruines brille d'une beauté nouvelle : « Avec le temps / les métaphores et les amours / s'épuisent d'elles-mêmes / et le verre enfoui dans la boue / s'irise. » C. Ad.

ÉLÉGIES DE BUCKOW [*Bückower Elegien*]. Recueil poétique, publié en 1950 par l'écrivain allemand Bertolt Brecht (1898-1956). Sans doute est-ce dans les poèmes des dernières années de Brecht que le thème d'un présent suspendu entre le passé et l'avenir, et cependant engagé dans un incessant travail de transformation, trouve son expression la plus pleine. La poésie joue alors un rôle privilégié dans l'existence de Brecht. Plus encore qu'auparavant, elle forme un commentaire continu à sa vie. Pendant les années que Brecht a consacrées à l'élaboration pratique de son théâtre, elle fut pour lui non une échappatoire mais le complément indispensable de son travail quotidien, une réflexion de ce travail dans l'art. De cette poésie, il est encore difficile de prendre une mesure exacte : nombre des poèmes écrits à cette époque demeurent inédits, et l'on ne connaît rien encore du « Journal de travail » que Brecht a laissé. Mais il semble que, comme son théâtre et peut-être plus profondément que lui, sa poésie ait subi une mutation. Les poèmes de l'exil avaient pour la plupart un caractère démonstratif. Ils étaient critiques : sous l'apparence d'une description objective, ils constituaient autant d'appels à refuser « le monde tel qu'il va », autant d'incitations à la révolte. Une fois Brecht de retour à Berlin-Est, ses poèmes deviennent paradoxalement moins engagés. Sans doute sacrifie-t-il parfois à la poésie de circonstance, à l'art officiel ; mentionnons notamment sa cantate dite « Herrnburger Bericht » (Le rapport d'Herrnburg) écrite à l'occasion du festival mondial de la jeunesse démocratique en 1951, et le long poème didactique « Die Erziehung der Hirse » (littéralement « L'Éducation du mil ») qui célèbre les idées mitchouriennes et reprend le grand thème brechtien de l'humanisation de la nature, de sa « re-naturalisation ». Mais de telles œuvres paraissent peu nombreuses en regard des autres poèmes écrits alors par Brecht et dont le caractère personnel, quasi intime, peut étonner. Qu'on ne voie pas là l'expression d'un désaccord fondamental de Brecht vis-à-vis du régime de la République démocratique allemande. Plutôt celle d'un accord profond sur ses buts, de certaines divergences sur les moyens et d'une attention soutenue au présent de ce régime. Le cauchemar de la guerre et du nazisme s'est dissipé ; les temps de la « construction du socialisme » sont venus. La tâche du poète est maintenant non de critiquer ou d'exalter, mais de participer à sa manière à cette œuvre collective dont il sait la grandeur et dont il connaît aussi les périls. Aussi la poésie de Brecht est-elle d'abord jouissance du présent : un présent conquis sur un passé sanglant et ouvert sur un futur heureux mais encore imprévisible, sur un futur à faire : « Lorsque je revins / Mes cheveux n'étaient pas encore gris / Et j'étais heureux. / Les fatigues de la montagne étaient derrière nous. / Devant nous, les fatigues de la plaine. » La poésie est connaissance d'un monde qui se transforme heureusement. Jamais Brecht n'avait parlé comme il le fait maintenant de la nature : il ne l'oppose plus aux hommes, il ne dresse plus ceux-ci contre elle. Il dit leur accord progressif. Inlassablement, il commente les instants de leur réconciliation. Plus que jamais, ses poèmes sont descriptifs. Directement inspirés de la poésie extrême-orientale, ils apparaissent souvent comme le bref recensement de tout ce qui peut constituer un instant, instant dont il faut jouir et qu'il faut comprendre parce qu'il ne dure pas, parce qu'il est équilibre entre hier et demain. Là où il dénonçait les ruses et les stratagèmes des puissants, Brecht découvre une source de joies immédiates et la possibilité d'infinies transformations. La nature ainsi redevenue humaine, et l'homme naturel, le but lointain que Brecht assignait à ses pièces didactiques ou « Lehrstücke », voilà qu'il est proche. Que des contradictions subsistent encore, Brecht ne le nie pas. Mais ces contradictions qui dénoncent l'oppression passée annoncent aussi une féconde liberté future. Cette poésie non engagée est la plus politique qui soit ; elle est celle d'un monde au travail que le poète a pour mission de refléter, voire de compléter. Il rappelle le passé, il dit le présent quand les travailleurs font l'avenir, il assume la connaissance et affirme le superflu, « étant bien entendu que l'on vit pour le superflu ». Que l'activité militante de Brecht ait alors été tout entière consacrée à la défense de la paix en témoigne encore : sa création suppose cette paix, elle s'enracine en elle. — Trad. *Poèmes choisis*, Seghers, 1954 ; L'Arche, 1967.

ÉLÉGIES DE DUINO [*Duineser Elegien*]. C'est la dernière et la plus importante des œuvres du poète allemand Rainer Maria Rilke (1875-1926). Ces *Élégies* empruntent leur nom au château de Duino où elles furent commencées. Rilke nous a laissé de précieux renseignements sur cette époque de sa vie : il vient de traverser une période d'instabilité maladive et se demande, avec angoisse, se souvenant des heures pénibles et épuisantes qu'il consacra à écrire *Les Cahiers de Malte Laurids Brigge* (*) (1910), si jamais l'inspiration lui sera donnée à nouveau. Mais voici qu'un jour de janvier 1912, se promenant sur les rochers de Duino, il entendit une voix dans le vent qui lui dictait ces paroles : « Qui donc, si je criais, m'entendrait parmi les hiérarchies des anges ? » ; ainsi lui fut donné le premier vers de sa première *Élégie*. D'autres phrases lui furent semblablement dictées et le soir même, la première *Élégie* était entièrement écrite. La deuxième suivit peu après. D'autres fragments lui vinrent encore, puis, pendant dix ans, ce fut le silence. Il acheva la troisième en 1913 et la quatrième à Munich, en 1915. Ce ne fut qu'en 1922 qu'il put composer les autres, en même temps que les cinquante-cinq *Sonnets à Orphée* (*), en l'espace de quelques jours, jours agités passés à Muzot, dans le pays du Valais (le 9 février, les *Élégies* VI à IX ; le 11 février, la dixième).

La multiplicité des thèmes, leur enchevêtrement, la hardiesse et la concision prodigieuse de certains passages, l'étrangeté des images, la nouveauté et l'originalité fondamentale de l'inspiration concourent à rendre la lecture de l'œuvre difficile. Rilke avait pensé y adjoindre un commentaire ; toutefois, pour l'étude de ces *Élégies,* nous possédons une lettre écrite le 13-XI-1925 par le poète à son traducteur polonais, Witold von Hulewicz. Les *Élégies* se situent dans le prolongement du *Livre d'heures* (*) et des *Cahiers de Malte Laurids Brigge* ; reprenant certains des thèmes et des problèmes devant la solution desquels Malte avait échoué, elles en donnent la solution positive. La vie et la mort ne s'y opposent plus comme une zone de lumière et une zone d'ombre, mais y sont représentées comme des moments de l'éternel devenir, forces en elles-mêmes illimitées et ne s'excluant pas l'une l'autre : « L'affirmation de la vie et celle de la mort se révèlent comme n'en formant qu'une... il n'y a ni un en-deçà, ni un au-delà, mais la grande unité, dans laquelle les êtres qui nous surpassent, les Anges, sont chez eux. »

Il n'est guère facile de réduire les *Élégies* à leur plan et d'en isoler les motifs principaux ; nous nous contenterons d'en donner, ici, l'interprétation la plus large et la plus communément admise. Bien que formant un tout d'une parfaite unité de ton et d'inspiration, les *Élégies* n'obéissent pas à une composition rigoureuse et stricte ; leur rythme se plie aux nécessités d'une expérience intérieure, et les thèmes y sont développés fragmentairement, abandonnés puis repris, pour s'enrichir, dans cette ascension vers le pays de la douleur et de la mort, d'harmoniques et de résonances nouvelles. Cette expérience connaît trois moments essentiels, qui dicteront l'architecture et l'enchaînement des poèmes. Et tout d'abord, les trois premières *Élégies,* qui nous décrivent les limites de l'homme et son impuissance à « être ». Reprenant les questions essentielles restées jusqu'alors sans réponse, Rilke les ramène, dès la première *Élégie,* à deux interrogations fondamentales : comment la vie est-elle possible puisque le désir de la possession la fausse à chaque instant dans toutes ses manifestations, et que sur elle pèse continuellement la peur de la mort ? Qui peut donc aspirer à la simple durée, à « être » simplement, lorsque la vie se présente à l'homme comme une forêt de signes qui le freinent, le distraient, le détournent de son destin ? Le poète entreprend, avec la seconde *Élégie,* de dire la fragilité de l'homme et sa position : entre l'animal qui, ignorant la mort et sans désir de possession, se sent plonger dans le cours universel du Tout, et l'Ange, « perfection première », seuil de l'Invisible, lieu d'échange entre le ciel et la terre. Ainsi, l'homme connaît une position ambiguë, proie désarmée de la voracité du temps. Mais l'amour ? « Les amants pourraient, s'ils le comprenaient, dans l'air nocturne parler étrangement », car l'amour est bien cette seule expérience capable de nous emporter au-delà de nos propres limites ; l'enlacement des amants n'est-il pas « une promesse d'éternité » ? Mais tout retombe et se meurt, car dans les veines de l'homme en proie au désir, c'est « le Dieu Fleuve du sang » qui parle (*Élégie* III) et, « Maître de la joie », aveuglant et tyrannique, il roule en nous les forces obscures de la terre et tout le charroi des millénaires, les peurs anciennes, l'horreur et l'épouvante. Dans l'amant a surgi une « sève immémoriale », et la femme ne peut rien d'autre que lui donner « la suprématie des nuits », l'aider à se dépasser, le retenir de tomber dans le monde obscur de la sensualité. Aussi le plus beau destin est-il celui des enfants qui meurent, « élus de la mort précoce », ou encore celui des « abandonnées », des héroïnes amoureuses, dont toute attache terrestre fut brisée par la fuite de l'homme aimé et qui, dans la pureté de leur flamme amoureuse, s'élèvent vers l'éternité.

Avec les *Élégies* IV, V et VI, le poète nous propose deux types d'humanité qui ont quelque chance d'atteindre leur accomplissement : deux essais de réalisation positive, deux tentatives pour échapper au chaos ancestral, deux degrés dans la marche vers l'ange. Rilke, reprenant, pour le transposer aussitôt, un souvenir de son enfance, s'installe « dans l'angoisse, devant le rideau de son cœur ». Et quand le rideau se lève, quel spectacle s'offre à ses yeux ? Brève, voici l'apparition du danseur, bourgeois empruntant tous les masques ; Rilke lui préfère la marionnette : car « un ange doit venir, qui redresse les pantins », et l'enfant — protagoniste de la quatrième *Élégie* — assis en silence, accède, sans effort, bien qu'inconsciemment, au domaine de la durée pure, « dans l'intervalle qui sépare le monde et le jouet ». Il y a là un événement ineffable : comment dire la grandeur de l'enfant mesurant toutes choses par le seul fait d'exister ? La cinquième *Élégie* nous initie aux secrets des saltimbanques. Dans l'existence pauvre, humble et incertaine de ces vagabonds, suspendue à un fil toujours prêt à se rompre, dans cette existence où les lois fondamentales de la pesanteur semblent abolies, le poète croit possible tout d'abord un bouleversement, une transformation radicale susceptible d'apporter le salut. La pyramide de leurs corps dans l'espace n'est-elle pas un pont entre le ciel et la terre, entre l'ange et l'être humain ? Et cette multiplicité des figures qu'ils forment et dénouent, ne préfigure-t-elle pas l'incessante métamorphose dont l'homme est le lieu ? Illusion aussitôt née, aussitôt défaite : tout dans ce jeu n'est que passager et périssable, figures factices et éphémères : « de l'être dressé, la grande initiale » se défait et meurt sous les regards des badauds : or, rien ne vaut que la solitude. Rien ne vaut que l'amour, et non point l'offrande des « jeunes seins tendus sous la soie verte », en spectacle à la foule, comme un « fruit indifférent, un fruit de marché ». La vie du héros, par contre, est positive (*Élégie* VI) ; toujours en quête d'une forme nouvelle, chaque instant de sa vie se déverse dans le cours de son noble destin : « Étrangement proche des jeunes morts est le héros. Durer ne le touche pas. Son ascension est existence » et il apparaît déjà dans sa plénitude.

Dans les *Élégies* VII à IX, abandonnant le doute et l'incertitude, ayant désormais franchi les cercles de l'angoisse, le poète proclame la valeur de l'existence et exalte le rôle de l'homme sur terre. C'est tout d'abord un envol d'oiseau dans l'azur serein, une allégresse à découvrir les matins d'été, les « prairies dans le soir », et, « dans les hautes nuits », « les étoiles de la terre » ; car maintenant, exister sur terre est divin et il faut consentir à « être ». Malgré sa détresse, en dépit de sa douleur, l'homme fut capable d'emplir l'espace et son devoir est de rendre éternelles les choses du monde, en transposant en lui leur essence pour la transmettre aux générations successives et réduire la vie des choses à l'esprit. Car la nature, tout ce qui nous entoure et tout ce à quoi nous faisons appel ne sont que des choses provisoires et caduques ; mais aussi longtemps que nous sommes ici, elles représentent notre avoir et notre joie... ; non seulement nous ne devons pas les avilir, mais justement à cause de leur caractère provisoire qui les sépare de nous, nous devons les comprendre avec une intelligence plus profonde et les transformer. Dans sa lettre à Hulewicz, Rilke s'est expliqué fort clairement sur ce point fondamental de sa conception ; il écrit : notre devoir est « d'imprimer cette terre provisoire, caduque, en nous, si profondément, si douloureusement, si passionnément, que son essence ressuscite en nous, *invisible*. Nous sommes les abeilles de l'Invisible. Nous butinons éperdument le miel du visible pour l'accumuler dans la grande ruche d'or de l'Invisible ». Mais ce destin une fois accepté et compris, il faut se plier à la loi profonde qui le commande (*Élégie* VIII) pour s'ouvrir à la « vie ouverte » et admettre pleinement que, « quoi que nous fassions, nous avons cette allure de celui qui s'en va ». Il y a d'abord la vie, dans le sein de la terre, qui précéda l'existence, et maintenant il y a la mort, cette autre vie, qui doit suivre l'existence. Car, « la mort est le *côté de la vie* qui n'est pas tourné vers nous, ni éclairé par nous. Notre existence plonge dans les deux royaumes illimités et se nourrit inépuisablement des deux ». Avec la neuvième *Élégie* commence « le temps des choses dicibles » ; Rilke réaffirme son consentement à la terre, à la douleur, à la souffrance, à « la longue expérience de l'amour », « à tout ce qui pèse », car ce sont là les seules choses que dans l'autre règne l'on emporte. Toutes les choses fuyantes nous tendent une ancre, car la Terre veut renaître en nous, invisible. Son ordre éternel est la métamorphose. « Terre, toi que j'aime, je consens à toi, de loin, je viens à toi. » Ainsi, l'homme, seigneur de ce qui s'incline vers la mort, en acceptant la loi qui le courbe vers la terre, accède enfin au règne de la mort.

La dixième et dernière *Élégie,* transfiguration des neuf autres, célèbre la mort comme la seule façon d'ajouter au fini tout l'infini. Par-delà les villes, foires aux vanités qui empêchent de mille façons la connaissance de la douleur, s'ouvre la réalité : faubourgs où sont les êtres les plus proches de la nature, les enfants et les amants. Encore plus loin s'étend le pays des lamentations : une lamentation, tout en guidant le mort à travers cette région mystérieuse, l'initie graduellement à son nouvel état ; elle lui fait accomplir un « retour » aux origines de l'humanité, grâce à la révélation d'une foule de symboles, et le conduit enfin au pied de la montagne de la Douleur originelle, où elle l'abandonne à lui-même, car l'homme ne peut s'acheminer que seul vers sa demeure éternelle, ultime et décisive transformation qui lui permettra de rentrer dans le cercle de la vie universelle.

Œuvre de poète avant tout, expérience et aboutissement de toute une vie, les *Élégies* sont entièrement dominées par la figure de l'« Ange », par référence auquel elles acquièrent leur profondeur et leur plein éclat. Rilke a pris soin de nous éclairer sur ce point. « Ce n'est pas dans le sens chrétien (duquel je m'éloigne de plus en plus passionnément), mais avec une conscience purement terrestre, profondément terrestre, bienheureusement terrestre, qu'il s'agit d'introduire ce qu'on a vu et touché ici dans un cercle plus vaste, dans le plus vaste de tous... Si l'on commet la faute d'appliquer aux *Élégies* ou aux *Sonnets* (*) (à Orphée) les concepts catholiques de la mort, de l'au-delà et de l'éternité, on s'éloigne entièrement de leur conclusion et on se prépare à une incompréhension de plus en plus profonde. L'ange des *Élégies* n'a rien de commun avec l'ange du ciel chrétien. » Voilà qui replace dans une juste perspective, fortement ancrée aux choses d'ici-bas, l'expérience rilkéenne : la résonance des poèmes en est alors tout autre et gagne en profondeur, en richesse. C'est en partant de l'homme que l'ange se révèle, et « tout ange est effrayant », à la façon dont « la beauté n'est que le premier degré du terrible » (*Élégie* I). Dans sa lettre à Hulewicz, Rilke définit l'ange comme « cette créature, dans laquelle la transformation du visible en invisible que nous réalisons, apparaît comme déjà réalisée. Il est cet être qui se porte garant de reconnaître dans l'Invisible un degré supérieur de la réalité ; — c'est pourquoi "effrayant" pour nous, encore suspendus au visible, dont nous sommes les amants et les transformateurs ». Dès lors, l'ange est cet être ayant déjà subi l'épreuve de la vie et qui a débouché dans le circuit de la totale évolution, et l'homme, par rapport à lui, dans la mesure où il accepte douleur et mort, n'est que cette lente ascension vers l'existence pure.

Somme de son expérience poétique et humaine, les *Élégies* tout en portant la marque des contacts que le poète eut avec la poésie française, avec Valéry notamment — se révèlent comme un message d'une violence incomparable, d'une portée universelle. Dans l évolution de la poésie allemande, elles représentent un des moments du lyrisme, reculant les bornes du domaine de l'homme, et, par sa situation aux confins de la vie et de la mort, plongeant ses racines dans l'éternel devenir. — Trad. par J.F. Angelloz, Paris, 1936 (repris chez Aubier, 1945) ; par Armel Guerne, Lausanne, 1958 (repris dans *Œuvres II,* Le Seuil, 1972) ; par Lorand Gaspar, *Œuvres II,* Le Seuil, 1972.

ÉLÉGIES DE TCH'OU [*Tch'ou-ts'e — Chuci*]. Le plus ancien recueil poétique chinois après le *Livre des vers* (*) fut composé entre la fin du IVe et le début du IIe siècle avant notre ère par deux des plus célèbres poètes de la Chine, Ts'iu Yuan (v. 339 - v. 278 av. J.-C.) et Song Yu (IIIe siècle av. J.-C.), ainsi que par d'autres continuateurs et imitateurs. Le recueil fut compilé par Lio Siang (77 - 6 av. J.-C.) qui y ajouta des poèmes plus récents, comme le fit après lui Wang Yi au IIe siècle de notre ère. Les dix-sept livres ou ensemble de poèmes qui le composent sont de ce fait d'un intérêt inégal, et l'on s'accorde à limiter aux dix premiers livres l'ensemble des Élégies de Tch'ou les plus anciennes. Parmi ceux-ci, de nombreux poèmes ont été traditionnellement attribués à Ts'iu Yuan, figure légendaire qui fait office de père de la poésie chinoise (ne serait-ce que parce qu'il en est le premier auteur non anonyme), alors qu'ils se révèlent à l'étude comme devant être les œuvres d'émules plus ou moins tardifs. Ts'iu Yuan — dont l'existence même a pu être contestée — semble bien malgré tout avoir composé le poème emblématique des *Élégies*, qui en constitue le premier livre. Il s'agit du « Li-sao », dont le titre peut être compris et traduit de diverses manières : « Douleur de l'éloignement », « Rencontre avec la tristesse », ou encore « Pour échapper à la tristesse », et dont le contenu tend à confirmer les sources biographiques concernant Ts'iu Yuan. Celui-ci, ministre du roi Houai de Tch'ou, jouit pendant longtemps de la confiance et de l'estime de son souverain, mais tomba en disgrâce à la suite des calomnies dont il fut l'objet de la part des courtisans. Envoyé en exil dans le sud du royaume, il vécut retiré, et rédigea notamment le « Li-sao », avant de se noyer dans la rivière Mi-lo. Ce poème, un des chefs-d'œuvre de la littérature chinoise, se compose de quatre-vingt-treize strophes (environ trois cent soixante-seize vers). Après avoir montré la pureté de cœur et d'esprit du poète, au regard de la perversité des courtisans, Ts'iu Yuan s'aventure dans des régions fantastiques, parsemées de fleurs odorantes. C'est en vain que la voix de sa sœur cherche à le séduire ; le poète, devant la tombe du grand Chouen (empereur légendaire qui régna, d'après la chronologie chinoise, de 2042 à 1093 av. J.-C.), formule ses doléances, certain de défendre la bonne cause. Le voyage se poursuit jusque sur les cimes du Kouen-Lun : là, le poète espère découvrir un souverain qui soit sage ; mais en vain. Après quoi il redescend, affligé, et il reçoit du devin Lin Pang le conseil d'abandonner le pays et les coutumes déplorables du monde. Toutefois, avant de se rendre à cet avis, il attend encore la décision de Hou-houang, le roi plein de sagacité qui avait rendu son peuple heureux. Ce dernier lui prodigue quelques observations d'ordre politique ; finalement le poète se résoudra à suivre les directives de Lin Pang. De la cime du mont Kouen-Lun, il aperçoit d'un coup toute sa patrie. À cette vue, le cœur lui manque, et il décide de se noyer. Ainsi s'achève ce poème dans lequel le monde de la nature sert toujours à dissimuler quelque allégorie : fleurs, plantes, oiseaux, nuages, vent, tout est symbole et recouvre des sentiments. Ce thème, d'origine taoïste, d'une pérégrination imaginaire, d'un voyage de l'âme au cours de l'extase, se retrouve dans un autre poème attribué à Ts'iu Yuan, le « Yuan-Yo » [La Randonnée lointaine] — sans doute composée en réalité par un imitateur tardif. C'est de son style clair et concis, et cependant plein de recherches exquises, c'est de la noblesse et de la pureté des conceptions du poète que l'œuvre tire son extraordinaire valeur. De là naquit le « fou », prose rythmique ou rhapsodie.

Le second livre des *Élégies* est constitué par les *Neuf chants* [*Tsio-ke*], qui en comptent en fait onze. Ce sont des chants d'inspiration chamanistique, où dialoguent le poète-narrateur et des divinités, sans que l'on sache jamais assurément quel est le locuteur. Aussi denses qu'elliptiques, ces poèmes frappent par la volupté du rapport entre poète et divinité, et par l'érotisme des images qui le décrivent. Les *Questions au ciel* [*T'ien-wen*] qui composent le livre suivant sont une série d'énigmes portant sur la mythologie, la cosmologie et l'histoire, énigmes laissées sans réponses, ce qui, ajouté au style hermétique du poème, rend la compréhension encore une fois assez difficile. Le *Rappel de l'âme* et le *Grand rappel* [*Ta-tchao* et *Tchao-houen*] s'inspirent d'une croyance chamanistique voulant que l'on puisse rappeler l'âme des morts. Le poète y décrit le voyage de l'âme et l'invite à revenir vers lui, pour fuir les dangers qui l'attendent dans le monde surnaturel. Parmi les *Neuf déclarations* [*Tsio-tchang*], deux sont attribuées à Ts'iu Yuan, et en tout cas parlent de lui ; l'ensemble du cycle imite le « Li-sao », ou offre des similitudes avec lui (bien que le style en soit plus simple). Les *Neuf discussions* [*Tsio-pien*] furent très probablement composées par Song Yu, elles aussi en référence au « Li-sao » ; elles sont généralement interprétées dans un sens politique. La richesse stylistique et la beauté de ces élégies sont sans doute comparables à celles de Ts'iu Yuan, même si l'imagination peut être moins remarquable.

On doit à l'ensemble du recueil des *Élégies de Tch'ou* une évolution radicale de la prosodie chinoise, du vocabulaire et des images littéraires, qui en font, comme l'écrit le critique littéraire du tournant du ve siècle Lio Sie, l'œuvre déterminante et inaugurale de toute l'histoire de la littérature chinoise. — Trad. anglaise *Lisao and Other Poems of Chu Yuan*, 1953 ; *Ch'u Tz'u, The Songs of the South*, 1959. Trad. française *Anthologie de la poésie chinoise classique*, Gallimard, 1956 ; La Différence, 1990.

ÉLÉGIES DU LIVRE D'EXETER [*The Exeter Book Elegies*]. Sous ce titre on a groupé un certain nombre d'anciennes compositions poétiques anglo-saxonnes, écrites probablement avant l'an 600, mais remaniées au cours des époques suivantes, et qui nous sont parvenues dans un manuscrit du XIe siècle, appelé *Exeter Book* ou *Codex Exoniensis,* conservé dans la bibliothèque capitulaire d'Exeter. Le noyau principal du recueil est constitué par sept élégies, au ton éminemment païen ; une certaine unité d'inspiration, l'utilisation de quelques thèmes dominants — la solitude, la douleur, la contemplation de la fuite du temps et de la jeunesse, l'abandon des terres fertiles, des forteresses, des palais des rois, autrefois retentissants de vie — nous permettent de rattacher d'une façon plus ou moins directe ces élégies aux chants funèbres accompagnant autrefois l'incinération et l'inhumation des guerriers morts.

Bien qu'on ne puisse fixer leur chronologie exacte, la plus ancienne serait *Le Voyageur*, où un ménestrel (« scop ») raconte ses pérégrinations et énumère les princes qui lui ont fait des cadeaux. *Deor* (*) est au contraire le seul poème anglo-saxon divisé en strophes. Parmi les plus belles de ces élégies, il y a *Le Bourg ruiné* [*The Ruin*], plainte douloureuse sur les ruines d'une ville ancienne, Bath peut-être, qui, en plein épanouissement à l'époque des Romains, a été détruite par les envahisseurs anglo-saxons ; un poète visite ces ruines et se lamente en évoquant la vie joyeuse d'antan, « les salles nombreuses, bruissantes de l'allégresse des hommes, jusqu'au jour où la destinée a tout bouleversé ». *Le Message du mari* [*The Husband's Message*], poème composé d'une introduction de onze vers, décrit à la manière d'une énigme anglo-saxonne l'écharde de bois sur laquelle est gravé un message en caractères runiques ; le bois lui-même parle, en racontant sa naissance dans la forêt, son voyage sur un navire, et en donnant enfin le message de l'amant qui prie la femme aimée de le rejoindre dans son pays d'exil où il a fait fortune, dès qu'elle entendra « pleurer dans la forêt le mélancolique coucou... ».

La Lamentation de la femme [*The Wife's Lament*] est beaucoup plus complexe. Une jeune femme calomniée et forcée de vivre loin de son bien-aimé, dans une caverne de la forêt, exprime toute son angoisse, et songe à son ami qui, rongé lui aussi par la douleur, est souvent forcé de simuler la joie. Tandis que *Le Pèlerin* nous révèle les sentiments d'un jeune chevalier de cette époque, *Le Navigateur* — peut-être l'élégie la plus originale — est un dialogue entre un vieux marin, qui évoque les souffrances de la vie en mer, et un jeune homme, qui se sent malgré tout attiré de façon irrésistible à « parcourir le chemin des vagues ». Les caractères communs à toutes ces élégies anglo-saxonnes sont un sentiment très intense de la nature, vue à travers l'état d'âme du poète, illuminée par sa joie ou assombrie par sa tristesse, l'amour de la mer, symbole d'aventures et de vie, et la sensation de la destinée inexorable dominant l'homme et à laquelle il est vain d'essayer de se soustraire : autant d'éléments essentiels qui participent de l'esprit poétique anglais et que l'on retrouvera avec insistance, malgré les développements et les transformations qu'ils subiront, dans toutes les époques de la littérature.

ÉLÉGIES ET AUTRES FRAGMENTS. L'homme d'État, législateur et poète grec Solon l'Athénien (640-560 av. J.-C.), auteur d'une Constitution demeurée célèbre pour son sens de la politique et de la justice, a laissé une abondante production poétique qui comprenait des Élégies, des Iambes, des tétramètres trochaïques. Parmi les fragments qui nous sont parvenus, certains sont remarquables par leur importance. Si nous laissons de côté les quelques vers de l'élégie de Salamine, écrite pour inciter ses concitoyens à conquérir cette île, et quelques passages d'œuvres érotiques, la plus grande partie de ces fragments est constituée par des vers écrits à l'appui de son œuvre de légiste. C'est précisément sous ce rapport que sa poésie doit être jugée. En un temps qui ignorait encore l'usage de la prose littéraire, le vers était l'instrument le plus efficace pour la transmission de la pensée. Par son dessin net, qui souligne le rythme, par sa phraséologie et ses images solennelles, mais devenues familières grâce à Homère, le vers ajoutait une certaine vigueur aux convictions personnelles et imprimait ces idées dans l'imagination et dans la mémoire d'un vaste public. C'est ainsi que, pour Solon, la poésie est un des instruments de l'activité politique. Il fait une description des maux dont Athènes est affligée, des dangers qui la menacent et il indique des remèdes dans sa sage législation. Il défend sa réforme politique contre les mécontents et les envieux. Il affirme avoir assigné de justes limites aux ambitions des puissants et des humbles, sans rien demander pour lui-même. Il exhorte les Athéniens à se méfier de la tyrannie et les invite à n'accuser qu'eux-mêmes s'ils ont permis la tyrannie de Pisistrate. Dans sa longue élégie consacrée aux Muses, il s'élève au-dessus des contingences politiques pour méditer sur le problème de la justice et chercher, dans la volonté divine, la justification des contradictions rencontrées dans la vie par la conscience morale. Ce serait une erreur de croire, si l'on en juge par les sujets traités, que l'œuvre de Solon ne relève de la poésie que par sa forme prosodique. Le sérieux et la chaleur des convictions morales, la passion avec laquelle le problème de la justice est posé, la recherche de la mesure et de l'harmonie qu'il veut réaliser en fondant un État selon le droit imprègnent ses vers et lui font trouver des images et des expressions exemplaires. Solon répond parfaitement à l'exigence de son temps : il est à la fois un poète et un maître. Il fut reconnu comme tel par ses contemporains qui célébrèrent son œuvre et le firent entrer dans la légende en le comptant parmi les sept Sages de la Grèce. — Trad. *Hésiode et les poètes élégiaques et moralistes de la Grèce*, Garnier, 1940.

ÉLÉGIES ET SATIRES [Ελεγεία και Σάτιρες]. Dernier recueil du poète grec Kostas Karyotakis (1896-1928), publié un an avant son suicide, à l'âge de trente-deux ans. Dès son titre, ce livre, le plus mûr et le plus achevé des trois ouvrages publiés par l'auteur (après *La Douleur de l'homme et des choses* [Ο Πόνος του Ανθρώπου και των Πραμάτων] et *Népenthès* [Νηπενθή], indique d'emblée les deux facettes complémentaires de Karyotakis, dont la vie et l'œuvre n'ont cessé d'osciller entre un pessimisme élégiaque et sa forme policée, à savoir l'ironie appliquée à autrui et à soi-même. Composé de deux séries d'élégies, d'une trilogie « héroïque », de satires où perce un lyrisme souvent amer, et d'un cahier de traductions (Verlaine, Heine, Lenau, Moreas, Baudelaire, Corbière, etc.), ce testament poétique contient nombre des thèmes qui ont hanté les poètes symbolistes et parnassiens — que Karyotakis a été parmi les premiers à introduire en Grèce — mais aussi, sous une forme épurée et désormais affranchie des influences, un ton unique et qui allait marquer la poésie grecque pour de nombreuses décennies : que ce soit pour stigmatiser la condition de fonctionnaire (qui fut longtemps la sienne), ironiser sur le sort des poètes et de la poésie (« ce refuge haï ») ou déplorer l'enfance perdue et le naufrage de presque toute existence, Karyotakis s'appuie toujours sur une langue extrêmement personnelle, que ne rebutent ni les acrobaties ni les archaïsmes, et qui a parfois déconcerté la critique. G. O.

ÉLÉGIES ROMAINES [*Römische Elegien*]. Dans le recueil des *Poésies* (*) de l'écrivain allemand Johann Wolfgang Goethe (1749-1832), elles constituent le premier groupe des *Élégies* (*) ; elles ont été publiées pour la première fois en 1795 dans la revue de Schiller *Les Heures* : elles étaient au nombre de vingt ; quatre autres, restées manuscrites à cause de leur ton licencieux, furent imprimées pour la première fois en 1887 en appendice au premier volume des Œuvres, dans l'édition de Weimar. Il existe aussi une édition du texte en fac-similé (Leipzig, 1920). L'idée première des *Élégies romaines* remonte certainement au séjour de Goethe à Rome. Les premiers vers de la septième élégie : « Oh, comme je me sens heureux dans Rome quand je songe aux temps où un jour grisâtre m'accueillait au fond du Nord... », ont un accent de vérité indiscutable. On ne peut affirmer par contre qu'une ou plusieurs des élégies aient été écrites à Rome et encore moins que Faustina ait existé ou qu'elle ait joué un rôle à l'époque où Goethe vécut à Rome. Ce nom se trouve dans la XVIIIe élégie, et Goethe rappelle ce souvenir dans la quatrième de ses *Épigrammes vénitiennes* (*). En fait de femmes, une aventure avec une fille simple du Trastevere ou du Champ de Mars n'aurait pas de quoi nous surprendre de la part de Goethe. Mais il n'en reste aucune preuve. On ne peut tirer de conclusion du fait qu'un registre paroissial du Trastevere porte les actes d'état civil d'une Faustina Antonini, troisième fille de l'hôtelier Agostino di Giovanni, laquelle naquit en 1764, se maria à vingt ans et resta veuve avec un enfant. Il est vrai que dans la sixième élégie l'aimée parle d'elle-même comme d'une veuve, et qu'on la voit prendre un enfant dans ses bras ; mais ce sont des coïncidences trop vagues pour qu'on puisse bâtir sur elles un « roman ».

La vérité, c'est que l'image de Faustina est vraisemblablement, et même presque certainement, née en Italie dans l'imagination de Goethe, mais qu'elle n'a atteint sa pleine réalité poétique que plus tard, à Weimar, quand elle prit les formes arrondies de Christiane, son visage d'enfant épanouie — malgré ses 23 ans accomplis —, son tempérament vif, prompt et « heureux de jouir et de faire jouir » ; et c'est sur le dos « non pas romain, mais tout aussi chaud et lisse et doux aux caresses » de Christiane que le poète scande les hexamètres dont il parle dans la seconde élégie, tandis que — c'était le 13 juillet 1788 — il dominait vigoureusement « Busen und Leib ». Depuis les « courtes boucles » qui, dans la quatrième élégie, « s'enroulent autour du cou petit et gracieux », jusqu'à « la petite tête » qui dans la treizième élégie « repose, pliée par le sommeil, sur le bras » dans une pose particulièrement chère à Goethe et qu'il a reproduite dans un dessin connu, tout parle de Christiane dans les *Élégies.* L'amour lui-même y est directement accordé à sa personne : un amour simple, qui va droit au but, sain, sensuel, presque « en dehors du bien et du mal » tellement il est spontané et « tout nature », bien que, sous certains aspects, familial, conjugal, un amour déjà « pot-au-feu » ; un amour pacifique, sûr, commode et pratique, à portée de la main, prêt « à toute heure ». Voici par exemple : dehors le mauvais temps fait rage, il tombe une pluie diluvienne (élégie XVIII) : comme on est bien, tous deux, dans la douce tiédeur, bien serrés, « wechselnd sichere Küsse ! ».

Tout cela fait tellement partie de l'inspiration qu'à l'origine, dans l'été 1788, et même encore en février 1790, le titre du cycle tout entier n'était pas *Élégies,* mais *Érotique*. Il est vrai que l'*Érotique* était déjà « romaine ». Rome est en fait, dans le processus tout entier qui donna naissance aux *Élégies*, l'élément primordial. À tel point que, sans Rome, Faustina ne serait pas apparue dans la poésie de Goethe, mais Christiane elle-même ne serait pas apparue dans sa vie ; ou alors elle aurait été une chose tout à fait différente et limitée : le « kleines Eroticon » dont parle certaine lettre, la « consolation bien tournée de sa solitude », ou si l'on veut « Le Bijou » [Bettschatz], comme disait maman Goethe quand elle demandait des nouvelles de la jeune femme — telle eût été Christiane, et non ce qu'elle fut réellement pour Goethe, et de la manière la plus impérative : une nécessité intérieure.

À Rome, il était devenu « différent de ce qu'il était auparavant ». À Rome, « dans l'innocence du Sud », tous les nuages et les brumes qui dans le Nord, là-bas, pesaient sur l'âme, s'étaient évanouis ; tout ce qui était aspiration d'éternité insatisfaite, nostalgie et inquiétude s'était dissipé ; la « Sehnsucht » de Werther et de Faust s'était calmée, éteinte ou, mieux, elle s'était transformée en une acceptation heureuse de la plénitude des sens et de la vie du corps. L'ivresse d'une « existence tout entière dans le présent, complète et parfaite en elle-même, avait envoûté le pèlerin du Nord ». L'âme païenne antique, qui couvait au fond de sa nature, se reprit à vivre sur la terre du classicisme « comme dans la patrie de ses origines » où elle se sentit refleurir, telle « une plante des Tropiques transportée dans son climat, sous son ciel ». La poésie des *Élégies* est précisément la poésie de ce bonheur, qui est joie en lui-même et « ne demande plus rien ». Que pourrait désirer de plus le poète ? À Rome « qui vit naître un monde » et, des ruines qui lui succédèrent, en vit « surgir un monde nouveau, plus grand peut-être » (Élégie XV), dans cette Rome immense par son histoire et par son art, il a, lui aussi, son propre monde « petit, mais bien à lui » : l'amour. Pendant le jour, il contemple les remparts et les arcs de triomphe ; il feuillette les livres des Anciens, il admire les statues et évoque les dieux antiques ; le soir, il a toute à lui sa Faustina, « chair et sang ». Il n'y a pas de solution de continuité entre les deux mondes ; ils se complètent dans une réalité vivante.

Certes, une pointe de malice brille dans le regard du poète quand il affirme que le meilleur moyen de déchiffrer un texte poétique ou de comprendre la beauté d'une statue est de suivre d'une main caressante les flancs d'une jeune fille (Élégie V). Mais le poète a un argument décisif : il suffit d'un regard ; voici Faustina qui dort : « Dans ces formes, quelle grandeur ! Que de noblesse dans ces contours ! Si Ariane endormie était aussi belle, Thésée, pouvais-tu fuir ? » (Élégie XIII). Et le poète, lui, ne fuit pas. Il va dans la rue voir « si une chaussette rouge et violette sous la soutane » ne suit pas la belle d'un regard sournois et avide, ou bien il l'attend auprès du foyer où déjà la flamme crépite et resplendit ; ailleurs, il écrit ses rendez-vous avec le doigt mouillé de vin sur la table d'une auberge, ou bien il part à sa recherche jusqu'au-delà des portes, à la « vigne », où toutefois il suffit d'un épouvantail à moineaux pour le faire fuir ; et « il n'échange pas seulement des baisers avec elle, mais aussi quelquefois une parole raisonnable ». Dans son amour pour elle, il met à contribution tous les dieux de l'Olympe ; il les invite à revenir sur terre : il n'appelle pas seulement l'« amour polisson », la Fortune capricieuse ou Hermès cocher dans l'au-delà, ou Zeus qui tient sur ses genoux la foudre et le destin, mais aussi Déméter qui s'appuie au bras du robuste roi des Crétois, Mars pour qui la vestale descendue dans les eaux du Trastevere est une belle proie, ou Vénus qui regarde Bacchus adolescent et « dont le regard est humide de désir, même dans le marbre ».

Ainsi dans le monde antique tout est rassemblé autour de la jeune fille du peuple, amie d'un poète allemand venu à Rome. La poésie respire un air souverain d'apaisement. Le rythme du distique lui-même, avec sa césure au milieu du vers qui semble en régulariser la cadence, nous berce dans une béatitude immatérielle. « Depuis que je suis parti de Rome », avouera Goethe à Eckermann, « je n'ai plus su ce que signifiait le mot bonheur. » — Trad. Charpentier, 1843 ; Aubier, 1956 ; La Différence, 1991.

ÉLÉMENTS d'Euclide. Traité de géométrie du mathématicien grec Euclide d'Alexandrie (365?-300?). L'édition la plus complète est celle de J. L. Heiberg (Leipzig, 1883-1916). Cette œuvre, la principale du célèbre Grec, fondateur de l'école d'Alexandrie, est le traité de géométrie le plus important de tous les temps. Elle constitue, avec les traités d'Archimède et d'Apollonius, l'expression la plus parfaite de l'âge d'or de la géométrie alexandrine. Les mathématiques qui, avant Euclide, n'étaient qu'une branche de la philosophie, acquièrent ici pour la première fois leur indépendance. Euclide part de définitions et de postulats (c'est-à-dire de principes que l'on demande au lecteur d'admettre sans démonstration) nettement explicites. Il en déduit, par application des règles de la logique, des propositions, des théorèmes. L'œuvre est formée de treize livres et comprend trois cent soixante-douze théorèmes et quatre-vingt-treize problèmes, sans compter les définitions préliminaires. Les sept premiers livres traitent de la géométrie plane, les quatre autres de l'arithmétique : les principales propriétés de la théorie des nombres, les racines, etc. ; les trois derniers livres traitent de la géométrie dans l'espace jusqu'à la construction des polyèdres. La sphère, si importante dans la géométrie contemporaine, n'est pas traitée par Euclide, parce que l'étude de ce corps était réservée à l'astronomie. C'est pourquoi nous trouvons, à côté de l'œuvre d'Euclide, *La Sphère* d'Autolycus, mathématicien grec d'Asie Mineure (IVe s. av. J.-C.) et *Les Corps sphériques* de Théodose de Tripoli (IIe s. av. J.-C.-Ier s.). – Trad. C.N.R.S., 1978 ; P.U.F., 1990.

ÉLÉMENTS DE LA GRANDEUR HUMAINE (Des) et autres essais [*Die Elemente der menschlichen Grösse*]. Œuvre de l'écrivain autrichien Pawlo Rudolf Kassner (1873-1959), publiée en 1911. C'est d'abord le procès de l'individualiste « sans fins » des années 1890-1900, que Kassner nomme « l'homme indiscret ». Homme sans Dieu, sans patrie, sans lois, l'Indiscret maintient artificiellement l'autorité de ces instances à dessein de s'en approprier la grandeur. En un temps où lui apparaît la fragilité de ses mobiles séculaires, il se choisit lui-même pour fin, et tente de sauver et de s'ajouter les qualités des idoles menacées. Une torsion interne, un vide central caractérisent la maladie de l'homme moderne, pour qui tout est miroir. Le monde perd ses angles, sa dureté, se dissout dans l'épaisseur d'une conscience invertie, condamnée à ne jamais connaître qu'une réalité de second degré, sourde à la perception qui l'arracherait à elle-même, la perdrait pour la mieux sauver. L'indiscrétion ici dénoncée éveille de multiples harmoniques : le divertissement pascalien, la sphère esthétique de Kierkegaard, où toute chose est rapportée à la catégorie de l'intéressant... C'est en le situant par rapport aux plus hautes traditions que Kassner tente de définir la voie propre de l'homme moderne. Il n'est d'abord de démarche plus salutaire que de retrouver en soi l'homme antique qui, tenant les choses à distance, leur restitue leur fraîcheur, leur relief, leur statut d'objet. « Il est impossible à l'homme antique de reconnaître dans l'ennemi son frère. D'une façon générale, cet homme est en guerre... » Parce qu'elle s'oublie pour la tribu, l'État et les dieux, parce qu'elle est tout entière mobilisée par la passion du monde extérieur, la personnalité antique est pleine et grande. Sa grandeur réside dans la mesure. Mesurer est ici respecter l'autonomie de chaque être, y saluer une essence. « La mesure de la grandeur humaine n'est pas dans le sentiment... mais dans l'astre, d'où la taciturnité des grands hommes. » Être intérieurement déterminé par la loi qui régit cet astre et, réalité entre les réalités – singulière, irréductible –, acquérir la simplicité élémentaire de la bête ou de la fleur, tel est l'idéal antique que Kassner symbolise sous la forme du cercle. Au cercle s'oppose la croix ; à l'harmonie, la tension. « L'homme chrétien n'est pas, comme l'homme antique, grand mais démesuré, avec son amour mystérieux de l'ennemi. » Mais ce qu'il perd en grandeur, il le gagne en réalité. La personne acquiert une autre profondeur quand elle se reconnaît liée à sa finitude, au péché. « Le péché est la mesure du démesuré [...] Le chrétien [...] est né criminel. » Aussi, la seule action du chrétien est-elle la non-action : la conversion qui est « rebrousser chemin pour reconnaître ce qui est réel [...], retourner à l'origine, afin d'être ainsi mesuré et déterminé ». Ce qui est vrai de la grandeur antique l'est plus rigoureusement encore de la grandeur chrétienne : qu'en aucun cas, elle ne saurait être l'objet ou la prime de la vie humaine, qu'inaccessible à qui la cherche, ignorée de qui l'atteint, elle n'a de sens et de valeur que pour les autres. Ce n'est pas le génie peu commun de Kierkegaard qui le fait grand, mais « une fiction parfaitement absurde [...] celle d'un Dieu extrêmement entêté [...] méchamment vigilant, à cause donc de quelque chose qui n'était pas trop éloigné de la croyance à l'enfer d'une vieille dévote ». Jadis les souverains légitimes étaient tout spécialement chargés de donner le spectacle de la grandeur et il importait peu qu'ils la possédassent ou non. Leur attitude signifiait que quelque chose comme la grandeur existait quelque part. Aujourd'hui, la grandeur est nécessairement invisible, étant celle du souverain caché, du souverain « éternellement présent », caution du souverain manifeste d'autrefois. Elle ne peut être saisie qu'intuitivement, au cœur du monde de l'Esprit où rien n'est véritablement séparé, que la colère ou l'orgueil d'un seul suffit à colorer, où la pensée la plus « subjective » engage la pensée de tous. De ce monde sont bannis les monstres de la raison, que Kassner nomme les « chimères ». Au sujet de ce court essai, dont le développement organique s'accommode mal d'un exposé systématique, Kassner dira plus tard, dans son *Livre du souvenir* [*Buch der Erinnerung,* 1938], que, quand il l'écrivit, « ses idées avaient atteint leur maximum d'éloignement par rapport à Nietzsche ». Si la formule de l'indiscret est que « l'égoïsme suprême est l'altruisme suprême, et inversement », Kassner reconnaît à son idée de Mesure le mérite d'avoir une nouvelle fois séparé la lumière des ténèbres : d'avoir empêché que toute valeur ne se change en son contraire. Avec cette idée se manifeste une exigence toute kierkegaardienne, qui fait valoir la nécessité des antagonismes, l'absolue irréductibilité du ciel et de la terre, l'intransigeance de l'alternative, sans laquelle tout dégénère « en un comble d'indiscrétion et d'absurdité ». Œuvre centrale, *Des éléments* trouvent leur prolongement dans d'autres courts textes de Kassner, qui tous pourraient porter le titre de l'un deux, *La Parabole du pauvre et du riche* [*Die Parabel vom Armen und vom Reichen*], recueilli en 1955 dans *Le Magicien* [*Der Zauberer*]. C'est en effet le même pharisaïsme que dénoncent *Le Lépreux* [*Der Aussätzige*] et *La Chimère* [*Die Chimäre,* 1914] : pharisaïsme de la raison, pharisaïsme du juste. *Le Christ et l'âme du monde* [*Christus und die Weltseele*] in *Les Mythes de l'âme* [*Die Mythen der Seele*, 1927] tente de définir la vraie connaissance, celle qui n'emprunte pas les voies rationnelles, et où la conscience réalise le paradoxe d'être son objet sans cesser d'être elle-même. Le concept, qui suppose la discontinuité, en est exclu en faveur de la forme qui est le sens de l'unité. « Plus nous devenons profonds, plus tout nous devient forme. » Le monde du rêve est le même que celui de la veille mais délivré de l'armature des concepts. « Il n'y a là ni évolution, ni transition, ni causalité : il n'y a point là de phénomènes, au sens où l'entend Kant ; tout est chose. » Toute chose est toute chose par participation et métamorphose. « Le monde est image. » Le moi, fiction logique, s'abolit dans un tel monde – monde magique dont Kassner a fait l'expérience plus particulièrement en Inde et en Chine, expérience qu'il rapporte sous le titre : « Le Corps magique », dans *Le Livre du souvenir.* Ainsi, la mentalité orientale qui ne connaît pas la peur, l'humour non plus que la pudeur (la nudité est essentiellement magique), à qui la distinction du moi et du non-moi est étrangère, est présente à l'horizon spirituel de Kassner, au même titre que l'antique et la chrétienne, mais comme une tentation et une menace. C'est à cette vision magique, redressée en « hypothèse de l'unité universelle », que la physiognomonie de Kassner doit d'éviter le dogmatisme de Lavater ; *Nombre et Visage* [*Zahl und Gesicht*, 1919]. Dans ce monde de rêves et de métamorphoses – qui n'est pas un autre monde mais constitue pour l'homme la donnée originelle –, la raison est incapable de fonder en réalité la personnalité humaine. La personne, l'individu ne peut être sauvé que par « celui qui aime [...] celui qui ne sait plus où s'abriter, celui qui, arraché du sein de sa mère, est éveillé pour toujours, l'homme entre deux mondes » : le Christ, contre l'âme du monde. Cette œuvre aux prétextes si divers, qui livre ses plus précieuses intuitions comme par caprice ou accident, au moyen de l'aphorisme, de la parabole, du dialogue ou du récit, cette œuvre dont la cohérence et l'articulation ne sont sensibles qu'à une certaine profondeur, constitue sans doute l'une des plus originales et des plus riches méditations de notre époque. Mais c'est aussi d'un excès de richesse qu'elle semble souffrir. Sur le plan de la culture, Kassner est un légataire universel, un riche qui a la nostalgie de la pauvreté. Sa particulière grandeur est de hâter un processus de décomposition dont il se plaît à être la première victime. – Trad. *Des éléments de la grandeur humaine,* Gallimard, 1931 ; *Le Livre du souvenir,* Stock, 1942 ; *Évocations et Paraboles,* Plon, 1956.

ÉLÉMENTS DE LA PHILOSOPHIE DE NEWTON mis à la portée de tout le monde. Œuvre de l'écrivain français Voltaire (François-Marie Arouet, 1694-1778), publiée en 1738. Dans les éditions parues à partir de 1745, elle fut précédée de *Métaphysique de Newton ou Parallèle des sentiments de Newton et de Leibniz*, que l'auteur avait publié séparément en 1740. Voltaire se propose d'exposer, sous une forme élémentaire et à des fins de vulgarisation, les théories et les découvertes de Newton. En ce qui concerne la métaphysique, Newton croyait fermement en Dieu comme en l'Être infini, tout-puissant, éternel et créateur, comme en le maître de l'univers, qui a établi un lien entre lui et ses créatures ; la preuve la plus forte de l'existence d'un tel Dieu est celle qu'apportent les causes finales. À l'opposé de Leibniz, pour qui l'espace est la relation que nous concevons entre les êtres coexistants, lesquels sont immatériels (monades), l'espace et la durée sont, pour Newton, quantité – c'est dire qu'ils sont éminemment réels –, et propriétés de Dieu ; en excluant l'existence de l'espace pur, on rendrait la matière infinie et donc égale à Dieu, ce qui est impie. D'autre part, tandis que, pour Leibniz, tout l'ordre de l'univers était régi par le principe de raison suffisante, pour Newton, avec qui Voltaire est d'accord, seule la libre volonté de Dieu est cause de cet ordre. Pour ce qui est de la liberté humaine, Voltaire croit devoir s'associer à Newton et reconnaître avec lui que Dieu a accordé à l'homme au moins une liberté limitée : liberté d'indifférence qui se manifeste quand l'homme, libre de passions, doit prendre des décisions indifférentes ; liberté de spontanéité, qui se manifeste lorsque l'homme se laisse déterminer par les lois de l'action. De même, si Newton admet les imperfections du monde, que seule une intervention providentielle de son auteur pourra sauver de la ruine vers laquelle il se dirige, Leibniz, comme on le sait, était convaincu que ce monde était le plus parfait des mondes possibles. Newton, en outre, ne fondait pas sa croyance sur la religion naturelle ni sur aucune autre sorte d'idées innées, comme le voulait

Leibniz, mais sur le sens commun dont chaque être est doué et qui, chez tous, est susceptible des mêmes expériences et des mêmes résultats ; de plus, il reconnaissait comme fondement de la loi naturelle l'instinct sociable commun à tous les hommes.

Quant à l'âme, Newton avait la conviction qu'elle était une substance simple, immatérielle, immortelle ; mais, en véritable sage qui tient à ne pas se perdre en suppositions sur ce qui dépasse l'entendement humain, il ne cherchait pas à la définir davantage ; il observait la même prudence à l'égard de la formation des idées. Pour les principes premiers de la matière, il affirmait avec Descartes l'existence d'une substance première, substrat uniforme de tous les êtres matériels — concept auquel, cette fois, s'opposait Voltaire : que serait, en effet, une matière première qui n'est aucune des choses du monde et qui cependant les produit toutes ?

Après les opinions métaphysiques de Newton, Voltaire expose ses découvertes dans le domaine de la physique, qui apparaissaient alors comme des nouveautés parfois surprenantes, parce qu'elles allaient à l'encontre des doctrines cartésiennes qui avaient triomphé jusqu'alors. Les découvertes sur la nature de la lumière, sur son mouvement en ligne droite, sur l'existence du vide, sur la propriété qu'a la lumière de se refléter et de se réfracter, sur la formation des images dans l'œil, sur l'attraction qui détermine la réfraction, sur la décomposition de la lumière blanche, et donc sur la nature des couleurs, sur le vrai caractère de l'arc-en-ciel, sur la correspondance entre les couleurs et les notes musicales, sur les lois de la gravitation céleste, sur l'explication des lois de l'attraction dans l'univers et sur la terre, sont mises par Voltaire, avec son élégance et sa vivacité habituelles de style, à la portée d'un lecteur quelconque, même ignorant de la physique.

Ce traité, remarquable effort pour diffuser les découvertes de la science, prélude à l'œuvre plus vaste des Encyclopédistes qui, par leur volonté de répandre l'instruction, entendaient combattre les tendances « obscurantistes ».

ÉLÉMENTS DE LA PSYCHOLOGIE DES PEUPLES [*Elemente des Völkerpsychologie*]. Rudiments d'une histoire psychologique de l'évolution de l'humanité, du philosophe, psychologue et physiologiste allemand Wilhelm Wundt (1832-1920), publiée en 1912. L'auteur s'est efforcé d'analyser la psychologie des peuples, non pas en se livrant à une étude systématique de ses principales manifestations, mais en décrivant les phénomènes dans leurs apparitions simultanées, dans leurs conditions communes et leurs relations réciproques. Renonçant à une enquête indépendante sur chaque problème, telle qu'il l'avait entreprise dans sa grande œuvre de *La Psychologie des peuples* (1900-1902), l'auteur fait ressortir le schéma général de cette évolution, dans sa conformité avec les lois particulières. Comme cela a lieu dans la vie de l'individu, enfance, jeunesse et âge mûr s'enchaînent, dans l'évolution des peuples, en une gradation insensible. Aux caractéristiques de l'« homme primitif », telles que la polygamie et la polyandrie, la horde primitive ou troupeau humain, le langage mimé, la pensée mythologique, etc., succèdent sans interruption celles du totémisme : subdivision de la tribu en clans ou « totems », exogamie, passage du matriarcat au patriarcat, tabous de classe ou de parenté avec les idées connexes d'animisme, fétichisme et culte des mânes. On en vient ainsi sans heurt à l'âge de l'« émersion de l'individualité », de l'homme idéal, du héros, du dieu, à l'époque de la formation des États, avec l'émigration des peuples. La famille prend alors le type « patriarcal » et, comme les races immigrantes subjuguent les indigènes ou les chassent, « tous les peuples civilisés organisés en État résultent de mélanges ethniques » ; de là sortent la division en classes ou en castes et la hiérarchie des professions : prêtre, guerrier, agriculteur, artisan, ce dernier trouvant son expression la plus noble dans l'artiste. La cité évolue ; la forteresse et le temple deviennent ses emblèmes ; parallèlement à l'ordre juridique, le droit privé et pénal évolue, le droit constitutionnel se développe.

Étudiant l'origine des dieux, l'auteur affirme que « dans la fusion du héros et du démon s'accomplit la plus grande et dernière création mythologique » ; c'est le moment où naît « la religion au sens propre ». La légende héroïque et religieuse, les mythes cosmogoniques et théogoniques trouvent leur expression correspondante dans l'idée d'« âme-souffle » et d'« âme-ombre » et dans la représentation de l'Hadès, du Walhalla, des Champs Élysées ; ce moment est aussi caractérisé par la croyance en la survie des âmes (dans le monde de l'enfer et dans le monde du paradis) ; à cette croyance s'ajoute, sous l'influence du mythe de l'expiation et du culte des « mystères », celle en un royaume de purification, dont le Moyen Âge a donné la plus étonnante expression avec le purgatoire. De l'idéal « héroïque » sort et grandit, tout à la fois comme son dépassement et son perfectionnement, l'idéal de l'humanité. La période héroïque où nous vivons aujourd'hui est marquée par l'art, tout empreint d'individualité, comme l'époque totémiste précédente était marquée par la satisfaction des besoins ; quant à l'époque à venir, celle de l'âge mûr de l'humanité, elle sera marquée par la science. La dernière phase de cette évolution vers l'« humanité » devra être précédée de la formation du genre humain. Les empires universels, ou du moins ceux qui tendent à le devenir, les civilisations universelles, ou mieux celles qui prétendent l'être, les religions universelles qui accueillent toutes les tendances et les aspirations vivantes d'une période donnée constituent une préparation à la « civitas Dei » et en sont en quelque sorte la préfiguration symbolique. Wundt dévoile ici les tendances profondes de sa position philosophique : sorte d'évolutionnisme idéaliste qui tend à concilier les principaux systèmes de l'idéalisme allemand avec l'expérience scientifique. Ces deux courants, bien loin de se fondre, sont plutôt juxtaposés et donnent naissance à une œuvre certes fascinante, mais sans réelle profondeur philosophique.

ÉLÉMENTS DE LINGUISTIQUE GÉNÉRALE. Ouvrage du linguiste français André Martinet (né en 1908), publié en 1960. Cet ouvrage, qui est régulièrement réédité et remis à jour depuis sa parution, présente le double intérêt d'être une excellente initiation à la linguistique, dans le cadre structuraliste défini au début du siècle par le *Cours de linguistique générale* (*) de Saussure, et de fournir une présentation simple et synthétique de l'approche fonctionnelle développée par Martinet dans de nombreux ouvrages et articles depuis les années quarante. Dans le chapitre 1, Martinet pose le principe fondamental de la double articulation du langage, qui lui permet de définir la langue et les unités qui la constituent : « Une langue est un instrument de communication selon lequel l'expérience humaine s'analyse, différemment dans chaque communauté, en unités douées d'un contenu sémantique et d'une expression phonique, les monèmes ; cette expression phonique s'articule à son tour en unités distinctives et successives, les phonèmes, en nombre déterminé dans chaque langue, dont la nature et les rapports mutuels diffèrent eux aussi d'une langue à une autre. » Martinet montre ensuite, dans le chapitre 2, que la description d'une langue doit commencer par la deuxième articulation, ce qui l'amène à examiner, au chapitre 3, les conditions et les méthodes de l'analyse phonologique. Martinet reprend ici les hypothèses qu'il a développées dans plusieurs ouvrages antérieurs, en particulier *Phonology as Functional Phonetics* (1949) et qui constituent l'apport le plus intéressant de son approche fonctionnelle. Le chapitre 4 aborde en revanche pour la première fois dans ce cadre la description des unités significatives, les monèmes ; Martinet y développe toute une série d'hypothèses : distinction entre monèmes autonomes (qui portent en eux-mêmes l'indication de leur fonction comme « hier »), fonctionnels (qui servent à indiquer la fonction d'un autre monème, comme « avec »), et dépendants (comme « valise ») ; distinction entre monèmes grammaticaux (morphèmes), appartenant à des ensembles limités et finis (comme « une ») et monèmes lexicaux (lexèmes), appartenant à des ensembles illimités (comme « valise ») ; distinction entre deux types d'expansion : coordination et subordination, etc., qui seront reprises et approfondies dans des ouvrages ultérieurs, *Syntaxe générale* (1985) et appliquées à la description de la grammaire du français dans un ouvrage collectif, *Grammaire fonctionnelle du français,* (1979). Les deux derniers chapitres sont consacrés à la variation linguistique dans l'espace et dans le temps ; on y trouve reprises en particulier les fameuses thèses de Martinet sur le rôle de l'économie dans les changements phonétiques : *Économie des changements phonétiques* (1955). E. Ro.

ÉLÉMENTS DE LITTÉRATURE. Ouvrage de l'écrivain français François Marmontel (1723-1799). Il réunit les articles que l'auteur avait écrits pour l'*Encyclopédie* (*) de Diderot, articles auxquels Marmontel adjoint un certain nombre d'autres textes, pour former les tomes V à X de ses *Œuvres complètes,* éditées à Paris, chez Merlin, en 1787. Ces six volumes forment un dictionnaire alphabétique, donnant l'explication de quelque deux cents mots qui ont trait à la littérature, et qu'il étudie sous leurs divers aspects. La forme de division alphabétique que Marmontel adopte donne une grande souplesse à son approche des problèmes littéraires et il fait souvent preuve dans ces pages d'un esprit novateur.

ÉLÉMENTS DE MATHÉMATIQUES. Écrits régulièrement publiés (actualités scientifiques et industrielles) depuis 1939 et jusque dans les années 1970 par le groupe Nicolas Bourbaki. Le but de l'entreprise était ambitieux : celui d'axiomatiser toutes les mathématiques. Le remarquable effort « bourbakiste » des structures mathématiques (aussi bien en topologie qu'en algèbre) s'est traduit par une terminologie entièrement nouvelle aujourd'hui employée par tous. Il a eu par ailleurs, en France, un important impact sur l'enseignement, puisque les « nouvelles mathématiques », accordant une priorité particulière à la théorie des ensembles, ont été introduites dès 1960 dans les classes de lycée. Mais, pour bénéfique qu'elle ait été au niveau de la recherche, l'« école Bourbaki » a été très controversée en tant que méthode d'enseignement. N. W.

ÉLÉMENTS DE PHILOSOPHIE [*Elementorum philosophiæ. Sectio prima, De corpore ; sectio secunda, De homine ; sectio tertia, De cive*]. Trilogie dans laquelle le philosophe anglais Thomas Hobbes (1588-1679) entendit tracer les grandes lignes de son système philosophique, sans parvenir toutefois à réaliser pleinement son projet. Les différentes parties n'ont pas été écrites et publiées dans l'ordre : la troisième, *Le Citoyen* (*), parut d'abord, en 1649 ; la première, *Du corps* (*), lui succéda, en 1655 ; enfin, la deuxième, *De la nature humaine* (*), parut en 1658. On relève entre elles une certaine discontinuité de pensée, provenant du fait que, dans les intervalles, Hobbes développa son système, élaborant des concepts qui sont à peine ébauchés dans cet ouvrage. L'ensemble ne peut donc être tenu pour représentatif de la philosophie de l'auteur. – Trad. *Éléments,* Imprimerie Blaeu, 1649 ; *De la nature humaine,* baron d'Holbach, Londres, 1772, nouv. éd. in *Œuvres,* Vrin, en cours de publication.

ÉLÉMENTS DE PHYSIOLOGIE ou Traité de la structure et des usages des différentes parties du corps humain [*Elementae physiologiae corporis humani*]. Dans ce traité du physiologiste suisse Albrecht von Haller (1708-1777), dont les huit volumes furent publiés entre 1757 et 1766, sont exposés, selon la méthode expérimentale, les principes de la physiologie humaine. L'ouvrage est précieux en raison des informations abondantes qu'il fournit sur l'état des connaissances en matière physiologique au XVIIIe siècle. C'est à von Haller que revient le mérite d'avoir su présenter le premier les résultats de ses expériences de manière synthétique : en tant qu'auteur d'un grand nombre d'ouvrages traitant de sujets variés et particulièrement de botanique, von Haller occupe une place éminente dans la littérature suisse. Grâce à ce présent ouvrage, il définit quelques-unes des fonctions fondamentales de l'organisme, telles que la contractibilité, l'irritabilité et la sensibilité. Cette dernière, qui est une propriété de la substance nerveuse, tient tout entière dans la transmission des excitations. L'irritabilité, attribuée à la substance musculaire, constitue la faculté de recevoir l'excitation. Quant à la contractibilité, elle est une réaction musculaire consécutive à la réception de l'excitation nerveuse. Cette synthèse, qui se fonde sur des principes alors connus des physiologistes, eut le mérite de négliger les interprétations doctrinales à tendances métaphysiques, qui étaient particulièrement en faveur à l'époque de Haller. Aussi ce dernier est-il considéré, avec Lazzaro Spallanzani, comme le fondateur de la physiologie moderne. Le concept d'irritabilité, ainsi que le terme lui-même firent fortune aussitôt. Actuellement, il sert à désigner le phénomène de réception des excitations nerveuses en tant que propriété de la substance vivante. On peut donc considérer que la science moderne a accueilli l'idée de von Haller pour lui donner une portée générale. – Trad. Guylin, 1769.

ÉLÉMENTS DE PSYCHO-PHYSIQUE [*Elemente der Psychophysik*]. C'est l'œuvre la plus connue – publiée à Leipzig en 1860 – du philosophe allemand Gustav Theodor Fechner (1801-1887). Selon sa conception métaphysique d'une animation des êtres et du monde, animation universelle, qui a été traitée dans ses écrits précédents *(Zend Avesta)*, l'univers matériel et l'univers spirituel ne sont que deux aspects d'une même réalité, comme s'ils étaient le côté concave et convexe d'un miroir. En transportant un tel monisme du domaine cosmologique au domaine anthropologique, Fechner cherche à déterminer la loi qui régit le parallélisme psycho-physique ; à travers une suite d'expériences, il parvint à formuler cette loi qu'il appela loi de Weber : l'augmentation d'une sensation n'est pas proportionnelle à l'augmentation du stimulant physique, mais au rapport qui existe entre l'augmentation du stimulant et le stimulant lui-même dans son état précédent. Avec la détermination de cette loi et les expériences qui s'y rapportent commencent les recherches de la psychologie expérimentale. Certes le parallélisme psycho-physique n'est pas aujourd'hui une hypothèse facilement acceptable, et la loi de Weber ne semble pas non plus déterminante dans la mesure où il est illusoire de vouloir établir une formule générale mathématique entre physique et physiologique. Mais, selon Wundt : « La psychophysique [...] fut la première conquête dans un domaine dont l'extension de plus en plus grande ne pouvait plus présenter de sérieuses difficultés lorsque le premier pas avait été franchi. » Si la psychologie expérimentale qui en découle a aujourd'hui de beaucoup diminué ses ambitions spéculatives, elle a agrandi son horizon d'observation. Elle a rendu possible d'intéressantes expériences qui peuvent détruire la validité de nombreuses conceptions que la psychologie empirique ou métaphysique tirait dogmatiquement de la tradition, et qui peuvent aussi révéler des structures d'expériences plus complexes. Ces expériences sont d'ailleurs à la base de la nouvelle psycho-technique, dont la valeur, dans certaines limites, ne peut être niée.

ÉLÉMENTS DE THÉOLOGIE. C'est un ouvrage d'une importance capitale dans lequel le philosophe grec Proclus (412-485), l'un des derniers élèves de l'école d'Athènes et l'un des plus illustres maîtres de l'école néo-platonicienne, recueille et résume les idées essentielles du néo-platonisme. Le chef de cette école, Plotin, avait énoncé en termes généraux que le Nombre procédait de l'Unité et retournait à l'Unité. Proclus distingue les moments de ce processus et en applique systématiquement le plan à toutes les parties de sa doctrine. La loi de l'unité est de produire par elle-même une multiplicité sans se diviser et se multiplier elle-même ; elle l'engendre parce qu'elle la contient en soi d'une façon éminente. Le produit, considéré comme distinct du producteur, provient de lui ; mais, comme semblable, il demeure partiellement en lui et y retourne comme à son bien. Chaque être engendre donc de lui-même des êtres inférieurs à lui, qui ont en eux quelque chose de lui et aspirent à revenir à lui. Le produit, sorti du producteur, y demeure, y retourne. C'est la loi de la création cosmique par laquelle le Nombre provient de l'Unité. Plus l'on descend dans la série de la production, plus l'être est divisé, complexe, imparfait ; plus on s'élève, plus l'être est simple, un et parfait. Cette loi, Proclus l'applique à toutes les sphères du monde intelligible et sensible, avec une minutie pédagogique. À ces entités métaphysiques, il fait correspondre un ordre de divinités, ou êtres surnaturels du polythéisme, dont il tend à faire une pure allégorie. Il faut remarquer chez lui l'irruption d'un élément irrationaliste : l'âme ne s'unit pas à l'Unité par la pensée, mais par une faculté spéciale, supérieure à la pensée, qui est la foi ou l'enthousiasme ou la folie. Par sa concision et sa clarté, cet ouvrage de Proclus connut une grande vogue, surtout au Moyen Âge, dans la forme abrégée que lui avait donnée un Arabe et qui circula sous le titre *Liber de causis*, dans la traduction latine due, croit-on, à Gérard de Crémone. Le *Liber de causis* fut commenté par Albert le Grand, saint Thomas et Egidio Colonna. – Trad. Les Belles Lettres, 1968-1987.

ÉLÉMENTS D'IDÉOLOGIE. Œuvre philosophique du penseur français Antoine-Louis-Claude Destutt de Tracy (1754-1836), qui devait comprendre plusieurs parties méthodiquement développées : en premier lieu, une « Idéologie proprement dite » en 1801, puis la « Grammaire », la « Logique », le « Traité de la volonté et de ses effets » et quelques chapitres de la *Morale,* édités entre 1801-1815 et les années suivantes, et plusieurs fois réimprimés. L'ambition de l'auteur, dans son amour de l'humanité et dans son désir de voir s'instaurer le bonheur social, était de poser les vrais fondements de la philosophie première ou, « en d'autres termes », d'écrire « un traité complet de l'origine de toutes nos connaissances ». Ce qui reste d'un si grand dessein montre l'exigence d'une idéologie qui, se voulant comme une partie de l'histoire naturelle, aurait été à la base de toutes les sciences et ainsi à l'origine du savoir humain, depuis la grammaire jusqu'à la politique. Les principes de Condillac sont conservés pour la plupart, sur la base du postulat qui tire l'origine des idées, de la sensation ; quelques innovations de détail (par exemple sur la mobilité) semblent peu solides dans l'ensemble de l'œuvre. L'auteur reconnaît, dans la recherche de la vérité, une valeur spéculative à la logique ; mais le sensualisme qui est à la base de cette encyclopédie systématique apparaît nettement comme antimétaphysique. Cet ouvrage fut peu lu, même au XIXe siècle qui devait, avec le matérialisme et le positivisme, voir refleurir beaucoup des principes déjà proclamés par l'auteur. Ce manuel prolixe n'est en réalité qu'un travail fastidieux sur des données abstraites, élaborées par analyse et synthèse en dehors de toutes considérations relatives à la réalité et aux problèmes historiques. Et cela est peu fait pour renforcer ce sentiment de certitude absolue que l'auteur ne manque jamais de faire valoir. Il reste néanmoins que l'on est toujours attiré par l'idée, propre au « siècle des Lumières », de la diffusion de la culture pour le bien de la société : un vif sentiment de la philanthropie et de la fraternité, qui explique la conduite politique de l'auteur, son hostilité à l'égard de Napoléon, anime toute l'œuvre. L'éloge que Stendhal fit de l'*Idéologie* dans beaucoup de ses écrits n'est pas sans avoir contribué à assurer la renommée de cet auteur.

ÉLÉMENTS D'UN SONGE. Essai de l'écrivain suisse français Philippe Jaccottet (né en 1925) publié en 1961. À une époque où le fil de la tradition s'est rompu, où les grands systèmes de pensée, les religions dans lesquels l'esprit trouvait ses points de repère se sont perdus, et où l'on doit cependant affronter comme autrefois les mystères de l'existence, l'amour, la mort, la souffrance, comment, dans une telle époque, peut-on vivre sans être enterré vivant ? La réponse singulière que propose Philippe Jaccottet est dans l'exigence d'une démarche spirituelle associant poésie et existence, la beauté et le quotidien. C'est la lecture de *L'Homme sans qualités* (*), dont il est le traducteur, qui donne son impulsion à la méditation. « À partir du rêve de Musil » dont la pensée vient buter contre cette limite : l'incompatibilité, dans la vie humaine, du temps et de l'éternité, Jaccottet, pour qui la recherche de l'illimité doit passer par l'espace et le temps, définit sa voie qui est celle d'une attention conjointe au réel et à ce qui en excède les bornes. Le livre qui s'était rêvé comme une « suite de variations presque sans ruptures » se présente plutôt comme l'approche partielle et multiple d'une même expérience : l'émotion poétique. La méditation rayonne à partir de ce mystère central, auquel on revient chapitre après chapitre. Il faut voir dans cette disposition en étoile du livre, dans son aspect fragmentaire, le reflet de cette expérience qu'on ne saisit jamais intégralement et qui se refuse à toute fixation, y compris celle de l'écriture. Et c'est pourquoi on l'aborde chaque fois d'un point de vue différent : dans la distance de l'exil ou de la nostalgie, dans le rêve, le désarroi, dans l'amour quotidien, devant la mort et « Devant l'ombre maltraitée ». Il s'agit, dans ce dernier cas, de mettre la résistance de la poésie à l'épreuve de la souffrance. Pour cela Jaccottet confronte le souvenir de l'agonie d'un homme, renversé par un camion, avec le *Cantique spirituel* – v. *Poésies* (*) – de saint Jean de la Croix ; la vision aveuglante d'une tache de sang qui grandit avec celle, autrement éblouissante, des paysages de Majorque, lesquels s'accordent mystérieusement aux poèmes du grand mystique et leur confèrent un surcroît de force et de réalité. Cette expérience poétique, quelle est-elle ? Jaccottet essaie de rendre compte de ce moment où la vie, comme devenue plus dense, demande à se prolonger dans la vibration d'une parole, dans la mise en forme d'une émotion : « C'est comme si l'homme, chaque fois qu'il touche le monde, ou autrui, dans sa réalité, c'est-à-dire selon moi, avec sa part d'obscurité irréductible [...] eh bien, c'est comme si l'homme, à ce moment-là, découvrait que le monde, ou autrui, chante (ou prend forme, ou s'insère dans un ordre, ou se crée un ordre). » Paysage et poème, confondus dans une même émotion, se décrivent de la même manière : « Nous sommes amenés à considérer une forme ouverte de toutes parts et qui n'en demeure pas moins forme, ou infini architecturé, rien de démesuré précisément, ou même d'incommensurable. » Envisager ainsi l'expérience poétique, c'est la doter d'une dimension métaphysique : elle apparaît comme la forme contemporaine qu'aurait prise la foi, dépouillée des artifices et des protections d'une religion. Au moment où Dieu semble se retirer des figures et des noms sous lesquels nous avions coutume de le reconnaître, pour se muer en absence, en silence, la poésie deviendrait ce langage qui traduit « avec une force souveraine la persistance d'une possibilité dans l'impossible, d'une fidélité alors que toutes les apparences disent qu'il n'est plus de maître à qui garder sa foi » et l'aventure du poète contemporain serait de « découvrir, inventer — essayer d'inventer — et ne fût-ce que fragmentairement, imparfaitement, le chant de l'absence qui n'en est pas une ». Ce qui fait la beauté de ce livre, c'est que la description d'une expérience menée à l'intérieur des mots nous parle en réalité de notre propre vie. Une telle réussite se fait peut-être encore plus vivement sentir dans *La Promenade sous les arbres* (1957), où la méditation, s'appuyant davantage sur la biographie, serrant au plus près l'expérience vécue, s'ouvre à certains endroits sur des exemples : « Plus j'y pense, plus je m'assure que le moment où les montagnes m'émerveillent est quand justement elles sont à peine visibles : c'est leur légèreté de buée qui m'obsède. Maintenant donc, des masses pesantes sont devenues pareilles à des fumées [...] nous ne sommes plus captifs, mais nous restons protégés. » J.-M. S.

ÉLÉMENTS HARMONIQUES [*Ἁρμονικὰ στοιχεῖα*]. Traité d'Aristoxène de Tarente (IVe siècle av. J.-C.), surnommé « le musicien », qui fut le plus grand théoricien et historien grec des problèmes musicaux. On possède les fragments de trois livres, provenant peut-être d'œuvres diverses d'Aristoxène, très importants pour la connaissance de la théorie musicale dans l'Antiquité grecque. Après quelques éléments d'introduction, on trouve dans ce traité les définitions de la tonalité, des intervalles, du *melos* musical qui est distinct des autres ; puis on y étudie en particulier les trois types de *melos* musical : diatonique, chromatique, enharmonique ; le ton et la succession des tons dans la gamme, les intervalles. De l'école pythagoricienne qui le forma tout d'abord, Aristoxène apprit à interpréter la musique en rapport avec le monde et avec ses phénomènes ; d'Aristote, il apprit la méthode empirico-scientifique. Aussi est-il, avec Théophraste, un des hommes les plus savants qui soient sortis de l'école péripatéticienne. Philosophe, mais aussi observateur rigoureux du réel, il sut arriver, dans l'étude de la musique, à des conclusions synthétiques ; ainsi considère-t-il la musique dont il approfondit les lois comme une expression du monde vaste et complexe des harmonies, et il ne perd jamais de vue la valeur hautement éducative que les Anciens attribuaient à cet art. Sa langue et son style eux-mêmes, en dépit du sujet obscur et difficile qu'il traite, sont toujours clairs et précis et approchent de la concision et de la netteté scientifique du langage d'Aristote. — Trad. Haffner, 1870.

ÉLÉMENTS RYTHMIQUES [*Ῥυθμικὰ στοιχεῖα*]. Traité sur le rythme d'Aristoxène de Tarente (IVe s. av. J.-C.), le plus grand spécialiste grec des problèmes musicaux, formé à l'école pythagoricienne, puis disciple d'Aristote. On possède un long fragment du second livre de ce traité, publié par Morelli à la fin du XVIIIe siècle, et très important pour la connaissance des théories professées par les Anciens sur le rythme ; il est remarquable et caractéristique qu'Aristoxène ait étudié le rythme comme une loi tout à la fois de la danse, de la poésie et de la musique. Dans le passage qui nous est parvenu, il traite en particulier de la nature, des propriétés et des conditions du rythme musical ; il étudie ensuite spécialement la mesure du rythme, et le fragment se termine en laissant inachevée l'énumération des divers pas. Avec d'autres passages de moindre importance des *Éléments rythmiques,* il a servi de base à une reconstitution, relativement complète, de la théorie rythmique grecque ; l'auteur s'y appuie, selon la méthode aristotélique, sur l'observation empirique des faits ; et il sait toujours, d'autre part, rattacher son investigation scientifique à la spéculation philosophique la plus vaste. Comme dans les *Éléments harmoniques* (*), le style et la langue d'Aristoxène sont simples et clairs et possèdent, à l'égal des écrits d'Aristote, l'exactitude et la nudité propres à la langue scientifique.

ÉLÉVATION À DIEU SUR TOUS LES MYSTÈRES DE LA RELIGION CHRÉTIENNE. Ouvrage de Jacques-Bénigne Bossuet (1627-1704), prédicateur et théologien français, plus connu sous le titre d'*Élévations sur les Mystères*, qui leur fut donné par leur éditeur, le neveu de Bossuet, lors de leur première publication en 1727. Elles furent composées en 1695 et destinées aux religieuses de la Visitation de Meaux, à l'intention desquelles Bossuet avait déjà écrit les *Méditations sur l'Évangile* (*). Depuis 1693, Bossuet, alors chef incontesté de l'Église gallicane, vivait dans une semi-retraite à Meaux, dont il était évêque depuis 1681. Il n'en quittait pas pour autant son rôle de docteur de l'Église de France. C'est en 1694 que commence l'affaire du quiétisme qui l'opposera à Fénelon, et qui sera pour lui l'occasion de lancer un grand nombre de *Mémoires, Relations* et *Réponses* ; mais il se consacre de plus en plus à l'administration de son diocèse et surtout à la composition de ses œuvres de piété et d'édification : il écrit, en 1694, le *Traité de la concupiscence* (*), il adresse à ses pénitents ses fameuses *Lettres de direction* (*). Bien qu'elles aient les mêmes destinataires que les *Méditations*, les *Élévations* sont loin d'avoir leur tour familier et leur simplicité de ton. Ce sont des méditations abstraites, métaphysiques, sur l'Être de Dieu, ses perfections, les « suites affreuses du péché originel » et sur quelques autres questions touchant le dogme et l'histoire sainte. Appuyées sur l'Écriture sainte, elles atteignent souvent à une éloquence puissante et persuasive ; parfois aussi, elles retrouvent la douceur et la sensibilité, l'abandon mystique dont sont imprégnées les *Méditations*.

ÉLÈVE DU PHILOSOPHE (L') [*The Philosopher's Pupil*]. Roman de l'écrivain anglais Iris Murdoch (née en 1919), publié en 1983, dont l'intérêt réside dans la discussion de thèmes chers à l'auteur : la quête de l'innocence, la nature de la religion, de la moralité, de l'assomption et de la chute. L'intrigue utilise en contrepoint *Les Frères Karamazov* (*) de Dostoïevski. Elle met en scène trois frères, dont l'un, George McCaffrey, accomplit un parricide symbolique en attaquant son professeur, Rozanov, le philosophe éponyme. Celui-ci, néo-platonicien qui revient de Californie pour terminer son « opus magna », est un égoïste indifférent à ses devoirs envers autrui. Le philosophe se suicidera par honte d'avoir avoué à sa petite-fille, Harriet, qu'elle le troublait physiquement, et par désespoir de ne pouvoir terminer son œuvre. Son élève, George McCaffrey, est, encore une fois, artiste raté. Ex-curateur du musée d'Ennistone, il a été mis à pied pour avoir détruit « la collection de verreries romaines » du musée. Violent, instable, George essaie de noyer sa femme, Stella. Au retour de Rozanov à Ennistone, il essaie de reprendre contact et se fait éconduire. George perd momentanément la vue, la mort de Rozanov l'apaise et il devient finalement quelqu'un d'« ordinairement normal ». Jamais Murdoch n'avait créé de vieillards plus maléfiques, ni d'innocents plus purs. Jamais elle ne semble avoir eu autant de plaisir à créer un univers romanesque. Jamais le scepticisme de ses personnages discutant ses thèses favorites n'a été aussi aigu. Si *L'Élève du philosophe* n'est pas son meilleur roman, il n'en illustre pas moins la fécondité et la continuité de la pensée de l'écrivain au soir de sa vie, ainsi que la parfaite maîtrise qu'elle a de son art. — Trad. Gallimard, 1985.

A. Bl.

EL HADJ ou le Traité du faux prophète. Ouvrage de l'écrivain français André Gide (1869-1951), publié en 1899, avec cinq autres « traités » qu'il réunira ensuite en un volume, où cet ouvrage fait suite au *Retour de l'enfant prodigue* — v. *L'Enfant prodigue* (*). L'Arabe El Hadj, arrivé presque au terme de sa carrière de prophète, avoue avec une douloureuse stupeur les résultats de sa propre expérience. Humble chanteur populaire, il a abandonné un jour sa bruyante cité du Sud pour suivre la caravane d'un mystérieux prince, qu'il n'a jamais vu, et qui le conduit vers un but ineffable. Le prince voyage sans sortir de sa litière ni de sa tente, servi par des esclaves muets. Il se montre un jour dans toute sa beauté ; mais il souffre d'un mal étrange et se sait condamné : il avoue alors à El Hadj qu'il a besoin de son chant pour croire en lui-même. Depuis lors, El Hadj est devenu le prophète du petit peuple, et le prince n'a vécu que par lui et à travers lui. Mais El Hadj, de son côté, n'aime plus le prince que d'un amour simplement humain et n'a plus foi en lui. Ils arrivent enfin, après d'innombrables souffrances endurées lors de la traversée du désert, en vue d'une lumineuse nappe d'eau bleue qu'il leur faudra franchir. Mais El Hadj s'aperçoit qu'il s'agit d'un affreux étang d'eau salée, que seul le mirage avait embelli ; c'est à ce moment que le prince meurt. Le prophète l'ensevelit secrètement ; par égard pour lui et son peuple, il conserve sa déception et trouvera, dans la prétendue indignité de ses disciples, des motifs pour ne pas tenter la conquête de la Terre promise. Revenant sur ses pas, il reprend le chemin précédemment parcouru ; et le voici de retour dans la ville d'où il est parti, s'efforçant d'observer, au moins dans l'apparence, les commandements du prince auxquels ses compagnons sont restés fidèles (« ... en l'instant même, lui triomphait ; car il n'était mort que pour moi, et qui précisément seul l'aimais »). Mais le peuple désormais l'abandonne, car il ne sent plus dans les paroles d'El Hadj cet amour qu'il s'obstinait à cacher pour ne pas céder à son émotion et n'être pas inférieur à sa tâche. Le faux prophète est donc libre, mais il se demande s'il doit se réjouir de cette libération : ne sait-il pas maintenant que, « s'il y a des prophètes, c'est parce qu'ils ont perdu leur Dieu. Car, si Lui ne se taisait pas, que serviraient alors nos paroles ? » Les déconcertantes paroles d'El Hadj constituent un discours passionné, plein de chaleur et d'images poétiques, elles ne sont toutefois pas exemptes de complaisances significatives ni de faiblesse. Néanmoins cette conclusion, dans son ensemble, se présente comme le bilan sévère et minutieux d'une expérience.

ELIAS PORTOLU. Composé en 1900, publié en 1903, ce roman italien de Grazia Deledda (1871-1936) rassemble les meilleurs éléments qui caractérisent l'art de l'écrivain : la spontanéité de certaines scènes, la rapidité de l'action, la faculté d'unifier le drame secret de l'âme avec les aspects de la nature, de façon à communiquer aux aventures de l'homme la solennité, la docilité, la fatalité de l'histoire des choses. Le berger Elias Portolu, rentrant dans sa famille après avoir passé quelques années de prison sur le continent pour une faute dont il a été accusé à tort, s'éprend de Maddalena, fiancée à son frère Pietro. Les années de prison qui ont blanchi la peau d'Elias semblent avoir amolli même son âme. Elias a vingt-trois ans, il s'émeut facilement, retrouve dans les parfums de la terre sarde, avec les souvenirs de son enfance, de vagues aspirations mystiques, et le désir de se faire prêtre. Parfois il méprise, parfois il s'émeut de sa propre faiblesse dans laquelle l'injustice même qu'il a subie n'a pu susciter un ferment de révolte. Toutefois, dans cette âme de convalescent, où l'amour plonge des racines profondes, l'amour ne se sépare pas de l'horreur du péché. Elias ne trouve pas en lui la force de s'en libérer, et il ne sait même pas empêcher, par une sincère confession, ainsi que le lui a conseillé le berger Martinu Monne, le mariage de Pietro et de Maddalena, qui sera pour tous cause de malheur et de faute, car Maddalena, elle aussi, aime Elias et non un mari ivrogne et querelleur. Il est clair que dans sa lutte contre l'amour Elias devra succomber ; mais il l'ignore, lui qui se défend en toute bonne foi et cherche dans la paix de la « lande » fleurie, dans les prières, chez le berger Martinu, chez le prêtre Porcheddu, partout, excepté en lui-même, une défense et une aide. Ses pensées sont simples et désespérées ; quand la faute est consommée, il sent avec horreur que son bonheur sera toujours mêlé à la douleur et au remords. Puis sa passion, une fois satisfaite, s'apaise, et il pense à nouveau à se destiner à la prêtrise. Cependant Maddalena a eu un enfant de lui ; Elias croit qu'en se faisant prêtre il mettra un obstacle insurmontable entre lui et Maddalena qui n'osera plus le tenter ; il pourra ainsi aimer son fils, s'occuper de son éducation en le gardant près de lui.

À la mort de son frère Pietro, Elias n'a pas encore été ordonné prêtre ; il pourrait quitter le séminaire, épouser Maddalena, donner un père à son fils, mais il ne trouve pas la force d'agir ; s'il résiste à Maddalena qui lui demande de l'épouser, sa victoire est bien pauvre ; désormais l'amour qu'il éprouvait pour la femme est presque éteint, tandis qu'en lui, plus fort que tout autre sentiment, vit l'amour pour son fils. Lorsque Jacopo Farre se fiance à Maddalena et commence, en fréquentant la maison, à se montrer un père affectueux pour le petit Berte, Elias est tourmenté par une jalousie nouvelle et plus pénible, et le doute l'envahit : « Peut-être le Seigneur voulait-il que je répare ma faute au lieu de me vouer indignement à son service. » L'enfant tombe malade ; Jacopo Farre veille près de son petit lit, et l'abbé Elias sent s'éveiller, dans son âme, une haine sauvage contre cet homme qui s'interpose entre lui et l'âme de l'enfant. C'est seulement lorsque le petit Berte sera mort que l'abbé Elias pourra se trouver seul avec lui, l'habiller, chausser ses petits pieds encore tièdes. Alors il sentira enfin qu'il lui appartient pour toujours. Cette mort innocente brise le cercle du péché et apporte à l'âme faible et torturée d'Elias Portolu une douleur pure qui l'apaise et le rachète.

Avec *Elias Portolu,* Grazia Deledda s'affirma comme un écrivain de renommée européenne : à la couleur forte des premières œuvres succède ici une vision intérieure des personnages et de la nature dans laquelle les hommes et les choses semblent se fondre en un tout unique. En passant d'une inspiration folklorique à une inspiration plus universellement psychologique, Grazia Deledda n'a sacrifié aucun motif de son art : et c'est ainsi qu'*Elias Portolu* reste une œuvre spécifiquement sarde par ses personnages et son intrigue. — Trad. Nelson, 1928.

ÉLINE VERE. Œuvre de l'écrivain hollandais Louis Couperus (1863-1923). Ce roman, qui est le premier de l'auteur, fut publié tout d'abord en feuilleton dans le journal *Het Vaderland* en 1889. Avec *Éline Vere*, Couperus a créé un chef-d'œuvre qui restera un des classiques de la littérature néerlandaise. C'est tout d'abord un roman de mœurs dans lequel l'auteur brosse un tableau admirable de la vie, vers la fin du XIXe siècle, de la haute société mi-bourgeoise, mi-aristocratique de La Haye. La Haye doit son caractère spécial au fait qu'elle est le siège du Gouvernement, la résidence royale et l'endroit préféré où se retirent les « coloniaux » des Indes néerlandaises. La présence des ambassades étrangères ajoute une note cosmopolite au beau monde de hauts fonctionnaires, de grands propriétaires et de riches rentiers. Aussi trouvons-nous dans *Éline Vere* l'évocation de la vie relativement facile de ces « patriciens », avec leurs mœurs fin de siècle, leur luxe opulent, leurs bals et dîners, avec leur engouement pour l'opéra français et leurs sorties rituelles à la plage de Scheveningue. Mais *Éline Vere* est plus encore : c'est un roman psychologique, où le débutant Couperus nous enchante par la maturité de son intuition psychologique et la finesse de ses analyses. L'art de Couperus est lié au naturalisme qui, vers 1880, était très en vogue dans les Pays-Bas. Pourtant, Couperus ne connaît pas, comme la plupart des auteurs de l'époque, le dogmatisme rigide d'une école.

Éline Vere, personnage principal à qui le livre doit son titre, est une jeune fille riche, désœuvrée et romanesque, dont l'auteur nous raconte le déséquilibre nerveux, né de sa peur de vivre, qui aboutira progressivement à sa complète déchéance morale. Sur Éline pèse l'hérédité d'un père – artiste nerveux et sans énergie, qu'elle idéalise pour opposer son image au milieu terre à terre où règne sa sœur Betsy qui, elle, a hérité du bon sens étroit et du caractère autoritaire de la mère.

Dans l'ennui de sa fade existence, deux hommes apportent, presque en même temps, un excitant pour son imagination : Vincent, un cousin qui a tout le charme décadent des Vere. Sensible et désabusé, il professe une philosophie de la vie sceptique et pessimiste, par laquelle il fascine la jeune fille, qui croit avoir trouvé son âme sœur. Le deuxième est Fabrice, le nouveau baryton de l'Opéra-Français, qu'elle a vu dans une pièce de Gounod. Il incarne, à ses yeux, l'homme sensible et romantique, et elle le dote arbitrairement de toutes les qualités qu'il montre sur scène. Dès lors, elle se forge un amour imaginaire. Le charme sera rompu quand, à un concert, elle se rend cruellement compte de ce que Fabrice est en réalité : un homme vulgaire et prétentieux. Éline, honteuse de son jeu enfantin, subit une dépression nerveuse. C'est à ce moment qu'un certain Otto van Erlevoort commence à lui faire ouvertement la cour. C'est un jeune homme sérieux et énergique, au grand cœur, parfaitement « sain » et follement amoureux d'Éline. Celle-ci se sent pourtant trop faible pour oser accepter le bonheur qui lui est offert. Mais la fermeté douce et la vraie bonté d'Otto viennent à bout de ses hésitations et bientôt ils célèbrent leurs fiançailles. Éline vit alors les plus beaux moments de sa vie, réconciliée avec le monde et avec elle-même.

De retour à La Haye, elle trouve à la maison Vincent, échoué malade chez sa cousine Betsy. Éline, dans son besoin d'épanchement, le soigne et ne tarde pas à subir l'influence morbide de ce brillant causeur. S'irritant du calme trop sage de son fiancé, dans un accès de désespoir, elle lui envoie une lettre de rupture. Effrayée par ce qu'elle a fait, elle se sauve un soir de la maison et va chercher refuge chez une amie d'enfance. Quand Éline, qui ne veut plus retourner chez sa sœur, est guérie de la maladie contractée dans cette nuit fatale, elle est amenée à Bruxelles par son oncle et tuteur. Dégoûtée d'elle-même et des autres, souffrant d'insomnies, elle commence à se droguer. Moralement brisée, désormais elle vivra seule : un soir, elle prendra une dose trop forte de somnifère. Dans un dernier geste de désespoir, elle porte à ses lèvres une photo d'Otto, et c'est ainsi, mâchant ce bout de papier, qu'elle s'éteint.

Autour de ce personnage principal sont groupés une foule d'autres, tous aussi admirablement peints. Il y a notamment Otto, qui souffre cruellement de son amour déçu, mais trouvera plus tard – et c'est sur cette note optimiste que se termine le roman – un calme bonheur auprès de Marie Verstraeten, qui avait longtemps et héroïquement caché ses sentiments. Il y a la sœur d'Otto, Frédérique, jeune fille fière et racée, etc. Tous ces personnages ont leur histoire propre et ne sont pas seulement introduits par l'auteur pour servir de repoussoir au cas d'Éline. Leurs réactions nous permettent de pénétrer davantage dans le caractère complexe et les sentiments contradictoires d'Éline.

ÉLISABETH D'ANGLETERRE [*Elizabeth von England*]. Drame en cinq actes de l'écrivain autrichien Ferdinand Bruckner (1891-1958), publié en 1930. Après trois pièces, *Mal de la jeunesse* (*), *Le Criminel* [*Der Verbrecher,* 1928] et *La Créature* [*Der Kreatur,* 1930] qui analysent la dégénérescence de la société, *Élisabeth d'Angleterre* représente un changement profond dans son œuvre. Élisabeth est une femme créatrice qui maîtrise ses instincts et par là même son destin. Bruckner présente dans cette pièce la lutte du protestantisme anglais contre l'absolutisme espagnol. Élisabeth est au cœur d'un conflit qui oppose sa raison et ses réactions de femme vieillissante. Elle déteste la politique qui, en même temps, est toute sa vie. C'est avec passion – non pas celle du cœur, mais celle de l'intelligence – qu'elle dirige le Conseil de la Couronne, qu'elle décide des guerres. Elle est constituée de contradictions, toute de force et de faiblesse réunies. L'exécution d'Essex, par exemple, est à la fois un acte politique et une initiative personnelle, la raison d'État se confondant avec le besoin de vengeance d'une femme qui n'est plus aimée. Son credo politique à propos de Philippe d'Espagne est également d'origine passionnelle, car la femme sur son déclin, en elle, ne veut pas être conquise par l'Espagne, mais bien par le roi espagnol. Pour elle, tous les hommes ne sont que des créatures inférieures, abstraction faite de Philippe. En effet, dans ses pièces, Bruckner montre un univers exclusivement dirigé par des femmes qui veulent que le monde change, pendant que l'homme prétend maintenir le monde inchangé. Dix-sept ans de séjour en Amérique, de 1933 à 1950, ne laissent pas d'influencer l'évolution spirituelle de l'œuvre de Bruckner. Les fruits de ces années à l'étranger sont *Pyrrhus et Andromaque, Timon* et *Napoléon Ier* ; après sa rentrée en Allemagne, il écrit des tragédies : *La Mort d'une poupée* [*Tod einer Puppe*], publiée en 1956 et *La Lutte avec l'ange* [*Kampf mit dem Engel*], publiée en 1957. Sa dernière pièce, *La Petite Voiture de la terre* [*Das irdene Wägelchen*], est empreinte d'une sérénité mozartienne. – Trad. Opéra, 1954.

ÉLISABETH ET LE COMTE D'ESSEX [*Elizabeth and Essex*]. Le héros de cette œuvre historique due à l'écrivain anglais Gilles Lytton Strachey (1880-1932), et publiée en 1928, est Robert Devereux, comte d'Essex. Celui-ci, cousin au second degré d'Élisabeth d'Angleterre et beau-fils de Leicester, présenté à la Cour alors qu'il n'avait pas encore vingt ans, fascina la reine qui déjà avait cinquante-trois ans et, rival fortuné de sir Walter Ralegh, fut le successeur de son beau-père dans les faveurs de la souveraine. Alors que, pendant la victorieuse expédition anglaise de Cadix, les honneurs du combat naval revenaient à Ralegh, Essex fut le héros des combats livrés à terre, à la suite desquels il devint tres cher au peuple anglais. Mais, dans d'autres entreprises dirigées contre l'Espagne et aux Açores, il eut moins de bonheur, et son étoile commença à décliner. Élisabeth lui témoignait tantôt de la bienveillance, tantôt de la froideur, s'indignant même de certaines aventures amoureuses du comte. S'étant réconcilié avec la Reine, il parvint alors à se faire envoyer en qualité de lord Député dans l'Irlande du Nord qui s'était révoltée. Courageux, mais sans génie militaire, il échoua dans sa mission, acceptant finalement une trêve avec Tyrone, chef des rebelles. Des accusations et des soupçons pesèrent sur lui. Après un rappel à l'ordre sévère et humiliant, il fut privé du bénéfice des taxes douanières sur les vins doux : monopole que lui avait accordé Élisabeth, quelques années auparavant. Il sembla alors devenir fou. Il entra en correspondance avec Jacques, roi d'Écosse, rallia enfin ses partisans et se dirigea vers la City, dans l'espoir de soulever Londres en sa faveur. Mais il n'y parvint pas : arrêté, conduit à la Tour, condamné à la décapitation, il subit le supplice avec humilité et repentir.

Racontée sans apparat critique ou pompeux, cette vie témoigne de la profondeur de vues de l'auteur. Dans l'épilogue tragique du drame d'Essex, Strachey aperçoit l'agonie du vieux monde chevaleresque, de la vieille noblesse à laquelle une autre succède. Mais il excelle surtout dans la finesse de l'analyse psychologique ; ainsi quand il dépeint Élisabeth, « créature typiquement baroque du siècle du Baroque » : sa puissance n'était pas faite d'héroïsme, mais de dissimulation d'indécision, de parcimonie, de temporisation ; en elle se mêlaient des éléments virils et féminins. Bien qu'étant de constitution forte, elle souffrit de nombreuses maladies, en grande partie peut-être d'origine hystérique. L'auteur en recherche la raison dans des impressions d'enfance. Il voit en elle, non pas le champion de la Réforme, mais celui de la Renaissance. Le caractère dramatique de certaines pages, l'ironie subtile de certaines autres, la maîtrise du style caractérisent cette histoire qui est en elle-même un véritable roman. — Trad. Gallimard, 1929.

ÉLISABETH, PRINCESSE MONTÉNÉGRINE [*Jelisaveta Kneginja crnogorska*]. C'est le drame le plus important de Djura Jakšič, poète, peintre et écrivain serbe (1832-1878), publié en 1868. Il fut d'abord intitulé *Les Derniers Crnojevič*. C'est un drame historique et légendaire : Élisabeth, de noble famille vénitienne, épouse du prince Georges Crnojevič, n'aime pas sa nouvelle patrie qui lui semble sans raffinement et sauvage. Or un envoyé vient demander mille soldats monténégrins contre les Turcs : Venise donnera en échange des armes, des munitions. Deux notables de la famille Orlovič, Bosko et Bogdan, et le capitaine Djurasko sont opposés à cette proposition ; les deux premiers se révoltent et complotent, tandis que le capitaine Djurasko, qui, bien que marié, est depuis longtemps amoureux de la Vénitienne, intrigue de son côté, cherchant à dénoncer ses camarades et à acquérir ainsi des titres de reconnaissance auprès d'Élisabeth. En effet, dès que la mauvaise humeur des Orlovič se concrétise en un plan d'action contre le prince Georges, Djurasko va les dénoncer, accusant même le frère du prince, Stanisa. Une haine naît ainsi entre le mari d'Élisabeth et le frère de celui-ci. Au cours de la réunion où les notables décident d'apporter leur aide à Venise, Rados, le plus âgé des Orlovič, se lève pour exprimer sa désapprobation ; le prince Georges l'expulse. Les événements se précipitent ; les passions s'échauffent et les Orlovič, avec l'aide de Stanisa, blessé par l'attitude inexplicable pour lui de son frère et de sa belle-sœur, organisent une conjuration contre Georges. Djurasko participe au complot, car personne ne sait encore qu'il est un espion ; mais avant que sa dénonciation n'ait pu conduire les conjurés à la mort, ceux-ci parviennent tous à s'enfuir. La femme de Djurasko, soupçonnant en effet la passion de son mari pour la princesse Élisabeth, les avait, dans un mouvement de jalousie, avertis du danger. Il ne reste plus à Stanisa et aux autres conjurés qu'à se faire musulmans et à se réfugier chez les Turcs. Et avec les Turcs ils reviennent combattre contre l'armée du prince Georges, qui est vaincu. En apprenant cette défaite, la princesse Élisabeth devient folle, tandis que Georges s'éloigne, laissant le pouvoir à un évêque. Le vieux Rados Orlovič rentre triomphant dans sa ville, mais pleurant ses fils tombés au combat et déplorant la décadence de sa patrie.

Élisabeth est l'un des drames historiques les plus importants du romantisme serbe. Écrit en ïambes et trochées d'une facture impeccable, on y trouve, à côté de passages d'une éloquence tragique et solennelle, des vers lyriques extrêmement délicats. Les personnages (Élisabeth, Djurasko, Stanisa) nous semblent plus éloquents que persuasifs avec leurs caractères entiers : toute bonté ou toute méchanceté. La trame est tirée des chants populaires du *Cycle d'Ivan Crnojevič* (*).

ÉLITE DU POUVOIR (L') [*The Power Elite*]. Essai du sociologue américain Charles Wright Mills (1916-1962), publié en 1956. Pour cette analyse en profondeur de la société américaine contemporaine, l'auteur a puisé sa documentation aux sources les plus diverses : statistiques économiques, comptes rendus politiques, chroniques journalistiques, articles sur la vie quotidienne, carnets mondains, et il a dégagé de cette vaste enquête socio-politique un tableau d'ensemble de la structure du pouvoir aux États-Unis — structure qui illustre une étape avancée du capitalisme. En apparence empirique, cette enquête est en réalité menée de manière à ce que le fait brut et concret, qui sert toujours de base de départ au sociologue, dévoile le contexte dont il tire sa signification, et permette la mise en relief des facteurs historiques, sociaux et politiques qui en commandent l'apparition. L'honnêteté de l'information, et la rigueur des arguments qui en sont tirés par gradation, contribuent à faire de cette étude un modèle pour l'historien de la société, en même temps qu'un document irremplaçable, étant donné l'importance des États-Unis dans le monde d'aujourd'hui.

En centralisant le véritable pouvoir entre les mains d'un nombre restreint de personnages qui, placés au sommet de la « pyramide du prestige », peuvent déterminer par leur choix le destin de la nation, la société capitaliste américaine a produit cette « élite du pouvoir » que Mills définit comme une entité économique, sociale, psychologique se différenciant « qualitativement » de l'ensemble des citoyens « ordinaires ». Cette élite, qui contrôle en coulisse les trois secteurs fondamentaux du pays : économie, institutions politiques, armée, décide en réalité de toutes les orientations et peut, notamment, déclencher la guerre. Mills démontre en effet qu'il n'existe plus, du fait même de la concentration nécessaire au développement du capitalisme, de cloisonnement entre ces trois secteurs fondamentaux, si bien que l'« unification des intérêts » a fini par entraîner, derrière la structure politique apparente, une sorte de militarisation générale de la réalité. « S'il y a, dit-il, quelque chance de définir en termes économiques la structure de l'élite du pouvoir, nous devons la chercher dans la présence d'une économie de guerre permanente de puissants groupes privés. À l'heure actuelle, le capitalisme américain est essentiellement un capitalisme militaire. » Il s'ensuit que dans la société de masse, telle que la construit l'élite du pouvoir dans les États-Unis d'aujourd'hui, l'idéal démocratique et libéral du XIXe siècle est en train de perdre toute signification concrète, rien n'étant plus fait pour promouvoir une opinion publique éveillée et vigilante, mais tout étant mis au contraire en œuvre pour « manipuler les cerveaux » à l'aide de techniques de persuasion sans cesse plus perfectionnées. Le citoyen, tenu à l'écart de ce qui se décide en son nom dans les coulisses du pouvoir, est « maintenant devenu étranger (aliéné) non seulement à ses instruments de travail et au produit de son propre travail, mais même à toute possibilité de comprendre la structure et les processus de la production ». Conservateur sans idéologie conservatrice, le citoyen américain croit évoluer dans le cadre d'une société libérale et modèle, alors qu'il se contente de nourrir une puissance invisible, privée de justification et basée seulement sur l'arbitraire.

Cette étude, qui définit les traits généraux du capitalisme avancé, évite le moralisme et n'adopte jamais le ton de la protestation. Sèche et documentée, elle n'analyse que la situation du monde nord-américain, mais elle ne perd jamais de vue l'horizon international sur lequel s'inscrit cette situation, d'où sa valeur d'exemple et d'avertissement — valeur d'autant plus convaincante, peut-être, qu'il s'agit du témoignage d'un homme qu'on ne saurait suspecter de parti pris puisqu'il parle au nom des seules évidences nées d'une observation honnête et scientifiquement conduite. — Trad. Maspero, 1969.

ÉLIXIR D'AMOUR (L') [*L'elisir d'amore*]. Opéra « giocosa » en deux actes du compositeur italien Gaetano Donizetti (1797-1848), sur un livret de Felice Romani (1788-1865), exécuté pour la première fois à Milan en 1832. L'action se passe dans un « village du pays basque ». Nemorino, « cultivateur jeune et simple », est amoureux d'Adina, « riche et capricieuse fermière », qui ne veut pas l'écouter. Le sergent Belcore la courtise également. Arrive au village le docteur Dulcamara, fieffé charlatan, qui vend un médicament aux vertus prodigieuses : il guérit de toute maladie, il rend la jeunesse aux vieillards, il procure des amours aux jeunes gens, etc. Nemorino lui demande si, par hasard, il ne possède pas le philtre d'Yseult dont Adina elle-même lui a raconté l'histoire. Dulcamara, heureux d'avoir trouvé un crédule de cette espèce, répond par l'affirmative, et l'assure que son élixir lui procurera, dans les vingt-quatre heures, l'amour de la femme qu'il courtise (tandis qu'il médite en lui-même de décamper à temps). Nemorino est heureux de son acquisition, mais Adina, qui le trouve d'une humeur très différente de celle qu'il montre habituellement, et qui ne sait pourquoi, en tire ombrage et accepte en sa présence les propositions de Belcore : elle épousera le sergent le jour même. Désespéré, Nemorino la supplie en vain d'attendre jusqu'au soir. Il se met alors à la recherche de Dulcamara, et lui demande quel moyen employer pour être aimé immédiatement. Augmenter la dose de l'élixir, répond le charlatan (et pendant ce temps, il pense qu'il lui faut partir dans moins d'une demi-heure). Mais le pauvre Nemorino n'a plus d'argent pour en acheter. Il rencontre Belcore, qui, le croyant affligé parce qu'il a les poches vides, lui propose de s'engager dans l'armée : il aura immédiatement vingt écus de solde. Nemorino accepte, pensant que c'est l'unique moyen de se procurer une dose nouvelle d'élixir. Cependant, parmi les jeunes du village se répand la nouvelle : l'oncle de Nemorino est mort, lui laissant un gros héritage. Le jeune homme n'en sait rien encore, et il se voit soudain entouré et fêté. Naturellement, il croit que c'est là l'effet de l'élixir magique dont il a bu encore une bonne dose. Adina apprend par Dulcamara que Nemorino a vendu sa liberté par amour pour elle ; attendrie, elle rachète son contrat à Belcore. Voir Nemorino flatté par toutes les filles du village a accompli le miracle : sa froideur est vaincue et ce, avant même qu'elle sache que Nemorino a hérité. Finalement, elle lui avoue ses sentiments. Le bonheur du couple consacre le triomphe de Dulcamara dont on s'arrache l'élixir, d'autant plus qu'il a révélé le pouvoir d'« enrichir ceux qui sont dans la misère ». Il quitte le village au milieu de l'enthousiasme général ; une seule fausse note : les injures que lui lance Belcore, qui a été bafoué.

Ce sujet enfantin eut le mérite de faire jaillir l'inspiration mélodique de Donizetti qui, dans cette œuvre, est particulièrement limpide et spontanée. On dit qu'il a composé cet opéra en quinze jours ; et cela apparaît comme possible. Il est certain que l'œuvre ne laisse voir aucun signe d'une élaboration pénible, ni non plus la trace d'une facture hâtive. Le musicien a su magnifiquement composer une œuvre sur un livret assez inconsistant. Cela ne signifie pas que tout *L'Élixir* porte l'empreinte d'une pure beauté musicale ; on peut même dire, bien que chaque page de l'ouvrage soit plus ou moins gracieuse et originale, que peu nombreuses sont celles resplendissant vraiment d'une intense lumière poétique ; ce sont les morceaux où le sourire se teinte de mélancolie. Rappelons parmi ces derniers, outre la célèbre romance « Una furtiva lacrima », le touchant « cantabile » de Adina et Nemorino (« Chiedi all'aura lusinghiera »), le moment — gauche du point de vue dramatique, mais comme transfiguré par la musique — où Nemorino supplie Adina de reculer d'un jour son mariage (« Adina, credimi, te ne scongiuro »), l'air d'Adina : « Prendi, per me sei libero », et d'autres passages isolés, surtout dans le rôle de Nemorino, le personnage le mieux senti musicalement. La partie orchestrale, sobre et simple mais soignée, complète avec bonheur le chant et forme avec lui une harmonie élégante et variée.

ÉLIXIR DE LONGUE VIE (L'). Récit de l'écrivain français Honoré de Balzac (1799-1850), publié en 1830. Bartoloméo Belvidéro, très riche nonagénaire, sent sa fin prochaine, tandis que son fils Juan, dans sa demeure même, s'amuse avec des amis et des courtisanes. Ayant fait appeler son fils, le vieillard lui désigne un petit flacon qu'il a longtemps tenu caché ; il lui demande de verser sur lui toute l'eau qu'il contient dès qu'il aura rendu le dernier soupir ; après cela, il ressuscitera. La mort arrive, mais don Juan garde pour lui le flacon miraculeux ; puis, pris de curiosité, il veut faire un essai et lave avec l'eau un œil du cadavre ; l'œil revit à l'instant et regarde don Juan avec une expression de reproche, de condamnation et de haine. Don Juan se calme seulement lorsqu'il sait son père enfermé pour toujours dans sa tombe. Avare et cynique, sa vie est une moquerie continuelle dirigée contre les hommes et contre les choses. À soixante-dix ans, il s'installe en Espagne et épouse une Andalouse. Quand il sent ses forces décliner, il appelle son fils unique Philippe et, se faisant passer pour un grand pécheur, il lui confie le flacon miraculeux en lui disant qu'il contient une eau bénite qu'il faudra répandre, dès qu'il sera mort, sur toutes les parties de son corps dans un but de purification. Mais la frayeur du jeune homme est telle, quand il voit s'accomplir la prodigieuse résurrection du cadavre, qu'il laisse tomber le flacon et répand l'eau à terre, laissant ainsi inachevée l'œuvre de résurrection de son père. On crie au miracle et don Juan est vénéré comme un saint, alors qu'incrédule il a vomi des obscénités et fait des farces sacrilèges que les fidèles considèrent comme un signe de sa sainteté. Si la conception est plus bizarre qu'originale, l'auteur y a pourtant répandu un style, un peu vulgaire parfois, mais brillant, à la manière des actions du sceptique et farceur don Juan.

ÉLIXIR DE LONGUE VIE (L') [*Ab-e Zendegi*]. Longue nouvelle de l'écrivain iranien de langue persane Ṣādeq Hedāyat (1903-1951), publiée en 1943. Ce sont les éléments allégoriques du conte persan qui servent de cadre à cette nouvelle où la réalité est habilement introduite. Lors d'une famine, un savetier envoie ses trois fils Hasan le bossu, Hoseyn le galeux et Ahmadak (ou petit Ahmad) à travers le monde. Les deux premiers rusés et vauriens abandonnent en difficulté Ahmadak, travailleur et honnête, incarnation du héros positif de l'auteur. Chacun part de son côté. À l'aide d'une sorcière, Hasan gagne le Pays du Sable d'Or, où vit un peuple sale, laid et aveugle qui ne sait qu'amasser l'or. Hasan apprend que ses habitants attendent un prophète qui aurait le pouvoir de leur rendre la vue. Aussitôt il s'apprête à leur faire croire qu'il est cet envoyé de Dieu, mais les persuade que leur cécité est justement un grand bonheur. Puis il les entraîne toujours davantage à la recherche de l'or. Le deuxième frère s'établit au Pays de la Lune brillante, dont les habitants sont sourds-muets et vivent de la contrebande du raki et de l'opium destinés aux habitants du Pays du Sable d'Or qui ne peuvent vivre que grâce à ces drogues. Ainsi tirant profit du malheur des deux peuples, les deux frères vivent dans la plus grande aisance sans se soucier de leur père resté dans un pays où sévit la famine. Ahmadak, abandonné par ses frères qui l'ont cru mort, se voit délivré par l'oiseau mythique Simorg. Sur ses ailes il est transporté au Pays de l'Éternel Printemps à la verdure opulente, où tout n'est que visages souriants, travail joyeux, chansons, danses, chants des oiseaux. Ahmadak trouve dans la fille d'un berger celle qu'il aime, se marie et vit heureux. Il n'oublie pas son père et ses frères et, voulant les aider, quitte le pays de l'Éternel Printemps dont il emporte seulement un peu d'eau. Lorsqu'il atteint les pays de ses frères, l'eau apportée du Pays de l'Éternel Printemps redonne la vue aux aveugles et guérit les sourds-muets. Après maintes péripéties – il est jeté en prison et condamné à mort –, Ahmadak sera à nouveau sauvé par Simorg. Tout se terminera bien puisque les habitants du Pays de la Lune brillante et du Pays du Sable d'Or voyant le bonheur paisible des habitants du Pays de l'Éternel Printemps détruiront leurs distilleries, leurs fabriques d'opium et châtieront les tyrans. Ahmadak au bras de sa belle rejoindra son père.

ÉLIXIRS DU DIABLE (Les) [*Die Elixiere des Teufels*]. Récit de l'écrivain allemand Ernst Theodor Amadeus Hoffmann (1776-1822), paru en 1816. Frère Médard, sur qui pèsent, comme une fatalité, les fautes non expiées de ses ancêtres, succombe au pouvoir d'un mystérieux élixir, conservé parmi les trésors de son couvent. Alors qu'il est entraîné dans les griseries de la vie terrestre et qu'il est devenu incapable de résister à l'appel de ses sens, les vapeurs de l'élixir diabolique ayant annihilé en lui toute volonté, le prieur de son couvent décide de l'envoyer à Rome en ambassade. Médard est engagé dans une série d'aventures toujours de plus en plus compliquées. Brûlant d'une passion sacrilège pour Aurélie, jeune femme en qui il reconnaît l'« original » d'une sainte Rosalie peinte sur l'autel du couvent de Saint-Tilleul, où tout enfant il venait prier, il se sent également attiré par le coupable amour qu'il éprouve entre les bras d'Euphémie, belle-mère d'Aurélie. Il en arrive à commettre un double crime, tuant Euphémie et le frère d'Aurélie, Hermogen, qui se dressait sur son chemin. Médard se réfugie alors dans une grande ville avec l'assistance d'un étrange coiffeur italien, Pietro Belcampo. Celui-ci connaît, on ne sait trop comment, le passé de Médard et réussit à le sauver, bien qu'un vieux peintre, qui l'a vu prêcher à l'église du couvent, le reconnaisse, et, le fixant d'un regard inexorable et justicier, l'accuse ouvertement d'être complice d'un homicide. Médard croit enfin trouver une vie paisible dans la solitaire demeure d'un garde-chasse, en pleine forêt.

C'est alors que, précisément, commence sa plus dramatique aventure. Il rencontre son sosie : un moine, qui lui ressemble en tout point et qui vient du même couvent que lui, chargé des mêmes crimes et des mêmes remords. Durant la nuit, ce moine dérobe le reste de l'élixir gardé par Médard, et manifeste un tel accès de folie qu'on l'emporte, pieds et poings liés, dans un asile de fous, à la ville voisine, résidence du prince Alexandre. Le lendemain, Médard se rend, lui aussi, à la ville. Très vite, il réussit à s'introduire à la Cour et à obtenir la faveur du prince. Tout alors semble lui réussir, mais il rencontre Aurélie qui reconnaît, à son rire sardonique, l'assassin de sa belle-mère et de son frère. Médard est emprisonné. Une nuit, dans sa cellule, la terre s'ouvre subitement sous ses pieds, et, dans une lueur spectrale, le « buste » de son sosie, le moine fou, lui apparaît. Le problème se pose alors de savoir lequel des deux est le coupable : Médard ou le sosie ? Le dernier se charge de toutes les fautes. Médard retrouve, avec l'honneur, ses faveurs à la Cour. Il va atteindre le comble de ses désirs : Aurélie consent à devenir sa femme. Pendant la cérémonie du mariage, son sosie est conduit à l'échafaud. À cette vue, Médard, hors de lui, avoue dans un hurlement qu'il est le seul coupable. Il s'enfuit dans les bois voisins, suivi de son sosie. Lorsqu'il revient à lui, il se trouve dans une maison de repos, en Italie, où l'a conduit Belcampo, encore une fois son sauveur. Guéri, il se rend en pèlerinage à Rome, et rejoint finalement son couvent. Au même moment, dans le couvent voisin de Saint-Tilleul, Aurélie prend le voile. L'ancienne passion se réveille, mais désormais Médard est le plus fort. Grâce à la pénitence, il sauvera son âme et celle de ses ancêtres, et la paix régnera dans son cœur : même la mort d'Aurélie ne pourra la troubler.

Ce récit auquel Hoffmann travailla pendant deux ans est une de ses œuvres les plus intéressantes. Tous les grands motifs chers au poète s'y trouvent rassemblés et portés à leur paroxysme : de l'angoisse de vivre à l'ivresse romantique de la volupté, des « aspects nocturnes de la vie » au développement de la personnalité, des rapports qui unissent le réel et le rêve à la tendance au « grotesque ». C'est précisément pour cela que le lecteur se sent désorienté. De l'idylle du début à l'action mouvementée de la première partie et à l'agitation dramatique ainsi qu'aux visions hallucinantes de la seconde partie, c'est partout et, à chaque instant, le souffle même de la poésie qui se fait sentir. Mais Hoffmann a voulu exprimer trop de choses dans son œuvre : trop de sens religieux, moraux, esthétiques, tous les fruits de ses chimères et de ses méditations, tout l'arsenal romantique et réaliste de sa poésie ; il s'ensuit que l'ouvrage manque parfois d'unité et de cohésion. Le visage de Médard lui-même ne vit que par à-coups et on ne le reconnaît pas toujours d'un bout à l'autre du récit. Néanmoins, malgré ce qu'il contient de trouble, de confus et de forcé, ce livre est une des meilleures œuvres d'Hoffmann, en ce sens qu'il donne de nombreux aperçus sur l'univers poétique de l'auteur et constitue un précieux témoignage sur sa personnalité inquiète et exceptionnelle. — Trad. Stock, 1926 ; Phébus, 1979.

ELLE ou la Source de feu [*She*]. Roman de l'écrivain anglais Henry Rider Haggard (1856-1925) publié en 1887. Histoire d'amour et d'aventures, olla podrida de mythes, pétri de symboles, *Elle* a suscité depuis sa parution plus d'analyses, d'interprétations, d'imitations et de parodies que bien des romans populaires. Le narrateur, Horace Holly, célibataire professeur à Cambridge, est chargé, à la mort de son meilleur ami, de la tutelle de son fils. À la majorité de celui-ci, ils apprennent l'extraordinaire ancienneté de la famille de Léo Vincey (du latin « vindex », vengeur ; une symbolique première des noms traverse le roman et ses suites) et la mission ancestrale de ce dernier. Il doit se venger d'une femme mystérieuse, prêtresse d'Isis, qui l'aurait assassiné dans sa première incarnation sous les traits du Grec Kallikratès (« la-beauté-dans-la-force »). Holly est aussi laid et misogyne que Vincey peut être beau et séduisant. Tous deux embarquent immédiatement pour l'Afrique où ils découvrent, au cœur des ruines d'une civilisation disparue, une femme blanche, d'une beauté impensable, détentrice du secret de l'immortalité. Elle règne sur un empire de tombes et une poignée d'aborigènes primitifs qui l'adorent telle une déesse (schéma que l'on retrouvera trente ans plus tard dans l'œuvre d'E. R. Burroughs). Holly et surtout Léo Vincey tombent éperdument amoureux d'Elle, qui s'appelle en réalité Ayesha. L'idée de vengeance s'éloigne dans l'esprit de Léo. Après avoir anéanti sa rivale Ustane, réincarnation de l'Égyptienne Aménartas à qui Ayesha avait jadis ravi Kallikratès avant de le poignarder, Elle offre aux deux hommes le secret de l'immortalité. Le sage Holly le décline et Léo se pâme d'épouvante devant la colonne de flammes du Feu dévorant de la Vie. Pour le rassurer, Ayesha s'y baigne pour la seconde fois en deux mille ans et en ressort vieillie d'autant, sous les traits ratatinés d'une vilaine créature simiesque (Henry Miller a vu, dans cette scène, une illustration de la théorie darwinienne de l'involution). Holly et Léo regagnent péniblement le monde moderne, mais, hantés par le souvenir d'Elle-Qui-Doit-Être-Obéie (qui leur a promis sur sa fin de revenir encore plus belle qu'avant), ils repartent bientôt (vingt ans après) en quête, sur la foi d'un signe céleste, au cœur d'un Tibet aussi fantaisiste que l'Afrique de leur première aventure.

Ayesha. Le Retour d'Elle [*Ayesha — The Return of She*, 1905] est néanmoins d'une bien plus faible puissance visionnaire que sa contrepartie. On y retrouve une nouvelle incarnation d'Aménartas, Atené, poursuivant Elle de sa haine jalouse et prête à tout pour récupérer son amant de toujours Léo-Kallikratès. Celui-ci, éperdu d'amour (la vengeance ancestrale est totalement oubliée), finit par succomber en recevant un baiser au goût d'immortalité. L'ouvrage se termine sur la mort de Holly, de retour en Angleterre, sous la pleine lune, au sommet d'un cromlech et dans une position votive qui confère à Ayesha une ultime dimension divine — ce que le portrait dressé par Holly au cours de la narration lui dénie. Un troisième volume, *La Fille de la sagesse* [*Wisdom's Daughter*, 1923], viendra tardivement compléter le portrait inégal et contradictoire de ce fabuleux personnage. Il s'agit des « mémoires » d'Ayesha qui relatent son histoire depuis sa naissance, sa consécration comme grande prêtresse d'Isis, sa rencontre de Kallikratès, et son exil dans la cité oubliée de Kór jusqu'à sa découverte du secret de l'immortalité. Le résultat est un divertissant « peplum », qui transporte le lecteur au Moyen-Orient au IVe siècle avant Jésus Christ, et qui, loin d'éclaircir certains mystères, ne fait que les épaissir. Il est évident que, en sus de nombreux accrocs à une certaine logique de l'invraisemblable, nécessaires à ce type d'histoire, si Rider Haggard a su réunir nombre de détails archéologiques relatifs à d'anciennes croyances et religions, il n'a pas su se départir de la mentalité victorienne et de la morale judéo-chrétienne dont il était imprégné — celle-là même qui lui faisait partager avec Rudyard Kipling le « fardeau de l'homme blanc » — et qui gouverne toute la morale de ses personnages, notamment d'Ayesha. Cet excès même de détails et de références contradictoires, dont on ne sait jusqu'à quel point il est involontaire, a sans doute joué en faveur du succès mondial de *Elle*, qui demeure comme une grandiose illustration de l'amour immortel, une tentative pour soulever dans l'imaginaire un coin du voile d'Isis. Elle-Ayesha apparaît aussi dans *Elle et Allan* [*She and Allan*, 1921], un roman intermédiaire où elle est confrontée à un autre célèbre personnage de Rider Haggard : Allan Quatermain, le héros des *Mines du roi Salomon* (*). — Trad. *Elle-Qui-Doit-Être-Obéie* (comprend les cinq titres cités dans l'article), Robert Laffont, 1985. X. P.

ELLE ET LUI. Ce roman de l'écrivain français George Sand (Aurore Dupin, 1804-1876) a pour sujet la fameuse liaison de l'auteur avec Alfred de Musset. Le livre, publié en 1859, suscita bien vite les protestations des amis du défunt poète, et surtout de son frère Paul, qui répondit par le roman *Lui et Elle* (*). On sait qu'en 1833, la romancière affranchie de tout préjugé se prit de passion pour le poète, éloigna ses autres amants et s'enivra d'un sentiment qui semblait donner un sens à sa vie irrégulière. Le voyage en Italie (par Gênes, Pise, Livourne et Florence) marque le triomphe de cette passion et aussi son triste déclin. À Venise, Musset tomba assez gravement malade et fut soigné par un certain docteur Pagello qui devint l'amant de cette femme passionnée et fantasque ; aussi, au milieu de souffrances presque mortelles, de scènes de jalousie et de folie, ce fut la rupture. George Sand présente la situation d'une façon qui est bien éloignée de la vérité ; elle fausse caractères et aventures. Il est question d'une Thérèse, femme bonne et sensée, et de son amant Laurent, emporté, malade et surtout vulgaire et mesquin. Puis, au cours d'un récit qui décrit sous des couleurs poétiques les péripéties d'un amour malheureux, naissent des reproches continuels par lesquels George Sand accuse Musset, d'une façon voilée, de folie et de vices. Elle le présente comme venu à elle après une jeunesse pleine de dissipation et d'erreurs, et avec l'espoir de trouver en sa compagnie cette paix qu'il était foncièrement incapable d'atteindre. C'est ainsi que les « amants de Venise » devaient suivre chacun leur route, après une incompréhension réciproque due à leur sentiment de l'art et à leur pensée. Ceci explique que, sous une apparence narrative, le roman ait une valeur polémique par trop accentuée ; jusque dans d'autres œuvres, la romancière se servit d'éléments empruntés à ce douloureux amour pour créer des fictions artistiques et peindre des effusions psychologiques et sentimentales.

ELLE LE FERAIT SI ELLE LE POUVAIT [*She Would if She Could*]. Comédie en prose de l'écrivain anglais sir George Etherege (1635-1691), représentée et publiée à Londres en 1668. À l'hôtel « Black Posts » de Londres arrive de la campagne une joyeuse compagnie composée de sir Joslin Jolly, de ses deux jeunes parentes Ariane et Gatty, et de sir Oliver Cockwood et sa femme. Cette dernière entoure d'attentions un certain Mr. Courtall qui, avec son ami Mr. Freeman, emmène lady Cockwood et ses deux compagnes de voyage dans un bal à la mode. Dans la salle de bal arrivent à leur tour sir Joslin et sir Oliver. Un grave malentendu s'ensuit ; sir Oliver, ivre mort, danse avec sa femme en la prenant pour une fille de mauvaise vie ; celle-ci se retire, indignée. Freeman d'abord, Courtall ensuite, se rendent chez lady Cockwood pour la réconforter. Lorsque Courtall arrive, Freeman se cache dans une armoire, et, lorsque sir Oliver survient, Courtall à son tour se réfugie sous la table. Mais les deux hommes sont découverts et tout finit par le mariage d'Ariane et de Gatty avec Courtall et Freeman. Avec cette pièce s'affirme pleinement la nouvelle forme de comédie dont Etherege avait donné un premier exemple dans *La Vengeance comique* [*The Comical Revenge or Love in a Tub,* 1664] et qu'il devait porter ensuite à son apogée avec *L'Homme à la mode* (*). Etherege utilisa aussi dans ses pièces la forme dramatique restée la plus vivante dans la tradition du théâtre anglais : la comédie de mœurs. Mais, sous l'influence du théâtre français, il l'adapte aux goûts de la société de la Restauration, cynique, vive, frivole, en composant une satire exempte de toute intention moralisatrice. Le dialogue lui-même, facile, plein d'esprit, de vivacité, montre l'influence française qui fut une des caractéristiques essentielles du théâtre anglais de la Restauration.

ELLE S'ABAISSE POUR TRIOMPHER ou les Fautes d'une nuit [*She Stoops to Conquer, or The Mistakes of a Night*]. Comédie en cinq actes en prose de l'écrivain anglais Oliver Goldsmith (1728-1774), représentée en 1773. Le sujet et l'esprit avec lequel il est traité nous rappellent *Le Stratagème des roués* (*) de George Farquhar (1678-1707). Marlow, jeune homme timide, en compagnie de son ami Hastings, se dirige vers la demeure de Kate, fille du comte Hardcastle, pour lui faire la cour. Le beau-fils de Hardcastle, Tony Lumpkin, les envoie vers cette maison, en leur faisant croire, par plaisanterie, qu'il s'agit d'une auberge. Ce malentendu fait naître une situation comique. Miss Hardcastle profite de la supercherie de Tony pour se faire passer pour une servante d'hôtel, en brisant ainsi la timidité de son fiancé ; ce dernier traite le maître de la maison en hôtelier, et, n'ayant aucune timidité lorsqu'il s'agit des servantes, il conte fleurette à miss Hardcastle. Tout s'achève par un heureux mariage. La pièce est riche d'humour, et les caractères sont vivants et nets. Tony Lumpkin, à la fois fruste et rusé, est un personnage très réussi. *She Stoops to Conquer* garde le ton brillant de toutes les pièces de la Restauration anglaise, mais sans tomber dans leurs habituelles grossièretés. — Trad. Payot, 1945.

ELMER GANTRY. Roman de l'écrivain américain Sinclair Lewis (1885-1951), publié aux États-Unis en 1927 et en France en 1932. Dans sa préface à l'édition française, l'essayiste américain Mencken disait qu'à son avis *Elmer Gantry* était le meilleur ouvrage de Lewis. Il ajoutait : « Je le recommande aux Français comme, peut-être, le meilleur tableau de la vie américaine qui ait jamais été projeté sur du papier, un tableau affreux, mais vrai. » En vérité, si l'œuvre de Lewis comporte de nombreuses satires de la vie américaine, *Elmer Gantry* est de loin la plus sévère, la plus profonde. Lewis trace dans ce roman le portrait d'un véritable charlatan qui devient évêque de l'Église méthodiste. Au début, Elmer Gantry est étudiant — un étudiant sportif, buveur, coureur et complètement indifférent à la religion. À la suite d'un écart de conduite plus grave que les autres, il se laisse « convertir » par le révérend Roberts et devient pasteur baptiste. Après une liaison avec la fille d'un diacre, il doit quitter l'Église baptiste ; devenu commis voyageur, il rencontre Sharon Falconer, femme attirante qui fait de la propagande évangéliste. Il devient son assistant, puis son amant. Il la perd dans un accident, se lance dans le charlatanisme médico-religieux, sans succès. Il entre alors dans l'Église méthodiste et, en dépit de certains scandales étouffés, malgré les accusations de ses ennemis, il triomphe, se marie, réussit sa vie matérielle : c'est la victoire de l'hypocrisie. Elmer Gantry, on l'a dit souvent, est un mélange de Gil Blas et de Tartuffe. – Trad. Fayard, 1932.

ELNET. Roman de l'écrivain mari Sergei Tchavaïn (1888-1942), dont la première partie a été publiée en 1936 et la deuxième en 1958. L'Elnet, un affluent de la moyenne Volga, est le fleuve sacré des Mari (un peuple connu aussi sous le nom de tchérémisse). Il donne son nom au roman le plus célèbre de la littérature mari. Son auteur, dont la figure domine la vie culturelle mari de l'entre-deux-guerres et qui a été victime des purges staliniennes, l'avait prévu en quatre parties. Il ne pourra en écrire que deux, et seule la première paraîtra de son vivant. La deuxième, miraculeusement préservée, ne sera publiée qu'après sa réhabilitation en 1956. Par cette œuvre, Tchavaïn, pseudonyme à consonance mari de Sergeï Grigor'evic Grigor'ev, a donné à son peuple un monument littéraire qui illustre la période où les Mari prennent conscience de leur identité et passent à l'action politique. Le roman intègre bon nombre d'éléments biographiques.

Un village des bords de l'Elnet, entre 1910 et 1917. L'instituteur, Vetkanin, est un Mari qui a étudié en Russie. Partagé, au début du roman, entre son identité mari et sa culture russe, entre son milieu d'origine et les milieux de notables qu'il est amené à fréquenter, il passe par des expériences qui le conduiront à s'accepter de plus en plus consciemment comme Mari, à se battre pour sa nation, et à rejoindre le camp des révolutionnaires. Parallèlement à cette évolution politique, les sentiments du jeune homme le conduisent à choisir pour compagne une paysanne mari, la petite Tchatchi, qu'il instruira pour en faire une épouse apte à partager lucidement son combat. Un troisième personnage marque le lecteur : c'est encore un Mari, le chasseur Sakar, haut en couleur, vif et d'esprit rebelle, que les difficultés matérielles conduisent de la révolte à l'engagement révolutionnaire, illustrant ainsi la situation de toute une couche de paysans pauvres et analphabètes qui n'a pas d'autre issue. Le roman révèle également les conflits qui traversent le village, par exemple celui entre l'orthodoxie, étroitement liée au pouvoir russe, et les traditions païennes encore vivaces de la population (on assiste au sacrifice d'un cheval).

Le roman est inachevé. Tchavaïn entendait certainement montrer les mutations qu'ont connues les campagnes dans les premières années du pouvoir soviétique. Il y a un parti pris politique patent : les années qui ont suivi la révolution ont effectivement permis une formidable explosion culturelle, reposant sur l'emploi de la langue nationale. De ce point de vue, *Elnet* marque un jalon : Tchavaïn utilise un langage très riche, il fait le plus possible appel aux ressources structurelles du mari et a fort peu recours à des formes empruntées au russe. C'est cette démarche également qui a fait taxer l'écrivain, à la fin des années 30, de « nationaliste petit-bourgeois » et a été à l'origine de sa disgrâce. E. T.

ÉLOCOQUENTE. Pièce de l'écrivain français Georges Limbour (1900-1970), parue en 1949 dans les *Cahiers de la Pléiade,* créée au Théâtre de l'Œuvre en mars 1965, publiée en 1967. Il serait vain de vouloir, ici, restituer non pas le jeu profond ou le pouvoir des lignes mais la simple démarche à partir de laquelle le poète a commencé à rêver. Une démarche... En vérité, la plus inaccessible simplicité. Chez Limbour, le rêve détruit la réalité, puis se détruit lui-même pour faire place à un autre rêve plus réel encore que la réalité. Avec *Élocoquente,* il s'agit du langage. Ce que Limbour nous montre c'est qu'entre le nom et la chose qu'il désigne il n'y a pas tant de distance qu'on se plaît à le dire. Le langage a une vertu magique, créatrice. La parole, à chaque instant, réinvente le monde. (Invoquez les dieux et ils apparaîtront.) Le drame et l'humour féerique surgissent lorsque ce verbe « rédempteur », se dépassant lui-même, ne sauve plus rien ni personne. Ô cette forêt d'éloquence ! Alors se fait jour l'idée que seule en fin de compte la plus humble parole, la plus bégayante, serait capable d'enchanter le monde et les choses parce que, seule, elle porte – en elle-même – la rupture qui les restitue selon un ordre qui est celui de la merveille. « Ô mer au discours inépuisable, glauque, élocoquente, oratrice éternelle à la salive mousseuse, écumousseuse, broyeuse de rocs, susuceuse de galets, remâcheuses entêtêtée, ô Thétis, verte joueuse aux osselets qui t'atatamuses de chaque aurore à la suivante aurore à rassembler puis à défaire tes cocolliers... » Polydore écoute Patacles déclamer, Patacles parle avec tant de conviction qu'il fait chanter la mer. Il arrivera (entre autres péripéties) que les dieux feront à Patacles le cadeau perfide d'une locution aisée, que cette éloquence le perdra – c'est-à-dire fera de lui un homme aussi célèbre que cet orateur dont on sait ce qu'il doit aux petits cailloux ramassés mâchés devant la mer – mais qu'il finira par retrouver, après que les dieux auront repris leur fille séduite par Polydore, les bégayants éclairs de sa première parole.

ÉLOGE DE LA CALVITIE [Φαλάκρας ἐγκώμιον]. Exercice rhétorico-scientifique écrit sur un ton plaisant par le philosophe grec Synésios de Cyrène (370 ?-413) pour réfuter *L'Éloge de la chevelure* de Dion de Pruse et célébrer les avantages d'une particularité physique qui était propre à l'auteur. Les arguments proposés, tantôt subtils, tantôt paradoxaux (comme celui-ci : dans la bataille, les soldats peuvent être facilement tués ou faits prisonniers, lorsqu'ils sont saisis par les cheveux), tantôt tirés d'une spéculation astronomico-physique (la tête chauve ressemble à la sphère, le plus parfait des corps, et par conséquent, l'homme chauve est supérieur à celui qui ne l'est pas) dénotent chez l'auteur une certaine vivacité d'esprit et une certaine habileté à reconnaître les aspects favorables ou défavorables des choses.

ÉLOGE DE LA FOLIE (L') [*Moriae encomium, Stultitiae laus*]. Œuvre de l'écrivain hollandais d'expression latine Érasme (1467-1536), publiée en 1511. À 42 ans, Érasme se rend d'Italie en Angleterre ; traversant les Alpes il pense à son ami More qui va l'héberger ; il rapproche ce nom du mot grec « Môros », d'où vient le substantif « Môria », qui se traduisent en latin respectivemnt par « stultus » et « stultitia », mots qu'on rend habituellement par « fou » et « folie », mais la folie dont il s'agit n'est pas la démence qu'on enferme ; c'est la déraison, l'opposé de cette sagesse que les philosophes faisaient profession d'aimer (ils y ont aujourd'hui renoncé) et que certains stoïciens se flattaient d'avoir atteinte. Nul n'est plus éloigné de cette Môria que More, chrétien et humoriste. Mais Érasme par jeu a l'idée de faire l'éloge de la folie et d'offrir cet éloge à More ; ainsi jadis des écrivains grecs et latins avaient loué par gageure la fièvre ou la calvitie, la mouche ou le parasitisme (Lucien). Le trait de génie d'Érasme est de faire prononcer l'éloge par un personnage fictif, Môria elle-même ; car il est très sot de faire son propre éloge, mais justement rien ne convient mieux à Môria. Cela va créer de subtiles complications qui sont un des charmes de l'œuvre : il serait trop simple de prendre le contre-pied de ce que dit Stultitia pour savoir ce que pense Érasme ; tantôt son personnage dit de manifestes sottises, tantôt son apparente folie est l'expression même de la sagesse – ou bien est-ce l'inverse ? « Vous venez d'applaudir. Je le savais bien, nul d'entre vous n'est assez sage, ou plutôt assez dépourvu de sagesse, non, non, assez sage pour penser cela. » « Sage » est en effet un mot péjoratif pour Stultitia, mais qu'a-t-elle dit pour se faire ainsi applaudir ? que le plaisir fait le sens de la vie. D'où l'on doit conclure qu'aux yeux d'Érasme c'est bien là une sottise. Mais souvent il serait vain de chercher par l'analyse sa pensée réelle si on ne la connaissait par ses autres œuvres, car, ainsi qu'il le répétera, il n'a dit dans *L'Éloge de la folie* rien d'autre que dans l'*Enchiridion,* mais sous la forme du jeu et de l'humour.

En guise d'exorde, au lieu de chercher à capter la bienveillance de son auditoire (aussi vaste que le genre humain !) Môria se félicite de le trouver tout acquis d'avance. Elle annonce qu'elle ne suivra pas les règles des rhéteurs pour se louer elle-même : elle improvisera sans suivre de plan (en fait il n'en est rien).

Première partie de l'argumentation : la déesse – elle est une déesse – est illustre par sa naissance (père : l'Argent ; mère : la Jeunesse), son éducation (nourrices : Ivresse et Inculture), son escorte (Philautie ou Amour de soi-même, Kolakie ou Flatterie, Paresse, Volupté, Inconscience, etc.). Deuxième partie : Môria est la plus puissante des divinités car à elle seule elle prodigue tous les biens à tous les dieux et à tous les hommes ; et pour le prouver elle passe en revue les âges de la vie, les relations humaines (amitié, mariage ne peuvent réussir qu'en étant aveugle aux défauts de l'autre), les actions glorieuses (relèvent de Stultitia toutes celles qu'inspirent la bravoure, le désir de gloire, et paradoxalement la sagesse – ou prétendue sagesse – elle-même) ; puis elle réfute les objections qu'on pourrait opposer à cette thèse et développe l'idée qu'il ne peut y avoir de bonheur humain sans l'ignorance, l'inconscience, la démence (douce), l'amour aveugle de soi-même (philautie), la flatterie, l'opinion (en tant qu'opposée à la réalité). Troisième partie de l'argumentation : preuve de cette puissance, tous les humains rendent un culte à Stultitia, non pas ce culte qui consiste à élever des temples et des statues, mais celui, bien plus profond, qui consiste à l'adorer dans son cœur, à l'imiter dans sa conduite ; les preuves sont fournies par toutes les catégories d'humains : la masse inculte, les « grammatici » (professeurs de lettres), les écrivains, les juristes, les philosophes, les théologiens (qui interprètent l'Écriture à leur fantaisie), les moines (qui préfèrent leurs règlements tout humains à la doctrine du Christ), les princes (inconscients de ce que devrait être leur rôle), les courtisans, les évêques, les cardinaux, les Souverains Pontifes (ces soi-disant vicaires du Christ n'ont de soucis que terrestres et charnels, ils font la guerre), le clergé en général.

Dans une quatrième partie sont rassemblés les arguments que la rhétorique considérait comme extérieurs à l'art, c'est-à-dire les témoignages et documents, en l'occurrence les citations d'« auteurs » qui ont fait l'éloge de Stultitia : auteurs païens, passages de l'*Ancien Testament* (*Ecclésiaste, Jérémie, Proverbes*), de saint Paul, du Christ lui-même (qui en se faisant homme a accepté sa part de stultitia, qui propose en modèles les enfants, les lys, les oiseaux, les agneaux), de la religion chrétienne (qui condamne le savoir, loue l'« innocence ») ; et le bonheur promis aux chrétiens est une forme de stultitia, il est de l'autre monde, il est le mépris de celui-ci, ce qui est une folie aux yeux de la plupart ; pourtant dès cette vie-ci il arrive, comme l'explique Platon parlant de la « mania » dans le *Phèdre* (*), qu'à des instants privilégiés certains, par exception, aient un avant-goût de cette félicité éternelle (l'extase). Stultitia, fidèle à son personnage, conclut en disant qu'elle a oublié ce qu'elle vient de dire, mais cette page mystique n'est-elle pas la plus claire des conclusions ?

En effet, interpréter *L'Éloge de la folie* comme un éloge du plaisir des sens et de la vie terrestre, c'est être dupe de Stultitia, du début enjoué et léger de son discours. En fait, ce que signifie la plus grande partie de l'argumentation, sous son apparence d'éloge, c'est qu'il n'y a pour l'homme ici-bas qu'un faux bonheur, fondé sur l'oubli de sa condition réelle, l'inconscience, le mensonge, l'aveuglement : « Eh bien, si quelqu'un, comme du haut d'un poste d'observation élevé, regardait autour de lui, ainsi que fait Jupiter au dire des poètes, il verrait toutes les calamités auxquelles est sujette la vie des hommes, sa naissance misérable et sale, son éducation laborieuse, tous les outrages auxquels est exposée son enfance, les durs efforts auxquels il est contraint dans la force de l'âge, sa vieillesse pénible, la dure nécessité de la mort, les bataillons de maladies qui l'attaquent, les dangers qui le menacent, les incommodités qui l'assaillent, les flots de fiel qui baignent toutes choses, sans parler des maux que l'homme inflige à l'homme, tels que la pauvreté, la prison, le déshonneur, la honte, la torture, les embuscades, la trahison, les injures, les procès, les tromperies — mais je suis en train de compter les grains de sable ; quant à dire pour quelles fautes les hommes ont mérité tout cela, quel Dieu irrité les a forcés à naître pour ces misères, cela ne m'est pas permis pour le moment — mais celui qui pèserait soigneusement cela n'approuverait-il pas l'exemple des jeunes filles de Milet, si triste soit-il ? » (elles se suicidaient). Folie c'est la condition humaine ; *L'Éloge* est une analyse de ce que Pascal appelle le « divertissement ». De plus il contient une satire véhémente des hommes d'Église, eux aussi inconscients de leur vraie mission qu'ils trahissent. La sagesse prétendue des philosophes est inhumaine impassibilité et orgueil. Bref le seul recours c'est l'espérance de la vie éternelle, la confiance en Dieu, source de la vraie béatitude. Réellement Érasme dit dans *L'Éloge* ce qu'il a déjà dit et qu'il répétera : il y a deux mondes et l'homme ne peut trouver le bonheur qu'en l'autre. — Trad. *Œuvres choisies,* Le Livre de Poche, 1991 ; Robert Laffont, « Bouquins », 1992. J. Ch.

ÉLOGE DE LA PHILOSOPHIE. Leçon inaugurale donnée au Collège de France par le philosophe français Maurice Merleau-Ponty (1908-1961) en 1953 et publiée la même année. Le philosophe, dit Merleau-Ponty, a inséparablement le goût de l'évidence et le sens de l'ambiguïté ; une ambiguïté subie est une équivoque ; c'est la passion de l'évidence qui préserve la philosophie de l'équivoque et lui fait métier de traquer l'ambiguïté et d'en sauver le sens. Ayant défini la tâche et la passion du philosophe par cette relation « équivoque » de l'évidence et de l'ambiguïté, Merleau-Ponty s'essaie à l'illustrer par deux exemples, deux « cas » limites : Lavelle et Bergson. Après avoir rapidement exposé les grands thèmes de la philosophie de Lavelle, il en vient à ce qui est à son sens le cœur et la clef de ce système, savoir le concept de « présent » conçu comme relation ambiguë de l'événement et du sens ; ainsi trouve-t-on préservé jusqu'au cœur d'une pensée aujourd'hui négligée, parce que trop positivement métaphysique, ce qui est l'essence de toute recherche vigoureusement et vraiment philosophique. Le second exemple, Bergson, donne à Merleau-Ponty l'occasion d'une méditation plus riche et plus nuancée. C'est Le Roy, interprète heureux du bergsonisme, qui sert ici de fil directeur à la lecture que s'en propose Merleau-Ponty. L'important est en effet de dépasser une première apparence du bergsonisme : philosophie de la conscience conçue comme substance éparse dans le monde, facteur cosmologique dont *Les Deux Sources de la morale et de la religion* (*) font Dieu en lui donnant personnalité par le biais de l'expérience mystique. Il faut faire justice à Bergson de ces thèses dont le sens ne va guère au-delà d'une polémique contre des philosophes aujourd'hui oubliés, Taine, Spencer. « J'appelle amateur en philosophie, écrivait Bergson, celui qui accepte tels quels les termes d'un problème usuel [...] philosopher pour de bon consisterait ici à créer la position du problème et à créer la solution. » Merleau-Ponty entend ne pas traiter Bergson en « amateur » et découvrir précisément ce problème par lui créé. C'est la *Première conférence d'Oxford* qui lui en donne l'indication. Si, disait à peu près Bergson, au lieu de s'élever au-dessus de la perception, la philosophie s'enfonçait en elle pour en faire lieu et thème, alors nous aurions affaire à une philosophie vraiment irrécusable ; la perception est en effet par elle-même ce rapport toujours déjà là à l'être que la philosophie a charge d'expliciter. Et tel est le sens réel de la célèbre intuition ; loin d'être un rapport par contact avec la chose même, elle est l'expression de notre rapport obsessionnel à l'être que porte déjà la perception ; l'intuition, dit Le Roy, est un « moment coloré du cogito », entendons : le cogito du sensible. Le sens du bergsonisme, dit Merleau-Ponty, est le passage d'une philosophie de l'impression à une philosophie de l'expression. Ce n'est pas seulement en ce qui concerne la pensée de Bergson mais encore quant à sa vie qu'il importe de dépasser une première apparence. À ce point de son analyse, Merleau-Ponty aborde l'autre versant de sa définition de la philosophie ; comment le philosophe vivant s'accorde-t-il de l'équivocité du rapport de l'évidence à l'ambiguïté ? À méditer sur le *Testament de 1937,* Merleau-Ponty montre qu'il n'est pas pour le philosophe de lieu de la vérité – Église ou parti ou même philosophie – qui autorise à déserter l'histoire. Les évidences sont dans l'histoire. Ici, les rapports de l'évidence et de l'ambiguïté s'inversent sans pour autant rendre l'action du philosophe équivoque. La philosophie reste l'algèbre de l'histoire mais sa première leçon est que les évidences de l'histoire ne sont pas des absolus philosophiques : c'est Marx qui a montré que l'histoire est praxis, c'est-à-dire sens immédiatement en œuvre sans aucun détour philosophique. L'action des hommes a sens sans en référer à ce « chauvinisme humain » nommé humanisme non plus qu'aux théologies diverses des subtils marchands de sommeil qui offrent un sommeil dont les rêves sont justement le monde. Tout ce qui est pensé n'est pas réel, mais aussi tout ce qui est réel n'est pas pensé. Là s'ouvre l'espace philosophique, et la tâche philosophique est aujourd'hui, conclut Merleau-Ponty, d'élaborer cette théorie du sens historique et des « signes » de l'histoire que la praxis engendre et détruit selon son propre mouvement.

ÉLOGE DE LA VOLUPTÉ. Essai publié en 1951 par l'écrivain français Marcel Jouhandeau (1888-1979). L'auteur débute par quelques considérations générales sur le plaisir : « Le plaisir est presque ignoré de tout le monde, faute de légèreté, d'une légèreté de main qui n'exclut pas la gravité, mais conditionne la grâce », et l'oppose à la passion : « Je reconnais la Passion à l'interdit qu'elle jette sur le plaisir. » Mais qu'est-ce que le plaisir ? une loi implacable, une continuelle infidélité ? « Il ne s'agit plus de le décrire, mais de le prendre », le prendre avec innocence déclare l'auteur : « Mon lys triomphe de l'insecte qui le rongeait. » La nudité, « cette main de feu » qui « vous soufflette de joue en joue », la beauté qui s'oppose à elle nous mènent vers le plaisir et l'émoi sacré : « Il y a dans la volupté quelque chose de positivement, de directement, d'inépuisablement divin dans tous les sens et à tous les degrés. » Puis l'auteur, entremêlant ses réflexions de rêveries érotiques et de souvenirs d'enfance et de jeunesse, confronte le plaisir et le péché, le plaisir et la vertu : « Si vertu est synonyme de force, vice n'est pas nécessairement synonyme de faiblesse » et « Le plaisir est la pierre de touche des êtres. On l'élève ou il vous abaisse » ; le plaisir et la bonté : « En prenant tout, on ne refuse rien » ; le plaisir et l'âge : « J'ai assez le respect du plaisir pour y renoncer, avant que toute grâce m'ait fui. Il y va de la plus élémentaire sagesse [...] Du moment que je perds mon droit au plaisir, c'est un peu mon deuil que je porte, sans chagrin. » Dans cet *Éloge de la volupté,* nous retrouvons donc quelques-uns des thèmes de l'*Algèbre des valeurs morales* (*). Il est à remarquer cependant combien le satanisme de Jouhandeau s'est atténué et nuancé d'humanisme : « Il n'y a qu'elle [la volupté] qui ne m'ait pas trompé, qui m'ait tenu toutes ses promesses et davantage. »

ÉLOGE DE L'OMBRE [*In ei raisan*]. Recueil d'essais de l'écrivain japonais Tanizaki Jun-ichirô (1886-1965), publié en 1933. Parvenu au seuil de la vieillesse, le romancier, qui jusque-là professait une admiration quelque peu sophistiquée et volontiers provocante pour les techniques littéraires occidentales, s'est rendu compte peu à peu de tout ce qu'il doit au fond à la culture ancienne de son propre pays. Déjà dans *Le Goût des orties* (*), il avait placé un long développement sur l'art des marionnettes d'Ôsaka ; dans *Le Récit d'un aveugle* (*) il avait tenté d'analyser la séduction des femmes de jadis. *Éloge de l'ombre* sera cette fois une analyse systématique des principes de l'esthétique japonaise classique, analyse du reste très personnelle, qui frappe et séduit par ses aperçus originaux et percutants, volontiers paradoxaux, mais presque toujours convaincants. Au fil de la plume, dans cette suite d'articles écrits d'une encre légère et sans idée préconçue, l'auteur découvre lentement les raisons pour lesquelles lui-même, jusque dans ses œuvres qu'il croyait les plus éloignées de la tradition, a toujours cherché à estomper les angles trop vifs, à jeter une ombre tamisée sur les scènes trop colorées.

Partant de réflexions d'apparence banales sur les difficultés qu'il a éprouvées à marier, dans une maison qu'il vient de faire construire, les éléments du confort moderne (éclairage, chauffage, appareillage sanitaire) aux matériaux et aux proportions de l'architecture nationale, il en vient à rechercher les raisons d'être de certaines dispositions ancestrales. De là il passera à l'examen systématique des accessoires de la vie courante, des matières dont ils sont faits : bois, laques, céramiques, métaux, papiers. Puis il compare l'usage que les Occidentaux ont pu faire des mêmes matières, comparaison dont il retire une première constatation : si l'Occidental recherche le brillant, l'éclat, la netteté, le Japonais (et le Chinois souvent aussi : témoin son goût pour les jades « ces blocs de pierre merveilleusement troubles, qui emprisonnent dans le tréfonds de leur masse des lueurs fuyantes et paresseuses, comme si en eux s'était coagulé un air plusieurs fois centenaire ») préfère les reflets adoucis, la patine, voire le « lustre des mains » qui n'est jamais que la « crasse des mains ». Mais, dans ces conditions, pourquoi ces laques rutilantes, ces ors des paravents, ces brocarts ruisselants d'or et d'argent ? Il suffit de les replacer dans l'ambiance à laquelle ils étaient destinés pour le comprendre : voyez « les plateaux et les bois à la lueur vacillante de la flamme d'une chandelle, leur éclat profond et épais ainsi que celui d'un étang » ; admirez dans un antique monastère le « rayonnement doux et mystérieux » d'une cloison dorée qui parfois « s'illumine d'un soudain flamboiement », ou bien l'harmonie que forment « la peau ridée des vieux moines, le scintillement des lampes devant les statues des bouddhas et la texture des brocarts des étoles ». Bref, il convient ici de réexaminer l'architecture ancienne, les temples, mais aussi bien les palais et les « demeures du commun des mortels, où ce qui d'abord frappe le regard c'est le toit immense, couvert de tuiles ou de roseaux, et dessous, dès l'auvent, l'ombre épaisse ». C'est pour s'adapter à cette architecture, conditionnée par l'emploi exclusif du bois, que les Japonais « ont de nécessité fait loi, car ce que l'on appelle le beau n'est d'ordinaire qu'une sublimation des réalités de la vie, [...] et en sont venus à se servir de l'ombre pour obtenir des effets esthétiques ». Ce principe dégagé, l'auteur passe en revue les aménagements intérieurs de la maison, les règles traditionnelles de sa décoration, pour en arriver enfin aux habitants, ou plutôt aux habitantes, car si, comme dans la Grèce antique, l'homme vivait et s'activait hors de la maison, la femme, dans les classes supérieures du moins, y restait confinée. Et l'éloge de l'ombre fait alors place à un développement éblouissant sur l'« esthétique de la femme japonaise » — v. *Le Récit d'un aveugle* —, qui par la même occasion nous livre les clés pour la compréhension d'un des types de femmes qui hantent la plupart des romans de Tanizaki. C'est celle qu'à la lumière de ce texte l'on pourrait appeler la « femme de l'ombre », celle qui atteindra sa parfaite incarnation dans Yuki la blanche — v. *Les Quatre Sœurs* (*) —, cette dame des temps jadis égarée dans le monde moderne qui, parmi ses nombreux prétendants, choisira un aristocrate blasé, mais artiste et esthète, seul capable de subir son charme désuet.

Nous sommes loin d'avoir évoqué tous les sujets effleurés, voire traités en profondeur dans ces essais par ce magicien, ce jongleur prodigieux d'images et d'idées que fut Tanizaki ; ainsi de ses affirmations surprenantes — mais fort solidement argumentées — concernant l'« érotisme du nô », de son éloge lyrique et d'une poésie certaine des lieux d'aisance de style ancien, d'un développement plus discutable sur l'« ombre » que jetterait sur l'homme d'Orient la couleur de sa peau, d'un autre, amusant, sur les malheurs des vieillards dans une civilisation d'emprunt ; ainsi et surtout du brillant paradoxe sur ce que pourrait être la civilisation japonaise si, au lieu de s'être « irréversiblement engagée sur les voies de la culture occidentale », elle avait elle-même inventé, ou du moins adapté à son propre génie, lorsqu'il en était encore temps, les sciences modernes et plus particulièrement leurs conséquences techniques, pratiques et esthétiques. Et l'on ne saurait mieux conclure qu'en empruntant à l'auteur les dernières lignes de son œuvre : « Pour tout dire, mon intention en écrivant ceci était de poser la question de savoir si, dans tel ou tel domaine, par exemple dans les lettres ou les arts, il ne subsistait pas quelque moyen de réparer les dégâts. Pour moi, j'aimerais tenter de faire revivre, au moins dans le domaine littéraire, cet univers d'ombre que nous sommes en train de dissiper. J'aimerais élargir l'auvent de cet édifice qu'est mon œuvre littéraire, en obscurcir les murs, plonger dans l'ombre ce qui est trop visible et le dépouiller de tout ornement superflu. Car il est bon, je crois, qu'il reste ne fût-ce qu'une seule maison de ce genre. Et pour voir ce que cela peut donner, eh bien, je m'en vais éteindre ma lampe électrique. » La lecture des œuvres complètes de Tanizaki nous permet d'affirmer que l'on ne pourrait mieux définir l'art et la méthode de cet écrivain exceptionnel, l'un des plus grands de notre siècle. — Trad. Publications orientalistes de France, 1977.

ÉLOGE DE SAINT VLADIMIR (L') [*Pohvala kaganu našemu Vladimiru*]. Œuvre d'Hilarion, métropolite de Kiev (milieu du XIe siècle). Du XIe au XVIIe siècle, la seule littérature qui, en Russie, ait quelque valeur artistique est celle qui relève essentiellement des choses de la religion. Et pour cause : l'analphabétisme étant alors monnaie courante, les seules personnes sachant lire et écrire sont les gens d'Église. Dans les couvents, l'on conserve et l'on copie les textes anciens, tout comme l'on copie toute œuvre nouvelle. Hilarion semble, à cet égard, un des premiers écrivains dignes de retenir l'attention. Fort cultivé, sachant le grec, il domine toute son époque. *L'Éloge* en question débute par l'histoire des Apôtres : saint Pierre et saint Paul à Rome, saint Marc en Égypte, saint Thomas aux Indes et saint Jean dans le Proche-Orient. Après quoi l'auteur s'énonce ainsi : « Chaque pays, chaque ville glorifie ses maîtres. Glorifions donc, selon nos moyens, le grand souverain de notre pays, Vladimir, petit-fils d'Igor, fils du glorieux Svyatoslav... Sur Vladimir, Dieu a posé son regard en lui accordant la Grâce. Par là même, il lui a permis de mesurer le vide des idoles païennes : autrement dit, de trouver le chemin de la Vérité. » Cette Grâce, le prince Vladimir l'a reçue « parce qu'il était plein de raison et d'inspiration ». Hilarion le compare à Constantin le Grand. Il énumère ses œuvres et celles de son fils Jaroslav et il achève son éloge par une prière, laquelle est remarquable par sa profondeur autant que par son accent de sincérité : toute l'espérance qu'implique l'entière soumission à Dieu trouve ici son expression la plus noble. Cet ouvrage d'Hilarion est considéré, à juste titre, comme un des meilleurs qu'ait jamais produits la littérature écrite en slavon. Il eut beaucoup d'influence sur toute l'éloquence sacrée des siècles suivants et, par là même, il mérite un examen particulier.

ÉLOGE DE STILICON [*De laude Stilichonis*]. Poème en hexamètres de l'écrivain latin Claudien (Claudius Claudianus, 370 ?-404 ?), écrit en l'honneur de Stilicon, vainqueur, en 403, d'Alaric, roi des Goths. Dans ce panégyrique et dans les poèmes de *La Guerre de Gildon* et de *La Guerre des Gètes*, le poète célèbre les défenseurs de l'Empire contre les envahisseurs barbares. Il exalte Stilicon qui par deux fois sauva Rome grâce à son génie militaire, ramena la paix et remit en honneur les anciennes dignités. Mais Alaric, ayant passé les Alpes, descendra jusqu'à Rome, qui devra subir son assaut et accepter de dures conditions (410). Tout en appartenant au genre des panégyriques, ce poème de Claudien semble dicté par un sincère sentiment d'admiration. – Trad. dans *Œuvres*, Garnier, 1933.

ÉLOGE D'UNE SOUPÇONNÉE. Œuvre dernière du poète français René Char (1907-1988), *Éloge d'une soupçonnée* parut en 1988 quelques mois après la mort du poète. Supportant avec humour ses douleurs cardiaques, au point de traiter, pour la beauté de son nom, la « Lysanxia », un produit pharmaceutique, comme La Belle Ferronnière, René Char s'abandonne à la passion pour la vie sensible et menacée, pour la poésie inquiète, pour « L'Amante » : « À nos mains un désir d'autre destin, quelle crainte à nos lèvres demain ? » Le livre est ainsi un éloge de la poésie, toujours espérée, jamais immobilisée : « La seule liberté, le seul état de liberté que j'ai éprouvé sans réserve, c'est dans la poésie que je l'ai atteint, dans ses larmes et dans l'éclat de quelques êtres venus à moi de trois lointains, celui de l'amour me multipliant. » Alternant chants en vers et poèmes en prose, compositions en fragments et en strophes, le dernier volume de René Char demeure fidèle à la poétique et à la morale développées par toute l'œuvre : la poésie prend la figure d'une jeune femme s'évanouissant, renaissant, à la façon d'Artine et de Claire. Le monde des images, de la rose à l'étoile, est décliné, de la fauvette au Ventoux, en un dernier acte de gratitude suscité par l'Amante : « ... Il nous resterait à faire le court *éloge d'une soupçonnée*, la seule qui garde force de mots jusqu'au bord des larmes. » – Ce volume a été l'objet, en 1990, d'un tirage restreint illustré par Alexandre Galpérine (éd. Imprimerie nationale).

J. Rou.

ÉLOGES. Recueil de poèmes de l'écrivain français Saint-John Perse (pseud. d'Alexis Léger, 1887-1975, prix Nobel 1960), publié en 1911 sous la signature de Saint-Léger Léger. Lors de cette première édition, *Éloges* comprenait un certain nombre de poèmes qui furent plus tard regroupés séparément sous le titre de *La Gloire des rois.* Dans le tome I de l'*Œuvre poétique* de Saint-John Perse, publié en 1953, *Éloges* ne comprend plus que trois groupes de poèmes : « Pour fêter une enfance », « Éloges » et « Images à Crusoé », plus un poème, « Écrit sur la porte », qui ouvre le recueil. Avant leur publication en volume ces poèmes virent le jour dans *La Nouvelle Revue française* (*) (« Images à Crusoé » en 1909 et les autres en 1910). Avec « Pour fêter une enfance » (poème écrit en 1907) nous pénétrons dans un univers fabuleux où à la richesse et luxuriance d'une nature tropicale répond une société humaine de type patriarcal où règnent l'abondance, l'ordre et la force : « Alors, les hommes avaient une bouche plus grave, les femmes avaient des bras plus lents ; / alors, de se nourrir comme nous de racines, de grandes bêtes taciturnes s'ennoblissaient. » Mais cet univers est surtout celui de l'enfance, celui de son souvenir émerveillé, dans lequel les soirs anciens prennent un « parfum de Déluge ». Les « Images à Crusoé », écrites en 1904, opposent aux visions heureuses de l'île que Crusoé a abandonnée de sordides images de Londres où il termine piteusement ses jours. Vendredi, le perroquet, l'arc et le parasol connaissent dans la demeure londonienne une irrémédiable déchéance tandis que la « graine pourpre » demeurée accrochée à l'« habit de peau de chèvre » refuse de germer dans le pot où elle a été enfouie. L'âme de Crusoé, elle aussi, est malade, et le vieil homme interroge : « ... D'un exil lumineux / et plus lointain déjà que l'orage qui roule / comment garder les voies, ô mon Seigneur ! que vous m'aviez livrées ? »... « Ne me laisserez-vous que cette confusion du soir – après que vous m'ayez, un si long jour, nourri du sel de votre solitude, / témoin de vos silences, de votre ombre et de vos grands éclats de voix ? » C'est encore au pays de son enfance que Saint-John Perse consacre ses « Éloges ». Ici les petits incidents de la vie quotidienne, les paysages, les animaux et les hommes sont constamment vus sous l'angle de la « louange », laquelle est peut-être, selon Paul Claudel, « le plus grand moteur de la poésie, parce qu'elle est l'expression du besoin le plus profond de l'âme, la voix de la joie et de la vie ». Cette attitude du poète trouve son alliée dans une langue fastueuse, colorée de termes rares, qui habille magnifiquement la fable ou le poème de circonstance, la note de voyage ou la description lyrique. Magnifié, transmué par la voix qui le chante, l'univers est exorcisé du mal et de la laideur. Et le poète peut dire : « Vraiment j'habite la gorge d'un dieu. »

La suite de poèmes intitulée *La Gloire des rois* faisait primitivement partie du recueil *Éloges* ; elle en fut séparée pour former un groupe de poèmes distinct lors de la publication de l'*Œuvre poétique* de Saint-John Perse en 1953. Avant d'être publiés en volume ces poèmes parurent en revues : « Récitation à l'Éloge d'une Reine » et « Histoire du Régent » dans *La Nouvelle Revue française* (1910), « Amitié du Prince » et « Chanson du

Présomptif » dans *Commerce* (1924), « Berceuse » dans *Mesa* (Aurora, U.S.A., 1945). La souveraine chantée dans la « Récitation à l'Éloge d'une Reine » est le « Haut asile des graisses vers qui cheminent les désirs / d'un peuple de guerriers muets avaleurs de salive ». Elle personnifie tout à la fois la splendeur majestueuse des grandes forces naturelles et l'ordre rigoureux qui les régit. L'attitude des jeunes guerriers à son égard mêle la soumission respectueuse au désir. Dans « Amitié du Prince » le souverain règne d'abord par l'esprit, il est toute réflexion, sagesse : « Il veille. Et c'est là sa fonction. Et il n'en a point d'autres parmi nous. » « Histoire du Régent » contient le souvenir du combat, du sang, d'un temps où « les Rois couchaient nus dans l'odeur de la mort ». Ces premières œuvres de Saint-John Perse (qui n'était âgé que de dix-sept ans lorsqu'il écrivait les « Images à Crusoé ») possèdent déjà les caractéristiques qui ne firent que se développer avec la maturité du poète : hauteur du ton — qui prend ses distances vis-à-vis du lecteur et lui interdit la paresse —, goût des termes rares et précis, surtout emploi d'une langue aux multiples ressources, tour à tour impérieuse, nerveuse ou luxuriante.

ÉLOGES DES ACADÉMICIENS. Œuvre de l'écrivain français Bernard Le Bovier de Fontenelle (1657-1757), publiée à partir de 1715. Membre de l'Académie française et de celle des inscriptions et belles-lettres, Fontenelle fut nommé, en 1697, secrétaire perpétuel de l'Académie des sciences. C'est à ce titre qu'il participa au renouvellement de cette Académie en 1699, qu'il en fit l'historique : *Histoire du renouvellement de l'Académie royale des sciences en 1699,* enfin qu'il rédigea les *Éloges historiques de tous les académiciens morts depuis 1699.* Ces *Éloges* sont précédés d'une *Préface sur l'utilité des mathématiques et de la physique et sur les travaux de l'Académie des sciences.* Chaque éloge est une biographie du savant disparu, mais surtout une étude des travaux qui l'ont rendu célèbre, étude rédigée en termes accessibles à un vaste public. À propos de ces travaux, Fontenelle ne manque pas de tenter de mettre à la portée de tous les découvertes et les théories scientifiques récentes : en particulier les travaux de Bernouilli, de Tournefort, de Leibniz, de Newton, de Cassini, et surtout de souligner l'utilité de leurs recherches et le progrès des sciences. Son but est d'enseigner la philosophie aux gens du monde et de les tenir au courant des travaux scientifiques, et il y réussit fort bien. De ces pages se dégage cette philosophie dont il fut un des fondateurs et qui devait marquer le XVIIIe siècle jusque vers 1760. Son principe essentiel est qu'il n'y a pas dans la vie et dans la littérature de vérité qu'on ne puisse appréhender et comprendre par les « seules lumières de la raison ». Naturellement, partisan des Modernes, Fontenelle se fit par cette œuvre le propagateur de l'idée de progrès et provoqua cet engouement pour les sciences exactes, si répandu chez les gens du monde au XVIIIe siècle. Ce sont ces *Éloges*, et ses autres œuvres académiques, qui permirent à Buffon — v. *Histoire naturelle* (*) — de conquérir, quelques décennies plus tard, une si vaste audience.

EL OMBÚ. Recueil de nouvelles de l'écrivain anglais William Henry Hudson (1841-1922), publié en 1902. L'ombú est un arbre d'Amérique centrale au bois spongieux. L'histoire qui donne son titre au recueil se déroule dans un domaine où se dresse, au milieu d'un espace désertique, l'un de ces arbres, particulièrement imposant. Le narrateur est un vieux gaucho, Nicandro. À travers une série d'anecdotes sombres, il raconte les événements qui ont marqué le domaine maintenant ruiné. L'on sait, grâce à une note ajoutée par Hudson, que les faits qu'il raconte ont une base historique : une invasion anglaise en juin-juillet 1807, même si celle-ci n'est évoquée que de manière indirecte, par des incidents mineurs qui illustrent surtout les rapports entre l'habitant et l'envahisseur. Le lecteur est pris par cette évocation d'un passé violent, riche en incidents dramatiques. Cruauté, folie, douleur et vengeance alternent dans le récit très détaché du vieillard. *El Ombú* est une série de drames d'un pathétique digne de la tragédie grecque.

Dès qu'il cesse de faire œuvre de naturaliste, Hudson a recours au relais d'une voix narrative autre que la sienne, derrière laquelle il se cache. Les climats varient dans ces histoires de soleil et de sang ; on passe de l'angoisse à la tristesse, de la fantaisie à l'horreur, le tout dans un goût macabre typiquement sud-américain. — Trad. Mercure de France, 1964.

L. B.

ÉLOQUENCE EN LANGUE VULGAIRE (De l') [*De vulgari eloquentia*]. Ce traité latin du poète italien Dante Alighieri (1265-1321), conçu et composé au début de son exil (1303-1304), est contemporain ou de peu antérieur à la rédaction du premier livre du *Banquet* (*). La première publication est celle dont s'est occupé Jacopo Corbinelli à Paris en 1577. Dans les deux ouvrages, mais sous des angles différents, l'identité de la pensée est évidente et le même problème de la langue ou italien vulgaire s'y trouve posé. Le traité, par sa concision, sa clarté dialectique, par ses qualités de style où l'alternance des rythmes soutient le tour de la période et le ton animé de la discussion, se révèle le fruit d'une solide culture scolastique. L'intention didactique dans laquelle il fut écrit en fait un ouvrage de rhétorique traditionnelle (« eloquentia » : art de dire) ; du reste Dante le destinait aux seuls poètes ayant assez de culture et de talent pour ne rien laisser au hasard (« casualiter ») dans leur composition et pour dominer (« regulariter ») par la maîtrise de leur art leur inspiration, au lieu de s'y abandonner. Dante conçut cette œuvre comme la synthèse et la somme de toutes les expériences de langage et de style qu'il avait faites lui-même. Malheureusement, le traité se trouve brusquement interrompu au milieu du quatorzième chapitre du Livre second, alors que l'enseignement du poète commençait à se concrétiser. La matière ou « subjectum », que Dante pose comme fondement de son traité, est la « locutio vulgaris », le langage humain pris dans son universalité comme moyen d'expression et de communication d'homme à homme ; ce langage est « naturalis », chose naturelle, dans la mesure où il répond aux fins immanentes à la nature humaine ordonnée essentiellement en fonction de la vie sociale et politique ; mais il est aussi œuvre de l'esprit et de la liberté, s'ajoutant à l'effort de la nature et la continuant selon le même mouvement. À côté de la « locutio vulgaris », il y a quelquefois une « locutio secundaria potius artificialis », c'est-à-dire le langage de la culture, expression d'une civilisation comme développement de l'homme et principalement de ses qualités intellectuelles, morales (au sens pratique et au sens artistique) et spirituelles. Ce langage de la culture se dit aussi « grammatica ». Il représente alors une forme linguistique idéale, qui s'acquiert au prix d'une longue instruction et d'une étude assidue, et s'impose comme norme à ceux qui savent voir dans la vivante réalité du langage sa haute valeur d'expression. Dante démontre la vérité de ces deux concepts (« locutio vulgaris » et « locutio secundaria ») dans un raisonnement qui occupe tout le Livre I, auquel il donne le caractère spécifique d'une introduction générale. Le langage comme activité spirituelle qui présuppose la pensée est absolument nécessaire à l'homme, mais non aux anges, qui dans leur béatitude céleste possèdent une intuition supérieure de leurs pensées, et non plus aux « brutes » qui sont guidées par l'instinct. Seul l'homme, composé d'une âme et d'un corps, a besoin de la parole, « signum » intellectuel et sensible en même temps, dont il se sert pour rendre présent aux autres son propre verbe intérieur (« ratio ») et réveiller dans les autres la même activité de pensée, de telle sorte que celui qui écoute pense ce que pense l'intelligence de celui qui parle. Animal naturellement sociable, l'homme tend à se manifester en mettant en lumière sa personne morale au moyen de cette activité de pensée (« forma locutionis »), qui fut créée en même temps que l'âme première. D'où il est raisonnable de penser qu'Adam créé en état de grâce fut le premier à parler, manifestant par la parole sa joie et sa gratitude envers le Dieu créateur. L'idiome constitué sur les lèvres d'Adam se perpétua dans la langue du peuple hébraïque. Mais l'orgueil naturel, qui fit les hommes rebelles à Dieu, brisa l'unité spirituelle de la première famille humaine : ce fut l'époque où les constructeurs de la Tour de Babel ne se comprirent plus. Après tant de confusions, le langage humain se reconstitua progressivement comme moyen de communication d'homme à homme ; et comme l'homme est un animal extrêmement instable et changeant, son langage en tant que libre activité de l'esprit se transforma sans cesse et se différencia dans le temps et dans l'espace de même que, dans le temps et dans l'espace, se différenciaient les usages et les coutumes. C'est pour parer à cette instabilité que l'on détermina des formes dans lesquelles l'expression se réalisait d'une manière artistique (« inventores grammaticae facultatis »), la grammaire n'étant pas autre chose qu'« une certaine identité de langage, inaltérable dans le temps et l'espace ». La grammaire peut donc être considérée comme un langage littéraire ou « secondaire », dont les formes d'expressions sont le produit de l'activité libre de la pensée et permettent, en s'opposant au jugement individuel, l'accord de vastes communautés humaines. Ayant ainsi éclairé le concept du langage, dans son universalité naturelle, et celui de la langue littéraire ou « grammatica », dont les formes idéales coïncident avec les formes historiques, Dante entreprend de comparer les trois langues littéraires (français, provençal, italien) de l'Europe méridionale. Le poète reconnaît tout d'abord à la langue d'oïl, de diffusion facile et agréable, la première place dans la prose narrative et didactique ; à celle d'oc, plus douce et plus élaborée, le mérite d'avoir servi aux premiers poètes en langue vulgaire, et à celle de « si », deux qualités essentielles : d'abord d'avoir donné naissance à des poésies d'une douceur enchanteresse (Cino da Pistoia, Dante lui-même) ; ensuite le fait d'être la plus proche de la langue littéraire (« grammatica ») commune, le latin, qui est la base de ces trois langues vulgaires. À l'aide de ces deux critères, qui sont l'un d'ordre artistique et l'autre d'ordre logico-historique, Dante examine, en les comparant entre elles, les différentes variétés de dialectes en italique vulgaire (« vulgare latium ») déterminés suivant des limites géographiques et historiques. Parmi ces divers langages régionaux, municipaux et locaux, Dante recherche une langue qui réponde en elle-même aux exigences d'une littérature vraiment italienne.

Les premiers artisans de cette cause furent les poètes de la cour de Frédéric II et de Manfred, deux princes qui favorisèrent tout ce qui, dans les choses humaines, est l'ouvrage de la raison et de la vertu. De là vient que ce que les Italiens firent de mieux sortit de leur Cour ; et parce qu'ils avaient le titre de roi de Sicile, la première production poétique italienne fut dite « sicilienne ». Dante reconnaît une certaine perfection artistique aux langages des Toscans : Guido Cavalcanti, Lapo Gianni, un autre (lui-même) et Cino da Pistoia ; des

Bolonais Guido Guinizelli, Guido Ghisilieri, Fabrizzo et Questo. En ce qui concerne les dialectes des pays situés aux frontières du nord de l'Italie, Dante ne pense pas qu'ils puissent contribuer au véritable parler italien (« vere latium »), à cause de leurs contacts avec des langues étrangères. D'analyse en analyse, le poète en vient à conclure qu'il existe un « langage vulgaire », commun à toute l'Italie et dans lequel des maîtres illustres de toutes les régions du pays ont composé des vers ; et ce langage est le « vulgare Latinum », soit le « vulgaire italique », grâce auquel le poète se sent uni, dans une synthèse vivante qui est histoire et tradition, « aux parents, aux citoyens, aux communautés humaines ». Après avoir fixé les caractères du « vulgaire italique », Dante en fera l'objet de son art de dire (« eloquentia »). S'attachant à l'étude des diverses formes métriques (chanson, ballade, sonnet), il estime que la chanson, qui est la forme lyrique la plus noble, ne doit pas être composée « a casu » (au hasard). Elle doit être calquée sur le modèle des grands poètes latins (« regularites »), qui ont écrit dans une langue et avec un art réguliers. Tel est l'idéal que Dante s'est fixé. Pour ce qui est de la métrique, le poète estime que c'est l'hendécasyllabe qui convient le mieux, eu égard aux possibilités qu'il offre à la pensée, à la construction des phrases et au choix du vocabulaire. Dante fixe non seulement le caractère et le type de la « construction » organique de la phrase, dans laquelle il convient d'inclure la profondeur de la pensée et l'élégance de la forme, mais encore les critères à suivre dans le choix des mots. Mais ici, l'œuvre s'interrompt brusquement. Bien qu'inachevée, elle reste un document précieux sur ce que fut, dans sa première phase, la pensée de Dante, alors exilé de Florence, et désormais condamné à errer de ville en ville à travers toute l'Italie. Ce en quoi Dante se distingue des autres poètes italiens de son temps, c'est avant tout par le fait qu'il se fait dans cette œuvre le champion d'un certain idéal dont les deux valeurs maîtresses sont la rectitude et la « droiture » (« drितurra »). De devoir exalter par-dessus tout ces valeurs inaliénables, il se sent désormais, « pour la douceur d'une telle gloire », capable de supporter « les douleurs de l'exil ». — Trad. Gallimard, 1965 ; La Délirante, 1985.

ELPÉNOR de Giraudoux. « C'est alors que mourut le matelot Elpénor. Seule occasion que j'aurai de prononcer son nom, car il ne se distingua jamais ni par sa valeur ni par sa prudence. » Cette citation de l'*Odyssée* (*) qui sert d'épigraphe à l'une des premières œuvres de l'écrivain français Jean Giraudoux (1882-1944), publiée en 1919, permet aussi de mesurer la part d'esprit normalien sans cesse présente chez cet écrivain. Ce mélange d'érudition, de « canular » (cette blague si particulière qu'elle comporte toujours quelque chose de pédant et de systématique), de rhétorique, s'étale victorieusement dans un livre qui n'a pas vieilli et si l'on peut, dans trop des romans qui le suivent, déplorer la préciosité, la verbosité de l'auteur, du moins a-t-il su trouver dans le cadre de ce divertissement presque scolaire, le prétexte de la plus ingénieuse et ravissante fantaisie.

L'Ile du cyclope où Ulysse abuse le monstre grâce aux détours de la philosophie platonicienne et lui enseigne l'art des vers, les sirènes, Circé et ses magies qui font mourir et ressusciter Elpénor sont le décor et les protagonistes de ce livre, parmi lesquels se meuvent les héros de Giraudoux toujours prompts au discours, à la métaphore, au jeu de mots. L'épisode d'Alcinous, par quoi se clôt ce petit livre charmant, en est aussi le point culminant : « Minerve apparut à Alcinous. — Alcinous, dit-elle, une tempête va rejeter Ulysse sur ton île. Elle le déposera près du lavoir de ta fille. Je voudrais que Nausicaa fût présente et le reçût. Mais que personne ne sache qui est ce naufragé. Donne-lui par contre les occasions de se révéler lui-même et de présenter soudain à tes sujets, dans la minute du départ, Ulysse. Je te dis là un secret, les dieux eux-mêmes n'en doivent rien savoir. Ainsi parla Minerve, dans son langage froid sur lequel ne prend ni l'épithète, ni la métaphore, sur lequel meurt l'exclamation, hoquet de l'affection. Le plus curieux, c'est qu'elle croyait exprimer sa pensée, qui était tendre, fleurie, qui était entrecoupée de ah ! de oh ! qui était ! — Ah ! je voudrais que Nausicaa fût présente pour le recevoir de ce marchepied terrible. Ah ! j'adore voir le premier regard d'Ulysse, après une épreuve mortelle, se poser sur un beau corps : je l'aime en tout bien tout honneur. J'adore voir le bras d'Ulysse, après qu'il a battu toute une journée l'onde, s'accrocher à de la chair : je l'aime comme un frère. Ah ! j'adore l'entendre murmurer aux jeunes filles, au sortir de la mort, ce premier salut à double entente, car il l'avait préparé pour une ombre, qui leur donne l'impression, nues d'être recouvertes d'un maillot, et vêtues d'être nues : c'est mon enfant, etc. Mais les dieux sont comme les hommes. Ceux qui ont du style sont seuls à se connaître. » Par méprise, le roi des Phéaciens prend Elpénor pour Ulysse et organise pour lui un concours qui comprend une « course départ arrêté » et un tournoi de poésie à trois strophes. Mais enfin, Ulysse réapparaît dans cette désinvolte *Odyssée,* avant de repartir en direction d'Ithaque, tandis que l'auteur, après cette spirituelle suite de « gags littéraires », vogue vers des îles brillantes de gloire.

ELPÉNOR de Goethe. Fragment dramatique de l'écrivain allemand Johann Wolfgang Goethe (1749-1832), commencé en 1781, publié en 1806. Inspiré d'une fable d'Hyginus sur le mythe grec d'Antiope et de ses enfants, ce fragment s'arrête au second acte. La vraie tragédie est dans les événements antérieurs ; elle revit dans les conversations d'Evadné, la nourrice, et du jeune Elpénor, ou dans les conversations d'Elpénor et d'Antiope. Le roi, époux d'Antiope, a été tué : quant à son fils, il a été enlevé par des ravisseurs. Quelques années plus tard, la reine s'attendrit à la vue d'Elpénor, le fils du frère du roi, et décide de le prendre auprès d'elle : elle veut lui donner la moitié du royaume. Antiope ne sait pas — et nous l'apprenons par le monologue angoissé du sicaire Polymètis — que c'est son beau-frère Lycus qui a fait tuer le roi. L'action commence le jour où Elpénor, devenu un jeune homme, quitte la Cour pour se rendre auprès de son père. Il est plein d'ardeur, de beauté, de force et de confiance dans la vie. Antiope, au moment de lui donner congé, lui raconte sa tragique histoire. Il promet alors de partir à la recherche de son royal cousin, de le ramener s'il vit et, s'il est mort, de le venger. Le serment d'Elpénor éteint la soif de vengeance qui, depuis de longues années, tourmentait Antiope ; elle se sent libérée de ce poids « qui étreignait son cœur et pesait comme une pierre sur toutes ses joies » : « Comme dans les mains des dieux, j'ai déposé dans les tiennes ma douleur et je me relève tranquille ainsi que de la prière. Je me suis lavée du contact impur des furies vengeresses ; l'onde, qui purifie tout, emporte bien loin cette souillure ; un germe secret de tranquille espérance s'élève comme à travers la terre ameublie et regarde timidement la lumière qui le colore de verdure. »

La catharsis est donc dans cette purification de la reine — tragédie nullement grecque par conséquent, mais goethéenne, qui se termine par le renouveau et non par la mort. Cet ouvrage se ressent encore de l'atmosphère passionnée du « Sturm und Drang », mais déjà la règle classique des trois unités a fait son apparition. *Elpénor* fut écrit dans l'attente de l'héritier de la couronne de Weimar : le personnage représente le héros solaire qui rachète le mal par sa pureté. Né dans la douleur, il va vers la joie ; modèle du futur prince, il en est en quelque sorte l'augure. — Trad. Hachette, 1881-1894.

ELSE. Conte de Noël [*Else. En julefortaelling*]. Ce long récit de l'écrivain norvégien Alexander Kielland (1849-1906), publié en 1881, suit de près trois recueils de nouvelles (1879, 1880, 1882) ainsi que les romans *Garman et Worse* (1880) et *Les Travailleurs* [*Arbejdsfolk,* 1881], mais précède de peu un autre remarquable roman, *Capitaine Worse* (*). Le récit de Noël est, peut-être, celui où l'auteur donne pour la première fois la mesure de son talent et de ses capacités d'écrivain. *Else,* en effet, est plus riche et plus complexe que ses nouvelles, qui, tout en ayant une grâce et une élégance empruntées aux écrivains français, n'ont pas assez de vigueur. Il s'agit d'un ouvrage plus concentré, plus pur au point de vue artistique que tous ses romans, où prédominent souvent les polémiques sociales et politiques. Else est une jeune fille avenante, au rire frais et séduisant, prête à s'épanouir devant la vie et l'amour. Mais le jour même où l'amour lui est révélé, la jeune fille, enivrée par son charme, s'engage sur la voie de la perdition. Elle cède aux flatteries du « riche et aristocratique » consul With, en entraînant dans sa chute Svend, le jeune homme qui avait tout d'abord suscité son amour. Elle entre dans une société louche, appelée « la bande de l'arche de Noé », et meurt (au cours d'un vol organisé par cette bande la veille de Noël), affamée et ivre, parce qu'elle a bu une bouteille d'eau de rose. Cette catastrophe est, de toute évidence, symbolique : Else en effet, dont la soif de vivre n'a pas été étanchée par ces tristes événements, meurt, encore avide de jouissances, victime du dérèglement et de l'intempérance.

Ce récit doit donc être classé dans le genre romantique des histoires de jeunes filles séduites et perdues. Pourtant il garde un ton original, non seulement à cause de son atmosphère norvégienne qui lui confère, à nos yeux, un certain charme exotique, mais aussi à cause de la fraîcheur et de la conviction avec lesquelles l'auteur a décrit Else : la jeune fille est une nature élémentaire, avide seulement d'amour et de plaisir, ignorant les luttes de la conscience morale et marchant vers sa perte par la faute de la société. C'est ici que, dans l'artiste, nous retrouvons le moraliste : Kielland, dans une grande partie de ses ouvrages, fustigea la mesquinerie, l'opportunisme des dévots, le conformisme indifférent des institutions soi-disant charitables, la corruption des gens haut placés et estimés. (Else, née à cause de la luxure d'un Monsieur-comme-il-faut, est perdue à cause de la luxure d'un autre Monsieur-comme-il-faut.) Pourtant, au cours de ce récit, le moraliste, tout en étant présent, demeure dans les coulisses ; et rien ne vient voiler la vérité et l'humanité du personnage d'Else. — Trad. Leroux, 1920.

ELSI, LA SERVANTE ÉTRANGE [*Elsi, die seltsame Magd*]. C'est l'une des plus belles et des plus fameuses nouvelles de l'écrivain suisse d'expression allemande Jeremias Gotthelf (pseud. d'Albert Bitzius, 1797-1854) publiée en 1843. En une trentaine de pages, il raconte la vie étrange d'Elsi, fille d'un riche meunier, réduite à la misère à cause de la vie dissipée que mène son père et forcée de chercher du travail dans une ferme éloignée de chez elle, où personne ne la connaît. L'énergie et le sérieux de la belle servante étrangère suscitent partout beaucoup d'admiration et d'intérêt. Les prétendants ne lui manquent pas et, parmi eux, il y a le sérieux Christen, riche paysan qui, jusqu'alors, n'avait eu que méfiance et suspicion pour les jeunes filles. Elsi le repousse, lui aussi, bien qu'elle ne soit pas indifférente à ses déclarations ; mais l'orgueil lui empêche d'avouer qu'elle a un père qui se conduit mal. Elle n'ose pas rompre son hautain silence, même quand Christen la demande en mariage avant de partir à la guerre. Ce n'est qu'au moment où les Français menacent directement la Suisse, que le danger imminent lui fait prendre conscience de son amour pour Christen. Elle le recherche alors, de village en village, s'exposant à tous les dangers de la guerre et de l'occupation. Elle le rejoint enfin sur le champ de bataille, juste à temps pour mourir avec lui, après lui avoir avoué son amour.

La nouvelle passe insensiblement d'un ton narratif réaliste, à un ton hautement épique, étranger à toute contingence. La concision du récit, exempte des divagations moralisantes habituelles à l'auteur, contribue à en renforcer la puissance. Le ton va croissant jusqu'à la fin, jusqu'à la mort des amants qui regrettent de n'avoir pas su plus tôt « ce qu'ils étaient l'un pour l'autre ».

ELSLI PORTE-ENFANT [*Elsli Tragdenknaben*]. Farce ou spectacle de carnaval — v. *Farces de carnaval* (*) — du peintre et écrivain suisse d'expression allemande Niklas Manuel (1484 ?-1530), joué en 1528, publié à Bâle en 1530. L'intention de l'auteur a été de stigmatiser la dépravation dont faisait preuve le clergé, lorsqu'il s'agissait de régler, par voie de justice, les querelles conjugales. Il porte à la scène un procès qui eut réellement lieu à Berne autour d'une mésentente conjugale et qui se termina pacifiquement. Le sens de ce spectacle est en lui-même simple et évident ; Manuel y fait preuve des meilleurs dons d'observateur et de satirique. Le mouvement scénique, l'étude des caractères, une exacte description des mœurs de l'époque font de cette comédie une œuvre très vivante.

ÉLU (L') [*Der Erwählte*]. Roman de l'écrivain allemand Thomas Mann (1875-1955), publié en 1951. La pensée de Thomas Mann, au déclin de sa vie, plonge de plus en plus profondément dans les mythes et les récits de la vieille Allemagne. Après s'être inspiré de l'histoire faustienne dans son *Docteur Faustus* (*), il se tourne cette fois vers le vieux poète du XIIe-XIIIe siècle, Hartmann von Aue, en reprenant un de ses quatre poèmes épiques, le moins connu, *Grégoire sur le rocher* (*). L'action se passe d'abord dans une région germanique proche du royaume de France. Le noble seigneur se marie et a bientôt des jumeaux, une fille et un garçon, l'un et l'autre d'une beauté rare. Ils grandissent, s'aiment — thème d'inceste qu'a déjà traité Thomas Mann dans une nouvelle de jeunesse —, et de cet amour défendu naît un enfant qui paraît voué au malheur. Les parents décident de le faire disparaître, mais, ne voulant pas lui infliger une mort soudaine et cruelle, décident de s'en remettre au hasard en plaçant l'enfant, comme Moïse, dans un berceau flottant qu'ils confient à l'Océan. L'enfant sera recueilli par un abbé du pays anglo-normand ; pris de pitié, l'abbé soigne l'enfant qu'il a baptisé Grégoire, l'élève et se consacre à son éducation dans l'abbaye dont il a le soin. Vers l'âge de dix-sept ans, Grégoire découvre le secret de sa naissance ; il se croit maudit, quitte l'abbaye et mène une vie d'aventures. Après le sort de Moïse, c'est celui d'Œdipe qui est le sien : des circonstances complexes l'amènent à retrouver sa mère (qu'il ne reconnaît pas plus qu'elle ne le reconnaît), à l'épouser et a avoir d'elle deux filles.

Un nouveau hasard lui apprend ce qu'est pour lui cette femme. L'affreux péché, que sans le vouloir il vient de commettre, doit être expié : pendant dix-sept ans, il vivra dans un îlot perdu, au sommet d'une falaise (de là le titre du poème médiéval). Il maigrit, perd peu à peu l'apparence humaine et finit par ressembler à une sorte de hérisson. Mais la Providence veille sur l'infortuné pécheur. Avertis et conduits par des anges, des émissaires venus de Rome le découvrent, lui rendent, par l'entremise de la grâce divine, la forme humaine et, comme il se décide à les suivre, ils font de lui un pape. Vêtu de blanc et coiffé de la tiare, il donnera un jour audience à sa mère, qui fut sa femme, et lui expliquera que la volonté de Dieu finit toujours par tout remettre dans l'ordre.

Pour conter cette histore naïve, où abondent invraisemblances et miracles, Thomas Mann adopte le procédé déjà employé dans *Docteur Faustus* : c'est une tierce personne qui raconte les événements. Ici, c'est un moine assez obtus, et la constante ironie de l'auteur se délecte de sa balourdise. Il semble que Thomas Mann, en choisissant ce sujet insolite, ait voulu exercer une critique d'autant plus corrosive qu'elle apparaît plus fantaisiste, et l'on songe à Anatole France avec l'*Île des Pingouins* (*). Il se moque de lui-même en traitant de l'inceste tout autrement que dans sa jeunesse ; il multiplie les coups de griffe à la psychanalyse freudienne, et trace du Moyen Âge un tableau qui ne force pas la sympathie. Comme dans tous ses romans, il se défend de conclure avec fermeté. Si cependant une idée positive peut se dégager de ce roman, qui par la technique et le langage (parfois sous l'influence de Joyce) est un chef-d'œuvre de virtuosité, c'est que finalement l'ordre conserve le dernier mot. C'était le point de vue de Goethe vieillissant. En ce sens, *L'Élu* est goethéen. — Trad. Albin Michel, 1952.

ÉLYSÉE ou Bacchus irrité [*Elisej ili razdrazennyj Vakh*]. Poème en cinq chants du poète russe Vassili Maïkov (1728-1778). *Élysée* (1771) est l'œuvre principale de Maïkov, écrite en une langue souvent grossière et vulgaire, mais qui contient pourtant des traits authentiquement populaires qui sont à peu près toute sa valeur. Ce poème héroï-comique, qui veut être une parodie de la poésie classique, est inspiré de Scarron, évoqué aux premiers vers. Le sujet rappelle ceux des classiques traditionnels : comme eux, Maïkov fait de larges emprunts à la mythologie, mais il traîne ses héros de l'assemblée des dieux aux bouges les plus infects. Bacchus, fort affligé de la hausse du prix des vins, a décidé de se venger des marchands. Pour cette œuvre, il part en quête d'un humain, s'il en est encore, qui lui soit favorable. Précisément, entré dans un cabaret, il avise un voiturier : c'est Élysée, qui est assis à une table. Élysée interpelle un cosaque et se fait servir du vin dans un grand pot à bière qu'il vide d'un trait. Bacchus est ravi d'avoir trouvé son homme : il s'apprête à lui proposer d'entrer à son service, quand le voiturier, aigri par le vin, se prend de colère pour le cosaque. On en vient aux coups et une véritable rixe s'engage. Un caporal intervient et Élysée est emmené au commissariat. Bacchus est furieux et éploré : il restait un mortel pour lui être fidèle et la police des hommes le met au cachot ! Il court se plaindre à Jupiter et le presse d'intervenir en faveur du voiturier. Mais le roi des dieux est mal prévenu à l'endroit de Bacchus : Cérès ne vient-elle pas de déposer une plainte contre lui ? Des paysans se sont laissé aller à trop boire, ils se vautrent dans les débauches, les moissons ne sont plus faites. Il faut d'abord trancher le différend des dieux avant de pourvoir à l'évasion d'Élysée. Mercure s'en va convoquer l'assemblée céleste, qui jugera le conflit de Cérès et de Bacchus. Ensuite seulement, il descend sur la terre et s'introduit dans la prison. Il emporte Élysée, déguisé en femme et endormi, et va le cacher dans une maison, à l'extrémité de la ville, où sont enfermées les prostituées. Quand Élysée s'éveille, il ne sait où il est et se croit dans un couvent. Mais la directrice de la maison survient pour donner du travail aux dames : elle s'aperçoit bien vite qu'Élysée n'est pas une femme, et elle lui fait avouer sans peine qu'il n'est qu'un voiturier. Le poème fut sauvé de sa grossièreté par sa verve vraiment populaire, qui plut aux lecteurs du XVIIIe siècle, et Pouchkine encore loue le « rire sain » de Maïkov. En tous les cas, la parodie atteignit son but : ce fut la fin du classicisme et l'atmosphère rustique du poème prépara l'avènement de l'école réaliste.

ÉMAUX ET CAMÉES. C'est le recueil de poésies le plus célèbre et le plus important de l'écrivain français Théophile Gautier (1811-1872). La plupart des poèmes qui y figurent sont très courts et écrits en quatrains d'octosyllabes. Paru en 1852, ce livre marque en quelque sorte la fin de la première grande poésie romantique, idéaliste, sentimentale et grandiloquente, et inaugure la poésie parnassienne. Il comprend une cinquantaine de poésies, la plupart descriptives, où, dans une forme d'une pureté cristalline, l'auteur exprime, avec légèreté et délicatesse, les divers aspects du monde extérieur (« Étude de mains », « Variations sur le carnaval de Venise », « Cœrulei Oculi », « L'Obélisque de Louxor », « Odelette anacréontique », « Apollonie », « La Rose-Thé », « Carmen », etc.). Le poème inscrit en tête de l'ouvrage lui sert d'introduction ; l'auteur y proclame les droits de « l'art pour l'art », qui s'éloigne de la réalité en se tournant vers une contemplation désintéressée de la beauté. La dernière poésie précise la « poétique » de Gautier : le poète entend donner le jour à une forme absolument plastique et rigoureusement définie : « Sculpte, lime, cisèle ; / Que ton rêve flottant / Se scelle / Dans le bloc résistant. » C'est ainsi qu'une carrière poétique qui avait commencé par le truculent romantisme des premiers vers — v. *La Comédie de la mort* (*) — s'orientait avec décision vers la représentation plastique du « monde sensible ». La couleur et l'admirable netteté de ligne d'*España* aboutissaient à l'élégance raffinée de ce dernier recueil. Pour ses idées sur l'art, pour son sens de la discipline nécessaire à l'artiste, pour son amour de la forme pure et son instinct du métier, Gautier fut considéré à juste titre, par Baudelaire lui-même, comme un « maître » (« Gautier, c'est l'amour exclusif du Beau, avec toutes ses subdivisions, exprimé dans le langage le mieux approprié », Baudelaire). Dans ce livre caractéristique, les meilleurs poèmes sont encore ceux d'inspiration élégiaque. L'originalité, la grâce de certaines notations exquises sont constamment rehaussées par une émouvante recherche de perfection.

EMBRASSONS-NOUS, FOLLEVILLE. Vaudeville en un acte de l'auteur dramatique français Eugène Labiche (1815-1888). Il traite d'un sujet classique de comédie : un père veut marier sa fille à quelqu'un qu'elle n'aime point. Le marquis de Manicamp déborde de gratitude pour le chevalier de Folleville, parce que ce dernier l'a tiré d'un mauvais pas au cours d'une partie de chasse aux canards. À tel point qu'il ne peut rencontrer le chevalier sans le serrer dans ses bras en criant : « Embrassons-nous, Folleville. » C'est dire qu'il veut à tout prix lui faire épouser sa fille Berthe. Mais Berthe est une jeune personne assez vive que Folleville n'a nulle envie d'épouser, car il est fort épris de sa cousine Aloïse. De son côté, Berthe a séduit au bal le vicomte de Châtenay : du fait qu'elle l'a souffleté parce qu'il dansait mal le menuet, celui-ci la veut pour épouse. Elle accepte, car le vicomte lui plaît beaucoup. Mais le père, entêté, ne voulant d'autre gendre que Folleville, refuse tout de bon. Berthe, bien entendu, se fait enlever par Châtenay. Et, dans un grand bruit de porcelaines cassées, tout finira par s'arranger le mieux du monde. Berthe épouse celui qu'elle aime, et Folleville retourne à son Aloïse. Cette comédie, qui est menée tambour battant, est tout à fait dans le style habituel de l'auteur : un véritable petit chef-d'œuvre, qui laisse loin derrière lui les « grandes machines » prétentieuses du théâtre bourgeois de ce temps-là.

EMBRASURE (L'). Recueil de poèmes de l'écrivain français Jacques Dupin (né en 1927), publié en 1969. D'emblée, dès son titre, dès les premières pages, l'écriture de Jacques Dupin s'affirme comme ouverture, comme lieu de passage, brèche, brasier, où viennent se croiser, se téléscoper la flèche d'un regard et le flux indistinct, immense et remuant, du dehors. Certes l'accès n'est pas aisé, mais c'est précisément dans cette étroitesse, dans ce peu de mots, qu'une parole, une image, aux yeux de ce poète exigeant, peuvent naître — ou brûler. Ni explication ni récit, mais pure énergie sensible, force sourde, souterraine, inconnue, tranchante, en métamorphose continuelle, cherchant l'issue, la poésie de Dupin brise l'ordre là où elle jaillit, elle saccage la plénitude à peine conquise et, condition sine qua non d'un hypothétique partage, prépare la chute du mouvement qui l'a menée à cette fusion. Pourtant dotée d'un extraordinaire pouvoir de célébration, cette parole semble palpiter à chaque instant de l'étranglement d'où, poussée par son propre désir, elle cherche à s'extraire ; à chaque instant elle porte les traces vulnérables, encore humides et irritées, de cette résistance obscure, souvent hostile, à laquelle, dans son désir de se hausser, d'atteindre la lumière, elle s'est arrachée. Les mots se gonflent de cette fièvre, leur clarté s'accroît. Ils se déchirent enfin aux innombrables arêtes, lames, roches, crêtes, éclats de labours, pieux et échardes qui jalonnent le paysage que Jacques Dupin a choisi de traverser, enflammant, dynamisant l'espace de la lecture. Car c'est la qualité essentielle de cette poésie que de nous obliger à subir la bousculade, de nous loger dans sa foudre.

À cette fin Jacques Dupin s'est forgé un instrument d'une impitoyable précision, sans compromis, vertigineusement rapide, mais doué d'une infinie souplesse aussi : langue ophidienne, donc bifide, et nomade, capable de se glisser entre les failles, de traverser les étages, de résister aux chaleurs diverses de l'ébranlement qui nous a précédés, et nous recouvre ; mais aussi bien aiguille qui ravaude les déchirures, s'emploie à nouer la nuit au jour, le silence au cri, l'abrupt au ruissellement. Dans ce recueil, mais c'est valable également pour ceux qui ont suivi, Jacques Dupin a choisi de porter son œil en deçà des choses achevées, dans cette antériorité des phénomènes où leur grondement se fait entendre : c'est qu'il s'efforce d'ajuster sa voix à cet « avant-dire » où, sur le point de jaillir, encore muettes et tremblantes de l'effort qui les sépare de la forme destinée à les inscrire sur la page, les paroles atteignent ce degré d'intensité, cette incandescence, cet éclat presque indécent dont le poème ne retiendra en définitive que la dissémination, dont il ne pourra retracer que les retombées, l'écume résorbée. L'écriture de Dupin est ainsi une écriture qui désespère de rejoindre cette justesse, cette surprise d'avant les mots, de se loger à la fois en leur centre et en dehors d'eux, dans ce moment où encore mal débarrassés de leurs impuretés, raucités, balbutiements infantiles, ils se ruent dans l'espace pour l'entamer, le qualifier, en exprimer la rugueuse et incomparable beauté. Écriture qui dans son échec même, son ratage, épouse au plus près le battement du cœur, un souffle, un corps, tout à la fois lancés, blessés, perdus, heureux de cette dérive, à la poursuite d'une éternelle résurgence. F. Ro.

ÉMIGRANTS [*Emigrantes*]. Roman de l'écrivain portugais Ferreira de Castro (1898-1974), publié en 1928. *Forêt vierge* (*) décrivait l'enfer vert, où des émigés en étaient réduits à travailler comme des forçats alors qu'ils avaient cru fuir la misère en venant s'établir en Amérique du Sud. *Émigrants* expose comment on achemine ces gens vers l'enfer. L'histoire est tragique. C'est celle de tous les pauvres gens qui, trompés par une propagande mensongère, s'expatrient dans l'espoir de faire fortune. Ferreira de Castro montre un de ces humbles paysans, Manoel de Bouça, qui, hanté par le besoin d'un sort meilleur, cède aux tentations de l'émigration. Dès son arrivée au Brésil, la déception l'attend. Il obtient, non sans peine, du travail dans une plantation de café de l'État de São Paulo, et il ne réussira à s'en évader que grâce à une révolution qui lui donne l'occasion de détrousser un cadavre. Après neuf ans d'absence et comme des milliers d'autres, il revient dans son pays aussi pauvre qu'il en était parti. Écrit dans un style vivant et coloré, et basé sur des faits vécus ou des situations observées, ce livre fait le procès d'une forme moderne de l'esclavage, celle dont sont victimes les hommes qui, « faute de pain ou parce qu'ils sont convaincus que, dans le monde où ils vivent, seul celui qui détient l'or a droit aux sourires de la vie », s'en vont chercher des conditions de vie meilleure en se fiant aux promesses de gens « qui les exploitent dans leur pays même, en leur faisant croire que tels qu'ils sont, rustres et analphabètes, ils trouveront en s'expatriant de fabuleuses richesses ». Ainsi, Ferreira de Castro s'en prend moins aux pays d'outre-Atlantique qui reçoivent ces malheureux qu'aux pays d'Europe qui les mettent dans une situation telle que partir leur semble la seule issue. « S'il fallait rechercher des coupables, c'est l'Europe qu'il faudrait inculper tout d'abord. » L'auteur, malgré un besoin fastidieux de tout dire et une volonté naïve d'émouvoir, touche par ses dons de conteur et la générosité de son propos. – Trad. Grasset, 1948.

ÉMIGRANTS (Les) de Moberg [*Utvandrarna*]. Première partie de la tétralogie de l'écrivain suédois Vilhelm Moberg (1898-1973), sur l'émigration d'un groupe de paysans suédois aux États-Unis, publiée en 1949. Les titres des trois autres parties sont : *La Conquête du sol* [*Invandrarna* (littéralement : *Les Immigrants*), 1952] ; *Les Colons du Minnesota* [*Nybyggarna,* 1956] et *Le Dernier Message au pays natal* [*Sista brevet till Sverige* (littéralement : *La Dernière Lettre pour la Suède*), 1959]. Karl Oskar Nilsson, paysan de la province de Småland, dans le sud de la Suède, part avec sa famille et tout un groupe de voisins s'installer dans le Minnesota. Pour écrire cette série de romans, Vilhelm Moberg s'était documenté pendant des années entières, tant aux U.S.A. qu'en Suède. Aussi son ouvrage a-t-il une valeur historique considérable. Mais les mérites artistiques de l'œuvre ne sont pas moindres. L'auteur a vraiment su se mettre dans la peau de ses personnages, et le résultat est remarquable. On n'oublie pas les destins que Vilhelm Moberg nous raconte. Son art de romancier n'a jamais porté de plus beaux fruits, et il ne serait pas exagéré de le comparer au Victor Hugo des *Misérables* (*). On peut aussi lire ces quatre volumes comme une merveilleuse histoire d'amour. La scène finale montre Charles O. Nelson, car il a américanisé son nom, devenu veuf, dépliant une carte de son village natal et suivant de l'œil les sentiers que, jeune fiancé, il empruntait pour courir à la rencontre de sa bien-aimée, Kristina, qui l'avait accompagné en Amérique et qui devait y rester pour toujours bien qu'elle ne s'y fût jamais acclimatée. Les personnages secondaires sont décrits avec beaucoup de verve, que ce soit la fille de joie du village, qui finit sa vie comme respectable femme de pasteur aux U.S.A., ou le frère de Karl Oskar, un rêveur qui meurt dans la ruée vers l'or, ou encore son voisin, qui sombre dans l'alcoolisme. La prose de Moberg nous choque parfois par son trop grand souci de rester proche de la réalité, mais la valeur de cette épopée sur l'émigration suédoise aux U.S.A. pendant la seconde moitié du XIXe siècle ne fait aucun doute : elle est et elle restera un chef-d'œuvre. – Trad. Robert Laffont, 1954-1960.

ÉMIGRÉ (L'). Œuvre de l'écrivain et publiciste français Gabriel Sénac de Meilhan (1736-1803), publiée en 1797. C'est le roman de l'« émigration » française, selon l'expérience vécue par l'auteur. Le jeune marquis de Saint-Alban, par fidélité au roi et à ses ordres, a quitté la France révolutionnaire ; après avoir fait la campagne de 1792 comme officier dans l'armée prussienne, il a été blessé quelques jours avant la reddition de Mayence. Reçu par la famille des comtes Loewenstein, un tendre et profond amour naît entre lui et la jeune comtesse, liée à un mari beaucoup plus âgé qu'elle. Mais la jeune femme résiste à ce doux sentiment. Quand la mort de son mari lui permettrait d'être heureuse, le marquis, appelé par son devoir, rejoint l'armée de Condé et est fait prisonnier au cours d'un combat. Devant le tribunal révolutionnaire, il crie sa foi et se tue. La comtesse devient folle et meurt. D'autres figures d'émigrés animent le tableau, avec leurs misères héroïques, leurs adaptations stoïques, leur espérance incertaine et tenace. Les événements de 1793, bien qu'ils soient évoqués l'année même où ils eurent lieu, sont certes retracés d'une manière passionnée, mais cependant assez juste. Au milieu de l'horreur des massacres et des iniquités, les émigrés les plus attentifs comprirent que le salut pouvait seulement venir de la nation éprouvée. Avec sa forme épistolaire et la saveur que lui prête la sensibilité du XVIIIe siècle, c'est un document précieux sur la France de l'ancien temps au moment le plus sombre de la tourmente.

ÉMIGRÉS (Les) [*Emigranci*]. Pièce en un acte du dramaturge polonais Sławomir Mrożek (né en 1930), publiée en 1975. Deux émigrés passent le réveillon du nouvel an dans une cave transformée en pièce d'habitation, mais qui ressemble plutôt à une prison. AA a quitté son pays pour des raisons politiques, XX pour des raisons financières. Seuls, inutiles, ils se tiennent mutuellement lieu de famille et de société.

AA, cynique, critique, et XX, d'une belle assurance, tour à tour bourreaux et victimes, s'affrontent dans des joutes successives suscitant frustration et agressivité, honte et haine, humiliation et vengeance – à propos des actes de la vie quotidienne (les repas), des accessoires (une valise ou des conserves), des événements (les échos de l'extérieur) –, joutes qu'ils remportent à tour de rôle jusqu'au moment où ils comprennent qu'aucun des deux n'est meilleur que l'autre et qu'ils sont tous deux rivés à la même chaîne, celle de l'émigration. Jamais ils ne réaliseront le but qu'ils s'étaient fixé en quittant leur pays. XX déchire alors l'argent qu'il a économisé en vue de son retour, AA le plan et les ébauches du livre qu'il voulait écrire. XX veut se suicider, mais est incapable de passer à l'acte, et AA se lance dans de belles envolées qui endorment le rustre. L'un s'abîme dans le sommeil, l'autre s'écroule dans les sanglots.

Cette pièce n'est pas seulement une analyse perspicace des effets de la solitude et du déracinement. Relevant de l'absurde et du désespoir existentiel, elle est l'expression du pessimisme dynamique, dissimulé sous un humour corrosif, de Mrożek qui joue là en virtuose de ses thèmes favoris. *Les Émigrés* sont sans aucun doute un chef-d'œuvre du genre, et le public, tant en Pologne qu'à l'étranger, ne s'y est pas trompé. – Trad. Albin Michel, 1975. L. Dy.

ÉMILE ou De l'éducation. La plus connue peut-être des œuvres du philosophe et écrivain genevois d'expression française Jean-Jacques Rousseau (1712-1778). Elle fut écrite et publiée en 1762, peu après *Julie ou la Nouvelle Héloïse* (*) et *Du contrat social* (*). Rousseau, fidèle à son principe selon lequel l'homme naît bon, ses vices étant seulement imputables à un état social mal organisé et à une éducation foncièrement mauvaise, voulut établir dans ce livre les principes d'une éducation naturelle ; il le fit, en se conformant à la mode du temps et en donnant à son traité la forme d'une sorte de « roman psychologique ». Si l'on dépouille l'histoire de l'éducation d'Émile de quelques détails, on s'aperçoit qu'elle se ramène facilement à quelques grands principes. L'« éducation naturelle » est, pour Rousseau, non pas celle fondée sur les règles de la société et sur les traditions de l'école, mais sur la connaissance de la véritable nature de l'homme ; c'est pourquoi une étude rigoureuse de la nature de l'enfant s'impose. Ce point constitue une nouveauté pédagogique d'une grande importance ; c'est Locke qui en a pour la première fois proclamé et souligné la nécessité, aussi Rousseau le considère-t-il en quelque sorte comme son seul précurseur. Il faut admettre en outre que les instincts naturels, les premières impressions, les sentiments et les jugements simples et spontanés qui naissent dans l'esprit de l'homme au contact de la nature sont les meilleurs guides de sa conduite et l'enseignement le plus précieux. Il s'ensuit qu'il faut respecter et favoriser chez l'enfant le développement de ces phénomènes instinctifs, et se garder de les étouffer par une éducation mal comprise comme on l'avait fait jusqu'à présent. Ces considérations amènent à la conception de l'« éducation négative » (le rôle du maître étant surtout de préserver l'enfant) et à la polémique contre l'éducation « positive » du XVIIIe siècle : cette dernière, selon l'auteur, tend à former prématurément l'intelligence et à instruire l'enfant dans ses devoirs d'homme mûr. Rousseau au contraire veut « perfectionner les organes du savoir [...] préparer le chemin à la raison par un bon exercice des sens... ». L'éducation négative ne donne pas la vertu, mais elle protège du vice ; elle n'inculque pas la vérité, mais elle protège de l'erreur. Elle dispose l'enfant à prendre le chemin de la vérité quand il sera en mesure de la comprendre, et du bien quand il aura acquis la faculté de le connaître et de l'aimer. Ces affirmations de principe sont suivies de la description d'un cycle complet d'éducation : celui-ci est divisé en quatre périodes, lesquelles correspondent au développement du corps, des sens, du cerveau et du cœur.

La première période, allant de un à cinq ans et correspondant à une vie purement physique, doit être employée à fortifier le corps, sans la moindre contrainte, en évitant de forcer le développement intellectuel et moral du petit enfant (« c'est un grand désavantage pour lui d'avoir plus de paroles que d'idées, et de savoir dire plus de choses qu'il n'en peut penser »).

La seconde période, de cinq à douze ans, est celle durant laquelle l'enfant accomplit ses expériences concernant le monde extérieur. Vivant toujours à la campagne, en contact direct avec la nature, il s'habitue seul à éduquer ses sens et ses organes, et à s'en servir pour satisfaire ses propres désirs : il apprend à tirer de justes conclusions de ses propres expériences, et exerce ainsi avec la plus grande droiture sa propre raison, en découvrant par lui-même les principes de tout savoir. Apprendre à lire est une chose secondaire par rapport à tout cela : l'enfant habitué à s'intéresser à tout y arrivera de lui-même. L'éducateur n'est qu'un guide. Les punitions de ses fautes, qui entraîneront la connaissance de ce qu'il ne doit pas faire, doivent naître de l'expérience directe. Si, aux lectures et aux leçons de morale, l'auteur préfère la causerie et la « leçon de choses », il accorde — avec juste raison d'ailleurs — une place importante à l'éducation physique. Habitué à mener une vie au grand air, usant d'une nourriture simple et abondante, l'enfant sera « un bel animal ».

Arrivant ainsi à la troisième période, celle de l'éducation intellectuelle, l'enfant sera apparemment très ignorant, mais plein de vie, observateur pénétrant, capable d'exercer ses facultés logiques et de s'instruire lui-même. Sa vivacité naturelle, secondée et guidée opportunément, le fera très rapidement s'instruire. Il lui faudra peu de livres – *Robinson Crusoé* (*), exemple d'énergie naturelle, est ici très recommandé — et beaucoup d'expérience. L'ardeur de savoir est naturelle en lui, et il faut viser à la satisfaire, mais nullement pour lui permettre de faire belle figure par une accumulation de notions mécaniquement enregistrées. À l'étude des sciences naturelles, qui comportent la géographie et les mathématiques, on doit ajouter l'apprentissage d'un métier manuel (Rousseau suggère celui de menuisier).

Puis vient la quatrième période, de quinze à vingt ans : à ce point (quinze ans), finit d'ordinaire l'éducation ; mais c'est la comprendre d'une manière trop étroite, car en réalité elle devrait commencer maintenant... Jusqu'alors, l'homme connaissait seulement sa propre existence physique. Il devra désormais étudier ses relations avec les choses et, puisqu'il naît à la vie morale, ses rapports avec l'humanité : cette tâche sera à proprement parler l'occupation de toute sa vie. Une telle éducation sera évidemment morale et religieuse. Le sens religieux de la vie s'est développé naturellement chez le jeune homme par l'observation de la nature : l'épisode montrant Émile qui s'agenouille devant le soleil, sentant naître en lui un acte d'adoration spontané pour son Créateur, est célèbre. Cependant, la saine connaissance de soi-même l'a disposé à connaître ses semblables, et l'amour de lui-même est devenu amour du prochain. Arrivé à ce point, il n'est pas toujours possible, et même souhaitable, d'apprendre à éviter le mal en en expérimentant directement les conséquences ; aussi, « quand l'expérience est dangereuse, au lieu de l'accomplir nous-mêmes, nous pouvons tirer une leçon de l'Histoire » (c'est-à-dire de l'expérience des autres). Les idées religieuses, peu nombreuses, simples, fondées sur le sentiment, doivent être enseignées à l'élève seulement à l'âge de dix-huit ans : s'il les connaît trop tôt, on court le risque qu'il ne les connaisse jamais bien, c'est-à-dire qu'elles restent pour lui pures abstractions — v. aussi *La Profession de foi du vicaire savoyard* (*).

La nouveauté et l'audace du livre de Rousseau ne peuvent être mesurées pleinement aujourd'hui, car une grande partie de ses idées sont désormais passées dans la pratique même de l'éducation, et ses principes sont suivis par tous. Qu'il suffise de dire qu'il a révolutionné complètement la pédagogie, en commençant l'étude systématique de l'âme de l'enfant et en introduisant triomphalement, dans le domaine éducatif, les principes de la méthode expérimentale. Tous les célèbres éducateurs du XIXe siècle, depuis Pestalozzi, Herbart, Froebel, tout en le discutant, dérivent directement de Rousseau. Une forme passionnée et éloquente, un style direct et vivant, riche de digressions poétiques, conservent à ce livre toute sa vitalité.

ÉMILE ET LES DÉTECTIVES [*Emil und die Detektive*]. Roman de l'écrivain allemand Erich Kästner (1899-1974), publié en 1928. Ennemi de la fausse profondeur, Kästner, romancier, moraliste, poète et journaliste, obéit toujours à trois exigences : la sincérité du sentiment, la précision de la pensée, la simplicité de la langue, que nous retrouvons particulièrement dans son œuvre poétique : *La Pharmacie poétique du docteur Erich Kästner* [*Dr. Kästner lyrische Hausapotheke* 1949], où l'auteur se sert tout à la fois de la satire mordante, du rire, du persiflage, de l'ironie et de la critique. Mais Kästner devait surtout connaître une audience retentissante avec *Émile et les détectives* qu'allait suivre *Émile et les trois jumeaux* [*Emil und die drei Zwillinge*, 1934], et qui est l'histoire d'un jeune garçon qui se fait voler tout son argent. Émile va passer à Berlin quelques jours chez sa grand-mère, et tandis qu'il dort allongé sur la banquette, son compagnon de voyage, Grundeis, lui prend l'enveloppe attachée par une épingle à la doublure de sa veste, et contenant un billet de cent marks et deux de vingt. Commence alors une poursuite animée à travers la ville. Émile et ses nouveaux amis berlinois, Gustave, le Professeur, Krummbiegel, jouant les détectives, espionnent le dangereux Grundeis, le suivent, enfin le cernent en pleine banque. La malice d'Émile, la pureté de ses compagnons face aux faiblesses humaines, à l'incompréhension, à la lâcheté des grandes personnes donnent au livre une saveur, une fraîcheur inimitables. En vérité, la veine poétique de Kästner prend sa source dans la propre enfance de l'auteur. Et ses souvenirs de jeunesse racontés dans *Quand j'étais un petit garçon* [*Als ich ein kleiner Junge war*, 1957] possèdent le même ton où se mêlent harmonieusement maturité et naïveté. — Trad. Stock, 1931.

EMILIA GALOTTI. Pièce en cinq actes de l'écrivain allemand Gotthold Ephraïm Lessing (1729-1781), définie par l'auteur lui-même comme une tragédie bourgeoise. Elle fut écrite en 1772 à Wolffenbüttel, où Lessing était bibliothécaire du duc de Brunswick. (L'*Emilia* nous ramène au drame de Virginie, la jeune et innocente Romaine, tuée par son père, afin de la soustraire au désir du décemvir A. Claudius.) Détaché de sa maîtresse, la comtesse Orsina, le duc Hector de Guastalla — ou le prince, ainsi que l'appelle le poète — essaie de faire tomber dans un piège Emilia Galotti, fille d'Odoard, un de ses capitaines, pur, vaillant, rude et honnête soldat. Emilia est fiancée au comte Appiani, que le prince, poussé par son diabolique conseiller, Marinelli, homme sans caractère et prêt à tout pour plaire à son seigneur, cherche à éloigner d'Emilia en l'envoyant comme ambassadeur à l'étranger. Appiani ne se laisse pas tromper par les offres flatteuses, et Marinelli a recours au crime : le jour du mariage, pendant que l'heureux couple se dirige vers l'église, il est attaqué par des brigands masqués. Le comte Appiani est tué, et Emilia transportée, saine et sauve, au château de Dosalo, où l'attend déjà l'impatient seigneur de Guastalla. Mais l'innocente enfant est prête à mourir, plutôt que de céder au désir du prince Hector. La comtesse Orsina et le père d'Emilia arrivent au château. La comtesse, poussée par la jalousie et la rancœur d'avoir été abandonnée, s'est hâtée d'informer Odoard Galotti du grave danger couru par sa fille et l'a poussé à se rendre avec elle au château. Elle a remis un poignard au père d'Emilia, afin qu'il tue le prince. Mais Odoard Galotti cède aux prières de sa fille, et la tue.

Jouée pour la première fois en mars 1772, au théâtre de la cour de Brunswick, la tragédie fut donnée à nouveau, avec succès, à Berlin et à Vienne. Elle fut aussitôt traduite en français, en anglais, en russe et en polonais, enfin en italien. L'action se déroule dans la même journée, depuis le début de la matinée jusqu'au soir. Les deux premiers actes se passent dans la résidence du duc, à Guastalla, les trois autres, dans son château de Dosalo.

L'époque est aussi bien le XVIIe que le XVIIIe siècle. Écrite conformément aux idées exposées dans la *Dramaturgie de Hambourg* (*), avec l'intention d'emprunter au théâtre classique l'intensité et la rigueur de l'action, et au théâtre shakespearien l'étendue et la vivacité des sentiments, *Emilia Galotti* (que Friedrich Schlegel a défini comme : « un grand exemple d'algèbre dramatique ») ne réussit pas à se libérer des entraves d'un tel programme et donne sans cesse l'impression de l'effort. La protagoniste vit dans cette atmosphère passionnée et larmoyante que connurent, par la suite, Clarissa Harlowe et presque toutes les héroïnes de l'époque. Quant aux autres personnages, ils n'ont aucun relief propre. Toutefois l'importance historique de la pièce demeure grande. C'est l'œuvre que Werther laissa ouverte sur sa table le soir de son suicide. « En ce temps », expliquera justement Goethe, cinquante ans après, dans une lettre à Zelter, « l'œuvre émergea du déluge sous lequel nous avaient plongés Gottsched et Gellert, comme une île de Delos, prête à recevoir la naissance d'une déesse Nous autres jeunes, nous en tirions le réconfort dont nous avions besoin ». — Trad. Aubier, 1940 ; 1971.

EMMA. Roman de l'écrivain anglais Jane Austen (1775-1817), publié anonymement en 1816. Emma est orpheline de mère et vit avec son père, Mr. Woodhouse, souvent malade. Restée seule et maîtresse de maison, après le mariage de sa gouvernante et celui de sa sœur, elle se sent pleine d'importance et cherche à diriger le petit monde qui l'entoure, avec une bonne volonté un peu envahissante et prétentieuse. C'est ainsi qu'elle voudrait combiner un bon mariage entre une jeune fille qu'elle a recueillie chez elle comme compagne, Harriet Smith, et le jeune pasteur de l'endroit. Celui-ci, interprétant mal ses amabilités, demande la main d'Emma et est repoussé. Entre-temps, Frank Churchill, beau-fils de la gouvernante d'Emma et secrètement fiancé à Jane Fairfaix, se montre plein d'attentions envers Emma afin de dissimuler cet attachement. Emma croit être amoureuse de lui. Mais les fiançailles secrètes sont dévoilées, et la jeune fille a une nouvelle déception. Elle souffre encore plus lorsqu'elle découvre qu'Harriet espère épouser Mr. Knightley, une des rares personnes qui connaissent les défauts d'Emma et qui osent les lui reprocher ; mais cette souffrance a une raison : Emma aime Mr. Knightley. Une heureuse conclusion survient, puisque Knightley demande Emma en mariage : d'autre part, Harriet accepte d'épouser Robert Martin, repoussé une première fois sur les conseils d'Emma qui le considérait comme un parti trop modeste. Tout l'intérêt de l'ouvrage est centré sur l'héroïne dont Jane Austen a tracé le caractère avec beaucoup d'habileté et de vérité humaine : Emma est le type de ces jeunes femmes de la moyenne et haute bourgeoisie ou de la petite noblesse, orgueilleuse, un peu envahissante, mais pleine de cœur et prête à s'amender. — Trad. Bourgois, 1979.

EMMANUEL QUINT, LE FOU EN CHRIST [*Der Narr in Christo Emanuel Quint*]. Roman de l'écrivain allemand Gerhart Hauptmann (1862-1946), publié en 1910. Le héros du roman, l'apprenti charpentier Emmanuel Quint, mû soudainement par une force intérieure irrésistible, se met à prêcher à l'exemple du Christ. En peu de temps, une foule de disciples, vieux et jeunes, cultivés et ignares, se rassemblent autour de lui, l'admirent et le révèrent en dépit des moqueries dont ils sont l'objet de la part des autres. Quand un de ses disciples le trahit, Emmanuel Quint ne s'étonne pas. Il voudrait expier à la place du traître, mais il se fait maltraiter et chasser ; finalement, il sera abandonné de tous. Sans haine et sans rancœur, il poursuit seul sa route, jusqu'à ce qu'il s'égare au milieu des montagnes et trouve la mort dans les neiges éternelles. Autour du héros gravite une foule de personnages, pris sur le vif avec cette faculté d'observation minutieuse qui est propre à Hauptmann. Personnages des villes, des campagnes, des villages, dépeints avec une vérité admirable, dans leur réalité journalière et dans une mise en scène d'une extrême variété. La pensée de l'auteur s'identifie à celle de ce « fou en Christ » et lui permet de mettre au jour ses propres méditations, sa sagesse, ses aspirations les plus hautement spirituelles. La même année, Hauptmann écrivait à l'occasion de la mort de Tolstoï : « Le seul chrétien de notre temps n'est plus... Beaucoup ont considéré Tolstoï comme un fou : Notre Sauveur aussi fut considéré comme un fou. Tolstoï était un homme, il était notre frère. » Le *Fou en Christ* reste un des plus importants documents de la littérature narrative allemande, par cette démarche que fit un esprit moderne pour analyser les problèmes religieux. De plus, sa richesse en éléments lyriques peut être comparée à celle que l'on trouve dans les ballades et les légendes du plus pur romantisme.

EMMAÜS. Essai de l'écrivain français Paul Claudel (1868-1955), paru en 1950. Cet ouvrage fait partie de tout un ensemble que le poète a consacré au commentaire de *La Bible* (*) et à la méditation de l'histoire d'Israël. Il s'agit ici d'interpréter, par référence à la pensée hindoue telle que l'avait exposée Romain Rolland dans ses ouvrages sur Ramakrishna et Vivekananda, la révélation reçue par le peuple hébreu et que sont venues compléter et parfaire l'Incarnation et la Rédemption. C'est là-dessus que s'interrogent avec angoisse les disciples sur le chemin d'Emmaüs, tandis que le soir descend. Dans le corps même du livre, Claudel examine successivement les grandes figures et les événements saillants de l'Histoire sainte, depuis Adam jusqu'à la mort du roi Salomon, qui eut l'insigne privilège de bâtir le premier Temple, la maison où réside l'Éternel parmi les hommes. C'est, pour Claudel, l'occasion d'exposer sa propre vision du monde, strictement conforme à l'orthodoxie catholique, mais enrichie par le souvenir de ses voyages autour de la planète et par l'intuition poétique, qui ne l'abandonne jamais, d'un univers tout ensemble complet et insuffisant, dont l'insuffisance ne cesse d'appeler, d'exiger la divine Suffisance.

Il ne s'agit pas d'exégèse au sens scientifique du terme. Claudel prend *La Bible* telle qu'elle est, non pas même dans le texte hébreu, mais dans la traduction souvent fautive de la Vulgate. La valeur de ce texte parfois erroné tient, aux yeux du poète, à la somme de prières dont il a été, au cours des siècles, l'occasion et le véhicule. D'un autre côté, à la manière des exégètes du Moyen Âge, Claudel use et abuse de l'interprétation symbolique. Entre maints exemples qu'on en pourrait citer, nous nous bornerons à celui-ci : il y a trois ordres ou rangées de pierres et un ordre ou rangée de bois de cèdre dans la construction du temple. Claudel écrit : « Les trois ordres, ou rangées de pierres, répondent aux trois degrés ou niveaux superposés de notre connaissance, celui des sens, celui de l'intelligence et celui de l'amour ou de la volonté. Et quant à l'ordre de bois de cèdre, qui viendrait en couverture et consommation de tout le reste, je n'y vois pas autre chose qu'une allusion à la croix. » Ce système d'interprétation, discutable à tant d'égards, donne pourtant des résultats surprenants lorsqu'il est manié par un grand poète tel que Claudel. On y découvre une partie de la richesse du texte sacré et surtout on y trouve la dernière pensée de l'auteur sur quantité de sujets parfois très éloignés de celui qu'il traite. *Emmaüs* est plus indispensable à la connaissance de Claudel qu'à celle de *La Bible*.

EMMELINE. Ce récit, publié en 1837, figure dans les *Contes et Nouvelles* de l'écrivain français Alfred de Musset (1810-1857). Emmeline est une riche héritière que son mariage avec le comte de Marsan est loin d'avoir rendue heureuse. Héroïne très romantique, ainsi que nous allons le voir : parmi les familiers de sa trop belle demeure se trouve un jeune poète du nom de Gilbert, dont la réserve même trahit l'adoration qu'il a pour elle depuis longtemps. Bien que fort émue, Emmeline se garde d'en rien laisser paraître. Jusqu'au jour où elle recevra un certain poème, propre à l'éclairer tout à fait sur ce qu'elle soupçonne. On devine la suite : Emmeline prend feu pour Gilbert, devient sa maîtresse et se promet un bonheur sans fin. Mais ce trop de lumière finit par dessiller les yeux de son mari, le comte de Marsan. Ce dernier somme alors Gilbert d'aller se faire pendre ailleurs, et la malheureuse Emmeline s'ensevelira sous les ruines de son rêve.

Tel est le sujet de cette nouvelle. Il semble bien que l'auteur ne l'ait écrite que pour pouvoir y insérer le poème dont il fut question plus haut. Un poème, d'ailleurs, des plus gracieux : « Si je vous le disais, pourtant, que je vous aime. / Qui sait, brune aux yeux bleus, ce que vous en diriez ? / L'amour, vous le savez, cause une peine extrême ; / C'est un mal sans pitié que vous plaignez vous-même ; / Peut-être, cependant, que vous m'en puniriez. » Les autres stances sont de la même veine.

EMPÉDOCLE SUR L'ETNA [*Empedocles on Etna and Other Poems by A*]. C'est le deuxième recueil de poésies, publié anonymement en 1852, du poète anglais Matthew Arnold (1822-1888), trois années seulement après son premier volume *Le Viveur égaré* (*). « Empédocle sur l'Etna », qui donne son titre au recueil, est avec la tragédie *Mérope* (*) l'une des deux tentatives achevées par Arnold dans le domaine dramatique (jusqu'à la fin de sa vie, il rêvera d'achever la tragédie sur Lucrèce qu'il avait ébauchée). D'ailleurs, il s'agit plutôt d'un long monologue philosophique et parfois d'un dialogue entre le vieux philosophe et son ami le médecin Pausanias à qui il révèle le trouble et la « secrète douleur » de son âme. Pausanias tente de le réconforter, accompagné par le joueur de harpe Calliclès, qui reste invisible. Tous deux gravissent les pentes de l'Etna. Puis, arrivé au sommet, dans la splendeur du midi estival, Empédocle chante sa conception de la vie et du monde, faite de pessimisme et de courageuse acceptation. Commence alors le deuxième acte ; sur scène, Empédocle est seul. Il a oublié les sages paroles dites auparavant à Pausanias. Il s'abandonne à sa douleur et, fatigué de vivre, décide de renoncer à l'existence. L'espace d'un instant, il évoque son passé, le temps de sa jeunesse où il savait encore être heureux. Le moment est venu de disparaître : mais rien ne ressemble moins à une défaite : jamais il n'a renoncé à son combat, jamais il ne s'est complu dans l'ignorance, il n'a pas travesti la vérité ou encouragé l'erreur. C'est pourquoi il lui sera donné de ne pas mourir totalement. À cet instant de lucidité, il se jette dans le cratère. On entend alors Calliclès qui chante les joies de l'Hélicon et l'avènement d'Apollon.

On trouve dans ce recueil un autre poème « Tristram and Yseult ». Ce thème, cher aux romantiques, est traité par Arnold d'une manière un peu différente. Il prend pour héroïne non pas la blonde et fatale Yseult, mais Yseult aux blanches mains, femme de Tristan et mère de deux enfants. Ce poème, dans sa troisième partie surtout, est imprégné d'un charme délicat, rarement dépassé dans la poésie anglaise de cette époque. C'est un tout autre rythme et une atmosphère bien différente que l'on découvre dans les « Stances à la mémoire de l'auteur d'Oberman ». *Oberman* (*) est un recueil de lettres écrites de Suisse, œuvre du français Étienne Pivert de Senancour. Arnold l'admirait au point de le mettre sur le même plan que Wordsworth et Goethe. Selon lui, il faisait partie de ces esprits qui savent suivre leur propre voie dans une époque troublée. C'est un poème personnel et méditatif, où l'auteur révèle toute son âme douloureusement partagée entre la conscience d'une inexorable condamnation à la souffrance et le désir inassouvi d'un bonheur impossible. Dans ce deuxième recueil de poésies, Arnold, l'un des poètes les plus intéressants de l'époque victorienne, dévoile ce que fut le drame de sa vie, partagé comme il l'était entre les impératifs de sa raison critique et les aspirations pleines de nostalgie que son âme de poète lui soufflait, en proie au désir d'atteindre un monde de sereine béatitude. — Trad. Aubier, 1947.

EMPEREUR DU PORTUGAL (L') [*Kejsaren av Portugallien*]. Roman de l'écrivain suédois Selma Lagerlöf (1858-1940), publié en 1914. Dans cet ouvrage, le folklore s'allie à l'élément fantastique. Le pauvre Jan de Skrolycka entend un jour Klara Gulla, sa fille et son unique bien, chanter de joie parce qu'elle va quitter l'humble toit paternel pour aller à la ville faire le métier de femme de charge. Quand, plus tard, on lui annoncera que la jeune fille se livre à la prostitution, il deviendra fou. Mais sa folie ne le rend pas malheureux ; sa cervelle détraquée lui représente Klara devenue impératrice du Portugal. Elle paraîtra bientôt « avec la couronne sur la tête ; sept rois autour de son manteau, sept lions couchés à ses pieds et soixante-dix colonels la précédant, l'épée nue ». Ce n'est pas tout : comme le père d'une impératrice doit nécessairement être empereur, le pauvre Jan se rend à l'église, déguisé en empereur. Il est heureux de se sentir tout-puissant. Certaines scènes (celle, par exemple, où est décrite la rencontre du héros et du roi de Suède, Oscar II, et dans laquelle l'« empereur » s'efforce de ne pas humilier le roi, son inférieur) sont d'une richesse d'invention absolument admirable. — Trad. Stock in *Œuvres,* II, 1979 ; paru aussi sous le titre *Le Cœur fou,* Rombaldi, 1980.

EMPEREUR JONES (L') [*The Emperor Jones*]. Pièce en huit tableaux du dramaturge américain Eugene O'Neill (1888-1953), créée à New York en 1920. Cette œuvre, qui passe avec raison pour l'une des plus représentatives de l'expressionnisme américain, débute assez classiquement par un tableau qui nous met au courant de la situation. Le Nègre Brutus Jones, après s'être évadé d'un bagne, a gagné une île des Indes occidentales où il est devenu empereur. Une exploitation rationnelle de son peuple lui a rapidement permis de faire fortune. Smithers, cockney qui fut son patron, est venu au palais parce que la révolte va éclater et qu'il veut jouir du désarroi dans lequel cette nouvelle va plonger Jones. Mais Jones ne s'émeut pas. Il a prévu cette heure depuis longtemps et préparé sa fuite à travers la forêt vers la côte d'où il gagnera la Martinique. Jones réalise donc son plan et arrive dans la forêt ; dès lors les hallucinations vont se succéder pour entraver sa fuite. Ces hallucinations, matérialisées sous la forme de personnages muets qui se déplacent comme des automates, sont la transposition théâtrale du monologue intérieur de Jones qui se trouve ainsi dans la double situation d'acteur et de spectateur de ses propres retours de conscience. Cette trouvaille particulièrement « spectaculaire » est sans doute l'une des meilleures du théâtre contemporain. Chaque tableau met en scène une hallucination, et Jones, remontant son propre temps vers le temps propre à sa race, rencontre tour à tour l'homme qu'il a tué, le bagne dans lequel il fut enfermé, le marché aux esclaves où ses ancêtres étaient vendus, le bateau négrier qui les amenait en Amérique, la forêt originelle, enfin, dans laquelle se tenaient les rites fétichistes dédiés au dieu-crocodile. Ces diverses « matérialisations » sont d'autant plus saisissantes que tous les personnages en sont muets. Pendant qu'elles se déroulent, le bruit du tam-tam des révoltés va croissant et rend perceptible physiologiquement la peur et l'angoisse auxquelles Jones est en proie. Ce dernier se dépouille peu à peu de ses vêtements royaux et finit par se retrouver presque nu dans une sorte d'état de « nature » qui témoigne de la victoire du « Nègre Jones » sur l'empereur Jones. La fuite était bonne pour l'empereur, elle n'a plus de sens pour le « Nègre ». Pour retrouver son unité perdue, Jones devra donc sacrifier l'empereur au Nègre et trouver son achèvement dans la mort que lui apportent ses sujets. Cette pièce, dont la réussite technique est aussi parfaite que convaincante, demeure l'une des plus achevées de tout le théâtre d'O'Neill. L'expressionnisme cesse d'y être une mode pour devenir le moyen naturel du dramaturge. — Trad. Stock, 1945.

EMPEREUR OCTAVIEN (L') [*Kaiser Octavianus*]. Poème en dix actes et un prologue du romancier et critique allemand Ludwig Tieck (1773-1853), publié en 1804 et refait en 1828. Cette œuvre est tirée d'un vieux livre populaire intitulé : « La belle et amusante histoire de l'empereur Octavien, de sa femme et de ses deux fils ; comment ils furent exilés et miraculeusement se retrouvèrent en France, auprès du pieux roi Dagobert », qui se prêtait admirablement, par la variété des paysages et des personnages, à la fantaisie de Tieck. L'intrigue est seulement un point de départ et un prétexte. La femme d'Octavien, Félicité, injustement accusée d'adultère par sa belle-mère, est condamnée à être brûlée vive avec ses deux fils. Miraculeusement sauvée, elle s'enfuit dans une forêt où une guenon et une lionne lui dérobent ses enfants. Elle part à leur recherche. L'un d'eux est vendu comme esclave à un marchand et est emmené à Paris par son maître. Il y retrouve son père, et l'innocence de Félicité est découverte. La vieille reine, en proie au remords, se tue. Octavien, désespéré, fait rechercher sa femme. Félicité de son côté retrouve son autre fils à Jérusalem. Elle le fait baptiser et revient en France avec un groupe de pèlerins. La famille se rencontre à la cour du pieux roi Dagobert.

Tieck va en fait bien au-delà de cette intrigue dont ce résumé ne retrace que les grandes lignes. Il a voulu ce drame comme un modèle d'œuvre romantique. Tout y est allégorie ; et celle-ci échappe souvent au lecteur. Tous les éléments romantiques les plus répandus sont utilisés, tour à tour, dans le prologue : l'Amour, le Courage, la Foi, l'Ironie, le Chevalier, le Poète, accompagnés par la personnification de la Romance, qui dialogue avec eux et qui continuera de paraître dans les dix actes successifs, maintenant ainsi l'atmosphère irréelle, fantasmagorique et abstraite, propre à l'allégorie. Les chants que puisaient les romantiques sont aussi employés avec une grande habileté. On voit réapparaître quelques bouffons des comédies shakespeariennes et quelques personnages qui veulent être des aristocrates. Les scènes à la manière de Hans Sachs ne manquent pas, ni les sujets orientaux et exotiques. Quant à la strophe qui termine le dialogue, elle devint célèbre et passa pour la devise du romantisme : « Magique nuit lunaire qui garde l'intelligence prisonnière, monde de contes merveilleux, renais dans ta vieille splendeur. »

L'Empereur Octavien met en valeur cette richesse poétique et musicale qui était l'apanage de Ludwig Tieck. Malgré un manque d'unité et de méthode, cette œuvre occupe une place importante dans l'histoire du romantisme allemand, puisqu'elle est une tentative pour réaliser le programme qu'avaient établi les romantiques dans *L'Athenaeum* (*) de Schlegel, et dans le *Dialogue sur la poésie* (*).

EMPIRE CHINOIS (L'). Ce récit du missionnaire lazariste et écrivain français Régis-Évariste Huc (1813-1860), publié en 1854 fait suite aux *Souvenirs d'un voyage dans la Tartarie et le Thibet* (1850). L'auteur et son supérieur, Joseph Gabet (1808-1853), expulsés du Thibet à l'instigation du Résident chinois, arrivent en Chine pour y passer en jugement, puis sont reconduits sous escorte à Canton, à travers quatre provinces : le Sichuan, le Hubei, le Jiangsi et le Guangdong. Pour des voyageurs de leur trempe, dont ni les déserts mongols ni les neiges tibétaines n'ont pu vaincre la résistance, cette traversée d'ouest en est de la Chine, effectuée en grande pompe, pourrait sembler sans grand danger. Ils se défient cependant des fonctionnaires officiellement chargés de leur protection, à une époque où plusieurs prêtres exerçant clandestinement leur ministère — tel Huc avant et après sa célèbre odyssée — ont récemment subi le martyre. Pour décourager à l'avance tous les abus de pouvoir dont il craint d'être victime, et rehausser le prestige des chrétiens persécutés, l'auteur manie comme une arme ses redoutables talents de comédien : avec un superbe aplomb il s'impose en toutes circonstances dans un rôle de haut dignitaire, calqué sur le modèle chinois, un personnage dont il vaut mieux éviter de susciter le courroux. Il utilise à son profit la peur qu'inspirent au fonctionnaire ses supérieurs hiérarchiques, et possède à un rare degré l'art de ridiculiser publiquement l'imprudent mandarin qui a osé lui déplaire. L'impertinent missionnaire excite le rire du spectateur et du lecteur, aux dépens de cette autorité dont il devait jadis se cacher, ce qui de toute évidence a mis son tempérament vigoureux et sa fierté à rude épreuve. Puisque l'occasion se présente d'apparaître au grand jour, et lui offre un nombreux public, il prend sa revanche et s'en réjouit : en évoquant ses souvenirs, il en jubile encore.

À travers cette savoureuse narration se dévoile une personnalité énergique et sincère, pleine d'humour, d'entrain, de joie de vivre, et surtout de curiosité. L'auteur, en effet, fuit l'exotisme facile. Doué d'un sens de l'observation peu commun, il sait choisir et mettre en scène le détail révélateur. Il se plaît à décrire la Chine dans toute sa complexe variété, et s'attache à ses habitants dont il trace des portraits concis, aussi justes que vivants : certains surprennent encore par leur actualité. Il saisit les hommes dans leurs attitudes familières, leur travail, leurs relations sociales, leurs goûts, leurs façons de se divertir, de résister à l'administration, d'envisager la politique, la mort... Fort lucidement, il perçoit la décadence des institutions, le mécontentement du peuple, la fin prochaine de la dynastie régnante, et fustige l'arrogance des Européens à l'égard des peuples colonisés.

Les réflexions, nées à la faveur de ce voyage de quatre mois (1846) qui fournit la trame de la narration, sont enrichies par l'expérience que Huc possède de ce pays où il vécut de longues années (1839-1852), dont il avait adopté la langue et le mode de vie.

Bien qu'il ne soit pas totalement affranchi de certains préjugés de son époque, par sa sincérité et l'authenticité de son témoignage Huc combat avec zèle et efficacité, ainsi qu'il se le propose dans sa préface, « les idées erronées et absurdes... qui, de tout temps, ont couru sur le peuple chinois », un peuple dont le missionnaire déplore l'acharnement à ne pas se laisser christianiser, mais que l'homme respecte.

Malgré des citations un peu longues qui détonnent dans ce récit plein de verve et d'humour, l'œuvre constitue une remarquable introduction à cette civilisation qui, comme par le passé, fascine l'Occident. C. B.-L.

EMPIRE DES SIGNES (L'). Essai de l'écrivain français Roland Barthes (1915-1980), paru en 1970 dans la collection de l'éditeur d'art Albert Skira, « Les sentiers de la création ». (Par sa qualité et par la beauté de la mise en pages et des images, cette collection mérite d'entrer dans l'histoire de la littérature.) Fruit d'un séjour au Japon, l'ouvrage de Barthes est à la fois une relation de voyage et un essai sur l'écriture et sur le signe. De la relation de voyage, ce livre conserve un objectif essentiel : dire une altérité. Pourtant, Barthes dénie cette attache à un genre littéraire traditionnel : « L'Orient m'est indifférent », écrit-il, et il réclame la liberté de prélever, dans l'espace japonais, certains « traits » Il en forme un « système » qui exalte un usage des signes en tout point opposé aux pratiques occidentales. Barthes goûte à travers « son » Japon le plaisir de se livrer à une écriture libérée des contraintes académiques et vouée à la découverte du monde inconnu et des choix personnels. Une subjectivité jusqu'alors discrète s'affirme dans *L'Empire des signes.* Elle dicte notamment le choix des objets : la langue, la nourriture, la ville, les formes de politesse, l'offrande et les paquets, le haïku, le théâtre Bunraku, les corps et les visages... C'est tout un monde de choses quotidiennes, mêlées sans distinction de niveau à l'art et à la littérature. La subjectivité est présente aussi dans l'interprétation du monde japonais. L'idée de « vide » et d'absence du sens est affirmée à toute occasion : pour la ville, dont « le centre est vide » ; les cadeaux, constitués par la seule somptuosité de leur emballage ; l'habitat traditionnel ; le zen... L'analyse des haïku est consacrée à montrer « l'exemption du sens » et la « matité » de cette forme. Les brefs poèmes japonais rejoignent ainsi une rêverie insistante chez Barthes, celle d'un lien immédiat entre les mots et les choses, d'une relation au monde débarrassée des faux-semblants idéologiques. À travers ce Japon idéal, Barthes imagine une pratique des représentations dont le caractère subtil et complètement détaché permettrait de faire s'évanouir le sentiment d'artifice lié pour lui à l'univers symbolique occidental. En même temps qu'une aspiration à une sociabilité heureuse, il y a là une équivoque dont il n'est jamais sorti. Porté par son amour du langage et des signes, il imagine une sophistication absolue des formes signifiantes, liée à une conscience claire de leur valeur arbitraire ; et captif du bonheur des choses, il voudrait s'y plonger sans la médiation d'aucune représentation. C. Re.

EMPIRE LIBÉRAL (L'). « Études, récits, souvenirs » d'Émile Ollivier (1825-1913), homme d'État et écrivain français, publié en dix-sept volumes entre 1894 et 1914. Après 1870, retiré de la vie politique, Ollivier réunit la documentation nécessaire pour rédiger l'histoire de son ministère. Il écrit à cette époque : « Je voudrais faire une œuvre de vérité et aussi une œuvre d'art dans laquelle l'aridité des faits serait relevée par des souvenirs intimes, des portraits, et à travers laquelle circulerait une discussion serrée. » Pour réaliser ce but, il remonte dans le temps, élargit son cadre et entreprend l'histoire du second Empire, à partir des mouvements politiques qui exercèrent leur influence sur la vie française après 1815. Il explique la politique extérieure de l'empire qu'il éclaire par une analyse approfondie de l'état de l'Europe ; il montre l'évolution de la politique intérieure de Napoléon III vers la liberté. Ollivier précise comment lui-même, convaincu qu'aucun gouvernement durable ne peut se fonder sur une révolution, accepta d'abandonner ses préférences personnelles pour la République et de coopérer avec l'empereur pourvu que ses exigences libérales fussent satisfaites. Il consacre à l'œuvre accomplie par le ministère libéral qu'il forma le 2 janvier 1870 plusieurs volumes pleins de documents originaux qui constituent une source historique essentielle. Vient ensuite le récit de la candidature Hohenzollern au trône d'Espagne, de la falsification par Bismarck de la dépêche d'Ems, ce qui rendit la guerre avec la Prusse inévitable et entraîna la chute du ministère Ollivier. Bergson, qui fut son successeur à l'Académie française, a dit en parlant de *L'Empire libéral* : « On peut ouvrir ces volumes au hasard, partout on sentira l'écrivain de race [...] De détail en détail, de l'accessoire à l'essentiel, poussant l'analyse jusqu'au degré de profondeur où elle devient synthèse, il développe une à une les puissances d'un art qui, spontané et réfléchi, rappelle tantôt Sainte-Beuve et tantôt Saint-Simon. » Si un tel livre met en évidence l'attitude conciliatrice du politique et du penseur, les faits devaient prouver l'inconciliabilité entre liberté et despotisme impérial.

EMPIRIOMONISME (L') [*Empiriomonizm*]. Traité du philosophe russe Alexandre Bogdanov (pseud. de Malinovski, 1873-1928), publié en 1904-1906 (3 vol.). Prenant en compte la critique que les néo-kantiens adressent au matérialisme et à sa métaphysique implicite, mais rejetant le dualisme kantien, Bogdanov veut corriger le marxisme par l'« empiriocriticisme » du philosophe Richard Avenarius (1843-1896) et du physicien et philosophe Ernst Mach (1838-1916) : il rejette la « chose en soi », ainsi que tous les concepts qui y renvoient (matière, énergie, âme, esprit, causalité), pour revenir à la seule expérience, pour laquelle il n'existe ni matière ni esprit, mais seulement des sensations et des complexes de sensation que la connaissance organise de façon toujours plus efficace. C'est la collectivité qui confère aux sensations leur objectivité, c'est la pratique qui décide de la vérité de notre connaissance. Celle-ci n'est en définitive qu'une forme supérieure du processus d'organisation que constitue la vie.

Cependant, Bogdanov reproche à Mach de rétablir un certain dualisme par la distinction qu'il fait des sensations « indépendantes » (extérieures, objectives) et « dépendantes » (intérieures, subjectives, renvoyant à notre « moi »). Le « monisme », qui est pour lui la composante essentielle du marxisme, rétablit l'unité de la perception par l'opération de la « substitution » (« podstanovka »), qui nous mène à généraliser les relations que nous établissons spontanément entre les sensations qui nous servent à construire notre moi et celles qui nous servent à construire l'image de notre corps.

L'empiriomonisme représente une version pragmatiste et positiviste du marxisme, qui s'oppose à l'objectivisme de Plekhanov en mettant l'accent sur l'activité du sujet au détriment de l'objectivité des lois de la nature et de la société. À ce titre, Bogdanov a pu passer pendant quelque temps pour le philosophe du bolchevisme. Mais Lénine, dont Bogdanov a été jusqu'en 1907 l'allié le plus proche, le condamne vigoureusement en 1909 dans *Matérialisme et Empiriocritisme*. M. A.

EMPLOI DU TEMPS (L'). Roman de l'écrivain français Michel Butor (né en 1926), publié en 1956. Huit mois après son arrivée dans la ville imaginaire de Bleston, Jacques Revel, qui est chargé de la correspondance avec la France aux établissement Matthews and Sons, est envahi d'un insidieux malaise. Pour tenter de lever l'inquiétude, la gêne qui l'envahit, il se sent dans l'obligation de retracer son parcours, de consigner les événements vécus. Mais rédiger ce mémoire, relater dans leurs détails les différents épisodes, et particulièrement ceux qui ont paru insignifiants, parce que leur rôle dans l'existence n'apparaît qu'a posteriori, lui prend du temps. La vie se poursuit, tandis qu'il relate le passé : si dans la première partie sont racontés les seuls événements d'octobre suivant leur ordre chronologique, dans la seconde à ceux de novembre doivent venir se joindre ceux du mois de rédaction, juin. Dans la troisième partie alternent trois voix, celle qui retrace la vie en décembre et en juillet, continuant ainsi la relation d'octobre, de novembre et de juin, mais également celle de mai, pour les événements qui se déroulaient au cours du premier mois d'écriture. Sur le même modèle, la quatrième partie permet la poursuite de la première (le mois de janvier), de la deuxième (le mois d'août) et fait intervenir une nouvelle série : les événements de mai sont de nouveau relatés ; le simple fait d'avoir poursuivi cette remémoration, et ce journal concomitant, a modifié la façon d'envisager des faits anciens ; il faut repasser sur ses propres traces. Dans la dernière partie, nous avons toutes les voix précédentes, et une nouvelle répétition, celle du mois d'août. Cette superposition de voix et ces effets de reprise appartiennent à l'ordre des structures musicales : « J'ai étudié la forme du canon dans la musique classique et *L'Emploi du temps* est constitué tout entier comme une sorte d'immense canon temporel » (G. Charbonnier, *Entretiens avec Michel Butor*, 1967).

De cette construction sévère et subtile, le lecteur ne s'aperçoit que s'il s'interroge sur l'art du récit. Car ce qu'il lit, c'est la relation d'une enquête où se mêlent toujours deux temps, celui qui, à partir du « crime », oblige à remonter la durée pour tenter de trouver ce qui a causé le meurtre, et celui de l'investigation, qui se déroule progressivement. L'attention du lecteur est retenue par une telle intrigue, que redouble un récit, « Le Meurtre de Bleston », inscrit dans le roman. Cette investigation paraît la face présente d'une bien plus ancienne recherche : le labyrinthe, que décrit le parcours dans la ville, les figures féminines (Ariane et Rose), qui guident ou égarent, les doubles (les cathédrales comme les tapisseries), qui transforment la ville en protagoniste du récit, et en meurtrière (la cité industrielle consume ses parias comme un dieu féroce) transcrivent notre hantise. Écrire est faire effort de lucidité pour s'arracher à « cette Circé et à ses sombres sortilèges ».

Si au terme du roman tous les moments du séjour ont été remémorés et consignés, il est une date qui demeure vide : celle du toujours incertain 29 février, « Je n'ai même plus le temps de noter ce qui s'était passé le soir du 29 février », le héros-narrateur s'éloigne de Bleston « l'agonisante, Bleston toute pleine de braises que j'attise ». C'est le signe de quelque point aveugle de la connaissance qui rendrait impossible une mise en perspective définitive, et l'indication que la vérité ne tient pas aux faits mais aux rapports établis, mouvants, fluctuants, toujours à reprendre, suscitant le feu, se métamorphosant dans les flammes.

J. Rou.

EMPLOYÉS (Les) ou la Femme supérieure. Roman de l'écrivain français Honoré de Balzac (1799-1850), publié en 1837. Le baron de la Billardière, chef de division au Ministère, arrive à la fin de sa carrière, et sa succession met en conflit deux chefs de bureau qui aspirent à avoir de l'avancement. Rabourdin est le chef de bureau, sérieux, capable, ayant l'ancienneté nécessaire : c'est le successeur de droit. Baudoyer est le chef de bureau qui manque de toutes les qualités requises, mais qui, s'il parvient à ses fins, aura réussi grâce à ses intrigues. La jeune et belle Mme Rabourdin manœuvre avec amabilité, use des moyens infaillibles d'une douce flatterie avec le secrétaire général du Ministère, M. Des

Lupeaulx, et par-delà ce dernier, avec le ministre ; mais Mme Élisabeth Baudoyer met en mouvement sa famille fort étendue, fait une donation à l'église pour en obtenir l'appui, et se sert des usuriers Gigonnet et Gobseck, ses lointains parents, qui ont crédit sur Des Lupeaulx. Tandis que Mme Rabourdin joue son rôle de charmeuse rusée et obtient ainsi du ministre la promesse de l'avancement de son mari, Élisabeth Baudoyer, dont la cause est publiquement soutenue par la presse cléricale et monarchique, envoie au secrétaire général Gigonnet et Gobseck pour lui signifier la remise de ses dettes et un agrandissement de ses terres autour de la bicoque paternelle, ce qui lui permettra de devenir électeur du Grand Collège, comte et, par là, député.

Sans doute, Des Lupeaulx préfère la proposition qui lui assure un brillant avenir aux sourires de Mme Rabourdin qui ne lui assurent rien. Sa décision en faveur de l'insignifiant Baudoyer sera motivée, devant le ministre étonné, par l'exhibition d'un document secret, soustrait à Rabourdin par son infidèle employé, dans lequel le chef de bureau, sous prétexte d'une vaste réforme des services qu'il était en train de proposer au ministre, analysait avec pénétration et implacabilité toutes les insuffisances et tares morales du personnel préposé à l'administration de l'État. L'amertume de cette conclusion apparaît tempérée, tout au long de l'œuvre, par ce ton de franche comédie dans laquelle l'intrigue compliquée trouve une expression d'un naturel et d'une vivacité extraordinaires. Balzac n'a pas voulu ici nous mener à de dramatiques découvertes, mais saisir, avec une sorte de détachement plein de brio, les caractères de ce petit monde de la bureaucratie qu'il a fixés avec une énergie de style exemplaire. De ce point de vue, le livre est resté comme un classique du genre, et fixe des thèmes destinés à une longue fortune dans tout l'art narratif français, depuis les nombreuses nouvelles de Maupassant jusqu'au chef-d'œuvre de Courteline, *Messieurs les Ronds-de-Cuir* (*).

EMPOIGNADE (L') [*Zemsta*]. Pièce en quatre actes et en vers de l'auteur dramatique polonais Aleksander Fredro (1793-1876), représentée à Lwów en 1834. Parmi les comédies de Fredo, *L'Empoignade* occupe une place de premier plan. Il s'agit d'une savoureuse évocation de la Pologne du XVIIIe siècle, fourmillant de types truculents de hobereaux et de petits nobles. Le grand échanson Raptusiewicz et le notaire Milczek, ennemis mortels, sont aussi deux tempéraments opposés. Le premier est un grand seigneur, sanguin, violent qui, au sein des assemblées, des banquets bruyants, a été habitué à faire prévaloir son autorité, à ne tolérer aucune opposition. Ses éclats de colère sont formidables, mais il se calme facilement. Il est riche en imagination et en esprit, il méprise le mensonge et la dissimulation, dédaigne les voies légales et se rend justice lui-même par la violence. Son rival, le notaire, est un hypocrite, un être rusé et bilieux, qui ne recherche dans chacun de ses actes que l'apparence de la légalité. Il aime à se disputer, mais de sang-froid ; plein de rancune, il fait semblant d'être accommodant et invoque, à tout propos, la volonté divine. Pourtant, sous cette douceur artificieuse se cachent de l'orgueil et de la jalousie. Entre ces deux hommes, incapables de s'entendre, s'agite un intermédiaire, Papkin, type extraordinaire de parasite et de lâche fanfaron, un véritable Falstaff polonais. Dyńdalski, personnage de petite noblesse, et une veuve assez mûre, Podstolina, désireuse de se remarier, complètent la galerie des personnages. Le grand échanson Raptusiewicz, vieux célibataire, oncle et tuteur de la jeune et riche Claire, voudrait épouser Podstolina ; de son côté, Claire aime et est aimée par le jeune Wacław, fils du notaire. Mais les jeunes gens sont divisés par la haine des deux vieillards, qui sont en procès depuis des années pour un mur qui sépare leurs propriétés. Le litige s'aggravant, Raptusiewicz provoque en duel le notaire, qui porte plainte contre lui, tout en préparant une vengeance perfide. Il fiance Podstolina avec son fils, Wacław, et inscrit dans le contrat nuptial une clause selon laquelle la partie défaillante devra payer une amende de cent mille zlotys. L'échanson, en apprenant cela, voudrait tout d'abord livrer assaut avec ses hommes contre la demeure du notaire, puis il se contrôle et oppose sa propre vengeance à celle de son ennemi. Il enlève Wacław et le force à se marier avec Claire ; les deux amoureux le font d'ailleurs bien volontiers ! Tout s'achève par une réconciliation ; Podstolina ayant déclaré être pauvre, Claire accepte de payer l'amende avec sa dot. Son esprit comique inépuisable, sa conception parfaite, son dénouement heureux et vraisemblable, le charme de sa forme poétique font de cette pièce un véritable chef-d'œuvre du théâtre polonais. — Trad. L'Âge d'Homme, 1983.

EMPREINTE (L'). Roman de l'écrivain français Édouard Estaunié (1862-1942), publié en 1896. C'est l'histoire d'une vocation religieuse traitée non comme une ascension progressive de l'âme, mais comme une descente jusqu'à l'acceptation de l'inévitable. Le désespoir en fin de compte sera le mobile de la décision. Léonard Clan étudie à Nevers au collège des jésuites Saint-Louis de Gonzague. Son intelligence et sa piété le signalent à ses maîtres qui flattent son orgueil et, peu à peu, lui insinuent l'idée de la vocation. La méfiance du monde, l'horreur du péché et la pratique de l'indifférence qu'ils enseignent acheminent Léonard vers l'isolement et le dessèchement du cœur. Il réagit violemment lors d'une retraite qui devait décider de son entrée dans les ordres. Il dit non. Pour la première fois, il se doute qu'il a été manœuvré. Un voyage de deux jours à Paris, juste avant la retraite, suffit à lui ouvrir les yeux. On le retrouve à Paris aux prises avec des déceptions sentimentales et professionnelles, celle surtout relative à la chaire de professeur qu'il espérait : son ancien confesseur, le père Propiac, qui de loin le poursuit, fait nommer quelqu'un d'autre à sa place. Léonard rentre à Nevers, où l'inaction et le sentiment de son échec lui font envisager à nouveau la prêtrise. Le père Propiac remporte la victoire après sept ans de lutte.

L'ouvrage est une violente attaque contre les jésuites et leur méthode d'apostolat. Ils agissent par le vide, dépouillant l'âme de ses désirs. La règle d'indifférence, en particulier, semble monstrueuse à Léonard : comment nier l'amour, seule voie suivie par le Christ, pour continuer son œuvre ? Les jésuites ont le goût de l'action et de la domination pour soumettre les âmes, quels que soient les moyens et la fin. L'image de l'écureuil enfermé dans une roue qu'il fait tourner à toute vitesse, sans lui-même changer de place, évoque l'absurdité de leur zèle. Ils ne lâchent pas leur proie : Léonard sera prêtre, car ils en ont ainsi décidé ; peu importe qu'il n'ait plus la foi, niant l'authenticité de la parole évangélique et l'existence de Dieu. L'empreinte une fois reçue, on n'échappe pas à son action dévorante.

EMPREINTE DU DIEU (L'). Roman de l'écrivain français Maxence Van der Meersch (1907-1951), écrit en 1936. Sur un fond de tableau flamand, brossé avec réalisme et aussi avec amour par l'auteur, se détachent les personnages pour lesquels un destin tragique se prépare : Karlina, la petite paysanne qui a grandi dans l'atmosphère primitive et rude de la ferme de Flandre ; sa tante, Wilfrida, qui avait été élevée comme elle, mais qu'un jour l'écrivain Van Bergen était venu chercher pour en faire sa femme. Karlina était encore une enfant à cette époque, mais les années ne lui ont pas fait oublier que l'« oncle » lui avait promis de lui donner « du bonheur plein les bras », cet oncle merveilleux qui lui ouvrait les portes du royaume de l'imagination et rendait réelles « les choses qui n'existaient pas ». Bergen et Wilfrida, lors d'un bref séjour à la ferme, renouvellent leur promesse, puis retournent à leur vie faite de travail et d'amour. Une seule ombre à leur bonheur : ils n'ont pas d'enfant. La petite Karlina se souviendra de cette promesse lorsqu'elle voudra fuir un mari ivrogne et brutal, Gomar t'Joens. L'oncle et la tante l'accueillent à bras ouverts et emmènent Karlina avec eux dans un petit port. Un jour, Karlina s'enfuit. Lorsque Bergen la retrouve, elle avoue qu'elle l'aime. Le destin est en marche, Van Bergen, bien qu'aimant sa femme d'un amour total et nécessaire, trouve pourtant un bonheur inattendu dans l'amour de la jeune fille. Marquée de l'empreinte du Dieu, Karlina donnera à Bergen l'immortalité qu'il désirait et qu'on trouve dans un enfant. Lorsque Bergen sera tué par Gomar, Karlina travaillera durement pour élever la petite Domitienne. Mais un jour, Wilfrida, consciente « d'obéir à la volonté dernière du mort », décide de s'occuper secrètement de l'enfant, et quand Karlina rencontre plus tard Wilfrida, il lui semble qu'elle voit venir à elle l'image vivante du pardon.

Si un certain mystère émane des personnages, c'est que leurs réactions paraissent dictées par leur inconscient et peut-être s'étonnent-ils eux-mêmes de leurs actes. En revanche, le milieu dans lequel ils vivent est décrit avec fidélité, et il s'en dégage une certaine grandeur. Le récit se développe avec lenteur, car l'auteur a tenu à introduire dans son roman des descriptions précises du pays flamand et de ses coutumes.

EN ATTENDANT [*Mens vi venter*]. Pièce de théâtre de l'écrivain norvégien Johan Borgen (1902-1979), publiée en 1938. Cette pièce est considérée comme la plus importante de Johan Borgen. Les personnages attendent un train dans une gare de campagne. Dehors, il y a une tempête de neige, et l'on ne sait si le train arrivera et quand il arrivera. Parmi les personnages, il y a trois membres d'une troupe de théâtre. Ils répètent leur pièce en attendant l'arrivée du train, et deux autres voyageurs, un monsieur important et un ivrogne, donnent la réplique aux acteurs. Or, la pièce les fascine à tel point qu'ils y ajoutent des éléments de leur propre vie, et il est difficile de savoir ce qui est jeu et ce qui est réalité. Un pasteur, qui est venu dans la salle d'attente, fait un sermon improvisé : le train qu'ils attendent est leur propre mort. Ils ne savent quand elle arrivera, mais elle arrivera. Une vieille paysanne, qui doit aller en ville pour être hospitalisée, geint et finit par mourir, lorsque enfin le mystérieux train arrive. Une étrange dame, qui assiste presque muette à l'action, assise dans un coin sombre, représente l'angoisse devant la mort. Elle est, en quelque sorte, le personnage le plus important de cette pièce, avec laquelle l'auteur a voulu montrer le vide de la vie agitée que nous menons.

EN ATTENDANT GODOT. Cette pièce, la première composée en français par l'écrivain irlandais Samuel Beckett (1906-1989), a été créée et publiée en 1953. Jouée, depuis, sur les principales scènes du monde, dénigrée avec passion et applaudie avec plus de passion encore, elle a apporté la gloire à son auteur. Dans un coin de campagne, un coin qui serait vide si ne s'y dressait un arbre, par un soir lent, deux clochards attendent un certain Godot. Ils ne l'ont jamais vu, ils ne savent même pas pourquoi ils l'attendent. Ce qu'ils en espèrent est confus. La seule chose qui les tient, vague comme le paysage, n'alimentant aucun rêve, n'accrochant aucune pensée précise, est ce fait brut : il a promis de venir. Cette perspective leur sert d'alibi, de prétexte pour rester là, ensemble, jusqu'à la nuit tombée, elle leur donne une raison de ne pas se pendre, sinon un moyen de tuer le temps. Il est rebelle, le temps, rétif et retors, il passe comme ça lui chante, il a le goût de la contradiction, il aime bien traîner et s'attarder quand on voudrait qu'il se dépêche, on croirait qu'il se plaît en la compagnie de ces pauvres hères si pitoyablement dépourvus d'imagination et de ressources. La journée en finira-t-elle jamais de finir ? Quand, quand donc entendra-t-on sonner l'heure où Godot doit paraître ? Estragon et Vladimir en parlent, c'est même leur principal sujet de conversation, sans cesse ils se le demandent, se le redemandent. On a l'impression qu'ils interrogent l'écho, le sourd désert qui les entoure. Dérisoires, leurs voix s'y perdent. L'écho s'est ensablé, le ciel est vide. Il ne se passe rien. Ils sont là, ensemble. Au fait, pourquoi sont-ils ensemble ? Ils ne savent plus. L'habitude... Ils ont pourtant du mal à se supporter. Souvent chacun est parti, de son côté, vaquer à son néant. Mais l'habitude enchaîne, il a fallu qu'ils se retrouvent, qu'ils recommencent à s'entretenir de leurs petites misères, du vide de leur vie, de leurs souvenirs qui sont si vagues, si flous, si incertains, d'événements qui pourraient se produire et, décidément, ne se produisent pas, de l'hypothétique venue de Godot. Ils ressassent ; leur dialogue est plus monotone que le plus monotone des monologues. L'auteur le fait admirablement sentir sans jamais, pour sa part, tomber dans ce travers. Il se répète, mais il y met tant de virtuosité que non seulement il n'ennuie pas mais il y gagne beaucoup en comique. Si toute action est absente de cette curieuse pièce, il y a cependant une diversion. Du désert surgit un couple encore plus singulier que celui formé par Estragon et Vladimir. Un maître et son esclave. Le premier traite le second d'une façon absolument odieuse, comme on n'oserait pas traiter un chien puisque, non content de lui jeter pour toute pâture les os du poulet qu'il dévore, il le fouette avec une cruauté démentielle. Et cependant, comme Estragon se résigne à Vladimir, l'esclave subit le maître. Et la souffrance qu'il inflige n'apporte aucune joie au tyran. Avec ce petit tableau, l'auteur semble dénoncer, en un raccourci saisissant, l'exploitation de l'homme par l'homme, aussi bien dans les sociétés que dans les couples où, trop fréquemment, l'un impose son joug à l'autre sans que nul en tire profit. Ces passants restent là un bon moment, à étonner Estragon et Vladimir, et enfin, grotesque et furieux attelage, s'en vont avec fracas. Le silence tombe. « Ça a fait passer le temps », dit Vladimir. « Il serait passé sans ça », répond Estragon. « Oui. Mais moins vite », dit Vladimir. Peu après, un messager leur annonce que Godot ne viendra pas ce soir, mais demain. Le lendemain arrive. Tout recommence. Même dialogue désabusé, insignifiant, pitoyable (mais — et justement pour ces raisons — irrésistiblement drôle). Reparaissent les passants de la veille. Ils ont vieilli. Le tyran, maintenant, est aveugle. L'esclave, muet. L'attelage vacille, s'écroule, ne se redresse qu'à grand-peine. Quant à Godot, il se fait, à nouveau, excuser : il viendra, certes, mais demain. Il était inévitable qu'un tel théâtre, si résolument nouveau, provoquât des réactions violentes. Anecdote, psychologie, sociologie, politique, lyrisme, religion, morale et satire, tout ce à quoi cet art, depuis Eschyle, s'était appliqué, se trouvait relégué, superbement, au magasin des accessoires. Avec l'audace du génie, Beckett mettait en spectacle une révolte, une souffrance, un désespoir si absolus que c'était une gageure de les faire descendre sur les planches, lieu où le manque de mouvement, de brillant, de vivacité, de fantaisie et d'éclat (toutes qualités qui pouvaient sembler, a priori, incompatibles avec un thème aussi philosophique) voue fatalement à l'échec. Mais il avait assez de tours dans son sac pour se le permettre. La pénible absurdité de la vie est un trop gros morceau ? Qu'à cela ne tienne. Elle se reflète dans une foule de détails très simples, très humbles, très quotidiens dont il est facile (quand on est Beckett) de tirer des gags extrêmement savoureux. Elle perce dans les banales formules de la conversation courante. Point n'est besoin de grands mots, les plus plats suffisent. Employés avec une feinte naïveté, ils retrouvent leur fraîcheur. Ils portent. Ils amusent. Innocemment, ils créent le climat burlesque, insolite, douloureux et tendre grâce auquel cette pièce révolutionnaire demeurera classique.

EN ATTENDANT LES BARBARES [*Waiting for the Barbarians*]. Roman de l'écrivain sud-africain d'expression anglaise Michael Coetzee (né en 1940), publié en 1980. Comme *Le Désert des Tartares* (*) de Dino Buzatti, ce livre met en scène, dans un lieu et un temps non définis, l'avant-poste ou le dernier bastion d'un Empire, entièrement organisé en fonction d'ennemis extérieurs, « les barbares nomades », qui demeurent hors de portée. Le protagoniste est un magistrat qui essaie d'appliquer le règlement dans cette place forte isolée, encerclée par des agresseurs insaisissables. La situation fait penser à celle de l'Afrique du Sud de 1980, en particulier quand l'armée, puis le Troisième Bureau, au nom de la sécurité des colons, finissent par nier dans les faits la loi et la civilisation qu'ils défendent. On voit que Coetzee veut dénoncer, comme il l'a dit par ailleurs, le vide central au cœur d'un pouvoir minoritaire blanc rendu stérile par l'attente, ayant comme seul projet la préservation de ce qui fut.

Mais le contexte à la fois précis et universel

appelle d'autres lectures, et peut s'appliquer à d'autres situations de domination où les garants de l'ordre sont eux-même brutalisés par la loi. Le texte suit les réflexions du magistrat, figure de Blanc libéral, qui cherche à comprendre ceux qui torturent mais aussi à s'identifier à la victime. Il est fasciné par une jeune captive aux pieds brisés par les bourreaux, mais il ne réussit pas à établir de communication avec elle. Il n'y a pas de dialogue possible, pas même à travers le regard, car les mensonges arrachés par la torture ont dévalué tout langage. Il ne peut pénétrer l'être de la victime qu'en étant prisonnier à son tour : il connaît alors l'indicible de la cellule et de l'enfermement dans le corps souffrant, l'humiliation du torturé plus dérisoire qu'héroïque. Il n'y a pas de rachat possible dans une douleur finalement mesquine, et la culpabilité même, celle du juge qu'il fut, se dissout, en l'absence de toute valeur de référence.

Ce roman crée le malaise par un récit très sobre, dans un présent sans distance qui fait penser à un rapport ou à un récit d'exploration. Objets et sensations sont évoqués sans emphase, les moments les plus cruels avec un ton presque détaché. Coetzee par cette forme de lyrisme sombre veut éviter les accents grandiloquents utilisés parfois pour parler des jeux de la mort et de la torture dans d'autres œuvres de ses compatriotes. Il piège le lecteur au ras des corps, ne laisse qu'entrevoir l'amour, en dépit de tout, pour la terre ingrate présente au-delà des remparts. Ce livre se place dans la lignée des ouvrages précédents de Coetzee, *Terres de crépuscule* [*Dusklands*], *Au cœur de ce pays* (*), *Michael K., sa vie, son temps* (*), qui décrivent le vainqueur détruit de l'intérieur, la communication impossible avec l'opprimé, la culpabilité impuissante des libéraux. Riche en lectures possibles, d'ordre politique ou métaphysique, il est au premier degré une superbe histoire d'enfermement et d'attente dans un lieu mythique et familier à la fois, qui a la précision angoissée d'un cauchemar. — Trad. Les Lettres nouvelles, 1982.

J. Ba.

EN AVOIR... OU PAS [*To Have and Have not*]. Roman de l'écrivain américain Ernest Hemingway (1899-1961), publié en 1937. Face au néant, Hemingway avait exalté la valeur de l'instant, de la virilité, de la lutte ; ne pouvant éterniser le présent ni vaincre la mort, il avait joué avec elle et traduit ce jeu dans une écriture sèche et brutale qui était à la fois un style et une façon de vivre. Ce faisant, il avait gagné, non pas une vie « éternisée », mais la gloire — la gloire qui a déjà un goût d'éternité. Peut-être l'audience grandissante de son œuvre lui donna-t-elle alors le souci de la responsabilité et un besoin tout nouveau de passer de la révolte, attitude d'individu isolé, à la « révolution » en créant des valeurs positives et non plus seulement nihilistes. À partir de 1937, tous ses livres répondent en tout cas à ce besoin, qu'il fera passer également dans sa vie en s'engageant aux côtés des Républicains espagnols et en luttant contre l'Allemagne nazie ; sans doute le fond demeure-t-il identique dans le détail, Robert Jordan goûtant la même exaltation de l'instant dans *Pour qui sonne le glas* (*) que Frédéric Henry dans *L'Adieu aux armes* (*), mais la coloration de l'ensemble change : le héros n'est plus seul, il lutte pour et avec la collectivité, ou bien lui fournit un exemple fabuleux comme le vieux pêcheur du *Vieil Homme et la mer* (*). L'intérêt d'*En avoir... ou pas* est de marquer ce tournant dans l'œuvre d'Hemingway, aussi ce roman n'est-il pas négligeable bien qu'il paraisse manqué.

L'intrigue est centrée autour du personnage de Harry Morgan, contrebandier qui trafique entre la Floride et La Havane. Harry loue également son bateau aux riches hivernants qu'il emmène pêcher en mer ; l'un d'eux l'ayant un jour abandonné à La Havane sans le payer, Harry se procure la somme nécessaire au retour en bernant un groupe de Chinois auxquels il avait promis de les passer jusqu'à la côte américaine. Harry perd ensuite un bras dans un combat avec les douaniers ; il sera finalement tué au cours d'une bagarre survenue entre de jeunes révolutionnaires cubains qu'il transportait à La Havane. Harry n'est pas « pur » au sens conformiste et traditionnel, mais il est instinctivement bon ; il est doté de cette vertu naturelle que donnent la virilité et le courage et qui s'oppose au monde décadent des vicieux et des jouisseurs, représentants de la société bourgeoise, qui viennent hiverner en Floride. La leçon demeure sans doute confuse, comme ce livre mal construit, mais la volonté de trouver une issue dans un monde en proie à la déchéance et à la mort est claire et dicte le respect. Quant au style, il conserve cette acuité et ce dépouillement qui ont fait d'Hemingway l'un des maîtres de la prose américaine. — Trad. Gallimard, 1945.

EN BANDANT L'ARC [*Bending the Bow*]. Recueil de poèmes du poète américain Robert Duncan (1919-1988), publié en 1968. *En bandant l'arc,* dont le titre s'inspire d'un fragment d'Héraclite (« Couple de tensions opposées, comme de l'arc et de la lyre »), est le recueil le plus complet de Robert Duncan, celui qui dans sa diversité même présente le mieux la vision « holiste » de l'univers qu'avait son auteur. En effet, Duncan poursuit dans ce recueil des séries de textes (« Structure de la rime », « Passages ») qu'il avait déjà entamées dans d'autres livres, en les entrelaçant à des poèmes nouveaux (tel le très lyrique « Ma mère dresserait des faucons ») et à des traductions de Verlaine, Nerval, Rimbaud, Hugo. De la sorte, aucune frontière stable ne vient clore le monde qu'il crée, et Duncan dessine le champ d'une œuvre « arpentant les frontières », selon le mot de Charles Olson qu'il cite dans son introduction.

Dans cette perspective, le poète est celui qui livre une « bataille non violente » sur les frontières de l'expression : la violence potentielle de l'Histoire (que représente l'arc du titre) est transcendée par la « beauté serpentine des changements vivants de la phrase » poétique (la lyre apollinienne). Duncan utilise au maximum la souplesse de la typographie et de la ponctuation pour illustrer sa réflexion. Selon lui, le poète « ne cherche pas à pulvériser la syntaxe mais à la rendre complexe de l'intérieur [...] de sorte que les mots sont libérés et dé-limités ».

Œuvre complexe, ne négligeant pas la réflexion politique (dans les « Passages »), *En bandant l'arc* abonde en citations diverses (T. S. Eliot, D. H. Lawrence, Blake, Whitman...) et en références à l'ésotérisme (de l'alchimie aux Cathares, en passant par le Tarot). Duncan y tente, en un magistral « collage » à la Ezra Pound, de retisser la texture du monde, comme l'indique le poème « Sur le métier » : « Revers des images, ces quelques chaînes qui maintiennent / le sens dans la coulée des mots. » A. Ca.

EN BLANC ET NOIR. Trois morceaux pour deux pianos du compositeur français Claude Debussy (1862-1918), composés en 1915, l'une de ses œuvres les plus importantes et les plus émouvantes ; elle présente également un grand intérêt d'ordre historique car elle révèle la nouvelle direction qu'allait adopter le musicien lorsque la mort le surprit. La matière sonore acquiert une consistance et une solidité de construction que Debussy n'avait jusqu'alors jamais atteintes. Il est probable que les nouveaux courants musicaux, personnifiés surtout par Ravel et Stravinski, ont exercé une influence inavouée sur l'auteur de *Pelléas et Mélisande* (*). Les brumes sonores, irisées et ondoyantes, s'évanouissent, et les formes se dessinent avec des contours plus nets, acquérant une sorte de poids physique. Le premier et le second de ces trois morceaux sont des exemples typiques de cette nouvelle orientation ; ils se caractérisent, l'un et l'autre, par un rapport évident avec la guerre, qui était alors la grande préoccupation du compositeur. Le premier a pour épigraphe un quatrain emprunté au livret du *Roméo et Juliette* de Gounod (« Qui reste à la place / Et ne danse pas / De quelque disgrâce / Fait aveu tout bas »). C'est peut-être une allusion à ceux qui étaient restés chez eux, alors que les hommes valides combattaient au front. La musique coule en un mouvement agité de valse, à la coloration vibrante, entrecoupé de rappels mélancoliques qui tourbillonnent dans une atmosphère inquiète et tourmentée. Le second morceau, légèrement inférieur aux deux autres, a pour épigraphe « l'envoi » de la ballade de Villon contre les ennemis de la France (« ... Car digne n'est de posséder vertu / qui mal voudrait au Royaume de France ») et est dédié à un officier tombé au front. Fondé sur de violents contrastes d'état d'âme, ce morceau renferme le thème du Choral de Luther qui symbolise la quintessence de l'esprit de ce peuple alors en conflit avec la France. Le troisième morceau, qui porte en épigraphe un vers de Charles d'Orléans (« Yver, vous n'estes qu'un vilain »), est d'une grande vivacité d'écriture pianistique et d'une admirable richesse d'imagination.

EN CE MOMENT PRÉCIS [*In quel preciso momento*]. C'est sous ce titre qu'ont été publiés en 1963 les carnets de l'écrivain italien Dino Buzzati (1906-1972). Il ne s'agit pas d'un journal intime au sens habituel du mot, mais d'une série d'histoires brèves, de notes et de réflexions : en quelque sorte les romans et nouvelles de l'auteur à l'état de germes. Le titre du livre est révélateur de son contenu. « En ce moment précis », à tout instant, le cauchemar, la tragédie, tout le « noir » auquel nous ne voulons pas penser, peuvent fondre sur nous et crisper notre cœur dans un spasme d'angoisse. Derrière toute porte close se tient l'inavouable, l'absurde, la mort peut-être. Le fantastique, le monstrueux, nous dit l'écrivain, ne surgissent pas d'un au-delà inaccessible mais du geste, de l'objet le plus familier. Pire, peut-être : d'un regard soudain clairvoyant qui, tout à coup, découvre l'abomination qu'il fixait jusqu'alors en aveugle. Le cauchemar est en nous d'abord. Inextricablement lié aux cellules de notre cerveau, à nos nerfs, à tous nos sens. C'est ce point de vue qui donne aux pages apparemment les plus innocentes de Buzzati une résonance troublante, un halo d'irrépressible inquiétude. Ce que nous considérons ou non comme « normal » cohabite en nous dans la plus étroite promiscuité, et le quotidien n'est, après tout, qu'un aspect du fantastique. « Derrière toutes les images de Buzzati, écrit Marcel Brion, se dessinent les paysages de ce néant métaphysique auprès duquel les tourments matériels des "bolges" de *La Divine Comédie* (*) seraient aussi ingénus que les diableries des tréteaux médiévaux. C'est l'enfer ici-bas, "hic et nunc", celui du *Procès* (*) de Kafka, de la damnation kierkegaardienne, et généralement celui des grands inquiets dans lequel ils sont reçus dès leur vivant et où ils commencent d'éprouver la terrible éternité avant même d'avoir échappé à la précarité de la vie humaine [...] Des méditations nocturnes d'où sont issus les singuliers "fragments" d'*En ce moment précis* [...], Buzzati a tiré un univers tragique et burlesque où se construit une sorte de fantastique à rebours, sans ressemblance aucune avec ce qu'on appelle d'ordinaire le fantastique [...] Les démons buzzatiens se promènent dans le clair de lune des rues à arcades que peignait Giorgio de Chirico, sous des travestis bourgeois, jusqu'au moment, "au moment précis", où ils sautent à la gorge du passant et l'étranglent avec les mains de sa propre angoisse. » — Trad. Robert Laffont, 1965.

EN CETTE ANNÉE DIX-NEUF CENT QUARANTE ET UN [*Su 1941 yilinda*]. Fragment, publié en 1962 en traduction française, de l'épopée du poète turc Nâzim Hikmet (1902-1963), intitulé *Paysages humains* [*Insan Manzaralari*], et la première partie de cette œuvre qui comporte plusieurs dizaines de milliers de vers. C'est à la prison de Brousse que Nâzim Hikmet compose, pendant la Seconde Guerre mondiale, l'immense fresque poétique dans laquelle sont évoquées la vie du peuple turc et celle d'autres pays. Des milliers de personnages y défilent, appartenant aussi bien au présent qu'au passé, dans le cadre de leur vie quotidienne ; le tout s'organise autour des voyageurs d'un train, de troisième, de seconde et de première classe. L'ensemble des rapports sociaux et historiques, considérés à travers ce long poème, en fait une sorte de roman en vers, permettant à Nâzim Hikmet, emmuré dans sa prison, de vivre la vie du XXe siècle avec ses très vastes perspectives. Le volume contient trois chapitres dont le premier commence par ces vers : « La gare de Haydarpacha, au printemps 41, 15 heures » et s'étend longuement sur le décor de la gare et sur les figurants qui s'y trouvent, relatant, par un procédé d'association, par une technique de raccourci et de retour en arrière, les traits, les attitudes, les comportements, des bribes de vie ou la vie tout entière des différentes catégories de personnages qui seront les figures marquantes de sa fresque poétique. C'est l'histoire de maître Galip, souvent chômeur, jusqu'à l'âge de cinquante ans, ou celle d'une femme qui descend les escaliers de la gare, ou bien c'est la silhouette de : « Trois hommes / une femme / et quatre gendarmes / les hommes ont des menottes / la femme pas... » et dans la salle d'attente des troisièmes : « Certains dorment couchés à plat ventre / ceux-là, aucun train ne les intéresse. » Ensuite viennent le départ du train, le défilé des petites gares avec l'histoire des villas de banlieue et de leurs occupants : « Et sous ce pin une femme en manteau jaune / suspendait du linge » ; c'est la conversation typique des voyageurs d'un compartiment, l'indiscrétion, en Turquie, étant de rigueur : « Votre village, c'est un village de combien de feux ? / — Près de cinquante. / — Combien ont plus d'un couple de bœufs ? / — Deux. » Plus loin : « Dans le wagon nº 510, ceux du cinquième compartiment / parlent de la guerre / Ça finira mal pour les Allemands / l'homme armé d'un couteau, qui tue / qui frappe / finit par mourir comme un chien, ou par devenir maquereau / ou alors veilleur de nuit... » Le second chapitre du volume commence par ces vers : « À perte de vue, la terre / plate / nue », et l'image du paysan des campagnes anatoliennes, avec sa vue rude et impitoyable, s'impose à ceux qui ne font que passer. Sont évoquées ensuite la politique d'abus et d'abandon des derniers sultans de l'Empire ottoman ; la prison d'où Halil écrit à sa femme : « Mon amour / quelle honte / que mon corps bien reposé / à l'aise sur cette chaise de bois / alors qu'accourant de l'horizon / écumant / le monde entier / se jette sur moi / alors que ma tête et mon cœur / sont pris dans la tourmente... » Le troisième et dernier chapitre de ce livre est entièrement consacré à l'hôpital dans lequel est soigné Halil menacé de cécité, à la description de la mort et de la vie dont le concept varie selon les différents personnages qui circulent dans le décor d'un hôpital de province. Il ne s'agit plus ici pour Nâzim Hikmet de recherches formelles. Des effets obtenus par les procédés futuristes qui caractérisent ses œuvres de jeunesse sont remplacés dans ce poème par une versification qui a la souplesse d'une prose rythmée. De même, les idées révolutionnaires du poète ne sont plus exprimées de façon systématique ; elles se dégagent des faits eux-mêmes que le poète semble avoir rassemblés en vrac pour qu'ils se mettent, les uns les autres, mieux en valeur — voir également : *L'Épopée de la guerre de l'Indépendance* (*). — Trad. François Maspero, 1962 ; rééd. La Découverte, 1987.

ENCHANTEMENTS DE GLASTONBURY (Les) [*A Glastonbury Romance*]. Roman de l'écrivain anglais John Cowper Powys (1872-1963), publié en 1932. Ce n'est pas un roman, c'est une somme ; ce n'est pas un livre, c'est une bible. Œuvre énorme (mille cent soixante-quatorze pages dans l'original) qui constitue indubitablement l'apogée de la puissance créatrice de Powys, *Les Enchantements de Glastonbury*, malgré l'inégalité artistique, les pans de naïveté colossale, les digressions, les ramifications, la structure lâche, s'élèvent au-dessus de l'édifice romanesque de l'Angleterre contemporaine comme un donjon surplombe un village.

Le livre est divisé en deux courbes ascendantes, chacune couronnée par un énorme chapitre de soixante pages compactes : le cortège et la Passion dans la manière médiévale achèvent la première partie (« The Pageant »), et l'inondation, grandiose, inhumaine, totale, fait à l'œuvre un point d'orgue qui relève du génie (« The Flood »). Avant ces deux massifs sommets, Powys se livre et nous livre à une véritable orgie romanesque qui, comme toujours chez lui, est avant tout une orgie de projections : parmi les quelque quarante personnages principaux et la vingtaine de personnages épisodiques, six au moins — les protagonistes — ont avec leur auteur les liens manifestes d'une appartenance ou même d'une redevance psychique et affective. Ainsi John et Mary Crow, qui sont d'ailleurs symboliquement cousins, sont ensemble une projection merveilleusement subtile de John Cowper amant, puis peut-être époux, tandis que Sam et Mat Dekker illustrent parfaitement les relations entre l'auteur et son père le pasteur, telles qu'elles seront présentées deux ans plus tard dans l'*Autobiographie* (*) ; mais ici elles sont romanesques, parce qu'on assiste à une sorte de normalisation affective de ces relations. Dans le roman, Sam revient au père et n'a plus rien à se reprocher à son égard. Plus secrètement, Owen Evans, le voyeur sadique obsédé par la chute d'une barre de fer sur un crâne et littéralement possédé par le passage d'un livre intitulé *Le Péché impardonnable*, est une projection extrême de la culpabilité dont Powys dit ne s'être debarrassé qu'à quarante ans, à savoir son prétendu sadisme, qu'il n'appelait ainsi, apparemment, que pour se faire souffrir davantage. Enfin, Persephone Spear, sœur de bien des héroïnes précédentes (toutes les filles-garçons de l'œuvre), paraît être l'objectivation d'un désir sexuel fondamentalement ambigu chez l'auteur, d'autant qu'elle se laisse prendre successivement par deux hommes qui, quoique incarnant la brutalité naturelle du désir, n'en ont pas moins « le sexe dans la tête », selon l'expression de J.-J. Mayoux. Mais surtout John Geard, l'énigmatique « nouveau Merlin », puissant chef spirituel de la tribu, devenu riche par la chance et l'ironie (il hérite, dans la scène initiale et quasi balzacienne, de la fortune normalement destinée au capitaliste local, dont John et Mary sont les neveux), a le caractère monumental et sensuel, « saurien », en un mot powysien, qui était aussi l'une des données du psychisme de son auteur. Sa mort, son lent et voluptueux engloutissement paraîtront mélodramatiques : c'était certainement le moindre souci de Powys, dont la mesure de la réussite romanesque est toujours soit dans l'audace inesthétique à pousser l'une de ses propres dimensions jusqu'à son terme extrême (c'est le cas de ce suicide « par excès de vie »), soit, au contraire, à modeler un être total sur les creux de son propre moule psychique : c'est le cas d'Adam Skald dans *Les Sables de la mer* (*), qui est l'homme que D. H. Lawrence n'a jamais pu créer : à côté de lui, l'amant de lady Chatterley n'est qu'un louveteau.

Autour de cette demi-douzaine de protagonistes, à laquelle il convient d'ajouter Philip Crow, le chevalier d'industrie « napoléonien », frère aîné du Cattistock des *Sables* et cadet du Romer de *Bois et Pierre* (*), s'organisent en différents plans romanesques, étagés autour du lieu tutélaire et légendaire, la vie, les intrigues, les amours, les joies et les drames d'une communauté : l'âge d'or est là, celui du roman anglais du XIXe siècle, même si planent dans son ciel la lutte titanesque entre un capitalisme et un communisme selon Powys, et l'énorme poids de la mythologie celtique (Glastonbury est juste au sud du Pays de Galles, et non loin de Stonehenge). Le Graal y est une présence, comme Geard est un peu Merlin réincarné. Il y a, à foison, pêle-mêle, sans grand souci du sort de chacun dans la structure du roman, de merveilleux couples de sœurs ou d'amies (la grande spécialité de Powys) ; une charmante vieille fille ; de délicieux excentriques ; un chaleureux couple de vieux à demi fous ; une folle ; une patronne de maison close qui, chaque année, organise une grande fête populaire en son temple ; des gamins, des bâtards ; des jardiniers, des servantes accortes et vives, et tout le petit monde du quartier pauvre, nommé « le Paradis » — en bref, un microcosme grouillant, animé d'une vie multiforme et quasi shakespearienne. Il y a surtout Nell Zoyland, véritable joyau de la création féminine, accomplissement majeur et serein d'un créateur qui a trouvé dans sa galerie de femmes le lieu de sa suprématie romanesque ; le chapitre XI, intitulé « Consommation », est un pur et grand « poème de psychologie » — comme le disait Bachelard des *Sables de la mer*. Nul écrivain n'a mieux su pénétrer la conscience intime de deux amants au seuil de leur « nuit rituelle », et Neil, d'un bout à l'autre du roman, est digne des plus grandes créations féminines du roman du XIXe siècle. Il reste donc de cette œuvre gigantesque, presque monstrueuse d'anachronisme (jamais un avion n'a paru plus déplacé !), à côté de chapitres qui sont des échecs en raison même des limitations de Powys en tant qu'artiste (la tentative de tableau nocturne, du chapitre XXIV, par exemple), une impression bouleversante de création triomphante : non seulement ces chapitres où la vision de l'auteur ne reste pas en deçà de l'audace et où celle-ci n'est point trop au-delà de la technique possible (c'est, superbement, le cas des chapitres-fleuves qui ponctuent les deux grands pans du livre), mais l'ensemble respire la puissance, la richesse et la pénétration. La grande supériorité du livre sur *Camp retranché* (*), par exemple, est sa qualité majeure d'orchestration. Powys anime mieux une symphonie qu'un quatuor : encore que les *Enchantements* soient pleins de moments qui évoquent la musique de chambre (les dialogues de sœurs, notamment, où Powys atteint à des harmonies proprement inouïes), l'ensemble évoque plutôt une œuvre aussi ambitieuse que la *Neuvième Symphonie* (*) de Beethoven. Il est vain de reprocher à l'auteur d'engloutir son microcosme terrien dans une improbable inondation sans prendre le soin d'achever ses intrigues ni même ses destinées individuelles : la fin, évidemment, est d'un tout autre ordre que celui du roman dit « réaliste ». Geard est le relais de l'auteur dans son œuvre (Glastonbury est d'ailleurs l'œuvre de Geard), le démiurge au service du créateur. Quand l'excès de vie le pousse « naturellement » à mourir, l'œuvre avec lui disparaît, tout aussi « naturellement ». Powys, avec son maire, engloutit

Glastonbury, communauté selon son cœur — et selon son expérience de jeunesse, remémorée, rappelons-le car c'est essentiel, au terme d'un long séjour aux États-Unis. Le héros du livre disparaissant, l'œuvre n'a plus de raison d'être. C'est le naufrage du « Pequod », c'est la fin d'une Iliade, la vision ultime qui ne connaît pas de suite possible.

On a eu raison de comparer grotesquement Powys à « une baleine dans un monde de romanciers vairons ». Les *Enchantements*, par l'ampleur totale et la profondeur des puits qui s'y creusent, appartiennent à la famille romanesque où seules ont place les grandes œuvres russes, *Moby Dick* (*) et, si cela est possible à l'imagination, une combinaison de Dickens, de Thomas Hardy, de Joyce et de Lawrence. L'absence de souci esthétique ou même, à part quelques pages particulièrement soignées (le poème à la lune du chapitre X, par exemple), artistique, est certes la raison du très injuste oubli dans lequel est tombé Powys — et dans lequel, malheureusement, il paraît devoir demeurer, à moins qu'un grand vent « créateur-destructeur », comme il aurait dit, ne vienne enfin balayer nos conventions de plus en plus sociologiques ou de plus en plus formalistes. — Trad. Gallimard, 1975-76.

M. Gr.

ENCHANTEUR POURRISSANT (L'). Récit en prose de l'écrivain français Guillaume Apollinaire (1880-1918), publié en 1909, illustré par André Derain. Le thème est emprunté à la légende médiévale. Merlin l'Enchanteur, fils d'une jeune femme et d'un incube, enseigne par amour les paroles magiques à Viviane, la Dame du lac, qui en use, au début du printemps, pour le faire entrer vivant au tombeau, où il meurt et pourrit tandis que son âme reste vivante et sa voix audible. Autour du tombeau défilent des animaux réels et mythiques de toute espèce, des monstres tels que Chapalu, Béhémoth, Léviathan, des personnages issus de la littérature, de l'histoire et des mythologies : druides, fées, faux rois mages, Médée, Dalila, Hélène, Angélique, Cadmus, saint Siméon stylite. Passent aussi « ceux qui ne sont pas morts » : Énoch, Élie, Empédocle, Isaac Laquedem, Simon le magicien, Apollonius de Tyane. Beaucoup de ces êtres souffrent, comme l'Enchanteur, d'un sentiment de solitude et lui ressemblent par quelque trait : fils d'un diable, il est apparenté aux serpents ; il aime la beauté comme les crapauds ; il est savant comme les druides et les mages, suicidaire comme les sphinx et les scorpions, incapable de procréer comme Chapalu, prophète comme Élie, magicien comme Simon... Certaines héroïnes, par leur capacité de séduction et leur déloyauté, reflètent la personnalité de la Dame du lac. À la fin du printemps, les paroles qu'échangent Merlin et la Dame, avant que celle-ci s'éloigne, mettent en lumière le désaccord irréductible entre l'homme et la femme, éternellement séparés. Un chapitre final, « Onirocritique », poème en prose dont le héros s'identifie au soleil parcourant l'espace dans sa course diurne et dans sa révolution annuelle, proclame le triomphe du poète dans un jaillissement d'images énigmatiques et extraordinaires.

Apollinaire se projette en Merlin, l'enfant sans père, le mal-aimé victime de la femme, et s'approprie en retour ses pouvoirs d'enchanteur et de prophète. En réaction contre la foi de son enfance, il invente une *Bible* à rebours où une « Noël funéraire » est célébrée autour d'un tombeau, où de faux mages sont guidés par l'ombre, où l'on assiste à une Passion infernale et à une fausse Rédemption. Le thème du faux est d'ailleurs dominant : il est question d'« irréalités raisonnables », d'une héroïne « faussement vivante ». Le texte peut sembler d'une érudition étouffante, mais le foisonnement des personnages est structuré ; ils s'associent ou s'opposent par groupes. *L'Enchanteur pourrissant* annonce la thématique et l'esthétique de l'œuvre future ; il comporte, par exemple, la « description simultanée d'une nuit », préfigurant, avec des moyens différents, certains poèmes de *Calligrammes* (*). L'écriture est marquée par le goût du mot rare, par l'emploi de formules stéréotypées ou paradoxales dont on ne sait si elles sont graves ou plaisantes, et par un comique tantôt amer, tantôt gaillard, qui fait songer à Jarry.

M. B.

ENCHIRIDION (L') de Jacques d'Édesse. Bref traité philosophique et théologique de l'écrivain de langue syriaque Jacques d'Édesse (633-708), appartenant à l'Église des jacobites. Il s'occupe de certains termes très en usage dans les expositions des doctrines trinitaires et christologiques. Le titre grec *Enchiridion* veut dire *Manuel*. Les termes que l'auteur examine, analyse et définit sont les suivants : « kyânâ » (nature, substance, « qnomâ » (hypostase), « yâthâ » (être ou substance), personne, espèce. Pour la plupart de ces termes, Jacques a puisé à même la philosophie aristotélicienne.

EN COMPAGNIE D'ANTONIN ARTAUD. Journal du poète français Jacques Prevel (1915-1951), publié, posthume, en 1974. Écrit au jour le jour en 1946-47, ce journal rend compte du naufrage de deux hommes épris d'absolu voués l'un et l'autre à une mort prochaine et qui s'épaulent au cours de leurs allées et venues incessantes dans le Saint-Germain-des-Prés d'après-guerre. L'œuvre tire avant tout sa valeur de la probité évidente avec laquelle l'auteur relate scrupuleusement les plus petits faits, les moindres paroles d'Artaud, seulement ponctués de temps à autre par de brèves références à la progression de sa propre maladie, qui devait l'emporter trois ans après la disparition de son prestigieux compagnon.

Il met au service de son évocation les mêmes qualités que celles qui habitent son œuvre poétique, diffusant une clarté, imposant une évidence qui nous restituent la présence de chaque geste, de chaque mot que l'auteur du *Pèse-Nerfs* (*) ait pu accomplir ou prononcer.

Le journal débute au moment même où Prevel, qui a déjà lié connaissance avec quelques figures du Paris littéraire, rencontre pour la première fois, au café de Flore, Artaud, qui vient de rentrer de Rodez, et avec qui il avait déjà échangé une assez courte correspondance. D'admiratif qu'il était à son égard, Prevel devient tout de suite littéralement envoûté par le « suicidé de la société », qu'il tentera constamment de secourir à l'aide de ses faibles moyens. Avec sobriété, il saura évoquer l'effet bouleversant que produisent chaque fois sur lui les crises d'Artaud, manifestations pythiennes à ses yeux, qui le happent à un tel point qu'il se sent coupable de ne pouvoir partager avec lui son délire. Mais c'est surtout le besoin taraudant qu'il éprouve d'être compris et reconnu par le poète halluciné (besoin parfois satisfait mais souvent mis à mal) qui rend dans ce livre le son le plus pathétique. On y suit la progression inéluctable des maux qui devaient emporter ses deux protagonistes, de plus en plus exténués, de plus en plus désespérés du monde. Les dernières bribes de ce journal inachevé rapportent les ultimes visites qu'Artaud, malade, affaibli, vient rendre en se traînant à Prevel, lui-même cloué sur un lit d'hôpital. En annexe à ce journal ont été publiées trois lettres de Prevel postérieures au décès d'Artaud. Elles témoignent du sentiment vertigineux d'absence qui s'est emparé du poète, qui n'avait vécu pendant deux ans que par et à travers lui.

P. F.

ENCORE ENFANT ET TOUTE PETITE [*Menina e moça*]. Roman pastoral et chevaleresque du poète portugais Bernardim Ribeiro (1482 ?-1552 ?), publié pour la première fois en 1554. Comme *L'Arcadie* (*) de Sannazaro, qui est le premier modèle du genre, *Menina e moça* est écrit en prose coupée de passages en vers. Le titre original *Regrets* [*Saudades*] a été remplacé par les premiers mots du roman. « Encore enfant et toute petite [Menina e moça...], on me fit quitter la maison paternelle pour aller dans des terres lointaines. » C'est ainsi que commence le monologue de la jeune fille qui raconte ensuite l'histoire de Lamentor et de Narbimdel, puis les tristes amours de ce dernier et de la princesse Aónia. Les épisodes sont souvent confus parce qu'ils ont peut-être été mis involontairement en désordre par les éditeurs. Nous nous trouvons cependant certainement en présence d'un roman à clés, dans lequel Ribeiro travestit, en y ajoutant des détails imaginaires, des événements de sa propre vie. Les personnages sont désignés au moyen d'anagrammes qu'il est souvent facile de mettre au clair, comme c'est le cas pour Narbimdel ou Binmarder, qui représentent l'auteur lui-même (Bernardim), et pour Aónia, qui est Joana, l'une des cousines de Ribeiro. Selon une tradition romantique, et parmi bien d'autres hypothèses *Menina e moça* serait l'expression voilée de la passion amoureuse, inavouée, de l'auteur pour l'infante Béatriz, fille du roi Manoel, qui avait épousé le duc Charles III de Savoie. Le roman se divise en deux parties : la première (trente et un chapitres) et les douze premiers chapitres de la seconde sont certainement l'œuvre de Ribeiro : les cinquante-huit autres chapitres, qui manquent à la première édition, sont d'une autre main, et ils n'ont pas la profondeur psychologique ni l'émotion qui donnent au reste de l'œuvre son caractère si particulier. Les poésies intercalées sont d'une grande beauté et la prose est toujours d'une facture parfaite.

ENCORE LE DIABLE [*Otra vez el diablo*]. Pièce de l'écrivain espagnol Alejandro Casona (1903-1965), représentée pour la première fois au Théâtre espagnol de Madrid le 26 avril 1935. Il s'agit d'une charmante et poétique affabulation sur un thème rebattu, puisque c'est plus ou moins celui de Faust, mais entièrement renouvelé, car ici c'est le diable qui perd la partie. L'intrigue se déroule dans une atmosphère vaguement moyenâgeuse encore que non précisée. Les personnages font eux aussi partie d'un monde révolu et un peu imaginaire : des brigands conventionnels, un roi d'opérette, une duègne, un précepteur, un bouffon, et puis les héros de la pièce : la petite Infante, toute fraîcheur, naïveté, sensibilité à fleur de peau, l'étudiant, amoureux d'elle, auquel le diable proposera son habituel marché ; le diable enfin, aussi machiavélique qu'il se doit. Le langage utilisé par Casona est volontairement affecté et précieux ; les discussions entre le diable et l'étudiant sont prétexte à l'énoncé de brillants paradoxes ; les scènes entre l'Infante et l'étudiant donnent lieu à un délicat marivaudage qui peut devenir très cruel quand le diable s'en mêle. Cette aimable fiction est un excellent exemple de l'ingénieuse originalité de Casona.

ENCORE UN INSTANT DE BONHEUR. Poèmes de l'écrivain français Henry de Montherlant (1896-1972), publiés en 1934. Les poèmes d'*Encore un instant de bonheur,* tous antérieurs à 1934, sont détachés d'un ensemble plus vaste, *Almouradiel,* qui n'a pas vu le jour. Parmi eux, « Le Chant de Minos » est un fragment d'un drame, *Les Crétois,* que Montherlant commença puis abandonna en 1929. L'autre fragment qui en est demeuré est *Pasiphaé* (*). L'auteur s'explique ainsi sur le choix du titre de ce recueil de poèmes : « Ce titre fut choisi sous le coup des événements politiques français de février 1934, qui, vus d'Algérie où j'étais alors, donnèrent à quelques personnes l'impression que la fête était finie. Et la fête finit sans doute quelquefois ; seulement, elle recommence... » Et le poète recueille les instants de bonheur, il voudrait qu'ils durent...

Les poèmes sont divisés en deux parties : ceux d'inspiration française, et ceux d'inspiration africaine. Construits sur des thèmes tour à tour sportifs, sensuels ou guerriers, ces poèmes ont un point commun : l'amour, mais un amour marqué par la prédominance des sens sur le cœur. Les strophes de « La Péri », celles du « Chant des Lamels » ou du « Thème pour une fuite arabe », sont presque des morceaux de musique conçus, pourrait-on croire, pour accompagner l'œuvre entière de Montherlant. Cette prose lyrique frappe par sa puissance faite d'un mélange subtil de rêve et de réalisme dans une langue variée et riche.

ENCYCLOPÉDIE ou Dictionnaire raisonné des sciences, des arts et des métiers, par une société de gens de lettres. C'est la grande entreprise qui, conçue et courageusement défendue par l'écrivain français Denis Diderot (1713-1784), marque, au milieu du XVIIIe siècle, le triomphe de l'« esprit philosophique » dans la lutte contre la tradition, l'autorité et ses abus. « Il faut tout examiner, tout remuer sans exception et sans ménagement », dira Diderot, et encore : « Il faut fouler aux pieds toutes ces vaines puérilités, renverser les lumières que la raison n'aura point posées, rendre aux sciences et aux arts une liberté qui leur est si précieuse. » Par son importance : 17 volumes in-folio, 11 volumes de planches auxquels s'ajouteront 5 volumes de suppléments (en 1777) et deux volumes de tables, composés en 1780 par Panckoucke et Rey ; par la durée de son élaboration de 1751 à 1772 (soit vingt et un ans) ; par les grands noms qu'elle réunit, Diderot, d'Alembert, Voltaire, Montesquieu, etc., l'*Encyclopédie* apparaît comme l'œuvre la plus considérable et la plus représentative d'une époque.

Histoire de sa publication. — En 1727 avait paru à Londres la *Cyclopedia or Universal Dictionary of the Arts and Sciences* d'Ephraïm Chambers. L'ouvrage répondant à la curiosité et aux goûts de l'époque, un libraire parisien, Le Breton, entreprit de le faire traduire. Après avoir confié ce travail à l'abbé de Malves, Le Breton se brouilla avec lui ; en quête d'un nouveau traducteur, il engagea Diderot, puis d'Alembert. Diderot, enthousiaste, fit rapidement de cette traduction une œuvre originale, entièrement nouvelle, s'adjoignant un grand nombre de collaborateurs. Le privilège du roi pour l'édition fut accordé en janvier 1746. Diderot conçoit dès lors l'œuvre comme un « dictionnaire raisonné des connaissances humaines », son but étant de « mettre en lumière les secours mutuels qu'ils [les sciences et les arts] se prêtent » et d'user de ces secours « pour en rendre plus sûrs les principes et plus claires les conséquences ». En 1750, Diderot publie un « Prospectus » dans lequel il annonce le but de l'œuvre et les conditions de souscription. Entre-temps, ayant publié sa *Lettre sur les aveugles* (*), où il critique les preuves de l'existence de Dieu, Diderot se voit arrêté et emprisonné à Vincennes. Ce sont les libraires qui intercèdent en sa faveur et obtiennent sa libération : « La détention de M. Diderot, le seul homme capable d'une aussi vaste entreprise et qui possède seul la clef de cette opération, peut entraîner notre ruine » (Lettre des libraires à M. le Chancelier). Le tome I paraît enfin en juillet 1751, précédé du fondamental *Discours préliminaire* (*) de d'Alembert ; le tome II en janvier 1752. Aussitôt la lutte est engagée. Les jésuites et leur *Journal de Trévoux*, les jansénistes et leurs *Nouvelles ecclésiastiques* mènent campagne pour la suspension de l'œuvre. Les mandements épiscopaux se succèdent ; édités en brochure à bon marché, ils sont vendus à la criée dans les rues. Enfin et surtout l'*Encyclopédie* est attaquée en la personne d'un de ses collaborateurs : l'abbé de Prades, qui a soutenu en Sorbonne des thèses hérétiques. Les deux premiers volumes parus sont supprimés par un arrêt du Conseil d'État (7 février 1752) et la publication suspendue pendant dix-huit mois. Mais, en 1754, d'Alembert est reçu à l'Académie, sur l'intervention du comte d'Argenson ; l'interdiction est levée ; cependant, trois censeurs sont nommés, auxquels devront être soumis les articles manuscrits. Entre 1752 et 1757, les tomes III à VII paraissent sans difficulté et régulièrement. Seconde crise en 1759. Un article de d'Alembert sur « Genève » soulève de violentes polémiques ; la publication, en 1758, de *De l'esprit* (*) d'Helvétius, dénoncé comme un résumé des théories des encyclopédistes, provoque une hostilité à ce point violente que le 8 mars 1759 le Conseil supprime les volumes parus et retire au libraire le privilège de l'édition. D'Alembert, pris de crainte, ne pouvant souffrir d'être diffamé, se découragea, crut le moment défavorable pour une telle entreprise et se retira de la direction. C'est l'époque où, après l'attentat de Damiens sur le roi, les lois de censure sont devenues draconiennes : « Tout auteur et tout imprimeur d'ouvrages séditieux est passible de la peine de mort. » La même année 1759, le pape condamne l'*Encyclopédie.* Diderot, avec un courage remarquable, tient bon. En dépit des cris de victoire lancés par des détracteurs intéressés ou rétrogrades, l'œuvre se poursuit. Il est vrai que le gouvernement, sous la pression des souscripteurs et pour éviter une diminution du prestige national si l'œuvre venait à être reprise à l'étranger, décida de protéger discrètement l'entreprise. On convint que désormais, sur la couverture des volumes, on porterait « Neufchâtel » comme lieu d'impression : cela permettait, tout en continuant d'imprimer le livre à Paris, de l'envoyer d'abord en province, d'où il revenait dans la capitale avec le timbre du colportage, les livres de provenance étrangère étant en effet soumis à un examen de la censure beaucoup moins sévère. Une telle astuce, qui ne trompa personne, ne fut possible que grâce à l'appui ouvert de personnages haut placés, comme Mme de Pompadour, le ministre d'Argenson et surtout Malesherbes, directeur de la librairie. Ainsi, l'*Encyclopédie* parvint à son terme ; une seule cause d'amertume véritable subsista pour Diderot, c'étaient les coupures pratiquées par son éditeur sur certains passages trop hardis : « Quand on est sans énergie, sans vertu, sans courage, écrit Diderot, il faut se rendre justice et laisser à d'autres les entreprises périlleuses. » Les tomes VIII à XVII paraissent en bloc en 1765. La publication des planches se poursuivit jusqu'en 1771. Interdite en France, l'œuvre fut aussitôt imitée à l'étranger et répandue dans toute l'Europe ; elle constitua l'un des instruments les plus efficaces de divulgation de la civilisation française.

Les collaborateurs. — Des écrivains se groupèrent autour de Diderot et, grâce à son inlassable activité, un nombre toujours croissant de collaborateurs venus des horizons les plus divers, Diderot assurant à l'œuvre son unité par-dessus toutes ces personnalités quelque peu disparates et en faisant une véritable « machine de guerre ». En 1751, on compte vingt et un collaborateurs ; en 1753 (tome III), trente-cinq. Au total, c'est plus d'une centaine de personnes qui y travaillèrent. Relevons quelques noms. — Philosophie : Condillac (1715-1780), dont les doctrines sensualistes étaient appréciées dans le milieu encyclopédiste ; Helvétius (1715-1771), matérialiste d'inspiration ; le baron d'Holbach (1723-1789), violemment antichrétien et athée. — Sciences pures : d'Alembert (1717-1783), qui traite de mathématique, de physique générale ; l'abbé La Chapelle (1710-1792). — Histoire naturelle : Buffon (1707-1788) et Daubenton (1716-1800). — Théologie : l'abbé Morellet (1727-1819) ; l'abbé de Prades (1720-1782), qui rédigea l'article « Certitude » ; l'abbé Sallier (1685-1761), professeur au Collège de France ; l'abbé Yvon (1714-1791), qui rédige les articles « Âme », « Athée », « Dieu », etc. — Économie politique : Turgot (1727-1781) et Quesnay (1694-1774). — Grammaire : Dumarsais (1676-1756). — Littérature : Marmontel (1723-1799) et d'autres. Les grands écrivains y rédigent quelques articles : Voltaire (« Élégance », « Histoire », « Éloquence », « Esprit », « Imagination ») ; Rousseau (« Musique ») ; Montesquieu refusa d'écrire les articles « Démocratie » et « Despotisme », mais donna l'article « Goût ». Quant à Diderot, outre qu'il surveilla l'impression et la mise en pages, il rédigea une masse considérable d'articles ou de suppléments éditoriaux (plus de cinq mille). Parmi les plus importants, on peut citer les articles « Animal », « Art », « Autorité politique », « Beau », « Célibat », « Droit naturel », « Éclectisme », « Encyclopédie », « Théosophes ». Il faut mentionner enfin le chevalier de Jaucourt, qui non seulement y consacra sa fortune, mais qui rédigea près de la moitié de l'*Encyclopédie.*

La grande nouveauté de l'ouvrage est la place faite aux « arts mécaniques », aux métiers, à tout ce qui reproduit expérimentalement les lois abstraites de la connaissance. Techniciens, artisans furent appelés, eux aussi, à collaborer. Le fils d'un horloger se chargea de l'horlogerie et des instruments astronomiques ; un cartographe de la marine s'occupa de la géographie ; les articles d'architecture furent confiés à un architecte. Diderot, conscient de faire œuvre de novateur, nous dit dans l'avant-propos : « Tout nous déterminait à recourir aux ouvriers... On s'est donné la peine d'aller dans leurs ateliers, de les interroger, d'écrire sous leur dictée, de développer leur pensée, d'en tirer les termes propres à leurs professions, d'en dresser des tables, de les définir, de converser avec ceux dont on avait obtenu des mémoires... »

Esprit de l'Encyclopédie. — L'*Encyclopédie* — dans l'intention de ses fondateurs — « doit [...] exposer [...] l'ordre et l'enchaînement des connaissances humaines » et « contenir sur chaque science et sur chaque art, soit libéral, soit mécanique, les principes généraux qui en sont la base et les détails les plus essentiels qui en font le corps et la substance ». À ces fins, l'ordre alphabétique se concilie avec l'ordre encyclopédique au moyen de sigles qui rattachent chaque article à la science à laquelle il appartient, de renvois aux articles de contenu apparenté et surtout grâce à l'arbre généalogique des connaissances dessiné par d'Alembert dans le *Discours préliminaire.* Le double but que se proposaient les fondateurs permet d'étudier le contenu de l'ouvrage sous deux aspects : l'aspect documentaire et l'aspect philosophique, ce dernier touchant aux méthodes mêmes de la science et des arts, ainsi qu'aux problèmes religieux et politiques.

Partie documentaire. — Nous l'avons déjà indiqué, la grande nouveauté est dans les articles consacrés aux « arts mécaniques » (imprimerie, quinze pages avec planches — tissage, menuiserie, fabrication du papier, etc.). Les métiers ont acquis droit de cité et, à côté de ceux qui recherchent les principes et les lois gouvernant la nature, prennent place ceux qui œuvrent, aussi modestement que ce soit pour l'époque, selon ces principes et ces lois. Cette préoccupation nouvelle, pour autant qu'elle correspondait aux tendances personnelles de Diderot, n'en était pas moins commune aux esprits de son temps : on accordait alors une attention et une curiosité toutes neuves aux sciences naturelles et d'observation au détriment des mathématiques. Et par là, on saisit quelle est l'orientation scientifique de l'*Encyclopédie* tout entière. Diderot notait, en 1755 :

« Les esprits sont emportés d'un mouvement général vers l'histoire naturelle, l'anatomie, la chimie et la physique expérimentale. » À la base de cet état d'esprit, il y a la nouvelle science expérimentale de Newton, dont les encyclopédistes furent d'efficaces propagateurs. En dépit des erreurs grossières qui ne manquent pas, en dépit même d'une certaine fantaisie dans la place accordée aux différents sujets (six lignes au mot « Alpes », une demi-colonne à « Athènes », pour une colonne consacrée aux recettes sur les artichauts ou neuf et demie aux diverses espèces de lauriers), l'œuvre de divulgation et de synthèse des connaissances scientifiques entreprise par les encyclopédistes demeure, aujourd'hui encore, comme une des mines les plus précieuses et des moins exploitées de renseignements sur la vie sociale et politique du XVIIIe siècle.

Partie philosophique et sociale. – La matière est vaste et nous ne retiendrons que les grandes idées directrices. Sur le plan des principes politiques, Diderot et ses collaborateurs s'élèvent contre le despotisme tyrannique et absolutiste. L'article « Autorité politique » est justement resté célèbre, qui exprime la conception naturaliste de la liberté : « Aucun homme n'a reçu de la nature le droit de commander aux autres. La liberté est un présent du ciel et chaque individu de la même espèce a le droit d'en jouir aussitôt qu'il jouit de la raison [...] Le prince tient de ses sujets mêmes l'autorité qu'il a sur eux ; et cette autorité est bornée par les lois de la nature et de l'État [...] il ne peut jamais employer cette autorité pour casser l'acte ou le contrat par lequel elle lui a été déférée. » Mais comme il fallait, à l'époque, agir avec prudence, Diderot s'est empressé d'apporter à l'appui de sa proposition l'autorité de l'Écriture sainte en ajoutant, en fin d'article, la maxime : « Omnis potestas a Deo ordinata est. Sit rationabile obsequium vestrum. » À lire cet article et d'autres tels que ceux sur le « Législateur » et l'« Économie politique » il semble que c'est à la conception du despotisme éclairé, bien que leur pensée ne soit pas toujours clairement exprimée, que se rallient, à l'instar de Montesquieu, les encyclopédistes. À cet égard, l'article « Histoire », écrit par Voltaire, est significatif : les forces motrices de la société tendent à l'instauration d'un équilibre statique, l'équilibre de la raison ; Voltaire définit l'histoire comme la recherche d'un critère qui servirait, à partir de la comparaison des diverses activités humaines passées et présentes, à réaliser avec certitude la forme rationnelle parfaite.

S'il règne une incertitude sur les principes, aussitôt que les encyclopédistes abordent le domaine de la pratique, ils retrouvent une audace et une certitude de pensée qui s'affirmeront au fur et à mesure que la publication se développera : si l'article « Gabelle » de 1754 n'est qu'un exposé du problème, l'article « Impôts » de 1765 ne manque pas d'avancer certaines critiques et de proposer des réformes. Toutefois, en de nombreuses occasions, se fait jour l'urgence d'une pensée plus radicale : « On cesserait souvent d'ambitionner le sort » des privilégiés, « si l'on pouvait savoir à quel prix ou par quels moyens ils ont acquis cette abondance qui fait l'objet de nos désirs et par combien de peines, de soins, de sollicitudes et souvent de remords ils sont parvenus à cet heureux état, dont ils ne peuvent sentir eux-mêmes les avantages, s'ils n'en profitent pas pour exercer la bienfaisance » (article « Abondance »). En matière d'économie, ils se penchent sur le sort des agriculteurs, étudiant les conditions lamentables dans lesquelles on les rejette et revendiquant la liberté du commerce. Notons enfin qu'ils se prononçaient, en matière criminelle, contre la « question » et renouvelèrent la notion même de « châtiment », moyen social pour assurer la sûreté publique et non juste punition.

Où l'audace des encyclopédistes s'affirma, ce fut tout particulièrement dans la lutte contre la religion. Diderot voulait, selon ses propres termes, « sabrer la théologie », mener le combat contre toutes les formes de superstitions et tous les obscurantismes, d'où qu'ils viennent. C'est d'ailleurs cet aspect du « courant des lumières » qui fut le plus communément retenu et, bien souvent, mal compris et mal interprété. N'oublions pas que ce siècle, s'il fut celui « des Lumières », fut également celui où l'on supplicia le chevalier de La Barre ; rappelons enfin qu'au café Procope des hommes comme l'économiste Boulainvilliers et le grammairien Dumarsais devaient, pour discuter philosophie en toute tranquillité, appeler l'âme : Margot, la liberté, Jeanneton et Dieu, Monsieur de l'Être. C'est dire quelles précautions furent amenés à prendre les encyclopédistes, et quelle urgence il y avait à proclamer certains principes de tolérance et de liberté. Pour faire triompher leurs idées, Diderot et ses amis eurent recours à tout un système de ruse et d'ironie. Tantôt ils avancent de fausses naïvetés, des insinuations et, sous le couvert de défendre les institutions et les œuvres religieuses, laissent entendre qu'il s'agit là de créations purement humaines (articles « Bible », « Carême »). Tantôt l'excès même d'admiration, le ton volontairement emphatique constituent une réfutation par l'absurde. Autre ruse : après avoir affirmé le caractère éminemment certain d'une vérité religieuse, l'auteur expose longuement, « à titre documentaire », toutes les objections que l'on peut faire valoir à son encontre. Ailleurs, à propos d'un article aussi insignifiant que « Agnus Scythicus », placé sous la rubrique « Histoire naturelle, botanique », Diderot trouve le moyen de développer tous les principes de l'exégèse historique et de la critique des témoignages. Enfin, un ingénieux système de renvois permet d'expédier le lecteur d'un article respectueux à un article franchement critique, dans lequel sont entièrement démolies les notions que le premier article avait pour mission apparente d'instituer comme des vérités certaines.

Toutes ces revendications ou ces attaques ne prennent leur sens que par rapport à la notion, toute nouvelle alors, de « bonheur » : « La nature nous a fait à tous une loi de notre propre bonheur. Tout ce qui n'est point bonheur nous est étranger ; lui seul a un pouvoir marqué sur notre cœur, nous y sommes tous entraînés sur une pente rapide, par un charme puissant, par un attrait ineffaçable de la nature qui l'a gravé dans nos cœurs ; il en est le charme et la perfection. » Cette affirmation la plus nette du naturalisme moral n'est pas sans rapport avec celle que Saint-Just lancera quelques décades plus tard : « Le bonheur est une idée neuve en Europe. » Par là, nous découvrons le sens véritable de cette entreprise : une vision nouvelle de la réalité, de la vie et de l'homme prend, ici, conscience de sa force d'action et, pour avoir été une réponse aux exigences alors latentes en de nombreux milieux, elle fraya dans les esprits le chemin à la Révolution de 1789 : hommes de pensée, mais aussi propagandistes, les encyclopédistes, et Diderot en tout premier lieu, surent concevoir leur œuvre comme une activité culturelle capable de susciter et de régler les forces propres à agir sur le cours de l'histoire.

ENCYCLOPÉDIE DES SCIENCES PHILOSOPHIQUES [*Enzyklopädie der philosophischen Wissenschaften in Grundriss*]. Exposé systématique de la doctrine du philosophe allemand Georg Wilhelm Friedrich Hegel (1770-1831), publié, à l'usage des étudiants de Heidelberg, en 1817 ; une seconde édition, presque entièrement refaite et très développée, parut en 1827 ; enfin une troisième édition revue et corrigée, en 1830. Dans l'édition complète des œuvres de Hegel, entreprise par un groupe d'étudiants de Berlin (de 1832 à 1845), les volumes VI et VII contiennent l'*Encyclopédie* : texte original de l'édition de 1830, déjà mentionnée, accompagné de compléments nombreux et longs tirés des notes de Hegel et des leçons faites sur différents sujets. Seuls les deux derniers chapitres sur l'esprit objectif et l'esprit absolu sont dépourvus de notes, le lecteur pouvant se reporter à ce sujet aux *Principes de la philosophie du droit* (*) et aux cours sur la philosophie de l'histoire, sur l'esthétique, sur la philosophie de la religion et sur l'histoire de la philosophie. Bien que ces notes soient utiles à la compréhension de la pensée de Hegel, elles défigurent l'œuvre au point de vue littéraire, celle-ci ayant été conçue comme un résumé, divisée en paragraphes, écrite dans un style vigoureux, lapidaire, techniquement précis, et simplement accompagnée de notes explicatives sobres et vivantes. L'édition complète contient aussi la leçon d'ouverture faite par Hegel à l'université de Berlin, en 1818, et dans laquelle il défend les droits et proclame la valeur du savoir philosophique dans le renouveau de la culture et de la vie qui se prépare en Allemagne : « Le courage de la vérité, la foi dans la puissance de l'esprit sont les conditions premières de l'étude philosophique : l'homme doit se faire honneur à lui-même, il doit se sentir digne de l'Absolu. Il ne peut se faire une idée trop haute de la grandeur et de la puissance de l'esprit. L'essence de l'univers n'a aucune force en soi qui puisse s'opposer à la hardiesse de notre connaissance : elle doit se révéler et lui révéler sa richesse et sa profondeur, les offrant à sa joie. »

Le texte est précédé des trois préfaces, correspondant aux trois éditions. La première expose brièvement la nature de l'œuvre, insiste sur le caractère systématique de la pensée philosophique, critiquant autant le raisonnement décousu et discursif sans rapports dialectiques entre les idées, que la pensée critique sceptique ou encore la philosophie du sentiment et de l'intuition. La seconde préface, beaucoup plus longue, entend défendre les droits de la philosophie en face du savoir asystématique : ne tendant nullement à réaliser une unité abstraite de termes opposés, la philosophie s'affirme dans toute sa valeur dans le domaine de la religion, en tant que conscience complète et absolue du divin s'opposant à la religion du sentiment et à ses déterminations conceptuelles imprécises. La troisième préface enfin, de ton polémique, répond aux accusations de l'orthodoxie religieuse.

L'œuvre commence par une Introduction dont le but est de préciser tout d'abord la nature de la pensée philosophique : bien qu'essentiellement rationnelle, cette pensée s'élève au-dessus de la partialité de l'expérience et saisit la réalité dans sa loi intime et dans sa nature. La pensée a comme point de départ l'expérience : face à la multiplicité de celle-ci, l'exigence rationnelle s'affirme comme savoir abstrait (métaphysique dogmatique) de l'unité absolue et de ses formes. Devant ce dogmatisme de la raison, l'intelligence réagit (empirisme, sciences particulières) en tant que conscience des diverses positions particulières de l'expérience et de leurs rapports. Mais la raison triomphe aussi de la détermination abstraite de l'intelligence et du dogmatisme de ses concepts : elle reconnaît la relativité de chacun d'eux et leur relation dialectique dans laquelle se vérifie la mobilité infinie de l'expérience ; elle est faculté de systématisation dialectique et philosophique. Cette position de la raison, synthèse organiquement et universellement différenciée de l'expérience, se développe dans l'histoire de la philosophie, car chaque doctrine est comme un moment de la « philosophia perennis », elle se manifeste aussi dans l'idée du savoir philosophique, système général des principes spéculatifs. Les différentes parties du système correspondent aux trois moments qui caractérisent la synthèse rationnelle : sa pure autonomie idéale — la logique ; sa détermination concrète dans les contenus de l'expérience — la nature ; sa puissance qui les résout dans l'acte de la propre liberté — l'esprit. À cette Introduction, fait suite l'exposé des trois parties correspondantes qui, dans les trois premières éditions, ont pour titre : science de la logique, philosophie de la nature et philosophie de l'esprit, et dans l'édition complète : *Logique* (*), *Philosophie de la nature* (*) et *La Philosophie de l'esprit* (*). — Trad. Vrin, 1970.

ENCYCLOPÉDIE HISTORIQUE [*Excerpta historica*, Κενακιωδεὶς ὑπόδειξις]. Œuvre de l'empereur byzantin Constantin VII Porphyrogénète (905-959). Plus qu'un souverain, Constantin VII fut un savant. Parmi tous ses travaux destinés d'abord à l'éducation de son fils Romanos II et de tous les jeunes gens des meilleures familles de son empire, l'*Encyclopédie* est certainement le plus important ouvrage pour l'histoire de la culture ancienne. Constantin se propose de recueillir, des historiens grecs et latins, ce qu'il y a de plus utile. Son œuvre nous a ainsi transmis de larges extraits de Polybe, de Diodore, de Nicolas de Damas, de Dion Cassius. Hélas, des cinquante-trois volumes, seulement quatre sont conservés, et encore incomplets.

1) *Extraits sur les ambassades* ['Εκλογαὶ περὶ πρεσβειῶν, *Excerpta de legationibus*, dit aussi *Excerpta Hoescheliana*], divisés en deux parties. La première traite des ambassades des peuples étrangers auprès des Romains ; la deuxième, des ambassades des Romains auprès des peuples étrangers. Ce premier volume est le seul à être complet. — 2) *Extraits sur les vertus et les vices* [*Excerpta de virtutibus et vitiis*, 'Εκλογαὶ περὶ ἀρετῆς καὶ κακίας, également appelés *Excerpta Peiresciana*]. On ne connaît aujourd'hui qu'une moitié de ce deuxième volume. — 3) *Extraits sur les sentences* [*Excerpta de sententiis*, 'Εκλογαὶ περὶ γνωμῶν] dont on n'a conservé que quelques fragments dans un palimpseste. — 4) *Extraits sur les embûches* [*Excerpta de insidiis*, 'Εκλογαὶ περὶ ἐπιβουλῶν κατὰ βασιλέων], aussi fragmentaires. L'auteur byzantin Suidas a certainement puisé dans les parties aujourd'hui perdues de l'*Encyclopédie* : son œuvre a ainsi permis une reconstitution plus large de l'ouvrage. On ne sait exactement quelle fut la contribution apportée par l'empereur à l'œuvre. Il est certain qu'il s'entoura de tout un état-major de savants et de copistes. Aux études sur l'Antiquité lancées à son initiative se rattachent les traités sur l'agriculture [Τὰ Γεωπονικά], sur la médecine [Τὰ 'Ιατρικά], et un recueil de zoologie en quatre volumes dont deux seulement ont été conservés : tous ces travaux furent ordonnés par lui et lui furent dédiés. Plus personnelle est sa contribution au *Livre des cérémonies de la cour de Byzance* (*), au *Traité sur l'administration de l'empire* (*), au *Traité sur les thèmes* (*) et à la biographie de son grand-père Basile Ier — v. *Chronographie* (*) de Théophane.

ENCYCLOPÉDIE PERSANE (L') [*Logat-Name*]. Sous ce nom commença à paraître, en 1947, une vaste encyclopédie en langue persane, dans l'ordre d'un dictionnaire raisonné, composée par l'écrivain iranien Ali Akbar Dehḫodā (1879-1956). Cet ouvrage qui lui demanda les trente-cinq dernières années de sa vie fut, pour une grande partie, rédigé par lui seul. Étant l'un des collaborateurs les plus actifs de l'hebdomadaire politique et satirique d'avant-garde *Sur-e-Esrafil* (*) où il rédigeait le supplément littéraire *Bribes* [*Čarand-parand*], il avait dû s'exiler quelques années. Rentré en Iran il s'écarta de toute vie politique et consacra la majeure partie de son temps à écrire quelque deux millions de rubriques pour son encyclopédie. L'impression de cet ouvrage d'intérêt national fut retardée par manque de fonds. C'est seulement à la suite des demandes réitérées de la presse de la capitale iranienne et conformément à une loi adoptée par le Parlement que l'on commença en 1947, sa publication, sous la direction de Mohammad Mo'in, professeur à l'université de Téhéran et, dans le cadre de l'Institut *Logat-Name,* Mohammad Mo'in et ses collaborateurs complétèrent par d'autres rubriques, mais toujours dans l'esprit de Ali Akbar Dehḫodā, l'œuvre de celui-ci. Le lexique littéraire de la langue classique persane a été l'objet d'une particulière attention. L'origine historique de la valeur des mots y est donnée avec indication d'auteur. Les citations, souvent multiples pour un même mot, permettent de souligner les définitions et de rendre toutes les nuances de la signification qui a, pour certains mots, considérablement varié au cours des siècles. Certains critiques, malgré l'immense tâche entreprise, ont été assez sévères : manque de rigueur dans le choix des citations (comment y remédier puisqu'il n'existe pas d'édition critique et définitive d'une majeure partie des chefs-d'œuvre classiques de la littérature persane ?) et manque d'ordre dans la publication des fascicules. Néanmoins *Logat-Name* fixe la prononciation (surtout des voyelles très rarement écrites dans la langue persane), enrichit le vocabulaire, prolonge la vie des mots et en garde la pureté. *Logat-Name* joue donc un rôle fort important dans la diffusion de la langue persane et dans l'intelligence des textes anciens.

EN DÉPIT DE TOUT [*Trots allt*]. Recueil poétique de l'écrivain suédois Bo Bergman (1869-1967), publié en 1931. Après le succès des *Marionnettes* (*), la production poétique de Bo Bergman se poursuivit avec : *Un être* *humain* [*En människa,* 1908], *Le Feu* [*Elden,* 1917], *Les Yeux de la vie* [*Livets ögon,* 1922]. Tous ces recueils contiennent de beaux poèmes, mais l'on n'y trouve guère d'éléments vraiment nouveaux. Dans le recueil *En dépit de tout*, la philosophie pessimiste du poète reste à la base de son inspiration, mais Bo Bergman y manifeste aussi son désir de sortir de ce pessimisme. Peut-être la nouvelle école de jeunes poètes suédois « Cinq Jeunes » [Femunga], qui s'étaient groupés pour chanter la joie de vivre, avait-elle impressionné la sensibilité de Bo Bergman. En tout cas, son idée d'instaurer un nouveau Dieu : l'Homme-Dieu, semble bien découler de cette influence. La pièce maîtresse de ce recueil est le cycle « Ses paroles » [Hennes ord], où Bo Bergman utilise des paradoxes, comme « J'ai froid à tes mains » [Jag fryser öm dina händer], pour exprimer l'effacement des limites physiques et psychiques entre deux amants.

EN DRAISINE VERS LA LITTÉRATURE [*På rallarkärra mot dikten*]. Récit autobiographique de l'écrivain suédois Gustav Hedenvind-Eriksson (1880-1967), publié en 1944. C'est la réponse que l'auteur, ancien poseur de rails dans sa province natale, le Jämtland, mais aussi en France, en Afrique et en Amérique, adressa à un chercheur qui lui avait demandé des renseignements afin de pouvoir rédiger une étude sur lui. Hedenvind-Eriksson refusa d'abord de publier son manuscrit, qu'il jugeait sans importance, mais il dut s'incliner devant les prières de son éditeur. Celui-ci avait raison, car, aussi instructives et divertissantes que soient les œuvres principales de ce pionnier des écrivains-ouvriers en Suède – *Le Baudrier d'Orion* [*Orions bälte,* 1924], et *La Roue ailée* [*Det bevingade hjulet,* 1928], pour ne citer que les plus connues –, cette autobiographie a encore plus de charme et constitue, en outre, une excellente introduction à l'œuvre importante de Gustav Hedenvind-Eriksson.

ENDYMION. La mythologie grecque nous a conservé différentes versions de la fable qui évoque les aventures du beau berger Endymion, aimé par les déesses. Il s'ensuit que les différents ouvrages littéraires qui portent le titre d'*Endymion* ne s'inspirent pas tous de la même légende, mais plutôt d'un personnage qui est, en général, pris chaque fois comme le symbole de la beauté parfaite ou de l'amour. La Renaissance s'attacha tout particulièrement au mythe païen d'Endymion et l'évoqua dans différents ouvrages.

★ Le premier est le recueil de poèmes d'amour et de politique, *Endymion*, écrit par le Catalan italianisé Benedetto Gareth, plus connu sous le nom académique de Caritéo (1450?-1514), et publié en 1506 ; une nouvelle édition, augmentée et remaniée, fut donnée en 1509. Il s'agit de deux cent quatorze sonnets, vingt chansons, quatre sixains et cinq ballades. Plus de la moitié de ces poèmes exaltent l'amour du poète pour une noble dame que l'on suppose avoir appartenu aux familles Chiaramonte ou Montalto, mais que l'auteur appelle tout simplement Luna – certainement à cause du souvenir de la Cynthia de Properce ; tout comme l'astre de la nuit, elle est unique, blanche, froide et pudique. À l'instar d'Endymion, le mythique berger de Carie, amant de Diane, le poète brûle pour elle d'un amour enflammé, mais pur. L'inspiration de cette œuvre suit, en général, les traces et les motifs de la poésie de Pétrarque : la cruauté de la femme aimée, les souffrances de l'amant, qui vont de la mélancolique rêverie s'apaisant dans la contemplation de la nature jusqu'à l'invocation désespérée à la mort ; les conflits intimes, la joie du rêve et le cruel réveil dans la réalité. Dans ces poèmes s'exprime (plus riche que chez Pétrarque et à l'instar du Politien et de Sannazar) un motif de brûlante et sensuelle poésie, directement issu des poèmes élégiaques latins et surtout de ceux de Properce. Après douze ans de ces vaines amours, le poète a la douleur d'assister au départ de sa Dame, qui quitte Naples pour se rendre en Espagne (chanson XIe). Cette séparation joue ici le même rôle que la mort de Laure dans le *Canzoniere* (*) de Pétrarque. Puis les pleurs s'apaisent et lorsque, après de longues années, Luna revient à Naples, dans le cœur du poète la flamme amoureuse ne jette plus que quelques faibles lueurs.

Caritéo, en sa qualité de poète politique à la cour des Aragon de Naples, est dans une situation privilégiée ; espagnol de naissance, il est sensible au faste de cette Maison, et est donc plus sincère dans son admiration que les autres poètes courtisans. On trouve en effet, un style épique d'une grande beauté dans le poème « Aragonia » (VI) tout imprégné des réminiscences de Platon et de Virgile. Cinquante sonnets environ, ayant un caractère plus exclusivement historique, constituent une sorte de galerie de portraits d'hommes et de femmes illustres dans l'histoire du royaume de Naples. Le riche recueil de chansons de Caritéo, tout en n'ayant aucune véritable originalité, ne manque pourtant pas, surtout dans les poèmes d'amour, de certaines couleurs, de descriptions pittoresques, où le paysage napolitain, les effets lunaires, le spectacle de la mer et des vents sont évoqués avec une douceur mélancolique et voluptueuse. Il faut surtout remarquer la pureté de la langue, le style plein d'aisance qui nous permet de ranger Caritéo, à côté du Politien, de Boiardo et de Sannazar, parmi les écrivains qui, par leur exemple, exaltèrent et affirmèrent la noblesse de l'italien, de cette langue romane méprisée des humanistes.

★ Vers la fin du XVIe siècle parut en Angleterre *Endymion, l'homme dans la lune* [*Endimion, the Mann in the Moon*], drame allégorique, en cinq actes en prose, de l'écrivain anglais John Lyly (1554 ?-1606), représenté probablement en 1588, publié en 1591. Endymion quitte Tellus (la Terre), dévoré par une passion désespérée pour Cynthia (la Lune). Tellus parvient, grâce à la sorcière Dipsas, à plonger Endymion dans un sommeil qui durera quarante ans. Cynthia brise l'enchantement et délivre Endymion par un baiser, en lui redonnant ainsi sa jeunesse et en lui permettant de la courtiser encore. L'intrigue est légère, l'allégorie semble faire allusion à la rivalité entre la reine Élisabeth (Cynthia) et Marie Stuart (Tellus), et à l'affection de la reine, interrompue par une brève période de défaveur, pour le comte de Leicester (Endymion) ; en outre, deux allégories secondaires se trouvent cachées, paraît-il, dans la dispute entre Dipsas et son mari Géron (le comte et la comtesse de Shrewsbury) et les relations entre Euménide (peut-être sir Philip Sidney) avec Sémélé (peut-être lady Rich). Mais, comme on l'a également fait remarquer, si Lyly avait réellement introduit dans son drame toutes les intentions allégoriques que lui prêtent ses interprètes, il aurait bien vite ruiné sa carrière à la Cour. La scène où Euménide, ami d'Endymion, arrive en Thessalie pour chercher le moyen magique de réveiller le jeune homme endormi, est une des scènes les plus romantiques du théâtre de l'époque élisabéthaine.

★ Un poème narratif, *Endymion* [*Endimiár*], fut écrit, en 1627, par le poète espagnol Marcelo Díaz Callecerrada. Il s'agit de trois chants en octaves. Vénus, offensée par la Lune, pousse Amour dans les bras de la froide déesse, qui s'éprend d'Endymion ; pour parvenir à ses fins, la Lune l'endort en le faisant rêver des champs de Baïes et de Cumes.

★ L'Arcadie italienne ne pouvait ignorer les ressources que ce mythe offrait au drame pastoral. Ceci nous a valu un petit ouvrage, *Endymion* [*Endimione*], fable dramatique en cinq actes, très courte, composée par Alessandro Guidi (1650-1712), dont le nom en Arcadie fut Erilo Cleoneo. Les personnages de cette fable sont l'Amour, Cynthia, Endymion, un chœur de bergers, un chœur de Nymphes. Cynthia, blessée par Amour qui veut essayer sa puissance sur une déesse aussi méprisante et pudique, s'éprend d'un humble et jeune berger, Endymion. Celui-ci, séduit et touché, à son tour, par les feux de l'amour, n'ose cependant révéler sa passion que les menaces de la déesse attisent au lieu d'éteindre. Enfin Cynthia cède, vaincue, semble-t-il, par les supplications du berger, mais en réalité par le désir de son propre cœur. Cette fable manque absolument d'action : au premier acte, Amour raconte à Cynthia, pour la mettre à l'épreuve, comment Endymion a été mortellement blessé par la flèche d'une Nymphe. On retrouve ici une scène de l'*Aminta* (*) du Tasse. La fable s'achève par la montée au ciel d'Endymion, transporté par Amour loin des vaines affections et des soucis des mortels.

★ Un des premiers ouvrages de Pietro Métastase (1698-1782) est le drame *Endymion*, écrit en 1720 ; comme tous ses autres travaux de jeunesse, celui-ci laisse déjà pressentir, par sa forme et par son vers mélodieux, les mélodrames qui vont suivre. Il fut mis en musique plusieurs fois.

★ En puisant son inspiration directement dans la fable de l'Antiquité, John Keats (1695-1821) écrivit son poème narratif en quatre livres, *Endymion*, publié en 1818. Le poète développe et enrichit la légende en mélangeant, sous la forme de visions, d'autres histoires de la mythologie classique. Le berger Endymion aperçoit en rêve la Beauté parfaite ; à son réveil, il cherche la femme qu'il a contemplée pendant son sommeil. Après un long pèlerinage, au cours duquel il a été induit en erreur par d'autres visions (qui donnent à Keats le prétexte d'introduire dans son poème les légendes de Vénus, d'Adonis, d'Aréthuse, de Glaucos et de Scylla). Endymion reconnaît enfin dans la déesse Lune l'apparition de son rêve et s'unit à elle dans la vie éternelle. *Endymion* est le premier poème publié par Keats où, au milieu des faiblesses inévitables dues à son inexpérience, s'affirment déjà, d'une façon très claire, la beauté de son imagination et sa fantastique richesse verbale, parfois trop exubérante, et nourrie surtout d'auteurs élisabéthains ; cette richesse affaiblit l'impression générale, bien que les conceptions poétiques de Keats le poussent déjà à introduire dans son œuvre une signification allégorique et spirituelle. L'art de Keats, dans certains de ces épisodes, atteint à une véritable perfection. Cependant la richesse des images, l'abondance et le foisonnement des détails, les sensations se mêlant les unes aux autres alourdissent ce poème, en affaiblissant sa structure générale et en détournant l'attention du lecteur d'une vision globale de l'œuvre. Celle-ci ne laisse pas moins pressentir comment les qualités poétiques et le tempérament généreux de Keats, dès qu'ils seront disciplinés par un sens plus élevé des proportions, lui permettront de créer, seulement trois ans après, ses meilleurs poèmes lyriques. Le premier vers est demeuré célèbre : « Une chose de beauté est une joie pour toujours » [A thing of Beauty is a joy for ever]. L'hymne à Pan inséré dans le premier livre du poème est aussi très connu. Sous le couvert d'une allégorie, se cache une sorte de résumé de la pensée philosophique de Keats, qui a voulu présenter ici l'aspiration de l'âme humaine vers la Beauté parfaite. La même idée revient ensuite dans d'autres poèmes — *Hyperion* (*) et *Lamia* (*) — et dans la plupart des *Odes* (*) de Keats. — Trad. *Poèmes et poésies*, Mercure de France, 1910 ; Aubier-Flammarion, 1968.

★ Des ouvrages en musique inspirés par le mythe d'Endymion furent composés entre autres par Reinhard Keiser (1674-1739), Hambourg, 1701. Le texte de Métastase fut mis en musique par Antonio Bioni (1698 ?), Breslau,

1727 ; Andréa Bernasconi (1705-1784), Venise, 1742 ; Niccolò Jommelli (1714-1774), Gênes, 1756 ; Giuseppe Sigismondi (1739-1836), Vienne, 1765, et par beaucoup d'autres musiciens. Des opéras avec le titre d'*Endymion* furent écrits par Franz Joseph Haydn (1732-1809), Vienne, 1770, et par Garcia Manuel (1775-1832) ; puis parurent les « ouvertures » *Endymion* de Xavier Leroux (1863-1919) et Ernest Kroeger (1862-1934) ; enfin le poème mythologique *Endymion* d'Albert Cahen (1846-1903). Quelques opéras eurent comme titre *Diane et Endymion* ; rappelons parmi ces derniers celui de Claudio Monteverdi (1657-1693), *Les Amours de Diane et d'Endymion* [*Gli Amori di Diana e di Endimione*], intermezzo divisé en quatre scènes mentionné dans une lettre, œuvre aujourd'hui perdue ; l'ouvrage pastoral, *Diane et Endymion*, d'Anne Danican Philidor (1681-1728), 1698 ; les opéras *Endymion* d'Alexandre Scarlatti (1660-1725), de Niccolò Piccinni (1728-1800), représenté à Paris, en 1784.

★ Dans le domaine des arts figuratifs, en plus des nombreux tableaux et bas-reliefs anciens, mentionnons les tableaux du Tintoret, de Guerchin (Les Offices) et de Subleyras. Le tableau de Girodet *Le Sommeil d'Endymion* au Louvre et la statue de Canova sont les ouvrages les plus connus.

EN ÉCOUTANT LE PREMIER COUCOU AU PRINTEMPS [*On hearing the first cuckoo in spring*]. C'est une des partitions les plus connues du compositeur anglais Frederick Delius (1862-1934). Cette œuvrette, assez courte, écrite pour petit orchestre, constitue l'un des exemples les plus accomplis de l'art du compositeur. Elle fut élaborée vers 1912, à Grez-sur-Loing, en France, petite localité où Delius s'était réfugié dès l'année 1900 pour fuir à la fois l'Angleterre et le monde artistique, qui avaient mal accueilli ses premières œuvres. Après une lente introduction de trois mesures se fait entendre une succession de motifs évoquant de lointains appels du coucou, au hautbois, puis aux cordes. Cet élément très simple constitue le premier des deux thèmes principaux. Delius le développe en une page délicate et nostalgique. Le second thème, qui n'apparaît que plus tard, s'inspire d'une chanson populaire norvégienne, souvenir, sans doute, de l'amitié qui lia Grieg et le jeune Delius à partir de 1887, à Leipzig, où celui-ci fit une partie de ses études. Ce nouveau motif est énoncé par les premiers violons, puis développé. La clarinette ramène le thème du coucou, et l'ouvrage s'achève dans une atmosphère rasséréné. Le chef d'orchestre anglais sir Thomas Beecham, qui dès 1909 avait prodigué un inlassable dévouement à faire connaître la musique de Delius, dirigea une exécution de cette œuvre, au cours des obsèques du compositeur, en 1934, dans la petite église de Grez-sur-Loing.

ÉNÉIDE (L') [*Aeneis*]. Le plus grand poème de l'Antiquité latine, écrit par le poète Virgile (Publius Virgilius Maro, 70-19 av. J.-C.) dans les dix dernières années de sa vie et demeuré inachevé, soit que des vers, ici et là, furent laissés en suspens, soit que dans la composition et dans la structure du récit se fasse jour parfois une certaine incohérence. Suivant la volonté du poète, il aurait dû être jeté aux flammes, mais Auguste voulut qu'on le sauvât et qu'on le publiât sans aucune retouche. Il est divisé en deux parties d'égale importance, nettement séparées et distinctes : la première (Livres I à VI), imitée de l'*Odyssée* (*), conte les voyages d'Énée jusqu'à l'arrivée du héros en Italie ; la seconde (Livres VII à XII), imitée de l'*Iliade* (*), narre les guerres pour la conquête du Latium jusqu'à la fondation du royaume de Lavinium. Après six ans de voyages aventureux, Énée est sur le point d'arriver en Italie lorsque Junon réussit à disperser les vaisseaux des Troyens qui à grand-peine accostent en Libye. Énée, explorant la région en compagnie de son fidèle Achate, rencontre une jeune chasseresse et apprend d'elle l'existence d'une ville voisine, Carthage, dont la fondatrice est Didon qui s'est enfuie de Tyr après la mort de son mari Sichée. À peine la chasseresse s'est-elle éloignée qu'à son parfum céleste Énée reconnaît en elle sa mère, Vénus. Accompagné d'Achate, il se dirige alors vers la ville où l'on est en train de construire un temple à Junon : les murs de ce temple sont ornés de bas-reliefs représentant des épisodes de la guerre de Troie. Didon, devant laquelle Énée se présente avec ses compagnons, invite le héros à un banquet dans son palais. Énée fait chercher son fils Ascagne pour qu'il vienne porter des cadeaux à la reine. Mais Vénus, qui craint la perfidie carthaginoise, remplace l'enfant endormi par Cupidon, rendu semblable à Ascagne. Didon, déjà touchée par l'amour, prie son hôte de lui conter la chute de Troie et sa vie vagabonde (Livre I).

Énée commence son récit au jour qui précéda le désastre : les Grecs, ayant construit un énorme cheval de bois, y dissimulèrent des guerriers et, feignant un départ, se cachèrent derrière l'île de Ténédos. Aux Troyens stupéfaits, un Grec prisonnier, Sinon, qui feint d'avoir été persécuté par Ulysse, déclare que les assiégeants se sont décidés à partir après avoir construit un cheval pour s'attirer les faveurs de Pallas irritée ; mais le cheval est si grand qu'il ne peut passer par les portes de Troie. Le prêtre Laocoon, alors qu'il conseillait de ne pas recueillir le cheval, est tué par deux serpents ; aussi le croit-on victime de son impiété. On décide d'abattre les remparts de la cité pour faire entrer le cheval. Quand tous les Troyens sont plongés dans le sommeil, les guerriers sortent des flancs du cheval. Énée, auquel Hector apparaît en songe, se réveille tandis qu'on brûle les maisons de Troie ; il rassemble une poignée de braves qui, après avoir attaqué et tué quelques Grecs, s'emparent des armes de leurs victimes pour massacrer les ennemis. Énée resté seul court au palais de Priam où il est témoin de la mort du vieux roi ; cette vue lui rappelle que son père, aussi âgé que le roi, sa femme Créüse et son fils Iule sont seuls et sans défense. Il les rejoint aussitôt et, prenant son père sur ses épaules, tenant Iule par la main et suivi de Créüse, il s'avance dans la nuit.

À l'aube, Énée prend le chemin des montagnes (Liv. II). Après avoir quitté la rive troyenne, il débarque en Thrace, mais comme un fils de Priam, Polydoros, fut assassiné sur cette terre, il se voit obligé de fuir ce pays maudit. À Délos, l'oracle d'Apollon interrogé répond qu'il faut chercher la terre des aïeux. Anchise suppose que cette terre est la Crète ; arrivés là, ils y fondent une ville : Pergame ; mais ils en sont chassés bientôt par la peste. C'est alors qu'Énée a une vision au cours de laquelle les Pénates lui révèlent que la terre antique est celle des Ausones, d'où vint Dardanus. Ils accostent donc aux îles Strophades ; les Harpies prédisent alors qu'Énée connaîtra la famine. Poursuivant leur périple, ils arrivent en vue d'Actium et débarquent à Buthrote. Andromaque, la veuve d'Hector, qui a épousé le divin Hélénos, s'évanouit d'émotion à la vue d'Énée et des armes troyennes. Après un colloque pathétique, Énée reprend son voyage et s'embarque pour le port de Portus-Veneris. C'est la première fois qu'il aborde sur le sol italien. Parvenu à hauteur de Charybde et de Scylla, il prend à gauche et atterrit près de l'Etna, dans le domaine des Cyclopes. Il côtoie ensuite la Sicile et entre dans le port de Drépanon. Là, meurt Anchise ; sur ces mots, prend fin le récit d'Énée (Liv. III).

La reine désormais ne peut plus dominer sa passion ; l'union s'accomplit dans une grotte, pendant la chasse, mais le bonheur est de courte durée. Jupiter envoie Mercure à Énée pour lui reprocher son inertie et lui rappelle le royaume d'Italie. Énée, obéissant, ordonne de préparer la flotte en secret et demeure inflexible aux prières de Didon désespérée. Au matin, tandis que la flotte troyenne s'éloigne, la reine se transperce le cœur sur un bûcher, après avoir maudit les Troyens et leur avoir prédit la vengeance d'Annibal (Liv. IV). Énée, ayant atteint Éryce, un an après la mort d'Anchise, décide de commémorer solennellement cet anniversaire par des libations. Mais Junon envoie Iris, qui persuade les femmes d'incendier la flotte pour mettre fin aux maux de cette longue pérégrination. Des tisons enflammés sont jetés sur les vaisseaux, qui seront sauvés par une pluie providentielle.

Énée, ayant fondé la ville d'Aceste où les femmes et les invalides ont leur demeure, part pour l'Italie accompagné des Troyens les plus courageux et les meilleurs. En vue de la terre italienne, Palinure, le timonier du vaisseau, vaincu par le sommeil, est précipité dans la mer avec son gouvernail. Énée prend le commandement du navire et s'approche de la terre italique (Liv. V). Il débarque à Cumes, auprès de la grotte de la Sibylle, descend dans son antre, où le dieu prophétique lui annonce de nouveaux périls et de nouvelles douleurs ; après s'être muni d'un rameau sacré aux feuilles d'or et avoir sacrifié à Proserpine et à Pluton, il reprend la voie souterraine des ombres jusqu'à ce qu'il arrive aux marécages du Styx. Il y rencontre Caron et Cerbère, le chien à la triple gueule. Dans les Limbes, il trouve les enfants et les suicidés ; plus loin, dans le champ des pleurs, les âmes des morts d'amour, parmi lesquelles Didon qui le repousse ; plus loin encore, les guerriers tombés sur le champ de bataille. Arrivé au royaume de Pluton, Énée dépose le rameau d'or ; il continue sa route, accompagné du poète Musée qui, à travers les Champs Élysées, le conduit auprès d'Anchise ; celui-ci montrera à son fils les âmes destinées à revenir sur terre ; parmi eux se trouvent notamment les descendants d'Énée : les rois albins, Romulus, la famille des Jules ; puis les grands citoyens de la république, César, Pompée, les deux Marcellus, Claude, le vainqueur des Gaulois et des Carthaginois, et le jeune Marcellus, neveu d'Auguste.

Énée retrouve enfin ses compagnons (Liv. VI) et gagne avec eux l'embouchure du Tibre : le héros envoie des ambassadeurs au roi Latinus, qui les accueille avec bienveillance, reconnaissant en Énée le gendre étranger que lui ont annoncé les oracles. Mais Junon fait appel à Alecto pour qu'elle suscite la discorde et fasse qu'Amata, femme de Latinus, ne veuille pas du mariage de sa fille Lavinie avec un étranger, alors qu'elle a déjà été promise à Turnus, roi des Rutules. Celui-ci rassemble les siens. Tout le Latium est en armes ; le poète en profite pour évoquer toute la lignée des guerriers italiens : Mezence, Lausus, Aventinus, Catillus et Coras Caeculus, Messapos, Halésus, Virbius, Turnus, et en dernier Camille, la vierge guerrière (Liv. VII). Suivant le conseil du dieu Tibérinus, Énée remonte le cours du Tibre jusqu'à Pallantée, une pauvre cité de pêcheurs située sur le lieu même où s'élèvera Rome. S'étant présenté au roi Évandre, il obtient facilement hospitalité et alliance ; Pallas, le fils d'Évandre, le suivra. Pendant le banquet qui lui est offert, Énée écoute le récit des exploits d'Hercule qui, dans ce lieu même, a tué Cacus, d'où le culte qu'on lui porte. Accompagné du roi, il visite les lieux qui, un jour, deviendront fameux : le grand autel, la porte Carmentale, la forêt, asile de Romulus, le Lupercal et la Roche Tarpéienne. Cependant Vénus, ayant obtenu de Vulcain des armes pour son fils, lui en fait présent. Elles sont tout ornées des principaux faits de l'histoire romaine : la louve et les jumeaux, l'enlèvement des Sabines, Romulus et Titus, Tatius, Horatius Coclès et Clélia, les Gaulois et le Capitole, les Saliens, les Luperques, les Flamines ; enfin Catillina et Caton. Au milieu figure la bataille d'Actium (Liv. VIII).

Turnus, pendant l'absence d'Énée, attaque le camp des Troyens, cherchant à mettre le feu aux vaisseaux. Mais Jupiter les transforme en nymphes de la mer. Pendant l'attaque du camp, Nisus s'offre volontairement pour aller avertir Énée du péril que courent les Troyens ; son fidèle ami, Euryale, se joint à lui. Partis de nuit, ils traversent le camp des ennemis plongés dans le sommeil et en font un grand massacre. Mais surpris par une patrouille ennemie qui les suit, Euryale est pris ; Nisus, voyant son ami perdu, revient en arrière pour venger sa mort et tombe sur le corps de son ami ; les têtes des deux jeunes gens, plantées sur des piques, sont exposées à la vue des Troyens. Exultants, les Rutules attaquent avec tant de furie qu'ils réussissent à forcer la porte par laquelle s'élance Turnus ; mais, séparé des siens, ce dernier se voit contraint de s'enfuir par le fleuve (Liv. IX). Jupiter réunit le conseil divin et, se plaignant que les dieux se soient mêlés de la guerre, estime qu'il faut laisser libre cours au destin. Énée, ayant resserré son alliance avec Tarchon, chef des Étrusques, s'est déjà mis en marche pour vaincre les Rutules. Son navire avance en premier, suivi de toute la flotte et arrive en vue du camp des Troyens. À peine Turnus a-t-il vu Énée qu'il se précipite pour empêcher le débarquement ; dans la mêlée, il affronte et tue le jeune Pallas, se parant du baudrier ciselé de sa victime.

Énée, désireux de venger la mort de son ami, cherche en vain Turnus que Junon a transporté loin du camp (Liv. X). À l'aube ont lieu les funérailles de Pallas dont le corps, enseveli sous les fleurs, est rapporté solennellement à son père Évandre. Pour ensevelir les morts, on négocie une trêve. L'heure presse : ayant confié le commandement de la cavalerie à la vierge Camille, Turnus se met en embuscade. Mais Camille, malgré sa valeur, est tuée par Arruns. Sa mort contraint Turnus à sortir ouvertement dans la plaine (Liv. XI). Pour éviter de répandre inutilement le sang, le Rutule offre de se battre en combat singulier avec Énée ; celui qui vaincra épousera Lavinie. La trêve est conclue, mais la nymphe Juturne, sœur de Turnus, craignant pour son propre frère mêlé à la foule des Rutules, parvient à semer le désordre et une flèche vient frapper un allié d'Énée. Énée lui-même, dans le tumulte qui en résulte, est blessé à son tour ; Turnus profite de l'absence de son adversaire pour faire un grand carnage de Troyens ; mais promptement guéri par Vénus, Énée revient sur le champ de bataille ; à sa vue les ennemis tremblent de peur et commencent à fuir. La reine Amata, se voyant perdue, se tue. Désormais, les Rutules sont vaincus. Turnus, comprenant la gravité du moment, veut une mort digne de sa noblesse : il accourt aux remparts et invite Énée à se battre. Les deux rivaux se rencontrent avec une indicible fureur, mais Turnus, ayant brisé son épée sur l'armure d'Énée, est obligé de fuir, poursuivi par le héros. Les dieux décident que les Troyens sont vainqueurs, mais que ce seront les Latins qui légueront leur nom, leur langue et leurs lois ; de la mort de Troie doit naître Rome. Turnus désormais est perdu : abattu et blessé, il demande grâce à Énée ; celui-ci, plein de pitié, s'apprête à lui pardonner, lorsqu'il voit sur lui le baudrier de Pallas ; se rappelant son serment, il donne à Turnus le coup mortel (Liv. XII).

Telle est la structure épico-dramatique de ce poème, le plus riche de toute la littérature latine, le poète ayant associé aux fables antiques les idées de son époque, faisant preuve d'un sens profond de l'histoire. Les incessants voyages et le long tourment de la guerre latine donnent l'impression d'un destin surhumain. Le merveilleux et le surnaturel, les divinités du ciel, de la terre, de la mer, des fleuves, les nymphes, les héros, les demi-dieux se mêlent aux vicissitudes des hommes ; mais le surnaturel n'y apparaît jamais que comme une sublimation du réel, un couronnement des amours, des sentiments et des passions du cœur humain. Tout le récit, de la chute de Troie à la mort de Turnus, tend en une progression unique à préparer le moment sublime qui verra la fondation de Rome. Les dieux, inflexibles et éternels, commandent, mais sur terre les hommes continuent à souffrir ; le tourment d'Énée tient tout entier dans le désir irrésistible de se trouver une nouvelle patrie. Les souffrances de l'âme, le regret du passé, l'espoir d'un meilleur avenir, l'attachement dévot pour sa divine mère Vénus et pour la progéniture qui naîtra d'Ascagne donnent plus de relief et une valeur pathétique plus intense aux promesses du destin et à la gloire de la future cité. Mais tout ceci s'identifie moins avec le monde héroïque des anciens qu'avec le monde chevaleresque et quasi chrétien de temps plus modernes.

L'ensemble des chants est animé d'un esprit ascétique semblable à celui qui inspirera les croisades. Le meurtre de Turnus n'est pas un acte de férocité, mais représente le nécessaire épilogue d'un triste événement, qui ouvrira la voie au royaume latin et à la grandeur future de Rome. Sous cet aspect, le poème est véritablement épique ; car l'épopée des Romains, lentement formée au cours d'une évolution populaire et littéraire, avait, déjà depuis des siècles, fait remonter l'origine de la Ville aux Troyens, plutôt qu'aux Grecs. Avec Virgile, cette conception prend une forme plus systématique et complexe ; en effet le poète suppose que les Troyens eux-mêmes descendent de Dardanus, seigneur de Cortone en Étrurie, et que, Troie étant détruite, ils recherchent leur ancienne patrie. Plus tard la famille Julia, avec César et Octave, se vantera de descendre de Iule Ascagne, fils d'Énée, donc du plus illustre des Troyens venus dans le Latium. Mais tous ces éléments de propagande ont été recomposés lyriquement et dramatiquement ; les personnages, en grande partie d'origine homérique, perdent leur auréole mythique et légendaire. Ils relèvent du petit poème épique ou du théâtre bourgeois ; ainsi ils gagnent en humanité ce qu'ils perdent sur le plan divin. *L'Énéide*, à la différence des poèmes homériques, n'est pas à l'épopée du divin, mais de l'humain transporté dans la légende.

Le thème patriotique et politique bien qu'il soit, ici, mieux intégré dans la trame même du récit qu'il ne l'était dans les *Bucoliques* (*) ou à plus forte raison dans les *Géorgiques* (*), paraît néanmoins être quelque peu étranger au génie poétique de Virgile. Celui-ci s'attarde plus volontiers sur le jeune Marcellus, mort à la fleur de l'âge comme Polydore, Euryale, Nisus, Pallas ou Camille, que sur les noms illustres des grands Romains, les Fabius, les Scipions, les Césars. – Trad. par P. Klossowski, Gallimard, 1964 [rééd. André Dimanche, 1990] ; Belles Lettres, 1977-80.

★ *L'Énéide* reste pour le Moyen Âge et la Renaissance le modèle de toute poésie, et à mesure que le mouvement des esprits remontant vers l'Antiquité classique va vers la consécration de Rome, se fonde également la tradition d'un Virgile magicien, et apparaissent les premiers remaniements et les premiers travestissements du poème qui renferme la somme de tout le juste savoir. Dante fera de Virgile le symbole du genre poétique même, et verra dans Rome la préfiguration de l'empire chrétien.

La première des imitations de l'*Énéide* est l'*Énéas* ou *Roman d'Énéas*, poème en 10 156 octosyllabes. Jacques Salverda de Grave, après l'avoir imprimé une première fois à Halle en 1891, en a donné une autre édition critique, composée selon de nouveaux principes et publiée à Paris en 1925. L'*Énéas* a été rédigé, autour de 1160, en dialecte normand, on ne sait par qui ; on a pensé à Benoît de Sainte-More, auteur du *Roman de Troie* (*) et à Marie de France ; mais les deux hypothèses restent peu probables. Virgile y est suivi assez fidèlement ; seul l'ordre de l'action, qui prétend être fidèle à la chronologie, est changé ici et là. La versification est libre. Que le sujet antique ait été, dans cette imitation comme dans tous les autres poèmes du *Cycle classique* (*), transposé dans la langue de la société médiévale, il est superflu de le dire, bien que l'auteur montre moins de répugnance que ses confrères à garder les éléments de l'attirail mythologique. Ce qui lui donne une place à part dans l'ensemble du cycle, c'est la manifeste influence d'Ovide ; ses épisodes amoureux ne sont pas encore empreints de la galanterie raffinée qui bientôt constituera l'essence des romans chevaleresques, mais ils présentent un intérêt psychologique par la définition de l'amour qui s'y trouve incluse, par la façon dont celui-ci naît et dont il se manifeste : toutes choses qui ont leur point de départ dans la littérature d'Ovide, et qui montrent que l'esprit et le goût se sont détachés de la vieille littérature épique française, absolument ignorante des complications sentimentales. – L'*Énéas* a été traduit par M. Thiry-Stassin (Paris, Champion, 1985). Utiliser également le recueil *Relire le Roman d'Énéas*, sous la direction de J. Dufournet, Paris, 1985.

★ *L'Énéide* du Limbourgeois Heinrich von Veldeke (parue dans la seconde moitié du XIIe siècle) est une traduction du roman français *Énéas*. Commencé sans doute autour de 1170, l'ouvrage fut terminé avant 1190, après une interruption due au fait que le manuscrit contenant les vers de 1 à 10933, fut volé aux noces de la protectrice du poète, la comtesse Marguerite de Clèves, par un comte de Thuringe, et que Veldeke ne rentra en sa possession que neuf ans plus tard. Le roman français était une « composition romantique » dont la matière était *L'Énéide* virgilien et « dans laquelle les noms étaient antiques, mais la nature des faits, les titres des personnages, les usages décrits, la couleur générale comme le sentiment étaient propres à la vie contemporaine et répondaient à l'idée chevaleresque et courtisane d'alors ». *L'Énéide* de von Veldeke (où l'on retrouve le dialecte du poète, né aux environs de Maestricht) est, au contraire, une « traduction » au sens médiéval du mot, c'est-à-dire un remaniement. Le nombre des vers en donne déjà la mesure : 13 528 contre les 10 156 du roman français. Cette amplification est due cependant moins à de nouvelles inventions qu'à un délayage et à une profusion de détails dont la robuste logique réaliste détruit tout mystère poétique. Témoins par exemple les vers 2448 à 2460, dans lesquels Anna, trouvant la chambre de Didon fermée, se met à frapper à la porte et tourne en vain la poignée, jusqu'à ce qu'elle ait l'idée de regarder par le trou de la serrure et aperçoive ainsi le corps ardent de l'amoureuse et malheureuse reine !

Le vivant récit du Normand devient plat chez le Limbourgeois. L'auteur manque de style et, de plus, domine mal son moyen d'expression, le vers et la rime, d'où les chevilles, les répétitions, les formules. Comme tout provincial, Veldeke, en empruntant à la France l'idéal de la courtoisie chevaleresque, l'exagère et le systématise. Ainsi, il n'hésite pas à supprimer les termes qui pourraient troubler la délicatesse d'oreilles courtoises, comme « félonie » et « couardise » ; il laisse de côté les phrases sur l'inconstance de la femme ; fait table rase des propos indécents, comme les insinuations sur l'homosexualité d'Énée que fait la mère de Lavinie ; transforme les vils pasteurs en guerriers, les archers en nobles, selon une mode qui rappelle les conventions sociales et poétiques de la France d'avant le romantisme ; il s'étend sur la chronique stylisée de cérémonies, de réceptions, de fêtes. Correspondant aux besoins de son temps, *L'Énéide* eut un gros succès en Allemagne. D'une part pour une raison de forme : Veldeke introduisit dans la poésie allemande la rime pure au lieu de l'habituelle assonance, ce qui fut une innovation très appréciée. D'autre part, pour l'intérêt du sujet et la nouveauté du genre : on retrouve en effet de nombreuses réminiscences et des échos de *L'Énéide* dans la littérature poétique immédiatement postérieure, y compris dans le *Parsifal* (*) de Wolfram et le *Tristan* (*) de Gottfried de Strasbourg ; Wolfram appelle expressément Veldeke son maître et Gottfried en fait un chaleureux éloge dans *Tristan*.

★ Les humanistes aborderont les œuvres du poète de Mantoue avec une connaissance du latin et des sources classiques toute nouvelle ; c'est pourquoi, à côté des recherches grammaticales et historiques et des imitations, apparaissent les premiers exemples de vulgarisation du poème, d'abord grossièrement littéraires, ensuite de plus en plus guidés par des exigences artistiques, jusqu'à rivaliser avec l'original. Au début du XIVe, paraît une réduction en prose (traduite d'une réduction en latin d'un certain Anastage, que l'on croit d'origine grecque) ; elle est largement diffusée et finalement imprimée en 1476. Il en existe une édition manuscrite revue et corrigée, d'origine florentine, due à Andrea Lancia.

Avec la Renaissance commence une ère nouvelle pour les vulgarisations de *L'Énéide*, qui deviennent nombreuses et variées. Si l'ouvrage de Lancia a été seul imprimé dans les dernières années du XVe siècle, au début du XVIe siècle les versions italiennes sont nombreuses. Pour le premier livre, une version d'Emilio Cambiatore de Reggio sort à Venise en 1532 (en terza rima) ; c'est la première version non toscane. Jugée mauvaise par Guarino, elle est refaite sur le ton particulier au XVIe par un certain Vasio et éditée en 1539. Toujours à Venise, en 1540, furent traduits en vers libres les six premiers livres, œuvre de six gentilshommes en l'honneur de six dames : sont à remarquer les versions du cardinal Hippolyte de Médicis pour Julie Gonzague et d'Alexandre Piccolomini pour Frasia Venturi. Cet ouvrage (qui fut réédité en 1544) donne une idée de l'intérêt mondain et élégant que suscita le poème dans la vie de la Renaissance, en dehors même de tout intérêt strictement culturel. Dans le recueil complet des œuvres virgiliennes préparé à Florence en 1556 par Ludovico Domenichi, la version des gentilshommes fut réimprimée, mais Tommaso Porcacchi substitua sa propre version à celle d'Aldobrando de Cerretani. Celui-ci, à son tour, traduisit en stances, avec de larges retouches, tout le poème et le publia en 1560 dans la même ville. Il s'agit là d'une « imitation » dans la manière de l'Arioste ; assez singulière, elle s'inspire d'une solennité digne de la chevalerie et des nouveaux exploits des condottieri italiens. En 1542, Pierre l'Arétin glorifiait, auprès d'Alamanni, la version du huitième livre, œuvre du patricien vénitien Giustiniani.

En 1567-1568 fut publiée la version du poème entier de Ludovico Dolce. Six versions partielles sortent entre 1562 et 1569 ; mais la meilleure version est celle des deux premiers livres, parue en 1584-1585, due à Giovanni Andrea dell'Anguillara — célèbre pour la libre vulgarisation des *Métamorphoses* (*) d'Ovide — et réimprimée même au XIXe siècle.

Suivant l'exemple d'Anguillara, qui refait le poème virgilien dans l'esprit du *Roland furieux* (*), Annibale Caro (1507-1566), plus littéraire, mais non moins désinvolte, s'inscrit dans la tradition d'Alamanni et de Trissin, celle du vers libre. Son expérience connut le succès : son *Énéide*, de 1563-1566, publiée après sa mort à Venise en 1581, est en Italie la version classique du chef-d'œuvre virgilien. L'écrivain, déjà âgé et désireux depuis longtemps d'écrire un poème épique, se passionna pour son travail, cherchant à recréer à sa manière l'œuvre du poète antique. C'est ainsi qu'avec vivacité et grâce cette *Énéide* italienne a acquis une place parmi les œuvres que l'on peut appeler originales : les épisodes sont revécus avec un éclat plastique digne de la Renaissance ; et le ton élégiaque reflète bien, malgré quelque affectation, celui de Virgile ; les aventures sont rendues d'une manière variée, souple et libre au point de montrer parfois les caractéristiques d'une « belle infidèle ».

★ L'influence de *L'Énéide* a été considérable sur toutes les littératures européennes, où l'on trouve d'innombrables traductions et imitations. Une des premières versions, chronologiquement parlant, est *L'Énéide espagnole* (1427-1428) d'Enrique de Villena (1384-1434), qui fut suivie de beaucoup d'autres. En Angleterre, la première traduction est *The Bukes of Eneidos* (Londres, 1553) de Gavin Douglas que suivirent les versions des neuf premiers livres de Thomas Phaer (1562), celle des quatre premiers livres en hexamètres anglais de Stangherato (1582) et celle de John Dryden (1631-1700) qui est complète et bien supérieure à toutes les autres. En France, depuis le *Roman d'Énéas* (v. plus haut), les versions et imitations modernes ne furent pas moins nombreuses.

ÉNÉIDE TRAVESTIE (L') [*L'Eneide travestita*]. Refonte de *L'Énéide* virgilienne de l'Italien Giovambattista Lalli (1572-1637), publiée en 1633. Avec un talent étrange et burlesque à la fois, l'auteur s'est efforcé de donner un certain brio populaire à une œuvre célèbre dans la tradition littéraire. Son premier but a été de présenter d'une façon plus « délectable » un poème fameux afin d'en rendre la lecture plus aisée. Mais le ton ricaneur adopté ridiculise trop facilement et trop grossièrement les situations où se trouvent Énée et, en général, tous les personnages. L'œuvre est avant tout un document sur l'esprit du XVIIe siècle. Elle se caractérise par l'attitude plaisante et impudique avec laquelle elle parodie le récit des aventures d'Énée, le courage de ses compagnons, la signification fatale de l'histoire de Rome et, en général, tout motif héroïque. Tout est prétexte à sourire et l'action la plus glorieuse révèle son point faible et humain par le jeu même des sentiments. Le poète cherche à se soustraire à bien des amplifications rhétoriques du passé. Le héros est un homme comme nous et il est normal que ses actions soient observées avec un sourire qui, s'il n'est pas tout à fait moqueur, fait preuve du moins d'une sereine complaisance pour ses erreurs. Énée, lui-même, se montre mesquin dans ses poses d'amoureux, de héros indécis, de général trop humain envers ses soldats. C'est par là que Lalli donne à son œuvre un caractère franchement moderne.

★ Le *Virgile travesti* de l'écrivain français Paul Scarron (1610-1660). Publiée de 1648 (trois premiers livres) à 1653 (livre VII, début livre VIII), donc inachevée, cette épopée parodique repose sur les fondements du burlesque : l'intertextualité (écriture en palimpseste à partir d'un modèle célèbre) et le décalage (rabaissement trivial de la mythologie, amplification héroï-comique conduisant à « parler magnifiquement des choses les plus basses » (Ch. Perrault). Inspiré de Lalli, de Saint-Amant (« Le Passage de Gibraltar ») et de Sorel (*Le Banquet des dieux* dans *Le Berger extravagant*), ce genre nouveau avait déjà tenté Scarron qui s'y était essayé dans le *Typhon* (1644). Cette écriture se caractérise par un vocabulaire bas, archaïque, pittoresque, forgé ; par une syntaxe où dominent les ruptures de construction ; par une rhétorique de l'emphase cocasse, de l'entassement comique. L'ornementation se mêle à la dissonance, dans les vingt mille neuf cent seize octosyllabes qui composent cette version quadruplée du texte de Virgile. Les intrusions d'un auteur qui interpelle ironiquement son prédécesseur, la réduction de la part mythique du récit au bénéfice d'un tableau des activités humaines plus facilement transposables dans des descriptions actualisées permettant de savoureux anachronismes, les accumulations de gags et de plaisanteries, la vivacité du rythme ne peuvent malgré tout empêcher quelque lassitude pour un lecteur dont l'intérêt pourrait se renouveler, comme l'a très bien montré Jean Serroy (dans sa Préface à la réédition du *Virgile travesti*, 1988), s'il prenait en compte le drame du « paralytique » Scarron, tentant d'exorciser sa douleur par le rire et de conserver ainsi sa liberté devant un sort tragique. Ainsi serait justifiée, dans son sens le plus profond, la formule de Théophile Gautier, selon laquelle Scarron est l'« Homère de l'école bouffonne ». Les suites du *Virgile travesti* proposées par J. Moreau (1706) et P. Brussel (1767) montrent en effet ce que le génie de Scarron avait d'unique.

★ Un autre « travestissement » important de *L'Énéide* est dû au poète autrichien Aloys Blumauer (1755-1798). Son œuvre, dont le titre est : *Les Aventures du pieux héros Énée* [*Abenteuer des frommen Helden Aeneas*], a été publiée entre 1784 et 1788. L'auteur reprend, en gardant la même prosodie, la tentative de parodie du poème faite en 1771 par Michaelis. Il s'agit cette fois d'une satire grossière qui transpose les thèmes de l'épopée dans le monde de l'époque et dont le comique voulu ne rend qu'un effet exagéré. Cette œuvre a, pourtant, rencontré les sympathies du public, notamment à cause de son esprit antireligieux et anticatholique.

★ *L'Énéide à la mode d'Ukraine* [*Eneida na ukrajins'ku movu perelycovana*] d'Ivan Kotliarevski (1769-1838) est célèbre dans la littérature slave. C'est ce poème satirique qui a ouvert la période de renaissance littéraire en Ukraine. Il a été publié à Saint-Pétersbourg en 1798, sans l'autorisation de l'auteur. Cette première édition, réimprimée en 1808, ne comprenait que les trois premières parties (ou chants) de l'œuvre et un tout petit dictionnaire russo-ukrainien. En 1809, a paru une nouvelle édition, présentée par l'auteur lui-même et augmentée d'une quatrième partie. L'œuvre complète, en six parties, n'a été publiée qu'après la mort de l'auteur en 1842. Cette *Énéide à la mode d'Ukraine*, écrite en strophes de dix vers, présente, sous un jour humoristique, la vie ukrainienne de la fin du XVIIIe siècle et du début du XIXe. Par la richesse des observations qu'elle contient, elle a une valeur ethnographique. Les personnages, sous des noms latins et mythologiques, présentent les caractères typiques des Cosaques ukrainiens ; de ces Cosaques qui, après la destruction de la Sič des Zaporogues par les troupes russes de Catherine II, avaient été obligés d'errer à travers le monde à la recherche d'une autre patrie. Ils avaient été, tout d'abord, les hôtes du gouvernement turc qui leur avait cédé la région du Danube ; puis ils s'étaient transportés sur la mer Noire et étaient, enfin, passés sur les bords du Kouban où ils avaient formé une armée appelée l'armée des Cosaques du Kouban. Les deux premières parties de l'œuvre décrivent le voyage des émigrants dont l'itinéraire est calqué sur celui de *L'Énéide* ; mais malgré le déguisement classique et mythologique, les usages et les mœurs représentés sont incontestablement et constamment ceux de la terre ukrainienne.

La troisième partie est consacrée à la description de l'Enfer en conformité avec les croyances populaires ukrainiennes. Le récit de tous les malheurs qui frappent le pays après la perte de son indépendance est particulièrement réussi. Le plus grand et le plus douloureux de ces malheurs est l'asservissement de la terre d'Ukraine par l'impératrice Catherine II. On trouve dans l'œuvre de Kotliarevski, et surtout dans sa description de l'Enfer ukrainien, la première et violente protestation des paysans contre l'oppression : protestation que Taras Chevtchenko reprendra plus tard.

ÉNERGIE SPIRITUELLE (L'). Ouvrage du philosophe français Henri Bergson (1859-1941), publié en 1919. L'auteur a ici réuni plusieurs études, essais et conférences : « La Conscience et la Vie » ; « L'Âme et le Corps » ; « Fantômes de vivants et recherches psychiques » ; « Le Rêve » ; « Le Souvenir du présent et la Fausse Reconnaissance » ; « L'Effort intellectuel » ; « Le Cerveau et la Pensée » ; « Une illusion philosophique ». Dans toutes ces études, le point de vue est surtout psychologique : dans les relations de « la conscience et de la vie », il faut d'abord envisager celles de la conscience et du cerveau. La conscience ne se définit point : seule l'expérience directe et constante nous la fait connaître. Conscience signifie d'abord mémoire : qu'est-ce qu'une conscience qui s'oublierait elle-même, sinon, à proprement parler, l'inconscience ? Mais la conscience est aussi anticipation de l'avenir, attention à la vie, à ce qui est, mais surtout à ce qui va être. On retrouve ici un des thèmes, une des « lignes de faîte » de la pensée bergsonienne : la conscience est ici uniquement envisagée comme un mouvement entre le passé et l'avenir. Autre problème : la conscience est-elle inséparable de la vie, tous les êtres sont-ils conscients ? Toute vie, répond Bergson, est création et « comme, pour créer l'avenir, il faut en préparer quelque chose dans le présent, comme la préparation de ce qui sera ne peut se faire que par l'utilisation de ce qui a été, la vie s'emploie dès le début à conserver le passé et à anticiper sur l'avenir... ». Aussi doit-on affirmer que la conscience est coextensive à la vie elle-même.

Le cerveau est l'organe d'« attention à la vie », l'organe moteur qui traduit en gestes, attitudes, etc., les sentiments de la conscience. Mais c'est aussi l'organe inhibiteur de rêves, des images gênantes pour la vie quotidienne : le rêve correspond donc à un affaiblissement de cette « attention à la vie ». Les rêves ne sont pas fabriqués de rien, mais à partir des stimulations sensorielles que l'organisme continue de recevoir. Fusion entre mémoire et sensation, son mécanisme ne diffère guère de celui de la perception, si ce n'est par l'amoindrissement de l'attention à la vie concrète, ce qui explique la rapidité des rêves, l'esprit pouvant librement courir dès lors qu'il n'est plus contrôlé par le réel. Par l'affaiblissement cérébral s'expliquent aussi, pour Bergson, l'hallucination, la « fausse reconnaissance », la vision panoramique instantanée de la vie chez le noyé, l'alpiniste, le soldat qui se sent visé par l'ennemi : cette résurrection de la totalité du passé est due à un brusque et total désintéressement de la vie, né de la conviction qu'on va mourir à l'instant. Dans « L'Effort intellectuel », le philosophe étudie la direction de la pensée et l'usage des images mentales, et il remarque que souvent l'apparition de celles-ci est réglée par leur signification. Quant à l'« illusion philosophique », c'est le parallélisme psycho-physique, lorsqu'il est conçu avec un dogmatisme métaphysique. L'expérience, dit Bergson, ne nous montre nullement l'existence d'un tel parallélisme : on ne saurait donc absolument pas soutenir que le cérébral est l'équivalent du mental ; le corps et l'esprit ne sont pas liés d'une manière inséparable, et la vie intime de l'esprit ne s'inscrit que très vaguement dans le cerveau. À propos de l'hallucination véridique, que Bergson rattache à l'explication par un affaiblissement momentané du cerveau, on pourrait répondre qu'il est assez étrange que cet affaiblissement survienne juste au moment où l'événement, qui est la matière de l'hallucination, se produit. Quant à la conception de la conscience comme un pur mouvement du passé vers l'avenir, on pourrait aussi arguer que la conscience ne peut être ce trait d'union que parce qu'elle est un présent, ce que nie Bergson.

ENFANCE [*Detstvo*]. Récit autobiographique de l'écrivain russe Maxime Gorki (pseud. de Aleksej Peškov, 1868-1936), publié en 1913-1914 : c'est le premier volume d'une trilogie qui comprend en outre *En gagnant mon pain* (*) et *Mes universités* (*). L'écrivain évoque les premières années de sa vie, dans un milieu populaire, déchiré par le malheur et la misère qui avivent les basses passions de l'individu, entre un grand-père rude, violent, souvent brutal, qui élève le petit Aliocha à l'ancienne mode, et une grand-mère bonne, pieuse, mais assez faible pour supporter passivement son mari. La maison familiale vit dans la terreur du vieux, qui distribue sans compter les coups, à sa femme autant qu'à ses enfants. Les seuls souvenirs plaisants coïncident avec les moments d'absence du grand-père : la famille s'en donnait alors à cœur joie, on buvait, la grand-mère dansait, les enfants recevaient sucreries et liqueurs. Plus souvent, des images affreuses viennent déchirer la mémoire de l'auteur : c'est un oncle qui pleure parce que sa femme, qu'il a trop battue, vient de mourir sous les coups ; c'est un tzigane, ami d'Aliocha, et qui a le rare privilège d'être aimé du vieux, mais qui est lâchement assassiné par les oncles d'Aliocha, jaloux de cette préférence ; c'est un grand incendie, la ruine qu'il entraîne et qui contraint la famille à se séparer... Peu à peu, l'enfant, en grandissant, devient plus espiègle et s'étonne que son grand-père le batte moins qu'autrefois. Le petit aime la rue, il s'éveille à la vie sans pouvoir toutefois se dégager de la mystérieuse tristesse qui l'accable. Le malheur continue d'ailleurs à peser, toujours plus lourd, sur les pauvres gens : le grand-père doit partager ses biens avec ses enfants. Le voici devenu tout à fait pauvre et avare. La mère d'Aliocha meurt et l'adolescent doit maintenant aller sur les routes ramasser des chiffons et du bois. Peu à peu, le jeune narrateur se rend compte qu'à force d'être malheureux les paysans russes ont fini par s'habituer à leur peine, et presque à l'aimer. Lorsque survient un malheur plus grand que les autres, on l'accueille comme un événement, comme une sorte de distraction dans une existence étouffée ; et, « sur un visage vide, une griffe devient un ornement ». La part autobiographique, dans l'œuvre de Gorki, est à bon droit la plus célèbre, et *Enfance* est certainement le chef-d'œuvre de l'écrivain. C'est une poignante évocation de la vie des classes misérables à la fin du XIXe siècle : chaque personnage est placé dans le réseau de ses parentés, de ses amitiés et de ses haines. Les figures sont loin d'être estompées par l'ampleur du tableau : toutes ressortent, et en particulier celle de la grand-mère, avec sa religiosité douce et passive, est inoubliable. – Trad. Gallimard, 1976.

ENFANCE [*Infancia*]. Roman autobiographique de l'écrivain brésilien Graciliano Ramos (1892-1953), publié en 1945. Le plus important, si ce n'est le mieux écrit, de tous ses ouvrages, car on y trouve la signification profonde de son œuvre, sa propre réalité. Ces souvenirs ne sont pas ceux d'un enfant « classique ». Aucune poésie, aucun rêve possibles dans ce monde cruel de châtiments et de privations, sans horizon, dans cette société qui va donner à l'écrivain ce caractère d'intransigeant réalisme pour décrire l'injustice, les enfants maltraités, les adultes cruels et oppresseurs, le nivellement jusqu'à l'asphyxie de la personnalité. C'est la tension entre le « moi » de l'auteur et cette société, le cri de désespoir de l'enfant rejeté, abandonné, analphabète jusqu'à neuf ans, considéré comme un animal, privé de sympathie, mû par la peur, qui va influencer la création littéraire : il écrit pour se libérer de ses souvenirs oppressants et torturants. Et son style sobre, ascétique, dénudé, le ton hiératique de ses phrases transmettent les émotions et les impressions de manière précise et implacable et nous aident à comprendre sa vision amère du monde et son horreur du pouvoir dominateur.

On a donné à ce livre le qualificatif de « diabolique », au sens où l'auteur appréhende la vie comme une damnation, attribue aux protagonistes des figures d'animaux répugnants comme la limace ou le rat, et confirme la célèbre phrase de Plaute : « Homo homini lupus. » – Trad. Gallimard, 1956.

M. Le M.

ENFANCE. Roman de l'écrivain français d'origine russe Nathalie Sarraute (née en 1902), publié en 1983. De facture plus classique que les précédents livres de l'auteur des *Tropismes* (*), ce texte se situe par ses thèmes dans la droite ligne d'une œuvre tout à la fois originale et cohérente. Sarraute y introduit la donnée nouvelle de l'autobiographie, dans un contexte qui voit paraître l'année suivante *L'Amant* (*) de Marguerite Duras, et *Le Miroir qui revient* (*) de Alain Robbe-Grillet. Mais il ne s'agit pas, comme dans la plupart des œuvres autobiographiques, d'une relation à soi-même centrée sur les morceaux choisis que sont les beaux souvenirs d'enfance, « conformes aux modèles les plus appréciés », et qui deviennent rapidement pré-texte à la rédaction de type scolaire : « Vous raconterez votre premier chagrin. » C'est par cette fenêtre dérisoire du joli petit souvenir en trompe l'œil que Nathalie Sarraute a appris à écrire, même si cet apprentissage consiste avant tout à se défaire d'une mémoire lissée par les ans, et à se débarrasser du beau style qui encombre le langage direct ouvert sur la vie, avec lequel l'écrivain tente d'établir un contact durable. Écrire contre sa propre enfance, celle que lui renvoient les mots des autres, voilà le contrat décidé par l'auteur. Nous assistons à cette genèse d'une écriture par la voix dédoublée de celle qui s'adresse à la petite fille qu'elle fût, la petite Tachok. Pour en finir avec l'enfance – avec l'enfance stéréotypée et préfabriquée qui affleure dès que l'on évoque Oliver Twist ou David Copperfield –, Sarraute n'hésite pas à mettre en pièces (détachées) l'image toute faite de la petite fille sage livrée aux tourments d'un monde sans pitié ; les souvenirs qu'elle nous livre sont comme lacérés par l'écriture, elle les découpe à coups de mots très durs, des mots tranchants, de la même façon qu'elle prenait une sorte de malin plaisir à enfoncer les ciseaux dans la soie bleue du canapé : le fantasme rejoint ici l'activité mesurée et consciente de l'artiste. D'autre part, les mots entendus il y a longtemps continuent de blesser avec la même tranquille assurance, et l'adulte reste meurtrie par cette irruption mutilante du verbe, déchirure précoce. Les mots font mal, les mots dévastent et tuent lentement, avec la même application froide qu'une maladie incurable : « Mais par contre, à l'intérieur de Véra, ce que ces mots pouvaient provoquer [...], cette déflagration silencieuse, ce bouillonnement furieux, ces âcres fumées, ces coulées incandescentes... » L'enfant a fait l'expérience de cette peur en même temps qu'elle a découvert le monde béant des adultes qui ne cessent de se combattre, avec les meilleures intentions du monde. D'où une certaine familiarité avec la mort, qui reste cependant à apprivoiser. L'intensité des sensations échappe alors à la décomposition qui affecte cette frange du passé dans laquelle nous serions bien en peine de nous reconnaître. Un éclair de vie, une épiphanie très lente à remonter à la surface du présent donnent toute son intensité à une voix qui franchit l'obstacle du temps et des mots protocolaires, qui se sont ligués avec l'oubli. Pour retrouver simplement « l'air qui vibre parcouru de tremblements à peine perceptibles », que d'efforts seront nécessaires, que de chemin reste à parcourir ! O. H.

ENFANCE (Une) [*Eine Kindheit*]. Roman de l'écrivain allemand Hans Carossa (1878-1956), inspiré de ses propres souvenirs, et premier volume (1922) de sa grande autobiographie qui se poursuit dans *Esquisse autobiographique* [*Autobiographische Skizze,* 1926], *Les Métamorphoses d'une jeunesse* [*Verwandlungen einer Jugend,* 1928], *Guider et conduire* [*Führung und Geleit,* 1933] et *Secrets de la plénitude* [*Geheimnisse des reigen Lebens,* 1936]. Carossa décrit tout d'abord ses « premières joies », dans sa petite ville natale de haute Bavière, puis dans une localité voisine où son père s'installa comme médecin. Un morceau de granit, une perle, le passage d'une comète alors qu'il avait trois ans : tout contribue à l'enchanter (« Ma mère me portait sur son bras et je sentais à travers elle la marche sûre de l'univers »). Très tôt il manifeste un vif penchant pour le vagabondage et se lie d'amitié avec une fillette chimérique surnommée « la Truite », au visage « teinté par l'air et le soleil », qui lui conte d'incroyables histoires (« Sa grande affaire, c'étaient les mystères inquiétants, les exploits maléfiques, les tremblements de terre et les éclipses ; chaque fois qu'elle parlait, on eût dit, à l'entendre, qu'elle y avait assisté »). L'enfant ne rêve que magie, se livre au plaisir de la campagne et revit en pensée ce bonheur que l'on goûte « aussi longtemps que les choses n'ont pas encore de nom, aussi longtemps que tout est pour nous une révélation unique et éternelle ». Une dînette champêtre, la procession de la Fête-Dieu, une découverte au grenier, tout l'émerveillement, enfin, de l'« année jardinière » sont autant de réminiscences où l'écrivain se complaît. À l'école, dès sa sixième année, Hans, petit citadin, éprouve l'hostilité de ses camarades paysans, et au calcul mental préfère les récits bibliques. De plus en plus, il est la proie du merveilleux, grâce à la présence, dans la maison de ses parents, d'un hôte étrange, illusionniste retiré des affaires que son père appelle oncle Georges. Hans ne rêve plus que d'escamotages, de baguette magique, encouragé, cette fois encore, par l'imagination complice d'une petite fille. La première communion a pour effet d'aiguiser son esprit et de le rendre sensible aux « raffinements de fausse piété » (« Je cherchai, écrit-il, avec toujours plus d'application les délits que j'avais commis et notai chaque découverte avec la satisfaction du collectionneur qui attrape et pique des insectes »). Il prend plaisir à se confesser, sa mère lui fait faire l'apprentissage du renoncement, mais tout, chez lui, « tourne à l'excès ». Il accompagne son père dans ses tournées médicales et se prête à une transplantation de peau pour soulager un malade. Puis la magie, encore, le retiendra jusqu'au jour où, désenchanté, il découvrira que la supercherie l'emporte sur le merveilleux. Des épisodes comme « La Course » trahissent encore les déboires de l'enfant lorsqu'il affronte ses camarades, lesquels s'obstinent « à le considérer, les uns comme inquiétant, les autres comme ridicule ». Disputes et vengeances alternent avec de nouveaux appels du mystère (la crèche de Noël). La beauté plastique, enfin, lui est révélée alors qu'il se trouve au presbytère, sous la forme d'un dessin représentant les Propylées, et c'est sur le mode agreste que le livre s'achève : la vue de quelques pies jacassant dans la campagne le remplit d'une « joie infinie ». — Trad. Delamain et Boutelleau, 1942.

ENFANCE, ADOLESCENCE, JEUNESSE [*Detstvo, Otročestvo i Junost'*]. Récits à fond autobiographique de l'écrivain russe Lev Nikolaïevitch Tolstoï (1828-1910). Avec le premier, *Enfance,* publié en 1852, l'écrivain était à ses débuts ; il donna ensuite les deux autres : *Adolescence* et *Jeunesse,* qui ne fut jamais terminé. Le protagoniste des trois récits est un certain Nikolenka Irtenev, sosie de l'auteur lui-même. Il inaugure cette série de personnages, tels que Nekhlioudov dans *La Matinée d'un propriétaire,* Olénine des *Cosaques* (*), Lévine d'*Anna Karénine* (*), etc., qui tantôt incarnent des aspects différents de la personnalité de l'écrivain, au cours des divers moments de sa vie, tantôt deviennent les interprètes de ses idées et de ses opinions. Il n'y a aucune intrigue romanesque dans ces trois récits ; l'on y évoque la vie d'un jeune garçon, se déroulant sans événement marquant depuis son enfance jusqu'à sa jeunesse. L'intérêt de ces trois récits réside essentiellement dans l'analyse psychologique de l'âme de l'enfant, qui nous donne de précieux renseignements sur la personnalité de Tolstoï lui-même. — Trad. Gallimard, 1975.

ENFANCE DE LUVERS (L') [*Detstvo Ljuvers*]. Récit du poète russe Boris Pasternak (1890-1960), publié en 1922. Début retravaillé d'un roman achevé au brouillon en 1917-1918, mais dont la majeure partie s'est perdue, *L'Enfance de Luvers* raconte l'enfance de la petite Génia (Eugénie) Luvers, fille cadette d'un avocat, conseiller juridique auprès d'entreprises minières de l'Oural. Cependant, la vie d'une famille bourgeoise aisée à la veille de la révolution, les paysages urbains ou naturels qui lui servent de fond, les saisons qui la rythment sont perçus à travers le prisme d'une conscience de petite fille, dont la maturation, saisie à l'âge de la puberté, forme le sujet du récit. Celui-ci commence par un épisode de la première enfance où Génia, effrayée par le spectacle inhabituel qu'elle découvre en se réveillant en pleine nuit, est réconfortée par le nom que lui donne son père (celui d'une usine éclairée sur la rive opposée du fleuve), et éprouve ainsi pour la première fois le pouvoir ambigu des mots ; il se poursuit avec la première prise de conscience du corps et de son existence autonome que représentent les premières règles de la petite fille, puis avec le dépaysement et la lente appropriation d'un cadre de vie nouveau à la suite du déménagement de la famille à Ekaterinbourg, sur l'autre versant de l'Oural ; le récit s'achève sur un incident dramatique qui bouleverse l'enfant en associant dans sa conscience l'accouchement prématuré de sa mère et l'accident dont est victime un homme qu'elle ne connaît que de vue mais dont la mort fait entrer pour la première fois dans sa vie l'« autrui... que désignent les commandements » (du christianisme). L'utilisation du langage poétique, et en particulier de la métaphore, dans une tâche d'investigation psychologique visant à retrouver le flux des impressions et des sensations immédiates par-delà les illusions de la conscience de soi et les catégories figées de la psychologie courante, rapproche ce récit de l'œuvre de Proust, que Pasternak ne connaît pas encore, mais avec lequel il se trouvera de nombreuses affinités. — Trad. in *Œuvres*, Bibliothèque de la Pléiade, Gallimard, 1990.

M. A.

ENFANCE DE NIKITA (L') [*Detstvo Nikity*]. Récit apparemment autobiographique de l'écrivain soviétique Alexis Nikolaïevitch Tolstoï (1882-1945). Le récit fut écrit en 1919-1920, lorsque l'auteur se trouvait en France parmi les Russes émigrés à la suite de la révolution bolchevique ; il parut par chapitres dans un bihebdomadaire russe à Paris (1920). Plus tard, quand Tolstoï fut rentré en U.R.S.S., *L'Enfance de Nikita* eut de nombreuses éditions. C'est la description de la vie dans une propriété russe sous l'Ancien Régime, vers la fin du XIXe siècle. Nikita est le fils d'un propriétaire terrien du bassin de la Volga. L'auteur s'attache à décrire, avec beaucoup de soin, la psychologie du garçon : ses jeux, ses intérêts, ses rêves et ses premières amours ; puis celle des enfants qu'il fréquente, qu'ils soient comme lui fils de propriétaire ou petits paysans des villages voisins. Le père de Nikita est un homme jovial mais irréfléchi, gaspillant sa fortune en achats parfaitement inutiles, mais lui paraissant avantageux : par surcroît imprudent, il faillit se noyer un jour de printemps, lors de la crue des eaux ; quant à la mère, personnage plein de douceur, elle est éternellement inquiète pour son mari et pour son fils. Le récit fourmille de personnages : depuis les ouvriers du domaine paternel jusqu'au précepteur, brave homme qui ne fait qu'attendre les lettres de sa fiancée, maîtresse d'école en ville. La nature de la Russie sert de toile de fond : le récit commence en hiver, l'hiver de là-bas avec ses montagnes de neige et son froid aigu, les joyeux combats de neige entre les gosses des deux villages voisins. Puis c'est le printemps avec ses hautes eaux transformant tout le pays en un lac immense, l'arrivée des premiers oiseaux migrateurs, tout ce brusque réveil de la nature. Avec l'été, père et fils participent aux travaux des champs. Mais voici qu'un instant de sécheresse met toute la récolte en péril, le spectre de la disette se lève sur le pays et c'est la joie générale quand, à l'ultime moment, un orage se déverse sur la contrée. Le récit se termine par la description de l'automne et le départ de la famille pour la ville de Samara, où Nikita va entrer au lycée. L'enfant ressent vivement le contraste entre les joies de la campagne et la morne atmosphère urbaine.

Le talent de Tolstoï est éminemment descriptif, la nature, les personnes et les choses sont dessinées avec un relief surprenant, la psychologie enfantine est touchante. Dans cette œuvre, l'auteur se ressent visiblement du récit analogue de son grand homonyme Léon Tolstoï : *Enfance, adolescence et jeunesse,* et, pour ce qui est des descriptions de la nature russe, d'un autre célèbre écrivain, Sergueï Aksakov, auquel il est apparenté de par sa mère. — Adaptation française : *La Jeunesse d'Igor,* Delagrave, 1938.

ENFANCE DE TIOMA (L') [*Detstvo Tjomy*]. C'est la première œuvre que l'écrivain russe Nicolas Garine (1852-1906), venu tard à la littérature, donna au public en 1892. Cette longue nouvelle évoque la vie d'une famille spécifiquement russe, fort respectable et traditionaliste. L'œuvre est construite sur des données autobiographiques. Le héros principal de cette chronique familiale est Tioma Kartachev, fils du général Kartachev et enfant terrible de leur nombreuse progéniture. Il se distingue par une sorte d'intelligence du cœur, qui permet à l'auteur de décrire la psychologie d'un être jeune avec toute la fraîcheur et la spontanéité de l'enfance. Les rapports entre maîtres et serviteurs y sont mis en lumière avec beaucoup de noblesse. La valeur du livre est rehaussée par le fait qu'il donne une vivante image de la vie d'une famille bourgeoise et cultivée à la fin du siècle dernier. Le récit se termine par la mort du père, homme de devoir, assez rigoriste, mais foncièrement attaché à son foyer. Il voit en Tioma le futur chef de la famille, et comme tel il lui en confie la direction. *L'Enfance de Tioma* a été suivi de trois récits : *Les Lycéens, Les Étudiants, Les Ingénieurs.* Ce dernier resta inachevé. L'œuvre entière forme donc une trilogie : ce qui a permis à Garine de donner un tableau plus étendu de la vie sociale et intellectuelle de cette époque. Néanmoins cette œuvre est toujours restée très personnelle et subjective, ce qui lui a d'ailleurs valu certaines critiques. Les trois livres qui ont suivi *L'Enfance de Tioma* ont confirmé son succès, mais n'y ont rien apporté de nouveau. — Trad. Povolotzki, 1923.

ENFANCE DU CHRIST (L'). Oratorio du compositeur français Hector Berlioz (1803-1869), donné en première audition à Paris en 1854. Dans cette œuvre, Berlioz fut attiré par le côté archaïque du sujet. Il en fit d'ailleurs donner, dès 1850, un fragment en première audition sous la signature de Pierre Ducré, compositeur imaginaire du XVIIe siècle dont il disait avoir retrouvé le manuscrit. Berlioz n'a heureusement pas cherché ici à faire un pastiche de la musique ancienne ; il utilise seulement les gammes du plain-chant et imagine quelques mélodies à la manière des complaintes d'autrefois. Seule sa maladresse d'écriture, inhabileté qui n'enlève rien à son génie, pouvait faire croire qu'il s'agissait de l'œuvre d'un musicien primitif. Sa musique, souvent audacieuse, violente et grandiose, apparaît ici comme tellement purifiée qu'il a dû dans ses Mémoires se défendre de tendancieux admirateurs qui affirmaient que, dans *L'Enfance du Christ*, il avait totalement modifié son style : « Rien de moins fondé que cette opinion. Le sujet seul m'a imposé une musique douce et ingénue. Il y a vingt ans, j'aurais écrit *L'Enfance du Christ* de la même manière. » L'oratorio, écrit sur un remarquable texte de Berlioz lui-même, se divise en trois parties, tel un triptyque primitif. La première partie — « Le Songe d'Hérode » — se rapproche davantage du style traditionnel du musicien. Elle décrit, avec d'abondants effets instrumentaux, les rêves qui conduisent le souverain à ordonner le massacre des Innocents. Par un contraste typiquement romantique, la dernière scène de cette première partie a pour cadre très humble l'Étable de Bethléem. L'invisible chœur des anges y ordonne à la Sainte Famille de s'enfuir afin d'échapper au massacre. La seconde partie — « La Fuite en Égypte » — est une véritable réussite musicale, d'une pureté et d'un caractère linéaire tout archaïques. Elle débute par une ouverture en forme de fugue, sur des motifs religieux. Se place ensuite l'« Adieu des bergers » à la Sainte Famille, morceau qui fit l'objet de la mystification de 1850. Enfin, le « Repos de la Sainte Famille » fait penser à un délicieux petit tableau, aux teintes légères de pastel, où l'orchestre et la voix du récitant se confondent avec une grande pureté. La dernière partie de l'oratorio décrit l'« Arrivée à Saïs », l'angoisse de Marie et de Joseph qui cherchent en vain un abri et le bienveillant accueil des pauvres Israélites. L'œuvre se termine sur un « chœur mystique » d'une suggestive simplicité.

« La musique de *L'Enfance du Christ*, écrivait Paul Dukas, est selon nous d'un archaïsme beaucoup plus apparent que réel. Tout au plus y trouve-t-on des tournures de mélodies populaires qui rappellent les vieux Noëls français. »

ENFANCE EN SUÈDE [*Barndom*]. Roman de l'écrivain suédois Jan Myrdal (né en 1927), publié en 1982. Écrivain engagé politiquement à gauche, considéré en Suède comme un agitateur d'idées extrémistes qui secouèrent à plusieurs reprises une social-démocratie paisiblement installée au pouvoir, Jan Myrdal a éprouvé le besoin, arrivé à la cinquantaine, de se pencher sur son enfance pour y rechercher l'explication de sa personnalité brillante et provocatrice. De cette interrogation immodeste, il est résulté trois récits, *Enfance en Suède, Un autre monde* [*En annan värld,* 1984] et *Ma treizième année* [*Tolv på det trettonde,* 1989], basés sur ses expériences mais situés à mi-chemin de la biographie et de la fiction. Il reprend ainsi le flambeau d'un genre littéraire où ont excellé nombre d'écrivains suédois avant lui : l'autobiographie romancée. *Enfance en Suède* couvre les années 1933-1938 et décrit le monde vu sous l'optique du jeune garçon. Il s'agit d'une œuvre éminemment subjective où l'auteur nous livre sa propre version des faits. Sans se soucier — ou plutôt parfaitement conscient — du tollé et de l'indignation que ses révélations risquaient de soulever dans un pays encore fortement imprégné par la morale protestante et le respect dû aux parents, Jan Myrdal lève en effet de manière impudique le voile de sa vie de famille. Or ses parents furent deux figures marquantes de la social-démocratie suédoise : son père, Gunnar Myrdal, ancien ministre, obtint le prix Nobel d'économie en 1974 et sa mère, Alva Myrdal, le prix Nobel de la paix en 1982. Toutefois, au-delà du scandale et des polémiques sur la véracité de ce témoignage, il faut surtout retenir que Jan Myrdal a su composer un véritable chef-d'œuvre en recréant un univers enfantin parfaitement réel et convaincant. Grâce à des évocations précises et intenses, il fait surgir ses souvenirs tout en donnant libre cours à son imagination. Ainsi s'ébauche le portrait d'un enfant inquiet, sans cesse sur ses gardes et solitaire. Entre le fils et ses parents, présentés comme deux égocentriques, l'incompréhension est totale. Le père irascible prend un malin plaisir à se moquer de l'enfant pour sa corpulence. La mère, entichée de psychologie, est certes bien intentionnée mais manque d'intuition et de chaleur. Elle interprète la moindre parole et pose sur lui un regard inquisiteur qui le transperce et le paralyse. Profondément meurtri, il trouve heureusement sollicitude et réconfort auprès de ses grands-parents paternels à qui il a été confié pendant les premières années de sa vie. Là fut le véritable foyer où il se sentit aimé. Cependant Jan Myrdal estime que ses difficultés ont pu être positives car elles ont décidé de sa vocation d'écrivain. À six ans déjà, il s'isolait et s'évadait en composant des histoires qu'il illustrait lui-même. Dans *Un autre monde,* Jan Myrdal élargit sa perspective : le garçon a désormais onze ans et il quitte la Suède pour les États-Unis. Il est heureux de découvrir un nouvel univers mais doit lutter pour sa liberté, forger ses opinions face à la maladresse de la mère et à la condescendance du père. La formation de cet enfant devient sous la plume de Jan Myrdal une aventure douloureuse et passionnante. Le manque d'assurance, la honte d'être différent, l'éveil de la sexualité, toutes ces expériences sont aussi les nôtres. Avec *Ma treizième année,* Jan Myrdal achève l'évocation rétrospective de son enfance. Son récit s'arrête au seuil de la puberté, déjà décrite dans de précédents essais : *Puberté* [*Pubertet,* 1946 mais publié en 1989], *Devenir et Être* [*Att bli och vara,* 1956]. L'auteur adresse un reproche majeur à ses parents, coupables d'une trahison impardonnable. Sous prétexte de solidarité, ceux-ci forcèrent toute la famille à rentrer en Suède en 1940, puis y laissèrent leur progéniture pour retourner aux États-Unis, sans tenir compte des sentiments de leur fils, devenu américain dans l'âme et qui souhaitait ardemment y demeurer. Alors l'enfant, révolté par l'hypocrisie et la vanité de ses parents, se réfugie dans les livres, se passionne pour la technique (le Meccano !) et la politique. Le témoignage de Jan Myrdal est une réussite car d'une enfance privilégiée mais désespérante, il a fait, avec humour et sous la forme d'un récit varié où ses propres sentiments prennent une portée universelle, la description d'une destinée humaine. — Trad. Actes Sud, *Enfance en Suède,* 1988 et *Un autre monde,* 1989.

M.-B. L.

ENFANCES GODEFROY (v. *Le Chevalier au cygne*).

ENFANCES OGIER (v. *Ogier le Danois*).

ENFANCES VIVIEN. Deux des vingt-quatre chansons de la *Geste de Monglane* ou de *Guillaume d'Orange* portent dans leur titre le nom de Vivien, neveu et fils adoptif de Guillaume : les *Enfances Vivien*, retraçant les premières prouesses du héros ; et la *Chevalerie Vivien* (ou *Covenant Vivien*), chantant, comme la première partie de la Chanson d'*Aliscans* (*), sa dernière bataille et sa mort héroïque. Le même sujet avait été déjà traité dans la première partie de la *Chanson de Guillaume* (*), qui a précédé et inspiré aussi bien la Chanson d'*Aliscans* que la *Chevalerie Vivien.*

★ *Enfances Vivien* (première moitié du XIIIe siècle). La chanson, comprenant environ cinq mille vers décasyllabes assonancés, est postérieure aux autres poèmes chantant la geste de Vivien, fils de Garin d'Anseaume et d'Eustasse de Bavière. L'émir de Luserne, en Andalousie, accepte de rendre vie et liberté à son prisonnier, Garin de Monglane, à condition que lui soit remis en otage le tout jeune fils de Garin ; les devins ne lui ont-ils pas prédit en effet que l'enfant vengerait son père ? L'échange est décidé par la famille, malgré la douleur de la mère. Mais voici qu'une incursion de pirates aux ordres de Gormont, roi d'Afrique, interrompt le supplice déjà apprêté pour Vivien. L'enfant, vendu comme esclave, est acheté par une marchande qui l'élève comme son fils. Un jour, alors qu'il est à Luserne avec d'autres marchands, un conflit s'élève entre ceux-ci et les mécréants. Il prend le commandement, se bat à la tête de ses compagnons contre une armée, force la citadelle, s'y enferme et soutient le siège. La marchande et son mari savent qui est leur fils adoptif et vont implorer du secours pour lui auprès de ses oncles et auprès du roi. Garin d'Anseaume et Guillaume d'Orange reprochent hautement à Louis son ingratitude, aux barons leur couardise. Le roi cède et une formidable armée, après de sanglantes batailles, délivre Vivien, pille et brûle la ville conquise. — Les *Enfances Vivien* ont été éditées par C. Wahlund et H. Feilitzen (Paris-Uppsala, 1895).

★ *Chevalerie Vivien* (d'abord connue sous le nom de *Covenant Vivien*, c'est-à-dire « Le Vœu de Vivien »). Cette chanson, comprenant environ mille neuf cents décasyllabes assonancés, forme une sorte de prologue à la Chanson d'*Aliscans*, qui dans sa première partie en répète, avec quelques variantes, le sujet. Celui-ci se trouve déjà dans la *Chanson de Guillaume* (*), version plus archaïque, de laquelle se sont inspirés les deux poèmes. — Cette chanson de geste a été éditée par L. Terracher (Paris, 1909).

★ La *Geste de Monglane* ou de *Guillaume d'Orange* comprend vingt-quatre chansons, qui, sauf quelques exceptions, furent composées entre 1150 et 1250, et la plupart avant la fin du XIIe siècle. Le cycle entier, qui comprend près de cent vingt mille vers, présente une cohérence plus grande que les autres cycles épiques. Le personnage central du cycle, Guillaume d'Orange, surnommé Guillaume au Court nez (ou au Courbe nez) et Guillaume Fierebrace, est calqué sur un personnage historique, saint Guillaume le Grand, duc d'Aquitaine, créé par Charlemagne comte de Toulouse l'un des plus célèbres guerriers du IXe siècle, qui combattit les Maures en Espagne, et — retiré du monde sur la fin de sa vie — mourut en 812 à Gellone, dans le monastère qu'il avait fondé. Les poètes en ont fait le défenseur du faible successeur qu'ils ont donné à Charlemagne, et le rempart de la foi contre les Sarrasins d'Espagne. La transposition n'est que partielle, car si Guillaume était mort lors de l'ouverture de la succession de Charlemagne en 814, il avait bien été le soutien du jeune Louis lorsque celui-ci n'était que roi d'Aquitaine. Toute une famille mythique se construisit autour de Guillaume, et la geste s'enrichit des exploits des nouveaux héros. Une dizaine de chansons font de Guillaume d'Orange leur principal personnage et retracent des périodes différentes de sa vie : les *Enfances Guillaume, Le Couronnement de Louis* (*), *Le Charroi de Nîmes* (*), la *Prise d'Orange*, la *Chanson de Guillaume* (*) et sa réédition, la Chanson d'*Aliscans* (*), le *Moniage de Guillaume* (*). Les *Enfances Vivien* et la *Chevalerie Vivien* se rattachent étroitement à Guillaume, bien qu'il n'en soit pas le principal héros. Guillaume est encore l'un des personnages importants de divers poèmes dédiés aux gestes des héros de sa famille : les *Narbonnais,* le *Siège de Barbastre, Bovon de Commercis*. Enfin d'autres chansons, où Guillaume n'apparaît pas, célèbrent les exploits d'autres membres de la famille, *Guibert d'Andrènes*, héros également de la *Prise de Cordoue ; Girart de Vienne* (*) ; ou des héros des générations précédentes, *Aimeri de Narbonne* (*) et *Mort d'Aimeri*, le père de Guillaume ; *Enfances Garin*, l'ancêtre ; *Roman de Garin de Monglane ; Geste de Monglane*. Enfin un groupe de chansons se rattache à la bataille d'Aliscans et célèbre la vengeance de la douloureuse défaite (*Faucon de Candie ; Bataille de Loquifer ; Moniage Rainouart ; Renier*). — Voir également *Cycle carolingien* (*).

ENFANT À LA BALUSTRADE (L'). Roman de l'écrivain français René Boylesve (pseud. de René Tardiveau, 1867-1925), publié en 1903. C'est une œuvre à fond autobiographique, racontée à la première personne : faisant suite à un autre roman, *La Becquée*, elle concerne des souvenirs d'enfance. Un enfant, Henri, dit Riquet, après avoir vécu avec sa grand-mère, retourne dans sa famille : son père, le notaire Nadaud, après être devenu veuf, s'est remarié et ne s'entend plus avec ses parents. Riquet souffre de ces dissensions, mais bientôt de nouveaux événements bouleversent sa vie. Le notaire, lié avec les familles de la bourgeoisie conservatrice, reste fidèle aux idéaux du second Empire, tandis qu'à Beaumont, où il habite, les gens montrent leur sympathie pour les hommes nouveaux et intrigants. Les mauvaises langues se déchaînent lorsqu'on apprend qu'il va acheter l'une des plus belles maisons du pays, celle de la vieille Mme Colivaut ; à la mort de cette dernière, il ira habiter cette maison. Diverses familles du pays se liguent contre le notaire et s'efforcent de lui rendre la vie impossible : au milieu de ces ennuis continuels, sa vie est troublée par des amis qui le trahissent, par des disputes dans sa famille, par des affaires qui vont mal. Mais l'enfant voit, dans cette maison que l'on va acheter, l'espoir d'une vie nouvelle : il aime son cadran solaire ; quand il se penche du haut de la balustrade située au sommet de la colline, il a l'impression de contempler la vie. Son secret amour pour une jolie et étrange jeune fille, Marguerite, fille du député anticlérical Charmaison, favorable aux ennemis du notaire, donne un sens à la vie de Riquet. Finalement, son père, après des péripéties variées, arrive à devenir propriétaire de la maison et à s'y établir. Pendant ce temps, beaucoup de choses se sont passées, et nombreuses ont été les déceptions que Riquet a connues de la part de la changeante Marguerite. Un jeune docteur du pays, un certain Troufleau, est tombé amoureux d'elle, aussi. Et un beau jour, elle revient pour annoncer ses fiançailles avec un autre docteur qui était justement venu dans le pays faire une concurrence déloyale à Troufleau. Il ne reste plus à Riquet qu'à se renfermer en lui-même et dans son rêve, puisqu'il a toujours vu la réalité passer sous ses yeux comme du haut de la balustrade de la vieille maison. Le roman nous montre avec beaucoup de finesse la vie de province ; son intérêt réside surtout dans le léger regret qui voile cette évocation d'une enfance lointaine, et, en dehors de cette déception d'enfant, il évoque les disputes et les rivalités électorales de n'importe quel petit pays.

ENFANT À LA BOULE (L') [*El niño de la bola*]. Roman de l'écrivain espagnol Pedro Antonio de Alarcón (1833-1891), publié pour la première fois en 1880. « L'Enfant à la boule » est le nom d'une statue fameuse de l'Enfant Jésus vénérée dans une localité andalouse. Ce nom qui est devenu, dans le village, synonyme de bravoure et caractérise celui qui n'a peur de personne, est porté par le héros du roman : Manuel Vénégas, fils du courageux Rodrigo qui, après s'être ruiné pour armer des volontaires dans la guerre contre Napoléon, se trouve être redevable d'une somme considérable à l'usurier don Elias. Le héros, que les balles françaises avaient épargné, meurt au cours de l'incendie qui a détruit la maison de l'usurier : il avait voulu arracher au feu les titres qui prouvaient qu'il était son débiteur. Don Elias, nullement troublé par cette preuve de loyauté paradoxale, s'installera, après en avoir chassé l'orphelin, dans la maison de Rodrigo, qui est devenue la sienne. Un prêtre recueille Manuel par charité et l'élève du mieux qu'il peut. Mais, bien vite, l'orphelin reprend son indépendance et trouve dans les ravins de la Sierra mille façons de gagner largement sa vie. La femme du vieil usurier a cherché en vain à apitoyer son mari sur le sort de Manuel ; mais la petite Soledad, fille de don Elias, s'intéresse à Manuel ; celui-ci, ayant surmonté sa rancune, finit par tomber amoureux de la fille de l'homme qui a ruiné son père. Le vieil avare s'obstine à contrarier les désirs des deux jeunes gens, aussi Manuel décide-t-il d'opposer une autre défense à la défense paternelle ; se sachant le plus fort de tous les jeunes gens de sa génération, il interdit à tous ceux-ci d'approcher Soledad ; personne ne la courtisera, personne ne pourra l'épouser s'il ne veut faire connaissance avec la lame de son poignard. La mère de Soledad engage Manuel à quitter la ville : le temps arrangera tout et, à son retour, leurs désirs ne seront plus contrariés. Pendant quelques années, on ne verra donc plus Manuel au village ; il a même quitté l'Europe. À son retour, il apprend que Soledad a été contrainte par son père d'épouser un jeune homme étranger à la ville : lui seul a eu le courage de violer le tabou que la dictature de « L'Enfant à la boule » avait dressée autour de la jeune fille. La ville attend avec angoisse la tragédie ; mais Manuel, vaincu par les prières du prêtre qui l'a élevé et par les supplications de la mère de Soledad, parvient à contenir son désir de vengeance et se résout à abandonner définitivement la ville. C'est alors qu'une lettre de Soledad précipite la tragédie : celle-ci l'aime et le supplie de rester pour elle. La solution violente que la ville exige n'est plus nécessaire, l'amour possède d'autres moyens ; mais cette solution offense Manuel ; il se sent comme un acteur qui serait condamné à jouer un rôle anonyme et bas. Il préfère tuer, sous les yeux de tous, Soledad, qu'il a réussi à faire danser avec lui dans une fête publique. Le roman est un des meilleurs d'Alarcón ; la narration et les descriptions sont pleines de vie, et il est sans doute supérieur à tous les autres à cause de la figure du protagoniste qui est indubitablement un des personnages les plus poétiques de toute la littérature espagnole. — Trad. Hachette, 1889.

ENFANT ARDENT (L') [*The Burning Babe*]. Œuvre du poète anglais Robert Southwell (1561-1595), parue dans le recueil *Maeoniae* (Londres, 1595). Dans un style baroque, Southwell nous présente le Christ enfant, déchiré de souffrance et d'amour. Le poème est en vers de quatorze pieds ; une émotion vraie lui donne force, douceur et simplicité en dépit du maniérisme de la forme. Le poète imagine qu'il voit apparaître une nuit d'hiver l'Enfant Jésus au milieu d'un brasier et qu'il pleure, comme si ses larmes devaient éteindre le grand feu qui l'entoure. Le foyer ardent est le cœur brûlant de Jésus, son amour est le feu, ses soupirs la fumée, les ronces déchirantes servent de combustible et les douleurs sont les cendres : ainsi sont expliquées les choses, et Jésus ajoute qu'avec le métal fondu en Lui Il purifiera les âmes des hommes impurs. Quand s'évanouit la vision, le poète se souvient que c'est le jour de Noël.

ENFANTASME. Roman policier de l'écrivain français Georges-Jean Arnaud (né en 1928), paru en 1976. Charlotte, qui supporte mal la vie dijonnaise auprès de son mari Guy, va, pour se remettre d'une dépression, habiter une ferme isolée accessible seulement en motoneige. Elle vient de perdre dans un accident son fils Antoine qu'elle avait d'abord pensé appeler Pierre. Aussi est-elle très émue quand elle rencontre un garçon d'une dizaine d'années, portant une cape noire et disant se nommer Pierre. Personne ne semble le connaître dans la région. Elle le cache dans la grange quand son mari vient la voir le week-end et, quand elle lui en parle, il est persuadé qu'il s'agit d'un fantasme. La gendarmerie découvre près de la ferme le cadavre d'Albert, un jeune garçon évadé d'un centre de correction, qui a été tué d'un coup de couteau. Pierre avoue à Charlotte qu'il l'a tué parce qu'il s'apprêtait à lui faire du mal à elle. Charlotte confie alors à Pierre qu'elle l'adopterait si elle était débarrassée de Guy. Sachant qu'un assassin rôde dans la région, son mari veut ramener Charlotte en ambulance. Guy, qui montait à l'échelle pour accéder au grenier, s'écroule sur le sol cimenté, déséquilibré par l'enfant auquel il ne croyait pas — et sous les yeux des deux ambulanciers qui, n'ayant pas vu Pierre, pourront témoigner qu'il s'agit d'un accident. Comme dans beaucoup de ses romans, Arnaud réussit un savoureux cocktail de mystère et d'angoisse où l'innocence côtoie la folie. Les « victimes » prennent une revanche sur le destin en devenant coupables ou justiciers selon le point de vue du lecteur. Ce roman a obtenu le prix Mystère de la critique et il a été porté à l'écran en 1978 par Sergio Gobbi sous le titre de *L'Enfant de la nuit*, un « échec sans précédent ». D. B.d.M.

ENFANT BOUC (L') [*Giles Goat Boy*]. Roman de l'écrivain américain John Barth (né en 1930), publié en 1966. Le livre, semi-romanesque et allégorique, présente une histoire principale insérée au milieu de lettres, de préfaces, de textes divers. On nous indique que le désordre du récit est peut-être dû à son auteur, un ordinateur « fou ». Toutefois, parmi toutes les fausses pistes et les leurres du roman, le lecteur parvient à comprendre qu'un professeur-écrivain, J. B., dont la carrière ressemble fort à celle de Barth lui-même, s'est chargé de reconstruire l'histoire du Grand Tuteur, George Giles, l'enfant bouc, dont la mère est humaine et le père un ordinateur ; celui-là même, nous laisse-t-on croire, qui contrôle le roman.

Le livre présente en fait l'univers comme une immense université dans laquelle Giles évolue et dont il va devenir le Grand Tuteur, c'est-à-dire le Messie ; les campus Est et Ouest représentent les U.S.A. et l'U.R.S.S., les guerres mondiales sont des soulèvements étudiants, et l'ordinateur WESCAC, pris de « Eat Waves » (jeu de mots sur « heat » chaleur et « eat » manger), ressemble à la bombe atomique. Tel personnage rappelle Khrouchtchev, tel autre Kennedy ; même le Christ et ses douze apôtres apparaissent sous les traits de Enos Enoch et des Douze Trustees. Au sein de ce campus-univers, le héros Giles affronte de nombreuses épreuves. Le livre, de manière comique, utilise pour raconter ses aventures toutes les conventions du mythe héroïque. Notre demi-dieu moderne veut apporter un nouveau curriculum (c'est-à-dire une nouvelle philosophie) à l'université. Il veut aussi apprendre le sens du message mystérieux — « réussi à tout, collé à tout » — que ses parents, qui l'ont abandonné tout bébé, lui ont laissé. Giles sera persécuté par une série de personnages démoniaques qui le tentent sexuellement et spirituellement. Son entreprise sera constamment modifiée, redéfinie par les complexités du monde et d'innombrables problèmes. Le livre finit par être un labyrinthe où Giles progresse tant bien que mal. Il évolue, bien sûr, et se débarrasse de son innocence animale (c'est un enfant bouc), pour devenir ensuite humain, héros, puis presque martyr et prophète-philosophe, pessimiste enfin ; il décrit ainsi le trajet d'un intellect aux prises avec le monde.

Giles a accompli sa destinée héroïque. Mais ses victoires intellectuelles, sexuelles politiques, contées avec virtuosité et ironie, le laissent à la fin indifférent et assez triste, comme s'il était devenu la preuve vivante d'une des devises que nous avons rencontrées dans le livre : « La connaissance de soi n'apporte que des ennuis. »

Le nombre infini de personnages, la suite extravagante d'incidents comiques auxquels ils sont soumis font de *L'Enfant bouc* une époustouflante farce de lettré, sans doute un peu longue (sept cents pages), qui met en scène la « sagesse » du XXe siècle et réutilise un grand nombre de traditions littéraires et de mythes. — Trad. Gallimard, 1970. C. Gr.

ENFANT BRÛLÉ (L') [*Bränt barn*]. Roman publié en 1948 par l'écrivain suédois Stig Dagerman (1923-1954). Seules quelques images nous permettent, par instants, de parcourir la distance qui sépare notre apparence de notre profondeur. Ces images, qu'il suffit de s'épeler à soi-même pour qu'un autre regard s'éclaire comme à l'intérieur de notre vue, sont la crête d'une vague qu'elles semblent tirer de l'abîme de nos ténèbres. Par elles, une seconde inoubliable, nous voici devenus voyants — voyants de tout ce pays sous la foudre qui va du Moi au Je. Cette étrange nuit blanche, on a la sensation de l'avoir parcourue au sortir du roman de Dagerman, mais comment la définir ? Ici les images fondamentales sont obsessionnelles plutôt que conscientes : la couleur rouge, un chien noir, la présence, désormais irréductible à une forme, de la mère morte ; et comme excitant à la vision : la haine du père (« Papa est un miroir, c'est pourquoi je le hais. Tout ce qui est beau peut se refléter en lui, tout ce qui est vil ou beau »). Pour Bengt, tout se déchaîne le jour de l'enterrement de sa mère, jour non pas de douleur mais de blancheur : blancheur des gestes vides, de la cérémonie vide et des paroles dénuées de sens. Bengt est fiancé à Brit, jeune fille comme absente en elle-même, forme creuse que vient par instants colorer le rouge de la mère morte. Alors Bengt parcourt sa nuit, s'y jette à la poursuite de l'insaisissable. Mais il y a le père, avec sa lourdeur d'homme et de réalité, le père qui couche avec Gun car la vie continue même s'il lui arrive de pleurer sur les objets de la morte ; le père détesté puis re-aimé, quand l'alcool partagé rend inoffensives les longues nuits blanches passées face à face. Un chien noir fait son apparition dans la maison ; il suit partout le père qui, maintenant, amène Gun chez lui — chez la mère. Bengt la surprend nue et s'enfuit, délirant de haine, de honte, d'amour. Gun n'est-elle pas rouge comme la mère ? Et Gun la vivante s'installe peu à peu au centre de la trame des images ; Gun devient, aussi, la maîtresse de Bengt : il la possède et il sait qu'il possède sa mère. Cependant, il y a cette part apparente de lui-même qui persiste à vivre dans le quotidien et avec Brit, tandis que la part intérieure (l'enfant brûlé), au lieu de fuir le feu, rêve d'y replonger, rêve de la rougeur de Gun. La mort se présente alors comme unique moyen de salut ou de repli vers le bout de la nuit : Bengt s'ouvre les veines. Sauvé, il comprend qu'il a voulu tuer tout ce qui, en lui, désirait la mort. Une étrange paix monte alors de la blancheur du sel et des cendres, un étrange amour.

Dagerman qui, grâce à ce livre, s'imposa comme le chef de file de la nouvelle génération suédoise, s'est suicidé à trente et un ans. On a vu dans son *Enfant brûlé* l'expression de l'angoisse d'une époque, la prise de conscience torturée de l'écroulement des valeurs dans un pays qui, resté à l'écart de la guerre, n'avait pu toutefois se garder d'en subir le choc ; sans doute tous ces jugements sont-ils exacts, mais ce qui nous paraît bouleversant et durable dans ce livre, c'est le retentissement — intérieur aux situations, aux images et aux mots — d'un appel qui mine notre bonne conscience et l'ouvre à la nuit : nuit de nos interdits, de nos terreurs, de nos gestes refoulés ; nuit de l'étranger qui nous habite et qu'il nous faut assumer pour atteindre à la plénitude de l'être. — Trad. Gallimard, 1956.

ENFANT CHARGÉ DE CHAÎNES (L'). Premier roman de l'écrivain français François Mauriac (1885-1970), publié en 1912. Venant après les deux recueils de poèmes, *Les Mains jointes* — v. *Orages* (*) — et *L'Adieu à l'adolescence,* ce premier ouvrage en prose présente les imperfections d'un début : manque de rigueur dans la composition, complexité des situations, indécisions et détours de l'intrigue. Ce n'est guère qu'en 1922, soit dix ans plus tard, que Mauriac donnera un roman d'une forme achevée avec *Le Baiser au lépreux* (*). Jean-Paul, jeune adolescent de la meilleure bourgeoisie catholique, réside à Paris, où il partage son temps entre de vains loisirs et la lecture passionnée des poètes et des philosophes. Il se sait aimé de Marthe, sa cousine, mais se joue de cet amour timide et pur. Au cours d'une vaine réunion de salon, il retrouve un ancien camarade, Vincent Hiéron. Ce jeune exalté consacre la meilleure partie de sa vie aux activités d'un groupe d'action catholique : Amour et Foi. Cette Association d'apôtres en herbe repose sur les épaules déjà solides de Jérôme Servet, entraîneur d'hommes et dominateur d'âmes. Vincent Hiéron réussit à convaincre Jean-Paul de participer aux activités du groupe Amour et Foi. Pour le jeune bourgeois, les premiers temps de cette action se présentent comme une aventure merveilleuse, mais, peu à peu, il se lasse ; son zèle décroît. Son attitude faite de supériorité intellectuelle et d'ironie lui vaut bientôt l'inimitié de ses condisciples, et plus particulièrement de Georges Élie, jeune ouvrier, de qui il a déçu l'amitié. Jean-Paul, finalement, est exclu du groupe. Après un certain temps passé en retraite solitaire et amère, le jeune homme sent s'éveiller en lui un pur amour pour Marthe qui, pendant tout ce temps, lui a conservé un sentiment fidèle. Les deux jeunes gens se retrouvent dans la joie, le bonheur et la paix de Dieu.

ENFANT DANS LA MAISON (L') [*The Child in the House*]. Fantaisie autobiographique de l'écrivain anglais Walter Pater (1839-1894), écrite en 1878, publiée en 1894. Elle analyse très finement l'éveil des sentiments chez l'enfant, ses réactions en présence de la beauté, devant la mort, l'empreinte que marquent, sur sa sensibilité, la vue d'un arbre en fleur, la majesté d'une cérémonie religieuse, etc. Pater nous présente dans cet essai une histoire très fouillée et tout introspective. Il annonce déjà la voie que suivra Marcel Proust. Par son style merveilleusement évocateur, sa mesure, son analyse psychologique délicate, *L'Enfant dans la maison* est certainement le chef-d'œuvre de Pater.

ENFANT D'AUSTERLITZ (L'). Roman de l'écrivain français Paul Adam (1862-1920), suite de *La Force* (*) et publié en 1902. Pénétré de l'esprit de l'époque napoléonienne et mêlé de considérations philosophiques, le récit se poursuit dans un décor de mouvements de troupes, de batailles, de victoires, de retraites. Napoléon, entrevu en de rares éclairs, n'y apparaît qu'à travers des personnages et pour ainsi dire dans une lumière négative. À Paris, pendant ces années, le petit Homère, fils du colonel Héricourt — tombé en héros à Presbourg — naît et grandit entre sa mère, son grand-père, ses oncles. Ces personnages poursuivent leur secrète et active existence dans l'atmosphère agitée qui caractérise les dix années comprises entre 1805 et 1815. Dans cette famille, ce garçon, trop indépendant pour son âge et profondément frappé, comme d'une injustice, par la mort d'un père qu'il n'a pas connu, reçoit du milieu varié qui l'entoure les impressions les plus opposées. Il se pénètre à la fois des principes éthiques et politiques les plus disparates. Ceux-ci se heurtent, dans son cerveau d'enfant d'abord, d'adolescent ensuite, créant dans sa pensée un état de trouble dont seules le sauvent la méditation et la concentration intérieure. À la fin d'une jeunesse mouvementée, sa raison désormais mûrie, ayant jugé les hommes, les choses, les événements et mesuré les laideurs de la vie, malgré les manifestations de la beauté et de l'héroïsme, il raille douloureusement le monde. Convaincu de ne pouvoir contribuer au triomphe de la bonté et de la vérité, il se tourne vers Dieu et revêt la soutane, sous laquelle l'homme semble avoir renoncé au dynamisme du monde pour une abstraction vague et indéfinie.

ENFANT DE LA HAUTE MER (L'). Premier recueil de contes de l'écrivain français Jules Supervielle (1884-1960), publié en 1931. Plusieurs de ces récits reprennent un thème déjà abordé sous forme poétique dans *Gravitations* (*). Le conte liminaire, notamment, qui donne son titre à l'ouvrage, développe une idée esquissée dans « Le Village sur les flots » : une enfant, morte à douze ans, est vouée à une survie éternelle, mais solitaire, dans un village en tout point semblable au sien, mais irréel, situé en plein océan, au point exact où son père, au cours d'une traversée, a pensé à elle « avec une force terrible ». Cette « explication » est retardée jusqu'à la fin, le narrateur feignant d'abord de ne pas en savoir plus que le lecteur (« Nous dirons les choses au fur et à mesure que nous les verrons et que nous saurons. Et ce qui doit rester obscur le sera malgré nous »), ce qui lui permet de laisser surgir décor et personnage dans toute leur étrangeté énigmatique : « Comment s'était formée cette rue flottante ? »

Ces contes sont nés, écrivait Supervielle à Paulhan, de la « nécessité de m'expliquer avec la logique que suppose la prose » « les images et les perspectives que me donnaient les vers ». La prose narrative ou descriptive explicite et déploie les richesses latentes condensées dans l'image poétique : Supervielle nous fait connaître en détail certains édifices du village, l'emploi du temps de son héroïne. Mais entre ces lieux ou ces moments, il n'y a pas de communication véritable, ni d'articulation causale d'une scène à l'autre ; par ces failles s'infiltre le mystère, que la précision même des notations ne dissipe pas mais renforce. Supervielle possède l'art de suggérer le surnaturel ou l'irrationnel par petites touches : « J'aime, dit-il, que le miracle s'avance à pas de loup. » C'est souvent un simple détail qui fait passer du réalisme au fantastique : la mue de « La Jeune Fille à la voix de violon », l'obstination du cadavre à ne pas couler dans « La Piste et la Mare ». Tantôt il rend le surnaturel curieusement familier, tantôt il introduit dans le quotidien une inquiétante étrangeté.

Celle-ci répond à une intime altérité : les « sujets inventés » par Supervielle recoupent ses obsessions les plus tenaces, liées à la mort

(« L'Inconnue de la Seine », « Les Boiteux du ciel »), à la sexualité (« La Jeune Fille à la voix de violon »), à la violence (« Rani », « La Piste et la Mare »). Le thème de la métamorphose, qui apparaît dans « Les Suites d'une course » et qui occupera une place croissante dans les contes ultérieurs, exprime l'identité incertaine d'un moi toujours susceptible de s'altérer sous l'effet du devenir ou de la passion, qui fait vaciller les frontières entre l'humain et l'animal : le gentleman-rider sir Rufus Flox « ne fait plus qu'un » avec sa monture préférée. Le bestiaire des contes, doué souvent de parole et de sentiments humains (« Le Bœuf et l'âne de la crèche »), est apparemment inoffensif : même le lion « oublie ses griffes rétractiles » et « cache ses dents » « comme une maladie honteuse ». Mais cette douceur recouvre une monstruosité qui affleure parfois de manière beaucoup plus agressive (par exemple dans « Rani »), et que Supervielle cherche à exorciser parce qu'il la sent aussi en lui-même : « Si mes monstres ne sont pas terrifiants, écrira-t-il à Étiemble, c'est que je ne pouvais les tolérer qu'apprivoisés, domptés. »

C'est sans doute pour mieux tenir à distance ces enjeux personnels et pulsionnels que Supervielle, dans les recueils de contes suivants, s'inspirera plus systématiquement de « mythes » préexistants, empruntés à *La Bible* (dans *L'Arche de Noé,* parue en 1938) et à la mythologie grecque (dans *Le Petit Bois,* paru en 1942, repris et complété en 1950 dans *Premiers Pas de l'univers*). En se plaçant ainsi dans un cadre légendaire universellement admis, Supervielle perd la tension constitutive du fantastique, et glisse le plus souvent vers un merveilleux aimable, dans lequel sa fantaisie et son humour se donnent libre cours. Cette orientation souriante des derniers contes est pour une part liée au contexte dans lequel ils ont été écrits : Supervielle cherche une diversion aux angoisses de la guerre et de la maladie, qu'il évoque dans les poèmes de *1939-1945* (*). Dans *Les B.B.V.* (1949), il invente les Bombes de Bonne Volonté, capables de réparer les dégâts commis par la guerre, en faisant exploser en silence au-dessus des villages de France leur ancienne image, qui les reconstruit instantanément : la mort semble tenue en échec par le pouvoir magique de l'écriture.

M. C.

ENFANT DE LA PEINE (L') [*Das Kind der Sorge*]. C'est la plus populaire des « allégories » du philosophe et écrivain allemand Johann Gottfried Herder (1744-1803). Pour sa forme grecque, mais surtout pour la conception spiritualisée du monde qui s'y exprime, elle pourrait déjà être placée parmi les *Paramythes*, composés plus tard. Elle ne fut publiée qu'en 1789. Le sujet est la création de l'homme : le Souci (ou Peine), assis sur la rive du fleuve, modèle dans la boue une figure humaine et la montre à Zeus qui lui insuffle la vie. Puis les deux dieux se disputent le nouvel être ; intervient Tellus qui revendique son droit maternel parce que le nouvel être est né de son sein. Saturne, conciliant, fera office de juge ; le Dieu, qui a insufflé l'esprit, reprendra l'esprit après la mort, tandis que les os resteront à la Terre : mais pendant toute la durée de la vie, l'homme appartiendra au Souci et, comme lui, s'inquiétera jour après jour jusqu'à la tombe. L'homme appartient donc pendant sa vie au Souci, et après sa mort à la Terre et à Dieu. C'est sur cette apothéose chrétienne que se termine le poème.

ENFANT DE LA PLANTATION (L') [*Menino de Engenho*]. Roman de l'écrivain brésilien José Lins do Rêgo (1901-1957), publié en 1932. Il rapporte les souvenirs d'un orphelin, Carlinhos, enfant d'une famille de puissants planteurs. Carlinhos grandit au milieu d'une armée de serviteurs encore traités en esclaves. « J'étais, dit-il, tellement habitué à voir ces hommes réduits à cet infâme degré de misère qu'elle ne me choquait pas et que, dans mon enfance, je n'ai jamais eu pitié des mulâtres de mon grand-père. Je trouvais tout naturel que ces hommes, qui travaillaient comme des bêtes de somme, soient logés dans des sortes de porcheries et qu'ils n'aient à peu près rien à se mettre sous la dent. J'y voyais l'œuvre de Dieu. Dieu avait voulu que ces mulâtres naissent et vivent dans la misère et que nous, les Blancs, soyons leurs maîtres, de même que nous l'étions des bœufs, des mulets et des terres. » Sous un soleil cuisant, Carlinhos s'abandonne précocement à des passions violentes que ne limite rien : la terre lui appartient jusqu'à l'horizon, et les hommes. Des scènes terribles se succèdent : celle d'un nègre attaché à un tronc pour avoir violé une mulâtresse, celle de Carlinhos s'accouplant monstrueusement à des bêtes, avant de tomber entre les mains d'une prostituée, qui le rend définitivement homme en lui révélant à la fois l'amour et la douleur. Ce roman, qui décrit un monde où tout est permis à qui détient richesse et pouvoir, a une extraordinaire puissance d'évocation. Blaise Cendrars, qui l'a préfacé, écrit à propos de l'impression que lui en a faite la lecture : « C'était tout juste si tout n'est pas effacé d'une terre ardente qui irradie de la tristesse sous le bonheur de vivre, d'exister. Je ne sais pas comment cela se fait, mais quand je lis ces pages des oiseaux sautent d'une ligne à l'autre. Mon sang bat plus vite. Tout le Brésil est dans ce livre transparent. » — Trad. Deux Rives, 1953.

ENFANT DE VOLUPTÉ (L') [*Il piacere*]. C'est le premier des trois « romans de la rose » de l'écrivain italien Gabriele D'Annunzio (1863-1938), publié en 1889. La « rose » fait allusion à la volupté, thème commun et explicite des trois romans. À force d'égoïsme sensuel, le comte André Sperelli, poète et graveur d'eaux-fortes, d'une sensibilité raffinée, aboutit à une aridité morale complète, accrue par une conscience lucide, mais impuissante, de son propre état. Abandonné au comble de sa passion par sa maîtresse Hélène Muti, il essaie en vain de l'oublier dans de frivoles aventures. Il devient de nouveau l'amant d'une femme noblement spirituelle, Maria Ferres : mais son ancienne passion s'exaspère davantage, à cause de l'étrange ressemblance qui existe entre les deux femmes : de sorte qu'avec Maria il en arrive consciemment à donner libre cours à l'attirance sexuelle qu'éveille encore en lui le souvenir d'Hélène. Au moment où sa nouvelle maîtresse aurait le plus besoin de son affection et de son aide, un nom que les lèvres de l'homme laissent échapper par erreur lui révèle l'horrible vérité.

La faiblesse du roman réside dans la complaisance que l'auteur accorde à la personne du héros : D'Annunzio a fait d'André Sperelli un comte qui, très élégant, vit dans le luxe ; il est enfin de haute taille, tout comme le D'Annunzio très mondain de cette époque eût désiré être : c'est cette complaisance à l'égard du héros qui donne un ton ambigu au récit, lequel oscille de l'étude scientifique à la condamnation morale ; par là, l'œuvre reste étrangère au poète, en tant qu'homme : cette attitude, purement littéraire, vient tout droit de certains romans du XIXe, de la *Confession d'un enfant du siècle* (*) de Musset à *L'Éducation sentimentale* (*) de Flaubert. Ce défaut devient évidemment grave lorsqu'il s'agit de mettre en scène l'élément spirituel, la bonté, toutes choses au nom desquelles le poète entend porter condamnation ; particulièrement lorsqu'il s'agit de décrire les attraits spirituels de Maria Ferres, que l'auteur ne se contente pas d'évoquer, mais autour desquels il désire écrire des pages introspectives construites en véritable journal — solution facile et que l'on trouve déjà dans les romans « roses ». De tels passages sont parmi les plus faibles du livre. Le thème central de l'œuvre est de dire, à côté de l'amertume, l'attrait de la volupté, ou mieux encore cet attrait au sein même de l'amertume ; c'est à ce thème en effet que nous pouvons ramener les pages les plus célèbres du roman.

En dehors de tout schéma narratif et de l'intention hypothétique de créer avec André Sperelli (ainsi que l'affirmera plus tard D'Annunzio) un autre « jeune seigneur » semblable à Parini dans *Le Jour* (*), nous rencontrons une intime fusion des valeurs musicales et plastiques : en témoignent les pages consacrées aux paysages de Rome, à ses villas, à ses places sous le soleil, sous la neige, sous la lune, ainsi qu'à ses monuments baroques et pleins de magnificence. Tels sont les moments, très nombreux, grâce auxquels le roman vit encore. Ce livre reflète, entre autres, la mode, qui sévit pendant de longues années dans le roman italien, d'ennoblir gestes, milieux, paysages, par des rapprochements continus et fastidieux avec des tableaux célèbres. Un certain embarras dans le récit, que l'on note là où la prose tend à devenir narrative, choque beaucoup moins, justement parce que le côté narratif y apparaît comme faisant un heureux contraste avec la situation proprement poétique des personnages. Semblable remarque est valable pour le style où alternent facilité et préciosité. — Trad. Calmann-Lévy, 1971.

ENFANT DU DESTIN (L') [*Das Wunschkind*]. Roman de l'écrivain allemand Ina Seidel (1885-1974), publié en 1930. Gardienne des valeurs impérissables, l'œuvre d'Ina Seidel se veut la synthèse d'un double héritage : celui de l'univers spirituel et religieux de l'Occident et celui de la tradition germanique. Et c'est dans *L'Enfant du destin* que Seidel a mis le meilleur d'elle-même. Le livre retrace le destin de Jean-Christophe ; l'enfant du destin, né pour être le héros symbolique de son temps et de sa patrie, dont il est l'incarnation au temps de la Révolution et de Napoléon. Jean-Christophe est le fils d'Echter, un officier prussien, tué durant la campagne de France, et d'une jeune fille noble de la catholique Mayence, Cornélie. Il a une cousine, qui a épousé le lieutenant Loriot, futur colonel de l'Empire. La fille de cette union, Delphine, sera plus tard une tourmentée, une déracinée qui retrouverait ses racines en épousant Jean-Christophe. Mais celui-ci subit l'empreinte de l'épopée napoléonienne et, après avoir respiré cette atmosphère dont la bravoure et l'esprit d'aventure formaient les éléments spirituels, il s'enrôlera sous l'uniforme vert des armées de la libération et trouvera la mort à Lutzen. Ainsi, chaque génération est sacrifiée, mais à une cause qui vaut peut-être le sacrifice. L'auteur nous le dit en ces termes : « Le jour viendra... où les larmes des femmes seront assez puissantes pour éteindre à tout jamais le feu de la guerre ; le jour où l'Esprit, la colombe, sous l'arc-en-ciel sacré, planera sur la terre renaissante. » Ina Seidel nous invite en somme à vénérer la mémoire de son personnage qui ne vécut que dans la guerre, mais qui avait incarné par son hérédité double, par sa culture, par son expérience morale, le mariage pacifique de deux nations. La substance du livre est fournie par l'évocation de plusieurs destinées parallèles ou entrecroisées au sein d'une même famille. Quant à sa leçon philosophique, elle tient dans cette certitude que le heurt des nations et des classes, loin d'exprimer un divorce irréductible, prépare la réunion d'un monde imprégné en fait des mêmes valeurs, puisque l'Allemagne comme la France sont héritières d'un même passé spirituel. — Trad. Club bibliophile de France, 1953.

ENFANT DU PAYS (Un) [*Native Son*]. Roman de l'écrivain américain Richard Wright

(1908-1960), publié en 1940, et dont le succès fut immédiat. La trame en est fort simple. Bigger Thomas, jeune Noir sans travail, vient enfin de trouver une place comme chauffeur chez un riche financier de Chicago, Dalton. Le soir même, il doit conduire la fille unique de son patron à une conférence. En fait, Mary, qui a des opinions d'extrême gauche, a rendez-vous avec son amant, Jan, un militant communiste. Tous trois passent la soirée ensemble. Mais à son retour Mary est ivre, et Bigger doit la porter jusque dans sa chambre. À ce moment, sa mère qui est aveugle vient s'assurer qu'elle est rentrée, et Bigger, pour empêcher Mary de crier et de révéler sa présence à lui par ses cris, lui met l'oreiller sur la bouche. Involontairement, il la tue. Affolé, il porte le corps dans le calorifère et le fait brûler. Cet événement fortuit, mais qu'il ne peut expliquer à personne — qui, parmi les Blancs, le croirait ? — va précipiter inexorablement le destin de Bigger. Pendant deux ou trois jours, il combine des plans, essaie de détourner les soupçons sur les communistes, puis tente d'obtenir une rançon. Des fragments d'os trouvés dans le calorifère révèlent l'auteur du crime ; Bigger s'enfuit, mais la police cerne tout le quartier noir et finit par l'arrêter. Malgré les efforts d'un avocat communiste, il sera condamné à mort. À ne le considérer que sur ce plan du déroulement de l'action, *Un enfant du pays* se développe comme une tragédie grecque, et d'un bout à l'autre il semble que la fatalité obstinée et invincible poursuive Bigger, du taudis familial à la chaise électrique. Cependant, l'intérêt profond du roman se situe sur un tout autre plan. Le drame de Bigger n'est que la projection dans la tragédie de la condition non seulement matérielle, mais psychique du Noir américain traumatisé et déformé qu'il est par la pression permanente du racisme, et du coup ce drame devient l'instrument d'une prise de conscience de cette situation par le lecteur. Par le lecteur plus que par le héros, qui ne commence à voir un peu plus clair en lui que tardivement, au cours de longs et difficiles entretiens avec l'avocat. De fait, l'existence de Bigger, comme celle des siens, a été tout entière pervertie, détournée de son cours naturel par l'hostilité de la société. Même à l'intérieur du monde des opprimés, tout est « aliéné », renversé. Les rapports de Bigger avec sa mère et sa sœur sont déjà empreints d'un reflet de cette haine qui les entoure. La famille elle-même est détruite dans ce qu'elle devrait avoir d'humain. L'amour n'a pas davantage sens ni existence. Il y a une jeune fille dans la vie de Bigger, Bessie, mais c'est simplement parce que, comme il l'avouera, « il faut bien avoir une amie ». D'amour entre eux, il ne saurait être véritablement question, ce n'est pas de leur monde. Bigger tuera plus tard Bessie parce qu'il a peur qu'elle ne parle, sans remords ni hésitation, dans un simple réflexe de défense. Telles sont les règles du jeu américain qu'il ne sera pas poursuivi pour ce meurtre, puisqu'il s'agit d'une Noire. L'oppression raciale s'intériorise à tel point que Bigger a le même réflexe d'hostilité que les Blancs dès qu'on parle devant lui de syndicats, de communisme, de « rouges » ; il ne s'agit pas pour lui ou pour les siens d'une haine d'idées, mais tout simplement du fait que ce sont là des gens et des idées qui vous attirent encore des ennuis — et aussi qui dérangent ce singulier univers psychique de repliement sur soi, d'isolement où les Bigger ont dû se réfugier. Divers passages de l'autobiographie de Wright, *Black Boy* (*), éclairent singulièrement ces aspects de la psychologie de Bigger, ou plutôt la confirment par l'expérience même de l'auteur. En face du héros, les « bons sentiments » paternalistes du ménage Dalton prennent d'emblée la dimension de la dérision. Pour que Max, l'avocat communiste blanc, parvienne à un contact humain avec Bigger, il lui faudra une immense patience, et cet acharnement que peut seule donner une conviction profonde. Sur son triple plan, dramatique, psychologique et social, *Un enfant du pays* est un des plus poignants et des plus pénétrants actes d'accusation contre le racisme qu'un romancier noir ait jamais écrit, une grande œuvre littéraire aussi. — Trad. Albin Michel, 1947.

ENFANT ÉCHANGÉ (L') [*The Changeling*]. Cette tragédie, due à la collaboration des dramaturges anglais Thomas Middleton (1580-1627) et William Rowley (1585-1642), est leur chef-d'œuvre. Elle fut représentée en 1623 et publiée en 1653. La jeune Béatrice, fille du gouverneur du château d'Alicante, est fiancée à Alonzo. Alsemero arrive à Alicante, croit Béatrice libre, et s'éprend d'elle : Béatrice répond à cet amour et prie son père de rompre son engagement avec Alonzo. Béatrice est aimée par un gentilhomme pauvre, De Florès, obséquieux, vicieux et pervers, vers lequel elle se retourne, sachant bien qu'il n'est rien qu'il ne fasse pour obtenir un sourire d'elle. Comme Alsemero ne voit pas d'autre porte de sortie que de provoquer Alonzo et de se battre en duel contre lui, Béatrice, s'alarmant pour celui qu'elle aime, promet de l'argent à De Florès s'il fait disparaître Alonzo. De Florès accepte et commet ce crime ; puis il refuse de toucher l'argent et, ne cédant pas au désespoir de Béatrice, il veut la posséder et y réussit, lié à elle par le crime qu'elle lui a imposé. Béatrice épouse Alsemero, mais reste sous l'influence de De Florès pour lequel elle éprouve une maladive admiration. Alsemero découvre le crime, en reste atterré et repousse sa femme avec horreur. Avant que Béatrice et De Florès soient amenés chez le gouverneur qui leur fera expier leur faute, De Florès poignarde sa maîtresse et se tue. Le titre vient d'un détail accessoire de la tragédie. Le thème est tiré de *La Vengeance de Dieu contre le crime* [*God's Revenge against Murther*] de John Reynolds

(1621). La tragédie, en vers irréguliers et contournés qui suivent bien le style et qui s'adaptent à l'aventure, a été jugée d'une qualité dramatique différente de celle de Shakespeare, mais non indigne de lui (Leigh Hunt). Les scènes entre Béatrice et De Florès, où l'amour de celui-ci, charnel et furieux, a pourtant des accents qui arrivent à émouvoir, car sa vie ne lui importe que dans la mesure où il possède la femme qu'il sent sienne, sont d'une vérité cruelle, nue et exacte.

ENFANT ÉLU (L') [*Die kleine Passion*]. Roman de l'écrivain allemand Ernst Wiechert (1887-1950), publié en 1929. Les Karsten sont une race pure et juste, attachée à la terre et gouvernée comme elle par le rythme du temps, mais leurs filles, à chaque génération, semblent payer cette paix de leur race en montant le calvaire d'unions indignes d'elles. Ainsi de Gina Karsten qui, dans un irrépressible élan de sacrifice, accepte d'épouser Zerrgiebel, petit-bourgeois tyrannique et sournois qui a déjà poussé sa première femme au suicide. Lentement, et secondé par la méchanceté de son fils, le jeune Théodore, Zerrgiebel tente d'étouffer l'âme hautaine et libre de Gina, mais si elle plie apparemment, comme l'exige le sacrifice auquel elle a consenti, elle demeure intérieurement inflexible, sauvegardée d'ailleurs par la naissance de Jean, enfant sur qui elle reporte toute sa capacité d'amour. Le petit Jean fait preuve très tôt d'une étrangeté qui attise la haine hypocrite de son père et de son demi-frère : il est silencieux, réfléchi, tout imprégné déjà d'une sagesse sans âge. L'amour passionné de sa mère lui ouvre un monde de sensibilité extrême qui le dote précocement d'une compréhension presque excessive des mouvements de l'âme, cependant que les courses en forêt et les conversations avec des hommes simples, garde-chasse, pêcheur, berger, l'aident à pénétrer la nature et ses mystères. À l'école puis au collège, sa « différence » lui vaut l'inimitié des maîtres qui n'admettent pas qu'une personnalité refuse de se laisser réduire au modèle le plus courant, mais elle lui attire aussi le soutien des autres : les rêveurs, les poètes, tous ceux qui ne se contentent pas d'être conformes. La grande épreuve de sa jeunesse découle de ce qu'il a provoqué par hasard l'arrestation de son demi-frère, devenu le chef d'une bande de voleurs, et par contrecoup celle de son père, qui profitait de sa façade de zélé fonctionnaire pour écouler de la fausse monnaie. Jean doit faire front alors à l'opprobre dont tous ceux qui le détestent ou le jalousent essaient de l'accabler, mais le pire sera pour lui d'affronter son père pour essayer de lui arracher la promesse de ne pas mettre à exécution les menaces de chantage que, de sa prison, il fait peser sur un certain nombre de personnages de la ville dont il a découvert autrefois les faiblesses ou les secrets. Le père repousse sa demande avec un rire de méchanceté qui lui révèle un abîme de mal et l'oblige à s'interroger sur sa propre démarche – démarche entreprise en fait à la demande de Lisa, épouse très belle et compromise d'une personnalité de la ville, et dont le but était peut-être non le bien, mais la simple conquête de Lisa. Ce soir-là, quand, avec un terrible effort sur lui-même, Jean repousse Lisa pour ne pas démériter de la pureté de sa mission, il quitte brutalement l'enfance pour l'âge d'homme. Plus tard, il pourra s'abandonner à l'amour de Lisa, mais il aura auparavant appris, selon les paroles de Luther, son professeur et ami, que « ce qui est est bien » et qu'il existe « une nécessité qui est le dieu des dieux ». Dès lors, Jean a rompu le cycle des répétitions et relevé sa mère du sacrifice car, en faisant de sa vie une nécessité dont il contrôle le flux tout en se laissant guider par lui, il s'est haussé au rang des poètes et des sages, c'est-à-dire de ceux qui, acceptant également le bien et le mal, l'élévation et la chute, connaissent tout le champ de l'humain et peuvent enfin assumer les aspirations et les interrogations de leur race.

Un simple résumé insiste sans doute trop sur le côté symbolique de ce roman, alors que son style simple, nuancé, poétique y mêle si intimement le symbole à la matière romanesque que nul hiatus ne vient rompre l'unité du récit. Profondément marqué par l'atmosphère de ses forêts natales de la Prusse orientale, Wiechert en retint un sens de la nature qui agit à travers ses livres avec une puissance si efficace qu'elle donne à son symbolisme une étrange et prenante réalité. Quant au message particulier de *L'Enfant élu,* peut-être tient-il dans cette phrase de Luther à Jean : « Nous sommes de ceux qui prêchons à l'homme d'accepter son destin, non pas un destin aveugle, mais bien un destin implacable qui nous affronte avec des milliers d'yeux. » – Trad. Calmann-Lévy, 1960.

ENFANT ET LA VIE FAMILIALE SOUS L'ANCIEN RÉGIME (L'). Œuvre de l'historien français Philippe Ariès (1914-1984), publiée en 1960. Cet ouvrage pionnier reçut, à sa parution, un accueil très discret ; il devint par la suite un classique de la Nouvelle Histoire. L'auteur y étudie la place de l'enfant dans les sociétés traditionnelles et dans les sociétés industrielles. Dans les premières, c'est-à-dire les sociétés européennes du Moyen Âge et des XVIe-XVIIe siècles, l'enfant devenait vite un homme jeune, sans passer par les étapes de la jeunesse. Très tôt éloigné de ses parents, il était éduqué par l'apprentissage qui assurait, hors de la famille, la transmission des valeurs et des savoirs. La société traditionnelle se représentait mal l'enfant, et encore plus mal l'adolescent. Certes, un sentiment superficiel – qu'Ariès appelle le « mignotage » – était réservé à cette « petite chose drôle » qu'était le très jeune enfant. Aucun autre ne lui succédait, dès lors que l'enfant se trouvait mêlé aux adultes. La famille ancienne avait pour mission la conservation des biens, la pratique commune d'un métier, l'entraide quotidienne, la protection de l'honneur et des vies. Les échanges affectifs étaient donc assurés, en dehors d'elle, par un « milieu » très dense de voisins, d'amis, de maîtres, de serviteurs, de tous âges et des deux sexes, dans lequel la famille conjugale était diluée.

À partir de la fin du XVIIe siècle un changement considérable s'opère : l'école se substitue à l'apprentissage comme moyen d'éducation. Les enfants sont séparés des adultes. Comme les fous, les pauvres et les prostituées, ils sont enfermés par un système — ici, la scolarisation. Cette mise à part — et à raison — des enfants participe du grand effort de moralisation entrepris par les réformateurs, catholiques comme protestants. Elle a été rendue possible (paradoxalement) par une évolution parallèle des sentiments : la famille est devenue le lieu d'une affection nécessaire, entre époux certes, mais aussi entre parents et enfants. Les parents se soucient de l'éducation de leur progéniture ; celle-ci occupe une place grandissante au sein d'une famille qui cesse de n'être qu'une institution de droit privé et assume une fonction morale et spirituelle : la formation des corps et des âmes. Loin de toute quantification, recourant à des sources variées (iconographie, œuvres littéraires, traités d'éducation, collections de jeux...), Philippe Ariès écrit là un chapitre neuf de l'histoire de la vie privée et contribue à fonder l'histoire des mentalités. C.-O. C.

ENFANT ET LES SORTILÈGES (L'). Fantaisie lyrique en deux parties de l'écrivain français Colette (1873-1954), musique de Maurice Ravel (1875-1937), exécutée à Monte-Carlo en 1925. Le sujet, dans sa naïve simplicité, rappelle le monde fabuleux d'Andersen. Dans la première partie, un enfant, las d'une tiède félicité et d'une vie trop tranquille, est pris d'une grande agitation et d'une frénésie destructrice qu'il déchaîne contre les meubles et les animaux se trouvant à sa portée. La vengeance de ceux qu'il a offensés ne tarde pas : les meubles s'animent et le raillent ; la princesse des Fées lui apparaît, mais seulement pour lui dire adieu. Dans la seconde partie, les animaux viennent eux aussi le blâmer et le menacer ; mais, comme l'enfant a soigné un écureuil blessé, il sera pardonné et ramené chez lui, auprès de sa mère. Ce récit, animé de la plus pure fantaisie, était particulièrement propre à stimuler l'invention de Ravel en matière de couleur et de timbre ; sur un livret comme celui-ci, que l'auteur, avec juste raison, a maintenu dans les modestes limites d'une trame de ballet, il avait toute faculté de « se mouvoir et de s'émouvoir », comme dit Roland-Manuel, et de créer « un livre où le drame bouleverse l'échelle des valeurs sentimentales, et la scène les lois de la perspective ». Les épisodes se succèdent sans qu'à aucun moment le compositeur donne signe de fatigue : dans cette pièce singulière, où les théières sont hautes comme des hommes, les chats parlent d'amour et les écureuils de rédemption, tandis que l'humanité est personnifiée par un enfant capricieux et cruel, à chaque attitude, à chaque expression des personnages correspond une traduction sonore, vive et sensible, tantôt lyrique, tantôt ironique, descriptive ou fantastique. L'émotion, toujours contenue et comme « en sourdine », se manifeste plus intensément à la fin de l'ouvrage, quand une fenêtre s'illumine et que l'enfant invoque la protection maternelle. Un Andante pur et doux s'élève alors, se déploie avec sérénité et se conclut par le mot « maman » qui, dans la plus simple des cadences, se repose sur une « septième » charmante et bien caractéristique de l'art de Ravel.

ENFANT ÉTRANGER (L') [*Das fremde Kind*]. Nouvelle de l'écrivain allemand Ernst Theodor Amadeus Hoffmann (1776-1822), publiée en 1817, insérée plus tard dans *Les Contes des frères Sérapion* (*). Un gentilhomme allemand sans fortune, mais intelligent et bon, d'accord avec son excellente femme, préfère que leurs enfants Christiane et Félix soient formés par les mille voix de la forêt, le murmure des grands arbres, le chant des oiseaux et la beauté des fleurs, plutôt que par un professeur et entre les quatre murs d'une école. Dans le verdoyant enchantement, le frère et la sœur grandissent purs, courageux, capables d'admirer et de comprendre. Des parents riches viennent en visite avec leurs deux enfants qui, pomponnés, peureux et bourrés de savoir comme des perroquets, sont la contrepartie de leurs cousins campagnards. Les jouets qu'ils leur offrent, au moment du départ, sont pour Christiane et Félix des objets de curiosité, puis bientôt de fatigue et d'ennui. En cette première heure de tristesse fait son apparition l'« Enfant étranger », mystérieuse créature à mi-chemin du symbole et du fantastique, qui révèle aux enfants les beautés insoupçonnées de la nature et leur ouvre tout un monde de visions surnaturelles. Le « Maître Encrier » — qui devient bientôt arbitre et tyran des pauvres enfants — est l'ennemi féroce et brutal de l'« Enfant étranger » ; le conflit entre eux est donc inévitable. Les malheurs s'abattent sur Christiane et sur son frère ; leur père, bon et sage, meurt ; leur excellente mère doit quitter la petite maison de la forêt et s'en aller, errante, avec les orphelins ; mais l'« Enfant étranger » réapparaît pour les guider vers de nouvelles joies. C'est un de ces contes où Hoffmann a heureusement allié le monde fantastique au monde de tous les jours, donnant de celui-ci une interprétation malicieuse et réaliste qui s'insère avec grâce parmi les inventions les plus délicieuses. — Trad.

Contes et Nouvelles, Colbert 1942-1944 ; Phébus, 1981.

ENFANTINES. Recueil de nouvelles de l'écrivain français Valery Larbaud (1881-1957), publié en 1918, cinq ans après *A. O. Barnabooth* (*). Il contient huit nouvelles, dans lesquelles l'auteur non seulement retrouve l'atmosphère enchantée où baigne l'enfance, mais, par la précision des détails et la justesse du ton, y ramène son lecteur. Parce qu'il met en particulier l'accent sur certains faits que les « grandes personnes » considèrent comme insignifiants, mais qui ont pour l'enfant une importance capitale ; c'est en enfant qu'il évoque des événements soit réellement vécus, soit imaginaires, avec toujours la même intensité et la même présence. La première nouvelle, « Rose Lourdin », nous introduit dans l'histoire d'une amitié passionnée, inquiète et secrète entre deux collégiennes. « Le Couperet » est le récit d'un autre amour enfantin, plus désespéré encore, d'un petit garçon de famille bourgeoise pour une petite domestique, qui profite de cette situation pour le faire souffrir en secret. Cette nouvelle se passe dans le cadre de la petite bourgeoisie provinciale, niaise et satisfaite d'elle-même, que Valery Larbaud a bien connue et qu'il fustige avec plus d'ironie que de méchanceté. Après une méditation sur le pouvoir de création par l'enfant d'un personnage imaginaire et l'histoire d'une petite fille trop riche, voici une véritable épopée enfantine : « La Grande Époque », où l'auteur fait preuve d'un humour tendre et d'un talent très vif de poète épique grâce auquel il parodie l'histoire universelle. « Devoirs de vacances » est l'histoire des bonnes résolutions enfantines et des projets toujours remis avec la même naïve bonne foi jusqu'à ce que les circonstances ne permettent plus de les réaliser. Le livre se termine par le « Portrait d'Éliane à quatorze ans », où une jeune héroïne rencontre, avec le regard d'un jeune homme qui passe, pour la première fois, l'amour.

Dans ce livre, Valery Larbaud se livre tout entier à l'envoûtement d'une enfance toujours présente et vivante et particulièrement à l'ensorcellement du souvenir des amours enfantines ; s'il réussit à rendre cette vie présente au lecteur, c'est par la limpidité et la fraîcheur de son style et par l'exactitude frappante avec laquelle il retrouve les chemins du passé et de l'enfance.

ENFANT MAUDIT (L'). Récit de l'écrivain français Honoré de Balzac (1799-1850), publié en 1836. Aux sombres temps de la guerre civile entre catholiques et huguenots, la calme et douce Jeanne de Saint-Savin, qui avait aimé un jeune cousin huguenot, pour sauver son amant et sa propre famille a dû épouser le comte d'Hérouville, vieux et féroce royaliste de Normandie, maintenant aux ordres d'Henri IV. La femme a un fils que le comte pourtant ne croit pas être de lui ; l'enfant est ainsi banni du château et doit grandir dans la maison d'un pêcheur. La mort, d'abord de la comtesse, puis d'un second fils, Maximilien, rappelle au vieillard que les biens et la continuation de la famille d'Hérouville dépendent maintenant d'Étienne, le fils maudit. Celui-ci est retiré de son ermitage, et le comte, devant s'éloigner, le confie au médecin de la famille avec la tâche de le préparer à affronter la vie. Le médecin met auprès d'Étienne sa fille Gabrielle ; les deux jeunes gens ne tardent pas à s'aimer. Le comte, quand il en est informé, revient précipitamment accompagné de la comtesse de Grandlieu et de sa fille, qui doit être la femme d'Étienne. Mais le jeune homme, défiant la colère de son père, et ayant appelé à ses côtés Gabrielle, ose réaffirmer son amour. Le vieillard n'hésite pas alors à tuer les jeunes amants et à s'offrir comme époux à Mlle de Grandlieu.

ENFANT NOIR (L'). Roman de l'écrivain guinéen Camara Laye (1928-1980), publié en 1953. Né de l'expérience de la solitude et de l'exil de son auteur à Paris, *L'Enfant noir* constitue un témoignage autobiographique d'une rare qualité sur la vie dans un village de Guinée il y a plus d'un demi-siècle et, tout naturellement, c'est à sa famille que l'auteur consacre les développements les plus émouvants.

Cette famille exemplaire est dominée par la figure du père, qui jouit à Kouroussa d'un grand prestige résultant à la fois de son extrême habileté dans la fusion de l'or et de son commerce avec les puissances surnaturelles, incarnées par le petit serpent noir, génie de la forge.

Mais la place occupée dans le roman par le mystère et par le merveilleux ne doit pas occulter l'importance des liens communautaires qui unissent entre eux les membres du clan, même si, contrairement à un cliché naguère colporté par Mongo Beti, tout ne va pas pour le mieux à Kouroussa, déjà menacé par les forces de désagrégation entraînées par la colonisation. D'ailleurs, à relire *L'Enfant noir*, on se rend compte qu'au moment où Camara Laye s'engageait dans cette recherche du temps perdu les dés étaient déjà pipés puisque, pour le narrateur, ainsi qu'il nous le confie, bien des choses avaient déjà perdu de leur transparence, et que son propre totem lui demeurait à tout jamais inconnu. J. Che.

ENFANT PRODIGUE (L'). Cette parabole, une des plus claires et des plus suggestives de *L'Évangile* (*) *de saint Luc* (XV, 11-32), a servi à plusieurs reprises de thème littéraire et en particulier dramatique, suscitant des interprétations et des développements divers — v. *Peer Gynt* (*) d'Ibsen — centrés sur la valeur de l'expérience individuelle, considérée par les uns comme une erreur, par les autres, les plus subtils, comme une exigence supérieure de l'homme. On connaît le récit dans ses grandes lignes : un homme a deux fils. Le plus turbulent abandonne un jour la maison paternelle et s'en va de par le monde, gaspillant sa vie et sa part des biens paternels dans une existence désordonnée, en proie à toutes les passions. Réduit enfin à la misère, déçu, il revient chez son père qui lui réserve un tendre et chaleureux accueil.

★ Le théâtre religieux de la fin du Moyen Âge et de la Renaissance prisa grandement ce thème riche de couleur et d'action. Le répertoire dramatique italien d'alors nous conserve une *Représentation de l'enfant prodigue* [*Rappresentazione del figlinol prodigo*], qui dut à ses qualités dramatiques intrinsèques de figurer parmi les pièces les plus souvent représentées du théâtre sacré de cette époque. Il nous est connu par un manuscrit anonyme du XVIe siècle. L'action débute par une querelle entre jeunes garçons ; puis deux d'entre eux entament une partie de cartes d'où le perdant sort dépouillé. C'est le Prodigue. Pressé de goûter aux joies d'une vie aventureuse, il se propose de demander sa part de biens à son père et de quitter le foyer. Son frère aîné tente en vain de le dissuader ; le Prodigue insiste et son père cède enfin : il lui remet sa part de biens, lui donne sa bénédiction et se sépare de lui en pleurant. Nous voyons alors le Prodigue dans une auberge, entouré de joyeux lurons, offrant des banquets à ses compagnons de débauche et partageant sa vie entre les dés et le trictrac. Sur l'instigation de l'aubergiste, quelques « ruffians » viennent se mêler à la compagnie : dupé, volé, le jeune homme se retrouve bientôt dépouillé de tout, abandonné de ses amis, de la servante et de l'aubergiste. Chez lui, pendant ce temps, son père se désole. Désespéré, le Prodigue endure les humiliations de la misère : ses amis feignent de ne pas le reconnaître, les uns le traitent de fou, d'autres, qui profitèrent de ses largesses, lui font l'aumône d'une poignée de glands. Le jeune homme retourne enfin chez son père, qui l'accueille avec joie et donne une fête en son honneur ; incitant à la générosité son fils aîné qui s'indigne d'un tel accueil, il répond : « Ton frère était mort et je lui ai rendu la vie. » La famille retrouve ainsi la paix et le bonheur. Cette pièce, plus profane que sacrée, offre dans son naïf réalisme des accents de tendre émotion et des scènes de pure élévation morale. Par la valeur universelle du symbole, son contenu profondément humain et son immanquable portée sentimentale, ce thème dramatique se trouvera plus tard amplement développé et transformé.

★ La *Parabole de l'enfant prodigue*, écrite en 1527 par l'humaniste Burkard Waldis — v. *Farces de Carnaval* (*) — et *L'Enfant prodigue* [*Der verlorene Sohn*], action scénique de Jorg Wickram (1505 ?-1562), composée en 1540, n'offrent pas le même intérêt. Visant un but essentiellement éducatif, Wickram voulut écrire une pièce qui intéressât un très large public et permît à un grand nombre de ses concitoyens d'y figurer à titre d'acteurs. Ainsi rédigea-t-il ce canevas touffu, comptant 32 personnages et ne comportant aucune division en actes ou scènes pour permettre d'en prolonger aisément la durée. L'auteur s'attache surtout à retracer la vie de perdition menée par le protagoniste, épisodes qui revêtent une ampleur particulière et offrent une grande richesse de détail.

★ Il convient de signaler le remarquable *Fils prodigue* [*El hijo prodigo*], « auto » de Félix Lope de Vega (1562-1635).

★ Toujours sur ce thème, de nombreuses œuvres secondaires ont été écrites dans les diverses langues. Parmi les plus connues, retenons celle de l'écrivain français André Gide (1869-1951), intitulée *Le Retour de l'enfant prodigue*. Écrite par l'auteur en 1907 — alors qu'il travaillait à son roman *La Porte étroite* (*) —, elle fut publiée en 1909 et doit être rattachée, par son caractère spéculatif et la richesse de ses significations doctrinales, à l'inspiration des « Traités » avec lesquels elle fut d'ailleurs rééditée en un volume en 1912 — v. *Bethsabé* (*), *El Hadj* (*), *Philoctète* (*), *Traité du Narcisse* (*), *Tentative amoureuse* (*). La parabole évangélique se trouve ici développée avec une grande liberté d'interprétation. L'enfant prodigue, qui a quitté la maison paternelle à la recherche de sa liberté, n'a pas trouvé le bonheur attendu et n'a même pas su entretenir l'exaltation qui aurait pu en tenir lieu et apaiser ainsi la soif de son âme. Il revient alors au bercail, misérable et repentant. L'accueil affectueux qu'il trouve auprès de son père le remplit d'émotion, mais tant d'indulgence suscite chez son frère aîné, le vertueux qui n'a jamais failli, d'amers commentaires. Après les réjouissances qui marqueront son retour, l'enfant prodigue aura, avec chacun des membres de sa famille, de graves entretiens au cours desquels son aventure sera considérée sous des angles différents. Chez son père, la tendresse et la compréhension prennent vite le pas sur les reproches : le vieillard admettra finalement que, pour se retrouver, il n'était pas absolument nécessaire que son fils regagnât le toit paternel ; néanmoins, il conclura gravement : « Si tu t'es senti faible, tu as bien fait de revenir. » Mais en revanche, le frère aîné se montre beaucoup plus sévère : lui seul se considère comme le véritable interprète de l'autorité paternelle et proclame qu'en dehors de la famille et dans l'esprit de révolte il n'y a point de salut. L'enfant prodigue sortira de cet entretien irrité et sceptique. Mais les marques d'affection qui lui seront prodiguées par sa mère finiront par l'apaiser ; c'est à elle d'ailleurs qu'il avouera être revenu pour n'avoir pas trouvé de par le monde la liberté qu'il avait rêvée ; dénué de tout, il s'est vu contraint de « servir » de mauvais maîtres qui le maltraitaient, le nourrissant à peine ; aussi a-t-il préféré venir se soumettre aux siens. Mais lorsqu'en pleine nuit il ira trouver son frère cadet, qu'il n'avait qu'entrevu en arrivant, un retournement complet de situation se produit : le jeune garçon est à son tour résolu à partir ; l'expérience malheureuse de son frère, loin de le décourager, ne fait que l'inciter davantage à tenter l'aventure, car il espère fermement se montrer plus heureux et plus fort que lui. Le récit renferme en lui-même un enseignement qui se rattache à la célèbre sentence « Oportet ut scandala eveniant » : si l'enfant prodigue a bien fait de retourner, son frère cadet qui s'apprête à partir se révèle mieux inspiré que lui encore, car il faut toujours que quelqu'un soit « dehors ».

★ Citons également le drame *El hijo prodigo* de l'Espagnol Jacinto Grau (1877-1958).

★ Plusieurs compositeurs s'inspirèrent de cette parabole. À noter *L'Enfant prodigue* du Français Daniel-François-Esprit Auber (1782-1871), Paris, 1850 ; des Italiens Paolo Serrao (1830-1907), Naples, 1868, et Amilcaro Ponchielli (1834-1886), Milan, 1880.

★ *L'Enfant prodigue* de Debussy (1862-1918), scène lyrique pour soli, chœur (« ad libitum ») et orchestre sur un livret d'Édouard Guinand, offre un intérêt de loin supérieur à celui des œuvres précédemment citées. Composée en 1884, cette cantate valut à son auteur le prix de Rome. Elle fut exécutée dans une version pour chant et orchestre en 1904, alors qu'en 1884 la première exécution avait été donnée pour chant et piano seulement. (Elle fut montée comme opéra en 1919 au « Vaudeville » de Paris, ainsi qu'à Londres et à Rome, d'ailleurs sans grand succès.) L'œuvre ne dépasse pas de beaucoup les capacités d'un élève au sortir du Conservatoire. De Wagner à Massenet, on y retrouve les influences musicales de l'enseignement d'alors. Le choix du texte à mettre en musique révèle lui-même le manque d'assurance du compositeur, qui fut incapable de lui apporter un approfondissement dramatique. La musique demeure dans les limites d'une inspiration douceâtre et élégiaque relevant d'un pâle romantisme. Il serait faux cependant d'y voir une erreur de goût : il ne s'agit en fait que d'inexpérience et d'un manque de maturité. Claude Debussy lui-même n'appréciait pas beaucoup cette cantate qui n'annonce que de très loin le style si personnel du maître de *Pelléas et Mélisande* (*). Si on veut trouver dans ces pages les signes de ce que seront plus tard le style et la poésie de Debussy, il faut les voir dans cette sorte d'instinct musical, encore obscur et mal défini, qui agit moins sur la matière proprement sonore (mélodie, harmonie) que sur sa disposition, sur l'aspect extérieur de l'écriture où on décèle alors les germes d'un goût raffiné. Plus que l'air de Lia, célèbre par son brillant à la Massenet qui lui gagna la faveur du public, il faut surtout retenir dans cette œuvre de jeunesse le « Cortège et air de danse » qui annonce déjà la sensualité sonore et raffinée de la *Suite bergamasque*, composée six ans plus tard.

★ Le compositeur russe Serge Prokofiev (1891-1953) a également composé un ballet, *L'Enfant prodigue*, représenté à Paris en 1929, par les Ballets russes de Serge de Diaghilev.

★ On trouve dans la peinture et la sculpture de tous les temps quantité d'œuvres s'inspirant des divers épisodes de la vie de *L'Enfant prodigue* : ses orgies, sa triste expérience de gardien de porcs et, tout particulièrement, le retour chez son père. Entre autres artistes ayant illustré ce thème, citons : Dürer, Rembrandt, Téniers, Jordaens, Lucas de Leyde et la majorité des Flamands ; en France, F. Franck et Puvis de Chavannes.

ENFANT QUI DEVINT FOU D'AMOUR (L') [*El niño que enloqueció de amor*]. Œuvre de l'écrivain chilien Eduardo Barrios (1884-1963), publiée en 1915. Le protagoniste de ce roman est un jeune enfant précocement développé. Il tient un journal où s'expriment tous les détours de sa naissante personnalité. Amoureux de la belle Angélique, il vit dans un milieu familial hostile, car c'est un fils naturel, détesté de sa grand-mère. Sa passion le conduira, par le biais d'une crise nerveuse, à la folie.

Barrios, dans cette œuvre, s'est livré à une analyse psychologique fouillée, scrupuleuse et toute en nuances. L'influence de Benjamin Constant s'y fait beaucoup plus sentir que celle de Zola, qui marquera pourtant si nettement les œuvres suivantes de Barrios comme *Un désaxé* [*Un perdido*, 1917]. Les diverses phases de la démence progressive qui s'empare de l'enfant sont évoquées graduellement, depuis les insomnies jusqu'au délire en passant par l'apathie, les douleurs physiques, les hallucinations et l'hystérie. L'âme du héros se voit ainsi minutieusement disséquée, le rôle du subconscient fortement mis en lumière. L'anomalie de la situation, le contraste permanent entre la jeunesse du héros et la maturité de ses sentiments permettent à Barrios de subtils contrepoints.

ENFANT QUI PRIT PEUR (L'). Roman publié en 1912 par Auguste Gilbert de Voisins (1877-1939) et postérieur au *Démon secret* (1907), au *Bar de la fourche* (1909) qui représentent les deux inspirations de l'auteur : psychologie des âmes obscures et exotisme. L'*Enfant* a pour cadre la côte toulonnaise où vit le petit Jacques, à peine âgé de onze ans, dans une famille désunie et au sein d'une société dont il perçoit vaguement, mais jusqu'à l'obsession, les tares. Son père, notaire, a une maîtresse ; sa mère a un amant ; son précepteur a une liaison avec une théâtreuse ; sa bonne a un galant ; jusqu'au petit soldat de la garnison dont il est devenu l'ami et qui se suicide pour une perfide boutiquière. Le petit garçon, qui ne peut se confier à personne et qui découvre peu à peu la sexualité des grands, le péché du monde, se jette du haut d'une falaise et se tue. Le roman, où abondent les comparses accidentels très secondaires, présente le tableau d'un petit monde assez pittoresque mais utilement évoqué, car tous les soucis y contrastent avec l'appétit de franchise et de pureté du jeune héros. Le récit est très sobre et très net, dans un style presque lapidaire. Gilbert de Voisins y a voulu montrer que l'enfance se constitue un univers à part où les pensées, les peines, les plaisirs sont irréductibles à ceux des grandes personnes. Toutefois, son art extrêmement lucide et intellectuel ne présage aucunement les recherches qu'a tentées depuis lors la littérature dans le domaine de l'inconscient.

ENFANTS AUX PIEDS NUS (Les) [*Barfotabarn*]. Recueil poétique de l'écrivain suédois Nils Ferlin (1898-1961), publié en 1933. Dans le titre de son premier recueil : *Chansons d'un mort-vivant* (*), Nils Ferlin avait très bien caractérisé son art. Dans le titre de ce deuxième recueil, il caractérise ses personnages, qui sont en effet des « enfants aux pieds nus », comme l'indiquent d'ailleurs les titres des poèmes : « Ces gens très misérables » [Dessa de mycket fattiga], « Vieille fille » [Gammelpiga], « Vieillard aux cheveux gris » [Gubbe grå], etc. Ils étaient déjà présents dans le premier recueil, et ils reviennent ensuite très souvent dans la poésie de Ferlin, ainsi que, bien entendu, par contraste, les riches avec leur vie luxueuse, par exemple dans : « Des huîtres, des nids d'hirondelle de Chine » [Ostron, kinesiska svalbon]. Ferlin a puisé son inspiration dans sa propre expérience, dans les œuvres d'écrivains suédois et aussi dans les événements sociaux de l'époque : faim, grèves, chômage. Néanmoins, Ferlin élargit la perspective, notamment dans les « Trois flammes » [Tre bränder] (Liberté, Égalité, Fraternité), où le poète regrette le peu de résonance qu'a eue dans le monde la Révolution française.

ENFANTS DE DIEU (Les) [*Djeca bozjai*]. Roman de l'écrivain croate Petar Segedin (né en 1909), publié en 1946. La parution de ce roman constitue, avec celle d'*Il est un pont sur la Drina* (*) et de *La Chronique de Travnik* (*) d'Andrić, l'un des événements de la littérature yougoslave contemporaine, bien que son succès n'ait pas été éclatant. Il est vrai que la mode était alors au réalisme socialiste, et que *Les Enfants de Dieu* furent accueillis par des épithètes du genre : « décadent », « nihiliste », « petit-bourgeois », etc. C'est que ce roman introduisait dans la littérature yougoslave un domaine nouveau : l'analyse des traumatismes spirituels, de la dégénérescence et de la perversité à travers la description du monde intérieur d'un groupe d'adolescents. Ce monde intérieur, toujours en mouvement, est traversé d'émotions, de désirs, d'aspirations, qui se heurtent aux tabous religieux et à tout ce carcan de coutumes aberrantes que l'Église fait peser sur l'homme depuis des siècles. Le contraste entre la spontanéité intérieure et ce conformisme étroit, qui entraîne une détérioration de tout l'être, est exprimé de façon saisissante. Le style, très plastique, sait user de toutes les ressources du monologue et du lyrisme avec une exubérance d'images qui demeure cependant contrôlée. — Trad. Stock, 1963.

ENFANTS D'ÉDOUARD (Les). Drame historique en trois actes et en vers de l'auteur dramatique français Casimir Delavigne (1793-1843), représenté à Paris en 1833. Voici quel en est l'argument : avant de mourir, Édouard IV, roi d'Angleterre, a confié ses deux jeunes fils à son frère Richard, duc de Gloucester. Ce dernier, qu'habite l'esprit du mal, brûle depuis longtemps du désir d'être au pouvoir. Comme l'héritier du trône n'est encore qu'un enfant, il saura mettre tout en œuvre pour arriver à ses fins. Sous un prétexte politique, il fait d'abord exécuter l'unique protecteur des petits princes ; puis il calomnie sa belle-sœur pour faire naître des soupçons sur leur légitimité ; enfin, par quelque nouveau biais, il arrive à les faire enfermer dans la Tour de Londres. En vain, sir James Tyrrel, gouverneur de la Tour, essayera-t-il de sauver les malheureux. Gloucester entend aller jusqu'au bout : s'étant fait proclamer roi sous le nom de Richard III, il ordonne qu'on les assassine le soir même de son couronnement. Dans ce drame historique, l'auteur tente ouvertement d'imiter Shakespeare. Au vrai, sa pièce est une fusion de *Richard III* (*) et d'*Henri VI* (*). En 1833, on était en pleine bagarre littéraire. Faute d'être un pur classique ou un romantique à toute épreuve, Delavigne incarnait une sorte de compromis entre le drame et la tragédie. Il fut donc attaqué avec violence par les deux écoles rivales. Cette levée de boucliers n'empêcha point le public d'accueillir l'ouvrage avec ferveur. Bien mieux, *Les Enfants d'Édouard* eurent un succès d'enthousiasme. On ne peut qu'y souscrire dans une certaine mesure : mainte scène est assez bien venue et contient plus d'une belle tirade. Souvent, Casimir Delavigne témoigne d'une force dramatique incontestable. Ajoutons toutefois qu'elle n'est pas assez drue pour faire excuser l'insigne faiblesse de son style.

ENFANTS DE GUERNICA (Les) [*Die Kinder von Gernika*]. Roman de l'écrivain allemand Hermann Kesten (né en 1900), publié en 1938. Dans ce récit vivant, coloré et d'un surprenant dépouillement, l'écrivain brosse un tableau saisissant des cruautés de la guerre civile d'Espagne. La description de l'atroce destin d'une famille basque, les Espinosa, Kesten en confie le soin à un enfant de quinze ans, Carlos, membre de cette famille et réfugié à Paris. C'est ce dernier qui fait à l'auteur le récit de tout ce qu'il a vécu, vu, souffert. Il a vu massacrer des femmes et des enfants, tomber son père, ses frères et ses sœurs, cependant que les avions allemands attaquaient nuit et jour les files de fugitifs. Il se souvient qu'un soldat lui a murmuré, alors qu'on le conduisait avec d'autres au cimetière où l'on fusille : « N'es-tu pas de la pharmacie du marché ? J'ai connu ton père. Place-toi le dernier de la rangée. Au premier coup de feu, tombe. Ne crie pas. » Le cauchemar de Guernica et de la guerre civile devient, grâce au style de Kesten, la tragédie de notre époque, et une tragédie d'autant plus hallucinante qu'elle nous parvient à travers la voix d'un enfant, qui accentue l'épouvante tout en dénonçant la dégradation des hommes, l'humiliation des bons et le triomphe des meurtriers, la détresse des veuves, les crimes contre l'humain et le divin. – Trad. Calmann-Lévy, 1954.

ENFANTS DE LA COLÈRE [*Hijos de la ira*]. Poèmes de l'écrivain espagnol Dámaso Alonso (1898-1990), publiés en 1944. Ce « journal intime » – selon l'auteur – est une des œuvres les plus sombres, les plus tragiques qu'ait produites la poésie espagnole. L'angoisse y affleure à chaque page, une angoisse étouffante, nauséeuse, mortelle ; le premier vers du recueil n'est-il pas : « Madrid est une ville d'un million de cadavres. » Les thèmes tournent autour de cette inquiétude désespérée : obsession de la mort, de la cruauté, tentatives d'évasion par la prière, la solitude, le renoncement. C'est une conscience torturée qui s'exprime et cherche à trouver la paix, que ce soit dans le « De Profundis », « Jour des morts » ou « Racines de la haine », où Alonso recourt à tous les procédés du surréalisme avec bonheur. *Enfants de la colère* apparaît comme un cauchemar de l'âme, que peuplent des poignards, des têtes de morts, des oiseaux de proie, autant de symboles du monde refusé par le poète qui ne sait comment y échapper.

ENFANTS DE LA NUIT (Les) [*The Children of the Night*]. Œuvre du poète américain Edwin Arlington Robinson (1869-1935), éditée à New York en 1897, peu après un petit recueil de vers publié en édition limitée. Ce volume fut le premier dans lequel le poète affronta le public et la critique ; sa parution n'éveilla pas de réactions profondes et ne valut aucune célébrité à l'auteur. Celui-ci fut plutôt « redécouvert », à la faveur d'éditions postérieures, et jugé à ce moment-là selon ses propres mérites. Le volume tire son nom du titre du premier poème ; les enfants de la nuit sont les hommes qui « ne voient jamais la lumière », qui ne perçoivent rien au-delà des limites de la matière, de leurs intérêts et de leurs besoins ; créatures désespérées, même si elles ignorent qu'elles le sont. Mieux vaut naufrager dès les premiers jours du voyage, dit l'auteur, plutôt que de naviguer toujours dans l'obscurité. Comme la plupart des autres poèmes de Robinson, celui-ci a la forme d'une ballade et respecte les règles de la prosodie classique ; mais la structure de son développement, ses allusions, les horizons qu'il ouvre et la valeur suggestive de la musique des mots eux-mêmes et de la phrase poétique nous avertissent que nous sommes en présence d'un poète qui n'est pas seulement un poète traditionaliste ; car déjà on décèle l'influence de ce qu'il est convenu d'appeler la poésie « décadente » européenne, qui n'a pourtant agi sur Robinson que de façon indirecte. Originaire du Maine (État de la Nouvelle-Angleterre), Robinson choisit ses personnages et ses situations dans cette région la plus ancienne et la plus traditionaliste du Nouveau Monde. Certains des héros qu'il choisit, tels que « John Evereldown », « Richard Cory », « Cliff Klingenhagen », annoncent la fameuse *Anthologie de Spoon River* (*) de Masters.

ENFANTS DE LA VIOLENCE (Les) [*The Children of Violence*]. Série de cinq romans écrits entre 1952 et 1969 par l'écrivain anglais Doris Lessing (née en 1919), centrée autour du personnage de Martha Quest. Dans le premier volume, intitulé *Martha Quest,* l'héroïne, alors âgée de quinze ans, est en conflit avec ses parents et souhaite quitter la ferme familiale située sur le « veld » quelque part en Afrique. Ses lectures abondantes d'une part, ses liens d'amitié avec les fils d'un commerçant local, Solly et Joss Cohen, d'autre part, ont fait prendre conscience à Mary qu'elle voulait vivre différemment. Au lieu de poursuivre ses études à l'université, elle décide donc de devenir secrétaire. Quand elle arrive dans la ville, elle est choquée par le pouvoir des Blancs, mais elle se laisse néanmoins séduire par une existence facile et connaît sa première expérience sexuelle avec Adolph « Dolly » King, le batteur juif de l'orchestre du club de sports dont elle est devenue membre. Elle y fréquente aussi Douglas Knowell qu'elle finit par épouser, en se persuadant qu'ils partagent les mêmes idées libérales.

Le deuxième tome de la série, *Un mariage comme il faut* [*A Proper Marriage,* 1954], relate l'histoire du mariage de Martha et Douglas. Quand la guerre éclate et que son mari rejoint l'armée, Martha, enceinte, est surtout préoccupée par l'arrivée de son enfant. Elle reprend cependant contact avec l'organisation politique qu'elle fréquentait avant son mariage et où l'apartheid suscite de larges débats. Le bébé, Caroline, naît, mais Martha consacre de plus en plus de temps à ses activités politiques. Quand Douglas rentre au foyer, il décide de s'installer en banlieue, un changement de vie inacceptable pour Martha. Leurs relations se dégradent rapidement d'autant plus que Douglas ne supporte pas que sa femme s'investisse dans un mouvement hostile à l'apartheid. Martha menaçant de le quitter, Douglas devient fou furieux, mais il la laissera finalement partir et le livre se clôt sur leur séparation, avec pour Martha la perspective d'une nouvelle étape.

Au début du roman suivant, *L'Écho lointain de l'orage* [*A Ripple from the Storm*, 1958], nous retrouvons Martha de plus en plus engagée politiquement. Elle fait la rencontre d'un réfugié juif, Anton Hesse, qui a fui les pogroms hitlériens et souhaite créer une véritable cellule communiste. Martha fréquente également la vieille Mrs. Van der Bylt, socialiste convaincue et membre du parti travailliste, avec qui elle partage un certain nombre d'idées. Pour venir en aide à l'austère Anton, menacé d'expulsion en raison de ses liens avec le parti communiste, Martha décide de l'épouser, mais ce mariage comme le précédent est un échec. Le roman se termine sur une impression de désillusion et de frustration sur le plan personnel comme sur le plan politique puisque l'organisation à laquelle Anton et Mary appartiennent se désintègre.

Publié sept ans après le volume précédent et surtout après le succès de *Carnet d'or* (*) (1962), dont l'influence se fait sentir sur la forme de la narration, *Prise au piège* [*Landlocked,* 1965] reprend le fil de l'histoire de Martha Quest, mais avec une approche différente due partiellement à l'intérêt nouveau de Doris Lessing pour le soufisme. La guerre n'est pas encore terminée et la jeune femme qui vit à présent séparée de son mari a une liaison avec un réfugié juif polonais, Thomas Stern, avec qui elle communique par une sorte de télépathie. Thomas part quelque temps en Israël mais, à son retour en Afrique, il choisit d'aller vivre dans une tribu indigène où il mourra bientôt, léguant quelques notes manuscrites que Martha se sent le devoir de déchiffrer. Le père de Martha, gravement atteint de diabète, meurt lui aussi. Les échecs s'accumulent, la grève des travailleurs indigènes, que Martha et Mrs. Van der Bylt avaient encouragée, est violemment réprimée. Martha divorce d'Anton qui s'éloigne de plus en plus du parti communiste pour s'intégrer dans la société blanche au pouvoir. Plus rien ne retient la jeune femme dans ce pays déchiré et elle se prépare à partir en Grande-Bretagne avec l'espoir d'y commencer une nouvelle vie.

Le dernier roman de la série, *La Cité promise* [*The Four-Gated City,* 1969], est très différent des précédents, même s'il semble avoir été conçu dès la publication du premier. Il nous présente un tableau terrifiant de l'Angleterre après la Seconde Guerre mondiale et décrit la confusion et le désordre des années 1950-1960 jusqu'à l'apocalypse finale de la fin du siècle. Arrivée à Londres en 1949, Martha Quest s'y sent déracinée et différente, mais sa lucidité à l'égard de la société qui l'entoure en est d'autant plus vive. Elle devient la secrétaire, puis la maîtresse d'un écrivain, Mark Coldridge, dont la femme Lynda souffre de troubles psychologiques. Martha, qui entretient d'étranges relations avec elle, partagera la vie des Coldridge pendant vingt ans, jusqu'à ce que survienne la catastrophe atomique au cours de laquelle mourra Martha.

Les Enfants de la violence, considérés par Doris Lessing comme une sorte de roman d'éducation [Bildungsroman], constituent une extraordinaire chronique qui souffre et bénéficie à la fois de la discontinuité de la rédaction. Les cinq volumes reflètent non seulement l'évolution d'un monde en crise (Seconde Guerre mondiale, stalinisme, apartheid...), mais aussi celle de l'auteur explorant et exploitant les ressources de la forme narrative à la recherche de son identité d'écrivain. – Trad. *Martha Quest,* Plon, 1958. Les autres titres, Albin Michel, 1978-1981. M.-F. C.

ENFANTS DE L'ÉPOQUE [*Børn av tiden*]. Roman de l'écrivain norvégien Knut Hamsun (pseud. de Knut Pedersen, 1859-1952), publié en 1913. L'histoire du lieutenant Willatz Holmsen n'est pas seulement l'histoire de la décadence d'une grande propriété, Segelfoss, et de la naissance d'une petite ville, elle est aussi le récit de la vie douloureusement fière d'un homme seul, d'un aristocrate, dernier représentant d'une caste condamnée. Entre lui et sa femme, c'est la lutte silencieuse, polie, disciplinée de deux êtres aussi fiers l'un que l'autre. Il n'y a jamais de scènes, de reproches ouverts, de plaintes indiscrètes ; ils procèdent par allusions glaciales et courtoises et savent vaincre par la façon dont ils semblent céder. Toute intimité est depuis longtemps disparue, ils s'enferment chacun de leur côté. Ce qui les unit, et qui est en même temps l'enjeu de leur lutte, c'est leur fils, le jeune Willatz. Bien que perdant jour après jour les miettes de sa fortune, le lieutenant se comporte en grand seigneur, bâtit une église, paye les études du fils de paysan qui le méprisera. L'étrange aventurier Holmegaard, type du premier capitaliste, encore respectueux des choses du passé et sensible à la noblesse du grand propriétaire qui est en train de se ruiner, s'établit près de Segelfoss et achète de la terre, fait élever des maisons, une brasserie, un moulin, construit un quai. Les habitants, qui étaient les sujets du lieutenant, se détachent de lui. Son fils, qui a été élevé en Angleterre, va avec sa mère continuer des études de musique. Mme Adelheid y meurt. Le lieutenant, qui a désormais hypothéqué toutes ses terres, arrange avec son vieux valet, la seule main-d'œuvre qu'il puisse s'offrir, une vieille tuilerie où il veut habiter, lorsqu'il trouve le trésor enfoui par son grand-père. Peu après il meurt. Mais le jeune Willatz, qui sans la comprendre a assisté à la ruine de son père, aura de quoi vivre.

À côté du lieutenant, sorte de surhomme mais aussi portrait psychologique captivant, se trouve Holmegaard, le « roi », celui qui par ses initiatives a su créer quelque chose. En face d'eux, Hamsun a placé les personnages qu'il exècre : ceux qui se sont « abaissés » par les études, qui ont quitté une vie saine et naturelle pour se réfugier dans une civilisation frelatée, ceux qui ont abandonné le risque, la fierté et le respect pour chercher dans des carrières de fonctionnaires sécurité, suffisance et sottise. Le pasteur Lars, fils de paysan qui a pu faire ses études grâce au lieutenant et qui méprise son bienfaiteur aussi bien que sa propre origine ; le docteur Muus, qui, à tout prix, veut éviter de se laisser impressionner par le propriétaire ; l'avocat Rasch. Tous sont très fiers de cette culture superficielle qu'ils ont acquise, cette fausse culture qui, selon Hamsun, est le pire ennemi. — Trad. Éditions universitaires, 1944 ; Calmann-Lévy, 1983, sous le titre *Enfants de leur temps.*

ENFANTS DE L'ONCLE TOM (Les) [*Uncle Tom's Children*]. Recueil de quatre nouvelles de l'écrivain américain Richard Wright (1908-1960), publié en 1938. Comme dans toutes les œuvres de Wright écrites et publiées quand il vivait encore aux États-Unis, elles peignent de façon réaliste la vie des Noirs américains du Sud, sous le règne de la ségrégation et du racisme. Mais la première nouvelle, qui est aussi la plus longue, « Le Feu dans la nuée », apporte ici une note différente, plus spécifiquement politique, qui rappelle que Wright était alors un militant noir du parti communiste américain, dont il fut membre jusqu'en 1944. Cette nouvelle est en effet la seule où il ne s'agit pas seulement des souffrances subies, mais de la lutte contre l'oppression. Le révérend Taylor s'est confiné pendant longtemps dans son rôle de prêtre, il a évité de s'engager dans une action politique par respect du principe chrétien de non-violence. Cependant, voici que ses fidèles, que la crise économique a réduits au chômage et à la famine, attendent de lui qu'il fasse quelque chose, qu'il trouve une solution. Précisément, les communistes demandent au révérend de se joindre à eux pour appeler les chômeurs à manifester, tous les chômeurs, qu'ils soient noirs ou blancs. Taylor hésite : non pas parce que les autorités locales le menacent, mais parce que ses convictions et ses habitudes religieuses s'opposent à ce qu'il prenne une telle décision. Sa femme redoute de le voir prendre des risques, tandis que son jeune fils voudrait se jeter dans la « bagarre ». Battu et laissé pour mort par un groupe de racistes dans la nuit qui précède la manifestation, Taylor décide finalement d'en prendre la tête. Chômeurs noirs et blancs agiront ensemble. Les trois autres textes sont des scènes de la vie quotidienne des Noirs américains. Dans « Le Départ de Big Boy », c'est une petite bande d'enfants noirs qui va se baigner sur une plage que les Blancs se sont réservée. Un Blanc survient, tue deux des jeunes Noirs, est tué lui-même par « Big Boy ». Ce dernier n'a plus qu'une chose à faire, s'enfuir vers le Nord. Il y parviendra le lendemain matin, mais après avoir dû assister, de sa cachette, au lynchage du dernier de ses camarades. Dans « Long-Chant-Noir », c'est une paysanne noire qui cède aux avances d'un représentant de commerce blanc, déchaîne la jalousie du mari, qui tuera un des Blancs, et se tuera pour éviter d'être lynché. Dans « Là-bas, près de la rivière », c'est un épisode d'une inondation, où le racisme sévit plus brutal que jamais, au cœur même du malheur commun. Pour s'échapper, une famille noire, dont une femme sur le point d'accoucher, est obligée de se servir d'un bateau volé. Et, après avoir été réquisitionné par les autorités, avoir travaillé pendant des heures aux travaux de sauvetage, Mann sera condamné à mort pour ce « vol », en somme imposé. Mais, dans les quatre nouvelles, ce qui importe le plus, ce ne sont pas tellement les faits eux-mêmes, aussi tragiques soient-ils, que la psychologie de ces hommes et de ces femmes. Ou, plus exactement, la restitution de cette pensée lente qui est la leur, cette pensée qui a du mal à parvenir à une conscience claire, accablée qu'elle est par la réalité de l'impossible, de l'impensable. Les actes, dans un sens comme dans l'autre, vont plus vite que les idées, les précèdent. Taylor lui-même, qui est en somme un intellectuel, n'échappe pas à cette condition : « Même alors il ne semblait pas qu'il pût parler comme il voulait parler. Il sentait ce qu'il voulait dire, mais c'était volatile et difficile à formuler... » L'allure objective, presque extérieure, du récit, n'est plus ici la mise en œuvre des méthodes d'une école littéraire, mais le seul moyen de restituer cette difficulté d'exister, de parler, de penser, qui est partie intégrante de la vie de ces êtres opprimés. De cette rigueur dans la peinture de la vie de ce peuple naît finalement une sorte de poésie, pathétique et prenante. Pour être une des premières œuvres de Wright, *Les Enfants de l'oncle Tom* n'en sont pas moins l'une des plus fortes. — Trad. Albin Michel, 1946, mais le recueil français ne comprend que les trois premières nouvelles.

ENFANTS DE MINUIT (Les) [*Midnight's Children*]. Roman de l'écrivain anglais d'origine indienne Salman Rushdie (né en 1947), publié en 1981. « Pour comprendre une seule vie, il vous faut avaler le monde entier.» Livre vorace et monstrueux, à l'image du sous-continent indien qui l'informe et le nourrit, le roman de la vie de Saleem Sinai reproduit l'histoire convulsive de l'Inde et du Pakistan depuis l'indépendance en 1947. Les préoccupations formelles qui sont celles du narrateur — comment introduire un semblant d'ordre dans un matériau informe ? — battent en retraite devant la marche chaotique d'un destin rebelle à toute classification. Son désir d'être au centre de l'histoire de son pays se voit ridiculisé puis réduit à néant par un irrésistible mouvement centrifuge destiné à l'en déloger. « Enfant de minuit », car né la nuit de l'indépendance, Saleem se fait le reflet en son « miroir » d'une naissance avortée, d'un massacre des innocents. Génération sacrifiée, celle des neuf cent quatre-vingt-dix-neuf autres enfants de minuit et de leurs dons, plus ou moins excentriques, mais toujours fabuleux, qui auraient dû perpétuer la vocation tératomorphe de l'Inde millénaire. Ils sont les innocents qu'un pouvoir, celui d'Indira Gandhi, la « Veuve », va s'acharner à persécuter, jusqu'à la solution finale de la vasectomie — ou « spérectomie ». La *via analogica* choisie par cette fable à valeur de pamphlet politique parle du corps monstrueux de Saleem pour mieux traiter du devenir d'un corps social et politique en crise, dont la pathologie, démesurément grossie sous l'effet de la charge, n'en demeure pas moins fidèlement restituée au terme de cette démarche d'anatomiste, partagée entre la volonté d'en découdre, armée du rire, avec un pouvoir totalitaire rendu responsable d'une criminelle normalisation et la mélancolie poignante ressentie devant une Inde émasculée, coupée de son vieux fond de magie, mais plus que jamais livrée à ses vieux démons. C'est que l'Inde est un pays que divisent des murailles de mots ; d'où le projet utopique de Saleem : se faire l'artisan, par télépathie interposée, d'une communion de langues et de discours. Mais la cacophonie guette, et ses parents en l'opérant des amygdales lui coupent la voie des ondes. Reste le salut par l'écriture : adoptant sur le mode de la farce le paradigme proustien de la petite madeleine, Saleem découvre les capacités du chutney à restituer la saveur du Bombay d'antan. Conteur la nuit et producteur de pickles le jour, Saleem livre sa version de l'Inde, aigre-douce. Elle ne saurait en exclure d'autres, ainsi celle de son frère ennemi Shiva, déterminé à broyer son éléphantesque appendice nasal entre ses énormes genoux cagneux. Malgré ses longueurs et ses défauts, qui tiennent au mal indien par excellence — tout enfermer de l'ampleur du réel dans une page d'écriture, une jarre de pickles, une bobine de film —, ce livre qui doit autant à Rabelais, Cervantès et Sterne qu'à Grass, touche à l'universel. Semblable en cela aux romans du continent latino-américain, il nous parle, dans une langue d'une virtuosité décapante, de l'histoire et de ses calamités. — Trad. Stock, 1986. M. P.

ENFANTS DE SATURNE (Les) [*Born under Saturn : The Character and Conduct of Artists*]. Essai de l'historien d'art américain d'origine allemande Rudolf Wittkower (1901-1971), écrit en collaboration avec sa femme Margot Wittkower et publié en 1963. Cet ouvrage, qui apparaît comme le pendant historiographique de *Saturne et la mélancolie* (*) de Klibansky, Panofsky et Saxl, est tout entier consacré à la psychologie et au comportement des artistes de l'Antiquité à la Révolution française. Il montre que, s'il y a une personnalité propre à l'artiste, la mélancolie — sous toutes ses formes — entre nécessairement dans sa définition : mélancolique violent (Cellini ou Caravage), suicidaire (Rosso, Borromini), pervers (Sodoma), paranoïaque (Messerschmidt) ou amoureux passionné (Filippo Lippi, Raphaël) ou même pingre, l'artiste reste soumis à l'influence astrale de Saturne. Toutefois, on ne saurait parler de « permanence transhistorique » de la personnalité de l'artiste, dont les définitions et les types psychologiques varient d'un siècle et d'un pays à l'autre. Si la psychologie a contribué à forger la personnalité des artistes modernes, elle éclaire, moins le mystère de la création, que les mythes et les fictions qui n'ont cessé de l'entourer.

On a beaucoup reproché à cet ouvrage, qui tient plus de la chronique que de l'analyse, son absence de toute référence aux interprétations psychanalytiques, si l'on excepte les notations rapides « in fine » sur Freud et Léonard, et les essais d'Ernest Jones. L'ampleur de la recherche historique entreprise contraste avec le ton délibérément « infrathéorique » du propos et la modestie de la conclusion. Assurés qu'ils sont qu'il n'y aura jamais de réponse au mystère de la personnalité créatrice, les auteurs préfèrent laisser le dernier mot à Turner, ce peintre « très fou » : « L'art est une drôle d'affaire. » Avec *Saturne et la mélancolie* et *L'Image de l'artiste,* de Ernst Kris et Otto Kurz, tous deux anciens élèves de Julius von Schlosser, c'est l'un des ouvrages modernes essentiels sur le thème « aristotélicien » de l'homme de génie et de la mélancolie. — Trad. Macula, 1985. P.-E. D.

ENFANTS DU BON DIEU (Les). Roman de l'écrivain français Antoine Blondin (1922-1991), publié en 1952. Deuxième roman d'Antoine Blondin, après *L'Europe buissonnière* (*), *Les Enfants du bon Dieu* mettent de nouveau en scène un héros que son caractère juvénile et sa vision personnelle du monde empêchent de s'insérer dans le tissu social très « engagé » de l'après-guerre. Professeur d'histoire dans une institution privée, Sébastien Perrin décide un jour d'enseigner à ses élèves que les traités de Westphalie n'ont pas été signés : s'ensuit une nouvelle version de l'histoire de l'Europe pendant les trois derniers siècles.

Ce refus de la fatalité historique, c'est-à-dire d'être totalement déterminé par les activités de ses congénères, est une constante de l'œuvre d'Antoine Blondin, qui se manifestait déjà dans son premier roman et connaîtra de nouvelles illustrations dans ses ouvrages ultérieurs.

On trouve les mêmes préoccupations dans *L'Humeur vagabonde*, parue en 1955, bien que le champ visuel s'y rétrécisse : le décor abandonne l'Europe (Blondin n'y reviendra plus) pour se situer dans des aîtres plus proches, plus familiers. Benoît Laborie, provincial marié à Denise et père de deux enfants, est un jour saisi par l'« humeur vagabonde ». Il s'agit là d'un thème romantique bien connu : c'est le syndrome de la chèvre de M. Seguin. Il quitte donc sa famille et va passer quelques semaines à Paris, où il connaît quelques démêlés avec la police. Déprimé, il revient chez lui et, au moment où il ouvre la porte de la maison, un coup de feu retentit dans le jardin : c'est sa mère qui, possessivement jalouse, vient de tirer sur Denise par la fenêtre. Un vague cousin, avocat mondain, se charge fiévreusement de l'affaire. Laborie devient une sorte de vedette : on parle de lui, on l'interviewe, on le reçoit. Le procès terminé (la meurtrière a été condamnée à trois ans de prison), tout se renverse, et le jeune homme retourne à sa médiocrité, à cet ennui dont le fait divers l'avait pendant quelques mois tiré. À moins que le désir de vagabondage ne le reprenne. Car c'est à une ombre d'espoir que renvoie la dernière phrase du roman : « Un jour, nous prendrons des trains qui partent. » On l'a déjà compris : peu importe leur destination.

J. Be.

ENFANTS DU CAPITAINE GRANT (Les). Roman d'aventures de l'écrivain français Jules Verne (1828-1905), publié en 1867-1868, le premier d'une trilogie romanesque – v. *Vingt mille lieues sous les mers* (*) et *L'Île mystérieuse* (*) – dans laquelle les prodiges de la science et les merveilles de la nature jouent un grand rôle. Mary et Robert Grant partent sur le yacht « Duncan » à la recherche de leur père naufragé ; les seules indications qu'ils aient sont un document retrouvé dans la mer. Paganel, un type de savant singulier et sympathique, fait partie de l'expédition. Sur terre et sur mer se déroulent des aventures inattendues et dangereuses. Un jour, le jeune Robert est enlevé par un condor, et c'est seulement un coup de fusil providentiel qui le sauve ; une autre fois, des loups menacent l'existence de nos explorateurs. Un certain Ayrton, dont le vrai nom est Ben Joyce, forçat évadé, tente de faire dévier la caravane de son vrai chemin, pour s'emparer du « Duncan » qui attend sur la côte le retour des audacieux partis pour une longue reconnaissance à travers le continent australien ; mais l'ex-détenu, découvert, est capturé. Finalement, tandis que le « Duncan » croise près des côtes de la Nouvelle-Zélande, on découvre l'île dans laquelle a trouvé refuge le capitaine Grant. L'aventure se termine heureusement par le sauvetage du naufragé et le retour du « Duncan » dans sa patrie. Ayrton est abandonné sur l'île pour qu'il se rachète dans la solitude. Cet ouvrage est des plus passionnants et l'un des romans les mieux composés de Jules Verne ; il n'est d'ailleurs nullement dépourvu de valeur littéraire, comme le montre la manière parfaite dont sont dépeints les caractères des deux personnages Paganel et Ayrton. La façon dont l'ambiance est décrite est suggestive, surtout en ce qui concerne l'Australie, qui apparaît encore avec le charme d'une terre vierge et âpre, telle certainement qu'elle se montrait aux yeux des pionniers européens du XIXe. De ce roman, Jules Verne lui-même, en collaboration avec Dennery, a tiré un drame représenté en 1878.

ENFANTS DU GHETTO (Les) [*Children of the Ghetto*]. Roman de l'écrivain anglais Israel Zangwill (1864-1926), publié en 1892, adapté pour le théâtre en 1899. Le ghetto londonien, au cœur de l'East End, où afflua dès la première moitié du XIXe siècle une multitude de réfugiés juifs venant de Russie, de Pologne et de Hollande, est, par sa couleur orientale et son histoire, le personnage central du livre. L'épisode se situe à l'époque de la troisième génération d'émigrés. Les rues qui débouchent dans la fangeuse Wentworth Street et dans la Goulton Street n'ont plus une architecture particulière, et ne sont plus sous le coup de menaces comme au temps des rois normands. Seule les opprime une misère sordide. Les anciens, tout en ayant connu des époques amères et difficiles, aimaient la famille et la tradition. Maintenant, au contraire, leurs descendants commencent à se disperser en fondant de nouvelles colonies ; les meilleurs et les plus forts ont combattu pour l'émancipation de leur peuple, d'autres sont entrés comme agents de change à la Bourse : la grisaille de la vie moyenne de Londres a fait pâlir les vieilles traditions. Dans ce cadre, les différents personnages représentatifs de ce monde agité, divers et chaotique mènent une existence où les souffrances se mêlent à la joie : Esther Ansell, au grand cœur, capable de n'importe quel sacrifice ; la mystérieuse Debby, la Hollandaise qui a conservé intacte sa capacité de rêve ; les « Fils du Pacte », association de puritains israélites qui, en refusant de danser, pensent éviter la tentation d'aimer des femmes d'une autre religion. Les coutumes juives y sont magistralement dépeintes : récit d'une réception chez Sugarman, à l'occasion de la « confirmation religieuse » d'un de ses fils ; description de la mort sereine de Benjamin, réconforté par la prière ; réunion de grévistes ; évocation de fêtes religieuses traditionnelles comme Pâque. La peinture des qualités et des défauts particuliers au peuple juif, la description heureuse des milieux sont teintées d'un humour délicat, profondément humain, et qui n'est jamais bassement réaliste : de sorte que l'on peut considérer cet ouvrage, indépendamment de l'intérêt qu'il présente par son côté documentaire, comme une des plus belles réussites de Zangwill. — Trad. Grès, 1920.

ENFANTS DU LIMON (Les). Roman de l'écrivain français Raymond Queneau (1903-1976), publié en 1938.

Raymond Queneau a écrit deux sortes de romans : ceux qui développent un sujet linéaire, comme *Odile* (*), *Un rude hiver* (*) ou *Zazie dans le métro* (*), et ceux qui mêlent plusieurs intrigues, lesquelles s'y poursuivent indépendamment les unes des autres mais se recoupent parfois pour la surprise et le bonheur du lecteur. De ces derniers, qui se rattachent à une certaine tradition du « romanesque social », font partie *Le Chiendent* (*), *Les Derniers Jours* (*), *Saint-Glinglin* (*), mais aussi *Les Enfants du limon*.

Ici, trois groupes de personnages se partagent le terrain : un populaire, autour de l'épicier italien Gramigni et de Clémence, la bonne ; un bourgeois, qui est la famille Limon-Hachamoth ; un intellectuel enfin, avec M. Chambernac, proviseur en retraite et passionné de fous littéraires. C'est en 1930 que Raymond Queneau a commencé à se passionner lui-même pour ce sujet particulier, et ses travaux se sont poursuivis jusqu'en 1933. Il en a tiré une considérable étude, à la fois biographique, anthologique et critique, qu'aucun éditeur n'a accepté de publier. L'œuvre magistrale de M. Chambernac, l'*Encyclopédie des sciences inexactes*, dont d'importants extraits enrichissent *Les Enfants du limon*, s'en nourrit largement.

Ce dernier ouvrage ne se borne pas au récit de destins individuels : l'histoire des années 30 y est non seulement présente, mais presque oppressante. Montée du fascisme, journées de février 34, Front populaire, rumeurs de guerre enfin constituent beaucoup plus qu'un décor de roman. On songe assez souvent, et pas seulement parce que l'époque s'y prête, au *Travelingue* (*) de Marcel Aymé : mêmes soucis, mêmes fragilités, mêmes inquiétudes du corps social. Seul Chambernac, plongé dans l'étude de ses « hétéroclites », demeure indifférent aux soubresauts qui agitent l'Europe.

Il faut encore parler de Purpulan, le démoniaque secrétaire du proviseur encyclopédiste. Cet être sulfureux parvient à se faire passer à la fois pour un suppôt de Satan et pour un pauvre diable, ce qui le rend d'ailleurs plus dérisoire qu'inquiétant. La fonction de ce personnage surnaturel, dans un roman plutôt naturaliste, est évidemment de jeter le trouble et la perplexité, ce dont il s'acquitte assez bien, mais dans un domaine limité. En fait, au regard des scélératesses des humains, la méchanceté des envoyés de l'enfer se révèle bien modeste.

Un espoir, cependant, pointe tout au bout du roman. Astolphe, un des descendants décavés de la famille Limon, revient à la conscience de soi grâce à l'amour de Noémi. (Il s'agit là d'un des thèmes favoris de Queneau.) Pris d'une ferveur rénovatrice, qui ne manque évidemment pas de connotations symboliques, Astolphe se jette dans le commerce des vieux chiffons, puis dans la fabrication de papiers de luxe. Pour finir, il fait un enfant à sa jeune compagne, et c'est sur l'image de la naissance du dernier des « enfants Limon », lequel sera peut-être le premier d'une nouvelle lignée, que s'achève ce roman, dont la signification profonde reste, au bout du compte, assez énigmatique. J. B.

ENFANTS DU MASSACRE (Les) [*I ragazzi del massacro*]. Roman policier de l'écrivain italien Giorgio Scerbanenco (1911-1969), publié en 1968. Mathilde Crescenzaghi, célibataire, fille de feu Michel et d'Ada Pirelli, faisait la classe, au cours du soir « André et Maria Fustagni », à un groupe de garçons de treize à vingt ans, dont la plupart avaient été en maison de correction, ou bien avaient un père alcoolique ou une mère prostituée. Plusieurs étaient hérédosyphilitiques. Il aurait mieux valu que la classe ait été faite par un sergent-chef de la Légion étrangère, et non point par elle, frêle et délicate jeune fille de la petite bourgeoisie de l'Italie du Nord. Mathilde est morte, rouée de coups. Les onze enfants du massacre ont entre treize et vingt ans. Ducas Lamberti est chargé par la police de retrouver l'assassin. Il a 35 ans et il a été radié de l'ordre des médecins et emprisonné trois ans pour avoir accepté d'abréger les souffrances d'une malade atteinte du cancer. Son père, un policier intègre, est mort d'un infarctus en apprenant sa condamnation, sa sœur a été abandonnée avec un enfant, aussi a-t-il le sentiment d'avoir gâché sa vie et celle de ses proches. *Les Enfants du massacre* sont sa troisième aventure comme détective. Il mène les interrogatoires et soupçonne un adulte d'avoir orchestré le massacre. Son enquête le conduit à une prostituée, qui soupçonnait à tort l'institutrice d'avoir dénoncé son proxénète à la police. Plus que l'intrigue, ce qui intéresse Scerbanenco, c'est de peindre et de dénoncer la misère et la « saloperie » humaines. Duca fait penser au docteur Destouches (l'écrivain Céline) qui considérait son cabinet comme un poste d'observation privilégié. Le policier côtoie aussi la détresse sociale et il peut être révolté par la violence et le sadisme qu'elle engendre souvent au point de ne plus très bien savoir s'il souhaite l'arrestation ou la mort des criminels. — Trad. Plon, 1969. D. B.d.M.

ENFANTS DU MONDE (Les) [*Die Kinder der Welt*]. C'est le premier roman de l'écrivain allemand Paul Heyse (1830-1914), publié en 1873. L'auteur s'est proposé de soutenir une thèse, directement influencée par les idées de Feuerbach et de Strauss : opposer aux « Enfants du Monde », libres penseurs et honnêtes, les « Enfants de Dieu », bigots et hypocrites. Mais Heyse est loin d'avoir un esprit philosophique et, de plus, se révèle assez peu capable de donner à sa pensée une forme artistique. Le roman, toutefois, est intéressant comme document historique sur la société de l'époque ; enfin il contient, comme tous les ouvrages de Heyse, le problème de l'amour et du mariage. Les « Enfants du Monde » sont Edwin et Balder, idéalistes et intelligents : le premier, philosophe et chargé de cours à l'Université, le second – que Heyse avoue avoir créé en pensant à Léopardi –, poète génial, mais faible de santé et voué à une mort précoce. Ils vivent à Berlin, entourés d'amis : le bon Heinz Mohr, médiocrement doué, mais toujours en mouvement et toujours occupé ; Tranzelius, le doux socialiste philanthrope ; l'excellent médecin Marquard, animé du plus grand esprit de sacrifice. En face de ces sympathiques champions de la libre pensée sont représentés, sous une lumière très défavorable, les « Enfants de Dieu » : le peintre König et sa bigote de femme, qui interdit à Edwin de donner des leçons de philosophie à sa fille Léa ; le méchant Lorinser, rival d'Edwin, étudiant en théologie, menteur, séducteur et falsificateur de documents. Edwin se laisse prendre par les artifices démocratiques de Toinette, fille naturelle d'un prince. Après l'avoir beaucoup tourmenté, elle épouse un comte ; Edwin trouve enfin la consolation et l'apaisement, après la mort de son frère, auprès de Léa, sa fidèle élève qui devient sa fidèle épouse. L'incompréhension du pasteur de la ville où il enseigne au lycée menace de lui faire perdre sa place de professeur, mais l'affection de ses élèves le sauve. Plus tard, il retrouve Toinette comtesse et peu satisfaite de son mariage ; elle essaie de faire d'Edwin son amant ; mais il réussira à se soustraire à ses cajoleries et à retourner auprès de Léa qui était sur le point de se suicider. Le roman finit sur la noble réconciliation des époux.

L'ouvrage devrait avoir un ton réaliste, mais il contient des épisodes extrêmement romantiques et étranges ; il reste cependant l'un des ouvrages narratifs les plus significatifs de l'époque ; « réalité » et « poésie » coexistent en « une rivalité concordante », au risque quelquefois de se détruire réciproquement.

ENFANTS DU NOUVEAU MONDE (Les). Œuvre de la romancière algérienne d'expression française Assia Djebar (née en 1936), publiée en 1962. Fresque de la guerre d'Algérie vécue au quotidien, essentiellement (mais pas exclusivement) par des femmes, issues de tous les milieux sociaux et des deux communautés en présence. D'un chapitre à l'autre, chacun portant le nom de l'un des personnages principaux, le roman alterne les récits les concernant. Le parti pris est celui de l'objectivité : si la majorité des personnages sont engagés dans la lutte nationaliste, un des passages les plus émouvants n'en est pas moins celui où Bob recueille dans ses bras le cadavre de Touma, tuée par son frère parce qu'elle dénonçait les siens. Parmi les militants, on retiendra l'expérience de la prison pour Salima, l'enseignante consciencieuse que rien ne préparait à cette destinée héroïque, ou celle encore de Hassiba, qui part au maquis à l'âge de seize ans, cependant que l'engagement sépare le couple aimant de Lila et Ali. Un des morceaux d'anthologie de ce roman est sans doute la traversée de la ville par Chérifa, la femme traditionnelle qui était destinée à ne jamais quitter sa maison, pour aller prévenir son mari recherché par la police. La dimension épique n'est certes pas absente de ce roman. Mais les personnages sont d'abord vrais et attachants et nous permettent dès lors d'entrer dans le quotidien de cette époque troublée.

Ch. Bo.

ENFANTS ET MEURTRIERS [*Knaben und Mörder*]. Deux récits de l'écrivain tchèque d'expression allemande Hermann Ungar (1893-1929), publiés en 1920. Le recueil comprend « Histoire d'un meurtre » et « Un homme et une servante ». Si la langue tchèque fut pour Ungar celle de l'enfance à l'instar d'un Kafka, d'un Rilke ou d'un Werfel, l'allemand fut pour lui la langue polémique par excellence, apte à mieux traduire l'emprise d'une époque conditionnée par ses règles éducatives, susceptible de mieux décrire l'avènement d'une classe d'arrivistes avides d'asseoir leur puissance sur un peuple asservi. Ce sera la narration, en un style bref et incisif, d'une réalité triviale – la peur du sexe et de la vie – à laquelle les récits d'Ungar offrent un creuset particulier. Nulle grandeur dans la description minutieuse, nulle grandiloquence dans l'essentiel d'un destin marqué par la brutale et cruelle confrontation avec l'autre : le vice, la misère morale, la folie, l'humiliation subie, chaque strate de la relation humaine est ici disséquée avec une lucidité objectivant son propos. Anticipant *Les Mutilés* [*Die Verstümmelten,* 1923], Ungar trace à grands traits – sa phrase courte et haletante est d'une efficacité rare – l'effroi et l'asservissement d'êtres passifs terrifiés, malmenés dans leur corps et leur âme. Réduits à n'être que de livides pantins dans la main d'une grosse femme dont le désir les écœure, ou condamnés à se laisser berner par la figure démoniaque et rebelle du serviteur semblable à celui du *Voyage de Colbert* [*Colberts Reise,* 1922]. La servitude et ses effets semblent être au centre des motifs romanesques d'Ungar. Porte-parole de la subversion, personnage grotesque et réaliste, le serviteur pratique un combat de classe feutré et méthodique. Nourri à la lecture de Grabbe et de Dostoïevski, *Enfants et Meurtriers* dépeint le point de vue de ces laissés-pour-compte qui agissent malgré eux, mus par le souvenir de détresses plus anciennes. Telle Stazinka, la servante, ou Franz Polzer, le petit employé tourmenté par sa logeuse, ils n'ont comme contrepoint solidaire que le cynisme rageur d'un assassin. Celui d'« Histoire d'un meurtre » abat l'étranger comme si son acte n'était qu'un épiphénomène anecdotique : « Je m'effrayai et le regardai. Il portait des souliers vernis, des pantalons repassés, un manteau d'hiver bien ajusté et un chapeau de feutre vert. J'étais là à côté d'un père ivre mort et d'un enfant nouveau-né qui était étendu entre les jambes écartées de sa mère sans connaissance, dans le sang et dans la boue, sans même avoir été séparé d'elle [...] Je levai le pistolet et je tirai. » L'émotion est presque abolie du récit, le meurtrier agit comme mû par une légitimité qui cautionne son acte. L'écart s'inscrit par le biais des détails vestimentaires qui donnent à la description sa part d'étrangeté. Surenchère simple et tragique d'une existence qui sait l'inéluctable procès, la haine froide, la malice d'une destinée minée par la déchéance. On pense aux récits de Robert Walser, prompt à saisir l'innommable précarité de certaines vies. Point de salut, n'était l'humour qui brise la narration dépouillée de tout autre effet. Un comique désabusé et mélancolique à l'aune des scènes tristes des films muets. Pantomimes désolées où se mesure le talent particulier d'un écrivain qui sut, bien avant d'autres, l'extrémité dicible de la mort et du temps. S. R.

ENFANTS JÉROMINE (Les) [*Die Jerominkinder*]. Roman de l'écrivain allemand Ernst Wiechert (1887-1950). Il est malaisé d'analyser une œuvre aussi vaste que celle de Wiechert où tant de sentiments, d'inquiétude, d'ésotérisme posent le problème de l'homme en face de son destin. Et tout d'abord qui est Wiechert ? Né d'une famille de forestiers de la Prusse orientale, il fut professeur à Königsberg. Il y a dans *Les Enfants Jéromine*, en effet, du « professeur » et du meilleur. La puissance attractive de la connaissance y est élevée à la dignité d'un principe fondamental. Ce besoin de connaissances qui est à la base de tant de recherches savantes, voire minutieuses jusqu'au scrupule, est pour tout dire « germanique ». Jons Jéromine, l'enfant de Sowirog qui, par la charité d'un vieil ami et celle du seigneur von Balk, va étudier dans les grandes villes de Prusse avant de retourner aux forêts de sa Silésie natale, travaillera longtemps avec une opiniâtreté et une foi absolues pour acquérir non seulement le titre de docteur en médecine mais encore, et surtout, les connaissances et l'art subtil, intelligent et délicat du chirurgien. C'est en cela notamment que le roman reste fidèle à une tradition allemande séculaire qui veut que la littérature serve de prétexte à la formation, à l'éducation [Bildung] des êtres.

Mais il y a dans cette œuvre d'autres arguments importants. Ernst Wiechert, qui fut emprisonné à Buchenwald par le régime hitlérien, a montré dans *Les Enfants Jéromine* la supériorité du labeur patient et sage sur la mégalomanie de la race des maîtres. C'est alors que l'écrivain s'attaque au fond du problème et qu'il essaie de déterminer la position de l'individu en face de la société, puis, élevant encore le débat, de fixer l'attitude de cette société envers son Dieu créateur. Le héros du roman, Jons Jéromine, gardera des conversations de son enfance avec son père une ferveur particulière pour l'Ancien Testament. Pour les Jéromine, l'homme n'est rien dans la main du Dieu biblique qui peut le broyer d'un moment à l'autre. À quoi sert dès lors de fanfaronner, la race des seigneurs doit, elle aussi, tôt ou tard, courber la tête devant les forces de Dieu. L'homme se bat avec la mort. Il subit les dures lois du désespoir, du mensonge et de la peur. Il se défend contre les guerres, les épidémies, les meurtres. Cette préoccupation du destin de l'homme est un des signes constants de l'esprit allemand. Il y a toujours chez lui un besoin messianique, un besoin du « fatum germanicum » qui le pousse à rechercher sans cesse les règles qui lui permettront enfin de fonder son règne. Certes le choix des moyens diffère. Pour les Jéromine, du moins pour le plus doux, pour le meilleur d'entre eux, la rédemption qui amènera la paix créatrice peut se faire, mais à la condition qu'avec un cœur généreux, et simple, l'homme puise dans la nature, celle si vibrante et sonore de *La Bible*, les leçons indispensables de vérité, de travail et d'amour. C'est pourquoi Jons essaie de faire comprendre que dans sa soumission, dans son humilité, il y a la crainte de « Yahweh » et, par là même, le respect des lois éternelles sans lesquelles l'homme ne se peut diriger. Sur le plan mystique, panthéiste, cette sorte de naturisme appartient bien à la littérature allemande de l'après-guerre qui, par un nouveau retour à la nature et au pays natal [Heitmatkunst], rejoint ce vieux fonds de romantisme à la fois poétique et moral qui reste, qu'on le veuille ou non, attaché à la tradition classique de Weimar. — Trad. Calmann-Lévy, 1948.

ENFANTS TANNER (Les) [*Geschwister Tanner*]. Roman de l'écrivain suisse d'expression allemande Robert Walser (1878-1956), publié en 1907. Rédigé en quelques semaines au début de l'année 1906, ce récit largement autobiographique — au point que son auteur regrettera plus tard « les jugements trop intimes sur ses frères et sœurs livrés ainsi au public » — est le premier, avant *Le Commis* (*) et *L'Institut Benjamenta* (*), des trois romans publiés durant le long séjour de Walser à Berlin. Encouragé par l'éditeur Bruno Cassirer à s'aventurer sur le canevas d'un roman, Robert Walser, qui n'était encore l'auteur que d'un recueil de petites proses, *Les Rédactions de Fritz Kocher* [*Fritz Kochers Aufsätze,* 1904], lui remet bientôt un manuscrit rédigé d'une traite et quasiment sans ratures, composé de vingt chapitres de longueur strictement égale (ils seront ramenés à dix-huit) et dont la « désinvolture » déconcerte tout d'abord ses premiers lecteurs, parmi lesquels Christian Morgenstern. Le narrateur en rappelle par bien des traits le propre-à-rien [Taugenichts], de J. von Eichendorff — v. *Scènes de la vie d'un propre-à-rien* (*) —, et le récit lui-même semble avoir été composé en état d'apesanteur, à la façon d'une promenade dont l'écriture aurait épousé le rythme, bien plus qu'autour d'une intrigue à vrai dire inexistante. L'unique trame en est l'évocation par le menu de quelques mois dans la vie vagabonde de Simon Tanner, écrivain occasionnel et rêveur impénitent, que l'on voit tour à tour solliciter une place de vendeur dans une librairie et démissionner avec éclat une semaine plus tard, se mettre en quête d'une chambre à louer et faire ainsi la connaissance de la belle Klara Agappaia, écrire de longues lettres à son frère Karl et refuser de répondre à celles de son frère Klaus, quitter l'un après l'autre les modestes emplois dont il ne s'est pas fait congédier, fréquenter les théâtres et se promener longuement en agréable compagnie puis, lassé de ne rien faire, marcher toute une nuit pour rejoindre son frère, aller rendre visite à sa sœur institutrice de village, attendre auprès d'elle l'arrivée de l'été, entrer comme domestique au service d'une riche inconnue et se plaire à la servir, traîner le soir dans les cabarets et y entendre parfois d'étranges conversations, rêver de Paris et lire Stendhal, laisser passer un nouvel automne, puis un hiver, et rencontrer enfin une femme — la femme ? — à qui il pourra dire toute l'histoire des enfants de Tanner et qui lui répondra — c'est la dernière phrase du livre : « Plus un mot, plus un mot. Venez. » Franz Kafka, dont on sait les affinités avec l'auteur du *Commis,* de cinq ans son aîné, s'est demandé à propos du personnage de Simon qui se met toujours « trop bas et les autres trop haut » et, comme son modèle, « ne peut respirer que dans les régions inférieures » : « Ne vagabonde-t-il pas, nageant dans le bonheur, pour ne rien produire finalement si ce n'est le bonheur du lecteur ? » Mais l'insouciance affichée et une discrète ironie ne servent parfois qu'à masquer une inquiétude trop intime pour n'être pas tue. Et l'on se demande, en lisant ou relisant *Les Enfants Tanner,* si cette liberté bondissante de page en page n'est pas, précisément, celle qui déterminera bientôt Walser à se cantonner dans la forme courte, avant d'opter définitivement pour le retrait et le silence. — Trad. Gallimard, 1985. G. O.

ENFANTS TERRIBLES (Les). Roman publié en 1929 par l'écrivain français Jean Cocteau (1889-1963). Cette œuvre clé de Cocteau, et pour laquelle celui-ci s'est vu imputer, au côté de Gide, l'émancipation de la jeunesse de l'entre-deux-guerres, s'écarte en réalité de tout souci sociologique. L'originalité du livre tient dans une sorte de tempo imperceptible, qui l'apparente à la mythologie fantastique, au conte de fées. Bien loin d'être une bourgeoise émancipée, Élisabeth semble être l'incarnation d'une petite déesse, quelque sœur de Némésis, quelque Antigone. La bataille de boules de neige qui ouvre le livre prend valeur de symbole. Voici Paul, le frère d'Élisabeth, le premier personnage différencié dans le tumulte et l'agitation des écoliers. Il avance, insensible au divertissement : « Il cherchait Dargelos, il l'aimait. » Et ces deux petites phrases suffisent à établir l'interrogation qui ne va cesser de croître jusqu'au dénouement : mais lui, Paul, est-il aimé, sera-t-il aimé ? Il court vers son idole. Après quoi, c'est Dargelos, en dieu de la foudre : « Un coup le frappe en pleine poitrine. Un coup sombre. Un coup de poing de marbre. » Ce n'est plus une boule de neige qui vient frapper Paul, c'est la destinée. Immobilisé dans son élan, il va subir une fixation sur celui qu'il ne reverra plus. Paul, ramené par Gérard, doit garder le lit quelques mois ; il était faible de la poitrine, la boule de neige n'a fait que provoquer la crise. Élisabeth trouve, pour fouetter l'amour-propre de son frère et l'empêcher de sombrer dans la mollesse, une attitude admirable. Elle le traite de vieillard goutteux. Instinctivement, Paul joue le jeu, mais avec une vigilance qui le sauve. Le lien qui unit le frère et la sœur en est renforcé, tandis que Gérard transfère son amitié de Paul à Élisabeth, et commence à aimer celle qui se transforme en une jeune fille. Élisabeth devient mannequin ; elle se fait une amie : Agathe. Le trio devient quatuor. Agathe ressemble à Dargelos. Paul va pouvoir dominer, par personne interposée, et connaître un amour possible. Mais Élisabeth survient un jour avec Michaël, et devient la femme de celui-ci. « Mais le génie de la chambre veillait » et Michaël se tue, le soir de son mariage, car personne ne doit poser la main sur la vierge sacrée. Le groupe reconstitue alors la chambre dans la grande galerie de l'hôtel dont Élisabeth a hérité. Paul découvre enfin qu'il aime Agathe, reflet de Dargelos. L'on assiste alors au tissage de toile d'araignée d'Élisabeth qui, au cours de la nuit, va de l'un à l'autre. Elle persuade Paul qu'Agathe aime Gérard puis persuade Gérard qu'Agathe l'aime. Enfin, elle finit par arracher à Agathe la promesse d'accepter la demande en mariage de Gérard, puisque Paul ne l'aime pas. Gérard et Agathe se marieront, mais Paul s'empoisonnera, avec une boule de poison que lui a envoyée Dargelos, rencontré fortuitement (?) par Gérard dans la rue. Près de mourir, Paul découvrira la trahison de sa sœur en même temps que l'amour d'Agathe. Mais Élisabeth se saisit d'un revolver et se tue au moment où meurt son frère. « Ils aboutiront où les chairs, où les âmes s'épousent, où l'inceste ne rôde plus. » Un glissement vertigineux mène de la boule de neige brandie par Dargelos, jeune dieu cruel de la cour de la cité Monthiers, à la boule noire et vénéneuse envoyée par le même Dargelos adulte à sa victime d'autrefois, et qui achèvera celle-ci « comme si le temps, la croissance et l'oubli ne prévalaient pas contre un ordre du destin ». Le soin avec lequel Cocteau a construit son décor annonce le roman moderne. La chambre est un lieu hermétiquement clos qui fait penser au cercle de la magie noire. Le trésor qui n'offre aux yeux du profane que le spectacle d'un bric-à-brac de clés anglaises, de tubes d'aspirine et de bigoudis contient en réalité les accessoires d'une liturgie prodigieuse. Et l'envoûtement même que ce livre procure aux lecteurs achève de convaincre : il s'agit là d'une transposition religieuse, d'une quête de quelque Graal. – En 1950, Jean-Pierre Melville réalisa, avec le concours de l'auteur, une adaptation cinématographique du roman.

ENFANTS TRISTES (Les). Roman publié en 1951 par l'écrivain français Roger Nimier (1925-1962). Olivier Malentraide est un enfant tout à fait monté contre sa famille. Il trouve sa mère trop jeune, son beau-père trop libéral, ses cousines trop légères et peut-être même débauchées. Il essaie de déclencher des catastrophes. Hélas ! il réussit tout juste à ce que sa mère prenne un amant. Olivier a perdu ses illusions : « C'est comme les dents de lait, nous dit l'auteur, ensuite il en vient d'autres, des illusions de grande personne, l'ambition, l'amour, etc. » Dans une seconde partie, Nimier nous présente un Olivier bien différent. La guerre a passé, sans qu'on sache très bien ce que notre héros a fait pendant cette période troublée, il a pris un drôle de genre. Ce n'est pas le cynisme, c'est une sorte de sécheresse passionnée. Il fait donc des bêtises, mais au fond de lui une voix menteuse lui répète : « Tu es un enfant, tu ne sais rien. La vie bientôt va commencer pour toi. » La troisième partie de ce roman met le héros en contact avec deux petites filles de l'aristocratie : Dominique et Catherine, deux petites filles assez étranges. Entre-temps – nous sommes maintenant en 1951 – Olivier Malentraide est devenu écrivain, et même, ô miracle ! il a eu du succès. Dominique aime ce succès, et Catherine aime Dominique. Quant à Olivier, c'est peut-être bien Dominique qu'il aime. C'est pourtant Catherine qu'il épousera. Mais l'épilogue ne sera pas gai pour autant. Dominique meurt accidentellement, dans un avion, trois jours après le mariage de Catherine. Le soir même, Olivier monte dans sa voiture et la met en marche. Lancé à cent trente à l'heure sur les boulevards extérieurs, il trouve « ce qu'il était venu chercher dans un grand chantier où l'on avait creusé des fosses profondes ». A-t-il voulu se tuer ? cela n'est même pas certain. Conclusion : « Catherine est la plus charmante veuve de Paris. » L'objet de ce roman est de présenter une nouvelle jeunesse, celle d'après-guerre, braquée contre la faiblesse et le goût de vivre de ses parents. Parallèlement, on y dit beaucoup de mal des hommes. Enfin, le catholicisme et les « petites filles » – c'est ainsi qu'Olivier appelle Dominique et Catherine, et toutes celles qui leur ressemblent – y jouent un grand rôle.

ENFER (De l') [*Dall' inferno*]. Récit de l'écrivain italien Giorgio Manganelli (1922-1990), publié en 1985. Ce livre marque la dernière étape dans la plongée vers le bas, vers l'Hadès, qu'avaient retracée la plupart des livres de Manganelli, en commençant par *Hilarotragoedia* (*) (1964). On retrouve ici les métaphores intestinales et excrémentielles de pourriture et de chute, mais il n'y a plus de réflexion sur la nature « descenditive » de l'homme. Le narrateur, peut-être mort, s'avance dans une région inconnue : sans doute l'enfer, si tant est qu'il ait quitté notre monde. À une vie sans vie succède une mort sans mort. Quelques bribes de dialogue avec un habitant des lieux initient le héros-victime à la logique du doute, à l'identité des contraires : les peines sont peut-être présentes ou absentes, à l'instar de Dieu (le nom à ne pas prononcer), des démons. Personne ne peut savoir si cet « enfer » est préférable au monde que le narrateur vient de quitter, ou s'il n'est en définitive que l'antichambre d'un autre univers auquel la mort, ou le suicide, pourrait donner accès. À cette angoisse de l'intelligence s'ajoute la perte des repères habituels. Rêve et état de veille ne se distinguent plus dans ces contrées. Ni l'espace ni le temps n'ont plus cours. Il n'existe plus que la minute, seule mesure de l'éternité et, selon une logique rigoureuse (le temps étant la mesure du mouvement), la proximité, qui abolit la notion de distance. C'est dire que le récit baigne dans l'attente d'un improbable événement. Au fil d'entretiens avec d'autres ombres, quelques précaires certitudes affleurent. Une sorte de charlatan, à la fois maître de ces cérémonies infernales et médecin accoucheur qui devrait faire naître (ou mourir ?) le nouvel arrivant à lui-même, oriente vers un labyrinthe initiatique le narrateur. Celui-ci y retrouve ses angoisses : l'obsession du vide et de la cavité (une poupée effrayante, logée dans son ventre, le vide de sa propre substance) ; l'obsession de la déjection (tout se réduit à matière fécale) ; l'obsession de la métamorphose et de la mutilation (orteil, animal aux ailes de chauve-souris, etc.). Des villes infernales surgissent dans cet univers de brume, habitées par la parodie de l'amour, par la contrefaçon luciférienne des passions humaines. Le ton devient moins oppressant lorsque l'auteur se livre à une satire des mœurs universitaires. Cette exploration des enfers rappelle la peinture de Bosch et tient d'une vision dantesque dont serait absente toute théologie. Nul Virgile ne guide le narrateur vers la sortie de cet enfer. On s'enlise dans les fondrières de l'être. Le dialogue maïeutique avec le charlatan aboutit à une parodie du savoir socratique et platonicien, à l'inachèvement, à ce fœtus qui hante le récit. Pour ce nouveau et ultime voyage au cœur de sa névrose, au cœur aussi de l'imposture verbale, Manganelli adopte une écriture assez classique, proche, par moments, de la prose de Léopardi. — Trad., Denoël, 1988. F. Li.

ENFER (L'). C'est le premier livre qui fit connaître, en 1908, l'écrivain français Henri Barbusse (1873-1935). Un homme, qui se croit encore jeune, loue une chambre d'hôtel et s'aperçoit que, par une fissure de la cloison, il peut voir et entendre tout ce qui se passe dans les deux chambres voisines. Il assiste ainsi à la vie intime de nombreux inconnus qui, dans leur anonymat, symbolisent l'humanité. Les scènes se succèdent sans ordre apparent : disputes, amours, effusions sentimentales, méditations, intrigues. Plusieurs épisodes sont évoqués et décrits avec un style sombre et pathétique, parfois enchevêtré et obscur mais toujours puissant. Certains passages (la mort du cancéreux, l'amour de deux adolescents) sont particulièrement suggestifs et s'inscrivent dans la mémoire du lecteur avec l'intensité de certains rêves. Les conversations de ces éphémères personnages atteignent parfois une singulière intensité. Le livre fit scandale par la brutalité de certains tableaux : Barbusse fut accusé de pessimisme. En réalité, le jeune auteur qui avait déjà publié un volume de poésies imprégnées de la tendre sensibilité d'un poète crépusculaire (*Les Pleureuses*) et un mélancolique roman, assez insignifiant (*Les Suppliants*), déverse dans ce livre tout le tourment d'une âme naturellement idyllique mais clairvoyante, qui entre en contact avec la dureté du monde des hommes. C'est avant tout par sa sincérité que cet ouvrage conserve une puissance communicative et son âcre saveur.

EN FRANCHISE INTÉRIEURE. C'est sous ce titre qu'a été publié en traduction française un choix de pages du *Journal* de l'écrivain portugais Miguel Torga (né en 1907), écrites entre 1933 et 1977 (le premier volume de ce *Journal* a été publié en 1941). Dans un des rares entretiens accordés à un journaliste, Miguel Torga présente son *Journal* comme un « miroir devant sa propre conscience ». Ces pages n'ont en effet rien de révélateur quant à la vie privée de l'auteur. Elles dévoilent, par contre, les réflexions et les impressions que les événements — ordinaires ou exceptionnels — suscitent chez ce dernier.

Il y a chez Miguel Torga une véritable exigence d'attention aux êtres et aux choses, attention aiguisée par une pratique quotidienne, qui lui permet d'échapper à l'indifférence des tièdes qu'il abhorre par-dessus tout.

À travers ces pages nous apparaissent le médecin, l'écrivain et le rebelle ; trois conditions possibles chez un homme dans la mesure où celui-ci les nourrit sans cesse d'une réflexion éthique, d'une discipline rigoureuse, d'un humanisme sans concession, toutes choses qui lui font connaître souvent le découragement, toujours la solitude.

Le *Journal* s'ouvre le 8 décembre 1933 par ces mots : « Me voilà médecin. » Miguel Torga est issu d'une famille pauvre de la province de Trás-os-Montes, région située au nord-est du Portugal, isolée entre toutes. C'est là que sont ses racines et qu'il puise la force d'accomplir sa condition d'homme. Mais les études de médecine, menées à Coïmbre, l'ont éloigné de son village natal. Il y revient cependant quelques mois en tant que médecin, mais se sent « comme ces arbres que l'on transplante et qui se portent mal dans leur nouveau sol, mais qui meurent si on les remet dans leur terre natale ». Ce déchirement sera souvent évoqué au fil des pages et des années. Torga ne cessera de retourner à São Martinho de Anta, où ses parents vivent, où ils mourront ; des parents qu'il aime et qu'il respecte. Sa terre, il la parcourt « comme un fou » ; il essaie de lire sur les dolmens quelque « message de (ses) ancêtres [...] (Sa) mémoire archaïque réclame de temps en temps ces visites funéraires ». Il en apprend aussi les merveilles et les misères, marchant des kilomètres, chassant et exerçant la médecine. Il n'est pas le bon médecin de campagne traditionnel, mû par une chrétienne générosité, qui achève sa journée avec la conscience tranquille du devoir accompli : il n'y a pas de tranquillité dans les lignes de ce *Journal*, et si son humanisme paraît aussi profond que sincère, c'est surtout son refus constant de la fatalité qui fait agir Miguel Torga. L'écrivain — différent du médecin, mais toujours à ses côtés — n'a aucune indulgence, aucune tolérance pour les tiédeurs du confort moral. À un de ses amis qui aurait souhaité voir l'écrivain aussi tolérant que le médecin, il répond : « En tant que médecin je m'occupe de frères souffrants qui frappent à ma porte, auxquels je dois amour et considération, mais en tant qu'écrivain je me bats contre des tartuffes, gras et en bonne santé, qui considèrent l'art comme un moyen d'atteindre à des fins malpropres et inavouées. » Le thème majeur qui se dégage de ces pages est sans doute la résistance. Résistance à la politique de son pays, certes, mais aussi résistance à la médiocrité, aux clichés, à la paresse, à tout ce qui peut avilir ; on retrouve ici le paysan de Trás-os-Montes qui, avec un entêtement silencieux, travaille les sols les plus arides. Les paroles dures, parfois découragées de Torga à l'égard du Portugal et du caractère portugais traduisent sa révolte et son dégoût du régime salazariste et de la lâcheté ambiante ; pourtant l'écrivain ne s'exilera pas et il ne parviendra à adhérer à aucune organisation, politique ou autre. Il luttera en solitaire : « Chaque jour un peu plus malade, un peu plus seul, luttant contre ce Portugal comme un insecte contre la paroi du bocal où il a été enfermé. » C'est là qu'il doit accomplir son destin, qu'il doit incessamment dénoncer, par sous-entendus, quand il ne peut le faire ouvertement, la misère de cette « pauvre nation nivelée par la pauvreté, et l'analphabétisme » et s'il glisse, au détour d'une anecdote, une réflexion qui semble d'ordre général ou se référant à une autre histoire (« Il faut que le maître se rompe l'échine pour que l'esclave puisse relever la sienne »), personne n'est dupe de l'identité du maître ; la censure non plus ne l'est pas toujours et les livres qu'il écrit, qu'il publie inlassablement à compte d'auteur, seront souvent interdits par la police politique.

Solitaire en politique, Torga le sera aussi en littérature. L'écrivain, semblable à l'artisan, « fabrique » son ouvrage : « Un poème [...], une semaine à polir cet ouvrage. Pendant ce temps, pendant ces sept jours de fièvre, dans son atelier en face de chez moi, un menuisier a fabriqué une charrette. » Il ne peut cesser d'écrire, s'arrêter pour lui « serait la même chose que, pour un croyant, cesser de prier un mois ou deux ». L'acte d'écrire est acte sacré auquel il se soumet quotidiennement. Sous l'ironie, dont il n'abuse pas, perce cependant souvent la lassitude, l'idée de la fatalité contre laquelle il mène un combat épuisant : « Malheureux celui qui a été condamné à être poète et à l'être dans ce pays. » Mais jamais il n'abandonne et avec ténacité il reprend toujours la lutte contre cette « voix négative qui m'accompagne depuis le berceau et qui dans les pires moments me dit : dans l'absolu rien ne vaut rien ».

Miguel Torga, inquiet, déchiré entre sa condition de paysan et d'intellectuel, découragé par l'immobilisme de son pays écrit avec l'implacable volonté de s'arracher au désespoir.

S'il est solidement installé à Coïmbre près de sa province natale, il voyage cependant beaucoup, curieux et infatigable, en Europe, au Brésil et (en 1973) dans les pays de l'Afrique lusophone qui luttent pour leur indépendance contre le Portugal. Malgré son rejet de tout dogme, il écrit alors : « Rien à faire. Je ne peux être que du côté de la liberté. » Quand cette liberté reviendra enfin au Portugal, après plus de quarante ans de dictature, il exprimera pourtant son scepticisme, ce 25 avril 1974 : « Coup d'État militaire. Ah ! si je pouvais faire confiance aux militaires. » Méfiant il l'est, tel un paysan qui refuse le règne des théoriciens, mais il reste bien sûr très attentif à l'évolution de la « Révolution des œillets ». C'est cependant le mystère des forces qui nous font vivre qui domine ses préoccupations : « Quel ordre caché règne dans le cosmos ? [...] J'arrive à la fin de ma vie avec ma perplexité initiale. Plus je lis d'explications des phénomènes naturels, et plus je me sens éloigné de la vérité. »

C'est une langue simple, rauque et chantante que Torga façonne ici, avec la patience et la maîtrise du maître artisan. De l'anecdote, qu'il livre souvent sans aucun commentaire, à l'aphorisme lapidaire il cherche, peut-être un peu trop fier, un peu trop obstiné, quelque espérance, quelque confiance et paix qui puissent atténuer sa « délirante inquiétude ». — Trad. Aubier-Montaigne, 1982. F. Be.

EN GAGNANT MON PAIN [*V Ljudjah*]. C'est le deuxième volume de la trilogie autobiographique de l'écrivain russe Maxime Gorki (pseud. de Aleksej Peškov, 1868-1936). *Enfance* (*) (1913-14), *En gagnant mon pain* (1916) et *Mes universités* (*) (1923), tels sont les titres de cette trilogie : le récit porte sur les années d'enfance et d'adolescence de l'écrivain jusqu'à la vingtième année. Gorki est né sur la Volga, à Nijni-Novgorod. Il n'appartenait nullement à ces bas-fonds de la société dont il se fit plus tard l'apologiste, mais était issu d'une famille relativement aisée, strictement orthodoxe et traditionaliste. À trois ans, il connaît le malheur pour la première fois, lorsque son père, homme bon, intelligent et énergique, meurt, victime du choléra. À sept ans, il perd sa mère ; dès lors, la vie du futur écrivain deviendra un véritable enfer. C'est le souvenir de ces dures années qui l'incita, par la suite, à choisir comme pseudonyme le nom symbolique de Gorki, lequel veut dire en russe amer. N'ayant guère fréquenté l'école, Gorki apprit à lire dans les livres saints, avec l'aide de son irascible grand-père. Hormis cela, rien ni personne dans son entourage ne l'incitait à développer ses capacités intellectuelles. La vie autour de lui était inexorable, souvent cruelle. Son grand-père ruiné, l'enfant, de très bonne heure, dut quitter sa grand-mère, le seul être qui lui était cher et qui l'aimait. Placé comme apprenti chez différents patrons, il supportait mal l'injustice et la brutalité des tiers. Après un dernier retour chez les siens, où il peut voir son grand-père repoussé par ses fils et réduit à la pauvreté, le jeune Gorki se sauve et s'embarque sur un bateau de la Volga. Ici commence une vie d'aventures et de vagabondages, de privations et de dur labeur. Cette vie durera de longues années. Sur le bateau, en la personne de son chef, le cuisinier Smoury, Gorki trouvera son premier « maître à penser », dont il se souviendra plus tard avec gratitude. Smoury, géant doué d'une force légendaire, était un fervent de la lecture. Il fit partager sa passion à son marmiton, tant par la persuasion qu'à l'aide de coups, car l'élève se montrait plutôt rétif. Le chef possédait un coffre rempli de livres. C'était certainement la bibliothèque la plus hétéroclite du monde. Les difficultés surmontées, le jeune garçon s'en fut visiter le monde qui s'ouvrait à ses yeux émerveillés. Il emportait avec lui cette soif de savoir qui fera plus tard de Gorki le plus étonnant de tous les autodidactes. Vers la quinzième année, il arrive à Kazan, ville universitaire, de laquelle sa foi naïve attend monts et merveilles. Au vrai, ses « universités », ce sera successivement : le métier d'aide-boulanger, la fréquentation des clochards et des asiles de nuit, la misère et le désespoir qui l'amèneront à sa tentative de suicide, laquelle marquera la fin de son adolescence. Cependant, c'est bien à Kazan qu'il entrevit l'existence d'un monde non seulement littéraire, mais comportant aussi des problèmes philosophiques et sociaux.

Ces trois ouvrages sont donc d'un bout à l'autre une pure autobiographie. L'auteur y parle toujours à la première personne. Cependant nombreux sont les personnages qui s'y profilent : qu'ils soient illustres ou anonymes, tous sont dessinés, parfois en très peu de mots, toujours avec netteté et un sens de l'humain qui fait merveille. Aucun sentimentalisme, mais une sensibilité prodigieusement aiguisée qui indique combien l'expérience de l'homme est à l'image même de la vie et combien parfaite est la maîtrise de l'artiste. En effet, c'est, à tous points de vue, l'œuvre la plus accomplie de Gorki. Sa langue est singulièrement vivante, souple et imagée. On suit avec émotion le destin de cet enfant à travers les mille aspects de la vie populaire russe. D'autre part, ces trois volumes sont purs de tout ce que l'on a coutume de reprocher à l'œuvre touffue de Gorki : excès de romantisme, déclamations ou longueurs. Cette histoire d'une vie, ou plutôt d'un départ dans la vie, est écrite avec cette simplicité qui est le propre du vrai talent. Bien que spécifiquement russe par son cadre pittoresque et sa langue fort imagée, cette œuvre a suscité un intérêt général et donné à Gorki une place d'honneur dans la littérature universelle. – Trad. E.F.R., 1960.

EN GARE [*Party Going*]. Roman de l'écrivain anglais Henry Green (1905-1973), publié en 1939. Ce troisième roman est l'antithèse de *Vivre* (*) et inaugure le cycle des « romans aristocratiques » de l'auteur. Désormais, Green s'attachera davantage à peindre et à critiquer les gens de son milieu, un peu à la manière d'Evelyn Waugh, mais avec infiniment plus de discrétion et de sérieux. L'intrigue du roman est presque inexistante. Il s'agit d'un incident qui rassemble, durant quelques heures, des jeunes gens de la haute bourgeoisie londonienne. Alors qu'ils se rendaient à une réception donnée par un jeune milliardaire excentrique, leur train se trouve retardé par le brouillard et ils doivent attendre, bloqués dans une petite gare de banlieue. Ils sont prisonniers dans l'hôtel de la gare. En opposition très nette aux bavardages insignifiants et de plus en plus craintifs des jeunes aristocrates, la foule toujours grossie des ouvriers attendant le train qui les conduira au travail chahute et s'échauffe, représentant une sorte de menace implicite pour l'univers raréfié des jeunes gens. *En gare* est un récit fort amusant. Son comique délicat devient, à l'occasion, satire des adolescents dont la richesse ne s'accompagne d'aucun sens des responsabilités. Et pourtant l'intrusion du mystère nous surprend à mainte reprise. Le paysage noyé par la brume devient irréel ; les bruits sont confus et indiscernables ; il y a l'épisode bizarre de cet oiseau qui tombe mort aux pieds d'une vieille fille à l'entrée de la gare. Est-ce un présage ? Et que signifie-t-il ? Pourquoi la demoiselle va-t-elle le laver soigneusement aux toilettes avant de l'envelopper dans un sac en papier ? Le lecteur sent les limites de cette prison temporaire aux contours imprécis. Le récit repose essentiellement sur les dialogues dont la singularité vient de l'incertitude où nous sommes quant à l'identité des interlocuteurs. Nous ignorons quel moment d'une pensée ils traduisent, quel aspect d'une personnalité. Les personnages se situent entre la vérité et le mensonge, et le décalage entre ce qu'ils disent et le peu que nous savons d'eux, entre l'image qu'ils ont d'eux-mêmes et la manière dont nous les voyons, fait leur étrangeté et leur intérêt, car malgré leurs dérobades nous les saisissons dans leurs échappatoires et la peur qui les envahit. La prose, ici, est raffinée et subtile. Elle correspond à la définition que l'auteur en donne dans *Je fais mon sac* [*Pack My Bag,* 1930] : « Un réseau qui peu à peu se tisse, fait d'insinuations qui vont au-delà des mots, si profondément qu'on les partage. La prose devrait être une longue intimité entre des étrangers, qui ne fasse directement appel à rien de ce que connaissent l'un et l'autre. » La virtuosité de Green se précisera, tout en arabesques et en jongleries, dans d'autres romans ayant pour sujet l'aristocratie britannique. Cependant, ni *Rien* [*Nothing,* 1950] ni *Radotage* [*Doting,* 1952] n'ont la densité d'*En gare.* Ce sont de brillants tableaux où l'auteur renonce à toute poésie. Privé de lyrisme, ce même talent qui permet à Green de rendre une atmosphère quintessenciée et stérile ne suffit pas à l'établissement d'une œuvre solide. – Trad. Gallimard, 1979.

ENGRENAGE (L'). Scénario de l'écrivain et philosophe français Jean-Paul Sartre (1905-1980), publié en 1948. Ce scénario a été écrit en 1946 pour un film qui n'a jamais été réalisé. Il met en scène, à l'occasion du procès de Jean, le chef d'un État imaginaire, qui vient d'être renversé par une révolution, la vie de celui-ci, vue à travers le témoignage de deux femmes, Hélène et Suzanne, et sa propre défense. Jean, issu de la paysannerie pauvre, a voulu établir le socialisme, à la suite d'une révolution dont il était le chef. Ayant pris la tête de l'État, il se rend peu à peu impopulaire par la socialisation rapide et brutale de l'agriculture et par son refus de nationaliser les pétroles, qui sont aux mains d'une compagnie étrangère et dont la nationalisation déclencherait la guerre. Pour juguler le mécontentement, il est pris dans l'engrenage de la violence et de l'arbitraire ; son ami le plus intime, Lucien, et Hélène, la femme de Lucien, dont Jean est amoureux, se séparent de lui, et Lucien, journaliste, met en question sa politique. Jean est bientôt acculé à l'arrêter. Lucien meurt en prison, en pardonnant à son ami, car il comprend que Jean a été obligé d'employer la violence, de se couvrir les mains de sang, pour sauver la Révolution et son œuvre. Jean est condamné à mort, mais François, qui lui succède à la tête du pays, est contraint d'appliquer la même politique que lui. Par une série de retours en arrière, le scénario laisse longtemps planer le doute sur le sens de la conduite de François, qui nous est retracée par fragments. Les personnalités opposées de Lucien, l'idéaliste aux mains pures, et de Jean, l'homme d'action sans scrupules superflus, se révèlent finalement toutes deux nécessaires, car l'un fait entendre la protestation indispensable devant l'arbitraire et la violence, et l'autre sauve par ses actes ce qui peut être sauvé de la Révolution, l'empêchant de se transformer en l'épisode sanglant et absurde, dépourvu de sens, qu'elle deviendrait finalement dans une Histoire où tout ne serait pas mis en œuvre pour l'accomplir jusqu'au bout.

ENIGMA VARIATIONS. Variations symphoniques op. 36, sur un thème original, du compositeur anglais Edward Elgar (1857-1934), écrites en 1899. L'œuvre s'intitule « Énigme » car, outre la dédicace « aux amis qui y sont décrits », chaque variation est musicalement contresignée d'un nom ou de plusieurs initiales. Le thème est plutôt calme, à quatre temps, avec des motifs rythmiques très simples. Rapidement ressort la première variation signée des lettres C.A.E., plus riche du point de vue rythmique et instrumental que le thème ; la seconde, au contraire, s'en échappe par le rythme, le tempo (allegro) et par son caractère vivant et fort. La troisième (R.B.T.) est plus calme et d'un ton gracieux où réapparaissent franchement les éléments rythmiques et mélodiques du thème. La quatrième (W.M.C.) est intéressante, elle semble dédiée à un homme plutôt coléreux, c'est la répétition du thème, mais sur un rythme et un temps plus vifs. On revient, avec la cinquième, au calme du début avec apparition d'idées neuves et une plus grande richesse dans le contrepoint. Après la sixième de peu de valeur, la septième (Troyte) est sans doute la plus curieuse et la plus attachante ; elle est aussi connue sous le nom de « Variation des timbales » qui se voient confier la partie la plus importante. À cette variation s'oppose la huitième, toute de grâce et de rythme léger (W.N.). La neuvième, qui revient sur le thème initial, mais plus lentement, semble presque sombre. Par une instrumentation puissante qui en accroît, en un certain sens, le poids, la dixième soulève l'auditeur jusqu'à une agréable légèreté : Dorabella à laquelle cette variation est dédiée semble être dame fort capricieuse. La onzième est impétueuse et d'une instrumentation colorée ; elle contraste avec la douzième variation qui reprend le thème et les motifs rythmiques calmes de la neuvième. La treizième variation est une « romance » de ton ironique ; trois fois revient à la clarinette le thème d'une romance sans doute fort à la mode à l'époque, et appréciée de la personne à laquelle s'adresse cette variation. La quatorzième (« Finale ») est la plus importante aussi bien comme construction que comme élaboration musicales. Elle résume toutes les idées précédemment énoncées dans une tonalité nouvelle, avec développements nouveaux en contrepoint. Cette œuvre, fruit d'une sensibilité d'improvisateur, constitue un des morceaux les plus valables de la musique anglaise moderne.

ÉNIGME D'OTILIA (L') [*Enigmia Otiliei*]. Roman du critique et écrivain roumain George Călinescu (1899-1965), publié en 1938. Félix Sima, adolescent orphelin, vient de province faire ses études de médecine à Bucarest, où il logera chez son oncle et tuteur Costache Giurgiuveanu. Ce dernier l'accueille froidement, car — on le saura plus tard — il gérait d'une façon peu honnête les biens du jeune homme, dont il déduira en plus des frais excessifs de pension. Cependant, la jeune fille de la maison, Otilia, du même âge que Félix, lui témoigne intérêt et affection. Félix la considère comme la fille de son oncle, mais il découvrira assez vite qu'elle est également orpheline, née d'un premier mariage de la femme de Costache, à présent décédée. L'amour naissant de Félix pour Otilia qui croit l'aimer également sera pourtant contrarié par l'affection que la jeune fille éprouve en même temps pour un homme âgé, Pascalopol, ami de Costache, riche propriétaire veuf, élégant et bien élevé, qui l'a connue toute petite et qui la gâte de toutes les manières : cadeaux, sorties, invitations à sa propriété de campagne et même un voyage à Paris. Mis ainsi à l'épreuve, l'amour de Félix n'en sort que plus ardent. D'autre part Costache, depuis qu'il est secoué par des crises cardiaques, est assailli par sa sœur qui, habitant la maison voisine, guette l'héritage auquel l'étrangère Otilia n'a pas droit. Petit à petit, Costache est dépouillé sous l'œil indifférent d'Otilia par le clan de sa sœur. Surtout, le gendre de celle-ci, Stănică Ratiu, type de fainéant rusé, parfaitement campé, après avoir longuement étudié les lieux, réussit à arracher au moribond la liasse de billets cachée sous son matelas et que Costache destinait à Otilia. Après avoir ainsi précipité la mort de Costache, Stănică abandonnera sa femme et, grâce à sa petite fortune volée, ouvrira un bureau d'avocat. Affectée par la mort de celui qu'elle considérait comme son père, bien que Costache n'ait pas fait grand-chose pour elle, Otilia, désemparée, pénètre un soir dans la chambre de Félix et lui demande la permission de coucher dans son lit. Le jeune homme se retire sur un canapé, en savourant le futur bonheur d'un amour dont il est maintenant sûr, mais sans se rendre compte qu'il a ainsi laissé passer son heure. Le lendemain matin, le lit est vide. L'énigmatique Otilia a retrouvé Pascalopol avec qui elle est déjà partie pour Paris. Par la suite, Félix, devenu professeur, fera un mariage de raison qui l'aidera dans sa carrière. Un jour, en rencontrant Pascalopol, celui-ci lui apprend qu'après avoir épousé Otilia il lui a rendu généreusement la liberté : à son âge, il avait compris qu'elle devait profiter de ses plus belles années, que ce soit à Buenos Aires, au bras d'un Sud-Américain, telle qu'elle est représentée sur une photo qu'il sort de sa poche, ou que ce soit ailleurs. Tout au long du déroulement d'une action complexe, le roman de George Călinescu, qui fut suivi après la dernière guerre de deux autres, abonde en descriptions subtiles et surtout en études psychologiques approfondies des personnages. — Trad. Éditions en langues étrangères, Bucarest, s.d.

ÉNIGMES DE L'UNIVERS (Les) [*Die Welträthel*]. Traité du biologiste allemand Ernst Haeckel (1834-1919), publié en 1899. Le principe de la philosophie naturelle est, pour Haeckel, l'idée panthéiste de la « substance universelle, être divin universel qui comprend tout en soi, et dont la matière, substance infiniment étendue, et l'esprit (ou énergie), substance sensible ou pensante, sont les deux attributs ». On voit clairement l'influence de Spinoza ; mais Haeckel se réclame aussi fréquemment de Goethe et, pour la partie la plus nettement naturaliste de son œuvre, des précurseurs de Darwin. Ce monisme panthéiste devrait résoudre l'antithèse entre spiritualisme et matérialisme, selon Haeckel ; mais dans son développement l'auteur n'est ni clair ni conséquent et, bien qu'il s'oppose vivement à le qualifier ainsi, son système peut être considéré comme une forme de matérialisme.

L'œuvre se divise en quatre parties. Dans la première, l'auteur cherche à affirmer la possibilité de solution des sept énigmes de l'Univers. Parmi celles-ci, on peut résoudre par l'idée de substance les problèmes concernant l'essence de la matière et de la force, l'origine du mouvement, l'origine des sensations simples et de la conscience ; par la doctrine moderne de l'évolution, on résout les problèmes de l'origine première de la vie, de l'apparente téléologie de la nature, de la pensée rationnelle et du langage, tandis que la septième énigme, celle de la liberté, est déclarée purement et simplement inexistante ; le seul problème non résolu est donc celui de la substance. Dans cette première partie, Haeckel affirme en outre l'unité fondamentale des espèces naturelles et, en particulier, la descendance naturelle de l'homme à partir du singe. La seconde partie, psychologique, aboutit au renvoi de la foi dans l'immortalité de l'âme. La troisième partie est cosmologique et, partant des concepts de substance et de développement, l'auteur affirme l'unité de la nature et éclaire les rapports entre Dieu et le monde. Dans la dernière partie, théologique, Haeckel, après avoir affirmé les droits de la libre science en face du christianisme, prêche la religion du monisme. Le livre est encore intéressant aujourd'hui parce qu'il témoigne sur un état d'esprit qui fut grandement répandu à la fin du siècle dernier et au début de celui-ci, état d'esprit qui se caractérisait par une foi absolue dans les progrès de la science et par un anticléricalisme militant. — Trad. Schleicher, 1905.

ÉNIGMES DU LIVRE D'EXETER [*Riddles*]. Recueil de quatre-vingt-quinze devinettes anglo-saxonnes, conservées dans le *Codex Exoniensis*, probablement de différents auteurs, transcrites en grande partie au cours du VIIIe siècle. Les trois premières constituent une sorte de tableau unique et concernent les manifestations les plus violentes des forces naturelles ; l'ouragan, le tremblement de terre, le raz de marée, la tempête sur l'océan. Les autres traitent des thèmes les plus divers : le blaireau, l'ancre, l'épée, la charrue, le mois, la pie, la cloche, le calice, la croix, la harpe, la lune, le soleil, l'eau, la terre, le cygne, le poisson, l'huître, l'argent, etc.

La devinette sur les cornes du bœuf est pleine de charme ; celle sur le « Manuscrit de *La Bible* » est intéressante, parce qu'elle contient une description des différentes opérations nécessaires à la mise en forme du manuscrit, depuis la reliure jusqu'à l'enluminure. Les derniers vers souhaitent qu'un tel ouvrage fasse connaître partout la puissance du Très-Haut, protecteur des peuples. Curieuse au point de vue documentaire est la devinette concernant « La Bière » ; on y décrit sa fabrication à partir de l'orge. Dans les deux compositions sur les armes, « L'Arc » (XXIV) et « La Catapulte » (LIV), très soignées du point de vue poétique, les instruments de guerre semblent se plaindre de devoir employer la violence. Le deuxième instrument (la catapulte) évoque avec regret les temps heureux où, bel arbre couvert de ramures, il trônait dans un bois. La devinette XLV concerne « La Teigne » qui, bien qu'ayant avalé beaucoup de mots, n'est pas devenue plus sage. La composition concernant l'hydromel, avec son allusion aux abeilles, est très gracieuse. Fine et pleine de délicatesse est l'énigme relative au « Jonc » qui pousse solitaire au bord de l'eau et se transforme ensuite, comme par miracle, en un instrument parlant et chantant, c'est-à-dire en plume ou en flûte. Très jolie aussi, la devinette du cygne (VIII) ; elle a la délicatesse d'une enluminure. « La Lune » et « Le Soleil » (XXX) sont représentés comme des êtres merveilleux, en lutte continuelle, sur les toits et les remparts de l'univers pour la conquête du ciel. L'iceberg effrayant et goguenard (XXXIV), au rire destructeur, est en même temps l'enfant et le père de l'eau. Très obscure, artificielle, la devinette XLIX qui probablement a trait au « bras, aux doigts et à la plume », qui laissent des signes et des enluminures sur la page. La devinette la plus longue est celle concernant la création du monde ; elle est tirée, avec quelques interprétations erronées, de l'ouvrage *De creatura* d'Adhelme (640-709), évêque de Salisbury. La composition suivante a, elle aussi, une inspiration religieuse ; elle concerne l'âme, « hôte noble du corps », son serviteur et son frère. Il en est de même pour la devinette « La Croix » (LVI) où s'entrelacent deux idées : la gloire, le déshonneur. Tout au début du recueil, dans le *Codex Exoniensis* se trouve un morceau poétique qui fut considéré pendant un certain temps comme la première devinette. Il s'agit au contraire de la lamentation d'une femme aimant un homme, dont elle est séparée à cause de la haine de certains ennemis — v. *Élégies du livre d'Exeter* (*).

Sans aucun doute, ces petites pièces s'inspirent des devinettes latines de Symphonius, Eusèbe, Adhelme et Tatwine (archevêque de Canterbury, mort en 734), mais elles gardent un ton très nordique par la poésie de la nature qui dans les trois premières a inspiré un tableau plein de charme et de puissance, dominé par la violence bouleversante et effrayante du vent. L'ensemble de ces brèves compositions, sans aucun doute dues à différents écrivains (certaines d'entre elles en effet sont simples et mêmes frustes, tandis que d'autres sont très délicates de style et de pensée), nous donne un tableau très vivant de cette époque, en décrivant la fabrication des objets d'usage courant, les plantes et les animaux domestiques, les instruments les plus connus et les coutumes les plus caractéristiques. — Ces *Énigmes* ont été excellemment traduites en anglais moderne par K. Grossley-Holland en 1978.

EN ISLAM IRANIEN ; aspects spirituels et philosophiques. Ouvrage du philosophe et orientaliste français Henry Corbin (1903-1978), publié en 1971-72. Le premier volume de cette somme est consacré au shî'isme duodécimain : il se donne pour fin de démontrer que l'origine du shî'isme se trouve dans le phénomène du Livre saint révélé et dans la nécessité où s'est trouvé l'islam d'élaborer une herméneutique de la révélation. Le shî'isme est ainsi essentiellement la doctrine de l'exégèse et du sujet de celle-ci, l'imâm. Le deuxième volume porte sur l'œuvre de Shihâb al-Dîn Yahyâ Sohravardî (1155-1191), fondateur de la doctrine de l'illumination qui opéra une coupure déterminante dans l'histoire de la philosophie et de la mystique en islam. L'unité profonde entre l'inspiration platonicienne, celle du mazdéisme et celle de la mystique soufie s'exprime dans la « théosophie orientale » et dans la vision gnostique du salut qui en dérive.

Le troisième volume porte sur les fidèles d'amour, ainsi nommés parce qu'ils jouent le rôle, dans le soufisme iranien, que Dante ou Cavalcanti jouent dans la spiritualité de l'amour en Occident. Parmi eux, Henry Corbin isole la figure majeure de Rûzbehân Baqlî de Shîrâz, dont il commente « Le Jasmin des fidèles d'amour ». Il montre l'originalité de cette doctrine où l'amour humain est la voie qui conduit à l'amour divin. Cette démonstration guide Henry Corbin dans son analyse des rapports entre le soufisme et le shî'isme. Malgré les exclusives prononcées par l'un de ces courants contre l'autre, il démontre leur profonde convergence métaphysique car l'imâm shî'ite et le Pôle ou le Shaykh du soufisme ont la même fonction phénoménologique. Le quatrième et dernier volume présente la théologie de l'imâm caché (le Mahdi attendu) et les grandes écoles philosophiques de l'Iran, du XVIIe siècle à nos jours.

Ch. J.

ENLEVÉ [*Kidnapped*]. Roman d'aventures de l'écrivain écossais Robert Louis Stevenson (1850-1894), publié en 1886. L'action se situe en 1751 au début du roman. David Balfour, âgé de seize ans, vit dans l'indigence dans le village d'Essendean en Écosse après le décès de ses parents. Sur le conseil du pasteur de sa paroisse, il se détermine à aller rendre visite à son oncle, Ebenezer Balfour, qui habite près d'Édimbourg dans une vaste propriété (qu'il a acquise de manière illégale, et qui revenait en fait au père défunt de David). David étant l'héritier légitime de cette propriété, son oncle veut se débarrasser de lui. Il le fait enlever et transporter à bord d'un navire, le « Covenant », afin qu'il soit vendu comme esclave dans les colonies d'Amérique. Au cours de la traversée, le navire heurte un bateau dans le brouillard au nord-ouest de l'Écosse. Le seul rescapé de ce bateau sera Alan Breck, qui est un partisan en fuite du prince Charles-Édouard Stuart. (Le prince avait été défait par le duc de Cumberland, fils du roi d'Angleterre George II, à la bataille de Culloden après sa tentative de prise du pouvoir en Grande-Bretagne en 1746.) Alan Breck a passé quelque temps en exil en France, mais il revient régulièrement en Écosse pour y recueillir des fonds susceptibles d'aider la cause des Stuarts protégés par les Bourbons. L'équipage, sous les ordres du capitaine Hoseason, médite d'assassiner Alan afin de lui prendre l'argent qu'il a. David découvre ce complot et en avise

Alan : ensemble ils se défendent contre l'équipage. Mais le vaisseau fait naufrage. David et Alan sont alors séparés. David échoue sur l'île écossaise d'Earraid, près de Mull, où il séjourne seul ; il s'en échappe et part à la recherche d'Alan. Il assiste à l'assassinat de Colin Roy Campbell de Glenure, le Renard rouge, qui dirige les troupes et les hommes du roi George ; on le voit et on le pourchasse ; Alan l'aide dans sa fuite à travers les Hautes Terres d'Écosse. Ils gagnent enfin les Basses Terres, où David réussit à recouvrer son héritage après que son oncle a été démasqué. — Trad. Albin Michel, 1927 ; Robert Laffont, 1984. s. s.

ENLÈVEMENT AU SÉRAIL (L') [*Die Entführung aus dem Serail*]. Opéra [Singspiel] en trois actes du compositeur autrichien Wolfgang Amadeus Mozart (1756-1791), créé en 1782, sur un livret tiré du *Belmonte und Constanze* de Bretzner. Le succès fut immédiat ; pour la première fois, le public trouvait, dans une œuvre écrite en langue allemande, la vivacité de l'opéra bouffe italien qui, seul, paraissait s'être approprié le secret de la vie scénique. D'autre part, c'était la première fois que, dans un singspiel, on trouvait tant de noblesse musicale, tant de richesse et de propriété dans l'emploi des instruments, de consistance dans le langage mélodique. *L'Enlèvement au sérail* est un spectacle musical où se mêlent chant et dialogues en prose, sur un sujet généralement bouffon. De médiocres mais agréables compositeurs (parmi lesquels Dittersdorf, contemporain de Mozart) en fournissaient les mélodies sans trop se soucier de leur exacte convenance à la scène et à l'action. Mozart, comme un aigle, bouleversa ces habitudes tranquilles et cette médiocrité. La musique de son singspiel fut écrite d'un bout à l'autre : rien ne fut laissé au hasard, depuis les notes d'agrément jusqu'aux fioritures vocales ; complexe du point de vue technique, la partition est semée de motifs en contrepoint aussi élégants que difficiles à exécuter. Ce qui détermina son triomphe, c'est qu'elle était toujours appropriée à la situation scénique et à aucun moment ne s'en allait pour son compte, charmante mais distraite, comme il arrivait quelquefois aux Italiens.

La trame est des plus simples : sur la plage, devant le palais du Pacha, un ténor à la voix suave, Belmonte, recherche en se lamentant sa fiancée, Constance, tombée aux mains des Turcs. Grâce à l'aide de son astucieux domestique, Pedrillo, qui est entré au service du Pacha afin de suivre dans la mesure du possible sa propre amie, Blonde, elle aussi faite prisonnière, Belmonte réussit à tromper la vigilance du terrible Osmin, gardien du sérail et actuel propriétaire de Blonde : ainsi, il peut revoir sa Constance. Heureusement, rien n'est encore perdu : Blonde, avec son parler vif de fille du peuple et sa main leste, saurait se défendre même contre un régiment de janissaires, et la douce Constance a eu la bonne fortune d'être à la merci d'un Pacha fort courtois qui attendra patiemment que Constance s'éprenne de lui. Pedrillo tente d'organiser leur quadruple fuite, mais le projet est découvert ; les amoureux sont conduits enchaînés devant le Pacha. Belmonte est alors reconnu comme le fils d'un amiral chrétien, ennemi féroce du Pacha et cause de ses innombrables malheurs, d'où la consternation générale. Constance se dispose à mourir heureuse auprès de son amoureux désolé ; Pedrillo est terrifié. Seule Blonde ne perd pas courage. L'effrayant Osmin exulte et goûte par avance le spectacle des deux damoiseaux chrétiens pendus, empalés, rôtis et écartelés. Mais le généreux Pacha s'adresse à Belmonte en ces termes : « Prends ta liberté, prends ta Constance, fais voile vers ta patrie, et dis à ton père que je t'ai eu en mon pouvoir et que je t'ai laissé libre, afin de lui faire savoir qu'il y a une plus grande satisfaction à rendre un bienfait pour une offense qu'à entasser ruines sur ruines. » Naturellement, Blonde et Pedrillo aussi seront graciés. C'est alors le « vaudeville » final : dans un merveilleux Andante concluant la fable, les quatre amoureux expriment leur reconnaissance, couvrant la colère et l'effarement d'Osmin, puis s'en vont, heureux et satisfaits, au milieu d'un chœur de janissaires.

On dit que, dans cet ouvrage, Mozart s'est laissé aller plus que de coutume à exprimer ses sentiments, parce qu'il retrouvait, dans les tribulations de Belmonte et de Constance, les obstacles auxquels il se heurta quand il voulut épouser Constance Weber (leur mariage eut lieu précisément en 1782). Mais, pour qui est habitué à la mélodie ardente et à la vie de l'opéra-comique italien, *L'Enlèvement* se montre comme l'œuvre type d'un artiste qui — ainsi que le disait Busoni —, « s'il doit émouvoir, ne doit pas être ému lui-même, pour ne pas courir le risque de perdre, au point culminant, la maîtrise de ses moyens », et les plaintes conventionnelles de Belmonte, notamment, n'autorisent pas de telles suppositions. Par contre, il est indéniable que la douce figure de Constance est peinte avec une certaine tendresse, en particulier dans son premier air et dans le duo où elle oppose au désespoir mesuré de Belmonte sa joie passionnée de mourir avec lui. L'expression de la douleur passe toujours au second plan, seulement comme une ombre de mélancolie sur les différents aspects que prend tour à tour ce portrait de jeune fille, étudié avec amour. Le parallélisme des deux couples d'amants, l'un aristocratique, tout en soupirs, élégie, tendresse, l'autre plébéien, jovial, libre, terre à terre, est un effet cher à Mozart, qui en tirera dans les opéras suivants un parti toujours meilleur. Blonde, dans ses attitudes de soubrette, a une très belle mélodie (« Welche Wonne, welche Lust ») et un duo malicieux avec Osmin qui, joint à la scène où Pedrillo enivre le terrible gardien, résume la gaieté sobre et mesurée de la pièce. Une scène culminante se trouve dans le quatuor du second acte, bon exemple du caractère de farce que présente le singspiel : les quatre amoureux sont enfin réunis, mais un doute fâcheux se fait jour chez les deux hommes qui finissent par l'exprimer, Belmonte avec une extrême délicatesse, Pedrillo avec son incorrigible vulgarité ; il s'agirait de savoir, par Blonde, si Osmin n'a pas fait valoir sur elle ses droits de propriété. La scène se passe avec une délicieuse symétrie très XVIIIe siècle : Constance, pudique, frémit ; Blonde lance un soufflet magistral à Pedrillo, après quoi les deux amants se déclarent persuadés, demandent leur pardon et l'obtiennent.

Le contrepoint psychologique — réserve délicate du couple noble ; franche et robuste énergie de l'autre — constitue une des parfaites réussites de Mozart au théâtre, de même que l'admirable et fameuse ouverture, corps juvénile et palpitant de santé joyeuse, jeté là avec une munificence seigneuriale, puis laissé inutilisé dans le reste de l'opéra, sauf dans deux mesures d'introduction pour la première scène et dans quelques rapides conclusions orchestrales.

ENLÈVEMENT DE LA REDOUTE (L'). Nouvelle de l'écrivain français Prosper Mérimée (1803-1870), publiée en 1829. En un raccourci saisissant, l'auteur raconte un épisode de la bataille de la Moskova. C'est le héros qui fait le récit : jeune lieutenant à peine issu de l'École militaire, il va recevoir le baptême du feu. Le colonel et le capitaine, auxquels il se présente dès son arrivée à l'armée, ont l'air de douter qu'il puisse se trouver à la hauteur des circonstances. C'est par un soir de septembre : une énorme lune rouge éclaire la redoute assiégée, et un vétéran remarque que cette couleur est le présage d'une lutte sanglante. C'est en vain que le jeune officier cherche le sommeil ; il a l'impression d'être isolé parmi ces cent mille hommes prêts au combat. Le lendemain, l'artillerie française ouvre le feu aux premières heures de l'après-midi ; l'ordre d'attaquer est transmis et le capitaine dévisage le lieutenant, voulant s'assurer qu'il ne tremblera pas devant le danger. La lutte est acharnée et, après des prodiges d'héroïsme de part et d'autre, la redoute est prise. Le lieutenant s'est conduit comme un ancien ; des supérieurs sont tombés. Un colonel blessé à mort lui transmet les derniers ordres et lui confie le commandement du petit groupe de survivants. L'auteur parvient, sans la moindre emphase, sans adjectifs redondants, à ce climat d'héroïsme ; les faits parlent d'eux-mêmes et l'auteur sait demeurer objectivement neutre en présence des événements ; les personnages sont d'anonymes héros : un colonel, un capitaine, un lieutenant, des soldats. *L'Enlèvement de la redoute* est l'une des nouvelles les plus caractéristiques de l'art de Mérimée ; la sobriété du récit est à l'opposé du romantisme des contemporains ; en cela réside son originalité. La concision du style le rattache à la plus pure tradition classique.

ENLÈVEMENT DE PROSERPINE (L') [*De raptu Proserpinae*]. Poème mythologique en trois livres de l'écrivain latin Claudien (Claudius Claudianus, 370 ?- 404 ?). L'épisode de Proserpine enlevée par Pluton, déjà évoqué plusieurs fois dans la littérature — v. *Les Fastes* (*) et *Les Métamorphoses* (*) d'Ovide —, semble se renouveler en s'inspirant de la littérature orphique tout imprégnée de la religion des mystères, au sein de laquelle le mythe de Proserpine était toujours relié à celui de Déméter d'Éleusis. Il s'agit d'un poème plein d'imagination, de couleur, imité de Virgile, d'Ovide et de Lucain, et écrit sur un ton artificiel mais plein de grâce. À l'exception de la préface, en distiques élégiaques, tout le poème est écrit en vers héroïques, vastes, sonores, majestueux et solennels, mais d'où tout souffle lyrique est absent. Il est possible que, dans la forme où il nous est parvenu, il soit incomplet ou qu'il se ressente tout au moins de l'absence d'un dernier polissage et d'une dernière élaboration de la part de son auteur. — Trad. Garnier, 1933.

★ La poésie de tous les temps a chanté le mythe de Proserpine, qui est la version latine du mythe grec de Perséphone ; il faut mentionner d'une façon particulière le poème de l'écrivain anglais Algernon Charles Swinburne (1837-1909) intitulé « Le Jardin de Proserpine » — v. *Poèmes et Ballades* (*).

★ Les opéras en musique sur ce même sujet sont nombreux : le premier qu'on peut mentionner est *L'Enlèvement de Proserpine* de Claudio Monteverdi (1567-1643), représenté à Venise en 1630, dans la demeure des Mocénigo, parce qu'à cette époque il n'existait pas encore de théâtre à Venise pour les spectacles de musique. Peu après nous trouvons *L'Enlèvement de Proserpine* de Francesco Sacrati (1602-1650), qui fut mis en scène également à Venise en 1644. D'après un texte de Quinault, Jean-Baptiste Lulli (1633-1687) composa un opéra, *Proserpine*, représenté à Paris en 1680. Le même texte fut utilisé comme livret par Giovanni Paisiello (1740-1816) qui, un siècle plus tard, en 1803, écrivit un autre opéra, *Proserpine*, représenté à Paris au cours de la même année. Il faut aussi mentionner les opéras de Joseph Kraus (1756-1792), de Peter Winter (1754-1825) — Londres 1804 —, et la cantate du même nom de John Fane Westmorland (1784-1859). L'opéra de Camille Saint-Saëns (1835-1921) — Paris 1887 —, et la scène lyrique de Théodore Dubois (1837-1924).

ENLÈVEMENT D'HÉLÈNE (L') [Ἁρπαγὴ Ἑλένης]. Petit poème épique de 392 hexamètres, composé par Collouthos, poète grec qui, selon la *Souda* (*), est né en Égypte et a vécu à la charnière entre le Ve et le VIe siècle de notre ère. Collouthos raconte comment Pâris, fils de Priam, a enlevé Hélène, femme de Ménélas, rapt qui est à l'origine de la guerre de Troie. S'inscrivant dans la postérité de Callimaque, il choisit dans l'ample matière offerte par le cycle troyen un épisode dont la teneur est plus romanesque qu'héroïque, et il traite cet épisode en une brève épopée. La langue poétique adoptée est essentiellement imitée de celle de Nonnos, mais contient aussi des réminiscences de toute l'épopée grecque, en particulier de nombreux souvenirs de l'épopée homérique. — Trad. Les Belles Lettres, 1972. O. R.

★ Dans le recueil poétique *Les Romulées* du poète latin Dracontius (Ve siècle), on trouve, au huitième rang, le poème mythologique *L'Enlèvement d'Hélène* [*De raptu Helenae*]. Tout en étant chrétien, l'auteur n'hésite pas à composer des poèmes d'inspiration païenne, avec des sujets mythologiques, comme avaient fait avant lui d'autres poètes latins. Son exposé se ressent du ton déclamatoire et, par conséquent, scolaire, avec lequel ce sujet, archaïque et ressassé, a été une fois de plus évoqué. Dracontius n'est pas un poète à l'inspiration puissante ; il est trop lié à l'école de son maître Félicien pour s'essayer avec succès dans de vastes sujets poétiques.

★ La tradition iconographique est plus riche que la tradition littéraire. Sans mentionner les nombreuses poteries et les bas-reliefs classiques, il faut citer les tableaux modernes de Raphaël, de M. A. Raimondi, de Guido Reni, de Lorrain, de Jules Romain, etc.

EN LIGNE [*By-Line : Ernest Hemingway*] et **ERNEST HEMINGWAY APPRENTI REPORTER** [*Ernest Hemingway, Cub Reporter*]. Recueils de dépêches du romancier américain Ernest Hemingway (1899-1961) publiés, posthumes, en 1967 *(En ligne)* et 1970 *(Reporter)*. On peut se demander si tout n'a pas été dit par Philip Knightley, auteur d'un livre sur le « correspondant de guerre comme héros, propagandiste et générateur de mythes » : non sans avoir rappelé que Hemingway ne reçut jamais la moindre formation théorique, Knightley, constatant qu'il inventait des choses et en censurait d'autres, se résout à la conclusion suivante à propos des dépêches expédiées d'Espagne : Hemingway a utilisé la guerre civile « pour s'offrir un nouveau bail sur sa vie d'écrivain, ce qui, pour un romancier, était compréhensible. Pour un correspondant de guerre, c'était impardonnable ». On est tenté de lui donner raison lorsqu'on lit, non tant la douzaine d'articles publiés dans le *Kansas City Star* par *Ernest Hemingway, apprenti reporter* pendant cinq mois (décembre 1917 - avril 1918), lesquels sont vraiment du (sympathique) travail d'apprentissage, mais les quelque soixante-quinze dépêches (moins d'un tiers de sa production de journaliste) qui constituent *En ligne*, et qui sont classées dans cinq chapitres : I. Reportages, 1920-1924 (pour le *Toronto Star Weekly*) ; II. Esquire, 1933-1936 ; III. La Guerre civile espagnole, 1937-1939 (dépêches de la N.A.N.A. : North American Newspaper Alliance) ; IV. La Seconde Guerre mondiale, 1941-1944 (pour le journal *PM*) ; V. Après les guerres, 1949-1956 (pour divers magazines). C'est donc presque toute la carrière de l'écrivain qui est ainsi couverte, et on donne raison à Philip Young d'avoir écrit dans son avant-propos : « Le sentiment qu'une “personnalité” tient la plume — l'homme Hemingway — est presque toujours présent dans son œuvre romanesque. Ce sentiment est encore plus évident dans son œuvre qui ne relève pas de la fiction, où aucun personnage ne s'interpose entre le lecteur et ce personnage auquel le public s'est profondément intéressé pendant plus de quarante ans. » À vrai dire, avec le temps, et quoi qu'en ait dit Hemingway lui-même (qui ne voulait absolument pas que l'on confondît reportage et fiction), on est frappé de constater dans quelle proportion de ses dépêches Hemingway introduit, par exemple, du dialogue, et du dialogue si caractéristique que la ligne qui sépare fiction de non-fiction disparaît presque entièrement, et ce dès le premier texte, « On rase gratis » (1920). « Simple » reportage ou littérature, peu importe au fond : ce sont de véritables textes qui sont ici donnés à lire, et qui satisfont bien souvent, tout autant que la fiction de l'auteur. Dira-t-on même davantage, hormis les nouvelles et le premier roman ? — Trad. Gallimard, 1970 *(En Ligne)* et 1972 *(E.H. apprenti reporter)*. M. G.

EN LISANT, EN ÉCRIVANT de Julien Gracq : v. *Lettrines*.

EN LOUISIANE, À L'ÉPOQUE DES CRÉOLES [*Old Creole Days*]. Recueil de nouvelles d'atmosphère créole du romancier américain George Washington Cable (1844-1925), publié à New York en 1879. La scène se passe toujours parmi les métisses de la Louisiane, dans les premières décennies du XVIIIe siècle. Créoles, esclaves nègres et mulâtres, familles de langue ou d'origine française ou espagnole, contraste des mentalités, des instincts, des coutumes et des traditions, cruauté, ingénuité, pittoresque de l'ambiance, tout cela est dépeint avec bonhomie, d'une façon directe et vivante et avec un souci réel de rendre justice à chacun. C'est toujours l'œil de l'Américain du Nord qui voit et qui juge ; mais un œil objectif que guident la curiosité et la sympathie humaine. Le premier récit du volume, « Madame Delphine », est l'histoire d'une vieille métisse qui, pour faire épouser sa fille par un riche banquier, nie sa propre maternité, feint de n'être que la tutrice de la jeune fille, et meurt à la fois de joie et de douleur le jour des noces. L'histoire est peut-être un peu forcée, mais elle demeure émouvante, colorée, et s'érige contre les lois insurmontables qui séparent la population blanche du moindre sang mêlé. Les nouvelles suivantes ressortissent plus encore à la technique impressionniste. Elles tournent plus ou moins autour des mêmes idées, comme « Tite Poulette », dont l'héroïne croyait avoir une goutte de sang nègre alors qu'elle était blanche, ce qui lui permet finalement d'épouser l'homme qu'elle aime, un Hollandais. Ou encore « Jean-Ah-Poquelin », l'histoire d'un homme qui tient caché son frère lépreux et le déclare mort plutôt que de révéler sa maladie... ce qui, finalement, lui vaut d'être accusé de fratricide et pendu. D'autres nouvelles sont plus gaies, plus sereines, comme « Les Belles Demoiselles », « Plantation », « Posson Jone », « Café des Éxilés », « Madame Délicieuse », qui, bien que finissant assez tragiquement, conservent une note de légèreté ou d'agréable satire. Les villes de la Louisiane avec leur folklore, leurs coutumes franco-espagnoles, leur langage créole, se présentent au lecteur sous une couleur vivante et romanesque, mais peut-être idéalisée.

EN MARGE DES CLASSIQUES [*Al margen de los clásicos*]. Recueil d'essais critiques sur la littérature espagnole, publié en 1915 par le romancier espagnol Azorín, pseudonyme de Martínez Ruiz (1874-1967). Cet ouvrage assez court est à considérer, au dire même de l'auteur dans sa préface, comme un assemblage de simples notes inscrites en marge des livres. Les divers chapitres qui le composent, parfois fort minces, sont consacrés à des écrivains très divers (les poètes primitifs, fray Luis de León, Garcilaso de la Vega, Góngora, Argensola, Cervantès, Quevedo, Calderón, Bécquer) et n'ont d'autre lien que la fantaisie et le goût de l'auteur. Néanmoins, *En marge des Classiques* comporte plus d'unité que tel autre recueil critique d'Azorín, par exemple *Classiques et Modernes* [*Clásicos y Modernos*], où les chapitres consacrés aux problèmes politiques ou à la psychologie de l'Espagne le disputent à la littérature proprement dite, pourtant traitée sous ses aspects les plus larges (le lyrisme moderne, Menéndez y Pelayo, le paysage dans la poésie, Cervantès et ses contemporains, etc.). *En marge des Classiques* est très caractéristique de la forme d'esprit et des préoccupations d'Azorín. Son choix même révèle combien le classicisme prend, à ses yeux, une souple signification : à côté de grands noms (Quevedo, Cervantès, Calderón), Azorín ne craint pas de placer des auteurs qui ne méritent pas le qualificatif de classique, soit que leur œuvre manque de la densité nécessaire — c'est le cas de Somoza ou d'Argensola, — soit que leurs particularités essentielles les placent sur un autre plan — et c'est le cas de Góngora. C'est que le travail critique d'Azorín est essentiellement guidé par des préoccupations subjectives et toutes personnelles. L'amour du détail, du minutieux, voire de l'étranger, lui cache la primauté des ensembles. Il est remarquable qu'*En marge des Classiques* soit, pour une large part, consacré à Cervantès, mais au Cervantès des *Travaux de Persiles et Sigismunda* (*) ou à *La Force du sang* [*La fuerza de la sangre*] qui sont des œuvres mineures. Au reste, plutôt que de la véritable critique, *En marge des Classiques* représente un ensemble de méditations, dont la ferveur mal contenue prend parfois un tour très personnel. Peu soucieux d'élucider les procédés artistiques ou les intentions, Azorín se plaît à évoquer les atmosphères et les lieux qui servirent de cadre à la composition des écrits qu'il examine, ou à ces écrits eux-mêmes. Il fait une description minutieuse, souvent lyrique, entremêlée de citations, de paysages, particulièrement castillans. Il essaie de retrouver dans le présent non pas le reflet, mais la permanence même des époques écoulées, manifestant par là ce penchant caractéristique de la pensée espagnole, sans cesse soucieuse de sentir et de démontrer la pérennité de l'Espagne. *En marge des Classiques* est très typique du style impressionniste d'Azorín qui, par son emploi systématique de la phrase courte et sèche, a renouvelé la prose espagnole du XIXe siècle.

EN MARGE DES VIEUX LIVRES. Recueil de trente-sept nouvelles de l'écrivain français Jules Lemaitre (1853-1914), publié en 1905. S'inspirant des pages les plus connues de la littérature ancienne, l'auteur veut « rêver dans le passé » et faire revivre les personnages des poèmes latins, grecs, indiens, des chansons de geste, des légendes, de *L'Évangile* et des œuvres classiques. Les personnages légendaires sont transposés dans une réalité pleine d'ironie qui les dépouille de leur halo poétique et héroïque : Andromaque devient une bonne bourgeoise, jalouse de l'élégance d'Hélène. Grisélidis du *Décaméron* (*) nous est présentée comme une coquette qui tient un brillant salon. Dans d'autres nouvelles, les meilleures, l'ingéniosité fait place à une naïveté presque populaire : la Vierge converse avec les anges et leur fait des reproches cependant qu'ils l'aident dans le ménage. Les héros des contes de Perrault : le Chaperon Rouge, le Petit Poucet, l'Ogre, vont voir le Petit Jésus dans son étable de Bethléem et sont bénis par lui. Les onze mille vierges qui, aux côtés de sainte Ursule, sont frappées par les barbares et fleurissent la prairie avec « une brassée de roses blanches tachées de sang » ; Vivien, le pur chevalier du Christ, qui a juré de ne jamais reculer devant les païens et qui est sauvé par un miracle ; sainte Marthe qui conduit au milieu de la foule admirative le dragon qu'elle a dompté, évoquent les images délicates d'un Memling. L'auteur n'est point ici, comme il le déclare lui-même dans sa Préface, un « historien présomptueux », mais un conteur des plus brillants. C'est un jeu conçu par un esprit exquis et élégant, par un humaniste sensible et désenchanté. C'est l'œuvre la plus représentative de Jules Lemaitre.

EN MAUVAISE SOCIÉTÉ [*V durnom obščestve*]. Roman de l'écrivain russe Vladimir Galaktionovič Korolenko (1853-1921), publié en 1885. Comme dans le roman *Le Rêve de Makar* (*), du même auteur, l'action a pour cadre un milieu où seul un amour fervent peut déceler quelques lueurs de conscience humaine : société de malfaiteurs, de vagabonds et de dévoyés qui se terrent dans les ruines d'un vieux château, aux environs d'une petite localité de Volhynie. L'auteur n'a pas fait de ses héros des « humiliés et offensés » en révolte contre la société. Du moins, l'un d'eux pourrait-il offrir cet aspect, le pan Tiburce, originale figure de voyou sympathique, spirituel et non dénué d'une certaine culture littéraire. Le hasard conduit le jeune fils du juge de la localité voisine à se mêler à cette « mauvaise compagnie » : non seulement il ne sera pas corrompu à son contact, mais il y découvrira des exemples d'amour et de dévouement, en particulier chez Tiburce, plein d'adoration pour la petite Maroussia, contrainte de vivre dans les souterrains du château où elle se meurt lentement. Le personnage du jeune garçon, en lequel on peut reconnaître l'auteur lui-même, sert en somme de prétexte pour donner une peinture de la société qu'il découvre. On peut juger de la vigueur de l'art de Korolenko par ses descriptions de la nature, où il semble trouver une exaltation enivrante. Si, dans son expression de la pitié humaine, Korolenko offre certains points communs avec Dostoïevski, c'est précisément son sentiment de la nature qui le sépare de ce dernier : une nature froide et implacable qui trouverait, elle aussi, à travers l'art, sa part de pitié. — Trad. Povolozky, 1922.

EN MÉNAGE. Roman de l'écrivain français Joris-Karl Huysmans (1841-1907), publié en 1881. La première phrase du roman l'avait rendu célèbre dans le groupe nouveau des « naturalistes ». Elle disait : « Leurs cigares charbonnaient et puaient comme des fumerons. » Cette phrase, c'était comme un résumé, mieux même, une profession de foi de la nouvelle école ; la seconde génération réaliste, issue de Zola, comme la première était sortie de Flaubert, enchérissait sur le pessimisme de *L'Éducation sentimentale* (*) et entendait peindre la vie sans ménager les délicats. Venant après *Le Drageoir aux épices* (*), après *Marthe, histoire d'une fille*, après *Sac au dos* — contribution de Huysmans aux *Soirées de Médan* (*) —, après *Les Sœurs Vatard* (*), *En ménage* affirmait avec éclat le dogme naturaliste : sujet banal, aussi simple que possible (quitte à l'élargir jusqu'aux dimensions de la fresque, comme fera Zola) ; mais, en partant de ce thème réduit au fait divers quotidien, rehausser le tableau par la mise en valeur des détails minutieusement notés, patiemment sertis au milieu des épisodes. Jamais sujet, en effet, ne fut moins compliqué que celui d'*En ménage*, si ce n'est celui d'*Une belle journée* (*), qu'Henry Céard publia la même année 1881, — le chef-d'œuvre du genre, le roman « où il ne se passe absolument rien », et qui tient cependant, au long de ses trois cent cinquante pages, le lecteur en haleine.

Huysmans, dans *En ménage*, avait écrit « une page de vie », comme le dit Zola, et de la vie la plus « quotidienne ». En rentrant une nuit à l'improviste, un mari trouve sa femme en flagrant délit d'adultère : il ne fait point de scandale, ne tue ni la femme ni l'amant, mais paisiblement s'en va, reprend sa vie de garçon, s'accommode de quelques maîtresses de hasard et s'ennuie. Puis, comme il faut bien que soient réglées les questions d'intérêts communs, et que les époux se retrouvent en présence pour en discuter, l'émotion les étreint et ils se remettent en ménage. La vie recommence... La morale de l'histoire est, comme dans *L'Éducation sentimentale*, résumée par une conversation des deux camarades, André et Cyprien, dont les cigares éteints puaient si bien au début du livre. Cyprien est toujours célibataire ; André a repris Berthe. Cyprien a renoncé à la peinture ; André n'a pas mieux réussi. Une même résignation les accable : « C'est égal, dit Cyprien : ces deux routes conduisent au même rond-point. Au fond, le concubinage et le mariage se valent puisqu'ils nous ont, l'un et l'autre, débarrassés des préoccupations artistiques et des tristesses charnelles. Plus de talent, et de la santé, quel rêve ! » Et André de conclure : « Il n'est pas mauvais d'être vidés comme nous le sommes, car, maintenant que toutes les concessions sont faites, peut-être bien que l'éternelle bêtise de l'humanité voudra de nous, et que, semblables à nos concitoyens, nous aurons, ainsi qu'eux, le droit de vivre enfin respectés et stupides ! »

La presse se partagea en deux camps. La manière de Huysmans, le réalisme de ses descriptions choquèrent les délicats, et François Coppée, qui le défendit dans un article de *La Patrie* du 21 février 1881, estima prudent de parer les coups, en énonçant lui-même les griefs qu'on ne manquerait point de retenir contre son ami, et il écrivit : « Ceux qui lui reprochaient certains tableaux libertins, quelque maniérisme dans le style et un besoin dépravé de parler des odeurs fétides devront reconnaître comme nous que M. J.-K. Huysmans est un des plus curieux ouvriers en prose française qui soient aujourd'hui, et, par ce temps de “ copie ” à la mécanique, ce n'est pas un mince éloge. » De même Paul Bourget le félicitait, dans *Le Parlement*, d'être « un de ces subtils manieurs de style pour qui écrire c'est mettre des papilles nerveuses sous les mots ». Mais pour Aurélien Scholl, Huysmans et Céard sont Chouya et Boulou — plaisanterie dont il est difficile de percer le sens aujourd'hui, mais dont on comprend du reste l'intention dénigrante. On reproche à Huysmans « d'aimer l'odeur des latrines ». D'ailleurs, l'équipe des *Soirées de Médan* « est une équipe de vidangeurs cinglant des chevaux attelés aux barriques numérotées ». Les disciples de Zola ont déjà entendu ces sortes d'injures.

Il est plus curieux de rapporter le jugement de Huysmans sur son propre roman. On le trouve dans l'interview signée A. Meunier, et qu'il a rédigée de sa main, pour *Les Hommes du jour* : il le préfère « à tous ceux que nous devons à cet auteur », parce que c'est « le chant du nihilisme, un chant encore assombri par des éclats de gaieté sinistre, et par des mots d'un esprit féroce ». Il est certain qu'au bout de plus d'un siècle ce roman reste comme un des meilleurs témoignages d'un moment de la littérature française, et que, outre son intérêt historique, il a conservé une force qu'on peut ne point aimer, mais qui n'en est pas moins certaine.

EN MIROIR. Essai de l'écrivain français Pierre-Jean Jouve (1887-1976), publié en 1954. Ici le poète ne dit rien que la lecture de son œuvre ne nous avait fait deviner, mais l'intérêt des anecdotes (ses amours, ses sites, ses rencontres autrichiennes) et la sûreté du déroulement font de cette apologie un livre véritable, dont le mouvement, le souffle et la composition étudiée nous fascinent comme ses plus beaux poèmes. L'ouverture, constituée de trois textes brefs, expose les deux thèmes principaux du livre. La poésie, distincte de la musique (par le mot, par le sens), est rare, fait unique (d'une âme originale), absolue création (« pouvoir occulte du mot de créer la chose ») et affaire pratique (« la technique du vers est indistincte ») : « Création, mystère, beauté, et enracinement dans la terre. » Jouve, homme et poète, est « depuis toujours soumis à la torture du silence » ; la résistance opposée à son œuvre par le silence est « exceptionnelle dans toute l'histoire des lettres » ; groupés, les littérateurs se livrent à la répétition par quoi ils font dériver l'angoisse moderne et conquièrent une place ; leur silence crée l'éviction du poète, laquelle correspond à l'exil psychologique, état jouvien qui sera défini plus loin : « état d'exil intérieur et de proscription pour cause de nature, de tempérament », provenant d'une tendance à la rupture, « inclination héréditaire », qui généralement s'exprime maladroitement (« incapable de transiger, je suis incapable de combattre »), mais qui par contrecoup a protégé Jouve des compromissions. Alors commence, alerte, une autobiographie : enfance triste, bourgeoisie probe et sévère, études sans relief, mais de douze à vingt-cinq ans improvisations furieuses sur le piano, le seul culte de la musique (mépris total des œuvres littéraires), grave maladie, jusqu'à ce qu'un « personnage exerçant l'ascendant » révèle Rimbaud, Mallarmé, puis Baudelaire à Jouve, non pas désireux de se cultiver, mais de regarder « du regard intérieur... issu de moi ». La guerre, le groupe de l'Abbaye qui le détourne de lui, et loin de lui le désordre (« tohu-bohu ») des tentatives littéraires et picturales (dada, surréalisme, cubisme), enfin la rupture avec tous et avec les premières œuvres (écrites en accord, aliénant, avec les autres) pour « trouver dans l'acte poétique une perspective religieuse, seule réponse au néant du temps ». Ce sera une vie d'étude (des poètes, des mystiques, mais « nous découvrons ensuite que tous les appuis étaient nuls »), de travail, dont il n'explique pas les mécanismes : « L'impulsion me conduit à écrire, dans un état de force, jusqu'à l'achèvement aussi détaillé que possible. » Ses nombreuses œuvres d'avant-guerre, il les analyse ici sans complaisance, mais sans rien apporter à leur clarté et à leur mystère, s'attardant à souligner combien il avait su prévoir la catastrophe européenne de 1939-45. Sans plus d'emphase, il donne les clés d'Hélène — v. *La Scène capitale* (*) et *Matière céleste* (*) —, synthèse et dépassement de diverses femmes (notamment Lisbé), de diverses morts. Par contre, évoquant la guerre et son attitude pendant la guerre, c'est-à-dire *La Vierge de Paris* (*), il désire nous convaincre : ce poème vaut les autres, son engagement était conforme à son génie ; si, sorti alors de l'anonymat, il a pu espérer une audience durable, il a regagné l'« exil », en retrouvant sa patrie, lieu de grotesques tractations — et il est seul avec B. (son épouse) pour voir passer dans un espace vide, devant des soldats alliés qui jouent aux cartes, les cercueils des morts du mont Valérien. Bien qu'il aborde alors l'époque de ses chefs-d'œuvre — *Ode* (*), *Langue* (*) —, il les cite à peine et s'intéresse plutôt à sa pensée, à ses moyens de connaissance, la connaissance érotique et la pratique, caduque, des prostituées donnant un chapitre admirable, « Yannick », dont l'écriture simple pourrait faire penser à *Nadja* (*) de Breton. En fait, il récrit la célèbre préface de *Sueur de sang* (*) et développe le thème « Nada » de *Matière céleste* (*) qui « a passé en mon œuvre entière et l'a aux trois quarts soutenue ». Jouve, qui n'écrit plus de romans depuis 1935 — *La Scène capitale* —, semble le regretter et il se plaît à revoir les rêves de Catherine Crachat.

Enfin, dans une péroraison pleine de nostalgie calme, silencieuse, Jouve revient à l'art, plus particulièrement à la musique, précisément à Mozart et à Berg, et à l'exil, qu'il définit longuement.

ENNÉADES [Εννεαδες]. Recueil de cinquante-quatre traités philosophiques, écrits par le philosophe grec Plotin de Lycopolis (205-270), durant les seize dernières années de sa vie et divisé en six « ennéades » ou neuvaines (c'est-à-dire en six livres de neuf traités chacun) par son élève Porphyre de Tyr. La classification des différentes parties est toute relative : la première Ennéade est plus particulièrement consacrée à l'homme ; la deuxième et la troisième au monde physique, la quatrième à l'âme, la cinquième à l'intelligence, la sixième à l'Unité. L'Un est le principe de l'Être ; de même que la réunion des théorèmes d'une science suppose l'unité d'une intelligence qui les saisit, de même le multiple présuppose une unité supérieure sans laquelle tout se désagrégerait. Le mouvement de tous les êtres présuppose comme fin un Dieu suprême. L'Un est la première des substances, absolument simple, se suffisant à lui-même, transcendant, infini, illimité, informe, omnipotent, faisant correspondre en lui volonté et liberté. L'Un ne pense ni ne désire, cependant il ne s'ignore pas lui-même ; il a une simple intuition de lui-même. Pourtant il est inconnaissable et aussi ineffable ; de lui on ne peut dire que ce qui n'est pas (théologie négative). De même que l'être vivant, arrivé à l'âge adulte, se reproduit, de même que la lumière, sans rien perdre d'elle-même, se diffuse par une sorte de surabondance, de même l'Un donne naissance à autre chose que lui-même par un processus que l'on a appelé, par analogie avec la lumière, « émanation », « fulguratio », mais que Plotin, de son côté, appelle « procession ». Ce quelque chose, dès sa production, cherche à rester le plus proche possible de son producteur et se tourne vers lui pour le contempler et, dans cette contemplation, trouve le principe de sa vie.

De cet acte de « procession » naît (au sens éternel et hors du temps) la seconde substance qui est à la fois Être, Intelligence et Monde intelligible ; elle n'est pas un simple schéma abstrait, mais un vrai monde complet et parfait dans son idéal rationnel. Elle est vision de l'« Un » et, par cela même, connaissance de soi et du monde intelligible. L'Intelligence à son tour produit une troisième substance, l'Âme universelle, qui toujours en découle comme son Verbe et dont la nature est double : sensible d'une part en ce qu'elle ordonne et organise l'univers sensible, intelligible de l'autre parce qu'elle se tourne toujours pour contempler l'Intelligence dont elle découle perpétuellement comme son Verbe. En réalité, les deux aspects se fondent, car elle organise parce qu'elle contemple et en contemplant elle agit. L'âme donne vie à tous les vivants, non pas en se fragmentant, mais en se conservant tout entière en chacun d'eux ; tout ce qu'il y a de divin dans le monde provient de l'âme. Dans le monde tout est animé, vibrant d'une universelle sympathie réciproque. L'univers est un et multiple, ayant en lui guerre et harmonie, perfection et beauté.

À cette triade (Un, Intelligence, Âme) se borne la série de la réalité divine où le mal ne pénètre pas. Au-dessous, il y a une autre hypostase, la matière, qui est comme le dernier reflet de la lumière de l'« Un » avant le néant et qui, par son incapacité à recevoir forme et ordre, par l'impossibilité d'avoir un attribut positif, est le mal en soi, la racine de tous les maux du monde, lesquels ne sont pas des maux en eux-mêmes, mais seulement parce que l'âme est entrée en contact avec la matière. L'Âme du monde a préparé, pour toutes les âmes qui dérivent d'elle et par conséquent aussi pour les âmes humaines, une demeure correspondant à sa nature, le corps ; et elle doit le diriger durant le temps fixé par l'ordre des choses. Si, au lieu de rester unie à l'Intelligence dont elle procède, pour contempler l'ordre intelligible elle se tourne vers ce reflet qu'elle projette et qui va illuminer et vivifier le corps, elle reste asservie à tous les changements du monde sensible ; son destin dans la vie future dépend alors de la faute qu'elle a commise en descendant une telle « pente ».

Pour revenir à l'état originaire de contemplation, nous devons donc chercher à nous séparer de notre corps, qui est prison et tombe ; nous devons contempler les vicissitudes du monde comme on contemple ce qui se déroule sur la scène des théâtres. « Rentre en toi-même et regarde ; et si tu vois que tu n'es pas beau, fais comme le sculpteur qui taille le marbre pour l'embellir ; que ton âme se fasse belle et divine, si tu veux contempler Dieu et la beauté. » Les voies pour s'élever sont au nombre de trois : la musique, l'amour, la philosophie. Après avoir dépassé l'amour pour les beautés corporelles, il faut s'élever jusqu'à l'amour pour les choses incorporelles. Comment cela est-il possible ? « Arrache toute chose de toi. » Le créateur des belles choses, qui les transcende toutes en les engendrant, est le Dieu qui vit au-dedans de nous ; en Lui nous respirons, nous nous conservons, nous vivons. L'esprit peut de deux manières s'identifier avec Lui : soit par l'entendement de la sagesse, soit par l'ivresse de l'amour. La vision de Dieu se fait en nous comme une lumière, mais tout intérieure, « un peu à la façon dont quelqu'un qui comprime ses paupières voit la lumière qui est en lui ». On ne peut provoquer cette vision ; il faut attendre Dieu immobile et se préparer à le contempler comme l'œil attend l'apparition du soleil qui se lève. Dieu apparaîtra presque sans être venu, présent avant tout, même dans l'esprit. À sa venue, l'âme perd toute forme et oublie tout, « seule en Lui seul ». Dans l'extase, il n'y a plus de distinction entre le contemplateur et le contemplé ; de même le voyant ne fait qu'un avec ce qu'il voit, converti au même calme solitaire en lequel il repose : « Telle est la vie des dieux et des hommes divins et bienheureux..., envoi de l'esprit seul vers Lui seul. »

Cette œuvre a été justement considérée comme une synthèse de la pensée grecque, et particulièrement de la pensée de Platon et d'Aristote. Synthèse très originale cependant, puisque produite, dans l'atmosphère de syncrétisme hellénique, par un Oriental tel que Plotin, qui, à l'exubérance mystique de l'esprit, unissait les plus habiles qualités dialectiques et apodictiques. L'influence des *Ennéades* sur la pensée de la postérité a été immense, même en dehors de l'ambiance païenne ; en témoigne, par exemple, le septième livre des *Confessions* (*) de saint Augustin. — Trad. Les Belles Lettres, 1924-1938 ; Le Cerf, *Traité 38*, 1987 ; *Traité 50,* 1990.

ENNEMI (L'). Roman de l'écrivain français d'origine suisse Robert Pinget (né en 1919), publié en 1987. Si tous les livres de Pinget s'appellent, se répondent, jusqu'à paraître parfois des ressassements de l'un à l'autre, *L'Ennemi* est ouvertement donné pour une continuation de *L'Apocryphe* (*), paru en 1980. Comme ce dernier, il est composé de parties d'inégales longueurs (ici cent quarante-quatre), et comme lui il met (ou remet) en jeu un vieux maître, son domestique, un neveu — tous innommés —, un cambriolage, un meurtre, un manuscrit qu'on écrit ou qu'on déchiffre. La première phrase du récit (« Mais le maître est toujours là ») marque assez le besoin pour Pinget de revenir à l'obsédante question de la mort et de l'efficacité de l'écriture, en rouvrant le livre que l'on avait refermé, le disant, à l'ultime ligne de *L'Apocryphe.* Daté de Sirancy, importante cité de la géographie personnelle de l'auteur, *L'Ennemi* coûta quatre ans de travail à l'écrivain (1984-1987), et sa lecture laisse bien penser que ce chantier ouvert ne s'achève pas avec lui. L'une des singularités de ce roman tient à l'insertion de pages blanches, dans le courant du texte, qui suivent la description d'allégories énigmatiques, de formules ou de « monogrammes sibyllins », jamais dévoilés — la page blanche comme réponse à l'œuvre au noir ? À cette recherche d'une forme de salut par l'écriture, chez des êtres en déclin et proches de disparaître dans le néant, Pinget oppose le tracas incessant des petites irritations quotidiennes. Leur permanence est marquée par un style nettement plus elliptique que celui de *L'Apocryphe,* et dont la poésie a disparu, comme ont disparu la scène champêtre du berger et la sérénité que dégageait sa présence. Peut-être l'Ennemi a-t-il pris possession des lieux ? Le meurtre d'un enfant dans la forêt, le cambriolage d'un manoir, des lettres compromettantes seraient alors autant de témoignages de son emprise sur cet univers en décomposition. Dans d'autres romans antérieurs, ce qui rôdait et peu à peu s'imposait pouvait être appelé « quelqu'un ». À présent, cette impersonnalité menaçante et porteuse de destruction a une apparence de réalité, et son action est perceptible ; elle cerne autant qu'elle est cernée. Et l'on se demande si cet envahissement progressif, et sans doute irrémédiable, n'est pas l'émergence de la mauvaise conscience dans un monde de culpabilité diffuse. Déjà, dans *Passacaille* et *L'Apocryphe,* cette sensation affleurait. La définition du « ton » et de l'atmosphère, qui hante toute l'œuvre de Pinget et la singularise, se suffit à elle-même et dispense d'éclaircir ce qu'il faut bien appeler une intrigue. Le romancier, ici encore, ne raconte pas une histoire : il délimite le cadre dans lequel elle évolue, il donne le substrat psychologique et moral à partir de quoi elle est rendue possible. L'imagination du lecteur fait le reste en recomposant les éléments disparates ou enchevêtrés qui lui sont proposés. Et quand on questionne, à la fin, le vieillard solitaire sur l'autre version de ses Mémoires, celui-ci en nie l'existence et répond qu'il n'y a qu'un seul manuscrit possible (que d'ailleurs il détruira), symbolisant par là l'unicité de chaque lecture, la précarité essentielle de tout témoignage, et l'illusion de leur efficacité contre l'envahissante puissance de l'ennemi.

F. B.

ENNEMI DES LOIS (L'). Roman de l'écrivain et homme politique français Maurice Barrès (1862-1923), publié en 1893. Au nom de l'individualisme, Barrès répudie avec vigueur toute discipline sociale. On le voit se mettre en scène sous les traits d'un certain Maltère, professeur à l'École des hautes études. Dans l'ordre de l'intelligence, Maltère est un indépendant : « Je me crois, dit-il, d'une race qui ne vaut que pour comprendre et désorganiser. » Il désire le libre essor de toutes ses facultés. Homme libre avant tout, il estime que c'est peu vivre de ne faire qu'un seul personnage. Si l'on veut donner tout son sens au mot exister, il importe de mener ensemble plusieurs vies. Accord difficile, sans doute, mais plein de saveur, en raison même des contrastes qu'il nous offre. Voilà le « secret merveilleux ». Sa destinée, Maltère entend bien l'accomplir « sans prendre conseil de rien du dehors ». Pour traduire cette idée de la vie multiple, Maltère en appelle à deux femmes : la princesse russe Marina figure la sensualité exotique ; Claire Pichon-Picard, l'intellectualisme à goûts sociaux. Ce qui, environ l'année 1892, représentait — note Thibaudet — les deux pentes du quartier Latin. Maltère fera donc, avec Claire, de l'optimisme humanitaire, et, avec Marina, du vice sentimental. Cette vie en partie double le conduira en Allemagne, à Venise, et devant le tribunal. « Je révise les principes de l'éthique avec autant de liberté que tel autre ceux de l'économie politique : c'est le droit de chacun de collaborer ainsi à la réfection des mœurs. »

Gardons-nous toutefois de prendre les choses au tragique. Il semble bien qu'en écrivant *L'Ennemi des lois* Barbès ait voulu dire adieu à ces « musiques de perdition » dont il avait trop longtemps fait délice. Autrement dit, qu'il ait voulu se débarrasser d'une part surabondante de sa sensibilité. Pour déclarer insoutenable quelque hérésie, il n'est rien de tel que d'essayer de la soutenir jusqu'au bout. On voit du reste que l'auteur cessa bientôt d'être un « ennemi des lois » pour devenir un ami intelligent des lois. Témoin les trois romans qu'il publiera peu après sous le titre collectif de *Roman de l'énergie nationale* : trilogie d'un accent sévère, où il proteste avec vigueur contre la désagrégation de la France — v. *Leurs figures* (*), *Les Déracinés* (*) et *L'Appel au soldat* (*).

ENNEMI DU PEUPLE (Un) [*En folkefiende*]. Écrit en Italie en 1882 et publié la même année, *Un ennemi du peuple* a été l'un des drames de l'écrivain norvégien Henrik Ibsen (1828-1906) les plus discutés. Un personnage domine, c'est le docteur Thomas Stockmann, dont certains traits de caractère et certaines vues sur les problèmes humains rappellent la personnalité de l'auteur. Médecin d'une station balnéaire récemment créée et administrée par son frère Peter Stockmann, maire de la localité, le docteur, qui avait pressenti le succès des thermes, jouit d'une situation confortable, lui permettant de faire vivre sa famille, une fille institutrice et deux jeunes garçons. Il découvre tout à coup que les eaux, mal captées, sont dangereuses et prétend publier des faits qui ruineront momentanément la station. Conflit entre l'intérêt public et une prospérité locale aléatoire. L'éloquence enflammée du docteur dépasse l'événement ; il fait le procès de la civilisation moderne et de l'universel mensonge. Prêt à sacrifier sa situation, il a d'abord maille à partir avec sa femme, qui se ralliera à sa cause lorsque se ligueront contre lui les politiciens, le journal, les propriétaires suivis par la foule. Des scènes violentes éclatent entre les deux frères ; d'une réunion publique, où il a voulu crier la vérité, le docteur sort condamné comme « ennemi du peuple ». Tous ses amis l'abandonnent : son propriétaire l'expulse ; diverses tentatives de chantage achèvent de le persuader qu'il est entouré d'ennemis. Après avoir envisagé un départ pour l'Amérique, il demeurera au pays en proclamant : « L'homme le plus fort du monde entier, c'est celui qui est le plus seul. » Expression de l'idéalisme d'Ibsen, dans ses tendances contradictoires, cette pièce a pu être invoquée, comme recours, et interprétée diversement par les ennemis du suffrage universel et par les avocats et les adversaires de la tutelle bourgeoise ; encore convient-il de préciser que le docteur Stockmann fait une distinction entre la plèbe, éternellement retardataire, et le peuple, qui doit être associé à la gestion des affaires publiques. On sait au surplus que le pessimisme social d'Ibsen, si souvent et si vigoureusement proclamé, n'était pas absolu, et que son vœu de rénovation de l'humanité n'excluait pas un vague espoir de perfectionnement des institutions et des individus. — Trad. *Œuvres complètes* d'Ibsen, t. XII, Plon.

ENNEMONDE ET AUTRES CARACTÈRES. Ouvrage de l'écrivain français Jean Giono (1895-1970), paru en édition courante en 1968, et se composant de deux récits, publiés en édition de luxe l'un en 1960, l'autre en 1965, et intitulés *Camargue* et *Le Haut Pays*. Tous deux constituent des « caractères entourés de leurs paysages », et l'évocation de la Camargue et de la haute Provence y occupent une place essentielle. L'histoire d'Ennemonde est la plus récemment écrite. L'action se situe sur un demi-siècle entre la fin de la guerre de 1914-18 et 1964. Ennemonde, née dans une ferme de haute Provence, épouse le bel Honoré, un puritain qui lui fait treize enfants sans jamais lui donner de plaisir. Ils élèvent des moutons. Mais il « rétrécit », perd intérêt à tout, se cantonne chez lui, et sa femme, devenue énorme, lui prend son fusil, et par là même le commandement de l'élevage et de la famille. Dans une foire des environs, elle rencontre un lutteur professionnel, du même gabarit qu'elle : c'est Clé-des-Cœurs, créé par Giono vers 1940 dans *Deux cavaliers de l'orage* (*). Ils deviennent amants avec passion, et, dans la bergerie où ils abritent leurs amours, découvrent un trésor que recherche tout le pays, notamment l'usurier Fouillerot. Elle tue Honoré en organisant un simulacre d'accident, et s'arrange pour se débarrasser aussi de deux hommes qui en savaient trop ou la gênaient, dont Fouillerot. Clé-des-Cœurs va pouvoir pénétrer officiellement chez elle en se disant son cousin, et l'épouser. Mais il sera tué dans la Résistance en 1944, avec un des fils d'Ennemonde. Vingt ans plus tard, celle-ci, paralysée mais l'esprit toujours aussi aigu, vit comme une vieille reine grecque, libre de tout remords, et attend la mort en guettant le moindre signe de vie dans le paysage autour d'elle, au milieu de plusieurs de ses enfants qui l'entourent des soins les plus attentifs. En contrepoint à son histoire apparaît la haute Provence, à laquelle Giono revient après l'avoir écartée de son œuvre pendant plusieurs années ; mais elle est devenue un pays noir, dangereux, féroce, riche en drames secrets. Giono l'évoque plusieurs fois dans son récit, qui est aussi, selon une technique renouvelée de *Noé* (*), coupé de descriptions de personnages extraordinaires, souvent sans rapport aucun avec Ennemonde : l'homme assiégé dans sa bergerie par un énorme vol d'abeilles sauvages, celui qui consacre sa vie à veiller à distance sur une vieille femme ivrogne qu'il aime ; celui que ses chiens dévorent et dont on cherche le trésor ; la vieille prostituée de campagne qui met un drapeau à sa porte lorsqu'elle a un client. Tous, ils ont avec l'héroïne principale un rapport non pas narratif, mais thématique.

L'autre récit est plus bref. Après un développement sur la Camargue, ses serpents, ses oiseaux, vient l'histoire d'un gardien de bœufs et de son ascendance, une « longue lignée d'ancêtres, tous célibataires », remontant au début du XIXe siècle : « le vieux » qui tire du Rhône un insurgé de 1851, son fils naturel Bicou qui, à coups de fronde, assomme ceux qui le dérangent, puis Myriam qui paie un ouvrier agricole pour qu'il lui fasse un enfant qui soit bien à elle, enfin Louis qui a été emprisonné par erreur en 1944, qui triomphe dans les corridas pour son plaisir, mais qui sera le dernier de sa race car le pays va disparaître « comme ces coquilles marines qu'il entendait craquer sous le pas de son cheval ». La densité de l'écriture, la maîtrise de la langue, le maniement virtuose de l'ellipse et de l'ironie poétiques, le déploiement d'une imagination flamboyante mais dominée font d'*Ennemonde et autres caractères* un des chefs-d'œuvre du dernier Giono.

ENNUI (L') [*La Noia*]. Roman de l'écrivain italien Alberto Moravia (1907-1990), publié en 1960. Dino s'ennuie et s'est toujours ennuyé : il est riche mais il déteste l'argent que lui offre à profusion sa mère, il voudrait être un créateur mais n'est qu'un peintre raté. C'est alors qu'il fait la connaissance de Cecilia, une énigmatique sauvageonne de dix-sept ans : elle posait chez son voisin de palier et a suscité en lui une passion tellement ravageuse qu'il en est mort. Par désœuvrement et par curiosité, il devient son amant ; cette passade ne devrait pas interrompre le cours de son ennui, mais la soudaine découverte que Cecilia le trompe éveille sa jalousie, comme désir de savoir et volonté de comprendre. Il essaye dès lors de se débarrasser de sa jeune maîtresse en usant de tous les moyens qui pourraient rendre commune et médiocre cette aventure, banale cette tromperie : il la soumet à d'exténuants interrogatoires, il la contraint à d'incessants et frénétiques rapports sexuels, il la paie pour l'acheter et la corrompre, il la fait suivre et la suit, il essaye de la retenir et va jusqu'à lui proposer le mariage. Chaque fois, il se heurte à un nœud de mystère : la vitalité, l'insensibilité, l'étrange inhumanité de Cecilia lui résistent et de ce fait le fascinent. Elle est étrangère à toutes les ruses de son amant et échappe à tous les modèles auxquels Dino veut la réduire pour se libérer de son emprise. Arrivé au terme de sa course, Dino prend conscience que cette expérience de la jalousie est aussi l'expérience de l'amour, comme découverte d'un être différent, irréductible à nos calculs et nos prévisions, un être qu'on ne peut accepter que tel qu'il est.

Dans cet ouvrage, Moravia retrouve la hauteur d'inspiration de ses premiers romans : trente ans plus tard et dans une société qui a profondément changé, l'ennui de Dino n'est qu'une nouvelle forme de l'indifférence de Michele, le protagoniste du premier roman moravien — v. *Les Indifférents* (*). La conscience regarde le réel sans parvenir à y adhérer, elle réduit les sentiments à des stéréotypes, les personnages à des rôles convenus. Cecilia est le personnage le plus nouveau et le plus fascinant du roman, le témoin d'une nouvelle société née de la guerre : elle est à la fois libre et aliénée, étrangère au langage et à la culture comme traces d'un ordre humain mais dénuée de toute hypocrisie ou fausseté, réduite à sa pure vitalité et à un présent sans mémoire. La rencontre de la nymphette Cecilia et de l'intellectuel Dino est le constat de la fin d'une société, celle qui dominait les précédents ouvrages de Moravia, et de l'avènement d'un nouveau monde issu de la société de consommation. Par-delà sa valeur de témoignage, le roman est aussi la belle et douloureuse histoire d'une passion qui tente de devenir un amour, d'une impuissance à communiquer qui se transforme en acceptation de l'autre. — Trad. Flammarion, 1961. G. de V.

ENOCH ARDEN. Célèbre poème de l'écrivain anglais Alfred Tennyson (1809-1892), publié en 1864. Dans un port de la côte orientale d'Angleterre, trois enfants jouent sur une plage : Enoch Arden, Philip Ray et Annie Lee. Au cours de leurs jeux, Annie est l'épouse tantôt de l'un, tantôt de l'autre. Puis le jeu devient une réalité. Un jour, Enoch et Annie se marient ; de son côté, Philip, fort amoureux lui aussi d'Annie, en ressent une profonde douleur. Après sept années passées dans le bonheur et la tranquillité, voici que la maladie et la pauvreté font leur apparition ; pour redonner le bien-être à sa chère famille, Enoch s'embarque en qualité de maître d'équipage sur un bateau en partance pour la Chine. Au cours du voyage de retour, le bateau coule ; Enoch se sauve sur une île déserte des tropiques, où il vit de longues années dans une solitude complète. Enfin, il parvient à regagner la terre natale. Mais, aussitôt arrivé, il apprend qu'Annie s'est remariée avec Philip : celui-ci, dévoué, fidèle et affectueux, a toujours aidé la jeune femme et ses enfants alors qu'ils étaient dans la misère. Enoch décide de ne point dévoiler son identité, afin de ne pas briser la paix d'Annie. Il continue à vivre dans le village, travaillant humblement parmi les pêcheurs, et ce n'est qu'une année après, sur son lit de mort, qu'il révèle à l'aubergiste chez laquelle il loge qu'il s'appelle Enoch Arden. Il la prie de dire à sa femme et à ses enfants, mais seulement après sa mort, comment il a rendu son dernier soupir, en les bénissant et en les aimant toujours.

Le thème de ce poème est la vie aventureuse des humbles pêcheurs. Des traces de ce motif existent dans les superstitions de l'Asie et de l'Europe : le mari oublié est considéré, dès son retour dans sa patrie, comme une sorte de fantôme. Dans certaines légendes saxonnes et bretonnes, la solitaire Pénélope, après avoir vainement attendu, se marie une deuxième fois. Son mari revient et réclame de vive voix ses droits. Enoch, lui, par contre, ne réclame rien. Tennyson a préféré cette conclusion pathétique, aboutissant au renoncement. Le récit se déroule simplement dans la mélodie du « vers blanc » (pentamètre non rimé à rythme ïambique), le mètre des drames élisabéthains et du *Paradis perdu* (*) de Milton, qui correspond à notre hendécasyllabe. L'art du poète est admirable, surtout dans les descriptions. Il peint le merveilleux contraste entre la nature exubérante des tropiques et la vision de la patrie nordique et lointaine, évoquée par le pauvre marin naufragé. Ce poème a été traduit en latin et en sept langues européennes. Il a inspiré deux drames, écrits l'un à Londres, l'autre à New York. La trame du récit a été racontée à Tennyson par son ami Edward Fitzgerald, le traducteur bien connu du poète persan Omar Khayyam. – Trad. Aubier, 1937.

ÉNORME CHAMBRÉE (L') [*The Enormous Room*]. Récit de l'écrivain américain Edward Estlin Cummings (1894-1962), publié en 1922. Engagé volontaire dans le service des ambulanciers de Norton-Harjes, le poète connut de la Première Guerre mondiale une expérience fort particulière. Porteur de lettres fort explicites de son ami William Slater Brown, il fut arrêté par la police française pour « délit de trahison par correspondance ». Ayant répondu vertement aux « six yeux assis derrière un bureau » qui l'interrogeaient, il fut envoyé avec son ami au camp de détention préventive de La Ferté-Macé. Le traumatisme causé par cette expérience devait nous valoir la relation d'un véritable voyage au bout de la nuit.

Marchant avec la foule de prisonniers vers une destination inconnue, redoutant la déportation, le poète tombe en arrêt devant un crucifix qui donne le ton du récit : « Le corps de bois, gauchi par la douleur, éclatait en jambes fragiles aux pieds d'une taille absurde et aux orteils curieusement crispés ; ses petits bras rigides faisant un angle brutal, égal, cruel avec la route. Un lambeau lourd et ridicule ceignait ses reins rabougris. Couchée sur une épaule sur le point de s'effriter, la masse bizarre de sa tête sans cou vivait, risible. Il y avait dans le silence absolu de cette marionnette une vérité instinctive et sanguinaire, un triomphe poignant et drôle, une surnaturelle férocité d'émotion rectangulaire. » Le poète emprisonné s'identifie à la victime sacrée, mais, loin de se résigner, il transforme le scandale de sa détention en une longue protestation contre l'autorité de l'État, cet « archétype moderne du dragon mythologique ». Des gardiens du camp, il brosse d'impitoyables caricatures. De sa prison, une chapelle désaffectée, il évoque l'atmosphère « ecclésiastique et pourrissante ». Il abhorre la gendarmerie autant que la crasse, la vermine et la nourriture infecte. Peu à peu, il perd le sens du temps et de l'espace extérieur : le camp devient la chambre énorme de cette saison en enfer. Les sens du prisonnier s'exacerbent et il s'attache alors à retrouver dans chacun des détenus le détail caractéristique qui constitue son individualité, sa dignité et sa valeur. Espions, réfugiés, voleurs de tout calibre, suspects, prostituées, vagabonds de toute nationalité, trafiquants – l'humanité qui l'entoure est d'une riche diversité. Mais la condamnation de la société qui pèse sur chacun pousse Cummings à rechercher « la gentillesse, la force et la beauté » de ces êtres écrasés. De ces observations, il tire de troublantes conclusions : ceux qui ont une pensée originale au moment où l'État cherche à abolir la pensée sont des traîtres. Les plus corrompus des prisonniers l'ont été dans la prison même. Dans les fortes personnalités (qu'il appelle « les montagnes délectables »), l'auteur trouve la source de l'anarchisme spirituel, de la libre pensée qu'il prônera par la suite. Il aime leur existence animale, l'innocence et la richesse de leur mutisme. Ils lui servent de critère pour condamner le monde de l'autorité qui fait de Jean Le Nègre un monstre jouant avec la guerre, pour flétrir la République française qui laisse mourir de tuberculose dans sa cellule une réfugiée allemande. Dans ce monde atrocement comique, l'hystérie se mêle à l'absurde : les prisonniers sont en révolte continuelle sans que cette révolte puisse atteindre, à travers la hiérarchie de l'autorité, la personne ou l'état de choses responsables de leurs souffrances. Au sein de ce chaos, les consciences se perdent dans un labyrinthe kafkaesque ou s'affrontent dans le seul espoir de se maintenir en vie. La chambre énorme, à l'abri des horreurs du front, devient le vrai champ de bataille de Cummings. Il suit de loin les péripéties d'un conflit mondial devenu irréel, mais ressent comme une brimade personnelle la brutalité monstrueuse de la guerre. Au sortir de ce « trou noir », ses conceptions de la vie et de la nature humaine sont à jamais modifiées. Après quelques mois à La Ferté-Macé, ses yeux dessillés voient le monde moderne avec horreur ; à son retour à New York, le « gigantisme géométrique de la ville » préfigure le début de ce qu'Henry Miller appellera « le cauchemar climatisé ». Dans *Eimi* (*), l'Union soviétique deviendra une autre forme de l'énorme chambrée.

Étape décisive de l'évolution spirituelle de Cummings, cette expérience l'obligea à forger une prose susceptible de décrire cet enfer de décomposition. Son style y parvient à merveille : il a le dynamisme nerveux et grinçant d'une musique syncopée, la précision impitoyable d'un objectif photographique. Il parodie les conventions de la rhétorique et du classicisme qu'il refuse. En ce sens, la prose de

Cummings est encore plus sincère que celle d'Hemingway. Moins dépouillée, moins caustique, infiniment plus lyrique, elle exclut du récit le ton neutre de l'écriture conventionnelle qui implique la primauté du monde vis-à-vis de l'individu. Affirmation de l'originalité personnelle, ce style déchire les prétextes et les grands mots conscients d'eux-mêmes. Il est ainsi difficile de rattacher l'individualisme de Cummings à une tradition américaine précise. L'anarchie bohème d'un Cendrars, le lyrisme pervers d'un Genet, la brutalité sordide d'un Céline — il y a de tout cela dans *L'Énorme Chambrée*. Cummings y combine la force d'un élément déchaîné au détail grotesque d'une vision de Jérôme Bosch. Il auréole d'amertume une philosophie fataliste : l'artiste toujours en butte aux assauts du monde ne peut survivre dans l'univers de l'après-guerre que par un courage sans illusions. L'influence de cet ouvrage sur les écrivains américains de la génération perdue montre à quel point sa fécondité dépassait un renouvellement de la forme pour traduire le traumatisme d'une époque. — Trad. Bourgois, 1978.

ENQUÊTE AU PAYS (Une). Roman de l'écrivain marocain d'expression française Driss Chraïbi (né en 1926), publié en 1981. Ce récit ouvre le deuxième cycle des œuvres de Driss Chraïbi, caractérisé par un élargissement de la perspective historique. Il ne s'agit plus, en effet, d'une description synthétique d'un moment de la civilisation musulmane ni de la colonisation mais d'un phénomène de domination plus pernicieuse, celle des modèles européens et américains de la société de consommation et de son affrontement à la résistance culturelle d'une tribu berbère. Chraïbi inaugure ici cette plongée dans l'histoire de son pays, cette interrogation sur l'origine qu'il développera ensuite dans *La Mère du printemps* (1982) et *Naissance à l'aube* (1986). Le point de départ du récit est une enquête sur un suspect que doivent faire dans un petit village des contreforts de l'Atlas, le 11 juillet 1980, un chef de police et son subordonné, l'inspecteur Ali. L'aliénation dans une identité étrangère qui habite les petits bureaucrates de la police marocaine présente ici plusieurs degrés. Le chef Mohammed, complètement vidé de sa nature arabe, est la proie des prestiges de l'autorité civile et des signes de cette puissance : l'automobile, la machine à écrire, le fauteuil du bureau, la montre, la villa, la nourriture des supermarchés comme le « pain industriel sous cellophane ». L'inspecteur Ali, personnage central et plus complexe que son chef, se trouve, lui, au milieu de ce processus d'aliénation. Situé entre deux époques — son présent administratif et le souvenir de son enfance près du four à pain, cette enfance dont il retrouve les odeurs, la nourriture et les « mots de la tribu » dans le village des Aït Yafelman —, il hésite entre deux espaces : la ville moderne et la montagne du passé de sa race. C'est en effet dans le paysage que s'inscrit l'histoire emblématique de cette tribu berbère, réduite progressivement à la misère par les visites des « gens de l'impôt », succédant à d'autres invasions et à d'autres tribus qui les repoussent des plaines fertiles aux villages de montagne puis aux grottes arides. Mais ainsi traqués les Aït Yafelman résistent par le courage, la ruse et le droit coutumier de la tribu : « Toute une toile d'araignée, immense, que des primitifs avaient tendue aux représentants de cette fin du XXe siècle. Tout avait un sens ! » Mais c'est aussi cette tribu berbère qui donne au récit ses dimensions mythiques, car les vicissitudes humaines sont insérées dans un espace et un temps symboliques par le culte que Raho rend au soleil, acteur omniprésent de la narration, à la terre et aux étoiles, et par la cosmogonie que racontait la mère d'Ali. Le ton du récit varie, de même, de l'humour au tragique grâce à un savoureux et remarquable travail sur les niveaux de langue : les transpositions phonétiques d'un français arabisé ou les expressions américaines estropiées des deux policiers font place aux formules rituelles et au lyrisme cosmique des descriptions et des légendes. Ce texte qui s'annonçait comme un roman policier satirique se manifeste comme une écriture moderne des contes et des poèmes berbères de l'amour et de la mort. P. Re.

EN QUÊTE DE DIEUX ÉTRANGES [*After Strange Gods*]. L'écrivain anglais Thomas Stearns Eliot (1888-1965) donna à cette série de conférences sur des sujets littéraires et religieux le sous-titre de « Manuel de l'hérésie moderne » [A Primer of Modern Heresy] quand il les réunit en volume en 1934. Il s'agit en effet d'une discussion des tendances hétérodoxes de la littérature moderne. Les théories conservatrices du poète s'y font clairement jour : fonction d'une critique s'appuyant sur la tradition, établissement de l'ordre social, artistique et spirituel. Le conflit de notre époque, pour l'artiste conscient, doit aboutir à « la restauration d'un lien vital entre l'individu et la race », aussi son devoir consiste-t-il à prendre conscience de « l'esprit européen... un esprit qu'il jugera bientôt plus important que son propre esprit ». Le but de la littérature consiste donc à lutter contre un libéralisme qu'Eliot juge romantique et hystérique. Certaines de ses remarques déconcertent, même vues dans cette optique, comme les reproches adressés au poète Gerard Manley Hopkins (pourtant religieux de vocation), la condamnation de Thomas Hardy jugé « peu sain », le choix de passages tirés du *Times* ou des essais de sir Herbert Read comme exemples d'hérésie moderne, des déclarations comme : « Lorsque la morale cesse de reposer sur la tradition et l'orthodoxie — c'est-à-dire sur les habitudes de la communauté formulées, corrigées et ennoblies par la pensée et la direction constante de l'Église – et lorsque chacun élabore sa propre éthique, la personnalité revêt une importance alarmante. » Parlant de D. H. Lawrence, il condamne l'autonomie artistique en ces termes : « La lumière intérieure, le guide le plus trompeur et le plus traître qui se soit jamais offert à l'humanité errante. » Ce qui importe n'est pas ce que l'artiste ressent, car ce n'est là qu'« une collection de données psychologiques » sur l'esprit du poète. L'erreur romantique consiste à laisser chacun juger pour soi, donc à multiplier les critères. Tous doivent s'incliner devant une autorité centrale, devant des critères objectifs, qui peuvent seuls imposer une discipline à la personnalité. Théorie qui est la même que celle exprimée dans « Fonction de la critique » – v. *Essais choisis* (*) –, mais poussée à l'extrême. Eliot explique également pourquoi la définition qu'il avait donnée de lui-même dans la préface de *Pour Lancelot Andrewes* (*) a perdu de son exactitude : c'est que sa foi est devenue le seul terme important. Désormais, l'anglicanisme du poète, qui explique souvent son attitude réactionnaire, va devenir la source essentielle de son unique point de vue critique.

ENQUÊTES [*Otras inquisiciones*]. Œuvre de l'écrivain argentin Jorge Luis Borges (1899-1986), publiée en 1952. *Otras inquisiciones* reprend le titre d'un autre recueil de Borges, *Inquisiciones* (1925). Peut-être faut-il voir là le signe d'une fidélité à soi ou encore le caractère toujours inachevé, en somme inquiet, des investigations de l'auteur. Il s'agit d'une série de quarante et un essais, en général assez brefs, rédigés entre 1937 et 1952, qui se présentent pour la plupart comme des articles de critique littéraire. Ils trouvent leur point de départ dans les vastes lectures de Borges. Au début il y a, si l'on veut, une bibliothèque. Mais rien qui ressemble à une étude littéraire systématique, rien de moins conventionnel que ces essais. Les titres sont à la fois simples, lapidaires et brillants : « La Muraille et les Livres », « La Fleur de Coleridge », « L'Énigme d'Edward Fitzgerald », « La Pudeur de l'Histoire », « De quelqu'un à personne », etc. Et il y a quelque mystérieuse, voire inquiétante rigueur dans le titre global que Borges a choisi de leur donner. À partir d'un auteur (comme Quevedo ou Wilde), d'un livre (sur *The purple Land*), du passage d'un livre, d'un vers (« Le Rossignol » de Keats), d'événements ou de gestes (« La Muraille et les Livres », « Note sur le 23 août 1944 »), etc., s'engage une réflexion précise, logique et sinueuse qui paraît même, malgré les hiatus, se poursuivre en toute liberté d'un article à l'autre. Et, du reste, souvent un seul article nous fait passer d'un auteur à un autre, d'un fait à un autre, dégage de grandes lignes, retrouve à travers les siècles les variantes d'un thème unique. Autrement dit, ce qui compte pour Borges, si épris cependant des textes pour leur beauté intrinsèque, c'est l'histoire des idées. Il envisage même comme Valéry, qu'il cite à ce propos, une histoire de la littérature sans noms d'auteurs (de même que dans « La Pudeur de l'Histoire » il envisage une histoire sans dates ou plutôt dont les vraies dates seraient secrètes).

En fait, pour cette raison même, les noms d'auteurs pullulent : beaucoup d'Anglo-Saxons (cette prédilection pour l'anglais se manifeste également dans les épigraphes de tous les livres de Borges) ; mais l'érudition et la curiosité de l'écrivain sont universelles : avec la plus allègre agilité, il franchit espace et temps. C'est ainsi qu'il détecte dans une espèce d'intemporalité – ou dans un temps perpétuellement recommencé – des analogies et des échos imprévus : de la conjonction mystérieuse entre Omar Ben Ibrahim, astronome-poète persan, et E. Fitzgerald naît un nouveau poète, Omar Khayyam ; Valéry, comme Symbole, rapproche Whitman et Valéry ; « La Fleur paradisiaque de Coleridge » retrouve à la fois une tradition courtoise, la fleur future de Wells et la fascinante toile du XVIIIe siècle de James. Quant à la sphère de Pascal, on connaît sa longue histoire ; elle fait dire à Borges : « Peut-être l'histoire universelle n'est-elle que l'histoire de quelques métaphores », formule qu'il corrige à la fin de cet essai sur Pascal pour mettre en relief tout ce qu'apporte d'unique la personnalité de chacun ; l'histoire universelle serait alors « l'histoire des diverses intonations de quelques métaphores ». Il ne s'agit donc pas d'une simple réduction en facteurs communs ; le vertige de Pascal demeure irréductible. Borges, critique de Borges, dans son Épilogue, a lui-même noté comme essentielle chez lui cette propension « à supposer... que la quantité de fables ou de métaphores dont est capable l'imagination des hommes est limitée ». On vient de voir que cette tendance ne contredit pas son individualisme. Une autre tendance est très évidente : celle qui consiste à poser un problème, à dégager une énigme et à poursuivre chaque fois une sorte d'« enquête » qui aboutit plutôt à des hypothèses qu'à des solutions. L'article sur Quevedo commence ainsi : « Comme l'histoire tout court, l'histoire de la littérature abonde en énigmes. » L'homme, le texte, l'événement tiennent toujours un peu du cryptogramme qu'il s'agit de déchiffrer. Tel est par exemple le verset de saint Paul, diversement commenté dans « Le Miroir des énigmes » : l'interprétation de Léon Bloy fait d'ailleurs entrevoir un monde « hiéroglyphique », un cryptogramme divin. « L'Énigme d'Edward Fitzgerald », encore un titre significatif, commence comme un conte oriental et se clôt sur un mystère, celui de la singulière collaboration entre l'Anglais et le Persan. Mystère que laissent entier les quelques conjectures auxquelles se livre Borges. Le rêve de

Coleridge donne lieu à une série d'explications de plus en plus fantaisistes. De même l'acte double et contradictoire de l'empereur de Chine, dans « La Muraille et le Livre », est interprété d'une manière de plus en plus subtile et raffinée, et trouve à la fin une sorte de justification esthétique. Comme Borges le signale lui-même dans son Épilogue, il paraît éprouver une prédilection manifeste à l'égard des thèses les plus séduisantes, celles qui renferment quelque chose « de singulier et de merveilleux ». Sévère pour J. W. Dunne (« Le Temps et J. W. Dunne »), il est sensible à la « splendeur » de sa thèse. Borges voit dans cette tendance « peut-être l'indice d'un scepticisme essentiel ». Ce scepticisme n'exclut pas chez lui cependant de fortes convictions : dans « Les Alarmes du professeur Americo Castro », le ton est agressif ; Borges prend à partie le purisme d'A. Castro auquel il reproche d'avoir soulevé un faux problème en observant « un désordre linguistique à Buenos Aires » et d'avoir fondé ses thèses sur des erreurs. Mais s'il met de la chaleur à défendre le patrimoine linguistique argentin, Borges ne cesse de dénoncer le nationalisme : dans « Notre pauvre individualisme », il se moque des « illusions du patriotisme » et félicite précisément l'Argentin d'être avant tout un individu (« L'Argentin est un individu, non un citoyen »). Il songe « à la possibilité abstraite d'un parti qui aurait quelque affinité avec les Argentins », qui promettrait « un rigoureux minimum de gouvernement ». On voit que son « argentinisme » est, à sa manière, un humanisme, un humanisme quelque peu anarchisant. Toujours Borges s'oppose aux collectivismes autoritaires, de même qu'aux forces obscures liées à l'instinct. Les événements contemporains de certains articles de son livre l'invitent plus d'une fois à s'affirmer antinazi, mais il n'est pas de nazis qu'en Allemagne : il reproche aux tenants de la démocratie de parler aussi parfois un langage nazi, d'écouter « les battements d'un cœur qui recueille les ultimes commandements du sang et de la terre » (« Deux Livres »). Ce respect de l'homme n'empêche pas Borges d'exprimer, par endroits, quelque doute métaphysique sur l'identité du moi ; il s'agit là bien sûr d'un autre domaine. Mais, en vérité, *Enquêtes* ne se laissent enfermer dans aucune formule : Borges a certes la volonté d'échapper à tout étiquetage. Ce livre foisonnant et concis vaut précisément par l'indépendance du regard et par les surprises que sans cesse il réserve. — Trad. Gallimard, 1957.

ENQUÊTES DU JUGE TI (Les). Série de dix-sept volumes de récits policiers, écrite en anglais par l'homme de lettres néerlandais Robert Van Gulik (1910-1967), parue de 1949 à 1967. Sinologue scrupuleux, Robert Van Gulik, diplomate, s'est inspiré pour la création de son personnage, le juge Ti, des annales de criminologie de l'époque T'ang (VIe siècle de notre ère), dans lesquelles sont relatés les épisodes clefs de la vie d'un authentique magistrat et homme d'État chinois hors du commun. La mise en forme de Van Gulik a consisté à réactualiser selon les critères du roman policier contemporain, occidental comme oriental, les enquêtes menées par ledit juge, et de les enrichir de faits imaginaires.

Son style, comme il le dit lui-même, est conforme à la tradition chinoise. « Elle exige une prose simple qui suive les faits, et une réduction au minimum des passages descriptifs. Le romancier chinois préfère multiplier les péripéties, et il use d'un dialogue rapide, ayant toujours à l'esprit la règle fondamentale : dire beaucoup en peu de mots. Sur [ce point] aussi j'ai donc une grande dette envers mes prédécesseurs de l'Empire Fleuri. »

L'éthique de cette œuvre, particulièrement sensible dans *Le Pavillon rouge, Assassins et Poètes* et *L'Énigme du clou chinois*, engendre un intérêt à multiples facettes. Choisissant de faire un compromis entre le « surhomme » à la chinoise et un archétype plus humain, l'auteur donne en effet au juge Ti des traits de caractère qui situent sa propre démarche dans la modernité textuelle. Ti ne se défait jamais de sa croyance ultraconfucéenne, non sans questionnements. Il possède une « inébranlable conviction que tout ce qui est chinois est supérieur ». De plus, son indulgence pour la torture et les mauvais traitements infligés aux coupables renvoie à un stade historique de la civilisation chinoise, mais surtout place le lecteur face à une problématique qui est celle de l'existence des punitions corporelles, telle que Michel Foucault l'analyse minutieusement dans *Surveiller et Punir*.

La fonction du juge Ti, magistrat également chargé d'assurer le rôle de chef de police et de receveur des impôts, l'obligeait à changer régulièrement de domicile, accompagné de sa famille. Van Gulik avait semble-t-il, préalablement à la rédaction de son œuvre, l'idée de restituer la continuité chronologique du parcours du juge. En outre, précise-t-il : « L'action de chaque récit [...] se déroule dans la ville principale d'un district, le plus souvent dans le Yamen, car c'est en ce lieu que prennent place les épisodes les plus importants des anciens romans chinois. Afin de réduire au minimum les inévitables répétitions, chacun de mes récits relate les aventures arrivées au juge Ti pendant les premiers mois de son séjour dans un nouveau poste, ce qui permet de présenter chaque fois une atmosphère différente. » Cette série, par le thème et la façon dont il est traité, constitue l'une des œuvres les plus originales d'un genre qui dépasse l'acception traditionnelle de roman policier, et a sécrété un lectorat du juge Ti, particulièrement passionné. Ses dix-sept titres éveillent déjà par eux-mêmes un incontestable intérêt : *Assassins et Poètes* [*Poets and Murderer*], *Le Collier de la princesse* [*Necklace and Calabash*], *L'Énigme du clou chinois* [*The Chinese Nail*

Murders], *Le Fantôme du temple* [*The Phantom of the Temple*], *Le Juge Ti à l'œuvre* [*Judge Dee at Work*], composé de huit nouvelles, *Meurtre à Canton* [*Murder in Canton*], *Meurtre sur un bateau-de-fleurs* [*The Chinese Lake Murders*], *Le Monastère hanté* [*The Haunted Monastery*], *Le Motif du saule* [*The Willow Pattern*], *Le Mystère du labyrinthe* [*The Chinese Maze Murders*], *Le Paravent de laque* [*The Lacquer Screen*], *Le Pavillon rouge* [*The Red Pavilion*], *La Perle de l'empereur* [*The Emperor's Pearl*], *Le Singe et Le Tigre* [*The Monkey and the Tiger*], composé de deux récits, *Le Squelette sous cloche* [*The Chinese Bell Murders*], *Trafic d'or sous les T'ang* [*The Chines Gold Murders*], *Trois affaires criminelles résolues par le juge Ti* [*Three Murder Cases solved by Judge Dee*]. — Trad. des premiers titres au Club du livre policier puis de toute la série dans 10/18.

P. Guy.

ENQUÊTE SUR LA JUSTICE POLITIQUE et son influence sur la vertu et le bonheur en général [*An Enquiry concerning Political Justice and its Influences on General Virtue and Happiness*]. Traité de l'écrivain et philosophe anglais William Godwin (1756-1836), publié en 1793. Principal défenseur en Grande-Bretagne de l'intellectualisme absolu appliqué aux problèmes sociaux et moraux ainsi que des droits de l'intelligence dans tous les domaines (droits qui, à son titre, doivent être substitués à ceux du cœur), Godwin affirme ici la nécessité de rejeter tout projet d'éducation inspiré par le gouvernement. Il en vient à nier la valeur de la coopération sociale et expose les thèmes qu'il développera dans d'autres ouvrages, notamment ses vues sur le déterminisme qui, d'après lui, ouvre à l'homme la possibilité d'un progrès moral illimité.

ENQUÊTE SUR LA MONARCHIE (L'). Enquête menée par l'écrivain français Charles Maurras (1868-1952) dans *La Gazette de France* et réunie ensuite en volume (1900). Le livre connut de nombreuses rééditions dont la plus importante est celle de 1924, par la Nouvelle Librairie nationale, accompagnée d'un long discours préliminaire. Il s'agit là d'un des livres politiques les plus importants du début du XXe siècle, si l'on songe qu'il inaugura le mouvement monarchique de l'Action française. C'est le premier ouvrage politique de l'auteur, qui jusqu'alors n'avait écrit que des contes et des essais philosophiques et littéraires. En 1900, le mouvement de l'Action française était pourtant fondé depuis deux ans, par Maurice Pujo et Henri Vaugeois, mais ce n'était encore qu'un groupe de républicains nationalistes : seul, parmi ses membres, Charles Maurras avait déjà conclu à la nécessité d'un retour à la monarchie. La Haute Cour venait d'exiler André Buffet et Eugène de Lur-Saluces, représentants en France du prétendant. Charles Maurras alla les visiter à Bruxelles et leur demanda comment ils concevaient la monarchie dans notre temps. Les interviews des deux hommes politiques ouvrirent l'enquête qui fut menée par Maurras dans le vieux quotidien royaliste *La Gazette de France* : les représentants du prince affirmèrent que la monarchie devait être forte, c'est-à-dire libre de l'élection, traditionnelle, c'est-à-dire fondée sur l'hérédité. Mais en même temps — et ils retrouvaient une des plus anciennes préoccupations de Maurras —, ils montrèrent comment, la force de l'État restaurée, celle du citoyen devait l'être aussi, par la restauration des communes et des provinces dans leur autonomie à l'intérieur du lien national : en un mot, que la monarchie traditionnelle, héréditaire, antiparlementaire ne pouvait être que décentralisée.

La question que posa Maurras, à la fin de juillet 1900, dans les colonnes de *La Gazette de France*, fut donc celle-ci : « Oui ou non, l'institution d'une monarchie traditionnelle, héréditaire, antiparlementaire et décentralisée est-elle de salut public ? » Parmi les réponses, qui arrivèrent jusqu'au mois de novembre, on remarque celles de Paul Bourget, de Maurice Barrès, d'Henri Vaugeois, de Lucien Moreau, de Charles Le Goffic, d'Henry Bordeaux, de Jacques Bainville, de Lionel des Rieux, de Louis Dimier, de Léon de Montesquiou, de Sully-Prudhomme, d'Albert Arnavielle, de Frédéric Amouretti, de Jules Lemaitre. Beaucoup de ces écrivains devaient rejoindre plus tard l'Action française. La plupart des réponses à *L'Enquête* témoignèrent, en même temps que d'une grande lassitude à l'égard des institutions républicaines, d'une forte hésitation à l'endroit de la possibilité pratique d'une restauration de la monarchie. Paul Bourget et Jacques Bainville apportèrent pourtant leur adhésion entière. Maurice Barrès, tout en accordant à Maurras qu'il faut une « raison qui commande dans l'État », montra la perte du sentiment de fidélité monarchique, la décadence de l'aristocratie. Et surtout, selon une constante de sa pensée, il se refusait à méconnaître un siècle républicain et impérial d'histoire de France. Ce sont aussi les forces du sentiment populaire que Léon de Montesquiou et Henri Vaugeois dressaient en face des arguments de Maurras, dont ils reconnaissaient par ailleurs la vérité. Quant à Lucien Moreau, il disait sa méfiance pour le vieux personnel monarchique, hobereaux déchus ou corrompus par le parlementarisme, ce à quoi Maurras lui répliquait : « Vous vous en méfiez ? [...] soyez monarchiste vous-même, le risque sera diminué d'autant... » Ainsi, la plupart des correspondants de Maurras, s'ils n'avaient pas répondu expressément oui, se montrèrent très ébranlés par ses raisons. Car l'auteur faisait suivre chaque réponse d'un long commentaire, où il résolvait les objections et surtout essayait de faire la plus large synthèse. *L'Enquête sur la monarchie* se proposait comme une théorie de la France traditionnelle, livrée en méditation à tous ceux que la République ne satisfaisait plus et qui se montraient anxieux du salut de l'État.

Le livre a naturellement vieilli, quant à la matière des démonstrations de Maurras. Mais nulle part sans doute l'écrivain, alors âgé de trente-deux ans, n'a mieux montré son « génie socratique » et sa passion de convaincre. Il ne semble pas d'ailleurs qu'il ait jamais considéré *L'Enquête* comme un livre achevé : il s'agissait moins en effet d'une enquête auprès des hommes que d'une enquête auprès des faits. Le seul point de vue adopté par l'auteur pour juger est le salut national, l'intérêt de la « France seule » : ramenant tous les problèmes politiques au « commun dénominateur de l'intérêt national » (car la nation est pour Maurras la forme de société la plus évoluée depuis l'écroulement de la chrétienté), l'auteur éclaire tous les problèmes dépendants : défense militaire, finances, libertés de la province, de la commune et du citoyen. C'est à partir de ce point de vue qu'il fonde son empirisme organisateur qui ne cherche pas une loi générale de l'histoire, mais des constantes historiques simples qui permettent l'intelligence des complexes politiques. Tel régime, telles institutions, telles idées ont produit des résultats bons pour la nation ; tels autres en ont produit de mauvais. Ces constatations élémentaires, que Maurras accompagne d'une expérience historique très riche, commandent un choix rigoureux : dès lors qu'il a admis que l'intérêt national passe avant tout autre, l'interlocuteur est amené peu à peu à conclure que le « seul effort utile, en dépit des difficultés », est d'« établir la monarchie dans les pensées afin de l'établir dans les faits ». Ce livre est venu exaucer le souhait de Maurras, qui voulait vers 1898 que les nationalistes aient une doctrine. *L'Enquête* développe celle du « nationalisme intégral », mais, si la monarchie y est présentée avec toutes les séductions d'une logique rigoureuse, nombreux sont ceux qui reprochèrent à *L'Enquête* de réduire justement la monarchie à un système politique et d'avoir omis le caractère religieux et comme sacré qui fut, dans l'histoire, celui de la royauté française.

ENQUÊTE SUR L'ENTENDEMENT HUMAIN [*Inquiry concerning the Human Understanding*]. Traité du philosophe écossais David Hume (1711-1776), publié en 1748 sous le titre *Essais philosophiques sur l'entendement humain* [*Philosophical Essays concerning Human Understanding*]. L'ouvrage constitue une refonte de la première partie de sa grande œuvre de jeunesse : *Traité sur la nature humaine* (*), terminée en 1738 et depuis répudiée par l'auteur. Alors que le *Traité* renferme un développement de la critique de l'existence du moi (qui manque dans l'*Enquête*) ainsi qu'une analyse séparée de l'« espace » et du « temps » (réduite dans l'*Enquête* à une courte digression), trois nouvelles doctrines sont introduites dans le présent ouvrage : celle du libre arbitre, de la providence et de la vie future, et des miracles, attaquant plus ouvertement les idées des « bigots » qui n'avaient pas prêté attention au *Traité*. La quatrième partie du premier volume du *Traité*, sur le « Scepticisme », se trouve ici réduite à quelques pages. Tout tend, semble-t-il, à rendre la lecture de l'ouvrage plus aisée, à attirer l'attention, et presque susciter un « succès de scandale ». Toutefois, l'auteur s'est quasiment abstenu de recourir, comme dans le *Traité*, à l'introspection psychologique ; la critique de l'idée de substance n'est qu'effleurée, celle des concepts abstraits et des concepts d'espace et de temps est réduite au minimum. En revanche, la discussion ici introduite relativement à l'origine de l'idée de force physique, qui relève pour l'auteur d'une extension de l'impression interne d'effort physique et mental, revêt une particulière importance. La théorie de la liberté et de la nécessité est mise en rapport avec la théorie de la causalité : on y affirme qu'il s'agit d'une querelle de mots, tous les hommes étant, au fond, d'accord en la matière. La dixième section, « Des miracles », où l'auteur conclut contre leur réalité et celle des prophéties, et la onzième section sur « La Providence et l'État futur », où l'auteur se refuse à considérer un sujet situé complètement hors de portée de notre expérience, sont entièrement nouvelles. Le volume s'achève sur un rejet du scepticisme « excessif », réfuté par l'action, les occupations et les activités de la vie commune ; et par l'adoption de ce scepticisme « mitigé », ou académique, qui circonscrit les recherches aux seuls objets se trouvant à portée de la capacité limitée de la raison humaine. Si l'*Enquête* compte parmi les ouvrages les plus populaires de Hume, elle ne peut toutefois être séparée du *Traité* dont elle constitue — comme l'a dit Lévy-Bruhl — une réduction très libre et appauvrie, mais non pas infidèle. — Trad. Flammarion, 1983.

ENQUÊTE SUR L'ÉVOLUTION LITTÉRAIRE. Interviews d'écrivains par le journaliste français Jules Huret (1864-1915), publiées en 1891. Quel est l'avenir du naturalisme ? Va-t-il disparaître devant la littérature symboliste et décadente ? Tel est le thème de l'*Enquête*. Huret a interrogé un très grand nombre d'auteurs (64) ; les écrivains les plus connus sont présents (Zola, Maupassant) à côté d'auteurs alors débutants (Saint-Pol Roux) ; on compte peu d'oubliés (Léon Bloy). Les réponses sont classées par écoles littéraires (psychologues, mages, symbolistes et décadents, naturalistes, parnassiens). L'Avant-Propos imagine aussi de regrouper les écrivains par tempérament et distingue les acides et pointus (France ou Verlaine), les boxeurs et savatiers (Mirbeau, Zola).

L'*Enquête* nous présente un monde littéraire déchiré par d'âpres querelles, pessimiste dans l'ensemble quant à l'avenir du naturalisme. Seul Zola reste confiant, ainsi que Paul Alexis qui adresse à Huret son fameux télégramme : « Naturalisme pas mort. Lettre suit. » *L'Enquête* connut immédiatement un très grand succès. Huret maîtrise parfaitement la technique alors nouvelle de l'interview ; il sait relancer l'intérêt, camper un décor ou tracer un portrait. P.-J. D.

ENRACINEMENT (L'). Dernier essai de la philosophe française Simone Weil (1909-1943), rédigé à Londres (où elle arrive en novembre 1942), alors qu'elle travaille à la direction de l'Intérieur, au commissariat de l'Action sur la France. La mission de sabotage en France qu'elle espérait lui ayant été refusée, S. Weil se met au travail sur le projet d'un « Prélude à une déclaration des devoirs envers l'être humain ». Albert Camus, qui publie l'ouvrage en 1950, lui donne le titre d'*Enracinement*, par opposition à la notion de déracinement qui forme la deuxième partie de l'ouvrage. Dans les *Réflexions sur les causes de la liberté et de l'oppression sociale* (*) écrites en 1934, avant le travail en usine, S. Weil porte sur le marxisme un regard critique et déplace l'interrogation sur le rapport entre le travailleur et son travail, et non plus sur l'idée de rendement telle qu'elle était étudiée ; S. Weil y souligne déjà un décalage entre les normes d'une pensée et ce « qui devrait être » en fait le point d'ancrage de celle-ci. Dans *L'Enracinement* elle poursuit cette idée et traite des devoirs envers l'être humain et non envers le groupe social. En un rythme lent et sûr, S. Weil délimite la réflexion entre deux points : le passé en fonction duquel elle examine un certain regard sur l'histoire avec le sentiment que les hommes ont « détruit du passé », et la matière, qui est à l'homme un modèle d'ordre et d'obéissance totale. Il faut certes poser des devoirs envers l'homme, mais celui-ci s'est mis hors de l'obéissance. Il s'est en quelque sorte « déraciné » par une inadéquation face aux lois et à la nature des choses, par une « honteuse conquête » de la terre, par la soumission à l'idée de progrès. Au niveau politique, S. Weil, qui s'interroge sur la légitimité du gouvernement français à Londres, dépasse le cadre de l'actualité. Son principal souci demeure le maintien de la souveraineté nationale au sein de l'État. Aussi S. Weil refuse de faire appel à des notions comme la « grandeur », car ce sont des notions séparées qui reconduisent l'idée de force. Et lorsqu'elle cite Platon et le mythe de la caverne, elle note bien que celui qui en sort est l'homme et non une collectivité. Ramenant la nation à un fait, sans lui accorder de valeur absolue, S. Weil entend restaurer la notion d'un ensemble où ne peuvent être privilégiés des éléments comme le rendement et l'argent, où les forces naturelles sont liées aux forces spirituelles, où le travail, qui atteint ainsi à sa dimension spirituelle, fait la jonction entre les deux et opère par lui-même la transformation de l'acte le plus servile. En réinscrivant l'homme dans une réalité non séparée de la volonté de Dieu, le travail signifie un consentement au monde et à la responsabilité de l'homme, qui lui est ainsi rendue. Plus qu'un levier dans la vie sociale, il en devient le « centre spirituel ». A. De.

EN RADE. Le même nihilisme qui faisait le fond d'*En ménage* (*) se retrouve à peu près dans *En rade*, six ans plus tard (1887). Apparemment, l'écrivain français Joris-Karl Huysmans (1848-1907) n'a pas changé, car il a publié, en 1884, *À rebours* (*), et Barbey d'Aurevilly, après avoir lu ce livre, lui dit : « Il ne reste plus à l'auteur qu'à choisir entre la bouche d'un pistolet ou les pieds de la Croix ! » Mais l'heure du choix n'est point encore venue, et *En rade* rend le même son désespéré que les précédents romans. *En rade* a pour décor le château de Lourps. Il en avait été question dans *À rebours*, car c'est là que le héros du livre, le duc Jean Floressas Des Esseintes, avait passé son enfance. Huysmans cependant n'y fit séjour qu'en 1885 et en 1886 : il y vint pour ses vacances avec Anna Meunier (son amie), la sœur de celle-ci, Joséphine, et Antonine, une des deux fillettes d'Anna. Le château était délabré ; mais Huysmans, dans une lettre publiée par Lucien Descaves, le déclare néanmoins « exquis », avec ses caveaux du vieux temps, ses espaliers, sa porte donnant sur une vieille église envahie de mousses et habitée par des corbeaux. Voilà le côté romantique, l'endroit : « Je le savoure fort, rêvassant dans ces jardins solitaires et détraqués, passant de quiètes heures sur des gazons où l'on aperçoit des traces d'anciennes corbeilles rares. Quant au côté naturaliste, il est autre : c'est le radeau de la Méduse ! On est plus loin de tout que si l'on était dans une île, loin de tout continent. L'installation est désolante [...]. Tout est à acheter, depuis la vaisselle jusqu'au pain. Ça va mal finir [...]. Ajoutez à cela que, dans cet isolement, rien ne ferme, ni fenêtres ni portes, que nous sommes entourés de bois, que la bourgeoise a peur, la nuit, dans cette bâtisse mal hantée, suivant les dictons du pays [...]. Mais il y a un air tonique merveilleux et des apaisements d'esprit qu'on ne saurait trouver ailleurs... » Les conditions les plus favorables — y compris les désagréments — se trouvent donc réunies pour un écrivain naturaliste en quête d'un sujet de roman : Huysmans n'aura qu'à transcrire fidèlement ses impressions, en y ajoutant, comme il convient, ce que son imagination, sans nul effort, lui suggère.

En rade sera donc un récit très simple, très direct, de cette « villégiature » de deux malheureux, en proie aux soucis d'argent, à toutes les misères de la vie, exilés dans la solitude. Sur eux pleuvent, comme on peut le croire, toutes les persécutions réelles et imaginaires : réels, les « aoûtats » qui devorent Jacques Marles – pareil à Huysmans, comme l'était Léo, comme l'était Folantin, comme l'était Des Esseintes –, et Louise, sa compagne, assez semblable à la pauvre Anna Meunier. Ce livre si curieux ne vaut pas seulement par le souci de naturalisme que l'auteur y met : c'est dans *En rade* que l'on relève les premières marques d'une curiosité qui va entraîner bientôt Huysmans vers le surnaturel. Il est beaucoup question de rêves dans *En rade*, des rêves qui prennent la forme d'hallucinations persistantes. Jacques Marles voit Assuérus et Esther lui apparaître en songe, et, une autre fois, il voyage dans la Lune. Est-ce souci de faire diversion à l'atmosphère brutale du roman réaliste ? N'est-ce point plutôt effort de fusion, de synthèse, tentative d'évasion hors du « tunnel bouché » que le naturalisme est déjà pour Huysmans ? Curieux roman, en vérité ; et trop dédaigné, trop mal connu aujourd'hui encore.

En rade parut d'abord dans *La Revue indépendante*, de novembre 1886 à avril 1887, puis fut édité chez Stock au printemps de cette même année où Huysmans fut promis sous-chef de bureau au ministère de l'Intérieur. Le roman fit peu de bruit, malgré quelques articles en général assez louangeurs dans la presse : l'auteur ne retrouvait pas le succès de curiosité qu'avait soulevé *À rebours*. On attendait de lui autre chose qu'un livre naturaliste, et qui semblait revenir au point où l'écrivain se trouvait en publiant *À vau-l'eau* (*) et même *En ménage*. Bloy, alors ami de J.-K Huysmans, qui l'avait recueilli, fit un article magnifique qui commençait ainsi : « Une occasion superbe de baver se présente inopinément. Que la multitude des visqueux soit dans l'allégresse : *En rade* vient de paraître ! [...] Jamais les paysans n'avaient été peints dans cette éclairante et vigoureuse tonalité. Ils se démènent, gueulent et bâfrent à la façon des Flamands de Téniers et de Van Ostade. »

EN REDESCENDANT L'ARC-EN-CIEL [*Journey down a Rainbow*]. Ce livre publié en 1955 est fait de lettres conjointes écrites, pendant un voyage aux États-Unis, par l'écrivain anglais John Boynton Priestley (1894-1984) et sa seconde épouse, l'archéologue Jacquetta Hawkes. La contribution de cette dernière a les Indiens Pueblos pour sujet ; Priestley lui-même s'intéressait au petit monde des milliardaires du pétrole texan. À vrai dire, il s'agit moins sous sa plume d'un reportage proprement dit que d'une réflexion sur le monde occidental vu de l'un de ses points avancés. Elle est stimulée, comme toujours chez cet auteur, par le voyage même, et si ce qu'il nous dit n'est pas strictement neuf, il le dit bien. Que voit-il au Texas, qui éclaire la civilisation de demain chez les Européens des côtes atlantiques ? Une civilisation de consommateurs bien pourvus d'argent et de loisirs, que la pression publicitaire entraîne encore et encore à remettre leurs sous dans le circuit. Une économie qui doit être réamorcée toujours afin de toujours croître – en vue de quoi ? D'une libération toujours accrue de l'homme à l'égard des contraintes matérielles, telle est bien sûre la réponse convenue, mais Priestley la met en cause. La voie ouverte n'est pas tellement saine, à son avis, et modifie des modes de vie qui n'étaient pas sans vertu. On pourrait définir son point de vue comme étant celui, à bien des égards, d'un conservatisme de gauche ; mais c'est une réflexion ouverte qu'il propose, dans des pages vives et denses. C'est en tout cas la description même qu'on en retiendra d'abord. Elle est résumée dans un néologisme qui a fait beaucoup de chemin dans les pays anglo-saxons : le mot *admass* (formé de *ad*, première syllabe du mot anglais pour publicité, *advertising*, et de *mass, masses* : la masse, les masses. Le mot français équivalent serait donc le mot « pumasse » : sans doute sommes-nous ou allons-nous être une société « pumasse », une « pumasserie ».

EN REMONTANT À MATHUSALEM [*Back to Methuselah*]. Cycle de cinq comédies (« Pentateuque métabiologique ») de l'écrivain irlandais George Bernard Shaw (1856-1950), écrit en 1920 et précédé d'une longue préface dans laquelle l'auteur, partisan du transformisme, mais non darwiniste, expose, en de longues digressions et de brillants paradoxes, sa conception de l'évolution biologique, qui dérive de celle de Samuel Butler et s'apparente par plusieurs aspects à celle de Bergson. Dans la première comédie, *Aux origines* [*In the Beginning*], l'auteur met en scène Adam, Ève et le serpent. La découverte du cadavre d'un jeune faon fait naître en Ève la pensée et la crainte de la mort : mais, plus que de cela, Adam a peur d'une immortalité monotone et ennuyeuse. Il serait beau de ne point mourir, à condition toutefois de se renouveler. La solution du problème est suggérée par le serpent qui révèle à Ève le mystère de la génération. Au second acte apparaît le fratricide Caïn, prototype d'une race d'hommes violents, nés pour la conquête et pour la domination. La deuxième comédie, *L'Évangile des frères Barnabé* [*The Gospel of the Brothers Barnabas*], se passe à notre époque, au lendemain de la guerre mondiale. La vie normale, trop brève selon les frères Barnabé, ne permet pas à l'homme d'atteindre sa parfaite maturité, ce qui est la cause du malaise social contemporain ; mais l'homme, s'il le voulait, pourrait vivre beaucoup plus longtemps : trois cents ans, par exemple. Deux hommes politiques (motif antiparlementaire de la polémique de Shaw) écoutent avec une indifférence sceptique de pareilles théories : ils n'y voient rien qui puisse leur faire gagner des votes. Même le fiancé de la fille de l'un des

Barnabé, le révérend Haslam, n'est pas convaincu. Cependant la chose peut fort bien arriver à l'un de nous, disent les frères. Et elle arrive en effet. Aussi dans la troisième comédie, qui s'intitule justement *La chose arrive* [*The Thing Happens*], nous voyons Haslam encore vivant, dans l'année 2170. Après diverses aventures, il est maintenant un archevêque estimé. Il a toujours tenu secrète son étrange théorie, mais à la suite d'un accident singulier, les gouvernants arrivent à la connaître. Et Haslam découvre à son tour qu'il n'est pas le seul à marcher vers trois cents ans de vie. Il reconnaît, en effet, dans une employée la femme de chambre des Barnabé, celle qui lui ouvrait la porte quand il se rendait chez sa fiancée. Ces scènes abondent en traits satiriques. Les Anglais, reconnaissant qu'ils n'arrivent pas à se gouverner tout seuls, ont commencé à confier les services publics à des étrangers chinois et nègres, se réservant les charges les plus honorifiques. Le dialogue entre le président de l'État anglais et un ministre, Confucius, qui critique sans pitié l'histoire constitutionnelle anglaise, est plein de saveur.

La quatrième comédie, *La Tragédie d'un monsieur âgé* [*Tragedy of an elderly Gentleman*], est la plus longue ; elle se développe en trois actes, aux environs de l'an 3000 après J.-C. À cette époque, existe encore une race d'hommes à la vie brève, à laquelle appartiennent entre autres les habitants d'un Empire britannique qui a son centre à Bagdad, et ceux de l'empire de Turanie, son voisin. D'autre part, il y a des hommes qui, ayant survécu à tout, habitent les îles Britanniques, abandonnées par une grande partie de leurs anciens habitants. La scène se passe en Irlande. Dans ce pays, a été élevé un monument à Falstaff, apôtre de la lâcheté ; car depuis une conflagration qui a marqué la ruine de la vieille civilisation européenne, on a découvert que la lâcheté est une grande vertu patriotique. On peut rencontrer également, dans ce pays, un oracle auquel ont recours tous les gens à la vie brève. De Bagdad arrive, pour consulter l'oracle, une mission dont fait partie, outre un politicien en quête de conseils électoraux, un monsieur d'âge mûr qui, se trouvant en rapport avec les personnes de la nouvelle race, se sent douloureusement mal à l'aise : un champ d'influence pour ainsi dire magnétique entoure les hommes à la longue vie, et cette influence est déprimante pour les pauvres mortels de l'ancien type. Le belliqueux empereur de Turanie, sorte de caricature de Napoléon, s'est joint à la mission et demande conseil à la pythonisse. Il est invincible : mais il sait que la guerre est une ruine, même pour les vainqueurs ! Comment satisfaire sans risques son génie et sa volonté de combattre sans fin ? La réponse est brève : « Meurs avant que le vent de la gloire ne tourne », et elle le tue. Au politicien, au contraire, la pythonisse répond : « Rentre chez toi, pauvre fou » ; il inventera et racontera à ses concitoyens un tout autre oracle. La dernière partie a pour titre : *Aussi loin que peut aller la pensée* [*As Far as Thought Can Reach*]. Nous sommes en 31920 après J.-C. L'espèce humaine est devenue ovipare : les enfants parlent dès qu'ils sont sortis de la coquille et deviennent promptement des adultes ; une fillette de quatre ans est déjà lasse des jeux, des danses, des sentiments amoureux et elle préfère se plonger dans des réflexions sur la propriété des nombres. Un artiste crée artificiellement (réminiscence faustienne) un homme et une femme, créatures imparfaites qui bien vite périssent. On ne meurt plus de maladie ou de vieillesse, mais seulement par accident : les plus vieux mènent une vie qui est toute de pensée et aspirent à se désincarner. La matière ayant été dominée, la vie tend maintenant à une émancipation complète. Ce qu'il peut y avoir plus loin, nous l'ignorons ; mais il y a un « plus loin », et que cela nous suffise. Ainsi se termine cette étrange fantaisie philosophique dans laquelle Shaw a donné toute liberté à sa verve de causeur brillant et paradoxal, en construisant un vaste jeu de répliques, railleries, critiques mordantes, d'un comique plein d'aisance.

C'est dans ce cycle de comédies que les idées philosophiques de Shaw ont trouvé, peut-être, leur plus complète expression. La représentation qu'il donne de l'homme dans ce raccourci de l'histoire universelle concerne tous les hommes ; en effet qu'il s'agisse des Irlandais, ses compatriotes, ou des Anglais, des socialistes pour lesquels il a de la sympathie, ou des ploutocrates, tous concourent à donner vie à cet organisme absurde et comique que constitue, à ses yeux, la société civilisée. Et Shaw de s'élever contre cette société, contre ses compromis, ses contradictions, ses cupidités, ses misères qui corrompent l'innocence humaine fondamentale ; car, esprit dynamique, il est fermement résolu à admirer, dans l'homme, cette énergie première qui en fait le plus actif des animaux, dans la femme, cette instinctive générosité grâce à laquelle la race se perpétue ; de plus, il ne se fait pas faute de railler tout ce qui, déviant de ces élans originaires, empêche l'espèce humaine de rejoindre une forme d'existence physiquement et spirituellement rationnelle. De ce point de vue, Shaw nous apparaît comme un « partisan des lumières » en parfait accord avec les temps nouveaux, et cependant lié à d'anciennes positions où se font jour l'ingénuité d'un Rousseau et l'esprit sarcastique d'un Voltaire.

EN ROUTE. Roman de l'écrivain français Joris-Karl Huysmans (1848-1907), publié en 1895. *La Cathédrale* (*) et *L'Oblat* (*) en sont la suite. L'auteur se dépeint sous les traits de Durtal, écrivain d'une cinquantaine d'années, et retrace les étapes de son retour à la religion catholique : il évoque sa vie d'homme troublé par le bien et le mal de ce monde. Son héros admire le Moyen Âge et les vieilles cathédrales, mais on devine qu'il lui est difficile de se retirer de la société pour se vouer entièrement à la religion. Durtal est incapable de rester dans le juste milieu : il va donc passer d'un extrême à l'autre en marquant son retour à la foi d'un acte décisif. Déjà, il admirait la religion alors qu'il ne croyait encore ni à Dieu ni aux dogmes : artiste, il vénérait les œuvres du Moyen Âge et surtout ses églises, si émouvantes quand on pense qu'elles ont été édifiées par des communautés. Il aimait aussi les tableaux représentant des madones et des saints. Tout lui était occasion de méditer sur le besoin d'une existence nouvelle. Sur le conseil d'un ami, l'abbé Gévresin, il entre dans un couvent pour régler ce drame de conscience ; il veut observer de près la vie des religieux soumis à la règle la plus dure. C'est ainsi qu'il choisit la trappe de Notre-Dame-de-l'Âtre (l'auteur décrit celle d'Igny, dans la Marne) : il fait un vivant tableau des mœurs bénédictines, des rites, des cérémonies, exalte les beautés de la cathédrale ; il montre la piété des populations environnantes et leur commun dévouement à un idéal dont la pureté transporte les humains, même s'ils sont tourmentés par l'inquiétude et la douleur. La fréquentation d'un frère porcher, l'humble et pur Siméon, révèle à Durtal que la religion est faite de sincérité et de simplicité — Siméon nous fait penser à Fra Ginepro des *Fioretti* (*) de saint François. Malgré tout, il reste indécis : le vieil appel de la vie lui dit de ne pas s'abandonner à la foi jusqu'à quitter le monde pour entrer à la Trappe. Dans l'ensemble, cette œuvre est un prétexte à d'amples descriptions de la vie monastique dans toute son antique splendeur.

EN ROUTE VERS L'ÎLE DE GABRIOLA [*October Ferry to Gabriola*]. Roman inachevé de l'écrivain anglais Malcolm Lowry (1909-1957), publié par Margerie Bonner Lowry en 1970. Voyage d'un jour, il est la simple histoire de la quête d'une nouvelle maison par un couple menacé d'expulsion de la côte de Colombie britannique. À côté du « Sentier de la source », l'ultime nouvelle de *Écoute notre voix ô seigneur...* (*), il devait s'intégrer dans le Paradis du « Voyage qui ne finit jamais », projet cyclique de sept romans sur le modèle de *La Divine Comédie* (*) de Dante. Accepter le passé, déposer son fardeau d'angoisse et de culpabilité mènent à l'harmonie vitale : Lowry traite ce motif familier dans le système d'oppositions qui lui est cher, la médiation de la frontière et du voyage, l'aliénation de la forme spatiale et l'intégration temporelle de la conscience. Il emprunte à l'histoire du cinéma ainsi qu'à sa technique son réalisme du mouvement et le procédé du « retour en arrière ». Il intègre le thème de la quête dans le style même tout en s'appuyant sur l'épistémologie de la Cabale, fonde une écriture en expansion à partir de longues citations de la tradition littéraire. Contrairement à *Sombre comme la tombe où repose mon ami* (*), qui est une réduction éditoriale drastique du matériau, *Gabriola* est nettement structuré en chapitres aux titres originaux. S'il y manque l'intégration définitive des techniques et du symbolisme, l'amateur y goûte la prose de l'auteur de *Au-dessous du volcan* (*). S'il n'est pas métafiction comme *Sombre comme la tombe...*, il est souvent un manifeste esthétique. La caractérisation des personnages peut paraître artificielle, mais c'est sans doute que Lowry tente pour la première fois une fusion aussi générale de tous les niveaux : esthétique et stylistique, existentiel et psychologique, religieux et même social. Le héros, Ethan Llewelyn, n'est plus écrivain mais avocat ; il n'a jamais été alcoolique et a fondé un foyer. Le miroir que Lowry veut présenter à son lecteur n'est plus exactement celui de l'autobiographie travestie. Les symboles et les motifs spéculaires auxquels il a recours dans cette avant-dernière œuvre relèvent d'une dynamique de la transformation du moi et non plus du simple reflet, ils voudraient briser enfin le cercle infernal. — Trad. Denoël, 1972.

G. P.

ENSEIGNE DE VAISSEAU SCHMIDT (L') [*Lejtenant Šmidt*]. Poème du poète russe Boris Pasternak (1890-1960), paru en revue en 1926-1927, en volume en 1927. Écrit, comme *L'An 1905* (*), à l'occasion du vingtième anniversaire de la première révolution russe, ce long poème narratif a pour héros un personnage historique, l'enseigne de vaisseau Piotr Petrovitch Schmidt (1867-1906), qui, le 27 novembre 1905, à la demande du Comité local du parti social-démocrate de Sébastopol, a pris la tête de l'insurrection de la flotte de la mer Noire : arrêté dès le lendemain, il est jugé, condamné à mort et exécuté le 19 mars 1906. Marina Tsvetaeva reprochera à Pasternak d'avoir fait de cet officier de marine de souche une incarnation de l'intellectuel idéaliste luttant sans espoir pour une cause perdue d'avance. Mais ce sont précisément l'abnégation et l'esprit de sacrifice que Pasternak célèbre à travers lui dans la figure du révolutionnaire. À l'importance qu'il donne dans son récit au roman d'amour de Schmidt avec une jeune femme, Zinaïda Riesberg, rencontrée peu avant les événements, et au rôle qu'a joué dans sa vocation l'image de la destinée féminine, on reconnaît déjà la thématique du *Docteur Jivago* (*). Associant étroitement les éléments naturels — notamment la mer — à la description des scènes d'action, Pasternak communique à celles-ci le dynamisme qui caractérise sa perception lyrique de l'univers ; celui-ci est encore accentué par la variété des mètres employés dans chacun des vingt-huit chapitres répartis en trois chants qui forment le poème, donnant à celui-ci une très forte expressivité rythmique. Comme *L'An 1905*, ce poème sera salué par la critique communiste comme un témoignage de l'adhésion de Pasternak à la doctrine de la « commande sociale » prônée par le L.E.F. de Maïakovski. – Trad. in *Œuvres*, Bibliothèque de la Pléiade, Gallimard, 1990.

ENSEIGNEMENT DE RAMAKRISHNA (L'). Recueil de pensées et de propos du maître spirituel bengali Ramakrishna (1836-1886), compilés par Jean Herbert en 1942. Ramakrishna n'a rien écrit ni publié. Son enseignement oral, en bengali, a été recueilli pieusement par un disciple intime nommé Mahendranath Gupta, qui n'a voulu signer son travail que d'une initiale, M. Pendant des années, il a noté les conversations et les enseignements du maître avec des visiteurs, des disciples ou au cours de ses déplacements. Cinq volumes se sont échelonnés ainsi, traduits en anglais de 1897 à 1932 sous le titre *L'Évangile de Ramakrishna* [*The Gospel of Ramakrishna*]. Ces livres n'ont pas été traduits en français, mais sont la source de bien des ouvrages sur le sage de Dakshneswar, ou de recueils publiés sous son nom. *L'Enseignement de Ramakrishna* est le plus complet de ces recueils. Paru en 1942, il a grandement contribué, avec la *Vie de Ramakrishna* par Romain Rolland, à répandre la pensée de Ramakrishna dans le monde francophone.

Composé de mille cinq cent vingt-cinq textes courts regroupés par thèmes, complété d'index et de glossaire, le volume, pour utile qu'il soit, est dans sa forme assez opposé à l'enseignement du maître qui refusait tout système et tout classement, et dont la parole était d'abord adressée à un interlocuteur dans un contact personnel. Mais, tel quel, le recueil est très précieux justement parce qu'il fait ressortir un certain nombre de constantes de l'enseignement de Ramakrishna : ce sont les rapports de l'homme et du monde dominés par la « maya », puissance cosmique qui peut être illusoire ou libératrice ; ce sont les différentes aides à la vie spirituelle et à l'homme avide de progresser ; c'est l'essentiel de la vie spirituelle et de la soif de Dieu, à travers et malgré la multiplicité des credos, etc.

Que ce livre relate longuement les dangers de la servitude du savoir livresque n'est qu'un paradoxe de détail. Il témoigne surtout de l'extraordinaire vitalité de l'hindouisme qui, à partir du Bengale, au tournant du XXe siècle, a su non seulement s'ouvrir aux autres religions de façon exemplaire, mais encore devenir missionnaire à son tour. – Trad. Adrien Maisonneuve, Delachaux et Niestlé, 1942.

J.-P. L.

ENSEIGNEMENT DE VLADIMIR MONOMAQUE À SES FILS [*Poûčénié Vladimira Monomaha k detjam*]. Sorte de testament du prince russe Vladimir II, appelé Monomaque (1053-1125), un des principaux défenseurs de la « terre russe » contre les Polovtsiens. Tout en demeurant dans la tradition des testaments spirituels, cet écrit revêt un caractère original dans la deuxième partie, où les préceptes moraux et religieux sont rendus vivants par des exemples autobiographiques. Remarquable document psychologique, moral et historique de son époque : des éléments purement païens se fondent avec des éléments chrétiens, les éléments de la vie privée s'entremêlent avec des régies de gouvernement. Cet *Enseignement* est aussi un important texte pour la langue, si l'on veut étudier la transformation graduelle du slavon d'Église, sous l'influence de la langue parlée. Il fut édité au cours de XIXe siècle. – Trad. partielle in R. Maréchal, *Les Premiers Chrétiens de Russie*, Le Cerf, 1966.

ENSEIGNEMENT DU COMMERCE (De l') ou De l'économie civile [*Lezioni di commercio o Della economia civile*]. C'est l'ouvrage le plus important de l'écrivain italien Antonio Genovesi (1713-1769), publié en 1765 sous le règne de Ferdinand IV. Dans cette œuvre, l'auteur qui est un des plus célèbres mercantilistes italiens (et aussi le plus méthodique) cherche à donner une idée exacte des sciences économiques qu'il conçoit comme étroitement liées à la politique. De même que celle-ci assure la conservation de l'État, de même celles-là « renferment-elles les règles qui rendent la nation soumise, peuplée, riche, puissante et honnête ». Devançant tout système d'autarcie, Genovesi affirme que l'économie d'une nation doit être réglée en fonction de ce précepte : « Dépendre le moins possible des autres. » Reconnaissant toutefois que « l'on ne peut pas par nature » se rendre parfaitement indépendant et qu'il faut avoir recours à d'autres nations, Genovesi conseille d'avoir recours à autrui pour les choses « qui rendent le moins possible débiteur et esclave ». C'est là qu'apparaît le partisan du protectionnisme. Il tend à suggérer au gouvernement les règles à suivre pour protéger les industries nationales, les « arts bienfaisants », le commerce, la population et la production de la richesse nationale. À propos de la monnaie, « principal instrument de tout commerce », Genovesi reconnaît qu'elle n'est pas l'unique richesse, et que les nations ne doivent pas chercher à en augmenter par tous les moyens la quantité. « Il me semble qu'il n'y a rien de plus fou que l'attitude de certains peuples qui aiment les richesses et font la guerre au travail... Quelles sont ensuite ces richesses ? L'or, l'or, l'or, et après : l'argent, l'argent, l'argent. Il n'est pas de plus grande stupidité. » Mais tout en refusant à la monnaie son caractère de richesse unique, il en approuve l'existence à condition que l'on en fasse un usage convenable. En partie mercantiliste, en partie protectionniste, Genovesi n'exprime pas, et notamment en ce qui concerne la monnaie, de théories nouvelles. Il eut pourtant beaucoup d'influence sur la pensée économique de son temps et il n'est pas sans avancer certaines idées véritablement prophétiques.

ENSEIGNEMENT, LA PRATIQUE, LA FOI ET L'ILLUMINATION (L') [*Kyô Gyô Shin Shô*]. Tel est le nom habituellement donné au principal ouvrage de Shinran (1173-1262), moine bouddhiste réformateur dont la pensée a complètement bouleversé le monde religieux du Japon. Il est impossible de dater cette œuvre avec exactitude mais selon la recherche la plus récente, il semble que Shinran l'ait écrite pendant son activité de prédication dans le Kantô (à l'est du Japon) et l'ait corrigée et améliorée tout au long de sa vie, spécialement entre ses 75 et 85 ans, à Kyôto. Dans les quatre premiers chapitres de son ouvrage, Shinran offre un exposé systématique de : 1) l'enseignement (ou la doctrine) sous-jacent au bouddhisme de la Terre pure tel qu'il est présenté dans *Le Grand Sûtra de la vie incommensurable* [*Daimuryôju-kyô*] ; 2) la pratique qui permet à l'homme d'obtenir la renaissance dans la Terre pure d'Amida ; 3) la foi qui est la cause de cette renaissance ; et 4) l'illumination que le croyant obtiendra grâce à cette foi. Ces quatre chapitres, qui correspondent aux quatre caractères sino-japonais du titre de cet ouvrage, sont suivis de deux chapitres moins connus, mais non moins importants. Le premier d'entre eux traite de la nature de la Terre pure d'Amida et montre que ceux qui y naissent atteignent la même Illumination qu'Amida lui-même. Dans le dernier chapitre, Shinran situe, par rapport à la doctrine amidiste, les enseignements bouddhiques dits « provisoires » ainsi que certains enseignements non bouddhiques. D. G.

ENSEIGNEMENTS DE L'ANCIENNE ÉGYPTE (Les). Les textes savants de l'ancienne Égypte portaient le titre général d'*Enseignements* ; le nom de l'auteur y figure toujours, qu'il s'agisse de son nom réel ou d'un nom d'emprunt, choisi, dans ce dernier cas, parmi ceux des personnages les plus en vue du passé, afin de donner plus de poids à l'œuvre. Ils consistent, pour la plupart, en une suite de conseils, recommandations et suggestions formulés dans un style élégant, sous une forme sentencieuse, par un roi, un personnage d'âge mûr ou un père s'adressant à son successeur direct, à un jeune fonctionnaire ou à son fils.

Les plus anciens, qui remontent à l'Ancien Empire, sont les deux textes figurant sur le papyrus Prisse, du nom de son premier possesseur, l'archéologue Émile Prisse d'Avennes. Du premier d'entre eux, attribué à Kagemni – un vizir que l'on suppose contemporain du dernier roi de la troisième dynastie (2797-2773 av. J.-C.) et de Snéfrou, le premier de la quatrième dynastie (2773-2749 av. J.-C.) –, ne nous est parvenu intégralement que le passage final dans lequel on relève des remarques concernant la façon de se tenir à table en compagnie de gloutons ou d'hommes ivres. Personnellement – conseille Kagemni – nous devons savoir nous contenter d'un peu d'eau pour étancher notre soif et d'une bouchée de melon pour apaiser notre faim : « Un peu de n'importe quoi suffit à remplacer beaucoup. » – Le second est attribué à Ptahhotep. Un grand personnage de ce nom qui occupa la charge de vizir a réellement vécu au temps de Dedkaré-Isési, avant-dernier roi de la cinquième dynastie (2614-2586 av. J.-C.). C'est le plus ancien texte complet des *Enseignements.* Dans le préambule, l'auteur, qui se dit d'un âge assez avancé, demande à son roi l'autorisation d'engager un coadjuteur ou substitut (« bâton de vieillesse »), auquel il transmettra les paroles et les directives qu'il a apprises de ses prédécesseurs. On ne naît pas savant, et celui qui sait ne doit pas en tirer vanité : nul ne peut atteindre le fond du savoir. Une bonne et sage parole est plus rare que l'émeraude : cependant elle peut fort bien être prononcée par les esclaves qui font tourner la meule de pierre, pour broyer le grain, à la sueur de leur front. Viennent ensuite des préceptes d'ordre pratique concernant les contacts journaliers avec les supérieurs : l'auteur recommande d'agir toujours avec droiture et d'obéir avec persévérance, car « qui sait obéir saura bien commander quand le moment sera venu ». Certains conseils concernent les relations et les rapports avec les femmes : « Si tu veux que dure l'amitié avec la maison que tu fréquentes, n'approche pas les femmes ; c'est un moment bien vite passé, comme un rêve ; nous gagnons la mort en les connaissant. » Il faut aimer sa propre épouse : « Emplis son estomac, vêts son dos. Les onguents et les parfums sont un remède pour ses membres. Rends-la heureuse pendant sa vie. »

Le nombre des textes savants que l'on peut attribuer aux auteurs du Moyen Empire (IXe-XIVe dynastie, 2336-1753 av. J.-C.) est plus important. On peut compter, au nombre de ces textes, *Les Neuf Palabres du paysan volé* (*) nettement moralisant, et *Les Chants du désespéré* (*) de contenu philosophique. Les *Enseignements* – parvenus jusqu'à nous grâce aux papyrus Sallier II et Anastasi VII et, partiellement, par des « ostraka » –, *Enseignements* que Duauf, fils d'un certain Agtoj, transmit à son fils le jour où il l'accompagna à l'école des scribes où il allait devenir le compagnon des fils des grands du pays, sont assez connus. Afin de lui inculquer l'amour des livres, le père évoque, à l'aide d'exemples empruntés à la langue populaire, les avantages de la profession de scribe à laquelle il oppose adroitement la vie pénible et morne de ceux qui sont obligés de travailler de leurs mains, thème que l'on retrouve, illustré de façon plus ou moins variée, dans de nombreux textes scolastiques du Nouvel Empire (à partir de la XVIe dynastie, 1644 av. J.-C.).

D'autres *Enseignements,* véritables testaments politiques, d'une plus grande importance, attribués à des souverains célèbres de cette époque, nous livrent de nombreuses informations précieuses sur l'État égyptien et la vie politique et sociale du temps. Un papyrus de la XVIIIe dynastie, du temps de Thoutmosis III (1490-1436 av. J.-C.), nous a conservé la copie des *Enseignements* attribués à Kheti III vivant au temps des rois de Thèbes de la XIe dynastie (2223-2082 av. J.-C.), lequel les aurait destinés à son fils le roi Merikarê. Ils consistent en une suite de conseils politiques très sagaces, d'instructions relatives au gouvernement de l'Égypte du Nord et du Sud ainsi que des exhortations à poursuivre et à abattre tous les chefs des partis, à s'intéresser aux générations contemporaines, afin de gagner leur cœur et leurs sympathies ; à prendre soin de la défense du pays, à toujours prévoir l'avenir ; à juger des mérites de ses sujets, non pas selon leur origine, mais selon leur façon d'agir ; à respecter les institutions religieuses. Un peu postérieurs, les *Enseignements* attribués à l'un des plus grands rois de la XIIe dynastie, Amenembat Ier (v. 2000-1970 av. J.-C.), auraient été dédiés à son fils Sesostris Ier, devenu co-régent au cours de la vingtième année de règne d'Amenemhat. Les copies qui sont parvenues jusqu'à nous sur papyrus et, de façon fragmentaire, sur « ostraka », remontent à la XIXe dynastie. Ces *Enseignements* sont exprimés sur un ton extrêmement sceptique : l'auteur n'éprouvait nulle sympathie pour ses contemporains. Ils furent écrits sous l'impression d'un odieux attentat qu'aucun des nombreux individus ou personnages qui avaient bénéficié des faveurs accordées par le roi n'essaya en aucune façon d'empêcher. La recommandation : « Méfie-toi de tes subordonnés, ne les mets pas dans ta confidence. Méfie-toi de ton frère. Ne te connais pas d'amis, n'aie pas de confidents » forme un digne préambule à ces *Enseignements.* D'autres *Enseignements* ont encore un contenu politique, ce sont ceux qu'un haut fonctionnaire vivant au temps d'Amenembat III fit sculpter sur une stèle, aujourd'hui conservée au Musée du Caire ; on peut y lire le credo politique de l'auteur et sa déclaration de loyauté envers le souverain.

On écrivit aussi des *Enseignements* sous le Nouvel Empire (XIVe-XXVe dynastie, 1644-664 av. J.-C.). Ceux qu'Enej destina à son fils Henzhôtpe sont parvenus jusqu'à nous grâce au papyrus hiératique de la XXIe et XXIIe dynastie : ils se composent de règles et de conseils de morale pratique à observer dans la vie de tous les jours. C'est d'abord une exhortation à témoigner de la gratitude envers sa mère en particulier, et de l'affection à ses parents en général ; puis une invitation à mettre les bons conseils en pratique, à être prudent dans ses paroles et à savoir garder les secrets. Comme Ptahhotep l'avait déjà fait dans ses *Enseignements,* l'auteur recommande de fonder le plus tôt possible sa propre maison, d'éviter les femmes et, particulièrement, celle qui, durant l'absence de son mari, répète chaque jour : « Je suis belle » : « Ceci – commente Enej – est un péché qui mérite la mort. » Il faut, en outre, éviter les jeunes filles et la bière, les deux appâts pleins de dangers pour les jeunes gens égyptiens qui veulent s'affirmer dans la vie. Nous trouvons un écho du savoir-vivre de l'époque dans la recommandation de ne pas rester assis quand un vieillard ou un supérieur est debout.

Les *Enseignements* qu'un certain Amenemôpe destina à son fils sont habituellement considérés comme contemporains des précédents ; ils ont été conservés sur un papyrus hiératique du British Museum et, partiellement, sur une tablette en bois du Musée des Antiquités de Turin. Leur contenu, réparti en trente chapitres qui ne sont pas toujours reliés entre eux par des rappels ou des passages logiques, s'impose par la nouveauté de plus d'un des motifs traités ; l'auteur s'y révèle comme un observateur pénétrant et serein, un commentateur convaincant des actes humains, conseiller persuasif en ce qui concerne les règles du savoir-vivre. Amenemôpe fut d'ailleurs conscient de la valeur de son œuvre, qu'il se plaît à qualifier dans l'exorde de « magasin de la vie ». Toutes les sympathies de l'auteur vont à l'homme silencieux qui pèse ses paroles, se montre un citoyen loyal et un bon employé. On trouve aussi dans cette œuvre des thèmes tout à fait nouveaux : thèmes de l'amour du prochain, du respect pour la vieillesse, de la réprobation pour quiconque tourne en dérision les êtres difformes, de la récompense divine pour qui vient en aide aux humbles, de la conception assez haute de la divinité. Les *Enseignements* d'Amenemôpe furent connus et admirés même hors d'Égypte. Des études récentes ont confirmé que les *Proverbes* (*) attribués à Salomon découlaient effectivement des *Enseignements.*

Tous ces textes offrent un intérêt particulier, car ils reflètent des pensées, des observations et des expériences personnelles évoluant avec le temps et s'échelonnant sur une période de plus de deux mille ans. Grâce à leurs précieuses remarques sur les événements contemporains ou les us et coutumes que nous ignorerions sans eux, ils constituent une source indispensable pour la reconstitution des aspects multiformes de la vie en ancienne Égypte. – Trad. *Textes sacrés et textes profanes de l'ancienne Égypte,* t. I, Gallimard, 1984.

ENSEIGNEMENTS DE LA VIE (Des) [*Kitāb al-i'tibār*]. Recueil de souvenirs de l'homme de guerre et lettré arabe Usāma ibn

Munqidh (1095-1188). Rédigé par un grand vieillard condamné à l'inaction mais d'un esprit vif et alerte et d'une mémoire précise, cet ouvrage est le seul représentant du genre autobiographique dans la littérature arabe classique qui ne soit pas dicté par des préoccupations édifiantes ou apologétiques, mais par le simple désir de se remémorer, une dernière fois, les épisodes marquants d'une vie longue et bien remplie. Rédigé comme au fil de la plume, sans autre lien que le libre jeu de la mémoire, dans une langue directe et savoureuse, il dresse le portrait étonnamment vivant d'un chevalier arabe de l'époque des croisades, passionné de guerre et de chasse, intraitable sur les questions d'honneur, sincèrement croyant, mais point bigot ni fanatique, sachant se gagner le respect et l'estime de ses ennemis, loyal envers ses chefs, mais parfaitement lucide sur leurs insuffisances. Toutefois, ce qui constitue le trait le plus remarquable et peut-être le plus attachant aussi de la personnalité d'Usāma consiste dans la fidélité absolue, charnelle, qui l'unit à son clan et à son terroir natal, paradis perdu de sa jeunesse, et dont le souvenir ne cesse de hanter l'ouvrage, dictant quelques-unes de ses pages les plus savoureuses. Le petit monde de Shayzar, qu'il dut abandonner à l'âge de trente-cinq ans, chassé par son oncle Sulṭān, le chef du clan, et qui fut définitivement détruit et dispersé lors du tremblement de terre de 1157, est ici évoqué avec une précision et une tendresse à laquelle, curieusement, ne se mêle aucune amertume. Monde qui semble avant tout voué à la guerre et à la chasse ; occupations au demeurant assez difficiles à distinguer, surtout dans cette région où, parti traquer le sanglier, on risque fréquemment de tomber, au coin d'un bois, sur un détachement de cavaliers francs, ou une troupe de bandits. La guerre non plus que l'honneur ne sont d'ailleurs pas toujours l'apanage des hommes : lors de l'attaque du château par les « hérétiques » ismaéliens, alors que la garnison se trouvait au loin, la propre grand-mère d'Usāma, vêtue d'une cotte de mailles et le sabre au poing, anima la résistance, tandis que sa bru faisait asseoir sa fille sur le bord d'une fenêtre de façon à pouvoir la jeter dans le vide au cas où les ennemis prendraient pied dans le donjon. D'autres figures apparaissent au fil des pages, souvent fugitives, mais toujours évoquées avec une vigueur et un relief extraordinaires : le forgeron du village, énorme gaillard qui devait succomber à une banale piqûre d'épingle ; le précepteur du jeune Usāma, « homme fort savant, mais d'esprit un peu naïf » ; le chirurgien du château qui, revenant d'Antioche, fait un récit mi-horrifié mi-amusé des méthodes barbares de ses confrères francs ; tel voleur de chevaux bien connu dans la région, et qui servait à l'occasion d'espion aux uns et aux autres ; tel compagnon du narrateur, héros d'un événement macabre ou comique ou simplement bizarre. — Trad. Imprimerie nationale, 1983. J.-P. G.

ENSEIGNEMENTS SECRETS DES BOUDDHISTES TIBÉTAINS (Les). LA VUE PÉNÉTRANTE. Document de l'écrivain français Alexandra David-Neel (1868-1969), paru en 1951. Cet ouvrage est le deuxième d'une trilogie qui a vu le jour avec *Initiations lamaïques* et qui se termine avec *Connaissance transcendante.* « Je crois en la supériorité de l'enseignement philosophique du Bouddha sur celui de Jésus », déclare-t-elle en 1909. Tel sera le fil conducteur qui la conduit à sillonner l'Inde, l'Asie, pour finalement aboutir au Tibet. Alexandra David-Neel rencontre au monastère de Lachen l'inspirateur de son livre, son instructeur, le Gomchen de Lachen. Le « maître » est une sorte de Siddhipurusha aux pouvoirs supranormaux, c'est un magicien et un saint. Elle restera dix-huit mois auprès de lui pour recevoir son enseignement. L'ouvrage est le résultat de cet apprentissage et du savoir patiemment acquis par ses recherches et traductions obtenues du sanskrit. Plus encore qu'un outil d'universitaire érudite, le document est le témoignage d'une expérience vécue, qui lui donnera le titre de « Jetsune Kouchog » ou « Jetsunema » signifiant « Dame-Lama ». Le livre transcrit les exercices qu'elle accomplit sous la direction du « maître » ; elle commence par faire « tsam » : ne voir ni ne parler à personne pendant plusieurs jours, et continue en apprenant au fil des leçons à composer les « tulpas », sortes de figures animées magiquement, équivalents du golem des kabbalistes. Cette démarche pratique s'associe tout au long du livre aux exigences de la philosophie.

F. H.

ENSEIGNEMENT VARIÉ [Διδασκαλία παντοδαπή]. C'est une des œuvres les plus remarquables de l'écrivain byzantin Constantin Psellos (1018-1096 env.), plus connu d'ordinaire sous son nom de moine, Michel. Il fut la plus importante figure littéraire et culturelle de son temps, professeur de philosophie à l'université de Constantinople, secrétaire et conseiller très puissant de quatre empereurs. L'*Enseignement varié* est une encyclopédie, dans le goût de la culture byzantine, des questions naturelles, philosophiques et théologiques, les plus disparates et souvent les plus absurdes. Psellos a aussi écrit une *Chronographie* (*) des années 976 à 1077. Il faut y ajouter un important groupe de lettres, discours et oraisons, des traités juridiques, théologiques, mythologiques, ainsi que des épigrammes et des poésies satiriques. Écrivain très fertile, il fut un des plus grands promoteurs du platonisme à l'époque où la philosophie penchait plutôt vers l'aristotélisme. Ce fut une des personnalités les plus significatives de toute la littérature byzantine. Son style est d'ordinaire riche et sophistiqué, mais toujours surveillé et tourné à l'imitation des grands classiques.

EN SOMME. Recueil de poèmes de l'écrivain français Jean Queval (1913-1990), publié en 1970. D'abord essayiste et romancier, Jean Queval n'a commencé à écrire des poèmes — a-t-il déclaré — qu'à partir de 1960. *En somme* ne triche pas avec son titre, puisqu'il reprend notamment plusieurs recueils précédents, comme *Lieux-Dits, Le Voyage en Belgique* et *Le Point*, publiés de façon plus confidentielle. Très inspirée par celle de Raymond Queneau, la poésie de Jean Queval s'attache aux petites choses de la vie qui passent généralement inaperçues, et auxquelles il apporte un éclairage très personnel afin de mettre en évidence leur caractère insolite, drôle ou émouvant. Cette œuvre, écrite dans une langue à la fois claire et savante, utilise toutes les techniques de la poésie, depuis le sonnet jusqu'au vers libre, ainsi que plusieurs règles nouvelles, créées dans le cadre de l'Ouvroir de littérature potentielle dont Jean Queval fut un des fondateurs. J. Be.

ENSORCELÉE (L'). Roman de l'écrivain français Jules-Amédée Barbey d'Aurevilly (1808-1889), publié en 1854. « Dieu, pour montrer mieux nos néants sans doute, a parfois de ces ironies qui attachent le bruit aux choses petites et l'obscurité aux choses grandes, et la chouannerie est une de ces grandes choses obscures auxquelles, à défaut de la lumière intégrale et pénétrante de l'Histoire, la poésie, fille du rêve, attache son rayon. » C'est à la lueur tremblante de ce rayon que l'auteur de *L'Ensorcelée* a essayé d'évoquer un temps qui n'est plus. Avec cette œuvre, nous sommes dans la chouannerie du Cotentin. Le récit commence de la façon la plus naturelle : un voyageur à cheval arrive au cabaret du Taureau rouge placé à l'orée de la lande de Lessay et qui semble, de ce côté-là, en garder l'entrée. Le voyageur laisse souffler son cheval, demande sa route et trouve un compagnon. C'est un fermier cossu, maître Tennebourg, qui connaît la lande sous tous les ciels et par toutes les nuits ; et pourtant, cette lande familière, toujours par quelque point, demeure inconnue. Sauf la chouette, et c'était le cri des chouans, on n'entend rien. Les deux hommes marchent botte à botte. Un épais brouillard les unit. C'est alors que maître Tennebourg se met à raconter à son compagnon l'histoire de l'abbé de La Croix-Jugan :

L'an VI de la République française, un homme marchait avec beaucoup de peine aux derniers rayons du soleil couchant qui tombaient sur la sombre forêt de Cérisy. Ses vêtements étaient d'un gris semblable au plumage de la chouette. Selon l'usage de ces guérillas, rien n'indiquait dans la mise de l'inconnu qu'il fût un chef ou un soldat. Beau, mais marqué d'un sceau fatal, le visage semblait sculpté dans du marbre vert, tant il était pâle. Sans doute, était-il de ceux qui avaient pris part à un engagement de troupes républicaines et de chouans, lequel avait eu lieu aux environs de Saint-Lô, le matin même. Les chouans étaient vaincus. Il appuya l'arme contre son visage, poussa du pied la détente. Le coup partit. Mais, recueilli et soigné par une vieille femme, l'homme ne devait pas mourir. Après la guerre lorsqu'on rouvrit les églises, on le vit un jour se dresser dans une stalle, aux vêpres de Blanchelande, enveloppé dans un capuchon noir. C'était l'ancien moine de l'abbaye dévastée : le fameux abbé de La Croix-Jugan. C'est de ce prêtre, au visage couvert d'horribles blessures, que la jeune et belle Jeanne de Feuardent allait tomber amoureuse : elle ne sut dire ce qu'elle avait, mais elle succombait à une fascination pleine d'angoisse. C'est elle l'« ensorcelée ».

Jamais le prêtre n'aura, pour elle, un regard « humain » : son amour à lui, c'est la chouannerie, réveiller dans les années oublieuses l'amour du roi de France. Chevaucher à la nuit, courir bride abattue dans les châteaux fidèles. Ce n'est plus la guerre, mais pour lui c'est toujours le combat, toujours l'épée. Quand la jeune femme comprend que son amour ni sa beauté ne peuvent rien sur le prêtre, elle s'en va trouver un des pâtres rôdeurs, dont on dit qu'ils connaissent les sortilèges : comment pourrait-elle se faire aimer de La Croix-Jugan ? Mais le pâtre révélera au mari de Jeanne où s'en va l'amour de sa femme. Au matin, Jeanne sera morte, on la trouve noyée dans un lavoir. Accident ? mort volontaire ? assassinat ? Le doute demeure. Quelques mois plus tard, l'abbé de La Croix-Jugan meurt frappé d'une balle, le matin de Pâques, à l'instant d'élever l'hostie, les deux mains tendues vers Dieu. On ne connaît pas le nom du meurtrier, mais, de maître Le Hardouey, mari de Jeanne de Feuardent, personne n'en fit plus jamais la rencontre.

L'œuvre est d'une résonance exceptionnelle. La beauté des passages, l'impression quasi physique de cette lande, l'accent dramatique du récit, tout ici s'ordonne avec maîtrise et une sorte d'emportement secret.

ENSORCELLEMENT DE SÉVILLE (L') [*El embrujo de Sevilla*]. Roman de l'écrivain uruguayen Carlos Reyles (1868-1938), publié en 1932. Un aristocrate de Séville, Paco Quiñones, ayant trouvé la caisse de famille vide et ne pouvant se résigner à jouer le rôle du jeune homme pauvre, s'adonne à la lutte contre les taureaux, et devient très vite un « espada » renommé. Il est fiancé depuis longtemps avec Pastora, jeune héritière qui voudrait pourtant lui faire abandonner, avant le mariage, cette carrière dangereuse. Paco ne cède pas à ce chantage sentimental, surtout parce qu'en revenant à Séville il a retrouvé la grande danseuse gitane Pura et en est tombé amoureux. Pura l'aime aussi, mais n'est pas capable de renoncer complètement à la passion charnelle qui l'avait enchaînée, au début de sa carrière, à Pitoche, chanteur gitan vicieux et taré. Au cours d'une dispute qui éclate entre les deux hommes, elle blesse grièvement Paco, l'homme qu'elle aime, pour défendre Pitoche, l'homme de son sang, celui qui l'a entraînée dans le vice. Paco guérit et, après avoir pendant longtemps caressé l'idée de la vengeance, il finit par comprendre les sentiments qui ont poussé Pura à agir de la sorte, et se déclare prêt à pardonner. Mais le profond sentiment religieux de la danseuse gitane trouve que ce pardon est trop facile : pour que ses remords puissent s'apaiser, elle parcourt en robe de pénitente, et à genoux, tout le chemin de la célèbre procession de la semaine sainte de Séville, en confessant publiquement son crime et en hurlant son amour pour sa victime ; puis, laissant Paco épouser son ancienne fiancée, elle reprend ses vagabondages artistiques sur toutes les scènes d'Europe.

Le roman, véritable hymne à la gloire de Séville et de l'Espagne, est né de ce changement d'orientation dont jaillirent les *Chants de vie et d'espérance* (*) de Rubén Darío, c'est-à-dire de la reconnaissance du fait que l'Espagne est la mère spirituelle du continent hispano-américain. Dans la première partie, l'écrivain uruguayen considère Séville et l'Espagne avec un regard trop enclin à se laisser éblouir par les couleurs éclatantes ; dans la deuxième, qui trouve son point culminant dans la pénitence paradoxale de la danseuse, on sent au contraire que Reyles, ayant enfin percé cet écran de couleurs locales trop chatoyantes, est parvenu à exprimer et à contrôler, avec vigueur, les secrets de la psychologie espagnole. — Trad. Excelsior, 1936.

EN TERRE ÉTRANGÈRE [*Stranger in a Strange Land*]. Roman de l'écrivain américain Robert A. Heinlein (1907-1988), publié en 1961. Valentin Michaël Smith est le seul survivant de la première expédition terrienne sur la planète Mars. Né là-bas, il a été recueilli et élevé par les Martiens. Ramené vingt-cinq ans plus tard sur Terre, physiquement humain mais culturellement martien, il s'adapte difficilement à un monde pour lui étranger. Comme il a hérité d'une fortune fabuleuse et qu'il est légalement le propriétaire de Mars, il devient la cible de complots. Avec l'aide de son infirmière Jill Boardman, de l'avocat Jubal Harshaw, du journaliste Ben Caxton, de quelques autres figures américaines typiques et du sémanticien arabe et musulman Mahmoud qui comprend le martien, il en réchappe et entreprend, sans le vouloir, de convertir son entourage aux usages de l'ancienne sagesse martienne, le partage de l'eau, une forme de compréhension directe qui se dit « gnoquer », la non-violence, la création de « nids » où règne entre « frères » et « sœurs » l'amour le plus libre. Son éducation martienne l'a doté d'un charisme exceptionnel et de quelques pouvoirs paranormaux dont celui d'expédier sur un plan d'existence supérieur ceux qui le menacent, si bien qu'il finit, presque par inadvertance, par créer une religion informelle où chacun est Dieu, et par être lynché par les Fosterites, fanatiques d'une Église rivale et corrompue. L'humour et le scepticisme corrosif de l'auteur, qui confinent au cynisme, lui évitent de tomber dans un mysticisme naïf. Malgré son adéquation à l'époque, le roman avait été conçu dès 1948, repris en 1955 et achevé en 1960, comme un exercice de relativisme culturel : considérer notre monde d'un point de vue étranger. Pour cette raison et peut-être en raison d'un contresens partiel de ses lecteurs, *En terre étrangère* fut le roman des années 60, tant il correspondait aux idéaux des « campus » et de la jeunesse occidentale, et il en demeure un témoignage exceptionnel. Il obtint le prix Hugo en 1962 et représenta un tournant dans la carrière de son auteur. — Trad. Robert Laffont, 1970. G. K.

ENTERREMENT À THERESIENBOURG [*Sahrana u Terezijenburgu*]. Longue nouvelle de l'écrivain croate Miroslav Krleža (1893-1981), publiée en 1933 dans le recueil de nouvelles intitulé *Les Mille et Une Morts* [*Hiljadu i jedna smrt*]. À travers l'histoire d'un régiment de l'armée austro-hongroise, Miroslav Krleža donne la généalogie détaillée d'une famille patricienne qu'il avait déjà mise en scène dans le cycle des Glembay — v. *Les Glembay* (*). Il s'agit, dans la nouvelle, de l'enterrement d'un officier de ce régiment qui s'est suicidé pour protester contre une punition qu'il ne croyait pas avoir méritée. Au lieu de prononcer le discours habituel, pendant l'enterrement, le commandant accuse avec violence cet officier qui a osé porter atteinte à l'honneur de son régiment en se suicidant ; et par là il donne à entendre que la vie humaine importe moins que l'honneur et la tradition militaires. — Trad. Éditions de Minuit, 1959.

ENTERRÉ VIVANT [*Zende be-gur*]. Recueil de nouvelles de l'écrivain iranien de langue persane Ṣādeq Hedāyat (1903-1951), publié en 1930. La première nouvelle qui a donné son titre au recueil est le récit écrit à la première personne d'une tentative de suicide. Selon certains critiques, Ṣādeq Hedāyat aurait écrit cette nouvelle sous l'influence de la littérature occidentale, comme d'ailleurs un certain nombre d'autres nouvelles toutes plus ou moins teintées d'irrationnel. Une autre nouvelle du recueil traite du problème de la mort, ce problème qui le bouleversait tant. Hedāyat : « J'envie les morts. Il me semble que la mort est un bonheur que l'on ne donne pas à n'importe qui. » L'on peut dire que Hedāyat ne se libérera, au cours de sa vie, jamais totalement de cette angoisse. Dans la nouvelle « Les Croque-Morts » [Mordhe-Horha], l'auteur nous présente deux commères qui se disputent les dépouilles de leur mari commun, jusqu'au moment où le défunt bigame se réveille. Dans la nouvelle « Abji-Hanom » des parents s'efforcent, sans succès, de marier leur fille aînée. Mais il n'est pas facile en Iran de marier une jeune fille laide et pauvre. Elle aime Hoseyn. Croyant que ses parents lui reprochent de n'être pas encore mariée, elle n'attendra pas la décision de celui qu'elle aime, et se suicidera. – Trad. José Corti, 1986.

ENTRAVE (L'). Roman de l'écrivain français Colette (1873-1954), publié en 1913, faisant suite à *La Vagabonde* (*). Renée Néré, en villégiature à Nice, vient de rencontrer sur la promenade des Anglais l'homme auquel elle a failli lier son destin, le « grand serin » qui eût fait d'elle une bourgeoise soumise, heureuse et sans questions. Elle ne s'est pas fait reconnaître, mais la vision de cet homme, en compagnie de sa jeune femme et de leur enfant, la ramène à la période de sa vie où elle fut tentée de faiblir et où elle eut la force de se détourner de l'enlisement. Pourtant les journées qu'elle passe en compagnie de May et de son amant Jean, auquel se joint le singulier personnage qu'est Masseau – opiomane, mystificateur en apparence, mais attentif et lucide en réalité –, ces journées « s'émiettent on ne sait comment, inutiles, raccourcies, gâchées ». Après une des innombrables scènes qui ponctuent la liaison des deux amants, May semble résolue à partir pour de bon, et Jean se sent attiré vers Renée qui, plutôt que de l'encourager et peut-être déjà malgré elle, quitte l'hôtel et part pour Genève. Elle y retrouve Brague, le chef de la troupe où elle « tournait » jadis, et elle éprouve douloureusement la distance qui la sépare – elle est désormais spectatrice – de ceux qui ont continué de « travailler ». Au moment de regagner Paris, Jean revient en compagnie de Masseau. Le départ est remis. Tous trois passent la journée à Lausanne, où les subtiles interférences de Masseau, les approches encore délicates de Jean amèneront la jeune femme à se rendre à un sentiment – ou n'est-ce qu'une attraction physique ? – dont elle avait déjà perçu en elle les avertissements. À Paris, cette passion réelle, partagée, connaît une phase heureuse et sans profondeur. Bientôt les alarmes viennent, non point d'abord par la faute de Jean, mais par l'inquiétude de Renée, jalouse de celles qui viendront après elle et sauront, peut-être comme May, le satisfaire sans exiger de le posséder âme et corps. Puis cette jalousie se développe – sans se manifester, d'ailleurs – et s'en prend au passé, aux femmes qui ont « façonné Jean pour une autre que pour elle ». Chez Jean, une évolution parallèle s'opère, mais sur un plan différent et qu'il énonce un jour : « J'ai peur que nous n'ayons pas assez besoin l'un de l'autre. » Renée, « entre l'amitié froide qui chemine devant l'amour », l'appréhension de ce qui se prépare, et le passé d'un amant qui s'est défait de mainte passante, ne peut en somme se contenter de vivre l'existence de la femme entretenue ; elle connaît jusqu'à la torture la « prescience de le perdre ». C'est encore Masseau qui sera le complice aussi bien de Renée que de Jean pour réparer les premières ruptures, en montrant à celle-là qu'elle a pu se tromper en se voulant et se croyant « une autre femme que May ». Mais ce curieux mentor n'est ni un juge ni un arbitre : il se retire pour laisser les « intéressés » aux prises avec leurs propres natures, qui s'évadent désormais l'une de l'autre avec moins de ménagement. « Prends garde ! lui dit Jean, ce n'est, encore une fois, que du désir ! » Elle acquiesce : « Je fermai les yeux pour qu'il ne vît pas que c'était mon âme que je lui donnais. » Ainsi a-t-elle gagné ce qu'elle voulait, mais c'est elle, peut-être, qui fait le plus grand sacrifice : « Il me semble, à le voir s'élancer sur la vie, qu'il a pris ma place, qu'il est l'avide vagabond et que je le regarde à jamais amarrée. »

Ainsi s'achève ce livre, le plus méditatif des romans de Colette, où se révèle, à côté de la précieuse matière du sujet même, l'ingéniosité d'une composition qui assemble le passé, le présent et le pressentiment en un jeu souple et presque toujours douloureux ; qui confie à un personnage hors de jeu, et néanmoins subtilement fraternel et efficace, le soin de voir clair, aussi bien pour les amants que pour le lecteur, et de percevoir, au-delà des incidents, les lois profondes de l'amour que les sens et l'âme se disputent tour à tour.

ENTRE CIEL ET TERRE [*Zwischen Himmel und Erde*]. Récit de l'écrivain allemand Otto Ludwig (1813-1865), composé en 1855 et publié en 1856. Cette œuvre de la maturité de l'écrivain allemand est une des plus remarquables de l'époque. Le cadre du récit est typiquement germanique : une petite ville de Thuringe avec une famille de « Schieferdecker », ouvriers spécialisés dans la construction et la réparation des toits en ardoise, caractéristiques des églises et des maisons allemandes. Les personnages principaux sont : le vieux père autoritaire et dur, maître coléreux et inflexible, dont l'ombre couvre la scène ; deux frères, Fritz et Apollonius, et une femme, Christiane. Apollonius aime Christiane, mais, trop timide pour le lui avouer, charge son frère de faire la déclaration à sa place. Ce dernier agit pour lui, au détriment d'Apollonius, et lui fait, de cette femme qui l'aimait en secret, une ennemie. Il l'épouse même, après que son frère a quitté la maison et la ville. Six ans plus tard,

Apollonius revient. Belle-sœur et beau-frère manifestent une hostilité réciproque ; mais Fritz, commettant des maladresses qui montrent son infériorité, rapproche ainsi ces deux êtres. Exaspéré par sa jalousie, il n'hésite pas devant le crime. Là-haut, entre ciel et terre, du toit de l'église où ils travaillent tous deux, il essaie de faire tomber Apollonius de l'échafaudage. Un saut rapide de ce dernier, et Fritz, perdant l'équilibre, tombe dans le vide. La jeune femme, libre désormais, pourrait, comme elle le désire et comme l'ordonne le vieux père, se marier avec Apollonius. Mais entre eux existe un insurmontable obstacle... l'idée toujours plus vive et plus profonde en Apollonius qu'il aurait pu sauver son frère. Cette pensée obsédante l'empêche de travailler sur le toit de l'église : la seule idée d'y monter lui donne le vertige. Pour en guérir, il imaginera une interprétation plus favorable de son geste de défense, se convainquant lui-même de n'avoir voulu, en sauvant sa vie, que sauver celle de toute sa famille dont il est le soutien. Pour rendre cette justification valable, il renoncera à la femme qu'il aime et il continuera à la nommer sa sœur.

Ainsi que le titre l'indique, la terre est opposée au ciel : Fritz, dans le récit, représente le mal tandis qu'Apollonius représente le bien ; caractères absolus, nets et sans bavures. La femme est plus humaine, prête à ceder à sa passion, elle sait pleurer et crier son amour. Œuvre caractéristique de l'époque. Le récit, malgré sa signification symbolique et éthique, constitue une minutieuse étude des particularités, des usages, du langage et de la technique de ce milieu d'ouvriers. — Trad. Hachette, 1872.

ENTRÉE EN ESPAGNE. Une des œuvres franco-vénitiennes les plus connues, qui s'apparente à la littérature chevaleresque carolingienne ; elle date de la fin du XIIIe siècle, mais son attribution est incertaine. Elle fut écrite (selon le témoignage de l'auteur lui-même) par un Padouan ; son nom était peut-être Minocchio (Minoclus), à en juger par des indications contenues dans le catalogue auquel appartient le manuscrit célèbre qui transmit ce récit. Après plusieurs années de paix, Charlemagne, à la suite d'un songe où lui est apparu saint Jacques (protecteur des Espagnols), pense qu'il doit faire la guerre aux infidèles. Les avis de ses paladins eux-mêmes sont partagés ; finalement, sur le conseil des preux Naîmes, duc de Bavière, et Roland, comte de Bretagne, Charlemagne décide d'accomplir l'entreprise. La première partie concerne donc la lutte engagée au nom de la foi, contre Marsile, roi d'Espagne et chef des Maures, afin de ramener cette terre sous le signe du Christ. La seconde partie est un peu différente de ton et de sujet : la guerre est commencée et Roland se trouve à la tête de l'arrière-garde des armées, lorsqu'il estime qu'il est offensé et abandonne tout pour chercher la gloire. Mais il revient bientôt ; Charlemagne, son roi et son oncle à la fois, le frappe au visage avec son gant dans un mouvement de colère, et Roland s'éloigne affligé et contrit, n'ayant pas oublié, malgré tout, les bienfaits reçus dans le passé. Après quelques aventures, on le retrouve en Perse où il délivre Dionès, fille du roi, d'un prétendant, Malquidant, vieux souverain qui a envoyé à la cour son arrogant neveu Pelias ; Roland tue ce dernier. La princesse s'éprend de lui et Roland lui rend son amour. Mais il a donné sa foi à la belle Aude, qui l'attend en France. Lorsque le royaume de Perse est sauvé, Roland y introduit les mœurs chevaleresques et forme à la courtoisie et à la vaillance Samson, frère de Dionès. Il finira par le ramener en France, avec lui, après différentes aventures et un voyage en Terre sainte.

L'œuvre est quelque peu incorrecte et de facture négligée ; elle contient un élément fabuleux, mais nullement un climat d'épopée. Les 131 derniers vers furent écrits par Niccolo de Vérone (XIVe siècle), le plus vigoureux représentant de la tradition chevaleresque franco-vénitienne et l'auteur de *La Prise de Pampelune* ; c'est lui qui devait reprendre la narration et l'achever selon un plan qui en respectait l'unité, autant qu'il était possible de le faire. — L'*Entrée en Espagne* a été éditée par A. Thomas (2 vol., Paris, Société des anciens textes français, 1913).

ENTRE FOUS VA LE JEU [*Entre bobos anda el juego*]. Comédie en trois actes et en vers, de l'écrivain espagnol Francisco de Rojas Zorrilla (1607-1648), publiée en 1637. La comédie est écrite en un style franchement bouffon, et le titre est emprunté à une réplique menaçante d'un des protagonistes. Don Lucas del Cigarral, personnage fat et présomptueux, qui introduit dans le monde du théâtre le type calme de l'homme trompé et content de soi, a contracté, grâce à ses richesses, un mariage avec doña Isabel de Peralta, fille d'un gentilhomme pauvre. Comme il est laid et plein de méfiance, il décide d'épouser la jeune fille par procuration ; il se fait représenter par un de ses cousins, don Pedro de Toledo, qui devra lui amener sa femme sans jamais lui parler et en l'obligeant en outre à cacher son visage sous un masque. Mais, pendant le voyage, don Pedro a la possibilité de reconnaître en doña Isabel une jeune fille à laquelle il a sauvé la vie dans une certaine occasion et dont il s'éprit sans la connaître. Alors le jeune homme oublie la parole donnée à son cousin et déclare son amour à la belle. Après de nombreuses péripéties, il ne reste plus à don Lucas que la ressource d'être généreux et de permettre le mariage des deux amoureux. Des motifs d'une très grande drôlerie donnent une consistance à l'intrigue, plutôt faible, de l'œuvre ; les moments les plus réussis sont celui où don Lucas remet à son cousin la lettre qui lui permettra de « prendre livraison » de la future épouse, et celui où ledit cousin fait à Isabelle une déclaration d'amour au nom du prétentieux fiancé. Le *Don Bertrand du Cigarral* (+) (1650) de Thomas Corneille et le *Dom Japhet d'Arménie* (+) (1633) de Paul Scarron nous donnent une pâle imitation de cette comédie, qui est une des plus originales du théâtre espagnol.

ENTRE LA PIERRE ET LA CROIX [*Entre la piedra y la cruz*]. Œuvre de l'écrivain guatémaltèque Mario Monteforte Toledo (né en 1911), publiée en 1948. En plein XXe siècle, le Guatemala n'a pu ébranler le joug du féodalisme institué quatre siècles plus tôt par les conquistadores espagnols sur les ruines des grandes civilisations indiennes. D'un côté, deux millions d'Indiens, dépossédés de leurs terres, vivent exploités, humiliés, sans droits civiques. De l'autre, une poignée de Blancs, souvent étrangers à l'État — la plupart sont d'origine allemande — s'appuyant sur un gouvernement fantoche, une armée et une police sanguinaires, réalisent cyniquement des fortunes fabuleuses dans les plantations. Entre la croix chrétienne, protectrice des excès du Blanc, et la pierre païenne, désuet refuge pour les larmes indiennes, un Maya qui tente de secouer l'inertie de sa race peut-il espérer vaincre et devenir un homme libre, prototype de ce que devrait être plus tard, la civilisation aidant, le citoyen guatémaltèque ? C'est l'expérience que vit Lu Matzar, le héros du roman de Monteforte Toledo. Fils d'un pauvre Indien de la montagne, le sorcier du village a prédit pour lui, dès sa naissance, un grand destin. Sa vie, cependant, s'ouvre sur un triste exode. Son père, auquel un riche voisin vient de voler ses terres, doit, pour payer les frais d'un procès qu'il a engagé, se placer avec sa famille dans une plantation de café de la côte. À la plantation, l'enfant prend conscience, horrifié, de la malédiction d'être né indien, en des scènes d'humiliation où la brutalité le dispute à la lâcheté, et dont la plus implacable est celle où il assiste, impuissant, au viol de sa sœur Trey par le fils du planteur Hermann. Où est l'existence exceptionnelle prédite par le sorcier ? Un jour, cependant, grâce à l'éleveur don José Escobar, les Matzar peuvent quitter le bagne de la plantation ; Lu, hébergé par une famille créole amie de don Escobar, va fréquenter l'école de la capitale et commencer sa métamorphose. Cette lente transformation, coupée d'arrêts, de reculs, d'une âme primitive en âme civilisée, est d'une dramatique intensité. Car s'arracher à sa condition d'Indien ce n'est pas seulement rejeter ce qui paralyse la race : les vieux mythes, le polythéisme, la langue balbutiante et archaïque, les travaux manuels antédiluviens ; c'est aussi accepter de perdre ce qui fait sa grandeur : la pureté, la douceur, la générosité. Libéré de ses complexes, l'Indien doit échapper à la tentation d'asservir à son tour, au profit des capitalistes prêts à l'utiliser, ses frères infortunés. Contremaître dans une plantation, il ne serait qu'un délateur ; soldat, il deviendrait complice des bourreaux. Lu Matzar, au cours d'une période difficile de son existence, devra lutter contre ses instincts. Il triomphera, finalement, en concluant avec les quelques Blancs désireux de former une démocratique nation guatémaltèque l'alliance qui permettra peut-être d'émanciper les hommes de sa race. *Entre la pierre et la croix* est l'un des romans qui aident le mieux à comprendre la psychologie des peuples d'Amérique latine, le sens de leur lutte pour la liberté et le triomphe de la dignité humaine. — Trad. Gallimard, 1958.

C. C.

ENTRE LES ACTES [*Between the Acts*]. Roman posthume de l'écrivain anglais Virginia Woolf (1882-1941), publié en 1941 ; il n'atteint pas à la perfection des *Vagues* (*) ou de *La Promenade au phare* (*), mais il a le mérite, comme l'a remarqué l'un des critiques français qui ont le mieux parlé de Virginia Woolf, « de présenter l'essentiel de l'art et de la pensée de l'écrivain, et de les montrer, à la façon d'une épure ou d'un schéma, dans un singulier dépouillement ». L'action du livre — encore que ce terme d'action contredise essentiellement la conception romanesque de Virginia Woolf — est encadrée par la représentation, dans un village, d'une pièce de théâtre, œuvre d'un écrivain amateur, miss La Trobe. L'œuvre se prépare et se déroule, gardant vis-à-vis de l'ensemble, comme une valeur symbolique, secrète. Mais les personnages importants sont les Oliver et leurs amis, ainsi que les interprètes de la pièce : en chacun d'eux, transparaît l'indicible variation de la vie qui forme la mélodie cachée du livre. D'admirables portraits sont esquissés, repris, effacés, perdus, placés dans une perspective infaillible par un grand artiste. C'est la vieille Mrs. Swithin qui est contemporaine de toute la terre et s'échappe à l'instant en plongeant dans la préhistoire ; c'est Isa Oliver — le double de Virginia Woolf — en proie au grand et discret tourment d'une nature qui veut ignorer les liens et les barrières, rejoindre l'eau, le silence, l'inexprimable. « Oh ! Seigneur, protégez-nous et gardez-nous des mots impurs, des mots corrupteurs. » Poème du silence, de l'unité perdue. *Entre les actes* illustre avec un art sans défaut la conquête de Virginia Woolf, sa connaissance intuitive de l'être, de son caractère irrémédiablement isolé et fragmentaire, son perpétuel mouvement intérieur, son déchirement, sa double vie, le silence enfin qui recouvre toute explication. Dans l'ordre même de Proust, de Joyce, de Bergson, Virginia Woolf a vécu et créé « entre les actes », entre les apparences, la citadelle légère et indestructible de la plus secrète réalité intérieure. — Trad. Charlot, 1945 ; Stock, 1952.

ENTRE LES COURANTS [*Mezi proudy*]. Roman historique de l'écrivain tchèque Alois Jirásek (1851-1930), publié en 1891. L'œuvre est divisée en trois parties, et décrit les événements qui ont eu lieu pendant le règne du roi Venceslas IV, de 1381 à 1409, et particulièrement les débuts du mouvement hussite. Dans la première partie, la chronique de la vie privée de l'archevêque Jan z Jenštejn, dont la cour rivalise avec celle du bon et enthousiaste roi Venceslas, prend le dessus sur les événements historiques, et on assiste à la séduction de Maria par l'archevêque ainsi qu'aux conséquences tragiques de cette relation scandaleuse : le suicide de la femme et l'expiation du prélat. Les pogroms sanglants de la Pâque de 1389 contre les Juifs de Prague donnent au début de la seconde partie un caractère politique plus accentué. Les épisodes de la vie des personnages se mêlent à l'histoire du mariage du roi avec Sophie, princesse de Bavière, et à la tentative faite pour empoisonner le roi Venceslas. La seconde partie se termine par la construction de la fameuse chapelle de Bethléem, à Prague, en 1391. Les événements politiques et historiques sont au premier plan, dans la troisième partie : la captivité du roi Venceslas, l'avance de l'armée royale commandée par Sigismond, qui vient le libérer, les conflits avec les aristocrates, la mort de Jean Népomucène, et finalement l'appel que Ján Hus lance au peuple dans la chapelle de Bethléem, pour qu'il se soulève contre l'armée de Sigismond. Dans ce roman apparaît aussi le capitaine Žižka qui, accusé de trahison par le seigneur de Rožmberk, est ensuite reconnu innocent et reçu à la Cour. Le roman se termine par la proclamation du fameux décret de Kutná Hora, en 1409, qui donne dans les votes trois voix aux Tchèques et une seule voix aux autres nations, dans toutes les questions universitaires ; décret qui fut le prélude aux guerres hussites, dix ans plus tard. Dans l'ensemble de ses trois parties, le roman *Entre les courants* est une peinture suggestive et un fidèle compte rendu historique de toute une époque.

ENTRE LE TEMPS ET L'ÉTERNITÉ [*Tusschen Tijd en Eeuwigheid*]. Recueil de poésies de l'écrivain néerlandais Henriette Roland Holst (pseud. de Henriette Van der Schalk, 1869-1952). Personnalité forte et profonde, Henriette Roland Holst s'inscrit en 1897, en même temps que Gorter, au parti social-démocrate ; expérience qui fut pour elle la promesse d'une aventure merveilleuse et d'un sacrifice continuel qu'elle clamera dans *La Nouvelle Naissance* [*De Nieuwe Gebont*, 1903]. Elle y crie en effet sa joie de pouvoir vivre un instant de l'histoire, de sentir monter des profondeurs populaires la force vitale qui soulève et emporte. Dans son recueil *Entre le temps et l'éternité*, elle ne cesse de professer une sorte de socialisme religieux, mais qu'elle insère dans un cadre plus large : la venue d'un monde nouveau où régneraient l'amour et la joie, l'amélioration de l'espèce par l'individu, la société transformée et heureuse par la conscience triomphant de l'injustice. Dans ce recueil, c'est surtout la méditation, la religiosité qui commandent la poésie, rendant ainsi grâce à Dieu, très simplement de l'amour de la vérité, de la beauté. Le ton de ces vers, larges, libérés, variés, est l'image exacte de la quête d'Henriette Roland Holst : mêler le besoin mystique au souci communautaire.

ENTREPRENEUR D'ILLUMINATIONS (L'). Roman de l'écrivain français André Salmon (1881-1969), publié en 1921. Avec ses qualités de pittoresque, de fantaisie, de couleur, sa disposition à la truculence, que nous trouvons aussi bien dans *La Négresse du Sacré-Cœur* (1920) que dans *Une orgie à Saint-Pétersbourg* (1925), André Salmon nous raconte la vie d'une petite ville : Château-Briard. Un bizarre personnage, nommé Marat, sentimental, passionné, un peu fou, apparaît, qui collectionne les souvenirs révolutionnaires et qui est entrepreneur d'illuminations ; puis une femme, ancien monstre de foire, qui possède des pinces de homard en guise de mains, et sa fille à qui sa beauté devient fatale ; un brigadier de gendarmerie plutôt inquiet et qui, avant d'être gendarme, fréquentait le carrefour de Buci ; un coureur de grands chemins, ravisseur de la vertu des bergères, Farigoul, sorte de faune assassin qui est peut-être le personnage le mieux dessiné de l'ouvrage ; un marquis ridicule aux idées socialistes ; toute une galerie de types de province et même un évêque. Nous assistons à un assassinat ; nous rencontrons de jolies filles qui ont des histoires ; nous voyons une exécution capitale qui attire à Château-Briard des messieurs de Paris dont les silhouettes sont reconnaissables ; finalement, Marat, l'entrepreneur d'illuminations, tombé dans l'anarchie, fait disparaître le marquis qu'il surprend en galante conversation avec la fille du monstre, dont il s'était épris après l'avoir sauvée des mains redoutables de Farigoul. Non dépourvu de mouvement et de lyrisme, ce livre abonde en précieux croquis, qui montrent l'influence sur Salmon des grands peintres de son temps.

ENTRE PROCHES ON S'ARRANGE [*Svoj ljudi, sočtemsja*]. Comédie de l'écrivain russe Alexandre Nikolaïevitch Ostrovski (1823-1886), publiée en 1850. Bien qu'étant une des premières œuvres du grand auteur comique, elle n'en est pas moins une des meilleures. C'est une peinture de la classe des marchands et de ses caractères spécifiques (tyrannie des subordonnés, autorité sans limites dans le cercle familial, grossièreté et ignorance), éléments définis par le concept de « samodurstvo », terme littéralement intraduisible. Le principal protagoniste est le marchand Boltchov, despote grossier et ignorant, illustration parfaite du terme « samodur ». L'intrigue est assez simple, mais elle permet à l'écrivain de brosser une vaste peinture de mœurs et d'études psychologiques. Boltchov est décidé à marier sa fille Lipotchka à un de ses employés, Podchaliouzine et, naturellement, il ne se soucie pas de consulter sur cette question sa fille, ni sa femme, qui est anéantie par la violence despotique de son mari. L'absence totale de principes moraux chez Boltchov se révèle, non seulement dans ses rapports avec sa famille, mais aussi dans ses contacts avec le monde des affaires dans lequel il vit. Le principal facteur de sa ruine est cette amoralité qui caractérise également son émule Podchaliouzine, lequel suit les traces de son maître et parvient même à le dépasser. Boltchov, en voulant faire de Podchaliouzine son gendre, veut par le même coup rouler ses créanciers en lui cédant toutes ses possessions. Mais quand, ayant fait banqueroute, il se trouve dans la prison pour dettes et demande à Podchaliouzine de le secourir et de l'aider à sortir, celui-ci, appuyé par sa femme Lipotchka, lui refuse catégoriquement son aide. Dans la conclusion de cette comédie, qui en vérité prend la tournure d'un drame, l'attitude de Lipotchka passe au premier plan. Elle est déterminée par deux facteurs : l'influence du « samodurstvo » qui, en la terrorisant, empêche l'amour de naître et de se développer en elle, et cette fausse et superficielle « éducation des demoiselles », qui avait commencé à pénétrer jusque dans la classe des commerçants, parvenant seulement à faire naître de nouveaux motifs de vanité et de conflits sur une base de grossièreté et d'absence de principes moraux. — Trad. L'Arche, 1967.

ENTRE TERRE ET MER [*Twixt Land and Sea Tales*]. Recueil de trois nouvelles de l'écrivain anglais Joseph Conrad (1857-1924), publié en 1912, c'est-à-dire après que l'auteur eut déjà donné *Le Nègre du « Narcisse »* (*), *Lord Jim* (*), *Jeunesse* (*), etc. Après sa carrière de marin, Conrad, en 1894, se consacra à la littérature. *Entre terre et mer* est « de tous ses livres de nouvelles, celui qui eut le plus de succès immédiat », dit-il dans l'introduction. Le seul lien entre les trois histoires est, pour ainsi dire, géographique. C'est l'océan Indien qui fournit l'unité géographique. Dans « Un sourire de la fortune », deux personnages curieux sont en scène : Jacobus, un homme sans énergie, sorte d'épave du destin, et sa fille, la belle et silencieuse Alice, dont la présence est toute chargée de mystère. Elle avait l'air ensorcelée, et elle faillit bien ensorceler le capitaine-narrateur. « Le Compagnon secret » fut inspiré à Conrad par une aventure réelle. C'est l'histoire d'un capitaine donnant secrètement asile dans sa cabine à un marin recherché pour meurtre. Un lien mystérieux les unit, et le capitaine s'acharne à sauver cet homme, un « autre lui-même », coupable, mais courageux et fier. « Freya des Sept Îles » a pour héroïne une femme complexe, figure pleine de poésie. Alors qu'Alice est victime de son destin, Freya veut être maîtresse du sien et meurt tragiquement de chagrin. Mais si Freya a trouvé la sympathie du public, elle n'avait pas celle de Conrad qui se sentait inhabile à peindre des femmes réelles. Dans ce conte, comme dans le premier, on retrouve une étude des rapports de père à fille. Conrad préférait « Le Compagnon secret », qui met en scène uniquement des hommes et dont l'intrigue tourne autour d'un pivot moral. Cette nouvelle répondait mieux aux exigences littéraires de l'auteur. — Trad. Gallimard, 1929.

ENTRETIEN DES MUSES (L'). Ouvrage critique de l'écrivain suisse français Philippe Jaccottet (né en 1925), publié en 1968. Dès les débuts du poète, l'activité critique a accompagné la création poétique. Entre 1944 et 1970, il a tenu des chroniques littéraires dans des revues et quotidiens suisses et dans *La Nouvelle Revue française* (*). L'essentiel de cette lumière critique a été recueilli dans *L'Entretien des muses* puis dans *Une transaction secrète* (1987), le premier volume étant consacré à la poésie française du XXe siècle et le second s'ouvrant à d'autres littératures. Le poète a également donné deux monographies : *Gustave Roud* (1968), et *Rilke par lui-même* (1970). Même si Jaccottet n'a jamais voulu faire de la poésie en se livrant à la critique, son travail d'écoute des auteurs et sa recherche de créateur sont intimement liés. C'est ainsi que plusieurs textes de *La Promenade sous les arbres* (+), d'*Éléments d'un songe* (*) et de *Paysages avec figures absentes* (*) sont des méditations à partir de livres qui l'ont fortement requis et qui ont même infléchi sa vie, que ce soit l'œuvre de l'Irlandais A.E. (George William Russell), celle de Robert Musil, la poésie de Hölderlin ou celle de Rilke. Enfin, les carnets de *La Semaison* (*) accueillent fréquemment, dans des notes plus ou moins développées, des lectures ou des rencontres d'œuvres d'art.

La critique de Jaccottet est avant tout une critique de jugement, de pesée délicate des « erreurs et bonheurs poétiques ». Le mouvement d'accueil à une œuvre — et il sait accueillir des poétiques très éloignées des siennes, comme il sait présenter des auteurs très peu connus — est suivi presque toujours d'un mouvement de retrait. Adhésion à la grandeur d'un Perse, à la fraîcheur d'un Char, à la passion douloureuse d'un Jouve, à la limpidité d'Éluard. Mais bien vite s'exprime le refus de l'abus de l'éloge, de l'excès de contraction, de l'enfermement dans le théâtre d'Éros, de l'« ébriété » qui écarte du concret. L'enracinement dans le réel est en effet la valeur essentielle : « Jamais un livre de poèmes n'aura été pour moi objet de connaissance pure : plutôt une porte ouverte, ou entrouverte, quelquefois vite refermée, sur plus de réalité. » L'œuvre vraie est lestée du poids de la terre, d'où l'admiration sans mélange pour des auteurs comme Claudel, Ramuz ou Ponge. Ce lien avec le réel est aussi une proximité du centre, et c'est à partir de ce centre que Jaccottet rêverait souvent, pour les œuvres qu'il aime, d'une « réduction à l'admirable » (J.-L. Steinmetz), d'un dépouillement de ce qui lui apparaît comme « extérieur ». La systématisation est un des pièges, pour la poésie comme pour la critique. Toute légèreté est fêtée, celle de Supervielle ou celle du haïku.

On voit que la présence de la subjectivité est grande dans ces lectures : la rencontre d'une œuvre, de Roud à Mandelstam, est évoquée comme un événement personnel, souvent daté, et récit est même fait de moments forts de la relation amicale.

C'est donc une « figure de la poésie » qui se dessine ici. L'essentiel n'est pas l'invention, ni la virtuosité, ni l'étourdissement dans l'excès, mais bien une approche patiente, retenue, de la justesse. Et c'est, en fin de compte, une justice qui s'établit dans ces pages.

J.-P. V.

ENTRETIEN D'UN PÈRE AVEC SES ENFANTS ou Du danger de se mettre au-dessus des lois. Dans ce dialogue publié en 1773 et écrit ou plutôt conçu en 1770, pendant une visite de l'auteur à sa maison paternelle de Langres, l'écrivain français Denis Diderot (1713-1784) se plaît à évoquer ses souvenirs de famille. Il met en scène son père (homme d'une droiture scrupuleuse), sa sœur, son frère prêtre et lui-même. Par un soir d'hiver, au coin du feu, le père confie à ses enfants un épisode de sa vie qui mit sa conscience dans un cruel embarras. À la mort du curé centenaire de Thivet, le narrateur de l'histoire avait été appelé par les parents — fort pauvres — du défunt, afin d'être l'arbitre de la succession qui, selon toute vraisemblance, devait leur échoir. Pendant la nuit, en dépouillant les papiers du curé, le conteur avait trouvé un testament autographe en faveur d'un riche commerçant parisien. Le document, très vieux, désignait, comme exécuteurs testamentaires, des personnes mortes depuis plus de vingt ans. Tout laissait supposer que le curé, au cours de sa longue vie, avait oublié ce testament et, entre-temps, avait changé d'idée. Le conteur avoue avoir été tout de suite tenté de brûler le testament qui enlevait tant d'espoir à de pauvres gens, au profit d'un homme riche et sans besoins. Ne sachant que décider, il avait fini par demander l'avis d'un père oratorien qu'il connaissait, casuiste très distingué, qui lui avait conseillé de respecter le testament. Il fit ainsi, mais le désespoir de ces malheureux si déçus et la dureté du riche héritier, à qui l'on avait vainement demandé de renoncer à l'héritage, n'avaient pas été sans vivement l'impressionner ; à tel point que ce souvenir le faisait encore souffrir après bien des années.

Sur cet épisode se greffe naturellement une discussion, au cours de laquelle Diderot, sans manquer au respect que lui inspire l'autorité paternelle, ne cache pas son opinion : il eût certes agi à l'opposé de ce qu'avait conseillé le père oratorien. Le même soir, au cours de la veillée familiale, voici que se présente un ouvrier chapelier, accompagné d'un ami du père de Diderot : il est venu le consulter et lui soumettre un cas analogue où il est d'ailleurs directement intéressé. Après le départ du chapelier et de l'ami, les commentaires vont bon train, et l'on soulève la question des rapports entre la loi et la véritable justice. À ce point, le frère de Diderot lit quelques pages de la « Description de la Sicile par le père Labat ». Il s'agit de l'histoire du « cordonnier de Messine », un brave homme ami de l'ordre et de la justice qui, vivant au temps de la domination espagnole en Italie, avait décidé, scandalisé par l'énorme quantité de crimes impunis par indifférence ou incapacité des pouvoirs publics, d'instruire lui-même les procès et de châtier de sa main les coupables les plus notoires.

Le débat, qui reste calme et familial, finit par atteindre un ton plus élevé. On remet en question le problème ardu des rapports entre le droit « objectif » et le droit « naturel ». « Est-ce que l'homme n'est pas antérieur à l'homme de loi ? », demande Diderot. « Est-ce que la raison de l'espèce humaine n'est pas tout autrement sacrée que la raison d'un législateur ? » Enfin Diderot, après avoir embrassé son père avant d'aller se coucher, lui murmure à l'oreille : « Mon père, c'est qu'à la rigueur il n'y a point de lois pour le sage. » Et le vieillard de lui répondre tout aussi bas : « Je ne serais pas trop fâché qu'il y eût dans la ville un ou deux citoyens comme toi ; mais je n'y habiterais pas, s'ils pensaient tous de même. »

Il est facile de comparer cet *Entretien* aux nombreux contes moraux ou philosophiques dont les arguments et les développements se ressemblaient et dont la vogue fut si grande pendant tout le XVIIIe siècle. Mais le génie de Diderot, renouvelant le thème, réussit un ouvrage extraordinairement suggestif et profondément original. Le débat, mené dans une atmosphère réaliste et poétique, se fait toujours plus humain. L'intérêt que suscitent les délicats problèmes de la conscience s'en trouve accru. Le tout est présenté dans un style brillant, chargé d'épigrammes, ce style qui fait de Diderot un de nos plus grands écrivains.

ENTRETIEN D'UN PHILOSOPHE AVEC LA MARÉCHALE DE *.** Dialogue philosophique de l'écrivain français Denis Diderot (1713-1784), écrit en 1774, d'abord diffusé dans la *Correspondance* (*) de Grimm en 1775, puis publié en 1777 avec les *Pensées philosophiques en français et en italien* du poète italien Tommaso Crudeli (1703-1745), auquel il est attribué. Dans la version de la *Correspondance*, le philosophe se nomme Diderot ; dans l'édition de 1777, Crudeli. Quant à son interlocutrice, il s'agit de la femme du maréchal de Broglie, qui commanda l'armée des émigrés en 1792. Au cours d'un bref et brillant dialogue avec une femme du monde, dévote mais éclairée, le philosophe (Diderot) lui démontre la faiblesse des arguments sur lesquels s'appuie sa foi en l'existence de Dieu et en la Providence. La maréchale s'étonne que le philosophe, qui fait profession d'athéisme, puisse cependant être un honnête homme ; les incroyants, pour elle, puisqu'ils n'ont pas peur d'un châtiment dans l'autre monde, ne devraient pas se sentir empêchés de faire le mal, surtout quand il pourrait leur donner des profits dans ce monde. La seule conduite de son interlocuteur, ses principes moraux lui démontrent déjà que sa première supposition n'était qu'un préjugé sans fondements. Diderot lui expose, ensuite, que les avantages qu'elle prête à la religion sont contestables et ne peuvent, de toute manière, se comparer aux crimes auxquels elle sert de prétexte, ni aux divisions fanatiques qu'elle introduit parmi les hommes. Pour lui, « la croyance en un être incompréhensible sur lequel les hommes n'auraient jamais pu s'entendre et auquel ils auraient attaché plus d'importance qu'à leur vie » ne peut être que le fruit de l'invention perverse de misanthropes aigris. Puis il pousse une autre pointe : les chrétiens ne pratiquent pas les préceptes de leur religion parce que ces préceptes sont inhumains. « Il est impossible d'assujettir un peuple à une règle qui ne convient qu'à quelques hommes mélancoliques, qui l'ont calquée sur leur caractère. » Il ne tient pas d'ailleurs à convertir la maréchale à ses vues : « La religion qui a fait, qui fait et qui fera tant de méchants vous a rendue meilleure encore ; vous faites bien de la garder. » La maréchale lui demande cependant s'il ne craint pas la damnation éternelle, au cas où ce Dieu, qui lui semble si improbable, existerait. Comment, réplique le philosophe, Dieu pourrait-il lui tenir rigueur de son incroyance puisqu'il est de bonne foi et qu'il n'en profite pas pour mal faire ? D'ailleurs, il n'est pas un fanatique de l'incroyance, il ne s'en vanterait pas devant les magistrats, il se soumettra aux cérémonies de l'Église à son lit de mort. Il peut être intéressant de noter que Diderot mourut, en fait, sans les secours de la religion. Dans ce dialogue, se trouvent exprimées non seulement les idées alors courantes parmi les philosophes, mais la façon bien particulière dont Diderot les envisageait. À la différence de Voltaire ou de Rousseau, demeurés théistes, il ne croit pas en un Être suprême, mais il n'essaie pas, non plus, de convaincre ou de convertir. Sa conviction est toute personnelle et, bien qu'elle soit fondée sur la saine raison, elle ne convient peut-être qu'à lui. On comprend le succès de cet *Entretien*, écrit dans un style d'une admirable clarté et qui allie la solidité à l'élégance.

ENTRETIEN ENTRE D'ALEMBERT ET DIDEROT. Bref dialogue de l'écrivain français Denis Diderot (1713-1784), auquel font suite *Le Rêve de d'Alembert* et la *Suite de l'Entretien*. Une lettre de Diderot à Sophie Volland permet de dater ces trois ouvrages de 1769. Mlle de l'Espinasse, que Diderot mettait en scène dans *Le Rêve* et la *Suite de l'Entretien*, s'inquiéta des propos qu'on lui faisait tenir et exigea que les trois œuvres fussent détruites. Il semble d'ailleurs que le philosophe, lui-même, ait été effrayé par l'audace de ses propres hypothèses. Il s'exécuta et, cependant, on retrouva plus tard le texte de ces œuvres qui ne virent le jour qu'en 1830. Elles constituent le témoignage le plus intéressant et le plus direct sur l'originalité du génie de Diderot, en particulier sur la singularité de ses vues scientifiques souvent fort en avance sur son temps et la puissance de son imagination philosophique. Dans l'*Entretien*, le mathématicien d'Alembert entame le dialogue par une profession de déisme, une espèce d'acte de foi en un Être suprême, considéré comme une hypothèse indispensable, plus satisfaisante en tout cas que le matérialisme. Diderot fait quelques objections, puis rapidement expose à son interlocuteur ses idées sur la constitution de l'Univers et la génération des êtres ; il n'admet, pas plus que d'Alembert, l'existence de germes spontanés préexistants et émet l'hypothèse d'une espèce de génération spontanée et d'une évolution générale et réversible : « Le vermisseau imperceptible qui s'agite dans la fange s'achemine peut-être à l'état de grand animal ; l'animal énorme, qui nous épouvante par sa grandeur, s'achemine peut-être à l'état de vermisseau, est peut-être une production particulière, momentanée, de cette planète. » Suivent des considérations sur les rapports entre la force et la matière : toute distinction traditionnelle des trois règnes de la nature est arbitraire et insoutenable ; on peut seulement distinguer, par expérience, dans la nature une « sensibilité inerte » d'une « sensibilité active ». On en déduit alors que la sensibilité est une qualité propre et inséparable de la matière. À partir de ces principes rigoureusement établis, il ne peut être question naturellement de libre arbitre. La seule différence entre les sciences « exactes », comme la physique et la mathématique, et les sciences « conjecturales », comme l'histoire, la morale et la politique, est que, dans le premier cas, nous en savons assez pour être sûrs de nos prévisions, tandis que, dans le second cas, nos renseignements sont insuffisants, car, si nous avions la connaissance de tous les éléments et de toutes les forces en jeu, nous atteindrions la divinité. Devant ce torrent d'éloquence, d'Alembert se réfugie dans le scepticisme. Mais son antagoniste lui démontre, au moyen d'une dialectique irrésistible, que l'on ne peut raisonnablement être sceptique.

Dans *Le Rêve de d'Alembert*, la scène se déroule dans la demeure du mathématicien. Après l'entretien qu'il a eu avec Diderot, le mathématicien est rentré fort tard. Pensif, il a eu une nuit très agitée et peuplée de cauchemars. Mlle de l'Espinasse, inquiète, est restée toute la nuit à son chevet et a noté ses propos. Elle les soumet ensuite au docteur Bordeu, un célèbre médecin de l'epoque, qu'elle a appelé pour soigner l'étrange malaise de son ami. Le docteur, qui n'est autre qu'un porte-parole des théories de Diderot, se fait lire ces notes et surprend considérablement la jeune femme en s'amusant à en deviner la suite. Tandis que d'Alembert sort lentement de sa léthargie, une nouvelle discussion s'engage entre le docteur et Mlle de l'Espinasse : l'homme vu comme un ensemble de micro-organismes est le principal sujet du débat. Il ne représente qu'une association provisoire dans laquelle les organes ont tous une certaine autonomie, même dans leur commune dépendance vis-à-vis du système nerveux. Suivent de très curieuses considérations sur les monstres et les causes de leur difformité, sur les ressemblances anatomiques profondes qui existent entre l'homme et la femme, sur la physiologie nerveuse et la sensation. Ces pages sont remplies d'observations pénétrantes, d'hypothèses fortes et audacieuses, qui paraissaient alors assez chimériques, mais dont la plupart sont confirmées de nos jours par les derniers progrès scientifiques.

Dans la *Suite de l'Entretien*, le docteur Bordeu, resté seul avec Mlle de l'Espinasse, lui expose quelques développements possibles des sujets traités dans *Le Rêve*, quant à la morale. Puisqu'on ne peut, après avoir examiné sans préjugés la condition de l'homme, retenir les idées de libre arbitre, de responsabilité, de mérite et de faute, la vertu et le vice ne sont que des noms donnés aux suites de certains états physiologiques. On ne peut donc parler d'actes contre nature : « Tout ce qui est ne peut être ni contre nature, ni hors de nature. » Le docteur (représentant de Diderot) se trouve ainsi amené à admettre tous les égarements des sens et même les pratiques de l'eugénisme ; arrivé à ce point, il est, lui-même, déconcerté par les conséquences de son raisonnement et brusquement s'interrompt. Dans cet extraordinaire ouvrage, qui n'était pas destiné à être publié, Diderot donne, sans aucune retenue, libre cours à son génie et à son imagination philosophique et scientifique ; de là, cet aspect d'anticipation, de fantaisie débridée, étroitement lié à l'esprit scientifique le plus rigoureux et le plus clairvoyant. Diderot y indique, en quelques mots, tous les développements possibles de la science, il arrive même à y prévoir le relativisme ; sans se laisser arrêter par des objections de détail, il parvient d'un trait aux conclusions extrêmes. Mais il n'est jamais abstrait, et l'œuvre garde un sens d'humanité qu'animent la vivacité de la pensée et l'éclat continuel du style. Enfin le dialogue lui-même échappe au tour conventionnel qui affaiblit souvent ces sortes d'ouvrages ; Diderot se plaît à souligner les réactions naïves, plaisantes ou angoissées, les doutes et les hésitations des personnages qui se débattent dans l'implacable filet de sa dialectique.

ENTRETIEN INFINI (L'). Essai de l'écrivain français Maurice Blanchot (né en 1907), publié en 1969. Après *L'Espace littéraire* (*) en 1955 et *Le Livre à venir* (*) en 1959, ce fort volume reprenant une quarantaine d'essais (parus pour la plupart en revue entre 1954 et 1967) va radicaliser, parfois jusqu'aux limites du pensable, les réflexions de l'auteur sur la littérature, le livre et l'« exigence d'écrire ». Hors parole, voire hors pensée — « hors discours, hors langage » —, l'écriture, qui ne peut être réduite au simple acte d'écrire, principe de subversion de tous les garants de notre culture (dont le modèle est le cercle), « suppose un changement radical d'époque — la mort même, l'interruption — ou, pour parler hyperboliquement, " la fin de l'histoire " ». Cette fin de l'histoire coïncidant avec la transgression de l'écriture, Blanchot en voit la réalisation dans le « communisme » : « Reconnu comme l'affirmation ultime, le communisme étant toujours encore au-delà du communisme. » Toutes ces pages arides et ardentes qui se refusent à la compréhension heureuse et directe définissent comme en creux un espace rongé par l'absence, le négatif. Non pas la bonne négativité (hégélienne), celle qui fait œuvre et est secrètement tendue vers une fin promise ou espérée, mais la « négativité sans emploi » qui désœuvre et neutralise. « Il se peut que la pensée, plus elle va loin dans l'expression d'elle-même, plus elle doive maintenir quelque part en elle une réserve et comme un lieu qui serait une sorte de non-pensée, inhabitée, inhabitable, quelque chose comme "une pensée qui ne se laisserait pas penser". » Cette vacance qui vient déstabiliser et comme rendre impossible toute position, tout pouvoir, Blanchot en repère les traces dans ce que la pensée trop hâtive d'en finir a toujours laissé dans ses marges : la souffrance, le malheur, la fatigue... « La fatigue est le plus modeste des malheurs, le plus neutre des neutres, une expérience que, si l'on pouvait choisir, personne ne choisirait par vanité. (...) La fatigue est répétition, usure de tout commencement. » Le dehors, l'inconnu, l'autre, le neutre, « concepts » à la limite de la pensée, « travaillent » l'écriture, ruinent toute tentative d'entrer en pleine possession de soi ou des autres. Les textes repris dans ce recueil et répartis en trois grandes sections (« La Parole plurielle », « L'Expérience limite » et « L'Absence de livre ») doivent leur cohérence au tourment interne dont ils sont comme arrachés : l'écriture fragmentée, l'ébauche de récit, l'analyse littéraire ou le dialogue philosophique empêchent de réduire le texte à un genre unique. Les auteurs convoqués, avec la même sûreté et intransigeance qui permet de les pousser aux limites d'eux-mêmes (Albert Camus, Simone Weil, Nietzsche, René Char, Yves Bonnefoy, Kafka, Robert Antelme, mais aussi Emmanuel Lévinas, Jacques Derrida ou Heidegger, pour n'en nommer que quelques-uns), dessinent une constellation où la modernité la plus extrême cherche à se dire et à se penser hors convention et garantie. F. W.

ENTRETIENS de Confucius [*Louen-yu – Lunyu*]. C'est l'œuvre la plus importante pour la connaissance de la pensée du philosophe chinois Confucius (dates traditionnelles 551-479 av. J.-C.). Composée de vingt chapitres, elle rapporte les discussions entre le maître et ses disciples, discussions que ceux-ci eurent soin de noter. Les problèmes traités concernent la morale, la politique et la méthode. Le « Jen », ou concept d'humanité, dérive pour Confucius du concept traditionnel du « T'ien » [ciel] qui gouverne l'Univers avec justice et bonté. L'humanité, dans son acception générale, embrasse toutes les manifestations possibles : la politique et la religion, en particulier, ne peuvent exister sans elle. Mais les *Dialogues* ne livrent pas qu'une seule conception de l'humanité ; Confucius en parle de différentes manières, selon que c'est l'un ou l'autre de ses disciples qui a recueilli sa pensée. Pour Yen Yuan (le disciple qui est le plus porté à la spéculation morale), posséder sa propre humanité, c'est se mortifier et se faire une règle de l'intérêt commun (exprimé par les rites). Mais lorsqu'il interrogea Confucius sur la vertu parfaite, le Maître répondit : « Que vos yeux, vos oreilles, vos langues, tout en vous soit maintenu dans les règles de l'honnêteté [...] Ne faites pas à autrui ce que vous ne voulez pas qu'on vous fasse à vous-même. Dans la principauté, personne ne sera mécontent de vous ; dans la famille, personne ne se plaindra de vous » (Dialogue XII). Pour Tse Kong (le disciple qui s'adonne à la dialectique), l'humanité consiste à se stabiliser soi-même avant de stabiliser les autres, et à devenir soi-même compréhensif, au lieu d'attendre que les autres le soient (Dialogue VI). Pour conquérir cette humanité, il faut avoir courage et bonne volonté, ainsi que bon sens et intelligence. Un gouvernement comme celui des premiers temps des Tcho (vers 1122 av. J.-C.) – gouvernement qui est aux yeux de Confucius un modèle à imiter – dit son exceptionnelle perfection à la sagesse et à la vertu des souverains. Un bon gouvernement appuie son autorité sur la force des armées, la satisfaction d'un peuple suffisamment pourvu de vivres, et la confiance qu'il inspire. Si la nécessité oblige à se passer de l'un ou de l'autre de ces trois éléments de base, il importe de renoncer tout d'abord aux armées, puis à la nourriture, mais jamais à la confiance, parce que « la mort a existé et existera de tout temps, mais un peuple ne peut se survivre s'il n'a foi en son souverain ». La conséquence de cette attitude est le respect des lois ; une distinction naturelle et acceptée par tous doit s'établir entre supérieurs et inférieurs, de sorte que tous demeurent à leur poste et accomplissent leur tâche, faisant par là régner l'ordre et la félicité. L'attitude de Confucius consiste à prendre soin en effet d'adapter son enseignement à la nature de ses disciples, et de développer les possibilités de chacun. C'est à force de volonté qu'il a réussi à être un grand Maître : « À 15 ans, je m'appliquais à l'étude de la sagesse, dit-il ; à 30 ans, je marchais d'un pas ferme dans le chemin de la vertu ; à 40 ans, j'avais l'intelligence parfaitement éclairée ; à 50 ans, je connaissais les lois de la Providence ; à 60 ans, je comprenais, sans avoir besoin d'y réfléchir, tout ce que mon oreille entendait ; à 70 ans, en suivant les désirs de mon cœur, je ne transgressais aucune règle » (Dialogue II, 4). Et c'est avec un grand zèle qu'il entreprend de conduire ses disciples sur le chemin de la vérité et des vertus. Yen Yuan dit que le Maître le conduit adroitement suivant le plan qu'il avait établi. Il donne du champ à son esprit grâce aux études, il règle sa conduite d'après les exigences de la nécessité. Quand il tente de se détourner de l'étude, il n'y réussit pas, quoi qu'il fasse ; il lui semble que quelque chose se dresse devant lui, et, bien qu'il veuille s'en saisir, il ne trouve aucun moyen de le faire.

Dans ces *Dialogues,* Confucius apparaît comme le plus grand Maître et le premier moraliste du monde oriental. D'aucuns le considèrent même comme le Maître de morale par excellence, du fait que parmi ses disciples il ne s'en est pas trouvé un seul qui prît le contre-pied de son enseignement, ou qui ait construit un système plus puissant. – Parmi plus de trente traductions, on peut citer en français *Entretiens de Confucius,* in *Les Quatre Livres,* par le père S. Couvreur, rééd. Kuangchi Press-Maisonneuve, 1972 ; *Entretiens de Confucius,* par A. Cheng, Seuil, 1981 ; *Les Entretiens de Confucius,* par P. Ryckmans, Gallimard, 1987.

ENTRETIENS d'Épictète [*Ἐπικτήτου διατριβαί, Epicteti Dissertationes*]. Leçons du philosophe stoïcien Épictète (55 ?-135 ? ap. J.-C.), d'origine phrygienne. Le recueil comprenait huit livres, dont quatre seulement nous sont parvenus – v. aussi *Manuel* (*). Ainsi qu'Arrien nous le dit lui-même, dans une lettre adressée à Aulu-Gelle et précédant les *Entretiens,* il s'est borné à écrire fidèlement tout ce qu'il avait entendu de la bouche de son maître, dans l'école que celui-ci avait fondée à Nicopolis, en Épire. Arrien souhaite que, même à travers son style nu et sec, le ton sublime de l'enseignement d'Épictète et la haute mission morale que ce dernier s'était donnée apparaissent avec clarté et évidence. Cet ouvrage a une importance fondamentale pour connaître cette troisième période du stoïcisme, appelée période romaine, et dont ses représentants les plus éminents sont Épictète et Marc Aurèle. L'attention du philosophe est tournée surtout vers les problèmes de morale ; en délaissant le point de vue éclectique dans lequel était tombé le stoïcisme, Épictète réaffirme, dans toute sa rigueur, le concept d'une volonté rationnelle qui régit le monde et à laquelle l'individu doit un total dévouement. C'est ce qui donne à cet ouvrage une atmosphère d'intense religiosité. Il faut remarquer l'influence exercée par la prédication des cyniques sur la doctrine d'Épictète ; d'ailleurs, les conversation rédigées par Arrien évoquent, non seulement dans leur titre, mais aussi par leur forme, les « diatribes » cyniques de caractère populaire.

Le premier concept fondamental du système d'Épictète est celui de la Providence divine qui régit le monde et le guide selon les lois de la raison humaine, de la façon la plus parfaite. Dieu, père des hommes, a tout ménagé en vue de leur bien matériel et moral ; si le mal intervient dans la vie humaine, il ne faut pas en imputer la faute à la Providence, mais à l'homme lui-même qui, oublieux de sa noble origine et de sa propre raison — étincelle divine qui devrait le guider dans ses actions —, se laisse tromper par des apparences mensongères et se soumet aux vices et aux passions. Par une telle conduite, l'homme renonce à son privilège, s'enfonce dans le malheur, renie cette liberté suprême que Dieu n'a voulu octroyer qu'à lui seul, parmi tous les êtres de la création. En effet, l'homme est libre parce qu'il possède les seules choses ayant de la valeur : l'usage de la pensée, de ses tendances, de sa volonté, c'est-à-dire des qualités qui peuvent lui assurer une liberté totale vis-à-vis de cette première chaîne d'esclavage représentée par les inquiétudes de l'esprit et par les maladies de l'âme, les passions. En ce qui concerne la deuxième chaîne, celle des objets extérieurs, elle est créée par une opinion erronée ; les honneurs, les richesses, la santé, notre corps lui-même ne sont pas en notre pouvoir. Ils nous ont été prêtés pour une sorte de jouissance provisoire ; on peut nous les réclamer à n'importe quel moment, et nous devons être toujours prêts à les rendre sans hésitation et sans douleur. Par conséquent, l'homme doit apprendre à puiser sa joie et sa douleur en tout ce qui, de par sa nature intime, demeure inaltérable, stable, libre de toute contrainte. D'où l'homme tire-t-il sa force pour être sage, sûr de lui-même, libre vis-à-vis des autres hommes et des adversités du sort ? Il la puise en Dieu, qui lui a insufflé, en lui donnant la raison, une parcelle immortelle de sa propre toute-puissance. Cet élément divin, que tout homme recèle, doit être vénéré et protégé de toute contamination d'avec les sens. L'homme dit l'écouter et lui obéir, car il n'est rien d'autre que la conscience qui le pousse aux bonnes actions et, dans la lutte sereine, l'aide à vaincre le mal. C'est lui la garantie la plus solide de sa vertu et de son bonheur.

L'autre concept fondamental qui inspire les *Entretiens* est le concept de la fraternité humaine ; tous les hommes en tant qu'enfants de Dieu sont frères, et se doivent une affection et une aide mutuelles. La compréhension, la pitié doivent toujours nous inspirer, lorsque nous examinons les fautes de notre prochain ; nous devons être prudents dans nos jugements ; sereins et équitables dans la punition, lorsque celle-ci est nécessaire. Si quelqu'un nous injurie, nous devons nous rappeler que la vengeance se retournerait tout simplement et seulement contre nous-mêmes, parce qu'elle détruirait notre intégrité morale. C'est en cela que réside le seul mal que l'on puisse faire à un individu digne de porter le nom d'homme. De l'examen détaillé, fait par Épictète, des problèmes relatifs à la vie spirituelle et des rapports sociaux de l'individu se dégage une conception claire et complète de la vie comme mission à accomplir pour l'élévation spirituelle de soi-même et d'autrui, à travers l'obéissance humble, en même temps qu'active et féconde, à la volonté de Dieu. A cause de ces thèmes essentiels et des principes qui en découlent (la résignation à la souffrance et aux privations ; l'amour fraternel pour tous les hommes auprès desquels le sage doit se sentir comme l'envoyé, le serviteur et l'interprète de Dieu), la philosophie d'Épictète a un caractère religieux tellement intense que l'on en vint à penser que cet auteur appartenait en secret au christianisme. — Trad. Les Belles Lettres, 1943-1965.

ENTRETIENS de Lin-Tsi [*Lin-Tsi lou*]. Recueil des enseignements du maître bouddhiste chinois Lin-Tsi (mort en 867). Lui-même compilateur de ses prédécesseurs, scrupuleux jusqu'à respecter les incongruités du chinois vulgaire, Lin-Tsi a été mis par écrit par un de ses disciples directs. Son enseignement est constitué d'une centaine de chapitres courts : prédications, instructions collectives, « diagnoses » (ou diagnostics individuels) et anecdotes. Sur le mode de l'apophtegme, cet enseignement anti-intellectualiste est très elliptique et énigmatique. Mais, typiquement chinois, il est d'abord humaniste : il met au-dessus de tout l'« homme vrai » et se rapproche en cela du confucianisme et du taoïsme. — Trad. Paul Demieville, Fayard, 1972. J. P. L.

ENTRETIENS AU BORD DE LA MER. Ouvrage du philosophe français Alain (pseud. d'Émile Chartier, 1868-1951). Dans ce livre daté : « Le Poulden, août-septembre 1929 », l'auteur des *Propos* (*) présente une suite de neuf entretiens consacrés à la « recherche de l'entendement ». Alain se promène au bord de la mer avec un ancien polytechnicien de ses amis. Ils rencontrent un vieux peintre à cheveux blancs, accompagné d'une amie « par l'âge entre muse et sibylle ». Les présentations ont lieu et le premier entretien commence. Les pensées échangées par les quatre interlocuteurs ne sauraient être résumées dans un exposé de quelques lignes. Elles ont trait le plus souvent à l'impermanence des choses et à leur interdépendance : « L'univers n'est point clos. » La vue de quelques détails de paysage, de quelques objets usuels, comme un mètre, un clou, une roue, un nœud, est souvent le point de départ de longs débats tendant à démasquer de fausses interprétations, non seulement de nos perceptions journalières, mais aussi des vérités de la mathématique et surtout de la géométrie. Au passage, nous rencontrons certains jugements sur de grands philosophes : Descartes, pour qui les tourbillons, Dieu et l'âme font ensemble un cristal dur et impénétrable sur lequel nous venons buter comme des bourdons ; ou Spinoza, dont le système parfait se referme sur nous et nous emprisonne « si bien que l'homme libre ne s'applique qu'à chercher la porte ».

La forme de l'ouvrage fait naturellement penser à Platon ou à Érasme quand ce n'est pas à Anatole France. L'auteur d'ailleurs n'a pas craint d'y introduire, par endroits, de véritables dialogues socratiques dont la maïeutique insistante et minutieuse rappelle parfois le Socrate de Xénophon encore plus que celui de Platon. C'est le cas pour le remarquable dialogue avec le vieillard, sur l'impossibilité de séparer la cause de l'effet, démontrée par l'exemple de la goutte d'eau dans le nuage, sur l'écoulement incessant des choses et sur le mécanisme de l'univers, « qui nous dispose selon l'attente de quelque chose qui va arriver, qui ne cesse d'arriver... ». Dans ce livre, les idées, le style aussi peut-être, font qu'il ne saurait être lu sans une attention soutenue.

ENTRETIENS AVEC ABELLIO. Cet ouvrage, publié en 1966, contient quatre entretiens de Marie-Thérèse de Brosses avec l'écrivain français Raymond Abellio (1907-1986). Chacun de ces entretiens est centré sur un thème : « La Politique », « L'Art et la Communication », « La Femme et l'Amour », « Ésotérisme et structure absolue ». Le premier de ces entretiens retrace l'itinéraire politique mouvementé d'Abellio, pour qui la politique a été la grande aventure de la première partie de sa vie. D'éducation catholique, il se détache de la religion pendant ses études à Polytechnique, puis entre à la S.F.I.O., où il milite dans l'opposition de gauche du parti, pacifiste et internationaliste. Après sa captivité dans un oflag, il adhère en 1941 au M.S.R. (Mouvement social révolutionnaire) dirigé par Deloncle, ancien chef de la Cagoule. Alors que Deloncle menait déjà un double jeu par rapport à Vichy, puisqu'il n'était pas pro-allemand, Abellio lui-même entreprend une action secrète au sein de ce mouvement, sur des bases gauchistes, qui aboutit à l'exclusion de Deloncle, puis essaie d'établir une liaison avec Londres. Ce double jeu échoue politiquement, mais lui permet du moins de rendre quelques services à la Résistance, ce qui lui vaudra d'être acquitté après la guerre, au bout d'une période de clandestinité. Mais dès 1943 il commence à se détacher de la politique, sous l'influence d'un instituteur-guérisseur, pour attacher plus de prix à la connaissance, à la contemplation. Les événements historiques s'effacent devant l'événement au sens plein qu'est pour lui la sortie de l'homme hors du temps. Abellio a transposé dans ses romans de nombreux épisodes de sa vie mouvementée. Dans le deuxième entretien, « L'Art et la Communication », Abellio retrace la voie qui l'a amené à la littérature, tout d'abord à travers l'écriture automatique, et précise ses vues sur le roman. Les siens sont inséparables de sa philosophie ésotérique, et en sont l'illustration. Ses conceptions lui permettent d'établir une typologie qui lui fournit des modèles pour ses personnages. Il est plein de réserve en face du « nouveau roman » et du « nouveau théâtre », auxquels il reproche d'éliminer la vie intérieure. Dans le troisième entretien, « La Femme et l'Amour », Abellio expose son idée de l'amour, qui selon lui ne peut être approché qu'à travers la multiplicité des amours, et la typologie de la femme qui lui a servi à tracer les personnages féminins de ses romans. Pour lui il y a trois sortes de femmes, la « femme originelle », d'une sensualité immédiate et chez qui la conscience sommeille, la « femme virile », virtuellement ou réellement homosexuelle, qui ne conçoit de rapports avec l'homme que de rivalité, et la « femme ultime » qui, bien que pleinement féminine, a du mal à réaliser sa féminité, car en elle l'éveil de la conscience contrecarre la sensualité. C'est avec elle que l'amour est le plus enrichissant, mais aussi le plus épuisant, et l'homme doit parfois retremper ses forces auprès de la « femme originelle ». Le quatrième entretien, « Ésotérisme et structure absolue », se réfère de façon assez contradictoire, à la fois aux courants rationalistes de la pensée moderne, Husserl et le structuralisme, et à la tradition ésotérique. Abellio explique comment, d'après *La Kabbale* (*), il a construit une interprétation gnostique de *La Bible* (*), fondée sur les nombres sacrés. Un long développement est consacré à l'astrologie. L'entretien se termine sur l'évocation de *La Structure absolue* (*), publiée en 1965, où Abellio essaie de rendre compte de sa pensée gnostique en termes de structure et de champ. En même temps est évoqué l'itinéraire intellectuel d'Abellio. Son orientation vers l'ésotérisme est contemporaine de son éloignement de la politique, ce qui conduit à se demander si Abellio n'a pas cherché dans la négation de l'Histoire qu'implique l'ésotérisme une justification à sa propre renonciation à agir sur l'Histoire.

ENTRETIENS AVEC BRETON. Ouvrage paru en 1952 et réunissant les interviews accordées par l'écrivain français André Breton (1896-1966) à André Parinaud pour la radiodiffusion française. Ces *Entretiens* furent retransmis sur la chaîne nationale de mars à juin 1952. L'auteur y a joint les entretiens qu'il avait par ailleurs accordés à des journalistes et qui avaient paru dans différents journaux français ou étrangers. Ces entretiens annexes, qui précisent l'attitude de Breton vis-à-vis de tel ou tel problème du moment, ou de tel problème politique ou littéraire, avaient eu pour protagonistes : D. Arban, J.-L. Bédouin, R. Bélance, C. Chonez, P. Demarne, J. Duché, F. Dumont, C.-H. Ford, A. Patri et J.-M. Valverde. La partie essentielle de ces *Entretiens* constitue une histoire du surréalisme par son fondateur. La langue en est extrêmement soignée et précise, colorée parfois, mais surtout directe, efficace. Breton parle d'abord de son expérience de la guerre (en 1914), de sa rencontre de Soupault, Vaché, Aragon, de ses rapports avec Dada, puis de son désir de promouvoir un mouvement plus constructif. L'évocation de la découverte de l'écriture automatique, de la rédaction des *Champs magnétiques* (*), des sommeils de Robert Desnos, de la création de *La Révolution surréaliste* (*), est un témoignage irremplaçable sur les débuts du plus important mouvement littéraire de notre époque. Le rappel de la proclamation : « Il faut aboutir à une nouvelle Déclaration des droits de l'homme » souligne toutefois que le surréalisme ne visait pas seulement le renouvellement du domaine artistique ou littéraire, mais celui de la pensée, celui des mœurs, bref le renouvellement de la vie tout entière. Breton parle ensuite des problèmes politiques posés par les rapports avec le parti communiste, de la rupture avec Aragon, de la guerre d'Espagne, des procès de Moscou, de la Seconde Guerre mondiale et de son exil aux États-Unis. La position de l'auteur des *Manifestes du surréalisme* (*) est alors tout entière d'« opposition » : « Ni votre guerre, ni votre paix », déclare-t-il. L'ensemble de ces *Entretiens* est un document capital en même temps qu'une œuvre littéraire importante. Le curieux est que Breton, mainteneur des valeurs surréalistes, y apparaisse un peu comme le maître de la voie moyenne, celle qui lui semblait devoir rendre durable une révolution menacée autant par la fureur d'un Artaud que par la volonté d'intégration sociale d'un Aragon.

ENTRETIENS AVEC FAULKNER. On a groupé sous ce titre trois recueils d'entretiens avec l'écrivain américain William Faulkner (1897-1962) : *Faulkner à Nagano* (Tokyo, 1956), *Faulkner à l'université* (Charlottesville, Virginia, 1959), *Faulkner à West Point* (New York, 1964) et un recueil d'entretiens : *Lion dans le jardin* [*Lion in the Garden : Interviews with William Faulkner, 1926-1962,* New York, 1968]. Il faut envisager la vie de Faulkner après le Nobel comme une suite de sollicitations du département d'État, séduit — un peu tard, mais peut-être encore trop tôt au goût de l'écrivain, dont on connaît le farouche esprit d'indépendance — par son prestige : c'est au titre officieux d'ambassadeur itinérant qu'il entreprit, de 1954 à 1961, de nombreux voyages : en Amérique du Sud (1954), au Japon (1955), à Manille (ces entretiens n'ont pas encore été recueillis), en Italie, en France, en Angleterre et en Islande (1955), puis en Grèce (1958) et à nouveau en Amérique du Sud (1961), où le reçut son beau-fils. C'est entre ces deux périodes (1954-1955, 1958-1961) que se placent les entretiens de Virginie : Faulkner avait été invité comme « écrivain en résidence » pour le second semestre de l'année universitaire 1956-1957. La formule lui plut, d'autant que sa fille s'était alors fixée en Virginie. Le premier livre, *Faulkner à Nagano,* contient plusieurs interviews, les minutes des rencontres avec les étudiants du séminaire de Nagano, et un texte intitulé « Impressions du Japon ».

Les trente-six entretiens de *Faulkner à l'université* nous livrent un portrait plus complet de l'auteur et même de l'homme, qui était naturellement plus à son aise à Charlottesville qu'au Japon, encore qu'il y parlât devant un magnétophone et qu'il y répondît à des questions parfois tout à fait stupides. Mais l'ensemble contient, avec quelques interviews, dont celle de Jean Stein (*Paris Review,* printemps 1956), certains commentaires intéressants de l'auteur sur son œuvre. Certes, il faut se méfier du vieux routier du roman, qui sait mieux que quiconque dérouter les traits dangereux ou laisser croire à l'irresponsabilité d'un « fermier qui raconte des histoires », comme il se décrivait souvent lui-même. « Je suis le gibier à tirer, dit-il, seulement levez-moi d'abord, ne me tirez pas au gîte. » Cela dit, à quel secret festival ne nous convie-t-il pas lorsqu'il dit l'œuvre en termes si familiers qu'ils deviennent familiaux ! Quels éblouissants moments de maîtrise, et quelles réactions révélatrices devant le reflet trop vif que donnent parfois les questions à la matière opaque des romans ! Peu à peu, le livre crée cette sympathie qui est une co-naissance : nous y découvrons, par pans entiers, l'écrivain considérant sa création ; mais aussi, dans quelques mises au point plus ou moins provoquées par les étudiants, le citoyen ; et enfin, comme en filigrane, et souvent à son insu, nous nous faisons une idée de l'homme. C'est à propos de la première et meilleure série d'œuvres (1929-1942) que Faulkner nous invite à plonger dans sa matière romanesque. Comme en un psychodrame dont nous serions les spectateurs, nous le voyons effectuer en raccourci le passionnant chemin qui mène de la réalité à la mythologie : lorsque, par exemple, il raconte l'achat de son premier cheval et ses mésaventures avec celui-ci : épisode qui, quoique lointain ou plutôt parce que lointain, a fourni le prétexte à son dernier roman ; ou, mieux encore, lorsqu'il nous confie ses échecs successifs à transcrire, dans *Le Bruit et la Fureur* (*), sa vision de Caddy. Ici, comme dans ses réponses concernant l'origine du nom de ses personnages ou les « petits éclairs » dont naquirent ses titres magnifiques, Faulkner révèle tout le plaisir ancestral (et sudiste) du conteur, mais aussi tout l'acharnement par lequel le réel, saisi puis pétri, s'érige en légende et s'achève en mythe. C'est avec orgueil que Faulkner défend son droit au pillage en tous domaines, avec une obstination qui serait suspecte (d'humour, au moins) si elle ne correspondait si bien à un aspect de la création littéraire, et qu'il réitère sa conception de l'écrivain artisan. Aussi déclare-t-il orgueilleusement son omnipotence, qui rappelle les grands maîtres du roman du XIXe : « Les personnages que j'invente m'appartiennent et j'ai le droit de les faire se mouvoir dans le temps quand j'en ai besoin. » De même, tout en reconnaissant aux critiques un rôle et une fonction, il leur nie en bloc tout droit d'ingérence : « Il n'y a rien que quelqu'un puisse me dire que je ne sache pas. » C'est pourquoi il est contraint d'accepter, avec un sourire qui est un hommage narquois à leur ingéniosité, toutes les suggestions des étudiants dans le domaine des symboles : « Je suis certain que vous avez raison. Mais je n'y avais pas pensé [...] » Ces entretiens permettent donc de saisir Faulkner dans ses rapports avec son œuvre, presque dans son comportement avec celle-ci. Ces relations ont à la fois la tension impérieuse et la tendre attention d'un père pour sa famille. L'un des grands thèmes de son œuvre est celui de la famille, lieu, comme dans la tragédie grecque et comme dans l'*Ancien Testament,* des amours menées jusqu'à l'horreur, des haines criminelles, des pires inversions de valeurs.

Il faut, pour se faire une idée de Faulkner en tant que citoyen américain, lire les entretiens II, XIII, XXIV et XXVII, où il traite de sujets non littéraires : les Virginiens (« ils sont snobs, et j'aime les snobs »), le communisme (« l'individu compte plus qu'aucun État auquel il appartient »), la démocratie américaine, dont il dénonce le matérialisme, le conformisme et le manque de goût, l'intégration raciale (« il faut accepter le gambit ») et le devoir de l'artiste dans la société contemporaine : sauver l'humanité de l'homme. Constamment, au cours de ces entretiens, apparaît chez Faulkner une conviction fondamentale : le droit de l'homme à l'individualisme, dont il fait même, pour l'artiste, un devoir. Aussi bien voit-on chez lui le moi « sauter » le social et s'installer dans l'œuvre, qui reste toujours à faire comme elle a fait progressivement son auteur « le seul propriétaire » du domaine, de la ville et du comté — du temps aussi : « Quand vous vous donnez la peine d'inventer un domaine à vous, vous êtes aussi le maître du temps. » Ce que Faulkner affirme, ce sont les prérogatives et aussi la tendresse du père. Absent, démissionnaire ou présent, c'est toujours une figure centrale des romans. C'est l'archétype essentiel, dominateur et écrasant d'un univers où fourmillent, notamment dans le bestiaire, les symboles virils. Les « vérités fondamentales » de Faulkner sont celles du père magnifié par le mythe, du chef de clan : fierté, orgueil, honneur, courage, endurance, auxquelles s'ajoutent, comme à l'*Ancien* le *Nouveau Testament,* la pitié, l'amour et la compassion. Mais, comme dans les romans (surtout ceux de la période 1929-1942) dominent, jusqu'en leurs ultimes conséquences, les premières valeurs, nul ne sera surpris d'apprendre combien Faulkner préférait la *Genèse* aux *Évangiles* et combien, dans celle-là, le fascinait la figure d'Abraham, le « père d'une grande multitude », le premier des patriarches et l'ami de Dieu. Dans une perspective qui paraît, décidément, plus sacrificielle que sotériologique, Faulkner revendique le droit au stoïcisme, valeur suprême qui laisse l'homme face à son Dieu : comme Job et comme Abraham. « Parce que, de préférence, entre la souffrance et le néant, l'homme choisira toujours la souffrance. »

Les entretiens de *Faulkner à West Point* transcrivent d'abord pieusement la section des *Larrons* (*) que lut Faulkner, avec des variations orales assez peu importantes ; puis l'on trouve les entretiens eux-mêmes, assez répétitifs après les deux premiers volumes — les seuls éléments nouveaux sont la discussion des histoires de guerre, et notamment de « Chacun son tour » dans *Le Docteur Martino* (*). En somme, ce petit volume témoigne plus pour le culte de Faulkner que pour Faulkner lui-même, qui n'aurait sans doute jamais accepté d'aller à West Point si son gendre n'avait appartenu à la promotion de 1951. — Trad. *Faulkner à l'université,* Gallimard, 1964.

M.G.

ENTRETIENS AVEC LE PROFESSEUR Y. Œuvre de l'écrivain français Louis-Ferdinand Céline (1894-1961), publiée en 1955. Le professeur Y, qui, au milieu du livre, devient colonel Réséda mais reste une grotesque marionnette, est censé interviewer l'auteur. En fait, il lui sert de punching-ball. L'écrivain profite de l'idiotie de son interlocuteur pour pousser quelques grands coups de gueule. Incompris, il n'est pas contredit. Mais, au fil des pages, le pantin devient de plus en plus ridicule. La prétendue interview tourne à la farce sommaire. Chose rare chez Céline, ce livre mineur est enlevé. Comme toute colère, sa colère s'exprime de façon inconsidérée ; mais doit-on s'en plaindre, puisqu'on gagne en naturel et en pittoresque ce qu'on perd en sagesse ? Et quel art du dialogue ! Son langage, Céline était très fier de l'avoir, comme il dit, « inventé ». S'il n'allait jusqu'à dénigrer tout ce qu'ont produit ses pairs, cette fierté serait parfaitement légitime, tant il a de saveur, de mouvement et de verve.

ENTRETIENS AVEC ROBERT MALLET. Ces *Entretiens* que Robert Mallet sollicita de l'écrivain français Paul Léautaud (1872-1956) furent diffusés par la radiodiffusion nationale puis réunis en volume et publiés en 1951. Ce fut à eux que Léautaud dut une célébrité aussi brusque que tardive. Le volume reproduit intégralement les trente-huit entretiens, leur succession ininterrompue de libres propos, de réactions spontanées, d'improvisations anticonformistes. En partenaire offensif, Robert Mallet dirige les conversations qu'il avait préparées selon un ordre chronologique qui oblige Léautaud à nous faire partager, quand il ne nous les jette pas purement et simplement au visage, cinquante années de vie intime, de relations littéraires, d'observation indiscrète et caustique. Le succès des *Entretiens* fut dû à ce non-conformisme et à cette causticité, mais aussi à la voix sonore de Léautaud, sa voix de théâtre, et à son rire grinçant et cynique interrompant brutalement des accès d'émotion et de douceur. L'auditeur, malgré le mépris, les boutades et les critiques virulentes de Léautaud, fut séduit par sa franchise, sa naïveté et sa générosité retenue.

Manquant d'imagination, Léautaud fait défiler sa vie, depuis sa jeunesse abandonnée jusqu'à sa vieillesse rendue glorieuse par ces *Entretiens*, à travers des anecdotes qui l'aident moins à nous restituer des scènes et des portraits pris sur le vif qu'à revivre sa vie à partir de petits détails. C'est ainsi qu'il nous rapporte que, critique dramatique pendant douze ans, la plupart des pièces qu'il a vues étaient si fausses tant dans leur forme que dans leur fond qu'il parlait généralement d'autre chose. Chez Léautaud, l'homme importe autant que l'œuvre. Le critique qu'il fut pendant toute son existence explique l'importance de ces *Entretiens* comme de son *Journal littéraire* (*) commencé en 1893 et interrompu quelques jours avant sa mort. Dans chacune de ces œuvres, il s'est raconté, avec une liberté d'esprit incomparable et un total dédain du qu'en-dira-t-on et des préjugés. Observateur spirituel et intelligent, Léautaud raconte les phases de sa vie pour en recréer littérairement le mécanisme, les faits, l'atmosphère. Un même besoin de clarté, de vérité et de précision l'oblige à traiter sur un plan égal la description d'une liaison aussi bien que l'analyse d'une lecture ou le prix des pâtées pour ses chats. Mais l'ensemble contient suffisamment de passages émouvants pour rendre l'homme attachant dans les divers aspects de son existence quotidienne, même si la mesquinerie n'en est pas toujours absente.

ENTRETIENS D'ARISTE ET D'EUGÈNE. Ouvrage du père Dominique Bouhours (1628-1702), grammairien et critique français, publié à Amsterdam en 1671. Avec les *Doutes sur la langue française* (1674), les *Remarques nouvelles sur la langue française* (1675-1676), la *Suite des remarques nouvelles* (1692), la *Manière de bien penser dans les ouvrages de l'esprit* (*) (1687) et les *Pensées ingénieuses des Anciens et des Modernes* (1689), les *Entretiens d'Ariste et d'Eugène* développent l'attitude mondaine d'un jésuite « puriste » épris du style de la conversation devant la langue française. Par la forme discontinue de l'entretien (causeries sur les sujets les plus divers, la mer par exemple dans le premier *entretien*) entre deux amis de la littérature, par le jeu des énigmes et des devises (sixième *entretien*) et un désordre agencé, Bouhours reprend les idées de Vaugelas en leur donnant un style bien moins austère. Il s'agit donc de se borner à une réglementation et à une consécration de l'usage, en les éclairant par le goût de la Cour et des salons. Pourvu qu'on respecte son « exactitude » et sa « délicatesse », la langue française ne doit plus varier ni quitter le point de perfection qu'elle a maintenant acquis. Le « bel esprit » et le « bon sens qui brille », joints au « je ne sais quoi » réservé à la Cour et aux meilleurs écrivains de la ville, ont permis à cette langue un compromis entre la « netteté » et « l'ingéniosité » pour qu'elle devienne une langue véritablement esthétique au service de la monarchie, dirigée et au service de celui qui la parle, la juge et l'écrit le mieux : le roi. Il ne s'agit donc pas de fonder une science du langage, au contraire de Port-Royal, école que Bouhours déteste, mais de ne pas viser à la systématisation en collectionnant les remarques ponctuelles, en les admettant tour à tour. Longtemps humiliée, la langue française est donc supérieure à l'espagnol « monté sur des échasses », à l'italien « puéril et badin » toujours prêt à plaire, mais aussi au latin et au grec, trop obscurs lorsqu'ils sont concis (deuxième *entretien*). Reste à la préserver de toute corruption venue des « manières de parler basses » (deuxième *entretien* et *Suite des remarques nouvelles*), du maniérisme sous toutes ses formes, qu'il soit par trop précieux ou spécialisé, comme les « termes de l'art » ou termes techniques qui doivent être cantonnés dans leur jargon au nom du naturel, de l'harmonie et de la simplicité. Le français est donc une langue achevée, réglée, sobre et stable qui doit se méfier des nouveaux ornements qu'on veut y inclure : « Enfin les changements qui sont faits depuis trente ans ont servi de dernières dispositions à cette perfection, où la langue française devait parvenir sous le règne du plus grand monarque de la terre. » C. Bi.

ENTRETIENS DE GOETHE AVEC LE CHANCELIER VON MÜLLER [*Goethes Gespräche mit dem Kanzler von Müller*]. Ils constituent le recueil le plus important des conversations de l'écrivain allemand Johann Wolfgang Goethe (1749-1832) après les *Conservations avec Eckermann* (*). Ils tirent une valeur spéciale du fait que Müller (1779-1849), quand il les consigna dans son journal, n'avait aucune envie de les publier ; aussi ont-ils conservé leur caractère de notations immédiates et possèdent-ils une sorte de vivacité sans apprêt, toute vibrante d'émotion. Ce sont des « morceaux de réalité », saisis tels quels et laissés sans retouches. Ce n'est qu'après la mort de Goethe que Müller eut l'idée de les donner à l'imprimeur. Il en prépara un choix qu'il donna en lecture — partiellement — à la Cour, mais ensuite il renonça à son projet. La première édition parut quelque cinquante ans plus tard, en 1870, par les soins de Carl Burckhardt ; le texte est augmenté d'autres entretiens, tirés directement du journal, et les éditions successives de 1894 et de 1904 n'ont fait que s'enrichir d'additions nouvelles. Enfin Biedermann introduisit le tout dans son grand recueil contenant tous les entretiens de Goethe.

Les *Entretiens* consignés par Müller commencent en 1808, mais au début ils sont rares parce que ses fonctions diplomatiques à la cour napoléonienne retenaient Müller loin de Weimar. Ce n'est qu'en 1815, après son retour à Weimar et sa nomination comme chancelier et ministre de la Justice, que leurs rapports devinrent fréquents et, en dépit de quelques tempêtes, rapidement cordiaux. Goethe ne cédait pas volontiers, et Müller était quelque peu ingénu en matière d'art et de poésie ; mais, dans toutes les questions de la vie pratique, il était un précieux conseiller, solide et avisé. Il était aussi un parfait honnête homme plein de cœur, si bien que Goethe, tout en se moquant de lui et en le rabrouant, finit par se prendre d'affection pour lui. Il l'admit dans le cercle étroit de ses amis, où il aimait s'enfermer pour mieux se consacrer à son œuvre. Goethe prend dans ses *Entretiens* une grandeur qui n'est pas celle — toute sereine et olympienne — qu'il assumait devant les étrangers, mais une grandeur beaucoup plus humaine et plus proche de nous, parfois même comme désarmée, avec des abandons brusques et de violentes reprises, avec des réactions, des impulsions et des humeurs toutes personnelles et imprévisibles.

La valeur des *Entretiens* réside dans le fait que les idées de Goethe, ses jugements sur la poésie, l'art, la religion, la morale y sont fidèlement rapportés ; mais il y a plus : l'image du poète y surgit, avec netteté et souplesse, « en plein air », vivante et multiple, à travers ses paroles. C'est l'image de celui qu'on a l'habitude d'appeler le « vieux Goethe », le Goethe du moulage en cire de Schadow (1816), du buste (1820) et de la statuette (1828) de Rauch, du portrait de Stiller (1828), le grand sage qui domina les tempêtes : celui qui sent encore la « terre ferme » sous ses pieds, tandis que le regard plane et s'attarde de plus en plus volontiers dans le monde des choses éternelles. — Trad. Stock, 1930.

ENTRETIENS D'ÉMIGRÉS ALLEMANDS [*Unterhaltungen deutscher Ausgewanderten*]. Nouvelles de l'écrivain allemand Johann Wolfgang Goethe (1749-1832), publiées pour la première fois en livraisons dans la revue *Les Heures* de 1795. À partir de 1808, elles entrèrent dans toutes les éditions des Œuvres complètes. Reliées par un récit unique qui en constitue le cadre (comme les contes de Boccace), elles comprennent deux histoires de fantômes, deux récits moraux et un « conte ». Quelques Allemands quittent les bords du Rhin pour échapper à la Révolution française et se réfugient dans un village. En vue de passer le temps, les émigrés se mettent à raconter des histoires : la conversation doit donner le point de départ, et le ton doit être celui des revues et des journaux de l'époque.

La première histoire est celle de la célèbre cantatrice napolitaine Antonelli qui cherche l'amitié et non pas l'amour. Elle croit avoir trouvé l'amitié auprès d'un marchand génois ; mais il tombe amoureux d'elle au point de mettre sa vie en péril ; elle le soigne et le sauve, refusant toutefois de se lier à lui. La déception est trop forte, et l'amoureux retourne à sa mélancolie ; ayant appelé en vain son amie à son chevet, il meurt, en jurant de ne plus lui laisser de paix... Son esprit en effet poursuit la cantatrice de gémissements horribles et de lamentations épouvantables jusque dans ses heures les plus gaies, interrompt ses entretiens les plus tendres ou l'assourdit d'applaudissements jusqu'à ce qu'enfin, un an plus tard, l'âme pacifiée du défunt abandonne la partie.

De la discussion sur la vraisemblance d'un cas pareil naît l'histoire de la belle inconnue qui accorde un rendez-vous, chez une tante complaisante, au maréchal de Bassompierre. Le malheureux énamouré ne trouve, au lieu du rendez-vous, que deux croque-morts, occupés à brûler une paillasse ; deux cadavres sont étendus sur une table, éclairés faiblement par une chandelle. La mystérieuse inconnue était-elle une apparition ou réellement une femme en chair et en os ? Après que chacun a proposé son interprétation, la baronne demande qu'un conte plus conforme à ses goûts soit soumis à la curiosité de l'auditoire. C'est alors l'histoire du marchand qui, après avoir amassé trésors et richesses, s'aperçoit qu'il manque encore quelque chose à son bonheur : l'amour. Il épouse donc, malgré son âge, une très belle jeune fille. Toutefois, un beau jour, l'inaction lui pesant, il s'embarque à nouveau pour Alexandrie. Avant de partir, il recommande à sa jeune femme de choisir un amant digne d'elle, si vraiment elle ne peut sauvegarder sa vertu ; il fait preuve ainsi d'une indulgence extrême, mais son épouse est bien décidée à lui rester fidèle ; jusqu'au jour où elle rencontre un bel étudiant qui met sa vertu en péril. Heureusement, le jeune homme a fait vœu de chasteté pour un an : comme il ne lui reste plus que deux mois avant de pouvoir disposer de sa personne, il lui propose de partager les rigueurs de ce vœu : en ce cas, la peine pourra être réduite d'un mois. Elle accepte ; mais l'épreuve est si dure que les forces physiques lui manquent ; l'amour toutefois l'aide à persévérer. Au moment de voir ses rêves se réaliser, elle s'aperçoit qu'elle a en elle-même une vie spirituelle qui suffit à son bonheur, et, indifférente à l'appel des sens, elle congédie l'amoureux.

Le vieillard qui a raconté cette histoire est prié d'en raconter une autre du même genre ; mais toutes les histoires morales se ressemblent, dit-il, et elles ont toutes la même conclusion, à savoir qu'« il faut aller contre ses propres inclinations » — maxime d'inspiration kantienne qu'il soutient jusqu'au paradoxe. À l'appui de ses dires, il raconte l'histoire de Ferdinand, fils prodigue d'un père prodigue et sans souci, qui vole son père par amour pour Ottilie jusqu'au jour où, pris de remords, il part pour un village où il apprend le travail et l'économie. Il y rencontre une jeune fille ingénue et de goûts modestes qui s'éprend de lui, mais il la repousse. De retour dans la maison de son père, il lui restitue ce qu'il lui avait dérobé et demande la main d'Ottilie. C'est alors qu'il s'aperçoit qu'elle n'a plus de charmes pour lui, aussi retourne-t-il auprès de sa petite paysanne.

Le « conte », qui termine ces entretiens, est d'une inspiration pleine de légèreté et de fantaisie. Les personnages sont faits de lumière : d'une part les Feux follets qui assimilent l'or et laissent choir les pièces d'argent, d'autre part le Vieillard et la Vieille qui agissent au moyen de la lumière d'une lampe. Il y a aussi le Serpent bénéfique, brillant comme une émeraude, et le Géant qui n'a pas la force de soulever une plume parce que toute sa force est dans son ombre qui travaille pour lui. Les personnages humains sont celui de la Jeune Fille, dont le contact est mortel et qui redonne la vie aux hommes changés en pierre, et celui du Prince, ensorcelé par le regard de la Jeune Fille et qui meurt en la prenant dans ses bras. À la fin, les personnages-fées libèrent les deux jeunes gens de l'enchantement. Ils leur font traverser un pont de pierreries et les conduisent jusqu'à une grotte où le Roi d'Or : la Sagesse, le Roi d'Argent : l'Apparence, et le Roi de Bronze : la Puissance les couronnent et leur redonnent la vie avec l'amour. Ce jeu romantique, d'une valeur symbolique et absolue, s'y déroule sur un rythme de danse, qui participe du rêve. Le conte enchanta à ce point le monde romantique qu'il devint un modèle du genre. Peut-être fut-il suggéré à Goethe par son travail sur la théorie des couleurs, auquel il s'adonnait depuis quelque temps et qui suscita des visions irréelles auxquelles il lui plut de donner corps et âme. Les *Entretiens*, de l'aveu même de Goethe, sont dus à l'influence de Schiller. Il lui doit surtout de les avoir terminés sur ce conte — « produit de pure imagination » : ce qui signifie, pour Goethe, qu'il les « a laissés se perdre dans l'infini ». — Trad. Hachette, 1881-1894.

ENTRETIENS D'OSTENDE (Les). Ce recueil se compose de sept entretiens avec l'écrivain belge d'expression française Michel de Ghelderode (pseud. de Michel Martens, 1898-1962), enregistrés en août 1951 à Ostende ; il a été publié en 1956. Ces entretiens, où l'écrivain répond aux questions de Roger Iglésis et Alain Trutat, ont été diffusés en 1951-1952 sur les antennes du Club d'essai de la R.T.F. sous le titre *Images et visions d'un solitaire*. La création à Paris de toute une série de pièces — *Hop Signor* (*), *Escurial* (*), *Mademoiselle Jaïre* (*), *Fastes d'enfer* (*), *Sire Halewyn* (*), *Barabbas* (*), *Magie rouge* (*) — et l'édition du théâtre complet et définitif de Ghelderode suscitaient un singulier élan de curiosité. Enthousiasmés ou scandalisés, spectateurs et lecteurs cherchaient à se faire une idée de cet auteur, et ces *Entretiens*, où Ghelderode ne cache pas l'embarras, pour ne pas dire le refus parfois du créateur à rendre compte de son œuvre, avaient pour but de répondre aux questions multiples du public. Nous pourrions développer à l'infini une image absolue entre toutes, revenant comme une obsession dans la bouche de l'écrivain : celle de la bulle de verre, bleue pour la pensée, mais invisible, à force de transparence, pour l'œil. À l'intérieur, un point noir comiquement absurde — l'homme que le cri et le silence ne semblent libérer de ses attaches que pour mieux l'enfermer dans ses origines. Cependant, puisqu'il faut bien s'expliquer plus clairement, Ghelderode avoue que son théâtre vise avant tout, dans son délire et sa cruauté, à exprimer l'homme éternel, hanté au seuil de la mort par les courants contraires de l'angoisse et du repos, de la solitude et de la révolte, de l'amour et de la haine, de l'érotisme et de la pureté. Prisonnier volontaire, sa vie durant, de la nudité absolue des plaines et des horizons bas, de la solitude de sa chambre, des archives du passé et de la mémoire, Ghelderode a voulu que son théâtre soit le miroir où se reflétaient sa quête de soi-même, son interrogation de la hiérarchie des incarnations dont il était la somme terrestre et fabuleuse. Il nous conte le froid dont il souffrit dans une famille sans effusions, où l'on ne parlait guère, où l'on ne se tutoyait jamais ; la solitude d'une jeunesse passée auprès d'une mère à l'âme maladive et timide, perdue dans un univers baroque et surnaturel, dans des récits de résurrection et de réincarnation, auprès d'un père archiviste dont la vie consista à faire et à défaire l'histoire en déchiffrant des chartres, des sceaux, d'anciens registres obituaires, des noms d'hommes obscurs – signes laissés par les passages des races conquérantes. Esprit chimérique, taiseux, peu liant, Ghelderode paraît suspect à ses maîtres comme il le paraîtra à ses contemporains. Il défend l'active et rayonnante solitude sans laquelle la présence du divin ne peut se manifester, ni la méditation prendre la forme d'une oraison. « Je cherchais le signal secret d'une patrie mystique où j'irai lorsque la flamme aura quitté les cendres. » La peur, la maladie, et à travers elle la vision de la mort le poussent à écrire des contes, puis ses premières pièces qui, nourries de ses lectures (Poe, Cervantes, Érasme, Charles De Coster, Lesage) et de la découverte du théâtre élisabéthain, ne tarderaient pas à lui valoir un cercle de lecteurs enthousiastes. Le langage de Ghelderode est ici d'un bout à l'autre incantatoire, proche du cri et de son théâtre même, ne laissant rien au hasard : les grandes joies, les grandes peurs de son existence, ses obsessions, ses utopies, ses songes. Cependant, dans ce livre capital, Ghelderode retient sans cesse le flux verbal, non lorsqu'il nous livre les grands faits de sa vie, mais lorsqu'il est question du sens de son théâtre dont il nous parle maladroitement, comme pour rester à l'extérieur, délivré, dans l'attente de la mort. Interrogé sur le sens du mot cruauté (le dernier mot de *L'École des bouffons,* sa dernière pièce) il déclare : « Cruauté veut dire réalité, peinture exacte, sans mensonge. Exemple : Rembrandt est cruel quand il peint la chair [...] Breughel, quand il nous montre des paysages irréels dans lesquels il met des paysans qui ne sont que réels et qui le sont trop ; cette dissonance est cruelle aussi. » Interrogé sur le but de son théâtre, il répond : « Le mien en particulier n'est pas de consoler, et non plus d'attrister. Le théâtre est un constat. Et la définition qu'en a donnée Shakespeare reste vraie par les siècles. J'ajouterai que le théâtre suscite, s'il est mauvais, le plaisir – s'il est bon, la joie. Le bas théâtre peut pervertir, le haut théâtre élève, donne au spectateur une possibilité de lévitation. La morale n'ayant rien à faire dans la question. »

ENTRETIENS ET CAUSERIES. Recueil de textes du maître spirituel bengali Vivekananda (pseud. de Narendranath Dutta, 1863-1902), établi, traduit en français et publié par Jean Herbert en 1955. L'essentiel de ce recueil est constitué de conférences données par Vivekananda en été 1895 aux États-Unis, à Thousand Island Park, lors de sa grande tournée mondiale. Il y donne, avec une très grande clarté, sa manière de concevoir l'hindouisme. À ces conférences font suite les « Entretiens inspirés » donnés à Madras, qui s'adressent au contraire à des disciples hindous auxquels Vivekananda expose avec la plus grande liberté ce qu'il pense de l'Occident et du christianisme. Suivent des conférences sur les sages hindous, sur l'essence des enseignements védiques, sur ses maîtres Ramakrishna et Pavhārū Bāba. De l'ensemble de ces causeries familières se dégagent à la fois l'exigence d'approfondissement spirituel nécessaire à chaque disciple et l'ardeur à promouvoir la rencontre des religions dans ce qu'elles ont d'universel ; c'est, notamment, un vibrant appel à l'unité qu'il lance dans sa conférence sur les bases communes de l'hindouisme, donnée à Lahore, pays des Sikhs, où se coudoient toutes les sectes hindoues. – Trad. Albin Michel, 1955. J. P. L.

ENTRETIENS FAMILIERS DE PÉTRARQUE SUR LA BONNE ET MAUVAISE FORTUNE ou l'Art de vivre heureux [*De remediis utriusque fortunae*]. Traité de morale en deux volumes de François Pétrarque (1304-1374), poète et humaniste italien. Commencé en 1354 et terminé en 1366, ce traité est dédié à Azzo di Correggio. L'intention de l'auteur, en écrivant cet ouvrage, était d'offrir à l'homme les moyens de résister à la bonne comme à la mauvaise fortune, l'une et l'autre étant dangereuses pour l'âme humaine, et sans doute la première plus que la seconde. L'auteur écrit une série de méditations sous forme de dialogues schématiques. Dans le premier livre, dédié à la prospérité, les interlocuteurs sont la Félicité et l'Espérance qui se réjouissent des biens que possèdent ou convoitent les hommes ; la Raison leur démontre que tout n'est que vanité. Dans le deuxième livre, dédié au malheur, la Douleur et la Crainte se lamentent des maux présents et à venir ; la Raison leur dit encore combien tous ces sentiments sont déraisonnables. C'est l'occasion, pour l'auteur, de passer en revue toutes les situations possibles de la vie humaine et de décrire les biens les plus hauts auxquels l'homme peut atteindre ou prétendre : la gloire pontificale, le pouvoir politique, la gloire littéraire et même les biens plus modestes qui ensoleillent l'existence. Pétrarque ne laisse rien dans l'ombre : des plus grands maux aux plus légers chagrins.

L'ouvrage n'est pas un traité systématique, mais un recueil de brefs raisonnements, parmi lesquels le lecteur peut trouver celui qui est approprié à son état et en tirer leçon et réconfort. Tout dans cette œuvre, le fond comme la forme, concourt à mettre en relief la tendance de Pétrarque à l'ascétisme ; mais l'auteur, qui veut démontrer la vanité du bien comme du mal, est amené parfois au paradoxe et à la contradiction. D'autre part, Pétrarque aimant à renforcer son raisonnement par une érudition qui est bien de son temps, il n'est pas rare qu'il attribue à cette dernière plus d'importance qu'à la thèse proposée. L'œuvre n'en est pas moins pleine de sentiment « Dans tout homme gît l'angoisse », écrit-il dans sa lettre de dédicace, affirmation pessimiste, mais aussi tentative pour surmonter cet état par une philosophie morale, chrétienne et stoïque, guide et soutien dans la vie. Dans ces *Entretiens* comme dans toute son œuvre, cette philosophie morale fut le but du poète. – Trad. Trabouillet, 1673.

ENTRETIENS SUR LA PLURALITÉ DES MONDES. Œuvre de l'écrivain français Bernard Le Bovier de Fontenelle (1657-1757), publiée en 1686. L'auteur déclare qu'il se trouve à peu près dans la même situation que Cicéron quand il entreprit de discuter en latin des questions de philosophie jusqu'alors traitées en grec : la vulgarisation ne peut qu'aider la science, que l'on se place au point de vue des ignorants ou des érudits. Comme il parlera de la matière philosophique la plus propre à « exciter la curiosité », il demande aux dames d'apporter seulement l'application qu'elles ont mise à lire *La Princesse de Clèves* (*), le roman fameux de Mme de La Fayette. Les idées de la physique, si on les suit avec une intelligence scrupuleuse, seront évidentes par elles-mêmes. L'auteur suppose que, par une magnifique soirée, il se promène dans le parc avec la marquise dont il est l'hôte : la conversation tombe, à un certain moment, sur les astres et les corps célestes. Il lui explique, à l'aide de démonstrations simples et familières, comment la Terre est une planète qui tourne sur elle-même et autour du Soleil. Durant les quatre soirées suivantes, reprenant à chaque fois le fil du discours interrompu par les occupations de la journée, il lui assure que la Lune est un monde habité comme les autres planètes ; il parle ensuite de Vénus, Mercure, Jupiter et Saturne. Pour ce qui est des étoiles fixes, il avance l'hypothèse que chacune – comme autant de Soleils – illumine un système. Et comme l'« impatience de savoir » se manifeste de plus en plus chez son auditrice, il lui répond que désormais la voici au courant des secrets de la science ; dernière galanterie, il lui demande de ne jamais voir le Soleil, ni le ciel, ni les étoiles, sans songer à lui. On doit joindre à ces *Entretiens* un colloque tenu un peu plus tard et qui prend par analogie le nom de « Soir ». L'aimable savant, revenant sur certains problèmes précédemment traités avec la marquise, lui expose les nouvelles découvertes faites dans le ciel. Cet ouvrage, tout scintillant de grâces galantes, laisse percer en chacun de ses propos l'esprit subtil qui valut à son auteur une telle renommée ; la sécheresse même de l'exposé se voile de douces rêveries inspirées par l'enchantement de la nuit ou par l'immensité d'un univers que les découvertes astronomiques ont encore agrandi. Si Fontenelle, par certaine affectation de style, peut figurer dans l'histoire de la préciosité au XVIIe siècle, il semble, par son esprit souvent railleur et antidogmatique, précéder Voltaire.

ENTRETIENS SUR LE BON USAGE DE LA LIBERTÉ. Essai de l'écrivain français Jean Grenier (1898-1971), publié en 1948. « L'humanité n'a pas sa fin en elle-même ; à force d'évoluer, elle voit bien que tout vaut relativement, et donc que rien ne vaut absolument. C'est ce relatif qui nous instruit de l'absolu. » Auteur d'une thèse sur *La Philosophie de Jules Lequier* et d'une étude elliptique sur *Le Choix* (*), Jean Grenier s'efforce d'acclimater parmi nous la sagesse chinoise. La liberté étant supposée, quel usage devons-nous en faire ? Renouvier écrivait jadis : « La première des lois pratiques, avant ce qu'on appelle le bon usage de la liberté, c'est l'usage même. » De cela, Jean Grenier est fort peu convaincu, puisqu'il refuse l'usage aussi bien que le bon usage. Après avoir envisagé les possibles les uns après les autres : le choix, l'abandon, le hasard, l'engagement, le dégagement, il constate que chaque voie est une impasse. « Le refus d'user, en quoi que ce soit, de sa liberté, est une preuve suprême de liberté ; il peut résulter de ce refus, très différent de l'abandon passif, une domination sur la nature qui suit la domination sur soi. L'homme qui n'a rien à perdre ni à gagner est maître de tout le meilleur. » Il faut alors se fier au destin, convertir le destin en destinée, en amour de la nécessité intérieure, et prendre finalement position pour une « destination » soit finie, plus sûre, soit infinie, plus tentante, car l'homme est « surtout fait pour se donner ». En appendice à ce livre « inexistentialiste », Jean Grenier présente un aperçu de la doctrine du non-agir d'après le tao.

ENTRETIENS SUR LES VIES ET SUR LES OUVRAGES DES PLUS EXCELLENTS PEINTRES ANCIENS ET MODERNES. Ouvrage publié sans nom d'auteur, de l'architecte et critique d'art français André Félibien des Avaux (1619-1695), ainsi qu'on peut le voir par la dédicace à Colbert. Paru à Paris, en dix volumes, de 1666 à 1688, cet ouvrage remporte un grand succès au point qu'il est traduit en anglais (1705), en allemand (1711) et en italien (1755), qu'il reste lu jusqu'au XIXe siècle, entre autres par Delacroix, et qu'il place son auteur au tout premier rang de l'histoire de l'art et de la critique d'art françaises. Il se compose de dix « entretiens », dans lesquels l'auteur fait l'histoire de la peinture européenne depuis l'Antiquité et rassemble une foule de renseignements à la fois sur les peintres anciens et sur les contemporains. Érudit et sensible, l'auteur mêle la théorie, les biographies d'artistes, les descriptions de tableaux et renvoie précisément aux œuvres de Pline et de Vasari (mais aussi de Borghini, Ridolfi et du « cavalier Baglioni » dont il cite les textes). La connaissance directe de quelques œuvres d'art, probablement acquises ou observées en Italie, pendant son séjour à Rome, permet une analyse précise qui se réfère à la tradition antique, commune au XVIIe siècle, de l'*ekphrasis* (textes descriptifs sur les œuvres d'art). Dans le huitième *Entretien*, Félibien traite uniquement de Poussin, qui, avec le « chevalier Lanfranc » et Pietro da Cortona, est pour lui le plus grand peintre de son temps, afin de définir avec vigueur la « doctrine classique » en art, doctrine dont il poursuit l'édification en travaillant sur Le Sueur, Bourdon et Le Brun. On sent ici l'écho des nombreuses conversations que l'auteur a eues avec Poussin « dont on peut dire qu'il a pris tout l'art de la peinture des mains des Grecs et de l'Italie pour le transporter en France, où il semble que les sciences les plus élevées et les arts les plus nobles aient trouvé refuge ». C. Bi.

ENTRETIEN SUR DANTE [*Razgovor o Dante*]. Essai du poète russe Ossip Mandelstam (1891-1938), rédigé en 1933, publié en 1965. Dans ce texte d'une exceptionnelle richesse de pensées et d'images, Mandelstam prend le contre-pied de la critique sociologique, imposée d'en haut à cette époque, mais aussi de la méthode formaliste qui avait dominé la décennie précédente. « Si Dante a été choisi pour sujet de cet entretien [...] c'est parce qu'il est le maître indiscuté de la matière poétique mutable et mutée » : cette formule révèle et la méthode et l'idée centrale de l'œuvre. Dante, que Mandelstam pratiquait depuis sa jeunesse, lui sert de médiation pour élaborer une synthèse de sa propre poétique. La conception courante de la forme qui habille le contenu est ici inversée : « La forme est extraite du contenu conceptuel qui paraît l'envelopper. » Mandelstam part en guerre contre toutes les représentations fixistes de la poésie : celle-ci ne fait pas partie de la nature, ni ne la reflète ni ne la raconte, mais la « recrée ». Le discours poétique est à l'opposé de la nature figée, de l'inertie lexicale, son objet c'est le mouvant, « les impulsions, les intentions, les oscillations », il est énergie, élan, durée (tous les termes sont d'inspiration bergsonienne), métamorphose continue des moyens d'expression, lutte et non succession, constante « mutabilité ». Au siècle des théories ondulatoires de la lumière, de la désintégration de l'atome, Mandelstam ne veut pas d'une poésie « honteusement distancée par la science ». Aussi fait-il appel à toutes les sphères de l'activité humaine, à la musique comme à la peinture, à la géopolitique comme au ballet, à la médecine comme aux sports, à la géologie comme à l'astronomie, à la sociologie comme à la psychologie, à l'alchimie comme à la cybernétique et jusqu'aux sciences et aux techniques encore à naître (par exemple, un avion produisant en vol un autre avion). Dans l'*Entretien*, le poète poursuit sa lutte, commencée en 1913, dès ses premiers articles critiques, contre le sens figé d'un mot qu'il assimile à un avortement sémantique : le mot en poésie doit être une gerbe de sens « qui fuse dans toutes les directions » et trouve son prolongement dans les connivences phonétiques sans lien logique. Il élabore parallèlement sa théorie de la « métaphore héraclitéenne » : non seulement la distance entre les images mises en contact doit être étendue au maximum, mais la métaphore doit délibérément être embrouillée au point qu'on ne sache plus « où est le premier terme de la comparaison, ce qui est comparé avec quoi ». À la limite, la poésie doit tendre « à désintégrer l'image ». La métaphore la plus forte est celle qui ne serait pas réutilisable.

Bien que renouvelant les possibilités du langage poétique, Mandelstam reste résolument antimoderniste : la poésie n'est d'une actualité inépuisable que si elle récupère la totalité de l'histoire perçue comme un acte synchronique unitaire. C'est là d'ailleurs le sens de son retour à Dante : il veut à la fois rajeunir Dante à la lumière de la modernité et resituer la modernité dans la tradition littéraire. — Trad. L'Âge d'homme, 1975. N. S.

ENTRETIEN SUR DES FAITS DIVERS. Œuvre de l'écrivain français Jean Paulhan (1884-1968), publiée en 1945. L'erreur humaine est le sujet de ce dialogue imaginaire qui ne nous conduit à travers récits de l'Histoire et anecdotes de la vie courante que pour en dégager les formes essentielles. Un soulier vous blessait le jour où vous avez dîné avec Talleyrand : il vous juge sot à jamais. De même, le plus souvent, un magistrat malhonnête ou un médecin maladroit nous suffisent pour condamner la médecine ou la magistrature. L'Anglais qui débarque à Calais dans une rousse croit voir « la » Française. Un fragment d'expérience nous apparaît d'emblée comme le tout. Ce n'est pas généraliser, mais plutôt être victime d'une « illusion de totalité ». C'est elle qui nous fait voir dans un homme sa seule fonction et qui rend les ignorants bons professeurs, car ils ont des choses une idée précise et limitée. « Assassin pour cent francs », lit-on dans les journaux, comme s'il avait tué pour si peu. L'esprit raisonne souvent comme si la fin de nos actes, l'accident de la rue, l'imprévu étaient prévisibles, comme si le passé ne pouvait être que la préparation du présent. Cette projection régulière de notre savoir présent est une véritable « prévision du passé ».

Le temps, comme l'espace, a ses effets de perspective : d'un certain point, deux événements semblent confondus et la durée abolie. D'où le paradoxe du danger : les périls qu'on redoute sont les moins à redouter. On sait que l'imagination a sa part dans la vue, que l'œil ne lit que certaines lettres ; aussi bien n'est-il pas d'idée qui ne nous séduise plus que celle que nous formons ; une sorte de « compensation » nous fait lui attribuer d'autant plus de réalité qu'elle risque d'en manquer. Malgré les catégories des philosophes, il est naturel à l'esprit de prendre le moi pour l'autre, le proche pour le lointain, la partie pour le tout. Ces illusions se peuvent encore illustrer par l'histoire de Pyrrhus et de Cinéas ou le sophisme du Menteur ; par notre tactique dans la dispute : repousser un voisin dangereux à l'extrême opposé ou, mieux, le tenir déjà gagné à notre cause ; cette flatterie s'appuie sur la compensation. Comme dire : « un sou est un sou », en laissant entendre qu'il est beaucoup plus. Mais l'absurde est aussi dans les événements du monde et c'est le zéro qui permet les mathématiques. Il est donc sage de rendre à nos pensées leur zone d'ombre, à toute raison sa part de folie. Penser comme il faut, c'est faire sa place au mystère.

ENTREVISIONS. Premier recueil du poète belge d'expression française Charles Van Lerberghe (1861-1907), publié en 1898 à Bruxelles et contenant soixante-quatre poèmes, répartis en trois chapitres précédés d'un liminaire : « Jeux et Songes », « Le Jardin clos », « Sous le portique ». Avant ce volume, l'auteur n'avait donné qu'un petit drame en prose, *Les Flaireurs,* en 1889 et 1891. Une partie des *Entrevisions* avait été insérée préalablement dans « la Pléiade » (1886) et le « Parnasse de la jeune Belgique » (1889).

Entrevisions et *La Chanson d'Ève* (*) suffisent à conférer à Charles Van Lerberghe le premier rang parmi les poètes belges, à côté de son ami Émile Verhaeren, au génie si différent du sien, si ce n'est dans son incomparable série des *Heures.* L'heureux néologisme de son titre (formé sur le verbe « entrevoir ») définit très exactement le climat de cet univers de songe et de musique, d'âme et de syllabes. Ce n'est point un délire verbal, point, comme disait Mallarmé, un « aboli bibelot d'inanité sonore » ; on n'y rencontre, en effet, aucun vocable insolite, ni même raffiné. C'est un chant simple, confidentiel, sans indiscrétion ni emphase ; c'est un lied plus murmuré que parlé. La technique de Van Lerberghe, strictement traditionnelle à ses débuts, comme celle de ses émules des jeunes revues — Maeterlinck, Mikhaël, Quillard, Grégoire Le Roy, Albert Giraud, Iwan Gilkin, Fontainas —, évolua peu à peu jusqu'à un vers libre auquel on ne saurait contester une originalité absolue ; quelle que fût l'admiration qu'il portait à Vielé-Griffin (plus jeune de trois ans), qui passe à juste titre, avec Régnier, pour un maître du genre, mais chez qui la substance émotionnelle est inférieure à la matière verbale, il ne lui doit vraiment rien dans l'ordre formel. Cette prosodie étonnamment fluide constitue un élargissement d'abord quasi insensible des disciplines classiques ; les rythmes impairs s'accouplent sans heurt aux mètres pairs, qui ne montent qu'exceptionnellement, dans les pièces mixtes, jusqu'à l'alexandrin.

Mockel a excellemment défini Charles Van Lerberghe comme le « poète de l'ineffable » ; le fait est qu'il a su se créer un monde bien à lui, quoique très vivant, où le réel et le rêve sont harmonieusement équilibrés et fondus. Par ses lettres amicales (un recueil tout entier en parut en 1934, par les soins de Fernand Séverin à « La Renaissance du Livre » de Bruxelles), on peut suivre la ligne sentimentale et esthétique de cet être si scrupuleux et si modeste, encore que très conscient de son apport. De fréquents séjours en Angleterre, en Allemagne où il rencontra Stefan George — lui-même inféodé à notre présymbolisme, à Baudelaire, Mallarmé, Verlaine —, en Italie, où il retrouva les modèles plastiques déformés par les préraphaélites, contribuèrent grandement à sa découverte intime. À cet égard, il n'est pas sans analogie avec Rainer Maria Rilke, comme lui voyageur passionné, mais plus instable : on ne serait pas surpris d'apprendre que les *Entrevisions* aient été l'une des lectures favorites du futur poète français des *Roses* et de *Vergers* (*).

ENTREVISIONS [*Intrezăriri*]. Recueil de poèmes, publié en 1937, du poète roumain Vasile Voiculescu (1884-1963). Après deux premiers volumes de poésie, le poète affirme son art dans *Mûrissement* [*Pargă,* 1921] où il anime un monde de rêves et de paysages. On y découvre déjà ce qu'il sera dans ses *Poèmes avec des anges* [*Poeme cu îngeri,* 1927] : un mystique essayant de mettre à la portée du lecteur, sur le ton de la parabole incantatoire non dépourvue parfois d'humour, mystères chrétiens, mythes locaux, personnages historiques. Son recueil suivant, *Destin* [*Destin,* 1933], fait encore mieux apparaître sa force de composition, notamment dans « Ionică », conte naïf et merveilleux d'un petit paysan dont l'esprit s'éveille en présence des miracles de la terre et du ciel, à tel point que son instituteur voudrait en faire un savant, et qui, pris à la gorge par une angine, s'éteint en croyant qu'il est étranglé par le dragon qu'il combattait dans son délire. Le poète sera lui-même conscient de la courbe ascendante de son art et donnera comme titre à son recueil suivant celui de *Montée* [*Urcus,* 1937].

Les poèmes d'*Entrevisions* construisent leur harmonie sur les contrastes d'images qui résultent de l'association de termes concrets à des notions abstraites. En même temps, ils ne font plus l'impression de la gestation laborieuse des débuts du poète : ils se dépouillent, tout en gagnant en tension et en concision. Le poète revient avec une plus grande assurance à des formes fixes et brèves comme le sonnet. Ainsi, d'un long poème, « La Coupe » [Cupa], qui ouvre le recueil précédent, seul le thème philosophique subsistera pour s'insérer, comme dans un joyau, dans les neuf vers d'un poème portant ici le même titre :

« En moi l'immensité languit avide, / et des confins de l'instant cristallin / naît l'acte non accompli et le vide : / versez, buvez, tout est en vain. / Je reste encor vide, plus triste après. / Sur mon bord se sont posées tant de bouches. / Un océan y fut versé, vidé : / car nul n'atteint et personne ne bouche / le creux sans fond du rêve inépuisé. » Rarement un poète a pu aboutir, avec l'âge, à un tel épanouissement de son art. Pourtant les quelques poèmes d'un amour sensuel et raffiné de *Montée* amèneront Voiculescu à écrire, dans la solitude d'un âge avancé, entre 1954 et 1958, quelques-uns des plus beaux poèmes d'amour de la littérature roumaine. Ses quatre-vingt-dix sonnets qui furent publiés après sa mort sous le titre *Les Derniers Sonnets supposés de Shakespeare* (*) (1964) et qui sont numérotés, à la suite des cent cinquante-quatre sonnets du poète anglais, de 155 à 244, témoignent d'une volonté de survivre grâce au désir d'aimer.

ENŪMA ELIŠ. Tiré de son *incipit* (en akkadien : « Lorsque, là-haut »), ce titre est celui d'une longue composition mythologique mésopotamienne (près de onze cents vers), qui nous est parvenue presque entière et à laquelle nous donnons aussi, volontiers, le nom d'*Épopée,* ou *Poème de la Création,* bien que le récit de la création des dieux, du monde et des hommes, même particulièrement développé, n'en soit pas, contrairement à ce que beaucoup croient encore, le thème et le but principaux. Pour comprendre ces derniers, il faut rappeler d'abord que si, depuis la première moitié du IIIe millénaire av. J.-C., les Mésopotamiens, comme pour mieux accuser, sur le plan religieux, l'unicité de leur culture, s'étaient donné un panthéon unique pour tout le pays, avec, à sa tête, pour chef suprême des dieux et du monde, l'antique dieu sumérien Enlil, résidant en sa ville de Nippur, chacune de leurs cités-États, politiquement indépendantes, avait à sa tête son propre dieu souverain, double surnaturel de son roi. Lorsque, par la guerre ou autrement, une d'entre elles se rendait maîtresse d'une autre, de même que le roi vainqueur la prenait sous sa coupe, de même son dieu patron en devenait le maître. Quand Ḫammurabi (1792-1750 av. J.-C.) eut réuni autour de Babylone, en un royaume unique, toute la Mésopotamie, Marduk, le dieu — jusque-là obscur et sans éclat — de cette capitale, devint donc le souverain surnaturel du royaume. La dévotion qu'on lui portait n'ayant cessé de croître avec les siècles, le clergé babylonien finit par se convaincre que Marduk devait succéder à Enlil à la tête des dieux et du monde. L'*Enūma eliš* est le mythe justificatif de cette promotion : c'est un mythe apologétique. Son argument essentiel, pour démontrer la thèse qu'il défend, c'est que Marduk méritait de devenir le souverain des dieux, parce qu'il les avait sauvés d'un danger mortel et qu'ils lui devaient la vie ; il méritait, d'autre part, de devenir le souverain surnaturel du monde et des hommes, parce qu'il les avait créés. Pour le prouver, les auteurs ont rassemblé et ajusté un certain nombre de thèmes mythiques, la plupart déjà connus et incorporés en d'autres mythes plus anciens, et, agençant le tout, ils ont produit une œuvre cohérente, logique et puissante, dont voici le résumé.

Les auteurs ont pris les choses aussi loin que leur imagination pouvait les entraîner dans ce passé reculé des « commencements » : ne pouvant se les figurer absolus — la *création ex nihilo* ne leur était, de loin, pas concevable — ils ont posé, au début, une immense matière première, dont tout sortirait. C'est l'Eau. Mais comme elle existait sous deux formes, à leur sens irréductibles : l'eau salée de la Mer (en akkadien *Tiamat*), et l'eau douce de la nappe souterraine que l'on croyait coextensive à la terre (on l'appelait *Apsū*), ils ont conçu ces deux éléments à la fois comme matières, lieux et personnes, dont ils ont fait un gigantesque couple (*Tiamat,* femelle, et *Apsū,* mâle) embrassé et emmêlé dans un prodigieux et durable coït, d'où étaient sortis, comme autant de générations successives, tous les dieux. Parmi eux, comme en toute société, se distinguent alors deux groupes : les « anciens », calmes et amateurs de repos et de sommeil ; et les « jeunes », remuants et bruyants. Incommodés par leurs sarabandes, les « anciens » demandent à Tiamat, leur mère à tous, de les supprimer. Elle refuse d'abord. Mais son « époux », Apsū, s'obstine, si bien que, pour défendre les dieux de sa génération, le plus rusé et intelligent d'entre eux, Éa, l'endort, le tue, le réduisant ainsi de personne à simple lieu et matière, dont il fait sa demeure. Il était en effet traditionnellement tenu pour le dieu de l'*Apsū.* C'est là que son épouse donne naissance à Marduk, absolument parfait et incomparable dès sa naissance, et, dès lors, « cinquante fois » plus dieu que les autres. La querelle des générations reprend : les « anciens » persuadent, cette fois, Tiamat de supprimer les jeunes dieux, trop agités et turbulents. Elle se prépare dans ce but une épouvantable armée de monstres, armée dont elle nomme chef un dieu obscur, qu'elle avait pris pour époux après la mort d'Apsū. Le chef des « jeunes » dieux cherche un champion pour se mesurer avec elle et sa troupe. Les plus grands, Anu et Éa, se dérobent. Mais Éa pousse Marduk en avant. Il accepte, à condition qu'on lui accorde les pleins pouvoirs. Ce qui est fait. Il tue alors Tiamat, dont il fait prisonnière la troupe effroyable ; et, de son corps, il crée le monde. Les dieux l'acclament et, par reconnaissance, lui construisent Babylone, et son temple fameux pour résidence. Ils lui demandent ensuite de les délivrer de l'obligation de travailler pour se procurer les biens nécessaires à leur vie. C'est ainsi — on voit la transposition du mythe d'*Atraḫasīs* (*) — qu'il lui vient à l'idée, dans ce but, de créer les hommes, œuvre qu'il confie à Éa, son père. Les dieux, enfin, lui jurent foi et hommage, le déclarant leur roi, proclament sa supériorité sur eux tous, et, conformément à sa nature « cinquante fois plus divine » que la leur, lui confèrent cinquante prérogatives, chacune résumée par un « nom » (en Mésopotamie le « nom » était à la fois la chose elle-même, prononcée ou écrite, et son « destin »). Ce récit est distribué sur sept tablettes. Tel est ce chef-d'œuvre, d'une poésie savante et, pour ainsi parler, didactique et théologique, mais d'un lyrisme puissant et grave, une des pièces les plus révélatrices de la mentalité, de la religiosité et de la civilisation de la Mésopotamie ancienne.

On a longtemps pensé que l'*Enūma eliš* avait été écrit du temps de Ḫammurabi. Mais un certain nombre de données linguistiques, sans parler de l'assez long intervalle nécessaire pour que Marduk passât de la simple prédominance politique à une dévotion suffisamment universelle, nous ont convaincus de placer la composition de cette œuvre un siècle ou deux avant la fin du IIe millénaire. Elle a toujours gardé, depuis, une grande célébrité et autorité dans le pays. Peu après Alexandre le Grand (qui le conquit en 330 av. J.-C.), un « prêtre babylonien » du nom de Bérose et qui avait entrepris de mettre en grec, sous le titre de *Babyloniaka,* les traditions de son pays la résumait, à sa façon, dans son œuvre ; et huit siècles plus tard (c'est le seul ouvrage littéraire mésopotamien qui ait eu, si l'on peut dire, la vie aussi longue après la chute dans l'oubli de cette vieille civilisation), un philosophe néoplatonicien, Damascius (qui avait pu la connaître dans quelque traduction, peut-être araméenne, de nous inconnue), en citait encore à peu près exactement les premiers vers, dont il faisait un résumé de la « philosophie » babylonienne. — Trad. et commentaire in J. Bottéro, *Lorsque les dieux faisaient l'homme,* Gallimard, 1989. J. B.

EN UN COMBAT DOUTEUX [*In Dubious Battle*]. Roman de l'écrivain américain John Steinbeck (1902-1968), publié en 1936. Cet ouvrage marque un tournant important de la carrière du romancier. Auteur de la romantique *Coupe d'or* (*), du lyrique *À un dieu inconnu* et conteur léger de *Tortilla Flat* (*), Steinbeck donnait avec *En un combat douteux* un volumineux roman social, de ton constamment grave et indigné. La richesse de la vallée de Torgas est constituée par l'exploitation de la pomme. Les grands propriétaires ont réduit le salaire des hommes qui louent leurs bras pour la cueillette, et le parti communiste s'efforce d'organiser une grève. Deux militants sont envoyés sur place : Mac, un vétéran, et le jeune Jim, qui vient d'adhérer au parti. Mac et Jim parviennent à déclencher la grève et à organiser les travailleurs. Mais la riposte de l'association des propriétaires, qui dispose de la force publique, est aussi prompte que brutale. La grève échoue après des bagarres où le sang coule, et Jim est abattu. Mais le but principal de la grève était de susciter la combativité des opprimés, et la défaite, en ce « combat douteux », n'est peut-être que provisoire. L'ouvrage, très représentatif du « roman prolétarien » des années 30, est parcouru par un souffle véhément d'indignation et constitue un document intéressant sur le climat social de l'époque. Cependant *En un combat douteux* souffre des défauts inhérents au roman à thèse. Exact dans la psychologie du groupe, il devient extrêmement faible quand il s'agit des individus. — Trad. par Maurice Edgar Coindreau, Gallimard, 1940.

ENVERS DE L'HISTOIRE CONTEMPORAINE (L'). C'est le dernier roman composé par l'écrivain Honoré de Balzac (1799-1850), publié intégralement en 1855 : il fait partie de *La Comédie humaine* (*), « Scènes de la vie politique ». C'est une œuvre dense, parfois confuse et fatigante, mais illuminée de grandes beautés et d'un haut esprit de compréhension humaine et de charité. De même que, dans l'*Histoire des Treize* (*), Balzac avait représenté une conjuration d'hommes gouvernés seulement par leurs passions et résolus à s'emparer, par un effort commun et convergent, des biens et des plaisirs de la terre, dans *L'Envers ou l'autre aspect de l'Histoire contemporaine,* il nous représente une congrégation secrète des « Frères de la Consolation » absorbés dans un seul but de sacrifice et de charité. Le jeune Godefroid pénètre par hasard dans ce centre d'actions vertueuses, il y est illuminé, instruit et guidé vers une mission bienfaisante. La trame est simple et, par plusieurs aspects, voisine du climat romanesque de ses premières œuvres : Mme de la Chanterie, mêlée durant la période napoléonienne à une affaire politique dont elle était innocente, était restée pendant des années en prison et sa fille avait été condamnée à mort ; le plus grand responsable de ces atroces persécutions avait été le procureur général Bourlac. Celui-ci maintenant — à l'époque de la Restauration — est ruiné et vit caché avec sa fille gravement malade qu'il ne sait comment sauver : en secret, les Frères de la Consolation viennent à son aide, et il se trouve en face de Mme de la Chanterie, qui est l'âme de cette œuvre de bienfaisance ; il s'incline devant elle et reçoit son pardon.

Comme dans *Le Curé de village* (*) et dans *Le Médecin de campagne* (*), la bienfaisance sociale apparaît à Balzac comme la formule rédemptrice pour une société. Mais, dans ce livre, à l'activité bienfaisante s'ajoute le geste plus significatif et plus intime d'un pardon. Balzac comprend qu'à l'acte réparateur des injustices, que ce soit l'impétuosité multiforme et hors la loi d'un Vautrin ou la philanthropie cachée du médecin Benassis, doit s'ajouter une attitude intérieure qui soit la forme et le modèle d'un monde moral. Toutefois, même le pardon de Mme de la Chanterie ne peut apporter une paix définitive dans le monde trouble des figures balzaciennes ; pour y arriver, l'héroïne doit être aidée par un destin réparateur qui crée autour d'elle une situation exceptionnelle, et elle apparaît du même coup comme un personnage qui suit une ligne de conduite déjà tracée. Celui qui marque la limite atteinte par Balzac dans son effort est surtout le jeune Godefroid, dont la lumière est plutôt une espérance et une promesse qu'une réalité certes déjà pacificatrice et apaisante, mais encore purement intérieure et incommunicable.

ENVERS ET L'ENDROIT (L'). Première œuvre de l'écrivain français Albert Camus (1913-1960), publiée à Alger en 1937. Ce recueil regroupe cinq essais, qui tiennent du récit, de l'évocation de souvenirs et de la méditation morale ou lyrique. Leur unité vient, d'une part, de la présence d'une même conscience subjective et sensible, celle du narrateur, qu'il soit désigné par « je » ou par « il » ; d'autre part, les thèmes évoqués ou simplement suggérés se retrouvent d'un essai à l'autre : l'enfance, le lien à la mère, la vie, la mort, la solitude, l'étrangeté, la vieillesse, la beauté du décor naturel, tout ce qui compose un « monde de pauvreté et de lumière », dans une même tonalité à la fois ironique, nostalgique et fervente. « L'Ironie », précisément, qui ouvre le recueil, propose tout d'abord une scène de la vie quotidienne : une vieille « femme qu'on abandonne pour aller au cinéma », et qu'on se sent coupable de laisser à sa solitude, à la nuit, à un Dieu qui ne l'aide guère ; c'est ensuite le portrait d'un vieillard bavard et que personne n'écoute plus, renvoyé au silence et, lui aussi, à la solitude et à la hantise de la vieillesse ; le troisième récit de « L'Ironie », dont on ne peut douter qu'il soit autobiographique, décrit une enfance difficile, sous la férule d'une grand-mère despotique. L'enfance encore est au cœur d'« Entre oui et non », admirable évocation, pudique et douloureuse, de ce qui unit un fils à sa mère, étrangement silencieuse et indifférente. « La Mort dans l'âme », également autobiographique, relate un voyage en Europe centrale ; Prague y apparaît comme le lieu mythique de l'étrangeté absolue et de l'angoisse, tandis que la descente vers l'Italie et ses paysages méditerranéens est une véritable renaissance. « Amour de vivre », récit d'un bref séjour à Palma, à travers quelques images symboliques de la vie conclut qu'« il n'y a pas d'amour de vivre sans désespoir de vivre » ; credo que Camus ne reniera pas, de même qu'il restera fidèle à la découverte que permet le dernier essai, qui donne son titre au recueil : « Tout mon royaume est de ce monde. » Anecdotes et expériences sont en fait les supports d'une pensée et d'un style qui élaborent leur domaine propre. Pour la réédition de ces textes, en 1958, Camus écrira une importante préface en forme de bilan, et qui est une mise au point capitale sur sa conception de la création et du créateur ; il s'y définit comme un artiste soucieux d'« édifier un langage et de faire vivre des mythes », affirme que « sa source est dans *L'Envers et l'Endroit* », et rêve de récrire cette première œuvre, en mettant en son centre l'« admirable silence d'une mère et l'effort d'un homme pour retrouver une justice et un amour qui équilibre ce silence ». Camus délivre ainsi ce que lui-même et ses futurs biographes auront à cœur de souligner : l'importance, pour sa vie et son œuvre, de son enfance et de son adolescence à Alger : « Je fus placé à mi-distance de la misère et du soleil. La misère m'empêcha de croire que tout est bien sous le soleil et dans l'histoire ; le soleil m'apprit que l'histoire n'est pas tout. » J. L.-V.

ENVIE (L') [*Zavist*]. Premier roman de l'écrivain russe Iouri Olecha (1899-1960), publié en 1927. Comme beaucoup de romans soviétiques de cette époque, l'intrigue oppose deux séries de personnages, les hommes nouveaux et les survivants des anciens milieux intellectuels « bourgeois ». Les premiers sont représentés ici par André Babitchev, qui fut commissaire pendant la guerre civile et dirige maintenant un trust d'alimentation. Il a pratiquement adopté un jeune homme, Volodia Makarov, étudiant et grand joueur de football, qui veut être l'« Edison du nouveau siècle ». Enfin sa nièce Valia, une toute jeune fille, déjà fort belle, est fiancée à Makarov. De l'autre côté se trouve le frère d'André Babitchev, Ivan, personnage sans profession définie, bien qu'il se dise ingénieur. Mais son imagination et son talent de conteur fantastique sont tels qu'il est souvent impossible de démêler la part de vérité que contiennent ses propos extravagants. Défenseur acharné du XIXe siècle, il a décidé d'organiser, comme une suprême parade de cette époque désormais révolue, « une conspiration des sentiments » : avant de disparaître définitivement, chacun des grands sentiments d'autrefois doit être représenté une dernière fois. L'envie sera incarnée par le personnage de Kavalerov ; celui-ci, un jeune intellectuel raté qui hante les cafés, a été recueilli par André Babitchev, un soir où, ivre, il était couché sur le trottoir à la porte d'un café dont on venait de le chasser. Makarov étant momentanément absent, Babitchev avait installé Kavalerov chez lui. Le jeune homme hait son bienfaiteur d'un jour, cet individu plein de santé qui « chante le matin dans les cabinets », le « charcutier » dont l'unique ambition est de lancer des restaurants économiques. Kavalerov, lui, croit à la gloire, à celle que l'individu peut acquérir seul. Il méprise les hommes de ce monde nouveau, ces hommes serviteurs des machines et devenus machines eux-mêmes, mais il ne peut s'empêcher de les envier. Il leur en veut d'avoir arraché Valia à son père, d'en faire l'une des leurs. Mais la vengeance que, de concert avec Ivan Babitchev, il entreprend de tirer d'eux tourne court, ou plutôt ne quitte jamais le domaine de l'imaginaire. La fin du roman est volontairement répugnante : Kavalerov et Ivan s'installent chez une veuve grasse et bête dont ils se partagent à tour de rôle les faveurs. La signification de ce court roman est loin d'être évidente. Il faut d'abord observer qu'aucun des personnages n'est tout à fait sympathique ou tout à fait antipathique. Présenté sous un jour odieux dans la première partie du roman, écrite par Kavalerov lui-même, André Babitchev est moins monstrueux dans la seconde partie où l'auteur prend la parole. De même Volodia, qui apparaît d'abord comme sec et brutal, change de figure lorsque, au cours d'un match international, il garde les buts de l'équipe soviétique. L'un et l'autre sont relevés à nos yeux par l'affection que Valia leur porte, elle qui est l'incarnation de la grâce. Quant à Kavalerov, si mesquin et méprisable qu'il soit, il ne laisse pas de trouver des accents déchirants jusqu'à la fin du roman. Le livre ne comporte à vrai dire aucune thèse, et l'auteur ne s'embarrasse pas de discussions théoriques. Un jeu très riche de métaphores, des récits de rêves, des improvisations de haute fantaisie, des scènes d'hallucination confèrent à l'œuvre un caractère fantastique qui la rend attachante. D'autre part l'absence de tout commentaire contribue à dépouiller la tragédie qui se dessine sous le masque de l'humour. Cette tragédie, c'est celle de l'homme qui ne sait pas s'adapter à un monde nouveau. Tout échappe à Kavalerov : la gloire qu'il souhaitait et la beauté de la vie ; Valia, qui semble le trahir au profit de ses adversaires. Va-t-il se résigner à sa déchéance, va-t-il choisir une autre voie ? En interrompant brusquement son récit, l'auteur nous laisse libres de choisir tel dénouement, telle morale qui nous convient. Mais en même temps il fait éclater les limites trop étroites de son sujet. La critique contemporaine voyait dans *L'Envie* le conflit de la société socialiste et des survivants d'une autre époque. Le thème était courant dans la littérature soviétique d'alors. Mais ce monde d'ingénieurs et de sportifs est plus que jamais le nôtre. Et les rêveurs ne sont pas morts qui haïssent leurs semblables et envient en même temps leur santé et leur équilibre, qui fabriquent des conspirations imaginaires et paient de leur déchéance la violence de leur refus. *L'Envie* peut faire penser aux *Mémoires écrits dans un souterrain* (*) de Dostoïevski. Pas plus que cet ouvrage il n'a perdu de son actualité. — Trad. Plon, 1936 ; L'Âge d'Homme, 1978.

EN VOITURE POUR LE CIEL [*Heaven's my Destination*]. Roman de l'écrivain américain Thornton Wilder (1897-1975), publié en 1934. George Marvin Brush a vingt-trois ans, et bien que la crise batte son plein (nous sommes en 1930), il gagne confortablement sa vie en parcourant le Texas et l'Oklahoma pour vendre des livres scolaires. George Marvin Brush a fait vœu de pauvreté, aussi distribue-t-il régulièrement ses économies, car, explique-t-il, avoir de l'argent d'avance équivaut à avoir peur du lendemain. Il sème la bonne parole, prêche le pacifisme et la non-violence, et la pratique au point qu'ayant dû un jour frapper un voyou pour défendre une femme il est révolté par les félicitations qu'on lui adresse. Crédule, il se laisse un autre jour saouler sous prétexte de médicament, et un autre conduire au bordel parce qu'on lui a promis de le présenter à de « charmantes » jeunes filles, mais sa crédulité finalement triomphe puisqu'elle est sincère et lui permet de découvrir en toutes choses le bien. Tant d'assurance dans sa bonne foi lui vaut d'être roué de coups ; qu'importe, il veut croire en la bonté et reste fidèle à ses principes. Sa seule crise de désespoir, il la connaîtra après son mariage en constatant qu'il ne rend pas sa femme heureuse malgré son désir et qu'il ne suffit pas de bonnes intentions pour faire le bonheur des autres ; mais, après avoir voulu mourir, il reprendra la route, toujours prêt à de nouvelles rencontres, de nouveaux services, et naïvement ouvert à la vie. Ce roman est plutôt une fable qui, à travers une succession d'anecdotes, nous montre son héros aux prises avec le conformisme derrière lequel s'abritent et se protègent les hommes. Voulant vivre d'accord avec lui-même, Brush sème la mauvaise conscience, mais chacun se rattrape vite en le traitant de fou, alors qu'il est simplement honnête — scandaleusement honnête. Wilder a rendu cette fable admirablement convaincante grâce à un style direct, imagé, savoureux. — Trad. Gallimard, 1949.

ENVOÛTEMENT [*Igézö*]. Recueil de nouvelles de l'écrivain hongrois József Lengyel (1896-1975), publié en 1961. En février 1938, Lengyel fut arrêté et déporté. Libéré en 1953, il rentra en Hongrie en 1955. *Envoûtement* contient des récits de cette période de son existence. Lengyel y aborde ses pénibles expériences dans un esprit lyrique et humaniste, avec un sens profond de la communion entre l'homme et la nature. La lutte commune pour la survie est le sujet de tous ses récits : peut-on, sous la menace de l'anéantissement physique, conserver sa dignité morale et intellectuelle ? Il observe et analyse les déportés qui, malgré les conditions de vie qui leur sont imposées, ne sombrent pas dans la déchéance. Une lutte acharnée se livre au camp à la fois contre les forces de la nature et contre les conditions de travail inhumaines. Lengyel condamne vigoureusement les illégalités dues au « culte de la personnalité », tout en affirmant que l'édification du socialisme peut reprendre sur de nouvelles bases, car les conditions du travail créateur sur lequel il repose existent, malgré les erreurs tragiques de la période passée.

ÉOLIDES (Les). Poème symphonique du compositeur français d'origine belge César Franck (1822-1890), d'après le poème de Leconte de Lisle (1818-1894). Première audition en 1876. Un poème symphonique est une pièce descriptive destinée à commenter musicalement un texte littéraire. La musique des *Éolides* suit pas à pas le poème de Leconte de Lisle. Un frisson palpitant évoque « les brises flottantes des cieux », les douces haleines du printemps, puis une note cristalline répétée symbolise la Dryade qui, « assise aux feuillages épais, verse aux mousses les pleurs de l'aurore vermeille ». Une longue phrase lyrique rappelle le chant des Éolides : « Ô fraîches messagères, c'est bien vous qui chantiez sur le berceau des Dieux » ; intervient alors un nouveau motif, soupir d'amour « sur les lèvres de Théocrite », qui s'enchaîne à un canon par lequel « les beaux adolescents de myrte couronnés / Échangent avec art de molles reparties ». Un doux balancement agite « le saule où sourit Galatée » ; on entend « battre le cœur des colombes » sur un trémolo que couvre bientôt une douce ligne mélodique : « Oh, combien vous avez baisé / De bras, d'épaules adorées. » Le murmure d'un flot vermeil submerge ce chant voluptueux, un léger zéphyr apporte la plainte mélancolique des « douces flûtes de Virgile » et de légers et troublants accords versent « le repos et l'amour, la grâce et l'harmonie ». Cette partition est construite sur trois thèmes principaux dont le mouvement chromatique est caractéristique de la manière de César Franck : d'abord le thème du vent ; ensuite celui, purement descriptif, des rivages de la mer grecque ; enfin le thème d'amour.

EOTHEN. Récit d'un voyage en Orient, publié en 1844, par l'écrivain anglais Alexander William Kinglake (1809-1891). Œuvre d'un homme de lettres cultivé, on a pu dire qu'*Eothen* était probablement le meilleur livre de voyages écrit en langue anglaise. Kinglake se rendit de Belgrade à Constantinople, à Smyrne, Chypre et Beyrouth, puis en Palestine, et, passant par le désert, au Caire, à Damas et en Anatolie. La description de la peste au Caire est d'un réalisme saisissant. Chaque notation de ce livre est rédigée par un aristocrate solitaire qui sait se laisser vaincre par la compréhension et la pitié. Voyageur lent et aimant ses commodités, Kinglake peut ainsi observer tout à son aise et raconter ce qu'il voit avec une vivacité agrémentée d'un humour des plus heureux. Le chapitre consacré à la Troade, riche de souvenirs homériques, et la conversation imaginaire, très amusante, d'un pacha et d'un voyageur anglais montrent l'écrivain sous son meilleur jour. — Trad. Amyot, 1847.

ÉPANCHEMENTS D'UN MOINE AMI DES ARTS [*Herzensergiessungen eines kunstliebenden Klosterbruders*]. Petit volume de Heinrich Wilhelm Wackenroder (1773-1798), publié sous l'anonymat à Berlin, en 1793. Il constitue, avec les *Fantaisies sur l'art* (*), toute l'œuvre de cet écrivain allemand. Sur le plan spirituel et par rapport au temps, Wackenroder appartient au premier groupe romantique, appelé « Cénacle d'Iéna » avec Frédéric et Auguste-Wilhelm Schlegel, Novalis et Ludwig Tieck. Mais, en réalité, Wackenroder vécut isolé. Le seul lien qui l'unissait aux autres fut Tieck, dont il était l'ami intime et avec lequel il eut une intéressante correspondance (1792-1793). Déjà, dans ce livre, le lecteur assiste à la formation d'une âme délicate, très sensible aux influences extérieures, aux sympathies des gens de l'époque, en même temps qu'effrayée de subir ces influences et ne voyant le salut que dans sa sensibilité et son propre tempérament. Cette sensibilité engendre les deux principaux éléments des *Épanchements d'un moine* : l'affirmation que l'art est un miracle inaccessible à la raison, et la compréhension, qui à cette époque fut une découverte, de l'art médiéval allemand, spécialement de l'art de Dürer.

En ce qui concerne la première affirmation, plusieurs théories laissèrent leur empreinte sur la pensée de Wackenroder, et principalement l'irrationalisme de Hamann. Mais il faut rechercher l'origine de cette thèse dans le tempérament purement religieux, dans la situation personnelle de Wackenroder qui ressentait l'art comme une manifestation éclatante de la divinité, dont il désespérait de s'approcher jamais.

Affirmation naïve qui niait la possibilité de toute critique, mais qui vaut comme témoignage de l'époque et dans la mesure où elle contraste avec l'intellectualisme dont cependant elle dérivait. Elle résume nettement un des aspects du romantisme, celui de la sensibilité devant l'art.

ÉPAVES. Roman de l'écrivain américain d'expression française Julien Green (né en 1900), publié en 1932. Philippe est un jeune bourgeois oisif qu'une fortune familiale a mis à l'abri de tout besoin. Marié à Henriette, qu'il cessa bientôt d'aimer, il trouve auprès d'Éliane, sa belle-sœur, secrètement éprise de lui, une oreille attentive à ses préoccupations les plus futiles. Confinés dans leur élégant appartement au cœur de Paris, Philippe, Henriette et Éliane mènent cette vie aisée et monotone qui est, chez une certaine bourgeoisie visée par l'auteur, la forme polie du désenchantement. Au cours d'une promenade nocturne le long de la Seine, Philippe est témoin d'une dispute entre un homme du peuple ivre et sa femme, qu'il menace de jeter à l'eau. Par crainte d'intervenir et malgré les appels de la victime, Philippe quitte les lieux. Ce geste de fuite provoque chez lui une prise de conscience de sa lâcheté. Mais cette révélation ne l'émeut qu'un moment ; déjà l'indifférence foncière de Philippe a raison d'une épreuve morale bien au-dessus de ses forces. Il lui suffira de détourner les yeux de sa propre faiblesse et de l'abîme qu'elle lui a laissé entrevoir, de continuer à vivre dans le respect scrupuleux de ses habitudes. C'est une même froideur obstinée qui l'empêchera de réagir lorsqu'il apprendra l'infidélité d'Henriette. Philippe ne sera plus, désormais, que le spectateur impassible de sa vie manquée et le roman se clôt sur une scène qui semble le condamner à une éternité d'ennui : revenu sur les bords de la Seine, il songe à s'y jeter. Mais le courage lui manque, une fois encore ; il se contente d'y tremper une main puis continue sa promenade. La parution d'*Épaves* suscita le désappointement de la critique. À première vue, en effet, ce roman ne ressemble pas aux premières œuvres de Julien Green. La lenteur du récit, proche de l'immobilité, tranche sur l'intrigue plus fournie de romans comme *Mont-Cinère* (*) ou *Léviathan* (*) ; la personnalité de Philippe, son indifférence et son manque de grandeur n'ont pas la qualité de démesure des premiers personnages de l'auteur, en lesquels on percevait dans toute son ampleur l'accomplissement d'un drame universel. Mais une lecture plus attentive d'*Épaves* permettrait d'inscrire ce roman dans la trajectoire de l'œuvre. Aussi l'indifférence de Philippe n'est-elle qu'apparente ; comme d'autres personnages de Julien Green, il est hanté par la mort et par le poids accablant de l'existence ; comme eux il aspire à quelque délivrance. Mais chez lui la peur de vivre a atteint de telles proportions qu'il est devenu incapable d'effectuer un acte qui puisse le libérer de sa condition : même la possibilité de la mort lui est ôtée. En créant le personnage de Philippe, il semble que Julien Green ait voulu donner à son pessimisme un ton différent, plus imperceptible mais non moins extrême. *Épaves* n'est donc pas une œuvre de moins de force, toute sa puissance est une puissance contenue et son lyrisme, moins éclatant peut-être, un lyrisme étouffé. Quant au piétinement du récit, il est l'accomplissement d'une tendance déjà perceptible auparavant, sous les apparences d'une intrigue classique : loin d'être un défaut de conception, cet aspect d'*Épaves* peut être considéré comme une manière de progression dans l'effort créateur et comme un acte de liberté à l'égard des formes traditionnelles du roman. P. De.

ÉPAVES DU CIEL (Les). Premier recueil anthologique du poète français Pierre Reverdy (1889-1960), publié en 1924, groupant, souvent remaniés, des poèmes écrits de 1915 à 1922 et préparant l'édition collective *Plupart du temps* (*) qui, avec *Main-d'œuvre* (*), contient la quasi-totalité de l'œuvre poétique de l'auteur.

ÉPÉE DE FEU (L'). Roman de l'écrivain français Daniel-Rops (1901-1965), publié en 1939. Maximilien Deaucourt, industriel parisien, « personnage ironique que rien n'entame, dominé par le double souci de gagner de l'argent et d'en jouir au mieux », n'a pas su donner à son foyer la cohésion nécessaire. Sa femme l'a quitté ; sa fille Sylvie, après un séjour en sanatorium, s'est mariée sans amour ; son fils aîné Jean-Louis a rejoint un groupe d'anarchistes et de communistes dans la banlieue. Enfin au début du roman, Abel vient lui aussi d'abandonner le toit paternel pour vivre sa vie. Chacun des trois enfants de Deaucourt cherche un idéal. Sylvie songe à Remy, un fils d'ouvrier qu'elle a connu au sana et qui y est mort. Jean-Louis s'aperçoit vite que l'anarchisme ne mène nulle part. De désillusion en désillusion, Abel, après quelques jours d'errance dans Paris, revient chez lui et tente de se suicider en absorbant des barbituriques. Autour de lui, un moment la famille va se retrouver. Mais M. Deaucourt peut-il espérer rassembler ses enfants autour d'un foyer désuni ? Non. Abel sauvé de la mort, chacun repart à l'aventure, les Deaucourt redeviennent ces « aveugles tâtonnant dans la même nuit, à la recherche d'une réalité unique, malgré leurs différences, malgré leurs masques ».

Ce roman sur la désunion au sein d'une famille bourgeoise, occupée à la seule jouissance des biens terrestres ou à la recherche d'idéaux désordonnés, illustre les préoccupations de certains penseurs à la veille de la Seconde Guerre mondiale sur la décadence morale et l'irréligion, qui laissaient la société désarmée face aux périls idéologiques.

ÉPÉE DE FLAMMES (L') [*La espada encendida*]. Œuvre du poète chilien Pablo Neruda (1904-1973), publiée à Buenos Aires en septembre 1970. Elle relate l'histoire de Rhodo, le patriarche fugitif, au moment où les dévastations détruisent l'homme sur la terre. Fondateur d'un royaume situé dans la grande solitude patagonique, Rhodo serait le dernier habitant du monde si, un jour, Rosie ne surgissait sur son territoire. Elle a abandonné les ruines d'or de la Ville des Césars — la cité légendaire vantée par les chroniqueurs espagnols — et elle apporte à ce nouvel Adam la jeunesse, la beauté, l'amour, la sensualité, transformant son désert en Éden de fraîcheur et de grâce. Mais le destin qui les a unis dans la violence et dans la joie brandit sur les deux amants son épée de feu sous la forme d'un volcan allumé par un Dieu jaloux. Ayant construit la nef sur laquelle ils fuiront le déluge austral, Rhodo et Rosie arrivent au terme de leurs aventures : en découvrant que Dieu est mort, ils prennent conscience de leur propre divinité. Fable et épopée — « sonate noire », affirme Neruda —, *L'Épée de flammes* introduit dans les lettres universelles un nouveau couple d'amants tragiques, libérés de leur destin traditionnel par la volonté poétique. – Trad. Gallimard, 1971. C. C.

ÉPÉE ET LE MIROIR (L'). Essai religieux de l'écrivain français Paul Claudel (1868-1955), publié en 1939. Il est daté de Brangues, 17 septembre 1935 - mai 1937. La carrière diplomatique du poète venait de se terminer. Il commençait à vivre dans la paix et la solitude du château de Brangues. Cette méditation, qui est aussi bien un poème, commence par ces mots : « Septembre est le mois assoupi. Il ne fait ni chaud ni froid. Épicure, du milieu des ronces, détache une grosse fraise noire. Le labeur de l'année est fini. La terre s'est acquittée de son devoir comme elle a pu. C'est la pause. Il n'y a plus à lui demander que ces fruits de tous côtés qui pendent et la grappe bientôt comme un verre de sang. Notre-Dame est montée au ciel et, trois semaines après, elle est née de nouveau pour la consolation de l'année 1936. » Il s'agit d'une méditation sur les sept douleurs de la Vierge, dont la première est précisément l'épée, qui perce, qui tranche et qui sépare. Quant au miroir, c'est Marie encore, en qui nous pouvons nous contempler et en qui Dieu nous voit. Mieux encore que le voile de Véronique, elle nous montre aussi l'image du Sauveur. L'ouvrage se termine par six « Appendices », qui commentent divers textes scripturaires et insistent surtout sur le cœur et la circulation du sang.

Ce livre fait partie, en réalité, de tout un ensemble que le poète a consacré à la méditation de l'Écriture. Il faut le rapprocher, par exemple, de *La Rose et le Rosaire,* qui est aussi une méditation mariale. Il semble que, dans la dernière partie de sa vie, Claudel ait voulu comparer avec le texte sacré, dont il ne s'était jamais séparé tout au long de ses voyages, les multiples expériences qu'il lui avait été donné de faire. Il constate que « le livre est écrit des deux côtés » : Dieu nous parle, d'une part, à l'aide de la Création et, d'autre part, à l'aide de l'Écriture. Mais les deux textes disent la même chose. L'homme est au milieu et la Vierge, première des créatures, est le miroir par excellence, qui parle de Dieu à la Création et de la Création à Dieu. Il ne s'agit là, en réalité, que d'une application, mais spirituelle et mystique, de l'*Art poétique* (*).

ÉPERVIER DE MAHEUX (L'). Roman de l'écrivain français Jean Carrière (né en 1932), qui obtint dès sa parution en 1972 un immense succès de presse et de librairie. En lui attribuant son prix, le jury de l'académie Goncourt confirma les suffrages du public. Ce roman, écrit sans hâte, comme l'on marche dans les Cévennes, au pas d'un laboureur des terres arides, est l'histoire d'un résidu de famille paysanne. Le père Reilhan dort pratiquement avec sa bible qui lui sert d'oreiller. (On pense à ces farouches batteurs d'estrade de la Prairie américaine, proférant la terrible parole de Dieu.) La mère, noire, silencieuse, soumise à tous les coups du destin, se fond dans les murailles de la ferme de Maheux, masure isolée dans la rocaille et les ronces. Souvent, Reilhan, seul sous le soleil furieux, sort de son mutisme (on le nomme « le Taciturne »), pour tendre son poing rageur vers l'épervier qui fait le Saint-Esprit comme pour narguer l'humanité attachée à sa meule. On le trouvera mort dans les broussailles, à demi rongé par les corneilles. L'un de ses fils, Joseph Samuel, quitte Maheux pour la ville où il fait meilleur vivre même s'il ne s'agit que d'une réconfortante médiocrité. L'autre fils, Abel, colosse têtu et rustre, animal muet, prend femme et s'acharne à vaincre la montagne, tel Achab sa Baleine blanche. Au fur et à mesure qu'il creuse le rocher pour tenter de trouver de l'eau, la folie envahit son corps et son âme jusqu'au jour où, victime d'une trop forte charge de dynamite, il aura pour tombeau la sape écroulée. Et là-haut, l'épervier continuera de planer sur ce pays où « il semble que Yawheh n'ait pas encore engendré son médiateur ». Alors s'éclaire le sens de l'exergue tiré d'Isaïe que Jean Carrière place en tête de son roman : « Ah : si tu déchirais les cieux, et si tu descendais ! » L'histoire des Reilhan est celle de quiconque dans le monde se heurte à l'adversaire, qu'il soit Dieu, destin ou néant. F.-J. T.

ÉPERVIÈRE (L') [*La sparviera*]. Roman de l'écrivain italien Gianna Manzini (1896-1974), publié en 1956. C'est sous l'apparence imagée d'un oiseau de proie que le personnage principal se représente la toux qui, survenue dès son enfance, finira par avoir raison de lui vers quarante ans ; elle est pour lui le symbole de l'invisible. Ainsi ce personnage réduit-il dramatiquement la maladie à sa manifestation la plus extérieure : « L'Épervière est la toux qui fond sur lui, d'une fenêtre ouverte, à la fraîcheur de la nuit, étrange Épervière qu'il pare de la blancheur des colombes, et qui devient femme à son chevet et dans ses bras à l'instant de sa mort. » Il se débat contre elle jusqu'au moment où, dépassant la simple résignation, il s'abandonne désespérément à elle, à l'heure de la mort, et l'aime d'amour. « Si proche et si lointaine, elle (l'Épervière) mimait cette tranquillité, croisant les jambes, magiquement reposée sur le vide, les mains réunies sur la poitrine et les coudes relevés. Alors, il sembla qu'un sourire, tranquille et captivant, s'épandait jusqu'à lui, que s'ouvrait le cercle d'un accueil sans retour. Le signe d'assentiment qu'il fit eut la valeur d'un pacte. Elle se souleva avec une telle puissance, une telle joie triomphante, qu'il eut le sentiment de disparaître, de ne plus exister. En l'effleurant, elle s'insinue, le fascine, le dénature, le transforme ; elle le dissout et lui donne soudain l'impression d'une protection nouvelle dans un curieux mélange où l'ivresse de leurs attouchements alterne sans arrêt avec celle de la profondeur du vide. » Simple en apparence, car au récit de la maladie se superpose celui de la vie sentimentale du personnage et de sa lutte contre le malheur qui le menace, ce roman est traité par Gianna Manzini dans le style impressionniste qui lui est propre, où se pressent les images discrètes et pertinentes, les subtilités et les notations aiguës. C'est un art mesuré, cruel, qui, à notre insu, semble-t-il, décèle la permanence du tragique dans la vie de tous les jours et, du même léger mouvement, l'accepte et le surmonte. Ainsi, le destin du personnage se résout-il dans une prose déchirante et sereine. — Trad. Stock, 1958.

ÉPHÉMÈRE (L'). Revue littéraire publiée par la Fondation Maeght, à Saint-Paul-de-Vence, entre la fin 1966 (numéro 1, sans date) et la fin 1972 (numéro double 19-20, daté hiver-printemps 1972-1973), à raison de trois livraisons par an. Le comité de rédaction de *L'Éphémère* regroupait à l'origine Yves Bonnefoy, André du Bouchet, Louis-René des Forêts et Gaëtan Picon, auxquels se joignirent d'abord Paul Celan, puis Jacques Dupin et Michel Leiris ; Gaëtan Picon devait quitter le comité après les « événements » de mai 1968 et Paul Celan disparaître en 1970. Chaque numéro comportait exclusivement, sans ordre régulier ni rubrique, des poèmes, des textes en prose de genres divers (à côté de proses poétiques de Robert Walser ou d'Ossip Mandelstam, on trouve des pages critiques de Jean Starobinski ou de Maurice Blanchot, des lettres de Kafka, de Rilke ou d'Artaud...) et des reproductions, toujours en noir et blanc, de dessins ou de gravures. Aucune chronique donc, aucune recension. Les œuvres retenues appartiennent aux XIXe et XXe siècles, à l'exception de quelques incursions dans un passé plus lointain (notamment dans le choix des dessins, avec des feuilles de Dürer, d'Elsheimer, de Rubens...) et dans l'Antiquité (avec des textes de Lycophron et de Damascius traduits par Pascal Quignard). Géographiquement, ces œuvres appartiennent toutes à l'aire européenne, sauf quelques pages du poète japonais Bashô et de poètes d'Amérique du Nord. Il importe de noter qu'en dépit de cette apparente diversité, *L'Éphémère* ne saurait être prise pour une revue de littérature générale tant y est sensible l'unité d'un projet et d'une visée qui sont essentiellement poétiques. Mais il ne s'agissait pas davantage d'une revue de poésie, à moins de donner au mot « poésie » un sens plus large que celui par lequel on désigne un certain genre d'écriture.

Si la revue n'a pas publié de manifeste ni de déclaration liminaire, un petit carton glissé dans son premier numéro comportait un court texte non signé qui en tenait lieu. On pouvait y lire notamment ces lignes : « *L'Éphémère* a pour origine le sentiment qu'il existe une approche du réel dont l'œuvre poétique est seulement le moyen. En d'autres mots : il ne faut pas consentir à réduire l'œuvre — acte, dépassement, devenir — à la nature d'un objet, où cet au-delà se dérobe. » On le voit, d'emblée la revue se définissait en s'opposant au traitement que la linguistique et les sciences humaines (qui exerçaient alors une pesante influence sur les études littéraires) imposent aux œuvres. Si la poésie est un « moyen » d'approcher le réel, elle ne peut être ni pratiquée ni entendue comme une activité gratuite ou simplement ludique — autre chose y est en jeu que les mots. Mais cette opposition déclarée se double d'une autre, qui implique aussi un certain nombre d'exclusives dans le choix des auteurs : le « réel » dont il s'agit ici doit en effet être compris dans le cadre d'une tradition poétique que l'on pourrait dire métaphysique, à laquelle ne sauraient satisfaire ni de pures descriptions du monde, ni la simple expression de rêves ou de sensations. Cette tradition est d'ailleurs illustrée par les textes que *L'Éphémère* publia de poètes qui débutaient alors : Jean Daive, Alain Delahaye, Philippe Denis, Alain Veinstein... Il faut noter aussi que, créée l'année même de la mort d'Alberto Giacometti, la revue se plaçait clairement sous les auspices de son œuvre, un dessin de l'artiste constituant le seul ornement de sa très sobre couverture et plusieurs textes lui étant consacrés dans son premier numéro.

L'Éphémère n'a réagi explicitement qu'à deux événements politiques : d'une part, à la révolte des étudiants français en mai 1968, en publiant, en tête de son numéro 6, trois textes qui la soutenaient ouvertement ; d'autre part, à la répression dont furent victimes les intellectuels en Tchécoslovaquie à la suite de l'invasion de ce pays par les troupes soviétiques en août 1968, en reproduisant dans son numéro 10 un long extrait du manifeste que les écrivains tchécoslovaques avaient publié le 22 mai 1969.

En montrant sans discours, mais par la force seule de textes de grande qualité, que la modernité poétique reste en souci d'une présence plus authentique au monde et n'est aucunement réductible à une pure pratique d'écriture, la revue *L'Éphémère* a joué, dans la vie littéraire française de cette période charnière que furent les dernières années de la décennie 1960, un rôle aussi essentiel que discret. A. M.-P.

ÉPHÉMÉRIDES [*Ephemeris*]. Recueil de poèmes de l'écrivain latin Decimus Magnus Ausone (310 ?-393 ?) ; l'ouvrage est également connu sous le titre : *Les Affaires de tout un jour* [*Id est totius diei negotium*]. Par leurs mètres variés, par leur ton et leur inspiration, ces poèmes rappellent les *Silves* (*) de Stace. Il y a pourtant une différence : les *Éphémérides* sont harmonieusement construites comme un journal intime dans lequel on voit défiler, sous une forme poétique, toutes les heures de la journée, du matin à la nuit. Les strophes à formes saphiques, les ïambes, les hexamètres constituent la métrique de cette œuvre ; quant au plan adopté par le poète, il est fort simple : lever, habillement, toilette, promenade, visites, repas, et, pour terminer, le sommeil. Des changements trop fréquents dans la métrique, certaines pauses qui coupent la suite logique des faits, des pensées morales d'inspiration chrétienne rompent l'unité de ce recueil qui, par l'originalité du sujet, aurait pu être une autobiographie en vers très intéressante. — Trad. *Œuvres en vers et en prose*, Garnier, 1935.

ÉPHÉMÉRIDES DE LA GUERRE DE TROIE [*Ephemeris belli Troiani*]. Ouvrage écrit en latin par un dénommé L. Septimius au IVe siècle de notre ère. Un certain Dictys de Crète, après avoir participé à la guerre de Troie, aurait raconté ses souvenirs en langue phénicienne de retour dans sa patrie et aurait demandé, avant sa mort, que son manuscrit fût enseveli avec lui. À l'époque de Néron, des bergers auraient retrouvé sa tombe, le manuscrit aurait alors été traduit en grec et envoyé à l'empereur en hommage. C'est cet ouvrage grec que L. Septimius prétend traduire en latin, reproduisant les cinq premiers livres et condensant les quatre derniers en un seul. Si l'on a effectivement retrouvé des fragments confirmant l'existence d'une version grecque des *Éphémérides,* qui daterait de la fin du Ier siècle de notre ère, Dictys de Crète et son « original » phénicien sont de pures fictions littéraires. L'ouvrage latin qui nous est parvenu en entier avait pour but de faire connaître aux Romains l'histoire de la guerre de Troie (les cinq premiers livres racontent les événements qui vont du rapt d'Hélène jusqu'à la prise de Troie, le dernier est consacré aux aventures vécues par les Grecs sur le chemin du retour). Il fournit en effet un récit complet et chronologique de la guerre (origine, développement, épilogue), alors qu'Homère n'a raconté que certains épisodes ; il est écrit dans un latin clair et donc bien plus accessible au public romain que la langue de l'*Iliade* (*) et de l'*Odyssée* (*). — Trad. anglaise Indiana University Press, 1966. O. R.

ÉPHÉSIAQUES (Les) [Τὰ 'Εφεσιακά, *ἢ κατὰ Ἄνθιαν καὶ 'Αβροκόμην* 'Εφεσιακοὶ λόγοι]. Roman en cinq livres de l'écrivain grec Xénophon d'Éphèse (période romaine, dates inconnues). Le texte que nous possédons est probablement l'abrégé d'un original plus long. La structure des romans grecs est assez constante : il y a deux amoureux, modèles de vertu et de beauté ; un oracle, qui les menace de quelque obscur malheur ; un départ par mer, début d'une série d'aventures, avec des naufrages, des enlèvements, des quiproquos, des procès et autres péripéties. Enfin surviennent le châtiment des coupables, le triomphe des bons, et les protagonistes se retrouvent de façon définitive. Dans *Les Éphésiaques*, les amoureux s'appellent Habrocomès et Anthia. Habrocomès, tout imbu de sa beauté, méprise ses semblables, ainsi que le dieu Éros. Ce dernier se résout à se venger en insufflant d'abord à Habrocomès un amour passionné pour Anthia, avant de les lancer tous deux dans les pires aventures. Le premier livre raconte leur première et décisive rencontre aux fêtes d'Artémis d'Éphèse, et leur mariage. Les nouveaux mariés se promettent de se garder toujours purs l'un pour l'autre. Puis, sans aucune justification convaincante, les voilà embarqués sur un bateau. Naturellement, ils tombent vite aux mains de pirates et sont séparés ; au cours des quatre livres suivants, ils ne cessent de courir l'un après l'autre, à travers tout le monde connu, de la Syrie à l'Égypte, de la Sicile à l'Italie, avec bien peu d'égards pour la vraisemblance ou la géographie. Le jeune homme et la jeune fille ont en eux-mêmes, dans leur admirable beauté, leur pire ennemi. Partout où ils arrivent, ils suscitent des passions violentes, mais, puisque leur promesse mutuelle les tient éloignés de toute concession aux avances d'autrui, ils encourent la fureur et la vengeance des amoureux repoussés. L'ouvrage fourmille de morts apparentes, de scènes pathétiques : Anthia se réveille dans son tombeau après ses propres obsèques ; Habrocomès, suspendu à une croix ou déjà garrotté sur le bûcher, est sauvé au dernier moment par les prodiges du ciel : Anthia, elle, obtient la protection de la déesse égyptienne Isis. On trouve également dans cet ouvrage la mégère corrompue et vengeresse qui tue son mari et accuse de ce crime son bien-aimé qui la dédaigne. Il y a aussi l'entremetteur débonnaire, qui croit à l'épilepsie simulée d'Anthia et arrache la malheureuse au lupanar où elle avait échoué. Il y a même le brigand au cœur d'or, Hypothoos, qui aide finalement les deux époux et les réunit, bien qu'il soit épris d'Anthia. Au milieu de ce fatras d'épisodes se suivent sans aucune nécessité intime, en une série de variations superficielles, des motifs toujours semblables. Toutefois, à cause de son caractère romantique et de son atmosphère d'idylle, un épisode se détache : celui d'Hégialé, vieux pêcheur auprès duquel Habrocomès s'est réfugié, lors de son arrivée en Sicile. Le pêcheur raconte à son hôte la simple histoire d'un amour contrarié, sa fuite de la maison paternelle de Sparte, et son obscure, mais heureuse, existence avec sa chère Telxinoé, dans une cabane au bord de la mer, au milieu des bateaux et des filets. C'est à Rhodes qu'a lieu la rencontre finale de tous les héros du roman ; les époux, enfin réunis, retournent à Éphèse pour y jouir de leur bonheur.

Si les événements sont très nombreux dans

Les Éphésiaques, le récit est simple, aride, expéditif. Certaines invraisemblances sont probablement dues à la forme abrégée de la version qui nous est parvenue. – Trad. C.U.F., 1926. P. Sch.

ÉPICÈNE ou la Femme silencieuse [*Epicoene or the Silent Woman*]. Comédie en cinq actes et en prose du dramaturge anglais Ben Jonson (1572?-1637), représentée en 1609 et imprimée en 1616 (les éditions antérieures, pour autant qu'il en ait existé, sont perdues). L'intrigue principale est constituée par la combinaison de deux farces d'origine grecque, dont l'une servit ensuite de thème à la *Casina* (*) de Plaute. Il s'agit des tribulations d'un homme qui a été trompé sur la véritable identité de son épouse. Le héros de l'intrigue est le personnage de Morose, un célibataire égoïste, dont l'horreur du bruit confine à la manie. Suspectant d'être berné par son neveu sir Dauphine Eugénie, Morose décide de le déshériter et de se marier si faire se peut, avec une femme silencieuse. Cutbeard (Coupebarbe), son barbier, lui en propose une qui se nomme Épicène. Mais, aussitôt le mariage célébré, celle-ci se révèle une bavarde impénitente au grand désespoir de Morose ; comme un malheur n'arrive jamais seul, sir Dauphine survient pour prendre part à la noce, accompagné d'une joyeuse compagnie de musiciens. Exaspéré par le vacarme, Morose ne va pas jusqu'à imiter son modèle grec Lysidarne ; il ne se pend pas, mais tente d'arriver à une solution de compromis, mieux adaptée au tempérament anglais. Après avoir consulté en vain un faux ecclésiastique, puis un avocat expert en droit canon qui pourrait lui trouver un motif de divorce, Morose accepte le marché proposé par son neveu. Celui-ci le débarrassera d'Épicène contre cinq cents livres payables annuellement et l'assurance d'hériter de la fortune de son oncle. Alors sir Dauphine arrache la perruque de la prétendue épouse : celle-ci n'est autre qu'un jeune garçon que le rusé neveu a utilisé pour mener à bien sa supercherie (Épicène signifie en effet en grec « qui appartient aux deux sexes »). La comédie, où apparaissent d'autres personnages comiques secondaires, fut la plus populaire de toutes celles que composa Ben Jonson et sera considérée plus tard comme la plus parfaite du répertoire anglais par Dryden (Shadwell et Pepys partageront d'ailleurs cette opinion). Effectivement, *Épicène*, en raison de l'habile construction de son intrigue et de la vertu comique de nombreux épisodes, constitue une farce des plus réussie.

ÉPICERIE AUX MOUCHES (L') [*Sinekli Bakkal*]. Roman de l'écrivain turc Halidé Edip Adïvar (1884-1964), grande dame de la littérature turque contemporaine, nationaliste et combattante durant la guerre de l'indépendance (1919) aux côtés de Mustafa Kemal, et qui dut s'exiler en Europe (1923-1938) à la suite d'un conflit d'opinion avec le président de la jeune république turque. Ce roman, publié d'abord en anglais en 1935, avant de l'être en turc en 1936, est le récit de la vie de Rabia, fille d'un montreur de spectacles populaires, éduquée par son grand-père dans la stricte discipline d'un fanatisme séculaire. Grâce à sa voix exceptionnelle, qui la rend célèbre, et à son tempérament enclin à la joie de vivre qu'elle tient de son père, Rabia fréquente toutes les sphères de la société pour gagner sa vie. L'existence de son père est très mouvementée entre « L'Épicerie aux mouches », où il tient son commerce, et son théâtre d'ombres, qui lui vaut très vite des poursuites policières. On a ainsi une vue d'ensemble de la vie turque au début du siècle. L'auteur a mêlé un certain réalisme à une poésie évocatrice et sentimentale, et a tenté de décrire une époque de terreur et de sourde révolte en faisant défiler des personnages tels que celui du pacha, préfet de police du sultan Hamid, de sa femme, dame oisive entourée d'esclaves et de serviteurs soumis. Une foule de personnages divers : les belles Circassiennes élevées pour être offertes à des princes, les nains et les amuseurs publics, le menu peuple des quartiers modestes, le derviche mevlevî (adepte de la secte de Celêttin Rumî), saisis chacun dans les gestes de leur vie quotidienne, apportent de nombreux détails vrais et des caractères vivants, qui recréent la vision d'un système social aux structures encore presque médiévales. Ces portraits, tracés avec beaucoup d'objectivité, nous restituent la véritable image de la Turquie d'alors, faussée par trop d'écrivains étrangers plus soucieux d'exotisme oriental que de vérité. Parmi tous les personnages de ce roman, le plus insolite et le plus original est celui de l'héroïne principale. Pour comprendre cette jeune fille croyante, attachée à ses traditions et aux coutumes islamiques, refusant, même devenue riche, de quitter son quartier misérable où règne une ambiance d'humble solidarité, et pour admettre son amour pour un musicien étranger, prêtre défroqué, mystique à sa façon, il faut savoir que l'auteur a surtout voulu définir dans son roman, par des dialogues, situations et oppositions de sentiments et de pensées, les différences qui existent entre l'Orient et l'Occident ; il faut aussi tenir compte du fait que Rabia est un symbole de la Turquie étouffée jusque-là par le fanatisme religieux, et qui, sous l'impulsion des idées venues de l'Occident, aspirait à un monde nouveau et plus structuré – à un monde représenté par la symphonie que le mari de Rabia, converti à l'islam, essaie de composer en s'inspirant de la vie du vieux quartier turc. Fascinée par cette musique occidentale, aux rythmes nerveux et agressifs, aux mélodies et aux sons complexes, Rabia finira par y collaborer presque à son insu dans une nuit d'extase et d'hallucination. Elle risquera sa vie pour mettre au monde un fils, événement qui sera suivi peu après par la libération du pays du joug d'Abdülhamid II (1908). Le livre se termine sur le tableau du retour des exilés politiques, parmi lesquels se trouve le père de Rabia ; dans un climat de confusion où le meilleur côtoie le pire, mais où la naissance d'un enfant laisse espérer le bonheur.

ÉPI DE LA VIERGE (L') [*Klos panny*]. Roman de l'écrivain polonais Ludwik Hieronim Morstin (1886-1966), publié en 1929. Remarquable traducteur de Virgile et d'Horace, admirateur de la culture antique, surtout romaine, et des traditions classiques, Morstin a consacré cependant ce roman à Copernic, dont il retrace la vie depuis les rêves fantastiques de son enfance jusqu'au travail patient de l'homme mûr et à sa mort solitaire. Mais Morstin ne se contente pas de dessiner le caractère de Copernic, de marquer les phases de son développement psychique. Il nous donne en même temps un large panorama des événements de l'époque, des conditions de vie, des mœurs, des idées de ses contemporains, et, située dans ce cadre, l'œuvre de Copernic nous apparaît d'autant plus grande. Ce roman, plein de chaleur humaine, est d'une grande pureté de style et d'atmosphère. Tout en racontant la vie d'un génie, il nous invite à savourer le bonheur paisible d'un après-midi ensoleillé, la beauté d'un champ de blé mûr, la joie de la présence des amis. En 1935, Morstin reprendra Copernic comme sujet d'une de ses pièces les plus connues. – Trad. Éditions du Sagittaire, 1940.

ÉPIDIQUE [*Epidicus*]. Comédie du poète comique latin Plaute (251 ?-184 av. J.-C.). La pièce s'organise autour du personnage d'Épidique, qui est un des plus réussis de tout le théâtre de Plaute. Serviteur rusé et jamais à cours de trouvailles, il est chargé par son jeune maître, Stratippoclès, d'acquérir pendant son absence (il est parti pour la guerre) une esclave musicienne dont il est amoureux. Épidique imagine que Périphane, le père de Stratippoclès déjà âgé, a eu, d'une ancienne liaison avec une certaine Philippa, une fille, et que celle-ci n'est autre que la musicienne. Le devoir de Périphane est donc de l'acheter et de la faire vivre chez lui. Mais le jeune homme revient de la guerre avec une autre esclave, et ses ennuis ne font que commencer : car, pour acheter cette dernière, il a dû emprunter à un usurier. Épidique doit alors imaginer une autre ruse pour obtenir la somme dont il a besoin. Il fait croire au vieillard que, pour éloigner cette nouvelle femme de son fils, il faut l'acheter, puis la revendre à un soldat rhodien, qui d'ailleurs acceptera volontiers, étant amoureux d'elle. La double supercherie est découverte lorsque le soldat, à qui on a montré l'autre esclave, ne reconnaît pas en elle la jeune femme dont il est épris. Philippa, de son côté, que l'on fait venir pour reconnaître sa fille dans la musicienne achetée, déclare qu'elle ne l'a jamais vue. Le sort d'Épidique serait alors réglé, car le vieillard irrité menace de le punir, si, au dernier moment, le rusé serviteur ne reconnaissait en la seconde esclave justement la fille de Périphane et de Philippa. Le destin a fait en sorte que l'invention du serviteur réponde à la vérité, et que, sinon dans la première esclave, du moins dans la seconde, le vieux Périphane retrouve sa fille naturelle perdue depuis des années. Ainsi, grâce à l'habileté de son domestique, Stratippoclès se verra muni et d'une sœur et d'une femme qui vivront dans la maison paternelle. Épidique sera non seulement pardonné, mais la liberté lui sera accordée.

Dans cette comédie, fourmillante de vie, Plaute a donné naissance à un personnage brillant qui occupera une place très importante au cours des XVIe, XVIIe et XVIIIe siècles. Épidique fait partie de cette race d'hommes, à la fois charmante et canaille, qui n'a qu'une richesse : son esprit, et qu'exalte le fait de n'avoir rien à perdre. Elle connaît parfaitement cette société qui la méprise et la repousse, mais qui a besoin d'elle et de sa liberté téméraire si elle ne veut pas étouffer à l'intérieur des lois mêmes qu'elle s'est imposées. Sa poésie, et peut-être son drame, réside dans cette nécessité d'inventer et de mentir, non pas pour s'illusionner ou en tirer un bénéfice, mais pour obliger le monde officiel à vivre dans une réalité fantasque et pleine d'imprévus qu'il lui impose, et le troubler par sa joyeuse impudence. Toute cette comédie – comme d'ailleurs les meilleures de Plaute qui reprennent ce personnage de différentes manières – vit de ce balancement continuel qu'elle établit entre la vérité des faits et celle de l'imagination, entre le réel et l'absurde, pour ensuite s'apaiser et aboutir à une conclusion débonnaire, qui laisse entendre au loin l'écho d'un rire. – Trad. Les Belles Lettres, 1935 ; Gallimard, 1971.

EPIFANIE. Œuvre pour orchestre et voix de femme du compositeur italien Luciano Berio (né en 1925), écrite (1959-1961, rév. 1965) à l'intention de sa femme Cathy Berberian. Le texte est un montage de citations réalisé par Umberto Eco sur des textes de Proust, Machado, Joyce, Sanguinetti, Montale, Eliot, Claude Simon et Brecht. L'œuvre est conçue comme une série de pièces pour orchestre entre lesquelles s'intercalent des pièces vocales, les deux séries pouvant se jouer séparément ou s'entremêler dans un ordre variable. « Les textes sont disposés de façon à suggérer une graduation de la situation poétique orientée vers la transfiguration lyrique de la réalité. » L'œuvre s'achève sur « un cri de regret et d'angoisse » (L. Berio).

A. Pâ.

ÉPIGRAMMES de Jean Mauropous. Poésies du Byzantin Jean Mauropous (ou

Mauropode, « aux pieds noirs », XIe siècle), conservées dans le Codex Vaticanus et publiées pour la première fois par Bollig-De Lagarde à Leipzig en 1882. Ce recueil contient quatre-vingt-dix-neuf épigrammes en trimètres ïambiques : quelques-unes sont une imitation des anciennes épigrammes grecques, d'autres des poésies de circonstance d'une certaine ampleur. Bien que la poésie de Mauropous soit dominée par l'esprit religieux, elle renferme parfois un certain humour, mais l'auteur, de caractère bon et accommodant, n'aime pas se servir de la satire. Dans la première partie de l'œuvre, les poésies de Jean Mauropous sont classées d'après leur genre littéraire. Mais, vers la fin du recueil, cet ordre n'est plus observé ; on y trouve mélangées des poésies d'argumentation et d'inspiration très diverses. Les vingt-six premières épigrammes sont descriptives et traitent de la religion : ce sont les tableaux de la Crucifixion, de Lazare, des saints et Pères de l'Église. De la XXVIIe à la XXXIVe épigramme, l'auteur traite de dédicaces de livres et de discours. Parmi ces dernières, l'une décrit et accompagne un bel évangéliaire donné à l'empereur Constantin Monomaque. Une autre accompagne un exemplaire des discours de Grégoire de Nazianze, une troisième présente un recueil de lois, une quatrième est la dédicace d'un sermon composé par l'auteur pour la fête des Anges. De la XXXVe épigramme à la XXXXIIe, il s'agit d'inscriptions sépulcrales, véritables oraisons funèbres pour des dignitaires laïques et ecclésiastiques. La dernière épigramme de cette série est une fervente prière au Christ afin qu'Il préserve de la damnation éternelle les âmes des deux grands savants de l'Antiquité, Platon et Plutarque.

ÉPIGRAMMES de Lessing [*Sinngedichte*]. Elles furent toutes composées entre 1753 et 1771. Ce qui montre à quel point l'écrivain allemand Gotthold Ephraïm Lessing (1729-1781) appréciait ce genre littéraire, c'est qu'il fit rééditer, en 1759, les *Épigrammes* de Logau, les accompagnant d'une préface admirative. En 1771, il publia un essai intitulé : *Diverses notes sur l'Épigramme et sur quelques-uns parmi les meilleurs épigrammatistes*, où il définit l'épigramme d'après la terminologie alors usitée. Selon les règles, l'épigramme est composée de deux parties : l'expectative et la conclusion. Si l'une de ces deux parties l'emporte sur l'autre, la poésie qui se voudrait épigrammatique n'est plus que morale ; ou bien elle expose un fait, et alors le point de vue didactique est abandonné. De plus, elle doit posséder un caractère lapidaire en son unité, de façon à pouvoir être embrassée d'un seul regard, car elle doit jouer un rôle didactique comme les inscriptions que portent les monuments. Il ne faut pas perdre de vue son ordonnance architecturale, mais faire en sorte qu'elle offre à chaque ligne, comme le dit Wernicke, un sujet de méditation. L'épigramme peut avoir aussi une intention satirique, et elle est d'autant plus appréciée que la conclusion qui suit l'expectative est plus imprévue. Les *Épigrammes* de Lessing rentrent, pour la plupart, dans cette catégorie. Cependant, pour la littérature allemande, la revalorisation de Logau et des classiques compte plus que la production originale de l'auteur même. Cette dernière, toutefois, n'est pas dépourvue de subtilité et, prise en bloc, elle offre un tableau vivant et spirituel de la société du XVIIIe siècle.

ÉPIGRAMMES de Martial [*Epigrammata*]. Ce sont quinze livres comprenant environ 1 200 épigrammes, composées par le poète latin Marcus Valerius Martial (vers 50-vers 104) et disposées selon l'ordre chronologique. En 80, lorsque Titus inaugura l'amphithéâtre Flavien, Martial dédia à ce prince un livre d'épigrammes *Les Spectacles* [*De spectaculis*], le dernier du recueil. En 84 parut une nouvelle guirlande d'épigrammes inspirées par les Saturnales, *Xenia* et *Apophoreta*, qui constituent les treizième et quatorzième livres du recueil. Entre les années 86 et 96 furent publiés les onze premiers livres d'épigrammes. En 96, Domitien mourait ; pour aduler Nerva, son successeur, à qui ne pouvait plaire le onzième livre trop lascif, Martial publia en l'année 102 le douzième livre, le dernier dans l'ordre chronologique. Peu après, il mourait à son tour. Poète indigent, mendiant et fainéant, mais observateur de la vie, ses *Épigrammes* lui permettaient de demander à ses maîtres des subventions pour ne pas mourir de faim. Il aimait les maisons princières qu'il fréquentait, mais se déclarait ignorant des règles du savoir-vivre, faisait semblant d'oublier les façons du beau monde, et se proclamait volontiers grossier et rustre. Il ne connut pas le charme du beau sexe et n'aima que des courtisanes ; il ne s'en vantait d'ailleurs pas, mais au contraire s'en plaignait : cela ne favorisait pas son art. Admirateur de Virgile, il sentait que le souffle épique ne devait pas être confondu avec les ridicules imitations et les vains exercices de style. Il n'aimait pas les poètes anciens et leur préférait ceux de l'époque d'Auguste, qu'il estimait plus vivants et plus humains. Un humour triste, une mélancolie romantique, le goût de la plaisanterie et de la caricature, telles sont les caractéristiques de son art. Comme Diogène, il part avidement à la recherche d'authentiques créatures humaines, et il ne trouve que des êtres misérables et vils : le vaniteux, le voleur, le coquin, le débauché. On l'accuse d'avoir été un poète courtisan, adulateur successivement de Titus, de Domitien et de Nerva. Mais, d'un autre côté, il n'a jamais cherché à s'ériger en juge de son prochain et il ne s'est pas estimé exempt de fautes. Pour lui, le rôle du satirique n'est pas de corriger les mœurs ni de prêcher la morale ; il ne demande pas autre chose de la société de son temps que de lui fournir des sujets inépuisables de rire et de plaisanter. Le parasite des tables princières fait déjà penser aux bouffons. – Trad. Les Belles Lettres, 1930-34, rééd. 1961 ; et, partielle, La Différence, 1989.

ÉPIGRAMMES de Sannazar [*Epigrammatum libri tres*]. À l'exemple des poètes latins, l'humaniste napolitain Jacopo Sannazaro, dit Sannazar (environ 1456-1530), a laissé trois livres d'épigrammes qui constituent, avec ses *Élégies* (*), des témoignages très précis sur sa vie. L'œuvre, écrite en un latin clair et spontané, mêle à des distiques élégants des morceaux d'une autre forme, entre autres des odes saphiques et des vers hendécasyllabiques, à la manière de Catulle. Joies de la volupté, méditations, douleurs s'y entremêlent harmonieusement ; il s'y joint des panégyriques et des satires : c'est le cas des œuvres écrites à l'intention des humanistes Poggio Bracciolini et Ange Politien. Les louanges inspirées par la paix de la villa Mergellina sont célèbres (le nom devait ensuite rester à l'endroit), ainsi que le morceau écrit en souvenir des fêtes données par les pêcheurs au pied du Pausilippe. Sont par-dessus tout remarquables le poème de l'adieu à Naples lorsque le poète part en exil avec Frédéric d'Aragon, son maître, ainsi que celui écrit en France, lorsque l'auteur était en exil, à la suite du bien-aimé roi Frédéric ; Sannazar le composa en l'honneur de Saint-Nazaire, qui lui rappelait le château de Lomellina San Nazario (à présent Sannazaro dei Burgondi). Dans cette œuvre, Sannazar nous donne une image exacte et fidèle de ce que furent sa nature et son esprit et, plus encore, de l'esprit humaniste si complexe, nostalgique et sensuel tout ensemble, sensible à l'idéal comme à la réalité immédiate, également disposé à l'égoïsme et au sacrifice, prompt à la satire autant qu'à l'éloge : sentiments apparemment contradictoires, mais qui se présentent comme des instants complets chacun en eux-mêmes, des aspects vivants, purs, harmonieux de l'humanisme aux nombreux visages.

ÉPIGRAMMES de Théodore le Studite [Ἐπιγράμματα]. L'activité poétique du mystique byzantin Théodore le Studite, abbé du Studion (756-826) et réformateur de l'ordre cénobite, défenseur de la liberté de l'Église, ennemi des iconoclastes, est, comme toute sa production en prose, le reflet de son action ecclésiastique et politique. Le genre traité par lui est surtout épigrammatique. Ce volume comprend divers groupes, dont le plus important est celui qui décrit la vie au couvent sous tous ses aspects. Quelques épigrammes célèbrent la beauté de la solitude claustrale et l'attrait du renoncement victorieux aux biens de ce monde. D'autres épigrammes nous font connaître en des détails plus précis toute l'organisation interne du couvent. En effet, l'auteur a consacré une épigramme pour chaque moine qui a une charge dans la vie claustrale, admirablement réglementée. On y parle du maître de chœur, du maître de cérémonies, de l'administrateur, du caviste, de l'économe, des infirmiers, des tailleurs, des cordonniers, des boulangers, du portier, des hôtes, des pèlerins qui se rendaient au couvent, et aussi des dortoirs et de l'hostellerie. Une autre série d'épigrammes a pour sujet les Images. L'auteur y fait la description de ces images, en y ajoutant des polémiques contre l'iconoclasie et des préceptes dogmatiques, qui souvent ne concordent pas avec la forme de l'épigramme et rendent celle-ci affectée et froide. Il y a aussi des épigrammes sur les églises (on y traite des autels, de la porte, du narthex, des sanctuaires, etc.), des épigrammes funéraires et en l'honneur des saints. Comme dans le recueil d'autres épigrammatistes byzantins, nous trouvons dans celui de Théodore une épigramme dédiée « à lui-même ». Mais il exclut tout à fait de son programme les sujets profanes, qui ont cependant une si large part dans les recueils de Georges Pisidès et de Jean Géomètre ; l'un prédécesseur, l'autre successeur de Théodore dans le genre épigrammatique.

Le vers le plus employé est celui de douze syllabes, succédané byzantin du trimètre iambique classique. La valeur du recueil à ce point de vue est vraiment remarquable. Pour l'histoire du genre littéraire, il représente le trait d'union entre Pisidès (VIIe siècle) et les poètes du Xe siècle. En effet, depuis Héraclius la poésie ne chantait plus. Au point de vue esthétique, la valeur des *Épigrammes* n'est pas à négliger. Dans le cadre de la rhétorique vide et du conventionnel dont est imprégnée presque toute la littérature byzantine, le recueil de Théodore représente quelque chose d'exceptionnel et d'original. Il s'inspire de l'expérience réelle de l'auteur, qui insuffle à son œuvre tout l'enthousiasme et toute la chaleur dont son âme déborde. Elle nous montre son indépendance spirituelle, son humanisme ardent, sa foi profonde. En plus des *Épigrammes*, Théodore le Studite composa aussi des cantiques d'église, remarquables par leur inspiration puissante et par leur forme, toujours simple et claire.

ÉPIGRAMMES de Verlaine. Recueil de vers écrit par le poète français Paul Verlaine (1844-1896) alors qu'il était à l'hôpital Saint-Louis, en juin 1894, et publié la même année à Paris (« Bibliothèque artistique et littéraire »). Il comprend en tout trente poèmes. Ce titre est quelque peu trompeur, car il tend à faire supposer que le poète donne dans la satire. Il n'en est rien. Ici, en effet, le mot « épigramme » est pris au sens qu'il eut en France jusqu'au XVIIe siècle : une courte pièce de vers sur un sujet quelconque. Verlaine déclare : « Cet opuscule fut écrit par un malade qui voulait se distraire et ne pas trop ennuyer ses contemporains. En conséquence, la postérité est priée de n'y voir qu'un jeu. » Effectivement, c'est un jeu. Verlaine s'amuse, à propos de tout et de rien : « Bah ! résume ta vie / Dans l'art calme et dans l'heur / Du bien qui te ravit / Et du beau qui ne leurre » (I. 6). Plus loin, on rencontre ce quatrain : « Ton illogisme vainqueur / Mène, où ça ? Ma pauvre barque, / Je suis les lois d'un monarque / Plus fol encore que mon cœur » (VIII). Ailleurs, il songe à ce qui fut la grande tentation de sa vie : « On finit par s'habituer / À la trahison de la femme ; / La vie est faite de la trame / Qu'elle tisse pour nous tuer » (XII). Sans oublier ce regain de mysticisme : « J'aime les livres lus et sus, / Je suis fou des claires paroles, / J'adore la Croix sans symboles : / Un gibet et Jésus dessus. » Bref, cette fraîcheur de sentiments qui se moque si heureusement de la poésie parnassienne.

ÉPIGRAMMES SACRÉES [*Epigrammata sacra*]. Recueil d'épigrammes en latin et en grec du poète anglais Richard Crashaw (1612 ou 1613-1649), publié en 1634 à Cambridge (et réimprimé après sa mort avec quelques additions en 1670). Il avait pour titre *Epigrammatum sacrorum liber* et était dédié à Benjamin Lany, ancien professeur du poète à l'université de Cambridge. Les épigrammes sont généralement courtes et ont pour thème des passages des *Évangiles* (*) et des *Actes des apôtres* (*), ou ont pour point de départ des épisodes de la vie du Christ (Les plaies du Crucifié, Pilate qui se lave les mains, etc.). Les mots du texte évangélique sont transposés et paraphrasés avec une ingénieuse subtilité, selon le plus pur style du XVIIe siècle ; ils suivent en cela l'exemple du concettisme pratiqué par les poètes jésuites en latin et qui s'applique plus spécialement aux choses dites « concetti predicabili ». Crashaw imite aussi le « cavalier » Marin. Le baroque des images oscille entre le sublime et le grotesque ; mais souvent la brièveté lapidaire des épigrammes dans lesquelles le latin est employé avec beaucoup d'habileté, et l'art du poète pour façonner le vers et lui donner un effet rythmique finissent par créer des expressions vraiment puissantes et géniales dans la richesse de leur fantaisie et leur lucidité verbale. Tous ces facteurs font de Crashaw un des plus grands « poètes métaphysiques » anglais.

ÉPIGRAMMES VÉNITIENNES [*Venetianische Epigramme*]. Recueil poétique de l'écrivain allemand Johann Wolfgang Goethe (1749-1832), écrit en grande partie à Venise (31 mars-22 mai 1790) où il attendait la duchesse Anne-Amélie de Weimar qui, après un séjour de deux mois en Italie, s'apprêtait à rentrer en Allemagne. Le reste fut composé plus tard entre 1791 et 1795 en Allemagne. Le recueil comprend cent trois épigrammes. Quelques autres, nées à la même occasion et d'une inspiration toute semblable, furent exclues parce qu'elles étaient trop osées pour l'*Almanach des Muses* (*) de Schiller où les épigrammes furent publiées pour la première fois (1796). Lors de ce second voyage, Goethe n'était pas comme précédemment disposé à l'abandon et à l'enthousiasme. Si, lors de son premier voyage, il se comportait en pèlerin qui cherche sa voie vers une vie nouvelle et qui devait la trouver en Italie, désormais son « expérience italienne » n'était plus que du passé. Il ne venait plus sous l'impulsion d'un besoin intérieur irrépressible, mais seulement en « voyageur ». En outre, Venise et ses splendeurs avaient certes pu l'enchanter quatre ans plus tôt en cet automne de l'année 1786 ; aujourd'hui, elle échappait à la conception classique qu'entre-temps il s'était faite de l'art. Il est significatif que, dans ces *Épigrammes*, il ne se trouve pas un mot d'admiration pour un seul des monuments vénitiens. C'est avant tout la vie pratique du poète qui s'y reflète et s'y exprime. La duchesse de Weimar se faisait attendre ; les pluies printanières gâtaient le paysage, il faisait froid ; le 2 avril, il neigea ; Goethe s'ennuyait et tentait en vain de se distraire au cirque, où il s'amusait à regarder les tours de passe-passe d'une aimable jeune femme. Il avait laissé en Allemagne Christiane Vulpius et le petit Auguste, né au début de leur liaison ; il avait abandonné sa maison de Weimar pleine de confort. Il pensait à tout cela avec regret et aussi à son premier voyage, à la Rome de sa jeunesse, à Faustina — v. *Élégies* (*) ; mais c'était bien du passé, et mort. Aujourd'hui, il se plaint des rues poudreuses, de l'air humide de la lagune, des grenouilles qui infestent les canaux. Il conclut par ces mots : « Non ; ce n'est pas là l'Italie que j'ai quittée avec douleur. »

Mais il ne faut pas considérer les *Épigrammes* comme des pages de journal ; c'est une œuvre d'imagination. Mauvaise humeur et regrets s'y disputent la plume du poète, et celui-ci se plaît à créer un monde caricatural. Car c'est bien la vie réelle du poète qui constitue un des points de départ de ce livre. Il y a d'ailleurs plusieurs sujets : tantôt l'épigramme s'adresse à Christiane ; tantôt à Charles-Auguste. Un certain nombre reflète ses expériences d'artiste ; une autre évoque l'image de Bettina, la gracieuse prestidigitatrice. On en trouve même qui sont d'inspiration politique. — Trad. Hachette, 1861 ; et dans *Poésies* t. 2, Aubier-Montaigne, 1982.

ÉPINGLE À CHEVEUX EN JADE (L') [*Yu tsan tsi — Yu zan ji*]. Opéra du dramaturge chinois Kao Lien (Gao Lian) datant de la dynastie Ming. Une des scènes, « La Rivière d'automne », a souvent été jouée en France lors des tournées de troupes d'opéra de Pékin. Au cours d'un exode, une jeune fille se réfugie dans un monastère taoïste, où elle devient nonne. Elle y rencontre le neveu de l'abbesse, et les deux jeunes gens tombent amoureux l'un de l'autre. L'abbesse, ayant découvert leur liaison, chasse son neveu. La jeune nonne s'enfuit du monastère, rejoint son amant et l'épouse. Celui-ci, qui finit par réussir aux examens impériaux, découvre alors que la jeune fille était en fait la fiancée que lui avaient choisie ses parents. J. P.

ÉPINICIES (Les) de Pindare [Επινίκια]. De la vaste production du poète grec Pindare (518-438 av. J.-C.), seuls les quatre livres des *Épinicies* (quatorze « Olympiques », douze « Pythiques », onze « Néméennes », sept « Isthmiques ») nous sont parvenus. Les œuvres du poète thébain constituent cependant la part la plus importante de la poésie lyrique grecque, laquelle est presque complètement perdue. Les *Épinicies* sont des Odes destinées à célébrer les vainqueurs des compétitions athlétiques. Les Grecs, et en particulier l'aristocratie dorienne à laquelle Pindare appartenait très probablement par sa naissance et certainement par son éducation et son tempérament, attribuaient une grande importance à ces jeux qui faisaient affluer la fleur de la jeunesse hellénique à Olympie, à Delphes (Pytho), à Némée dans le Péloponnèse et dans l'isthme de Corinthe. Il s'agissait principalement de tournois de lutte, de pugilat, de pancrace, de courses à pied et de courses de chevaux ou de chars. Ces dernières étaient somptueuses, parce que réservées aux familles riches et puissantes. Ces jeux dépassaient la simple compétition sportive. Ils attiraient, en effet, à l'occasion des solennités religieuses, presque toute la Grèce, et les vainqueurs étaient considérés comme les modèles mêmes de la race et étaient en quelque sorte le symbole le plus achevé de l'idéal profondément humain de tout un peuple, l'athlétisme étant en l'occurrence une des formes de cet idéal. Harmonie de beauté et d'intelligence, cette règle d'or de l'éthique grecque trouvait, en ces jeux, une de ses expressions les plus concrètes. Lorsqu'une famille, une cité, une cour avaient remporté une victoire, elle honorait son champion comme un demi-dieu. Les statuaires rendaient ses formes immortelles selon un canon plastique immuable qui servait également pour les divinités. Les poètes étaient chargés de composer l'hymne que le chœur devait chanter afin de conserver le souvenir de ce fait glorieux. Telles furent les origines des *Épinicies* de Pindare. Mais ce qui élève particulièrement la renommée de Pindare au-dessus de celle d'un Simonide ou d'un Bacchylide – v. *Odes* (*) de Simonide et de Bacchylide –, c'est la gravité et la foi qu'il a mises dans son œuvre.

Esprit religieux, sincère et profondément attaché aux traditions aristocratiques, Pindare est le prophète d'une conception religieuse et morale de la vie. Il s'élève à la hauteur du héros célébré, fût-il roi, pour en parachever l'œuvre. Il sait que son destin est d'immortaliser les belles entreprises, en même temps que de mettre en lumière leur valeur idéale susceptible d'éduquer les nouvelles générations. Et ceci explique que dans ses Odes la partie consacrée à décrire les exploits du héros soit le plus souvent limitée à un bref rappel. En effet, la plupart du temps, après un rapide éloge du vainqueur à qui l'Ode est dédiée, il évoque et exalte un mythe religieux qui formera la partie centrale du chant ; pour conclure, il accomplira un bref retour à l'actualité en renouvelant à l'athlète les louanges qu'il mérite. Un tel schéma, évidemment, n'est pas rigide ; il peut varier selon l'importance des Odes. Celles-ci peuvent être simplement développées selon la triade de Stésichore (strophe, antistrophe, épode), ou atteindre l'ampleur d'un véritable poème, telle la IVe Pythique avec ses trois cents vers qui évoquent, en l'honneur d'Arcésilas, l'histoire mythique de Cyrène et la légende des Argonautes.

La contexture des *Épinicies*, faites d'apostrophes, d'invocations, d'exclamations, d'images, de sentences, avec des passages très rapides et souvent subtils, défie la vulgarité d'un résumé ou d'un simple relevé de noms, d'épreuves, de mythes. Parmi les œuvres les plus élaborées et les plus célèbres, on peut noter celles qui sont dédiées aux tyrans Hiéron de Syracuse (Olympique I, Pythiques I, II, III) et Théron d'Agrigente (Olympiques II et III), auxquels le poète était lié par une amitié qui n'avait rien de servile. Dans la première Olympique, Pindare, désireux d'exalter la victoire que Hiéron remporta en 476 av. J.-C., proclame l'excellence des jeux olympiques au moyen d'une célèbre série de comparaisons. Comme l'eau est le plus utile des éléments, l'or la suprême richesse, de même les jeux olympiques sont entre tous les plus splendides. Le poète rappelle qu'ils ont été institués par Pélops, et de Pélops il remonte à Tantale, son père, afin de donner de la fameuse légende une interprétation nouvelle, en conformité avec une conception plus élevée de la divinité. Pindare affirme que l'on ne doit dire que du bien des dieux. Il est donc inadmissible de penser que la faute pour laquelle Tantale a été condamné fut d'avoir offert aux dieux la chair de son propre fils. Certes, Pélops a disparu du banquet divin, mais ce n'est nullement pour cette ridicule raison ; tout simplement Poséidon, épris de lui, l'avait enlevé. Lorsque Tantale fut tombé en disgrâce auprès du dieu, Pélops fut renvoyé parmi les hommes ; pour s'élever au-dessus de son malheur par une action héroïque, il entreprit la conquête du Péloponnèse et épousa Hippodamie, dont il avait vaincu à la course le père, Œnomaos. Son tombeau est maintenant vénéré à Olympie, et c'est pourquoi, près de lui, les plus nobles fils de la Grèce s'affrontent en vue de remporter cette palme que Hiéron vient de gagner. Au tyran de Syracuse, le poète souhaite d'autres lauriers et un autre bonheur. Pour lui-même il demande, avec une fierté pleine de dignité, la gloire que peuvent lui donner ses chants de triomphe.

Dans la première Pythique, une des plus belles, la victoire du héros n'est qu'un prétexte pour célébrer la fondation de la ville d'Etna par Hiéron et pour rappeler les victoires du prince sicilien, vainqueur des Carthaginois à Imera. Le début de ce chant est célèbre : Pindare exalte le divin pouvoir de la lyre dont le son parvient à enchanter même l'aigle de Zeus et à calmer Arès. Ceux qui au contraire ne sont pas aimés de Zeus, c'est-à-dire ceux qui transgressent cette loi d'ordre et de mesure dont la musique est l'expression sensible, en sont terrifiés. C'est ce qui arriva à Typhon maintenant enseveli sous l'Etna et dont les mouvements provoquent les éruptions. Pindare, avec des traits d'une grandeur impressionnante, fait allusion à l'éruption qui eut lieu en 479 avant J.-C. À cette description succède une prière adressée à Zeus, pour que sa protection continue d'être accordée au poète et à Hiéron, et pour que le dieu rende prospère la cité nouvellement fondée : ainsi le prince pourra parfaire les victoires athlétiques et guerrières par la sagesse du législateur. L'ode pour Diagoras de Rhodes (VIIe Olympique) est une évocation du plus lointain passé : d'une main légère, le poète choisit et recueille les légendes qui ont ennobli à jamais l'île de Rhodes, éclose de la mer comme une fleur et aimée du soleil. La densité de la pensée et le nombre des images obscurcissent parfois le sens de ces chants. La VIIe Néméenne, considérée comme la plus difficile, est cependant savamment architecturée et ordonnée. Les trois dernières Néméennes ne célèbrent pas des victoires remportées à Némée, mais ailleurs. La dernière n'est même pas une épinicie, mais un éloge d'Aristagore de Ténédos.

La fonction et la signification du mythe dans les *Épinicies* de Pindare sont très importantes. Les relations que le poète établit entre le mythe et la famille, la cité ou les exploits de l'athlète, symbolisent les liens qui unissent la réalité humaine à l'idéal divin et héroïque. Grâce à ce symbolisme, la voie est ouverte aux considérations religieuses et morales dont le poète se sert pour indiquer le sens de la vie. La richesse mythologique de la Grèce offrait à l'imagination de son interprète si averti une série de fables dans lesquelles les problèmes humains pouvaient être posés sous forme d'exemples. Chacun y trouvait ainsi reflétés ses devoirs et ses besoins. Allégés de leur contenu naturaliste et historique, les mythes, malgré leur admirable réalisme, se prêtent facilement à un enrichissement philosophique. Les événements se dépouillent de leur contingence et s'élèvent dans la sphère du merveilleux, où ils acquièrent une signification universelle et une valeur de symbole. Dans la IIe Olympique, par exemple, l'éloge de Théron d'Agrigente, vainqueur de la course des chars, est relié à l'histoire mythique de cette famille royale dont les origines remontaient au Thébain Cadmos et à sa race, fameuse par les tragiques aventures de Sémélé, d'Ino, d'Œdipe et de ses fils. Pindare ne rapporte pas toute la légende, il l'évoque par de rapides allusions, par des images suggestives, et n'en retient que l'enseignement. La destinée humaine est toujours changeante, mais les dieux peuvent concéder l'oubli des malheurs passés lorsque la volonté de l'homme tend, de toute son énergie, vers le bien et persévère dans des entreprises dignes de louanges. Il en fut ainsi des anciens Thébains et il en est de même de Théron qui rachète les erreurs et les malheurs des siens en faisant bon usage de la puissance et de la richesse. Telle est, affirme le poète, la voie qui mène à la renommée pendant la vie et, après la mort, à la sérénité des îles des bienheureux qui resplendissent de fleurs d'or sous les zéphyrs embaumés de l'océan.

Chez Pindare, comme chez les poètes de son temps, le pessimisme fondamental de la pensée grecque devant les énigmes du destin se résout en une acceptation calme et virile qui n'éloigne pas de l'action et qui n'exclut nullement une vague espérance en une félicité immortelle enseignée par les cultes mystiques. Plus mélancolique est la conclusion de la VIIIe Pythique, la dernière, chronologiquement, des odes triomphales. « Mais lorsque les dieux nous concèdent une lueur de gloire, une grande lumière alors nous enveloppe et la vie devient douce. » Cela équivaut à dire que notre valeur et notre bonheur dépendent des dieux : heureux l'homme qui, tel Aristomène d'Égine (à qui l'ode est dédiée), donne raison à l'oracle qui affirme que les pères forts engendrent des fils forts. Son sang illustre en effet n'a point menti, et ses entreprises lui ont procuré cette gloire qui est l'unique consolation qui nous soit concédée au milieu de l'instabilité des choses humaines. Il ne serait pas juste cependant de faire de Pindare un moraliste ou un philosophe et de chercher des fins didactiques dans chacun de ses écrits. Ce qui compte, chez lui, est la chaleur de ses convictions et l'élévation de ses pensées. Pindare est un vrai poète, et ce qui caractérise son œuvre est la hardiesse de son imagination, la faculté de donner une forme à chaque concept, la force de l'inspiration qui sait se maintenir égale à elle-même. Comme chez tous les Grecs, l'image poétique n'est point pour Pindare une fin en soi. Elle plonge ses racines dans la culture et la morale du temps. Pindare n'est certes pas un poète facile. Sa mentalité archaïque et la singularité de ses moyens d'expression, si éloignés de la banalité du discours, font de lui un poète bien souvent moins accessible que les poètes plus anciens. On peut cependant affirmer que la richesse de son monde poétique mérite qu'on y pénètre, même s'il y faut un long et patient effort.

– Trad. Les Belles Lettres, 1922 (nombreuses réimpr.) ; La Différence, 1990.

ÉPINICIES et DITHYRAMBES de Bacchylide. La connaissance de l'œuvre du poète grec Bacchylide de Céos (environ 520-450 av. J.-C.), d'abord limitée à une soixantaine de courts fragments, a été singulièrement accrue en 1897, quand, d'après un papyrus incomplet découvert en Égypte, on a publié vingt odes de ce poète. Toutes ne nous sont pas parvenues intégralement : de certaines restent seulement quelques vers et, même ailleurs, le texte présente des lacunes et des difficultés de lecture. Les quatorze premières sont des épinicies, autrement dit des chants choraux, d'étendues variées (des seize vers du VI aux deux cent trente et un du XIII), composés pour célébrer des victoires athlétiques dans les concours panhelléniques (pour Argéios de Céos, vainqueur aux jeux Isthmiques ; pour Hiéron de Syracuse, victorieux avec ses chevaux aux jeux Olympiques et Pythiques, etc.). Le plan de l'épinicie de Bacchylide ne diffère pas essentiellement du plan pindarique, compte tenu des variations dues au plus ou moins grand développement des diverses pièces. Au début est mentionné le nom du vainqueur, accompagné de louanges adressées à lui-même et à sa ville. Les jeux ne sont pas décrits, mais seulement rappelés, le plus souvent par une simple indication. La majeure partie du poème est consacrée à l'exposé d'un mythe qui ait quelque rapport généalogique, géographique ou simplement occasionnel avec l'athlète célébré. Des sentences proverbiales viennent souvent épauler le mythe. Le chant se conclut, le plus souvent, par une reprise des louanges du vainqueur. De ces poèmes, les plus remarquables sont le troisième et le cinquième : l'un évoque la légende de Crésus, sauvé par une intervention divine du bûcher sur lequel il allait lui-même se précipiter avec les siens afin de se soustraire à la servitude perse ; l'autre rappelle la rencontre, dans l'Hadès, d'Héraclès et de Méléagre, et le récit que fait ce dernier de son triste destin.

Aux *Épinicies* font suite six *Dithyrambes* (chants choraux intégrés au culte de Dionysos, n°s XV-XX). Ils ne contiennent que la narration d'un mythe : la mission d'Ulysse et de Ménélas à Troie, afin de demander la restitution d'Hélène ; la jalousie de Déjanire envers Héraclès ; Thésée et Minos ; Thésée et Égée ; les pérégrinations d'Io ; l'histoire d'Idas et de Marpessa. Le n° XVIII mérite particulièrement l'attention, car l'unisson choral y est remplacé par un dialogue, analogie évidente avec les formes de la poésie dramatique : le roi d'Athènes, Égée, répond aux Athéniens, constituant le chœur, qui l'interrogent sur les hauts faits d'un jeune héros en marche vers leur ville ; ni l'un ni les autres ne savent encore qu'il s'agit de Thésée, fils du roi lui-même. Mais, par la forme achevée et la grâce de la narration, le plus intéressant des dithyrambes est le n° XVII : Thésée navigue vers la Crète en compagnie de Minos, ainsi que des sept jeunes gens et des sept jeunes filles qu'un tribut cruel destinait chaque année au Minotaure. Comme Minos a l'audace de toucher à l'une des jeunes filles, Thésée l'affronte, faisant valoir sa qualité de fils de Poséidon et, quand le roi de Crète jette une bague dans la mer, le défiant de la lui rapporter pour preuve de cette parenté, il plonge dans les vagues et disparaît. Mais, alors que l'on croit déjà à sa perte, le héros, accueilli avec bienveillance dans les palais sous-marins, revient indemne à fleur d'eau, paré des dons d'Amphitrite.

Un trait caractéristique de la manière de Bacchylide est la tendance à choisir le point culminant d'une légende et à la représenter en soi, sans s'occuper de la préparation et du dénouement. Ses évocations sont plutôt des illustrations que des récits et, dans leur sensibilité et leur technique, rappellent la peinture. Un jugement ancien, celui de l'auteur anonyme du traité *Du sublime* (*), a défini Bacchylide comme un représentant d'une impeccable médiocrité. En réalité, Bacchylide n'est pas une personnalité originale : incapable de conceptions géniales, il élabore le matériel traditionnel avec un raffinement d'artiste riche surtout de sensations visuelles et d'un goût décoratif et stylisant. Mais, à l'intérieur de ces limites, il produit, en particulier dans le dithyrambe, des joyaux d'une facture exquise, à la fraîcheur desquels le temps n'a rien enlevé. – Trad. *Les Poèmes de Bacchylide de Céos*, Hachette, 1898 ; *Bacchylide*, Belles Lettres, 1993.

ÉPINOMIS ou la Réunion nocturne [*Ἐπινομίς, ἢ νυκτερινὸς σύλλογος*]. Dialogue attribué par les anciens au philosophe grec Platon (428 ?-347 ? av. J.-C.), mais certainement apocryphe. C'est une sorte d'« Appendice » aux *Lois* (*), qui se propose de définir le type d'homme vraiment sage, capable de diriger l'État et d'améliorer les lois. Le dialogue aborde directement le sujet, sans aucun préambule ; les interlocuteurs sont naturellement les mêmes que ceux des *Lois*, c'est-à-dire l'Athénien, Clinias et Mégille ; malgré les efforts de l'imitateur, ils n'ont plus du tout cette force de persuasion qui caractérise tous les personnages des dialogues authentiquement platoniciens. À travers une argumentation obscure et souvent sans cohérence logique, l'auteur d'*Épinomis* veut arriver à démontrer que la vraie sagesse découle uniquement de l'étude des nombres (les mathématiques) et de celle des astres (l'astronomie). Il voit, dans la régularité parfaite des mouvements des corps célestes, le signe manifeste de cet esprit divin et suprêmement intelligent que chacun d'eux possède et qui leur permet d'avoir une influence sur le cours des choses terrestres. Par conséquent, seul celui qui étudie les astres y puise une sorte de divine sagesse et est digne d'être appelé philosophe. — Trad. Les Belles Lettres, 1930 ; Gallimard, 1943.

ÉPIPHANIES (Les). Pièce de théâtre de l'écrivain français Henri Pichette (né en 1924), créée en 1947 et publiée en 1948. *Les Épiphanies* s'apparentent au théâtre d'avant-garde, au même titre que les œuvres dramatiques d'Artaud, qui fut l'ami de Pichette. La pièce se divise en cinq séquences « poétiques », selon un schéma qui parodie les grandes synthèses narratives, du type « histoire de l'humanité » : la genèse, l'amour, la guerre, le délire, l'accomplissement. Cette trame prend rapidement un tour grotesque, et l'action se transforme en tragédie du verbe, qui se boucle sur elle-même, puisqu'elle s'ouvre et se ferme au rythme de la « pulsation du monde ». Ni dialogues, ni intrigue (du moins au sens classique du terme) dans cette chorégraphie lunaire, où la pantomime, le concert des voix désaccordées semblent diriger la mise en scène. Le tout se résume en une joute oratoire entre des marionnettes délivrées de toute pesanteur psychologique. L'affrontement jubilatoire entre le Poète et Monsieur Diable dénonce la futilité des discours lancés dans le vide, l'impossibilité de communiquer dans un monde livré au bruit, à la fureur, aux exactions de toutes sortes, à commencer par la guerre, décrite ici comme une monstrueuse farce, terriblement destructrice. Le poète se trouve confronté aux limites de l'univers au sein duquel il est noyé, alors qu'il recherche toute l'intensité possible pour vivre à grande vitesse : « Je me répands sur la terre comme une machinerie » ; production hybride de la sensualité moderne, il veut par tous les moyens jouir du spectacle : « Ma femme sera mon paysage sensuel, le diorama de mon âme » ; privé de son corps, qui « ne tient lieu que d'accessoire », il devient la proie de cette fièvre incontrôlée, par laquelle il tente d'accéder aux forces occultes du réel et de l'irréel. L'image du cirque se superpose, dans l'esprit du Poète, à celle de la foule en délire. Autant dire que l'espace textuel, saturé de voix qui prolifèrent derrière ces figures de carême représentées typographiquement par des petits symboles au début de chaque réplique, se prête à toutes les facéties, y compris sur le plan de la mise en page (choix des caractères, noircissement de la page, soulignement des didascalies, sous forme de petits rectangles). Les langages s'entrechoquent, les signaux interfèrent, si bien que les mots paraissent se livrer une guerre sans merci : « Je reconnais l'état de guerre à ce que les ponts sont coupés entre les mots. La grammaire a maille à partir avec le pot-pourri des idées. » La frénésie qui s'empare des locuteurs résulte du désordre causé par le pullulement des discours, tel qu'il s'illustre aujourd'hui à travers le phénomène médiatique. Cette féerie du non-sens n'aurait certes pas été possible sans une certaine technique d'écriture, où se côtoient, pêle-mêle : le télégramme, les lieux communs, l'argot, la néologie, les borborygmes, et autres glossolalies (au sens d'Artaud). L'imagination prime ici sur toutes les règles. Jouée pour la première fois le 3 décembre 1947, au Théâtre des Noctambules, dans une mise en scène de Georges Vitaly, la pièce bénéficiait en outre d'une distribution prestigieuse : Gérard Philipe (le Poète), Maria Casarès (l'Amoureuse), Roger Blin (Monsieur Diable). O. H.

ÉPIPSYCHIDION. Poème du poète anglais Percy Bysshe Shelley (1792-1822), écrit en vers héroïques à rimes embrassées, composé et publié sans nom d'auteur en 1821. Il semble que le mot qui forme le titre ne se rencontre chez aucun écrivain grec et qu'il faille le considérer comme forgé par le poète ; telle que nous la présente Shelley, cette expression semble signifier « âme sur âme », exprimant l'union de deux âmes jusqu'à la fusion. La jeune comtesse Émilia Viviani (comme l'appelle le poète, mais en réalité comtesse Teresa Viviani) avait été enfermée par son père, en attendant l'époque du mariage, dans le pensionnat de demoiselles de Sainte-Anne, à Pise. Shelley, qui habitait non loin, y fut conduit par le chanoine Francesco Pacchiani, surnommé le « diable de Pise ». Il rendit visite à la recluse dont le sort cruellement injuste l'enflamma d'une sympathie qui devint amour. Sous l'impulsion de ce sentiment, le poète écrivit l'*Épipsychidion.* Même si, plus tard, impulsif comme il l'était, il désavoua cet amour, reconnaissant qu'il s'était trompé sur le compte d'Émilia, son premier sentiment avait bien été de voir dans la jeune femme l'incarnation de cette immortelle beauté à laquelle il avait toujours aspiré en vain. Avec elle et avec sa femme Mary, le poète voudrait fuir dans une île de la mer Égée, loin du monde opaque et absurde des hommes. En fait, Teresa épousa par la suite Luigi Biondi delle Pomarance et mourut, en août 1836, à l'âge de trente-trois ans.

Parmi les poèmes dans lesquels Shelley traita, incidemment, le thème de l'amour spirituel et sensuel — v. *Alastor* (*) — et ceux où il le traita de propos délibéré (*Hymne à la beauté intellectuelle*), l'*Épipsychidion* est certainement celui qui réunit et fond tous les thèmes dans un enthousiasme inspiré, profondément pénétré par l'influence du *Banquet* (*) de Platon et de la *Vita nuova* (*) de Dante. Célébrant la beauté immortelle et évoquant son long désir de l'atteindre et de la posséder, le poète a tracé une espèce d'autobiographie idéalisée qui se termine en un hymne de triomphe. — Trad. Les Belles Lettres, 1931.

ÉPISODE INTERNATIONAL (Un) [*An international Episod*]. Cette œuvre de l'écrivain américain Henry James (1843-1916) parut en 1879, quelques années après que l'auteur eut quitté définitivement les États-Unis pour l'Europe, et se fut finalement installé à Londres, où il habitera jusqu'à sa mort. Bien qu'il soit venu en Europe enfant, qu'il y ait fait une partie de ses études, et y soit revenu en 1869, à 26 ans, en « pèlerin passionné », cette période d'adaptation n'est pas sans poser de problèmes. Il est alors particulièrement sensible aux défauts et aux ridicules de ces Américains au milieu desquels il ne veut pas vivre : mais, n'étant pas anglais, et observant du dehors la société qui l'entoure, il en voit aussi les faiblesses, a peut-être à en souffrir, et tend à leur opposer les qualités de ses compatriotes. L'ambiguïté de cette situation, toute son œuvre en porte la marque : c'est presque toujours par leur confrontation en tant qu'Américains et Européens que se définissent les caractères de ses personnages. Cette nouvelle, ou ce court roman, met aux prises le marquis de Lambeth, aristocrate anglais, et une jeune fille américaine, miss Alden. Ils se rencontrent aux États-Unis où le jeune lord, venu en voyage d'affaires, est reçu dans la résidence d'été du financier Westgate. Quelques mois plus tard, Mrs. Westgate et sa sœur miss Alden se rendent à Londres : Lambeth retrouve avec joie la jeune fille, mais sa mère et sa sœur se montrent extrêmement blessantes, et miss Alden refuse de l'épouser.

Si *Daisy Miller* (*), paru la même année, avait indigné l'Amérique, ce roman fut très mal accueilli par les Anglais, qui n'admettaient de critique de leur société que venant d'un des leurs et trouvaient le dénouement inadmissible. À quoi James répondit qu'une jeune fille américaine refusant la main d'un lord anglais vivait une aventure guère plus excitante que le lord qui était l'objet de ce refus. De fait, les Anglais ne sont pas présentés ici sous un jour très favorable : la perfection de leurs manières recouvre une duplicité qui s'oppose à la généreuse simplicité et à la franchise des Américains. Et si Lambeth fait exception, il ne brille pas par ses qualités intellectuelles. On peut d'ailleurs faire aux personnages le reproche d'être subordonnés à la situation générale qu'ils mettent en lumière dans leur aventure particulière, et d'apparaître souvent comme des types. Plutôt que d'une individualité marquée, leur vie leur vient de l'art avec lequel l'auteur les fait se dévoiler d'eux-mêmes dans leurs paroles et leurs actions quotidiennes. Aucune outrance ni dans l'intrigue ni dans l'expression : James est passé maître dans la technique de la nouvelle ; en se limitant à l'essentiel, il lui donne la densité d'un roman. Mettant à profit sa position privilégiée d'observateur, il donne du milieu et du cadre dans lequel ils évoluent une peinture très vivante, et son style, qu'on a quelquefois accusé d'obscurité dans ses toutes dernières œuvres, sert la concision du récit sans perdre sa limpidité. — Trad. Ombres, 1987.

ÉPISODES NATIONAUX [*Episodios nacionales*]. Suite de quarante-six romans historiques de l'écrivain espagnol Benito Pérez Galdós (1843-1920), composée de 1873 à 1912. Ils constituent dans l'esprit de l'auteur des fragments caractéristiques de la réalité historique espagnole contemporaine. Inspirés probablement des *Romans nationaux* (*) d'Erckmann-Chatrian, les *Épisodes* obéissent à une intention didactique similaire. Il s'agit d'enseigner l'histoire contemporaine aux Espagnols afin de leur insuffler un patriotisme régénérateur. Les romans courts, faciles à lire, bon marché, étaient destinés à un large public et ont connu un vif succès.

Le principe en est simple : un héros fictif ne jouant jamais un rôle principal est témoin d'événements historiques importants. Son histoire se mêle à celle de la nation dans le cadre d'une intrigue romanesque délibérément simple, qui se déroule sur plusieurs *Épisodes*, car Galdós, s'inspirant de Balzac, fait réapparaître ses personnages ainsi que ceux des *Novelas contemporáneas.*

Les *Épisodes nationaux* comptent quatre séries de dix romans et une cinquième série restée inachevée de six romans. La première série écrite de 1873 à 1875 a pour héros et narrateur Gabriel Araceli, qui raconte ses aventures lors de la guerre d'Indépendance considérée par Galdós comme à l'origine du sentiment national espagnol moderne. *Trafalgar, La Cour de Charles IV* [*La corte de Carlos IV*], *Le 19 mars et le 2 mai* [*El 19 de marzo y et 2 de mayo*], tous de 1873, évoquent la rupture avec l'ancien régime. Les romans suivants, dont *Bailén, Zaragoza, Gerona, Cádiz,* publiés en 1874, figurent parmi les plus célèbres *Épisodes,* retracent l'histoire de la guerre d'Indépendance.

La deuxième série, publiée entre 1875 et 1879, a pour cadre le règne de Ferdinand VII que Galdós exècre. Après avoir évoqué la fin du règne de Joseph et la restauration des Bourbons dans *Les Bagages du roi Joseph* [*El equipaje del Rey José*] et *Les Mémoires d'un courtisan de 1815* [*Memorias de un cotesano de 1815*], Galdós dénonce la réaction absolutiste et les conspirations maçonniques, puis il évoque la parenthèse libérale de 1820-1823 et sa fin tragique dans *Le Sept Juillet* [*El siete de julio*], et *Les Cent Mille Fils de Saint Louis* [*Los cien mil hijos de San Luis*]. Galdós pense définitivement conclure son cycle avec *Un factieux de plus et quelques prêtres en moins* [*Un faccioso más y algunos frailes menos*] en 1879, mais de gros ennuis d'argent l'obligent à le poursuivre en 1898.

La troisième série, publiée de 1898 à 1900, retrace l'histoire des guerres carlistes, alors que la quatrième va de 1848 à la chute d'Isabelle II en 1868. La série finale inachevée évoque les convulsions politiques qui ont précédé la seconde restauration des Bourbons en 1874.

Les *Épisodes* qui ont été composés sur une période de près de quarante ans présentent, malgré la cohérence de l'ensemble, ces différences notables entre les séries. Les premiers romans sont plus simples. Ensuite, avec l'expérience romanesque, Galdós acquiert une maîtrise qui se traduit par une grande aisance et plus de liberté par rapport aux modèles antérieurs. Le recours au merveilleux et à l'humour s'intensifie dans les derniers romans qui laissent apparaître une influence symboliste. Mais l'ensemble du cycle présente des caractéristiques communes. Galdós y adopte un point de vue libéral. Il se prononce en faveur de la liberté, de la souveraineté nationale et de la démocratie contre l'absolutisme et l'influence de l'Église. Ses sources historiques, sérieuses mais souvent limitées, se bornent à des ouvrages libéraux, à des témoignages oraux, ou à sa propre expérience. Galdós ne prend en compte que le passé récent, surtout dans les deux premières séries, dans une optique progressiste qui prétend rejeter le poids inutile des traditions et d'une histoire éclatante mais étouffante. Cette leçon développée dans la conclusion du dernier roman *Cánovas* rejoint les opinions de Joaquín Costa et des membres de la génération de 98. Croyant à un progrès historique continu, bien que problématique, Galdós ridiculise toute solution conservatrice ou réactionnaire qui exclut la tolérance religieuse et politique. Son esprit critique l'empêche cependant d'adhérer sans réserves aux solutions libérales. Après avoir présenté les classes moyennes comme le moteur du progrès historique, il dévolue ce rôle au peuple, sans arriver à épouser tout à fait les théories socialistes révolutionnaires. La complexité de la position de Galdós, à la fois engagé du côté des forces progressistes et critique envers toute formation et tout mouvement politique, a entraîné de nombreux contresens sur une œuvre plus subtile qu'on ne l'a souvent dit. Galdós voudrait bien partager les illusions de son temps. Sa lucidité, qui va de pair avec son esprit d'observation et ses choix moraux et esthétiques, l'en empêche. S. L.

ÉPISODE SOUS LA TERREUR (Un). C'est un des plus célèbres récits de l'écrivain français Honoré de Balzac (1799-1850), publié en 1830. Le 22 janvier 1793, à Paris : dans les ténèbres d'une terrible nuit de neige, une vieille femme, ex-religieuse, noble de naissance, s'aperçoit qu'elle est suivie par un mystérieux individu. Celui-ci pénètre derrière elle dans la misérable maison où elle est hébergée avec une de ses compagnes et un prêtre non assermenté. La présence de cet individu jette l'effroi parmi ces trois innocentes créatures qui vivent dans les privations et la terreur d'être découvertes. L'homme pourtant n'est venu que dans l'intention d'entendre la messe, qu'il demande pour l'âme d'une personne chère dont le corps ne reposera jamais en terre sainte. L'office funèbre ayant été célébré, il disparaît après avoir remis au prêtre une curieuse relique : un mouchoir taché de sang. De ce jour, les trois malheureux s'aperçoivent qu'ils sont protégés dans leur vie pourtant pleine d'angoisses. Un an après, à la même date, l'homme reparaît pour la messe anniversaire ; mais pas même ce jour-là ils ne réussissent à saisir le secret de son identité. C'est seulement quelques mois après que l'abbé reconnaît le mystérieux visiteur dans le bourreau de Paris, et il comprend que le mouchoir avait appartenu au roi Louis XVI, guillotiné le 21 janvier 1793. Ce récit appartient aux œuvres de jeunesse du grand romancier, il reconstitue admirablement une atmosphère de mystérieuse terreur, de piété et d'intense simplicité religieuse, dans un style vigoureux et pittoresque aux couleurs hautement suggestives — v. aussi *La Comédie humaine* (*).

ÉPITAPHE DE DAMON [*Epitaphium Damonis*]. Élégie pastorale en latin de l'écrivain anglais John Milton (1608-1674), écrite en 1641. Milton déplore la mort d'un ami très cher, Carlo Diodati, protestant d'origine lucquoise dont la famille avait dû fuir l'Italie ; il avait été son condisciple, et avait eu une grande influence sur la formation artistique du poète en lui faisant mieux connaître la littérature italienne. L'*Épitaphe de Damon* est certainement la meilleure œuvre latine de Milton.

ÉPITHALAME de Claudien [*Epithalamia*]. Poèmes de l'écrivain latin Claudien (Claudius Claudianus, 370 ?-404 ?), composés à l'occasion du mariage d'Honorius avec Maria, fille de Stilicon, célébré à Milan en 398. À l'*Épithalame* proprement dit, Claudien a ajouté des « vers fescennins », poésies grivoises destinées, selon une ancienne coutume romaine, à railler les nouveaux époux et parfois même de façon assez vulgaire. Dans l'ensemble, l'*Épithalame* est confus. Il débute par un rappel des noces de Pélée et de Thétis ; Achille devait naître de cette union. Après avoir fait intervenir toutes les divinités, le poète transporte l'action à Milan et nous fait assister aux noces d'Honorius et de Maria. Il en profite pour faire l'éloge de Stilicon. Les quatre « Fescennins » sont d'un ton solennel et mesuré qui convient mal à ce genre populaire et spontané. Le tout est un exemple typique des poésies de circonstance que Claudien aimait à composer. Dans sa vie comme dans son œuvre, il s'inspira de Stace, auteur lui aussi de nombreux épithalames — v. *Les Silves* (*). Claudien, en abusant des allusions mythologiques, paraît se perdre dans un monde lointain et majestueux où ses héros semblent déplacés. — Trad. dans *Œuvres complètes*, Garnier, 1933.

ÉPITHALAME (L'). Roman de l'écrivain français Jacques Chardonne (1884-1968), publié en 1921. L'auteur a voulu dire le drame de l'amour dans la vie à deux : « On n'avait guère écrit sur l'amour dans l'intimité. L'amour est différent à distance ou dans la maison. Il veut l'entière possession, mais on n'approche pas l'homme sans danger. C'est un être exigeant, plein de lui-même jusqu'à la stupidité, avec ses nerfs malades, une sorte d'égarement que l'on nomme pensée, sa nature insondable qui ne sera jamais civilisée. Rude entreprise que d'en faire un compagnon, auquel on ne s'habituera jamais, si on l'aime. » Le roman traite de ce débat embrouillé. L'homme et la femme que peint Chardonne sont mariés, ils s'aiment mais subissent le poids de la vie conjugale. Ils se heurtent, se blessent, se repentent, s'éloignent, reviennent. C'est un curieux duel. Rien jamais de très grave, mais les petits malentendus s'accumulent. Chacun des deux époux attendait un élargissement de sa vie et voici qu'ils ressentent leurs liens comme des chaînes. Le héros reproche à sa femme sa faiblesse et sa prétention, son esprit débile et son âme sentimentale. Et sa femme l'accuse d'incompréhension, de caprice et de monstrueux égoïsme. À ce conflit, on ne voit pas de solution. Le livre s'achève pourtant sur un sourire. Il se compose d'une suite de tableaux, de scènes dialoguées, sans liens apparents ni commentaires. Edmond Jaloux appelait « organique » une construction où l'auteur ne semble pas intervenir. Ce procédé était alors tout à fait nouveau et fit sensation.

ÉPÎTRE dite de Barnabé. Écrit gréco-chrétien, probablement du commencement du IIe siècle, composé de deux parties : théorétique (chap. 1-17) et pratique (chap. 18-21). La première contient une interprétation raisonnée de certains passages de l'Ancien Testament et tend à affirmer et à expliquer la validité du texte même pour les chrétiens. La deuxième renferme des enseignements et des conseils pour les fidèles qui se doivent de choisir la voie de la lumière ou la voie des ténèbres. On ignore la date précise et le lieu où cette *Épître* a été composée. Elle s'adresse, sur un ton affectueux et paternel, à une ou plusieurs communautés au sein desquelles l'auteur remplissait probablement une charge religieuse. Toutefois, la méthode semble relever de l'école d'Alexandrie. Le style et la langue de l'*Épître dite de Barnabé* ne sont pas très élaborés, mais la foi sincère et émouvante de l'auteur a parfois une certaine vivacité. C'est un des écrits les plus connus et les plus cités en dehors du Canon. Mentionné par Clément d'Alexandrie et par Origène, déjà en partie connu en grec et en partie dans une version latine, le texte complet n'a été découvert qu'au commencement de la seconde moitié du XIXe siècle en même temps que celui du *Pasteur* (*) d'Hermas. – Trad. Éd. du Cerf, 1971.

ÉPÎTRE de saint Jacques. Elle fait partie des épîtres catholiques. Attribuée à saint Jacques dit « frère de Jésus », désigné comme Jacques le Mineur pour le distinguer d'un autre Jacques, le Majeur, « frère de Jean » (mais peut-être ne sont-ils qu'un seul et même personnage) (mort en 62), elle a été écrite en grec, à Jérusalem, vers l'an 60. Saint Jacques était un proche parent du Divin Maître. Tenu pour le premier évêque de Jérusalem, il écrivit cette lettre pour les Juifs convertis, dispersés parmi les nations païennes. Il leur envoie des paroles de réconfort, les exhorte à rester dans le droit chemin et leur donne une juste interprétation des lettres de saint Paul aux Galates et aux Romains sur la justification par la foi – v. *Épître aux Galates* (*), *Épîtres aux Romains* (*). Sans perdre de temps, l'auteur entre dans le vif du sujet : utilité des tentations permises par Dieu pour éprouver les âmes élues ; origine des biens et des maux avec la belle parabole de l'homme riche, semblable dans son luxe, à la fleur des champs qui se fane et meurt au soleil brûlant. Pour conclure le premier chapitre, il fait une belle description qu'elle opère en nous si nous sommes loin de Dieu. Dans la seconde partie, l'auteur corrige les abus et redresse quelques déviations de pensée ; il explique les motifs des inégalités sociales et énumère les devoirs réciproques des fidèles. Dans la troisième, il s'efforce de consoler les chrétiens et les exhorte à la patience ; puis il trace certaines règles de vie en rapport avec les nécessités. L'authenticité de cette lettre est discutée : beaucoup de protestants et de rationalistes ne la jugent pas authentique. Mais les témoignages des Pères de l'Église ont fait néanmoins affirmer, par l'Église catholique elle-même, sa parfaite authenticité. Elle fait partie des écrits deutéro-canoniques de *La Bible* (*). – Trad. œcuménique de *La Bible*, Éd. du Cerf, 1988.

ÉPÎTRE de Jérémie. La lettre attribuée à Jérémie est ajoutée par la *Vulgate* – v. *La Bible* (*) – au *Livre de Baruch* (*), dont elle forme le chapitre VI ; mais c'est un lien purement matériel, résultant des dispositions consécutives des deux écrits, tout à fait indépendants l'un de l'autre. Dans la version des Septante et dans d'autres traductions anciennes, la lettre est mise aussitôt après les *Lamentations* (*) et avant *Baruch*. Elle fut adressée aux exilés de Babylone ; elle insiste sur les dangers de l'idolâtrie, montrant combien les images qui en sont l'objet sont des œuvres humaines sans aucune efficacité et, par là même, indéfendables. Cette *Épître* ne se trouve pas dans le canon hébraïque, mais dans la version des Septante et dans la *Vulgate* latine : l'Église catholique la considère comme un livre sacré. – Traduction œcuménique de *La Bible*, Éd. du Cerf, 1988.

ÉPÎTRE de Jude. Lettre attribuée à Jude, frère de Jacques, écrite en un lieu inconnu, entre 70 et 80. Elle fait partie des sept *Épîtres* qui suivent les *Épîtres* de saint Paul dans le

Nouveau Testament – v. *La Bible* (*). Jude l'écrivit en un seul chapitre de vingt-cinq versets et l'adressa aux églises de l'Asie Mineure. Le Prologue comprend l'adresse, les salutations et expose le but de la lettre. Le texte, en une seule partie, blâme les faux savants dont on trouve des exemples dans l'Ancien Testament, montre leur orgueil et leurs mœurs perverses, et décrit le châtiment qui les attend. Il exhorte ensuite les fidèles à adhérer fermement à la doctrine et il indique le moyen de combattre les partisans des faux docteurs. Origène dit que « Jude écrivit une lettre contenant en quelques lignes des discours empreints de force et de grâce célestes ». Le style y est élevé, vivant, impétueux, et d'une imagination ardente. Les critiques ont noté dans l'*Épître* de Jude une profonde relation avec la seconde lettre de saint Pierre, inspirée d'une même doctrine et d'une même ferveur. La lettre se termine par une louange à Jésus. Son authenticité fut mise en doute dans les premiers siècles, mais les conciles d'Hippone (393) et de Carthage (397) lui attribuèrent la même valeur qu'à tous les autres écrits du Nouveau Testament. – Trad. œcuménique, Éd. du Cerf, 1988.

ÉPÎTRE de Vassian [*Poslanie Vassiana*]. Parmi les documents relatifs à l'époque où les princes de Moscou entreprirent de secouer ce joug tatare qui, depuis trois siècles, pesait sur la terre russe, il faut signaler avant tout l'*Épître* de Vassian, archevêque de Rostov (XVe siècle). Car ce texte nous renseigne, en effet, sur un des épisodes de la lutte entre le khan Akhmet et Ivan III. Alors que ce dernier campait avec ses guerriers sur les rives de l'Ougra, il hésitait à livrer bataille au khan. Son entourage, d'ailleurs, le fortifiait dans ce sentiment : les uns faisant valoir que les princes de Moscou avaient jadis prêté serment de ne jamais lever le glaive contre le Tatare ; les autres lui rappelant le sort de Basile, son propre père, fait prisonnier par l'ennemi en question. C'est alors que le haut clergé orthodoxe témoigna d'un réel courage. L'*Épître* de Vassian nous le prouve. Voici, en effet, comment l'archevêque écrit à Ivan : « Notre tâche, à nous gens d'Église, consiste à dire la vérité à nos souverains. Ce que je t'ai dit de vive voix, je te le redis par écrit. Quand après toutes les suppliques de ta mère, du métropolite, des princes et des boyards, tu as consenti enfin à quitter Moscou et à rejoindre ton armée, nous avons tous supplié le Seigneur de t'accorder la victoire. Mais, ô stupeur, qu'apprenons-nous ? Akhmet approche, faisant saigner la Chrétienté [...] Toi, tu temporises, tu hésites, tu lui envoies des messagers. En un mot, tu cherches quelque compromis. Prince souverain, à qui donc demandes-tu conseil ? » Ensuite, le vieil archevêque exhorte le prince à l'action, il l'adjure d'être brave et de songer à Dieu : « Il sied au Prince d'avoir de la force et du courage ainsi que l'estime de ses soldats. » Il le supplie de prendre exemple sur ses très glorieux ancêtres : les princes Igor, Svyatoslav et Vladimir. Il va jusqu'à le menacer en lui disant : « Sache que le sang des chrétiens retombera sur toi, si jamais tu renonces à faire face à nos ennemis. » La chronique nous rapporte qu'au reçu de cette *Épître* le prince Ivan eut honte de lui-même : il reprit ses forces et mit tout en œuvre pour résister à outrance.

Si l'on considère l'*Épître* de Vassian du seul point de vue littéraire, on voit qu'elle présente tous les caractères d'un ouvrage de haute valeur. De soi, elle ne vise qu'à une chose : réveiller le courage du souverain. Ce thème-là, Vassian le traite avec la plus mâle énergie. Tous les exemples bibliques et historiques sur lesquels on le voit s'appuyer témoignent un haut degré de culture. En plus de la parole de Dieu, l'archevêque sait à fond toute la philosophie grecque. Quant à la langue dont il use, elle relève tout à la fois du slavon d'Église et de la langue slave populaire : d'où sa couleur, son accent très personnel. Dans l'exégèse approfondie qu'il fait de l'*Épître*, l'historien russe Soloviev a mis en lumière les moindres particularités de la langue de Vassian, et, à sa suite, maints auteurs en ont fait l'objet de leur étude. C'est assez pour que cette *Épître* figure dans le trésor de la vieille littérature slavonne.

ÉPÎTRE À DIOGNÈTE [*Epistola ad Diognetum*]. Brève apologie du christianisme sans doute écrite par un chrétien presque contemporain des Apôtres. Son attribution à saint Justin martyr (IIe siècle) n'est par conséquent pas fondée. Diognète, à qui est adressée cette épître primitivement écrite en grec, est également inconnu. Certains l'auraient identifié avec le maître de Marc Aurèle. L'édition princeps est celle de Paris, 1592, par Estienne. Le païen Diognète désire être informé sur le culte des chrétiens et sur le Dieu qu'ils vénèrent : il veut savoir pourquoi ils méprisent le monde, la mort, ne reconnaissent pas plus les dieux grecs qu'ils ne suivent les pratiques des juifs ; en quoi consiste cette charité qui les lie les uns aux autres et enfin pourquoi cette secte et ce culte sont apparus maintenant et non pas auparavant. L'auteur commence par tourner en ridicule le culte des dieux grecs, vaines idoles, les pratiques et les sacrifices des juifs. Aux gentils et aux juifs sont opposés les chrétiens, qui ne forment pas une secte dont les membres habiteraient des villes déterminées, parleraient une langue spéciale, mèneraient une vie particulière : « Les chrétiens habitent chacun leur patrie, mais comme des locataires. » Vrais citoyens, ils participent à tout ce qui touche leurs concitoyens et, cependant, ils supportent tout comme des étrangers. Toute contrée étrangère est leur patrie et cependant toute patrie leur est étrangère... Ils vivent dans la chair, mais non selon la chair ; ils respectent les lois et, cependant, leur manière de vivre les rend supérieurs aux lois. Ils aiment tout le monde, et ils sont persécutés par tout le monde ; ils sont frappés à mort et ils sont vivifiés ; ils mendient et ils enrichissent les autres, ils manquent de tout et regorgent de tout ; ils sont déshonorés et dans la honte ils acquièrent la gloire ; tandis qu'ils accomplissent le bien, ils sont punis comme des coupables... Les juifs leur font la guerre et les Grecs les persécutent. Mais, ce que l'âme est pour le corps, les chrétiens le sont pour le monde : comme l'âme est diffuse à travers les membres du corps, de même les chrétiens sont répandus à travers les nations ; et comme l'âme habite le corps mais ne provient pas du corps, de même les chrétiens habitent le monde mais sans appartenir au monde. Leur amour pour le prochain est fondé sur l'amour de Dieu, créateur tout-puissant et invisible, qui a envoyé son Fils parmi les hommes et a voulu qu'il trouvât dans leur cœur une solide demeure. Cette apologie, bien éloignée de l'intellectualisme de l'apologétique postérieure, peut être regardée, grâce à la clarté de l'expression et au classicisme du style, comme un des documents les plus intéressants de l'Antiquité chrétienne. Les deux derniers chapitres, différents par le style et obscurs, semblent appartenir à un autre ouvrage, peut-être à une Homélie d'Hippolyte. — Trad. Armand, 1725.

ÉPÎTRE À PHILÉMON. Lettre de saint Paul (Ier siècle après J.-C.), écrite en grec à Rome pendant sa captivité (env. 63 à 65). De caractère strictement confidentiel, cette *Épître* fut envoyée à Philémon pour implorer le pardon de son esclave fugitif, Onésime. Dans sa terreur d'être découvert et ramené à son maître, ce malheureux arriva jusqu'à Rome, où il fit la rencontre de l'apôtre qu'il connaissait peut-être déjà. Saint Paul le convertit au christianisme et se prit à l'aimer comme un fils engendré dans les chaînes (10-16). Mais Onésime devait retourner chez son maître pour réparer ses torts. S'apprêtant à le renvoyer, Paul chargea Tychique de demander grâce pour Onésime ; mais, voulant appuyer la parole de son fidèle compagnon, il écrivit à Philémon, plaidant la cause de l'esclave avec chaleur, et donnant des arguments persuasifs et convaincants. Cette lettre est importante au point de vue social : le cas de l'esclave Onésime était sérieux. Comme fuyard il aurait eu le front marqué de la lettre F au fer rouge, et le cou serré d'un carcan qu'il aurait dû traîner partout. Comme voleur, il aurait été remis à la merci de son maître, qui aurait jugé s'il était plus juste de le tuer à coups de verges, ou de l'atteler à la roue d'un moulin pour le reste de ses jours. Paul sait tout cela et son écrit n'exprime aucune critique des institutions en vigueur ; au contraire, il les admet et les respecte, mais toutefois il édicte le nouveau statut de la liberté chrétienne. Il reconnaît les droits de Philémon, et ne retient pas auprès de lui son esclave Onésime sans le consentement de son maître ; il ne prie pas Philémon de libérer l'esclave, mais dans chaque ligne de la lettre transparaît l'espoir, et même la certitude, que ceci sera fait. Il n'impose pas ce geste de pure libéralité. Ce qu'il demande au contraire sans ambages est l'impunité pour Onésime ; lui, Paul, répondra pour l'esclave. Avec un ton mi-sérieux, mi-facétieux, il promet de payer les dommages-intérêts au créancier, tout en laissant entendre que si on fait le compte, c'est plutôt Philémon qui restera débiteur. Enfin, il proclame les grands principes du christianisme : Philémon devra dorénavant considérer Onésime comme son frère, comme un futur compagnon de gloire dans le ciel. Nous trouvons les mêmes principes dans l'*Épître aux Galates* (*) : « Tous, en effet, vous êtes fils de Dieu par la foi au Christ Jésus, car vous tous qui avez été baptisés dans le Christ vous avez revêtu le Christ. Plus de Juif ni de Grec, plus d'esclave ni d'homme libre ; plus d'homme ni de femme ; vous tous, en effet, vous ne faites qu'un dans le Christ Jésus » (III, 27, 28). Le message à Philémon, chef-d'œuvre de politesse, d'urbanité et de grâce exquise, est le premier document chrétien qui revendique les droits de l'homme. — Traduction œcuménique de *La Bible*, Éd. du Cerf, 1988.

ÉPÎTRE À TITE. Cette lettre écrite par saint Paul (Ier s. ap. J.-C.), aussitôt après la première *Épître à Timothée* (*), avec laquelle elle a d'ailleurs de grandes affinités de style et de pensée, manifeste toute la sagacité de l'apôtre dans le choix de bons prêtres et évêques. Tite, un païen converti, et ensuite un collaborateur de saint Paul, fut préposé par celui-ci à l'Église de Crète. Il se trouvait à Candie, quand il reçut cette lettre du Maître, qui l'écrivit, selon toute probabilité, de Nicopolis, ville de Thrace, sur la frontière macédonienne. Après avoir affectueusement salué Tite, saint Paul lui recommande de réprimander les Crétois, peuple dur, obstiné et vicieux, pour les rendre obéissants aux magistrats et aux lois, et lui conseille d'éviter le contact des hérétiques. Connaissant les lois des Crétois qui obligeaient les sujets à se marier très jeunes, il lui permet de conférer les ordres aux hommes mariés, mais non corrompus.

Cette *Épître* contient peu de beautés littéraires, car sa teneur est essentiellement didactique. Toutefois le portrait du vieil évêque y est splendide, et le langage du chapitre III, où l'apôtre parle du grand mystère de l'Incarnation, a des résonances graves et nobles. Dieu y apparaît comme un soleil lumineux qui dissipe les ténèbres et nous rend héritiers de la vie éternelle. L'authenticité de cette Épître, malgré les objections des rationalistes, a été admise par l'Église catholique qui s'appuie sur les témoignages patrologiques. – Traduction œcuménique de *La Bible*, Éd. du Cerf, 1988.

ÉPÎTRE AU MOINE MICHEL SUR LE CHANT INCONNU [*Epistola Guidonis Michaeli monacho de ignoto cantu directa*]. Œuvre du théoricien italien de la musique Guido d'Arezzo (990 ?-1050), qui fut primitivement moine en l'abbaye de Pomposa, dont il s'éloigna par la suite, après certaines dissensions qu'il eut avec ses confrères, dissensions motivées, nous dit-il, par des questions de rivalité. Dans la préface de la lettre, il est question de ces antagonismes et de ce qui lui advint après son départ de l'abbaye de Pomposa, de la divulgation des nouvelles méthodes qu'il avait créées pour la notation et l'enseignement du chant liturgique, ainsi que de l'invitation qui lui fut faite par le pape Jean XIX (1024-1033) de venir à Rome. L'importance de cette *Épître* réside surtout dans le fait que l'on y trouve mentionné l'origine première du nom des notes musicales, telles qu'elles ont été employées, sauf de rares modifications, jusqu'à nos jours. Pour que les enfants apprennent le plus rapidement possible à entonner quelque chant que ce soit, il est indispensable qu'ils puissent graver en leur mémoire l'exacte position des sons et leurs rapports ou intervalles. Pour atteindre ce résultat, il n'est pas de meilleur moyen que d'apprendre par cœur et retenir toutes les particularités d'un chant déjà connu : l'hymne de saint Jean-Baptiste, par exemple, sur le texte de Paul Diacre, est tout à fait indique comme moyen mnémotechnique, parce que chaque verset de ce chant débute sur une note progressivement plus haute dans la gamme diatonique : « *Ut* queant laxis / *Re*sonare fibris / *Mi*ra gestorum / *Fa*muli tuorum / *Sol*ve polluti / *La*bii reatum / *S*ancte *J*ohannes ». Les syllabes soulignées, qui, dans la mélodie correspondaient aux six premières notes de notre gamme majeure, devinrent par la suite, peut-être à l'encontre des intentions de Guido, les noms ou les symboles des notes elles-mêmes. Quelques siècles plus tard, l'*Ut* se mua en *Do* et l'on ajouta la syllabe *Si* (dernière, semble-t-il, des initiales des deux mots du dernier verset) pour désigner le septième son de la gamme, qui ne figurait pas en cette mélodie.

De cette découverte de Guido est né, également, un autre procédé pédagogique et théorique, l'« hexacorde », c'est-à-dire la succession des six sons diatoniques du « ut » au « la » qui donna naissance, par la suite, à un système très complexe et obscur demeuré en usage jusqu'au XVIe siècle et au-delà. Mais le système hexacordal n'est pas décrit en cette lettre dont nous nous occupons, ni même dans d'autres écrits de Guido. Il est très vraisemblablement né parmi ses élèves ou ses proches disciples. La lettre contient, par contre, d'autres considérations sur les pauses musicales, sur les modes et le monocorde, etc. Guido conclut en déclarant que cette lettre est destinée à servir de préface à son antiphonaire et, pour de plus amples renseignements, renvoie à son *Micrologue* (*).

ÉPÎTRE AUX COLOSSIENS. Lettre de saint Paul (Ier siècle après J.-C.) écrite en grec, entre 60 et 62, pendant sa captivité à Rome. Grâce à Epaphras, Paul avait été informé des perturbations auxquelles était sujette l'Église de Colosses, ville de Phrygie, troublée par les falsificateurs de la vérité évangélique. Ceux-ci soutenaient que Jésus n'était pas l'auteur de notre salut, mais que les Anges étaient les vrais médiateurs entre Dieu et l'homme. Informé de ceci, l'ardent apôtre, avec sa fougue habituelle, écrivit cette lettre en même temps que l'*Épître aux Éphésiens* (*), avec laquelle elle a beaucoup de points de contact, dans la doctrine et dans le style. L'objet des deux lettres et l'époque de leur composition étant les mêmes, cela suffit à l'expliquer.

Après les salutations d'usage, Paul expose immédiatement l'objet de son message : la divinité de Jésus-Christ et sa primauté. Après une action de grâce où est introduite une louange dédiée aux Colossiens (I, 3-8), Paul leur souhaite une connaissance plus profonde de la vérité évangélique et un comportement conforme à cette vérité, pour honorer le Fils de Dieu qui les a appelés à Son règne. Ce Fils est, dans sa vie divine, l'image de l'Invisible, le premier-né de la création, la cause exemplaire et efficiente de toutes les créatures (I, 9-16). Comme homme, il est le chef de l'Église ; premier-né des morts, il possède le plérôme ou l'intelligence totale. Il apaise tout par son sang ; il réconcilie Dieu et les gentils et les destine à la sainteté, à la condition qu'ils soient persévérants dans leur foi (I. 18-23), Paul est spécialement chargé d'annoncer ce mystère (I, 24-29 - II, 1, 3). Ainsi les Colossiens doivent éviter de commettre des erreurs contraires à la dignité du Christ et se garder d'une fausse philosophie, invention humaine que le Christ désapprouve. Plus d'observances légales, plus de médiateurs irréels qui nous éloignent du Christ, le vrai et l'unique médiateur. La seconde partie est morale (III, 18-7) : les fidèles doivent vivre pour le ciel, quitter la dépouille du vieil homme et revêtir les habits de l'homme nouveau, ressuscité par le Christ. Paul définit les devoirs réciproques entre conjoints, entre fils et parents, entre serviteurs et maîtres, et il exhorte les Colossiens à la prière et à la prudence. L'apôtre termine son message par des salutations, des recommandations et des bénédictions. L'authenticité de cet écrit est peu contestée même par les rationalistes, et la tradition patrologique est unanime à l'attribuer à saint Paul. – Traduction œcuménique de *La Bible*, Éd. du Cerf, 1988.

ÉPÎTRE AUX ÉPHÉSIENS. Une des lettres en grec de saint Paul (Ier siècle ap. J.-C.), dites de la captivité, car elle fut écrite aux environs de 60-62, probablement pendant son emprisonnement à Rome. Éphèse était alors, comme Corinthe, une ville riche et de mœurs corrompues ; ses murs renfermaient le fameux temple de Diane. Saint Paul s'y rendit une première fois, probablement en 54, et parvint à convertir un grand nombre de Juifs et de gentils. Il y retourna l'année suivante et y séjourna trois ans. Cette *Épître* fut écrite dans le but de confondre certains docteurs qui répandaient de subtils et pernicieux arguments parmi les gentils, en demandant par exemple pour quelle raison la bonté de Dieu avait accordé, pendant si longtemps, toute sa sollicitude au seul peuple juif. Cette *Épître* est peut-être la plus difficile à interpréter parmi les lettres de saint Paul. La profondeur des arguments alourdit souvent le style, les expressions y sont dures, et les périodes excessivement longues.

La lettre comprend deux parties : dans la première partie sont noblement décrites les merveilles de la prédestination et de la justification des saints (I, 1 — III, 21) ; c'est le discours d'une âme ardente qui s'exprime avec une violence et une fougue passionnées ; saint Paul compare ensuite la dépravation humaine à la grandeur de Dieu dont la miséricorde nous ranime et nous ressuscite. Dans la seconde partie (IV, 1 — VI, 24), l'auteur s'adresse avec une tendresse particulière aux Éphésiens, les exhortant à vivre dans la concorde et la paix, affermis dans la doctrine de Dieu, et de combattre les œuvres et les spéculations nuisibles des hommes qui vivent dans les ténèbres. Les témoignages patrologiques d'Irénée, de Clément d'Alexandrie, d'Origène, de Tertullien, le fragment de Muratori, etc. attribuent cette lettre à saint Paul. — Traduction œcuménique de *La Bible*, Éd. du Cerf, 1988.

ÉPÎTRE AUX GALATES. Lettre de saint Paul (Ier siècle après J.-C.), écrite peut-être de Corinthe ou même d'Éphèse et datant probablement de l'époque de l'*Épître aux Romains* (*). La véritable adresse de la lettre est sujette à une controverse, car on ne sait avec certitude si elle fut adressée aux habitants de la Galatie proprement dite, ou aux judaïsants des provinces romaines de Galatie qui s'étendaient beaucoup plus au sud. Les *Actes des apôtres* (*) mentionnent deux voyages de saint Paul en Galatie. Certaines rumeurs avaient atteint saint Paul, selon lesquelles des docteurs judaïsants de Jérusalem avaient usurpé sa place en Galatie, altérant ses enseignements, proclamant la nécessité, pour les Juifs comme pour les gentils, de la circoncision, réduisant l'autorité de la prédication de l'apôtre, pour mettre au premier plan celle de saint Pierre et de saint Jacques, instruits directement par Jésus. Dans cette lettre, saint Paul revendique son autorité et rétablit la vraie doctrine, en exprimant toute l'ardeur, toute la sollicitude et la tendresse de son zèle apostolique. La lettre se propose trois buts. En premier lieu (I, 11-II, 16), Paul veut rétablir la réalité de son apostolat, et la conformité de sa doctrine avec celle des apôtres ; en second lieu, l'apôtre démontre dogmatiquement que la justification dépend de la foi en Jésus-Christ et non pas de la loi de Moïse, dont l'observation n'est pas seulement superflue, mais peut-être aussi nuisible (II, 17-V, 13) ; en troisième lieu, il corrige les abus et prêche la foi. Cette lettre est simple, car elle est adressée aux Galates, peuple rude et ignorant, qui aurait difficilement pu suivre les raisonnements profonds, comme les Corinthiens ou les Romains. En ceci, saint Paul fait preuve d'un excellent sens pratique. Du point de vue littéraire, cette *Épître* est inférieure aux *Épîtres aux Corinthiens* (*), mais elle ne manque pas de la beauté dont est empreinte toute l'œuvre de saint Paul. On n'élève aucun doute sur son authenticité. — Traduction œcuménique de *La Bible*, Éd. du Cerf, 1988.

ÉPÎTRE AUX HÉBREUX. Lettre de saint Paul (Ier s. ap. J.-C.), adressée de Rome aux judéo-chrétiens de Palestine et spécialement de Jérusalem, entre 63 et 64. La langue d'origine du texte est sujette à une controverse, car on ne sait avec certitude si la lettre fut d'abord écrite en hébreu, puis traduite en grec, ou si le texte original fut, au contraire, écrit directement en grec. Plusieurs arguments appuient cette dernière hypothèse, et l'on peut faire notamment remarquer que le style a beaucoup d'affinités avec le grec classique. Cette *Épître* présente, même dans la forme, des analogies avec les autres lettres de saint Paul. Elle est la plus difficile des lettres de l'apôtre, et son importance la place tout de suite après l'*Épître aux Romains* (*). Elle est incluse parmi les écrits deutérocanoniques ; en effet, au IIe siècle, un certain nombre d'Églises et de savants ayant soulevé la question de son authenticité, elle fut reconnue par le concile d'Hippone (393).

Saint Paul y explique aux Hébreux ce qu'il avait déjà exposé aux Romains, à savoir qu'il n'existe pas de salut en dehors de Jésus-Christ, que le christianisme est désormais la seule religion, définitive et universelle, ordonnée par Dieu pour le salut des hommes. La loi antique n'était qu'une ébauche de cette grande institution dont le Messie devait être l'auteur, établissant un nouveau pacte pour conduire les hommes à leur fin dernière. Parmi toutes les prérogatives de l'Homme-Dieu, il met particulièrement en relief celle de son sacerdoce, plus parfait que le lévitique, centre et sommet de la religion chrétienne. Telle est la partie dogmatique (I-X, 18). Dans la seconde partie, plus courte, et de teneur morale, il veut faire sentir la nécessité de la foi (X, 18-XI, 40) et des bonnes actions (XII, 1-XIII, 25). Cette seconde partie est aussi énergique que la première est sublime, et elle est une des Épîtres les plus parfaites de l'apôtre. Elle s'ouvre par un tableau plein de splendeur et de noblesse ; nous voyons Jésus, le Fils Éternel du Père Éternel, entouré d'anges qui le servent, rapides comme le vent. Le second chapitre présente Jésus foudroyant la loi mosaïque, et en promulguant une autre. La description du « Verbe », plein de puissance et de force, est splendide. Le chapitre V est le chant le plus lyrique, exaltant Jésus et son sacerdoce chrétien. Le chapitre VII présente le grand roi et pontife Melchisédech, monarque de justice et de paix, type du sacerdoce éternel, sur lequel domine glorieusement le Christ. Les chapitres VIII et IX parlent, dans une forme splendide, du suprême acte d'amour de Jésus, sa mort. À cette peinture d'une douceur fascinante s'oppose la description du grand délit de l'apostasie dans le chapitre X. Ici, tout est terrifiant, on y trouve l'ignominie, l'horreur et le châtiment. Mais nous retrouvons, dans le chapitre XI, les consolations de la foi, les exemples d'Abel, innocent et pieux, d'Énoch, d'Isaac et de Moïse, dont la foi est un avertissement pour les générations futures. Les exhortations des deux derniers chapitres sont empreintes de ce charme qui caractérise saint Paul, capable de toucher et de persuader les âmes par l'expression de sa foi ardente. — Traduction œcuménique de *La Bible*, Éd. du Cerf, 1988.

ÉPÎTRE AUX PHILIPPIENS. Lettre de saint Paul (Ier siècle ap. J.-C.) écrite en grec en 62, pendant sa captivité à Rome. Les Philippiens furent les premiers païens convertis par Paul hors de la Palestine, et aussi ceux qui furent les plus reconnaissants et les plus charitables. Quand ils surent qu'il était en captivité à Rome, ils lui envoyèrent Epaphrodite chargé de généreux secours. Celui-ci tomba gravement malade à Rome, mais, aussitôt guéri, saint Paul le renvoya à Philippes, pour consoler les fidèles inquiets sur son sort, et il lui confia cette lettre. Cette fois-ci, saint Paul n'écrit pas pour pacifier, mais pour exprimer les sentiments dont son cœur débordait. Le sentiment qui prédomine dans la lettre est l'affection, rendue encore plus chaleureuse par les effets de la captivité ; la lettre est un message de louanges, de consolations et d'exhortations à la vertu.

Dans le premier chapitre, saint Paul exprime avec émotion sa tendresse envers ses courageux Philippiens. Il rend grâce à Dieu de leur vocation, de leur persévérance et de leur évolution spirituelle. Quant à lui, il a deux désirs qui lui tiennent à cœur : il voudrait mourir pour être toujours auprès du Christ ; il voudrait vivre pour être utile à tous et en particulier à ses chers Philippiens. Connaissant profondément l'âme humaine, il profite de l'occasion pour donner dans cette lettre, avec de belles paroles, les exhortations les plus chaleureuses à l'humilité. Il cite l'exemple resplendissant de Celui qui « s'est abaissé lui-même, se faisant obéissant jusqu'à la mort et à la mort de la croix. C'est pourquoi Dieu l'a souverainement élevé et lui a donné le nom qui est au-dessus de tout nom » (II, 8). Dans le chapitre III, il donne les recommandations nécessaires pour démasquer les faux apôtres, contre lesquels il s'emporte, les traitant de mauvais travailleurs, de chiens enragés et d'hommes grossiers, qui font un Dieu de leur ventre. Il termine l'Épître par le cri ardent : « Nous sommes les citoyens du ciel. » Et déjà la « civitas Dei » apparaît à ses yeux sous une lumière plus réelle que la ville terrestre. L'authenticité de l'*Épître* est rarement mise en doute, même par l'opposition rationaliste. Un grand nombre de témoignages patrologiques, Irénée, Clément d'Alexandrie, Tertullien, et même le fragment de Muratori, l'attribuent à saint Paul. — Traduction œcuménique de *La Bible*, Éd. du Cerf, 1988.

ÉPÎTRE AUX PHILIPPIENS de Polycarpe de Smyrne. Elle appartient au groupe d'écrits dont on a convenu, depuis longtemps, d'indiquer les auteurs par l'appellation commune de « Pères apostoliques » (en effet, bien qu'étant d'une génération postérieure à celle des apôtres, ils ont été, directement ou indirectement, en rapport avec eux). D'où la grande importance historique et littéraire de ces textes, parmi lesquels l'*Épître* de Polycarpe « aux chrétiens de Philippes » occupe une place notoire. Saint Polycarpe, né de parents chrétiens vers 68, Grec d'origine ou au moins d'éducation, instruit par les apôtres et en contact « avec un grand nombre de personnes qui avaient vu le Seigneur », reçut (vers la fin du Ier siècle) des mains des apôtres eux-mêmes — peut-être de Jean — sa consécration comme évêque de Smyrne, en Asie Mineure. Il eut parmi ses disciples Irénée, le fameux évêque de Lyon ; il se trouva à Rome au temps du pape Anicet, et il eut avec lui une discussion fraternelle sur la date de la célébration pascale ; malgré l'inconciliabilité de leurs deux points de vue, Polycarpe tenant pour l'usage oriental et Anicet l'usage occidental, il n'y eut pas rupture. À Smyrne, Polycarpe eut la chance d'entrer en rapports avec Ignace, évêque d'Antioche, alors qu'étant de passage il se rendait à Rome. Il avait atteint un âge avancé quand il fut martyrisé entre 155 et 167.

L'*Épître* aux chrétiens de Philippes, la seule qui nous soit restée de toutes celles qu'il composa, nous est parvenue dans le texte grec original, mutilé des chapitres X, XI, XII, XIV, et en une version latine ancienne, complète. Elle fut écrite (vers l'an 120) en réponse à une autre lettre, perdue celle-ci et envoyée par les chrétiens de Philippes à Polycarpe pour l'informer du passage d'Ignace d'Antioche et du scandale au sujet du prêtre Valens, pour le prier aussi d'envoyer les lettres écrites par Ignace aux chrétiens de Smyrne et à Polycarpe lui-même ; enfin pour lui demander des conseils moraux. La réponse, en quatorze chapitres, a un caractère essentiellement parénétique. Elle exprime, en un style simple et uni, une piété profonde, beaucoup de douceur et de modestie, une grande sincérité. Si Polycarpe donne des conseils aux chrétiens de Philippes, à une Église qui possède pour guide les instructions directes de saint Paul, il le fait seulement parce qu'on le lui a demandé. Nous devons tous pratiquer les vertus fondamentales du chrétien, la foi, l'espérance, l'amour, en lesquelles consiste l'observance des préceptes de Dieu. Que les hommes, les femmes mariées, les veuves, les diacres, les jeunes gens, les vierges, les prêtres accomplissent en conscience les devoirs propres à leur catégorie et à leur âge. Polycarpe exhorte les membres de la communauté à servir Dieu avec le plus grand respect, à se tenir éloignés des opinions professées par les Docètes, qui niaient la réalité de l'incarnation du Christ ; il leur recommande le jeûne, la prière, la patience, la foi, la charité, la mansuétude, la chasteté ; leur prescrit de fuir l'avarice et l'idolâtrie. Un mot de reproche est adressé à Valens et à la femme qui l'a détourné de ses devoirs ; les dernières lignes promettent de faire les commissions demandées et recommandent Crescens, le porteur du message.

L'authenticité de l'*Épître* a été contestée, parce qu'elle atteste l'existence de lettres d'Ignace d'Antioche ; or, ceux qui avaient cru pouvoir argumenter contre l'authenticité de ces dernières, ont dû déclarer celle-là également apocryphe. En réalité, l'écrit ne présente aucun élément suspect et, à tous les points de vue, c'est un des monuments les plus significatifs de la littérature chrétienne primitive. — Trad. Éd. du Cerf, 1969.

ÉPÎTRE AUX ROMAINS. Écrite en grec à Corinthe, probablement en 58, cette Épître est la plus longue et la plus importante des quatorze *Épîtres* de l'apôtre saint Paul (Ier siècle après J.-C.). Elle fut écrite à l'époque de la grande controverse entre les Juifs convertis et les gentils, dans l'Église de Rome. Les Juifs convertis n'admettaient pas une autre justice que celle issue des pratiques légales judaïques. Les gentils, de leur côté, conscients de posséder une philosophie et une morale déjà mûres, n'ayant pas besoin de la révélation, voulaient avoir la prédominance, affirmant avoir adoré Jésus depuis son apparition, tandis que les Juifs l'avaient haï et crucifié. Quelques amis de l'apôtre sollicitèrent son intervention et lui demandèrent d'obtenir une solution pacifique et convaincante, de manière à calmer cette animosité ; saint Paul y consentit, heureux de pouvoir atteindre par la parole, pour la première fois, cette Rome dont la conversion aurait tellement favorisé les progrès de la foi parmi les païens. Cette lettre le précéda de trois ans dans la capitale du monde.

Elle comprend deux parties. La première, et la plus importante des deux, est essentiellement dogmatique et théorique (I, 17-XI). Pour exposer la doctrine de l'Église sur la pratique de la justice, l'apôtre démontre la nécessité de la foi chrétienne pour atteindre à la pénitence et au salut. Il fait sentir cette nécessité, constatant l'impuissance de la nature et l'insuffisance de la loi mosaïque pour une vie sainte et digne du ciel. La thèse est donc très complexe. Le salut n'est pas le fruit du mérite naturel ni des œuvres, mais uniquement de la vraie foi en Jésus-Christ, qui a la même valeur et la même nécessité pour tous les hommes. La seconde partie est d'ordre pratique et moral (XII-XVI). C'est une suite de préceptes et de conseils généraux et particuliers destinés à renforcer la foi des fidèles et à les mener à la perfection. La vie du juste, dont saint Paul fait le portrait, contraste aussi bien avec celle des païens qu'avec celle des Juifs, décrite dans les premiers chapitres.

Toutes les qualités artistiques et la pensée élevée de saint Paul apparaissent déjà dans cette lettre aux Romains. Elle serait une preuve suffisante de l'importance de la pensée théologique de l'apôtre, ainsi qu'un témoignage des plus probants sur son génie. Érasme a défini cette *Épître* comme l'écrit le plus élégant et le plus harmonieux de toute l'œuvre de saint Paul. Grotius l'a comparée, quant au style, aux œuvres d'Isocrate. Les témoignages explicites de saint Irénée, du fragment de Muratori, de saint Clément d'Alexandrie, de Tertullien, etc., prouvent l'authenticité de la lettre, et les objections des rationalistes à ce sujet sont peu nombreuses et négligeables. — Traduction œcuménique de *La Bible*, Éd. du Cerf, 1988.

ÉPÎTRE DE DAME POÉSIE. Poème de l'écrivain français Hugues Salel (1503-1553) qui constitue la préface à sa traduction des *Dix premiers livres de l'Iliade d'Homère* en 1545. Composée de quatre cent huit décasyllabes à rimes plates, cette épître est adressée à François Ier par Dame Poésie. Elle fait au roi l'éloge d'Homère grâce auquel elle « demeure à jamais immortelle ». C'est à partir de lui que les philosophes ont bâti leurs doctrines (en particulier les stoïciens et les cyrénaïques) : « Il n'est passage en la philosophie, / Tant soit divers, qui ne se fortifie / Par quelque dit ou sentence notable / De ce poète. » Homère enseigne l'astronomie, la mathématique (Phidias a réalisé ses œuvres en le lisant), l'« état politique », l'agriculture, la piété. Considéré comme un demi-dieu, prophète inspiré à l'instar de saint Paul, Homère est aussi — et surtout — grand par son enseignement de l'art militaire, comme l'ont compris Alexandre, Ptolémée et Scipion. En présentant le travail de Salel au roi, Dame Poésie précise que la traduction n'est pas faite mot à mot : s'il faut respecter la « volonté » du poète, il est cependant nécessaire de rendre la « sentence » « avec grâce ». La traduction permet à chacun d'accéder à un savoir « autrefois tant couvert ». C'est là, on le voit, un des textes théoriques importants du XVIe siècle, qui marque l'effort de traduction entrepris sous la protection de François Ier, développe le lieu commun de la traduction vue comme un travail qui « peu d'honneur amène » et souligne le refus, pour Salel, d'être un simple transcripteur : respecter l'intention d'Homère n'implique pas un asservissement au texte. La liberté du traducteur est préservée dans la mesure où il se réserve le terrain de l'élocution qui lui permet de retrouver la « grande grâce » du texte d'Homère. F. Rou.

ÉPÎTRE DE HAÏ BEN MEKIZ (L') [*Hai Ben Mekiz*]. Épître en prose rimée écrite par le philosophe et poète juif Abraham Ibn Ezra (1089-1165), élaborée à partir d'une œuvre arabe du philosophe aristotélicien Avicenne (Ibn. Sina) ayant pour sujet un voyage dans les mondes supérieurs. À la différence de l'œuvre arabe, l'épître d'Abraham Ibn Ezra est une œuvre en tout point littéraire, qu'on peut lire comme un simple récit narratif, en plus de ses significations allégoriques et philosophiques. L'auteur raconte comment il part en voyage en compagnie de trois amis (l'imagination, la colère et le désir) et rencontre en chemin un vieillard du nom de Haï Ben Mekiz, dont l'aspect rappelle Moshe Rabénou (Moïse). Le vieillard est prêt à guider le narrateur dans son voyage parmi les mondes, mais exige de lui qu'il se sépare de ses trois mauvais amis, et qu'il se prépare au voyage en s'immergeant dans une source pour se purifier. Le voyage est un voyage métaphysique, qui commence sur le globe terrestre, se poursuit à travers les sphères cosmiques, en direction du monde des anges et de la divinité. L'évocation des étapes du voyage concrétise la conception de l'univers et de ses lois selon les règles et les lois habituelles au Moyen Âge. Le voyage aristotélicien d'Avicenne, double et abstrait (dans le monde de la forme d'une part, et dans le monde de la matière de l'autre), devient chez Abraham Ibn Ezra un seul voyage dans des mondes existants. La langue est concrète, les descriptions détaillées et les personnages qui y participent pleins de vie.

On peut raisonnablement supposer que cette œuvre, dont le rapport à Avicenne est très clair, a été également influencée par la littérature mystique juive ancienne, qui comporte de nombreuses évocations de voyages dans les mondes supérieurs, sous la conduite d'anges. L'œuvre se trouve surtout dans les manuscrits (Berlin 186, Oxford 1968, Vatican 286/2, etc.). Une édition critique a été publiée sous la direction de I. Levin à Tel-Aviv en 1986. M. I.

ÉPÎTRE DES SEPT VOIES (L') [*Chéva nétivot ha-Torah*]. Traité du cabaliste et philosophe juif espagnol Abraham Aboulafia (1240-1292 ?), publié en 1854. Cet écrit occasionnel, l'un des rares ouvrages d'Aboulafia qui ait été imprimé, est important pour comprendre la pensée de celui qui fut le fondateur de la cabale prophétique. Il y décrit les diverses méthodes d'interprétation et d'exégèse des Écritures. La plus élevée est celle de la cabale des lettres. Par une méthode spéciale de combinaison des lettres hébraïques, considérées comme un support visuel favorisant l'extase mystique et l'union avec l'intellect agent ou la divinité, Aboulafia propose de parvenir au degré de la connaissance prophétique qui permet un accès direct à la vérité religieuse tout en se passant des Écritures canoniques dans leur forme établie, puisque le prophète se situe en amont de l'Écriture sainte et qu'il peut parvenir jusqu'à sa matrice céleste. Il écrit par exemple : « Les lettres ont une triple signification et elles sont les instruments les plus appropriés qui aident l'âme, grâce à leur combinaison, à actualiser ses virtualités plus aisément qu'avec tout autre moyen. » Dieu lui-même a choisi l'hébreu comme la langue de la prophétie. Langue parfaite qui émane de l'intellect divin, elle est en accord avec la nature et elle comprend en elle-même les « soixante-dix langues », à savoir toutes les langues de l'univers. La maîtrise des possibilités mystiques inhérentes à cette langue conduit à la béatitude et à un savoir total. – Trad. Éd. de l'Éclat, 1985. Ch. Mop.

ÉPÎTRE D'HÉLOÏSE À ABÉLARD. [*Eloisa to Abelard*]. Épître en distiques héroïques du poète anglais Alexander Pope (1688-1744), dans le style des *Héroïdes* (*) d'Ovide, publiée en 1717. La source utilisée par Pope est la version anglaise de John Hughes, parue en 1714, du remaniement par Bussy Rabutin des lettres d'Héloïse – v. *Lettres d'Abélard et d'Héloïse* (*) –, corrigé et augmenté avec des interpolations par Du Bois (La Haye, 1696). Le texte de Du Bois et de Pope est marqué par un ton de sensualité qui faisait défaut chez Bussy ; leur Héloïse recherche dans les souvenirs d'un passé impur un réconfort à sa misère présente et méprise le mariage, parce qu'elle croit à l'amour libre. Ce dogme de la sainteté de la passion est déjà un dogme romantique, de même que la description de la « solitude profonde » et des ombres du cloître ; notons, au passage, que le thème de la solitude, ici développé, découle directement de l'expérience personnelle du poète. – Trad. Michaud, 1813.

★ L'écrivain irlandais George Moore (1852-1933) reprit à son tour l'histoire des deux amants malheureux, dans son roman *Héloïse et Abélard* [*Heloise and Abelard*], publié en 1921.

ÉPITRE DORÉE ou Traité de la vie solitaire [*Epistola ad fratres de Monte-Dei*]. Ouvrage spirituel du théologien français Guillaume de Saint-Thierry (vers 1085-1148), composé entre 1144 et 1148. Imprimé pour la première fois à Brescia en 1495 (*Patrologie latine* de Migne, t. CLXXXIV, col. 298-394. Édition bilingue par M. M. Davy, avec notes, chez Vrin, Paris, 1940). Ce traité spirituel et mystique a été longtemps attribué soit à saint Bernard, soit surtout au vénérable Guigues, cinquième abbé des Chartreux. Il est assuré aujourd'hui que son auteur est le cistercien, contemporain de saint Bernard, Guillaume de Saint-Thierry et que la « Lettre » fut écrite aux chartreux du Mont-Dieu après un séjour de retraite que fit Guillaume dans leur monastère. Le *Traité de la vie solitaire* est un admirable manuel du cénobite et il récapitule les traditions monastiques séculaires : c'est dire que ce livre n'a pas seulement un intérêt historique et qu'aujourd'hui encore de nombreux novices de tous les ordres religieux y cherchent des conseils de vie spirituelle. L'ouvrage est divisé en trois livres. Guillaume de Saint-Thierry rappelle tout d'abord les principes généraux de la vie monastique. Il dit l'excellence de l'état religieux : « ... votre profession est sublime ; elle s'élève jusqu'aux cieux, elle égale en pureté l'état des anges. » Celui qui choisit la vie solitaire ne choisit pourtant point d'être seul : est seul celui qui n'est pas avec Dieu. La cellule paraît alors n'être plus qu'une prison. Le vrai solitaire, lui, est plus avec Dieu que dans sa cellule.

Cet état d'union à Dieu est le prix d'une longue conquête ; Guillaume de Saint-Thierry énumère les trois étapes de la vie mystique : l'état « animal », celui des novices, qui devront apprendre à mortifier leur corps pour en faire comme une hostie vivante offerte à Dieu. En passant, Guillaume ne manque pas de blâmer les moines du Mont-Dieu pour leurs cellules trop confortables, somptueuses, qu'il faut donc détruire ou transformer en hôpital. Les anciens moines, dit-il, n'aspiraient qu'à la cité permanente de Dieu ; voyageurs sur la terre, ils ne cherchaient point de demeure stable en cette vie. Le deuxième état est celui des « raisonnables », qui ont fait déjà des progrès dans la vertu, et Guillaume, en humaniste, s'attache à montrer que, loin d'être une violence faite à la nature, le mouvement par lequel l'âme s'attache à Dieu lui fait gagner sa dignité suprême. Quant au troisième état, c'est celui des « parfaits », qui vivent unis à Dieu, point cependant de l'union qui nous sera donnée dans la béatitude céleste. Guillaume de Saint-Thierry insiste beaucoup sur l'union étroite de l'âme à Dieu, au point que certains, comme Gerson et parmi nos contemporains M. Pourrat, l'ont soupçonné de panthéisme : en fait, notre auteur ne paraît pas aller plus loin dans ses audaces que nombre d'auteurs mystiques tout à fait orthodoxes. Il oppose les deux béatitudes : celle d'Adam (du paradis terrestre, qui ne devait pas durer) à celle des saints (laquelle est éternelle et leur donnera une connaissance absolue du passé, du présent et du futur). Le traité s'achève sur la description des souffrances des damnés. Ce traité tout imprégné de la doctrine de saint Bernard, en particulier sur la déification de l'âme en Dieu, a contribué, au cours des âges, à former de nombreux auteurs spirituels et des saints : son rôle a été très grand dans l'éducation spirituelle d'un saint Louis de Gonzague.

ÉPÎTRE DU PARDON (L') [*Risālat al-ghufran*]. Ouvrage en vers et en prose de l'écrivain arabe Abū l-'Alā' al-Ma'arrī (973-1058). Répondant à une lettre d'un poète alépin qui l'avait interrogé sur certaines figures controversées de la poésie arabe classique, al-Ma'arrī entraîne son correspondant dans l'au-delà : ainsi, il sera en mesure de se faire une idée par lui-même en s'adressant directement aux personnages concernés. S'engage ainsi un « dialogue des morts », tantôt sérieux et tantôt bouffon, où les discussions philologiques occupent une part importante ; mais c'est aussi l'occasion pour l'auteur de brocarder à mots couverts l'eschatologie musulmane traditionnelle, surtout dans ses aspects naïvement matérialistes, de ridiculer les controverses des théologiens et de développer sa propre conception du salut et du pardon divin. La seconde partie de l'*Épître*, moins originale dans sa conception, s'ouvre par une violente dénonciation de l'hypocrisie dans les relations sociales, et se poursuit par une réfutation du manichéisme et de diverses autres hérésies. Unique en son genre dans la littérature arabe classique, cet ouvrage a été considéré par certains comme l'une des sources directes de *La Divine Comédie* (*) de Dante ; cette hypothèse n'est plus guère retenue aujourd'hui. — Trad. Gallimard, 1989. J.-P. G.

ÉPÎTRE DU TSAR IVAN LE TERRIBLE au couvent Cyrille de Bélo-Ozersk. L'époque d'Ivan le Terrible (1530-1584) se caractérise par un nouvel essor des lettres. On peut d'ailleurs considérer le souverain russe comme l'inspirateur de cette renaissance. Son *Épître* appartient au trésor littéraire de ce XVIe siècle russe dont le « byzantinisme » fit toujours échec à l'influence occidentale. Cet ouvrage a été écrit vers 1578 : précieux document historique, il évoque, avec beaucoup de réalisme, la décadence de la vie religieuse dans les couvents du pays. Jusque-là, en effet, dans la vieille Russie orthodoxe, la vie religieuse était des plus intense. C'est le tsar lui-même qui donnait l'exemple. En dépit de sa cruauté, devenue, hélas, légendaire, il avait un profond sentiment religieux. Dans la présente *Épître* donc, il déplore et dénonce, avec sa brusquerie coutumière, la décadence de la vie monastique, hier encore « illuminée de sainteté ». Il remarque en tout premier lieu que les boyards qui ont pris le froc n'ont pas perdu pour autant leurs bonnes habitudes : « En dépit des apparences, dit-il avec force, leur vie de débauche continue. » Avec amertume, il parle d'un certain Cheremetiev : « Voici maintenant que celui-ci trône dans sa cellule comme un tsar. Il reçoit chaque jour la visite de Khabarov et autres moines afin de festoyer comme on fait dans le siècle [...] Par ailleurs, la cour du couvent est remplie de victuailles : de quoi vraiment alimenter tout le personnel pendant une année entière. Du temps de Cyrille, un tel désordre n'existait pas : la moindre pelote de laine avait sa raison d'être », et tout à l'avenant. « Pour qui donc toutes ces provisions ? », demande alors le tsar à l'Hégoumène Kozma. « Donnez-leur ce dont ils ont besoin, mais gardez-vous de tolérer leurs ripailles. » Et de rappeler l'exemple de Basile le Grand, qui exigeait de tous les frères la parfaite humilité et la soumission à la règle. Par ailleurs, Ivan ne se donne pas seulement le droit de prêcher l'exemple : il fait son « mea culpa », se traitant lui-même de « guenille » et de « chien puant ». Il conclut enfin par ces mots : « Je vous adjure de prendre exemple sur le vrai Maître, Celui qui est dans votre maison. Recueillez-vous sur le tombeau de Cyrille. Toujours il vous éclairera. »

La forte personnalité du tsar a marqué de son sceau cette *Épître*. C'est cela même qui la distingue des autres œuvres de cette époque où l'auteur, le plus souvent, demeurait dans l'ombre. Quant à la langue, elle présente un vif intérêt. Dans ses citations, le tsar emploie le slavon d'église, alors que dans son propre texte, il use de la langue russe, un russe expressif et plein d'énergie. Pour exprimer sa violente indignation, le tsar choisit certains mots, lesquels sont propres à traduire la violence de la pensée sans nuire à la pureté du style. Document historique autant que littéraire, l'*Épître* nous offre des précisions intéressantes sur les coutumes de l'époque. Nous voyons, par exemple, que les couvents étaient alors inviolables : tout ce qui se passait à l'intérieur du moindre d'entre eux échappait même à la toute-puissante loi du tsar.

ÉPÎTRES de Boileau. Recueil de douze « lettres » d'une centaine d'alexandrins chacune écrites par le poète et critique français Nicolas Boileau (1636-1711). Elles sont adressées à des personnages représentatifs des ordres du royaume et, pour deux d'entre elles (X et XI), à des « miroirs » du poète. Elles saisissent le prétexte d'événements politiques ou de la vie privée de Boileau, pour illustrer les facettes de ses positions sur la place de l'écriture et le rôle du poète. Les neuf premières *Épîtres* sont composées sur une petite dizaine d'années (1669 à 1677) ; après une interruption d'une vingtaine d'années, Boileau revient à l'art de l'épître, autour des années 1695-96, avec trois *Épîtres nouvelles* (X à XII) précédées d'une Préface. Cette chronologie souligne une certaine continuité de l'exercice avec celui de la satire. En effet, le premier groupe d'*Épîtres* prend le relais des neuf premières *Satires* (*) (composées de 1657 à 1668), tandis que le second est écrit au moment où Boileau revient à la satire, ses épîtres s'intercalant entre les satires X-XI (1693-94) et la Satire XII (1701). Ce groupe d'œuvres, dont les thèmes se répondent et les genres se rejoignent au point qu'on a pu les confondre, achève l'ensemble de l'œuvre du poète.

Épître I, adroite louange « Au roi » pour l'exhorter à renoncer à la guerre et à favoriser les arts de la paix (composée en 1669). Épître II « À M. l'abbé des Roches », s'élève contre la justice et se clôt sur une version de la fable de l'huître et des plaideurs (1673 ?). Épître III « À M. Arnauld », porte sur la fausse honte liée au jugement d'autrui, à partir d'une analyse des raisons pour lesquelles le janséniste n'a pas réussi à convaincre le pasteur Claude (1669 ?). Épître IV (cent soixante-douze vers, « Au roi »). Après quelques lignes en prose d'avis au lecteur, une relation élogieuse, et souvent burlesque, du passage du Rhin par les troupes de Louis XIV voile élégamment le reproche : les conquêtes sont trop rapides pour que le poète puisse les suivre, et la barbarie des noms est une matière peu poétique (1672). Épître V « À M. de Guilleragues secrétaire du cabinet du roi », annonce l'intention de Boileau d'abandonner la satire, et fait l'éloge de la médiocrité et de la sagesse qui conviennent à son âge et à la fonction poétique (1674). Épître VI « À M. de Lamoignon, avocat général », évoque les charmes de la retraite, les soucis de la vie parisienne et de la charge d'historiographe du roi ; elle laisse paraître les mêmes qualités d'enjouement que la suivante (1674 et 1677). La septième épître, « À M. Racine », pour le consoler de l'échec de *Phèdre* (*) auprès du public qui lui préféra la *Phèdre* de Pradon, invite le poète à se moquer des critiques envieux tout comme firent Molière et Boileau (1677) La huitième épître « Au roi » : Boileau menace son maître de ne plus écrire si le rythme de ses conquêtes reste inchangé (1675 ?). La neuvième « À M. le marquis de Seignelay, secrétaire d'État » revient sur le principe essentiel exposé dans *L'Art poétique* (*) : « Rien n'est beau que le vrai... » (1675). La dixième épître « À mes vers » répond aux critiques parues contre la Satire X et annonçant la retraite du poète en raison de son âge, construit en réalité une louange de ses faits et écrits. L'Épître XI « À mon jardinier » explique la difficulté du métier poétique et la nécessité ontologique du travail. L'Épître XII « Sur l'amour de Dieu » « À M. L'abbé Renaudot », prône morale et esprit d'austérité.

L'ordre des neuf premières *Épîtres,* lors de leur première publication regroupée (1683), qui ne correspond pas à celui de leur composition, ainsi que le rythme qui leur est imposé par les *Épîtres* adressées au roi (I, IV, VIII), témoignent de la volonté de Boileau d'ordonner le recueil comme les étapes d'une démonstration. Trois thèmes la développeraient : mieux valent les arts de la paix que ceux de la guerre (« Au roi », I, IV, VIII) ; dans l'exercice de la paix civile, les valeurs de beauté et de vérité doivent l'emporter sur l'exercice d'une justice et d'un ordre formel temporel (« Aux clercs et à son jardinier », II, XI, XII) ; enfin, dans l'ordre des valeurs du beau exprimées par l'art littéraire, la création est supérieure à l'opinion (III, V, VI, VII, X). Ainsi Boileau explique-t-il que l'ordre du monde repose moins sur un maître de la guerre (roi) que sur des « maîtres de la paix » et parmi ceux-ci, qu'il est moins le fait des civils ou des religieux au sens exact du terme que celui des maîtres du beau culturel (jardinier et hommes de lettres) ; ces derniers étant, en définitive, les seuls véritables maîtres de l'univers en tant que voix de Dieu par l'expression du beau. F. N.-D.

ÉPÎTRES de Dante. Ces treize lettres en latin du poète italien Dante Alighieri (1265-1321) sont les seules que nous possédions de toutes celles qu'il écrivit pendant son exil. Sur chacune d'elles, on n'a guère que des renseignements assez vagues. Dans celles, par exemple, que Dante adressa au peuple de Florence et à certains membres du gouvernement, il se plaint de son exil injuste et rappelle tous les services qu'il rendit à sa patrie, à commencer par sa participation à la bataille de Campaldino. Gentilhomme et lettré, citoyen et homme de parti, penseur et poète, Dante a toujours conscience de sa dignité et de sa grandeur morale. Sur le plan chronologique, la première de ces lettres est celle que Dante adresse au cardinal Niccolò da Prato, légat du Saint-Siège en Toscane (1304). Il l'avait écrite au nom du capitaine Alessandro da Romena, des comtes Guidi et du conseil du parti des Blancs. Avec une fermeté pleine de dignité dans ses propos et ses vues, il dit la reconnaissance des Blancs pour l'œuvre de pacification patronnée par le cardinal dans leur cité malheureuse. Il déclare que les Blancs sont prêts à coopérer avec lui et qu'ils se défendent d'avoir pris les armes pour autre chose que pour rétablir les lois de la vie civile et assurer au peuple florentin la liberté et la paix. De la même année (1304) est la lettre de condoléances adressée par Dante, avant de se séparer de la ligue des émigrés Blancs, aux comtes Oberto et Guido da Romena à l'occasion de la mort de leur oncle Alessandro. « Chassé de sa patrie et exilé sans raison », Dante exalte la glorieuse mémoire de cet Alessandro et avoue qu'il avait mis en lui toutes ses espérances.

Deux autres lettres, l'une adressée à Cino da Pistoia et l'autre, au marquis Moroello Malaspina, nous ramènent à des sujets de méditation plus agréables : la poésie et l'amour. Dans la première, sur la demande de Cino, Dante s'efforce à résoudre la question de savoir si notre âme peut se donner tout entière à quelque nouvel amour qu'il lui advient de ressentir. Pour illustrer sa conclusion, il compose le sonnet qui commence ainsi « Je m'en fus avec l'Amour » [Io sono stato con Amore insieme]. Dans l'autre lettre, l'auteur nous dit comment, ayant quitté la cour de Malaspina (1307) pour se rendre en Valdarno du Casentino, il tomba follement amoureux de certaine jeune femme. Amour « despotique et tyrannique », comme en témoigne la belle chanson qu'il écrivit à cette occasion : « Amour dont il faut bien que je me plaigne » [Amor, da che convien pur ch'io mi doglia].

Mais entre toutes les lettres qui nous sont parvenues, il faut admirer surtout celles qui furent écrites lors de l'arrivée en Italie de Henri VII de Luxembourg. Ici, l'on demeure confondu devant la beauté du style et la richesse de l'inspiration. Toute la personnalité de Dante se détache avec fermeté sur le fond des pires événements historiques. Dante nourrissait l'espoir que sortirait de ce désordre un ordre nouveau, un ordre qui assurerait le salut de l'Italie et de la catholicité tout entière. Cet Henri VII de Luxembourg, « divin, auguste et vrai César », venait délivrer l'Italie des mécréants. Dante exhortait les Lombards à accueillir avec ferveur ce roi magnanime, car son pouvoir venait de Dieu et, de ce fait, il avait barre sur tout le reste. Il exhortait les Italiens à se porter en masse à la rencontre de ce roi, qui était le leur, étant tout à la fois le roi universel et leur gouverneur direct. Des Alpes à la mer, tous devaient voir en lui leur maître, car sa juridiction était celle-là même de l'Empire romain, cet empire que Dieu a prédestiné au gouvernement du monde à travers la parole du Christ. Dante croit si bien à son triomphe qu'il vient à maudire quiconque s'opposerait au nouvel empereur. Tel est le sujet qui inspira la lettre que Dante envoie le 31 mars 1311 aux « scélérats florentins » qui sont restés dans la cité. Il y est dit que l'empire de Rome fut voulu par la Providence pour assurer au monde la paix et, avec la paix, le progrès de la vie civile. Selon Dante, cette vérité est confirmée par la foi et par la raison. Les Florentins violent les lois divines et humaines en s'opposant à l'autorité de l'empereur romain. Qu'ils se ravisent avant qu'il ne soit trop tard ! En attendant, Henri VII piétine dans la vallée du Pô et délaisse la Toscane. Alors, de cette même Toscane (le 18 avril 1311), Dante lui écrit, au nom de tous les exilés, pour l'exhorter à franchir les Apennins. Sous son attente anxieuse perce néanmoins la crainte d'une désillusion amère : « Es-tu celui qui doit venir, ou doit-on en attendre un autre ? » demande-t-il au roi. Et puisque les exilés croient et espèrent en lui, en le reconnaissant pour ministre de Dieu, fils de l'Église et défenseur de la gloire de Rome, il l'invite à venir avec eux en Toscane afin de détruire Florence, « cette brebis malade de la peste, qui contamine le troupeau ». Ils pourront ainsi rentrer dans leur patrie et, redevenus citoyens, reposer dans cette vraie paix qui est l'héritage du Christ. Quant aux trois lettres d'hommages écrites (1311) au nom de la comtesse Gherardesca de Battifolle et adressée à Marguerite de Brabant, femme de Henri VII, elles présentent peu d'intérêt.

La lettre que Dante a envoyée, sitôt après la mort de Clément V (mai ou juin 1314), aux cardinaux italiens, afin qu'ils s'accordent à élire un pape qui installerait à nouveau à Rome le siège pontifical, fait partie, elle aussi, des lettres politiques. Tout comme Jérémie pleurant sur le sort de Jérusalem, Dante gémit sur le misérable état de Rome, « veuve et abandonnée après tant de triomphes ». Ce déclin est imputable à la négligence des princes de l'Église, à leur vénalité et à leur impiété. Que les cardinaux italiens (à commencer par Napoleone Orsini) fassent leur examen de conscience. Qu'ils se repentent, qu'ils s'unissent et qu'ils combattent « pour l'Épouse du Christ, pour le siège de l'Épouse, qui est Rome, pour l'Italie et, plus encore, pour tous les chrétiens errants sur la terre ». La lettre à « l'Ami florentin » (mai 1315) par laquelle Dante, après quinze ans d'exil, repousse l'éventualité d'un retour dans sa patrie, est un témoignage irréfutable de sa noblesse d'âme. Injustement condamné à l'exil, il se fortifie dans son innocence et sent qu'il doit garder intacte sa dignité d'homme. Que si, pour rentrer à Florence, il doit sacrifier son honneur, il préfère mille fois l'exil : « Ne pourrais-je pas toujours méditer sous n'importe quel ciel ? »

La dernière en date, c'est la lettre adressée à Cangrande della Scala. En dédiant à ce dernier le *Paradis*, Dante lui en fait parvenir quelques fragments afin de l'éclairer sur l'économie de l'ouvrage. Il parle de la matière, de la forme et même du titre de *La Divine Comédie* (*), et enfin de l'éthique dont elle s'inspire. Commentant ensuite le prologue du *Paradis*, il précise que la béatitude n'est autre chose que la vision naturelle de Dieu. On a longtemps disputé sur l'authenticité de cette lettre. Quoi qu'il en soit, il est certain que l'on y trouve, fixées pour la première fois, les principales lignes de force de *La Divine Comédie :* vaste expérience poétique, à travers laquelle on peut suivre la nature humaine dans ses conditions d'existence, tout comme dans sa fin dernière, laquelle est la connaissance expérimentale de Dieu (« in sentiendo veritatis principium »). — Trad. Gallimard, 1965.

ÉPÎTRES de Jean l'Évangéliste. Ces trois lettres de saint Jean (Ier siècle) font partie des sept *Épîtres* du Nouveau Testament — v. *La Bible* (*). La première, qui fut écrite à une date non précisée et dans un lieu incertain, est pourtant la seule des trois lettres qui soit protocanonique. À la lire, on ressent toute la douceur dont cet apôtre de l'amour possédait si bien le secret. Bien qu'elle ne porte pas de signature, on reconnaît sans peine le style de saint Jean. Plutôt que pour servir de préface à son *Évangile,* il semble qu'elle ait été écrite pour limiter la propagation de l'hérésie sur la divinité et l'humanité de Jésus-Christ au sein de l'Église grecque. L'exil de saint Jean, relégué à Patmos par Domitien, avait fourni à ces hérésies une occasion des plus favorable pour se fortifier. Il ne semble pas que l'*Épître* ait été adressée à une Église particulière. Dans l'exorde, l'auteur annonce ce qu'il a vu et entendu du Christ, qui lave de son propre sang les péchés des hommes. Le premier chapitre énumère les conditions qui servent de base à la société chrétienne : l'observance des commandements, la connaissance et l'amour de Dieu. Il exhorte les vieillards, les jeunes gens, les hommes, les femmes, les riches et les pauvres à se détacher du monde, à fuir les hérétiques et à rester fidèles à la foi qu'ils ont embrassée. Dans le deuxième chapitre, saint Jean parle de l'amour de Dieu envers nous et montre ce qui distingue les enfants de Dieu des enfants du diable. Le troisième chapitre est une exhortation à aimer le prochain, et le quatrième une démonstration de la divinité de Jésus-Christ si combattue par la secte de Cérinthe. La flamme de l'amour divin donne à cette *Épître* un caractère émouvant : le vieil apôtre parle avec une douce et affectueuse éloquence ; sa voix lasse, presque éteinte, lance à tous un cri d'amour et de charité : Jésus est Dieu, et, comme tel, il est l'apôtre, le protecteur et le sauveur, la vie et la lumière de tous les chrétiens.

La seconde *Épître* fut écrite à Éphèse environ 90 à 96 ans après J.-C., en langue grecque. Durant les deux premiers siècles, on eut quelque peine à insérer cette lettre dans les livres sacrés et à la considérer comme authentique. Sa parenté pourtant avec les autres écrits de saint Jean est évidente par bien des points. On a beaucoup discuté sur Électe, nom de la femme à laquelle la lettre est adressée. La question est difficile à résoudre. Électe est peut-être une femme vénérée ou la personnification d'une Église pure de toute erreur et vierge en fait de doctrine. La lettre ne comprend qu'un chapitre de treize versets. L'apôtre commence par une brève introduction ; il exhorte ensuite les fidèles à la charité fraternelle, à l'observance des commandements, et met en garde contre les interprétations des faux docteurs relatives à la divinité du Christ. C'est le concile de Trente qui admit définitivement cette lettre dans la liste des œuvres canoniques.

La troisième *Épître* a été écrite dans les derniers temps de la vie de l'apôtre, entre 90-98 après J.-C. Elle comprend un seul chapitre de quatorze versets. Ce fut le concile d'Hippone qui en établit l'authenticité. Elle est adressée par l'Ancien à Gaius le bien-aimé. L'Ancien est l'apôtre Jean, Gaius le bien-aimé est un personnage qui n'a pu être identifié. L'apôtre exprime à Gaius toute sa joie de le sentir dans la vérité et il l'exhorte à persévérer dans la bonne voie (I, 1-18) ; il blâme la conduite de Diotréphès I. 9-11) et loue celle de Démétrius I, 12-44). À travers ses versets, on sent l'affection paternelle de l'homme attaché à tous ses fils, ainsi que la charité qui anime toujours les écrits de saint Jean. – Traduction œcuménique de *La Bible*, Éd. du Cerf, 1988.

ÉPÎTRES de Muret [*Epistolae*]. Précieuse source de renseignements sur la vie en Italie au XVIe siècle, en ce qui concerne la littérature, la politique et la magistrature, ces *Épîtres* de l'humaniste français Marc-Antoine Muret (1526-1585) forment deux volumes qui comprennent plus de cent lettres. Muret fut professeur au collège de Guyenne à Bordeaux ; c'est là qu'il fit jouer par ses élèves, dont Michel de Montaigne, ses tragédies latines, puis à Paris au collège du Cardinal-Lemoine et à Boncourt. Sa carrière fut brusquement interrompue par des accusations sur ses mœurs. Après un bref séjour à Toulouse, il dut s'exiler en Italie, où il se fit rapidement une réputation universelle d'humaniste. Dans ces *Épîtres,* Muret traite de questions littéraires et politiques, avec une finesse dans l'argumentation et une chaleur dans le ton qui se réclament toujours plus des Anciens dont il fait le panégyrique. On doit reconnaître un intérêt certain aux nombreuses lettres qui furent adressées à Paolo Manuzio (Manuce), à propos de l'édition des œuvres de Tibulle, de Properce et de quelques autres poètes lyriques latins. Les lettres envoyées à Horace Cadaneto, sur les nombreuses discussions classiques relatives au texte et au commentaire des œuvres antiques, paraissent dignes d'une attention égale, ainsi que celles qu'écrivit Muret à Giovanni Perpignano et au jésuite François Benci. On a réuni à ces *Épîtres* les réponses qu'adressèrent à leur correspondant les personnalités les plus célèbres : des savants étrangers (entre autres des Hongrois et des Polonais), des évêques et des cardinaux y demandent conseil à l'humaniste, en manifestant leur admiration et leur respect. Les lettres qui contiennent la documentation la plus intéressante au point de vue historique sont celle du cardinal Hippolyte d'Este, datée de 1558, et celle de François de Gonzague, écrite la même année. Les lettres où se manifeste le mieux la compétence de Muret en matière d'érudition sont celles qu'il échangea avec Juste Lipse et avec Torquato Bembo. Grâce à ces *Épîtres*, l'activité culturelle et politique de toute une époque revit intensément, que ce soit dans la ferveur avec laquelle elle se livrait à la discussion ou dans un abandon confiant aux grands mythes de l'Antiquité ou enfin dans le prestige magnifique dont jouissait l'éloquence et qui permettait aux faits de l'époque contemporaine de plonger dans le plus pur classicisme. On lui doit, outre ses *Épîtres*, des tragédies – v. *Jules César* (*) – et des *Discours* en latin [*Orationes*], un *Commentaire* sur les *Amours* (*) de Ronsard.

ÉPÎTRES de Pierre. Ces deux lettres de saint Pierre (10 av. J.-C.-67 ap. J.-C. env.), premier des apôtres, font partie des sept *Épîtres* dites canoniques qui suivent, dans le Nouveau Testament, les quatorze *Épîtres* de saint Paul. La première, écrite en grec, aux environs de 64, fut adressée aux Juifs dispersés de la Galatie, de la Cappadoce, de l'Asie Mineure et de la Bithynie. Elle est datée de Babylone qui probablement indique ici : Rome, comme dans *L'Apocalypse* (*). On constate, dans cette *Épître*, une forte ressemblance de pensée, d'expression et d'enseignement avec les *Épîtres* de saint Paul ; elle est forte, véhémente, empreinte de majesté apostolique, sobre dans le choix des mots et dense de jugements. Le style est concis, élevé, impérieux et doux en même temps. Dans une première suite d'exhortations, l'auteur parle de la dignité du chrétien, de la sublimité de sa vocation et de la sainteté de vie, qui doit être la conséquence de cette vocation. Du chapitre II, 11 au chapitre IV, 6, saint Pierre, par de sublimes comparaisons, recommande l'obéissance, la patience et le respect pour l'autorité, l'amour même pour les ennemis, et la paix chez soi. La troisième et dernière partie contient des enseignements pour une vie pure et sainte, recommandée à tous sans exception et, en particulier, aux chefs spirituels.

La seconde lettre, écrite quelques mois plus tard, est considérée comme le testament spirituel de l'apôtre. Elle est adressée aux mêmes personnes, et l'auteur le dit en ses propres termes : « Voici la seconde lettre que je vous écris. » On suppose généralement que Pierre l'a dictée peu de temps avant son martyre. Elle comprend trois parties : dans la première, saint Pierre rappelle aux chrétiens les principes généraux qui commandent de persévérer avec ténacité dans la doctrine et dans la pratique de la vertu. Dans la seconde partie, il condamne les jugements et les mœurs des faux docteurs, dont il décrit, avec virulence et dans un style énergique, la perversion de pensée et de sentiments. Dans la dernière partie, il s'oppose aux arguments frivoles que les sectaires avancent pour essayer de discréditer la doctrine des fidèles. Les beautés littéraires foisonnent ici, plus que dans la première lettre de l'apôtre. Le style est fort, vigoureux et souvent même impétueux. Partout jaillissent de splendides métaphores, particulièrement frappantes. Quelques différences dans le style entre cette *Épître* et la première ont fait douter de son authenticité. L'Église l'a admise dans le Canon de Trente, en l'incluant dans les sept lettres canoniques. – Traduction œcuménique de *La Bible*, Éd. du Cerf, 1988.

ÉPÎTRES À TIMOTHÉE. Deux des *Épîtres* de saint Paul (Ier s. ap. J.-C.) sont adressées à Timothée, grand ami de l'apôtre qui l'associa à sa mission et le consacra évêque d'Éphèse, après quelques pérégrinations faites en sa compagnie. La première lettre, une des pastorales, fut écrite en grec, en un lieu et à une date incertains, probablement en Macédoine, après la première captivité romaine. Dans cette lettre, saint Paul instruit son disciple sur tous les devoirs qui incombent à son ministère, sur le gouvernement et la discipline de l'Église, et le conseille sur l'attitude à observer à l'égard de ceux qui ont sombré dans l'erreur et qui prêchent la désertion et la fausseté (I, 1-20). Le chapitre II est un admirable traité de fraternité, de charité envers tous les hommes, unis en une seule et immense famille dans son amour pour Dieu. Le chapitre III décrit la grandeur de l'épiscopat, et parle du mystère de l'Incarnation. Le chapitre IV est une peinture des faux docteurs qu'il foudroie avec toute la fougue de sa foi. La conclusion de l'*Épître* est une nouvelle expression de tendresse pour son disciple favori. Un voile de tristesse fait de cette *Épître* une des lettres les plus émouvantes de saint Paul. Son authenticité, contestée par quelques protestants et quelques rationalistes, est appuyée par la tradition patrologique.

La seconde lettre, également une pastorale, fut écrite pendant l'emprisonnement à Rome, peu de temps avant le martyre de l'apôtre, en 67. Saint Paul y manifeste son inquiétude pour Timothée encore jeune ; la captivité accentue sa mélancolie, et le pousse à exprimer ses sentiments les plus profonds. Ainsi, cette seconde *Épître* est presque le testament de l'apôtre, et son dernier message à son disciple. En même temps que sereine et élevée, la lettre est pleine de comparaisons exquises, de descriptions pittoresques et de conseils, qui révèlent la grandeur d'âme de l'auteur. La disposition des chapitres est en harmonie avec l'ordre des pensées. Dans la première partie, Paul exhorte Timothée à mettre en pratique la grâce de son ministère ; après d'affectueuses recommandations, il met en relief la figure majestueuse de Jésus qui détruit la mort et révèle la vie et l'immortalité à travers l'Évangile. La seconde partie contient des conseils sur les manières de catéchiser les fidèles ; on y trouve de belles comparaisons, comme celle du soldat qui cherche à plaire à celui qui l'enrôle ou de l'athlète qui lutte dans l'arène et qui n'est couronné que s'il combat selon les règles, ou encore celle de l'agriculteur qui doit travailler s'il veut récolter les fruits. Enfin, dans une vivante description des hérétiques, l'apôtre signale à son disciple les hérésies à combattre. La tendresse et l'émotion qui transparaissent dans cette lettre rappellent le discours de la dernière Cène et annoncent la mort imminente de l'apôtre. L'authenticité de l'*Épître* est appuyée par les mêmes témoignages patrologiques que la précédente. – Traduction œcuménique de *La Bible*, Éd. du Cerf, 1988.

ÉPÎTRES AUX CORINTHIENS. Deux des quatorze *Épîtres* de saint Paul (Ier siècle après J.-C.) sont dédiées aux Corinthiens. La première fut écrite en grec, probablement à Éphèse aux environs de 57. Corinthe, capitale de l'Achaïe, était à l'époque de saint Paul la première ville de Grèce. Aussi riche que peuplée, elle était célèbre pour son activité commerciale, pour son luxe et pour sa dépravation morale. Contre cette dissolution, saint Paul lutta pendant dix-huit mois. Pourtant, l'apôtre se plaisait dans ce monde philosophiquement évolué ; là, il pouvait combattre les doctrines de Socrate et de Zénon, et prêcher la doctrine de Jésus sur les marches du fameux temple de Diane où affluaient voyageurs, commerçants et étudiants. Après son départ pour Éphèse, un certain Apollon, orateur fort érudit et très versé dans les Écritures, était venu prêcher à Corinthe. Celui-ci pensa bien faire en s'adaptant au goût de son auditoire raffiné et en entreprenant de prêcher, avec éloquence, certains points plus délicats de la doctrine que saint Paul avait omis par prudence d'exposer. Des désordres naquirent, des partis se formèrent, et des scandales éclatèrent. Saint Paul, averti de ces perturbations, écrivit cette lettre, où il fait ressortir la grande et forte doctrine, et qui contient quelques-uns de ces éclairs, de ces mouvements audacieux et énergiques que saint Jérôme compara à des coups de tonnerre. Saint Paul se propose d'atteindre deux buts. Son *Épître* est donc divisée en deux parties : une partie réformatrice et une partie didactique. Dans la première, il s'efforce de corriger les excès que causaient, parmi les fidèles de Corinthe, un fanatisme disproportionné pour certains prédicateurs (I-IV) et les mauvais exemples donnés par certains individus à l'Église (V-VI). Dans la seconde partie (VII-XV), il répond successivement à cinq questions qui lui avaient été posées : sur le mariage et le célibat ; sur les victuailles consacrées aux idoles ; sur la paix qui doit régner dans les réunions de fidèles ; sur l'emploi des dons surnaturels et sur la résurrection. Il commence par la réforme la plus urgente, et termine par la question fondamentale pour tout fidèle. Cette lettre diffère, dans la forme et dans les arguments, de l'*Épître* écrite par saint Paul *aux Romains* (*). Ce n'est pas une dissertation ni un traité dogmatique, mais un ensemble d'avertissements, de pensées et de solutions adaptés aux circonstances. Saint Paul y parle en pasteur plus qu'en savant. Il n'existe pas toutefois un écrit de l'apôtre qui fasse mieux connaître l'esprit, la discipline de cette grande âme et les mœurs de l'époque.

La seconde *Épître* fut probablement écrite à Philippes ou à Thessalonique, quelques mois après la première, en automne 57. Saint Paul avait été informé par un de ses convertis, de retour de Corinthe où il avait été pour le service de cette Église, que la plupart des habitants de cette ville avaient été conquis par sa lettre, déploraient son absence et promettaient de mettre en pratique ses conseils. Encouragé par ce succès, l'apôtre voulut écrire une seconde lettre pour stimuler les fidèles, pour tenter de gagner les rebelles à sa cause, et pour répondre aux accusations que ses détracteurs répandaient sournoisement sur son compte. La lettre contient une longue apologie de son comportement, de son ministère, voilée et modérée tout d'abord, puis vigoureuse et véhémente, avant d'être interrompue, vers le milieu de la lettre, par une digression sur la charité et une exhortation à venir en aide aux fidèles de Jérusalem. D'où trois moments : apologie calme et continue (I, 15-VII), digression (VIII, IX), apologie animée et vigoureuse (X, XII). Partout éclatent le vif talent oratoire de l'apôtre, la souplesse de son génie et la délicatesse de l'expression. Cornély rapporte que certains comparèrent cette lettre au discours de Démosthène : *Pour la couronne* (*). On y trouve une telle vivacité, une si grande étendue d'idées et de sentiments qui se suivent en un rythme si intense, que les adversaires de l'apôtre en furent anéantis. Les témoignages patrologiques des premiers siècles de l'Église, de saint Irénée, de saint Clément d'Alexandrie, de Tertullien et du fragment de Muratori en prouvent l'authenticité. — Traduction œcuménique de *La Bible*, Éd. du Cerf, 1988.

ÉPÎTRES AUX THESSALONICIENS. Ce sont deux lettres que saint Paul (Ier siècle après J.-C.) écrivit à Corinthe vers 53. Saint Paul se rendit à Thessalonique après l'accomplissement de sa mission à Philippes, y séjourna pendant quelque temps et y constitua les bases d'une Église chrétienne. Contraint à fuir par les intrigues iniques de certains Juifs, dès son arrivée à Corinthe il rédigea ces deux lettres qu'il adressa presque en même temps à l'Église naissante de Thessalonique.

Dans la première lettre, il n'a rien à reprocher aux bons Thessaloniciens ; au contraire, il loue leur fidélité à l'Évangile et déplore sa fuite qui ne lui a pas permis de continuer sa prédication. Heureux des bonnes nouvelles que Thimothée lui a rapportées, il recommande aux fidèles de persévérer dans la foi, d'éviter de commettre des impuretés, de travailler, d'aimer et de respecter le bien d'autrui (I-IV, 12). Comme il n'avait pu, pendant son séjour parmi eux, leur exprimer entièrement sa pensée sur le temps de la venue du Seigneur, il les instruit dans sa lettre sur cette question, en décrivant le sort des chrétiens morts ; si la date de l'avènement du Seigneur est incertaine, les chrétiens doivent être toutefois préparés à sa venue. Il indique par conséquent divers devoirs qui incombent aux fidèles, inclut une prière spéciale pour les Thessaloniciens et, dans les derniers versets, donne ses recommandations finales et ses salutations. Cette lettre produisit certainement un grand effet ; mais, dans cette période de persécutions, une interprétation erronée amena les Thessaloniciens à croire que le jugement final était imminent, ce qui suscita un abandon général à la paresse, dans l'attente du grand événement. Les faux docteurs profitèrent alors de cet état de crainte et d'agitation pour répandre de fausses rumeurs.

Saint Paul fut informé de cet état de choses et expédia, quelques mois après, sa seconde lettre. Celle-ci, outre un prologue (I, 1, 12) et un épilogue (III, 16, 17), contient une partie dogmatique (II, 1, 16) et une partie morale (III, 1, 15). Dans la partie dogmatique, il traite des derniers événements, exhortant les fidèles à ne pas se laisser tromper par l'illusion que la venue du Seigneur est imminente. Avant toute chose doit apparaître l'Antéchrist, et jusque-là les fidèles doivent persévérer dans la foi. Dans la partie morale, après s'être recommandé à leurs prières, il critique la vie d'oisiveté qu'ils mènent, rappelant à tous la loi du travail, et termine en les exhortant à la pratique de la vertu et à l'éloignement des rebelles. L'authenticité de cette *Épître* est discutée par quelques rationalistes, mais les témoignages patrologiques sont unanimes. — Traduction œcuménique de *La Bible*, Éd. du Cerf, 1988.

ÉPÎTRES DE FREDMAN [*Fredmans epistlar*]. Ces épîtres, qui constituent le meilleur de l'œuvre du poète suédois Carl Michael Bellman (1740-1795), furent composées à diverses époques de sa vie, mais plus particulièrement vers 1770, et rassemblées par la suite en un seul volume avec une préface de Kellgren, en 1790. Bellman entendait qu'elles fussent chantées et dansées, et il composait lui-même la musique ou adaptait les paroles sur des airs connus, ce qui est d'un usage fréquent dans la poésie populaire ou de genre populaire. Les *Épîtres* connurent ainsi et jouissent encore d'une popularité rarement atteinte par les poèmes uniquement destinés à la lecture. Les motifs d'inspiration, de valeur inégale, en sont très variés. Nombre de petits tableaux et de saynètes illustrent la vie des tavernes (les *Épîtres* sont en effet attribuées à Fredman, horloger de Stockholm, ruiné par l'abus de la boisson et mort alcoolique en 1767) ; elles célèbrent les joies de la musique et de la danse en compagnie de femmes légères, décrivent des rixes et des scènes grivoises, entremêlées de petits drames. L'épître 36, par exemple, est consacrée dans sa première partie à une scène d'alcôve, à la fois très vivante et sensuelle, qui utilise d'originale façon le motif de Suzanne au bain. Ulla, fille séduisante, est encore endormie lorsque le tavernier entre dans sa chambre sur la pointe des pieds, vient tourner autour de son lit, et soulève la couverture en souriant d'un air satisfait. Enfin, Ulla commence à se vêtir sans hâte : « Comme à Paphos / lorsque Vénus se lève, / tout semble défaillir de volupté, / tandis que les soucis s'en vont à tire-d'aile. » Pris sous le charme, « dans son trouble, le vieillard oublie / affaires, clients et commérages, / les débiteurs, / les créanciers, / la prison et le fisc ». Le poète s'attarde à décrire la scène galante où l'on voit le tavernier amoureux jouer les sigisbées auprès de la belle ; puis nous voyons Ulla descendre à la taverne, égayant et ranimant toute chose par sa présence. « Mais, ciel, comme hélas tout se transforme », quatre vilains gendarmes apparaissent, prennent la belle et s'en vont. « Chacun avait la pâleur des cadavres ; / de son côté, le tavernier pleurait / sur le banc. / devant le comptoir / il ne restait d'Ulla que son petit verre, / vide et ébréché / ... / Ainsi se termina notre orgie. » La scène galante, d'atmosphère populaire, se termine donc sur un incident dramatique.

L'épître 30 campe, avec un grand souci du détail, le portrait d'un vieil ivrogne miné par la phtisie. Dans l'épître 23, l'ivrogne invétéré, gisant la nuit dans le ruisseau, devant la taverne, monologue sur ses vêtements rapetassés, et sur la déchéance physique. Du fond de sa misère, il en arrive à maudire le lit où il a été conçu, et il évoque les ardeurs amoureuses et les charmes féminins qui l'engendrèrent. L'aube vient, la porte de la taverne s'ouvre à nouveau. Assoiffé, il demande à boire. À peine a-t-il bu que ses membres perdent leur rigidité, il se sent rempli de courage et de joie. Une gorgée ou deux encore, et il remerciera sa mère et son père pour l'amour et la force génératrice dont ils firent preuve autrefois. Par sa vigueur et sa verdeur incisive, cette épître est des plus remarquable ; elle demeure néanmoins, dans son réalisme, liée au genre bachique, mais ne dépasse pas les limites du dithyrambe pour atteindre, comme les chants bachiques de Baudelaire, à l'ironie douloureuse et au sublime.

Dans l'épître 79, le vieux buveur prend congé de l'hôtesse de la ruelle du Soleil tandis que Charon souffle dans sa trompe, que les tempêtes commencent à se lever et que les étoiles brillent tristement, annonçant la fin prochaine de l'ivrogne misérable et dégradé ; l'épître se termine sur le triste départ de celui-ci pour les enfers, au milieu des éléments déchaînés. Nullement conventionnelles, mordantes, vivantes, hardies jusqu'au réalisme le plus cru et pourtant parées d'une grâce charmante, les *Épîtres* de Bellman occupent une place à part dans la littérature dithyrambique. On peut dire qu'elles en épuisent toutes les possibilités, atteignant à la perfection permise par cette forme littéraire, sans toutefois aller au-delà.

La deuxième partie des *Épîtres* est constituée par d'aimables idylles. La pastorale 25, pleine de fraîcheur et de grâce, fait l'éloge d'Ulla Winblad qui se rend à Djurgarden, riant îlot dont les habitants de Stockholm ont fait le but de leurs promenades et de leurs parties de plaisir. Vénus, Neptune, les anges, les nymphes, les zéphyrs, les tritons, les flots, le tonnerre, les corps célestes, les poissons et les instruments musicaux les plus variés sont appelés à composer une scène richement décorative et pleine de mouvement autour de la jeune beauté qui réunit en elle tous les charmes féminins. Bientôt transfigurée en Vénus, elle se montre dans toute sa splendeur. À l'opulente animation de ce cortège succède un tableau « dans le goût des bacchanales » où Vénus redevient Ulla et où le Djurgarden se substitue à Paphos, mêlant librement un langage lascif à l'éloquence dithyrambique. L'épître 48 décrit, avec grâce, une promenade en barque, depuis un village du lac Mälar jusqu'à Stockholm, par un matin d'été : heureuse transposition littéraire de cet art du paysage qui prit son essor avec les Flamands et les Hollandais pour se raffiner à l'extrême et s'étioler au cours du XVIIIe siècle. Le livre s'achève par un « déjeuner sur l'herbe » où la tendance naturelle au dithyrambe, dont Bellman ne se libéra jamais complètement, est heureusement tempérée par une grâce lascive et une élégante décoration pastorale dans le goût rococo. — Trad. Corps 9, 1984 (extraits).

ÉPITRES ET SATIRES d'Horace [*Sermones*]. En dehors des *Épodes* (*) qu'il appelait « ïambes » et des *Odes* (*), toutes les pièces en hexamètres qu'écrivit le poète latin Horace (65-8 av. J.-C.) se partagent en *Sermones* (« Entretiens »), autrement appelées *Saturae* (« Mélanges »), et en *Epistulae* (« Lettres » ou « Épîtres »), qu'il écrivit de sa vingt-cinquième à sa cinquantième année. Les *Satires* furent composées entre 42 et 23 ; le premier livre dédié à Mécène en comprend dix. La première parle de ce « juste milieu » dont l'homme devrait faire sa règle d'or, s'il veut être satisfait de son sort ; la seconde est une critique contre les excès amoureux ; la troisième traite de l'« indulgence » : il faut supporter les défauts d'autrui pour être soi-même excusé. Dans la quatrième, Horace présente la défense de ses *Satires* qui ne sont pas imitées de Lucilius, mais bien des comédies des anciens poètes grecs. La cinquième rappelle un voyage que l'auteur fit en 37, de Rome à Brindes, en compagnie de Mécène et de Virgile : ce voyage, qui dura treize jours, fut fertile en incidents joyeux autant qu'imprévus ; c'est un modèle de narration. La sixième est un remerciement adressé à Mécène ; le poète fait son propre éloge : fils d'affranchi, il a su mériter l'amitié de Mécène. La septième relate une dispute entre Rupilius et Persius devant le tribunal de Brutus, tandis que la huitième voit discourir un Priape en bois de figuier sur deux vieilles femmes qu'il a vues la nuit évoquer les déesses infernales. Dans la neuvième, Horace fait le portrait d'un fâcheux dont il n'arrive pas à se débarrasser. Enfin, la dixième du premier livre donne les règles pour composer une satire. Le second livre en contient huit ; dans la première, Horace présente une défense du genre satirique ; dans la seconde, un bon paysan, Ofellus, blâme la débauche et déclare que la frugalité ne doit pas aller jusqu'à l'avarice. La troisième développe ce thème : « Tous les hommes sont fous, dit le stoïcien, hormis le philosophe », mais Horace corrige : « Le philosophe est le plus fou de tous. » Dans la quatrième, son ami Catius donne des recettes de cuisine et des conseils gastronomiques. La cinquième nous montre Ulysse allant aux portes des Enfers pour apprendre de Tirésias par quel moyen il pourra recouvrer ses richesses perdues ; le sage lui enseigne l'art de capter les héritages. Dans la sixième, nous voyons Horace chez lui ; il vient de se lever et va se promener dans les allées de ce parc dont Mécène le généreux lui a fait cadeau. La septième évoque les Saturnales : profitant de la licence qui est octroyée à ce moment aux esclaves, l'un d'eux, Davus, tient à son maître un discours philosophico-stoïque et démontre que c'est lui, l'esclave, qui est le plus libre des deux. Dans la huitième, Horace, qui a rencontré Fundanius, se fait raconter le repas qu'un homme riche mais sans esprit, Nasidiénus, a offert à Mécène.

Composées entre 23 et 14, les *Épîtres*, comme les *Satires*, sont des conversations dans un style pittoresque et familier où le poète dévoile les misères de l'âme humaine à travers une description mordante des mœurs. Elles ne se différencient des *Satires* que par la forme épistolaire. Le premier livre en comprend vingt. La première, adressée à Mécène, montre la folie générale des hommes. Dans la seconde, « À Lollius », Horace, qui vient de relire Homère, dit avoir découvert un tableau saisissant des passions et des extravagances humaines. Dans la troisième, « À Julius Florus », il demande des nouvelles de jeunes amis partis avec Tibère en Orient, et dans la quatrième il exhorte Tibulle à profiter de la vie. La cinquième est une invitation à déjeuner adressée à son ami Torquatus. La sixième, « À Numicius », soutient que le bonheur réside dans la constance de l'âme affranchie des passions. Dans la septième, Horace confie à Mécène qu'il préfère la solitude des champs à la vie de Rome. Dans la huitième, il conseille à Celsus Albinovanus de ne pas tirer trop d'orgueil de sa position et, dans la neuvième, il recommande son ami Septimus à Tibère. S'adressant à Aristius Fuscus, il déclare, dans la dixième épître, que le bonheur consiste à vivre selon la nature tandis que, dans la onzième, s'adressant à Bullatius, il lui conseille de demander la paix de l'esprit à la solitude. Dans la douzième, Horace critique un certain Iccius, qui joue à la fois au philosophe et au marchand. La treizième est adressée à Vinnius pour qu'il veuille bien remettre à Auguste les *Odes* (*) qu'Horace a récemment écrites. La quatorzième est destinée à l'esclave qui gère son domaine ; le poète désire y trouver un repas frugal avant de s'allonger dans l'herbe, loin des esprits envieux de la ville. La quinzième, « À Numonius Vala », demande des renseignements sur la température à Velie et à Salerne. La seizième, « À Quinctius », tend à prouver que le vrai sage est celui qui ne redoute pas les coups du sort et la dix-septième, « A Scéva », discute de la manière de se comporter avec les grands. La dix-huitième rappelle à Lollius qu'il convient d'éviter les excès ; la dix-neuvième, « À Mécène », présente la défense de la poésie lyrique d'Horace ; la vingtième, enfin, sert de conclusion : en effet, le poète n'avait prévu tout d'abord qu'un livre d'*Épîtres*.

Plus tard vinrent les *Épîtres* du second livre (toutes ont un caractère de critique littéraire) : « À Auguste », « À Julius Florus » « Aux Pisons », publiée séparément. À présent, Horace se fait le théoricien de la poésie. Dans la première épître, « À Auguste », il déplore que le public préfère les anciens écrivains à ceux de son époque ; dans la deuxième, il conclut qu'il devient trop âgé pour écrire des vers. Dans l'épître « Aux Pisons », plus connue sous le nom d'*Art poétique* (*), il donne des conseils généraux sur la poésie. Une unité de forme et de fond relie les *Satires* aux *Épîtres* ; c'est la même veine poétique, faite de discussions et de conseils, de même qu'au point de vue lyrique les *Odes* sont la suite nécessaire des *Épodes*.

Dans l'ensemble, les *Satires* et les *Épîtres* offrent une documentation autobiographique intéressante ; on y retrouve la jeunesse aventureuse et libre du poète, sa période d'études à Athènes, son engagement dans l'armée républicaine de Brutus. Nous arrivons ensuite à son âge mûr, puis à sa vieillesse : sa veine lyrique et satirique une fois tarie, Horace s'érige en juge de l'art, critiquant les autres et lui-même ; juge si écouté à la cour d'Auguste qu'il fixa le goût littéraire de toute une génération. La sincérité, la vivacité, un certain côté humain, l'humour, abondent dans les *Épîtres* et les *Satires* et en font aujourd'hui encore toute leur valeur. – Trad. Villeneuve, Les Belles Lettres, 1932 et 1934.

ÉPÎTRES MORALES [*Moral Essays*]. Recueil de quatre poèmes du poète anglais Alexander Pope (1688-1744), publiés de 1731 à 1735. Écrits sous forme de lettres, ils traitent de l'éthique. Le premier est dédié à sir William Temple ; il analyse le caractère masculin et fixe les limites qu'il faut imposer aux passions. Le second, adressé à Martha Blount, étudie le caractère de la femme ; sous le nom d'Atossa, l'auteur figure la duchesse Sarah de Marlborough, sous celui de Chloé, lady Suffolk, et sous celui de Philomède, la duchesse Henriette de Marlborough. Ces trois portraits furent retranchés des premières éditions et ne parurent que dans celle de Warburton (1751). Le troisième essai, dédié à lord Bathurst, parle de l'emploi de la fortune, condamnant l'avarice autant que la prodigalité ; certains types sont devenus célèbres, tels que l'« Homme de Ross » ou « Sir Balaam ». Le dernier poème, adressé à lord Burlington, développe le même thème, mais en insistant plus spécialement sur l'emploi de la fortune dans les constructions. Pope, qui rivalise avec Horace, a mis dans son œuvre une ironie légère, qui voudrait être bienveillante, mais qui révèle par moment l'âpreté des antipathies et des inimitiés de l'auteur. — Trad. Devaux, 1796.

ÉPÎTRE SUR LES FONDEMENTS DU DROIT [*Risāla fi uṣūl al-fiqh*]. Ouvrage du juriste musulman d'expression arabe al-Shāfi'ī (767-820). Il s'agit de la première tentative pour codifier de façon systématique les « fondements du droit » musulman, c'est-à-dire d'identifier les différentes sources d'autorité et de définir les modalités du raisonnement juridique, indépendamment de son contenu positif. Inquiété par les tendances centrifuges et les divergences d'écoles que manifestait alors l'évolution du droit islamique, al-Shāfi'ī eut pour souci d'élaborer un système aussi général et aussi prédictible que possible, de façon à éliminer, ou en tout cas à réduire, le recours à l'appréciation individuelle du juge, ou encore à des sources au statut mal défini, tels que l'« usage accepté » ou la « coutume locale » : de telles pratiques allaient selon lui à l'encontre du caractère universel de la Loi révélée *(sharī'a)* qui doit, en principe, s'imposer de façon identique à tous les croyants, où qu'ils soient et à quelque groupe social qu'ils appartiennent. Sa démarche revient en fait à systématiser et à radicaliser la tendance « textualiste » caractéristique de l'islam légaliste : toute décision juridique doit être fondée sur un donné textuel explicite faisant autorité, lequel doit, sauf indication contraire, être interprété dans son sens obvie. Il est ainsi amené à distinguer quatre sources principales du droit, disposées selon un ordre hiérarchique : (a) *Le Coran* (*), qui contient peu de prescriptions positives, mais qui garantit l'autorité de l'ensemble ; (b) la *sunna* (littéralement « coutume, exemple des anciens »), qu'il redéfinit dans le sens restrictif de « coutume du Prophète », représentée par le *Ḥadīth* (*) authentique ; (c) le consensus de la communauté ; (d) le « raisonnement heuristique » *(qiyās)*, fondé sur la recherche d'un rapport entre le cas d'espèce sur lequel il faut statuer et une prescription fondée sur un donné textuel. Le principe fondamental est que, dès lors qu'il est possible de trancher un cas au niveau supérieur, il n'y a pas à se référer au rang inférieur ; de la même façon, aucune décision fondée sur une source de rang inférieur ne doit contredire une prescription de rang supérieur. Ce qui, dans la pratique, soulevait des problèmes différents suivant les sources envisagées : si un raisonnement heuristique, dépendant de la compétence et de la science du juge, pouvait être considéré comme plus ou moins bien formé, et même s'il pouvait donner plusieurs résultats différents, mais également acceptables, en revanche on ne pouvait admettre par définition qu'il y eût des divergences entre *Le Coran* et le *Ḥadīth*, voire au sein de chacun d'eux. Ou plus exactement, il s'agissait de montrer que ces divergences apparentes peuvent être expliquées et réduites, sans porter aucunement atteinte à l'homogénéité de la Loi. Al-Shāfi'ī pose ainsi les bases d'une science des textes, combinant les ressources de la philologie et de l'herméneutique. Il insiste notamment sur la nécessité d'interpréter les données textuelles en se référant aux circonstances spécifiques dans lesquelles elles ont été produites, mais aussi aux règles du « parler des Arabes » (*c'est-à-dire* le vieil usage bédouin), dont la méconnaissance peut entraîner maint contresens. Encore très rudimentaire chez al-Shāfi'ī, cette approche se développera considérablement chez les grands juristes classiques (XIe-XVIe siècle), traitant avec une précision et une pénétration souvent remarquable un ensemble de questions touchant à la sémantique lexicale ou grammaticale. J.-P. G.

ÉPODES d'Horace [*Epodon liber*]. Recueil de dix-sept poèmes satiriques écrits, entre 42 et 31 av. J.-C. par le poète latin Horace (Quintus Horatius Flaccus, 65-8 av. J.-C.). Le vrai titre devrait être *Iambes*, mais les Anciens, d'après le mètre des distiques des dix premiers poèmes (où chaque vers de six pieds est suivi d'un vers ïambique de quatre pieds) nommèrent le recueil : le *Livre des Épodes* ou, simplement, les *Épodes*. Les poèmes ne sont pas rangés dans l'ordre chronologique, mais selon leurs mètres. Les six derniers sont composés de vers différents.

I) « À Mécène ». Mécène, en 31, était à Brindes : il s'apprêtait alors à partir avec Octave qui allait combattre Antoine et Cléopâtre ; Horace veut suivre son protecteur pour l'assister et partager ses périls. Ce poème, qui constitue l'avant-propos du recueil, révèle les sentiments d'amitié que l'auteur portait à Mécène. — II) « Contre l'usurier Alphius ». Le jour des ides, alors que ses débiteurs viennent acquitter leurs dettes et payer les intérêts, Alphius s'attendrit en pensant à la vie paisible et rustique des champs et, après en avoir fait l'éloge, jure en son cœur de fuir la ville ; mais à peine a-t-il compté ses deniers qu'il se préoccupe de les faire fructifier. C'est une aimable satire du désir de vie champêtre née peut-être de l'expérience d'Horace lui-même. – III) « À Mécène ». Mécène a invité le poète à participer à un banquet et lui a fait servir des mets fortement assaisonnés ; Horace compare plaisamment les désagréments qu'il éprouve aux effets d'un poison, à un coup de soleil, à la tunique de Nessus qui consuma Hercule. C'est un jeu où l'on découvre vite que la colère du poète est feinte. – IV) « Contre l'affranchi Ménas ». Celui-ci, profitant de la révolution politique et sociale, était parvenu à la dignité de tribun ; l'indignation ressentie par le poète, à la vue du politicien et devant son attitude pleine d'ostentation, est du domaine de la chronique et de l'anecdote, et ne parvient pas à la véritable poésie. – V) « Contre Canidie ». Il s'agit d'une sorcière napolitaine, qui torture un enfant volé dans l'intention de préparer un philtre amoureux pour un vieillard ; trois magiciennes l'assistent ; ce poème lugubre est dirigé contre la femme qu'Horace aima dans le passé et qu'aujourd'hui il méprise ; elle revient souvent dans l'œuvre du poète sous les traits d'une magicienne experte à préparer philtres et poisons (*Satires* I, 7). – VI) « Contre Cassius Sévère ». Celui-ci calomniait les faibles, mais n'osait s'en prendre à Horace, connaissant trop bien la virulence de ses iambes ; c'est un poème de société, plein d'allégories et d'allusions voilées à des personnalités du monde littéraire.

VII) « Au peuple romain ». Après avoir joui d'une courte paix, le peuple a repris, après la mort de César, ses luttes civiles ; la haine de la guerre, le désir ardent d'une paix durable et le pressentiment de nouvelles calamités qui doivent s'abattre sur la ville bâtie avec le sang que versa le fratricide Romulus, sont des thèmes patriotiques que l'on trouve fréquemment sous la plume d'Horace. – VIII) « Contre une vieille libertine ». – IX) « À Mécène ». Lors des guerres contre Cléopâtre, Mécène était resté à Rome ; le poète lui demande quand il sera possible de fêter la victoire, dont on entrevoit les signes avant-coureurs. Désormais, Horace se rallie au parti d'Octave et de Mécène ; ses vœux vont au futur vainqueur d'Actium. – X) « Contre Maevius ». À Maevius qui part en voyage, Horace souhaite de faire naufrage, car ce mauvais poète a osé le critiquer ainsi que Virgile. Ce départ est sans doute imaginaire ; ce qui est bien réel, c'est l'âpre rivalité des deux poètes ; on retrouve ici un thème cher aux poètes ïambiques grecs. – XI) « À Pettius ». Horace confie à son ami qu'il n'a plus envie de rimer depuis qu'il aime le jeune Lyciscus ; ce poème nous éclaire sur la jeunesse insouciante de l'auteur qui, de son propre aveu, aima autant les éphèbes que les jeunes filles. – XII) « Contre une vieille débauchée ». Le poète l'injurie violemment et lui reproche d'être encore avide de plaisir ; ici, l'imitation d'Archiloque est poussée jusqu'à l'exagération. – XIII) « À ses amis ». Ce morceau s'adresse aux compagnons du poète qui boivent sous la tente à la veille de la bataille de Philippes, afin de vaincre l'ennui et la fraîcheur automnale ; la sagesse consiste à profiter des rares joies que nous offre la vie ; c'est la première ou l'une des premières *Épodes*, composée sans doute en 42.

XIV) « À Mécène ». Le poète s'excuse d'avoir interrompu sa production, mais, dévoré par son amour pour Phryné, il est incapable d'écrire. Ce sujet banal est traité avec enjouement. – XV) « A Néère », qui s'est donnée à un autre après lui avoir juré fidélité. Son rival serait-il plus beau, plus savant et plus riche qu'il connaîtra la douleur d'être abandonné à son tour par l'inconstante Néère. Horace se console à la seule pensée de cette vengeance prochaine. – XVI) « Au peuple romain », qui reprend les armes pour une lutte fratricide (42-38). Après d'inutiles tentatives de paix entre Antoine et Octave, de nouveaux foyers d'incendie se sont allumés. Rome est véritablement une ville maudite qu'il vaut mieux fuir : pourquoi ne pas voguer vers les « Iles fortunées » qui ne connaissent pas la méchanceté des hommes et où l'on ignore la haine et la douleur ? Ces luttes politiques attristent et déçoivent Horace ; seule l'amitié de Mécène le consolera. – XVII) « Varus et Canidie ». Horace feint de demander pardon à celle qu'il aime, mais Canidie indignée lui répond qu'elle n'aura jamais pitié de lui. C'est par cette palinodie que se termine le recueil.

Nombreux sont les personnages politiques et littéraires de la Rome de 42-31 auxquels le poète s'attaque ; le rimeur Maevius, l'usurier Alphius ; d'autres y figurent sous des noms d'emprunt : Phryné, Néère ou le jeune Lyciscus. Parfois, ils ne sont pas nommés. Cependant, ils appartiennent à la société romaine : le profiteur, le poète médisant, la courtisane. À deux reprises (*Épodes VII* et *XVI*), Horace proclame sa mission d'aède et son chant patriotique dédié à ses concitoyens maudit la guerre civile. C'est le nom de Mécène qui revient le plus souvent *(Épodes I-III-IX-XIV)* ; il s'adresse tantôt à l'ami à qui le recueil est dédié, tantôt à l'hôte qui a voulu lui jouer un bon tour, tantôt au lieutenant d'Octave qui attend la nouvelle de la victoire d'Actium, tantôt au confident à qui il avoue ses peines d'amour. Tels sont les iambes d'Horace, iambes mordants qui rappellent la poésie de sa jeunesse. De caractère doux et paisible, il a voulu s'essayer dans la satire. Exception faite des six poèmes satiriques, ses autres *Épodes* servent d'introduction aux *Odes* (*), dont les thèmes essentiels, amour, amitié, patrie, sont annoncés. – Trad. Villeneuve, Les Belles Lettres, 1929 avec les *Odes*.

ÉPONINE ou De la République. Roman de l'écrivain français Delisle de Sales (1741-1816), publié en 1793. Ce texte foisonnant, où le « philosophe de la nature » feint de n'être que l'éditeur d'un manuscrit de Platon complété d'âge en âge par tous les grands penseurs de l'histoire, fut écrit dans la fièvre même des événements révolutionnaires, dont il retrace le détail à peu près au jour le jour. La fiction est celle du voyage d'un vieillard grec nommé Platon et de sa fille Éponine en Autriche, où ils assistent au siège de Belgrade (1788) et à la mort de l'empereur Joseph II, puis en France où ils sont mêlés à la tourmente, témoins enthousiastes des grands élans et censeurs courageux des grosses erreurs de la révolution en marche. « Platon » y saisit toute occasion de rappeler les bases théoriques de sa « République » et de la recomposer sous nos yeux, à l'épreuve des faits et avec l'aide de sa fille qui ajoute à la rigueur du raisonnement législatif une dimension de sensibilité, d'héroïsme et d'amour. Les rebondissements romanesques (séparations, reconnaissances, rivalités, mariages...) alternent avec les passages de théorisation politique, les tableaux historiques, les dialogues (entre Platon et Mirabeau, par exemple), les éclairs d'utopie fantasmatique, les jaillissements du mythe, du conte, de l'élégie. Ce bouquet d'écriture est probablement le seul grand roman de la Révolution française, qui devait en inspirer tant dans le XIXe siècle. D'Éponine en tout cas se souviendra Victor Hugo lorsqu'il choisira le nom d'une des héroïnes de ses *Misérables* (*). P. Ma.

ÉPOPÉE D'AQABIA (L') [*Aliloth Aqabia*]. Roman de l'écrivain israélien d'origine palestinienne Yéhudah Bourla (1886-1969), publié en 1939. Bourla y donne une transposition orientale du mythe de Siegfried. Son héros, Aqabia, est un Juif turc d'Anatolie, qui parcourt les étendues sans fin de cette région en quête de l'absolu. La rencontre d'Anahit, une Arménienne, lui apporte la révélation de l'amour, mais il n'en tire que déception, car Anahit lui préfère un rival. Sous l'influence de son père, Aqabia épouse alors, comme Daoud dans *L'Épouse haïe* (*), une femme qu'il n'aime pas, et il va s'établir à Jérusalem — ce qui est l'occasion, pour l'auteur, de nous décrire la vie à Jérusalem dans les premières années du XXe siècle, au temps de la domination turque. Aqabia fait la connaissance de Diamanti, dont la ressemblance avec Anahit réveille en lui le souvenir de son premier amour. Dès lors, selon le mécanisme de la fatalité, il ne fera que se rapprocher de Diamanti et finira par la séduire. Cette passion sans espoir conduira Diamanti à la folie, tandis qu'Aqabia disparaîtra en reniant sa foi. Bourla a donné à son héros une personnalité qui domine toutes les autres, mais sert en même temps de repoussoir aux autres personnages, lesquels, tels le père d'Aqabia, n'en apparaissent que plus attachants. Il y a dans ce roman, en dépit de la figure héroïque d'Aqabia, un sentiment de tragique évident ; le contraste entre une idéalisation romantique de l'existence dans les villages d'Anatolie d'une part, et la description réaliste des misères de la vieille communauté juive de Jérusalem à l'époque de la domination ottomane de l'autre, contribue pour une très large part à créer cette atmosphère. On a fait à Bourla le reproche d'avoir moins bien réussi la seconde partie du livre (celle qui est consacrée à Jérusalem) que la première. Mais dans son ensemble le roman peut être considéré comme l'une des œuvres les plus vibrantes de Bourla.

ÉPOPÉE DE GILGAMEŠ (L') [*Ša nagba imuru* : « Celui qui a tout vu »]. Ce n'est pas seulement la plus ancienne épopée, antérieure de plusieurs siècles à l'*Iliade* (*) et au *Mahâbhârata* (*), c'est aussi un des plus remarquables produits de la vénérable littérature mésopotamienne, un véritable chef-d'œuvre, tant sur le plan littéraire que sur le plan humain. Son héros a toutes les chances d'avoir été, vers 2650 av. J.-C., un souverain de l'antique cité d'Uruk (aujourd'hui Warka), dans le sud de l'Iraq. Peu après sa mort, comme quelques autres monarques anciens, il avait été « divinisé » (les Grecs l'eussent « héroïsé »), et plongé dans tout un folklore où se mêlaient des traits historiques, plus ou moins estompés ou magnifiés, et quantité de motifs légendaires. Vers la fin du IIIe millénaire, une partie, au moins, de ce folklore a été mise par écrit en quatre ou cinq légendes assez courtes (pas plus de trois cents vers), en sumérien, dont nous avons le texte. L'une racontait sa mort ; les autres, chacune un épisode de ses prouesses, dans lesquelles il était assisté par un sien « serviteur » appelé Enkidu : comment il aurait vaincu le roi de Kiš, Akka ; comment, avec Enkidu, il aurait entrepris et réussi une périlleuse expédition à la Forêt montagneuse des « Cèdres », gardée par le terrible monstre Ḫuwawa, pour en ramener de ces arbres, introuvables et fort recherchés en Mésopotamie ; comment tous deux avaient abattu un taureau géant et dévastateur, amené à Uruk par la déesse Inanna ; comment Enkidu avait été retenu en enfer, où il allait rechercher pour son maître des insignes-talismans du pouvoir, et comment son fantôme avait pu remonter un moment, pour répondre aux interrogations anxieuses de Gilgameš concernant ce qui se passait dans l'Au-delà...

À l'époque paléobabylonienne, autour du XVIIIe siècle av. J.-C., un auteur inconnu, mais véritablement génial, en y ajoutant beaucoup du sien, a refondu plusieurs de ces légendes isolées en un ouvrage unique, en akkadien, dans une langue poétique sobre et puissante, organisant le tout avec un sens extraordinaire, pour l'époque, de la logique interne et de la synthèse. Nous n'avons de cette « version ancienne » et originale de *L'Épopée de Gilgameš* qu'une poignée de lambeaux (qui font tout de même, ensemble, plus de six cents vers !), antérieurs à la première moitié du IIe millénaire. Un certain nombre de fragments, de la seconde moitié, trouvés à l'étranger : en Syrie (Emar), en Palestine (Megiddo) et jusqu'en Asie mineure, dans la capitale des Hittites (non seulement des morceaux en akkadien, mais des fragments d'une traduction abrégée en langue hittite, voire d'une autre traduction en langue hurrite), nous démontrent à la fois la prodigieuse diffusion dans le monde antique des produits de la Mésopotamie et l'intérêt particulier que son *Épopée de Gilgameš* avait suscité partout. La tradition impute à un lettré de la fin du IIe millénaire, dont nous ne connaissons plus guère que le nom, Sîn-leqe'unnennî, une reprise de la version ancienne, qui ne devait pas faire plus de sept à huit tablettes, au plus, en un poème bien plus étendu, moyennant un style plus diffus et l'addition vraisemblable de plusieurs épisodes, que nous appelons la « version ninivite » parce que c'est surtout à Ninive, dans les ruines du palais d'Assurbanipal (668-627), et de sa bibliothèque fameuse, que l'on en a retrouvé le plus grand nombre de manuscrits. À la différence de la version ancienne, le mot à mot de cette édition ainsi revue et augmentée ne semble plus avoir beaucoup changé par la suite, jusqu'au dernier témoin connu, vers 250 av. J.-C. Le texte s'en étalait d'abord sur onze tablettes (auxquelles, nous ignorons quand, comment et pourquoi, quelqu'un en a ajouté une douzième, dont le contenu n'a pas grand-chose à faire avec ce qui précède), et il devait faire autour de trois mille vers, dans son intégralité : il nous en reste moins de deux mille. Mais les fragments en sont suffisamment copieux et échelonnés, pour que nous en puissions suivre la trajectoire assez bien, surtout si l'on y prend en compte au moins ce qui, de la version ancienne, documente les parties disparues de la « ninivite ». Voici donc, en résumant cette dernière, ce que raconte *L'Épopée de Gilgameš*.

La tablette I s'ouvre sur une assez longue présentation et louange de Gilgameš, roi d'Uruk, à qui l'on attribue une nature « aux deux tiers divine, humaine pour un tiers ». Il est colossalement fort et il tyrannise ses sujets. Les dieux, avertis par leurs lamentations, lui préparent un sosie, qui se mesurera avec lui et, de la sorte, le bridera : ce sera Enkidu, qui, lui, n'est pas un citadin, mais un primitif, un sauvage, né et élevé au désert, parmi les bêtes. Gilgameš, averti, lui dépêche une courtisane pour l'attirer à Uruk. Elle lui fait l'amour, le séduit, et, pour mieux le décider à la suivre, lui raconte des rêves prémonitoires qui ont annoncé à Gilgameš qu'après s'être battus tous deux à Uruk ils feront amitié. C'est ce qui se produit, en effet (tablette II). Enkidu, outré de voir, en ville, que le roi s'est attribué le droit de cuissage, se heurte violemment à lui : ils s'empoignent, puis tombent dans les bras l'un de l'autre et deviennent des amis inséparables, comme des frères. Pour le dire en passant, c'est le trait de génie de l'auteur de l'épopée que d'avoir ainsi transformé le statut d'Enkidu : de simple serviteur devenu ami intime, dont la présence va radicalement changer la vie de son ami. Et d'abord, devant Enkidu qui s'ennuie dans sa nouvelle existence, Gilgameš, travaillé par l'idée de transcender sa vie mortelle par le renom et la gloire, forme le projet d'une grande expédition en vue de ramener des cèdres, si précieux dans le pays. Enkidu, qui sait que la Forêt de Cèdres est gardée par un redoutable monstre surnaturel, Ḫumbaba, est réticent. Mais il finit par accepter et, à la IIIe tablette, les deux compères préparent leur expédition : se procurant des armes, publiant leur décision, demandant leur avis aux divers corps constitués et implorant l'aide de leur protecteur surnaturel, le dieu du Soleil, Šamaš. Ils partent, et la tablette IV raconte leur voyage, à pas de géants, divisé en six étapes, au cours de chacune desquelles Gilgameš fait un rêve effrayant, qu'Enkidu lui interprète pour favorable à leur dessein. Arrivés à la Forêt (tablette V), ils finissent par capturer et (contre la volonté des dieux !) par tuer Ḫumbaba, coupent des cèdres et les emportent, par voie fluviale. Une fois à Uruk (tablette VI), Gilgameš se fait beau et la déesse Ištar (que les Sumériens appelaient Inanna, et qui était patronne de l'« amour libre ») tombe amoureuse de lui et cherche à le séduire. Il refuse brutalement, lui jetant à la face sa légèreté et son égoïsme. Furibonde, elle obtient de « son père », Anu, un taureau céleste géant, qu'elle amène à Uruk pour qu'il saccage la cité. Les deux amis le tuent et insultent Ištar, impuissante. Puis Gilgameš donne une grande fête : il se sent au sommet de la gloire et du succès. Et, tout à coup, avec la tablette VII, le malheur intervient et la chute commence : Enkidu, condamné par les dieux, irrités du meurtre de Ḫumbaba et des insultes à Ištar, tombe malade, languit, revoit sa vie passée, se plaint d'être abandonné à son triste sort, et meurt. À la tablette VIII éclate d'abord le désespoir de son ami – qui n'eût pas été tant bouleversé si Enkidu n'avait été que son serviteur ! Il garde son cadavre entre ses bras « jusqu'à ce que les vers lui tombent du nez », et prend conscience tout à la fois de l'inéluctabilité et de l'horreur de sa propre mort qui l'attend. Il organise les funérailles de son ami, dont le fantôme regagne ainsi, selon la loi universelle, les autres « esprits » des morts, dans l'immense et sinistre caverne souterraine de l'enfer. À la tablette IX, Gilgameš, après avoir tout abandonné, de désespoir, et s'être mis à errer solitaire au désert, se résout, pour ne pas mourir, à s'en aller à l'extrémité du monde, demander son secret au seul être humain que les dieux ont dispensé de la mort : le héros du Déluge, Uta-napišti (« J'ai-trouvé-ma-vie-sans-fin ! »). Parti vers l'Est, il arrive après un long et terrible voyage devant un profond et ténébreux défilé, que les « Hommes-

Scorpions » qui le gardent l'autorisent à franchir. De l'autre côté, il tombe, avant d'arriver au rivage, sur un jardin merveilleux dont les fruits et les fleurs sont des pierres précieuses. Il rencontre alors, sur le rivage, une nymphe mystérieuse à qui il demande comment passer le bras de mer périlleux qui le sépare du but de son voyage. Après lui avoir remontré la vanité de ses efforts et l'avoir exhorté à profiter plutôt de la vie et de ses joies, elle le renvoie au Nocher de Uta-napišti, qui le fait traverser. Uta-napišti lui répète d'abord qu'il n'échappera pas à la mort, obligation universelle. Puis (tablette XI), pour mieux lui montrer que sa propre immortalité est une affaire individuelle et incommunicable, il lui explique qu'il ne l'a obtenue des dieux qu'en récompense, pour avoir survécu au Déluge, qu'il lui raconte : ce ne saurait donc être le cas de Gilgameš. Il lui démontre d'ailleurs qu'il n'est pas fait pour vivre toujours, et le renvoie chez lui. Mais, auparavant, ému de pitié devant la vanité de tant d'espoirs frustrés, d'efforts et de fatigues inutiles, il lui livre le secret de la Plante de Jouvence, presque impossible à se procurer, mais qui retardera, du moins, son trépas. Il s'en empare, au bout d'efforts inouïs. Mais, en cours de route, un moment d'inattention suffit pour qu'un serpent la lui ravisse. Désespéré, puis résigné, il rentre chez lui les mains vides, mais on sent, à la manière admirative dont il retrouve sa ville d'Uruk, qu'il va s'y consacrer – autrement dit accepter son destin et l'accomplir. La XIIe tablette n'est que la traduction partielle de la légende sumérienne, plus haut résumée, sur Enkidu, retenu aux Enfers, mais qui en sort un moment pour révéler à Gilgameš, anxieux de le savoir, ce qui s'y passe. Contradictoire au récit de l'Épopée elle-même, on a dû l'ajouter ici comme une pièce annexe du dossier, que l'on tenait à préserver, surtout à cause des « renseignements » qu'elle fournissait sur ce qui nous attend après notre inévitable trépas.

On a voulu faire de cette œuvre l'épopée nationale des Mésopotamiens. Du moins reflète-t-elle admirablement l'existence quotidienne, la mentalité, l'idéal, la hiérarchie des valeurs, et nombre d'autres paramètres de leur civilisation originale, raffinée et brillante. Mais, comme dans toutes les grandes productions des hommes, chacun, par-delà les distances dans le lieu, le temps, la culture, y retrouve les couches profondes de son esprit et surtout de son cœur. *L'Épopée de Gilgameš*, à travers un récit fantastique et fascinant, est en fait, tout au fond, une grande méditation sur ces deux pôles de notre vie que sont, d'un côté, l'amitié, confusion et partage de deux existences ; de l'autre, la mort indéclinable, au bout de notre route, mais dont l'inévitabilité même devrait nous aider à vivre pleinement notre vie, en profitant de tout ce que le présent nous apporte d'heureux. J. B.

ÉPOPÉE DE LA GUERRE D'INDÉPENDANCE (L') [*Kurtulus Savasi Destani*]. Cette œuvre de l'écrivain turc Nâzim Hikmet (1902-1963) est un fragment de son grand poème *Paysages humains* [*Insan Manzaralari*], et n'a été publiée en Turquie qu'en 1965. L'ouvrage, composé avec les moyens d'une technique de montage, relate les faits et gestes du peuple turc, lequel avait pris les armes en 1919 contre l'envahisseur étranger et, après quatre ans de lutte, avait libéré le pays, sous le commandement de Mustafa Kemal. Le sujet se développe à partir des événements ayant causé l'occupation du pays par les armées ennemies et suit les étapes d'une résistance populaire spontanée, puis celles de l'organisation des « forces nationales » qui finissent par s'intégrer à l'armée régulière que dirige un état-major rebelle au gouvernement officiel du sultan Khalif. Chaque épisode est placé sous le signe d'un ou plusieurs personnages qui symbolisent en quelque sorte le caractère de la période traitée. Il en est ainsi pour l'histoire de Karayilan : Karayilan, dont le nom signifie serpent noir, est un reptile qu'il est interdit de tuer pour des raisons de croyances traditionnelles ; mais ce nom est également donné aux hommes qui se distinguent par leur comportement sublime. L'épopée de Nâzim Hikmet commence par « L'Histoire de Karayilan », un adolescent devenu un héros à partir du moment où, souffrant de l'occupation de son pays, il prend conscience de son attachement à la terre natale, et ceci lorsqu'il voit le serpent noir, caché derrière une pierre blanche, être tué par une balle ennemie. Ailleurs, il est question des paysannes anatoliennes : « ... nos femmes à nous / avec leurs mains effrayantes et sacrées / avec leur frêle petit menton et leurs yeux énormes / ... / celles qui meurent comme si elles n'avaient jamais vécu / ... / À présent sous la lune / suivant les chars et les cartouches. » L'évocation du réel à travers les lieux où se déroulèrent les plus grands combats, se précise dans ses aspects singuliers : « Kodja tépé, côte calcinée et vieille / sans murmure d'arbres ni d'oiseau / ni odeur de terre / des rocs sous le soleil et les étoiles. » Suivent des descriptions de paysage semblables à des cartes d'état-major, et celle des moments d'attente à l'aube, précédant la bataille finale qui change le destin de la Turquie : « Quelque chose brûle quelque part / le jour pointe ou pointera / l'odeur s'en répand / la terre anatolienne se réveille, se réveillera. » Par sa composition, ses images et sa conception historique, cette épopée de la lutte du peuple turc garde un caractère d'actualité qui renouvelle le genre. L'héroïsme est celui de tous les jours ; il ne s'agit pas non plus de guerre menée par un seul personnage, mais de celle que fait le peuple tout entier ; l'intérêt de chacun s'y confond avec l'intérêt collectif, selon les principes révolutionnaires de l'auteur. La technique du vers libre, volontairement relâchée par endroits, s'apparente à la prose ; dans leur tour narratif, ces vers ont un rythme et une concision capables d'emporter l'adhésion du lecteur sensible au mariage d'une langue savante avec le fond de la poésie populaire turque. L'œuvre en prend une facture littéraire toute moderne. – Trad. La Découverte, 1987.

ÉPOPÉE DES OUBLIÉS (L') [*Epopeja na zabravenitĉ*]. Suite de petits poèmes du poète bulgare Ivan Vazov (1850-1921). Cet ouvrage évoque les figures glorieuses de l'indépendance bulgare que sont : l'humble moine du couvent de Hilendàr (le père Paisij), auteur de la célèbre *Histoire du peuple slavo-bulgare*, qui fut le premier à susciter l'insurrection contre la domination étrangère (1762), les représentants (combattants, écrivains, apôtres, héros et martyrs) du mouvement de libération du XIXe siècle (les frères Midadinovic, Kableškov, Benkovski, Volov, Stèfan Karadža, Rakovski, les frères Žèkovi, Vasil Levski et Kočo). Le plus fameux et le plus populaire de ces poèmes est celui qui exalte la défense désespérée de Pèruštica et le mémorable sacrifice du cordonnier Kočo. Ce dernier préféra tuer sa femme et son enfant, puis se suicider, plutôt que de tomber entre les mains de l'ennemi. *L'Épopée des oubliés* est l'œuvre la plus importante de la poésie épique de Vazov et la plus populaire de la littérature bulgare ; tant par son contenu patriotique, si cher au cœur des Bulgares, que par son style simple, agréable et facilement abordable.

ÉPOPÉE DU CHEIK BEDRETTIN, FILS DU JUGE DE SIMAVNA (L') [*Simavna Kadisi oğlu Sen Bedrettin Destani*]. Cette œuvre du poète turc Nâzim Hikmet (1902-1963), publiée en Turquie en 1936, marque une nouvelle étape dans l'évolution de l'auteur. Le sujet du poème, qui vient à la suite de *La Joconde et Si-Ya-U* (*) et des *Lettres à Taranta Babou* (*), est emprunté à l'histoire turque. Après avoir traité, sur un nouveau mode à la fois dramatique et épique, deux sujets à caractère international, Nâzim Hikmet, durant l'un de ses séjours en prison où il put quotidiennement se familiariser avec l'expression du sentiment populaire, ses croyances, son rythme journalier, son parler riche et coloré, relate les faits et gestes d'un cheik vivant dans la Turquie du Moyen Âge qui par son œuvre, le « Vâridât », et ses actes, prêcha et combattit en faveur d'une sorte de communisme primitif. Tout au long de son poème, qui se présente sous forme de quinze chants en vers libres et en prose, l'auteur reconstitue, au moyen de tableaux ou par la narration des faits, la vie de ces êtres exceptionnels que furent le cheik Bedrettin et ses disciples, Beurkludjè Moustafa et Torlak Kemal. Le mot d'ordre de Bedrettin étant : « Tout en commun sauf la joue de la bien-aimée. » Cette doctrine nouvelle se répandit en Anatolie, et provoqua l'union d'hommes qui appartenaient à différentes ethnies et religions, ainsi que l'inquiétude du sultan. S'ensuivirent la lutte armée des partisans de Bedrettin contre les forces du sultan, leur défaite, la capture de Bedrettin et son exécution, les légendes qui circulent depuis cette époque sur son compte en Turquie, et l'attente de la résurrection de ses idées. Le poète, ici, semble vouloir abandonner les effets visuels et expressionnistes de ses vers brisés, hachés et basés sur l'allitération et l'euphonie, qui procédaient en partie du futurisme. Un rythme interne faisant corps avec la pensée et les images, elles-mêmes soigneusement élaborées, correspondent à une certaine vision poétique populaire. La voie ainsi ouverte mènera Nâzim Hikmet vers son originalité propre. Les descriptions des paysages anatoliens (lacs, forêts, grandes solitudes), celles des visages, attitudes et comportements humains, renouvellent toute la vision poétique et historique de l'Anatolie.

ÉPOQUE (Une). Cycle historique romancé, en quatre parties, des écrivains français Paul (1860-1918) et Victor (1866-1942) Margueritte, publiées entre 1898 et 1904. La première partie, *Le Désastre* (1898), retrace l'expérience d'un jeune officier français, Pierre Du Breuil, vivant tour à tour les enthousiasmes et les horreurs de la guerre franco-allemande de 1870. Tandis que les grands événements se succèdent (Sedan, la Régence, la République), Du Breuil, réduit à l'inaction dans Metz assiégée, endure doutes et tourments, mais trouve en la personne d'une jeune Lorraine, Anine Bersheim, une femme capable de partager et d'adoucir ses déceptions de patriote. Finalement, Metz tombe aux mains de l'ennemi et Du Breuil est fait prisonnier. Le personnage de Du Breuil, totalement dépourvu de vie, sert plutôt de prétexte aux auteurs pour rassembler et fondre l'exposition des faits historiques. En dépit d'un réalisme qui se voudrait épique, le roman s'en tient trop souvent à une chronique peu substantielle, relevée çà et là par quelques morceaux éloquents et fougueux, et certaines silhouettes de second plan, heureusement campées. La deuxième partie, *Les Tronçons du glaive* (1900), refait l'historique des tentatives désespérées de la France pour échapper à la défaite, jusqu'à l'armistice conclu par le gouvernement républicain. Les événements sont vus cette fois à travers les aventures de nombreux personnages, rattachés par des liens de parenté ou d'amitié et participant aux diverses péripéties de l'« année terrible ». Le fil reliant la succession des épisodes est donc bien ténu, mais la matière romanesque et humaine s'insère avec une plus grande facilité dans les faits historiques et les accents émouvants ne manquent pas, dictés par un patriotisme sincère qui supplée, dans une certaine mesure, à l'absence d'une réelle imagination poétique. La troisième partie, *Les Braves Gens* (1901), ne se rattache pas réellement aux deux premiers volumes, évoquant néanmoins divers épisodes de la guerre : « La Chevauchée au gouffre — Sedan » rapporte la fin héroïque d'un jeune soldat à la bataille de Sedan. Dans « Strasbourg », le récit sur la résistance et la chute de la ville se mêle à une aventure sentimentale. « Le Siège de Paris » et « Sur la Loire » constituent un ensemble de récits, où les auteurs, débarrassés du souci trop pesant du détail historique, atteignent à une concision et une densité qui en font la meilleure partie du livre et même du cycle tout entier. « Fontenoy » nous fait assister aux représailles exercées par les Prussiens à la suite d'une action de francs-tireurs. « Bichte » et « Quand même — Belfort » exaltent la résistance des deux villes. Enfin, la quatrième partie, *La Commune,* retrace la guerre civile qui opposa la Commune de Paris au gouvernement républicain de Thiers, des premiers moments de l'insurrection à la répression ordonnée par Thiers, dont l'armée assiège et occupe la capitale sous les yeux de l'envahisseur prussien. Nous retrouvons ici plusieurs personnages des deux premiers romans, mais leur aventure personnelle a peu d'importance : l'histoire est en effet, dans cet ouvrage, beaucoup plus qu'un décor, elle domine tout le livre.

ÉPOQUE DES ARPENTEURS (L') [*Mernieku laiki*]. Ce roman est le plus populaire de la littérature lettonne. Il a été publié en 1879 par les frères Reinis (1839-1920) et Matīss (1848-1926) Kāudzīte. C'est à la fois un document réaliste et un vivant tableau, plein d'humour, de la vie nationale au cours des dernières années du XIXe siècle. L'action se situe dans la région de Piebalga où, en 1867-1873, on procédait à une révision du cadastre. Chaque fermier, dans l'espoir d'obtenir des avantages, cherchait à se concilier les faveurs des arpenteurs par des dons et de splendides réceptions. Le roman est fait des péripéties comiques dont les héros sont ces paysans qui s'efforcent d'assurer les limites les plus profitables à leurs propriétés et qui constituent une riche collection de types solidement campés. L'histoire contient un épisode dramatique. Le domaine d'Irbeni comprend deux fermes. Les familles Olini et Gaitini cohabitent. Les Olini ont une fillette au berceau. Les Gaitini, arrivés depuis peu, ont amené avec eux leur fils Kaspars et une de leurs amies, Annuža ; cette dernière est venue avec Liene, une petite fille qui lui a été confiée on ne sait par qui. La foudre incendie la ferme, pendant que ses habitants travaillent aux champs, et la fille des Olini périt. Annuža, impressionnée, s'enfuit le jour même en emportant la petite fille et, quelques années après, la confie aux Olini qui l'élèvent comme une fille adoptive. Au milieu du roman, Liene déjà grande est fiancée en secret avec Kaspars, que sa supériorité fait mal voir de tous. L'amour des deux jeunes gens rencontre des obstacles : d'une part l'opposition des Olini, d'autre part les intrigues d'un riche prétendant à la main de Liene. Ce dernier fait perdre à Kaspars sa ferme, ce qui l'oblige à quitter le pays. Liene, fidèle, le suit, reniée par la famille qui l'avait élevée. Pendant ce temps, un aventurier, profitant de sa ressemblance avec l'arpenteur général, organise un pseudo-cadastre, trompe les gens et dérobe le plan cadastral. Dans l'enchevêtrement des accusations et des revendications, Kaspars, pris pour un autre, est victime d'une tragique méprise. Liene en devient folle et meurt de douleur. Leur fille Annina reste à la garde de la vieille Annuža qui, au moment de mourir, avoue la vérité : la petite fille morte dans l'incendie n'était pas celle des Olini, mais celle qui lui avait été confiée par une riche dame, et, profitant du désarroi général, elle s'était sauvée en emmenant la fille des Olini. Elle avait dû garder ce secret toute sa vie, mais il pesait lourdement sur sa conscience. Bien que le roman soit très nettement localisé par son sujet même, il n'échappe pas à l'influence de Cervantès et de Gogol : comme dans les *Âmes mortes* (*), les plaies nationales sont raillées, mais à travers des larmes. *L'Époque des arpenteurs* est une œuvre si populaire en Lettonie que plusieurs de ses personnages sont devenus proverbiaux et leurs noms servent de noms communs. Une comédie qui porte le même titre a été tirée du roman.

ÉPOQUE DES CRÉMATOIRES (L') [*Epoka pieców*]. Recueil de nouvelles de l'écrivain polonais Adolf Rudnicki (1912-1990), publié en 1948 et 1949. Composé de *Shakespeare* [*Szekspir*, 1948] et de *La Fuite de Iasnaïa Poliana* [*Ucieczka z Jasnej Poliany*, 1949], il s'agit de l'un des témoignages les plus marquants de cette époque. Il est repris dans un gros recueil, *La Mer morte et vivante* [*Żywe i martwe morze*, 1952], complété en 1956 par la nouvelle *Les Fenêtres d'or* [*Złote okna*, 1955].

Ce cycle fournit un tableau varié du destin tragique des Juifs polonais frappés par le génocide : « Cela n'est pas indifférent, la façon dont un homme meurt. » Les éléments autobiographiques sont peu nombreux (« Le Grand Stefan Konecki », « Daniel agonisant », « La Pâque »). Toutes les nouvelles de ce recueil ne concernent pas directement le sort des Juifs. Certaines traitent de la débâcle de septembre 1939 (« Blitz »), des drames de l'émigration pendant la guerre (« Le Commandant Hubert de l'armée Anders »), ou bien sont des polémiques politiques dans l'esprit du marxisme de l'époque ; d'autres encore sont des règlements de comptes de l'auteur avec lui-même et avec l'intelligentsia. L'ensemble présente une très grande variété de genres :

allant de la nouvelle classique à l'essai aux accents lyriques en passant par la chronique et le reportage.

Le message moral du cycle est la foi dans la dignité humaine, dans les valeurs morales qu'il faut sauvegarder, et dans l'amour dont Rudnicki explore les méandres avec génie. Il aborde avec lucidité et compassion le problème de la responsabilité de l'individu dans l'histoire ainsi que celui de la responsabilité morale de l'art dont le devoir est de témoigner de la vérité. Les nouvelles de Rudnicki, considérées comme l'une des meilleures réalisations de l'écrivain, occupent une place importante dans la littérature polonaise de l'holocauste, à côté de celles de Borowski. – Trad. in *Les Fenêtres d'or et autres récits*, Gallimard, 1966. L. Dy.

ÉPOUSE D'HASSAN AGA (L') [*Asanaginica*]. Célèbre chant populaire qui fit connaître à l'Europe occidentale la beauté de la poésie serbo-croate. Cet ouvrage fut traduit en langue italienne par Alberto Fortis (1741-1803), journaliste et naturaliste de Padoue, qui le publia en 1774 dans son *Voyage en Dalmatie*. Goethe le traduisit en allemand et Herder le publia dans les *Chants populaires* (*) : ces diverses traductions contribuèrent à la renommée exceptionnelle de ce chant. Cette fortune était déjà due à l'intérêt particulier que portait l'époque romantique à la poésie populaire. Hassan Aga est grièvement blessé. Sa mère et sa sœur vont le voir : mais sa femme, retenue par une sorte de pudeur, s'abstient. Furieux, Hassan Aga lui ordonne de quitter la maison et de rentrer chez sa mère. À la réception du message, elle est désespérée ; mais, tout à coup, elle entend le bruit des sabots d'un cheval. Croyant au retour de son mari, elle pense aussitôt à se jeter du haut d'une tour ; les enfants, qui ont reconnu dans le cavalier leur oncle, frère de leur mère, la retiennent. En silence, celui-ci montre à sa sœur la lettre par laquelle Hassan Aga déclare qu'il la répudie, qu'elle doit reprendre sa dot et retourner chez sa mère. Elle abandonne avec désespoir ses enfants et il faut user de la force pour la détacher du plus petit. Elle revient dans sa famille ; mais au bout de sept jours, de nouveaux prétendants commencent à l'importuner. Elle pense à ses enfants et ne voudrait pas se remarier. Son frère la fiance cependant au cadi. On fixe la date du mariage et l'on vient la chercher. Lorsque le cortège passe devant la maison d'Hassan Aga, les enfants sortent dans la rue et prient leur mère de s'arrêter. Elle leur fait des cadeaux : des couteaux en or aux garçons, des robes longues aux filles et au plus petit un costume. Mais Hassan voit la scène et, appelant ses enfants, leur dit : « Venez ici, mes pauvres orphelins ; votre mère a un cœur de pierre. » À ces paroles, l'épouse d'Hassan Aga pâlit, tombe et meurt. En dépit de quelques côtés obscurs, les personnages et la puissance évocatrice de plusieurs scènes font de ce chant, et à juste titre, l'un des plus beaux poèmes de la poésie populaire européenne.

ÉPOUSE HAÏE (L') [*Ishto hasenuah*]. Roman de l'écrivain israélien d'origine palestinienne Yéhudah Bourla (1886-1969), publié en 1928. Marqué très fortement par son appartenance au judaïsme séfarade du bassin méditerranéen, Bourla a été le premier écrivain moderne à doter le monde de la culture orientale juive d'une existence littéraire valable, alors que l'écrasante majorité des écrivains de sa génération étaient des Juifs originaires d'Europe orientale et centrale, qui exprimaient dans leurs œuvres les réalités et les aspirations des Juifs polonais ou russes. *L'Épouse haïe* est un roman qui se situe justement dans ce cadre. Daoud, venu dans son enfance du Maroc avec sa mère, a d'abord connu en Palestine une existence marquée par la misère. À la suite de son mariage, il est parvenu, avec le soutien moral de son épouse, à s'assurer une situation matérielle convenable par le commerce ; mais Daoud connaît un drame intérieur : il s'est peu à peu mis à haïr sa femme. Rapidement cette haine a pris les dimensions d'une force destructrice, ruinant l'existence profonde de Daoud ; il a d'abord tenté de la surmonter, mais il a fini par s'y soumettre comme à une force fatale. Du reste, toute son existence est sous le signe des fatalités qui tiennent en échec la volonté de l'homme ; au premier chef il y a d'abord eu l'obsession du pain quotidien, de la sécurité matérielle dont Bourla a su faire une idée-force ; à cela s'est ajoutée la volonté de domination de sa mère, de cette mère elle-même le jouet d'une haine sans merci à l'égard de Rachel, l'épouse de Daoud. L'univers clos de Daoud n'obéit qu'à des forces aveugles sur lesquelles il demeure sans prise, et lorsqu'il se décidera enfin à briser le cercle infernal en répudiant Rachel et en risquant sa fortune, il verra se dresser un nouvel ennemi : ses propres fils. Cette poursuite toujours vaine d'un bonheur inaccessible finit par avoir raison de ses forces, et Daoud succombera à jamais frustré. Bourla fait preuve dans *L'Épouse haïe* de grandes qualités de sensibilité ; il a su rendre attachantes les figures de ses personnages, notamment celle de Rachel, pathétique dans son amour pour Daoud qui croît en raison inverse de la haine qu'il lui témoigne.

ÉPREUVE (L'). Comédie en un acte et en prose de l'écrivain français Marivaux (1688-1763), représentée à Paris par les comédiens ordinaires du roi le 19 novembre 1740. Elle obtint un très vif succès. Sa fortune s'est, d'ailleurs, maintenue jusqu'à nos jours : de toutes les pièces de l'auteur, *L'Épreuve* est l'une des plus jouées. Garçon séduisant, Lucidor est, en outre, puissamment riche. S'étant fait acheter un château, il vient un jour le visiter et tombe malade. Il est soigné par Angélique, jeune personne tout à fait exquise, encore qu'elle ne soit autre chose que la fille de la concierge. Il la voit si attentionnée, si anxieuse et si confuse qu'il finit par se rendre compte qu'il est aimé d'elle. Il s'attendrit d'autant plus que lui-même est épris au point de vouloir l'épouser. Pour s'assurer des sentiments d'Angélique, Lucidor prétend vouloir la marier avec un de ses amis, qui est en fait son valet Frontin déguisé, et encourage un riche fermier, maître Blaise, à lui faire également sa cour. Un cruel quiproquo entretenu par Lucidor fait croire à la jeune fille qu'il s'est proposé lui-même. Elle résiste à la souffrance de sa déception, aux instances de sa mère, aux importunités du fermier jusqu'à ce que Lucidor, enfin convaincu, mette fin à cette « épreuve », qui révèle autant son inquiétude que la pureté d'âme et de cœur de la jeune fille. Les scènes comiques assurées par un couple de valets et le fermier lourdaud ne suffisent pas à dissiper le malaise créé par tant d'acharnement.

ÉPREUVE (L') [*Próbatétel*]. Recueil de nouvelles, publié en 1949, de l'écrivain hongrois Péter Veres (1897-1970). Le volume se compose de quatre récits : « Suli Kis Varga », « Jean Dankó », « L'Épreuve » et « Tenir bon », qui évoquent la vie des ouvriers agricoles après la réforme agraire de 1945. L'agriculture hongroise est en pleine transformation et les paysans illettrés affrontent de nouvelles et importantes tâches. Ce qui intéresse Veres avant tout, ce sont les caractères et la façon dont les paysans subissent « l'épreuve » des temps nouveaux les uns sauront se transformer en « êtres collectifs », pour reprendre une expression de l'auteur, d'autres choisiront la spéculation et la fainéantise. Ces nouvelles représentent un authentique témoignage sur l'émancipation de la paysannerie hongroise : Veres sait peindre avec une force saisissante les difficultés des travaux pénibles. Il y a chez lui un pathétique du travail bien accompli. Son style minutieux évoque celui de ses travaux sociographiques. Veres fut en effet l'un des promoteurs du mouvement des écrivains hongrois d'origine paysanne qui, vers 1930, dénoncèrent les incroyables conditions sociales dans lesquelles végétait une grande partie de la paysannerie hongroise — v. *Ceux des pusztas* (*) d'Illyés. Il peut être considéré comme l'un des représentants hongrois du « réalisme populiste ». — Trad. Éditeurs français réunis, 1951.

ÉPREUVE DE GILBERT PINFOLD (L') [*The Ordeal of Gilbert Pinfold*]. C'est lui-même que l'écrivain anglais Evelyn Waugh (1903-1966) met en scène dans ce roman publié en 1957. Quinquagénaire un peu hypocondriaque, le héros est un romancier que l'usage des somnifères ne dispense pas des nuits blanches, et qui entreprend une croisière. Mais des épreuves étranges l'attendent à bord du « Caliban » : il « entend des voix », il se croit persécuté par de mauvais plaisants qui lui reprochent son origine juive et tentent de le pousser au suicide. Mais chaque fois qu'il veut les affronter, le pont est désert et la nuit sereine. Pourtant il trouve une explication logique à ces sévices imaginaires en les reliant à quelque souvenir de son existence. Histoire de l'obsession d'un héros que l'insomnie prive du moindre sens de l'humour, cette épreuve se déroule comme un divertissement, avec la logique d'un roman policier ou d'un diagnostic psychanalytique, mais débouche à deux doigts de la folie. Livre d'autant plus profond qu'il a l'apparence du vaudeville, ce roman est celui où l'auteur se livre le plus, et l'une de ses meilleures réussites. Le personnage du quinquagénaire qui se croit persécuté réapparaît dans *Basil Seal rentre en course* [*Basil Seal Rides Again*, 1963]. Le héros de *Diableries* — v. *Scoop* (*) — et *Hissez le grand pavois*, revient dans ce « Retour d'un roué » sous les traits d'un jouisseur rubicond qui s'est incrusté dans les milieux riches et a remplacé son allant par des opinions préconçues et des habitudes confortables. Basil, qui n'aime guère les jeunes gens, s'entend expliquer par son médecin qu'il souffre d'une attirance réprimée à leur égard. Quelque peu jaloux de voir rendre hommage au talent littéraire de son ami Silk, il reproche presque à Parsnip et Pimpernell d'être venus des États-Unis pour la cérémonie académique. Mais ses problèmes commencent avec l'apparition du prétendant de sa fille qui sera une riche héritière. Le vieux roué déjoue les plans de cet alter ego, et retrouve un peu de jeunesse dans un final triomphal. Dans cette comédie légère, Waugh reprend l'un de ses thèmes favoris, mais de façon plus directement personnelle, plus autobiographique, et aussi plus radicale. — Trad. Stock, 1958.

ÉPREUVE DU JOUR (L'). Récit de l'écrivain belge d'expression française Jean-Claude Pirotte (né en 1939), publié en 1991. Sous-titré *enfantine* (ce presque genre littéraire pour lequel Larbaud n'avait pas encore trouvé de meilleur continuateur), ce treizième livre de l'auteur est probablement, malgré sa brièveté, son œuvre maîtresse. Dans une sage petite ville de province, derrière les grilles d'une vaste maison bourgeoise, un enfant fait l'apprentissage de la solitude, de l'angoisse et de la haine. C'est entre une mère terrorisante, un père à jamais étranger et un aïeul merveilleusement complice qu'il découvrira, en même temps que l'amour et la poésie, la révolte et sa peur du jour, qui sont les « débris colportés et les braises mal éteintes » dont se nourrira le feu de sa mélancolie future. Pourtant, ce récit éclaire l'univers habituellement fort sombre de Jean-Claude Pirotte d'une lumière limpide et très douce, presque sereine. C'est que « dans le récit de l'enfance, qui est une fable ou un mensonge, on rêve de semer quelques éclats de vérité splendide et intolérable », et on y parvient quand on est authentiquement poète — et habité, comme le nocturne auteur de cette tendre confidence qui triomphe, de page en page, de son « épreuve du jour ». G. M.

ÉPREUVES DU SENTIMENT (Les). Cycle de vingt-cinq nouvelles de l'écrivain français Baculard d'Arnaud (1718-1805), parues séparément, puis en cinq tomes, de 1764 à 1780. Leur fil directeur est le passage des héros par des « épreuves », avant qu'ils ne trouvent la sérénité ou la mort. Ce sont en général des adolescents ou de jeunes adultes aux amours contrariées par la société. Dans « Fanni », par exemple, la séduction de Fanni par lord Thaley aboutit à un mariage d'amour, après que le jeune homme a fait l'expérience des remords dus à l'abandon de la paysanne et à l'égarement dans la vie mondaine. L'auteur a pour projet d'exploiter la sensibilité du public, afin de le gagner à la cause de la vertu. Il choisit de mettre la forme romanesque au service de la morale (influence de Prévost), dans un style dramatisé (emploi du dialogue, coups de théâtre, etc.), qu'il veut touchant : mais on n'a cessé de lui reprocher ses hyperboles et ses répétitions. En effet, un embryon de « couleur locale » (le Moyen Âge de « Sargines », l'exotisme de « Makin ») ne peut masquer la parenté des récits. Toutes ces « âmes sensibles » traduisent le combat du désir et du devoir par force larmes. La répétitivité des sujets et de leur traitement répond à la démarche pédagogique de Baculard. Le nouvelliste a joué un rôle de vulgarisateur, adaptant certaines idées des Lumières à la pensée conservatrice (religion plus « naturelle », communication des classes sociales, droit à la parole de l'adolescent). Cela explique son grand succès au XVIIIe siècle.

B. T.

ÉPREUVES, EXORCISMES. Recueil de l'écrivain français d'origine belge Henri Michaux (1899-1984), publié en 1945. Si la préface de ce livre fait l'éloge de l'exorcisme, elle ne s'applique qu'à une partie de l'ouvrage, publiée séparément en 1943 sous le titre même d'*Exorcismes*. Pour Michaux l'exorcisme est la plus noble activité de l'homme, ou du moins la plus nécessaire. Le rêve est un exorcisme. La pensée et les systèmes sont exorcismes (« l'exorcisme, réaction en force, en attaque de bélier, est le véritable poème du prisonnier »). Si cette préface semble un morceau rapporté qui s'adapterait mieux à n'importe quel autre livre de Michaux, c'est que celui-ci groupe la production poétique de la période de guerre — pendant laquelle il se consacre surtout au dessin et donne d'autre part *Au pays de la magie* recueilli dans *Ailleurs* (*) — et que la guerre, cette réalité objective et extérieure, est évoquée et décrite, d'abord par des déflagrations comme dans le poème « Lazare, tu dors » : « Guerre de nerfs / de terre / de rang / de race / de ruines / de fer / de laquais / de cocardes / de vent / de vent / de vent / de traces d'air, de mer, de faux / de frontières, de misères qui s'emmêlent / qui nous emmêlent / sous le cric, sous le mépris. » La monstruosité de cette foire-exposition, le dénuement du sujet « occupé », l'absurdité des « nouvelles », l'horreur, les naufrages, tout cela, que Michaux avait prévu et décrit avant guerre, pouvait apparaître comme une vérification, comme la possibilité de passer du moi au soi, de l'imaginaire au réel. Et effectivement Michaux, se hissant à la hauteur des circonstances et déterminé par elles, sort ici de lui-même, mais non pour l'« ailleurs » : il adopte une voix grave, il peint les misères de ce temps, il en affirme l'absurdité tragique, avec sérieux, notamment dans « La Marche dans le tunnel », longue séquence en vingt-trois chants (« J'entendis des paroles dans le noir. Elles avaient la gravité des situations périlleuses au cœur de la nuit entre personnages d'importance », « Je ferai de leurs maisons des lieux de décombres, dit une voix », « l'air même était devenu policier. Beaucoup regardaient leur nez... cherchant dans leur tréfonds les tendances d'une race honnie »). Ce poème inachevé, daté de 1943, a la caractéristique, insolite dans l'œuvre de Michaux, de déclarer ; Michaux scande, dénonce de très haut, n'« intervient » pas, ne pouvant exorciser un mal qu'il se contente de décrire ou de définir, généralement avec vigueur. Mais cette vigueur, comme la belle gravité qui empreint les nombreux autres textes, tient à un genre, à une conception, à une forme de parole qu'il a toujours bannis, ce en quoi tient son génie. Et cela qu'il soit ou non question de la guerre, car, non plus pressé par l'instant mais comme poussé par une instance éternelle, il fait le point sur lui-même, sur son existence, sur son être ; parlant par généralités, il débouche sur l'Homme, par exemple dans « Ecce homo » : « Je n'ai pas entendu de chant de l'homme, le chant de la contemplation des mondes, le chant de la sphère, le chant de l'immensité, le chant de l'éternelle attente. »

ÉQUARRISSAGE POUR TOUS (L'). L'écrivain français Boris Vian (1920-1959) a fort justement baptisé « vaudeville paramilitaire » cette pièce qu'il a publiée en 1948 et qui a été représentée pour la première fois en 1950. Il est vrai que depuis Labiche on se fait du vaudeville une image assez conventionnelle. Quand on entend ce mot, on pense à une intrigue d'une ingénieuse banalité, à des rebondissements savamment ménagés, à un répertoire constitué une fois pour toutes de marionnettes caricaturales. On sent bien au fond que ce n'est pas à cette lourdeur qu'il devrait être associé, mais à une fantaisie déchaînée et à une légèreté bondissante. Ces qualités, Boris Vian les possédait au plus haut degré, surtout à l'époque où il écrivit cette pièce, époque où sa désinvolture l'emportait encore sur sa gravité. Son vaudeville ne nous conduit ni dans un salon ni dans un boudoir, mais dans la salle commune d'une ferme d'Arromanches, le 6 juin 1944. Tirer un vaudeville du débarquement est un sacrilège manifeste, mais si pour certains le sacrilège est un moyen de se faire remarquer, pour d'autres c'est tout simplement une façon de s'exprimer. Le drame dénonce la fatalité, jamais l'absurdité. Or c'était sur celle-ci que Boris Vian tenait à mettre l'accent. Voilà pourquoi il se permet de nous raconter, avec une gaieté extrêmement grinçante, une histoire complètement loufoque. Il y avait à Arromanches, le 6 juin 1944, un équarrisseur très gentil, pourvu de trois filles, d'un garçon, d'un apprenti, d'un voisin et d'une fosse à équarrir. Deux des filles s'appelaient Marie comme leur mère. Les deux autres enfants étaient parachutistes, Jacques sous l'uniforme américain et Catherine sous l'uniforme russe. On les avait convoqués pour célébrer, le jour même, les noces de Marie Première et du soldat allemand avec qui elle couchait depuis quatre ans. Cette régularisation était nécessaire puisqu'il ne lui avait pas encore fait d'enfant. Il est aisé, quand on dispose d'un parachute, de venir se poser n'importe où, si bien que les aînés n'eurent aucune peine à rejoindre la maison familiale. Mais ce débarquement compliquait les choses. Une incroyable pagaille régnait. Et la fosse était là, béante...

ÉQUINOXE DE SEPTEMBRE (L'). Essai de l'écrivain français Henry de Montherlant (1896-1972), publié en 1938. *L'Équinoxe de septembre* correspond à la journée du 24 septembre 1938, date de départ de l'auteur pour Metz et la ligne Maginot, alors que l'Allemagne d'Hitler fait peser une sourde menace sur l'Europe angoissée. Réformé à la suite d'une blessure reçue au feu lors de la Grande Guerre, l'auteur des *Jeunes Filles* (*) est engagé à titre exceptionnel. Depuis plusieurs mois, il se tenait prêt, moralement et physiquement, à faire face à l'éventualité d'une guerre. L'heure est venue. Il décrit la gare encombrée par les hommes excités, les femmes dignes, puis s'étend sur le voyage dans le train, l'arrivée à la frontière. Pendant les jours qui suivent, sur la scène politique mondiale se joue le destin des peuples. Montherlant souhaite la guerre qu'il juge inévitable ; l'éviter, la fuir, c'est donner une arme psychologique à l'adversaire. Enfin, la radio annonce que la paix est maintenue ; l'auteur retourne à Paris le dépit au cœur. Depuis 1932, Montherlant ne manquait pas de signaler le côté inéluctable d'une guerre franco-allemande, préconisant devant cette éventualité une attitude ferme et lucide. Dans « Phylactères », chapitre groupant des réflexions, des souvenirs de lectures, des « pages retrouvées », l'auteur met l'accent sur le bien de la guerre : il fait part de son effarement devant la négligence des Français ; il dénonce la pagaille, la profonde indifférence de ses compatriotes devant l'actualité politique, idéologique et militaire.

ÉQUIPAGE (L'). Ce roman de l'écrivain français d'origine russe Joseph Kessel (1898-1979) a été publié en 1923. Pendant la Première Guerre mondiale, l'aspirant Jean Herbillon, jeune homme un peu vain mais plein de fraîcheur et d'enthousiasme, laisse sa famille et sa maîtresse et, ainsi que l'avait fait l'auteur, part servir dans l'aviation. Le capitaine commandant l'escadrille est à peine plus âgé que lui, on a la chance d'être loin de la boue et de la misérable patience des tranchées, chacun s'efforce d'oublier la mort qui rôde et de se montrer joyeux et insouciant. Cette vie convient parfaitement à Jean. Peu après lui arrive le lieutenant Claude Maury. C'est un excellent pilote, mais, manquant absolument de spontanéité, il a le don de déplaire. Par gentillesse, parce qu'il a découvert tout ce que sa froideur et sa maladresse cachaient de sensibilité, Jean accepte de faire équipage avec lui. Soudés par le danger qu'ils courent ensemble, ils se lient d'amitié. Claude confie à Jean, parti en permission, une lettre pour sa femme. C'est le tournant du livre : le jeune homme découvre avec consternation que cette Hélène dont son aîné lui avait souvent parlé et sa maîtresse sont une seule et même personne. Sentant combien il rendrait son ami malheureux s'il parlait, il prend le parti de dissimuler, mais la conscience de son mensonge l'étouffe. Il se montre contraint, sourdement hostile. Le doute envahit lentement l'âme du mari. Ravivant encore le complexe d'infériorité qui le rongeait déjà, la jalousie le torture. Tout cela est noté au fil de la plume, avec ce qu'il faut de justesse mais sans trop d'alourdissante subtilité.

ÉQUIPÉE. Œuvre posthume de l'écrivain français Victor Segalen (1878-1919), publiée à peu près achevée en 1929. Livre bien difficile à classer, *Équipée* relève du grand problème qui domine la vie spirituelle de Segalen, celui des rapports entre le Réel et l'Imaginaire. Traité d'une façon romanesque dans *René Leys* (*), il est ici abordé sans détour. Le sous-titre « Voyage au pays du Réel » est parfaitement explicite. Le livre est né des expériences concrètes de Segalen au cours des deux grandes expéditions qu'il fit en Chine : la première en 1909-1910 avec Gilbert de Voisins, la seconde en mission archéologique officielle avec Gilbert de Voisins et Jean Lartigue en 1914, mais surtout il y a versé, comme il l'écrit sur la dernière page du manuscrit « Dix années d'imaginaire ». Livre ambigu, donc, car s'il est un récit de voyage, il est aussi et surtout une longue méditation sur l'usage des mots, c'est-à-dire de l'imaginaire. Entre la « chambre aux porcelaines », laboratoire de l'imaginaire et la Chine « pays du réel réalisé depuis quatre mille ans », existent des traits à la fois complémentaires et antagonistes. Le but d'*Équipée* n'est pas tant de voyager ou de donner un récit du voyage, mais de vérifier si le poète a droit à la parole, s'il est qualifié pour tailler dans l'Imaginaire sans trahir le Réel. Il s'agit en somme de justifier la littérature. « Plus tard, revenu dans ma maison luisante, je songerai sans doute, alors, qu'immobile, j'ai acquis mes droits au non-agir, si ce n'est au fond de moi — et que, méditant, imaginant, j'ai payé de mes muscles ce repos intérieur, cet enfermé d'où les scrupules d'un dehors savoureux possible me chassent. » C'est pour se délivrer du Réel que le poète entreprend le voyage. Le livre se présente comme une série d'étapes où l'on voit le Réel et l'Imaginaire dominer tour à tour. Le chapitre 12, « De la sandale et du bâton », est un excellent exemple de la façon dont le poète restitue aux mots affaiblis par l'imaginaire leur densité de Réel. La sandale et le bâton, qui étaient devenus des symboles effacés, reprennent leur saveur originelle tant les objets qu'ils désignent redeviennent de précieux auxiliaires de marche sur la terre de Chine. Le corps à corps avec le Réel, la marche épuisante ont ceci de bon qu'ils guérissent les mots de leur gangrène d'abstraction. Au contraire, parfois le Réel inflexible oppose un démenti cruel à l'imposture des mots, comme le montrent les durs chapitres consacrés au martyr chrétien et aux missionnaires. Il arrive aussi que les mots aient le pouvoir magique de ressusciter un village aboli, si ancien qu'il est devenu invisible dans le blanc des cartes. L'expérience de l'apparition de son double adolescent, la description dans une prose magnifique du Grand Fleuve, « Le regard par-dessus le col », tout atteste que le poète a rempli son rôle qui est de montrer un spectacle divers et de prouver que le Réel et l'Imaginaire sont complémentaires. Cependant, la dernière page d'*Équipée* est l'aveu d'un échec. Le Réel et l'Imaginaire n'épuisent pas la totalité du monde : dans le symbole inventé par Segalen, le tigre, le Réel, et le dragon, l'Imaginaire se disputent un objet indéfinissable : « L'objet que ces deux bêtes se disputent — l'être en un mot — reste fièrement inconnu. » H. B.

ERACLE. Poème français de Gautier d'Arras (XIIe siècle). Eracle, fils d'un praticien romain, a reçu de Dieu le don de distinguer la valeur des pierres précieuses, des chevaux et des femmes. À la mort de son père, aveuglée par un soudain fanatisme, sa mère se dépouille de toutes ses richesses et, après avoir vendu son fils, le dernier de ses biens, se retire dans un couvent. Eracle est alors acheté par le sénéchal de Phocas, empereur de Byzance, lequel se refuse à croire aux dons de l'enfant. Mis à l'épreuve, Eracle acquiert une pierre prodigieuse préservant de l'eau, du fer et du feu, puis un poulain qui l'emporte sur les meilleurs coursiers. Enfin, l'empereur voulant se marier, il lui procure également une femme, Athanaïs, modèle de vertu. En dépit des conseils d'Eracle et poussé par la jalousie, l'empereur, avant de partir pour la guerre, fait enfermer son épouse dans une tour. Indignée, celle-ci se venge. Une passion fatale s'allume en effet entre elle et Paridès. Averti, l'empereur se rachète par un geste magnanime, la déliant de ses liens conjugaux pour l'unir à Paridès. La deuxième partie du roman traite brusquement d'un tout autre sujet. Sur l'ordre d'Hélène, mère de Constantin, le bois de la Sainte Croix avait été divisé en deux parties, l'une confiée à Constantin, l'autre enfermée dans le Saint-Sépulcre. Mais voici que Cosdroès assiège et pille Jérusalem, s'empare de la relique sacrée et tue l'empereur Phocas dont Eracle lui-même devient le successeur. On l'appelle à l'aide, il accourt, défait Cosdroès, le tue et rapporte la Sainte Croix à Jérusalem.

Alors que la première partie développe un thème qui semble avoir des origines orientales, la seconde a un fondement historique : la guerre qui opposa Héraclius à Chosroès, roi des Perses. Toutefois, la légende a complètement transformé les faits et les personnages. On y trouve d'intéressantes peintures de la vie familiale et populaire, mais, dans l'ensemble, le poème est d'une lecture pénible et ardue. — *Eracle* a été édité par G. Raynaud de Loge (Paris, Champion, 1976).

ERASMUS MONTANUS. Comédie écrite en 1722, de Ludvig Holberg (1684-1754), écrivain danois d'origine norvégienne. Cette œuvre appartient au premier groupe de ses comédies écrites et représentées entre 1722 et 1723. Elles étaient au nombre de quinze, et à tendance moralisatrice. Erasmus Berg, fils du paysan Jeppe, a fait ses études à Copenhague et, lorsqu'il revient à son village, il est devenu hautain et méprisant. Farci de latin (il a même latinisé son nom) et de culture académique, il est bien entraîné aux discussions stériles des étudiants. Les théories qu'Erasmus a ramenées de la ville scandalisent le sacristain et ses concitoyens. Personne ne veut croire que la terre est ronde. Son futur beau-père le menace même de lui refuser la main de sa fille, s'il ne consent pas à admettre que la terre est « lisse et allongée ». Une fois pourtant, on veut bien le croire : lorsqu'il explique — et ici revient à la surface l'ignorance propre au paysan — que la lune, certaines fois, n'apparaît pas tout entière parce qu'on en a dû détacher des morceaux pour en faire des étoiles. À la fin de la pièce, par subterfuge et en conclusion d'une démonstration par l'absurde d'un brave officier, Erasmus est obligé de s'enrôler dans l'armée. Il aurait tout perdu, sa philosophie, sa fiancée et sa liberté si, désespéré, il n'avait désavoué ses études et sa philosophie. On découvre alors que l'enrôlement n'était qu'une farce, et Erasmus, repenti, peut épouser sa Lisbed. Cette œuvre est, aujourd'hui encore, agréable à lire grâce à sa vivacité pleine d'humour. – Trad. *Théâtre de Holberg. Vingt-deux comédies,* Munksgaard, 1955.

ÉREC. Roman de chevalerie, œuvre de jeunesse du poète allemand Hartmann von Aue (1165 ?-1215 ?). L'œuvre est une adaptation d'*Érec et Enide* (*), roman courtois de Chrétien de Troyes. Conservé dans un seul manuscrit du XVIe siècle, le roman, auquel il manque le prologue, compte quelque dix mille vers. L'adaptateur allemand a suivi sa source avec fidélité, encore qu'il ait développé les descriptions et introduit çà et là ses propres commentaires, souvent sentencieux, sur le récit. Faisant court là où il était difficile de rivaliser avec Chrétien, Hartmann exploite au contraire les motifs peu développés de sa source et parvient à faire œuvre personnelle. Premier roman courtois du poète, l'*Érec* n'atteint pas la qualité et la sobriété achevées de son second roman, l'*Iwein* – v. *Yvain* (*). – Trad. Aubier, 1944. J.-M. P.

ÉREC ET ÉNIDE. Poème du poète français Chrétien de Troyes (1130 ?-1195 ?), composé d'environ sept mille octosyllabes à rimes plates, écrit vers 1170. Érec, fils du roi Lac, chevalier de la Table ronde, conquiert au cours de sa lutte avec Ider, autre chevalier, une jeune fille pauvre, encore plus belle et plus blonde qu'Yseult, Énide ; il l'emmène avec lui à la cour du roi Arthur et l'épouse. Par amour pour Énide, il néglige ses devoirs de chevalier, ce qui lui vaut railleries et reproches. Une nuit, il entend Énide qui, le croyant endormi, se plaint de le voir inactif ; alors Érec, malgré les prières de son père et d'Énide, qui s'est repentie, décide de partir à l'aventure ordonnant à sa femme de le suivre comme page : peu importe ce qu'elle verra, elle devra se taire à moins qu'il ne l'interroge expressément. Pendant leur long voyage, ils rencontrent de nombreux brigands, des chevaliers et des géants ; Érec les vainc et les tue. Chaque fois qu'un danger menace Érec, Énide enfreint les ordres de son mari, et lui sauve la vie, acceptant par avance les acerbes reproches qu'il lui adressera. Quelqu'un ayant mis à l'épreuve sa fidélité, Énide ne trahira pas Érec. Après ces aventures, ils retournent à la cour du roi Arthur où ils sont fêtés ; son père étant mort, Érec est couronné à Nantes. Le poète s'attarde à décrire la richesse des fêtes, la cérémonie du couronnement et le banquet final.

Le poème est composé de façon à mettre en lumière, non seulement la valeur d'Érec, mais surtout l'amour d'Énide. Parce que celle-ci a douté de la vaillance de son mari, lui à son tour doute de l'amour qu'elle lui porte et veut la mettre à l'épreuve ; ce n'est qu'à la fin du poème que l'on mesure toute la grandeur de cet amour. C'est ainsi que Chrétien de Troyes réussit à représenter le parfait amour : amour conjugal, fait du dévouement total de la femme, toujours prête à se sacrifier pour son mari, et de la protection illimitée de l'homme, qui trouve dans l'amour la vraie source de son héroïsme chevaleresque. Un texte gallois, le *Gereint* – v. *Mabinogion* (*) –, raconte la même histoire dans des termes semblables. Vers 1200, le récit fut recomposé en allemand : *Érec* (*) par Hartmann von Aue (mort vers 1210). Nous retrouvons enfin cette histoire dans l'*Erexaga*, prose norvégienne de la fin du XIIIe siècle. – *Érec et Énide* a été édité par Mario Roques (Paris, Champion, 1952) et traduit par R. Louis (Paris, Champion, 1954).

ÈRE DU SOUPÇON (L'). Essai de l'écrivain français d'origine russe Nathalie Sarraute (née en 1902), publié en 1956. Ce qui est dénoncé dans ces pages c'est un certain conventionnalisme que le roman, comme genre, aurait tendance à ériger en absolu. En d'autres termes, doit être dépassé le sacro-saint système de « ficelles », de recettes (éprouvées) grâce auxquelles l'écrivain se donne à la fois comme présent et absent de son œuvre d'une manière si pernicieuse – si littéraire – que sa propre aventure spirituelle, toute en nuances et tentacules, se trouve escamotée à gros traits au profit de celle, toute fictive, de ses personnages, dont l'unique préoccupation semble être de se montrer dignes du musée Grévin. Tout au long de son livre, Nathalie Sarraute se moque des « dit Pierre » et des « s'exclama Jeanne », des tirets, des deux-points, un peu des virgules, beaucoup des critiques toujours unanimes à encenser au moins un imbécile chaque année, de la belle assurance de ceux enfin qui, du haut d'un serein sérieux, distinguent le roman « métaphysique » du roman (bêtement) psychologique. À ce titre, nous avons droit, dans le premier essai, à de très belles pages sur Dostoïevski si attentif à saisir, au-delà de l'humilité et de l'orgueil dont ses héros sont bouffis, « un mouvement dont l'orgueil et l'humilité ne sont que les répercussions ». C'est cette transparence, ajoute l'auteur, qui fait des personnages de Dostoïevski « non pas tant des types humains » en chair et en os que de simples supports, « des porteurs d'états parfois encore inexpliqués que nous retrouvons en nous-mêmes ». Des supports. Voilà peut-être le terme clé de ces essais. Il ne s'agira plus tant pour le romancier de fabuler dans la vraisemblance – ou dans l'invraisemblance – que d'écouter résonner cette sous-conversation qui sous-tend et se noie dans la conversation. Et c'est essentiellement à prendre cette écoute que s'est attaché ce que l'on a convenu d'appeler le nouveau roman.

Personnages, intrigue, péripéties, dénouement, tout cela a été relégué au rang des accessoires inutiles. Le cadre du roman a explosé avec une telle force qu'il n'en reste plus rien. Rien qu'une parole qui oscille entre le tropisme et le lieu commun : « un foisonnement innombrable de sensations, d'images, de sentiments, de souvenirs, d'impulsions, de petits actes larvés qu'aucun langage intérieur n'exprime, qui se bousculent aux portes de la conscience [...] tandis que continue à se dérouler en nous, pareil au ruban qui s'échappe en crépitant de la fente d'un téléscripteur, le flot ininterrompu des mots ».

EREWHON ou De l'autre côté des montagnes [*Erewhon, or over the Range*]. Roman de l'écrivain anglais Samuel Butler (1835-1902), publié en 1872. Un certain Higgs, Anglais appartenant à la classe moyenne, s'est rendu, pour faire fortune, comme éleveur de bestiaux dans une lointaine colonie. Poussé par la curiosité, il décide d'explorer ce qui se trouve derrière une très haute chaîne de montagnes que nul n'a encore osé franchir. Après beaucoup de difficultés et de dangers, il arrive à une esplanade sur laquelle se dressent, disposées en cercles, des statues gigantesques, à l'expression terrible, dont la tête est faite de telle sorte que le vent en tire une musique plaintive et terrifiante. Higgs continue d'avancer et rencontre les premiers habitants de ce pays inconnu – Erewhon, anagramme de Nowhere (nulle part) –, hommes très beaux et très polis qui le conduisent à la ville voisine et le confient à la garde d'un geôlier. Entre la fille de celui-ci, Yram (Mary), et le jeune prisonnier, naît bien vite une tendre idylle, interrompue quand le roi ordonne le transfert de l'étranger dans la Capitale, où il est accueilli dans la maison d'un certain seigneur Nosnibor (Robinson). Peu à peu, Higgs apprend la langue du pays et il lui est possible de se rendre compte des coutumes, des idées et des croyances des Erewhoniens.

La première chose qui le frappe est le manque d'instruments mécaniques : c'est ainsi qu'il apprend que quatre cents ans auparavant, les connaissances en mécanique étaient très poussées, quand un savant professeur du pays s'avisa d'écrire un livre démontrant que les machines étaient destinées à supplanter complètement les hommes ; cette théorie donna tellement à penser aux Erewhoniens qu'ils détruisirent les machines et se gardèrent de toute invention ultérieure. Dans ce pays existe une échelle spéciale des valeurs : celui qui est malade avant l'âge de soixante-dix ans, ou qui est frappé de quelque malheur, se voit infliger un blâme ou une condamnation, tandis que les défauts de caractère moral sont soignés comme s'ils étaient des maladies. La mort ne fait pas peur aux Erewhoniens, tandis que la naissance d'un enfant est considérée comme un événement douloureux ; en croyant à une existence antérieure, ils sont convaincus que ceux « qui ne sont pas encore nés » viennent au monde de leur propre gré, et ont inventé les « formules de naissance », grâce auxquelles le nouveau-né libère ses parents de la responsabilité de tout ce qui pourra lui arriver. Les jeunes gens sont élevés dans les écoles de la « non-raison », qui enseignent la « science hypothétique » et la façon de se comporter dans des circonstances étranges et impossibles qui ne se présenteront jamais. Ils ont certaines « banques musicales » dont la monnaie a une valeur commerciale minime ; mais tous ceux qui veulent être considérés comme respectables croient utile de posséder cette monnaie, encore qu'ils en utilisent une autre pour les nécessités pratiques. Ils vénèrent ouvertement des dieux qui sont les personnifications des qualités humaines, mais en réalité ils ont une prédilection secrète pour la déesse Ydgrun (anagramme de Mrs. Grundy, symbole de la pudibonderie « victorienne »). Après quelque temps de séjour dans la capitale, Higgs s'éprend de Arowhena, fille de Mr. Nosnibor ; mais comme celui-ci veut au contraire qu'il épouse sa fille aînée, Zulora, il décide de fuir et, sous le prétexte de faire une expérience, construit un ballon avec lequel il s'élève dans les airs, emportant avec lui Arowhena. Ayant franchi la chaîne des montagnes, le ballon se dégonfle et descend sur la mer ; quand déjà tous deux se croient perdus, ils sont recueillis par un navire qui les ramène en Angleterre.

Plus qu'un roman, *Erewhon* est une série de scènes et de dissertations ironiques, un ouvrage dans le genre des *Voyages de Gulliver* (*) de Swift, dans lequel la description d'une civilisation imaginaire sert de prétexte à une satire sociale. Nous trouvons, dans cette œuvre, une condamnation acerbe du compromis victorien, condamnation qui, dans *Ainsi va toute chair* (*), atteindra au tragique. Butler est le vrai représentant d'une époque de la littérature et de la pensée anglaises, en révolte contre un intellectualisme dont elle est toutefois imprégnée jusque dans ses racines. Le style sec et précis est exempt d'émotion et de beauté, mais c'est un magnifique instrument de persuasion et d'analyse. – Trad. Gallimard, 1920.

ÉRICA. C'est sous ce titre qu'ont été réunis en traduction française trois récits de l'écrivain italien Elio Vittorini (1908-1966) : « Érica et sa petite famille » [Erica e i suoi fratelli] écrit en 1936, publié en revue, puis en volume, en 1956, avec « La Garibaldienne » [La Garibaldina] (1950) et « Les Filles de joie » [Le meretrici] (1953). Érica a quinze ans. Son père est touché par le chômage et doit quitter les siens pour chercher du travail dans une autre région. Il tombe malade et la mère le rejoint. Érica reste à la maison avec son petit frère et sa petite sœur. Lorsque les maigres provisions laissées par sa mère sont épuisées, Érica se prostitue pour faire vivre sa « petite famille ». – « La Garibaldienne » est une vieille dame fidèle à l'épopée de son héros. Elle ne se résigne pas à l'avilissement de la Sicile, et, le verbe haut, fustige la caste des riches aristocrates. Cependant, dans un train, elle se prend d'affection pour un jeune bersaglier illettré, et le soldat, de son côté, sortira fortifié de cette rencontre avec l'impétueuse et généreuse Leonilde. – Rea Silvia est une jeune et belle Sicilienne qui voudrait faire partie des filles de joie. Mais, effrayés par sa pureté et sa candeur, les hommes la fuient, et la vieille prostituée Odeida devra la ramener à sa mère. – « Érica », « La Garibaldienne » et « Les Filles de joie » constituent un remarquable échantillonnage de l'art et des thèmes vittoriniens. Usant en maître d'un langage toujours oscillant entre le réalisme et un lyrisme sous-jacent, l'écrivain parvient ici à mettre en lumière, dans un climat de chaude tendresse, la part infiniment pure d'humanité que recèlent les êtres les plus humbles, les plus démunis. – Trad. Gallimard, 1961.

ERIK. Roman de l'homme de lettres norvégien Ronald Fangen (1895-1946) publié en 1931. Faisant suite à *Quelques jeunes gens* [*Nogen unge mennesker*, 1929] où l'auteur, décrivant la jeunesse de l'avant-guerre, opposait Nils, le faible, à Erik, le battant, l'homme de la réussite, le roman s'attache à ce dernier personnage au moment où, devenu avocat en association avec le cynique et redoutable Fletten, il navigue sur les eaux glauques et agitées de la grande spéculation financière qui sévit en Norvège à la fin de la guerre. En apparence, menant sa carrière avec efficacité, ce brillant garçon âgé de trente ans a trouvé son équilibre, mais, peu à peu, il se rend compte qu'il ne fait que « fonctionner », que son existence est une suite d'actes superficiels et que sa vie, « sans conscience » est tout simplement en train de lui échapper. Dès lors, il ne peut qu'effectuer un retour sur lui-même et s'interroger sur le sens de ses actes. Après avoir refoulé tout ce que son passé avait de déplaisant, le souvenir de son ami disparu, et jusqu'à son amour pour Astrid, il retrouve ce qu'il y a de meilleur en lui, les qualités morales, la volonté, la droiture léguées par une famille aux riches traditions. Dès lors c'est une solution religieuse qu'il entrevoit à ses problèmes et, lorsque nous le retrouvons dans le roman *Dès maintenant* [*Allerede nu*, 1933], il sera devenu, terme normal de l'évolution, un chrétien convaincu. É. E.

ÉRIK XIV [*Erik XIV*]. Drame historique du dramaturge et romancier suédois August Strindberg (1849-1912), publié en 1899. Il forme la suite de *Maître Olof* et de *Gustave Vasa* (*) ; dans cette dernière pièce, le personnage d'Érik était déjà plus qu'ébauché. Le portrait du roi, être amoral et chargé d'une lourde hérédité, est parfaitement rendu dès le premier acte ; le roi s'emporte odieusement contre Karin, femme du peuple dont il a fait sa maîtresse et qu'il s'efforce de blesser et d'humilier, lorsqu'il apprend qu'Elizabeth d'Angleterre a repoussé sa proposition de mariage. En fait, ce drame ne fut conçu qu'en vue d'une reconstitution historique. En revanche, le dernier acte, heureusement campé, est consacré à la description des noces d'Érik et de Karin Månsdotter, mariage auquel la noblesse entière se garda de figurer. Le banquet nuptial rappelle d'assez près celui de la deuxième partie du *Chemin de Damas* (*). Aussitôt après la cérémonie, Érik éprouve un sentiment de malaise et de honte : « Tout est sale et tortueux dans ma vie ; et ce jour sacré, qui m'a vu conduire à l'autel du Seigneur l'épouse de ma jeunesse, n'est qu'un jour de honte. » Rougissant de cette union plébéienne et de l'opinion qu'en aura Elizabeth d'Angleterre, Érik donne l'ordre d'introduire tous les vagabonds de la ville, « les mendiants des remparts et les filles des bouges », pour jouir de cette orgie populacière. L'action du drame est un peu grosse ; et certains personnages, pourtant de premier plan, comme Göran Persson, sont mal venus. Strindberg voulut, en écrivant sa pièce, présenter l'histoire de la dynastie des Vasa sous une forme dramatique ; c'est pourquoi *Érik XIV* doit être considéré surtout comme une illustration littéraire. – Trad. in *Théâtre complet,* t. IV, L'Arche, 1984.

ERMITE (L') [*Gandeghili*]. Chef-d'œuvre du poète géorgien Tchavtchavadzé (1837-1907), organisateur du mouvement national et littéraire. Cantique en l'honneur de la sereine simplicité des humbles, de l'amour de la patrie et de son grand passé, ce poème est empreint de sentiments lyriques et patriotiques profonds. Sur les descriptions de la nature, des montagnes et de ses habitants, se greffe un épisode inspiré par les tentations de saint Antoine : un violent orage se déchaîne en pleine montagne ; une bergère, surprise, se voit obligée de se réfugier de passer la nuit dans la cellule d'un ermite. La tentation que la bergère endormie suscite chez cet homme pieux, le terrible combat qu'il supporte dans sa chair et l'ardente prière adressée à la Madone sont exprimés avec une réelle puissance lyrique. Même si l'on peut reconnaître dans l'œuvre les influences de Byron et de Goethe, l'authenticité de l'inspiration poétique est telle que ce poème peut être considéré comme l'un des chefs-d'œuvre de la littérature romantique géorgienne.

ERMITE DE LA FORÊT (L') [*Der Waldbruder*]. Roman épistolaire inachevé, de l'écrivain allemand Jakob Michael Reinhold Lenz (1751-1792), écrit en 1776, publié après sa mort par Goethe en 1797, dans les « Horen » sous le titre : *Le Pendant des souffrances du jeune Werther, du défunt poète*

Lenz. Dans le personnage de l'ermite Herz, « fils illégitime d'une grande dame », l'éternel « chevalier errant », l'auteur a voulu se dépeindre lui-même et décrire sa vie dans un monde irréel ; il se montre amoureux éperdu de femmes imaginaires ou de silhouettes entrevues. La comtesse Stella, pour qui Herz, fou d'amour, fuit le monde et se fait ermite au fond d'un bois, fut, dans la vie de l'auteur, Henriette von Waldmer. Dans sa solitude, Herz continue à correspondre avec son ami Rothe, conseiller sage et prudent (ce personnage correspond à celui de Goethe dans la vie de l'auteur). Autour des principaux personnages, sur lesquels l'œuvre se concentre, foisonnent les commérages provinciaux et les échanges de lettres entre la Schatouilleuse (en réalité Mlle von Goechhausen), dame de la Cour aux mœurs légères et rusées, qui dévoile le secret du pauvre Herz, et Onesta qui semble être Charlotte von Stein, laquelle raconte à son recteur, avec humour et bon sens, ses effusions amoureuses. L'action progresse un peu plus rapidement lorsque Herz charge un peintre de faire le portrait de Stella, pour l'emporter avec lui en Amérique, où il pense se rendre, afin de rechercher de nouvelles émotions, selon une mode chère aux romantiques. Mais ce portrait tombe entre les mains de son ami Rothe, qui ne veut pas le lui remettre, craignant des complications avec le colonel von Plettemberg, époux de Stella. Finalement, le colonel lui-même et Rothe donnent le portrait au pauvre Herz et l'accompagnent jusqu'au bateau, espérant que l'éloignement le guérira de sa passion. Le roman finit ici, et rien n'indique comment il aurait pu se conclure. Par sa structure, l'œuvre rappelle *Julie ou la Nouvelle Héloïse* (*), alors que le style se ressent plutôt de Goethe. Mais, alors que Goethe domine son « Sturm und Drang », Lenz est soumis à son propre sujet. – Trad. Corti, 1990.

ERNELINDE, princesse de Norvège. Opéra en trois puis cinq actes, d'Alexandre Poinsinet (1735-1769), revu et augmenté par l'écrivain français Michel Jean Sedaine (1719-1797), musique de François André Danican-Philidor (1726-1795), compositeur français. La production musicale de cet artiste, qui de son temps fut considéré comme l'un des plus grands et qui est presque tombé dans l'oubli maintenant, est considérable. Il n'a pas composé moins de vingt-cinq ouvrages lyriques, totalisant quarante-quatre actes, et s'est essayé à presque tous les genres : drame lyrique, opéra-comique, oratorio, musique religieuse. Quand *Ernelinde* vit le jour, Philidor avait déjà derrière lui une carrière musicale de huit années, durant lesquelles il avait donné onze ouvrages qui, presque tous, avaient recueilli un succès triomphal comme *Blaise le savetier, Le Bûcheron, Tom Jones*, etc. La première version d'*Ernelinde* date de 1767 ; elle fut composée sur le livret de Poinsinet et ne comportait que trois actes. L'ouvrage n'eut alors qu'un « succès douteux et fortement disputé ». Après plusieurs refontes du livret par Sedaine après la mort de Poinsinet, et addition de deux actes, l'œuvre connut en 1773 le succès auquel son auteur était habitué.

L'action se déroule en Scandinavie : Ernelinde, fille du roi de Norvège, Roboald, tente vainement d'éviter la guerre entre son père et l'alliance formée par Ricimer, roi de Suède, et Sandomir, prince de Danemark qu'elle aime. Sandomir, sensible à la douleur d'Ernelinde, lui promet de protéger son père et de s'unir à elle. La victoire échoit à Ricimer qui décide, malgré la promesse faite à son allié Sandomir, d'épouser Ernelinde. Il ordonne à Sandomir de renoncer à elle et de s'enfuir. Ernelinde refuse de s'unir à Ricimer. Sandomir et Roboald sont alors jetés aux fers sur les ordres de Ricimer, qui offre à Ernelinde la vie sauve pour l'un des deux. Tandis que Roboald, pour qui sa fille a choisi la vie, s'apprête à reprendre les armes et à venger son honneur et celui de Sandomir, le jeune prince se prépare à mourir avec Ernelinde, qui, feignant d'épouser Ricimer, se poignardera avec son amant. Mais Roboald est vainqueur ; Sandomir épousera Ernelinde, qui recouvre le royaume de son père ; Ricimer recevra le pardon, l'amitié de ses vainqueurs et régnera à nouveau sur la Suède. Plusieurs pages de la partition sont dignes d'être signalées tant par leur intérêt que par leur beauté. Philidor a introduit dans l'opéra un récitatif beaucoup plus libre et souple, plus déclamé aussi que celui habituel à l'époque, comme dans le premier acte : « Ô, Ciel, écoute ma prière » ou encore « Que vois-je ? ». Les ensembles et la masse chorale revêtent une exceptionnelle ampleur et sonnent remarquablement bien, tel « Jurons sur nos glaives sanglants ». L'orchestration est souvent habile et réussie comme dans le début du troisième acte où Ernelinde regarde les vaisseaux de son amant quitter le port, et où la musique est empreinte d'une grande poésie. Par l'introduction des airs dans les scènes et par son originalité, l'œuvre mérite l'attention qu'elle suscita chez ses contemporains. Dans l'histoire du théâtre lyrique français du XVIIIe siècle, *Ernelinde* et, en général, l'œuvre de Philidor méritent de prendre une place importante.

ERNEST STAAS, AVOCAT [*Ernest Staas, advocaat*]. Esquisses et scènes de l'écrivain flamand Anton Bergmann (1835-1874), publiées en 1874. Ces ébauches biographiques, rassemblées en cinq groupes de trois esquisses chacun, nous montrent la vie de l'enfant, de l'étudiant, du stagiaire, de l'avocat débutant, puis expérimenté. Les scènes de l'enfance sont traitées avec délicatesse, que ce soit le portrait d'une vieille tante célibataire, l'intérieur d'un « établissement pour l'éducation des deux sexes » dans un béguinage, ou le premier amour. Viennent ensuite des scènes de la vie d'étudiant : l'association de la « pipe indépendante » à Gand, où l'on boit sec (sa devise est : « Mon verre est toujours trop petit ») et où l'on s'échauffe dans des controverses politiques ou linguistiques. Puis ce sont des ébauches qui évoquent la carrière de l'avocat, depuis les causes soutenues d'office jusqu'aux affaires patronnées par les associations syndicales ; un passage savoureux nous montre le nouvel avocat défendant sa première cause et perdant le fil de son discours : il bavarde alors à n'en plus finir, saute d'un sujet à l'autre, à la grande satisfaction de sa cliente, brave Flamande du peuple qui n'a rien compris à tout ce qui s'est dit en français, mais qui a seulement remarqué que son avocat a parlé plus longuement que l'avocat de la partie adverse. Ces petites scènes et ces idylles de Bergmann ont toutes un accent de vérité, plein d'esprit et de finesse. Leur style simple et naturel a eu une influence importante sur la littérature flamande moderne.

ÉROPHILE [Ερωφίλη]. Tragédie en cinq actes et quatre intermèdes de l'auteur dramatique crétois Georges Chortatzès (Chortakios, XVIe-XVIIe siècle), publiée semble-t-il en 1637. Elle débute par un prologue où, parmi des tonnerres et des éclairs, Caron, divinité de la mort, apparaît avec sa faux et prédit la fin tragique des personnages. Alors commence la tragédie proprement dite. Phylogone, roi de Memphis en Égypte, a tué traîtreusement son frère aîné, héritier légitime du trône et a usurpé le royaume. De son mariage avec la veuve du frère assassiné naît une fille très belle, du nom d'Érophile. À la cour, avec la princesse on a élevé un orphelin, Panarète, fils du roi de Tzertza tué à la guerre, sans que Phylogone connût son origine. Panarète, devenu grand, se fait remarquer par son intelligence et par sa valeur, aussi est-il mis à la tête de l'armée royale avec laquelle il vainc et éloigne de la terre égyptienne les envahisseurs : le roi de Perse et le roi d'Anatolie. Panarète est aussi vainqueur dans le tournoi donné en son honneur. Entre-temps, Panarète et Érophile consacrent, par un mariage secret, l'amour qui datait des premières années de leur enfance. Mais voici que les deux rois vaincus négocient la paix et, pour la garantir, demandent qu'Érophile épouse l'un d'entre eux. Panarète, ayant été invité par le roi à manifester son opinion, cherche à détourner le roi de ce projet. D'autre part Érophile elle-même refuse le mariage. Peu de temps après, Phylogone ayant connu l'union secrète des deux amants, prend une terrible décision. Il tue Panarète, lui coupe la tête et les mains, lui arrache le cœur et, ayant placé tous ces restes macabres dans une cuvette d'or, les présente à sa fille en guise de cadeau nuptial. À cette vue, Érophile devient folle et se tue sur la scène. Phylogone, accouru aux cris des femmes, est jeté à terre et frappé à mort, pendant que l'ombre du frère tué apparaît et se réjouit de cette juste vengeance.

Entre les cinq actes qui décrivent l'action principale s'insèrent quatre intermèdes rehaussés de musique et de danses, destinés à distraire les spectateurs et à rompre le rythme tragique de l'argument principal. Les thèmes des intermèdes ont été empruntés à des épisodes de *La Jérusalem délivrée* (*) du Tasse. Toute la tragédie s'inspire des sources livresques de la littérature italienne du XVIe siècle : elle eut un grand succès dans le milieu crétois et en général auprès des Grecs de l'époque. La partie lyrique ne manque pas d'une certaine grâce.

ÉROS ET CIVILISATION [*Eros and Civilization*]. Ouvrage du philosophe allemand Herbert Marcuse (1898-1979), publié en anglais en 1955. Ce livre, qui valut à Marcuse une part de sa notoriété auprès d'un large public autour des années 60, se situe au croisement de l'intérêt accordé par le philosophe aux formes spécifiques d'aliénation et de mutilation qui ont accompagné le développement des sociétés industrielles modernes et d'une redécouverte de la psychanalyse à partir des écrits que Freud consacra à la culture et au phénomène de la répression des instincts. Mais, pour Marcuse, si les concepts élaborés par Freud offrent à cet égard de précieux outils, la psychanalyse ne participe pas moins du processus de rationalisation des forces répressives que Marcuse se propose d'étudier afin de mieux en saisir la signification sociale. Aussi l'ouvrage peut-il être considéré à la fois comme une contribution critique à la théorie de la société et comme une relecture critique de Freud et des résonances de la psychanalyse dans le champ social. Parmi les concepts directement impliqués dans cette tentative, le « principe de plaisir » et le « principe de réalité », tels qu'ils ont été forgés puis remodelés par Freud (en particulier dans *Au-delà du principe de plaisir*), occupent une place centrale. Pour Freud, ces deux principes sont antagoniques, raison majeure pour laquelle une civilisation non répressive est à ses yeux impensable. Il ne peut y avoir de culture sans contrainte ; seule la sublimation des instincts permet à l'individu d'échapper aux souffrances que cela entraîne fatalement. Marcuse ne méconnaît pas l'importance de ce conflit, ni la nécessité de la sublimation, mais au lieu d'une approche qui, comme celle de Freud, situe les processus étudiés dans une dimension qui ne doit rien à l'histoire, Marcuse s'intéresse expressément à la forme que prennent ces processus dans les sociétés industrielles modernes. Le principe de réalité, notamment, y joue comme un « principe de rendement » auquel on ne peut nullement reconnaître la nécessité que Freud attribuait au principe de réalité. En fait, pour Marcuse qui s'oppose à Freud sur ce point, et qui imprime déjà à ses analyses une orientation que les ouvrages ultérieurs – *L'Homme unidimensionnel* [*One-dimensional Man,* 1966] et *Vers la libération* [*Essay on Liberation,* 1969] – développeront, une sublimation non répressive est possible, sans que cela se révèle en contradiction avec les processus qui paraissent dominer la sphère des besoins. Mais « sa forme pleinement développée serait la sublimation sans désexualisation ». En outre, « la libido ne peut prendre le chemin de l'autosublimation que comme phénomène social : comme force non réprimée, elle ne peut mettre en marche la genèse d'une civilisation que dans des conditions qui relient des individus associés en vue d'aménager le milieu pour l'épanouissement de leurs facultés et leurs besoins en développement ». *Éros et Civilisation* est une contribution théorique à la perspective d'un monde débarrassé de l'oppression et susceptible de donner à chacun la possibilité d'un tel « épanouissement ». – Trad. Minuit, 1963.

ÉROS ET ÉRIS. Études sur la poésie grecque [*Eros och Eris, Studier i grekisk poesi*]. Recueil d'essais de l'écrivain finlandais d'expression suédoise Emil Zilliacus (1878-1961), publié en 1948. Connu surtout pour ses excellentes traductions qui ont révélé au public scandinave les grandes œuvres de l'Antiquité grecque, Zilliacus est aussi l'auteur de recueils d'essais traitant de sujets variés, mais essentiellement de la culture hellénique. *Éros et Éris* en est un bon exemple. Zilliacus nous y fait assister aux dernières découvertes de fragments de la poésie grecque, il nous y présente des poètes oubliés, mais qui méritent de sortir de l'oubli, il y disserte sur le pacifisme d'Euripide et sur le personnage du soldat de métier dans les comédies grecques, etc. Or, l'auteur connaît à tel point les personnages de l'Antiquité qu'ils deviennent sous sa plume des êtres vivants, voire des amis, et son art est si grand qu'il nous communique sa passion pour cette époque lointaine.

ÉROS INCONNU (L') [*The Unknown Eros*]. Recueil d'odes du poète anglais Coventry Patmore (1823-1896), publié en 1877. Dans *L'Ange du Foyer* (*), l'auteur avait chanté l'amour terrestre sanctifié par le mariage ; il exalte à présent l'amour divin. Le mythe grec d'*Amour et Psyché* (*) est repris de façon allégorique. Dieu, l'« Époux céleste », semblable à un éternel amant, est à la recherche de l'âme qui ne pourra lui échapper. Cette œuvre est imprégnée d'un mysticisme qui pourrait être comparé – malgré la différence d'expression – à celui qui avait inspiré Thompson dans *Le Lévrier du Ciel* (*). À propos de *L'Ange du Foyer* et d'*Éros inconnu,* ces deux œuvres maîtresses de Patmore, Charles du Bos écrit : « Dans *L'Ange du Foyer,* l'art de Patmore évoque le charme de la campagne anglaise ; c'est la vaste demeure aux fenêtres ouvertes sur la pelouse [lawn] où parents et enfants goûtent pleinement leur liberté et leur bonheur ; les odes d'*Éros inconnu* suggèrent un tableau nocturne : l'une après l'autre, les étoiles montent lentement, chacune à part ; puis elles se rassemblent toujours plus nombreuses, jusqu'à devenir innombrables. » En réalité, le poète constate qu'il lui est impossible de concilier ici, comme il l'avait fait dans son ouvrage précédent, l'atmosphère bourgeoise de l'ère victorienne et sa propre mystique. Il tend à se dégager de cette ambiance en se rapprochant des auteurs du XVIIe siècle. Les deux livres diffèrent également par leur manière : alors que le premier se distinguait par sa simplicité, sa régularité, le second montre une grande hardiesse de pensée et une métrique plus libre. Pour le comprendre, il faut remonter aux sources de l'auteur : l'Écriture sainte, les livres des Pères de l'Église (particulièrement de saint Bernard), ceux de saint Thomas d'Aquin, de saint Jean de la Croix, de saint François de Sales et d'autres écrivains religieux de diverses époques ; enfin, il s'inspire aussi des poètes anglais de l'école de John Donne et des métaphysiciens. – Trad. partielle par Paul Claudel dans *Poèmes de Coventry Patmore*, Éditions de la N.R.F., 1912.

ÉROS-THANATOS [*Eros-Tanatos*]. Recueil poétique de l'écrivain slovène Alojz Gradnik (1882-1967), publié en 1962 pour son quatre-vingtième anniversaire, et qui représente un choix fait dans sa poésie lyrique. Gradnik est surtout le poète de ses sentiments intimes et de ses passions. D'après la philosophie panthéiste de Gradnik, « l'individu lui-même n'est qu'un nœud dans la chaîne éternelle de la vie ; avec la mort cette chaîne ne se rompt pas ; la mort n'est pas la fin, elle est une naissance nouvelle ». Éros et Thanatos – l'amour et la mort – sont les composantes principales de la poésie de Gradnik, les deux axes autour desquels se concentre et se cristallise l'inspiration du poète. Pour Gradnik l'amour représente la mort, et la mort l'amour. On retrouve ce même point de vue dans le cycle de poèmes intitulé « Les Lettres », où une femme exprime, de manière émouvante, l'espoir et les douleurs d'Éros. La poésie de Gradnik est terrestre, dense, lourde de sentiments élémentaires. Son érotisme sombre, aveugle, irrésistible, n'obéissant qu'aux seuls ordres de sa nature primitive, s'extériorise sans pudeur ; voué par son essence à la mort, il porte son poids d'amertume, suscitant une conscience des plus profonde et sa négation organique à la fois. Alojz Gradnik s'est attaché volontairement aux formes anciennes, et propose dans une langue pure un nouvel ordre des sentiments et des idées.

ÉROTISME (L'). Essai de l'écrivain français Georges Bataille (1897-1962), publié en

1957. L'œuvre entière de Bataille pourrait se définir comme une tentative sans cesse renouvelée pour explorer ces états limites : la douleur, le plaisir, la mort, qui permettent à l'homme de passer ses frontières pour goûter, un instant, l'« impossible » qu'appelle et refuse la vie, comme elle appelle et refuse la mort. C'est une œuvre qui recherche l'excès, soit pour le traduire directement (romans, poèmes), soit pour en systématiser le chemin (essais), et il n'est donc pas étonnant qu'elle soit en grande partie consacrée à l'exploration ou à l'expérience de l'érotisme, activité essentielle de la vie intérieure dans la mesure où il relève à la fois de la fascination de l'unité (de la continuité) et de la sensibilité religieuse.

L'essai de Bataille intitulé *L'Érotisme* est divisé en deux parties : « L'Interdit et la Transgression » — composé de treize chapitres analysant notamment l'érotisme dans l'expérience intérieure, l'interdit lié à la mort et à la reproduction, la transgression (meurtre, chasse, guerre, sacrifice, orgie), le christianisme, la prostitution et la beauté — et « Études diverses sur l'érotisme » qui, à propos du rapport Kinsey, de Sade, de l'inceste, de la mystique et la sensualité, etc., recoupent les idées exposées dans la première partie en les éclairant sous un angle différent. « J'ai tout sacrifié, note Bataille, à la recherche d'un point de vue d'où ressorte l'unité de l'esprit humain. » Et il précise par ailleurs : « L'érotisme ne peut être envisagé indépendamment de l'histoire du travail et de l'histoire des religions », d'où la mise en question, à son propos, de tout ce qui fait et a fait l'homme. Ce qui a fait l'homme, c'est, à une date impossible à préciser, la connaissance de la mort et la réglementation de la sexualité, autrement dit la définition de l'« interdit » — interdit autour duquel se sont polarisés le sacré et la sensibilité religieuse, cependant que la communauté humaine fondait son organisation sur le travail et la raison. Mais la conscience de l'interdit suscita le besoin d'un dépassement, d'une « transgression » qui s'est exprimée, au fur et à mesure de l'évolution de la société, dans la chasse, la guerre, l'art, le sacrifice, l'orgie, le sacrilège, l'érotisme. Ressort de la religion et de l'érotisme, la transgression « lève l'interdit sans le supprimer » car elle ne perçoit justement son excès que si elle est consciente de cet interdit. Et c'est dans l'excès que l'homme touche à l'impossible — impossible qui correspond à sa dissolution dans une « continuité » que ne cesse d'appeler notre être muré dans sa solitude, son isolement, sa « discontinuité » par rapport à l'Autre, et ne pouvant la dépasser que par une transgression dont l'érotisme représente la voie la plus souveraine. L'érotisme, que Bataille définit comme ce qui, dans la conscience de l'homme, met en lui l'être en question, relève ainsi du désir de retrouver la continuité perdue et donc de la fascination de la mort (celle-ci équivalant à la dissolution définitive de l'individu dans la continuité). Mise à nu et, en un sens, mise à mort, « l'érotisme a pour fin d'atteindre l'être au plus intime, au point où le cœur manque », pour le faire accéder à cette « contemplation de l'être au sommet de l'être » dont l'intensité débouche sur le silence.

Il aurait fallu souligner la part faite dans cet ouvrage avec références anthropologiques et ethnologiques, au parallèle entre mysticisme et érotisme, mais cet ouvrage n'est lui-même que la conclusion d'une somme dont Bataille a indiqué la composition dans la liste de ses œuvres parue en tête de la réédition (1954) de *L'Expérience intérieure* (*), et qui devait comprendre, sous le titre général de *La Part maudite : La Consumation, La Souveraineté* (non publiée) et *L'Érotisme.* Parue en 1949, *La Consumation* (simple sous-titre alors de *La Part maudite*) se présente comme un « Essai d'économie générale » dont « la dépense (« la consumation ») des richesses est, par rapport à la production, l'objet premier », le mouvement étudié étant « celui de l'énergie excédante, traduit dans l'effervescence de la vie ». Dans son effort pour embrasser une totalité, ce que vise Bataille ce n'est pas seulement la formulation des lois de l'économie mais, au-delà et plus profondément, la solution que cette connaissance de l'économie apporte à la « conscience de soi ». Après une « Introduction théorique », l'ouvrage analyse d'une part « Les Données historiques » (la société de consumation : sacrifices et guerres des Aztèques, le Potlatch ; la société d'entreprise militaire : l'Islam ; la société d'entreprise religieuse : le lamaïsme ; enfin la société d'entreprise industrielle : capitalisme et monde bourgeois) et d'autre part « Les Données présentes » telles que les révèlent l'industrialisation soviétique et le plan Marshall. Les développements de Bataille exigeraient une longue étude, il faut nous borner à en indiquer le sens : étant donné que toute activité humaine tend à un accroissement des ressources d'énergie, le problème fondamental que pose cette croissance n'est pas, contrairement à ce qui est admis, dans la définition de sa nécessité et de son développement mais dans celle de sa consumation. C'est par rapport à cet « instant décisif » de la consumation que la croissance devrait se situer, car cette attitude, en exigeant de la conscience qu'elle passe de la saisie de l'objet acquis (ou de sa saisie en tant qu'objet acquis) au « rien de la pure dépense », la fait accéder à la conscience de soi — « c'est-à-dire une conscience qui n'a plus rien pour objet. Sinon la pure intériorité, qui n'est pas une chose ». Et la conscience de la consumation, cette « part maudite », devient ainsi un moyen d'accéder au sommet de l'être.

D'autres œuvres de Bataille, sans parler de ses ouvrages « érotiques » comme *L'Abbé C.* (*), *Le Bleu du ciel* (*), *Madame Edwarda* (*), etc., peuvent être rattachées au cycle de *La Part maudite ;* ce sont, dans l'ordre chronologique : *Lascaux, ou la Naissance de* *l'art* (1955), *La Littérature et le Mal* (1957), *Le Procès de Gilles de Rais* (1959) et *Les Larmes d'Éros* (1961). Dans le premier de ces livres, en s'efforçant de définir l'homme de Lascaux, Bataille montre comment l'apparition des interdits liés à la connaissance de la mort et à la réglementation de la sexualité – interdits qui découlèrent du travail, mais marquèrent le passage de l'Homo Faber à l'Homo Sapiens (ou plus exactement à son sens, et selon un terme repris à Huizinga, à l'« Homo Ludens ») – entraîna le besoin de leur dépassement, de leur transgression, par le jeu, l'art et la religion. Qu'à la base de l'humanité, on trouve l'observation d'interdits qui exigent à la fois leur respect et leur transgression, il revient à la littérature (« la littérature authentique est prométhéenne ») d'en exploiter tout le sens. À travers huit études consacrées à Emily Brontë, Baudelaire, Michelet, Blake, Sade, Proust, Kafka et Genet, Bataille démontre ainsi, dans *La Littérature et le Mal,* que le courage nécessaire à l'homme pour transgresser l'interdit est un accomplissement, car il exige une « hypermorale » fondée sur la communication intense résultant de la complicité dans le mal. « La littérature, dit-il, est l'essentiel, ou n'est rien. Le Mal – une forme aiguë du Mal – dont elle est l'expression, a pour nous, je le crois, la valeur souveraine. » L'écrivain authentique, en aspirant dangereusement à une liberté coupable, en défiant les lois fondamentales de la société, ouvre la voie d'une libération par excès menant à cette nudité de l'être, qui est explosion de l'individu dans une nuit où l'extase, un instant, nous rend la continuité de tout. Le cas de Gilles de Rais illustre la théorie de l'interdit et de la transgression, et le parallélisme de l'extase érotique (fondant ici libertinage et meurtre) et de l'extase mystique ; quant aux *Larmes d'Éros :* « Le sens de ce livre est, en un premier pas, d'ouvrir la conscience à l'identité de la "petite mort" et d'une mort définitive. De la volupté, du délire à l'horreur sans limites. C'est le premier pas. Nous menant à l'oubli des enfantillages de la raison ! De la raison qui jamais ne sut mesurer ses limites. Ces limites sont données dans le fait qu'inévitablement, la fin de la raison, qui excède la raison, n'est pas contraire au dépassement de la raison ! Par la violence du dépassement, je saisis, dans le désordre de mes rires et de mes sanglots, dans l'excès des transports qui me brisent, la similitude de l'horreur et d'une volupté qui m'excède, de la douleur finale et d'une insupportable joie ! »

Cette citation, encore qu'imparfaite dans l'absence de son contexte et de sa disposition graphique, traduit assez bien le rythme haletant en même temps que le sens ultime de toute la quête de Bataille. Au rebours de la philosophie traditionnelle, qui prétend répondre à sa propre interrogation, cette quête débouche sur ce qu'évoque le : « Joie, joie, pleurs de joie » de Pascal, c'est-à-dire sur un mysticisme, mais qui est étranger, ainsi que Bataille l'a indiqué lui-même, « à toutes les présuppositions des mysticismes divers, auxquels il n'oppose plus que la lucidité de la conscience de soi ». Il n'est sans doute pas à notre époque d'interrogation plus fascinante pour l'esprit, et plus féconde (féconde dans la mesure où elle part d'une contestation des données de la vie pour déboucher sur l'au-delà du langage), que celle proposée par Bataille, mais, dans la mesure où elle met en jeu la totalité de notre être, il n'en est pas de plus difficile à « résumer », aussi mieux vaut pour conclure lui rendre la parole : « Donner à la philosophie la transgression pour fondement (c'est la démarche de ma pensée), c'est substituer au langage une contemplation silencieuse. C'est la contemplation de l'être au sommet de l'être. Le langage n'a nullement disparu. Le sommet serait-il accessible si le discours n'en avait révélé les accès ? Mais le langage qui les décrivit n'a plus de sens à l'instant décisif, quand la transgression elle-même en son mouvement se substitue à l'exposé discursif de la transgression, mais un moment suprême s'ajoute à ces apparitions successives : dans ce moment de profond silence – dans ce moment de mort – se révèle l'unité de l'être, dans l'intensité des expériences où sa vérité se détache de la vie et de ses objets. »

ÉROTOKRITOS [Ἐρωτόκριτος]. Poème d'environ onze mille vers de quinze syllabes à rimes accouplées, qui est encore aujourd'hui le plus grand monument de la littérature grecque en « langue vulgaire ». Le poème fut publié pour la première fois à Venise en 1713. L'unique manuscrit, conservé au British Museum, est de 1710. D'après les indications que nous donnent les derniers vers du poème et qui sont confirmées par les recherches de Xanthudidis, un certain Vincent Cornaros, né à Sitia, en Crète, où il mourut en 1677, en serait l'auteur. Il semble que cet écrivain soit originaire de Venise, mais entièrement « hellénisé », si l'on en juge par son œuvre, qui pousse profondément ses racines dans le « terroir » national grec. Des éléments hétérogènes y sont en effet assimilés et s'intègrent en un ensemble de caractère franchement grec. D'après la teneur du poème, les savants sont d'accord pour estimer qu'il a été composé dans la dernière période de la domination vénitienne en Crète, après 1600 et avant 1669. Selon les recherches de l'érudit Cartojan (« Mémoires » de l'académie roméique, VII, 1935), on retrouverait la source principale de l'œuvre dans le roman français *Paris et Vienne*, que l'auteur a probablement connu à travers ses rédactions italiennes.

L'action du poème se situe dans un passé imaginaire et reculé, à une époque où les hommes adoraient le Soleil et la Lune. Le roi Iráklis (Héraclios) règne sur Athènes, il a une fille unique Aréthusa qui, naturellement, est très belle. Le jeune Érotokritos (ou « celui qui est tourmenté par l'amour ») s'éprend de la jeune fille. Érotokritos est le fils de Pézostratos, conseiller du roi. Toutes les nuits, il se rend sous les fenêtres de sa belle, pour chanter son amour en s'accompagnant sur un luth. Aréthusa se prend de sympathie pour le chanteur inconnu. Toutes ses tentatives pour connaître le chanteur restent vaines, mais le hasard fait bien les choses : voici que la jeune fille, en visite chez Pézostratos, durant l'absence du jeune homme, vient à découvrir quel est l'auteur de ces chants passionnés. Un hasard fait se rencontrer les deux jeunes gens ; la princesse ne peut cacher son trouble. Héraclios ayant organisé une grande joute à laquelle prennent part princes et cavaliers venus des pays les plus lointains, Érotokritos y participe et en sort vainqueur. Il recevra des mains d'Aréthusa la récompense de son mérite : une couronne d'or. L'auteur s'est attardé à décrire avec minutie les péripéties du combat ainsi que les armures portées par les chevaliers. C'est alors qu'advient l'inéluctable : un soir, d'une fenêtre du palais, Aréthusa avoue son amour à Érotokritos, qui décide de demander la main de la jeune fille. Mais le roi prend ombrage de la requête et envoie le jeune homme en exil. Un sort encore plus triste attend la jeune fille. Comme elle refuse d'épouser le prince de Byzance, on lui coupe les cheveux et on l'enferme dans une lugubre prison, où elle s'étiole durant trois ans. La guerre ayant éclaté entre le roi des Valaques et le roi d'Athènes, les Athéniens seraient vaincus, si un chevalier mystérieux n'arrivait à leur secours. Noir comme un Sarrasin, il apparaît chaque matin, monté sur un coursier rapide, se jette dans les rangs des Valaques où il fait des ravages, puis se retire quand la nuit interrompt la bataille. Ce chevalier n'est autre qu'Érotokritos, rendu méconnaissable par une eau enchantée. Au cours d'un de ces combats, il sauve la vie du roi, qui souhaite dès lors en faire son fils adoptif et lui offre la moitié de son royaume. Mais l'inconnu n'accepte aucune récompense et rend aux Athéniens un plus grand service encore en tuant le champion des Valaques, Aristos, dans un combat singulier qui devra décider de l'issue de la guerre. Mais Érotokritos est, lui aussi, grièvement blessé. Après de nombreuses autres aventures, le poème se termine, comme il fallait s'y attendre, par une reconnaissance et par le mariage des deux protagonistes.

Né de l'influence tardive qu'exerça le poème de chevalerie occidentale sur les formes anciennes du roman byzantin, ce poème exalte les vertus humaines, la fidélité, l'amour et toutes les vertus chevaleresques du monde féodal.

ERRANCE [*Bloudění*]. Trilogie romanesque de l'écrivain tchèque Jaroslav Durych (1886-1962), publiée en 1929. L'auteur a été considéré comme un écrivain « baroque » à cause de son talent visionnaire, de sa foi catholique, de sa langue éloquente, riche, colorée et forte. De son chef-d'œuvre incontestable, cette trilogie (dite aussi « la grande trilogie de Wallenstein »), le grand critique tchèque F. X. Šalda a écrit : « Dans cette grande fresque de la guerre de Trente Ans, Durych restitue cette époque passionnée sous l'angle du Jugement dernier. La lumière absolue s'y dresse contre les masses des ténèbres absolues, l'enfer déchaîné des passions est éclairé d'un calme méditatif religieux qui vise l'absolu. » L'action du roman se déroule entre l'exécution à Prague, en 1621, des chefs insurgés tchèques, battus auparavant à la Montagne Blanche, et l'assassinat, en 1634, du condottiere ambitieux Wallenstein, duc de Friedland, grand général de Ferdinand II d'Autriche, qui avait projeté de se rendre maître de la Bohême et de sa couronne royale. Outre Wallenstein, Ferdinand et d'autres figures historiques tchèques et étrangères connues, l'œuvre fourmille, à travers l'Europe en fièvre, de nombreux personnages imaginaires : en particulier Georges et Angélique, le lieutenant Kilian et sa femme. Georges (Jiřík), serviteur ombrageux, révolté indomptable et fier de Wallenstein, aime au gré de sa vie mouvementée et de ses exploits l'Espagnole Angélique (Andělka), femme exceptionnelle de foi, de tendresse et de dévouement, et qui s'abandonne à Georges au moment où celui-ci, enfin apaisé dans la foi catholique qu'il embrasse, est frappé à mort. À travers ses personnages et les événements historiques, batailles, chevauchées, pèlerinages, voyages, à travers des horreurs et des sentiments nobles, Durych construit le tableau d'une époque qu'il conçoit, évidemment, en contradiction avec la tradition de la majorité des historiens et exégètes tchèques : c'est ainsi que la Contre-Réforme est pour lui une juste et logique remise en ordre après l'hérésie hussite, celle des frères moraves et des protestants. Néanmoins, cette œuvre l'emporte par sa grande valeur artistique, et elle renouvela d'ailleurs profondément le roman historique tchèque. Thomas Mann n'a-t-il pas déclaré : « *Errance* est une œuvre magnifique. Je crois que depuis *La Guerre et la Paix* (*) je n'ai pas lu un roman historique avec un tel intérêt. Avec ses descriptions de bataille (Lützen), il me semble qu'il est tout simplement au niveau de Tolstoï ; quant au reste, quel sens de la couleur ! Je crois que le nom de cet auteur deviendra universellement connu. »

ERREURS AMOUREUSES (Les). Œuvre du poète français Pontus de Tyard (1522 ?-1605), publiée à Lyon, en 1549, 1551 et 1555. Première œuvre poétique de Tyard, les *Erreurs amoureuses* (qui précèdent, dans l'édition parisienne de 1573 des *Œuvres Poëtiques de Pontus de Tyard*, les *Vers liriques* et les *Nouvell' Œuvres poëtiques* inspirées par Claude-Catherine de Retz) constituent sans aucun doute la part la plus attachante et la plus belle de son œuvre de poète. Publié en trois temps à Lyon chez Jean de Tournes (la première édition en 1549, la *Continuation* en 1551 et le *Troisième livre* en 1555), le recueil doit son unité à la figure mystérieuse de sa dédicataire et inspiratrice, que le poète cèle sous le « senhal » de Pasithée (la « toute divine »), du nom dont Homère désigne la troisième des Grâces. Il ne fait plus de doute aujourd'hui que la jeune femme n'ait eu une existence réelle et que la poésie de Tyard ne reflète les vicissitudes d'une passion douloureusement vécue jusqu'à une rupture que l'on peut situer en 1555 ou 1556 (année où, dans le *Discours du temps*, la devise cicéronienne « Solitudo mihi provincia est » remplace l'« Amour immortelle » des *Erreurs*). Le titre même d'*Erreurs amoureuses* fait explicitement référence au huitain liminaire de la *Délie* (*) de Maurice Scève (« Je sais assez que tu y pourras lire / Mainte erreur même en si durs epigrammes ») et à la mystique de l'amour de celui-ci, dont l'influence se fait fortement sentir sur l'ensemble du recueil, même si on y voit aussi apparaître en 1551 et 1555 des motifs nouveaux qui traduisent celle de la Brigade, comme celui de la gloire du poète. L'« erreur » amoureuse (errance et errement) n'est autre que cette « fureur » décrite par Tyard dans le *Solitaire premier* de 1551 et qu'avait exaltée Marsile Ficin dans son commentaire au *Banquet* (*) de Platon, cette déraison au service d'une plus haute raison « engendrée d'une secrette puissance divine » et « par laquelle l'âme raisonnable est illustrée ». Pour autant, la poésie de Tyard n'est ni seulement celle d'un épigone de Scève, ni la simple adaptation poétique de thèses néo-platoniciennes. Elle doit tout au contraire sa spécificité à la conjonction d'une psychologie et d'une complexion essentiellement portées vers la mélancolie et d'un néo-platonisme authentique, inspiré non seulement de Ficin mais des *Dialogues d'amour* (*) de Léon L'Hébreu, que Tyard traduit et publie en 1551 et où il trouve une philosophie optimiste et rationaliste de l'amour, qui fait de la sérénité contemplative la visée ultime de l'homme et la fin même de la passion amoureuse.

Tyard reprend ainsi à Léon L'Hébreu une mystique de l'amour qui donne à celui-ci une dimension cosmologique et religieuse, subsumant sous la seule figure de l'aimée tout à la fois le monde et la divinité. Dans le mouvement ascendant qui élève la passion vers la contemplation, l'aimée est à la fois au principe et au terme (« Quand je m'eslieve en contemplation, / M'esmerveillant de ce divin visage (....) / Alors j'adore en telle humilité, / Ce saint seul Dieu de ma felicité, / Lequel toujours devotement je prie », *Premier livre*, s. V) et devient, dans une étrange cosmologie amoureuse, un Ciel qui exerce sur le poète une attraction conçue sur le modèle des influences planétaires, combinant les fonctions du « primum mobile » (« Ô ma divine Sphere »), de la Lune, de Vénus et du Soleil. Tout en mettant comme Léon L'Hébreu la connaissance au principe du désir amoureux (« De Chaste Amour » : « Ô connoissance heureuse en ton sçavoir, / Qui as donné à mon Amour pouvoir »), le poète éprouve l'insuffisance de la connaissance devant les forces irrationnelles du moi : « Que me sert la connoissance / D'Amour et de sa puissance, / Et du mal qu'il fait sentir / Si je n'ay la resistance, / Pour m'en sçavoir garantir ? » (*Premier livre*, « Chant non mesuré »). L'idéal néo-platonicien d'un amour qui serait désir sans passion est constamment confronté à l'expérience aliénante de la jalousie et de la déception (« Amour m'a fait d'homme content et seur / Tout mal content, tout plein de jalousie »), qu'exprime la hantise onirique de la « fuyante image » de l'aimée. Le motif du « songe ténébreux » rejoint ainsi celui de la fuite du temps, qui est bien plus chez Tyard qu'un topos littéraire. Si confiant qu'il se dise d'inscrire l'« amour immortelle » dans l'Éternité (« Mais soient les cœurs amans reduits en cendre, / Si se feront encor partout entendre / Les beaux escrits des amoureuses plumes », *Second livre*, s. IX), le poète est confronté aux affres de la vicissitude d'un amour vécu dans « la peine suivie, / Les mois, les jours, et les heures glissantes ». La poésie est ainsi quête d'une impossible « asseurance », tentative pour instaurer une stabilité et un ordre dans une âme qui se sait menacée par le chaos (voir le poème « Disgrâce »), et l'inspiration des *Erreurs* annonce les préoccupations du *Discours du temps*, qui fonde la démarche ordonnatrice de la philosophie sur l'essentielle conscience de la labilité du monde et sur la nécessité de conquérir la sérénité contre les forces aliénantes de la dispersion.

S. B.

ERREURS DE M. DE VOLTAIRE. Ouvrage polémique du prédicateur et écrivain français Claude Adrien François Nonnotte (1711-1793), publié en Avignon en 1762. S'il fut l'occasion pour l'auteur de montrer sa solide formation d'historien et de théologien, ses médiocres talents d'écrivain, desservant l'ampleur ambitieuse du sujet, ne purent que lui attirer les railleries de Voltaire et des milieux cultivés de l'époque. Tout en reconnaissant à Voltaire une place importante dans le domaine des études contemporaines, Nonnotte sent qu'il est de son devoir d'entreprendre contre lui une véritable croisade, du fait que nul ouvrage de cet auteur ne traite de la religion avec le respect requis. Voltaire en parle en poète, en historien, en philosophe, mais jamais en chrétien. Sa poésie n'est, pour la plus grande part, qu'un libertinage impie, ses satires ne font que substituer le fiel et la calomnie à la vérité ; dans ses « mélanges philosophiques » enfin, plus sceptique encore que Bayle, il s'attaque à tous les bons principes ; ses erreurs d'histoire et de doctrine, particulièrement au sujet du christianisme et de sa fonction dans la société, sont d'elles-mêmes évidentes. Surchargé de références historiques et de digressions, l'ouvrage ne doit qu'à la riposte impitoyable de Voltaire de n'être pas tombé entièrement dans l'oubli.

ERREURS DES RELIGIONS PROFANES [*De errore profanarum religionum*]. Traité polémique composé par l'écrivain latin Firmicus Maternus, entre 346 et 350, si différent de l'autre œuvre qui nous est parvenue du même auteur — v. *Mathesis* (*) — qu'on est allé jusqu'à supposer, mais sans avoir de preuves suffisantes, qu'il s'agissait d'œuvres écrites par deux écrivains homonymes. Cette différence peut pourtant s'expliquer si l'on pense que, entre la composition des deux ouvrages, douze années se sont écoulées ; et c'est pendant cette période qu'a eu lieu la conversion de l'auteur au christianisme. Dans la version parvenue jusqu'à nous, il manque les premières pages de l'œuvre ; dans la suite, l'auteur commence par passer en revue les cultes naturalistes des éléments (culte de l'eau chez les Égyptiens, de la terre chez les Phrygiens, de l'air chez les Assyriens, du feu chez les Perses), et il en montre l'absurdité ; puis il considère les cultes qui, venus de l'Orient, étaient alors les plus répandus parmi les païens : les mystères d'Isis, de Cybèle et de Mithra, le culte des corybantes, d'Adonis, etc. ; il applique les principes d'Evhémère pour prouver que toutes ces divinités ne sont que des hommes élevés, après leur mort, aux honneurs divins, et dont les péchés, racontés dans les mythes, servent aux hommes pour justifier les leurs. Recourant à d'absurdes étymologies pour les noms des divinités, il s'efforce d'expliquer ainsi l'origine de certaines d'entre elles et, dans un chapitre, historiquement très intéressant pour les renseignements qu'il nous donne sur les mystères, il explique comment très souvent les phrases et les formules employées peuvent être rapprochées de *La Bible* (*). Ce qui frappe surtout dans cette œuvre, c'est le fanatisme presque féroce de l'auteur qui, en de fougueuses exhortations, s'adresse aux empereurs Constant et Constance, pour les implorer de persécuter, sans aucune clémence, les hommes qui pratiquent les fausses croyances, et de les contraindre par la force à adopter la vraie religion. La valeur essentielle de cette œuvre est de nous renseigner sur les cultes profanes de cette époque, que l'auteur semble très bien connaître ; il nous révèle aussi l'état d'âme de beaucoup de chrétiens dans les temps qui suivirent immédiatement leur brusque victoire sur le paganisme ; et l'œuvre reflète l'inévitable réaction aux longues persécutions subies. — Trad. Les Belles Lettres, 1982.

ERREURS ET DE LA VÉRITÉ (Des) ou les Hommes « rappelés » au principe universel de la science. Œuvre de l' écrivain et philosophe français Louis Claude de Saint-Martin (dit le Philosophe inconnu, 1743-1803). C'est l'une des premières œuvres — sinon la première — écrites par cet auteur. L'ouvrage parut à Lyon, mais porte « Édimbourg, 1775 » sur sa feuille de garde. Encore du vivant de l'auteur, et a fortiori de nos jours, les opinions des critiques diffèrent du tout au tout. Le duc de Richelieu en conseillait la lecture à Voltaire ; d'Holbach fut tellement intéressé qu'il entreprit une correspondance suivie avec Saint-Martin, qu'il considérait comme « l'un des écrivains les plus profonds du siècle ». Nous avons de fort brillantes appréciations sur l'auteur dues à Chateaubriand, à de Maistre et, plus près de nous, à Victor Cousin. Par contre, Voltaire, dans une lettre à d'Alembert, datée du 22 octobre 1776, disait : « Je ne crois pas qu'on ait jamais rien imprimé de plus absurde, de plus obscur, de plus fort et de plus sot. » D'une lecture malaisée, avec des références constantes à une science des nombres incompréhensible pour un non-initié, *Des erreurs et de la vérité* a, en effet, tout pour rebuter un lecteur peu patient. Suivant les biographes de Saint-Martin (Sainte-Beuve, Caro, Matter, Papus), cette œuvre fut écrite pour réfuter un livre — d'ailleurs tout à fait médiocre — de Boulanger : *L'Antiquité dévoilée*, dont l'idée maîtresse était que toutes les religions sont nées des craintes populaires, craintes causées, en grande partie, par des catastrophes naturelles (tremblements de terre, inondations, etc.). Nous pensons que l'intention de l'auteur fut plus sérieuse et, surtout, plus ambitieuse : non seulement expliquer la Création par l'homme qui en est, selon lui, la véritable clé de voûte, mais encore rendre à l'homme sa dignité de maître de la Création, en détruisant un certain nombre de légendes devenues des lieux communs — qu'il s'agisse de l'œuvre des sept jours, du déterminisme, ou de la punition dont l'humanité semble être affligée par suite du « péché originel ». En effet, selon Saint-Martin, l'homme qui sait se concentrer et faire abstraction de tout ce qui est extérieur peut « opérer », c'est-à-dire projeter sa volonté et, ayant obtenu la connaissance du principe même de ces courants fluidiques que sont la pensée et la parole, obtenir, sur le plan matériel et humain, des résultats tangibles qu'on qualifie ordinairement de « miraculeux », mais qui ne seraient, en réalité, que les résultats d'une connaissance acquise. Celle-ci appartiendrait, de toute éternité, au genre humain, et ne serait que momentanément perdue par suite de son abâtardissement, car, nous dit le Philosophe inconnu, « l'espèce humaine est moins libre actuellement qu'elle ne l'était dans ses premiers jours ». Ce postulat en entraînant un autre, celui du rattachement de l'homme à son prototype, amène Saint-Martin à esquisser ici sa théorie des émanations, qui a permis à Matter (et à d'autres) de l'accuser de panthéisme. Nous sommes obligés de dire que cette accusation ne repose sur rien de sérieux ; si les théories « émanentistes » de Saint-Martin étaient panthéistes, les enseignements sacrés des Hébreux — et en particulier *La Kabbale* (*) — le seraient également. Or, même avant la défense admirable des enseignements kabbalistiques par le chevalier Drach, rabbin converti au christianisme, il était et reste universellement admis que la religion juive, essentiellement monothéiste, ne peut en aucun cas être sérieusement suspectée de panthéisme. Critiquant certaines affirmations de l'Église catholique, notamment dans la question touchant aux peines qui pourraient être encourues par les pécheurs dans l'au-delà, Louis Claude de Saint-Martin tranche la difficulté dans ce passage, quelque peu astucieux, mais charmant : « On a eu grand tort de prétendre nous mener à la sagesse par le tableau effrayant des peines corporelles dans une vie à venir [...]. Combien ces aveugles maîtres nous eussent-ils rendus plus heureux, et eussent-ils donné une idée plus digne de notre principe, s'ils eussent été assez sublimes pour dire aux hommes que ce principe, étant lui-même amour, ne punit les hommes que par l'amour, puisque, lorsqu'il leur ôte l'amour, il ne leur laisse plus rien. »

ERWARTUNG [*L'Attente*]. Monodrame en un acte pour soprano et orchestre op. 17, du compositeur autrichien Arnold Schoenberg (1874-1951). Composée au début du mois de septembre 1909, en quinze jours à peine, cette œuvre se présente sous la forme d'un opéra à un seul personnage. L'argument en est le suivant : à la lisière d'une forêt, sombre et hostile, alors que la lune inonde la campagne, une jeune femme attend son amant. Elle est frêle et sur son vêtement blanc éclate le rouge de quelques roses. Hésitante, elle s'engage dans les ténèbres. Le silence et la nuit, habités de présences invisibles, l'étreignent ; elle s'égare à tout instant et cède peu à peu à la terreur et à l'angoisse. Le souvenir d'un bonheur ancien guide ses pas au travers du cauchemar. Au-delà des ténèbres apparaît une maison aux volets clos, la demeure de sa rivale. Épuisée, déchirée, elle s'avance lentement. Près d'un banc, au pied du balcon, elle bute sur un corps inanimé. C'est lui, poignardé, qui gît ensanglanté. Pourtant, tout n'était qu'attente, leur chambre là-bas, et elle-même tout au long de cette horrible marche. Elle crie son désespoir et sa haine ; alors que cette nuit lui était promise, il connaissait d'autres étreintes. Mais le jour se lève et vient apaiser sa douleur. Peut-être ne l'a-t-il pas voulu ? Elle se souvient de sa voix, de ses yeux, elle lui fait signe. Pour elle qui le cherchait, il est là.

Le poème de Marie Pappenheim est construit sur des phrases très courtes, de quelques mots, systématiquement séparées par des points de suspension. L'action se réduit à une histoire intérieure où se fondent le rêve et l'inconscient. Par son inspiration et son langage, ce poème se rattache aux formes de l'expressionnisme dont il n'utilise pas toujours les meilleurs procédés.

Pour Schoenberg, il devait néanmoins servir de point de départ à une partition dont l'invention musicale est l'une des principales caractéristiques. La voix de soprano déroule tout au long du drame une ligne mélodique qui n'effectue aucun retour sur elle-même et n'utilise jamais d'éléments déjà entendus. Cette absence totale de reprise engendre un athématisme pratiquement absolu qui n'est en fait que l'ultime conséquence du principe de la variation. L'écriture orchestrale est également très diversifiée et s'adapte au rythme haletant du poème dont elle souligne toutes les inflexions par de brusques variations d'intensité ou de timbres. Par ailleurs, chaque voix instrumentale est souvent traitée indépendamment dans un esprit évidemment contrapuntique. Schoenberg emploie un procédé de notation, inauguré dans les *Cinq pièces pour orchestre* (*) qui consiste à mettre en évidence par des signes la « voix principale » et la « voix secondaire », dont les passages d'un instrument à l'autre peuvent ainsi être aisément repérés. Dans l'évolution de la pensée de Schoenberg, *Erwartung* s'inscrit d'ailleurs à la suite de ses *Cinq pièces pour orchestre* qui affirmaient déjà avec force le principe de l'athématisme. La dernière pièce, intitulée « Récitatif obligé », est parcourue de bout en bout par une mélodie principale constamment renouvelée. Pour les disciples de Schoenberg, *Erwartung* constituera un modèle d'expression dramatique dont Alban Berg se souviendra lorsqu'il écrira *Wozzeck* (*).

ERWIN. Quatre dialogues sur le beau et sur l'art [*Erwin. Vier Gespräche über das Schöne und die Kunst*]. Ouvrage du philosophe allemand Karl Wilhelm Ferdinand Solger (1780-1819), publié à Berlin en 1815, dans lequel l'auteur expose, sous forme de dialogues, ses idées sur l'esthétique. Celles-ci seront reprises, mais d'une manière plus systématique, dans ses *Leçons sur l'esthétique* [*Vorlesungen über Aesthetik*], publiées par Heyse, en 1829, et deux ans plus tard dans les *Dialogues philosophiques* (*). Le premier dialogue contient une critique générale des théories esthétiques de l'époque qui nient toute autonomie au fait esthétique. Celui-ci, en effet, était tantôt ramené au plaisir subjectif (Burke), tantôt à l'harmonie objective du sensible (Baumgarten), tantôt considéré comme un moyen de réaliser des fins esthétiques (Fichte) ou comme un degré inférieur de la connaissance (idéalisme). Parfois ces diverses théories étaient fusionnées sans être pour cela dépassées (Kant). L'erreur de toutes ces doctrines consiste, d'après Solger, dans le fait qu'elles considèrent le beau comme existant en soi et qu'elles en recherchent la justification sur le plan du réel. Mais le beau est plutôt la loi idéale d'un procès par lequel l'idée (le divin présent dans le sujet), à travers l'activité du sujet lui-même, transfigure le monde en l'arrachant à son isolement, à sa dispersion, et en l'insérant dans la dialectique de l'absolu. Le deuxième dialogue traite précisément de cette activité esthétique qui, contrairement à l'activité poétique, n'a pas une fin hors d'elle-même, mais constitue sa propre fin. Sa mission est d'aller vers le monde, vers la plus profonde réalité, non pour l'accepter ou pour s'y soumettre, mais pour la transfigurer idéalement. Naturalisme et idéalisme expriment ainsi le procès dialectique de l'activité esthétique qui, dans son essence même, est force créatrice, acte libre de l'idée en nous.

Le troisième dialogue définit, dans le sens idéaliste, les moments de l'activité créatrice comme rapport entre le sujet, qui, dans sa liberté idéale constitue le génie, et la matière libre de toute détermination et de toute organisation extrinsèque, forme pure du particulier. C'est de ce rapport que naît le monde de l'art, dans lequel l'idée s'est réalisée dans l'apparence et l'apparence dans l'idée. Une telle réalisation offre, selon la formule de Goethe, deux aspects : elle est symbole en tant que l'idée apparaît comme réalité accomplie, elle est allégorie en tant que l'idée apparaît comme activité qui se réalise. Cette distinction, pour Solger, permet de définir l'art antique ou classique, et l'art moderne ou romantique. Dans l'art symbolique, le divin se présente sous forme de mythe, et le monde, ou l'humain, sous forme de nature universelle définie. Dans l'art allégorique, le divin est le terme de l'aspiration mystique, l'humain est le mouvement de l'aspiration individuelle. Solger convient qu'il y a poésie dès que l'idée s'actualise dans l'esprit de l'artiste et que l'art est sa réalisation objective. C'est ce qui lui permet de distinguer plusieurs arts. Cette distinction, il croit pouvoir la justifier en partant précisément de l'activité esthétique elle-même. Art et poésie ne font qu'un quand ils nous parviennent à travers le langage qui est spiritualité objective, dans la poésie proprement dite, laquelle peut être épique, lyrique, dramatique si on la considère dans son double aspect : symbolique ou allégorique. Dans les autres arts, cette méditation se réalisant dans un objet apparent, les distinctions deviennent plus claires. Dans les arts figuratifs qui ne s'expriment que dans le moment de la forme accomplie, la sculpture représente le moment symbolique, la peinture le moment allégorique. Dans l'architecture et dans la musique, qui sont résolution des rapports, ces relations sont d'ordre spatial ou temporel.

Dans le quatrième dialogue, Solger précise la nature et le moment de l'imagination, pure activité esthétique. On peut distinguer trois temps : la sensibilité, qui constitue pour ainsi dire l'atmosphère subjective qui rend possible la transfiguration esthétique ; la fantaisie proprement dite, qui est pouvoir de création significatrice (allégorie) ou imaginatrice (symboles). Entre les deux, l'intelligence artistique, principe d'harmonie et de clarté, caractérise l'art dans ses formes les plus parfaites, alors que la sensibilité et la fantaisie prédominent, l'une aux époques de décadence, l'autre aux époques où l'art prend son essor. La forme la plus élevée que l'art puisse emprunter, et dans laquelle l'esprit esthétique rejoint sa vérité, coïncide avec ce moment où l'art apparaît comme idée qui se réalise et en même temps détruit sa propre réalisation. C'est le point typiquement romantique de l'ironie, considérée par Solger comme étant le sens le plus profond du classicisme artistique lui-même, de la réalité idéale enfin atteinte. C'est en effet par l'ironie que la réalité reconnaît qu'elle n'est rien en dehors de l'acte de l'idée, mais l'idée elle-même s'anéantit à son tour en suggérant sa divine liberté. C'est pourquoi l'ironie se rattache à l'enthousiasme spirituel : elle est la certitude que le beau, en tant que tel, doit périr, mais elle exprime également sa certitude dans l'éternité, présente dans cet éternel vivre, qui n'est que le fait de mourir. L'esthétique de Solger est, parmi toutes les esthétiques idéalistes, la plus romantique : en effet, la crise romantique qui, pour Hegel, ne pouvait se résoudre que par la mort de l'art, est ici l'expression essentielle de l'art quand, ayant atteint son plus pur classicisme, il tente un suprême dépassement en prenant conscience de sa signification métaphysique.

ERWIN ET ELMIRE [*Erwin und Elmire*]. Opérette de l'écrivain allemand Johann Wolfgang Goethe (1749-1832) qui existe en deux versions. La première de 1775, condamnée par l'auteur lui-même, et la seconde complètement refondue en 1787 pendant son séjour à Rome et publiée en 1788. C'était une œuvre destinée aux spectacles qui se donnaient à la cour de Weimar. La trame en fut inspirée à Goethe par une ballade incorporée au VIIIe chapitre du *Vicaire de Wakefield* (*) de Goldsmith, mais on y distingue aussi des éléments autobiographiques (1775 est l'année du début de son amour pour Lili Schönemann que le poète voulait épouser ; plus tard, une rupture devait y mettre fin). La musique de l'opérette fut composée par l'ami de Goethe, Johann André (1741-1799), à Offenbach. La seconde version, comprenant deux actes, fait apparaître deux couples d'amoureux : Erwin et Elmire, Valério et Rosa. Tourmenté par l'indifférence simulée d'Elmire, Erwin a fui les lieux. Elmire à présent est inconsolable. Valério et Rosa cherchent à lui redonner courage. Valério lui propose d'aller consulter un sage ermite habitant la montagne, qui l'avait souvent soutenu par ses conseils. Elmire y consent volontiers. Cependant Rosa, jeune personne de caractère jaloux, trouve que Valério se montre trop empressé auprès de l'amie et l'accable de reproches. Valério, excédé par l'humeur de sa maîtresse, fuit à son tour et se dirige seul vers la demeure du saint homme. Au second acte, on voit l'ermitage, mais le vieillard n'est plus ; sa tombe ornée de roses est gardée par Erwin devenu son dernier disciple. Survient Valério qui, dans son désespoir, a coupé sa belle chevelure et la tient en main. Les deux amis se confient leurs malheurs. Cependant, Valério assure Erwin qu'il est aimé par Elmire. Soudain, ils voient venir de loin Rosa et Elmire. Erwin, sur le conseil de Valério, revêt le froc de l'ermite et se fait une barbe avec la chevelure coupée de son ami. Arrive Elmire, qui confesse au soi-disant ermite ses fautes envers Erwin. Celui-ci écrit quelques mots sur une feuille, mais lui ordonne d'aller la lire au loin. Les deux amis sont transportés de joie. Revient Elmire, elle a lu sur la feuille ces mots : « Il n'est pas loin » ; les amants se retrouvent. Valério et Rosa aussi se réconcilient et tous les quatre exaltent leur bonheur. Le texte contient un grand nombre de jolies chansons ; toutefois l'auteur, dans sa correspondance, exprime l'opinion qu'une opérette ne peut être appréciée à sa pleine valeur à la seule lecture, ce n'est qu'en connexion avec la musique qu'apparaissent clairement les intentions du poète.

ÉSAÜ ET JACOB [*Esaù e Jacob*]. Ce roman de l'écrivain brésilien Joaquim Machado de Assis (1839-1908) fut publié en 1904, alors que l'auteur des célèbres *Mémoires posthumes de Braz Cubas* (*), de *Quincas Borba*, de *Dom Casmurro* jouissait déjà depuis longtemps d'une grande renommée, non seulement à Rio de Janeiro, qui est sa ville natale, mais dans tout le Brésil et à l'étranger. Il conte, avec ce scepticisme souriant et débonnaire qui lui est particulier, l'histoire de deux frères jumeaux, Pierre et Paul, fils de la très belle Natividád qui, poussée par le désir bien naturel de connaître l'avenir de ses enfants, va consulter la métisse Barbara. En termes ambigus, celle-ci lui déclare qu'ils accompliront de grandes choses. Confiante dans l'avenir, la mère élève ses deux fils pour que la fortune leur sourie. Mais un vivant, un irréductible contraste apparaît de plus en plus nettement entre les jumeaux : on retrouve en eux cette opposition de natures qui rendit ennemis les deux frères Ésaü et Jacob, non pas par convoitise d'un droit d'aînesse ou de richesses, mais en raison de la divergence innée de leurs caractères, de leurs idées et de leurs sentiments. Enfants, ils se battaient à coups de poing, adolescents tout les oppose et, entre autres, leurs opinions politiques, l'un étant monarchiste, l'autre républicain. La seule fois où ils connaissent le même sentiment, c'est pour s'éprendre tous deux de Flora, fille unique de l'inquiète et ambitieuse doña Claudia, jeune fille aussi belle que bonne mais, selon un ami de la maison, le conseiller Aryas, incompréhensible. Les jumeaux l'aiment et elle répond à leur amour sans témoigner une préférence à l'un ou à l'autre, car tous deux lui semblent ne former qu'un seul être tant ils se ressemblent physiquement ; la diversité même de leurs caractères lui apparaît comme les différents aspects d'un tout unique. Elle pense avec nostalgie à Paul qui fait son droit à São Paulo, et à Pierre alors à Rio, où il fait sa médecine ; mais la joie que lui cause le retour de Paul ne lui rend pas moins précieuse la présence de Pierre. Unique et double amour inexplicable, mais tel que la douce Flora en meurt.

Les jumeaux font le serment d'oublier toutes leurs rivalités égoïstes en souvenir de la bien-aimée, mais ce souvenir même devient une source de haine et les éloigne chaque jour davantage l'un de l'autre. Le temps passe, la république est instaurée au Brésil et voici que Pierre, le monarchiste, satisfait de la constitution, devient républicain « conservateur », tandis que Paul, le républicain « historique », est mécontent et déçu. Cependant tous deux deviennent membres du congrès, élus en même temps par les partis adverses. À la mort de leur mère, les jumeaux se retrouvent et se réconcilient en pleurant. Mais pour peu de temps : bientôt la lutte reprendra, inexorable, jusqu'à la fin.

La valeur du livre réside avant tout dans l'art avec lequel Machado peint ses personnages, dessine leur caractère, en éclaire les antinomies à l'aide d'images d'une justesse extraordinaire et d'analyses pénétrantes, tout en décrivant l'atmosphère de Rio de Janeiro et l'époque où se déroule l'action, réussissant à faire de ce roman une œuvre typiquement brésilienne, « carioca » même, et pourtant universelle. — Trad. Métailié, Paris, 1985.

ESBAHIS (Les). Comédie de l'écrivain et médecin français Jacques Grévin (1538-1570), jouée dans le cadre du collège de Beauvais en 1560 et publiée en 1561. L'intrigue complexe (particularité nouvelle à cette époque en France) de cette pièce repose principalement sur des ruses et des quiproquos dont le but est de favoriser les amours des jeunes gens aux dépens de ceux des barbons : on y trouve le jeune avocat rival du vieillard Josse et de l'italien Pantaleone pour l'amour de la jeune Madeleine, l'entremetteuse, le père avare, le serviteur habile, le domestique niais. Bien qu'elle soit écrite en octosyllabes (vers de la farce), cette pièce (la deuxième comédie de Grévin, après *La Trésorière*, 1558), marque un infléchissement de la production française vers la « commedia erudita » : on note en effet l'influence de Térence et des deux comédies de Piccolomini, *Gl'Ingannati* et *Alessandro* (jouées en 1555 devant la Cour à Fontainebleau). L'effort considérable d'adaptation (il s'agit de mettre en place une comédie nationale) fait de cette œuvre une production tout à fait originale dans laquelle le rire est au service de la morale : la comédie tente d'être l'égale de la tragédie dans la peinture des passions humaines. F. R.

ESCALES. Suite symphonique du compositeur français Jacques Ibert (1890-1962). Écrite à Rome en 1922, cette œuvre faisait partie du troisième envoi à l'Institut, auquel le jeune musicien était tenu en raison de sa qualité de pensionnaire à la villa Médicis (il avait remporté le grand prix de Rome en 1919). Âgé de vingt-huit ans et jeune marié ; il éprouvait peu d'attrait pour le « cénobitisme » qui était alors la règle à la villa Médicis. Il avait préféré utiliser sa bourse à voyager à travers l'Italie, et même autour de la Méditerranée. La partition d'*Escales* fut inspirée de notes prises au cours d'un voyage qui conduisit le musicien en Sicile, en Afrique du Nord et en Espagne. Délibérément pittoresque, l'œuvre ne se veut pourtant pas descriptive. La partition originale, au reste, ne comportait aucun sous-titre pour chacun des mouvements. Ceux-ci ne furent rétablis (ou inventés) qu'à l'occasion de la première exécution, aux Concerts Lamoureux, le 6 janvier 1924. Le premier mouvement, Rome-Palerme, est en deux parties. La première, une introduction lente, que caractérise un beau thème confié à la flûte, est censée évoquer les délices d'une traversée sur la mer scintillant au soleil. La seconde, une vive saltarelle, est une impression de l'escale de Palerme. Le second mouvement, Tunis-Neffa, essentiellement constitué d'un long et capricieux solo de hautbois en forme d'improvisation, que soutiennent des effets de percussion, est un pastiche très réussi de musique indigène. Le troisième mouvement, Valencia, beaucoup plus développé, est une véritable rhapsodie, réunissant une gerbe de thèmes, dont certains semblent empruntés au folklore ibérique. Cette page constitue un Finale coloré, brillant, aux rythmes étourdissants. *Escales* s'est imposé pour le charme d'une inspiration authentique, mais surtout pour la stupéfiante virtuosité d'instrumentiste de Ibert. Sa technique, assurément, procède pour beaucoup de Rimski-Korsakov et de Ravel, mais il sait découvrir des effets inédits, telles les harmoniques « col legno » des violoncelles joints à la timbale pour évoquer les petits tambours arabes. Il atteint la délicatesse d'évocation des peintres impressionnistes, suggérant par de judicieuses touches instrumentales le papillotement de la lumière, l'atmosphère féerique de ces voyages.

ESCALIER D'OR (L'). Roman ou plutôt récit romanesque du critique et romancier français Edmond Jaloux (1878-1949), publié en 1922. C'est surtout Paris, le quartier du Palais-Royal, qui forme le cadre de son intrigue. Cette intrigue, d'ailleurs, compte peu : un vieil homme au cœur pur, bohème impénitent et qui fut poète à ses heures, organise de temps à autre dans son très humble logis quelque petite mascarade où la jeunesse est à l'honneur. Fêtes clandestines autant qu'innocentes, à seule fin de récréer sa nièce qu'il chérit plus que tout au monde. Il se trouve que la jeune fille est incapable de répondre à l'amour qu'a conçu pour elle un de ses jeunes cavaliers : un grand, un véritable amour. Par le jeu des circonstances, elle deviendra un jour l'épouse de quelque prosaïque notaire. Sans, d'ailleurs, se plaindre de son sort, tant la médiocrité d'âme est l'élément naturel de la plupart des humains. Tel est l'écheveau qu'Edmond Jaloux dévide avec la lenteur qu'exige son art même. Il s'est toujours plu à suivre les méandres de notre vie intérieure : ces débuts d'un sentiment, ces trop vastes aspirations, ces velléités héroïques qui se résolvent en brouillard parce que la vie est ainsi faite. Jaloux semble avoir enclos là l'essentiel de sa pensée sur l'esprit des gens d'aujourd'hui : ce besoin de rêver que contaminent le sens pratique et les commodités de la vie. Il excelle à mettre en lumière tout ce merveilleux qui résulte des plus simples combinaisons de l'existence quotidienne. Son analyse très délicate est loin de traîner dans les redites. Dans *L'Escalier d'or*, il fait songer à Nerval. Ce n'est point, certes, un mince éloge.

ESCALIER DU STRUDLHOF (L') ou Melzer et la profondeur des années [*Die Strudlhofstiege oder Melzer und die Tiefe der Jahre*]. Roman de l'écrivain autrichien d'expression allemande Heimito von Doderer (1896-1966), publié en 1951. Le titre se réfère à une très pittoresque ruelle à degrés de Vienne, qui apparaît ici comme un pont jeté sur deux mondes sociaux différents. L'action de ce roman volumineux se déroule à Vienne en 1910-11 et en 1923-25, et elle tente de décrire toutes les forces et contre-forces de cette époque point trop lointaine, encore qu'il s'agisse pour Doderer de dérouler devant le lecteur l'éternel humain comme un tapis au dessin compliqué et surchargé, plein d'arabesques, de lignes entrelacées, de signes et de repères, afin de montrer comment passé et présent s'enchaînent et s'expliquent l'un par l'autre dans le cours d'une vie humaine, comment la connaissance naît à partir de l'expérience, comment précisément la connaissance donne seulement à l'expérience vécue sa seule réalité, comment le destin se déchiffre grâce à l'interprétation de signes apparemment insignifiants. Ainsi au centre de ce roman-fleuve (centre d'autant plus nécessaire que les épisodes sont plus dispersés dans l'espace et le temps) se dresse l'escalier bâti par Jaeger, et qui voit passer et se croiser tant d'existences diverses. Une multitude de personnages circulent dans ces neuf cents pages où l'auteur présente la « comédie humaine » de Vienne. De la multiplicité des rencontres et des intrigues résulte un papillotement impressionniste, qui tantôt irrite, tantôt pique la curiosité. Le sous-titre précise toutefois l'importance du personnage de Melzer, autour duquel tout en effet s'ordonne plus ou moins. Officier devenu, en 1923, « conseiller d'administration » — comme Zihal, personnage dont Doderer fera le principal protagoniste dans *Les Fenêtres éclairées* (*) —, Melzer, en se dégageant peu à peu des contraintes de l'habitude, se lancera à la recherche de sa qualité d'homme, c'est-à-dire, comme le précise l'auteur de « ce qu'il y a de plus difficile ». Sa recherche est perpétuellement interrompue ou recouverte par le flot des autres destins qui croisent le sien. Mais Doderer ne cherche nullement à décrire une humanité en évolution, ce qu'il veut montrer au contraire c'est la société viennoise figée dans sa décadence et attendant sa destruction. Le tableau de cette civilisation trop raffinée, trop cultivée, trop chargée de temps pour susciter encore des hommes d'action, est un chef-d'œuvre par l'agencement magistral des milliers de nuances qui la dépeignent, encore que le style puisse paraître souffrir d'une certaine surcharge à cause du foisonnement baroque des images. Quoi qu'il en soit, ce roman est certainement avec *Les Démons* (*) l'œuvre majeure de Doderer.

ESCALIER EN SPIRALE (L') [*The Winding Stair*]. Recueil de poèmes du poète irlandais William Butler Yeats (1865-1939), publié en 1929. Ce recueil forme comme un diptyque avec le précédent : à l'amertume de *La Tour* (*) succède ici, fût-ce à travers les mêmes symboles, un véritable hymne à la vie, composé par un poète malade et vieillissant. La mort laisse la place à l'énergie vitale, les images de stérilité à de vigoureuses passions et à la sexualité joyeuse de Jeanne la Folle. Certains poèmes sont empreints de l'enthousiasme de Yeats pour les penseurs du XVIIIe siècle : Swift, Burke, Goldsmith et Berkeley. Sans doute l'« unité de culture » de ce siècle fait-elle écho à l'« unité d'être » chère à Yeats. On retrouve également le symbole de la Tour, notamment dans « Le Sang et la Lune » ; le titre même du recueil évoque l'escalier (« mon escalier ancestral ») de Ballylee Thoor, une tour inachevée où Yeats s'était installé en 1919, et qui n'avait pas de toit. Tour d'ivoire, certes, où brille la lampe du savant, mais également image du monde moderne « à moitié mort au sommet ». Philosophiques, politiques, méditatifs, la plupart des poèmes trahissent la préoccupation majeure de Yeats à cette période de sa vie : la présence en l'homme d'aspirations et de convictions antinomiques. « Héraclite avait raison, écrivait-il en 1921, les contraires sont partout face à face, mourant la vie l'un de l'autre, vivant la mort l'un de l'autre. » Le conflit de l'âme et du moi apparaît notamment dans « Byzance », où ces contraires — la fange et l'or, la vie et la mort — tissent un canevas éblouissant et complexe de symboles, sans doute l'un des plus beaux de l'œuvre entière. — Trad. quelques poèmes dans Yves Bonnefoy, *Quarante-cinq poèmes de Yeats*, Hermann, 1989. P. H.

ESCLARMONDE. Opéra romanesque en quatre actes et huit tableaux, dont un prologue et un épilogue, du compositeur français Jules Massenet (1842-1912), créé au Théâtre national de l'Opéra-Comique en 1889. Lorsque Massenet écrivit *Esclarmonde,* il était en pleine possession de son talent. Cinq ans plus tôt il avait fait représenter *Manon* (*), trois ans plus tard il achèvera *Werther* — v. *Les Souffrances du jeune Werther* (*). Et pourtant, dans cet ouvrage, il s'éloigne un peu de sa technique habituelle. Il reste l'inimitable inventeur de mélodies délicates et charmeuses, qui avaient pour but « de plaire et de plaire à tout prix » ; mais, séduit par l'idéal wagnérien qu'il vient de découvrir, il utilise ici le procédé du leitmotiv et recherche l'atmosphère orchestrale de *Tristan et Isolde* (*). Le livret a été tiré par Alfred Blau et Louis de Gramont d'un roman moyenâgeux de chevalerie : *Parthénopoeus de Blois.* Le rideau se lève sur la basilique de Byzance ; l'empereur Phorcas annonce à ses guerriers qu'il va renoncer à son trône et remettre ses pouvoirs à sa fille Esclarmonde. Seulement l'empereur est aussi un mage ; il lui a transmis son pouvoir surnaturel, et le lui retirera si elle dévoile son visage avant le jour où « un tournoi dans Byzance rassemblera les chefs, les preux aux cœurs vaillants ». La main d'Esclarmonde appartiendra alors au vainqueur. Après ce court prologue, l'action se transporte sur la terrasse du palais impérial. Esclarmonde confie à sa sœur Parséis qu'elle est amoureuse d'un chevalier français, Roland, et que l'inexorable décision de leur père lui interdit de revoir l'objet de sa passion. Enéas, fiancé de Parséis, apprend alors à Esclarmonde qu'il a été vaincu par un héros généreux qui lui laissa la vie : Roland, Roland auquel le roi de France a promis de donner la main de sa fille. Esclarmonde sent tous ses espoirs lui échapper. Elle utilisera son pouvoir magique pour rejoindre Roland dans une île déserte de la mer Égée, et elle le retiendra par sa tendresse ardente, sans jamais découvrir son visage, pour obéir à la loi. Les esprits ont entendu l'appel d'Esclarmonde ; le deuxième acte se passe dans une île peuplée d'elfes et d'esprits. Roland et Esclarmonde sont seuls. Ils se jurent une fidélité éternelle. Esclarmonde promet à son amant de lui apparaître chaque nuit, elle lui remet l'épée de saint Georges, qui se brisera s'il manque à sa foi. Au troisième acte, Roland arrive à Blois assiégé par les Sarrazins. Protégé par saint Georges, il les met en fuite. Le roi Cléomer, en récompense de sa vertu, veut célébrer sans tarder le mariage de sa fille et de son vassal. Roland refuse. L'évêque étonné l'oblige à se confesser. C'est le parjure ; l'épée se brise. Esclarmonde, désespérée, le maudit. Le quatrième acte débute dans la forêt des Ardennes. Parséis tente d'obtenir de Phorcas l'absolution pour Roland et Esclarmonde. Roland sera sauvé si Esclarmonde renonce à son amour. Après un duo follement passionné, Roland reste seul, abandonné ; il va chercher le trépas. Mais l'Épilogue lui rend l'amour d'Esclarmonde et le réconcilie avec le destin ; il triomphe au tournoi où il pensait rencontrer la mort et conquiert la main de son amante.

Cette partition est une véritable féerie, remplie de sortilèges et d'enchantements ; malgré sa brillante couleur orientale, l'orchestre ne joue que le rôle d'un instrument d'accompagnement. De nombreux passages purement symphoniques, comme la féerie du premier acte, l'apparition des esprits ou la forêt enchantée, introduisent, pour la première fois dans le théâtre lyrique, un élément essentiellement descriptif dont les successeurs de Massenet n'ont pas oublié la leçon.

ESCLAVAGE MODERNE (De l'). Œuvre du philosophe et écrivain français Hugues Félicité Robert de Lamennais (1782-1854), publiée en 1840. L'écrivain qui, dans les *Paroles d'un croyant* (1833) (*) et dans *Le Livre du peuple* (*) avait abordé la question sociale sous l'angle religieux de la charité et de la fraternité, traite ici de certains problèmes en relation avec les dures conditions de vie des ouvriers et, en général, du peuple de son temps. Si le peuple n'existait pas chez les Anciens, mis à part les esclaves, à l'époque moderne les revendications ont transformé les hommes sans défense, les opprimés, en véritables protagonistes de l'histoire. Cet esclavage moderne, étant donné ses causes sociales et économiques, est peut-être plus grave que celui de l'Antiquité ; et pourtant le jour de la libération est proche. Sans vouloir opposer la violence à la violence, la « grande pensée de son devoir » soutiendra le peuple dans sa lutte, laquelle met en cause son propre destin et celui du monde entier. Le triomphe de la paix et de la justice ne saurait plus tarder.

ESCLAVE (L') [*Der knekht*]. Roman de l'écrivain américain d'expression yiddish Isaac Bashévis Singer (1904-1991), publié en feuilleton dans des périodiques yiddish puis en livre en 1967, après la traduction anglaise *The Slave,* en 1962. L'action se situe en Pologne quatre ans après les massacres perpétrés par les Cosaques de Chmielnicki dans les communautés juives (1648), ce qui ne manque pas d'évoquer pour le lecteur la situation des survivants du génocide. Le héros, Jacob, ignorant ce qu'est devenue sa famille dans la tourmente, a été vendu à un paysan polonais qui en a fait son vacher. Isolé dans cette communauté paysanne primitive où le christianisme même n'a que superficiellement gagné sur les croyances païennes, Jacob s'efforce de demeurer fidèle au judaïsme. Mais il est troublé par le désir que lui inspire Wanda, une jeune veuve attirée par cet homme si différent des brutes qu'elle côtoie au village. Il projette de s'enfuir avec elle, prêt, malgré le danger, à se convertir pour l'épouser. Mais la rançon de Jacob est rachetée par ses coreligionnaires. Il apprend la façon atroce dont ont péri les siens. Son retour à la vie juive ne lui apporte pas la vraie liberté : il est esclave maintenant des sentiments de culpabilité d'avoir, lui, survécu, et de l'amour qu'il continue d'éprouver. La première partie du récit s'achève avec sa fuite pour aller enlever Wanda. La seconde montre la vie du couple (Wanda, convertie, est appelée Sarah, et se fait passer pour muette pour ne pas être trahie par son accent). Pendant son pénible accouchement, elle finit par parler. Elle meurt, mise au ban de la communauté, en donnant naissance à un fils. Jacob, arrêté, réussit à s'enfuir et à partir avec l'enfant pour la Terre sainte. Le bref épilogue tire vers le mythe ce beau roman déjà riche de thèmes : Jacob, vingt ans plus tard, revient pour exhumer les restes de sa femme qu'il voudrait enterrer à Jérusalem où son fils, jeune prodige, enseigne déjà. Il meurt, et c'est en l'enterrant qu'on mettra au jour la sépulture perdue qui les réunira à jamais. — Trad. Stock, 1962.

N. Dé.

ESCLAVE À CUBA [*Biografía de un cimarrón*]. Œuvre de l'écrivain cubain Miguel Barnet (né en 1940), publiée en 1966. En 1963, l'auteur, alors jeune ethnologue formé à l'école d'Oscar Lewis, découvre, en lisant un journal de La Havane, une page consacrée aux « anciens » de l'île. L'un d'eux retient plus particulièrement son attention : il s'appelle Esteban Montejo, il est noir, il est âgé de cent quatre ans et a été durant son enfance et sa jeunesse esclave dans une plantation. Lui rendant visite au foyer qui l'abrite, Miguel Barnet se trouve en présence d'un personnage pittoresque dont la mémoire alerte évoque à travers ses expériences personnelles un siècle de vie cubaine. Enregistré au magnétophone au cours de différentes visites, Esteban se confie : né de parents inconnus, esclave dans la plantation de Flor de Sagua (province de Las Villas), il a d'abord été travailleur sucrier et a partagé les vicissitudes des siens dans un « barracón ». Ayant réussi à s'enfuir, et devenu ainsi « nègre marron », il a vécu durant plus d'un an caché dans une grotte de montagne, se nourrissant de fruits et de légumes sauvages, d'animaux capturés et de rapines. Après l'abolition de l'esclavage, il peut réapparaître au grand jour et reprendre en homme libre son travail d'ouvrier agricole. Plus tard, de nouvelles aventures l'attendent quand il participe avec les rebelles à la guerre d'indépendance contre l'Espagne (1895-1898). Farouchement individualiste, d'une intelligence à la fois vive et naïve, Esteban égrène ses souvenirs sur les travaux et les jours, les jeux, les châtiments, les croyances et superstitions des esclaves, les mœurs des patrons blancs des plantations, la solitude dangereuse des fugitifs, le brigandage dans les campagnes, les mœurs et traditions populaires, la foi des révolutionnaires indépendantistes et l'ambiguïté de certains de leurs chefs. Exprimés avec une spontanéité dépourvue de tout calcul politique et de tout didactisme, ces Mémoires d'un témoin populaire de l'histoire cubaine sont d'une saisissante vérité. C. C.

ESCLAVE À VIE [*Livsslaven*]. Roman de l'écrivain norvégien Jonas Lie (1833-1908), publié en 1883. Bien que Lie ait toujours refusé de prendre part aux discussions sociales, morales et politiques qui préoccupaient tant un Bjørnson ou un Ibsen, il a pourtant indirectement participé au débat avec son roman *Esclave à vie,* un des premiers romans scandinaves consacrés au prolétariat. Nikolai a été privé de tout ce qui revient généralement à un être humain. Il n'a jamais connu son père, il n'a pas eu de mère. Elle l'a abandonné pour se placer comme nourrice chez le consul Wejergang, et ce sont désormais les enfants Wejergang qui sont ses enfants. Nikolai passe son enfance chez Mme Holman, une personne d'une parfaite moralité, mais très dure. Quand sa propre fille vient au monde, elle garde pourtant Nikolai pour s'occuper de la petite Silla, qui découvre bientôt à quel point il est son esclave. Enfin, il n'en peut plus des mauvais traitements qu'il subit, il quitte Mme Holman et se fait accepter comme apprenti chez un forgeron. Silla et lui se revoient en secret, mais voici qu'un soir Silla a perdu l'argent que lui avait confié son père. Il faut tout avouer ; Nikolai est accusé d'avoir volé l'argent de la jeune fille, mais est relâché par suite du manque de preuves. Ce n'est que longtemps après que Mme Holman découvre l'argent dans la doublure de la robe de sa fille. Entre-temps, l'affection entre Nikolai et Silla n'a fait que croître ; ils décident de se marier dès que leurs moyens le leur permettront. Mais il faut que Nikolai s'occupe de sa mère, qui a été congédiée depuis qu'elle ne sert plus à rien chez le riche consul ; elle a habité quelque temps à la campagne, mais quand elle apprend que son fils a acquis une situation qui lui permet de gagner un peu d'argent, elle vient se fixer en ville et monte un petit commerce, qui finit par les ruiner, elle et son fils ; celui-ci doit alors remettre son mariage à plus tard. Silla, qui travaille dans les usines de Wejergang, trouve cette attente bien monotone, les plaisirs lui manquent, et un soir elle se laisse inviter par le jeune Wejergang, qui l'a remarquée pour ses yeux noirs. Nikolai apprend la nouvelle par quelques mauvaises langues, et s'en va à leur recherche. Quand il les trouve, il perd toute maîtrise et frappe Wejergang qui meurt sur le coup. Pendant qu'on condamne Nikolai aux travaux forcés à perpétuité, Silla se noie dans le bassin du port.

ESCLAVE DU DÉMON (L') [*El esclavo del demonio*]. Comédie dramatique en trois actes et en vers, du poète espagnol Antonio Mira de Amescua (1574 ?-1644), publiée en 1612. C'est une libre adaptation d'une légende portugaise. Le frère Gil ou Egidio de Santarem, pour s'emparer des secrets de la magie, signe, comme Théophile, un pacte avec le diable ; mais, à la suite d'une vision céleste, il se repent, et avec l'aide de la Vierge obtient le rachat de son âme. Comme source directe du drame, on indique l'*Historia general de San Domingo y de su órden de predicatores* (1584) de frère Hernando del Castillo ; mais le dramaturge a pris seulement à la légende sa saveur essentielle, en adaptant le sujet au goût espagnol et en donnant aux personnes et aux événements le plus grand relief humain et psychologique possible. La jeune Lisarda, fille du noble don Marcello, a juré fidélité à don Diego de Meneses. Quand son père lui annonce que le roi don Sanscio a demandé sa main, elle avoue à son père son amour pour don Diego, et écrit à son amant qu'elle est prête à fuir avec lui. Don Diego se prépare à enlever la jeune fille, mais frère Gil, chanoine de la cathédrale et considéré comme un saint, réussit par ses conseils et ses avertissements à faire échouer le projet de rapt. Tenté pourtant par le démon, Gil renie toute sa vie passée de mortification, monte lui-même à l'échelle préparée pour le rapt, trompe la jeune fille en lui faisant croire que don Diego l'a envoyé pour se moquer d'elle et de son père, et l'engage à le suivre. Lisarda, désespérée, accepte, et les deux pécheurs mènent la vie des brigands. Le diable ne se contente pas de ce premier péché, et il fait naître dans le cœur de Gil une folle passion pour Leonora, sœur de Lisarda. Puis il décide Gil à signer un engagement par lequel le malheureux lui abandonnera son âme, s'il peut goûter avec Leonora des joies coupables. Diego de Meneses croit Lisarda cachée chez son père, tandis que le père croit sa fille à la merci du jeune homme. Celui-ci, emprisonné par Gil avec d'autres malheureux, lui conseille d'abandonner cette vie de débauche. Lisarda, qui se considère comme mortellement offensée par son ancien fiancé, croit le moment de sa vengeance venu et cherche à le tuer avec une arme à feu. Le coup ne part pas : la jeune fille, y reconnaissant un avertissement du ciel, se repent brusquement de sa vie passée. Elle offre à l'une des victimes de Gil tout ce qu'elle possède ; puis se donne en qualité d'esclave à un paysan fait prisonnier par Gil et, comme esclave, est vendue à son propre père qui la croyait tuée par don Diego. Gil, possédé par son désir, ne demande rien d'autre au diable que Leonora. Le diable, ne pouvant fléchir la volonté de la jeune fille, offre à Gil, au lieu de la femme convoitée, un squelette. Gil comprend alors la vanité des amours terrestres et demande au diable la restitution de son gage, qu'il réussit à obtenir avec l'aide de son ange gardien ; celui-ci arrache au diable le pacte signé par Gil. Gil confesse alors ses fautes et, tandis que Leonora épouse don Sanscio, il se prépare, au moyen d'une vie de dure pénitence, à racheter ses fautes et à mener une vie de sainteté.

La comédie se déroule dans une atmosphère passionnée faite de sombres contrastes. Elle fixe, de manière lyrique et avec un style exubérant, la figure du héros : une âme saisie dans ses moments les plus profonds de lutte et d'abandon, jusqu'à ce qu'elle s'élève à nouveau, grâce à sa vertu intérieure, dans les sphères de la purification et de la grâce. Comme *Le Magicien prodigieux* (*) de Calderón, auquel *L'Esclave du démon* servit de source, l'œuvre présente des analogies avec le mythe allemand de *Faust* (*) ; mais frère Gil est un Faust qui « a le sens du divin », comme le dit Valbuerna Prat ; « il n'est pas las de science, mais d'ascétisme, de dévotion, de théologie », et il se jette sur le péché avec la fureur d'une âme qui a perdu la lumière de la foi et l'espérance dans son salut. Pourtant, malgré l'intensité du drame, la tentative de Mira de Amescua se révèle trop truculente et accidentelle pour que l'on puisse la placer sur le même plan que le chef-d'œuvre de Goethe.

★ *Caer para levantar o San Gil de Portugal*, né de la collaboration de Matos Fragoso, de Cáncer y Velasco et de Moreto, composé en 1657, est une imitation de *L'Esclave*, ou plus exactement en est une réplique.

ESCLAVES (Les) [*Golâmân*]. Nouvelle épique du poète et nouvelliste tadjik Sadr al-Dîn Aïni (1878-1954). Le livre est publié en ouzbek en 1934, et en tadjik en 1935. Il s'agit d'une chronique de la vie des paysans tadjiks du début du XIXe siècle jusqu'au triomphe des kolkhozes dans les années 30. L'auteur y prouve ses solides connaissances de l'histoire tadjique et sa profonde sympathie pour le monde rural. Pour lui, le nouvel ordre économique communiste est la clé de la prospérité et de la justice sociale. Il nous montre une société traditionnelle divisée en deux groupes opposés : les « héros » et les « scélérats », symbolisant le bien et le mal, sans moyen terme. Aïni souligne la différence entre le travail individuel de l'ancienne société, qui n'apporte ni confort matériel ni joie spirituelle, et le travail collectif de la nouvelle qui ennoblit l'homme. Les personnages héroïques de la société soviétique sont représentés par Hassan, fils d'esclaves et actuel membre du kolkhoze, et Fatima, chauffeur de tracteur et membre du Komsomol. Leur morale est supérieure, leurs qualités sociales et leur optimisme devant la vie font d'eux les citoyens de la société future. Cependant, Aïni ne personnifie aucune idée dans son œuvre ; ses personnages sont essentiellement des êtres de chair et de sang. C'est sans doute la plus belle œuvre de Aïni écrite avant la Seconde Guerre mondiale.

M.-H. P.

ESCURIAL. Drame en un acte de l'écrivain belge d'expression française Michel de Ghelderode (pseud. de Michel Martens, 1898-1962), écrit en 1927, créé en 1930 au Conservatoire de Liège et en 1948 au Théâtre de l'Œuvre. Dans les trois pièces : *Escurial, Le Soleil se couche, L'École des bouffons,* Ghelderode utilise l'angoisse, l'orgueil, le mysticisme espagnols pour leur donner son propre souffle. Ainsi naît de l'inquiétude d'inspiration espagnole une inquiétude d'accent flamand, moins âpre toutefois, mais plus délirante. Dans ces trois pièces, Ghelderode fait marcher de front ces deux cortèges, non pas par refus de choisir l'une ou l'autre réalité, mais pour les élever ensemble à un état d'hypnose. L'auteur écrit sur la « Flandre espagnole » : « Un pays en trompe-l'œil, naguère terre élue des sorciers et des visionnaires, terrain sacré et maudit, pays héroïque entre tous et mal réveillé de son passé convulsif, où règne cette fièvre froide que je nommerai l'hallucination historique [...] Toute la tragédie qui battit entre mes tempes comme un flot, elle bat maintenant dans le ciel qui s'écorche à cette tour opaque [...] L'hallucination historique éteinte, il me reste ce goût de sel qui est celui des plaines qui furent la mer, qui est celui des larmes, et encore celui de l'Éternité. »

Escurial est une pièce dure, rapide, implacable qu'accélèrent encore la simplicité et l'intensité du mouvement dramatique. Deux personnages, le roi et son bouffon, d'un bout à l'autre, la commandent. Dernier fruit d'une race malsaine et magnifique, le roi, de son trône de fou persécuté, épouvante valets et courtisans. Il désespère dans sa solitude funèbre, tandis qu'au-dehors les chiens hurlent à la mort. En vérité, la reine se meurt, et son agonie lui semble trop longue et trop solennelle. Il attend la délivrance. Il attend que la mort s'en aille ailleurs et dans son ennui exacerbé demande à son bouffon, tourmenté par l'agonie de la reine qu'il aime, d'inventer un jeu. Celui-ci accepte, parce qu'il sait qu'il est au bout de son destin et de ses forces, et propose au roi une farce — la dernière — brève, profonde, équivoque. Il propose donc de changer les rôles, de mettre, lui, la couronne du roi, tandis que le roi deviendra le bouffon. Le drame éclate soudain. Le bouffon, voulant tuer le roi, hésite, et, dès lors, le roi qui avait deviné où le bouffon voulait en venir redresse brutalement le jeu (Le roi : « Ma couronne !... Je suis le roi ! » Folial : « C'est moi le roi, puisque j'avais l'amour d'une reine »), et l'étrangle de ses propres mains au moment où l'on apprend la mort de la reine. Cette pièce, si souvent portée à la scène et devenue quasiment classique, fut inspirée par deux peintres : Vélasquez pour le bouffon, El Greco pour le roi.

Composée en 1933 et créée en 1951 à Bruxelles, la pièce dramatique *Le Soleil se couche* se situe dans le couvent de Yuste en Estramadure, le dernier jour d'août 1558. C'est là que Charles Quint tue ses dernières heures de mélancolie, ses heures de sablier, et rencontre le mystérieux Messer Ignatus, un homme des Flandres et montreur de marionnettes qui se prétend né au même instant et dans le même lieu que l'Empereur. Leurs astres sont donc semblables et leurs destinées liées. Charles Quint, pour se distraire et avoir la consolation d'entendre la langue de son pays natal, demande à Ignatus, arraché provisoirement au bûcher de l'Inquisition, une ultime représentation de marionnettes. Mais celui-ci connaît la date fixée pour son supplice et en la révélant à l'ancien monarque, lui apprend le moment de sa propre mort. Charles Quint n'en doute plus, lorsque, demandant au prieur s'il est temps de faire célébrer par avance ses obsèques, il s'aperçoit que tout est prêt pour ses funérailles, que l'Église est noire, que les cierges brûlent et qu'il ne lui reste plus qu'à entrer dans la mort. Dans *Le Soleil se couche,* c'est la hantise du personnage de Charles Quint qui sert de trame, tandis que la nostalgie de l'Espagne, l'obsession de la mort, le goût des pompes funèbres et de la cendre tissent sur elle images, mots, symboles, mouvement tragique.

Le drame en un acte, *L'École des bouffons,* fut écrit en 1937 et créé au Théâtre de l'Œuvre en 1953. Folial, ancien bouffon royal de la cour espagnole, enseigne son art dans un couvent désaffecté. Au lieu même où s'érigeait autrefois quelque autel ou quelque chaire, aujourd'hui se dresse un théâtre forain. Là, Folial donne son ultime leçon que les bouffons considèrent avec une admirative stupeur. « Aux premiers accords, Folial est devenu attentif ; son visage se contracte, il écoute. Cette harmonie semble opérer sur ses sens, éveiller en son âme le souvenir d'anciennes fêtes. Insensiblement, et comme gagné par quelque hallucination, il se lève, et, inconsciemment, esquisse les mouvements de la danse, exécute la pavane méconnaissable dans une extase souriante avec une partenaire invisible. L'acteur qu'il fut le domine et le fait improviser des figures singulières de poupée chavirante ; c'est un lent et solitaire ballet, projetant une foule d'ombres. C'est une évolution macabre et noble. » Ses élèves, à l'issue de cette leçon qu'il leur donne avant de leur rendre la liberté, le supplient de révéler le secret du grand art, de tout art qui veut durer. Folial accepte au cours d'un intermède étrange, joué par les bouffons en son honneur mais qui est en fait un complot, une vengeance contre le maître détesté qui les a déshumanisés. Folial ne succombe pas et révèle, ses bouffons dispersés, le secret de son art. Mais personne ne l'entend. Nous apprenons que son génie tient dans la cruauté. *L'École des bouffons,* admirable « mise en scène » des secrets de l'inspiration, précéda de peu la renonciation irrévocable de Ghelderode au théâtre (1939).

ESDRAS (Livre d'). C'est un des derniers livres historiques de l'Ancien Testament – v. *La Bible* (*) – attribué à Esdras (ve s. av. J.-C.), prêtre de la famille d'Aaron ; ou, selon certains, à un rédacteur plus tardif qui se serait servi des documents historiques laissés par Esdras lui-même. La langue est hébraïque, si l'on excepte quelques parties écrites en araméen (IV, 8-18 ; VII, 12-26). Il fait suite aux *Paralipomènes* (*) et précède le livre de *Néhémie* (*). Le texte massorétique place d'abord *Esdras* et aussitôt après, sans intervalle, le *Livre de Néhémie,* considérant les deux ouvrages comme un tout unique.

Le livre commence avec l'édit de Cyrus (538 av. J.-C.), qui permet aux Hébreux de retourner à Jérusalem et d'y élever un temple à leur Dieu. Le récit ne comprend que des épisodes détachés ; tout d'abord, le premier retour des émigrés, sous Zorobabel (538 av. J.-C.), à identifier, probablement, avec Sassabasar, dit prince de Juda, à qui Cyrus restitue les trésors du temple de Jérusalem dérobés par Nabuchodonosor. Les rapatriés sont au nombre de cinquante mille environ, et le deuxième chapitre donne la liste des familles qui mirent à profit la permission de se rendre à Jérusalem. Le septième mois après l'arrivée, on construit l'autel, et l'on y offre l'holocauste au Seigneur matin et soir. On célèbre la fête des Tabernacles. Le second mois de la deuxième année après le retour (avril-mai 537 av. J.-C.), Zorobabel et le grand-prêtre Josué posent les fondations du Temple au milieu de l'allégresse et des cris de joie du peuple. De nombreux Samaritains, qui avaient joint en Palestine le culte de Iahvé à celui de leurs propres divinités, s'étaient avancés dans les régions abandonnées de Juda après la chute de Jérusalem en 586 ; maintenant, ayant appris la construction du Temple, ils demandent à Zorobabel de leur permettre de coopérer, avec lui et les Juifs rapatriés, à cette œuvre de religion. Le refus de Zorobabel soulève chez les Samaritains une opposition tenace. Par des intrigues et des dénonciations auprès des autorités babyloniennes, ils réussissent à faire suspendre les travaux de construction jusqu'au règne de Darius Ier (521-495). Ce monarque prend à cœur de seconder le désir des Israélites qui, encouragés par les prophètes Aggée et Zacharie, se remettent à bâtir le Temple (520), et, cinq ans après (515), célèbrent dans la joie la dédicace de la maison de Dieu, suivie de la grande solennité de la Pâque.

Dans la seconde partie (chap. VII-X) apparaît Esdras, prêtre et scribe, versé dans la loi de Moïse, et qui obtient du roi Artaxerxès une autorisation et des pleins pouvoirs pour un autre rapatriement des Juifs (il s'agit, selon toute probabilité, d'Artaxerxès II, dit Memnon, 405-362). Esdras arrive à Jérusalem avec des offrandes et des dons, la septième année du règne de ce roi (398). On a donc, entre la dédicace du Temple (515) et ce rapatriement, dont nous savons par *Néhémie* qu'il est le troisième, un intervalle de plus d'un siècle. Les derniers chapitres d'*Esdras* donnent la liste de ceux qui ont été rapatriés avec lui, parlent de l'arrivée à Jérusalem, de l'affliction et des prières d'Esdras à cause des mariages irréguliers, de la répudiation des femmes étrangères. À ces chapitres de réforme religieuse, il faut joindre ceux du livre de *Néhémie* où est indiquée l'organisation politique et religieuse réalisée par Esdras et Néhémie. Par le récit du double retour des exilés, de la reconstruction et de la dédicace du Temple, et d'une partie des réformes religieuses, l'auteur se propose de glorifier la Providence divine qui a accompli tout ce qui avait été prédit par les prophètes Isaïe et Jérémie.

À la fin de la *Vulgate* sont placés deux livres apocryphes. L'un, dit *Troisième livre d'Esdras,* est situé le premier dans la version des Septante. Il est écrit en grec et expose plus librement ce qui est contenu dans les livres canoniques d'*Estras* et de *Néhémie* (ce dernier appelé aussi « Second livre d'Esdras »). On le fait remonter au Ier siècle av. J.-C. ; Flavius Josèphe s'en est servi et les Pères de l'Église l'ont cité. L'autre apocryphe, dit « Quatrième livre d'Esdras », écrit aussi en grec à l'origine, a été traduit en latin, syriaque, arménien, éthiopien. La traduction latine a seize chapitres ; le livre original contenait seulement les chapitres 3-14 (les deux premiers et les deux derniers sont des adjonctions d'origine chrétienne). C'est une apocalypse en sept visions qui, dans la plus grande partie du texte, prennent la forme d'un dialogue entre Esdras, exilé en Babylonie, et l'ange Uriel. On estime en général que cette œuvre a été composée par un Juif au temps de Domitien (vers 96 ou 97 ap. J.-C.) et qu'elle a été ultérieurement retouchée par une main chrétienne. — Traduction œcuménique de *La Bible*, Éd. du Cerf, 1988.

ÉSOPE À LA COUR de Boursault (v. *Ésope à la ville*).

ÉSOPE À LA VILLE ou les Fables d'Ésope. Comédie en cinq actes d'Edme Boursault (1638-1701), auteur dramatique français, représentée en 1690. La trame de la comédie, qui suit le récit traditionnel transmis dans la romanesque *Vie d'Ésope* (*), n'est pas bien définie. Ésope est toujours en scène et, tandis qu'il continue à débiter des fables avec une monotonie déconcertante, tous les personnages défilent devant lui : citadins, dignitaires de l'État, paysans, artisans qui s'adressent à lui pour lui demander ses conseils ou son aide. Il répond toujours, ou presque, par une fable appropriée. Dans la comédie, on trouve trente fables, qui sont, pour la majeure partie, calquées sur celles de La Fontaine. Au second acte se joue une des scènes les plus significatives et les plus humoristiques de l'ouvrage : plusieurs citadins s'adressent à Ésope pour lui demander de résoudre un grave problème. Le gouverneur de leur ville s'est extraordinairement enrichi et est devenu fabuleusement gras : Ésope pense-t-il qu'il serait opportun d'en chercher un autre ou faut-il conserver celui-ci ? Ésope répond sagement que c'est le sort propre à tous les gouverneurs de s'enrichir aux dépens des citadins ; s'ils ont un gouverneur déjà engraissé, qu'ils remercient le ciel : un gouverneur maigre pressurerait encore davantage ses administrés.

À cause des allusions qui visaient le gouvernement, la comédie fut accueillie avec enthousiasme. Le succès encouragea Boursault à en écrire une autre du même genre : *Ésope à la Cour,* également en cinq actes et représentée après sa mort en 1701. Boursault l'avait écrite aussitôt après la première, mais son sujet la fit interdire par la censure. Quand finalement l'autorisation de la faire représenter fut accordée, l'auteur était mort. Dans cette comédie, Ésope a réussi à se faire admettre à la Cour et, naturellement, il trouve matière à exercer son ironie et sa sagesse à l'égard des innombrables côtés ridicules et des vices des courtisans. Montesquieu a déclaré qu'après avoir assisté à la représentation d'*Ésope à la Cour* il éprouvait le besoin de devenir un homme de bien. La comédie apparaît quelque peu ennuyeuse pour le goût moderne, car elle traite des sujets d'actualité ; mais à l'époque on aimait au théâtre et dans les livres le déploiement de vertus sentencieuses.

ESPACE DU DEDANS (L'). Anthologie de l'écrivain français d'origine belge Henri Michaux (1899-1984), publiée en 1944. Une édition revue et augmentée a paru en 1966. Michaux est avec Éluard — *Le Livre ouvert* (*) — et Char — *Commune présence* (*) — un des rares poètes français qui aient composé une anthologie de leurs propres écrits. Michaux semble bien le dernier qu'une telle opération puisse tenter : 1° il écrit par hygiène, sans souci de composition ni de « message » ; 2° il écrit au jour le jour ; l'aventure est l'instant vécu, l'exorcisation du mal dans l'instant ; il n'a pas la préoccupation d'une œuvre ; atteignant un jour un sommet littéraire ou poétique, il se comporte le lendemain comme s'il n'avait pas découvert telle ou telle forme (ce qui, loin d'exclure les redites, les appelle) ; 3° s'il publie, c'est apparemment pour les « unhappy few » qui comme lui voudraient « s'en tirer » par l'écriture : « N'importe qui peut écrire *Mes propriétés* (*) », dit la postface de *La nuit remue* (*). Cependant cette anthologie est là, jamais reniée, puisqu'elle est même poursuivie en 1966. Le drame de Michaux est de devoir publier, car il sait avec Sartre que « toute écriture comporte l'image d'un lecteur ». Fuyant le monde et les autres, écrivant contre eux, il leur livre toujours le fruit de ce refus. Mais avec réticence, voire angoisse : dans *Qui je fus* (*) et *Ecuador* (*) il honnit l'imprimerie, « noire » ; la préface lapidaire d'*Ecuador* crie : « Au moment de signer, tout à coup pris de peur, il [l'auteur] se jette la première pierre », et plus loin dans ce beau livre : « Ils me traiteront de médiocre et en auront pour douze francs la preuve constante sous la main. » Sans cesse Michaux donne et veut reprendre, pour des raisons qui sont aussi celles de son humour. *L'Espace du dedans* n'est pas un nouveau don mais une élimination de la plupart des dons précédents. Et pourtant, si en 1944 l'« éditeur annonce que les ouvrages dont sont extraits les textes choisis ne seront pas réimprimés », la plupart le seront ensuite, et même de façon spectaculaire – publication d'*Ailleurs* (*) en 1948 –, et cette note disparaît en 1966. De toute façon, nulle ferveur dans cette publication. Michaux se trompe même sur les dates : comme dans *La nuit remue*, il date *Mes propriétés* (1929) de 1930 ; il date *Un certain Plume* (*) (1930) de 1931 (erreurs redressées en 1966). D'autre part les regroupements sont hasardeux : *Plume* (*) semble composé d'*Un certain Plume* et de *Lointain intérieur*, alors que le livre est bien différemment réparti. Qu'a éliminé Michaux ? Vraisemblablement les confidences biographiques littérales, par exemple les allusions directes à ses parents ; les poèmes qui en répétaient d'autres, mais pas toujours ; et les textes trop longs – rien ici de l'admirable *Barbare en Asie* (*). Son choix, bon, n'est pas excellent : l'importance accordée au *Drame des constructeurs*, intégré à *Plume*, non seulement est injustifiée mais dangereuse ; d'*Épreuves, Exorcismes* (*) sont choisis « Ecce homo », déclamatoire, et « La Lettre » qui répète *Je vous écris d'un pays lointain* (intégré à *Plume*) ; *Paix dans les brisements* (*) l'emporte sur tous les autres textes mescaliniens (pour des raisons pratiques). Cependant *L'Espace du dedans* était une nécessité : d'abord il convenait qu'un livre de Michaux portât ce titre ; ensuite que, ramassée, la totalité des aventures de Michaux se présentât comme une matière lourde.

L'Espace du dedans comprend : *Qui je fus* (amputé de deux textes supérieurs à la plupart de ceux qu'il a retenus) ; *Ecuador*, réduit à trois des nombreux poèmes (admirables) qui parsèment ce journal, *Mes propriétés* (très complet), *Un certain Plume* (cinq des quatorze aventures de Plume), *La nuit remue* (assez complet, mais amputé d'une étude sur l'« Éther »), *Voyage en Grande Garabagne* (quelques textes qui incitent à lire tout *Ailleurs*), *Lointain intérieur* (les plus beaux textes), *Peintures* (*), *Au pays de la magie* (choix difficile à opérer, qui tuait le déroulement envoûtant de cette œuvre discontinue) ; puis (1966) *Épreuves, Exorcismes, La Vie dans les plis* (*) (bon choix, bref), *Passages* (*) (choix impossible à effectuer), *Lecture* (deux des huit « lectures »), *Face aux verrous* (*) (*Mouvements*, des aphorismes tirés de *Tranches de savoir* et un poème « pour pouvoir »), *Misérable miracle* (*) (choix impossible) et *Paix dans les brisements* (le poème, où sont opérées quelques coupes).

ESPACE PROUSTIEN (L'). Essai du critique belge d'expression française Georges Poulet (1902-1991), publié en 1963. Avec beaucoup de pertinence, Georges Poulet met en lumière le rôle capital de l'espace dans la recherche proustienne. Loin de rejeter comme Bergson la métamorphose du temps en espace, Proust élabore une conception de l'espace vivant ordonné, métamorphosé dans l'œuvre d'art par une dialectique rigoureusement parallèle à celle du temps. Georges Poulet étudie dans le détail le rôle essentiel de la magie des lieux, du charme des sites, du tragique de la distance, de l'expérience du voyage. Il nous montre l'élaboration, tout au long de *À la recherche du temps perdu* (*), d'un étrange continuum, d'un mouvement, celui de l'œuvre, qui relie les lieux comme les souvenirs, dans un ensemble cohérent. Le roman proustien est aussi comme « un immense paysage dont la lumière tournante fait apparaître successivement les multiples aspects », et cela grâce à une composition à la fois rigoureuse et vivante qui juxtapose des épisodes dans l'espace de l'œuvre d'art.

ESPACES. Recueil de poèmes et de proses du poète français Léon-Paul Fargue (1876-1947), publié en 1929. Sous ce titre, l'auteur a groupé deux plaquettes parues peu de temps auparavant, à un nombre restreint d'exemplaires : *Épaisseurs* et *Vulturne. Épaisseurs* comprend un ensemble de textes, sur des sujets variés : et tout d'abord deux poèmes (« Gammes » et « Nuées ») ; ce sont « des espèces de sonatines tâtonnées dans des moments d'inquiétude au souvenir de ceux que j'ai perdus ; Fargue y utilise le vers libre ; celui-ci, régi par l'alexandrin, tour à tour s'en éloigne et y revient, comme à un centre de gravité. Par rapport aux poèmes de 1900 – v. *Poèmes* (*) –, ils tendent cependant beaucoup plus à la prose lyrique. Viennent ensuite « La Drogue », récit de la fin de l'homme par un phénomène de septicémie psychologique (on ne meurt que parce qu'on le veut bien) ; puis « Colères » : « une bordée d'injures aux hommes ». « Mirages » ou les épaisseurs de la vie écoulée revues en un songe fulgurant : « Quand tu seras au plus haut point du désespoir, surplombe le mancenillier... Romps le cercle et monte ! Plus de paroles captieuses. Plus de ces regards d'huître consciente et organisée qui te font frémir. Donne le coup de pied, donne-le. Monte. Je t'apprendrai. » Et Fargue de se frayer un chemin dans le domaine obscur du merveilleux. « Les Caquets de la table tournante, second récit du naufrageur » (le premier se trouve dans *Sous la lampe*), sont des essais de fausses critiques, propos et pataquès poétiques « d'une sorte de périspirite sentimental dont on ne sait s'il se trompe sciemment ou non ».

Vulturne – qui constitue la seconde partie du livre – est quelque chose comme un cauchemar cosmique. « J'ai conçu *Vulturne*, nous a confié Léon-Paul Fargue, à la suite d'un rêve que j'avais fait en chemin de fer, la nuit, au cours d'un long voyage. Un bruit de vapeurs et de tampons, un dialogue dans une gare, entendu dans le demi-sommeil, m'avaient lancé dans les hauteurs... On peut y voir une anticipation, un passage peut-être nouveau du concret à l'abstrait, un conte vert scientifique, un accès de dépit amoureux devant Dieu. » Reprenant la vertigineuse exploration de l'esprit dans l'espace et le temps qu'il avait commencée avec « Mirage » (« Ne le reveillez pas, il fait un songe »), il nous conduit à ce point où la terre n'est plus qu'une minuscule géométrie, tout compte fait assez déraisonnable. C'est loin d'être une aventure métaphysique sans engagement de sa part, et en maints endroits monte un flot de douleur pure. S'arrachant à la terre, le poète observe, de son œil souverain, un monde en dissolution : mais, dans la débâcle des formes qui retournent au néant, voici des paysages familiers, des visages aimés s'en allant à la dérive, quand la terre roule « comme un sou perdu, on ne sait où ». À de tels instants, Fargue atteint à la poésie la plus pure et la plus dépouillée (« L'homme qui plonge dans l'Éternel ramène sa vie d'un coup de nasse. Du milieu de ce charbonnage son enfance monte comme un campanile. Il se souvient d'un village plein d'hirondelles et de pioches bleues, etc. » ; le passage entier serait à citer). Toute gouaillerie se dissipe, le scepticisme s'enfuit comme un oiseau de malheur et c'est alors un silence de neige qui entoure les mots. *Vulturne* est, sans conteste, l'une des meilleures proses lyriques de Fargue : baroque et intelligible, assurance et vertige y composent un panorama sans égal. Pour avoir senti en nous l'accumulation infinie dont nous sommes faits, pour avoir nommé ces éléments minéraux, végétaux et animaux dont nous sommes composés, le premier il tira de la biologie un lyrisme à la fois exaltant et inquiétant. Maître de l'espace et de la synthèse, il ne cesse point pour autant d'être cet homme qui, « la tête basse, les épaules lourdes », nous ramène sans cesse « dans l'avenue sans lumière où gémissent les maisons des hommes ».

ESPACES CHAUDS (Les) [*Los espacios cálidos*]. Poèmes de l'écrivain vénézuélien Vicente Gerbasi (né en 1913), publiés en 1952. Fils d'un pionnier italien venu défricher un coin de terre vierge au Venezuela, Gerbasi a raconté l'aventure et les rêves de tous les transplantés en Amérique dans *Mon père, l'immigrant* [*Mi padre, el immigrante*, 1945, traduit en français par Robert Ganzo]. Dans *Les Espaces chauds*, c'est le village natal, tropical, de Canoabo, que le poète invoque. Loin des villes et des ports, avec ce recul de plusieurs siècles qu'imposent au Venezuela fleuves et forêts, Canoabo est l'enclos inviolable où le poète retrouve son âme d'homme américain, primitif, tendre et contemplatif. Sur ce sol où l'habitant doit affronter la nature grandiose et meurtrière, Gerbasi, tourné vers les éléments qui la composent, les observe et les interroge. Fasciné par le merveilleux à l'état pur, il se sent le compagnon de la terre, de l'animal, de la plante, de l'étoile, dont il partage la solitude et le silence. Incorporé aux éléments, il vit, hors du temps, l'aventure quotidienne de cette poignée d'hommes de son village, de ces mendiants qui dorment au soleil enveloppés dans leurs ponchos, de ces paysans résignés qui contemplent la vie en attendant la mort. Et la nuit, tandis que les ténèbres envahissent ingas et fromagers, et que retentit la douce musique des conques, uni à l'ombre, aux feuilles, aux grands rochers, il voit se lever et passer les personnages des légendes vénézuéliennes, le tyran Aguirre, le Cavalier sans tête, et Frère Tigre et son rusé rival Frère Lapin. *Cercles du tonnerre* [*Círculos del trueno*, 1953] et *Tyran d'ombre et de feu* [*Tirano de sombra y fuego*, 1955] ont poursuivi cette cristallisation par le poème de la magie tropicale. C. C.

ESPACE, TEMPS, DIVINITÉ [*Space, Time and Deity*]. Œuvre en deux volumes du philosophe anglais Samuel Alexander (1859-1938), publiée à Manchester en 1920. Sa doctrine est influencée par les deux grands courants de la période de l'avant-guerre : l'évolutionnisme « spencérien » et un néo-hégélianisme de type anglo-saxon. On peut définir Alexander comme un réaliste, un réaliste dogmatique. Le point de départ de sa pensée se rattache à la conception de l'espace-temps qui se trouve à la base de la théorie d'Einstein sur la relativité. L'auteur soutient que l'espace et le temps ne sont pas deux entités distinctes, parce qu'ils sont continus et néanmoins divisible en parties. Un moment ou une période de temps sont quelque chose de réel : mais la continuité du temps suppose un principe différent du temps, qui contient les différents moments de celui-ci, et cette continuité, c'est l'espace. Pour cette raison, l'espace sans temps serait discontinu. Aussi Alexander considère-t-il l'espace-temps comme une réalité fondamentale. Ensuite intervient le concept d'« émergence ». Lorsque deux ou plusieurs réalités se joignent, outre les qualités propres à ces réalités, d'autres qualités ou attributs d'un caractère tout différent « émergent ». Ainsi la réalité primordiale, l'espace-temps indéterminé, revêt graduellement de nouveaux aspects, ouvre de nouvelles perspectives ; on constate, en un mot, une évolution de l'homogène à l'hétérogène (comme le pensait Spencer), un devenir dans lequel chaque moment contient et dépasse en même temps les précédents : concept qui rappelle en quelque sorte, mais sur un plan réaliste, le procès dialectique de l'idéalisme hégélien. Les « émergences » successives sont avant tout le mouvement pur, puis la matière physique, les qualités matérielles, ensuite la vie, enfin la pensée. Il y a là l'influence évidente des plus récentes théories physiques. Il faut cependant bien distinguer entre qualité et catégorie : pour Alexander, les catégories (identité, diversité, existence, universel, particulier, individuel ; relation, ordre ; substance, causalité, réciprocité ; quantité, intensité ; le tout, la partie, le nombre ; mouvement ; énumération rappelant davantage celle de Kant que celle d'Aristote) sont des propriétés de l'espace-temps en tant que tel, tandis que les qualités sont des « émergences », des complexes spacio-temporels ; elles ne sont pas des propriétés absolues de la réalité première ; elles sont, selon son expression, « empiriques », non catégoriques, donc contingentes. Parmi elles, la qualité la plus remarquable est la pensée, qui n'est ni un épiphénomène des processus vitaux, ni une entité entièrement différente de ceux-ci, mais un corrélatif des faits physiologiques qui « émerge » comme unité autonome.

Ici intervient le problème de la connaissance, et Alexander le résout très simplement : il considère l'acte de connaissance comme pure et simple « mise en présence » du processus mental et d'un objet ; ces derniers peuvent donc « exister ensemble », exactement de même que deux objets matériels quelconques. Ainsi l'idée (c'est-à-dire l'image et l'idée) que l'on se fait d'une chose n'a pas un caractère nettement mental : elle est au fond un autre objet du monde réel. La mise en présence d'un processus mental et d'un objet est toutefois due à un acte mental, lequel est activité, série d'efforts. L'acte de connaissance n'est qu'un aspect de l'effort se rapportant à un objet. Intérieurement, l'intellect jouit de ses propres états d'âme, il les expérimente ; au contraire, lorsqu'il s'agit d'objets, il « contemple », et c'est de cette contemplation (cette « mise en présence » d'un effort et d'un objet) qu'émergent les idées, en un mot les qualités sensibles d'un objet (qualités « secondaires »). Si l'intellect se considère lui-même en même temps que les objets, de cette jonction de l'intellect et des objets émergent des qualités « tertiaires », c'est-à-dire les valeurs ; la vérité, la bonté, la beauté. Cependant, ces valeurs n'apparaissent qu'au moment où différentes intelligences entrent en rapport, et ainsi toutes ces valeurs peuvent revêtir un aspect et une nature sociaux. La méthode et les présuppositions précédentes aboutissent à une définition du divin qu'il est facile de prévoir : le divin est l'« émergence extrême » de tous les complexes précédents, un épiphénomène du système des valeurs. Comme pour toutes les déterminations précédentes, il ne s'agit pas d'une réalité en elle-même : seul l'espace-temps fondamental est une réalité absolue. Le divin est lui aussi une qualité ; c'est, après l'intellect, la qualité empirique la plus élevée. Ainsi la « divinité » est une qualité qui émerge continuellement sur l'échelle universelle des émergences : dès lors, le sentiment religieux est la tendance permanente de l'univers à s'élever, partant de qualités qui nous sont connues, vers une qualité plus complète et toujours présente, la divinité. Donc, en un certain sens, Dieu est corps et âme : le corps serait l'univers, et l'âme, cette divinité continuellement émergente. Ainsi, chez Alexander, panthéisme et transcendance de Dieu s'harmonisent ; en tant que corps, Dieu est immanent au monde, mais il le transcende en tant que divinité. Il n'est pas le créateur ; le véritable auteur, c'est l'espace-temps. Dieu peut être considéré comme créateur uniquement par rapport à son corps, si nous identifions ce dernier à tous les stades de l'évolution émergente, voire à l'espace-temps souverain. L'effort d'Alexander pour éclaircir les problèmes de la métaphysique est notable, même si le résultat n'en est pas satisfaisant ; on peut regretter qu'il ait manqué de cet esprit analytique qui lui aurait permis d'éviter des contradictions et une évidente imprévision dans la délimitation des problèmes.

ESPACE VIDE (L') [*The Empty Space*]. Écrits sur le théâtre du metteur en scène et cinéaste Peter Brook (né en 1925), publiés en 1968. « Je peux prendre n'importe quel espace vide et l'appeler une scène. Quelqu'un traverse cet espace vide pendant que quelqu'un d'autre l'observe, et c'est suffisant pour que l'acte théâtral soit amorcé. » La première phrase de cet ouvrage s'inscrit comme un point nodal autour duquel s'articulent les constats, les réflexions, et les questions que Peter Brook nous fait partager, car c'est l'énergie d'une pensée en mouvement qui nous est communiquée. Pourquoi un espace vide ? Pourquoi l'observateur joue-t-il un rôle ? Et pourquoi le théâtre n'est-il là qu'amorcé ? Telles sont les interrogations que ce livre parcourt. Peter Brook nous propose ainsi de discerner quatre grandes tendances au théâtre, faisant chacune l'objet d'un chapitre : le « deadly » théâtre (très mal traduit par théâtre « bourgeois » alors que les raisons de ses carences ne sont pas réductibles à une notion politique, et que Brook suggérera par la suite de l'appeler plutôt, en français, le théâtre « glauque »), le théâtre sacré, le théâtre brut et le théâtre immédiat.

Le premier chapitre relève tout ce qui dans le théâtre manque de vie, du théâtre classique au théâtre de boulevard, sans que cela soit lié à des conditions extérieures (financières ou culturelles), mais plutôt à un manque de justesse, ou de concordance entre comédiens et public, en un temps et en un lieu donnés. Revenant sur ce sujet dans *Le diable c'est l'ennui* (1991), Brook précise encore l'absence d'élitisme de sa pensée : « On peut aller voir une pièce très banale, sur un sujet très médiocre, qui a un grand succès et qui gagne beaucoup d'argent dans un théâtre tout à fait conventionnel et y trouver parfois une étincelle de vie bien supérieure à ce qui se passe quand des gens, nourris de Brecht et d'Artaud, travaillant avec de bons moyens donnés par de bons établissements, avec une bonne étude scénographique, une bonne analyse du contenu de la pièce... présentent une œuvre soutenue par tout ce qui rend leur acte culturellement respectable. » D'où la nécessité d'ouvrir un espace disponible (dans tout les sens du terme), et donc vide, pour que la vie puisse s'y mouvoir.

Le théâtre sacré, ou de la tentative de rendre visible l'invisible (celui d'Artaud, des « happenings », de Grotowski, par exemple), se heurte essentiellement au risque, apparemment contradictoire, d'être restreint dans ses effets. Peter Brook remarque très simplement : « Nous pouvons capter l'invisible mais nous ne devons pas perdre contact avec le bon sens. Si notre langage est trop singulier, nous risquons d'être moins convaincants. » De plus, ce théâtre peut aboutir à des dogmes, ou à des cérémonies et des rituels dont seule subsiste la forme dans une société contemporaine privée de dieux. « Nous devons admettre que nous ne verrons jamais l'invisible dans son entier. Donc, après avoir tenté à toute force de l'atteindre, nous devons reconnaître notre défaite, revenir sur terre et recommencer l'ascension. »

Sur terre, nous faisons la rencontre du théâtre brut (celui de Jarry, de certains surréalistes, d'agitation politique, par exemple) ; un théâtre aux sources populaires, à l'élan fougueux, dont le plus bel exemple fut le théâtre élisabéthain, à la recherche d'un idéal, mais lui aussi partiel. « Si le théâtre sacré reflète un mode de vie où prier est plus naturel qu'éructer, au théâtre brut c'est l'inverse. »

Peter Brook poursuit donc son investigation et, sans recettes, sans classification définitive, propose le théâtre immédiat comme champ d'action « aléatoire ». Un théâtre où se trouvent à la fois les moyens du théâtre sacré et ceux du théâtre brut ; où, selon les besoins, tout est possible si l'on prend en compte le rôle déterminant de ceux qui observent, et si, conscients de n'avoir là que les éléments d'une amorce, les gens de théâtre commencent à se défaire de leurs habitudes pour « se mettre au service du vivant ». — Trad. Seuil, 1977.

E. L.

ESPAGNE DU CID (L') [*La España del Cid*]. Œuvre monumentale, en deux volumes, composée par le philologue et historien espagnol Ramón Menéndez Pidal (1869-1968) et publiée à Madrid en 1929. Dans la première partie, l'auteur reprend les investigations qui constituèrent le fondement de ses magistrales éditions critiques du *Poème du Cid* — v. *Le Cid* (*) — et de la *Première chronique générale* (*), et complète la biographie du héros national de l'Espagne à l'aide de nouvelles sources (poèmes, chroniques, légendes, documents officiels, contes arabes, ouvrages d'orientalisme). Il reconstruit de la sorte une Espagne chrétienne, à qui la gloire de ses savants, l'habileté de ses hommes politiques, la sainteté de ses prêtres, permettent de rivaliser avec une Espagne musulmane dont la culture est pourtant parvenue au faîte des splendeurs. L'évolution de la civilisation ibérique, depuis le haut Moyen Âge jusqu'aux ultimes manifestations de l'influence wisigothique et à l'aube de l'époque moderne, est examinée en détail. La part du Cid dans la réorganisation des forces chrétiennes, commencée au XIe siècle, est mise en relief, particulièrement en ce qui concerne la lutte contre l'Islam, lequel subissait alors une crise grave tant en Espagne qu'en Asie. Enfin, sont développés les thèmes de la vie et de la psychologie espagnoles, dont le Cid a reçu l'empreinte. En dépit des contradictions que l'on peut relever dans la documentation qui se rapporte au héros (spécialement aux faits de sa vie privée), Menéndez Pidal parvient, grâce à un réel sens critique, à tracer de lui un portrait satisfaisant et équilibré. Le second volume comporte la relation d'événements tels que le soulèvement et la reddition de Valence, la première défaite des Almoravides, et nous donne le tableau de la famille et de la cour du héros ainsi que des circonstances de sa mort. En outre, est adjointe une bibliographie complète des sources historiques auxquelles l'auteur s'est référé. Dans cette seconde partie, celui-ci s'est surtout attaché à évoquer Valence, « la Valencia del Cid », que sa magnifique huerta, la grâce de ses femmes, le talent de ses littérateurs et de ses poètes, l'enthousiasme de sa population contribuèrent à rendre inégalable. Examinant scrupuleusement les ouvrages, les poèmes, les textes officiels de l'époque, Menéndez Pidal rectifie les erreurs, les faux et les mensonges accumulés par les siècles et attribue à l'histoire et à la légende leur part respective. Le Cid apparaît de la sorte sous son véritable aspect. De l'exposé des diverses phases qu'a connues l'abondante et parfois fantaisiste littérature consacrée à la biographie du héros, il résulte que les travaux de l'érudition coïncident aussi bien avec les données fournies par la poésie espagnole primitive qu'avec les témoignages des chroniqueurs musulmans de l'époque. Du personnage considéré par certains poètes et historiographes comme le modèle du chevalier sans peur et sans reproche, vertueux et loyal à la guerre comme en amour, et dépeint par d'autres comme un grossier et perfide aventurier sans foi ni loi et capable de toutes les félonies, il est malaisé de discerner les traits conformes à la réalité. Menéndez Pidal est cependant parvenu à concilier ces deux portraits à l'avantage du premier surtout. Déjà Menéndez y Pelayo, s'appuyant sur l'œuvre de Dozy, avait admis qu'un « héros épique ne devait pas nécessairement être un modèle de vertu » ; à quoi l'auteur répond que l'arabisant néerlandais avait accordé trop de foi aux témoignages douteux des chroniqueurs arabes, évidemment soucieux de peindre leur ennemi sous les plus noires couleurs. Menéndez Pidal tire de la confrontation des textes consultés par Dozy la conclusion que ce dernier a commis des erreurs regrettables. En somme, dans *L'Espagne du Cid*, l'auteur a consigné le meilleur de son expérience d'historien, de philologue et de critique. Tant par les qualités artistiques de la narration et de l'évocation d'une époque que par la rigueur de l'information philologique et historique, cette œuvre constitue un monument de l'historiographie universelle.

ESPAGNE EN MARCHE (L'). Choix de poèmes de l'écrivain espagnol Gabriel Celaya (1911-1991), publié à Paris en 1961. Poète civique opposé au franquisme, chef de file de la littérature espagnole engagée, Gabriel Celaya a lui-même défini l'intention et le sens de sa création : « Je maudis la poésie conçue comme un luxe / culturel par les neutres / qui, se lavant les mains, ne veulent rien savoir et se dérobent. / Je maudis la poésie qui ne prend pas parti au point d'avoir les mains sales... / Je me sens un ingénieur du vers et un ouvrier / qui avec d'autres travaille l'Espagne dans ses fondements. / Telle est ma poésie : Poésie-outil / autant que battement unanime et aveugle. / Voici ce qu'elle est : une arme chargée de futur / avec laquelle je te vise à la poitrine. » Cette attitude courageuse et claire n'a pas été obtenue sans heurts ni contradictions. Surréaliste à ses débuts (*La Solitude close*, 1936), combattant vaincu de la guerre civile, Celaya vécut des années confiné dans le dégoût et le nihilisme, le sarcasme et le désespoir. « Les hommes ont faim. / Les hommes ont peur. / Mais ils ne veulent pas de notre pain. / Mais ils ne veulent pas de notre rêve. / Je crierai ce qu'ils voudront pour ne pas me sentir haï. / Quand on me fusillera / peut-être quelqu'un me mettra-t-il une cigarette entre les lèvres. » (« À votre service », 1945). Mais à partir de *Tout le reste est silence* (1951), la voix s'élève, au péril de la persécution et de l'emprisonnement, pour exalter le monde du travail, pauvre et humilié, et clamer ses aspirations sociales muselées par la dictature. « Paysans, ouvriers, rudes travailleurs, / femmes ensevelies, hommes visage au vent, / en vous, archaïques, je trouve ma force. / Je veux chanter votre noble silence scandé par les battements, / Je veux être un battant de cloche dans l'absence... » Les nombreux poèmes qui jaillissent alors à pleins jets comme d'une source intarissable (signés parfois du pseudonyme de Juan de Leceta) se développent souvent en vers amples comme pour un entretien grave et familier, les plus beaux fleurons constituant *Cartes sur table* (1951), *Chants ibères* (1955) et *Les Résistances du diamant* (1957 ; trad. française, Marseille, 1959). Le pays Basque dont il est originaire est souvent évoqué comme symbole de la résistance et de la liberté perdue à retrouver. — Trad. Seghers, 1961. C. C.

ESPAGNE INVERTÉBRÉE [*España invertebrada*]. Essai du philosophe espagnol José Ortega y Gasset (1883-1955), publié en 1921. Héritier direct de la fameuse « génération de 1898 », préoccupé comme elle de la décadence de son pays, Ortega n'a plus cependant le ton passionné d'un Unamuno et c'est en philosophe politique qu'il cherche un remède à la crise espagnole. S'il a pu devenir plus tard l'inspirateur le plus écouté du régime républicain, Ortega n'a pas moins toujours combattu pour une renaissance aristocratique, et l'*Espagne invertébrée* constitue à cet égard un prélude aux thèses exposées plus tard dans le fameux essai sur *La Révolte des masses* (*). Selon l'auteur, le drame historique de l'Espagne réside avant tout dans la carence de ses élites : « Une nation, dit Ortega, est une masse humaine organisée, structurée par une minorité d'individus choisis. » Mais l'Espagne a-t-elle possédé jamais une minorité dirigeante, une aristocratie digne de ce nom ? Fortement imprégné de pensée allemande, Ortega estime que c'est à leur élément germanique respectif que les diverses nations d'Occident doivent leur grandeur : les Wisigoths d'Ibérie étaient malheureusement les plus faibles, les plus romanisés des Germains ; ils n'ont pas été capables, comme les Francs, d'imposer le droit du seigneur à la masse vaincue et, seule de toutes les autres nations d'Occident, l'Espagne n'a pas connu la féodalité qui a fait partout ailleurs l'éducation aristocratique des peuples. On peut donc dire que toute l'histoire espagnole n'a été que l'histoire d'une longue décadence. Le devoir de la génération nouvelle, et particulièrement des intellectuels, est de s'opposer à l'empire des masses en créant enfin, par voie de sélection, une véritable élite espagnole. Il ne semble pourtant pas qu'Ortega se soit fait beaucoup d'illusions sur les chances de succès d'une telle entreprise ; le pessimisme ortéguien est finalement plus incurable encore que le pessimisme d'Unamuno : ce dernier, dans le malheur présent, en appelait à une plus profonde Espagne, tandis que la condamnation d'Ortega porte aussi bien sur le passé que sur le présent. Il est d'ailleurs significatif qu'après ce livre Ortega n'ait plus guère traité des problèmes de sa patrie et ait au contraire adopté une perspective systématiquement européenne. – Trad. dans *Essais espagnols*, Éd. du Cavalier, 1932.

ESPAGNE, PASSION DE VIE [*España, pasión de vida*]. Recueil de poèmes de l'écrivain espagnol Eugenio de Nora (né en 1923), publié à Barcelone en 1953, récompensé par le prix Boscán. Dans une *Note* initiale l'auteur fait part de sa profonde insatisfaction : ayant entrepris la rédaction de ces textes en 1947, afin d'apporter le témoignage d'une jeune conscience espagnole de l'après-guerre, il n'a malheureusement pas vu s'incarner l'espérance collective dont il rêvait. Il tient donc son livre pour provisoire, promis, comme la vie, à d'ultérieures germinations.

Les dix-huit poèmes sont répartis en quatre sections : I *España,* II *Nosotros,* III *Poética,* IV (sans titre). L'Espagne est le thème central de l'écriture : objet d'un amour amer, elle est personnifiée car elle a un « visage », un « beau visage » ; mais elle s'incarne aussi dans ses paysages, fleuves, chemins, petits villages de la *meseta* où vit un peuple misérable et brimé, tandis que l'Histoire « bâille », selon les termes mêmes qu'employa Antonio Machado. La tristesse s'insinue dans le livre car il « n'y a ni sourire ni cantique sur une terre sans eau ». Cependant le poète refuse les pleurs élégiaques, il ironise sur les « vendeurs de rêve » et les lecteurs qui bouderaient le « prosaïsme » d'un chant condamné à transcrire les blessures du temps.

Enfin l'ultime leçon de Nora est celle du « devoir de joie », car la vocation de l'homme reste invinciblement le bonheur. Forgé par la contemplation réflexive, le verbe poétique surgit pour prophétiser l'avènement d'un autre langage : « Oh ! parole nue / comme l'air le plus clair ! / Silence frémissant du chant ! / Espagne ! Espagne ? / Un fleuve qui se dresse, un arbre / qui va parler. » M.-C. Z.

ESPAGNE, POÈME EN QUATRE ANGOISSES ET UNE ESPÉRANCE [*España, poema en cuatro angustias y una esperanza*]. Œuvre du poète cubain Nicolás Guillén (1902-1989), publiée en 1937. Dans ce poème, le poète cubain se fait l'écho de ses frères espagnols en proie à la guerre civile. Après avoir rappelé le passé glorieux du pays des Cortez et des Pizarre, dont les héritiers sont aujourd'hui ceux qui combattent pour la juste cause, il montre à quoi se trouve réduite l'Espagne, et s'exprime en termes où se mêlent violence et commisération. Dans les deuxième et troisième parties, il fait sienne la lutte à laquelle le convie un même sang ancestral : « Je la sens, / cette racine de mon arbre, de ton arbre / clouée en plein cœur de ma terre » et prétend rejoindre les rangs révolutionnaires : « ... Je veux, me lacérant / dans ma peau en lambeaux tailler pour toi des bandes / et je veux que mes os marchent dans tes soldats. » La quatrième « angoisse » est consacrée à une évocation de Lorca, où se reflète l'admiration qu'il éprouve. Enfin jaillit le cri d'espérance du poète : la Révolution triomphera et il en sera l'un des acteurs et il en promènera bien haut avec ses frères « la flamme vive, grondante, tempétueuse ». Une sincérité totale qu'anime un grand lyrisme donne sa juste mesure à ce très beau poème. – Trad. Caractères, 1956, et N. G., *Le Chant de Cuba*, Belfond, 1984.

ESPAÑA. Rhapsodie pour orchestre du compositeur français Emmanuel Chabrier (1841-1894), composée en 1882, au retour d'un voyage en Espagne que le musicien effectua dans le but de recueillir des airs populaires. Chabrier ne fit cependant que s'inspirer du folklore, ne conservant exclusivement que les rythmes caractéristiques. Exécutée pour la première fois en 1883, à Paris, aux Concerts Lamoureux (sous la direction de Charles Lamoureux), elle remporta d'emblée un vif succès qui se perpétue encore, surtout en France. Sa popularité fut accrue par l'adaptation qu'en donna Waldteufel. *España* comprend une exposition initiale de six thèmes populaires, suivis d'un thème original, confié aux trombones et au tuba, qui sert de transition ; une reprise développée avec beaucoup de fantaisie et un épilogue également introduit par le thème original plus haut cité. Cette pièce, d'un coloris orchestral rutilant, audacieux pour l'époque, débordant de verve et d'une irrésistible gaîté sonore, est une des plus caractéristiques du tempérament de l'auteur.

ESPÈCE HUMAINE (L'). Récit de l'écrivain français Robert Antelme (1917-1990) paru pour la première fois en 1947 avant d'être repris, sous la pression d'Albert Camus principalement, dix ans plus tard, en édition définitive (1957). Unique, ce livre ne l'est pas seulement parce qu'il est le seul que son auteur ait écrit, mais avant tout par l'exceptionnelle portée de son message qui dépasse ce que l'on serait tenté d'attendre d'un livre de témoignage. « Je rapporte ici ce que j'ai vécu », nous avertit l'auteur dans son avant-propos. Ce qu'il a vécu : une année de camps (de juin 1944 à avril 1945) en Allemagne où il avait été déporté pour activités de résistance. Les premières lignes du livre contiennent des indications précieuses : « Il y a deux ans, durant les premiers jours qui ont suivi notre retour, nous avons été, tous je pense, en proie à un véritable délire. Nous voulions parler, être entendus enfin [...] Et cependant c'était impossible. À peine commencions-nous à raconter, que nous suffoquions. À nous-même, ce que nous avions à dire commençait alors à nous paraître "inimaginable". » Cette contrainte à parler dans l'impossibilité de dire, la peur de trahir ou celle de ne pouvoir être entendu vont donner au témoignage l'implacable sobriété et justesse d'un récit dérobé à la mort. C'est dans le camp, de lui et non sur lui que l'auteur écrit. Travail de témoin et non de mémorialiste. Sous chaque mot, c'est l'« expérience » même (la souffrance, la faim, la fatigue, l'humiliation, l'horreur, la mort) qui pèse de tout son poids d'indicible. L'« oppression incessante » et les conditions particulières qui régnaient dans le « kommando » (à Gandersheim), où il fut détenu, lui feront endurer la « loi SS toute nue » (celle que les droits communs — « assassins, voleurs, escrocs, sadiques » — faisaient « respecter »). Situation limite où tout espoir de révolte est banni et où survivre reste le seul but. « Le ressort de notre lutte n'aura été que la revendication forcenée, et presque toujours elle-même solitaire, de rester, jusqu'au bout, des hommes. » À la limite de soi et de la perte d'identité, le sentiment quasi biologique, physiologique — au niveau des « besoins » — le « sentiment d'appartenir à l'espèce » est le seul, « indestructible », contre lequel les SS ne pourront rien. Dans *L'Entretien infini* (*), en peu de mots, Maurice Blanchot a su résumer l'essentiel : « L'homme est l'indestructible qui peut être détruit. » F. W.

ESPÈCES D'ESPACES. Ouvrage de l'écrivain français Georges Perec (1936-1982), publié en 1974. Cette « espèce d'essai », comme on pourrait nommer ce livre tant il est périlleux d'enfermer Perec dans des genres étroits, est, dit l'auteur, le « journal d'un usager de l'espace ». Il note que l'être humain est le plus souvent aveuglé par le quotidien et que cela est une forme d'aliénation. D'où ce souci constant de l'écrivain Perec de reprendre à zéro la banalité. La table des matières d'*Espèces d'espaces* nous fait partir de l'espace de la page, puis, successivement : le lit, la chambre, l'appartement, l'immeuble, la rue, le quartier, la ville, la campagne, le pays, l'Europe, le monde, l'espace.

De la page au lit (qui est aussi *le* page, en argot), l'auteur commente un rapport à l'espace à la fois potentiellement commun et tout à fait personnel. L'espace de Perec est toujours peu ou prou celui de la littérature, à commencer par l'exergue détourné qui en dit beaucoup : « Longtemps je me suis couché par écrit. Parcel Mroust. » Le chapitre consacré à l'immeuble est un descriptif de *La Vie mode d'emploi* (*), roman alors à l'état de projet. Le chapitre sur la rue expose un autre grand projet de Perec qui, lui, restera inachevé : *Lieux,* consistant à décrire douze lieux parisiens, chaque année, pendant douze ans : « Ce que j'en attends n'est rien d'autre que la trace d'un triple vieillissement ; celui des lieux eux-mêmes, celui de mes souvenirs, et celui de mon écriture. »

Ce livre est l'exemple le plus achevé de l'originalité du regard perecquien sur « l'infra-ordinaire » comme il dira dans un autre texte. Il faut lire les recueils posthumes d'articles épars (*Penser / classer,* paru en 1985 ; *L'infra-ordinaire,* paru en 1989) qui manifestent une curiosité sans bornes et un angle de vue toujours neuf. Quelques titres d'articles : « Notes concernant les objets qui sont sur ma table de travail », « Notes brèves sur l'art et la manière de ranger ses livres », « Les lieux d'une ruse » (à propos d'une psychanalyse), « Considérations sur les lunettes », « La rue Vilin » (un admirable texte qui est une sorte de résumé du grand projet *Lieux*), « Tentative d'inventaire des aliments liquides et solides que j'ai ingurgités au cours de l'année mil neuf cent soixante-quatorze »... Tous ces textes plus ou moins d'humeur ou de circonstance entretiennent avec les grands romans de Perec des relations extrêmement fécondes. J. J.

ESPÈCES DES PLANTES (Les) [*Species plantarum*]. Sous ce titre, et sous des titres analogues de *Genera plantarum,* etc., ont été publiées, dans l'ensemble, huit éditions du système de classification imaginé par le naturaliste suédois Charles de Linné (1707-1778). La première édition de ce livre date de 1733, année au cours de laquelle Linné entreprit la préparation de son *Système de la nature* (*). C'est dans cette œuvre que Linné introduit la nomenclature binaire des plantes (le premier nom correspondant au genre et le second à l'espèce) et le concept de la « diagnose », c'est-à-dire d'une brève description, en latin, des caractères fondamentaux de l'espèce. Le volume est un recueil de toutes les espèces de plantes connues du temps de l'auteur. Pour donner une idée de la méthode d'exposition de Linné, disons qu'il divise les végétaux en « classes » selon le nombre de leurs « étamines » (organes des fleurs portant le pollen) : la « Monandrie » comporte les fleurs à une seule étamine ; la « Diandrie », celles à deux étamines ; la « Triandrie » celles à trois étamines, etc. Les classes sont divisées en ordres selon le nombre de styles libres (c'est-à-dire des filaments servant à recueillir le pollen pour la fécondation) surmontant les ovaires — ce qui permet de distinguer les « Monogynes », les « Digynes », les « Trigynes », etc. Enfin, les ordres se subdivisent en genres et en espèces. Ainsi le genre « Euphorbes » appartient à la classe des « Dodécandres » (en raison de ses douze étamines) et à l'ordre des « Trigynes » (pour ses trois styles ou pistils). La division en familles, groupe intermédiaire entre les ordres et les genres, manque dans le système de Linné. Ces critères ont été abandonnés, et il reste bien peu de chose aujourd'hui des classes et des ordres établis par Linné ; en revanche, la division en genres et en espèces, que le savant suédois avait indiquée à la suite de ses patientes observations, a été, dans une large part, conservée. Parmi les autres œuvres du même auteur traitant de la classification botanique, on peut citer les *Fondements de la botanique* [*Fundamenta botanica,* 1736], la *Méthode de classification des plantes* [*Methodus plantarum,* 1737], *Les Genres des plantes* [*Genera plantarum,* 1737], *Les Ordres des plantes* [*Classes plantarum,* 1738] et la *Philosophie botanique* (*).

ESPION (L') [*The Spy*]. Roman de l'écrivain américain James Fenimore Cooper (1789-1851), publié en 1821. L'ouvrage a pour thème la lutte, durant la guerre d'Indépendance américaine (1774-1778), entre les « whigs » ou les « patriotes » qui souhaitaient un nouveau gouvernement, et les « tories » ou « loyalistes » qui entendaient rester fidèles à la vieille Angleterre. L'action se déroule aux environs de New York, dans le comté de Winchester, où la discorde était particulièrement vive. La famille Wharton, autour de laquelle se déroulent la plupart des événements, vit en zone neutre. Henry Wharton, capitaine dans l'armée britannique, venu voir son père et ses sœurs entre les lignes américaines, a été capturé et condamné à mort en raison de ses rapports avec l'espion Harvey Birch, lequel réussit à le faire évader. Des deux sœurs, Frances et Sarah, la première est fiancée à Dunwoodie, commandant de l'armée américaine, qui plus tard l'épousera, et l'autre est courtisée par le colonel Wellmere de l'armée anglaise ; le mariage est sur le point de se faire quand Birch découvre tout à coup que le colonel était déjà marié en Angleterre. De ces divers personnages se détache la figure de Harvey Birch, un patriote qui, pour aider Washington, se fait espion dans l'armée britannique. Il est haï de ceux qu'il aide secrètement. Arrêté par un groupe de révolutionnaires, il pousse le courage jusqu'à détruire le papier que lui a donné Washington et qui pourrait justifier sa conduite et le sauver. Mais les événements se précipitent. La dernière bataille est livrée et gagnée : l'Amérique est libre. La nation reconnaît et récompense ses héros ; mais pour tous Harvey Birch reste un traître à la patrie. Trente-trois ans plus tard, devenu un vieillard, il est tué accidentellement dans une rixe entre Anglais et Américains, et c'est alors seulement que l'on découvre le papier de Washington. Ainsi, le héros meurt comme il a vécu : dévoué à sa patrie et martyr de la liberté. Après l'insuccès de son premier roman *Précaution* (1820), écrit à la mode anglaise, Cooper avait décidé d'écrire une « œuvre purement américaine dédiée à l'amour de la patrie ». Ce fut *L'Espion* ; l'auteur y fait montre d'une vive imagination et d'une grande habileté dans l'art de se tirer de situations compliquées. Adapté à la scène, ce roman connut un grand succès et fut bientôt traduit dans les principales langues européennes. – Trad. Gosselin, 1824 ; Hemma, 1977.

ESPION QUI VENAIT DU FROID (L') [*The Spy who came in from the Cold*]. Roman de l'écrivain anglais John Le Carré (né en 1931), publié en 1963. Au cœur de ce fascinant et inquiétant roman sur la manipulation, tout en trompe-l'œil, au centre de la machination « délirante » et monstrueuse à la fois mise au point par le Cirque – nom de code de l'Intelligence Service anglais –, on trouve un couple. En effet, les aléas de la guerre du renseignement (mais y a-t-il vraiment place pour le hasard dans l'univers suprêmement calculateur de l'espionnage moderne ?) vont placer Liz Gold, modeste bibliothécaire, membre du parti communiste anglais, en pleine guerre froide, sur le chemin d'Alec Leamas, un agent britannique vieillissant.

Leamas vient de perdre à Berlin Karl Riemeck, l'un de ses plus précieux contacts à l'Est, dernier d'une longue liste d'agents doubles, exécutés par le monstre froid et cruel qu'est Mundt, le chef des services du contre-espionnage est-allemand. De retour à Londres, Leamas croit que sa dernière mission sera de contribuer à la suppression de Mundt, la bête noire du Cirque. Au terme d'une véritable mise en scène destinée à donner le change, qui le plongera dans la déchéance de l'alcool, de la misère et de la prison (à peine rédimée par la rencontre avec Liz), Leamas sera contacté par les hommes de Mundt. Envoyé en R.D.A., il confie à Fiedler, membre de l'Abteilung et ennemi personnel de Mundt, de quoi le confirmer dans ses rocambolesques soupçons : Mundt serait un agent double à la solde de l'Angleterre et à ce titre passible de la peine de mort. En fait, Leamas l'apprendra à ses dépens, la machination était plus « immonde » encore : avec la complicité involontaire de Liz, c'était Fiedler qu'il fallait faire neutraliser. Celui-ci, juif et donc victime émissaire commode, était coupable d'avoir décelé en Mundt un authentique agent double, dont l'importance aux yeux du Cirque valait bien qu'on lui sacrifie un innocent, sans parler de Leamas et de Liz qui ne sont que deux pions. La dernière scène du livre se passe au pied du mur de Berlin. Liz, qui en sait trop à présent, est abattue par les Vopos, et Leamas, par amour pour elle, choisit aussi la mort. Geste noble, mais surtout inutile, qui confirme l'écrasement du facteur humain, l'homme n'ayant que sa faiblesse à opposer à la machine. Cet angoissant thriller au rythme haletant, ponctué de dramatiques rebondissements qui n'en finissent pas de piéger, outre Leamas, victime malgré lui de ce coup monté, le lecteur, également pris dans l'engrenage, était aussi un roman à thèse dénonçant l'implacable cynisme régnant au sein de l'univers parallèle – et symétrique – des espions. Aussi *L'Espion qui venait du froid* allait-il devenir un classique du genre. Pour la première fois, le côté sordide et glauque de l'existence souterraine de l'espion, le caractère inhumainement brutal et froid du système, et surtout la convergence profonde entre les méthodes des uns (à l'Ouest) et des autres (à l'Est) se voyaient portés sur le devant de la scène et, sinon projetés en pleine lumière, du moins arrachés à cette uniforme grisaille dans laquelle ces secrets se fondaient jusque-là. Cette paradoxale mise en relief, on la doit au pouvoir d'une écriture sans artifice, terriblement efficace, et qu'on qualifiera fort opportunément, au vu du contexte, de « grise ». – Trad. Gallimard, 1964. M. P.

ESPOIR (L'). Roman publié en 1937 par l'écrivain français André Malraux (1901-1976). Les livres précédents de l'auteur posaient le problème de l'homme devant la Révolution, celui-ci débat plus précisément de l'homme devant l'organisation de la Révolution, à propos de la guerre d'Espagne que Malraux a vécue. La première partie s'appelle « L'Illusion lyrique ». C'est la vaste fresque, haute en couleur et en fraternité, de cette explosion qui a soulevé l'Espagne et son peuple contre la misère. Cette partie est sentimentale. La liberté naît ce soir-là et c'est vraiment l'Espoir qui chante dans toutes les poitrines. Mais il faut organiser la Révolution, « organiser l'Apocalypse », parce qu'en face il y a Franco, une armée organisée, une armée en campagne. On ne vainc pas des tanks en chantant l'Internationale. Il arrive un moment où il faut préférer au lyrisme la froide organisation de la victoire. C'est la deuxième phase : « Le Manzanarès » (nom du cours d'eau reconquis par les républicains avec l'aide des internationaux), où se révèle l'importance du parti communiste. Ce parti, qui ne se soucie pas de l'homme, organise ; il est le seul à le faire, avec les fascistes ; il forge l'armée de la Victoire. Mais le problème humain n'est pas résolu pour autant. « Être et Faire » : anarchistes et communistes, la passion de la justice et de l'efficacité, ceux pour qui l'homme seul compte et ceux pour qui la fin justifie les moyens. Les premiers sont nécessairement condamnés, mais Malraux ne les oublie pas bien qu'il sache que concrètement les communistes ont raison. L'un d'eux, Manuel, organise le désordre dans son secteur. Il fait corps avec la Révolution. Il devient un chef car le communisme est d'abord une école de chefs. Il y a entre les communistes et les autres la différence qu'il y a entre ceux qui savent ce qu'ils veulent et ceux qui ne le savent pas. Être et Faire. Manuel fait ; Hernandez voulait être, il est fusillé par les phalangistes. Hernandez portait en lui la fraternité, pour Manuel la fraternité prend la forme de l'action. Et c'est la guerre cette fois : la guerre idéologique, la possibilité de vaincre, l'espoir. L'espoir pour ceux qui croyaient lutter pour donner un sens à la vie de millions d'hommes pour qui la vie n'avait jamais eu de sens. Écrit comme une chronique, ce livre est toute la guerre d'Espagne, en surface et en profondeur ; *L'Espoir* est écrit à la fois « verticalement » et « horizontalement ». La guerre civile n'y est pas évoquée à l'occasion d'un drame individuel comme chez Hemingway, elle y existe dans sa totalité. *L'Espoir* est une somme. Il est fait de toutes les tragédies dont est faite la guerre d'Espagne. La grande leçon de ce livre, c'est la fraternité. Pour Kyo, « le contraire de l'humiliation, c'est la dignité ». Pour le héros de *L'Espoir,* « le contraire de l'humiliation, c'est la fraternité ». L'homme seul, c'est une idée de philosophe. L'homme considéré dans ses rapports avec d'autres hommes, c'est de la chair et du sang. La fécondité de cette nouvelle attitude sauve la condition humaine. L'homme n'est pas condamné, comme Kyo l'était ; la fraternité le sauvera. Tel est le véritable « Espoir » du livre, c'est un espoir en l'homme.

ESPOIR AUX AILES DE HÊTRE (L') [*Naděje s bukovými křídly*]. Recueil de poèmes du poète tchèque Jan Skácel (1922-1989), diffusé en 1975 en samizdat, publié en 1983. À la rupture plus ou moins affirmée qui caractérise l'œuvre de la plupart des poètes de sa génération, Skácel substitue la retenue, la méditation ; les deux cents quatrains du recueil, divisés en deux parties, *La Faute des pêches* [*Chyba broskví*] et *Cacahuètes pour le perroquet noir* [*Oříšky pro černého papouška*], s'imposent au lecteur avec discrétion et douceur. Un parfait épanouissement du langage poétique permet à l'auteur de jouer avec les mots, les signes, les références. L'univers de Skácel où temps, espace, homme et nature forment un tout indissociable, est composé de lieux perdus mais point oubliés, reconstituant ainsi un déjà vu enfoui dans la mémoire du monde et que la magie du mot peut faire resurgir d'un instant à l'autre. Ainsi naît, avec autant de rigueur dans la forme que d'indépendance dans l'image, un paysage où le vent vieillit, le silence se fane, le temps n'entend pas, les étoiles sentent bon, la pluie est de marbre, la nuit est une loutre sur une glissoire, les souvenirs des harfangs, la colombe devient chute, l'arbre est un oiseau et le poète une abeille. Dans ce paysage, l'homme ne représente en fait qu'une fraction interchangeable : tout y laisse croire que le temps n'est pas encore venu pour qu'il franchisse le pas et en devienne partie intégrante et autonome. Le désarroi de l'homme face à son orgueil est néanmoins atténué par la célébration constante des bonheurs simples, l'humilité du poète magnifiant ainsi le monde et lui rendant son essence véritable. Les poèmes-images de Skácel, cherchant à atteindre la vérité finale à travers un enchaînement intensif de métaphores et à trouver (ou retrouver) le sens de la vie « là où s'arrête la parole », aux confins du passé et du présent, l'enfance et la mort, ne sont pas sans ressemblance avec les formes traditionnelles de la poésie orientale. Paysages végétal, animal, humain et cosmique se fondent l'un dans l'autre ; le rythme et la mélodie, depuis toujours très présents dans la poésie de Skácel, parviennent à leur sommet.

P. O.

ESPRIT. Revue française à vocation internationale fondée en 1932 par le philosophe personnaliste Emmanuel Mounier qui la dirigea jusqu'à sa mort en 1950. Nourrie par la pensée de Péguy, soutenue par Maritain et Berdiaeff, la jeune équipe qui lance la revue la veut d'emblée ouverte à tous les courants de pensée religieux ou athées, fondés sur la foi en l'homme « comme personne aspirée par les appels de l'esprit vers quelques transcendances religieuse, morale, esthétique » (P. H. Simon). Participant de l'ouverture et de la remise en question de la pensée catholique, comme *Temps présent* et *Sept*, la revue s'en distingue par le souci constamment affirmé de relier étroitement la démarche intellectuelle à la réalité sociale et plus particulièrement à la condition des plus pauvres. D'où l'importance, parallèlement à l'action du comité directeur, des réseaux de groupes « Esprit » en France et à l'étranger qui sont à la fois des lieux de discussion et de diffusion des thèmes exposés dans la revue. De 1932 à 1936 se constitue la doctrine et à partir de 1936 on remarque une période d'engagements plus précis ; les textes des numéros spéciaux l'indiquent : « Rupture entre l'ordre chrétien et le désordre établi » (1933), « La Colonisation, son avenir, sa liquidation » (1935), « La Guerre pour la Tchécoslovaquie ? » (1938) ; en cela la revue restait fidèle à son projet : contribuer à renouveler en profondeur les cadres de pensée d'une société bourgeoise en crise, se soumettant à une critique permanente mais admettant en même temps le droit à l'erreur. *Esprit* cesse de paraître en avril 1940, puis reparaît en septembre à Lyon et est interdit en 1941.

De 1944 à 1950, l'accent fut mis sur la décolonisation à venir et à réaliser, sur les relations avec le parti communiste sur la guerre froide, sur la réforme de l'Église. À la mort d'Emmanuel Mounier, l'universitaire et écrivain Albert Béguin assure la direction d'*Esprit*, dans la continuité du projet initial, tout en accordant une place plus grande aux préoccupations esthétiques. La revue n'en est pas moins au cœur des discussions sur l'expérience des prêtres-ouvriers et de la révolution de Budapest. Jean-Marie Domenach succède à Béguin en 1957. On assiste à une concentration de la réflexion sur la société civile. Les idéologies (particulièrement le marxisme) sont soumises à la critique des sciences humaines, accompagnée d'études approfondies de la société française. Les groupes « Esprit » sont maintenus. L'accent est mis sur la guerre d'Algérie, les réformes de l'Église catholique et le sous-développement. Le concept de révolution qui figurait parmi les concepts les plus utilisés avant-guerre disparaît tandis qu'émerge celui d'anti-totalitarisme. Paul Thibaud dirige la revue de 1977 à 1988. Les sciences du politique sont mises au service d'une pensée anti-totalitaire enracinée dans la réalité des luttes de libération des nations soumises au communisme, en « proposant la démocratie comme avenir ». En 1988 Olivier Mongin assure la relève avec une équipe renouvelée qui se propose de « lutter contre le scepticisme ambiant ».

F. D.

ESPRIT (De l'). Traité de « morale expérimentale » du philosophe français Claude Helvétius (1715-1771), constitué de quatre discours, publié en 1758. L'auteur se propose d'y étudier l'homme en général, tel qu'il se présente dans toutes les nations et sous tous les gouvernements. « Des faits, j'ai remonté aux causes. J'ai cru qu'on devait traiter la morale comme toutes les autres sciences, et faire une morale comme une physique expérimentale. » Dans le premier discours : « De l'esprit en lui-même », Helvétius attribue la supériorité de l'homme sur l'animal au fait de son organisation ; l'homme n'en demeure pas moins un animal purement sensible, dont les connaissances relèvent uniquement de sa sensibilité physique et de sa mémoire, l'ensemble des opérations de l'esprit se réduisant ainsi à la « faculté de sentir » ; juger se résume à percevoir les ressemblances et les différences. Libre physiquement, l'homme est cependant dénué de libre arbitre ; car, déterminé par un appétit de bonheur sur l'objet duquel les avis sont souvent partagés, il se trouve orienté dans différentes directions. Dans le deuxième discours : « De l'esprit par rapport à la société », l'auteur entend démontrer que le jugement des individus est uniquement dicté par l'« intérêt » personnel, comme celui des nations l'est par l'intérêt général. L'homme ne peut aimer le bien ou le mal pour eux-mêmes : « L'intérêt qui préside au jugement que nous portons sur les actions nous les fait regarder comme vertueuses, vicieuses ou permises, selon qu'elles sont utiles, nuisibles ou indifférentes au public. » On ne peut donc avoir de la vertu une idée absolue, indépendante de l'époque et des gouvernements, ni prétendre qu'elle soit une notion purement arbitraire : elle n'est que le désir du bien public, relativement à l'époque et au pays. Le « bien public » est pour Helvétius, comme il le sera pour Bentham, « le plus grand bien pour le plus grand nombre ». La corruption politique est toujours un vice, quel qu'en soit le pays, car elle profite habituellement à l'intérêt d'individus ou de castes plutôt qu'à l'intérêt général. C'est donc au législateur qu'il appartient de déterminer l'instant à partir duquel une nation cesse d'être vertueuse pour devenir vicieuse et inversement ; pour atteindre au progrès moral, la loi demeure le seul « instrument » ; et c'est en modifiant la législation d'un peuple qu'on peut en extirper les vices afin de former des génies et des héros, des êtres vertueux. Il s'ensuit que le seul problème moral est celui de faire coïncider l'intérêt particulier avec l'intérêt général et qu'en conséquence la « science des mœurs », ou morale, se confond avec la législation : « La morale, proclame Helvétius, n'est qu'une science frivole si on ne la confond pas avec la politique et la législation. » Dans le troisième discours : « Si l'esprit doit être considéré comme un don de la nature ou comme un effet de l'éducation ? », l'auteur déclare que nulle inégalité (y compris celle des sexes, laquelle tient pour une part importante à de causes sociales et, partant, modifiables) n'a une origine naturelle. Les différences dans la « capacité d'attention » relèvent de la diversité des passions, qui sont à la morale ce que le mouvement est à la physique (de même que le mouvement « crée, anéantit, conserve, anime tout », de même ce sont « elles qui vivifient le monde moral »). Chez les hommes normaux, la cause de cette diversité a son origine dans la sensibilité physique dont dépendent les passions, les vices et les vertus. C'est pourquoi l'amour (amour de la gloire, amour de la vertu, amour du plaisir), s'adressant davantage aux sens, est la plus puissante d'entre les passions. Il apparaît, à étudier les conditions de toute passion, que « leur force est toujours proportionnée à la force des moyens employés pour l'exciter ». Pour appuyer cette façon de voir, Helvétius se livre à l'étude de l'histoire et du tempérament des différents peuples, s'attachant à montrer que la supériorité qu'ont acquise certains peuples dans un domaine quelconque des sciences ou des arts tient à un concours de circonstances et de causes morales. « La conclusion générale de ce discours, c'est que tous les hommes, communément bien organisés, ont en eux la puissance physique de s'élever aux plus hautes idées ; et que la différence d'esprit qu'on remarque entre eux dépend des diverses circonstances dans lesquelles ils se trouvent placés et de l'éducation différente qu'ils reçoivent. Cette conclusion fait sentir toute l'importance de l'éducation. » Celle-ci, au lieu de combattre les passions, comme le voudrait l'ascétisme chrétien, se doit de les développer, sous réserve de les coordonner en vue du bien public ; ce qui constitue le devoir du législateur. Helvétius déclare enfin, dans le quatrième discours : « Des différents noms donnés à l'esprit », que l'éducation n'est autre que l'art de connaître et d'user des moyens propres à former des corps plus robustes, selon l'exemple des Grecs, et des esprits plus vifs et plus vertueux, en y allumant de fortes passions que l'on fera tendre au bien public. L'auteur passe en revue les différentes qualités qui sont à développer chez tout esprit (« De l'esprit fin et de l'esprit fort », « De l'esprit juste », « Du bon sens », « De la méthode pour découvrir le genre d'études auquel on est le plus propre », etc.).

Il est facile, pour un critique peu exigeant, de montrer qu'Helvétius n'a fait que rassembler un certain nombre d'idées qui avaient cours alors : la partie psychologique de son œuvre s'appuie essentiellement sur le sensualisme de Locke ; les idées sociales et religieuses qu'il développe sont souvent empruntées à Hobbes, Diderot, Voltaire ou Montesquieu ; même certaines de ses théories sur l'amour-propre, l'intérêt et la fécondité des passions, l'identité entre question morale et question sociale, ne sont pas sans rappeler Vauvenargues, La Rochefoucauld ou Machiavel. Cependant, comment expliquer alors l'énorme « succès de scandale » qui salua la parution de cet ouvrage ? On sait que la réaction de l'Église et de l'État ne se fit point attendre, et qu'une cascade de condamnations furent lancées contre l'auteur, qui avait bien inutilement publié son livre sous l'anonymat. L'auteur dut se réfugier en Angleterre, puis en Allemagne, où il fut l'hôte de Frédéric II. L'archevêque de Paris, Mgr Christophe de Beaumont, lança, le 22 novembre 1758, un mandement spécial contre le livre ; la Sorbonne et le Parlement s'en mêlèrent, si bien que *De l'esprit* fut brûlé de la main même du bourreau. Cette condamnation devait d'ailleurs entraîner, l'année suivante, celle de l'*Encyclopédie* (*).

Ce « succès de scandale » tient, sans aucun doute, à ce fait qu'avec Helvétius tombent les dernières barrières théologiques dans lesquelles le sensualisme de Locke, et aussi celui de Condillac, était encore enfermé. Avec Helvétius, le matérialisme français du XVIIIe siècle prenait une de ses formes les plus systématiques et les plus absolues et substituait résolument au mythe idéaliste, qui veut que ce soient les idées qui gouvernent le monde et les hommes, le principe matérialiste, qui estime que c'est en transformant le milieu qui l'a formé que l'on transformera l'homme. On comprend qu'un tel principe ne pouvait que susciter les passions et l'intérêt en un moment où de grands changements dans la société apparaissaient comme de plus en plus probables et désirables. Pour fécond qu'ait été ce principe en son temps, on ne peut, aujourd'hui, en cacher l'aspect limité et partiel, qu'un autre matérialiste devait relever en écrivant : « La doctrine matérialiste suivant laquelle les hommes sont des produits des circonstances et de l'éducation, que, par conséquent, des hommes modifiés sont des produits d'autres circonstances et d'une éducation modifiée, oublie que ce sont précisément les hommes qui modifient les circonstances et que l'éducateur a besoin lui-même d'être éduqué » (K. Marx).

ESPRIT, ACTE PUR (L') [*Teoria generale dello spirito come atto puro*]. Œuvre dans laquelle le philosophe italien Giovanni Gentile (1875-1944) expose les bases et les caractères essentiels de son « actualisme » ; la première édition en fut publiée en 1916. Gentile part du principe fondamental posé par Berkeley, selon lequel le concept de réalité matérielle est absurde hors de notre conscience, et l'objet, même s'il est pensé en dehors de tout esprit, est toujours mental ; mais il critique l'idéalisme de Berkeley, montrant comment ce dernier, en distinguant entre la pensée humaine et la pensée de Dieu, retourne vers une forme de naturalisme, puisqu'il suppose une pensée, une réalité déjà donnée, dont notre pensée ne serait qu'un simple reflet, et lui enlève ainsi toute valeur. La philosophie de Kant suppose une pensée transcendantale, une auto-conscience, une aperception originelle condition de toute expérience ; c'est cette conception, développée avec une parfaite cohérence, qui se trouve à la base de l'actualisme de Gentile.

Pour lui, l'esprit est acte, activité, et non fait ; et tout rapport spirituel, toute communication entre notre réalité intérieure et celle des autres est essentiellement unité. Connaître, c'est faire (Vico) ; on ne connaît pas un objet déjà fait, mais tout objet, toute réalité spirituelle, c'est l'esprit vivant lui-même qui les suppose ou qui les fait : le processus constructif de l'objet n'est donc que le processus constructif du sujet lui-même. Être et esprit sont des termes contradictoires, parce que l'esprit n'est pas une réalité, une substance, un être déjà réalisé en dehors de ses manifestations, mais c'est un acte continuel, et ses manifestations sont sa propre réalisation intérieure et essentielle. L'unité de l'esprit ne peut être multipliée ; elle est infinie, mais ni la multiplicité ni la détermination de la réalité spirituelle ne sont exclues du concept de l'unité progressive de l'esprit dans son développement. L'unité de l'esprit est son infinité même, parce que rien n'est en dehors de l'esprit ; même ce qui est pensé en dehors est, en réalité, à l'intérieur de lui : toute notre expérience s'exerce entre l'unité de son centre, qui est l'esprit, et la multiplicité infinie des points constituant la sphère de ses objets. L'esprit est libre, limité seulement par les lois qui constituent sa réalité même et sa valeur, et c'est cette valeur qui l'oppose aux autres esprits (personnes) ; l'esprit est développement concret ; il est unité spirituelle et multiplicité de personnes, cette multiplicité étant essentielle au concept d'unité infinie de l'esprit. La réalité, c'est le processus même de la pensée pensante, qui est autocréation ; la réalité est histoire, et c'est à l'histoire qu'aboutit toute autre réalité naturelle ou pensée de style naturaliste. Même l'espace et le temps sont des activités de l'esprit. L'immortalité est la propre affirmation du sujet par lui-même, dans sa valeur absolue ; ce qui est réel dans le souvenir ne nous vient pas du passé, mais se crée dans l'éternité de notre présent, derrière lequel il n'y a pas plus de passé qu'il n'y a de futur en avant. Ce qui est éternel, c'est la vérité, la valeur absolue, la spiritualité même du moi transcendantal.

Par une démarche qui ne s'oppose en rien à son actualisme, Gentile cherche à résoudre toutes les difficultés que présente l'histoire de la philosophie en ce qui concerne les concepts de causalité, de mécanisme et de contingence, de prédestination et de liberté ; la réalité de la pensée concrète est donc une condition de la pensée inconditionnée, qui devient ainsi conditionnée, et qui est donc, dans l'absolu de cette position, un « inconditionné », libre par conséquent. L'être dans l'acte de penser est l'acte même, qui n'est pas en soi, mais qui se fait et qui est par conséquent vraiment libre et inconditionné. Il apparaît donc une antinomie, que Gentile appelle antinomie historique : l'esprit est histoire, parce qu'il est développement dialectique ; l'esprit n'est pas histoire, puisqu'il est acte éternel. L'antinomie se résout lorsque l'on reporte la réalité spirituelle, valeur et histoire, de la pensée abstraite à la pensée concrète. La réalité spirituelle actuellement connue n'est pas autre chose que le sujet qui la connaît, et l'éternel, c'est le temps lui-même considéré dans l'actualité de l'esprit. L'histoire, qui est dans le temps, n'est concrète que dans l'acte de celui qui la pense comme histoire éternelle : ainsi l'histoire de la philosophie, c'est l'acte même du raisonnement philosophique.

Gentile considère ensuite les activités de l'esprit : l'art, la religion, la science et la philosophie. L'art est la forme de la subjectivité et de l'individualité immédiate de l'esprit ; l'art est conscience de soi, pure, abstraite, autoconscience qui s'exprime dialectiquement (autrement elle ne pourrait se réaliser) mais en soi-même cependant par abstraction de l'antithèse par laquelle elle s'est réalisée. La religion est l'exaltation de l'objet dégagé des liens de l'esprit, en quoi consiste l'idéalité, la faculté de connaître et la rationalité de l'objet même. Dans sa religiosité, l'esprit est immobile et ne peut se mouvoir qu'en dépassant son moment religieux pour l'absorber dans la philosophie. La science, ou intuition naturaliste, naît de l'hypothèse que l'objet à connaître existe avant la pensée ; c'est pourquoi toute science est particulière et dogmatique. Le moment subjectif (art) et le moment objectif (religion et science) trouvent leur réalisation dans le moment absolu qu'est la philosophie. Cette dernière est connaissance véritable, puisqu'elle est création de la réalité, qui est la connaissance même, en dehors de laquelle aucune autre réalité n'est possible. — Trad. Alcan, 1925.

ESPRIT COMME ADVERSAIRE DE L'ÂME (L') [*Der Geist als Widersacher der Seele*]. Cet ouvrage du philosophe allemand Ludwig Klages (1872-1956) a été publié en quatre volumes (1929-37) et constitue une des dernières et des plus extrêmes manifestations de l'irrationalisme romantique. Klages considère l'« Esprit » (la raison, l'intelligence, le pouvoir technique, etc.) comme un principe foncièrement étranger au Cosmos. L'action parasitaire de l'Esprit a rompu la quiétude du temps cyclique originel et se trouve à l'origine de l'ère historique. Séparant l'homme de la Nature, il l'a rendu également étranger à sa propre âme, qui était son lien avec la vie universelle. Le mode d'existence parfait, aux yeux de Klages, est en effet celui de la plante qui se trouve en sympathie constante et totale avec les puissances élémentaires. À partir de ces données, Klages esquisse une histoire de la pensée humaine conçue comme une lutte entre les progrès de l'intellectualisme et les résistances des forces vitales profondes. Il prendra naturellement parti pour les présocratiques tels qu'Héraclite, contre le « Logos » platonicien et la science aristotélicienne. Le christianisme, prêchant la guerre contre les instincts, lui semble détestable, tandis que tous les tenants du panthéisme se voient accueillis avec beaucoup de considération. C'est le cas des esprits libres et curieux du XVIe siècle, Paracelse, Giordano Bruno, etc. Klages s'attarde longuement à l'étude du romantisme allemand (et les pages consacrées à cette période abondent en vues originales et profondes, qui restent valables en dehors des vues systématiques de l'auteur). Le romantisme n'est cependant qu'une manifestation exemplaire de l'insurrection des puissances de la Vie et de l'Âme contre la tyrannie de l'Esprit – antagonisme qui, selon Klages, explique tous les grands bouleversements historiques. Dans les Temps modernes, à mesure que l'intellectualisme et la technique étendent leur domination, les résistances cosmiques se font aussi plus fréquentes – d'où les grands mouvements d'exaltation révolutionnaire que connaît bien notre époque. Mais Klages est pessimiste ; il croit que nous assistons aux ultimes convulsions de l'âme profonde de la Terre. La victoire totale de l'Esprit est proche, et elle entraînera, à moins d'un miracle, la fin de toute vie. C'est le pressentiment de cette apocalypse qui explique le caractère désespéré du romantisme contemporain.

ESPRIT CONTRE LA RAISON (L'). Essai de l'écrivain français René Crevel (1900-1935), publié en 1927. « Déjà des astres anxieux s'accrochent au ciel banal des nuits. L'individu sent qu'il va éclater dans sa peau terrestre [...] Son crâne n'est pas l'écrin qu'il faut à sa cervelle. » C'est que toute vie intellectuelle ou morale, toute poésie, soulève une révolution, qui empêche l'homme de continuer à se mouler dans les schémas conformes. Dès qu'on s'abandonne au « souffle », rien de ce qui est donné, accepté, ne nous satisfait plus, et l'esprit – ce mouvement vers l'inconnu, vers l'autre côté de la réalité – fait craquer le raisonnable. Citant, attaquant, se moquant, giflant, insultant, Crevel écrit à sa manière un autre manifeste du surréalisme : un long cri de jeunesse brimée dans son esprit, et qui veut tous les pouvoirs du rêve, de la vision – qui les veut dans la vie. Avec quelque naïveté, il condamne à la fois science et réalisme, mais l'ardeur qu'il y met sonne juste pour annoncer le grand rassemblement des forces obscures, et la libération prochaine. « Le poète ne flatte ni ne ruse. Il n'endort pas ses fauves pour jouer au dompteur, mais toutes cages ouvertes, clés jetées au vent, il part, voyageur qui ne pense pas à soi, mais au voyage... »

ESPRIT DE CONQUÊTE ET DE L'USURPATION (De l') dans leurs rapports avec la civilisation européenne. Pamphlet antinapoléonien de l'écrivain français d'origine suisse Benjamin Constant de Rebecque (1767-1830), composé en 1813 et publié en 1814. Dans cette œuvre, le défenseur de la liberté et des garanties constitutionnelles s'élève contre l'Empereur dont l'œuvre arbitraire et violente est une offense et un péril pour les peuples de l'Europe. Dans une première partie, il montre comment la guerre est considérée comme nécessaire par les despotes et décidée arbitrairement par leur pouvoir personnel. D'ailleurs, la formation purement militaire d'un esprit est nuisible au développement du progrès humain, parce qu'elle replonge les peuples dans les formes arriérées de vie et de civilisation. Dans la deuxième partie, l'auteur examine le rapport entre l'usurpation et la monarchie et aussi le lien formel entre la royauté et la république. Sous chaque gouvernement, la tyrannie et la liberté peuvent exister, mais c'est seulement sous un régime d'usurpation que l'arbitraire tire le meilleur profit du délit et de la faute. Il en est de Napoléon comme de Tamerlan ; l'usurpateur doit toujours rester à la tête de ses partisans, car il serait méprisé par eux s'il n'était pas leur idole. Le bien-être apparent de la France, avec des conquêtes qui ne lui apportent pas la paix, se paiera. La liberté doit résider dans les garanties constitutionnelles qui l'assurent à tout individu. Une conception abstraite de la liberté est le premier pas vers la tyrannie.

Dans les chapitres ajoutés à la quatrième édition, en 1815, Constant se défend contre certaines accusations de jacobinisme, lancées contre lui par les cercles légitimistes de Louis XVIII. En des pages amères mais précises, il revient sur le caractère illégal de l'Empire et de son action politique. Il proclame à plus forte raison la nécessité de ne pas tomber dans les mêmes erreurs pour suivre une loi supérieure aux partis et aux vicissitudes sociales. En face de cette attitude pleinement libérale, la position tant discutée que prit Constant en adhérant au régime impérial après la fuite de Napoléon de l'île d'Elbe est digne d'intérêt. Après l'abandon de la France par Louis XVIII, c'est la tentative de fonder de nouvelles garanties constitutionnelles. Cet acte retentissant est expliqué avec clarté et cohérence par Constant lui-même dans ses

Mémoires sur les Cent-Jours (*), indispensables pour comprendre à la fois les considérations moralisatrices de l'*Esprit de conquête* et l'œuvre pratique de l'homme politique et constitutionnel.

ESPRIT DE CONTRADICTION (L'). Comédie en un acte de Charles Dufresny (1657-1724), écrivain français, représentée en 1700 à la Comédie-Française et jouée constamment pendant un siècle et demi. L'esprit de contradiction est personnifié par Mme Oronte, figure bouffonne qui fait et exige toujours exactement le contraire de ce que veulent les autres ou de ce qu'elle suppose qu'ils désirent. Quand il s'agit de donner un mari à sa fille Angélique et de choisir entre deux prétendants : Valère et Thibaudois, Mme Oronte, sachant que son mari et la jeune fille préféreraient Valère, soutient résolument l'autre. Valère cependant recourt à un stratagème : il fait savoir que M. Oronte et Angélique ont feint de donner leur préférence à Thibaudois ; étant donné le caractère de Mme Oronte, le résultat ne se fait point attendre ; Mme Oronte, changeant immédiatement d'idée, fait épouser Angélique à Valère et ce n'est qu'une fois les choses faites, que, punie et bafouée, elle apprend la vérité.

★ La comédie en cinq actes du dramaturge italien Carlo Goldoni (1707-1793), *L'Esprit de contradiction* [*Spirito di contraddizione*] représentée en 1758 s'inspire en partie de celle de Dufresny. Goldoni surpasse le modèle, de formule quelque peu étroite, en amplifiant le sujet et en augmentant le nombre des personnages. Là aussi, Dorotea, par d'incessantes chicanes, menace de faire échouer le mariage de sa belle-sœur Camilla avec Roberto. C'est le comte Alessandro qui sauve la situation, en ayant l'air de soutenir ardemment les caprices de Dorotea. Il arrive à dominer adroitement la dangereuse femme, si bien que le mariage projeté s'accomplit. D'action un peu monotone, la comédie est cependant parmi les plus caractéristiques de Goldoni. Alberto Nota imita en partie Goldoni dans sa *Femme agitée* [*Donna irrequieta*, 1834].

ESPRIT DE LA LITURGIE (L') [*Vom Geist der Liturgie*]. Ouvrage du théologien allemand Romano Guardini (1885-1968), publié en 1918. Pourquoi l'homme moderne ne comprend-il plus la liturgie ? Qu'est-ce que l'authentique esprit liturgique ? C'est à cette double question que l'auteur entend répondre ici. L'homme moderne incline à faire de l'émotion la condition de la prière, et si la liturgie ne peut le satisfaire, c'est qu'elle est avant tout intellectuelle, que la pensée reste constamment le support de cette prière « toute tissée de dogme ». La liturgie s'oppose d'autre part à notre individualisme ; elle est essentiellement une prière collective et exige de chacun qu'il se déprenne de lui-même, qu'il s'unisse aux vœux et aux espoirs de l'humanité tout entière. Enfin la liturgie scandalise beaucoup d'âmes par son faste et ses pompes ; c'est que nous méconnaissons le sens profond de l'hommage liturgique, qui est théocentrique et non anthropocentrique. L'unique objet de la liturgie est de louer, de glorifier Dieu avec le plus de magnificence possible : elle est un « jeu » devant l'Éternel, que nous ne pouvons comprendre vraiment qu'en retrouvant un esprit d'enfance, celui qui habitait David lorsqu'il dansa devant l'Arche. Indépendante de tout souci d'utilité pratique, la liturgie n'est rien d'autre que la Vérité dans le vêtement symbolique de la prière. Elle n'offre rien à l'homme qui puisse lui servir directement dans sa vie sociale et quotidienne. La recherche d'une compréhension exacte de la liturgie aboutit ainsi à mettre en question toute l'échelle des valeurs sur laquelle le monde moderne s'est habitué à vivre : nous avons fini par juger de tout en termes d'action, alors que la liturgie, hommage tourné vers Dieu, vers la vérité immuable, exige que soit rétabli le primat du logos sur l'éthos. Pour illustrer cette thèse, Guardini conclut son livre en brossant l'évolution de la pensée européenne au cours des derniers siècles, en montrant comment cette pensée a peu à peu oublié le sens de l'absolu. Après Kant, qui a dépouillé la raison de son objet métaphysique, le mouvement s'est accéléré de Fichte à Nietzsche, qui, avec sa théorie de la volonté de puissance, marque l'expression extrême du pragmatisme contemporain. Face à cette erreur, l'Église catholique n'a cessé de maintenir inflexiblement la primauté de la métaphysique sur la morale, du « jugement de réalité » sur le « jugement de valeur ». Nulle part cette préséance du Logos ne s'exprime mieux que dans la liturgie à laquelle elle donne son admirable sérénité. — Trad. Plon, 1929.

ESPRIT DE LA NOUVELLE SORBONNE (L'). Sous ce titre, les écrivains français Henri Massis (1886-1970) et Alfred de Tarde (1880-1925) ont recueilli, en 1911, sous le pseudonyme d'Agathon, une série d'articles parus dans le journal *L'Opinion* en 1910. L'ouvrage constitue une mise en garde contre la « crise de la culture classique qui sévit dans l'enseignement supérieur ». Sous la néfaste influence du « germanisme », la culture générale est peu à peu remplacée dans l'université par l'étude des sources, l'exégèse des textes, l'établissement de chronologies ; on tient pour négligeables la méditation, la discussion, l'interprétation, l'intuition. Cette « superstition scientifique », qui fait des étudiants des sortes de robots, armés de fiches, est encore aggravée par les nouvelles lois sur l'enseignement. Ainsi dans la licence ès lettres, on a supprimé délibérément le thème latin, la dissertation latine et française au profit de commentaires de textes impersonnels, et rédigés par des étudiants spécialisés trop tôt et ayant perdu la notion de culture. Les résultats de cette réforme ? Les rapports d'agrégation constatent que les copies des candidats se distinguent surtout par l'absence de composition, l'incohérence du plan, la platitude de l'écriture : l'étudiant ne sait plus disserter ; le talent et le génie, l'originalité et l'imagination, l'invention sont anéantis par la superstition scientifique qui donne à l'enseignement littéraire l'allure d'expériences de laboratoire. La philosophie se scinde en diverses sectes et se livre à une « débauche de logique et d'abstraction glacée, de froides rêveries déductives, de brumeuses analyses de concepts ». Elle ne parle plus au cœur et à l'intelligence, et transforme les étudiants en jeunes philosophes pédants, dénués de fantaisie et d'enthousiasme. Cette crise de la culture classique se manifeste également dans l'enseignement secondaire où, sous prétexte de démocratisation, on abaisse le niveau des études. Aux durs jugements d'Agathon, les professeurs de cette Nouvelle Sorbonne, Faguet, Lavisse, Croiset, ont répondu. Mais Agathon, fort de l'appui d'une grande partie de la jeunesse, leur réplique point par point dans ce langage incisif et classique qui fait de Massis un des grands stylistes français. En conclusion, Agathon propose un examen de culture générale, sorte de « baccalauréat de faculté » qui deviendra quarante années plus tard la propédeutique.

ESPRIT DE LA PEINTURE CONTEMPORAINE (L'). Essai de l'écrivain français Jean Grenier (1898-1971), publié en 1951. L'art est une incarnation, et le fonds commun de toute inspiration et de toute technique est sans nul doute l'amour éperdu de la forme humaine, non pour ce qu'elle peut signifier, mais pour elle-même ; non en tant que symbole, mais en tant que nature. Avec les siècles, la lumière subit le même sort que l'objet et que l'espace : soumise à l'analyse spectrale, il ne restera plus d'elle que les couleurs du prisme, comme il n'était resté de l'objet que des plans, et de l'espace que sa projection. À la Renaissance, l'espace tactile se présente comme concave (par suite de l'usage et de l'abus de la perspective) ; au XXe siècle, il se présente comme convexe (par suite de l'interprétation cézannienne des valeurs). Au XVIe siècle, l'espace se creuse autour de la figure humaine ; au XXe siècle, il se bombe à partir de la ligne d'horizon qui, au lieu de nous fuir, s'avance vers nous. Dans le premier cas, l'espace pictural était une invitation à la promenade ; aujourd'hui, c'est le défi d'une nature sauvage. Selon Jean Grenier, la peinture contemporaine tente de substituer une analyse à une description. Après avoir cerné les problèmes majeurs de la peinture dans « Le Divorce », « La Peinture contemporaine », « La Poésie de l'espace », Jean Grenier aborde les œuvres de Chagall, André Lhote et Georges Braque. Signalons encore *Essais sur la peinture contemporaine* (1959) et *Entretiens avec 17 peintres contemporains* (1963).

ESPRIT DE LA PHILOSOPHIE MODERNE (L') [*The Spirit of Modern Philosophy*]. Œuvre du philosophe américain Josiah Royce (1855-1916), publiée en 1892. L'auteur se propose « de donner une définition personnelle de quelques-uns des penseurs les plus connus de notre temps » ; « de présenter quelques indications sur le caractère de leur œuvre jugée par rapport aux grands intérêts de l'humanité » ; « d'illustrer, à la lumière de cette étude, quelques-uns des problèmes spirituels les plus importants de notre époque ». Le développement de la philosophie — depuis Spinoza jusqu'à l'heure actuelle — montre la prédominance des doctrines idéalistes sur les autres systèmes, dualistes ou monistes. Ceux-ci, en plaçant dans la matière l'unique principe du monde réel, nient, de ce fait, l'existence de la conscience, qui constitue pourtant une certitude absolue. Il convient maintenant de voir si, à la lumière de l'idéalisme, il est possible de résoudre les problèmes fondamentaux de la science et d'accorder la loi naturelle à la liberté morale. L'idéalisme analytique a démontré que, si le monde réel est accessible à la connaissance de l'homme, il doit être par sa nature un monde d'idées, c'est-à-dire un monde de faits qui ne peuvent exister que pour des esprits. Les lois mêmes de la nature ne sont que les idées que nous nous formons des rapports entre les faits (c'est-à-dire les idées) que nous connaissons. Le monde n'existe que parce que des êtres doués d'intelligence savent ou peuvent réellement savoir que ce monde « est ». La non-connaissance du réel (Spencer) signifie simplement que celui-ci est inconnu a notre intelligence particulière, mais qu'il n'est pas impossible à l'intelligence en général de le connaître ; autrement le monde serait, par définition même, l'irrationnel, l'absurde.

L'idéalisme synthétique devra maintenant nous amener à cette conception que le monde est un organisme, une unité complexe, un moi universel qui pense le monde. Le moi fini est constitué par un ensemble intérieur d'idées, d'expériences qui forment autant de liens entre le moi, sujet particulier et le monde éternel. Ces liens, ces rapports, qui dépassent les limites du sujet individuel, sont réels, et par cela vrais pour l'esprit qui comprend toutes les idées existantes, pour la conscience universelle qui est consciente de soi d'une façon absolue, c'est-à-dire pour le logos, l'unique moi qui est à la fois pensée et réalité. Le logos est « par essence » notre moi particulier puisque nous sommes partie organique de lui-même. Tout moi fini est une monade fermée en face des autres monades (si nous admettons la possibilité de relations entre deux « moi » finis, il nous faut admettre l'absorption de l'un par l'autre, ce qui infirme l'idée même des limites du fini) ; mais tous les « moi » finis existent réellement dans le moi universel, et, même si ce n'est que dans certaines limites, ils lui donnent son existence et l'expriment. La preuve du fondement de la doctrine de l'idéalisme sera faite quand, à la lumière de celle-ci, on arrivera à expliquer l'expérience : l'expérience extérieure (puisque le monde des faits, pour notre expérience finie, est véritablement extérieure), et l'expérience « intérieure », c'est-à-dire celle par laquelle nous donnons leur valeur aux faits. En ce qui concerne le premier aspect de l'expérience, le monde est une réalité à décrire ; le fait de considérer toute réalité comme un complexe d'idées, comme un organisme unique qui est l'autoconscience même, n'empêche pas la description de la vérité extérieure qui est l'affaire des sciences naturelles ; il en constitue au contraire la condition nécessaire par le fait qu'on ne peut décrire que ce qui est lié, ordonné, en un mot conforme à la loi. Mais la nature ordonnée selon des lois mécaniques ne constitue pas toute notre expérience ; on ne peut décrire que ce que la pensée a interprété, évalué ; la nature doit posséder une « valeur », c'est-à-dire incorporer des « finis ». L'« ordre naturel » doit donc être également un « ordre moral ». Le moi absolu se manifeste sous deux aspects, l'un temporel, l'autre éternel, l'un sous l'aspect de la « loi », l'autre sous l'aspect de la « valeur », et l'homme fini, partie organique du logos, existe à la fois dans le mecanisme naturel et dans l'ordre moral ; il est soumis à la nécessité et en même temps moralement libre.

Dans cette œuvre, Royce essaie de démontrer que l'idéalisme établit la validité de la connaissance scientifique en même temps qu'il justifie la conception religieuse d'un dieu personnel : dans l'idée du logos, la transcendance divine se concilie en effet avec l'immanence, l'essence réelle, qui est sujet universel, avec l'existence réelle, qui est le fini multiple.

ESPRIT DE LA RÉVOLUTION ET DE LA CONSTITUTION DE LA FRANCE (L'). Ouvrage de l'homme politique français Louis Antoine Léon Saint-Just (1767-1794), publié en 1791. C'est certainement le plus important des témoignages de l'esprit jacobin, de cet esprit qui anima la Révolution et chercha, à travers la Terreur, à maintenir les principes doctrinaires des conventionnels. Comprenant que l'Europe, par la crise même de ses institutions, allait vers une révolution décisive, l'auteur affirme que le despotisme ne peut arrêter le cours fatal de l'histoire ; les événements mêmes de la Révolution montrent qu'elle n'est pas liée à une circonstance momentanée, mais qu'elle a ses causes, son déroulement et sa fin. C'est pour cela que Saint-Just, en développant ses idées dans un traité méthodique, condamne ouvertement l'Ancien Régime, depuis les bavardages de la Cour jusqu'à l'illégalité des tribunaux. Il s'élève contre tous les abus symbolisés par l'infâme Bastille et souhaite farouchement l'établissement de la démocratie française. Au nom d'une austérité qui trouva dans la Rome républicaine le plus sublime des exemples, il faut combattre la maxime absurde de l'honneur héréditaire (reste de féodalité) ; par contre, il faut élever les jeunes gens et le peuple dans le respect et l'enthousiasme pour la communauté. Viennent ensuite des règles sur la position que doit prendre la société vis-à-vis des criminels et des peines à leur infliger. L'auteur porte des jugements intéressants sur la condamnation des délits de presse, et se montre sévère contre les factions. Le livre contient quelques appréciations remarquables sur Desmoulins alors attaqué, sur Marat, Danton, Robespierre et Mirabeau. Cet ouvrage, frémissant de passion dans l'exposition polémique des nouveaux principes révolutionnaires, développe des idées auxquelles l'auteur, jacobin fameux, sera fidèle jusqu'à la guillotine, et c'est pourquoi le livre semble être le prélude grandiose et terrible d'une ère nouvelle.

ESPRIT DE LA TERRE (L') [*Erdgeist*]. Drame en quatre actes de l'écrivain allemand Frank Wedekind (1864-1918), joué en 1895, sous le titre de *Lulu* (*) qui sera retenu par Alban Berg pour son opéra. Issue du milieu le plus bas, Lulu, sous divers noms, s'est socialement élevée et a fini par épouser un homme âgé et très respectable, M. Schwartz. Au premier acte, elle séduit le peintre qui fait son portrait. Le mari les surprend et meurt d'apoplexie. Au second acte, elle est la femme du peintre qui la prend pour un ange de vertu ; mais son amant de cœur, Schoen, qui la suit depuis toujours, révèle partiellement la vérité au peintre crédule, qui se tue. Au troisième acte, Lulu dupe un aristocrate, explorateur dilettante, et le mène à la ruine. Au dernier acte, elle a enfin forcé Schoen à l'épouser. Lui voudrait avoir une vie régulière, mais Lulu lui impose son atmosphère de perdition. Au comble du dégoût, il en arrive à se tuer. Chaque acte se termine donc par une mort. Cet ouvrage se situe entre le théâtre naturaliste et le « grand guignol ». Dans une préface en vers, Wedekind annonce, avec l'emphase voulue d'un poète-paillasse, son projet de présenter non pas des êtres civilisés, mais des créatures étrangères à la société, de véritables faunes. Sa Lulu est une force inconsciente de la nature ; et le titre que donne Wedekind à son œuvre, quand il la réunit plus tard à un nouveau drame qui en est la suite directe, *La Boîte de Pandore,* témoigne du souci de métaphysique de l'auteur. Sa force consiste à présenter une vérité crue, qui, sous le couvert d'une morale bourgeoise superficielle, n'en éclate qu'avec plus de violence. De même que Nietzsche et Strindberg, Wedekind, avec une terrible lucidité, voit en l'amour une lutte de la volonté de puissance. Gare aux vaincus ! Tous succombent devant l'immense force cachée de Lulu ; le seul qui semble lui résister, Schoen, finissant à son tour par capituler devant sa féminité tourbillonnante et spontanée. — Trad. par Pierre Jean Jouve, L'Âge d'Homme, 1959.

★ *La Boîte de Pandore* [*Die Büchse der Pandora*], drame en cinq actes, joué en 1902. Après le suicide de son mari, Schoen, Lulu fit de la prison. Une de ses amies, la comtesse Geschwitz, qui a pour elle une tendresse équivoque, réussit à l'en sortir. On voit alors Lulu dans son véritable élément, entre un athlète de cirque, des flibustiers faisant la traite des blanches, un spéculateur suspect, des jeunes filles vendues par leur propre mère, de vieux ivrognes, Schigolch, le père de Lulu, par qui elle se laisse exploiter. Réduite à la misère, elle est obligée de se prostituer comme aux premières années d'avilissement. À l'heure de la plus grande déchéance, elle finit par aborder dans une rue de Londres celui qui mettra fin à ses jours : Jack l'éventreur, le bien nommé. On pourrait céder à l'indignation devant une telle série de scènes présentées dans un milieu aussi sordide. Mais Wedekind est loin d'être un contempteur de la morale. Il raconte d'étranges histoires auxquelles il croit, et pour lesquelles il serait prêt à tout sacrifier, même l'art. En tant qu'œuvre artistique, *La Boîte de Pandore* a de la valeur. Wedekind y a représenté un milieu de marginaux, qui gardent une sorte de fraîcheur originelle au sein d'une vie sociale dissolue. Travaillant cette argile malléable, cette lave sordide mais ardente, Wedekind a atteint le diapason des prédécesseurs de Shakespeare : il y a en lui du Marlowe. Rien d'étonnant si le théâtre allemand de l'époque a été plus influencé par Wedekind que par Hauptmann, tant il est vrai qu'un art parfaitement maîtrisé échauffe moins l'imagination qu'une œuvre équivoque où se meuvent d'effrayants personnages. — Trad. Ludd, 1985.

ESPRIT DE L'INSTITUT DES FILLES DE SAINT-LOUIS (De l'). Essai pédagogique de Françoise d'Aubigné, marquise de Maintenon (1635-1719), publié en 1699. Chargée par Louis XIV de l'éducation des enfants qu'il avait eus de Mme de Montespan, Mme de Maintenon avait exercé cette charge avec dévouement et tendresse. La passion d'éducatrice, qui incita plus tard l'auteur à fonder le collège de Saint-Cyr (1686) afin de préparer hautement au mariage ou au couvent environ deux cent cinquante jeunes filles nobles mais pauvres, se manifeste clairement dans cet ouvrage. Une très grande finesse morale, un art remarquable dans la façon de modeler de jeunes âmes, telles sont les qualités principales montrées par l'auteur dans l'exposition de ses principes. Il faut moins songer, assure-t-elle, à orner l'esprit des jeunes filles qu'à « former leur raison » ; ce qui ne veut pas dire que l'« esprit de méthode » en vienne, même avec le temps, à dessécher l'ardeur et la vivacité de l'imagination, toujours prête à déceler, dans les comportements humains, les valeurs profondes du cœur. Les conseils pour la vie, les avertissements en vue de se garder du mal et d'assumer les devoirs qui incombent envers la religion et la société laissent transparaître l'intime satisfaction que l'auteur connut avec ses élèves, dans le cadre d'une vie toute de droiture et de sérénité. C'est dans cet essai que Mme de Maintenon établit les grandes lignes visant au développement des vertus actives, celles dont on ne peut se passer dans le commerce de la société, pour assurer le salut de notre âme et le bien de nos semblables.

ESPRIT DE L'UTOPIE (L') [*Geist der Utopie*]. Œuvre de l'écrivain et philosophe allemand Ernst Bloch (1885-1977), publiée en 1918 (volume III des œuvres complètes, publiées en 1964). Cet ouvrage fut écrit en 1914-15, il parut en 1918, et une deuxième fois en 1923. C'est la première grande œuvre de Bloch, un des penseurs les plus importants de l'Allemagne contemporaine. Il était en contact étroit avec B. Brecht, A. Döblin et H. Mann avec lesquels il fonda, en 1938, pendant leur émigration aux États-Unis, les éditions Aurora où furent publiés quelques-uns de ses ouvrages inédits. Ce premier livre est expressif, baroque, pieux, fanatique, et considère le problème du rapport sujet-objet. Son romantisme révolutionnaire, ainsi que celui de la monographie de Thomas Münzer, trouve sa détermination et son équilibre dans le *Principe espérance*. Pour Bloch, l'humanité vit en pleine obscurité, sans connaître le sens de la vie ni le sort de l'homme après la mort. Mais il reste le refuge de l'espérance. Car l'âme humaine embrasse tout, le présent aussi bien que l'avenir et même l'au-delà. L'homme ne veut que l'espoir, il est son seul espace, son objet, son langage. Cet au-delà n'est pas seulement possible, comme il est possible qu'il fasse froid ; que l'homme soit heureux un jour, que le royaume des Cieux existe, que le contenu rêvé de l'âme humaine se réalise, cela n'est pas seulement possible, mais absolument nécessaire, indépendamment de toute preuve formelle ou réelle ; c'est donc une réalité essentielle née d'une exigence intense et utopique. Seule la volonté de l'homme n'a pas de limites, et l'imposition de la pensée vraie apportera finalement la lumière au monde. Si la première des revendications humaines est relative à l'âme, la puissance de la volonté se manifestera. L'homme est à la fois l'objet du problème et la machine mise en marche pour la résolution de ce même problème. S'il prétend à la satisfaction de ses désirs, l'homme ne devrait plus se laisser absorber par de fausses objectivations. De même que la machine et l'État doivent uniquement décharger l'homme, les œuvres spirituelles ne doivent servir que comme moyen d'invention. Tout ce qui est étranger à l'humain est sans valeur. Dans ce rapport fonctionnel entre décharge et esprit, marxisme et religion, unis par la volonté, le but final est atteint : l'âme, le Messie, l'apocalypse donnent les dernières impulsions d'action et de connaissance, forment la condition préalable à toute politique et à toute culture. Mais ce but final de l'humanité ne sera atteint que dans une longue période de temps. La tâche de notre époque est de rassembler les parties détruites et perdues de l'âme, d'obliger l'état à l'action humaine et de découvrir le Moi, chose la plus importante ; car l'homme est puissant, Dieu existe grâce à ceux qui sont justes ; les justes doivent ainsi réaliser le nouvel avenir, leur force est la philosophie qui évoque Dieu, et la vérité de la prière. La pensée fondamentale de ce livre est que le monde n'est pas vrai dans son état actuel, mais qu'il va retrouver sa paix et sa vérité grâce à l'homme. — Trad. Gallimard, 1977.

ESPRIT DES FORMES (L'). Cet important essai de l'écrivain français Élie Faure (1873-1937) parut en 1927. Annoncé depuis 1919, il forme le cinquième volume de son *Histoire de l'Art* (*) (1909, 1911, 1914, 1921). Il s'agit moins d'une conclusion que d'une extraordinaire synthèse des activités artistiques de l'humanité. Extraordinaire, car d'un humanisme rarement égalé. L'auteur n'y raisonne jamais à la manière académique qui prend les œuvres d'art indépendamment de leurs créateurs et de l'humanité tout entière. Il ressent la profonde unité de l'univers, des hommes et de l'art. Élie Faure exprime ce sentiment par la loi de l'analogie universelle. Ce qui est dans l'homme et ce qui est dans le monde se ressemblent. Il n'est pas question de la sotte uniformité rêvée par les barbares, mais du foisonnement de la diversité des choses dans une haute unité spirituelle. Sur ce chemin, Élie Faure conseille de toujours remonter à la source pour comprendre ; et, en ces domaines, la compréhension est identique à l'amour. La seconde loi d'Élie Faure est celle de l'alternance universelle, qui exprime en particulier les grands mouvements artistiques de l'humanité en liaison avec les variations du rapport individu-société. Dans les grandes périodes de l'architecture, l'anonymat est la règle, l'homme ne se distingue pas de la masse. Puis la statue sort peu à peu de la pierre des édifices pour descendre dans les jardins et sur les places publiques, tout comme l'individu émerge des groupes sociaux. Enfin la peinture, où l'on connaît tous les noms des créateurs, marque le triomphe de l'individu. La décadence apparaît ensuite et les artistes dispersent leurs efforts en des objets sans grandeur. À ce moment, le groupe social reprend de l'importance et l'architecture n'est pas loin. Bien entendu, toutes les activités artistiques coexistent, mais chaque période est qualifiée par l'une d'elles qui l'emporte en intensité. Élie Faure illustre ce grand rythme d'exemples qui emportent l'adhésion de l'esprit et de l'âme. Citons tout particulièrement le parallèle de la Grèce des VIIe-Ve siècles et de la France des XIe-XVe siècles. L'œuvre d'art manifeste aussi le drame du créateur, qui hésite entre les deux possibles états du « dieu confus » et de l'« animal intelligent », entre l'ivresse mystique et la froide raison. Il n'y a pas à choisir. La vérité est au plus haut du mouvement par lequel ces deux tendances se supplantent sans cesse. L'artiste, le grand homme, accepte les passions, puis les ordonne ; et, par l'œuvre d'art qui les exprime, l'artiste ordonne les passions de la foule. Ainsi l'œuvre, ou l'idole, est puissante : elle crée. C'est la troisième loi d'Élie Faure. La passion étant à l'origine, ni l'art ni l'homme ne sont concevables sans la plus grande liberté. Aucune loi extérieure ne peut assujettir le créateur ; le gendarme est impuissant, le moraliste sot, l'utilitariste niais, et prétentieux l'ésotériste. L'art, c'est le jeu, le grand jeu où l'homme sans cesse invente et détruit ses symboles pour duper la mort. Jeu divin : « Dieu est un enfant qui s'amuse, passe du rire aux larmes sans motifs, et invente chaque jour le monde pour le tourment des abstracteurs de quintessence, des cuistres et des prédicants qui prétendent lui apprendre son métier de créateur. » L'artiste n'attend rien de la vie que la vie même. Il ne cherche sa récompense que dans l'exercice de la vie, de son œuvre et, à la rigueur, dans la mort. Sur ce sommet où il respire, l'artiste éprouve en même temps l'ivresse de la vie et l'épouvante de savoir tant de perfection périssable. C'est une ivresse lucide, un jeu tranquille qui ne masque la mort ni de théories ni de fleurs.

À ne considérer que son style où la vie grouille irrésistiblement, il était plus facile de nommer Élie Faure un « admirable bavard », ou bien de faire silence sur son œuvre, que de voir en lui un des rares humanistes peut-être de ce demi-siècle de guerre et d'intolérance. Considérant la grande diversité des œuvres d'art, il s'écrie : « Quand vous avez compris les mobiles profonds d'une tendance opposée à la vôtre — ou paraissant opposée à la vôtre —, vous êtes pris pour elle d'une tendresse étrange, qui vient de ce que vous y reconnaissez vos doutes et vos combats. » Une telle pensée apparaît tout à la fois comme une mise en accusation de la bêtise criminelle et comme la marque d'un haut idéal de culture humaine. Ainsi *L'Esprit des formes* n'est-il pas qu'un essai d'esthétique, une initiation à la vérité profonde des œuvres d'art, mais un art de vivre. S'il n'est pas donné à chacun d'être sculpteur ou poète, du moins chacun peut-il faire de sa propre vie une œuvre de plus en plus parfaite, c'est-à-dire sans cesse « multiplier sa ferveur à vivre ».

ESPRIT DES LITTÉRATURES ROMANES (L') [*The Spirit of Romance*]. Essai du poète américain Ezra Pound (1885-1972), publié à Londres en 1910 (2e édition revue et complétée : 1929). C'est à la fois une étude d'histoire littéraire et un recueil de traductions, neuves ou inédites, en anglais, de poètes latins, provençaux, italiens, français, espagnols et portugais. En fait, la part des traductions l'emporte nettement sur celle de la critique et de l'essai ; encore faut-il ajouter que la partie critique littéraire donne la plus grande place à la présentation des poètes et au résumé de leurs œuvres. C'est la première des études critiques du poète (qui avait fait de sérieuses études de philologie aux États-Unis, et avait même enseigné pendant quelques mois avant de s'exiler de son pays natal en 1908), et déjà est constitué ce choix de poèmes européens qui, pour l'essentiel, a continué, depuis, à définir la culture européenne de Pound (il y rajoutera, un peu plus tard, Heinrich Heine, puis quelques poètes français du XIXe siècle : Corbière, Laforgue, Rimbaud, un très petit nombre de poètes anglais, comme John Donne..., et enfin, ses amis. La découverte de la Chine et du Japon aura enfin lieu vers 1912). Ce choix, puisé dans les langues d'origine latine, comprend donc : Ovide, ici opposé et préféré à Apulée, les troubadours, Arnaut Daniel et Bertrand de Born notamment, le poème du Cid (espagnol) opposé et préféré (ô combien !) à la *Chanson de Roland* (*), quelques poètes italiens du XIIIe siècle : Guido Quinizelli, Sordello, Dante surtout, Villon, Lope de Vega, Camoens, quelques poètes italiens écrivant en latin du XVIe siècle, dont Naugerius, bien connu des lycéens français comme source de certains poèmes de Du Bellay. C'est tout : incidemment, Walt Whitman, une des bêtes noires de Pound (et d'Eliot) est vigoureusement pris à partie. Si Pound est toujours resté fidèle à ce choix initial, il faut remarquer que ce premier essai critique ne met pas encore l'accent sur l'aspect et les raisons en quelque sorte techniques (valeurs sonores et rythmiques, prosodie, etc.) de ce choix ; contrairement à l'*A B C de la lecture* (*), on trouve seulement quelques brèves remarques éparses dans le livre à ce sujet. En revanche, alors même que Pound ne semble pas très sensible à la qualité spécifique, sur le plan technique, de la poésie de Villon, ce qu'il dit de ce poète est à mettre en rapport avec sa propre esthétique. « Il écrit ce qu'il voit », note Pound, et c'est pour lui un suprême éloge. D'un autre côté, le chapitre sur Lope de Vega est pour Pound l'occasion de prendre ses distances avec le théâtre, genre qu'il n'abordera jamais, et qu'il ne semble pas aimer. Il va de soi que l'intérêt de l'œuvre est bien plus de nous faire connaître les goûts (et les qualités de traducteur de poésie de Pound) du poète que de nous faire connaître des poètes, sur lesquels il existe des études plus récentes et plus approfondies — sur les troubadours notamment, dont la connaissance a beaucoup progressé depuis 1910. – Trad. Bourgois, 1985.

ESPRIT DES LOIS (L'). Œuvre maîtresse du philosophe français Charles-Louis de Secondat, baron de Montesquieu (1689-1755), publiée sans date ni nom d'auteur en 1748. C'est le fruit de longues méditations, de fréquents voyages et de lectures abondantes. Son influence fut considérable ; ainsi que l'avait justement remarqué Émile Labarthe dans son ouvrage *La Liberté créatrice* : « Si le *Contrat social* a été l'évangile politique de la Révolution de 1789, entraînant les foules qui ne veulent pas être éclairées, mais émues, *L'Esprit des lois* a surtout inspiré et dirigé la pensée des hommes d'État français depuis la fin des guerres de l'Empire. » En effet, les historiens et les hommes d'État du XIXe siècle s'y référeront constamment pour y puiser, les uns, les germes de nouvelles conceptions historiographiques, les autres, les principes libéraux des régimes constitutionnels et parlementaires. Du vivant de son auteur, cet ouvrage fut l'objet d'attaques très violentes, attaques qui l'obligèrent même à écrire la *Défense de l'Esprit des lois*. Parmi les grands penseurs du siècle de Montesquieu, Helvétius ne semble pas avoir compris le sens profond de cette œuvre ; par contre, Voltaire lui rend hommage, disant : « Le genre humain avait perdu ses titres ; M. de Montesquieu les a retrouvés et les lui a rendus. » Quant à d'Alembert, il dit, dans son *Éloge de Montesquieu*, que nous sommes redevables à ce penseur de « cette lumière générale sur les principes du gouvernement » qu'est le livre *De l'esprit des lois*. Le but de l'ouvrage est nettement défini par son titre complet : *De l'esprit des lois, ou Du rapport que les lois doivent avoir avec la constitution de chaque gouvernement, les mœurs, le climat, la religion et le commerce*. Ainsi qu'il le dit dans sa Préface, Montesquieu ne tient pas à censurer « ce qui est établi dans quelque pays que ce soit ». Son véritable but est de montrer à chaque nation les raisons qui ont présidé à l'établissement de sa constitution et de ses lois, sans que les préjugés établis puissent venir obscurcir le tableau. Les préjugés, dit Montesquieu, ce n'est pas « ce que l'on ignore de certaines choses, mais ce qui fait qu'on s'ignore soi-même ». Montesquieu prétend avoir écrit un ouvrage de pure théorie : « J'ai posé, dit-il encore dans sa Préface, des principes et j'ai vu les cas particuliers s'y plier comme d'eux-mêmes, les histoires de toutes les nations n'en être que les suites, et chaque loi particulière liée avec une autre loi ou dépendre d'une autre, plus générale. »

L'ouvrage est développé en trente et un livres, subdivisés en de courts chapitres, formant un ensemble encyclopédique des connaissances de l'époque et des recherches relatives au rapport des lois, non seulement avec les principes du gouvernement et les constitutions des pays envisagés, mais avec la mentalité des citoyens, la nature du terrain, le climat, le commerce, le nombre d'habitants, etc. Ayant expliqué ce que sont les lois et distingué entre les lois de la nature et les lois humaines (livre I), Montesquieu, abordant l'étude de ces dernières, distingue trois sortes de gouvernements : le despotique, fondé sur la crainte, où toute autorité est aux mains d'un seul qui gouverne suivant son caprice ; le monarchique, où l'autorité, tout en étant exercée par un seul, est régie par des lois fixes et établies ; et le républicain, « où le peuple en corps, ou seulement une partie du peuple, a la souveraine puissance » (II et III). C'est en s'étendant sur ce sujet que Montesquieu montre ses préférences : ce qu'il voudrait voir s'établir, en France, c'est une monarchie dont le pouvoir, au lieu d'être absolu, serait tempéré par les prérogatives des différents ordres, et plus particulièrement par celles de la noblesse : « Le pouvoir intermédiaire le plus naturel est celui de la noblesse. Elle entre en quelque façon dans l'essence de la monarchie, dont la maxime fondamentale est : " Point de monarque, point de noblesse ; point de noblesse, point de monarque " » (II, 4). Ensuite, Montesquieu parle — toujours en distinguant les trois sortes de pouvoir — de l'éducation (IV), des lois (V) et du régime pénal (VI). Il en profite pour condamner la torture (VI, 17) et, ce qui est important, pose en principe une notion moderne : celle des responsabilités du législateur. « Dans les États modernes », dit-il (VI, 9), « un bon législateur s'attachera moins à punir les crimes qu'à les prévenir ; il s'appliquera plus à donner des mœurs qu'à infliger des supplices. » Le livre VII traite des causes de la corruption des principes des différents gouvernements ; dans les livres IX et X, Montesquieu étudie les lois dans leur rapport avec l'état de guerre, tant défensive qu'offensive.

Les livres XI et XII, qui sont peut-être les plus importants de l'ouvrage, traitent des « lois qui forment la liberté politique », qui ne se trouve, nous dit l'auteur, que dans les gouvernements modérés. « La liberté est, dit-il, le droit de faire tout ce que les lois permettent » (XI, 3). Aussi, « pour qu'on ne puisse abuser du pouvoir, il faut que, par la disposition des choses, le pouvoir arrête le pouvoir » (XI, 4). On assure la liberté en évitant de réunir, entre les mêmes mains, deux ou trois des pouvoirs : législatif, exécutif et judiciaire ; séparés, chacun d'eux sert de frein aux deux autres. Grand admirateur du régime parlementaire anglais, l'auteur nous assure que c'est à cette séparation que l'Angleterre doit la liberté dont elle jouit, du moins en principe ; car, dit Montesquieu, « ce n'est pas à moi d'examiner si les Anglais jouissent actuellement de cette liberté, ou non. Il me suffit de dire qu'elle est établie par leurs lois, et je ne cherche pas davantage » (XI, 6). « Les mœurs du monarque contribuent autant à la liberté que les lois ; il peut, comme elles, faire des hommes des bêtes, et des bêtes faire des hommes. S'il aime les âmes libres, il aura des sujets ; s'il aime les âmes basses, il aura des esclaves » (XII, 27). Le livre XII, qu'on croirait dédié à tous les ministres des finances des temps à venir, porte sur « les rapports que la levée des tributs et la grandeur des revenus publics ont avec la liberté ».

Les livres suivants (XIV à XVIII) démontrent la nécessité, pour le législateur, de tenir compte du climat et de la nature du terrain, qui forment les peuples, rendant, selon l'auteur, les habitants des pays froids plus indépendants que ne sont ceux des pays chauds. Un savant américain moderne, Richard T. La Piere, dans son cours de sociologie, combat cette conception et dit que l'auteur de *L'Esprit des lois* est arrivé — quoique par des voies différentes — à la même conclusion déterministe qu'Aristote : « Ce qui est doit être. » Nous ne pensons pas que cette assertion soit justifiée : s'il est logique de penser que les particularités climatiques et géologiques aient influé sur la formation de ce que l'on pourrait appeler l'« égrégore national », rien n'empêche l'homme de modifier ces influences et même de s'y soustraire entièrement. Notons en passant que, dans ces pages, Montesquieu a été le premier à s'élever contre l'esclavage des nègres. Toutefois, l'idée étant trop avancée pour son époque, il dut employer une périphrase : « Il est impossible que ces gens-là (les nègres) soient des hommes, parce que, si nous les supposions des hommes, on commencerait à croire que nous ne sommes pas, nous-mêmes, chrétiens » (XV, 5).

Les livres suivants étudient l'influence des mœurs sur les lois (XIX), le commerce (XX et XXI), l'usage de la monnaie qui facilite les échanges (XXII), le rapport entre le nombre des habitants et les lois (XXIII) et celui entre la religion de l'État et ses lois (XXIV à XXVI). Ici, il faut remarquer combien Montesquieu, bien que traditionaliste sur beaucoup de points, est, sur d'autres, très en avance sur son époque. Ainsi, son souci constant de modération, « qui doit être celui du législateur », le conduit à la tolérance religieuse. « Nous sommes ici politiques et non théologiens : et, même pour les théologiens, il y a bien de différence entre tolérer une religion et l'approuver. Lorsque les lois d'un État ont cru devoir souffrir plusieurs religions, il faut qu'elles les obligent aussi à se tolérer entre elles » (XXV, 9). Les derniers livres (XXVII à XXXI) présentent une série d'études consacrées au droit romain, au droit français et aux lois féodales de la monarchie franque.

ESPRIT DU TEMPS (L') [*Geist der Zeit*]. Œuvre polémique du poète allemand Ernst Moritz Arndt (1769-1860). Elle est inspirée par le sentiment d'un ardent nationalisme allemand et par une tenace opposition à Napoléon. La première partie de cette œuvre, composée en 1805 et publiée en 1806, est un de ces écrits qui tentent de réveiller l'esprit d'indépendance allemand et qui souhaitent une monarchie constitutionnelle aussi éloignée de la République que de l'« État machine » prussien. L'auteur s'efforce également de détruire l'idée de l'invincibilité de Bonaparte, en démontrant que sa toute-puissance et son continuel et apparent succès dans les combats sont dus le plus souvent à des circonstances fortuites. Cet écrit contraignit Arndt à retourner, pendant quelques années, en Suède dont il était sujet, étant né à Rügen. La deuxième partie de *L'Esprit du temps*, publiée à Londres en 1809, appelle encore plus ouvertement à la révolte contre Napoléon, si bien que l'auteur fut contraint de s'exiler en Russie, où, en s'unissant au baron von Stein, il put collaborer par ses écrits à la renaissance de l'Allemagne. La dernière partie, publiée à Bonn de nombreuses années plus tard, en 1818, après la libération de la patrie, alors que Arndt est devenu professeur, est à nouveau une âpre polémique. Elle s'attaque à la « stupidité, la paresse et la lâcheté du gouvernement allemand » et traduit la désillusion de l'écrivain dans cette période de réaction générale. À cause de ces écrits, Arndt fut alors destitué de sa chaire et il ne devait être réintégré que vingt années plus tard. Cette œuvre de caractère impétueux exerça une grande influence sur la jeunesse d'alors et contribua puissamment à la formation de la conscience nationale allemande.

ESPRIT ET RÉALITÉ [*Duh i real'nost'*]. Ouvrage du philosophe russe Nicolas Berdiaev (1874-1948), publié en 1937. L'auteur reprend, en leur donnant un tour plus abstrait et plus dogmatique, les idées qu'il exprimait déjà de longues années auparavant dans *Un nouveau Moyen Âge* (*) (1924), quand, déçu par les conséquences de la Révolution russe, il disait que le capitalisme, s'il devait un jour être vaincu, ne le serait pas par le marxisme, mais par un vaste mouvement ascétique. En d'autres termes, il est vain d'opposer à une doctrine économique une autre doctrine économique. Seule importe la primauté du spirituel.

L'affirmation fondamentale posée dès les premières pages d'*Esprit et Réalité*, c'est que l'esprit, saisi intérieurement par une intuition irréductible, est un fait premier. Affirmation qui rappelle celle de Descartes au début du *Discours de la méthode* (*) ; mais qui, chez Berdiaev, prend un tout autre sens, car il ne s'agit plus de « pensée », mais d'« existence ». L'esprit est sujet, non pas objet ; il ne s'oppose pas seulement à la matière, à tout ce qui est objectif et spatial, mais à l'âme, en tant que l'âme est déjà engagée dans la matière (ici est reprise la distinction paulinienne entre « esprit », « âme » et « corps »), et enfin à l'intelligence pure. Il est principe de vie, souffle vital, et non principe intellectuel. « Pneuma », et non pas « nous ». La conception que les hommes se sont faite de l'esprit a évolué au cours des siècles, et cette évolution a un sens : l'histoire philosophico-religieuse nous fait assister à une « spiritualisation de l'esprit ». Berdiaev justifie cette expression pléonastique. Elle signifie que l'esprit nous apparaît comme de plus en plus lui-même, de plus en plus différent de ce qui n'est pas lui. On a reconnu sa transcendance, une transcendance qui d'ailleurs n'exclut pas l'immanence, car si l'esprit est, dans la conscience, une manifestation du supraconscient, ce n'en est pas moins en nous, au plus profond de nous qu'il se manifeste. Suivant la formule saisissante de l'auteur : « C'est le transcendant qui est immanent. »

L'esprit échappe aux catégories de l'être. Il est liberté, donc éminemment irrationnel. Et c'est là ce qui rend possible de concevoir comment, de la façon la plus singulière, l'esprit se trouve lié au mal. Le mal, sous les deux aspects du péché et de la souffrance, est liberté, ou du moins implique la liberté. Dans un monde strictement déterminé, on ne voit pas où le mal eût trouvé place, non plus que la spiritualité ; car, sans la souffrance, l'homme ne se serait pas efforcé de transcender la vie de ce monde, et d'autre part le péché suppose la liberté de s'écarter du bien. Comme l'esprit lui-même, le mal (sous ses deux formes) est une donnée première, irréductible et logiquement inexplicable. Toutes les théodicées aboutissent, ou voudraient aboutir à le nier ou à le justifier en tant que punition. Mais la souffrance, la souffrance de l'innocent, est là, non seulement indéniable, mais nécessaire à la vie spirituelle. Tel est le vrai tragique humain. Ces prémisses conduisent l'auteur à des conclusions de divers ordres que nous laisserons au lecteur le plaisir de découvrir et d'apprécier. Signalons cependant la critique que l'auteur oppose aux doctrines économico-sociales tendant à assurer le bonheur humain par une organisation appropriée. Ce n'est pas là, dit Berdiaev, des utopies sociales. Une telle organisation serait en effet théoriquement réalisable et, en un certain sens, souhaitable, étant bien entendu qu'on ne doit pas, sous prétexte de spiritualisme, sanctionner ici-bas des injustices flagrantes ; mais ce sont des utopies métaphysiques, car on doit savoir aussi que le bonheur « ne s'organise pas » et que l'avènement d'une république parfaite ne ferait que rendre plus aigu, plus sensible à tous le tragique de la vie qui, loin de s'affaiblir, prendrait « un aspect plus poignant ». Il n'y a pas de solution sociale à l'angoisse devant la mort et devant les abîmes de l'être. Seule la mystique laisse espérer une victoire sur l'état de créature. – Trad. Aubier, 1943.

ESPRIT FOLLET (L') [*La dama duende*]. Comédie en trois actes et en vers de l'écrivain espagnol Calderón de la Barca (1600-1681), écrite probablement en 1629. L'« esprit follet », c'est Angèle, une jeune veuve insouciante que deux frères, don Luis et don Juan, séquestrent littéralement dans la maison paternelle. Angèle ne sort qu'incognito et le visage entièrement voilé, mais voici qu'un jour don Luis tombe amoureux de sa sœur et la suit : il se propose de la délivrer de la persécution de don Manuel, un grand ami de don Juan, en se battant en duel contre lui ; mais Juan, prévenu à temps, fait cesser le duel provoqué par une cause aussi étrange ; don Manuel, légèrement blessé, est l'hôte des deux frères, et doña Angèle, profitant d'un couloir secret qui va de son appartement à celui de leur hôte, un peu séduite par la prestance de celui qui a risqué sa vie pour elle, et aussi par une fantasque gaminerie, s'amuse à entrer dans la chambre de don Manuel et à y laisser des traces de son passage, en déposant des cadeaux, en déplaçant des objets, en faisant briller des lumières, etc. Le domestique de don Manuel est convaincu qu'il s'agit d'un fantôme, et son maître lui-même commence à le croire ; mais, lorsque tous en sont bien convaincus, voici qu'Angèle est surprise dans l'appartement ; la vérité éclate, et tout finit par un mariage parce que l'« esprit follet », de plaisanteries en plaisanteries, a fini par tomber réellement amoureuse de sa victime. L'action de la comédie est très compliquée dans ses détails, et cette œuvre est certainement une des plus amusantes de celles que Calderón ait produites dans le genre des pièces d'intrigues, à cause de l'aisance du jeu cynique et de la grâce malicieuse de l'invention. *L'Esprit follet* a même été imité hors d'Espagne : la plus heureuse de ces imitations – il s'agit presque d'une traduction – est certainement *L'Esprit follet,* comédie en vers de l'écrivain français Antoine Le Métel d'Ouville (mort en 1657). Elle fut représentée en 1642. – Trad. Guinet, 1642.

ESPRIT GÉOMÉTRIQUE (De l'). Traité de Blaise Pascal (1623-1662), savant, penseur et écrivain français, conçu probablement en 1655 et dont le titre, comme celui de *L'Art de persuader* (qui est, en quelque sorte, une autre exposition fragmentaire du même sujet), n'est pas de Pascal lui-même. Dans cet ouvrage, Pascal entend par géométrie toutes les mathématiques. L'esprit géométrique – qui ne se réalise que dans cette science – est la plus parfaite méthode démonstrative que puisse atteindre l'intellect humain ; il consiste essentiellement à définir tout ce qui n'est pas clair en soi et à démontrer tout ce qui n'est pas évident par soi-même. Il affronte même les axiomes les plus simples qui ne demandent pas de preuve. Les définitions des mathématiques sont des définitions de nom, souvent confondues avec les définitions de chose ; il en résulte de graves erreurs, ce que l'auteur démontre par l'exemple de la définition du temps. Qu'un problème soit inimaginable – par exemple celui de la divisibilité infinie d'un segment – ne prouve pas qu'il soit faux. Dans l'âme humaine, les convictions peuvent se former de deux manières : par le raisonnement et par la volonté de croire ce qui nous plaît. Si, d'une part, les faits paraissent être une conséquence nécessaire de principes généraux, si, d'autre part, ils correspondent aux désirs de notre cœur, ils sont aussitôt acceptés sans répugnance. Au contraire, un conflit intérieur naît lorsque les vérités reconnues s'opposent à nos désirs : conflit dont la solution est incertaine. Il faut tenir compte de ce fait lorsque l'on veut convaincre quelqu'un. Il faut savoir à quels principes adhère le sujet en question, et ce qu'il désire. Le traité s'occupe exclusivement de l'art de persuader au moyen d'une parfaite argumentation et non de l'art d'aller au-devant des désirs humains. La méthode géométrique, résumée par Pascal en huit règles, se retrouve aussi chez les logiciens, mais ces derniers ne l'utilisent qu'accessoirement, mêlée à des erreurs et à des recherches superflues, alors que les seuls mathématiciens l'appliquent réellement. Avec *L'Art de persuader*, l'ouvrage représente l'élaboration la plus systématique du problème méthodologique qu'ait accomplie Pascal – problème qui devait l'amener à tenter d'établir la structure d'une philosophie des mathématiques.

ESPRIT MALÉFIQUE LUMPAZIVAGABUNDUS (L') ou les Trois Vauriens [*Der Böse Geist Lumpazivagabundus oder das liederliche Kleeblatt*]. Pièce de l'auteur dramatique autrichien Johann Nestroy (1801-1862), jouée pour la première fois le 11 avril 1833, et publiée en 1890-91. Cette pièce consacra Johann Nestroy, acteur comique des scènes populaires viennoises, en tant qu'auteur. Utilisant le schéma baroque de la féerie [Zauberspiel], et plus précisément celui de la moralité du vice corrigé [Besserungsstück], il en retourna les valeurs et vida pratiquement de sa substance la foi en la théodicée, base et fondement du genre. Le sort de deux amoureux – enfants de fées – dépend d'un pari passablement pervers : il faut que le mal triomphe pour qu'ils soient unis : Nestroy, moraliste, n'a aucune peine à répondre à ces prémisses pessimistes. Les trois vauriens dont dépend sur terre l'issue du pari démontrent à souhait que l'argent et la richesse n'ont jamais été les instruments adéquats pour amender un homme. Dans une farce aux accents réalistes, Nestroy mène à leur perte le tailleur coureur de filles et le cordonnier ivrogne et quelque peu astrologue – un rôle dans lequel Nestroy excella en interprétant la fameuse « Chanson de la Comète » [Kometenlied], qui prédit la fin imminente du monde et qui sert à justifier l'éthylisme du personnage. Seule puissance capable de rédimer : l'amour.

Leim, le menuisier et troisième vaurien, sait bien gérer sa fortune subite : il l'utilise pour épouser sa bien-aimée et fonder un foyer. Il suffit qu'un seul des trois s'amende pour que le pari soit perdu par les forces maléfiques. Exigence ô combien modeste – et réaliste – de la part de l'auteur ! Pour ne point heurter le public, les deux gaillards, en fait déchus, sont, par une intervention miraculeuse, amenés à résipiscence et retournent parmi les honnêtes gens. Un tour de passe-passe, et la morale est sauve. E. Ph.

ESPRITS (Les). Très plaisante comédie de l'auteur comique français Pierre de Larivey (vers 1540-1619), traduite de l'*Aridosio* de Lorenzino de Médicis et publiée à Paris en 1579. Son principal personnage, qui se nomme Séverin, est un type d'avare sordide, dont la tradition allait nous valoir bientôt Harpagon et ses dérivés. Ce Séverin se trouve avoir trois enfants qui vivent sous son toit : deux fils et une fille. Un soir que la maison est vide, le plus hardi d'entre eux s'avise d'y recevoir celle qu'il aime. Fâcheuse idée, car le vieillard rentre à l'improviste. Pour sauver la situation, le valet Frontin imagine de faire croire à ce dernier que sa demeure est hantée par des esprits (d'où le titre de la pièce). Fou de terreur, Séverin n'ose franchir le seuil. Mais comme il ramène quelque bourse remplie d'écus et qu'il veut la mettre en lieu sûr, il se résout à l'enfouir, sans se douter qu'il est épié par l'amoureux de sa propre fille. Sitôt qu'il a quitté la place, ce dernier rafle les écus et les remplace par des cailloux. Quand l'avare se rend compte du désastre, il éclate en lamentations (monologue que Molière imitera plus tard). On lui fait savoir alors qu'il recouvrera son trésor s'il consent à laisser chacun de ses enfants se marier selon son cœur. Séverin ne voulant rien entendre à cet égard, son frère Hilaire, qui est l'indulgence en personne, se chargera d'arranger les choses le mieux du monde : tout finit par un triple mariage. Cette comédie, on le voit, est une pure comédie d'intrigue. Elle est en prose, comme toutes celles que Larivey écrivit. Parfois licencieuse dans les mots, elle n'en garde pas moins, à tout prendre, un tour très honnête. Son dialogue toujours vif est plein d'une verte saveur et s'élève quelquefois jusqu'au vrai comique. Témoin ce trait de nature, quand Séverin rentre en possession de ses écus : « Dieu soit loué ! Ce sont les mêmes ! » On ne saurait trop insister sur les mérites de Larivey. Ce Champenois, qui était fils, semble-t-il, d'un Italien, peut être considéré comme le principal créateur de la comédie française. « Grâce à lui, note Marcel Arland, notre comédie vient de trouver sa prose : celle que Molière fera triompher. »

ESQUISSE D'UNE HISTOIRE DU DÉVELOPPEMENT DE LA LIBIDO BASÉE SUR LA PSYCHANALYSE DES TROUBLES MENTAUX [*Versuch einer Entwicklungsgeschichte der Libido auf Grund der psychoanalyse seelischer Störungen*]. Monographie clinique et théorique du psychanalyste allemand Karl Abraham (1877-1925) publiée en 1924. Parue initialement dans la collection des « Neue Arbeiten zur ärztlichen Psychoanalyse » (Internationaler Psychoanalitischer Verlag Vienne), il s'agit de l'unique ouvrage rédigé par l'un des premiers élèves de Freud, son œuvre abondante ayant souvent consisté en articles publiés de 1907 à 1925, date de sa mort. Cette monographie constitue une étude psychopathologique des états maniaco-dépressifs et des niveaux précoces du développement libidinal. Reprenant des travaux cliniques antérieurs, Abraham montre d'abord les liens qui existent cliniquement entre la névrose obsessionnelle et la mélancolie. Il étudie ensuite le rôle des régressions et des fixations aux différentes phases des stades libidinaux oral et anal, ainsi que celui de la régression dans le deuil normal et la mélancolie. Abraham conclut qu'il faut tenir compte à l'origine des états dépressifs de plusieurs facteurs : un facteur constitutionnel (qui serait lié au développement de l'érotisme oral), une fixation privilégiée de la libido à ce stade du développement, le rôle d'une blessure narcissique précoce, la fixation libidinale préœdipienne, et, enfin les déceptions ultérieures dans la vie amoureuse. L'ouvrage développe ensuite l'hypothèse d'un modèle infantile de la dépression mélancolique et, après une étude clinique de la manie (considérée comme une réparation de l'état dépressif), se termine sur les applications psychothérapeutiques. Pour Abraham, il ne fait pas de doute que la dépression mélancolique, même à l'état aigu, bénéficie de la cure psychanalytique.

La deuxième partie de l'ouvrage est consacrée au développement précoce de la libido. Abraham montre l'importance du style de relation qui s'établit entre le sujet et l'objet. En opposant un amour global à un amour partiel, il préfigure la distinction devenue classique entre relation à l'objet total et relation à l'objet partiel. L'ouvrage se conclut par une mise en parallèle des étapes de l'organisation de la libido et de celles du développement de l'amour objectal.

L'ouvrage a certes vieilli à bien des égards. Nos connaissances sur les états dépressifs n'autorisent plus de leur appliquer exclusivement le modèle psychanalytique, ni de voir là l'indication d'un traitement psychanalytique. Par ailleurs l'ouvrage, dans ses parties les plus fécondes, n'est pas d'une totale originalité vis-à-vis de la pensée de Freud. Malgré ces réserves, il conserve un grand intérêt. On notera la richesse de la documentation clinique. Le rôle de la blessure narcissique précoce, et celui de la relation sadomasochique, le concept de relation d'objet et la distinction entre objet partiel et objet total occupent désormais une place importante dans la pensée psychanalytique, en particulier dans le courant inspiré de Melanie Klein et dans celui issu de l'école anglaise (Fairbairn, Winnicott). De ce point de vue, l'ouvrage d'Abraham constitue le texte fondateur. — Trad. in *Œuvres complètes,* tome II, Payot, 1966. D. W.

ESQUISSE D'UNE MORALE SANS OBLIGATION NI SANCTION. Œuvre du philosophe vitaliste français Jean-Marie Guyau (1854-1888) publiée en 1885. L'auteur pose en principe que la vie sert de base commune à l'art, à la morale et à la religion, étant donné qu'elle englobe dans son intensité un principe général d'expansion naturelle. Guyau tente résolument de tracer les lignes essentielles d'une morale positive dans laquelle n'interviendraient ni les préjugés ni les hypothèses métaphysiques ; en somme, une morale jaillissant de la nature même de l'homme, exprimant ses sentiments les plus élevés et exempte de toute obligation et de toute sanction. Pour Guyau, le principe et la source de la moralité, c'est la vie elle-même. La vie est à la fois désir de conservation et d'expansion ; plus elle est intense, plus elle est étendue et féconde sous tous les rapports ; mais elle n'est pas seulement fécondité matérielle, elle est aussi fécondité intellectuelle et morale. Et c'est justement ce désir d'expansion qui est à l'origine de notre action morale : nous voulons souffrir pour les autres, étendre notre petit « moi » jusque dans une plus vaste sympathie pour les hommes et les choses ; nous voulons agir, donner au monde notre activité, à pleines mains : seul le criminel ne connaît pas le tourment de l'inertie. Le processus de la nutrition et de l'assimilation est toujours accompagné, par loi vitale, de celui d'expansion et de fécondité ; l'individu est porté par sa nature même à devenir un homme social et un homme moral. Avec le développement de la moralité, on arrivera à une solidarité complète du plaisir et de la douleur ; un jour, les plaisirs, les peines et les soucis de tous résonneront d'un écho éternel dans l'âme de chacun. Ainsi la loi morale, pour Guyau, part des profondeurs obscures de notre inconscient : les lois physiques et les lois psychologiques poussent l'homme à se répandre et à agir pour les autres ; mais la loi morale est aussi la loi naturelle.

« Je peux, donc je dois » est la nouvelle formule d'amour que Guyau oppose au rigide précepte de Kant : « Je dois, donc je peux ». Selon lui, il y a donc un instinct moral indiscutable, un impératif catégorique qui contraint au bien. Et comme une loi morale imposée n'a pas de sens, il ne doit pas non plus y avoir de sanction dans le domaine moral ; la sanction est humaine, relative, sociale, mais non morale ; pour être morales, la peine ou l'obligation doivent être une loi intime. L'égoïsme a sa sanction en lui-même, car moins on donne de sa vie, plus on souffre. Aujourd'hui, le monde du devoir est une loi d'amour. L'histoire de toutes les époques nous donne des exemples de sacrifices et d'héroïsmes accomplis par l'homme, qui a préféré un moment de vie intense et merveilleuse à toute une existence grise et normale ; et pourtant l'action morale de ce moment n'a pas été provoquée par une loi imposée et supérieure, mais par une décision morale libre et personnelle. La catégorie suprême arrivera donc à être non plus celle de la loi, mais celle de la bonté. L'action morale individuelle, qui tend à réaliser une réalité de bien et d'amour, est la seule qui donne un espoir et un but à la vie, au milieu de l'obscurité du sens du monde et dans le silence des cieux vides de toute divinité (*L'Irréligion de l'avenir*).

L'absence de fondement de cette doctrine morale est évidente : l'idée de vie expansive ne peut suffire à assurer la moralité de cette expansion ; il fallait établir une désignation qualitative de cette intensité qui, sans cela, peut n'être que l'hyperactivité d'une brute ou d'un tyran. En outre, la loi morale naturelle, qui a par conséquent les mêmes bases que le plaisir, ne peut être une garantie de moralité pure. De toute façon, même si les conclusions sont discutables, on ne peut manquer de reconnaître une beauté à ce livre pour l'acuité de l'examen psychologique, et surtout pour cet idéal d'amour universel ressenti par l'auteur et qu'il exprime dans chaque page avec l'ardeur émue d'un disciple du bien.

ESQUISSE D'UNE THÉORIE DES ÉMOTIONS. Essai du philosophe et écrivain français Jean-Paul Sartre (1905-1980), publié en 1939. Dans l'introduction, intitulée « Psychologie, phénoménologie et psychologie phénoménologique », l'auteur définit ces trois termes. Il oppose la psychologie, comme étude empirique et a posteriori du psychisme, à la phénoménologie, qui s'attache à rechercher, non les faits, mais les essences par la réduction phénoménologique qui met les faits entre parenthèses. La phénoménologie étudie l'émotion « comme phénomène transcendantal pur », comme « type organisé de conscience ». Le phénoménologue ne se contente pas de décrire l'émotion, il s'interroge sur sa nécessité, se demande s'il faut voir en elle « une structure indispensable de la conscience », et inversement « ce que doit être une conscience pour que l'émotion soit possible et nécessaire ». Sartre précise qu'il n'entreprend pas une étude phénoménologique de l'émotion, qui exigerait l'étude totale de l'affectivité, mais qu'il veut seulement appliquer à l'émotion l'exigence d'unité de la phénoménologie en se plaçant sur le terrain de la signification. Il expose dans une première partie les théories classiques de William James, Pierre Janet, Guillaume, et souligne leur insuffisance, car elles n'examinent l'émotion que comme conduite, sans rendre compte du rapport de la conscience émue avec le monde. Une deuxième partie expose et critique la théorie psychanalytique de l'émotion, qui a l'avantage de poser clairement le problème du sens de l'émotion, mais qui, en plaçant ce sens dans l'inconscient, le coupe complètement de l'émotion comme phénomène conscient. Elle pose ainsi la conscience comme une chose par rapport au signifié. Le psychanalyste essaie en même temps, dans la pratique, de saisir par la compréhension un lien conscient entre les phénomènes psychiques et ce qu'ils symbolisent. Ainsi, ne sachant pas choisir entre causalité et compréhension, la psychanalyse échoue à rendre compte de l'émotion. Dans la troisième partie, « Esquisse d'une théorie phénoménologique », Sartre développe ses propres vues. L'émotion est le vécu d'une conscience spontanée, non d'une conscience réfléchie. L'émotion est une dépossession de soi-même et une tentative de transformation du monde quand aucune action n'est possible. Dans l'émotion, la conscience vise un monde régi par une causalité magique. « Dans l'émotion, c'est le corps qui, dirigé par la conscience, change ses rapports avec le monde pour que le monde change ses qualités. » L'émotion s'accompagne de croyance, c'est-à-dire qu'elle est subie. Les phénomènes physiologiques représentent « le sérieux de l'émotion ». Ce sont des phénomènes de croyance. Dans l'émotion, le corps est à la fois objet dans le monde et vécu immédiat de la conscience : « Il y a émotion quand le monde d'ustensiles s'évanouit brusquement et que le monde magique apparaît à sa place... la conscience émue est une conscience dégradée. » L'émotion est un état global qui suscite un monde de l'émotion. « Il faut parler d'un monde de l'émotion comme on parle du monde du rêve ou des mondes de la folie... » L'émotion est « un mode d'existence de la conscience ». Dans sa conclusion, Sartre indique qu'il a voulu donner dans son exposé un exemple de psychologie phénoménologique, indispensable pour compléter la phénoménologie pure, qui ne peut déduire de l'essence de l'homme la description concrète de son affectivité, et ceci à cause de la facticité de l'existence humaine, c'est-à-dire de son caractère contingent.

ESQUISSE D'UNE THÉORIE GÉNÉRALE DE LA MAGIE. Peu d'ouvrages de sociologie ont exercé en France une influence aussi décisive, ni aussi continuellement féconde que celui-ci de l'anthropologue et sociologue français Marcel Mauss (1872-1950). Compte tenu d'une méthode aujourd'hui largement dépassée et que l'auteur lui-même allait rejeter vingt ans plus tard dans l'*Essai sur le don* (*), celle de la comparaison ethnologique, ce livre rend un son moderne, reste comme à la frontière d'un kantisme universitaire pas encore surmonté et d'une méthode compréhensive des structures collectives.

Il semble utile de définir la structure d'ensemble des gestes et des « pensées » magiques ; et tout d'abord de la distinguer de la religion qui requiert le grand jour qu'elle fuit en décrivant l'univers concret du sorcier et l'espace qu'il anime. Ces rites ne font point partie d'un rite organisé par le groupe, et pourtant ils supposent une ségrégation intérieure à la collectivité, requièrent une spécialisation technique (le brahman), une distinction biologique ou raciale (l'homme sans ombre, le Juif), pathologique (hystériques), une exclusion culturelle (les femmes au XIVe siècle en Occident), une hérésie religieuse (les bogomiles de Bosnie, les cathares). La dialectique la plus simple des actes magiques suppose donc une constitution de l'être du magicien par la collectivité, qui lui confère avec la terreur qu'il inspire une autorité, un « manitou » qui fonde sa magie. Que le « shaman » puisse tout suppose, aux yeux de ceux qui le choisissent comme sorcier et « à ses propres yeux », la participation à un monde transcendant matérialisé par un lien juridique (contrats avec l'esprit du mal), initiatique ou mystique (les possédés). Mais cet univers à l'opposé du monde religieux n'existe qu'autant qu'il est supporté par le dynamisme du sorcier. L'acte magique n'est donc point un espace de religion pour les besoins inférieurs de la vie domestique (Grimm), ni un animisme spécialisé (Taylor), ni une pré-science (Frazer, Lyall), ni une mise en pratique des superstitions, une erreur de la perception (Lehmann). L'efficacité magique ne peut se réduire à une sympathie, une simple association empirique. La condensation d'actes qu'il implique exige une révision de l'attitude naturelle, puisqu'elle tend à valoriser un univers constitué par le sorcier (le « templum ») à partir d'éléments hétérogènes appartenant à l'individu. S'il n'existe point de sacerdoce magique, c'est que la magie suppose une « masse informe, vivante, inorganique » de sentiments et de représentations, dirigée dans un sens que la société reconnaît mais n'admet pas.

La qualité conventionnelle du contenu des actes magiques conduit donc à parler d'une « potentialité magique ». Idée confuse, prémonition primitive. Mauss trouve, dans les études mélanésiennes de Codrington, le nom qu'il donne à cette « potentialité » : le « mana ». Ce « sacré » diffus, à la fois représentation collective et sentiment dynamique, n'est « pas seulement une force, un être, c'est encore une action, une qualité, un état. En d'autres termes, le mot est à la fois un substantif, un adjectif, un verbe ». À la dialectique du sorcier répond donc une dialectique du sacré, sentiment collectif et aussi fascination du groupe par des actes qui séparent l'individu du groupe. Au-delà des divergences linguistiques, le mot et le concept semblent se répondre dans les sociétés les plus diverses, qu'il s'agisse du « tindalo » (Floride), du « Kramât » (Malaisie des détroits), du « deng » (Indochine), de l'« orenda » des Iroquois, du « brahman » des Upanishads : cette dialectique isole un type spécialisé d'expérience constitutive, une « catégorie de la pensée collective ». Si, dans la société, « l'unité du tout est plus réelle que chacune des parties », il est permis de voir dans le « mana » une expérience de la totalité collective vécue négativement à travers une « horreur sympathique ». S'il désigne « tout ce qui n'a pas un nom commun, tout ce qui n'est pas familier », il est aussi comme la présence du familier et du banal rendu perceptible par un éloignement rituel. Cette fascination se fonde donc sur un « consentement social » latent, caractéristique d'une étape des sociétés primitives, sur la constitution par l'individu d'un espace contraire à l'espace social et pourtant s'y intégrant, d'une force de négation qui superpose à l'univers donné un univers où tout redevient possible. Et, comme la religion conduit à la métaphysique, la magie conduit à la vie laïque, ritualisée, se situe non comme une « pré-science », mais comme une crypto-science au sein d'un groupe qui ne la justifie pas, une « tension » entre le savoir-faire et la transcendance, entre l'adhésion à l'ordre et la remise en question individuelle.

L'effort de Mauss fut sans doute moins dans ses conclusions métaphysiques, souvent empreintes de kantisme et d'empirio-criticisme, que dans l'attitude nouvelle qu'il fondait pour comprendre les phénomènes sociaux. Assurément, en 1902-1903, quand il écrivit l'*Esquisse* en collaboration avec Hubert, n'était-il pas lui-même conscient de ce qu'il exigeait de sa méthode. S'il influença son oncle Durkheim, ce fut probablement dans la mesure où il affirmait l'existence hétérogène des phénomènes collectifs, et non parce qu'il bouleversait l'attitude du sociologue devant la sociologie. Ainsi comprise, la notion de « mana », de « fascination du sacré » ne tendait pas à se présenter comme le résultat d'une ontologie abstraite, mais comme la description d'une ontologie naturelle, d'une conduite d'aliénation que, faute de faire appel à la notion de travail, Mauss ne pouvait cependant qu'approcher. Cette attitude latente dans l'*Esquisse* cherchait à transcender une psychologie sociale et une morphologie sociologique, pour délimiter les lignes d'une méthode plus phénoménologique et plus dialectiquement concrète.

ESQUISSE D'UN TABLEAU HISTORIQUE DES PROGRÈS DE L'ESPRIT HUMAIN. Le plus célèbre ouvrage du philosophe et mathématicien français Marie Jean Condorcet (1743-1794), écrit en 1793, alors que Condorcet, décrété d'arrestation par la Convention, se cachait à Paris, près de l'église Saint-Sulpice, rue Servandoni. Manuscrit à la Bibliothèque nationale, sous la cote 885. Il ne s'agit d'ailleurs que d'un brouillon, où l'on trouve de nombreuses fautes d'orthographe et de syntaxe, et d'une introduction à un ouvrage considérable que Condorcet n'eut point le temps d'écrire. Première édition en 1795. Édition par Arago en 1847 et dernière édition française en 1987. C'est de Turgot surtout que Condorcet reçut son idée de progrès. Celle-ci, il est vrai, était répandue depuis la Renaissance, et Bossuet lui-même l'avait partiellement adoptée. Mais il s'agissait d'un progrès scientifique, de la culture. L'idée originale de Condorcet est celle d'un perfectionnement indéfini, non seulement dans l'ordre des connaissances scientifiques, mais aussi dans l'ordre de la vie morale. Cette conception du progrès fait de Condorcet un adversaire déclaré de tous les dogmes religieux, qui se fondent justement sur la finitude humaine. La finitude n'est pour lui qu'une déficience transitoire qui doit être nécessairement surmontée dans l'avenir. L'*Esquisse,* en effet, ne veut pas être seulement un ouvrage historique. Condorcet ne se penche sur l'histoire que pour éclairer l'avenir, et il déclare son intention de découvrir les lois du progrès humain qui rendront celui-ci plus facile. C'est par cette notion de progrès et par celle de lois de l'histoire que Condorcet aura surtout une grande influence sur le siècle suivant, en particulier sur Auguste Comte. S'il fut le premier à regarder l'ensemble de l'histoire non plus sous l'angle des faits politiques, mais sous celui des progrès de l'esprit, son ouvrage n'est qu'un rapide et très sommaire survol de l'histoire du monde, et aucune loi, ni générale ni particulière, n'est tirée de cette investigation. Peut-on appeler loi de l'histoire l'affirmation simpliste, commune au siècle des Lumières, que la tyrannie et la superstition, c'est-à-dire le clergé et les religions, ont toujours retardé les progrès de l'esprit ? Pour la prouver, Condorcet commet des omissions graves et s'enferme dans un parti pris qui l'empêche, par exemple, de juger à sa valeur le Moyen Âge. Dans la vision historique de Condorcet, il y a place pour des régressions. Mais celles-ci ne sont que partielles et, en tous les cas, témoins de l'obscurantisme clérical et de la tyrannie des princes, elles ne sauraient altérer la loi générale du progrès. Il est d'ailleurs remarquable que cette loi n'est pas découverte par l'expérience historique. Le philosophe la pose au contraire au départ comme une vérité d'évidence, et ne s'attache point à la fonder en raison : l'histoire ne vient alors que pour corroborer la loi du progrès, mais ce n'est pas elle qui la révèle.

La valeur de l'ouvrage tient surtout à ce qu'il ouvrit plusieurs de ses chemins à la pensée du XIXe siècle. Avant Condorcet, un Bossuet par exemple avait usé de l'histoire pour éclairer le présent. Mais Condorcet est le premier à suggérer l'existence d'une loi générale de l'histoire qui pourra servir à prévoir et à maîtriser l'avenir : ce pressentiment dominera Comte dans sa recherche de la « loi des trois états ». Quant à sa valeur historique, il ne faut point se montrer trop sévère sur ce sujet ; on songera en effet que Condorcet dut écrire son *Esquisse* poursuivi par la police, qu'il n'eut à sa disposition que très peu et peut-être pas de livres. Et comment, enfin, ne pas reconnaître une certaine grandeur à cet optimisme impénitent qui poussa Condorcet, à l'aube de l'apocalypse moderne dont il fut une des premières victimes, à consacrer ses derniers jours de liberté et de vie à écrire un hymne à la gloire du progrès humain ?

ESQUISSE POUR UN AUTOPORTRAIT [*Sketch for a Self-Portrait*]. Œuvre du critique d'art américain Bernard Berenson (1865-1959), publiée en 1949. Écrit au début de la Seconde Guerre mondiale, cet ouvrage tient à la fois du journal et du recueil de pensées et de souvenirs. L'autobiographie, la philosophie et la méditation esthétique s'y mêlent pour nous livrer le développement d'une personnalité exceptionnelle, mais aussi pour nous enseigner une certaine sagesse, ou plutôt un art de la compréhension qui va des œuvres aux hommes et débouche sur un idéal humaniste, cependant que nous est confiée une insatiable faim de recherche et de savoir. On peut rattacher à cette *Esquisse* un autre ouvrage qui relève davantage du journal : *Échos et Réflexions* [*Rumour and Reflexion,* 1952], et où, de 1941 à 1944, Berenson nota d'une part ses impressions sur la guerre et la politique, et d'autre part ses réflexions sur l'histoire, la religion, la philosophie, etc. Ce journal, où l'on trouve également des souvenirs sur Henry James, Proust, Bergson, témoigne d'une sensibilité toujours en éveil et qui filtre l'événement pour n'en retenir que le sens. — Trad. d'*Esquisse pour un portrait de soi-même,* Albin Michel, 1955.

ESQUISSES DE BOZ [*Sketches by Boz, Illustrative of Every-Day Life and Every-Day People*]. Essai du romancier anglais Charles Dickens (1812-1870), publié tout d'abord dans le *Old Monthly Magazine* (le 1er décembre 1833) et dans le *Evening Chronicle*, enfin en volume en 1836-1837. Il s'agit des esquisses de personnages et de lieux que Dickens avait recueillies dans un carnet depuis son plus jeune âge. Se bornant à continuer la tradition des essayistes du XVIIIe siècle, les *Esquisses* nous révèlent que l'auteur est un observateur original de la vie londonienne dont il nous décrit les aspects pathétiques ou grotesques ; mais, en somme, à part certains traits de brillant humour, elles ne sont pas des témoignages de génie. Il serait douteux aujourd'hui qu'un livre analogue donne quelque renommée à un écrivain ; mais les contemporains de Dickens pouvaient découvrir un esprit nouveau là où nous ne retrouvons qu'un air de famille indéniable entre ce livre et les écrits comiques — d'un comique bien faible — de l'époque. Il est certain qu'à la lumière des œuvres successives de Dickens, nous pouvons voir dans cette œuvre, la première de l'auteur, une sorte de manifeste : le désir de se consacrer à décrire avec une sympathie, parfois exagérée, la bourgeoisie la plus humble, et la volonté de prouver que dans cette classe sociale d'apparence assez terne, on peut découvrir des personnages de légende et de fable. Les *Esquisses de jeunes gens* [*Sketches of Young Gentlemen*] et les *Esquisses de jeunes couples* [*Sketches of Young Couples*], qui se trouvent dans l'édition actuelle, devaient paraître en appendice aux *Esquisses* en 1838 et en 1840 ; mais c'est seulement en 1880, après la mort de l'auteur, qu'elles furent réunies en un seul volume. — Trad. Stock, 1930 ; Gallimard, 1986.

ESQUISSES DE LA VIE AU SÉMINAIRE [*Očerki Bursy*]. Récits de l'écrivain russe Nikolaï Guerassimovitch Pomialovski (1835-1863), publiés en 1862. Ils constituent l'œuvre la plus caractéristique de cet écrivain. D'origine ecclésiastique, Pomialovski porta tout naturellement son attention sur les gens de sa classe. Ce sont ses descriptions des méthodes honteuses employées dans les écoles ecclésiastiques russes qui le rendirent célèbre. Les récits de la vie dans la « boursa », sorte de petit séminaire, n'étaient pas une nouveauté dans la littérature russe ; déjà Gogol en avait donné une description quelque peu burlesque. La série des esquisses de Pomialovski fut, à l'époque, un acte d'accusation féroce : ce qui fit dire au critique Annenkov qu'elle était dénuée de toute préoccupation artistique. Le jugement d'Annenkov est exagéré, comme celui d'ailleurs des critiques qui accusèrent Pomialovski de mensonges et de cynisme. La vérité documentaire des *Esquisses* est indiscutable. Le style de l'écrivain représente une étape particulière dans le développement du naturalisme, élément important dans l'histoire du réalisme russe qui conduit de Pouchkine, à travers Gogol et Dostoïevski, à la littérature réaliste moderne.

ESQUISSES PROVINCIALES [*Gubernskie očerki*]. Récits de l'écrivain russe Mikhaïl Saltykov - Chtchédrine (1826-1889), publiés en 1856-57. Au milieu de l'abondante production de cet auteur, les *Esquisses provinciales* marquent le début de toute une série de nouvelles et de romans satiriques sur les mœurs de la province russe avant et après les réformes d'Alexandre II. « Ô province, tu corromps les hommes, tu anéantis toute activité individuelle de l'esprit, tu brimes les élans du cœur, tu détruis tout, même la capacité de désirer » : tel est le thème du morceau intitulé « Ennui », titre qui pourrait être utilisé comme devise de presque toute la production de Saltykov. De ce point de vue, on est tenté d'évoquer *Les Âmes mortes* (*) de Gogol, mais le ton satirique en est tout autre. Les *Esquisses provinciales* annoncent déjà cette littérature d'accusation qui devait se développer peu après et dont Saltykov fut un des représentants les plus remarquables. Cet ouvrage, publié après la fin du règne de Nicolas Ier, apparut non seulement comme un tableau de la vulgarité mesquine de la vie provinciale, mais, avec celle-ci pour toile de fond, comme un véritable réquisitoire de tous les abus d'un certain système social : la méconnaissance des droits, la corruption bureaucratique, la conduite arbitraire des chefs dans une province primitive et engourdie. Le succès d'*Esquisses provinciales* est dû principalement à ce côté social et politique qui, même dans l'œuvre de Gogol, n'avait jamais présenté un tel relief. En effet, la valeur littéraire du livre, dans une période où paraissaient les premiers récits de Tolstoï, les premières pièces d'Ostrovski et les *Mémoires d'un chasseur* (*) de Tourgueniev, n'était pas suffisante pour expliquer son immense succès. La composition en est fragmentaire ; trente et un croquis de genres différents sont groupés sous les titres suivants : « Temps passé », « Mes connaissances », « Les Pèlerins », « Les Pauvres d'esprit », « Gens de talent », « En prison », etc. ; ils sont encadrés par une introduction et un épilogue où l'écrivain décrit la « rue » et l'attraction que celle-ci exerce sur lui. Au point de vue artistique, l'ouvrage est inférieur à ceux que l'auteur écrivit par la suite, mais il est considéré, aujourd'hui encore, comme un excellent document sur l'époque. – Trad. Collin, 1892.

ESSAI ANALYTIQUE SUR LES FACULTÉS DE L'ÂME. Ouvrage du philosophe genevois Charles Bonnet (1720-1793), publié en 1760. Naturaliste de formation, Bonnet s'attaque ici au problème de la connaissance humaine. Son projet d'analyser la structure de l'âme, sans partir d'une métaphysique, se rattache à l'empirisme anglais et français du XVIIIe siècle. Aussi bien, lors même qu'il rédigeait cet essai, reçut-il le *Traité des sensations* (*), nouvellement paru, de Condillac, qui utilisait une fiction de recherche analogue à la sienne : l'homme-statue. Pourtant, si Bonnet prétend dériver l'âme de l'organe – sinon de l'organisme –, s'il utilise l'introspection, il refuse de confondre, avec Condillac, l'attention, qui est éveil de la conscience, et les sensations mêmes. Cette distinction fonde sans doute l'originalité d'un ouvrage moins brillant que ceux de ses contemporains. L'attention sera pour Bonnet une force de l'âme sur le cerveau, non cette cristallisation du sentir lui-même que veut y voir Condillac, plus radicalement empiriste que lui. Comme, pour Bonnet, l'odorat est la première sensation qui ouvre à la statue humaine le monde de l'extérieur et de la vie, il va décrire la naissance des sensations à partir de cette forme privilégiée qu'il valorise sans s'en rendre compte. Ce projet de déduire le complexe du simple – qui remonte à Descartes – permet à Bonnet d'analyser – ou de penser analyser – l'évolution des fonctions à partir des éléments simples, de reconstruire par conséquent, comme tout l'empirisme de son temps, le concret avec de l'abstrait. Il conclut donc, après avoir « montré » le privilège absolu de l'odorat, à une passivité totale du corps et de la connaissance même. Ce qui répond bien à son projet de naturaliste de décrire analytiquement l'« économie de notre être » et de mettre dans son livre « beaucoup de physique et assez peu de métaphysique ».

ESSAI BIOLOGIQUE SUR HENRI IV DE CASTILLE ET SON TEMPS [*Ensayo biológico sobre Enrique IV de Castilla y su tiempo*]. Œuvre de l'écrivain espagnol Gregorio Marañón (1887-1960), publiée en 1930. C'est en médecin et en érudit que Marañón se penche sur le cas psychopathologique de Henri IV « l'Impuissant » qui régna sur la Castille de 1454 à 1474. Historiquement, il est intéressant de savoir s'il fut réellement impuissant, puisque c'est cette accusation qui permit à ses détracteurs de confier le trône à sa sœur Isabelle (future Isabelle la Catholique) et de le refuser à sa fille légitime Juana « la Beltraneja » lorsqu'il mourut – ce qui entraîna une véritable guerre civile, jusqu'à la bataille décisive de Toro (1476), qui vit triompher les partisans d'Isabelle. Cliniquement, le cas d'Henri IV passionne Marañón, qui essaie toujours d'expliquer le comportement d'un personnage à partir de ses constantes physiologiques. Il étudie donc attentivement l'enfance du jeune prince, déjà dominée par les grandes lignes de sa psychologie : aboulie et sensualité anormale. Puis il fait le point sur les premières noces du roi avec Blanche de Navarre. Le mariage, certes, ne fut pas consommé, mais il s'agit probablement de la manifestation d'une débilité sexuelle qui n'exclut pas la réalisation de l'acte dans certains autres cas. Marañón conclut donc à l'impuissance « relative » du souverain castillan. C'est surtout le caractère de Jeanne de Portugal – deuxième épouse du monarque – qui éveille l'intérêt de l'érudit espagnol. Il ne pense pas qu'elle fut infidèle à son époux avant d'avoir mis au monde celle qu'on surnommera la Beltraneja, en imputant la paternité à un seigneur de la Cour, don Beltran de la Cueva. La frivolité dont on l'a accusée ne s'est manifestée que plus tard, et n'est-elle pas bien excusable chez une jeune épouse délaissée ? Pour étayer sa thèse, qui vise à faire de la Beltraneja la fille réelle d'Henri IV, Marañón s'appuie évidemment sur des données morphologiques, examinant d'un point de vue médical l'aspect physique de l'impuissant – un dysplasique eunuchoïde avec acromégalie. Par ailleurs, sa tendance à l'exhibitionnisme (maîtresses scandaleuses, comme doña Guiomar), la satisfaction morbide qu'il éprouvait à voir courtiser sa femme, enfin sa probable homosexualité viennent renforcer l'hypothèse de l'auteur : une impuissance occasionnelle de débile sexuel. Ces vues très neuves, toujours appuyées sur des témoignages historiques et présentées dans une langue admirable, font de *Henri IV* un des ouvrages les plus séduisants de Marañón.

ESSAI DE COSMOLOGIE. Œuvre du mathématicien français Pierre Louis Moreau de Maupertuis (1698-1759), publié à Berlin en 1750. Entreprenant une critique des systèmes de Leibniz et de Descartes en vue de résoudre l'opposition entre spiritualisme et rationalisme d'une part et la science de la nature de l'autre, l'auteur affirme, après avoir constaté que les philosophes ont toujours voulu expliquer le système du monde, qu'il nous est impossible d'atteindre à une solution complète de ce problème. Encore même nous ne parviendrions jamais à saisir la structure et les relations de toutes les parties de l'univers, il faudra toujours s'en tenir aux principes fondamentaux de la nature. Seules les lois de la nature nous permettront de connaître les lois de l'Être suprême, relevant d'une connaissance infinie. La nature apparaît aux yeux du philosophe comme un tableau admirable, où il voit la première explication rationnelle du monde. Il affirme d'autre part la nécessité de juger convenablement les choses et de ne pas se borner aux apparences ; bien souvent, en interprétant sans discernement les spectacles de la nature, on s'enferme inévitablement dans un matérialisme négateur, sans parvenir pour autant à une conception explicative de l'univers.

L'ouvrage est divisé en deux parties, que l'auteur lui-même juge discordantes entre elles : la première étudie les raisons essentielles servant de fondement aux lois de la nature ; la deuxième décrit les principaux phénomènes de l'univers. Il convient de noter la tentative, essentielle dans le système philosophique de Maupertuis et dans sa position entre Leibniz et Newton, de rattacher les principes du mouvement et du repos à un seul principe métaphysique. Mouvement et repos sont les attributs de l'intelligence suprême : le mouvement est le plus important phénomène de la nature ; il faut cependant rechercher la forme motrice originelle, et celle-ci ne peut être qu'en Dieu. Être suprême, omniscient, éternel, et non pas dans la Mécanique : Descartes lui-même jugea faussement le problème, s'éloignant de la tradition religieuse et spiritualiste. Maupertuis énumère alors les lois physiques sous leurs divers aspects, de la plus grande planète au plus petit atome : pour l'homme, toute partie du cosmos est un acte de providence et d'intelligence suprême. S'élevant à une conception réellement philosophique du monde, l'ouvrage présente un réel intérêt ; l'auteur s'efforce de donner à l'exigence scientifique un caractère hautement rationnel, tout imprégné de la finalité de la philosophie et du savoir humain. Science et religion semblent se fondre pour donner naissance à un déisme tel qu'on le concevait au XVIIIe siècle.

ESSAI D'ÉDUCATION NATIONALE ou Plan des études pour la jeunesse. Publié en 1763 par le magistrat français Louis René de Caradeuc de La Chalotais (1701-1785), il s'agit d'un essai de politique éducative qui prend place dans le courant des « lumières » et reflète les principales idées qui étaient alors en vogue. Cet *Essai,* qui plut beaucoup à Voltaire, eut une grande importance pédagogique. L'auteur du *Dictionnaire philosophique* (*) vit en lui une arme terrible contre l'invasion des écoles par les ordres religieux, et spécialement par les jésuites. La Chalotais soutenait en effet que les écoles devaient être sous le contrôle direct de l'État et soustraites à toutes influences confessionnelles ; qu'elles devaient avoir des maîtres laïques et des règlements civils. L'*Essai* ne vise pas seulement à renouveler la politique scolaire ; il préconise en outre une réforme des programmes et des méthodes scolaires : la plupart des écoles étaient alors tenues par des ordres religieux. Il combat l'uniformité des programmes, et veut une école adaptée à la vie, laquelle a des exigences variées et diverses. Il faut que chaque individu trouve dans les écoles le climat favorable au développement de sa capacité professionnelle, afin que chacun puisse remplir avec profit sa fonction sociale. Quant aux méthodes, il se tient sur la ligne de pensée des fondateurs de la pédagogie scientifique, de Comenius à Locke, et cherche, lui aussi, dans la nature (« qui est le meilleur des maîtres ») le principe et le fondement de l'action didactique. Le chemin qui mène à la didactique va de l'objet à l'idée, du fait à la définition abstraite. « Je propose de n'apprendre aux enfants que des faits dont ils puissent se rendre compte à sept ans comme à trente. »

Quant aux règlements scolaires, La Chalotais propose un plan d'études à développer entre six et dix-sept ans, divisé en deux périodes. La première période, qui va de six à dix ans, correspond à notre enseignement élémentaire et embrasse l'éducation des sens et de la mémoire. L'élève apprendra d'abord à lire, à écrire et à dessiner, puis entreprendra l'étude de l'histoire, de la géographie, de l'histoire naturelle et des rudiments des mathématiques. Dans un tel plan d'études, l'auteur se montre plus équilibré et plus clairvoyant que Rousseau, qui dénigrait l'enseignement de l'histoire et faisait confiance à l'« éducation négative », s'abandonnait à cet optimisme ingénu qui veut laisser faire la nature, en négligeant l'œuvre des siècles et la tradition vivante de la culture humaine. En faisant place à l'enseignement des mathématiques dès l'école élémentaire, il a vaincu les scrupules de ceux qui voulaient retarder une telle discipline et il s'est montré le précurseur des règlements modernes qui incluent, non seulement les mathématiques, mais encore la géométrie parmi les éléments de l'école primaire. À juste titre, La Chalotais fait observer qu'il est plus facile de concevoir « les idées claires des corps, de la ligne, des angles, qui frappent les sens, que les idées abstraites du verbe, des déclinaisons, des conjugaisons, d'un accusatif, d'un ablatif, d'un subjonctif, d'un infinitif, etc. ». La seconde période des études va de dix à dix-sept ans et est constituée par l'instruction classique correspondant à nos écoles secondaires. La Chalotais voit l'importance des langues vivantes à côté des langues classiques, et introduit dans le plan traditionnel des études deux langues, l'anglais et l'allemand, importantes respectivement pour la science et pour la guerre. En outre, avec une intuition heureuse, il devance les discussions pédagogiques modernes sur l'utilité de la composition écrite dans la langue nationale, et dénonce la vanité et le manque de sincérité de ces dissertations à thème obligatoire sur des sujets abstraits, qui ne sont reliés à rien ou qui sont tirés de pensées d'écrivains ; il propose que leur soient substituées des narrations ayant trait aux propres expériences des élèves ou encore inspirées de sujets qui reflètent leur monde spirituel.

ESSAI DE STATIQUE CHIMIQUE. Essai de Claude Louis Berthollet (1748-1822), publié en 1803. L'ouvrage fut écrit par le célèbre chimiste alors qu'il avait déjà abandonné la théorie de la phlogistique pour se rendre aux vues de Lavoisier. Berthollet y reprend en outre les théories précédemment exposées dans ses *Recherches sur les lois d'affinité.* En ce sens, l'ouvrage assume une importance toute particulière dans l'évolution du concept d'affinité chimique, développant et, souvent même, révisant les idées précédemment émises par Bergman et divers auteurs. Contrairement à Bergman, Berthollet soutient que la force de l'affinité chimique dépend de la masse des substances qui entrent en réaction, se révélant par là même en rapport étroit avec la force de gravité. Il en tira cette conclusion que non seulement la formation, mais aussi la composition quantitative du corps devait être fonction des rapports de masse entre les composants. D'où on était amené à conclure que ces composants devaient en général se combiner selon des rapports variables, ce qui était en contradiction manifeste avec les faits. Aussi, même l'idée fondamentale de Berthollet fut malheureusement négligée par ses contemporains. À partir de 1799 et pendant huit ans, Berthollet engagea et poursuivit sur cette question une memorable controverse avec J. L. Proust (1755-1826), controverse qui devait se terminer par la défaite de Berthollet, Proust ayant démontré que les rapports de combinaison ne dépendent pas des rapports de masse des composants, mais — au contraire — « sont constants », même si deux composants se combinent selon plusieurs rapports : auquel cas, ces rapports varient « par bonds » et non graduellement, comme avait cru pouvoir le démontrer Berthollet pour certains oxydes et certains sels (*Statique,* II). La polémique avait ainsi amené Proust assez près de la « loi des proportions multiples » bien connue des étudiants (*Notes scientifiques* de Dalton). L'échec de Berthollet remit pleinement en honneur les théories opposées de Bergman (1735-1784) ; néanmoins, le concept fondamental du chimiste savoyard fut utilement repris (du fait aussi des travaux de Rose, Berthelot, Péan de St Gilles, etc.) en particulier par Guldberg et Waage (*Études sur les affinités chimiques,* 1867), qui énoncèrent la célèbre « loi de l'action de masse », universellement reconnue aujourd'hui, selon laquelle l'action chimique d'une substance est proportionnelle à sa quantité active. Si, dans la loi de la dépendance de l'affinité chimique à la masse, on doit surtout tenir Berthollet pour un précurseur, on lui reconnaît des mérites plus positifs lorsqu'il démontre clairement qu'on ne peut déterminer la grandeur absolue de l'affinité chimique (comme Bergman l'avait entrevu dans ses *Opuscules de physique et de chimie*), son « intensité » étant étroitement liée aux propriétés physiques des corps en présence et, en premier lieu, à la « cohésion » et l'« élasticité » ; la première de ces propriétés étant en rapport avec la plus ou moins grande « solubilité » des diverses substances, la seconde, avec leur plus ou moins grande « volubilité ». Il expliqua ainsi les curieuses transformations au cours desquelles la séparation d'un précipité ou la fuite d'un gaz déterminent la marche ou l'aboutissement d'une réaction. Il soutint même qu'une totale transformation de substances ne pouvait s'obtenir sans qu'interviennent — outre l'affinité — la cohésion et l'élasticité. Ainsi furent établis de nouveaux principes qui devaient par la suite se révéler particulièrement féconds. Les questions traitées dans l'*Essai de statique chimique* relèvent de la « physico-chimie », et l'on peut dire que cette branche nouvelle de la science a pris naissance avec Claude Louis Berthollet.

ESSAI D'UNE MÉTHODE POUR APPRENDRE À JOUER DE LA FLÛTE TRAVERSIÈRE [*Versuch einer Anweisung die Flöte traversiere zu spielen*]. Traité du compositeur et instrumentiste allemand Johann Joachim Quantz (1697-1773), publié à Berlin en 1752, en allemand et en français. Si les premiers chapitres de l'ouvrage sont consacrés très précisément à l'apprentissage de la flûte traversière, cet *Essai*, qui porte en sous-titre « plusieurs remarques pour servir au bon goût dans la musique », est bien plus largement une méthode contenant les principes de l'exécution musicale au XVIIIe siècle pour tous les musiciens instrumentistes, chanteurs, accompagnateurs, solistes. L'ouvrage fut rapidement diffusé en Europe : en témoignent les traductions, outre celle en français, de longs extraits en hollandais, anglais, italien, ainsi que deux rééditions complètes en allemand, l'une en 1780, l'autre en 1789. D. Ja.

ESSAI D'UNE NOUVELLE LOGIQUE [*Versuch einer neuen Logik oder Theorie des Denkens, nebst angefügten Briefen des Philaletes an Aenesidemus*]. Publié à Berlin en 1794, réédité en 1912, cet *Essai* constitue, avec les *Recherches critiques sur l'esprit humain* [*Kritische Untersuchungen über den menschlichen Geist*], la partie la plus importante et la plus systématique de l'œuvre philosophique du Lituanien de langue allemande Salomon Maimon (pseud. de Shlomo Ben Joshua, 1753/54-1800). Dans cet ouvrage, l'auteur développe et unifie les vues précédemment exposées, sous une forme fragmentaire et sans système, dans son *Essai sur la philosophie transcendantale* [*Versuch über die Transzendental-philosophie*]. L'exposé de Reinhold sur la critique kantienne, en tant que théorie de la représentation en général impliquant nécessairement dans sa structure un pôle objectif (la chose en soi) et un pôle subjectif (le sujet en soi), avait soulevé certaines objections de la part de Schulze : celui-ci avait mis l'accent sur l'impensabilité de l'un et de l'autre extrême, et sur l'incongruité qu'il y avait à admettre entre eux un rapport de causalité ou de détermination réciproque en vue d'expliquer la représentation et, en général, la connaissance, alors que, selon la critique, un tel rapport ne pouvait être valable que dans l'ordre des phénomènes et non dans celui de la réalité en soi. Maimon entend de son côté sauvegarder l'œuvre kantienne, en approfondissant et en purifiant son caractère critique fondamental. Après avoir restitué à la « chose en soi » sa qualité de noumène, de système intelligible, où, à la fois, se fond et tend à se résoudre la particularité du monde phénoménal, il lui dénie la possibilité d'être entendue comme objet en soi de la connaissance, dont elle constitue plutôt une limitation du processus infini. La détermination de notre expérience, le fait qui la caractérise sont constitués par l'individualité et la détermination des consciences particulières : néanmoins, dans le processus de la connaissance, ils tendent à se résoudre dans une structure de relations universelles, dont on peut considérer le système comme étant la pensée réelle, en ce sens qu'il constitue le fondement nouménal de l'expérience elle-même, le domaine limité où cette dernière s'identifie à la réalité.

Si, dans ses premiers ouvrages, l'auteur semblait concevoir la pensée réelle comme une pensée absolue, dans l'*Essai d'une nouvelle logique*, il abandonne résolument ce point de vue que Fichte adoptera par la suite. La pensée réelle est la limite théorique du processus cognitif : la loi régissant son processus infini de résolution, ne laissant subsister aucune donnée, mais les réduisant en un système toujours plus vaste de rapports, où se définit sa détermination et qui représente la structure de sa constitution et de son développement (principe de déterminabilité). De la nature du processus cognitif, Maimon entend pouvoir déduire les catégories fondamentales de la pensée, selon le schéma kantien, ainsi que les formes suivant lesquelles elle saisit et détermine le donné. Le système des catégories, objet de la logique transcendantale, définit le fait en tant que donné relativement à la pensée : il constitue la condition de validité des lois de la logique formelle, ces dernières définissant justement la forme logique et théorétique du donné.

De semblables principes, il résulte pour l'auteur que toute connaissance est relative, exception faite des connaissances mathématiques, les seules véritablement synthétiques a priori et, donc, fournissant par leurs concepts et leurs méthodes une formule permettant une interprétation exacte de la fonction de la pensée prise en elle-même : la connaissance est ainsi considérée comme une étape d'un processus infini de réduction théorique. Il est significatif que Maimon ait vu davantage les conséquences négatives — impossibilité d'une métaphysique ou d'une connaissance absolue — plutôt que les positives — liberté et progrès de la connaissance — d'une telle attitude, au point de la définir comme un « scepticisme empirique ». Mais ce à quoi il atteint de façon effective en se référant plus profondément aux motifs fondamentaux de la critique kantienne, du phénoménisme de Hume et de la logique leibnizienne, c'est à une définition plus radicale et plus pure de la méthode critique transcendantale, du fait qu'il n'entend point nous donner les postulats réels — empiriques ou métaphysiques — de la connaissance, mais les lois de sa démarche et les conditions de sa liberté.

En appendice, l'auteur a placé les « Lettres à Aenésidème » [Briefen an Aenesidemus], qui contiennent à la fois une critique de l'introduction de Reinhold et des idées de Schulze. Cette critique, qui est à l'origine du dépassement du dualisme kantien intellect-raison, développe la conception d'une systématique universelle de la connaissance justifiant son dynamisme et sa différenciation. Enfin, grâce à la notion du savoir concret, l'auteur rejette l'antithèse particulier-universel, qui caractérisait la méthode rationnelle dans son effort pour réduire le donné aux lois de sa structure idéale. L'école néo-kantienne de Marbourg démontra combien une telle attitude ouvrait de possibilités à la critique philosophique. Néanmoins, l'ouvrage de Maimon n'eut historiquement que peu d'influence sur ses contemporains, attirés plutôt par l'interprétation idéaliste, la signification et la valeur culturelle du transcendantalisme kantien.

ESSAI D'UNE NOUVELLE THÉORIE DE LA VISION [*Essay towards a New Theory of Vision*]. C'est le premier ouvrage publié, en 1709, par le philosophe anglais George Berkeley (1685-1753). Cet *Essai* est de l'époque de ses *Carnets de notes* où germent ses idées philosophiques fondamentales, en particulier le « nouveau principe » (l'immatérialisme) ; mais l'*Essai* n'en parle point, bien qu'il fût déjà clair dans son esprit. En une sorte d'introduction à l'idée que le monde extérieur n'existe que dans nos sensations, Berkeley soutient que nos sensations de distance, de dimension, etc., ne nous manifestent pas quelque chose qui existe réellement dans la matière. La philosophie avait séparé jusque-là en deux classes les qualités que nous percevons à travers nos sens : qualités « premières » (distance, dimension, poids, etc.) que nous percevons telles qu'elles sont en réalité ; et qualités « secondes » (odeurs, saveurs, etc.) qui naissent dans nos sens par l'effet des objets extérieurs, mais qui n'existent pas comme telles dans la réalité. En démontrant que les qualités « premières » elles-mêmes ne sont pas identiques lorsqu'elles sont perçues par l'un de nos sens ou par un autre, Berkeley prépare sa thèse qui niera l'existence dans la nature de tout ce que nous percevons ; en d'autres mots, « exister » ne peut avoir d'autre signification que celle d'« être perçu » [Esse est percipi]. L'*Essai* traite surtout de la sensation de distance. L'auteur admet comme un postulat universellement reconnu que la distance par elle-même n'est pas visible, c'est-à-dire que l'œil ne perçoit pas immédiatement la distance d'un objet. La thèse des mathématiciens, qui veut que l'évaluation de la distance d'un objet soit donnée par l'angle que font entre elles les droites allant de cet objet aux deux yeux de l'observateur, est aisément réfutée en remarquant qu'un objet plus grand et plus éloigné nous apparaît sous le même angle qu'un objet plus petit et plus rapproché. La Lune telle que nous la voyons n'est pas ce qu'est la Lune réelle ; mieux encore, elle n'est même pas ce que nous verrions si nous pouvions l'observer d'une courte distance. Les objets que nous voyons ne sont donc point réels par eux-mêmes ; ils ne font qu'indiquer, comme des symboles ou des signes, la distance, les dimensions, la position que nous attribuons à ces objets (en réalité inexistants) qui correspondent à nos sensations. Voir une chose grande ou petite, nette ou imprécise, cela sert à nous orienter au milieu de nos sensations, en leur donnant, pour ainsi dire, un certain ordre, de façon à nous permettre d'« agir » ; autrement dit, d'avoir certaines sensations plutôt que certaines autres. Celui qui nous « parle » au moyen de ce langage visuel est évidemment un Être supérieur qui a prédisposé toutes choses de telle façon que, si un morceau de pain, par exemple, nous apparaît « éloigné », nous ne pouvons le percevoir au moyen du toucher (c'est-à-dire le prendre) qu'au bout d'un laps de temps plus long que dans le cas d'un morceau de pain nous apparaissant « proche ». La « nouvelle théorie de la vision », d'après laquelle l'œil voit non pas la réalité, mais certains signes particuliers qui indiquent d'autres sensations, prouve l'existence d'un langage visuel, déterminé comme le langage usuel par le choix d'une Providence : ce qui est une preuve, plus convaincante que toutes les autres, de l'existence de Dieu. Berkeley reprit la même argumentation, en y ajoutant une défense contre les objections, dans son ouvrage *La Théorie de la vision ou Revendication d'un langage visuel* [*The Theory of Vision, or Visual Language Vindicated*], publié près de vingt-cinq ans après le premier *Essai*, en 1733. – Trad. Aubier, 1944 ; *Œuvres* I, P.U.F., 1985.

ESSAI D'UNE THÉORIE DES PHÉNOMÈNES ÉLECTRIQUES ET OPTIQUES DANS LES CORPS EN MOUVEMENT [*Versuch einer Theorie der elektrischen und optischen Erscheinungen in bewegten Körpern*]. Œuvre du physicien hollandais Hendrik Lorentz (1853-1928), publiée à Leyde en 1895. Il s'agit là d'un texte fondamental puisqu'il pose les bases de la théorie électronique moderne de l'électricité, bien que le mot « électron » (introduit par Stoney en 1881) n'y figure pas encore ; mais les « ions » dont parle le grand physicien hollandais ne sont autres que les électrons. Trois ans auparavant, dans un écrit sur la théorie électro-magnétique de Maxwell, Lorentz avait démontré que l'on peut déduire de la théorie électro-magnétique de la lumière les équations de Fresnel sur la propagation de la lumière. Il avait alors avancé certaines hypothèses sur la constitution électronique de la matière et avait donné une première idée de ces transformations spacio-temporelles qui furent utilisées, treize ans plus tard, par Einstein, dans sa théorie de la relativité restreinte. Enfin, pour expliquer le résultat négatif de la célèbre expérience de Michelson destinée à faire apparaître le mouvement de la terre par rapport à l'éther, il avait proposé la fameuse « hypothèse de la contradiction » (un corps en mouvement par rapport à un observateur paraît raccourci dans le sens de la translation, à l'observateur lui-même). Cette « contraction » est dite de Fitzgerald et Lorentz, du nom des deux savants qui émirent l'hypothèse en question, indépendamment l'un de l'autre. Dans l'*Essai* qui nous intéresse ici, le physicien d'Arnhem reprend les deux problèmes qu'il avait précédemment analysés dans son écrit de 1892 et qui, en réalité, sont dépendants l'un de l'autre. À la faveur de cette étude, Lorentz devait apporter à la théorie électronique de l'électricité, une contribution nouvelle et décisive. Pour ce faire,

Lorentz s'appuie sur deux ordres bien distincts d'expériences et d'idées : d'une part, les études et les recherches relatives aux ions électrolytiques ; de l'autre, les géniales conceptions de Weber appliquées, en particulier, aux recherches sur la structure de la matière et sur la conductibilité des métaux. Déjà, Ritter avait noté, en 1800-1801, que les produits de la décomposition électrolytique de l'eau, des solutions salines ou acides, transportaient aux électrodes une charge électrique parfaitement déterminée. Cette observation contenait déjà en soi la loi bien connue de Faraday (1881) selon laquelle un atome ionisé porte une charge constante, une sorte d'« atome » d'électricité. Stoney avait tenté, en 1881, de mesurer cette « charge élémentaire ». Le concept d'atome (ou charge élémentaire) d'électricité apparaît aussi chez Weber, en rapport avec les recherches (1846-75) auxquelles nous avons fait allusion, et chez ses continuateurs tels que Kohlrausch, Wiechert, etc. Il est intéressant de noter, au passage, que Weber avait déjà formulé, à l'époque, une théorie de l'atome analogue à la théorie « planétaire » moderne de lord Rutherford, avec les signes des charges électriques inverties, alors que l'on ignorait encore les rayons cathodiques autant que les rayons X ou les rayons de Becquerel.

Lorentz se sert indifféremment du mot « ion » pour indiquer tantôt les charges élémentaires de Weber, tantôt les ions électrolytiques. Ce n'est que plus tard, à la suite d'une proposition de Drude, que la dénomination d'électron fut réservée à la charge de Weber, tandis que l'on continuait d'appeler « ion » le véhicule électrolytique en même temps que la charge électrique qu'il transporte. Dans ce *Mémoire* de 1895, Lorentz relie la théorie électro-magnétique de Maxwell à l'idée, longuement mûrie, de l'existence d'un atome d'électricité, interprétant ainsi de nombreux phénomènes demeurés jusqu'alors obscurs et qui, grâce à sa théorie, sont apparus comme le résultat naturel du jeu des interactions et des mouvements des charges électriques. On ne peut dire que l'importance de cet écrit – qui posait les bases des sciences physiques de notre siècle – ait été pleinement reconnue par les contemporains. Ceux-ci furent surtout impressionnés par le fait que la nouvelle théorie électronique avait prévu et interprété – avant même qu'il ne fût découvert – le surprenant « effet Zeeman », c'est-à-dire le phénomène du « dédoublement » des rayons du spectre lorsque la source lumineuse se trouve dans un champ électrique, phénomène effectivement observé, depuis, par Zeeman en 1896. C'est pour avoir prévu ce phénomène que Lorentz reçut, en 1902, en même temps que Zeeman, le prix Nobel de physique.

ESSAI HISTORIQUE, POLITIQUE ET MORAL SUR LES RÉVOLUTIONS ANCIENNES ET MODERNES considérées dans leurs rapports avec la Révolution française. Essai politique et premier livre de l'écrivain français François-René de Chateaubriand (1768-1848), publié à Londres en mars 1797, pendant l'exil de l'auteur. Chassé de France par les premiers excès de la Convention, Chateaubriand a pu méditer sur ses illusions révolutionnaires. Il ne s'enfièvre plus, mais il veut comprendre ; il entreprend de comparer le cours des révolutions du passé et celui de la révolution présente, afin, découvrant les similitudes de leur développement, de prévoir la marche des événements présents. L'impression générale qui se dégage du livre est celle d'un pessimisme aigu, exactement d'un nihilisme : « l'orgie noire d'un cœur blessé », a dit lui-même Chateaubriand. Le dessein de l'auteur est de montrer qu'on ne peut transformer la société ni l'humanité, qu'aussi loin qu'on remonte dans le temps on retrouve les mêmes alternances de doute, d'espérance, de désenchantement. Ce n'est pas l'homme qui est le maître de l'histoire, mais le hasard, la fatalité : aussi pourquoi s'indigner, pourquoi essayer de réformer les institutions ? Aucune réforme, aucune révolution ne sauraient changer la nature humaine : « L'homme faible dans ses moyens et dans son génie ne fait que se répéter sans cesse. Il circule dans un cercle dont il tâche en vain de sortir. »

Le jeune Chateaubriand avait respiré avant la Révolution l'air « philosophique » de l'époque. Il condamne maintenant « l'enthousiasme qui vient de l'ignorance ». Si la monarchie mettait ses ennemis à la Bastille, la démocratie les mène à la guillotine. Aussi, s'il condamne la Révolution, Chateaubriand ne se prend pas d'amour pour l'ancien gouvernement. C'est au nom de Rousseau, et non du traditionalisme comme Joseph de Maistre, qu'il refuse l'illusion révolutionnaire. Les excès de la Terreur n'ont fait que l'affermir dans sa fidélité à Jean-Jacques. Ce n'est pas le gouvernement révolutionnaire qui est mauvais, c'est tout gouvernement quel qu'il soit : « On a beau se torturer, faire des phrases et du bel esprit, le plus grand malheur des hommes, c'est d'avoir des lois et un gouvernement [...] Tout gouvernement est un mal, tout gouvernement est un joug. » Faudra-t-il pour cela en changer ? Ce serait croire la nature humaine réformable, alors qu'elle est invinciblement esclave. Le sage acceptera l'ordre des choses tel qu'il est, mais se gardera bien de ses enthousiasmes. Quelles issues demeurent ouvertes à l'homme intérieur ? Chateaubriand n'en voit aucune dans la foi chrétienne. Un des chapitres du livre pose la question de savoir quelle religion pourra remplacer le christianisme. Ce sera, semble-t-il alors à Chateaubriand, la religion de la solitude avec la nature. Il reviendra sur cette attitude négative en écrivant, quelques années plus tard, *Le Génie du christianisme* (*). L'auteur invite ses lecteurs à le suivre pour une nuit dans les forêts de l'Amérique où, au contact de la nature sauvage, loin de ces gouvernements irréformables et mauvais, le solitaire pourra retrouver quelque sentiment de la « liberté naturelle » perdue. Et cet essai historique s'achève sur une évocation poétique, que Chateaubriand trouvera assez bien venue puisqu'il l'enlèvera plus tard de son *Essai* pour la replacer dans les *Mémoires d'outre-tombe* (*). L'*Essai sur les révolutions* passa en effet à peu près inaperçu, mécontentant à la fois les révolutionnaires et les monarchistes. Chateaubriand y avait reconnu la fin de ses chimères adolescentes. Plus tard, lors de sa réédition dans ses œuvres complètes (1826), il le jugera très sévèrement, comme un « chaos », écrit « en style sauvage et boursouflé, plein de fautes de langage, d'idiotismes étrangers et de barbarismes. »

ESSAI PHILOSOPHIQUE CONCERNANT L'ENTENDEMENT HUMAIN [*Essay concerning Human Understanding*]. Ouvrage du célèbre philosophe anglais John Locke (1632-1704), l'un des plus grands théoriciens de l'empirisme. L'*Essai* parut en 1690, mais l'auteur en donna lui-même quatre nouvelles éditions, revoyant également la traduction française de Coste, qui favorisa grandement la diffusion de l'ouvrage hors d'Angleterre. La division de l'*Essai* en quatre livres ne correspond nullement à l'ordre chronologique, comme l'a prouvé d'ailleurs la découverte récente des brouillons de l'ouvrage. Dans une lettre en guise d'introduction, Locke rapporte l'événement (l'épisode se situe entre 1670 et 1671) qui lui fit entreprendre sa recherche critique ; autrement dit, il procède à un examen préjudiciel de la démarche et des limites de l'entendement, en vue d'atteindre plus sûrement à la connaissance d'objets déterminés. Contre les cartésiens et, en particulier, les néo-platoniciens de l'école de Cambridge, l'auteur entend démontrer, dans le premier livre, l'inexistence de vérités innées, théoriques ou pratiques ; en effet, nous n'en trouvons aucune trace chez les sauvages, les enfants ou les ignorants ; toutes sont également issues de l'expérience, y compris l'idée de Dieu, ainsi que le principe d'identité et de contradiction. Il lui arrive, au cours de la polémique, de se référer à une intuition plus profonde : les idées innées ne seraient pas les idées actuelles, mais bien plutôt les fonctions formelles de l'esprit ; néanmoins, cette vue demeurera sans conséquence dans son système. À l'origine, l'esprit est vide, c'est une table rase, mais progressivement l'expérience extérieure (sensation) et l'expérience intérieure (réflexion) y introduisent respectivement les idées des objets sensibles et celles des opérations de l'âme. Locke qualifie d'« idée » tout objet de connaissance, qu'il soit d'ordre sensible ou spirituel : ces idées sont en partie simples, en partie complexes. Le nombre des premières est défini : en ce qui concerne le monde extérieur, elles nous sont données par les sens ; pour ce qui regarde l'esprit, elles coïncident avec les activités élémentaires : souvenir, vouloir, etc. et leur nombre est illimité. Connaître consiste précisément à composer avec des éléments simples, des représentations originales et complexes, en connexion avec la réalité des choses et des sentiments.

Bien que l'auteur ait déclaré ne pas vouloir dépasser les données de l'expérience psychique, il introduit par la suite la fameuse distinction entre les qualités premières (inhérentes aux objets en soi) et les qualités secondes (subordonnées à la conformation particulière de nos organes sensibles), passant ainsi du domaine de la connaissance critique à celui de la métaphysique. Parmi les idées complexes, on peut distinguer les idées de « substance », de « mode » et de « relation » : la première se réfère aux objets en tant qu'existants ; la deuxième ne se rapporte pas à l'existence, mais à la façon dont nous considérons un objet, comme les idées de temps, d'espace, de nombre ; la dernière concerne les relations établies entre les divers objets, comme les idées de cause et d'effet, d'identité, etc. De même, à propos des idées complexes de substance matérielle ou spirituelle, Locke dépasse les pouvoirs qu'il attribuait lui-même à l'entendement, en admettant pour chacune des substrats échappant à la connaissance. L'usage légitime de l'entendement se limite au domaine de l'expérience sensible, autrement dit à la série des actes (jugements) en vertu desquels nous affirmons l'accord ou le désaccord entre nos idées. La connaissance présente divers degrés de clarté ou d'évidence : elle est intuitive, lorsque la perception de l'accord ou du désaccord est immédiate ; démonstrative, lorsque interviennent des idées intermédiaires. L'intuition, sur laquelle est fondée toute connaissance ultérieure, tire son origine de la réalité du moi identique à lui-même dans les divers moments de son existence. De l'existence du moi, de la considération de sa nature et de ses caractères, on atteint par la démonstration à l'idée de Dieu (preuve cosmologique fondée sur le principe causal). Dans chacune des propositions existentielles, Locke reprend l'argumentation de Descartes, évitant toutefois d'aboutir à la même impasse.

Le thème et le plan d'ouvrage sont simples, mais la pensée de l'auteur y procède avec difficulté, se créant des obstacles sérieux du fait que l'intention de procéder à un examen rigoureux et critique de l'entendement n'est pas fondée sur un principe spéculatif, dont on pourrait déduire les formes de la connaissance. Néanmoins, compte tenu de ses limites, l'*Essai* eut une très grande portée, du fait qu'il a rappelé la philosophie à l'exigence du concret, condition de sa validité et raison de son existence. La traduction française de Pierre Coste (Amsterdam, 1700, meilleure dans l'édition de 1820) est la plus répandue. — Trad. Firmin-Didot, 1839 ; Vrin, 1983.

ESSAI PHYSIQUE SUR L'ÉCONOMIE ANIMALE. Ce livre écrit par le physiologiste et économiste français François Quesnay (1694-1774) et publié en 1736 n'est pas seulement un essai physiologique, mais aussi un ouvrage de haute philosophie inspiré de la sagesse socratique. C'est une espèce de somme des sciences naturelles que nous présente Quesnay, l'ami de Gournay, dans trois volumes méthodiques. En tête de l'œuvre, vient le discours préliminaire, où Quesnay nous confie ses idées sur la médecine. Ce n'est pas un pur empiriste ; il fait aux théories une large part. Il expose ensuite les principes des corps et leurs qualités, analyse leurs parties intégrantes et le mécanisme des fonctions végétatives, sensitives et intellectuelles. La classification des éléments des corps et leur division en feu, air, eau, terre, huile, sel et mercure est éloignée de nos conceptions actuelles. Par contre, la composition des matériaux salins est exacte. Pour Quesnay, la physiologie repose sur la division des fonctions en végétatives et animales. Dans les premières, il classe les génératrices, les « concoctrices » ou digestives, les nutritives et « expultrices » ou d'élimination. Les fonctions animales se divisent en phénomènes sensitifs, intellectuels, mixtes et moteurs qu'il appelle des actes. Il distingue nettement les facultés végétatives du pur mécanisme, puis les facultés animales, sensitives et motrices, y compris les facultés « recordatives » et imaginatives. Il cherche dans le cerveau le lieu des images sensibles, qu'il localise à tort dans le corps calleux alors qu'il fait partie de l'écorce des circonvolutions ; mais il se garde de confondre le tout avec l'intelligence et avec son principe spirituel. Dans une dernière partie, les facultés raisonnables ou intellectuelles sont minutieusement analysées. Les idées, la pensée, la raison, la conscience, l'attention, la mémoire intellectuelle, la réflexion, le jugement et la volonté libre y trouvent leur place, jusqu'aux aspirations et aux aptitudes à une vie supérieure ; il croit à l'immortalité de l'âme et à l'existence d'un principe divin.

En parcourant ce mélange de physiologie et de psychologie expérimentales, on ne sait de quoi l'on doit s'étonner le plus, de la puissance d'adaptation de l'auteur à un ensemble de données aussi étendues, de la méthode avec laquelle ces données sont présentées, ou de la justesse avec laquelle elles sont appréciées. Cet esprit si compréhensif a étudié la médecine et cet observateur consciencieux n'a pas hésité à donner à la théorie la prééminence sur l'expérience, dans le cas où le conflit viendrait à se produire entre elles. En somme, cet *Essai* nous révèle non seulement un esprit ouvert aux horizons les plus larges, mais aussi un écrivain capable d'embrasser les visées les plus hautes de la physiologie générale et de poursuivre les conceptions psychologiques et philosophiques les plus élevées à travers l'étude de l'économie animale.

ESSAI POUR LES CONIQUES. Ouvrage scientifique de Blaise Pascal (1623-1662), savant, penseur et écrivain français, composé pendant l'hiver 1639-1640, publié en un petit placard, en 1640. L'*Essai* fut le premier travail rédigé par Pascal et publié alors qu'il avait dix-sept ans. Il contient trois définitions, trois lemmes, cinq théorèmes, parmi lesquels celui que l'on appelle « hexagramme mystique », inspiré par le « théorème de Desargues », avec lequel il fut parfois confondu : « Les trois points de rencontre des côtés opposés d'un hexagone inscrit dans une section conique sont toujours en ligne droite. » L'une des deux copies de l'*Essai*, la seule que l'on connaisse, fut possédée par le célèbre père Mersenne qui, le premier, fit l'éloge du jeune mathématicien. L'*Essai* suscita une grande admiration dès sa parution ; d'emblée, son auteur fut considéré comme un des premiers savants de l'époque. Pascal, encouragé à développer son œuvre, composa, entre 1648 et 1654, diverses parties du « Conicorum opus completum » ou « Traité complet des coniques », auquel il ne donna jamais pourtant une forme définitive. Leibniz, dans une lettre de 1707 à Fabricius, parle de ce manuscrit qui lui avait été confié par le neveu de Pascal, Étienne Périer, et qu'il lui avait restitué le 30 août 1676 avec une lettre élogieuse, indiquant de quelle façon devait être publiée l'œuvre posthume. On ne saurait mieux définir l'importance de l'*Essai pour les coniques* que ne le fit Émile Picard, quand il écrit : « Ces courbes remarquables, déjà considérées dans l'Antiquité grecque, avaient été utilisées par Képler dans l'étude du mouvement des planètes, et bientôt elles allaient, avec Newton, jouer un rôle essentiel en mécanique céleste, exemple mémorable de spéculations théoriques ayant attendu deux mille ans leur application. Pascal, en prenant pour base de la théorie des coniques la proposition célèbre de l'hexagone inscrit, qui porte son nom, témoignait de la puissance d'invention d'un grand géomètre [...] Alors que Descartes ramenait la géométrie à l'algèbre avec la géométrie analytique, Pascal s'engageait dans les voies de la géométrie pure, que Poncelet et Chasles devaient suivre avec tant d'éclat au siècle dernier » (Picard, *Éloges et Discours académiques*, 1931).

ESSAIS de F. Bacon [*Essays or Counsels Civil and Moral*]. Recueil de vingt-huit essais, ou « conseils civils et moraux », de l'écrivain anglais Francis Bacon (baron de Verulam, 1561-1626), dont les dix premiers furent publiés en 1597. Portés au nombre de 38 dans l'édition de 1612, on peut en compter 58 dans l'édition imprimée à Londres. En 1638 parut une traduction latine sous le titre *Sermones fideles sive interiora rerum* ; elle était due tout entière ou en partie à Bacon. Indépendamment de leur valeur spécifique, les *Essais* ont imprimé à la littérature anglaise une marque indélébile, dont la tradition se perpétue encore aujourd'hui. Ils ont influé également sur la langue anglaise, par leur tendance à la simplicité qui atteint parfois la sécheresse, par leurs phrases brèves et pleines. À côté de ces dons de style, on sent pourtant les caractères (presque opposés) de l'époque : époque de l'euphuisme, des poètes « métaphysiciens », avec quelque tendance à l'extravagance. Comme il était un homme du monde, avide d'honneurs et de succès de société, ses *Essais* sont des « conseils civils et moraux » à fin utilitaire, qui enseignent comment se comporter pour bien réussir dans la vie. Malgré le ton élevé qu'il emploie et l'originalité de son style, les essais sont inspirés par un machiavélisme assez bas qui ne laisse aucune place aux élans généreux, aux doutes ou aux luttes intérieures. À cet égard, l'« Essai sur l'unité religieuse » est caractéristique. Dans une époque bouleversée par de violentes luttes religieuses, Bacon ne se pose pas de problèmes religieux : il accepte servilement la religion d'État, en méprisant d'une façon générale toute forme d'hérésie, de foi individuelle, toute discussion qui aille en profondeur. Il n'en voit ni l'urgence ni l'utilité : ce qui importe est la paix dans l'Église qui, selon Bacon, amène la paix dans la conscience. Premier devoir, la tranquillité : Dieu n'est pas un idéal, mais une douce habitude quotidienne. Bacon montre les inconvénients pratiques de la simulation et de la dissimulation, sans pour autant défendre la vérité et la droiture : il admet la simulation « dans des cas importants et exceptionnels » ; il ne la blâme que lorsqu'elle est habituelle, et seulement parce qu'elle enlève à l'homme « les moyens principaux pour agir, c'est-à-dire la confiance » des autres. Il termine en conseillant d'être habituellement réservé, de façon à être capable de feindre quand on ne peut pas faire autrement. Il désapprouve les bals et les comédies masquées ; ce ne sont, dit-il, que des jeux indignes de gens sérieux, mais, puisqu'ils plaisent aux princes, qu'ils soient au moins élégants et colorés. Ce n'est que dans le fameux « Essai sur les jardins » que Bacon consent à dire : « Moi, je préfère ceci et cela », au lieu de dire : « On doit faire ainsi. » Cet essai débute par une note solennelle : « Dieu tout-puissant commença par planter un jardin. Et c'est en effet le plus pur de tous les plaisirs humains... » Puis il passe tout de suite à l'énumération des plantes qui doivent y figurer pour qu'il y ait toujours un parfum dans l'air, enfin il donne la manière dont on doit dessiner et diviser les jardins. Il accepte les fontaines, mais non les vasques qui donnent refuge aux mouches et aux araignées. Des haies bien taillées, mais pas d'arbres en forme de cônes et de cubes. Surtout de l'air : et que le jardin soit entouré d'un terrain apparemment inculte, sans arbres, mais avec des buissons de fleurs sauvages et, çà et là, des talus pour donner de la variété. Toutes ses observations sont d'ailleurs pleines de finesse et d'esprit. Dans l'« Essai sur le mariage et le célibat », Bacon observe qu'une femme et un fils sont un obstacle aux grandes entreprises, qu'il s'agisse du bien ou du mal. Les grandes œuvres ont toujours été faites par des célibataires : mais, par ailleurs, seuls ceux qui ont des fils pensent à l'avenir et observent quelque retenue dans leurs aventures. La chasteté est une belle chose en soi : mais les femmes honnêtes sont trop portées à l'orgueil. Du reste, il est toujours bon d'avoir une femme : dans la jeunesse, la femme sert de maîtresse, plus tard de compagne et, dans la vieillesse, d'infirmière. — Trad. Aubier-Montaigne, 1980.

ESSAIS de Benjamin [*Schriften, Illuminationen, Angelus novus*]. Recueil d'articles de l'écrivain et essayiste allemand Walter Benjamin (1892-1940). Il a existé plusieurs regroupements partiels de ses articles les plus importants avant que ne soient publiées ses œuvres complètes, chez Suhrkamp, à Francfort-sur-le-Main (depuis 1972). C'est désormais dans cette édition qu'on trouvera tous les textes traduits en français dans les deux volumes (I « Mythe et violence », II « Poésie et révolution ») ici résumés.

Parmi ces textes, deux sont à évoquer tout d'abord en raison de leur importance dans la première réception de l'auteur : il s'agit de la prise de position en esthétique intitulée « L'Œuvre d'art à l'époque de sa reproduction mécanisée » (1936) et des « Thèses sur le concept d'histoire » (1940), dernier texte de l'auteur, où est exposée sous forme lapidaire une conception vraiment originale du matérialisme historique. Dans le premier texte, Benjamin applique au domaine de l'art son intuition d'un désenchantement du monde, corollaire inévitable de la sécularisation et du développement des échanges économiques : les techniques modernes de reproduction des œuvres en détruisent l'« aura », c'est-à-dire le caractère quasi magique et sacré en vertu duquel les œuvres traditionnelles renvoyaient toujours à un « lointain », quelle qu'en ait été la nature, et le domaine où pouvaient être mises en forme des expériences d'ordre mythique ou religieux. La modernité met un terme à la réception contemplative des œuvres au profit d'une réception collective fondée sur le divertissement rythmé par une succession de chocs, de telle sorte que la forme d'art la plus moderne, et en même temps la moins apte à produire de vraies œuvres, est... le cinéma. Cette thèse sera immédiatement contestée au sein même de l'Institut de recherches sociales, organe de l'école de Francfort dont Benjamin faisait partie. Les « Thèses sur la philosophie de l'histoire » constituent une sorte de condensé de la méthode suivie par Benjamin tout au long de son travail sur les passages parisiens — v. *Paris, capitale du XIXe siècle* (*). On y trouve un singulier mélange entre le matérialisme historique et le messianisme juif, l'un et l'autre très profondément réinterprétés par celui à qui ces thèses ont valu, un temps, le surnom de « rabbin marxiste ». Benjamin refuse l'historiographie écrite toujours « du côté des vainqueurs », en même temps qu'il rejette l'idée d'un progrès linéaire et nécessairement logique, optimiste, de l'histoire. Il oppose une conception de la rédemption conçue comme l'immobilisation dans un « à-présent » de l'évolution historique identifiée à une catastrophe : « L'histoire est l'objet d'une construction dont le lieu n'est pas le temps homogène et vide, mais forme celui qui est plein d'"à-présent". » Surtout : « La poupée automate appelée matérialisme historique gagnera toujours. Elle peut défier qui que ce soit si elle prend à son service la théologie, aujourd'hui, on le sait, petite et laide, et qui, au demeurant, n'ose plus se montrer. »

D'autres articles concernent également les questions de sociologie de la culture : « Problème de sociologie du langage », « La Vie des étudiants », « Pour une critique de la violence », « Fragment théologico-politique » ; mais Benjamin a surtout été un infatigable lecteur, rédacteur de comptes rendus pour les journaux allemands : c'est ainsi qu'il a fait connaître outre-Rhin la vie littéraire française de l'entre-deux-guerres : « Conversation avec André Gide », « André Gide et ses nouveaux adversaires », « Le Surréalisme », « Pour le portrait de Proust », « Paul Valéry ». Traducteur de Baudelaire, de Proust et de Saint-John Perse notamment, Benjamin a tenté de justifier non pas sa manière de traduire mais ce que devait être « La Tâche du traducteur » dans un texte toujours commenté par les partisans d'un littéralisme assez radical pour installer des formes étrangères dans la langue où l'on traduit. Bien entendu, ce sont l'esthéticien et le critique qui s'expriment à travers les articles les plus fondamentaux : « Deux poèmes de Friedrich Höderlin », « Franz Kafka », où Benjamin recherche quels contenus théologiques restent sous-jacents aux développements littéraires ; « *Les Affinités électives* (*) de Goethe » qui sont un modèle de connexion entre roman et transformation d'une forme juridique comme le mariage ; « Petite histoire de la photographie » qui montre comment cette pratique nouvelle s'est inspirée de la peinture, mais surtout de la transformation de l'identité individuelle à partir de la fin du XVIIIe siècle ; « Haschich à Marseille » qui mêle l'expérimentation de la perception et le thème urbain ; « Le Narrateur », « Sur le pouvoir d'imitation », « Brèves ombres » qui reprennent la veine de *Sens unique* (*). – Trad. Denoël, 1972. M. B. L.

ESSAIS d'Emerson [*Essays*]. La plus grande partie de l'œuvre de l'écrivain américain Ralph Waldo Emerson (1803-1882) se compose d'essais ; mais les seuls à avoir été publiés sous ce titre sont les deux séries de 1841 [*Essays, First Series*] et de 1844 [*Essays, Second Series*].

La première série comprend douze essais, dont certains ont eu une influence immense aux États-Unis. On y trouve, par-delà l'apparente variété, un certain nombre de leitmotive, qui constituent le noyau de l'affirmation transcendantaliste : primauté de l'individu, identité de la nature et de l'esprit, présence en l'homme d'une « âme supérieure » [The Over-Soul] ; le tout conduisant à l'exaltation de la « confiance en soi » [Self-Reliance]. Emerson s'appuie sur une vision platonicienne, mais aussi sur l'idéalisme transcendantal de Schelling et de Coleridge, pour opposer l'identité profonde de toute intuition intime – réfraction en l'homme de la voix divine – et la multiplicité trompeuse des institutions, maîtresses d'erreur et de fausseté. D'où une négation des lois historiques qui situe Emerson aux antipodes de Hegel, malgré le titre trompeur de l'essai intitulé « L'Histoire » [History] : ce sont les grands hommes qui font les sociétés, et non l'inverse, et seul celui qui sait étudier leur biographie pourra comprendre leur œuvre. Mieux encore : quiconque sait écouter en son âme la voix de la Raison (en donnant à ce mot le sens coleridgien de perception de l'absolu) peut agir comme César, parler comme Jésus, écrire comme Shakespeare : identité profonde de tout génie humain, qu'il conduise à l'action ou à la contemplation, à l'héroïsme [Heroism] ou à la sainteté, à la mythologie ou à la littérature. Les « lois spirituelles » [Spiritual Laws] sont ancrées dans la nature et régissent toute production humaine. Elles représentent aussi une providence qui fait du mal lui-même la source du bien, grâce à la « compensation » [Compensation] inscrite, comme la gravitation, dans l'équilibre naturel.

Cet évangile optimiste ne résistera pas à l'épreuve du temps : la seconde série des *Essais* (qui en comprend huit) traduit une conscience nouvelle des limites humaines, ou des « maîtres de notre vie » [lords of life), comme les nomme Emerson dans le très bel essai sur l'expérience [Experience] : l'illusion, le tempérament, l'humeur, la surface, la durée. Inversement, on note une fascination croissante pour le « caractère » [Character], c'est-à-dire ce que nous appellerions le charisme, et une exaltation compensatoire de ces « dieux libérateurs » que sont les poètes [The Poet], capables de retrouver, par le langage, le flux originel de toutes choses. La vision moniste de 1841 semble donc éclater, même si l'essai sur la nature [Nature] tente de reformuler d'anciennes certitudes. Désormais, Emerson hésite entre le culte de la force, qui fleurira dans *La Conduite de la vie* [*The Conduct of Life*, 1860], et la fidélité à ce qui lui reste d'anciennes croyances, en particulier le pouvoir rédempteur de la poésie – voir « Le Poète », dont s'inspirera le jeune Whitman pour écrire le premier recueil de *Feuilles* *d'herbe* (*) (1855). L'émergence d'une vision dualiste apparaît explicitement dans certains essais : « Nominaliste et réaliste » [Nominalist and Realist], par exemple, est une reflexion désabusée sur l'incapacité de l'homme à trouver l'unité dans la nature : « Dans tout l'univers, il n'y a qu'une seule chose, cette vieille figure à deux visages — créateur/créature, esprit/matière, bien/mal, qui fait que toute proposition peut être affirmée ou niée ». Quant au rêve de régénération qui a inspiré les essais de 1841, il est évoqué avec un curieux mélange de nostalgie et de dérision, dans un essai consacré aux innombrables prophètes, visionnaires, réformateurs et utopistes de la décennie précédente : « Réformateurs de Nouvelle-Angleterre » [New England Reformers]. — Trad. partielle : *Essais politiques et sociaux d'Emerson*, Colin, 1929. Y. C.

ESSAIS de Montaigne. Le 24 juillet 1570, l'écrivain français Michel de Montaigne (1533-1592), alors âgé de 37 ans, vendit sa charge de conseiller à la cour des aides de Bordeaux et se retira dans son domaine de Montaigne, pour « passer dans le calme et à l'abri des soucis » le reste de ses jours. Il n'avait d'autre but que de « parfaire sa demeure » et de consacrer « les douces retraites de ses ancêtres » à « sa liberté, sa tranquillité et ses loisirs ». Son intention était d'abord de laisser son esprit « en pleine oisiveté s'entretenir soi-même et s'arrêter et rassoir en soi ». Mais l'esprit de ce Gascon n'était guère capable de rester oisif. Et Montaigne découvre bientôt que, « faisant le cheval échappé, il se donne cent fois plus d'affaires à soi-même qu'il n'en prenait pour autrui ». Dès lors, pour « se faire honte à lui-même » de « tant de chimères et de monstres fantasques », il décide de « les mettre en rôle », c'est-à-dire de consigner par écrit, « sans ordre et sans propos », tout ce qui vient à lui traverser l'esprit (*Essais*, I, 8). Il en sortit un livre déconcertant et touffu, dans lequel il ne saurait être question de chercher un plan ni même de deviner la matière des différents chapitres d'après leur titre : il ne faudrait pas voir une exception dans l'exemple classique du chapitre des coches (III, 5), qui traite de la coutume de saluer les gens qui éternuent, des rapports entre le mal de mer et la peur, de l'opportunité du luxe vestimentaire et de la libéralité chez les rois, puis s'étend longuement sur les peuples du Nouveau Monde et la conquête espagnole. Quel charme ont ces propos à bâtons rompus ou, comme dirait Montaigne, « à sauts et à gambades » où l'auteur ne se propose pas d'autre but que de se peindre, c'est-à-dire de nous donner en toute sincérité, « sans étude et artifice », les réactions d'un honnête homme (Montaigne dirait plutôt d'un gentilhomme) en face des maximes des auteurs anciens ou des mille anecdotes qu'il a pu rencontrer au cours de ses lectures, comme en face des coutumes ou des événements de son époque et de tout ce dont il a pu avoir une expérience directe. À l'attrait d'un contact intime avec un esprit libre, nourri de culture antique, mais en même temps habile à lire en lui-même, s'ajoute la séduction d'un style vif, merveilleusement savoureux, pétri de métaphores et dont tout l'art ne vise qu'au naturel, au « parler simple et naïf, tel sur le papier qu'à la bouche, parler succulent et nerveux, court et serré... éloigné d'affectation, déréglé, décousu et hardi... non pédantesque, non fratesque, non plaideresque, mais plutôt soldatesque » (I, 26).

Pour ce livre étrange, attachant et enrichissant, Montaigne inventa le titre d'*Essais*, qui indique à la fois la modestie et l'originalité de son intention : l'auteur tient à nous avertir dès l'abord qu'il n'a visé ni la gloire ni la commodité du lecteur et qu'il a seulement cherché à faire sur toutes les questions l'« essai » de son jugement, soit pour reconnaître finalement qu'il s'agit d'un sujet « trop profond pour sa taille », soit pour « étançonner un sujet vain et de néant », soit pour choisir, sur un sujet noble et difficile, mais souvent débattu, la voie qui lui paraît la plus judicieuse (I, 50). En même temps que les essais de son jugement, il nous présente les « essais de sa vie », c'est-à-dire les différents aspects de son expérience personnelle, entreprise « fantastique et éloignée de l'usage commun » (II, 8). Comme l'ont établi les travaux de Pierre Villey, il y eut une évolution des *Essais* au cours des vingt-deux ans qui s'écoulèrent entre la « retraite » et la mort de Montaigne. À l'exemple des *Nuits attiques* (*) d'Aulu-Gelle et des « leçons » de tant d'humanistes de la Renaissance, les *Essais* ne sont guère au début qu'un recueil d'exemples catalogués et brièvement commentés ou un ensemble de préceptes tirés de la morale antique. Montaigne lit et annote ses lectures en faisant des rapprochements ou des commentaires encore assez impersonnels ; il écoute aussi et raconte les anecdotes dont il peut avoir eu connaissance, mais, même dans ce cas, on ne peut nier que ses premiers essais « puent un peu l'étranger » : il n'a pas, dès le début, pris conscience de sa vocation originale. Il n'en viendra que peu à peu, à partir non des livres, mais de son expérience personnelle (toujours confrontée d'ailleurs avec celle des Anciens), à se tourner vers soi, pour livrer au lecteur tous les aspects de son être physique et moral, d'abord sans autre prétention que d'« amuser un voisin, un parent, un ami » content de garder cette image de lui (II, 18), mais ensuite avec la conviction d'écrire un livre de portée universelle, car « chaque homme [...] porte en soi la forme entière de l'humaine condition » (III, 2). À cette évolution dans la forme et la conception de l'essai est liée une évolution dans la conception de la sagesse. Parti du stoïcisme (dont l'influence est particulièrement sensible dans l'Essai I, 19 : « que philosopher c'est apprendre à mourir »), Montaigne aboutit, à travers le scepticisme (dont les grands thèmes sont développés avec ampleur dans la fameuse *Apologie de Raimond de Sebonde*, II, 12), à une philosophie de la nature qu'on serait tenté de rapprocher de l'épicurisme, si elle n'était fondée avant tout sur l'obéissance au précepte socratique de la connaissance de soi.

La lecture des *Essais*, tels qu'ils nous sont parvenus dans l'édition posthume de 1595, ne nous permet guère de suivre cette évolution. (Les *Essais* parurent pour la première fois en 1580 : ils comprenaient deux livres. En 1588 parut une édition « augmentée d'un troisième livre et de six cents additions aux deux premiers ». En marge d'un exemplaire de cette édition, dit exemplaire de Bordeaux, Montaigne fit encore des additions considérables, qui figurent dans l'édition définitive.) D'une part, la succession des chapitres ne respecte pas l'ordre dans lequel ils ont été rédigés. D'autre part, Montaigne n'a cessé d'annoter ce qu'il avait écrit, et ces annotations, qui parfois d'ailleurs contredisent quelque peu le texte primitif, font partie des *Essais* tels que nous les lisons. Si, n'ayant d'autre souci que de s'enrichir et de se divertir au contact de Montaigne, on ne tient pas compte de la date de chaque passage et qu'on se contente d'accepter la forme définitive du texte, on a beaucoup moins l'impression d'assister à une évolution que de se trouver en présence d'une sagesse pleine de nuances : des accents épicuriens se mêlent aux thèmes stoïciens, le scepticisme ne se sépare pas d'une immense confiance dans « notre mère Nature » et n'exclut pas une recherche constante du jugement vrai, et toutes les idées philosophiques reposent sur l'analyse du moi qu'elles concourent à nous faire connaître dans tous ses replis.

Faiblesse de l'homme : l'*Apologie de Raimond de Sebonde*. Le premier article de cette sagesse est, comme l'a souligné Pascal, une conscience aiguë de la faiblesse et des limites de la nature humaine. L'*Apologie de Raimond de Sebonde* s'attache à décrire avec éloquence les différents aspects de notre infirmité, pour rabattre notre inconcevable prétention : « Est-il possible de rien imaginer si ridicule que cette misérable et chétive créature, qui n'est pas seulement maîtresse de soi, exposée aux offenses de toutes choses, se dit maîtresse et empérière de l'Univers, duquel il n'est pas en sa puissance de connaître la moindre partie, tant s'en faut de la commander. » Physiquement, l'homme est bien peu de chose : « La plus calamiteuse et fragile de toutes les créatures, c'est l'homme... elle se sent et se voit logée parmi la bourbe et le fient du monde, attachée et clouée à la pire, plus morte et croupie partie de l'univers, au dernier étage du logis et le plus éloigné de la voûte céleste, avec les animaux de la pire condition. » Qu'est-ce en effet que notre terre par rapport au « branle admirable de la voûte céleste », à « la lumière éternelle de ces flambeaux roulant si fièrement sur nos têtes » ? Qu'est-ce que notre vie passagère en face de l'incorruptibilité des astres ? Nous fléchissons à la moindre attaque : « Quant à la force, il n'est animal au monde en butte à tant d'offenses que l'homme [...] les poux sont suffisants pour faire vaquer la dictature de Sylla. C'est le déjeuner d'un petit ver que le cœur et la vie d'un grand et triomphant empereur. » Mais n'allons pas chercher dans cette faiblesse physique le signe d'une destinée particulière : nous ne sommes pas plus démunis que les animaux dont nous nous croyons si différents. L'exemple des nations qui ignorent l'usage du vêtement prouve que nous sommes capables de résister aux intempéries. La terre nous fournit largement de quoi assurer notre nourriture, et la nature nous a pourvus, pour nous défendre, d'armes plus nombreuses que la plupart des animaux, l'habitude de protéger notre corps par des moyens acquis avec du bois et du fer nous venant d'un instinct naturel au même titre que pour l'éléphant celle d'aiguiser ses défenses. Par vanité, nous aimerions mieux devoir à notre industrie ce que nous tenons en réalité de la nature. « Nous enrichissons les autres animaux de biens naturels et les leur renonçons pour nous honorer et ennoblir de biens acquis. » Mais Montaigne est impitoyable dans sa volonté de nous « ramener et joindre à la presse », de nous convaincre que nous sommes « d'une condition fort moyenne, sans aucune prérogative, préexcellence vraie et essentielle ».

À y bien réfléchir, nous ne pouvons avancer aucune preuve valable de cette préexcellence. Tout d'abord, il serait enfantin de prétendre que l'homme donne un signe de sa supériorité sur les animaux en les asservissant, car il asservit de même les esclaves qui sont des hommes, et « les hommes qui nous servent le font à meilleur marché ». D'ailleurs sont-ce vraiment les animaux qui sont nos esclaves ? « Il ne semble pas que les plus abjects serviteurs fassent volontiers pour leurs maîtres ce que les princes s'honorent de faire pour les bêtes. » De plus, par quelle qualité pouvons-nous affirmer que nous surpassons les animaux ? Ce n'est certes pas par la beauté : « Quand j'imagine l'homme tout nu, même en ce sexe qui semble avoir le plus de part à la beauté, ses tares, sa sujétion naturelle et ses imperfections, je trouve que nous avons eu plus de raison que nul animal de nous couvrir. Nous avons été excusables d'emprunter ceux que nature avait favorisés plus que nous, pour nous parer de leur dépouille et nous cacher sous leurs parures de laine, poil, plume et soie. » Ce n'est pas davantage par les qualités morales : Montaigne a beau jeu de montrer, par une série d'anecdotes, que les animaux nous sont bien souvent supérieurs pour la sobriété, la fidélité, la gratitude et toutes les vertus. Quant à l'intelligence, de quel droit jugeons-nous la nôtre supérieure ? Croyons-nous pénétrer les « branles internes et secrets » des bêtes ? « Quand je me joue à ma chatte, qui sait si elle passe son temps de moi plus que je ne fais d'elle ? Nous nous entretenons de singeries réciproques. » Si nous ne pouvons communiquer avec les bêtes, il est bien présomptueux d'affirmer que leur stupidité en est responsable, plutôt que la nôtre : « Elles nous peuvent estimer bêtes, comme nous les en estimons. Ce n'est pas grand'merveille si nous ne les entendons pas : aussi ne faisons-nous les Basques et les Troglodytes. » Bien qu'elles n'utilisent pas le langage articulé, elles communiquent parfaitement entre elles, tout comme « nos muets disputent, argumentent et content des histoires par signes, ou comme nous utilisons les gestes pour exprimer mille nuances ». La facilité avec laquelle nous dressons certains animaux à la parole prouve bien qu'ils ont « un discours au-dedans qui les rend ainsi disciplinables » et qu'ils sont loin d'être stupides. Sur ce thème de l'intelligence des bêtes, Montaigne est intarissable : il accumule les exemples qui prouvent leur ingéniosité et il nous raconte une série d'histoires dans lesquelles éclate leur aptitude à comprendre et à deviner.

En regard de ces aptitudes souvent merveilleuses des animaux, que vaut cette fameuse raison dont nous sommes si fiers ? Pour en juger, « laissons là le peuple qui laisse la plupart de ses facultés naturelles oisives ». Prenons l'humanité « en sa plus haute assiette », « en ce petit nombre d'hommes excellents et triés qui, ayant été doués d'une belle et particulière force naturelle, l'ont encore roidie et aiguisée par soin, par étude et par art, et l'ont montée au plus haut point de sagesse où elle puisse atteindre [...] Les maladies et les défauts que nous trouverons en ce collège-là, le monde les pourra hardiment avouer pour siens ». L'exemple de ces hommes éminents que sont les grands philosophes de l'Antiquité prouve avec évidence que la raison est incapable d'arriver à la moindre certitude. En effet, ils peuvent se ranger en trois grandes catégories : ceux qui ont prétendu atteindre la vérité, ceux qui ont soutenu que c'était impossible à l'homme, et les sceptiques qui ont déclaré ne pas pouvoir se prononcer sur cette question plus que sur aucune autre. Or, l'attitude sceptique est justifiée du seul fait que les dogmatistes, si sûrs de leurs affirmations, n'ont jamais pu se mettre d'accord sur aucun point. Et Montaigne d'énumérer avec complaisance les opinions contradictoires et absurdes professées, non seulement au sujet de Dieu et de l'univers physique, mais au sujet même de l'âme, « gîte et retraite de la raison », et au sujet de l'anatomie du corps qui lui sert d'« étui ». C'est là un signe manifeste d'impuissance : « Si [...] nous recevions quelque chose sans altération, si les prises humaines étaient assez capables et fermes pour saisir la vérité [...] au moins se trouverait-il une chose au monde [...] qui se croirait d'un consentement universel. Mais ce, qu'il ne se voie aucune proposition qui ne soit débattue et controversée [...] montre bien que notre jugement naturel ne saisit pas bien ce qu'il saisit. »

Pour nous en convaincre, point n'est d'ailleurs besoin de considérer cette « infinie confusion d'opinions qui se voit entre les plus savants et ce débat perpétuel et universel » : nous n'avons qu'à regarder en nous-mêmes et considérer « l'incertitude que chacun sent en soi ». Combien mal assurée est l'« assiette » de notre jugement : « Ce que je tiens aujourd'hui et ce que je crois, je le tiens et le crois de toute ma croyance ; tous mes outils et tous mes ressorts empoignent cette opinion... mais ne m'est-il pas advenu, non une fois, mais cent, mais mille et tous les jours, d'avoir embrassé, à l'aide de ces mêmes impressions, en cette même condition, quelque autre opinion que depuis j'ai jugée fausse ? » Il n'y a d'ailleurs pas lieu de s'étonner de ces démentis perpétuels que nous nous donnons à nous-mêmes, car notre jugement est « aisé à incliner et à tordre par bien légères occurrences ». Comme toutes les facultés de notre âme, il varie « selon les mouvements et altérations du corps, lesquelles [...] sont continuelles ». Il dépend de nos émotions et de nos passions : « La joie et la gaîté ne nous font-elles pas recevoir les sujets qui se présentent à notre âme de tout autre visage que le chagrin ou la mélancolie ? » Et la colère qui nous échauffe pendant une discussion, ne nous attache-t-elle pas fortement à l'opinion que nous nous sommes trouvé défendre ? Montaigne cite son expérience personnelle, confirmée par plusieurs anecdotes, pour montrer à quel point la raison « est un instrument de plomb et de cire, allongeable, ployable et accommodable à tous biais et à toutes mesures ». C'est un des thèmes majeurs des *Essais* que ce « dérèglement de notre esprit », cette inconstance de nos opinions et de nos goûts (par exemple I, 53; II, 1). À la base de notre jugement si fragile, on ne trouve d'ailleurs que des connaissances incertaines. En effet « toute connaissance s'achemine en nous par les sens ; ce sont nos maîtres : la science commence par eux et se résout en eux. Qu'on leur attribue le moins qu'on pourra, toujours faudra-t-il leur donner cela, que par leur voie et entremise s'achemine toute notre instruction ». Or, ils sont loin d'être infaillibles : tout d'abord nous ne savons pas si nous ne manquons pas d'un, deux ou trois sens, car « c'est le privilège des sens d'être l'extrême borne de notre apercevance. Il n'y a rien au-delà d'eux qui nous puisse servir à les découvrir : voire si l'un des sens ne peut découvrir l'autre ». Un aveugle-né sait, par les gens normaux, qu'il lui manque la vue, mais il ne peut du tout se représenter ce que c'est ; peut-être, correspondant aux qualités qui nous paraissent « occultes », y a-t-il un sens dont nous n'avons aucune idée : qui sait si, « par le défaut de quelque sens, le vrai visage des choses ne nous est pas caché ? » Bien plus, dans le domaine qui leur est accessible, ils nous induisent constamment en erreur : les exemples classiques d'erreurs des sens, l'expérience quotidienne de l'influence de nos préjugés, de nos dispositions et de nos émotions sur nos perceptions montrent bien que, finalement, les sens et l'entendement « mentent et se trompent à l'envi » et que nous vivons comme dans un songe perpétuel. « Ceux qui ont apparié notre vie à un songe ont eu de la raison à l'aventure plus qu'ils ne pensaient [...] Nous veillons dormant et dormons veillant. Je ne vois pas si clair dans le sommeil, mais quant au veiller, je ne le trouve jamais assez pur et sans nuage ; encore le sommeil en sa profondeur endort parfois les songes, mais notre veiller n'est jamais si éveillé qu'il purge à point les rêveries qui sont les songes des veillants et pires que songes. » Comment savoir si « notre penser, notre agir est pas un autre songer et notre veiller une espèce de dormir ? » Comment discerner la vérité de l'illusion, alors que nous adhérons chaque fois avec autant de force aux renseignements fournis par les sens, qui varient selon les individus et selon les circonstances ? Nous ne disposons d'aucun critère. « Pour juger des apparences [...] il nous faudrait un instrument judicatoire ; pour vérifier cet instrument, il nous y faut de la démonstration ; pour vérifier la démonstration, un instrument : nous voilà au rouet. Puisque les sens ne peuvent arrêter la dispute, étant pleins eux-mêmes d'incertitude, il faut que ce soit la raison ; aucune raison ne s'établira sans une autre raison : nous voilà à reculons jusqu'à l'infini. »

Aussi notre science, bâtie sur des fondements aussi peu solides que nos sensations et notre jugement, n'est-elle qu'une vaine fumée, et ne nous procure-t-elle aucun bien véritable. Incapable d'atteindre l'être, elle ne peut pas davantage nous rendre heureux : « A-t-on trouvé que la volupté et la santé soient plus savoureuses à celui qui sait l'astrologie ou la grammaire ? » La philosophie a-t-elle préservé Aristote ou Varron des incommodités humaines, « ont-ils tiré de la logique quelque consolation à la goutte ? » Bien plus, la science engendre souvent le souci, comme le prouvent les inquiétudes qui nous viennent de la connaissance de la médecine : « Lorsque les vrais maux nous faillent, la science nous prête les siens. » Mais nous ne voulons pas confesser cette impuissance, parce que les ambitions démesurées de la science flattent notre incurable vanité, responsable en grande partie des maux qui sont notre partage : « l'inconstance, l'irrésolution, l'incertitude, le deuil, la superstition des choses à venir, l'ambition, l'avarice, la jalousie, l'envie, les appétits déréglés, forcenés et indomptables, la guerre, le mensonge, la déloyauté, la détraction et la curiosité » (II, 12).

Portée de ce scepticisme. Quel est le but de Montaigne en traçant de la nature humaine un tableau si noir ? Question toujours disputée et souvent avec passion. On ne peut guère manquer, en effet, de trouver bien étrange cette *Apologie*, qui prétend défendre un ouvrage de théologie en montrant l'impuissance de la raison : incapable d'apporter des arguments solides, elle n'a pas le droit d'attaquer ceux de Sebonde, qui ne peuvent être pires que les siens propres. L'intention paraît d'autant plus ironique que Montaigne ne manque pas de railler au passage notre prétention à parler de Dieu, car « l'homme ne peut être que ce qu'il est, ni imaginer que selon sa portée ». Comment ne pas être tenté de voir en Montaigne un Voltaire, lorsqu'il nous montre l'homme se taillant Dieu à son image et, « bien loin d'honorer celui qui nous a faits », honorant « celui que nous avons fait » ? Comment ne pas être frappé par l'insistance avec laquelle il s'indigne contre notre anthropocentrisme, aussi peu légitime que celui d'un oison qui s'imaginerait faites pour lui les diverses pièces de l'univers ? Certaines considérations sur des croyances païennes facilement transposables frappent immédiatement comme des attaques fort insolentes de la religion chrétienne : « Il était tenu pour certain à Athènes qu'Ariston, ayant voulu jouir de la belle Périctione, n'avait su ; et fut averti en songe par le dieu Apollon de la laisser impollue et intacte jusqu'à ce qu'elle fût accouchée : c'étaient le père et la mère de Platon. Combien y a-t-il ès histoires de pareils cocuages procurés par les dieux contre les pauvres humains et de maris injurieusement décriés en faveur de leurs enfants ? » Lorsque Montaigne dit que notre faible raison serait folle d'assigner des bornes à la puissance de Dieu et qu'elle doit s'incliner devant les miracles, n'ajoute-t-il pas : « Combien de choses appelons-nous miraculeuses ou contre nature ? Cela se fait par chaque homme et par chaque nation selon la mesure de son ignorance ? » Et ailleurs (III, 11), il raconte comment il a assisté à la naissance et à la diffusion d'un miracle.

Si les arguments ne manquent pas pour faire de l'*Apologie* un vigoureux pamphlet voltairien, on peut cependant montrer tout aussi bien que ces pages, où l'ironie se joint au lyrisme, sont un poème à la gloire de Dieu et de la religion révélée. Il suffit pour cela de prendre Montaigne au mot, lorsqu'il prétend par la peinture de notre fragilité nous pousser à l'humilité et à la docilité à l'égard de l'Église, « l'homme nu et vide » devenant, par la conscience de sa faiblesse, « propre à recevoir d'en haut quelque force étrangère » et capable « d'anéantir son jugement pour faire plus de place à la foi ». Il suffit de le croire aussi quand il soutient qu'en combattant l'anthropomorphisme et l'anthropocentrisme il cherche à nous donner une véritable idée de la grandeur de Dieu et à nous convaincre que Dieu seul peut se connaître et « interpréter ses œuvres ». N'a-t-il pas exprimé ailleurs (I, 56), de la façon la plus nette, sa conception de la Providence : « Dieu est bien notre seul et unique protecteur et peut toutes choses à nous aider ; mais, encore qu'il daigne nous honorer de cette douce alliance paternelle, il est pourtant autant juste comme il est bon et comme il est puissant, mais il use bien plus souvent de sa justice que de son pouvoir et nous favorise selon la raison d'icelle, non selon nos demandes » ? S'il remarque, dans l'*Apologie*, que la religion, faite pour extirper les vices, « les couve, les nourrit, les incite », son indignation ne vient-elle pas, comme il le dit, de son attachement à la religion, de sa révérence pour une foi véritable ayant « un pied et fondement divin » et qui paraîtrait dans toutes nos actions : « Et me déplaît de voir faire trois signes de croix au bénédicité, autant à grâces (et plus m'en déplaît-il que c'est un signe que j'ai en révérence et continuel usage...) et cependant toutes les autres heures du jour les voir occupées à la haine, l'avarice, l'injustice » (I, 56). D'ailleurs, l'accent religieux et l'envolée du célèbre morceau qui sert de conclusion à l'*Apologie* semblent témoigner d'une conviction sincère : « Nous n'avons aucune communication à l'être, parce que toute humaine nature est toujours au milieu entre le naître et le mourir, ne baillant de soi qu'une obscure apparence et ombre et une incertaine et débile opinion [...] Mais qu'est-ce donc qui est véritablement ? Ce qui est éternel, c'est-à-dire qui n'a jamais eu de naissance ni n'aura jamais de fin, à qui le temps n'apporte jamais aucune mutation [...] Dieu seul "est", non point selon aucune mesure du temps, mais selon une éternité immuable et immobile... » À cette conclusion si religieuse d'un homme païen, Plutarque, qu'il vient de citer longuement, Montaigne déclare vouloir, pour terminer, « joindre seulement ce mot » d'un autre païen, le stoïcien Sénèque : « "Ô la vile chose, dit-il, et abjecte que l'homme, s'il ne s'élève au-dessus de l'humanité ". Voilà un bon mot et un utile désir, mais pareillement absurde, car de faire la poignée plus grande que le poing, la brassée plus longue que le bras et d'espérer enjamber plus que de l'étendue de nos jambes, cela est impossible et monstrueux, ni que l'homme se monte au-dessus de soi et de l'humanité [...] Il s'élèvera si Dieu lui prête extraordinairement la main, il s'élèvera, abandonnant et renonçant à ses propres moyens, et se laissant hausser et soulever par des moyens purement célestes. »

Montaigne, au fond de lui-même, croit-il à la réalité de ce secours céleste ou pense-t-il que, en fait, il ne nous est jamais donné de nous élever au-dessus de notre misérable condition ? Est-il en son cœur chrétien ou sceptique ? C'est une question qui, à la vérité, est impossible à trancher. En faveur de la sincérité de ses déclarations chrétiennes, on pourra toujours invoquer son horreur de la duplicité et ce qu'il nous dit de sa franchise naturelle. Mais d'un autre côté, on ne peut s'empêcher de douter du christianisme d'un homme foncièrement hostile à l'ascétisme (voir par exemple I, 39) et qui ne fait aucune place aux idées de péché et de rédemption. Aussi chacun pourra-t-il toujours, en lisant les *Essais*, suivre le penchant commun à « coucher les dits d'autrui à la faveur des opinions qu'on a » (II, 12). Quel que soit le sentiment, à jamais insondable, de Montaigne, il y a, à n'en pas douter, certaines conclusions qu'il a voulu tirer de la faiblesse de notre raison. S'il a tenu à peindre si vigoureusement l'impuissance de l'homme, c'est qu'il pensait y puiser une leçon de prudence, de modestie et de tolérance. La « monstrueuse guerre », qui déchire les Français au nom des croyances religieuses, lui inspire une horreur (III, 12) qu'il voudrait communiquer à tous. Aux réformés, il voudrait montrer la présomption qu'il y a à vouloir « ramener Dieu à notre mesure », en lui interdisant d'être à la fois « en paradis et en la terre » (dans l'eucharistie). Aux catholiques, il veut enseigner la modération, en leur rappelant que leur foi devrait les inciter à la douceur et que Dieu doit prendre en bonne part « l'honneur et la révérence que les humains lui rendent, sous quelque nom et en quelque manière que ce soit » (II, 12).

Pour lui, la conscience de la faiblesse et de l'instabilité de son jugement le conduit à éviter les « troubles de la conscience » et à rester catholique : ne se jugeant pas capable de choisir, il « prend le choix d'autrui » et reste « en l'assiette où Dieu [l'] a mis », de peur, s'il quittait cette position stable, de se mettre à « rouler sans cesse ». Il sera d'ailleurs conservateur aussi en politique, car il lui semble « très inique de vouloir soumettre les constitutions et observances publiques et immobiles à l'instabilité d'une privée fantaisie » ; et « il y a grand amour de soi et présomption d'estimer ses opinions jusque là que, pour les établir, il faille renverser une paix publique et introduire tant de maux inévitables et une si horrible corruption des mœurs... » « Est-ce pas mal ménagé d'avancer tant de vices certains et connus » — trop connus en un temps où les États sont en proie à l'instabilité et à la confusion — « pour combattre des erreurs contestées et débattables » (I, 23) ? Son scepticisme conduira donc Montaigne à rester à l'écart des querelles théologiques et des discussions politiques, et du même coup ces sujets seront naturellement bannis des *Essais* : c'est d'ailleurs, selon lui, la seule attitude à prendre, si on se place au point de vue de la gloire de Dieu et du bien de l'État. En effet, la théologie est une « étude si sérieuse et si vénérable » qu'il ne faut pas la « mener en passant » (I, 46). Quant aux discussions politiques, elles sont vaines : « Ces grandes et longues altercations de la meilleure forme de société et des règles plus commodes à nous attacher sont altercations propres seulement à l'exercice de notre esprit », car « nous prenons des hommes liés déjà et formés à certaines conditions » et « nous ne pouvons guère les tordre de leur pli accoutumé que nous ne rompions tout [...] Rien ne presse un État que l'innovation : le changement donne seul forme à l'injustice et à la tyrannie ; on peut s'opposer [...] à l'altération et corruption [...] Mais d'entreprendre à refondre une si grande masse et à changer les fondements d'un si grand bâtiment, c'est à faire à ceux qui veulent... guérir la maladie par la mort » (III, 9). Montaigne ne se bornera pas à cet idéal pyrrhonien : soumission aux usages de son pays en même temps que tolérance à l'égard des autres et suspension du jugement sur tout ce qui est hors de prise. Voulant imiter l'ignorance consciente d'elle-même qui, d'après la Pythie, faisait de Socrate le plus sage des mortels, il rencontre un objet qui a le privilège de pouvoir être connu avec certitude : c'est le moi, ce sont les états successifs de l'être « ondoyant et divers » que nous sommes tous. Conscient de son instabilité essentielle, il sait bien qu'il ne peut fixer ce moi, que l'objet de son étude « va trouble et chancelant, d'une ivresse naturelle », mais il « le prend comme il est en l'instant qu'[il s'] amuse à lui ». Il ne « peint pas l'être, mais le passage, non d'âge en âge [...] mais de minute en minute ». De cette façon, il pourra se vanter, en nous présentant les diverses faces de son être intime, « que jamais homme ne traita sujet qu'il entendît ni connût mieux » (III, 2). Ainsi le pyrrhonisme lui-même a poussé Montaigne « à avoir les yeux incessamment tournés vers soi » : il a contribué à lui faire découvrir la voie propre de son génie. Les arguments rassemblés dans l'*Apologie* ne sont guère originaux ; mais, ce qui est bien personnel, c'est, outre l'ardeur avec laquelle l'auteur s'efforce de tirer du scepticisme une leçon de sagesse pacificatrice, la manière dont il s'évade du doute universel des pyrrhoniens, non par un « cogito » augustinien ou cartésien, mais par une introspection purement phénoméniste et, par suite, échappant à l'accusation de dogmatisme. À partir de cette introspection, il va aboutir à des conclusions qui ne sont plus ni sceptiques ni phénoménistes et qui permettent de mieux saisir l'intention profonde de son scepticisme.

La philosophie de la nature. En s'observant lui-même, il ne trouve pas seulement un « branle perpétuel » : il découvre un certain nombre de vérités générales relatives à la condition humaine et, comme il le dit lui-même, toute une « philosophie morale » (III, 2). Cette philosophie morale se fonde essentiellement sur une méditation du précepte antique : « Vivre conformément à la nature. » Montaigne est convaincu que la nature est un guide maternel : l'*Apologie* nous la montre, avec éloquence, protégeant tous les êtres animés et les conduisant, avec douceur, « à toutes les actions et commodités de la vie ». Chez lui, le scepticisme et la confiance en la nature vont de pair et s'unissent dans la conviction que la grande erreur de l'homme, la source de tous ses maux, c'est de substituer à la nature les chimères de son esprit. « Nous voulons abandonner Nature et lui voulons apprendre sa leçon, elle qui nous menait si heureusement et si sûrement » (III, 12). Le stoïcisme, pour lequel Montaigne avait d'abord professé l'admiration de tant d'humanistes, représente la pire folie : proclamer comme Épictète que « l'homme n'a rien proprement sien que l'usage de ses opinions », c'est tout simplement avouer qu'il n'a « que du vent en partage » (II, 12). Le véritable sage doit aimer, non ses opinions, mais les dons de la nature : il avouera que la santé est infiniment précieuse (II, 12), il ne fera pas fi de la beauté physique (III, 12) et surtout il ne méprisera pas la volupté, car, n'en déplaise aux stoïciens, « en la vertu même, le dernier but de notre visée est la volupté » (I, 19). Même les plaisirs corporels sont une douceur dont il est absurde de se détourner : n'allons pas souhaiter « que nous nous sustentions, mettant seulement en la bouche un peu de cette drogue par laquelle Épiménides se privait d'appétit et se maintenait. Ni qu'on produisît stupidement les enfants par les doigts ou par les talons. Ni que le corps fût sans désir et sans chatouillement ». N'ayons pas scrupule à suivre les douces règles établies par la nature, qui a voulu « que les actions qu'elle nous a enjointes pour notre besoin nous fussent aussi voluptueuses » et que nous y fussions poussés « non seulement par la raison, mais par l'appétit » (III, 13). Montaigne déteste « un esprit hargneux et triste qui glisse par-dessus les plaisirs de la vie, qui ne sait pas arrêter la promptitude de sa fuite en la savourant et ruminant ». Le dernier chapitre des *Essais* se termine (presque) sur cette conclusion : « C'est une absolue perfection, et comme divine, de savoir jouir loyalement de son être. »

Pour jouir pleinement de notre être, la nature nous a réservé des plaisirs plus durables, plus variés et plus profonds que les voluptés corporelles : ce sont les plaisirs de l'esprit (III, 13). L'un des plus grands est celui de la conversation (dont la lecture nous fournit un avant-goût) : Montaigne l'estime « le plus fructueux et naturel exercice de notre esprit » et il en « trouve l'usage plus doux que d'aucune autre action de notre vie », à condition, bien entendu, qu'elle s'exerce « entre esprits vigoureux et réglés » qui aient des opinions un peu divergentes, ainsi chacun est haussé au-dessus de lui-même par le désir de répondre aux attaques qui le pressent de tout côté ; l'émulation donne de l'élan à l'imagination, et l'esprit se trouve admirablement stimulé. Quel bénéfice et quel plaisir de discuter avec des gens qui savent « disputer avec ordre », c'est-à-dire suivre le sujet proposé et répondre réellement à ce qu'on leur dit ; qui cherchent non à contredire, mais à voir juste, et qui, ayant le courage de supporter la contradiction et une « correction » méritée, n'hésitent pas à être eux-mêmes d'une vigoureuse franchise pour redresser les jugements déviés ! À côté des discussions sérieuses, « les devis pointus et coupés, que l'allégresse et la privauté introduisent entre les amis gaussant et gaudissant plaisamment et vivement les uns des autres », sont un exercice moins « sérieux et tendu », mais non moins « aigu et ingénieux, ni moins profitable » ; car « en cette gaillardise, nous pinçons parfois des cordes secretes de nos imperfections, lesquelles, rassis, nous ne pouvons toucher sans offense, et nous nous entradvertissons utilement de nos défauts » (III, 8). La conversation, ainsi entendue, nous fait goûter quelques-uns des bienfaits de l'amitié, qui doit toujours servir à notre perfectionnement.

Mais la véritable amitié, celle dont Montaigne a fait avec La Boétie une expérience magnifique et dont il nous parle avec une émotion incomparable, est autre chose qu'une « familiarité nouée par quelque occasion ou commodité » : c'est une union totale des âmes « qui se mêlent et confondent l'une et l'autre, d'un mélange si universel qu'elles effacent et ne retrouvent plus la couture qui les a jointes ». Elle repose sur une sympathie inexplicable, une correspondance prédestinée. « Si l'on me presse de dire pourquoi je l'aimais, je sens que cela ne se peut exprimer qu'en répondant : parce que c'était lui, parce que c'était moi. » Cette amitié parfaite, en laquelle chaque volonté se confond avec celle de son ami, a la chaleur des sentiments profonds, une « chaleur constante et rassise, toute douceur et polissure, qui n'a rien d'âpre et de poignant ». Elle serait encore « plus pleine et plus comble », si elle pouvait exister entre un homme et une femme, puisque l'union des âmes s'accompagnerait de celle des corps, mais « ce sexe semble incapable de soutenir l'étreinte d'un nœud si durable ». Même entre deux hommes, l'amitié procure la joie la plus grande qu'il soit possible d'éprouver. « L'ancien Ménandre disait celui-là heureux qui avait pu rencontrer seulement l'ombre d'un ami : il avait certes raison de le dire [...] car, à la vérité, si je compare tout le reste de ma vie [...] aux quatre années qu'il m'a été donné de jouir de la douce compagnie [de mon ami], ce n'est qu'une nuit obscure et ennuyeuse [...] J'étais déjà si fait et accoutumé à être deuxième partout qu'il me semble n'être plus qu'à demi. » Une telle amitié, qui « possède l'âme et la régente en toute souveraineté », est nécessairement unique. « C'est un assez grand miracle de se doubler et n'en connaissent pas la valeur ceux qui parlent de se tripler » (I, 27). Plaisirs du corps et joies de l'esprit ne sont malheureusement pas toute la vie humaine : chaque homme est appelé à rencontrer la douleur et la mort. Mais, si la nature ne peut lui éviter ces maux, elle peut lui enseigner à les supporter sans trop de peine. Ici encore, ce sont ses leçons qu'il faut écouter et non celles de l'orgueilleuse philosophie stoïcienne. Montaigne a d'abord dit, comme les stoïciens, qu'il fallait se préparer à la mort en y pensant constamment. « Ôtons-lui l'étrangeté, pratiquons-la, accoutumons-la, n'ayons rien si souvent en la tête que la mort. À tout instant, répétons-la à notre imagination et en tous visages » (I, 20). Mais s'il répétait les leçons de Sénèque, c'est qu'il n'avait pas pris pleine conscience de son sentiment profond : plus tard, il pensera que « la préparation à la mort a donné plus de tourment que n'a fait la souffrance » et qu'on augmente l'importance des maux à y penser trop d'avance. « Ils ne viendront pas assez tôt, leur vrai être ne nous dure pas assez, il faut que notre esprit les étende et allonge, et qu'avant la main il les incorpore en soi et s'en entretienne » (III, 12). Déjà au moment où il subissait l'influence stoïcienne, il avouait : « En quelque manière qu'on se puisse mettre à l'abri des coups, fût-ce sous la peau d'un veau, je ne suis pas homme qui y reculasse. » Mais il ne pensait pas qu'il fût possible de « passer à son aise », en détournant sa pensée de la mort. Et pourtant, « nature même nous prête la main et nous donne le courage. Si c'est une mort courte et violente, nous n'avons pas loisir de la craindre ; si elle est autre, je m'aperçois que, à mesure que je m'engage dans la maladie, j'entre naturellement en quelque dédain de la vie. Je trouve que j'ai bien plus affaire à digérer cette résolution de mourir quand je suis en santé que quand je suis en fièvre » (I, 20). De là à conclure qu'il faut s'en remettre entièrement à cette prévoyance de la nature, il n'y a qu'un pas, et Montaigne n'hésite pas à le franchir quand il observe l'héroïsme simple des paysans, qu'il évoque en des lignes admirables : « Regardons à terre les pauvres gens que nous y voyons épandus, qui ne savent ni Aristote, ni Caton, ni exemple, ni précepte : de ceux-là tire nature tous les jours des effets de constance et de patience plus purs et plus raides que ne sont ceux que nous étudions si curieusement en l'école. Combien en vois-je ordinairement qui méconnaissent la pauvreté ? Combien qui désirent la mort ou qui la passent sans alarme et sans affliction ? Celui-là qui fouit mon jardin, il a ce matin enterré son père ou son fils. Les noms mêmes de quoi ils appellent les maladies en adoucissent et amollissent l'âpreté : la phtisie, c'est la toux pour eux ; la dysenterie, dévoiement d'estomac ; une pleurésie, c'est un morfondement, et, selon qu'ils les nomment doucement, ils les supportent aussi. Elles sont bien graves quand elles rompent leur travail ordinaire : ils ne s'alitent que pour mourir. » Dira-t-on que cette patience n'est que l'effet de leur stupidité et de leur manque d'imagination ? Montaigne répond avec énergie : « Pour Dieu, si c'est ainsi, tenons d'ores en avant école de bêtise » (III, 12).

La maîtrise de soi et l'idéal moral. Suivre docilement les leçons de la nature, « regarder et la douleur et la volupté de vue pareillement réglée et pareillement ferme », en s'efforçant « d'éteindre l'une et d'étendre l'autre » (III, 13), n'est pas chose aussi facile qu'il pourrait sembler. Montaigne est loin de prêcher le laisser-aller : « Il n'est [...] science si ardue que de bien et naturellement savoir vivre cette vie » (III, 13). C'est qu'il y a dans l'homme des forces puissantes qui s'opposent à cette conformité à la nature. Pour bien jouir de la volupté, il faut résister à la tentation de s'y « vautrer », car « l'intempérance est peste de la volupté et la tempérance n'est pas son fléau : c'est son assaisonnement ». Pour éviter le plus possible la douleur, douleur, il faut modérer ses passions et pratiquer un détachement parfois difficile, car « plus nous amplifions notre besoin et possession, d'autant plus nous engageons-nous aux coups de la fortune et des adversités » (III, 10). Montaigne avoue avoir éprouvé, malgré son tempérament peu emporté, quelque peine à « brider » ses passions, qui « ne se gouvernent pas toujours selon la mesure des occasions », et s'être senti trop faible pour leur résister autrement qu'en les empêchant de naître. Aux âmes sensibles qui éprouvent « les événements contraires et les injures de la fortune en leur profondeur et âpreté », il conseille d'employer « leur art à se garder d'en enfiler les causes » et à en « détourner les avenues » comme Caton qui, lorsqu'on lui offrit une belle vaisselle fragile, « la cassa incontinent pour s'ôter de bonne heure une si aisée matière de courroux envers ses serviteurs » ou comme notre Gascon qui s'abstient de jouer, pour ne pas s'attrister quand il perd, et qui a étouffé, pour garder sa tranquillité, son penchant à l'ambition. Cette abstention semble impliquer, en même temps que la modération dans les désirs, une certaine modération dans les affections. « Qui désirera du bien à son pays comme moi, sans s'en ulcérer ou maigrir, il sera déplaisant, mais non pas transi, de le voir menaçant ou sa ruine ou une durée non moins ruineuse [...] Qui ne bée pas après la faveur des princes, comme après chose de quoi il ne se saurait passer, ne se pique pas beaucoup de la froideur de leur accueil et de leur visage ni de l'inconstance de leur volonté. Qui ne couve point ses enfants ou ses honneurs d'une propension esclave ne laisse pas de vivre commodément après leur perte » (III, 10).

Cette insensibilité conseillée par Montaigne n'est pas purement et simplement un monstrueux égoïsme, car elle nous permet non seulement de conserver notre tranquillité, mais encore de nous rendre réellement utiles. Ce ne sont pas, remarque-t-il, les gens qui se passionnent le plus pour les choses qui agissent le plus efficacement : « Combien de gens se hasardent tous les jours aux guerres de quoi il ne leur chaut, et se pressent aux dangers des batailles, desquelles la perte ne leur troublera pas le sommeil ? Tel, en sa maison, hors de ce danger, qu'il n'oserait avoir regardé, est plus passionné de l'issue de cette guerre et en a l'âme plus travaillée que n'a le soldat qui emploie son sang et sa vie. » L'action, pour être bien menée, exige le calme intérieur. « Cette âpreté et violence de désirs empêche plus qu'elle ne sert à la conduite de ce qu'on entreprend... Nous ne conduisons jamais bien la chose de laquelle nous sommes empêchés et conduits. » Montaigne n'a jamais blâmé le dévouement (et lui-même fut un excellent maire de Bordeaux, et se dévoua, même en sa vieillesse, à la pacification de son pays) : « Je ne veux pas qu'on refuse aux tâches qu'on prend l'attention, les pas, les paroles et la sueur et le sang » (III, 10). Il a exalté la bonté et béni son père de lui avoir inculqué, dès l'enfance, l'habitude « de regarder plutôt vers celui qui me tend les bras que vers celui qui me tourne le dos » (III, 13). Mais il a recommandé avec insistance de se garder de la vaine agitation, de résister à la tentation de se créer mille tâches par incapacité à rester en repos (par besoin de « divertissement », dira Pascal) : « Voyez les gens appris à se laisser emporter et saisir ; ils le font partout, aux petites choses comme aux grandes [...] Ils s'ingèrent indifféremment où il y a de la besogne et sont sans vie quand ils sont sans agitation tumultuaire ; ils ne cherchent la besogne que pour l'embesognement. Ce n'est pas qu'ils veuillent aller tant comme c'est qu'ils ne se peuvent tenir. L'occupation est à certaine manière de gens marque de suffisance et de dignité, leur esprit cherche son repos au branle, comme les enfants au berceau : ils ne se peuvent dire autant serviables à leurs amis comme importuns à eux-mêmes. » Ces agités commettent une déplorable confusion, en prenant pour essentiel leur rôle, qui n'est que la surface souvent trompeuse de leur moi : « Il faut jouer dûment son rôle, mais comme rôle d'un personnage emprunté : du masque et de l'apparence, il n'en faut pas faire une essence réelle, ni de l'étranger le propre [...] J'en vois qui se transforment et se transsubstantient en autant de nouvelles figures et de nouveaux êtres qu'ils entreprennent de charges... Le jugement d'un empereur doit être au-dessus de son empire et le voir et considérer comme accident étranger ; et lui doit savoir jouir de soi à part et se communiquer, comme Jacques et Pierre, au moins à soi-même » (III, 10).

« Jouir de soi » en ce sens n'est pas seulement épicurien : ce n'est pas seulement savourer les plaisirs que la vie réserve à l'être humain, c'est aussi cultiver sa vie intérieure et protéger jalousement l'intégrité du moi profond. Lorsque Montaigne déclare qu'il « se faut prêter à autrui et ne se donner qu'à soi-même » ou « se donner à autrui sans s'ôter à soi », il entend que, si l'on ne reste pas soi-même, on n'a plus grand-chose à donner à autrui. Le premier de tous nos devoirs est l'amitié qui nous lie à nous-même, parce que, bien comprise, elle exclut l'égoïsme au même titre que les autres passions et entraîne l'accomplissement de nos devoirs envers autrui. Il ne s'agit pas d'une « amitié fausse, qui nous fait embrasser la science, la richesse et telles choses d'une affection principale et immodérée », ni d'une « amitié molle et indiscrète, en laquelle il advient ce qui se voit au lierre, qu'il corrompt et ruine la paroi qu'il accole », mais d'une « amitié salutaire et réglée, également utile et plaisante. Qui en sait les devoirs et les exerce, il est vraiment du cabinet des Muses, il a atteint le sommet de la sagesse humaine et de notre bonheur : celui-ci, sachant exactement ce qu'il se doit, trouve dans son rôle qu'il doit appliquer à soi l'usage des autres hommes et du monde, et, pour ce faire, contribuer à la société publique les devoirs et offices qui le touchent. Qui ne vit aucunement à autrui ne vit guère à soi » (III, 10). Cette amitié exige avant tout la connaissance de soi, et, à force de « s'épier de près » et d'avoir « les yeux incessamment tendus vers soi » (II, 12), on finit par se façonner, comme l'auteur des *Essais* a pu en faire l'expérience : « Moulant sur moi cette figure, il m'a fallu si souvent me composer pour m'extraire que le patron s'en est fermé et aucunement formé soi-même : je me suis peint en moi de couleurs plus nettes que n'étaient les miennes premières. Je n'ai pas plus fait mon livre que mon livre m'a fait » (II, 18). Celui qui rentre en soi-même parvient en effet à dégager l'essentiel et à le distinguer du factice, de cette croûte superficielle formée par des passions désordonnées que, en toute lucidité, nous désavouerions, et par des habitudes qui ne sont, pour notre personnalité, que purs accidents. C'est là la tâche maîtresse, de beaucoup la plus difficile (car la vanité et la paresse lui font de terribles obstacles) : « Avez-vous su méditer et manier votre vie ? Vous avez fait la plus grande besogne de toutes » (III, 13). En revanche, « le pire état de l'homme, c'est où il perd la connaissance et le gouvernement de soi » (II, 2). Se connaître et se gouverner, c'est, en mettant au jour ce qu'il y a d'authentique en nous, retrouver la nature, mais une nature qui est en fait un idéal plutôt qu'une spontanéité. C'est en même temps reconquérir l'usage du plus précieux de nos biens, « la liberté de notre âme » (III, 10), dont la manifestation essentielle est l'indépendance du jugement, de cette faculté maîtresse « qui dispose tout, qui agit, qui domine et qui règne » (I, 26). Ce culte de la liberté de jugement est ce que Montaigne a conservé du stoïcisme et, sans doute, ce qui permet de comprendre finalement le rôle du scepticisme, destiné surtout à libérer l'entendement de tous les préjugés et de toutes les superstitions.

Ainsi l'éthique de Montaigne est loin de se réduire à la maîtrise de soi qu'exige tout épicurisme réfléchi : nous avons d'autres devoirs que de vivre avec le plus de plaisir et le moins de douleur possible. En effet, si Montaigne estime que la grande affaire est de vivre tranquille, il ne croit pas qu'il y ait pour l'homme de véritable tranquillité sans l'approbation de sa conscience : « Le vice laisse, comme un ulcère en la chair, une repentance en l'âme qui toujours s'égratigne et s'ensanglante elle-même [...] Il n'est pareillement bonté qui ne réjouisse une âme bien née. Il y a certes je ne sais quelle congratulation de bien faire qui nous réjouit en nous-même, et une fierté généreuse qui accompagne la bonne conscience » (III, 2). Dans ce sentiment très vif des exigences de la conscience, Montaigne a puisé la force de son indignation contre certains vices qu'il ne se lasse pas de flétrir. Celui qui lui fait le plus horreur est peut-être la déloyauté, d'autant plus méprisable que la racine en est, au fond, la lâcheté, qui fait horreur à la fois au gentilhomme, à l'admirateur des héros de l'Antiquité et au sage épris de liberté. « C'est un vilain vice que le mentir, et qu'un ancien peint bien honteusement quand il dit que c'est donner témoignage de mépriser Dieu et de craindre les hommes : il n'est pas possible d'en représenter plus richement l'horreur, la vililité et le dérèglement ; car, que peut-on imaginer plus vilain que d'être couard à l'endroit des hommes et brave à l'endroit de Dieu [...] Notre intelligence se conduisant par la seule voie de la parole, celui qui la fausse trahit la société publique » (II, 17). Quelle honte de voir la fausseté en usage même parmi les gentilshommes qui, dans leurs querelles, n'hésitent pas à « plâtrer le fait » et à renier leur intention première en cherchant à leurs paroles une interprétation plausible ! « Il ne faut pas regarder si votre action ou votre parole peut avoir autre interprétation ; c'est votre vraie et sincère interprétation qu'il faut maintenir, quoi qu'il vous coûte. On parle à votre raison et à votre conscience, ce ne sont pas parties à mettre en masque : laissons ces vils moyens et ces expédients à la chicane du palais. »

Autant que contre la déloyauté, la conscience de Montaigne s'indigne contre la cruauté, qui, elle aussi, est fille de la couardise (II, 27) : « La vaillance de qui c'est l'effet de s'exercer seulement contre la résistance s'arrête à voir l'ennemi à sa merci : mais la pusillanimité, pour dire qu'elle est aussi de la fête, n'ayant pu se mêler à ce premier rôle, prend pour sa part le second, du massacre et du sang [...] Qui rend les tyrans si sanguinaires ? C'est le soin de leur sûreté et que leur lâche cœur ne leur fournit d'autres moyens de s'assurer qu'en exterminant ceux qui les peuvent offenser, jusqu'aux femmes, de peur d'une égratignure. » Montaigne condamne ce vice partout où il le rencontre, dans les violences des guerres de Religion comme dans l'usage bien établi de la torture judiciaire. « Tout ce qui est au-delà de la mort simple me semble pure cruauté. Notre justice ne peut espérer que celui que la crainte de mourir ou d'être décapité ou pendu ne gardera de faillir en soit empêché par l'imagination d'un feu languissant ou des tenailles ou de la roue [...] En quel état peut être l'âme d'un homme, attendant vingt-quatre heures la mort, brisé sur une roue ou, à la vieille façon, cloué à une croix ? » (II, 27). Non moins inhumaine que ces supplices monstrueux est la question. « C'est une dangereuse invention que celle des géhennes, et semble que ce soit plutôt un essai de patience que de vérité. Et celui qui les peut souffrir cache la vérité et celui qui ne les peut souffrir. Car pourquoi la douleur me fera-t-elle plutôt confesser ce qui en est qu'elle ne me forcera de dire ce qui n'est pas ? » (II, 5). Un peuple qui accepte la déloyauté et qui encourage la cruauté ne devrait pas se targuer du titre de civilisé, ni prétendre à aucune supériorité sur les peuples dits sauvages : « Il ne se trouva jamais aucune opinion si déréglée qui excusât la trahison, la déloyauté, la tyrannie, la cruauté, qui sont nos fautes ordinaires. Nous les pouvons donc appeler barbares eu égard aux règles de la raison, mais non eu égard à nous, qui les surpassons en toute sorte de barbarie. » Les « cannibales » du Nouveau Monde ont séduit le cœur de Montaigne, parce que leurs mœurs, bien qu'étranges, lui ont paru plus loyales et moins cruelles que les nôtres (I, 30). Aussi a-t-il flétri, avec une éloquence magnifique, la conduite honteuse des conquérants espagnols qui, cherchant non pas à former ces peuples, mais à les exploiter, n'ont su leur apporter que la corruption. « Combien il eût été aisé de faire son profit d'âmes si neuves, si affamées d'apprentissage, ayant pour la plupart de si beaux commencements naturels ! Au rebours, nous nous sommes servis de leur ignorance et inexpérience à les plier plus facilement vers la trahison, luxure, avarice et vers toute sorte d'inhumanité et de cruauté, à l'exemple et patron de nos mœurs. Qui mit jamais à tel prix le service de la mercadence et de la trafique ? Tant de villes rasées, tant de nations exterminées, tant de millions de peuples passés au fil de l'épée, et la plus riche et belle partie du monde bouleversée pour la négociation des perles et du poivre : mécaniques victoires ! Jamais l'ambition, jamais les inimitiés publiques ne poussèrent les hommes les uns contre les autres à si horribles hostilités et calamités si misérables » (III, 6). Tout comme la manière dont il parle de nos devoirs envers nous-mêmes, de tels accents témoignent chez Montaigne d'une incontestable foi morale.

La pédagogie. Si la sagesse de Montaigne ne se réduit pas à l'égoïsme épicurien ou à l'ironie sceptique, c'est que la préoccupation centrale de Montaigne fut peut-être, en définitive, d'acquérir, ou de conserver, l'esprit et le cœur d'un gentilhomme ou, selon l'expression antique, d'un homme libre. Aussi retrouve-t-on les thèmes majeurs de sa pensée dans le chapitre consacré à la manière de former un homme digne du nom de gentilhomme : tous ces thèmes qui, nonchalamment développés à travers les *Essais*, paraissent souvent manquer d'unité trouvent ici leur harmonie naturelle, grâce à l'intention ouvertement pédagogique de ces pages consacrées à l'« institution des enfants » (I, 26). Pour libérer l'enfant de l'étroitesse d'esprit et de la présomption d'un homme qui a « la vue raccourcie à la longueur de son nez », Montaigne veut lui donner le monde entier pour livre, afin qu'il y trouve l'enseignement que le lecteur des *Essais* reçoit de l'*Apologie*. L'adolescent contemplera « la grande image de notre mère nature dans son entière majesté », pour apprendre à « se voir de bons biais » et à ne pas donner une importance démesurée aux choses qui concernent un être aussi minuscule. Il voyagera pour « frotter et limer » sa cervelle à celle d'autrui et acquérir ainsi le sens de la relativité de nos opinions et coutumes : mis en présence de « tant d'humeurs, de sectes, de jugements, d'opinions, de lois et de coutumes », il apprendra « à juger sainement des nôtres » et à reconnaître « l'imperfection de notre jugement et sa naturelle faiblesse, qui n'est pas un léger apprentissage ». Ainsi Montaigne impose à son élève une véritable cure de scepticisme, destinée à lui apprendre la modestie et l'indulgence, à l'inciter à modérer l'ardeur de ses désirs et la violence de ses chagrins, en même temps qu'à le débarrasser de ses préjugés et à permettre ainsi l'exercice de son jugement personnel.

Pour que la personnalité de l'enfant puisse s'épanouir, pour qu'il n'ait pas une âme servile, dominée par la crainte de châtiments pénibles, Montaigne recommande qu'on ne l'abrutisse pas de coups et qu'on l'élève dans la joie et la douceur. Son opposition aux châtiments corporels, couramment utilisés dans les collèges de son temps, vient à la fois de sa répugnance foncière pour la cruauté et de son horreur épicurienne de la souffrance évitable. Convaincu que la sagesse ne consiste jamais à brutaliser la nature, mais simplement à la discipliner dans la mesure nécessaire pour qu'aucune de ses tendances ne soit contrariée, il demande instamment qu'on prenne soin « d'ensucrer les viandes salubres à l'enfant » : on le réveillera le matin « au son des instruments », comme faisait le père de Montaigne ; on lui rendra l'étude aimable grâce à des classes « ornées de fleurs et de feuillées » plutôt que de « tronçons d'osier sanglant » ; on ne l'abandonnera pas « à la colère et humeur mélancolique d'un furieux maître d'école ». On ne le tiendra pas « à la géhenne et au travail quatorze ou quinze heures par jour comme un portefaix ». On lui donnera le goût de la philosophie en lui montrant que, bien comprise, elle prêche une « éjouissance continuelle ». Mais l'« éjouissance continuelle » est une conquête et, si Montaigne recommande la douceur dans l'éducation, il ne se fait pas pour autant l'apôtre de la mollesse. Son idéal est représenté par Socrate, qui, certes, acceptait de bonne grâce de boire ou de « jouer aux noisettes » avec les enfants, mais qui sut aussi supporter avec sérénité « la faim, la pauvreté [...] la prison, les fers et le venin » (III, 12) Tenant à rendre son disciple capable, au besoin, de faire bonne figure dans toutes les épreuves, il recommande qu'on veille à rendre ce courage moins difficile, en prenant soin d'endurcir le corps dès l'enfance. « Ce n'est pas assez de lui raidir l'âme, il faut encore lui raidir les muscles », car Montaigne sait, par expérience, combien l'âme peut « ahanner » en compagnie d'un corps « trop tendre et trop sensible ». Il faut aguerrir l'enfant, supprimer « toute mollesse et délicatesse au vêtir et au coucher, au manger et au boire » et l'entraîner à supporter « la sueur, le froid, le vent, le soleil et les hasards qu'il faut mépriser ». Le meilleur moyen d'obtenir cette endurance sera la pratique des exercices physiques : course, lutte, danse, maniement des armes. « L'accoutumance à porter le travail étant accoutumance à porter la douleur, on le rompra à la peine et âpreté des exercices pour le dresser à la peine de la colique, de la dislocation et du cautère. » Ce dressage physique a pour but de donner au jeune homme la maîtrise de son corps, afin qu'il puisse être un homme vraiment libre « qui peut toutes choses sur soi » : il faut qu'il soit capable de « surpasser en vigueur et en fermeté ses compagnons » jusque dans la débauche, et « qu'il ne laisse à faire le mal, ni à faute de science ni à faute de force, mais à faute de volonté ».

Cette maîtrise de soi – pour laquelle Montaigne a toujours gardé une admiration toute stoïcienne – n'a de valeur que mise au service d'une volonté droite. Pour diriger et orienter sa volonté, un homme libre ne doit compter que sur son jugement personnel : aussi faut-il s'efforcer avant tout de former le jugement de l'enfant et lui apprendre à se servir de son entendement plutôt qu'à répéter mécaniquement une leçon. Il faut choisir un précepteur qui ait la tête « plutôt bien faite que bien pleine » et qui renonce à « criailler aux oreilles, comme qui verserait dans un entonnoir », mais veuille bien faire passer tout son enseignement par l'« étamine » du jugement : « Nous rendons l'entendement servile et couard à ne rien lui laisser faire de soi. » Il faut bannir les méthodes d'autorité utilisées dans les collèges et stimuler l'activité de l'esprit, mettre l'âme « sur la montre, lui faisant goûter et discerner d'elle-même » et demander compte à l'élève, non des mots de sa leçon, mais du sens et de la substance. C'est seulement par ce moyen qu'on arrivera à former non pas un spécialiste, mais simplement un « habile homme » : Montaigne, qui ne se propose pas d'autre fin, bien loin de prôner une éducation encyclopédique, conseille de négliger les diverses sciences (qui pourront toujours s'acquérir facilement, une fois le jugement formé) et de s'attacher à la seule philosophie « en la partie où elle traite de l'homme et de ses devoirs et offices ». Son sujet est en effet de la plus haute importance, puisqu'elle apprend « à se connaître, à bien vivre et à bien mourir », et c'est en même temps celui qui peut le mieux donner, dès l'enfance, matière à l'exercice du jugement (alors que les sciences, au moins telles qu'on les comprenait alors, ne peuvent guère être reçues que passivement). Pour enseigner la philosophie morale, il n'y a qu'à faire réfléchir l'enfant sur les livres qui le mettent en contact « avec les grandes âmes des meilleurs siècles » et aussi sur les menus incidents de la vie quotidienne : toutes les occasions étant bonnes pour exercer la réflexion, l'écolier ne passera guère de temps sans étudier, mais sa leçon « se passant comme par rencontre sans obligation de temps ni de lieu » ne lui sera pas pénible.

La valeur de cet enseignement se reconnaîtra à ses fruits. Certes, il est, parmi les enfants, des terres ingrates qui n'en pourront guère donner : pour ceux-là point de remède, sinon de les mettre « pâtissiers en quelque bonne ville », fussent-ils fils de duc. Mais pour les âmes naturellement « bien nées », le gain de l'étude sera non pas de savoir discourir sur le bien et le mal, mais d'être « meilleurs et plus sages ». Le « bon élève » de Montaigne se montrera un agréable compagnon (car on aura eu soin de lui apprendre la civilité d'un homme plus soucieux de se corriger soi-même que de reprendre les autres) : il se pliera docilement aux usages en vigueur et témoignera de l'indifférence « en son goût, soit chair, poisson, vin ou eau » ; il fera preuve de jugement dans ses propos, et, dans une discussion, il se rendra toujours à la vérité, en quelque main qu'elle se trouve. Sa conversation aura d'autant plus de charme que son esprit, toujours en éveil, sera animé d'une « honnête curiosité » de toutes choses, tout en sachant se garder de la superstition et du fanatisme. On verra aussi en lui un fidèle et loyal serviteur de son prince, sans qu'il soit un courtisan, car c'est un métier où l'on ne peut conserver la pleine liberté de son jugement. Il ne s'abaissera ni au mensonge ni à la cruauté, qui dégradent l'homme et supposent un esclavage intérieur. Enfin, il saura garder de la tempérance dans les plaisirs et de la sérénité dans les épreuves et, ayant été capable de toujours supporter la perte de ses biens, il sera tout naturellement prêt pour le dépouillement suprême, sans avoir besoin de penser sans cesse à la mort, qui est « le bout, non le but de la vie » (III, 12). En somme, ce bon élève aura les qualités et les défauts de Michel de Montaigne, sûr de son jugement plutôt que de sa mémoire, soucieux de conserver sa liberté intérieure et de ne faire tort à personne plutôt qu'ardent à se dévouer, au reste accommodant et d'un commerce délicieux, pourvu qu'on n'attente pas à son indépendance. Lorsque l'auteur des *Essais* parle d'éducation, comme lorsqu'il parle de la raison, de la nature, de l'amitié ou de la mort, c'est toujours de lui-même qu'il entretient son lecteur. Mais que ses propos aient en même temps une portée très générale, on peut s'en convaincre en voyant la fécondité de ses idées pédagogiques, qui furent largement utilisées par les maîtres de Port-Royal et, dans la suite, par tous ceux qui essayèrent de renouveler l'enseignement et de l'arracher au pédantisme et à la routine.

Un bréviaire d'humanisme. Montaigne n'avait pas tort de dire de ce livre « consubstantiel à son auteur » que « qui touche l'un touche l'autre ». Comme il apportait non un système, mais une série de réflexions qui devaient leur unité à leur lien étroit avec son « moi », admirateurs et détracteurs ont exalté ou attaqué, dans les *Essais*, non une doctrine, mais une tournure d'esprit et une qualité d'âme. Les esprits critiques, plus soucieux de comprendre que de construire, épris avant tout de sincérité et de liberté, tels Voltaire ou Sainte-Beuve, ont aimé Montaigne et salué en lui leur maître. Les esprits rigoureux et systématiques, les êtres avides d'absolu, ceux qui ne croient pas pouvoir s'épanouir sans se donner et se dépasser, tels Pascal, Malebranche (ou Rousseau), irrités par son allure vagabonde, son penchant à l'égoïsme ou par la sérénité avec laquelle il accepte le relatif, ont haï et vilipendé Montaigne comme un représentant séduisant de leurs plus dangereuses tentations. Mais ses ennemis ont subi son influence et ses admirateurs l'ont trahi. Immense est envers lui la dette des classiques, qui se sont pourtant indignés de son désordre dans la composition et de son indiscrétion à étaler son « haïssable moi » jusqu'en ses particularités les plus vulgaires (telles que l'abondance de ses poils, son goût pour les melons, ou son incapacité à marcher sans se crotter !) Assez étrange, en revanche, fut l'enthousiasme du XVIIIe siècle qui, de ce conservateur, de cet ennemi de la violence et de la passion, de cet homme prudent et modéré, finit par faire le patron des réformateurs intempérants, des athées convaincus et même des révolutionnaires. Ces paradoxes témoignent de la vitalité et de la fécondité d'une œuvre dont il serait difficile d'exagérer l'importance. Les *Essais*, qui ont assimilé et nous ont transmis, sous une forme abordable et même charmante, tout l'acquis de l'Antiquité, sont en même temps la première en date et la plus décisive des œuvres modernes. Sans eux, aurions-nous les analyses lucides et vigoureuses de Pascal, la remise en question cartésienne, la sagesse de Molière et son sens du « naturel », la malice de La Fontaine, l'ironie de la critique voltairienne, le respect de Rousseau pour l'instinct et la nature, le culte gidien de la sincérité et les méandres subtils de l'analyse proustienne ? À propos de nos plus grands chefs-d'œuvre, on évoque Montaigne, parce que, le premier, il représente avec éclat la tendance fondamentale du génie français qui, de Pascal à Bergson, en passant par Racine, Vauvenargues, Stendhal ou Maine de Biran, produisit tant de psychologues et de moralistes. Malgré ses allures désordonnées et son mépris de la logique, ce gentilhomme gascon était bien français, par son esprit critique, sa méfiance à l'égard des grandes constructions métaphysiques, son bon sens et sa malice ; par son amour de la vie, son goût pour les plaisirs des sens et ceux de la conversation et par sa sociabilité comme par sa bonne grâce, sa franchise et son sens du courage, de la loyauté. Mais en même temps il fut admiré des Anglais au moment où ses compatriotes le dédaignaient et il ne fut pas sans influencer Goethe. C'est que, ennemi de tous les particularismes et faisant sien le fameux vers de Térence : « Homo sum et nil humanum a me alienum puto », il fut un humaniste au sens plein du mot ; l'adjectif humain vient spontanément à l'esprit pour le caractériser, peut-être parce qu'il n'a pas essayé de brusquer la nature pour la hausser au-dessus d'elle-même, mais aussi parce qu'il a su l'observer assez finement pour trouver le secret d'une harmonie qui, tout en donnant une bonne place aux plaisirs et à la douceur de vivre, n'exclut pas les joies et les efforts qui font la dignité d'une vie d'homme.

ESSAIS de Orwell. Les « essais » de l'écrivain anglais George Orwell (1903-1950) comprennent des études critiques, des souvenirs, des réflexions sur l'art, la littérature et la politique, tous rédigés sous forme d'articles, mais ayant en commun le souci de définir une attitude morale adaptée à notre siècle de bouleversements et de révolutions. Réunis en trois volumes : *Essais critiques* [*Critical Essays,* 1945], *Comment j'ai tué un éléphant et autres essais* [*Shooting an Elephant and Other Essays,* 1950] et *Angleterre, votre Angleterre* [*England Your England,* posth. 1953], ces divers essais peuvent se répartir en trois catégories : essais descriptifs et polémiques, essais littéraires ou esthétiques et essais politiques.

Les essais descriptifs et polémiques furent surtout rédigés au début de la carrière littéraire d'Orwell et comprennent des textes s'attachant, à partir d'un souvenir personnel soigneusement décrit sous tous ses aspects, à faire la critique de l'impérialisme anglais et de la société capitaliste occidentale. Pour illustrer cette section, on peut retenir « Comment j'ai tué un éléphant », essai qui, à propos de l'obligation où se trouva Orwell d'abattre un éléphant devenu furieux, du temps où il appartenait à la police birmane, analyse la nécessité pour le colonisateur de se figer dans l'image qu'il veut imposer au colonisé sous peine de ridicule ; ou « La Mort des pauvres », texte dans lequel Orwell rapporte son séjour, en 1929, dans un vieil hôpital parisien où les malades étaient traités comme des numéros, sans aucune humanité, leur misère les suivant jusque dans la maladie et la mort.

Les essais littéraires ou esthétiques s'efforcent de définir, à partir de l'analyse d'une œuvre, les rapports de l'art et de la littérature avec la vie ainsi que les rapports de l'esthétique et de la morale. Homme de gauche, mais fermement attaché à un libéralisme qu'on pourrait qualifier de traditionnel, Orwell interroge avant tout dans les œuvres qu'il étudie ce qui sert ou dessert la liberté humaine, ce qui, dans chacune, se rattache en fait à une attitude politique. Toutefois, il ne cherche jamais à « enrôler » une œuvre, mais tente d'expliquer même ce qu'il n'aime pas ou qui va à l'encontre de sa pensée. Dans « Politique contre littérature », il montre par exemple que la philosophie réactionnaire de Swift n'enlevant rien au plaisir pris à la lecture des *Voyages de Gulliver* (*), il faut bien en conclure que la « durabilité » d'une œuvre ne dépend pas, comme il est désormais commun de le croire, de l'engagement progressiste de l'auteur, mais de sa « force de conviction » jointe à son habileté à agencer les mots ou les formes. L'un des essais les plus importants de cette section s'intitule : « Pourquoi j'écris » ; à côté d'une brève autobiographie explicative, Orwell y dégage les motifs qui poussent un homme à écrire, « du moins de la prose » ; il en trouve quatre : le simple égoïsme (désir de durer, de vivre sa propre vie dans tous ses aspects et jusqu'à la fin, etc.) ; l'enthousiasme esthétique (goût de la beauté, de donner forme à une expérience pour la partager, de jouer avec les mots) ; l'inspiration historique (volonté de découvrir la vérité et de la transmettre) ; l'ambition politique (désir de changer le monde ou d'influencer les idées et la conception de la vie des autres). Revenant à son cas personnel, Orwell explique ensuite que toute son œuvre, depuis 1936, a été écrite contre le totalitarisme mais que, si tous ses livres s'efforcent de dénoncer le mensonge et l'oppression, ils s'efforcent aussi de transformer la littérature politique en art.

Les essais politiques étudient l'attitude de grands personnages (« Réflexions sur Gandhi »), analysent des œuvres représentatives (« Pensées sur James Burnham ») ou bien ont pour point de départ des expériences personnelles (« Réflexions sur la guerre civile espagnole »). Parallèlement à ces réflexions d'ordre général, on trouve dans cet ensemble un portrait très vivant de la gauche anglaise et de ses courants intellectuels. L'essai politique le plus important d'Orwell demeure cependant, sous son double aspect de témoignage et de réflexion critique, *Hommage à la Catalogne (1936-37)* (*).

Orwell essayiste se préoccupe plus de clarté que de style, mais si certaines de ses pages peuvent sembler plates ou monotones, elles frappent toujours par une honnêteté et une intransigeance, une sympathie et une volonté de comprendre qui suffisent à susciter l'intérêt. Physiquement révolté par l'injustice en même temps que penseur lucide et tenace dans ses analyses, Orwell devrait demeurer comme l'exemple de l'une des intelligences les plus libres de son époque, et cela n'est peut-être nulle part plus sensible que dans ses *Essais,* moins grands sans doute que des romans comme *La Ferme des animaux* (*) ou *1984* (*) mais aussi pleins de la présence de l'homme qu'une confession. – Trad. *Essais choisis,* Gallimard, 1960.

ESSAIS de Séféris [*Dokimés*]. Cet ensemble de textes du poète grec Georges Séféris (1900-1971) a paru d'abord au Caire, en 1944 (édition définitive : Athènes, 1974). La critique est sans doute le plus social des genres littéraires, et la prose, ainsi que le soutenait Alain, le plus tard venu dans l'histoire. Les *Essais* de Séféris sont une double vérification de ce constat, œuvre vraiment inaugurale dont l'importance se mesure à l'influence qu'elle exerce en Grèce sur tous les créateurs, qui ne peuvent l'ignorer et s'y réfèrent bien souvent. Leur signification ne se comprend vraiment qu'à la lumière des décennies antérieures. La Grèce indépendante (1827) a cultivé la référence aux grands ancêtres, une « ancestrite » conférant au romantisme grec un caractère aberrant. Il serait vain de chercher dans pareil contexte l'ombre d'une réflexion critique, si ce n'est, notable exception, dans les *Pensées du poète* de Denys Solomos (1798-1857). La victoire (1888) de la langue démotique populaire sur la langue puriste ne fit que déplacer le problème, la maturité littéraire n'étant pas encore suffisante pour une critique digne de ce nom. La catastrophe d'Asie Mineure (1922) vint bouleverser l'équilibre politique et humain de la Grèce en étant à l'origine d'une remise en cause radicale des valeurs antérieures par ce qu'on appela la « génération de 1930 ». L'activité créatrice, sous toutes ses formes, se trouva alors en proie à une crise globale. Il revenait à Séféris de contribuer à renverser cette situation en introduisant en Grèce la modernité poétique et en dotant la prose d'un remarquable outil de réflexion critique avec ses *Essais.*

De son premier essai, « Eliot » (1936), à son dernier, « Tout est plein de dieux » (1971), Séféris a élaboré une pensée cohérente et sans cesse amplifiée à partir de la culture grecque et de la tradition occidentale en son sens le plus large. Tout autant que « pour », la critique de Séféris est « contre ». Il réagit en effet énergiquement contre les carences notoires de l'activité critique grecque qui n'est le plus souvent, à ses yeux, qu'un monologue verbeux et incompétent. Lui-même recherche le dialogue : « Les critiques cherchent ici à réduire leur dialogue en monologue ; pour moi, je voudrais pouvoir faire de mon monologue même un dialogue. » Le culte de l'abstraction, l'apriorisme, le mépris délibéré de la référence aux œuvres, le dénigrement systématique caractérisent le fonctionnement de la critique en Grèce et découragent tout créateur authentique, d'emblée isolé et privé d'audience.

La forme de cette critique est, elle aussi, gravement répréhensible. Marqués par la poésie à tout va de la génération de 1880, les critiques jugent élégant d'user d'une « prose poétique » aboutissant, selon Séféris, à une « bouillie innommable ». Il revendique quant à lui le « style piétonnier » [pézos lógos], dont il a su lui-même prouver la beauté et l'adéquation au maniement des idées.

Face à ces « contre », que propose Séféris dans ses *Essais*, le terme même d'essai mérite attention. Séféris note à ce propos : « J'entends *Essais* exactement dans le sens de Montaigne, le témoignage ou la trace d'un homme qui s'essaie : tout le contraire d'une vocation qui s'accomplit, d'une œuvre exigeante qui veut être ceci et non cela. Ceci *et* cela, *ou* cela, ceci non plutôt que cela, voilà des Essais. » Le grec « dokimi » utilisé par Séféris recouvre cette définition « ouverte » mieux que le « dokimio » proche, lui, de l'*essay* anglo-saxon. Se trouve ainsi tracée une démarche refusant le dogmatisme, souple et dénuée de prétention. Séféris voit dans le bon critique un « sourcier » chargé de mettre au jour la beauté d'œuvres perçues du point de vue de l'admiration, non de l'éreintement. D'où, bien entendu, le droit du critique de choisir ceux dont il veut parler. Il le fera en pratiquant une « saturation intelligente » des œuvres et non en grappillant de-ci de-là des concepts extérieurs à la littérature. Le recours au texte vise à lutter contre l'inculture encyclopédique et à respecter l'autonomie de la critique, genre majeur, par rapport à l'envahissement des sciences humaines. Pour chaque écrivain ou œuvre qu'il étudie, Séféris s'attache à ce qu'il nomme la « tentative » ou « l'effort » par lesquels sont surmontés les problèmes personnels et sociaux faisant obstacle à la création. Il procède par empathie, cherchant à comprendre le *fiat* d'une œuvre souvent longue à prendre forme. C'est ainsi qu'il a très finement analysé l'itinéraire créateur de Cavafis, de Solomos, d'Eliot, soulignant à chaque fois leur « combat avec la langue » car c'est en cette dernière qu'il voit la cohérence de l'architecture secrète d'une œuvre.

La thématique des *Essais* est définie par cette note de 1966 : « Tout ce qu'il m'a été donné de créer s'est ordonné autour d'un axe de nature éthique et rattaché à l'hellénisme. » Si l'hellénisme est bien au cœur de la réflexion critique séférienne, celle-ci débouche toujours sur les problèmes généraux de la création telle que l'illustre la tradition occidentale où Dante et Proust viennent ainsi rejoindre sans heurt Eschyle et Platon. L'hellénisme de Séféris est intégral, ne connaissant pas de limite spatiale ni temporelle. L'« ordre grec » est un tout indivisible. Et c'est pourquoi Séféris traite toujours en parallèle les deux traditions, populaire et savante, si longtemps hostiles et séparées mais recelant chacune une part de l'esprit grec, malgré un schisme qui conduit Séféris à parler de « chagrin de la grécité » pour cette « malédiction originelle » qui a tant retardé le développement de la culture grecque moderne. Par la multiplicité de leurs points de vue originaux, les *Essais* de Séféris constituent une brillante histoire de la littérature grecque moderne.

L'originalité de Séféris apparaît encore lorsqu'il invoque la nécessité d'élaborer un « hellénisme grec », sans rien de chauvin mais attaché à définir son espace spirituel par rapport à l'hellénisme ou à l'Occident avec sa « Grèce classique » réductrice. Semblable hellénisme ne saurait du reste être fermé sur lui-même puisqu'il obéit à la vocation frontalière de la Grèce, qui en fait une charnière entre Orient et Occident, son balancier l'entraînant alternativement vers l'un ou l'autre pôle. Il n'empêche que la méditation séférienne sur « les ruines antiques et le chagrin d'aujourd'hui » n'est pas exempte d'une certaine tristesse, comme si la Grèce était victime d'une injustice : « Le taraudant besoin que nous éprouvons, nous les Grecs, à devoir chaque jour justifier notre existence devant Dieu. »

La poétique séférienne, en totale concordance avec sa propre poésie, est simple, cherchant l'équilibre entre la sensibilité et la parole poétique qui la traduit en tenant compte de la charge émotive d'une langue vieille de trois mille ans. Séféris prise avant tout le « style des choses » ayant sur le monde une prise solide qui manque au « style des mots », rhétorique et vide. Une éthique de la création sous-tend les *Essais*, fondée sur les devoirs de l'écrivain envers la langue ici perçue comme un véritable principe ontologique. Le pacte fondamental avec la langue, le souci de la préserver de tout foyer de corruption et l'obligation de la développer, tels seraient pour Séféris les articles essentiels de la charte du rapport du poète avec l'instrument de sa création, une relation qui déborde la seule perspective littéraire. Cavafis, là encore, nous donne l'exemple d'un créateur profondément moral par l'acharnement qu'il mit, à plus de 40 ans, à dépasser ses médiocres débuts. Dans l'« auberge universelle » qu'est devenu le monde contemporain, Séféris est fidèle à son « goût de l'un » sans jamais renoncer à l'espoir « puisque la poésie est souffle de vie, et que deviendrions-nous si le souffle venait à nous manquer ? ».

Les *Essais* nous donnent le même sentiment que celui qu'éprouvait Séféris à la lecture d'*Erotokritos* (*), ce poème crétois du XVIIe siècle qu'il considérait comme un sommet de la littérature grecque moderne : « Un homme qui parle juste est un grand soulagement. » À l'heure où l'image de la Grèce est trop souvent offusquée par la marée touristocratique, ce livre grave et responsable nous renvoie à ces mots de Solomos que Séféris eût pu lui-même écrire : « Enferme en ton âme la Grèce et tu sentiras frémir en toi toute forme de grandeur, et tu seras heureux. » — Trad. Mercure de France, 1987.

D. K.

ESSAIS d'Unamuno [*Ensayos*]. Recueillis pour la première fois par l'auteur en 1916-1918, les *Essais* (en sept volumes) représentent l'œuvre la plus vivante de l'écrivain espagnol Miguel de Unamuno (1864-1936). C'est là l'une des productions les plus typiques de la littérature espagnole du XXe siècle. Le premier essai, *L'Essence de l'Espagne* (*), paru dans la revue *España moderna*, est un témoignage important sur cette crise de conscience nationale espagnole qui se situe à l'époque de la défaite de la guerre de Cuba (1898) : cette crise, comme tout « implacable examen de conscience », fut féconde et conduisit Unamuno lui-même, qui en fut un des témoins, à un renouveau d'enthousiasme pour la « tradition éternelle » de son pays. Le fait de préconiser l'« européanisation » de l'Espagne, en dépit des liens de dépendance que cela pouvait entraîner vis-à-vis des idéologies étrangères, impliquait une confiance dans la vitalité et la force de l'âme nationale que n'avaient pas alors les partisans du « purisme castillan ». Cette position, qui semblait contradictoire en elle-même, fut développée, en une série d'essais parus dans diverses revues. Ce sont ces essais que l'auteur a recueillis dans : *Ma religion et autres essais* [*Mi religion y otros ensayos*, 1910], *Soliloques et conversations* [*Soliloquios y conversaciones*, 1911], *Contre ceci et cela* [*Contra aquesto y aquello*, 1912]. Avec « Entrez » [¡ *Adentro* !, 1900], Unamuno affirme la nécessité qu'il y a de ne pas construire sa vie selon un plan déterminé, la vie elle-même se chargeant de ce travail de précision : « Le fait d'être un homme ayant un but et qui s'en tient à des décisions fixes répond seulement au désir d'être tel que les autres nous imaginent. » « L'Idéocratie » [La ideocracia, 1900], en affirmant une position anti-intellectualiste, annonce déjà le pragmatisme dont Unamuno se fera le défenseur. Seule est vraie l'idée qui se réalise, et encore n'est-elle vraie que dans la mesure où elle est réalisée. Ce qui importe, ce n'est pas d'avoir telles ou telles idées, mais de penser. « Intellectualité et spiritualité » [Intelectualidad y espiritualidad, 1904] ainsi que « Les Naturels et les Spirituels » [Los naturales y los espirituales, 1905], divisent les êtres en trois catégories, selon leur degré d'évolution : les charnels, c'est-à-dire le peuple, qui vit comme les somnambules ; les intellectuels, les hommes du sens commun et de la logique, qu'ils soient théologiens ou hommes de science : tous pédants ; les spirituels, les rêveurs « qui ne tolèrent pas la tyrannie de la science, ni celle de la logique », ceux qui s'entretiennent, à la manière de Pascal, avec le cœur humain. Car c'est précisément le sentiment, dit-il dans son essai « Sur la philosophie espagnole » [Sobre la filosofía española, 1904], qui est à la base de toutes les philosophies. « Nihil cognitum quin praevolitum. » C'est par une prière fervente, et non par une pensée logique, que nous affirmons Dieu, c'est-à-dire la « Plénitude des plénitudes et tout est plénitude » [Plenitud de plenitudes y todo es plenitud, 1904]. Or cette spiritualité peut être mieux comprise par les charnels que par les intellectuels, par Sancho Pança que par le bachelier Samson Carrasco. « Sur la lecture et l'interprétation de Don Quichotte » [Sobre la lectura y la interpretación del Quijote, 1905] est comme une introduction à la vie de Don Quichotte et de Sancho.

L'attitude d'Unamuno vis-à-vis du problème national est définie dans une série d'essais, qui vont de « La Crise actuelle du patriotisme espagnol » (1905) à celui « Sur l'européanisation » (1906). Unamuno entend par « européanisation » l'esprit scientifique et intellectuel français, et il lui oppose le caractère passionné et tragique de l'âme espagnole. Il est ainsi arrivé à se découvrir profondément espagnol et, pour lui, la « raison du cœur » est supérieure à la froide logique. Dans *Ma religion et autres essais*, Unamuno nous fait part de ses sentiments à l'égard des problèmes sociaux. Le peuple ignore quelles sont ses angoisses et ses aspirations, il faut lutter pour lui contre lui (« Les Écrivains et le Peuple », 1908). Le scientisme est une forme de démocratie de l'intellect, qui équivaut à imaginer que « la hiérarchie mentale se forme, comme en politique, par suffrage ». La base d'une telle démocratie est l'orgueil gratuit, « d'autant plus grand que l'on a moins de raisons de s'enorgueillir » (« Scientisme », 1908). On a déjà l'impression de lire Ortega y Gasset dans *La Révolte des masses*. Avec *Soliloques et conversations*, Unamuno se pose la question de savoir ce qu'il y a de valable et d'épisodique dans ce qu'il écrit pour les journaux. S'étant aperçu qu'il se répète (« Soliloque »), il fait état de ce que même les plus grands génies ont été des hommes qui avaient peu d'idées. C'est pourquoi il s'oppose à la célèbre formule : « Tout comprendre, c'est tout pardonner » : « Ne se pourrait-il pas que celui qui montre qu'il comprend rigoureusement tout, le fait parce qu'il ne comprend rien ? » Par là, il se déclare opposé à toute ironie (« Malumorismo »).

La fortune de son livre d'essais : *Contre ceci et cela*, est due en bonne partie à son titre, qui n'est pas sans laisser espérer une agressivité, qui en réalité n'existe pas. Ce titre a contribué à la renommée d'homme mécontent de tout et de tous que s'est faite Unamuno, et qui ne correspond pas à sa véritable personnalité. Dans le premier des articles que contient ce livre (« Algo sobra la crítica »), Unamuno, parlant de lui-même, estime, non sans raison, qu'il est peu d'hommes qui peuvent se considérer « aussi doux et aussi condescendants que lui ». Bien que ce premier groupe d'essais que nous venons d'analyser ne jouisse pas d'une renommée égale à celle de ses autres œuvres, c'est là sans aucun doute que s'exprime le mieux la personnalité véritable de l'auteur. On peut joindre à cette liste d'autres œuvres, d'égale valeur, que nous nous contenterons de citer : par exemple, « La Folie du docteur Montarco » [La locura del doctor Montarco, 1904], « Sur l'orgueil » [Sobre la soberbia, 1904], « Solitude » [Soledad, 1905], « Où est la vérité ? » [Qué es verdad ? 1906], « Le Secret de la vie » [El secreto de la vida, 1906].

Dans le second groupe d'essais, on range l'ensemble de ses écrits portant plus spécialement sur la littérature : critique impressionniste et personnelle, il ne s'agit pas cependant d'une critique de livres, mais des hommes à travers les livres (Ibsen, Kierkegaard, Flaubert, Rousseau, Taine, Carducci) ; bien que ces études ne manquent pas de traits nouveaux, elles se ressentent de ce journalisme professionnel dont Unamuno avait nié précédemment les effets. Méritent d'être traités à part deux essais qui sont parmi les plus importants qu'ait écrits l'auteur ; sa personnalité tout entière s'y exprime dans sa bouleversante richesse : ce sont *La Vie de Don Quichotte et de Sancho Pança* (*) et *L'Agonie du christianisme* (*). En commentant le grand livre que le peuple espagnol a donné aux hommes et en examinant le sens du christianisme dans le monde moderne, Unamuno est arrivé à mettre en pleine lumière et à exalter les forces contradictoires qui se partagent sa personnalité de penseur et d'écrivain : mysticisme et rationalisme, Moyen Âge et humanisme.

ESSAIS CARACTÉRISTIQUES ET CRITIQUES [*Charakteristiken und Kritiken*]. Recueil d'essais des frères allemands August Wilhelm (1767-1845) et Friedrich Schlegel (1772-1829), publié en 1801. Lorsque la publication de la revue des Romantiques l'*Athenaeum* (*) fut suspendue, les frères Schlegel décidèrent de recueillir, sous le titre d'*Essais caractéristiques et critiques,* l'ensemble de leur activité littéraire. L'œuvre, en deux volumes, réunit quelques-uns de ces comptes rendus qui, lors de leur publication dans *Les Heures,* dans la *Gazette littéraire de Iéna* et dans l'*Athenaeum,* révélèrent à l'Allemagne une forme nouvelle de critique. La « Critique de Bürger » d'August Wilhelm est considérée comme le joyau du recueil. On doit à August Wilhelm l'essai sur *Roméo et Juliette* (*), exaltation de Shakespeare analogue à celle qu'avait faite Lessing, analyse pleine de finesse, que seul l'auteur pouvait écrire. Les *Lettres sur la poésie, la prosodie et la langue* d'August Wilhelm s'inscrivent dans la ligne des travaux de Herder. Le fameux compte rendu du roman de Jacobi, *Woldemar* (*), est de Friedrich ; c'est là peut-être l'essai le plus profond et le plus parfait qu'il ait écrit ; l'auteur s'y révèle comme un polémiste accompli, reprochant à Jacobi le caractère purement subjectif de son œuvre ainsi que la primauté accordée à la philosophie et au mysticisme, sur la poésie. Le compte rendu se clôt par la phrase devenue célèbre : « *Woldemar* est une invitation à connaître Dieu. » Pages d'un ami, pleines de noblesse, celles consacrées à « Lessing » forment, avec l'essai précédent, une véritable profession de foi : Friedrich s'efforce de comprendre qui fut Lessing et de découvrir l'homme à travers l'écrivain. Par derrière l'apôtre et le défenseur du rationalisme allemand, Friedrich nous fait connaître l'homme dont chacune des paroles fut l'affirmation d'« une nature entièrement morale ». Il le définit comme le « Prométhée de la littérature allemande » et retient *Emilia Galotti* (*) comme le chef-d'œuvre de la raison pure, créé dans la « sueur » et la fatigue. Il analyse finement *Nathan le Sage* (*) et conclut en proclamant que Lessing a laissé « le plus admirable ensemble de littérature polémique, humoristique et philosophique » de l'Allemagne.

ESSAIS CHOISIS [*Selected Essays*]. Ce volume publié en 1932 contient une trentaine d'essais de l'écrivain anglais Thomas Stearns Eliot (1888-1965), répartis sur une quinzaine d'années. Le choix de l'auteur correspond à l'essentiel de son œuvre de critique littéraire. Il reprend « La Tradition et le Talent individuel » déjà publié dans *Le Bois sacré* (*) et cet autre texte capital que constitue « La Fonction de la critique » [The Function of Criticism] : fonction qui consiste souvent à redécouvrir une tradition qui résume « la sagesse accumulée des temps », et à distinguer les deux écoles classique et romantique, distinction qui équivaut à celle que l'on peut faire entre « ce qui est complet et le fragmentaire, ce qui est adulte et ce qui n'est pas mûr, l'ordre et le chaos ». Eliot désire l'ordre et l'unité de la poésie classique, et la fonction du critique consiste pour lui à découvrir l'autorité objective qui permettra au poète d'être classique, d'échapper à l'expression de son individualité pour traduire une expérience plus universelle. Il ne s'agit pas de nier la valeur des désirs humains, mais de découvrir des critères objectifs qui leur donneront une orientation satisfaisante, la foi dans la valeur de la tradition.

Certains essais traitent spécifiquement de la poésie dramatique, de la rhétorique et du dialogue au théâtre, d'Euripide et de Sénèque vus par les élisabéthains comme « Shakespeare et le stoïcisme de Sénèque » [Shakespeare and the Stoïcism of Seneca, déjà publié en 1927]. Plusieurs essais sont consacrés aux dramaturges élisabéthains et jacobéens avec qui Eliot a beaucoup d'affinités : aux études sur Marlowe, Shakespeare, Ben Jonson et Massinger s'ajoutent ainsi celles sur Thomas Middleton, Tourneur, Heywood et Marston parmi les onze dramaturges ici réévalués. Sur la liste des auteurs préférés d'Eliot se trouve Dryden [l'*Hommage à Dryden,* repris de *Homage to John Dryden, Three Essays on the Poetry of the XVII Century,* de 1924] qui occupera désormais une place de choix dans l'univers d'Eliot aux côtés de Lancelot Andrewes. Les nouveaux titres les plus importants sont l'essai sur « Baudelaire » de 1930 et celui sur « Les Poètes métaphysiques ». Le premier est le compte rendu de la traduction des *Journaux intimes* du poète français publiée par Christopher Isherwood. Eliot, dont l'œuvre subit l'influence de Baudelaire et des symbolistes s'intéresse surtout à l'introduction des images de la vie moderne dans une poésie dont la versification doit ses rythmes à la prose. « Les Poètes métaphysiques » salue la publication d'un recueil de poèmes lyriques jacobéens édité par Herbert J. C. Grierson. Eliot y esquisse sa célèbre théorie de la « dissociation de la sensibilité » : les poètes du XVIIe siècle, « successeurs des dramaturges du XVIe, possédaient un mécanisme de sensibilité capable d'absorber n'importe quelle expérience ». Ils sont simples ou artificiels, difficiles ou fantastiques tout comme leurs prédécesseurs, mais au XVIIe siècle se produisit une séparation dont nous ne sommes pas guéris : à mesure que le langage se raffinait, les sentiments devenaient plus grossiers, et « les deux grands maîtres de la diction de notre langue triomphent avec un mépris éclatant de l'âme ». La poésie devient une poétique jusqu'au moment où Eliot lui-même tente de ressouder la dissociation, d'exprimer de façon cohérente les aspects contradictoires du monde contemporain. La poésie, en cherchant à prendre du recul vis-à-vis de l'émotion, vise à se définir selon les critères universels de la tradition.

Une seconde édition des *Essais choisis* parut en 1950, avec quelques adjonctions mineures. Il est remarquable que l'auteur, américain de naissance, n'y mentionne la littérature américaine que pour combattre l'humanisme d'Irving Babbitt, et il n'est pas sans ironie que ses théories, point de départ d'une des tendances de la « nouvelle critique », continuent à exercer une influence aussi importante que celle de sa poésie sur les écrivains d'outre-Atlantique. — Trad. Le Seuil, 1950.

ESSAIS CRITIQUES d'Amiel. Sous ce titre, Bernard Bouvier recueillit et publia, en 1932, un grand nombre de pages critiques de l'écrivain suisse d'expression française Henri Frédéric Amiel (1821-1881). Ce livre est d'une importance considérable, car il vient éclairer pour ainsi dire toute l'activité intellectuelle du célèbre auteur des *Fragments d'un journal intime* (*). Il s'agit d'essais, généralement brefs, de notes critico-philosophiques, en partie inédites, mais pour la plupart publiées çà et là dans divers journaux de l'époque ou en opuscules à tirage très restreint. Tous ces écrits peuvent se répartir en deux groupes d'une part, des morceaux de critique littéraire ou esthétique ; d'autre part, des essais ou articles de tendance philosophico-politique. Au premier groupe, outre les essais : « Du naturalisme et de l'idéalisme dans l'art », « De la ballade historique », « Ronsard et Malherbe », « Du Beau dans la nature, dans l'art et dans la poésie », etc., appartiennent de nombreuses notes sur des écrivains contemporains. Amiel, critique littéraire, est tout à fait l'homme de son *Journal :* indécis, subissant à l'excès l'influence de l'instant qui fuit, sachant juger avec une grande finesse les aspects psychologiques d'un problème, mais dérouté et hésitant devant les questions d'ordre général, absolument incapable de prendre une position quelconque. À l'autre groupe appartiennent des écrits beaucoup plus importants. Dans l'essai sur l'*Évangeline* (*) de Longfellow, Amiel ne s'occupe pour ainsi dire pas de la poésie : il situe l'œuvre dans l'atmosphère sociale de l'époque et en tire des jugements d'une singulière acuité sur la vieille Amérique, l'Amérique des pionniers qui disparaît peu à peu devant les conditions de vie des temps nouveaux. D'autres essais nous montrent en Amiel un psychologue étudiant avec une étonnante pénétration la vie sociale : « Berlin au printemps de 1848 », « Du mouvement littéraire dans la Suisse romande », « Sur la liberté »... En effet, l'auteur s'y révèle comme un écrivain extrêmement sensible à l'influence des idées sur les phénomènes sociaux, prompt à discerner les caractéristiques d'une race, d'un peuple, d'une communauté : trop aristocrate pour se laisser influencer par le matérialisme historique envahissant, mais suffisamment au courant de la vie de son pays pour connaître la valeur des intérêts pratiques et des préjugés de caste dans le jeu de la lutte sociale. Ce sont là des pages remarquables en elles-mêmes par leur hauteur de pensée et qui nous donnent une image quelque peu différente de l'idée que l'on se fait traditionnellement de cet écrivain : doué d'un sens analytique extrêmement aigu, certes prisonnier de l'exceptionnelle mobilité de sa pensée, Amiel apparaît toutefois comme résolument engagé dans une recherche qui le conduit à des jugements lucides et définitifs.

ESSAIS CRITIQUES d'Arnold [*Essays in Criticism*]. Ces essais de l'écrivain anglais Matthew Arnold (1822-1888) parurent en deux séries, la première en 1865, la deuxième en 1888. Dans le premier, « Buts de la critique à l'époque actuelle », il affirme que la critique doit être un « effort désintéressé pour enseigner et diffuser ce que l'on connaît de mieux dans le monde ». Il veut combattre l'esprit philistin et ouvrir ses concitoyens, enfermés dans leur île, à la culture européenne. À propos de l'histoire de l'Académie française, il s'étend, dans le deuxième essai, sur le rôle des académies en général. Moins l'influence d'un centre « d'information correcte, de jugement sûr et de bon goût » se fait sentir, plus on constate une note provinciale dans la littérature. Ou bien c'est le génie qui fait défaut, ou bien c'est le style. Intéressante est la comparaison qu'il fait entre les littératures française et anglaise, car elle met en lumière la nature même des deux nations. Les caractéristiques de l'esprit français, tout comme celles de l'esprit attique, sont la vivacité de l'intelligence et la versatilité intellectuelle, alors que celles de l'esprit anglais sont l'énergie et l'honnêteté. Il en résulte, à son avis, que l'Angleterre excelle dans la poésie, la France, au contraire dans la prose. De belles pages sont dédiées à Maurice de Guérin (1810-1839), dont il admire et traduit en partie *Le Centaure* (*), son chef-d'œuvre. La grande force de la poésie réside dans la faculté d'interprétation. Elle peut éveiller en nous un sens nouveau, intime et merveilleux des choses et de nos rapports avec ces choses. Les préoccupations éthiques d'Arnold font que, tout en admirant Heinrich Heine en tant que poète et allant jusqu'à le considérer comme le plus important continuateur de Goethe, il juge son œuvre comme un échec par suite d'un manque d'équilibre moral, de noblesse d'âme et de caractère. Arnold fait preuve d'une sympathie toute particulière pour Joseph Joubert (1754-1824), dont il cite de nombreuses pensées sur la métaphysique, la morale et la littérature et qu'il compare à Coleridge. Chrétien de cœur, mais très large d'esprit, Arnold, dans un essai sur « Le Sentiment religieux païen et médiéval », traduit et compare l'idylle de Théocrite où sont racontées les fêtes d'Adonis (« Les Syracusaines ») et le *Cantique du soleil* (*) de saint François. Il voit et indique les faiblesses du paganisme, mais rappelle qu'il est un siècle de l'histoire grecque, celui qui précède la guerre du Péloponnèse, au cours duquel la poésie avec Simonide, Pindare, Eschyle, Sophocle, s'éleva au respect de règles « dont le ciel a la paternité ». Le mysticisme panthéiste de Spinoza, le stoïcisme austère et élevé de Marc Aurèle requièrent toute sa sympathie. Poète lui-même, Arnold fait preuve, en traitant de questions littéraires, d'un goût très fin et d'une pensée sérieuse. Imitant un peu Sainte-Beuve, il expose ses idées personnelles avec élégance, discrètement, et sans jamais faire étalage de son érudition. La deuxième série des *Essais,* parue en 1888 sept mois après la mort d'Arnold, recueille des études consacrées au « Comte Léon Tolstoi », à Amiel, mais surtout à la poésie romantique anglaise : Thomas Gray, Keats, Shelley, Byron.

ESSAIS CRITIQUES de Joyce. En 1959, Richard Ellmann et Ellsworth Mason ont réuni et édité sous le titre *The Critical Writings of James Joyce* les divers textes de l'écrivain irlandais James Joyce (1882-1941) relevant de l'essai et de la critique littéraire ; ils ont joint à cet ensemble, qui comprend cinquante titres, trois courtes lettres sur Pound, Hardy (en français) et Svevo, ainsi que quatre poèmes critiques ou satiriques. Le livre débute avec la seule composition anglaise de Joyce (il obtint le grand prix dans cette discipline) qui nous ait été conservée : « Ne vous fiez pas aux apparences » [Trust Not Appearances], date probable 1896 ; suivent deux textes de jeunesse encore maladroits mais significatifs : « Force » (1898) et « l'Études des langues » [The Study of Languages, 1898-99). En 1900, le ton change brusquement et Joyce semble avoir découvert, sinon son style, du moins quelques-unes des idées qui guideront son œuvre avec deux essais assez longs : « Le Drame et la Vie » [Drama and Life] et « Ibsen et le Drame nouveau » [Ibsen's New Drama]. Joyce y insiste sur la nécessité de remiser le passé au musée et sur la grandeur du drame moderne tel que l'a conçu Ibsen (Ibsen fut pour lui une révélation), drame qui en se basant sur les seules lois profondes de la conduite humaine atteint une vérité valable pour tous les temps et pour tous les lieux. Entre 1900 et 1904, Joyce compose ensuite la partie la plus volumineuse de ce recueil, soit vingt-neuf essais ou articles consacrés pour la plupart à mettre ses compatriotes en garde contre le provincialisme et le folklore, et à les inciter à s'ouvrir à l'esprit et à la culture européens ; il y affirme en outre la nécessité de briser toutes les formes d'hypocrisie, notamment religieuse, afin de parvenir à la liberté créatrice et joyeuse de l'esprit. En marge de ces essais, parmi lesquels on peut citer : « Un poète irlandais » [An irish Poet, 1902], « Aujourd'hui et demain en Irlande » [Today and Tomorrow in Ireland, 1903], « Tentative pour penser avec précision » [An Effort at Precision in Thinking, 1903] et « L'Âme de l'Irlande » [The Soul of Ireland, 1903], il faut retenir un article sur la philosophie de Giordano Bruno [The Bruno Philosophy, 1903], qui exerçait une grande fascination sur l'esprit de Joyce, deux brèves études sur Shakespeare [Shakespeare Explained, 1903], et sur le *Catilina* (*) d'Ibsen, et surtout un groupe de notes intitulé « Esthétique » [Aesthetics] et rédigé en 1903 au cours d'un voyage à Paris puis en 1904 en Italie. S'efforçant de définir l'art, Joyce y voit une tentative pour donner une forme esthétique au sensible et à l'intelligible, bien qu'il ne lui reconnaisse aucun but didactique précis ; par ailleurs, c'est dans ces notes qu'apparaît pour la première fois le terme « épiphanie » pour décrire ces instants privilégiés au cours desquels la beauté se révèle à l'improviste dans sa forme la plus vive, et l'on sait le rôle essentiel que Joyce devait accorder aux « épiphanies » tout au long de sa vie et de son œuvre. Cette période 1900-1904 prend fin sur un poème, « Le Saint Office » [The Holy Office], où, dans un style satirique et souvent scatologique, Joyce proclame sa rupture avec l'Irlande prisonnière de son gaélisme, de son folklore et de son hypocrisie. Quelques semaines plus tard, en compagnie de sa femme, Joyce partait pour un exil qui devait durer toute sa vie.

De 1909 à 1912, Joyce ne donna plus que neuf articles ou « lectures » rédigés soit pour *Il Piccolo della Sera*, soit pour l'Università

Popolare de Trieste. À part trois textes pénétrants sur Wilde, Shaw et surtout William Blake, ces textes sont consacrés à l'Irlande et à ses problèmes, par exemple : « Irlande, île des saints et des sages » [Ireland, Island of Saints and Sages] et « Le Fenianisme » [Fenianism, 1907]. Joyce ne peut parler de l'Irlande sans colère mais non plus sans nostalgie, et il finit toujours par chanter sa beauté et par maudire l'oppression séculaire anglaise. En 1912, à la suite d'un voyage en Irlande au cours duquel il vit son éditeur, par crainte de s'attirer des ennuis, dénoncer le contrat conclu pour *Dublinois* (*), Joyce écrivit, et au dos même du contrat, un autre poème satirique, « Gaz d'un brûleur » [Gas from a Burner], où il stigmatise les indignités réservées par l'Irlande aux esprits libres.

Après 1912, parce qu'il ne voulait pas jouer à l'homme de lettres, Joyce refusa désormais de s'exprimer en dehors de ses œuvres en cours ; aussi les éditeurs n'ont-ils pu réunir, pour les années 1912-1939, que neuf textes très brefs : une préface pour le programme d'un spectacle irlandais, les trois lettres déjà mentionnées sur Pound, Hardy et Svevo ; un poème contre la guerre, « Dooleysprudence » ; une déclaration en faveur du ténor John Sullivan rédigée dans le style de *Finnegans Wake* (*) ; un « ajout » [Ad-Writer] à la préface destinée à présenter une traduction de Svevo au public anglais ; un épilogue en vers aux *Revenants* (*) d'Ibsen et une « Communication sur le droit moral des écrivains » faite en français au quinzième congrès international du P.E.N. Club (Paris, juin 1937).

Les *Essais critiques* de Joyce peuvent paraître secondaires mais seulement parce qu'ils constituent, si l'on peut dire, la préface d'une œuvre géniale. Il faut les lire, moins pour leur style et leur pensée, que pour ce qu'ils nous apprennent sur leur auteur ; considérés sous cet angle, ils se présentent alors comme les éléments essentiels de sa biographie intellectuelle. — Trad. Gallimard, 1966.

ESSAIS CRITIQUES de Th. Mann. Les essais de l'écrivain allemand Thomas Mann (1875-1955) furent une première fois reunis en un volume sous le titre *Souffrance et grandeur des maîtres* [*Leiden und Grösse der Meister*], publié à Berlin en 1935. D'autres firent l'objet de diverses publications à titre d'articles de revues, discours et préfaces. Les meilleurs d'entre eux ont été réunis en un volume : *Noblesse de l'esprit* [*Adel des Geistes*] et publiés par l'éditeur Bermann-Fischer de Stockholm. Dans le premier volume se distinguent par leur qualité et leur importance les essais consacrés à Goethe et Richard Wagner, dont l'œuvre même de Mann est nourrie. « Goethe, représentant de l'époque bourgeoise », tel est le titre du premier essai, discours prononcé le 18 mars 1932 à l'Académie prussienne des arts de Berlin, à l'occasion du centenaire de la mort de Goethe. Ce dernier est donc étudié en tant que représentant d'une époque qui va de l'apogée des villes hanséatiques et du commerce à la fin du Moyen Âge jusqu'au déclin qui a marqué le XIXᵉ siècle. Il est caractéristique que Mann ait précisément choisi comme objet de son étude cet aspect du grand poète, en qui il n'hésite pas à voir la plus haute expression du génie ; fils d'une Allemagne encore bourgeoise, il ne pouvait qu'apporter à cette analyse une compétence et une perspicacité particulières. Goethe, nous dit-il, grand aristocrate de l'esprit, était cependant imprégné de la sève populaire allemande, à la fois frère spirituel d'Érasme et de Luther. Et, tandis que dans *Les Années d'apprentissage de Wilhelm Meister* (*) il annonce sous une forme pédagogique le développement économique et social du siècle suivant, avec *Les Affinités électives* (*) il échappe au rationalisme du XVIIIᵉ et nous ouvre un monde de sentiments et de pensées entièrement nouveau, dont alors on n'a pas sondé les mystérieuses profondeurs. Citoyen de la ville hanséatique de Lübeck, Mann ne peut s'empêcher de manifester sa gratitude au poète d'*Hermann et Dorothée* (*) pour son appartenance à la classe moyenne ; et ce n'est pas sans plaisir qu'il s'attarde aux souvenirs bourgeois rapportés dans *Poésie et Vérité* (*), se laissant aller à nous conter des anecdotes sur Goethe, père de famille, hôte et gourmet, qui ne sont pas sans surprendre. Il aime également chez le vieux poète la passion de l'ordre, où il voit une manifestation de ses idéaux démocratiques. Mais il décèle aussi, dès *Les Années d'apprentissage,* une lente évolution qui doit conduire à un nouveau monde où le dépassement de l'individualisme humanitaire, grâce à l'esprit représenté par Nietzsche, conduira à compléter la notion d'individu par la fonction de ce dernier dans la communauté sociale. Un autre essai a pour titre « La carrière littéraire de Goethe écrivain » : Mann voit, dans l'œuvre, la substance essentielle de l'écrivain, la réalisation même de sa propre personnalité ; et c'est pour avoir pleinement mesuré la valeur de sa personnalité que Goethe put admirer le génie sans l'envier, partout où il se manifestait ; et Mann de souligner que, chez Goethe, cette faculté d'admiration venait en quelque sorte renforcer la puissance créatrice.

L'essai : « Souffrance et grandeur de Richard Wagner », écrit à l'occasion du cinquantenaire de la mort du musicien et lu le 10 février 1933 à l'université de Munich, se présente plutôt comme une confession de Mann lui-même en tant qu'artiste, confession qui nous révèle non seulement « comment » il envisage l'homme et l'artiste Wagner, mais aussi « pourquoi » il le voit ainsi. Wagner nous est donné comme la plus parfaite expression du XIXᵉ siècle : à la fois gigantesque et souffrant, massif et délicat, mythique et grossier, complexe et ambigu, méconnu et glorieux, anarchiste et réactionnaire, nationaliste et européen ; romantique et réaliste, chaotique et pédant, essentiellement tragique et théâtral ; un génie qui, en dépit de son goût prononcé pour le macabre à la Tristan, sut transposer musicalement la « volonté » de Schopenhauer, exprimer cette soif éternelle d'amour que le philosophe appelle la source même et le foyer de la volonté. Wagner est parvenu à concilier dans son œuvre les deux forces contradictoires du mythe et de la psychologie. Comment, à lire cet essai, ne pas y voir une justification de la tentative, en tous points analogue, que Mann se proposa dans la grandiose tétralogie de *Joseph et ses frères* (*) ? Poursuivant son analyse, Mann dénonce chez Wagner un certain dilettantisme envers chacun des arts dont il opère en revanche une géniale synthèse. Fidèle à son culte du monde bourgeois, Mann s'attache à nous montrer comment le Wagner révolutionnaire de 1848, dont les vicissitudes privées constituèrent un véritable défi à l'opinion publique, n'en vivait et créait pas moins dans une atmosphère bourgeoise ; celle-ci se manifeste dans son pessimisme moral, dans cette notion de décadence que le XIXe siècle a unie à la notion de monumental, du fait même qu'il a tenu morale et grandeur pour synonymes : notons que Mann nous livre ici la clé du motif fondamental de ses *Buddenbrook* [*] et de divers autres ouvrages.

Dans *Une traversée avec Don Quichotte*, essai écrit en mai 1934, tandis que Mann se rendait en Amérique, fuyant le IIIe Reich, c'est un magistral commentaire de l'œuvre de Cervantès qui nous est donné. Définissant l'ouvrage comme un livre universel, qu'il est bon d'emporter avec soi dans un voyage à travers le monde, il tient à indiquer que la traduction allemande de Tieck a su lui donner un second visage. Cependant il demeure perplexe quant à l'élément satirique du roman et des nouvelles, tandis qu'il éprouve envers la silhouette pacifique et tragi-comique du héros idéaliste une affection fraternelle, où la pitié le dispute à la compassion et à la vénération. Un essai est également consacré à l'écrivain allemand Théodor Storm, à titre d'introduction pour l'édition des Œuvres complètes de cet auteur publiées chez Knauer ; ici se manifeste avec évidence la tendance de Mann à souligner ce qu'il peut y avoir d'imperfections et de ridicule chez de grands artistes et en même temps à rendre sensible et attachant ce que leur personnalité peut comporter de trop humain. Cependant le grand romancier allemand aura eu le mérite d'avoir attiré l'attention sur les beautés de certains poèmes de Storm qu'il préfère à ses nouvelles (à l'exception de *L'Homme au cheval blanc* [*], qui appartient désormais à la littérature mondiale) et d'avoir souligné, à côté de l'élément chrétien généralement reconnu chez cet auteur, l'élément proprement germano-nordique et légendaire ainsi que le pessimisme du XIXe siècle, dont ses œuvres portent la marque.

Parmi les autres essais, retenons la préface qu'il écrivit en 1911, pour une nouvelle édition des « Œuvres » de Chamisso, qui n'est pas comprise dans le volume *Souffrance et Grandeur des maîtres,* mais fut publiée dans *Questions et réponses* [*Rede und Antwort*]. Il s'agit là d'une pénétrante analyse sur la personnalité de l'auteur de *L'Histoire merveilleuse de Peter Schlemihl* (*) : Mann indique quelles affinités liaient l'auteur à son personnage, affinités que l'on peut reconnaître et identifier dans ce ton de réalisme bourgeois qui persiste à travers les aventures les plus fabuleuses. Citons encore un « Discours à propos de Lessing » où Mann, qui avait trouvé dans l'art de Wagner et la pensée de Nietzsche une sorte de justification de sa propre esthétique, exalte l'attitude critique de ce courageux défenseur de la vérité ; véritable mission nationale que Mann lui-même assumera plus tard dans le domaine proprement politique — v. *Essais politiques* (*). Il reconnaît en Lessing l'homme qui s'était déjà donné pour but, dans son œuvre poétique, avec *Minna de Barnhelm* (*) et *Nathan le Sage* (*), d'élever son peuple à l'idéal de l'humanité. — Trad. *Noblesse de l'esprit,* Albin Michel, 1960 ; nombreux essais réunis dans *L'Artiste et la société, portraits, études, souvenirs,* Grasset, 1973 ; *Une traversée avec Don Quichotte,* Complexe, 1986 ; *Wagner et notre temps,* Pluriel, 1977.

ESSAIS CRITIQUES de Masamune [*Sakkaron*]. Œuvre de l'écrivain japonais Masamune Hakuchô (1879-1962) rassemblant en deux volumes des textes sur les auteurs japonais modernes, qui, pour la plupart, avaient été rédigés longtemps auparavant à l'intention de la revue *Chûô-Kôron.* À partir de 1925, celle-ci avait décidé de publier régulièrement des essais sur des « personnalités » [jinbutsu-hyôron] et confia cette chronique à Masamune Hakuchô. En 1932, il avait constitué avec certains de ces articles un premier recueil : *Personnalités du monde des lettres* [*Bundan-jinbutsu-hyôron*]. Le titre est éloquent. Ce qui attire avant tout l'attention de l'auteur, c'est la « personnalité » de l'écrivain. L'homme le retient plus que l'œuvre et, quand il cite une phrase de l'original, il s'attache à montrer l'attitude que l'auteur adopte devant « la vie ». Avant de se consacrer au genre de l'essai, lui-même avait tenté de décrire et de résoudre les problèmes moraux qui se posaient à sa génération dans de nombreux romans, comme *Où allons-nous ?* [*Dokohe*, 1907], puis dans des pièces de théâtre.

L'année 1926 vit paraître la première anthologie de la littérature japonaise moderne, qui devait comprendre en tout plus de soixante volumes et récolter un très grand succès. Masamune traita des divers auteurs au fur et à mesure qu'ils étaient publiés dans cette collection. La coïncidence est significative : il écrit au moment où le Japon commence à considérer dans son ensemble sa littérature depuis Meiji. Par ses essais, Masamune en devient le mémorialiste. Il a connu tous ces écrivains et se comporte comme un de leurs pairs ; il aime rapporter des anecdotes, il tient à donner des indications précises sur le rôle des revues, sur les rapports qui s'établiront entre les grands romanciers et leur temps. Ses propres créations semblent vouées à l'oubli ; mais son œuvre critique garde son prix : une réalité encore toute proche, toute vivante, apparaît pour la première fois dans une perspective historique.

ESSAIS CRITIQUES ET HISTORIQUES de Macaulay [*Critical and Historical Essays*]. Ouvrage de l'historien anglais Thomas Babington Macaulay (1800-1859). Ces essais, successivement publiés à partir de 1825 et pendant environ vingt années dans l'*Edinburgh Review*, furent rassemblés en un volume en 1843. Au nombre de 27, ils furent groupés selon leur sujet en : « Essais d histoire anglaise » [Hallam, Burleigh and his Times, John Hampden, Milton, Sir William Temple, Sir James Mackintosh, Horace Walpole, William Pitt, the Earl of Chatham, Lord Clive, Warren Hastings, Lord Holland] (englobant entièrement un vaste panorama historique qui va de l'époque d'Elizabeth aux dernières années du règne de George III) ; « Essais d'histoire internationale » [Machiavel, Von Ranke, War of the Succession in Spain, Frederic the Great] ; « Essais sur les controverses politiques » [Southey's Colloquies, Civil Disabilities of the Jews, Gladstone on Church and State] et « Essais de critique litteraire » [Lord Bacon, John Bunyan, Leigh Hunt, The Life and Writings of Addison, Samuel Johnson, Madame d'Arblay, Moore's Life of Lord Byron, Mr. Robert Montgomery]. Macaulay, sous prétexte d'étudier des personnages bien déterminés, organise et développe ses idées autour des événements et des périodes historiques auxquels se rattachent ces personnages, donnant ainsi à ses divers écrits, en dépit de ses défauts et de ses excès, une physionomie très personnelle. Adoptant la morale de son époque, il apparaît comme un authentique représentant de l'ère victorienne, jusque dans la sincérité naïve qui le pousse à tenir ses points de vue et son idéal, bornés et partiels, pour l'essence même et l'expression d'une parfaite objectivité. Remplis d'erreurs sur les faits et de faux jugements, ces *Essais* n'eurent jamais une valeur proprement scientifique ; ils souffrent en outre d'une tendance didactique et d'un orgueilleux pédantisme, d'un recours trop fréquent à des effets de rhétorique, d'un manque total de profondeur et de recherche tant en ce qui concerne la synthèse philosophique que l'expression esthétique. Mais la clarté de l'exposition, la richesse du vocabulaire, le ton souvent polémique et satirique, tempéré d'humour, le choix des détails pittoresques évoquant magistralement les époques et les milieux, une bonne foi indiscutable enfin, parviennent à donner à certains passages beaucoup de force et d'attrait. Citons les pages consacrées à lord Clive qui jeta les bases de l'Empire britannique aux Indes. Macaulay se passionne pour les aventures, tour à tour heureuses et malheureuses, de ce personnage dont il se fait le fougueux avocat, et c'est avec la même ardeur qu'il s'attache aux aventures de lord Hastings, premier gouverneur anglais du Bengale. Mentionnons d'autre part l'essai sur les théories de Gladstone concernant les rapports de l'Église et de l'État qui, aujourd'hui encore, se révèle plein d'intérêt. Dans un essai demeuré célèbre, Macaulay entreprend de défendre Machiavel contre les attaques faciles des puritains anglais, proclamant que « peu d'esprits sont capables, à l'instar de Machiavel, de manifester autant de noblesse, un attachement aussi ardent et aussi pur au bien public, une si juste conception des droits et des devoirs du citoyen ». Bien que ses essais littéraires soient limités par des préjugés d'ordre moral, ils demeurent attachants par le relief des portraits évoqués à travers les détails biographiques et les nombreuses digressions ; ils complètent en outre la physionomie générale de ces écrits qui sont rangés justement, par l'ampleur du sujet et les qualités anecdotiques, parmi les Essais les plus marquants de la littérature anglaise.

ESSAIS DE CRITIQUE ET D'HISTOIRE. Recueil d'essais de l'écrivain français Hippolyte Taine (1828-1893), publié en 1857, et augmenté des *Nouveaux* et des *Derniers Essais*, en 1894. On réunit généralement sous le titre du premier recueil les trois volumes, surtout dans la forme qu'ils ont prise après les remaniements et la nouvelle disposition des essais et des préfaces. Accueillies avec sympathie et louées, même par des contradicteurs prônant d'autres méthodes (Sainte-Beuve notamment), les différentes pages qui ont trait aux philosophes, aux historiens et aux mémorialistes, et où Taine défend ardemment ses théories, comptent parmi les meilleures. En effet, si dans les premières œuvres de l'auteur, sa rigidité systématique finit par engendrer la monotonie scolastique d'une doctrine, elle cède ici à la diversité des perspectives, dans les peintures d'atmosphère et dans la description des caractères. Comme exemple de sa théorie qui veut trouver dans l'art et la pensée d'une époque le reflet des coutumes sociales de cette même époque, Taine, avec une vigueur de narrateur et un jugement d'historien, parle du duc de Saint-Simon et de Fléchier, de La Bruyère et de Sacy, pour ne citer que quelques-unes des pages les plus illustres. Dans cette même polémique littéraire, une célébrité particulière entoure les revendications qu'il prête à Balzac, à Mérimée et particulièrement à Stendhal, le maître qu'il s'était choisi durant les années de sa formation. Néanmoins, lié qu'il était à une théorie de l'art qui ne s'inspirait pas de la beauté, Taine devait (avant même que ne le fassent ses faux disciples) laisser paraître la faiblesse de ses arguments. Le portrait d'un poète ou d'un philosophe l'intéresse plus que l'examen d'une œuvre ; et il s'agit d'un portrait anatomique, et non pictural, comme lui-même le voulait, aussi sec qu'une dissection qui met devant les yeux de celui qui étudie une myriade de points de vue et de détails. Même le moralisme et un certain refus de l'histoire, qui semblait devenu nécessaire à toute évolution philosophique, ferment les voies à une compréhension réelle des personnages et des œuvres. Mais l'esprit passionné du savant dépasse souvent les limites que lui assigne son système, comme dans les pages dédiées à Mme de La Fayette ; c'est pourquoi l'œuvre reste parmi les meilleurs documents de la critique française du XIXe siècle.

ESSAIS DE CRITIQUE GÉNÉRALE. Ils constituent l'œuvre centrale du philosophe français Charles Renouvier (1815-1903), fondateur du néo-criticisme en France. Ces *Essais*, publiés entre 1851et 1864, comprennent quatre parties : logique critique, psychologie rationnelle, principes de la nature, introduction à la philosophie de l'histoire. L'auteur veut réagir contre le positivisme empiriste en rectifiant le criticisme de Kant, mais il accepte pourtant la base du positivisme : le principe de la science et de la connaissance est le phénomène, et les buts de la connaissance sont les lois des phénomènes. Le néo-criticisme rejette l'hypothèse métaphysique de la chose en soi, et part de la conscience comme fondement de l'existence et de la connaissance ; toute chose est représentation et rapport ; la représentation ne s'oppose donc pas au « représenté » comme phénomène et noumène, mais elle indique la réalité concrète du phénomène, qui est unité entre représentant et représenté. L'ordre objectif est une synthèse de rapports, de lois, parmi lesquels nous pouvons définir des rapports premiers et irréductibles : ce sont les catégories. Renouvier en fixe neuf : relation, nombre, position, succession, qualité, devenir, causalité, finalité, personnalité. La relation est une catégorie qu'il place avant toutes les autres, étant impliquée par toutes les autres. Chacune de ces catégories est considérée dialectiquement comme thèse, antithèse et synthèse. De la relation, qui est la loi de conscience supposée dans sa généralité et son abstraction, on passe, à travers les autres catégories, à la personnalité, qui en est la forme concrète et individuelle et qui, pour cette raison, constitue la base de la connaissance et l'unité réelle des phénomènes.

Le relativisme et le phénoménisme de Renouvier se comprennent en fonction d'un individualisme et d'une philosophie de la liberté. La doctrine de l'homme fournit le modèle à une théorie de la nature. Si nous voulons garantir aux phénomènes une réalité, même en dehors de notre représentation, il est nécessaire de leur reconnaître une conscience et une personnalité, en d'autres termes de les concevoir non seulement comme des « représentés », mais aussi comme des « représentants ». La nature est une monadologie. Le mécanisme s'éloigne de toute représentation adéquate du monde ; dans la réalité des faits, le déterminisme est indéfendable, et la science ne peut prouver la causalité. Renouvier réfute les antinomies de Kant et arrive aux conclusions suivantes : limitation du monde, négation de la substance, de l'espace et du temps continus, possibilité de la liberté. L'hypothèse d'un commencement absolu dans l'ordre des actes humains, comme dans celui des phénomènes naturels, n'est pas du tout contradictoire ; admettre la liberté n'est pas un scandale logique. Le concept de liberté peut nous amener au point de vue qui nous permettra de saisir l'unité du système de Renouvier. L'auteur fonde sur la liberté sa métaphysique, sa conception de l'histoire et aussi sa théorie de la certitude. Il est impossible d'arriver à une évidence logique, à une certitude rationnelle. L'assentiment implique la « libre volonté » ; et, plus qu'un acte d'intelligence, c'est un acte de foi. Si l'on suppose que la liberté est autodétermination de l'individu, elle ne peut subsister lorsque l'individualité est contrainte de se perdre dans la raison universelle ; aussi Renouvier, s'opposant à la morale de Kant, conçoit l'acte libre dans l'ordre des phénomènes, unique ordre réel. La liberté, c'est la vie de la personne humaine : elle est le principe même de son individualisation. Elle constitue donc le fondement de la vie spéculative et de la vie morale ou, plutôt, la vie spéculative et la vie morale ne peuvent être séparées. La recherche de la vérité est, pour Renouvier, un cas particulier de la vie pratique, parce que la connaissance est choix, croyance et liberté. C'est en partant de cette valeur de l'individu que nous devons chercher à comprendre le probabilisme de l'auteur ; il concerne plus le sujet que l'objet. Renouvier ne veut pas faire disparaître les individualités intellectuelles dans une raison absolue anonyme. La connaissance se fonde sur la liberté et la responsabilité de l'individu. Il n'y a donc pas de certitude sans degrés : le vrai n'est que le plus probable.

ESSAIS D'ÉLIA [*Essays of Elia*]. Livre d'essais sur des sujets variés, de l'écrivain anglais Charles Lamb (1775-1834), dont la première série parut dans le *London Magazine* entre août 1820 et décembre 1822, et en un volume en 1823. La deuxième série, intitulée *Derniers Essais d'Élia* [*Last Essays of Elia*], vit le jour en 1833. Le nom d'Élia était celui d'un commis italien de la South Sea House où Lamb et son frère John étaient employés. Lamb dit qu'il le prit comme pseudonyme par égard pour son frère ; il semble plus probable qu'il choisit ce nom parce qu'il est l'anagramme de « a lie » (ce qui, en anglais, signifie « un mensonge »). Les divers aspects du genre « essai » qui se sont développés depuis Montaigne se trouvent réunis chez Lamb. Dans quelques essais, on sent l'influence des « capitoli » italiens (composition en tercets, de caractère burlesque). À ce genre d'humour superficiel appartiennent la fameuse « Dissertation sur le cochon rôti » [A Dissertation upon Roast Pig] qui trouve son point de départ dans un passage du *Spione Turco* de Marana dans sa version anglaise ; la « Complainte sur la décadence des mendiants de la Métropole » [A Complaint of the Decay of Beggars in the Metropolis] ; et, pour son parti pris de dire des paradoxes, les « Sophismes populaires » [Popular Fallacies], qui sont la partie la moins durable du livre. Caractéristiques du XVIIIe siècle encore, ces essais qui s'attardent à de spirituelles descriptions de types et qui se rattachent au genre des « caractères » et au club du *Spectator* (*), tels « Les Deux Races d'hommes » [The two Races of Men] ; « Les Opinions de Mrs. Battle sur le whist » [Mrs. Battle's Opinions on Whist] ; « Sympathies imparfaites » [Imperfect Sympathies], et « Parents pauvres » [Poor Relations] dont la première partie fait penser à Théophraste. D'autre part, certains essais rassemblent des impressions de critique littéraire ou théâtrale, ou bien sont dictés par des expériences ou des réminiscences d'ordre littéraire : « Sur quelques anciens acteurs » [On Some of the Old Actors] ; « Sur la comédie artificielle du siècle passé » [On the Artificial Comedy of the Last Century] ; « Pensées éparses sur les livres et la littérature » [Detached Thoughts on Books and Reading] ; « Équilibre du vrai génie » [Sanity of True Genius]. Mais à l'époque de Lamb, les habitudes de vie avaient changé en même temps que les nouveaux courants spirituels. La rue, le club, le café n'étaient plus, comme au XVIIIe siècle, la scène habituelle des actions et des opinions : l'individu se repliait sur lui-même et, dans son besoin d'intimité, se tournait vers la maison et la famille ; le champ visuel s'était fait moins varié, plus restreint, mais aussi plus intense. De sorte que, même dans les *Essais d'Élia,* où l'on sent encore l'influence d'habitudes du siècle précédent, les détails autobiographiques ajoutent une saveur nouvelle, et, même, fournissent souvent les moments expressifs les plus heureux. Bien que ces détails affleurent, çà et là, dans tous les essais, ils prédominent notamment dans : « Christ's Hospital, il y a trente-cinq ans » [Christ's Hospital Five-and-Thirty Years ago] ; « Enfants de rêve » [Dream Children] ; « Vieux Chine » [Old China], où Charles Lamb nous apparaît dans sa pleine originalité et dans toute sa maturité ; ce groupe d'essais a permis au lyrisme de Lamb, qui s'était manifesté d'une manière timide et incomplète dans ses poésies de jeunesse, de trouver une expression adéquate.

Dans ses essais intimes, Élia nous parle de lui-même, de sa vie avec sa cousine (c'est-à-dire sa sœur), de ses amis de collège, des lieux de son enfance, de ses promenades au temps des vacances, des aspects de son cher Londres, de ses auteurs préférés, du théâtre qu'il aimait avec passion, et s'entretient avec nous de ses goûts, de ses antipathies, des fantaisies qui lui passent par la tête, comme au cours d'une conversation vive et capricieuse. Le style d'Élia suit parfois le courant ininterrompu des souvenirs, il use alors d'une vaste période qui semble vouloir tout dire ; d'autres fois, la phrase se fait brève, les mots rapides et pressants éclatent dans le feu d'artifice du bon mot. D'autres fois encore, le style est solennel et orné, lourd de pierreries et d'ors tout à fait XVIIIe siècle ; parfois, il devient succinct et sans prétention, comme si Élia, dépouillé du lourd brocart, avait endossé l'humble habit noir de l'employé de l'East India Company. Style aussi capricieux que le caractère de l'auteur, et habituellement riche en citations et en allusions, car Lamb était aussi un érudit de premier ordre. Par ce livre célèbre (qui fit école surtout en Grande-Bretagne : R. L. Stevenson, Max Beerbohm, etc.), Lamb s'affirme donc le créateur de l'essai autobiographique moderne, où l'essayiste peut être défini comme un poète lyrique en prose, attentif à suivre toutes les nuances d'un rythme trop subtil pour entrer commodément dans le cadre du vers. — Trad. Charpentier, 1880.

ESSAIS DE LINGUISTIQUE GÉNÉRALE. Ouvrage du linguiste américain, d'origine russe, Roman Jakobson (1896-1982). Ce recueil, publié en 1963, rassemble onze articles ou communications, parus entre 1949 et 1962, préfacés par Nicolas Ruwet et traduits de l'anglais par N. Ruwet et A. Adler. Jakobson est l'un des fondateurs de la linguistique structurale. Il appartint avec Maïakovski, en particulier, au groupe des formalistes russes en 1915, puis fut, avec Troubetzkoï, à l'origine du Cercle linguistique de Prague, qui, après Saussure, systématisa la phonologie. Il fut professeur à Harvard, aux États-Unis. Ce recueil d'essais comprend quatre parties, « Problèmes généraux », « Phonologie », « Grammaire », « Poétique ». Le premier essai, *Le Langage commun des linguistes et des anthropologues,* souligne que la linguistique doit toujours avoir le souci de sa liaison avec les autres domaines de l'anthropologie, dans la mesure où toutes ces disciplines s'attachent à l'étude de la fonction symbolique dans les conduites humaines. Bien que la linguistique procède d'abord par une série d'abstractions et de formalisations qui éliminent les significations, un retour aux significations est toujours finalement nécessaire à la pleine intelligence des processus linguistiques. Dans le projet d'une sémiotique générale, la linguistique doit collaborer avec les autres disciplines de l'anthropologie, collaboration déjà largement amorcée par l'ethnologie, l'étude de l'aphasie et de l'acquisition du langage enfantin, la critique littéraire, et la théorie mathématique de la communication issue des travaux des ingénieurs du téléphone. Le deuxième article, *Deux aspects du langage et deux types d'aphasie,* est probablement celui qui, en France, est le plus célèbre, à cause du retentissement qu'il a eu sur l'ethnologie et la psychanalyse, à travers les travaux de Lacan et de Lévi-Strauss en particulier. Partant du fait que l'aphasie présente deux évolutions différentes, selon que c'est le choix des mots ou la construction de la phrase qui se détériore, Jakobson distingue trouble de la similarité et trouble de la contiguïté et met en évidence deux pôles du langage, le pôle métaphorique, où les associations se fondent sur la ressemblance et où fonctionne la sélection, et le pôle métonymique, où les associations se font par contiguïté et où fonctionne la combinaison. Cette distinction peut s'appliquer à la littérature, qui est tout entière située sur un axe orienté par ces deux pôles : le pôle métaphorique, où intervient la comparaison, caractérisant notamment le symbolisme, et le pôle métonymique, dont relève le procédé littéraire qui consiste à prendre la partie pour le tout. Jakobson donne des exemples de métonymie tirés du roman réaliste russe, Tolstoï en particulier. Il rapproche également métaphore et métonymie des procédés que Freud évoque dans *La Science des rêves* (*) : déplacement et condensation relevant de la métaphore. Cet article est un bel exemple de l'unité que la linguistique peut apporter dans des domaines très différents de l'étude de la fonction symbolique. Le troisième essai, *Études typologiques et Contribution à la linguistique historique comparée,* développe l'idée que les distinctions entre étude statique et étude dynamique de la langue, et entre linguistique synchronique et linguistique diachronique ne coïncident pas : deux états successifs de la langue pouvant coexister comme archaïque et moderne dans la synchronie ; d'autre part, le caractère discontinu des changements linguistiques exigeant qu'une typologie issue d'une étude synchronique rende ces mutations intelligibles. Le chapitre IV, « Aspects linguistiques de la traduction », souligne que le découpage des significations est propre à chaque langue, ce qui fait de la traduction un décodage et un recodage. La traduction relève donc du domaine métalinguistique, elle implique que le langage puisse être l'objet d'un métalangage qui indique les valeurs différentielles des distinctions propres à chaque langue. Cependant, si la traduction est possible, ses limites et ses difficultés mettent aussi en évidence, particulièrement dans le cas de la poésie, la charge symbolique et affective des catégories grammaticales et phonétiques, donnant lieu à des jeux de mots ou paronomases, dont seule une « transposition créatrice » peut fournir l'équivalent. Le cinquième essai, *Linguistique et Théorie de la communication,* indique les convergences entre la linguistique structurale et la théorie mathématique à laquelle a donné lieu l'étude systématique de la communication comme processus acoustique, entreprise aux États-Unis par les ingénieurs du téléphone. Cette convergence tend à une réduction et à une simplification des catégories qui règlent la sélection et la reconnaissance des unités linguistiques, sélection et reconnaissance qui doivent se résoudre en dernière analyse à une série de choix binaires. Les deuxième et troisième parties, « Phonologie » et « Grammaire », composées respectivement de deux chapitres, « Tension et laxité » et « Phonologie et phonétique », et de trois chapitres, « L'Aspect phonologique et l'Aspect grammatical du langage dans leurs interrelations », « Les Embrayages des catégories verbales et le verbe russe » et « La Notion de signification grammaticale selon Boas », sont plus difficilement accessibles au non-spécialiste. Quelques principes essentiels y sont fortement mis en valeur : la nécessité de ne jamais séparer définitivement l'étude du son de celle du sens, la liaison constante de l'étude des traits articulatoires et des traits acoustiques, impliquant que le langage doit toujours être étudié comme processus de communication, l'affirmation de la valeur distinctive de la redondance (répétition) d'un trait, qui n'est donc pas synonyme de caractère superflu, la liaison entre les aspects phonétiques et les aspects grammaticaux du langage, autonomes mais interdépendants. De plus, Jakobson indique de nouveau l'effort réducteur de la linguistique structurale vers un système d'oppositions binaires, au niveau grammatical comme au niveau phonologique. Enfin il souligne qu'il ne faut pas séparer linguistique et métalinguistique, que la métalinguistique est présente au cœur même du langage, quand, par exemple, dans le pronom je ou la première personne du verbe, est indiquée la position du sujet par rapport au discours. Comme M. Jourdain de la prose, nous faisons de la métalinguistique sans le savoir. La quatrième partie, « Poétique », ne contient qu'un chapitre, « Linguistique et poétique ». La question que se pose le linguiste en face d'un poème est de savoir ce qui fait d'un message verbal une œuvre d'art, et il s'agit là d'une question sur la structure du poème. La poésie relève de la linguistique car elle est la forme littéraire où on peut étudier à l'état le plus pur la fonction expressive (ou émotive) du langage, fonction diffuse dans la prose, le langage parlé, les interjections, l'utilisation des assonances et des allitérations. La fonction poétique se définit par la « projection de l'équivalence de l'axe de la sélection sur l'axe de la combinaison », c'est-à-dire que, par le rythme imposé au vers, l'équivalence métrique des syllabes ou des accents joue un rôle aussi important que l'enchaînement des mots de la phrase. À partir de ce principe s'obtient un message chargé de valeur émotive par le renvoi réciproque du sens au rythme, en même temps qu'il est abstrait de son contexte, ou plutôt que son rapport à ce contexte devient ambigu. Le poème devient ainsi cet « aboli bibelot d'inanité sonore » dont parle Mallarmé. Le principe d'équivalence de la sélection et de la combinaison permet de comprendre qu'il puisse exister un art poétique dépourvu de métaphores, ou chargeant les épithètes les plus banales de poésie, comme le soutenait Maïakovski contre le Cercle linguistique de Moscou, qui s'efforçait de définir une rhetorique poétique ; en effet « la poésie ne consiste pas à ajouter au discours des ornements rhétoriques : elle implique une réévaluation totale du discours et de toutes ses composantes quelles qu'elles soient ».

Un deuxième volume, *Essais de linguistique générale II,* a été publié en 1973. On retrouve dans ce deuxième volume des *Essais* deux traits fondamentaux de l'esprit de Jakobson qui caractérisent son apport aux recherches linguistiques contemporaines : l'ouverture constante aux problèmes de la communication et aux relations avec d'autres sciences humaines, et la tentative de ramener la description de tous les phénomènes à quelques principes simples. Sur le premier point Jakobson, dans un long article intitulé « Relations entre la science du langage et les autres sciences » (1970), après avoir relevé l'apport décisif de Saussure à l'élaboration d'une science de la langue, rappelle la nécessité d'élargir aujourd'hui la perspective et de prendre en compte l'« idée dynamique d'un code diversifié, convertible et adaptable aux différentes fonctions du langage et aux facteurs d'espace et de temps » ; il montre ensuite qu'à une phase de rejet, qui a permis à la linguistique d'affirmer sa spécificité par rapport aux autres sciences, doit succéder une phase d'ouverture à des disciplines telles que l'anthropologie, la sociologie, la psychologie et la philosophie, voire à la biologie, comme le montrent les recherches sur le code génétique. Quant au second point, la simplification de la description, Jakobson montre, dans ses « Observations sur le système phonologique des consonnes » (1938) et dans « Le Concept linguistique des traits distinctifs. Réminiscences et méditations » (1962), la possibilité et l'intérêt de ramener les différences articulatoires entre les consonnes à des oppositions binaires définies sur des bases acoustiques, pour aboutir à une description unifiée des systèmes consonantique et vocalique : il formule aussi deux hypothèses importantes sur la possibilité de ramener la description des systèmes phonologiques de toutes les langues à un ensemble réduit d'oppositions binaires, et la possibilité de dégager des lois d'implication universelles régissant l'apparition de ces oppositions dans les langues naturelles et dans l'acquisition du langage. La dernière partie du recueil réunit des articles consacrés à l'histoire de la linguistique. Jakobson y montre le rôle de précurseurs qu'ont joué plusieurs linguistes un peu oubliés aujourd'hui dans le développement de la conception du système de la langue présentée par Saussure (1855-1913) dans son *Cours de linguistique générale* (*) (1916) ; c'est ainsi que les linguistes polonais de Courtenay (1845-1929) et Kruszewski (1851-1887) ont posé clairement les distinctions entre langue et parole et synchronie et diachronie, ainsi que les concepts de langue comme totalité, d'opposition phonologique, et, pour le dernier, l'opposition entre les axes syntagmatique et paradigmatique ; de son côté, le linguiste américain Whitney (1827-1894) a affirmé nettement le statut conventionnel du langage comme institution humaine. — Trad. éd. de Minuit, 1963 et 1973. E. Ro.

ESSAIS DE MORALE. Ensemble de réflexions théologiques et morales dues à l'écrivain français d'inspiration janséniste Pierre Nicole (1625-1695). Les *Essais de morale* se composent à strictement parler de six volumes : les quatre premiers publiés pendant la paix de l'Église entre 1671 et 1678, les deux derniers parus de façon posthume en 1700 et 1714. L'habitude s'est prise au cours du XVIIIe siècle d'y joindre, sous le même titre général, plusieurs tomes de Lettres de Nicole, ainsi que les *Nouveaux Essais de morale* (commentaires des *Épîtres* et des *Évangiles* suivant le déroulement de l'année liturgique) et des « instructions théologiques » (exposés synthétiques de la doctrine chrétienne sur les sacrements, le symbole, le décalogue...). Les vingt-cinq volumes que constituent finalement les *Essais de morale* revêtent ainsi un aspect hétéroclite mais attestent le succès considérable de l'œuvre, que les libraires ont eu à cœur d'exploiter. L'oubli injuste dans lequel sont tombés ces textes de Nicole ne doit pas dissimuler leur importance historique et l'admiration qu'ils ont remportée aux siècles classiques. Le premier volume contient une réflexion sur la civilité et le lien social (« Des moyens de conserver la paix parmi les hommes »), dont s'enthousiasmaient des auteurs aussi différents que Voltaire et Mme de Sévigné (« Je recommence ce traité et voudrais bien en faire un bouillon et l'avaler », lettre à Mme de Grignan du 2 novembre 1671). Parmi les sujets très variés qu'aborde le moraliste, on retrouve son intérêt — et celui de Port-Royal — pour les questions pédagogiques : le deuxième volume est la réédition du *Traité de l'éducation d'un prince*, paru en juillet 1670, et le grand traité du volume 5 (« De l'emploi d'une maîtresse des novices ») est une réflexion, bien plus générale que ne l'indique son titre, sur l'éducation chrétienne et la vocation. Dans le volume 3, Nicole expose à nouveau ses arguments contre le théâtre (« De la comédie ») qui lui avaient valu, quelques années auparavant, une retentissante polémique avec Racine. À côté de considérations structurées et fort développées (« Des quatre fins de l'homme », « De la vigilance chrétienne »), on trouve dans les *Essais de morale* des remarques plus conjoncturelles (« Le Procès injuste ») ou d'une ambition plus limitée, et même quelques séries de pensées éparses.

Le style de ces brefs traités a paru parfois sec ou terne, certains effets sont appuyés ; on a remarqué d'autre part combien l'inspiration de Nicole devait à la pratique de Pascal, et la comparaison des deux auteurs se révèle bien sûr écrasante pour les *Essais de morale*. Mais l'œuvre la plus goûtée de Nicole témoigne de certaines qualités propres : l'auteur compense le pessimisme foncier de l'augustinisme janséniste (dans lequel il s'inscrit tout à fait, au demeurant) par une mansuétude et une humanité qui savent prendre en compte la fragilité des âmes et les risques d'une trop grande rigueur morale (« Comment on doit suivre la volonté de Dieu à l'égard des pensées et des mouvements dont l'esprit est agité »). Dans les meilleures pages enfin, Nicole adopte un tour d'esprit paradoxal qui dissipe sa perspective trop lourdement moralisante et l'amène à des considérations réalistes non dénuées de provocation. C'est le cas notamment d'un traité capital du troisième volume (« De la charité et de l'amour-propre »), où Nicole, préfigurant les réflexions du siècle suivant, se livre à un éloge paradoxal de l'amour-propre et montre que, si les motivations égoïstes se substituaient totalement à l'amour d'autrui, la cité des hommes se trouverait néanmoins aussi parfaitement réglée « que si l'on était dans une république de saints ». L. T.

ESSAIS DE PHILOSOPHIE RELIGIEUSE. Recueil d'essais du R. P. oratorien français Lucien Laberthonnière (1860-1932), rédigés entre 1889 et 1901, publiés à Paris en 1903. Le plus connu d'entre eux est l'essai sur la *Théorie de l'éducation. Rapport de l'autorité et de la liberté.* Le R.P. Laberthonnière y résout, dans le sens catholique, les problèmes que pose l'éducation et le devoir pour l'éducateur de respecter la liberté de l'élève, en même temps que la nécessité d'exercer sur lui une certaine autorité afin de le guider. La solution qu'il apporte est fondée sur le fait que la liberté n'existe pas encore chez l'enfant, mais doit être suscitée, éduquée ; but qui ne peut être atteint qu'au moyen d'une autorité aidant la personnalité à se former. Pour cela, il est indispensable que l'éducateur ne se considère pas comme supérieur à l'enfant, mais sente au contraire le lien de solidarité humaine qui le rattache à celui-ci, en ce sens que chacun de nous est responsable du salut spirituel de tous. Mais l'idée la plus marquante de ces essais est constituée par ce que le R. P. Laberthonnière qualifie de « dogmatisme moral » et se trouve être en réalité une sorte de pragmatisme religieux. L'auteur insiste sur le fait que la « vérité » (autrement dit, la vraie foi) ne consiste nullement dans l'acceptation de certaines idées, ni même de certaines maximes de vie, mais dans une transformation du « cœur », c'est-à-dire de l'esprit même du croyant, et de façon telle que la vérité, loin de consister en une adhésion purement passive, devienne l'expression active du croyant et puisse s'intégrer intimement à lui-même et se manifester dans tous les actes de sa vie.

ESSAIS DE PSYCHANALYSE APPLIQUÉE [*Essays in Applied Psychoanalysis*]. La pièce maîtresse de ce recueil, publié en 1922 par le psychanalyste anglais Ernest Jones (1879-1958), est son étude de *Hamlet* (*). Elle demeure l'exemple le plus parfait des études littéraires entreprises par des psychanalystes professionnels. En une centaine de pages, l'auteur bat en brèche les théories d'explication du personnage de Hamlet élaborées précédemment. Il expose et soutient sa propre explication qui voit dans la pièce une structure œdipienne inconsciente correspondant à un complexe du même type inconscient chez Shakespeare et appréhendé de la même manière par le public. Freud, dont Ernest Jones a exposé l'œuvre et la vie dans sa monumentale étude en trois volumes, *La Vie et l'œuvre de Sigmund Freud* (*) (1954-1957), avait déjà fait des commentaires très pertinents sur le comportement de Hamlet dans sa *Science des rêves.* Jones s'inspire de cette lecture clinique pour présenter une théorie qui explique mieux que toute autre le caractère à la fois rationnel et inévitable de la conduite du héros shakespearien. Certes, l'explication psychanalytique n'éclaire pas toute l'œuvre, et il est probable que l'analyse d'une autre pièce que *Hamlet* aurait montré l'existence d'un complexe d'Œdipe chez l'auteur, mais l'essai de Jones fit date. Il a servi, entre autres, de point de départ à l'analyse de William Empson ; empruntant à Jones le concept de « dissociation », il a étudié l'éclatement du personnage en plusieurs images dont chacune représente un aspect de sa personnalité, et étendu cette approche à d'autres œuvres. Les autres essais de « psychanalyse appliquée » étudient les domaines de l'art, de l'histoire, de la religion, du journalisme et de la politique, domaines dans lesquels l'étude psychanalytique donne des résultats inégaux. – Trad. Payot, 1973.

ESSAIS DE PSYCHOLOGIE CONTEMPORAINE. Études littéraires de l'écrivain français Paul Bourget (1852-1935), publiées en 1883. Une deuxième série : *Nouveaux essais de psychologie contemporaine,* fut ajoutée en 1885. L'édition définitive des deux volumes, avec de nouveaux appendices, parut en 1889, sous le titre général ci-dessus. L'ouvrage a eu une influence décisive sur la génération qui sortait du naturalisme. S'inspirant de la formule de Taine (« la littérature est une psychologie vivante ») et de sa méthode d'historien, Bourget fait une enquête sur la sensibilité française dans les œuvres des écrivains qui en furent les représentants les plus originaux sous le second Empire. En analyste indépendant, il veut étudier, selon le procédé scientifique et naturaliste (la psychologie est à l'éthique ce que l'anatomie est à la thérapeutique), les symptômes et les motifs des « maladies morales » de la France de son temps pour conclure que le christianisme est le seul salut de la société contemporaine. Dans cette position (qu'illustre l'œuvre multiforme et inégale du romancier catholique), l'auteur ne tend pas à discuter des talents ni à dépeindre des caractères ; il veut seulement rédiger des notes qui seront utiles, un jour, à l'historien de la vie morale de la seconde moitié du siècle. Parmi ces essais (sur Baudelaire, Renan, Constant, Flaubert, Taine, Dumas fils, Leconte de Lisle, les Goncourt, Tourgueniev, Amiel), celui sur Stendhal, dans le premier volume, mérite une place spéciale : c'est un véritable manifeste qui cherche à instaurer la sensibilité de ce précurseur comme élément fondamental de la nouvelle littérature. Dans la crise du naturalisme et face aux nouvelles exigences qu'avait suscitées le symbolisme (aspects divers d'une nouvelle sensibilité, comme le montre Bourget), ces *Essais* devinrent bientôt l'ouvrage le plus représentatif et le plus discuté.

ESSAIS DE THÉODICÉE SUR LA BONTÉ DE DIEU, LA LIBERTÉ DE L'HOMME ET L'ORIGINE DU MAL. Ouvrage du philosophe allemand Gottfried Wilhelm Leibniz (1646-1716), publié en français à Amsterdam en 1710. Bayle avait critiqué l'optimisme leibnizien en lui opposant l'existence du mal ; sur les instances de Sophie-Charlotte, reine de Prusse, l'auteur répliqua par cet ouvrage, le plus vaste et le plus important qu'il ait publié. Il renferme une « Préface », un « Discours sur la conformité de la foi et de la raison », les « Essais » proprement dits, un résumé de la controverse et divers appendices. La « Préface » insiste sur le concept suivant lequel l'attitude religieuse est amour au même titre qu'intelligence : admirant dans le monde l'œuvre sublime du Créateur, l'intellect se trouve porté à l'aimer, atteignant le bonheur dans une mutuelle satisfaction de la raison et du sentiment. Le « Discours » préliminaire développe le thème de l'accord nécessaire entre raison et révélation, dans la mesure où la première relève du divin et, partant, constitue, à l'égal de la révélation, un don de Dieu. Ainsi Leibniz persistait dans son idéal d'unification des églises chrétiennes qu'il servit également en qualité de diplomate, jetant d'autre part, à son insu, les bases de ce mouvement de libre pensée qui se développa par la suite en Allemagne, parallèlement à celui que d'analogues prémisses de Locke avaient suscité en Angleterre.

Les « Essais », longs, prolixes, presque entièrement polémiques, développent, entre d'innombrables digressions, deux thèmes fondamentaux : celui de la liberté humaine et celui de l'économie de l'architecture divine. L'action humaine est contingente ; aussi pourrait-elle, sans contradiction, être différente de ce qu'elle est : la prescience qu'en a Dieu ne la rend pas nécessaire. Mais, en ce cas, la liberté comme « liberum arbitrium indifferentiae » est loin d'être sauve ; en dernière analyse, l'action dépend de l'essence de la personnalité elle-même, et celle-ci ne peut être différente de ce qu'elle est. Leibniz ouvre ainsi la voie à la conception personnaliste de l'éthique, que développera plus tard Schelling et, de nos jours, Simmel et Scheler. Judas ne trahit pas sous la contrainte d'un fait, mais parce qu'il est par essence un traître, avant même de trahir. Mais pourquoi Dieu en aurait-il alors réalisé l'essence ? Pourquoi a-t-il concrétisé la simple possibilité d'êtres mauvais ? C'est ici qu'apparaît le second thème : Dieu ne pouvait créer un autre monde, un monde absolument parfait ; toute possibilité de monde renferme une imperfection ; dans son infinie sagesse et son infinie bonté (argument fidéiste justifié par la « Préface »), Dieu a choisi un monde offrant la possibilité de réaliser le maximum de perfections compatibles entre elles : c'est donc « le meilleur des mondes possibles ». Face à la perfection de ce plan divin, les faits particuliers perdent en valeur et en signification ; il ne reste au croyant, saisi d'admiration, qu'à courber la tête et à aimer à la fois en Dieu le savant Architecte et le bon Législateur. C'est par cette vision de félicité harmonieuse que le XVIIe siècle met un terme à ses longues et pénibles recherches sur le problème religieux, laissant aux siècles suivants le soin de développer les richesses de ces conquêtes spéculatives.

ESSAIS D'ICONOLOGIE [*Studies in Iconology*]. Recueil d'études sur les « thèmes humanistes dans l'art de la Renaissance » de l'historien d'art allemand Erwin Panofsky (1892-1968), publié en 1939. Opérant une synthèse des travaux de Riegl, Warburg et Cassirer, Panofsky reprend à Warburg un concept que celui-ci avait lui-même emprunté à Ripa, celui d'« iconologie ». Il s'agit pour lui, au-delà des simples descriptions et énumérations, de fonder comme science l'interprétation de l'œuvre d'art. Toute la démarche de Panofsky repose sur la « triple signification de l'œuvre d'art », laquelle justifie une triple interprétation : 1°) La signification dite primaire ou naturelle, qui demande à l'historien d'art un simple effort d'identification. 2°) La signification secondaire ou conventionnelle, qui s'attache aux motifs en tant qu'ils sont porteurs d'une signification « iconographique ». Il appartient alors à l'historien de retrouver les sources, notamment littéraires, de l'œuvre. Ces deux premiers niveaux de signification seront dits « extrinsèques ». 3°) Reste alors le dernier niveau, celui de la signification intrinsèque ou du contenu, où l'œuvre d'art devient « symptôme ». C'est le domaine par excellence de « l'iconologie », que Panofsky sut défricher avec un rare bonheur : parmi ses réussites les plus éclatantes, il faut citer « Le Vieillard Temps » (et l'étrange cas du « puer senex ») et « l'Amour aveugle » ainsi que les essais sur *Le Titien. Questions d'iconologie* [*Problems in Titian Mostly Iconographic*, 1969]. Dans « Les Origines de l'histoire humaine » (reprise de deux conférences données en 1937), Panofsky étudie deux cycles de tableaux de Piero di Cosimo et montre que la notion d'atavisme est, en l'occurrence, moins pertinente que celle d'empathie. Piero ne s'est pas laissé aller à la nostalgie, mais semble avoir « réexpérimenté pour son propre compte les émotions de l'homme ancestral » en fondant ses compositions profanes sur un « évolutionnisme presque annonciateur de Darwin ». Mais la pièce maîtresse des *Essais* est sans conteste l'étude du mouvement néo-platonicien à Florence et en Italie du Nord où, à partir d'une analyse fouillée de l'œuvre de Bandinelli, Titien et Michel-Ange, il démontre la prédominance, à la Renaissance, de l'image sur le discours (au point que le monde matériel lui-même se fait image), mais aussi qu'il existe, différent de Venise à Florence, un style de pensée artistique néo-platonicien qui culminera avec Michel-Ange, dont les dernières œuvres résolvent le dualisme qui opposait le domaine chrétien au classique. « Mais ce fut une solution de capitulation. » Innovant sur Warburg, Panofsky est ici le premier à invoquer les « dimensions de la conscience » de l'artiste et de ses limites pour comprendre une œuvre d'art ancienne. — Trad. Gallimard, 1967. P.-E. D.

ESSAIS, DISCOURS ET LETTRES OUVERTES [*Essays, Speeches and Public Letters*]. Recueil de textes non romanesques de l'écrivain américain William Faulkner (1897-1962), publié en 1965 par James B. Meriwether. Parmi les essais, qui forment la moitié de ce recueil, il faut signaler d'une part « Mississippi », de l'autre les deux volets d'une étude inachevée sur « Le Rêve américain ». « Mississippi » est un très beau texte d'une trentaine de pages, où Faulkner s'approprie littéralement l'histoire et la géographie du fleuve, les illustrant d'anecdotes tirées tout aussi naturellement de son œuvre (la chronique du Yoknapatawpha) que de sa vie : il est d'abord « le garçon » dont parle le narrateur, puis « le jeune homme » comme tous les jeunes hommes à la veille de la Première Guerre mondiale, enfin « l'homme d'un certain âge » qui se lève la nuit et parcourt trente miles pour rapporter de la glace à sa vieille gouvernante noire qui se meurt — celle-là même à qui est dédié *Descends, Moïse* (*). Cette pièce n'est donc ni un récit imaginaire, ni une esquisse autobiographique, ni un essai à proprement parler, mais un mélange des trois. Pour lui, malgré lui, l'expression « mon pays » a toujours un double sens : c'est celui où il est né, mais aussi celui qu'il a fait naître. On devine, dès lors, l'insigne intérêt de ces pages : l'autobiographie y éclaire singulièrement les œuvres, et celles-ci à leur tour, pour qui les connaît bien, projettent sur le vécu l'impression de « déjà vu ». Mais l'essai a aussi sa valeur intrinsèque, qui est celle d'une magnifique fresque régionale et symbolique (le fleuve est « le vieux », le père, et l'auteur est un peu son fils, qui est devenu son créateur littéraire). La langue est majestueuse et simple, celle d'un véritable testament de créateur.

Publié en 1955, « Du droit à la vie privée » commence par une sorte d'historique du « rêve américain », thème sur lequel Faulkner envisageait d'écrire un livre d'essais. Au début, les Américains, colons fuyant l'Europe, ses rois, ses cours, ses églises et ses masses assujetties, n'avaient pas même à choisir ou à refuser le rêve de la liberté, de l'égalité et du droit au bonheur — pas même à vivre dedans : car ils le vivaient, comme ils vivaient l'air et le climat de l'Amérique. Puis, ce rêve, nous l'avons perdu. « Nous dormions : il nous a abandonnés. » Et dans le vide qui demeure, nous entendons la cacophonie de la terreur, de la conciliation et du compromis : nous avons émasculé les mots qui signifiaient les valeurs sur lesquelles nous avons construit notre pays. Et Faulkner en donne pour preuve la façon dont le reporter d'un grand magazine américain passa outre à son refus d'accorder une interview pour la raison qu'il y risquait sa place : il concocta un reportage inspiré des témoignages plus ou moins sûrs des voisins de Faulkner — et même, dit la légende, des papiers jetés par lui dans sa poubelle. Que pouvait faire Faulkner de plus que « refuser de coopérer » ? L'épisode lui a paru assez important et significatif pour qu'il en fasse l'épine dorsale de ce bel essai, où le ton se partage entre la tristesse et l'indignation. Le sacrilège et l'obscénité sont punis par la loi, observe-t-il ; pas le mauvais goût. L'individualisme, pierre de touche de l'édifice démocratique américain et clé du système des valeurs faulknérien, s'est-il effrité au point que, non contente de passer outre, en toute légalité, au refus d'un romancier de se soumettre à la question, l'Amérique ait été incapable de protéger les enfants et d'abriter le chagrin d'un « pionnier de l'endurance » comme Lindbergh, capable au contraire de dépouiller un pionnier de la science comme Oppenheimer de toute vie privée ? Notre architecture, remarque

Faulkner, nous a avertis : les murs laissent passer les regards dans les deux sens. L'artiste ? « L'Amérique n'a pas encore trouvé de place pour lui », mais l'humanitaire et le savant doivent s'unir pour sauver une civilisation que les professionnels du salut – éditeurs, politiciens et hommes d'Église – semblent incapables de secourir.

Cet essai a son pendant, lui aussi sous-titré « Le Rêve américain, qu'en est-il advenu ? » : dans « De la peur : le Sud profond dans la géhenne : Mississippi », Faulkner prend acte de la décision de la Cour suprême de 1954, qui engageait le processus de l'intégration scolaire. Réduit à tracer une voie médiane entre les radicaux du Nord, qu'il n'aime pas beaucoup, et les réactionnaires du Sud, qu'il n'aime pas du tout, Faulkner utilise les arguments de la sagesse : quel Américain souhaite revivre les temps sombres qui suivirent la guerre de Sécession ? Quel étranger croirait à notre idéal si nous n'en offrions d'abord l'image chez nous ? Mais le vrai problème est moins dans l'impasse que dans ce qui nous attend après : la mort, si nous refusons le changement. C'est là d'ailleurs un des axes de la thématique faulknerienne. Clairement, Faulkner expose le fondement économique de la ségrégation. Mais si le Sud ne sait pas accorder aux Noirs l'égalité, que fera-t-il quand ceux-ci exigeront le pouvoir ? Il y a des accents prophétiques dans cet essai. Pourquoi, demande Faulkner avec candeur et habileté mêlées, avons-nous une si basse opinion de notre sang et de nos traditions que nous craignions que, lorsque le Noir entrera par la grande porte, il demandera la main de notre fille, et qu'elle l'acceptera ? Après avoir souligné le progrès des Noirs malgré les obstacles qui leur étaient opposés, Faulkner déclare enfin que l'heure du choix a sonné : non pas le choix entre les couleurs ou les races ou les religions, ou même entre l'Est et l'Ouest, mais entre l'état d'esclave et l'état d'homme libre. Le choix ne peut plus être partiel. Il faut qu'on finisse par non seulement nous respecter parce que nous mettons la liberté en pratique, mais nous craindre pour cela. La voix de Faulkner était celle d'un prophète modéré, que ni les uns ni les autres n'ont écouté.

Un an plus tard, dans une « Lettre aux chefs de la race noire » publiée dans un magazine noir, Faulkner corrigeait avec tact et fermeté la déclaration que lui avait prêtée un reporter de New York, selon laquelle il choisirait le Mississippi contre les États-Unis, même s'il fallait tirer sur des Noirs dans la rue – ce qui était absurde : « C'est une déclaration que nul ne ferait, à moins d'être en état d'ivresse, et que nul ne croirait, à moins d'être fou. » Il reprend ensuite son objurgation, célèbre et discutable, aux chefs des mouvements noirs : « Allez lentement », en se référant cette fois à Gandhi et en la corrigeant ainsi : « Soyez souples. » Démontant la dialectique de l'esclavage (« Le Blanc ne nous a pas appris cela. Il ne nous a appris que la patience et la politesse. »). Il dit enfin aux Noirs : battez les Blancs dans le domaine dont ils tirent un juste orgueil, celui de la responsabilité morale. Mais il parlait en Blanc, et ce qu'il demandait aux Noirs était malvenu.

Dans les discours reproduits après les essais, on relève un certain nombre de thèmes favoris, qui sont : le souci du rôle mondial de l'Amérique ; le constant retour à ses sources et à ses valeurs originelles ; l'idée que la guerre froide n'est pas un conflit d'idéologies, car la démocratie américaine n'est pas une idéologie, mais le simple fait de l'Homme ; l'idée que l'égalité n'est pas un cadeau, mais qu'elle se gagne, qu'il y faut de la compétence et de la dignité, et qu'il appartient aux Blancs de l'enseigner aux Noirs ; une grande lucidité quant à la responsabilité des Blancs dans la crise : peut-être le Blanc ne connaîtra-t-il jamais le Noir, parce qu'il l'a toujours forcé à être un Noir plutôt qu'un autre ; l'espoir que le Sud saura triompher, car le Nord ne sait que craindre le Noir : il n'a pas tissé avec lui ces liens indissolubles qui sont le revers de l'esclavage.

Après quelques préfaces, notamment la célèbre introduction à *Sanctuaire* (*), trois articles littéraires – sur *Le Vieil Homme et la mer* (*) qu'il considère comme le meilleur Hemingway –, on trouve enfin dans ce recueil trente et une lettres ouvertes à divers journaux, le plus souvent du Sud et le plus souvent sur le problème de l'intégration scolaire, dont Faulkner ne s'est jamais désintéressé. Ce volume vient donc à point comme complément des « séances » de *Faulkner à l'université* (+), où il parle surtout de son œuvre. – Trad. Gallimard, 1969. M.Gr.

ESSAIS EN VERS ET EN PROSE [*Opyty v stihax i proze*]. Unique recueil, en deux volumes, des œuvres du poète russe Konstantin Batiouchkov (1787-1855), paru de son vivant, publié en 1817 par les soins de son ami le poète et traducteur de l'*Iliade* (*) Nikolaï Gnéditch. Un extrait de Montaigne est placé en exergue du premier volume, celui des œuvres en prose : « Et quand personne ne me lira, ay je perdu mon temps, de m'estre entretenu tant d'heures oysives à pensements utiles ou agréables ? » Cette sentence est bien l'emblème de Batiouchkov : rien ici d'achevé, ou presque rien, toujours des fragments, des tentatives, dans les domaines les plus divers, et toujours ceux d'un homme dont le livre trace au fur et à mesure le portrait. L'ouvrage de Batiouchkov met les quinze articles critiques et discours sur la théorie littéraire du premier volume au même niveau que les poèmes du second. Ce fait est déjà révolutionnaire. Mais ces articles, discours, méditations en prose sont les bases théoriques, souvent détournées (et par là captivantes) de ce qui fait la vraie valeur de Batiouchkov, sa poésie. Les « essais en vers » illustrent et défendent une langue plus souple, de plus en plus éloignée des contraintes classiques, la langue d'un sujet lyrique qui se dépeint de texte en texte et qui paraît finalement le premier personnage romantique de la littérature russe.

Les *Essais* incarnent le chemin de la langue russe vers l'Europe. Vers la France, comme c'est normal pour une époque où toute la vie de la noblesse se déroule en français. Batiouchkov reprend les poètes de son époque, Millevoye, Arnaud, Parny. Il les adapte, les transforme, fait de leurs poèmes compassés des chefs-d'œuvre de passion, en ne prenant, par exemple, qu'un épisode de toute une longue narration en vers. Un épisode, du coup, à lire en tant que tel, hors de toute architecture, comme « Le Songe du guerrier » [Son voïna], publié dans la section « Mélanges » des *Essais*. Des élégies de Batiouchkov font penser à celles d'André Chénier, dont l'œuvre n'allait être publiée qu'en 1819, mais dont des copies ont circulé en Russie bien avant. Batiouchkov se tourne vers l'Italie pour y chercher les traces de l'Antiquité et une nouvelle langue russe, libre de ses « frimas », de ses rugosités. L'harmonie, l'évanescence, la fragilité de la ligne mélodique, font la valeur d'un poème comme « La Mort de Mme Kokochkine » [Smert' G. K -inoï]. Batiouchkov, dans sa douceur désolée, dans sa résignation, se montre là au plus profond.

Les *Essais* fascinent aussi par leurs béances. Ils illustrent d'une manière aussi tragique qu'involontaire la lutte de l'auteur contre lui-même : le recueil est organisé par genres, comme tout recueil de l'époque. Or, au dernier moment, Batiouchkov s'acharna à terminer une élégie majeure, « Le Tasse mourant » [Umirajuščij Tass] qu'il voyait comme son testament, surtout par cette fascination de la folie qui s'y exprime et dont il sentait bien qu'elle le gagnait. Donnée à l'imprimeur une fois le livre composé, elle fut ajoutée après la dernière section, celle des épigrammes.

Brisant son propre livre, Batiouchkov entrait aussi, bien malgré lui, dans la dernière étape de sa vie, celle où, toute notion de genre à jamais abolie, toute tradition évacuée, il n'allait plus écrire que des fragments, de plus en plus tendus, violents, harmonieux. Et puis, dès 1821, ne plus écrire du tout, brûler la plupart de ses œuvres, et s'enfoncer, comme le Tasse, dans une folie irrémédiable. A. M.

ESSAIS ET CONFÉRENCES [*Vorträge und Aufsätze*]. Livre du philosophe allemand Martin Heidegger (1889-1976), publié en 1954. Recueil de deux essais et de neuf conférences, rédigés et tenues entre 1936 et 1953. Étape très importante dans l'œuvre du philosophe, après *Être et Temps* (*) et *Chemins qui ne mènent nulle part* (*).

L'auteur, dans son avant-propos, nous invite expressément à voir dans ce livre « un recueil, c'est-à-dire un recueillement ». C'est à partir de l'unité que suppose ce recueillement qu'il faut envisager tout le livre. Le premier texte, *La Question de la technique,* reconnaît et mesure le moment présent, notre temps moderne, le monde de la technique. Son but est de « préparer un libre rapport » à la technique. Cet effort doit se distinguer du mode de compréhension et d'explication qui règne dans la science. La distinction se fait dans le second texte, intitulé *Science et Méditation*. Heidegger caractérise la méditation comme « seule à nous diriger vers le lieu de notre séjour ». Ce lieu, on l'a vu, est le monde de la technique, dont l'essence s'est dévoilée comme achèvement de toutes les possibilités de la métaphysique. C'est pourquoi la méditation sur ce lieu s'engage dans le « dépassement » de la métaphysique. Le troisième texte porte le titre : *Dépassement de la métaphysique*. Il médite l'histoire de la métaphysique. Le quatrième texte : *Qui est le Zarathoustra de Nietzsche ?* clôt la première partie du livre. Nietzsche est en effet le dernier philosophe de l'histoire de la métaphysique.

La seconde partie commence avec le cinquième texte : *Que veut dire penser ?* Conférence tout à fait importante pour saisir l'effort de Heidegger. Les textes qui suivent se proposent ainsi d'être les tentatives de pensée : *Bâtir, habiter, penser,* aussi bien que *La Chose* et la conférence sur Hölderlin qui lui fait suite sont autant d'efforts pour arriver à dire en dehors de toute formulation métaphysique l'énigme de jaillissement que constitue la présence, devant nous, des choses, ainsi que l'énigme corrélative, celle de *notre* présence face au *monde*.

Mais cet essai de *pensée* n'est pas invention arbitraire. Elle prend modèle sur la seule pensée non métaphysique qui nous soit accessible, celle des pré-socratiques, ou plutôt elle s'y réfère. En ce sens, la troisième partie d'*Essais et Conférences* pourrait bien être le cœur du livre. Elle réunit trois méditations sur Parménide et Héraclite. La huitième conférence, *Logos,* interroge l'essence grecque du langage, comme condition inverse de possibilité pour la métaphysique et la poésie. Le second essai, *Moïra,* interprète la dispensation, le destin, c'est-à-dire l'histoire de l'être comme condition de possibilité pour l'origine d'un tel langage. Enfin, la dernière conférence, *Alèthéia,* évoque directement le secret d'éclaircie que la pensée grecque sous-entend plus qu'elle ne la déclare, là où langage et pensée, philosophie et poésie répondent et correspondent à l'être de l'étant.

Ce livre extrêmement construit rassemble tous les aspects de la pensée de Heidegger au moment où, ayant mené à bien le projet de *Être et Temps,* il amorce une démarche nouvelle, celle de l'expérience de la *pensée* dans le grand vent de la parole [die Sprache]. — Trad. Gallimard, 1958.

ESSAIS ET DIALOGUES. Recueil de l'écrivain français Jean Schlumberger (1877-1968), publié en 1937. Les textes ici constituent une série de prises de position sur des problèmes essentiels. L'article intitulé « Raphaël et les valeurs centrales » est un des plus caractéristiques. Contrairement à Gide, les extrêmes touchent peu Schlumberger. Il place au plus haut de la hiérarchie les créatures qui se sont installées au centre même de la nature humaine, dans ce qu'elle a, pour un regard superficiel, de plus banal, mais qui est en réalité de plus puissant et de plus éternel. Son humanisme est une prise de position sur ce que l'homme a de plus équilibré, mais sans tomber pour cela dans un réalisme plat — avec la préoccupation constante de conserver tout ce que la culture chrétienne a ajouté de chaleureux et de profond au vieil idéal hellénique. Il a précisé ce point de vue notamment dans l'essai intitulé *Sur les frontières religieuses* (1934) et dans une sorte de méditation lyrique « Dialogues avec le corps endormi ». D'après ces deux petits écrits, on peut le définir un « agnostique confiant ».

ESSAIS ET NOUVEAUX ESSAIS CRITIQUES. Recueil publié en 1952 par l'écrivain français Marcel Arland (1899-1986). Parallèlement à son œuvre d'écrivain, l'auteur a mené une importante œuvre de critique et d'essayiste. Citons *Pascal* (1947), *Marivaux* (1950), *Chronique de la peinture moderne* (1949), *La Grâce d'écrire* (1955). Le présent recueil reprend en première partie le volume d'*Essais critiques* publié en 1931 ; la plupart de ces essais avaient d'ailleurs déjà été publiés entre 1923 et 1931 dans *La Nouvelle Revue française* (*). La seconde partie comprend des écrits également publiés en revue de 1931 à 1946. Ces études sont plus étendues que les premières. De l'aveu même de l'auteur, il ne s'agit nullement d'un tableau de la littérature contemporaine : « On ne trouvera ici que le sentiment critique d'un écrivain en marge de ses lectures et de ses propres recherches. Si réduit et si faillible qu'il soit, peut-être du moins voudra-t-on m'accorder qu'il est libre. » Notons quelques études, ou esquisses, sur Barrès, Gide, Max Jacob, Léautaud, Bernanos, Larbaud, Ramuz, Chardonne, Drieu la Rochelle ; ainsi que quelques remarquables essais : « Littérature et Politique », « La Génération d'après guerre », « La Poésie pure », « Sur l'art du roman », et un important dossier sur la France littéraire de l'après-guerre (1945-1946), intitulé : « Faites le point ».

ESSAIS FLORENTINS. C'est sous ce titre qu'ont été réunies en traduction française des études de l'historien d'art allemand Aby Warburg (1866-1929), parues entre 1893 et 1920, et faisant partie de l'ensemble rassemblé en 1932 sous le titre *Gesammelte Schriften*. Outre Florence, les huit essais qui composent ce volume, doivent leur unité à un triple souci des motifs des artistes, du milieu de la création artistique et des efforts déployés pour triompher des obstacles et croyances magiques : chaque fois, Warburg interprète le « langage » du tableau comme on interprète un « texte », et procède par recherches d'« analogies » entre tableau et textes, puis entre textes étrangers à l'œuvre peinte. Dans les premiers essais sur la peinture mythologique de Botticelli, l'intérêt pour les motifs, le « langage des gestes », permet de mettre en évidence un recours — sélectif — à l'antique, via Politien, qui, comme Botticelli, était au service des Médicis, et Ovide, en se concentrant sur les personnages féminins dont le vent décoiffe la chevelure et soulève la robe. La singularité de la démarche de Warburg consiste ensuite à en étudier les implications sociales (dans les « impresere amorose », par exemple) et les avatars jusque dans l'art « populaire ». Émule en cela de Burckhardt, Warburg veut voir dans ces « formules pathétiques » une inclination nouvelle à l'action, dont il s'efforce cependant de distinguer diverses gradations (grâce, pathos et « rhétorique des muscles » caractérisent respectivement l'œuvre de Botticelli, Mantegna et Pollaiolo). À partir de 1902, les recherches de Warburg se font plus complexes. Étudiant l'art du portrait dans la bourgeoisie florentine, il sera conduit à s'interroger sur le goût des marchands florentins pour l'art flamand. Refusant la solution purement esthétique — l'ostentation des époux Arnolfini répondant au goût du peintre pour le chatoiement des couleurs — il invoque le « réalisme » qui fait ressembler les portraits à des ex-voto (dont les archives montrent toute l'importance, alors, pour la bourgeoisie). Ainsi en vient-il à insister sur les statues de cire que les fidèles habillaient de leurs propres vêtements dans les églises de Florence. L'analyse des « Dernières volontés de Francesco Sasetti » prouve de même qu'il est impossible de parler de « sécularisation » de la pensée, mais qu'il faut une fois de plus invoquer la tension entre « symbolique » chrétienne et antique, dévotion au saint patron et invocation de la Fortune. Et Warburg d'ajouter que cette tension favorisait « l'esprit d'entreprise ». Enfin, dans une dernière phase de son travail, centrée sur les rapports entre matériau et technique, Warburg élucide la place de l'astrologie et de sa migration depuis l'Inde et les pays arabes dans les panneaux verticaux du Palais Schifanoia, mais aussi en Allemagne (autour de Dürer) et jusque dans la Réforme en analysant les prophéties astrologiques autour de la naissance de Luther (1920). La Renaissance fut donc aussi une résurrection des démons de l'Antiquité. — Trad. Klincksieck, 1990. P.-E. D.

ESSAIS HÉRÉTIQUES SUR LA PHILOSOPHIE DE L'HISTOIRE [*Kacířské eseje o filosofii dějin*]. Ouvrage du philosophe tchèque Jan Patočka (1907-1977), publié à Prague en samizdat en 1975. Sa publication en France en 1981 est sans doute ce qui a fait connaître Patočka au-delà du public spécialisé. Dans ces essais d'une puissante originalité, Patočka met la condition historique en perspective, dans la ligne de sa doctrine des trois mouvements de l'existence humaine. Le préhistorique est opposé à l'historique, comme le monde naturel, où le sens est *donné*, dans ses institutions symboliques, y compris mythologiques et religieuses, l'est au monde où, par la « percée », se découvre la problématicité du tout, sur le fond de la perte de tout sens transcendant. Le lieu d'émergence de l'historique est la *polis* (cité) et la philosophie comme union des hommes dans le *polemós* (conflit) héraclitéen. Là s'articule toute une philosophie « hérétique » de la nuit, opposée au jour en tant que simple vivre de la vie acceptée. La profondeur de l'historicité n'est pas tant la suite de ses renversements et ébranlements que l'« ouverture à ce qui ébranle ». Dans cette philosophie de l'Histoire, où l'on assiste à une « épochalisation *transcendantale* » qui « périodise » tendanciellement les trois mouvements de l'existence, où donc le préhistorique est toujours *dans* l'historique, la problématicité du sens dans l'historicité est toujours en même temps rencontre du nihilisme — exacerbé dans l'époque moderne et en particulier durant les deux derniers siècles, avec l'essor de la technique. Nihilisme actif et virulent qui appelle, à travers la dévastation, à une *metanoesis* (sorte d'entre-vision en dépassement) pour un sens absolu et néanmoins toujours problématique. Patočka en voit la chance dans la « solidarité des ébranlés ». Le *polemós* héraclitéen s'est mué, en notre temps, en état de guerre permanent, où la « guerre représente à la fois la plus grande entreprise de la civilisation industrielle, le produit et l'instrument de la mobilisation totale (Ernst Jünger), et la libération de potentialités orgiaques qui, nulle part ailleurs, ne peuvent se permettre de porter la destruction jusqu'à cette extrême limite de l'ivresse ». Invoquant l'expérience du front endurée par les combattants de la Première Guerre mondiale, Patočka voit dans la solidarité des ébranlés ce qui « peut se permettre de dire *non* aux mesures de mobilisation qui éternisent l'état de guerre ». Agissant comme le démon de Socrate, « elle doit et elle peut créer une autorité spirituelle... capable de rendre impossibles certains actes et certaines mesures. » Cela, certes, sur un « front silencieux », « dans la persécution et l'incertitude », dans un « défi sans paroles », mais où la responsabilité est de témoigner pour le sens dans sa problématicité, c'est-à-dire pour sa question comme question de la condition humaine et de son historicité. Le désenchantement apparent de cette philosophie ne vient que de ce qu'il n'y a pas d'autre ressource que le *polemós* lui-même — avec sa nuit — pour rendre la vie vivable. Telle est sa lucidité, en rupture tant avec la « téléologie universelle de la Raison » (Husserl) qu'avec la contingence de l'« Histoire de l'Être » (Heidegger), et bien au-delà de ce qu'on pourrait précipitamment imaginer comme une simple philosophie de la « dissidence », aujourd'hui historiquement datée — bien plus que de la dissidence, il est question de l'« hérésie » par rapport à tout *donné*. — Trad. Verdier, 1981. M. Ri.

ESSAIS LINGUISTIQUES. Recueil d'articles en deux volumes du linguiste danois Louis Hjelmslev (1899-1965), publiés le premier en 1959 (nouv. éd. 1971) et le second en 1973. Comme l'ouvrage majeur de Hjelmslev ne présente que les *Prolégomènes à une théorie du langage* (*) (1943), les deux volumes d'*Essais* apportent un complément important au développement de cette théorie, la glossématique. Le premier volume, centré sur la description du plan du contenu (correspondant au signifié de Saussure), réunit un premier groupe d'articles qui appliquent la théorie glossématique à la description de la morphologie (voir en particulier « La Structure morphologique », 1939), un second groupe traitant de l'influence du *Cours de linguistique générale* (*) de Saussure sur la genèse de la glossématique (voir « L'Analyse structurale du langage », 1948), un troisième développant la théorie esquissée dans les *Prolégomènes* (voir « La Stratification du langage », 1954) et un quatrième, qui traite de sémantique. On retiendra surtout l'article intitulé « Pour une sémantique structurale » (1957), qui cherche à répondre à la question posée au VIIIe Congrès international des linguistes : dans quelle mesure les significations des mots peuvent-elles être considérées comme formant une structure ? Hjelmslev y explique le retard pris par les descriptions des unités du plan du contenu sur celles du plan de l'expression (signifiant) en invoquant la dimension et l'instabilité du lexique, qui résistent à une analyse structurale ; mais il montre, en s'appuyant sur l'apport de Saussure, qu'il est possible d'envisager une description systématique des formes du contenu en appliquant à ce plan de la langue les méthodes d'analyse appliquées jusqu'ici aux formes de l'expression. Il pose ainsi les fondements de ce qu'on appelle aujourd'hui l'analyse sémique ou componentielle, qui permet de décomposer la signification d'un mot en un certain nombre de traits sémantiques ou sèmes et de décrire systématiquement les relations sémantiques. Le second volume réunit un premier groupe d'articles consacrés à de grands linguistes danois (Rask, Thomsen, Pedersen et Jespersen), un deuxième consacré aux principes généraux (voir en particulier « A Causerie on Linguistic Theory », rédigé pour le dixième anniversaire du Cercle linguistique de Copenhague, en 1941, et qui présente un excellent survol de la glossématique) et un troisième groupe traitant du plan de l'expression (voir en particulier « On the Principles of Phonematics » et « Accent, intonation, quantité », 1937). E. Ro.

ESSAIS LITTÉRAIRES. Ensemble de quelque cinq cents textes, essais littéraires, dissertations politiques, préfaces, notices diverses composés par l'écrivain, poète et homme d'État chinois O-yang Sio (1007-1072), et recueillis dans le volume de ses œuvres complètes, *O-yang Wen-tchong kong-ts'iuan-tsi.* Malgré l'immense valeur de ses travaux d'historien (*Nouvelle histoire des T'ang* et *Nouvelle histoire des Cinq Dynasties*) et de ses œuvres poétiques — en genre « che » régulier comme en genre « à chanter » [ts'e] — O-yang Sio reste au regard de l'histoire littéraire chinoise avant tout célèbre en tant que prosateur. Son style simple et élégant reste un modèle et une référence absolus, et il permit d'imposer définitivement la « prose en style ancien » [kou-wen], contre la « prose parallèle » [p'ien-wen] et le « style courant » [che-wen] qui en avait hérité. Ce mouvement du « kou-wen », lancé sous les T'ang (618-907) par Han Yu (768-824) et Lio Tsong-yuan (773-819), ne signifia jamais une pure et systématique imitation de la prose antique, mais plutôt une rénovation du style dans le sens d'une plus grande simplicité et du refus des allusions et ornementations excessives. En tant qu'homme d'État, O-yang Sio réussit de même à faire adopter le « kou-wen » aux examens impériaux. Ses dissertations politiques portent sur les factions, sur la libération des prisonniers commandée par l'empereur Kao Tsong en 682, et le montrent sous un jour parfois traditionaliste, parfois ouvert et lucide. C'était par ailleurs un bon vivant, et son texte le plus célèbre est sans doute le *Pavillon du vieillard ivre* [*Ts'ouei-weng t'ing tsi*] où il exprime son goût pour l'ivresse et ses abandons, pour les joies de la promenade près de Tch'ou-tcho (où il était préfet). D'autres essais célèbrent monuments ou lieux, tel le *Pavillon de la joie et de l'abondance* [*Feng-le t'ing tsi*]. O-yang Sio écrivit encore des inscriptions funèbres — la sienne propre fut composée par son disciple et adversaire politique le prosateur Wang An-che (1021-1086) — et des préfaces aux œuvres des poètes Sou Che (Su Tong-po ; 1037-1101) et Mei Yao-tch'en (1002-1060). L'on peut enfin associer à ses essais littéraires les *Propos sur la poésie de Lio-yi* [*Lio-yi che-houa*], qui malgré leur brièveté — puisqu'ils ne comptent que vingt-cinq paragraphes — marquent la naissance d'un nouveau genre de critique littéraire, dont la fortune sera considérable : les « propos sur la poésie ».

ESSAIS PHILOSOPHIQUES de Descartes (v. *La Dioptrique, La Géométrie, Les Météores* et *Discours de la méthode*).

ESSAIS PHILOSOPHIQUES de Kiréievski. La censure a souvent empêché l'écrivain russe Ivan Kiréievski (1806-1856) de s'exprimer : le théoricien du slavophilisme n'a laissé qu'une œuvre réduite matériellement à quelques articles qui ne furent rassemblés qu'après sa mort (1856). Le premier de ces articles, qui est à l'origine de ses difficultés avec les autorités, s'intitule *Le Dix-Neuvième Siècle* [*Dvenadžatij vek,* 1832] ; le plus long est *Du caractère de la culture européenne et de ses rapports avec la culture russe* [*O haraktere prosveščenija Evropy i evo otnošenii k prosveščeniju Rossii,* 1852] ; le dernier est le plus riche : *Sur la nécessité et la possibilité de principes nouveaux en philosophie* [*O neobhodimosti i vozmožnosti novyh načal dlja filosofii,* 1856]. De plus, des notes laissées par l'auteur furent publiées après sa mort sous le titre de *Fragments* [*Otrivki,* 1857]. Ses divers essais philosophiques sont rassemblés dans le premier volume de l'édition Gerchenzon : *Œuvres complètes,* Moscou, 1911.

En cherchant à préciser ce qui fait l'originalité de la Russie, de son histoire et de son esprit, Kiréievski en vient non seulement à distinguer culture russe et culture européenne mais encore à les opposer systématiquement en une polarité Orient-Occident, orthodoxie-catholicisme. En Orient se trouve l'intégrité de l'esprit, fruit de la doctrine des Pères de l'Église d'Orient, spécialement des Pères hésychastes. En Occident on trouve le morcellement de l'esprit, fruit du rationalisme et du juridisme romains. Il s'agit de deux mondes antagonistes, dont l'un est source du bien et l'autre source du mal. Cette présentation dualiste est développée dans trois ordres : celui de l'histoire, celui de la connaissance et celui de la culture.

L'histoire de l'Occident enregistre une dégradation de l'esprit chrétien sous l'emprise d'un irrépressible rationalisme abstrait et formel qui serait inhérent à l'esprit romain. L'histoire de l'Orient — Orient incarné dans le monde moderne par la Russie — retrace le cheminement de l'authentique tradition chrétienne, préservée de l'individualisme grâce au sens communautaire inhérent à la vie des Slaves ; préservée du rationalisme grâce à la fidélité à l'enseignement patristique, gardien de la pensée intégrale.

Dans l'ordre de la connaissance, l'Occident lui-même proclame l'échec de son propre rationalisme (c'est la grandeur de Schelling de le déclarer) et il affirme la nécessité d'une nouvelle connaissance intégrale : celle qui unirait l'intelligence discursive, le sens esthétique et le sens moral ; unité et harmonie qui ne peut naître que de la régulation opérée par la foi. Cette pensée nouvelle guérirait le monde du rationalisme et de l'individualisme et par là permettrait le surgissement d'une nouvelle culture.

Cette nouvelle culture, à laquelle l'Occident aspire, mais sans avoir la force de l'engendrer, doit être l'œuvre de la Russie, sa mission. En effet, elle possède une force immense et jeune ; de plus elle a conservé l'esprit chrétien authentique. Dès lors, la Russie à son tour va pouvoir jouer un rôle historique, et cette grande œuvre sera réalisée au bénéfice de tous les peuples.

Cependant chez Kiréievski la condamnation de l'Occident ne va pas sans une réelle estime et même une secrète attirance : il avait même commencé par prôner le rapprochement de la Russie et de l'Europe, comme en témoigne son premier article *Le Dix-Neuvième Siècle,* et, à vrai dire, il ne renoncera jamais complètement à cette conviction. Mais son œuvre est prise dans la polémique des slavophiles et des occidentalistes ; de ce fait elle insiste plus sur les oppositions que sur les rapprochements. Ainsi, au risque de méconnaître les intentions nuancées de Kiréievski, on a retenu de sa pensée l'aspect le plus négatif.

En revanche, à propos de sa théorie de la connaissance, on peut souligner que, bien que marquée par l'utopisme romantique, elle a le grand mérite de retrouver les intuitions et les exigences qui sont celles de la pensée chrétienne de toujours : elle ne peut jamais se réduire à une pure ratiocination mais reste toujours tendue vers une récapitulation universelle sous forme de sagesse. – Trad. *Essais philosophiques,* Lethielleux, Paris-Namur, 1988. F. Ro.

ESSAIS POÉTIQUES DE LA CHAUMIÈRE TERRESTRE [*Jen-tsing-lou che-ts'ao – Renjinglu shicao*]. Recueil du poète chinois Houang Tsouen-sien (1849-1905), comptant onze fascicules et publié au Japon en 1911. De Houang Tsouen-sien, qui fut le plus important auteur de la révolution poétique de la fin des Ts'ing (1644-1911), les premiers poèmes conservés préfigurent les choix novateurs. De 1870 datent les vers célèbres : « Ma main écrit comme ma bouche parle / Comment les anciens me contraindraient-ils ? », et le recueil des *Essais poétiques,* même s'il conserve souvent la forme traditionnelle du « che » (poèmes réguliers en vers quinta ou heptasyllabiques), innove par des vers non classiques, l'usage d'expressions orales, de mots étrangers, et par de longs poèmes narratifs. Il rend compte aussi de l'enracinement du poète dans des préoccupations historiques, sociales et politiques. Témoignage et appel à une prise de conscience, la poésie de Houang Tsouen-sien se consacre autant à l'éloge de la culture et de la science japonaises et occidentales (car il passa dix-sept ans de sa vie à l'étranger) qu'à la critique du christianisme et de l'impérialisme de l'Ouest, de l'absolutisme et de l'ethnocentrisme caractérisant les Ts'ing, de la société de son temps. Elle y dénonce la pauvreté du peuple, la position de la femme chinoise, la tradition (confucéenne) « maléfique ». C'est pourquoi son œuvre fut tenue par Liang Ts'i-tchao (1873-1929), dirigeant, comme Houang, du mouvement réformiste, pour de l'histoire sous forme poétique. V. L.

ESSAIS POLITIQUES de Th. Mann. Sous ce titre sont réunis divers articles de revues, préfaces, discours, lettres et messages radiodiffusés de l'écrivain allemand Thomas Mann (1875-1955). Le recueil s'ouvre sur l'article « Frédéric II et la grande coalition » [Friedrich II, und die grosse Koalition], paru en 1915, et s'achève sur « Cette paix » [Dieser Friede] de 1946. Certains de ces textes furent publiés en Allemagne, d'autres en Suisse, en Suède, en Amérique : certains même, qui furent écrits au cours des années de guerre et d'exil, sont rédigés en anglais. Ils furent pour la plupart réunis en deux volumes : le premier fut d'abord publié en France, en 1937, dans une traduction préfacée par André Gide, sous le titre *Avertissement à l'Europe,* puis édité en allemand, en 1938, sous le titre *Attention, Europe !* [*Achtung, Europa !*] par la maison d'édition zurichoise Europa-Verlag ; le deuxième, *Auditeurs allemands* [*Deutsche Hörer !*], primitivement édité en Amérique en 1942, parut dès la fin de la guerre en 1945, à Stockholm, chez Bermann-Fischer, qui a édité les Œuvres complètes de l'auteur. Postérieurement à l'essai sur Frédéric II, daté de 1915, et aux « Considérations d'un apolitique » [Betrachtungen eines Unpolitischen] de 1918, déjà compris dans les éditions berlinoises des Œuvres jusqu'en 1925, les plus importants manifestes politiques de Thomas Mann, où nous le voyons passer de la défense de l'ordre et de la discipline à celle des libertés démocratiques, sont constitués par le grand discours « De la République allemande » [Von Deutscher Republik] tenu à Berlin le 15 octobre 1922, à l'occasion du soixantième anniversaire de Gerhart Hauptmann. Il s'agit là d'une adhésion solennelle et passionnée à la jeune République weimarienne du « bon papa Ebert ». L'auteur voit dans la république la forme juridique positive du nouveau concept d'« humanité » auquel doit tendre l'unité politique et nationale de l'Allemagne. Viennent ensuite, de 1930 à 1938, les textes réunis ultérieurement par l'auteur dans le célèbre appel, *Attention, Europe !,* auquel un essai de 1938, « La Gravité de l'heure » [Die Höhe der Stunde] sert de préface. Ainsi se trouve soulignée, à la veille du conflit mondial, la valeur non seulement historique mais morale de ces avertissements publiquement lancés au monde au cours des cinq premières années du néfaste régime hitlérien ; en ce sens que lutter pour la bonne cause, indépendamment de son succès dans le domaine de la réalité pratique, signifie contribuer au triomphe de la vérité, autrement dit à la victoire de l'esprit sur la matière, même si celui-ci succombe momentanément sous les forces destructrices de la culture et, partant, de toute valeur humaine. Ces forces sont en l'occurrence représentées par l'infiltration « fasciste » dans les domaines politiques, moraux et intellectuels du monde européen ; et comme c'est la tendance psychologique du monde actuel à accepter semblable infiltration, Thomas Mann n'a pas hésité à lancer à l'Europe tout entière son cri d'alarme.

Analysant, dans son « Appel à la raison », prononcé à Berlin en octobre 1930, les causes morales des événements historiques, Mann s'attache à souligner les graves responsabilités qui incombent à l'Angleterre et à l'Europe tout entière pour avoir permis et même favorisé le développement du fascisme et de son dérivé le plus direct, la dictature national-socialiste. Étudiant ensuite la crise économique provoquée en Allemagne par le traité de Versailles, il reconnaît la nécessité de réviser ce dernier et d'établir une entente franco-allemande sincère, gage de santé physique et morale pour sa patrie et condition indispensable pour assurer le bien-être et le salut de l'Europe. C'est là le seul moyen de garantir la paix dans les relations européennes ; mais à semblable politique extérieure doit correspondre une politique intérieure appropriée : l'abolition du conflit mortel déterminé par le nazisme entre culture et patrie ; pour Mann, la civilisation ne peut triompher qu'en réalisant l'unité entre le monde politico-social et le monde spirituel et artistique. Il en arrive ainsi à traiter les divers problèmes de la civilisation à la lumière d'un « humanisme » militant et actif, soucieux des idéaux de justice et de vérité.

Son attitude, faite de refus irréductible et d'indignation devant l'avilissement de la culture et la barbarie où sombre l'Allemagne, s'exprime avec fierté dans sa réponse du jour de l'an 1937 au doyen de la faculté de philosophie de l'université de Bonn, qui venait de lui annoncer le retrait de son titre académique succédant à celui de sa nationalité allemande. Sa douloureuse amertume se concrétise alors dans une exhortation à l'Allemagne, afin qu'elle retourne dans le concert des nations civilisées et s'intègre dans un système de paix européenne garantissant la liberté, le droit et la dignité humaine. Dans l'essai « Espagne », servant en quelque sorte d'épilogue à un texte publié en Suisse sur le même thème, Thomas Mann revendique, pour ceux qui vivent libres en esprit, le droit et le devoir de ne pas s'écarter de la politique en s'enfermant dans le splendide isolement de leur tour d'ivoire : le poète est également un homme et tout problème humain doit l'inquiéter ; aussi, quant à lui, se passionne-t-il pour le destin tragique du peuple espagnol, lancé dans les horreurs d'une guerre civile au seul bénéfice de gouvernements étrangers pressés d'étouffer un juste désir de progrès et de liberté. La conférence tenue au printemps de 1938 dans quinze villes américaines et intitulée « La Victoire assurée de la démocratie » est une profession de foi dans le régime démocratique, seul capable de sauvegarder la paix, et Thomas Mann l'oppose à la conception du régime national-fasciste, générateur de guerres. Certes, la démocratie doit se renouveler, tendre à certaines réformes, notamment dans le domaine social ; aussi le discours prononcé à Stockholm, en septembre 1939, à l'occasion du XVIIe Congrès du P.E.N. Club international, étudie-t-il en profondeur « Le Problème de la liberté » considéré sous son angle social, en tant que discipline « morale » exigée par l'époque dans le but de permettre à l'humanité de se réaliser de façon totale.

Entre 1940 et 1945, Mann, exilé en Amérique, enregistra cinquante-cinq messages à l'intention des Allemands : l'écrivain y exhorta, ainsi qu'il le dit lui-même dans sa préface à la première édition américaine du recueil, son peuple, opprimé et corrompu par la tyrannie hitlérienne, à la révolte rédemptrice. Pour ceux qui étaient alors tenus dans l'ignorance, ces messages constituaient de lumineux commentaires sur les événements, un avertissement sévère et, en même temps, la manifestation d'un amour douloureux envers ce pays qu'il voyait, avec une certitude prophétique, glisser inexorablement vers le désastre ; ils étaient aussi la voix du monde libre incitant vainement l'opprimé à se libérer de lui-même, jusqu'au jour où, venue de l'extérieur, la libération entraîna l'effondrement catastrophique de l'Allemagne, marquant enfin son retour au sein de l'humanité. Le dernier message, celui de Noël 1945, publié en Suisse le 22 juillet 1946 dans la *Weltwoche* et successivement dans divers périodiques européens, reprend les raisons exposées par Mann dans une « Lettre ouverte » (parue la première fois dans la revue *Aufbau* de New York) adressée à l'écrivain allemand Walter von Molo, qui l'avait publiquement invité, au cours de l'été de 1945, à revenir dans son pays. « Les raisons pour lesquelles je ne rentre pas en Allemagne », tel est le titre de ce message, qui est à la fois une justification de son refus et un jugement impitoyable porté sur ce pays qui resta sourd à l'appel des meilleurs de ses fils. De national, le germanisme de Mann est allé s'élargissant aux dimensions du monde moderne, tout en conservant cependant des liens héréditaires inaliénables qui font qu'il connaît si bien la nature complexe et énigmatique, le bien comme le mal, de cette Allemagne qu'il analyse avec une perspicacité pénétrante dans son discours « L'Allemagne et les Allemands » [Germany and the Germans], discours prononcé en anglais en juin 1945, à l'occasion de son 70e anniversaire, dans la Library of Congress de Washington, repris ensuite au Hunter College de New York et publié enfin pour la première fois en allemand dans la revue *Neue Rundschau* (octobre 1945). Tous les problèmes politiques et sociaux du temps de guerre et du temps de paix furent donc abordés par cet écrivain, « humaniste » véritable, doué d'une intelligence ouverte et d'une sensibilité affinée par les douloureux événements historiques de notre époque. – Trad. *Avertissement à l'Europe,* Gallimard, 1937 ; *Appels aux Allemands,* Martin Flinker, 1948.

ESSAIS POLITIQUES de Thoreau [*Reform Papers*]. Recueil d'essais de l'écrivain américain Henry David Thoreau (1817-1862), quatrième volume de l'édition Princeton des *Œuvres complètes.* Ce volume contient divers pamphlets et essais où l'auteur exprime avec virulence son désaccord par rapport aux institutions, aux choix politiques et au mode de vie de ses compatriotes. Le premier est le plus célèbre ; Gandhi et Martin Luther King s'en sont tous deux inspirés. Il s'agit d'un texte lu à Concord en janvier 1848 et publié en mai 1849 sous le titre « La Résistance au gouvernement civil » [Resistance to Civil Government]. À partir d'une expérience personnelle – son arrestation en 1846 pour avoir refusé de payer ses impôts à un État esclavagiste et annexionniste –, Thoreau y dénonce la violence institutionnelle, et y revendique le droit de l'individu à la désobéissance civile (l'essai est d'ailleurs plus connu sous le titre de « Civil Disobedience »). « L'Esclavage au Massachusetts » [Slavery in Massachusetts], conférence faite le 4 juillet 1854 à une réunion d'abolitionnistes, et publiée dans le *Liberator* le 21 juillet, est un violent réquisitoire, qui dénonce la complicité du Nord dans l'arrestation d'esclaves fugitifs. « La Vie sans principe » [Life Without Principle] est une conférence de 1854 publiée un an après la mort de Thoreau ; il y attaque avec une verve sauvage le matérialisme ambiant, révélé par la ruée vers l'or. Le recueil comprend enfin les textes écrits lors de l'arrestation de John Brown en 1859-60 – plaidoyers enflammés, qui constituent une sorte de testament politique. – Trad. partielle : *La Désobéissance civile, Plaidoyer pour John Brown*, Pauvert, 1968. Y. C.

ESSAIS POUR CASSANDRE [*Eseje dla Kassandry*]. Ce volume paru à Paris en 1961 contient les essais les plus caractéristiques de l'écrivain polonais Jerzy Stempowski (1894-1969). Érudit de grande classe, pourvu d'un don d'observation extraordinaire, d'une mémoire prodigieuse et d'une rare culture, Stempowski est le critique perspicace de tout phénomène artistique, littéraire ou simplement humain ; cet essayiste polonais ayant résidé en Suisse évolue avec aisance dans un monde où les questions économiques et sociales – *Images du temps de la crise agraire* [*Obrazy z czasów kryzysu rolnego*, 1954] – côtoient les problèmes littéraires, esthétiques et philosophiques : *Points limites de l'art chez les naturalistes* [*Graniczne punkty sztuki u naturalistów*, 1937] ; *Le Climat de la vie et le climat de la littérature* [*Klimat życia i klimat literatury*, 1957] ; il crée une ambiance où Thucydide et Homère trouvent leur place à côté de Boccace et de Defoe, de Conrad et de Dostoïevski. Les yeux largement ouverts sur la beauté – celle de la nature et celle de l'art –, l'oreille sensible à la musique, cet historien et observateur dispose de tous les moyens lui permettant d'enrichir et d'approfondir une vision très particulière, et pourtant accessible à l'esprit, et universelle, du monde extérieur et de celui qui est en nous. Stempowski, ce « passant non pressé » comme il s'est appelé lui-même, ce visionnaire humaniste, ce représentant d'une race de penseurs qui est en train de disparaître, tente, par la bouche de sa « Cassandre », une synthèse de cette vision.

ESSAIS RÉACTIONNAIRES SUR LA POÉSIE ET LES IDÉES [*Reactionary Essays on Poetry and Ideas*]. L'écrivain américain Allen Tate (1899-1979) publia ce premier recueil critique en 1936. L'un des esprits les plus philosophiques du groupe de la nouvelle critique formaliste – comprenant John Crowe Ransom, Cleanth Brooks et Robert Penn Warren –, il avait manifesté dès 1929 son antagonisme à l'encontre des « illusions de l'humanisme ». Ses essais critiques sont liés aux conceptions sociales et esthétiques qu'il formula, en 1930, dans *Je prends parti* [*I'll Take My Stand*], manifeste des écrivains sudistes « agrariens ». Tate applique les critères de l'esthétique régionaliste de Ransom à l'étude d'auteurs spécifiques. Dans l'un de ses essais les plus importants, il voit dans Emily Dickinson le produit d'une Nouvelle-Angleterre dont la théocratie sur le déclin nourrit la sensibilité sans écraser l'originalité. « Les Trois Types de poésie » distinguent la poésie de la volonté pratique reposant sur l'allégorie ou l'abstraction, celle de l'ironie romantique ou du lyrisme dramatique personnel, et celle, la seule véritable, qui s'éprouve mais ne se définit pas, une « poésie qui trouve son utilité dans sa parfaite inutilité », qui est « un centre et un point d'appui pour l'intelligence aux ordres de la volonté, qui ébranle sans cesse l'équilibre personnel et social en imposant tyranniquement au monde des formules partielles ». Dans ses analyses de la structure poétique, l'auteur utilise la forme comme pierre de touche pour donner au lecteur le sentiment de l'« intégrité de l'œuvre d'art » : celle-ci ne se rapporte qu'à elle-même et s'évalue comme « produit de l'intelligence unique et informée du monde ». En conséquence, la littérature doit échapper à la science. Libérée même du « matérialisme riche et contingent » de l'existence, elle devient l'unique mesure de la connaissance humaine. « Le Métier des lettres dans le Sud » et « La Religion dans le vieux Sud » voient dans un groupe ou un mythe religieux la base nécessaire d'une culture complète. Tate pense que, inversement, la religion peut créer un corps ou un mythe politiques. Son second recueil d'essais, *La Raison dans la folie* [*Reason in Madness*, 1941], montre le même intérêt pour les problèmes sociaux et politiques. Tate considère les sciences morales, en particulier l'anthropologie, comme une menace fondamentale pour l'esthétique littéraire. Sa haine du libéralisme et du pragmatisme font de lui le plus intransigeant des traditionalistes du Sud ; il minimise le mal de l'esclavage et soutient que les sociétés les plus corrompues peuvent donner naissance à des cultures nobles et raffinées. Malgré son besoin de se raccrocher à des croyances stables, qui le pousse à perpétuer les mythes suprématistes du Sud, Tate est trop lucide pour ne pas voir les contradictions qu'implique une position réactionnaire. Ses analyses formelles, dont la démarche est proche des méthodes du critique I. A. Richards, constituent la partie la plus féconde de son œuvre. Les vingt pages de « Narcisse en tant que Narcisse » — explication de sa propre « Ode aux morts de la Confédération » — sont un chef-d'œuvre du genre. Allen Tate a publié plusieurs recueils de poèmes, dont *Monsieur Pope et autres poèmes* (*), et d'autres essais critiques, dont *Les Limites de la poésie* [*On the Limits of Poetry : Selected Essays*, 1928-1948] et *Le Démon sans espoir* [*The Forlorn Demon : Didactic and Critical Essays*, 1953]. De 1944 à 1946, il a dirigé le magazine littéraire *The Sewanee Review*.

ESSAIS SUR LA LITTÉRATURE FRANÇAISE À L'USAGE DES ÉTRANGERS. Œuvre de l'écrivain écossais Quentin Crawford (orthographié en français : Craufurd) (1743-1819). La première édition de cette œuvre, parue en 1803, portait un titre légèrement différent : *Essais... etc., écrits à l'usage d'une dame étrangère, compatriote de l'auteur*. Dans la Lettre à Mme ***, qui sert de préface aux *Essais*, l'auteur explique ainsi les raisons qui l'incitent à ne pas parler des auteurs vivants : « Il faut voir l'homme en entier avant de prononcer sur lui un jugement impartial et positif. N'avons-nous pas vu souvent un auteur, ou se rétracter, ou dire tout le contraire de ce qu'il avait dit précédemment ? » (L'auteur prend comme exemple l'abjuration faite par La Harpe de « toutes ses erreurs philosophiques ».) Dans le premier volume, après avoir cité quelques ouvrages d'intérêt général, qu'il nomme « ouvrages élémentaires », il passe aux livres d'histoire et aux Mémoires, dont il donne un compte rendu bref, mais assez complet, en analysant près d'une trentaine. Après un coup d'œil jeté sur la littérature épistolaire, Crawford analyse onze moralistes, cinq maîtres de l'éloquence sacrée et quinze poètes. Dans le volume II, il étudie les œuvres de vingt-deux poètes, quinze auteurs dramatiques et vingt-cinq romanciers, pour la plupart de second plan, tels que Jean-Baptiste Rousseau, Moncrif, Dorat, Esménard, Mme Cottin, Mme de Gomez, Mme de Tencin, Mme Riccoboni, M. Hamilton, le comte de Tressan et le marquis de Bièvre. Enfin, le volume III est, suivant l'expression même de l'auteur, réservé à ceux des écrivains célèbres de son temps « qu'il est convenu d'appeler les nouveaux philosophes » : Fénelon, Montesquieu, Voltaire, J.-J. Rousseau, Helvétius et toute la pléiade des encyclopédistes, Mably, Condillac, La Harpe et quelques autres.

ESSAIS SUR LE COMMERCE. Premier volume des *Essais politiques* [*Political Discourses*], œuvre du philosophe, historien et économiste écossais David Hume (1711-1776), publié à Édimbourg en 1752. L'ouvrage, qui comprend huit chapitres (« Du commerce », « Du luxe », « De l'argent », « De l'intérêt de l'argent », « De la balance du commerce », « De la jalousie commerciale », « Des impôts », « Du crédit public »), est divisé en deux parties. Dans la première, l'auteur constate l'indissolubilité des aspects politiques, sociaux et économiques propres aux phénomènes humains, s'attachant surtout à souligner le dernier de ces aspects. Dans la deuxième partie, il aborde certaines questions de caractère proprement économique. Après avoir considéré l'influence des conditions économiques sur la conduite politique des États, Hume affirme que toute nation dépourvue d'industries tendra à cause de sa pauvreté à l'état de guerre, alors qu'une nation riche sera puissante, dans la guerre comme dans la paix. D'autre part, si une mauvaise répartition des richesses est néfaste à l'État, il faut voir dans la pauvreté du peuple une conséquence de l'absence de liberté. Maintenue dans des limites raisonnables, la liberté doit être tenue pour une condition indispensable à la perfection des arts et comme la cause même du progrès et de la prospérité. Ayant défini les rapports existant entre la philosophie, la politique et l'économie, Hume en arrive à traiter de la monnaie : celle-ci, nous fait-il observer, ne constitue pas la richesse, mais un moyen très utile pour faciliter les échanges, au volume desquels elle doit être quantitativement proportionnée. Après avoir relevé les incidences des mouvements révolutionnaires sur les prix au XVIIe siècle, ainsi que l'opportunité et les dangers du système dit de crédit pour le développement du commerce et la politique financière des États, Hume envisage les causes déterminant le niveau du taux d'intérêt, qui, loin d'être la cause de la prospérité économique, n'en est que le résultat. Le dernier chapitre est consacré à l'examen des inconvénients à l'accroissement de la dette publique. David Hume, maître et précurseur d'Adam Smith, résume dans ses *Essais politiques sur le commerce* tout ce qu'on pouvait concevoir de mieux à l'époque en matière de spéculation économique. Traité dans un esprit véritablement sociologique et dans le but de justifier la nécessité du libre-échange, l'ouvrage précède dignement et ouvre la voie aux *Recherches sur la nature et les causes de la richesse des nations* (*), qui seront la bible de l'école libérale. – Trad. Guillaumin, 1847 ; *Essais politiques,* Vrin, 1972.

ESSAIS SUR L'EMPIRISME RADICAL [*Essays in Radical Empiricism*]. Série d'articles et de communications, rédigés entre 1904 et 1905, par le philosophe américain William James (1842-1910), réunis et publiés à Londres en 1912 et constituant en fait un traité organique de l'empirisme radical que, dans ses dernières années, James tenait pour plus important que le pragmatisme, dont il est le fondateur et le principal représentant. Le tenant pour un développement ultérieur de la méthode pragmatique, James fut conduit à pousser cet empirisme jusqu'à ses plus extrêmes conséquences. L'empirisme de Locke, Berkeley, Hume et des positivistes admettait que les données de la sensation représentent tout le contenu de notre conscience, mais que les « rapports » entre divers faits sensoriels (rapports de cause, de temps de position, etc.) ne sont pas perçus directement, mais sont dus en quelque sorte à l'activité de notre pensée, qui associe diversement les données sensorielles. Or l'empirisme « radical » soutient par contre que les rapports entre données sensorielles (par exemple, les positions respectives d'un livre et de la table sur laquelle il est posé) sont aussi perçus directement, sont donc des sensations purement immédiates, au même titre que le livre et la table. Notre connaissance n'est ainsi qu'une succession de sensations, une fluctuation de la conscience d'une sensation à l'autre. Mais, en elle-même, la « conscience » ne constitue pas une activité spécifique ; ce n'est pas elle qui « rend conscientes » les choses qui nous entourent : l'illusion de l'existence d'une conscience, d'un moi qui perçoit la sensation, provient du fait que les sensations, loin d'être isolées, présentent un caractère de succession, sont en rapport (directement perceptible) l'une avec l'autre et donnent par conséquent l'impression de constituer une unité, d'être un tout ; c'est précisément cet ensemble de sensations reliées qui apparaît comme « conscience ». Il n'est nullement besoin de supposer un dualisme quelconque : d'un côté, les sensations ; de l'autre, une « conscience » qui les perçoit. Le fait même que deux hommes puissent éprouver les mêmes sensations ne démontre pas l'existence de deux consciences distinctes, mais seulement que la même sensation peut faire partie de deux courants distincts de sensations, considérés à tort comme le flux de deux « consciences » distinctes. En résumé, en soutenant que seules les choses pouvant être déterminées expérimentalement constituent une connaissance réelle, l'empirisme radical aboutit à cette constatation que l'univers, dans son unité et les relations de ses éléments, n'est en rien une construction relevant de la raison ; les divers faits empiriques sont déjà empiriquement reliés entre eux et l'unité de l'univers est elle-même empirique.

Néanmoins, si tout ce qui existe et tout ce que nous connaissons résulte toujours de l'expérience, comment et pourquoi distinguons-nous entre le fait extérieur et la sensation de ce fait ? Faudrait-il voir là une différence capitale, nous forçant à envisager d'un côté l'existence de la pensée, de l'autre les faits qui en seraient les objets ? Non, répond James ; prenons, par exemple, le fait « dur » et la sensation de « dur ». Le fait « dur » est en relation avec d'autres faits (impénétrabilité, etc.) ; l'idée ou sensation de « dur » n'agit ou n'interfère point avec d'autres idées à la façon dont le fait « dur » agit sur les faits : ainsi, nous pouvons sentir à la fois le dur et le mou, etc. La distinction entre fait et sensation n'est donc nullement une distinction entre deux manifestations de genre différent, mais entre deux différentes relations d'un même fait avec d'autres faits, entre deux « flux d'expérience » qualitativement différenciés. Certes, semblable empirisme radical implique l'existence ou la possibilité d'une infinité de flux non reliés entre eux, d'une infinité de faits pouvant s'intégrer à chaque flux particulier, et ne pouvant avoir par conséquent une profonde unité. Il n'est plus permis alors de définir l'univers en des termes d'unicité... et James se voit contraint d'adopter la conception d'un univers « pluraliste », qu'il exposera quelques années après la série d'essais sur l'empirisme radical, dans un ouvrage intitulé précisément *Un Univers pluraliste* (*).

ESSAIS SUR LE THÉÂTRE [*Eseji*]. Recueil d'études de l'écrivain slovène Filip Kalan (pseud. de Filip Kumbatovic, né en 1910), publié en 1959. L'auteur, qui occupe depuis 1945 la chaire d'histoire du théâtre à l'Académie d'art dramatique de Ljubljana et qui a participé à de nombreux colloques internationaux sur le théâtre, présente dans ce livre les éléments d'une histoire de la contribution du théâtre yougoslave (Serbie, Croatie, Slovénie) à la culture européenne. Ce faisant, Kalan poursuit deux buts : montrer que l'art des petites nations ne relève pas seulement du provincialisme mais participe à l'évolution générale ; féconder, par la conscience de cette participation, les formes théâtrales de son pays. Ainsi les essais : « Le Théâtre de la Renaissance en Dalmatie » et « Le Baroque d'Europe centrale et les origines du théâtre slovène » montrent-ils l'interpénétration des aspirations nationales et des influences apportées par les ordres religieux. L'étude consacrée au « Théâtre slovène pendant la Seconde Guerre mondiale » souligne par contre l'originalité des créations réalisées durant cette période et leurs rapports avec celles des diverses résistances nationales. « Trois précurseurs du théâtre contemporain en Yougoslavie » analyse les œuvres des trois grands écrivains : Branislav Nušič (serbe), Ivan Cankar (slovène) et Miroslav Krleža (croate), en montrant comment leur diversité d'origine et de talent n'en contribue pas moins à dégager les lignes directrices d'un génie yougoslave, synthèse de ces caractères nationaux. Ce livre, vivement écrit, est un document intéressant pour tous les historiens du théâtre. — Trad. Édition de l'Académie d'art dramatique, Ljubljana, 1961.

ESSAIS SUR L'HISTOIRE DE FRANCE. Publiés en 1823 par l'historien et homme d'État français François Guizot (1787-1874), pour servir de supplément à une réédition de l'œuvre historique de l'abbé Mably. Cet ouvrage répond au besoin impérieux qu'avait l'écrivain de comprendre le sens véritable de l'histoire d'un grand pays, en étudiant de près ses institutions séculaires, tant civiles que politiques. Ces essais sont au nombre de six. Chacun d'eux traite des problèmes de caractère historique, économique et social, qui concernent l'époque antérieure à la monarchie de Philippe le Bel. En outre, ils s'inspirent de la conception suivante : la Grande-Bretagne a trouvé dans son Parlement un guide de ses destinées ; la France, elle, a une monarchie absolue bien propre à marquer pour des siècles le caractère de son histoire. Guizot déclare qu'il veut « s'asseoir à côté du berceau » de ces deux grands peuples, afin de surprendre les premiers signes qui révèlent toute la différence entre leurs destins respectifs. Remontant ainsi, par exemple, au ve siècle de l'ère chrétienne, il montre clairement l'échec que fut, en soi, la fusion entre Gallo-Romains et Francs ; ce qui facilita beaucoup l'établissement de l'organisation féodale et, en fin de compte, l'extension heureuse de l'autorité monarchique, laquelle tendit de plus en plus a prévaloir sur les dissensions féodales. Dans un dernier essai, Guizot oppose à l'aventure historique de la France celle de l'Angleterre. Dans l'histoire anglaise, en effet, les anciens Saxons s'associèrent vite aux conquérants normands, si bien que tout s'équilibra dans l'État : d'une part, le roi ayant partie liée avec les petits propriétaires ruraux ; de l'autre, l'aristocratie avec les grands propriétaires ruraux. Si donc la liberté politique naquit en Angleterre « du sein même de la barbarie », en France elle fut le fruit de la violence et n'apparut qu'après des siècles de grande civilisation.

ESSAIS SUR L'INDIVIDUALISME. Une perspective anthropologique sur l'idéologie moderne. Œuvre de l'anthropologue français Louis Dumont (né en 1911), publiée en 1983. Les *Essais* sont une clef pour l'accès à l'œuvre importante et originale de Louis Dumont. Après avoir renouvelé l'étude du système des castes en Inde avec *Homo hierarchicus* (*) (1967), l'auteur, dans *Homo æqualis* (1977), étudiait la formation de l'idéologie individualiste occidentale, montrant comment la catégorie de l'« économie » se dégage progressivement, comment la pensée économique accentue un clivage fondamental de valeurs entre deux types de relations, relations des hommes entre eux, relations des hommes aux choses. En prenant pour objet le passage du monde de la tradition au monde moderne, les *Essais* sont comme l'articulation entre les deux œuvres précédentes : la hiérarchie interne à la culture est essentielle à la comparaison. La première partie du livre est historique, elle expose comment on « devient » européen, rassemble des études sur les origines religieuses (chrétiennes) et politiques de notre individualisme, évoque ses diverses formes nationales à propos de l'Allemagne et du national-socialisme. La seconde partie (comment être européen « parmi » les autres cultures) est anthropologique. Un chapitre entier est consacré à l'œuvre de Marcel Mauss, qui voulait qu'on s'attachât moins à construire des classements et des typologies qu'à comprendre des ensembles, et donnait autant d'importance à l'étude de notre société qu'à celle des sociétés exotiques. Dans cette perspective, l'anthropologie, en faisant prendre conscience de ce que l'Europe a d'unique, ouvre la voie à un universalisme concret, fruit d'une perpétuelle comparaison des diverses formes d'humanité : comment construire un universalisme qui ne soit plus la projection de nos préjugés ? Comment « être » européen ?

D. P.

ESSAI SUR DIVERS PROJETS [*Essay upon Projects*]. Œuvre de l'écrivain anglais Daniel Defoe (1660-1731), commencée peu après sa faillite (1692), mais publiée seulement en 1697. C'est le plus intéressant des premiers écrits de l'auteur. Par sa vivacité, l'ouvrage a un caractère et un accent presque modernes : à ce point de vue, tout ce qui touche à l'éducation, les assurances et le traitement des marins est remarquable. Un écrit très important également est celui qui propose la création d'une Académie anglaise pour obscurcir la gloire de l'Académie française et pour aider la langue anglaise, que l'auteur considère comme la plus noble et la plus riche de toutes les langues vivantes du monde, à remplir son rôle de modération et de raffinement. L'auteur suggère aussi la création d'une Académie militaire ; il s'y occupe, en dehors de la formation de soldats, du sport, du tir à la cible, qu'il voudrait voir devenir un « passe-temps national ». Les vues de Defoe sur l'éducation des jeunes filles sont curieuses et nouvelles pour son époque : il voudrait les voir étudier les langues, en particulier l'italien et le français, l'histoire, la musique et la danse, et ne voudrait pas qu'elles se consacrent exclusivement aux travaux féminins.

ESSAI SUR LA CRITIQUE [*Essay on Criticism*]. Poème didactique, écrit en distiques gnomiques, de l'écrivain anglais Alexander Pope (1688-1744), publié sans nom d'auteur en 1711. Le but de Pope est de codifier les règles — alors controversées — qui doivent présider à une saine critique. Il donne à l'Angleterre un ouvrage qui est l'équivalent de *L'Art poétique* (*) de Nicolas Boileau (1636-1711). L'auteur, qui prétend s'être inspiré des classiques : Cicéron, Quintilien, etc., s'apparente davantage aux modernes : par exemple au comte de Roscommon – *Essai sur la poésie traduite* [*An Essay on Translated Verse*, 1684] —, à Dryden, et surtout aux critiques français dont Rapin et Boileau ; c'est à ce dernier que Pope doit ce ton sentencieux et l'art de donner à des lieux communs le vernis d'une pensée originale. Ce que Boileau recommande aux poètes, Pope le recommande aussi aux critiques : il leur enjoint surtout d'unir le bon sens à la bonne humeur. Sa doctrine peut se résumer ainsi : il faut suivre la Nature ; les Anciens l'ayant connue dans sa perfection, il est bon de les imiter en cela. Aristote a trouvé chez Homère, le plus ancien de tous, les règles à suivre pour copier la Nature, auxquelles il faut se tenir. Pour Boileau, cette Nature est la nature humaine, le « bon sens », le « droit sens ». Revenant en arrière, Pope rejoint la conception traditionnelle de l'art pour l'art, de l'art selon la Nature ; il précède le néo-classicisme en visant une Nature idéale ; en cela il suit la pensée de Dryden. Parmi les vers souvent cités notons : « Savoir peu est dangereux » [A little learning is a dangerous thing]. « Se tromper est humain, pardonner est divin » [To err is human ; to forgive, divine]. « Là où courent les fous, les anges redoutent de mettre les pieds » [For fools rush in where angels fear to tread]. — Trad. Imprimerie champenoise, 1905.

ESSAI SUR LA FRANCE [*Frankreich, Eine Einführung in die französische Kultur*]. Essai du critique allemand Ernst Robert Curtius (1886-1956), spécialiste de la philologie romane et de la littérature européenne, réputé pour être, dans son pays, l'« homme qui connaissait le mieux la France ». Dans ce livre (paru en 1930) empreint d'une clairvoyante sympathie, l'auteur, en dehors de toute idée préconçue, se propose d'initier le public allemand à la civilisation française. Dès l'abord, il constate que les conceptions française et allemande de la civilisation « sont différenciées dès leurs racines » et que « méconnaître ce caractère profond de leur nature, c'est s'exposer à une erreur fondamentale d'où découleront fatalement une infinité d'autres erreurs ». Alors que l'Allemand place la culture au-dessus de la civilisation, la France prolonge l'idée de culture antique dans le monde moderne : non point comme un legs extérieur à elle-même, mais comme une vertu incorporée à sa substance et à son sang. Cependant, l'héritage qu'elle revendique, loin de se limiter à Rome, lui vient aussi des Gaulois. En France, « l'idée de nation et l'idée de civilisation coïncident exactement » et la conscience nationale « se hausse jusqu'à l'université ». Après avoir étudié les données naturelles de la civilisation française, véritable produit du sol en un pays où, selon la réflexion de François Mauriac, « Cybèle a plus d'orateurs que le Christ », puis ses données historiques (facteurs primordiaux de l'évolution nationale, caractères particuliers de la royauté, etc.), Curtius brosse un tableau très nuancé de la vie intellectuelle, non sans souligner le rôle capital de la littérature « dans la conscience que la France prend d'elle-même et de sa civilisation ». « La littérature, observe-t-il notamment, assume en France les fonctions dévolues chez nous à la philosophie et à la science, à la poésie et à la musique. » Ce qui la distingue, « c'est l'équilibre harmonieux qu'elle sait établir entre les régions tempérées de l'esprit ». Curtius définit avec justesse l'esprit cartésien, son influence et ses déformations chez le Français moyen épris de logique. Il fait cette distinction entre l'humanisme français et celui d'outre-Rhin : « L'humanisme français va de Paris à Athènes, en passant par Rome, tandis que le nôtre, le plus souvent, va directement à Athènes en laissant Rome de côté. » Il discerne exactement les influences religieuses (« La religion catholique est indissolublement liée à la substance même de la France. Elle forme un des traits permanents de sa physionomie spirituelle »), tout en tenant compte d'une « alternative » traditionnelle entre le catholicisme et la libre pensée. Le chapitre consacré à Lutèce, à Paris, centre de culture, ville aimée des étrangers, et qui renferme « une quantité de petites patries », se termine par les hommages que lui rendirent Goethe et Stefan George. En conclusion, Curtius souligne les caractères essentiels du génie français et fait cette description de la France — parvenue, écrit-il, à l'« unité d'une personne » : « En France, les libres penseurs sont taillés dans le même bois que les croyants. Les révoltés emploient le même vocabulaire que les conservateurs, les intellectuels se mêlent aux hommes politiques, et les princes de la science comprennent le langage des artistes. » On doit également à Curtius plusieurs autres essais sur l'esprit et la littérature de la France : *Les Précurseurs littéraires de la France moderne* [*Die literarischen Wegbereiter des neuen Frankreich*, 1918] et *L'Esprit français dans l'Europe nouvelle* [*Französischer Geist im neuen Europa*, 1925]. — Trad. Grasset, 1932 ; Aube, 1990.

ESSAI SUR LA LANGUE ET LA PHILOSOPHIE DES INDIENS [*Über die Sprache und die Weisheit der Indien*]. Essai de l'écrivain allemand Friedrich von Schlegel (1772-1829), publié à Heidelberg en 1808. Le dessein de l'œuvre est d'éveiller l'intérêt des Allemands pour l'étude du sanskrit. Grâce à ce retour aux sources originelles, Schlegel prévoit une nouvelle renaissance, non seulement pour la poésie, mais pour chaque langue. Le volume se divise en deux parties : la première est faite de théorie, la seconde d'exemples. Dans la première, divisée en trois livres, il traite de la langue hindi, de sa morphologie et de son affinité avec les autres langues européennes et asiatiques. Dans la seconde, il fait un exposé sur la philosophie qui est à la base de toutes les mythologies hindoues et de celles qui en dérivent. Le troisième livre traite des « Idées historiques » ; Schlegel passe ensuite à une étude de la philosophie et de la religion orientales, en rapport avec la Bible. En appendice, il a donné une traduction du premier chapitre du *Ramayâna* (*), du premier livre des *Lois de Manu* [*Mânavadharmaçâstra*], de quelques passages pris dans le *Bhagavad-Gîtâ* (*) et de l'*Histoire de Çakuntalâ* [*Abhijnanaçakuntalâ*]. Cette œuvre est le fruit des études de sanskrit que l'auteur fit à Paris avec Alexander Hamilton. Le côté doctrinaire est faible. Cet essai est important dans l'histoire du romantisme en ce qu'il cherche à attirer l'attention sur l'Orient. Avec un renouveau du catholicisme et l'engouement pour le Moyen Âge, cet intérêt porté à l'Orient est une des caractéristiques du romantisme. — Trad. Parent-Desbanes, 1837.

ESSAI SUR LA MÉTAMORPHOSE DES PLANTES [*Versuch die Metamorphose der Pflanzen zu erklären*]. Ouvrage de l'écrivain allemand Johann Wolfgang Goethe (1749-1832), publié en 1790, à Gotha, chez le libraire Ettinger. En cent vingt-trois paragraphes groupés en dix-huit chapitres précédés d'une introduction, l'auteur explique l'évolution de la vie organique des plantes. Cette évolution est généralement considérée sous deux angles : « la croissance, qui se manifeste dans la tige et dans les feuilles » et « la multiplication, qui s'accomplit dans la fleur et le fruit ». Mais, en poussant davantage l'observation, on s'aperçoit que la multiplication se produit même dans la croissance, car elle s'accompagne de la pousse des feuilles et des boutons. La croissance n'est qu'une multiplication « successive ». En effet, on peut forcer une plante à bourgeonner, comme on peut en forcer la floraison. Goethe explique et analyse le processus du bourgeonnement et de la floraison, et fait observer que c'est toujours le même organe « qui se développe sous les formes les plus diverses, pour se transformer en feuilles », le même organe « qui est contenu dans le calice, qui s'élargit de nouveau en pétale, qui se contracte ensuite en éléments sexuels, pour se développer enfin dans le fruit ». Toutes ces évolutions s'accomplissent grâce à trois opérations différentes : l'approche, la concentration et l'anastomose. À cet organe primaire, Goethe donne le nom générique de « stipule » ou « feuille » ; il se trouve déjà dans le cotylédon de la graine.

C'est pendant son voyage en Italie de 1786 que Goethe commença à préciser ses idées sur le sujet. Il poursuivait alors l'idée utopique d'une « plante type » [Urpflanze], idée qui lui était venue dans le Jardin botanique de Padoue, et qu'il crut voir réalisée devant ses yeux en 1787 en Sicile, comme nous l'apprend sa lettre à Herder : « La plante primaire sera la créature la plus merveilleuse du monde et la nature même me l'enviera. Avec ce modèle clef, on pourra inventer des modèles à l'infini. » À partir de ces prémisses, Goethe arrive à la découverte et à la notion de l'« organe primaire ». Bien que l'idée de la feuille et de la tige primaires eût été déjà affirmée par Friedrich Wolff dans sa théorie de la génération, et bien que le mot de « métamorphose » eût déjà été employé par Linné, la conception de Goethe était absolument nouvelle : il rompait avec toutes les théories scientifiques du XVIIIe siècle suivant lesquelles la plante est tout entière contenue dans le germe ; il se détachait également de la conception théologique de la nature, en se rapprochant de Kant, qu'il ignorait toutefois. La doctrine d'évolution naturaliste de Goethe n'est reliée d'ailleurs à aucune théorie, mais elle est une des expressions les plus typiques de la position de Goethe à l'égard de la nature.

Sous ce même titre, Goethe écrivit aussi une poésie en 1798, publiée ensuite dans la section *Dieu et le monde* (*), du volume de *Poésies* (*), et dédiée à Christiane Vulpius, qui était déjà la mère de son fils et qu'il épousa plus tard ; il compare leur amour à cette vision scientifique : la connaissance devint une douce habitude et engendra l'amour qui donne fleurs et fruits. C'est un de ces poèmes caractéristiques de Goethe où le sujet tout impersonnel, objectif, scientifique, se colore et s'illumine d'un lyrisme diffus, calme, égal et clair, que l'on trouve seulement dans la poésie didactique des Anciens. — Trad. Barbezat, Genève, 1829 ; Triades, 1973.

ESSAI SUR LA NATURE DU COMMERCE EN GÉNÉRAL. Cet ouvrage, écrit en français, de l'économiste irlandais Richard de Cantillon (1680-1734) a été publié en 1755, à Paris, après la mort de l'auteur, cependant que le manuscrit était déjà connu de ceux qui formèrent l'école physiocratique. On doit à l'économiste anglais Jevons la découverte et la diffusion de l'œuvre de Cantillon, appelée par lui le « berceau de l'économie ». En réalité, celle-ci est une œuvre de transition qui marque le point de fusion entre deux courants d'idées (français et anglais), orientés vers la nouvelle doctrine. Cantillon résume les idées de quelques « mercantilistes » de la dernière période, les corrigeant et les modifiant par des concepts nouveaux, pénétrants, et sans aucun doute importants pour l'époque à laquelle ils furent élaborés ; ils serviront ensuite à formuler les théories physiocratiques.

Contrairement à ce qu'avaient fait ses prédécesseurs, Cantillon pose, en principe, la distinction fondamentale entre les deux aspects des phénomènes économiques : production et distribution d'une part, phénomène monétaire de l'autre. Les deux principales divisions de l'œuvre correspondent à cette distinction qui permet du reste à l'auteur, selon qu'il se place au point de vue général ou au point de vue de l'économie nationale, de concilier les deux attitudes, a priori opposées, relatives à l'idée de richesse. Dans la première partie, étudiant la notion de richesse en elle-même, et dépassant la conception monétaire mercantiliste de la richesse, il conclut que « la valeur intrinsèque d'une chose est à la mesure de la terre et du travail qui entrent dans sa production ». Toutes les richesses, en d'autres termes, contiennent une certaine quantité de terre et de travail, et c'est de là qu'elles tiennent leur valeur. Cependant, d'autre part, examinant successivement la notion de richesse comparée et « la valeur courante ou extrinsèque ou de marché », Cantillon affirme que celle-ci consiste « dans la quantité d'argent que les États possèdent » et ajoute que celui-ci est un moyen efficace d'échange. Non point parce que l'augmentation de l'argent assure la suprématie de l'État vis-à-vis de ses voisins, mais parce qu'il est le signe de sa supériorité. La monnaie n'est pas le point de départ de la richesse, mais son logique développement. Comme on le voit, Cantillon accepte les deux notions : celle de la richesse en général avec sa mesure (la terre) et celle de la richesse comparée avec sa mesure (la monnaie). Physiocrate en ce qui concerne l'économie générale, Cantillon est mercantiliste dans son économie nationale.

ESSAI SUR LA PEINTURE [*Saggio sopra la pittura*]. Œuvre de l'écrivain italien Francesco Algarotti (1712-1764), publiée à Bologne en 1762. Elle est consacrée à l'Académie anglaise ; dans le domaine de l'art, l'auteur accorde la suprématie à l'Angleterre. L'*Essai* débute par des conseils sur l'éducation des enfants, à qui les parents ne doivent pas imposer leur volonté, ce qui entraverait leurs dispositions naturelles. C'est ainsi que, selon une méthode assez usitée, Algarotti s'improvise guide d'un jeune apprenti peintre. Dans son esprit, ce traité s'inspire d'un classicisme qui se ressent de l'influence de Winckelmann et des amateurs français. Selon cette tendance, l'auteur assure, en plein XVIIIe siècle vénitien, qu'un tableau dessiné d'après les règles de la perspective et de l'anatomie plaira toujours plus aux connaisseurs qu'un tableau haut en couleur, mais mal dessiné. On retrouve dans l'*Essai sur la peinture* la vivacité de jugement et la facilité d'exposition propres à tous les écrits d'Algarotti, vivacité et facilité qui rendent accessibles à la compréhension de la masse des doctrines, des idées habituellement présentées sous un aspect solennel et, par suite, d'accès difficile. L'*Essai,* outre l'édition de 1762, en eut de nombreuses autres, dont une vénitienne, en 1784. Il parut à Londres, en anglais, en 1764 ; en allemand, à Cassel, en 1769 ; et en français, à Paris, chez Merlin, en 1769.

ESSAI SUR LA PEINTURE pour faire suite au Salon de 1765. Ouvrage de l'écrivain français Denis Diderot (1713-1784), écrit en 1766, paru la même année dans la *Correspondance* (*) de Grimm, mais qui ne fut imprimé qu'en 1795. Diderot y expose les principes qui l'ont guidé dans la critique des *Salons* (*). Il y étudie la peinture en suivant le classement habituel, le dessin, le clair-obscur, et surtout la couleur, à la compréhension de laquelle il arrive à travers le concept naturaliste : l'art est imitation de la nature ; celle-ci est imitable pour autant qu'elle est visible, et elle est visible pour autant qu'elle est colorée — v. la même idée chez Roger de Piles dans l'*Abrégé de la vie des peintres* (*). Diderot se montre assez peu sensible à la magie du dessin : pour lui, un bon dessin peut toujours s'apprendre, tandis que la couleur est un don de la nature ; c'est elle qui révèle le plus sûrement le caractère d'un peintre et qui lui permet d'entrer en communication directe avec l'imagination du public. Le caractère, l'humeur même de l'artiste influent sur sa manière de colorer : il suffirait de voir comment il mélange ses couleurs sur sa palette, comment il les dépose sur sa toile, pour se faire une idée de la richesse et de l'originalité plus ou moins grandes de son art. L'accord est la loi fondamentale du coloris. Il y a des accords simples, faciles, agréables à voir mais attendus, qui sont le propre des peintres médiocres ; il y a des « peintres pusillanimes », « des ronds-de-cuir de la peinture » qui se restreignent et se répètent. Les peintres de génie se reconnaissent au contraire à leur « pinceau intrépide », qui cherche inlassablement et crée les accords les plus nouveaux et les plus difficiles, et joue sur les contrastes les plus audacieux. De telles idées, exprimées dans le style « parlé » de Diderot, extraordinairement vivant et coloré, capable de refléter d'une manière incomparable toute la chaleur d'une discussion animée, donnent toute sa signification à ce bref essai où s'exprime toute la doctrine sur l'art du XVIIIe siècle.

ESSAI SUR LA PHILOSOPHIE DES SCIENCES. Œuvre du philosophe et savant français André-Marie Ampère (1775-1836), parue à Paris en un seul volume en 1834, et en deux volumes en 1843. Elle est précédée d'une notice fort intéressante sur l'auteur due à Littré et à Saint-Beuve. L'œuvre est une sorte de vaste synthèse des connaissances humaines qu'étoffe une tentative de classification analytique et rationnelle de toutes les sciences. Ces sciences sont divisées en deux groupes : les « sciences cosmologiques » (ou de la nature) et les « sciences de l'esprit ». Les premières se subdivisent en deux catégories (qui correspondent aux êtres animés ou inanimés) ; la première catégorie comprend à son tour deux parties : les sciences mathématiques, puis les sciences physiques. Allant plus avant et toujours par division binaire, Ampère arrive à subdiviser le champ du savoir en 224 ramifications dont 32 du premier ordre, 64 du deuxième et 128 du troisième. Et, comme l'expérience de son temps ne lui offrait pas une nomenclature qui fût en rapport avec un si grand nombre de subdivisions de la science, il invente de nouveaux termes, comme « cibernétique », « terpnognosie », dont certains sont tombés dans l'oubli le plus profond. L'astronomie mathématique est divisée en trois sciences différentes : l'« uranographie » (qui étudie les mouvements apparents des corps célestes), l'« héliostatique » (qui passe des apparences aux véritables interprétations) et, enfin, l'« astronomie » (qui s'occupe de la cause physique des mouvements réels). La tentative d'Ampère ne fait que montrer combien il est arbitraire de procéder à de telles subdivisions : il semble vain, en effet, de chercher une classification rationnelle qui possède en soi une finalité logique et un motif absolu. L'intérêt de telles classifications ne peut être que pratique : seul le désir de répondre à un but didactique peut les justifier. Faute de tenir compte de ces simples mais véritables finalités, Ampère en arrive à des vues assez bizarres : lorsque, par exemple, il met la chimie au même rang que l'hygiène, ou quand il proteste contre la symbiose (qui, à son époque, était courante dans les écoles de médecine) entre « matière médicale » et « thérapeutique ». Il mettait mal en relief le fait que les propriétés physiologiques des médicaments sont tellement liées à leurs compositions physico-chimiques qu'il n'y aurait aucune raison de séparer nettement de telles études. Dans sa préface, l'auteur déclare qu'il aurait voulu accomplir une œuvre plus vaste et ne pas s'en tenir à quelque idée générale sur différentes sciences. Il aurait voulu enrichir sa synthèse encyclopédique en nous donnant une espèce d'histoire des diverses ramifications de la science, de leurs progrès les plus récents, des systèmes alors en discussion, et peut-être aussi des vues sur l'avenir, de façon que « le lecteur puisse se faire une juste idée des travaux actuels des savants, des découvertes qui ont rendu glorieux notre siècle, et de celles qui sont par conséquent devenues possibles... » Mais cette idée resta toujours à l'état de projet.

ESSAI SUR LA POÉSIE DRAMATIQUE [*Essay on Dramatic Poesy*]. Essai en prose de l'écrivain anglais John Dryden (1631-1700), publié en 1668. Il s'agit d'un dialogue entre quatre interlocuteurs, parmi lesquels se trouve Dryden lui-même (Neander) ; ils sont en bateau sur la Tamise, le jour de la bataille navale qui eut lieu entre Anglais et Hollandais, à l'embouchure du fleuve le 3 juin 1665. Cet événement capte d'abord l'attention des quatre amis, mais, dès que le bruit du canon s'éloigne, leur conversation passe à des sujets littéraires. On discute sur les mérites respectifs du théâtre anglais et du théâtre français. Dans ce dialogue, on trouve quelques excellentes pages sur Shakespeare. Dryden énonce les règles qu'il avait prises comme base de son école et qu'il avait appliquées dans ses tragédies : le respect des règles établies par les anciens, par exemple la règle des trois unités, l'usage de la rime dans le drame, le culte de la simplicité. Dryden montre ici une fois de plus quelles sont ses grandes qualités de critique.

ESSAI SUR LA RÉVOLUTION NAPOLITAINE DE 1799 [*Saggio sulla rivoluzione napoletana del'99*]. Ouvrage de l'Italien Vincenzo Cuoco (1770-1823). La première édition date de 1801, une seconde édition révisée paraît en 1806. L'auteur, en exil, y analyse les événements en remontant aux conditions politiques, économiques et sociales de Naples avant la révolution. Selon lui, la révolution n'était pas née de la conscience populaire, n'avait pas été animée par les exigences concrètes de la nation, n'avait pas été nourrie par ses traditions et ses croyances. Elle avait été le fait d'une minorité qui avait agi sur la base de principes abstraits et sur le modèle de la Révolution française. Partant, elle ne pouvait être qu'un échec. Cuoco rendait toutefois hommage à la mémoire des patriotes dans l'avant-dernier chapitre de ce texte qui tendait aussi à exalter le sentiment national.

ESSAI SUR LA SYMBOLIQUE DES TOMBEAUX DANS L'ANTIQUITÉ [*Versuch über die Gräber-Symbolik der Alten*]. Œuvre du philologue et historien suisse d'expression allemande Johann Jakob Bachofen (1815-1887), publiée à Bâle en 1859. Le prétexte de la description dont part cet ouvrage est la figuration d'une tombe du columbarium de la villa Pamphilia : cinq adolescents groupés autour d'un trépied sur lequel on voit trois œufs. Après une suite d'analyses morphologiques et comparatives, Bachofen en vient à montrer dans l'œuf le centre du culte bachique, le symbole de la mort et de la renaissance de

Dionysos. Non seulement sur ce monument de la villa Pamphilia, mais sur les vases romains du cabinet de Vienne, sur les parois des récipients étrusques, ce même symbole accompagne tantôt la représentation de la mort, tantôt celle de la régénérescence des mystères. Peut-être même le sarcophage de Santa Chiara y trouve-t-il aussi son sens ; il représente en effet la résurrection temporaire de Protésilaüs, mythe dont la portée restait peu claire. En tout cas, nous retrouvons ici le thème de l'œuf de terre placé dans la tombe comme signe d'initiation bachique. Et nous finissons par lire, comme à travers une grille, le vrai sens de ces figurations : elles manifestent la permanence des mythes du matriarcat dans la conscience des hommes parvenus au règne de l'hégémonie du mâle — v. *Du droit de la mère* (*) (1861). La seconde figuration, bien que plus allégorique, tend cependant à signifier la même volonté : Vénus au repos se détourne d'un homme qui tient entre ses mains une corde, dont l'âne phallique dévore l'extrémité.

L'œuf, « utérus expositus » selon le mot de Harvey, est le signe même de la création ; il rappelle par contraste la lampe symbolique qui en marque la précarité ; aussi, élargissant son analyse, Bachofen en vient à retrouver cette morphologie de l'œuf sous les symboles les plus divers et jusque dans les manifestations publiques. Ainsi, les jeux du cirque (ovale comme l'œuf), reproduisent peut-être les mystères de la gestation, de la régénérescence et de la survie. Sans doute s'exprime par là ce rêve qui court dans l'Antiquité tout entière, celui du dépassement de la matière par la vie, et qui tendait à affirmer de plus en plus le salut personnel à travers la religion des mystères. Les mythes et la symbolique funéraire reproduisent la continuité du songe matriarcal, ses prestiges et jusqu'au visage de cette Vénus qui, née sur les rives du Nil, gagne Delphes et se retrouve dans les tombes romaines. Cette continuité de la femme, symbole de la régénérescence et de la puissance de la vie, ne cesse de fasciner l'homme antique. C'est tout le monde dionysiaque.

ESSAI SUR LA THÉORIE DU CHÔMAGE. Œuvre de l'économiste français Edmond Malinvaud (né en 1923), parue en 1983. L'auteur distingue trois sortes de chômages, caractérisant trois types de déséquilibre : le chômage keynésien, le chômage classique et l'inflation contenue. Le chômage keynésien se manifeste quand il y a sur le marché trop de biens offerts, alors que le marché du travail révèle trop de demandeurs d'emploi. Les causes en sont multiples, mais les ménages consommateurs et les salariés en sont les victimes. Assez vite, les entreprises à leur tour répercutent ce déséquilibre. Ce fut le cas en France dans les années 60. La cause fondamentale semble résider dans le manque de compétitivité des entreprises vis-à-vis de l'exportation. Pour éviter la prolongation de ce ralentissement économique, l'État doit intervenir pour favoriser les exportateurs.

Dans le cas du chômage classique, l'offre de biens est insuffisante par rapport à la demande. Mais les entreprises peuvent soit manquer de capitaux pour créer des nouveaux emplois, soit juger qu'il n'est pas nécessaire, à court terme, d'investir pour répondre à la demande du marché. Il y a donc en parallèle une forte demande de travail non satisfaite. On considère que ce cas était celui de la France au début des années 80. L'analyse proposée est que le partage entre les revenus contribue à ce déséquilibre : le rendement des placements est supérieur aux profits, ce qui dirige l'épargne vers les placements monétaires et gêne les entrepreneurs. Les salaires relativement trop élevés freinent aussi la création de nouveaux postes de travail. Seul un nouveau type de répartition peut freiner ce risque de vieillissement de l'appareil économique. Tous les modes d'intervention doivent là être utilisés.

Dans le cas de l'inflation contenue, il y a à la fois trop de biens demandés par les consommateurs et trop de travail demandé par les entreprises, qui sont amenées à rechercher une main-d'œuvre extérieure. Le déséquilibre gêne la société entière. Dans chaque cas il faut repérer la combinaison des blocages pour choisir et combiner tous les modes d'intervention possibles avec une information multidimensionnelle en direction de tous les agents économiques.

L. L.V.-L.

ESSAI SUR LE BEAU, ou Éléments de philosophie esthétique [*Sul bello*]. Œuvre du philosophe italien Vincenzo Gioberti (1801-1852), publiée à Venise en 1841, extraite du quatrième volume de l'*Encyclopédie et Dictionnaire de la conversation.* À la différence de l'utile et de l'agréable, qui se rapportent à nos besoins et à notre sensibilité, le beau est quelque chose d'objectif et d'absolu, immatériel, bien que se manifestant au moyen des corps ; comme le « vrai » et le « bien », c'est une « idée » que l'esprit humain ne tire ni des sens ni de l'expérience, car on ne comprendrait pas comment elle pourrait constituer le critère de tous nos jugements sur les choses belles, puisqu'elle devrait justement se former à partir de la contemplation de ces choses. En effet, le Beau suppose la connaissance des différents types intelligibles, c'est-à-dire des idées spécifiques ou des exemples éternels de choses que « l'homme possède en lui pour autant qu'il les voit en Dieu, grâce à la communication naturelle et immanente que tout esprit créé entretient avec l'Esprit créateur ». Mais les idées ne peuvent constituer par elles-mêmes la beauté ; l'« imagination » doit intervenir pour les transformer en individualité concrète. Faculté intermédiaire entre la sensibilité et la raison participant de l'une et de l'autre, l'imagination reproduit les impressions de nos sens, mais surtout combine, transforme, crée : elle agit en affinant et en spiritualisant le sensible, auquel elle ajoute on ne sait quoi de séduisant et de mystérieux, et d'autre part elle rend concret l'intelligible et l'anime presque comme des êtres réels. Ainsi se forme le « type imaginaire » dont la propriété spécifique consiste dans l'unité vivante des deux éléments qui le constituent, avec cependant prédominance de l'intelligible sur le sensible : c'est pour cette raison que la contemplation du Beau développe dans l'homme la prépondérance de l'esprit sur le corps et le prédispose au vrai et au bien. Un objet qui est beau n'est donc pas une chose qui s'offre simplement à nos yeux ; c'est un fantôme intérieur vivant dont le marbre ou la toile ne constituent que l'expression extérieure : même pour le spectateur, la beauté ne réside pas dans le chef-d'œuvre qu'il contemple, mais « dans le fantôme produit par son imagination et causé par la connaissance sensible de ce chef-d'œuvre ». C'est pourquoi le plaisir engendré par les arts est toujours proportionné à la force imaginative de celui qui l'éprouve.

Très proche du Beau est le Sublime, dont Kant a donné la meilleure théorie : dans le Sublime, l'élément intelligible réside dans les concepts de temps et d'espace infinis (sublime mathématique) ou aussi de force infinie (sublime dynamique), qui fait naître cette émotion austère et puissante capable de « soulever l'homme au-dessus de lui-même » et qu'accompagne un sentiment de terreur sacrée. Le Merveilleux est un coefficient puissant du Beau (merveilleux et surnaturel) ; grâce à lui, l'imagination mêle au connu l'inconnu, le vague, l'indéfini et le surhumain à l'humain. Il correspond à la vérité de la philosophie chrétienne, qui discerne dans le cosmos une union parfaite de naturel et de surnaturel. Grâce à la faculté créatrice de son imagination, l'homme élabore presque une seconde nature, produisant le « Beau artificiel » qui, étant donné la corruption de notre nature à cause du péché originel, s'élève au-dessus du Beau naturel. L'imagination a ce pouvoir parce que la révélation vient au secours de l'esprit humain infirme et lui montre la vérité, qui est intimement liée au Beau : de là proviennent les différences entre l'art des peuples orthodoxes et celui des peuples hétérodoxes, qu'il développera dans son *Essai sur le bien* [*Del Buono*].

Chez les Orientaux par exemple, l'art ne fit pas naître le Beau, mais plutôt le Sublime, car dans leurs fausses doctrines on trouvait encore le concept de force, de temps et d'espace infinis ; et chez les Gréco-Romains, on ne trouve jamais que la pure beauté formelle, complètement dénuée du sens du divin. Par contre l'art qui fleurit chez les peuples chrétiens, descendants de la culture antique dont ils surent éliminer les erreurs tout en la perfectionnant, sait faire apparaître dans le type humain un rayon de beauté spirituelle. Les types les plus élevés de cet art sont les effigies de l'Homme-Dieu, de la Vierge-mère, de l'ange et du Saint. Le Beau chrétien trouve son plus admirable développement pour les arts iconographiques dans les cathédrales, et pour la poésie dans l'épopée de Dante. Gioberti fait alors remarquer que Dante sut faire « de la vraie religion l'âme de son poème », tout en utilisant les images mythologiques comme symboles, et il reconnaît comme légitime l'usage poétique de la mythologie ; de sorte que, dans la dispute entre classiques et romantiques, il se trouve sur ce point du côté des classiques, blâmant chez les romantiques les innovations inconsidérées et surtout l'imitation des étrangers.

Néanmoins, ses conclusions rentrent parfaitement dans le cadre de l'esthétique romantique : il défend en effet la spontanéité de la création artistique et s'oppose à toutes les règles et tous les modèles qui engendrent, estime-t-il, le « maniérisme » et le « factice ». C'est dans ces conclusions que réside l'intérêt particulier de l'œuvre : on y découvre quelques-uns des aspects les plus vivants de la poétique romantique, même si le désir d'insérer son esthétique dans une philosophie fondée sur le principe de la création entraîne parfois l'auteur vers des constructions trop artificielles. — Trad. Méline, Caus et Cie (Bruxelles), 1843.

ESSAI SUR LE CATHOLICISME, LE LIBÉRALISME ET LE SOCIALISME [*Ensayo sobre el catolicismo, el liberalismo y el socialismo, considerados en sus principios fundamentales*]. Œuvre du philosophe espagnol Juan Donoso Cortés (1809-1853), publiée en 1851. C'est ici que l'écrivain traditionaliste, disciple de Maistre et surtout de Bonald, a condensé l'essentiel de sa doctrine. D'inspiration théocratique, il prétend démontrer que le christianisme est le seul remède, dans tous les ordres, à la crise du monde moderne qui atteint son paroxysme dans le libéralisme et le socialisme. Si Dieu existe, argumente l'auteur, tout doit lui être subordonné, rien ne peut être séparé de l'Être. La théologie est seule capable, non seulement d'expliquer le monde, mais encore d'orienter l'éducation et de fonder les institutions. Le pouvoir politique ne saurait dériver des volontés humaines : il vient d'en haut. L'humanité tout entière est une grande hiérarchie graduée en trois étages : la famille, la royauté et l'Église, couronnement du tout et arbitre des autres puissances. Il faut répudier la philosophie de 1789 : en un sens strict, personne n'a de droits, mais seulement des devoirs, depuis le dernier des sujets jusqu'au roi. Dépositaire des lois morales et infaillible, l'Église veille à l'accomplissement de ces devoirs : elle condamne aussi bien les sujets qui se révoltent que les souverains qui abusent du pouvoir. — Trad. Librairie nouvelle, 1851.

ESSAI SUR LE DESPOTISME. Œuvre de jeunesse de l'orateur et homme politique français Gabriel Honoré Riquetti de Mirabeau (1749-1791), écrite rapidement, avoue-t-il, « sans plan, sans ordre, plutôt comme une profession de foi du citoyen que comme une œuvre littéraire » ; c'est une parenthèse de méditations au milieu des aventures orageuses de l'auteur des *Lettres à Sophie* (*). L'ouvrage fut publié à Neuchâtel en 1775. Mirabeau, sous l'influence de Rousseau, se fondant sur la croyance en la bonté primitive de la nature humaine, imagine une société aux libres institutions, dont les progrès incessants viendraient renforcer les heureuses dispositions naturelles de l'homme. Le futur défenseur de la monarchie constitutionnelle à l'Assemblée nationale de 1789 a bien garde de ne pas oublier que, dans cette même nature humaine, parmi les nombreuses passions qui l'agitent, il en est une, fort violente, celle du pouvoir ; de ce désir naît l'hydre du despotisme, que toute société, éclairée par de sains principes, doit écraser dès sa naissance, en inculquant aux hommes un respect réciproque et le mépris de l'esclavage. L'auteur s'attache ensuite, usant d'arguments simples mais robustes, à déterminer la notion de liberté. La conception qu'il s'en fait s'appuie sur la théorie rationaliste des droits naturels. À la contradiction liberté-despotisme, contradiction rendue plus aiguë à l'époque par la douloureuse situation de l'État français, répondent en écho les diatribes classiques contre le césarisme, dans lesquelles s'exprime déjà toute la fougue oratoire du futur tribun. À la suite de Montesquieu, sa fulgurante conception d'un ordre libre est remarquable et féconde ; elle est aussi éloignée de la tyrannie que de l'anarchie : l'institution monarchique n'est plus considérée comme un instrument d'oppression, mais comme une garantie de justice, puisqu'elle est appelée à partager avec les représentants de la nation l'exercice du pouvoir : c'est déjà en germe tout le programme politique de Mirabeau.

ESSAI SUR LE DON. Forme et raison de l'échange dans les sociétés archaïques. Cet ouvrage de l'anthropologue et sociologue français Marcel Mauss (1872-1950), publié dans l'*Année sociologique* de 1923-1924, exerce une influence immense sur la socio-psychologie contemporaine. Sans parler de l'École française dont Roger Caillois, Claude Lévi-Strauss ou Georges Bataille sont parmi les héritiers contemporains les plus marquants, il faut rappeler ce que des historiens ou des sociologues étrangers comme Huizinga doivent à ces analyses de Mauss.

Le problème est d'analyser les structures positives de l'échange dans la communauté primitive considérée comme expliquant la communauté moderne. La méthode reste celle que Mauss précisa avec Durkheim et Davy, celle de la morphologie comparative appliquée à la Polynésie, à la Mélanésie, au Nord-Ouest américain, aux documents philologiques. Mauss commence par signaler la nature rituelle de l'échange dans le système des « prestations totales » qui, dans une institution particulière, le « potlatch », présente une nécessité réciproque de rendre le don pour le don, et de rendre avec excès. La nature de cette réciprocité positive demande à une étude psychosociale d'établir la structure de la communauté autour de ce commerce sans bénéfice. Il convient de comprendre que l'esprit de la chose donnée, « le hau » qu'elle paraît incarner, lui confère un pouvoir magique de réciprocité, une force de transmission qu'il ne dépend pas de celui qui reçoit de récuser. L'homme ou le groupe qui s'engage dans le potlatch est une articulation de la communauté, il participe par ce jeu à la formation du lien social autant qu'à la création du lien religieux. Il devient la communauté en acte. La double obligation de donner et de recevoir implique, moins qu'un devoir de nature transcendante à l'ordre social, un échange de forces équivalentes, une dynamique autour de laquelle peuvent se cristalliser des institutions. Le potlatch, cette fête particulièrement vivace des communautés primitives, est un moment privilégié dans le processus interne de vie de la communauté : il suppose que deux groupes d'hommes, ou deux hommes représentant les groupes, « consomment en commun », pour la seule satisfaction d'échanger et de contraindre l'adversaire à donner plus que sa propre mise. La production naturelle de la communauté primitive se définit par la production pour la consommation et nullement la production pour l'enrichissement.

L'extension du système d'échange tend à s'épanouir dans tous les actes quotidiens, fonde une nouvelle dialectique à la hauteur de l'individu puisqu'elle confère une forme de potlatch aux fêtes religieuses, aux sacrifices, aux aumônes, à l'honneur moral. Le folklore mélanésien et le folklore européen ou grec sont riches en exemples de ce rite qui tend à contraindre la divinité à participer au destin de la communauté, à lui faire rendre davantage que ce que l'on donne ou gaspille. On peut même parler d'une véritable « monnaie de renommée » qui, marquant le prestige d'un groupe particulier dans une communauté, étendrait l'analyse aux rapports économiques primitifs. De cette généralisation naît peu à peu un type de société nouvelle, où s'altère la fonction primitive de la « prestation totale » pour une forme neuve de « l'échange-don » qui inclut désormais la « notion de valeur ».

L'étude des droits primitifs antiques apporte une preuve supplémentaire aux intuitions de Mauss. La « res » du droit romain, le « gaben » [geben] du droit germanique permettent de signaler l'importance de cette genèse de la valeur à partir de l'échange sans possession et dépourvu de perspectives d'intérêts matériels de possession. La morale elle-même se trouve impliquée dans cette analyse, avec les codes d'honneur, les « vendettas » qui sont des potlatchs entre clans, ces générosités réciproques que codifient les religions sous le nom de charité ou de bien, et dont les individus portent le poids sans en déceler l'origine.

Le livre de Marcel Mauss est un de ceux qui placèrent la sociologie française au premier rang des sociologies contemporaines. Certes, l'analyse se ressent de la simplification excessive que confèrent l'étude arbitraire d'une « catégorie » ainsi que l'utilisation de la méthode des comparaisons morphologiques. Mais l'intuition centrale de la nature dynamique de l'échange considérée comme l'élément constitutif de la culture s'est révélée extrêmement féconde.

ESSAI SUR LE LOGOS PLATONICIEN. Cet ouvrage du philosophe français Brice Parain (1897-1971), publié en 1942, est contemporain de *Recherches sur la nature et les fonctions du langage* (*), et aborde le même ordre de problèmes. La richesse et l'ambiguïté du mot grec logos, qui signifie à la fois langage et raison, fournissent à cette étude son point de départ. L'idée du caractère conventionnel du langage n'apparaît que tardivement dans la pensée grecque, avec Aristote. L'indistinction première du langage et de la raison dans la notion de logos a entraîné la ruine de la confiance en la raison, quand les sophistes ont montré que par le langage pouvaient être soutenues des thèses contradictoires ou erronées, que le langage logique pouvait se dégrader en langage rhétorique. C'est cette crise du langage, qui est en même temps tentation de l'irrationnel, de la démesure, qu'affronte Socrate. Par son enseignement, il s'efforce de rétablir, contre les sophistes, un bon usage du langage, qui rende à ses disciples confiance dans la raison. La méthode de Socrate s'appliqua surtout aux problèmes moraux et politiques de la cité, mais il se méfiait trop lui-même de l'usage qui pouvait être fait de ses paroles pour les fixer par écrit, et c'est à Platon qu'il appartint de recueillir et de transmettre l'enseignement de son maître, et d'en dégager les implications métaphysiques sur les rapports de l'être et du langage, à travers la possibilité d'un discours rationnel sur l'être. Le discours rationnel est d'abord le dialogue correctement conduit, à travers lequel les interlocuteurs à la recherche de la vérité éprouvent que « parler et penser sont une même chose » ; toutes les œuvres de Platon se présentent sous cette forme. Ses derniers grands dialogues, le *Parménide* (*), le *Timée* (*), le *Sophiste* (*), s'efforcent d'échapper au cercle dans lequel s'était enfermé Socrate, en constituant une dialectique qui devait établir la vérité par le langage, mais en comptant en même temps sur la science pour introduire la vérité dans le langage. Platon brise ce cercle en faisant du langage un mixte, un intermédiaire entre le monde des idées et le monde sensible. Le langage participe de la rationalité de l'être et du monde intelligible par son pouvoir discriminatoire, en même temps qu'il est la manifestation sensible d'êtres sensibles. Il est la condition de notre pensée et non son produit. Sa dégradation dans le discours trompeur ou erroné n'est que la conséquence de l'oubli ou de l'ignorance de la réalité intelligible du monde des idées, monde qui procède lui-même des hiérarchies logiques à l'intérieur de l'être, hiérarchies à partir desquelles le langage fonctionne. En l'homme, sensation et langage participent pareillement du monde des idées, mais ne se rencontrent pas puisque la sensation est muette. Le double circuit du langage et de la sensation ne se renferme ni en l'homme ni en dehors de l'homme, et c'est là que Parain voit se dessiner dans la pensée de Platon une transcendance, puisque pour Platon la vérité n'est jamais atteinte dans son intégrité, partagée, en nous comme en dehors de nous, par cette faille entre sensible et discours. Parain conclut en se demandant si la tentative de Platon pour établir un statut entièrement rationnel du langage dans l'unité du logos est un « défi à notre condition ». Il n'est pas sûr que « nous parvenions jamais à découvrir les causes qui font du langage la forme nécessaire de notre pensée », car le langage, relevant d'une harmonie qui « est celle du monde », est « soumis à la règle du mythe autant qu'à celle du calcul ».

ESSAI SUR LE PRINCIPE DE POPULATION [*An Essay on the Principle of Population or A View of its Past and Present Effects on Human Happiness*]. Œuvre de l'économiste anglais Thomas Robert Malthus (1766-1834), désormais classique dans les annales de la démographie. L'ouvrage fut publié en 1798, puis complété en 1803. Le livre est divisé en quatre parties ; les deux premières sont une étude historique « des obstacles qui se sont opposés à l'accroissement de la population » à diverses époques et dans différents pays ; les deux autres entendent déduire, des constatations précédemment faites, certaines conséquences relatives à l'avenir des peuples. L'exposé théorique est contenu dans les deux premiers chapitres de la première partie. L'on admet couramment que divers obstacles empêchent le développement de la population (guerre, famine, maladies, etc.) ; Malthus estime, quant à lui, que la cause de la misère et des maux dont l'humanité est affligée est unique et qu'elle est intimement liée à la nature : c'est « le désir constant que manifestent tous les êtres vivants de se multiplier plus que ne le permet la quantité de nourriture dont ils disposent ». La cause des « peines humaines » découle de l'accroissement excessif de la population par rapport aux subsistances. Si l'accroissement de la population n'est pas limité, « la population double tous les vingt-cinq ans selon une progression géométrique », tandis que la nourriture disponible, « en partant de l'état actuel de la terre habitée, augmente selon une progression arithmétique ». Il est donc nécessaire, étant donné qu'il n'est pas possible que vivent plus d'hommes qu'il n'en peut être nourris, de freiner l'élan excessif de procréation. De tels freins peuvent être préventifs, confiés à la conscience morale de l'individu ; s'ils ne sont pas de cette sorte, ils sont fatalement répressifs ; l'homme n'a que cette alternative. Naturellement, le pasteur anglican jugeait le « frein moral » le plus efficace, car il croyait, en parfait individualiste, que seules la conscience et la responsabilité personnelles peuvent mettre un frein à l'accroissement de la population, refusant une valeur réelle aux réformes sociales. Le temps a prouvé que la théorie de Malthus n'était pas fondée et s'appuyait sur des présomptions non démontrées, acceptées a priori et trop facilement ramenées à une abstraite possibilité mathématique.

Mis à part ces erreurs, la théorie de la population fait entrer dans l'économie un principe pessimiste, qui contraste avec l'optimisme traditionnel et qui prépare la voie au principe de la productivité décroissante ; celle-ci est à la base de la théorie de la rente et le point de départ de l'économie de Ricardo. – Trad. Guillaumin, 1889 ; P.U.F., 1980.

ESSAI SUR LES DONNÉES IMMÉDIATES DE LA CONSCIENCE. Œuvre du philosophe français Henri Bergson (1859-1941), publiée en 1889. Dans cette œuvre, Bergson entend démontrer comment d'une fausse évaluation des états psychologiques serait née l'irrémédiable dissension entre les doctrines qui affirment et celles qui nient la liberté. Bergson commence son étude par une analyse du concept d'« intensité » des phénomènes psychologiques, intensité que la psychologie scientifique estimait pouvoir déterminer quantitativement ou bien mesurer. Les phénomènes psychiques sont ou des états internes ou des représentations. Mais l'intensité des états internes est plutôt une multiplicité d'états « élémentaires », d'émotions simples différenciées qualitativement ; l'état interne le plus intense est celui qui est le plus riche en nuances. Les représentations semblent plus facilement susceptibles d'être soumises à des évaluations quantitatives à cause de l'action objective du langage, qui appelle les représentations par le nom de leurs causes, c'est-à-dire d'objets extérieurs et mesurables. Il arrive ainsi que l'on attribue une plus grande intensité à une sensation, uniquement parce que son objet est plus grand. Mais si l'intensité des états intérieurs se réduit à une multiplicité d'émotions élémentaires centrées sur un état fondamental, est-ce donc qu'il existe une multiplicité qu'on puisse dénombrer ? Non, car il faut distinguer entre la réalité homogène de l'espace et celle, hétérogène, des qualités sensibles. La confusion provient du fait que nous tendons à faire aussi du temps un milieu homogène, en superposant à la « durée » – ou temps intérieur fait d'une succession d'aspects qualitativement divers, sans réciprocité extérieure – la représentation de l'espace, milieu homogène fait de points réciproquement extérieurs. Ainsi se créent le temps et le mouvement, catégories abstraites de la science, qui ne naissent que parce que nous avons appliqué aux états intérieurs des déterminations auxquelles ils ne sont pas, par essence, réductibles. En fait, même en ce qui concerne le mouvement, quand on le mentionne comme symbole apparent de la durée homogène et divisible, on a égard seulement aux points de la trajectoire du mobile, c'est-à-dire, en dernière hypothèse, à des immobilités. La multiplicité des états de conscience ne présente pour cela aucune ressemblance avec la multiplicité distincte qui forme un nombre. Mais notre moi, étant en contact avec le monde extérieur à la surface, finit par adopter aussi dans sa propre connaissance intérieure le critérium spatial avec lequel il examine les choses extérieures, cela pour des raisons de commodité sociale. Mais de la psychologie qui se contente d'examiner seulement ces sentiments décolorés et ramenés à des notions spatiales qui sont le propre, non du moi réel, mais de sa représentation symbolique et abstraite, naissent des contradictions inhérentes au problème de la liberté, où s'affrontent les deux systèmes du mécanisme et du dynamisme. Ce dernier système part en fait de l'idée de l'activité volontaire guidée par la conscience, en admettant pourtant des lois qui gouvernent la matière. Le mécanisme soumet aussi à des lois semblables l'activité humaine, mais arrive au concept de la détermination nécessaire, soit sous la forme du déterminisme psychologique : celui-ci veut que nos actions soient nécessitées par toute la série antérieure de nos états de conscience ; soit sous celle du déterminisme physique, qui dénonce la liberté comme incompatible avec les propriétés fondamentales de la matière et, en particulier, avec le principe de la conservation de l'énergie. Le déterminisme physique reste une pure hypothèse ; de plus il s'adapte difficilement à l'explication des faits de la conscience. D'autre part, on peut revenir au déterminisme psychologique qui, de son côté, implique une conception associationniste de l'esprit, en tendant à représenter le moi comme un ensemble d'états psychologiques indépendants. Cette conception, en éliminant l'élément qualitatif, s'adapte seulement aux actions superficielles, qui sont rarement libres ; l'acte libre est celui qui jaillit du sein de la durée pure, et qui, étant évolution continue, exclut toute prédétermination quelle qu'elle soit. Mais c'est également une erreur de réduire la liberté à une simple possibilité de choix entre des directions distinctes, comme le veulent les adversaires du déterminisme, puisqu'à l'intérieur du moi il n'existe pas de directions semblables, mais seulement cette fusion hétérogène d'éléments qu'est la durée. Dans le domaine de la durée, le principe de causalité est valable ; mais, dans la vie de la conscience, une même cause ne produit plus le même effet parce qu'elle ne se présentera jamais plus elle-même, étant donné l'évolution progressive de la vie intime du moi. Le problème de la liberté est donc né de l'illusion qui fait confondre succession et simultanéité, durée et espace, qualité et quantité. Cette œuvre très importante, dans laquelle la théorie évolutionniste et « intuitionniste » de Bergson se borne à la sphère de la psychologie, sans vouloir encore affronter le problème métaphysique, apporte une lumière nouvelle sur les problèmes de la connaissance en marquant une étape décisive dans l'histoire de la pensée.

ESSAI SUR LES FACULTÉS INTELLECTUELLES [*Essay on the Intellectual Powers*]. Cette œuvre du philosophe écossais Thomas Reid (1710-1796), publiée en 1785 et complétée trois années plus tard par un *Essai sur les facultés pratiques* [*Essay on the Active Powers*], constitue un développement et un complément à ses *Recherches sur l'entendement humain* [*An Inquiry into the Human Mind on the Principles of Common Sense,* 1764]. Dans cette dernière œuvre, Reid s'était limité aux cinq sens, convaincu que l'examen de toutes les facultés de l'esprit humain était « une entreprise qui dépassait la vie d'un seul homme ». Dans l'*Essai sur les facultés intellectuelles,* il reprend au contraire le sujet de son premier ouvrage, en refond la matière et le complète par l'étude des facultés supérieures. Selon Reid, nous connaissons deux natures : la nature matérielle et la nature spirituelle ; de là, la division de la philosophie en philosophie de la nature, ou physique, et philosophie de l'esprit, ou « pneumatologie ». La première a fait de grands progrès depuis deux siècles, grâce aux découvertes de Galilée, de Torricelli, de Kepler, de Bacon et de Newton. La seconde en a fait beaucoup moins, en dépit des efforts d'esprits illustres comme Descartes, Malebranche, Arnauld, Locke, Berkeley, Buffier, Hutcheson, Butler, Hume et lord Kames. Il ne faut pourtant pas désespérer pour cela : « Le génie de l'homme arrivera un jour à construire une théorie des facultés de l'esprit humain aussi solidement fondée que celle de la lumière et des mouvements des corps célestes. » Après avoir traité des facultés que nous devons à nos sens en reprenant, selon un plan plus vaste, le sujet de ses *Recherches sur l'entendement humain,* l'auteur entreprend l'étude de la mémoire (et des problèmes corollaires de la durée et de l'identité), de la conception (formation des concepts), de l'abstraction (dans les concepts et dans les termes qu'ils expriment), du jugement (comme moyen d'expression de notre pensée), du raisonnement (étude accompagnée d'une vive critique des idées de Hume) et enfin du bon goût (soit en face des choses de la nature, soit en face des œuvres d'art). L'ouvrage a pour base la théorie du « sens commun » (qui deviendra ensuite la théorie caractéristique de toute l'école écossaise de philosophie dont Reid a été le fondateur). D'après cette théorie, il y a en nous des croyances si parfaitement dépendantes de notre nature et correspondant si bien au bon sens naturel, si évidentes que c'est pure folie de vouloir même les mettre en discussion.

Dans l'*Essai sur les facultés pratiques,* l'auteur étudie les problèmes de la volonté et de la morale, en s'appuyant toujours sur ce même principe du « sens commun », qui nous assure de notre liberté intime et de la distinction rigoureuse entre le bien et le mal. Reid s'est longuement préparé à ces travaux (qui ne parurent que lorsqu'il avait 75 et 78 ans) : il fit d'abord une série de cours à l'université de Glasgow, puis élabora ses ouvrages pendant les onze ans de retraite qui suivirent ; aussi ces deux livres ont-ils moins de fraîcheur que ses *Recherches sur l'entendement humain.* En compensation, ils forment une étude plus complète et une analyse plus homogène des facultés de l'homme ; car, dans ce tableau d'ensemble, les différents rapports qui lient les facultés entre elles sont mieux soulignés, et la connaissance de chacune n'en est que plus grande. Le ton général est le même que celui des *Recherches :* descriptif et méthodique à la fois, partant tantôt d'affirmations a priori, tantôt de l'expérience. Ces deux essais, ajoutés aux *Recherches* et à un *Essai sur la quantité* [*An Essay on Quantity,* publié dans *Philosophical Transactions,* 1748], constituent une sorte de bible de l'école écossaise. Le dernier représentant de cette école, sir William Hamilton, se chargea de rééditer ces ouvrages, les groupant en une seule œuvre monumentale *(Works of Dr. Thomas Reid),* complétée ensuite par Henry Longueville Mansel. — Trad. Sautelet, 1828-1829.

ESSAI SUR LES FONDEMENTS DE LA PSYCHOLOGIE ET SUR SES RAPPORTS AVEC L'ÉTUDE DE LA NATURE. Œuvre capitale du philosophe français Marie François Pierre Gontier de Biran, dit Maine de Biran (1766-1824), écrite en 1812 et publiée par E. Naville après la mort de l'auteur, en 1859. Elle marque la dernière étape de l'évolution de sa pensée et lui fut inspirée par une question mise en concours par l'Académie de Berlin : « Qu'est-ce que le moi ? » En outre, trois autres points devaient être développés : « Quels sont les faits primitifs de la "psyché" humaine ? » ; « La dualité traditionnelle : sujet-objet, dans laquelle paraît s'épuiser le fait de conscience, est-elle véritablement primitive ? » ; « Est-ce que la condition "sine qua non" de l'infini est la résultante des phénomènes psychiques ? »

Maine de Biran répond en analysant comment et jusqu'où ces problèmes ont été résolus par les grands philosophes qui l'ont précédé. Les systèmes rationalistes « a priori » de Descartes, de Leibniz, ainsi que les théories de Kant, son contemporain, semblent, à son avis, créer une identification absolument arbitraire entre l'expérience de la raison, qui s'exprime en formules logiques, et l'expérience empirico-sensible. La réalité logique ne peut coïncider avec l'ontologie ni être confondue avec elle. Le célèbre postulat cartésien : « Je pense, donc je suis », repose sur une inférence qui, du fait primitif de la conscience (« je pense »), passe sans aucun droit à la déduction de la substance pensante de l'âme (« donc je suis »). « Puisque je ne pense pas toujours, je n'existe qu'en tant qu'être pensant à qui la pensée est chose essentielle », fait remarquer Biran, et vouloir renoncer à l'expérience intérieure pour errer dans le domaine de la métaphysique est une illusion humaine parfaitement absurde. Passant ensuite à Leibniz et à son système monadologique de l'harmonie préétablie — v. *Monadologie* (*) —, Biran démontre la faiblesse de cette idée-force qui devrait marquer le passage de l'état affectif inconscient et a-conscient, à l'état conscient a-perceptible. Enfin les catégories transcendantales de Kant — v. *Critique de la raison pure* (*) — lui semblent une vue géniale de l'esprit, de merveilleux thèmes organisateurs, mais creux et aveugles, car dépourvus d'expérience psychologique. Par ailleurs, les systèmes empiriques « a posteriori » de Bacon, de Locke, de Condillac, paraissant avoir absorbé toute l'expérience intérieure dans l'expérience extérieure et sensible, l'homme intérieur s'évanouit pour faire place à l'homme extérieur : Bacon, qui s'est borné à vérifier la succession des phénomènes dans leurs effets, n'est jamais remonté, dans la construction de ses « lois », au principe de causalité ; Locke, par son analyse des sensations, a créé une physique expérimentale de l'âme ; Condillac a réduit l'homme à une statue, à un fantoche mécanique. Au contraire, selon Biran, les « faits primitifs du sens intime » ne ressemblent ni à l'âme ni à la substance comme chez Descartes, ni aux possibilités abstraites de Leibniz, ni à la dualité kantienne de la forme-matière. Ils apparaissent comme des efforts moteurs volontaires qui, à un moment donné de notre vie organique, assument — telle une force métaphysique — le commandement de notre corps et veillent comme une sentinelle sur les muscles, transformant ces actes, qui n'étaient à l'origine que de simples réflexes, en une motilité autonome. D'autant plus vigoureuse et intense est notre maturité spirituelle, d'autant plus merveilleusement cet effort hyperphysique pétrit, enveloppe et dirige la matière qui lui résiste. Il est notre conscience mouvante et en même temps une idée-force ; principe de causalité efficiente, donc de liberté ; et principe d'identité ; en effet, le moi vient ainsi à se reconnaître un et identique à travers la diversité des sensations. Cet unique fait psychologique — effort qui peut être continu ou accidentel — crée le « fiat » de la conscience, lance un pont entre la matière et l'esprit ; et d'autant plus forte se fait la tension volontaire des muscles (attention), d'autant plus subtile et aiguë se fait l'intelligence humaine qui exprime par elle-même les formes les plus délicates de la logique et du sentiment.

Dans ses ouvrages précédents, Biran avait consacré son activité de théoricien à mettre en évidence la dualité de la nature humaine fondée sur l'antinomie entre le corps et l'esprit ; dans celui-ci, l'effort hyperphysique est analysé et reconnu comme « principe de liberté et d'autonomie » ; l'enquête spéculative du philosophe acquiert un caractère essentiellement éthique. L'homme est considéré en fonction de la vie sous ses trois formes : celle des sens, celle de l'intelligence, celle de l'esprit ; il pose une foule de problèmes dont plusieurs ont trouvé leur solution dans la psychanalyse de Freud. La puissante originalité de la pensée de Biran est soutenue et illustrée par un style qui joint à la précision une sensibilité et une délicatesse d'expression presque poétique. Par des liens qui paraissent de plus en plus profonds, elle paraît se rattacher à la pensée philosophique contemporaine.

ESSAI SUR LES FONDEMENTS DE NOS CONNAISSANCES ET SUR LES CARACTÈRES DE LA CRITIQUE PHILOSOPHIQUE. Ouvrage du philosophe et mathématicien français Antoine Augustin Cournot (1801-1877), publié en 1851. Sur quoi se fonde cet apparent accord entre notre esprit et ses démarches, scientifiques ou non ? Hors de l'expérience immédiate, l'idée d'ordre ou d'harmonie se confond cependant, dès que la réflexion s'appréhende à travers le jeu déductif des rapports de dépendance et de subordination. Assimilant le probable au relatif, Cournot retrouve la certitude du savoir dans ce lien intime des phénomènes et de l'harmonie qui les justifie, cette notion subjective de probabilité qui engendre la notion de loi. L'expérience du hasard se fonde donc, elle aussi, sur cette harmonie puisqu'elle n'est qu'une rencontre de séries différentes et comme la convergence d'événements distincts dans leur organisation naturelle. En édifiant le vrai sur un rapprochement de la simplicité et du probable, on peut déduire de cette notion d'« ordre » ou d'« harmonie » des éléments critiques de la connaissance, lesquels permettent de conclure à une action dynamique et inductive du savoir dans les divers moments de l'expérience sensible.

Les fondements de notre certitude sont donc constitués moins par une positivité hétérogène à l'intelligence que sur cette anticipation inductive qui retrouve les éléments de l'ordre. Les incohérences des choses ne témoignent-elles pas davantage des absences momentanées de notre propre cohésion plutôt que du désordre qui serait un hasard objectif dans le monde ? Si « la distinction la plus propre à éclairer la théorie de l'entendement humain est celle de la continuité et de la discontinuité dans les objets de la pensée », si, « par une loi générale de la nature, la continuité est la règle et la discontinuité l'exception, dans l'ordre intellectuel et moral comme dans l'ordre physique », l'harmonie entre ce monde et la raison, élément constitutif de la certitude dont je suis responsable – dans le kantisme de Cournot re-élaboré par une théorie de la probabilité –, est l'image d'une nécessité « absolue », sauf dans les domaines où le maintien de l'ordre n'est pas nécessaire, là où peuvent naître désaccord et discussions métaphysiques. Certes, les définitions diverses du hasard se trouvent réduites à l'unité, à cette « rencontre de séries indépendantes » qui, loin de détruire le déterminisme, l'« atomise » pour ainsi dire. L'existence de la contingence se trouve ainsi limitée au mouvement même qui la délimite en la constituant. Le vrai se trouve donc construit sur cette synthèse du probable et du simple. Pourtant, ne croyons pas qu'il soit possible d'arriver au vrai absolu, aucune idée ne peut monopoliser le vrai absolu ; la relative prise de possession des rapports donnés et ordonnés fonde un mouvement progressif du savoir, lequel ne se présente qu'à la manière d'une loi de tendance selon notre propre élévation dans la hiérarchie des disciplines. D'où la nécessité de recourir à cette faculté d'ordre, « fruit de l'habitude acquise ou transmise et de l'action prolongée des causes extérieures ». Ce concept de progrès émerge des rapports intelligibles et se déduit de cette conception dynamique du savoir ; la positivité n'ayant de sens qu'intégrée dans un ordre logique qui confère à sa nature mesurable et calculée moins une valeur ontologique absolue que créatrice. Les idées n'épuisent jamais le réel.

L'importance de l'*Essai* fut grande pour la philosophie universitaire française – Cournot fut inspecteur général de l'enseignement public – dans un temps où l'influence du kantisme et la formation de la pensée d'Auguste Comte semblaient exiger un approfondissement de la réflexion et une nouvelle définition de la certitude.

ESSAI SUR LES MŒURS ET L'ESPRIT DES NATIONS et sur les principaux faits de l'histoire depuis Charlemagne jusqu'à Louis XIII. Avec cette œuvre, l'écrivain français Voltaire (François-Marie Arouet, 1694-1778) offrait en 1756, à la marquise du Châtelet, l'aide gracieuse qu'elle lui avait demandée pour pouvoir lire sans fatigue l'histoire moderne. Mais ce geste galant recouvrait, dans l'esprit de Voltaire, une exigence fondamentale : celle d'expliquer le monde de l'histoire à la lumière de l'éternelle « raison », tout comme Newton l'avait fait pour le monde de la nature. Mais, à la différence de Montesquieu – v. *Esprit des lois* (*) –, Voltaire ne réduit pas l'histoire à l'expression d'exigences politiques ; il étend son souci d'enquête et son « esprit » d'information au domaine des passions humaines, et montre ainsi ce qu'est la lente ascension de l'esprit humain pour atteindre la parfaite connaissance rationnelle. Ce mouvement, qui monte de la profondeur des siècles et qui tend à extérioriser et rendre objectives les lois intrinsèques du travail humain, constitue à proprement parler le sens historique. L'auteur porte moins son attention sur les guerres et sur les conquêtes, sur les aventures des capitaines et des rois que sur le secret travail des paix fécondes, sur les divers mouvements de la pensée, de la religion, des arts et des « mœurs ».

Voltaire, qui avait déjà tracé le tableau de ces lignes de force, au moment de leur aboutissement définitif dans le miroir des vérités rationnelles du XVIIIe siècle – v. *Le Siècle de Louis XIV* (*) –, refait à nouveau ici tout le chemin, étape par étape, du progrès humain. L'*Essai* comporte des considérations et des raccourcis sur les vastes horizons de l'histoire européenne et orientale dans la libre conquête d'une domination universelle des faits. À une ample introduction, qui fait état d'informations et de problèmes concernant le monde antique, succède une préface dans laquelle est exposé le but de l'œuvre : choisir, « dans le vaste magasin » des faits, seulement les faits les plus significatifs, afin de bien marquer les moments essentiels de cette quête de la raison. Ayant recueilli ces fils lointains, l'historien, comme un restaurateur de fresques anciennes, retrouve les lignes et les coloris originaux et se plaît à voir, juxtaposées dans diverses compositions, les formes dans lesquelles la raison est venue graduellement s'affirmer.

ESSAI SUR L'ESPRIT D'ORTHODOXIE. Ouvrage de l'écrivain français Jean Grenier (1898-1971), publié en 1938. L'auteur se fait le porte-parole des intellectuels qui se refusent aussi bien à l'indifférence politique qu'à la servitude de la pensée. Leur malheur vient de ce qu'ils connaissent un équilibre instable entre ces deux impossibilités : la tour d'ivoire et l'orthodoxie. Tout parti, en échange de la puissance qu'il communique, exige la pensée tout entière. Sa doctrine, loin de se restreindre au social, prétend atteindre l'homme jusque dans ces ultimes régions où il croit ne plus relever que de lui-même. Jean Grenier songe particulièrement aux partis marxistes, qui exigent de leurs adhérents – avant de l'imposer à leurs adversaires – une nouvelle économie de la pensée, ce que Grenier appelle une « orthodoxie ». L'esprit d'orthodoxie se définit surtout par la tendance à une explication « totalitaire » par extension illégitime d'une doctrine hors de son domaine propre : les hommes d'Église qui condamnent Galilée cèdent pour un moment à cette tentation, en admettant implicitement que telle cosmographie est article de foi ; de même, le marxisme, lorsque, sortant du domaine économique qui lui est propre, il prétend imposer une conception du monde matérialiste et athée. L'auteur montre sans peine que, dans bien des cas, « c'est la conscience des hommes qui détermine leur être, et non leur être social qui détermine leur conscience ». Aux yeux de Jean Grenier, le marxisme est moins une doctrine qu'une orthodoxie résolue à s'imposer par la contrainte. Et du problème des rapports de la pensée théorique et de l'orthodoxie politique, l'auteur passe au problème des rapports de l'art et de l'organisation sociale, qui doivent être séparés. Le livre laisse entrevoir une solution : celle de croire avec son esprit et d'adhérer avec son cœur. La manière de Jean Grenier est lente, mais il vaut grandement la peine de suivre le déroulement de cette pensée, nonchalante en apparence et au fond vigoureuse, où toutes les nuances sont marquées peu à peu avec une admirable rectitude intellectuelle et une sincérité sans défaillance.

ESSAI SUR LES RÈGNES DE CLAUDE ET DE NÉRON ET SUR LES MŒURS ET LES ÉCRITS DE SÉNÈQUE, POUR SERVIR D'INTRODUCTION À LA LECTURE DE CE PHILOSOPHE. Ouvrage historiographique de l'écrivain français Denis Diderot (1713-1784), publié en 1782. Il constitue la version remaniée de l'*Essai sur Sénèque le philosophe*, paru en 1778, qui avait attiré à Diderot de vives critiques, moins pour s'être fait le panégyriste de Sénèque que pour une note où il attaquait directement Rousseau, traité de « sophiste éloquent ». Comme la première, la seconde version de l'*Essai* comporte deux parties. Diderot retrace d'abord la vie de Sénèque, en s'attachant plus particulièrement à ses rapports avec Claude et Néron, et à son rôle dans la vie politique de l'époque. La seconde partie de l'ouvrage est consacrée aux différents écrits du philosophe romain. Tout au long de l'*Essai*, Diderot se présente comme le défenseur de Sénèque, auquel il s'identifie. Ce qui explique le ton véhément et passionné de l'ouvrage. De là, également, de perpétuels rapprochements avec le présent et de nombreuses allusions à des contemporains, notamment à La Mettrie, dénoncé pour son immoralité, et à Rousseau, de nouveau violemment attaqué. L'un des problèmes abordés par Diderot dans cet ouvrage est celui des rapports entre le philosophe et la politique. Il revient par ailleurs, au gré de ses commentaires sur Sénèque, sur certains thèmes qu'il avait déjà étudiées dans d'autres textes : rapport entre bonheur et vertu ; utilité des passions ; nécessité d'une science de la morale ; incertitude et relativité des connaissances humaines. L'*Essai* tend ainsi à apparaître comme une sorte d'œuvre bilan, où Diderot jette un regard rétrospectif sur sa vie et son itinéraire intellectuel. C'est là le principal intérêt de cet ouvrage d'érudition.

F. La.

ESSAI SUR L'HOMME [*An Essay on Man*]. Poème philosophique de l'écrivain anglais Alexander Pope (1688-1744), publié en 1733-1734 ; il comprend quatre épîtres adressées à Henry St. John, lord Bolingbroke (1678-1751) ; ce sont des fragments d'un poème qui n'a jamais été achevé. Pope se propose de montrer comment le bien régente et domine l'univers, en dépit du mal dont l'existence est indéniable ; mais la perfection du bien échappe à notre faible entendement. La première épître analyse les rapports existant entre l'homme et la nature. La deuxième nous montre l'homme en face de lui-même, la troisième, l'homme dans la société, et la quatrième traite du bonheur. Pope reprend la méthode de Bacon et de Newton, de Locke et de Shaftesbury pour étudier le cœur humain ; il est de plus sous l'influence des penseurs français : Charron, Montaigne, Pascal, La Rochefoucauld. Cette dernière épître n'est qu'une longue exhortation à l'humilité, à la résignation, sur le ton des *Pensées* (*) de Pascal ; mais les vertiges et les paniques du grand écrivain français lui sont étrangers. Pope proclame la bonté et la dignité naturelle de l'homme, affirmation qui trouvera, au cours du siècle, une large audience sur tout le continent. Certains vers sont restés célèbres comme : « Du cœur humain toujours jaillit l'espérance » [Hope springs eternal in the human heart], « La véritable étude de l'humanité est celle de l'homme » [The proper study of mankind is man]. – Trad. Mellier, 1867.

ESSAI SUR L'HOMME ET LE TEMPS. Sous ce titre général ont été regroupés cinq essais de l'écrivain allemand Ernst Jünger (né en 1895) ; *Traité du rebelle* [*Der Waldgang,* 1951], *Polarisations* [*Am Kieselstrand,* 1951], *Traité du sablier* [*Das Sanduhrbuch,* 1954], *Le Nœud gordien* [*Der Gordische Knoten,* 1953] et *Passage de la ligne* [*Über die Linie,* 1950].

Le *Traité du rebelle,* ouvrage d'une remarquable densité et d'une inspiration élevée, répond sur un point central aux préoccupations et aux angoisses de notre temps. La puissance et la perversité croissantes de ce Léviathan moderne qu'est l'État totalitaire semblent rendre toute résistance illusoire et vaine. Or Ernst Jünger s'attache à démontrer que l'individu décidé à défendre coûte que coûte la liberté (sa liberté) trouve au fond de lui-même des ressources telles qu'il suffit d'un petit nombre de « rebelles » pour sauvegarder, dans l'avilissement général, les valeurs essentielles et même pour saper les fondements de l'État. L'homme (le rebelle, le « Waldgänger » qui « prend la forêt » comme on « prend le maquis ») est chez Jünger le symbole d'une attitude morale dans laquelle il voit le seul recours efficace de la dignité humaine contre l'écrasement ou la dégradation sournoise que lui font subir les totalitarismes modernes sous couleur de démocratie intégrale. Le rebelle est l'individu du concret. Quant à son « royaume », « il faut supposer l'existence de points où l'homme ne peut être atteint, ni bridé, et moins encore détruit par aucun pouvoir, aucune tyrannie terrestres. Les forêts sont sanctuaires ». Il importe de savoir que tout homme est immortel et qu'une vie éternelle l'a élu pour demeure : elle peut rester pour lui une contrée inconnue et pourtant habitée ; l'accès peut ressembler à un puits qu'ont recouvert depuis des siècles les décombres, les ruines et la souffrance. L'homme dans sa tentative d'y trouver la source avive sa soif, « qui croît dans le désert — et ce desert est le temps ». Altéré, l'homme attend que quelque chose vienne apaiser ses souffrances : la théologie, la science, la philosophie, le Verbe et son lieu, « la forêt » au sens mythique : refuge contre la mécanisation de l'existence par l'État, lieu du danger, de la solitude, mais siège d'une liberté primitive, inaliénable, et de ses attributs : la vigilance, le mépris de la mort. Cet essai est à la fois méditation éblouissante et critique pertinente ; chaque phrase y montre une pensée à vif.

« Il est des outils, des organes, des objets qui ne trouvent jamais la destination conforme à leur structure », écrit Ernst Jünger dans *Polarisations.* Pour en connaître l'usage, l'expérience est nécessaire. « Le sens, au contraire, se communique plutôt par la vue de l'ensemble, selon des modes étrangers à l'évolution temporelle et à son mécanisme. » Si un livre est fait pour être lu, telle œuvre, cependant, imprimée en idéogrammes, demeure, dans une bibliothèque d'Occident, en un état d'inexaucement ; ailleurs, tel livre perdu dans la forêt vierge provoquera la crainte et deviendra un talisman ou bien sera brûlé. Ainsi, au-delà de la lecture, le caractère magique du livre, ses lettres, « derrière lesquelles se cache bien un mystère, sans égard à leur usage pratique ». « La vie devrait mener de degré en degré, de voile en voile d'illusion, comme par des portes qu'ornent des signes toujours plus riches de sens, vers une surprise sans cesse approfondie, un enjouement croissant. » Car toute vie est attente d'un complément qui va la parfaire et que l'homme doit arracher à la malédiction du temps.

Le *Traité du sablier* est un essai sur les techniques de mesure du temps. L'homme est dévoré par le temps qu'il a créé en inventant les instruments susceptibles de le mesurer, mais l'horloge ne fait que développer les conséquences de l'invention humaine par excellence, la roue, pièce maîtresse des machines et symbole de l'activité monotone et épuisante. L'analyse de Jünger rejoint l'intuition du mystique baroque Angelus Silesius : l'inquiétude vient de la roue, qui par l'intermédiaire du balancier mesure le temps. Le *Traité du sablier* n'est donc qu'en apparence une histoire de la mesure du temps : ombre, cadran solaire, clepsydre, horloge, sablier, tous ces instruments représentent, sous une forme visible, un certain rapport de l'homme au temps ; il n'est que d'interpréter leur configuration. Pour Jünger, le temps est en nous et nous le projetons hors de nous-mêmes en appareils qui le créent en le mesurant. Le mouvement d'horlogerie, ancêtre et modèle de toutes nos machines, a dû être conçu à une époque d'inquiétude et de fièvre intellectuelle : sans doute au XIe siècle et sans doute par l'ingénieux et ambitieux Gerbert d'Aurillac, élevé au trône de saint Pierre sous le nom de Sylvestre II, et qui ne fut pas soupçonné pour rien d'être un magicien. Ernst Jünger est trop sage pour s'imaginer que la roue puisse être arrêtée, ou le sens de sa marche inversé. Il propose plutôt à son lecteur le repos spirituel dans un autre temps, dont le sablier est l'image : temps silencieux, au cours paisible, des travaux de l'esprit, de la liberté intérieure (on peut retourner indéfiniment le sablier), de la méditation ; quiétude semblable à celle de saint Jérôme dans sa cellule. La réflexion de Jünger s'ordonne autour de trois gravures de Dürer, où figure le sablier, et dont chacune représente l'un des aspects du temps qu'il crée : le Hieronymus im Gehäuse (réflexion), la Melancolia (conscience de la mort omniprésente), le Ritter Tod und Teufel (triomphe sur la mort elle-même) : le sablier brisé.

Il faut comprendre le « nœud gordien », comme une question posée par le destin ; il se renoue à l'infini, de même que la question, à l'infini, ne cesse de se poser. « La grande rencontre, l'effort d'équilibre se renouvelle périodiquement, comme celle des principes mâle et femelle. Et tout comme pour celle des sexes, il n'en résulte ni solution ni hiérarchie, mais la fécondité. Elle est comprise dans la constitution, la structure du monde historique : c'est pourquoi, bien qu'elle n'aille pas sans souffrance, elle ne doit pas être interprétée comme un symptôme morbide. » *Le Nœud gordien* a pour thème l'éternelle opposition entre l'Est et l'Ouest, ces termes étant pris dans un sens métaphysique plus que politique (forces chthoniennes et esprit) ; si cette opposition a été source de ruines et de deuil, Jünger estime cependant que, dans bien des événements, ses effets ont été bénéfiques : événements dont la répétition pose le problème du retour qui est inconcevable sans un centre immobile. « L'optique de l'homme prisonnier du temps le contraint à décomposer le déroulement des faits en anneaux de croissance et en sections de zodiaque, avec des ruptures et des rencontres à sa périphérie. L'être temporel ne peut en pénétrer l'unité, sauf à certains instants de ravissement et d'enthousiasme. » Supposer au centre du devenir, comme dans le moyeu de la roue, une essence intime, immobile, revient à admettre « qu'en elle les constellations se rejoignent, par exemple l'avant et l'après, le toi et le moi, l'Est et l'Ouest ». « Il n'y a au fond qu'un retour. Il a lieu quand l'homme reconnaît l'émergence de l'éternel dans le temps. Le monde, alors, devient dense. Cette manière de connaître qu'est la réminiscence, ou aussi la vénération, en est un aspect. C'est la part que prend l'homme à la réalité. Elle ne peut être sans lui. »

Le dernier essai, *Passage de la ligne,* est une pénétrante analyse du nihilisme moderne. Et la difficulté de le définir tient sans nul doute à ce que l'esprit ne peut se représenter le néant. « Il s'approche de la zone où s'effacent intuition et connaissance — les deux grandes méthodes auxquelles il est tenu. » Mais le titre de l'essai indique suffisamment que ce nihilisme tend à être dépassé, et il importe dès maintenant de repérer autour de nous des oasis où des parcelles de liberté ont pu survivre pendant l'ère de ce Léviathan qu'est trop souvent l'État. — Trad. *Essai sur l'homme et le temps* : I, *Traité du Rebelle* ; II, *Polarisations et Traité du sablier* ; III, *Le Nœud gordien* et *Passage de la ligne.* Éditions du Rocher, 1957 et 1958.

ESSAI SUR L'INDIFFÉRENCE EN MATIÈRE DE RELIGION. Œuvre du philosophe et écrivain français Félicité Robert de Lamennais (1782-1854), publiée tout d'abord anonymement en 1817-1823. Ce prêtre tourmenté, qui devait plus tard se détacher définitivement de l'Église (1835), essaie de démontrer que les indifférents sont plus nuisibles au christianisme que ceux qui se déclarent être ses adversaires. Le but de l'auteur est de faire comprendre aux hommes de son époque de quelle façon la religion satisfait, même dans le domaine social, les exigences spirituelles des hommes les plus nobles. En utilisant des raisonnements et des preuves, parmi lesquelles celle du consentement universel, l'auteur démontre l'existence de Dieu. Cette deuxième partie de son ouvrage est suivie d'une troisième où l'auteur affirme et démontre que la parole de Jésus et la doctrine fondée sur elle revêtent ce caractère de certitude et de vérité que l'on rechercherait vainement dans les systèmes philosophiques ou dans les programmes des gouvernements. Ce livre est animé d'un vibrant sentiment chrétien qui frappa profondément les âmes les plus méditatives de son époque. De plus, ce qui a une importance particulière dans cet ouvrage, c'est l'attitude de l'auteur inspiré par des idées rénovatrices ; en effet, tout en reconnaissant à l'Église la liberté de l'enseignement, Lamennais défend la séparation de l'Église et de l'État, pour que la première garde une plus grande indépendance vis-à-vis du pouvoir temporel. Ce livre, même de ce point de vue, fit une grande impression sur le public. Les principes qui amenèrent l'auteur à préconiser une religion plus proche du sentiment et des problèmes du peuple sont les mêmes que ceux qui, par la suite, le poussèrent à fonder son journal *L'Avenir* (*) et surtout à écrire son ouvrage célèbre, *Paroles d'un croyant* (*).

En 1821, Lamennais écrivit une *Défense de l'Essai sur l'indifférence en matière de religion.* Avec ce livre, il ne s'agit pas tant d'une tentative de défense que d'une nouvelle prise de position. Avec une vigueur dialectique extraordinaire, Lamennais essaie d'approfondir les idées qu'il a déjà exposées dans sa polémique contre le monde moderne. Dans le dessein de mieux démontrer les grandes conquêtes réalisées par le christianisme, en suivant les voies de la Providence, l'auteur essaie de fondre dans ses raisonnements l'idée de la foi dans les dogmes et dans la tradition catholique avec tout ce que le genre humain possède de plus précieux, tant dans le domaine de la poésie que de la science sociale. Ces idées s'inspirent du principe selon lequel tout ce qui existe de vrai et de beau dans le monde découle de Dieu, à travers la révélation originelle.

ESSAI SUR L'INÉGALITÉ DES RACES HUMAINES. Œuvre de l'écrivain français Joseph Arthur de Gobineau (1816-1882). La première édition comportait quatre volumes : les deux premiers parurent en 1853 et les deux autres en 1855. Gobineau est persuadé que non seulement la question ethnique domine tous les autres problèmes de l'histoire, mais encore qu'elle en est le levier principal. La diversité des races qui forment une nation suffit à expliquer les différents destins des peuples. L'auteur examine les conséquences qu'eut l'établissement de certains groupes humains dans l'histoire des pays où ils s'installèrent. Ils amenèrent des transformations par leur intervention soudaine dans la vie et dans les habitudes, et ils suscitèrent une activité imprévue là où, avant leur venue, régnait la torpeur. Après avoir admis qu'on trouve des races fortes et des races faibles, l'auteur fixe son attention sur les premières et il étudie leur comportement. Il remonte ainsi la chaîne de leurs généalogies jusqu'à un unique point de départ. Tout ce qu'il y a de grand, de noble et de fécond sur la terre, en fait de créations humaines (sciences, art et civilisation), remonte à un germe unique, à une seule pensée, appartient à une seule famille dont les diverses branches ont régné sur toutes les contrées de l'univers. Une des idées directrices de l'*Essai* de Gobineau est la grande influence des mélanges ethniques, autrement dit des mariages entre les diverses races. Après avoir étudié ce phénomène, l'auteur en arrive à formuler cet axiome ethnographique : la valeur d'une race humaine est fonction de la qualité des divers éléments qui l'ont formée. Les progrès et les reculs des sociétés sont les effets de tels mélanges. Pourquoi se produit la décadence d'une civilisation ? Pourquoi ce fait, que Gobineau considère comme le plus étonnant et le plus obscur des phénomènes historiques ? Parce que, répond l'auteur, toute civilisation ne reste florissante que dans la mesure où elle se garde de toute contamination. Sa décadence commence quand elle absorbe des éléments de races inférieures (peuples vaincus en général). Donc, la chute d'une civilisation n'a pas d'autre cause que l'altération de sa pureté originelle par des éléments désagrégateurs.

Pour illustrer sa thèse, Gobineau met en lumière le cas des Aryens. Partout, leur race domina toujours. Malheureusement, chaque fois, il y eut croisement de races avec les vaincus ! Le résultat de cette fusion fut que les caractères propres aux Aryens s'altérèrent toujours davantage et qu'ils acquirent d'autre part ceux des races inférieures, avec lesquelles ils se trouvaient avoir frayé. Le célèbre exemple que donne Gobineau est celui du sens artistique que les Aryens auraient acquis en se mêlant à la race nègre. Aujourd'hui, le monde est uniquement peuplé d'êtres hybrides. Mais si la race aryenne pure a disparu de la surface de la terre, on peut trouver encore, dans certaines régions, des individus de race pure, lesquels représentent l'ancienne race humaine. Ces échantillons qu'une mystérieuse providence a sauvés à travers la marée des siècles rendent témoignage de l'existence de l'âge d'or. Dans ce temps-là, une humanité supérieure peuplait la terre. Dans son roman *Les Pléiades* (*), Gobineau appellera « fils de rois » ces êtres supérieurs. Si le monde moderne ne compte plus de race supérieure ni de hiérarchie de races, il existe pourtant des individus chez lesquels survit la noblesse originelle. Ils peuvent venir de n'importe quelle classe de la société et se distinguent de ce vulgaire que détestait tant Horace. Selon Gobineau, le vulgaire est ce ramassis de fourbes et de brutes dont le nombre, hélas ! domine partout. Les « fils de rois » se distinguent par leur amour de la solitude, par la force et la douceur de leur esprit, par la générosité de leurs sentiments qui les portent à suivre les voies de la beauté, de l'honneur et du sacrifice — toutes choses exécrées du vulgaire. La race, chez laquelle s'est conservée le plus longtemps l'énergie aryenne et qui continue à agir de façon louable, est, selon Gobineau, la race germanique. Cela explique le succès de son *Essai* chez les Allemands et la popularité qu'y rencontrèrent les autres ouvrages de l'auteur.

Cet *Essai* de Gobineau n'est guère que de la science romancée, mais elle est marquée par le génie. En dédiant l'œuvre à George V, roi de Hanovre, Gobineau écrivait : « Je fais de la géologie morale. Je parle rarement de l'homme, plus rarement encore du citoyen ou du sujet, fréquemment au contraire des différentes fractions ethniques, car sur les sommets où je suis monté, il ne s'agit plus pour moi de nationalités fortuites, pas même de l'existence des États, mais des races, des sociétés et des civilisations. »

ESSAI SUR L'INFLUENCE DE LA CRITIQUE MODERNE SUR LA DÉCADENCE DE L'ANCIEN THÉÂTRE ESPAGNOL [*Discurso sobre el influjo que ha tenido la crítica moderna en la decadencia del antiguo teatro español*]. Plus encore peut-être que la préface d'Alcalá Galiano au *Moro expósito* du duc de Rivas, cet *Essai* du critique espagnol Agustin Durán (1793-1862), publié en 1828, peut être considéré comme le manifeste du romantisme en Espagne. Durán place aux origines du nouveau mouvement littéraire et culturel la longue discussion sur le théâtre qui fut le centre des batailles littéraires de la seconde moitié du XVIIIᵉ siècle, entre « castizos » et « afrancesados ». Pour Durán, le théâtre classique c'est le théâtre païen, abstrait et extérieur ; le théâtre romantique, c'est le théâtre chrétien, intérieur, exprimant la lutte entre la passion, la liberté et la conscience. Or, dit Durán, du moment que l'antique théâtre espagnol, le théâtre du « Siècle d'or », baigne dans cette atmosphère de lutte entre passion et liberté, entièrement bâti qu'il est sur des cas de conscience, surtout le théâtre « de cape et d'épée » et le théâtre du « point d'honneur », il est naturel que l'on donne la palme au théâtre chrétien, au théâtre intérieur, à ce théâtre qu'en termes modernes on appelle romantique, mais qui, à bien y regarder, a toujours existé depuis qu'il y a un théâtre en Espagne. Le froid respect envers les règles qu'Aristote avait cru pouvoir dégager des œuvres théâtrales de son temps ne peut être, selon Durán, un critère exclusif de valeur ; car la vision classique a généralement un caractère moral et peut par conséquent s'exprimer dans le cadre d'une action courte et synthétique, alors que la vision romantique est plus historique et, pour cette raison, se doit de traduire l'évolution des passions dans le temps et dans l'espace.

Il est encore un autre élément remarquable dans cet *Essai* : c'est la conviction, répandue pendant toute la période romantique, que la poésie a jailli du peuple, au moment où pour la première fois il a constitué son unité par ses chants épiques, lesquels furent ensuite progressivement intégrés dans l'élément littéraire, mais dont l'évolution continue à travers le peuple (cf. les « romances »), enrichissant secrètement l'inspiration des poètes, qui puisent souvent sans le savoir à l'art populaire. D'origine populaire sont le « teatro antiguo español », « el teatro clasico de nosotros », dit Durán : théâtre complètement différent du théâtre savant et froid d'origine française, ce théâtre populaire plonge ses racines dans les sentiments, dans les traditions, dans les légendes nées du peuple. Cet *Essai* constitue une défense passionnée de la littérature espagnole, face à la critique formaliste des Français. C'est à juste raison que l'*Essai* fut placé en guise d'introduction au *Romancero General*, rassemblé par Durán dans l'intention de prouver la « nature poétique » du peuple espagnol.

ESSAI SUR L'INFLUENCE DU BAS PRIX DES BLÉS SUR LES PROFITS DU CAPITAL [*Essay on the Influence of a Low Price of Corn on the Profits of Stock*]. Ouvrage de l'économiste anglais David Ricardo (1772-1823), paru en 1815 et dont il eut l'idée après la lecture d'un article de Malthus (1766-1834) sur la nature de la rente et sur la politique qui restreignait la libre exportation des blés étrangers. Ricardo, partant de l'examen d'un problème politico-économique de caractère provisoire, arrive à formuler une théorie d'une portée universelle : celle de la rente foncière. Bien que cette théorie soit conforme aux principes déjà énoncés par Anderson et Malthus, c'est seulement avec Ricardo, dont elle a pris le nom, qu'elle atteint un degré d'achèvement et de précision scientifique. La conception de la « rente ricardienne » se fonde sur l'effet des limites ou obstacles imposés par la nature à l'homme : les premiers propriétaires, ou actuellement les propriétaires de terres les plus heureux (emplacements particuliers, fertilité, etc.), jouissent de gains de caractère différentiel ; la rente n'est donc pas un fait de productivité intrinsèque au sol, mais un produit dû à la non-fécondité (absolue ou relative) de certains terrains par rapport à certains autres. Du rapport entre la loi des compensations décroissantes et celles de l'accroissement démographique (Malthus) et de l'indifférence des prix, Ricardo arrive à interpréter la rente comme un gain différentiel, un avantage dont jouissent les propriétaires des terrains les plus fertiles par comparaison avec ceux qui possèdent des terrains moins fertiles et moins enviables. Cette considération justifie le libre échange des blés, comme système modérateur de la rente au profit de la majorité des citoyens, en faisant entrer, dans le jeu qui détermine les prix, la concurrence de la production étrangère. Pour Ricardo, la rente est une fatalité économique ; mais, en partant de ses observations pénétrantes, d'autres arrivèrent par la suite à l'idée de la nationalisation du sol. – Trad. *Œuvres complètes*, Guillaumin, 1882 ; et *Economica*, 1988.

ESSAI SUR L'ORIGINE DES CONNAISSANCES HUMAINES. Exposé systématique de l'empirisme du philosophe français Étienne Bonnot de Condillac (1714-1780), publié en 1746. Il est inséparable du *Traité des sensations* (*), œuvre maîtresse du même auteur, publiée en 1754. S'inspirant de Fontenelle et prenant la suite de Locke, il considère la sensation et la réflexion comme les deux sources de l'expérience, toutes deux également originales, bien qu'il fasse de la réflexion une faculté d'analyse postérieure à l'acte primitif de la connaissance, c'est-à-dire à la perception sensible des objets. Son but est de réformer la métaphysique, de substituer à une science des principes originaires (fondée sur des entités abstraites) une étude de l'esprit humain fondée sur l'observation, l'expérience et l'emploi de la méthode propre aux mathématiques et à la physique, c'est-à-dire l'analyse, en s'attachant à décrire non la nature de l'âme, qui nous échappe, mais ses manifestations lorsqu'elle est unie au corps.

La première partie de l'*Essai* est consacrée à l'analyse des manifestations de l'âme, partant du fait primitif et intime dont nous ne pouvons douter : la conscience de notre existence et de notre pensée, étendue aux idées, susceptible de degrés, liée à nos besoins, à nos passions, à notre nature. Dans la vie intérieure, les idées sont soumises à une dépendance réciproque, à un enchaînement correspondant à celui des êtres et des choses dans l'ordre physique. Cet état de choses trouve sa raison d'être dans l'organisation humaine et dans les échanges entre hommes. Il se réalise grâce à notre capacité de réveiller les idées au moyen de signes. Il en résulte que la réflexion est un ensemble d'opérations qui prouve l'activité de l'esprit. C'est le jugement qui l'exprime par l'intermédiaire du discours, dans lequel la pensée se fractionne en autant de termes qu'il y a d'idées, grâce aux liens des idées entre elles et grâce aux liens des idées avec les signes. Pour bien diriger les manifestations de l'âme, il est donc nécessaire d'étudier l'origine et le progrès des signes : le langage et son usage. C'est le sujet de la deuxième partie de l'*Essai*. Vraisemblablement, les hommes s'exprimèrent d'abord au moyen de gestes et de mouvements du corps, jusqu'au moment où ils imitèrent les bruits de la nature. Par la suite, ils y substituèrent des sons articulés désignant des objets. Le progrès du langage est lié au caractère des peuples, au climat, à l'intervention des gouvernements. La source de nos erreurs réside dans l'habitude de raisonner sur des choses dont nous n'avons pas une idée précise. Pour rectifier ces idées, il faut les reprendre à leur origine, c'est-à-dire remonter aux sensations, sentir, voir ; puis donner à nos sensations un nom dérivant de l'usage. Conscience, jugement, liens entre les idées et entre celles-ci et les signes, voilà toute la science de l'entendement humain.

Ce système sera complété par le *Traité des sensations* dans lequel l'auteur, contrairement à Berkeley, voit, dans toutes les opérations de l'esprit postérieures à la sensation, un développement ou une transformation de cette sensation. La philosophie de Condillac simplifie, intègre et vulgarise à la fois l'empirisme de Locke. Par son agnosticisme et son sensualisme, cette philosophie s'oppose, en matière de morale, à la tradition dogmatique. Les violentes réactions qui accueillirent cet *Essai* furent calmées par la publication du *Traité des animaux* (1755), dans lequel Condillac développe des convictions spiritualistes, et par la *Dissertation sur l'existence de Dieu,* qui en fait partie et dans laquelle il montre comment son système, fondé sur des vérités d'expérience, aboutit à une religion naturelle qui fait appel à la révélation. Le sensualisme prépare ainsi, pour les écrivains de l'« époque des Lumières », un cadre philosophique dans lequel pourront être incluses les solutions les plus radicalement opposées au spiritualisme traditionnel, sans dépasser toutefois un agnosticisme prudent. Il fournit aux scientifiques une méthode, aux idéologues une doctrine qui restera à la base de la philosophie française jusqu'à la contre-révolution et au triomphe de Kant.

ESSAI SUR MOI-MÊME [*Of My Self*]. Ouvrage du poète anglais Abraham Cowley (1618-1667), publié pour la première fois dans les *Œuvres* [*Works,* 1668]. Cet essai donne d'intéressantes précisions sur la jeunesse de l'auteur. Renvoyé du Trinity College de Cambridge par suite de la guerre civile (1641), il se rendit à Oxford, puis en France (1644) où il devint secrétaire de la reine Henriette-Marie de France qui l'utilisa pour diverses missions de confiance. Il fut même envoyé à Londres en 1655, à titre d'agent de renseignement, mais fut arrêté comme espion royaliste. La prompte libération dont il bénéficia fit douter de son loyalisme ; néanmoins, après la Restauration, favori du duc de Buckingham et du comte de St. Alban, Cowley reçut le château d'Oldcourt en récompense de ses services. Il se flatte dans cet *Essai* d'échapper à l'influence des grands maîtres, relate ses découvertes poétiques, en particulier Spenser, les aventures intellectuelles de sa jeunesse, la formation de ses goûts et de ses préférences ; tout ceci, comme il le dit lui-même, sans vanité mais avec franchise. On retrouve, dans cet ouvrage, le style caractéristique de Cowley ; une spontanéité et une fraîcheur qui en rendent la lecture agréable.

ESSAY DES MERVEILLES DE NATURE ET DES PLUS NOBLES ARTIFICES. Ouvrage du jésuite français Étienne Binet (1569-1639), paru à Paris en 1621 (deuxième édition en 1632, suivie d'une vingtaine de rééditions jusqu'en 1657). Il est composé de soixante-deux chapitres qui ont pour titre « La Vènerie », « Le Phénix », « La Guerre », « Du fait des monnaies », « La Broderie », « Les Mathématiques », « La Voix », « Le Cheval », ou encore « L'Arc-en-Ciel ». Mais plus qu'un travail de nature encyclopédique, l'œuvre de Binet ressortit au genre du traité de rhétorique, comme en fait foi le sous-titre. Il s'agit de « faire mieux connaître les choses pour aider l'orateur à mieux user des mots » (G. Genette). Profondément influencé par *La Sepmaine* (*) (1578) du calviniste Du Bartas, le jésuite Binet met en place, dans son « encyclopédie dévote » (H. Bremond), une esthétique maniériste dont on pourrait dire que la mosaïque constitue la figure première. L'ordre adopté paraît être celui de la contiguïté : on passe de « La Vènerie » à « La Chasse au lièvre », des « Oiseaux en général » au « Phénix », de « L'Abeille » au « Miel », etc. Mais c'est davantage la diversité extrême du langage et du monde qu'il faut remarquer dans cet *Essay.* On n'y trouve que le choix qui porte sur les « merveilles » de la nature. L'ouvrage de Binet est un excellent témoignage sur la vision hiérarchisée du monde mise en place au XVIIe siècle : les activités aristocratiques telles que la chasse et l'escrime sont valorisées, l'or et les pierreries choisis aux dépens des autres pierres. Ce qui frappe surtout le lecteur moderne, c'est l'importance accordée au paradoxe (le feu et la glace liés ensemble, la lune qui est un « soleil de la nuit ») et à l'oxymore, ainsi que la présence du jeu incessant de la nature avec l'art. Il y a dans cet ouvrage la mise en scène d'une « fête de la langue française » (M. Fumaroli) destinée à prouver que les jésuites sont français avant d'être une milice à la solde d'un pape italien. Binet a pour but d'enseigner aux débutants l'art de séduire l'auditoire dans sa langue par la mise en scène énumérative du monde vu comme un gigantesque chatoiement ayant pour mission ultime de renvoyer au Créateur, dont il prouve la puissance. Le langage est alors le « Logos divin, réfracté par cascades dans le monde créé, dans la société humaine, dans les langues, et rassemblé en tous ses miroirs par un de ses plus ardents et dévoués serviteurs » (M. Fumaroli).

F. Rou.

ESSENCE DE LA RELIGION (L') [*Wesen der Religion*]. Œuvre du philosophe allemand Ludwig Feuerbach (1804-1872), publiée à Leipzig en 1845, dans laquelle le philosophe allemand reprend et complète la thèse exposée dans son *Essence du christianisme* (*). Dans ce dernier livre, Feuerbach s'était efforcé de ramener l'idée de Dieu à la projection des sentiments et des désirs de l'homme, réduisant la « théologie » à l'« anthropologie », la présumée connaissance de Dieu à la connaissance de l'homme. Dans cette seconde œuvre, se plaçant au point de vue de la religion en général, il étend son analyse à l'idée de la nature, dont l'idée de Dieu est aussi une projection, de sorte que l'on peut dire que la « théologie » n'est pas seulement « anthropologie », mais aussi

« physiologie », divinisation de la nature. Les religions des différents peuples reflètent, dans leur idée de Dieu, leur interprétation du monde et de la vie, leur conception de la nature, leurs institutions politiques, leur degré de civilisation. Les primitifs se représentent, par exemple, l'action de la Providence comme le gouvernement patriarcal d'un souverain absolu, dont la volonté est loi elle-même sans limites. Les théologiens rationalistes, ne pouvant ignorer l'idée et le déterminisme de la nature, doivent se résoudre à un compromis : Dieu est conçu comme un souverain constitutionnel, dont la volonté est limitée par les lois à l'aide desquelles seulement il peut se manifester : il règne et ne gouverne pas. Mais la nature est, en réalité, gouvernée par un régime républicain, c'est-à-dire sans souverain. Les idées de ce livre furent vulgarisées par Feuerbach, en 1848, dans une série de *Trente leçons sur l'essence de la religion,* faites à Heidelberg. — Trad. *Qu'est-ce que la religion d'après la nouvelle philosophie allemande ?* Ladrange, 1865.

ESSENCE DE LA VÉRITÉ (L') [*Vom Wesen der Wahrheit*]. Ouvrage du philosophe allemand Martin Heidegger (1889-1976), publié en 1943. Il contient le texte plusieurs fois remanié d'une conférence qui fut souvent prononcée à partir de 1930 sous le même titre. En rupture avec l'idéalisme, l'auteur réhabilite dès l'abord la notion de « vérité de la chose », mais en l'isolant de son ancien contexte théologique. Il écarte d'ailleurs les théories de la connaissance et tout préjugé psychologique, se contentant de décrire l'opération du connaître, le processus de la représentation, c'est-à-dire le fait de « laisser se tenir une chose devant nous comme objet ». Dans la connaissance, nous sommes « ouverts » à la chose, et la chose est « ouverte » pour nous. Cette relation particulière n'est cependant possible que parce qu'elle prend place dans le complexe plus vaste de l'ensemble de nos relations avec les choses et de notre comportement dans le monde : la « parution de la chose dans le franchissement de la distance s'effectue à l'intérieur d'un ouvert [Offenes] dont le caractère d'être ouvert [Offenheit] n'est pas créé par la représentation, mais n'est chaque fois qu'assumé et repris comme un domaine de rapports [Bezugsbereich]. Notre comportement en général se définit donc par la notion d'« ouverture » : celle-ci, étant la condition de tous nos jugements particuliers sur les choses, doit être considérée comme l'essence de la vérité. Elle se confond d'ailleurs avec la liberté, puisqu'elle « laisse être » la chose ce qu'elle est. Elle ne crée pas la chose, comme le pensait l'idéalisme, mais la « dévoile » seulement. Il est important de noter que ce pouvoir de dévoilement n'appartient pas à proprement parler à l'homme : l'homme et la chose ne sont en effet que les deux termes d'un rapport à l'intérieur d'une réalité plus fondamentale qui les contient tous deux, et cette réalité est l'« ouverture », la liberté, le « Da-sein » qui dévoile et fait exister à partir de son propre sein des êtres particuliers. « L'essence de la vérité s'est révélée comme liberté. Celle-ci consiste dans le laisser-être ek-sistant et dévoilant l'étant. » Toutefois, en même temps qu'il dévoile des êtres particuliers, l'Être, le Da-sein, se cache lui-même en tant que totalité. La connaissance des êtres présuppose paradoxalement la dissimulation et l'« oubli » de l'Être. Le Da-sein est tout à la fois révélation et dissimulation, vérité et erreur. Le trouble, les ténèbres [Irre] constituent donc l'essence originelle de la vérité. Le monde naturel de l'homme et ses mondes historiques reposent sur un aveuglement fondamental, sur un « oubli » de l'Être : « L'homme erre. L'homme ne tombe pas seulement dans les ténèbres erratiques. Il se meut toujours dans les ténèbres. Ces ténèbres dans lesquelles il se meut ne sont pas quelque chose qui l'accompagne seulement comme un ravin dans lequel il tomberait parfois. Les ténèbres erratiques appartiennent à la structure interne du Da-sein dans lequel l'homme historique s'est engagé. Les ténèbres sont la contre-essence essentielle complémentaire de l'essence originelle de la vérité. » La valeur de la philosophie est de nous faire prendre conscience de ces ténèbres, de cette dissimulation de l'Être. Cet opuscule d'une trentaine de pages constitue une étape importante de l'évolution intellectuelle de Heidegger : la conclusion est beaucoup plus pessimiste que celle de *Être et Temps* (*), puisque l'homme, prisonnier non plus seulement de la facticité du quotidien mais encore, à la source même de son existence, de l'impénétrable mystère du Da-sein, semble devoir renoncer complètement à la conquête de l'authenticité par la connaissance de soi. — Trad. « Koyré » dans la revue *Critique,* n° 2 ; *Lévinas,* Vrin, 1950 ; Gallimard, *Questions 1,* 1968.

ESSENCE DE L'ESPAGNE (L') [*En torno al casticismo*]. Œuvre de l'écrivain espagnol Miguel de Unamuno (1864-1936), composée de cinq essais dont les quatre premiers parurent dans la revue *España moderna* en 1895, et qui fut publiée en volume en 1916. L'œuvre, qui est un examen approfondi de la conscience espagnole, se ressent de cette atmosphère critique qui caractérisa la génération de Unamuno, appelée la « génération de 1898 », de l'année même de la crise politique. Le premier essai, « La Tradition éternelle », dirigé contre les tenants et partisans du « casticismo », c'est-à-dire du purisme national dans ses différents aspects, exalte les valeurs purement humaines et universelles dans lesquelles l'accidentel, le passager, le temporel atteignent leur sublimation et leur purification en se détruisant : « Seul l'humain est vraiment traditionnel. » Le deuxième, « La

Race historique : la Castille », décrit le processus historique de l'unification espagnole sous le règne de la Castille qui, en dépassant les différents régionalismes, forgea l'unité nationale et dota le pays d'un commun dénominateur spirituel. Cet esprit (III - « L'Esprit castillan ») ne réalise cependant pas l'harmonie intime de l'idéal et du réel, leur identité occulte : dualiste par nature et jouant un rôle de catalyseur dans toutes les manifestations de l'art et de la pensée, il tend à mélanger constamment les extrêmes, réalité et idéal, ciel et terre, absolu et relatif : don Quichotte et Sancho Pança. Ces extrêmes se touchent dans le mysticisme (IV - « Mystique et humanisme »), en se fondant dans un idéalisme réaliste qui est une idéalisation de la réalité. C'est pourquoi le mysticisme est une seconde nature pour l'esprit espagnol ; son plus grand représentant est saint Jean de la Croix. À ce mysticisme s'opposent le quiétisme égoïste et l'« alumbrismo » sensuel. L'esprit espagnol ne tomba point dans ces écueils, grâce au mouvement humaniste qui tempéra un individualisme excessif par le sens de l'humain et de la nature.

L'Espagne atteignit les sommets de la grandeur, lorsqu'elle s'ouvrit aux quatre vents et qu'elle se répandit de par le monde. Mais au moment d'arriver à sa plus grande puissance, les conditions historiques de sa mission l'obligèrent à fermer ses portes : Contre-Réforme et Saint-Office, en se substituant à l'impulsion créatrice et universelle, amenèrent la décadence. L'Espagne moderne (V - « Sur le marasme présent de l'Espagne ») porte l'hérédité de son passé : l'émiettement individualiste n'est plus contrebalancé par l'impulsion créatrice et tend à développer les forces de dissociation ; l'esprit de l'Inquisition encore vivace conduit à la peur des idées, à l'atonie sociale. Toute chose est-elle morte dans le corps de l'Espagne ? Non. L'avenir est enfermé dans le peuple, qui se dressera puissant lorsque les vents venus de l'Europe l'éveilleront. L'œuvre, née d'une expérience concrète de la crise historique qui conduisit à la liquidation des derniers vestiges de l'Empire colonial espagnol, termine une longue série de recherches et d'études sur la décadence nationale. Elle demeure parmi les œuvres les plus vivantes de Unamuno, grâce à sa clarté, à la profondeur de l'analyse et à la rigueur de son argumentation. – Trad. Plon, 1923.

ESSENCE DES ESPRITS (L') [*Lobâb al-albâd*]. Œuvre de l'anthologue persan Muhammad Owfi (mort en 1232). C'est le plus ancien répertoire de biographies de poètes que nous possédions. L'œuvre débute par une courte prière, qui remercie Dieu d'avoir concédé à l'humanité le don de la parole. Ensuite, l'auteur se présente au lecteur et, au cours d'un dialogue allégorique entre la rose et le rossignol, fait l'éloge de son protecteur, le grand vizir Aïn al-Molk. Le livre lui-même comportait probablement à l'origine douze chapitres, mais le dixième fut perdu, ou détruit volontairement, puisque dans les deux manuscrits connus de cette œuvre, le ch. XI suit immédiatement le ch. IX. Le premier chapitre traite « De l'excellence de la poésie et de l'art poétique », le deuxième contient une étude très complète du mot « chir » (vers) et le troisième nous apprend que c'est Adam qui fut le premier versificateur. Le quatrième chapitre confirme la légende persane, suivant laquelle le roi Bahram Gour fut le premier poète persan ; ayant ainsi établi que l'art de la poésie était, à ses origines, un art royal, Owfi consacre le cinquième chapitre à tous les sultans et princes qui ont laissé un nom dans la poésie persane. Descendant ensuite l'échelle sociale, Owfi passe aux poètes qui ont été également vizirs ou ministres (ch. VI), juges (ch. VII) et, enfin, aux simples mortels. Il parle longuement de Roudaki, le « père des poètes persans » (ch. VIII), d'Ansari, de Firdousi et de certains autres poètes de la période dite « classique » (ch. IX). Les chapitres XI et XII sont consacrés aux poètes contemporains d'Owfi, parmi lesquels les plus connus de nos jours sont Farid al-Dîn Attar et Nizâmi. En ce qui concerne les poètes attachés, comme le fut Owfi lui-même, à la cour de Aïn al-Molk, laquelle, suivant l'expression même du poète, était « jonchée d'hommes sages et érudits, comme le ciel l'est d'étoiles, ou un jardin de fleurs », les renseignements donnés par Owfi sont maigres. Par jalousie ou par crainte de déplaire et de se créer des ennemis, Owfi ne nomme que trois de ses « collègues », sous le prétexte fallacieux qu'il ne connaissait pas les autres personnellement. Malgré de nombreuses lacunes, l'œuvre d'Owfi a une importance considérable et la plupart des savants, tel Edward G. Browne dans son œuvre capitale : *Histoire littéraire de la Perse* [*A Literary History of Persia*], sont obligés d'y avoir constamment recours.

ESSENCE DU CHRISTIANISME (L') de Feuerbach [*Das Wesen des Christentums*]. Œuvre du philosophe allemand Ludwig Feuerbach (1804-1872), publiée en 1841. Avec ce livre, ce que l'on nomme la « gauche hégélienne » se départ des réserves que le maître et ses épigones de droite avaient conservées à l'égard du christianisme, et pousse à ses extrêmes conséquences la critique amorcée avec la *Vie de Jésus* (*) de Strauss. L'identité de l'esprit humain avec le divin, affirmée par les partisans de Hegel, n'est, pour Feuerbach, que l'identité de l'homme avec lui-même. L'homme ne peut s'élever au-dessus de l'homme : quand il parle de Dieu, il projette hors de lui ses pensées les plus élevées ; l'être dans lequel elles sont contenues n'a pas de réalité hors du sentiment qui le crée. Il est infini. Le désir de théogonie, ou désir de créer des dieux, est l'essence de toute religion, du christianisme y compris. Toute théologie est psychologie, et son intérêt ne se trouve pas dans la connaissance objective qu'elle prétend offrir, mais dans ses motifs génétiques : dire, par exemple, que Dieu est justice et bonté signifie tout simplement que l'on est convaincu que la justice et la bonté sont les qualités les plus élevées de l'homme. La projection fantastique du sentiment religieux réagit sur le sentiment lui-même, en l'exaltant ; mais il peut aussi avoir des conséquences préjudiciables. L'homme, qui a concentré dans l'idée de Dieu tout le meilleur de lui-même, se sent privé de tout bien ; pécheur et perdu face à cet être idéal, il devient injuste envers lui-même et oublie que Dieu est l'homme lui-même dans sa plus haute expression. D'autre part, le fait de rapporter les qualités humaines à un être absolu ne va pas sans une altération de ces qualités : ainsi la justice divine, qui est au-delà de la justice humaine, finit par se confondre avec l'injustice ; et l'homme religieux peut être poussé à sacrifier sa propre conscience, en hommage à l'être créé par celle-ci. En créant le divin, l'unité de l'esprit humain se brise pour donner naissance, d'une part à une divinité inhumaine, d'autre part à une humanité sacrifiée. Mais que le désir de théogonie qui nous habite prenne conscience de son humanité et l'homme sera libéré de toute forme d'objectivisme théologique, pense Feuerbach, sans que rien soit sacrifié de l'essence du christianisme. — Trad. Lacroix Verboeckhoven. 1864 ; Maspero, 1968 ; Découverte, 1982.

ESSENCE DU CHRISTIANISME (L') de Harnack [*Das Wesen des Christentums*]. Le théologien et historien allemand Adolf von Harnack (1851-1930), professeur d'histoire religieuse à Berlin, auteur d'ouvrages fondamentaux sur les origines de l'Église et d'un célèbre *Manuel d'histoire des dogmes* (+), fit au semestre d'hiver 1899, seize conférences qui furent réunies en volume sous le titre ci-dessus. Harnack se propose d'exposer l'essence permanente du christianisme, suivant l'enseignement de Jésus contenu dans les évangiles synoptiques (Matthieu, Marc, Luc) dont il soutient fortement la valeur documentaire. L'enseignement de Jésus, si on le débarrasse des éléments caducs dus au temps et au lieu où il fut donné — ce qui est facile, étant donné sa valeur humaine — se réduit à l'annonce du royaume de Dieu comme fait intérieur, à la communion de l'âme avec Dieu. « Dieu le Père et la valeur infinie de l'âme humaine », telle est la double affirmation d'où surgissent une nouvelle conception de la vie et un renouvellement des valeurs pratiques qui se résument dans la loi d'amour et que l'auteur essaie de définir par rapport à l'ascétisme, à la question sociale, au droit, au travail et au dogme. La seconde partie du volume traite de l'évolution du christianisme à travers le catholicisme grec, le catholicisme romain et le protestantisme. L'ouvrage répond aux préoccupations des premières années du siècle (monisme, socialisme, tolstoïsme) et eut une grande diffusion. La conception du christianisme en tant que fait spirituel purement personnel fut discutée par Alfred Loisy, alors prêtre moderniste, dans son livre *Études évangéliques*. — Trad. Fischbacher, 1902.

ESSEULEMENT [*Uedinennoe*]. Œuvre de l'écrivain et philosophe russe Vassili Vassilievitch Rozanov (1856-1919). Seul un écrivain aussi original et d'esprit aussi primesautier et indépendant que Rozanov pouvait avoir l'idée de publier un pareil ouvrage. L'*Esseulement* n'est point un recueil de maximes ou de pensées mûrement pesées, ayant un revêtement verbal définitif. C'est une suite de notes hâtives sur des sujets variés, notes prises sans le moindre souci littéraire, n'importe comment et n'importe quand. L'auteur, qui avoue griffonner pour son propre plaisir, esquisse néanmoins une justification de son livre. « En voulant écrire telle ou telle chose, dit-il, nous écrivons souvent tout autre chose. Entre “ je vais m'asseoir ” et “ je suis assis ”, une minute s'est écoulée. Des nouvelles pensées sur des nouveaux sujets m'assaillent. Ce n'est plus ce que je voulais dire. » Il cherche donc à saisir sa pensée toute chaude, et à nous la communiquer sans déformation.

Deux sujets occupent le plus souvent l'esprit de Rozanov — la religion et le sexe. Comme dans toute son œuvre, il cherche aussi à les rapprocher dans *Esseulement*, bien que ce curieux petit livre rende, vers la fin surtout, un son douloureux, voire poignant, que l'on pourrait qualifier de chrétien et même de vaguement ascétique. Les contradictions, dont sont volontairement marqués tous les écrits de Rozanov, se trouvent ici mises en évidence avec une sorte de défi et de volupté. « Mon âme est faite de boue, d'affection et de tristesse », remarque Rozanov, mais c'est sur la « tristesse » surtout qu'il met l'accent dans *Esseulement*. À ses aspirations religieuses — à ce que, de nos jours, on appellerait « inquiétude » — il propose une explication qui dépasse sa personnalité à lui. « La douleur de la vie est infiniment plus puissante que l'intérêt suscité par la vie. C'est pourquoi la religion ne pourra jamais être vaincue par la philosophie. » La philosophie le laisse froid, et d'ailleurs il n'a rien d'un philosophe. Les questions politiques lui semblent odieuses, vides de sens. Seul ce qui touche l'être humain de très près lui paraît digne d'attention, d'autant plus que « nul homme ne mérite l'éloge, mais tout homme mérite la pitié ». Paru en 1912, après les deux grands ouvrages du même auteur sur la *Métaphysique du christianisme*, *Esseulement* eut en Russie un succès certes limité, mais profond. — Plon, 1930 ; L'Âge d'homme, 1980.

ESTAMPES (Les). Trois pièces pour piano (« Pagode », « Soirée dans Grenade », « Jardins sous la pluie » du compositeur français Claude Debussy (1862-1918), composées en 1903 et créées en 1904. La technique pianistique de Debussy qui, jusque-là, se rattachait à celle des clavecinistes des XVIIe et XVIIIe siècles, adopte, à partir des *Estampes*, cette originalité et cette nouveauté d'écriture qui utilisent le plus souvent toute l'étendue du clavier, épuisant toutes les résonances possibles, aidées en cela par un grand usage des pédales qui prolonge et fond les sonorités. La genèse de cette écriture montre une relation avec la technique de Liszt. Il reste cependant à déceler quelle a été l'influence des fameux *Jeux d'eau* (*) pour piano de Ravel, composés en 1901. Cette œuvre devance ce qu'en 1903 Debussy commençait à réaliser dans ses inventions pianistiques. La musique de Java et celle du Cambodge, que l'on pouvait entendre à l'Exposition universelle de Paris de 1889 et à celle de 1900, impressionnèrent si vivement Debussy qu'il introduisit dans ses œuvres certaines de leurs caractéristiques, telles que les tonalités incertaines et l'usage de certaines gammes typiquement orientales, en particulier la gamme pentatonique chinoise. « Pagode » réunit des éléments ayant un rapport évident avec cette musique : mélodies inscrites dans le cadre de la gamme chinoise par tons entiers, retours insistants d'une figure mélodique, succession de quartes et de quintes (celles mêmes que, d'Amérique, vingt ans plus tard, le jazz amena pour la seconde fois en Europe) ; « Soirée dans Grenade » est une page d'une valeur artistique bien supérieure : l'évocation de la nuit méditerranéenne pleine d'effluves langoureux et enivrants, mêlant aux ténèbres bleutées des chants de femmes et des arpèges de guitares, est d'une immense beauté. C'est certainement l'une des plus belles œuvres écrites pour le piano par Debussy. « Jardins sous la pluie », au contraire, rentre dans l'orbite de cette technique du piano qui se rattache à celle des maîtres du clavecin français, italiens et allemands : mouvement uniforme des arpèges d'une extension limitée et qui se divisent entre les deux mains, mouvement qui se brise en envolées plus amples, occupant une zone plus vaste du clavier. Debussy y cite abondamment la chanson populaire « Nous n'irons plus au bois... ». Une émotion très pure, une subtile et pénétrante mélancolie que provoque un martèlement uniforme jaillissent de cette page qui atteint la perfection et n'est pas sans rappeler, par son esprit et par certaines particularités d'écriture, une de ses mélodies déjà ancienne (1888) : « Il pleure dans mon cœur » — v. *Ariettes oubliées* (*).

ESTELLE ET NÉMORIN. Roman pastoral de l'écrivain français Jean-Pierre Claris de Florian (1755-1794), publié en 1788. Les thèmes idylliques et délicats, que l'auteur avait fait apparaître dans son adaptation de la *Galatée* (*) de Cervantès, sont ici largement employés dans un conte de son invention. Estelle et Némorin sont deux jeunes pastoureaux qui, dans un lieu enchanteur plein de beautés et de grâces de la nature — sur les rives du Gardon, entre les hautes cimes des Cévennes —, grandissent ensemble, dans la familiarité du travail et de la vie quotidienne ; ils se rencontrent dans le pâturage, cueillent des fruits, s'attardent à la fontaine en de fréquentes conversations. Ainsi fleurit leur amour. Nous sommes à l'époque de Louis XII, et cet endroit, appelé la Belle Rive, inspire par lui-même les sentiments les plus tendres aux bergers et aux paysans. D'épisode en épisode se mêlent soupirs, ardeurs et autres témoignages du goût de l'auteur pour l'idylle pastorale, qu'il affectionnait particulièrement. Les deux amoureux devinrent vite populaires, un peu à la manière de *Paul et Virginie* (*), mais ici, il y a le charme d'une inspiration plus intime.

ESTHER (Livre d'). Livre de l'Ancien Testament — v. *La Bible* (*) —, dont l'auteur est inconnu, qui nous est parvenu en deux rédactions, l'une hébraïque commentée et paraphrasée en araméen, originale, et l'autre plus longue, grecque. Cette dernière est beaucoup plus répandue et fut insérée plus tard, presque sans changements, dans la *Vulgate*. Les dates de rédaction de l'original sont incertaines ; toutefois il paraît raisonnable de le situer vers le milieu du IIe siècle avant J.-C. Il faut replacer l'épisode qui y est évoqué sous le règne médo-persan de Xerxès Ier (486-465 av. J.-C.), Assuérus, pour le conteur. Esther avait remplacé, en qualité d'épouse, auprès d'Assuérus la reine Vasthi, répudiée. Une fois élevée à la dignité de reine, Esther cache ses origines juives. Cependant son oncle Mardochée, ayant découvert un complot contre le monarque et l'ayant dénoncé, obtient en guise de récompense d'avoir accès au palais royal. Pourtant le roi, poussé par les conseils perfides du premier ministre, le jaloux et ombrageux Aman, décrète l'extermination des Juifs (478). Esther, dès que son oncle l'a avertie, plaide auprès du roi la cause de ses propres concitoyens, bien que personne ne puisse, sous peine de mort, se présenter devant le roi sans avoir été appelé par lui. L'acte courageux d'Esther a comme résultat l'exécution d'Aman, qui subit le supplice préparé par lui pour Mardochée. Le peuple juif, resté à Babylone, est délivré des tracasseries et des violences que lui faisaient subir les païens nationalistes. Malgré certains détails exacts, cet épisode ne peut être considéré comme réellement historique : « L'apparence historique sert de cadre à la leçon religieuse [...] Dieu a le dernier mot. La garantie de sa sollicitude pour son peuple où qu'il soit, aussi bien dispersé parmi les nations étrangères que groupé en Terre sainte, se trouvait ainsi rappelée aux Juifs de la Dispersion » (André-Marie Gérard). Le livre d'*Esther*, dans la rédaction hébraïque, est le dernier des cinq livres qui étaient lus au cours de la fête des Tabernacles instituée pour commémorer les prodiges accomplis par le Seigneur dans le désert, après le passage miraculeux de la mer Rouge ; il fut toujours considéré comme authentique, tant par la Synagogue que par l'Église. – Trad. œcuménique, 1988.

★ Le théâtre de la Renaissance et celui du XVIIe siècle ont très souvent traité les épisodes saillants de l'Histoire sainte ; et par conséquent Esther est l'héroïne de plusieurs tragédies. En Italie, parmi les plus importantes, il faut mentionner *Esther* de Federigo della Valle (1560 ?-1628 ?), publiée à Milan, avec *Judith* (*), en 1627. La tradition biblique est suivie avec fidélité ; on y trouve l'attentat à la vie des Juifs et à celle du pieux Mardochée de la part du perfide Aman, ministre d'Assuérus ; l'intercession d'Esther, la belle reine juive, et la punition finale d'Aman. L'originalité et la valeur poétique de cette tragédie sont dues à la fine analyse psychologique grâce à laquelle Aman n'apparaît pas comme un méchant, mais plutôt comme un serviteur tellement fidèle et jaloux de sa charge et de son Seigneur qu'il en arrive à l'injustice et à sa propre perte. Esther est ici une douce silhouette féminine, pleine de compassion humaine, de détachement mélancolique et de mesure ; Assuérus apparaît sous les traits d'un despote oriental sensuel et capricieux.

★ En Espagne, il faut rappeler, de Félix Lope de Vega Carpio (1562-1635), *La Belle Esther* [*La Hermosa Ester*], composée en 1610.

★ Le siècle classique français a été illustré par les tragédies : *Aman*, d'Antoine de Montchrétien (1575-1621), représentée en 1601, et *Esther* de Pierre Du Ryer (1600-1658), représentée en 1642, connues peut-être toutes deux par Jean Racine. Les qualités en grande partie scéniques qui ornent la production variée de Du Ryer se font remarquer aussi dans *Esther*. Cette pièce continue ainsi à assurer la bonne renommée de son auteur, qui vécut à l'époque même de Corneille.

★ Mais celle qui dépasse toutes les autres, c'est la tragédie *Esther*, de l'auteur dramatique français Jean Racine (1639-1699), en trois actes et en vers, avec chœurs. Elle fut jouée à Saint-Cyr pour la première fois en 1689 par les pensionnaires du collège du même nom. On sait à quelles circonstances elle dut d'avoir vu le jour : Racine avait été prié par Mme de Maintenon, fondatrice de ce collège, de lui faire « quelque espèce de poème moral ou historique » susceptible d'être interprété par ses élèves. Autrement dit, un ouvrage d'édification qui fut en même temps un divertissement. Elle y mettait, il est vrai, une condition restrictive assez fâcheuse pour Racine : il fallait « que l'amour y fût entièrement banni ». D'abord, le poète avait donc fait la sourde oreille. Depuis l'affreuse querelle de *Phèdre* (*), c'est-à-dire bientôt douze ans, il avait renoncé au théâtre, pour se consacrer à sa charge d'historiographe et à sa vie familiale. Mais le moyen de ne pas répondre à la demande en question ? Force lui était bien de céder. Passant outre à l'avis de Boileau, Racine rouvrit donc la Bible et choisit le sujet d'Esther. Il y voyait l'occasion de réaliser un projet qu'il avait souvent caressé : « Lier le chœur avec l'action comme dans les anciennes tragédies grecques. » Telle fut la genèse de l'ouvrage. Donnons-en maintenant le canevas. L'action se déroule à Suse, en Perse. Le roi Assuérus a répudié son épouse Vasthi ; parmi toutes les jeunes filles qu'on lui présente, il choisit Esther, qui cache ses origines juives et devient ainsi reine. Au début du drame, Esther apprend, par son oncle Mardochée parvenu jusqu'à elle en secret, que le roi a ordonné l'extermination de tous les Juifs habitant la Perse. Il suit les conseils de son ministre, Aman, qui est furieux contre Mardochée parce que ce dernier, seul parmi ses sujets, refuse de lui rendre un hommage servile. Aman couve sa vengeance ; le roi, au cours d'une nuit sans sommeil, se fait lire les annales de son royaume et se rappelle ainsi les bienfaits de Mardochée, se souvenant notamment de la conjuration qui le menaçait et dont Mardochée l'a averti. Ne l'ayant pas encore récompensé pour cela, il décide de le faire maintenant. Il demande à Aman quelle peut être la plus haute récompense qu'un roi puisse octroyer à un loyal sujet ; l'ambitieux ministre, se croyant visé, conseille à Assuérus de le promener dans la ville, recouvert de pourpre, ceint d'un diadème, chevauchant un coursier royal. Assuérus alors ordonne qu'on accorde cet honneur à Mardochée. Esther demande au roi et à Aman de venir dîner à sa table. Cette invitation réconforte le ministre, atterré par le triomphe qu'il a lui-même contribué à offrir au Juif. Au cours d'un banquet, Esther révèle son origine, exalte la gloire du vrai Dieu, narre l'histoire du peuple juif, ses fautes et ses malheurs, et l'espoir que ce peuple a placé en la personne d'Assuérus, espoir qui vient d'être déçu à cause des calomnies d'Aman. Celui-ci implore Esther, mais le roi décide de l'envoyer à la potence (qu'Aman avait fait préparer pour Mardochée), en offrant à ce dernier la place de premier ministre. Les Juifs recouvrent leur entière liberté.

La tragédie débute par un prologue ; chaque acte s'achève par un chœur chanté par les jeunes filles juives qu'Esther garde cachées dans son palais. Il y a un autre chœur vers la moitié du IIe acte. La musique fut composée par Jean-Baptiste Moreau. Racine, en revenant au théâtre après douze ans, et après sa conversion, choisit un sujet religieux et en tire un spectacle pieux, et en même temps royal.

Les teintes trop vives et orientales de l'original biblique apparaissent ici atténuées ; la vision du massacre des ennemis des Juifs a été supprimée. La cruauté d'Aman est au contraire davantage soulignée ; Assuérus enfin est peint sous un aspect moins capricieux et moins féroce ; l'épilogue montre comment une ambition perfide est justement punie Il s'agit presque d'une tragédie politique, éclairée par le sourire d'Esther, imprégnée d'un tendre lyrisme religieux. Racine dans cet ouvrage se rapproche des Grecs par l'utilisation des chœurs et par la place accordée à la religion, qui est au centre du drame. Le profond réalisme psychologique des tragédies profanes de Racine y est néanmoins absent ; Dieu en effet guide lui-même toute l'action. La grâce d'Esther, sœur d'autres héroïnes douces et tendres, et le ton qui domine le drame sont des traits tout à fait raciniens.

★ Le Viennois Franz Grillparzer (1791-1872) esquissa, en 1863, un drame, *Esther*, qui demeura inachevé. Comme d'autres ouvrages de cet auteur, ce dernier accuse en partie l'influence de Lope de Vega. D'après les fragments qui nous en restent (le plus remarquable est un dialogue entre Assuérus et Esther), ce drame avait pour but de dénoncer, sous le voile des personnages bibliques, les ruines engendrées dans le cœur humain par la soif du pouvoir et du plaisir.

★ La musique pour les chœurs de la tragédie de Racine fut composée par Jean-Baptiste Moreau (1656-1733) ; tout en ne tranchant pas sur le goût de l'époque elle est élaborée avec habileté et use d'une orchestration, raffinée et moderne. Le chœur, « Ô rives du Jourdain », est une page qui peut être comparée aux plus nobles compositions des grands maîtres de ce siècle.

★ Parmi les nombreux opéras en musique du même titre, rappelons celui de Nikolaus Adam Strungh (1640-1700), représenté à Hambourg, vers 1679, et surtout celui de Georg Friederich Haendel (1685-1759), tragédie au véritable souffle biblique et qui est le premier « masque » de Haendel. Cet opéra fut exécuté à Londres, en 1720, dans une première version ayant comme titre *Hamman et Mordecai*. Remanié ensuite, il fut représenté sous le titre *Esther*, en 1732. Haendel toutefois y apporta quelques changements au cours des années 1734-1737.

★ Le récit d'Esther suscita aussi une riche iconographie : parmi les meilleurs tableaux, il faut rappeler ceux de Rembrandt (1606-1669), de Claude Lorrain (1600-1682), de Nicolas Poussin (1594-1665), de Paul Rubens (1577-1640), de Paolo Véronèse (1528-1588), du Tintoret (1512-1594).

ESTHER DE CARPENTRAS. Pièce de théâtre, sous-titrée « Le Carnaval hébraïque », de l'écrivain français Armand Lunel (1892-1977), publiée en 1926. Dans une introduction qui replace sa pièce dans le contexte de la communauté juive de Provence, d'où il est lui-même issu, Armand Lunel fait un historique de la fête des Pourim au cours de laquelle, en signe de joie, la légende biblique tirée du *Livre d'Esther* est improvisée par des comédiens amateurs. Après un prologue comique où deux Juifs viennent demander une audience au cardinal-évêque de Carpentras qui doit leur accorder sa protection, la représentation proprement dite commence. Lunel fait en sorte que tous les dialogues aient effectivement l'air d'être improvisés sur le moment, selon la fantaisie de l'interprète, à partir du canevas de l'épisode biblique dont il ne demeure d'ailleurs que les grands traits, car chacun en profite sur scène pour inventer des plaisanteries de son cru, plus en rapport avec la vie présente qu'avec l'histoire. Lorsque c'est au chœur d'intervenir, le pastiche biblique est souvent cocasse. À la fin du carnaval, le cardinal-évêque fait irruption au milieu des acteurs. L'homme du Nouveau Testament veut convertir les tenants de l'Ancien ; d'où, de part et d'autre, matière à répliques non dénuées d'humour. Mais, quand la pièce se termine, chacun s'en retourne de son côté, à son propre lieu de culte. *Esther de Carpentras* fait découvrir de façon très vivante cette communauté juive de Carpentras qui fut pour Armand Lunel une source d'inspiration constante.

J.-É. M.

ESTHER ÉGETÖ [*Égetö Eszter*]. Roman de l'écrivain hongrois László Németh (1901-1975), publié en 1956. Le personnage principal est une femme, Esther Égetö. À travers sa vie, l'auteur nous présente la société hongroise de la première moitié du XXe siècle. Au début du roman, Esther a cinq ans. Elle vit chez ses grands-parents, dans une petite ville de province. Sa mère meurt de la tuberculose, son père la délaisse. Pendant des années, sa seule distraction consistera à bavarder, tous les après-midi, avec ses deux amies. Les deux jeunes filles ont un frère qui s'éprend d'Esther et lui demande de l'épouser. Sans l'aimer véritablement, Esther éprouve une vive sympathie pour le jeune homme et, comme il ne se trouve personne pour la conseiller, elle accepte la demande en mariage. Avec son mari, pharmacien, elle s'établit alors dans un village perdu où elle ne tarde pas à accoucher d'un garçon, qui reçoit le prénom de son père, József. Elle commence à s'attacher au village, mais son mari, d'un caractère inquiet, refuse d'y rester. Après la mort des grands-parents d'Esther, son mari fait vendre les propriétés héritées par sa femme et achète une pharmacie dans une grande ville de province. La pharmacie prospère, et József (le mari) fait construire une maison. Surviennent la naissance d'un second fils, Lörinc, puis celle d'une fille. Esther se consacre uniquement à son ménage et à l'éducation de ses enfants. Mais la chance ne sourit pas à son mari ; il doit vendre la pharmacie et la famille retourne dans la ville natale d'Esther. Entre les deux époux, les liens sentimentaux se relâchent de plus en plus : Esther reporte toute son affection sur son fils aîné, un garçon intelligent et perspicace. La Seconde Guerre mondiale achève de désagréger la famille. Le mari, le fils cadet et la fille s'enfuient à l'étranger, mais le fils aîné reste à Budapest, et se marie. Sa femme confie leur bébé à Esther, qui décide de se consacrer à l'éducation de sa petite-fille. Esther appartient à cette catégorie de femmes pour qui le bonheur consiste à se dévouer. Jeune fille, elle essaie de comprendre les idées d'urbanisation de son père ; jeune femme, elle s'intéresse aux innovations techniques de son mari ; plus tard, elle suit les ambitions politiques de son fils. Son père est ruiné par ses concurrents, son mari se détache d'elle, son fils va en prison. Comme la plupart des romans de Németh, *Esther Égetö* est avant tout un roman psychologique. Les états d'âme des personnages, les motifs de leur conduite sont analysés avec une abondance de détails qui ne surcharge absolument pas l'œuvre, en raison, sans doute, du langage riche, original et imagé de l'auteur. Németh excelle dans l'art de créer une atmosphère : celle d'*Esther Égetö* évoque tout particulièrement « l'intelligentsia » et les classes moyennes de la province hongroise.

ESTHER WATERS [*Esther Waters*]. Roman de l'écrivain irlandais George Moore (1852-1933), publié à Londres en 1894 ; à ce moment, l'auteur revenait de Paris où il s'était initié aux doctrines de l'école naturaliste. L'héroïne du roman, Esther Waters, est une servante ; au cours du récit, nous assisterons à la suite interminable de malheurs qui vont frapper cet être honnête, obstiné et profondément attaché à ses principes religieux, depuis la mort de son père jusqu'à la tragique fin de son mari. Sa vie misérable est celle de maintes créatures obscures et simples : son père mort, elle se voit contrainte par son beau-père de quitter sa mère et son foyer pour chercher de l'ouvrage loin de sa province natale. C'est dans une riche maison qu'elle fait ses premières expériences humiliantes ; parmi les domestiques, elle rencontre un jeune homme, William, qui, après l'avoir séduite par de belles déclarations d'amour, l'abandonne pour une autre femme. Esther, enceinte, est congédiée. Alors commence sa tragique odyssée, de la maison familiale à la maternité où elle donne le jour à un garçon ; de là à l'hospice où elle doit se réfugier avec son enfant, puis de maison en maison, de service en service ; elle endure tout : humiliations, fatigue, afin de gagner ce qu'il lui faut pour élever son fils. Elle entre au service d'une vieille fille d'âge mûr, Mlle Rice, qui a pour elle compassion et sympathie. Là, Esther rencontre un jeune commis qui tombe amoureux d'elle : c'est un homme simple, très religieux, appartenant à la même secte évangélique ; il la ramène à la pratique de la méditation, à la paix de l'âme, à cette foi qui avait marqué sa jeunesse. Esther est décidée à épouser Fred, mais voici que reparaît celui qu'elle n'a jamais pu oublier, William, et c'est ce dernier qui devient son époux. Et quand William, ayant dilapidé tout son bien au jeu, meurt de phtisie, elle retourne dans cette maison où elle avait servi jadis et continue sereinement son existence dans l'adoration de celui qui est resté son unique joie : son fils.

L'influence de l'école naturaliste est évidente dans ce roman, tant par le choix du sujet que par la manière dont il est traité. Il est presque directement inspiré de la *Germinie Lacerteux* (*) des frères Goncourt dont l'héroïne est également une servante. La part importante réservée au sentiment religieux, d'un caractère naïf et spontané, a été attribuée à l'influence de Pater, qui fut le maître de Moore dans son idéal de l'art pour l'art. Ce qu'il y a de délicieux, ce sont les descriptions, les paysages limpides, clairs, et les scènes de la vie anglaise : le Derby, les faubourgs de Londres, le bal des domestiques aux Shoreham Gardens. Ils rendent ce livre aussi typiquement anglais que le *Don Quichotte* (*) est espagnol. — Trad. Éditions du siècle, 1933.

ESTHÉTIQUE de Hegel [*Vorlesungen über die Aesthetik*]. Ouvrage du philosophe allemand Georg Wilhelm Friedrich Hegel (1770-1831), contenant les leçons faites par le grand philosophe allemand à l'université de Berlin et rassemblées par H. G. Hotho dans le volume des *Œuvres* de Hegel (Berlin, 1832). Réédité dans la *Jubiläumausgabe* de 1927-1929, l'ouvrage fut revu sur la base d'autres manuscrits, dans l'édition critique publiée par Lapon (Leipzig, 1931, le premier volume seulement, « Die Idee und das Ideal »). Dès l'Introduction, Hegel définit l'esthétique comme la théorie philosophique du beau et, sur le plan concret, de l'art. Elle ne prétend pas donner des préceptes et des règles à l'art, mais saisir, tels qu'ils nous sont offerts, les moments constitutifs de la beauté et de l'art. Cette position philosophique a certes des précédents dans la critique et dans les traités, et également, sur un plan plus élevé, dans le fait qu'étant parvenu à dégager empiriquement, grâce à une expérience concrète, les moments de la conception artistique, on peut considérer l'art comme un produit de la « technè » humaine, déterminé en fonction de la contemplation sensible et du plaisir qui en découle et qui a sa finalité propre, indépendante des buts pratiques. Mais ces moments, pour être définis selon une vérité à la faveur de laquelle ils trouveront leur coordination, doivent être rassemblés en une synthèse spéculative qui les ramène à un principe unique. Cette nécessité, qui s'est imposée pour la première fois d'une manière systématique avec Kant, est devenue évidente dans la culture et même dans l'art, grâce à Winckelmann, à Schiller et aux romantiques, pour arriver enfin à une définition philosophique dans les œuvres de Schelling et de Solger. L'esthétique hégélienne, qui cherche à éclairer et à coordonner cet effort vers une esthétique philosophique, se greffe naturellement sur l'ensemble du système.

Le degré le plus élevé de la vie spirituelle, que Hegel définit « Esprit absolu », est celui dans lequel l'esprit devient conscience de l'idéalité du réel, de l'immanence de l'Idée ou de la raison absolue en tout, conscience qui coïncide, ou plutôt est l'acte même de l'Autoconscience, dans laquelle l'Absolu, retournant en lui-même, est éternellement présent dans la dispersion illimitée de la vie. Les trois formes de l'Esprit absolu, par lesquelles l'humanité s'élève vraiment au divin et l'expérimente en lui, sont l'art, la religion et la philosophie. L'art est la révélation de l'absolu sous sa forme intuitive, pure apparition, idéalité qui transparaît au travers du réel tout en restant toujours idéalité en face de l'objectivité du monde éthique humain. Dans la religion, au contraire, la révélation s'effectue sous forme de représentation, se concrétise, revêt une objectivité qui se manifeste par les mythes ; de ce point de vue, elle est transcendante au monde de la nature et de l'esprit. Ce dualisme que l'expérience religieuse tend à résoudre dans ses formes les plus élevées se résout pleinement dans la philosophie : ici, l'absolu se révèle dans la forme de la pensée, qui est la forme de sa propre réalité ; il se montre tel qu'il est : raison éternelle qui circule comme la vie à travers toutes les formes du réel et les unit en elle. Cette ordonnance systématique des moments de l'Esprit absolu détermine, d'une part la tonalité religieuse de toute cette sphère, de l'autre la prédominance du moment théorique sur les autres. Et il en est de même pour ce qui regarde le domaine esthétique.

Hegel affirme, en effet, que « l'art atteint son but suprême quand, avec la religion et la philosophie, il rend conscient et exprime le divin, les intérêts les plus profonds de l'homme, les plus vastes vérités de l'esprit », mais que, pour cette raison, « l'art, loin d'être la forme la plus haute de l'Esprit, n'arrive à sa perfection que dans la science ». C'est pourquoi Hegel s'attache surtout au contenu spirituel de l'art : « Dans les œuvres d'art, les peuples ont exprimé leurs intuitions et les aspects de leur vie les plus riches et les plus profonds. » De là, l'intérêt porté au contenu dans l'esthétique de Hegel et, dans les développements de celle-ci, aux aspects religieux, éthiques, politiques, comme moments essentiels de l'esthéticité même. Si cela va à l'encontre du principe déjà posé par Kant de l'autonomie du fait esthétique — principe qui est le fondement essentiel d'une esthétique spéculative —, Hegel y trouve l'occasion de développer sa phénoménologie complexe de l'art, dans ses rapports avec la culture et dans ses relations avec les autres domaines de l'esprit.

L'esthétique, comme nous l'avons dit, a pour premier objet la beauté, non comme valeur abstraite, mais comme principe déterminant la structure de la sphère esthétique, sa tension interne, l'ensemble de ses problèmes, son mouvement. Or — et ceci forme l'objet de la première partie de l'*Esthétique* — le beau est la manifestation sensible de l'idée, de l'idée non comme abstrait universel, mais comme abstrait qui contient en lui-même et anime le détail, comme une idéalité concrète du réel, comme sa vie et sa vérité vivante s'affirmant dans le sensible et, à travers lui, émouvant et exaltant les êtres animaux. Cette révélation sensible de l'idée transparaît déjà dans l'expérience naturelle, mais comme quelque chose d'accidentel, d'intrinsèque au processus même de la nature, de sorte que le beau naturel est une simple allusion, un pressentiment destiné à disparaître. La beauté trouve sa véritable réalisation dans la sphère de l'art, qui est le royaume de l'« idéal », pour autant que, par « idéal », on entende non l'idée qui apparaît, mais la forme sensible dans laquelle elle apparaît en toute sa pureté, débarrassée du jeu de la nécessité et de l'accident qui domine l'expérience naturelle, et équilibrée selon une loi interne individuelle. L'art n'est donc pas imitation de la nature, mais, au contraire, création d'un monde idéal qui a son fondement dans le sensible, mais où les formes sensibles, devenant actualité de l'idée, acquièrent une âme et une harmonie propres. Ce concept de l'idéal permet à Hegel d'étudier en lui-même le moment formel de l'œuvre d'art, d'analyser sa structure, ses rapports personnels et sociaux ainsi que la nature créatrice de l'artiste. Chez celui-ci, le génie n'est jamais puissance d'expression du sujet en tant que tel, mais faculté d'idéalisation intuitive du réel donnant à elle-même sa propre expression concrète, sous une forme significative pour chaque sujet particulier, pour autant que ce dernier atteint une certaine liberté spirituelle.

La seconde partie de l'*Esthétique* est consacrée par Hegel à déterminer les moments essentiels de l'art, lesquels constituent également le principe des périodes historiques de son développement. L'art considéré dans l'universalité de sa sphère est, d'une part, le fait de se poser le problème du rapport entre idée et forme sensible : lorsque ce rapport n'atteint pas l'équilibre définitif de l'idéal artistique, c'est le moment symboliste de l'art. Mais l'art, d'autre part, est l'acte même de l'idéal, l'unité concrète et vivante des deux extrêmes atteinte sous un aspect fini et déterminé : c'est le moment du classicisme de l'art. Enfin le rapport dialectique de ces deux moments trouve son expression, lorsque l'infini de l'idée ne peut atteindre son actualité que dans l'infini de l'intuition, dans cette mobilité qui lui est propre et qui, à chaque instant, attaque et dissout toute forme concrète : c'est alors le moment du romantisme de l'art. Ces trois moments de l'art déterminent aussi trois périodes historiques – période orientale, période grecque et période moderne –, en ce sens qu'en chacune d'elles prend forme une synthèse de culture typique, et que s'y expriment et se caractérisent la structure et le développement de l'art. En outre – et c'est l'objet de la troisième partie de l'*Esthétique* –, de la dialectique même de ces trois moments Hegel déduit les différents arts particuliers. L'architecture correspond au moment symbolique, la sculpture au moment classique, la peinture, la musique et la poésie au moment romantique. À son tour, la poésie se subdivise en différents aspects : l'aspect plastique et pictural de la poésie épique, l'aspect suggestif et musical de la poésie lyrique, aspects qui trouvent leur synthèse dans le drame.

Si l'on excepte l'armature rigide de cette œuvre et les schémas dialectiques, qui en constituent la partie périssable, l'*Esthétique* de Hegel contient une somme d'expériences et d'analyses des plus précieuses : l'auteur y fait preuve d'un sens subtil de la complexité du phénomène artistique et ne méconnaît jamais la variété des structures phénoménologiques à travers lesquelles il se manifeste et par lesquelles il entre en contact avec les formes les plus diverses du monde spirituel. L'*Esthétique* de Hegel eut une influence, non seulement sur l'école qui découle directement de lui et de ses épigones, comme F. Th. Vischer et M. Schasler, mais elle fut encore à la source des controverses qui opposèrent ceux-ci aux formalistes, disciples de Herbart. L'œuvre reste, aujourd'hui encore, une mine fort riche d'observations et d'idées, de notations critiques ou dialectiques que les recherches faites par la suite ont été bien loin d'épuiser. – Trad. Aubier, 1944 ; Flammarion, 1979 ; P.U.F., 1988.

ESTHÉTIQUE de Schiller [*Aesthetische Schriften*]. Aux années consacrées par le poète et dramaturge allemand Johann Christoph Friedrich von Schiller (1759-1805) à l'histoire succéda, entre 1791 et 1795, une période d'intense activité philosophique, période de recueillement et de méditations dont la personnalité du poète devait sortir enrichie. Après une époque d'inquiétude et d'angoisse – Schiller doutait, alors, des possibilités de son art – allaient s'ouvrir pour lui les portes d'un domaine de sereine clarté ; ayant entrevu la solution du problème esthétique, il retrouva, en même temps que la confiance en lui-même, la foi en la poésie. Cette période fut marquée tout d'abord par une étude approfondie de la philosophie de Kant, dont Schiller fut un disciple fervent, car elle n'était pas sans éveiller en lui certaines affinités spirituelles : dans la philosophie kantienne, il devait trouver, en effet, l'affirmation et la justification de son propre idéal éthique ; il n'eut plus qu'à le transposer dans le domaine de l'art. De la valeur objective du beau, il conclut naturellement à la valeur objective du bien et, au-delà du dualisme kantien entre le devoir et l'instinct, il reconnut dans le phénomène esthétique de l'art pur l'accord parfait entre l'esprit et les sens, entre l'idéal et la nature. De là naquirent ces essais sur l'esthétique, si importants pour la compréhension de l'art du poète. Sa pensée s'y ordonne systématiquement, selon la méthode de l'expérience kantienne, c'est-à-dire par déduction purement abstraite des principes de la raison. La ligne générale de ces essais est la suivante : Schiller part de la doctrine du « tragique » et avance, en passant par la doctrine du « beau », vers celle du « sublime », à laquelle il allie la notion de « pathétique ». Les deux formes supérieures de la beauté et du sublime sont la « grâce » et la « dignité ». La fusion de ces deux conceptions constitue l'idéal humain. Le développement d'un tel idéal est assuré par l'« éducation esthétique de l'homme ». La manifestation de l'idéal esthétique est « la poésie : ingénue et sentimentale ».

Les deux premiers essais qu'écrivit Schiller sont le fruit d'un cycle de conférences qui eut lieu à Iéna en 1791 : *De la cause du plaisir que nous prenons aux objets tragiques* [*Über den Grund des Vergnügens an tragischen Gegenständen,* 1791], *De l'art tragique* [*Über die tragischen Kunst,* 1792]. Le thème de toute tragédie est l'éternel conflit entre les deux modes kantiens, le sensible et l'intelligible, entre la passion et le devoir dans l'âme humaine. Le but de la tragédie est d'élever notre esprit, et la joie que nous éprouvons alors naît indirectement du désespoir. En effet, si celui-ci vient de ce que nous ressentons combien notre impuissance est grande devant toute représentation de la douleur et combien cette dernière nous menace, le plaisir, par contre, naît du sentiment de notre supériorité spirituelle, grâce auquel « nous assujettissons spirituellement à nous-mêmes tout ce à quoi nos forces sensibles sont soumises ». L'élévation que provoque en nous toute idée sublime n'est pas autre chose que la conscience complaisante de notre liberté métaphysique. Dans la tragédie, la raison de notre plaisir tient au fait que voir un être humain « souffrir profondément en tant qu'être sensible », mais « avec tout le courage d'un être doué d'esprit », rétablit en nous la sensation de la liberté morale et, par le fait même, nous stimule et nous fortifie pour les luttes que nous aurons à mener dans la vie.

Dans les lettres à Christian Gottfried Körner, de janvier et février 1792, qui furent appelées : *Kalliasbriefe,* parce qu'elles contenaient l'ébauche d'un ouvrage qui d'ailleurs ne fut jamais écrit et que Schiller voulait intituler *Kallias ou la Beauté*, Schiller envisage les manifestations de la beauté dans les phénomènes de la nature. L'auteur définit la beauté comme « liberté dans le phénomène », ou tout au moins apparence de liberté, puisque, selon Kant, il n'existe pas de liberté réelle dans le monde des phénomènes. Moralité et beauté sont des idées analogues dans la mesure où elles ont la liberté pour commune mesure. Dans le premier cas, il s'agit de la liberté de la raison, dans le second de la liberté de la nature. Appliquant l'idée de beauté à la nature humaine, on peut dire qu'un caractère est beau seulement lorsque « le devoir est devenu pour lui naturel ». Mais la nature de l'homme étant double, sensible et intelligible, c'est seulement lorsque les deux natures s'harmonisent parfaitement en lui qu'il possède la beauté ; sa liberté morale a alors le caractère de la liberté naturelle.

Schiller devait développer cette théorie de la beauté dans plusieurs essais ultérieurs : *Du sublime, Du pathétique, de la grâce et de la dignité ;* ils furent publiés par l'auteur dans sa revue dramatique *Thalie,* en 1793. *Du sublime* [*Über des Erhabene*] part du principe que seul l'homme moral est libre. La nature nous a donné comme compagnons dans notre vie deux génies : le sentiment du beau et le sentiment du sublime. Le beau signifie déjà liberté, aussi longtemps que les instincts sensibles coïncident avec les lois de la nature. Dans le sublime, par contre, nous nous sentons libres parce que les instincts n'ont pas d'influence sur les lois de la raison, et que seul l'esprit agit comme s'il n'avait d'autre loi que la sienne. Le « caractère beau » conserve, même dans le malheur, ses merveilleuses qualités ; en effet, ayant une capacité morale non assujettie à la nature, il est toujours égal à lui-même et, pour cette raison, possède déjà intérieurement toute grandeur, sans jamais avoir à faire d'effort pour l'atteindre. Le « caractère sublime », par contre, peut s'élever par sa force morale au-dessus de toute limite, mais au prix d'un effort et d'une tension momentanée. L'idéal suprême auquel nous aspirons est de rester en harmonie avec le monde physique, gardien de notre bonheur, sans pour cela être contraints de rompre avec le monde moral, que notre dignité détermine. Mais il y a des cas où le destin bouleverse toutes les choses sur lesquelles se fonde notre sécurité morale. Il ne reste pas d'autre moyen à l'homme que de se réfugier dans la liberté sainte de l'esprit ; alors, pour apaiser en nous l'instinct vital, il n'est que de « vouloir le destin » et, pour résister à la puissance de la nature sensible, que de « se libérer du corps » par un sublime élan moral.

Vient ensuite l'essai *Du pathétique* [*Über das Pathetische*] : ici, le malheur est artificiel, seulement imaginé, aussi l'âme peut-elle garder son indépendance absolue. Si l'homme s'exerce dans le pathétique (et cela advient dans l'étude de la tragédie), il saura aussi transformer la douleur réelle en une émotion sublime. Le pathétique est alors comme l'empreinte d'un inéluctable destin « à la faveur duquel il sera dépouillé de sa méchanceté ». La tragédie, en nous présentant les images pathétiques de la douleur et de la lutte humaine contre le destin, nous accorde une aide précieuse pour la vie réelle. Il ne faut plus alors chercher la signification de la tragédie dans le plaisir que l'on prend au sujet sublime, mais dans la purification spirituelle. Car c'est à elle aussi que tend le plaisir, qui demeure la première loi du poète ; et, du même coup, cette joie revêt une ultime signification humaine, puisqu'elle élève le phénomène esthétique à une sphère religieuse.

Dans l'essai *De la grâce et de la dignité* [*Über Anmunt und Würde*], les concepts du beau et du sublime reçoivent un développement encore plus ample. C'est d'ailleurs ici que, pour la première fois, fut théoriquement reconnu et défini, face à l'idéalisme rationnel et au rigorisme de l'éthique kantienne, l'idéal classique de la vie. Pour Kant, l'homme moral doit sacrifier ses sentiments, obéissant à l'impératif catégorique du devoir. Pour Schiller, bien que ce principe demeure vrai, il est des cas où l'homme pourtant n'agit pas immoralement, même lorsque son devoir s'harmonise avec son sentiment. Au contraire, cette harmonie entre la loi et la volonté, entre l'esprit et les sens, est une perfection morale. L'âme, grâce à une telle harmonie, obéit avec joie à la raison (elle a en elle cette beauté que Schiller nomme « grâce » et qui est aussi liberté) aussi longtemps que l'instinct sensible, ne subissant pas de contrainte, s'harmonise spontanément avec la loi intelligible. Dans cette « belle âme », ne sont pas seulement morales les actions particulières, mais encore tout le caractère. L'harmonie pourtant est un idéal toujours menacé par la force des sens, force à laquelle l'homme doit opposer celle de la raison. Dans une pareille lutte, la belle âme devient « sublime ». Cette affirmation de la force morale est appelée « dignité » par Schiller. Grâce et dignité, beauté et sublime ne sont plus, en ce cas, des termes opposés, mais le reflet d'un même idéal de caractère : ils peuvent coexister. C'est seulement à ce moment que « l'expression de l'humanité dans un seul être est parfaite, justifiée dans le monde de l'esprit et dans celui du phénomène ». La formation de cet idéal humain et sa manifestation esthétique dans la poésie furent l'objet de deux essais plus importants : *Lettres sur l'éducation esthétique de l'homme* (*) et *De la poésie naïve et sentimentale* (*). — Trad. *Œuvres de Schiller,* Hachette, 1880-1910.

ESTHÉTIQUE COMME SCIENCE DE L'EXPRESSION ET LINGUISTIQUE GÉNÉRALE (L') [*Estetica come scienza dell' espressione e linguistica generale. Teoria e storia*]. Œuvre du philosophe et historien italien Benedetto Croce (1866-1952), publiée pour la première fois en 1902. L'objet de la philosophie est l'esprit dans son unité concrète, qui est activité et développement ; unité qui, précisément parce qu'elle n'est pas statique, mais dynamique, se présente sous des aspects distincts, ou moments, à travers lesquels il convient d'étudier quelles sont les formes originelles nettement distinctes pourtant dans leur connexion et dans leur rapport avec l'unité. De telles formes se présentent à nous dans une première distinction entre théorie et pratique. Chacune de celles-ci présente une distinction ultérieure. L'activité théorique est intuitive, en tant qu'activité imaginative et expressive ; elle est logique en tant qu'activité productive de concepts. La première forme de connaissance est, d'une façon caractéristique, individuelle ; la seconde présuppose la connaissance intuitive, et, en se développant d'elle-même, forme l'universalité du concept. L'activité pratique est une volonté tendant à un but ; elle suppose donc la connaissance antérieure du but et survient comme le moment qui « succède » (en un sens qui n'est pas chronologique) à l'activité théorique. Dans l'activité pratique, nous distinguons deux points de vue : l'économique, dans lequel la volonté se place individuellement comme tendant au plaisir et à l'utile ; l'éthique, dans lequel la volonté se place comme loi universelle, comme valeur morale. La philosophie de l'esprit devra donc étudier les caractères particuliers propres à chacune des formes de l'activité spirituelle, et elle se divisera en Esthétique, Logique, Économie, Éthique.

La partie consacrée à l'Esthétique constitue donc la première partie de l'ouvrage de Croce sur la « Philosophie de l'esprit ». La tâche de l'Esthétique est de rechercher la forme de la connaissance intuitive, distincte de la connaissance logique et indépendante de la pratique. L'intuition est la connaissance individuelle des choses particulières ; c'est la connaissance imaginative, productrice d'images. Elle ne se réduit pas à la sensation, dans la mesure où celle-ci, en tant que pure sensation, n'est pas encore la connaissance : la sensation constitue la « matière » dont l'intuition est la « forme ». La nature caractéristique de l'intuition est dans l'expression : intuition et expression ne sont qu'un. L'acte intuitif expressif est l'art, compris dans un sens large. L'activité artistique est donc un moment nécessaire dans le développement de l'esprit : tout homme est artiste dans la mesure où il manifeste son propre monde individuel d'images et d'expressions, dans sa singularité immédiate. Il est vrai qu'il y a d'infinies diversités dans cette manifestation : l'expression de ce que nous appelons, au sens propre, un artiste paraît bien différente de celle de l'homme ordinaire ; mais la différence est quantitative ou extensive, non qualitative. Nous appelons génie artistique cette richesse et cette clarté d'intuition, cette perfection d'images que seulement de rares hommes possèdent ; mais l'expression du génie, comme celle de l'homme ordinaire, est la manifestation extérieure d'un état d'âme.

L'art est pure forme ; c'est l'acte par lequel la matière obscure de la sensation devient expression spirituelle ; l'art, en élaborant les impressions, s'en libère. L'art est acte unitaire, synthèse indivisible d'impression et d'expression ; en lui ne peuvent se distinguer comme éléments séparés un contenu et une forme. Sa perfection est l'unité : l'imperfection provient du contraste non unifié de divers états d'âme. Ainsi, ce que nous appelons le beau est la valeur de l'expression, l'expression elle-même réussie ; le laid, l'absence ou la déficience de l'expression, l'expression manquée. La faculté de faire œuvre expressive, faculté qui nous incite à la production du beau physique, implique un élément pratique : la volonté de fixer certaines visions de telle sorte qu'elles ne soient pas perdues. De là est née une technique de la manifestation extérieure, qui a fait parler, à tort, de moyens de l'expression intérieure et de théories esthétiques des arts particuliers. Le jugement esthétique s'identifie avec la reproduction esthétique ; celui qui juge se place au point de vue de l'artiste, et l'activité de celui qui juge s'identifie avec l'activité productrice, le goût avec le génie. C'est pourquoi le travail qui consiste à reconstituer les conditions dans lesquelles s'est produite la création artistique a son importance ; partant de là, il en va de même pour l'interprétation et la reconstitution historique. C'est pourquoi l'histoire de l'art et de la littérature, puisqu'elle a pour objet principal les œuvres d'art elles-mêmes, demande à la fois du goût et une capacité de représentation historique. Or le concept de l'histoire implique un progrès : y a-t-il progrès dans l'art ? L'art étant intuition, l'intuition individualité, et l'individualité ne se répétant pas, il y aura seulement histoire dans le cycle d'un contenu ou d'une matière qui constitue un objet d'expression artistique.

La seconde partie de l'œuvre est une histoire des idées esthétiques depuis l'Antiquité gréco-romaine jusqu'à nos jours. Cette seconde partie sert à illustrer la première, et à son tour elle est conduite et soutenue, en quelque sorte, par elle. Si, dans la première édition de 1902, une telle revue historique avait un but « moins historique que polémique et, volontiers, se colorait de satire », dans les éditions successives de 1907 et de 1921 se révèle le sens « d'une plus grande justice vis-à-vis des penseurs précédents ». Ainsi se fait jour, de plus en plus nettement, l'idée suivant laquelle « l'histoire de la philosophie (et de l'Esthétique en tant que philosophie) ne peut être traitée comme l'histoire d'un problème unique... », mais d'une multitude de problèmes particuliers et toujours nouveaux, peu à peu résolus, et toujours féconds en aspects imprévus et divers. De cette préoccupation est née l'addition du long chapitre XIX, dans l'édition de 1931, sur l'histoire des doctrines particulières. *L'Esthétique* de Croce a eu une influence décisive sur les discussions relatives à la philosophie de l'art, qu'elle a ranimées et, pour une très grande part, contribué à déterminer : elle a influé aussi sur la critique, particulièrement dans le domaine de la littérature, en exerçant une action dominante durant tout le premier quart du siècle. — Trad. Giard et Brière, 1904.

ESTHÉTIQUE DE LA GRÂCE (L'). Œuvre en deux volumes du philosophe français Raymond Bayer (1898-1960), publiée à Paris en 1923. Au début, Bayer se pose le problème du « gracieux » (au sens de : qui a la grâce), de ses origines et de son fondement. Dans Platon déjà, et ensuite jusqu'aux néo-platoniciens, le problème de la « charis » (grâce) apparaît comme le problème de l'amour et de la liberté. La « charis » n'est pas compatible avec la nécessité ; si, chez Empédocle, l'amour unit les dissemblables, la « charis » sera l'accord du multiple, mais un accord qui, à la symétrie rigide, ajoute un « je-ne-sais-quoi », une sorte de superflu, de gratuité, qui invite celui qui le contemple à rêver « plus outre » ; dans la dialectique d'un beau toujours plus inatteignable, la « charis » est le ressort de l'évolution, le signe du niveau supérieur auquel on aspire et que l'on n'atteint pas. Mais Bayer n'en est pas moins un réaliste, et à cet égard sa méthodologie s'apparente à celle de Focillon ou de Souriau : s'il est vrai que la grâce se meut dans la sphère de la surabondance, pour sa part c'est en termes de structures objectives qu'il doit chercher à fonder sa catégorie. Trouvant les indications les plus précises à cet égard chez les philosophes empiristes et positivistes, Bayer accepte d'abord la définition spencérienne selon laquelle la grâce serait un cas particulier de la mécanique animale. Il poursuit par l'analyse des structures de la vie psychique, dans laquelle la grâce se manifeste quand l'acte volontaire paraît s'accomplir de lui-même, quand, dans la vie morale elle-même, toutes les restrictions et limites semblent tomber et que le geste se réalise sans le moindre souci de normes paralysantes. De même, la grâce se manifeste aussi dans les formes artistiques. Par exemple l'architecture soulève le problème de savoir comment il peut y avoir une grâce de la statique ; et il se résout à travers ce que Bayer nomme : « l'éviction des masses ». On trouve de nombreuses et suggestives remarques à propos de la peinture : ici aussi, le « gracieux » se réalise par la suggestion du mouvement, par la prédominance de la lumière et de ses nuances, par l'oscillation entre le « flou » et le précis ; Fra Angelico, Masolino de Panicale, Botticelli ont la grâce, mais non Masaccio ni Verrocchio. L'insistance sur le « gracieux » comme caractéristique d'un art mineur, remarque déjà faite à propos de l'architecture, se retrouve dans la longue analyse consacrée par Bayer à la poésie ; ici, il circonscrit le domaine du « gracieux » dans l'idylle, le lyrisme, l'élégie, et des expressions comme : poésie fugitive, sentiment de l'éphémère, « brièveté d'élan des mots qui ne sortent du silence que pour y retourner », rêve idyllique de la vie, reviennent sans cesse dans cette partie. C'est avec une égale subtilité que Bayer procède à l'analyse de la musique. Ici, la grâce semble se manifester, s'exercer dans la décadence des temps forts, l'« affaiblissement des contrastes et le rythme ternaire ». Dans cette direction, on comprend quelle masse d'observations fournit l'examen de la danse, où « le caprice s'érige en nécessité ». Toutes ces analyses de structures aboutissent à une définition finale du « gracieux » en termes de structure : la grâce se trouve chaque fois dans un jeu d'équilibres (et c'est dans un jeu d'équilibres que consiste en fin de compte le résultat de l'art), où se manifestent des « aspects de surabondance ». Les retrouver, les préciser, les réunir sous la catégorie commune du « gracieux » et en même temps les caractériser et les décrire en les justifiant dans leur réussite, telle est la tâche de l'esthétique ; c'est son domaine propre, distinct de celui du critique et de celui du philosophe. Ce faisant, Bayer se rattache à une tradition de la culture française, pour laquelle l'« esthéticien » est bien moins un philosophe qui réfléchit sur les termes généraux du phénomène artistique qu'un homme qui en analyse les structures concrètes ; il n'est pas davantage le critique qui les juge, mais celui qui les étudie scientifiquement, parfois à la lumière de disciplines complémentaires comme la psychologie, la sociologie, la stylistique.

ESTHÉTIQUE ET HISTOIRE DANS LES ARTS VISUELS [*Æsthetics and History in the Visual Arts*]. Essai du critique d'art américain Bernard Berenson (1865-1959), publié en 1948. Riche de l'expérience d'une vie consacrée à l'étude de l'histoire de l'art, cet ouvrage est une méditation sur la valeur, la signification et l'attrait de l'œuvre picturale, sa part dans la culture et surtout dans la formation d'une humanité qui construise enfin la cité de l'harmonie. C'est donc en humaniste que Berenson analyse la succession des styles et des formes et l'exaltation que nous procure, dans un tableau, cette « réalité intensifiée jusqu'au sentiment de l'éternité ». Ne séparant jamais le point de vue éthique du point de vue esthétique, il élabore dans cette étude — qui devait servir d'introduction à une théorie de l'histoire de l'art non écrite — une définition de l'élan créateur, qui est une profession de foi dans le destin supérieur de la nature humaine. — Trad. Albin Michel, 1952.

ESTHÉTIQUE ET THÉORIE DU ROMAN [*Voprosy literatury i estetiki*]. Recueil d'essais du philosophe et théoricien russe de la littérature Mikhaïl Bakhtine (1895-1975), publié en 1975. Comme dans ses travaux antérieurs, notamment celui consacré à Dostoïevski, Bakhtine s'insurge contre les recherches littéraires de son temps qui, au nom d'un positivisme obstiné, privent l'art verbal des « perceptions idéologiques concrètes » qui l'imprégnent. C'est, une fois de plus, la poétique formaliste qui devient la cible privilégiée des critiques de l'auteur. Les formalistes se contentaient, d'après Bakhtine, de traiter l'œuvre littéraire comme une combinaison de matériaux (sons, mots, phrases, rythmes, etc.). Réduite à une simple masse verbale, la littérature ne peut nous apparaître qu'en tant qu'« ordonnance purement extérieure, sans élément axiologique ». Bakhtine, qui pense que tout phénomène culturel se caractérise par une « autonomie participante » (« l'œuvre est vivante et signifiante [...] dans un monde vivant et signifiant »), milite pour une méthode d'investigation esthétique qui se donne pour tâche de restituer la vie, telle qu'elle est intériorisée dans une œuvre d'art. C'est dans cette vie, à la fois fictive et réelle, que l'essayiste reconnaît la signification artistique ou le « contenu » d'une œuvre d'art. À côté de l'élément cognitif ou « représentationnel » du contenu, Bakhtine identifie un « élément éthique », en l'absence duquel l'art ne saurait interpeller la société. À la différence des recherches d'inspiration structuraliste, qui s'inventent un « langage indifférent aux valeurs extra-linguistiques », la méthode bakhtinienne part d'une conception du langage comme pratique socio-historique qui embrasse l'ensemble des valeurs cognitives et éthiques de la vie humaine. Nul énoncé n'est neutre, poursuit le chercheur. Réduire un roman à la juxtaposition d'énoncés neutres, c'est comme si l'on tentait de définir l'homme par l'énumération des parties de son corps. Genre dans l'art du langage, le roman n'est pas un tout fermé, mais une « multitude de chemins, routes et sentiers » tracés dans l'esprit du créateur par la conscience sociale. Son trait fondamental est le « plurilinguisme », le discours d'autrui dans le discours d'autrui ou l'« hybridation » sociale des discours. Bakhtine introduit le terme « chronotope » qui lui permet d'isoler les différentes formes de perception du temps et de l'espace, telles qu'elles transparaissent à travers le discours plurilingue du roman. Les analyses concrètes des traditions du roman d'aventures et d'épreuves, du roman de chevalerie, ou des œuvres d'un Rabelais ou d'un Gogol, aboutissent à la mise au jour d'une série de « valeurs chronotopiques » spécifiques à certaines périodes de l'histoire ou chevauchant plusieurs époques. Ces valeurs gravitent autour de la construction sociale de l'espace-temps, dont les principes n'ont jamais été les mêmes ni dans l'histoire réelle de l'humanité ni dans celle, indirecte, de leurs représentations esthétiques. — Trad. Gallimard, 1978.

M. Ga.

EST-IL BON ? EST-IL MÉCHANT ? Comédie de l'écrivain français Denis Diderot (1713-1784), une de ses dernières œuvres, terminée en 1781. Elle fut publiée après sa mort, en 1834. Pièce en quatre actes, elle est présentée comme un divertissement « mondain », avec des intermèdes musicaux, où quelques acteurs font une pantomime. Mme de Chepy, habitant l'hôtel de sa plus chère amie, Mme de Malves, veut pour sa fête lui offrir un spectacle. Mais elle s'y décide seulement deux jours à l'avance. Elle compte sur le talent d'un certain M. Hardouin, littérateur et poète de quelque renommée. Menant une vie de désordre, il se fait remarquer par ses assiduités auprès des femmes et par la manie de vouloir rendre service à tous ceux qui ont recours à lui. Pour cela, il met en œuvre toutes les ressources d'un caractère aimable et sans préjugés. Il commence par refuser d'écrire la comédie. Puis, gracieusement prié par la belle demoiselle Beaulieu, femme de chambre de Mme de Chepy, il se met au travail, excitant ainsi la jalousie de la dame. Alors qu'il travaille ou feint de le faire, il est continuellement assailli par de nombreuses personnes, qui lui demandent des faveurs : Mme de Vertillac, extravagante et aimable femme qu'il aima autrefois, très liée avec Mme de Chepy, venue à Paris pour éviter les tendres insistances du jeune Crancey auprès de sa fille ; c'est un garçon plein de mérite, mais dont la famille ne plaît pas à la future belle-mère. Elle profite de l'occasion pour demander à Hardouin d'obtenir du marquis de Tourvelle, personnage fort puissant, un bénéfice pour son protégé, un jeune abbé. Arrive Crancey (travesti en postillon, il a pu voyager avec la jeune fille, à l'insu de la mère), lui aussi l'ami de Hardouin. Il le supplie de l'aider à vaincre l'opposition de Mme de Vertillac. Par ailleurs, la belle Mme Bertrand, jeune veuve d'un héroïque capitaine de vaisseau, est attirée par la renommée de cet homme obligeant. Elle vient lui demander d'obtenir du ministère de la Marine la réversibilité de sa pension de veuve au profit de son jeune fils. Un avocat bas-normand, Des Renardeaux, qui, depuis des années, traîne un procès contre Mme Servin, une autre amie de Hardouin (c'est Mme Geoffrin que Diderot s'est plu à représenter sous ce nom), consent à faire de Hardouin l'arbitre du litige. Hardouin fait à tous des promesses, les console, les avertit toutefois qu'il faudra lui laisser carte blanche quant aux moyens à employer. La comédie, pendant ce temps, est écrite par un autre. En une journée, Hardouin réussit à débrouiller toutes les intrigues. Mais les bénéficiaires sont tous furieux contre lui : pour obtenir la pension, il a fait croire à son ami Poultier, premier commis de la marine, que la belle veuve est sa maîtresse et son fils, le sien ; il a persuadé Mme de Vertillac d'accorder la main de sa fille à Crancey, lui prouvant par deux fausses lettres que ce dernier avait séduit la jeune fille ; il convainc Des Renardeaux de lui remettre une procuration pour qu'il règle son affaire avec Mme Servin, alors qu'il avait déjà dans sa poche celle de cette dame ; cela sans parler de la colère de Mme de Chepy, furieuse qu'un autre se soit chargé de la comédie, et de celle de Mme de Verrillac, car une erreur volontaire de Hardouin a fait nommer, grâce à la protection du marquis de Tourvelle, au poste qu'elle convoitait pour son protégé un prêtre contre qui elle l'avait mis en garde. Après un procès burlesque fait séance tenante sous la présidence de l'avocat Des Renardeaux, tous admettent cependant qu'il a agi pour leur bien, et qu'il n'y a rien d'autre à faire que de lui pardonner.

Dans cette comédie d'intrigue entièrement concentrée sur un seul personnage qui s'éloigne une seule fois de la scène, Diderot s'est amusé à créer le rôle suggestif de Hardouin d'après son propre caractère. Il mêle à une satire pénétrante des mœurs du temps la caricature de sa propre manie de vouloir rendre service. Il tourne en ridicule son propre goût pour la farce et les mystifications qui le plonge souvent dans des intrigues, où il témoigne d'une certaine tendance à la perversité. Déployant tout son esprit, il esquisse avec une grâce pleine de malice un portrait de lui-même où il apparaît doué de générosité et de vie. Enfin, il est parvenu à donner à son originale composition (située entre la farce et la comédie de caractère) une vitalité telle qu'elle peut être considérée comme une des œuvres dramatiques les plus intéressantes du XVIIIe siècle français.

ÉTALON ROUAN (L') [*Roan Stallion, Tamur and Other Poems*]. Recueil publié en 1925 par le poète américain Robinson Jeffers (1887-1962). De même qu'il utilise l'inceste de manière allégorique dans *Tamar* (*), qui est d'ailleurs repris dans ce volume, l'auteur se sert ici de la sexualité pervertie pour peindre le refus d'une civilisation décadente et le retour à la nature dans une légende allégorique du panthéisme. L'étalon symbolique appartient au fermier Johny, un réfugié hollandais qui, par contraste avec l'animal roi, représente un mélange de débauche sensuelle et de veulerie spirituelle. California, son épouse, est une belle et forte fille de souche indienne et espagnole, que dégoûtent les beuveries et la paresse de son mari. Par une nuit d'avril, elle va s'offrir à l'étalon sur la colline, pour exprimer son désir de se soumettre à la beauté majestueuse d'un dieu panthéiste en refusant des rapports sordides avec les hommes. Elle en vient, ainsi transformée, à haïr Johny dont elle ne peut plus supporter les avances. Un jour qu'il est ivre, elle s'enfuit rejoindre le cheval à l'écurie. Effrayée par la fureur de l'animal, sa fille Christine apporte à California un fusil pour l'abattre. Mais celle-ci tue le chien de son mari lancé à sa poursuite et laisse l'étalon piétiner et déchirer son maître avant de se résoudre, en l'abattant enfin, à revenir au « monde des hommes ».

L'auteur utilise un accident réel (un fermier avait été piétiné par son cheval près de Monterey) et la légende du Minotaure pour opposer la sexualité vigoureuse et belle de l'étalon à l'avilissement de l'homme civilisé. Sa philosophie s'inspire du freudisme en lui donnant une dimension métaphysique. L'auteur libère des forces inconscientes, mais au lieu de détruire seulement les inhibitions d'une culture trop raffinée, celles-ci menacent la civilisation. « L'humanité est le moule qu'il faut rompre et quitter, la croûte à briser, le charbon à réduire en feu, l'atome à faire éclater. » *L'Étalon rouan* révèle une attitude puritaine à l'égard du fiasco de la civilisation moderne, et aussi, porté à son sommet, l'amour d'une nature divinisée. Le cadre physique de la région de Carmel est un élément essentiel de cette histoire de bruit et de fureur. Le mouvement toujours recommencé de la mer et le spectacle grandiose des hautes chaînes qui la surplombent sont le critère d'éternité auquel se mesurent les efforts dérisoires et destructeurs de l'homme. Ainsi, bien que California trahisse au dernier moment le choix qui l'avait rachetée, la catharsis est plus sensible dans cette pièce que dans *Tamar* parce que la tragédie humaine, replacée dans le flux éternel de la nature, se trouve ramenée à ses proportions dérisoires.

Les Femmes de Point Sur [*The Women of Point Sur*, 1927] reprend le thème de l'inceste pour développer ce que Jeffers appelle l'« éclatement de l'humanité » : le pasteur Barclay, qui tente d'établir une religion purifiée, devient fou à cause du conflit de ses aspirations et de ses désirs charnels. La condamnation de l'homme atteint ici sa forme extrême. L'effondrement de la civilisation occidentale est présenté comme imminent, de même que le chaos qui le suivra et qui apparaît comme un autre aspect de la révélation. Fils de pasteur, le poète tourmenté et grandiose qu'est Robinson Jeffers se trouve encore loin, dans *L'Étalon rouan*, de la réconciliation qui s'esquissera, un an plus tard, avec *Cawdor* (*), accordant aux hommes autant de pitié que de mépris.

ÉTANG (L') [*Prud*]. C'est par ce roman, publié en 1908, que fut révélé à la Russie le nouveau talent d'Alexei Rémizov (1877-1957). L'ouvrage est aujourd'hui un peu oublié, et, dès sa première publication, il effraya bien des lecteurs par sa grande complexité ; son style avec des expressions superposées parut fatigant à l'extrême. Enfin un sentiment de malaise se dégageait invinciblement de ce livre. Le sujet est difficilement saisissable : il s'agit de l'histoire de trois fils de famille riche. L'un des frères Ogorelichev, Alexis, prend la direction de nombreuses affaires de banques, de pétrole, de coton. En même temps que des affaires, il hérite du caractère autoritaire de son père et devient l'un des financiers les plus puissants de Russie et le véritable seigneur et tyran de toute sa famille... Son frère Ignace n'est qu'un vieux beau, éduqué à l'anglaise, qui aide Alexis à diriger ses affaires. Nicolas, le troisième, marié à une millionnaire, occupe son temps à ne rien faire et n'a pas une minute à lui ! Malgré leurs dissemblances, les trois frères ont un goût commun : ce qu'ils aiment par-dessus tout, c'est obtenir quelque chose uniquement parce que cette chose est défendue, qu'elle est criminelle. Ainsi s'amusent-ils, autant qu'ils le peuvent, à tuer chez leurs familiers le respect et la croyance à un idéal. Ainsi ont-ils marié de force leur sœur Barbara. Mais celle-ci secoue le joug, quitte son mari et revient avec ses quatre enfants, qui deviennent les souffre-douleur de leur oncle Alexis. Le récit passe sans cesse de véritables explosions de cruauté à des instants de calme. En même temps que les prières de la Vierge, qui implore le pardon pour tous ces tristes personnages, achèvent le récit, commence le triomphe de Satan, qui est comme l'apothéose et le dernier sens du roman.

Rémizov a écrit une œuvre chaotique : il s'agit plutôt d'esquisses, de tranches de vie prises çà et là et souvent sans lien entre elles, coupées de descriptions qui semblent être des poèmes en prose. Le réel se mêle au fantastique, un fantastique qui n'ouvre point sur le Ciel, mais sur l'enfer. Le style de Rémizov, riche de mots créés par l'auteur qui invente, d'après le folklore, néologismes et archaïsmes, est particulièrement hermétique.

ÉTANG DE BERRE (L'). Ouvrage de l'écrivain français Charles Maurras (1868-1952), publié en 1915. C'est un recueil de notes de voyage, d'études historiques, de pages politiques, de critiques littéraires, consacrées à la Provence et publiées notamment dans *L'Action française* de 1890 à 1914 ; l'ouvrage est divisé en cinq livres : « La Petite Ville (Martigues) », « La Politique provençale », « Les Chansons de la Provence », « La Sagesse de Mistral », « Les Amis et les Maîtres (poètes du Midi) ». Parmi les maîtres de Charles Maurras, avant Comte, avant les doctrinaires traditionalistes du XIXe siècle, avant Bossuet et Aristote, il faut placer Mistral et surtout la Provence, son pays, son histoire, ses chansons qui accompagnèrent l'enfance de l'écrivain. Maurras est enfant de la Provence, et aussi son disciple. Avant de donner sa doctrine au nationalisme français, il fut élève et ami de Mistral, apôtre fervent de la renaissance provençale, membre très actif du félibrige. *L'Étang de Berre* est consacré à cette doctrine de la décentralisation qui, plus encore peut-être que la doctrine de l'autorité, est l'âme du système maurrassien. Penché sur les archives de l'hôtel de ville de Martigues, Maurras a peu à peu reconstitué l'être historique de sa « petite ville ». Peu à peu, alors qu'aucun argument rationnel, aucun élan sentimental ne le poussait encore à adhérer à la monarchie, il a reconnu comment les villes de Provence étaient, avant 1789, libres d'une liberté communale, comment elles possédaient alors leurs franchises, leurs consuls, leurs conseils, et comment ces conseils gouvernaient souverainement, libres de toute ingérence du pouvoir central de la nation. Cette liberté réelle des communes et des provinces aujourd'hui n'est plus, constate Maurras. Et quand s'est-elle perdue ? La date est précise : depuis la nuit du 4 août 1789. Cette nuit, dit-on d'habitude, vit la fin des privilèges de la noblesse et du clergé. Mais, proteste Maurras, elle vit aussi la fin de nos privilèges, à nous Provençaux, gens de robe, bourgeois et pêcheurs de Martigues !

Maurras s'efforce alors de prouver, par l'histoire de la France depuis la Révolution aussi bien que par la logique même des principes démocratiques, que la République en France est soumise à la fatalité de la centralisation. Le gouvernement républicain est électif : de l'élection seule, du seul suffrage populaire il tient son pouvoir. Il ne dure que ce suffrage : pour durer, il est donc contraint par une implacable nécessité à « tenir » ses électeurs par ses préfets, à rendre le troupeau électoral docile en exerçant une rigoureuse dictature administrative. Quel gouvernement pourra donc décentraliser, tout en sauvegardant l'ordre ? La monarchie, répond Maurras, le dictateur-roi. Lui seul en effet ne tient pas son pouvoir du suffrage populaire, mais d'un droit historique et héréditaire, et « n'étant pas créature ni courtisan de ses peuples, il n'aura pas non plus à les réduire à une servitude secrète, ni à les priver du libre exercice de leur pouvoir de citoyens pour séduire, par un réseau d'administration hypocrite, et capter, à tout bout de champ, le suffrage d'un assentiment dérisoire ».

Telle est cette doctrine de la décentralisation, qui est en quelque sorte la clé du nationalisme de Maurras. Démocratie en bas ; car si Maurras proscrit l'élection à l'échelle de la nation, où l'électeur est contraint de décider de problèmes de diplomatie, de finances, d'armée nationales qui dépassent infiniment ses compétences, il maintient fermement le caractère propice de la démocratie communale, du suffrage de tous les citoyens sur les questions communales et régionales qui sont les leurs, et où leur compétence est indiscutable. Tel est le dernier mot de ces études réunies dans *L'Étang de Berre.*

ÉTAPE (L'). Roman de l'écrivain français Paul Bourget (1852-1935), publié en 1902. C'est une œuvre à caractère social et nettement antidémocratique. Le professeur Monneron, fils de paysans, s'est trouvé dans un milieu auquel nulle tradition et nulle hérédité ne l'avaient préparé : il a brûlé les étapes. Ses enfants grandissent dans un milieu qu'il ne connaît pas ; ils ne comprennent pas leur père et vivent à côté de lui comme des étrangers. Julie, sa fille, est séduite par un jeune homme de la noblesse. Antoine, son fils aîné, attiré par un milieu de luxe et de débauche, devient faux-monnayeur. Seul le sacrifice de son frère Jean le sauvera de la prison. Jean, après une crise spirituelle provoquée par la faillite d'une « université populaire » qu'avec des camarades il avait fondée, est entraîné vers la religion catholique par l'amour qu'il porte à la fille d'un professeur. Il renie donc tous les principes libéraux que son père lui avait inculqués. C'est ainsi que la famille se désagrège autour du professeur Monneron. C'est là une œuvre caractéristique d'une période où les problèmes sociaux dominaient une littérature qui prenait sa source directe au réalisme. *L'Étape* est l'un des romans les plus significatifs de Bourget et aussi un des mieux construits.

ÉTAPES (Les) [*al-Marâhil*]. Essais poétiques de l'écrivain libanais d'expression arabe Mīḫā'īl Nu'aima (1889-1988), publiés en 1933. Formé dans une école russe, à Nazareth, puis au séminaire de Poltava, Nu'aima étudia le droit à Washington et se signala par un recueil de contes *Il y avait une fois* [*Kān mā kān*] publiés d'abord dans des revues arabes aux États-Unis. Le livre des *Étapes*, écrit dans son ermitage libanais, au pied du Sannine, après le retour à la terre des ancêtres, est consacré aux retrouvailles poétiques, à la méditation sereine après une vie agitée. Trois personnages offrent l'enseignement de leur vie au seuil de l'ouvrage : le Bouddha, Lao-Tse, le Christ. Suivent des réflexions sur la destinée actuelle des lettres arabes (réponse à l'enquête de la revue du Caire *al-Hilâl*), des méditations sur le soldat inconnu, sur le suicide, sur le dynamisme vital (forces attractives, forces répulsives et mouvement entre ces deux pôles). Après un dialogue entre deux grains de blé, le discours du corbeau donne la conclusion du livre : « Toi, l'homme, reçois mes excuses pour cette gaieté mienne que je ne puis contrôler, lorsque je vois un représentant de ta race, la plus étrange de l'univers, la plus ridicule. » Cela nous rappelle Abu'l-'Alâ', le poète arabe aveugle (979-1059) : « Ne croyez pas, dit la chandelle couleur de sable d'or, que je pleure au long d'une extase d'amour, car souvent les yeux pleurent à force de rire. »

Le Crible [*al-Ghirbâl*, 1923] de Nu'aima contient des essais critiques sur la littérature arabe contemporaine : pour lui, l'écrivain digne de ce nom doit donner un message tiré du plus profond de son cœur. Le critique littéraire n'est pas forcément un artiste capable de composer une œuvre similaire à celle qu'il présente au public. C'est un chercheur et un guide. Il faut décerner les mêmes honneurs aux traducteurs qu'aux auteurs proprement dits, car ce sont des médiateurs entre les Arabes et la vaste famille humaine.

ÉTAPES SUR LE CHEMIN DE LA VIE [*Stadier paa livets vei*]. Œuvre du philosophe danois Søren Aabye Kierkegaard (1813-1855), publiée en 1845. Les *Étapes* portent en sous-titre : *Essais de divers auteurs, publiés par Hilarius le Relieur.* Calqué sur la structure de *Ou bien... ou bien* (*) et de *La Répétition* (*), cet ouvrage entend définir les étapes idéales que doit connaître toute expérience, pour atteindre en soi la véritable signification de l'existence humaine. La première étape est esthétique, elle a pour aiguillon le désir anxieux de jouir de la vie et, pour terme, le désespoir. La deuxième étape revêt un caractère éthique : après avoir surmonté le désespoir au moyen de l'énergie morale, l'homme est conduit au seuil de la révélation divine, à travers l'expérience de l'« angoisse » religieuse, autrement dit le sentiment du péché. La troisième étape est essentiellement religieuse : assumant humblement ses propres limites, acceptant le devoir et renonçant à toute valeur temporelle, l'homme se hausse jusqu'à une participation au divin et à l'éternel, participation entendue par Kierkegaard de façon absolument supra-rationnelle : l'échec même des valeurs logiques favorise à ses yeux l'élan passionné de la foi vers son objet mystique.

De ces trois parties, la première est la plus remarquable (elle fut publiée séparément à plusieurs reprises, sous son titre : *In vino veritas*). Il s'agit du récit d'un banquet, attribué à William Afham, au terme duquel chacun des cinq convives, Jean le Séducteur, Victor l'Hermite, Constantin Constantius, le Jeune homme et le Marchand de modes, doit à tour de rôle parler de l'amour. Le Jeune homme est le premier à prendre la parole ; d'emblée, il relève dans l'amour une contradiction : celui qui aime ne sait jamais exactement ce qu'il aime : l'objet de l'amour, c'est l'inexplicable. Le contraste devient évident dans la manifestation même de l'amour : on désire ardemment s'unir pour l'éternité, mais on exprime cette aspiration par le baiser. Les amants entendent vivre l'un pour l'autre, mais l'amour a pour conséquence la naissance d'un être. L'amour porte donc en lui-même cette chose redoutable qu'est la paternité ; acte « par lequel on décide d'un être pour l'éternité ». Aussi le Jeune homme s'est-il jusque-là gardé de l'amour. Constantin (le héros de *La Répétition*) lui succède. Pour lui, la femme est une aimable « plaisanterie » et doit être tenue comme telle, si l'on veut éviter de graves dangers. La femme est spontanément gracieuse, divertissante d'un bout à l'autre, mais quant à la considérer d'un point de vue éthique, « la plaisanterie serait alors par trop énorme ». Vient ensuite le tour de Victor l'Hermite, auteur présumé de *Ou bien... ou bien.* À ses yeux, la femme est essentiellement différente de l'homme : elle doit être considérée selon des « catégories » artistiques ; elle sera, par exemple, traitée avec galanterie, consolation qu'elle accepte sans s'apercevoir qu'elle lui est accordée en compensation de son infériorité naturelle. L'existence de la femme est proprement fantastique : « d'abord impératrice du vaste pâturage de l'amour et reine honoraire de tous les excès du badinage, et maintenant, commère Petersen à l'angle de Badstuestraede ». Avec elle, l'idéal fait son entrée dans le monde : pour la femme, l'homme devient génie, héros, poète, saint ; ce n'est cependant que par une action négative qu'elle rend l'homme capable d'atteindre à la plus haute idéalité, et notamment à la conscience de l'immortalité. En conclusion, Victor remercie les dieux de ne pas être marié. C'est alors au tour du Marchand de modes, qui se gausse de tous les « bavardages théoriques » des orateurs précédents : la femme ne vit que pour la mode, rapportant tout à celle-ci ; c'est pourquoi il entend la traiter comme elle mérite, lui imposant les atours les plus absurdes et les plus ridicules. Il exhorte ses compagnons à renoncer à l'amour qui, selon lui, n'existe pas.

Mais Jean le Séducteur (personnage de *Ou bien... ou bien*), prenant la parole en dernier, s'oppose, avec la verve d'un amant heureux, aux tristes discours des autres convives, où il voit la conséquence d'un échec amoureux. Jean n'entend pas d'ailleurs faire un discours ; il ne le ferait qu'en présence d'une femme, car ce n'est que d'elle seule que l'on pourrait apprendre quelque chose de valable à son sujet : la femme est tout, hormis une idée issue du cerveau de l'homme. Il parlera néanmoins sous forme de mythe : se lançant alors dans une brillante et fervente improvisation, il attribue à la femme une origine fabuleuse et la salue comme le plus merveilleux des êtres de la création. Elle ne se révèle cependant qu'aux hommes exceptionnels. C'est alors que les convives, après avoir brisé leurs coupes, quittent la salle du banquet. Aux premières lueurs de l'aube, ils s'en vont, dans un jardin, épier un ménage heureux et surprendre les propos échangés par le couple.

Si la structure idéale et le fond, à la fois mythique et biographique, des *Étapes* rappellent ceux d'autres ouvrages, le contenu concret offre par contre une indéniable originalité. Fantaisie et dialectique, humour et mysticisme se mêlent dans cette œuvre, non pas toutefois confondus ou simplement juxtaposés, mais bien plutôt articulés en une vivante unité, reflétant et sublimant l'existence dramatique de Kierkegaard. — Trad. Gallimard, 1948 ; L'Orante, 1979, dans les Œuvres complètes, t. 9, sous le titre *Les Stades sur le chemin de la vie.*

ÉTAT CHRÉTIEN (L') [*The Christian Commonwealth* or : *The Civil Policy of the Rising Kingdom of Jesus Christ*]. Œuvre de l'écrivain religieux américain John Eliot (1604-1690), publiée à Londres en 1659. L'auteur y préconise un système de gouvernement purement théocratique. Le Christ est le roi des rois, et toute autorité terrestre devrait s'incliner devant Lui. Seules les Saintes Écritures enseignent la loi de Dieu. C'est pourquoi, conclut l'auteur, il n'est aucune nécessité de créer d'autres lois ni d'avoir un chef d'État. Seuls ont une raison d'être une compagnie de magistrats élus par le peuple et qui, de hiérarchie en hiérarchie, conduisent à un Conseil suprême intangible. Cette œuvre est représentative de l'utopie idéologique qui régnait à cette époque et de la mentalité d'un homme qui consacra vainement toute sa vie à tenter de propager sa foi parmi les Indiens.

ÉTAT COMMERCIAL FERMÉ (L') [*Der geschlossene Handelsstaat*]. Œuvre du philosophe allemand Johann Gottlieb Fichte (1762-1814), publiée en 1800 à Tübingen, dans laquelle l'auteur montre l'actualité de ses idées juridiques pour l'établissement d'une politique future. Le premier droit de l'homme est de pouvoir vivre. Pour cela, chaque État doit attribuer à chacun le nécessaire, de sorte que l'homme puisse vivre le mieux possible. L'activité sociale se manifeste d'abord dans la recherche des produits indispensables et dans leur élaboration. Les classes principales sont donc au nombre de deux : les producteurs et les artisans, qui doivent s'accorder pour jouir de leur travail, accord facilité par la classe des commerçants, qui pourvoient à la circulation de la marchandise. Dans ces classes peuvent se former des sous-classes et, pour que les pactes ne soient pas transgressés, il faut que l'État intervienne, veillant surtout à ce qu'aucune classe ne dépasse l'autre, que le travail et le gain soient distribués avec justice. L'État doit fixer le nombre des ouvriers pour équilibrer la production ; il doit fixer le nombre des commerçants et en discipliner l'activité, afin que la marchandise ne manque jamais sur le marché et qu'elle circule à des prix justes en fixant comme valeur de base le prix du blé. Donc, le prix que paie le commerçant au producteur comme le prix que paie le consommateur au commerçant doivent être étudiés et fixés par des organismes compétents de l'État, qui doit aussi diriger le commerce extérieur.

Fichte traite alors de la « répartition du travail dans un État rationnel », et considère la propriété comme un « droit d'usage » libre, et non seulement comme une possession de terrain. Une loi qui suit les règles du droit doit viser à ce que chacun travaille avec plaisir, pour vivre une vie d'homme. Mais, dans la répartition du travail, il doit y avoir aussi ceux qui s'occupent des lois, de l'instruction, de la défense, et, pour assurer leur existence, l'État peut et doit prélever des impôts, qui serviront à ce « seul » but et qui seront établis de manière à ne pas faire monter le prix des marchandises. Étant donné l'incertitude de la production agricole, l'État doit prévoir les années pauvres et amasser des réserves : il doit aussi réglementer la monnaie, afin qu'elle reste inaltérable dans son ensemble, garantissant la stabilité des prix. Fichte prévoit les objections qui peuvent venir de ceux qui considèrent la propriété comme la « possession exclusive d'une chose » et non comme un droit d'activité sur la chose, et il les réfute, en rappelant que « la terre est chose de Dieu : l'homme a seulement la possibilité de la cultiver et de l'utiliser ».

Après avoir étudié le rapport qui existe entre un « État de raison » et l'État effectif, par rapport au droit, le deuxième livre examine comment, en réalité, se présente le déroulement historique de l'État. L'Europe est « une seule grande nation » : puisque les États particuliers se sont formés comme une division de l'État unique (l'Empire) qui avait donné une forme juridique et ordonnée aux grandes masses des barbares. Pour cela, en dehors de la division politique, il existe beaucoup de liens entre les États européens, qui rendent leur autonomie difficile et seulement possible aux dépens des citoyens. De ceci dérivent : la confusion monétaire, cause de tant de crises, la lutte pour la concurrence, qui donne aux peuples plus de misère que de prospérité, et les impôts disproportionnés qui peuvent avoir tant de conséquences malsaines. Lorsque les impôts font une entaille dans la richesse nationale et que la classe des travailleurs est pleine de chômeurs, les gouvernements emploient des remèdes qui sont plus néfastes que les maux auxquels ils veulent remédier. La lutte des marchés et la restriction de l'échange international rendent les inimitiés plus aiguës : d'où les guerres, causées seulement par le « conflit des intérêts commerciaux » et soutenues par des théories d'expansion et de « domination des mers », qui vont à l'encontre du but que doit se proposer l'État (la paix féconde à l'intérieur). La « liberté commerciale » apparente produit donc des conséquences désastreuses et, ce qui est pire, les citoyens souffrent et considèrent leurs propres gouvernements comme infidèles à leur parole, parce qu'ils sont incapables de leur donner le bien-être qu'ils leur avaient promis. D'où des révoltes et des réactions féroces.

En face de ces maux de la réalité, Fichte se demande, dans le livre III, comment on pourrait changer cette situation suivant une « constitution exigée par la raison », et il aborde le problème « politique ». Chaque État devrait penser à fermer son marché en tenant compte des droits qui existaient précédemment. Aujourd'hui les États sont séparés par des impératifs plus militaires que commerciaux, et chacun d'entre eux sent donc qu'« il lui manque quelque chose » ; aussi veut-il s'agrandir au détriment des autres : c'est pourquoi, dans l'état présent, les guerres sont inévitables. « Si l'on veut éliminer la guerre, il faut faire disparaître ses causes » : donner à chaque État ses propres frontières naturelles, après cela il n'a plus rien à demander à aucun État : garantie qu'il ne peut donner s'il n'a pas son économie fermée et suffisante à elle-même. La monnaie en cours devrait être échangée contre une monnaie « à cours national ». En outre, le gouvernement devrait s'approprier le « commerce passif et actif avec l'étranger », confisquant tous les crédits étrangers des citoyens, avec la tâche précise « de ne pas penser à son propre enrichissement », mais à celui des gouvernés et « pour des buts plus nobles », en cherchant à diminuer progressivement l'exportation et à fondre en un même esprit les citoyens de toutes les provinces, particulièrement de celles qui sont unies par les frontières naturelles.

Les conséquences que tire Fichte sont, naturellement, très optimistes : personne ne devrait être pauvre ; les voyages à l'étranger devraient être permis seulement aux savants et aux artistes ; la nation rassurée n'aurait plus besoin d'armée, et les conditions économiques seraient telles que le Gouvernement n'aurait même plus besoin du droit criminel. Fichte rencontre la difficulté la plus grande dans le fait que les hommes sont poussés à juger avec leur fantaisie plutôt qu'avec leur raison ; et dans leur individualisme, ils croient peut-être qu'une réforme aussi accentuée serait un empêchement aux libertés communes : mais ceux qui étudient ne doivent pas tenir compte d'une telle opinion et doivent donner les lignes de la politique suivant les principes de la raison. Avec de tels principes seulement, la paix du monde sera assurée, et l'Histoire ne sera plus une succession de guerres, mais de progrès scientifiques et civils. – Trad. Librairie générale de droit et de jurisprudence, 1940 ; L'Âge d'Homme, 1981.

ÉTAT D'APESANTEUR (L') [*Stan nieważkości*]. Roman de l'écrivain polonais Andrzej Kuśniewicz (1904-1993), paru en 1973. Le narrateur, hospitalisé à la suite d'un infarctus du myocarde, entre dans un « état d'apesanteur », spatial et temporel, à la recherche de ses origines. Il revit son propre passé, dans de puissantes visions oniriques. Il rencontre une jeune femme allemande, descendante d'une vieille famille de junkers prussiens. Ils se retrouveront des ancêtres communs au XVIIIe siècle, où les destins de leurs familles se mêlèrent inextricablement. On voit également surgir le Juif errant de la tradition hassidique sous la forme d'un jeune garçon juif russe qui finira ses jours comme bienfaiteur de la petite communauté israélite de Dantzig.

Kuśniewicz aborde, dans une langue riche et musicale, le thème de l'Allemagne occulté dans la culture et la littérature polonaise de l'après-guerre. « On voit apparaître la trame de cette unité profonde entre gens qui cultivent le même sol, boivent la même eau, respirent le même air, habitent la même petite patrie, l'Europe. »

Ce roman baroque, profondément européen, où se mêlent, à travers le XVIIIe et le XXe siècle, le réel, l'irréel et le surréel, compte parmi les meilleurs de l'auteur du *Roi des Deux-Siciles* (*) (1970). – Trad. Albin Michel, 1979.

L. Dy.

ÉTAT DE POÉSIE (L'). Carnets de l'écrivain suisse de langue française Georges Haldas (né en 1917), publiés à partir de 1976 sous ce titre générique. Des sortes de bulles d'air ou de galets témoins, au dire de l'auteur. En fait, une part majeure de l'œuvre, prenant chaque jour racine dans la vie d'Haldas, ils sont devenus peu à peu son mode de traitement des questions fondamentales, à la façon d'un journal sans fin. Ces chroniques d'un travail intérieur viennent renforcer la forte cohérence de l'autobiographie en cours, dont trois tomes sont parus sous le titre de *La Confession d'une graine* (1984, 1986 et 1990). Ils annoncent et relancent une approche, perpétuent de livre en livre une interrogation. Mais ils prennent aussi en compte l'élaboration des projets personnels, l'enthousiasme de certaines rencontres, des lectures. *L'État de poésie* est le passage du vécu au dit, le journal de bord ou le plan cadastral des dérives d'une vie, le registre des événements marquants ou infimes, des conversations prises au vol, toutes choses rendues sur la page dans les petites heures constructives du matin. Le tome III des Carnets (1984) porte le titre *Rêver avant l'aube,* car Haldas est un homme du grand matin. Le dernier tome paru est *Le Cœur de tous* (1990). Ce qui relie les hommes au monde est au centre de ces pages. Haldas parce qu'il n'esquive pas la douleur, mais la traverse, rend possible la naissance d'un jour nouveau. Lavé de sa suie – l'aube dissout les monstres –, chacun peut se rapprocher de lui-même. Homme d'un lien neuf et très ancien, Haldas témoigne à partir de la réalité la plus immédiate, de la présence renouvelée d'un Christ contemporain des pires exactions. Il tente à son niveau, à travers ses livres, de ramener nos regards au plus près d'une vérité qui n'est que nous-mêmes, le sort que nous nous infligeons en ignorant la relation fondamentale aux autres. Aucune trace de mortification dans cette œuvre, mais plutôt un printemps déployé, l'arbre de vie ouvert à toutes les pluies. Haldas rejoint souvent les grands lyriques américains. Mais il est plus qu'eux tous douloureusement habité par l'échec. Et cela le rapproche davantage de nous. Tenter dans des notes de reconstituer l'élan de la poésie, en saisir ainsi l'espérance, et finir par en développer l'énergie, redéploie et agrandit l'écriture et la vie. Explorer *Les Minutes heureuses* (titre du premier carnet, 1976), voilà l'expérience. Et ceci sans esquiver les passages d'absence d'espoir et de déréliction du second volume *Le Tombeau vide* (1981). Jean Vuillemier, ami et biographe de Haldas, rend bien le mouvement vital de ces Carnets : « Comme un réservoir inépuisable, une superposition stratifiée de concepts, de découvertes, de sensations, d'hypothèses : un ensemble organique, sécrété par l'écrivain comme la termitière par les termites – protecteur et nécessaire, mobile et perméable, un combustible, une drogue, une confession. Haldas l'avoue : il ne saurait vivre sans ses carnets, sans le redoublement, la fixation, la digestion du vécu qu'ils lui rendent possibles. L'écriture s'étant muée pour lui en une fonction assurément vitale. »

P. C.

ÉTAT DE SIÈGE (L'). « Spectacle » en trois parties de l'écrivain français Albert Camus (1913-1960), publié et créé en 1948, dans une mise en scène de J.-L. Barrault, avec une musique d'A. Honegger, un décor et des costumes de Balthus. Ce fut un échec, dû en partie aux visées différentes de l'auteur et du metteur en scène, mais surtout aux ambitions, mal comprises, d'un spectacle total, baroque, éclaté ; rarement représenté, du moins en France, *L'État de siège* mérite l'importance que lui accordait Camus. Sa conception rompt avec la tradition classique, et, dans une forme proche des « autos sacramentales » espagnols, mêle la farce, l'allégorie, le monologue dramatique, le chœur lyrique, le tragique. Si la pièce reprend le thème et le mythe de *La Peste* (*), elle n'est en rien une adaptation du roman ; elle propose une autre approche du mal et de l'enfermement, mettant l'accent sur la terreur et ce qu'elle suscite : la peur et la lâcheté, mais aussi la révolte, au nom de la liberté et de l'amour. Aidées par les autorités civiles et l'armée, promptes à « collaborer », la Peste, incarnée par un personnage masculin, et sa secrétaire, la Mort, prennent possession de la ville de Cadix. Ils condamnent la cité au silence et instaurent un ordre inhumain : ils « fonctionnent » ; sous leur dictature, la mort devient organisée et bureaucratique : il suffit de rayer un nom sur une liste pour qu'un personnage meure. L'instinct des femmes, leur goût de la vie, leur sensibilité, le courage de Diégo, sa fierté, la résistance de quelques-uns finissent par triompher ; mais Diégo y laisse la vie, laissant désespérée la femme qu'il aime, tandis que le chœur, retrouvant la sagesse des tragiques grecs, affirme la nécessité de la mesure, que détruisent la tyrannie et le totalitarisme. La situation géographique de la pièce a surpris ; en pleine guerre froide, on s'attendait à ce que cette représentation du terrorisme d'État fût placée dans un pays de l'Est. Mais le choix de Cadix permet à Camus de rappeler que l'Espagne, en 1948, est soumise à la dictature ; il lui permet de dessiner une fresque du peuple espagnol, dont il se sentait très proche, jusque dans sa tentation du néant, telle que la manifeste Nada, à travers son cri, « Vive rien ! », et son suicide final ; il lui permet enfin de donner libre cours à son lyrisme, et de faire de la terre d'Espagne, de ses parfums, de la passion qui l'habite, du vent et de la mer, les symboles vivants et expressifs de la révolte et de la liberté. J. L.-V.

ÉTAT JUIF (L') [*Der Judenstaat. Versuch einer modernen Lösung der Judenfrage*]. Œuvre de l'écrivain juif hongrois d'expression allemande Theodor Herzl (1860-1904), composée en 1895 et publiée l'année suivante. Le sous-titre de cette œuvre : *Essai d'une solution moderne de la question juive*, résume en peu de mots l'intention de l'auteur, qui ne part pas d'une conception théorique, mais de faits patents. « Partout, dit-il, où les Juifs vivent en nombre existe la question juive. Là où elle n'existe pas, elle est importée par les Juifs qui immigrent. Nous nous dirigeons naturellement vers les pays où l'on ne nous persécute pas, mais notre apparition provoque la persécution. » Après avoir étudié les deux moyens utilisés jusqu'à son époque pour résoudre la question juive, Herzl affirme que l'un de ces moyens, l'antisémitisme militant, n'atteint pas le but désiré, car il ne fait que renforcer le particularisme juif ; quant à l'autre, l'assimilation et l'émancipation, il permet aux Juifs de donner libre cours à leurs facultés natives. Alors, la concurrence ayant joué à l'avantage des Juifs (surtout dans certaines branches de l'activité humaine : commerce, finance, carrières libérales, où les Juifs excellent), leur réussite provoque à nouveau une vague d'antisémitisme. Ayant, dans le premier chapitre de son livre, étudié les causes de l'antisémitisme et les remèdes proposés jusqu'alors, Herzl passe à la partie constructive de son œuvre. Préconisant un État juif, il hésite entre la Palestine et l'Argentine. Si le second pays, qui possède des kilomètres de terrains en friche, lui apparaît plus intéressant parce que les terres y sont plus riches, la Palestine l'emporte cependant dans son esprit, comme plus chargée de souvenirs historiques. Afin d'organiser le transfert sur les terres du nouvel État de tous les Juifs qui voudront émigrer, Herzl prévoit la création de deux organismes : la « Jewish Company » et la « Society of Jews ». Le rôle de la première serait purement commercial : elle se chargerait de la vente des avoirs juifs à l'étranger et de l'achat des terrains et de la construction des maisons dans les villes à édifier. La seconde jouerait le rôle de l'assemblée législative et du pouvoir judiciaire, avant que le gouvernement du nouvel État soit constitué (Herzl penchait pour une république aristocratique). *L'État juif* de Herzl a, sans aucun doute, donné la première impulsion au rêve presque deux fois millénaire des Juifs dispersés parmi les autres nations. Mais ce qui manquait à ce précurseur, c'était la foi en la mission divine d'Israël, pour l'accomplissement de laquelle les Juifs devaient revenir à la langue sacrée de leurs ancêtres, à l'hébreu. Ne connaissant pas l'hébreu, indifférent en matière de religion, Herzl ne pouvait devenir le véritable créateur de l'État d'Israël. – Trad. Lipchutz, 1926 ; Découverte, 1990.

ÉTATS-UNIS D'AUJOURD'HUI (Les). Ouvrage de l'historien et géographe français André Siegfried (1875-1959), paru en 1927. Cet essai est sans doute le plus important qu'un observateur européen ait consacré aux États-Unis depuis *La Démocratie en Amérique* (*) de Tocqueville. Comme ce dernier, à près d'un siècle de distance, Siegfried note avec force l'importance toujours prédominante, dans la mentalité américaine, de l'idéal puritain qui concilie si aisément la poursuite des béatitudes spirituelles et la conquête impitoyable du bonheur matériel sur la terre. L'Amérique moderne a profondément conscience d'être chargée d'une mission originale, unique, qui lui confère une supériorité à la fois morale et économique sur les autres peuples ; elle veille jalousement sur son idéal et, si elle le sent menacé, elle peut réagir avec beaucoup d'agressivité, par des manifestations telles que la prohibition ou le racisme du Ku Klux Klan, dans les années 1920. Mais le moralisme puritain ne détourne pas les âmes de la poursuite des richesses : on assiste au contraire à une étroite alliance de la haute finance et de la grande industrie avec le protestantisme militant. Religion et économie dominent les États-Unis, reléguant au second plan la politique, qui manque d'unité et de cohésion et dont les représentants sont peu respectés. La question se pose de savoir si le messianisme américain se traduit, à l'égard du reste du monde, par un impérialisme économique. En 1927, Siegfried ne le croit pas. Il souligne dans son livre les liens de sympathie naturelle existant entre les États-Unis et la Grande-Bretagne, alors que la France reste trop individualiste, peut-être aussi trop ironique, pour comprendre vraiment la grande nation américaine régie par un puissant conformisme moral. Aussi bien ce n'est pas du côté de l'Europe que se posent désormais les problèmes graves des États-Unis, mais du côté du monde asiatique : en face de ce dernier défi, les États-Unis trouvent l'Europe solidaire avec eux, et le temps est proche où ils prendront la tête de toutes les nations occidentales. Qu'attendre de cette suprématie ? Siegfried souligne certes les extraordinaires succès économiques et techniques américains et leur plus importante conséquence humaine : la mise à la disposition du plus grand nombre d'un confort matériel toujours amélioré. Mais cette réussite fut cher payée : il fallut standardiser la production, organiser le travail en série, réduire souvent l'ouvrier à l'automatisme de la machine ; et, plus grave encore, il fallut aussi standardiser les esprits. D'une part la collectivité opprime l'individu ; d'autre part les valeurs spirituelles les plus hautes sont subordonnées à l'utilité, à l'efficacité pratique. Aux États-Unis, dit Siegfried, « le pragmatisme exprime à merveille ses possibilités et ses limites ». Dès qu'il n'agit pas, l'homme américain se trouve désorienté : il ne lui suffit jamais d'être, il lui faut toujours réaliser. De là une association « pour ainsi dire statutaire » entre la religion et l'action, ce qui peut christianiser la seconde, mais risque aussi d'altérer, de matérialiser la première. Et il semble souvent que le but de la société religieuse américaine soit non plus de faire vivre spirituellement les esprits, mais d'embrigader, d'organiser les énergies. Religion d'action, non de contemplation, qui oriente l'homme vers une exploitation intense de la vie ; certaines valeurs essentielles s'en trouvent ébranlées, mais Siegfried, dès 1927, note aussi l'importance grandissante de certaines forces de résistance, en particulier l'Église catholique.

ÉTAT UNIVERSEL (L'). Organisme et organisation [*Der Weltstaat. Organismus und Organisation*]. Essai de l'écrivain allemand Ernst Jünger (né en 1895), publié en 1960. La liberté totale s'est transformée en un privilège dont ne disposent, au fond, que deux États mondiaux, l'un dirigeant le camp de l'Occident, l'autre celui de l'Est. Ce thème est ancien : le « nœud gordien » de l'histoire humaine, c'est en effet, selon un traité de l'*Essai sur l'homme et le temps* (*), la rencontre séculaire de l'Est et de l'Ouest : termes qu'il faut concevoir comme des « orientations », plutôt que comme des divisions territoriales. Étoile rouge, étoile blanche, il y aurait non seulement ressemblance, mais « identité » entre les deux étoiles. La perspective d'un État mondial unique, dont Jünger prévoit la formation, est corollaire de la division du monde en deux blocs, prélude à l'unité qui, déjà, s'esquisse. Et l'auteur se réfère aux « symboles » actuels de la souveraineté : fusées à longue portée, vaisseaux interplanétaires. L'essentiel n'est cependant pas dans la dualité de l'Est et de l'Ouest, du masculin et du féminin, mais dans la dualité fondamentale qui rappelle la vieille division du tellurique et de l'astral. Ernst Jünger parle également de la dualité du Père et de la Mère, de la création et de la naissance : la part reconnue à ces deux principes varie selon les époques et les peuples. Si l'Histoire a un sens, elle possède également une fin, un terme au-delà duquel une nouvelle forme de rapport entre l'organisme et l'organisation commencera son règne sur terre. La fin de l'Histoire, c'est la fin de l'État ; l'État s'accomplit et s'anéantit sous nos yeux dans le conflit de l'Est et de l'Ouest, États planétaires jumeaux ; au-delà commencera le règne des Titans, la maîtrise de l'homme sur la terre. L'État universel, ce sera le retour à l'anarchie primitive, à l'absence d'États, et nous vivons actuellement les signes précurseurs de cet événement grandiose : son ombre est déjà sur nous, avance vers nous. Le lecteur est frappé par la diversité des courants philosophiques dont s'inspire Ernst Jünger : le marxisme, Spengler, Toynbee, Heidegger sont ici si habilement tissés les uns aux autres que, par un curieux effet d'optique, c'est Jünger qui paraît être leur source commune. Ce qui signifie que, derrière des interprétations dont on pourra contester la validité scientifique ou philosophique, Jünger a su exprimer à la perfection des idées et des points de vue qui sont les principes directeurs de la pensée contemporaine. — Trad. Gallimard, 1962.

ETC. Roman de l'écrivain français Jean Queval (1913-1990), publié en 1963. Peu de romans français se présentent comme fondateurs de mythes. Les écrivains de notre pays, quand ils ne sont pas étroitement naturalistes, se sentent plutôt attirés par les pérégrinations initiatiques : autant dire qu'ils choisissent *Lazarillo de Tormès* (*) contre *L'Iliade* (*). L'œuvre principale de Jean Queval occupe donc une place à part dans la littérature contemporaine. Ce roman se présente comme l'histoire, ou plutôt la chronique, de Bancboue, île de « Norlandie ». Cette île, jaillie de la mer, puis disparue, puis émergée une deuxième fois et de nouveau engloutie, fait l'objet d'âpres disputes entre les seigneurs des rivages voisins, et très précisément les moines et les nobliaux. Comme il n'y a pas que les îles dans la vie, ils se chamaillent également à propos de leurs religions ou du temps qu'il fait. Pour dire le fond des choses, ils se querellent, se pourfendent, s'entre-tuent, s'exterminent, à propos de tout et de rien.

On voit qu'avec *Etc.*, Jean Queval compose un abrégé de l'histoire de l'humanité qui doit plus aux passions de ses principaux protagonistes qu'aux facteurs économiques tels que Marx et Engels les ont définis.

Satire héroïque et plaisante de l'aventure humaine, *Etc.* est un remarquable traité du style. Jean Queval y fait preuve de la plus grande virtuosité dans les différents registres qu'il aborde. Passé trop vite inaperçu lors de sa parution en 1963, ce beau roman, attachant et profond, mérite de prendre et de conserver une place de premier plan parmi les ouvrages de la seconde moitié du XXe siècle. J. Be.

ET CE SONT LES VIOLENTS QUI L'EMPORTENT [*The Violent bear it away*]. Deuxième roman de l'écrivain américain Flannery O'Connor (1925-1964), publié en 1960. Tarwater a été élevé dans une cabane de la forêt par un grand-oncle à demi fou, qui se prétendait prophète. Le vieillard mort, le garçon, qui a quatorze ans, se rend à la ville, chez son oncle Rayber, que le pseudo-prophète avait également tenté d'enlever alors qu'il avait sept ans. Ce Rayber a un fils idiot, Bishop. Son grand-oncle, en mourant, a confié à Tarwater la mission de baptiser l'enfant. L'idiot devient alors, dans le cerveau enfiévré de l'adolescent, le symbole de la lutte qu'il doit mener pour résister à l'influence monstrueuse de son grand-oncle. Pour ne pas succomber à la tentation de devenir à son tour un « prophète », Tarwater finit par noyer Bishop. Comme l'écrit l'auteur à John Hawkes : « Dès le premier chapitre, je montre le vieillard qui se considère comme prophète (le vieux Tarwater) arracher un jeune garçon (son petit-neveu) à un instituteur (Rayber) pour l'élever et faire de lui un héritier digne de lui succéder après sa mort. Quand le vieillard meurt, le garçon se retrouve seul, face à cette menace qu'est l'appel du Seigneur, il se réfugie chez l'instituteur, et l'essentiel du livre traite de la lutte que livrent le vieil homme mort et l'instituteur. Le lecteur moderne s'identifiera à l'instituteur, mais c'est le vieil homme qui parle en mon nom. » La fiction de Flannery O'Connor est forte comme un coup de poing. Il en va de même de son écriture. Esprits fragiles ou trop délicats s'abstenir. — Trad. M. E. Coindreau, préface de J.-M. G. Le Clézio, Gallimard, 1965.

... ET Cie. Roman de l'écrivain français Jean Richard Bloch (1884-1947). Cet ouvrage, achevé en 1914, parut sans succès en 1918. Il ne fut vraiment connu qu'avec la réédition de 1925. Il obtint des plus divers critiques le vif éloge de « roman digne de Balzac ». *... Et Cie* est l'épopée d'une famille juive alsacienne qui choisit la France en 1871. Les combats terminés, Simler, fabricant de drap, envoie vers l'ouest ses fils Guillaume et Joseph. Ils découvrent une autre fabrique en Normandie, mais d'un prix assez élevé. Et Simler s'interroge : vaut-il mieux être Prussien qui paie ou Français en faillite ? Après l'exode avec une partie des ouvriers, il s'agit de redresser les établissements Simler, malgré l'hostilité des autres fabricants de l'endroit. En quelques années, par un travail opiniâtre, par des méthodes modernes, et aussi grâce à l'esprit routinier des adversaires — et sans négliger leurs fautes et leurs accidents —, Simler l'emporte. Il devient une autorité. Sa vie est un hymne à la gloire du travail consciencieux. Mais, la victoire à peine acquise, d'autres dangers surgissent avec la concurrence étrangère et les revendications sociales. J. R. Bloch fait revivre, avec une parfaite vérité, ce groupe alsacien d'apparence barbare au milieu d'une société de petits-bourgeois de province endormis dans leur mesquinerie. Ce n'est pas là le plus important du roman.

La nouvelle existence remue violemment l'intérieur de la famille Simler. Dès 1872, le cousin Benjamin a jugé la situation. Les Français ont été battus par les Allemands, peuple jeune ; ceux-ci le seront à leur tour par les Américains. Et le cousin s'exile aux U.S.A., d'où il reviendra multimillionnaire dix-sept ans plus tard... La famille Simler doit donc lutter aussi contre sa propre dissolution. Une nouvelle menace se présente avec Joseph. Il est vivement estimé d'une jeune fille très cultivée, Hélène Le Pleynier, dont le père, fabricant de drap ayant échoué, vivote sur une vieille petite fortune. Hélène ressent la nécessité d'une vie active dans la ville endormie. Elle voit en Joseph une force de renouvellement. L'accord est profondément possible. Hélène appelle le tricot de ses veillées son « chapelet de laïque ». Et Simler de son côté pense qu'il faut tisser comme on fait sa prière. Mais Hélène fait horreur à la mère de Joseph : « Une fille *goy* chez nous ! » Joseph ne lutte pas longtemps pour son amour, tant est puissante l'emprise de sa famille (« Et la fabrique ? »), car la fabrique et la famille ne font qu'un. Joseph se mariera dans son clan. Quelques années plus tard, en 1880, c'est le fils de Guillaume, Justin, qui est en question. Toujours premier en classe, il étonne ses professeurs. Le plus haut avenir intellectuel lui est offert par l'Université. Justin dresse un tableau Pour et Contre et... quitte ses études pour la fabrique. Aussi, lors d'un voyage en 1889, le riche yankee Benjamin fait-il le point sans difficulté. Après Hélène Le Pleynier, devenue vieille fille, il constate la richesse croissante des Simler, leur ignorance des problèmes sociaux, leur doctrine (« Tout pour le gain et la fabrique »), bref leur enlisement complet dans la petite ville de province. La fabrique a mangé la famille. Quant au cousin d'Amérique, il s'amuse à rayer le nom de « Simler » sur les en-têtes de papier à lettres ; et il ne reste plus que : « ... et Cie ». Avant son départ, Benjamin confie ses impressions au fils de Joseph, âgé de quatorze ans. Il voit en Louis le seul Simler susceptible de reprendre la véritable mission du juif : être un ferment de vie, d'agitation et de changement révolutionnaire, avec le refus de se perdre par l'assimilation ou le mercantilisme. Français et bourgeois, ça va, dit Benjamin ; Français et Juif aussi ; mais Juif et bourgeois, non. Et à la question de Louis : côté patron ? ou côté ouvrier ?, Benjamin répond : côté justice, sinon, côté souffrance. Ce roman n'a rien perdu de son intérêt et demeure profondément humain. Il est écrit dans un style admirable. Ses tableaux, vus par un psychologue impartial et concret, sont d'une perfection rare.

ÉTÉ (L'). Recueil d'essais publié en 1954 par l'écrivain français Albert Camus (1913-1960). Les huit textes qui le composent ont été écrits entre 1939 et 1953 ; ils retrouvent l'inspiration et l'expression lyrique de *Noces* (*). « Le Minotaure ou la Halte d'Oran » (1939) et « Petit guide pour des villes sans passé » (1947) évoquent, avec un mélange d'humour et de passion, les villes d'Algérie, lieux d'ennui, déserts, mais aussi, parfois, promesses de bonheur et royaumes fulgurants où brûlent la révolte et l'amour. « Retour à Tipasa » (1953) décrit la plénitude redécouverte, fugitivement, au pied du Chenoua, en un instant privilégié où s'affirme, « au milieu de l'hiver », « un été invincible ». « Les Amandiers » (1940), « Prométhée aux Enfers » (1946), « L'Exil d'Hélène » (1948) enracinent dans les paysages méditerranéens la méditation sur l'opposition entre la force et l'esprit, sur la révolte, sur la beauté exilée du monde et des cités modernes ; méditation qui retrouve les mythes grecs, où se disent la « volonté de ne rien séparer ni exclure », et la réconciliation entre le « cœur douloureux des hommes et le printemps du monde ». « L'Énigme » (1950) relie à la contemplation du Luberon la quête de l'écrivain à la recherche de sa vérité et désirant comprendre « l'énigme, c'est-à-dire un sens qu'on déchiffre mal parce qu'il éblouit » ; loin d'être le « prophète d'absurde » que l'on veut voir en lui, Camus sait qu'un « soleil inépuisable » peut rayonner au centre de l'œuvre, même noire, et même si l'histoire contemporaine n'incite guère à l'optimisme. « La Mer au plus près, Journal de bord » (1953) est un véritable hymne à la mer et à la nuit : « Grande mer, toujours labourée, toujours vierge, ma religion avec la nuit ! » Mais si *L'Été*, comme *Noces*, chante la splendeur de la nature, c'est essentiellement sur le mode de la nostalgie. L'exil hors de la terre natale, les pesanteurs de l'Histoire et les souffrances qu'elle apporte ne permettent plus la contemplation innocente : « Je n'ai pu renier la lumière où je suis né et cependant je n'ai pas voulu refuser les servitudes de ce temps », ou encore : « Il y a la beauté et il y a les humiliés. » Il y a aussi un secret à reconnaître et à préserver. *L'Été* se clôt sur une image où ces contradictions se résument : « J'ai toujours l'impression de vivre en haute mer, menacé, au cœur d'un bonheur royal. » J. L.-V.

ÉTÉ (L'). Œuvre dramatique de l'écrivain français Romain Weingarten (né en 1926), mise en scène pour la première fois en 1966. *L'Été* semble une féerie. Les personnages semblent sortis de contes pour enfants. Lorette et Simon, le frère et la sœur, vivent en compagnie de deux chats à la langue bien pendue : Moitié Cerise et Sa Grandeur d'Ail. L'action se déroule en six jours et six nuits, flux et reflux baignant toute la pièce d'une atmosphère onirique. Romain Weingarten s'amuse à semer des allusions à des chats illustres (Moitié Cerise, lorsqu'il va entreprendre un voyage, dit : « J'ai mis mes bottes », comme le Chat botté). Ces chats chantent des comptines (Moitié Cerise : « deux petites dames [...] jouaient à minet-minet »), poétisent (Moitié Cerise : « Comptez tous les jours, toutes les étoiles, toutes les feuilles dans l'arbre ») et s'en remettent aux enfants pour les nourrir. Ils font alors des manières, jouent aux personnes importantes (Moitié Cerise : « Moi, je ne viens pas quand on m'appelle ») : on pourrait penser à une simple transcription théâtrale des nostalgies de l'enfance, avec en toile de fond des personnages de contes. Pourtant, Weingarten introduit en contrepoint un thème qui dramatise la recréation de ce monde : la découverte par Lorette et Simon d'un couple d'amants qui vient passer une semaine dans la maison de vacances. L'histoire d'amour des adultes ne nous sera jamais montrée. Nous la découvrirons à travers les récits qu'en donneront Lorette et Simon. Dès lors, la passion n'est plus l'apanage des adultes, elle a fait irruption dans l'univers juvénile, et Weingarten nous offre ainsi le miroir de nos plus secrets émois enfantins. H. Ra.

ÉTÉ CAPRICIEUX (Un) [*Rozmarné léto*]. « Idylle humoristique » de l'écrivain tchèque Vladislav Vančura (1891-1942), publiée en 1926. L'histoire se déroule en trois jours, au début d'un été pluvieux et froid, dans une petite ville somnolente. Le maître nageur Dúra s'y occupe, avec sa femme Catherine, d'une piscine et a des dialogues philosophiques et savants interminables avec ses deux amis, le chanoine et le commandant. L'atmosphère du lieu, solennellement paisible et ironiquement respectable, est perturbée par l'arrivée du magicien Petit-Ernest accompagné d'une jeune fille, Anne. Le spectacle galvanise les citoyens de la ville et les entraîne dans des actions irresponsables et poétiques. Chacun des trois amis courtise, à son tour, la belle Anne, et en supporte les conséquences fâcheuses : le scandale provoqué par madame Catherine, une oreille à demi coupée du chanoine et un duel malheureux du commandant. Même madame Catherine est touchée par le charme du moment et abandonne son mari pour s'installer chez Petit-Ernest. Mais le troisième spectacle est fatal au magicien. Reconnu par un des spectateurs sous son nom civil, il tombe sur le pavé et se blesse. Mais il a encore assez de forces pour reconquérir Anne, convoitée par le commandant, et il s'en va avec elle. Madame Catherine est déjà revenue chez son mari et la vie habituelle continue, marquée toutefois des souvenirs d'un émerveillement magique. L'œuvre s'inscrit dans le goût des écrivains « poétistes » pour les clowns, pour la magie et pour les fêtes populaires. Son originalité consiste dans une réalisation langagière inhabituelle : les dialogues sont en effet écrits dans une langue recherchée, savante, solennelle et livresque, qui se trouve délibérément en contradiction avec la condition sociale des personnages et la ville provinciale où ils évoluent. Il en résulte une double vision des choses et des actes humains, à la fois humoristique, ludique et sublime : la vie quotidienne est comme montée sur des cothurnes, et les réflexions subtiles sur les conditions de l'existence humaine s'amalgament avec les actes les plus prosaïques. H. Je.

ÉTÉ DANS LE SAHARA (Un). Notes de voyage du peintre et écrivain français Eugène Fromentin (1820-1876), *Un été dans le Sahara* fut publié en 1857 et complété, en 1858, par *Une année dans le Sahel.* Rédigés sous forme de lettres, ces deux ouvrages ont été composés à l'aide de croquis et de notes écrites, rapportés de voyages de jeunesse en Algérie. Dans une préface de la troisième édition, l'auteur expose longuement comment, après le pinceau, il éprouva le besoin d'utiliser la plume pour fixer ses souvenirs, découvrant une similitude entre ces deux manières de s'exprimer. Il écrivit ces récits à « deux années d'intervalle et presque d'une haleine », s'inspirant de ses dessins pour compléter ses impressions. Il voit en peintre lorsqu'il s'agit de sites, de couleurs et de choses ; il réagit en psychologue devant les coutumes, les mœurs et les gens. L'hospitalité arabe l'enchante. Un repas chez Si-Djilali, caïd d'El-Gouëa, éveille son admiration ; et son explication de la politesse, du respect de l'hôte pour le voyageur « envoyé de Dieu », donne à ces égards somptueux une simplicité fraternelle et cordiale. La caravane, composée de chameaux, de serviteurs, de chevaux montés par son guide le lieutenant N... et lui-même, s'achemine vers le Sahara L'intrépidité des chameliers fait son émerveillement : « Cette race, la plus paresseuse de la terre, est la première à supporter les fatigues... » On pénètre dans le Sahara, parmi « l'éclat et le silence ». C'est Boghar, « posée sur sa montagne pointue », vue par le peintre dans son auréole « ni rouge, ni tout à fait jaune, mais couleur de lion ». Nous sommes familiarisés avec les journées de marche, le bivouac, les plantes, les fruits du pistachier. Voici Ham'ra, la chaleur, la nuit sans étoiles, les hurlements des chacals, et la beauté des costumes dont « la variété séduit jusqu'à faire oublier l'homme ». C'est maintenant le long séjour à El-Aghouat, la surprise devant l'accueil sans rancune des habitants durement vaincus, dans leur ville saccagée : « Dieu l'avait écrit... » Le refus des Arabes de poser pour un dessin, leur mépris pour la profession de l'auteur lui sont une désagréable révélation. Les femmes fuient, effrayées, devant sa palette. L'activité de ces femmes qui sont à la fois « mères, nourrices, artisanes, servantes » éveille cependant son admiration mêlée de pitié, tandis que la paresse nonchalante des hommes l'irrite légèrement. Après les images enluminées de la ville, du ciel, des étoiles, nous vivons avec un intérêt curieux les heures longues de la journée. Nous sommes en route vers Aïn-Mahdy, avec les étranges compagnons glanés au long des étapes, le fantaisiste Aouïmer, le petit Ali, guide de douze ans. Mais dans ces pages, les plus extraordinaires sont celles qui relatent la rencontre des Arba, la fameuse tribu du Sud, luxueusement armée, avec ses chameaux, ses étoffes, son éclat. L'auteur nous fait assister à ce défilé de nomades en déménagement, et nous partageons son étonnement quelque peu humilié devant les splendeurs de ces costumes, de ces mobiliers transportés à dos de chameaux tout caparaçonnés. Seuls les femmes, les enfants et les pauvres suivent à pied. Eugène Fromentin est imprégné profondément de tout ce qu'il découvre. Son ouvrage n'est ni une œuvre géographique ni une narration historique. C'est un tableau qu'il faut voir, regarder avec attention pour en fixer les détails et en jouir.

ÉTÉ DE LA SAINT-MARTIN (L') [*Der Nachsommer*]. Roman de l'écrivain autrichien Adalbert Stifter (1805-1868), publié en 1857. À l'origine se trouve un fragment, rédigé en 1847, suivant le schéma de structure qui caractérise les *Études* (*) : un jeune homme entre dans un domaine mystérieux, habité par un vieillard énigmatique, et tout laisse prévoir qu'il y découvrira une sagesse fondée sur l'élaboration psychique d'un souvenir traumatisant. Restée inachevée, cette ébauche a été reprise dans les années 1850, à un moment où Stifter non seulement avait publié les cinq volumes des *Études,* mais avait aussi vécu les événements révolutionnaires de 1848 et s'était engagé, en devenant inspecteur des écoles, au service du gouvernement réactionnaire de Bach. Ses préoccupations sont devenues tout autres, il s'agit maintenant de faire une œuvre que l'on pourrait dire « engagée », d'ériger le monument d'une « grande force éthique » contre la « corruption morale » qui règne dans le monde politique et dans le monde artistique. Stifter essaie enfin de rivaliser avec celui qui, depuis toujours, est son modèle, Goethe. Il en résulte un roman de huit cents pages, qui conserve quand même la structure des *Études,* s'inspire aussi bien des *Années d'apprentissage de Wilhelm Meister* (*) que de l'autobiographie de Goethe, *Poésie et Vérité* (*), et s'achève sur la proclamation des valeurs morales et esthétiques.

Un jeune homme, Heinrich Drendorf, issu d'une famille de la bourgeoisie cultivée, décide de devenir un « savant universel », sans songer à utiliser pour quelque métier que ce soit le savoir qu'il aura acquis. Au cours d'une randonnée, il est par hasard accueilli dans la maison, enfouie sous les roses, d'un vieillard avec lequel il se lie d'amitié ; il apprendra plus tard que, dans sa jeunesse, ce vieil homme, le baron Risach, n'a pas pu épouser la jeune fille qu'il aimait, dont les parents le trouvaient de trop humble origine ; devenu un homme d'État riche et puissant, il s'est retiré dans sa « maison des roses », au centre de laquelle, dans une sorte de temple, se dresse la statue en marbre d'une déesse grecque. Heinrich apprend auprès de son hôte le sens de la culture, de la beauté, de la vie, et il devient à la fin le mari de Natalie, la fille de Mathilde, celle que Risach n'a pas épousée.

Il est impossible, dans un aussi bref résumé, de faire apparaître la fascination que dégage la lecture de ce récit, dont il n'existe malheureusement pas encore de traduction française : il n'y a rien d'aussi peu romanesque que ce roman, tout y est baigné dans une atmosphère de sérénité conquise sur l'incertitude et le regret ; sous l'extrême formalisme qui y régit les relations humaines se révèle une volonté presque désespérée de maîtriser tout trouble, toute angoisse, toute passion. L'histoire littéraire classe *L'Été de la Saint-Martin* parmi les « romans d'éducation » ; c'est bien plutôt la lente construction d'une image utopique, montrant une humanité devenue totalement humaine, totalement maîtresse d'elle-même et du monde. On comprend que Nietzsche, qui lui aussi a désespérément cherché à construire une image de l'homme délivré de lui-même, du monde et de Dieu, ait été un lecteur enthousiaste de ce roman unique dans la littérature allemande. J.-L. B.

ÉTÉ DES SEPT-DORMANTS (L'). Roman de l'écrivain suisse Jacques Mercanton (né en 1910), publié en 1974. Dernier roman de Jacques Mercanton, cette longue « chronique » est le couronnement de son œuvre de fiction. Le narrateur, Nicolas, raconte ses trois séjours successifs dans un institut de jeunes gens (Waldfried), situé sur le Danube en aval de Passau. Son histoire est celle de la fascination qu'exercent sur lui Bruno, un des pensionnaires, et Maria Laach, la femme du directeur et l'âme de Waldfried. Malgré sa beauté et ses dons, Bruno est un être voué au malheur. Incapable de s'attacher à la vie et de s'intéresser à son avenir, il choie l'idée de la mort comme le rêve d'un grand repos (rêve auquel il associe bientôt la drogue). On retrouvera son corps au bord du fleuve (accident ? suicide ?). Ce drame laisse inconsolable Nicolas, qui lui portait un amour impossible, et qui a vécu douloureusement cette incapacité foncière à sauver ceux que nous aimons. À cet égard, la chronique dessine la trajectoire épurée d'un destin. La mention, dès le Prélude, du suicide d'un jeune paysan, les fréquentes anticipations du narrateur, les propos désabusés de Bruno, la présence du Danube à la fois maternel et menaçant (les indigènes disent « die Doana »), l'injonction de Virginia Woolf : « Fear the death by water », qui revient comme un leitmotiv dans le récit, tout tend à faire de la chronique une représentation de ce tragique intérieur que Hegel résumait en ces termes : l'autre en moi comme ennemi. Si le récit plurifocalisé (au point de vue de Nicolas s'ajoutent ceux des personnages dont il rapporte les propos) donne de plus en plus de cohérence à la destinée de Bruno, en revanche il ne fait qu'épaissir le mystère de Maria Laach. Elle est prodigue en propos contradictoires ou sibyllins, pleine de ruses et de calculs pour assurer son pouvoir, mystérieuse sur son passé (a-t-elle été nazie ? a-t-elle eu un fils illégitime prénommé lui aussi Bruno ?). Catholique fervente (elle porte le nom d'une abbaye célèbre), c'est aussi un esprit plein de superstitions. « L'Été des sept-dormants » auquel elle fait sans cesse allusion n'est pas tant pour elle la légende d'Éphèse, que vénèrent l'Église et l'islam, qu'une croyance « bohémienne » en un cycle d'étés maléfiques. Et qu'est-ce que cet « autre royaume » dont elle rêve mais qu'elle ne définit jamais : la mort, la vie éternelle, le monde du rêve ? Qui devons-nous croire, le narrateur qu'elle fascine ou les autres (sa fille, des pensionnaires) qu'elle tyrannise et qui paraissent voir clair dans son jeu ? La vie idyllique qu'elle prétend vouloir perpétuer à Waldfried (et que contredisent tant d'incidents déplaisants, de pratiques suspectes, de versions contradictoires et de propos sans aménité) est-elle davantage qu'un songe dont elle a besoin ? Pour ceux qu'elle prétend avoir aimés, a-t-elle été une présence protectrice ou une mère abusive ? Fascinée par la noyade, la « plus belle mort », n'a-t-elle pas secondé les tendances suicidaires de Bruno ? : « Ce que Maria aime en moi, c'est mon malheur. » Et que penser de ce rêve uranique qui lui fait exalter la pureté des garçons, vouloir qu'ils ne sortent jamais de cet âge, favoriser l'amitié virile qui les écarte des femmes, et trouver si légitime et si beau le suicide d'êtres jeunes ? L'ensemble de ces questions fait de l'énigmatique Maria Laach une figure inoubliable, une des réussites majeures du romancier.

Chronique de la vie à Waldfried, « histoire d'un garçon qui boit et qui se drogue », *L'Été des sept-dormants* est aussi, selon un mode réflexif cher à l'auteur, une méditation parfois amère sur le « mystère de l'élection » (« Pourquoi s'attache-t-on si fort justement à ceux qui sont sans promesse ? ») et sur l'homosexualité comme forme privilégiée de la passion vouée à un renoncement « courtois » qui exalte le désir et qui fait le plus grand amour. Mêlés au drame et à la méditation, il y a la présence obsédante du fleuve, les paysages et les saisons, les monuments du baroque autrichien, hymne à la beauté du monde. Et chez les héros une familiarité avec la culture allemande qui contribue à faire que « l'anecdote qui étouffe devienne l'événement qui délivre ». Des vers de Stefan George et de Hofmannsthal, traités comme des leitmotive, mais aussi des emprunts à la liturgie en latin sont comme l'anticipation ou l'expression sublimée de ce que les héros vivent, et donnent à ce vécu sa pleine signification spirituelle. Quant au *Concerto à la mémoire d'un ange* d'Alban Berg, avec le choral de Bach *(Es ist genug)* que le compositeur a intégré à la fin du troisième mouvement, il devient pour le lecteur l'emblème du destin de Bruno, de l'amour souffrant de Nicolas, et du consentement que le drame qu'il a vécu exige de lui. J.-L. S.

ÉTÉ D'UN PAUVRE GARÇON (L') [*Kalpa zena vasara*]. Récit, publié en 1908, de l'écrivain letton Jānis Akurāters (1876-1937). C'est l'œuvre la plus populaire de ce romancier et poète, dont la production nous montre, sous un jour romantique et impressionniste, l'âme tourmentée de l'homme moderne. Il évoque ses souvenirs de jeunesse, en se déguisant en jeune et simple garçon campagnard, et révèle ainsi son âme d'adolescent avec ses inquiétudes, ses nostalgies secrètes, ses joies et ses mélancolies soudaines. Le protagoniste, Jānis, s'est engagé pour un été comme travailleur dans une ferme : c'est un jeune homme fluet mais, grâce à l'exubérance de sa jeunesse, il arrive à triompher de ces durs travaux. Avide de beauté, il s'enivre du paysage et de la lumière limpide qui baigne les champs au lever du soleil. Timide et réservé vis-à-vis des femmes, il s'éprend de la fille du maître, mais garde son amour secret. La nuit de la Saint-Jean, Jānis, beau et agile, se révèle un danseur passionné : la fille du maître lui manifeste de la sympathie mais lui, bien qu'enivré par sa présence, s'éloigne et se renferme dans son âme farouche. À l'automne, la jeune fille part pour l'école ; Jānis, resté seul avec ses nostalgies, rêve d'atteindre d'autres buts plus élevés et, son contrat étant arrivé à échéance, il commence une nouvelle vie d'études, laissant les champs fleuris pour les pierres muettes de la ville. Le récit de cet amour de jeunesse qui s'épuise dans ces rêves et s'effraie au contact de la réalité est mené avec sûreté et délicatesse.

ÉTÉ EN SUÈDE (Un) [*Schloß Gripsholm*]. Roman de l'écrivain et publiciste allemand Kurt Tucholsky (1890-1935), publié en 1931. L'œuvre du polémiste, adversaire implacable des forces rétrogrades de la République de Weimar, se situe dans une parenthèse formée par deux romans, celui de 1912, *Rheinsberg, livre d'images pour amoureux* [*Rheinsberg, ein Bilderbuch für Verliebte*], et *Un été en Suède*. Tous deux racontent une escapade estivale avec la femme adorée, tous deux ont pour toile de fond la silhouette d'un château. Autre point commun : l'érotisme teinté d'humour et la mise en vedette de la partenaire par son langage amusant et caractéristique. Mais l'auteur ne se contente pas ici de nous faire surprendre un tête-à-tête amoureux sous les chênes suédois, il y mêle l'histoire d'une petite fille, prisonnière de la sadique Mme Adriani, directrice d'internat. À travers ce symbole, la réalité politique réussit à s'introduire dans ce roman où règnent détente et fantaisie. – Trad. Balland, 1982. E. Ph.

ÉTÉ EXTRAORDINAIRE (Un) [*Neobyknovennoïe leto*]. Roman de l'écrivain russe Constantin Fedine (1892-1977). Cette œuvre, publiée en 1948, fait suite au roman *Les Premières Joies* (*) et forme le deuxième volume d'une trilogie. Le thème principal auquel s'attache ici l'auteur est la confrontation du monde nouveau au monde finissant. L'action se déroule durant « l'extraordinaire été » de 1919, qui fut un moment crucial de l'existence du jeune État soviétique : assailli de toutes parts par les généraux blancs et par les forces de l'intervention, amputé de la Biélorussie et de l'Ukraine, du Caucase et de la Sibérie, il se réduit, lorsque la guerre civile atteint son point culminant, aux seules provinces qui entourent Moscou. Nous retrouvons dans ce roman des personnages qui nous sont déjà familiers ; la même ville de Saratov sert le plus souvent de cadre au récit. Mais neuf années ont passé, apportant un bouleversement total des structures politiques et sociales du pays. Cyrille, que la déportation a mûri et durci et qui a adhéré au parti communiste, revient dans sa ville natale, où il occupera le poste de secrétaire du soviet, tandis que son ami Ragozine, sorti de clandestinité, dirige les finances de la province. En face de ces deux bolcheviques, il y a les ennemis de la Révolution : le vieux Mechkov, père de Lisa, à qui le nouveau pouvoir a tout pris ; Oznobichine, ancien procureur tsariste, qui essaie de camoufler son passé ; Pastoukhov, auteur dramatique, dont les œuvres ne trouvent plus d'écho dans la nouvelle société, et qui passe du côté des Blancs. Lisa, l'ancienne fiancée de Cyrille, a pu divorcer grâce aux lois nouvelles et, plutôt par faiblesse et lassitude que par attachement réel, elle épouse Oznobichine. Quant à Cyrille, qu'elle aime encore sans se l'avouer, elle ne le revoit qu'une seule fois pour le supplier d'intervenir en faveur de son père, arrêté pour avoir caché chez lui des pièces d'or. La trahison de la jeune femme avait profondément blessé Cyrille ; mais il surmonte cette déception en s'attachant peu à peu à Anotchka, qui est devenue une actrice pleine de talent. Le lecteur retiendra l'épisode de la représentation devant un public nouveau composé de soldats, qui en ont immédiatement saisi toute la portée révolutionnaire, d'*Intrigue et Amour* (*), la célèbre pièce de Schiller. Le romancier étudie à ce propos la question du rôle éducatif du théâtre. Lorsque les troupes de Denikine approchent de Saratov, Cyrille et Ragozine abandonnent leurs fonctions pour s'engager dans l'armée Rouge et défendre leur ville. Des conversations nombreuses qui se déroulent entre les personnages se dégage l'idée maîtresse de l'auteur : la vie n'a de sens que lorsqu'elle est consacrée à la lutte pour le bonheur de l'humanité. Il est regrettable que ce récit, fort attachant dans l'ensemble et qui parvient à recréer l'atmosphère troublée et passionnée de l'époque, soit gâché vers la fin par l'hommage obligatoire à Staline : le romancier entreprenant de prouver que le mérite de la victoire remportée sur les Blancs revient à Staline seul, à son génie d'organisateur et de stratège. Du troisième volet de la trilogie, intitulé *Les Feux dans la campagne* [*Koster*], seule une première partie, consacrée aux débuts de la guerre germano-soviétique, a paru en 1962. — Trad. Éditeurs français réunis, 1951.

ÉTÉ INDIEN. Dernière œuvre de l'écrivain français Roger Vercel (pseud. de Roger Crétin, 1894-1957), publiée en 1956. Un officier de marine français, le commandant de Sévignac, envoyé en mission aux États-Unis, est tombé amoureux d'une Américaine. Sa femme, Claude de Sévignac, qui n'a aucun soupçon, est invitée par la compagnie de navigation à laquelle appartenait jadis son père, à faire un voyage aux États-Unis, juste à l'époque où la mission de son mari devait prendre fin. Pendant la traversée, elle apprend son infortune, qui lui est confirmée à New York par une amie de pension, Éveline Bertier, installée dans cette ville. Au moment où Mme de Sévignac débarque à New York, son mari est en mer pour des essais, mais lorsqu'il regagne sa base de Norfolk et apprend que sa femme est à New York, il la rejoint et lui confirme qu'il en aime une autre. Claude de Sévignac rentre donc en France avec le premier bateau en partance ; indignée, elle écrit à bord une lettre de rupture définitive, annonçant à son mari qu'elle a l'intention, dès son arrivée en France, de vendre leur mobilier ; dorénavant, elle travaillera, ne désirant à aucun prix accepter un centime de celui qui l'a trahie. La tempête faisant rage pendant cette traversée, un cargo italien, qui fait route à quelques milles de l'« Artois » sur lequel voyage Claude de Sévignac, lance un S.O.S. ; le commandant de l'« Artois » perd toute une journée pour trouver et approcher le bateau en perdition et risque la vie de ses propres matelots pour sauver les marins du « Saseno ». Cette longue attente, que les marins du « Saseno » en perdition ont exigée du bateau qui venait les sauver, finit par impressionner Claude. Pourra-t-elle refuser cette même attente à son mari qui, pour l'instant, « est comme un bateau en perdition », mais qui se ressaisira peut-être ? Elle finit par comprendre que son devoir lui ordonne de ne faire aucun geste irréparable et elle déchire la lettre prête à être envoyée.

ÉTÉ MEURTRIER (L'). Roman policier de l'écrivain français Sébastien Japrisot (né en 1931), publié en 1977. La famille Fiorimondo, d'origine italienne, se compose de la mère (le père est décédé) et de trois frères : l'aîné travaille dans un garage et, comme il est pompier volontaire, on l'appelle Pin-Pon, Mickey fait des courses cyclistes et Boubou sort tout juste de l'adolescence. Dans un bal, Pin-Pon rencontre Éliane (22 ans) dont il tombe amoureux, qu'il nomme « Elle » et qu'il invite à venir vivre chez eux. Sa mère d'origine allemande a épousé le cantonnier Gabriel mais le vrai père d'Éliane est un des trois hommes qui ont violé sa mère un soir d'hiver. « Elle » recherche les coupables pour les tuer ; elle soupçonne le père de Pin-Pon et se venge sur son fils en lui faisant croire qu'elle est enceinte pour l'obliger à l'épouser ; elle croit identifier les deux autres coupables, un agent immobilier et le directeur d'une scierie. « Elle » s'arrange pour les rencontrer et les séduire, et confie à Boubou que ces deux hommes la forcent à se prostituer. Averti par son frère, Pin-Pon décide de les tuer en apprenant qu'« Elle » vient d'être internée : la jeune fille s'imagine avoir l'âge de neuf ans. Double meurtrier, Pin-Pon découvre que les vrais coupables avaient été exécutés par Gabriel des années auparavant ; c'est cette même révélation qui avait plongé « Elle » dans la démence. Japrisot utilise dans ce roman la technique américaine des récits parallèles, les différents protagonistes étant tour à tour narrateurs. L'intrigue est complexe, mais c'est surtout le portrait de « Elle » qui retient l'attention. C'est une « nature », sensuelle, ayant son franc-parler et s'exprimant un peu à la façon des héros de Salinger que Japrisot avait fréquentés comme traducteur. C'est Isabelle Adjani qui l'incarne dans l'adaptation de Jean Becker réalisée à l'écran en 1983 avec Alain Souchon dans le rôle de Pin-Pon. D. B.d.M.

ÉTERNEL DANS L'HOMME (De l') [*Vom ewigen im Menschen*]. Œuvre du philosophe allemand Max Scheler (1874-1928), publiée à Leipzig en 1921. Selon l'intention de l'auteur, cette œuvre devait comprendre quatre parties : la première et la deuxième (*Renouvellement religieux*) consacrées au problème de la philosophie religieuse ; la troisième (*Vorbilder*) consacrée aux « hommes représentatifs » ; la quatrième (*Ordo amoris*) devant traiter de la vie spirituelle comme réalisation de l'« ordre du cœur ». Seules les deux premières parties furent écrites ; des notes sur les deux autres furent publiées après la mort de Scheler, dans le premier volume des *Schriften aus dem Nachlass* (Berlin, 1933). L'œuvre n'est pas un traité systématique du problème religieux, mais plutôt un exposé à tendance religieuse et une application des idées développées systématiquement par l'auteur dans sa première œuvre : *Le Formalisme dans l'éthique* (*). Le titre *De l'éternel dans l'homme* indique, comme le dit Scheler dans sa préface, que dans ces essais l'auteur a cherché « à élever son regard spirituel au-dessus des tempêtes et des fluctuations de son époque — vers une atmosphère plus pure — et à le fixer sur ce qui est dans l'homme en tant qu'homme, c'est-à-dire sur ce par quoi il participe de l'éternité ». Il tend donc à déterminer, chez l'homme, indépendamment du mouvement historique, les sources spirituelles d'une vie nouvelle qui puisse lui donner une nouvelle énergie spirituelle et une nouvelle responsabilité historique et contribuer ainsi à résoudre les problèmes angoissants de notre époque.

La première partie contient les essais intitulés : « Repentir et Régénération » [Reue und Wiedergeburt], « Sur l'essence de la philosophie et de la condition morale de la connaissance philosophique » [Vom Wesen der Philosophie und der moralischen Bedingung des philosophischen Erkennens], « L'idée chrétienne de l'amour et le monde contemporain » [Die christliche Liebesidee und die gegenwärtige Welt] et « Reconstruction culturelle de l'Europe » [Vom kulturellen Wiederaufbau Europas]. Parmi ces essais, le plus important est le deuxième ; l'auteur, partant des recherches du « formalisme », estime que la volonté morale comme le savoir théorique plongent leurs racines dans les actes élémentaires de l'amour et de la répulsion, qui dirigent aussi bien notre volonté pratique que notre intérêt théorique et à travers lesquels se révèlent les essences des valeurs et de l'Être. Il ne s'agit donc pas d'une « primauté de la raison pratique », mais d'une profonde unité de la morale et de la connaissance dans l'unité encore plus profonde de notre personnalité ; il s'ensuit que la philosophie n'existe que dans la personnalité typique du philosophe.

La seconde partie, la plus importante de l'œuvre, contient un seul long essai, « Problèmes de la religion » [Probleme der Religion (zur religiöse Erneuerung)], consacré à la philosophie de la religion proprement dite. Définissant les rapports entre la philosophie et la religion, Scheler repousse aussi bien les tendances qui cherchent à unifier les deux camps que les tendances qui veulent affirmer leur complète hétérogénéité ; son hypothèse constitue le « système de la conformité », selon lequel philosophie et religion sont deux voies différentes convergeant vers le même but : Dieu, qui dans la philosophie est « entité en soi », absolu, et qui dans l'acte religieux se révèle « personnalité vivante » — deux aspects se soutenant et se complétant réciproquement. La philosophie religieuse n'est donc ni une théologie ni une critique de la théologie, mais une description phénoménologique des essences dans lesquelles se spécifie le concept de Dieu, et des actes intentionnels par lesquels ces essences s'expriment. L'essence du divin est constituée par deux moments fondamentaux : le caractère irrésistible de Dieu et son caractère d'infini personnel. À ces moments correspondent, chez l'homme, le sens de la créature et la constatation que « toute connaissance de Dieu est connaissance par Dieu », c'est-à-dire que Dieu est le protagoniste et le créateur de nos actes religieux. La vie religieuse est donc essentiellement « révélation », dans un sens très profond ; tout acte de connaissance religieuse est accompli en union avec Dieu. L'accomplissement de l'acte religieux n'est donc possible que si son objet — Dieu — par ses actes mêmes, élève jusqu'à Lui la personne et se révèle à elle. En cela, la critique de Scheler revêt toutes les formes d'une « religion naturelle » : il n'y a vraie religion que lorsque l'objet de la foi est un esprit personnel qui rend possible, par sa révélation, la réalisation des actes religieux.

À la critique de la « religion naturelle » et au concept de religion — révélation d'un esprit infini personnel — il faut rattacher la conception originale des rapports entre morale et religion, conception dans laquelle le principe de la conformité trouve son application la plus heureuse. Dès lors, le rapport entre morale et religion ne peut se comprendre à la manière de Kant, qui établit la complète autonomie de la morale et, par conséquent, rend le divin dépendant de la morale autonome. Il ne peut être considéré non plus comme une hétéronomie éthique, car la morale n'est pas dépendante du seul commandement arbitraire de Dieu. Il doit donc être considéré comme l'entendent les thomistes : « théonomie », c'est-à-dire lien de Dieu et de l'homme par rapport à ces principes moraux qui dépendent de l'essence divine ; l'acte de la volonté divine apparaît subordonné à l'acte de l'intelligence divine, et ce dernier lui-même à l'acte d'amour qui domine Dieu dans tous ses actes. L'acte religieux comme l'acte moral est avant tout participation à l'amour infini de Dieu ; par conséquent, l'acte religieux et l'acte moral se fondent l'un dans l'autre réciproquement. Ici encore, comme dans toute l'œuvre de Scheler, le concept de la « personne » joue un rôle central ; les valeurs morales sont des valeurs personnelles, et elles émanent de personnes ; mais Dieu est « personne » des personnes, et toute personne finie est image de Dieu ; donc l'aperception des valeurs morales n'est possible que dans l'acte religieux. De même, la qualité essentielle de la personne est sa bonté ; quand Dieu se révèle comme un Dieu « bon », l'acte religieux est pénétré par l'acte moral, et les éléments d'une théorie des valeurs morales sont absolument nécessaires à une description positive du divin. Solution vraiment profonde et originale de l'un des problèmes les plus complexes de l'éthique : l'antinomie existant entre la personnalité et l'objectivité universelle de la valeur morale ; mais solution qui bouleverse cette antinomie même, en la transportant du relatif dans l'éternel, et en réduisant la vie morale à une « théurgie » dans laquelle l'individu est passif. Le défaut principal de cette œuvre, et d'ailleurs de toute la philosophie de Scheler, c'est d'étouffer la relativité de la vie religieuse dans une transcendance immobile et de méconnaître le mouvement dialectique de la vie de l'esprit.

ÉTERNELLE ET LA SAINTE (L') [*Vetchnata i sviatata*]. Recueil de la poétesse bulgare Elissavéta Bagriana (1893-1991), publié en 1927. « L'Éternelle et la Sainte », c'est la femme : la mère, l'amante, l'épouse, avec ses peines, son travail, les émotions qui bouleversent son cœur. Dans un autre poème, « Le Chant des fileuses », nous sommes en présence d'un groupe de jeunes filles qui tout en filant rêvent à une vie meilleure, aux horizons infinis. Dans « Cri » nous est conté le drame muet de celle qu'aucun n'appelle, qui n'est aimée de personne. Une autre pièce nous décrit une femme exsangue, les paupières closes ; c'est encore elle, l'« Éternelle », qui vient de donner la vie tout en sacrifiant sa propre vie. Bagriana chante l'amour, la joie de vivre, la jeunesse, l'amour maternel, la peur de perdre son enfant malade, mais elle lutte aussi pour l'émancipation de la femme, la reconnaissance de ses droits politiques ou sociaux avec des accents dont la ferveur s'exprime à travers une langue limpide et nuancée, qu'on retrouvera dans ses meilleurs recueils : *L'Étoile du marin* (*) et *Un cœur d'homme* (*).

ÉTERNEL MARI (L') [*Večnyj muž*]. Roman de l'écrivain russe Fedor Mikhaïlovitch Dostoïevski (1821-1881), publié en 1870. Cette œuvre doit être considérée à part des autres créations littéraires de l'auteur. Dostoïevski, en effet, ne traite pas ici des problèmes philosophiques et sociaux qui caractérisent ses romans les plus connus. Aux approches de la quarantaine, un homme du monde, Veltchaninov, se souvient, dans un moment de neurasthénie, de ses péchés de jeunesse. Ce souvenir lui donne des regrets et de l'inquiétude. Une nuit, un fonctionnaire, Troussotzky, dont la femme a été la maîtresse de Veltchaninov quelques années auparavant, vient le voir à l'improviste. Il lui apprend que cette femme est morte en laissant une fillette, que Veltchaninov suppose être sienne. Il se charge alors de l'éducation de la petite, mais celle-ci tombe malade et meurt. Les remords accablent toujours davantage Veltchaninov. Cependant il revoit deux fois encore Troussotzky, mais celui-ci s'est entre-temps fiancé, puis marié. Ces visites représentent pour lui une menace contre la tranquillité familiale. La première fois, l'« éternel mari », indigné, cherche à tuer au moyen d'un rasoir celui que par antithèse on pourrait appeler l'« éternel amant ». La seconde fois, Troussotzky nouvellement remarié réussit avec peine à convaincre son rival de ne pas lui voler sa nouvelle femme. Le véritable héros du roman est Troussotzky, l'« éternel mari » qui est né et a grandi dans la seule perspective de devoir se marier un jour. Dostoïevski a voulu s'amuser à ses dépens. Mais s'il peut créer ce personnage fort original qu'est le mari trahi, c'est qu'après tant d'années il peut rire avec sérénité de son premier mariage malheureux. Du point de vue littéraire, ce roman est peut-être la meilleure de ses œuvres humoristiques. Il est bien équilibré et pénétré d'une veine comique, fraîche et spontanée. – Trad. Gallimard, 1931 ; L'Âge d'Homme, Lausanne, 1988.

ÉTERNEL RETOUR (L') [*Die ewige Wiederkunft*]. Ouvrage inachevé du philosophe allemand Friedrich Nietzsche (1844-1900), écrit par fragments (1881 et 1884-1888) et publié après sa mort dans le VIe et le Xe volume des Œuvres complètes éditées par les soins de E. Förster-Nietzsche (Leipzig, 1896-1911). Le thème central de l'œuvre s'imposa brusquement à l'esprit de l'auteur au mois d'août 1881, à Silvaplana, « à six mille pieds au-dessus de la mer et beaucoup plus haut au-dessus de toutes les choses humaines » ou, comme il préféra dire plus tard, « à six mille pieds au-delà de l'homme et du temps ». Il consiste dans l'affirmation que la vie universelle se répète et se répétera indéfiniment. Nietzsche crut pouvoir étayer par des arguments scientifiques cette thèse qu'il avait dénigrée — v. *Considérations inactuelles* (*) — lorsqu'il l'avait rencontrée dans la philosophie grecque. Mais ce qui importe, dans l'idée de l'éternel retour, c'est son caractère de « suprême affirmation » vitale ; quand le cycle de l'existence cosmique inspire cette pensée, alors le plein midi de l'humanité est atteint, et il se caractérise par l'« amour du sort », par une acceptation et un ardent amour pour la vie et le destin. L'éternel retour tient la place de l'immortalité : sa révélation nous enseigne que c'est cette vie, et non une autre, qui est la vie éternelle : « Non alia, sed haec vita sempiterna. » Il est singulier que, dans une annotation brève, l'auteur ait écrit de l'éternel retour : « Peut-être n'est-il pas vrai ; puissent d'autres lutter avec lui. » Le thème de l'éternel retour se retrouvera dans *Le Gai Savoir* (*) et dans *Ainsi parlait Zarathoustra* (*).

ÊTES-VOUS FOUS ? Récit de l'écrivain français René Crevel (1900-1935), publié en 1929, en quatre chapitres. Crevel se dédouble en Vagualame et se moque de lui sans pitié. Vagualame court la bonne aventure chez une voyante, Mme de Rosalba. Le deuxième chapitre est consacré à l'histoire de Yolande : milieu du cirque, règne de l'insolite artificiel, du fantastique facile ; c'est le passage le plus fabriqué, mais au fil de la lecture réapparaissent la violence de Crevel, son dégoût de la fausseté. Le troisième chapitre est consacré principalement au séjour de l'auteur en Suisse dans un sanatorium. La virulence contre la médecine et la psychanalyse, la satire féroce des malades et des femmes du monde, le souvenir du passé brisé par négligence, la mélancolie poignante, le rire crispé traversent ces pages. « Tu sèmes des syllabes pour récolter des étoiles mais nul bouquet d'astres ne s'épanouit au-dessus de nos têtes. » Le conte, la satire, l'histoire policière, le tableau d'une vie, la fantaisie débridée, l'humour grinçant, les calembours organisent les thèmes que nous retrouvons dans les autres romans : *La Mort difficile* (*), *Détours* (*), *Babylone* (1927), et dans un essai remarquable : *L'Esprit contre la raison* (*). Obsession du corps, absurdité du monde, refus du dualisme. Le dernier chapitre se passe à Berlin à l'Institut sexuel et dans un cabaret : c'est une violente satire de ce monde vain où tout n'est que masque. La fin du livre est une variation sur le dégoût qu'il éprouve et sur la nécessité d'une violence pure, et le final une diatribe contre l'individualisme : « Le salut n'est nulle part, ne sera nulle part, tant qu'on le croira pour quelques-uns et non pour tous. » Le monde est malade, il faut réconcilier le rêve et l'action, il faut sortir de l'immobile « mais, pour les flâneurs de l'une et l'autre rive, pour les veules et les escrocs qui s'autorisent de raisons sociales, patriotardes, conventionnelles et autres, pour les grisâtres friands de mensonges multicolores, que ta voix ressuscite, se gonfle, et toujours, encore, interroge : "Êtes-vous fous ?" »

ETHAN FROME. Roman de l'auteur américain Edith Wharton (1862-1937), publié en 1911. Ethan Frome est le héros d'un drame terrible dont les éléments, sans être nouveaux, trouvent ici une expression originale que n'entache aucun réalisme outrancier. Dans une ferme isolée, non loin de Starkefield, Ethan Frome cultive, au prix de nombreux sacrifices, une terre avare qui lui permet tout juste de vivre misérablement et d'acheter les remèdes nécessaires à sa femme Zénobie, querelleuse, maladive et précocement vieillie. Il l'avait épousée à la mort de sa mère dont Zénobie était l'infirmière, le silence et la solitude de la vieille maison étant devenus alors trop pesants pour lui. Maintenant, Ethan se sacrifie pour cette femme dure et égoïste comme il s'est sacrifié jadis pour ses parents ; cependant, depuis quelque temps, le sourire et la jeunesse sont entrés dans sa vie, avec Mattie Silver, une cousine pauvre et orpheline que Zénobie a fait venir chez elle, n'étant pas assez riche pour s'offrir une servante. Ethan et Mattie s'aiment d'un amour chaste et silencieux. Zénobie comprend et se tait, jusqu'au jour où elle annonce qu'elle a décidé de renvoyer Mattie. Ethan doit se contenter d'accompagner la jeune fille à la gare ; elle ne possède pas un sou et lui est trop pauvre pour pouvoir fuir avec elle. Durant le trajet sur la route, les deux jeunes gens se confessent leur amour réciproque et, désespérés, décident de mourir ensemble : enlacés, ils laissent filer tout droit le traîneau vers un précipice.

Vingt ans après la tragédie, celui qui raconte l'histoire rencontre Ethan, un vieillard invalide qui porte sur ses traits une grandeur tragique ; on sent qu'il vit « dans un isolement moral trop profond pour qu'on puisse l'aborder d'une façon banale ». Puis un jour, Ethan le conduit chez lui ; dans une cuisine lugubre se trouvent deux vieilles, l'une grande et droite, l'autre immobile dans un fauteuil et qui parle d'une voix âpre et plaintive. Cette infirme, c'est Mattie ; l'autre, c'est Zénobie qui, après la catastrophe, est devenue à son tour une infirmière vigilante et patiente. La tragédie réside tout entière dans cette tentative manquée pour échapper au destin : Ethan y retombe comme un prisonnier qui voit sa peine accrue du fait qu'il a voulu fuir. La solitude intérieure, le silence dans lequel le héros devenu vieux paraît enseveli sont plus que l'expression, l'image de cette fatalité acceptée tristement et sans résignation. Mais la meilleure partie du roman est sans doute celle qui traite de l'amour timide d'Ethan et de Mattie : ce sont là les pages les plus belles et les plus délicates qu'ait écrites Edith Wharton. — Trad. Mercure de France, 1979.

ÉTHIOPIDE (L') [Αἰθιοπίς]. Par ce poème, en cinq livres, le poète grec Arctinos de Milet (VIIIe s. av. J.-C.) se proposa de continuer le récit homérique de l'*Iliade* (*), en partant exactement d'où Homère s'était arrêté. Hector vient d'être enseveli avec tous les honneurs ; les Troyens voient arriver, pour leur prêter secours, Penthésilée, reine des Amazones ; mais les exploits de ces femmes guerrières devaient être de courte durée, parce que leur reine fut tuée par Achille. Thersite saisit ce prétexte pour se moquer du héros des Myrmidons comme d'un tueur de femmes. Achille alors, dans un élan de colère, tue le moqueur et, pour expier sa faute, part volontairement en exil avec ses bateaux vers Lesbos. Memnon, roi des Éthiopiens (c'est lui qui donne le titre à ce poème), profite de son absence pour aider les Troyens. En exterminant les Achéens, le roi éthiopien tue aussi Antiloque, jeune ami d'Achille. Ce dernier revient et s'apprête à entrer dans Troie, lorsque la flèche de Pâris le blesse mortellement au talon. Après sa mort, Ulysse dispute à Ajax les armes d'Achille, qui sont enfin attribuées au roi d'Ithaque. Ajax, désespéré, se tue. Cette œuvre, riche en thèmes poétiques et pleine d'aventures, pourrait s'appeler plus justement l'*Achilléide* (*). Ce sujet fut repris plus tard par Stace, qui n'acheva pas son poème. Cette *Éthiopide* — qui a un rapport très intime avec *La Destruction d'Ilion* (*) du même Arctinos — inspira en grande partie la production épique et tragique postérieure à Homère — v. *Cycle épique grec* (*).

ÉTHIOPIQUES (Les) [Αἰθιοπικά]. Roman de l'écrivain grec Héliodore d'Émèse (IIIe siècle ap. J.-C.). C'est le plus long des romans grecs (dix livres) et celui qui réunit les éléments les plus caractéristiques du genre. À Delphes, près de Chariclès, prêtre d'Apollon, vit Chariclée, splendide jeune fille dont l'origine est mystérieuse. Au cours d'une fête, elle rencontre un prince de Thessalie, Théagène, et les jeunes gens sont frappés d'un coup de foudre réciproque. Aidés et accompagnés par Calasiris, prêtre égyptien se trouvant à Delphes, les deux amoureux s'enfuient vers l'Égypte, après s'être juré un amour éternel et s'être engagés à demeurer chastes jusqu'au moment où ils pourront célébrer leurs noces légitimes. Le roman est constitué par les aventures innombrables que les promis connaissent avant leur mariage. Les hasards s'enchevêtrent d'une façon incroyable, empêchant les amoureux de se retrouver et leur faisant souvent frôler la mort. L'intrigue comporte parfois des mises en abîme à plusieurs niveaux, rendant la compréhension difficile pour le lecteur. Des tempêtes sur mer, des assauts de pirates et de brigands, des guerres, des embuscades, des trahisons, des ruses, des pièges d'amoureux, des équivoques, des reconnaissances, des vivants pris pour des morts, des morts qui parlent, des sorcelleries, des obstacles de toutes sortes retardent sans cesse le dénouement. Après avoir échappé à Oroondatès, satrape perse d'Égypte, et à sa femme Arsacé, les fiancés parviennent en Éthiopie comme prisonniers de guerre, et ils doivent être immolés au cours d'un rite barbare. Mais, au bon moment, on découvre que la jeune fille est la fille des souverains éthiopiens Hydaspe et Persinna. Après d'ultimes et interminables péripéties, les derniers obstacles s'évanouissent et les noces sont enfin célébrées !

À l'instar de ce qui se passe dans les autres romans grecs qui nous sont parvenus, dans *Les Éthiopiques*, l'amour domine le récit et nous est présenté sous la forme traditionnelle d'un sentiment vertueux et légal, couronné par les noces. On y trouve un sentimentalisme de convention, l'habituelle distinction entre les bons et les méchants, avec le triomphe des premiers, ainsi qu'un penchant très marqué pour les péripéties et le merveilleux. Le récit est parsemé de digressions mythologiques, philosophiques et ethnologiques, imitant certains auteurs classiques, en particulier Hérodote. Dans *Les Éthiopiques,* on remarque, à l'encontre d'autres romans de ce genre, une architecture ordonnée et une clarté dans l'arrangement et l'expression des thèmes les plus disparates. Le succès de ce livre fut très grand, non seulement au cours du Moyen Âge byzantin, mais aussi dans une époque plus moderne. Il fut par exemple imité par le Tasse lorsqu'il esquissa le personnage de Clorinde, et par Cervantès dans ses *Travaux de Persilès et de Sigismonde* (*). Racine et Shakespeare se sont aussi beaucoup inspirés d'Héliodore. – Trad. C.U.F., Paris, 1934-1940 (3 vol.) ; et dans *Romans grecs et latins,* Gallimard, 1958.

P. Sch.

ÉTHIQUE de Geulincx [*Ethica*]. Œuvre fondamentale, écrite en latin, du philosophe belge Arnold Geulincx (1624-1669), le représentant le plus en vue de la tendance cartésienne de la philosophie, connue sous le nom d'« occasionnalisme ». Cette œuvre possède une abondante histoire bibliographique. Elle tire son origine d'une *Disputatio ethica de virtute et primis eius proprietatibus*, publiée en 1664, remaniée et rééditée l'année suivante sous le titre *De virtute et primis eius proprietatibus, quae vulgo virtutes cardinales vocantur.* Enfin, en 1765, l'œuvre fut de nouveau rééditée, accompagnée de cinq nouveaux traités et compléments tirés des manuscrits de l'auteur, par Cornelius Bontekoe (Philaretus), sous le titre : **Γνῶθι σεαυτον**, *sive Arnoldi Geulincxi Ethica.*

Chez Geulincx, l'éthique est étroitement liée à la théorie de la connaissance et à la métaphysique. Descartes avait vu dans l'âme et le corps deux substances absolument distinctes et hétérogènes, ce qui ne permettait pas de concevoir entre elles des rapports réciproques. L'« influxus physicus » de l'âme sur le corps et du corps sur l'âme, admis pourtant par Descartes, était une contradiction au principe de la conservation de la quantité de mouvement. Mais, si l'on était amené à écarter l'hypothèse de l'influx physique, il ne restait plus, dans le système cartésien, qu'à recourir à l'action de Dieu. C'est dans cette voie que s'étaient déjà engagés Clauberg, La Forge et Cordemoy, mais Geulincx prit une décision radicalement opposée. Il commença par déclarer que le corps ne peut être la cause des sensations dans l'âme, ni la volonté celle des mouvements du corps. Tous les corps existant dans l'univers (y compris notre propre corps) ne sont que des modalités différenciées d'un corps unique, régies par les lois du mouvement, telles qu'elles sont établies par Dieu. De même, les âmes différentes ne sont en réalité que des modalités d'une âme unique et universelle, et tous les mouvements qui s'y présentent ne sont que des reflets des pensées de l'esprit divin. L'homme est donc un simple spectateur d'un monde dont il participe de par sa corporéité, d'un monde où tout est régi par des lois qui mettent en jeu des imaginations, des pensées et des volontés stabilisées dans la sagesse divine, laquelle réalise tout dans l'homme, y compris la conscience qu'il peut avoir de la liberté. L'*Éthique* de Geulincx a un caractère nettement contemplatif. Elle est fondée sur le « Connais-toi », par lequel doit débuter toute étude du caractère humain : « Inspectio et despectio sui ; sum igitur nudus spectator huius machinae. Ita est, ergo ita sit. » Mise en face du monde corporel, l'âme humaine doit se reconnaître comme y étant étrangère et réaliser sa faiblesse. Mais, en face de Dieu, l'âme doit se purifier, en se libérant de son individualisme et en réalisant en soi l'image de la sagesse divine, de l'éternelle raison.

Le dualisme cartésien, affirmé chez Geulincx lorsqu'il s'agit de l'interprétation mécaniste et mathématique du monde, tend à se transformer en une doctrine mystico-rationnelle dès qu'il s'agit des rapports de l'âme avec Dieu.

ÉTHIQUE. Enquête sur les faits et les lois de la vie morale [*Ethik. Untersuchung des Tatsachen und Gesetze des sittlichen Lebens*]. Œuvre du philosophe allemand Wilhelm Wundt (1832-1920), publiée à Stuttgart en 1886 (5e édit. en 1923-24, en 3 vol.), dans laquelle l'auteur entreprend de rechercher les motifs et les fins de l'action morale. Si la détermination des lois et normes morales se fait par une méthode empirique, c'est par la méthode spéculative que les lois se légitiment et se fondent sur des concepts généraux. La méthode empirique subjective propre à déterminer les conditions de l'acte moral doit être accompagnée de l'enquête objective sur les faits humains fournis par la philologie et l'histoire, de manière à faire une histoire psychologique de la conscience morale spontanée, et une histoire critique de la conscience réfléchie. L'évolution du sens des termes « vertu » et « vice » se révèle surtout dans les conceptions des religions « éthiques » qui, à travers des mythes, visent à décrire des sentiments et des représentations dans le cadre d'une existence idéale répondant aux besoins et aux désirs de l'âme humaine : c'est ainsi qu'aux notions de justice et de réparation, si cette justice a été violée, ces religions substituent idéalement la conception d'un ordre de l'univers et celle d'une vie future. Les lois éthiques sont pensées comme des impératifs religieux, moralité et religion différant non de contenu, mais de points de vue. Le fait de la vie sociale fait surgir, comme répercussion de la vie spirituelle collective, la coutume ; laquelle révèle les buts de nature morale que la vie collective crée au cours de son évolution ; ce sont des buts de caractère éthique et social à la fois, qui dépassent le cercle des intérêts individuels : défense des moyens d'existence, rapports issus du travail, liens de famille et d'État avec leur organisation juridico-sociale. La nature et la civilisation agissent elles aussi, au point de vue éthique, sur l'homme, par les exigences matérielles, l'influence du milieu physique, les sentiments de sympathie et de pitié envers le prochain, l'affinité des expressions et des intérêts supérieurs. L'enchaînement des motifs et des fins produit une expansion croissante des représentations éthiques, assurant ainsi une continuité dans le progrès moral.

Dans la réflexion philosophique, l'éthique des Anciens se borne à indiquer par quelle conduite l'homme peut s'approcher des biens de la vie réelle ; l'éthique médiévale chrétienne conçoit le bien moral comme se réalisant en une autre vie spirituelle ; l'éthique moderne cherche à concilier les précédentes, en se présentant comme doctrine des biens : d'où le devoir et la vertu. Comme motifs de la moralité, les différentes doctrines donnent ou un sentiment inné (intuitionnisme), ou une réflexion intellectuelle dictée par l'expérience (empirisme), ou une idée de la raison, participant des deux. Selon la nature des fins proposées, les systèmes moraux sont ou autonomes ou hétéronomes : les premiers, « eudémonistes » ou évolutionnistes ; les seconds, politiques ou religieux.

L'erreur fondamentale des systèmes hétéronomes d'autorité est de renverser la causalité éthique. L'ordre politique et religieux, étant le résultat des conceptions morales, ne peut en être la cause. Cependant l'un et l'autre continuent à avoir de l'efficacité éducative, grâce à l'accent que tous deux mettent sur l'autorité absolue du devoir. Parmi les systèmes autonomes, celui de l'utilitarisme égoïste ne réussit pas à expliquer comment, de l'égoïsme, sort l'altruisme, qui doit donc être original, ainsi qu'Adam Smith a tenté de le montrer, déduisant de la sympathie toute la moralité. Une conciliation des impulsions égoïstes et altruistes est nécessaire. Aussi Wundt discute-t-il l'utilitarisme altruiste tel qu'il s'exprime chez Aristote, Shaftesbury et Bentham : Wundt montre les difficultés de fonctionnement et d'harmonisation qu'il rencontre, même s'il est complété par la notion de prévalence qui est accordée, dans l'évolution, aux impulsions les plus résistantes et donc les plus utiles à la conservation de l'espèce.

Il étudie également les doctrines éthiques qui posent comme principe le perfectionnement, soit individuel (Leibniz et Kant), soit universel ; doctrines dans lesquelles il importe de déterminer le rapport entre la volonté individuelle et la volonté collective. Le but moral ne peut résider que dans la vie collective et dans le progrès général, pour la production de créations spirituelles dont l'esprit collectif de l'humanité est l'objet. Déterminer de manière positive et concrète l'idéal moral est chose vaine. Seule la science peut tenter de donner aux idées morales une expression générale selon le stade de l'évolution. La norme générale et individuelle peut être exprimée ainsi : pense et agis de façon que le respect envers toi-même ne vienne jamais à manquer ; accomplis les devoirs que tu assumes envers toi et envers les autres. La norme générale sociale dit : respecte ton prochain comme toi-même, sers la communauté. La norme humaine : considère-toi comme un instrument de réalisation de l'idéal moral et sacrifie-toi au but idéal. Mais les idéaux éthiques tirent leur valeur permanente d'un but absolu du monde, d'un ordre moral infini : c'est l'idée de Dieu, exigence ultime de l'ordre moral ; elle est au-dessus de la raison et, sur son objectivité, nous ne pouvons rien affirmer. L'*Éthique* de Wundt est donc empirique dans sa base, philosophique dans sa construction, intuitive dans les motifs de sa moralité, évolutionniste et universelle dans la détermination de sa « fin éthique ».

ÉTHIQUE ou « Connais-toi toi-même » [*Ethica seu liber dictus « Scito te ipsum »*]. Édité par Pez dans son *Thesaurus anecdotorum novissimus* (1721) et par Cousin dans *Petri Abaelardi Opera hactenus inedita* (1849-59). Ce traité de morale, dont nous ne possédons que le premier volume et un très court fragment du second, fut certainement écrit au cours du deuxième séjour du philosophe et théologien français Pierre Abélard (1079-1142) dans le monastère du Paraclet, auprès d'Héloïse, c'est-à-dire après 1129. Cet ouvrage est important en raison de la primauté qu'il accorde à la conscience morale et de son audacieux subjectivisme. L'idée centrale est la suivante : l'action morale n'est ni bonne ni mauvaise par elle-même, mais seulement par rapport à l'intention de celui qui l'accomplit. Abélard ne nie pas pour cela la norme objective qui trouve ses assises dans la libre et nécessaire disposition de la volonté de Dieu, cause absolue de toute chose et donc aussi de toute action humaine ; il prétend seulement que la volonté délibérée de transgresser cette norme qui siège dans notre conscience constitue le péché. Aussi, celui qui a été empêché, par quelque circonstance extérieure, de commettre telle mauvaise action à laquelle son âme avait déjà consenti est aussi coupable que s'il l'avait commise et mérite fort justement d'être puni. C'est l'intention que pèse le juge souverain, et non les actions extérieures. Abélard, loin de tirer de ce principe une morale rigoriste, la condamne. Il fait une distinction entre l'inclination naturelle pour le mal [vitium] et le consentement de l'âme à cette inclination [peccatum]. C'est pourquoi ceux qui ont condamné le Christ sans le connaître n'ont pas péché, et l'homme de bonne volonté peut avoir une vie parfaitement bonne s'il lutte contre sa tendance au mal qui devient ainsi un moyen de vertu, en tant que la vertu est lutte. On comprend pourquoi les traditionalistes dénonçaient comme dangereuses les conséquences auxquelles on pouvait aboutir si, pour tout problème éthique, on ne se référait qu'à la conscience subjective, et pourquoi saint Bernard de Clairvaux, l'implacable adversaire d'Abélard, trouvait dans le *Scito te ipsum* ou dans la *Théologie* — v. *Introduction à la théologie* (*) — matière à ces treize chefs d'accusation qui, en 1141, conduisirent Abélard devant le concile de Sens qui le condamna sévèrement. On pourra se reporter à la traduction allemande *Die Ethik des Peter Abälard,* Wiesbaden, 1947.

ÉTHIQUE À EUDÈME [Ἠθικὴ Εὐδήμια]. Ouvrage en sept livres du philosophe grec Aristote (384-322 av. J.-C.), compris dans la collection des ses œuvres en même temps que la *Grande morale.* C'est un compendium rédigé par un péripatéticien inconnu. La question de l'attribution de l'*Éthique à Eudème* et de sa date a été des plus débattue. Certains ont voulu y voir une ébauche des doctrines morales aristotéliciennes, faite par Aristote lui-même, quand il ne s'était pas encore soustrait complètement à l'influence de Platon ; d'autres, au contraire, croient pouvoir affirmer qu'il s'agit d'un abrégé de l'*Éthique à Nicomaque* (*), travail conduit avec fidélité par le péripatéticien Eudème de Rhodes, dans l'intention de clarifier les leçons d'Aristote. Un fait est certain, c'est que l'*Éthique à Nicomaque* et l'*Éthique à Eudème* se correspondent parfaitement dans le contenu doctrinal, l'ordre de l'exposition, la manière de traiter le sujet, et jusque dans le style. Trois livres même — IV, V, VI et V, VI, VII — sont identiques. On peut cependant remarquer, entre les deux œuvres, deux différences fondamentales : tout d'abord, l'*Éthique à Eudème* n'est pas, comme l'*Éthique à Nicomaque,* liée à une politique, mais elle a un contenu strictement moral. En second lieu, elle est empreinte d'un ton religieux : la véritable vertu repose sur la religion et elle traduit le commandement et l'inspiration d'une raison surhumaine. Cette particularité est expliquée par les uns comme un héritage platonicien, et par les autres comme le résultat de l'influence stoïcienne que l'on remarque nettement dans la *Grande morale.* Les renseignements historiques que nous possédons sur Eudème de Rhodes confirment en tout point l'hypothèse suivant laquelle il serait l'auteur de ce résumé fidèle et exact que constitue ce livre. Il fut, parmi les disciples d'Aristote, l'un des plus estimés du maître, qui lui dédia une élégie et soumit à son jugement la *Métaphysique* (*) avant de la publier. Il nous reste de lui des fragments d'une *Physique* et d'une *Analytique,* tous composés selon la lettre et l'esprit de l'école péripatéticienne. — Trad. Durand, 1856 ; Vrin, 1978.

ÉTHIQUE À L'ÂGE DE LA SCIENCE (L'). L'a priori de la communauté communicationnelle et les fondements de l'éthique [*Das Apriori der Kommunikationsgemeinschaft und die Grundlagen der Ethik*]. Opuscule du philosophe allemand Karl-Otto Apel (né en 1922), publié en 1973 — le dernier des essais réunis dans *Transformation de la philosophie* [*Transformation der Philosophie*, 1973]. Apel établit un passage entre l'herméneutique phénoménologique et le « tournant pragmatique » de la philosophie du langage. Puis, pour faire face aux diverses formes de relativisme et de scientisme qui marquent l'époque moderne, il met en évidence la nécessité, pour la philosophie, de poser à nouveaux frais la question de ses fondements (ce qu'il nomme « retranscendantaliser la philosophie »). *L'Éthique de la science* rencontre ici la contradiction de notre société industrielle et planétaire qui ressent le besoin d'une éthique universelle mais semble rendre désespérée la tâche de la fonder en raison dans la mesure où la possibilité même de l'objectivité scientifique paraît renvoyer la validité des normes morales à l'arbitraire subjectif. Or la question est de savoir si l'objectivité de la science axiologiquement neutre peut elle-même être comprise sans présupposer a priori la validité intersubjective des normes morales. Tout discours théorique doit « mettre entre parenthèses » la validité des énoncés pour les éprouver, mais on ne saurait mettre entre parenthèses la prétention à la validité normative elle-même. Le solipsisme réfuté on met en évidence les conditions de possibilité et de validité de l'objectivité scientifique en se tournant vers les activités de communication qui, au sein de la communauté des savants, visent la compréhension interpersonnelle. On montre ensuite que l'objectivité et la logicité présupposent la validité intersubjective de normes posant que la science « doit être ». La justification de toute pensée présuppose ainsi les normes d'une communauté d'argumentation où tout partenaire doit être reconnu comme une personne. La raison est donc essentiellement pratique. Chez Kant, la « norme » morale fondamentale est métaphysiquement réduite à une « loi » conçue comme « fait de la Raison ». Apel réinterprète ce « fait » à la lumière du statut a priori de l'argumentation et reconstruit sur cette base une éthique normative. Le principe en est associé à la tâche de développer la méthode de la délibération pratique pour la faire entrer dans des institutions qui, politiquement et juridiquement, prennent en compte la validité des prétentions qui expriment les besoins humains. S'en déduisent deux principes régulateurs : garantir la survie de l'espèce humaine en tant que communauté réelle d'argumentation et réaliser la communauté idéale dans la communauté réelle. Une telle « stratégie » d'émancipation donne son sens à toute stratégie de survie qui mobilise la science et la technique pour les fins qui les fondent. – Trad. Presses universitaires de Lille, 1987.

M. A. S.

ÉTHIQUE À NÂSER (L') [*Akhlâq-e Nâseri*]. Ouvrage du philosophe persan Nâser al-Dîn al-Tousi (1201-1274), publié en 1231. Ce livre consacré aux conduites morales et politiques vise la perfection pratique des facultés de l'âme humaine. La finalité ultime de la vie est dans la recherche du voisinage de la lumière divine, de sorte qu'il s'agit d'abord de rechercher selon quelles vertus l'âme peut subsister. Le thème aristotélicien des vertus est interprété selon un schème gradué : nous possédons trois âmes, bestiale, sauvage et angélique, et la vertu a pour mission de réconcilier l'ensemble sous l'égide de l'âme angélique. La félicité humaine est de deux ordres : déficiente ou parfaite, lorsque l'âme s'assimile à la cause première de l'univers. Les quatre vertus, sagesse, courage, continence et justice, correspondent aux quatre facultés, spéculative, pratique, appétitive et irascible. Les vices majeurs sont l'ignorance, la couardise, l'avidité et la tyrannie. C'est ainsi que le moraliste est avant tout un « physicien de l'âme » qui apporte des remèdes spirituels. L'éthique se déploie ensuite dans les deux ordres de l'économique, ou science des rapports privés entre les hommes et la politique. C'est l'occasion d'un ample examen des rapports conjugaux et des droits des parents, et surtout d'une théorie du lien social fondée sur une hiérarchie des amours : amour du Créateur, amour du maître de savoir, amour du père. Le bon législateur s'oppose au maître de la cité ignorante. C'est ainsi que la politique unit les leçons de Platon à celles d'Aristote. – Trad. anglaise *The Nasirean Ethics,* 1964.

Ch. J.

ÉTHIQUE À NICOMAQUE ['Ηθικὰ Νικομάχεια]. Œuvre en dix livres dans laquelle le philosophe grec Aristote de Stagire (384-322 av. J.-C.) développe sa doctrine morale dans sa forme la plus évoluée. Il existe trois autres traités de morale d'Aristote : l'*Éthique à Eudème* (*), la *Grande morale,* le *Traité des vertus et des vices,* mais leur authenticité est contestée. Nicomaque, fils de l'auteur, qui révéla cet ouvrage, lui donna son nom. Toute activité humaine, théorique ou pratique, a pour fin le bien. Il y a des fins vers lesquelles nous tendons en vue d'autres fins. C'est pourquoi les premières sont relatives, imparfaites et présupposent une fin absolue recherchée pour elle-même : c'est le bien suprême, dont l'étude est du ressort de la politique, prise dans le sens d'éthique collective. Tout le monde est d'accord pour reconnaître que le bien suprême est le bonheur ; quant à ce dernier, les opinions sont divisées : pour certains, c'est une vie de plaisirs primaires, d'autres le placent dans la gloire, d'autres enfin dans une vie contemplative. Après avoir à ce sujet critiqué la conception platonicienne des idées, qui préconise le « bien en soi », Aristote revient au problème du bien suprême, ou bonheur, lequel ne peut être défini que par rapport à la fonction caractéristique de l'homme : or, comme celle-ci est l'activité rationnelle, il résulte que le bien parfait, ou bonheur, est, chez l'homme, « activité de l'âme selon ses penchants », conception qui contient et concilie tout à la fois les exigences spiritualistes et eudémonistes, lesquelles trouvent le bonheur, soit dans le plaisir, soit dans l'activité sociale. Délaissant la vertu purement physique de l'âme végétative, Aristote examine la vertu propre à l'être humain. Ici se place l'importante distinction des vertus humaines en « dianoéthiques » et « éthiques » ; les premières sont particulières à l'activité rationnelle et sont susceptibles d'être développées au moyen de l'enseignement ; les secondes, propres aux facultés appétitives, sont engendrées par l'habitude.

Le deuxième livre est consacré à la définition

de la vertu éthique : à l'encontre des choses naturelles que l'on possède d'abord et dont on use ensuite, la vertu est en acte avant d'être en puissance : on devient juste en agissant justement, d'où l'importance, pour la vie morale, d'une éducation de la jeunesse où il sera de règle de faire un bon usage du plaisir, lequel — comme on le voit — n'est pas rejeté. Que doit-on entendre par acte vertueux ? La vertu n'est ni une passion ni une faculté de l'âme, mais une habitude, et précisément une habitude qui perfectionne à la fois l'agent et l'acte. Aristote considère donc la vertu non pas comme un « acte », mais plutôt, par une analyse empirique, comme un « fait » qui se compose de deux éléments : l'un volontaire, déterminant le but, l'autre intellectuel, qui précise les moyens pour atteindre ce but. Il arrive ainsi à la trop célèbre définition de la vertu : « La vertu est une disposition acquise volontaire consistant par rapport à nous dans la « mesure » [le juste milieu], elle-même définie par la raison conformément à la conduite d'un homme réfléchi. » Pour en venir à l'examen de la vertu en tant qu'acte, Aristote la définit comme la perfection de l'activité, « εὐπραξία », le sommet « ἀχρότης » de la dernière extrémité opposée au mal ; mais il ne s'attarde pas à cette position de principe, il s'attache davantage au concept de « médiation » qu'il considère sous l'aspect pratique et pédagogique.

Le troisième livre est consacré à l'acte pratique en vue de définir ce qu'il y a de volontaire et d'involontaire dans l'action, et d'analyser l'intention et la délibération. Ce qui est volontaire trouve sa cause chez l'agent et dérive soit uniquement du désir (ὄρεξις) de ce dernier, soit du désir guidé par la raison, donc par un choix préférentiel ou intention (προαίρησις), laquelle est « désir pour ce qui est délibéré ». Par l'intention, qui suppose une fonction rationnelle, l'habitude naturelle d'agir — simple vertu physique — se transforme alors en vertu proprement dite « ἀρετὴ κυρία », qu'il définit enfin comme « habitude conforme, voire conjointe à la juste raison ». La vertu ainsi que le vice résident donc en notre pouvoir : l'homme est responsable, et la thèse selon laquelle « personne n'est volontairement mauvais » doit être rejetée. Il passe ensuite, dans le quatrième livre, à la description des vertus éthiques particulières : la fermeté, la tempérance, la libéralité, la magnanimité, la douceur, la franchise, l'urbanité, la pudeur, description très utile pour nous éclairer sur le climat moral particulier au peuple grec. Un examen spécial est consacré (livre cinquième) à la justice et à l'équité : il distingue la justice distributive (à chacun selon ses mérites) et la justice réparative (équilibre du profit et des pertes dans les contrats et proportionnalité entre les peines et les délits).

Comme il avait abouti plus haut à une définition de la juste raison (ὀρθὸς λόγος), il se devait d'étudier (livre sixième) les vertus dianoéthiques où l'intellect fournit à l'« ὄρεξις », c'est-à-dire au désir, à la fois la fin et l'image du bien, et où la raison participe au choix des moyens par lesquels la volonté (βούλησις) parviendra aux fins. Les vertus dianoéthiques sont au nombre de cinq : la science (ἐπιστήμη), l'art (τέχνη), la prudence (φρόνησις), l'intellect (νοῦς) et la sagesse (σοφία). La science a pour objet ce qui est nécessaire et est « susceptible de la démonstration », laquelle s'actualise par induction et devient ainsi connaissance de l'universel, soit par le particulier, soit par syllogisme déductif partant de l'universel. L'art est défini comme « habitude de créer avec la véritable raison », et a pour but de produire des choses qui peuvent exister ou ne pas exister. La prudence ou bon sens est une « habitude pratique appliquant la véritable raison à ce qui est bien pour l'homme ». L'intellect, ou intelligence, est la faculté qui recueille intuitivement, et non pas démonstrativement, les principes de toute connaissance. La sagesse, union de l'intellect et de la science, s'adresse aux choses plus élevées. Toutes ces vertus ont également de la valeur en elles-mêmes ; et en particulier la prudence, à laquelle se rattachent toutes les autres (thèse presque identique à celle de Socrate) et qui est indispensable à la vraie vertu.

Le livre septième traite de l'intempérance et du plaisir. Tentant d'expliquer pourquoi des hommes qui sont en possession d'une certaine science sombrent dans le vice, Aristote reprend en somme, malgré ses critiques, l'attitude de Socrate : il conclut, en effet, que ces hommes-là, au fond, ne connaissent pas la science. Par contre, l'étude du plaisir, qui anticipe celle qu'il poursuivra dans le livre dixième, est inspirée par un eudémonisme résolu, mais équilibré, qui reconnaît que le plaisir est le fondement du bonheur. Dans les livres huitième et neuvième, il traite de l'amitié et de l'amour, désignés sous le même nom de « φιλία », vertu liée à la justice, fondamentale pour l'animal politique qu'est l'homme. Dès le début du dixième livre, il reprend le problème du rapport entre le plaisir et la vertu, et conclut que le plaisir procède d'une « perfection de l'acte », non essentielle, mais qui survient « comme la beauté pour qui est dans la fleur de l'âge ». Le plaisir peut accompagner n'importe quelle fonction de l'âme, même les plus élevées : c'est pour cela que la vertu et le bonheur ne sont pas séparés du plaisir. Le bonheur suprême résidera dans la pure contemplation de la vérité éternelle, activité qui, tout en nous délivrant des maux de ce monde, nous fera participer à la béatitude divine. Cette activité spéculative ne peut être continuelle chez les humains comme chez les dieux ; de là la nécessité de l'activité éthique, modératrice des appétits, et qui a son domaine d'application spécialement dans la vie politique, laquelle, pour cette raison, doit être étudiée avec attention — v. *Politique* (*). Cet écrit, certainement postérieur à deux autres œuvres de morale aristotélicienne, est une continuelle oscillation entre l'eudémonisme humaniste (vers lequel est orientée la *Grande morale*) et l'intellectualisme éthique qui inspire l'*Éthique à Eudème*. Toutefois c'est par ce caractère même que l'*Éthique à Nicomaque* demeure en substance l'ultime et la plus significative expression de la morale grecque. – Trad. Alcan, 1910 ; Vrin, 1983.

ÉTHIQUE DÉMONTRÉE SUIVANT L'ORDRE GÉOMÉTRIQUE ET DIVISÉE EN CINQ PARTIES [*Ethica ordine geometrico demonstrata*]. C'est l'œuvre principale du philosophe hollandais Baruch Spinoza (1632-1677). L'*Éthique*, conçue vers 1661, circula bientôt, sous forme de manuscrit, parmi les amis de l'auteur, mais elle ne fut imprimée qu'en 1677, aussitôt après sa mort : elle ne portait pas son nom, mais seulement ses initiales. Spinoza y expose sa philosophie en suivant la méthode classique de la géométrie d'Euclide, c'est-à-dire en procédant par définitions et axiomes d'où il déduit des théorèmes, des corollaires, etc. Cette méthode ne vise pas tant à démontrer irréfutablement un système philosophique qu'à l'exposer comme un tout formant une unité cohérente, de manière que le lecteur puisse voir clairement le développement des idées. L'ouvrage se divise en cinq parties, qui traitent respectivement de Dieu, de la nature et de l'origine de l'âme, de l'origine et de la nature des affections, de la servitude de l'homme – autrement dit de la puissance des affections – et de la liberté de l'homme, ou puissance de la raison. Les historiens ont attribué diverses sources à la philosophie de Spinoza. Elle a certainement subi l'influence de la pensée hébraïque, notamment en certaines interprétations, probablement d'origine pharisaïque, qui, à côté des concepts de l'unité et de la transcendance de Dieu, introduisaient l'idée de son immanence dans la création : ces conceptions se révélaient déjà dans le fameux discours, devant l'Aréopage, de saint Paul, élevé précisément à l'école des pharisiens. Il s'y ajouta, dans le cas de Spinoza, l'influence d'un certain panthéisme d'origine stoïcienne, qui avait fait sa réapparition avec la Renaissance et avait été exposé brillamment par Giordano Bruno. En tout cas, Spinoza avait déjà une conception de Dieu bien différente de celle qui était répandue dans l'Europe de son temps, quand il étudia la pensée de Descartes et l'exposa avec précision, tout en s'écartant de lui sur les points où la conception cartésienne du divin ne s'accordait pas avec l'immanentisme panthéiste dont la pensée de Spinoza avait commencé de s'imprégner.

Cet immanentisme lui parut l'unique voie pour vaincre le dualisme cartésien, qui était la grande difficulté non seulement du cartésianisme, mais de la philosophie récente issue de la « nouvelle science ». Car celle-ci, conçue comme un système mathématique de l'univers, permettait et imposait une explication du monde physique comme monde d'une unité parfaite, fermé et explicable en lui-même en tant que jeu d'éléments fondamentaux (étendue et mouvement) dominés par des principes mathématiques ; et elle exigeait donc qu'à côté du monde de la matière, rendu ainsi absolu et indépendant de la pensée, se constituât, pour rendre raison de la pensée, un autre monde, lui aussi mathématiquement explicable par ses lois propres, et donc fermé en lui-même comme le monde matériel. Spinoza surmonte (ou tente de surmonter) la difficulté en plongeant Dieu dans l'univers, si bien que les deux mondes isolés, postulés par la science nouvelle et par la philosophie cartésienne, n'apparaissent plus comme des entités indépendantes, mais comme deux formes essentielles (attributs) de l'infinité de Dieu, infini précisément parce que son essence infinie est pleinement représentée par l'une quelconque de ses formes infinies ou attributs. Étendue et pensée sont ainsi intimement unifiées par l'unité même de Dieu, conçu selon un rigide monothéisme israélite. Il ne peut y avoir deux êtres ou « substances » réellement infinis, comme le cartésianisme supposait que fussent l'étendue (ou matière) et la pensée, car l'un limiterait l'autre ; il ne peut y avoir d'infini qu'une « substance » vraiment unique, c'est-à-dire Dieu. Spinoza surmontait du même coup une autre difficulté qui l'inquiétait : le problème du mouvement qui anime la matière.

La matière, définie par Descartes comme une pure étendue, n'explique pas l'existence du mouvement, qui devrait être par conséquent un troisième élément, une troisième « substance ». Mais la substance infinie et unique, Dieu, est aussi l'unique cause de tout ce qui arrive : Dieu, en tant qu'être nécessaire, ne peut être mû par un autre ; donc la substance qui est Dieu a aussi, en elle-même, la puissance de se mouvoir, et chaque être particulier se meut parce que, comme partie de Dieu, il est produit et mû par Dieu lui-même.

Que sont, maintenant, les divers êtres particuliers dont nous voyons composé l'univers, la « nature » ? On ne peut les concevoir seulement en eux-mêmes ; chacun d'eux existe et est pensé par rapport à quelque chose d'autre, et donc n'est pas un être (une « substance ») qui, comme substance, devrait être autonome, concevable comme un tout indépendant. Il est, au contraire, pensé comme cas spécial, comme aspect ou manifestation d'un attribut de l'être unique, de Dieu, c'est-à-dire comme « mode d'être », si l'on peut dire, de l'Être. Aussi la nature dans son ensemble est-elle Dieu, parce que Dieu est l'ensemble de tous les modes particuliers de la substance unique. Dieu lui-même n'est que la somme de ses « modes » infinis (« natura naturata ») et il est aussi, d'autre part, la nature, car Il se manifeste et produit les

« modes » infinis qui constituent la nature (« natura naturans »). On l'a vu, Spinoza identifie « pouvoir être pensé » avec « pouvoir être » ; et cela, parce que toute pensée possible est un mode de l'attribut-pensée, comme toute chose matérielle possible est un mode de l'attribut-étendue ; donc la même nécessité par laquelle doit exister un certain « mode » de la pensée produit aussi, parallèlement, un « mode » analogue de l'étendue.

Toute pensée particulière est une « idée » ; ce n'est pas une perception, car elle n'est pas produite par les corps, mais par la pensée universelle elle-même (par Dieu qui a pour attributs la pensée et l'étendue), de la même manière et selon la même loi que celles qui président à la production d'une chose matérielle. L'individu humain est pensée et corps, l'âme est l'« idée » du corps. Celui-ci consiste en un nombre infini de parties ou modes ; son « idée » ou âme résulte d'un nombre infini d'idées (de pensées) correspondant aux différentes parties du corps. Plus nombreuses seront les idées comprises dans l'« idée du corps », c'est-à-dire dans l'âme, plus parfaite (c'est-à-dire plus « existante », plus réelle) sera l'âme, car plus de modes de la pensée divine seront exprimés en elle ; la perfection du corps est due également au très grand nombre de parties qui le composent. Mais, naturellement, les parties de l'âme (ou idées) et les parties du corps sont toujours des modes de Dieu : c'est Dieu qui pense et s'étend, qui produit les idées et les choses. Sur la base de ces éléments, Spinoza est maintenant en mesure de développer sa morale. Étant donné que Dieu est un être nécessaire et infini et qu'aucun être, matériel ou spirituel, n'agit que par la force de l'action de Dieu qui est logiquement nécessaire et prédéterminée, ni Dieu, ni l'homme, ni quelque autre être que ce soit ne peuvent vouloir ou ne pas vouloir un certain acte. Ils ne sont pas « libres », si par liberté on entend la capacité de décider indifféremment en faveur de l'une ou l'autre action. Mais Spinoza ne définit pas la liberté comme une indétermination de la volonté ; pour lui, est « libre » tout être qui n'a pas sa cause dans un autre être, tout être qui est « cause de lui-même ». Aussi Dieu est-il libre, car il est déterminé seulement par ses propres lois.

Quant à la liberté humaine, la question est plus complexe. La conception de Spinoza est un peu ambiguë. À certains moments, il semble ne pas faire de différence entre vouloir et penser : chaque idée porte avec elle une certaine attitude et, étant donné la présence d'une idée, nous ne pouvons que l'affirmer ou la nier. Mais, par ailleurs, il affirme que la volonté est une forme spéciale de la pensée, c'est-à-dire une tendance de chacun vers sa propre conservation. Quand une chose extérieure influe sur notre corps, l'« affecte » (« afficit », d'où « affection »), l'idée correspondante surgit en nous, et nous ne pouvons que la suivre ; nous sommes contraints de penser, c'est-à-dire de vouloir, dans le sens implicite que contient logiquement cette idée ou « affection ». Si l'action extérieure sur notre corps en conserve et favorise la vie, notre affection sera « joie » ; dans le cas contraire, « tristesse ». L'union de la joie avec l'idée de ce qui la produit sera « amour » pour cette chose ; dans le cas de la tristesse, « haine ». Toutes nos affections, ou sentiments, sont des combinaisons de ces éléments : par exemple, la « compassion » est une tristesse accompagnée de l'idée d'un mal arrivé à une personne que nous imaginons semblable à nous, etc. Or, puisque notre âme fait partie de Dieu (est un mode de son attribut-pensée), chaque idée qui naît dans notre âme est une idée pleine, claire, « adéquate ». En revanche, aux idées, cependant adéquates, que Dieu engendre en d'autres âmes et aux mouvements que Dieu produit en d'autres corps ne correspondent, dans notre âme, que des idées inadéquates, c'est-à-dire imparfaites, imprécises, « confuses ». Donc les idées inadéquates qu'a notre âme ne lui sont pas dues : ce sont des « passions », autrement dit des états passifs de l'âme, non des actions comme les idées adéquates. L'âme, quand elle a des idées inadéquates, n'est pas « cause d'elle-même », elle n'est pas libre. Et puisque toutes les affections, n'ayant pas leur origine dans notre âme elle-même, mais dans notre corps, sont des idées inadéquates, la vie affective, le fait d'agir par la force des sentiments constitue l'« esclavage » de l'homme. Comment nous en délivrer ?

Comment devenir des êtres libres ? Il n'y a qu'un moyen : quand une affection trouble l'âme, nous devons séparer (idéalement) cette affection de la cause qui la produit et l'unir à d'autres idées. Alors l'amour ou la haine dédiés à des objets extérieurs disparaîtront, et l'âme atteindra un calme contemplatif. Mais pour séparer une idée de sa cause extérieure, nous devons reconnaître que celle-ci est à son tour un effet nécessaire d'une autre cause, et ainsi de suite jusqu'à l'infini ; en d'autres termes, reconnaître qu'il n'y a d'autre cause réelle que l'Être infini, Dieu. De cette manière, toutes les idées de notre âme seront ramenées à Dieu, qui étant précisément la cause de notre âme elle-même et de ses idées adéquates, s'identifie à notre capacité d'agir, c'est-à-dire à notre liberté. Puisque l'idée de Dieu, comme puissance de notre âme, est pleinement adéquate, elle ne peut produire un sentiment de passivité, de tristesse : le Dieu que notre intuition contemple quand nous regardons, intellectuellement, nos propres idées et que nous y voyons Son œuvre, est Celui qui conserve notre être en lui donnant l'existence et une libre activité ; envers Lui nous ne pouvons éprouver que de l'amour. L'« amour intellectuel de Dieu » est le terme ultime de la discipline morale enseignée par Spinoza, l'unique moyen de devenir libres, c'est-à-dire « cause de nous-mêmes », de nos idées. – Trad.

Garnier, 1934 ; Gallimard, 1954 ; Le Seuil, 1988 ; P.U.F., 1990.

ÉTHIQUE PHILOSOPHIQUE [*Philosophische Sittenlehre*]. Œuvre du théologien et philosophe allemand Friedrich Schleiermacher (1768-1834), publiée, après sa mort, dans le recueil complet de ses œuvres, édité à Berlin à partir de 1836. Cet ouvrage résume les doctrines éthiques exposées par Schleiermacher, de façon fragmentaire et avec d'importantes variantes, dans la *Critique de l'éthique précédente* [*Kritik der bisherigen Sittenlehre*, 1803] et dans divers essais épars. Comme le savoir suppose l'identité de la pensée et de l'être – v. *Dialectique* (*) –, de même l'action suppose l'identité du vouloir et de l'être. Toute action suppose et réalise, selon un aspect partiel, cette identité, et cette identité caractérise la sphère éthique qui est, d'une part, le processus, le développement, à travers des formes finies, de cette identité (c'est-à-dire moralité empirique ou histoire) et, d'autre part, l'affirmation idéale de l'identité même, comme un propre savoir de soi en tant que conscience (c'est-à-dire moralité pure et simple). Relativisme moral et historique et idéalisme moral sont deux pôles inséparables : de même qu'il n'est pas possible de fonder la moralité sur des rapports de faits accidentels, il n'est pas possible de la fonder non plus sur un principe idéal absolu. La vie, l'action morale se déroulent toujours dans un accord partiel de l'être et de la volonté et selon un idéal particulier de cette harmonie. L'être est ici nature et histoire, et la moralité concrète est toujours le développement de l'accord entre la nature et l'histoire concrète d'une part, et la volonté de l'autre. Ce développement consiste en une double activité ; les données naturelles et historiques s'organisent selon l'idée d'une harmonie complète unique se réalisant dans l'acte du vouloir ; et, au-dessus de ces données, une activité idéalement symbolisatrice fait apparaître la limite vers laquelle tend notre volonté, en tant que volonté libre. Au moyen de la première activité l'homme se fait le maître de la nature ; il en fait sa propriété, la domine comme une technique, en même temps qu'il organise la communauté politique et juridique. Au moyen de la seconde, il crée le monde de la culture et de l'esprit, en construisant, au-dessus des besoins concrets, le royaume des exigences idéales et des valeurs pures.

Cette œuvre de Schleiermacher est importante pour de nombreuses raisons : tout d'abord, elle constitue une critique du subjectivisme et du formalisme moral de Kant ; ensuite elle témoigne d'un sentiment très vif du concret et de tous les problèmes de la sphère morale, coïncidant ici avec le monde de la culture (conscience de la tension essentielle entre la nature et l'idéal, l'histoire et ce qui la dépasse, la relativité et l'absolu des principes moraux) ; enfin, elle réserve une place de premier plan à la personnalité individuelle. Car la moralité ne consiste pas dans la soumission à la loi abstraite, mais dans le fait de la réaliser comme loi individuelle en conflit ou en accord avec la réalité, l'élément individuel étant un aspect essentiel de cette harmonie multiforme et infinie qui constitue l'âme de la réalité.

ÉTHIQUE PROTESTANTE ET L'ESPRIT DU CAPITALISME (L') [*Über die protestantische Ethik und den Geist des Kapitalismus*]. Œuvre du sociologue allemand Max Weber (1864-1920), publiée en 1920-1921. Weber, qui fut en outre un politicien, trouvait toujours dans les questions les plus urgentes et les plus actuelles de la vie politique allemande, d'avant et d'après la Grande Guerre, l'occasion d'entreprendre des recherches historiques. Le trait dominant de son œuvre est la critique de la conception matérialiste de l'Histoire. Selon Weber, ce ne sont pas les seuls intérêts économiques qui sont à l'origine du développement historique, du mouvement des classes et des grands courants sociaux, mais aussi et surtout des faits à caractère psychologique et religieux. Cette position générale a poussé Weber à rechercher dans l'histoire des religions les origines du capitalisme et l'amena à conclure que le capitalisme est l'héritier du calvinisme et du puritanisme : de l'ascèse qui transforme le travail en prière. Les calvinistes sont particulièrement portés, par leur rigidité même, à donner aux choses humaines une signification sacrée et à leur demander une confirmation de leur foi d'élus et de prédestinés. Le travail et son organisation rationnelle deviennent, pour eux, un ordre qu'il faut établir dans la réalité et dans la vie : ordre qui est pour le calviniste une foi et une mission, voire l'exécution de la volonté divine. Le profit du capital prend une signification analogue ; il devient le but nécessaire de toute une organisation méthodique de la vie à laquelle se contraint l'esprit religieux puritain. Non pas que ce but soit une fin en soi, mais parce que le profit du travail peut se transformer en travail productif et en organisation. En d'autres termes, le vrai capitaliste n'accumule pas son capital pour la satisfaction ou les joies que le capital peut lui donner, mais bien dans le but d'organiser et de rationaliser le travail et la production afin d'enrichir la vie humaine, d'interpréter sa propre victoire commerciale comme une marque du choix de Dieu et comme une preuve de prédestination pour lui-même, pour sa propre famille et sa propre descendance. L'œuvre de l'homme d'affaires moderne a donc une base religieuse. L'organisation et la lutte commerciales sont étroitement liées à une vision du monde suivant laquelle les plus actifs, les meilleurs, les élus en un mot, organisent, produisent et s'enrichissent, alors que les autres, les non-élus, perdent fatalement leurs batailles, s'éteignent et se ruinent.

L'œuvre de Weber acquiert, par ses contrastes, une signification qui dépasse nettement les limites sociologiques et économiques. L'histoire devient une lutte entre un instant négatif et un instant positif, et l'avenir de la civilisation est entièrement axé sur la forme active, aussi limitée et injuste qu'elle soit, de la vie moderne. C'est ainsi que Weber condamne en réalité le régime parlementaire démocratique et annonce, par certaines de ses conceptions politiques, une organisation politico-sociale à venir où l'on trouve comme base le principe du chef, du condottiere, du « Führer » à qui la masse se confie parce qu'elle reconnaît en lui le réalisateur de ses propres instincts de puissance. Pourtant, semblable vision politique n'exclut pas la possibilité d'une classe politique dirigeante, de même qu'elle n'admet une politique impérialiste qu'après l'accomplissement de l'unité sociale et nationale. C'est ainsi que Weber fut, pendant la Première Guerre mondiale, un des critiques les plus éclairés de la politique allemande en général et de la politique de Guillaume II en particulier. — Trad. Plon, 1964.

ÉTIENNE LE FOU [*Bolond Istók*]. Poème en vers trochaïques libres du poète hongrois Sándor Petőfi (1823-1849), publié en 1847. Le protagoniste est un enfant trouvé qui a pris le surnom d'un vagabond très populaire en Hongrie, Étienne le Fou, devenu célèbre à cause de son étourderie. Le poète nous le montre au milieu d'une tempête dans la steppe, où la pluie lui arrache tous ses vêtements, mais ne parvient pas à le faire renier sa philosophie de l'existence, fondée sur la gaîté et la bonne humeur. Il s'abrite dans une maisonnette à demi détruite et, pendant son souper, il conquiert, par son optimisme, la sympathie du propriétaire, vieux paysan bourru et méfiant. Invité à demeurer avec lui, il le délivre peu à peu de sa misanthropie. Mais voilà qu'arrive, par hasard, la nièce du paysan ; elle s'est enfuie de sa maison, parce que son père veut lui faire épouser un homme qu'elle n'aime pas. Étienne se prépare à partir, mais le vieillard, ayant retrouvé, grâce à lui, « un rayon de soleil », le prie de rester. Étienne, par son travail, fait prospérer le petit champ et se marie enfin avec la jeune fille. Le bonheur domestique est le thème central de ce poème où s'exprime l'optimisme de l'auteur.

★ Le personnage populaire d'Étienne le Fou a inspiré aussi le poème du même nom, poème en deux chants, du poète hongrois János Arany (1817-1882), publiés, le premier, en 1850, et le deuxième, en 1873. Écrit en octosyllabes comme le *Don Juan* (*) de Byron, ce poème accuse l'influence du poète anglais non seulement dans la forme, mais aussi dans le ton. En effet, il abonde en détails autobiographiques et évoque le type du héros qui, de déception en déception, court après le rêve et l'idéal. Le premier chant raconte, avec un humour assez âpre, la naissance du héros. Dans la cabane d'un garde champêtre, sa femme, une vieille aveugle, meurt au moment même où sa fille met au monde un enfant illégitime. Le deuxième chant est une autobiographie à peine déguisée du poète : il raconte les grandes déceptions du héros au contact de la réalité. Il est envoyé à Debrecen, dans un célèbre collège calviniste (fréquenté en effet par Arany), mais le jeune garçon rêve justement de ce que les professeurs n'enseignent pas : la lecture, la poésie, la nature, les grandes idées humanitaires et patriotiques. Après avoir quitté le collège, le jeune homme essaie tous les arts et enfin devient comédien errant (comme l'auteur lui-même). Revenu à son village natal, il est nommé instituteur : il brûle alors ses poèmes et essaie de devenir un « bourgeois » simple et sans problèmes. Dans ce poème autobiographique, l'auteur s'est efforcé de donner à son style la saveur originale et la gaîté effrontée du parler populaire.

ÉTIENNE MARCEL. Louis Gallet, qui avait donné au compositeur français Camille Saint-Saëns (1835-1921) le livret du *Déluge* (*), lui offrit un *Étienne Marcel* en quatre actes et six tableaux, et le musicien commença d'écrire en 1877. La première représentation fut donnée à Lyon le 8 février 1879. Le scénario, tout en brodant sur l'histoire, reste vraisemblable. L'action se déroule à Paris en 1358. Le roi Jean est prisonnier des Anglais, et la régence est exercée par le Dauphin. Étienne Marcel a pris la tête du mouvement qui soulève le peuple contre la Cour. Sa fille Béatrice a été insultée par des soldats ; un jeune seigneur, Robert de Loris, écuyer du Dauphin, a pu la délivrer. Elle l'aime, et son père ne peut supporter que son enfant se donne à un oppresseur du peuple. Eustache, âme damnée du prévôt, excite les Parisiens à la révolte. Et cette exposition fait le sujet du premier acte qui contient une agréable et spirituelle chanson d'Eustache, un chœur d'une ferme écriture, où gronde le mécontentement populaire. Au deuxième acte, l'insurrection a grandi, et le palais est envahi. Robert de Clermont, maréchal de Normandie, est tué aux pieds du Dauphin et Loris jure de le venger, tandis que le Dauphin est contraint de coiffer le chapeau aux couleurs de la Ville révoltée. Un deuxième tableau nous fait assister à l'entretien orageux d'Étienne et de sa fille qui avoue son amour pour Loris, puis à une entrevue des deux amants, troublée par l'irruption des insurgés. Robert, tout en bataillant, réussit à se sauver par une fenêtre. Un air de Béatrice : « Ô beaux rêves évanouis », un duo d'amour, sont les points culminants de cet acte.

Le troisième a pour décor le parvis de Notre-Dame. C'est la Saint-Jean, on danse (ballet), puis Étienne Marcel et les échevins sont reçus par l'évêque de Laon. Pendant ce temps, un mendiant s'est approché de Béatrice : c'est Loris qui décide la jeune fille à s'enfuir avec lui. Mais Eustache l'a reconnu. Il le dénonce, et il convainc Étienne Marcel de livrer la ville au roi Charles le Mauvais (Charles II de Navarre, allié des Anglais), car la faveur du peuple l'abandonne. Outre le ballet, très développé, et qui contient, entre autres danses, une musette et une pavane parfois exécutées au concert, outre un *Te Deum*, pendant lequel Loris et Béatrice échangent à voix basse quelques mots qui vont décider de leur sort, on doit signaler dans cet acte le récit de Marcel : « Aucun n'a détourné la tête, aucun ne m'a tendu la main. » Robert de Loris a été arrêté ; mais le peuple a refusé, malgré Étienne Marcel, de le condamner. Jean Maillart, quartenier, a réussi à détourner complètement le peuple de celui qu'il regardait comme son libérateur. Au quatrième acte, nous sommes à la bastille Saint-Denis, où Maillart surveille les gardes et refuse à Marcel les clefs de la Ville que celui-ci veut livrer à Charles le Mauvais. Le prévôt n'a plus qu'à mourir. Robert de Loris pourrait le sauver, obtenir du Dauphin qu'il pardonne. Mais, fièrement, Étienne refuse et se fait massacrer par les soldats de Jean Maillart.

L'ouvrage fut vivement discuté : certains lui reprochèrent de « manquer de ces grands airs qu'on est accoutumé de trouver dans les opéras ». D'autres, y voyant — ce qui était certain — le dessein de revenir à la forme meyerbeerienne de l'opéra historique, en réaction contre le drame wagnérien, parlèrent de palinodie. Mais le public lyonnais accueillit chaleureusement l'ouvrage. Monté au Théâtre du Château-d'Eau, à Paris, le 20 octobre 1884, il n'eut que dix représentations. Ce qui manque à cet ouvrage, c'est la personnalité : il est admirablement écrit ; mais il n'est que cela, ce qui est beaucoup, certes, mais qui ne suffit point. Symphoniste qui, disait Reyer, savait la musique autant qu'on peut la savoir, Saint-Saëns a cru pouvoir lutter contre la « wagnéromanie » (c'est son mot, et qui ne date point de 1914, comme on a pu le croire, mais bien de 1879), en revenant à une forme périmée. Il aurait fallu pour la ressusciter la débarrasser en même temps de ce qui la rendait caduque, le lourd appareil, si contraire à la musique, dont l'avaient chargée Meyerbeer et ses imitateurs.

ÉTIER. Recueil du poète français Eugène Guillevic (né en 1907), publié en 1979. *Étier* rassemble des poèmes écrits sur dix années, de 1965 à 1975. Ce recueil, à la différence des précédents, *Paroi, Du domaine* (*), n'est pas un long poème déchiffrant mot à mot un thème unique, mais un bouquet composé comparable, dans sa structure, aux meilleures œuvres de l'auteur : *Terraqué* (*), *Carnac* (*), *Sphère* (*)... Guillevic livre ici, en vérité, les clés essentielles de son royaume et sa parole, en même temps que certaines de ses pages les plus réussies. Le titre, qui renvoie à sa terre natale bretonne, désigne le petit canal par lequel un marais salant communique avec l'Océan : petit canal de l'écriture, exutoire, artésien, qui reconduit dans l'espace étroit de ses complexes « réseaux », dans le quadrillage de ses mètres brefs, à la Bretagne intérieure, originelle, mariage de la terre, de l'eau et de la lumière... Homme ainsi relié par ses étiers à la Mère originelle. Un poème bref en dit plus long que toute glose : « Il y a dans l'hiver / Beaucoup de canaux. / C'est un réseau / Qui doit faire entendre un grésillement / À ceux qui ont l'oreille fine. / Ce réseau pourrait ne véhiculer / Que de la lumière et du gris, / Mais il transporte aussi / Tous les secrets... » Secrets « réseaux », mais toujours incertains que le poète apprenti sourcier remonte et que tisse leur nudité : pour la plupart, des poèmes longs, aérés, qui, vers après vers, de distique en distique, proposent des « relevés » (Bactérie, Graminées, Galet, Goémon, Branchies...), mettant à jour le « réseau » indélébile de cet arrière-pays, de cette communauté première et souveraine où se mêlent amis (« Jean Follain »), moments (« Enfance »), lieux et choses... Guillevic ferme son recueil sur un « Herbier de Bretagne », le grand livre odorant et coloré de l'Ouvert, après avoir répété ses « exercices » (« Regarder », « De l'ordre du toucher ») et s'être donné à quelques analyses d'échantillons (« De l'hiver », « De la lumière », « De la prairie », « De l'été »). Ce tissu ajouré de poèmes méditatifs est croisé d'autres fils, plus brefs, réunis sous trois rubriques (« Élégies », « Paliers », « Ronces »). Mais longs ou courts, les poèmes de Guillevic (esprit scientifique et juridique) se présentent comme des « analyses » transparentes de la réalité, creusée, élucidée, réduite à sa plus simple expression, comme une sorte d'équation simplifiée du langage sur le réel par la conscience clarifiée. Ce forage, cet éclaircissement du « domaine », le poète le maîtrise de différentes façons, tous sens ouverts : aussi ne se contente-t-il pas d'interroger des présences élémentaires, telles que l'eau, le ciel, la lumière qui lui sont, certes, un univers privilégié ; mine de rien, il nous remet sans cesse en place, à l'échelle de la grande fraternité cosmique : bactérie, mer ou ciel... Il ne se contente pas non plus de convoquer ses « alliés substantiels », mais lance la « sainte conversation » avec le « réseau » qui nous tisse : connivence, sublime complicité du poète qui s'efface derrière les choses et en écoute la leçon. La contemplation est aussi l'un de ses exercices poétiques favoris, elle qui nécessite une entière disponibilité, une totale ouverture à l'espace (« Avant de regarder, / Par la fenêtre ouverte / Je ne sais pas / Ce que ce sera ») ou au temps (« Je laisse à mon regard / Beaucoup de temps, / Tout le temps qu'il faut »). Une telle faculté d'accueil s'appuie sur une décantation de l'esprit née de l'acceptation toute stoïcienne de la finitude : il s'agit d'« agréer » ce que le regard « a choisi, / L'accueillir en moi, / Le garder longtemps / Pour la gloire / De la journée » et pour mieux s'insinuer dans le réseau. Leçon stoïcienne et épicurienne des choses, que le poète traduit : « Toutes les choses / Ont le temps de se regarder. » Le toucher est aussi un sens privilégié chez Guillevic : « Dire n'est ici qu'un moyen / Pour arriver à quelque chose / Qui serait de l'ordre / Plutôt du toucher, / D'un autre toucher. / Comme si les mots, les phrases / Étaient en nous organes / D'un sixième sens. » Ainsi le poète scrute, interroge, contemple, touche, caresse la « sphère » en train de s'accomplir, tout en tenant, élucidant, vainquant ses peurs (« Élégies ») : telle est bien l'éthique poétique de Guillevic, l'écriture étant l'« arme patiente du courage ». Quant à l'univers, il est un lieu d'échanges tissé de silence : au poète de révéler notre fondamentale communauté, notre parenté avec la feuille, la bactérie, la lumière... Cosmogonies de poche, petites fables intérieures délivrant par « paliers » l'éternité de l'instant, retrouvant dans un « brin d'herbe », les « dimensions du monde ». Royauté semblable à celle de la bruyère, « Impératrice au rang des pauvres », plénitude dans le manque reconnu et accepté. Saveur de cette parole pétrie dans le savoir et la sagesse, la rigueur et le bonheur, la lucidité et l'adhésion au monde alors réconcilié. Y. L.

ET L'ACIER FUT TREMPÉ [*Kak zakaljalas' stal'*]. Roman autobiographique de Nicolas Ostrovski (1904-1936), jeune écrivain russe, mort complètement paralysé et aveugle à l'âge de trente-deux ans. L'immense popularité de l'œuvre de Nicolas Ostrovski en U.R.S.S. s'explique mieux par son côté moral que par ses qualités littéraires proprement dites. En effet, Pavka Kortchaguine, le héros d'Ostrovksi et personnage presque légendaire pour les nouvelles générations soviétiques, est le type même du communiste idéal, pur et noble, martyr d'une cause dont il ne doutera jamais. Après avoir pris part à la guerre civile, Pavka tombe malade et, cloué au lit, se voit contraint de renoncer à toute activité. Se laissera-t-il abattre ? Tout le sens du roman d'Ostrovski est dans la réponse négative à cette question. Pavka défie la maladie et la mort. Il décide de vivre. « Il faut apprendre à vivre quand bien même la vie devient intolérable. Il faut savoir la rendre utile. » C'est l'histoire même de l'auteur, le jeune Nicolas Ostrovski, qu'André Gide avait visité lors de son voyage en Russie, et dont l'élévation spirituelle l'avait vivement impressionné. Il y a dans *L'acier fut trempé* un ascétisme et un élan qui laissent désarmé le pire ennemi de tout ce que voudrait servir et voir triompher Pavka. On ne peut résister à tant de pureté, la trouve-t-on naïve ou non. « Tout, dans Ostrovski, est flamme d'action et de combat ; et cette flamme n'a fait que grandir et s'élargir, à mesure que la nuit et la mort se resserraient autour de lui » (Romain Rolland). Il n'y a donc rien d'étonnant à ce que le roman d'Ostrovski devînt rapidement une sorte d'évangile pour les jeunes gens russes sensibles au romantisme révolutionnaire. D'innombrables témoignages confirment cet engouement. L'image de Pavka Kortchaguine est toujours présente à l'esprit de ceux, parmi la jeunesse soviétique, qui rêvent d'exploit ou de sacrifice. Les personnages du fameux roman de Fadéev, *La Jeune Garde* (*), dont l'action se passe pendant la dernière guerre, sont hypnotisés par le souvenir de Pavka, et c'est pour se hausser à la même hauteur qu'ils se comportent en héros. — Trad. Éditeurs français réunis, 1947.

ET LA LUMIÈRE RESPLENDIT DANS LES TÉNÈBRES [*I svet vo tme svetit*]. Drame en cinq actes de l'écrivain russe Lev Nikolaïevitch Tolstoï (1828-1910), commencé en 1880, repris en 1900 et laissé inachevé. Nikolaï Saryntsov, riche propriétaire, est pris de scrupules religieux et entraîné d'abord vers l'Église orthodoxe, puis vers l'*Évangile,* dont il voudrait appliquer intégralement les préceptes dans la vie de tous les jours. Mais il se heurte à l'incompréhension de sa femme, à l'hostilité de son fils aîné et de ses parents. Parmi ceux que séduisent les mêmes idées religieuses se trouve un jeune prêtre, qui finalement se replace sous l'autorité de l'Église orthodoxe ; un autre adepte, le jeune prince Boris Tcheremchanov, fiancé de la fille de Saryntsov, est arrêté parce qu'il refuse de faire son service militaire. Saryntsov voudrait ensuite distribuer ses biens aux paysans pauvres, mais sa femme l'en dissuade. Ne pouvant plus supporter les contraintes de la vie bourgeoise, Saryntsov se prépare à fuir sa famille dont la vie lui semble par trop immorale ; mais encore une fois il cède aux prières de sa femme ; il sera tué par la princesse Tcheremchanova, désespérée par le malheur de son fils. L'action est bien menée du point de vue dramatique, mais l'intérêt du drame est surtout autobiographique : il reflète en effet la situation de Tolstoï en face de sa famille à la suite de l'évolution de ses idées religieuses, et le conflit profond et intime qui l'opposa à sa femme Sophie Andreevna. — Adaptation française aux « Œuvres libres », 1924.

ET LA POÉSIE FUT LANGAGE. Essai de l'écrivain belge d'expression française Robert Vivier (1894-1989), publié en 1954. Docteur en philologie romane, professeur à l'université de Liège, Robert Vivier commença à écrire des poèmes avec *Avant la vie* (1913), qui annoncent les vers harmonieux de *La Route incertaine* (1921) ; *Déchirures* (1927) où le poète dirige ses visions aiguës sur les réalités quotidiennes ; *Au bord du temps* (1936), qui contient de belles strophes puissantes par la seule magie des mots. Après avoir écrit divers romans d'inégale valeur, *Non* (1931), *Folle qui s'ennuie* (1933), *Porte fermée* (1935), *Délivrez-nous du mal* (1936), l'écrivain publie enfin *Et la poésie fut langage*, recueil d'essais jusque-là dispersés dans des revues. Le titre révèle les préoccupations de l'auteur : comment la poésie devient-elle langage ? Quels événements mentaux ont poussé le poète à l'acte d'écrire, et quelles conditions techniques ont joué au cours de cet acte ? Ces préoccupations, Robert Vivier les étudie dans *La Chanson de Roland* (*), les ballades de Villon, le théâtre de Racine, *Les Fleurs du mal* (*), Verlaine, Mallarmé. L'analyse s'attachera donc, écrit l'essayiste, à définir dans chaque cas les particularités du problème technique et à déterminer quels dons, quelle organisation des sens et de l'esprit ont fait que l'intuition première a abouti précisément au texte qui nous émeut. Dans cet ouvrage de critique de tout premier ordre, comme il l'avait déjà fait dans *L'Originalité de Baudelaire* (1928), il va en effet à la recherche de la technique de chacun de ces auteurs dont il étudie l'œuvre pour remonter ensuite aux sources littéraires du poète, et à l'homme lui-même.

ET LE BLÉ JAILLIRA [*A Grain of Wheat*]. Roman de l'écrivain kenyan Ngugi wa Thiong'o (né en 1948), écrit en anglais et publié en 1967. Ce roman ambitieux confronte les espoirs et les doutes du Kenya indépendant aux dix années douloureuses de la rébellion « Mau Mau » et de l'état d'urgence, telles que les vécurent les villageois ordinaires en pays kikuyu. S'il s'interroge sur l'enchaînement des circonstances et des choix culturels qui entraînèrent tout un peuple dans un conflit qui prit parfois la forme d'une guerre civile, c'est à cause des traces durables de cette période qui pèsent encore sur les choix du nouvel État kenyan. Le livre exprime la crainte que les groupes jadis privés de leurs terres par la colonisation ne soient dépossédés une seconde fois, et il trouve les germes de cette nouvelle forme d'exploitation dans le passé récent. L'organisation complexe du récit présente de façon symétrique les groupes de paysans et les colons européens, les rebelles et les « loyalistes », met en parallèle les actions présentes et passées, contraste le statut héroïque et menaçant des guérilleros de la forêt et l'impuissance des villageois soumis au couvre-feu ou internés dans des camps de « réhabilitation ». Ce contrôle formel de la narration historique souligne la réflexion politique et permet la généralisation à des situations similaires de lutte anticoloniale.

Le roman se construit autour de quatre personnages tour à tour lâches et héroïques. Karanja, fasciné par le pouvoir blanc, fait régner l'ordre colonial dans les rangs des loyalistes et séduit Mumbi, la femme de son ami Gikonyo alors que celui-ci est détenu. Gikonyo sera libéré de son camp au prix d'une lâcheté. Mugo, enfin, choisi par les villageois comme leur porte-parole à cause d'un acte héroïque, confesse publiquement, l'indépendance venue, que c'est lui qui a livré le général rebelle Kihaki. Le prophète se fait bouc émissaire et assume les fautes commises, mais aussi la responsabilité qui seule permettra de créer un pays neuf.

Ngugi refuse les simplifications de la propagande coloniale comme les reconstructions idéologiques au service des nouveaux pouvoirs. Les héros, accablés de culpabilité et en quelque sorte fascinés par leur propre angoisse, sont proches de ceux de Conrad, que Ngugi a beaucoup étudié. La vision pessimiste, la spiritualité plus sensible à la faute qu'à la grâce sont en contradiction avec la dernière page, d'un optimisme militant délibéré : la parole passe à nouveau dans le couple formé par Gikonyo et Mumbi, couple éponyme du couple fondateur kikuyu, et la fertilité sera enfin possible, « le blé jaillira » après les souffrances.

Ce roman se veut un appel à une réflexion sans concession sur les choix éthiques que doivent faire les nouvelles nations. Cet aspect didactique n'empêche pas Ngugi d'apporter à la fiction contemporaine tout un nouvel univers. L'émotion est exprimée dans une langue pudique, nourrie d'images aussi bien bibliques qu'africaines. Traduit dans de nombreux pays, ce livre a une pertinence et une cohérence esthétique qui vont au-delà d'une simple valeur historique ou documentaire. Écrit dans la lignée des ouvrages de la grande tradition — Conrad, Hardy, Dostoïevski —, il est une œuvre de maturité de la littérature africaine, à l'égal des romans d'Achebe et de Kourouma. — Trad. Julliard, 1968. J. Ba.

ET LE BUISSON DEVINT CENDRE [*Der verbrannte Dornbusch*]. Trilogie romanesque de l'écrivain français de langue allemande Manès Sperber (1905-1984), constituée des livres suivants : *Et le buisson devint cendre* (1949), *Plus profond que l'abîme* [*Tiefer als der Abgrund*, 1950], *La Baie perdue* [*Die verlorene Bucht*, 1953] — une partie de ce troisième volume parut en 1952 sous le titre *Qu'une larme dans l'océan* (*). Témoin de son siècle, Manès Sperber retrace, dans cette ample fresque politico-historique, l'aventure du mouvement communiste en Europe, des années 20 jusqu'à la Seconde Guerre mondiale. Manès Sperber avait lui-même adhéré au parti communiste à Berlin en 1927, mais le quitta en 1937. L'œuvre repose sur cette expérience personnelle, mais elle la dépasse largement par son ambition de donner une vision complète des faits historiques à certains moments critiques. Lorsque le roman débute, Josmar Goeben, dirigeant communiste clandestin à

Berlin, est sur le point de se rendre à Vienne pour acheminer des documents confidentiels. Il gagnera ensuite la Hongrie. Manès Sperber nous fait assister à des réunions au cours desquelles Goeben discute avec d'autres militants de la ligne du parti et de l'obligation de n'en jamais dévier, sous peine d'exclusion. C'est ce qui arrive du reste à Slipic, à qui l'on n'accorde aucune circonstance atténuante, malgré ses années de prison subies pour le parti. Sperber rend compte également des différentes mentalités, il distingue ceux qui sont devenus communistes par romantisme (par exemple, l'écrivain hongrois Djoura) et ceux qui en réalité ne seront que des exécutants froids et méticuleux aux ordres de Moscou (c'est le cas de Goeben). L'auteur évoque par ailleurs quelques questions politiques précises, comme la place du mouvement paysan dans la révolution communiste.

Manès Sperber fait alors intervenir un autre personnage, qui restera au premier plan tout au long du roman, Doïno Faber ; il est dans une large mesure son double. Le parti se livre de plus en plus à la chasse aux « traîtres », la suspicion est générale. Sperber analyse avec minutie cette dérive qui a culminé en 1937 avec les procès de Moscou. La peur de voir des réseaux entiers infiltrés par la Gestapo, l'obsession du complot font oublier aux dirigeants du parti le but réel de leur action politique. Manès Sperber dénonce ici implacablement la métamorphose de l'idéal communiste initial, et son intégration dans un ordre politico-policier qui le fait ressembler aux dictatures de droite. C'est l'une des raisons pour lesquelles Doïno Faber rompt avec le parti. Par cet échec individuel, dont son héros est douloureusement conscient, l'auteur montre en fait l'impuissance des esprits épris de liberté face aux pouvoirs totalitaires qui s'instaurent. La guerre elle-même est une fatalité, autant que l'aveuglement des démocraties. Quand elle éclate, Doïno ne peut que s'engager dans l'armée française (il était réfugié à Paris depuis quelques années). Mais c'est bientôt la débâcle. Pris d'une grande lassitude, ayant perdu la plupart de ses anciens amis (liquidés soit par les nazis, soit par leur propre parti), Doïno décide de gagner Bari, en Italie, puis de passer en Yougoslavie. La trilogie s'achève à ce moment ; Manès Sperber ne lui a donc pas vraiment donné de conclusion : elle se termine plutôt sur un point d'interrogation.

C'est qu'un grand pessimisme imprègne cette œuvre. Sperber pense intimement que l'homme ne peut faire son salut dans les conditions historiques que les États imposent nécessairement aux individus ; même un idéal politique ne peut être appliqué, étant toujours perverti au cours de la lutte. La seule lueur d'espoir réside peut-être dans une autre vérité, métaphysique, celle-là ; elle est d'ailleurs esquissée dans l'apologue écrit par Djoura avant son exécution, intitulé « La Baie perdue » et où il fait intervenir la figure du Christ. Mais Manès Sperber n'en déduit pas pour autant quelque issue certaine, car on peut se demander si la leçon qu'il retient n'est pas celle, beaucoup plus noire, qu'il met dans la bouche d'un personnage : « L'Histoire n'est pas une tragédie mais — exactement comme l'*Iliade* (*) et les tragédies de Sophocle — une gigantesque chronique scandaleuse. » — Trad. en un volume, Odile Jacob, 1990. J.-É. M.

ET LE CHARPENTIER, LE GRAND SAGE... [*Suutarikin, suuri viisas*]. Recueil de poèmes et de courts textes en prose de l'écrivain finlandais d'expression finnoise Lauri Viita (1916-1965), publié en 1961. Quand Lauri Viita publie ce troisième et dernier recueil, sept années se sont écoulées depuis *Enroulé* [*Käppyräinen*]. Des années au cours desquelles sa schizophrénie s'est aggravée et où il ne sort plus guère de l'hôpital psychiatrique. Il continue pourtant à écrire et le proclame au début du recueil : « Je me suis mis à écrire. / Il le fallait. / J'écris pour vivre. »

Déjà, entre son premier et son deuxième recueil, une évolution était décelable. Si on retrouve ici le thème de la mère (dans une courte pièce très pudique), les poèmes satiriques et surtout les grandes visions cosmiques et métaphysiques, déjà en reflux, ont complètement disparu. Le problème de la connaissance resurgit, mais sur un autre ton : toute quête est imbécile : « L'âne, le vrai, / hurle sans ailes / sans poète. Il hait le mensonge / ... / cherche la vérité » ; désespérante : « Tu voulais tout savoir / dans ta tête entassant la litière / tu n'as introduit que détresse », ou vaine : « Même le ciel ignore notre ciel. » Résignation et doute : « Oui dit : est-ce que oui ? et doute de ce triste monde », poésie en mode mineur : « Ne nous pressons pas, asseyons-nous. / Ne nous affolons pas, laissons faire. » Un instinct vital demeure pourtant, celui de la fuite en avant : « Quoi qu'il advienne / prends appui sur la berge / à l'eau la barque ! / Sous l'onde, sinon devant / pour ne pas me fondre en la mémoire. » La mort refuse le poète : « Tu me sers mieux / si tu ne meurs pas, mais gémis. » Certes, il chante « sous la terre », mais « la vie n'est pas terminée / quand on a connu la mort ! » L'espoir demeure : « Est-ce que j'espère ? / Ne sais-je pas / quand le soleil se couche / que ne disparaît pas / ce qui était. / Le jour est venu. » Et le dernier vers : « Au jeu, ai-je perdu, ai-je gagné ? Je n'étais pas mort, non, je vivais ! » Les poèmes sont très laconiques (souvent 2, 4, 5 vers). Le mètre choisi est l'octosyllabe de la poésie traditionnellement finnoise. Il révèle toute la virtuosité de Viita, qui montre son goût pour le jeu des rythmes et des mots. Ce qui lui importe, c'est la parole : « Ne vous demandez pas », dit-il au tout début, « si c'est de la poésie ou de la prose ». Ainsi, jusque dans ses derniers poèmes, Viita reste-t-il profondément original et novateur. E. T.

ET LE POÈTE ? [*A co ?*]. Recueil du poète tchèque František Halas (1901-1949), achevé en 1949. L'engagement civique de Halas n'avait jamais fait de doute. Il découlait de l'expérience qu'il avait faite de la misère mais plus encore de sa soif de justice, composante naturelle tant de son credo poétique que de ses positions politiques. Il en avait fait preuve lors de la guerre d'Espagne en entreprenant un voyage jusqu'à Madrid mais n'hésitait pas non plus à exprimer son désaccord avec les procès de Moscou ; il fut, sous l'occupation nazie, l'un des principaux représentants de la résistance intellectuelle et devint, après la Libération, l'une des figures phares du renouveau de la vie culturelle du pays, sans se cacher pour autant que la fin de la guerre ne signifiait pas la fin des menaces, physiques et spirituelles, qui pesaient sur l'homme. Il en voyait les preuves aussi bien dans le déchaînement de la technique, comme en témoignaient les expériences atomiques, que dans le pouvoir totalitaire de l'État qui s'illustrait lors des purges organisées par Jdanov dans la vie culturelle soviétique. Face à cette époque dramatique où « la foi prend ses jambes à son cou » et où « dans les combles de l'attente / ... est accrochée / la peur », Halas revient à sa vieille interrogation : dans un tel état de choses, quel est le sens de ce « beau malheur » qu'est la poésie ? Quelle est la place, le rôle, la responsabilité du poète dans le monde actuel ? Son dernier manuscrit achevé – quatorze poèmes des années 1945-1949 – est l'essai, unique dans la littérature tchèque, d'une formulation et d'une réponse poétiques à ces questions. Le recueil s'intitule *Et le poète ?*, d'après le dernier texte, qui se trouva, du fait de la mort prématurée de l'auteur, être une sorte d'« envoi » à son livre, mais aussi son testament : « Je ne veux pas être la chair de l'air alentour / comme ils voudraient / je ne veux pas être le poteau aux avis / l'opinion publique / je ne veux pas être le souffleur / qui avale la poussière / de leurs comédies / jouées sur les bières // L'oiseau voix L'oiseau liberté L'oiseau espace // J'envie // Contre la gravitation terrestre / je choisis la chute vers le haut... » Ce poème, publié en revue à l'automne de 1946 et compris à juste titre comme une protestation contre les purges jdanoviennes, fut une des raisons pour lesquelles le recueil ne put paraître qu'en 1957 – et pour lesquelles Halas fut l'un des principaux accusés au procès intenté à la poésie tchèque moderne pendant la session de l'Union des écrivains tchécoslovaques, en janvier 1950. Mais ce procès même ne fit que confirmer l'intégrité de son legs poétique et humain. X. G.

ET L'HOMME FUT [*Yev yeghev mard*]. Roman de l'écrivain arménien Zareh Vorpouni (1902-1980), publié en 1964 à Paris. Ce livre se présente comme un condensé de la série romanesque des *Persécutés*, que l'auteur avait commencée en 1929, et dont il n'allait faire paraître le second volume qu'en 1967. Il est écrit sous la forme d'un monologue : un fils parle à sa mère disparue, et lui raconte par le menu sa lutte quotidienne pour devenir un homme, pour sortir de son orbite, pour couper le cordon ombilical. À côté de la tombe de la mère se trouve celle de Marie-José, « l'étrangère » que le jeune homme a aimée. Le livre thématise ainsi le double attrait mortel dont le narrateur doit se défaire pour parvenir à sa condition d'homme. Il décrit un dépassement de l'opposition « brute » entre le soi et l'étranger. Du fait de la Catastrophe, qui n'a pas fini de les marquer, les Arméniens de l'exil vivent dans un espace incestueux, qui les projette vers l'extérieur et les vide d'eux-mêmes. Ce roman, loin pourtant de toute théorie, raconte l'effort désespéré d'un fils pour se défaire du lien inextricable, on pourrait dire du « double bind », entre l'inceste et son contraire. Ma. N.

ÉTOFFE DES GÉNÉRAUX (L') [*Tchang-tsun tsou – Zhangjun Zu*]. Premier recueil de nouvelles publié en 1967 par l'écrivain taiwanais Tch'en Ying-tchen (né en 1937). Une évolution apparaît au fil des seize nouvelles, au contenu largement autobiographique, écrites entre 1959 et 1967. Les premières mettent en scène des individus nourrissant un idéal qu'ils ne peuvent atteindre. Ils se réfugient aveuglément dans la religion : « Mon petit frère K'angsiong » [Wo-te ti-ti K'angsiong], ou dans le nihilisme : « L'Instituteur de campagne » [Siang-ts'ouen-te tsiao-che]. Tch'en Ying-tchen y développe les thèmes de la relation entre continentaux et autochtones, de la désorientation des jeunes intellectuels, de l'échec des tentatives pour améliorer les conditions sociales.

Dans les deux nouvelles les plus importantes de sa seconde période, « L'Étoffe des généraux » [Ts'i-ts'an wou-yen-te] et « Pauvres bouches muettes » [tsouei], écrites en 1964, son champ de vision s'élargit. Il met en scène des Chinois originaires du continent. « L'Étoffe des généraux » présente pour la première fois avec tendresse des personnages du petit peuple. Les deux protagonistes parviennent à se libérer du poids de leur passé. Au contraire, dans « Pauvres bouches muettes », le jeune intellectuel hospitalisé évolue dans une atmosphère raréfiée, miroir de la schizophrénie qui règne au-dehors. Il n'en est pas conscient, non plus que des maux profonds de la société qu'il veut cependant quitter pour partir à l'étranger. Cette nouvelle, au ton sceptique et critique, est caractéristique de la période qui précéda l'incarcération de l'auteur. Il critique et parodie également les petits-bourgeois de Taipei et leurs affectations « modernistes » dans une nouvelle satirique, « La Comédie de T'ang-ts'ien » [T'ang-ts'ien te Si-tsu]. L'espoir et le désarroi qui apparaissaient dans les récits en partie autobiographiques de ses débuts ont fait place ici aux incertitudes d'un intellectuel introverti. A. Gu.

ÉTOILE (L'). Opéra bouffe en trois actes du compositeur français Emmanuel Chabrier (1841-1894), sur un livret de Leterrier et Vanloo, créé aux Bouffes-Parisiens le 28 novembre 1877. *L'Étoile* est le premier ouvrage lyrique de Chabrier qui fut monté sur la scène d'un théâtre. Cette partition condense à peu près toutes les qualités maîtresses du style et de l'écriture musicale de cet auteur : couleurs intenses, allégresse intarissable, passion exaspérée, truculence exubérante. Chabrier a fait couler un sang neuf dans les veines de la musique française ; il a mis au service de son esthétique une technique harmonique entièrement originale par l'emploi de couleurs vives et de contrastes violents. La musique fut longtemps pour lui, alors qu'il végétait au ministère de l'Intérieur, un passe-temps de dilettante ; mais ses ouvrages resteront un divertissement permanent pour les amateurs de musique. Dans une partition telle que *L'Étoile*, toute la vie, tout le mouvement proviennent de la musique, les couplets sont d'une rare banalité, l'action des plus ténébreuse n'est en somme qu'un « prétexte à rire ».

L'action se situe dans le royaume de Ouf Ier, monarque débonnaire ou terrible selon les heures et qui mène, sous un travesti, une enquête discrète pour connaître les sentiments que nourrit le peuple à son endroit et à celui de son gouvernement. De son côté, la princesse Laoula en quête d'un mari voyage incognito, se faisant passer avec ses confidents pour des voyageurs de commerce. Enfin le colporteur Lazuli, heureux de vivre au soleil, invoque pourtant l'Étoile de son destin qui pourrait le faire roi ; il s'endort finalement l'âme en paix. Laoula et sa suivante Aloes aperçoivent le dormeur ; le réveiller en le chatouillant est un jeu innocent. Pourtant, tragique méprise, ces événements conduisent Lazuli à gifler Ouf Ier qui passait par là. Immédiatement il est condamné au supplice du pal. « Donnez-vous la peine de vous asseoir », conseille Ouf à Lazuli qui regarde, avec inquiétude, le fauteuil infernal. Mais, coup de théâtre, Ouf retrouve son sourire et invite son prisonnier à venir dans son palais. Au deuxième acte, Lazuli s'abandonne à une douce rêverie tandis que de jolies esclaves lui rafraîchissent le front avec des palmes. Il est séduit par Laoula, lui vole un baiser et c'est le coup de foudre. Laoula oublie son légitime époux et, avec la complicité de Ouf Ier, s'enfuit avec Lazuli. Cette lune de miel sera brève ; au cours d'une promenade sur un lac, Lazuli tombe à l'eau et disparaît. Laoula revient au palais recevoir les condoléances des servantes. Mais Lazuli, raconte le troisième acte, s'est tiré de l'aventure avec un simple rhume de cerveau ; il se dirige vers le château royal où le roi Ouf Ier se console avec de la chartreuse verte. Il reparaît, et sans perdre de temps, on va chercher le maire pour célébrer son union avec Laoula, les derniers obstacles à leur bonheur s'étant miraculeusement évanouis. *L'Étoile* connut dès sa création un succès considérable : Gabriel Fauré, Vincent d'Indy, Henri Duparc, André Messager saluèrent cette partition avec un enthousiasme chaleureux. Aujourd'hui encore, elle n'a pas pris une ride et conserve intactes son éblouissante gaieté et sa fraîche tendresse.

ÉTOILE D'ALLIANCE (L') [*Der Stern des Bundes*]. Volume de vers du poète allemand Stefan George (1868-1933), publié hors commerce en 1913 et dans une édition commerciale en 1914. Il était à l'origine destiné à un cercle restreint de disciples et représente la nouvelle Table de la Loi pour les initiés. Il se divise en trois parties comprenant trente poésies chacune, plus un important poème dédié à Maximin — v. *Le Septième Anneau* (*) —, le dieu unificateur « qui le délivra du tourment du dualisme » et dont George s'est fait le prophète et le grand-prêtre. Maintenant, ce n'est plus le poète qui parle, mais le sage inspiré qui prédit sur un ton apocalyptique la ruine de ce monde méchant et démoniaque. Dans le livre II, il proclame l'avènement du nouveau règne, au nom de ce Dieu printanier qui vient de se révéler à lui, lui le poète de l'été et de l'automne. Dans le livre III, il formule, en des phrases courtes et lapidaires, la doctrine qui fut à la base de toute sa poétique. Le point le plus important de cette doctrine est le rapport platonicien du disciple avec le maître, qui ne devient tel qu'à partir du moment où apparaît sur le front du maître la marque de la consécration divine, c'est-à-dire à partir du moment où il a atteint le plus haut degré du savoir. Ce savoir est intuitif ; il ne s'acquiert pas, mais se reçoit par illumination. Il faut souligner aussi la valeur négative attribuée à la femme qui, dans le monde métaphysique de George, représente la matière, tandis que l'homme en est l'esprit. Ces deux principes sont à la base de la constitution du « Kreis » — v. *Feuilles pour l'Art* (*) — dont les membres doivent se maintenir à un niveau spirituel essentiellement viril, terme d'un noviciat au cours duquel l'initié se consacre entièrement au maître. Le chœur final contient précisément l'hymne que tous les membres de la nouvelle Alliance élèvent en commun à la divinité. – Trad. *Choix de poèmes*, Aubier, 1943.

ÉTOILE D'AOÛT [*Najmat Aghuṣṭus*]. Roman de l'écrivain égyptien Sun'allāh Ibrāhīm (né en 1938), publié en 1974. Cette œuvre est fondée sur un reportage entrepris par l'auteur en 1965 dans la région d'Assouan : *L'Individu du grand barrage* [*Insān al-sadd al-'ālī*, 1967]. Négligeant souvent la ponctuation ou les articulations traditionnelles, et écrit dans un arabe moderne complexe, tantôt journalistique tantôt poétique, le récit emprunte des voies nouvelles dans la littérature arabe. Sans fournir de trame sentimentale, un narrateur, hanté par les réminiscences de son emprisonnement et de son enfance, décrit d'une manière détachée, presque phénoménologique, les gestes de son existence et de celles des autres : départ dans un train du Caire au grand barrage d'Assouan ; changements progressifs de perspectives et d'univers ; arrivée sur un petit chantier décevant mais qui n'est en fait que la parcelle banale d'une gigantesque entreprise ; interviews recueillies pour une enquête ; hymnes à la pierre et aux machines, confondues dans la même beauté marmoréenne ; opposition entre l'œuvre minérale pieuse des pharaons et les grands travaux utilitaires modernes ; misère tragique des paysans nubiens, aux villages engloutis par le Nil ; petitesses de la vie des techniciens et des ouvriers du Nord envoyés là-bas comme en exil ; torpeur et désenchantement des militaires ; espionnage tatillon des renseignements généraux ; bureaucratie aberrante maniant ses fantasmes de papier ; présence obsédante du désert et du grand fleuve ; isolement des coopérants soviétiques et de leurs épouses ; aliénation du désir sexuel et absence d'amour vrai et fécond, sous un soleil torride d'été qui fournit le titre du roman. Éclectiquement influencé par l'histoire pharaonique, la construction des temples d'Abou Simbel, la personnalité de Ramsès II, l'œuvre de Michel-Ange et le réalisme socialiste, Ibrāhīm livre ainsi une méditation angoissée sur la transformation de la matière par la pensée et l'effort physique. Mais son lyrisme est post-concentrationnaire, attentif à tous les drames et marqué par des années de captivité : il dresse un constat accablant des relations humaines au sein d'une société lancée dans des travaux cyclopéens et négligeant les êtres, conçus comme des bêtes de somme ou des suspects en puissance. Roman du travail, *Étoile d'août* est aussi une éclatante protestation politique, basée sur les travers longtemps celés du développement du tiers-monde. — Trad. Sindbad, 1987.

B. Mo.

ÉTOILE DE SÉVILLE (L') [*La estrella de Sevilla*]. Comédie dramatique, en trois actes et en vers, que la tradition a attribuée à l'écrivain espagnol Lope Félix de Vega Carpio (1562-1635). Elle est certainement l'œuvre d'un inconnu de la même époque qui, au cours de la scène où il prend congé du public, se fait connaître sous le pseudonyme de Cardenio. On a cru pouvoir dater la composition de cette comédie aux environs de 1617. L'« étoile de Séville » est la sœur, très belle, du valeureux Busto Tabera, magistrat de la capitale andalouse. Elle est fiancée, secrètement, à Sancho Ortiz mais, quand le roi Sancho le Valeureux vient s'établir à Séville, la beauté de la jeune fille éveille, dans le cœur de l'impulsif souverain, une trouble passion. Ce dernier, en échange de son aide, promet la liberté à Matilde, jeune esclave attachée à la maison Tabera et grâce à laquelle il peut, une nuit, y pénétrer. Mais il est surpris par Busto Tabera qui, feignant de ne pas reconnaître en lui le roi, lui fait honte. On apprend, sur ces entrefaites, que Matilde a été pendue à la grille du palais royal. Le roi Sancho veut se venger de l'outrage mais, effrayé par la grande popularité dont jouit Busto Tabera à Séville, il préfère confier l'exécution de sa vengeance à Sancho Ortiz. Ce dernier se déclare disposé à faire justice si le roi lui permet d'épouser la femme qu'il aime. Il tuera l'ennemi du roi, quel qu'il soit, et il refuse même la déclaration que le roi voudrait lui donner pour le justifier éventuellement. Lorsque Sancho Ortiz apprend que l'homme en question est son futur beau-frère, il hésite, mais le désir de faire honneur à la parole donnée l'emportera. Et il tue Busto Tabera, alors que celui-ci venait précisément lui dire tout le bonheur qu'il avait de lui accorder sa sœur en mariage. En apprenant cette dernière nouvelle, son remords ne fait que s'accentuer, et Sancho Ortiz ne voit plus d'autre libération possible que la mort. En prison, en attendant qu'on le juge, il préfère déclarer avoir agi en un moment de perversité insensée plutôt que de dénoncer son mandant ; Stella, par un acte de générosité où vibrent encore les derniers accents d'un amour désormais éteint, lui offre en vain la liberté. Finalement le roi, touché d'un attachement si tenace, révèle aux magistrats de Séville la part qu'il a prise lui-même dans le crime. Le nœud est donc défait et les deux amoureux pourraient se marier, mais ils s'y refusent. L'ombre de Busto Tabera serait toujours entre eux, plus forte que leur amour. Cet épilogue est ce qu'il y a de plus nouveau et de plus beau dans cette comédie, où la langue est tout à la fois alambiquée et peu soignée. Cependant, si ces défauts font regretter le style du grand écrivain auquel on a voulu attribuer cette œuvre, du point de vue de la construction dramatique cette comédie n'a rien à envier aux pièces les plus heureuses de Lope. — Trad. Povolozky, 1928. Adaptation en vers de Jules Supervielle, 1957.

ÉTOILE DES HOMMES QUI NE SONT PAS NÉS (L') [*Der Stern der Ungeborenen*]. C'est le dernier roman de l'écrivain autrichien Franz Werfel (1890-1945). Composé au début de 1944, il fut terminé deux jours avant sa mort et publié en 1946. Ouvrage très obscur, de presque sept cents pages, très discuté et déconcertant, et dont le sous-titre, *Roman de voyage*, s'explique mal : en réalité, roman purement utopique. C'est la vision de ce que sera le monde de demain, cent mille ans après le Christ. C'est, au moyen d'un symbole, une tentative pour préserver l'humanité de ce monde imaginaire des dangers que recèlent certaines tendances modernes, poussées jusqu'à leurs conséquences extrêmes. Le héros, c'est l'auteur qui s'appelle lui-même : F. W., et se dépeint avec un humour spirituel et ironique. Un ami, revenu au monde, l'invite, lui esprit, à une fête de mariage de l'an 100000. Tout y est minutieusement décrit. On est à l'époque « mentale », où notre technique est dépassée. La Terre, après la dernière catastrophe solaire, est presque déserte, sans végétation, sans oiseaux. Seuls subsistent une race canine, des chèvres très petites et des chats. Les quelques hommes sont obligés de vivre sous terre pour se défendre contre l'extrême transparence de la lumière solaire. Tous jeunes et beaux, même les centenaires, ils n'ont pas besoin de travailler. Ils expédient leurs affaires d'une façon mentale. Les moyens de transport et les communications sont abolis : on s'appelle de loin par la seule pensée. On se nourrit de sucs colorés, préparés par un système central dans le parc du distributeur de forces. Les guerres ont cessé depuis des siècles. Sur la « place du monde », on voit encore les appareils de télé-destruction autour du monument commémoratif de la dernière guerre. Là, on se réunit chaque soir pour lire le journal dans les étoiles. À l'école supérieure du pays, nommée « Djebel », on apprend à connaître la gymnastique des planètes dans l'espace. Le théâtre correspond à l'époque mentale. Il est constitué par un spectacle dramatico-musical, nommé « Sympaian », qui s'improvise et où chacun peut écouter ce qu'il aurait lui-même voulu dire : amusante satire des procédés mis en œuvre par le théâtre expressionniste, moyens que l'auteur lui-même avait employés en son temps – dans *L'Homme au miroir* [*Der Spiegelmensch*]. Le gouvernement est entre les mains d'un « majordomus mundi », qui, chaque jour, imagine le mot d'ordre à faire valoir et confie l'exécution du travail à un seul vieillard, lequel l'expédie rapidement, aidé par sa famille.

L'unique préoccupation de l'humanité mentale est ce que l'on nomme la « jungle », une espèce de tache communiste, où les hommes sont revenus vivre comme à notre époque, en bohémiens, raillant les autres et buvant de la bière dans une « réunion de porcs ». Il y a enfin le « jardin d'hiver » : la cité des morts, où l'on se rend volontairement pour retourner à l'état embryonnaire, au moyen d'un processus régressif. Pour finir, on se fane comme une marguerite. Celui qui pourtant ne réussit pas à franchir cette épreuve de la mort finit en d'horribles convulsions. Ici se trouve le « péché central » de l'époque, comme l'explique le Grand Évêque au poète. L'Évêque et le Juif sont les deux personnages les plus réussis ; ils représentent les deux seules institutions survivantes des temps révolus. Avec un humour délicat, le Juif explique les contrastes qui opposent sa race au reste du monde ; pourquoi les uns commencent leur lecture à droite et les autres à gauche, ce pourquoi les mêmes paroles donnent souvent, par ce renversement, une signification opposée. Pour finir, l'Évêque sauve le poète d'un dernier conflit qui vient d'éclater entre les mentaux et la « jungle » et qui menace de tout bouleverser. Il prononce la formule libératrice du cauchemar qui pèse sur toute l'œuvre : les hommes, évoluant par phases vers un état de larves mentales, s'éloignent du principe des choses, de la source pure de la vie. Mais, en progressant ainsi vers la fin de tout, ils s'en rapprochent. « Le temps nous éloigne de Dieu, mais aussi nous rapproche de Dieu. » C'est par cette réconfortante parole que Werfel clôt la dernière œuvre de sa vie. – Trad. Robert Laffont, 1977.

ÉTOILE DEVIENT ROUGE (L') [*The Star Turns Red*]. Pièce en quatre actes, publiée en 1940 par l'écrivain et dramaturge irlandais Sean O'Casey (1884-1964). Cette pièce marque avec *Derrière les grilles* [*Within the Gates*, 1938] un tournant dans l'œuvre du dramaturge. Il a alors abandonné le cadre strict de l'Irlande et la veine réaliste de *Junon et le Paon* (*) pour aborder un théâtre expressionniste et symboliste, dans lequel s'affrontent les grandes forces de ce temps. *L'étoile devient rouge* est une sorte de parabole sur la lutte entre le fascisme et le communisme. Les positions de Sean O'Casey se sont durcies ; il n'y a plus de place dans ce théâtre pour les élucubrations d'ordre domestique ; chacun est placé devant ses responsabilités et doit choisir. Pourtant, malgré l'apparente simplification des données de la pièce, et l'allure de pamphlet qu'elle prend parfois, les personnages gardent une grande humanité, et l'on sent toujours sous-jacente la grande tendresse de l'auteur pour ces hommes et ces femmes, quels que soient même leurs errements. *L'étoile devient rouge* fut représentée pour la première fois à Londres en 1940, par le Unity Theater. La critique fut très divisée. On peut noter toutefois que le très conservateur James Agate, qui avait détesté *Derrière les grilles*, accueillit *L'étoile devient rouge* comme un « chef-d'œuvre ». « La pièce de M. O'Casey est une pièce élisabéthaine », écrivait-il, comparant O'Casey à Shakespeare. – Trad. L'Arche, 1961.

ÉTOILE DU MARIN (L') [*Zvezda na moriaka*]. Deuxième recueil de la poétesse bulgare Elissavéta Bagriana (1893-1991), publié en 1932. Ces poèmes évoquent les temps modernes et l'effroi de l'homme devant l'invasion d'une technique qui nous prépare un « demain brouillé ». Chantant par exemple Paris, Bagriana passe de l'enthousiasme (« J'aime tes rues grises, Paris... tes cafés avec leur public cosmopolite... ton ciel renfrogné ») à la satire en comparant la ville à une araignée immense qui, après avoir sucé le sang de ses victimes, rejette ces dernières avec indifférence. D'autres impressions de voyage suivent : Venise et son « Canale Grande », les gondoles, les palais dorés ; les ports de la mer Noire, et elle nous fait entendre alors l'appel des vagues, sentir l'air humide et salé, l'odeur des algues et du poisson. Lot ingrat que celui de la femme : « J'aurais tout quitté ici, si je n'étais pas femme, et je serais partie... vers une vie nouvelle. » Qu'est le poète ? C'est un aventurier incorrigible qui, les yeux ouverts sur le monde, s'en va pour une longue absence sans donner de nouvelles. Dans l'« Exilé », la poétesse chante la tristesse et la nostalgie de celui qui quitte sa patrie au nom d'une idée alors que dans le pays reste à l'attendre la femme aimée. Les semaines et les années se suivent, semblables les unes aux autres, sans que la joie visite les deux visages tourmentés. Parfois, nous voudrions effacer le passé et recommencer à zéro. Bagriana, elle, voudrait « brûler les jours passés », et que sa mémoire reste blanche, telle une feuille vierge. La langue est douce, elle coule sans heurts, le style dénote l'assurance et l'équilibre. Les images sont riches, nourries d'expérience, précises, soigneusement rythmées.

ÉTOILE DU NORD (L'). Opéra-comique en trois actes, livret de l'auteur dramatique français Eugène Scribe (1791-1861), musique du compositeur allemand Giacomo Meyerbeer (1791-1864), créé en 1854. À cette date, Meyerbeer a derrière lui la plupart de ses grands opéras : *Robert le Diable* (*), *Les Huguenots* (*), *Le Prophète* (1849) et même *L'Africaine* (*) qui sera jouée plus tard, mais est déjà presque terminée. Désireux de rivaliser avec les Français sur leur terrain national, l'opéra-comique, il fait jouer *L'Étoile du Nord,* primitivement intitulée *L'Étoile polaire* (mais toujours avisé, il craignit que ce titre ne jetât un froid). La scène se passe au XVIIIe siècle. Au premier acte, dans un village près de Viborg en Finlande, le tsar Pierre le Grand, déguisé en charpentier, fait la connaissance de Catherine qui, en habits d'homme, veut s'engager comme soldat à la place de son frère Georges. Au deuxième acte, dans le camp russe, les soldats font l'exercice, puis se reposent et chantent. Catherine, au milieu d'eux, découvre un complot dirigé contre le tsar. Au troisième acte, dans le palais du tsar, Pierre le Grand songe à Catherine qu'il croit morte. Elle est vivante, mais passe pour folle. Pierre la fait venir et la conduit dans une partie des jardins aménagés comme le paysage de Viborg, espérant ainsi réveiller ses souvenirs. Quand elle aperçoit le tsar qui a repris son costume de charpentier, elle se précipite à son cou. Il se fait reconnaître et la comble de parures pour en faire une tsarine.

Dans un ouvrage précédent représenté à Berlin en 1843, *Le Camp de Silésie,* Meyerbeer avait traité un sujet d'une coupe analogue dont le héros était le Grand Frédéric : un premier acte à la campagne ; un deuxième dans un camp militaire ; un troisième au château royal. Comme il paraissait indécent de porter à la scène la figure vénérée du Grand Frédéric, la pièce avait disparu de l'affiche berlinoise et Meyerbeer eut l'idée d'utiliser sa partition pour *L'Étoile du Nord,* notamment pour tout ce qui touchait à la couleur militaire, les chansons de bivouac, les défilés. Six numéros sont passés directement d'un opéra dans l'autre, le déploiement d'un orchestre bruyant, la tendance mélodramatique du style dépassent le cadre de l'opéra-comique. L'ouvrage rencontra d'emblée un vif succès. En un an, il atteignit cent représentations. Les reprises, fréquentes sous le second Empire, se sont espacées à la fin du siècle et *L'Étoile du Nord* a aujourd'hui disparu du répertoire.

ÉTOILE ROUGE (L') [*Krasnaja zvezda*]. « Roman-utopie » du philosophe russe Alexandre Bogdanov (pseud. de Malinovski, 1873-1928), publié en 1907. Enlevé par les Martiens, qui ont maîtrisé la technique de la navigation interplanétaire, le narrateur, révolutionnaire « terrien » du XXe siècle, découvre sur la planète rouge une humanité semblable à la nôtre, car produite par les mêmes lois biologiques, économiques et historiques (qui sont celles de la vie, unique dans son principe), mais déjà parvenue, grâce à des conditions de développement plus favorables (notamment l'absence de frontières, due aux dimensions réduites de la planète et à son faible relief), à ce stade supérieur du développement de la civilisation que représente le communisme. La libre activité de chacun, servie par une technique avancée et orientée par un calcul permanent des besoins et des disponibilités de la collectivité, concourt spontanément à son épanouissement et à la satisfaction de ses besoins par une exploitation rationnelle des ressources de la planète. Leur tarissement incite cependant les Martiens à explorer les planètes voisines, Vénus et la Terre : d'où l'enlèvement d'un Terrien, destiné à servir de premier chaînon intermédiaire entre les deux planètes. La Martienne Netti, médecin de l'expédition interplanétaire, qu'un amour partagé lie bientôt au héros, envisage ces relations comme une symbiose pacifique et un enrichissement mutuel. Mais son premier « époux » (les relations sexuelles sont libres et les enfants élevés en commun dans une « Cité des enfants »), le mathématicien Sterni, démontre avec une logique impitoyable que l'exploitation indispensable des ressources naturelles de la Terre au profit d'une civilisation supérieure implique l'extermination des Terriens. Dans un accès de haine et de jalousie, le narrateur le tue. Il est soigné et, jugé inguérissable, renvoyé sur la Terre, où sa fidèle Netti, qui lui a gardé sa confiance, viendra le chercher pour le ramener au paradis communiste de l'Étoile rouge.

L'intrigue romanesque sert surtout de prétexte à un exposé systématique de l'idéal communiste et des progrès scientifiques et techniques qui en faciliteront la réalisation (exploitation de l'énergie nucléaire, planification scientifique de la production). La psychologie élémentaire qui en est le support relève du même optimisme rationaliste que cet idéal. Mais le roman trahit aussi un certain désenchantement face aux difficultés que lui opposent les conditions de la vie terrestre (et notamment le cloisonnement des sociétés humaines et la puissance des égoïsmes individuels et nationaux). – Trad. L'Âge d'homme, Lausanne, 1985. M. A.

ÉTOILES D'EGER (Les) [*Egri csillagok*]. Roman historique de l'écrivain hongrois Géza Gárdonyi (1863-1922), publié en 1901. Les guerres turques du XVIe siècle en sont le sujet et Grégoire Bornemisza, page à la cour du puissant magistrat Valentin Török, le héros. Török tente de traiter avec le sultan, mais il est fait prisonnier et conduit à Constantinople. Grégoire, après avoir vainement cherché à libérer son seigneur, retourne en Hongrie, y épouse la femme qu'il aime, Eva Czeczey, et s'installe dans la forteresse d'Eger. Peu après, les armées turques arrivent sous les murs d'Eger et l'assiègent pendant de longs mois. La forteresse est défendue par István Dobó, avec une poignée d'hommes auprès desquels les femmes combattent héroïquement. Grégoire devient le bras droit du capitaine ; il invente les stratagèmes les plus variés et contraint enfin la puissante armée turque à se retirer. La première partie de ce magnifique poème en prose, qui est plutôt l'histoire personnelle de Grégoire Bornemisza, fut appelée par quelques critiques l'« Odyssée magyare » et la seconde partie, l'histoire de la défense de la forteresse, l'« Iliade ». En réalité, le poème avec le pathétique de ses scènes d'amour, les aventures fantastiques de ses protagonistes et le simple langage paysan que l'auteur met dans la bouche des Hongrois du XVIe siècle, nous emporte dans un climat primitif d'une impressionnante réalité. Du siège d'Eger, Sebestyén Tinódi a tiré une chronique en vers (1505-1556).

★ Le poème épique *Eger* en trois chants, en hexamètres, de Mihaly Vörösmarty (1800-1855) fut publié en 1828. Là aussi, le glorieux fait d'armes constitue le fond historique sur lequel le poète brode une intrigue amoureuse fictive pour faire revivre romantiquement le passé. Le héros historique est Stéphane Dobó, mais le rôle le plus important est, dans le poème, celui de Zoltai, l'un des capitaines, alors que Grégoire Bornemisza joue un rôle relativement accessoire. Avec Dobó se trouvent, dans la forteresse assiégée, ses filles Dalar et Ida. Cette dernière se consume d'amour pour Hiador, qui l'a abandonnée à la suite d'un malentendu et s'est fait musulman. Au moment décisif, le renégat, que ses nouveaux coreligionnaires appellent Omar, refuse de combattre contre les chrétiens et est tué par l'épée d'Arszlan, un des principaux héros de l'Islam. Avant de mourir, rendu aux défenseurs d'Eger, il a la joie d'obtenir le pardon de sa bien-aimée qui le suit dans la mort. D'autre part, Leila, fille du chef turc Uléman, est faite prisonnière par l'héroïque Zoltai et leur amour, plus serein et moins tragique, fait contrepoids à la mort d'Omar et d'Ida. L'inspiration byronienne et romantique du poème ne fait pas de doute.

ÉTOILES DE JOUR (Les) [*Dnevnie Zvezdy*]. Œuvre de l'écrivain soviétique Olga Bergholtz (1910-1975), publiée en 1959 et complétée dans la réédition de 1960. L'auteur a choisi comme symbole de ce récit autobiographique à tendance historico-philosophique un souhait de son enfance, celui de percevoir de jour le reflet des étoiles dans le miroir d'un puits profond. « Non seulement je suis persuadée que de tels puits existent, écrit-elle, mais de surcroît, je désire que mon âme, que mes livres, c'est-à-dire mon âme ouverte à tous, soient comparables à ce puits, qui, de jour, reflète et garde en lui les étoiles. »

Comme dans ses œuvres poétiques d'après guerre, Olga Bergholtz cherche à élargir les limites étroites d'œuvres lyriques pures et traite dans sa prose les événements vécus dans une perspective historique. « Le fait même d'écrire en prose, dit le critique littéraire soviétique Siniavski, a vraisemblablement ouvert à Bergholtz de nouvelles possibilités qui n'étaient pas entièrement réalisables dans les limites de sa poésie. » Et il ajoute : « Dans la prose de Bergholtz tout est vie parce que tout est concret, à commencer par les détails qui recréent un monde d'objets et d'événements, vaste et multiforme. » Dans *Les Étoiles de jour*, les épisodes biographiques ou non sont déjà de l'histoire, toute proche et traduite en un langage poétique, mais de l'histoire authentique. Le livre est composé d'un certain nombre d'essais formant chapitres. Certains, dont « La Porte Nevski » [Nevskaja Zastava] ou « Le Voyage à la ville de mon Enfance » [Poezdka v Gorod Detstva] ont été publiés séparément avant d'être réunis ici. « Il est difficile de rattacher la prose de Bergholtz à un genre déterminé, dit Siniavski, l'auteur ne désirant pas être lié par une forme plus rigide qu'un journal ouvert dans lequel se fondent passé, présent et avenir, images des héros disparus ou vivants. »

Les Étoiles de jour sont une confession d'un « enfant du siècle » qui narre, sans suite chronologique et parfois avec des longueurs, des souvenirs d'enfance, les événements historiques anciens et ceux de son temps, en les entremêlant aux réflexions sur la vie, sur la création artistique et les rapports de l'écrivain avec ses lecteurs. À travers les souvenirs de l'auteur, la psychologie enfantine apparaît dans toute sa spontanéité, et au fil du récit des détails savoureux et éloquents soulignent les caractères particuliers de l'époque. Certains chapitres tels que « L'Arc du Valdaï » ou « La Cloche essorillée » sont de petits chefs-d'œuvre qui ont trait à l'histoire ancienne ou récente. D'autres, tel « Andreï Ivanovitch se fâche », nous ramènent au siège de Leningrad qui a profondément marqué la vie et l'œuvre de Bergholtz. L'absence d'une structure bien définie et les répétitions des mêmes thèmes, traités en prose et en vers, ne privent pas *Les Étoiles de jour* d'une charge émotionnelle qui permet à l'auteur de communier avec son public « cœur à cœur ».

ÉTOILES D'HERBE (Les) [*Balún-Canán*]. Roman de l'écrivain mexicain Rosario Castellanos (1925-1974), publié en 1957. Ce roman, largement autobiographique, retrace l'histoire d'une famille de l'aristocratie terrienne du Chiapas, au moment où le président Cárdenas (1934-1940) radicalise la réforme agraire. Les Argüello tirent d'importants revenus de grands domaines où une main-d'œuvre indigène analphabète et misérable cultive canne à sucre et café. Imbus de leur supériorité de Blancs civilisés, les Argüello ne voient pas le monde bouger autour d'eux et de leur domaine, Chactajal. Mais les prêtres sont pourchassés, les écoles religieuses fermées, les Indiens officiellement encouragés à réclamer la terre et l'école pour tous. La rigidité oligarchique creuse les conflits et précipite la violence. Après une longue résistance, la famille finira décimée, ruinée et contrainte de s'expatrier vers la capitale, cependant que de nouveaux riches surgissent sur la scène locale. La beauté de ce livre tient à l'ambiguïté du point de vue : l'histoire est perçue par la petite-fille des Argüello, qui intériorise les préjugés de classe et de race de ses parents. En même temps, l'innocence et la pertinence de ce regard enfantin permettent au lecteur de partager la juste lutte d'une population autochtone qui ose enfin élever la voix. La leçon du livre paraît finalement pessimiste : patrons et serfs seront les grands perdants ; d'autres, plus malins, ramasseront la mise révolutionnaire. –Trad. Gallimard, 1962.

E. Fe.

ÉTOILE SECRÈTE. Recueil poétique de l'écrivain algérien Jean Amrouche (1906-1962), publié en 1937. Deuxième recueil d'un poète et essayiste algérien, kabyle et chrétien, déchiré entre sa patrie culturelle et celle de ses racines, qui tenta désespérément en une époque troublée d'expliquer l'une à l'autre les deux communautés en présence. Le recueil est avant tout quête mystique où, selon son ami Armand Guibert, Amrouche « campe la figure platonicienne de l'absent qui s'épuise dans la quête alchimique de l'or spirituel, et dont la demeure dernière ne peut être que dans la terre des ancêtres ». Le poète recherche l'esprit d'enfance, image du paradis perdu qui se confond en partie avec le pays perdu. Devant l'unité perdue de l'Être, il s'interroge sur le sens de l'écriture comme délivrance pour un homme qui se sent étranger à lui-même, dépossédé de ses paroles. Sa quête sera ainsi celle de l'« Orient secret de son sang » : « Je n'ai rien dit qui fût de moi, / Ah, dites-moi l'origine / des paroles qui chantent en moi. »

Ch. Bo.

ÉTOILE VESPER (L'). Essai de l'écrivain français Colette (1873-1954), publié en 1946. On ne saurait le dissocier de cet autre essai en tout point analogue qu'est *Le Fanal bleu,* publié en 1949. De l'étoile Vesper, Colette « n'aime retenir d'elle que ce qui plaît aux ignorants. Par exemple qu'elle trompait déjà, autrefois, l'homme aux yeux levés vers elle, qui ne reconnaissait pas, dans Vénus du soir, le brasillant Lucifer du matin [...] Que nous disons : Vénus se lève, lorsqu'elle est près de son coucher [...] À son troisième nom, Vesper, j'associe, je suspends celui de mon propre déclin. Autrefois, elle resplendissait sur mon enfance... ». Au plaisir de nommer juste s'associe une exigence de voir clair dans son propre destin et dans sa propre vie : Colette s'élucide elle-même au gré des souvenirs d'une longue existence, l'écriture restant l'ultime voyage qu'il lui est loisible de faire depuis que son arthrose de la hanche la cloue au lit, à un lit éclairé par une lampe au chapeau de papier bleu, celui-là même sur lequel elle aime écrire, – un lit qui n'est plus qu'un « radeau-divan » « sur lequel naviguer ». Essai, ou plutôt essais ? La référence à Montaigne s'impose : Colette ne fait qu'enchaîner l'une à l'autre ses expériences passées, ses réflexions sur l'art d'écrire, les menues anecdotes de son présent rétréci. Mais c'est, ce faisant, égrener, avec une libre désinvolture – « à sauts et à gambades », eût dit Montaigne – tout ce qui a jusqu'alors constitué le tuf de son œuvre : l'enfance et la mère, l'amour et les amitiés, les animaux, les êtres sapides ou rendus tels par un art aigu de l'observation. « Ma poésie est à ras de terre. » « J'ai donc, par chance, la douleur, que j'accorde avec l'esprit de gageure, le superféminin esprit de gageure, de jeu si vous préférez : la Chatte Dernière, qui se mourait, indiquait d'un geste de la patte, d'un sourire de son visage, qu'une ficelle traînante était encore objet de jeu, aliment de la pensée et de l'illusion féline. Chez moi, on ne me laissera pas manquer de bouts de ficelle. » Il y a là la modestie et l'humour d'une grande dame de la littérature française, riche « thésauriseuse » de soixante-treize ans.

M. Mer.

ÉTONNANT MARIAGE (L') [*The Amazing Marriage*]. Ce roman de George

Meredith (1828-1909) est le dernier que l'auteur anglais ait écrit, si l'on excepte *Celt and Saxon,* roman posthume et inachevé. Publié en 1895, il vient après la série des grands romans : *La Carrière de Beauchamp* (*), *L'Égoïste* (*), *Les Comédiens tragiques* (*), et reste une œuvre beaucoup moins populaire. *L'Étonnant Mariage* s'ouvre sur l'histoire singulière de l'enlèvement par un vieux capitaine aventurier d'une jeune comtesse. Retiré en Carinthie, ce premier couple a deux enfants, un garçon Chillon et une fille Carinthia, qui essaient de revenir dans le sein de la société anglaise que leurs parents avaient dû quitter. Un jeune aristocrate, lord Fleetwood, prodigieusement riche, repoussé par une coquette, Henrietta, demande par jeu en mariage la jeune Carinthia qui accepte en toute innocence sa proposition. Henrietta, de son côté, épouse Chillon. Le jeune lord se trouve contraint d'exécuter sa promesse et en conçoit une haine sans rémission pour sa jeune femme. Il l'abandonne et refuse de la voir aussitôt après leur mariage. La plus grande partie du roman est occupée par l'histoire baroque de ces deux couples mal assortis et du jeu de cache-cache auquel se livrent ce seigneur cruel et sa malheureuse épouse. Lorsque le comte vient à résipiscence, il est trop trad. Le couple naturel, du frère et de la sœur, s'est reformé et ils partent tous les deux comme volontaires pour la guerre civile d'Espagne. Lord Fleetwood commet sa dernière excentricité, il entre au couvent.

La bizarrerie de cette histoire n'est, pour Meredith, qu'un prétexte à nous donner une analyse à la fois serrée et capricieuse des caractères les plus incompréhensibles et, en arrière-plan, une vue profonde, quoique fantaisiste, de la société anglaise. Il laisse, à un autre narrateur que le conteur principal, le soin de nous tenir au courant des événements saillants de cette aventure, et il pousse son mépris pour les faits au point d'appeler le personnage supposé qui les expose la « dame aux cancans », pour qui cette histoire se réduit à un scandale mondain. Quant à lui, il se réserve de nous faire pénétrer dans la mentalité singulière et paradoxale du personnage principal, lord Fleetwood, en face de qui se dresse cette extraordinaire image de femme humble et altière, enfantine et virile à la fois, Carinthia, un des plus beaux portraits de femme qu'ait tracés Meredith. La manière particulière et chaotique qu'il a de conduire son lecteur dans les méandres de l'esprit et du cœur de ses héros, ce mélange constant de gravité et d'humour, de passion et de détachement à leur égard donnent à cette œuvre une allure souvent très vivante, mais parfois incohérente, qui n'est pas sans déconcerter le lecteur. Aussi est-ce la partie la plus proprement romanesque de cette œuvre qui est la plus faible et il est loin d'avoir ici la maîtrise dont il fit preuve dans *La Carrière de Beauchamp, Richard Faverel* (*) et surtout dans *L'Égoïste.* Peut-être Meredith s'en rendit-il compte lui-même puisque, après *L'Étonnant Mariage,* il ne publia plus que des poèmes. *L'Étonnant Mariage* reste cependant une œuvre forte et prenante, où on saisit, mieux peut-être encore que dans ses meilleurs ouvrages, la technique « pointilliste » et l'originalité de Meredith romancier. – Trad. Gallimard, 1939.

ÉTONNEMENT ET LE HASARD (L') [*Lo stupore e il caso*]. Œuvre du philosophe italien Aldo Gargani (né en 1933), publiée en 1985. Composé de deux volets qui associent, à travers un ensemble d'études consacrées à Ludwig Wittgenstein, Moritz Schlick, Franz Kafka, Robert Musil et Sigmund Freud, une double réflexion sur l'expérience symbolique de l'homme et sa signification pour la philosophie, *L'Étonnement et le Hasard* représente une tentative destinée à soustraire la pensée aux « crampes mentales » qui en limitent l'exercice et les possibilités. Une conviction anime ce livre inhabituel : l'idée que la tâche de la philosophie n'est pas tant de fonder en raison, selon des modalités diverses que l'Histoire a illustrées et entérinées, les formes reconnues de savoir ou les valeurs qui en émergent que d'en sauvegarder la dimension irréductiblement « problématique » que nos habitudes recouvrent d'un voile et condamnent à l'oubli. Il s'agit en ce sens, ni plus ni moins, de faire face, sur un mode de résolution « éthique », aux capacités de séduction qui appartiennent, depuis que la philosophie existe et probablement bien avant, à la « répétition », à l'obsession de la « nécessité » et à l'« inexorable ». Bien qu'elle ait placé l'étonnement à sa source, la philosophie en a efficacement exorcisé le démon ou, tout au moins, les aspects qu'elle jugeait les plus menaçants. Cette tâche, la philosophie l'a accomplie en domestiquant le hasard, c'est-à-dire en s'efforçant d'édifier un réseau de catégories et de concepts supposés en déterminer les conditions de possibilité ou de signification. Le rôle de la métaphysique s'étend à cet égard très au-delà des fonctions dans lesquelles l'histoire de la philosophie reconnaît ordinairement sa marque. Comme toute « mythologie », la métaphysique commence avec la confiance que l'esprit accorde au donné, à l'existence de ce qu'il n'a pas construit, comme si ses pas devaient forcément s'y insinuer dans le désir d'épouser les chemins qui lui ont été préparés. Une telle démarche, une telle conception de ce que l'on appelle parfois la « découverte » ne se limite pas à la philosophie, mais elle efface les « traces du serpent humain », comme si ce dernier ne redoutait rien tant que ses propres initiatives. Aldo Gargani étudie quelques-unes des variantes que cette crainte a revêtues dans l'histoire des idées, les précautions intellectuelles dont elle s'est entourée. Aux formes instituées de prudence, comme aux premiers jours de la philosophie, il oppose l'« étonnement », la seule capacité d'éveil que l'homme connaisse, celle qui cherche dans le contingent, dans le hasard qui habite le langage et les formes d'existence symbolique, le remède que réclament nos savoirs engourdis. Cette capacité d'éveil, en prenant en compte les ressources symboliques de l'homme, renoue avec un sens de la « question » essentiel à la philosophie. Mais la littérature en porte également témoignage. À la lumière de l'« étonnement » et du « hasard », il n'est d'ailleurs pas jusqu'aux frontières dont nous habillons nos pratiques qui ne tendent à s'estomper. Par rapport à son œuvre antérieure, ce livre d'Aldo Gargani marque un tournant qui le rapproche des thèses défendues par Rorty aux États-Unis. En même temps, il annonce *Regard et Destin* [*Sguardo e destino,* 1988] où l'auteur articule plus précisément la réflexion philosophique et le récit. — Trad. L'Éclat, 1988. J.-P. C.

ÉTONNEMENTS DE GUILLAUME FRANCŒUR (Les). Trilogie romanesque de l'écrivain français André Fraigneau (1907-1991), formée par la réunion, en 1960, de *L'Irrésistible* (1935), *Camp volant* (1937) et de *La Fleur de l'âge* (1941), auxquels Fraigneau ajouta par la suite un épilogue, *Propos romains de Guillaume Francœur.* Le héros est évidemment un double de l'auteur, mais aussi un descendant de Fabrice del Dongo. Éternellement jeune et désinvolte, confiant dans le hasard et dans le « divin imprévu » qui désarme par sa poésie impérieuse, Guillaume l'« irrésistible » permet à Fraigneau d'évoquer sa propre enfance nîmoise, le voyage au bord du Rhin qui fut décisif dans sa formation esthétique, ses études de droit à Montpellier, ses premières rencontres féminines et ses amitiés intenses. Ce Provençal rêveur est désemparé par sa période militaire effectuée à Coblence : c'est le sujet de la seconde partie, *Camp volant.* Malgré la forte présence du Rhin, le jeune homme manque être victime de la caserne et de son « système de desespoir organisé ». Dans *La Fleur de l'âge*, Guillaume retrouve la Méditerranée où il erre de Perpignan et Port-Vendres à Corfou, se prêtant aux sollicitations du hasard et de l'amour. En guise de conclusion, Fraigneau dialogue avec son héros, « compagnon de toute ma vie ». Chantre de la jeunesse, des camaraderies viriles, des paysages solaires et des coïncidences, l'écrivain retrouve son double « plus jeune que jamais ». Le secret de cette jouvence ? Guillaume a vécu pour exprimer la « grandeur sous les espèces du bonheur ». C. Be.

ÉTOURDI (L') ou les Contretemps. Première comédie en cinq actes et en vers du dramaturge français Molière (Jean-Baptiste Poquelin, 1622-1673), créée en province en 1653 ou en 1655. L'action se passe à Messine. Lélie est amoureux de Célie, esclave de Trufaldin qui l'a achetée à des bohémiens. Pour l'obtenir, il faut la racheter à Trufaldin, ce qui est difficile : d'une part, il faudrait de l'argent ; d'autre part, il doit se défendre de son père, qui veut le marier à Hippolyte, et de Léandre, qui est également amoureux d'elle. Mascarille, serviteur du jeune homme, type du valet fourbe et fertile en stratagèmes, en invente de multiples pour trouver de l'argent et pour vaincre toutes les difficultés qui se présentent. Mascarille n'arrive jamais à ses fins, ses ruses étant toujours contrecarrées par l'étourderie de son jeune maître. Le serviteur se fâche, menace de tout abandonner, puis accepte de rester auprès de son maître, par amour pour lui mais aussi pour ne pas se déclarer vaincu. Au dernier moment, on découvre que Célie est la fille de Trufaldin (lequel n'est autre que Zanobie Ruberti, le Napolitain banni) ; un autre amoureux de Célie, Andrès, faux bohémien, se révèle être son frère. Célie épousera alors Lélie (le père ne s'y opposant plus) et Léandre prendra Hippolyte pour femme, car elle l'a toujours aimé. C'est une libre adaptation du *Malavisé* [*L'inavvertito*] de Nicolo Barbieri (mort en 1640). Première comédie véritable de Molière, non en raison de la valeur des caractères, ni pour l'intrigue, mais à cause de la joyeuse fantaisie qui s'y déploie, de l'habileté scénique qui s'affirme déjà à travers les inventions de Mascarille, première version de Scapin, à cause enfin de la langue savoureuse et imagée, tant admirée par Victor Hugo.

ÉTOURDIS (Les) ou le Mort supposé. Comédie en trois actes, en vers, de l'auteur dramatique français François Guillaume Andrieux (1759-1833), représentée en 1787. L'argument en est simple. Un jeune homme est traqué par ses créanciers. Afin qu'il leur échappe, ses amis le font passer pour mort et son oncle acquitte ses dettes. Épilogue : l'oncle pardonne à son neveu et lui donne sa fille en mariage — les jeunes gens s'aimaient. Ce scénario est habilement exploité et la pièce écrite dans un style aisé, élégant. C'est le chef-d'œuvre d'Andrieux.

ET PIPPA DANSE ! [*Und Pippa tanzt !*]. Drame de l'écrivain allemand Gerhart Hauptmann (1862-1946). Le symbolisme de Hauptmann, auteur formé par l'école naturaliste, revêt une forme particulière. Si on compare ce drame à *La Cloche engloutie* (*), on note une similitude de ton mais, alors que cette autre pièce est en vers, *Et Pippa danse !* est écrite en une prose de rythme très varié. Au premier acte, nous sommes dans une auberge perdue dans les montagnes de la Silésie, par une nuit d'hiver ; les détails naturalistes ne manquent pas : le dialecte lui-même joue son rôle ; mais il perd de son importance à mesure que le drame progresse ; enfin, dans les moments les plus intensément dramatiques, les personnages se mettent à parler en vers. La prose est étrangement allusive, malgré certaines crudités, et c'est elle surtout qui donne au drame son caractère symboliste. D'ailleurs si dans *La Cloche engloutie* il était facile de deviner la signification des personnages, ici, au contraire, l'écrivain a jeté un voile plus épais sur les visages et le déroulement de l'action est quelque peu obscur.

Au poète anglais Robert Browning, il n'a emprunté que le nom de l'héroïne et, peut-être, cette aura de pureté et de beauté dont le visage de Pippa est entouré. Elle est la fille d'un habile ouvrier verrier, un certain Tagliazoni, qui, natif de Cadore, est venu travailler dans une usine silésienne. Malheureusement, l'habile artisan est aussi joueur et même tricheur. Dès le premier acte apparaît un autre vieil artisan, un certain Huhn, une sorte de géant fou qui s'imagine avoir tiré du verre l'image de la jeune fille : son rêve est de danser avec elle ; ce serait une danse qui symboliserait la passion brutale désespérément tendue vers la beauté. Dans ce même acte, nous voyons apparaître un autre rêveur, le jeune Michel Hellriegel, qui fait le tour du monde et croit voir des miracles partout. Brusquement, il se sent, lui aussi, attiré vers Pippa. Tandis que celle-ci danse à contrecœur avec Huhn, les joueurs surprennent Tagliazoni en train de tricher. Celui-ci s'enfuit, mais il sera rejoint et tué. Pippa, restée seule à l'auberge, est enlevée par le vieux Huhn. Au second acte, nous sommes dans l'étrange repaire du géant, où Hellriegel survient par hasard comme dans un rêve et enlève la jeune fille. Avec le troisième acte entre en scène le personnage mystérieux du vieux Wann : c'est, dit Hauptmann, un « personnage mythique », une sorte de mage qui vit en solitaire sur la montagne ; il attire les jeunes gens chez lui pour les protéger et jouir de leur présence. Mais Huhn se glisse en cachette dans la maison ; il parvient à danser une dernière fois avec Pippa mais, surpris et interrompu, il brise, dans son désespoir, un cristal, il met fin à sa vie. Tandis que Huhn, après avoir satisfait son ultime désir, meurt, Michel devient aveugle, afin de conserver éternellement dans sa mémoire le souvenir de la beauté de Pippa comme un héritage inaliénable ; il part en vacillant vers la patrie de son rêve, Venise, où son cœur le dirigeait d'instinct.

Comme on le voit, l'action ne donne pas matière à une interprétation précise ; aussi l'auteur s'est-il préoccupé de nous éclairer : « J'ai voulu mettre, au centre de l'ouvrage, le symbole de la beauté avec sa puissance et sa fragilité ; si pour moi ce symbole s'est précisé dans l'image du cristal étincelant, délicatement irisé et fragile, si j'ai créé ce conte de verriers, cela est dû à la terre où je suis né, où j'ai grandi, où j'ai vécu... En nous tous, vit quelque chose qui danse devant notre âme, sans interruption, avec des couleurs fascinantes et des mouvements gracieux. Pippa doit être ce quelque chose. C'est une belle jeune fille après laquelle courent tous ceux en qui l'imagination n'est pas complètement morte. Le vieux Huhn est un primitif, un grand artiste, une force brutale et instinctive ; le jeune Michel est le symbole de ce qui vit dans l'âme de tout Allemand : c'est le jeune homme plein d'ingénuité et de simplicité, d'espérances et d'aspirations, qui se résigne sereinement à son tragique destin, mais n'abandonne pas ses illusions et même continue à vivre en elles. La force brutale l'emporte ; mais, dans l'histoire comme souvent dans la vie, la beauté délicate et Pippa succombent au désir violent de Huhn : elle danse alors, danse, comme hypnotisée jusqu'à tomber, brisée. Wann, le vieillard qui vit sur la montagne de la science et regarde d'un œil purifié les choses et les hommes, ne peut la sauver parce que la force brutale condamne la beauté à une danse mortelle... Et que n'ai-je pas imaginé ? J'ai pensé à l'union du génie allemand et de la beauté méridionale, Michel et Pippa. »

Même si l'on ne peut accepter cette interprétation les yeux fermés, on ne peut s'empêcher de subir le charme étrange qui émane de ces personnages dessinés sur du verre, tantôt massif comme le cristal de Bohême, tantôt fragile comme un vase de Murano. Le drame, sur le fond duquel se dessine l'image d'une Venise mythique, transposée sur le plan du songe, s'impose à notre respect, ne serait-ce que par les mots avec lesquels l'auteur a pris congé de lui : « Je réussirai difficilement à dire quelque chose de mieux : ce mystère, dans son petit cadre, reste indissolublement lié à mon esprit ; et qui le repousse me frappe personnellement. »

ET POURTANT ELLE TOURNE [*És mégis mozog a föld*]. Roman de l'écrivain hongrois Mór Jókai (1825-1904), publié en 1873. Les personnages principaux sont des écrivains, des hommes de science, des comédiens et des artistes hongrois qui luttent au début du XIXᵉ siècle pour secouer la société hongroise, engourdie : un public inculte et pauvre, une aristocratie parlant plutôt l'allemand et le français que la langue magyare, une noblesse vivant à la campagne et ne s'intéressant qu'à la cuisine et à la chasse, au mépris de la culture et de l'art. Quelques jeunes étudiants sont expulsés du célèbre collège protestant de Debrecen pour infraction au règlement. Ils font la connaissance d'un jeune homme inculte mais bon, Berti Csollán, incarnation du seigneur hongrois, qui leur donne des lettres de recommandation. Ils se séparent, en promettant de se revoir. L'un d'eux part pour essayer de découvrir l'origine des Magyars en Extrême-Orient (Jókai a représenté dans ce personnage le philologue Sándor Körösi Csoma, auteur d'un dictionnaire et d'une grammaire tibétains) ; Kálmán Jenöy, protagoniste central du roman, s'adonne à une vie errante d'artiste (en lui, Jókai a fondu les deux personnages de Károly Kisfaludy et de József Katona) : un troisième, Borcsay, épouse la cousine de Jenöy et avec elle se consacre au théâtre, en représentant les ouvrages de Jenöy. Une jeune fille de la haute société s'éprend de Jenöy, mais ne peut le suivre dans sa vie vagabonde. Jenöy écrit une grande tragédie qui (à l'instar de *Bank Bán* (*) de Katona) demeure inconnue. La misère ronge sa santé et, malgré l'aide du sage et bavard Tseresnyés, mécène pauvre et discret, il meurt dans le dénuement, réconforté toutefois par la vision de sa propre gloire. Une foule considérable suit son enterrement et la femme qu'il avait aimée, mais qui n'avait pas su renoncer à une existence aisée pour partager sa misère, dépose sur sa tombe une fleur en signe de regret. La conclusion est apparemment négative. Pourtant, la petite société hongroise a été remuée : le sacrifice des trois déclassés est le symbole de celui de toute une génération d'intellectuels chargée de permettre à la génération suivante de réaliser ses objectifs. C'est ainsi que, parmi les romans de Jókai, ce dernier représente le mieux cette époque de réformes qui lui tenait tellement à cœur.

ET PUIS APRÈS ? [*Kleiner Mann, was nun ?*]. C'est le deuxième roman de l'écrivain allemand Hans Fallada (pseud. de Rudolf Ditzen, 1893-1947), publié en 1932. Ses autres romans : *Nous avions un enfant, Pauvre cœur à l'aventure,* en constituent en quelque sorte la suite, mais n'atteignent pas sa valeur artistique et sa portée sociale. *Et puis après ?* a connu un succès mondial et immédiat, dû à son actualité et à la réalité quotidienne et grise de la vie berlinoise, à la veille du troisième Reich, qui en constitue la trame. Les partis extrêmes luttaient alors entre eux, aux dépens de la petite bourgeoisie qui, désorganisée et impuissante devant l'effrayante montée de la crise économique, laissait ses propres chômeurs sombrer dans la misère prolétarienne. Les héros du roman sont un jeune couple, Pinneberg et Lämmchen. Le jeune homme représente la masse anonyme des petits-bourgeois honnêtes et victimes de l'inflation ; Lämmchen est une fille d'ouvriers, modeste et bonne ; il l'a rencontrée un dimanche au cours d'un pique-nique. Ils décident de se marier parce qu'elle attend un enfant. Mia, la mère de Pinneberg, est veuve. Son mari était cet homme intègre qui fut premier secrétaire d'un grand avocat, mais elle est devenue une femme de mauvaise vie. Elle fait venir à Berlin les jeunes gens, qui étaient en province, et Pinneberg, qui méprise sa mère mais ignore ses activités équivoques, trouve un emploi de commis dans une maison de commerce grâce à Jachmann, le dernier amant de Mia, un homme facile et jovial. Mal considéré, plus mal payé encore, il fait alors l'expérience de la méchanceté humaine que la crise économique et le chômage ne font qu'exciter davantage. Des collègues jaloux révèlent aux jeunes gens la profession de Mia, et le jeune couple va se réfugier loin d'elle, dans une mansarde. L'amour, uni à tant de pauvreté, et la naissance de l'enfant forment un intermède lyrique d'une très humaine poésie au milieu de cette morne chronique. Mais voici que Pinneberg perd son emploi. Il ne peut plus payer son loyer. Un de ses anciens amis et collègue, nudiste convaincu, Heilbutt, lui cède un de ses pavillons hors de Berlin ; il y a un petit jardin ; la famille vit tant bien que mal : Lämmchen gagne quelque argent en faisant des travaux de couture ; elle essaie de soutenir son époux, toujours chômeur et de plus en plus découragé. Pinneberg refuse d'aller voler du bois comme les autres ; il veut rester honnête, mais leur niveau de vie baisse toujours plus ; c'est sans espoir : « Et maintenant, pauvre homme ? » Maintenant surgira le troisième Reich ; la plupart des chômeurs, déjà abrutis, s'enrôleront dans les légions hitlériennes, tandis que les hommes comme Pinneberg continueront à lutter pour leur vie honnête de petit-bourgeois. — Trad. Gallimard, 1933.

ÉTRANGE (L') [*Garip*]. Recueil du poète turc Orhan Veli Kanïk (1914-1950), co-signé par Oktay Rifat (né en 1914) et Melih Cevdet Anday (né en 1915), et publié en 1941. Dû en réalité à Orhan Veli, il s'agit d'un véritable manifeste de trois poètes qui jouèrent un rôle majeur dans la poésie turque depuis les années 40, et ont été directement à l'origine de plusieurs mouvements littéraires successifs. Dans leur volonté d'extraire le vers turc de son carcan formel et idéologique, les auteurs appellent à un renouvellement de la poésie, qui doit trouver sa source dans la société. Refusant de cultiver des thèmes spécifiquement « poétiques », car définis comme tels a priori, le poète doit trouver matière à poésie dans tout ce qu'il rencontre, en particulier dans la vie ordinaire. Cette poésie du quotidien est écrite dans la langue la plus simple : le rythme et le mètre classiques sont exclus, car ils réduisent la place du sens et limitent le poète. Dans le même souci de rapprocher la poésie de la vie la plus ordinaire, la langue poétique, dépouillée de tout ornement lexical, est élargie à de nouveaux domaines, non littéraires : le patois d'Istanbul trouve ici ses lettres de noblesse. La pensée, née de l'intuition de l'instant, comme dans la poésie japonaise, est le seul fondement du vers. Ne demeure de l'ancienne poésie que l'essentiel : une vision du monde pénétrée de pessimisme, du non-sens de la vie. Les thèmes de la séparation, de la mort — celle de Süleyman efendi dans « Épitaphe » [Kitabe-i sang-i mezar] — renvoient cependant à la solitude et au désarroi des êtres dans une société moderne : « Il ne se posait pas pour lui-même / le genre de question : To be or not to be / Un soir il s'endormit / Et ne put se réveiller / On le prit et on l'emporta / Il fut lavé, la prière fut dite, il fut enterré / À la nouvelle, ses créditeurs lui pardonneront, il va sans dire / Quant à ses créanciers... / De créanciers, du reste, il n'avait point. » La poésie cesse d'être un art déclamatoire : on peut désormais la lire en murmurant. S.A.D.

ÉTRANGE CAS DU DOCTEUR JEKYLL ET DE MR. HYDE (L') [*The Strange Case of Doctor Jekyll and Mister Hyde*]. C'est une longue nouvelle de l'écrivain écossais Robert Louis Stevenson (1850-1894), publiée en 1886. Il l'écrivit en 1885, à trente-cinq ans, à Bournemouth, où il essayait de rétablir sa santé chancelante. Cette nouvelle naquit du cauchemar d'une nuit d'été. « Je viens de rêver une magnifique histoire de croque-mitaine », dit Stevenson à sa femme en s'éveillant. Et, cette histoire, il se mit à l'écrire avec une extraordinaire rapidité. C'est celle d'un homme, le docteur Jekyll, qui, obsédé par la découverte qu'en tout individu cohabitent deux êtres, l'un bon, l'autre mauvais, cherche et trouve le moyen d'un dédoublement physique. Grâce à l'absorption d'une substance chimique de son invention, il peut, à son gré, être tantôt l'un, tantôt l'autre de ces deux « moi ». Mais il lui faut prendre d'extrêmes précautions pour que personne, dans son entourage, ne se doute que le célèbre docteur Jekyll, excellent homme, au physique agréable, se transforme, à certaines heures, en un monstre hideux qui, la nuit dans les quartiers sordides de Londres, attaque des enfants, des vieillards, et se livre à toutes les turpitudes. Aussi n'a-t-il mis personne dans le secret et a-t-il choisi, pour le sinistre Mr. Hyde qu'il devient à sa guise, une autre résidence que la sienne, d'autres vêtements, etc. Pour parer à toute éventualité, il a en outre fait son testament en faveur de Mr. Hyde et déposé ce testament chez son ami le notaire Utterson : si la drogue dont il se sert pour redevenir Jekyll après avoir été Hyde cessait d'agir, il ne perdrait point sa fortune pour autant... C'est cet excès de précautions qui le perd. Le notaire Utterson, déjà intrigué par le comportement bizarre de Jekyll, se livre, avec son cousin Richard Enfield, à une sorte d'enquête : la similitude qu'il observe entre l'écriture de Jekyll et celle du mystérieux Hyde achève de l'éclairer. Utterson et Enfield forcent la porte de Jekyll alors que celui-ci, incapable de reprendre son « moi » naturel (la drogue est devenue inefficace), s'est enfermé dans son cabinet : ils ont la stupeur de voir Jekyll-Hyde sous les traits épouvantables qui sont à jamais les siens. Jekyll choisit alors la seule issue : la mort.

Quand Stevenson eut achevé la première rédaction de sa nouvelle, il la fit lire à sa femme qui protesta : « Ce Jekyll est un homme mauvais par nature, qui ne fait que cacher sa méchanceté. Il fallait en faire un homme bon, en qui reparaît un fond de méchanceté mal domptée. » Très frappé par cette réflexion, Stevenson déchira son manuscrit et se remit au travail. En trois jours, il avait réécrit *Le Docteur Jekyll* dans la version que nous connaissons, où la lutte du bien et du mal tourne effectivement à l'avantage du bien puisque Jekyll est constamment bourrelé de remords et qu'il finit par se tuer. Dès sa publication, en 1886, l'œuvre eut un immense succès. On en vendit en quelques semaines plus de quarante mille exemplaires. Il y eut des adaptations théâtrales. Un prédicateur de Saint-Paul y puisa même le thème d'un sermon. Si l'on fouille cette nouvelle en profondeur, on se rend compte que le tempérament puritain de Stevenson y a introduit cette notion que l'homme fait mauvais usage de son savoir et que l'intelligence est d'essence diabolique. Sur le plan littéraire proprement dit, l'histoire est l'un des chefs-d'œuvre de la littérature d'épouvante. — Trad. Gründ, 1947.

ÉTRANGE DESTIN DE WANGRIN (L') ou les Roueries d'un interprète africain. Récit de l'écrivain malien Amadou Hampaté Bâ (1901-1991), publié en 1973. Ce récit de l'éminent spécialiste de l'histoire et de la littérature peules trouve son origine dans le témoignage recueilli par l'auteur auprès d'un vieil interprète surnommé Wangrin, et dont, soirée après soirée, pendant trois mois, il a noté les souvenirs. Préfigurant la « littérature au magnétophone », *L'Étrange Destin de Wangrin* nous propose donc un récit de vie dont les péripéties, multiples et souvent rocambolesques, constituent la trame d'une intrigue qui nous introduit au cœur même de la société coloniale, dans l'ex-Soudan français, à la veille et au lendemain de la Première Guerre mondiale.

Marqué dès sa naissance du sceau de l'ambivalence, que symbolise son alliance avec le dieu des contraires, Gongoloma-Sooké, Wangrin apparaît à l'évidence comme l'homme des deux mondes. Élevé comme un bon fils de Bambara et initié rituellement après sa circoncision, Wangrin fréquente en effet également l'« école des otages », où il obtient le certificat d'études primaires — le plus haut diplôme auquel puisse prétendre un indigène à l'époque — qui lui ouvre l'accès aux emplois de l'administration. Ses fonctions d'interprète-traducteur aux côtés des différents commandants de cercle auprès desquels il est affecté ne tardent pas à en faire un personnage puissant et redoutable, dont les « roueries » n'épargnent ni ses compatriotes ni les « Blancs-Blancs », ces « dieux de la brousse », en particulier le commandant Villermoz auquel l'oppose une affaire de détournement de bœufs et dont, grâce à sa diabolique habileté, il triomphe à la suite d'un procès retentissant.

« J'ai plus de ruses dans ma tête qu'il n'y en a dans celle d'un vieux lièvre », ne craint pas d'affirmer le héros, et il est vrai que ce récit picaresque peut également se lire comme une vaste et savante amplification, sur le mode réaliste, des contes du cycle du Lièvre. De son modèle animalier Wangrin possède à la fois l'intelligence, le sens de l'à-propos et un certain goût pour la transgression qui est d'ailleurs à l'origine de sa chute. La perte de son fétiche et le meurtre, involontaire, de son totem, le python sacré, vont en effet entraîner le déclin brutal du héros qui terminera sa vie brillante en clochard-philosophe.

Mais, à sa manière, *L'Étrange Destin de Wangrin* constitue également une chronique sans égale de la vie quotidienne à l'époque coloniale dans l'ex-Soudan français. Avec une verve qui emprunte à toutes les ressources narratives du conteur traditionnel, Amadou Hampaté Bâ excelle en effet à croquer sur le vif les acteurs, « Blancs-Blancs », « Blancs-Noirs » et Noirs de cette comédie du pouvoir, et face aux multiples contraintes exercées par les Français, il montre comment répondent, en retour, les ruses d'une société africaine fortement unie par les liens de la solidarité clanique. J. Che.

ÉTRANGE INTERMÈDE (L') [*Strange Interlude*]. Pièce de théâtre du dramaturge américain Eugene O'Neill (1888-1953), représentée en 1928. L'auteur exploite ici le thème romantique de l'isolement irrémédiable d'une personnalité d'exception, prisonnière de l'Illusion au milieu des accidents de la vie. Cette personnalité, c'est Nina Leeds. Fille d'un professeur de collège, Nina perd à la guerre son fiancé, auquel elle n'a pu totalement s'unir en raison du puritanisme paternel. Révoltée, la jeune fille quitte la maison, et nous la voyons devenir femme, à la fois épouse, mère, adultère. Pas un des nombreux hommes qui traverseront sa vie ne pourra satisfaire sa soif d'idéal et d'absolu, ni Sam son époux, ni Edmund Darell son amant, ni même Gordon son fils. Créature au-delà des mesures de la création, agitée et tourmentée par un extraordinaire vouloir-vivre, Nina apparaît comme une incarnation de l'Esprit impitoyable de la Terre-Mère, avec toutes les contradictions extrêmes du matérialisme et de l'idéalisme. Rêveuse éternellement insatisfaite, victime de son milieu et de ses propres inhibitions, elle ne sera finalement vaincue que par la vieillesse et par cet esprit de jeunesse qui anima sa révolte passée et qui revit maintenant dans son fils. Gordon et sa fiancée quitteront la vieille femme de la même façon qu'elle-même, jadis, avait abandonné son père sans secours. Plus que par son intrigue, cette œuvre vaut surtout comme une étonnante tentative théâtrale : *L'Étrange Intermède* est non seulement d'une longueur inhabituelle (les neuf actes rappellent les dimensions du drame wagnérien et couvrent une période de vingt-sept ans), mais prétend représenter sur la scène, dans un dialogue, deux plans psychologiques différents. Chaque personnage se dédouble, le rôle parlé est accompagné d'un rôle pensé, d'une réplique intérieure que le héros se donne à lui-même. L'acteur exprime ce qu'il dit, mais aussi ce qu'il pense. Le dessein d'O'Neill est évidemment de faire paraître par là tout ce qu'il y a d'incohérent et d'incompréhensible dans une vie humaine. Tous les personnages sont menés, joués par des forces obscures qui les dominent du fond le plus mystérieux d'eux-mêmes, et ils découvrent avec effroi cette dépendance, regardant, impuissants, monter des monstres inhumains et invincibles des bas-fonds de leurs âmes. Si ce théâtre a l'intérêt incontestable d'échapper à la banalité, on peut toutefois se demander si le roman ne convient pas mieux à ces sortes de luttes terribles du conscient et de l'inconscient, qui peut difficilement être traduit par un texte scénique sans perdre sa réalité même d'inconscient. – Trad. Gallimard, 1938.

ÉTRANGER (L') de Camus. Roman de l'écrivain français Albert Camus (1913-1960), publié en 1942. Il reste l'une des œuvres majeures de la littérature du XXe siècle, et l'une des plus troublantes, par l'insolite du personnage, la singularité de l'écriture, le secret qu'elle garde. Meursault est le narrateur de sa propre histoire. Son récit, très concerté, comprend deux parties, sensiblement différentes dans leur ton et leur contenu. Dans la première, Meursault décrit, avec l'apparence d'un total détachement, sa vie quotidienne à Alger, depuis l'annonce de la mort de sa mère jusqu'au meurtre qu'il est amené à commettre. Sur le ton du constat, en phrases juxtaposées, le plus souvent au passé composé, Meursault note les besoins de son corps, sa fatigue, son envie de fumer, sa difficulté à supporter la chaleur ; il prend acte de ses sensations, note aussi son ennui, ou son indifférence : « Cela m'était égal », ou « Cela revenait au même » ; il ne s'embarrasse ni d'analyse psychologique ni de l'expression de ses sentiments. Bien qu'il décrive avec minutie son arrivée à l'asile de vieillards où sa mère vient de mourir, la veillée mortuaire ou le convoi, il ne manifeste pas le chagrin attendu ; de la même manière sont relatés sa rencontre à la plage avec Marie, le lendemain de l'enterrement, le début de sa liaison avec elle, son dimanche, sa vie monotone d'employé de bureau, ses relations avec ses voisins de palier. C'est à cause de l'un d'eux, Raymond Sintès, que tout va basculer. Meursault accepte de l'aider dans ses démêlés avec sa maîtresse arabe, et le frère de celle-ci. Une bagarre éclate, un dimanche, à la plage. Après un premier combat, auquel il ne participe pas, Meursault en évite un second, et prend le revolver de Raymond ; il revient ensuite, seul, sur la plage brûlante, vers une source où il espère trouver un peu de fraîcheur ; mais l'un des Arabes est lui aussi revenu. Aveuglé par la chaleur et le soleil, par l'éclat du couteau qu'a sorti l'Arabe, Meursault tire sur lui, et sent qu'il détruit l'équilibre du monde naturel. Il tire encore sur le corps inerte : « Et c'était comme quatre coups brefs que je frappais sur la porte du malheur. » Ce meurtre, dû, comme le dira Meursault, au hasard et au soleil, se déroule dans une véritable apocalypse ; la mer, le ciel y participent, et un lyrisme étonnant éclate soudain. Dans la seconde partie du roman, la narration ne retrouvera pas le ton neutre du début. Emprisonné, Meursault apprend à s'arranger avec le temps, et à se souvenir ; il n'est plus celui qui ne vivait qu'au présent, par ses sensations. Fidèle à sa volonté de vérité, il refuse de feindre le repentir, ou de jouer le jeu de la société en donnant les réponses que l'on attend de lui. Son procès, auquel il assiste en spectateur, est une caricature — qui ne manque pas d'humour — de la justice et de ceux qui l'exercent ; les événements les plus anodins de sa vie deviennent des chefs d'accusation ; on lui reproche d'« avoir enterré sa mère avec un cœur de criminel ». Il est condamné à la peine capitale. Le dernier chapitre du roman opère un changement radical : Mersault y exprime sa passion de vivre ; face à l'aumônier, il crie sa colère et sa révolte contre cette mort prématurée, contre la condition humaine, contre toute idée de vie future. Prêt à tout revivre, purifié, « vidé d'espoir », il s'ouvre alors « pour la première fois à la tendre indifférence du monde », et, au sein même de l'absurde, connaît un bonheur paradoxal : « J'ai senti que j'avais été heureux et que je l'étais encore. » La force, et le succès durable du roman, tiennent sans doute à ce que, dès ses premières phrases : « Aujourd'hui maman est morte. Ou peut-être hier, je ne sais pas », *L'Étranger* impose son univers et la présence physique de son personnage-narrateur, dans un remarquable effet de réel. Le roman donne une forme romanesque, mais admirablement vivante, à la réflexion philosophique du *Mythe de Sisyphe* (*), dont la rédaction est contemporaine. L'absurde est représenté à la fois dans la succession des jours d'une vie banale, dans la suite de hasards qui font de Meursault un meurtrier, dans la surenchère d'absurdité même, apportée par la société, le fonctionnement de l'appareil judiciaire, la peine de mort. Fondamentalement innocent, étranger au monde et à lui-même, Meursault est un homme de l'absurde ; il n'a d'autre certitude que celle de la vie terrestre, d'autre bonheur que celui de vivre, et trouve sa grandeur dans sa vérité et sa révolte. Le roman se situe ici et maintenant, dans un temps et un espace identifiables. Cependant, le réalisme symbolique, le rayonnement mystérieux du personnage atteignent une portée universelle ; c'est un véritable mythe moderne, celui de l'absurde, que crée l'aventure de Meursault.

J. L.-V.

ÉTRANGER (L') de d'Indy. Opéra en deux actes du compositeur français Vincent d'Indy (1851-1931), écrit entre 1898 et 1901 et représenté à Bruxelles en 1903 : L'« étranger » est celui qui aime d'un pur amour : il navigue éternellement sur la mer, à laquelle il a le pouvoir de commander, en vertu d'une émeraude qu'il porte dans son couvre-chef et qui fut un moment sur le bateau de l'apôtre Paul. L'étranger aime Vita, une jeune fille belle et pure, qui ne le comprend pas et s'étonne de le trouver froid, réservé et paternel. La jeune fille cherche alors à le piquer par la jalousie, bien décidée du reste à abandonner son fiancé André pour suivre celui-là. L'homme vaincu par la femme est amené à convertir cet amour idéal en amour humain, et il lui confie le pouvoir de l'émeraude. Mais la révélation est fatale : l'enchantement est brisé ; à partir de ce moment, l'émeraude portera malheur, et l'étranger devra de nouveau partir seul. Maudissant l'amulette, Vita la lance dans la mer, mais la mer répond en devenant furieuse. Tandis que les embarcations qui se trouvent au large réussissent à se mettre à l'abri derrière le môle, l'une d'entre elles est brisée par la tempête. Aucun des pêcheurs n'ose affronter la mer pour porter secours aux malheureux : alors l'étranger s'avance hardiment, avec Vita qui a voulu le suivre. Mais voici qu'une grande vague renverse la fragile embarcation et plonge dans l'abîme l'homme et la femme, tandis que, sur la rive, un pêcheur récite le « De profundis ». Le ton de cet opéra fait penser au *Vaisseau fantôme* (*) de Wagner : le mystère, l'émeraude, l'homme devenu un symbole et Vita, la représentation de l'éternel féminin, dénoncent l'inspiration post-wagnérienne qui ne sait pas dominer le contenu littéraire du sujet par des accents musicaux personnels. C'est le destin de presque tous les opéras nés de cette influence. Dans celui de d'Indy, le déséquilibre entre l'insignifiance de l'affabulation et la richesse bouleversante de la musique qui la représente est évident. Il faut donc séparer le théâtre de la partie symphonique, si l'on veut savourer quelques pages d'une libre imagination musicale, où d'Indy retrouve ses accents les meilleurs, comme dans presque tout le second acte qui peut être considéré comme un grandiose « poème symphonique ».

ÉTRANGER (L') de Karaosmanoghlu [*Yaban*]. Roman publié en 1932 par l'écrivain turc Yakup Kadri Karaosmanoghlu (1889-1974). C'est l'histoire d'un officier turc, amputé d'un bras, qui se retire dans un village de la steppe, au centre de l'Anatolie, durant la période tragique de l'occupation du pays par l'armée grecque (1919). Le héros du roman est considéré par les paysans comme un étranger ; la communication ne s'établit pas entre l'intellectuel ignorant des réalités du pays et les paysans livrés à eux-mêmes et rendus méfiants par des siècles de servitude. Par la bouche d'un grand blessé de guerre, on suit la prise de conscience de ce conflit, qui se manifeste d'abord par une haine réciproque puis se transforme ensuite en auto-accusation de la part de l'intellectuel. À travers ce drame, Karaosmanoghlu souligne l'importance du rôle joué par Mustafa Kemal dans le renouveau du pays (organisation et unification de forces disparates ou antagonistes au sein de la nation). Lié de près à une période historique, ce roman comporte des lacunes dans la mesure où il omet de décrire l'initiative paysanne dans la lutte armée de la guerre d'indépendance turque. Écrivain de talent, Karaosmanoghlu a su néanmoins tracer des types et des situations dont devaient s'inspirer les écrivains qui ont décrit, par la suite, la réalité anatolienne. Le réalisme de la vie quotidienne, le paysage dénudé et grandiose, le sentiment de désolation lié cependant à une volonté de survie imprègnent ce roman de vérité et d'émotion sincère.

ÉTRANGER (L') de Knap [*Cizinec*]. Roman publié en 1934 par l'écrivain tchèque Josef Knap (1900-1973), l'un des protagonistes et théoriciens du « ruralisme » d'entre les deux guerres. La paysannerie est pour lui l élément essentiel de la nation, le « retour à la terre » une planche de salut pour l'homme contemporain. Le ruralisme étant « régionaliste », l'histoire de son « étranger », jeune paysan passionné et entreprenant, se déroule en Bohême du Nord-Est : Václav Buchar, obligé de céder la ferme familiale à son frère, s'en va comme métayer au pied des montagnes, où l'attire vite Zdenka, la gaie et vivante fille du propriétaire. Avide de gains rapides, il commet un vol. Condamné à la prison, il tente de se suicider, mais il est sauvé sans toutefois recouvrer pleinement la santé. Il s'éprend alors de la cousine de Zdenka, la dévouée Jitka, mais celle-ci ne survit pas à un avortement. De plus en plus paralysé, résigné, Buchar termine péniblement sa vie en rêvant au retour dans sa maison natale, dans la plaine, car dans son nouveau milieu il est toujours resté un « étranger », une épave. Remarquable connaisseur de la vie paysanne, Knap allie réalisme et impressionnisme : il pénètre admirablement la psychologie de l'homme de la glèbe, mais sa qualité majeure reste un lyrisme de la nature et de la terre qui enveloppe ses êtres simples, leurs passions et leurs drames.

ÉTRANGÈRE (L') [*Cudzoziemka*]. Roman de l'écrivain polonais Maria Kuncewiczowa (1899-1989), publié en 1936. Un jour apparemment semblable à tous les autres dans la vie d'une vieille dame solitaire, Rose, sert à Kuncewiczowa de point de départ pour explorer minutieusement et d'une manière impassible l'âme de cette femme antipathique, autoritaire, égoïste, repliée sur elle-même, qui partout se sent « étrangère » et que chacun considère comme telle. Pourtant, cette créature froide et méprisante a un côté humain. Elle a une passion inavouée : la musique. Son amour de la musique et le pressentiment d'une mort prochaine la transforment : elle devient soudain plus douce, plus compréhensive. Grâce à de subtils retours en arrière, l'auteur fait revivre toute l'existence d'un personnage triste, orgueilleux, et à travers lui les éternelles faiblesses et forces de l'humanité entière. Un seul jour pour retracer l'existence d'un être, un seul être pour donner l'image du monde. Ce roman d'une exceptionnelle maîtrise dans l'analyse psychologique réussit un portrait saisissant de vie et de réalisme. — Trad. Corrêa, 1945.

ÉTRANGERS (Les) [*Os estrangeiros*]. Comédie en un prologue et cinq actes du poète portugais Francisco de Sá de Miranda (1481/85-1558), écrite et représentée à Coïmbre, probablement en 1528. Le prologue présente la Comédie, que personnifie une vieille mendiante ; après s'être plainte de la décadence qui règne dans ce genre littéraire, décadence due surtout aux guerres entre François Ier et Charles Quint, elle déclare s'être réfugiée au Portugal, extrémité du monde, pour y trouver la paix. L'action se déroule à Palerme parmi des réfugiés politiques qui ont fui l'Italie, où les guerres entre le pape, les alliés des Espagnols et les Français font rage. Avec un couple de ces réfugiés, Bertrand et sa femme, vit la jeune et belle Lucrèce, qui ne sait plus rien de son père Reginaldo depuis la destruction de Pise. Elle vit inconnue (elle n'apparaît pas sur scène), suscitant des passions violentes chez plusieurs personnages : Ament, Briobis et le docteur Petronio. Ament, fils de Galbano de Valence, est un jeune Espagnol qui, en route pour Rhodes, s'arrêta à Palerme où il a fini par rester, et où il gaspille sa fortune sous la surveillance indulgente de Cassiano, son vieux et fidèle serviteur. Briobis est un soldat ivrogne et fanfaron qui se vante continuellement de hauts faits d'armes et de succès amoureux. Le docteur Petronio est un juriste respectable, très riche mais d'âge un peu avancé. La lutte la plus acharnée oppose Ament et Petronio. Lucrèce préfère le jeune Ament, mais le docteur Petronio est riche, c'est un homme de loi bien soutenu par les amis et hôtes de la jeune fille (Bertrand et sa femme), de sorte qu'il arrive à occuper progressivement un peu plus de place dans son esprit. C'est alors que les différentes intrigues des trois prétendants sont brusquement dénouées par l'arrivée inattendue de Galbano. Ce dernier arrive de Valence, dans l'intention de ramener en Espagne son fils. En même temps arrivent Guido et Reginaldo, qui sont les frères du docteur Petronio, le second étant aussi le père de Lucrèce. Leur arrivée fait découvrir au docteur Petronio qu'il est l'oncle de Lucrèce ; et c'est ainsi que leur mariage, dont le projet commençait à mûrir, tombe à l'eau pour la plus grande joie d'Ament. Celui-ci, qui a obtenu l'autorisation paternelle, peut donc emmener à Valence celle qu'il aime, pour l'épouser. Galbano pardonne à son fils, Briobis ; le soldat fanfaron et Petronio, le vieux juriste, se consolent avec d'autres amours. Cette conclusion nous est annoncée par un étrange personnage, le « rappresentador », transformation par l'auteur de l'antique coryphée, qui avait l'habitude de saluer le public et de l'inviter à applaudir.

Les Étrangers sont la première comédie de l'auteur et la première comédie en prose de la littérature portugaise. Certains estiment que cette pièce voulait faire éclore un art cultivé et raffiné en opposition avec l'art spontané et populaire de Gil Vicente ; il est plus probable qu'avec l'œuvre de Gil Vicente elle voulait se dresser contre le matérialisme de l'époque. On y reconnaît facilement l'imitation de Térence et notamment de *Phormion* (*). On y trouve aussi des traces de Plaute : Briobis est certainement une reprise du « miles gloriosus ».

ÉTRANGERS ET FRÈRES [*Strangers and Brothers*]. C'est le titre du « roman-fleuve » de l'écrivain anglais Charles Percy Snow (1905-1980) qui compte onze volumes : *Étrangers et Frères* (titre du premier volume et de l'ensemble, 1940 ; en 1958, Snow le réintitule *George Passant*), *La Lumière et les Ténèbres* [*The Light and the Dark*, 1947], *Le Temps de l'espoir* [*Time of Hope*, 1949], *Les Maîtres* [*The Masters*, 1951], *Les Hommes nouveaux* [*The New Men*, 1954], *Retours* [*Homecomings*, 1956], *La Conscience du riche* [*The Conscience of the Rich*, 1958], *L'Affaire* [*The Affair*, 1960], *Coulisses du pouvoir* [*Corridors of Power*, 1964], *Le Sommeil de la raison* [*The Sleep of Reason*, 1968], *Choses dernières* [*Last Things*, 1970].

La biographie de l'auteur peut donner une première indication sur le milieu qui sera décrit dans cette longue suite romanesque. En effet, sa carrière fut à l'origine celle d'un scientifique (il poursuivit à Cambridge des études de physique moléculaire). Au cours de la Seconde Guerre mondiale, il contribua au recrutement sélectif du personnel de la recherche. En 1950, il épousa Pamela Hansford-Johnson (elle-même romancière et spécialiste de Proust). En 1959, il prononça une conférence remarquée sur *Les Deux Cultures et la révolution scientifique* [*The Two Cultures and the Scientific Revolution*]. Des extraits furent alors publiés dans le *New Statesman*. Une polémique s'ensuivit. Pour commencer, Snow fut pris à partie par le professeur Leavis. Des échos de cette controverse se retrouveront plus tard dans les écrits d'Aldous Huxley, et plus récemment de Lionel Trilling. En 1964, Snow est entré dans l'administration du gouvernement Wilson. Il y représente le ministère de la Technologie à la Chambre des lords. À cette occasion, lui-même a été anobli.

Le narrateur, Lewis Eliot, est une sorte d'observateur délégué de celui qui tient la plume. Au début du premier livre, nous le découvrons jeune avocat. L'éclairage romanesque favorise un homme qui dirige une étude d'avoué et en qui un groupe de jeunes voit son mentor. Dans le deuxième tome, le centre de la scène est occupé par un linguiste. Dans le troisième, c'est par le narrateur lui-même (enfant, il avait appris que son père était un failli ; adulte, lui-même, désastreusement, il s'était marié, et n'avait pas pu rompre des liens noués par erreur). Le quatrième rapporte les intrigues engendrées par l'élection du « maître » d'un collège à Cambridge. Le cinquième montre un groupe de savants occupés de fission atomique. Dans le sixième, la première épouse d'Eliot meurt, la guerre arrive, lui-même devient haut fonctionnaire, au contact des industries-clés, puis se remarie et apprend à s'engager émotionnellement dans une vie à deux. Le septième explore la haute société anglo-juive de l'entre-deux-guerres ; le huitième, l'injustice commise à Cambridge (dans le collège même où est située l'intrigue du quatrième ouvrage) envers un jeune professeur accusé de crypto-communisme ; le neuvième, le comportement d'un ministre de la Couronne, réticent envers l'engagement de la Grande-Bretagne dans l'engrenage atomique de la guerre, mais qu'un chantage accable. Les conséquences de la libération sexuelle jouent un rôle dans le dixième roman *Le Sommeil de la raison*. Eliot assiste ici au procès de la nièce lesbienne de George Passant et de son amie, qui ont assassiné après de terribles tortures un petit garçon. Eliot discute du problème de la responsabilité humaine sur un plan général et social autant que sur un plan plus personnel, puisqu'il cherche à trouver une des causes possibles de ce meurtre dans les discours libéraux de Passant. Enfin le roman qui clôt le cycle, *Choses dernières*, a pour sujet apparent les événements de l'époque du mouvement étudiant. En tant que membre d'un groupe d'étudiants, Charles, le fils d'Eliot, vole des documents concernant la stratégie militaire de l'Angleterre pour les rendre accessibles au public. Mais, plus profondément, ce roman est un « ars moriendi », et un traité élégiaque sur l'art de vieillir. La considération des principes politiques et moraux qui guident ce groupe de jeunes gens conduit le père, loin de tout entêtement de vieillard, à prendre en compte de nouvelles valeurs et à trouver une relation satisfaisante avec son fils.

On voit qu'il s'agit d'une vie dans le milieu : d'une « écologie ». Si l'objet de l'étude était statique, si donc nous étions devant la contemplation d'une société comme changée en elle-même, et dans l'illusion d'une « douceur de vivre », tout serait dit, une fois redite la poésie des enfances. Mais ce que Snow entreprend est au contraire l'analyse des rouages du pouvoir, donc des mécanismes d'un changement. Son terrain d'enquête recouvre des domaines divers assez souvent connexes — barreau, recherche scientifique, enseignement, administration, politique, et aussi les arts quoique moins centralement ; à peu près donc ceux des « professions libérales ». Une transformation s'opère, moins lente que l'apparence ne le laisserait croire ; bel et bien, une mutation pointe. Des « hommes nouveaux » sont montrés dans leurs laboratoires, qu'on peut opposer aux « hommes naturels ». Une dynamique est ainsi suggérée. Elle l'est en terrain socialement complexe : il y a certes la subtile stratification des classes, si distinctive de l'Angleterre avec ses nuances indéfinies et ses références aux appartenances scolaires. Toutefois, cette stratification est elle-même insidieusement en cause, dans une ouverture aux éléments autres, et quelquefois par l'impatience des scientifiques envers tout le patriarcat. Dans les négociations auxquelles se prête l'économie mixte, le capitalisme vire ses couleurs, et subsiste (le patriarcat se prolonge aussi, dans une même tolérance serpentine). Des franges de mœurs hautement pittoresques sont montrées : la banque anglo-juive, par exemple ; de longue mémoire et juive et anglaise. Tout en vérité se prolonge, mais tout se refait. La force d'*Étrangers et Frères* est donc dans cette présence à niveau d'époque.

Si maintenant on s'efforce de dégager une approche « spécifiquement » littéraire dans ces récits d'une société qui change, on en dira pour commencer que Snow occupe centralement son terrain. Il a le sens du sujet, et chaque fois articule son roman sur des conflits et des contrastes, avec une force simple. Ces bases de départ posées, les nuances peuvent être mises en place. La flexibilité méditative est d'ailleurs un trait remarquable de cette œuvre. Ainsi est donc établie une structure forte, quoique conventionnelle (l'auteur ne croit pas du tout aux avant-gardes). La progression narrative est renforcée par la présence vivace du narrateur : en grande partie parce que les troisième et sixième ouvrages nous le font substantiellement connaître, mais mieux encore parce que, tout simplement, il donne confiance. On distingue en effet chez Lewis Eliot la discrétion, la vertu du silence, le stoïcisme, la capacité d'écouter (qualité distinctive du peuple anglais), et, somme toute, une formidable patience. À ces égards, le tact du romancier fait taire toutes les suspicions. Le lecteur est donc libre d'admirer un agnosticisme moral, une compassion. Il faut toujours savoir recommencer et continuer, semble dire Snow et, si difficile que ce soit, tendre vers le raisonnable et le moins mauvais : toujours. Tout ici dépend de la capacité des hommes d'accepter leur société ou non. Le nonconformisme intellectuel et littéraire de cet auteur est justement dans cette sorte de révélation : ceux qui nous gouvernent, pour être faillibles, éminemment, et comme nous seulement des hommes, néanmoins font de leur mieux, enfin assez souvent. Le romancier montre et démontre encore et encore que ce n'est pas chose facile.

Un enseignement sur les mœurs — réticent, indirect, obstiné — remplit ces pages. S'il en est ainsi, c'est par l'effet de vertus narratives. Il s'agit de jeux de distances. Il y a les personnages oubliés et resurgis (la loi même de ce genre, il est vrai), mais aussi ce qui est vu et ce qui est éprouvé ; ce qu'on voudrait faire mais qu'on ne peut pas ; la justice abstraite opposée aux compromis « humains, trop humains » ; enfin des abîmes entre les malentendus des êtres et les fraîcheurs des soirs. Et surtout peut-être, Snow introduit dans la peinture des intrigues un « ressort » et d'importance. Il s'agit des mobiles d'avenir, si souvent négligés par la plupart des romanciers. Ici, la vie des humains est vécue sur tout son terrain évidemment double. Leur passé ne cesse de les ressaisir, mais ils ne cessent pas non plus de se projeter ; de vouloir. Sous des apparences aristocratiques quelquefois, la société de Snow est une société de l'action.

En même temps, des doutes demeurent suspendus. Les premières questions portent sur l'articulation de ces récits dans le temps. Puis un second doute, peut-être lié à des superstitions modernes en matière de critique : il s'agit du peu de distance entre ces fictions et la biographie de Snow. D'autres querelles peuvent être faites à Snow : sur son tempo égal (pas de surprises, stylistiquement), ou sur les décalages de l'intérêt (hautes et basses pressions). Quant à ce dernier point, on note par exemple que *Les Maîtres* est un livre conduit avec une urgence qui ne se relâche plus : mais que le long début de *La Conscience du riche* est une sinueuse promenade, comme sans fin, quoique relevée de détails qui fascinent, « proustiens » véritablement. Ces doutes montrent à tout le moins qu'un décalage s'est creusé dans l'œuvre de Snow, entre matière et manière : entre le temps qu'il explore, le nôtre, et son approche stylistique.

Alors, se demandera-t-on, toute l'entreprise ne serait-elle pas à contre-courant ? C'est une évidence que l'artiste littéraire contemporain recherche les mythes plutôt qu'un réalisme social meilleur, et les veut montrer dans la langue neuve qui les refera. Et pourtant, oui pourtant il serait monstrueux de nier ce qui est ; déraisonnable d'être intolérant. Il ne semble pas qu'aucun écrivain dans aucun autre pays ait montré comme Snow les dispositifs d'une société de notre temps, et qui change. Cet auteur est par excellence un romancier de la communication, et c'est significatif qu'il faille l'écrire. Peut-être un jour l'humanité connaîtra-t-elle une « seconde simplicité ». Alors s'effaceraient nos dichotomies littéraires. — Trad. *La Lumière et les Ténèbres,* Laffont, 1951 ; *Le Temps de l'espoir,* Laffont, 1952 ; *L'Affaire Howard,* Laffont, 1963.

ÉTRANGE SPRINGINSFELD (L') [*Der seltsame Springinsfeld*]. Roman d'aventures de l'écrivain allemand Hans Jakob Christoffel von Grimmelshausen (1622 ?-1676), un des écrits faisant suite au roman du même auteur *Les Aventures de Simplex Simplicissimus* (*) *ou Récit de la vie d'un vagabond nommé Melchior Sternfels de Tuchsheim* ainsi qu'à *La Vagabonde Courage* (*). Grimmelshausen, né à Gelnhausen, fut dérobé à sa famille à l'âge de dix ans par des soldats qui faisaient la guerre de Trente Ans. Il connut toutes les aventures et les dangers de la vie de soldat, mais acquit en revanche, au cours de ses pérégrinations, une profonde connaissance du pays et des mœurs populaires et développa un don d'observation extraordinaire qui lui servit plus tard dans ses ouvrages. Après le traité de paix de Westphalie en 1648, il se mit avec une grande énergie à l'étude des littératures anciennes et étrangères. Né protestant, il se fit catholique et fut longtemps au service de l'évêque de Strasbourg, Egon von Fuerstenberg. En 1665, il devint maire du village de Renchen dans le pays de Bade où il mourut. Il commença à écrire en 1659, cependant jamais sous son nom, mais sous un pseudonyme. Ce n'est qu'en 1837 qu'on réussit à découvrir son vrai nom. C'est ainsi que l'œuvre dont nous parlons parut sous le nom de Philarcho Grosso de Tromenheim.

Comme le *Simplicissimus* et tous les écrits lui faisant suite, le *Springinsfeld* est un tableau de mœurs de la guerre de Trente Ans. L'auteur dépeint les personnages et les événements d'une manière réaliste et brutale. Springinsfeld (« saute-en-champ »), surnom qui fut donné durant la guerre au héros de cette histoire, est le fils d'une femme grecque, d'origine noble, qui épousa un saltimbanque albanais. Élevé dans le métier de son père, il est emmené sur un vaisseau de guerre par des soldats (à noter l'élément autobiographique). Il devient le page d'un capitaine de cavalerie espagnol qu'il accompagne aux Pays-Bas, puis en Palatinat où il s'enrôle dans les troupes allemandes. Fait prisonnier par les Suédois, il passe à leur service, est repris par les Impériaux et finit par s'enrôler dans leur armée. Il s'enrichit grâce au pillage, mais ne réussit pas à garder longtemps ses richesses au milieu des vicissitudes de la guerre. La paix revenue, il se marie et se fait cabaretier. Cela ne dure pas ; sa femme meurt, il s'engage contre les Turcs. Blessé, il est dévalisé par d'autres soldats. Ayant perdu tout son avoir, il se mêle à des mendiants et à des vagabonds, épouse la fille d'un mendiant aveugle ; elle joue de la vielle, lui du violon, ils ramassent beaucoup d'argent, mais Springinsfeld devient presque esclave de sa belle-famille. Ils voyagent à travers l'Autriche et l'Allemagne méridionale. Ses beaux-parents meurent enfin. Un jour, lui et sa femme trouvent un nid d'oiseau qui rend invisible celui qui le tient en main. Sa femme voit le parti qu'on en peut tirer en matière d'escroquerie ; lui craint le danger d'une pareille carrière et refuse de la suivre dans cette voie. Elle l'abreuve d'injures et disparaît à la faveur du nid miraculeux. Il la retrouve par hasard, pour un court instant, dans une grande ville où elle fait diverses farces et escroqueries au moyen de son nid. Springinsfeld devient la proie d'enrôleurs vénitiens et est embarqué pour la Crète. Là, il fait la guerre contre les Turcs, y perd une jambe et rentre en Allemagne : il profite de sa jambe de bois pour exercer son métier de mendiant. Il apprend que sa femme a péri à la suite de ses escroqueries ; elle a été tuée et son corps brûlé comme celui d'une sorcière. Springinsfeld termine ses jours dans la maison de son vieil ami Simplicissimus qu'il connut pendant la guerre et qu'on retrouve à présent à une table d'auberge. L'intérêt du livre réside surtout dans les détails, dans le récit des différentes situations et la peinture des types divers.

ÊTRE CHRÉTIEN [*Christsein*]. Essai du théologien suisse d'expression allemande Hans Küng (né en 1928), publié en 1974. Le livre prétend répondre de façon moderne aux questions : « comment » et « pourquoi » être chrétien, et à quoi cela engage-t-il ? Après une sorte de mise en perspective de l'horizon religieux du monde, Hans Küng propose une christologie neuve, en toute connaissance de l'histoire et des textes comme des défis et des conflits de la modernité : il présente une critique serrée des illusions et des réductions dont le christianisme ne cesse d'être l'objet de la part tant de ses adeptes que de ses adversaires. Le livre s'achève sur une proposition de pratique chrétienne nouvelle, fondée sur une liberté retrouvée. Cette synthèse vigoureuse connut un très large succès. (Fait rare pour un ouvrage de théologie, il fut lancé à la Foire internationale du livre de Francfort en 1974.) Cela porta sur la place publique le débat qui opposait Hans Küng et ses censeurs ecclésiastiques sur des questions dogmatiques, et la réaction autoritaire de la hiérarchie catholique contribua à augmenter encore le succès d'*Être chrétien*. — Trad. Le Seuil, 1978.

J.-P. L.

ÊTRE ET AVOIR. Recueil d'essais publié en 1935 par l'écrivain et philosophe français Gabriel Marcel (1889-1973). Cet ouvrage reprend le *Journal métaphysique* (*), du 10 novembre 1928 au 30 octobre 1933. Font suite quatre essais ou conférences : « Esquisses d'une phénoménologie de l'avoir », « Remarques sur l'irréligion contemporaine », « Réflexions sur la foi » et « La Piété selon Peter Wust ». *Être et Avoir* constitue une approche concrète de ce que l'auteur appelle « la communion ontologique », par l'opposition suivante : je suis autre chose et plus que les caractéristiques que j'ai : nom, âge, profession, etc. L'avoir-possession implique une revendication exclusive d'autrui : « Je ne m'exprime en termes d'avoir que si je me centre sur moi dans un ordre comportant des références à autrui senti comme autre, comme étranger. » L'avoir comporte également un souci d'entretien. Il faut de même remarquer tout ce qui est impliqué pour l'être par sa relation à l'avoir : le possédant s'attache à ce qu'il possède et, par là, s'oppose aux autres ; braqué sur son avoir, le possédant se détourne de lui-même ; à la limite, la tragédie de l'avoir n'est autre que celle du péché. Il y a cependant une zone intermédiaire où l'avoir se rapproche de l'être ; le test en est l'intransmissibilité : il y a en l'objet quelque chose que je possède, quelque chose qui, pour moi, ne peut être cédé, qui est mien personnellement. Ce que dit Marcel de cette relation vivante peut se dire aussi du sentiment vécu, du plaisir et de la souffrance éprouvés comme phénomènes personnels. Cette assimilation de l'avoir à l'être se fait par l'intermédiaire du corps. En réalité, le corps devrait entrer dans la grande œuvre de réalisation de l'être ; il devrait s'y subordonner ; alors la distinction entre l'avoir et l'être tendrait à s'effacer. Nous atteignons à l'être lorsque nous nous rendons compte que nous sommes plus que notre avoir. Notre avoir, c'est tout ce que l'on peut dire de nous objectivement, les renseignements que n'importe qui peut repérer et inscrire. Mais il y a plus : il y a en nous le sentiment de notre être qui ne peut se transcrire sur fiche, ni « caractérisable », ni « inspécifiable ». Et cet être, qui est ce qu'on ne peut objectiver, ce qui ne se ramène ni à l'avoir ni au devenir pur, cet être est « mystère ». Dès lors, accéder au réel, c'est s'imposer une participation par le dedans au mythe de l'être inobjectivable.

ÊTRE ET LE NÉANT (L'). Essai d'ontologie phénoménologique. Ouvrage du philosophe et écrivain français Jean-Paul Sartre (1905-1980), publié en 1943. Ce volumineux traité, première expression globale de la philosophie « existentialiste » de l'auteur, est centré sur une exploration de la réalité humaine, comme conscience, « être-pour-soi », c'est-à-dire fuite, négation, « néantisation », manque d'être et liberté. L'idée d'une nature humaine, d'une essence de l'homme est rejetée, « l'existence précède l'essence », initialement l'être « qui n'est pas ce qu'il est et qui est ce qu'il n'est pas » doit faire acte d'être, l'homme est projet, seul ce qu'il fait lui confère une essence. Être conscience, pour-soi, c'est s'arracher à l'être-en-soi et à soi-même pour faire être un monde signifiant et soi-même. Le trajet est de l'ontologie à l'éthique, de l'examen de « l'être du paraître », ou existant, à une position de la tâche humaine comme liberté. Il dépend du pour-soi que surgisse à l'être un monde humain. Chemin faisant, les philosophies essentialistes sont récusées et les implications de la « perspective moderne », inaugurée par Husserl et Heidegger, dégagées. Le langage est parfois difficile d'une ontologie nouvelle, qui repose sur la liberté, et parfois clair, dans des descriptions concrètes des significations (la mauvaise foi, le vertige, le ski, des qualités comme le « visqueux »). Il s'agit d'une démarche synthétique et totalisante qui retrouve les mêmes problèmes aux différents niveaux du dévoilement de la réalité humaine. Que l'existence soit radicale contingence, sans nécessité, que l'être soit « de trop », c'était l'intuition centrale présentée sous forme romanesque dans *La Nausée* (*). Que la conscience soit arrachement, « néantisation », résultait déjà des œuvres de Sartre sur l'imagination, l'émotion — voir *L'Imaginaire* (*), *L'Imagination* (*) et *Esquisse d'une théorie des émotions* (*). Ces intuitions sont ici confrontées aux problèmes philosophiques traditionnels, mais elles dégagent l'importance de problèmes concrets, comme l'existence-pour-autrui, la corporéité, et toutes les conduites humaines signifiantes, qui n'avaient aucune place dans la problématique classique d'avant la phénoménologie. « Qu'est-ce que l'être du paraître ? » est la question initiale. Il faut partir du « fait » qu'est la conscience à laquelle le phénomène apparaît, du cogito donc, ainsi que Descartes, mais d'un cogito « préréflexif » qui n'est pas connaissance mais existence du pour-soi. Toutes les réalités psychiques : le plaisir, la perception... sont immédiate appréhension d'elles-mêmes, la conscience est dans ce dépassement qui la jette à l'extérieur d'elle-même, toute conscience est qualifiée « conscience *de* quelque chose », conscience (de) quelque chose, plaisir et conscience (de) plaisir sont une même réalité. Ce vers quoi la conscience se dépasse, éclate, c'est l'être dont elle manque : l'en-soi (en un sens le monde) et le pour-soi, la conscience par laquelle le néant vient au monde. L'en-soi est premier, car le pour-soi n'est que « décompression » de l'être-en-soi, « trou » dans la plénitude, mais ce jaillissement, cette « néantisation » est la seule aventure possible de l'en-soi. La réalité humaine est une question, avec elle apparaît l'interrogation et donc la négation possible : question, attente, distance, regret ; autant de conduites que l'auteur qualifie de « négatités » et qui font être le néant « au sein même de l'être en son cœur, comme un ver ». Négation de l'en-soi, l'homme l'est aussi de lui-même dans l'angoisse, expérience originelle de la liberté, qui est vertige en face de l'indétermination des possibles. « La mauvaise foi » est la fuite devant l'angoisse et la liberté, sa plus claire expression est l'esprit de sérieux qui pose ses valeurs dans le monde, tels des en-soi, et en élude ainsi la responsabilité. La structure essentielle du pour-soi est la liberté, être conscience et être liberté sont expressions équivalentes. Cette liberté n'est pas limitée, elle est située, la conscience n'est pas négation indéterminée, mais spécifiée, le choix qu'elle fera d'elle-même, son projet central a un visage, une situation : ma place, mon corps, ma relation à autrui, ma fonction... Il n'est de liberté qu'engagée dans une tâche concrète vers la réalisation de valeurs. La situation définit la « facticité » du pour-soi, il n'est pas son propre fondement, mais il est responsable du sens qu'il conférera à la situation. La temporalité est l'expression même de toute conscience comme arrachement à soi : le passé est ce que je me suis fait en existant, l'en-soi que je ne peux être que derrière moi, l'avenir est l'effet de la réalisation de l'être que je ne suis pas, de la valeur pour laquelle l'existence humaine se fait projet. L'une des dimensions irréductibles du pour-soi est le pour-autrui. Une très longue analyse du « regard » conduit à l'affirmation du conflit comme mode initial de relation des consciences, thème qui sera repris dans le théâtre sartrien, par exemple dans *Huis clos* (*) : l'autre conscience, comme regard-regardant, me transforme en objet de son monde, fige ma liberté. En ce sens, l'attitude sexuelle qui limite autrui à son corps, qui force sa conscience à s'incarner, à « se prendre », est totalement primitive. À ce niveau, la tentative de communication entre consciences est échec : l'amour, la haine, le langage... nous renvoient au cercle du masochisme (se faire regard-regardé) et du sadisme (se faire regard-regardant). Deux libertés comme telles ne peuvent coexister, elles se ravissent réciproquement le monde. De même sur le plan collectif, les hommes sont renvoyés de la tentative d'établissement d'un nous-sujet qui suppose sa reconnaissance par d'autres, exclus donc de cette totalisation, au nous-objet qui doit l'être pour un regard, et donc reste aussi totalisation inachevée. Toutes les conduites, les activités humaines sont tentative pour être « en-soi pour-soi », c'est-à-dire être au sens plein du terme et être « cause de soi ». Un tel concept correspond à celui de Dieu, mais il est contradictoire, les deux types d'êtres sont irréductibles l'un à l'autre, opposés comme l'être et le néant. Ce que l'homme projette, par définition, n'est pas. « Avoir, faire et être » sont réductibles à cette entreprise d'être : avoir, s'approprier (et la connaissance est aussi une activité d'appropriation), c'est se faire être par le moyen et l'intermédiaire des choses, faire c'est « se » faire. On ne peut définir un homme en dehors de ses actes. Le génie de Proust, ce sont ses livres. Rien d'autre que ses livres. L'homme est donc totalement responsable, et de lui-même et du monde : seul ce qu'il fait, intentionnellement, c'est-à-dire librement, donne sens. « L'intention étant choix de la fin et le monde se révélant à travers nos conduites, c'est le choix intentionnel de la fin qui révèle le monde, et le monde se révèle tel ou tel selon la fin choisie. » Notre projet d'être définit exactement l'adversité des choses, aucune condition n'est plus libre qu'une autre. Comprendre ou être, c'est donc découvrir son projet essentiel. Sartre définit dans ce but une « psychanalyse existentielle » dont le principe est de prendre la personne comme une totalité, et de découvrir une « évidence » qui permet de relier les significations des conduites particulières et qui définit l'homme non par ses déterminations, mais par ses choix. De même une analyse des significations immédiates des qualités du monde nous révélera par la même méthode le profil des choix de l'homme. Sartre développe l'exemple du « visqueux ». Ayant charge du monde, « condamné à être libre », l'homme qui manque d'être s'efforce de se faire et crée des valeurs projetant de se perdre (comme pour-soi) pour fonder l'être en-soi pour-soi. Entreprise aussi bien inévitable qu'absurde de totalisation. « Mais l'idée de Dieu est contradictoire et nous nous perdons en vain ; l'homme est une passion inutile. » — Cet ouvrage présente une vision neuve de la réalité humaine et en ce sens ouvre plus de problèmes qu'il n'en résout : sommes-nous condamnés à la mauvaise foi, à l'absurde, tous les projets se valent-ils ? L'être-homme s'accommode-t-il de n'importe quelles valeurs ? À la fin de l'ouvrage nous est annoncé un examen des problèmes éthiques qui mettra en jeu une « réflexion pure et non complice ». Par ailleurs, l'examen de la situation et du pour-autrui se poursuivra dans un examen de l'action humaine collective, la *Critique de la raison dialectique* (*), et la méthode de « psychanalyse existentielle » sera mise à l'œuvre dans des études sur Baudelaire et Jean Genet — voir *Baudelaire* (*) et *Saint Genet* (*) — et bien des études consacrées au fait d'écrire réunies dans *Situations* (*).

ÊTRE ET LES ÊTRES (L'). Ouvrage du philosophe français Maurice Blondel (1861-1949), publié en 1935. Cet « essai d'ontologie concrète et réelle » forme avec *L'Action* (*) et *La Pensée* (*) une triade qui trouve sa synthèse en un dernier ouvrage, *La Philosophie et l'Esprit chrétien*, publié en 2 volumes en 1944-1946. L'auteur part de la définition de l'Être donnée par Parménide, qui, dépouillée de sa signification matérialiste, est la plus aisée à concevoir par l'esprit : « L'Être est et il n'est point de vide en lui, ni hors de lui. » De cette plénitude naît dialectiquement le problème des êtres individuels, qui entraîne une distinction entre « être » et « exister ». L'être est en soi, l'exister est en fonction d'autrui. Les êtres existent, mais ne sont pas l'Être ; ils participent de l'Être, mais on ne peut pas discerner en eux cet « unum » qui constitue leur « ens », car ils ne possèdent ni chacun en soi ni tous ensemble le principe suffisant et complet de leur existence entière et définitive. Après avoir montré que ni la matière brute ni les organismes vivants ne sont point en soi et pour soi un « être », Blondel se demande si les personnes humaines sont vraiment et proprement des êtres, en d'autres termes s'ils possèdent de l'Être les qualités indispensables, l'unité, la spontanéité, la pérennité. Il est en chaque personne, sans doute, un « réel principe d'unité, d'initiative et de pérennité, mais seulement à l'état de tendance, ou d'ébauche, de risque », de sorte que la vie personnelle présente plutôt les caractères d'un « devoir être » qu'une fixe et définitive substantialité. L'homme a donc dans l'univers une position tout à fait particulière : il s'élève au-dessus des êtres purement naturels, mais n'atteint pas au niveau de l'être surnaturel, vers lequel il tend sans cesse en une sorte de « transnaturalité ». L'expérience des êtres nous amène à l'idée nécessaire d'un « Être en soi » conçu inévitablement par nous, et l'examen philosophique de cette idée (de conception anthropomorphique) la transforme en un consentement objectif. La « notion de transcendant entraîne une affirmation de la réalité de ce transcendant même », et cette certitude se fonde sur « la présence éclairante et l'action efficace de cet Être, qui sans supprimer le concours des causes secondes est cependant source de la connaissance et de l'existence de tout ce qui est dans l'ordre contingent et libre ». Le concours des causes secondes s'exprime dans la hiérarchie des êtres de l'univers : de cette hiérarchie Blondel recherche la ligne normative, ontologique et constitutive. Chaque hiérarchie a une fin intrinsèque, qui la limite, et une fin extrinsèque transcendante. La hiérarchie des fins est identique à la hiérarchie des êtres. « On pourrait dire que la matière est ce qui est vitalisable, que la vie est ce qui est spiritualisable et que l'esprit est ce qui est capable d'aspirer à Dieu. » Tout l'univers par conséquent tend à dépasser ses limites, à la recherche de la raison première et de la fin dernière que la personne humaine peut seule trouver en Dieu. Le monde en soi est parfait dans sa perpétuelle ascension. Le problème du mal se pose seulement pour l'homme qui, pouvant concevoir la fin suprême, est responsable lorsqu'il s'arrête en deçà de ses limites. Il peut se dépasser, seulement en comblant l'abîme qui le sépare de Dieu par la reconnaissance de son indigence, en une solidarité universelle avec toutes les créatures conscientes et inconscientes. Les créatures, en un mot, vont vers leur fin seulement à travers un élan de charité, en renonçant à soi, en vivant non pour soi, mais pour les autres, en s'accomplissant en Dieu, de l'amour de qui elles dérivent. Tous les ouvrages de Maurice Blondel aboutissent à l'affirmation d'une foi religieuse qui est ici la foi en un Dieu personnel, Un et Trin, auquel aspire la personnalité humaine dans le but de se former et de s'accomplir en Lui. La Trinité divine se reflète dans la trinité des facultés humaines, agir, penser et être, qui tendent constamment vers l'unité. Blondel remplace l'harmonie préétablie de Leibniz par une harmonie continuellement « in fieri » ; il substitue au meilleur des mondes possibles le monde du « possible » en chemin vers le monde du « réel » suprême, de la résurrection de la chair. La mystique de Blondel dérive de celle de saint Augustin et surtout de celle de Pascal, mais en allant plus loin que cette dernière, car elle ne se limite pas à la vie intérieure et considère aussi la vie extérieure, devenant ainsi plus concrète et universelle. Blondel appartient sans aucun doute au groupe des philosophes catholiques, croyants et orthodoxes, tout en n'étant pas rigoureusement thomiste, comme, par exemple, Jacques Maritain avec qui il a souvent polémiqué.

ÊTRE ET L'ESSENCE (L'). Ouvrage du philosophe français Étienne Gilson (1884-1978), paru en 1948. À plusieurs reprises, dans ses grands ouvrages sur l'histoire de la philosophie médiévale, en particulier dans *Le Thomisme* (1921), Gilson avait eu l'occasion de souligner que la philosophie de saint Thomas d'Aquin, comparée aux systèmes d'inspiration platonicienne qui la précédèrent au XIIe siècle, est profondément une « philosophie de l'existence » qui voit la racine ultime de tout être non pas dans l'« ens », mais dans l'« esse », dans l'acte d'exister, Dieu lui-même y étant conçu, en termes aristotéliciens, comme « l'acte pur ». Par là, le thomisme, selon Gilson, serait capable aujourd'hui d'ouvrir une voie de réconciliation entre existentialisme et intellectualisme. C'est entre Hegel et Kierkegaard que la philosophie moderne cherche cependant son destin : ou bien elle prétend se constituer comme science, par l'objectivation systématique de tout ce qui est donné dans l'expérience existentielle ; ou bien, au contraire, impressionnée par le caractère irréductible de la subjectivité, elle renonce — avec Kierkegaard et ses héritiers — à se développer en un ordre de concepts et l'existence lui apparaît dès lors comme un fait brut, absolument transcendant et absurde. À une ontologie de l'essence, qui, avec Hegel, identifie a priori l'être à l'essence, s'oppose ainsi une phénoménologie de l'existence concrète qui, fidèle aux données immédiates du sens commun, s'attache uniquement au fait d'exister, lequel apparaît comme un scandale ontologique absolument injustifiable. C'est cette antinomie que Gilson se propose ici de résoudre, à la lumière du thomisme : il remarque que l'essence, si l'entendement peut toujours, pour un temps, la traiter séparément, ne saurait, en fait, être détachée de l'être réel : une « essentia » appartient toujours à un « esse » et il y a, dans chaque être, un élément métaphysique transcendant. L'intellectualisme d'origine idéaliste a trop méconnu que l'être est absolument premier et accompagne toutes nos représentations : « la connaissance ne sort pas de l'être parce qu'en dehors de lui il n'y a rien », parce que l'être est toujours connu « par un homme qui est lui-même un être ». C'est cette vérité première que l'expérience existentialiste a le mérite de mettre en valeur ; mais il faut aussi poursuivre cette expérience jusqu'à un authentique réalisme de l'existence, en dépassant l'impression immédiate de facticité pour saisir l'essence dans l'existence même qui l'actualise et dont elle est inséparable, en obéissant aussi à la nécessité de référer tout existant dont l'essence n'égale pas l'existence à l'Acte pur d'exister, en qui essence et existence s'identifient.

ÊTRE ET L'ESSENCE (L') [*De ente et essentia*]. Court traité du philosophe et théologien d'origine italienne saint Thomas d'Aquin (1225-1274), un des premiers qu'il ait composés avant d'avoir été reçu « maître », c'est-à-dire avant 1254. Le dessein de saint Thomas est ici de définir les termes premiers : « être » et « essence », et de rechercher les caractères propres de l'essence dans les différents ordres de choses. Il faut remarquer d'abord que le mot « être » se dit des choses aussi bien que des propositions (même si rien ne leur correspond dans la réalité), alors que le mot « essence » ne peut se dire que des réalités. Celles-ci se divisent en substances et accidents. Bien que les substances simples soient supérieures aux substances composées, il convient d'étudier pourtant les secondes d'abord : de par la faiblesse de notre intellect, qui est lui-même une substance composée, elles nous sont plus accessibles que les substances simples. Qu'exprime donc l'essence dans les substances composées ou matérielles ? Ni la matière seule, car elle ne peut nous faire connaître la substance ; ni la forme seule (cela est dirigé contre la doctrine d'Averroès), car la définition d'une substance matérielle doit exprimer la forme comme la matière ; ni également une relation entre la forme et la matière : cette relation serait un accident et l'essence n'exprimerait plus la chose elle-même. L'essence, c'est donc l'existant, le « conjunctum », composé de matière et de forme. Quels sont maintenant, dans les substances composées, les rapports de nos concepts logiques (différence, genre, espèce) avec la forme ? La différence fait paraître ce qui détermine l'être et le contraint à entrer dans une espèce donnée (ainsi pour l'homme : raisonnable). Le genre entraîne une détermination moindre, commune à plusieurs espèces (ainsi pour l'homme : animal). L'espèce, au contraire, désigne à la fois une matière déterminée et une forme déterminée. Différence, genre, espèce signifient donc la même réalité, mais vue sous un certain angle. Saint Thomas examine ensuite l'essence dans les substances simples, angéliques, immatérielles. Toute cette partie est fondée sur l'étude de la forme, une fois séparée de sa limite matérielle. Aussi, contre ses contemporains, affirme-t-il qu'il n'y a point, dans les créatures angéliques, de composé de matière et de forme. La forme peut fort bien exister seule : même dans les substances composées, n'est-elle point déjà distinguée de la matière et supérieure à elle ? Elle n'implique, de soi, aucune dépendance avec la matière (sauf la forme humaine, qui est une forme matérielle). Les substances simples sont donc des formes pures : et, comme l'individuation dans les substances composées vient de la matière, il ne saurait y avoir chez les anges de distinction entre espèce et individu. Il y a autant d'individus que d'espèces. Forme pure, quoique immatérielle, la substance angélique n'est pas simple. S'il n'y a pas en elle de distinction : matière-forme, il y a cependant la distinction : essence-existence. Saint Thomas affirme la contingence radicale des créatures, même les plus hautes : dès lors que l'essence n'implique pas l'existence, il faut affirmer la création et la composition.

Le philosophe esquisse alors une démonstration de l'existence de Dieu par l'impossibilité de remonter à l'infini dans la série causale des êtres contingents. Dieu forme, acte pur, où l'essence comporte la nécessité de l'existence, de telle manière qu'essence et existence s'identifient. Dieu ne saurait donc entrer dans aucun genre. Mais Il n'est cependant point l'Être indéterminé ; individualisé dans son absolue perfection, il exclut toute addition. Le traité s'achève par un exposé de la théorie de l'essence dans les accidents : ceux-ci ne peuvent subsister seuls. Ils sont comme l'expression, l'épanouissement, la plénitude de la substance. Ils n'ont d'autre existence que la sienne.

Ce traité, dont l'audience fut toujours grande dans l'école, peut se présenter comme une rupture avec l'essentialisme platonicien, traditionnel au Moyen Âge. En effet, le point de vue constant de saint Thomas est ici l'existence : cela ressort notamment du passage qu'il consacre à prouver l'existence de Dieu. Dieu est non seulement au sommet de l'essence, comme dans le platonisme chrétien, mais au sommet de l'existence. — Trad. Vrin, 1951, 5e éd. 1979.

ÊTRE ET L'UN (L') [*De Ente et Uno*]. Ouvrage du philosophe et savant italien d'expression latine Jean Pic de la Mirandole (1463-1494), publié à Bologne en 1496. Divisé en dix chapitres avec quelques appendices, il est dédié à Politien et fut écrit à l'occasion d'une discussion sur l'Être et l'Unité, qui mit aux prises Laurent le Magnifique et Politien. L'auteur veut démontrer l'accord qui existerait entre Aristote et Platon au sujet du problème de l'Être. Dans cet ouvrage proprement philosophique, Pic de la Mirandole pose en principe que le devoir du philosophe est la recherche de l'unité et de la concorde. L'importance de cette œuvre ne réside pas tant dans la tentative — commune d'ailleurs à tout un courant d'idées — de conciliation entre Platon et Aristote que dans le programme de noblesse spirituelle que Pic de la Mirandole assigne à l'homme, quand il se sent partie vivante de l'humanité dans l'unité de l'amour et qu'il veut arriver à la possession de Dieu.

Selon Pic de la Mirandole, non seulement Aristote, mais aussi Platon ont identifié l'Être avec l'Unité : ce qui apparaît clairement dans le dialogue du *Parménide* (*), où Platon affirme que l'Unité n'est pas supérieure, mais égale à l'Être. Le contraire n'est proposé que comme hypothèse en vue d'un exercice de dialectique. Les platoniciens modernes en appellent à tort à Denys l'Aréopagite ; car si, dans la doctrine de ce philosophe, l'Unité est mise au-dessus de l'Être, c'est que par Unité il entend Dieu et, par Être, les choses concrètes. Certes Dieu ne peut entrer dans aucune de nos catégories mentales, car notre connaissance finie est toujours trop limitée en regard de Dieu qui est infini. Nous arrivons à Lui par quatre degrés : dans le premier, nous savons qu'Il n'est pas corps ; dans le deuxième, nous apprenons qu'Il est vérité, unité, bonté ; dans le troisième qu'Il est supérieur à la vérité, à l'unité, à la bonté ; dans le quatrième qu'Il est ineffable, supérieur à tout ce qui peut être pensé.

À l'objection suivant laquelle l'Unité est supérieure à l'Être Pic de la Mirandole répond que le genre animal serait, dans ce cas, supérieur à l'homme par le fait qu'il est un concept plus général. Il est vrai qu'à l'Unité on oppose le multiple, tandis qu'à l'Être on oppose le néant ; mais c'est ne pas comprendre que l'opposition entre l'Unité et le multiple est simple divergence, tandis que celle entre l'Être et le néant est une contradiction. D'ailleurs, non seulement on identifie l'Unité et l'Être, mais encore l'Être et le Vrai et le Bien, ainsi que le démontre saint Augustin. Le mal et le faux ne sont que néant, c'est pourquoi les manichéens sont dans l'erreur lorsqu'ils attribuent l'Être au mal et vont même jusqu'à lui assigner une cause supérieure. Ces concepts transférés en Dieu nous montrent sa perfection puisqu'Il est entité supérieure, Unité individuelle, Vérité inébranlable, bienheureuse Bonté. À ce Dieu nous devons parvenir par le moyen de la contemplation et des bonnes œuvres. En appendice sont rapportées les objections d'Antoine Faventino et les réponses de Pic de la Mirandole et de son parent Jean-François. Pic de la Mirandole affirme que l'essentiel du problème est de savoir si Dieu est Unité et Entité ou bien Super-Unité et Super-Entité. En substance, cet ouvrage, de petit format, n'a visé qu'à un but modeste : l'auteur n'a pas nourri le dessein de concilier tous les penseurs dans la vision unitaire du monde et de Dieu — comme dans la *Dignité de l'homme* (*) — mais il s'est contenté de mettre Aristote et Platon d'accord sur un seul point. — Trad. Paris, 1932.

ÊTRE ET TEMPS [*Sein und Zeit*]. Fragment d'un ensemble inachevé, ce livre n'en occupe pas moins une place centrale dans l'œuvre du philosophe allemand Martin Heidegger (1889-1976). Publié pour la première fois à Halle, en 1927, dans le *Jahrbuch für Philosophie und phaenomenologische Forschung*, il fut ensuite l'objet de plusieurs éditions. En ouvrant *Être et Temps*, le lecteur nourri de métaphysique classique, mais ignorant de la pensée heideggérienne, sera peut-être déconcerté par les difficultés d'un vocabulaire nouveau, en partie forgé, en partie renouvelé dans ses acceptions et jusque dans son orthographe, mais il sera d'autre part surpris par le caractère traditionnel des problèmes posés. La question fondamentale reste en effet, pour l'auteur, celle de l'Être, telle qu'elle se présente dès l'aurore de la philosophie grecque, « de l'Être dans son ensemble et en tant que tel ». Nous ne sommes pas en présence d'une philosophie de l'existence (dans le sens où elle se bornerait à la considération des existences particulières) ; l'existence n'y est envisagée que comme un moyen — nécessaire sans doute — d'accès à l'Être en soi. D'où l'expression d'analytique *existentiale*, créée par Heidegger pour éviter le terme *existentiel*, qui rend un autre son et évoque, pour ceux qui se réfèrent à l'analytique existentielle d'un Jaspers, une tout autre idée. La nouveauté n'est donc pas ici dans le problème posé, mais dans la manière dont il se pose et dans les méthodes adoptées en vue de sa solution.

Les présocratiques admettaient déjà un au-delà de toute apparence ; pour eux, les apparences n'étaient que l'indice d'une réalité transphénoménale, d'un être en soi. Comme il n'est de connaissance que de l'« être » et qu'il n'est de perception que de l'« apparaître », toute connaissance suppose une interprétation. Ces données sont classiques. Mais pour Heidegger, le problème de l'être devient tout d'abord le problème de l'« essence de la vérité », autrement dit du fait de l'apparaître, « du *dévoilement*, en raison duquel nous venons à nous trouver dans une réalité manifestée ». Dans cette perspective, la question de la vérité ne relève plus de la théorie de la connaissance, la connaissance n'étant que « l'une des manières de faire sienne la vérité ». Le dévoilement est déjà un phénomène qui appartient à la réalité de l'homme, le phénomène de la compréhension de l'être. Pour donner un sens à la question de l'être comme tel, il sera donc indispensable d'étudier, de délimiter ce phénomène privilégié. Tel est l'un des efforts de l'analyse existentiale. Son dessein est de parvenir à l'être, sa méthode est de saisir la pensée dans sa propre genèse, ce qui implique la prétention d'aller au-delà de la connaissance par les moyens de la connaissance. Ce passage dans un monde inaccessible et cependant pressenti est une expérience fondamentale dont la condition première est le sentiment de l'angoisse.

On s'explique ainsi pourquoi ce livre, où il n'est guère traité (du moins dans les fragments publiés) que de la réalité humaine, a pour titre *Être et Temps* — l'Être tout court, et non pas l'Être de l'homme, et le Temps, ou l'Homme et le Temps. C'est que l'Être est visé à travers l'homme. Et de plus le temps n'intervient pas ici comme une antithèse en face de l'être, le dynamique s'opposant au statique, le devenir à la stabilité. Le devenir est déjà de l'être, sinon il ne serait rien, et l'homme ne serait rien, n'étant que devenir. Sans cesse projeté dans l'Être, et hors de lui-même, sa vie n'est que projet, inachèvement et transcendance intime. « La réalité-humaine », dit Heidegger, « comporte essentiellement un pas-encore-qui-sera ». On ne tire jamais un trait ; seule la mort met un terme à cette inquiétude fondamentale. En sorte que le propre de l'être humain est d'« être-pour-la-mort », de ne s'accomplir qu'en disparaissant. Telles sont à peu près les notions préliminaires qu'il est indispensable d'avoir à l'esprit avant de pénétrer dans cet ouvrage très riche de substance, mais d'une extrême difficulté. – Trad. partielle Gallimard, 1937 ; complète, 1986.

ÊTRE HUMAIN COMME SYMBOLE (L') [*Der Mensch als Symbol*]. Essai du médecin et écrivain allemand Georg Groddeck (1866-1934), publié en 1933. Dans ce dernier livre, qui forme le pendant du *Livre du Ça* (*), Groddeck rend compte de l'humain, non plus à partir du symptôme organique, mais à partir des mots de la langue, considérés comme autant de symptômes idéaux dont l'étymologie, ici substituée à la psychanalyse comme instrument de révélation, dégage le contenu latent, articulant l'humain dans la série de dualités – masculin-féminin, enfantin-adulte, individuel-sexuel – qui le déterminent comme tri-unité symbolique homme-femme-enfant. Séquences d'associations étymologiques et descriptions visionnaires de tableaux et de sculptures, les plus connus, alternent : les mots, redevenus parlants par les associations étymologiques où s'abolissent les cloisonnements entre matériel et spirituel, les désarticulant, rendent perceptible, dans les œuvres, le substrat élémentaire – cosmique, humain – que celles-ci, par leur mise en forme, projettent dans sa portée poétique ultime ; partie et tout, ainsi confondus, définissant, dans son essence, le Ça : comme principe créateur, coïncidence des contraires. Les familles de mots, que le jeu de filiation des racines reconstitue dans les diverses langues indo-européennes, par leur identité, qui exclut le hasard non moins qu'un dessein humain contingent, dans la mesure où les notions mises en rapport, dans leur cohérence initiale, échappent à la perception consciente, manifestent une logique transcendante : le Ça, qui, à l'évidence, crée la langue, comme il crée le symptôme organique. D'où il ressort que ce n'est pas nous qui parlons la langue, mais la langue qui nous parle. L'être prend-il conscience de ce rapport inverse à la langue et au Ça, cessant d'être sourd, il entend, visionnaire en vérité, la dialectique de l'univers, dont il est le symbole. D'une passion concise et détachée, *L'Être humain comme symbole* est la somme de l'œuvre et de la pensée de Groddeck, dont ces deux vers de Hegel rendent pleinement compte : « Je m'abandonne à l'incommensurable, / Je suis en lui, je suis Tout, je suis seulement ça. » – Trad. Gérard Lebovici, 1991. R. L.

ÊTRES SE RENCONTRENT ET UNE DOUCE MUSIQUE S'ÉLÈVE DANS LEURS CŒURS (Des) [*Mennesker modes og sod musik opstaar i hjertet*]. Roman de l'écrivain danois Jens August Schade (1903-1982), publié en 1944. La Danoise Sofia Petersen, qui prend le nom d'Anitra lorsqu'elle est engagée dans un bordel de Rio de Janeiro, celui de Mary Black à New York, ou encore de Tomba Tomb, danseuse douée d'un sixième sens, est l'héroïne de ce roman qui prêche l'évangile de la chair d'une manière rappelant les écrits des saint-simoniens du siècle dernier. L'amour libre est le seul amour possible. Dans le mariage, tout est impur. Les femmes ont d'ailleurs la vocation de vivre en maîtresses ou en esclaves. Que l'homme ait plusieurs femmes n'a pas d'importance, du moment qu'il les laisse faire partie de son harem. Schade, qui est un grand poète, entoure ces idées voluptueuses d'une certaine poésie que, malheureusement, il est impossible de traduire sans tomber dans la pornographie. – Trad. Éditions du Bateau ivre, 1947 ; rééd. Champ libre - Lebovici, 1978.

ÊTRE SUPRÊME (Sur l'). Célèbre discours de l'homme politique français Maximilien de Robespierre (1758-1794), prononcé le 18 floréal de l'an III (7 mai 1794). L'attitude philosophique du célèbre révolutionnaire (inspirée des conceptions religieuses de Rousseau et du déisme de l'école rationaliste) amène le tribun à s'élever contre le sectarisme et l'athéisme de ses adversaires. Comme il s'était déjà opposé à la persécution du culte et des religieux (en particulier dans son discours aux jacobins du 1er février de l'an II – 21 novembre 1793), il discute à présent, en en faisant un profond examen, la place de la religion dans la vie de l'État et de l'humanité. Il ne faut pas confondre la cause de Dieu et celle des prêtres. On ne peut supprimer l'inquiétude mystique du cœur de l'homme. Celui-ci doit toujours honorer Dieu en tant que créateur de l'univers. Avec des accents qui rappellent ceux du vicaire savoyard de l'*Émile* (*), Robespierre demande que le peuple reconnaisse l'existence d'un Être suprême et l'honore. Danton, sous son influence, avait déjà proposé d'honorer un Dieu philosophique, personnifiant cette exigence morale et idéaliste que tout homme porte en lui. Robespierre s'efforce, dans ce discours, de faire admettre la valeur du postulat suivant lequel la survivance de l'âme exige l'existence d'un Être suprême.

ET SOUDAIN C'EST LE SOIR [*Ed è subito sera*]. Recueil du poète italien Salvatore Quasimodo (1901-1968, prix Nobel 1959), publié en 1942. Ce livre marque un tournant dans l'œuvre de Quasimodo, car il clôt sa période « hermétiste » et annonce sa période « engagée ». La poésie y est très élaborée, un peu formelle, avare de développements sentimentaux, très classique d'allure et d'inspiration, car elle fait une large part à cette terre mythique d'où est né le génie italien — terre sèche et solaire de la Sicile, pays natal du poète. La seconde partie du recueil (*Poésies nouvelles,* 1936-1942) prélude à l'engagement futur dans la mesure où Quasimodo s'y montre soucieux de problèmes de communication, d'existence extérieure, de réalité immédiate — soucieux aussi de dépasser la forme au profit de responsabilités sociales, d'expériences humaines. Les « circonstances » de la poésie de Quasimodo deviennent ici essentiellement terrestres, mais le désir de mettre en relief le mythe l'emporte encore sur le désir de chanter le monde tel qu'il est. Les poèmes les plus représentatifs : « Vent à Tyndare », « L'Eucalyptus », « Lamentation d'un moine devant l'icône » (première partie), « La pie noire sur les oranges rit », « Route d'Agrigente » (seconde partie) illustrent ce lent cheminement de la réalité au mythe et le retour à une réalité profondément fondée par sa référence au passé. L'humanisme de Quasimodo y évolue vers l'humanité, charnelle et fraternelle, vivante et libre, proche et acceptée telle quelle.

ÉTUDE ANATOMIQUE DU MOUVEMENT DU CŒUR ET DU SANG CHEZ LES ANIMAUX [*Exercitatio anatomica de motu cordis et sanguinis in animalibus*]. Œuvre fondamentale du médecin anglais William Harvey (1578-1657), publiée en 1628, dans laquelle le célèbre physiologiste expose systématiquement ses propres découvertes qu'il avait déjà fait connaître en 1615 par une « Communication » manuscrite au Collège des médecins de Londres. Harvey, qui fut probablement mis sur la voie de ces recherches par les *Questions péripatéticiennes* d'André Césalpin (1519-1603), puisqu'il étudia en Italie, à Padoue, expose sa théorie du mouvement du sang dans les vaisseaux grâce à l'impulsion donnée par le cœur. Afin d'étayer sa théorie, Harvey fait valoir deux éléments fondamentaux, l'un d'ordre morphologique, l'autre d'ordre expérimental. Harvey observe tout d'abord que la disposition et la forme des valvules situées dans les vaisseaux sanguins sont de telle sorte que tout reflux du courant sanguin est rendu impossible ; ensuite le médecin anglais s'applique à décrire comment on opère une ligature de vaisseaux et, s'appuyant sur les effets de ces ligatures, tire les conclusions qui s'imposent (il est à noter que ces dernières observations furent faites sur des animaux). Ainsi l'auteur réduisait définitivement à néant l'opinion traditionnelle, dérivée de Galien, selon laquelle les vaisseaux sanguins servaient également, en partie, à transporter le « pneuma » (esprit vital) et jetait définitivement les bases de la théorie moderne de la circulation, sans parvenir encore cependant à l'observation directe du chemin suivi par les globules rouges dans les vaisseaux de petit calibre (vaisseaux capillaires) ; c'est ce que, plus tard, devaient réaliser Leuwenhoeck et Malpighi. — Trad. Doin, 1950 ; *De Motu cordis : la circulation du sang,* Bourgois, 1991.

ÉTUDE DE FEMME. Récit de l'écrivain français Honoré de Balzac (1799-1850), publié en 1830 et inséré par la suite dans les « Scènes de la vie privée » — v. *La Comédie humaine* (*). Un jeune homme de tempérament aventureux, Rastignac, fait au cours d'une réception la connaissance de la belle Mme de Listomère, connue non seulement pour sa grâce, mais aussi pour son honnêteté irréprochable et son inflexible vertu. Aussitôt s'établit entre eux une sympathie tout instinctive. Le lendemain, encore sous le charme de la conversation qu'il a eue avec elle, Rastignac, bien que déjà engagé dans une autre intrigue, décide d'envoyer à Mme de Listomère un billet d'hommages ; mais il se trompe d'adresse en libellant les enveloppes et lui envoie une déclaration d'amour enflammée, qu'il destinait à une autre femme. En dépit de sa surprise et de son indignation, Mme de Listomère s'en trouve étrangement bouleversée ; à telle enseigne qu'en la revoyant Rastignac découvre non sans vanité qu'il a fait chanceler, sans le vouloir, cette vertu tant vantée. Il sent alors s'éveiller en lui la tentation de tirer profit du malentendu, mais, trop sincère, ne peut s'empêcher de dissiper l'équivoque. Sur quoi Mme de Listomère, offensée, se retire, et l'aventure tourne court. L'intérêt de ce récit tient dans deux ou trois situations de comédie mondaine, où l'auteur dévoile le mécanisme secret de l'âme des deux personnages avec une volonté de précision si poussée qu'on pense immédiatement à Stendhal, maître du genre. Et c'est précisément en raison des influences stendhaliennes qui s'y manifestent que ce court roman attire l'attention des critiques. *Étude de femme* marque en outre la première apparition, dans l'univers balzacien, du personnage de Rastignac, qui allait prendre plus tard dans l'œuvre de l'auteur une place de premier plan.

ÉTUDE DU BIEN [*Zen-no Kenkyu*]. Œuvre principale du philosophe japonais Nishida Kitarô (1870-1945), parue en 1911 et qui est, d'après l'auteur lui-même, celle qui comprend tous les éléments de sa philosophie. Son titre pourrait donner l'impression d'une œuvre de philosophie morale, mais en réalité, Nishida traite tous les problèmes fondamentaux de la philosophie, à savoir la connaissance, la réalité, l'esprit, la religion (Dieu) et la morale (bien). La notion clef de l'œuvre, l'expérience pure [jun-sui-kei-ken], désigne l'activité cognitive pré-intellectuelle où ni la conception du moi ni celle du monde objectif ne sont apparues. Il s'agit d'une activité intuitive qui capte d'un seul coup la réalité globale et mouvante qui n'est ni matérielle, ni spirituelle, et dont seul l'esprit de l'homme est capable. Pour cette philosophie de l'« expérience pure », le savoir proprement dit n'est pas capable de capter la réalité à cause de son postulat « irréaliste » de sujet/objet. La réalité étant à la fois une et multiple, unifiée et contradictoire avec elle-même, elle dépasse toute saisie intellectuelle du savoir. Dieu dans cette perspective a peu à voir avec le Dieu tel qu'il est conçu dans la tradition occidentale. Il s'agit d'un « synonyme » de l'union de l'esprit et de la nature, c'est-à-dire du moi et du monde. Le bien, objectif ultime de l'œuvre, est défini comme prise de conscience de cette notion de Dieu. La position de Nishida qui se manifeste dans *Zen-no Kenkyu* a certainement été prise sous l'influence du bouddhisme zen. Il ne faut cependant jamais oublier qu'il a trouvé aussi des sources d'inspiration chez les philosophes occidentaux tels que William James ou Fichte. Cette œuvre considérée comme chef-d'œuvre de la philosophie japonaise est un fruit du mariage de la philosophie occidentale et de la pensée traditionnelle japonaise. H. O.

ÉTUDES. Revue mensuelle française d'information, de réflexion et de culture, traitant des problèmes internationaux, des questions de société et d'éthique, des arts et de la littérature, de philosophie et d'actualité religieuse. Fondée en 1856 par des pères de la Compagnie de Jésus, la revue porta d'abord le titre *Études religieuses.* Pendant une brève période, elle fut orientée, dans un esprit œcuménique, vers les questions religieuses russes. Elle devint *Études* en 1902. Sa parution fut d'abord mensuelle, puis bimensuelle jusqu'à la Seconde Guerre mondiale, pour redevenir ensuite mensuelle. Pendant l'Occupation allemande, de 1940 à 1944, *Études* fut remplacée par *Construire,* bulletin constitué de courtes études sur les ouvrages récemment publiés. *Études* reprit sa place en 1945. Elle n'a cessé depuis d'insister sur sa qualité de « revue » avec toute la diversité de thèmes que ce mot implique. L'attention au dialogue des cultures, l'ouverture à des pensées différentes sont parmi ses caractéristiques. L'insistance sur l'éthique est l'un des choix récents les plus significatifs. Ce fut particulièrement le fait de Paul Valadier, rédacteur en chef de 1982 à 1989. La revue est particulièrement attentive aux relations entre pays riches et pays pauvres, au problème des migrations, à celui des sociétés multiculturelles qui en résultent. *Études* s'est honorée autrefois de publier des articles de Pierre Teilhard de Chardin. Aujourd'hui, la revue est l'œuvre d'une équipe dont quelques jésuites forment le noyau. Y écrivent des spécialistes de très diverses disciplines, souvent de jeunes auteurs. Jean-Yves Calvez en est rédacteur en chef depuis 1989.

ÉTUDES de Chopin. Publiées respectivement en 1833 et 1837, en deux volumes de douze *Études* chacun, op. 10 et op. 25. L'un des volumes est dédié à Liszt, l'autre à la comtesse d'Agoult. Les *Études* ont été écrites durant cette merveilleuse période créatrice au cours de laquelle le compositeur polonais Frédéric Chopin (1810-1849) unit la fougue enthousiaste et ardente de la jeunesse à une probité artistique certaine. Des œuvres de cette période, les *Études* apparaissent comme les mieux construites et les plus solides. L'histoire de la musique ne connaît que deux exemples (bien que ces exemples soient de caractères diamétralement opposés) où des exigences techniques soient résolues de façon aussi définitive : ce sont les *Études* de Chopin et les 48 préludes et fugues du *Clavecin bien tempéré* (*) de Bach.

Dans ces *Études*, la virtuosité transcendante – qui est le fait des pianistes expérimentés et dont l'auteur fait preuve – n'aboutit à aucun moment à une aridité ou à un brillant superficiel, mais donne naissance à une expression vibrante et pleine d'émotion. Chaque étude aborde une difficulté particulière de la technique pianistique, que l'auteur approfondit avec un minutieux entêtement et une rigueur didactique qu'on n'aurait pas attendue d'un artiste de la trempe délicate et fantasque de Chopin (par exemple, Chopin écrivit plus de 750 chiffres pour indiquer le doigté exact de l'« Étude en la mineur, op. 10, nº 2 »). Mieux que cela : c'est précisément l'aspect mécanique de la difficulté (emploi souple du poignet ; exercice de legato et de staccato, de doubles notes et d'arpèges ou de gammes) qui enflamme la fantaisie du musicien et déchaîne son inspiration.

Parmi les *Études* se rangent les œuvres les plus sereinement « classiques » de Chopin. C'est dans la troisième en mi majeur de l'op. 10 que se trouve l'une des plus belles phrases mélodiques qu'ait écrites Chopin. De nombreuses transcriptions l'ont malheureusement déformée au point de la rendre méconnaissable et vulgaire. La plus fameuse de toutes est la douzième de la première série, en ut mineur, surnommée « Révolutionnaire ». La légende affirme que Chopin l'a composée en septembre 1831 quand, à Stuttgart, on reçut la nouvelle que l'insurrection polonaise avait été étouffée dans le sang et que Varsovie était retombée aux mains de l'oppresseur russe, après une héroïque résistance. Il se peut que cette légende ne corresponde pas, point par point, à la vérité, mais il est indubitable qu'elle est justifiée par le caractère de l'étude en question : sous l'incessant grondement de la main gauche qui se prodigue infatigablement en arpèges et gammes émerge, de temps en temps, une brève phrase passionnée d'orgueilleux désespoir. La première de l'op. 25 en la bémol majeur est une des plus exquises de poésie, de charme, d'harmonie. On l'imagine bien comme étant la cristallisation du jeu pianistique du musicien. La deuxième en fa mineur est une sorte de mouvement perpétuel d'une grande pureté, qui appelle l'égalité et le charme de la sonorité. Elle est souvent jouée, ainsi que celle en tierces, la sixième, op. 25, en sol dièse mineur, qui présente à l'exécutant de redoutables difficultés de technique conjointe. Les quatre dernières études de l'op. 25 comptent parmi les plus grandes œuvres de Chopin à des titres très divers : la neuvième par sa légèreté et sa gaîté, qui l'ont fait appeler « Papillon » par Bülow ; la dixième en octaves, dans laquelle entre deux ouragans perce, telle une courte éclaircie, une mélodie attendrie. Il est à remarquer qu'une ambiance expressive, fort semblable à celle de la douzième op. 10, se dégage de l'« Étude en la mineur, op. 25, nº 11 », que certains commentateurs interprètent bizarrement comme une description du « vent hivernal ». Elle est d'ailleurs souvent confondue avec la « Révolutionnaire ». Ici, c'est la main droite qui parcourt tout le clavier en une incessante et très fine pluie de notes, pendant que la main gauche fait entendre, dans la basse, un motif d'accords de solennelle et grandiose tristesse, motif qui déjà avait résonné seul, lentement et pianissimo, dans les quatre mesures d'introduction. Enfin, la douzième, en ut mineur, est une sorte d'océan déchaîné dont les lames se brisent sans qu'un chant suppliant parvienne à les endiguer.

Il faut aussi mentionner les trois dernières études, qui ne portent pas de numéro d'opus et qui ont été écrites en 1840 par Chopin pour *La Méthode des méthodes* de Moscheles et Fétis : bien que ne traitant pas de façon particulière tel ou tel problème pianistique, elles n'en présentent pas moins une merveilleuse richesse expressive et une profonde conception du phrasé.

ÉTUDES de Debussy. Douze études pour piano du compositeur français Claude Debussy (1862-1918), composées en 1915. Au début de cette même année, le musicien avait accepté de revoir une édition des *Études* (*) de Chopin. C'était un travail peu agréable dicté surtout par des raisons d'ordre financier. Les *Études* de Chopin lui étant devenues familières, ce fut sans doute le point de départ décisif qui l'amena à créer une œuvre où seraient exposées, d'une manière méthodique, toutes les difficultés techniques de cette nouvelle écriture pour le piano, à la formation de laquelle il avait beaucoup contribué. De juin à juillet 1915, Debussy interrompt son travail de révision des *Études* de Chopin, et commence à composer ses propres *Études*. Cette reprise de création avait été précédée d'une période de stérilité qui avait duré de nombreux mois, et avait été causée par le début de la guerre et par cette cruelle maladie qui devait le conduire à la tombe trois années plus tard. Rapidement, en l'espace de quelques mois, les douze *Études* naissent sous sa plume. Au-delà des divers problèmes techniques affrontés dans chacune de ces pièces, ces pages semblent être véritablement des études de la matière sonore : un approfondissement, dans un sens parfois abstrait, des possibilités de rythme et de timbre du piano. Cependant, ces pages ne sont pas animées par cet élan lyrique qui fait des *Estampes* (*), des *Images* (*) ou des *Préludes* (*) par exemple, de grandes œuvres. Il y a en elles une certaine froideur, un air de laboratoire qui bouche un peu l'horizon créateur. C'est un colloque entre le musicien et son instrument, mené en des termes parfois plus inspirés de la raison que de la fantaisie. Il n'en faut pas, pour autant, considérer l'œuvre comme un aride et simple manuel de travail ; car de cette recherche de la matière sonore jaillissent d'émouvantes clartés, des perspectives splendides et caractéristiques de la personnalité de Debussy.

ÉTUDES de Pasteur. Parmi les *Œuvres* (*) du savant français Louis Pasteur (1822-1895), plus d'un volume traite des fermentations et de la génération spontanée : c'est à partir de ces recherches que le grand biologiste fut amené tout naturellement à s'occuper de cette altération des liquides alcooliques qui préside à la formation du vinaigre. En réalité, en 1837 déjà, Kützing avait attribué à des causes de nature biologique le processus d'acétification et il avait dénommé « Ulvina aceti » les petits êtres microscopiques qui forment la mère du vinaigre. Pasteur complétera les observations de Kützing. Il étudiera à fond l'action de ces petits êtres microscopiques qu'il appellera « Mycoderma aceti », parce qu'ils forment une espèce de voile sur les liquides alcooliques. Il recherchera le processus chimique de la fermentation, en établissant des règles particulières capables de bien le déterminer ; enfin, il étudiera un nouveau procédé industriel de fabrication du vinaigre. Les résultats de ces études furent communiqués à l'Académie des sciences, le 10 février 1862 : *Études sur les mycodermes. Rôle de ces plantes dans la fermentation acétique,* et le 7 juin 1862 : *Suite à une précédente communication sur les mycodermes. Nouveau procédé industriel de fabrication du vinaigre.* Enfin, en 1864, parut dans les « Annales scientifiques de l'École normale supérieure » son *Mémoire sur la fermentation acétique.* Durant le cours de ces études, Pasteur rencontra l'opposition de Liebig. Ce dernier, invité finalement à prendre pour juge des questions controversées une commission de l'Académie des sciences, ne répondit pas. Des recherches postérieures poursuivies par d'autres expérimentateurs confirmèrent et étendirent celles de Pasteur. On connaît aujourd'hui de nombreux ferments acétiques, alors que la première espèce signalée par Pasteur a vu son nom subir une rectification : « Bact Pasteurianum », une autre signification étant attribuée au terme de « Mycoderma ».

Ses *Études sur les vins* ont pareillement une grande importance. Elles furent l'objet de deux communications à l'Académie des sciences (le 7 décembre 1863 et le 18 janvier 1864). La première traite de l'influence de l'oxygène de l'air sur la vinification ; la seconde, des maladies des vins. Le 1er mai et le 14 août 1865, il présenta d'autres Notes, relatives à un procédé pratique de conservation et d'amélioration des vins. Ayant découvert dans le « Mycoderma aceti » l'agent responsable de l'acétification du vin, Pasteur tourne son attention vers la recherche des causes des autres graves altérations. Les résultats auxquels il parvint l'amenèrent à conclure que les altérations des vins sont toutes « corrélatives à la présence et à la multiplication de végétations microscopiques ». En conséquence, il se mit à étudier les moyens aptes à les prévenir ou à les arrêter et il indiqua l'exclusion de l'oxygène et le réchauffement modéré, mais prolongé, comme les moyens convenant le mieux et susceptibles de ne pas modifier les caractères essentiels des vins. Il en arriva ainsi à créer une méthode de préservation des liquides altérables, tels que le vinaigre, la bière ou le lait, méthode qui a reçu le nom de « pasteurisation ».

Remarquable également est son rapport : *Études sur la bière,* fait le 17 novembre 1873, à l'Académie des sciences, sur les maladies de la bière dues au développement de micro-organismes et sur un nouveau procédé de fabrication tendant à la rendre inaltérable. En 1876, il publia le volume intitulé : *Études sur la bière, ses maladies, causes qui les provoquent, procédé pour la rendre inaltérable, avec une théorie nouvelle de la fermentation.* Dans ce livre, Pasteur traite à fond de l'origine des altérations de la bière et des méthodes capables de les empêcher. Il y résume aussi ses théories sur la fermentation.

ÉTUDES de Rivière. Recueil de brèves études critiques de l'écrivain français Jacques Rivière (1886-1925), publié aux éditions de la N.R.F. une première fois en 1912, et, dans une édition augmentée, en 1924. On y trouve d'abord une étude sur Baudelaire, dont l'auteur dit qu'il nous a rendu sensible « notre âme avec la violence insoupçonnée de ses amours diverses » ; puis vient une étude sur Ingres dont il vante la perfection du dessin qui « possède toute la vie que nous n'arrivons pas à trouver dans la couleur ». De Cézanne, il vante l'humilité et la « dévotion » en face des choses ; il nous révèle chez Matisse le lucide tourment de tout comprendre ; pour Gauguin, il évoque le charme magique d'une peinture « dense et parfaite ». Puis il parle de quelques musiciens : Rameau, admirable dans sa séduisante spontanéité ; Bach, dont il analyse la *Passion selon saint Jean* (*) qu'il définit comme une « musique de contrition » ; Franck, pur et spirituel ; Wagner, dont le *Tristan et Iseult* (*) est appelé un « monstrueux chef-d'œuvre » ; il fait remarquer combien la *Rapsodie espagnole* (*) de Ravel exprime admirablement ce mélange de torpeur et d'élan qui caractérise la danse espagnole. La musique de Debussy est ressentie par lui comme un « sentiment qui cède à une tentation musicale » ; celle de Moussorgski, comme la mélodieuse expression d'une humilité « vivante et haletante ». La série de ces *Études* se termine par deux essais plus longs sur Paul Claudel et André Gide. De Claudel, « poète chrétien », Rivière examine largement la « doctrine » dont tout son art dépend ; il expose les idées du poète sur le « monde », « Dieu », « le péché originel et la rédemption », « la présence de Dieu ». La dernière étude, sur Gide, est meilleure. L'auteur analyse les valeurs « formelles » (style et composition) et les valeurs « intimes » (l'âme) ; le style, spontané dans les premières œuvres – *L'Immoraliste* (*) –, se consolide peu à peu, devient sévère, contrôlé ; l'« âme » est d'une double complexité : spirituelle (concepts et idées) et sentimentale (sensations et impressions). Cette complexité remarquable et consciente s'exprime dans un renoncement volontaire à l'action, car la vie (c'est-à-dire le multiple contenu de l'âme) en se réalisant s'immobilise et s'appauvrit. Cette attitude, qui constitue l'« immoralisme » de Gide, trahit, à ses yeux, une muette inquiétude du mieux, le pressentiment d'une joie plus pure. Jacques Rivière, qui appartenait au groupe critique et littéraire de la « Nouvelle Revue française », mourut prématurément et ne put réaliser les promesses que son œuvre contenait. Tempérament sensible et pensif, peut-être révèle-t-il dans ses *Études* un certain manque de maturité et se laisse-t-il entraîner plus facilement vers l'exaltation lyrique que vers l'objectivité et la sévérité de la critique.

ÉTUDES de Scriabine. Les *Études pour piano* du compositeur russe Alexandre Nicolaïevitch Scriabine (1872-1915) forment trois recueils. Le premier, op. 8, en contient douze. Le deuxième, op. 42, en renferme huit. Le troisième, op. 65, en offre trois. L'op. 8 appartient aux œuvres de jeunesse. À cette époque, Scriabine subit fortement l'influence de Chopin. Et d'abord dans la forme : ses préférences vont alors à des esquisses courtes. Mais ce n'est pas tellement la virtuosité qui l'intéresse : il cherche à exprimer des sentiments délicats et poétiques. En ce sens, ce premier recueil est tout à fait apparenté aux

Études (*) de Chopin. C'est à la fois un travail d'artisan et de poète : Scriabine aime son piano comme un outil. L'influence didactique, qui pose en chaque *Étude* un problème technique particulier, se dissimule derrière une expression sentimentale. C'est surtout pour lui-même qu'écrit Scriabine, pour la joie d'épuiser les capacités de l'instrument, du doigté, de la technique ; et ce sont en même temps des poèmes sonores. Comme pour Chopin, ce recueil illustre un principe dans la technique du piano : au lieu de contraindre la main, il l'adapte à ses capacités naturelles, dont la principale est de s'élargir et de s'étaler, alors que tous les classiques maintiennent la main en position resserrée. L'op. 42 appartient à la période où Scriabine s'enfonce dans une idéologie de caractère religieux et philosophique, une espèce de théosophie liée au mysticisme oriental. Tout en continuant à poser et à résoudre des problèmes techniques, ce recueil est, par l'esprit, étroitement apparenté au *Poème satanique*, op. 34, au *Divin Poème*, op. 43, *au Poème de l'extase* (*). On y trouve employé l'« accord synthétique », base d'un système harmonique constant qui a pour Scriabine une valeur idéologique autant que sonore. Cet accord combine une treizième, une septième diminuée et une neuvième augmentée, ouvrant la voie à ce que l'on pourrait appeler un ultra-chromatisme. Dans les *Études* de l'op. 65, le même système est employé, mais dans un climat moins romantique. Scriabine incline à la confidence et chacune des trois *Études* est orientée vers un accord déterminé : dans la première, la quinte ; dans la deuxième, la septième ; dans la dernière, la neuvième. Scriabine, pianiste consommé, apporte avec ces trois recueils d'*Études* une contribution importante et neuve à la technique moderne de l'instrument.

ÉTUDES de Stifter [*Studien*]. C'est sous ce titre que paraissent, entre 1844 et 1850, sous une forme remaniée, des récits que l'écrivain autrichien Adalbert Stifter (1805-1868) avait, à partir de 1841, publiés dans des revues, des almanachs, des recueils de nouvelles. Les deux premiers volumes, en 1844, rassemblent l'un « Le Condor » [Der Kondor, 1840], « Fleurs des champs » [Feldblumen, 1841], « Le Village sur la lande » [Das Haidedorf, 1840], l'autre « Les Grands Bois » [Der Hochwald, 1842], « Le Château des fous » [Die Narrenburg, 1843]. En 1847, le troisième volume est entièrement consacré aux « Cartons de mon arrière-grand-père » [Die Mappe meines Urgrossvaters, 1841-1842], tandis que le quatrième volume réunit « Abdias » (1843), « Le Sceau ancestral » [Das alte Siegel, 1844] et « Brigitta » (1844) ; en 1950 enfin, avec les cinquième et sixième volumes, paraissent les versions remaniées de « L'Homme sans postérité » [c'est ainsi qu'a été curieusement traduit « Der Hagestolz » — le vieux garçon —, 1845], du « Sentier dans la forêt » [Der Waldsteig, 1845], de « Deux sœurs » [Zwei Schwestern, 1846] et de « L'Arbre aux inscriptions » [Der beschriebene Tännling, 1846]. Cette refonte méthodique de récits originairement destinés à un grand public révèle le projet de l'auteur : Stifter tente de franchir la distance qui sépare d'un écrivain populaire à succès un artiste maître de son art, tentant d'égaler, sinon Goethe, tout au moins ceux qui, vers 1840, jouissaient de la plus grande célébrité, Ludwig Tieck ou E.T.A. Hoffmann. Le titre, emprunté à l'art du peintre qui, chez Stifter, a longtemps rivalisé avec celui de l'écrivain, indique sans équivoque ce que sont les *Études* : une recherche esthétique.

Stifter, né en 1805, a commencé tard à écrire, à l'âge de 36 ans, et pour lui, comme pour celui qui, quelques décennies plus tard, a illustré la littérature de langue allemande de ce qui était alors le royaume de Bohême, Franz Kafka, l'écriture a d'abord été un moyen de mettre en scène le souvenir obsédant d'une aventure sentimentale assez mince ; amoureux d'une jeune bourgeoise, Fanny Greipl, Stifter, fils de paysans, s'est vu dédaigné au profit d'un rival plus fortuné, plus bourgeois. Tout comme, jusque dans *Le Château* (*), Kafka n'a cessé de revenir sur l'échec de ses fiançailles avec Felice Bauer, Stifter a inlassablement réécrit, jusque dans son roman *L'Été de la Saint-Martin* (*) publié en 1857, l'histoire de cette déception, qu'il a interprétée en utilisant le schéma romantique du génie incompris et méprisé par le vulgaire ; à ce schéma il a ajouté des éléments qui tiennent aussi bien à son époque qu'à des tendances profondes de son psychisme personnel, une obsession quasi névrotique de la sexualité et une violence refoulée par les tabous moraux. Dans son œuvre, et plus encore dans des textes marginaux, comme les extraordinaires pages publiées en 1844 sous l'apparence anodine du récit d'une visite des catacombes de Vienne, affleure à chaque instant, et se dévoile parfois, un immense désir de vengeance, un rêve presque sadique de revanche et de châtiment, qui va jusqu'à évoquer dans une sorte d'hallucination la mort de la femme, le spectacle de son cadavre abandonné dans un souterrain obscur ou lentement promené sous les yeux de son ancien amoureux (ainsi à la fin de « L'Arbre aux inscriptions »). C'est cette haine, ce rêve de revanche, que les *Études* ne cessent de reprendre, mais, ici aussi en conformité avec l'esprit de son époque, Stifter tente de surmonter ses hantises, de refouler l'angoisse que provoque le conflit entre la pulsion meurtrière qu'il sent en lui — il parle de l'instinct de fauve [tigerartige Anlage] que possède tout être humain — et l'exigence morale ; si l'on ajoute à cela qu'il voit dans l'amour même de l'homme pour la femme, dans la relation sexuelle, un acte de violence, un meurtre, on aperçoit toute la dimension du problème que les *Études* tentent de résoudre.

À cette tentative correspond une structure

très particulière du récit : si la première des *Études* (« Fleurs des champs ») reste encore tributaire, même dans sa version remaniée, d'un style « artiste » un peu facile, la deuxième, « Le Condor », est construite selon la technique du « récit encadré » [Rahmenerzählung], qui enserre le corps du récit à proprement parler entre une introduction et une conclusion, créant un arrière-plan « réel », marquant la frontière de la fiction — c'est dans le *Décaméron* (*) de Boccace que la littérature allemande, avec Wieland, Goethe et Tieck, a découvert cette forme, et elle l'a largement utilisée tout au cours du XIXe siècle. Mais, chez Stifter, la distance entre le cadre et le récit est celle qui existe entre la réalité et le fantasme, entre un personnage réel et ses rêves, ses pulsions et ses angoisses. « Le Condor » présente tout d'abord un jeune homme vainement amoureux d'une jeune fille et raconte ensuite une ascension en ballon, au cours de laquelle une femme, qui a cru pouvoir dépasser les limites imposées par son sexe et rivaliser en audace avec un homme, fait l'humiliante expérience de sa faiblesse, de son incapacité de supporter l'effrayant spectacle qui se découvre à ceux qui rompent les attaches avec le sol familier. La conclusion la montre, bien des années plus tard, recluse dans un appartement tendu de noir, dans une sorte de tombeau, tandis que l'amoureux qu'elle a méprisé est devenu un peintre universellement célèbre. La partie centrale des « Grands Bois » montre l'affrontement entre un jeune homme emporté par l'enthousiasme du génie et une jeune fille qu'il finit par dominer et réduire à merci, qu'il contraint à avouer son infériorité et à reconnaître sa défaite.

C'est là le schéma fondamental selon lequel sont construites toutes les *Études* : quittant l'idylle de son environnement familier, un jeune homme entre dans un domaine fantastique, irréel (l'étrange château de « Château des fous », l'île où, dans « L'Homme sans postérité », vit en reclus un vieil homme à la fois effrayant et pitoyable) et il voit se jouer devant lui le spectacle de l'affrontement entre l'homme et la femme, voire le meurtre de la femme par l'homme ; à y bien regarder, la plupart des *Études* font le récit d'un rêve. Mais la volonté d'éducation morale conduit Stifter à introduire, dans ce duel à mort entre le jeune homme et la jeune femme, un troisième personnage, celui du vieillard, qui a connu cette crise de violence et de meurtre et qui aide le jeune homme à la surmonter.

Parmi les *Études*, « Les Cartons de mon arrière-grand-père » occupent une place à part, que l'on peut, toutes proportions gardées, comparer à celle que prend *Faust* dans l'œuvre de Goethe : tout au long de sa carrière littéraire, il n'a cessé d'y travailler, de la remanier, depuis la première version de 1841 jusqu'à celle que la mort l'a empêché d'achever. Le récit est doublement encadré : un personnage anonyme, en qui on reconnaît sans peine Stifter lui-même, raconte comment il a trouvé, dans la maison familiale, un journal intime que tenait son arrière-grand-père, le docteur Augustinus, personnage légendaire de la tradition familiale ; il lit ce journal, dans lequel Augustinus raconte comment il a réussi à surmonter une crise de jalousie, qui l'a conduit à vouloir « châtier » Margarita, une jeune fille qu'il aimait, et comment le père de cette jeune fille lui a raconté à son tour dans quelles circonstances il a provoqué la mort de sa femme : une lecture attentive montre que ce meurtre s'identifie à la relation sexuelle. La mort de la femme est ainsi enfouie au plus profond du récit, au troisième niveau, tandis que le premier niveau, celui du double de Stifter, présente l'image idyllique d'une famille unie par l'amour conjugal et filial, et que le deuxième, celui du docteur Augustinus, montre la crise et son heureux dénouement. Le lecteur des cahiers s'isole pour les lire, comme le héros du « Château des fous » s'isole pour lire le journal de son ancêtre, tandis que le moment où Augustinus raconte la confession que lui a faite le père de Margarita est inscrit dans la durée du temps intérieur : il est pris entre deux phrases identiques d'un même récit, dont le temps s'interrompt pour laisser la place, sur une centaine de pages, au temps de la remémoration. Il y a donc, dans ce en quoi l'on pourrait presque voir une anticipation de la théorie freudienne, trois niveaux de la conscience : l'ouverture à l'autre, dans l'éthique et l'amour, la réflexion du moi sur lui-même, le domaine obscur des pulsions, dont, dans sa réflexion, le moi prend conscience. Or c'est précisément contre cette construction à trois niveaux que se dirige tout le travail de remaniement que Stifter pratique entre 1841 et 1867 ; la dernière version, inachevée, fait disparaître l'emboîtement des trois récits, pour ne montrer que l'évolution, l'éducation morale du docteur Augustinus : la nouvelle, moyen d'exploration des profondeurs troubles du psychisme, laisse la place au roman.

Deux nouvelles des *Études* avaient déjà ouvert la voie : dans « Brigitta » et dans « Deux sœurs », le narrateur ne découvre pas, dans la partie centrale de la nouvelle, la violence de l'angoisse, mais un domaine de la civilisation, de l'harmonie dans le travail et la nature, comme le fera plus tard Heinrich Drendorf dans le roman *L'Été de la Saint-Martin.* Ici aussi, la nouvelle ouvre le chemin du roman d'éducation. — Trad. : *Brigitta,* Fourbis, 1990 ; *Les Cartons de mon arrière-grand-père,* Jacqueline Chambon, 1989 ; *Le Château des fous,* Aubier-Montaigne, 1979 ; *Les Grands Bois et autres récits,* par Henri Thomas, Gallimard, 1979 ; *L'Homme sans postérité,* Phébus, 1978.

J.-L. B.

ÉTUDES DE DEUX LITTÉRATURES [*Studies in two Literatures*]. Premier recueil critique de l'écrivain anglais Arthur

Symons (1865-1945), publié en 1897. Des essais juvéniles sur le théâtre élisabéthain, déjà personnels et forts, précèdent des études plus mûres sur des écrivains anglais et français, contemporains à l'exception de Constant. Nos symbolistes n'y sont pas compris, Symons les réservant pour son ouvrage d'ensemble *Le Mouvement symboliste en littérature* [*The Symbolist Movement in Literature*, 1899], mais Gautier, Banville, Murger, Maupassant, Leconte de Lisle, Mendès, Huysmans, Zola, France et Jarry y figurent. Ces jugements d'un critique étranger qui n'avait pas pour lui le recul du temps ont pourtant aussi peu vieilli que ceux d'un Gourmont. Plus riches d'enseignements pour nous, toutefois, sont ceux que l'auteur porte, dans le domaine anglais, sur Christina Rossetti, William Morris, Walter Pater, W. E. Henley, Richard Jefferies, James Thomson, T. G. Hale, Stevenson, John Addington Symonds. On ne saurait trouver de guide plus sûr. Citons en tout premier lieu l'admirable essai sur Pater, où la justesse d'appréciation n'est nullement faussée par la chaleur du disciple. – Trad. partielle sous le titre de *Portraits anglais*, Bruges, Arthur Herbert, 1907.

ÉTUDES DE LA NATURE et **HARMONIES DE LA NATURE.** Ouvrages philosophiques et scientifiques de l'écrivain français Jacques-Henri Bernardin de Saint-Pierre (1737-1814), parus respectivement en 1784 et 1814. Avant 1784, Bernardin de Saint-Pierre n'est qu'un écrivain obscur dont l'unique ouvrage publié, le *Voyage à l'isle de France* (*) (1773), inspiré par son séjour de deux ans dans les îles de l'océan Indien en qualité d'ingénieur militaire, est passé entièrement inaperçu. On y trouve pourtant l'esquisse des principaux thèmes développés dans l'œuvre à venir. Le retentissement des *Études*, qui connurent de nombreuses rééditions, lui apporta, après une vingtaine d'années de pauvreté et d'errances, l'aisance matérielle, la reconnaissance sociale et même une réputation de savant que, à tort ou à raison, la postérité n'a guère ratifiée. Le titre ne doit pas induire en erreur : plus que du traité didactique, l'ouvrage relève de l'essai, voire d'une forme de littérature personnelle : « Descriptions, conjectures, aperçus, vue, objections, doutes, et jusqu'à mes ignorances, j'ai tout ramassé ; et j'ai donné à ces ruines le nom d'*Études*, comme un peintre aux études d'un grand tableau auquel il n'a pu mettre la dernière main. » Récusant la traditionnelle affectation d'objectivité du savant, le « je » de l'auteur y est constamment présent, et les développements proprement scientifiques alternent avec les excursus descriptifs, les anecdotes, les souvenirs personnels, les méditations lyriques, le tout organisé selon une logique sinueuse accueillante à toutes les digressions, allant jusqu'à annexer à titre d'« exemplum » une œuvre de fiction comme *Paul et Virginie* (*), publiée pour la première fois dans la troisième édition des *Études* (1788). Les quatorze Études composant l'ouvrage sont consacrées successivement à la démonstration de la bienfaisance de la nature et à la réfutation des objections contre la bonté de la Providence tirées des désordres du monde (Études II à VIII), aux principes de la science et aux lois physiques générales de la nature considérée dans les relations de contraste, de proportion et d'harmonie qui l'ordonnent (Études IX à XI), enfin à ses lois morales appliquées à l'homme envisagé comme individu, puis comme être social (Études XII à XIV). De l'aspect proprement scientifique de l'ouvrage, on n'a généralement retenu, pour le tourner en dérision, que le providentialisme finaliste et anthropocentriste figé en formules caricaturales cent fois citées sur les côtes du melon, qui invitent à le partager en famille, ou la sage prévoyance de la Providence, qui a frangé d'écume les récifs pour en signaler le danger aux navigateurs. Appuyée sur des lectures extensives des voyageurs et des naturalistes ainsi que sur des observations personnelles, notamment dans le domaine botanique, son information scientifique est beaucoup plus précise qu'on ne l'a dit. En réaction contre le courant matérialiste et mécaniste de la science des Lumières, le spiritualisme déiste des *Études* insiste certes, dans une perspective à la fois rousseauiste et leibnizienne, sur l'infinie sagesse de la nature, identifiée à la Providence, dont l'homme est le destinataire privilégié. Mais, au-delà, il s'élève aussi contre le privilège accordé à une conception numérique et quantitative de la science – celle de Descartes ou de Newton – de même qu'il s'insurge contre ces naturalistes qui commencent par tuer la vie pour mieux la décrire en étiquetant les espèces dans leurs bocaux ou leurs herbiers. Le principe inlassablement répété selon lequel « la nature ne fait rien en vain » reflète moins le finalisme naïf dénoncé par la science positiviste que le sens de l'infinie complexité du monde vivant : chaque être, étant lié à tous les autres, ne saurait être considéré isolément, tout organe a nécessairement une fonction, chaque espèce est unie à son environnement par un réseau de corrélations. Dépassant la science descriptive de leur temps, les *Études* annoncent ainsi des disciplines nouvelles comme l'éthologie ou l'écologie. Mais leur intérêt est aussi littéraire. On y trouvera des analyses d'une grande acuité sur le sentiment voluptueux de la mélancolie et le plaisir légèrement morbide que dispensent ruines et tombeaux, ainsi que de splendides tableaux de paysages, parmi les premiers de la littérature française, à la fois précis, colorés et pénétrés d'un sentiment panique de la puissance de la nature, qui, tout en s'inscrivant dans la vogue du « genre descriptif » de la fin du siècle, annoncent Chateaubriand.

Publiées après la mort de l'auteur sous une

forme infidèle et tronquée, les *Harmonies de la nature* furent conçues comme le couronnement des *Études*, à la fois récapitulation de toute l'œuvre et ambitieux projet de totalisation du savoir. L'entreprise, qui évoque l'esprit de l'*Encyclopédie*, s'en distingue par son refus de la démarche analytique et descriptive au profit d'une optique synthétique qui vise à mettre en connexion tous les éléments de la nature afin de cerner les rapports harmoniques unissant chacun d'eux à tous les autres. S'appuyant sur une classification évocatrice du système de Fourier (cinq catégories d'âmes, sept puissances naturelles, treize harmonies fondamentales), l'œuvre échoue inévitablement à tenter d'en épuiser par l'écriture les possibilités combinatoires, pratiquement infinies. Il en émerge cependant une vision cosmologique qu'on peut juger délirante, mais d'où émane une singulière poésie. La figure de la sphère ou du cercle, figure parfaite, source de symétries et de correspondances harmoniques, en est à la fois la structure organisatrice et le modèle épistémologique : tous les objets de la nature s'ordonnent autour d'un point central, le soleil, source première de la vie et du mouvement, image de Dieu, sinon Dieu lui-même. Récusant le mécanisme newtonien, cette cosmologie vitaliste fait de la lumière ou de ses variantes – magnétisme, électricité – un fluide vital par lequel se diffuse le dynamisme solaire. Quant aux planètes, elles sont peuplées de races humaines, comme le soleil lui-même, séjour posthume des âmes des sages et peut-être de l'humanité entière au terme de son histoire. Si les *Harmonies* sont un défi au bon sens rassis et à l'esprit scientifique tel qu'on l'entend ordinairement, elles annoncent aussi le monde baudelairien des correspondances et de l'universelle analogie. J.-M. R.

ÉTUDES DE PROSE ET DE POÉSIE [*Studies in Prose and Verse*]. Œuvre de l'écrivain anglais Arthur Symons (1865-1945). Ce recueil critique (1904) qui fait suite aux *Études de deux littératures* (*), en reprend les essais sur Pater, Stevenson, John Addington Symonds et la méthode de Zola. Il y ajoute des essais ou des notes sur Balzac, Mérimée, De Quincey, Hawthorne, Morris, Maupassant, Daudet, Hubert Crackanthorpe, Robert Buchanan, Oscar Wilde, D'Annunzio, Meredith, Gorki, Tolstoï, Campoamor, Robert Bridges, Austin Dobson, Yeats, Stephen Phillips, Dowson, plus quelques textes de polémique littéraire. La considérable valeur critique du recueil précédent ne se dément pas ici. On trouvera dans la dédicace quelques intéressantes remarques sur la critique en tant que telle, qui « n'est pas un examen avec des notes et des prix, mais une évaluation de forces, indifférente à leur direction [...] et ne s'occupant d'elles qu'en genre et degré ». L'introduction sur « le fait en littérature » qui dénonce la dégradation de celle-ci, notamment par le journal, est d'une éloquence passionnée. Détachons l'essai sur le poète Dowson, d'une si émouvante justesse. – Trad. partielle sous le titre de *Portraits anglais*, Bruges, Arthur Herbert, 1907.

ÉTUDES DE STYLE [*Stilstudien*]. Essai du romaniste et critique allemand Léo Spitzer (1887-1960), publié en Allemagne en 1928 ; traduit et publié en France en 1970. Si réputée que soit l'œuvre de Léo Spitzer, qu'on a coutume de reconnaître comme l'une des sources de la « critique moderne », seules, en dehors des quelques articles écrits en français par Léo Spitzer, les *Études de style* ont fait jusqu'à ce jour l'objet d'une traduction. Le choix, il est vrai, était dicté par l'objet des études réunies dans cet essai, exclusivement consacrées à des auteurs français.

Mais l'ouvrage est aussi exemplaire de la méthode spitzérienne : variété des approches critiques mobilisées face aux différents textes, et constantes profondes de la démarche. Une méthode qu'éclairent d'ailleurs doublement un long avant-propos de Jean Starobinski, « Léo Spitzer et la lecture stylistique », et une présentation, par Léo Spitzer lui-même, de son itinéraire intellectuel et critique, intitulée « Art du langage et linguistique ». Ces deux pages liminaires révèlent d'abord le sens de l'entreprise menée à travers les neuf études suivantes : comprendre des « œuvres d'art » littéraires conçues dans leur totalité. La méfiance qu'inspirent à Léo Spitzer « les biographes, les sourciers, les historiens des idées » (le chapitre « Rabelais et les “rabelaisants” » lui donnera l'occasion de l'exprimer, parfois avec une certaine virulence...) tient à ce qu'ils se dérobent à cette exigence première et ultime. Non que Léo Spitzer fasse fi du savoir : l'étude philologique du mot « calembour », prise comme illustration dans « Art du langage et linguistique », montre à l'œuvre la virtuosité d'un « savant ». Mais ce qui importe à ses yeux, ici comme dans toute lecture, c'est la vue synthétique finale. Pour y atteindre, le critique doit se soumettre à la considération du détail parfois le plus infime. Tel est le sens de la lettre que Léo Spitzer adresse au critique Georges Poulet dans son étude « À propos de *La Vie de Marianne* » : « Ce n'est seulement qu'après avoir établi le sens intime de l'œuvre A, puis de l'œuvre B, puis de C, etc., d'un auteur qu'on peut sans danger, il me semble, aborder une vue synthétique de son œuvre et lui assigner sa place dans le monde des idées. » De ce souci du simple « mot » jamais le critique ne se départ. La belle théorie de « L'Effet de sourdine » racinien est ainsi construite au fil d'une suite d'exemples et de principes grammaticaux, syntaxiques ou rhétoriques, qui définissent peu à peu une stylistique de l'« atténuation » chez Racine.

Or le détail ici n'est autre que l'écart par

rapport à la norme, ou la « déviation stylistique ». Spitzer y voit non seulement un trait d'originalité, mais « un pas historique franchi par l'écrivain ». Relever ces pas épars, c'est du même coup « reconnaître l'esprit d'un écrivain [...] à son langage singulier ». On voit comment la stylistique touche alors à l'histoire des idées, à l'« âme des nations », à l'« humanisme » auquel Spitzer consacre l'élan d'une véritable foi. Il reste que ce mouvement de va-et-vient entre le détail et l'ensemble, ce « cercle philologique » comme le nomme Léo Spitzer, laisse toujours dans l'ombre son intuition de départ. D'où vient l'idée de la fameuse « phrase en arc » de Proust si bien décrite dans « Le Style de Marcel Proust » ? Spitzer en convient : le geste initial de l'analyse « ne peut pas être prévu. C'est la conscience qu'on vient d'être frappé par un détail et que ce détail entretient un rapport fondamental avec l'œuvre ». S'il faut parler donc d'une « méthode spitzérienne », à coup sûr cette seule phrase en résumerait l'impératif : « Lire et relire [...] en essayant de s'imprégner de l'atmosphère de l'œuvre. Et soudain un mot, un vers surgissent, et nous saisissons que désormais il y a une relation entre le poème et nous. » C. D.

ÉTUDES D'ETHNOMÉTHODOLOGIE [*Studies in Ethnomethodology*]. Ouvrage du sociologue américain Harold Garfinkel (né en 1917), publié en 1967. L'auteur y a rassemblé sept études représentatives d'un nouveau courant sociologique dont cet ouvrage est considéré comme l'acte fondateur : l'ethnométhodologie, c'est-à-dire l'étude des méthodes par lesquelles s'élaborent les connaissances profanes sur le social, qui permettent aux individus d'orienter leurs actions quotidiennes, de prendre des décisions, de communiquer : les ethnométhodes. Cet ouvrage est donc une réhabilitation de la vie quotidienne comme objet de science. Dans les *Études d'ethnométhodologie,* Garfinkel étudie plusieurs phénomènes sociaux : la logique de décisions judiciaires et médicales, et la construction de l'identité d'un transsexuel par exemple. Les études sur les médecins et les jurés sont très représentatives de son approche : il s'agit d'expliquer les méthodes de ces pratiques sociales professionnelles, comme on peut expliquer par ailleurs les pratiques profanes. L'ethnométhodologie abolit ainsi la frontière entre professionnel et profane, abandonnant la règle durkheimienne de rupture par rapport aux « prénotions ». Le social n'existe pas en dehors des connaissances sur le social, puisque la proposition « ceci est réel » exprime nécessairement la position d'objet du réel par rapport au locuteur sujet de l'observation. Ces connaissances sont « construites » dans le cadre d'interactions, d'où l'utilisation fréquente du terme « constructiviste » pour qualifier cette théorie. Son caractère radicalement relativiste situe les *Études d'ethnométhodologie* dans la lignée de la phénoménologie de Husserl (1859-1938). F. Ch.

ÉTUDES D'HISTOIRE DU THÉÂTRE EN FRANCE PENDANT LE MOYEN ÂGE ET LA RENAISSANCE. Ouvrage publié en 1956 par l'écrivain et historien français Gustave Cohen (1879-1958). Ce volume regroupe un certain nombre d'articles et de communications précédemment publiés en revues. L'auteur, grand spécialiste du Moyen Âge, a consacré la majeure partie de son œuvre à l'étude de cette période. Études historiques avec *La Grande Clarté du Moyen Âge* (1943), *Histoire de la chevalerie en France au Moyen Âge* (1949) et surtout *Scènes de la vie en France au Moyen Âge* (1950). C'est principalement dans l'étude de la littérature du XIe au XIVe siècle que s'est spécialisé l'historien. C'est ainsi qu'il a publié *La Poésie morale et satirique au Moyen Âge* (1932), *Le Mouvement intellectuel, moral et littéraire de la fin du* XIe *au milieu du* XVe *siècle* (1936), *Anthologie de la littérature française du Moyen Âge* (1946), *La Vie littéraire en France au Moyen Âge* (1949), *Littérature française du Moyen Âge* (1951), *La Poésie en France au Moyen Âge* (1952). Il travailla abondamment pour le Centre de documentation universitaire, publiant ainsi de nombreux et précieux documents à propos du roman en prose au Moyen Âge, du roman courtois, du *Roman de la Rose* (*) ou du *Roman de Renart* (*). Mais c'est surtout dans le domaine du théâtre médiéval que l'activité de Gustave Cohen fut irremplaçable. Défrichant un terrain absolument vierge, il publia tout au long de sa carrière un grand nombre d'essais traitant des thèmes, des moyens et de l'histoire du théâtre au Moyen Âge, tant français que flamand. À cet égard, le recueil de 1956 fait figure d'une somme. Signalons parmi les autres œuvres publiées une *Histoire de la mise en scène dans le théâtre religieux français du Moyen Âge* (1937), des études sur les *Mystères religieux et profanes en Avignon à la fin du* XIVe *siècle* (1941) ainsi que sur les *Nativités et Moralités liégeoises du Moyen Âge* (1953). En 1955, l'historien publiait une anthologie du *Drame liturgique en France au Moyen Âge* qui recouvrait une bonne partie de son œuvre. Notons encore que Gustave Cohen, non content de ressusciter théoriquement tout un passé théâtral fort riche encore que totalement oublié, mit lui-même la main à la pâte, travaillant à plusieurs reprises à l'adaptation de mystères, chantefables, farces ou moralités médiévales. C'est ainsi qu'il adapta le *Jeu d'Adam et d'Ève* (1936), le *Mystère de la Passion des Théophiliens* (1950), le *Mystère de la Passion joué à Mons en 1501* (1957) et enfin le célèbre *Aucassin et Nicolette* (*) (1954).

ÉTUDES ET FIGURES, variétés littéraires. Essai critique, publié en 1920, de l'écrivain français André Bellessort (1866-1942), composé d'articles écrits entre 1911 et 1918. Curieux des littératures étrangères, l'auteur relit *Don Quichotte* (*) et constate que, contrairement aux autres génies espagnols et grâce à la portée générale de son œuvre en contact avec la réalité vivante, Cervantès, inventeur d'un nouveau genre de critique, « aplanit les Pyrénées ». D'inspiration espagnole est également la fiction intitulée « Retour de Loyola », satire dialoguée où l'on voit saint Ignace visiter non sans étonnement les lieux de son enfance devenus le centre de fructueux pèlerinages. Des préoccupations contemporaines de la guerre 1914-1918 se font jour dans « Les Romans de la guerre », étude où Bellessort voit tout au plus, dans *Le Feu* (*) de Barbusse, un grand succès de librairie, et où il écrit : « Nous n'avons pas seulement en face de nous l'Allemagne de 1914, mais toutes les Allemagnes qui, depuis l'ère chrétienne, ont poursuivi de leurs rancunes et de leur envie haineuse la civilisation celto-romaine. » Il reconnaît toutefois, chez Renan, l'assimilation heureuse par le génie celte de l'héritage goethéen. Dans « Ossian et l'ossianisme », le critique, analysant l'ouvrage classique de P. Van Tieghem (*Ossian en France*), constate avec cet auteur que la France, et singulièrement Chateaubriand, était préparée à recevoir cette poésie et, à propos de la supercherie de Macpherson, conclut : « S'il n'avait pas menti, disons-le franchement, la poésie européenne y aurait perdu. » Le recueil comprend également une évocation émue de Brunetière, homme de combat qui « aimait à faire la leçon » et à « bousculer les idées reçues ». Citons encore « Pour mieux connaître Louis Veuillot », appréciation élogieuse du romancier de *L'Honnête Femme*, de l'auteur de deux ou trois nouvelles qui ont l'« insolence d'être essentiellement catholiques », et surtout du journaliste des *Mélanges* et de l'épistolier. Dans « Le Roman catholique et Veuillot », Bellessort fait notamment cette réflexion : « Le roman catholique semble aussi difficile à réaliser qu'un cercle carré. En sa qualité de roman, l'empire des passions lui appartient ; en sa qualité de catholique, il ne peut s'y hasarder qu'avec scrupule et tremblement. » Quant à la « Fantaisie révolutionnaire de Voltaire », fantaisie « exaspérante ou charmante, mais en fin de compte admirable », elle est comparée « à l'éternel petit chien que les peintres du XVIIIe siècle jettent, les pattes en avant, la queue en trompette, au milieu de leurs tableaux de sensibilité amoureuse ou de vertu larmoyante ».

ÉTUDES GRECQUES [*Griechische Studien*]. Œuvre du philologue et historien allemand Wilhelm Nestle (1865-1959), publiée en 1948. En 1946, l'auteur publia *Conception du monde grec* [*Griechische Weltanschauung*], un choix de ses conférences et essais qui pouvait intéresser des lecteurs de tous les milieux. Ce deuxième recueil d'essais s'adresse, avec ses études religieuses, poétiques et philosophiques, plutôt à des spécialistes. La religion, la poésie et la philosophie des Grecs s'interpénètrent souvent ; car les poètes d'alors — à partir d'Homère — étaient tous déterminés par leurs croyances. Comme des philosophes, les poètes essayèrent de trouver leur propre conception du monde ; et un grand nombre de philosophes ont exprimé leurs idées par la poésie. Ce livre par conséquent ne s'attache pas à dresser un état de la religion grecque au point de vue du culte, ce qui avait déjà été fait par Nestle, à travers *Religiosité grecque dans ses traits fondamentaux et ses représentants principaux d'Homère à Proklos* [*Religiosität der Griechen in ihren Grundzügen und Hauptvertretern von Homer bis Proklos,* I — 1930 ; II — 1931 ; III — 1933]. Il peut paraître étonnant que Nestle n'ait consacré qu'un court chapitre à Euripide, le « philosophe du théâtre », mais il donne sur ce sujet une étude poussée dans *Euripide, le poète du rationalisme grec* [*Euripides, der Dichter der griechische Aufklärung*], publié en 1901 ; par ailleurs, l'œuvre d'Hérodote a été analysée en détail dans *Le Rapport d'Homère à la philosophie et à la sophistique* [*Homers Verhältnis zu Philosophie und Sophistik*], publié en 1908. Il existe encore d'autres études à ce propos dans *Du mythe au logos* [*Vom Mythos zum Logos*], publié en 1940, qui fut distingué par l'université de Heidelberg et reçut le prix Fischer. Le livre présent commence par les débuts de la littérature grecque, c'est-à-dire par Homère, la compréhension des dieux chez ce poète, et la description des paysages dans l'*Odyssée* (*). Une étude archéologique sur les masques des dieux enrichit la recherche. Les philosophes présocratiques, Héraclite, les représentants de l'orphisme, Empédocle sont analysés en même temps qu'Eschyle considéré comme philosophe. Socrate et les jurés athéniens sont le thème d'un autre essai. Pourquoi, se demande Wilhelm Nestle, l'oracle de Delphes n'a-t-il pas réagi devant la sentence rendue par les juges d'Athènes ? C'est, pense-t-il, que les jurés voulaient ignorer le dieu de Delphes pour des raisons politiques, alors que pour Socrate, la volonté d'Apollon, qui était le dieu par excellence, devait être essentielle.

L'*Antigone* (*) de Sophocle est étudiée sous l'angle de la conscience du droit. La philosophie des sophistes est confrontée avec la pensée de Sophocle, de Thucydide et de Xénophon, les deux grands historiens grecs. Les rapports existant entre l'écriture grecque et l'écriture chrétienne sont analysés dans un article relatif à l'influence qu'eut Euripide sur les *Actes des Apôtres* (*) ; les oppositions principales de la pensée antique et du christianisme, survenues au moment de la rencontre de ces deux cultures, sont l'objet d'un autre essai. Le christianisme a, en effet, adopté de nombreux traits de la religion païenne. Le polythéisme antique, la vénération des dieux et des héros, survécurent dans le culte des saints de l'Église catholique ; même l'adoration des images fut ressuscitée dans les processions, les pèlerinages et les miracles. Par exemple, le type du Christ barbu que portent les absides des églises chrétiennes imite, du point de vue de l'iconographie, le Zeus olympien de Phidias. Nestle montre que, selon une loi de l'histoire, le vaincu survit toujours dans son vainqueur. Par ailleurs, il a publié *La Philosophie des Grecs* [*Die Philosophie der Griechen*], et deux volumes sur les philosophes socratiques et postsocratiques.

ÉTUDES HISTORIQUES. Œuvre de l'écrivain français François-René de Chateaubriand (1768-1848), publiée en 1831. On peut la mettre à côté du *Génie du christianisme* (*) et des *Martyrs* (*). Si le but du premier de ces livres était de prouver que le christianisme peut inspirer une poésie et un art nouveaux et, à travers les gloires d'une civilisation, rendre la vie plus sereine grâce aux « beautés de la religion », et si le second était une illustration de la supériorité du « merveilleux » chrétien sur le merveilleux païen, par le récit romanesque du passage de la société antique romaine aux temps modernes, la nouvelle œuvre n'est en somme qu'une suite de reconstitutions idéales, rattachées au miracle évangélique. Elle est formée de six discours sur l'Empire romain, de César à Romulus Augustule, et sur les mœurs païennes et chrétiennes dans la Rome antique. Le sujet historique la rattache surtout aux *Martyrs,* pour l'étude de la société et du culte ; les explications données dans la préface des *Martyrs* (éditions de 1826), et exposées par le poète au lieu de l'être par l'historien, trouvent ici leur développement organique. De César à Théodose et d'Arcadius à la chute de l'Empire romain d'Occident, le monde des Césars est analysé dans les quatre premières études, pour lui-même et dans ses rapports avec la pensée chrétienne. Les deux dernières études, sur le christianisme, traitent des mœurs et des hérésies ; on y trouve fréquemment des descriptions brillantes de la vie des Barbares ; elles attestent l'intérêt que l'auteur avait pour cette société qu'il avait déjà représentée sous une forme romanesque dans *Les Martyrs.*

ÉTUDES KIERKEGAARDIENNES. Essai du philosophe français Jean Wahl (1888-1974), publié en 1949. Sans doute ne serait-ce pas trop trahir la pensée de Jean Wahl que de voir dans ces *Études* une serie de développements, on pourrait dire musicaux, sur les grands thèmes de la pensée kierkegaardienne : mélancolie, angoisse devant le péché, impuissance de la raison à saisir la réalité vivante, espoir contre toute attente de l'avènement de l'impossible et même d'une sorte de nécessité de cet avènement. Si en effet le commentaire de Jean Wahl reste d'une précision et d'une richesse exemplaires, tout à fait modeste et effacé, il est ce qu'on pourrait appeler (tant pis pour la logique) un commentaire créateur, en ce sens qu'il souligne et prolonge les points de rupture d'une œuvre déjà vivante et ambiguë par elle-même. Reprenons l'affaire au début. Toute la méditation de Kierkegaard, nous dit Jean Wahl, est dominée par une double figure : « Une figure tout entière retournée en elle-même, réfléchie en soi » (c'est la figure de l'extraordinaire père de Kierkegaard) et « une figure tout entière spontanée, immédiate et tendue vers le monde » (c'est la figure de Regina Olsen, la petite fiancée que Kierkegaard n'épousera jamais, comme si la brisure du lien temporel garantissait à rebours l'éternité de l'union là-haut). À partir de là le problème n'est plus : suis-je ou ne suis-je pas ? Mais : coupable ou non coupable ? La dialectique se fait angoisse. Une angoisse aiguë, torturante, qui nous souffle que si nous ne sommes pas encore coupables, nous ne sommes déjà plus innocents — qui ne nous pose comme moraliste que pour nous dénoncer comme séducteur. Il y a pourtant un remède, un saut désespéré à accomplir pour nous sauver. C'est que l'angoisse a un côté positif en ce sens qu'elle est une prise de conscience. Elle débouche sur « une foi infinie et cette foi nous donne l'espérance contre toute espérance ». Si en effet il n'y a aucun point fixe dans la vie car « aussi bien sur la mer sans fond du plaisir que dans les abîmes de la connaissance, j'ai [Kierkegaard] en vain cherché un point où jeter l'ancre », le christianisme, un christianisme évidemment débarrassé de toute apologétique, nous offre une certaine façon de parcourir le temps de la vie et, même, est une vie entière. Kierkegaard nous prévient : perdu sera celui qui ne fera pas ce saut car « il sera une révolte de l'esprit contre la vérité, il sera non plus une angoisse devant le mal... mais il sera l'angoisse de celui qui est déjà dans le domaine du mal et s'angoisse devant le bien ». Il sera le démoniaque.

ÉTUDES LITTÉRAIRES de Faguet. Sous cette dénomination d'ensemble, qui à l'origine en était le sous-titre, sont compris quelques ouvrages du critique français Émile Faguet (1847-1916) qui vont du *Seizième siècle,* paru en 1894, au *Dix-neuvième siècle,* paru en 1887. Comme on le voit, si l'on considère les autres volumes de la série (*Dix-septième siècle,* de 1885, et *Dix-huitième siècle,* de 1890), l'œuvre s'est constituée selon un plan qui ne visait pas à faire seulement une histoire de la littérature destinée à l'enseignement, mais qui recherchait un commerce immédiat avec des figures et des mouvements. Si l'absence de méthode véritable ne va pas sans entraîner, dans l'examen des différentes personnalités, une insuffisance de la vision historique — sans laquelle on ne peut définir le caractère de chaque époque ni apprécier la contribution particulière des grands hommes –, il faut cependant noter que, sans tomber dans de vides systèmes intellectuels et dans des polémiques fâcheuses, Faguet cherche à tout voir et tout expliquer en vrai connaisseur. Avec une souplesse qui voudrait renouveler, bien que sous forme d'enseignement, l'exemple de Sainte-Beuve, le critique se tourne vers le passé et cherche à comprendre les idées des hommes de jadis, leurs attitudes, usant parfois de désinvolture dans ses jugements, mais, de toute façon, avec le plus grand respect pour les textes littéraires et historiques, et une vivacité d'argumentation qui surprend par la dimension même du travail et la variété des sujets.

On peut remarquer à cet égard le volume dédié au XVIIIe siècle, pour sa reconstitution en grands tableaux des divers aspects de l'époque, de Bayle à Fontenelle, à Lesage, à Marivaux, en passant par Montesquieu, Voltaire, Diderot, Rousseau, Buffon, Mirabeau et André Chénier. Ces écrivains représentent bien la vie d'une époque complexe et frivole, intimement partagée entre la religion de la raison et celle du sentiment, ces deux formes d'un individualisme qui ira en s'exaspérant. Ce siècle inaugure ou plutôt remet en évidence le concept de science politique, sans être ni tout à fait politique ni tout à fait philosophique, et c'est lui qui – à travers l'« époque des Lumières » et la Révolution – légitimera les attitudes de l'âge moderne. Le style ample et discursif de ce volume, qui présente avec une familiarité cordiale les mouvements, les idées et les œuvres, forme aussi l'attrait des autres volumes de la collection.

ÉTUDES POUR PIANO de Liszt. Le compositeur hongrois Franz Liszt (1811-1886) a composé vingt-quatre études, dont certaines comportent plusieurs versions. On peut les répartir en trois groupes. Le premier est celui des *Douze études d'exécution transcendante*, composées en 1851 et publiées en 1852 (déjà esquissées dans les *Études* pour piano en douze exercices de 1826). À l'origine, le recueil aurait dû comprendre des études dans tous les tons majeurs et mineurs, mais l'auteur se borna à composer seulement celles allant d'ut majeur à si bémol mineur, par ordre croissant d'altérations (bémols) à la clef. Elles ont presque toutes un titre conforme au sujet que se proposait d'illustrer le compositeur : « Prélude », « Paysage », « Mazeppa », « Feux follets » (ou « Irrlichter »), « Vision », « Eroica », « Wilde Jagd », « Souvenir », « Harmonies du soir » et « Chasse-neige » ; la deuxième et la dixième pièces s'appellent tout simplement « Étude ». Le mot « transcendante » indique un goût pour la technique pianistique qui atteint aux degrés les plus élevés de la virtuosité, non pas conçue comme une pure acrobatie instrumentale, mais en tant qu'expérience visant à enrichir la sonorité et le « coloris » propre au piano. De ce point de vue, les *Études* présentent une grande importance. En tant qu'études, elles offrent toutes une physionomie technique particulière, qui n'est cependant pas transparente comme dans les *Études* de Chopin (*), le plus parfait modèle du genre alliant art et virtuosité. Les qualités artistiques sont celles que l'on rencontre habituellement dans l'œuvre de Liszt : imagination riche et variée, mais d'inspiration très inégale, quelques morceaux d'une grande sensibilité poétique se trouvant mêlés à d'autres plus extérieurs et confus. Le meilleur morceau du recueil est peut-être « Paysage », qui rend avec un sens déjà impressionniste l'atmosphère de l'étendue des champs. Il faut mentionner aussi : « Harmonies du soir », « Feux follets », « Chasse-neige » et « Mazeppa », ce dernier inspiré de Victor Hugo et que Liszt a repris dans le poème symphonique du même nom.

Le même caractère se retrouve dans le deuxième groupe, *Études de concert* (ou *Caprices poétiques*), qui comprend : « Il lamento », « La leggerezza » et « Un sospiro », composées aux environs de 1848 et publiées en 1849. La plus heureuse de ces études est la deuxième pour sa fluide légèreté, tandis que la troisième, très connue, est imprégnée d'une grande sensibilité. L'étude « Ab irato » offre peu d'intérêt ; elle fut composée en 1840 et remaniée en 1852 pour la *Méthode des méthodes* de Fétis et Moscheles. Deux études : « Murmures de la forêt » [Waldesrauschen] et « Ronde des Lutins » [Gnomenreigen], furent composées entre 1862 et 1863 pour la méthode de piano de Lebert et Stark. Les *Études de concert* sont, dans l'ensemble, inférieures aux *Études transcendantes*.

Le troisième groupe comprend les *Études d'après Paganini* [*Bravourstudien nach Paganinis Capricen*], composées en 1838, remaniées plusieurs fois et parues sous leur forme définitive en 1851. Ce sont de véritables transcriptions, mais d'une grande originalité du point de vue technique en ce qu'elles donnent au piano le charme de la virtuosité de l'écriture paganinienne et, parfois, arrivent à rendre les mêmes beautés musicales que les compositions originales. La plus connue de ces études est la *Campanella* (*) qui, dans la version pour piano, gagne beaucoup en élégance et en variété d'effets. Il est intéressant pour cette composition, comme d'ailleurs pour toutes les autres études, de confronter les différentes versions ; on remarque alors combien la transcription, grâce à des simplifications, a su atteindre la forme la plus heureuse.

ÉTUDES SUR LA LITTÉRATURE CLASSIQUE AMÉRICAINE [*Studies in Classic American Literature*]. Essai de l'écrivain anglais David Herbert Lawrence (1885-1930), publié en 1923. Étrange livre, parlé, improvisé, rédigé dans un style hérissé d'invectives, agaçant parfois, mais soulevé par une foi intense et vivifiante. L'Amérique est le bouc émissaire de Lawrence, et il l'accable de tous les griefs qu'il nourrit contre notre civilisation, l'étude de sa littérature classique n'étant que le moyen de dénoncer la duplicité de sa démocratie et de son idéalisme – masques dissimulant dégénérescence et désintégration. Pourquoi cette attaque à travers la littérature ? Parce que la littérature, volontairement ou involontairement, exprime « l'âme des lieux » et que même si « un artiste est d'ordinaire un sacré menteur, son art, quand il est authentique, vous livrera sa vérité ». Le but de Lawrence n'est cependant pas tant d'écrire un pamphlet que de découvrir le véritable « Soi » américain, celui qui tressaille sous les masques et dont l'avènement pourrait coïncider avec l'avènement d'un nouveau monde, la véritable Amérique.

Le premier chapitre est un réquisitoire, et surtout contre le mythe de la liberté américaine : « Liberté d'abord ! C'est ici le pays de la liberté ! Mais, si je dis quelque chose qui lui déplaît, cette foule libre me lynchera, et c'est là ma liberté. Libre ! Allons ! je n'ai jamais habité aucun pays où l'individu ait une aussi abjecte peur de ses compatriotes. Parce que ceux-ci sont libres de le lyncher dès l'instant qu'il prétend ne point leur appartenir. » Viennent ensuite les « études » proprement dites qui, en deux cents pages, analysent les œuvres de huit classiques : Benjamin Franklin, Saint-John-de-Crèvecœur, Fenimore Cooper, Poe, Hawthorne, Richard-H. Dana, Melville et Whitman.

Franklin est déjà le philosophe de la production, l'inventeur d'une morale étroitement utilitaire qui interdit au « Soi » tout geste créateur ; Saint-John-de-Crèvecœur, le chantre de la nature, fabrique, lui, l'indispensable quantité de sentiments et d'émotions dont cet utilitarisme a besoin pour investir totalement l'homme en lui donnant l'illusion de satisfaire son cœur autant que son âme. Avec ces deux écrivains, le système américain est en place : une belle apparence, une belle morale conjuguant amour et production, mais au-dessous « un bourdonnement de destruction souterraine » car « l'Américain est obligé de détruire. C'est sa destinée de détruire le corps entier de la psyché blanche – de la conscience des Blancs. Et il lui faut le faire en secret. De même que le papillon, qui grandit dans la chrysalide, détruit secrètement la larve ». La rumeur de cette destruction interne, Poe et Hawthorne nous l'apportent : le premier avec ses analyses diaboliquement subtiles de la décomposition des âmes ; le second avec la trame de ses romans, sombres paraboles du mal couvant sous le vernis de la morale et de la respectabilité. Lawrence voit par contre dans le chef-d'œuvre de Dana, *Deux années sur le gaillard d'avant* (*), la quête admirable de la connaissance des forces élémentaires, hélas ! bientôt matée par le puritanisme américain, tandis qu'il admire dans la série des *Bas de Cuir* de Cooper une odyssée de l'Amérique dans laquelle le Tueur de daims symbolise le véritable Américain : « Un homme qui tourne le dos au monde des Blancs. Un homme qui garde intacte et pure son intégrité morale. Un homme isolé, stoïque, presque sans individualité... » Les derniers chapitres sont consacrés à Melville et Whitman, génies immenses qui permettent à Lawrence de parachever sa démonstration en la haussant au ton épique. Ainsi le *Moby Dick* (*) de Melville devient la description de l'apocalypse de notre civilisation, la baleine blanche étant « ce monstre phallique et solitaire qui est notre moi individuel tué par le mental » (et par l'idéalisme) tandis que le « Péquod », le baleinier lancé à sa poursuite, c'est toute la race blanche poursuivant sa propre destruction et courant au naufrage. Quant à Whitman, il assume la décomposition américaine et, ce faisant, annonce une aube pour avoir foulé aux pieds idéalisme et mystique, et fausse liberté.

Ce message final de l'incarnation, qui rompt avec le dualisme spiritualiste pour affirmer que le corps est le corps de l'âme et que rien ne sert à l'homme de gagner le ciel s'il vient à perdre ce corps, c'est en fait le message de toute l'œuvre de Lawrence. Aussi peut-on considérer les *Études* – qui, à travers une critique toute subjective de la civilisation et de la littérature américaines, ne sont que l'expression de ce message – comme l'exposé le plus direct que Lawrence nous ait laissé de sa philosophie. Non pas « études » d'ailleurs, mais livre fiévreux, bourré de répétitions, d'exclamations, de cris prophétiques – long poème où vibre la certitude qu'il n'est pas d'autre ciel que la joie de vivre ni d'autre accomplissement que celui, physique, du grand élan de sympathie qui fait graviter les corps. – Trad. Éd. du Seuil, 1948.

ÉTUDES SUR LE DÉVELOPPEMENT COGNITIF [*Studies in Cognitive Growth*]. Ouvrage scientifique du psychologue américain Jérôme Seymour Bruner (né en 1915), publié en 1966. Cet ouvrage regroupe plusieurs recherches de Bruner et de ses étudiants sur le développement cognitif de l'enfant et est dédié à Jean Piaget pour son soixante-dixième anniversaire. Trois thèmes principaux sont étudiés. Le premier aborde la nature des moyens par lesquels l'enfant en développement représente son expérience du réel. Le second traite de l'impact de la culture sur ce développement et la façon dont elle peut amplifier certaines capacités de l'enfant. Le troisième thème est biologique et considère la façon dont l'équipement neuronal favorise l'homme dans son adaptation au réel. Le premier thème représente un apport original de l'auteur sur la pensée. Bruner considère qu'il existe trois formes de représentation du réel : une représentation par l'action (enactive representation), une représentation iconique et une représentation symbolique. Chez l'enfant en développement, ces trois modes de représentation apparaissent dans cet ordre. Le bébé n'a donc accès qu'à la représentation enactive. Ce point de vue s'oppose aux thèses de Piaget qui n'accordait pas au bébé de pensée et qui pensait que l'action est un moyen de connaissance non une forme de pensée. Chez l'adulte, ces trois formes coexistent et il est possible de savoir laquelle il adopte à un moment donné par un processus d'inférence. Plusieurs expériences appuient ces différentes approches.

A. St.

ÉTUDES SUR LES CONSTITUTIONS DES PEUPLES LIBRES. Ouvrage politique de l'écrivain suisse Jean Charles Léonard Simonde de Sismondi (1773-1842), publié en 1836. Le livre mérite d'être considéré comme l'une des œuvres les plus importantes du fameux publiciste, car il veut servir de conclusion à de longues études de « sciences sociales » sur la vie politique de l'Europe depuis la Révolution jusqu'à la Restauration. Sismondi, de par son éducation politique suisse, avait toujours aspiré à un système fédéral qui, chez les peuples modernes, opposerait à la fâcheuse centralisation des pouvoirs une théorie fondée sur les garanties constitutionnelles et sur la justice. Mais cette théorie devait sembler utopique à ses contemporains et aussi à ses amis de Coppet, si elle n'était pas vraiment « municipale » : centraliser le pouvoir afin d'éviter la guerre civile et afin d'apporter une amélioration dans la vie des sujets grâce à de vastes entreprises économiques et agricoles reste parmi les plus grandes nécessités des États modernes. La formation protestante de l'auteur se manifeste par la manière dont il considère le lien entre la vie politique et morale. Tenant compte particulièrement de la situation de la Suisse et de la corruption des grands États, Sismondi déclare que les petites agglomérations sont innocentes et pures parce qu'elles observent les lois sociales et aspirent au progrès et à l'amélioration intérieure, comme une famille dans laquelle tous les membres gardent un respect réciproque. Les erreurs de la centralisation sont énormes parce qu'elles conduisent à la tyrannie, amènent à déclarer la guerre en raison de nécessités qui ne sont pas fondamentales pour l'ensemble des citoyens et inspirent facilement des révolutions. Les États-Unis eux-mêmes ne sont pas exempts de ces maux. L'adhésion de Sismondi à la première partie, publiée à cette époque, de *La Démocratie en Amérique* (*) de Tocqueville, est symptomatique.

C'est pour ces raisons que, dans la France troublée, les hommes de bonne volonté doivent étudier les éléments qui permettront de fonder un nouvel ordre social qui puisse être établi sur un principe fédéral. C'est seulement un gouvernement largement représentatif qui empêchera l'agrandissement de l'État par désir de puissance et favorisera le bien-être du citoyen par les arts libéraux. L'obéissance aux pouvoirs constitutionnels, la considération accordée à la grande force constituée dans la vie du pays par les éléments aristocratiques et conservateurs, auxquelles s'ajoute la formation d'autorités provinciales et communales, sont signalées par l'auteur comme étant la sauvegarde de la vie politique contemporaine, agitée par les tyrannies de toutes sortes. Les peuples finalement libres, avec les mêmes garanties de pouvoirs, devront avancer vers la liberté, fin suprême du genre humain. L'éducation politique elle-même, guidée par le fédéralisme local, est le signe d'un renouvellement qui devra supprimer la violence : les exemples de l'Angleterre et de la Suisse, malgré leurs erreurs, ne peuvent que favoriser, chez les meilleurs des Français, une émulation saine et harmonieuse pour arriver à un total renouvellement.

ÉTUDES SUR LES MORALISTES FRANÇAIS. Ouvrage critique de l'écrivain français Lucien Prévost-Paradol (1829-1870), publié en 1864. Se donnant comme seul but l'exposition du caractère de l'œuvre et de la personnalité des grands moralistes français, de Montaigne à Vauvenargues, l'ouvrage offre en réalité plus que ne promet le titre. De chapitre en chapitre, l'auteur examine les aphorismes et les pensées des esprits les plus pénétrants de la littérature moderne ; et, sur ces bases, il construit sa propre connaissance du monde, en poursuivant la recherche d'une vérité dans la société contemporaine. Cette recherche est la même dans tous les temps et dans tous les pays, et c'est bien cet universalisme qui distingue la morale des théories politiques et de l'Histoire. Prévost-Paradol est amené par les observations qu'il fait au cours de ses recherches sur les moralistes à coordonner ses méditations autour d'un certain nombre de points fondamentaux. Il fait suivre son examen historique de quelques réflexions sur divers sujets, comme l'ambition, la tristesse, la maladie, la mort.

ÉTUDES SUR LE TEMPS HUMAIN. Essai du critique belge d'expression française Georges Poulet (1902-1991), publié en 1950. La lumière venant éclairer aussi bien Racine, Fontenelle, l'abbé Prévost que Flaubert, est nouvelle dans la mesure où elle n'émane pas de sources multiples, où elle n'emprunte rien aux méthodes déjà constituées. Elle n'est pas celle d'une métaphysique cherchant « une inspiration » ou « une confirmation » dans les textes littéraires ; elle est celle émanant d'un homme qui découvre à chaque instant, avec une profondeur remarquable, l'être des auteurs dont ces œuvres sont nées. Textes et références sous les yeux, Georges Poulet nous invite à constater que les conceptions actuelles du temps, base essentielle de la philosophie et de la littérature, loin de se présenter comme une rupture avec le passé, s'inscrivent normalement dans une suite cohérente d'investigations. Dans la disponibilité de Montaigne, nous retrouvons celle de Gide, l'idée de la relativité est dans Fontenelle, Diderot annonçait Bergson, comme Rousseau donnait une première idée des « instants privilégiés » de Proust, l'existentialisme se distingue, diffus, chez les principaux romantiques. Guidés et soutenus par une introduction exemplaire, nous suivons sans effort cette lente progression de l'esprit dans laquelle l'inquiétude désolée de nos contemporains veut restituer son unité à la pensée occidentale. Au poème lui-même, Georges Poulet semble ne s'intéresser que dans la mesure où sa création s'insère en une expérience vitale. Ainsi, la reconstruction opérée dans le chapitre XVII, de la pensée de Valéry sur le temps fait place à son esthétique. Cependant, le souci de l'essayiste n'est pas celui du beau comme en font foi les « Notes sur le temps racinien » : l'auteur réduit à un sens purement temporel le thème du Soleil ; des personnages de Racine, il ne retient que le caractère fatal et passionné qui les conduit à se voir au passé. Et s'il signale la beauté des deux derniers vers que prononce Phèdre, c'est pour nous persuader que cette beauté est toute morale. Du reste, le commentaire admirable de profondeur et cependant incomplet qu'il donne de ces deux vers nous renseigne singulièrement quant à la méthode de Georges Poulet : derrière l'objectivité de l'œuvre, l'auteur cherche l'intériorité de l'homme, et toujours il la découvre en deçà ou au-delà de la création. Les essais de Georges Poulet ne semblent pas pour autant philosophiques. Dans le chapitre III, consacré à Pascal, l'auteur interprète, groupe, compare des textes pascaliens particulièrement significatifs. De cette méditation, il apparaît que l'essayiste n'est pas plus attentif à la beauté qu'il ne semble soucieux d'une vérité infini-universelle. Mais le tragique du temps que Georges Poulet considère comme propre à l'époque moderne, dominée par le sentiment des moments de la durée, conduit les uns à rêver d'une mémoire totale, les autres à souffrir du mal de l'avenir ; il existe même, ajoute Georges Poulet, un romantisme de la continuité sentie et une découverte contemporaine de l'acte générateur du temps dans le présent. L'intérêt de ces études demeure dans l'absence d'esprit systématique et de préjugés, dans le fait que chaque auteur est saisi dans son irremplaçable originalité. Ce livre où l'auteur se révèle en révélant suppose une rare indépendance vis-à-vis des tabous et montre une fermeté dans les propos qui ne perd rien à s'exprimer lumineusement.

Avec *Études sur le temps humain II. La distance intérieure* (1952), Georges Poulet donne une suite à sa première série d'études sur le temps humain, en examinant une autre dimension, la distance intérieure : une sorte d'espace, à la fois centre et bord, créé par la façon dont se situent, loin ou près les unes des autres, nos pensées. C'est une distance de soi à soi-même, où l'on pourrait chercher le support analogique de l'espace habituel. En somme ces études « cherchent à faire apparaître cette vacance intérieure où se redispose le monde ». « Ma pensée, écrit Georges Poulet, est un espace où ont leur lieu mes pensées. Les voici qui arrivent, passent, s'écartent ou s'enfoncent, et je les distingue à des distances spatiales ou temporelles qui ne cessent de varier. Ma pensée n'est pas faite seulement de mes pensées ; elle est faite encore, et bien plus peut-être de toute la distance intérieure qui me sépare ou me rapproche de ce que je puis penser [...]. La distance n'est pas seulement un intervalle, elle est un milieu ambiant, un champ d'union. Ainsi se révèle un autre aspect de la littérature... » Ce thème général, Georges Poulet excelle à montrer la façon dont il hante de multiples manières le génie particulier des grands maîtres de la littérature française : Marivaux — dont l'auteur dit : « Du rien qui se réfléchit à l'intérieur du rien, des reflets dans un miroir, voilà la littérature marivaudienne » —, Vauvenargues, Chamfort et Laclos, Joubert, Balzac, Hugo, Musset, Guérin, Mallarmé. Si la forme de l'ouvrage est critique, il s'agit cependant bien de métaphysique. La critique de Georges Poulet considère une œuvre littéraire comme ce qu'elle est vraiment, c'est-à-dire une œuvre totalement créée par son auteur. Et, remontant au génie créateur, elle s'applique à suivre la ligne parcourue par le mouvement de création. Et ce qu'elle appelle « distance intérieure », c'est le lieu de passage entre la volonté de créer et la vie qui va en surgir. Ainsi, voyons-nous comment la page célèbre qui ouvre la quatrième partie du *Discours de la méthode* (*) et qui amène le cogito nous est proposée comme la clé même de la création mallarméenne. Nous voyons aussi comment Georges Poulet arrive à reconnaître chez Descartes et chez Mallarmé la même distance intérieure : chez l'un et l'autre, c'est la distance entre le monde aboli des apparences et le monde créé par la pensée. Mais le plus remarquable est que cette distance ait d'abord été reconnue chez Marivaux : « un Mallarmé du XVIIIe siècle », dit l'auteur, parce que le personnage marivaudien surgit du monde de riens qui s'évaporent autour de lui, pour accéder à un monde qu'il s'étonne lui-même d'avoir créé. Il faudrait aller avec l'auteur jusqu'au bout de la distance intérieure, c'est-à-dire jusqu'au point parfait où toute distance s'abolit, point où les relativités du temps se résolvent dans un instant éternel.

Avec *Études sur le temps humain III. Le point de départ* (1964), Georges Poulet aborde neuf auteurs de la littérature contemporaine : Whitman, Bernanos, Char, Supervielle, Éluard, Perse, Reverdy, Ungaretti, Sartre. Poursuivant ses recherches, le critique se livre à une confrontation des quatre écrivains responsables d'un « nouveau style » : Gide, Claudel, Valéry et Proust, et dégage ainsi « le phénomène spirituel en quelque sorte en deux temps », que ce soit chez Whitman « décrivant le mouvement de la durée comme un vaste courant qui déferle sur une conscience d'abord saisie dans l'étendue de son déploiement originel », chez Bernanos « constatant l'intervention foudroyante d'une force surnaturelle dans une durée humaine qu'elle fait aussitôt éclater, et cherchant ensuite à maintenir dans son roman la présence permanente de cette surnaturalité perturbatrice qui s'intègre malaisément dans la vie habituelle des âmes », chez René Char où « la fulgurante pureté d'une force d'expansion et d'éclatement n'a nullement besoin, comme chez Bernanos, de l'irruption de quelque pouvoir surnaturel, mais se manifeste en un premier temps par l'extrême condensation d'une matière dure et fulminante, pour se déchaîner ensuite en un mouvement de dissémination qui va toucher simultanément tous les points de l'archipel de l'univers », chez Supervielle « s'éveillant dans la stupeur de l'existence pour passer ensuite le reste de cette existence à s'en donner des explications ou des représentations qui "tiennent" un peu ». Toute la poésie surréaliste, et celle d'Éluard en particulier, procède de la même démarche : « Fréquemment, d'ailleurs, le moment initial et temps premier de la conscience prend la forme d'un sentiment d'isolement », sentiment sensible chez Perse, chez Reverdy et chez Ungaretti. Pourtant, « le passage d'un temps à un autre n'est jamais si évident que dans le cas de l'existentialisme, et expressément chez Sartre ». La critique de Georges Poulet se situe au carrefour des méthodes structurale, phénoménologique, idéaliste, thématique, et atteint à une rare profondeur l'œuvre littéraire.

En 1968 paraît le dernier volume : *Études sur le temps humain IV. Mesure de l'instant.* « Il faudrait inventer une "mesure de l'instant". Car ses dimensions varient. » Projet paradoxal donc, l'instant étant associé à ce qui, sans épaisseur ni durée, est toujours égal à lui-même. Pour l'auteur, l'instant, contre toute attente, oscille entre le rien et le tout ; contracté en un point ou dilaté aux dimensions de l'univers, « l'instant a toutes les mesures et toutes les démesures ». C'est à ces pulsations de l'instant, s'incarnant en plénitude ou en pauvreté, « de l'extrême condensation à l'extrême expansion », que sont consacrées des pages qui illustrent la fécondité des approches de Poulet. L'enquête nous mène de Maurice Scève à Proust et Julien Green en passant par Saint-Cyran, Racine (déjà présent dans le premier volume), Fénelon, Casanova, Joubert (voir aussi *La Distance intérieure*), les romantiques anglais, Mme de Staël, Lamartine, Stendhal, Michelet et Amiel. Avec les deux premiers auteurs étudiés, les limites extrêmes de l'enquête sont atteintes : si l'instant trouve sa « pleine mesure » chez Maurice Scève, chez Saint-Cyran et les jansénistes, l'amplitude de l'instant est « pratiquement nulle ». « Poète de la vie intérieure absolue », la poésie de Scève évolue entre « développement et enveloppement », entre « complication originelle » et « réimplication » finale, engendrant par cercles concentriques le déploiement du monde. Tout autre va être « l'instant janséniste » : là, l'être va se trouver mesuré « à chaque instant nouveau » par une instance qui le surplombe (Dieu) : « Seule l'action divine nous retient perpétuellement de nous abîmer dans le néant du péché qui redouble celui de la nature. » Chez Racine va se retrouver cette dramatique pesante du temps qui risque de faire éclater l'identité du moi : « Suis-je à la fois celui que je suis et celui que je fus ? » La continuité du sujet ne sera assurée que par une transcendance qui est son ultime raison d'être. Ce mouvement d'appauvrissement du temps personnel vécu va être poussé encore plus loin chez Fénelon : je suis sans cesse un autre immergé dans « une matière temporelle fluente » pouvant prendre toutes les formes qui lui sont imposées. Que vienne à s'effacer la transcendance et l'instant délivré de tout soutien va soit s'affaisser dans le néant sans consistance, soit se ressaisir et jouir de son « allégement ». C'est ce que l'on peut voir chez un Casanova ou un Stendhal : instant heureux et bondissant, voire primesautier. Mais cette liberté peut aussi être vécue sur un mode plus menaçant (chez Mme de Staël ou les préromantiques) : « Ce qui se renouvelle, ce n'est pas simplement la naissance de l'instant, c'est aussi, simultanément, sa disparition. » De Joubert à Proust, l'instant va « se mettre à prendre son temps pour mûrir », il ne va plus seulement coïncider avec le présent, mais aussi pénétrer toutes les couches du psychisme et être « expérimenté » (dans la douleur, le regret ou l'allégresse). « Invitation et accomplissement », l'instant proustien donne toute ses mesures et dimensions à cette fine pointe du temps humain.

F. W.

ÉTUDES SYMPHONIQUES de Schumann. Composées en 1835, et publiées sous l'op. 13, ces pièces pour piano représentent, en face du *Carnaval* (*) ou de la *Première sonate en fa dièse mineur* dont elles sont contemporaines, une maturité de conception qui s'explique si l'on considère la pensée qui les a fait naître. Le compositeur allemand Robert Schumann (1810-1856) a hésité toute sa vie entre la pièce aphoristique d'une part, et les « grands genres » qui lui offraient à la fois des cadres déjà existants et éprouvés et des possibilités de rénovation. Parmi ces cadres à la fois rassurants et exigeants, dont Schumann était décidé à assumer les disciplines, celui du « thème varié » avait été élevé par Mozart et surtout Beethoven au rang d'un art majeur.

Le thème, on le sait, est d'un amateur, von Fricken, père du premier amour de Schumann : Ernestine – l'Estrella du *Carnaval*. Mais il tient de Schumann sa formation harmonique et son développement dramatique. Schumann, depuis l'intonation en ut dièse mineur jusqu'à l'éclatement subit, en triomphal majeur, du même ton promu ré bémol (avec suspension de sol dièse à la variation IX), conduit ici un crescendo intérieur d'essence quasi beethovénienne. Ces *Études* sont une véritable réplique à la *Neuvième Symphonie* (*), et comme elle un hymne à la joie douloureuse des forts. Variations au sens strict, « études » libres plus ou moins apparentées au thème qui n'apparaît souvent que sous la forme non variée d'un leitmotiv, Schumann a donné à chacun des épisodes un caractère étonnamment personnel : chose en somme rare dans le genre. Il peut ainsi faire fi de maints procédés stéréotypés de différenciation tonale ou rythmique, qui affadissent la variation même chez Beethoven. Et surtout, il conçoit une gradation motivée par autre chose que la variété pure. Il forge son thème en un crescendo rythmique impitoyable, sans reculs, sans fissures, d'un mouvement toujours ascensionnel. Le motif, dépressif, sera commenté plus tard par un chœur de *Manfred* (*) : il symbolise la malédiction qui pèsera sur toute une vie. Les variations sont l'effort pour dominer ce destin ; et de la tragédie même naît la joie, ce « heiliges Ja-sagen » de Nietzsche, qu'on pourrait mettre en exergue aux fanfares de l'épisode final.

Schumann renonce ici à un procédé qui, dans le même temps, lui est par ailleurs si fondamental : l'exaspération rythmique progressive. Il se contraint à un ordre et à une unité. Le rythme reste tel, à chaque épisode, qu'une gradation invisible le forme dès son exposition. Le crescendo dynamique s'opère par paliers entre les variations. Toute l'affaire a été la distinction et la définition exacte de ces paliers : angoisse d'abord – spectrale dans la variation I, puis hoffmannienne –, réaction vitale dès les accords en canon de la variation III (*Étude 4*) –, et désormais accentuation rythmique de l'énergie déjà victorieuse. On sent ici que la méditation perpétuelle de Schumann sur les textes de J.-S. Bach porte ses fruits : et d'ailleurs, ne trouve-t-on pas dans la variation VII (*Étude 8*) un écho de la Fugue nº 5 du premier cahier du *Clavecin bien tempéré* (*) ? La plage de tendresse, en duetto, de la variation IX (*Étude 11*) dispose avec une habileté beethovénienne un palier de calme entre l'héroïsme siegfriedien de la variation VIII et le finale : ici passe peut-être l'ombre de Clara.

ÉTUDE SUR LA SOUVERAINETÉ. Cette œuvre de Joseph de Maistre (1753-1821), écrivain et philosophe français, fut écrite de 1794 à 1796 ; elle resta inachevée. À l'aide de quelques idées qui seront développées dans l'*Essai sur le principe générateur des constitutions politiques* – v. *Considérations sur la France* (*) –, l'auteur pose le problème de la constitution des États et d'un gouvernement qui puisse assurer aux hommes le bonheur. Il s'élève particulièrement contre les idées du *Contrat social* (*) de Rousseau, et fait une critique sévère des théories politiques abstraites de l'« époque des Lumières », où il n'est pas tenu compte des nécessités de l'histoire et des traditions religieuses et sociales de chaque peuple : toute loi politique doit être inspirée par de réelles nécessités historiques et religieuses, qui sont les témoignages les plus probants du passé. On trouve déjà ici le sujet que de Maistre développera plus tard, de manière plus systématique, dans sa conception de la souveraineté politique et religieuse.

ÉTUDE SUR VIRGILE. Ouvrage critique de l'écrivain français Charles Augustin Sainte-Beuve (1804-1869), publié en 1857. Cette étude fit l'objet d'un cours qui débuta en mai 1855 au Collège de France, puis, du fait de divers empêchements, se poursuivit dans *Le Moniteur*. Ce livre témoigne d'une intention strictement didactique ; l'auteur s'applique à mettre la pensée du poète à la portée de la sensibilité moderne. Dans son ensemble, l'ouvrage conserve une allure scolaire, bien qu'à côté de raisonnements pédants on puisse relever certaines notations fines et pénétrantes. Il semble que Sainte-Beuve ait hâte de traiter certains problèmes, que ce soit celui des genres ou celui des rapports de Virgile avec Homère et la tradition grecque, afin de pouvoir se consacrer entièrement à analyser, en des observations rapides et simples, ses impressions de lecteur moderne. Sainte-Beuve reconnaît dans la forme pleine de sentiments, mais d'une élégante harmonie classique, adoptée par Virgile, la réalisation de son idéal artistique ; et, dans un but de polémique, il ne se fait pas faute de le mentionner, il va même jusqu'à opposer cet idéal d'art aux tentatives, souvent désordonnées et hybrides, de nombre de ses contemporains. Le fait de considérer l'aspect idyllique de la poésie virgilienne comme une sorte de détente dans l'œuvre du poète, après les fatigues et les luttes d'une vie pleine de passions, indique suffisamment le caractère plus autobiographique que critique de l'étude de Sainte-Beuve. Marquant le retour à un grand artiste, que le critique admirait dès sa jeunesse mais qu'il appréciait désormais plus pour son raffinement que pour sa puissance de création, cette *Étude* justifie chez Sainte-Beuve une recherche toute formelle du style et lui permet de promouvoir une certaine forme d'art, subjective et sentimentale ; et c'est en cela que l'attitude de Sainte-Beuve est « romantique ».

ÉTUDIANTS PAYSANS [*Bondestudentar*]. Roman de l'écrivain norvégien

Arne Garborg (1851-1924), publié en 1883. C'est une des plus remarquables descriptions qui soient de la société norvégienne vers la fin du XIXe siècle. Les aventures de Daniel Olsen Sorbraut, le jeune paysan qui vient en ville faire des études, reflètent l'ascension sociale de la classe paysanne à laquelle l'auteur accordait toute son attention. Élevé d'abord par le pasteur de son village, Daniel Olsen vient assez tard en ville et a beaucoup de peine à suivre les cours du lycée. Enfin, grâce à une grande réceptivité, beaucoup de travail et peu de réflexion personnelle, il parvient à passer son baccalauréat. Mais quand il se met devant la glace pour essayer sa faluche d'étudiant, ce qu'il y voit n'est pas un étudiant, mais « un paysan déguisé ». Il le demeurera toujours. Il se laisse entraîner dans divers cercles d'étudiants, il suit tous les mouvements qu'on lui propose. L'esprit des gens de la ville l'éblouit, il n'ose jamais dire ce qu'il pense. Son père est mort en laissant une ferme mal tenue, son frère s'en va en Amérique. Il ne vit que grâce à deux protecteurs qui cependant lui font défaut bientôt – et c'est la misère, la faim, les emprunts refusés et, en fin de compte, une sorte de conversion religieuse qui s'évanouit dès qu'il reprend ses forces. Engagé comme professeur dans une famille à la campagne, il voit avec étonnement ces milieux cultivés, spirituels, s'occuper des mêmes questions matérielles et terre à terre que celles qui préoccupent le paysan. Mais Daniel ne croit plus aux possibilités d'une culture paysanne et quand il revient à l'université, où l'on reçoit les nouveaux étudiants, il y trouve une atmosphère qui lui déplaît et qu'il attribue à la grande affluence d'étudiants d'origine paysanne. Trahissant une dernière fois tous les mouvements, tous les idéaux qu'on lui avait proposés, il demande la main de Mlle Hanna, non parce qu'il l'aime, non parce qu'il croit qu'elle l'aime, mais parce qu'elle est riche. Et on l'accepte à bras ouverts, car il va bientôt être fonctionnaire, un état qui vaut bien une grande fortune ! Mais quand Daniel, en allant à l'école de danse – car un homme fiancé doit savoir danser –, rencontre son ancien professeur et un de ces étudiants qui avaient mis toute leur confiance en lui, il s'engage rapidement dans une autre rue.

ÉTUI DE NACRE (L'). Titre d'un volume de nouvelles de l'écrivain français Anatole France (François-Anatole Thibault, 1844-1924), publié en 1892. Le livre, écrit avec une élégante légèreté, n'évite pas une certaine mièvrerie et, du point de vue artistique, ne peut figurer parmi les meilleurs ouvrages de l'auteur. Cinq récits ne sont que des reprises ou des imitations de légendes mystiques médiévales, écrites dans un style d'une fausse simplicité. Ces récits témoignent de cet étrange intérêt, déjà manifesté dans de nombreux ouvrages – v. particulièrement *La Révolte des Anges* (*) – par France à l'égard des problèmes religieux, lui pourtant si voltairien et sceptique. Parmi les nouvelles à caractère religieux se détache particulièrement « Le Jongleur de Notre-Dame ». La première nouvelle, très connue, est d'une saveur tout autre. Sous le titre « Le Procurateur de Judée », elle met en scène Ponce Pilate, vieux et fatigué, auquel un ami cherche à rappeler un épisode de sa vie d'antan, lorsque à Jérusalem les prêtres voulurent crucifier un certain Jésus. C'est en vain, Pilate ne se souvient de rien. Suivent quelques récits empreints d'agréables étrangetés parmi lesquels, notamment, une esquisse pittoresque, « Gestas », qui dépeint, avec une vigueur particulière et subtile, la figure même du poète Verlaine qui réapparaîtra, sous peu, dans *Le Lys rouge* (*), sous le nom de Choulette. Le dernier groupe est fait de sept nouvelles (quelques-unes très longues) qui illustrent le temps de la Révolution française en une série d'estampes aux traits délicats et légers, abondamment pourvues de références historiques, si précises que l'on peut prévoir ce que sera l'une des œuvres majeures de France : *Les dieux ont soif* (*).

ET VIVE L'ASPIDISTRA [*Keep the Aspidistra Flying*]. Roman de l'écrivain anglais George Orwell (1903-1950), publié en 1936. Gordon Comstock a déclaré la guerre à l'argent parce qu'il ne veut pas faire partie de cette humanité qui perd sa vie à éviter de perdre son emploi. L'aspidistra est pour lui le symbole de cette humanité, car tout foyer anglais, honnête et décent, en possède un parmi son mobilier acheté à crédit : un aspidistra élevé religieusement et qui semble la seule pousse vivante de tant d'existences vouées à la médiocrité et à l'ennui. Gordon Comstock est né pauvre mais dans une famille bourgeoise, c'est-à-dire dans une famille où la pauvreté est une maladie honteuse qu'on dissimule avec soin en essayant de « paraître ». Devenu adulte, il refuse de jouer le jeu ; il pourrait « réussir » mais il ne le veut pas : dès que l'un de ses emplois se transforme, grâce à ses qualités et comme malgré lui, en un « bon » emploi, il donne sa démission. Ce qu'il veut, c'est un emploi-impasse, sans avenir et sans issue, quelque chose qui lui permette de survivre plutôt que de vivre. Cet emploi, sans espoir d'augmentation, il l'a trouvé chez un libraire londonien et cependant il n'est pas heureux, car s'il repousse l'argent, comment vivre en étant perpétuellement démuni ? Lui qui se veut poète (il a déjà publié un recueil de vers) constate qu'on ne peut écrire sans l'aisance de l'argent, qu'on ne peut pas penser, qu'on ne peut même pas aimer. Il se rapproche donc peu à peu du monde souterrain des clochards où il n'y a plus ni réussite ni échec, ni convenances ni valeurs. Il n'écrit plus, il ne pense plus, il apprend à demeurer immobile dans sa misère et dans sa crasse en attendant de parvenir au détachement libérateur. Faute d'avoir réussi à rompre toute attache avec le monde, ou plus exactement avec son « humanité », il ne l'atteindra pas : Rosemary, la jeune fille qu'il aime depuis des années mais qui a toujours refusé de devenir sa maîtresse, vient un jour le visiter dans son taudis, et elle se donne à lui dans un élan instinctif de générosité et de tendresse. Quelques semaines passent et elle se découvre enceinte ; elle l'annonce à Gordon et celui-ci, brusquement bouleversé par cette nouvelle, accepte de choisir la vie. Il trouvera un « bon » emploi, épousera Rosemary, et vive l'aspidistra.

Ce roman se développe sur deux plans : une satire du monde moderne où « l'argent est ce que Dieu a été » et une satire de la révolte individualiste et négative, le personnage de Gordon étant dépeint comme pitoyable, bien qu'il ait visiblement la sympathie de l'auteur. Le style paraît d'abord assez terne mais se révèle vite d'une étrange efficacité, les scènes prenant le relief même de la vie tandis qu'un humour corrosif fait apparaître les travers et les ignominies de l'édifice social anglais, reflet de tout le système occidental. Orwell ne prêche pas, ne démontre pas, il ridiculise ; le bourgeois aussi bien que l'ouvrier qui se contente seulement de son sort, le révolté sans conscience politique aussi bien que le socialiste empâté par son confort et ses habitudes. Toutefois, de même que le style qu'on avait cru terne se révèle à l'image du quotidien avec ses alternances de banalité et de couleur, le parti pris de ridiculiser apparaît bientôt, comme un souci d'abattre le conformisme pour revaloriser l'essentiel, c'est-à-dire les rapports humains et l'humble volonté de vivre. Tout cela sans grands mots et sans majuscules, avec un besoin de compréhension et de sincérité qui donnent à ce livre, comme à toute l'œuvre d'Orwell, une résonance profondément humaine et qu'on ne se lasse pas d'interroger. — Trad. Gallimard, 1960 ; Lebovici, 1982.

ÉTYMOLOGIQUES [Ἐτυμολογία]. Lexiques byzantins qui non seulement présentent, sous des vocables disposés par ordre alphabétique, leurs étymologies, fantaisistes pour la plupart, mais donnent aussi souvent des renseignements sur leur orthographe, sur leur signification, sur le sens qu'ils prennent dans des textes poétiques déterminés. Les principaux sont : le premier *Etumologikon*, paru à Constantinople au IXe siècle ; l'*Etumologikon mega*, le plus connu de tous de la première moitié du XIIe siècle ; l'*Etumologikon de Siméon*, le seul pour lequel nous soit parvenu le nom de l'auteur, du XIIe encore. Mais il y a des relations postérieures qui contaminent entre elles différentes *Étymologiques*, de même que celles-ci montraient également des interférences même sous leur forme originale. Ces ouvrages conservent des fragments de classiques perdus et aident à tracer l'histoire de la grammaire et de la lexicographie antiques. La partie strictement étymologique a une importance des plus grande. Les compilateurs byzantins, en effet, n'ont rien inventé de nouveau, mais, à travers des œuvres du Ve siècle, ils reflètent des recherches historiques du temps qui entoure la naissance de Jésus-Christ.

ETZEL ANDERGAST. Roman de l'écrivain allemand Jakob Wassermann (1873-1934) ; publié en 1931, il fait suite à *L'Affaire Maurizius* (*), mais n'en a pas, à beaucoup près, l'unité ni l'intérêt soutenu. Cette histoire devrait bien plutôt s'appeler Josef Kerkhoven. Elle est d'ailleurs divisée en deux parties : le monde d'hier (Kerkhoven) et le monde d'aujourd'hui (Etzel Andergast). La première est même consacrée à un troisième personnage, Irlen, un Anglais, ancien officier, forte personnalité, qui a dû quitter le service à cause de son caractère entier et inflexible, et qui, adjoint ensuite à un directeur d'usine, s'est vu également congédier parce qu'il avait pris parti pour des grévistes. Il incarne l'idée que Wassermann se fait d'une culture vraiment allemande et de l'homme moderne. Il s'oppose à Otto Kapeller, industriel autoritaire, et à Gore, officier irascible qui cravache les gens dans la rue. Voyageant par le monde, Irlen a contracté au Congo une maladie qui ne pardonne pas : esprit toujours lucide dans un corps en ruine, il a été pour Kerkhoven une grande leçon. Kerkhoven au contraire ne parvient pas à voir clair en lui-même. Le roman devait primitivement s'intituler *Deutsches inferno*. Kerkhoven, médecin, est miné par le doute, les scrupules : où est le savant, l'homme secourable, le charlatan ? Toujours cette obsession à la fois de l'absolu et du néant qui hante tous les héros de Wassermann. La « première existence » de Kerkhoven a été celle d'un petit médecin de province. Puis il est devenu célèbre et sa « seconde existence » en a fait un autre homme. Entre-temps il a conquis l'équilibre intérieur, grâce à l'exemple d'Irlen et de Marie Bergmann, qui est devenue sa femme.

Le sujet du roman sera : comment va se comporter Etzel devant ce maître de la science et cet apôtre ? Il vient le consulter par hasard, à propos de camarades dévoyés. Le champion de la justice, qui a triomphé dans l'affaire Maurizius, n'a en réalité qu'une passion : celle de la puissance. Elle lui dicte son attitude envers son ami Lorringer, son maître Kerkhoven et Marie. Il incarne l'esprit de démesure, d'orgueil, et le désir de justice n'est chez lui qu'une forme de l'instinct de destruction. Wassermann a voulu dépeindre en lui tous ces jeunes hommes d'aujourd'hui qui aspirent à « passer par la fournaise », à entrer dans la « chambre brûlante », qui trouvent le remords avilissant et sont atteints de ce nihilisme frénétique, maladie de l'Occident, comme la peste au Moyen Âge. Etzel cherche le point vulnérable chez son maître, que pourtant il admire : et il l'atteindra dans son foyer, en lui enlevant sa femme. Il est l'homme qui voudrait un chef et ne pense ensuite qu'à le détruire. Quand il a vu Kerkhoven s'effondrer, il s'en va. Mais cela n'est dit que très brièvement, dans les dernières pages, quand nous le voyons se retirer chez sa mère. Aucune question ne lui est posée. Va-t-il alors rentrer en lui-même et trouver la paix de l'âme ? — Trad. Plon, 1932.

EUBAGE (L'). Roman publié en 1926 par l'écrivain français d'origine suisse Blaise Cendrars (pseud. de Frédéric-Louis Sauser, 1887-1961). En 1916, dans sa retraite de La Pierre, Cendrars avait promis d'envoyer chaque mois, pendant un an, un chapitre d'un petit livre au couturier-collectionneur Jacques Doucet. Ce fut *L'Eubage*, dont il avait trouvé le titre dans le petit Larousse : un eubage était un prêtre gaulois occupé à l'étude des sciences occultes et naturelles, de l'astronomie et de la divination. Treize chapitres donc, dont les sous-titres parlent : « De l'itinéraire pour se rendre dans les parages du ciel », « De l'aiguille et de l'éponge qui est le fond du ciel », « Des instruments de musique », « De la grande joie des étoiles », « Du miel », « De l'endroit où gisent les vieilles lunes », « Du blé et de l'œil », « De la parturition des couleurs », « De l'hétéroclite », « De l'esprit humain », « De la femme », « Du calendrier », « De la poudre de projection ». L'édition originale devait comporter un grand nombre de planches astronomiques, médicales, cosmographiques, astrologiques, et prouver, une fois de plus, que le fantastique est la moelle du réel. Ces illustrations, hélas, ne parurent jamais. L'engin utilisé pour ce voyage « aux antipodes de l'unité » n'est pas défini précisément ; Cendrars n'est pas Jules Verne. Il nous dit que le vaisseau spatial est doté de hublots, armé d'un canon harponneur grâce auquel les voyageurs se rendent maîtres de l'« immense papillon hybride de la crête des heures, aux ailes isochrones ». Des amarres permettent de remorquer les proies. La coque est revêtue de plaques de « répulsite » que font vibrer des charges électriques. L'astronef cache des grues dans ses flancs et il arbore le grand pavillon d'or aux armes de la Passion humaine. « Nous allions si vite que nous ne pouvions estimer la vitesse acquise et qu'il nous semblait rester immobiles. » Tout se termine par une chute icaresque, un zigzag en forme de point d'interrogation, une explosion. Au terme du voyage, après les trente montagnes de platine, l'engin se désagrège, entre en décomposition. Le commandant a beau transmuer l'astronef en matière solaire pure grâce à un petit vaporisateur qui émet de la « poudre de projection », c'est la chute, le retour à la terre et à l'origine. Ce voyage poétique nous offre en fait une image inversée, ramifiée, transposée et projetée jusque dans les infinis du ciel de ce coin presque désert de la province française où Cendrars a échoué et où, locataire d'une grange qui lui coûte vingt-six francs par an, il expédie dans la voûte étoilée fleurs, animaux, vents, rosées, lumières, couleurs, soleils, vus dans la profondeur et arrachés à un décalque de la terre.

EUGÈNE ONÉGUINE [*Evgenij Onegin*]. Roman en vers de l'écrivain russe Alexandre Sergueïevitch Pouchkine (1799-1837), écrit entre 1822 et 1831, publié plusieurs fois, mais, en édition complète, seulement en 1833. Les personnages les plus importants sont : un jeune homme mondain, Eugène Onéguine, le poète romantique Vladimir Lenski, les deux sœurs Tatiana et Olga Larine et, personnage caché mais toujours présent dans les digressions intercalées au cours du récit, l'auteur lui-même. Eugène Onéguine est un jeune seigneur orphelin, éduqué à la française, sceptique, égoïste, blasé de tout et de tous. L'héritage d'un de ses oncles le force à quitter Saint-Pétersbourg et à se rendre à la campagne où, avec un autre jeune propriétaire, le poète idéaliste Lenski, il commence à fréquenter la maison de Mme Larine, qui vit avec ses deux filles, la romantique et mélancolique Tatiana et la vivante et gaie Olga. Lenski est le fiancé de cette dernière. Tatiana s'éprend d'Onéguine et lui avoue son amour par une lettre ardente et naïve, à laquelle le dandy sceptique répond par un sermon moral sur les dangers qu'encourent les jeunes filles en s'abandonnant aveuglément à leur sentiment. Pour chasser son ennui, au cours d'un bal, Onéguine commence à courtiser Olga et, défié en duel par Lenski, le tue. Après de longues années de vagabondage, il rentre à Saint-Pétersbourg ; il y retrouve, mariée à un général et devenue une grande dame, cette Tatiana qu'il avait autrefois méprisée comme une provinciale. Il ressent une grande passion pour elle et la courtise en vain ; il lui écrit et parvient un jour à la trouver seule dans sa maison. Tatiana lui avoue qu'elle l'aime encore, mais en même temps elle lui déclare qu'elle ne trahira jamais l'homme qui a eu confiance en elle et qui l'a épousée.

Eugène Onéguine est un roman par son intrigue fine et un poème par sa structure ; il est imprégné du lyrisme caractéristique de son auteur. C'est un ouvrage unique en son genre et non seulement dans la littérature russe. Le critique Belinski affirma que c'était le livre le plus inspiré de Pouchkine, la création la plus parfaite de son imagination, celle où sa personnalité s'exprime pleinement et clairement. L'historien Klioutchevski estimait que l'on pouvait considérer ce roman comme un document historique à cause de sa peinture des milieux russes. Dostoïevski en exaltait la fidélité à l'esprit du peuple russe, incarné surtout par l'héroïne, Tatiana. L'influence d'*Eugène Oné-*

guine a été énorme sur la littérature russe ; selon V. Ivanov, « avec cet ouvrage commence ce glorieux épanouissement du roman en Russie, qui fut un des événements les plus significatifs de la culture européenne moderne ». — Trad. *Œuvres poétiques*, t. 2, L'Âge d'Homme, 1981.

★ De ce roman de Pouchkine s'inspira le compositeur musicien russe Piotr Ilitch Tchaïkovski (1840-1893) en composant l'opéra en trois actes, qui porte le même titre, *Eugène Onéguine*, créé à Moscou en 1879. Cette musique facile et spontanée est écrite dans le style caractéristique du musicien qui, volontairement, demeura étranger aux idées et au programme des « Cinq » (ceux-ci étaient soucieux de se détacher des formes traditionnelles de la musique occidentale et de puiser leur inspiration dans les chansons du peuple russe lui-même). Au contraire, Tchaïkovski adopte les méthodes de la musique européenne et compose une musique agréable et sentimentale, qui perd rarement son caractère de musique de salon. Dans les airs et dans les scènes de Tatiana (dont le thème, pas très original, revient tout au long de l'œuvre), de même que dans les morceaux d'ensemble et dans les nombreuses danses (valses, mazurkas, polkas, écossaises, toutes d'un genre brillant et superficiel), on retrouve sans cesse cet aspect mondain. L'auteur quitte son style international et revient lui aussi aux mélodies et aux rythmes purement russes lorsqu'il fait venir sur la scène des personnages du peuple (par exemple les paysans et la nourrice). Il s'agit alors des morceaux les plus vivants et les meilleurs de sa partition. — Trad. Tallandier, 1902.

EUGÉNIE. Drame en cinq actes de l'écrivain français Pierre-Augustin Caron de Beaumarchais (1732-1799), représenté à Paris en 1767 avec un très grand succès. Eugénie, jeune fille bonne et pure, a épousé secrètement, avec l'aide de Mme Murer sa tante, le comte de Clarendon, libertin corrompu. Son père, le baron Hartley, ignorant du fait, désire au contraire qu'elle épouse le capitaine Cowerly. Eugénie (sur le point de devenir mère) et sa tante, alors qu'elles voudraient persuader le comte de rendre le mariage officiel, apprennent que ce ne fut qu'une farce sacrilège. Le vieux baron, lui aussi, apprend à la fois l'existence du mariage et sa nullité. Mme Murer, qui se sent coupable, cherche à empêcher le mariage que le comte semble être sur le point de contracter avec une riche héritière, et à l'obliger à accomplir son devoir envers Eugénie. Elle le fait venir nuitamment et poste quelques valets, afin qu'ils s'emparent de lui par surprise. Le comte arrive, accompagné d'un jeune inconnu à qui il vient de sauver la vie : celui-ci, il s'agit de Charles, le frère d'Eugénie, voyant son sauveur en danger, vole à son secours, mais reconnaissant son père, sa sœur et sa tante, devine la vérité et défie à son tour Clarendon. L'ayant vaincu en duel, le comte lui fait dédaigneusement don de la vie, et s'éloigne. Cependant qu'Eugénie est au comble du désespoir, Clarendon, rongé par les remords, revient à l'improviste et se jette aux pieds de sa victime, implorant son pardon. La valeur intrinsèque de la pièce est minime, mais *Eugénie* a une importance notable, comme exemple du genre dramatique sérieux, nouveauté du siècle. L'*Essai* qui, dans l'édition, précède la pièce, est un véritable manifeste dont on ne saurait trop souligner l'importance. Il reprend et précise les idées de Diderot dont Beaumarchais n'a cessé de vanter le génie.

EUGÉNIE GRANDET. Roman de l'écrivain français Honoré de Balzac (1799-1850), publié vers la fin de 1833. C'est le premier de ses grands livres, quelques-uns disent son chef-d'œuvre. Dans la ville de Saumur, le terrible père Grandet, ex-tonnelier, a réuni grâce à une série d'heureuses spéculations une fortune qu'il augmente avec une héroïque et atroce avarice. Le lecteur est transporté au sein de la famille, qui comprend la fidèle servante Nanon, l'épouse de Grandet, femme sans volonté, et la fille de Grandet, la jeune Eugénie, un être d'une lumineuse beauté à l'âme noble et délicate, autour de laquelle se combattent les cupidités et les intrigues des deux grandes familles bourgeoises de la ville, les Cruchot et les Des Grassins, qui espèrent s'unir par un mariage à la très riche héritière. Le soir même de l'anniversaire d'Eugénie, occasion d'une petite fête chez les Grandet, arrive à l'improviste Charles Grandet, jeune Parisien élevé dans le luxe et l'oisiveté, fils d'un frère du vieux Grandet qui, à la suite d'une faillite de quatre millions, s'est fait sauter la cervelle. Le vieil avare apprend la mort de son frère par une lettre qui le prie de prendre soin de la liquidation et de fournir à son fils les moyens d'aller tenter fortune aux Indes. Durant les quelques jours que passe dans la maison ce jeune homme bouleversé par le malheur prend naissance chez Eugénie une profonde passion pour son cousin, un véritable grand amour que Charles, ému, semble partager. Puis le jeune homme part, non sans avoir prêté des serments d'éternelle fidélité.

Cette première partie est la meilleure : les personnages ont un relief incomparable, les faits s'entremêlent et se développent d'une façon classique, l'amour d'Eugénie enfin est saisi avec une délicatesse qui ne fut peut-être jamais plus atteinte par Balzac. Le reste n'est que la conclusion, l'histoire d'Eugénie dépendant entièrement de ce premier épisode décisif auquel s'oppose le portrait classique de l'avare, le personnage du père, qui prend peu à peu une terrible importance. Informé que sa fille a confié à son cousin, lors de son départ, tout le petit trésor qu'il lui avait donné, le vieillard la condamne littéralement à la prison dans sa chambre et ne se réconcilie avec elle que lorsqu'il sent que la mort de sa femme est proche. Il est alors poussé par la pitié et aussi par la voix de l'intérêt, craignant qu'Eugénie ne revendique la part d'héritage qui lui revient. Cependant Charles ne donne pas de ses nouvelles ; Eugénie n'en reste pas moins fidèle à son rêve. Le père Grandet, désormais octogénaire, fait progressivement passer dans les mains de sa fille son immense fortune ; maintenant il peut mourir (c'est là que se situe l'épisode le plus célèbre du roman ; véritable morceau d'anthologie que la mort de ce vieillard qui, au bord de la tombe, se résout enfin à confier l'or qu'il possède à sa fille, non sans lui dire : « Tu me rendras compte de tout là-bas »). Mais voici que le cousin revient, nouvellement enrichi, après une dure vie d'aventurier qui l'a rendu presque semblable à son oncle ; il ne pense plus à la petite jeune fille de province dont il ignore l'énorme fortune et se laisse entraîner à un médiocre mariage d'intérêt. Eugénie, qui l'aime toujours, paiera les dettes du père de Charles, que ce dernier refuse de reconnaître, puis épousera un de ses vieux prétendants de Saumur, à condition qu'il y ait « mariage blanc ». Veuve à trente-six ans, elle finit sa vie dans la solitude, consacrant son immense fortune à des œuvres de charité.

Bien que cette partie soit faible et hâtive, l'œuvre resplendit d'une force d'art incomparable : le personnage d'Eugénie et celui de son père sont justement considérés parmi les plus heureux de tous les portraits dus à la plume de ce créateur de génie. Le style se montre, ici, mobile, pénétrant et beaucoup moins minutieux et lourd que dans bien d'autres œuvres du même romancier ; pas de longues digressions morales qui, si elles confèrent à certaines de ses œuvres un réel intérêt, en gâtent souvent la pureté de lignes – v. également *La Comédie humaine* (*).

EULALIES [*Eulalii*, du grec *εὐλαλία* = bonne parole]. Recueil de poèmes, publié en 1931, du poète roumain Dan Botta (1907-1958). Critique musical, Dan Botta, grâce à sa connaissance de la musique, ainsi qu'à l'emploi fréquent de néologismes d'une secrète pureté, réussit à transfigurer la parole à laquelle il impose à la fois des résonances nouvelles et de nouvelles significations. Son abstraction lyrique n'est pas une fin en soi, mais l'effet d'un dépouillement gradué du verbe, si bien que sa poésie aboutit parfois aux formes incantatoires et envoûtantes de la poésie populaire roumaine, avec ses vers brefs et denses auxquels le poète sait imprimer sa propre magie. C'est notamment le cas de sa « Cantilène » [Cantilenă], dans laquelle Dan Botta s'inspire du beau poème populaire de *La Petite Brebis* [*Miorita*] et restitue un sens universel à la transhumance pastorale, à l'aide des éléments morphologiques et végétaux de mondes différents : « Routes médianes, / montagnes, savanes, / landes monotones, / lyriques Œnones, / menez vers le mal / mes blanches ovales... » Cette transhumance ne semble d'ailleurs être qu'une perpétuelle recherche de soi-même et des autres, à travers des mondes parfois hostiles et un néant toujours accueillant.

EUL YA (*Erya*) [*Se conformer à l'élégance*]. Nom d'un répertoire de termes chinois que la tradition considère comme très ancien, l'attribuant à Tchao, duc de Tcho (XIIe siècle avant J.-C.). Il compte parmi les œuvres classiques de la littérature chinoise antique. Dans la leçon actuelle, toutefois, le texte est beaucoup plus récent, et l'on ne peut le faire remonter plus haut que le IIe siècle avant J.-C., bien qu'il soit attribué à Tse-Sia (né en 507 av. J.-C.), disciple de Confucius (551-479 av. J.-C.). Divisé d'abord en trois chapitres, il en compte aujourd'hui dix ; il est pourvu de deux commentaires ; celui de Kouo P'o (276-324), qui le publia le premier, complété par celui de Sing Ping (932-1010). C'est un guide pour écrire correctement, contenant des règles sur l'emploi de nombreux termes, ainsi que d'abondantes illustrations. Négligé dans le passé, cet ouvrage a attiré l'attention des modernes qui en ont fait l'objet d'études importantes. Au Japon, l'*Eul Ya* a servi de modèle au philosophe Arai Hakuseki (1657-1725) pour son *Tôga* (l'*Eul Ya* de l'Orient), œuvre de même nature publiée en vingt volumes, en 1717. Malgré son ancienneté, ce n'est que sous la dynastie des T'ang (618-907) qu'il a été mentionné parmi les classiques – v. *Classiques chinois* (*). Les meilleurs commentaires sont ceux qui ont été écrits sous la dernière dynastie (Ts'ing, 1644-1912) : *Eul Ya Yi Sou* [*Commentaires sur les significations de l'Eul Ya*] de Ho Yi-sin, et *Eul Ya Tchen Yi* [*Commentaire critique de l'Eul Ya*] de Chao Tchin han (E.C. Bridgeman, *The Eul Ya or Ready guide, a Chinese dictionary*, in « Chinese Repository », vol. XVIII).

EUMESWIL. Roman de l'écrivain allemand Ernst Jünger (né en 1895) publié en 1977. Ce livre, comme *Héliopolis* (*), appartient au genre utopique. Proche de la tradition illustrée par *La Cité du soleil* (*) de Campanella ou l'*Histoire comique des États et empires du soleil* (*) de Cyrano de Bergerac, ce « pays de nulle part » que Ernst Jünger nous invite à découvrir n'est pas seulement un effet de sa fantaisie. Loin de s'exercer aux dépens d'une recherche de la vérité, l'imagination est ici la servante, ou le miroir, de ces grandes figures qui outrepassent toute psychologie humaine pour devenir, semblables aux figures hiératiques des vitraux ou des lames du tarot, de véritables « moyens de connaissance ».

Le vénator, le condor, l'anarque – qui est à l'anarchiste ce que le monarque est au monarchiste — ne sont pas seulement des personnages, des porteurs de masques. À rebours de cette logique naturaliste qui cherche dans les personnages de l'Histoire les « clefs » des personnages du roman, on peut dire que les figures jüngériennes sont elles-mêmes les clefs d'une temporalité idéale dont le mystère avive les couleurs de l'œuvre, à la manière d'un paysage de légende. Le « nulle part » où l'œuvre se déploie n'est pas sans analogie, à cet égard, avec le monde olympien et platonicien où la réelle présence des êtres et des choses nous donne la clef des ombres et des représentations qui se heurtent dans la confusion de l'Histoire livrée au règne de Kronos et des Titans.

La cité que décrit Jünger est le site prédestiné d'une rencontre entre ce qui passe et ce qui demeure : site d'utopie, mais aussi, par cela même, site d'ubiquité. De même Goethe cherchant à travers l'immense variété végétale la plante originelle ou Jacob Böhme s'interrogeant sur le tréfonds primordial, l'« Urgrund », Ernst Jünger s'approche, avec cette alliance d'exactitude et de désinvolture qui lui est propre, de ces types fondamentaux en lesquels s'ordonne la cité et se distribue l'esprit d'une civilisation.

Car les songes sont les étymologies de nos actes, l'étymologie étant l'art héraldique par excellence, la méditation aux confins de l'histoire et du mythe va conduire l'auteur d'*Eumeswil* à nous donner, de façon legère et peu didactique, une leçon de vigilance. La désagrégation du langage est le grand souci de l'auteur : « La désagrégation du langage est moins une maladie qu'un symptôme. La source de la vie se tarit. Le mot a encore une signification mais plus de sens. »

Pour Ernst Jünger, cette extinction du sens, qui est la vertu divine du mot, est la plus grande menace car elle porte atteinte à l'être lui-même et prédispose le monde aux pires asservissements : « Quand Aphrodite s'en va, la mer devient opaque, lorsque Arès ne préside plus aux guerres, les équarrissoirs prolifèrent, le glaive devient couteau d'égorgeur. »

Au merveilleux, qui peuple la réalité de ses anges et de ses dieux à l'approche du sens, la désagrégation moderne du langage oppose l'insolite, qui nous laisse en proie à l'insignifiance, à l'insensibilité et à l'insensé. À cet égard, l'anarque donne un sens nouveau à la liberté qui, ainsi que le remarque Pierre Boutang, n'emprunte plus rien à l'idéologie de la Révolution française. De même Ernst Jünger, dans *Eumeswil*, va inventer une nouvelle forme de roman, qui rayonne dans toutes les directions de la pensée, et tournoie, comme à partir d'un moyeu immobile.

Pour Jünger, l'auteur, qui détient l'autorité du sens, et dispose donc du plus grand privilège d'en user, en toute liberté, avec les formes littéraires, rejoint l'anarque qui est avant tout l'ennemi de la spécialisation et de la partialité. « Le suffixe *isme*, écrit Jünger, a une acception restrictive : il accentue le vouloir aux dépens de la substance. » Le dessein de l'anarque s'accomplit donc dans le retour en amont vers la limpidité et la fraîcheur de Mnémosyne, là où l'or est l'orient du sens, soleil-Logos qui éclaire et guide notre interprétation infinie du monde.

« L'anarque est du parti de l'or : non certes que la soif de l'or le dévore. Il reconnaît dans l'or le pouvoir central et immobile. S'il l'aime ce n'est pas comme Cortés mais comme Montezuma, non comme Pizarre, mais comme Atahualpa ; ce sont là des différences entre le feu plutonien et la splendeur solaire, telle qu'on l'adorait dans les temples du Soleil. La qualité suprême du soleil est celle de la lumière ; il dispense des dons par sa seule existence. » — Trad. La Table ronde, 1978. L.-O. d'A.

EUNUQUE (L') [*Eunuchus*]. La plus heureuse des comédies du poète comique latin Térence (185 ?-159 av. J.-C.), écrite et représentée en 161. Une courtisane, Thaïs, a deux amants : le jeune Phédria et Thrason, soldat fanfaron, qui rappelle le Pyrgopolinice de Plaute. Phédria avait été particulièrement favorisé par l'absence du soldat, mais à son retour il doit disparaître pour éviter de susciter sa jalousie. Le soldat n'est pas rentré les mains vides : il ramène avec lui une esclave, Pamphila, qui par un heureux hasard avait appartenu quelques années auparavant à la maison de Thaïs et qui, enlevée par des corsaires, avait été vendue comme esclave. Mais elle est d'une famille athénienne très distinguée. Thaïs avait effectué des recherches, même après son départ, et avait découvert que la jeune fille était la sœur d'un certain Chrémès. On doit donc lui rendre sa liberté.

Le jeune Phédria, apprenant ces faits, veut lui aussi envoyer son cadeau : il confie à Parménon, pour les remettre à Thaïs, une esclave nègre et un eunuque. À ce moment a lieu une substitution : Chérée, frère de Phédria, veut absolument pénétrer dans la maison de la courtisane car, ayant aperçu Pamphila, il en est tombé amoureux. Étant donné son jeune âge, il ne voit d'autre moyen que de se déguiser en eunuque. En effet, profitant de la confiance qu'inspire son déguisement, il peut s'introduire la nuit dans la chambre de Pamphila : il la viole, puis, craignant les conséquences de son acte, il s'enfuit aussitôt. Thaïs n'a pas perdu son temps : elle a fait appeler Chrémès, le frère de Pamphila, et lui a révélé la présence de sa sœur dans la maison. Thrason surprend Thaïs et Chrémès ensemble, les croit coupables et leur fait une scène de jalousie bien imméritée. Pour conclure, il décide de reprendre Pamphila ; malgré toute sa stratégie et sa ruse, il ne peut atteindre son but. Thaïs a eu connaissance de la mésaventure qui est arrivée à la jeune fille, elle ordonne à Chérée de l'épouser, car, étant d'origine athénienne, Pamphila a droit à cette réparation. Tout finit bien : les deux frères pourront avoir les deux femmes qu'ils aiment. Chérée épouse Pamphila reconnue comme étant la sœur de Chrémès ; Phédria prend Thaïs pour concubine. Le soldat, dont on s'est bien moqué, fait les frais de la fête et paiera le banquet.

Le sujet habituel de Térence, c'est-à-dire le contraste entre deux générations, n'a pas été exploité dans cette comédie : tous les protagonistes sont en effet des jeunes gens que lie une fraternelle camaraderie. C'est dans ce climat que Térence trouve son humanité la plus profonde. Une courtisane, un soldat, un jeune dévoyé, un garçon encore imberbe et une jeune fille honnête, éprouvée par le sort, forment un petit monde, disparate, sans principes solides mais riche en bonté instinctive et fraternelle. La générosité, parfois presque maternelle, de Thaïs fait d'elle le personnage principal de *L'Eunuque*. Térence avait, en effet, une sympathie toute particulière pour le personnage de la courtisane. Observateur curieux d'une société bourgeoise de transition, il paraît voir en elle quelqu'un qui aurait su rompre courageusement avec les conventions, tout en se gardant d'excentricités douteuses : bien qu'en marge de la société, Thaïs sait être un élément d'équilibre. Le parasite Phormion faisait de même dans la comédie qui porte son nom. Mais, tandis qu'il atteignait son but par une mauvaise foi dissimulée sous des ricanements, Thaïs y parvient par son humanité. — Trad. Garnier, 1948 ; Les Belles Lettres, 1949 ; Gallimard, 1971.

EUPALINOS ou l'Architecte. Dialogue de l'écrivain français Paul Valéry (1871-1945), publié en 1923, qui contribua à la popularité de l'auteur bien plus que ne l'avaient fait ses *Poésies* (*) ou ses pénétrants essais. Le dialogue se déroule dans le monde des morts : Phèdre (l'interlocuteur, homonyme de celui du dialogue de Platon), arrivé depuis peu dans ce triste séjour, se met en quête de Socrate, pour reprendre avec lui les conversations qu'ils ont eues sur la terre. Après avoir dit toute la tristesse que leurs âmes éprouvent à se sentir séparées du corps, les deux interlocuteurs abordent le sujet sur lequel va porter leur entretien. Phèdre, au cours d'un long discours interrompu et illuminé par les commentaires du Maître, expose les idées et les enseignements du grand architecte Eupalinos, qu'il a très bien connu. L'architecture, comme tous les autres arts, est la projection de la vie intérieure de l'artiste. Mais l'architecture, comme la musique, a sur les autres arts l'avantage de ne pas être soumise, dans ses moyens d'expression, à des rappels trop limités, à une représentation trop précise de la réalité sensible, à ce que les spectateurs nomment le « sujet » ou le « thème ». En architecture, les sentiments perdent toute valeur individuelle et deviennent symbole universel, forme pure. Mais, en échange, la destination de l'édifice, le but pour lequel il a été construit, les calculs mathématiques qui précèdent son exécution et les lois physiques de sa construction tiennent l'artiste profondément enraciné dans le monde de la connaissance et le contraignent à ne jamais perdre de vue la réalité de l'univers. L'architecte devra donc, pour rester fidèle à ces exigences et pour rejoindre en elles sa liberté créatrice, commencer par « se construire lui-même ». C'est de cette façon seulement qu'il sera en mesure d'« enchaîner une analyse à une extase ». Ce point d'arrivée est théoriquement impossible à rejoindre : en pratique, il peut se comparer à ce qu'on appelle, en langage mathématique, un « cas limite » et ce n'est qu'en de rares moments que le grand artiste s'en approche. Dans cet état magique, tout est clair et semble facile, toutes les facultés concourent à l'acte de la création et s'y fondent en une heureuse harmonie.

Ces pensées subtiles, exprimées dans une prose extraordinairement suggestive, sont un savant mélange de tournures philosophiques traditionnelles et d'expressions poétiques modernes : elles assurèrent à l'œuvre un vaste succès. L'auteur revient clairement au thème qu'il a déjà énoncé, presque trente ans auparavant, dans une œuvre de jeunesse : *Introduction à la méthode de Léonard de Vinci* (*), à savoir la nécessaire et inaccessible identité entre la science et l'art. En réfutant la tradition philosophique, trop fermée dans sa technique spéciale, il fait appel d'une part aux mathématiques et d'autre part se réfère aux artistes profondément conscients des buts et des moyens de leur art (Poe, qu'il rejoint à travers Baudelaire).

EUPHROSYNE [*Eufrosina*]. Comédie en prose de l'écrivain portugais Jorge Ferreira de Vasconcelos (1515-1585 ?), écrite probablement vers 1537-1540. La première édition connue de cette œuvre, dont il existe plusieurs exemplaires, remonte à 1561 ; elle fut publiée à Evora, par André de Burgos. Sur le frontispice, on lit « Nouvellement éditée aujourd'hui », ce qui laisse supposer une édition antérieure. La comédie fut mise à l'Index et oubliée ; mais en 1616, le poète Francisco Rodrigue Lóbo l'expurgea des passages incriminés par le Saint-Office et la publia à nouveau. En 1786, José de Sousa Farinha réimprima cette édition et, en 1919, l'Académie des sciences de Lisbonne en faisait publier une édition intégrale, par les soins d'Aubrey Bell.

Les deux amis Xélotipe et Cariophile, jeunes courtisans, ont quitté la Cour et sont retournés à Coïmbre, leur ville natale. Xélotipe est le type de l'amant timide, idéaliste et sentimental, tandis que Cariophile est une préfiguration de don Juan, hardi, pratique, réaliste et quelquefois cynique. Xélotipe va rendre visite à sa cousine Silvia de Sousa, qui vit chez Euphrosyne depuis que son frère est parti pour chercher en Orient la gloire et la fortune. Au cours de la visite, Xélotipe voit la jeune maîtresse de maison et en tombe éperdument amoureux. Il finit par avouer ses sentiments à son ami Cariophile, qui l'encourage à ne pas désespérer et qui lui conseille même de se servir de Philtra, vieille entremetteuse habile, à laquelle il a souvent recours dans ses entreprises amoureuses. Xélotipe s'en remet aux soins de Philtra, mais il n'est pas fait pour certaines intrigues et il décide de demander l'aide de sa cousine Silvia de Sousa, qui est devenue amoureuse de lui. Silvia supporte ce déchirement et sait renoncer à son rêve en faveur de son amie, qu'elle parvient à rendre amoureuse de Xélotipe. Entre-temps est arrivé à Coïmbre le procureur de dom Tristão, Galindo, qui a obtenu par une lettre du père d'Euphrosyne la main de celle-ci pour dom Carlos das Povoas, actuellement en pèlerinage à Saint-Jacques-de-Compostelle. Le procureur, ayant rencontré Cariophile qu'il avait connu à Lisbonne, lui révèle les projets de dom Carlos et de dom Tristão au sujet d'Euphrosyne. Cariophile court chez son ami Xélotipe, qui vient d'obtenir une première entrevue avec celle qu'il aime, et lui rapporte ce qu'il vient d'apprendre. Xélotipe se désespère et accepte le plan imaginé par Cariophile. Il séduit Euphrosyne, la décide à l'épouser clandestinement, puis attend le retour du beau-père dom Carlos. Quand celui-ci apprend la ruine de ses ambitieux projets de mariage, il s'emporte violemment, séquestre Euphrosyne dans une chambre, appelle le docteur Carrasco qui sait fort bien machiner des tromperies légales et lui demande s'il doit enfermer sa fille dans un couvent ou faire assassiner l'homme imprudent qui a attenté à l'honneur de sa famille. Heureusement, Andrade, serviteur de Xélotipe qui est amoureux de Vitoria, la domestique d'Euphrosyne, apprend les projets de dom Carlos et de son conseiller, et les fait savoir à son maître. On arrive ainsi à obtenir les bons offices de Philotimo, parrain de dom Carlos et protecteur bienveillant des deux amoureux, qui décide dom Carlos à recevoir dans sa maison son gendre et à le reconnaître publiquement comme tel.

Plutôt qu'une véritable comédie, c'est une nouvelle dialoguée imitée de la fameuse *Célestine* (*). Pour s'en convaincre, il suffit de remarquer le type de l'entremetteuse Philtra, qui ressemble beaucoup à la Célestine. *Euphrosyne* est une œuvre caractéristique par la juxtaposition des deux conceptions de l'amour, sentimental et délicat chez Xélotipe, ardent, sensuel et cynique chez Cariophile ; elle l'est aussi par la représentation du milieu, par la richesse des éléments pittoresques du vocabulaire, des proverbes et du folklore. *Euphrosyne* eut beaucoup de succès : traduite en espagnol par Fernand de Balesteros y Saavedra (Madrid, 1631), elle fut imitée par Lope de Vega dans *Dorotea* (*). Menéndez y Pelayo la reproduisit dans le tome III des *Origenes de la novela* (Madrid, 1910).

EUPHUÈS ou l'Anatomie de l'esprit [*Euphues, or the Anatomy of Wit*]. Roman de l'écrivain anglais John Lyly (1554?-1606), publié en 1579, auquel fait suite *Euphuès et son Angleterre* (*) [*Euphues and his England*] de 1580. Lyly s'inspira du *Philocope* (*) de Boccace et des livres de courtoisie et d'amour du XVIe siècle italien. La trame du récit est avant tout un prétexte à discussions d'un platonisme ténu, ce platonisme des académies italiennes du XIe siècle qui, sans apporter aucune sérieuse contribution à la pensée, servait les fins de la conversation et de la galanterie. Caractéristique mélange anglais de classicisme et de moralisme, *Euphuès* décrit les aventures d'un jeune Athénien, Euphuès, dans Naples corrompue (c'est-à-dire d'un étudiant d'Oxford dans la société corrompue des Anglais « italianisés » de Londres, que Lyly accuse d'irréligion et d'immoralité).

Par la suite, Euphuès avec son ami Philautus, un Italien rencontré à Naples, dans la première partie de l'œuvre, vient en Angleterre, et ils se racontent leurs aventures. Euphuès, revenu en Grèce, écrit une lettre aux dames d'Italie : *Le Miroir d'Euphuès pour l'Europe* [*Euphues' Glass for Europe*] dans laquelle il décrit l'Angleterre, ses institutions, ses femmes, ses gentilshommes et sa reine ; c'est l'éloge de tout ce qui est anglais, répondant à l'attaque contre l'italianisme de la première partie du roman. Le style de l'œuvre est remarquable, tout en allitérations, antithèses, balancements symétriques de membres de phrases et interrogations reprenant les thèmes de la rhétorique que le Moyen Âge avait hérités de la basse latinité, style qui n'était donc pas une nouveauté, puisqu'on en rencontre, par exemple, des traces dans l'« alto estilo » de l'Espagnol Guevara. Après la publication du roman de Lyly, ce style devait prendre, par la suite, le nom d'« euphuisme ».

EURÊKA : POÈME DE PROSE [*Eureka : A Prose Poem*]. Traité cosmogonique de l'écrivain américain Edgar Allan Poe (1809-1849), publié en 1848 à New York comme « essai sur l'univers matériel et spirituel » [An Essay on the Material and Spiritual Universe]. Sommet des ambitions de son auteur, ce texte d'une centaine de pages, de qualité inégale, est dominé par une intuition fulgurante et féconde que l'on commence seulement à saisir aujourd'hui.

Voulant appréhender intellectuellement l'unité de l'homme et du monde, rassembler le grand Tout en pleine conscience de soi-même, Poe part de l'astrophysique triomphante de Newton, relayé par Laplace, et pousse à son extrême conséquence logique la grande loi de la gravitation universelle : si tous les corps s'attirent mutuellement (en raison inverse du carré des distances), c'est qu'ils ont soif de retour à une unité primordiale à laquelle un mouvement de diffusion créatrice les a arrachés. Cette unité est le « parent perdu ». Seuls la peur et les préjugés, argumente Poe, empêchent de conclure que notre univers s'effondre sur lui-même à une vitesse géométriquement accélérée... et c'est à cette grandiose projection de tendances morbides que s'arrêtent la plupart des lectures d'*Eurêka*. Mais cette chute au centre divin est visiblement freinée, poursuit Poe, par une force de même nature que l'énergie qui, au commencement, provoqua la création. Force de résistance, au stade du retour où nous sommes, dont les manifestations sont électriques, intellectuelles et spirituelles. En face de l'effondrement de la matière, Poe place donc une résistance de l'esprit. Et ajoute en leitmotiv, après quelques atermoiements, cette affirmation occultée depuis cent cinquante ans : ces deux forces, d'attraction (matérielle) et de répulsion (intellectuelle et spirituelle), s'aiguisent mutuellement, s'exacerbent l'une l'autre. Il aboutit ainsi à un système paradoxal, aporétique d'antagonismes symétriques : plus l'univers se concentre vers une unité où il serait réabsorbé (comme dans un dernier trou noir, pouvons-nous ajouter aujourd'hui), plus, dans le même temps, il développe sa sphère éthérée d'intellectualité pure où prolifèrent les relations logiques... en direction d'un infini d'absolue irrelation. Poe couple donc régression affective et conquête intellectuelle, entropie des systèmes physiques et néguentropie des systèmes psychiques, chute et envol, centre et infini. *Eurêka* s'ouvre à qui accepte de placer au cœur de son système de pensée la symétrie complice des contraires. Poe y élabore, au-delà de l'univers « stellaire », la structure de l'univers qu'il appelle « spatial », c'est-à-dire de l'espace imaginaire où homme et monde, sujet et objet asymptotiquement se rejoignent. Il poursuit ainsi le travail de structuration déjà à l'œuvre dans ses contes, et *Eurêka* peut se lire comme une esthétique.

Fidèle au contrat cosmogonique cependant, Poe termine son *Eurêka* en laissant s'inscrire dans le temps les systoles et les diastoles du cœur universel : il a écrit son Livre. *Eurêka* a été traduit par Baudelaire et a fasciné Valéry, lui inspirant des réflexions intéressantes. « Au sujet d'*Eurêka* », 1921/1923, — v. *Variété* (*). — Trad. de Baudelaire, 1863. H.J.

EUROPE [*Europa*]. Revue publiée par l'écrivain allemand Friedrich Schlegel (1772-1829) entre 1803 et 1805. Émigré à Paris en 1802, Schlegel déclarait se considérer comme le missionnaire de l'idéalisme « in partibus infidelium » et, tout comme August-Wilhelm à Berlin — v. *Cours de littérature dramatique* (*) —, il prêchait l'évangile romantique. Il fondait en même temps la revue *Europe,* qui devait continuer l'*Athenaeum* (*) et qui était destinée comme elle, bien que conçue dans un esprit plus vulgarisateur et bien que de nouvelles idées s'y fissent jour, « à projeter sur l'art, la science et toute l'humanité, la force de la Poésie ». *Europe* ne trouva, cela se comprend, ni les enthousiasmes ni la collaboration étendue dont avait bénéficié l'*Athenaeum*. Sans l'aide fidèle de son frère, Friedrich eût été réduit à rédiger presque seul la revue. Dans cette ambiance nouvelle, la critique de Friedrich ne présente plus l'agressivité d'autrefois. Il atténue le ton en parlant de Schiller. Dans un article envoyé de Berlin par son frère, il rétracte ses jugements sévères portés sur Jean-Paul, et sur le La Fontaine des *Contes* (*).

Deux points de vue dignes d'attention se révèlent dans la revue : le premier dès l'article-programme. Ce n'est pas le critique qui parle, mais le philosophe de l'histoire, attitude chère à Schlegel — v. *Philosophie de l'histoire* (*) —, qui y donne le ton de son époque. Cette époque est celle d'une décadence fatale, parce que époque de scission. En Orient, il y avait eu la synthèse du classique et du romantique. La séparation en Europe entre les deux éléments fut fatale. Ce continent souffrait en effet de dualisme : scission entre les pays du Nord et ceux du Sud, entre la philosophie et la poésie, entre la religiosité des uns et le matérialisme des autres. L'Orient seul pouvait être de quelque secours dans une pareille crise. Un seul remède : la fusion de l'Orient et du Nord, « la force de fer du Nord et la lumineuse ardeur de l'Orient ». Aujourd'hui seulement, le catholicisme présente la fusion des deux éléments, parce qu'il sut allier le culte de la beauté à une philosophie si bien accordée avec l'ancienne qu'elle semble la continuer. L'autre point de vue remarquable, qui d'ailleurs n'était pas sans connexion avec le premier, concernait la peinture. Friedrich partait de l'idée de Wackenroder — v. *Épanchements d'un moine ami des arts* (*) — et du *Dialogue des tableaux,* d'August. Lui aussi aimait et exaltait les primitifs et, dans les tableaux de la Renaissance, recherchait avant tout l'idée religieuse. Avec Wackenroder, il nommait la peinture l'« art divin », mettant en lumière d'une façon évidente la valeur de la vieille peinture allemande. Dans ces mêmes pages, il prit parti pour la peinture des nazaréens, d'inspiration catholique et mystique, qui importuna Goethe, mais qui montrait, sous différents aspects, l'origine directe de la peinture allemande du XIXe siècle.

EUROPE. Revue mensuelle fondée en 1923 par un groupe d'écrivains en collaboration avec Romain Rolland. *Europe* n'a pas paru de 1940 à 1945, soit pendant toute l'occupation allemande. Durant la première période (avant la guerre), deux cent un numéros ont vu le jour. À la Libération, la numérotation fut reprise à 1, jusqu'en 1958, date à laquelle les numéros des années 1923-29 ont été ajoutés à la numérotation. Fin 1965, celle-ci s'arrête au n° 440, marquant ainsi la remarquable longévité de cette revue à l'abondante matière. Aux lendemains de la Grande Guerre, le but des fondateurs, conformément aux vues universalistes de Romain Rolland, était de créer une revue capable de rassembler les forces intellectuelles d'Europe. La direction fut d'abord assurée par Albert Crémieux, tandis que René Arcos et Léon Bazalgette se partageaient la rédaction en chef. Les premiers collaborateurs : Duhamel, Rolland, Vildrac, Supervielle, Bloch, Jouve, Guéhenno et Jean Rostand, n'avaient en commun aucune idéologie politique, mais plutôt la volonté de promouvoir un monde fraternel et libre. Romain Rolland, par exemple, publia de remarquables études sur Gandhi et la non-violence. Les poussées fascistes en Italie, nazies en Allemagne, et leur menace croissante pour la liberté de l'esprit, entraînèrent, par réaction, l'adhésion de nombreux écrivains aux groupes politiques de gauche. Dans cette optique, on peut donner l'exemple de Romain Rolland et d'André Gide. En tant que revue, *Europe* subit un peu la même évolution, sous l'impulsion, notamment, de Jean-Richard Bloch, qui joua un grand rôle dans son orientation. Elle devient donc un rassemblement des forces intellectuelles qui tentèrent, par leur action, de freiner l'ascension des dictatures de l'Axe, et c'est ce qui explique le silence de la revue pendant l'occupation allemande. Depuis la guerre, *Europe* a fait une large place aux littératures slaves, particulièrement soviétiques. Très vite, elle adopta la formule des numéros spéciaux : « Nicolas Gogol » (juillet-août 1952), « Littérature du Viet-Nam » (juillet-août 1961), « Romain Rolland » (novembre-décembre 1965), ainsi que « Colloque Balzac », « Teilhard de Chardin », « Littérature yougoslave », « Dante », etc. Chaque numéro, dans sa formule récente, comporte d'abondantes illustrations, et les textes de la plupart des meilleurs écrivains et poètes actuels. *Europe* a conservé, depuis la guerre, une ligne de conduite qui la fait progresser dans le même sens que les forces de la gauche intellectuelle.

EUROPE BUISSONNIÈRE (L'). Roman de l'écrivain français Antoine Blondin (1922-1991), publié en 1949. Titulaire d'une licence de philosophie, Antoine Blondin est arrêté, une nuit de 1943, par la police française et expédié, au titre du Service du travail obligatoire, dans une usine de caoutchouc synthétique située à une soixantaine de kilomètres au sud de Vienne (Autriche). Il en revient après la défaite de l'Allemagne et utilise cette expérience douloureuse, trois ans plus tard, dans son premier roman, *L'Europe buissonnière*.

La mode est alors aux témoignages sur cette guerre qui vient de se terminer. L'Occupation, la Résistance, la captivité, les camps d'extermination nazis, chacun raconte ce qu'il a vu, ce qu'il a vécu, avec une grande émotion et souvent beaucoup de talent : quelques grands romans en font encore foi aujourd'hui. Celui d'Antoine Blondin surprend, et scandalise presque la critique et le public.

Prenant prétexte d'un récit picaresque, cavalièrement enlevé et presque inextricable, qui commence par l'étonnante aventure de Muguet, engagé à seize ans comme étalon par le conseil municipal de Boutenville, et se poursuit par un tableau incisif de l'exode dans la France de 1940, il décrit la vie des travailleurs forcés, puis l'effondrement de l'Allemagne, avec une ironie grinçante, une mélancolique insolence, qui ne doivent rien à la dénonciation sociale et politique. *L'Europe buissonnière* se présente comme un caricatural ballet de marionnettes, dénuées de tout patriotisme et emportées à travers l'Europe par l'intérêt, la crainte ou la folie des événements.

Deux personnages se trouvent cependant sur le devant de la scène : Muguet et Superniel, deux jeunes hommes qui se ressemblent étonnamment, comme deux frères complémentaires. Tout à fait étrangers à l'univers qui les entoure, comme venus d'un autre monde, aussi capables de résistance passive que d'initiatives téméraires, Muguet et Superniel refusent la fatalité de l'Histoire – en tout cas : de cette Histoire-là, où ils n'ont que faire car elle ne les concerne pas.

On devine l'importance de la dimension « initiatique » de ce roman, une initiation qui doit plus à Lazarillo de Tormès qu'au Quichotte. Les différentes épreuves que doivent affronter les deux héros, et dont ils ne se tirent pas toujours sans dommages (Superniel, surtout, plus vulnérable et fataliste que Muguet), fonctionnent comme des rites de passage qui permettront à ces adolescents prolongés d'atteindre l'âge d'homme. Et c'est peut-être ce qu'annonce la dernière phrase : « Ce jour-là, ils comprirent qu'ils étaient de retour chez eux. » Une autre aventure va donc commencer, ou peut-être un nouvel épisode des mêmes aventures. Mais que vont-ils trouver, ou retrouver, « chez eux » ? L'auteur ne nous en dit rien, car tout leur est possible.

Il est possible, notamment, qu'ils soient, sous d'autres noms, les héros des romans qui suivront. Car c'est toujours de la même famille que sont issus les personnages d'Antoine Blondin. S'ils se ressemblent si fort entre eux, c'est qu'ils ressemblent à leur auteur, c'est que la dimension autobiographique n'est jamais totalement absente de ses ouvrages de fiction.

L'Europe buissonnière a ainsi ouvert avec éclat l'œuvre d'Antoine Blondin. Elle lui a donné, d'entrée de jeu, son ton, son rythme et ses principaux thèmes. Elle a fait découvrir un romancier au talent très personnel, un nouvel écrivain qui allait prendre sans tapage une place irrévérencieuse et brillante dans la vie littéraire française de la seconde moitié du XXe siècle. J. Be.

EUROPÉENS (Les) [*The Europeans*]. Roman de l'écrivain américain Henry James (1843-1916), publié en 1878. Ici encore, de même que dans *L'Américain* (*) et dans *Daisy Miller* (*), l'auteur met en évidence le contraste psychologique qui existe entre l'Ancien et le Nouveau Monde. Cette fois, cependant, il s'agit d'Européens qui vont en Amérique et non d'Américains qui viennent en Europe. Félix Young et sa sœur, la baronne Münster, vont à Boston pour y voir des parents éloignés. Là, Félix s'éprend d'une cousine, Gertrude, et la baronne en arrive à désirer l'annulation de son mariage aristocratique afin de pouvoir épouser un certain Robert Acton, lequel ne se résout cependant pas à lui demander sa main : et, tandis que le jeune Félix célèbre ses noces avec sa cousine, la baronne rembarque pour l'Europe, abandonnant pour toujours « un pays de civilisation arriérée et de basse moralité » qu'elle affecte à présent de mépriser. — Trad. Albin Michel, 1955.

EUROPE ET LA RÉVOLUTION FRANÇAISE (L'). Œuvre de l'historien français Albert Sorel (1842-1906) en huit volumes publiés de 1885 à 1904. C'est une vaste synthèse couvrant l'ensemble de la période révolutionnaire (1789-1815), une attention spéciale étant accordée aux relations entre la France et les États européens, et à l'expansion révolutionnaire dans le continent. La nouveauté du livre tient à ce que son auteur a considéré l'histoire de la Révolution dans ses rapports avec l'histoire européenne, et à ce qu'il a fait de la Révolution elle-même non pas une parenthèse exceptionnelle de violence dans la destinée historique de la France, mais une phase de son développement politique, préparée par toute son histoire antérieure. Non seulement, comme le démontre Tocqueville, la Révolution fut l'aboutissement d'un processus de transformations intérieures déjà commencé sous l'Ancien Régime, mais encore elle hérita de celui-ci le désir d'étendre la France jusqu'aux frontières naturelles des Alpes et du Rhin, et de garantir ces frontières par des bases territoriales se trouvant au-delà ou des alliances avec les États limitrophes. En face de l'Europe coalisée, devant le régime nouveau et l'indépendance même de la France menacée, le cosmopolitisme philosophique devient nationaliste, d'abord défensif, puis, pour les mêmes raisons de « sécurité », impérialiste. Comme cela est naturel, la politique d'expansion se pare des principes sacrés de l'époque. Mais, ou bien l'idéalisme révolutionnaire cède à la raison d'État, ou il en devient l'instrument. C'est pourquoi la nécessité d'imposer la politique française au continent tout entier, en vue de conserver les frontières naturelles en face de l'inexorable hostilité anglaise, fit que la Révolution se confia à l'audace et au gouvernement d'un chef militaire. La propagande flatte pourtant l'orgueil national, qui voit dans la suprématie française un moyen de régénération du monde : c'est pourquoi la tendance à l'hégémonie dépasse les intentions de Louis XIV, et l'Empire reconstitué avec Napoléon se rattache à la tradition de Charlemagne, se réclame de la mission de la « pax romana ». Napoléon exécuta ce programme, il répandit avec les conquêtes françaises la Révolution en Europe ; mais, bien qu'il fût génial, il tira ses forces et son inspiration de la nation dont il était le chef. L'entreprise échoua, observe Sorel, à cause de son succès : le principe de la liberté des peuples à disposer d'eux-mêmes, tout en ébranlant les anciens trônes, se retourna bien vite contre la suprématie française. Le courant révolutionnaire se brisa à Moscou et « la Grande Armée et la France elle-même furent englouties par le reflux ». L'œuvre napoléonienne ne fut pas stérile pour autant, elle consolida en France les conquêtes sociales révolutionnaires et en prépara partout le triomphe.

La thèse intéressante donne au récit une unité ; celui-ci progresse d'une façon analytique avec une vaste documentation et une impartialité, jusqu'alors ignorée en ce domaine de l'histoire passée. L'idée d'un développement logique de la politique extérieure révolutionnaire et napoléonienne d'après les directives historiques traditionnelles de la France est devenue fondamentale, depuis que se sont développées les études contemporaines ; nous la retrouvons, tantôt exagérée avec un déterminisme trop rigoureux, tantôt atténuée par la recherche des profonds intérêts sociaux liés au salut de la Révolution ; cette idée n'est juste, en ce qui concerne Napoléon, que dans la mesure où son impérialisme pouvait être fondé sur une vision exacte et réaliste de l'intérêt français.

EUROPE GALANTE (L'). Œuvre du compositeur français André Campra (1660-1744). Le coup d'essai de Campra dans le genre profane fut un coup de maître, et la date — 24 octobre 1697 — de la création de son opéra-ballet marque dans l'histoire de l'art lyrique. Cet ouvrage en quatre actes, sur des paroles fort habiles de Houdar de la Motte, joué sous le nom de Joseph Campra, contrebassiste, parce que l'auteur réel était alors le maître de chapelle de Notre-Dame de Paris, triompha par sa nouveauté. En effet, les « tragédies en musique » de Lully semblent fort loin, et si d'autres auteurs, Colasse en particulier, ont tenté un renouvellement, Campra, d'un seul coup, trouve la solution, sans doute grâce à ce sens du « public » qui fit tout ensemble sa force et sa faiblesse. Son opéra-ballet (à formule nouvelle, terme nouveau) se compose de quatre entrées : comment, en

France, en Espagne, en Italie, en Turquie, traite-t-on l'amour ? Prétexte à une peinture spirituelle et vivante de quatre types de « galants » tels qu'on les imaginait alors. Chant et danse ont leur place dans chaque tableau dont l'action est indépendante ; les scènes y ont été adroitement agencées par le librettiste qui a pratiqué une savante alternance entre chœurs, airs et ballets, excluant ainsi toute monotonie. La musique est simple, directe, bien adaptée aux personnages de comédie qu'elle doit peindre, mélodique ; à l'origine, elle n'est alourdie par aucun des airs à l'italienne ajoutés au cours de reprises ultérieures. Précisons que l'apport de Destouches à la partition est minime. L'ensemble de l'œuvre est donc divertissant et varié, caractère qui devait particulièrement flatter le goût d'auditoires qui, par amour du changement, en arrivèrent à apprécier les « spectacles coupés ». La vogue de l'opéra-ballet, dont *L'Europe galante* demeure le modèle parfait, devait durer près d'un demi-siècle ; elle permit à Campra de donner toute sa mesure dans un genre que sa carrière d'organiste-maître de chapelle, poursuivie jusqu'à trente-sept ans, ne lui avait fait qu'entrevoir.

EUROPE INTROUVABLE (L') [*Nós e a Europa ou as duas razões*]. Recueil d'essais du critique portugais Eduardo Lourenço (né en 1923), publié en 1988. Ces essais, qui portent tant sur l'identité et l'image du Portugal que sur ses rapports complexes à l'Europe, ont valu à leur auteur le prix Charles Veillon. Onze articles, dont trois en français, composent le livre ; l'un d'eux donne son titre à l'ouvrage. Pour Eduardo Lourenço, il y a deux Europes, et le fait que la péninsule Ibérique fasse partie de l'Europe, aussi bien sur le plan géographique qu'historique, est une donnée « insignifiante ». En effet, les habitants de la péninsule se réfèrent à l'Europe comme s'ils ne lui appartenaient pas. Il existe bien une Europe (une vérité) en deçà des Pyrenées et une autre (une autre vérité) au-delà des Pyrénées. L'auteur qui, dans son essai *L'Europe introuvable*, ne distingue pas Espagne et Portugal, souligne certains termes très communs qui révèlent bien la séparation entre la peninsule et le reste de l'Europe : « Maintenant nous (Ibériques) sommes dans l'Europe ; nous y sommes entrés. »

Cette « Europe-là », Eduardo Lourenço, non sans quelque malice, l'appelle l'« Europe européenne » : « Il y a une Europe plus européenne et une Europe moins européenne et cette différence n'a aucun rapport avec le poids économique ou même politique à l'intérieur de la Communauté. » Il y a donc une Europe périphérique qui a des difficultés à s'associer au « noyau » que forment la France, la Belgique, la Hollande, l'Allemagne, la Suisse et l'Italie du Nord : « L'ordre d'entrée dans la Communauté européenne, les réticences des uns pour s'y associer et des autres pour accepter les impétrants dessinent, en gros, l'espace imaginaire où s'inscrit la distance qui sépare chaque pays du noyau dur européen. » Et, bien que cela puisse paraître une distinction péjorative, l'auteur n'hésite pas à parler d'une hiérarchie qui, au cours d'une histoire évidemment complexe, s'est établie entre les « nations qui savent et celles qui ne savent pas », recréant ainsi l'antique division entre Grecs et barbares civilisés et sauvages, cultivés et incultes. Mais ce qui sépare les deux peuples de la péninsule de l'Europe véritable — comme la nomme ironiquement Eduardo Lourenço — ce n'est pas une incommunicabilité entre des cultures différentes, mais l'idée qu'il en est une plus intrinsèquement universelle que l'autre et donc perçue comme exemplaire. Le siècle des Lumières en France lui donne un exemple de cette « extraordinaire prétention, cette admirable prétention » qui a conduit la culture péninsulaire à se considérer comme moins « lumineuse » et même comme totalement « dépourvue de lumière ». Il est bien aisé alors de constater le complexe d'infériorité qui se développe petit à petit chez les Portugais et chez les Espagnols. Cependant, l'histoire de ces deux peuples face à l'Europe n'est pas identique.

Le rapport du Portugal à l'Europe n'est jamais « allé de soi surtout sur le plan symbolique ». Eduardo Lourenço souligne l'histoire paradoxale de ce petit pays à l'extrême sud-ouest de l'Europe. Il tourne le dos au reste du continent dès sa création au XIIIe siècle. Les Portugais quittent leur pays (donc l'Europe) et vont découvrir de nouvelles terres et de nouvelles routes maritimes. Mais par là même, ils deviennent des « Européens par excellence » puisqu'ils portent aux nouveaux mondes quelque chose de l'Europe. L'auteur insiste sur le fait que les Portugais ont toujours été un peuple de « partants », dispersé au quatre coins du globe : « De toutes les nations européennes, seul le Portugal a changé à un tel point d'image par son engagement en dehors de l'Europe. » C'est ici de l'image intérieure qu'il s'agit. En effet, si l'Empire espagnol fut le prolongement de la grandeur de l'Espagne d'alors, l'Empire portugais n'est qu'une compensation à la faiblesse européenne du Portugal d'alors : « Les richesses de l'Inde, plus tard celles du Brésil, cacheront longtemps notre pauvreté et notre petitesse originelles. » Mais — et voilà sans doute la grande illusion — c'est sa dimension extra-européenne qui permet au Portugal du XVIe siècle d'avoir un rôle parmi les grandes nations européennes. La relation d'échanges commercial et culturel qu'il développe avec le continent se dégradera pour des raisons politiques. L'Europe commence à confondre Espagne et Portugal. Ce dernier prend l'habitude, « qui devient une seconde nature, d'ignorer sa voisine, comme si l'immense masse de l'Espagne s'était symboliquement transformée en un désert ». Le Portugal reste isolé mais, comme l'Espagne, dans sa « détresse d'ex-grande puissance », il court après l'Europe dès le XVIIe siècle. Eduardo Lourenço révèle le drame du Portugal, qui est celui d'avoir fait de l'Europe, surtout au XIXe siècle, plus qu'un modèle, un mythe. Ce mythe a permis à un régime comme celui de Salazar de s'installer, d'enfermer le pays dans un rêve de gloire. Et, après la chute du plus ancien empire colonial européen, « tout un pan de l'espace symbolique portugais s'est effondré pour devenir pur espace de rêve attardé et de nostalgie ». Mais Eduardo Lourenço fait le pari que « le Portugal tout entier deviendra [...] un grand Européen. Juste retour des choses, car ce petit peuple qui s'aventura loin de l'Europe fut à ce titre le plus européen des peuples ». — Trad. A. M. Métailié, 1991.

F. Be.

EUROPERA 5. Opéra du compositeur américain John Cage (1912-1992), créé à Buffalo le 18 avril 1991 ; première européenne à Amsterdam le 20 mai 1991. *Europera 5* est le cinquième et dernier de la série d'opéras composés par John Cage à partir de 1984 ; un sixième était prévu, mais la mort de l'auteur en suspendit la composition. Le thème d'ensemble des *Europeras* est celui du « retour à l'envoyeur » : si l'Europe a colonisé l'Amérique en lui dépêchant des opéras un peu trop mûrs, Cage se charge de les lui restituer déformés, sous les espèces de ce que l'on serait tenté d'appeler, en se référant au sculpteur César, des « compressions ». Dans les *Europeras 1* et *2*, par exemple, dix-neuf chanteurs exécutaient simultanément des extraits de soixante-dix opéras d'un répertoire allant de Gluck à Puccini, « condensant » au maximum le matériau sonore, mais multipliant (dans le désordre) les références historiques (cent un opéras mixés sur une bande magnétique venant s'ajouter à des percussions d'accompagnement ; tous les costumes et appareillages imaginables, y compris un zeppelin, etc.). En regard, *Europera 5* fait figure d'« arte povera » : deux solistes égrènent des « arias », un piano et un tourne-disque à pavillon leur procurent un fond sonore fait de collages, sur un appui de mixage magnétique augmenté d'une télévision ; en l'absence d'un chef d'orchestre, des moniteurs donnent l'heure ; un ordinateur règle l'éclairage, mais sans aucune référence au reste. Bref, « compression » signifie ici non pas suppression, mais renoncement, nostalgie et « retraitement » d'objets usés, sans intention particulière, sauf celle de s'abstenir de toute polémique, et d'assurer à chaque sonorité un libre espace de jeu. Le résultat apparaît — selon le mot du compositeur — « transparent » : il ne s'est agi, comme on dit au Tibet, que d'« écrire sur l'eau ».

D. Ch.

EUROPE ROMANTIQUE (L'). Issu d'une famille enracinée dans plusieurs pays d'Europe, l'écrivain français d'origine suisse Guy de Pourtalès (1881-1941) a reçu une éducation cosmopolite qui l'a fait voyager et l'a familiarisé avec les littératures allemande et anglaise. Après avoir hésité entre une carrière musicale ou littéraire, l'écrivain s'est illustré par des essais, des romans et des biographies. Il s'est attaché surtout à décrire des figures partageant une même conception de l'art et du génie. Comme Balzac avec *La Comédie humaine* (*), Pourtalès a réuni l'ensemble de son œuvre sous le titre *L'Europe romantique* en raison d'une parenté de sensibilité entre les artistes dont il retrace la vie, ses héros fictifs et lui-même.

Ce titre général convient cependant surtout aux six biographies écrites dans l'entre-deux-guerres. *La Vie de Franz Liszt* (1926), *Chopin ou le poète* (1927), *Wagner, histoire d'un artiste* (1932) et *Berlioz et l'Europe romantique* (1939) dressent le tableau d'une Europe dont les frontières ne suffisaient pas à empêcher la circulation des idées et des artistes. Le virtuose hongrois, le pianiste polonais, l'Allemand recréateur de la mythologie germanique et le Français incompris de ses contemporains se sont rencontrés, connus et appréciés comme les membres d'une famille géniale et compliquée. Autour d'eux encore, le roi fou évoqué dans *Louis II de Bavière ou Hamlet-roi* (1928) et le philosophe qui a bouleversé son temps, présenté à un moment précis de sa vie dans *Nietzsche en Italie* (1929).

Ces ouvrages, qui appartiennent au genre de la biographie romancée, très prisé à l'époque, mais parfois considéré avec suspicion aujourd'hui, se fondent sur des informations précises. Les recherches de Pourtalès l'ont mené à travers l'Europe tout entière, et il a tiré des archives publiques ou privées des documents souvent inédits. Refusant la tendance moderne de mettre l'accent sur les anecdotes sulfureuses, comme pour Louis II de Bavière, ou sur les aventures amoureuses des artistes, il a au contraire analysé la formation de leur talent et leurs œuvres selon une méthode intuitive mais qui repose sur une connaissance solide de la musique et de ses règles. Si elles n'ont pas le ton scientifique des études modernes, les biographies de Pourtalès se lisent avec un plaisir qui tient tant à leur sérieux qu'à leur élégance.

F. Fo.

EURYALE ET LUCRÈCE. Histoire de deux amants [*De duobus amantibus historia*]. Nouvelle de l'humaniste italien Aeneas Sylvius Piccolomini, devenu pape sous le nom de Pie II (1405-1464). Écrite en 1444, elle devait, plus tard, être sévèrement condamnée et désavouée par son auteur. C'est un modèle de nouvelle humaniste. L'action se passe à Sienne, au temps où l'empereur Sigismond y avait fait un séjour (1432-1433). Un noble de la suite de l'empereur, portant le nom d'Euryale, s'éprend de donna Lucrezia (Lucrèce), épouse de Menelas de Camilli, qui bien vite répond à sa passion. Une attirance d'ordre affectif aussi bien que sensuel pousse irrésistiblement les deux amants dans les bras l'un de l'autre. Mais ce n'est qu'après avoir surmonté de nombreux obstacles et après un échange de lettres – dont la teneur fait songer à Ovide et qui, toutes, se rapportent à l'insatisfaction de la chair – qu'ils arrivent à boire dans la coupe si convoitée du plaisir (la scène de l'adultère est le point culminant de la nouvelle). Finalement, Euryale, avec la complicité d'un de ses amis nommé Nisus, réussit, déguisé en valet, à s'introduire dans la chambre de Lucrezia, trompant la surveillance du frère de Menelas, Agamemnon. Mais arrive l'heure fatale de la séparation : Euryale doit s'en retourner dans ses terres lointaines, et donna Lucrezia meurt de douleur. Cette catastrophe qui termine tragiquement l'*Histoire de deux amants* n'est pas justifiée sur le plan psychologique et, de ce fait, l'effet escompté par l'auteur, pour contrebalancer la sensualité de la première et plus longue partie, n'a aucun retentissement. Au point de vue psychologique, les personnages sont assez faiblement dessinés et les deux éléments autour desquels s'organise l'intrigue, l'élément sensuel et réaliste et l'élément littéraire, se fondent mal ; à tel point que certaines scènes atteignent à un comique qui n'était certes pas dans les intentions de l'auteur. Il s'ensuit que le véritable intérêt, pour un lecteur moderne, réside dans ce jeu incessant et plein d'érudition, qui conduit Piccolomini de digression en digression, les allusions classiques qui abondent traduisant le fervent humanisme de l'époque. – Trad. Société des bibliophiles, 1931.

★ Parmi les nombreuses œuvres composées sur le thème de cette nouvelle, il faut citer une adaptation en vers d'un Hongrois anonyme, *Les Belles Histoires d'Euryale et de Lucrèce* [*Eurialusnak és Lucretiának szép históriája*], écrite en 1377, publiée en 1592. Un des courtisans du roi et empereur Sigismond, Gaspard Schlick, a eu, à Sienne, une aventure amoureuse avec une dame italienne. C'est Enea Silvio, promu au rang de narrateur dans le poème hongrois, qui raconte cette aventure à la demande de Marino Sozzini, son ami. Son Euryale (Schlick) s'enflamme d'amour pour Lucrezia, femme d'un patricien de Sienne. À travers mille périls, les deux amants se rencontrent, trompant la surveillance du mari et de son entourage. Finalement, Schlick est contraint de quitter la ville et Lucrezia se consume de douleur. L'anonyme hongrois a tempéré les effusions de cet amour sensuel propre à la Renaissance ; néanmoins, ce poème, dans la littérature hongroise, apparaît comme la première manifestation de l'amour-passion ; c'est pourquoi il fut attribué à Bálint Balassa, le grand poète lyrique du XVIe siècle – v. *Chants d'amour* (*).

EURYANTHE. Opéra romantique, en trois actes et six tableaux, du compositeur allemand Carl Maria von Weber (1786-1826), sur un livret de Wilhelmine von Chézy (1783-1856), représenté à Vienne le 25 octobre 1823, avec la célèbre rivale de la Malibran, Henriette Sontag. Le sujet est emprunté à un roman du Moyen Âge, *Histoire de Gérard de Nevers et de la belle et vertueuse Euryanthe de Savoie, sa mie,* d'où sont tirés aussi un conte de Boccace et *Cymbeline* (*) de Shakespeare. Euryanthe est la femme innocente soupçonnée d'infidélité. Une preuve à charge de nature intime pèse contre elle : un homme, ayant appris par l'indiscrétion d'une servante qu'elle a un grain de beauté sous le sein gauche, met à profit malhonnêtement cette confidence. Dans la Vienne de 1821, on ne pouvait, au théâtre, dire une chose de ce genre ; ce qui valut au livret onze refontes ou modifications, et, comme résultat final, un énorme salmigondis avec fantômes et prophéties qui fut fatal au sort de l'opéra. Églantine, protégée d'Euryanthe, vit auprès d'elle et feint de lui être dévouée, mais en réalité la déteste parce que le chevalier Lysiart, qu'elle aime, semble préférer Euryanthe. Celle-ci, en revanche, aime le comte Adolaro d'un amour partagé. Lysiart, jaloux, affirme, pour les brouiller, qu'il ne croit pas à la fidélité d'Euryanthe et se charge de le démontrer, pariant sa propre fortune contre celle d'Adolaro. Or, dans le château d'Euryanthe se trouve la tombe d'une suicidée – Emma –, qui avait bu le poison contenu dans une bague pour ne pas survivre à son fiancé Udo, mort sur le champ de bataille. Euryanthe va souvent prier sur cette tombe, mais, une fois, l'ombre angoissée d'Emma s'est plainte à elle de ne pouvoir trouver la paix dans la tombe « jusqu'à ce que les larmes de l'innocence calomniée viennent baigner l'anneau et que se montre une victime assez généreuse pour offrir sa propre vie afin de sauver celle de son meurtrier ». La suite se résume ainsi : Églantine dérobe la bague et la donne à Lysiart, de sorte que celui-ci, en la montrant, pourra faire croire à Adolaro qu'il l'a reçue d'Euryanthe en gage d'amour. Le plan est exécuté en présence du roi. Adolaro paie le pari, en cédant tous ses biens à Lysiart ; Euryanthe est là, mais elle reste silencieuse, sans se défendre. Adolaro la conduit en un endroit désert pour la tuer ; mais elle lui fait un bouclier de son propre corps, devant la menace d'un serpent ou dragon qui vient d'apparaître. Après une telle preuve de dévouement, il n'a plus le courage de réaliser son projet et se borne à l'abandonner en ce lieu. Le roi survient avec ses chasseurs ; alors seulement Euryanthe parle et révèle la machination d'Églantine et de Lysiart ; le roi promet de la venger, elle tombe inanimée et tous la laissent pour morte.

Pendant ce temps, Églantine, ayant atteint son but, s'apprête à épouser Lysiart, mais voici qu'Adolaro, ayant compris la fraude, provoque

Lysiart en duel ; puis c'est l'intervention du roi, qui les sépare et annonce la mort d'Euryanthe, dont il croit avoir été témoin. Églantine, triomphante, se vante alors d'avoir pris la bague, si bien que Lysiart, terrorisé, la tue pour la faire taire. On le met en prison ; Euryanthe reparaît, Adolaro implore son pardon et l'on célèbre les noces.

Weber cherchait un prétexte pour écrire une musique romantique et ce prétexte lui fut fourni par le livret d'Euryanthe. L'ouverture – qu'il préférait à toutes celles qu'il composa – contient les deux thèmes d'Adolaro et du fantôme ; elle est impétueuse dans la première partie et mystérieuse dans le largo central. Mais chacun des vingt-cinq morceaux de l'opéra est un petit drame en lui-même, dans lequel le récitatif – précédant visiblement le récitatif wagnérien – a une importance au moins égale à celle des airs. Il est facile de découvrir une certaine ressemblance entre le mutisme d'Euryanthe et celui d'Elsa dans *Lohengrin* (*), ainsi qu'entre le couple Églantine-Lysiart et le couple Ortrude-Friedrich du même opéra. Cependant, cette annonce de Wagner (qui constitue un des traits les plus intéressants de l'œuvre) est poussée jusqu'à l'existence du « leitmotiv » et du véritable « thème » : thème des fantômes, d'Adolaro, d'Églantine, etc. On peut conclure qu'*Euryanthe* (que Hugo Wolf définit comme « un manuel pratique pour compositeurs d'opéra ») anticipe sur toutes les expériences du XIXe siècle et explore l'avenir sans avoir la force de s'imposer ; c'est l'œuvre d'un artiste doué d'une imagination supérieure à sa puissance de réalisation.

EURYDICE DEUX FOIS PERDUE. Récit du poète français Paul Drouot (1886-1915), publié en 1921 par la Société littéraire de France, avec une préface d'Henri de Régnier ; réédité en 1930 (avec des inédits). C'est, avec le premier chapitre d'un roman demeuré inachevé (*Le Pavillon sur la rivière*), le seul écrit en prose qu'ait laissé le poète déjà vigoureux et personnel de *La Grappe de raisin* (1908) et de *Sous le vocable du chêne* (1910). Ce récit est le poème de l'éternelle attente et de l'éternelle déception, mais aussi de la douleur enivrante, librement acceptée. L'auteur commença de rédiger cette sorte de journal intime et lyrique en 1909, durant son service militaire, à Orléans ; il n'avait que vingt-trois ans, mais les épreuves l'avaient prématurément mûri : si bien que ces pages de l'adolescence ne se présentent pas à nous, ni pour la pensée ni pour l'écriture, comme une œuvre juvénile. Il ne semble pas que l'analyse du désespoir, auquel sont en proie une âme et une chair inassouvies mais lucides, ait jamais été poussée aussi loin, avec une telle vigueur et une telle acuité. Henri de Régnier, dans sa simple et belle notice, prédisait à ces feuillets, « une grande destinée littéraire ». Nous ignorons dans quel ordre, selon quel plan avaient été agencés les fragments qui nous en sont parvenus. Mais l'unité de sentiment y est telle qu'il est possible de lire d'affilée ces alinéas juxtaposés comme on lirait une suite de poèmes ; d'interrompre sa lecture où l'on veut, ou de méditer sur certains passages, que le poète eût sans doute étoffés ou transposés, mais qui se suffisent. Ainsi ces lignes d'où s'élève une mystérieuse inquiétude : « À l'heure où les ponts ne traversent plus les fleuves, la nuit, à l'heure où les chemins de halage ne courent plus le long de l'eau, mais reposent ; à l'heure où la nature s'abandonne au premier songe qui veut d'elle, je te rejoindrai sans bruit, et l'un de nous bercera l'autre dans ses bras. »

EUTHYDÈME ou l'Éristique [Εὐθύδημος ἢ ἐριστικός]. Dialogue du philosophe grec Platon (428 ?-347 ? av. J.-C.), composé probablement après le *Protagoras* (*), et selon certains critiques avant le *Gorgias* (*). Socrate rapporte à Criton une discussion qu'il eut avec deux sophistes nouvellement adeptes de l'éristique d'Antisthène, Euthydème et son frère Dionysodore, à propos de l'enseignement de la vertu. Invités par Socrate à donner une preuve publique de leurs capacités d'enseignement en instruisant le jeune Clinias, les deux sophistes commencent à assaillir le disciple de leurs raisonnements contradictoires. Ils lui démontrent d'abord que les savants sont ceux qui apprennent et, aussitôt après, que ceux qui apprennent sont au contraire les ignorants ; l'un de démontrer que l'on apprend ce que l'on sait, l'autre de prouver que seul ce qu'on ne sait pas peut être appris. Pour réconforter Clinias, Socrate lui dit que les sophistes, s'ils plaisantent pour l'instant, finiront certainement par parler sérieusement : et, en manière d'encouragement, il se met lui-même à démontrer, suivant la claire méthode dialectique qui lui est habituelle, que le bien suprême est la sagesse, laquelle, en enseignant à bien user de toutes choses, est source de véritable félicité. Or Clinias retient que la sagesse peut être enseignée, et Socrate invite les sophistes à expliquer par quels moyens cela peut se faire ; mais qu'ils parlent sérieusement !

Et nos deux personnages de reprendre leurs sophismes, si absurdes que l'ami de Clinias, Ctèsippe, s'emporte et se fâche. Dire des choses fausses n'est pas possible, réplique Euthydème, car celui qui parle ne dit pas autre chose que ce qu'il dit et on ne peut, ainsi que le prétend Ctèsippe, dire ce qui n'est pas, puisque ce qui n'est pas ne peut même pas être formulé ; Ctèsippe réplique que, s'il a bien dit quelque chose qui est, il ne l'a pas dit telle qu'elle est ; ce à quoi Eutydème répond qu'on ne peut dire les choses telles qu'elles sont, autrement il faudrait dire bien les choses bonnes, chaudement les choses chaudes, etc. À ce point de la discussion, Dionysodore soutient que la contradiction ne peut exister. Alors Socrate attaque le sophiste sur son propre terrain ; le fait de ne pouvoir se contredire se rattache à celui de ne pouvoir dire des erreurs ; si cela est vrai, il n'existe ni erreur ni ignorance, et par conséquent il n'y a pas besoin de maîtres : qu'enseignent donc les sophistes ? Et quel sens peuvent avoir leurs paroles ? Les paroles, réplique aussitôt Dionysodore, n'ont jamais de sens puisqu'elles sont inanimées. Socrate de déduire qu'en tout état de cause le sophiste ne peut avoir raison contre lui, ayant lui-même nié la possibilité de l'erreur. Les sophistes s'étant tus un moment, Socrate reprend la conversation avec Clinias. Si la sagesse équivaut à l'acquisition d'une science qui nous soit utile, il faut déterminer cette science qui doit correspondre à deux exigences : créer son propre objet et enseigner le meilleur moyen de s'en servir. La conclusion est que l'unique science qui satisfasse à de telles conditions est l'art de gouverner, ou politique, laquelle ne peut avoir d'autre objet que la science, celle-ci étant le bien auquel tout le monde aspire : mais science de quoi ? Si l'on répond que c'est la science apte à rendre bon, on ne sait plus comment déterminer cette bonté, puisque le bien s'est identifié avec la science.

Se tournant alors vers les sophistes, Socrate engage un troisième débat, ce sera le plus long. Euthydème et Dionysodore en profitent pour faire de nouveau étalage de leur virtuosité dialectique que Socrate et Ctèsippe réfutent, adoptant l'un et l'autre la méthode qui consiste à prouver à l'adversaire qu'il a tort quelle que soit sa réponse. Finalement Socrate, « comme subjugué par leur science », professe son admiration pour ses adversaires, tout en ajoutant que leurs discours peuvent plaire uniquement à des gens comme eux et, ainsi que l'a démontré Ctèsippe, à quiconque peut en apprendre l'art en quelques instants. C'est ici que se termine le récit de Socrate. Criton rapporte alors à son ami les observations que, pendant la discussion avec les sophistes, un logographe s'était permis de faire, mettant Socrate au même rang que ces faiseurs de beaux discours ; ce qui donne lieu à un coup de patte de la part de Socrate contre les logographes : il invite alors Criton à ne pas se fier à ceux qui professent indignement la philosophie. Ainsi se termine ce très brillant dialogue qui contribue, par la vivacité comique avec laquelle sont mis en scène les sophistes et leurs extravagants procédés dialectiques, à soutenir la même thèse que les autres dialogues d'un ton plus sévère, par exemple *Gorgias,* à savoir que c'est à la véritable philosophie, et non au vain art sophistique, qu'il appartient d'éduquer la jeunesse. – Trad. Les Belles Lettres, 1931 ; Gallimard, 1940 ; Garnier-Flammarion, 1989.

EUTHYPHRON ou De la sainteté [*Εὐθύφρων, ἢ περὶ ὁσίου*]. Dialogue du philosophe grec Platon (428 ?-347 ? av. J.-C.), appartenant au premier groupe des dialogues platoniciens. Le début de ce dialogue, dont les interlocuteurs sont le devin Euthyphron et Socrate, est particulièrement dramatique : les deux hommes se rencontrent devant le Portique royal, Socrate y est venu pour se disculper d'une accusation de corruption ; quant au devin, il a la triste obligation d'avoir à soutenir contre son propre père l'accusation d'homicide. Tous deux sont ainsi à un tournant de leur vie ; cette situation tragique ne troublera en rien la sérénité et la limpidité de leur dialogue. À la requête de Socrate, Euthyphron raconte sa propre histoire : son père a fait attacher et jeter dans une fosse un ouvrier homicide et ne s'est pas soucié de lui en attendant la justice, de sorte que le malheureux est mort de froid et de faim ; la piété que l'on doit aux dieux lui impose maintenant, à lui le fils, d'accuser son père. Chez Socrate, aucun esprit de solidarité en face de ce drame psychologique ; au contraire, il saisit au vol, presque avec un sourire ironique, l'intéressant problème qui se présente et l'envisage sous toutes ses formes, oubliant ainsi le danger qui plane sur sa propre vie, aussi bien que le triste cas de son ami. Qu'est donc cette piété religieuse ? Qu'Euthyphron veuille bien, de grâce, le lui dire, à lui qui est justement accusé d'impiété. Et Euthyphron de donner une réponse élémentaire, dictée par le respect aveugle de la tradition : être pieux, c'est faire exactement ce qu'il est en train de faire lui-même, par respect des dieux, en accusant son propre père. Non, Socrate ne demande pas cela : il veut une définition générale de la sainteté, tout son enseignement a tendu à cette universalisation qui transforme l'objet concret en concept universel. Et voici une seconde définition : saint est celui qui plaît aux dieux. Pourtant, il n'est pas facile de décider ce qui plaît à un Olympe aux multiples visages, toujours en lutte et toujours divisé entre des opinions diverses, tout comme une société humaine. Il serait préférable d'envisager le problème sous un autre aspect et de voir si la sainteté ne serait pas une partie de la justice. Mais laquelle ? Peut-être, comme le suggère Euthyphron, celle qui enseigne les égards dus à la divinité ? Ainsi la piété religieuse coïnciderait avec le culte ; mais d'autres difficultés surgissent. Le culte divin ne se peut certes comparer aux soins d'un serviteur pour son maître, car les dieux n'ont pas besoin de telles prévenances ; il ne peut consister non plus en une sorte de « donner pour avoir », les sacrifices constituant un paiement dû en échange de ce que les hommes demandent aux dieux, car la divinité ne réclame pas de compensations. Le culte est donc seulement un acte d'hommage, c'est-à-dire qu'il tend à faire quelque chose d'agréable aux dieux ; mais ne rejoint-on pas ainsi une définition déjà écartée ?

Ici, Euthyphron abandonne la discussion :

il doit accomplir son devoir sans perdre de temps : ils pourront poursuivre ce débat une autre fois. Le dialogue demeure donc sans conclusion, chose qui n'est pas rare dans une philosophie où le plaisir intellectuel de la théorie surpassait celui des conclusions. Le véritable protagoniste de ce dialogue, c'est le sourire socratique, un sourire subtil, incisif, parfois presque cruel. Mais, à la différence des autres dialogues platoniciens plus importants, l'un des interlocuteurs, Euthyphron, est doté d'un relief puissant ; par-derrière cette figure symbolique, on pressent tout le drame du personnage, considéré non seulement sous un aspect intellectuel, mais dans son intégralité humaine. Socrate est le défenseur d'une dialectique, à l'origine utilitaire avec les sophistes, et devenue mystique avec Platon ; Euthyphron représente, plus que la tradition antique, un confus illuminisme théologique qui ne tient pas devant la critique de Socrate. Celle-ci reconnaît, pour critère, un idéal humain de justice. – Trad. Les Belles Lettres, 1920 ; Gallimard, 1940.

EUX [*Them*]. Roman de l'écrivain américain Joyce Carol Oates (née en 1938), publié en 1969, « them », délibérément en minuscules, est le terme de mépris que les nantis emploient couramment pour désigner les « classes inférieures ». C'est bien aux déshérités de Detroit qu'appartiennent Loretta, orpheline de mère, fille d'un alcoolique, et sa famille. Loretta pousse sa fille aînée, la douce Maureen, dans les bras de son second mari, Pat Furlong. Dès lors, Maureen, qui n'a que seize ans, se prostitue avec des hommes de rencontre : l'argent est devenu pour elle le symbole de sa liberté. Ayant découvert ses activités, Furlong la roue de coups – elle restera un an dans un quasi-coma et ne survivra psychologiquement qu'en suivant des cours à l'université et en épousant un de ses enseignants, père de trois enfants, qui a divorcé pour elle. Jules, le fils aîné de Loretta, un garçon intelligent et sensible, vit d'abord d'expédients, puis devient le chauffeur d'un riche patron qui finit assassiné ; il tombe amoureux de la nièce de ce dernier, Nadine. Cette jeune fille – l'incarnation de l'amour impossible – s'enfuit avec Jules au Texas, où elle abandonne son compagnon malade et inconscient. Des années plus tard, Jules rencontre une nouvelle fois Nadine, mariée. Mais, après s'être enfin donnée à lui, elle lui tire un coup de revolver en pleine poitrine. Il survit, et se retrouve parmi des révolutionnaires, apôtres d'une violence à laquelle son tempérament ne le dispose pas.

Cette fresque à la Zola est tracée sur le fond précis de la ville de Detroit, dont on découvre les quartiers pauvres où couve le racisme et où éclatent les émeutes. Le récit est ancré dans une réalité – l'Amérique entre 1937 et 1967 ; sa véracité passe à travers le prisme de la fiction : Oates enseignait à l'université de Detroit, à la date où Maureen déclare avoir suivi ses cours, et le roman est censé relater sa vie. La structure rigoureuse de l'œuvre coexiste avec la création d'univers fantasmatiques, reflets de la confusion affective des personnages, dans des circonstances contraires. La vitalité de ces antihéros, la création d'un suspense soutenu, la richesse du style descriptif et du dialogue font la force de ce roman, qui n'est dépourvu ni d'humour ni de poésie. *eux* a été couronné par le National Book Award en 1970. – Trad. Stock, 1980.

C. La.

ÉVA. Roman de l'écrivain italien Giovanni Verga (1840-1922), publié à Milan en 1873. À l'instar de l'héroïne d'*Une pécheresse*, Éva est une « ensorceleuse » ; mais, à la différence de celle-ci, elle gagne elle-même, grâce à son métier de ballerine, le luxe indispensable à l'épanouissement de sa personnalité. Un peintre sans argent, Enrico Lanti, s'éprend de cette femme séduisante. Conquise par le caractère étrange de l'artiste, elle lui rend son amour, partageant son temps entre le jeune homme et son activité professionnelle ; solution que son bon sens et son absence de préjugés lui représentent comme la meilleure. Pourtant, quand elle le voit en proie à la jalousie, elle va jusqu'à accepter de partager avec lui une vie misérable. Loin des splendeurs au milieu desquelles Enrico l'a connue, Éva s'aperçoit très vite qu'elle a perdu tout pouvoir de séduction ; elle retourne alors discrètement à sa première vie. Resté seul, Lanti décide de conquérir la gloire. Mais sa passion pour Éva le reprend ; il se bat en duel avec l'amant de celle-ci et meurt de phtisie, dans la pauvreté et le désespoir. Ce premier roman est assez incohérent ; les personnages principaux appartiennent à deux époques différentes de l'art de Verga : on trouve l'artiste, romantique, plein d'un idéalisme de pacotille et tout imbu des défauts qui caractérisent la première manière de Verga, et Éva, figure réaliste qui, par son bon sens et sa simplicité instinctive, prélude déjà aux créations d'un art plus évolué. Malgré son incohérence fondamentale, cette œuvre séduit le lecteur par un côté vigoureux et presque violent. Elle eut un grand succès, tant en Italie qu'à l'étranger, justement peut-être en raison de ce mélange de réalisme et de romantisme.

ÉVACUÉS [*Evakko*]. Roman de l'écrivain finlandais de langue finnoise Unto Seppänen (1904-1955), publié en 1954. Été 1939 : un village de Carélie écoute et commente les nouvelles alarmantes de la guerre mondiale. L'anxiété croît jusqu'au 30 novembre, jour où les Russes envahissent la Finlande et où commence l'exode. Départs précipités, adieux, larmes. Un train se traîne pendant des jours et des nuits avec sa charge de femmes, d'enfants, de vieillards, de souffrances. Les troupeaux, en file capricieuse, suivent vers l'Ouest les routes enneigées. Aato, paysan intelligent et résolu, a organisé ces départs. Il reste chez lui, presque seul. En proie à la plus vive exaltation, il brûle les maisons de son village pour qu'elles ne tombent pas aux mains de l'ennemi. Tous les évacués se retrouvent aux environs de Tampere, aux prises avec des difficultés sans nombre, dont les plus pénibles sont l'indifférence et l'incompréhension de la population. « Nous sommes ici comme des émigrants » dit l'un deux. Au regret d'avoir tout perdu, à la nostalgie du foyer s'ajoutent les souffrances d'un peuple en guerre : fils morts ou blessés, maladies, restrictions. Aato réfléchit beaucoup pendant ces longs mois, encouragé et soutenu par un ami plus instruit que lui. Quand on lui donne enfin la permission de revoir son village, qu'il a brûlé de ses mains, il prend froid et meurt à son retour dans son foyer précaire. Ce récit, à peine romancé, est un des meilleurs livres sur l'exode, que Seppänen dépeint sans romantisme ni patriotisme ampoulé, mais avec une exactitude qui n'exclut ni l'émotion ni la pitié. Ses personnages, passionnément attachés à leur terroir, en parlent la langue savoureuse et imagée. Courageux, dignes, quelques-uns ont l'humour et la fantaisie innés du Carélien : le sourire, aux moments les plus pathétiques, estompe ainsi ce que ce livre pourrait avoir de trop sombre.

ÉVANGÉLINE [*Evangeline or a Tale of Acadie*]. Publié en 1847 par le poète américain Henry Wadsworth Longfellow (1807-1882), ce poème s'inspire d'un épisode historique : en 1775, les habitants de la Nouvelle-Écosse, ou Acadie, où vivaient quelques milliers de Français, furent contraints de s'exiler et de se disséminer dans les autres provinces anglaises. Le poète décrit le village acadien de Grand-Pré avec ses maisons de chêne et de châtaignier, ses vastes prairies et la mer lointaine, où les habitants vivent heureux dans une entente fraternelle. Le plus riche fermier de Grand-Pré, Bénédict Bellefontaine, habite une maison ensoleillée avec sa fille Évangéline, promise à Gabriel Lajeunesse, le fils du forgeron. La veille du mariage, tandis que le notaire Leblanc, noble figure patriarcale, est en train de rédiger le contrat, le bruit se répand tout à coup que des troupes anglaises viennent de débarquer ; le lendemain, pendant qu'on célèbre les noces, ordre est donné aux habitants de quitter leurs maisons immédiatement, en abandonnant récoltes et bestiaux. Le forgeron Basile voudrait se rebeller contre une mesure aussi cruelle, mais le père Félicien exhorte ses paroissiens à accepter la volonté de Dieu. Les habitants quittent donc le village et s'embarquent ; mais dans l'affolement de la dernière heure, Gabriel et son père montent sur des navires différents tandis qu'Évangeline reste sur la plage avec son vieux père qui meurt entre ses bras. Désormais seule, elle part à la recherche de Gabriel. Durant de longues années, infatigable, elle essaie de le retrouver, mais en vain. Le temps passe, sa beauté se fane et, maintenant vieille et résignée, elle s'installe dans une ville de quakers où elle se consacre aux bonnes œuvres. Durant une épidémie, dans un lazaret où elle soigne les malades, elle retrouve finalement Gabriel, vieux et mourant, qui dans un long regard lui signifie qu'il l'a reconnue, avant d'expirer.

L'histoire rappelle un peu l'*Hermann et Dorothée* (*) de Goethe, mais n'évite pas le sentimentalisme. Longfellow ne réussit à faire de l'héroïne qu'une figure schématique et conventionnelle. Les meilleures pages sont celles qui évoquent l'angoisse des pauvres gens forcés d'abandonner la terre natale, la douceur du paysage de la Nouvelle-Écosse et la végétation luxuriante des rives du Mississippi. — Trad. Mame, 1940.

ÉVANGILE de saint Jean. Cet *Évangile* écrit par l'apôtre Jean (Ier siècle), en grec, sans doute à Éphèse d'après le témoignage, digne de foi, de saint Irénée, suscita de longues controverses quant à la date précise de sa composition. En considérant toutefois que l'apôtre l'écrivit dans sa vieillesse (selon les affirmations d'Épiphane et d'Eusèbe), à l'époque de son rappel d'exil par l'empereur Nerva (96-98), et que, selon saint Jérôme, l'auteur mourut 68 ans après la Passion de Jésus-Christ, on peut établir, avec une quasi-certitude, la date de sa composition entre 96 et 98. Les deux papyrus de Ryland et Egertone, découverts en Égypte respectivement en 1920 et 1934, indiquent que ce quatrième *Évangile* était déjà reconnu et inclus parmi les *Écrits synoptiques* (on désigne ainsi les trois premiers *Évangiles* : Matthieu, Marc et Luc), dans la première moitié du IIe siècle.

Le livre commence par le Prologue, qui inspira plus encore que les pages de saint Paul toute la théologie chrétienne. On y trouve la présentation du Verbe divin, Lumière et Vie, qui se manifeste par la Création et l'Incarnation et qui confère, aux fidèles qui le reçoivent, la filiation divine. Déjà, dans ces trois affirmations initiales apparaissent les trois vérités prêchées dans tout le livre : Jésus est substantiellement lié à Dieu le Père ; il est la Lumière (vérité) et la Vie (grâce) des hommes ; il est enfin le vrai Dieu. Dans la première partie (I, 19-XII, 50), Jésus-Christ est révélé au monde. Il resplendit dans les ténèbres qui se refusent à l'admettre. Cette manifestation débute avec le témoignage de saint Jean-Baptiste, avec la vocation des disciples, et avec le premier miracle qui proclame la gloire du Christ. A lieu ensuite la première manifestation publique en Judée : c'est alors que les Samaritains, puis les Galiléens le reconnaissent comme le Sauveur du monde. Sa deuxième apparition publique à Jérusalem et son miracle de la piscine probatique lui valent la haine des Juifs. En Galilée, Jésus se révèle comme le « pain de vie », et le miracle de la multiplication des pains le confirme. Mais le peuple ne le croit pas et ses disciples ne lui accordent encore qu'un crédit limité. Seul parmi tous, saint Pierre exprime sa foi dans les paroles du Sauveur. Dans les chapitres VII, VIII, IX et X, Jésus précise sa doctrine, au milieu de l'animosité croissante des pharisiens. Il est la Lumière du monde, et il le prouve par la guérison de l'aveugle-né. Il est le Bon Pasteur, et le miracle de la résurrection de Lazare dévoile sa toute-puissance et confirme sa mission. Jésus va à Éphraïm, puis à Béthanie chez Lazare ; enfin il rentre triomphalement à Jérusalem où, pour la dernière fois, il parle de sa grandeur et de sa future gloire. Ici, l'Évangéliste semble se résumer, en exposant à nouveau les causes de l'incrédulité et en citant à ce sujet, comme pour conclure, une déclaration solennelle du Christ (X, 22-30). Dans la seconde partie (XIII-XXI, 25) resplendit l'amour du Rédempteur pour ses disciples. Il leur donne à la dernière Cène des preuves suprêmes de charité et d'humilité. Dans une ultime prière à son Père, Jésus implore sa propre glorification, la protection et la sanctification des apôtres, ainsi que l'union pour tous les fidèles. Du chapitre XVIII au chapitre XXI, 24, la charité du Christ et son caractère messianique trouvent une éclatante confirmation dans la Passion et la Résurrection. L'avant-dernier verset donne des indications sur l'auteur de l'*Évangile,* tout en précisant que le livre est loin de relater toutes les actions du Christ. Le point le plus remarquable de cet *Évangile,* si on le compare aux *Écrits synoptiques,* est sa richesse en discours et sa pauvreté en récits. Bien que essentiellement doctrinaire, cet *Évangile* ne laisse pas de donner certaines précisions historiques. La chronologie de saint Jean se limite aux grandes lignes, à la répartition de la vie du Christ entre quatre ou cinq Pâques (d'où l'on déduit que la vie publique du Rédempteur a duré plus de trois ans).

L'évangéliste s'est fixé un triple but. Le premier est dogmatique : l'auteur veut prouver que Jésus est le Messie annoncé par les prophètes, le vrai Fils de Dieu (II, 17 ; III, 14 ; III, 18 ; XIX, 24, 28, 36 ; XX, 31). L'*Évangile,* bien que ne donnant plus explicitement le nom de Messie au Sauveur, le décrit toutefois comme celui qui a été annoncé par les Prophètes, et sa divinité est clairement proclamée dans tout le livre. Le deuxième but que saint Jean se propose d'atteindre est apologétique : combattre l'erreur de Cérinthe, qui niait la vérité de la divinité du Christ. Le quatrième *Évangile* réfute aussi l'erreur des ébionites, coupables de la même hérésie. Certes, s'il n'atteint pas les hérésies gnostiques qui surgiront plus tard, on peut dire qu'il les anéantit par anticipation. Le troisième but est historique : ici, l'intention de saint Jean de compléter le récit des *Synoptiques* paraît évidente. Saint Clément d'Alexandrie observe que la mission terrestre de Jésus avait été confirmée dans les trois autres *Évangiles,* et qu'à saint Jean il incombait de rapporter les faits relatifs au ministère divin du Christ. Et l'Évangéliste le confirma lui-même ; c'est pour cette raison qu'il écarte de son récit certains faits qu'il suppose connus par les autres *Évangiles.* Il ne cite pas les préceptes moraux du « Sermon sur la montagne » ; il ne mentionne que cinq miracles de Jésus ; il ne décrit pas le voyage du Sauveur en Galilée, mais rappelle par contre les admirables discours et les miracles de Jésus en Judée et à Jérusalem ; épisodes que les autres évangélistes avaient omis de transcrire. Saint Jean ne mentionne que deux actions antérieures à la Passion qui soient également citées dans les autres *Évangiles* : le miracle de la multiplication des pains et Jésus marchant sur les flots, miracles qu'il rapporte pour mieux expliquer les discours du Sauveur en Judée, en Galilée et à Jérusalem. À la description de la dernière Cène, il ajoute aussi l'épisode du lavement des pieds, détermine la date d'emprisonnement de saint Jean-Baptiste, précise le lieu des trois reniements de saint Pierre, situe les quatre Pâques, donne enfin le moyen de coordonner tous les événements rapportés dans les autres *Évangiles* et d'établir une concordance précise. Le quatrième *Évangile* et les *Évangiles synoptiques* contiennent des parties communes qui sont : la première multiplication des pains (VI, 1-13), l'entrée triomphale de Jésus à Jérusalem (XII, 12-19), la trahison de Judas (XIII, 18-30), la prédiction des reniements de saint Pierre (XIII, 36-38), la scène dans le Jardin des oliviers (XVIII, 1), l'arrestation de Jésus (XVIII, 11), Jésus devant Anne et Caïphe (XVIII, 19-24), reniements de saint Pierre (XVIII, 15-18, 25-27), Jésus devant Ponce Pilate (XVIII, 28-38), Jésus et Barabbas (XVIII, 39-40), Jésus condamné à mort (XIX, 1-16), crucifixion et mort (XIX, 17-30), sépulture (XIX, 38-42), les saintes femmes au tombeau (XX, 1), Pierre et Jean avertis par Marie-Madeleine, près du Sépulcre (XX, 2-10), apparition de Jésus à Marie-Madeleine (XX, 11-18), apparition de Jésus aux apôtres, pendant l'absence de Thomas (XX, 19-25). L'*Évangile* de saint Jean procède par des affirmations théologiques présentées avec autorité et majesté, dans une haute forme littéraire. L'épisode de Jésus et de la Samaritaine, comme aussi le récit de la résurrection de Lazare, peuvent être comparés aux meilleures pages de saint Luc. Quelques récits, comme celui de la guérison de l'aveugle-né, ont au contraire une couleur plus sémitique, qui se rapproche plutôt du style de saint Marc. Saint Jean est essentiellement dogmatique et théologien. Il est le poète et le philosophe du spiritualisme catholique. Origène s'écriait : « Si les *Écrits synoptiques* sont les prémices et la meilleure partie des Écritures saintes, l'*Évan-*

gile de saint Jean est la primeur des *Livres synoptiques* et de tout le Nouveau Testament. » Saint Jean possède quelque chose de plus doux et de plus tendre que les autres évangélistes. Il se complaît à décrire naïvement l'amour que Jésus lui portait et, formulant la théologie du christianisme, il en illumine les beautés d'une intense émotion d'amour et de miséricorde que la religion du saint n'a jamais plus cessé de cultiver. — Traduction œcuménique de *La Bible*, Éd. du Cerf, 1988.

ÉVANGILE de saint Luc. Le troisième *Évangile* écrit en grec, probablement à Rome entre 60 et 63, est attribué à l'évangéliste Luc, disciple et compagnon de saint Paul, dans ses derniers voyages et lors de son emprisonnement à Rome. Admirable aussi du point de vue littéraire, cet *Évangile* comprend cinq parties et un Prologue (I, 1-4). — Première partie : enfance ; annonciation du Précurseur et de la nativité de Jésus ; circoncision de Jésus ; sa présentation au Temple ; Jésus parmi les docteurs (I, 5-II, 52). — Deuxième partie : vie publique ; préparation à la vie publique ; prédication de saint Jean-Baptiste ; la généalogie, le baptême et les tentations de Jésus (III-IV, 13) ; ministère de Jésus en Galilée ; miracles et enseignements, comme dans les autres Synoptiques (IV, 4-IX, 50). — Troisième partie : dernier voyage de Jésus en Galilée ; miracles et enseignements comme dans les autres Synoptiques (IX, 51-XIX, 28). — Quatrième partie : histoire de la Passion et de la Mort de Jésus comme dans les autres Synoptiques (XIX, 29-XXIII, 55). — Cinquième partie : Résurrection de Jésus, son apparition et son Ascension (XXIV, 1-52). Les épisodes appartenant exclusivement à l'*Évangile* de saint Luc sont : — Première partie : le Prologue-dédicace à Théophile (I, 1-4) ; annonciation de la naissance du précurseur Jean-Baptiste (I, 5-25) ; Annonciation à la Vierge Marie et l'Incarnation du Verbe (I, 26-38) ; visite de Marie à Élisabeth (I, 39-56) ; naissance de Jean-Baptiste, sa circoncision et sa vie au désert (I, 57-80) ; naissance de Jésus à Bethléem et sa circoncision (II, 1-21) ; purification de Marie et présentation de Jésus au Temple (II, 22-38). — Deuxième partie : Jean-Baptiste est emprisonné par Hérode (III, 19-20) ; Jésus vient à Nazareth où il prêche dans la Synagogue, ce qui lui vaut le mépris de ses concitoyens (IV, 16-30), résurrection du fils de la veuve de Naïn (VII, 11-17) ; Marie-Madeleine oint les pieds de Jésus (VII, 36-50) ; le Christ, accompagné des Douze et de quelques femmes pieuses parcourt la Galilée (VIII, 1-3) ; Jésus envoie les soixante-dix disciples prêcher (X, 1-16) ; ceux-ci reviennent heureux (X, 17-24) ; parabole du bon Samaritain (X, 25-37) ; Marthe et Marie (X, 38-42) ; Jésus enseigne aux disciples à prier (XI, 1-13) ; Jésus réprimande les pharisiens et les scribes (XI, 37-54) ; diverses exhortations (XII, 1-59 ; XIII, 1-9). — Troisième partie : guérison de la femme infirme (XIII, 10-17) ; parabole de la porte étroite (XIII, 22-30) ; les pièges d'Hérode (XIII, 31-35) ; guérison d'un hydropique (XIV, 1-6) ; différentes exhortations (XIV, 7-14) ; parabole des invités au festin (XIV, 15-24) ; les disciples de Jésus (XIV, 25-35) ; parabole de la brebis égarée (XV, 1-7) ; parabole de la drachme perdue (XV, 8-10) ; parabole de l'enfant prodigue (XV, 11-32) ; parabole de l'économe infidèle (XVI, 1-13) ; Jésus répond aux pharisiens qui murmurent (XVI, 14-18) ; parabole du mauvais riche et de Lazare (XVI, 19-31) ; conseils divers (XVII, 1-10) ; guérison des dix lépreux (XVII, 11-19) ; avènement du règne de Dieu (XVII, 20-37) ; parabole du juge et de la veuve (XVIII, 1-8) ; parabole du pharisien et du publicain (XVIII, 9-14) ; Jésus trouve l'hospitalité chez Zacchée (XIX, 1-12) ; parabole des talents (XIX, 11-28) ; bref résumé des derniers jours de la vie de Jésus (XXI, 37-38). — Quatrième partie : Jésus met fin à une contestation qui s'est élevée parmi les disciples (XXII, 24-30) ; brève allocution du Christ relative aux épées (XXII, 34-38) ; Jésus devant Hérode (XXIII, 6-12) ; Jésus apparaît aux deux disciples qui vont à Emmaüs (XXIV, 13-35).

L'*Évangile* de saint Luc présente plusieurs caractéristiques. Du point de vue linguistique, le vocabulaire est considérablement plus riche que celui des autres évangélistes et écrivains sacrés ; et, bien que l'on doive situer ce texte parmi les œuvres écrites en langue populaire, il possède une supériorité qui le rapproche considérablement des classiques. Saint Luc évite les hébraïsmes, les aramaïsmes et les latinismes ; il sait s'exprimer avec art et donner au récit une atmosphère de simplicité et de grandeur, tout en exprimant avec grâce les sentiments des personnages, qu'il décrit d'une façon admirable ; ce qui faisait dire à l'agnostique Renan : « L'*Évangile* de saint Luc est le plus beau livre qui existe. » L'Évangéliste annonce, dès la première page, son intention de faire œuvre historique. Il écrit son prologue, à la manière des grands historiens grecs, comme Hérodote, Thucydide, Polybe, et comme eux il commence son livre en indiquant de quelles sources s'inspirent son récit, sa manière d'écrire et le but qu'il se propose. Il rattache ses données chronologiques à l'histoire profane (II, 1-3 et III, 1) ; mais il n'est pas un chroniqueur de la vie de Jésus et il lui arrive, comme à Matthieu et à Marc, de rapporter des discours et des miracles advenus dans des circonstances différentes. L'enseignement que renferme cette œuvre le situe parmi les écrits ébionistes, et c'est par conséquent un *Évangile* des pauvres. La pauvreté triomphe de la richesse terrestre, et la doctrine du salut universel apparaît comme baignée d'une lumière merveilleuse : c'est la défaite du particularisme hébraïque. Les témoignages patrologiques et le canon de Muratori attestent l'authenticité de l'*Évangile* de saint Luc. — Traduction œcuménique de *La Bible*, Éd. du Cerf, 1988.

ÉVANGILE de saint Marc. Le deuxième *Évangile* est attribué à l'évangéliste Marc (Ier siècle), connu aussi sous le nom de Jean. Il fut écrit en grec, à Rome, vers 64, de là l'existence des latinismes dans son grec et le fait d'expliquer les coutumes juives aux lecteurs qui leur étaient étrangers. Le plus court des quatre *Évangiles*, il néglige de rapporter les épisodes de la vie privée de Jésus, se bornant à raconter son existence publique. L'*Évangile* débute par cette phrase : « Commencement de l'Évangile de Jésus-Christ, Fils de Dieu ». L'œuvre comprend quatre parties. La première (qui porte sur le début du ministère public de Jésus en Judée) mentionne les épisodes suivants : prédication de Jean-Baptiste dans le désert ; baptême de Jésus et son séjour dans le désert ; appel des quatre premiers apôtres et prédication à Capharnaüm et dans les alentours ; enseignements et miracles autour du lac de Tibériade. La deuxième partie raconte le ministère de Jésus en Galilée : elle débute par la mort de Jean-Baptiste, le voyage de Jésus à Bethsaïde et la première multiplication des pains ; Jésus arrive au nord de la Galilée, à Tyr et à Sidon ; après y avoir accompli des miracles, il passe par Césarée de Philippe, fait avec trois disciples l'ascension du mont Thabor et, après la Transfiguration, se rend à Capharnaüm. Dans la troisième partie, Jésus traverse le Pérée et arrive en Judée. La quatrième et dernière partie décrit la Semaine sainte, la Passion, etc. Le chapitre XVI parle de la mission des apôtres, de l'Ascension de Jésus et de l'efficacité de la mission apostolique. Faisant abstraction de la première partie, qui peut être considérée comme une Préface, et de la deuxième, dédiée au ministère de Jésus en Galilée, l'ordre des récits semble être déterminé par des critères historiques et géographiques. L'auteur a voulu suivre un ordre historique, comme le prouvent les nombreuses déterminations du temps : « Le soir venu, après le coucher du soleil », « Le matin, s'étant levé avant le jour », « le même jour » ; « à la tombée de la nuit » ; « six jours après ». Les descriptions des lieux indiquent que l'ordre est aussi géographique : « Comme il passait le long de la mer » ; « et ils entrèrent à Capharnaüm » ; « ils arrivèrent à l'autre rive de la mer, au pays des Géraséniens » ; « il partit de là et s'en alla au territoire de Tyr et de Sidon », etc. Mais il se peut que cet ordre ne soit pas rigoureusement exact ; en effet, il est assez invraisemblable que Jésus n'ait pas traversé deux fois de suite la même région. Comme dans l'*Évangile* de saint Matthieu (*), on note ici aussi la progression lente de la révélation messianique. Au début de son ministère, Jésus ne dévoile pas à ses disciples le caractère de sa mission : il les prépare lentement à cette révélation et ce n'est que tardivement qu'il leur prédit sa Passion, sa Mort et sa Résurrection.

La troisième partie, qui raconte le voyage à travers le Pérée, jusqu'à Jérusalem, ne donne aucune indication de temps, mais seulement quatre indications de lieu, dont trois assez vagues, la quatrième seule comportant un renseignement précis : « Ils arrivèrent à Jéricho. » La quatrième et dernière partie suit en général les *Évangiles* de Matthieu et de Luc, bien que ceux-ci soient plus complets que le deuxième *Évangile*. Le récit de saint Marc est en général identique à ceux de Matthieu et de Luc, cinq passages seulement lui appartiennent en propre : deux paraboles, deux miracles et un passage historique, dans le troisième chapitre, qui décrit l'inquiétude des parents de Jésus. Les deux paraboles appartenant au deuxième *Évangile* sont : le grain qui lève ; le père qui quitte sa maison sans savoir quand il reviendra. Les deux miracles sont : la guérison d'un sourd-muet, la guérison de l'aveugle de Bethsaïde. En outre, il faut noter que Marc a rapporté dans son *Évangile* quelques phrases caractéristiques de Jésus omises dans les autres *Évangiles* : « Le sabbat a été fait pour l'homme et non l'homme pour le sabbat » ; « Toutes ces choses mauvaises sortent du dedans » ; « car chacun doit être salé par le feu », etc. Les sentiments de haine qui animent les adversaires de Jésus sont mentionnés de la même manière que dans les deux autres Synoptiques, mais on y note un détail de grande importance : l'alliance des hérodiens avec les autres ennemis de Jésus, les pharisiens et les scribes. Marc décrit les sentiments des disciples envers le Maître (leur lenteur à croire, leur incompréhension devant les trois annonces de la Passion et de la Résurrection), mais il rapporte aussi les sentiments et les impressions de Jésus lui-même : « Et après avoir promené son regard sur eux avec colère » ; « il vit une foule nombreuse, et il en eut compassion, parce qu'ils étaient comme des brebis sans pasteur, et il se mit à les enseigner longuement ». Une des caractéristiques de saint Marc est de donner un tour théâtral à son récit : il ne se borne pas à exposer les événements, mais en fait une manière de reportage pris sur le vif ; de plus, le Seigneur prononce ses discours dans le style direct. Saint Marc insiste sur la doctrine de la filiation divine de Jésus, sans exclure ses caractères de Fils de Dieu et de Messie, qui se rattachent étroitement l'un à l'autre. Ayant rejoint saint Pierre à Rome, Marc aurait rédigé son *Évangile* en rapport étroit avec lui. Les témoignages de Papien, de Justin et d'Irénée, formulés à ce sujet à une époque proche de celle de l'auteur, sont d'une importance considérable ; évoquant l'œuvre achevée, ils ont parlé de « Mémoires de Pierre ». Clément d'Alexandrie ajoute : « Quelques auditeurs des prédications de Pierre à Rome demandèrent à Marc de les rédiger. Marc les contenta. Quand Pierre prit connaissance de l'œuvre de Marc, il ne l'approuva ni ne l'encouragea à la publier ; mais ayant reconnu le contenu véridique de ces écrits, il en permit la lecture à l'Église. » Une confirmation de ces témoignages, suivant lesquels saint Marc aurait écrit son *Évangile* comme il l'entendit de la bouche de saint Pierre, se trouve dans le deuxième *Évangile* lui-même. — Traduction œcuménique de *La Bible*, 1988.

ÉVANGILE de saint Matthieu. L'*Évangile* de saint Matthieu, dit Lévi (Ier siècle), un des douze apôtres, est le premier des quatre *Évangiles ;* il fut écrit à Jérusalem en araméen et traduit ensuite en grec. On n'en connaît pas avec certitude la date de composition, mais, selon le témoignage de saint Irénée qui le dit écrit « à l'époque où Pierre et Paul portèrent à Rome la bonne nouvelle de l'Évangile », on peut situer cette date aux environs de 63 à 67. Il forme, avec les *Évangiles* (*) de Marc et de Luc, le groupe des trois *Évangiles* dits « synoptiques », identiques dans le lexique, dans le choix des récits, dans l'ordre, différents seulement dans quelques détails. Le livre se divise en trois parties. Dans la première partie se déroulent l'enfance de Jésus et sa vie cachée (I, II) ; on y trouve décrits aussi la généalogie du Christ, sa conception par la Vierge, la naissance du Sauveur, l'adoration des Mages, la fuite en Égypte et le retour d'Égypte. La deuxième partie décrit la vie publique du Sauveur (III à XXV). Certains faits et circonstances, qui sont déduits de la prédication de Jésus, prouvent, malgré la réfutation du Sanhédrin, qu'il est réellement le Messie et en même temps démontrent la vraie nature du règne de Dieu. Cette partie de l'*Évangile* peut être divisée en quatre périodes : la première période comprend la préparation à la vie publique (III, 1 à IV, 11) ; le ministère du Précurseur ; le baptême du Christ ; le jeûne et la tentation de Jésus. La deuxième (IV, 12 à XVIII, 35) décrit le ministère du Christ en Galilée : les débuts de ce ministère (IV, 12-25) ; le sermon sur la montagne (V, 1-VII, 29) ; Jésus accomplissant des miracles (VIII, 1-IX, 34) ; Jésus, maître des apôtres (IX, 35-X, 42) ; Jésus s'élevant contre l'infidélité des Juifs et, en particulier, des pharisiens (XI, XII) ; Jésus décrivant par des paraboles la nature du Royaume des cieux (XIII) ; Jésus affermissant la foi de ses fidèles, en accomplissant de nouveaux miracles, au milieu de l'animosité des pharisiens (XIV, 1-XVI, 12) ; Jésus confiant à Pierre les clés du Royaume des cieux, puis apparaissant transfiguré sur la montagne et y instruisant ses disciples (XVI, 13 à XVIII, 35). Dans la troisième période, Jésus voyageant vers Jérusalem donne plusieurs enseignements à ses disciples, reproche aux Juifs leur incrédulité, et prédit sa Passion et sa Mort. Dans la quatrième période [de cette deuxième partie] : Jésus fait son entrée triomphale à Jérusalem (XXI, 1-17) ; il discute avec les pharisiens et les scribes et dénonce leurs vices au peuple (XXI, 18-XXIII, 39) ; il prononce alors son oraison eschatologique (XXIV). La troisième partie raconte la Passion et la Résurrection (XXVI-XXVII) ; la préparation de la Passion ; la Passion et la mort de Jésus ; sa glorification, sa Résurrection et ses apparitions.

Les parties qui appartiennent exclusivement à l'*Évangile* de Matthieu sont les suivantes : — Première partie : l'Ange persuade Joseph de prendre pour femme Marie, qui a conçu du Saint-Esprit (I, 18-25) ; l'adoration des Mages (II, 1-12) ; la fuite en Égypte (II, 13-18) ; le retour d'Égypte (II, 19-23). — Deuxième partie : Jésus se rend à Capharnaüm (IV, 13-17) ; discours sur la montagne (V, 13-37 — VI, 1-34 — VII, 7-12) ; les âmes fidèles sont attirées vers le Christ (XVI, 25-30) ; parabole du bon grain et de l'ivraie (XIII, 24-30) et explication de cette parabole (XIII, 36-43) ; parabole du trésor caché et de la perle (XIII, 44-46) ; parabole du filet jeté à la mer (XIII, 47-53) ; guérison de deux aveugles et d'un muet (IX, 27-34) ; instruction des apôtres (X, 16-23) ; les clés du Royaume des cieux conférées à Pierre pour sa confession (XVI, 17-19) ; la drachme dans la bouche du poisson (XVII, 24-27) ; conseils particuliers (XVIII, 10-35) ; parabole des deux fils envoyés à la vigne (XXI, 28-32) ; parabole du banquet nuptial (XXII, 1-14) ; parabole des dix vierges (XXV, 1-13) ; parabole des talents (XXV, 14-30) ; prophétie eschatologique (XXV, 31-46). — Troisième partie : la garde du Sépulcre (XXVII, 62-66) ; l'ange déplace la pierre du Sépulcre (XXVIII, 2-4) ; Jésus ressuscité s'avance vers les saintes femmes (XXVIII, 9-11) ; les gardes soudoyés (XXVIII, 11-15) ; apparition sur une montagne de Galilée (XXVIII, 16-20).

Le livre commence par un préambule qui retrace la généalogie du Christ, et aussitôt après débute le récit évangélique. L'union entre les diverses parties s'accomplit par des procédés très élémentaires, parfois par une reprise de ce qui a été déjà dit précédemment. Le récit de Matthieu, comme d'ailleurs les récits des autres évangélistes, n'est pas une chronique de la vie de Jésus ; Matthieu recueille et rassemble les discours de Jésus qui furent prononcés ou les actions qui eurent lieu dans des circonstances diverses. L'enseignement de Jésus, les paraboles (Matthieu en cite huit en tout), les maximes et les discours sont sujets à ce procédé de compilation. On a pu remarquer que Matthieu groupait les récits et les maximes par nombre de trois et de sept. La tentation a trois épisodes. Jésus prie trois fois à Gethsémani. Le nombre sept est celui des Béatitudes, il existe sept demandes dans le Pater, sept paraboles dans le chapitre XIII, et il y est recommandé de pardonner soixante-dix fois sept (XVIII, 22). En général, on peut dire que les caractéristiques de Matthieu ne l'éloignent pas, comme d'ailleurs les autres évangélistes, de la langue classique. La phrase :

« Évangile *selon* ou *de* Matthieu », bien que n'étant pas de la main de Matthieu, remonte toutefois au IIe siècle, presque aux temps apostoliques. Comparé à l'*Évangile* de Marc, celui de Matthieu contient une proportion moins grande d'éléments qui ne se trouvent ni dans la langue classique ni chez les lettrés. Mais l'auteur se révèle étranger à la formation classique et habitué à la lecture de *La Bible* grecque, qui a influencé son style. La monotonie du récit est interrompue par de longs discours. Le plus célèbre parmi ceux-ci est le « Sermon sur la montagne », d'une teneur très élevée et empreint de poésie réelle. Même l'invective contre les pharisiens rappelle la fougue de quelques passages prophétiques d'Isaïe. Les nombreuses maximes confèrent une originalité caractéristique à l'*Évangile* de Matthieu. — Traduction œcuménique de *La Bible*, Éd. du Cerf, 1988.

ÉVANGILE ÉTERNEL (L'). Étude sur Michelet de l'écrivain français Jean Guéhenno (1890-1978), publiée en 1927. Son sujet profond est l'amour du peuple et de l'humanité, que Michelet plus que quiconque incarna de façon intellectuelle et mystique, en même temps qu'il sut estimer le sens commun nécessaire à toute étude des faits historiques. Pour Michelet, « le merveilleux accord des nations entre elles suffisait à établir l'autorité du genre humain, et en face du sens individuel proclamait la valeur du sens commun ». De telles pensées justifiaient à ses yeux l'instinct des foules auquel toute sa sensibilité populaire exigeait qu'on fît appel. Selon le mot de Vico, il existe une sagesse vulgaire, et elle a assuré, autant et bien plus que la sagesse réfléchie, l'ordre du monde. Michelet devait vérifier pour la première fois ces principes dans l'histoire du peuple romain. Le mot clef de la science nouvelle est celui-ci : l'humanité est son œuvre à elle-même. Dieu agit sur elle, mais par elle. L'humanité est divine, mais il n'y a point d'homme divin. Les héros mythiques, ces Hercule dont le bras sépare les montagnes, les Lycurgue et les Romulus, législateurs rapides qui accomplissent le lent ouvrage des siècles, sont les créations de la pensée du peuple. Dieu seul est grand. Quand l'homme a voulu faire des hommes-dieux, il a fallu qu'il entassât des générations en une personne, qu'il résumât en un héros les conceptions de tout un cycle poétique. À ce prix, il s'est fait des idoles historiques, des Romulus et des Numa. Les peuples restaient prosternés devant ces gigantesques ombres. Le philosophe les révèle et leur dit : ce que vous adorez, c'est vous-mêmes, ce sont vos propres conceptions. Après des vérifications spéculatives, Michelet enseigne à la France à s'aimer elle-même, aux Français à voir dans leur histoire leur grande œuvre commune et montre pour l'avenir dans la démocratie et la Révolution les dernières exigences et les plus récents travaux du sens commun du genre humain. Cependant, l'épilogue de Guéhenno n'est guère rassurant. Selon lui, le peuple se méfie des intellectuels. Il comprend qu'il ne devra son salut qu'à lui-même. Il y a là, pour la culture, un grand péril qui ne pourra être conjuré que si nous savons retourner au véritable humanisme, celui qui unit au lieu de diviser. « Si les idées doivent mener le monde encore, c'est à la condition qu'elles soient d'accord avec le sens commun de l'humanité. »

ÉVANGILE ET L'ÉGLISE (L'). Ouvrage de l'exégète français Alfred Loisy (1857-1940), publié en 1902. Dans sa polémique contre les théories abstraites de Harnack et de son école rationaliste, Loisy soutient la nécessité de donner une nouvelle valeur fondamentale au christianisme en ce qu'il a de vraiment substantiel pour l'histoire de l'humanité (un catholicisme dénouant sa ceinture dogmatique et rejoignant la liberté moderne de la science et de la pensée). D'autre part, il souligne l'obligation de compter avec l'histoire et avec l'évolution spirituelle et sociale en dépit de ceux qui méconnaissent le progrès des idées religieuses et des dogmes. Les autorités religieuses de Paris ayant condamné un de ses articles, publié sous l'anonymat, Loisy, qui préparait une apologétique chrétienne et une philosophie de la religion, répondit par *L'Évangile et l'Église* dans l'intention d'affirmer son adhésion à l'idée chrétienne au sein de l'Église et à son service. Le livre ayant été vivement combattu, Loisy n'en poursuivit pas moins ses travaux jusqu'à ce que la condamnation du « modernisme » sous Pie X contraignît l'auteur à cesser toute activité non scientifique. Dans cet ouvrage, Loisy s'attaque au protestantisme et à l'interprétation trop dogmatique des textes ; il est sincèrement catholique, soumis à l'Église et reconnaît la fonction sociale de celle-ci ; il soutient que l'essence du christianisme n'a pas été retenue à un « moment quelconque des siècles passés », mais qu'ayant été mise en pratique plus ou moins parfaitement à ses origines elle le sera toujours davantage tant que vivra le christianisme. De telle sorte que Loisy, avec une connaissance approfondie des sources historiques et par un examen des valeurs de la religion comprise dans son immédiateté, dans le sens de la grâce et de l'expérience morale, réduit à néant la thèse de ceux qui ne voyaient dans le christianisme qu'une réplique du judaïsme et considéraient son évolution historique dans l'orbite du monde classique méditerranéen. Loisy affirme l'irréductibilité du christianisme vis-à-vis des philosophies et des religions qui l'ont précédé, et fait ressortir l'élan sans pareil de la Bonne Nouvelle ; il reconnaît la grandeur de la mission de l'Église puisant sa force dans le passé et luttant pour instaurer sur terre le royaume des cieux. Dans les œuvres de sa maturité, Loisy révélera la fécondité de sa pensée, spécialement dans *Les Mystères païens et les Mystères chrétiens* (*) ainsi que dans ses ouvrages purement scientifiques sur les *Évangiles : L'Évangile selon saint Marc* (1912) ; *selon saint Luc* (1924) ; *Les Évangiles synoptiques.*

ÉVASION [*Escape*]. Drame de l'écrivain anglais John Galsworthy (1867-1933). Il comprend plusieurs épisodes qui se subdivisent en un prologue et deux parties. Il fut publié en 1926. Il est composé d'après une technique scénique assez différente de la technique traditionnelle : il s'inspire nettement des procédés cinématographiques. C'est une succession de tableaux qui nous racontent le bref séjour, dans le monde libre, d'un détenu qui s'est évadé. Ce détenu, Max Denant, est un ancien officier injustement condamné. Pendant son éphémère liberté, le malheureux rencontre différentes personnes : une jeune dame, deux jeunes filles, un groupe de gitans, un couple, quelques ouvriers et un pasteur anglican. Tous lui manifestent beaucoup de pitié ; tous sont convaincus de son innocence et s'emploient à le sauver, soit en lui donnant un refuge, soit en l'aidant à fuir les gendarmes qui le recherchent. Mais une terrible alternative tourmente le pasteur, homme aussi juste que bon : s'il obéit à ses sentiments de charité et d'humanité, il soustraira le fugitif à la justice ; mais, en le gardant auprès de lui pour le sauver, il devra sacrifier son honneur de religieux. Le dilemme sera résolu de façon inattendue : le forçat, ému par la bonté du pasteur, comprendra le drame intime et profond qui l'agite. Avec une compréhension et une abnégation sublimes, il se sacrifiera et ira se constituer prisonnier. Cette dernière comédie de Galsworthy est une sorte d'apothéose de la bonté et de la fraternité qui doit unir les hommes. Elle est fidèle à la thèse qu'il a toujours soutenue dans ses œuvres : compréhension réciproque, lutte contre la haine, loyauté envers ses semblables. Il faut à tout prix parvenir à l'harmonie entre les hommes, en faisant disparaître les barrières de classe et l'esprit de corps qui les séparent le plus souvent. Par son sujet *Évasion* se rapproche de *Justice* (*) : ici, cependant, le personnage central n'est pas un vulgaire assassin mais une victime de la justice humaine. C'est un homme courageux et sympathique qui aspire à la liberté dont il a été injustement privé. Mais entre le jeune Falder de *Justice* et Max Denant il y a une différence essentielle dont l'auteur souligne la profonde ironie : celui qui a réussi à s'enfuir de la prison et à se soustraire à la justice est accueilli à bras ouverts par tous ; tandis que celui qui, pour obéir au précepte de la justice, reste en prison et expie jusqu'au bout ses propres fautes, quand il revient dans la société se voit repoussé par tous et retombe dans le vice.

ÉVASIONS (Les) [*Bekstra*]. Roman de l'écrivain et homme politique serbe Oskar Davičo (1909-1989), publié en 1966. Cette œuvre, qui appartient au cycle du *Bagne*, se situe durant la Seconde Guerre mondiale et décrit l'organisation de la lutte clandestine contre l'occupant par les militants communistes, qui se sont évadés à temps des prisons gouvernementales et ont gagné le maquis. Davičo analyse longuement l'attitude des intellectuels face à l'engagement politique et réussit à donner vie aux situations en apparence les moins romanesques. Ses personnages reflètent des héros de la Résistance yougoslave, et l'atmosphère de cette dernière est rendue avec une vérité qui ne tient pas seulement au réalisme, mais au souffle de générosité et à l'idéal de sacrifice dont tout cet ouvrage est imprégné.

ÈVE. Épopée chrétienne de l'écrivain français Charles Péguy (1873-1914) qui parut le 27 décembre 1913 dans les *Cahiers de la Quinzaine* (*). Le poème, commencé en juillet de la même année, comprenait 1 911 quatrains, soit 7 644 alexandrins, sans aucune subdivision. Il se présentait comme un monologue continu, avec en tête cette seule indication : « Jésus parle. » Cependant, au moment de donner son manuscrit à l'impression, Péguy en avait écarté environ 4 000 vers, qui ne furent publiés qu'en 1941, dans les *Œuvres poétiques complètes* (édition de la Pléiade), sous le titre impropre de *Suite d'Ève*. Il s'agit bien plutôt de « chutes », c'est-à-dire de quatrains que le poète, pressé de publier pour la Noël et hanté par le pressentiment de la guerre immédiate, ne parvint pas à faire tenir dans le volume en préparation. Ces vers apportent un certain nombre de thèmes nouveaux ou encore développent, d'une façon admirable, certains thèmes déjà apparus dans le poème publié. Après les *Mystères* en vers libres des années 1910 à 1912 et les *Tapisseries* en alexandrins rimés de 1912-1913, *Ève* représente la suprême éclosion du génie poétique de Péguy et la forme définitive d'une vision chrétienne de l'histoire humaine qu'il avait déjà esquissée, au passage, dans plusieurs de ses écrits en prose. Un précieux commentaire, dicté par Péguy à son ami Joseph Lotte le 4 janvier 1914, puis remanié par lui et donné dans le *Bulletin des professeurs catholiques* du 20 janvier comme un article signé du pseudonyme de J. Durel, permet de connaître les intentions du poète et de dégager les grandes lignes d'une œuvre très complexe.

Ève est avant tout le poème de l'Incarnation. La mère des hommes, qui figure l'humanité dans son exil terrestre, mais qu'une profonde analogie apparente sans cesse à la Mère de Dieu, se souvient du paradis perdu, où tout était harmonie, jaillissement, perpétuelle naissance. Par contraste, le monde d'après la Chute apparaît avant tout comme soumis à l'inexorable loi du temps destructeur, de l'inévitable vieillissement. Mais la Chute appelle le jugement, et le jugement lui-même rend nécessaire la Rédemption. Grâce à l'Incarnation et au sacrifice de Jésus-Christ, la situation de l'homme ne reste pas ce qu'elle était au lendemain de l'exil. La créature, désormais, est ambivalente : misérable, elle est promise au salut, selon une dialectique renouvelée de Pascal. Et le temps aussi change de sens : fatalement destructeur, il est pourtant l'instrument de la grâce. Si la Chute fut l'origine du temps ennemi, la Nativité inaugure le temps nouveau ; et l'histoire des siècles, désormais, au lieu de se définir comme un éloignement progressif de l'Éden perdu, se transforme en une lente approche du terme à venir, c'est-à-dire d'un jugement qui est une promesse. Car entre Dieu et le monde temporel l'Incarnation a scellé une alliance qui les met dans une dépendance réciproque. Et Dieu accepte l'œuvre de ce temporel, maintenant pénétré de sa présence.

Construit sur ce schéma théologique, le poème de Péguy n'en a pas la raideur. Il ne s'organise pas de façon linéaire, mais un peu à la manière d'une symphonie, où les thèmes apparaissent, se succèdent, se relaient, reviennent et s'entrelacent, à chaque fois enrichis par leurs rapports imprévus. Tout un jeu d'images, de rimes, de rappels subtils rétablit sans cesse dans la qualité poétique ce qui sinon resterait du domaine de la pensée. Une logique préside à tout l'ensemble, mais c'est une logique de mystère conforme aux rapports et aux hiérarchies internes de la vision chrétienne des choses. À tout instant, on a l'impression que le poète découvre les horizons de cette vaste réalité qu'il explore. Elle s'éclaire du dedans, à partir de l'unique foyer lumineux que constitue la Croix, plantée au milieu du poème comme elle est plantée au milieu de l'Histoire, dont elle est l'axe ou le pivot. On discerne des épisodes, dans cette architecture mouvante, ou plutôt ce que Péguy appelait des « climats » : après le paradis terrestre et l'exil, voici le jugement et la pathétique évocation des morts revenus dans leurs villages chercher leurs corps et tout ce qu'ils ont aimé. Voici encore Ève, mère des mortels, pleurant sur ses enfants qu'elle a mis « dans les plis d'un long deuil ». Une voix lui répond, qui dit les béatitudes et la « prière pour nous autres charnels », désormais célèbre : « Heureux ceux qui sont morts pour quatre coins de terre. » Ici se place la scène de la crèche, avec l'Enfant Jésus et, dans le réseau des veines apparentes, ce même sang qui sera versé sur le Calvaire et qui est vrai sang humain. Il ouvre l'Histoire, et même celle qui a précédé sa venue. Après l'évocation de la Rome antique et l'invective contre le monde moderne, le poème s'achève sur une prière aux saintes de France, Geneviève et Jeanne.

Poème de l'Incarnation, *Ève* est par conséquent un poème à la louange de la création temporelle, qu'irrigue le sang rédempteur. Le ton est d'une longue déploration, mais que soulève l'espérance et où se mêle toute la tendresse humaine. Et périodiquement la poésie devient prière dans cet extraordinaire chef-d'œuvre dont Péguy osa dire qu'il était « l'œuvre la plus considérable qui ait été produite en catholicité depuis le XIVe siècle ».

ÈVE FUTURE (L'). Roman de l'écrivain français Auguste de Villiers de L'Isle-Adam (1838-1889), publié en 1886. Le jeune lord Ewald est amoureux d'une cantatrice, Alicia Clary, femme d'une prodigieuse beauté, mais dont la vie spirituelle est inexistante. Obsédé, jusqu'à la pensée du suicide, par l'idée de ne pouvoir ni aimer Alicia ni se détacher d'elle, il parle de son tourment à l'inventeur Edison, son ami, qui met à sa disposition sa science prodigieuse. Il a créé un automate admirable, Hadaly, revêtu d'une tendre carnation, qui se meut et parle avec l'aide de l'électricité et du phonographe. Ayant trouvé un prétexte pour faire venir Alicia, Edison travaille à rendre Hadaly en tout point semblable à elle, lui donnant sa voix et ses gestes, au point de tromper pour un moment Ewald lui-même. Dans cet automate étonnant, il ne lui reste plus qu'à insuffler l'âme de Sowana, c'est-à-dire l'âme hypnotique, qu'il a réveillée par le magnétisme, d'une femme fine et malheureuse tombée en léthargie, Mrs. Anderson. Lord Ewald, fâché tout d'abord de cette magnifique ressemblance, est finalement conquis par la haute et spirituelle grâce de l'Ève nouvelle ; aussi la transporte-t-il en Angleterre pour vivre avec elle dans son château. La poupée est enfermée dans une caisse, au fond du bateau : mais là éclate un incendie qui la détruit, au désespoir du jeune homme qui avait vu se réaliser son idéal.

Malgré l'étalage de termes scientifiques, malgré le merveilleux qu'offrent à l'auteur les très récentes découvertes (téléphone, phonographe) et malgré certaines anticipations audacieuses comme celle du cinématographe, il ne s'agit nullement d'un roman scientifique à proprement parler. Edison apparaît dans son fantastique laboratoire comme un mage, maître non seulement en science mais encore en philosophie. Il ne se contente pas de créer pour Ewald un automate prodigieux ; il va jusqu'à persuader le jeune homme que, puisque la réalité vit seulement dans notre pensée, sa pensée peut animer la statue d'Hadaly ; dès lors, cette dernière, bien mieux qu'Alicia, pourra déclencher son imagination créatrice. Hadaly est fille du rêve, de l'idéal désir d'Ewald, plus que de la science. L'âme qui en dernier lieu la remplit, celle de Sowana, est un mystère de plus ajouté à l'œuvre. *L'Ève future* est un conte aux reflets magiques : lyrisme enchanteur et ironie, non sans lourdeur, s'y mêlent pour composer, en un jeu savant, un récit fait d'ombres et de lumière.

Œuvre étroitement liée aux *Contes cruels* (*) et, comme eux, inspirée par un idéalisme métaphysique absolu, elle est de loin l'un des meilleurs récits de l'auteur, parmi les plus curieux et les plus suggestifs, bien que celui-ci ait échoué dans son ambition de donner la vie à une création d'inspiration faustienne.

ÉVEIL (L') [*The Awakening*]. Roman de l'écrivain américain Kate Chopin (1851-1904), publié en 1899. On comprend que ce petit livre ait fait scandale, et que celui-ci ait mis un terme prématuré à la carrière littéraire de l'auteur (qui mourut cinq ans plus tard, à cinquante-trois ans). À peine un roman, c'est plutôt un poème sur le thème de la libération de l'individu en général — de la femme en particulier. Mais les féministes (à qui l'on doit le succès moderne du roman) font fausse route, qui s'ingénient (comme les détracteurs de la fin du siècle !) à le lire de façon autobiographique. Peu importe que Grand-Isle, où se passe une partie de l'action et où se noue la passion qui est fatale à l'héroïne, ait été le lieu de la résidence d'été de l'auteur à l'époque de la prospérité de son businessman de mari. Peu importe aussi qu'il y ait dans cette œuvre, dès le début, une veine de revendication incontestable. Ce qui compte, c'est qu'on a là non seulement, comme l'a fait remarquer Cyrille Arnavon, le premier traducteur (dès 1953), le portrait d'une « Bovary de La Nouvelle-Orléans », mais une fort belle étude (au sens musical du terme) sur le thème que signifie très exactement le sous-titre de l'œuvre : « une âme solitaire ». Dans le milieu créole de La Nouvelle-Orléans, Edna Pontellier, bien mariée et dotée de deux charmants enfants, s'ennuie. Mais en outre, comme on le lit dès le début : « Une oppression indescriptible, qui semblait venir de quelque coin obscur de sa conscience, emplit tout son être d'une vague angoisse. » Elle connaîtra successivement le prince charmant (Robert Lebrun) et un fringant ami, Alcée Arobin. Elle quittera la somptueuse demeure familiale pour aller s'installer dans un « pigeonnier », mais elle n'y restera pas longtemps car, peu apres son vingt-neuvième anniversaire, s'étant « abandonnée au Destin », elle se mettra nue pour entrer dans l'eau de la plage à Grand-Isle, et elle nagera jusqu'à épuisement, vers le large. — Trad. Club bibliophile de France, 1953 ; Éd. Ivan Davy, 1983. M. Gr.

ÉVEIL DE LA GLÈBE (L') [*Markens gröde*]. Roman de l'écrivain norvégien Knut Hamsun (pseud. de Knut Pedersen, 1859-1952), publié en 1917. L'auteur semble vouloir répondre à ceux qui le critiquaient parce qu'il avait introduit, dans ses romans, des personnages moralement tarés ou faibles. Un homme de bonne volonté devient le propriétaire d'un lopin de terre en friche et commence son dur labeur, luttant contre l'hostilité de la glèbe et de la nature. Mais l'auteur n'insiste pas trop sur ce thème qui pourrait facilement devenir conventionnel. Il s'attache surtout à évoquer une histoire simple et émouvante, en lui donnant un ton poétique. Son héros épouse une femme simple et courageuse comme lui. La fortune lui sourit ; malgré les obstacles et les difficultés, leur travail avance favorablement. Chaque progrès, chaque cadeau de la Providence est accueilli par les deux époux avec une gratitude pleine de révérence. « Le travail est nécessaire au salut de l'âme », c'est ainsi que l'on pourrait résumer ce roman de Hamsun, œuvre remarquable pour son style, ses analyses psychologiques et le sens poétique de la nature et des saisons qui s'y déploie. — Trad. Flammarion, 1937.

ÉVEIL DU PRINTEMPS (L') [*Frühlings Erwachen*]. Drame en cinq actes de l'écrivain allemand Frank Wedekind (1864-1918), représenté en 1891. L'action a pour protagonistes un groupe de collégiens et se déroule dans une atmosphère d'une sexualité exaspérée, s'opposant à la mentalité « bien-pensante » des professeurs, dans le cadre déprimant d'une petite ville de province. Melchior, le plus pur d'entre eux, est renvoyé de l'école après la découverte d'un cahier sur lequel il avait noté ses premières expériences sexuelles. Maurice, qui l'avait incité à écrire ces notes, se suicide peu de temps après, ayant échoué à ses examens. Wend, jeune étudiante qui s'était donnée presque inconsciemment à Melchior, meurt des suites d'un avortement. Le drame, jusque-là violemment réaliste, se charge alors d'une atmosphère sentimentale et symbolique non exempte d'artifice. S'étant rendu au cimetière pour se tuer au clair de lune, Melchior se trouve face à face avec le fantôme de Maurice qui l'exhorte à le suivre. Survient alors un homme masqué, porte-parole de l'auteur, qui persuade Melchior de renoncer à son geste. Ce surprenant mélange de naturalisme et de symbolisme est heureusement soutenu par le sens profond de Wedekind pour tout ce qui touche aux troubles de ce monde juvénile. Les cinq actes de la pièce forment une suite de scènes indépendantes entre elles, selon la méthode utilisée par Büchner dans son *Woyzeck* (*).

ÉVEILS. Souvenirs de l'écrivain français Jean Schlumberger (1877-1968), publiés en 1950. L'auteur évoque ici sa jeunesse et raconte ses éveils successifs aux richesses de la vie spirituelle. Le livre s'ouvre sur une magistrale évocation de Guebwiller après la défaite de 1870 : « À l'époque où j'ouvris les yeux, la génération de grands fondateurs était éteinte. Les éléments les plus entreprenants avaient émigré ; les autres se bornaient à faire leur rétablissement dans des conditions difficiles. On vivait sur un fonds d'idées qui ne se renouvelait plus. La vertu de ces vieux patrons consistait surtout dans une régularité janséniste. Au bureau de huit heures à midi, d'une heure et demie à sept, jamais de voyages, jamais d'absences... C'est peu de dire que la caste est fermée : elle est encore scindée en familles... La vie de société se borne à des "dîners de famille", où, sans égard aux affinités personnelles, aux goûts, aux amitiés, l'assistance est déterminée par la seule consanguinité. » Heureusement pour le jeune Schlumberger, les industriels alsaciens ne représentaient que sa famille paternelle. Du côté maternel, il y avait un milieu parisien et normand, mêlé depuis un siècle à la politique et aux lettres, et dominé par la figure de l'aïeul Guizot : « Le monde de mes grands-parents de Witt était aussi rayonnant pour nos cœurs que l'autre était froid. » Après avoir brossé une série de tableaux de famille, l'auteur nous dit quelles furent ses études, ses premières lectures, quels furent ses maîtres et ses premiers amis, ses premiers apprentissages – notamment l'expérience des Universités populaires – et ses premiers voyages. Puis voici la rencontre avec André Gide, les débuts dans la littérature, la formation de l'équipe de *La Nouvelle Revue française* (*) et de l'équipe du Vieux-Colombier. Ces pages-là sont essentielles pour qui s'intéresse à l'histoire littéraire du premier demi-siècle. Elles sont écrites avec la plus grande simplicité et elles évitent avec soin la légende. À propos de la naissance de la *N.R.F.*, Schlumberger écrit : « Nous n'apportions pas une formule nouvelle, ayant passé l'âge où l'on croit trouver le génie dans des mots magiques, mais nous avions en commun quelques grandes admirations, doublées d'énergiques refus, et quelques principes qu'il faudrait qualifier de moraux autant que d'esthétiques. Notre lien résida dans une manière d'être, dans une éthique plutôt que dans une manière d'écrire ; aussi notre livrée n'eut jamais rien d'un uniforme. Elle ne nous gêna point dans notre affirmation individuelle et s'agrégea des recrues sans les gêner non plus. » *Éveils* est écrit par petits chapitres qui forment chacun un texte complet sous une rubrique donnée : les souvenirs d'un même ordre se trouvent ainsi groupés. Bien que le livre s'achève au commencement de la Première Guerre mondiale, l'auteur peut brosser des portraits complets de ses principales amitiés.

ÉVELINA ou l'Entrée d'une jeune personne dans le monde [*Evelina or the History of a Young Lady's Entrance into the World*]. Roman épistolaire de l'écrivain anglais Frances (Fanny) Burney (1752-1840), publié en 1778. Les événements sont exposés en 84 lettres qui forment deux gros volumes. Charlotte Evelyn a été abandonnée par son mari, Mr. John Belmont, peu après son mariage, et elle meurt en donnant le jour à la petite Évelina, qui ne pourra même pas prouver la légitimité de sa naissance, car son indigne père a détruit l'acte de mariage. Elle est élevée par un M. Villars, tuteur de Charlotte, sous le nom de Mlle Anville. Quand John Belmont apprend la mort de sa femme et la naissance de la petite fille, il se repent et veut reprendre l'enfant ; mais, sachant que Villars ne la rendra pas, la nourrice lui donne à la place une de ses propres filles. À dix-sept ans, Évelina fait son entrée dans le monde : sa beauté, sa douceur de caractère, sa parfaite éducation lui valent d'être très courtisée. Elle aime et est aimée de l'excellent lord Orville. De nombreux obstacles s'opposent toutefois au bonheur des deux jeunes gens : l'origine peu claire d'Évelina elle-même, et la présence de parents vulgaires, de sa grand-mère maternelle, dame qui n'a pas été mariée moins de trois fois et jouit d'une douteuse réputation. Pourtant quand Orville a conscience des dangers auxquels, dans sa position fausse, se trouve exposée Évelina, il surmonte tous les obstacles et la prie de « lui accorder le droit de la protéger pour toujours en qualité d'épouse ». Enfin, le père de la jeune fille reconnaît en Évelina sa véritable fille, et lui donne une riche dot. La fausse Mlle Belmont, élevée par lui comme sa fille, épouse un romantique jeune homme. Frances Burney suit, dans son premier et meilleur roman, le modèle épistolaire imposé par Richardson. Bien que superficielles, les descriptions des événements et des personnes gardent une fraîcheur ingénue et restent un document sur la vie et les habitudes de la bonne société de l'époque, telles qu'elles apparaissaient à l'intelligence éveillée et légèrement malicieuse d'une jeune femme de ce même milieu. Ce livre eut, en son temps, un immense succès. Pour la postérité, F. Burney a le mérite d'avoir, avec ce roman comme avec ses autres ouvrages, frayé le chemin à Jane Austen, la plus géniale des femmes écrivains de ce temps. – Trad. Changuion, 1779.

EVELYN INNES. Roman de l'écrivain irlandais George Moore (1852-1933), publié en 1895. Fille d'une ancienne actrice en renom et d'un organiste de l'église catholique St. Joseph de Londres, Evelyn, douée d'une grande sensibilité artistique et d'une voix admirable, est destinée à devenir une artiste célèbre. Un gentilhomme approchant de la quarantaine, sir Owen Asher, qui possède une belle intelligence et des goûts raffinés, devient d'abord son protecteur et son ami, puis le plus épris et le plus dévoué des amants. Il arrache la jeune fille à son morne faubourg londonien de Dulwich pour la conduire à Paris, à l'école de Mme Savelli ; il l'introduit dans la haute société et en fait une artiste renommée. Cependant, Evelyn n'est pas heureuse, car elle a suivi Owen malgré la promesse qu'elle fit à son père de ne jamais le quitter ; mais « nos actions obéissent toutes à une loi mystérieuse, innée, et non à la logique ». Une sorte de nostalgie religieuse l'accable, ainsi que de vagues aspirations au bonheur. Après avoir vécu sept ans avec Owen, elle rencontre Ulick, esprit artiste et mystique, qui l'aime et s'en fait aimer. Cette nouvelle faute, le tissu de mensonges dont elle est prisonnière lui donnent le dégoût d'elle-même ; dans son désir de pureté, dans son besoin impérieux de libération, elle sent la présence de Dieu. Pour la « sauver de la religion », Owen lui propose vainement de l'épouser ; elle le quitte, se sépare d'Ulick, renonce au théâtre, où son art et son corps demeureraient « une source de passions sensuelles », et reprend son existence obscure, chaste et solitaire dans le triste quartier de Dulwich, auprès de son vieux père. Evelyn ne sait plus qu'une chose, c'est qu'elle pourra sortir de l'abîme par le remords, le tourment de sa faute ; la paix qu'a recouvrée son âme en revenant au sein de l'Église lui montre que le royaume de Dieu dure éternellement.

Ce roman, qui sera continué par *Sœur Thérèse*, proclame la suprématie de la notion de salut sur la raison. Tous les personnages tendent à leur purification, mais Evelyn seule ose revenir sur ses pas, en s'abandonnant aveuglément à une impulsion secrète. L'auteur, qui est considéré comme le plus modéré et le plus estimé des « décadents » et des adeptes de « l'art pour l'art », aurait pu donner un livre dégagé des préjugés de l'école s'il ne s'était pas autant plu à mettre en relief ces contrastes entre la sensualité et le mysticisme, contrastes qui le rattachent aux décadents purs.

ÉVÉNEMENTS DE L'IMPASSE ZAʿFARĀNĪ (Les) [*Waqāʾiʿ ḥārat al-Zaʿfarānī*]. Roman de l'écrivain égyptien Jamāl Ghīṭānī (né en 1945), publié en 1976. Divisé en dossiers rédigés en arabe moderne imprégné de dialectalismes, cet ouvrage se présente comme un procès-verbal implacable d'événements rapportés oralement par des narrateurs appartenant pour la plupart à la police. L'impuissance et la stérilité sont les conclusions pitoyables de la vie quotidienne des habitants de l'impasse Zaʿfarānī, quartier imaginaire et pittoresque du vieux Caire. Un énigmatique mystique, le Shaykh ʿAṭiyya, prétend leur avoir jeté un sort et commence à régenter les moindres détails de leur existence, sous couvert de leur procurer la guérison. Le récit bascule alors du surnaturel à l'anticipation totalitaire : isolant l'impasse, le Shaykh instaure une dictature menant à l'aliénation et promet de répandre sa malédiction sur le monde entier. Incapables d'arrêter ce phénomène psychosomatique inconnu, les autorités assistent à la diffusion de l'idéologie du Shaykh, visant à l'extinction de la libido, de l'agressivité et de la guerre pour recomposer toutes les structures sociales. Les figures d'Attila, de Gengis Khan, de Himmler et de Rommel resurgissent, suscitées par un onirisme hallucinant et angoissé. L'œuvre se termine par des dépêches haletantes d'agences de presse : l'épidémie se propage, ralliant des exaltés à l'utopie du Shaykh et provoquant des bouleversements apocalyptiques. S'emparant démoniaquement des tabous sexuels, Ghīṭānī piège la réalité et les fantasmes pour mieux dénoncer l'hystérie des hallucinations collectives, la crédulité des faibles, la veulerie des dominés et la cruauté des tyrans. Conte symbolique, cette œuvre est aussi un pamphlet politique et philosophique contre la barbarie perverse des lendemains qui chantent.

B. Mo.

ÉVÉNEMENTS ÉTRANGES SURVENUS AU COURS DES VINGT DERNIÈRES ANNÉES. Roman de l'écrivain chinois Wou Wo-yao (1866-1910) qui décrit en cent huit chapitres la société chinoise contemporaine. L'auteur, qui a vécu à la fin de la dynastie des Ts'ing (1644-1912), au seuil d'un tournant capital de l'histoire de la Chine, retrace dans son œuvre les difficultés d'une époque de décadence et d'un monde en décomposition dans lequel fermentaient déjà les idées nouvelles. Réformiste convaincu, son dessein est de mettre à nu la corruption et la misère de son temps et de demander que d'importantes réformes soient entreprises. Mandarins, écrivains, militaires, commerçants et les différents types de la société chinoise sont décrits avec exactitude et passés au crible d'une critique aiguë et mordante : « Si je me retourne vers le passé, écrit Wou Wo-yao, je ne vois que trois catégories d'hommes : d'une part, les insectes, serpents, rats et fourmis ; d'autre part, les loups, tigres et panthères, enfin, les lutins, démons et diables. » En brossant un tableau précis et terrible à la fois de la Chine de cette époque, l'auteur atteint aux buts qu'il se propose dans son roman, et, en exposant des faits concrets de la vie de son temps, il ouvre la voie au roman social qui fleurit par la suite sous l'impulsion des transformations sociales et politiques. Sur le plan littéraire, le roman de Wou Wo-yao a une autre particularité, celle d'avoir tenté une réforme de la structure du roman chinois, en s'inspirant du roman occidental.

ÉVENTAIL (L') [*Il ventaglio*]. Comédie en trois actes du dramaturge italien Carlo Goldoni (1707-1793) ; sans doute son chef-d'œuvre (arrangement d'une pièce qu'il avait écrite en français, *L'Éventail*), elle fut représentée, pour la première fois, en 1765. C'est une comédie d'ensemble, genre le plus cher à Goldoni, fondée sur la vivacité de l'intrigue et du mouvement collectif, plutôt que sur la prédominance d'un personnage. En parlant de son balcon à Évariste (qu'elle aime et dont elle est aimée), Candida laisse tomber son éventail qui se brise. Évariste achète un nouvel éventail à Susanna la marchande, et charge la paysanne Giannina de le faire parvenir à Candida. C'est là le commencement d'une série de malentendus : le cordonnier Crespino et l'aubergiste Coronato, amoureux de Giannina, s'inquiètent croyant qu'Évariste est leur rival ; Candida pense de même et offense Giannina en lui rapportant l'éventail ; puis elle se fâche avec Évariste et promet sa main au baron del Cedro, qui la lui demande par l'intermédiaire du comte de Rocca Marina, noble ruiné et présomptueux. Pendant ce temps, l'éventail passe de main en main et déchaîne malentendus et calembours, jusqu'à ce que tout devienne clair : Candida et Évariste se raccommodent, Giannina se promet à Crespino, et les péripéties finissent dans le calme général. Le véritable protagoniste de cette comédie est donc l'éventail ; les différents personnages n'ont pas de caractéristiques individuelles à l'exception de Giannina qui représente, par sa rudesse, un type inhabituel dans la riche palette goldonienne. Fait aussi exception le comte de Rocca Marina, qui reprend un peu la figure du marquis de Forlipopoli de *La Locandiera* (*) : aristocrate déchu qui cherche à opposer la force de la protection à celle, plus réelle, de l'argent. Mais la valeur de l'action réside dans la vivacité avec laquelle les différents sentiments se nouent, dans la parfaite harmonie qui règne entre les différents personnages, malgré une intrigue en cascade. Nobles bourgeois, marchands, villageois et artisans arrivent à se concilier dans le jeu spirituel de l'éventail. Ils se retrouvent tous dans l'égale anxiété que le jeu procure, et ainsi se comblent les distances qui les séparent. Dans sa plus mûre expression, l'art de Goldoni atteint ici à la poésie. – Trad. Flammarion, 1980 ; *Avant-Scène* n° 863, 1990.

ÉVENTAIL AUX FLEURS DE PÊCHER (L') [*T'ao-houa chan – Taohuashan*]. Célèbre drame en quarante-deux actes, qu'écrivit le philosophe et auteur dramatique chinois K'ong Chang-jen (1648-1718). L'auteur, fidèle à la dynastie des Ming, rappelle la fin tragique de cette dynastie au moment de l'invasion des Tartares mandchous. À cette époque fatale, un jeune lettré, Ho Fang-yu, rencontre à Nankin une belle courtisane, Li Siang-tsun, et s'éprend d'elle. Cependant, le traître légendaire, Jouan Ta-tch'eng, que l'on soupçonne et que l'on exècre, cherche à se concilier l'opinion publique en gagnant l'amitié de Ho Fang-yu, dont la générosité et la noblesse sont bien connues. Mais le jeune lettré repousse les avances de Jouan Ta-tch'eng. Alors Jouan, pour se venger, répand le bruit que le général Tso Liang-yu prépare une grande révolte et que Ho Fang-yu est son complice. Contraint de s'enfuir, Ho Fang-yu doit laisser seule son amante. L'armée mandchoue envahit Pékin, et l'empereur se tue. Jouan Ta-tch'eng organise un nouveau gouvernement et fait accéder au trône impérial un parent de l'empereur défunt, de sorte qu'il a la haute main sur les affaires de l'État et qu'il commence par se venger de ses adversaires, sans plus s'occuper de l'invasion. Un ami de Jouan poursuit de ses assiduités la maîtresse de Ho. Réduite à se défendre brutalement, la malheureuse se blesse et fait une tache de sang sur l'éventail que son amant lui a offert. Cette tache de sang est transformée en fleur de pêcher par un sien ami peintre, et l'éventail est expédié à Ho Fang-yu, en guise de message. Ho cherche en vain sa maîtresse pendant que les événements se précipitent : le dernier général fidèle à l'ancienne dynastie se tue en se jetant dans le fleuve Bleu, les Tartares occupent Nankin, où le traître Jouan Tatch'eng trouve la mort. L'infortunée Li Siang-tsun, qui a réussi à s'échapper de la ville, se réfugie dans un couvent de moines bouddhistes, cependant que Ho se cache dans les montagnes qui sont autour de Nankin. Au cours d'une fête solennelle, ils se retrouvent enfin, avec une inexprimable joie. Mais un moine sévère leur rappelle les vanités de ce monde et leur conseille d'embrasser la vie monastique : ainsi font-ils. Leur renoncement est comme une réponse à l'écroulement de la civilisation chinoise. Le dernier acte du drame est orné de chants délicats et émouvants, qui déplorent la ruine de Nankin après le passage des Tartares. – Trad. anglaise : *The Peach Blossom Fan*, Berkeley-Londres, 1976.

ÉVENTAIL DE LADY WINDERMERE (L') [*Lady Windermere's Fan*]. Comédie en quatre actes de l'écrivain irlandais Oscar Wilde (1854-1900), représentée à Londres en 1893. Déjà célèbre, Wilde s'écarte avec cette comédie, la première qui ait un caractère moderne, de la technique et de l'inspiration des auteurs élisabéthains et de Victor Hugo, auxquelles il s'était jusqu'alors conformé, pour s'en tenir à une forme plus adaptée à l'esprit et au théâtre contemporains français, dont il se rapproche de plus en plus, même par le choix des sujets. L'action se passe dans la société élégante de Londres, et aboutit à une conclusion morale, en démontrant la suprématie du sentiment sur l'intransigeance formaliste des puritains. Lady Windermere, d'esprit droit et noble, éprise de son mari en qui elle a la confiance la plus absolue, repousse lord Darlington, un ami de la famille qui lui fait la cour. Quand, cependant, les insinuations malveillantes de la duchesse de Berwick et quelques preuves apparemment irréfutables viennent troubler sa foi et son amour pour son mari, elle se rend spontanément chez lord Darlington, par vengeance, et presque par réaction contre l'injure qu'elle imagine lui avoir été faite... Elle est sauvée de l'irréparable erreur par Mrs. Erlynne, que tout le monde soupçonnait d'être la maîtresse de lord Windermere qui lui rendait parfois visite en cachette. Celle-ci est, en réalité, la mère de lady Windermere. Alors qu'on la croyait morte depuis de longues années, elle a vécu autrefois le drame qu'elle voit se renouveler dans la vie de sa fille, et le souvenir de ses déceptions ranime l'amour maternel qui sommeillait en elle. Le désir de sauver son enfant lui inspire les paroles qu'il faut dire pour ramener celle-ci, repentante, à son foyer. Quand, par la suite, on retrouvera chez lord Darlington l'éventail de lady Windermere, Mrs. Erlynne n'hésitera pas, pour sauver sa fille, à s'accuser en disant que c'est elle qui, à l'occasion d'une visite, a oublié cet éventail, pris par erreur chez les Windermere. Puis elle s'éloigne pour toujours, sans révéler son identité à sa fille, afin de ne pas troubler son nouveau bonheur qui est son œuvre. La comédie, tout en paraissant céder au goût décadent de la fin du siècle, auquel il faut imputer certaines imperfections éviden-tes, révèle, dans son dialogue magistralement mené, une pensée complexe à multiples facettes qui, avec une ironie subtile, domine toute l'action. – Trad. Stock, 1910 ; Ressouvenances, 1986.

ÉVENTAIL D'IVOIRE ET L'ARC-EN-CIEL (L') [*Der Elfenbeinfächer und der Regenbogen*]. Nouvelles de l'écrivain allemand Arnold Zweig (1887-1968), publiées en 1963. Nous retrouvons dans ces nouvelles le cadre historique des romans d'Arnold Zweig : l'Allemagne de 1908 à 1945. Dans la société wilhelminienne règne « l'ordre ». Mais cet ordre qui permet à l'étudiant Benarône de tourner en dérision un jury d'examen et qui condamne Michael Mrozik, le mineur de fond, à mourir prématurément, comme tant d'autres travailleurs terrassés par un travail inhumain, n'est-il pas un ordre dérisoire, une simple apparence ? L'héroïsme des prolétaires allemands, français, russes, serbes, pendant la guerre impérialiste de 1914-1918 met en valeur l'absurdité de la lutte gigantesque qui oppose les « hommes blancs » les uns aux autres. Cette tuerie fratricide n'est voulue et prolongée que par les ambitions des milieux dirigeants si largement décrits dans les romans et dont le général Clauss, qui rêve de « dévorer à belles dents » la Russie de Lénine, est ici le principal représentant. Les intellectuels, mal préparés par la formation qu'ils ont reçue dans les universités, réagissent trop tard, et les plus courageux d'entre eux, tel le juge Helbret, sont tragiquement isolés. La paix, dans laquelle l'architecte Pont recouvre enfin vers 1925 son équilibre mental, est menacée une seconde fois par le désir de revanche des milieux impérialistes et la terrible emprise de leur propagande sentimentale (la cathédrale de Strasbourg, Mozart, Händel, Bach, Wagner...). Aux forces tumultueuses et destructrices s'opposent pourtant ceux qui luttent pour sauvegarder les valeurs humaines, le capitaine Winfried, le jeune apprenti Benno Bremm et, sous le règne du fascisme, les émigrés allemands et le « banni » italien Don Servato. L'arc-en-ciel est le symbole de l'espoir des hommes en un monde meilleur. « La mort passe, l'avenir reste perpétuellement. » Ces nouvelles forment autant de touches sur la toile de fond historique. Elles nous permettent de mieux comprendre l'évolution des intellectuels allemands de cette époque. Elles nous font saisir la logique du « choix » d'Arnold Zweig, s'installant dans la République démocratique allemande, dont il fut l'une des figures dominantes.

ÉVENTREUR D'OURS (L') [*Lačplesis*]. Poème historique et mythologique de l'écrivain letton Andrejs Pumpurs (1841-1902), publié en 1888. L'auteur a repris une légende populaire : abandonné tout petit dans un bois, un enfant est allaité par une ourse. Il a hérité de sa nourrice de longues oreilles velues, qui sont la source secrète de sa force surhumaine. On l'a surnommé Lačplesis (l'éventreur d'ours), car adolescent il prouva qu'il pouvait fendre en deux une bête féroce. Il est devenu un héros en s'engageant dans des luttes où il défend le bien de son pays et se montre toujours invincible. Finalement, il est un jour blessé aux oreilles par un adversaire rusé, fils d'une sorcière ; il perd alors sa force ; mais poursuivant la lutte, il tombe avec son ennemi dans la Daugava. Et ce sont leurs deux corps enlacés que l'on voit réapparaître, la nuit, dans les eaux tourbillonnantes du fleuve. Pumpurs a fondu cette légende avec d'autres et en a fait une histoire romantique qui a pour fond le XIIe siècle et la lutte contre l'ordre teutonique. C'est ainsi que Lačplesis, l'enfant trouvé, a été adopté par un roi et, dans sa lutte contre le Chevalier noir, qui symbolise l'ennemi, il est devenu un héros national. Dans les profondeurs du lac de Burtnieki se trouve le château de Lumière qui surgira (comme le racontait la légende populaire) quand il sera pris par un héros d'un courage exceptionnel. Lačplesis doit se rendre dans ce château magique pour y apprendre toutes les sciences dont le roi Burtnieki, le savant père de Laimdota, est le gardien. Mais, avant d'y arriver, le jeune héros doit s'arrêter au château d'Aizkraukle, où il rencontre l'ardente Spidola, suppôt de l'Enfer. Bien que frappé par le charme de Spidola, Lačplesis ne se laisse pas subjuguer et part, tandis que Spidola, pour se venger, fait appel à toutes les forces obscures de la terre et pousse Kangars, le traître ambitieux, à tendre des pièges à Lačplesis. Celui-ci fait revivre le château de Lumière, rend son royaume à Laimdota ; mais, avant que celle-ci ne devienne son épouse, Spidola intervient avec ses sortilèges et fait disparaître Laimdota. Lačplesis doit entreprendre maints voyages et livrer maints combats avant de retrouver la femme aimée. Le poème se termine par la lutte tragique entre le héros letton et le Chevalier noir, auquel Kangars a révélé le secret de la force invincible de Lačplesis. Perdant ses oreilles, celui-ci ne peut plus triompher de son ennemi et, du bord de la Daugava où ils combattent, tous deux tombent dans les remous du fleuve. La vision nocturne des deux spectres enlacés flottant sur les eaux réveille, chez le peuple, l'espoir de la victoire de Lačplesis ; son adversaire retombera alors pour toujours dans le fond noir du fleuve. Le poème a inspiré le drame de Jānis Rainis (1865-1929) *Feu et Nuit* (*).

ÉVÊQUE LÉPREUX (L') [*El obispo leproso*]. Roman de l'écrivain espagnol Gabriel Miró (1879-1930), publié en 1925. Il peut être considéré comme la seconde partie de *Notre père saint Daniel*, c'est-à-dire la deuxième partie de la petite épopée sacrée et profane de Oleza (Orihuela). Pendant que le saint évêque de la petite ville, affligé d'une étrange maladie de peau, s'isole toujours plus dans le vieil archevêché, la vie de la cité continue au rythme habituel, calme et mesuré, qui fait ressembler ses habitants aux statuettes d'une crèche mécanique. Retenue prisonnière par son mari et sa terrible belle-sœur, Paulina n'a déjà plus la force de songer à sa libération ; elle voit cette sensualité paresseuse qui est sienne se développer chez son fils Pablo et donner vie, à la fin du roman, à une étrange idylle entre lui et Maria Fulgencia. C'est là l'unique événement qui ennoblit, d'une façon naturelle, la vie sans âme de ce village. Plus encore que dans son précédent roman, Miró donne la pleine mesure de ses dons d'historien tout à la fois poétique et malicieux. *L'Évêque lépreux* est le poème de la sensualité en teintes mineures, enveloppée de la mystique et abondante fumée des encens, sans qu'apparaisse un parti pris irrévérencieux. Ce jeu intéressant et difficile envahit toute l'œuvre, insufflant un sens ambigu à chaque phrase, à chaque mot.

ÈVE SANS ADAM [*Hawwa bila Adame*]. Roman de l'écrivain égyptien Mahmūd Ṭāhir Lāchīn (1897-1955), publié en 1934. Cette œuvre a consacré définitivement l'introduction dans la littérature arabe de la peinture sociale menée avec un réalisme minutieux. Polytechnicien, ingénieur de l'urbanisme, Lāchīn a été mêlé de près à la vie du peuple, cafetiers, boutiquiers, vendeurs d'aromates, mendiants, hommes de peine. Ses observations se retrouvent d'abord dans ses contes : *L'Ironie de la flûte* [*Sakhriyyate al-nāy*, 1927], *On raconte que...* [*Yuhka ann...*, 1929], puis dans le roman qui en est la synthèse : *Ève sans Adam*. On y voit sans fard le milieu de la vieille Égypte aux prises avec la génération nouvelle. La grand-mère d'Ève ne peut rien, malgré toutes les délicatesses de son affection, dans le drame sentimental qui éclate entre cette fille de trente-deux ans, célibataire, tenue à l'écart de l'amour par les œuvres sociales auxquelles sa vie a été consacrée, et le jeune homme riche qui a recours à ses conseils chaque fois qu'un problème sérieux l'embarrasse. La vieille femme est fidèle à la cérémonie traditionnelle du café, à la méthode de marchandages subtils qui la prémunit contre les méchants tours que peut lui jouer un djinn malin, familier de la maison. Deux cheikhs l'approvisionnent en talismans de toutes sortes, poudres, encens, formules de prière écrites sur papier spécial. Malgré l'humour et la sympathie manifestés par l'auteur dans l'évocation de ce vieux monde, le drame est toujours latent dans des structures sociales qui craquent et risquent de s'effondrer avec l'action du temps. Quel réconfort de voir dans Ève la femme arabe qui s'émancipe en agissant socialement et en s'attelant à des tâches d'homme ! Un discours véhément en arabe, lors de l'inauguration d'un ouvroir fondé par elle, attire l'attention admirative des beys et des pachas, riches à souhait, pleins de bonnes intentions. Ramzi, le jeune homme qu'elle aime, a une voix grave d'homme accompli et un visage efféminé qui explique ses tergiversations continuelles. Il reviendra au clan de son père, lorsqu'il fera un mariage riche. Tout le drame de l'évolution sociale et du mouvement féministe dans les pays arabes est condensé dans cette intrigue, un peu trop mélodramatique dans son dénouement. La femme qui se dévoue tout entière aux œuvres d'entraide est une victime : il lui manque l'amour, car sans le couronnement de la vie sentimentale, sa volonté reste faible, sa destinée imparfaite. La peinture de l'angoisse qui s'attache obstinément à la femme seule se teinte de pessimisme lorsque l'auteur fait toucher du doigt l'ironie foncière du destin : toute l'affection de la grand-mère n'arrive pas à guérir Ève du mal d'aimer. Au fond, cette affection tendre et vieillotte n'aboutit qu'à l'incompréhension totale. C'est la fin d'un monde et l'écroulement des illusions anciennes du devoir familial. Le style de Lāchīn est plein de néologismes. Il est pour le progrès hardi, même dans le domaine linguistique. Cette tendance s'est mitigée depuis.

ÉVOCATIONS [*Evocações*]. Œuvre du poète brésilien João da Cruz e Sousa (1861-1898), publiée en 1890. Fils de deux esclaves noirs, l'auteur fit de sérieuses études de philologie classique et se mit à l'école des parnassiens et des symbolistes français. Il peut être considéré comme l'introducteur du mouvement symboliste au Brésil. Ses poésies le révèlent comme un être profondément original, produit de sa race et des conditions sociales dans lesquelles il vécut ; la langue portugaise lui fournira un admirable instrument de travail. Dans les sonnets d'*Évocations*, comme dans son premier recueil de vers *Broquéis* (1885) et dans ses *Derniers sonnets* (1905), on remarque une grande perfection de forme, une harmonieuse fluidité, des recherches plastiques, des coloris violents, des sujets étranges, choisis à dessein. Son âme de Noir, portée à la violence, est attirée par les sujets religieux comme par les évocations voluptueuses ainsi qu'en témoigne le poème suivant, où se fait jour une idolâtrie toute naturelle : « Ô Christs d'or, d'ivoire et d'argent, / Christs merveilleux, paisibles et lumineux... / Douleur et clarté sur leurs fronts. / Ô Christs de pureté totale. / Ô Christs de métal, Christs éclatants / qui hurlez comme des bêtes fauves, / Christs du désir charnel qui épuise et qui tue ! / Christs de pierre, de bois et de boue. / Ô Christ humain, assassiné par une fatale injustice ! / Cloué sur une croix affreusement dure / Christ de bronze, tu chantes, devant le péché / Christ de bronze, tu ris, devant la luxure ! » Ailleurs, il mêlera, en des contrastes violents, le vice à l'innocence, en de baroques anathèmes : « Bouche vicieuse de parfum et de lys, / comme la fraîcheur limpide des neiges / Bouche d'archange tentateur, en forme d'arc, / tu séduis les anges dans l'Empyrée. / Ô bouche d'Ophélie morte sur le lac. » Son poème le plus fameux et le plus surprenant est « Présage » qui s'apparente aux visions hallucinées de Poe. Sousa est l'un de ceux qui ont traduit le plus heureusement la mentalité des Noirs américains. Il est parmi les plus grands et les plus populaires poètes du Brésil.

ÉVOLUTION CRÉATRICE (L'). C'est l'œuvre majeure du philosophe français Henri Bergson (1859-1941), publiée en 1907. Elle veut apporter une solution au problème que pose la présence de l'être vivant dans l'univers, auquel est lié le sens de l'univers lui-même. Les faits biologiques nous découvrent-ils des indices permettant d'affirmer que la vie est de l'ordre de la conscience, et non de l'ordre de la matière brute ? Il apparaît d'emblée que l'écoulement d'une durée irréversible, d'une « bio-graphie », distingue déjà le corps vivant des systèmes artificiellement découpés par la mécanique mathématique dans l'univers matériel, soumis à de pures répétitions sans progrès. Avec cette durée réelle, qui est continuité du changement et conservation du passé dans le présent, nous voyons l'être vivant partager les attributs de la conscience. Peut-on aller jusqu'à lui attribuer, comme à l'activité consciente, la puissance de renouvellement et d'invention, autrement dit l'« évolution » des formes vivantes, telle que prétend la reconstituer le transformisme ? Est-elle créatrice, irréductible à un développement mécanique de phénomènes physico-chimiques ? C'est ce que les premières analyses de l'ouvrage s'efforcent de démontrer, par une investigation rigoureuse des différentes hypothèses de la biologie.

Cette investigation nous contraindra à renoncer à l'alternative du mécanisme et du finalisme, au moins sous la forme classique que revêt celui-ci dans la philosophie de Leibniz par exemple : ainsi entendu, il n'est en effet qu'un mécanisme à rebours. Tous deux impliquent une « métaphysique où la totalité du réel est payée en bloc, dans l'éternité, et où la durée apparente des choses exprime simplement l'infirmité d'un esprit qui ne peut pas connaître tout à la fois ». Mais le mécanisme sera écarté sans réplique si l'on peut déceler, dans l'évolution, l'apparition de certains appareils identiques, obtenus par des moyens dissemblables, sur des lignes d'évolution divergentes : telle est la sexualité, présente dans les formes les plus évoluées du règne animal et du règne végétal, absente des formes inférieures à partir desquelles la bifurcation s'est opérée ; telle est également la signification de l'œil chez les vertébrés et chez les mollusques, qui se sont séparés de leur tronc commun bien avant l'apparition d'un œil aussi complexe que celui du peigne. De tels faits sont inexplicables en termes de mécanisme strict, bien que chacune des hypothèses mécanistes puisse intervenir dans une explication totale. Mais si le mécanisme se révèle inacceptable, le finalisme radical, à la Leibniz, en faisant de l'univers la réalisation d'un plan, affirme comme lui que tout est donné ; il substitue simplement l'attraction de l'avenir à l'impulsion d'un passé impliquant d'avance tous les détails du futur. Lui aussi élude la réalité du temps. Mais l'harmonie qu'il prétend constater dans le monde des vivants, et sur laquelle il se fonde, n'est en réalité qu'approximative. Et un examen plus attentif des faits conduit à voir dans l'univers vivant non un plan qui s'accomplit, mais une poussée intérieure qui se répand et se ramifie au-dehors, une tendance qui hésite, puis se précise, tout comme un caractère qui se choisit, en se séparant des personnalités qu'il aurait pu devenir pour se centrer sur celle qu'il deviendra : mais ici la vie retient ce qu'elle refuse et dépasse, elle conserve les diverses tendances qui ont bifurqué en grandissant et qui constituent les espèces en quelque sorte latérales, en marge du courant central montant à travers les mammifères jusqu'à l'homme. C'est dire qu'il faut chercher le maximum d'harmonie du côté de la source commune et non d'un but prétendu vers lequel convergerait l'ensemble. Si la vie réalise un plan, l'harmonie sera d'autant plus parfaite que l'évolution s'avancera plus loin. En fait, plus elle avançait, plus éclataient les discordances, les antagonismes, les incompatibilités entre les espèces et entre les individus, chacun tendant à retenir et à utiliser pour soi sa part de l'énergie totale. Si pourtant les phénomènes biologiques demeurent, de bien des manières, complémentaires les uns des autres, il faut y voir le signe d'une impulsion identique, non d'une attraction commune : l'harmonie est plutôt en arrière qu'en avant, « l'élan se divise de plus en plus en se communiquant ». Aux fadeurs et aux attendrissements d'une nature dessinée par Bernardin de Saint-Pierre ou Chateaubriand, il faut substituer l'intuition de cette fécondité chargée de luttes, assez forte pour porter les dissonances de sa richesse, cette vie créatrice à l'image de laquelle Nietzsche voulait bâtir l'homme. Son unité n'est pas assurée d'avance par un jardinier leibnizien ; elle est tout entière dans l'élan qui la soulève. C'est pourquoi Candide peut s'effrayer devant le désordre qu'il a rencontré dans le monde, devant le heurt des vivants fermés sur leur vision partiale, leur hypnose ; car « la vie, en évoluant, se distrait souvent d'elle-même, hypnotisée sur la forme qu'elle vient de produire ».

L'intelligence elle-même est une de ces formes. Elle reprend de façon réfléchie, donc perfectible, les dessins que l'action traçait sur le monde de la matière, pour y prendre prise. Elle cherche à y définir des identités et des répétitions susceptibles de lui offrir des points d'appui et des repères. Elle taille la pierre et, bientôt, une géométrie. Elle est le plus affiné, le plus généralisé des outils que s'est donnés la vie. Par là même, la saisie désintéressée de la vie, à l'état naissant, avant toute action possible sur le monde, lui est interdite. Pour être en mesure d'effectuer une telle saisie, il faudrait remonter en deçà de l'intelligence, jusqu'au sentiment que nous avons de notre évolution et de l'évolution de toutes choses dans la pure durée. Les formules les plus célèbres du bergsonisme viennent nous inviter à nous servir de tout, « du fluide autant que du condensé, pour ressaisir le mouvement intérieur de la vie ». Ce que retrouvera cet effort pour revenir à la source de l'esprit, dont l'intelligence ne développe qu'un versant, c'est l'élan commun à partir duquel les tendances particulières ont divergé. Et cette divergence, c'est l'histoire de l'évolution qui la dessine : indépendant du courant qui monte jusqu'à l'intelligence humaine, celui qui conduit aux Anthropodes obtient une perfection insurpassée de l'instinct. Si l'intelligence est saisie des rapports, construction de l'outil, découpage des structures inertes, l'instinct atteint d'emblée, aveuglément, les propriétés mêmes de la chose, dans la mesure où elles répondent aux exigences de la vie. L'activité instinctive prolonge directement l'organisation de la vie, au lieu de lui superposer, comme l'intelligence, un instrument inorganique. Elle est la vie intérieure à elle-même, mais comme captive d'elle-même. L'intelligence est cette ouverture sur une efficacité plus générale, plus libre, brisant par la réflexion cette absorption de la vie en elle-même, mais pour se détourner de son mouvement, se retourner vers un monde schématisé dans l'espace, utilisable.

La tentative d'une philosophie qui veut rendre compte du sens total de l'homme et de l'univers vivant doit donc viser à réabsorber l'intelligence, en retenant ce surcroît de conscience qu'elle a ouvert, pour retrouver consciemment l'élan intérieur que l'instinct poursuit dans une inconscience routinière. Ce retour au cœur de l'esprit est ce que Bergson désigne par l'intuition, qui est l'esprit même, « cette faculté de voir qui est immanente à la faculté d'agir ». C'est seulement en se plaçant dans sa perspective que l'on découvre l'insuffisance des tentatives faites pour penser les phénomènes biologiques en termes strictement physico-chimiques : ceux-ci signifient la prise qui nous est accordée sur ceux-là, ils ne rendent pas compte du fait même de la vie. Mais à une analyse plus soigneuse et vivifiée par l'intuition, l'esprit révèle l'exigence créatrice qui s'exprime laborieusement en formes vivantes, à travers la résistance d'une matière, cette retombée de son propre élan. Il n'y a pas d'autre absolu que ce labeur, ce jaillissement qui surmonte sa chute. Si les philosophies classiques, celles de Spinoza ou de Leibniz, nous ont proposé une conception statique et logique de l'absolu, c'est qu'elles étaient dupes de l'idée d'un néant que l'être aurait à combler ; seul un principe de toutes choses, existant à la manière d'un axiome logique ou d'une définition mathématique, leur semblait assez fort pour vaincre l'inexistence et se poser lui-même. Mais l'idée de néant est une pseudo-idée traduisant la déception ou le regret de notre action devant l'absence d'un objet attendu et la substitution fugace de cette absence à une présence inutile. Ainsi l'absolu dure ; il vit avec nous. Le bergsonisme est parvenu à déceler, en une première approximation, cette orientation secrète de l'univers que nous découvrent les faits privilégiés, analysés par les sciences naturelles.

ÉVOLUTION DU GENRE ROMANESQUE (L') [*The Progress of Romance through Times, Countries, and Manners*]. Essai critique publié en 1785 par la femme de lettres anglaise Clara Reeve (1729-1807). L'auteur du *Vieux Baron anglais* (*) donne ici une vue originale du genre qui s'affirme en Angleterre et que les Anglais appellent chez eux « novel » pour marquer la différence avec les prétendues « romances » à la française. Le livre contient douze conversations entre Euphrasia et ses amis Hortensius et Sophronia. Les racines de l'épopée et du roman ancien seraient identiques. Ce sont les chants des anciens bardes guerriers. Sont examinés les principaux textes du Moyen Âge, puis les récits des XVIe et XVIIe siècles (l'*Astrée* (*), *Cyrus, Clélie* (*), *Ariane, Polexandre, Ibrahim, Francion,* etc.) : la culture de Clara Reeve est vaste et bien maîtrisée, sa hauteur critique admirable dans un domaine où elle fait figure de pionnière. Après six soirées où sont étudiées les œuvres antérieures à son propre siècle, l'auteur se penche sur le XVIIIe pour dessiner un panorama des romans de ses contemporains, Français et Anglais. Les livres sont jugés en quelques phrases mesurées. Si elle fait, comme d'autres avant elle, un catalogue des ouvrages, son travail n'est pas un examen linéaire et plat. Elle analyse les contenus, dessine les mouvements artistiques, avec un grand souci de synthèse. Elle évoque les effets des romans sur les lecteurs, fait des recommandations au public d'enfants et de jeunes filles. S. S.

ÉVOLUTION PSYCHOLOGIQUE DE L'ENFANT (L'). Ouvrage du psychologue français Henri Wallon (1879-1962), publié en 1941. Dans ce petit volume, paru dans la célèbre collection encyclopédique Armand Colin, l'auteur a résumé de la manière la plus claire ses vues sur la psychologie de l'enfance. Il souligne notamment l'importance de la sociabilité qui apparaît, dès l'origine, comme une nécessité intime de l'être humain et nullement comme une pression de l'extérieur. Dans sa description du développement psychologique de l'enfant, il met en relief le caractère essentiellement discontinu de ce développement. Le passage d'un stade à l'autre est beaucoup plus qu'une amplification, c'est un véritable remaniement, qui s'accompagne toujours d'une crise. La croissance est ponctuée par des conflits, comme si l'enfant avait à choisir entre un ancien et un nouveau type d'activité, et il est possible de parler à ce propos de « mutations » et même de « révolutions ». Ces thèses, souvent soutenues et approfondies par Wallon, ont engagé ce dernier dans des controverses avec les psychologues tels que Piaget, selon lesquels le développement de l'enfant s'accomplit au contraire par insensibles transitions.

EXALTÉS (Les) [*Die Schwärmer*]. Pièce en trois actes de l'écrivain autrichien Robert Musil (1880-1942), publiée en 1921. Dans une maison de campagne où ils ont passé leur première jeunesse, divers personnages se retrouvent et sont confrontés avec leurs rêves d'autrefois et la soif d'absolu de l'adolescence. Le thème de cette pièce est le regret de cette jeunesse, lequel entraîne les héros à refuser la mesure commune. Pour cela, ils n'hésitent pas à tricher et à s'égarer dans le désordre de la passion et des mots. Les représentants de l'ordre établi ne peuvent voir en ces exaltés que des malades dangereux. Mais cet ordre est lui-même un ordre mort et l'on voit s'esquisser ici une critique qui prendra toute sa force dans le roman *L'Homme sans qualités* (*). — Trad. Le Seuil, 1961.

EXAMEN CRITIQUE [*Louen-heng — Lunheng*]. Œuvre en quatre-vingt-cinq chapitres du philosophe chinois Wang Tch'ong (27-97), qui s'élève contre la faveur dont jouissaient les prédictions et superstitions de toutes sortes, à son époque. Le livre a un caractère essentiellement polémique. Cependant il est facile d'y trouver les éléments d'un système philosophique, cause et effet du livre. Wang Tch'ong ne considère pas le ciel comme un être qui a une volonté. L'Univers se développe et disparaît sans avoir recours à quiconque. Si, dans l'Univers, résidait une volonté céleste, elle aurait des désirs, et, ayant des désirs, des organes pour les satisfaire, tels que l'œil, l'oreille, etc., comme en ont les hommes. La substance du ciel est faite de nuées et de brouillard ; celle de la terre est d'une composition tout aussi simple. Mais, par ailleurs, il existe un esprit [ts'i] qui se meut inconsciemment et qui se scinde en deux parties, le « yin » et le « yang », c'est-à-dire l'élément féminin et l'élément masculin dont l'union forme un être nouveau — v. *Yi-tsing* (*). La nature humaine est bonne ou mauvaise, ou ni bonne ni mauvaise, selon le sens que nous donnons à ces termes : les hommes supérieurs ont une nature bonne, les hommes inférieurs une nature mauvaise, cependant que les hommes médiocres ont une nature ni bonne ni mauvaise. L'homme naît de l'union des « ts'i » (masculin et féminin) qui n'ont pas toujours la même « subtilité » ; d'où la bonté de certains hommes, la méchanceté des autres, leur stupidité ou leur intelligence. Wang ne dénie pas toute valeur à l'éducation. Mais, quand il parle du destin, il semble que ce soit quelque chose d'absolu, d'immuable, auquel cas on ne peut guère accorder d'importance décisive à l'éducation. C'est ainsi que tout homme sera riche ou pauvre, noble ou vil, doué d'une longue vie ou destiné à une mort prompte, selon ce qui a été décidé à l'instant où les deux « ts'i » se sont rejoints, et personne n'y peut rien changer. Le philosophe atténue quelque peu ce fatalisme en établissant une distinction entre trois espèces de destins : l'être qui naît avec un « destin supérieur » est par là assuré de sa chance ; toutes les félicités lui sont du même coup données en partage, et il n'a que faire de la vertu ; celui qui naît avec un « destin médiocre » obtient le bonheur, à la seule condition qu'il soit vertueux ; enfin celui qui naît avec un « destin inférieur » ne connaît que l'infortune, quelle que soit sa valeur morale. C'est ainsi que l'État a son destin, absolument indépendant d'ailleurs des capacités de celui qui gouverne. L'œuvre, pleine de curieux points de vue, tant polémiques que théoriques, ne manque pas d'originalité. Elle tire sa notoriété de ses innombrables références (l'une des meilleures sources qui nous soient données pour l'étude des religions anciennes) et de son style brillant et fort agréable. Wang Tch'ong reste un des premiers esprits vraiment critiques de l'histoire de la pensée chinoise et, par son examen dépourvu de préjugés des livres canoniques, le précurseur des grands érudits de l'époque Ts'ing (XVII-XIXe siècle). — Trad. anglaise de A. Forke : *Lun-heng, Philosophical Essays of Wang Ch'ung, translated from the Chinese and annotated,* Leipzig, Londres et Shanghai, 1907-1911 ; rééd. New York, 1962.

EXAMEN DES MARIS (L') [*El examen de maridos*]. Comédie en trois actes et en vers de l'écrivain espagnol Juan Ruiz de Alarcón y Mendoza (1581 ?-1639), publiée en 1632.

Pour se conformer à la volonté de son père – et aussi pour être fidèle à ce type particulier de femme qu'illustre *La Vengeance des femmes* de Lope de Vega –, Inès décide de faire subir une série d'épreuves sévères à ses prétendants : mais, avant que l'examen matrimonial ne soit commencé, elle s'éprend de l'un des concurrents, don Fadrique ; les épreuves deviendraient ainsi superflues si un autre prétendant, Carlos, n'avançait des affirmations calomnieuses sur le compte de son rival fortuné. Se raidissant dans son orgueil, Inès laisse suivre leur cours aux épreuves où Carlos est vainqueur. Celui-ci cependant n'aspirait pas à devenir le mari d'Inès, et c'est seulement parce qu'il avait cru que Blanca, l'objet de sa flamme, avait cédé à la cour que lui faisait Fadrique qu'il avait pris part au concours matrimonial ; de là les représailles dictées par la jalousie et les calomnies. Les malentendus étant levés, les couples se reforment selon l'ordre... naturel. La comédie a probablement sa source dans une nouvelle italienne, qui doit être d'ailleurs la même que celle dont Shakespeare a tiré, en y introduisant des motifs empruntés à une autre nouvelle italienne, l'intrigue amoureuse de son *Marchand de Venise* (*). *L'Examen des maris* est donc un *Marchand de Venise* sans Shylock, et Porzia offre un certain parallélisme avec Inès ; somme toute, la pièce ne manque ni de brio ni de ressources théâtrales. – Trad. *Théâtre d'Alarcón.* Lévy, 1865.

EXCENTRICITÉS DU CARDINAL PIRELLI (Les) [*Concerning the Eccentricities of Cardinal Pirelli*]. Roman de l'écrivain anglais Ronald Firbank (1886-1926), publié posthume en 1927. Dernier livre achevé par son auteur, ce « roman espagnol », composé à Rome pendant l'hiver de 1924, conte la déchéance de don Alvaro Narciso Hernando Pirelli, cardinal-archevêque de Clemenza et amateur trop peu discret d'enfants de chœur. Sous les traits du cardinal, il est facile de reconnaître Oscar Wilde, l'« infâme saint Oscar d'Oxford, poète et martyr », ainsi que s'était ironiquement désigné l'auteur de *Salomé* (*). L'Espagne de Firbank n'a rien à voir avec l'Espagne réelle, mais est celle même qu'avait imaginé Oscar Wilde dans un de ses plus beaux contes : « L'Anniversaire de l'infante ». Les aphorismes du cardinal ont l'humour et la cadence de ceux de Wilde. L'art virtuose du dialogue, dont Firbank avait déjà fait preuve dans *La Fleur foulée aux pieds* (*), atteint ici des sommets. Firbank comptait sur ce livre pour s'imposer enfin auprès du grand public, mais son éditeur américain, Brentano's, refusa de le publier en raison de son caractère scandaleux. Aujourd'hui ce conte tragique et burlesque est devenu un classique de la prose romanesque moderne. – Trad. Éditions Rivages, 1987. F. D. D.

EXCEPTION ET LA RÈGLE (L') [*Ausnahme und Regel*]. Pièce de l'écrivain allemand Bertolt Brecht (1898-1956), écrite en 1930. Il s'agit de la dernière pièce didactique (Lehrstück) de Brecht, et certainement la plus achevée de toutes. Elle fut créée en 1947, à Paris, par Jean-Marie Serreau. Utilisant les procédés habituels aux « Lehrstücke » : action située dans un pays lointain, scènes courtes, brusques changements de lieux, ruptures des sons, appels directs au public, elle défend moins une thèse qu'elle ne décrit un comportement humain qu'il nous appartiendra de juger sur pièces. Comme toujours, l'attaque est franche et simple, à la façon des pièces chinoises : « Je suis le marchand Karl Longmann » annonce l'acteur principal. De l'expédition qu'il entreprend à travers le désert dépendent pour le marchand son avenir et sa fortune. Il a engagé un guide et un porteur indigènes. Mais, peu à peu, au cours de cette marche forcée dans les solitudes, la peur s'empare du marchand : il serait logique, pense-t-il, que ses deux employés, misérables et mal payés, l'assomment. Le guide ayant montré trop de sympathie pour le coolie maltraité est renvoyé par le marchand, qui poursuit sa route avec le porteur, sa mauvaise conscience ne cessant d'aggraver sa terreur. Perdu, à demi mort de soif et de peur, il finira par tuer lui-même le coolie, au moment où celui-ci lui offrait à boire, par pur opportunisme d'ailleurs. Le marchand prend la gourde tendue pour une pierre, et tire ; « ce devait être une pierre et non une gourde », dira-t-il au procès. Une caravane passant sur les lieux découvre le cadavre. Le marchand est traduit devant un tribunal par la femme du coolie qui réclame justice. Le procès du meurtrier termine la pièce. Malgré le témoignage du guide, favorable à la victime, le juge, dans une plaidoirie d'une impeccable logique démontre que le marchand a obéi à la règle en abattant son porteur : « L'accusé a donc agi en état de légitime défense : peu importe qu'il ait été réellement menacé ou qu'il se soit cru menacé. Dans la situation où il se trouvait, il devait se croire menacé. L'accusé est donc acquitté. » L'évidence des événements successifs est telle, et si rigoureux le raisonnement final du juge acquittant le meurtrier que le spectateur se trouve contraint ou d'accepter la monstruosité de ce verdict, ou de condamner en bloc tout le système social qui le prépare et le justifie. C'est à la lucidité que Brecht ici nous convie : « Dans la règle découvrez l'abus / Et partout où l'abus est montré / Trouvez le remède. » L'ordre a pour lui force de loi et repose sur l'appareil administratif destiné à faire respecter son application. La règle toute-puissante commande, dirige, vaut pour tout. L'homme se perd en voulant être bon avec ses bourreaux. Son coolie est le peuple allemand soumis à l'esclavage, son marchand le prototype du nazi. Sur le plan politique et social, on voit la critique du capitalisme et de la perversion d'une telle société. Les héros des précédents « Lehrstücke » n'étaient que des porte-parole, le marchand de *L'Exception et la Règle* est, lui, un personnage tout ensemble odieux et pitoyable. Le cheminement en lui de la peur le fait peu à peu se déliter sous nos yeux comme un personnage de tragédie. D'ailleurs il porte un nom, ce qui n'est pas le cas des autres héros des pièces didactiques, que seule désigne leur fonction sociale. Après *L'Exception et la Règle*, Brecht, abandonnant le ton de la fable et de l'anonyme sécheresse didactique, ne créera plus que des personnages vivants. L'adaptation que Brecht écrit quelques mois plus tard du roman de Gorki *La Mère* (*) démontre avant tout les nécessités de la lutte et l'excellence du communisme. – Trad. L'Arche, 1958.

EXCLUE (L') [*L'esclusa*]. C'est le premier roman de l'écrivain italien Luigi Pirandello (1867-1936), publié en 1901. L'auteur n'a pas encore adopté les principes qu'il développera dans ses nouvelles et affirmera dans son théâtre, mais il cherche sa voie dans le goût naturaliste du temps. Marta, l'héroïne du récit, est chassée par son mari qui la soupçonne de trahison : il vient de découvrir en sa possession une lettre passionnée, au reste purement platonique, que lui adresse un intellectuel raffiné du lieu, Gregorio Alvignani, député au Parlement. Elle passe pour coupable auprès de tous, même auprès de son père Francesco Ajala. Ce dernier, lorsqu'il voit sa fille se réfugier chez lui, s'enferme dans un isolement obstiné, se ruine et meurt d'une crise cardiaque. Marta, après avoir vainement cherché à gagner sa vie et celle de sa mère dans le pays, accepte un poste d'institutrice à Palerme. Mais là, la jeune femme, admirée et entourée d'attentions par ses collègues, est mûre pour l'amour et devient la proie facile d'Alvignani, rencontré par hasard. Aussi quand Rocco, le mari, convaincu de l'innocence de sa femme vient la chercher, il trouve en Alvignani un obstacle inattendu à la réconciliation. Marta, dans un moment d'humilité et de désespoir, confesse la vérité. Rocco, qui a un brusque élan d'amour pour cette femme tant désirée, n'a pas la force de s'éloigner. Le plus grand défaut du livre est le mode froid et sec sur lequel l'histoire est contée. Le récit devient ainsi une chronique dénuée d'émotion, à part quelques effusions sentimentales et psychologiques d'assez mauvais goût. On ne peut nier cependant une certaine puissance dans l'art de ménager les « situations ». La vie de l'héroïne, de par son aspect équivoque, fait présager de nombreux personnages du théâtre pirandellien. Pirandello, en 1919, tira de *L'Exclue* la comédie *L'Homme, la bête et la vertu* (*). – Trad. Ressouvenances, 1988.

EXCOMMUNICATEUR (L') [*A kiközösítő*]. Roman satirique de l'écrivain hongrois Tibor Déry (1894-1973), publié en 1966. Il relate la vie de saint Ambroise, un des plus illustres Pères de l'Église latine du IVe siècle. Fils d'un préfet romain de la Gaule, consulaire de la Ligurie et de l'Émilie, dont Milan était la capitale, Ambroise fut élu évêque par le peuple de cette ville déchirée par le conflit entre l'arianisme et la foi définie par le concile de Nicée. Il n'accepta cette charge qu'après une longue résistance, et mena ensuite une lutte implacable contre l'arianisme, que protégeaient l'impératrice Justine et son fils, le jeune Valentinien ; il refusa de leur livrer une de ses églises, malgré la sommation de l'Impératrice, intervint pour que la statue païenne de la Victoire cessât de présider aux délibérations du Sénat et infligea à l'empereur Théodose, responsable du massacre de Thessalonique, une longue pénitence. Tout en rapportant fidèlement les faits historiques, avec, comme toile de fond, l'Empire romain divisé et menacé de tous côtés, tout en réussissant à rendre l'atmosphère particulièrement trouble et agitée de cette période de l'histoire, Déry fait avant tout le procès du fanatisme et des méthodes par lesquelles le pouvoir spirituel cherche à s'affirmer dans le domaine temporel. Ses allusions au monde contemporain sont transparentes : le récit est composé dans le style onctueux des hagiographies, mais il est émaillé d'expressions triviales ou appartenant au jargon politique contemporain. Les manœuvres diplomatiques ou judiciaires, les démarches et les contre-démarches sont très finement analysées et démontées. Déry tire magistralement parti des éléments surnaturels, qui abondent dans la vie de saint Ambroise, pour obtenir des effets surréalistes. C'est, sans conteste, l'une des plus puissantes satires jamais écrites du dogmatisme idéologique. – Trad. Albin Michel, 1967.

EXCURSION (L') [*The Excursion*]. Poème en neuf livres de l'écrivain anglais William Wordsworth (1770-1850), publié en 1814. Cet ouvrage devait constituer la partie centrale d'un grand poème philosophique en trois parties sur l'homme, la nature et la société qui devait s'intituler *Le Reclus* [*The Recluse*] et avoir pour thème les sentiments et les opinions d'un poète vivant à l'écart. La partie la plus ancienne du poème est constituée par une partie du livre I qui incorpore le poème de jeunesse « La Ferme en ruines » [The ruined Cottage], écrit en 1797 : histoire déchirante d'un paysan qui s'enrôle dans l'armée et part pour une terre lointaine, laissant sa femme qui meurt de misère, tandis que sa ferme n'est plus qu'une ruine. Coleridge estima ce poème « supérieur à tout ce qui a été écrit de semblable dans notre langue ». La conception de l'œuvre remonte à 1798, quand Wordsworth vivait à Alfoxden, près de Coleridge. On pourrait la définir comme une épopée sans action, avec deux héros, l'Errant et le Pasteur. Le poète, en voyageant avec l'Errant [the Wanderer], rencontre un ami de ce dernier, le pessimiste Solitaire [the Solitary]. Celui-ci a une conception désespérée de la vie : il ne croit pas en Dieu et a perdu confiance dans la vertu de l'homme ; son point de vue donne lieu à de longues discussions. Apparaît un autre personnage, le Pasteur [the Pastor], qui illustre l'effet salutaire de la vertu et de la religion, en racontant la vie des personnes enterrées dans le cimetière. Ils visitent la maison du Pasteur, et l'Errant tire des conclusions philosophiques et politiques des précédentes discussions.

Les passages proprement poétiques sont rares (par exemple la description, dans le livre I, de l'extase de l'enfant à la vue du lever du soleil ; la description d'un coucher de soleil à la fin du même livre ; la joie sauvage d'errer sur les collines pendant une tempête, dans le livre IV, etc.), ce qui donne à l'œuvre un aspect lourd et informe, alors que, selon les intentions du poète, ce livre aurait dû « représenter un temple autour duquel ses poésies plus brèves se seraient groupées comme de petites chapelles ». Certes, nous y trouvons des descriptions de paysages, mais elles paraissent bien pâles à côté de celles que le poète a dessinées, par ailleurs, avec une géniale intuition. Le poème garde une incontestable valeur didactique ; quant au principe fondamental qui l'anime, c'est toujours le même : « L'enfant est le père de l'homme » ; ce par quoi le poète entend que les instincts et les plaisirs d'une enfance saine façonnent les lignes selon lesquelles devra se développer le caractère de l'homme adulte. La joie de vivre devrait être conservée dans l'espérance de la foi religieuse, la simplicité de l'expérience originelle devrait s'étendre à toute l'humanité. La Nature devrait jouer un rôle modérateur et purificateur pendant toute la vie. C'est ainsi que, dans les deux derniers livres, Wordsworth se préoccupe de la formation de ceux qui, habitant des centres industriels, ne bénéficient pas de l'influence de la Nature. Le passage où le poète déplore l'injustice dont souffrent les enfants des ouvriers est un des plus éloquents de l'ouvrage. Wordsworth n'est pas communiste ; il veut garder les distinctions de classes traditionnelles, mais il se révolte contre un ordre social qui conduit à une infériorité morale une partie du peuple. D'où l'importance qu'il attache au problème éducatif.

EXCURSIONS [*Excursions*]. Recueil d'essais de l'écrivain américain Henry David Thoreau (1817-1862), réunis par l'auteur sur son lit de mort, et publiés après sa mort (1863). Ces neuf textes, dont plusieurs avaient été, à l'origine, des conférences, étaient parus dans des journaux et revues ; ils appartiennent à deux périodes distinctes de sa carrière. Les quatre premiers sont antérieurs à *Walden* (*). Il s'agit de « Histoire naturelle du Massachusetts » [Natural History of Massachusetts, 1842], « Une promenade à Wachusett » [A Walk to Wachusett, 1843], « Le Maître de maison » [The Landlord, 1843], et « Une promenade hivernale » [A Winter Walk, 1843]. Les cinq derniers furent composés près de vingt ans plus tard : « La Succession des arbres en forêt » [The Succession of Forest Trees, 1860], « La Promenade » [Walking, 1862], « Nuances d'automne » [Autumnal Tints, 1862], « Pommes sauvages [Wild Apples, 1862] et « Nuit et clair de lune » [Night and Moonlight, 1863]. Il s'agit donc d'un curieux assemblage, puisque tous ces textes sont soit antérieurs, soit postérieurs à la période vraiment créatrice (celle de *Walden*). Les premières productions sont caractéristiques des années de formation, avec leur curieux mélange de certitude quasi téléologique et de fragilité : l'excursion y est prétexte à la quête des « hiéroglyphes » naturels — dont le plus bel exemple est l'évocation de la structure foliée, dans « Histoire naturelle du Massachusetts ». Le second groupe est plus disparate : on y trouve une ébauche de théorisation scientifique (« La Succession des arbres en forêt »), ainsi que des croquis délicats et subtils. Le plus beau texte est, sans doute possible, « La Promenade », méditation sur le parcours, le déplacement, l'errance, écrite dans une langue ferme et admirablement maîtrisée. Y. C.

EXÉCUTEUR (L') [*Der Verfolger*]. Roman de l'écrivain allemand Günther Weisenborn (1902-1969), publié en 1961. Auteur dramatique et romancier, Weisenborn défendit cette théorie que notre époque ne pouvait plus se limiter aux formes littéraires du siècle bourgeois. Dans sa première tragédie, *Sous-Marin 54* [*U-Boot 54*], publiée en 1928, il accuse la guerre, et décrit la mort de six marins américains. Avec Bertolt Brecht, il crée en 1931 *La Mère* (*) à partir du roman de Maxime Gorki. Toutes ses pièces de théâtre sont marquées par une tendance politique, que ce soit *La Ballade de l'espiègle, de la petite plume et de la grosse Pompanne* [*Ballade vom Eulenspiegel, vom Federle und von der dicken Pompanne*], publiée en 1949, ou la tragédie *Babel*, publiée en 1946, qui traite de la malédiction du capitalisme dont deux despotes financiers sont les représentants amoraux et sans scrupules. Weisenborn exige une « dramaturgie sans lieu », il rejette le changement de décor — le décor devrait être « parlé » — afin de ne pas amoindrir la part de l'imagination chez le spectateur. Les comédies intitulées *Trois messieurs honorables* [*Drei ehrenwerte Herren*], publiée en 1951, et *Deux anges descendent* [*Zwei Engel steigen aus*], publiée en 1954, sont informes à ce principe. L'engagement politique de Weisenborn s'est affirmé en 1958, lorsqu'il écrivit la *Cantate de Göttinger* [*Göttinger Kantate*] pour le congrès du parti socialiste. En 1947, il publia un document, *Mémorial* [*Memorial*], sur les souffrances endurées par les victimes de la Gestapo.

Le problème de la culpabilité individuelle et de la punition des coupables est traité dans un roman, *L'Exécuteur.* Plusieurs années après la guerre, Daniel Brendel, le narrateur, reconnaît dans la rue un des chefs nazis, Riedel. Il le guette de sa voiture, il le poursuit. Doit-il devenir lui-même l'instrument de la justice ? Sera-t-il assassin pour punir l'assassin en liberté ? Le héros du roman est torturé pendant son travail, du matin au soir, par cette question, jusqu'à ce qu'un entretien avec son amie Éva lui impose une décision : il exige la justice absolue qui veut la mort de l'assassin. Faute de témoins, il se donne le rôle de l'exécuteur. Un soir, comme beaucoup d'autres fois déjà, il attend Riedel dans sa voiture, le voit sortir de sa maison pour acheter des cigarettes, et prêt à traverser la rue ; Brendel embraie, appuie furieusement sur l'accélérateur, et la voiture commence une chasse à l'homme... Le poursuivi comprend, et Brendel, qui se sent devenir un meurtrier, abandonne. À la dernière seconde, il se dit que l'individu n'a pas le droit de se transformer en exécuteur des hautes œuvres.

Weisenborn a abordé pour la première fois en Allemagne le problème de la culpabilité des hommes et de leur châtiment par rapport à l'hitlérisme. Une franchise et une honnêteté remarquables font de ce livre un document digne d'un grand intérêt. — Trad. Éd. du Seuil, 1962.

EXÉCUTION DE JOHN BROWN (L') [*John Brown's Body*]. Poème de l'écrivain américain Stephen Vincent Benét (1898-1943). John Brown est l'un des héros les plus célèbres de l'histoire américaine, le symbole même de la lutte pour la liberté contre l'esclavage. Il apparaît comme un précurseur du président Lincoln dans la croisade pour la libération des esclaves noirs du Sud. Accompagné de quelques illuminés, John Brown essaya de soulever les Noirs dans l'État de Virginie, en s'emparant d'un dépôt d'armes. Son « coup » ayant échoué, il fut jugé et condamné à être pendu. Un an après son exécution éclatait la guerre de Sécession entre les États du Nord et ceux du Sud, et le destin de l'outlaw prenait soudain une signification exemplaire. Stephen Vincent Benét a écrit à la mémoire de John Brown un quatrain qui est connu de tous les Américains.

EXÉCUTOIRE. Recueil du poète français Eugène Guillevic (né en 1907), publié en 1947. « Il y en a qui doivent / Longer ce mur, le même / Et tâcher de l'ouvrir / Avec des mots, des noms qu'il s'agit de trouver / Pour tout ce qui n'a pas de forme et pas de nom. » Pour dire cela qui est insaisissable et va comme le vent, Guillevic ne chante pas : il pose au centre de la page quelques mots qui ont la rudesse des choses ramassées sur les grèves ou dans les champs. Les mots, dit-il, c'est pour savoir, pour toucher, pour sentir, aussi les laisse-t-il tels quels, jamais enchâssés dans une construction savante ou un rythme qui dénature leur force originelle. Et pourtant, nulle sécheresse, mais une saveur toujours renouvelée, la surprise de voir avec un regard neuf un objet usuel, le don de ressentir la fraternité d'une poignée de main. Quand Guillevic, dans « Fracture », « Les Murs » ou « Les Charniers », parle des martyrs de la guerre, des otages, des fusillés, leur présence est là, terrible et amicale, exemplaire, sans qu'aucune éloquence secoue le poème. Simplement, un arbre de mots dresse sa potence au fond de la mémoire, une fosse de mots nous fait sentir la glaise et le sang, un geste de mots nous montre le regard vidé par la mort. Poésie rude, écrite comme avec une pointe de pierre, et qui parfois trouve aussi des formules où passe une magie venue de quelque vision lointaine, comme dans ce bref poème : « Au clocher vers midi / L'horloge devient blanche / / Et pèse comme un œuf / Au centre de la paille. »

EXÉGÈSE DES LIEUX COMMUNS (L'). Cette œuvre de l'écrivain français Léon Bloy (1846-1917), publiée en deux séries, en 1902 et en 1912, est sans doute l'une des moins comprises de l'auteur. Aucun de ses livres n'a connu une aussi large audience, mais on peut se demander si ce n'est pas à la suite d'un sérieux malentendu. Les deux volumes se présentent sous la forme de trois cents morceaux assez brefs, chacun d'entre eux étant consacré au commentaire bouffon d'un « lieu commun ». C'est, au premier abord, un sottisier, ou quelque chose d'apparenté au fameux dictionnaire des idées reçues qu'esquissa Flaubert. À parcourir simplement les tables des matières, on peut avoir l'impression d'écouter les propos quotidiens de quelque bourgeois du XIXᵉ siècle, c'est-à-dire, écrit Bloy, d'un homme « qui ne fait aucun usage de la faculté de penser » et qui, n'ayant jamais éprouvé le besoin de comprendre quoi que ce soit, se contente d'un répertoire limité à quelques formules toutes faites. Leur énumération fait ressortir la prédominance des préoccupations d'argent : « Les affaires sont les affaires ; tout le monde ne peut pas être riche ; on ne peut pas vivre sans argent ; il faut que toute le monde vive ; qui paie ses dettes s'enrichit ; les bons comptes font les bons amis ; je ne crache pas sur l'argent ; on n'emporte pas sa fortune en mourant, etc. » D'autres expriment avant tout la bonne conscience et l'assurance qu'il n'est besoin d'être ni un héros ni un saint pour mériter considération : « On ne se refait pas ; être comme il faut ; l'excès en tout est un défaut ; je ne me fais pas meilleur que je ne suis, etc. »

Bloy s'empare de l'un ou l'autre de ces lieux communs, et, le poussant au terme de sa logique secrète, en déduit magistralement l'imbécillité ou la perversité cachée. Le jeu aboutit à une espèce de comédie bourgeoise, et c'est généralement à cet aspect que l'on s'est arrêté. Or ce n'est là que l'artifice de méthode auquel Bloy recourt, avec sa verve coutumière, pour laisser entendre que sous chacune de ces paroles mortes subsiste la vertu inchangée de la Parole sacrée. Le mot « exégèse » doit être entendu ici dans son sens précis : ce que tente Léon Bloy, c'est de tirer de l'absurdité même, ou de la pesanteur humaine, ce qui peut s'y dissimuler encore qui appartient à la révélation de Dieu aux hommes. Toute parole, selon ce visionnaire, est « réellement dérobée à la Toute-Puissance créatrice », si bien que « les plus inanes bourgeois sont, à leur insu, d'effrayants prophètes ». Ils « ne peuvent pas ouvrir la bouche sans secouer les étoiles » et « les abîmes de la Lumière sont immédiatement invoqués par les gouffres de leur sottise ». Expliquant, par exemple, le dicton connu : « Si jeunesse savait, si vieillesse pouvait... », Bloy écrit : « Qu'arriverait-il ?... Si jeunesse savait, elle accomplirait des cochonneries dont la vieillesse même n'a aucune idée, et si vieillesse pouvait — la vieillesse du bourgeois, bien entendu — ...elle pratiquerait la vertu ! et la face du monde serait changée. » Tous les lieux communs sur l'argent sont de même retournés. Bloy les interprétant à la lumière de l'Écriture où, selon une idée qui lui était chère (voir *Le Sang du pauvre*), l'argent est le symbole du sang du Christ. Dès lors, le sens le plus mystérieux réapparaît sous les pires platitudes, et le génie contemplatif de Bloy, doublé de son extraordinaire génie verbal, parvient sans cesse à tirer du plus pauvre langage la solennelle attestation du mystère de notre humaine nature. La bouffonnerie est ici mise au service du témoignage que porte le « pèlerin de l'absolu » et qui ne varie pas de l'un à l'autre de ses livres, si différents soient-ils.

EXEMPLAIRE (L') [*Exemplar Seuses*]. Recueil des principales œuvres de Heinrich Seuse, latinisé en Suso, moine dominicain et l'un des mystiques allemands les plus connus avec maître Eckhart et Tauler. Né à Constance en 1296 (?), Suso entra chez les frères prêcheurs à 13 ans, il était prieur de son couvent à 20 ans, il étudia auprès de maître Eckhart et fit de nombreuses tournées de prédication en Alsace et en Souabe, puis se retira dans un couvent où il mena une vie de privations et de mortifications de plus en plus dures jusqu'à sa mort. Ses œuvres connurent un immense succès au XIVᵉ et au XVᵉ siècle, mais ce n'est que de nos jours qu'elles furent tirées du demi-oubli où elles étaient tombées. *L'Exemplaire* comprend quatre parties : la première est la *Vie*, récit autobiographique composé probablement par une religieuse, Elsbeth Stagel, d'après les confidences de Suso lui-même. Le récit des faits de sa vie depuis sa conversion, faits qui sont autant de leçons spirituelles et de degrés dans la voie de l'amour, constitue un guide de la vie parfaite. Il semble que le texte que nous possédons de la *Vie* ait été considérablement remanié et qu'on ait ajouté au récit un certain nombre de faits légendaires. *Le Livret de l'éternelle sagesse* (*) forme la deuxième partie du recueil. Il semble que ce livre soit postérieur au suivant, mais qu'il ait été placé là par l'éditeur comme étant d'un abord moins difficile que le troisième livre. Suso, après avoir expliqué comment certaines personnes sont attirées à Dieu sans le savoir, rapporte ses entretiens avec la Sagesse éternelle. Les thèmes de ses méditations de la première partie du livre sont la Passion et la Rédemption. En des pages saisissantes, Suso évoque les abîmes de l'Enfer, et les joies infinies du Ciel, dans un style digne de Dante. La deuxième partie de l'œuvre a pour but d'enseigner aux chrétiens l'art de bien mourir et, pour parvenir à ce but, de bien vivre. Le troisième livre, intitulé *Le Livre de la vérité* [*Büchlein der Wahrheit*], est écrit sous forme de dialogue entre la Vérité et le disciple et passe pour le livre le plus difficile de la mystique allemande. Il enseigne la voie du renoncement et de l'abandon à Dieu. *Le Petit Livre des lettres* [*Kleines Briefbüchlein*] forme la quatrième partie du recueil : ce sont les lettres de direction que Suso adressa à ses filles spirituelles et en particulier à Elsbeth Stagel (la religieuse qui rédigea la *Vie*). Ses directions sont fermes, mais toujours pleines d'amour, d'une exigence très élevée, mais précises et pratiques. Enfin, ses conseils s'adaptent au tempérament de chacune de ses correspondantes sans exiger d'elles plus qu'elles ne peuvent raisonnablement supporter. À côté de *L'Exemplaire*, il faut encore citer *Le Grand Livre des lettres* et quatre sermons, dont deux sont d'une authenticité douteuse ; enfin, le seul livre écrit en latin qui nous soit parvenu de Suso, *L'Horloge de sapience* [*Horologium sapientiae*]. — Trad. Lecoffre, 1899 ; *Œuvres complètes*, Le Seuil, 1977.

EXERCICE DE LA PARENTÉ (L'). Œuvre de l'anthropologue française Françoise Héritier (née en 1933), publiée en 1981. L'étude de la parenté est celle des rapports qui unissent les hommes entre eux par des liens fondés sur la consanguinité et l'affinité. C'est le propre des systèmes de parenté, ensemble de règles gouvernant la filiation, la résidence et l'alliance, de se distinguer par une certaine autonomie à l'égard des lois naturelles de l'espèce. « La parenté est essentiellement constituée par des obligations juridiques et morales que la société impose à certains individus » (Durkheim, *Année sociologique*, 1896-97). Françoise Héritier est partie d'un constat : le petit nombre des types terminologiques existant en matière de parenté dans les sociétés les plus diverses. Elle a cherché à mettre en évidence les lois qui les gouvernent : ce sont les notions d'identité et de différence sexuelle, considérées sous le double aspect des rapports d'aînesse et de génération. Les différents types de systèmes d'alliance correspondent à des combinaisons binaires antagonistes ou orientées dans le même sens, sélectionnées entre deux cas de figure qui présentent chacun une alternative. L'ensemble de ces choix structuraux du modèle de l'alliance renvoie à une réflexion portant sur le statut du couple formé par un frère et une sœur. De l'identité et de la différence en matière de sexe dérivent des combinaisons logiques qui rendent compte non seulement des terminologies, mais aussi des structures d'alliance élémentaires, semi-complexes, complexes. À partir d'un travail de recherche mené au moyen de l'ordinateur sur le matériel généalogique qu'elle-même avait recueilli chez les Samo du Burkina Faso, l'auteur démontre l'existence de stratégies matrimoniales particulières des consanguins, selon qu'ils sont de même sexe ou de sexe différent, selon qu'un homme et sa sœur sont considérés ou non comme appartenant à un même niveau généalogique. « À terme, conclut-elle, on devrait parvenir à élaborer une théorie générale de la parenté montrant comment s'organisent les grandes lignes des séries associatives qui s'incarnent dans des systèmes concrets en utilisant des lois simples et universelles, quels que soient l'apparent désordre et le foisonnement des modalités observées dans des sociétés particulières. » D. P.

EXERCICES DE STYLE. Œuvre de l'écrivain français Raymond Queneau (1903-1976), publiée en 1947.

Ce livre, le plus célèbre de Raymond Queneau avant la parution de *Zazie dans le métro* (*) (1959), raconte de quatre-vingt-dix-neuf manières différentes la brève histoire que voici.

Sur la plate-forme arrière d'un autobus de la ligne S, le narrateur aperçoit un jeune homme au long cou, coiffé d'un chapeau orné d'une tresse au lieu de ruban. Une brève altercation oppose ce jeune homme à un autre voyageur, qu'il accuse de lui avoir délibérément écrasé les orteils. Puis, il va s'asseoir à l'intérieur, une place s'étant libérée. Passant un peu plus tard, toujours en autobus, devant la gare Saint-Lazare, le narrateur revoit le jeune homme, en grande conversation avec un ami qui lui conseille de faire remonter le bouton de son pardessus.

Ces cent-moins-une variations sur un thème fort mince (pour ne pas dire dérisoire) sont tout à la fois d'une grande virtuosité linguistique et extrêmement drôles. Leur côté chatoyant et spectaculaire a souvent tenté les comédiens et les metteurs en scène. Dès 1949, Yves Robert en faisait un délicieux spectacle, avec la merveilleuse complicité des Frères Jacques. Depuis cette date, leur succès ne s'est jamais démenti. J. B.

EXERCICES PÉRIODIQUES [*Herhaling-sæfeningen*]. Recueil de poésies de l'écrivain hollandais Victor van Vriesland (1892-1974), publié en 1935. Son œuvre poétique comprend par ailleurs les principaux recueils suivants : *Perspective conditionnelle* [*Voorwaardelijk uit zicht*, 1929], *Examen préalable* [*Vooronderzoek*, 1946] et *Triple défense* [*Drieroudig Verweer*, 1949]. L'écrivain appartient à la génération de l'après-guerre, qui a formulé une nouvelle conception de la vie sous les influences complexes de l'expressionnisme allemand et du modernisme français. La poésie cérébrale de Victor van Vriesland, fortement préoccupée de problèmes techniques, est cependant le reflet d'une inspiration lucide et vive soutenue par l'authenticité de l'élan vers les souffrances humaines. Méditant sur la mort, le poète fait surgir de l'imaginaire de très beaux dialogues, comme dans « Répliques » : « Pourquoi ces yeux / Si pâles sous leurs fiers sourcils ? / — Les revenants d'hier dans leur oubli / Les rendent creux. »

EXERCICES SPIRITUELS [*Andliga övningar*]. Recueil de poèmes de l'écrivain suédois Hjalmar Gullberg (1898-1961), publié en 1932. *Exercices spirituels* est un excellent titre non seulement pour ce recueil mais pour toute la poésie de Hjalmar Gullberg. Or la traduction française possède un double sens que le titre suédois n'a pas. *Andlig* est l'adjectif du nom *ande* (= âme = anima ; cf. spiritus). La poésie de Gullberg est spirituelle dans ce sens profond, mais elle a aussi beaucoup d'esprit et même de grâce, d'élégance, trop pour le goût de certains lecteurs. On peut, cependant, lire ce recueil sans penser à ce jeu de mots. Le premier poème : « On recherche » [Efterlyses] est une parodie infiniment légère de la célèbre prière pour enfants : « Personne ne pourrait être mieux protégé » [Tryggare kan ingen vara] — v. *Grand-Messe* (*) de Johannes Edfelt — et du procédé de recherche de la police suédoise, mais il existe aussi dans ce livre des poèmes profondément religieux, comme « Le Badaud » [Han som hade ledigt], « Extase » [Hänryckning] et le très beau cycle « La Sainte Nuit » [Den heliga natten].

EXERCICES SPIRITUELS [*Ejercicios espirituales*]. Traité du religieux espagnol Ignace de Loyola (1491-1556), publié en 1548. La rédaction, en espagnol, de ce livret fut entreprise dès 1522 pendant le séjour d'Ignace à Manrèse. L'approbation de Paul III donnée en 1548 à la version en latin du manuscrit, avant la publication, n'empêcha pas l'auteur d'y apporter, par la suite, des retouches. En fait, tout au long de son élaboration, le manuscrit s'est enrichi de l'expérience mystique et des études théologiques d'Ignace de Loyola. Dans la filiation spirituelle de Ruysbroek l'Admirable (1293-1381) et de Geert Groote (1340-1384), ce livre n'est ni un traité d'oraison ni un ouvrage de méditation ; c'est essentiellement une méthode de progression spirituelle qu'il convient de mettre en pratique sous la conduite d'un directeur. Celui-ci, selon la formule d'usage, « donne les *Exercices* » au disciple ou au retraitant. Cet ouvrage s'inscrit dans la tradition des *Règles* du monachisme de l'Église et dans celle des procédés techniques organisant l'ascèse, la dévotion ou la prière ; on y trouve la trace d'influences diverses : les pratiques de l'oraison et l'esprit de la *devotio moderna* venue des Flandres et répandue au XVe siècle ; *L'Imitation de Jésus-Christ* (*) dont Thomas a Kempis est l'auteur très probable ; le *Rosetum exercitiorum spiritualium et sacrarum meditationum* de Jean Mombaer ; l'*Exercitatorio de la Vida espiritual* et le *Directorio de las horas canónicas* de Garcia de Cisneros, abbé de l'abbaye bénédictine de Montserrat. D'autres lectures ont nourri aussi les *Exercices,* notamment celles de la *Vie du Christ* de Ludolphe le Chartreux, ou les *Meditationes vitae Christi* (*) que l'on attribuait à saint Bonaventure. La méthode, très détaillée et rigoureuse, cherche à discerner la volonté divine à travers la méditation, la contemplation, l'oraison et l'ascèse. Clef de voûte de la Compagnie de Jésus, mis en pratique par d'innombrables « exercitants », ce livre d'une centaine de pages a eu une fortune considérable à travers les siècles, à la mesure de sa richesse doctrinale et mystique. Le livret s'ouvre sur des *Annotations,* au nombre de vingt. La première définit le projet : « Par ce mot, *Exercices spirituels,* on entend toute manière d'examiner sa conscience, de méditer, de contempler, de prier vocalement et mentalement, et les autres opérations spirituelles dont nous parlerons par la suite. En effet, comme se promener, marcher, courir sont des exercices corporels, de même les différents modes de préparer et de disposer l'âme à se défaire de toutes ses affections déréglées, et après s'en être défait à chercher et à trouver la volonté de Dieu dans le règlement de sa vie, pour le salut de son âme, s'appellent *Exercices spirituels.* » Les autres *Annotations* donnent des informations pratiques. Le retraitant qui va recevoir les *Exercices* doit tout quitter pendant un mois entier. Les *Exercices* sont en effet divisés en quatre semaines. La première semaine est introduite par une déclaration : « L'homme est créé pour louer, honorer et servir Dieu Notre-Seigneur, et par ce moyen sauver son âme. » Outre deux examens de conscience chaque jour, la première semaine est centrée sur une méditation du péché en général, des péchés propres du retraitant, puis de l'enfer. Pour accompagner la réflexion et l'examen de conscience, des modalités pratiques sont indiquées, telles que l'aide d'un tableau formé de lignes doubles qui sert à signaler les fautes où l'on retombe, ou encore un geste de contrition accompagnant le repentir. Pour accroître l'efficacité de la contemplation ou de la méditation, Ignace de Loyola définit la fameuse « composition de lieu », c'est-à-dire le recours à l'imagination qui va représenter, en les situant très précisément dans l'espace et le temps, l'objet, la scène ou la notion que l'on veut contempler. Les *Additions* à la première semaine envisagent l'attitude corporelle et, de façon générale, le régime de vie de l'exercitant. Au cours de la deuxième semaine, l'âme est appelée à écouter l'appel du « Roi éternel ». Une série de thèmes est indiquée ensuite pour la contemplation : l'incarnation, la naissance du Christ, la présentation au Temple, la fuite en Égypte, la vie du Christ à Nazareth, son voyage au Jourdain ; à la suite viendront tous les épisodes depuis le séjour au désert jusqu'au jour des Rameaux. Au cours de cette semaine est employée la fameuse méthode de « l'application des cinq sens ». Il s'agit, en quelque sorte, de spiritualiser l'usage des sens en leur donnant des modèles très précis, par exemple Jésus mangeant parmi ses disciples. Après la « méditation des deux étendards », celui du Christ et celui de Lucifer, le retraitant est invité à choisir un modèle de perfection ; ensuite il est invité à faire, dans sa propre vie, ce choix crucial qu'Ignace de Loyola dénomme « l'élection », en fait la décision qui doit conduire droit à Dieu. L'analyse, fort subtile, va des choix sublimes aux choix plus triviaux. La troisième semaine est toute consacrée à la méditation de l'Évangile, depuis le voyage de Jésus de Béthanie à Jérusalem jusqu'au terme de la Passion et à l'apparition du Christ à la Vierge Marie. Ce chapitre s'achève sur une suite de règles pratiques, très strictes, sur la tempérance, qui se concluent ainsi : « ... si l'on veut vaincre entièrement tout appétit déréglé et toute tentation, et n'avoir rien à craindre des efforts de l'ennemi, que l'on prenne moins, lorsqu'on est tenté de prendre plus. » La quatrième semaine s'ouvre sur une contemplation qui a pour thème l'apparition du Sauveur ressuscité à Notre Dame. Les contemplations suivantes envisagent « tous les mystères glorieux depuis la Résurrection jusqu'à l'Ascension inclusivement ». Cette dernière semaine est tout entière inspirée « de la joie immense et de la vive allégresse que ressent Notre Seigneur Jésus-Christ ressuscité ». L'ascèse devient moins rigoureuse, faisant place à l'envolée mystique de la belle « Contemplation pour obtenir l'amour divin ». Celle-ci est introduite par la reconnaissance de deux vérités : la première est que l'amour consiste dans les œuvres plus que dans les paroles ; la seconde que l'amour consiste dans la communication des biens. Toute la contemplation incite à une étroite imitation du Christ, à qui le pénitent devra remettre tout ce qu'il est et tout ce qu'il possède, en échange de son amour et de la grâce de Dieu. Des conseils pour prier, mettant en jeu toute la personne, corps et âme terminent cette semaine. Les *Exercices spirituels* s'achèvent par l'énoncé de quatre séries de règles : sur le discernement des esprits, la distribution des aumônes, les scrupules, l'orthodoxie. La rigueur de la méthode décrite dans les *Exercices* peut selon les possibilités de l'exercitant être tempérée. Il revient au directeur de composer avec prudence la durée même de la retraite ou le nombre des méditations. D'un point de vue ascétique, mystique, théologique, philosophique ou anthropologique, cet ouvrage n'a cessé de provoquer des interprétations. Ce petit livre n'est pas qu'un manuel d'oraison ou un simple guide des pécheurs ; il renferme dans sa substance toute la spiritualité d'Ignace de Loyola et l'écho intime de son expérience de Dieu. Outre les *Constitutions et Règles* de la Compagnie de Jésus et un ensemble de presque sept mille *Lettres et Instructions,* Ignace de Loyola est l'auteur d'une *Autobiographie* (intitulée parfois *Récit du pèlerin* ou *Testament*), dictée peu de temps avant sa mort au père Luis Gonçalves da Câmara, ainsi que d'un recueil intitulé *Journal des motions intérieures.* — Trad. Le Seuil, 1982 ; Arléa, 1991 ; Desclée de Brouwer, 1991. B. Se.

EXHORTATION AU MARTYRE de Cyprien [*Ad Fortunatum de exhortatione martyrii*]. Opuscule de l'évêque latin saint Cyprien (210 ?-258), adressé par lui à un certain Fortunat, peut-être évêque de Thuccabori, et ayant pour but de procurer aux « soldats du Christ », dans une période de persécution (quelques mois plus tard Cyprien lui-même mourait martyrisé), les moyens suffisants pour leur permettre de supporter virilement le martyre. L'œuvre rappelle beaucoup, par la manière dont elle est conduite, le *Témoignage à Quirinus* (*) ; ici aussi, la partie fondamentale de l'écrit consiste en une série de treize propositions aphoristiques (par exemple : « Quo Deus solus sit colendus »), suivies chacune des passages bibliques significatifs capables de les démontrer ; l'œuvre est précédée d'une brève introduction et se termine par une péroraison dans laquelle Cyprien exalte l'insigne honneur du martyre. — Trad. dans *Huit traités*, Gorce, 1958.

EXHORTATION AU MARTYRE d'Origène [Εἰς μαρτὺρίον προτρεπτικος, η Περὶ μαρτυρίου]. De même que la persécution de Septime Sévère avait suggéré à l'apologiste carthaginois Tertullien son exhortation *Ad martyres,* de même la persécution de Maximin de Thrace, entre 235 et 238, inspira à l'infatigable théologien grec Origène (185-252/3), alors à Césarée, une exhortation enflammée au martyre. D'après ce que nous en dit Eusèbe de Césarée dans son *Histoire ecclésiastique* (*), cette persécution mit sérieusement en péril la vie des personnalités les plus en vue de la chrétienté orientale. C'est ainsi que le mécène d'Origène, le généreux Ambroise, et son fidèle ami Protothète membre du clergé de Césarée en Palestine, furent exposés à de sérieux dangers. Origène leur adressait cette exhortation afin de raffermir, chez tous les fidèles exposés aux représailles impériales, la constance dans la foi et l'acceptation de tous les sacrifices. L'éloquence de l'abondant et fécond écrivain d'Alexandrie atteint ici sa force la plus incisive. — Trad. Gabalda, 1932.

EXHORTATION AUX GRECS [Λόγος παραινετικὸς πρὸς Ἕλληνας]. Œuvre polémique attribuée, au VIe siècle déjà, à Justin, martyr du IIe siècle (mort en 163-165), mais dont l'origine est encore contestée, notamment pour des raisons de contenu et de style. Écrite probablement à Rome, où Justin s'était rendu en passant par Cumes, elle se propose de démontrer que la vérité ne doit pas être recherchée dans les œuvres des écrivains grecs, mais dans les prédictions des prophètes hébreux. L'auteur montre tout d'abord combien il serait vain d'espérer trouver la vérité religieuse chez les poètes grecs, à commencer par Homère ; puis il passe à l'examen des conquêtes de la philosophie grecque, à l'origine de l'école ionienne, continue avec Pythagore, met en évidence les lacunes de la philosophie de Platon et d'Aristote, séparément ou dans les divergences entre maître et disciple. C'est un tout autre spectacle que celui qui nous est offert par Moïse et les prophètes hébreux. Ils transmirent aux hommes non pas les produits de la raison humaine, mais le trésor de la révélation divine. Quant aux oracles dont les Grecs sont fiers, la supériorité des Hébreux reste évidente, de l'aveu de ces oracles eux-mêmes. Que l'on ajoute à cela l'antiquité de la science hébraïque (quand Moïse écrivait, les Grecs n'avaient pas encore une langue) dans laquelle les écrivains grecs ont puisé largement ; parmi eux, Orphée, la Sibylle, Pythagore et d'autres qui, ou directement pendant leur séjour en Égypte, ou indirectement, apprirent de Moïse l'idée de l'unité divine. Platon lui-même lui doit, ainsi qu'aux prophètes, son idée de l'unité de Dieu comme de « Celui qui est », bien qu'il l'ait ensuite dissimulée, admettant il est vrai des dieux, mais les considérant comme dépendant d'une cause, donc mortels, et qualifiant par contre la matière d'incréée pour ne pas rendre Dieu responsable — comme il le craignait — du mal. Platon emprunta nombre d'autres vérités à Moïse, touchant le sort de l'âme après la mort et la résurrection ; bien plus, les idées « exemplaires » elles-mêmes de Platon sont dérivées de passages de la *Genèse* (*), qu'il a mal compris et interprétés. Il lui a certainement emprunté l'idée que le temps a été créé avec le monde. Du reste, les philosophes grecs eux-mêmes, Socrate le premier, avouent « ne rien savoir » ; qu'ils écoutent donc Orphée et les oracles de la Sibylle qui, clairement et ouvertement, ont annoncé la venue de notre Sauveur, Jésus-Christ, Verbe de Dieu, lequel s'est revêtu de la nature humaine pour nous rappeler à la religion de nos premiers parents (Justin ne soupçonne pas le caractère apocryphe, par interpolation chrétienne, des livres VI et VII des « Oracles sibyllins » qu'il cite). L'*Exhortation aux Grecs* en dehors des diverses critiques qu'elle contient de la philosophie grecque, critiques inspirées d'une conception absolue de la vérité religieuse, et commandées par le souci de démontrer que tout ce qu'elle y reconnaît de vrai a une origine hébraïque, constitue un document de première valeur, témoignant de l'attitude conciliatrice des premiers chrétiens ; elle présentait le christianisme — couronnement de l'hébraïsme —, en face de la philosophie grecque, comme l'achèvement de cette dernière, revendiquant toutes les vérités que la raison avait entrevues par l'entremise des poètes et des philosophes grecs comme des anticipations partielles du Logos divin, pleinement révélé en Jésus.

EXHORTATIONS de Tyrtée. Le poète grec Tyrtée, qui vécut à Sparte à l'époque de la seconde guerre de Messénie et de la constitution dite de Lycurgue (seconde moitié du VIIᵉ siècle av. J.-C.), fit de sa poésie un moyen d'éducation patriotique de la jeunesse. Il est resté le prototype du poète patriotique. Les idéaux qu'il proclame sont ceux des Doriens, c'est-à-dire d'une aristocratie fondée sur la propriété foncière et sur le privilège des armes, et soutenue par le culte des vertus guerrières des ancêtres. Les modes et les formes d'expression sont naturellement fournis à Tyrtée par la grande source de la poésie grecque, Homère. Si le poète reprend les exhortations à l'héroïsme, si fréquentes dans l'œuvre d'Homère, pour les adapter à la réalité de son temps, il y apporte une fougue et une passion que seule la conviction de prêcher un idéal d'une grande noblesse pouvait lui donner. Sans user d'un ton très élevé, il trouve des images simples, concrètes, riches de force persuasive. Le manque de personnalité qui apparaît dans ses vers est compensé par un sentiment puissant de la collectivité nationale, où l'individu acquiert une réalité d'autant plus grande qu'il se consacre davantage à la communauté et combat et meurt pour en assurer l'existence. Le culte jaloux des vertus militaires, considérées comme le degré suprême des valeurs humaines, et la conviction, confirmée par l'expérience des mœurs grecques, qu'il n'est pas de plus grand malheur pour un homme que celui de perdre sa patrie sont les principaux thèmes de cette poésie. Ils trouvent leur point culminant dans la célèbre affirmation : « Il est beau pour le guerrier brave de mourir au premier rang, en combattant pour sa patrie... »

C'était la coutume que les Chants guerriers de Tyrtée, appelés précisément « exhortations au courage » [Ὑποθῆκαι], fussent récités par les soldats, dans les camps, après le repas. Leur valeur éducative fit qu'ils se répandirent même au-delà de Sparte, grâce à des recueils où l'on adjoignit facilement aux poèmes originaux des imitations. Des fragments des *Exhortations*, certains assez importants et d'une grande perfection, sont parvenus jusqu'à nous ; ils sont écrits dans la langue ionienne littéraire. Nous possédons en outre un bref essai de chant de marche [Ἐμβατήριον] en dialecte dorien, d'une authenticité douteuse. Chez les Anciens, une élégie ou un groupe d'élégies ayant pour titre *Eunomie* (« bon gouvernement ») eut une grande célébrité. Le sujet en était politique : il célébrait la constitution de Sparte dont la proclamation était attribuée à Apollon de Delphes. Il n'en reste que quelques fragments. — Trad. Garnier, 1940.

EXIL. Revue littéraire française (1973-1978) fondée et dirigée par Dominique de Roux. Du nº 1 (automne 1973) au nº 8-9 (printemps-été 1978), publié par Jacqueline de Roux un an après la mort du fondateur, *Exil* illustre la volonté de Dominique de Roux de rompre avec le climat intellectuel et littéraire de son temps, l'impuissance universitaire, le terrorisme idéologique et le ressassement indéfini des formes mortes tombées en journalisme. Ce « état d'exil » doit s'entendre doublement, comme rupture avec la sclérose d'un siècle vide et prise de distance avec un Occident intoxiqué de soi-même. L'aventure de la revue accompagne, prolonge et orchestre l'itinéraire des dernières années de Dominique de Roux, de *L'Herne* (*) aux *Dossiers H*, de la France et du Portugal à l'Angola et au *Cinquième Empire* (*). De numéro en numéro, par ses articles et ses « notes et carnets », Dominique de Roux définit la même esthétique, celle inséparablement de sa vie et de ses livres : « Exil, cité de résistance païenne contre les institutions de l'oppression et du paraître, rend compte de ce qui existe en deçà et au-delà de l'écriture, refuse le blocage sur le passé. » Se retrouvent au sommaire, dans la même perspective de la littérature entendue comme « départ » (« Tout est à commencer, encore. Ailleurs, naître une seconde fois ») et toutes générations et nations confondues, divers contemporains morts ou vivants : James, Blok, Weininger, Hamsun, Kraus, Berdiaeff, Jünger, Wells, von Salomon, Evola, Pirandello, Schmitt, Mishima, Cingria, Pound, Jouve, Boutang, Donoso Cortes, Abellio, Wahl, Morand, Perroux, Gombrowicz, Auden, Vilmorin, Correia, Hussein, George, Wedekind, Jouhandeau, Souvarine, Pessoa, Messagier, Châteaureynaud... Ph. Ba.

EXIL de Saint-John Perse. Poème en sept chants de l'écrivain français Saint-John Perse (pseud. d'Alexis Léger, 1887-1975, prix Nobel 1960), publié en 1942. *Exil* est ce qu'il est convenu d'appeler un poème difficile. Sur l'interprétation de certains vers ou de l'ensemble du poème les avis divergent. Certains critiques, par exemple, se sont efforcés d'interpréter l'œuvre en la rattachant plus ou moins à la biographie de Saint-John Perse (qui dut s'exiler en 1940) et à l'histoire contemporaine, alors que d'autres estiment qu'il est contestable de rapprocher trop précisément *Exil* de la vie de son auteur et du climat de l'époque. Le poème contient, en partie, l'histoire de son éclosion. Au premier chant le poète annonce : « J'élis un lieu flagrant et nul comme l ossuaire des saisons » ; sur « l'aire la plus nue » il s'agit « d'assembler aux syrtes de l'exil un grand poème né de rien, un grand poème fait de rien »... (chant II). Ce « rien » sur lequel le poème se bâtit c'est l'exil. À ce sujet Pierre-Jean Jouve a fort bien dit que « le thème de l'Étranger est constant, d'*Anabase* (*) à *Vents* (*) », et que cet exil « est fondamental et partout », ce que semblent confirmer les affirmations du chant III : « Toujours il y eut cette clameur, toujours il y eut cette fureur [...] et sur toutes grèves de ce monde, du même souffle proférée, la même plainte sans mesure » et « Je vous connais, ô monstre ! Nous voici de nouveau face à face. » Mais, par un prompt rétablissement, sur le « rien » de l'exil le poète se relève : « Et soudain tout m'est force et présence, où fume encore le thème du néant » (III). Après avoir vu, « au van de la mémoire » et « aux fifres de l'exil », la vanité de toutes choses de ce monde, le poète annonce : « Et de toutes choses ailées dont vous n'avez usage, me composant un pur langage sans office, / Voici que j'ai dessein encore d'un grand poème délébile... » (IV). Ainsi il retrouve sa « rive natale » ; car « Il n'est d'histoire que l'âme, il n'est d'aisance que de l'âme » (V). C'est ainsi que l'Étranger est amené à répondre aux « questionnaires du port » : « J'habiterai mon nom » (VI). Affirmation qui amène elle-même les dernières lignes du poème : « Et c'est l'heure, ô Poète, de décliner ton nom, ta naissance, et ta race... » Dans ce débat lyrique entre le poète et sa solitude interviennent souvent les voix des éléments, des grandes forces de la nature : chants, interpellations, confidences se croisant, se heurtant pour produire un ensemble parfois énigmatique, toujours fascinant.

Trois poèmes forment le complément naturel d'*Exil* et ont été publiés dans le même volume en 1944 ; ce sont « Pluies », « Neiges » et « Poème à l'étrangère ». « Pluies » a été publié pour la première fois dans la revue *Les Lettres françaises,* à Buenos Aires, en octobre 1943. Dans ce poème écrit à leur gloire les pluies sont des forces régénératrices et jouent le rôle de médiatrices entre les hommes. Elles ont aussi le pouvoir de dissoudre le mal, d'apaiser les colères, de laver les taches du passé : « Lavez, ô Pluies ! la face triste des violents [...] Lavez, lavez l'histoire des peuples aux hautes tables de mémoire. » Et, lorsque les pluies ont passé : « Nous voici livrés plus nus à ce parfum d'humus et de benjoin où s'éveille la terre au goût de vierge noire [...] au goût de femme faite femme. » « Neiges » a été publié pour la première fois dans *Les Lettres françaises,* à Buenos Aires, en juillet 1944. L'arrivée des neiges est une fête ; elles forment « ce haut fait de plume » qui apporte à l'exilé allègement et fraîcheur. Mais, d'un autre côté, la neige « n'évoque plus qu'absence et que dessaisissement : visages très aimés, vies consumées, pays perdus » (Alain Bosquet). Le « Poème à l'étrangère » a été publié pour la première fois à New York, en 1943, dans la revue *Hémisphères.* Il reprend le thème de l'exil, sur un ton plus apaisé peut-être mais terriblement lucide : « Et cette histoire n'est pas nouvelle que le Vieux Monde essaime à tous les siècles, comme un rouge pollen... Sur le tambour voilé des lampes à midi, nous mènerons encore plus d'un deuil, chantant l'hier, chantant l'ailleurs, chantant le mal à sa naissance. »

EXIL (L'). Première œuvre de l'écrivain français Henry de Montherlant (1896-1972), composée à la fin de l'année 1914, parue en édition originale à tirage limité, avec un avant-propos de René Groos, en 1929. Cette pièce ne fut pas immédiatement publiée, à cause de la mort de la mère de l'auteur. En effet, dans ce drame en trois actes, une mère empêche son fils de partir à la guerre. L'intrigue a pour point de départ quelques paroles échangées entre Montherlant et sa mère. À partir de là, l'auteur a su mettre en valeur son sens de l'observation de la vie réelle. Philippe de Presles, dix-huit ans — l'âge de l'auteur lorsqu'il écrivit la pièce —, a le plus grand désir de monter en première ligne ; il pense que le front mettra fin à son « exil ». Sa mère, Geneviève de Presles, trente-huit ans, s'oppose à ce projet. Philippe, d'autre part, éprouve une forte amitié pour Bernard Sénac, dix-neuf ans, mais celui-ci en dernier lieu lui retire sa confiance. Philippe gagne le front, contre la volonté de sa mère. *L'Exil* peut être considéré comme une satire de l'héroïsme. L'auteur y a usé de la situation triangulaire classique : Philippe donne à Sénac plus qu'il ne reçoit. Geneviève donne à Philippe plus qu'elle ne reçoit. À propos de cette pièce, la critique a souligné la remarquable maîtrise qu'y laisse déjà percer l'auteur du *Maître de Santiago* (*), de *La Reine morte* (*) et de *Port-Royal* (*).

EXILÉS (Les) de Th. de Banville. Septième recueil du poète français Théodore de Banville (1823-1891), publié en 1867, portrait frontispice gravé d'après Alfred Dehodencq, par Alphonse Lemerre. Une réédition remaniée et augmentée de dix-neuf poèmes est constituée par le premier tome des *Poésies complètes,* qui parut en 1878 chez Charpentier et contient en outre : « Odelettes », « Rimes dorées », « Rondels », « Trente-six ballades joyeuses », plus quatre articles de Charles Asselineau, Th. Gautier, Baudelaire et Sainte-Beuve ; les « Princesses », qui y figurent après les « Odelettes », sont formées de vingt sonnets comme dans leur édition séparée de 1874, alors qu'en 1867 elles n'en comportaient que dix. C'est, au moins dans sa teneur originale, l'un des deux grands livres de Banville.

« Ce livre », écrivait l'auteur en 1874 au début de sa préface à la seconde édition, « est celui peut-être où j'ai pu mettre le plus de moi-même, et s'il devait rester un livre de moi, je voudrais que ce fût celui-ci ; mais je ne me permets pas de telles ambitions car nous aurons vécu dans un temps qui s'est médiocrement soucié de l'invincible puissance du Rythme, et dans lequel ceux qui ont eu la noble passion de vouloir enfermer leurs idées dans une forme parfaite et précise ont été des exilés ». Il ne se trompait ni sur son propre compte ni sur l'opinion générale dans laquelle la vraie poésie est tenue, en France, à quelque époque que ce soit. Mais il faut dire qu'il fut en partie responsable de la réputation injuste qui est demeurée attachée à son nom, et voir dans ces lignes une sorte de plaidoyer en faveur de sa personnalité réelle, disons de son génie authentique. Pour la plupart des lecteurs, en effet, Banville n'est que l'auteur des *Odes funambulesques* (*), soit un acrobate du vers, un enfileur de rimes-calembours, un ciseleur de fariboles. Une telle erreur, fondée sur l'ignorance et la paresse, doit cesser. Il suffirait, pour accorder à Banville son véritable rang, de négliger précisément cette série de petites satires et de pamphlets en miniature, dont, au reste, l'actualité s'est perdue au point de devenir inintelligible faute de commentaires : alors apparaîtra en pleine lumière un artiste, plus pur et plus émouvant que Leconte de Lisle, très proche, parfois, de la sensibilité de ce Baudelaire auquel il fut le premier à rendre un hommage digne de lui et qui, en échange, sut l'apprécier à sa valeur dans une étude restée fameuse — v. *L'Art romantique* (*).

La lecture des seuls *Exilés* doit provoquer cette indispensable réhabilitation : des pages puissantes comme « Hésiode », « L'Exil des Dieux », « Erinna », « La Mort de l'amour », « La Reine Omphale », et surtout la magnifique invocation « Au laurier de la Turbie », comptent parmi les plus hautes qu'ait apportées le lyrisme français du XIXe siècle : « Pâle et muet, j'entends le murmure des roses / Et de tous les trésors et de toutes les choses / Qui plantent dans nos cœurs un regret meurtrier, / Tu le sais bien, je n'ai voulu que toi, Laurier ! » Cet « état lyrique » que Baudelaire décelait en lui, les successeurs de Théodore de Banville l'ont, d'ailleurs, bien vu, bien reconnu, continué, développé à mesure que leur propre individualité se faisait jour : Mallarmé, qui l'appela « le divin Banville » et l'imita de très près dans la première version de *L'Après-midi d'un faune* (*) ; Rimbaud, Verlaine, qui le pasticha dans *Les Uns et les Autres* après avoir repris ses thèmes dans les *Fêtes galantes* (*) ; et, plus près de nous, Henri de Régnier, qui avouait avoir pris ses « Odelettes » pour modèle. Valéry, de qui la « Dormeuse » et le « Cantique des colonnes », par exemple, sont tributaires de sa souplesse et de sa sensualité.

EXILÉS (Les) [*Exiles*]. Pièce de théâtre de l'écrivain irlandais James Joyce (1882-1941), publiée en 1918. En dépit de ce que suggère la date de publication, la composition de cette œuvre n'est pas contemporaine de celle d'*Ulysse* (*), mais bien plutôt de la période faste de 1914-1915, au cours de laquelle, sur fond de publication de *Dublinois* (*), Joyce met la dernière main au *Portrait de l'artiste en jeune homme* (*) qui paraît alors en livraisons dans la revue *The Egoist*. Tout se passe comme si, à la veille de se lancer dans *Ulysse*, il avait voulu donner une forme définitive à un projet laissé en suspens et dont il devait se libérer. Il y a là une sorte de catharsis à l'œuvre, issue d'une crise personnelle grave, celle qui par deux fois, en 1909 et 1912, vient ébranler son univers intérieur, chaque fois à l'occasion d'un retour en Irlande : échec d'une tentative commerciale, la création de cinémas à Dublin, échec de la publication de *Dublinois*, crise de son union avec Nora lorsqu'un ami prétend l'avoir trompé jadis avec elle. C'est manifestement sur ces bases autobiographiques qu'à partir d'un moment difficile à dater, mais forcément antérieur à 1913, Joyce se met à composer deux séries de fragments : des bribes de dialogues d'une part et, d'autre part, des notes préparatoires qui l'aideront à mettre au point son texte final entre le printemps de 1914 et septembre 1915. Richard Rowan revient, avec sa femme Berthe et son fils, à Dublin qu'il avait jadis quitté avec éclat. Il y retrouve le passé, avec Béatrice, jadis aimée, et avec son ami Robert Hand, toujours amoureux de sa cousine Berthe. Il y entrevoit un avenir, celui de professeur à l'Université, l'Alma Mater acceptant l'enfant prodigue. L'intrigue se noue autour d'un rendez-vous entre Berthe et Robert, que Richard découvre sans s'y opposer. Il refusera ensuite de savoir ce qui s'est passé, et livre à Berthe, pour finir, la clé de son attitude : « Je me suis blessé l'âme pour vous, je m'y suis fait une profonde blessure de doute qui ne pourra jamais se refermer. Je ne pourrai jamais savoir, jamais en ce monde. Je ne désire pas savoir, ni croire. Cela ne m'importe pas. Ce n'est pas dans l'obscurité de la foi que je vous désire, mais dans la fièvre et la torture du doute incessant. Vous garder sans aucun lien, pas même celui de l'amour, être uni à vous, corps et âme, en une complète nudité, voilà à quoi j'aspirais. » Les Notes préparatoires à la pièce confirment le désir de Joyce d'explorer ses rapports avec Nora, dont il analyse les rêves et l'histoire personnelle, en même temps qu'il tente de les replacer dans un cadre philosophique et symbolique plus large, faisant appel à Spinoza, Sade, Sacher-Masoch, Flaubert, Praga, Giacosa, mais aussi Hume, Berkeley, Bergson. Il soulignera plus tard que *Exiles* signifie non pas « Exilés », mais « Exils », autrement dit présente non des personnages, mais une situation structurelle. Jacques Lacan le souligne lorsqu'il voit dans ces « exils » « l'approche de ce qui est pour Joyce le symptôme central, le symptôme fait de la carence propre au rapport sexuel » autour duquel tourne sa recherche littéraire : Joyce reformulera bientôt dans *Ulysse* cette même idée directrice du doute et du mystère : « Sur ce mystère [de la Trinité] et non sur la Madone que l'astuce italienne jeta en pâture aux foules d'Occident, l'Église est fondée, et fondée inébranlablement parce que fondée, comme le monde, macro et microcosme, sur le vide. Sur l'incertitude, sur l'improbabilité » : comme tous les mondes, réels ou imaginaires. – Trad. Gallimard, 1950. J. Au.

EXIL ET LE ROYAUME (L'). Recueil de nouvelles publié en 1957 par l'écrivain français Albert Camus (1913-1960). En des styles très différents allant, selon Camus lui-même, du monologue intérieur au récit réaliste, les six nouvelles qui le composent sont centrées sur des personnages qui, chacun à sa manière, subissent une forme d'exil, et cherchent à trouver ou à retrouver le royaume perdu de la communion innocente avec soi-même, avec l'autre, avec le monde. « La Femme adultère », Janine, accompagne son mari, auprès de qui elle mène une vie médiocre depuis des années, dans un voyage d'affaires qui les mène dans le Sud algérien. Elle y vit une expérience étrange, celle de l'extase dans une union charnelle avec la nuit et le désert, qui comble son attente confuse, la rend à elle-même et à sa vérité, et lui révèle la plénitude : « Elle respirait, elle oubliait le froid, le poids des êtres, la vie démente ou figée, la longue angoisse de vivre et de mourir [...] il lui semblait retrouver ses racines. » « Le Renégat ou Un esprit confus » est presque tout entier composé d'un monologue. Dans un pays hostile, désertique, un missionnaire catholique converti au fétichisme est devenu le servant d'une religion tyrannique ; martyrisé par ses geôliers qui lui ont coupé la langue, le renégat attend le missionnaire qui doit le remplacer, et s'apprête à le tuer. Il veut en effet devenir à son tour bourreau, pour sauvegarder le règne du mal et de la méchanceté. Parodique et déconcertante : « Ô fétiche, pourquoi m'as-tu abandonné ? », cette nouvelle propose sans doute une caricature grinçante des catholiques passés au marxisme ; elle dit aussi l'irrémédiable exil dans le mal et la douleur. « Les Muets » relatent la vie dans un petit atelier de tonnellerie, à Alger, après une grève qui n'a abouti à rien ; Camus connaissait ce milieu et ce métier qu'exerçait l'un de ses oncles. Contraints à reprendre le travail, les ouvriers gardent le silence en face de leur patron ; ils ne le rompent pas, en dépit de leur compassion, quand la petite fille du patron doit être transportée à l'hôpital. La fraternité qui règne entre eux n'empêche pas leur colère, le sentiment de leur impuissance, et, pour Yvars, celui d'être exilé hors de sa vie, dans la nostalgie de sa jeunesse. « L'Hôte » est un écho direct de la guerre d'Algérie, commencée en 1954. Un instituteur du bled, Daru, doit, malgré lui, héberger une nuit un Arabe coupable d'un meurtre, qu'un gendarme lui confie. Le lendemain, il conduit son « hôte » forcé au bord du plateau où deux chemins s'offrent à lui : celui de la ville et de la prison, celui de la liberté, vers les espaces des nomades. Laissé maître de son destin, l'Arabe se dirige vers la prison. De retour dans son école, Daru trouve une inscription menaçante sur le tableau noir. La nouvelle s'achève sur le constat de sa solitude. Ce récit, poignant, est une admirable illustration de l'incompréhension entre les deux communautés, et, cependant, du rêve de fraternité de Daru. L'histoire de « Jonas ou l'Artiste au travail », malgré son réalisme ironique, tient de l'allégorie ; le fait même de porter le nom d'un prophète biblique montre bien que les péripéties vécues par ce peintre qui croit en son étoile ont une signification qui les dépasse. Devenu célèbre sans effort, Jonas est séparé de lui-même et de son œuvre par cette célébrité même ; il finit par ne plus pouvoir peindre. L'accroissement de sa famille rend dramatiques les difficultés de logement ; il ne connaît plus ni la solitude nécessaire à l'artiste ni la solidarité dont l'œuvre d'art ne peut se passer. Dans son appartement aux murs démesurément élevés, il se fabrique une soupente où il s'isole ; quand il en tombe, on découvre sa dernière toile, « entièrement blanche », avec en son centre « un mot qu'on pouvait déchiffrer, mais dont on ne savait s'il fallait y lire *solitaire* ou *solidaire* ». « La Pierre qui pousse » est inspirée par le voyage en Amérique du Sud que Camus fit en 1949. Bien qu'une large place soit donnée aux coutumes locales – à la « macumba » –, l'essentiel du récit réside dans l'histoire de D'Arrast, ingénieur français qui redécouvre au Brésil sa propre force et son amour de vivre. Plus que la légende évoquée dans le titre, c'est l'anecdote du « coq » qui est au centre de la nouvelle ; le « coq », pris dans un naufrage, a fait vœu, si le « Bon Jésus » le sauvait, de porter jusqu'à son église, le jour de la procession d'Iguape, une pierre de cinquante kilos. Mais il danse toute la nuit. D'Arrast, qui le voit épuisé, porte la pierre à sa place, mais va la déposer dans la case du « coq », où on l'accueille fraternellement. – Chacune de ces nouvelles sur la solitude et la solidarité témoigne de la force suggestive du réalisme symbolique. J. L.-V.

EXIL SUR UN GRAIN DE POIVRE [*Exil pe-o boabà de piper*]. Plaquette de vers du poète roumain Mircea Dinescu (né en 1950), publiée en 1983. Il y a, dans toute la littérature roumaine de l'après-Seconde Guerre mondiale et surtout celle qui prend son essor à partir des années 60, une savante tactique, parfois une véritable stratégie du titre. Dans le cas de la poésie, il y a double jeu sur le titre de chaque poème et celui du recueil, lequel peut d'ailleurs n'être, comme c'est le cas chez Mircea Dinescu, qu'un conglomérat sans autre unité que celle d'un ton. Dans *Exil sur un grain de poivre*, la table des matières à elle seule est déjà un véritable poème où l'on peut lire sans peine les traits essentiels de l'art poétique de Mircea Dinescu. On y trouve d'abord un évident souci, presque classique, du chatoiement des sonorités qui semble déterminer, plus encore que le message, le choix des thèmes abordés. C'est à cette volupté des sonorités que paraît être subordonnée la cascade musicale que voici : « Terroriste de province » ; « On reporte », « Le Psaume de l'ivrogne », « La Révélation du scribe malade », « Centaure citadin », ou celle-ci : « Inventaire dans le quart-monde » « Chanson de la lampe éteinte » ou encore : « Une mélodie d'Armstrong » « La Villa de l'artiste », « La Disparition d'un figurant », « Témoin aux portes de l'Orient ». Tous les ingrédients de la poésie de Dinescu sont déjà là : mélange à la fois harmonieux et cacophonique de termes mythologiquement exotiques et de mots violemment prosaïques, hermétisme surréaliste, réalisme vigoureux. On sent, à ne lire que ces annonces de poèmes, que chez lui l'idée, le sens, naissent de la parole, de sa matière bigarrée qui s'ordonne comme d'elle-même autour d'une image verbale habilement sertie dans d'autres qui viendraient spontanément faire autour d'elle une tresse de syllabes musicales. Jeu donc, jeu sur les mots, avec les mots, avec les sons, sur les connotations plus encore que sur les sens, c'est ce qu'une première lecture suggère à l'évidence, ainsi dans « Terroriste de province » : « Près d'la gare au soupir y a l'auberge aux chanceux / Le chat s'refrotte à la chaise et prend feu / L'violon coup'la tête au tzigane vert-de-gris / Si jamais t'éternues les papillons s'enfuient // J'attaquerai la ville aujourd'hui mais voilà / Le château n'est que d'eau gardé par un seul gars / Là où j'croyais trouver du blé dur, rose et chaud / Y a qu'des chaussettes d'soldats séchant sur des silos. // Avec qui donc l'automne fait-il ses sales affaires ? / Là où c'est l'paradis pour l'homme ça sent l'moisi / L'alcool à quatre-vingt-dix filtré dans de la mie / Ça sent aussi un peu les fesses de nénuphar / Si jamais t'éternues l'journal perd tout son fard. » Tout le paradoxe et toute la force de la poésie de Dinescu sont dans ce concentré : une forme classique, finalement très éloignée de toutes les expériences modernes du vers libre, une joie dans le maniement de la rime au service de l'expression violente d'un absurde révoltant, une étonnante capacité d'absorption du langage ambiant métamorphosé.

J.-L. C.

EXISTENCE MALHEUREUSE (L'). Essai de l'écrivain français Jean Grenier (1898-1971), publié en 1957. « L'homme n'a pas à se demander s'il doit être optimiste ou pessimiste. Il meurt. » Partant de cette constatation, l'auteur examine nos attitudes devant le mal, problème dont la solution est présupposée par l'adoption de telle ou telle métaphysique. L'absence de Dieu peut conduire l'homme à deux attitudes : la première est de dire « oui » à la vie et d'accepter sans récrimination ce qui paraît inacceptable. Elle conduit à une sagesse qui est « absence d'espoir », à une sérénité, qui n'est pas le bonheur, parce qu'elle voit le mal et le bien aussi mêlés l'un à l'autre que la vigne et l'olivier. Elle mènera à cette acceptation plus noble que toute protestation par l'action, mais n'excluant jamais l'action. Consciente que le mal et le bien sont inextricablement mêlés, cette sagesse héroïque se place du point de vue de la totalité, où bien et mal deviennent des aspects de l'être. L'autre attitude, qui suit la voie du détachement, est de dire « non » à la vie : elle ne fait pas davantage du bien et du mal des éléments séparables. Puisque le bien et le mal sont corrélatifs, mais inconnaissables, parce que transcendants comme l'absolu lui-même, il faut tout frapper de nullité et refuser totalement le monde. Jean Grenier admire ces deux types d'hommes en ce qu'ils cherchent l'un et l'autre « à limiter l'absolu dans son unité » en devenant eux-mêmes unifiés. Tous deux se libèrent à l'égard des existences et de leurs diversités en prenant comme idéal le fond même de l'être qui, lui, est indifférent.

EXISTENTIALISME EST UN HUMANISME (L'). Texte d'une conférence prononcée en 1946 au « Club Maintenant » par l'écrivain et philosophe français Jean-Paul Sartre (1905-1980), publié en 1946. Cette conférence se proposait, au moment de la grande vogue de l'existentialisme en France et en Europe, de présenter un exposé simple de ses thèses, de redresser quelques erreurs et préjugés, de répondre à des reproches qui lui ont été faits. Les marxistes ont accusé l'existentialisme de quiétisme et de subjectivisme, les catholiques de pessimisme et d'individualisme. De plus, la vogue de l'existentialisme fait qu'on emploie ce mot à propos de n'importe quoi, et que son sens devient très vague pour la plupart. En fait, l'existentialisme est d'abord une doctrine philosophique. Il y a un existentialisme chrétien représenté par Jaspers et Gabriel Marcel, et un existentialisme athée, celui de Heidegger et de Sartre. Tous posent que l'existence précède l'essence, c'est-à-dire que la réflexion sur l'homme doit partir de la subjectivité. En cela l'existentialisme diffère de la philosophie classique du XVIIe siècle, où un Dieu créateur doit poser l'essence de l'homme avant de le fabriquer comme un artisan fabrique un produit, d'après un concept de son entendement. L'idée que l'essence précède l'existence survit à la croyance en Dieu dans la philosophie du XVIIIe siècle. L'existentialisme athée, en posant au contraire que l'existence précède l'essence, tire toutes les conclusions de l'athéisme. Pour lui, il n'y a pas de nature humaine, l'homme est ce qu'il se fait, et se définit d'abord par un projet, qui est un choix originel de son être, et se manifeste dans la totalité de ses conduites. Par ce projet l'homme choisit tous les hommes en même temps qu'il se choisit, car il pose par là une image de l'homme tel qu'il doit être. Le choix est la position d'une valeur. Ainsi chaque homme engage à chaque instant l'humanité tout entière. De là vient la place privilégiée que l'existentialisme donne à l'angoisse comme révélation du délaissement de l'homme dans la liberté. L'angoisse débouche sur le sentiment de la responsabilité, donc sur l'action et la morale. Ainsi, l'existentialisme ne fonde pas la morale sur un ordre objectif des valeurs, mais sur la liberté radicale de l'homme : « L'homme est condamné à être libre. » Le choix moral est invention, non obéissance. Le désespoir qu'on reproche à l'existentialisme de prêcher n'est que le sentiment de la liberté radicale de l'homme, à partir de laquelle on ne peut préjuger ses actions, puisqu'il n'y a pas de nature humaine. Son pessimisme est au fond une « dureté optimiste » qui refuse de nier la responsabilité au profit d'un déterminisme qui justifierait les défaillances humaines. L'existentialisme est un humanisme de l'action et de la liberté. Le subjectivisme de l'existentialisme n'est pas un signe de son origine bourgeoise, comme le prétendent les communistes, mais procède du refus de faire de l'homme un objet. Il implique l'intersubjectivité, car c'est seulement par rapport aux autres que se définit l'existence de l'homme, et son universalité n'est pas dans son essence mais dans sa situation : chaque homme est lié à tous les autres par la réalité concrète de sa situation. La liberté doit être voulue à la fois pour soi et pour tous les hommes, elle débouche ainsi sur une communauté fondée sur la liberté, et par là sur un humanisme. Cet humanisme est ouvert, il est toujours à faire, car il vise une libération de l'homme qui doit toujours être reprise, car l'homme ne se réduit jamais à un donné. Cet exposé est suivi d'une discussion entre Sartre et Naville, où Sartre précise les points communs et les divergences de l'existentialisme et du marxisme.

EXISTER. Livre de poèmes de l'écrivain français Jean Follain (1903-1971). Publié en 1947. L'art de Jean Follain tient pour une bonne part à sa façon de provoquer des coïncidences événementielles ou objectales inattendues, à débusquer d'étranges et subreptices phénomènes de simultanéité. Faire événement de la furtive rencontre de deux faits, de deux personnages ou de deux objets chronologiquement ou géographiquement « incompatibles », telle est sa géniale invention, sa manière, non théorisée, de mettre en pratique l'axiome de Pierre Reverdy : « Plus les rapports des deux réalités rapprochées seront lointains et justes, plus l'image sera forte, plus elle aura de puissance émotive et de réalité poétique. »

L'image, chez Follain, n'est le fruit d'aucune rhétorique, d'aucun jeu d'écriture ; elle n'est pas, elle n'est jamais une figure de style : elle est un instantané photographique, fait de superpositions, doué d'inconscient et d'ubiquité. Quand Follain relate un micro-événement ordinaire, une scène sans importance, ce qu'il soulève, mine de rien, c'est toujours l'épaisseur entière des couches géologiques dont cet instant hasardeux est fondé. Nulle part dans son œuvre, qui compte aussi des proses brèves admirables, cet art n'intervient de façon aussi éclatante que dans ses recueils de poèmes en vers. Ceux-ci ont plus, d'ailleurs, dans leur rythme d'écriture, la vocation d'attirer l'attention sur le statut de « précipité poétique », fait d'ingrédients superposés, que celle de sacrifier aux règles de la versification. Le vers de Follain ne répond à aucune nécessité formelle apparente.

Deux sujets ou personnages principaux s'y exposent et s'y imposent : la mémoire de l'enfance, d'une précision lexicale et historique méticuleuse ; l'espace géoculturel de la campagne et de ces lieux clés que furent le village de Canisy et la petite ville de Saint-Lô. Mais les deux se confondent en un univers réel et mental à la fois, microcosme irrigué de l'extérieur par les accidents passagers de l'histoire des hommes. C'est un univers en soi. Et la vie entière du poète Follain s'y développe, s'y accomplit et s'y rêve en même temps.

Exister, Territoires (1953), *Des Heures* (1960), *Appareil de la terre* (1964), *D'après tout* (1967), *Espaces d'instants* (1971) balisent ce royaume du regard et de la mémoire inventifs. Lieu et temps y respirent d'un même souffle.

G. J.

EXODE (Livre de l') [*Chémôt*]. Second livre de *La Bible* (*) et une des cinq parties du *Pentateuque* (*), attribué à Moïse (XIIIe s. av. J.-C.) et écrit en hébreu. On y trouve la suite de l'histoire du peuple juif depuis la mort du patriarche Jacob jusqu'à l'arrivée des Juifs au désert du Sinaï. Les Hébreux connurent en Égypte de longues années de prospérité, puis ils traversèrent une mauvaise période. Moïse reçut sur le mont Horeb l'ordre de libérer Israël. En dépit des neuf fléaux qui frappèrent, dès cet instant, l'Égypte, le Pharaon n'accepta pas de rendre sa liberté au peuple élu ; ce n'est qu'au dixième fléau, qui causa la mort de tous les premiers-nés du pays, qu'il accepta de les laisser aller. L'itinéraire suivi par les Israélites est indiqué dans le récit de l'exode. Le récit biblique du passage de la mer Rouge (XIV, 5-31) accentue la couleur miraculeuse de l'épisode, dans le but de mettre en relief la protection particulière que concède Yahvé à son peuple. Deux phénomènes exceptionnels se produisirent au passage de la mer Rouge. Un flux anormal et un fort vent d'ouest permirent probablement le passage aux Hébreux, tandis que le reflux surprit les Égyptiens qui s'étaient aventurés, à la poursuite des fuyards, sur le terrain presque sec. D'après le texte hébraïque, la durée du séjour des Israélites en Égypte fut de quatre cent trente années, tandis que la version alexandrine ne parle que de deux cent quinze années d'exil. Quant à l'identification du pharaon régnant à l'époque de l'*Exode* (Aménophis III, 1510 av. J.-C. ou Ménephtah, 1310 av. J.-C.), elle n'est qu'une hypothèse. D'autres conjectures se font sur le nombre d'Israélites soustraits à la domination égyptienne : *La Bible* parle de six cent mille fuyards adultes sans compter les enfants, ce qui porte le chiffre total à environ deux millions de personnes. Mais ces données sont manifestement exagérées. Trois mois après leur sortie d'Égypte, les Juifs campèrent devant le mont Sinaï où, dans un décor majestueux, l'œuvre législative de Moïse, le Décalogue, les lois civiles et les rites, fut transmise au peuple juif dans une suite de théophanies. Les Hébreux séjournèrent presque un an au pied du mont Sinaï. Ils s'en éloignèrent ensuite et poussèrent vers le sud pour arriver à Chanaan, la Terre promise. Les lois contenues dans l'*Exode* constituèrent la base de la vie civile et religieuse du peuple juif. — Traduction œcuménique de *La Bible*, Éd. du Cerf, 1988.

EXODE DE YANGANA (L') [*El éxodo de Yangana*]. Roman de l'écrivain équatorien Ángel Felicísimo Rojas (né en 1909), publié en 1949. Ce roman, placé sous l'égide du *Fuenteovejuna* de Lope, retrace la longue histoire d'un village métis dont les terres suscitent la cupidité du grand propriétaire de la région. Peu à peu dépouillés, les habitants de Yangana, dont la grande force est celle de la solidarité, se voient refuser l'aide du gouverneur et la protection des plus hautes autorités de Quito. Traités de communistes et de criminels pour la défense acharnée qu'ils opposent tous à la spoliation, ils n'ont finalement d'autre ressource que d'abandonner l'ancien village et d'entreprendre le long exode qui les mènera vers la région amazonienne où ils pourront, loin de toute vie « civilisée », rebâtir un nouveau Yangana libre, prospère et démocratique. Chronique de la persécution, de l'exode et de la refondation, le roman a évidemment des accents bibliques ; mais son intérêt principal réside dans l'art avec lequel, au mépris de l'ordre chronologique, l'auteur ménage le mystère et ne laisse découvrir que très tard la raison de ce voyage mythique — qui évoque parfois le début de *Cent ans de solitude* (*). Le lecteur assiste d'abord à l'exode, dont il ignore la cause, et se familiarise ainsi avec les nombreux personnages, très disparates, du livre, puis, par des procédés narratifs divers, l'histoire est peu à peu révélée. De facture très moderne pour son époque, le roman s'achève sur une note d'espoir, refusant le pessimisme qui a marqué cette génération en Équateur. E. Fe.

EXORCISME DES FOUS [*Narrenbeschwörung*]. Œuvre satirique publiée en 1512 par l'écrivain franciscain allemand Thomas Murner (1475-1537), le plus batailleur des polémistes du parti catholique contre Luther et la Réforme. L'idée et le titre de l'ouvrage ont été suggérés à l'auteur par la *Nef des fous* (*) de Sébastien Brant. L'*Exorcisme des fous* est une satire contre les vices et les mauvaises mœurs de l'époque. Elle est divisée en chapitres, chacun dédié à un vice et annoncé par une plaisanterie populaire grotesque, comme : « tondre le singe », « parler à une marmite vide », « friser une barbe de paille », etc. Une déclaration suit, faite ou par le fou lui-même qui personnifie le vice, ou encore par l'auteur qui est représenté comme un sorcier exorcisant toutes les folies humaines. Chaque chapitre est accompagné d'une gravure avec le commentaire et l'explication du texte. L'auteur passe ainsi en revue les faiblesses et les vices de son époque, se déchaînant contre tous, pape, empereur, princes et clergé, sans aucun ménagement. Cette absence de préjugés le fait apparaître plus franc et plus courageux que Brant qui, au contraire, évitait d'attaquer les personnages importants. Contrairement à lui, Murner est aussi plus populaire : se gardant des citations érudites de classiques, il a recours seulement au savoir populaire, dont il tire ses sujets, ainsi que de *La Bible* (*) et des livres répandus parmi les classes inférieures, tels que : *Laurin, Siegfried* (*), *Dietrich*.

EXPÉDITION D'HUMPHREY CLINKER (L') [*The Expedition of Humphrey Clinker*]. L'idée de ce roman, publié en 1770, fut suggérée à l'écrivain anglais Tobias Smollett (1721-1771), par *Le Nouveau Guide de Bath* [*New Bath Guide*, 1766] de Christopher Anstey (1724-1805), recueil de lettres en vers, qui sont censées être écrites par une famille de cette ville. Le roman de Smollett, sous cette forme épistolaire, raconte l'histoire de la famille de Matthew Bramble, voyageant en Angleterre et en Écosse ; son intrigue est mince, mais il est riche en impressions sur les mœurs et le pays, et rendu vivant par les traits caractéristiques des différents membres de la famille, auteurs supposés des lettres : il y a Matthew Bramble, sorte de bourru bienfaisant ; une coquette, Tabitha ; sa sœur, une jeune fille affectueuse et romantique ; quant au héros, Humphrey Clinker, c'est un garçon d'écurie que le chef de famille prend à son service pour le voyage ; on découvre ensuite qu'il est le fils naturel de son patron et il épouse la domestique, une niaise comme lui. L'intérêt de ce livre est de montrer, sans emphase ni grandes formules, combien les opinions humaines sont relatives ; aussi se présente-t-il en quelque sorte comme une apologie de la tolérance. Les moyens mis en œuvre par l'auteur sont des plus simples et des plus efficaces : les mêmes faits sont racontés par la plume des différents correspondants et chaque fois s'en trouvent éclairés différemment. — Trad. Gallimard, 1955.

EXPÉRIENCE CONTINUE (L'). C'est le titre sous lequel ont été rassemblées en 1966 les œuvres en vers et en prose de l écrivain belge Paul Nougé (1895-1967), jusque-là éparpillées dans quelques revues ou inédites. Impossible à résumer, ce recueil surréaliste est construit autour de textes brefs, denses, souvent énigmatiques et expérimentaux. Sceptique vis-à-vis de l'écriture automatique, l'auteur n'est jamais plus à son aise que dans les textes où il s'impose des contraintes, comme le fera plus tard l'Oulipo auprès de qui il aurait eu sa place. Si son « Introduction aux équations et formules poétiques » semble trop mécanique, « La Chambre aux miroirs » est un exercice de style remarquablement réussi : une même scène — il s'agit de femmes se déshabillant dans leur chambre — est décrite de trente-sept manières, avec une précision et une sensualité chaque fois renouvelées. Cet art du portrait, combiné à de savants jeux de miroirs et à une thématique de l'érotisme, constitue le principal dénominateur commun des textes narratifs intégrés dans ce recueil.

Dans un autre registre, celui des poèmes, des formes brèves et plus particulièrement de l'aphorisme, Nougé manifeste son goût pour les récritures et met en application sa théorie des « objets bouleversants ». Les textes regroupés sous le titre « La Publicité transfigurée » sont exemplaires à cet égard : présentés comme des « objets » et récités à l'occasion d'un concert en 1926, ces aphorismes sont, dans plusieurs cas, des reprises légèrement transformées d'un proverbe ou d'une formule consacrée (« les idées n'ont pas d'odeur »). Aux affirmations péremptoires qu'il reproche à plusieurs surréalistes parisiens, Nougé préfère les propositions négatives, comme le montre l'aphorisme de clôture : « Rien mais rien qui soit rien. » Cette éthique du refus trouve son expression la plus juste dans certains vers qui ont, sinon la forme, du moins la force tranquille d'un haïku : « Couteau pour couteau / je préfère / ton sourire. »

Œuvre diverse et volontairement inachevée, *L'Expérience continue* s'interdit pourtant la dispersion et la complaisance envers son surréalisme et sa modernité. Dans sa retenue inquiète et parfois frustrante, Nougé oblige le lecteur à une attention rigoureuse et suscite par là autant son éveil intellectuel que son émerveillement poétique. M. Bi.

EXPÉRIENCE DE LA NUIT (L'). Roman de l'écrivain français Marcel Béalu (1908-1993), publié en 1945. Déambulation dans une ville aux dimensions du monde, l'errance du héros, Marcel-Adrien, se révèle peu à peu être une quête désespérée de lui-même au sein de cet univers urbain dont l'étrangeté sourd dans l'exacte mesure où il lui paraît familier : cette expérience de la nuit figure tout à fait celle du rêve, où le dormeur, sans le savoir, ne se débat qu'avec lui-même, à la fois ouverte sur l'imprévu, l'inopiné qu'entrouve à celui-ci l'intuition d'un futur indéterminé, et conduite, orientée par une volonté inconsciente que symbolise dans l'œuvre un bizarre oculiste, le docteur Fohat, aux prescriptions duquel Marcel-Adrien se soumet « aveuglément ». Le traitement préconisé par celui-ci fera de son patient un homme éberlué, dans la pleine acception du terme, qui découvre au hasard de ses allées et venues une secrète nécessité à laquelle il ignorait être inféodé et qui confère à chaque événement une signification inexprimable.

De même que l'obscurité interdit la vision d'objets que l'on sait cependant être présents, l'insanité apparente de cet univers nocturne semble recéler un aspect plus réel, plus essentiel, que le héros se doit de découvrir et dont il a le pressentiment. Mais, tel le Siegfried des légendes, c'est avec la plus grande innocence qu'il abordera à ce monde d'épreuves. Ainsi échouera-t-il tout d'abord dans une pension de famille vétuste et à moitié abandonnée où une femme entre deux âges, Édith, tout à la fois cliente et patronne, le poursuit de ses assiduités tandis qu'il travaillera comme manutentionnaire aux établissements And Co, sis sur la même place que celle où s'élève la pension de famille. Mais tout comme il découvre qu'Édith l'attendait avant même de l'avoir vu pour qu'il l'épouse, il aura fait littéralement le tour de cette place miséreuse lorsqu'il lui sera révélé qu'elle appartenait entièrement aux entreprises And Co et que le propriétaire de celles-ci n'est autre que... le docteur Fohat.

Chaque lieu qui offre une station à Marcel-Adrien incarcère ainsi totalement celui-ci, tout comme le cauchemar étouffe le rêveur. En contrepoint à la circularité exemplaire de ce premier théâtre, la place, la linéarité illimitée d'une avenue qu'il parcourt ensuite en taxi jusqu'à ce qu'il s'y arrête fortuitement le rendra tout comme les autres habitants prisonnier de sa géométrie. Le luxe de ce nouveau « quartier », contrastant avec la pauvreté du premier, ne l'empêchera pas de vouloir s'en sauver. Et lorsqu'il aura goûté par la suite, dans une sorte d'atelier de confection de figurines, aux charmes dispensés par de nouvelles lunettes que lui procure le docteur Fohat et qui lui permettent de voir le monde sous les couleurs les plus plaisantes, il éprouvera le besoin de fuir, encore et toujours.

Et comme toujours il se laissera mener, cette fois par ses instincts vitaux et animaux incarnés par un gros chien, au nom révélateur de Gouverneur, qui l'emportera sur son dos et lui permettra de traverser le fleuve, semblable au Styx infernal des Anciens, qui charrie les images des visages qu'il a connus. Libéré du poids de son passé, Marcel-Adrien échappera à la géométrie plane sur laquelle se dessinaient jusqu'alors ses expériences pour accéder à une verticalité vertigineuse figurée par un bâtiment gigantesque au sommet duquel une sorte de plate-forme mal fixée lui offre un abri.

Terme de sa quête, ce monde aérien se révèle cependant également cauchemardesque car Marcel-Adrien craint à tout moment de tomber et d'être happé par les forces chthoniennes qui l'attendent. Espace d'une froideur inhumaine, il le renvoie également à sa solitude et au silence. Mais cet élément, assimilable à l'Éther des premiers Grecs, révèle implicitement au héros son rôle essentiel : c'est uniquement de lui que sont faits les rêves, les sentiments et même tout ce qui est perçu, c'est lui qui modèle et déforme toute chose ; c'est son souffle venteux, tel celui des Enfers virgiliens, qui suscite, dirige la pensée, mais aussi la gifle de façon imprévisible et lui donne alors une orientation inexplicable. C'est lui qui est responsable des atermoiements passés de Marcel-Adrien et, en fait, de sa parfaite inconsistance. C'est lui encore qui explique que le faux acteur de cette « aventure impersonnelle », marquée au sceau d'une solitude insurmontable, ne s'éprend vraiment d'aucune femme alors même qu'il est attiré par elles : filles de l'air, elles ne jouent de leurs voix flûtées que des thèmes évanescents qui ne peuvent qu'accroître son angoisse en le renvoyant à son néant.

Il est difficile à la lecture d'une telle œuvre de ne pas adhérer à ce qu'en a dit le poète et critique Jean Rousselot lorsqu'il y voit « [l'entreprise] la plus remarquable des dix années qui suivirent l'éclatement du surréalisme ».

P. F.

EXPÉRIENCE ET NATURE [*Experience and Nature*]. C'est peut-être l'œuvre la plus dense du philosophe américain John Dewey (1859-1952). Le livre est un recueil de conférences faites par l'auteur durant l'hiver 1924-1925 et qui ont comme thème général les problèmes les plus importants de l'épistémologie moderne. Pour accéder à la philosophie, dit Dewey, il y a deux méthodes : on peut partir des faits bruts pour remonter progressivement aux principes générateurs de la réalité ; ou, au contraire, on peut commencer par ces principes générateurs pour descendre aux faits quotidiens. L'une et l'autre méthodes ont leurs avantages et leurs inconvénients ; l'expérience, par exemple, semble la chose la plus innocente ; mais si l'on n'en use pas avec circonspection, elle peut aisément devenir la plus individuelle des connaissances, nous faisant prendre pour des faits purement objectifs de simples préjugés. Par contre, on peut devenir maniaque au point de ne plus savoir raisonner que sur des principes abstraits, peut-être universels, mais vides de sens réel. Ni le philosophe empiriste ni le philosophe idéaliste, continue Dewey, ne témoignent au fait expérimental le respect qu'ils lui doivent. Le premier oublie la conscience et réduit toute l'énorme variété des choses à une masse uniforme de simples parcelles en mouvement. Le second oublie l'objectivité des choses et finit par réduire toute réalité au processus mythique d'une conscience unique. L'un et l'autre mutilent l'expérience de ses éléments essentiels et excluent, ce faisant, toute possibilité d'une philosophie saine. Après cette critique préliminaire, Dewey commence à exposer quels doivent être les caractères d'une vision vraiment adéquate à la réalité. Plus que l'exposition d'un système, le livre constitue une ample explication du monde de la nature. Mais tandis qu'il fait admirer au lecteur les éléments qui composent cette même nature, stables et contingents, immanents et transcendants, matériels et spirituels, Dewey n'oublie jamais son but essentiellement épistémologique. C'est pourquoi il se sert de ses différents éléments pour en tirer un exemple concret de ce que doit être le vrai philosophe.

Au cours de cette promenade à travers la nature, l'auteur ne cesse d'affirmer que la valeur des connaissances ne réside pas dans le fait qu'elles sont vraies ou non, mais dans le fait qu'elles possèdent une signification pratique en vue d'une fin supérieure, et c'est bien cette signification pratique qui est, en dernière analyse, le seul critérium de vérité : « La théorie pure, la sublimité olympienne, la contemplation spirituelle ne représentent que des visions arbitraires. » Mais quelle est cette fin supérieure à laquelle doit nous mener la signification pratique des connaissances ? Plus explicitement que dans ses autres livres, Dewey répond ici que c'est un idéal concret que l'homme réalise au moyen de l'art et de la morale, sans pouvoir jamais l'épuiser. Une œuvre est vraiment artistique dans le sens supérieur du mot, un acte est vraiment moral quand ils ne représentent rien de concluant et de définitif, mais dans la mesure où ils servent à stimuler en nous le désir de nouvelles « jouissances », issues de notre désir de beauté et de bien. La science, au contraire, selon Dewey, malgré son auréole de supériorité, « ne doit servir qu'à indiquer le meilleur moyen d'utiliser les phénomènes de la nature pour arriver à ce résultat ». Le livre se termine sur l'affirmation de ce pragmatisme spirituel après avoir exprimé, en un style clair et aisé, quelques-unes des idées les plus profondes que nous ait jamais léguées un penseur américain.

EXPÉRIENCE INTÉRIEURE (L'). Essai de l'écrivain français Georges Bataille (1897-1962), publié en 1943. Lors de la réédition de cet ouvrage en 1954, réédition augmentée de *Méthode de méditation* (1947), Bataille en fit le tome premier d'une *Somme athéologique* regroupant : *Le Coupable* (1944 : réédité en 1961 augmenté de *L'Alleluiah* (*), paru en 1947) et *Sur Nietzsche* (1945) ; deux autres volumes étaient prévus qui n'ont pas vu le jour : *Le Pur Bonheur* et *Le Système inachevé du non-savoir*.

Écrire sur cette œuvre est une tâche presque impossible dans la mesure où il s'agit d'une œuvre dirigée, à l'aide du langage vers la cessation du langage, vers l'extrême et le silence. Cela posé, nous nous bornerons à tenter de définir les coordonnées de cet itinéraire vers « l'impossible » en recourant le plus souvent qu'il se pourra, vu par ailleurs nos limites, à ses propres termes.

L'essai de Bataille est divisé en cinq parties : « Ébauche d'une introduction à l'expérience intérieure » ; « Le Supplice », « Antécédents du supplice (ou la comédie) » ; « Post-Scriptum au supplice (ou la nouvelle théologie mystique) » ; « Manibus date lilia plenis » Suit la *Méthode de méditation*.

« J'entends par expérience intérieure ce que d'habitude on nomme expérience mystique : les états d'extase, de ravissement, au moins d'émotion méditée... L'expérience est la mise en question (à l'épreuve), dans la fièvre et l'angoisse, de ce qu'un homme sait du fait d'être. » Pour que cette expérience soit pure, il faut que l'homme s'y voue sans avoir d'autre but qu'elle-même, c'est-à-dire sans aucune présupposition morale, religieuse ou mystique. D'où la radicale nouveauté de l'expérience intérieure de Bataille par rapport aux autres expériences dites mystiques : celles-ci s'arrêtaient à Dieu ou à la connaissance (chrétiens, musulmans, bouddhistes, philosophes) considérés comme valeurs ou autorités suprêmes, celle de Bataille va jusqu'au dépassement de ces « autorités », jusqu'à leur non-sens. « J'appelle expérience un voyage au bout du possible de l'homme. Chacun peut ne pas faire ce voyage, mais s'il le fait, cela suppose niées les autorités, les valeurs existantes, qui limitent le possible. Du fait qu'elle est négation d'autres valeurs, d'autres autorités, l'expérience ayant l'existence positive devient elle-même positivement la valeur et l'autorité. » (Note : « Le paradoxe dans l'autorité de l'expérience : fondée sur la mise en question, elle est mise en question de l'autorité ; mise en question positive, autorité de l'homme se définissant comme mise en question de lui-même. »)

Donc pas de Dieu, pas de morale, pas de valeurs. Simplement : « Qui suis-je ? » Et deux certitudes : celle que je ne suis pas Tout (être tout = agir comme si l'on pouvait se confondre avec chaque chose et parler en son nom ; c'est refuser l'angoisse, c'est dormir) et celle que je vais mourir. Donc table rase, et méfiance vis-à-vis du langage qui va forcément rendre discursif ce qui était entier, et immobile ce qui était mouvement. (À noter que Bataille n'écrit guère que par fragments, et la discontinuité du fragment exigeant l'effort, elle arrache paradoxalement au discursif par son évidence.) Un seul phare, soi-même : « Soi-même, ce n'est pas le sujet s'isolant du monde, mais un lieu de communication, de fusion du sujet et de l'objet. »

Situation de *L'Expérience intérieure* par rapport aux expériences traditionnelles :

a) La philosophie : « La différence entre l'expérience intérieure et la philosophie réside principalement en ce que, dans l'expérience, l'énoncé n'est rien, sinon un moyen et même, autant qu'un moyen, un obstacle ; ce qui compte n'est plus l'énoncé du vent, c'est le vent. »

b) Le yoga : « Le yoga nous est donné sous forme de grossières recettes, agrémentées de pédantisme et d'énoncés bizarres. Et le yoga, pratiqué pour lui-même, ne s'avance pas plus loin qu'une esthétique ou une hygiène. Tandis que je recours aux mêmes moyens (mis à nu) dans un désespoir. »

c) Le tantrisme : « Les tantriques ont recours au plaisir sexuel : ils ne s'y abîment pas, s'en servent de tremplin. Jeux de virtuose, déliquescence se confondent et rien n'est plus loin de la volonté de dénudement. »

d) L'ascèse : « Je ne nie pas que l'ascèse soit favorable à l'expérience. Même j'y insiste. L'ascèse est un moyen sûr de se détacher des objets : c'est tuer le désir qui lie à l'objet. Mais c'est du même coup faire de l'expérience un objet (on n'a tué le désir des objets qu'en proposant au désir un nouvel objet). Par l'ascèse, l'expérience se condamne à prendre une valeur d'objet positif. »

À la base de l'expérience intérieure, Bataille pose que : « L'homme ignorant de l'érotisme n'est pas moins étranger au bout du possible qu'il ne l'est sans expérience intérieure. Il faut choisir la voie ardue mouvementée, celle de l'homme entier, non mutilé. »

Ayant situé l'expérience intérieure (mais avec un esprit de système étranger à Bataille), nous n'en savons cependant encore rien sinon, d'après les définitions citées au début de notre article, qu'elle est « la mise en question, dans la fièvre et l'angoisse, de ce qu'un homme sait de l'être » et « un voyage au bout du possible ». Les mots à souligner d'abord sont : mise en question ; fièvre et angoisse ; bout du possible. La mise en question, c'est la contestation du donné et du connu par une prise de conscience dramatique (d'où la fièvre et l'angoisse) de leur limite ; cette phrase l'illustre : « Qui ne "meurt" pas de n'être qu'un homme ne sera jamais qu'un homme. » Quant au bout du possible, Bataille nous en donne une idée par cette image : « où Dieu lui-même ne sait plus, désespère et tue ». Grâce aux mots : contestation et dramatique, grâce à cette image, peut-être avons-nous donné une idée du point de départ de l'expérience et de son intensité extrême ; il nous reste à tenter d'approcher sa trajectoire, mais c'est le plus difficile car elle commence justement où finit le langage. Bataille éclaire ce passage en parlant des moyens de l'expérience intérieure : « Les moyens dont il s'agit sont doubles ; il faut trouver : des mots qui servent d'aliments à l'habitude, mais nous détournent de ces objets dont l'ensemble nous tient en laisse ; des objets qui nous fassent glisser du plan extérieur (objectif) à l'intériorité du sujet. Je ne donnerai qu'un exemple de mot glissant. Je dis mot : ce peut être aussi bien la phrase où l'on insère le mot, mais je me borne au mot silence. Du mot, il est déjà l'abolition du bruit qu'est le mot : entre tous mes mots c'est le plus pervers, ou le plus poétique : il est lui-même gage de sa mort. »

Nous avons déjà dit que l'expérience intérieure de Bataille ne présupposait rien : ni Dieu ni morale ; niant toute autorité, sauf la sienne propre (mais qu'elle expie), elle nie également tout salut. Bataille ne s'expérimente pas intérieurement pour se sauver mais pour se perdre, et se perdre à l'extrême en se contestant pas à pas. Nouveau passage difficile : puisqu'elle conteste tout possible, l'expérience intérieure est projet de l'impossible, mais dans l'impossible il n'y a plus de projet. D'où ce principe de base de l'expérience : « sortir par un projet du domaine du projet », opération dont le résultat se traduit ainsi : « Quand l'extrême est là, les moyens qui servent à l'atteindre n'y sont plus. »

Contestant dramatiquement le connu (le savoir), l'expérience aboutit au non-savoir, et son processus s'établit de la façon suivante : « Le non-savoir dénude. Cette proposition est le sommet mais doit être entendue ainsi : dénude, donc je vois ce que le savoir cachait jusque-là, mais si je vois je sais. En effet, je sais, mais ce que j'ai su, le non-savoir le dénude encore. Si le non-sens est le sens, le sens qu'est le non-sens se perd, redevient non-sens (sans arrêt possible). Si la proposition (le non-savoir dénude) possède un sens — apparaissant, aussitôt disparaissant — c'est qu'elle veut dire que le non-savoir communique l'extase. Le non-savoir est tout d'abord angoisse. Dans l'angoisse apparaît la nudité, qui extasie. Mais l'extase elle-même (la nudité, la communication) se dérobe si l'angoisse se dérobe. Ainsi l'extase ne demeure possible que dans l'angoisse de l'extase, dans ce fait qu'elle ne peut être satisfaction, savoir saisi. Évidemment, l'extase est tout d'abord savoir saisi... Mais quand l'extrême du savoir est là [...], il en est de même que dans le savoir absolu, tout se renverse. À peine ai-je su — entièrement su — que le dénuement sur le plan du savoir (où le savoir me laisse) se révèle et l'angoisse recommence. Mais l'angoisse est l'horreur du dénuement et l'instant vient où, dans l'audace, le dénuement est aimé, où je me donne au dénuement : il est alors la nudité qui extasie. Puis le savoir revient, la satisfaction, à nouveau l'angoisse, je recommence en redoublant jusqu'à l'épuisement (de même que dans un fou rire l'angoisse naissant de ce qu'il est déplacé de rire redouble le rire). »

Extase, angoisse, savoir, non-savoir, c'est le schéma de l'expérience intérieure dont la partie intitulée : « Le Supplice » relate divers moments (en fait diverses expériences dont la somme égale l'Expérience). Quel est son but ? Contestant son projet, elle le conteste dès que posé, et se poursuit jusqu'à l'épuisement, non d'elle-même, mais de celui qui la mène dans la « joie suppliciante ». Quel est son sens ? Peut-être de permettre à l'homme ayant cessé de se vouloir Tout d'apprendre ce qu'il est : imparfait, inachevé, inachevable, sans salut. Et que c'est là un inconfort exaltant et le signe de la grandeur : « Dieu n'est pas la limite de l'homme, mais la limite de l'homme est divine. Autrement dit, l'homme est divin dans l'expérience de ses limites » (*Le Coupable*).

Les trois volumes de Bataille : *L'Expérience intérieure, Le Coupable, Sur Nietzsche*, forment en effet une « somme » : ils sont le journal de son expérience intérieure, ou des abords de cette expérience — le dernier par rapport à l'œuvre, pour Bataille décisive, de Nietzsche. Du journal, ils ont la forme hachée, fragmentaire, haletante, directe. Souvent la note se transforme en poème, mais ce poème, étrangement noué, conteste la poésie, la décante, fait échec à sa beauté pour n'être que tension traduisant dans les mots le coup de dés de l'expérience — la rapidité de la décision, du geste, la brusque rupture de la chute.

Ces trois volumes serrés, véritablement écrits avec la vie de Bataille, ne se résument pas et la critique, même celle de Sartre, est demeurée impuissante. On les nie en bloc, ou on tente leur voie : ils sont irréductibles. Ils sont une forme nouvelle : de même que Montaigne a inventé les *Essais* (*), Bataille a inventé l'« Expérience », qui est à l'activité créatrice ce que l'essai était à l'œuvre, et qui se nourrissant de l'intimité de l'auteur (source créatrice) lui confère paradoxalement, non plus la valeur passionnante de la confession, mais la rigueur abstraite de la vérité impersonnelle, si bien que l'homme, si l'on en juge par ses moyens d'expression, semble avoir franchi avec Bataille un pas de plus vers la maturité.

EXPÉRIENCE POÉTIQUE (L'). Essai de l'écrivain français André Rolland de Renéville (1903-1962), publié en 1938. Membre du groupe du *Grand jeu* (*), Renéville ne sépara jamais expérience mystique et expérience poétique, si bien qu'il donna tout naturellement le pas à la première et finit par choisir le silence. Son œuvre est donc écrite en marge d'une quête de l'harmonie (de l'unité) et elle n'a d'autre raison d'être que de la préparer, mais avec ceci de particulier que, davantage réfléchie qu'inspirée, elle s'est exprimée surtout dans le domaine de la critique littéraire, où elle a fait surgir tout un nouveau courant de recherche sur les rapports justement des œuvres des poètes avec celles des mystiques. Dès son premier livre important, *Rimbaud le voyant* (1929), Renéville s'était efforcé de montrer l'analogie entre l'expérience décrite dans *Une saison en enfer* (*) et *Les Illuminations* (*) et certains textes de l'hindouisme et de la kabbale. Devenu ensuite le grand critique de poésie de *La Nouvelle Revue française* (*) et le directeur d'*Hermès* (*), Renéville poursuivit ses recherches expérimentales et en donna la synthèse dans *L'Expérience poétique,* son livre majeur. Il y étudie les problèmes spirituels posés par la poésie moderne de Nerval aux surréalistes en analysant le rôle de l'inspiration, de la parole et surtout des images. Parlant ensuite du fonctionnement de la pensée analogique du poète, Renéville montre comment, créatrice de mythes et de symboles, la poésie est avant tout l'exploration d'un au-delà perçu intuitivement, le désir et la volonté de déchiffrer les secrets de l'univers, ou tout au moins d'en donner un équivalent imagé et sonore (rythmique). Le poète en quête d'inconnaissable ou d'indicible rejoint ainsi le mystique en quête de Dieu – leurs démarches sont analogues. « Dégagée de toute nécessité étrangère à sa propre fin, l'expérience poétique, à l'encontre des activités qui tendent à réduire l'univers à la mesure de l'homme, s'exerce dans le sens d'un élargissement de la conscience humaine à la mesure du ciel. Elle est une méthode de connaissance dont l'application suppose la mise en œuvre de toutes les facultés du sujet à propos d'un objet en qui tous les autres sont contenus. Veilleur tendu vers l'abîme sidéral, dont la profondeur se confond avec celle de son propre cœur, le poète poursuit, selon le rêveur de Valvins, ce commerce des cieux où il s'identifie.»

EXPÉRIENCES [*Experimenten*]. Recueil lyrique du poète et critique hollandais Geerten Gossaert (pseud. de Frederik Carel Gerretson, 1884-1958), publié en 1911, mais augmenté à chacune de ses nombreuses rééditions. Métaphysique et religieuse, l'œuvre de Gossaert lui a valu d'être considéré comme le plus grand poète protestant de sa génération. Bien qu'ayant recours à une langue solennelle, qui se voulait dans la tradition de la poésie du XVIIe siècle, Gossaert ne s'est attaché à la rhétorique que pour la vivifier, l'assouplir et lui faire exprimer un monde passionnel où l'appel des sens et celui de l'âme se conjuguent avec le désir purement intellectuel de déchiffrer la signification présente au centre de toute expérience. Dans ses meilleurs poèmes : « Libera nos Domine », « Le Pèlerin mourant » [De stervende pelgrim], « Le Fils prodigue » [De verloren zoon], Gossaert mêle les thèmes profanes (classiques) et les thèmes religieux pour traduire la purification des sens à travers même leur brûlure, et une lente élévation vers la connaissance et la sérénité. Si cette sérénité ne rencontre pas toujours le verbe qui nous la ferait partager, du moins l'ensemble de la poésie de Gossaert nous touche-t-il par la richesse de la versification et surtout l'extrême fluidité de la langue, à la fois musicale, expressive et imagée.

EXPÉRIENCES DE VÉRITÉ ou Autobiographie [*The Story of my Expériments with Truth*]. Œuvre de l'homme politique indien Mohandās Karamchand Gāndhī (1869-1948), écrite originairement en gujarati et publiée en feuilleton, en 1925, dans l'hebdomadaire *Navajivan* qu'il dirigeait lui-même. L'auteur y réunit ses expériences personnelles, politiques et religieuses dans le domaine de l'action et dans celui de la pensée. Traduite en anglais en 1927, cette œuvre fut publiée en deux volumes. Charles Andrews, ami et collaborateur de Gāndhī, en entreprit, en 1931, une nouvelle édition anglaise, également en deux volumes, qui est une refonte très libre de l'œuvre originale, complétée par des pages puisées dans d'autres écrits de Gāndhī. La caractéristique principale de cette œuvre est son absolue sincérité, qui en fait un document psychologique extraordinaire : avec la plus totale humilité, l'auteur révèle, en effet, le monde de ses pensées et de ses sentiments les plus intimes. L'œuvre se divise en cinq parties : la première traite de l'enfance passée dans un milieu religieux et austère, du mariage contracté selon l'usage indien à un âge encore très tendre, ainsi que des passions troubles suscitées en lui par le désir charnel ; de ses premières expériences religieuses ; des années passées au collège de Salmadah, jusqu'au jour où, en 1888, il vint à Londres pour y parfaire ses études de droit. À Londres, après avoir beaucoup souffert de la solitude et de sa propre timidité, après avoir en vain tenté de se transformer en « gentleman » en prenant des leçons de diction, de français et même de danse, il passe par une crise intérieure profonde qui le révèle à lui-même. Cette crise, en lui faisant éprouver le besoin d'harmoniser sa vie extérieure avec sa vie intérieure, le porte à renoncer à toute prétention de « s'occidentaliser » : il quitte les vêtements européens et s'astreint à vivre avec une extrême simplicité. Revenu en Inde, et après avoir, pendant un certain temps, exercé sans trop de succès sa profession, il accepte une offre qui l'oblige à s'expatrier en Afrique du Sud, où il reste pendant vingt et un ans. Les deuxième et troisième parties de l'œuvre traitent justement des expériences sud-africaines : Gāndhī se met à la tête de la colonie indienne, dont les membres sont décidés à revendiquer devant le gouvernement sud-africain l'égalité des droits civils. Après une longue lutte, il finit par obtenir une splendide victoire, en recourant à la méthode qu'il appelle « satyagraha », et qui consiste à refuser l'obéissance aux lois considérées comme injustes, tout en acceptant avec sérénité les sanctions prévues pour ce refus, sanctions pouvant aller de l'emprisonnement jusqu'à la perte de la vie. La quatrième partie est surtout consacrée à des souvenirs personnels d'ordre épisodique, tandis que, dans la cinquième, il relate les phases dramatiques de la lutte qu'il avait entreprise en Inde, où il retourna en 1914 et où il commença, dès 1919, une propagande en faveur d'une lutte exempte de tout recours à la violence pour l'autonomie de son pays : lutte qui se termina par son arrestation (1922). Cette autobiographie s'achève en 1921, avec le Congrès de Nagpur. Ce n'est point par hasard que Gāndhī a intitulé cet ouvrage *Story of my Experiments with Truth* : ce qu'il a voulu en effet mettre en relief, c'est le caractère même de son activité, laquelle ne relève pas seulement de la politique. Elle est avant tout une expérience d'ordre moral et religieux, telle que l'a vécue un homme assoiffé de vérité. — Trad. Presses universitaires de France, 1950 ; éd. revue et corrigée, 1986.

EXPÉRIENCES ET OBSERVATIONS SUR DIFFÉRENTES ESPÈCES D'AIR [*Experiments and Observations on differents Kinds of Airs*]. Œuvre du physicien anglais Joseph Priestley (1733-1804), publiée à Londres en 1774-75 en deux volumes in-octavo. Dans ses expérimentations sur la combustion du carbone dans le vide, Priestley avait étudié les circonstances dans lesquelles se formaient les deux espèces d'airs : l'air stable et l'air inflammable. Fixant les caractéristiques de ce qu'il reste après la combustion de l'air, il découvrit l'air nitrosique, qu'il appela air « phlogistique » (l'azote), et sa propriété de mesurer la salubrité de l'air, absorbant, et par là même isolant, toute la partie respirable, l'air pur, le seul qui entretient la combustion et la vie (l'oxygène). Il avait fait un grand pas vers la découverte des deux éléments, azote et oxygène. Dans son traité, *Experiments and Observations Relating to Various Branches of Natural Philosophy, with a Continuation of the Observations on Air* (publié à Londres en trois volumes entre 1779 et 1786), Priestley reprend et développe cette théorie sur la constitution de l'air, grâce à de nombreuses expériences sur les propriétés de l'acide nitrique et sur ses réactions sur les métaux et autres substances. On y trouve beaucoup d'autres expériences et observations sur les acides marin (chlorhydrique), vitriolique (sulfurique), phosphorique, sur l'action du mercure dans l'eau, d'ailleurs mal interprétée par Priestley, sur la production de l'air « déphlogistisé » (le phlogistique était, selon les anciens chimistes, un fluide supposé inhérent à tout corps et censé produire la combustion en abandonnant ce corps), sur l'action de l'acide sulfurique sur les métaux, sur la pureté de l'air, sur l'effet de l'étincelle électrique dans l'air, sur la végétation et son action sur l'air, et de nombreuses autres expériences pour la plupart relatives aux propriétés de l'air. Abstraction faite des erreurs inhérentes à la chimie de cette époque, on reconnaît dans ces expérimentations une tentative réussie et bien dirigée de libération des entraves des théories enracinées de l'alchimie et d'une ouverture sur les méthodes de la chimie moderne. Toutefois, la notion de phlogistique lui porta préjudice et ne lui permit pas de voir clair dans les phénomènes de la combustion. Il fallut attendre Lavoisier pour obtenir la juste théorie de l'oxydation. Pour Priestley, l'azote restait l'« air phlogistique » et l'oxygène l'« air déphlogistisé ». Ce principe fut pour lui la clef de voûte de la chimie. Le phlogistique et le principe d'inflammabilité sont parmi les théories ayant le plus embarrassé les chimistes. Stahl prétendait que ce fluide (le phlogistique) était capable de passer d'une substance à une autre, quelles que soient les propriétés de ces substances, bois, soufre ou métaux. Ce fluide était donc identique dans toute chose. Le phlogistique semblait d'autant plus mystérieux que l'on pensait qu'il ne pouvait être représenté, à nos sens, combiné à une autre substance, et qu'il était impossible de lui faire prendre séparément une forme soit fluide, soit liquide. À cette époque, beaucoup de célèbres chimistes, dont Lavoisier, ont prétendu que cette doctrine était fondée sur une erreur et qu'à chaque fois que l'on croyait qu'un corps était privé d'une substance — le phlogistique — il ne perdait en fait rien, mais au contraire acquérait quelque chose, le plus souvent une espèce d'apparence : un métal, par exemple, n'est pas une combinaison de deux choses, à savoir une terre et le phlogistique, mais son état métallique est une substance simple, et, lorsqu'il passe à l'état calciné, ce n'est pas consécutif à la perte du phlogistique ou d'une autre substance, mais à l'action de l'air. Ces objections se révéleront approcher l'explication du phénomène de combustion. Priestley, même s'il en reconnut l'ingéniosité, refusa d'en tenir compte, et persévéra dans la voie erronée du phlogistique, faisant ainsi perdre beaucoup de valeur à ses scrupuleuses expériences.

EXPÉRIENCES ET OBSERVATIONS SUR L'ÉLECTRICITÉ (Les) [*Experiments and Observations on Electricity, 1751-1753*]. Ces écrits du savant et écrivain américain Benjamin Franklin (1706-1790) comprennent notamment les célèbres *Lettres à Collison,* et le non moins célèbre *Journal.* Ils contiennent l'importante théorie du fluide unique, les observations qui amenèrent la découverte du paratonnerre, et les résultats des nombreuses expériences concernant en particulier la « bouteille de Leyde ». Franklin fut en effet le premier à avoir remarqué le « pouvoir des pointes », origine des hypothèses et des expériences sur le paratonnerre. « Quand les nuages chargés d'électricité passent au-dessus d'un pays, le sommet des montagne, la cime des arbres, les hautes tours, les mâts des navires, les cheminées, etc. attirent le feu électrique comme autant de pointes, et le nuage tout entier se décharge » (Ve Lettre à Collison). Pour vérifier ses hypothèses, Franklin proposa de poser sur le faîte d'un édifice une sorte de guérite, à l'intérieur de laquelle on aurait placé un escabeau isolant. On fixe à cet escabeau une tige de fer qui — après avoir été recourbée — passe par la porte et s'élève perpendiculairement à une hauteur d'environ dix mètres. Un homme prend place sur l'escabeau en contact avec la tige de fer. Chaque fois que les nuages (chargés d'électricité) passent bas dans le ciel, la tige s'électrise : on doit ainsi pouvoir faire jaillir des étincelles du corps de l'observateur. Franklin ne put faire son expérience, car, à Philadelphie, il n'y avait pas d'édifices assez hauts. L'expérience fut réalisée (1752) dans un jardin de Marly-la-Ville par trois savants français (l'un d'eux était Buffon), et elle réussit parfaitement. La même année, à Bologne, G. Veratti et T. Marino refirent l'expérience. Ayant appris cela Franklin (VIIIe lettre à Collison) voulut recommencer l'expérience en utilisant son fameux « cerf-volant » : celui-ci portait, au milieu de sa carcasse, une pointe de fer reliée à une cordelette conductrice, qui se terminait dans le bas par une clé. Le cerf-volant, attaché à un cordonnet de soie (isolant), fut lancé un jour d'orage, et, au moment où des nuages passaient au-dessus de lui, on vit les effilochures de la cordelette (conductrice) s'élever (parce qu'elles étaient électrisées), et en approchant son doigt de la clé, on pouvait en faire jaillir des étincelles. Cela conduisit Franklin à concevoir le premier paratonnerre ; mais son idée, mal accueillie dans son pays (lettre à Kinnersley), trouva des échos favorables en Italie et en France où l'appareil fut appelé paratonnerre par le médecin et botaniste J. Barbeu Dubourg. Prenant position contre la théorie précédente des deux fluides électriques, l'un « vitré », l'autre « résineux », Franklin soutient la thèse du fluide unique. Il pense (lettre à Collison, 1747) que « le feu électrique n'est pas produit, mais accumulé par le frottement, étant en fait un élément repandu partout et attiré par d'autres substances, en particulier par l'eau et les métaux... ». Ce « feu » ou ce « fluide », extrêmement subtil et élastique, envahit tout l'univers en pénétrant dans chaque corps. Avec le frottement, nous enlevons une partie du fluide d'un corps pour la céder à un autre corps (suivant la théorie moderne, ce sont les « électrons » ou éléments chargés d'électricité négative qui passent d'un corps à un autre, même sous l'effet du simple « contact », et c'est en cela que consiste l'« effet Volta », phénomène très important découvert par Volta. Le « frottement » ne fait que faciliter la manifestation du phénomène, en favorisant un contact plus étroit). Quand il arrive à un corps d'avoir un excédent de fluide électrique, cet excédent forme une atmosphère autour de lui, et l'on dit que le corps est chargé positivement ; dans le cas contraire, on le dit chargé négativement. Les corps chargés d'électricité contraire s'attirent, tandis que les corps chargés d'une même électricité se repoussent. Franklin essaya en vain d'expliquer comment se produit cette répulsion entre des corps chargés négativement, donc privés d'« atmosphère électrique ». Cet échec favorisa, dans la seconde moitié du siècle, le retour à la théorie des deux fluides de Du Fay, opportunément modifiée par J. Symmer. Au cours des recherches qu'il fit pour soutenir sa théorie, Franklin (qui commença à apprendre les premières notions d'électricité à l'âge de quarante et un ans) fut amené à de remarquables affirmations expérimentales. Sa découverte la plus importante est celle (la sienne, et non celle de Faraday comme on le dit trop souvent) du rôle qu'ont les isolants dans les phénomènes électriques : « La force totale de la bouteille et le pouvoir de provoquer la décharge (ainsi qu'il l'écrit à Collison) sont dans le verre même... Les corps non électriques (c'est-à-dire les "armatures" métalliques en contact avec le verre) servent uniquement, comme les armatures de l'aimant, à concentrer les forces des différentes parties au point que l'on désire... » Le passage reste assez obscur, mais l'affirmation fondamentale concernant le verre est extrêmement claire. Franklin l'étaya d'ingénieuses expériences, décrites dans les lettres à Collison. Par contre, ce n'est pas au studieux philanthrope de Baltimore que l'on doit le « tableau scintillant » que l'on présente sous son nom dans les écoles, et avec une agréable variété de papillons et de fleurs dessinés sur des lames de verre au moyen de petits morceaux de papier d'argent. On n'en trouve pas trace dans les écrits de Franklin, alors que la description de ce jeu — qui fait encore les délices des écoliers — fut faite pour la première fois par J. A. Nollet (1700-1770) dans « Mémoires » de l'Académie royale des sciences (Paris, 1766). — Trad. Durand, 1756, et Quillau, 1773.

EXPÉRIENCES NOUVELLES DITES DE MAGDEBOURG, sur l'espace vide [*Experimenta nova, ut vocantur, magdeburgica de vacuo spatio*]. Ouvrage du physicien allemand Otto von Guericke (1602-1686), publié en latin à Amsterdam en 1672. C'est là une œuvre particulièrement originale et intéressante tant par les conceptions nouvelles qu'elle apporte en ce qui concerne l'air et le vide que par les multiples expériences faites par l'auteur, qui établirent, à l'instar des expériences précédentes de Torricelli, les bases de l'aérostatique. Dans une introduction à la fois exégétique et mystique, Guericke entreprend de réfuter les théories de *La Bible* (*) opposées à la conception copernicienne, s'attachant ensuite à déterminer l'emplacement du ciel, de l'enfer et même à prévoir le jour du Jugement dernier. Les chapitres suivants abordent les problèmes touchant aux arguments fondamentaux de l'ouvrage : l'air et le vide. L'auteur s'attaque à la théorie, alors régnante, de l'« horror vacui », démontrant, par une expérience analogue à celle de Torricelli — que d'ailleurs il ignorait —, que cette « horreur du vide » n'est rien d'autre qu'une manifestation de la pression atmosphérique. Quant à l'air, Guericke ne le considère nullement comme un élément, mais comme une émanation des corps matériels, arrivant ainsi à en étudier toutes les propriétés : élasticité, compressibilité, variation du volume en fonction de la température. L'ouvrage est en grande partie consacré à la relation de ses expériences sur le vide. L'auteur commença par concevoir et fabriquer divers types d'appareils propres à établir le vide : il devait alors découvrir que, dans l'espace ainsi créé, le son ne se propageait pas, qu'une flamme s'éteignait (cette constatation lui fit émettre l'hypothèse que la combustion relève d'une combinaison avec l'air) et qu'enfin les animaux mouraient. Différentes expériences relatives à la pression atmosphérique sont également décrites, entre autres celle dite des « hémisphères de Magdebourg » : ayant fait le vide dans une sphère formée par deux calottes métalliques creuses, s'appliquant exactement l'une sur l'autre, elles adhérèrent si fortement sous la pression de l'air extérieur que la force de seize chevaux fut nécessaire pour les séparer : ce qui n'alla pas sans une violente explosion. C'est à partir de cette expérience que Guericke construisit un fusil à air raréfié. On trouve enfin la description d'une machine électrostatique, inventée par l'auteur, formée par une grosse sphère de soufre ; en la frottant avec la main, Guericke observa le phénomène de la répulsion électrique ; phénomène n'ayant aucun rapport avec l'absence ou la présence de l'air. L'œuvre d'Otto von Guericke exerça une grande influence sur la recherche scientifique de son époque : elle marque une étape dans la connaissance des lois qui régissent l'état gazeux des corps et la technique du vide.

EXPIATION (L') [*Die Schuld*]. Drame en quatre actes de l'écrivain allemand Amadeus Gottfried Adolf Müllner (1774-1829), joué à Vienne et publié en 1816. Parmi les « tragédies du destin » [Schicksalstragödien], c'est l'une des plus connues. Elvire, veuve d'un noble espagnol Carlos, mort dans un tragique accident de chasse, et devenue la femme de Hugo, grand ami du défunt, vit avec lui et sa sœur, Ierta, dans le triste château de Oerindur, sur les rives de la mer du Nord. Durant un orage, le jour anniversaire de la mort de Carlos, la rupture des cordes de sa harpe, sans raison apparente, tandis qu'Hugo tarde à rentrer de la chasse, éveille en Elvire d'effrayants pressentiments, dont se rit sa belle-sœur. Quoique cette dernière soit le type de la vierge germanique, forte et courageuse, elle est aussi très frappée lorsque Elvire lui avoue qu'elle et Hugo s'aimaient avant la mort de son premier mari. La rivalité cachée entre les deux femmes augmente encore, lorsque Hugo rentre et qu'elles apprennent qu'il est le fils adoptif de Oerindur, et que Ierta n'est pas sa sœur. L'arrivée d'un mystérieux étranger, qui se révèle être don Valeros, le père de Carlos, venu de sa lointaine Espagne pour venger son fils, rend l'atmosphère encore plus tragique. Il finit par accuser formellement Hugo d'assassinat. Il résulte de ses récits qu'Hugo aussi est son fils ; une tsigane ayant prédit qu'il deviendrait un assassin et un fratricide, on l'avait éloigné dès les premiers mois qui suivirent sa naissance. En dépit de tout, son destin s'est accompli : Hugo doit avouer qu'il a tué non seulement son meilleur ami, mais son frère. Aux approches de minuit, pendant qu'Hugo, suivant le conseil de Ierta, projette d'offrir son épée au roi pour une dangereuse expédition en terre lointaine où il pourra trouver la gloire et la mort, son père, l'épée en main, lui demande raison de la mort de son frère. Les deux hommes se réconcilient et Hugo semble céder aux prières de son père qui lui demande de le suivre en Espagne. Mais au moment opportun, arrive Elvire. Elle ne se laisse pas tromper et, sentant que Hugo projette de se suicider, décide de ne pas lui survivre. L'atmosphère tragique est forcée, mais prenante, et, bien que l'action soit invraisemblable, le sens théâtral, l'habileté de l'auteur parviennent à donner à l'ensemble une unité scénique indiscutable. — Trad. Ladvocat, 1823.

EXPLICATION DES MAXIMES DES SAINTS (L'). Ouvrage du prélat et écrivain français François de Salignac de La Mothe Fénelon (1651-1715), écrit en 1696. L'achevé d'imprimer est du 25 janvier 1697. Bossuet y répondit l'année suivante, 1698. Il avait soixante-dix ans, et Fénelon quarante-six. « Bataille de géants ». Fénelon se portait au secours de son amie, Mme Guyon, qu'un arrêt ecclésiastique en trente-quatre articles venait de condamner sévèrement (1695). Il entreprenait de démontrer que la doctrine de l'abandon total de l'âme à Dieu, de la fusion de l'âme avec Dieu par la contemplation, que la doctrine du pur amour n'étaient pas des hérésies et qu'on les retrouvait dans les « expériences » personnelles et dans les enseignements d'auteurs que Rome avait canonisés. Ainsi, l'Église, en les anathémisant chez Mme Guyon, s'engageait dans des contradictions inextricables. Qu'est-ce que cette doctrine du pur amour ? On la déclarait issue de *L'Évangile éternel,* dont un certain Joachim avait troublé deux siècles du Moyen Âge, dressant les ordres les uns contre les autres, franciscains contre dominicains, et les doctrines contre les doctrines. Joachim annonçait qu'à l'âge du Père, marqué par l'« Ancien Testament », et à l'âge du Fils, ouvert par les Évangiles canoniques, succéderait l'âge du Saint-Esprit, supérieur aux deux autres, dont les moines contemplatifs seraient les bons ouvriers. Mais ce n'est pas aux « trois âges » que s'intéressaient les quiétistes. Ils ne retenaient de l'Évangile du Saint-Esprit, de l'Évangile éternel, que les exaltations du « pur amour ». C'est-à-dire d'un amour de Dieu délivré de tout espoir de récompense, de tout désir de conquérir le ciel, la béatitude éternelle : bref, de la préoccupation même du « salut » ; car ce souci, seulement égoïste, souille l'amour que Dieu mérite pour sa « beauté »... Fénelon n'hésitera pas à dire que la souveraine beauté de Dieu doit l'emporter, dans une âme pure, sur la bonté. Car on compte sur la beauté de Dieu pour pardonner et récompenser. Adorer la bonté de Dieu, c'est dire qu'on compte sur elle pour son salut. Ainsi, on n'aime pas Dieu, pour Lui-même. On l'aime par intérêt personnel. Or, de grands saints, Augustin dans le passé, François de Sales, Jean de la Croix, n'ont cessé de prêcher le « pur amour », l'anéantissement de l'âme en Dieu, et, en ce qui concerne le sort de l'âme abandonnée à la volonté divine, une « sainte indifférence ». L'indifférence ainsi entendue vaut mieux que la résignation, où survivent encore la pensée des péchés commis, le besoin de miséricorde, éléments impurs.

Ainsi il faut prier, non pour demander, mais pour aimer, admirer. La contemplation vaut mieux que les œuvres ! Pour appuyer une doctrine qui déshumanise le chrétien, le détourne de l'action et même des idées, de la théologie, des Écritures, des sacrements, peut-être des enseignements de l'Église, Fénelon prenait ses autorités dans la vie des saints, et dans les maximes des saints choisies et audacieusement interprétées par lui. Il sentit si vite son imprudence qu'il prépara un nouveau manuscrit, très corrigé, et l'envoya au pape. Mais Bossuet tonnait déjà contre lui à Versailles et à Rome. D'autres prélats se joignaient à lui. La querelle du quiétisme se rouvrait ; et le coupable n'était plus une femme à l'intelligence dévoyée, mais un prince de l'Église. Bossuet triompha. Un bref condamna le livre de Fénelon qui s'inclina. Il fit une « soumission éclatante », ne chercha pas à défendre plus longtemps son ouvrage et écrivit, de son style lumineux et tendre, la plus humble et la plus touchante déclaration d'obéissance. On peut croire que, dans le fond de son âme, il demeurait fidèle à une foi, qui s'accordait si bien à son naturel rêveur, aristocratique, à ses méditations solitaires, mais il se tut.

L'Évangile éternel, Molinos, Jean de la Croix étaient vaincus avec lui, ou semblaient l'être. Bossuet avait sauvé d'un nouveau schisme l'Église des apôtres, l'autorité des clercs. Une dévotion, qui, après avoir séduit les âmes, risquait de les écarter des dogmes et de la pratique, de leur ôter le souci du bien et du mal, des vertus et des vices, de les plonger dans une piété individualiste, donc hostile à l'esprit d'Église, d'assemblée, de « communion » entre les enfants et les serviteurs de Dieu, était stigmatisée. Bossuet avait porté le fer rouge sur une corruption tentatrice. Mais le *Mémoire sur le livre des maximes des saints* est encore beaucoup moins lu que l'*Explication* de Fénelon, qui a les attraits de l'extraordinaire, du compliqué — les dangereux attraits de l'hérésie.

EXPLICATION DES TRENTE SCEAUX [*Triginta sigillorum explicatio*]. Traité en latin du philosophe italien Giordano Bruno (1548-1600), publié probablement au plus tard en 1583. Il appartient au groupe des œuvres mnémoniques d'inspiration néoplatonicienne, qui peuvent être rapprochées des œuvres sur Lulle — v. *Précis et complément de l'art de Lulle, La Lampe combinatoire de Lulle, Des ombres des idées* (*), *Le Sceau des sceaux* (*), *Composition des images et des idées* (*). La valeur psychologique de l'*Explication des trente sceaux,* comme celle du volume sur la *Composition des images et des idées,* réside surtout dans l'exposition plus claire de la valeur des lois de l'association. Le titre de l'œuvre provient de cette tendance de Bruno à rassembler et à classer les éléments de la pensée sous des symboles qu'il nomme Sceaux, Lampes, Lanternes, Intentions, Concepts, Statues, etc. Avec les cachets, qui sont des réductions des sceaux, et qui en représentent la partie la plus caractéristique, sortes de signes abrégés, Bruno veut donner un nom qui résume chaque chapitre ou chaque paragraphe de l'art mnémonique, comme dans *Du triple minimum* (*) il donne un nom spécial à chaque groupe de théorèmes de géométrie. Les deux premiers sceaux, par exemple, sont le « campus » et le « coelum » ; le premier est une sorte de lieu fantastique dans lequel se rassemblent et se conservent toutes les images ; le second est le motif interne dans lequel se groupent toutes les notions cosmiques et géographiques. Tandis que ces sceaux représentent les regroupements des idées selon le lieu et le motif, d'autres sceaux expriment le processus des regroupements. La « chaîne », par exemple, est le symbole de la loi mnémonique, puisqu'on se souvient mieux des images reliées entre elles ; l'« arbre » exprime la liaison non pas artificielle mais naturelle des idées ; la « forêt » montre que si les idées se réunissent entre elles comme les branches d'un arbre, les arbres des idées sont reliés entre eux, formant de véritables chœurs ; l'« échelle » représente l'association des images selon leur dépendance, c'est-à-dire allant d'un groupe plus vaste vers un autre moins vaste, ou le contraire. Le « collectionneur » ordonne les associations par contiguïté, le « vexillum » rassemble de nombreuses images sous un nom commun. Ces liens d'association forment trente groupes. L'œuvre n'est pas seulement une théorie de l'association ; c'est un commentaire important et ingénieux de *L'Art de la mémoire,* qui fait partie *Des ombres des idées.* Bruno s'y révèle comme un excellent docteur en théologie, « réveillant les endormis et faisant le dressage de l'ignorance ».

EXPLICATIONS DES PROPOS DE CONFUCIUS ET DE MENCIUS [*Go-mô Jigi*]. Œuvre principale du penseur japonais Itô Jinsaï (1627-1705), *Go-mô Jigi* est un livre de commentaires des textes sacrés de l'Antiquité chinoise, publié en 1683. Selon l'auteur, pour mettre en lumière le « vrai » sens de l'enseignement de Confucius et de Mencius, il a fallu une lecture exhaustive de leurs textes et une définition précise de leurs termes. Ce faisant, il a pensé retrouver le « vrai » confucianisme qui avait été « déformé » par les interprétations métaphysiques des néo-confucianistes. Ce qui rend célèbre cette œuvre, c'est avant tout sa vision dynamique du monde. Différemment des néo-confucianistes qui le conçoivent comme une réalité statique et dualiste, saisissable par la raison humaine, Itô l'entend comme mouvement permanent de l'énergie vitale, saisissable seulement par l'intuition. Cette vision vitaliste est annonciatrice de la véritable naissance de la pensée confucianiste japonaise, longtemps soumise au confucianisme chinois. La philosophie morale que nous pouvons dégager de *Go-mô Jigi* est également vitaliste. Le bien est défini comme réalisation du « chemin », c'est-à-dire du mouvement de l'énergie vitale, et, par conséquent, c'est l'émotion et l'action qui occupent une place plus importante que la pensée ou la volonté. *Répondre aux questions posées par un enfant* [*Dôshi-Mon,* 1704], la dernière œuvre d'Itô, développe cette idée de l'auteur et finit par formuler une théorie morale : aucun principe moral n'a de sens s'il ne prend pas sa source dans l'amour [aï] (manifestation pure et directe de l'énergie vitale). L'influence qu'a exercée *Go-mô Jigi* s'est étendue au-delà du milieu confucianiste. Si Motoori Norinaga a entamé un ambitieux travail sur le texte mythologique du *Kojiki,* c'est en grande partie stimulé par cette œuvre qui est avant tout une explication des « textes sacrés ».

H. O.

EXPLOITS DE DIGÉNIS AKRITAS (Les) [Διγενὴς Ἀκρίτης]. Poème épique byzantin ; la forme sous laquelle nous le connaissons découle de celle des six rédactions grecques qui nous sont parvenues dans la première moitié du Xe siècle, entre 928 et 944. La première rédaction, extraite d'un manuscrit de Trébizonde, fut publiée à Paris en 1875. L'auteur en est inconnu ; c'est probablement un moine qui voulut donner une adaptation savante et patricienne de ces chants héroïques. Ces poèmes très nombreux étaient faits pour célébrer les valeureux soldats des confins du territoire qui défendaient les frontières de l'Empire byzantin. Le fond de l'« épos » (c'est-à-dire du récit) est la lutte séculaire entre les Byzantins et les Arabes ; le héros est le fils d'une Grecque et d'un émir arabe. « Digénis », selon une étymologie populaire, signifie de double race, tandis qu'« Akritas » est le nom des gardiens du territoire (« acra »). La première partie du poème est consacrée au récit du rapt de la future mère de Digénis. La jeune fille est enlevée par un émir dont nous sont contés les exploits. Tout ce début dérive certainement de sources arabes. À partir d'ici, le poète s'inspire plutôt de l'hagiographie byzantine : il commence « ab ovo » l'histoire de son héros. Digénis, dès ses premières années, a donné la preuve d'une force extraordinaire. À douze ans, il se fait remarquer au cours d'une partie de chasse. Il étouffe deux ours, rejoint un cerf à la course, enfin étripe un lion d'un seul coup d'épée. Il lutte ensuite contre des brigands qui infestent les frontières, il les mate et les désarme. Épris d'une belle adolescente, la fille d'un chef militaire, il l'enlève, et après avoir lutté victorieusement contre le père et les frères de la jeune fille qui le poursuivaient avec leurs armées, il l'épouse et mène alors avec elle une vie retirée. Mais Digénis aime, par ailleurs, à courir les femmes. Dans une expédition contre les Arabes, il rencontre la fille d'un émir qui avait été abandonnée par son amant. Il la prend sous sa protection, pour la ramener chez ce dernier. Mais en cours de route, enflammé par sa beauté, il lui fait violence. Une autre fois, au cours de sa lutte avec les brigands, il combat une amazone. Vaincue, elle s'abandonne à lui ; mais lui, après en avoir abusé, se sent pris de remords et, craignant la jalousie de sa femme, la tue. Pour Digénis, l'amour est tout d'abord violence, plaisir des sens et rien de plus. Digénis se retire enfin sur les rives de l'Euphrate, où il se construit un somptueux palais dans lequel il compte vivre heureux avec sa femme. Il meurt jeune hélas, à trente-trois ans, et se femme ne pourra lui survivre.

Il existe également de *Digénis Akritas* une version russe, qui se déroule d'une façon plus simple et moins conventionnelle que les versions grecques et qui suit de plus près les chants populaires. On a l'impression qu'elle reflète une forme de l'« épos » plus archaïque et plus simple. La valeur poétique de *Digénis Akritas* est assez médiocre. L'adaptateur, trop savant, a affaibli la fraîche veine de poésie de ces chants populaires, nés loin du milieu de Constantinople que dominait la tradition. C'est toutefois l'œuvre la plus originale et la plus importante que Byzance nous ait laissée. Rien ne la rattache aux origines antiques : l'inspiration du poème a ses sources dans le sentiment populaire et ses racines dans le christianisme, qui est un des éléments les plus profonds de l'âme byzantine. L'intérêt historique est, par contre, considérable. Le poème nous montre la vie des grands féodaux qui luttèrent sans trêve pour la défense de la chrétienté ; elle fait voir le caractère héroïque, chevaleresque, aventureux et violent de ces existences. On y trouve enfin un écho de cette politique de tolérance et presque de sympathie envers les Arabes que Byzance suivit, avec une grande habileté, dans les dernières années du règne de Romain Ier Lécapène.

EXPLOITS DE LA CONFRÉRIE DES CINQ PETITS COQS (Les) [*Podvizi druzine « Pet petlica »*]. Œuvre des surréalistes serbes Aleksandar Vučo (né en 1897) et Dušan Matić (1898-1980), publiée en 1933. Elle se compose d'un long poème de Vučo accompagné de proses poétiques et de collages de Matić. Le but des deux poètes était de créer ainsi une œuvre pour la jeunesse qui marie un merveilleux tiré du quotidien à une idéologie progressiste, et soit à la fois un instrument d'éducation et de poésie. Cette application du surréalisme à l'éducation (et à une éducation révolutionnaire) fut assez mal accueillie, mais elle devait par la suite avoir bien des imitations et influencer une partie de la poésie serbe. Le poème raconte d'une manière très spirituelle les aventures de cinq garçons (les cinq petits « coqs ») qui veulent libérer la jeune Mira de l'établissement d'enseignement religieux où elle est enfermée — et qui y réussirent. Les textes en prose poétique de Matić sont insérés dans le poème sous le titre répété de « Ce qui se passa entre-temps » [Šta je u medjuvrenu bilo] ; ils complètent le récit principal en lui apportant une note tantôt comique, tantôt tragique, mais surtout en élargissant sa signification.

EXPLORATION DU ZAMBÈZE ET DE SES AFFLUENTS [*Exploration of the Zambesi and its Tributaries*]. Œuvre de l'explorateur anglais David Livingstone (1813-1873), publiée à Londres en 1885. C'est le compte rendu d'un voyage entrepris par lui, en 1858, de l'océan Indien aux sources du Zambèze. Son but était de trouver sur ce fleuve une voie par laquelle les missionnaires et les commerçants puissent pénétrer dans l'intérieur de l'Afrique. Les explorateurs, arrivés aux bouches du Zambèze qui se divisent en quatre énormes branches, remontèrent la branche appelée Kongoué entre deux rives couvertes d'une végétation touffue formée d'arbres séculaires. Cette étonnante forêt était un abri sûr pour les marchands d'esclaves et pour les rebelles, qui, avec leurs razzias, empêchaient le commerce des Portugais ; en outre la continuelle guérilla entre les troupes régulières portugaises et celles d'un métis, Mariano, créèrent de nombreuses difficultés aux explorateurs. Livingstone parle des lois et des usages de ces pays qui sont peut-être parmi les plus intéressants de toute l'Afrique. Arrivée à la fin du Kongoué, l'expédition remonta le Zambèze proprement dit, jusqu'aux rapides de Kébrabasa, pour retourner enfin à Tété. Dans des explorations suivantes, Livingstone découvrit le lac Nyassa, connu jusqu'alors par de fabuleux récits, et s'avança jusqu'à l'intérieur dans le pays des Makololo, arrivant enfin le 9 août 1860 aux cascades Victoria, alors appelées « Moasi a Tunia ». Arrivé à ce point, Livingstone se reconnut incapable de rendre par des mots la magnificence de ces cascades, qui sont parmi les plus grandes du monde. Il faut imaginer, dit-il, un fleuve large de 1 860 toises qui se précipite dans un abîme profond de 150 mètres et qui, après ce tourbillon, court encore très rapidement pendant 20 kilomètres dans une gorge large de moins de 100 mètres. Avec une audace pleine de témérité, Livingstone, sur un très léger canoé, descendit le fleuve jusqu'à une petite île, qui, placée au bord de l'abîme, divise la cascade en deux parties. Ayant fait des relevés topographiques, l'auteur continua sa route dans le pays des Makololo pour retourner à la côte et, de là, à Bombay et en Europe. C'est ainsi que s'arrête un des plus importants voyages du siècle dernier, qui établit la précieuse et unique voie de pénétration commerciale de l'océan Indien vers l'intérieur de l'Afrique équatoriale. — Trad. Hachette, 1886.

EXPLORATIONS [*Explorations*]. Le critique anglais Lionel Charles Knights (né en 1906) publia en 1946 ce recueil d'essais portant principalement sur la littérature anglaise du XVIIe siècle. Au lieu de se perdre dans les abstractions de l'intrigue et des personnages, le lecteur doit, selon Knights, partir de sa réaction globale et complexe vis-à-vis de l'œuvre. Celle-ci se présente donc pour le critique comme une unité à explorer ; le drame poétique existe comme un univers en soi ; toute discussion doit donc commencer par des problèmes de technique, et ce serait une démarche futile que d'étudier les rapports de l'artiste et de sa société d'une autre manière qu'à travers son style et sa sensibilité artistique. Ces principes, inspirés de la théorie de la forme et de F. R. Leavis, donnent de brillants résultats dans *Explorations*. Après avoir été l'un des plus judicieux auteurs de critique textuelle du groupe de *Scrutiny*, Knights, considérant qu'était dépassée la tradition de la critique psychologique allant de Coleridge à A. C. Bradley (sa satire « Combien d'enfants avait Lady Macbeth ? » est demeurée célèbre), se consacra à l'exploration du milieu social et économique de la littérature du XVIIe siècle.

Malgré les concepts qu'il emprunte au marxisme, son étude l'amène à traiter, en fait, moins des rapports profonds entre la société et l'art reflétés dans la structure dramatique que des idées que les personnages expriment sur la société de leur temps. Il aboutit aux caractéristiques sociales de leurs commentaires, non à la réalité sociale de leur nature. Les scrupules du critique, qui l'empêchent de pousser à fond ses recherches sur un point donné de peur de déformer la « réalité globale » de l'œuvre, constituent parfois une limitation, et Knights réussit mieux lorsqu'il peut allier une analyse sociale à l'étude détaillée de la sensibilité artistique d'un auteur. *La Politique de Shakespeare* [*Shakespeare's Politics,* 1957] et *Un point de vue sur Hamlet* [*An Approach to Hamlet,* 1960] tout autant que *Quelques thèmes shakespeariens* [*Some Shakespearian Themes,* 1959] font de Knights l'un des représentants les plus qualifiés des études shakespeariennes britanniques.

EXPLORATIONS DANS L'INTÉRIEUR DE L'AFRIQUE AUSTRALE [*Missionary Travels and Researches in South Africa*]. Œuvre de l'explorateur anglais David Livingstone (1813-1873), publiée à Londres en 1861. L'auteur fait précéder sa relation de voyage de quelques renseignements autobiographiques. Il raconte avoir consacré une grande partie de sa jeunesse à l'étude de la médecine et de la théologie jusqu'en 1840, quand, pour des motifs scientifiques et religieux, il décide de partir pour l'Afrique. Arrivé à la ville du Cap, il se dirige vers le nord. À Kokolené, il fixe son quartier général d'où il part pour de nombreuses petites explorations, dont la plus importante a pour but les monts Kolvan. Après quelques mois, l'expédition, ayant accompli des expériences intéressantes, repart à travers le désert de Kalahari, découvre le lac Ngami, dont fut alors dessinée la première carte, et rejoint le haut cours du Zambèze et les populations noires des Makololo, sujets de Sekeletou. Arrivé à cet endroit, Livingstone s'étend sur la description des indigènes de ces régions, sur leurs coutumes, leurs usages et leurs rites païens. Ensuite, ayant remonté le cours du Zambèze, il oblique vers l'Occident, où, à cause du climat torride et des pluies continuelles qui transforment la région en bourbier, il rencontre des difficultés considérables. Le dernier des obstacles, mais non le moindre, est constitué par les fourmis : celles-ci s'avancent par millions en détruisant tout ce qu'elles trouvent sur leur chemin. Finalement, après avoir rejoint Saint-Paul-de-Loanda, chef-lieu de la colonie portugaise d'Angola, Livingstone retourne au pays des Makololo jusqu'à Secheké, capitale de la région. En descendant ainsi le Zambèze, il voit pour la première fois les gigantesques cascades de « Moasi a Tunia » qu'il rebaptise en leur donnant le nom de la reine Victoria. Ces cascades, qui ont trois fois la hauteur des fameuses chutes du Niagara, seront plus soigneusement décrites dans son livre suivant, *Exploration du Zambèze et de ses affluents* (*). S'étant séparé de Sekeletou qui l'avait accompagné, il retourne dans sa patrie, après seize ans de séjour dans l'Afrique australe, rapportant avec lui une moisson considérable d'observations géologiques et géographiques qui rendront de grands services aux premiers cartographes de ces régions. — Trad. Hachette, 1881 ; Karthala, 1981.

EXPLORATIONS DANS L'OUEST AFRICAIN. Œuvre de l'explorateur italien, naturalisé français, Pierre Savorgnan de Brazza (1852-1905). Le titre exact est le suivant : *Conférences et Lettres de P. Savorgnan de Brazza sur ses trois explorations dans l'Ouest africain, de 1875 à 1886,* texte publié et coordonné par Napoléon Ney en 1887. Durant les premières années de la seconde moitié du XIXe siècle, Stanley, Livingstone et Cameron avaient complété l'exploration du bassin du Congo et des lacs de l'Afrique équatoriale. De nombreux problèmes concernant la nature et la topographie du continent africain restaient pourtant encore à résoudre. Parmi les explorateurs qui contribuèrent à les élucider, Savorgnan de Brazza devait jouer un rôle prépondérant. Convaincu que les lacs de la région équatoriale ne pouvaient se déverser uniquement dans le Nil — le volume de ce fleuve, si tel eût été le cas, aurait en effet été quatre fois plus important —, il se rendit dans la région du Congo et de l'Ogooué avec l'intention de découvrir une voie de communication avec l'Atlantique. Supposant que cette voie était peut-être l'Ogooué, en raison du volume extrêmement important de ses eaux au voisinage de l'Océan, l'explorateur français partit, en 1875, pour explorer le cours de ce fleuve. Mais, s'apercevant qu'à deux cents kilomètres environ de son embouchure l'Ogooué n'était plus navigable, il décida d'explorer la région qui s'étend du haut bassin du Nil au lac Tanganyika. N'ayant pu, pour diverses raisons, mener à bien son entreprise, il revint en France, organisa une nouvelle expédition, et repartit pour les bords de l'Ogooué, où il fonda Franceville, destinée à devenir une colonie importante. De là il descendit l'Alima dont le cours fut ainsi, pour la première fois, exactement dessiné sur une carte géographique, atteignit les États du roi Makoko, et conclut avec ce souverain un traité par lequel toutes ces régions devenaient territoire français. Descendant le Congo, il finit par gagner la côte et, de là, la France. Par la suite, sur un bateau mis à sa disposition par le ministère de la Marine, il put remonter pour la troisième fois le cours de l'Ogooué. Ayant laissé une garnison à Franceville, il descendit le cours de l'Alima dans un canot à vapeur qu'il avait apporté avec lui en pièces détachées, et, de nouveau, rencontra Makoko, lequel, donnant l'exemple d'une loyauté admirable, était resté fidèle à son traité avec les Français, repoussant les pressions exercées par la Belgique et l'Allemagne qui lui offraient des conditions plus avantageuses. Cependant, des complications d'ordre politique devaient empêcher Savorgnan de Brazza de poursuivre ses voyages, ce qui ne veut pas dire que ses trois expéditions furent inutiles, car elles ont conquis à sa patrie d'adoption des territoires qui comptèrent parmi les plus florissants de l'Afrique-Équatoriale française. Ses conférences et sa correspondance, où il relate dans un style clair, vivant et pittoresque, ses trois voyages dans l'Ouest africain, constituent un témoignage remarquable de son activité d'explorateur.

EXPOSÉS AU SOLEIL. Recueil de « courts récits » de l'écrivain français Jean Cayrol (né en 1911), paru en 1980. Il y a sans doute une profonde connivence entre l'esthétique romanesque de Jean Cayrol et la forme du court récit. Car, ici, la brièveté donne toute sa force à l'inessentiel, toute sa dérision tragique au hasard quotidien, toute sa pertinence à l'esquisse, jamais achevée, des personnages.

Ce sont quinze récits qui saisissent, comme autant d'instantanés, et qui fixent dans leur instabilité des êtres placés à un de ces tournants imperceptibles où la vie et la mort, la raison et l'absurde, le bonheur et le malheur se jouent d'eux et en eux. Les circonstances sont anodines : un dimanche en famille à la campagne, une conversation de chemin de fer, un chapardage d'adolescents, un jeu d'enfants sur la plage. Soudain jaillit la mort, ou l'amour, ou la folie, comme dans les vraies tragédies.

On se demande à peine d'où vient le drame. Il émane, comme naturellement, d'une certaine prédisposition maléfique des lieux et des êtres. La « cuisine nue, carrelée », « jaune paille, haute de plafond, sans intimité » du récit n° 7 dissimule à peine qu'elle est le véritable acteur de la séparation entre Luc et Marinette. La plage sur laquelle jouent les enfants matinaux du n° 6 hésite entre la plage d'une journée de vacances et celle du débarquement : c'est d'elle encore, et de son prémonitoire château de sable, que viendra la mort. Les êtres eux-mêmes semblent arborer, par bravade inconsciente, le signe de leur fatale aberration. Marie est allée chez le coiffeur : c'est la tête couverte de « boucles et d'ondulations joyeuses » qu'elle abordera sa propre fin, comme sous l'écrasement d'un empesage autodestructeur.

Plus encore que les lieux, les objets incarnent la puissance tragique : l'appareil Polaroid qui refuse de photographier Henri (récit n° 4) et le conduit au suicide ; ou la cloche tibétaine du récit n° 7, qui appelle Marinette loin du foyer conjugal.

Chaque épisode a la simplicité des grandes formes dramatiques : une longue attente s'y résout dans un accident rapide et sans appel. Accident d'autant plus efficace que l'attente a été fastidieuse, semée à parts égales de signes dérisoires et de prémonitions cruelles (voyez l'attente interminable de Titou dans le récit n° 5) : c'est parce qu'elle rassemble tant de détails indissociables de l'intimité des corps et des âmes qu'elle devient l'allégorie d'une vie entière, et qu'elle appelle avec tant de force le moment de sa rupture.

L'extrême économie de moyens contraint le narrateur à exploiter les ressources de l'ellipse. C'est ainsi que dans ce monde insignifiant, tout se met à signifier ; chaque notation devient, à la lecture, l'objet d'une interprétation. Le moindre détail acquiert la valeur d'un lourd non-dit. Par là, le récit court de Jean Cayrol place son lecteur dans la position d'un herméneute.

L'*Essai sur un art du récit court,* qui achève l'ouvrage, donne les clefs de cette lecture. Il définit le genre comme un « vrai rapt », ou comme un « infarctus », équivalant à ces « agrégations inconscientes » de moments prompts, irréfléchis, obscurs mais rémanents, « qui vont former ce tissu impalpable de la réalité ».

C. D.

EXPOSITION. Recueil d'essais de l'écrivain allemand Ernst Jünger (né en 1895), publiés en 1993. Les essais ici rassemblés, divers par leur genre ou par leur prétexte, sont tous ordonnés à ce souci « philosophal » : comment vivre en ces « temps de pénurie » prophétisés par Hölderlin, quand les poètes dorment et que les dieux se sont retirés, quand la Terre livrée aux Titans et à leur ivresse technicienne « change de peau » et de visage ? « Pourtant quelques-uns veillaient » (Hölderlin) : Ernst Jünger est l'un d'eux, alchimiste presque centenaire qui continue de ciseler et polir ce parfait cristal, son art poétique, où notre monde se reflète « comme dans un saphir l'incendie de Constantinople ». Le texte qui donne son titre au recueil, *Exposition,* illustre la démarche et le génie typiquement jüngériens : à partir d'une opération mathématique, l'exposition ou élévation à la puissance, il décèle l'universalité sous-jacente dont il retrouve les correspondances cachées en botanique, en grammaire, dans la science biographique, la métaphysique et la théologie : « S'exposer signifie s'éloigner, s'abandonner – en particulier à un danger [...] L'éloignement de soi-même influe toujours sur l'optique et par là sur le style [...] cela touche déjà à la transcendance. » « Nostalgique d'une matière spirituelle [...] Jünger n'a de cesse de restaurer l'ultime raison dans le langage du poète » (Éric Heitz) : qu'il poursuive sa réflexion philosophique et cosmogonique (*Sur « Les Ciseaux »,* expressément écrit pour ses lecteurs français) ; qu'il médite sur l'essence de la poésie *(Onyx)* ou reprenne, à l'occasion de sa découverte des grottes préhistoriques de la Dordogne, sa méditation sur l'homme et le temps (*Départ pour les* *grottes*) ; enfin qu'il dessine, avec *Bolívar*, ultime avatar inabouti de Napoléon, l'horizon d'une époque où la volonté historique n'a plus de prise réelle sur les événements, l'auteur scrute et déchiffre les signes, selon les runes secrètes qui bornent déjà l'intérim des Titans et annoncent le retour des dieux. – Trad. Julliard-Le Feu follet, 1993. Ph. Ba.

EXPOSITION DE L'EMPIRISME PHILOSOPHIQUE [*Darstellung des philosophischen Empirismus*]. Œuvre du philosophe allemand Friedrich Wilhelm Joseph von Schelling (1775-1854), publiée, après sa mort, à Stuttgart en 1861, dans le volume X des *Œuvres complètes.* L'auteur acheva cette œuvre, à Munich, vers 1836 ; elle devait servir, en partie, de plan à un cours de propédeutique philosophique. La connaissance philosophique surgit du sentier de l'expérience : la philosophie doit expliquer le « fait ». Ce n'est pas un simple agrégat de données sensibles, mais quelque chose à l'intérieur de l'esprit qui le crée et qui le pense. L'« empirisme philosophique » est justement cette partie préliminaire de la philosophie qui recherche les structures idéales du « fait », ouvrant ainsi la voie à la philosophie proprement dite, au « rationalisme » philosophique. Le problème du « fait » a été le problème fondamental de l'histoire de la philosophie jusqu'à la « philosophie de la nature » de l'auteur, laquelle est arrivée à établir que « la genèse de toute la nature repose uniquement sur une prédominance progressive du sujet sur l'objet, jusqu'au moment où l'objet devient complètement le sujet dans la conscience humaine ». Allant plus loin, Schelling établit que le « fait » implique toujours la présence de deux principes : l'être en tant qu'objet, objectivité pure et aveugle, uniquement potentiel, illimité et indéterminé, et l'être du sujet connaissant qui pose, limite et détermine le premier. Le processus de la réalité qui s'exprime dans le « fait » est la transformation du premier principe dans le second. Mais cette dualité suppose une unité plus profonde : cette unité est Dieu en tant que cause et, comme tel, il détermine la prédominance du sujet. Dieu est donc plus que l'être, c'est le Seigneur de l'être. Le processus du devenir, dans ses trois moments – 1) ce qui est contenu en Dieu et limité par lui ; 2) l'être illimité ; 3) ce qui passe de l'être illimité à la limitation –, est donc intérieur à Dieu : Schelling arrive ainsi à fondre la philosophie de Fichte et la doctrine de Spinoza. Cependant, de cette façon Dieu n'est pensé que comme cause et seigneur de l'être, non comme absolu, puisque « cause » implique « relation ». C'est ainsi que Dieu nous apparaît ; mais, en lui-même, Dieu est la volonté qui peut être, s'il le veut, le substratum du processus et qui, par conséquent, crée de l'être par un acte absolument libre de toute existence, même simplement potentielle. Ainsi l'empirisme dans ses conséquences extrêmes nous conduit au-delà de l'empirisme.

L'importance historique de cette œuvre est très grande ; elle marque la transition entre la phase idéaliste et la phase théosophique de la pensée de Schelling : cette fusion de Fichte et de Spinoza qu'il avait cherchée d'abord dans la métaphysique de l'identité, puis de la liberté, est ici considérée comme propédeutique et provisoire. La pensée de Schelling se tourne maintenant vers la recherche du concept d'univers compris comme une théophanie absolue ; et sa pensée sort alors de la tradition de l'idéalisme classique et s'inquiète d'un renouvellement de la métaphysique religieuse, préoccupation qui domina la pensée allemande vers le milieu du siècle dernier.

EXPOSITION DE MON SYSTÈME [*Darstellung meines Systems*]. Ouvrage du philosophe allemand Friedrich Wilhelm Joseph von Schelling (1775-1854). Schelling avait esquissé ce résumé de sa philosophie dans le « Zeitschrift für Spekulative Physik » (1800-1801), puis dans un volume incomplet en 1802, et il considérait ce texte comme le document qui traduisait le plus fidèlement sa pensée. Schelling adopte, pour son exposition, une méthode de démonstration mathématique qui consiste à établir une philosophie à partir de définitions et d'axiomes, procédé que Spinoza avait employé dans son *Éthique* (*). D'ailleurs Schelling reconnaît, dans une Préface, la parenté qui lie les deux œuvres. Le système de l'identité absolue, ou théorie de l'identité, est un idéalisme transcendantal, qui veut trouver l'origine de toute science, non plus dans le principe trop exclusif du « moi », ni dans la nature humaine, mais dans un principe plus élevé, dans un absolu inhérent au moi et à la nature humaine. C'est un système qui relève à la fois du réalisme et de l'idéalisme, reconsidérés au point de vue de l'absolu, lequel n'est ni esprit ni nature, ni infini ni fini, ni être ni connaître, ni sujet ni objet, parce que toutes les variétés, les oppositions et les différences se confondent en lui : c'est l'identité absolue de l'idéal et du réel, c'est l'indifférenciation absolue des formes diverses, de l'unité et de la pluralité ; c'est l'« un » universel, la totalité. Hors de l'identité absolue, rien n'existe réellement ; il s'ensuit que rien de fini n'existe en soi ; tout ce qui existe fait partie de l'identité absolue et de son développement qui a lieu par une opposition de termes, comparable à l'existence de deux pôles dans une boussole. Cette rupture entre l'absolu et son uniformité, son immobilité, reçoit de Schelling le nom de « révélation spontanée », ou communication d'idées entre Dieu et les hommes. D'où trois propositions principales : 1) Il n'existe qu'un seul être : l'identité absolue ; toute différence entre les choses étant purement quantitative, et non qualitative, et consistant en une certaine prédominance chez les êtres de la subjectivité ou de l'objectivité, de l'idéal ou du réel, qui sont les deux pôles opposés d'une même activité ; 2) l'Être absolu n'est pas la cause de l'Univers, mais il est l'Univers lui-même et se manifeste dans l'éternelle génération des choses qui constituent les formes mêmes de cet Être unique, lequel réside cependant et exclusivement dans l'ensemble du monde. Il s'ensuit donc que la Nature n'est pas une matière morte, mais une matière vivante, divine comme l'idéal, et indestructible ; 3) Cette manifestation de l'absolu s'est produite dans un mouvement progressif dont la science recherche l'aspect et les phases ; par là, elle est une image de l'Univers dans la mesure où la connaissance des choses est tirée de réflexions fondamentales sur l'absolu, selon le principe d'identité dans la triplicité ; cette construction idéale qui s'identifie à la philosophie épouse les degrés et les formes diverses par lesquels passe successivement la nature.

On atteint aux sommets de la philosophie, lorsque dans la pluralité et la diversité on ne reconnaît plus qu'une forme relative et, dans cette forme même, l'identité absolue. La construction de Schelling repose donc tout entière sur l'absolu : le tout dans sa forme première (Dieu), qui se manifeste dans sa forme secondaire, la nature, par deux ordres de relativité : le réel et l'idéal, en activité ou en puissance : poids-matière, lumière-mouvement, organisme-vie, d'une part ; vérité-science, bonté-religion, beauté-art, d'autre part. Et par là-dessus viennent se greffer comme des reflets de l'Univers : l'homme, en tant que microcosme, et l'organisation du monde, en tant que forme éternelle ; à quoi correspondent l'État et l'Histoire. La série idéale est ici seulement annoncée. De même que, pour la construction de la série réelle, trois puissances ont été fixées, puissances reconnues à la nature organique en correspondance avec le dynamisme de la nature inorganique ; on en usera de la même manière pour l'établissement de la série idéale lorsqu'il s'agira de la nature spirituelle, en accordant une prépondérance au fait subjectif. À la lumière, à l'électricité, à la structure chimique répondront la connaissance, l'action, l'art ; de même que l'esprit, la volonté (liberté), le génie, aux idées de vérité, de bonté et de beauté. Cette conception, Schelling la parachèvera dans *Bruno ou Du principe naturel et divin des choses* [*Bruno, oder über das natuorlische und göttliche Prinzip der Dinge*, 1802] qui complète l'*Exposition*, et dans son *Système de l'idéalisme transcendantal* (*) (1804), où il construira alors, sous l'influence de Spinoza, une éthique déterministe. En bref, l'*Exposition* est alourdie dans son ensemble par d'étranges analogies pseudo-scientifiques mises en évidence avec une extrême minutie. La matière serait alors un corps sans âme, sans le poids que donnent à la masse les mouvements, expression de l'affinité de la masse pour la substance absolue. Le magnétisme et l'électricité sont deux dérivés, en sens opposé, de l'identité absolue ; l'une fait s'épandre l'être dans des directions contraires, l'autre le contraint et le réduit. En dépit des défauts et des obscurités de l'*Exposition*, le système de l'identité absolue est considéré comme un apport vraiment original à la philosophie : il fait se rencontrer le sujet et l'objet dans l'absolu, qui est leur point de jonction, et donne un certain poids à cette affirmation que l'homme peut avoir une connaissance approximative de Dieu, qui repose sur l'identité de l'esprit humain et de l'Être. — Trad. *Bruno*, L'Herne, 1987.

EXPOSITION DU SYSTÈME DU MONDE. Ouvrage de l'astronome français Pierre Simon de Laplace (1749-1827), publié à Paris en 1796. Cette œuvre a tenu une grande place dans la pensée scientifique au cours du XIXe siècle. C'est un traité de vulgarisation, sans appareil mathématique, des hypothèses de l'auteur sur l'origine du système solaire, une sorte de conclusion à son *Traité de mécanique céleste* (*). Le style en est extrêmement clair et agréable ; le résumé d'astronomie donné à la fin du livre est sans aucun doute un chef-d'œuvre littéraire. Sa fameuse « hypothèse cosmogonique » est exposée en détail : elle se fonde sur trois faits connus du système solaire et acceptés alors sans réserve : 1) les planètes se meuvent autour du Soleil dans le sens direct, d'Occident en Orient ; 2) l'excentricité de leurs ellipses est très faible ; 3) l'inclinaison de leurs axes de rotation sur leurs orbites respectives est également faible. Bien que cette hypothèse ne figure qu'en marge, afin de tenir compte de « la méfiance que doit inspirer tout ce qui ne résulte pas de l'observation et du calcul », on voit immédiatement l'importance que lui attribue Laplace en raison de son originalité, de sa simplicité, de la clarté de sa démonstration. Les trois phénomènes mentionnés doivent résulter d'une cause valable pour toutes les planètes ; et puisqu'elles sont séparées par des espaces relativement considérables, Il faut admettre l'existence d'une nébuleuse plus ou moins dense, qui occupe tout l'espace situé au-delà même de l'orbite de la planète la plus lointaine alors connue (Uranus). La formation des planètes serait advenue par le refroidissement progressif et la contraction de la matière, suivis nécessairement d'un accroissement de la vitesse angulaire de rotation. À un moment donné, la force centrifuge exercée sur le plan de l'équateur de la nébuleuse en rotation aurait dépassé la force d'attraction du noyau central, provoquant la séparation d'un premier anneau concentrique à la masse restante, et ainsi de suite, comme dans le système de Saturne. C'est de chaque anneau de la matière en rotation qu'auraient été formés les satellites selon un processus identique, animés eux aussi dans le « sens direct » et à peu près dans le plan de l'écliptique.

EXTASE MATÉRIELLE (L'). Essai de l'écrivain français Jean-Marie Gustave Le Clézio (né en 1940), publié en 1967. Dans cet ouvrage, Le Clézio développe, en dehors de tout esprit de système, une sorte de sagesse matérialiste et mystique ; matérialiste parce qu'elle trouve dans la découverte de la matière infinie son absolu (« Au-delà du langage, au-delà de la conscience, au-delà de tout ce qui était forme et vivait, était l'étendue de la matière totale, de la matière brute, livrée sans but à elle-même ») et mystique parce qu'elle rassemble, avec le sentiment d'une présence illimitée, les différentes conditions de l'expérience d'une union avec la matière.

« Chaque chose porte en soi son infini. Mais cet infini a un corps, il n'est pas une idée. Il est l'espace précis de la matière dont on ne peut pas sortir. » La matière est partout : illimitée et irréductible, incompréhensible mais évidente, elle nous précède et nous prolonge. Parcourue par une force, une énergie, une tension continues, elle est le support de nos actes, de nos paroles et de l'être-là des choses. Elle est la « totale présence », plurielle, plastique et indivise qui se révèle à nous à la fois par l'expérience de la mort et dans l'intuition vive de son infinité que Le Clézio appelle l'« extase matérielle ».

Une telle vision du monde implique un certain nombre de valeurs ou de thèmes qui forment la matière d'une sagesse et constituent une éthique d'écrivain. Ainsi Le Clézio élabore-t-il une conception tragique de l'existence reposant sur l'indépassable contradiction entre le moi qui se veut le créateur de son propre destin individuel et l'« homme mort » en lui, tourné vers le magma originel de la « matière en vrac ». Tout le tragique vient de la conscience, ce « regard interne », terriblement lucide qui fait apparaître dans toute manifestation de la vie sa face de mort. On sait alors qu'à tout moment le moi peut s'annuler au profit de l'indistinct, de l'anonyme, du partagé qui sont les lois de la matière et de l'espèce. La conscience de l'homme, c'est la force qu'il a de « savoir ou de deviner qu'il (n'est) peut-être qu'un passage simplement, et son avenir, un passage vers le lieu même qui l'avait vu naître ».

L'attitude existentielle et esthétique qui découle d'une telle vision de la vie pourrait s'appeler réalisme. Elle s'appuie sur un postulat matérialiste : « tout ce qui est dans l'esprit est en accord avec la matière » afin de fonder une morale pragmatique reposant sur une exigence du regard : « Être là, c'est voir. » Le regard est ce sens complet qui sert de chemin pour l'union avec la matière : il s'agit de ce « regard actif, qui va vers l'autre, va vers la matière et s'y unit. Le regard de tous les sens ». Il est ce qui nous met en rapport avec la réalité tout en la dépouillant de toute projection humaine afin de révéler la gratuité des choses, dont la preuve sensible est le sentiment de la beauté. Une telle utilisation du regard impose à l'homme une disponibilité sans défaillance que Le Clézio appelle pauvreté : elle est cette reconnaissance qu'il n'y a rien à posséder dans le monde et que la mort est présente dans la vie.

Dès lors qu'est-ce qu'écrire pour Le Clézio ? C'est, selon l'exigence du regard, témoigner de ce qui est, avec sa face de vie et sa face de mort, et de faire apparaître dans l'œuvre la contradiction tragique : à la fois la volonté humaine de donner forme et sens, et en même temps la parole muette de la matière, « cette force inhumaine qui ramène au chaos et à la mort ». Il y a donc dans toute œuvre un double langage qui restitue l'intégralité de l'expérience : « Derrière les signes de l'homme étaient inscrits les signes de ce qui n'était pas homme, ce qui n'avait jamais été humain. » Cette attention aux signes de la matière inscrits le plus souvent dans le corps, et aux signes de l'homme qui transmettent les mythes et les légendes, on la retrouve au fondement de l'écriture romanesque de Le Clézio. J.-M. S.

EXTINCTION [*Auslöschung*]. Roman de l'écrivain autrichien Thomas Bernhard (1931-1989), publié en 1986. C'est son dernier roman — s'il n'en existe pas d'autre dans les papiers qu'il a laissés, et dont il a interdit la publication — et sans doute le plus achevé. Avec une belle obstination, Thomas Bernhard poursuivait depuis le début un même projet romanesque réapparaissant sous forme de variations, et dont *Corrections* (*) représentait un premier sommet : la liquidation, dans et par l'écriture, d'un héritage à la fois personnel, national, culturel, qui paradoxalement l'empêchait de trouver une identité. L'acte symbolique du père mettant le feu à la ferme familiale est en quelque sorte réitéré dans cet « effacement » (c'est aussi le sens du mot *Auslöschung*) enfin réussi. La construction du roman, ses thèmes, ses images et emblèmes répondent ostensiblement à ceux de *Corrections*, et, au-delà, s'assemblent en une reprise générale, une « sinfonia » finale de l'œuvre tout entière. Entre-temps, *Oui* [*Ja*], *Béton* [*Beton*], *Le Neveu de Wittgenstein* [*Wittgensteins Neffe*], *Des arbres à abattre* [*Holzfällen*] et *Maîtres anciens* [*Alte Meister*] abordaient la thématique par différents angles, autour de personnages et de lieux différents. Ici, Bernhard reprend l'image centrale du domaine à liquider (« Wolfsegg » au lieu d'« Altensam ») à partir d'un autre lieu spirituel (Rome au lieu du Cône ou de Cambridge). Deux parties encore, où se répondent « en miroir », comme on dit en musique, la terreur des Origines et l'Esprit incarné par Rome. Là encore, des fausses fenêtres et des fausses symétries. La première partie, intitulée « Le Télégramme », est censée relater la réception par le narrateur, à Rome, d'une dépêche lui annonçant la mort accidentelle de ses parents et de son frère, ses deux sœurs ayant été épargnées ; il y sera donc abondamment question des relations familiales, semblables, malgré les substitutions, à celles qui régnaient à Altensam : face à un père (ancien nazi) détesté, à une mère et à des sœurs haïes, à un frère et un beau-frère méprisés, le narrateur ne trouve de réconfort qu'auprès d'un oncle aussi pédagogue que le grand-père de Bernhard et lui-même auteur d'une « anti-autobiographie ». Par un chassé-croisé typique, c'est dans la deuxième partie surtout, intitulée « L'Enterrement », qu'à l'occasion de cette cérémonie lustrale à Wolfsegg se révèle le nouveau triangle instauré à Rome entre le narrateur, son élève Gambetti et le très raffiné cardinal Spadolini, qui est aussi l'amant de la mère. Cette fois cependant, le suicide n'est pas nécessaire. En une seule phrase, la dernière (écrite par on ne sait qui), nous apprenons que l'héritier a offert le domaine à la communauté juive de Vienne, avant de mourir de mort « naturelle ». L'« effacement » est complet, mais la liquidation a lieu au profit de la vie... Marqué par le sentiment d'être lui-même un paria, Bernhard insère cette fois plus nettement son roman dans la situation historique et sociale qui fournit parallèlement (1988) le matériau de sa dernière provocation théâtrale, *Place des Héros* (*). – Trad. Gallimard, 1990.

C. Po.

EXTRAITS DU CORPS. Proses poétiques de l'écrivain français Bernard Noël (né en 1930), publiées en 1958. *Extraits du corps*, constitué de trois parties de onze séquences chacune, débute par un récit, celui d'une mise à nu, d'une dépossession. On a souvent mis en relief la nouveauté du livre qui fonctionne à la manière d'un regard orienté vers l'intérieur, avec l'objectivité d'un constat. Ce regard intérieur détaille un corps qui se morcelle, dont l'unité vacille jusqu'à ne plus tenir que par une « moelle épinière (qui) redevient un rayon lumineux qui fascine (son) œil ». Cette première partie établit avec le lecteur un rapport démoniaque : trépanation, souffrance, « mentonnière de douleur », chute continue... Le texte, grâce à sa sécheresse, offre le corps dans sa nudité, nudité ouverte à toutes les promesses, mais par là même si chancelante, habitée encore du tonnerre de la souffrance, car la souffrance est un langage. Ainsi le point culminant de l'expérience (la dixième séquence) montre à l'évidence un corps absent de lui-même et réduit à un pur regard. Dès la deuxième partie, les textes sont plus ramassés et les rares images tracent un monde lacunaire, terrifiant dans son immobilité. De l'animalité de la première partie, nous sommes passés dans un monde minéralo-végétal où le regard se mue en œil, où le corps n'est plus que d'os. Rarement la poésie aura conduit une expérience des limites aussi abrupte que cruelle que celle-ci : le poète, muni du scalpel d'une leçon d'anatomie exercée sur lui-même, offre au lecteur le partage de son cheminement. La troisième partie enfin semble laisser une chance à la pratique poétique : du *Je* de la première séquence, de l'organisation formelle éclatée de la troisième en passant par la deuxième à l'indéniable valeur lyrique, le lecteur est sensible à l'élan des poèmes tout en sentant qu'une menace plane sur eux. Les dernières séquences, réduites aux aphorismes, portent en elles la difficulté de l'entreprise : le silence et la mort rôdent dans leurs marges. Il faudra par la suite de nombreuses tentatives pour que Bernard Noël puisse ramener sa poésie à la lumière de la publication. Les autres ouvrages feront mesurer à quel point *Extraits du corps* aura eu un rôle matriciel dans son œuvre poétique, celui d'une condition qui l'amène à un rare niveau de qualité et d'exigence de l'écriture et d'engagement personnel dans l'écriture. Suivront de nombreux poèmes regroupés en 1983 sous le titre *Poèmes 1* auxquels il convient d'ajouter *Bruits de langue*, véritable mise à l'épreuve de la langue et de la « pensée poétique » ou *L'Été langue morte* (1982), suite de trois chants dans lesquels il renoue avec un lyrisme solaire. Mais c'est avec la parution de *La Chute des temps* (1983) que Bernard Noël parvient à faire jouer tous ses talents sans renoncer à son ambition, sans rien renier du risque de son expérience, sans revenir sur l'ambivalence des rapports qu'il entretient avec la langue. Usant d'un dispositif de chants et de contre-chants, ce long poème allie le mouvement et son contraire, l'immobilité et la vitesse, le tragique et la gourmandise, et atteint les rivages de Pound ou de Cummings.

H. C.

EXTRAITS D'UN JOURNAL CAMPAGNARD [*Iz derevenskago dnevnika*]. Roman de l'écrivain russe Gleb Ivanovitch Ouspenski (1840-1902), publié en 1878. Le livre est composé d'une série d'épisodes et de petits tableaux de la vie campagnarde. Ceux-ci sont liés entre eux par l'identité des personnages au relief puissant, au dessin vigoureux. Quelques-uns sont restés célèbres dans la littérature russe, tel ce « nouveau riche » qui, devenu patron, commence à bien se vêtir, « à rouler carrosse » et veut, désormais, vivre largement et non « en paysan ». Mais le paysan, en lui, est demeuré intact, et il finit par se dégoûter de chaque plaisir nouveau que lui offre son argent ; il s'adonne à des orgies effrénées. Pour Ouspenski, cet exemple est typique : toute transformation d'un paysan en riche propriétaire porte en soi les risques d'une évolution fatale. Selon l'auteur, la nouvelle civilisation mécanique et capitaliste détruira fatalement le vieux monde patriarcal et honnête de la communauté [mir], monde riche d'une poésie particulière. Après avoir décrit l'abîme d'incompréhension qui sépare les propriétaires terriens des paysans, et la soumission complète de ces derniers à n'importe quel ordre venant « d'en haut », Ouspenski trace un sombre tableau de l'ignorance qui pèse dans les campagnes. Les rares maîtres qui y enseignent sont, en général, des ratés, rejetés par les grandes villes, gens capables d'ouvrir un cabaret dans l'édifice scolaire. Les journaux n'arrivent pas ou ne sont pas lus ; la médecine est représentée, tout au plus, par des sorciers et par un livre qui indique les quatre-vingt-deux plantes à même de guérir toutes les maladies, de prévenir les malheurs et de procurer de la chance en amour. Dans son *Journal*, Ouspenski met ainsi à nu les deux plus grandes plaies qui affligeaient la Russie du XIXe siècle : l'ignorance et l'alcoolisme. La prose d'Ouspenski est dénuée de raffinement car, ainsi qu'il le dit lui-même, son but est de « faire par ses livres œuvre utile pour la société en décrivant une réalité qu'il s'agit d'améliorer, et non pas celui de se consacrer à des productions littéraires élégantes ».

ÉZÉCHIEL (Livre d'). Livre de l'« Ancien Testament » — v. *La Bible* (*) —, écrit en langue hébraïque par Ézéchiel (VIe siècle av. J.-C.), le troisième des grands prophètes, dont le nom signifie « Dieu réconforte ». La présence d'allégories et de paraboles de nature un peu énigmatique rend, çà et là, les quarante-huit chapitres de ce livre relativement obscurs. Il commence par une vision gigantesque d'animaux, de chérubins fulgurants, portant le char sur lequel repose le trône de Dieu. Cette théophanie grandiose, et qui n'est pas facile à comprendre, fut reprise par saint Jean dans son *Apocalypse* (*). L'élu, épouvanté, tombe à terre et, dans cette attitude, reçoit l'ordre d'aller « à la recherche des fils d'Israël » : « Ne les crains pas et n'aie pas peur de leurs paroles, car tu es avec des chardons et des épines, et tu habites avec des scorpions » (II, 5-6). Ézéchiel, pendant sept jours, se tient silencieux dans sa maison. Passé ce temps, il entend une voix intérieure qui lui expose la responsabilité qui pèse sur lui maintenant qu'il a reçu sa mission (III). Le voici devenu sentinelle de son peuple, garant d'Israël auprès de Dieu. Devant l'attention des Hébreux exilés en Babylonie, il accomplit, dans le plus grand silence, certains actes symboliques qui représentent les terribles calamités menaçant le peuple parjure (IV-V). Le prophète rompt enfin le silence, mais pour reprocher aux idolâtres et aux hommes déloyaux leur scélératesse, et pour annoncer que le Seigneur fera des choses telles qu'on n'en vit jamais de semblables depuis que le Temple existe (VI-VII). Il ne faut pas se bercer de vaines espérances. Israël et Juda seront exterminés par le fer et par le feu, les bêtes féroces, la faim ; les décombres des autels et des idoles, ainsi que les os de ceux qui les adorèrent, recouvriront les montagnes de la patrie bien-aimée. Et comme les anciens de Juda viennent trouver Ézéchiel, le voici ravi en extase devant ses hôtes ; il mesure alors quel est le péché d'Israël et annonce l'inéluctable châtiment : vision dramatique au cours de laquelle, revoyant dans le Temple le char sacré de Yahvé, il prédit les actes idolâtres perpétrés dans le lieu saint et les scènes d'extermination imminentes. Suit l'annonce de la conversion et de la future rénovation d'Israël (VII-XI). Se livrant alors à des actes symboliques, il prononce d'autres paraboles impressionnantes, d'autres apologues, pour éclairer ses frères et les rappeler à Israël (XII-XIII ; XIII-XIX).

Arrivé au milieu de son livre, Ézéchiel, suivant en cela les autres prophètes, lance des malédictions contre les nations qui furent ennemies du peuple juif. Jusqu'ici, le prophète s'est entretenu presque exclusivement de la catastrophe finale qui doit atteindre sa patrie. Dans la seconde partie (XXXVI et suiv.) apparaît un motif plus réconfortant : Israël sera restauré, aura un avenir glorieux. Et Ézéchiel montre la nature de cette rénovation, en trace l'histoire à grands traits, véritable vision messianique. Isaïe a été le prophète de la miséricorde de Dieu ; Jérémie le prophète de sa vengeance ; Ézéchiel est, en même temps, celui de la vengeance et de la miséricorde de Yahvé. Le style d'Ézéchiel est personnel et original ; il a une prédilection pour les images, les figures, les symboles. Si, pour l'élégance du langage, il est inférieur à Jérémie, il rivalise presque avec Isaïe pour l'élévation. Terrible et véhément, toujours sévère et courroucé, souvent révolutionnaire, il apporte, à traiter son sujet, une persévérance et une ténacité dans le raisonnement qui font merveille. Aucun écrivain de l'« Ancien Testament » n'est plus énergique, plus combatif, plus majestueux que lui. — Trad. œcuménique de *La Bible*, Éd. du Cerf, 1988.

F

FABIAN. HISTOIRE D'UN MORALISTE [*Fabian. Die Geschichte eines Moralisten*]. Roman d'actualité du poète et écrivain satirique allemand Erich Kästner (1899-1974), publié en 1931. L'action se déroule à Berlin au début des années 30, durant la phase finale de la république de Weimar, en pleine catastrophe économique et politique. Jacob Fabian, jeune intellectuel issu de la petite bourgeoisie, est obligé de végéter dans un emploi de rédacteur publicitaire. Théoriquement démocrate, par décence plus que par conviction, il promène sur l'événement le regard froid du « moraliste » qui enregistre avec l'imperturbabilité apparente caractérisant le courant littéraire de la « Nouvelle objectivité » [Neue Sachlichkeit] les effets destructeurs exercés sur le tissu social et la moralité ambiante par le chômage, la montée des extrémismes, l'impuissance du pouvoir et la dissolution des valeurs par la modernité. Dans ce monde qui assiste à sa propre déchéance, Fabian et son ami Labude veulent préserver leur intégrité : Labude en militant pour un libéralisme solidariste inspiré des théories de Rathenau ; Fabian par une attitude intransigeante consistant à cultiver l'abstention politique. Tous deux mourront en pleine jeunesse, dans des circonstances que l'auteur s'est ingénié à rendre absurdes : morts symboliques du déclin de la république de Weimar, où ce genre d'hommes n'a plus sa place. L'aveuglement et la brutalité incorrigibles du petit-bourgeois allemand donnent lieu à une série de vignettes ironiques, qui ont fait le succès du livre. L'envahissement de l'histoire par l'absurde, la vanité des efforts déployés par ceux qui veulent rester des purs forment la thématique de ce roman, qui n'est pas exempt par ailleurs de pose provocatrice. *Fabian* s'inscrit en effet dans un courant romanesque typiquement berlinois qui aborde non sans complaisance exhibitionniste le problème de l'émancipation sexuelle de la femme. Dans la satire de l'époque, le spectacle du dévergondage (parfois grotesquement rationalisé) occupe une place prépondérante, et le comique de situation qu'il produit est accentué par le rôle de héros passif dévolu à Jacob Fabian. Ainsi, dans ce roman qui se veut libéral, mais qui est plutôt nihiliste, on assiste à un déferlement de misogynie. Les débuts de la révolution sexuelle sont décrits comme un symptôme supplémentaire du processus de dégradation de l'être humain dans un monde rongé par la logique du capitalisme monopolisateur : l'érotisme devient synonyme de réification, la femme oublie toute tendresse lorsqu'elle s'adonne sans retenue à la recherche du seul plaisir physique. — Trad. Balland, 1983. P. V.

FABIOLA ou l'Église des catacombes [*Fabiola, or the Church of the Catacombs*]. Roman du cardinal et écrivain irlandais Nicholas Wiseman (1802-1865), publié en 1854. Dans la préface, le cardinal explique comment, à l'occasion de la fondation d'une bibliothèque catholique populaire, il exprima le souhait de voir retracer l'histoire de l'Église dans les différentes époques de son existence, et comment il s'offrit à composer lui-même le premier des récits. Celui-ci aurait pu s'intituler « L'Église des catacombes », un deuxième « L'Église des basiliques », un troisième « L'Église du cloître » et peut-être un quatrième « L'Église des écoles ». Le livre, qui fut écrit pendant les loisirs du cardinal, se ressent de cette méthode fragmentaire de composition. D'ailleurs, l'auteur ne prétendait pas écrire une œuvre historique proprement dite. Son but était de familiariser le lecteur avec les habitudes, les conditions, les idées, les sentiments et l'esprit des premiers temps du christianisme en s'inspirant surtout des *Actes* des premiers martyrs et de l'Office des différents saints qui figure dans le *Bréviaire romain*. L'auteur nous dit également que son livre n'est pas un traité d'histoire et qu'il embrasse une période de plusieurs mois : c'est plutôt une série de tableaux qu'une narration d'événements. L'époque à laquelle se déroule l'action est le règne de Dioclétien et de Maximien, plus précisément l'époque où la persécution des chrétiens, prescrite par Dioclétien dans son célèbre édit de 303, a été des plus violentes. Nous assistons au martyre d'une pauvre aveugle, Cécile, d'Agnès, riche jeune fille romaine, de Pancrace, de Tarcisius et de Sébastien. L'héroïne du roman est la fille du proconsul Fabius, Fabiola, qui se convertit au christianisme, comme d'ailleurs la plus grande partie de tous ces païens, y compris Fulvius (persécuteur des chrétiens, qui avait attenté à la vie de Fabiola dans l'espoir de pouvoir se saisir de sa fortune). La topographie chrétienne est exacte, de même que la description des coutumes des premiers croyants. Le but éducatif de l'auteur est pleinement atteint. — Trad. Flammarion, 1949.

FABLE DU MONDE (La). Recueil de poèmes de l'écrivain français Jules Supervielle (1884-1960). Paru en 1938, il comporte deux sections principales : la première, qui donne son titre à l'ouvrage, rassemble les « fragments » d'un « seul et long poème sur la Création », où Supervielle fait parler Dieu, avant de s'adresser à lui dans une célèbre « Prière à l'Inconnu ». La seconde, intitulée « Nocturne en plein jour », explore la nuit intérieure de l'âme et du corps. D'une partie à l'autre, l'attention se déplace du macrocosme au microcosme, du divin à l'humain ; mais le poète s'attache à rendre familier le mystère sublime de la *Genèse*, et il agrandit l'espace corporel aux dimensions de l'univers.

Supervielle dit avoir répondu à une suggestion de Jean Paulhan, selon laquelle « tout poète devrait faire une création du monde » ; mais la question des origines était déjà présente au cœur de son œuvre, notamment dans *Gravitations* (*). Elle se confond pour Supervielle avec celle de la poésie même : « Le poète n'a-t-il pas le sentiment de faire le monde, de recréer pour lui l'univers ? » En « nommant » les êtres ou les choses, « il les engendre », comme Dieu par son Verbe créateur. C'est « un Dieu de poète » qui prend ici la parole, à la première personne : il se distingue mal de sa création (« Moi qui suis tout ce que je forme / Je ne me savais pas si feuillu », avoue-t-il « lors de (s)on premier arbre »), et il éprouve pour ses créatures une tendresse tout humaine (il nomme l'Homme son « petit »). Le ton de la fable désacralise quelque peu cette Genèse, mais n'évite pas le didactisme. C'est pourtant ce « Dieu très atténué » que Supervielle invoque ensuite sur le mode plus grave de la « prière », bien qu'il ne sache pas même « s'il existe », pour crier son angoisse face à la montée des périls qui menacent l'humanité en 1937.

C'est quand il rejoint le drame humain que Supervielle trouve les accents les plus mystiques. La grande métaphore de la nuit résume l'épreuve de notre destinée mortelle, et la hantise des ténèbres corporelles. Dans l'espace le plus proche, elle ouvre un « paysage lointain », unissant le ciel et la terre (« Quand dorment les soleils sous nos humbles manteaux / Dans l'univers obscur qui forme notre corps »), l'animal et l'humain (« Réduits que nous sommes alors à l'extrême nudité de nos organes, / Ces bêtes à l'abandon dans leur sanglante écurie »), l'intérieur et l'extérieur (« Nuit en moi, nuit au-dehors »), l'abstrait et le concret (« La Lenteur, par la fenêtre, / Pénètre à pas escomptés »).

Après ce moment de totale unité poétique, les sections finales reprennent séparément les divers aspects du recueil : l'inspiration cosmique (« Lettre à l'étoile »), le ton lyrique (« Trois poèmes de l'enfance » « Dans l'oubli de mon corps »), le bestiaire (« Visage des animaux »), le fabuleux (« Fables »). Cette diversité se reflète dans la variété des formes adoptées, qui vont du vers régulier, assonancé, parfois organisé en strophes, au verset le plus ample et le plus libre. M. C.

FABLE MYSTIQUE (La). Essai du théologien et anthropologue français Michel de Certeau (1925-1986), paru en 1982. De la présentation et de l'analyse de nombreuses expériences spirituelles (qui forment le principal de l'ouvrage) ressort l'originalité de l'attitude dite « mystique » au XVIe et au XVIIe siècle, en Occident et spécialement en France.

Depuis le XIIIe siècle, depuis que la théologie est devenue une profession, les mystiques se sont solidarisés avec les « langues qui parlent encore » : l'enfant, le fou, la femme, l'illettré, les anges, les corps disent une « fable ». De même, après la Réforme, qui réduit tout, sauf l'Écriture, au mutisme ; l'exégèse elle-même réduit au silence, en quelque sorte, les prophètes. « La mystique des XVIe et XVIIe siècles prolifère autour d'une perte, dit Michel de Certeau ; elle rend lisible une absence qui multiplie les productions du désir. » C'est dans un cadre historique que se situent l'analyse et l'interprétation de la « science expérimentale » (l'expression est du père Surin) que constitue la mystique, venue en des temps, des lieux et des corps précis.

L'analyse de Michel de Certeau est également psychanalytique, et il ne manque pas une occasion de faire remarquer l'analogie de fonctionnement entre la mystique et la psychanalyse, dans leurs procédures, leurs démarches et même leurs concepts caractéristiques. L'« entrelacs » de similitudes et de différences avec l'historiographie et avec l'histoire individuelle compose le lieu de la mystique : « Il ne s'agit plus d'une orthodoxie face à une hérésie, mais d'Églises différentes. » Finalement, la parole mystique, la fable, apparaît comme un « anti-Babel », la quête dans le deuil et l'humilité d'un « parler commun après la fracture » : la fable mystique serait une « langue de Dieu qui pallie la dissémination des langues humaines ». Et elle s'effectue dans la recherche, l'errance, le pèlerinage, la marche et le voyage – pour reprendre des mots qui reviennent souvent sous la plume de Michel de Certeau dans cet ouvrage original mais d'un accès parfois difficile. J.-P. L.

FABLES d'Avianus [*Fabulae*]. Recueil de quarante-deux fables composées par l'écrivain latin Avianus (fin du IVe-début du Ve siècle). Elles s'inspirent des fables d'Ésope, de Phèdre et de Babrius. Il ne s'agit là, hélas, que de quelque imitation des plus médiocres. Écrites en un mètre élégiaque, elles sont dédiées à Macrobe que l'on suppose être l'auteur des *Saturnales* (*). La langue, fort corrompue, est déjà celle de la plus basse latinité. Il se peut toutefois que ce recueil ne soit qu'une réédition de beaucoup postérieure à Avianus. – Trad. Les Belles Lettres, 1980.

FABLES de Bidpay [ou, dans la transcription arabe : *Kalila wa-Dimna*]. Célèbre recueil de fables et d'apologues, d'origine indienne, mais qui se répandit à travers l'Orient musulman et chrétien ainsi que l'Occident dans une version du sanskrit en moyen persan (VIe siècle), puis en arabe (VIIIe siècle). La version arabe peut être considérée comme la source de tous les développements ultérieurs du recueil. Le manuscrit indien original fut rédigé par un brahmane entre les IVe et VIe siècles, probablement dans le Cachemire ; une rédaction ultérieure en sanskrit de ce texte, due à un auteur peut-être légendaire, Vishnucarman, est constituée par le *Pañcatantra* (*), renfermant « cinq contes », élément fondamental de toutes les versions qui suivirent : « Le Lion et le Taureau » ; « La Colombe et ses amis les animaux » ; « Le Hibou et les Corbeaux » ; « Le Singe et la Tortue » ; « L'Ascète et la Belette ». L'archétype est censé être fait, peut-être vers le Ier siècle, par un brahmane imaginaire du nom de Bidpay (ou encore Pilpay), nom qui fut repris dans la transcription arabe du VIIIe siècle et qui fut depuis conservé. En effet, le *Pañcatantra* fut tout d'abord traduit en moyen persan sur l'ordre du roi sassanide Chosroès (531-572) et c'est à partir de cette version, aujourd'hui perdue, que le Persan islamisé Ibn al-Muqaffa élabora au VIIIe siècle le texte arabe (dont nous venons de parler) et dont relèvent plus ou moins directement une infinité de traductions et de transpositions : néo-persane, syriaque, byzantine, latine, hébraïque, espagnole, italienne, turque, arménienne, etc., qu'il est pratiquement impossible d'énumérer ici fût-ce partiellement. Le *Kalila wa-Dimna* arabe est précédé par quatre introductions dont la plus importante, figurant déjà probablement dans l'original indien, est une autobiographie du médecin persan Burzoe, auquel on attribue la transcription du sanskrit en moyen persan. Ce chapitre offre un très grand intérêt du fait de la crise spirituelle qui s'y trouve rapportée, accusant un profond scepticisme envers toute religion révélée et l'intrusion d'idées bouddhiques dans la dernière partie. C'est dans le premier chapitre de l'ouvrage proprement dit qu'apparaissent les chacals Kalila (Calila) et Dimna, qui ont donné leur nom au recueil. Envieux, Dimna sème la discorde entre le lion et le taureau devenus amis et, accusant faussement le taureau de vouloir attenter à la vie du lion, incite ce dernier à le tuer. Le deuxième chapitre arabe, qui fait défaut dans les originaux indiens et qui fut ajouté, pense-t-on, par Ibn al-Muqaffa pour obéir à un scrupule d'ordre moral, décrit « Le Procès de Dimna », dont on a découvert l'intrigue trop tard ; en vain tentera-t-il d'échapper au châtiment par des sophismes et des apologues, il finira sous la dent du lion. Aux trois chapitres suivants de la première version indienne (chacun formant une fable en soi), la rédaction en moyen persan ajouta sept autres chapitres, également d'origine indienne, dont l'un de pure inspiration bouddhique ; outre « Le Procès de Dimna », Ibn al-Muqaffa inséra peut-être un autre petit chapitre de son cru, avec les introductions plus haut citées : la version arabe comporte donc un total de dix-huit chapitres. Chacune de ces fables en englobe d'autres, insérées en général dans le but d'illustrer une sentence, une analogie ou un symbole : l'élément de la narration est en effet subordonné à la moralité, en vue surtout de l'éducation des princes et des hommes de rang. La morale de ces apologues est plus souvent utilitaire que proprement éthique, s'adressant davantage à l'intelligence et à l'adresse qu'au cœur ; elle est curieusement mêlée d'éléments bouddhiques, remontant en dernière analyse à des conceptions brahmaniques, qui apportent leur amère conception de la vie et l'austérité de la force éthique qui en découle. On ne peut en général parler des « caractères » des animaux et des hommes figurant dans ces fables, sauf peut-être en ce qui concerne le chacal Dimna qui, dans le premier conte, et plus encore dans le deuxième introduit par Ibn al-Muqaffa, apparaît comme le type parfait du sophiste malfaisant. On relève une lointaine influence de ces fables dans *La Philosophie morale* et les *Traités divers de Sendebar l'Indien* de A.F. Doni (Venise, 1525) et les *Discours des animaux* de A. Firenzuola (1548).

★ Le texte arabe fut directement traduit en langue castillane, vers 1251, sur l'ordre du roi Alphonse X le Sage, alors infant. La version espagnole accentue encore le côté pratique et utilitaire de la morale propre au recueil original, dont elle reprend le titre *Le Livre de Calila et Dimna.* On y retrouve, outre l'épisode des deux chacals, les apologues : « Le Hibou et les Corbeaux », « Le Moine qui renverse le beurre et le miel » après avoir rêvé à tout ce qu'il aurait fait avec l'argent retiré de la vente – apologues repris plus tard par Juan Manuel dans son *Comte Lucanor* (*) ; « Le Singe et la Tortue », « L'Ascète et la Belette », « Le Chat et la Souris », etc., autant de contes qui auront une large diffusion dans les littératures modernes de l'Europe ; non pas cependant à travers cette ancienne version espagnole, mais par le texte latin de Jean de Capoue qui relève à son tour d'une traduction hébraïque du texte arabe de Ibn al-Muqaffa. La langue du *Livre de Calila et Dimna* possède les caractères propres à la prose romane dans la période de ses origines : simple, claire, procédant par périodes coordonnées et, partant, à syntaxe ouverte ; mais où les images se juxtaposent jusqu'à nous donner une idée claire de la chose, rendue transparente à la pensée et saisie de l'intérieur, dans sa vie même. L'importance philologique du texte est égale à son importance historique en tant que témoignage des échanges culturels qui s'effectuaient dans l'Espagne du XIIIe siècle entre le monde arabe et le monde chrétien. C'est une version française (*Le Livre des lumières ou la Conduite des rois,* 1644) que connut La Fontaine qui s'en inspira.

FABLES de Fénelon. Publiées en 1701, les *Fables* du prélat et écrivain français François de Salignac de La Mothe Fénelon (1651-1715) ont été composées pour l'éducation du duc de Bourgogne dont il avait été nommé précepteur en 1689. Si elles révèlent pleinement la gravité épiscopale, la politesse de grand seigneur, la puissance de séduction de leur auteur, elles n'en consacrent pas moins la primauté de l'éducateur. Fénelon y manifeste son désir d'influencer la personnalité malléable du jeune duc, qu'il entendait éduquer selon certaines vues politiques et dans un esprit de revanche contre la disgrâce dont le roi Louis XIV l'avait frappé. Du point de vue littéraire, cet ouvrage contient, en fait, des morceaux fort étrangers à l'apologie : poèmes, contes de fées, nouvelles, romans en miniature (aventures de Nélésichton et celles d'Aristonoüs). Les fables proprement dites sont au nombre d'une vingtaine, et toutes suggérées par les menus incidents de l'éducation princière. Le souci pédagogique domine et les ressources de l'art ne sont guère qu'un expédient propre à fixer l'attention de l'élève. La conduite de l'action, comme la peinture des caractères sont assez lâches et l'humaniste montre le bout de l'oreille en toute occasion. Son hibou et son lièvre sont très éloignés de l'état de nature : l'un parle des Jeux et des Ris, de la ceinture de Vénus, des Grâces et des Amours ; l'autre se trouble comme Pâris devant Ménélas, tandis que jappe au loin un petit tourne-broche. Tous deux, fort instruits de l'*Iliade* (*) et de l'*Énéide* (*) seraient sans doute capables d'inventer Télémaque. Enfin, cet écrivain attique ne sait pas écrire en vers. La rime l'indispose, ainsi que les exigences de la versification. L'esprit, la grâce, le sentiment, l'élégance, la douceur ne font point défaut à ce disciple d'Homère, de Théocrite et de Virgile ; mais il n'a pas le souffle lyrique, ni le talent descriptif de La Fontaine. Toutes ses qualités se trouvent réunies dans le conte d'un faune, raillant les fautes commises par Bacchus qui chante devant lui (« Comment oses-tu te moquer du fils de Jupiter ? » Le faune répondit sans s'émouvoir : « Comment le fils de Jupiter ose-t-il faire quelque faute ? »). Fénelon mérite qu'on se souvienne de lui. Il a montré que si l'on ne franchissait pas les limites de la vraisemblance, du naturel et de la raison, l'invention des sujets était chose possible. Très supérieur à Furetière et à Desmay, son apport dans la fable est d'une autre importance que celle des *Fables morales* de l'un et de l'*Ésope français* de l'autre.

FABLES de Florian. Les *Fables* de l'écrivain français Jean-Pierre Claris de Florian (1755-1794), éditées en 1792, prennent place, avec leur grâce et leur vivacité souriante, dans le sillage d'une tradition que dominent les chefs-d'œuvre de La Fontaine. Florian met en scène un monde varié et complexe, d'une intelligence instinctive et bucolique, qui sait se mouvoir agréablement avec un charme qui lui est propre dans de délicieuses narrations. Ses personnages sont simples, débonnaires, guidés par une morale pleine de modération, se montrant légèrement railleurs pour tout ce qui dans la vie est étrange, irrégulier et sans logique. Quelques-unes de ses *Fables* sont célèbres et justement appréciées : elles participent à une conception de la vie harmonieuse et gentille, même lorsque le rire est provoqué par une situation où l'on voit la vertu s'opposer au vice ou à la paresse. « L'Aveugle et le Paralytique » montre le plus pathétique des éloges de la solidarité humaine, illustré par l'exemple de ces deux malheureux qui, en s'entraidant, réussissent à suppléer à leur infirmité. « Le Singe qui montre la lanterne magique » tourne en dérision l'obscurité spécieuse des « beaux esprits » et prône la clarté du raisonnement, sans laquelle rien ne peut se tenir dans la société : un singe, habitué à attirer les gens aux spectacles de son maître, cherche, en l'absence de celui-ci, à manœuvrer la lanterne en présence des animaux réunis à cet effet ; mais les bêtes ne comprennent rien à ses explications charlatanesques sur les astres, sur les origines du monde et sur les différents sujets abordés : « Il n'avait oublié qu'un point : c'était d'éclairer sa lanterne. » Plus malicieuse est la morale du « Charlatan » : il proclame les vrais miracles d'une recette qui, dans la vie, ouvre toutes les routes, guérit les maux et fait tout obtenir comme une « grande encyclopédie » : « C'est la poudre d'or ! » « Le Perroquet » présente un animal bavard qui, s'étant enfui de sa cage, se met à critiquer le chant des oiseaux, de l'un, puis de l'autre ; invité à montrer sa voix, il est obligé de répondre qu'il sait siffler, mais non chanter. La finesse de la fable réside dans la raillerie de l'auteur contre les velléités et les jugements des critiques : là, il se tourne, comme dans certaines autres de ses fables, contre cette habitude répandue dans la vie sociale, qui consiste à discuter de problèmes généraux et à négliger la propre participation que l'on doit apporter à la vie commune.

Florian sait joindre à une pénétrante observation de la réalité une conception presque pastorale de la vie : sur un mode mineur, il sait mettre en scène les différents éléments de la noblesse, qui devait bientôt connaître la Révolution et la douleur. La mort de l'auteur, après son incarcération et sa mise en liberté, semble illustrer une de ses fables les plus mélancoliques et les plus sincères « Le Voyage » : après de nombreux malheurs, toujours inévitables, il faut quitter cette vie, quand sonne l'heure. Sainte-Beuve prétend, à juste titre, que cette fable pourrait servir d'épitaphe à Florian, puisque lui aussi devait connaître l'amertume, après avoir joui d'une vie facile.

FABLES de Franc-Nohain. Recueil de poèmes de l'humoriste français Franc-Nohain (Maurice Legrand, 1873-1934), publié en 1921. Maladroitement inspirées de La Fontaine, ces fables sont réparties en neuf livres ; elles ont été suivies d'un recueil de *Fables nouvelles*. La drôlerie n'en est pas exclue, mais cantonnée surtout dans les titres des pièces (« Les Bretelles, les boutons de culotte et le propriétaire du pantalon » ; « La Pluie, l'aéronaute et le vieux monsieur qui avait peur de s'enrhumer » ; « Les Melons et le ministère de l'Agriculture » ; « Les Huîtres ou la Sensibilité » ; « Le Goudronnage des routes ou les Desseins de la Providence »). L'écriture, malheureusement lourde et prolixe, en rend la lecture fastidieuse. Quelques trouvailles pourtant : « Les lucarnes et les toits gris / De la façade Louis / Seize » (« La Demoiselle au miroir ») ; ou encore : « Le pays de Bengale est triplement fameux : / Ses feux, ses tigres et ses roses... » (« Le Pays de Bengale »). Ailleurs, ce sera cet aphorisme quelque peu malicieux : « Tel qui sort de Polytechnique / Peut manquer de civilité. » (« Les Canards sauvages ») ; ou encore : « Je comprends, tout s'explique / J'ai dû utiliser un stock de pneumatiques / Munis d'antidérapants » (« Le Trompeur imprudent et les escargots »).

FABLES de Gay [*Fables*]. Recueil de soixante-huit fables de l'écrivain anglais John Gay (1685-1732). Cinquante furent publiées en 1727, et dix-huit autres leur furent ajoutées dans le recueil de 1738. Les premières furent dédiées par l'auteur au jeune prince de Cumberland. Dans le dialogue qui sert d'introduction au recueil, le berger déclare au philosophe qu'il doit sa sagesse à la nature et à l'étude des animaux, bien plus qu'à une science toute livresque. On s'attendrait donc à ce que les fables qui vont suivre dérivent d'une observation spontanée de la nature plutôt que des connaissances livresques d'un homme de cabinet. En fait, l'auteur nous présente des récits très travaillés où les animaux dialoguent entre eux ou avec des hommes et discutent de toutes sortes de problèmes. Ce ne sont point ici de petites fables imitées d'Ésope et dont la morale s'exprime en quelques lignes. Au contraire, dans chaque poème l'auteur consacre de nombreux vers à la morale qu'il entend faire ressortir des plus infimes détails, ce qui rend ses anecdotes particulièrement lourdes. Gay attaque tous les vices, et entre autres l'avarice, l'abus de pouvoir et l'ambition. Dédiées chacune à un personnage différent (réel ou imaginaire), les *Fables* du second recueil sont considérablement plus longues que les premières. L'auteur s'adresse personnellement la septième pour faire savoir à tous qu'il s'estime satisfait de son sort et ne le changerait pas pour un empire, différent en cela du paysan qui n'apprit à aimer sa vie que lorsque Jupiter lui eut fait connaître les soucis des autres hommes. La dixième fable, dédiée à Swift, est une apologie de l'œuvre et des écrits de l'auteur. D'autres sont de caractère personnel, comme celle que Gay adresse à sa mère ou celles qu'il dédie à des amis. D'autres, au contraire, traitent de problèmes plus généraux, politiques ou sociaux. Ces dernières présentent les mêmes défauts que les premières ; la morale trop explicite nous en gâte la lecture. Il faut avouer toutefois que les *Fables* de Gay, loin d'être déplaisantes, ne manquent ni de beaux vers ni de profondes observations. — Trad. Duchesne, 1759.

FABLES d'Hygin [*Fabulae*]. Ces fables, ou plus exactement ces « légendes mythologiques », sont attribuées à l'écrivain latin Caius Julius Hyginus (vers 64 av. J.-C. – 17 ap. J.-C.), pédagogue et bibliothécaire d'Auguste. L'auteur a recueilli avec soin ces légendes qu'il a souvent remaniées en les destinant à un usage scolaire. Le recueil est un véritable manuel de mythologie. Il contient deux cent vingt-sept fables, issues de sources grecques très importantes pour la connaissance des variantes présentées par les légendes antiques et les mythes primitifs.

FABLES de Krylov [*Basni*]. Les *Fables* (1809-1843) du poète russe Ivan Andreïevitch Krylov (1769-1844) constituent un apport considérable à ce domaine littéraire, sans doute l'un des plus anciens. L'on y retrouve, certes, les « thèmes éternels » — ceux d'Ésope comme ceux de La Fontaine —, mais, chez le fabuliste russe, ces thèmes sont traités d'une façon originale et rigoureusement personnelle. Les textes abondent en allusions mordantes aux hommes et aux événements de l'époque, qui fut celle de Napoléon, d'Alexandre Ier et du congrès de Vienne. Si la morale de Krylov ne transcende guère le niveau du simple bon sens et de la « sagesse populaire », elle concorde toujours, dans la forme comme dans le fond, avec les aspirations profondes du peuple russe : elle reflète son esprit pondéré, tout comme son amour de la justice. Aussi le poète Joukovski a-t-il pu dire avec raison que Krylov « a révélé aux Russes leur âme ». La langue de ce fabuliste, bien que dénuée de cette élégance classique qui marque les œuvres de ses grands contemporains, est riche, plastique, puissante, et elle fleure bon le terroir. Si la plupart des *Fables* (dont le nombre total s'élève à environ deux cents) ne sont que des variantes magistrales sur des thèmes classiques (« Le Corbeau et le Renard », « Le Loup et l'Agneau », etc.), certaines traitent des thèmes originaux et spécifiquement russes, tels l'organisation administrative de l'Empire, les problèmes de l'éducation, les mœurs, etc. Ainsi, dans le « Quatuor », le fabuliste nous conte l'histoire de quatre animaux mélomanes : le singe, le bouc, l'âne et l'ours. Ces animaux voudraient former un orchestre et exécuter ensemble une symphonie ; mais, en dépit de tous leurs efforts, ils ne parviennent qu'à produire un charivari infernal. Les contemporains de Krylov y reconnurent une allusion, à peine déguisée, à la fameuse « Société des amis de la littérature russe », dont les quatre sections étaient toujours dressées l'une contre l'autre. Dans « La Soupe de Démian », le paysan de ce nom harcèle à un tel point son invité par des manifestations intempestives d'hospitalité, en le forçant à reprendre maintes fois de la soupe de poisson, que ce dernier finit par se sauver pour ne pas mourir d'indigestion. Les lecteurs avertis reconnaissaient dans ce Démian, verbeux et généreux à outrance, un des poètes les plus célèbres de cette époque. L'œuvre de Krylov a été traduite en vingt-deux langues. Il fut le premier écrivain russe de son temps à connaître une renommée mondiale. — Trad. Éd. du Progrès, 1973 ; Les Belles Lettres, 1978.

FABLES de Lachambeaudie. La première édition des *Fables* de l'écrivain français Pierre Lachambeaudie (1807-1872) est de 1839 ; celle de 1855 contient deux cent soixante-deux fables réparties en douze livres. Plus encore que chez Arnault et que chez Viennet, la passion politique l'emporte. L'œuvre de ce fils de paysan, natif du Périgord, dénote une pratique assidue des romantiques par le pittoresque des descriptions, le lyrisme des effusions, la recherche des images. Il n'en demeure pas moins que ces fables, ingénieuses parfois, sont pesantes et maniérées. Ces imperfections s'alourdissent pour qui n'est plus à même de ressentir la chaleur de conviction de ce panégyriste du peuple, vantant les « douceurs de l'ère égalitaire » et invitant à goûter les fruits du socialisme, « cet arbre gigantesque ».

FABLES de La Fontaine. Œuvre principale du poète français Jean de La Fontaine (1621-1695), qui se divise en douze livres : les six premiers (cent vingt-quatre fables) ont été publiés en 1668 sous le titre de *Fables choisies et mises en vers par M. de La Fontaine ;* huit fables parurent ensuite séparément en 1671 dans un volume de *Fables nouvelles et autres poésies,* puis furent reprises dans le second recueil qui compte quatre-vingt-neuf fables ; il comprend les livres VII à XI et parut en deux fois (les livres VII et VIII en 1678, les livres IX, X et XI en 1679) ; enfin le livre XII (vingt-cinq fables) ne vit le jour qu'en 1694, quelques mois avant la mort de l'auteur. Lorsque La Fontaine publia son premier recueil, en 1668 (à l'âge de quarante-sept ans donc), il avait donné diverses pièces de circonstance et les deux premiers recueils de ses *Contes* (*) ; ces derniers lui avaient valu la notoriété, mais avaient fait scandale. Le 31 mars 1668, il lançait ses *Fables choisies et mises en vers,* dans une édition luxueusement imprimée et illustrée de gravures du dessinateur Chauveau : l'œuvre eut un succès foudroyant, et il fallut faire une seconde édition la même année. La Fontaine explora alors d'autres genres, en particulier le roman mythologique avec *Psyché* (*), mais continua à utiliser celui de la fable pendant tout le reste de sa carrière, apparaissant de plus en plus comme le spécialiste français, et même mondial, de cette forme.

Les deux recueils présentent des tonalités un peu différentes, qui marquent l'évolution de La Fontaine à l'égard de ce genre. Le premier se place sous l'égide d'Ésope — v. *Fables ésopiques* (*) —, dont il contient, en tête, une *Vie.* Il est également marqué par l'héritage des autres fabulistes antiques, Phèdre — v. *Fables* (*) de Phèdre — et Babrius. Ces deux derniers avaient, avant lui, entrepris de développer la matière des apologues d'Ésope qui, chez celui-ci, se réduisent à des aphorismes moraux très brefs et secs. Le titre même du volume la fontainien indique comment il se situe dans la continuité littéraire de ce projet, puisqu'il annonce des *Fables choisies et mises en vers.* On peut alors se demander si l'ordre des différents livres dans le premier recueil correspond à une structure méthodiquement instaurée. Il est bien difficile de trancher sur ce sujet, comme d'ailleurs sur bon nombre des questions que suscite cette œuvre complexe.

Ce premier recueil est dédié à *Monseigneur le dauphin* (le « Grand Dauphin », fils de Louis XIV, avait alors sept ans) et l'Épître dédicatoire, à travers les éloges d'usage à l'intention du roi, annonce l'ouvrage comme destiné à instruire le prince tout en le divertissant : on retrouve là l'image traditionnelle du poète éducateur des souverains, associée à celle de la littérature dotée d'une fonctionnalité édifiante en même temps que d'une finalité de plaisir, ou plus exactement une esthétique où le plaisir est mis au service de l'édification. La Fontaine, dans son poème liminaire, réitère cette assertion tout en donnant une définition du genre qu'il pratique : « Tout parle en mon ouvrage, et même les poissons. / Ce qu'ils disent s'adresse à tous tant que nous sommes. / Je me sers d'animaux pour instruire les hommes. » La définition du genre est plus détaillée dans la Préface proprement dite. Elle expose brièvement l'histoire de la fable, explicite son projet (rendre quelques fables antiques « nouvelles par quelques traits qui en relèvent le goût ») et décrit ainsi le genre de l'apologue : l'apologue est composé de deux parties, dont on peut appeler l'une le corps et l'autre l'âme. Le corps est la fable, l'âme la moralité. Le livre I contient vingt-deux fables qui sont parmi les plus généralement connues, et dont les moralités sont aussi nettes que de large extension : « La Cigale et la Fourmi », « Le Corbeau et le Renard », « La Grenouille qui veut se faire aussi grosse que le bœuf », « La Besace », « L'Hirondelle et les Petits Oiseaux », « Le Rat des villes et le Rat des champs », « Le Loup et l'Agneau », « La Mort et le Bûcheron », « Le Renard et la Cigogne », « Le Chêne et le Roseau »...

Le livre II (vingt-deux fables aussi) s'ouvre par un texte qui est à nouveau une définition du genre et une défense des options esthétiques du poète : *Contre ceux qui ont le goût difficile.* Il s'y justifie d'avoir adopté un genre considéré comme mineur : il pourrait sans doute écrire plutôt des églogues ou des épopées, mais les « difficiles » ne lui en sauraient pas davantage gré : « Les délicats sont malheureux : / Rien ne saurait les satisfaire. » Parmi les fables qui composent ce livre II, nombre sont très connues également : « Le Lion et le Moucheron », « L'Astrologue qui se laisse tomber dans un puits », « Le Lièvre et les Grenouilles »... Il ne semble donc pas possible de distinguer un axe thématique qui opposerait le livre II au livre I, pas plus qu'une spécificité formelle ayant même fonction. On remarque, en revanche, que le livre III s'ouvre sur une fable dédiée à Maucroix, ami de jeunesse de La Fontaine : « Le Meunier, son Fils et l'Âne ». De sorte que chaque début de section offre un poème d'inspiration « moderne », c'est-à-dire où l'invention propre de La Fontaine se laisse libre cours au lieu de reprendre une fable de la tradition antique. Suivent (sur un total de vingt fables), notamment : « Les Membres et l'Estomac », « Le Loup devenu berger », « Les Grenouilles qui demandent un roi », « Le Lion devenu vieux »... Le livre IV (vingt-deux fables) s'ouvre sur « Le Lion amoureux », dédié à Mlle de Sévigné (fille de l'épistolière), présentée comme une « belle indifférente » : même procédé, donc, que pour les précédents. On trouve là « Le Jardinier et son seigneur », « L'Âne et le Petit Chien », « Le Geai paré des plumes du paon »... L'ensemble est peut-être plus moderne que les autres livres, avec une part plus grande faite à une satire sociale plus directe ; mais ce n'est qu'un trait tendanciel, non une méthode de répartition des fables.

Au début du livre V (vingt et une fables), « Le Bûcheron et Mercure » est dédié au duc de Bouillon et constitue une nouvelle justification de la conception la fontainienne du genre de l'apologue. Suivent « Le Pot de terre et le Pot de fer », « Le Laboureur et ses enfants », « La Poule aux œufs d'or »... Le livre VI commence par une fable singulière parce qu'elle est « double » : « Le Pâtre et le Lion » et « Le Lion et le Chasseur » ; là encore, le poète revient sur le genre, son esthétique et ses techniques : « Une morale nue apporte de l'ennui ; / Le conte fait passer le précepte avec lui. » Ce livre contient notamment « Le Cocher, le Chat et le Souriceau », « Le Lièvre et la Tortue », ou encore (dernière pièce du recueil) « La Jeune Veuve », qui n'est pas tant une fable qu'une moralité illustrée en forme de petite nouvelle. Vient enfin un épilogue, adressé au lecteur qui justifie la fin du volume par la seule crainte de ne pas bien assumer un long ouvrage, et l'annonce des publications suivantes, dans d'autres genres (signe que la dédicace contenait une bonne part de convention).

Le second recueil est précédé d'un Avertissement qui relève de la procédure d'entame observée dans le premier : La Fontaine y annonce au lecteur qu'il va trouver à ces fables un air et un tour un peu différents de ceux qu'[il] a donnés aux premières. Il souligne que sa source d'inspiration a changé, et qu'au lieu d'Ésope, il s'est tourné cette fois vers l'Indien Pilpay. Deux traductions en étaient parues, l'une en 1644, l'autre en 1666. À l'inverse d'Ésope, adepte de l'apologue sec et ramassé, les fables orientales s'organisent en textes complexes. L'enrichissement que La Fontaine avait apporté au modèle ésopique donne à penser que ce modèle oriental lui convenait mieux ; mais on peut aussi estimer que s'il se place sous l'égide de Pilpay, c'est (outre le soin de se renouveler et l'attention à une mode qui dans les années 1670 « orientalise » volontiers) pour trouver des garants à sa propre inclination, qui va vers des récits sans cesse plus développés et dramatisés. Suit une dédicace à Mme de Montespan qui était à cette date sa protectrice à la Cour.

Le livre VII (dix-huit fables) montre cependant tout de suite que La Fontaine n'a pas totalement abandonné la source ésopique : la fable 9, « Le Coche et la Mouche », s'en inspire. Mais ce livre, qui s'ouvre par « Les Animaux malades de la peste », contient aussi des inventions originales de La Fontaine : « Le

Rat qui s'est retiré du monde » fait allusion à l'actualité ; « Le Héron-La fille » développe le schéma des fables doubles. On trouve également là : « La Laitière et le pot au lait », « L'Homme qui court après la fortune et l'Homme qui l'attend dans son lit », « Le Chat, la Belette et le Petit Lapin »...

Le livre VIII contient vingt-sept fables, dont « Le Pouvoir des fables », nouvelle réflexion sur le genre et la manière de la pratiquer, qui culmine par l'évocation célèbre : « Si Peau d'Âne m'était conté, j'y prendrais un plaisir extrême. / Le monde est vieux dit-on : je le crois ; cependant / Il le faut amuser encore comme un enfant. » On y trouve également des inventions « modernes » de La Fontaine, où il s'éloigne du modèle traditionnel de l'apologue : « Les Deux Amis », « Tircis et Amarante ». Figurent aussi dans ce même livre : « La Mort et le Mourant », « Le Savetier et le Financier », « Les Obsèques de la lionne »... La « modernité » (au sens indiqué plus haut) est encore sensible dans le livre IX, avec « Les Deux Pigeons », « Le Gland et la Citrouille », et « L'Huître et les Plaideurs » de tradition rabelaisienne et que Boileau avait déjà utilisée, enfin par le premier *Discours à Mme de La Sablière* (*). Même tendance au livre X (quatorze fables) avec « Les Lapins », qu'accompagne un *Discours à M. de La Rochefoucauld,* qui est encore une réflexion littéraire. Et au livre XI, dédiée au duc du Maine (fils de Louis XIV et de Mme de Montespan, alors âgé de neuf ans), la fable « Les Dieux voulant instruire un fils de Jupiter » complète cet ensemble ; voisinent avec cela des fables plus traditionnelles, comme « Le Loup et le Renard », ou bien des thèmes traditionnels renouvelés par l'usage d'allusions à l'actualité, comme « Le Paysan du Danube ». Le livre XII, enfin, rassemble des pièces éparses : il est dédié au duc de Bourgogne, petit-fils de Louis XIV, et se termine par un poème mythologique qui s'écarte du schéma de la fable proprement dite : « Philémon et Baucis ».

La fable est un genre qui suppose beaucoup de liberté : aussi il n'y a rien d'étonnant en ce que La Fontaine n'ait pas constitué ses recueils, et leurs différents livres, selon un ordre précis. En revanche, comme on l'a souligné plus haut, il revient constamment sur les questions soulevées par la définition du genre et par son statut, en même temps qu'il évolue vers une facture de plus en plus personnelle de ces poèmes. La manière dont, au fil même de son évolution, il a mis à profit cette liberté du genre est un trait caractéristique de l'œuvre. C'est aussi que l'apologue n'était pas tenu pour un des genres majeurs, n'avait pas place dans les arts poétiques inspirés d'Aristote, et, en France, ne comptait guère de grands modèles reconnus. Outre la source ésopique, et Phèdre, La Fontaine pouvait se prévaloir de l'exemple d'Horace, qui avait employé des apologues dans ses *Satires* et ses *Épîtres*. — v. *Épîtres* et *Satires* (*) d'Horace. Mais bien autant que des Anciens et de Pilpay, il a pu tirer parti d'une tradition européenne, médiévale et renaissante, comme il l'avait déjà fait pour ses *Contes*. Les *Fables* doivent beaucoup aux *Fabliaux* (*), ainsi qu'au *Roman de Renart* (*), qui fournit la base de la nomenclature des caractères attribués aux animaux, et donc de la fonction représentative de traits humains universels dévolue à ceux-ci, et à l'*Ysopet* (*) de Marie de France. Mais il emprunte davantage encore à des auteurs du XVIe siècle. Celui-ci avait vu des auteurs de grande notoriété employer la fable à l'occasion, comme Marot dans son *Épître à Lyon,* — v. *Poésies* (*) de Clément Marot — et Bonaventure Des Périers, dont la *Comparaison des alchimistes avec la bonne femme qui portait une potée de lait au marché* — v. *Les Nouvelles Récréations et Joyeux Devis* (*) — lui fournit le modèle de « La Laitière et le Pot au lait », ou encore Régnier. Mais La Fontaine utilise plus encore les fables en prose latine de l'Italien Abstémius et du Français Gilbert Cousin, ainsi que les fables en vers latins de l'Italien Faërne, et surtout de fabulistes français Guillaume Haudent, auteur des *Trois cent six apologues d'Ésope* et Gilles Corrozet, auteur des *Fables du très ancien Ésope Phrygien, premièrement écrites en vers et depuis mises en vers français* (1542). Il doit beaucoup, et peut-être plus qu'aux précédents, à l'art de l'emblème, notamment aux *Emblèmes* de Guillaume Guéroult (1550). À cela s'ajoute l'influence de Rabelais, dont l'écho au XVIIe siècle est, en général, bien plus grand que ne l'ont cru longtemps les historiens, que les écrivains d'alors ne l'ont avoué, et que La Fontaine, comme la veine des *Contes* en témoigne, connaissait à coup sûr fort bien. Reste que cette tradition, pour vivante et dynamique qu'elle fût, n'avait donné aucun ouvrage considéré comme de premier plan, et qui eût imposé un modèle précisément défini. Ce qui procure à La Fontaine plusieurs avantages. D'une part, il dispose d'une matière abondante chez ses prédécesseurs (et de fait il n'invente que très peu les sujets de ses fables), mais d'autre part, il conserve une grande liberté dans la façon de les traiter ; en second lieu, il peut faire usage de toutes sortes de sources sans pour autant, en l'absence d'un grand maître moderne du genre, qu'il paraisse s'éloigner des Anciens : ce qui lui permet, dans le climat esthétique de son époque, de se présenter comme un adepte de l'imitation de l'Antiquité que tous les théoriciens recommandaient jusqu'à la querelle des Anciens et des Modernes. C'est dans le contexte de celle-ci d'ailleurs qu'il exposa, en 1687, dans son « Épître à Huet », sa conception d'une imitation libre, qui se nourrit des Anciens et les modernise en même temps : « Mon imitation n'est pas un esclavage. / Je ne prends que l'idée et les tours et les lois / Que nos maîtres suivaient eux-mêmes autrefois. / Si d'ailleurs quelque endroit, plein chez eux d'excellence, / Peut entrer dans mes vers sans nulle violence / Je l'y transporte et veux qu'il n'ait rien d'affecté, / Tâchant de rendre mien cet air d'antiquité. » Deux exemples peuvent illustrer suffisamment la façon dont il réorganise les matériaux fournis par ses sources. Le premier sera celui de « La Besace », et éclaire sa liberté à l'égard des Anciens. Le sujet vient d'Ésope, qui le traite en peu de mots sous le titre « Les Défauts des hommes » : « Jupiter nous a donné deux besaces. Il nous a mis sur le dos celle qui contient nos défauts et il a suspendu sur notre poitrine celle qui est lourde des vices d'autrui. » Ce texte est repris quasi mot pour mot à la fin de la fable la fontainienne ; mais celle-ci se construit d'abord par une anecdote abondamment illustrée, avec une galerie de portraits théâtralisés : le singe, l'ours, la fourmi, l'éléphant défilent pour se déclarer très contents d'eux et se moquer des défauts d'autrui. De la sorte s'accomplit une réécriture par amplification, qui fait que d'une « moralité » laconique, à peine imagée (la besace fait image, mais ne procure pas plus de sens que l'autre forme proverbiale de la même moralité, « La Paille et la Poutre »), on passe à un tableau animé et riche d'effets comiques : le ridicule, qui est le cœur même de la leçon, n'est plus dans l'idée, mais il se diffuse dant toute la forme du texte, ce qui le rend bien plus perceptible et efficace. La Fontaine peut donc ainsi à bon droit se réclamer d'Ésope et, conformément à ce qu'il affirme dans l'« Épître à Huet », faire entrer les mots mêmes de celui-ci dans son poème, mais, en fait, l'essentiel du texte (en volume comme en effets produits sur le lecteur) tient à son invention propre, à ce qui relève du libre cours donné à son imaginaire à partir de l'idée de base trouvée chez le fabuliste antique. Deuxième exemple, mais qui est d'orientation inverse : « La Laitière et le Pot au lait » ; ce cas permet de voir comment La Fontaine peut aussi bien élaguer, alléger, un modèle oriental pour le rendre plus conforme à ce que l'idéal esthétique nourri de l'Antiquité imposait de souci de sobriété. Le thème du rêveur mégalomane est universel, ou à peu près. Il en existe des versions indiennes et persanes. Le schéma de la fable est toujours le même : un personnage ambitieux s'imagine, à partir d'un mince atout, construire des succès démesurés et, quand il parvient dans son rêve au faîte de la puissance, il brise par sa maladresse ou sa bêtise l'objet qui lui avait servi de point de départ. Ce personnage n'est d'ailleurs pas forcément une laitière : une des illustrations du thème se trouve chez Rabelais, avec les projets délirants de Picrochole qui se voit, à partir d'une querelle de hobereaux, en conquérant du monde... Le schéma se précise au fil du temps, et le personnage de la laitière y prend place, avec Jacques de Vitry en France (XIIIe siècle) et Nicolas de Pergame jusqu'au XVIe siècle où Bonaventure Des Périers l'emploie dans sa *Comparaison des alchimistes...* ; dans tous les cas, le récit est lourd, encombré, d'application mécanique. La Fontaine, en le reprenant, le simplifie, le réduit à une petite scène instantanée, sans comparaison méthodique, se contentant de suggérer une valeur apologétique d'ordre universel (« Quel esprit ne bat la campagne ? / Qui ne fait des châteaux en Espagne ?... »).

Cette recherche d'un équilibre entre la sobriété et l'animation du récit est caractéristique de la façon dont La Fontaine conçoit la fable ; lui-même a eu des formules diverses et diversement accentuées, insistant tantôt sur la portée morale, sur l'« idée » (« Et conter pour conter me semble peu d'affaire »), tantôt sur l'agrément du récit (« Contons, mais contons bien ») : mais l'essentiel reste bien que la fable est avant tout un « art de la manière ». De fait, les leçons morales proposées là ne sont guère autres que celles des adages du monde, et leur répertoire ne serait pas d'un grand art pour un poète. Tout réside donc dans la façon de les mettre en forme pour les rendre attractives, en fonction d'une culture et d'un goût. Art de la manière, les *Fables* ont pu être considérées à juste titre comme une sorte de résumé de tous les genres littéraires possibles. Cette formule est traditionnelle à propos de La Fontaine : il ne faut pas la surestimer : quel genre littéraire ne peut inclure des fragments relevant d'un autre ?... Mais il ne faut pas non plus la sous-estimer : ses recueils de fables offrent en effet des abrégés de beaucoup, sinon tous, les genres et les registres possibles. On y trouve des contes (« La Jeune Veuve »), des discours (« Le Paysan du Danube »), des idylles (« Philémon et Baucis ») aussi bien que des dissertations critiques (voir ci-dessus les textes introductifs des différents livres et leur caractère d'auto-analyse littéraire, ou « Le Pouvoir des fables »...), et surtout, on y trouve un condensé de l'art théâtral. Ce trait avait été remarqué très tôt par les critiques et historiens de la littérature, tel l'abbé Batteux qui, dans son *Manuel de Belles Lettres* de 1747, donne une analyse du « Chêne et le Roseau » tout axée sur l'observation des procédés de dramatisation (dialogue, événements...). Mais avant tout ce trait avait été revendiqué par La Fontaine lui-même, définissant ses *Fables,* en tête du premier recueil, comme « une comédie en cent actes divers / Et dont la scène est l'univers... »

C'est dans cette perspective que la lecture des *Fables* s'enrichit, soit pour l'effet qu'elle produit, soit pour les analyses qu'elle permet. Et s'agissant de dramatiser et théâtraliser, trois caractéristiques principales sont à observer : la gestion du récit, les effets visuels, et la conduite du dialogue. La fable est récit, ce qui suppose qu'elle prenne en charge les effets d'attente, de surprise ou de suspens. Le suspens y est rare, dans le principe : thème traditionnel et moralité attendue font qu'on prévoit le plus souvent le dénouement. La

Fontaine joue de cette contrainte. Tantôt il l'exhibe en plaçant la moralité en tête et en soulignant l'attente du récit qui va être un récit... sans inattendu : « La raison du plus fort est toujours la meilleure... / Nous l'allons montrer tout à l'heure » et l'histoire se termine « sans autre forme de procès » (« Le Loup et l'Agneau »). Tantôt, au contraire, il débute sans préambule, comme « in medias res ». « Le chêne un jour dit au roseau... » ; il n'y a même plus alors de présentation minimale des personnages en présence : leurs propos la prendront en charge ; et à la limite, il n'y a plus de « moralité » : le récit se suffit à lui-même. Les formules varient, mais la forme fondamentale subsiste : le texte montre comment le récit est géré, tire l'attention du lecteur vers l'enchaînement narratif plus que vers la leçon à en retenir. À déplacer ainsi le point d'application de la mémorisation, il ne peut que donner un effet supplémentaire.

Le deuxième problème de la dramatisation est celui de l'effet visuel : car l'on reste dans le cadre d'un genre narratif, diégétique et non mimétique, et l'imaginaire du lecteur doit donner forme et présence aux personnages. À cet égard, deux procédés sont essentiels chez La Fontaine. Le premier est l'utilisation d'un bestiaire traditionnel ; cela lui permet en effet de camper des personnages et des situations en peu de mots, les protagonistes étant immédiatement identifiés par leur simple nomination. On voit là le bénéfice de ce qui reste une de ses trouvailles majeures : la fusion qu'il a opérée entre le modèle de la « moralité » ésopique et la tradition du bestiaire prise dans le *Roman de Renart* (*). Le deuxième procédé est celui de la description « a minima » : il consiste à réduire la représentation, lorsqu'elle est nécessaire, à un trait, stylisation ou caricature, qui permet une visualisation imaginaire suffisante. Tel est le « héron au long bec emmanché d'un long cou... ». C'est la simplicité du trait qui frappe, non sa précision, ni son détail, encore moins sa couleur (La Fontaine emploie peu d'adjectifs de couleurs). Ce point appelle une remarque sur une légende : on a voulu voir en La Fontaine un observateur minutieux de la vie des bêtes, que ses fonctions de maître des eaux et forêts de Château-Thierry auraient mis à même de faire un travail de zoologue... ; il est évident qu'il n'y a rien de scientifique, et pas même un souci de réalisme dans ses croquis : il utilise les animaux pour animer ses récits de façon plus condensée que ne le permettent les personnages humains, mais il ne s'intéresse pas à la nature pour elle-même... Troisième procédé majeur : le dialogue. On parle beaucoup dans les *Fables,* et « même les poissons », comme il le souligne lui-même ; et on y parle même lorsque ce ne serait pas, en toute rigueur de la logique narrative, indispensable. Mais c'est que le dialogue fait passer du récit diégétique au mimétique, qui est, hors du théâtre, le moyen de la théâtralité maximale. Et il faut accorder à cet art du dialogue toute l'attention qu'il requiert.

On trouve dans les *Fables* toutes les formes de l'éloquence, du discours composé et authentique (dans « Le Paysan du Danube » par exemple) aux effets cocasses de l'épidictique d'autosatisfaction (les propos du chêne dans « Le Chêne et le Roseau ») ou de flagornerie (le renard dans « Le Corbeau et le Renard »), en passant par la brièveté cinglante des répliques ironiques (la réponse de la fourmi dans « La Cigale et la Fourmi »). Aussi, bien plus que par leur description, toujours réduite au minimum, les acteurs des apologues sont caractérisés par leur façon de parler. Et en cela, La Fontaine est en accord avec les compétences, les attentes et les goûts du public mondain de son époque : l'art de la conversation y faisait le fleuron distinctif de la vie des salons. La Fontaine a sans doute fréquenté les conférences de l'Académie des orateurs, organisée par Richesource dans le début des années 1660, où l'on débattait en pour et contre sur des questions de morale générale ; il a, à coup sûr, fréquenté des salons parmi les plus brillants de son temps, celui de Mme Fouquet ou celui de Mme de La Sablière, et d'autres moins huppés (comme celui de Mlle Vitart, où il rencontra Racine) : la mise en écrits versifiés de ces deux sources contemporaines, de ces modèles de l'éloquence mondaine, est un apport décisif à son art de la fable. On ne saurait parler d'une psychologie fouillée dans cette œuvre : chaque acteur y est nanti d'un trait dominant, et de bien peu de contradictions ou d'éléments d'évolution ; ce sont des « caractères » au sens que ce terme a chez La Bruyère, des types de comportement, non des illusions figuratives de la complexité du réel. Mais par le travail minutieux des façons de s'exprimer, ils deviennent représentatifs de traits de mœurs qui peuvent prétendre à l'universalité.

Là se mesure une propriété de la création la fontainienne, souvent ignorée ou sous-estimée par ses historiens et exégètes, mais que l'on commence aujourd'hui à évaluer avec plus de précision : l'influence de l'« esthétique galante ». Celle-ci se développa dans l'entourage de Mlle de Scudéry et de Pellisson, dans le cercle des protégés de Fouquet dont La Fontaine fit partie, et ses effets s'étendent bien au-delà, dans le monde littéraire et dans le temps. Dans la théorisation qu'en a donné Pellisson, l'accent est mis sur deux points principaux. Le rôle de l'écrivain y est défini comme celui d'un « philosophe », c'est-à-dire d'un homme qui invite ses semblables à découvrir et à aimer une sagesse avant tout pragmatique, en mettant à profit la culture riche dont il s'est doté ; et de ce point de vue, la culture qui les sous-tend étant d'une extrême richesse, les *Fables* correspondent très précisément à un tel projet. Le second point essentiel concerne les enjeux proprement stylistiques. Pellisson faisait l'éloge du « style moyen » qui peut, sans rupture de ton, s'abaisser à traiter des petites choses ou s'élever jusqu'aux grandes. Les *Fables* en sont un accomplissement, confinant au burlesque d'un côté et touchant aux questions politiques les plus ardues de l'autre : citons, comme exemple qui résume la fusion de ces extrêmes, « Les Grenouilles qui demandent un roi », ou encore, d'une tonalité un peu différente, « Le Songe d'un habitant du Mogol ». Le style de La Fontaine apparaît là comme celui d'une variété calculée.

Parmi les écrivains de son temps, il est un de ceux qui ont le vocabulaire le plus diversifié. Mettant à profit les libertés que le genre mineur qu'est la fable autorise, il n'hésite pas à employer des mots des jargons de métiers, ou des termes vieillis, des expressions populaires ou des provincialismes, aussi bien que des mots abstraits du registre le plus relevé. « Fromage », « soliveau » ou « baudet » ont droit de cité dans ses vers, et non par métaphores, aussi bien que « roi », « deuil » ou « État »... Et l'alliage se fait dans les mêmes poèmes, voire dans les mêmes vers, portant à un point culminant l'effet de variété. Lequel se retrouve dans la facture de la versification. La Fontaine est un héritier de Marot, mais un héritier qui a encore augmenté la liberté rythmique illustrée par le poète renaissant. D'une part, il utilise volontiers l'alexandrin, et sait en composer les cadences fortement marquées ; mais d'autre part, il use tout aussi volontiers de vers courts (notamment de l'octosyllabe) et en particulier n'hésite pas à employer des vers impairs. Surtout, il saute des uns aux autres, les associant dans une même strophe. Par-delà Marot, c'est la technique des Grands Rhétoriqueurs qui trouve là un écho. Et la conjonction de la variété des rythmes avec celle de la variété des termes lui permet d'élaborer les formules au pouvoir fortement évocateur qui tracent d'un trait le contour d'un personnage ; ou qui transfèrent les effets de surprise que ne peut avoir le déroulement du récit sur des effets de surprise rythmique qui crée l'effet de sens : il suffit d'un exemple pour le résumer, comme celui des assonances et des rimes soulignées par le rythme dans une phrase comme « ... il m'est quelquefois arrivé / de manger / le berger »...

Du point de vue de son art, La Fontaine est pleinement de son temps : mais en poussant aussi loin qu'il était possible les recherches de la variété prônée par l'esthétique galante, il propose des textes qui échappent au seul cadre de son temps, qui sollicitent la curiosité des lecteurs d'autres temps. Il est aussi pleinement de son temps pour ce qui regarde la portée des *Fables*. Non qu'il faille y voir une sorte de satire directe de son époque, et imaginer qu'une lecture « à clefs » serait pertinente. Le lion-roi-des-animaux n'est pas une figuration de Louis XIV. D'ailleurs, le personnage du lion, comme tous les autres, n'est pas réduit à un seul rôle constant : ce roi des animaux est tantôt épais, brutal, injuste, tyrannique (« Les Animaux malades de la peste »), tantôt sage et généreux (« Le Lion et le Rat ») ; de même, les tours du renard sont parfois exposés de façon à mettre les rieurs de son côté, parfois à son désavantage ; ou encore, la tortue est présentée sous un jour positif quand elle triomphe du lièvre, et sous un jour négatif quand, obsédée par le désir de voyager, elle se fie aux deux canards pour la véhiculer dans les airs, etc. L'effet satirique est autre. Il s'appuie sur une vision de la société de son temps, et de l'échelle sociale, depuis les degrés le plus défavorisés (paysans, bûcherons : « Quel plaisir a-t-il eu depuis qu'il est au monde ?... / Point de pain quelquefois et jamais de repos » « La Mort et le Bûcheron ») jusqu'aux plus élevés (aristocrates et rois). Il s'appuie à l'occasion sur des allusions à l'actualité politique (« La Ligue des rats »). Mais les critiques qu'il formule sont d'ordre traditionnel, qu'il s'agisse des déboires du paysan qui fait appel à son seigneur pour détruire le gibier qui menace ses récoltes et voit celles-ci encore plus détruites par la chasse seigneuriale, ou qu'il s'agisse de la très récurrente attaque contre les flatteurs et mauvais conseillers qui entourent les monarques (sur ces cas, voir « Le Jardinier et son seigneur », « Le Marchand, le Gentilhomme », « Le Pâtre et le fils de roi » et « Les Animaux malades de la peste »)... Il y a une politique de La Fontaine, qui semble bien se définir par le vœu d'un équilibre de type patriarcal où le détenteur du pouvoir exercerait celui-ci d'une façon effectivement paternelle : cet équilibre est assez précisément décrit dans « Les Membres et l'Estomac ». La critique est donc bien présente chez lui, mais elle n'y résonne pas de façon révolutionnaire.

Tout aussi sensible est la critique des erreurs dues aux superstitions, comme dans « L'Horoscope ». Il y a une philosophie de La Fontaine : il connaît l'œuvre de Descartes, sans y adhérer totalement, il connaît aussi les philosophes « libertins » et il n'ignore pas l'épicurisme rénové par Gassendi. Mais il est à la fois conformiste (à l'égard des doctrines de son temps) et progressiste : il est partisan du progrès des sciences (voir « Le Gland et la Citrouille »). Dans l'ensemble, cependant, le pessimisme domine : les travers qu'il croque, il les traite comme si leur correction était, en fin de compte, une entreprise sans cesse à reprendre ; il ne semble guère croire au progrès de l'homme. Cela se manifeste notamment dès qu'il est question d'amour-propre (« La Besace ») ou, tout court, d'amour (« Les Deux Pigeons », « La Jeune Veuve »). Mais, assurant la synthèse de ses recherches stylistiques et transcendant son pessimisme, le La Fontaine qui dessine son image dans les *Fables* est avant tout un poète d'humour. Le rire y est partout présent, fût-ce dans les sujets les plus graves, et le comique multiforme. Les romantiques ont peu apprécié cette morale de la dérision de tout, depuis le précurseur Rousseau, qui dans

L'Émile (*) interdit la lecture des *Fables*, jusqu'à Lamartine qui y voyait une morale égoïste. C'est que le rire y nimbe même les émotions, met à distance tous les sujets comme tous les objets. Et il est certain que l'usage scolaire qui a longtemps été fait des *Fables*, données à apprendre aux jeunes écoliers comme « récitations » en même temps que leçons de morale en obviait et minimisait les significations. De nos jours, une grande part des références implicites à l'esthétique galante qu'elles contiennent, comme une part tout aussi grande des allusions culturelles multiples dont elles sont tissées, ne sont plus guère perceptibles, et en tout cas pas à la première lecture. En revanche, l'art du style et l'humour restent des voies d'accès pour le lecteur : à partir de quoi, il pourra découvrir que cette œuvre apparemment simple est des plus complexes et des plus denses qui soient. La conservation scolaire des *Fables* s'est fondée en partie sur un malentendu, mais la consécration et la conservation générale de cette œuvre reposent, bien plus solidement, sur les multiples strates de sens dont elle se compose, et qui sollicitent et solliciteront encore lectures et interprétations. A. Vi.

FABLES de Lamotte-Houdar. Les fables du poète et dramaturge français Antoine Houdar de La Motte, connu sous le nom de Lamotte-Houdar (1672-1731), ont été publiées en 1719. Dans une forme imitée de La Fontaine, mais qui lui reste très inférieure, ce fabuliste laisse une œuvre que l'on peut encore nommer à côté de celle d'un Le Noble, le plus intéressant continuateur du maître, et d'un Florian. À l'instar de La Fontaine, il adopte tous les tons, mais, pour le fond, il s'en sépare, et son indépendance devient absolue. Dans la traditionnelle querelle, les Modernes l'emportent, les Anciens capitulent ; Fénelon et Furetière faisaient, alors, figures d'exception. Les vieux sujets sont abandonnés. Délaissant les Grecs et les Latins, on se familiarise avec les Anglais, les Italiens, les Espagnols, et l'impulsion de Lamotte fut ici déterminante. Le poète est médiocre, l'homme a de l'esprit. S'il est aujourd'hui injustement déchu, il convient de rappeler qu'il donna le ton avec Fontenelle aux écrivains de cette époque de transition. Tous deux affichaient leurs tendances scientifiques, ce qui ne les empêchait pas de soutenir des paradoxes littéraires. Lamotte condamnait le vers au nom de la logique, il prêchait le culte des idées abstraites et de la raison et, dans un *Discours sur la fable*, qui ne fut pas sans effets, il définit prétentieusement l'apologue : « une instruction déguisée sous l'allégorie d'une action ». À l'appui de cette théorie, il publia ses *Fables nouvelles* que Fontenelle comparait à celles de La Fontaine. En fait, l'attrait du moderne et celui de la vérité nouvelle recelaient, parfois, sous les apparences d'un ton nouveau, des sujets fort anciens. Quoi qu'il en soit, la rigueur scientifique nuit à ses apologues ; ses morales sont judicieuses, claires, heureusement exprimées, mais cela tient de la démonstration géométrique. Le sentiment est rare, la logique froide, la couleur pâle, l'allure compassée. Certains vers de lui firent fortune, tel celui-ci : « L'ennui naquit un jour de l'uniformité. » Si l'esprit suffisait, ses *Fables* seraient une réussite. Mais la poésie condamna ce contempteur de la poésie, et la postérité cruelle en vint à oublier la considérable influence qu'il exerça sur l'évolution du genre.

FABLES de Lessing [*Fabeln : Drei Bücher, Nebst Abhandlungen*]. Fables du poète et critique allemand Gotthold Ephraïm Lessing (1729-1781), publiées en 1753. Expliquant dans la préface la genèse de ses *Fables*, il déclare avoir pris La Fontaine comme modèle durant quelque temps, et l'avoir abandonné ensuite, l'estimant « hors de la bonne voie », pour suivre Ésope, « maître de style », qui a compris l'essence de la fable, alors que le poète français n'en a compris que « le contenu ». Il renvoie ensuite le lecteur aux Appendices où, en plusieurs chapitres intéressants, il définit la fable, y distinguant la « simple fable », née d'un fait inventé pour affirmer une vérité générale, et la « fable complexe », qui part d'une donnée réelle ou vraisemblable, mais où le fait particulier, qu'il soit vrai ou imaginaire, doit toujours être représenté comme s'il était véritable. L'emploi des animaux dans la fable provient, selon Lessing, de leur caractère typique courant, dépourvu de toute personnalité, et n'est pas déterminé par une volonté de porter l'action dans le domaine du merveilleux, comme l'entendait Breitinger. Par leur fixité de traits, les animaux sont aptes à ramener l'esprit sur des vérités générales. De plus, Lessing divise les fables en « directes » et « indirectes », en « morales » et « rationnelles » et les morales en « mythiques » et « hyperphysiques » selon les personnages qui y agissent, et qui ne sont pas toujours des animaux, mais peuvent être aussi des hommes ou des personnages mythiques, et donc exprimer de manières diverses l'intention morale. Les premières fables, celles d'inspiration française, étaient en vers et avaient été publiées en 1747 sous le titre de *Fables rimées et récits* [*Gereimte Fabeln und Erzählungen*] ; six seulement d'entre elles furent transformées en prose par Lessing, qui les republia en 1759. Les fables en prose sont les plus connues ; certaines sont originales, d'autres empruntées à des auteurs classiques, toutes fort brèves. En un style concis très efficace, elles touchent tous les genres énumérés plus haut, conservant toujours le caractère établi, et surtout usant d'une langue si limpide que leur lecture est une joie. On peut dire qu'elles ont fixé le modèle de la fable dans la littérature allemande. — Trad. Hachette, 1900.

FABLES de Phèdre [*Fabulae*]. Ces fables, au nombre de cent vingt et une, sont parvenues jusqu'à nous réparties en cinq livres et un appendice contenant ce que l'on a appelé les « Nouvelles Fables ». Écrites à l'imitation des *Fables ésopiques* (*), elles représentent la première tentative systématique d'un recueil de fables latines composées en sénaires ïambiques. D'abord esclave d'Auguste, puis affranchi, le poète latin Phèdre (15 av. J.-C.-50 apr. J.-C.) ne pouvait exprimer son jugement autrement que par allégories, parce qu'« il n'était pas permis à un plébéien de parler de l'État » ; c'est pourquoi, dans l'appréciation morale des vicissitudes politiques et sociales de son siècle, Phèdre garda le complexe d'infériorité dû à son origine. C'est ainsi que naquirent ces petites fables d'animaux parlants, qui illustrent, à leur manière, la vie de la Rome impériale, ou la vie même du poète. Le premier livre (Prologue et 31 fables) fut écrit dans les années qui suivirent la mort d'Auguste. L'avènement de Tibère favorisait toute une tourbe de voleurs, d'espions et de prévaricateurs, dont le peuple romain fut la victime ; celui-ci fut figuré soit par ces grenouilles (II) qui, après avoir demandé au soleil un roi qui ne fût pas un soliveau, reçurent un affreux serpent ; soit par cet âne (XV) qui, pour avoir changé de maître, n'eut pas pour autant à supporter un bât plus léger. Cependant les plus forts opprimaient les innocents : le loup (I) cherchait un prétexte quelconque pour mettre en pièces l'agneau ; le lion (V), ayant formé une société avec d'autres animaux, finissait par s'approprier la part de chacun. Les sots, les ambitieux, les avares étaient plus malheureux que les méchants qui restaient impunis ; le geai (III), s'étant paré des plumes du paon, était repoussé par ses compagnons ; le chien (IV), qui, en portant un morceau de viande, voit sa propre image réfléchie dans l'eau, veut mordre et perd sa proie. Le deuxième livre (Prologue, 8 fables et Épilogue), publié un peu plus tard, reflète les conditions dans lesquelles se trouvait Rome pendant la retraite de Tibère à Capri (26-29 apr. J.-C.), tandis que le favori Séjan administrait l'État en vrai despote : la modestie n'était plus récompensée, les avides s'enrichissaient, les humbles croupissaient dans la misère (I), le succès fascinait les méchants et leur donnait de l'audace (III) ; à la force partout s'ajoutait la ruse (VI). La tristesse des temps portait Phèdre à se départir de sa prudence : à raconter par exemple cette anecdote concernant Tibère (V) qui, après avoir vu, à Misène, un de ses portiers déployer une grande activité toutes les fois qu'il passait devant lui, l'appela, non pour le récompenser, mais pour lui faire comprendre qu'il n'était pas dupe de son stratagème. Ce conte, destiné à fustiger certains intrigants qui, à Rome, se donnaient trop d'importance, frappa sur le vif Séjan lui-même, lequel fit probablement poursuivre le poète en justice.

La chute de Séjan et la mort de Tibère améliorèrent la condition de Phèdre, qui dédia son troisième livre (Prologue, 19 fables et Épilogue) à celui qui aurait dû le défendre lors de son procès : Eutychus, un favori de Caligula. Par suite du changement de la situation politique, à cause de son grand âge aussi et de l'obligation dans laquelle il était de se défendre, non plus dans le domaine de la politique, mais dans celui de l'esthétique, Phèdre usa d'une forme narrative plus facile, sa vision du monde se fit moins pessimiste, et sa polémique littéraire plus sereine. Une meilleure justice sociale le réconciliait avec la vie. Les offenses ne restaient plus impunies, les bienfaits étaient reconnus : ainsi, la panthère (II), s'étant libérée du piège, se vengeait de ses persécuteurs et épargnait ses sauveurs. Le quatrième livre (Prologue, 23 fables et Épilogue) marquait une reprise de l'activité littéraire que le poète avait cru devoir abandonner, et était dédié à Particulon, son ami et admirateur. Sa création portait de moins en moins la marque du fabuliste, laissant la place d'abord au polémiste, et plus tard à l'auteur satirique et au conteur. En effet, dans le cinquième livre (Prologue et 10 fables, dont la dernière est dédiée à son ami Philète), l'intervention des animaux parlants est réduite au minimum, et le poète s'attarde dans des contes et des anecdotes, marqués par un souffle plus ample. Un sentiment de lassitude et d'ennui à l'égard du genre même de la fable, que, dans sa vieillesse, il abandonna pour passer à sa nouvelle manière d'écrire (plus en accord avec les temps nouveaux et plus goûtée), se retrouve dans quelques-unes des pièces du recueil dit des « Nouvelles Fables » (30 fables et Épilogue). Ce dernier est composé surtout de contes mythologiques et anecdotiques.

Les *Fables* de Phèdre n'ont pas de précédent dans la littérature romaine, car les Romains considéraient la fable comme un genre inférieur, dérivé de la satire. Marchant sur les traces d'Ésope, Phèdre avait reconnu lui-même qu'il y avait quelque chose qui le liait à son prédécesseur, que ce fût leur commune origine étrangère, leur état d'esclave ou les conditions politiques de leur temps. Le cadre, emprunté à Ésope, avait limité tout d'abord son activité de poète moraliste : mais, devenu avec le temps plus hardi, Phèdre renonça à son modèle : son élaboration devint de plus en plus libre, jusqu'à se transformer en un déguisement qui lui permettait de camoufler à loisir sa pensée. Son jeu consista dès lors à attribuer à Ésope des conceptions et des opinions qui auraient pu lui nuire s'il les avait déclarées comme étant les siennes, ou, au contraire, à en revendiquer la paternité, mais en modifiant les références et en les rapportant à d'autres époques ou à d'autres personnages. En agissant ainsi, il avait fourni à la littérature de tous les temps le moyen de reconnaître l'humanité sous le couvert des représentations de la gent animale.

Il donna au monde des enfants un ensemble de maximes morales, sages et modérées, faciles à comprendre, agréables à lire, puisque formant des contes brefs et pleins d'imagination, séduisants par leur fantaisie naïve. – Trad. Herrmann, Les Belles Lettres, 1924 ; *Phèdre et ses fables*, Leyde, 1950.

FABLES ANCIENNES ET MODERNES [*Fables, Ancient and Modern*]. Dans cet ouvrage en vers de l'écrivain anglais John Dryden (1631-1700), publié en 1699, l'auteur a paraphrasé plusieurs contes de Chaucer (Palémon et Arcis, Le Coq et le Renard, Le Récit de la drapière de Bath, Le Caractère du bon curé), des contes de Boccace (Sigismonde et Guiscard, Théodore et Onorie, Cimon et Iphigénie) et certaines *Métamorphoses* (*) d'Ovide. Dryden assouplit l'art un peu rigide de Chaucer ; il fait subir aux vieux thèmes littéraires un traitement qui rend la matière fluide et mélodieuse. Cette technique triomphe surtout dans les passages épigrammatiques. Lorsqu'il adapte Boccace, Dryden n'emprunte à son modèle que la trame du récit (cf. *Théodore et Onorie*).

FABLES D'ÉROS (Les) [*Die Fabeln von Eros*]. Roman de l'écrivain autrichien d'expression allemande Albert Paris Gütersloh (1887-1973), publié en 1947. Cet écrivain, que Heimito von Doderer considère comme son maître, est à la fois un peintre réputé, qui dirige l'Académie des beaux-arts de Vienne, et un écrivain célèbre. Doderer devait lui consacrer toute une étude, *Le Cas Gütersloh* [*Der Fall Gütersloh*, 1930], où il tente de déchiffrer le conflit entre deux vocations artistiques, de souligner ce cas « phénoménal », à savoir la possibilité de s'exprimer aussi bien par la peinture que par la littérature. « Aujourd'hui, comme jadis, ma peinture représente le changement sans combat d'un mode d'expression ; elle dépend de la fatigue intellectuelle, qui rend si grand l'espace de temps entre mes livres. Quand elle survient, j'ai besoin de me reposer dans le monde sans concept des formes et des couleurs. » Le héros des *Fables d'Éros*, qui se situent principalement à Vienne, peu avant 1914, est une figure mythique. Le jeune baron Kirill rencontre trois personnes : la fille de son père adoptif qui repousse son amour, mais devient sa fiancée pour être aussitôt frappée de paralysie ; un bel éphèbe à l'âme pure, « le premier homme sans la malédiction de la barbe au menton, un être virginal sans la malédiction des seins dans l'armure spirituelle d'un ange intangible » ; une fille de joie, qu'il a dû connaître jadis, sans doute au cours d'une vie antérieure ; il la serre dans ses bras et leur union est totale, du moins le lecteur le croirait si l'auteur ne l'informait pas que cela se passe dans la rue, c'est-à-dire dans l'imagination du jeune homme. Mais qu'importe, car « la réalité n'est que la baguette de Moïse avant qu'elle ne devienne serpent, elle n'est que la mesure avec laquelle nous pouvons évaluer l'ampleur de la chute qui nous a éloignés des idées ».

FABLES DE YEHUDA (Les) [*mishley yehuda*]. Recueil de cent fables ésopiques en hébreu de l'écrivain juif Yehuda Leib Gordon (1830-1892), première édition 1859. Genre présent dans la littérature hébraïque depuis *La Bible*, la fable fut remise en honneur par les écrivains de la Haskalah (les Lumières hébraïques) à l'exemple des poètes des Lumières européennes. Destinées à prendre dans les écoles juives la place qu'occupaient les *Fables* de Krylov pour les écoliers russes, les *Fables de Yehuda* s'adressent aussi aux adultes. Ce genre permet d'enseigner sans blesser, et aussi de faire passer un message susceptible d'échapper à la vigilance de la censure. Dans sa correspondance, Gordon fait part de ses démêlés avec les censeurs qui l'obligèrent à s'autocensurer. Comme les autres fabulistes, Gordon emprunte la plupart de ses thèmes (à *La Bible* (*) et au *Talmud* (*), à divers fabulistes, essentiellement La Fontaine qu'il cite comme source d'une soixantaine de ses fables), ce qui n'enlève rien à leur valeur littéraire ni à la portée de leur message. Il lui suffit de touches légères pour judaïser des apologues bien connus, de l'utilisation d'expressions bibliques judicieusement choisies, de la suppression de la mythologie gréco-romaine, de transformations de détails. Un des principaux thèmes de ses fables, en plus de touches personnelles plutôt rares, est la satire sociale : il décrit l'orgueil des rabbins et notables (« Vaches porteuses de l'Arche sainte », imitation de l'« Âne portant des reliques »), leur propension à discourir au lieu d'agir (« Conseil tenu par les rats »), l'égoïsme des « élites » (« Lorsque se fendit la mer Rouge », où les gros poissons se construisent une arche, laissant le menu fretin se débrouiller ou mourir, « Le Pêcheur de perles », qui fustige ceux des « maskilim » (adeptes des Lumières) qui refusent d'accepter des responsabilités), les rivalités internes suicidaires (« La Vengeance du cheval »), le manque de sens pratique du peuple dont le seul moyen d'action est la prière (« La Charrette embourbée »), etc. D'autres fables ont un sens plus politique : à côté de rares bons souverains (« Le Lis et l'Oiseau », « Le Lion et le Rat »), on trouve surtout des tyrans (« Le Loup et l'Agneau » et tant d'autres). L'allusion au sort tragique du peuple juif est souvent évidente (l'âne des « Animaux malades de la peste » est issu d'une famille méprisée, il ploie sous le fardeau dont on l'accable, et fait preuve d'une soumission excessive) ; le cortège des exilés (« Oreilles du Lièvre ») rappelle bien des épisodes de l'histoire juive, etc. D'autres, enfin, reflètent l'enseignement de la « Haskalah » : nécessité de modérer ses désirs (« Le Corbeau voulant imiter l'Aigle », critique implicite de l'assimilation), de ne compter que sur soi-même (« Le Bélier », adaptation des *Oies* de Krylov), de faire preuve de discernement (« Le Corbeau et le Renard », alors que La Fontaine prêchait la modestie). Ce recueil témoigne des qualités du poète, le premier à oser adapter en hébreu le style si raffiné de La Fontaine : fraîcheur, humour, bonhomie rappellent ses idylles bibliques. Bientôt son ton se fera âcre et sarcastique, dans son deuxième recueil de fables, *Celles-ci aussi sont des fables de Yehuda*, de moindre valeur artistique, disparate, groupant des poèmes de dates diverses, mais aussi dans les satires qui ont fait sa célébrité, ses *Épopées de la vie contemporaine* [*Shirey alila-qorot yamenu*] et ses articles polémiques. J. St.

FABLES ÉSOPIQUES. Recueil de quelques centaines de fables (358 d'après Chambry dans ses *Aesopi Fabulae*, Paris, 1925) qui nous est parvenu sous le nom d'Ésope, mais qui n'en compte très probablement qu'un petit nombre pouvant être attribuées à Ésope, le reste ayant été ajouté et notablement transformé au cours des siècles. La fable d'ailleurs existait bien avant Ésope ; nous connaissons une fable d'Hésiode : « L'Épervier et le Rossignol » et une fable de Stésichore (VIIe s. av. J.-C.) : « L'Aigle et le Renard ». La personnalité d'Ésope a été si déformée par la légende que certains critiques en sont arrivés à douter de son existence ; mais comme il n'y a aucune raison pour ne pas ajouter foi au témoignage d'Hérodote (II-134) avec lequel s'accordent des auteurs plus récents, Ésope, d'après la légende, esclave phrygien ou thrace, qui vécut au VIe siècle av. J.-C. – l'époque la plus florissante de la poésie gnomique et moralisatrice –, est à juste raison considéré comme le père de la fable à cause de son habileté à utiliser les vieux thèmes, de l'esprit et de l'ingéniosité avec lesquels il en a créé de nouveaux. La plus grande partie des fables ésopiques qui nous sont parvenues ont pour protagonistes des animaux, tantôt communs comme l'aigle, le vautour, la colombe, le serpent, le cerf, le renard, tantôt exotiques comme le crocodile et le chameau ; quelques-unes prennent les hommes pour sujets tantôt humbles, tantôt illustres, comme Démade ou Diogène le cynique (96, 97, 98 du recueil cité), ou encore des divinités ; d'autres enfin traitent de sujets abstraits comme le bien, le mal ou l'origine des choses (1, 19, 110, 121, 304, 323, etc.) ou de thèmes tirés de la mythologie (9, 351). Tous ces récits sont très brefs : ce sont de petites scènes de comédie, dans lesquelles les caractères particuliers de l'homme sont attribués à des animaux qui en sont devenus et en sont demeurés les symboles : le lion, de la majesté ; le renard, de la ruse ; le loup, de la férocité ; la fourmi, de la prévoyance. La narration, toujours simple et commune, adaptée au peuple dont elle est née et auquel elle est destinée et aussi à son but didactique, est suivie le plus souvent par une « morale » qui, plus ouvertement, énonce, sous forme de sentence, la portée de la fable. Étant donné leur intention et l'ambiance dans laquelle elles sont nées, les *Fables ésopiques* constituent un excellent témoignage des principes moraux du peuple grec. Elles enseignent surtout les vertus sociales et pratiques, comme la fidélité dans l'amitié, la reconnaissance, l'amour du travail, la modération ; et tandis qu'il n'y est jamais fait allusion à des problèmes de morale plus élevée, on y voit apparaître parfois des conseils pratiques comme celui de tirer profit de la naïveté de son prochain, qui ne sont certes pas dictés par une éthique intransigeante. La forme des *Fables* est extrêmement facile ; les éléments ioniens de la langue la plus ancienne ont presque tous disparus ; la fraîcheur et la simplicité qui les caractérisent, outre l'argument qui en fait un sujet tout à fait propre à l'enseignement, leur ont valu une diffusion très large et ininterrompue depuis l'Antiquité jusqu'à nos jours et en ont fait le modèle d'un genre qui, de Phèdre à La Fontaine, à Florian, Krylov et Lessing, a trouvé dans tous les temps des fervents et des imitateurs. C'est pendant le Moyen Âge qu'Ésope connut sa plus grande popularité, à tel point que tous les recueils de fables furent appelés *Ysopets* (petits Ésopes) – v. *Ysopet* (*) de Marie de France. Son influence détermina un certain nombre de genres fort en vogue : les *bestiaires*, les *Fabliaux* (*) et le vaste *Roman de Renart* (*). – Trad. Les Belles-Lettres, 1927.

★ Au XIVe siècle, en Italie, un florilège de traductions transcrites sous le nom d'*Ésope en langue vulgaire* [*Esopo volgare*] a eu beaucoup d'importance. Sans grande malignité, et même souvent avec une naïveté populaire, ces fables narrent des histoires d'animaux sur un ton moral auquel l'esprit de quelque religieux n'était certainement pas étranger. Le lion, par exemple, avait fait alliance, avec des bêtes comme la brebis, la chèvre et la génisse ; mais l'amitié entre petits et grands est chose peu sûre et la fable conseille de ne pas se fier outre mesure aux puissants. La fameuse fable du loup et de l'agneau, plutôt que d'offrir de nouveaux thèmes à la narration, se prête à des considérations sociales touchant à l'histoire du XIVe siècle : car des loups voraces et cruels règnent « dans chacune des villes ». Il y a donc des droits de nature, que les vieux fabulistes français (auxquels sont empruntés des traits de ce recueil) avaient déjà pris en satire, en faveur de l'égalité entre nobles et paysans. L'exemple du lion infirme et maltraité par tous les animaux se rapporte aux fastes et aux désastres des alliances entre villes pour qui la chute d'un tyran est source de nouvelle vie politique. Un récit de saveur allégorique, plein de vivacité, est celui du milan qui sur la fin de sa vie, pour échapper à la punition méritée, prie sa mère de faire dire des messes pour lui, c'est une satire exemplaire de bien des gens âpres au gain, qui négligent le bien mais qui, sentant la mort proche, cherchent un remède souvent inutile. Le sujet de ces fables, qui s'inspirent de celles d'Ésope, fut souvent mis en vers : comme une morale à apprendre sous la forme souple d'un sonnet. De cette façon, l'apologue subtil se dégage de la narration d'un fait ou de son bref commentaire. La fourmi, allant à l'aventure, arriva dans le crâne d'un cheval mort qu'elle prit pour un magnifique château, mais quand il s'agit d'y trouver sa nourriture, elle faillit y mourir de faim et dut revenir à son trou. Dans un autre apologue, un âne, ayant vu un abbé caresser un petit chien, voulut à son tour le cajoler tandis qu'il dormait mais, manquant d'adresse, il s'y prit de telle façon qu'il écrasa rudement le personnage et reçut une bastonnade en échange (ce sujet a été repris par La Fontaine dans « L'Âne et le Petit Chien »). En substance, l'*Esopo vulgare* et les multiples fables ésopiques en vers, même quand elles sont tirées du latin ou des transcriptions françaises, montrent un côté finement moral et sont un témoignage intéressant sur la vie publique au XIVe siècle.

★ En Allemagne, parut en 1548 le recueil de fables *Esopus* de l'humaniste Burkard Waldis (env. 1490-1556). En même temps que l'autre recueil d'Érasme Alberus, intitulé *Livre de la sagesse et de la vertu*, il constitue, dans ce genre, l'ouvrage le plus important de l'humanisme allemand. Waldis tire la plupart de ses fables d'événements réels et de ceux de sa propre vie, en particulier. Le milieu dans lequel il vit — qui, à l'époque de la composition de son *Esopus*, était celui d'une ville de province, Riga — est dépeint dans tous ses détails ; les récits ont toujours la saveur de la vérité, saveur qu'accroît l'élément populaire. À côté de celui-ci figure également la sagesse humaniste, mais jamais de façon insistante. Le but que poursuit l'auteur est éducatif à la manière protestante, Waldis étant un protestant fervent. La langue est mêlée de locutions en dialecte bas allemand.

FABLES ÉSOPIQUES de Babrius [*Αἰσώπειοι μῦθοι* : *Fables ésopiques en iambes*]. Ce sont cent vingt-trois fables en « choliambes » (trimètres iambiques « boiteux »), provenant d'un manuscrit du mont Athos plein de lacunes et mutilé. Ces fables sont présentées par ordre alphabétique, d'après la lettre initiale (d'alpha à omicron). L'ensemble comprend à peine les deux tiers du recueil original. Nous en connaissons en outre quelques-unes grâce à d'autres sources. Babrius (IIIe siècle ap. J.-C.) a puisé pour cet ouvrage, non seulement dans les fables d'Ésope (comme le titre l'indique), mais aussi dans les traditions orientales. Chacune des fables comporte au maximum une trentaine de vers ; elles sont souvent même plus courtes encore. Celle du lion malade et du renard est exceptionnelle pour sa longueur. Entre deux fables, sont souvent intercalées des considérations morales en prose. Le narrateur fait preuve d'une certaine efficacité, lorsqu'il traite de nouveau un sujet presque entièrement connu. Sa versification est agréable et soignée. L'intérêt que présente aujourd'hui cette œuvre est avant tout historique et philologique, mais à l'époque gréco-romaine et au Moyen Âge byzantin, les *Fables* de Babrius connurent un très grand succès en tant que manuel d'éducation morale. — Trad. Belin, 1891.

FABLES ET CONTES de Gellert [*Fabeln und Erzählungen*]. Recueil de fables de l'écrivain allemand Christian Gellert (1715-1769), paru en deux volumes en 1746 et 1748. Refusé à l'origine par de nombreux éditeurs, ce recueil eut par la suite plusieurs éditions, revues et augmentées, et fut presque immédiatement traduit dans les principales langues européennes. Déjà, en 1740, Breitinger avait remis en honneur ce genre poétique et le début du siècle avait vu se multiplier les traductions de fabulistes anciens et modernes, entre autres Lamotte et La Fontaine. Gellert se contenta en fait d'imiter La Fontaine, transposant le ton et le contenu en pur allemand bourgeois. L'auteur indique lui-même les sources de ses fables ; mais la plupart d'entre elles peuvent être tenues pour originales, ne serait-ce que par un constant souci de vraisemblance et du fait que seules quelques-unes mettent en scène des animaux, ce qui les différencie suffisamment de leur modèle. La satire bienveillante, sans trop de mordant, s'attaque à tous les défauts et, en particulier, à l'hypocrisie sous toutes ses formes. La moralité est souvent d'ordre théologique et religieux, parfois d'un rationalisme neutre, parfois de prudence ou de compromis ; elle est soit exprimée par un personnage, soit placée au terme de la fable en guise de conclusion ; le soin de la tirer est rarement laissé au lecteur. On retiendra la fable « Le Pays des boiteux », pays où chacun boite, bégaie et ne manque pas de se moquer, en le traitant de pauvre anormal, de l'homme qui marche droit et parle net : « L'habitude fait beauté de l'erreur. » Une autre fable connue est celle du chien agonisant qui se lamente, auprès de son congénère, d'être réduit en si triste état pour avoir abusé de médicaments, tout en ne pensant qu'à l'os qu'il a caché, fabuleux trésor qu'il demande à son ami d'aller déterrer et de lui apporter. Une autre, adressée aux optimistes : « Le Voyageur », qui supplie en vain Jupiter de faire cesser le mauvais temps et blasphème en ne se voyant pas exaucé. Attaqué par un rôdeur dans un bois, il échappe à la mort grâce à la pluie qui fait dévier le coup qui l'aurait tué. Que la pluie soit donc bénie ! La popularité de Gellert fut surtout redevable à sa grande simplicité. Se gardant toujours d'envolées trop hardies et des pensées obscures, il demeure le poète de la vie quotidienne, si chère au siècle de Lessing et de Klopstock ; luthérien orthodoxe et très pratiquant, il se montrait en outre particulièrement scrupuleux dans tous les domaines. — Trad. Duchesne, 1754.

FABLES ET LÉGENDES LETTONNES [*Latviesu pasakas un teikas*]. L'édition la plus importante de ce recueil de légendes lettonnes fut publiée, de 1925 à 1937 (treize volumes), par Péteris Šmits (1869-1938). Cette édition fait état des publications précédentes : la collection de 1887, due à Brivzemnieks (1846-1907), initiateur des premières recherches méthodiques dans le domaine du folklore ; les sept volumes parus entre 1891 et 1903 grâce à Ansis Lerchis-Puskaitis (1859-1903), les résultats des recherches personnelles de Šmits et enfin une partie des quarante-cinq mille huit cents fables et légendes dont disposent les Archives nationales, fondées en 1924. Šmits s'est attaché au principe qui a guidé sur une plus vaste échelle les Archives nationales : l'absolue fidélité à la tradition populaire. Comme méthode de classification, il a adopté le système connu du savant finnois Anti Aarne. Pour le choix des fables a prévalu le point de vue national : en effet, il a choisi les fables composées suivant le génie exclusivement letton, même si leurs sujets se retrouvent dans des récits d'autres pays.

FABLES ET RÉCITS POÉTIQUES de Hagedorn [*Versuch poetischen Fabeln und Erzählungen*]. Recueil de fables, anecdotes, épigrammes et récits du poète allemand Friedrich von Hagedorn (1708-1754), un des maîtres du style « rococo » allemand. Le premier volume fut publié en 1738, le second en 1750. Les textes sont tirés d'Ésope de La Fontaine, de Phèdre, de fabulistes français et italiens divers et de classiques anglais. L'auteur lui-même indique la source de chaque composition. Bien que von Hagedorn se soit placé sous le signe de Pope et de Prior, le ton général du recueil est celui des *Fables* (*) de La Fontaine. La recherche du « Witz » (mot d'esprit), qui cède souvent la place à de faciles sentences morales, est propre à l'auteur. Ce n'est pas en vain que Hagedorn fut en Allemagne l'instigateur de l'anacréontisme du XVIIIe siècle. Dans les fables et les récits mêmes, la galanterie occupe une place de premier plan. Nous assistons aux ruses des femmes coquettes qui se jouent de la jalousie de leurs maris. Il n'y manque même pas la chorégraphie pastorale avec Daphné, Amaryllis et Phyllis. L'expression de la joie et de l'amour ne se libère pas d'une certaine grâce conventionnelle. Mais il faut tenir compte de la situation de la littérature allemande dans la première moitié du XVIIIe siècle. Même les simples grâces formelles avaient la valeur d'une conquête. Dans la fable allemande, Hagedorn est l'un des premiers auteurs qui aient su utiliser avec grâce des trouvailles burlesques et composer en vers une fine satire d'une ironie mesurée et pleine de virtuosités verbales. Le vocabulaire est élégant ; les vers sont polis et coulants, les rimes pures et la présentation agréable ; certaines de ces compositions ont résisté au temps comme exemples de belle écriture, de discours gracieux et d'habile simplicité ; elles ne manquent jamais dans les anthologies scolaires allemandes.

FABLES FANTASTIQUES [*Fantastic Fables*]. Recueil d'apologies de l'écrivain américain Ambrose Bierce (1842-1914), publié en 1899. Il ne s'agit pas ici du Bierce des *Histoires impossibles* (*) ou des *Morts violentes* (*), mais bien de celui du *Dictionnaire du diable* (*), un humoriste plein de saveur qui manie la satire avec un calme imperturbable. Sa morale est celle d'un nihiliste, d'un homme sans illusions, dont le trait incisif et rapide définit ce qu'il peint en même temps qu'il le détruit. Les dons exceptionnels de l'auteur et sa nature d'artiste apparaissent indéniablement dans ces contes, qui sont pour la plupart macabres et toujours impressionnants. — Trad. Losfeld, 1962.

FABLES LITTÉRAIRES [*Fábulas literarias*]. Recueil de l'écrivain espagnol Tomás de Iriarte (1750-1791), publié en 1782 et comprenant soixante-six fables. Ce qui distingue l'auteur de tous les autres fabulistes, c'est l'idée qu'il eut de mettre ses fables au service de ses préjugés littéraires. Ce fait explique la fortune assez diverse dudit recueil accueilli avec beaucoup d'intérêt par les contemporains de l'auteur ; il apparaît aujourd'hui comme un ouvrage digne, certes, de figurer parmi tous ceux du XVIIe et XVIIIe siècle, mais qui ne témoigne pas d'un mérite exceptionnel. De ces *Fables*, les plus connues sont « Le Singe et le Montreur de marionnettes » [El mono y el titiritero], « L'Âne flûtiste » [El burro flautista].

FABLES MILÉSIENNES [Τὰ Μιλησιακά]. Fables grecques, attribuées à Aristide de Milet (IIe siècle av. J.-C.), auteur sur lequel on ne possède que très peu de renseignements ; on n'en possède guère plus sur les fables elles-mêmes, le recueil ayant été perdu. L'œuvre d'Aristide a joui d'une notoriété extraordinaire dans l'Antiquité grecque et romaine. La trame amoureuse, et même érotique, qui reflète fortement les coutumes décadentes de l'époque, ce sentiment de romantisme mélancolique propre à l'Asie Mineure qui ne s'intéressait qu'aux entreprises amoureuses, aux passions violentes qui entraînent et enflamment de belles jeunes filles et des jeunes gens valeureux ; toute cette atmosphère saturée d'aventures et de péché convenait très bien à la vie de luxe et de débauche de ce monde en dissolution. La diffusion de ces fables fut telle qu'officiers et soldats romains les emportaient avec eux dans leurs expéditions contre les Parthes ; on en trouva parmi les bagages abandonnés après la bataille de Carrès. Quant au texte de ces écrits, sa licence était telle que le roi des Parthes, suivant le témoignage de Plutarque, en rougit. Historiquement, ces fables furent à l'origine du roman en tant que genre littéraire ; elles influencèrent la tradition élégiaque byzantine, qui tendait déjà vers un érotisme décadent. Indirectement, elles vivent encore dans certaines situations scabreuses du *Décaméron* (*) de Boccace. Les *Métamorphoses* (*) d'Apulée, le *Satyricon* (*) de Pétrone nous en conservent quelques exemples, parmi lesquels la nouvelle de la « Matrone d'Éphèse » ; les Romains les connurent, soit directement par le texte grec, soit d'après la traduction de Sisenna (119-67 av. J.-C.) ; encore au temps de saint Jérôme, les enfants se les passaient de main en main, « riant sous cape, dans les écoles ». En partant de traditions locales, on arriva par voie littéraire à des situations hautes en couleur, tirées de la vie quotidienne et décrites avec beaucoup de pénétration. Cette matière offrait une image caricaturale des mœurs de l'époque, mais vivante et facile à reconnaître. Nous y trouvons des matrones insolentes et des garçons ingénus, des jeunes filles violées et des femmes expertes en la magie de l'amour ; des pirates, des esclaves, des entremetteurs, des pères et frères dénaturés, des vierges malheureuses, des magiciens et des mégères, sans oublier les amours incestueuses. En bref, tout un monde des plus insolites — dont on ne saurait dire s'il relève de la fantaisie maligne ou de la réalité vécue. Tout nous oblige à reconnaître ici la présence d'une civilisation très avancée qui sait se satisfaire, juger, sourire et même applaudir à l'image assez burlesque qu'on lui offre d'elle-même.

FABLES MORALES [*Fábulas morales*]. Recueil de fables que le poète espagnol Félix María Samaniego (1745-1801) écrivit entre 1781 et 1784 pour les élèves du séminaire de Vergara. L'ouvrage comporte neuf livres, dont seul le dernier possède quelque originalité ; les fables des cinq premiers livres s'inspirent d'Ésope, de Phèdre, de La Fontaine ; celles des livres suivants (VI-VIII) sont des remaniements ou des adaptations de compositions analogues de John Gay. Du point de vue artistique, et dans le cadre de données traditionnelles déjà stylisées, ces fables sont d'un grand prix pour leur vivacité, leur aisance, leur bon goût, leur mesure, leur habileté de ton et de rythme. Toutefois la sensibilité de Samaniego est pauvre et sa méditation manque de profondeur. Le poète s'en tient à une description conventionnelle des types et des figures, au lieu de chercher à en donner une représentation concrète et pittoresque ; il arrive très vite à la moralité, résultat d'une déduction abstraite. Il s'agit d'une morale accommodante, fondée sur une métaphysique optimiste, couleur de rose (« El labrador y la Providencia ») et sur la valeur inestimable de la vie (« El viejo y la muerte ») ; s'il sourit du philosophe qui se croit le centre du monde (« El filósofo y la pulga ») ou qui nie abstraitement la réalité et la condamne, il se laisse ensuite prendre au piège (« El joven filósofo y sus compañeros »).

FABLIAUX. Contes en vers de caractère comique. C'est sous cette forme que les écrivains français du Moyen Âge ont manifesté leurs dons de conteurs. Nous en possédons environ cent cinquante, publiés en divers recueils dont le plus important est le *Recueil général et complet des fabliaux des XIIIe et XIVe siècles* d'Anatole de Montaiglon et Gaston Raynaud (six volumes édités à Paris entre 1872 et 1890). La plupart datent du XIIIe siècle, mais le recueil en contient également de la seconde moitié du XIIe. Les plus nombreux sont anonymes, mais quelques noms sont parvenus jusqu'à nous : Henri d'Andely (première moitié du XIIIe siècle), qui appartenait au haut clergé parisien ; Rutebeuf (milieu du XIIIe siècle), un des plus grands poètes de cette époque ; Philippe de Rémi, sire de Beaumanoir (1246-1296), bailli royal, puis sénéchal de Saintonge et de Poitou, jurisconsulte célèbre et délicat poète ; Jean Bodel (mort en 1210), auteur d'un jeu : le *Jeu de saint Nicolas* (*) et d'une chanson de geste : la *Chanson des Saisnes* (*) qui narre la conquête de la Saxe par Charlemagne ; d'autres encore sont attribués à des chevaliers, des clercs, des jongleurs et des ménestrels : Jacques de Baisieux, Jean Le Gallois d'Aubepierre, Douin de Lavesne, etc. Le vers usuel est le vers de huit pieds, à rime plate généralement. Les fabliaux contiennent en moyenne quelques centaines de vers. La langue, les scènes évoquées et les aventures nous reportent presque toujours dans la région picarde. Le mot « fabliau », que les critiques préfèrent à celui de « fableau », est précisément un mot picard. Parmi les fabliaux les plus anciens, il faut citer : *Richeut, Aubérée, Le Chevalier à la corbeille*. *Richeut* a dû être écrit vers 1160 et est le premier fabliau connu. Il porte le nom de l'héroïne, une prostituée très connue qui attribue à un prêtre, à un chevalier et à un bourgeois la paternité de son fils Sansonnet, qu'elle élève avec l'argent et dans l'esprit de ses divers pères putatifs. Elle lui enseigne la doctrine du prêtre, lui inculque les manières mondaines du chevalier, le sens des affaires du marchand et, amalgamant le tout avec sa propre expérience, fait de son fils une inégalable crapule cynique et cruelle qui court le monde en exploitant les femmes, comme Richeut avait exploité les hommes. *Aubérée* est une entremetteuse. Usant d'un stratagème, elle fait chasser comme infidèle une épouse sans tache, la livre à celui qui la convoite et la fait enfin reprendre par le mari berné à qui Aubérée a vanté l'innocence de la jeune femme. *Le Chevalier à la corbeille* rapporte la mésaventure d'une belle-mère trop zélée : soupçonnant quelque visite nocturne dans la chambre de sa belle-fille, dont le mari est en voyage, la vieille tombe dans la corbeille qui sert au chevalier pour se hisser jusqu'aux appartements de la belle. Le page, s'étant aperçu de cet accident, se met à secouer si fort la vieille qu'il lui ôte pour toujours toute velléité de fourrer son nez dans les affaires de sa bru. Les sujets des fabliaux ne sont pas tous aussi libres. On trouve, parmi eux, le récit dévot, qui tire, à l'ordinaire, son origine des livres saints apocryphes comme *Le Pasteur* (*) d'Hermas, *L'Itinéraire de saint Pierre* ou les *Narrations* d'Aristée. Un genre particulièrement populaire est celui des contes à intentions satiriques contre le clergé. Ils s'attaquent surtout au bas clergé séculier, ignorant et matérialiste, qui profite de la crédulité des campagnards, plus qu'aux évêques et aux moines, eux-mêmes fort maltraités par la suite. Les trois plus connus de ce genre sont : *Le Curé qui mangea des mûres, Les Perdrix, Estula.* Dans le premier, qui est moins satirique qu'irrespectueux, un curé, qui revient de tournée à cheval, passe près d'un buisson couvert de mûres. Il s'arrête, se place debout sur son cheval et fait la réflexion : « Je serais bien attrapé si quelque mauvais plaisant criait : hue ! » Mais il prononce tout haut ce mot, le cheval détale et le curé tombe dans le buisson. Le deuxième est le prototype d'un très grand nombre d'histoires à trois personnages : le laïc (vilain, bourgeois, plus rarement chevalier), le clerc et la femme qui est toujours du côté le plus avantageux pour elle. Un vilain, nommé Gombaud, a pris deux perdrix. Il demande à sa femme de les préparer, tandis qu'il ira inviter le curé à les manger avec eux. Mais la femme y goûte et finit par les manger toutes deux. Lorsque le vilain revient, elle lui recommande d'aiguiser son couteau. Elle prend le prêtre à part, lui affirme qu'il n'y a pas de perdrix et que son mari a dessein de lui couper les oreilles. Le curé s'enfuit. La femme se récrie et dit à son mari qu'il s'en va emportant les perdrix. L'homme part à la poursuite du prêtre. Le plus souvent, d'ailleurs, c'est le clerc qui est le complice de la femme pour berner le mari. Il y a encore, et c'est le mieux représenté, le conte libertin, le plus souvent extrêmement grossier et brutal, comme le *Dit de Bérenger* — qui est le prototype du *George Dandin* (*) de Molière —, *La Male Dame, Le Court Mantel*, manteau qui s'allonge ou se raccourcit suivant la vertu de la dame qui le porte.

Il en est qui ne sont que plaisants comme *Le Vilain Mire, Le Vilain qui conquit le paradis par plaid* (plaidoyer), *Le Valet qui d'aise à mésaise se met* et *La Jeune Veuve* ; ces deux derniers d'un auteur dont nous connaissons le nom : Gautier le Leu, un des rares auteurs de fabliaux qui fassent preuve d'une certaine finesse psychologique. Le sujet de *La Jeune Veuve* fut repris par La Fontaine, dans ses *Fables* (*) (Livre VI, 21). Le sujet du *Vilain Mire* est célèbre : un vilain (paysan) bat tous les jours sa femme ; celle-ci veut se venger. Deux messagers s'arrêtent à sa chaumière : ils cherchent un mire (médecin) pour la fille du roi, qui a une arête en travers de la gorge. La femme déclare aux messagers que son mari est un excellent médecin, mais qu'il ne veut pas le reconnaître à moins qu'on ne l'ait roué de coups. Une fois battu, le vilain suit les deux hommes à la Cour. Devant la malade, il fait des contorsions si drôles que la princesse éclate de rire et est, du même coup, délivrée de son arête. Ceci suffit à établir au vilain une solide réputation de guérisseur, et les malades affluent. Il s'avise alors d'un stratagème : il les fait ranger devant lui et déclare qu'il va les soigner avec les cendres du plus malade d'entre eux. Tous se récusent et se déclarent alors bien portants. Comblé de richesses, le médecin malgré lui s'en retourne auprès de sa femme et décide d'exercer dorénavant la médecine. On sait que Molière reprit ce sujet en écrivant *Le Médecin malgré lui* (*). À la même veine, appartient encore : *La Vieille qui graissa la patte au chevalier.* On avait dit à une pauvre vieille, dont la vache avait été confisquée par son seigneur, qu'il fallait, pour se la faire rendre, graisser la patte au chevalier. Celle-ci prend l'expression au pied de la lettre. Elle se rend au château et, s'approchant du seigneur qui se promène les mains derrière le dos, elle lui graisse la main avec un morceau de lard. Bien des *Fabliaux* reposent ainsi sur des jeux de mots, des plaisanteries traditionnelles.

D'autres, cependant, ont un tour nettement moralisateur, comme *La Housse partie* et *Le Chevalier au barizel* (*). Du premier, également connu sous le titre du *Bourgeois d'Abbeville*, nous avons deux rédactions du XIIIe siècle, dont l'une est d'un trouvère connu, Bernier. Un riche bourgeois a renoncé à ses biens afin de marier richement son fils. Celui-ci l'héberge pendant douze ans. Mais, un jour, sur les instances de sa femme, il chasse le vieillard, qui lui demande au moins une couverture pour se garantir du froid. Le fils envoie son petit garçon chercher à l'écurie une couverture de cheval ; mais l'enfant coupe la couverture en deux et n'en remet que la moitié. Le vieillard se lamente, le père fait des reproches à l'enfant ; mais celui-ci lui répond qu'il garde l'autre moitié pour lui, quand, devenu vieux à son tour, il le chassera de la maison. Le père comprend la leçon et garde le vieillard chez lui. Dans *Fole Largece* (la folle générosité) de Philippe de Beaumanoir, un saunier (collecteur de sel) fait éprouver à sa femme oisive les fatigues et les périls de son dur métier et parvient ainsi à la guérir de ses folles prodigalités. Un des plus célèbres (souvent représenté dans l'iconographie des XIVe et XVe siècles) est *Le Lai d'Aristote* d'Henri d'Andély. Le « Maître de ceux qui savent », après avoir reproché à Alexandre le Grand son faible pour Phylis, se laisse à son tour séduire par les manèges de la jeune femme, au point d'accepter de se promener à quatre pattes, sellé et bridé, avec la femme à cheval sur lui ; cependant que, du haut d'une tour, son royal élève admire la scène. Citons encore, parmi les plus connus : *La Bourse pleine de sens, Les Trois Aveugles de Compiègne* (*), *Merlin Merlot, Le Tombeur Notre Dame / Le Jongleur de Notre Dame* (*) et *L'Ange et l'Ermite*, dont Voltaire devait donner une imitation au chapitre XX de *Zadig* (*).

Mais en général, les *Fabliaux* ont pour sujet des prostituées, des rufians, des parasites, des filous, des maris trompés, bernés ou crédules, des prêtres et des moines vicieux, des nonnes corrompues, des femmes infidèles et pleines d'astuce, des femmes luxueuses, des filles assez bornées mais aux sens bien éveillés, des étudiants fort coquins, des trompeurs sans scrupules, des hommes libidineux, des paysans tantôt stupides, tantôt rusés, tout un monde de railleurs et de raillés, d'escroqueurs et d'escroqués. Aucune classe de la société n'est particulièrement visée ; cependant, il faut noter que leurs auteurs témoignent d'un manque de sympathie, qui ne se dément jamais, pour les faibles et qu'ils sont toujours du côté des rieurs ; c'est moins une attitude délibérée qui en est la cause que le désir de faire rire en racontant des aventures comiques dans un langage des plus libres. Ce monde, qu'il serait d'ailleurs faux de croire calqué sur un monde réel, est, avant tout, un monde factice, littéraire, opposé à cet autre monde fictif fait de chevalerie et de pureté qui a servi de sujet à un autre courant littéraire de la même époque : la littérature courtoise. C'est le goût pour la sensualité qui donne ce ton un peu lourd aux *Fabliaux*. Mais la trame de leurs sujets se rattache à celle de toute littérature profane.

Diverses théories ont été proposées par les érudits, étonnés de rencontrer dans les fabliaux des sujets traités dans les pays les plus divers et aux époques les plus variées : théorie de l'origine aryenne de ces contes, théorie anthropologique, théorie polygénétique, théorie de l'origine orientale. Celle-ci, prônée en particulier par Gaston Paris (*Les Contes orientaux dans la littérature française du Moyen Âge*, 1877), résiste encore et se rattache à cette conception un peu ingénue, mais tenace, d'une Inde ancienne qui, dans l'histoire de la culture, représenterait un stade particulièrement archaïque, alors que cette région, carrefour de nombreuses civilisations, ne peut avoir, en fait, qu'une culture faite d'apports extérieurs. Joseph Bédier, dans son livre magistral (*Les Fabliaux*, 1895), a fait justice de la théorie orientale en montrant, jusqu'à l'évidence, que l'Inde ne nous a transmis qu'une infime partie des matériaux élaborés en Occident. Dans ce même ouvrage, Bédier a mis en lumière la fluidité de la littérature folklorique qui se transmet de pays en pays et de personne à personne avec une incroyable rapidité et par mille chemins. Ce serait donc une entreprise insensée que vouloir les préciser. Après les acquisitions d'une critique aussi sagace, il nous est facile de reconnaître la part de vérité de chacune des doctrines citées plus haut. On peut admettre qu'un même conte puisse naître simultanément en Arabie et en Normandie, puisque la tendance à raconter est universelle et que certaines réflexions et certaines situations sont spontanées sous n'importe quel ciel et à n'importe quelle époque. Il se peut que, dans tel ou tel conte, se trouvent mêlés à des éléments hétérogènes et surajoutés, des restes de mythes célestes apportés par certains peuples aryens qui émigrèrent de leur pays d'origine. Il se peut aussi que des rites et des coutumes encore plus anciens y subsistent. Il y a des *Fabliaux* qui peuvent nous avoir été transmis par l'Orient, d'autres par l'Antiquité grecque ou latine, d'autres par la littérature comique de la Basse Latinité ou par la littérature byzantine, mais à la manière dont nos *Fabliaux* ont influencé d'autres périodes littéraires ou Boccace, Sacchetti et l'Arioste. Il n'en reste pas moins vrai que les *Fabliaux* français des XIIe, XIIIe et XIVe siècles ne sont pas tel ou tel mythe aryen, telle ou telle croyance magique, telle ou telle fable arabe ou indienne, ou latine, ni ce thème ou cet autre, mais bien ce qu'ils sont : des fabliaux français qui ont leur physionomie propre, différente de celle d'autres pays et d'autres temps, même quand il y a coïncidence de sujet ; physionomie qu'ils ont empruntée à la personnalité des poètes de l'époque, au goût d'un certain public et qui se caractérise par une joyeuse et joviale grossièreté. S'il fallait chercher une origine à ce genre, si caractéristique de toute une époque et de toute une civilisation, il faudrait sans doute remonter aux *Fables milésiennes* (*) de l'écrivain grec Aristide de Milet (IIe siècle av. J.-C.), genre que remit en honneur Apulée.

Quant à l'évolution du *Fabliau*, elle se place tout entière entre deux dates extrêmes : 1159 ou 1160 et 1340, c'est-à-dire qu'elle couvre près de deux siècles ; mais le siècle d'or du *Fabliau* est le XIIIe et les premières années du XIVe. Après 1340, on s'avisa que le vers n'était pas nécessaire à ces récits. Ce genre, qui avait été à l'origine de l'art de la nouvelle en Italie (art illustré par Boccace, Sacchetti, Masuccio, Bandello, Straparola, l'Arioste et quelques autres), redevient à la mode en France sous sa nouvelle forme : la nouvelle. C'est ainsi que les récits de l'auteur des *Cent Nouvelles Nouvelles* (*), ceux de Marguerite de Navarre — v. *L'Heptaméron* (*) —, de Bonaventure Despériers — v. *Cymbalum mundi* (*) — et même, sous une forme assez différente, de Rabelais, appartiennent encore à cette tradition très caractéristique de la civilisation française.

L'influence des *Fabliaux* ne devait pas s'arrêter au XVIe siècle ; c'est encore leur tradition qu'on retrouve dans certaines farces et comédies de Molière — v. *Le Médecin malgré lui* (*) et *Georges Dandin* (*). La Fontaine alla jusqu'à reprendre quelques-uns de leurs sujets, pour en faire des contes en vers, qui, par leur esprit comme par leur forme, demeurent très proches de cette littérature gauloise, et même des fables, « La Veuve » par exemple – v. *Fables* (*). C'est le même esprit qu'on retrouve dans quelques nouvelles de Voltaire, dont l'une au moins (*L'Ange et l'Ermite*) est une transcription d'un récit médiéval. Par leurs sujets, et par l'affectation de l'auteur d'écrire le vieux français, *Les Contes drolatiques* (*) de Balzac appartiennent au même courant. Enfin, plus proche de nous, il faut signaler l'emploi qu'Anatole France a fait de certains de ces petits chefs-d'œuvre – v. *Le Jongleur de Notre Dame* (*). Ainsi, l'inspiration même des *Fabliaux*, leur esprit, n'a pas cessé, aux différentes époques de la littérature française, de demeurer comme une source à laquelle ont puisé les tempéraments les plus divers et comme une constante de cette littérature. Des *Fabliaux* devait provenir un autre courant : celui de la farce, qui atteint son apogée avec le XVe siècle. Bien qu'on ne retrouve dans les Farces de cette époque, aucun sujet qui provienne directement des *Fabliaux*, c'est bien le même esprit railleur, cette même volonté de comique à tout prix, qui en fait le fond. Enfin, il faut signaler l'importance de la représentation dans les arts plastiques des thèmes issus des *Fabliaux*, qui devaient avoir un tel succès dans l'iconographie du XIVe siècle et plus généralement du Moyen Âge finissant. On retrouve, en effet, ces thèmes surtout en sculpture, et particulièrement dans la sculpture sur bois des stalles du XIVe et XVe siècle, et cette introduction de thèmes très profanes, et même grossiers, dans le chœur des églises démontre, s'il en était besoin, à quel point ces histoires étaient populaires de leur temps. – De nouvelles éditions des *Fabliaux* ont vu le jour, procurées par W. Noomen et N. van den Boogaard (à partir de 1983, à Assen, Pays-Bas), par Ph. Ménard (Genève, Droz, 1978) et G. Raynaud de Lage (Paris, Champion, 1986). Diverses études ont permis d'y voir plus clair dans l'origine, la thématique et le public du genre – en particulier celles de P. Nykrog (Copenhague, 1957), J. Rychner (Genève), Droz, 1960), O. Jodogne (Turnhout, Brepols, 1975), Ph. Ménard (Paris, P.U.F., 1983), D. Boutet (Paris, P.U.F., 1985), M. Th. Lorain (Paris, Champion, 1979).

FABRIQUE D'ABSOLU (La) [*Továrna na Absolutno*]. Roman de l'écrivain tchèque Karel Čapek (1890-1938), publié en 1922. Très proche de celle des romans utopiques de H. G. Wells, l'action se déroule dans l'avenir à partir de 1943. Le directeur de la fabrique Meas Bondy apprend qu'une importante découverte a été faite par une de ses relations, l'ingénieur Marko. Il va aussitôt le trouver : il s'agit d'une machine appelée « Karburator », capable de briser les atomes du charbon et de développer ainsi une énorme énergie qui pourra être exploitée par l'industrie. Mais cette complète combustion de la matière fait sortir, de la matière même, l'essence divine, l'Absolu, partout présent dans la matière. Dans le voisinage des carburateurs se produisent d'étranges phénomènes : événements religieux tels que conversions, prédications, miracles (tout particulièrement des exemples de lévitation) et jusqu'à des manifestations de fanatisme religieux. La fabrique Meas inonde le monde de carburateurs. Une de ces machines fait marcher un dragueur de Stěchovice, et un des marins du bord, Kuzenda, qui a comme aide l'ouvrier Brych, devient prophète de l'Absolu. Binder, propriétaire d'un manège, possède une autre machine. Les partisans de Dieu travaillant sur le dragueur entrent en conflit avec ceux qui reconnaissent comme Dieu l'Absolu du manège. L'extraordinaire puissance des carburateurs a pour conséquence non pas le bien-être, mais la misère, car la surproduction amène la baisse des prix de vente des produits, qui entraîne elle-même de lourdes pertes, étant donné l'élévation du coût de la production. L'écrivain soutient, avec quelque ironie, que le paysan tchèque sauve la situation en vendant très cher ses produits. L'Église romaine, qui, dès l'origine, a été contre l'Absolu, finit par le reconnaître ; une terrible guerre mondiale éclate alors entre catholiques et protestants. C'est un Savoyard, le lieutenant d'artillerie Robinet, qui sauve le monde en donnant la chasse aux carburateurs pour les détruire sans pitié. Le roman se termine par une aimable rencontre matinale dans une auberge de Prague : Brych et Binder, qui furent ennemis autrefois, s'y retrouvent en plein accord et remplis d'amour l'un pour l'autre. Un garde apporte la nouvelle que même le dernier nid des carburateurs, dans le quartier de Žižkov, à Prague, où l'Absolu, produit par des moteurs, était adoré par des vagabonds et des prostituées, a finalement été découvert et détruit. Cette idée de la diffusion du fanatisme religieux en relation avec le fanatisme technico-scientifique n'est pas mise en vedette dans le roman de Čapek comme on s'y serait attendu, et cela à cause du ton un peu trop satirique adopté par l'auteur. Le roman reste pourtant une des productions les plus originales de ce courant utopique si répandu en Europe après la guerre de 1914-1918, auquel Čapek apporta à deux reprises encore sa contribution, avec ses romans *R.U.R.* (*) et *Krakatite* (*). – Trad. Nagel, 1945.

FABRIQUE DU CORPS HUMAIN [*De humani corporis fabrica*]. Traité d'anatomie humaine du médecin flamand André Vésale (1514-1564), publié à Bâle en 1543, dans une édition ornée de précieuses planches, réimprimé en 1725 dans les Œuvres complètes (en latin) à Leyde. Cet ouvrage, résumé des cours que fit en Italie le grand médecin flamand, se présente comme un traité complet de l'organisation du corps humain. C'est un « moment » essentiel dans l'histoire de la médecine : Vésale eut le courage — qui lui valut plus d'un ennemi — d'affranchir radicalement son art des théories du grand anatomiste grec Galien (131-vers 210). La seule méthode qu'il admet est l'observation : certes, Galien non plus ne la rejetait point. Mais ses observations étaient faites sur des animaux et ensuite arbitrairement rapportées à l'homme, selon l'hypothèse que l'homme n'était qu'un animal supérieur. Vésale, dont les biographes assurent qu'il passait des jours dans le charnier de Montfaucon à examiner les corps des suppliciés, montrera, à partir d'observations, la spécificité de l'organisme humain. L'époque fut sans doute le « siècle d'or » de l'anatomie : cette science fit des progrès considérables. Plus encore que ses confrères, Vésale la détache des préoccupations métaphysiques, la constitue dans son domaine propre, distinct quoique non séparé de la physiologie, avec sa méthode propre de recherche.

Le plan de son traité, divisé en sept livres, est, en gros, celui des ouvrages modernes. Le premier livre traite du squelette, de la nature des os et des cartilages : la colonne vertébrale, les os de la poitrine et du bassin sont minutieusement et exactement décrits. On y trouve aussi la première bonne exposition des os de l'épaule. Vésale est contraint de rejeter un grand nombre d'affirmations de Galien : ainsi fait-il justice de la chimère de l'« os incorruptible », incombustible, dont la résurrection devait se faire et que Galien et ses disciples plaçaient dans le cœur de l'homme. Contre Galien encore, il montre que les os du carpe sont pourvus de moelle, que la mâchoire inférieure est plus solide que la supérieure. L'exposition des sinus sphénoïdaux, maxillaires, ethnoïdaux et frontaux est correcte. Vésale ne décrit que deux osselets de l'oreille (marteau et enclume), mais il assure qu'il en existe quatre. Le second livre traite des liens qui unissent les os et les cartilages : muscles et ligaments. Vésale n'a que des notions fort incomplètes sur les muscles intercostaux, mais il distingue nettement la fibre musculaire, ce que ne faisait point Galien qui était près de confondre les nerfs et les muscles. Quant aux tendons, différents des muscles, Vésale montre qu'ils se rapprochent de la nature des ligaments. Le troisième livre est consacré aux veines et aux artères : Vésale considère les veines comme les vaisseaux essentiels, réservoirs du sang, et assurant, à eux seuls, la nutrition. Il montre que, dans les artères, le mouvement du sang se fait du cœur aux extrémités, et il confirme Galien qui soutint que les artères contiennent toujours du sang. Il remarque que chaque veine est en connexion intime avec l'artère qui lui correspond. Avec Aristote, et contre Galien, Vésale assure que la veine cave prend naissance au cœur, alors que Galien la faisait venir du foie. Mais c'est dans l'anatomie du cœur que Vésale provoqua des progrès capitaux, favorisant en particulier l'œuvre de Harvey. Galien affirmait que le passage du sang d'un ventricule à l'autre était possible : Vésale sut montrer que la cloison interventriculaire était non perforée, étanche, et que le sang ne la pouvait franchir. Un siècle plus tard, Harvey devait brillamment confirmer ces découvertes. Le cinquième livre est consacré aux organes de la nutrition et de la génération : on y trouve une description intéressante du mésentère, la première description de l'épiploon et de ses connexions avec l'estomac, la rate et le côlon. Le premier encore, Vésale fit connaître la vraie structure du pylore et il rectifia l'opinion erronée, courante au XVIe siècle, selon laquelle le cæcum serait une si vaste cavité qu'on le pourrait regarder comme un second estomac. Cette erreur venait encore de ce qu'on jugeait de l'homme en fonction de ce qu'on savait des animaux : Vésale montra que le cæcum était plus petit chez l'homme que chez les animaux carnivores. Vésale a une légère connaissance des vésicules séminales. Il décrit très précisément la prostate. Il blâme Galien d'avoir traité de la matrice de la femme en se basant sur celle des animaux et, le premier, il en donne la description exacte, ainsi que celle de l'utérus qu'il montre « ni bicorne, ni élargi en deux diverticules ». Le sixième livre traite du cœur, et nous avons dit quels progrès Vésale fit faire à l'anatomie de cet organe. Enfin le quatrième et le septième livre concernent les nerfs et l'harmonie générale du cerveau et des sens : contre Aristote, Vésale démontre que les nerfs naissent du cerveau et de la moelle épinière, et non du cœur. Le nerf facial, le nerf accessoire de Willis, le nerf hypoglosse sont bien décrits.

On voit ainsi combien Vésale fait figure de novateur. On peut dire aussi qu'il a créé l'iconographie anatomique. Après quatre cents ans, le traité de la *Fabrique du corps humain* demeure un chef-d'œuvre artistique. On ne sait quel est l'auteur des trois cent vingt-trois figures dont il est orné : elles furent parfois attribuées à Titien, dans l'intimité de qui vécut Vésale. Elles sont l'œuvre, en tous les cas, d'un des plus grands maîtres de l'époque, peut-être de Jean Stevens de Calcar, et, pendant plus d'un siècle, elles inspirèrent tous les ouvrages du genre, qui ne firent à peu près que les copier. Vésale suppléait par des dessins au manque de cadavres : les essais qui furent faits avant lui avaient été — ceux de Dürer exceptés — grossiers et sommaires. Les planches de Vésale au contraire, outre leur immense valeur artistique, étaient du point de vue scientifique — surtout pour l'ostéologie et la myologie — de beaucoup en avance sur leur temps. Une édition à part de ces dessins fut faite à Lyon (par Baudin, 1560), sous le titre : *Description et démonstration des membres intérieurs de l'homme et de la femme en onze tables.* — Trad. Actes Sud, 1987.

FABRIQUE DU PRÉ (La). Œuvre de l'écrivain français Francis Ponge (1899-1988). Ce livre, paru dans la collection « Les sentiers de la création » (Genève, 1971), n'est pas comme les autres : il dit ce qu'il fait et fait ce qu'il dit qu'il fait. Livre en mouvement, se faisant et se défaisant sous nos yeux et dont la composition jusqu'à la mise en pages et au choix de l'iconographie, des papiers, de leurs couleurs, fait sens. Livre objet qui cherche à mettre en scène l'acte même d'écrire. Proche en cela du *Savon* (*), il en diffère cependant en ce que la « fabrique » du texte est plus inextricablement liée à la production de l'objet sur lequel elle produit. Plus que jamais ici, écrire est pour Ponge un acte qui déborde sans cesse le simple résultat produit. La « création » (quoique l'auteur n'aime pas les arrière-plans théologiques que connote ce terme) ne s'achève pas dans la chose créée, elle est elle-même œuvre. Œuvre se faisant, inchoative, s'incarnant dans sa progression tâtonnante, ses remords, ses avancées et reculs. Mouvement « qui n'a de cesse », le texte s'engendre dans son écriture et produit au jour de la parole l'objet dont il est l'enjeu. Ponge ne livre donc pas ici ce qu'une lecture empressée pourrait nommer ses « brouillons » ou ses archives (même si l'ouvrage donne de façon fac-similé, puis en retranscription typographique, les textes qui, du 11 août 1960 au 23 juillet 1964, constituent la « fabrique » d'un texte qui paraîtra en version définitive en 1967 dans *Le Nouveau Recueil*). Ces notes « étalées sur le pré » sont la voie, « toujours en voie », d'un texte qui se cherche en frayant les voies de son recueil. Le pré va donner lieu — ouvrir le champ — à une exploration quasi physique de la parole et à une élaboration logique des éléments. Car, quant au pré, « il s'agit d'une réalité exemplaire, d'une des plus parfaites notions à la fois logique et physique, que nous puissions, avec évidence et dans la clarté, à la fois percevoir et concevoir ». C'est à ce niveau que l'« épaisseur des choses » et l'« épaisseur sémantique des mots » se rencontrent : « sur le pré ». Une lecture superficielle pourrait voir dans ces jeux sur l'étymologie ou les assonances verbales une résurgence du cratylisme supposant une communauté d'essence entre mots et choses. Le perçu, le pré « en chair et en os », et le conçu, les mots dont nous usons pour le dire sont différents. Et cependant cette dualité irréductible va trouver, sinon à s'apaiser, du moins à se résoudre dans l'« écriture (véritable, ou parfaite) ». C'est en nous que ce différend prend fin en se métamorphosant en une réalité « orgasmique », « jubilante » : le texte ou « pré-texte », véritable et parfait « objeu » de notre « récréation ». À l'articulation des mots et des choses se trouve l'acte proprement « cosmogénétique » de la parole. Et c'est à condition de ne pas déserter ce lieu que nous pourrons répondre à l'émotion (« *Le pré qui m'a ému* ou *Le pré, où je l'ai conçu* ») de la première rencontre qui a fait que « la nature (a voulu) que la vérité aujourd'hui soit verte ». (Verte aussi comme les pages sur lesquelles le texte a été composé.) F. W.

FAÇADE ET AUTRES POÈMES [*Façade and Other Poems*]. Recueil de poèmes publié en 1950 par l'écrivain anglais Dame Edith Sitwell (1887-1964). Intelligente, écrivant pour son plaisir, aimant à expérimenter les formules imagistes et à faire sonner les mots, telle nous apparaît l'auteur à la lecture de *Comédies bucoliques* [*Bucolic Comedies*, 1923] ou de *Coutumes de la Côte de l'Or* [*Gold Coast Customs*, 1929]. Cette « descendante des Plantagenêts », que vint vite entourer tout un mythe né de ses excentricités et de celles de ses admirateurs, vit sa réputation souffrir de sa légèreté même. Pourtant, durant les années 30, l'aristocrate qui s'amusait au jeu brillant d'une poésie de salon mit, peut-être à cause des changements de la réalité sociale, un contenu positif, philosophique même, dans ses vers ciselés. Crainte de la déshumanisation entraînée par une civilisation technique, pitié pour les victimes des horreurs de la guerre, indignation devant les coups d'État, préoccupations humanitaires, ces thèmes se font jour principalement dans *Chansons des rues* [*Street Songs*, 1942], *Chansons vertes* [*Green Songs*, 1944] et *Chanson du froid* [*The Song of the Cold*, 1945]. Publié sept ans plus tard, *Façade*, qui reprend l'essentiel des recueils précédents dont le recueil homonyme de trente-trois poèmes aux rythmes syncopés, paru en 1922 et représenté, avec une musique de Walton, en 1923, a été complété en 1954 par *Poésies complètes* [*Complete Poems*]. L'évolution de la pensée d'Edith Sitwell s'y accompagne d'un approfondissement de son art. Ses recherches, qui avaient pour but principal la perfection formelle, font place à une diction plus vigoureuse, nette et concentrée, unissant une mélodie inséparable des sentiments qu'elle évoque à un contenu discursif d'une grande précision.

« J'ai consacré toute ma vie à écrire de la poésie qui est pour moi une forme de religion [...] Je me suis plus donnée que la plupart des gens que je connais », avoue le poète qui chantait : « Mais les grands péchés et les grands feux jaillissent de moi / comme les feuilles terribles du rameau au printemps violent / Je suis un feu qui marche, je ne suis que feuilles... » Selon elle, « ce grand feu est [...] un amour humble mais indigne de Dieu, et un grand amour de l'humanité. Et il est terriblement douloureux d'être un grand artiste. » Quand la défaveur, dans laquelle cette grande dame qui se voulut grande artiste va tomber, après un succès trop éclatant de son vivant, sera elle-même passée, peut-être s'apercevra-t-on que, sous les oripeaux et les « façades » de sa prétention, se cachait un talent naturel qui place Edith au-dessus de ses deux frères dans la trinité aristocratique de l'esthétique britannique. – Trad. *Chansons vertes et autres poèmes*, Confluences, 1946.

FACE AUX VERROUS. Recueil de l'écrivain français d'origine belge Henri Michaux (1899-1984), publié en 1954. Michaux, dont l'activité graphique et picturale à cette époque ne cesse de croître, ne publie de plus en plus que de courts textes accompagnés de nombreux dessins, ou de nombreux dessins commentés par quelques textes. *Face aux verrous* succède à *La Vie dans les plis* (*) après cinq ans de demi-silence, regroupant pour moitié des textes déjà parus. Et c'est en épousant un pré-dessin qu'il écrit (« sur des signes représentant des mouvements ») le premier texte *Mouvements* (publié séparément, avec les signes, ici absents, en 1951). De façon significative, Michaux, pour qui rien n'a jamais « véritablement » commencé, puisque tout doit finir, les solutions étant toujours provisoires et dérisoires, retourne au poème énumération-incantation, déferlement automatique, mais concis, nécessaire – ce n'est plus *Qui je fus* (*). L'homme est attaché trente fois à un accident (« homme arc-bouté / homme au bond / homme dévalant... »), les accidents se succédant ou s'opposant, puis l'âme (« âme du lasso / de l'algue / du cric, du grappin... »), puis les mouvements, puis apparaissent des taches, puis des gestes, enfin des signes, les signes, et le sens l'emporte sur le déroulement : « Signes surtout pour retirer son être du piège de la langue des autres ». Michaux a retrouvé son thème (mais le nommer n'est-ce pas le rendre formel ?). Dans les trois poèmes suivants, de la même façon des groupes de mêmes mots se succèdent, à savoir « je rame » (« je rame contre ta vie ») dans l'un, et dans un autre « efficace est » ou « efficace comme », le tout constituant *Poésie pour pouvoir* (1949), exorcisme cette fois uniquement au niveau de la langue, les comparaisons ou images n'étant pas destinées à « faire image ». La troisième partie, la plus célèbre, est constituée par *Tranches de savoir* (1950), soit cent cinquante aphorismes environ qui donnent en bref et dans le désordre tout Michaux : l'homme et l'œuvre. Le saugrenu et le profond, le gratuit (volontairement) et le nécessaire, l'imagé et le sage, la vision et la blague voisinent, comme le percutant, l'exaltant et le facile. Le thème principal, c'est-à-dire le plus souvent traité, celui qui dirige tous les autres, est à peu près le suivant : nous sommes réduits à ce que nous sommes, à notre être, à notre signification, et cela bactérie ou jeune fille, et plus particulièrement à notre rôle de compléteur ou de complété (savon et crasse, toit et cave, mâle et femelle, l'Un et l'Autre). C'est là un affrontement sans solution ; chacun réfléchit l'autre de façon aveugle, donc tragique, l'esprit lui-même ne pouvant se saisir (« l'estomac ne se digère pas », dira-t-il un jour). La seule médiation : dire « la bactérie et la jeune fille » (c'est l'art), faire comme si on avait pu ne jamais exister, comme si on était à la limite de l'existence, au commencement de la fin, déjà vécue (encore l'art). Ce don, jamais avoué mais évident, qu'a l'art de faire revenir des enfers apparaît principalement dans *Face aux verrous*, recueil où le métier d'écrivain frappe au plus haut point. Nous sommes ici en pays de connaissance : tantôt dans les « Difficultés » dont l'onirisme, très proche de celui de *Plume* (*) baigne « Personnel », un des plus beaux passages ; souvent *Au pays de la magie* – v. *Ailleurs* (*) – dans *Nouvelles de l'étranger* (1952), dans « Faits divers », dans *L'Espace aux ombres*. L'amoureux parasite, né en *Ecuador* (*), devient une chenille dans « Quelques jours de ma vie chez les insectes » : « assouvi comme de ma vie je ne l'avais été, je m'éveillai, il me sembla que jamais plus je n'oserais lever les yeux sur qui que ce soit » ; les agresseurs de la substance nerveuse continuent de se manifester (« chaque nuit par condamnation, une petite charrue laboure en ma moelle un petit sillon »). Le texte *Mes propriétés* – v. *La nuit remue* (*) – est récrit dans *Fin d'un domaine*, mais de façon anecdotique et objective : sur ce domaine travaillent des nains que le conteur, gentilhomme racé, tyrannise ; mais à l'extérieur il y a des nains qui chaque nuit poussent les clôtures, et le domaine rétrécit ; on les combat, mais le nombre des nains défenseurs diminue ; le rêve de 1929 est devenu un exercice logique parfaitement réglé. Les exemples de réécriture pourraient être multipliés. Notons que des formes autrefois distinctes s'emboîtent souvent ici. Dans ce pays de connaissance nous nous installons avec plaisir, et nous nous demandons si Michaux atteint le but souvent annoncé : nous donner les moyens de faire comme lui, d'« en sortir » ? Non : nous le lisons, lui (pas seulement son livre) et il nous divertit : transportés en lui, nous le jugeons et il développe notre sentiment de supériorité, voire notre sadisme ; nous lui livrons un « grand combat » où nous ne risquons rien ; nous perçons son secret.

Michaux, mal dans sa peau, et de façon indéfinissable, a recours à l'anecdote pour définir son malaise, et s'en délivrer ; à l'anecdote, c'est-à-dire à des personnages, qu'il n'invente pas (on n'invente que des rapports, des vitesses, des significations, et Michaux plus que tout « autre ») et dont il se sert comme les plus grands cinéastes font avec des détectives de petits romans. Le génie de Michaux consiste en ce qu'il a découvert un nouveau répertoire : les plis d'un rideau, la bilharzia, une chaise, un lézard. Il ne se coule pas en eux ; il en fait l'Autre, agressif, hideux, dérisoire. De lui-même, il fait un personnage, Je ou Plume, être dérisoire, et intouchable (une chaise ou un Autre-pantin ne vous « jugent » pas). Pour que le système de Michaux fonctionne de façon troublante, il faut une crise aiguë et que d'autre part le « réservoir d'images » constitué en *Ecuador* et aussi en Asie ne s'épuise pas. Il semble qu'au fur et à mesure que l'angoisse faisait place chez Michaux à l'ennui, au désintérêt, à la possibilité de juger froidement le monde et les autres, Michaux se soit scindé : à un bout l'activité immédiate, dont il montre admirablement le mécanisme dans *Passages* (*), à savoir le dessin ; à l'autre bout, le métier d'écrivain, l'exercice de l'esprit. Pour l'une et pour l'autre s'imposera la nécessité de la mescaline — v. *Connaissance par les gouffres* (*), *Les Grandes Épreuves de l'Esprit* (*), *L'Infini turbulent* (*), *Misérable miracle* (*), *Paix dans les brisements* (*) —, qui n'est pas un analgésique comme les autres stupéfiants, mais qui est activité et expérience, événement.

FACE D'UN AUTRE (La) [*Tanin no kao*]. Roman de l'écrivain japonais Kôbô Abe (1924-1993), publié en 1964. Ce roman, qui a fait l'objet d'une adaptation cinématographique par Hiroshi Teshigahara en 1966, raconte l'histoire d'un changement d'identité. Le narrateur qui s'adresse à sa femme dans une longue lettre servant de prologue et dans trois cahiers, noir, blanc et gris, a été défiguré au cours d'une expérience par une explosion d'air liquide et son visage est toujours dissimulé par un pansement. Découvrant que sous cet aspect il répugne à sa femme, il désire se modeler de nouveaux traits par des procédés de chirurgie plastique, dans l'espoir de la séduire sous une autre identité. « Pourquoi faire tant d'histoires pour la peau d'un visage, se demande-t-il, peau qui n'est guère que l'enveloppe d'un homme et encore, une petite partie de celle-ci ? » Dans un premier temps, il décide de rendre visite au Dr K. qui, grâce à des silicones colloïdales, crée des membres artificiels. Il lui demande de lui céder un « faux doigt » sur lequel il rêve, comme « sur un mensonge plus vrai que l'original ». Ce que le narrateur va alors entreprendre n'est rien moins que la déconstruction de sa personnalité. Qu'est-ce que la communication entre les êtres, qu'est-ce que l'âme, le cœur, indépendamment de cette médiation fondamentale qu'est un visage ? Procédant ensuite à des recherches précises sur le visage, sa structure, sa musculature, sa destruction et sa reconstitution, le héros s'adresse cette fois-ci à un ami paléontologue et lit de nombreux ouvrages afin de préparer sa métamorphose. Cependant, ses rapports se dégradent avec sa femme. « Je crois que nous n'avions rien à nous cacher l'un à l'autre, tout au long des huit années paisibles que nous avions vécues ensemble. Mais si, enfermé derrière un mur d'impassibilité plus épais que ce pansement, je n'avais eu aucun doute, je n'aurais aujourd'hui aucun droit de réclamer. On ne peut réclamer ce qui n'a pas été perdu. Le visage nu du début n'était finalement qu'une sorte de visage couvert : je devais le comprendre ainsi et me contenter de l'état actuel des choses sans me donner tant de peine. » Pour être entièrement libre de ses gestes, le chimiste défiguré loue une maison, s'y isole et modèle enfin son visage artificiel, où il dose scientifiquement les éléments qui composent une expression (intérêt, curiosité, satisfaction, rire, etc.). Il sent, dès lors, que son masque acquiert une vie autonome : il s'adresse à lui et le regarde agir, comme si le noyau de son identité se détruisait à son tour et qu'il fût réduit à une apparence artificielle lui échappant. La référence explicite au monstre de Frankenstein rend plus pathétique encore ce monologue sur le visage et les faux-semblants. Le dernier tiers du roman est une méditation poignante sur la solitude et le vide des rapports humains, intellectuels et sexuels. Une lettre finale de sa femme va révéler au narrateur qu'elle n'a pas été dupe : elle l'a reconnu sous son masque et a feint de céder à un inconnu. Particulièrement pessimiste, ce roman n'est pas sans rappeler *Un, personne et cent mille* (*) ou *Feu Mathias Pascal* (*) de Pirandello. Certes déconcertant par les variations stylistiques, puisque l'on passe des descriptions cliniques à des analyses psychologiques ou même métaphysiques, *La Face d'un autre* est le plus intérieur des romans d'Abe. Réfléchissant à une légende selon laquelle à l'époque de Heian, au temps du *Roman de Genji*, les femmes « considéraient comme aussi honteux de montrer leur visage que leurs parties naturelles », le narrateur se demande si « c'est la civilisation qui projeta les rayons du jour sur le visage et fit que celui-ci devint le centre de l'être humain ». Dans ses romans ultérieurs, Abe développera de façon psychologique, plus politique, plus agressive cette interrogation sur les rapports sociaux et le regard d'autrui. Et le roman défait lui-même sa base fragile dans ses dernières pages, lorsque Abe écrit : « Je me rends compte que ce masque était bien plutôt un nouveau visage nu. » La misanthropie radicale qui inspire cette œuvre écrite à l'âge de quarante ans ne devait pas être démentie par la suite. « Je hais les hommes », peut-on lire à la dernière page de ce conte plus proche des romans noirs du XIXe siècle que de la modernité qui allait être l'image de marque d'Abe au Japon et à l'étranger à partir de la fin des années 60. — Trad. Stock, 1969. R. de C. et R. N.

FACE INTÉRIEURE (La). Poème de l'écrivain français d'origine roumaine Tristan Tzara (1896-1963), publié en 1953. Ce long poème, qui témoigne du souci de Tzara de s'intégrer à son temps, ne révèle aucun apport nouveau dans l'œuvre féconde et créatrice du poète. Il s'agit d'un poème de circonstance, ou plutôt de la circonstance, comme l'explique l'auteur : « ... Il n'y a pas d'engagement du poète envers qui que ce soit. Il ne peut y avoir d'engagement qu'envers l'ensemble de la vie, dans la mesure où le poète reconnaît dans l'homme le centre de ses préoccupations [...] Pour ma part, à la poésie de circonstance, je préfère la poésie de la circonstance. Je veux dire par là que du particulier, il s'agit de passer à l'universel. » Et en effet, dans cette œuvre, Tzara touche à l'universel ; il élève la marche de l'homme à la recherche de lui-même, au niveau d'une recherche générale des hommes à la recherche d'eux-mêmes. Pour rendre plus sensible ce problème collectif, Tzara essaie une technique plus traditionnelle, orientée moins vers le jaillissement spontané de l'image et le lyrisme pur, que vers la clarté et le désir de se faire comprendre. En conséquence, cette œuvre, à côté de quelques passages d'un très beau surréalisme, adopte une forme assagie, mais elle reste vivante et significative du style de l'auteur.

FACÉTIES de Bracciolini [*Facetiae*]. C'est sans doute l'œuvre la plus réussie de l'écrivain italien Poggio Bracciolini (1380-1459). Rédigée, petit à petit, entre 1438 et 1450, elle fut complétée et remaniée en vue de sa publication (1450-1452). L'auteur était secrétaire de la Curie romaine. Il put ainsi recueillir avec soin les anecdotes scabreuses, paroles grivoises et autres commentaires que l'on colportait dans la salle de la Chancellerie appelée « Bugiale sive mendaciorum officina ». Tout cela, certes, aux dépens et à l'insu des prêtres, des cardinaux, du pape lui-même. Ce n'est qu'un journal, et l'auteur se comporte en journaliste qui serait en même temps un homme de goût. Les héros de cette chronique scandaleuse sont tantôt des hommes illustres comme Pier della Vigna, Urbain II, Frédéric II, tantôt des gens de lettres de l'époque antérieure comme Gonnella, et tantôt des contemporains, Francesco Filelfo, par exemple, la bête noire de Bracciolini. Ce livre ne tend qu'à divertir. Toutes les anecdotes qu'on y trouve ont cette concision pleine de verve, cette alacrité et cette crudité sans bornes, en un mot cette licence qui fut toujours le propre de la société humaniste. Pour se justifier, Bracciolini déclare, dans la préface, que nos aïeux faisaient de même et n'en étaient pas moins fort sages et fort sérieux ; que les « imbéciles » en pensent donc ce qu'ils voudront ! Dans ces *Facéties* on décèle, par ailleurs, une intention littéraire : Bracciolini a voulu en effet (ce n'était pas tellement facile) plier aux choses légères ce latin que tout le monde réservait pour les sujets plus nobles. De là l'« éloquentiæ tenuitas » (grave faute pour un humaniste) qu'il défend contre les traits de ses adversaires. Sitôt qu'elles furent éditées, les *Facéties* firent la conquête de l'Europe entière. On en fit de très nombreuses éditions, même dans les siècles suivants. Ce livre fut naturellement fort attaqué par les gens de l'Église ; livre exécrable, disaient-ils, « opus turpissimum », « spurcitiarum opus ». Mais le vieux Bracciolini était pur de tout préjugé. Il se consolait en pensant à la fortune de son œuvre.

FACÉTIES ET CONTES D'ARLOTTO DE FLORENCE [*Le facezie del pievano Arlotto*]. Recueil de farces de l'Italien Arlotto Mainardi (1396-1484). C'est une des œuvres les plus divertissantes de la littérature italienne. Un ami d'Arlotto Mainardi, curé de San Cresci à Maciuoli, recueillit, durant sa vie ou du moins tout de suite après sa mort, ses récits, ses traits d'esprit, ses farces et ses joyeusetés. Le recueil le plus ancien qui fût imprimé le fut à Florence, vers 1500, et bien vite les facéties prirent place à côté de celles de Gonnella et de Barlacchia. L'édition publiée par Giuseppe Bacini, en 1884, est parfaite quant au texte et aux annotations.

Dans ce recueil, écrit d'une façon vive et populaire, ressortent, parmi les ripostes et les événements bizarres, un calme et une probité qui dessinent parfaitement le caractère d'un homme habile et, sous une apparente ingénuité, un observateur aigu. Le curé Arlotto juge avec exactitude et sérénité la vie humaine et ses hypocrisies, et moralise sans complications sur les défauts et les vices des hommes. À une belle qui pour deux ducats l'aurait contenté, Arlotto répond que, pour ce prix-là, il ne veut pas acheter un remords. Auprès du pauvre ouvrier qui, le dimanche, demande quel jour on est, il s'enquiert s'il a du pain chez lui, et ayant appris qu'il n'en avait pas, il l'encourage à travailler, parce que pour lui, pauvre malheureux, il n'y a pas de fête d'obligation. La familiarité du curé avec saint Antonin, évêque de Florence, est célèbre : très souvent le personnage est cité et de façon à donner raison à Arlotto, même quand ses ennemis cherchent à le condamner pour ses mœurs. Quelques-uns de ses aphorismes sont intéressants : « Qu'y a-t-il de plus pointu qu'un couteau ou qu'une aiguille ? La langue de l'homme. – La loi ? C'est une toile d'araignée. – La chose la plus fidèle ? La terre. – D'où es-tu ? Du monde » et d'autres semblables. Il est pourtant aisé de constater qu'une grande partie de la sagesse malicieuse du curé est puisée dans la tradition toscane, mais aussi vient tout droit des moralistes et philosophes grecs ou latins, devenus patrimoine d'une commune culture didactique. Autour de la figure changeante de ce religieux, qui allait par les tavernes et les carrefours dire son mot dans toutes les classes de la société, devait se former une légende qui anime le personnage et le rend typique. Du reste, la note fondamentale des diverses observations sur la vie et sur la société, qui se rencontre dans ces facéties comme dans *L'Histoire de Bertoldo*, est l'apologie du paysan ordinaire, champion du bon sens, continuellement loué, dans les petites nouvelles et les plaisanteries du curé, pour sa sagesse populaire qui trouve toujours, au cours des siècles, des êtres qui s'en réclament. Un journal intitulé

Le Curé Arlotto parut entre 1858 et 1860, et rendit encore plus comiques les allusions à l'ancien personnage.

FACÉTIEUSES NUITS (Les) [*Piacevoli notti*]. Recueil de nouvelles de l'écrivain italien Giovanni Francesco Straparola (fin XVe-1557 ?), divisé en deux parties, publiées la première en 1550, la seconde en 1553. Ces histoires, l'auteur prétend les avoir entendu conter à Murano dans le palais d'Ottaviano Maria Sforza, au cours de treize nuits de carnaval (par des servantes durant les douze premières nuits et par tous les membres de la noble compagnie durant la dernière). À la fin de chacune d'elles, le narrateur propose une énigme en vers. Par ces énigmes et grâce à d'autres particularités tenant au cadre de sa narration, Straparola s'est efforcé de rajeunir une fiction commune à beaucoup de conteurs italiens — à commencer par Boccace —, afin d'attirer le lecteur par la nouveauté ; mais la substance des *Facétieuses Nuits* reste toutefois assez inégale. Quant aux personnages (réels ou imaginaires) qui y apparaissent, ils ne sont vraiment que des ombres. L'auteur a été plus heureux quand, par goût de la nouveauté, il a tiré son sujet d'un de ces contes populaires, inconnus avant lui dans le monde des lettres ; les ayant recueillis tels qu'on les disait dans le peuple, il les narre dans un style simple et désinvolte, sans leur donner un tour personnel comme le fera Basile dans le *Conte de tous les contes* (*), ou en tirer des prétextes de polémique comme le fera Carlo Gozzi dans ses *Fables* théâtrales. Sans aucun doute, l'auteur réussit mieux dans les nouvelles où il peut recourir à des sources écrites, rapportant parfois sans scrupule des nouvelles entières d'autres écrivains comme les vingt-deux qui furent traduites du latin par Morlini et que l'on trouve dans la seconde partie, composée hâtivement, semble-t-il, après le succès de la première. La prédilection de Straparola pour les modes de narration populaires apparaît, plus encore que dans ses contes, dans deux nouvelles, l'une en dialecte bergamasque (V. 2), l'autre en dialecte padouan (V. 4) : le dialecte a été, ici, probablement choisi pour mettre en relief le caractère plébéien de l'histoire. Ces nouvelles contribuent à l'intérêt de ce recueil, différent à plus d'un titre de ceux de son temps, et qui, pour cette raison, connut une fortune disproportionnée à sa réelle valeur artistique. — Trad. Carrington, 1907.

FÂCHEUX (Les) d'Auric. Ballet en un acte du compositeur français Georges Auric (1899-1983). Cette œuvre, écrite en 1921-23 à la demande de Serge de Diaghilev sur un livret de Boris Kochno, d'après la comédie-ballet de Molière, fut représentée pour la première fois en janvier 1924 au théâtre de Monte-Carlo, par les Ballets russes, dans une chorégraphie de Nijinski et dans des décors et des costumes de Georges Braque. Elle reprend le thème de la pièce de Molière : la rencontre du jeune Éraste et de son amie Orphise, perpétuellement différée et contrariée par divers fâcheux — le danseur, les joueuses de volant, les deux bavardes, les joueurs de boules, le joueur de cartes — et interrompue encore par l'arrivée du tuteur d'Orphise et de son valet, pris à partie par La Montagne, serviteur d'Éraste, et ses compagnons, avant la réunion finale des deux amants bénis par le tuteur. Sur ce thème d'esprit bouffe, Georges Auric a écrit une partition d'un humour acide et vif, émaillée de quelques moments de tendresse (danse d'Orphise), assortie d'une orchestration particulièrement spirituelle et efficace, qui exploite habilement les ressources scéniques de l'intrigue et ses rapides enchaînements et décrit avec une ironie tranchante les différents types de fâcheux.

L'œuvre obtint un grand succès (Erik Satie n'en témoigna pas moins à son égard, peu de temps avant sa brouille avec Auric et Poulenc, d'une acrimonie quelque peu sévère). Elle devait être suivie, un an plus tard, d'un autre ballet aussi brillant, commandé également par de Diaghilev : *Les Matelots*.

FÂCHEUX (Les) de Molière. Comédie en trois actes du dramaturge français Molière (Jean-Baptiste Poquelin, 1622-1673), représentée pour la première fois le 17 août 1661 au château de Vaux-le-Vicomte lors de la somptueuse fête offerte par le surintendant des finances Foucquet à Louis XIV. Molière n'avait encore donné au théâtre, outre ses farces, qu'un petit nombre de comédies, dont *Les Précieuses ridicules* (*) et *Sganarelle* (*), et, cette même année 1661, *Dom Garcie de Navarre* (*) et *L'École des maris* (*) ; mais il était déjà connu et estimé, quand il reçut commande de Foucquet de cette comédie-ballet. *Les Fâcheux* plurent tant à Louis XIV qu'il indiqua à Molière un nouveau type de fâcheux à ajouter à sa galerie, en la personne d'un gentilhomme de sa Cour, le marquis de Soyecourt, qui devint le personnage du chasseur importun (II, 6). La nouvelle version en fut présentée à Fontainebleau le 25 août 1661. Onze jours plus tard, Foucquet était arrêté par ordre du roi, et Pélisson, son confident ordinaire, qui avait rimé le Prologue des *Fâcheux*, jeté en prison. *Les Fâcheux* inaugurent la série des pièces à grand spectacle, mêlées de ballets, qui plaisaient à Louis XIV, et qui devaient aboutir, dix ans plus tard, à la formule de l'opéra. Dans ce spectacle, la pièce de Molière devait permettre d'introduire des danseurs entre chaque tableau, et il fallait « coudre » l'ensemble le mieux possible. D'où la nécessité pour l'auteur de trouver une intrigue assez ingénieuse et assez lâche pour que les scènes puissent sans inconvénient être séparées par des ballets. Le thème des *Fâcheux* est des plus simples : un jeune gentilhomme,

Éraste, a fixé un rendez-vous amoureux à sa belle, Orphise ; il se prépare à s'y rendre, mais une série d'importuns viennent, à tout instant, le détourner ou le retarder. Tout l'intérêt de la pièce repose dans la peinture des caractères des multiples « fâcheux » ; ils sont dix. La pièce est divisée en trois actes et fait montre d'une très grande habileté : Molière a su éviter la répétition des effets et donner à chaque apparition d'un nouveau fâcheux un caractère particulier. Elle a un tour nettement satirique ; tous ces fâcheux sont des personnages de la cour de France et qui devaient être fort reconnaissables. La Fontaine, qui vit la première de la pièce, souligna la nouveauté de son « naturel » et annonça la naissance d'un nouveau Térence. *Les Fâcheux* se maintinrent à la scène pendant tout le règne de Louis XIV. Ils subirent une éclipse au XVIIIe siècle, pour retrouver le succès au XIXe.

FACINO CANE. Nouvelle du romancier français Honoré de Balzac (1799-1850), publiée en 1836 et qui fait partie des « Scènes de la vie parisienne » — v. *La Comédie humaine* (*). Un jeune étudiant, qui habite un quartier populeux, en observe avec curiosité les habitants. Invité par sa femme de ménage à la noce de sa sœur, il y est vivement frappé par l'expression du clarinettiste de l'orchestre composé de trois vieux aveugles de l'hospice des Quinze-Vingts. Le masque du vieillard, que ses collègues appellent « le Doge », semblable à celui de Dante, lui semble si intéressant qu'il ne peut résister au plaisir de l'interroger. L'homme lui raconte son histoire : il se nomme, de son vrai nom, Facino Cane, prince de Varese, et descend du fameux condottiere du même nom. En 1760, à vingt ans, noble, riche et beau, il s'éprend d'une jeune femme de la famille Vendramin mariée à un patricien de Venise, Sagredo. Pris en flagrant délit par le mari, il le blesse grièvement et est jeté en prison. Dans son cachot, il découvre une inscription arabe qui lui indique que des travaux de fouilles ont déjà été entrepris et qui lui donne les moyens de les continuer. Après un mois d'un travail exténuant, il parvient à un souterrain plein d'or et de diamants, c'est le trésor secret de la république de Venise. Il s'évade, emportant avec lui une fortune. En 1770, il vient à Paris et s'y installe sous un nom d'emprunt et un titre espagnol. Il mène une vie brillante jusqu'au jour où il devient aveugle, infirmité qu'il considère comme la contrepartie à sa faculté de sentir et de deviner à distance. Dépouillé par une femme qui l'abandonne, enfermé comme fou, puis recueilli aux Quinze-Vingts, il ne peut s'empêcher de penser aux trésors qui l'attendent. Il essaie en vain de persuader quelqu'un de le mener à Venise. Personne ne le croit. « Nous irons à Venise », s'écrie alors le jeune homme. Deux mois après, Facino Cane meurt d'un catarrhe. Cette courte nouvelle de Balzac contient à la fois une évocation de la vie en Italie à la fin du XVIIIe siècle, sur laquelle il devait revenir dans *Massimilla Doni* (*), une atmosphère mystérieuse, très significative du goût de l'auteur pour le secret et la conspiration, qui lui inspira l'*Histoire des Treize* (*) et dont Alexandre Dumas devait se souvenir en écrivant, quelques années plus tard, son *Comte de Monte-Cristo* (*) ; mais surtout ce récit, condensé à l'extrême et plein de vie, est tout entier dominé par la passion de l'or. Il contenait la matière de plus amples développements, et sa brièveté même est un témoignage de la richesse imaginative de Balzac.

FAÇONS DE PERDRE [*Alguien que anda por ahí*]. Œuvre du romancier argentin Julio Cortázar (1914-1984), publiée en 1977. Dans les onze nouvelles du livre, on retrouve l'art de Cortázar de mêler le vécu à l'imaginaire en une fiction explosive qui fait basculer la réalité hors de ses gonds. Les relations sentimentales ambiguës malicieusement métamorphosées en histoires insolites, chères à l'auteur, réapparaissent ici dans « Éclairages », « Vents alizés », « La Barque ou Nouvelle visite à Venise ». Pourtant, le grand mérite de Cortázar dans ce recueil est d'avoir su élever plusieurs nouvelles politiques aux dimensions du fantastique. Dans « La Deuxième Fois », l'étrange visite que Maria-Elena doit rendre à une mystérieuse administration située dans un quartier écarté de Buenos Aires, et qui se transforme vite en cauchemar, nous fait découvrir, sans que la protagoniste le comprenne, le mécanisme par lequel la bureaucratie officielle allonge chaque jour la liste des « disparus ». Dans « Quelqu'un qui passe par là », Jiménez, un contre-révolutionnaire, débarque à la nuit tombante, clandestinement, à Cuba, avec la mission de dynamiter une usine. Dans le motel où l'a introduit son complice Alfonso, Jiménez reste un moment au bar où un homme à l'air étranger observe le jeu de mains de la pianiste. Après quoi il monte dans sa chambre, s'y enferme et s'endort en attendant l'heure fixée pour l'attentat. Soudain il est réveillé par une présence lourde et plus sombre que l'obscurité de sa chambre : c'est l'étranger qui, assis au pied du lit, le regarde sans hâte avant de serrer entre ses doigts le cou de Jiménez. Comment est-il entré ? Mystère de la fiction fantastique. Dans « Apocalypse de Solentiname », le protagoniste n'est autre que Cortázar lui-même qui a rapporté d'un voyage dans l'île de Solentiname, au Nicaragua, sous la dictature de Somoza, des photographies de jolis tableaux naïfs que les Indiens de la communauté peignent sous l'impulsion de leur bienfaiteur, le père Ernesto Cardenal. Rentré à Paris, le romancier, qui vient de récupérer les rouleaux de photos développées, arme son projecteur et se prépare à s'émerveiller à nouveau du petit monde paradisiaque de Solentiname. Mais que se passe-t-il ? Quelle secrète main noire a remplacé les photos heureuses par des visions d'enfer ? Les vues qui apparaissent sur l'écran y étalent les horreurs quotidiennes de la dictature : assassinats, viols, tortures, corps mutilés ou gisant dans la mort. L'explication est absente, comme toujours dans le récit fantastique, mais l'effet produit est hallucinant et efficace. Cette courte nouvelle de neuf pages convainc plus de la douloureuse réalité latino-américaine qu'un livre ou un traité complet sur le thème. — Trad. Gallimard, 1978.

C. C.

FACTEUR HUMAIN (Le) [*The Human Factor*]. Avec ce roman publié en 1978, l'écrivain anglais Graham Greene (1904-1991) s'aventure sur des territoires chers à John Le Carré. « Tout homme amoureux est un espion en puissance », fait-il dire à l'un de ses personnages. Ici un agent double nommé Castle cherche à aider des Noirs sud-africains amis de sa femme de couleur. Il devient une « taupe » et transmet des renseignements aux Soviétiques. Les fuites sont découvertes, l'adjoint de Castle est assassiné par méprise à la place de celui-ci qui se réfugie, avec l'aide des Russes, à Moscou où, tel Robinson Crusoé, il fera l'expérience de la solitude.

Castle, être solitaire, aspire à prendre sa retraite des Services secrets mais doit continuer à cautionner ce qu'il appelle « le système » afin de rembourser les dettes contractées à l'occasion de la fuite de sa femme en Angleterre. Espion, agent double par choix délibéré, il n'a point d'ami et ne croit plus en rien. Ayant pris conscience de la corruption et de la cruauté sadique de l'univers des renseignements (qui l'ont contaminé), il contribue à son tour par ses propres actions à contaminer ses semblables. Ainsi son collègue Davis, être veule qu'un romantisme de jeunesse a fait fourvoyer dans la carrière, est-il soupçonné de trahison et assassiné par erreur à sa place.

Comme dans tous les romans de Greene, le héros est racheté, son cynisme adouci par l'amour qu'il porte à sa femme Sarah et au fils de celle-ci, Sam. Auprès d'elle il redevient Maurice. « La mention de son nom était un signe d'amour [...] un nom est quelque chose de strictement privé, que l'on ne doit jamais divulguer hors de la tribu. Dans l'extase de l'amour elle criait haut et fort son nom secret. » Tous ses actes sont accomplis pour eux, tous tendent à préserver le fragile sanctuaire qu'ils se sont ménagé. Castle a trahi son pays pour l'empêcher de participer aux agissements de l'Afrique du Sud et des États-Unis, dit-il. Et Sarah de lui répondre : « Nous avons notre propre patrie. Toi et moi et Sam. Celle-là tu ne l'as jamais trahie, Maurice. » Castle s'efforce de se raccrocher à cette certitude tout en sachant que son amour lui fait courir tous les risques car un homme amoureux est un « anarchiste qui porte sur lui une bombe à retardement ». L'amour qu'il voue à sa femme est sacré ; mais elle est ce « facteur humain » qui le rend imprudent. En lui donnant trop, il met sa sécurité en péril et sera contraint, pour la préserver, d'être séparé d'elle. Ce sacrifice, seule faiblesse du protagoniste, l'exile pour toujours dans les froides solitudes moscovites. Devenu citoyen soviétique, il reste seul, ayant renoncé à tout pour rien ; jamais il n'atteindra la cité de ses rêves, celle de la « paix de l'esprit ».

Roman désespéré où Greene suggère qu'aucune issue n'est possible, ni dans le rêve, ni dans la religion, ni dans une amélioration quelconque de la condition humaine. On a souvent remarqué les ressemblances existant entre la destinée tragique de Maurice Castle et celle de Kim Philby, ami du romancier et agent double qui, démasqué, dut se réfugier à Moscou en 1963. — Trad. Robert Laffont, 1979.

A. Bl.

FACTEUR SONNE TOUJOURS DEUX FOIS (Le) [*The Postman always Rings Twice*]. Roman de l'écrivain américain James Mallahan Cain (1892-1977), publié en 1934. Ce qui frappe peut-être le plus c'est le ton de ce roman. Un ton volontairement neutre, comme absent, un ton d'à côté de la question. Le narrateur, Frank Chambers, raconte le meurtre qu'il a commis et la mise en scène qu'il a imaginée pour camoufler ce meurtre en accident, comme si c'était du meurtre d'un autre qu'il s'agissait. Insérés dans une trame ainsi dépouillée, les événements vont acquérir une résonance et une violence terrifiantes. « Littérature en coups de poing », souligne Irène Nemirovsky dans sa préface. Cette notation est très exacte en ce sens que le lecteur suffoque, est pris à la gorge tout au long de ce court récit, qui est la confession d'un assassin. Un assassin ? Oui. Il y a eu meurtre. Frank Chambers et sa maîtresse Cora se débarrassent de Nick Papadakis, le mari (gênant) de Cora, en simulant un accident d'automobile, d'où ils sortiront en mauvais état — mais vivants — tandis que le Grec trouvera la mort. (Pour plus de sûreté il sera d'ailleurs tué avant.) Alors pour Frank et Cora vont commencer des jours étranges. L'exaltation du meurtre passée, ils sentent tous les deux que quelque chose s'est brisé dans leur amour : « Nous sommes juste deux vauriens, Frank. Dieu s'était penché sur nous l'autre nuit. Il nous avait accordé tout ce que deux êtres peuvent rêver de plus beau. Mais nous n'en étions pas dignes. Nous avions un grand amour et nous nous sommes laissé écrabouiller par cet amour. » Ce sont les plus belles pages. L'idée que la violence de la chair pourra restituer l'amour total (« Elle semblait être l'ancêtre de toutes les putains du monde ») et en même temps l'idée de quelque chose d'autre, comme d'une autre violence. Une nouvelle naissance en somme. Le miracle, c'est que Cora annonce à Frank qu'elle attend un enfant. Mais la vie rêvée ne sera possible qu'à condition que la souillure — le doute en eux — soit complètement effacée. Alors les deux amants vont se baigner dans la mer. Cora nage très loin de telle manière que, si son amant en a envie, il puisse la noyer et se débarrasser ainsi du seul témoin de son crime. Frank nage près de Cora. Il la regarde. Il est émerveillé. Au retour, Cora est prise d'un malaise. Dans sa course folle pour atteindre le plus proche hôpital, Chambers commet une imprudence sur la route, et Cora est tuée net dans l'accident. Comme Popeye dans *Sanctuaire* (*) (1930) de Faulkner, Frank sera jugé pour ce crime qu'il n'a pas commis. Jugé, condamné. Et pendu. — Trad. Gallimard, 1936.

FACUNDO. Chef-d'œuvre de l'homme politique et écrivain argentin Domingo Faustino Sarmiento (1811-1888), publié en 1845, pendant l'exil de l'auteur au Chili. C'est un livre essentiel pour la connaissance de l'Argentine et, en même temps, une satire désormais classique du despotisme (« caudillo ») hérité de l'époque coloniale. Il jette en outre une lueur prophétique sur l'avenir des peuples d'Amérique du Sud. Facundo, qui donne son titre à l'ouvrage, est le nom de baptême de Quiroga, célèbre aventurier, « gaucho barbare » et tyran sanguinaire de San Juan, qui fut même gouverneur de Buenos Aires et dont Rosas lui-même se débarrassa sans scrupules le jour de son triomphe. Quiroga est campé avec vigueur. Autour de lui sont évoquées d'autres figures tragiques et primitives : partout ce n'est que conflits d'instincts féroces et en même temps raffinés, exacerbés par une lutte incessante et implacable, tenaillés par la soif du pouvoir, balançant perpétuellement entre la victoire et la défaite, la tyrannie et l'esclavage, la ville et la pampa, la « civilisation » et la « barbarie » (et c'est là d'ailleurs le sous-titre de l'œuvre). Le frère général Felice Aldao, quittant la bure pour la guerre, et le « Chaco » (Vicente Peñalosa, autre chef de bande) sont, après Facundo, les héros des autres parties du livre, consacrées au récit des événements historiques de l'orageuse période d'une guerre civile qui se poursuivit trente années durant. Tout à la fin, parmi les principaux acteurs de ce drame national, apparaît Sarmiento lui-même, réorganisateur de cette justice dont il se fait le champion. L'auteur excelle dans les descriptions, véritables eaux-fortes, évoquant le pays dans ses traits essentiels, nous donnant des portraits de ses types les plus caractéristiques. Les pages d'introduction, vivantes et sobres, offrent, dans la matière et le fond, une certaine affinité avec le style et la manière de Tacite : un monde primitif au sortir d'un chaos d'instincts et de passions, cherchant douloureusement à se définir et se coordonner, tendu, dans de tragiques convulsions, vers un idéal de paix et de bien-être social. En cet endroit, Sarmiento, alliant le dépouillement du style à l'ardeur poétique, exalte en une fresque épique tout le destin de son pays : « Le chantre est un nomade ; la nuit est sa demeure, partout où elle l'atteint ; sa richesse et sa voix sont poésie. » Certains types argentins, absolument originaux, comme le « rastreador » (suiveur de traces, auxiliaire de la justice dans ses enquêtes, expert en pistes et empreintes) et le « baqueano » (topographe d'instinct), véritables chiens de chasse humains renforcent encore l'intérêt de l'œuvre, d'une composition homogène, enrichie d'un souffle poétique puissamment évocateur. *Facundo* demeure un classique de l'Argentine et constitue, avec le *Martín Fierro* (*) de José Hernandez, la pierre de touche de cette jeune et florissante littérature. « La vertu de la littérature de Sarmiento demeure démontrée par son efficacité, a écrit J. L. Borges. N'importe qui peut corriger ses écrits ; nul ne peut les égaler. » — Trad. Institut international de coopération intellectuelle, 1934, puis éd. Unesco/La Table ronde, 1964.

FAHIM ET NOUS [*Fahim bey ve biz*]. Roman de l'écrivain turc Šinâsî Hisâr (1883-1963), publié en 1941. Sous la forme d'un récit ironique, l'auteur décrit un personnage par bien des aspects déconcertant. Malgré une bonne éducation et des diplômes, Fahim bey n'arrive pas à se faire une situation sérieuse et à prendre sa place dans la vie, mais il s'efforce, sans d'ailleurs y parvenir, de sauver les apparences et de camoufler le vide de ses occupations. Bien qu'il ne soit question que de la vie intime du personnage (rapports avec sa femme, sa famille, etc.), Fahim bey représente bien le type de l'Ottoman à la fin de l'Empire. À travers son personnage se manifeste la vision d'une société, qui veut se débarrasser de son passé tout en restant attachée à des traditions qui s'effritent. La vie de Fahim bey se déroule, sans but précis, dans des structures superficielles, un désarroi inconscient, une passivité où le rêve est une compensation. Loin d'être un être bizarre comme l'ironie subtile de l'auteur voudrait nous le faire croire, il s'agit d'un être qui symbolise toute une époque de la société turque en transition. Dans ses commentaires sur le comportement de son personnage, l'auteur s'attache surtout à des considérations d'ordre psychologique et spéculatif sur les problèmes du « temps », du « devenir » et de la « relativité », en accordant une place particulière à la vieillesse et la mort. Le style, avec des périodes très longues qui expriment toutes les nuances de la pensée et du sentiment, révèle une maîtrise peu commune de la langue turque.

FAIM (La) [*Sult*]. Roman de l'écrivain norvégien Knut Hamsun (pseud. de Knut

Perdersen, 1859-1952), publié en 1890. Un homme marche dans les rues. Il crève de faim. Journaliste, chassé d'une chambre qu'il n'a pas payée, il écrit dans les squares des articles que les journaux lui prennent de temps à autre. Quand l'article est publié, c'est un moment d'espoir, une chambre pour quelques jours, quelques dîners. Puis reviennent les jours et les semaines de détresse physique et morale, de désespoir complet. Une rencontre avec une femme s'ébauche, courte et passionnée. Une patronne d'hôtel traite le jeune homme en vagabond. La faim presse. Le journaliste se fera marin et quittera la ville. La ville, c'est Christiania, mais ce pourrait être une autre ville. Ce roman pur de toute intrigue n'est nullement naturaliste. On n'y trouve aucune couleur locale. Aucune intention locale non plus : bien qu'il souffre, le héros n'attaque point la société, non plus qu'il ne songe à la réformer. Résigné le plus souvent, sa seule protestation, c'est à Dieu qu'il l'adresse. Knut Hamsun a donc réduit au minimum l'action des personnages et du milieu : il ne nous dit même pas ce qui a réduit à l'indigence l'affamé. Il semble qu'autour de son héros la faim dresse une sorte de barrière, qui chasse de l'âme du malheureux les choses et les gens. La faim le fortifie dans sa solitude. Ce roman est donc tout psychologique : analyse minutieuse des expériences physiques et spirituelles d'un garçon doué autant qu'on peut l'être pour la poésie, plein d'ambition, mais qui manque de tout moyen de subsistance et incapable d'y remédier. Le seul ressort de l'action, c'est toujours la faim, à savoir l'expression la plus immédiate de la misère. Le déroulement de ce thème unique est traité avec une extrême lenteur, de telle manière que le lecteur est bientôt aussi accablé que le héros ; l'impression pourrait vite devenir fatigante, insupportable, mais le style d'Hamsun, l'alternance du lyrisme et de la mélancolie tiennent le lecteur constamment en haleine. Sans doute le roman est-il autobiographique, mais pour une part assez limitée. Le caractère du héros n'est pas très défini : il semble, en effet, avoir souvent perdu le contrôle de lui-même ; associations d'idées extraordinaires, phantasmes, impulsions bizarres se pressent pour lui donner l'angoisse de la folie. Cet état de dépression physique pourrait laisser croire chez lui que la volonté manque. Mais la ténacité avec laquelle il poursuit son effort littéraire prouve qu'il n'en est rien. La faim, au reste, ne balaye pas tout en lui : c'est une nature fière, aristocratique, exempte pourtant d'orgueil, car il sait évaluer, sans les grossir, ses propres mérites. Révolté certes et agressif, il lui arrive de l'être, mais ce n'est plus la raison qui parle alors : simplement cet instinct physique qui le porte à réagir, à vivre. Cette nature sensible se montre affectée par les sentiments d'autrui, et, en dépit de la violence de son propre caractère, il se trouve avoir compassion d'autrui. Ce livre, où une part si grande est faite au subconscient, à ces mouvements de l'âme que la raison ne contrôle plus, où l'homme apparaît radicalement seul, perdu dans une ville dépourvue de tout contour, qui n'est plus un être et qu'il n'est même plus possible de haïr, eut une influence considérable sur la naissance du sentiment de l'absurde qui marque la littérature du demi-siècle. Il semble néanmoins que chez Hamsun il n'y ait pas de procédés, de technique : la texture de son roman est pure de tout artifice. Si la littérature « absurde » peut trouver dans *La Faim* une de ses premières manifestations, elle possède chez Hamsun une sincérité, une chaleur et un naturel qui laissent loin derrière eux tout ce qu'on pourra faire par la suite. — Trad. Rieder, 1926 (avec une préface d'Octave Mirbeau).

FAIMS (Les) [*Gladi*]. Roman de l'écrivain, poète et homme politique serbe Oskar Davičo (1909-1989), publié en 1963. Faisant suite au roman intitulé *Les Silences* (*), publié au cours de la même année, ce roman s'insère dans une tétralogie intitulée *Le Bagne*, et précède *Les Secrets* (*), roman. Là encore Oskar Davičo décrit la vie des prisonniers politiques yougoslaves avant la dernière guerre. La lutte entre les révolutionnaires emprisonnés et leurs geôliers se poursuit. Le principal personnage de cette tétralogie, Slobodan Radenik (littéralement Libre Ouvrier) se trouve dans une salle collective de la prison. L'auteur y expose non seulement les heurts entre les prisonniers et les geôliers, lors d'une grève de la faim, puissamment décrite, mais aussi les conflits entre les communistes eux-mêmes. En pleine grève de la faim les révolutionnaires s'efforcent de continuer à lire des ouvrages qui leur parlent de la « lutte du prolétariat pour la liberté de l'homme » et n'interrompent pas leurs discussions passionnées, en vrais constructeurs de la vie future.

FAIRE SURFACE [*Surfacing*]. Roman de l'écrivain canadien de langue anglaise Margaret Atwood (née en 1939), publié en 1972. L'action se déroule dans le nord du Québec où arrive, probablement de Toronto, la narratrice anonyme, accompagnée de son amant Joe et de ses meilleurs amis David et Anna. Ils vont séjourner huit jours dans l'île déserte où elle a passé une partie de son enfance avec des parents peu conventionnels. Elle vient à la recherche de son père qui y habitait et qui a disparu : il a pu devenir fou, se perdre dans les bois ou se noyer dans le lac. David et Joe font un film dont l'héroïne et Anna se moquent. C'est une forme de prédation qui fait de ses réalisateurs des « Américains », pour qui la possession est la seule relation possible avec les choses et les êtres. La première partie, écrite au passé, d'une voix neutre, anesthésiée, évoque le divorce de la narratrice et l'enfant qu'elle a perdu : elle aussi a été victime d'un amant prédateur. La recherche de son père se mue en quête de son intégrité : on découvre peu à peu que la narratrice n'est pas fiable et que son histoire est un tissu de mensonges grâce auxquels elle a essayé de vivre, face aux exigences de la société.

Dans la seconde partie du roman, écrite au présent, au cours d'une plongée dans le lac, elle aperçoit le corps de son père, entre deux eaux, flottant comme un fœtus. Le choc de cette vision, magnifiquement rendu en un langage poétique d'une grande sensibilité, lui fait enfin admettre la réalité de son avortement qu'elle dissimulait sous des souvenirs « faux comme des passeports ». En acceptant sa responsabilité, elle se libère de la position de victime, à l'opposé d'Anna qui se complaît dans ce rôle à l'intérieur du couple sadomasochiste qu'elle forme avec David. L'héroïne reconnaît ironiquement que les Canadiens, dont elle-même, peuvent être des « Américains », au sens négatif de tueur et d'accapareur qu'elle donne à ce terme. Elle entreprend une double démarche pour retrouver son unité : la conception d'un nouvel enfant qui remplacera l'autre, puis, dans la troisième partie du roman, de nouveau narrée au passé, une régression chamanique à l'état naturel, pendant cinq jours au cours desquels elle se libère de son humanité. De stricts tabous en matière de lieux, de vêtements, de nourriture, induisent une vision des esprits indiens, de l'esprit de ses parents, des forces vitales de la nature. Mais elle s'aperçoit finalement qu'elle a échangé la prison de la civilisation pour celle de l'animalité qui la conduit tout droit à la mort ou à la folie. Forte de sa régénération qui lui donne le pouvoir d'améliorer les êtres, elle doit retourner dans le monde civilisé et poursuivre un équilibre instable entre nature et culture, route précaire, semée d'échecs probables, mais la seule possible pour un être humain. Ce court mais très riche roman porte en germe pratiquement toute la suite de l'œuvre. — Trad. L'Étincelle, 1978. J. L.

FAISEUR DE PLUIE (Le) [*Henderson the Rain King*]. Roman de l'écrivain américain Saul Bellow (né en 1915), publié en 1957. Ce roman occupe une place particulière dans l'œuvre de Bellow : l'action se passe dans une Afrique mythique et onirique, le héros n'est pas juif, les aventures sont abracadabrantes, le registre parodique, le ton cocasse.

Le roman raconte l'odyssée d'un Américain milliardaire, à la corpulence gargantuesque et aux frustrations infinies, lancé à travers l'Afrique. Il ne s'agit cependant pas d'un récit de voyage, mais d'un pèlerinage, d'une quête, la dimension onirique du voyage permettant toutes les fantaisies fantasmatiques. Héritier d'une fortune maudite, qui aurait dû revenir à son frère aîné mort dans un accident de voiture, confusément Henderson se sent coupable ; il se considère aussi coupable de la mort de sa vieille servante provoquée par une de ses crises incontrôlables. Ces morts lui renvoient l'image de sa propre mort. C'est donc un peu pour expier ses péchés, mais aussi pour fuir l'échec de son premier mariage, les exigences de sa nouvelle épouse, le chaos de sa vie, qu'il part pour l'Afrique, en quête de vérités essentielles et surtout en quête de lui-même.

Au cours de ses pérégrinations africaines, Henderson va rencontrer deux tribus, les Arnewi et les Wariri. Les premiers sont sous le coup d'une malédiction. Des grenouilles, animaux totems de cette tribu, ont envahi le réservoir d'eau, ce qui rend celle-ci impure à la consommation. Ces grenouilles représentent le « corrélat objectif » de la malédiction et la culpabilité qu'Henderson traîne après lui. À l'aide d'un explosif, il veut détruire toutes les grenouilles mais ne réussit qu'à provoquer une catastrophe. Tel Œdipe chassé par les habitants de Thèbes, à la fin d'*Œdipe Roi* (*), Henderson prend le chemin de l'exil.

Dès qu'il pénètre en territoire Wariri, il est fait prisonnier et soumis à toutes sortes d'épreuves initiatiques qui feront de lui le Roi de la pluie. Il doit notamment soulever une énorme statue représentant la Mère. L'épreuve prend l'allure d'une véritable étreinte amoureuse, mais la représentation rituelle de l'acte tabou, sans abolir l'interdit sur l'inceste, offre une solution de compromis entre le désir de transgression et l'obéissance à la loi. Il est pris alors sous la tutelle du roi Dahfu qui en fait son disciple.

Après de nombreuses péripéties, les unes comiques voire burlesques, comme la tentative de Henderson d'imiter la lionne Atti — dramatisation parodique des théories du psychanalyste W. Reich sur la nécessité de redécouvrir l'animal en nous —, les autres tragiques, comme la mort du roi tué par un lion, le roman s'achève sur le retour de Henderson dans le monde dit civilisé et sur la réconciliation du fils avec l'image du père. Alors que dans la tragédie grecque le destin achemine le héros vers la conscience de sa culpabilité, dans *Le Faiseur de pluie,* par une série de déplacements, de renversements, de déguisements et d'épreuves initiatiques, le héros est libéré de la même angoisse. Il faut désormais, sur le chemin du retour, passer par Athènes, et contempler en toute sérénité l'Acropole, haut lieu du pèlerinage œdipien. — Trad. Gallimard, 1961. C. L.

FAISEUR DE THÉÂTRE (Le) [*Der Theatermacher*]. Pièce de l'écrivain autrichien Thomas Bernhard (1931-1989), publiée en 1984. L'avant-dernière grande pièce de cet auteur ne porte aucune indication de « genre », mais on sait que chez lui « toute comédie est tragédie, toute tragédie est comédie ». Et c'est sans doute la plus burlesque, en même temps que celle qui, peut-être, résume et reprend toutes les autres. Bruscon, le « faiseur de théâtre », à la fois auteur, acteur et directeur de troupe, arrive dans un petit village de Haute-Autriche pour jouer sa pièce « La Roue de l'Histoire ». Le spectacle n'aura évidemment pas lieu. Ce thème central rappelle celui de *La Force de l'habitude* [*Die Macht der Gewohnheit*, 1974], où l'on voyait un impitoyable directeur de cirque s'acharner à exiger de ses « artistes » un quintette, « La Truite », qui ne voyait jamais le jour. La série des « artistes » du théâtre de Thomas Bernhard (qui passait par les chanteurs, les écrivains, les musiciens, mais aussi les dictateurs et les S.S.) s'achève dans cette fusion de tous ces types en une seule personne — sinon que le personnage du nazi serait ici représenté par la population qui conserve le portrait de Hitler accroché au mur. Les thèmes politiques sont loin d'être absents, mais ils sont englobés dans la « catastrophe artistique » qui faisait le fond des premières pièces ou, plus tard, de *Au but* [*Am Ziel*, 1981], consacrée essentiellement à l'auteur dramatique. Le totalitarisme est aussi celui de l'art et de l'Histoire, poussé jusqu'à l'absurde : Bruscon a écrit une « pièce totale » où se rencontrent Hitler, Mme de Staël, Napoléon, Staline et quelques autres — de même que le Moritz Meister de *Sur les sommets...* [*Über allen Gipfeln ist Ruh*] avait composé une Tétralogie wagnéro-goethéenne et le Réformateur, dans la pièce du même nom [*Der Weltverbesserer*, 1979], un traité pour la réforme du monde concluant à la nécessité de son anéantissement.

Le *vanitas vanitatum* des romans est, dans le théâtre, traité sur un mode plus directement grotesque, même si subsiste la tragédie. Et l'écriture lancinante, répétitive, y est fragmentaire, lacunaire, brisée, de l'ordre de l'imprécation. C'est un théâtre de marionnettes, construit comme les romans sur un modèle musical, mais dans une autre tonalité et sur un rythme différent : une musique de chambre. — Trad. L'Arche, 1986. C. Po.

FAITS DIVERS DE LA TERRE ET DU CIEL. Recueil de l'écrivain argentin Silvina Ocampo (1906-1993), publié en traduction française en 1974 et réunissant vingt-six nouvelles tirées des recueils *Autobiographie d'Irène* [*Autobiografía de Irene*, 1948], *La Furie* [*La furia*, 1959], *Les Invitées* [*Las invitadas*, 1961]. Ce choix est parfaitement représentatif de l'œuvre en prose de Silvina Ocampo, et nous livre, au dire de Jorge Luís Borges, « un ouvrage savant, chatoyant, complexe et ténu à la fois », où se manifeste la sensibilité de l'auteur face au quotidien et aux objets qui le peuplent, ainsi qu'un humour étrange qui dérive imperceptiblement vers une forme de cruauté et un monde fantastique. Avec une technique d'écriture parfaitement dominée par son jeu littéraire, Silvina Ocampo nous livre au fil de ses nouvelles une réflexion sur l'amour, la mort, l'identité, le temps. Dans « Autobiographie d'Irène », une jeune fille ignore tout de son passé mais connaît néanmoins son futur. Comme elle, les amants du « Châtiment » parcourent en sens inverse leur vie devant un miroir. « L'Imposteur » et le « Journal de Porfia Bernal » sont aussi deux jeux sur l'identité où l'équivoque est entretenue par l'inversion du point de vue narratif et le dédoublement de la voix narrative. Les objets du quotidien sont aussi omniprésents, mais dotés de l'étrange pouvoir de dépouiller leur propriétaire d'une part de sa jeunesse, de le mener jusqu'en enfer. Mais, conclut Silvina Ocampo dans « Rapport sur le Ciel et l'Enfer », « les lois du Ciel et de l'Enfer sont aléatoires. Il dépend d'un infime détail que tu ailles ici ou là ». J.-C. V.

FAITS ET DITS MÉMORABLES [*Factorum et dictorum memorabilium libri*]. Recueil d'anecdotes, en neuf livres, de l'historien latin Valère Maxime (15 av. J.-C. ?-35 apr. J.-C. ?). L'auteur a tiré son œuvre des récits les plus célèbres d'historiens latins et grecs ; il l'a divisée en neuf livres et en quatre-vingt-quinze catégories, séparées à leur tour en exemples romains et en exemples étrangers. Les différentes catégories représentent surtout les vices et les vertus, les institutions publiques ou privées, la religion, la patrie, la famille, etc. Catégories donc très étendues dans lesquelles il y a largement la place pour de nombreuses anecdotes, même si leur nature est très différente. Le critère moralisateur forme la base de tout choix et de toute organisation, mais interdit toute prétention historique. Dans une œuvre de ce genre, on désire trouver surtout de l'unité, mais ici elle est purement mécanique. Le style lui-même change chaque fois que l'historien puise à une nouvelle source. Valère a, d'une façon tout extérieure, réussi à donner à son style latin une apparence de pureté et de clarté. Ce style n'est pas dépourvu d'un certain accent emphatique qui s'accorde pourtant bien avec le texte. Ce riche répertoire d'anecdotes eut très vite du succès dans les écoles grâce à sa facile maniabilité et à l'étalage commode de l'érudition d'autrui. — Trad. Garnier, 2 vol., 1935.

FAITS, FICTIONS ET PRÉDICTIONS [*Fact, Fiction and Forecast*]. Œuvre du philosophe et logicien américain Nelson Goodman (né en 1906), publiée en 1955. Le volume contient l'article intitulé « La nouvelle énigme de l'induction ». Goodman y présente son fameux « paradoxe », lequel a tant donné à penser et à écrire aux philosophes anglo-saxons que le très sérieux *Journal of Philosophy* a dû fermer ses colonnes à tout nouvel article pour ou contre Goodman afin d'éviter que la revue ne soit transformée en un commentaire perpétuel du « paradoxe ». Celui-ci se présente ainsi :

Supposons que toutes les émeraudes examinées avant un instant t soient vertes. On peut introduire le prédicat « vleu » en l'appliquant à toutes les émeraudes vertes examinées avant t et à celles qui, n'ayant pas été examinées avant t, sont bleues. Ainsi, toutes les émeraudes examinées avant t sont vertes, mais elles sont aussi vleues. Les émeraudes examinées après t sont, elles aussi vleues, mais, étant bleues, elles ne peuvent être vertes. Il est bien évident que la quantité des confirmations de l'affirmation « les émeraudes sont vertes » ne fait rien à l'affaire et que toute confirmation de cette affirmation est aussi une confirmation de l'affirmation « les émeraudes sont vleues ». On se tromperait pourtant en pensant que Goodman met ici en question la valeur épistémologique de l'induction, comme a pu le faire Popper après bien d'autres. Il s'agit, pour Goodman, d'examiner pourquoi nous choisissons de « projeter », c'est-à-dire de retenir comme prédicat légitime, « vert » et non pas « vleu ». De plus, si le paradoxe est soulevé à propos de l'induction, il ne lui est pas propre. Qu'est-ce qui justifie une déduction ? La même chose que l'induction : la conformité à une pratique courante et absolument pas l'absence de tout paradoxe. Les inférences sont validées par la façon dont nous pronostiquons ce que le monde sera. Certains prédicats (« vert » et pas « vleu ») sont implantés parce qu'ils sont habituellement utilisés et remplissent bien leur fonction. On ne les abandonnerait pas sans de bonnes raisons. Goodman retrouve ici Hume.

L'ouvrage ne contient pas seulement le « paradoxe » célèbre. Il renferme aussi une analyse des conditionnels « contrefactuels » et de la notion de possibilité. Un énoncé contrefactuel est du type : « Si l'allumette avait été frottée, elle se serait allumée. » Et comme un conditionnel est vrai si l'antécédent est faux, les énoncés contrefactuels sont toujours vrais. Tous les énoncés universels de la forme « tous les A sont B » peuvent être paraphrasés par des contrefactuels : « Si x n'était pas A, x ne serait pas B. » C'est la forme même des lois de la science qui est mise en question ! La solution serait de dire que les énoncés généraux de la science sont connus par induction et non par une démarche strictement logique. Mais on a vu ce qu'il en est de l'induction. Une autre solution serait de dire qu'il y a une situation possible dans laquelle, si l'allumette est frottée, alors elle s'allume. Goodman montre que cette solution ne doit pas nous conduire à postuler l'existence de mondes possibles (comme le font pourtant aujourd'hui des philosophes comme Kripke, Hintikka ou Lewis). Il élabore en effet une technique grâce à laquelle nous pouvons nous limiter à des postulats de choses réelles, même dans un discours portant sur le possible. Tout l'ouvrage de Goodman apparaît alors comme une critique précise de ce qui peut rester de métaphysique inavouée dans la philosophie moderne des sciences et du langage. – Trad. Minuit, 1984. R.P.

FAITS IMPORTANTS DE L'HISTOIRE SPIRITUELLE (Des) [*De spiritualis historiae gestis*]. Six poèmes en hexamètres, par l'écrivain latin saint Avit (Sextus-Alcimius Ecdicius Avitus), évêque de Vienne (Isère), poète d'origine gauloise, qui vécut de 450 à 518 environ. Le titre d'ensemble est tiré de ses lettres. Chacun a un titre particulier, à savoir : le premier « L'Origine du monde » [*De mundi initio*], le deuxième : « Le Péché originel » [*De originali peccato*], le troisième : « La Sentence de Dieu » [*De sententia Dei*], le quatrième : « Le Déluge universel » [*De diluvio mundi*], le cinquième : « Le Passage de la mer Rouge » [*De transitu maris*], le sixième : « La Virginité » [*De Virginitate*]. L'argument des trois premiers, bien que tiré de *La Bible* (*), est cependant traité par l'auteur avec une grande liberté qui lui permet d'insérer dans son récit de très vastes descriptions telles que celle du paradis terrestre, des inondations du Nil, de la tentation d'Ève, et bien d'autres épisodes tels que celui du Phénix ou la parabole de Lazare. Il relie de très près des faits bibliques à des événements contemporains (par exemple lorsqu'il énumère les fléaux qui frappèrent la terre après le péché originel, il établit un rapprochement avec les malheurs de son époque). Il donne des interprétations allégoriques à d'autres épisodes (ainsi celui de la création d'Ève issue d'Adam, où il voit le symbole de l'Église naissant du Christ ; de même que lorsqu'il décrit la douleur d'Ève et d'Adam chassés de l'Éden, il la compare à la souffrance éprouvée par l'âme humaine qui, après la mort, pleure sur ses péchés). Les poèmes IV et V sont moins intéressants. Ils peignent respectivement le déluge universel et le passage de la mer Rouge, événements qui doivent être interprétés, au dire même de l'auteur, comme symbolisant les baptêmes de l'humanité. Quant au poème VI, il fait intervenir des personnages bibliques pour illustrer des développements moraux. En général, le sujet chrétien est traité par Avit suivant la technique de l'épopée classique ; les poètes dont il s'inspire principalement sont, en dehors de Virgile et de Sidoine Apollinaire, qu'il place sur le même plan, Ovide, Lucain, Claudien parmi les païens, et Juvencus, Sédulius, Marius Victor et Dracontius parmi les chrétiens. Il sait toutefois trouver de vifs accents dramatiques et atteint parfois de réels effets lyriques que Guizot a pu comparer à ceux du *Paradis perdu* (*) de Milton. La langue, la prosodie et la métrique sont particulièrement soignées et l'ensemble plein de régularité. Le poème d'Avit a été méconnu à certaines époques du Moyen Âge, mais les traces et les influences qu'il a laissées dans la poésie anglo-saxonne et dans celle du haut Moyen Âge allemand sont indéniables.

FALC'HUN. Roman de l'écrivain français Yves Elléouët (1932-1975), publié en 1977. Colporteur breton, Eliézer Falc'hun, dont le nom signifie faucon, est une sorte de barde familier des bistrots, des plages et des villages d'un pays dont il connaît chaque secret. Boit-sans-soif hanté par la chair des filles et l'amour de la vie, il dort à la belle étoile ou dans un vieux grenier. Alors, entre veille et sommeil, des figures se forment et se déforment au gré des souvenirs et d'une imagination visionnaire mêlant les temps, les générations, les saisons et les paysages. La réalité s'enchâsse dans le rêve et le lecteur est entraîné dans une succession d'épiphanies le transportant au cœur d'un temps libéré du poids des choses : voyage-voyance vers le centre de soi agrandi aux dimensions de l'univers. Réalisme magique où se côtoient touristes et habitants de la ville d'Ys, un pharaon et la voix des ancêtres, le corps des femmes tant aimées et le chuchotis des vieilles « diseuses du fretin des journées lentes ». Grandiose tapisserie rassemblant sous un même regard divinités égyptiennes (dont Horus le dieu à tête de faucon) et héros celtiques, images du quotidien et sang des choses, ce roman est une célébration de la vie (où les figures féminines apparaissent, à l'instar de la femme celtique, comme la seule assurance contre la mort), ce qui, de la part d'un homme qui se savait condamné — il est mort d'un cancer de la rate —, constitue un véritable acte de foi en la littérature et une magistrale démonstration de son pouvoir de résurrection.

R. Bl.

FALK. Nouvelle de l'écrivain anglais Joseph Conrad (1857-1924), écrite en 1901. Sinon pour l'intrigue, assez effroyable, du moins pour l'atmosphère et le caractère de ses héros, l'auteur semble s'être inspiré d'un voyage qu'il fit dans les mers de Chine en 1888, alors qu'il fut appelé à prendre au pied levé le commandement d'un vaisseau dont le capitaine venait de mourir. L'action de *Falk* se déroule en effet dans « un certain port, capitale d'un royaume de l'Extrême-Orient », sans doute Bangkok. Un capitaine anglais évoque un souvenir : celui de son vieil ennemi Falk, marin scandinave qui possédait le seul remorqueur du fleuve, et de Hermann, « pas le moins du monde un héros », mais capitaine au long cours qui « combinait l'aspect simple et pesant d'un fermier cossu avec la finesse bon enfant d'un petit boutiquier ». L'Allemand Hermann, à bord de la « Diane » de Brême, vit avec sa femme, ses quatre enfants et son adorable nièce, jeune fille au charme physique imposant, à la beauté rustique et olympienne. Falk, le patron du remorqueur est un personnage étrange : brutal, envieux, il se prive de nourriture. On peut en incriminer son avarice. Il rêve au mariage et tombe éperdument amoureux de la jeune nièce. Il va faire à Hermann sa demande en mariage mais, auparavant, il doit avouer au capitaine qu'il a mangé un jour de la chair humaine ! Hermann désire placer sa nièce : mais l'aveu est tout de même trop fort ! Écœuré, il chasse Falk. Celui-ci, d'abord prévenu contre le narrateur qu'il soupçonnait de prétendre lui aussi à la main de la nièce, lui raconte que son forfait a cependant des circonstances atténuantes : dans les mers du Sud, un jour, à la suite d'un naufrage, d'une mutinerie, et de la famine, Falk a tué un homme qui l'attaquait et s'est partagé sa dépouille avec l'équipage. Hermann, prévenu de cette nouvelle confession, se radoucit et consent au mariage. La nièce, toujours discrète et effacée — elle ne dit mot de tout le livre — est trop émue pour parler. Mais son silence assure qu'elle est comblée. En effet, Conrad, malgré le caractère horrible de l'aventure de Falk, n'a pas fait de ce dernier un personnage antipathique. Falk est simplement un être robuste, qu'anime un fort instinct de conservation : le fait que, dans des circonstances exceptionnelles, il ait pu commettre pareil acte de sauvagerie ne compromet en rien la droiture de son âme. La preuve en est qu'il s'estime obligé d'avouer toute la vérité quand il présente sa demande en mariage. Il se peut d'ailleurs qu'un tel personnage, qui unit la rudesse à la délicatesse morale, ait réellement existé. Comme le rappelle le traducteur G. Jean-Aubry dans sa préface, Conrad a toujours transposé dans ses récits les circonstances de sa propre vie. Le sous-titre de l'ouvrage, *Un souvenir,* confirmerait ce jugement. — Trad. Gallimard, 1934.

FAMEUSES ASTURIENNES (Les) [*Las famosas asturianas*]. Comédie en trois actes et en vers de l'écrivain espagnol Lope Félix de Vega Carpio (1562-1635), publiée en 1623. Empruntant probablement son sujet au poème de Pedro de la Vezilla Castellanos (1586), sur la légende des Cent Vierges livrées chaque année au roi de Cordoue, l'auteur glorifie la révolte légendaire qui mit fin à jamais au paiement de ce tribut. L'intrépide doña Sancha préfère aux travaux à l'aiguille des occupations plus viriles. Aussi, lorsque le chevalier Nuño Osorio, qui a su gagner son cœur, fait avec son escorte son entrée dans le château paternel, la jeune fille au comble de la joie s'imagine qu'il vient la demander en mariage. En réalité, Nuño vient accomplir une pénible mission. Il doit remettre à l'ambassadeur du roi musulman les cent vierges en question. Doña Sancha doit être du nombre. La triste caravane se forme. Doña Sancha se dépouille de ses vêtements et marche demi-nue au milieu de ses compagnons et des hommes d'armes de Nuño. Le jeune homme croit que le désespoir l'a rendue folle. Mais, lorsque les musulmans apparaissent, la jeune femme remet ses vêtements. Nuño, stupéfait, lui demande la signification de son acte. « Sans rien perdre de sa pudeur, lui dit doña Sancha, une femme peut aller nue parmi d'autres femmes, mais non parmi des hommes. Tes soldats et toi qui nous livrez à l'ennemi sans vous émouvoir, vous n'êtes que des femmes ; mais les gens du roi de Cordoue qui n'ont pas craint de venir nous arracher à nos maisons sont vraiment des hommes. » Nuño n'a que cent soldats à opposer aux cinq cents musulmans, mais le geste de Sancha lui est allé droit au cœur. Désobéissant à son roi, il attaque les musulmans et les met en déroute. Don Alphonse le Chaste veut faire décapiter le rebelle ; mais, lorsqu'il apprend le motif de sa désobéissance, il la tient pour justifiée. Il pardonne et marie les deux jeunes gens. Portant à ses extrêmes conséquences sa théorie d'un art calqué sur le réel, Lope de Vega a écrit toute la comédie (en dehors des scènes où il fait parler des musulmans) dans un dialecte archaïque qui, s'il n'est pas l'asturien du temps d'Alphonse le Chaste, n'en révèle pas moins, chez l'auteur, une sérieuse connaissance des écrivains des XIVe et XVe siècles. Cette particularité est peut-être édifiante en ce qu'elle représente une somme assez considérable de travail ; mais elle n'augmente d'aucune façon la valeur dramatique de la pièce ; elle inciterait plutôt le spectateur à soupçonner quelque intention satirique.

FAMILLE [*Tsia-Jia*]. Roman autobiographique de l'écrivain chinois Pa Tsin (Ba Jin) (né en 1904), publié en 1931-32, qui décrit son milieu familial à Tch'eng-tou, la capitale de la province du Se-tch'ouan. Né dans une grande famille de propriétaires fonciers, l'auteur perdit sa mère à dix ans et son père à treize ans. Son frère aîné remplaça ensuite son père et finit brisé par le carcan familial. Il s'empoisonna après le départ de l'auteur qui partit vivre sa vie à Shanghai. Orphelin jeune, Pa Tsin passa son enfance dans une de ces grandes demeures où vivaient plusieurs générations. Un grand-père tyrannique, des oncles corrompus ou incapables, des servantes maltraitées, un frère aîné très bon, mais trop faible pour résister à l'emprise des aînés, sont, avec l'auteur, les principaux personnages de cette famille traditionnelle étouffante avec ses principes et son hypocrisie. Ce livre est tout autant un document sociologique qu'une œuvre littéraire. Les jeunes Chinois de l'époque y puisèrent le courage de s'opposer à la famille confucéenne, et ce roman, qui eut un grand retentissement, fut adapté au cinéma puis au théâtre par le dramaturge Ts'ao Yu. – Trad. Flammarion, 1979. J. P.

FAMILLE (De la) [*I libri della famiglia*]. Dialogue de l'humaniste italien Leon Battista Alberti (1404-1472), en quatre livres, dont les trois premiers furent composés entre 1432 et 1434 et le quatrième autour de 1437. Ils furent tous revus par la suite (selon toute probabilité avant le retour à Rome de l'auteur, en 1443) et, malgré le succès qu'ils rencontrèrent parmi les contemporains, ne furent imprimés pour la première fois qu'en 1844, devenant aussitôt une référence obligée pour les historiens des idées ou de l'économie de la Renaissance, de Burckhardt à Weber et de Sombart à Chabot. Particulièrement sensible dans les milieux marchands de l'époque, le succès du troisième livre est à l'origine d'un remaniement, en deux rédactions, dont la circulation manuscrite fut abondante et qui, attribué à tort à un contemporain d'Alberti, Agnolo Pandolfini, fut imprimé à plusieurs reprises à partir de 1734. L'œuvre est précédée d'un Prologue dans lequel l'auteur s'interroge sur les possibilités concrètes de l'action humaine dans le monde ; il traite le problème en ayant recours aux termes classiques de l'opposition entre la fortune et la vertu, et y affirme sa foi dans celle-ci. Dans les manuscrits dépendant de la dernière révision figure aussi une lettre accompagnant le troisième livre à Francesco d'Altobianco Alberti : l'auteur y justifie son usage de la langue vulgaire et saisit l'occasion pour préciser correctement, contre l'opinion d'une partie des humanistes ses contemporains, les rapports historiques entre celle-ci et le latin.

De la famille est le premier et plus grand des dialogues d'Alberti, et représente indubitablement, de la manière la plus achevée et la plus cohérente, le chef-d'œuvre du genre. Le dialogue s'y réalise dans une forme d'une pureté absolue. Ainsi, au-delà de la répartition de la matière en quatre parties traitant respectivement des devoirs réciproques des pères et des fils, et de l'éducation des enfants (*De officio senum erga iuvenes et minorum erga maiores et de educandis liberis*), du mariage et des rapports entre mari et femme (*De re uxoria*), du gouvernement du père de famille (*Economicus*) et des relations ou fréquentations sociales de la famille (*De amicitia*), on relève une circulation constante des thèmes et des idées d'un livre à l'autre et, presque, d'une page à l'autre. Les interlocuteurs sont tous des Alberti qui se retrouvent à Padoue en 1421 autour de Lorenzo, le père mourant de Leon Battista. La rencontre, pourtant triste, se révèle propice aux *conversari* : elle fournit l'occasion de s'arrêter sur un sujet qui est particulièrement sensible non seulement pour les Alberti, bannis de Florence et dispersés dès la fin du XIVe siècle, mais aussi pour l'ensemble de la société laïque de l'époque qui perçoit clairement une valeur suprême dans l'institution familiale, institution sur laquelle elle se fonde avec une conscience de plus en plus nette et aiguë. Chacun des personnages contribue de la sorte, par sa propre expérience, sa personnalité et ses conceptions, à un dialogue que l'auteur lui-même définit à plusieurs reprises comme un *ragionare domestico,* sorte de conversation familiale qui, s'opposant délibérément aux méthodes scolastiques de l'argumentation, est marquée par une simplicité intentionnelle ainsi que par la volonté constante et commune d'être utile à tous. Il n'y a donc pas de détenteur ultime de la vérité. À bien des égards d'ailleurs, celle-ci ne se concrétise pas en formules ; elle échappe, au contraire, à toute cristallisation et, comme la vie, ne se laisse saisir qu'en mouvement, dans son devenir incessant. Au moyen d'un flot ininterrompu d'argumentations successives qui ne se rejoignent qu'en partie, c'est en dernière instance ce mouvement même ou ce devenir que le dialogue albertien cherche à dépeindre.

De l'idée du temps comme d'une propriété inaliénable de l'homme, au même titre que son corps et la vie de son esprit, au concept de *masserizia,* joignant les vertus de l'argent, d'une gestion convenable et adaptée des ressources économiques ou humaines à l'importance primordiale de l'honneur, de l'estime des autres et même de la renommée, nombreux sont les points où le discours d'Alberti surprend à la fois par son originalité et par sa capacité à fondre l'expérience du monde des milieux bourgeois aux acquis de la connaissance philosophique des Anciens, desquels (et avant tout de Xénophon) il se réclame également. Il en ressort un tableau extrêmement mouvant et riche, dans lequel l'articulation des valeurs éthiques avec les exigences de l'affirmation d'une mesure humaine dans le monde trouve l'expression la plus haute et la plus lucide de toute la civilisation de l'humanisme.
F. F.

FAMILLE ALVAREDA (La) [*La familia Alvareda*]. Roman de Fernán Caballero (pseudonyme de l'écrivain espagnol Cecilia Böhl de Faber y Larrea, 1796-1877) publié en 1856 ; il appartient à la série des « romans de mœurs » [novelas de costumbre] qui se déroulent pour la plupart dans un milieu populaire andalou ; il témoigne de l'effort de Fernán Caballero pour libérer la littérature espagnole de l'exotisme en vogue à cette époque, et tire son inspiration des types les plus simples et des traits de mœurs appartenant à la ville et à la campagne andalouse. L'histoire se greffe sur le récit d'un crime, dont l'auteur a le souci de présenter certains détails comme s'ils étaient réels. À Dos Hermanas, village perdu au milieu des oliviers à deux lieues de Séville, vit la famille Alvareda, composée de pauvres gens au cœur pur : Ana, son fils Perico, courageux et laborieux ; sa fille Elvira, douce créature dont les traits ont gardé d'une maladie d'enfance une expression singulièrement pathétique. Depuis longtemps Elvira est attirée par Ventura, un beau garçon qui est le fils d'un voisin, don Pedro. En face de la maison des Alvareda se trouve la demeure de Maria, femme candide et simple, à laquelle manque seulement une énergie suffisante pour réformer le caractère âpre et querelleur de sa fille Rita, qui est aimée de Perico. On célèbre le mariage d'Elvira et de Ventura ; mais pendant la cérémonie, un cri d'alarme bouleverse le village : les Français (nous sommes en 1810), ayant occupé Séville, marchent sur Cadix. Un soldat français entre chez Pedro et injurie le vieillard ; Ventura le tue, puis jette le cadavre dans un puits et prend la fuite. Six années passent durant lesquelles Ventura est pleuré comme mort, tandis que Rita et Perico sont mariés et heureux. Brusquement Ventura revient après de nombreuses aventures. Corrompu par la vie militaire, Ventura n'hésite pas à courtiser Rita, jusqu'à ce que Perico les surprenne dans une salle de bal et les tue. Ventura en mourant confesse sa faute et pardonne à Perico. Ce dernier se cache dans la campagne, constamment tourmenté par le remords, jusqu'au jour où un bandit en renom, Diego, le recueille à demi mort. Une fois rétabli, il se joint à la troupe de Diego, et n'est pas sans déplorer l'ignominie de sa conduite ; tant et si bien que, dans une rencontre avec la garde royale, il tue sans le savoir son ami d'enfance et bienfaiteur. Finalement les brigands sont emprisonnés. Perico s'avance vers la potence sous les yeux de sa femme, brisée de douleur. Dans la vieille maison des Alvareda, personne ne survit à ce terrible coup du sort : l'oranger du « patio » se dessèche et meurt, et Melampo, le chien fidèle, se laisse mourir de faim.

Dans toute cette œuvre, on sent combien l'auteur garde un souci constant : celui d'enseigner les préceptes chrétiens, en particulier ceux de la charité et du pardon. Tous les personnages sont pieux, pénétrés de crainte de Dieu, même lorsqu'ils sont conscients du mal qu'ils se font à eux-mêmes et qu'ils font aux autres. Jusqu'à Diego, le bandit, qui n'est conçu ni comme un héros, ni comme un monstre, mais agit sous l'impulsion d'une charité toute pure. En dehors de toute loi humaine, il est soumis à la loi de Dieu.

FAMILLE AUBREY (La) [*The Fountain Overflows*]. Roman de l'écrivain anglais Rebecca West (1892-1983), paru en 1957 alors que son auteur, devenue une journaliste célèbre et très sollicitée, n'avait plus publié de fiction depuis 1935. Il s'agit de son plus ambitieux projet romanesque. Ce devait être le premier volume d'une « saga du siècle », sur le modèle de la *Recherche du temps perdu* (*), contant l'histoire d'une famille anglaise de 1900 à la Seconde Guerre mondiale. Rebecca West n'acheva que la première époque, antérieure à 1914, mais travailla jusqu'à la fin de sa vie à une suite qui ne vit jamais le jour. Le succès immédiat du livre — il s'en vendit plus de trente mille exemplaires en deux mois en Angleterre et ce fut aux États-Unis le best-seller de 1957 — tenait d'abord à son caractère largement autobiographique. La famille Aubrey, composée de musiciens ne vivant que pour leur art et dont les fortes personnalités les font se dresser les uns contre les autres, était d'évidence modelée sur celle de Rebecca et de ses sœurs. En peignant Mrs. Aubrey, célèbre pianiste qui rêve de voir ses enfants devenir à leur tour de grands virtuoses, la romancière donna un émouvant portrait de sa propre mère qui, lorsqu'elle vivait à Édimbourg, l'emmenait chaque semaine au concert et lui avait fait découvrir Debussy. Cordelia, l'aînée des enfants Aubrey, dépourvue de sens musical et qui veut à toute force devenir une adulte ordinaire, ressemblait tant à « ma sœur Letitia Fairfield » à qui le roman était dédié, que celle-ci en fut durablement froissée. Surtout, le drame mystérieux qui domina l'enfance de Rebecca West – l'échec du mariage de ses parents et l'absence de son père – était transposé dans l'incapacité de Mr. Aubrey, le brillant pamphlétaire de la *Gazette de Lovegrove,* charmeur tour à tour généreux et cruel, à ne pas blesser ceux qu'il aime. Sans rancœur ni nostalgie, Rebecca West donnait là un des plus beaux romans de l'après-guerre, et l'une des meilleurs évocations de l'Angleterre edwardienne. – Trad. Plon, 1957. F. D.D.

FAMILLE CARDINAL (La). Fantaisie de l'écrivain français Ludovic Halévy (1834-1908), publiée sous ce titre en 1883 : elle est formée de huit chapitres dont « Monsieur Cardinal », « Madame Cardinal », publié en 1873, et « Les Petites Cardinal », publié en 1880. Ce sont des morceaux pleins de couleur et de gaieté qui nous introduisent dans l'intimité d'un monde en marge de la morale – dans le milieu des danseuses du corps de ballet de l'Opéra. Les deux petites Cardinal, Virginie et Pauline, ont débuté comme danseuses, mais les « planches » ne leur ont servi que de tremplin pour entrer dans la vie galante, sous la surveillance expérimentée et vigilante de leur mère (de son côté, le père ferme les yeux et garde toute sa dignité). Après de nombreuses aventures, Virginie réussit à devenir l'épouse légitime d'un prince italien, et Pauline, sous un nom de guerre, la demi-mondaine la plus en vogue de Paris. Une fois leurs filles établies (avec Pauline le père a rompu toute relation depuis que la jeune fille s'est enfuie de la maison), les époux Cardinal se retirent à la campagne dans une jolie villa dont Virginie, en femme prévoyante, a obtenu que son mari leur fît présent. Là, le père Cardinal s'adonne à la politique : il abasourdit les paysans de ses discours extravagants, discours dont Voltaire et Rousseau font les frais ; il prêche la lutte contre l'Église, en bref, il essaie de devenir député. L'œuvre spirituelle et légère s'inspire de cet impressionnisme à tendance satirique, qui connut une grande vogue en France, à la fin du XIXe siècle. Elle a été illustrée par le peintre Edgar Degas, qui était un ami de l'auteur.

FAMILLE DÉCHUE (Une) [*Zahudalyj rod*]. Roman de l'écrivain russe Nikolaï Semenovitch Leskov (1831-1895), publié en 1867. L'œuvre se situe chronologiquement avant *À couteaux tirés* (*) ; ces deux grandes fresques de la société russe à l'époque des « réformes » d'Alexandre II avaient déchaîné contre l'auteur les foudres de la « gauche intellectuelle » et de son porte-parole Pissarev. Dans ces deux romans, Leskov brossait un sombre tableau des songe-creux, des cyniques bénéficiaires du nouveau système politique et de la libération des paysans asservis. Ici, par contre, il cherche à indiquer au lecteur le chemin le plus droit qui permette, d'après lui, de sortir de l'impasse morale dans laquelle s'était égarée la Russie. *Une famille déchue*, sorte de chronique familiale, rédigée par la petite-fille de la princesse Barbe Protozanov, nous transporte à l'époque d'Alexandre Ier, des guerres napoléoniennes et de la « réaction » idéologique provoquée par les contacts de la société russe avec l'Europe révolutionnaire, romantique et mystique du début du XIXe siècle. Honnête, bonne et courageuse, la princesse Protozanov incarne aux yeux de Leskov les grandes qualités de la vraie noblesse russe, patriarcale et tout enracinée dans la glèbe. Restée veuve à 25 ans, avec trois enfants (une fille, Anastasie, et deux fils, Léon et Jacques), Barbe Protozanov gère et administre son vaste domaine avec une compréhension parfaite des besoins matériels et moraux de ses gens. Ses paysans la considèrent comme une vraie « souveraine », c'est-à-dire comme leur protectrice et leur conseillère, toujours prête à les aider dans les dures réalités de la vie. Autour de cette figure centrale, gravitent quelques personnages « secondaires » ; chacun d'eux est dessiné de main de maître, avec une précision et une délicatesse de touche qui n'ont rien à envier à l'art de Tolstoï, mais qui semblent parfois plus pures et plus justes parce que non entachées de tendances doctrinaires. Le fidèle majordome, Patrikei (ancien serviteur du prince Protozanov, qu'il avait accompagné à la guerre), le trompette Graivorona, petit-russien hirsute, balafré, ivrogne et chevaleresque (qui fut aux côtés du prince lors de la dernière charge), la servante-amie Olga Fedotovna, Marie, fille du diacre de l'église paroissiale, autant de figures vivantes, hautes en couleur, inoubliables types de ce bon peuple russe dont les vertus, d'après Leskov, ne se réduisent point à la morne patience, ni aux élans d'un anarchisme sanglant et généreux... Il y a aussi Dorimedont Rogogine, pauvre gentilhomme campagnard, fou et magnanime, voyageur infatigable à travers le pays, éternel redresseur de torts, que tout le monde appelle Don Quichotte et que la princesse protège et soustrait parfois aux poursuites des autorités provinciales. À Saint-Pétersbourg, où Mme Protozanov se rend pour accueillir sa fille (qui vient de terminer ses études à l'Institut Smolny, internat créé par l'impératrice Catherine II et pépinière de la plus grande noblesse russe), la châtelaine retrouve ce « monde » qu'elle a abandonné depuis dix ans et dont l'évolution n'a fait qu'accentuer les tares et la dégénérescence. Elle y retrouve entre autres la comtesse Motetov, vieille bigote qui enrichit les monastères, mais néglige et maltraite ses paysans, et le comte Basile Founkendorf, quinquagénaire alerte et élégant (parfait spécimen du bureaucrate habile, intelligent, d'une moralité douteuse et d'un esprit accommodant). Après avoir essayé en vain d'obtenir la main de la veuve (encore belle et fraîche à 35 ans), Founkendorf se laisse sans déplaisir entraîner par Motetov dans une série de manœuvres matrimoniales se terminant par le mariage du comte avec Mlle Anastasie Protozanov, trop contente de pouvoir obtenir ainsi sa « liberté » en quittant la maison maternelle, un peu austère et « vieux jeu » à son avis. Au reste, la princesse Protozanov ne tarde pas à constater que ses largesses vis-à-vis de sa fille ont été exploitées d'une façon ignoble. Les paysans, qu'elle a cédés à la jeune comtesse Founkendorf sur les terres constituant la dot de cette dernière, sont dépouillés de leurs biens et maltraités. Pour réparer les méfaits de sa fille et de son gendre, Barbe Protozanov n'hésite pas à se ruiner, en couvrant les dégâts de ses propres deniers. Elle-même terminera ses jours dans le château familial, devenu propriété de ses fils, entourée de l'amour et de la vénération de ses anciens « sujets » reconnaissants. Sur le fond mouvementé de cette chronique familiale, plusieurs personnages historiques (tels que le grand peintre Kiprenski, portraitiste de la Cour et du grand monde) sont évoqués par quelques traits rapides et brillants, tandis que la figure du professeur Méthode Tcherver (ami du célèbre Spérenski) apparaît comme le chef-d'œuvre psychologique de Leskov, l'auteur ayant réussi à faire revivre ce doux anarchiste érudit, avec une grande tendresse et une compréhension profondément humaine. — Trad. Gallimard, 1967 (Bibliothèque de la Pléiade).

FAMILLE DE GILJE (La) [*Familien paa Gilje*]. Roman de l'écrivain norvégien Jonas Lie (1833-1908), publié en 1883. À Gilje, petite ville située dans les montagnes norvégiennes, le capitaine Jäger vit dans des conditions très modestes avec sa femme, son fils et ses trois filles. L'aînée, Inger-Johanna, est d'une grande beauté, et quand une riche tante de Christiania la prend chez elle, sa famille met en elle toute son espérance puisque la vieille tante, qui n'a pas d'enfants, laissera sans doute sa fortune en héritage à la jeune fille. Mais un jour Inger-Johanna revient à l'improviste à la maison : elle n'a pas voulu épouser le capitaine Rönnow, un homme aisé, bien vu à la cour, mais âgé. Elle s'est enfuie de Christiania, après avoir rompu avec sa tante. Toutes les espérances de la famille s'envolent. En réalité, Inger est secrètement éprise d'Arent Grip, l'éternel étudiant, libre penseur, garçon doué, mais rebelle à toutes les conventions sociales. Un jour, après avoir marché dans la neige, Grip tombe malade d'une pneumonie et meurt, assisté par Inger, qui, après la mort de ses parents, se retire avec une modeste somme héritée d'une autre tante dans une petite maison de la ville où elle est née. Elle devient institutrice. Contrairement à Inger, sa sœur Thinka, qui avait, elle aussi, son amour, s'est sacrifiée aux considérations familiales : elle est devenue la femme exemplaire d'un vieux pasteur qui était veuf. Leur frère Jörgen a obéi à son goût de l'aventure et se trouve à la tête d'une plantation à La Havane. Jörgen, Inger et Grip, qui sont restés fidèles à leur idéal, sont les principaux personnages du roman. Grip met un terme à sa vie de rebelle ; Jörgen a dû quitter sa patrie ; Inger-Johanna, la plus belle fille de Gilje, n'a pu obtenir l'homme qu'elle aimait et a préféré vivre dans la solitude. Telle est l'intrigue du roman de Lie, considéré comme son œuvre la mieux équilibrée. Mais la peinture du milieu est l'essentiel et nous y trouvons la description d'un intérieur bourgeois vers 1840, aux détails précis et aux couleurs lumineuses et claires.

FAMILLE DE L'ANTIQUAIRE (La) ou la Belle-Mère et la Belle-Fille [*La famiglia dell' antiquario* ou *La suocera e la nuora*]. Comédie de caractère, en trois actes, du dramaturge italien Carlo Goldoni (1707-1793), représentée pour la première fois en 1749. Par son sujet romanesque, elle relève de la tradition pré-goldonienne, tandis que par la riche variété des personnages elle se rapproche de la grande comédie. En voici le sujet : le comte Anselmo Terrazzani fait collection d'antiquités avec un zèle si aveugle qu'il ruine toute sa famille en se laissant voler par Brighella et Arlequin. Cette situation conduit la belle-mère (Isabella) à se disputer avec sa belle-fille Doralice et, bien entendu, Colombine jettera de l'huile sur le feu. Isabella cherche à oublier les regrets que lui cause sa vie gâchée par cet orgueil qui est le propre des personnes de haut rang ; Doralice, qui est jeune et riche, lui oppose la résistance passive autant que tenace de la bourgeoisie dont elle est issue. Par chance, le brave Pantalon, un vieux marchand plein de sagesse, réussit enfin à rétablir la paix : il sauvera la situation financière du comte Anselmo, en devenant administrateur de la maison. Dans cette comédie, l'auteur est loin de ménager les contrastes : la jeunesse et la vieillesse, la noblesse décadente et la bourgeoisie saine, les temps passés et les temps nouveaux. Ces éléments, il les emprunte à son époque, sans toutefois en tirer la moindre conclusion philosophique, ainsi qu'il fait d'ordinaire.

FAMILLE DE PASCAL DUARTE (La) [*La familia de Pascual Duarte*]. Roman de l'écrivain espagnol Camilo José Cela (né en 1916), publié en 1942. Premier roman important de l'après-guerre civile, il a servi de modèle au courant littéraire appelé « tremendismo » (de l'adjectif « tremendo », terrible à donner le frisson, macabre dans l'horreur). L'œuvre est écrite sous la forme de « papiers » laissés par un condamné à mort, Pascal Duarte, qui attend de subir le supplice du garrot pour avoir tué au début de la guerre un grand propriétaire terrien, don Jesús González de la Riva, comte de Torremejía. Afin de « décharger sa conscience par une confession publique », Pascal Duarte relate ce qu'a été sa vie de paysan pauvre, auteur de plusieurs crimes dans un village d'Estrémadure brûlé par le soleil. Son ascendance peu recommandable, la société primitive qui l'entourait et le mauvais sort se sont combinés pour faire de cet homme simple au tempérament instable un être violent et meurtrier. Comme ses illustres prédécesseurs de la littérature picaresque espagnole chère à Cela, le *Lazarillo de Tormès* – v. *Les Aventures de Lazarille de Tormès* (*) – ou *Don Pablo de Ségovie* – v. *Histoire de don Pablo de Ségovie* (*) –, Pascal Duarte n'a pas été privilégié par sa naissance : un père contrebandier, fier de ne pas être illettré, mais capricieux et lâche devant les grandes options ; une mère laide, ivrognesse et sale, analphabète, qui se débarrassera de son mari en l'enfermant jusqu'à l'asphyxie mortelle dans un placard ; une jeune sœur, Rosario, vicieuse et voleuse, qui s'enfuit à quatorze ans avec les maigres économies de la maison pour se prostituer à la ville voisine et devenir la concubine d'un voyou hâbleur, séducteur de village, El Estirao. Le bonheur, Pascal ne l'entrevoit que durant son bref voyage de noces avec Lola, une fille qu'il a violée auparavant au cimetière, sur la tombe toute fraîche de Mario, son petit frère. Au retour, une chute de cheval tue l'enfant que Lola portait en elle ; Pascal assassine le cheval coupable à coups de couteau, et le cycle infernal du destin renoue ses chaînons de malheurs et de morts. Le décès, à onze mois, d'un second enfant, l'acrimonie hystérique de sa femme et l'hostilité non déguisée de sa mère incitent Pascal à s'enfuir pour tenter d'oublier et se perdre, vagabond, dans le vaste monde. Quand il rentre au foyer, c'est pour voir mourir Lola, qui lui avoue sa liaison avec El Estirao. L'honneur bafoué (la fameuse « honra » espagnole) pousse aveuglément Pascal à tuer son rival ; c'est la prison et, au bout de trois ans, la libération pour bonne conduite. Mais à l'agréable impression de la liberté retrouvée succèdent vite l'accueil d'une mère hargneuse puis la franche hostilité de celle-ci envers une nouvelle épouse, aimante et douce, Esperanza. Et à nouveau l'idée de tuer hante Pascal. Tuer sa mère, Duarte l'avait déjà fait dans son inconscient par son mépris, ses injures, l'image de la déchéance totale dans laquelle il l'avait définitivement figée. Quand elle menace son second ménage, Duarte bascule dans le concret. Non sans être victime d'une dernière cocasserie du destin : sur le point de frapper, hésitant encore entre l'acte et la fuite, c'est le brusque réveil de sa mère, endormie la nuit dans son lit, qui affole Duarte et l'oblige au geste fatal. Une complaisance morbide pour les scènes cruelles poussées jusqu'à l'outrance dicte la plupart des pages du roman. L'art de Cela, et son sortilège indiscutable tiennent à la concision descriptive d'une écriture dépourvue de tout lyrisme mais riche en images suggestives, à un dépouillement qui accentue l'angoisse ou l'horreur de la vision ou de la scène. Écrit et publié la même année que *L'Étranger* (*) d'Albert Camus, le roman a été rattaché par quelques critiques au courant de « l'absurde ». – Trad. Le Seuil, 1948.

C. C.

FAMILLE ET SON CHEF (Une) [*A House and its Head*]. Ce roman publié en 1935 est le quatrième de l'écrivain anglais Ivy Compton-Burnett (1892-1969). Dans son étude sur cette romancière, Pamela Hansford Johnson a cité ce qu'un hebdomadaire anglican, *The Church Times,* déclare d'*Une famille et son chef* : « C'est comme si votre voisin se penchait au-dessus du mur qui sépare vos jardins et, sur un ton de bavardage égal, déclarait avoir tondu sa pelouse dans la matinée, et après le déjeuner jeté dans le fourneau la tête de son épouse. » On ne saurait dire mieux la placidité de ton et la dramatique exubérance qui, conjointes, sont le signe distinctif de cette romancière. Voici exactement le scénario : le chef de famille en question perd son épouse, et aussitôt se remarie, mais cette seconde épouse attend déjà un enfant qui n'est pas de lui, et qui est assassiné au moyen d'une fuite de gaz. Le personnage principal est aussi falot et pauvre que la plupart des autres personnages de cet écrivain, mais trouve dans la haute exploitation de ses vices un statut de monstre. – Trad. Gallimard, 1954.

FAMILLE ET UNE FORTUNE (Une) [*A Family and a Fortune*]. Roman de l'écrivain anglais Ivy Compton-Burnett (1892-1969), publié en 1939. Les Gaveston mènent dans une maison de campagne une existence oisive de rentiers. La famille se compose de Blanche et de son mari Edgar, de leurs enfants, Justine, Clément, Marc et Aubrey, et de l'oncle Dudley, frère d'Edgar, inséparables l'un de l'autre. Cette famille qui, au premier abord, semble unie et exemplaire, très rapidement se révèle sous d'autres aspects qui peu à peu détruisent la première impression. À la faveur de l'arrivée de Matty, sœur de Blanche, et du père de celle-ci, que des revers de fortune ont contraints à s'installer dans une petite maison des Gaveston, s'éveillent les premiers soupçons. L'héritage qui échoit à Dudley, la mort de Blanche, la visite de Maria Sloane, une amie de Matty, achèveront de dévoiler le vrai visage de cette famille. Même l'entente entre Edgar et Dudley, entente légendaire, est fausse et basée davantage sur des faiblesses que sur des vertus. Edgar profite d'une absence de Dudley pour le supplanter auprès de Maria Sloane, avec des mobiles qui sont loin d'être purs. Et si, à la fin, le calme semble réintégrer la grande demeure, il a été fait, tout au long des pages, un tableau suffisamment explicite pour que l'on considère ce dénouement comme une trêve fallacieuse entre des êtres englués dans leur égoïsme. Avec un rare talent, dès les premières lignes, Ivy Compton-Burnett, par petites touches tranquilles, brosse un tableau sarcastique de la famille Gaveston. La charge, si violente qu'elle paraissait un jeu, se précise, confirmée par la réalité. Les personnages d'eux-mêmes nous forcent à nous rendre à l'évidence : ces remarques, ces allusions, ces sous-entendus qui semblaient trop noirs pour être véridiques, reflètent bien leur âme. À travers leurs propres paroles – le livre est surtout fait de dialogues, et c'est l'un de ses traits originaux – la cupidité, l'hypocrisie des personnages sont mis en lumière. Sous un masque de bienséance et de trompeuse générosité se cachent les plus sordides intérêts. – Trad. Gallimard, 1968.

FAMILLE FUDGE À PARIS (La) [*The Fudge Family in Paris*]. Douze lettres satiriques en vers du poète irlandais Thomas Moore (1779-1852), publiées en 1818. D'abord au service de lord Castlereagh en Irlande, puis membre du service d'espionnage dirigé par lord Sidmouth, Philips Fudge se rend à Paris dans les premiers temps de la Restauration, avec sa fille Biddy, son fils Bob et leur précepteur Phelim Connor. Une lettre de sa fille nous apprend que Castlereagh, dans un but politique, l'a chargé d'écrire un livre de voyage. Tous les membres de la famille participent à la correspondance et chaque lettre reflète le tempérament et les intérêts personnels de chacun. Biddy écrit à son amie Dorothy des lettres mondaines quelque peu satiriques. Elle rapporte, entre autres, cette histoire amusante : courtisée par un inconnu au cours d'un bal, elle a cru reconnaître le roi de Prusse qui voyage incognito ; et elle le présente comme tel à sa correspondante ; elle retrouve son galant dans un café à la mode et le prend pour un colonel de l'armée de Napoléon ; après une promenade sentimentale, elle finit par découvrir que son noble inconnu n'est qu'un simple marchand d'étoffes. Bob Fudge écrit à son ami Richard deux lettres où il montre surtout ses aptitudes en matière de gastronomie. Les trois lettres de Phelim Connor trahissent la révolte de l'auteur devant la réaction qui suivit le rétablissement des Bourbons sur le trône, et la honte que lui inspire la misérable condition de l'Irlande sous le joug anglais. La satire politique apparaît surtout dans les trois lettres de Philips Fudge, qui visent le régent, Castlereagh lui-même et diverses personnalités politiques de ce temps-là, et spécialement du parti tory. Pour atteindre son but, Moore rapporte dans ses lettres de simples faits divers à propos desquels il se livre aux considérations les plus variées. Par exemple, il a lu qu'en Orient, lorsque le roi augmente de poids, toute la nation est en joie. Fudge en profite pour déclarer que cet usage devrait s'introduire en Angleterre, raillant ainsi la peur de grossir qu'éprouvait le régent. Notons enfin la lettre dans laquelle Fudge explique à son frère Tim la fable du roi Midas : les oreilles d'âne sont le symbole du service d'espionnage. Enhardi par le succès de cette œuvre, Moore écrivit *Les Fudge en Angleterre* [*The Fudges in England*], qu'il publia en 1835.

FAMILLE MASHBER (La). Roman de l'écrivain russe d'expression yiddish Der Nister (1884-1950), dont le premier volume fut publié à Moscou en 1939, et le deuxième, passé clandestinement aux États-Unis, à New York en 1948. Ce roman retrace la vie, dans les années 1870, de la société juive de Berditchev, ville qui apparaît sous le nom de « N » et qui est composée de trois cercles concentriques : le premier, avec le marché, est celui du centre économique, le deuxième englobe les institutions sociales et religieuses de la ville, et le troisième, qui s'étend jusqu'aux banlieues habitées de pauvres, de criminels et de prostituées. C'est aussi une saga familiale des trois frères Mashber : l'aîné, Luzi, figure mystique inspirée à l'auteur par son propre frère, adhère après une crise spirituelle à la secte des hassidim de Braslav, qui rassemble les éléments les plus déshérités de la ville. Le deuxième, Moyshe, riche homme d'affaires, retrouve l'humilité après de difficiles revers de fortune. Le troisième, Alter, est un simple d'esprit. Ce roman, qui décrit avec vivacité, et dans un style extrêmement personnel et sophistiqué la vie juive d'antan, est néanmoins présenté, surtout au début, comme conforme à la doctrine du réalisme socialiste. Dans l'introduction, Der Nister prétend : « En décrivant ces personnages déjà condamnés physiquement et intellectuellement [...] je les ai laissés glisser doucement, lentement, vers leur destin, vers leur fin historique inéluctable, vers l'abîme. » Derrière ces assertions, on sent pourtant la profonde fascination de l'auteur pour la mystique juive et l'attente messianique des hassidim. – Trad. Lattès, vol. 1, 1974 ; vol. 2, 1975. De. Be.

FAMILLE MOSKAT (La) [*Di familie Mushkat*]. Roman de l'écrivain américain d'expression yiddish Isaac Bashévis Singer (1904-1991), paru en 1950. Saga familiale dans la lignée du roman réaliste européen, ce livre recrée un monde qui vient d'être anéanti en suivant l'évolution d'une famille juive de

Varsovie du début du siècle à l'invasion de la Pologne en 1939. La première partie (le livre en comporte dix, d'inégales longueurs, l'accélération de la marche vers la tragédie historique finale étant rendue par des chapitres de plus en plus courts) dépeint une sorte d'âge d'or patriarcal où le vieux chef de la famille Moskat, déjà veuf deux fois et père de sept enfants adultes et eux-mêmes mariés, prend une troisième épouse, mère d'une jeune fille. Ces personnages, accompagnés des enfants, amis ou maîtresses, voire employés et domestiques, permettent à l'auteur de montrer une multiplicité de types psychologiques et sociaux qui est l'une des richesses du roman. On suit plus particulièrement l'évolution de certains d'entre eux, et ces caractères d'hommes et de femmes, fermement dessinés sur fond d'événements historiques, rappellent aussi la complexité de la société juive de ce temps, confrontée à la modernité. Par la répétition de la description d'un jour de fête familiale à plusieurs années de distance, ou par celle de la mort de plusieurs personnages, l'auteur nous donne concrètement à voir la désagrégation de la famille traditionnelle et de sa religion. L'art de Singer donne vie non seulement aux intrigues sentimentales et familiales, mais aussi aux débats d'idées qui agitent ces communautés ou qui déchirent la conscience de jeunes gens, dans lesquels l'auteur a sans doute mis beaucoup de ses souvenirs. — Trad. Stock, 1970.

N. Dé.

FAMILLE SCHROFFENSTEIN (La) [*Die Familie Schroffenstein*]. Drame en cinq actes de l'écrivain allemand Heinrich von Kleist (1777-1811), paru en 1803, mais écrit déjà l'année précédente, pendant le séjour de Kleist en Suisse, et à l'occasion d'une sorte de tournoi avec le fils de Wieland. Le sujet, de caractère tragique, part de la même situation que *Roméo et Juliette* (*) ; mais, tandis que dans le drame de Shakespeare la première place est accordée à l'amour des deux jeunes gens, ici les amants sont des personnages secondaires, et les véritables protagonistes sont leurs pères respectifs, les deux Schroffenstein, chefs des deux branches de la puissante lignée qui domine une région de la Souabe. Un vieux pacte de famille veut que, si l'une des branches s'éteint, tout le patrimoine passe à l'autre. Le rideau se lève déjà en pleine tragédie : un enfant, fils de Rupert, a été trouvé mort dans un bois et Sylvestre, chef de leurs collatéraux, est accusé de l'avoir fait assassiner, tandis qu'il accuse Rupert, de son côté, de lui avoir empoisonné un fils. Eustache, femme de Rupert, cherche à calmer la soif de vengeance de son époux, pendant que Sylvestre tente d'apaiser les soupçons de sa femme Gertrude. Mais Ottokar, fils de Rupert, aime éperdument Agnès, la douce fille de Sylvestre, et décide de l'épouser en dépit des inimitiés paternelles. Ils se retrouvent la nuit dans une grotte, où ils sont surpris par les sicaires de Rupert. Ottokar, pour sauver Agnès, change d'habits avec elle, ainsi il est tué par son propre père tandis que Sylvestre tue sa propre fille. Les deux pères se réconcilient sur cette catastrophe après avoir découvert que les soupçons qui, de part et d'autre, ont conduit à une fin si désastreuse, n'avaient pas de fondements. L'excès de tragique rend grotesque le cinquième acte : Zschokke raconte dans son autobiographie que, lorsque Kleist lut le drame à ses amis de Berne, il finit lui-même par en rire. Il voulut néanmoins le publier, se cachant derrière l'anonymat, mais n'eut pas grand succès. Cependant, dans cette œuvre de jeunesse, on vit à bon droit une promesse (il suffit d'analyser la scène de l'idylle dans la grotte, écrite antérieurement et autour de laquelle s'était formée la pièce pour se rendre compte des réelles qualités de l'auteur). On trouve, çà et là, les thèmes connus du monde romantique : la sorcière, l'angoisse, le destin cruel, et même la folie qui apparaît chez Jean, le bâtard de Rupert. Un déséquilibre de construction entre les trois premiers actes d'une part, qui sont solidement construits, et de l'autre, les deux derniers, surtout le cinquième, confère, selon les dires de Proelss, « quelque chose d'oppressant et de pénible » à tout le drame. — Trad. Actes Sud-Papiers, 1990.

FAMILLE SELICKE (La) [*Die Familie Selicke*]. Drame en trois actes des écrivains allemands Arno Holz (1863-1929) et Johannes Schlaf (1862-1941), représenté sous le pseudonyme de Bjarne P. Holmsen le 7 avril 1890 à Berlin. Ce fut une des œuvres entièrement conformes au programme du naturalisme. L'action se déroule dans l'espace de vingt-quatre heures, le jour de Noël, et dans l'atmosphère pour laquelle Holz a montré une prédilection dans *Le Livre du temps* (*) : une mansarde dans une grande ville. Selicke est un comptable ivrogne, violent ; sa femme, malade des nerfs, se plaint du matin au soir. Une pure idylle fleurit entre Tonia, la fille aîné, et Wendt, théologien protestant qui, une fois nommé pasteur, voudrait l'épouser. Pour la petite Tonia, ce serait le paradis ; mais précisément ce soir-là meurt Linette, la sœur cadette qui, avec ses grands yeux fiévreux, occupe tout le premier acte. L'union de la famille ne se refait pas autour du lit de mort de l'enfant ; ses parents la pleurent, mais se renferment, l'un et l'autre, dans leur égoïsme. Tonia comprend que, maintenant, il lui échoit à elle seule d'être la gardienne de la maison et de la famille, et supporter ces épreuves devient, pour elle, un devoir illuminé par la grâce. Wendt la comprend et se sépare d'elle. « La vie est belle, même pénible, quand on sait qu'il peut y avoir des créatures comme toi, Tonia », lui dit-il en la quittant. Et elle reprend la voie fatigante de l'ingrat labeur quotidien, chemin que parcourent tous les malheureux pris dans l'engrenage de la vie. Le langage de ce drame garde une allure populaire ; le milieu est décrit minutieusement dans la mise en scène qui a presque autant d'importance que le dialogue lui-même. Peut-être, plutôt que la vérité et l'émotion de la vie, y sent-on, aujourd'hui, une espèce de « technique photographique » selon les préceptes de l'esthétique du temps, et cela explique que ce drame n'est plus repris sur la scène. Mais à la première représentation il fit date, et un poète comme Fontane n'hésita pas à écrire : « Ici, nous avons vraiment une " terre nouvelle " devant nous. Ici, les chemins se séparent : d'un côté ce qui est vieux, et de l'autre ce qui est neuf. »

FAMILLE TÓT (La) [*Tóték*]. Pièce de théâtre de l'écrivain hongrois István Örkény (1912-1979), d'après le roman du même auteur publié en 1967, créée à Budapest le 24 février 1967. Örkény a travaillé longtemps comme adaptateur et il a écrit pour la scène jusqu'à la fin de sa vie. Il a souvent utilisé comme matériau thématique ses propres romans dont les versions théâtrales sont devenues plus célèbres que les originaux. C'est indiscutablement le cas de *La Famille Tót*. Le fils est à la guerre et la famille attend l'arrivée de son capitaine qui, malade des nerfs, a accepté de venir se reposer chez eux. Le supérieur hiérarchique du « petit » est accueilli somptueusement. Ombrageux et psychopathe, sans se départir d'une parfaite courtoisie verbale, il ne va pas tarder à imposer sa loi dans la famille, où personne n'osera le contrarier pour ne pas nuire au fils bien-aimé. Tous sont sur le point de sombrer dans la folie quand le père, sur un coup de désespoir, tue le capitaine ; le public apprend par un télégramme non remis que le jeune homme est mort au front. Au premier degré, *La Famille Tót* est une farce d'un humour implacable : humour de situation, de paroles et de jeu théâtral. Örkény met en scène admirablement le caractère polyphonique de l'œuvre. Le canevas de la pièce est réaliste. Le canevas seulement : car l'accumulation de détails grotesques provoque irrésistiblement le rire. Cette pièce reçut en 1970 le grand prix de l'Humour noir. À un autre degré, il s'agit aussi d'un grotesque de transposition. Les rapports dépeints sont des rapports sociaux, de victime à bourreau, de tyran à opprimé. Le tyran a l'autorité : son pouvoir s'accroît par la peur paralysante des temps de guerre. Les victimes ne cherchent pas à échapper à leur martyre : soumis par devoir, ils donneront des verges pour se faire battre, la situation bascule dans l'absurde. Ce n'est donc pas l'esprit critique qui provoquera la révolte, c'est un réflexe humain de survie. Alors que tout est inutile, car nous le savons, celui que la famille protège n'est plus. La pièce a été interprétée comme une allégorie des rapports entre petite bourgeoisie et fascisme. *La Famille Tót* a été adaptée au cinéma en Hongrie. Elle a été traduite et jouée dans bien des pays européens — Trad. Gallimard, 1968.

E. T.

FANAL BLEU (Le) de Colette (v. *Étoile Vesper, L'*).

FANATISME (Le) ou Mahomet le Prophète. Tragédie en cinq actes de l'écrivain français Voltaire (François-Marie Arouet, 1694-1778), représentée en 1741. Mahomet, déjà reconnu et vénéré comme prophète et comme conducteur du peuple arabe pour qui il rêve d'une destinée glorieuse, veut rentrer à La Mecque où il sait devoir trouver un certain Zopire, lequel nourrit contre lui des sentiments de haine et de vengeance, parce qu'il voit seulement en Mahomet un rebelle, un imposteur et l'instigateur de ces massacres fanatiques, dans lesquels sont morts sa femme et ses fils. Aux côtés de Zopire se trouve Palmyre, esclave de Mahomet qui l'a traitée comme sa fille, si bien qu'elle ne rêve que de retourner près du faux prophète. Pour amener Zopire à un entretien et par là à un accord avec Mahomet, Omar, lieutenant, et Séide, autre esclave de Mahomet, se rendent à La Mecque. Après un dramatique entretien avec Zopire, Séide reste en otage. Pendant ce temps se trament toutes sortes de complots. Pour se venger et pour entretenir le fanatisme des siens, Mahomet décide la mort de Zopire ; poussé en même temps par une atroce jalousie à l'égard de Séide qu'il sait être l'amant heureux de Palmyre, à laquelle il pense lui-même, il engage le jeune homme à servir ses desseins, lui représentant le meurtre comme un devoir sacré commandé par Allah. Zopire meurt de la main de Séide, après avoir reconnu en lui et en Palmyre les enfants qu'il a regrettés pendant de longues années et qu'il considérait comme perdus ; Séide expire à son tour, empoisonné par un breuvage qu'il a reçu de Mahomet, et Palmyre se tue avec le poignard de son frère. Mahomet, qui voit périr misérablement l'objet de ses désirs, reconnaît, dans un soliloque, son intime perfidie, mais il finit par ordonner à Omar de faire disparaître les traces de ses crimes et de sauver sa gloire naissante. *Mahomet* n'a qu'une faible valeur littéraire. Son importance réside dans le fait que Voltaire voulait, en stigmatisant les fondateurs de religion en la personne de Mahomet, faire une œuvre de propagande philosophique et révolutionnaire. Pour se mettre à l'abri des sévérités de la censure, il eut l'audace de dédier sa pièce au pape Benoît XIV, qui accueillit spirituellement cet hommage ironique. Elle fit grand bruit à son apparition et connut de violentes attaques pour sa critique audacieuse, encore que naïve, de toutes les formes du fanatisme, de la superstition et de l'esclavage aux dogmes et aux lois arbitraires. *Mahomet* contribua, avec l'*Essai sur les mœurs* (*), à faire de Voltaire le chef reconnu des athées et des libres penseurs de l'époque.

FANCHON LA VIELLEUSE. Sous le personnage populaire de Fanchon la Vielleuse se cache une chanteuse des rues, Françoise Chemin, femme Ménart. C'est après une grande célébrité au XVIIIe siècle que cette dernière devint l'héroïne de nombreux récits, romans, drames et opérettes sous le nom désormais fameux de Fanchon. On croit qu'elle venait de Savoie et aurait suivi les petits ramoneurs qui venaient chercher fortune à Paris. Ses aventures sont essentiellement celles d'une pauvresse dont la grâce et la fragilité sont menacées par les méchants ; mais sa vertu reste triomphante grâce au charme qu'elle exerce par sa voix et surtout par sa vielle, dont elle joue à ravir. Elle apparaît en 1800 dans un vaudeville en trois actes de Bouilly et Pain : *Fanchon la vielleuse* ; puis en 1802, sous le même titre, dans une pièce de René Périn. En 1803, plusieurs autres pièces : Hector Chaussier en fait l'héroïne de *La Vielleuse du boulevard*, trois actes avec le curieux sous-titre de « mélodie » ; *Les Trois Fanchons ou Cela ne finit pas*, un acte de Bonet et Joie, mêlé de danses ; *Fanchon la Vielleuse de retour dans ses montagnes*, trois actes d'Aude et Servières ; *Fanchon toute seule ou Un mouvement d'humeur*, un acte de Couet. En 1804, une comédie anonyme en un acte, *Un trait de Fanchon la Vielleuse*. En 1811, elle passe en province avec *La Petite Revue lyonnaise ou Fanchon la Vielleuse à Lyon*. On la retrouve au milieu du siècle (1856), dans un opéra-comique de Leuven et Saint-Georges, musique de Clapisson, *La Fanchonnette*. Plus tard encore (1891), c'est une opérette en quatre actes de Busnach, musique de Louis Varney, *La Fille de Fanchon la Vielleuse*, où l'on voit cette fille, Javotte, héritière de la vielle, gagner sa vie comme sa mère en chantant dans les rues. Divers romans-feuilletons, de 1880 à 1900, reprennent le thème de Fanchon, qu'il ne faut pas confondre avec l'héroïne moins élégiaque d'une chanson populaire datant aussi du XVIIIe siècle : « Buvons à l'aimable Fanchon / Elle aime à rire, elle aime à boire / Elle aime à chanter comme nous. » Fanchon la Vielleuse a une émule en une autre Savoyarde, Marie, l'héroïne du célèbre mélodrame *Sur la Grâce de Dieu* (*).

FANFARON (Le) [*Der Renommist*]. Poème héroï-comique de l'écrivain allemand Friedrich Wilhelm Zachariäe (1726-1777), publié en 1747. Son succès fut immédiat et durable. Il a, dans son ensemble, une grande valeur documentaire, car il peint les coutumes grossières de la jeunesse allemande au XVIIe siècle. On peut dire que Zachariäe a introduit en Allemagne le genre héroï-comique. Il s'est inspiré du *Lutrin* (*) de Boileau et surtout de *La Boucle dérobée* (*) de Pope, que la femme de Gottsched était alors en train de traduire en allemand. Voici l'intrigue de cet ouvrage : un étudiant de Iéna, qui s'est fait expulser de l'université pour ses bagarres continuelles, arrive à Leipzig où la vie est un peu plus raffinée. Il rencontre là Sylvain, un de ses anciens compagnons de Iéna, lequel s'est fort bien adapté aux coutumes de la nouvelle cité, et qui cherche à lui faire partager ce train de vie, car il a pour protectrice la déesse Galanterie, et quelques autres encore. Mais le Fanfaron est, lui aussi, protégé par quelqu'un : Pandure, un esprit grossier, qui trouve toujours le moyen d'empêcher une influence durable des autres génies sur l'âme de son protégé. Notre Fanfaron fait la connaissance d'une belle enfant et, par amour, accepte de faire les plus gros sacrifices. Il va chez un perruquier et chez un tailleur. Cependant quand la jeune fille le voit transformé de la sorte et propre à souhait, elle l'accueille avec un immense éclat de rire. Furieux, le Fanfaron se défait de sa perruque et de ses autres habits, et provoque en duel Sylvain qui est l'ami de la jeune fille. Mais ce dernier, protégé par la Galanterie, a facilement le dessus. Après quoi, le Fanfaron décide d'abandonner Leipzig pour aller satisfaire ailleurs ses mauvais penchants.

FANNY. Roman de l'écrivain français Ernest Aimé Feydeau (1821-1873), publié en 1858 : le sous-titre : « Étude » (de mœurs sociales) est confirmé par une préface de l'auteur, en 1870, dans laquelle il est question de l'école réaliste et de l'amitié de Flaubert. Les déboires du personnage principal, causés par la jalousie, sont exposés dans une confession. Incapable d'attenter à ses jours, Roger s'est retiré dans une maison abandonnée au milieu d'une forêt, près de la mer, et il ne peut se détacher de l'atroce chagrin que lui a causé son amour malheureux. Ayant rencontré Fanny, de dix ans plus âgée que lui et mère de trois fils, Roger s'éprend d'elle et obtient qu'elle lui donne toutes les preuves d'un attachement réciproque. Elle le fait avec retenue, tout en lui faisant comprendre que c'est là un sacrifice. Roger vit heureux dans cette situation jusqu'au jour où il désire faire la connaissance du mari. Fanny les fait se rencontrer chez des amis. Mis en présence du mari, un homme de belle allure et débordant de vie, le jeune homme se sent troublé. Il ne comprend pas comment Fanny peut être infidèle. Et subitement il considère le mari comme un rival. La jalousie le tourmente à tel point que sa vie devient impossible. Il persécute Fanny, veut savoir quelles sont ses relations véritables avec son mari, s'intéresse aux affaires de ce dernier, se réjouit quand elles vont mal, et attend avec impatience le moment où le rival détesté s'éloignera pour un voyage lointain. L'idée du partage le remplit d'horreur. C'est pourquoi il fait jurer à la jeune femme de vivre à l'écart de son mari, et de ne plus s'en approcher lorsqu'il reviendra. Mais, dans une scène que Flaubert appréciera particulièrement, le jeune homme épie sa maîtresse d'un balcon et réussit à la surprendre dans les bras de son mari. Bouleversé, il abandonne tout et se réfugie dans la solitude pour y attendre la mort. Le livre renferme un diagnostic d'une extrême justesse sur les tares et les maladies de la société, et l'analyse psychologique est conduite de manière subtile. Mais, bien qu'elle ait valu à son auteur, par ses hardiesses, l'admiration des fidèles de l'école réaliste, l'œuvre n'est pas moins fort monotone : elle reste une production caractéristique de cette école littéraire.

FANNY. Pièce en trois actes publiée en 1932 par l'écrivain français Marcel Pagnol (1895-1974). Deuxième volet de la trilogie marseillaise, la pièce fut créée le 5 décembre 1931. C'est avec un égal succès que les créateurs de *Marius* (*) reprirent leur rôle, et à nouveau le cinéma vint consacrer leur interprétation en 1932. Le premier acte se situe quelques mois après le départ de Marius. César a vieilli ; des cheveux blancs lui sont venus, et le souvenir de son fils le hante bien qu'il se refuse à en parler. Fanny, elle, découvre qu'elle est enceinte et n'ose le révéler à sa mère. Il faudra que le vieux Panisse vienne la demander en mariage pour qu'elle avoue sa faute. Mais Panisse est un brave homme ; il aime Fanny depuis bien longtemps et il sait que toujours elle lui préférera Marius. Mais Marius est loin ; il ne sera pas de retour avant vingt-six mois et il faut bien prendre une décision. Panisse maintient sa demande et Fanny, touchée, l'accepte. Même César, d'abord furieux, finit par s'incliner. L'honneur de Fanny passe avant l'amour qu'il porte déjà à son futur petit-fils ; car ce sera un garçon, pour lequel on commence à faire des projets. Au IIIe acte, l'action est déplacée bien des mois après. Fanny est mariée ; un petit César (Césariot) est né, auquel il a bien fallu donner le nom de son grand-père puisque, d'autorité, il en fut le parrain. Et voici que Marius est de retour ; il découvre avec stupeur qu'il n'a pas cessé d'aimer Fanny, et cet enfant dont il est le père lui pèse comme un remords. Voici qu'il rencontre la jeune femme, et Fanny, bien décidée à ne pas trahir le bon Panisse, succomberait peut-être si César ne surgissait au bon moment ; c'est lui qui écartera Marius définitivement, au nom du petit : « Ces petits-là, ça vous prend tout. Mais quand on est brave, Marius, on n'attend pas qu'ils vous le prennent ; on le leur donne. »

FANTAISIE [*Fantasia*]. Avec ce roman, écrit en 1883, à l'âge de vingt-sept ans, et que d'aucuns considèrent comme le chef-d'œuvre de l'écrivain italien, Matilda Serao (1856-1927) semble se détacher du « vérisme » sentimental de sa jeunesse et mettre à profit une certaine expérience littéraire faite d'apports multiples où se retrouve tout l'esprit de son temps : la position de Zola qui réduisait le sentiment de l'amour à un simple choc physiologique, la théorie de la sélection et de la lutte pour la vie selon Darwin, les idées de George Sand sur le droit qu'a toujours la femme de prendre un homme de son choix. Tout cela, certes, a influencé Matilda Serao lorsqu'elle écrivit ce roman. La scène se passe en province. Au premier plan, deux couples, Catherine et André, Lucie et Robert. Au pensionnat, les deux jeunes filles s'étaient juré de se sacrifier leur bonheur mutuel. En dépit de leurs opinions différentes sur le mariage, elles en viennent, l'une comme l'autre, à se marier : Catherine, la moins avertie, épouse André, un beau mâle ; Lucie, par contre, un peu maladive et mystique, ne voit dans l'amour que douleur, misère et abomination et, par pitié, épouse son cousin Robert, déjà miné par un mal héréditaire. Or, voici que Lucie et André s'éprennent violemment l'un de l'autre. L'idylle se poursuit sans incident : les deux époux trahis, n'y voyant que du feu, vont même jusqu'à favoriser sottement l'entente des amants. Ces derniers finissent par s'enfuir, victimes présumées de leur instinct inéluctable, encore qu'ils soient conscients de leur infamie. Après quoi, les deux délaissés ne peuvent supporter leur malheur ; Robert meurt des suites d'une hémoptysie, et Catherine, elle, finit asphyxiée, d'une façon un peu théâtrale, dans sa maison de province. *Fantaisie* n'est pas un roman, mais plutôt une simple nouvelle indéfiniment allongée ; un duo, celui des amants. Tous les autres personnages ne sont que des comparses. Ils n'entrent jamais dans le vif de l'action. Toutefois, les erreurs de facture, de texture et voire de style (ce dernier fort inégal, tantôt lourd et réaliste, tantôt vaporeux à l'excès autant que mélodramatique) n'enlèvent pas au livre toute valeur. Matilda Serao sent vigoureusement la nature ; hommes et choses offrent à son imagination très sensuelle un spectacle des plus enivrants.

FANTAISIE en fa mineur, de Chopin. Publiée en 1842, elle appartient donc à la pleine maturité de la vie du compositeur polonais Frédéric Chopin (1810-1849) ; elle occupe, parmi tant de chefs-d'œuvre, une place très importante, unique quant à la forme. Seule composition de Chopin portant ce titre, à part quelques essais de jeunesse où la virtuosité domine et hormis la *Fantaisie impromptu* – v. *Impromptu* (*) –, elle n'a pas, en réalité, un caractère de fantaisie plus marqué que les *Ballades* (*), les *Sonates* (*) ou telles autres de ses créations célèbres, mais une structure intimement différente. Elle débute par un grave Andante à l'allure de marche, auquel succède un Allegro impétueux qui, bien que de forme libre, se rapproche un peu d'un premier mouvement de sonate par ses deux thèmes fondamentaux. Le second de ceux-ci, en la bémol majeur, mouvementé encore, a cependant un ton plus doux et mélodique et se développe en une série d'épisodes, où la richesse inventive du compositeur se manifeste de manière remarquable et où l'animation initiale devient parfois plus tourmentée ou bien éclate en accents d'une vigueur plus joyeuse et plus triomphale. Cet Allegro se reproduit à deux autres reprises avec des variantes de tonalité ; la première répétition est interrompue par un Adagio en si majeur, admirable pause lyrique, sorte de choral qui se fond avec le tout en un contraste harmonieux. À la strette finale du morceau, après une gamme chromatique descendante, l'on retrouve une réminiscence en la bémol majeur de la mélodie de cet Adagio, mais le tumulte précédent se calme tout à coup ; la sonorité s'atténue ensuite en une série d'arpèges réaffirmant la tonalité de la bémol majeur par laquelle l'œuvre se termine. Ces divers épisodes se relient spontanément les uns aux autres, formant un ensemble d'une admirable unité où la beauté, la poésie et le caractère profond des idées musicales ne font qu'un avec les riches trouvailles de l'harmonie et de la technique pianistique. Romantique dans son inspiration – si par romantisme on entend une émotion toute d'agitation et d'angoisse et un impétueux élan juvénile –, cette *Fantaisie* est cependant également classique, car son fougueux élan intérieur se coule en une forme parfaite, comme toutes les œuvres inspirées de Chopin. Elle se rapproche moins de compositions d'un lyrisme rêveur et élégiaque comme les *Nocturnes* (*) ou d'une vigueur héroïque comme certains *Préludes* (*), *Études* (*) et *Polonaises* (*), que d'autres œuvres de mouvement dramatique et de ton narratif capricieux, comme les *Ballades* (*) et les *Scherzos* (*) par exemple.

FANTAISIE pour piano, chœurs et orchestre de Beethoven. Cette *Fantaisie* du compositeur allemand Ludwig van Beethoven (1770-1827), composée en 1808, la même année que la *Symphonie n° 6*, peut être considérée sinon comme une esquisse, du moins comme une première forme achevée de la *Symphonie n° 9* – v. *Symphonies* (*). Beethoven y fait dialoguer piano, chœurs et orchestre : « Le couple amical de la Paix et de la Joie alternent comme le jeu des vagues », écrivait-il en analysant son œuvre. Après un court Adagio pour piano seul, l'orchestre reprend le thème exposé et le développe dans un Allegro. L'Adagio ma non troppo qui suit, pour piano et orchestre, se résout en une marche lente et solennelle. L'Allegretto ma non troppo fait intervenir les chœurs que l'on retrouve dans le Presto final, où éclate le fameux thème qui deviendra l'*Hymne à la joie* de la *Symphonie n° 9*. Beethoven justifiait son entreprise en proclamant : « Quand opère le charme magique des sons et que parle le mot qui les consacre, nécessairement naît quelque chose de magnifique. » Ce fut l'avis du public viennois qui en acclama la première audition le 22 décembre 1808.

FANTAISIE pour piano et orchestre de Fauré. Dans une lettre datée d'Évian, 26 juillet 1918, le compositeur français Gabriel Fauré (1845-1924) annonçait à sa femme : « Mes forces reviennent un peu plus chaque jour. Hier, j'ai pu travailler depuis trois heures jusqu'au dîner. J'entreprends une *Fantaisie pour piano et orchestre.* » Cette œuvre, qui porte le numéro d'opus 111, allait être créée le 14 mars 1919 à la salle Gaveau par Alfred Cortot qui en fut le dédicataire ; œuvre puissante et belle, pleine de grandeur, et dont on ne dirait jamais qu'elle fut composée par un artiste de soixante-treize ans que l'on allait, quelques mois plus tard, juger trop vieux pour conserver la direction du Conservatoire. Dans son ouvrage sur *La Musique française de piano*, Alfred Cortot remarque que les « partisans du contraste et de la couleur » peuvent regretter la discrétion avec laquelle Fauré a traité l'orchestre dans sa fantaisie, comme ils peuvent aussi prétendre que la partie de piano n'est point aussi riche d'agrément extérieur, aussi nourrie d'harmonies consistantes qu'on le peut attendre d'une pièce accompagnée par l'orchestre et destinée aux vastes dimensions d'une salle de concert. Mais ces critiques tombent si l'on veut bien reconnaître que Fauré n'a point voulu entreprendre un concerto. Il a voulu, il a réalisé une œuvre de « noblesse intime », très loin des conventions et des usages. Il s'y est exprimé en toute liberté, et il a très simplement enrichi l'art français d'un pur chef-d'œuvre, égal sinon même supérieur à la *Ballade* (*) – dans un genre très différent. La première partie Allegro moderato expose un thème énergique, confié au piano, et qui va bientôt se combiner avec deux autres motifs de caractère plus mélodique, mais non moins viriles. Après un point d'orgue, commence un Allegro vivo, sur un rythme impatient, obstiné, à trois temps, un thème dont l'inquiétude contraste avec la calme énergie du premier mouvement. Le Finale reprend le motif initial, mais avec une fierté et une vigueur accrues et le conduit vers une conclusion qui s'élargit en pleine lumière. Œuvre noble et grande, qui exclut volontairement toute espèce de pittoresque et qui témoigne de l'élévation des sentiments d'un artiste pour qui semble avoir été créé le terme de « musique pure ». Hélas, cette *Fantaisie*, dans laquelle Gabriel Fauré a mis le meilleur de lui-même, reste un de ses ouvrages les moins souvent joués.

FANTAISIE-BALLET de Pierné. Œuvre pour piano et orchestre du compositeur français Gabriel Pierné (1863-1937), écrite en 1885. Pierné terminait le séjour en Italie que lui avait valu son prix de Rome. Élève de César Franck et de Massenet, il avait retenu la rigueur d'écriture du premier et le goût pour les mélodies claires et rêveuses du second. Ce sont ces deux éléments qui collaborent dans cette *Fantaisie-Ballet*. Elle présente un minimum de difficultés d'exécution, mais atteint infailliblement son but qui est de faire plaisir. La partition s'ouvre sur un Andante majestueux en si bémol ; le piano semble lancer un appel : une invitation à la danse. L'Allegro moderato qui suit est une Gavotte en sol mineur qui juxtapose deux fois le même dessin mélodique ; il s'enchaîne à une Saltarelle en sol majeur construite sur un thème léger de quatre mesures. Cette Saltarelle réintroduit la Gavotte en sol mineur qui fait l'objet d'un développement plus bref et plus serré. Puis c'est une valse en ré majeur, dont on perçoit d'abord le rythme sur lequel vient se greffer la ligne du chant. La partition s'achève sur un Allegro con fuoco en forme de Tarentelle. C'est là un ouvrage souriant, plein de grâce, de charme et d'esprit.

FANTAISIE CHROMATIQUE ET FUGUE [*Chromatische Fantasie und Fuge*]. Œuvre pour clavecin du compositeur allemand Johann Sebastian Bach (1685-1750) écrite entre 1720 et 1730 et publiée à titre posthume au XIXe siècle. C'est une de ses plus belles créations instrumentales. La fantaisie, avec son caractère de libre improvisation, se rapproche du genre de la toccata, mais a un développement tout particulier et vraiment capricieux : une première partie, tout en passages rapides, marquée cependant d'une émotion dramatique très dense, est suivie d'une page méditative, aux accords arpégés, traitée comme une sorte de choral libre, c'est-à-dire non soumise à l'habituelle structure symétrique des chorals liturgiques ; puis vient un récitatif d'une grande puissance expressive et de forme neuve qui, après un crescendo dramatique, se détend à la fin, en une coda imprégnée de cet esprit de recueillement douloureux et de cette religieuse élévation qui est propre à l'œuvre de Bach. Sur cette fantaisie, que l'auteur qualifie de chromatique parce qu'elle est en effet riche de passages en demi-tons et surtout d'un sentiment harmonique qui justifie ce qualificatif, se greffe, de la manière la plus spontanée, la fugue, chromatique elle aussi, que certains estiment inférieure, bien à tort, car en réalité elle résout la tension des pages précédentes en une harmonie fluide dont le fond reste méditatif (la dominance du mode mineur en est un des aspects notables) ; l'édifice polyphonique à trois voix, basé sur un thème très particulier :

a tout d'abord une légèreté aérienne et des touches presque badines, puis s'élève peu à peu jusqu'à un ton plus vigoureux et avec une égalité et une ampleur de développement admirables, s'achève sur un finale grandiose et digne de l'orgue. L'harmonie architectonique ne fait qu'un, avec la profondeur et la noblesse d'inspiration. Dans l'adaptation au piano moderne, instrument qui peut réaliser de manière satisfaisante certaines intentions de Bach, mais où n'existent pas de registres semblables à ceux du clavecin, certaines amplifications du texte sont nécessaires pour la fantaisie. Dans cet esprit ont été faits des remaniements très en honneur, comme ceux de Hans von Bülow (1830-1894), qui cependant altèrent l'esprit de la composition, tandis que celui de Ferruccio Busoni (1866-1924), bien que libre et personnel, en rend beaucoup mieux le caractère dramatique et sévère. La fugue par contre (amplifiée elle aussi par Busoni) doit être laissée dans son état original, à l'exception de quelques redoublements d'octaves.

FANTAISIE DE L'INCONSCIENT [*Fantasia of the Unconscious*]. Essai de l'écrivain anglais David Herbert Lawrence (1885-1930), publié en 1923. L'auteur ne prétend pas ici faire plus que de la pseudo-philosophie qu'il baptise « pollyanalytique » (sic). Le langage est familier, poétique, visionnaire, tout sauf scientifique. Dans la Préface, Lawrence annonce les sources éclectiques de sa réflexion : le yoga, Platon, saint Jean l'évangéliste, les premiers philosophes grecs et Frobénius. Son point de départ est une critique de la notion d'inconscient chez Freud et le refus d'attribuer une motivation sexuelle à toutes nos activités humaines. Selon Lawrence, le premier moteur de l'homme est la spiritualité. S'ensuivent d'obscures considérations sur la manière dont notre « conscience prémentale » s'enracine dans le corps à différents niveaux, particulièrement dans le plexus solaire et les ganglions. L'auteur s'insurge contre l'hégémonie des centres supérieurs du corps dans l'éducation. Le but de la vie ne devrait pas être de savoir mais d'« être ». Les théories de Lawrence sur l'éducation doivent beaucoup à Rousseau et à Nietzsche : pas d'école avant dix ans, formation intellectuelle après quatorze ans, éducation ménagère pour les filles, militaire pour les garçons, pas d'enseignement moral ni sexuel, tout doit être découvert de manière « non mentale ». Le chapitre sur la naissance de la sexualité insiste sur la nécessité pour l'homme de dépasser l'indispensable rencontre avec la femme pour s'adonner à une activité collective et créative. De même qu'il a établi une topologie du corps, Lawrence nous donne une table de correspondance entre les parties du corps et les éléments du cosmos. Par exemple, le soleil est polarisé avec le plexus solaire et la lune avec le ganglion lombaire de la volonté. Le livre s'achève sur une théorie du rêve complètement antithétique de celle de Freud : « Le sommeil est ce moment où nous sommes livrés à l'automatisme du monde inanimé. » Globalement, Lawrence justifie un ordre naturel qui le mène à répudier toute idée de démocratie.

Ancré dans les mouvements de pensée romantique et néo-romantique du XIXe siècle et dans ce que Lawrence connaissait du yoga, cet essai est une curiosité littéraire bien datée. Il est assez représentatif du débat idéologique des années 20. Il aide aussi à mieux comprendre ce qui sous-tend la composition de romans tels que *La Verge d'Aaron* (*), *Kangourou* (*) et *Le Serpent à plumes* (*). Une certaine désinvolture et une touche d'humour rendent agréable la lecture de ces théories souvent indigestes. – Trad. Stock, 1932.

G. Roy.

FANTAISIE DU VOYAGEUR [*Wanderers Phantasie*]. Œuvre pour piano op. 15 (D 760), en ut majeur du compositeur autrichien Franz Schubert (1797-1828). Elle a été écrite en 1822, un an après le lied du *Voyageur,* qui lui donne son nom parce que Schubert en utilise comme sujet le motif thématique. « Le soleil d'ici me semble froid », chantait ce lied ; « Ma fleur est flétrie, ma vie trop vieille. Partout je suis étranger. » La *Fantaisie* traduit très librement cette impression en quatre mouvements orientés vers une mélancolie moins appuyée que dans le lied. Un premier Allegro (con fuoco, ma non troppo) affirme l'élan persistant de la jeunesse, mais se laisse peu à peu gagner par une rêverie un peu douloureuse que trahissent à la fois la modulation vers le mineur et la chute de la sonorité vers le pianissimo. L'Adagio, avec sa tonalité d'ut dièse mineur, accentue cette impression, qui n'est pas néanmoins celle d'un accablement, car les sursauts rythmiques sont nombreux. Le Presto qui suit est en fait un scherzo sur un thème de valse, où apparaît le souvenir d'une mélodie populaire de l'époque, « La Chanson du Prater », tirée de la comédie musicale *Aline,* de Wenzel Müller. Schubert avait assisté à la représentation quelques jours auparavant : c'est un des exemples types de la façon dont il puise son inspiration folklorique dans la musique qui l'entoure. L'Allegro final est fugué et, sans échapper à l'emphase, termine avec fougue ce véritable poème symphonique pour clavier. Plus librement que dans une sonate, Schubert satisfait ici son goût d'enrichir la forme, de varier le style, d'unifier la pensée en recourant à une unité thématique qui fera fortune sous le nom de « forme cyclique », et d'exprimer sa vitalité avec une force presque élémentaire. Tout cela avait vivement frappé Liszt qui, tout justement, choisit ce morceau pour le transcrire avec accompagnement d'orchestre. Il en a ressenti la tendance au poème symphonique et bien compris que la richesse bouillonnante n'était pas complètement mise au jour par une simple version pianistique : l'orchestre était nécessaire pour en faire valoir toute l'ampleur et le romantisme. De là son opus 27 intitulé *Fantaisie de Schubert en ut,* dont il a également publié une réduction pour deux pianos. L'influence de la *Fantaisie* de Schubert est au reste évidente dans un ouvrage original de Liszt, *Le Concerto pour piano* (*) en mi bémol.

FANTAISIES de J. S. Bach. Pièces pour clavecin du compositeur allemand Johann Sebastian Bach (1685-1750). Bach écrivit d'innombrables *Fantaisies*, dont huit seulement sont parvenues jusqu'à nous. Il donnait en général ce nom à des pièces qui servaient d'introduction à des *Fugues* (*). Ce titre de *Fantaisie* ne correspondait pas d'ailleurs dans son esprit à une forme déterminée : il avait baptisé ainsi dans leur première édition les *Inventions à deux voix* et plusieurs *Toccatas.* De toutes ces partitions, la plus universellement connue est la grande *Fantaisie chromatique et fugue* (*), datée de Leipzig (env. 1730). La *Fantaisie en ut mineur* permettait aux élèves du compositeur de se familiariser avec les pires difficultés de la technique du clavecin : arpèges, croisements de mains, changements de mouvement, traits à jouer avec une grande égalité de doigts. Cette partition est divisée en deux parties, édifiées chacune sur deux thèmes. La *Fantaisie en ut mineur* devait servir de prélude à une fugue restée inachevée. La *Fantaisie en la mineur*, contemporaine des précédentes, ne met en jeu qu'un seul thème, mais est conçue dans le même esprit didactique. La *Fantaisie en sol majeur* obéit à la forme sonate avec ses trois mouvements nettement tranchés. La *Fantaisie en sol mineur* revient au principe des deux thèmes, mais introduit une ambiance préromantique très exceptionnelle chez le Cantor de Leipzig.

FANTAISIES de Liszt. « Dans ma vie d'artiste, écrivait le compositeur hongrois Franz Liszt (1811-1886), il y a trois tiroirs. Dans le premier sont enfermés les ouvrages de ma jeune renommée, je l'ai fermé à tout jamais et j'en ai jeté la clef à la mer. » C'est là pourtant que sont contenus la plupart des Fantaisies du maître de Weimar, notamment la *Fantaisie sur un thème de Don Juan*, la *Fantaisie sur un thème de Robert le Diable* qui, toutes deux, rejoignent les *Paraphrases* sur les thèmes de Donizetti ou de Rossini. Il faut noter la *Fantaisie sur « La Clochette » de Paganini*, composée en 1834. Liszt, qui devait, à cette époque, son succès à sa prodigieuse virtuosité pianistique, transposa dans cette œuvre, à l'intention des pianistes, les diaboliques difficultés que Paganini proposait aux violonistes. La *Fantaisie hongroise* obéit un peu au même idéal ; elle est écrite pour piano et orchestre, et débute par l'exposition au quatuor d'un thème solennel et pompeux, qui prépare l'entrée du soliste. Après une sorte d'improvisation de ce dernier, l'orchestre reprend le fil interrompu de son discours, mais le piano lui coupe de nouveau la parole pour se livrer à des jeux de virtuosité sur le thème initial. Après un long solo où le piano joue une sorte de czardas populaire, l'orchestre entre dans la danse. Le piano expose alors un second thème qui sera le prétexte de traits fulgurants, d'un prodigieux effet, mais si parfaitement écrits pour l'instrument que la difficulté d'exécution est loin d'en être insurmontable. Cette *Fantaisie hongroise* étayée sur deux thèmes populaires date de 1852. Dans le deuxième recueil des *Années de pèlerinage* (*), Liszt glissa une *Fantaisie quasi sonata*, où deux Andante encadrent un Presto. Tous ces ouvrages datent de la jeunesse de Franz Liszt. La *Fantaisie et Fugue sur le choral « Ad nos salutarem »* témoigne de l'évolution de son génie. Liszt subit l'influence de Bach, qui se traduisit également par une *Étude sur le nom de B.A.C.H.* Il ne cherche, ici, nul effet de virtuosité transcendante et se préoccupe seulement d'écrire un contrepoint rigoureux que son idole provisoire n'aurait pas désavoué.

FANTAISIES de Mozart. Pièces pour piano du compositeur autrichien Wolfgang Amadeus Mozart (1756-1791). La *Fantaisie en ut mineur* (K 475), écrite en 1785, fut publiée la même année à Vienne, comme introduction à la *Sonate en ut mineur* (K 457) — v. *Sonates* (*) — à laquelle elle est généralement jointe dans les éditions modernes, et à juste titre, car cette disposition est conforme à l'intention de l'auteur. Cette *Fantaisie* est une œuvre de rares liberté et nouveauté de conception et, dans sa simple structure pianistique, elle a une plénitude grandiose, des harmonies riches et audacieuses. La tonalité n'est pas indiquée par des altérations à la clef ; celle d'ut mineur s'affirme au début et à la fin, mais dans le reste, ce ne sont que modulations continues même dans des tons très éloignés ; il semble qu'ici se réalise cette « abolition des tonalités » — toute relative, bien entendu, et qu'il ne faut pas confondre avec l'atonalité — à laquelle des musiciens ont aspiré en un temps plus moderne. La *Fantaisie* se compose de plusieurs mouvements reliés ensemble : un Adagio sombre et méditatif auquel succède un Allegro impétueux, puis un Andantino mélodieux et, enfin, un retour des mouvement et thème initiaux avec une énergique conclusion. Cette capricieuse liberté s'ordonne dans la *Sonate* suivante, en une forme classique et carrée, mais toujours dense de valeur dramatique. Dans cette double création, on a voulu voir un Mozart inhabituel, pré-beethovénien ; mais cette façon de voir tient, semble-t-il, à une connaissance incomplète de l'art mozartien : celui-ci possède, en effet, en dehors d'autres qualités plus évidentes, un sens dramatique tout personnel, imprégné d'un suprême sentiment de grâce ; nul besoin d'y découvrir, même dans les moments les plus tragiques, des indices de crise romantique. Ce caractère, toutefois, est exceptionnel dans le domaine des compositions pour piano seul, où domine en général une expression de douceur aisée et sereine. La *Fantaisie en ré mineur* (K 397) a été écrite pour le clavecin en 1782. Il s'agit d'une véritable improvisation pendant laquelle les sentiments les plus divers et les plus opposés traversent l'inspiration de Mozart. Elle débute par un Adagio conçu dans un style très théâtral : un drame se joue, une sensibilité à vif est torturée, un secret désespoir, une mélancolie insondable exhalent leur plainte puis, tout à coup, une pirouette, et c'est un Allegretto enjoué, joyeux, presque frivole. Nouveau changement de décor, un Andante pathétique, dont le thème est aussi simplement exposé que dans une *Invention* de Bach, donne une impression de douleur complètement dépouillée ; ce n'est plus le cœur qui souffre, mais l'âme ; un Rondo primesautier, avec reprises en variations, termine cette pièce. Cette *Fantaisie*, comme celle en *ut mineur* de 1785, révèle le vrai visage de Mozart, philosophe qui domine sans cesse ses souffrances, musicien qui trouve dans son art les joies pures et nobles que la vie lui refusait.

La *Fantaisie en ut mineur* (K 396), laissée d'ailleurs inachevée, fut composée pour le piano en 1782. Elle débute par un prélude en arpèges qui introduit un motif mélodique frémissant ; puis, après une modulation en sol mineur, Mozart fait un timide essai d'harmonie imitative en décrivant un orage avec ses coups de tonnerre et ses éclairs qui traversent un ciel ténébreux. On connaît également deux autres fantaisies pour piano de Mozart, K 394 et 395, respectivement écrites en 1782 et 1778. Mozart écrivit enfin deux *Fantaisies pour orgue* (K 594 et 608) dans la même tonalité de fa mineur. La première, datée de 1790, est dédiée au maréchal Laudon. Un Allegro en majeur est encadré de deux Adagios, dont le second est d'ailleurs exactement la reprise du premier. La seconde, composée en 1791, débute par un Allegro qui se caractérise par quatre entrées du thème ; l'Andante qui suit est un thème varié à 3/4 ; enfin l'Allegro final ne fait que reprendre le premier, avec quelques altérations harmoniques.

FANTAISIES de Schumann. Pièces pour piano du compositeur allemand Robert Schumann (1810-1856). Comme tous les compositeurs romantiques, Schumann s'évada des règles de la sonate classique pour composer des ouvrages d'une plus grande liberté formelle, et notamment des *fantaisies* qui n'obéissent à aucun plan préconçu, tout en se révélant finalement d'une grande rigueur architecturale. *Les Fantasiestücke*, op. 12, datent de 1837. Elles sont dédiées à une pianiste anglaise, Anna Robena Laidlaw, qui, en ce temps-là, avait effectué de romantiques promenades en compagnie de Schumann dans la campagne de Rosenthal. Mais celui-ci ne cessait de penser à l'obstination de Friedrich Wieck, qui refusait toujours de lui accorder la main de sa chère Clara. C'est donc partagé entre sa passion contrariée pour Clara et sa joie de vagabonder à travers les bois et les champs sous le soleil printanier que Schumann écrivit les huit pièces des *Fantasiestücke : a)* « Au Soir » [Des Abends] : ce morceau, divisé en deux parties qui se répètent chacune une fois, s'achève par une douce coda. Il résume les impressions de Schumann au crépuscule. Une mélodie légère flotte dans un ciel qui s'obscurcit lentement, tandis que montent les parfums de la nuit. *b)* « Exaltation » [Aufschwung] : ce sont les rêves enflammés d'un poète inquiet, mais grisé d'espoir et de tendresse. *c)* « Pourquoi ? » [Warum ?] : une phrase interrogative introduit ce bref morceau. Un peu de mélancolie, un peu de regret..., car la question demeure sans réponse. *d)* « Papillons noirs » [Grillen] : ce passage est particulièrement caractéristique de l'écriture pianistique de Schumann, avec son rythme perpétuellement syncopé. La même phrase est répétée quatre fois, avec chaque fois un court développement dont la couleur tonale ou rythmique change. *e)* « Dans la nuit » [In der Nacht] : ce morceau permettrait d'illustrer une étude sur le fantastique dans l'œuvre de Schumann. Un tourbillon de vent sauvage traverse le ciel obscurci de lourds nuages. De brutales et brèves modulations déchirent ces ténèbres de traits de feu. Puis un chant monte comme une prière, semble un instant dominer la tempête, retombe enfin, submergé par les rafales. *f)* « Fable » [Fabel] ramène ensuite le calme : le poète rêve d'une vie où tout serait simple et heureux. *g)* Avec « Hallucination » [Tramenswirren], c'est un peu l'atmosphère de « Dans la nuit », mais avec plus d'espérance et moins de tourments. C'est la pièce romantique par excellence, traitée dans la forme d'un lied. *h)* « Amici, comoedia finita est » [Ende wom Lied] : pour fermer ce recueil, Schumann trouve des accents enfin apaisés ; tout y est doux, souriant, heureux. Les visions, les pensées désespérées se sont enfuies ; seule demeure la beauté de l'impassible nature.

La *Fantaisie* op. 17, composée en 1836, fut dédiée à Franz Liszt. Schumann grava, en exergue de la partition, ce quatrain de Schlegel : « Parmi tous les sons qui vibrent / Dans le songe terrestre bariolé / Un son libre est tiré / Par celui qui l'écoute attentivement. » Schumann avait primitivement décidé de consacrer les revenus de cette partition au monument qu'on devait élever à Bonn pour célébrer Beethoven. Il l'avait donc baptisée l'« Obole » et sous-titré les trois parties : « Ruines », « Arc de triomphe », « Étincelante couronne ». Il devait renoncer à ce plan qui nous révèle pourtant l'esprit de l'ouvrage, sinon son caractère. Car il s'agit d'un véritable poème symphonique impressionniste, où l'on perçoit les mille murmures mystérieux d'une forêt enchantée. Le premier et le troisième volet de ce triptyque, riches de développements passionnés et frénétiques, encadrent un panneau central traité « dans le ton d'une légende » et qui semble une prière majestueuse et triste. Enfin, en 1851, Schumann écrivit les trois brèves *Fantasiestücke* op. 111. La première, *en ut mineur,* dessine des arabesques rapides et très agitées ; la deuxième, *en la bémol,* plus lente, est fondée sur un seul thème d'une simplicité fraîche et alanguie ; la troisième, *en ut mineur,* ardente et rapide, est tout entière construite sur le même rythme haletant, saccadé, presque brutal.

FANTAISIES dans la manière de Callot [*Phantasiestücke in Callot's Manier*]. « Pages de journal d'un voyageur enthousiaste », de l'écrivain allemand Ernst Theodor Amadeus Hoffmann (1776-1822), publiées en 1813. C'est sa première œuvre ; lancée par une habile préface de Jean-Paul, elle attira bientôt sur l'auteur l'attention de tous les Allemands. Elle marque le passage de l'activité de critique musical et d'essayiste qu'Hoffmann avait jusqu'alors surtout exercée, à celle de conteur, à laquelle il se consacrera entièrement par la suite. Du premier tiennent encore les chapitres de la Ire et IIe *Kreisleriana* (*) qui, autour de la figure fantastique du maître de chapelle Kreisler (au fond Hoffmann lui-même, qui fut, plusieurs années durant, précisément ce chef d'orchestre à l'imagination incandescente, manquant de calme, avec des enthousiasmes et des répulsions violents et incontrôlés), composent une série de variations surtout musicales. Tel est aussi le chapitre sur la musique de Beethoven ; ou « Ombra adorata », qui exalte une voix de femme ; de même les « Pensées sur la haute dignité de la musique », ou encore le chapitre sur une parole de Sacchini, qui aboutit à un parallèle entre l'opéra italien et l'opéra de Gluck, à l'avantage du second. Parfois, comme dans « Le Parfait Machiniste », l'auteur adopte le mode ironique qui lui est cher ; tandis que « Le Club musico-poétique de Kreisler » nous offre un traitement presque technique de problèmes musicaux, avec motifs humoristiques.

Hoffmann conteur apparaît en six récits : « Le Chevalier Gluck », évocation savoureuse et colorée du grand musicien né une seconde fois dans le Berlin d'Hoffmann, et qui contient le fameux discours des « trois règnes » : le réel, le fantastique, l'harmonie conquise. — *Don Juan* (*), où le personnage du grand séducteur est représenté dans ses oscillations entre le sublime et l'abject, et doña Anna comme la force de l'amour qui purifie, mais qui est perdue par le fait du pouvoir diabolique. Pour la première fois, Hoffmann recourt à l'artifice de mêler la réalité à l'illusion : doña Anna apparaît dans la loge d'avant-scène où le « voyageur enthousiaste », seul et sans être vu, assiste à la représentation. Leur dialogue établit entre eux un lien mystérieux dans lequel amour et art s'entrelacent ; mais, le jour suivant, par les propos superficiels échangés à la table d'hôte, le voyageur apprend que la charmante cantatrice est morte cette nuit même. – « Les Dernières Vicissitudes du chien Berganza » [Die neuesten Schicksale des Hundes Berganza], plutôt qu'une nouvelle, sont une rapsodie des thèmes chers à l'auteur. Dans le milieu bourgeois où le sort a porté Berganza, le chien du *Colloque* (*) de Cervantès, l'art ne sert qu'à la vanité de la maîtresse de maison. Berganza a l'occasion de jouer un bon tour à cette dame ; et quand, pour des raisons de convenances sociales, une pure jeune fille, Cécile, épouse un jeune homme corrompu et stupide, Berganza, par un stratagème, trouble la nuit nuptiale et tente de libérer la jeune femme. – « Le Magnétiseur » [Der Magnetiseur] est un des plus sombres récits d'Hoffmann : un certain Albert, qui possède l'art de soigner par le magnétisme, s'en sert pour rendre docile à sa volonté une jeune fille fiancée à un garçon sérieux ; la victime meurt à l'heure même où elle devrait se marier. D'habitude – v. *Nocturnes* (*) –, l'auteur donne au drame un fond familier, mêlant à l'élément macabre de pittoresques et sympathiques figures de second plan, qui incarnent le bon sens et la saine joie de vivre. – Le recueil comprend également : *Le Vase d'or* (*) et « Les Aventures de la nuit de la Saint-Sylvestre » [Abenteuer der Silvesternacht]. Érasme Spikher, ayant laissé en Allemagne sa femme et son enfant, va en Italie, objet de ses rêves. Là, dans un banquet d'artistes, il connaît la belle courtisane Giulietta, dont il s'éprend. Giulietta a pour compère un sorcier : le docteur Partout ; à l'instigation de celui-ci, elle demande à son amant de renoncer à l'image qu'il a dans le miroir. À partir de ce moment, la présence d'Érasme, en quelque lieu qu'il se montre, suscite la stupeur et les murmures. Quand il revient à sa femme, elle-même le repousse ; elle l'accueillera et ne recommencera à l'aimer que lorsqu'il aura récupéré son image. Jean-Paul, dans la préface citée plus haut, salua avec joie cette œuvre qui promettait à l'Allemagne « une floraison de cet humour si vigoureux en Angleterre ». – Trad. Hachette, 1891 ; Phébus, 1979.

FANTAISIES PATRIOTIQUES [*Patriotische Phantasien*]. Quatre volumes d'articles, essais et fragments de l'écrivain allemand Justus Möser (1720-1794), réunis et publiés, en 1774, par la fille de l'auteur. La majeure partie de ces textes avait déjà paru, en 1768-1769, dans le journal *Beilage zu den Osnabrückischen Intelligenzblätter*, fondé et dirigé par Justus Möser à Osnabrück, sa ville natale. Ce recueil, cependant, n'a rien en soi de fragmentaire ni d'incomplet. Ainsi que l'a dit Goethe, il est un « tout », qui représente la personnalité de son auteur et reflète fidèlement la vie entière et la pensée de son temps. Dans les articles, qui se suivent sans aucun ordre, sont traités les sujets les plus variés. Ici, l'objet de la satire c'est la vie insouciante et légère de ces belles dames qui exaspèrent leur sensibilité par la lecture des romans français et se pâment devant une goutte de sang. L'auteur leur oppose le type traditionnel de la femme allemande qui s'occupe de la maison et de son jardin avec un sens de la vie très réaliste : le type de la Charlotte de *Werther* – v. *Les Souffrances du jeune Werther* (*). Le trait essentiel de l'œuvre se dégage du titre même : c'est le retour à la tradition locale, ou plutôt à la notion de la patrie dans toute l'acception du terme. Tout cela contraste non seulement avec l'imitation des modes françaises, mais surtout avec le sentiment humanitaire et abstrait qui perçait à travers toutes les théories du « siècle des Lumières ». C'est sur l'honneur que Möser voudrait voir fondées la justice et la morale, sur l'honneur selon la législation de la vieille Allemagne. Son attachement à la tradition va jusqu'à lui faire exalter le droit du plus fort. Il est ennemi de tout mode de gouvernement tendant à uniformiser les classes et les citoyens. Très tolérant à l'égard de la religion, il reconnaît cependant comme nécessaire une confession religieuse positive pour le bon gouvernement de l'État et s'oppose toutefois à la religion naturelle de Rousseau. Möser, qui a puissamment contribué à la formation de la nouvelle culture allemande, en l'enracinant dans son propre sol, se révéla, aux côtés de Herder et de Goethe, comme un précurseur.

FANTAISIES SUR L'ART POUR LES AMIS DE L'ART [*Phantasien über die Kunst für Freunde der Kunst*]. Recueil de considérations sur la musique de l'écrivain allemand Wilhelm Heinrich Wackenroder (1773-1798). L'auteur les donne pour l'œuvre de l'imaginaire Joseph Berglinger, dont « les idées sur l'art, dit-il avec malice, coïncident merveilleusement avec les miennes ». Pour ne compter que quelques dizaines de pages, cet écrit n'en est pas moins important pour l'histoire de la musique et aussi pour celle de la formation de la prose poétique allemande. Si, dans les *Épanchements d'un moine ami des arts* (*), l'auteur nous dit sa position à l'égard de l'art figuratif, sa sensibilité d'artiste devait trouver ses formes les plus originales dans ces *Fantaisies*. Discutant sur la nature des sons, il a d'audacieuses intuitions qui annoncent la critique musicale de l'avenir. Ces idées hardies concernent les rapports entre les sentiments humains et la musique, entre les couleurs et les sons, et l'impression de « coupable innocence » que nous éprouvons quelquefois en écoutant une symphonie comme si la notion du bien et du mal était dépassée. Mais, devant cet excès de sensibilité, Wackenroder s'arrête comme devant un abîme. Il nous invite à nous « libérer des mots », moyens d'expression mal adaptés à ce qu'il voulait dire. L'œuvre se termine sur ces paroles : « Venez, ô sonorités ; avancez et sauvez-moi de cet effort douloureux et terrestre pour trouver des mots ; enveloppez-moi de vos mille rayons dans vos nuées éclatantes et enlevez-moi vers l'antique embrasement du ciel de l'universel amour ! » Qu'il le veuille ou non, c'est pourtant avec les mots que l'auteur affirme son pouvoir créateur. Ce pouvoir apparaît surtout dans la « Fable du saint nu », où la prose romantique allemande offre une couleur vraiment unique. Les *Fantaisies* furent publiées pour la première fois l'année qui suivit la mort du poète en 1799, par Ludwig Tieck : celui-ci – comme il l'avait déjà fait avec l'approbation de Wackenroder pour les *Épanchements d'un moine ami des arts* – y ajoute ses propres compositions, accordées au style et à la pensée de celles de son ami. Il en est ainsi pour « La Vision de Raphaël » ; « La Grandeur de Michel-Ange », « Le Rêve » (allégorie en vers), et également pour quelque autre essai mineur. De telles compositions contribuent à créer, autour du texte de Wackenroder, une atmosphère harmonieuse, dans laquelle la sensation musicale s'accorde à celles qu'implique l'univers de la peinture. – Trad. Aubier, 1945.

FANTAISIE SUR UN THÈME DE THOMAS TALLIS. Œuvre du compositeur anglais Ralph Vaughan Williams (1872-1958). Cette partition, écrite pour quatuor à cordes et double orchestre à cordes en 1910, évoque la nomenclature du concerto grosso baroque. Le thème choisi par Vaughan Williams est une mélodie composée par Tallis en 1567. Cette référence montre la volonté du musicien de tourner le dos aux influences continentales pour élaborer une musique spécifiquement anglaise. On considère généralement qu'elle constitue le point de départ du renouveau de la musique britannique au XXe siècle.

A. Pâ.

FANTASIA CHEZ LES PLOUCS [*The Diamond Bikini*]. Roman policier de l'écrivain américain Charles Williams (1909-1975), paru en 1956. Billy, le narrateur, a 7 ans. Il est en vacances dans la ferme de son oncle Sagamore avec Sam, son père, un bookmaker qui vient « d'être rappelé » (c'est-à-dire de faire un séjour en prison). Sagamore dissimule une distillerie derrière l'odeur repoussante d'une tannerie et il passe son temps à ridiculiser le shérif et ses adjoints qui voudraient le prendre sur le fait. « Un docteur et sa nièce », en fait un gangster et Caroline Tchou-Tchou reine du strip-tease et témoin d'un meurtre, viennent se mettre au vert chez Sagamore. Cela attire des « chasseurs de lapins » armés de mitraillettes. Le docteur et quelques chasseurs sont tués, et Caroline disparaît vêtue de son seul bikini en diamants. Sagamore offre une récompense pour retrouver la jeune nudiste et attire ainsi une foule d'automobilistes qui vont devoir lui payer le parking, la nourriture et les filles qu'il a fait venir. Comme le disait le docteur, « c'est pénible de voir un gars aussi doué gâcher son talent à la cambrousse ». Une réussite totale que salue le lecteur qui décrypte, hilare, la vision naïve de Billy confortée par la fausse naïveté du génial Sagamore. – Trad. Gallimard, 1957.

D.B.d.M.

FANTASIO. Comédie en deux actes de l'écrivain français Alfred de Musset (1810-1857), écrite en 1833, la même année que *Lorenzaccio* (*) – Musset n'avait que vingt-trois ans –, et publiée en 1834 dans *La Revue des Deux Mondes* ; elle ne fut représentée que le 18 août 1866, sur la scène de la Comédie-Française. Fantasio, jeune bourgeois de Munich, explique à ses amis qu'à force d'analyser son plaisir il a perdu toute illusion et s'ennuie. Passe un enterrement, c'est celui du bouffon de la cour de Bavière, Saint-Jean. Afin d'échapper à ses créanciers, Fantasio imagine de prendre la place laissée vacante par la mort de Saint-Jean. Il s'introduit au palais où il assiste aux préparatifs du mariage de la princesse Elsbeth, à qui le roi son père fait épouser, pour raison d'État, le prince de Mantoue. Celui-ci, personnage grotesque, arrive ; mais, pour observer à son aise sa fiancée, il se fait passer pour son propre aide de camp ; Fantasio, qui a déjà su gagner la confiance d'Elsbeth, surprend sa tristesse, montre qu'il en a compris les causes et lui fait savoir la compassion qu'il a pour elle. À l'aide d'un hameçon, il enlève dans les airs la perruque du faux aide de camp. Le prince de Mantoue se révèle et le bouffon est emprisonné. Alors, apprenant le travestissement du fiancé, la gouvernante d'Elsbeth, vieille femme pleine d'extravagances, s'imagine que le vrai fiancé est le nouveau bouffon ; et elle emmène la princesse le visiter dans sa prison. Fantasio avoue qu'il ne s'est réfugié auprès du trône que pour échapper à ses créanciers. Mais le prince de Mantoue ne se contente pas du châtiment du bouffon : offensé dans la personne de son représentant, il quitte le palais et déclare la guerre au roi de Bavière. Elsbeth est sauvée. Elle fait un riche cadeau à Fantasio et organise son évasion. C'est la plus brillante et la plus fantaisiste des comédies de Musset : l'idylle est gracieuse ; la gaieté folle et mélancolique de Fantasio n'est pas sans rappeler Hoffmann et Shakespeare ; le personnage du prince de Mantoue, fantoche ridicule, est d'une truculence en tout point digne de la meilleure farce ; enfin, *Fantasio* est un trésor de vérités, d'esprit et de poésie. Il est vraisemblable que le prétexte de cette pièce a été fourni à Musset par le mariage politique de Louise, fille de Louis-Philippe, avec Léopold Ier de Belgique (1832), mais cela n'a été vraiment qu'un prétexte.

On tira plus tard de cette comédie un opéra, *Fantasio*, que Jacques Offenbach (1819-1880) mit en musique (1872).

FANTÔMAS. Roman policier des écrivains français Pierre Souvestre (1874-1914) et Marcel Allain (1885-1969), publié en 1911, le premier d'une série fameuse, est considéré aujourd'hui comme un des classiques du genre. Ce livre s'ouvre sur la présentation mystérieuse du personnage de Fantômas, évoqué au cours d'une soirée chez la marquise de Langrune. On attribue la récente disparition de lord Beltham à quelque intervention maléfique, à peine ose-t-on prononcer le nom de son auteur. Qui est cet ennemi numéro un de la police ? Le lendemain de cette soirée, la marquise est trouvée égorgée dans ses appartements. Personne n'a pu s'introduire dans le château ; les soupçons se portent sur un hôte de la maison, le jeune Charles Rambert, qui échappe à la police et qu'on retrouve noyé quelques jours plus tard. Son père, Étienne Rambert, est accusé d'avoir tué son fils pour sauver l'honneur de sa famille. Mais l'inspecteur Juve, loin de donner crédit à l'opinion courante, poursuit ses enquêtes personnelles. Tenace et paradoxal — il est peut-être à l'origine du commissaire Maigret de Simenon — on le retrouve mêlé à des situations inextricables. C'est ainsi que, peu après l'assassinat de la marquise, il découvre à Paris, dans l'appartement d'un certain Gurn, le cadavre de lord Beltham. Deux vols audacieux au Royal-Palace des Champs-Élysées, la réapparition de Charles Rambert qu'on croyait mort et qui se lie d'amitié avec l'inspecteur Juve lui-même, l'assassinat de l'intendant de la marquise de Langrune, la liaison scandaleuse de lady Beltham avec Gurn convaincu d'avoir tué le vieux lord, une quantité d'actions simultanées aboutissent finalement au jugement de Gurn. Appelé à y déposer en qualité de témoin, Juve fait une déclaration sensationnelle où il tente de prouver que Gurn, Étienne Rambert et Fantômas ne font qu'un. Le jury ne se laisse pas convaincre, mais condamne Gurn, pour l'assassinat de Beltham, à être décapité. Une substitution de personne s'opère, avec le concours de lady Beltham, la veille de l'exécution. C'est un acteur fort bien grimé et ayant toute l'apparence du condamné que l'on envoie, après l'avoir drogué, à l'échafaud. Aujourd'hui, le roman policier fait preuve d'un métier plus assuré. Il n'empêche que *Fantômas* traîne après soi un pittoresque auquel on ne peut rester insensible.

FANTÔME AMOUREUX (Le) [*Das verliebte Gespenst*]. Comédie d'Andreas Gryphius (1616-1664), poète comique et tragique allemand, qui la composa en 1660, en l'alternant, acte par acte, selon l'usage de l'époque, avec la comédie *L'Églantine bien-aimée* (*). Le *Fantôme amoureux*, inspiré du *Phantôme amoureux* (+) de Quinault, était à l'origine une comédie de circonstance célébrant des noces princières. Un jeune homme est à la fois désiré par une jeune fille, dont il est amoureux, et par la mère, fort coquette, de celle-ci. La très respectable dame lui fait remettre par sa fille des gâteaux destinés à l'ensorceler. Sur les conseils d'un ami, qui est épris de la mère, le jeune homme feint de mourir empoisonné et s'en va apparaître devant elle déguisé en fantôme ; profitant de ses remords, il se fait accorder la main de sa fille, laissant ainsi le champ libre à son ami. Servante, laquais, gentilhomme, tous les éléments de la comédie française sont utilisés pour prolonger l'action. Le dialogue, en alexandrins, dans lequel sont intercalés des monologues lyriques avec accompagnement musical, composé dans une forme propre à la poésie pastorale et galante dérivée de Paul Fleming, est empreint d'une délicatesse qui fait de cette œuvre une des pièces les plus gracieuses de Gryphius. La comédie *L'Églantine bien-aimée*, qui s'y trouve insérée, amorce, en dialecte silésien, ce théâtre dialectal qui aboutira à Gerhardt Hauptmann. Le fond de l'intrigue est constitué par les querelles de deux paysans ennemis, Jockel Dreieck et Bartel Klotzmann. Le cousin de l'un d'eux est épris de Dornrose, fille de l'autre, dont la main lui est refusée du fait, précisément, de l'inimitié séparant les deux familles. Un campagnard rustaud et niais fait la cour à Dornrose et une vieille sorcière entend les unir ; mais la jeune fille est toujours sauvée par son amoureux, Grégoire Fleur-de-Lis. Le juge du village, présomptueux mais bienveillant, parvient enfin à unir le jeune couple et punir les deux querelleurs, le nigaud et la sorcière.

FANTÔME DE L'OPÉRA (Le). Roman de l'écrivain français Gaston Leroux (1868-1927), paru en 1910 aux éditions Pierre Laffite. Devant les événements inexplicables qui secouent l'Opéra de Paris (meurtres, menaces, disparitions), la direction doit se rendre à l'évidence : quelqu'un — homme ou fantôme ? — tient le théâtre sous sa coupe. Au même moment, la jeune Christine Daaé, appelée à remplacer une diva malade, campe une Marguerite éblouissante au point d'envoûter le public stupéfait. Au seul vicomte Raoul de Chagny, qui en est éperdument amoureux, elle veut bien raconter son incroyable histoire : L'ange de la musique vient régulièrement la visiter dans sa loge. Elle n'en entend que la voix merveilleuse ; cela lui suffit pourtant pour inspirer son chant. Mais Christine et Raoul découvrent bientôt l'imposture : derrière la voix se cache un être effrayant au visage hideux, Erik. Cet ancien prestidigitateur de génie s'est réfugié, après maintes tribulations, dans les dessous de l'Opéra pour y composer l'œuvre musicale de sa vie (un *Don Juan triomphant*). Violemment épris de la jeune femme, Erik l'enlève et la garde prisonnière au cœur de son royaume souterrain. Aidé d'un mystérieux Persan, Raoul de Chagny affronte alors les redoutables pièges tendus par le fantôme, grand maître ès illusions : le « lacet du Pendjab », le « lac des morts », la « chambre des supplices » (où les deux hommes manquent de devenir fous). Erik finira toutefois par se repentir, touché par le sacrifice de Christine prête à lui consacrer sa vie. Variation baroque sur le mythe de la belle et de la bête, le roman a suscité de nombreuses adaptations, tant à l'écran (de Rupert Julian à Brian de Palma) qu'à la scène (ballet de Roland Petit, opéra de Andrew Lloyd Weber). C'est sans doute qu'Erik, mi-ange mi-démon, tient des figures les plus légendaires (Faust, don Juan, la Mort rouge de Poe) sans pourtant faire oublier sa pitoyable enveloppe charnelle. L'ambivalence du personnage reflète la complexité d'une œuvre partagée entre la nostalgie de l'inspiration et l'éloge de l'artifice : méditation sur la dualité humaine, sur la tragédie du désir ou sur les profondeurs de l'inconscient, *Le Fantôme de l'Opéra* est aussi une parabole ambiguë du mystère de la création. L. Ba.

FANTÔMES DE CHINE [*Some Chinese Ghosts*]. Ouvrage de l'écrivain anglais Lafcadio Hearn (1850-1904), publié en 1887, qui comprend six légendes chinoises intitulées : « L'Âme de la grande cloche », « Histoire de Ming-Y », « La Légende de Tchi-Niu », « Le Retour de Yen-Tchin-King », « La Tradition de l'arbre à thé », « L'Histoire du dieu de porcelaine ». L'auteur déclare, dans une note, les avoir extraites de textes classiques chinois ou d'ouvrages modernes (les deux dernières sont tirées en effet du *Chinese Recorder* de Bretscheider et de l'*Histoire des porcelaines de King Te Chin*, due à Julien et Salvetat). Les plus célèbres d'entre ces légendes sont les deux premières. L'empereur a donné au mandarin nommé « Plume déliée », père de la jeune Ko-Ngai, l'ordre de fondre une cloche. Après plusieurs essais, le mandarin échoue dans son entreprise. Consulté, un astrologue fait la déclaration suivante : « L'or et le cuivre ne se marieront jamais [...] à moins que la chair d'une vierge [...] ne soit mêlée aux métaux en fusion. » Aussitôt, Ko-Ngai se précipite dans le four tout bouillonnant de métal et la cloche ainsi obtenue révèle une sonorité parfaite. Aujourd'hui encore, lorsque sonne la grande cloche de Pékin, l'on entend : « Ko-Ngai !... Hélas ! » La deuxième légende rapporte l'histoire d'« Esprit clair », un adolescent de dix-huit ans, aussi beau qu'intelligent. Au moment de prendre congé de ses parents, ceux-ci lui enseignent les paroles des sages : « Si tu vois une femme venant de l'est, tourne les yeux vers l'ouest, et si tu aperçois une femme se dirigeant vers l'ouest, tourne les yeux vers l'est. » Mais un jour de printemps, « Esprit clair » aperçoit, parmi les pêchers en fleur, une gracieuse jeune femme qui lui fait le meilleur accueil et avec laquelle il passe la nuit. Elle déclare se nommer « Baiser délicieux » et l'invite à venir la retrouver. Chaque soir, « Esprit clair » retourne auprès de sa belle amie, mais le père du jeune homme découvre la raison de ses absences et « Baiser délicieux » annonce en pleurant à son amant qu'ils doivent se séparer ; elle lui fait, au moment de le quitter, un riche cadeau. « Esprit clair », qui lui a révélé son secret, conduit son père et protecteur à la maison de sa bien-aimée, mais là, il ne trouve qu'une ruine auprès d'un ancien tombeau. La maison avait disparu et « Baiser délicieux » n'était qu'une ombre. Devenu célèbre et père d'une nombreuse famille renommée par sa vertu et ses talents, « Esprit clair » n'oublia jamais « Baiser délicieux ».

L'ouvrage fut composé par Hearn à La Nouvelle-Orléans en 1886, quelques années avant d'aller s'installer au Japon. Dans les textes originaux, les six légendes ne sont que de brèves anecdotes, mais Hearn les développa en leur adjoignant une foule de détails relatifs aux usages, aux coutumes et aux idées de l'Orient. Le style volontairement fleuri et poétique témoigne d'un art recherché qui était en vogue chez les post-romantiques anglo-saxons de la fin du siècle dernier. – Trad. Mercure de France, 1913.

FANTÔMES ET VIVANTS. Première série des « Souvenirs » de l'écrivain français Léon Daudet (1867-1942), publiée à Paris, en 1914 et rééditée (édition définitive) en 1931. Ce volume fut suivi par *Devant la douleur* (*), écrit pendant la guerre, *L'Entre-Deux-Guerres, Salons et Journaux, Au temps de Judas, Vers le roi*, qui s'achève sur l'assassinat de Gaston Calmette par Mme Caillaux en mars 1914. Léon Daudet écrivit encore d'autres souvenirs portant sur la période de la guerre de 1914-1918 et de l'après-guerre. Ses « Souvenirs » ont donné à Léon Daudet une place d'honneur au rang des mémorialistes : ils ne sont pas l'œuvre d'un vieillard assagi ou assoupi, évoquant les figures, les amours et les haines d'un autre âge. Ils furent inscrits tout vifs par l'homme de la quarantaine, tout entier engagé dans les affaires de son temps, par un polémiste qui n'avait pas l'habitude de ménager ses ennemis, qui haïssait beaucoup, comme il aimait. Les « vivants » sont peints ici sans plus d'indulgence que les « fantômes ». Daudet ne sait pas être discret : quand il fait un portrait, il n'oublie pas de mettre le nom dessous, ignorant les ruses simplistes, recours de bien des mémorialistes qui couvrent leurs traits sous le voile des prénoms et des initiales. Riche, compromis sans retour dans l'opposition monarchiste, il est aussi sans illusions. La société d'avant la guerre de 1914 est pour lui le théâtre d'un spirituel jeu de massacre. Mais sa verve et sa férocité laissent, quand il le faut, la place à l'émotion et à l'amour : c'est lorsque l'auteur évoque les amis et les maîtres : « Je n'ai jamais eu la superstition des gens en place, écrit-il dans sa Préface, ni des gens arrivés ou prétendus tels, ni des vedettes, et, n'ayant jamais rien dû à personne – si ce n'est à mes parents et à mes maîtres –, ayant toujours largement gagné ma vie par ma plume, je ne me suis cru tenu à aucun ménagement vis-à-vis de celui-ci ou de celui-là. » Ce talent de mémorialiste, animé par une sincérité entière, Daudet semblait d'ailleurs le posséder bien avant qu'il songeât à écrire ses souvenirs. Dès l'adolescence, il avait, dans son entourage, la réputation d'un imitateur hors de pair. C'est bien le caractère de cette œuvre : Daudet ne raconte pas, ne juge pas, il ne discute guère, dans ses Mémoires, les opinions ou les hommes. Il imite, emprunte de ses personnages les voix et les tics. Voici d'abord Zola, « gras, content, dilaté, bon homme, affichant les chiffres de ses tirages, avec une magnifique impudeur : – Quand j'ai vu arriver le finquantième mille, mon bon, je me suis dit : nous irons bien jusqu'à foifante... Hein, Charpentier, hein ?... » Suivant l'auteur, nous traversons le salon d'Alphonse Daudet, nous entrons à la bibliothèque Charpentier, foyer du naturalisme : nous suivons jusqu'à l'Étoile le corbillard de Victor Hugo, jetant un coup d'œil au passage à travers les vitres dépolies d'une classe de Louis-le-Grand où, vers 1885, l'élève Paul Claudel et l'élève Léon Daudet s'initiaient sur le même banc à la métaphysique kantienne du professeur Burdeau... Tournons les pages, nous voici en Provence chez Mistral, avec Aubanel, Paul Arène, insupportable avec ses sautes d'humeur, Jean Aicart que Daudet n'aime point, car ce « raseur à masque tourmenté avait le toupet, après Aubanel, de tirer son pauvre mirliton. Quand il avait achevé, de sa trop belle voix de velours sombre, ses vers d'une atroce niaiserie, il quêtait les compliments dans la sébile grinçante de son rire faux ». Un peu plus avant, Daudet nous fait rentrer à Paris et nous jette avec lui dans le tourbillon de colères, de rires, de duels que provoque la publication de *La France juive* (*) de Drumont. Victor Hugo était le grand ami de la famille Daudet, et Alphonse n'en parlait qu'avec un immense respect : « J'étais élevé, écrit l'auteur, dans le respect ou mieux dans la vénération de Hugo... » Le grand pamphlétaire royaliste, le compagnon de Maurras, avait, à douze ans, reçu la bénédiction laïque du fondateur de cette République qu'il a tant haïe et combattue, Gambetta : « Il m'embrassa longuement, raconte-t-il, proconsulairement, avec ces mots : "Nous ferons de toi quelque chose. La République est l'amie des travailleurs." » Mais pas plus que la prophétie de Gambetta ne sut le garder à la République, ses visites à Victor Hugo, pour lequel Daudet garda toute sa vie une certaine piété amoureuse, ne l'empêchèrent de verser dans la critique violente, parfois jusqu'à l'injustice, du romantisme.

Ces « Souvenirs » sont sans doute le chef-d'œuvre de Daudet et beaucoup en jugent ainsi : en tous les cas, c'est par eux, plus que par ses romans, plus encore que par ses ouvrages philosophiques, que Daudet s'est créé dans les lettres une place caractéristique où il ne craint guère de rival. Son témoignage est indispensable à quiconque veut connaître le temps du boulangisme, de l'affaire Dreyfus : il apporte au lecteur d'aujourd'hui la peinture la plus vivante et la plus irremplaçable de l'époque révolue de la « douceur de vivre ».

FARCE DE LA MORT QUI FAILLIT TRÉPASSER de Ghelderode (v. *Mystère de la Passion de Notre-Seigneur*).

FARCE DE MAÎTRE PATHELIN (La). Chef-d'œuvre du théâtre comique français du Moyen Âge, d'auteur inconnu, composé vers 1464 ; la publication la plus ancienne que l'on connaisse est celle de Lyon (1485-1486). Maître Pathelin, avocat, par d'habiles flatteries obtient à crédit de l'étoffe d'un marchand nommé Guillaume. Il l'invite donc chez lui, lui promettant à la fois un bon repas et son argent. Après quoi, il convient avec sa femme d'une supercherie : quand le marchand arrive, l'épouse de Pathelin lui dit que son maître est malade depuis plusieurs jours, elle le lui montre même au lit en proie au délire et s'exprimant en divers dialectes. Guillaume n'insiste pas, pensant qu'il a vendu son étoffe au diable apparu à lui sous l'aspect de Pathelin. Là-dessus, le berger Thibaut l'Agnelet vient demander les bons offices de l'avocat Pathelin : il a tué et mangé les brebis de son maître, prétextant de leur maladie et pour éviter la contagion des autres ; mais la fraude a été découverte. Au tribunal, le propriétaire des brebis (qui est le marchand Guillaume) reconnaît dans le défenseur d'Agnelet notre ami Pathelin auquel il a vendu son étoffe et qu'il croyait moribond. Cela produit un imbroglio très comique. Quand le juge l'interroge sur ses brebis, il répond en parlant de son étoffe, confondant les deux fraudes dont il a été victime. Le magistrat, qui ne comprend rien, veut entendre le berger ; mais celui-ci, selon les conseils de Pathelin, se contente de bêler. Entre le marchand qui lui semble fou et le berger qui lui semble idiot, le juge se contente de renvoyer chacun chez soi. Mais vient le tour de l'avocat qui veut se faire payer ses bons conseils, et Agnelet de continuer à bêler, sans qu'il soit possible de lui tirer autre chose. C'est la meilleure œuvre du théâtre comique français avant Molière :

c'est déjà une comédie plutôt qu'une farce. Non seulement maître Pathelin, aux amabilités mielleuses suivies de tromperies habiles, mais tous les personnages sont très vivants : la femme de l'avocat, rusée ; le marchand, et le berger qui sait retourner contre son avocat la supercherie que ce dernier vient de lui suggérer. Avec son vieil esprit français, cette comédie annonce déjà le comique dense de Molière et la morale désenchantée de La Fontaine. Les proportions assez vastes de l'œuvre (près de 1 600 vers) sont cependant des plus strictes et l'action ne traîne jamais. Les types sont restés populaires, ainsi que quelques répliques au nombre desquelles ce trait prononcé par le juge s'adressant au marchand qui lui parle d'étoffe quand il s'agit de bêtes : « Revenons à nos moutons. »

★ La farce eut de nombreuses adaptations jusqu'à la fin du XVe siècle. Parmi les plus connues, citons *Le Nouveau Pathelin* et *Le Testament de Pathelin,* toutes deux anonymes ; la seconde est à l'origine de la situation que l'on trouve dans les *Testaments* (*) de Villon. On peut considérer comme une imitation de *Pathelin,* la comédie latine intitulée *Henno* (*) (1497), de l'humaniste allemand Reuchlin. Une autre traduction libre en latin intitulée le *Veterator* d'Alexandre Connybert a paru pour la première fois en 1512. La farce fut traduite en anglais et en allemand, et représentée sur la scène moderne dans diverses adaptations. – *La Farce de maître Pierre Pathelin* a été étudiée, traduite et commentée par Jean Dufournet (Paris, Garnier-Flammarion, 1986, et Paris, Champion, 1986).

★ Le compositeur français Henry Barraud (né en 1900) a composé en 1938 un opéra-comique en un acte sur un livret tiré par Gustave Cohen de la farce médiévale.

FARCES DE CARNAVAL (Les) [*Fastnachtspiele*]. Le « Fastnachtspiel », qu'il soit comédie de carnaval ou spectacle d'avant carême, est un genre de théâtre populaire et profane né en Allemagne aux XVe et XVIe siècles. Déjà en France on avait coutume d'organiser, le dernier jour de carnaval, un cortège de jeunes masques représentant divers types des classes sociales et professionnelles, tirés des plaisanteries satiriques. Il y avait toujours la même image principale (la Mort ou Vénus), autour de laquelle se déroulait un dialogue. Cette coutume s'appelait « sotie ». En Allemagne, divers éléments populaires, tels que les fêtes célébrant le printemps, les cortèges de plein air, les représentations comiques avec les images constantes du charlatan et du marchand d'onguents, le théâtre des marionnettes, etc., contribuèrent à créer, en l'absence de la comédie classique, une image originale, bien définie et caractéristique, du spectacle populaire, où la farce dominait et qui fut justement nommé « Fastnachtspiel ». Les « Fastnachtspiele » empruntent en général leur sujet à une action comique : un épisode de la vie conjugale, les farces d'un docteur charlatan, les noces paysannes, les friponneries, les plaisanteries, les railleries, les disputes, etc. Les motifs sont tirés quelquefois de la légende germanique (par exemple Théodoric de Vérone), des histoires populaires, des traditions antiques (par exemple, le jugement de Pâris). Parfois, ils ne sont pas autre chose qu'une satire sociale, dirigée contre les tares des prêtres, la nigauderie paysanne, les fiertés chevaleresques, etc. La représentation avait lieu chez des particuliers, entre les membres d'une société de divertissement, dans des auberges ou, enfin, sur la place publique. La forme métrique habituelle est le « Knittelvers », vers à la rime alternée ayant même accentuation. La langue employée est toujours celle de la cité où a lieu le spectacle. Le style est violent, rude, très coloré et souvent, excepté chez Hans Sachs, plein d'obscénités. Les auteurs, jusqu'au XVIe siècle, sont demeurés inconnus, hors les deux prédécesseurs de Hans Sachs à Nuremberg.

Les régions de l'Allemagne dans lesquelles ce genre a été principalement répandu sont : la région sud-occidentale et méridionale avec Mayence, Augsbourg, Nordlingen, Esslingen, Ulm, Sterzing, la Suisse, la Bavière, le Tyrol, l'Autriche et Nuremberg. Les plus anciens « Fastnachtspiele » sont ceux qui traitent des farces grotesques attribuées à Neidhart von Reuenthal (le minnesänger, qui vécut entre 1180 et 1250). Le plus important est celui que l'on appelle *Le Grand Spectacle tyrolien de Neidhart* du XVe siècle ; il compte au moins deux mille deux cents vers et groupe sur la scène soixante-huit personnages. Ses contemporains sont les « Fastnachtspiele » de Sterzing, concernant les docteurs charlatans, les histoires de filles séduites, les conflits conjugaux, les légendes des traditions populaires germaniques et les scènes paysannes. Lubeck aussi a transmis au moins soixante-treize exemples de ce genre théâtral, datant du XVe siècle et du début du XVIe. D'un ton plus sérieux et plus dramatique que les autres, ils traitent des sujets de la tradition classique (le Jugement de Pâris, la Toison d'or), des traditions germaniques, des animaux fabuleux ou enfin des farces populaires. Le plus classique « Fastnachtspiel » est, sans aucun doute, celui qui fleurit à Nuremberg avec Hans Rosenplüt (moitié du XVe), lequel donna un ton plus sérieux à la représentation. Il traite avec une éloquence populaire les scènes de l'histoire ancienne et même celles de l'histoire contemporaine, remplies de traits de polémique politique (*Le « Fastnachtspiel » du Turc*). Hans Folz (1515), coiffeur et maître de chapelle, venu de Worms à Nuremberg, corrigea la forme en observant les lois métriques, et anima l'action par d'humoristiques études prises sur le vif. Il se servit même d'arguments sérieux (*De l'Ancien et du Nouveau Testament*). Finalement, Hans Sachs (1494-1576) a perfectionné techniquement le « Fastnachtspiel » en réglant mieux les scènes isolées en actions organiques, utilisant partout le vers égal du « Knittelvers », fixant le nombre des personnages à six et les proportions du spectacle aux environs de quatre cents vers, donnant une individualité aux images et un relief plastique aux caractères, se proposant comme but l'éducation morale du public et enfin ayant soin de rendre l'argument agréable avec une pointe d'irrésistible humour. Les sujets sont des plus divers ; ils traitent tous de la vie réelle, mais sans prédominance de la satire sociale. Hans eut, à Nuremberg même, un imitateur et continuateur en Jacob Ayrer (1605), qui tira ses farces populaires du *Décaméron* (*), mêlant les préoccupations propres à l'humanisme au théâtre forain anglais (*Procès contre la tyrannie de la reine Podagre*, où figurent les personnages d'Hans et de Pétrarque). Même en Suisse, le « Fastnachtspiel » a été cultivé avec succès : mais, sous l'influence des passions populaires déchaînées par la lutte pour la Réforme, il prit le caractère du drame sérieux, moralisateur et polémique, avec des tendances religieuses et même confessionnelles. Ainsi Pamphilus Gengenbach (1525), rentré en 1515 de Nuremberg à Bâle, sa patrie, mania le fouet de la satire contre les vices moraux et politiques de son temps, avec une intention éducative – *Les Dix Âges du monde* (*) (1515) ; *Nollhart*, 1515 ; *Le Camp des fous* (*), 1516.

De son côté, Niklaus Manuel (1484-1530) de Berne, peintre, poète et homme de parti, se lança dans une série de « Fastnachtspiele » qui s'attaquaient aux institutions de l'Église catholique, à l'avidité du pape et du clergé, à l'abus des indulgences – v. *Du pape et de son clergé* (*) (1522) ; *Du conflit entre le pape et le Christ* (1522) – v. *Le Marchand d'indulgences* (*) (1525) –, à la manière d'administrer la justice – v. *Elsli* (*) (1528) –, à l'immoralité des ordres religieux (*Barbali*, 1526), etc. Même Hans Rudolf Manuel (1571) composa un « Fastnachtspiel » sur l'utilité des vins. Quelques « Fastnachtspiele » ont paru, çà et là, dans la Germanie septentrionale, comme à Dantzig, Koenigsberg, Stralsund, Riga. L'humaniste Burkard Waldis (1490-1556) se souvint de la « Parabole de l'enfant prodigue », 1527 : son « Fastnachtspiel » se ressent de l'influence classique de Térence, utilise, dans la distribution des actes, les progrès techniques de l'humanisme, et veut être une œuvre d'édification. Dans une autre partie de la Germanie, en Alsace, Jörg Wickram (1505-1562) utilisa le « Fastnachtspiel » comme une satire sociale contre le catholicisme romain (*Le Fidèle Eckart*, 1532).

Après cette floraison qui s'étendit jusqu'à la moitié du XVIe siècle, le « Fastnachtspiel » tomba en désuétude. D'inspiration littéraire, les comédies écrites à l'époque du « Sturm und Drang » et du romantisme, entre autres celles de Goethe (*Satyros*, 1773 ; *La Foire de Plundersweilen*, 1773 ; *Le Carnaval du père Brey*, 1773), toutes à tendances satiriques, sans oublier celle de Schlegel (*Fastnachtspiel de l'ancien et du nouveau siècle*, 1801), sont dans le style des vieux « Fastnachtspiele ».

FARCES DU MOYEN ÂGE. Les représentations de pièces comiques, ne cherchant qu'à faire rire, sans intentions moralisatrices et sans ambitions littéraires, n'ont certainement pas manqué au cours de tout le Moyen Âge. Mais rien ou à peu près ne nous est parvenu du répertoire antérieur au XVe siècle ; ce que nous connaissons du répertoire des XVe et XVIe siècles, quelque 150 pièces comprenant plus de 115 farces, est fourni surtout par deux recueils, l'un de 64, l'autre de 72 pièces, jouées probablement dans la région lyonnaise les premières, en Normandie les secondes : une étude de la genèse et de l'évolution de la farce est donc malaisée. Une certaine parenté lie la farce aux *Fabliaux* (*) : les deux s'adressent au même public populaire, s'amusent des mêmes sujets, et certaines farces semblent bien être la mise en scène d'un fabliau. La première farce connue, *Le Garçon et l'Aveugle* (*), remonte à 1280 environ. Des éléments de farce ne manquent pas dans le très original *Jeu de la feuillée* (*) d'Adam de la Halle, joué à Arras vers 1274. Avec *La Sote chançon à jouer de personnaiges* d'Eustache Deschamps (XVIe siècle), qui s'apparente à la farce, et avec sa *Farce de maistre Trubert et d'Antroignart*, sorte de fabliau mêlé de dialogues – v. *Poèmes* (*) de Deschamps –, c'est tout ce qui est resté du XIIIe et du XIVe siècle.

Les pièces du XVe siècle sont plus nombreuses : il faut noter que la distinction entre farce, moralité et sotie était très approximative et que souvent les pièces portent le titre de farce tout en ayant les caractères d'une moralité ou d'une sotie et réciproquement : c'est le cas de la *Farce de Marchandise et Mestier, Pou d'Acquest, Le Temps qui court et Grosse Despense* (env. 1448), moralité politique contre les réformes de Charles VII ; et de la *Farce de Marchebeau, Galop, Amour et Convoitise* (env. 1450). De l'époque de Louis XI est le *Dialogue de Messieurs de Mallepaye et de Baillevent*, aventuriers faisant des rêves de fortune, amusant et bien tourné, attribué autrefois (à tort) à Villon. De la même époque est le chef-d'œuvre du théâtre comique du Moyen Âge, *La Farce de maître Pathelin* (*) (env. 1464). Elle fut à plusieurs reprises imitée (*Nouveau Pathelin*, env. 1474 ; *Le Testament de Pathelin*, env. 1490), mais les imitations sont loin de valoir le modèle. Également de la seconde moitié du XVe siècle semble être la *Farce nouvelle très bonne et fort joyeuse du cuvier*, que l'on a cru cependant (mais sans preuves sérieuses) pouvoir faire remonter jusqu'au XIVe siècle : Jacquinot est affligé d'une femme acariâtre et d'une belle-mère qui soutient sa fille. On lui fait signer un « rolet » spécifiant tout ce qu'il s'oblige à faire dans la maison. Il est forcé de signer. Mais comme il tend la lessive avec sa femme, celle-ci tombe dans le cuvier et va se noyer. Jacquinot, impitoyable, lit tout le « rolet » et conclut que le sauvetage n'entre pas dans ses attributions. Il ne cédera aux prières qu'une fois délivré de son « rolet », et sur la promesse qu'il sera désormais le maître. Alerte, spirituelle, finement observée, c'est l'une des meilleures farces du Moyen Âge. Dans la *Farce nouvelle du pasté et de la tarte*, assez plaisante, deux coquins, ayant entendu le « paticier » convenir avec sa femme d'un signe de reconnaissance pour la livraison d'un pâté, en profitent. Mais, voulant répéter la ruse pour avoir une tarte, ils reçoivent une volée de coups. Une assez plate *Farce du brigand, du sergent, du vilain*, etc., est incorporée dans le *Mystère de saint Fiacre*, avec lequel elle n'a aucun autre rapport que sa première et sa dernière rime. De la même façon, la *Farce de Malbec, Malegorge et Maleguêpe* (env. 1477), allégorie satirique et politique, sert d'intermède à un *Mystère de la Passion*. Vers la fin du siècle, la *Farce de Pattes-ouaintes* (1492) est plutôt une sotie qu'une farce. Par contre, la *Moralité de l'aveugle et du boiteux* d'André de la Vigne — v. *Moralités* (*) — a tous les caractères d'une farce. Avec le *Mystère de saint Martin* auquel elle servait d'intermède, on jouait en 1496, à Serre-en-Bourgogne, toujours du même auteur, la *Farce du munyer de qui le diable emporte l'âme en enfer*. Fort grossière, mais pleine de traits piquants, elle met en scène le sujet d'un fabliau de Rutebeuf *(Le Pet au vilain)* ou les mésaventures d'un jeune diable qui croit rapporter à Lucifer l'âme du meunier, guettée à son lit de mort, pendant que la meunière, dans les bras du curé, berne le moribond.

Du XVIe siècle nous possédons une centaine de farces, dont une quinzaine datées. Le rire s'y exerce aux dépens de toutes les classes et de tous les états, de tous les travers et de toutes les mésaventures. Prêtres, moines et nonnes sont souvent daubés, comme dans la *Farce de l'Abbesse, seur de Bon Cœur, seur Esplourée, seur Safrete et seur Fessue ;* ou dans la *Farce des trois brus et des deux hermites*, dans la *Farce de frère Guillebert*, qui réédite l'une des *Facéties* (*) de Bracciolini *(Les Brais du Cordelier) ;* ou enfin dans la *Farce d'un Curia* « qui trompa par finesse la femme d'un laboureur » (1595). La noblesse n'est pas épargnée : la *Farce d'un gentilhomme et son pays lequel devient laquès* est assez amusante ; celle du *Gentilhomme, Lison, Naudet, La Damoyselle*, celle des *Deulx gentilz hommes, le mounyer, la mounyere et les deulx femmes des deulx gentilz hommes abillees en damoyselles...* voient le vilain berner cruellement le seigneur. On se moque du pédant dans la *Farce joyeuse de maistre Mimin estudiant*, à qui sa fiancée, l'amour aidant, fera oublier le latin et réapprendre le français. Ailleurs, c'est le lourdaud que ses parents font étudier et qui accumule inepties et incongruités *(Farce de Pernet qui va à l'école ; Farce de la mère et du filz lequel veult estre prebstre).* Les pitreries et les bourdes d'un simple d'esprit forment souvent tout le sujet de la pièce : *Jenin filz de rien ; Jeninot qui fist un roy de son chat ; Mahuet badin, natif de Bagnolet* « qui va à Paris pour vendre ses œufs et sa cresme ». Plus spirituelle est la *Farce de Jolyet, la femme et le père :* Jolyet, marié depuis quinze jours, apprend avec joie qu'il sera père avant la fin du mois ; mais à la réflexion, calculant que de ce pas il aura soixante-douze enfants en six ans, il veut rendre sa femme. Tout s'arrange car le beau-père s'engage à élever à ses frais les enfants qui naîtraient à moins de dix mois l'un de l'autre. Fort plaisante est la *Farce nouvelle de Colin filz de Thevot le maire* (1542) : Colin, qui n'a pas plus de cervelle que de courage, parti guerroyer à Naples, s'en revient ayant perdu jument, dague, jaque et bonnet pour avoir bataillé contre une brave vieille femme qui veut venger ses poules. Mais il ramène un prisonnier qu'il suppose être sarrasin et qui n'est qu'un pèlerin allemand. Les faux braves sont encore persiflés dans la *Farce de l'aventureulx, Guermouset, Guillot et Rigault* (1525 env.), aussi spirituelle que le monologue de la même époque du *Franc-Archier de Cherré*, qui est cependant loin de valoir son modèle du siècle précédent, *Le Franc-Archier de Baignolet*, véritable farce à un seul personnage — v. *Sermons joyeux et Monologues dramatiques* (*) — ou *Les Trois Gallants et Phlipot* (1545 env.) — v. *Soties* (*).

Bons tours joués à un tavernier, à un marchand (*Le Chauldronnier, le savetier et le tavernier ; Le Cousturier et Esopet*, son apprenti qui le fait passer pour anthropophage) ; quiproquos de sourds (*Maistre Mimin le gouteux ; Le Marchand de pommes et d'aulx*, entendant pommes pour œufs et œufs pour pommes) ; simples scènes de marché, remplies de querelles et d'horions : *Farce de l'Antéchrist, sergent des Halles, de la bourgeoise et des deux poissonnières ; Farce de l'aveugle et de la tripière ; Farce des trois commères et du vendeur de livres*, intéressante, car le catalogue du vendeur comprend un grand nombre de titres de farces perdues ; *Farce d'un pardonneur, d'un triacleur et d'une tavernière*, où le vendeur de fausses reliques et le vendeur de thériaque s'affrontent, en s'égosillant à qui mieux mieux avec une fantaisie cocasse qui fait du pardonneur un digne émule de l'inénarrable frère Oignon du *Décaméron* (*) de Boccace (Journée VI, nouv. 10) ; propos orduriers de valets ou de chambrières (*Farce du cousturier et son varlet*, plaisantant grassement avec leurs clientes ; *Débat de la nourrisse et de la chamberière ; Farce nouvelle des chamberières* « qui vont à la messe de cinq heures pour avoir de l'eau beniste ») ; faux malades et faux médecins (*Le Médecin, le badin, la femme et la chamberière*, où le médecin tire d'embarras le badin coupable d'infidélité ; *Le Médecin qui guarit de toutes sortes de maladies et de plusieurs* *autres ; Farce de frère Phillebert*, diagnostiquant le mal d'amour de Perrette Venez-Tost, chambrière, à traiter par le mariage) ; le droit d'aînesse (*Les Bâtards de Caulx*) ; la procédure judiciaire *(Farce des femmes qui demandent les arrerages de leurs maris et les font obliger par nisi) ;* l'amende pour rupture de promesse de mariage *(La Mère, la fille, le tesmoing, l'amoureulx et l'oficial) ;* tout est prétexte à la gaieté truculente d'un public facile. Naturellement, maris trompés et bafoués, femmes revêches et obstinées, querelles de ménage figurent parmi les sujets préférés. S'il y a une farce des *Hommes qui font saler leurs femmes à cause qu'elles sont trop douces* (1558), il y en a une des *Femmes qui font refondre leurs maris*, les trouvant trop vieux ; mais les jeunes maris que le fondeur livre à Jennette et à Perrette sont bien moins commodes et ont la main trop prompte. Aussi, dans une autre farce, *Le Trocheur de maris* présente-t-il ses échantillons, mais en fin de compte les trois femmes renoncent au troc et s'en tiennent à ceux qu'elles ont, encore que l'un soit jaloux, l'autre méchant et le troisième stupide. La farce n'est pas tendre pour la femme : *Dire et Faire, ou Faire vaut mieux que Dire*, de Pierre Gringore (1511) ; *Farce des deux jeunes femmes qui coiférent leurs maris par le conseil de maistre Antitus ; Farce de l'obstination des femmes ; Les femmes qui font escurer leurs chaulderons ; Colin qui loue et despite Dieu en ung moment a cause de sa femme ; Farce de Lucas sergent boueteux et borgne*, à qui sa femme bouche l'œil sain pour laisser fuir son amant ; la *Farce du rectraict*, où l'amant surpris sort de sa cachette peu ragoûtante si contrefait que le mari épouvanté le prend pour le diable ; et combien d'autres peignent la femme sous les couleurs les moins flatteuses. Si tous les maris n'ont pas la cynique philosophie de ceux de la *Farce moralisée des deux hommes et leurs deux femmes* « dont l'une a malle teste et l'autre est tendre du cul » (1545 env.), qui déclarent bien préférable une infidélité câline à une vertu hargneuse ; si quelques-uns ont recours à Martin Bâton *(Farce joyeuse de Martin Bâton qui rabbat le caquet des femmes ; Farce du Pont aux Asgnes ; Farce du Savetier, Marguet, Jaquet, Proserpine et l'Oste)*, c'est beaucoup plus souvent la femme qui a le dessus. *Le Savetier nommé Calbain* (1548) répond par des chansons aux demandes d'argent de sa femme ; fatiguée, elle lui sert du vin drogué, lui dérobe sa bourse et accueille par des chansons les récriminations du bonhomme à son réveil. Si les scènes amusantes et les traits comiques abondent, rares sont cependant les farces qui nous restent du XVIe siècle s'élevant nettement au-dessus du niveau de la parade de bateleurs. Il faut mettre parmi les meilleures la *Farce nouvelle très bonne et très joyeuse de la cornette* (1545), par Jehan d'Abundance, basochien : les deux neveux d'un vieux mari cajolé et trompé par sa trop jeune femme vont lui révéler ses fredaines ; prévenant l'attaque, elle persuade le mari qu'ils veulent lui faire changer la façon de porter sa cornette. Aussi ne veut-il rien entendre : elle lui plaît comme elle est, dit-il ; elle peut aller de travers, vu qu'il trouve cela bon ! Il finit par les chasser. Les personnages sont bien dessinés, les reparties plaisantes. La *Farce très bonne et fort joyeulse de George le Veau* est beaucoup plus amère. George le Veau prélude à Georges Dandin, et sa femme, « fille de maison / à qui on donne sans raison / un badault sans nulle science », est une Angélique en plus cruelle : le pauvre mari, parce qu'il est faible, subit mille avanies ; on le revêt d'une peau de veau, on feint de le croire transformé en bête, on veut l'écorcher, on l'exorcise. Nous citerons encore la farce de *Robinet badin et la femme vefve*, où le personnage de la veuve éplorée offrant sa main à Robinet son valet, le défunt sitôt mis en terre, est presque un personnage de comédie : « Ce n'est rien qu'une femme seule, / ma mye. Un chacun la deboulte. / Raison veult que je m'y reboutte, / car Dieu m'en a amonnestée, / car dès la première nuictée / qu'on sonnoit pour le trespassé / dont le deuil n'estoit pas passé, / j'ouys bien de nostre maison / les cloches disant en leur son / insessamment, ce me sembloyt : / Pren ton valet, pren ton valet. » Généralement fort grossière, la farce adoucit parfois son style en mettant en scène l'amour et les amoureux : à côté d'une *Farce nouvelle contenant le débat d'un jeune moine et d'un vieil gen-d'arme par devant le dieu Cupidon pour une fille, fort plaisante et recreative*, d'une *Farce* (ou plutôt dialogue) *du vieil amoureulx et du jeune amoureulx*, celui-là médisant des femmes, celui-ci chantant leurs louanges, la *Farce de deux amoureux recreatis et fort joyeux* (1541), de Clément Marot, évoque avec une verve charmante les confidences que se font de leurs amours les deux amoureux, l'un plus naïf, l'autre plus expert ; une *Comédie* de Marguerite de Navarre (1547) fait se disputer sur l'amour, non sans grâce, deux jeunes filles, l'une dédaigneuse et fière, l'autre tendre et aimante, et deux jeunes femmes, l'une fidèle par honneur à un mari qu'elle n'aime pas, l'autre malheureuse de l'abandon du mari qu'elle aime. Il nous faut citer aussi la *Farce de la pipée*, obscure, mais ingénieuse et amusante satire de l'amour : les personnages, costumés en oiseaux : Verdier, Jaune-Bec, Rouge-Gorge se laissent tous prendre à la pipée par les charmes trompeurs de Plaisante-Folie, qui ne les remet en liberté qu'après les avoir plumés. La grande majorité des farces ne présente pas — ou peu — de valeur littéraire ; mais l'ensemble forme une galerie animée et vivante de types, de silhouettes, de scènes populaires ou bourgeoises au langage dru, extrêmement intéressante pour l'histoire des mœurs. — Les farces ont été éditées par A. Tissier, Garnier-Flammarion, 1984, et Droz (6 vol.) à partir de 1986, et étudiées par B. Rey-Fland, *La Farce ou la Machine à rire*, Droz, 1984.

FARCES ET MORALITÉS. Sous ce titre ont paru en 1904 six pièces en un acte de l'écrivain français Octave Mirbeau (1848-1917). *Vieux ménages* (1894) évoque l'enfer conjugal d'un vieux couple de bourgeois tarés. *L'Épidémie* (1898), inspiré d'une enquête menée à Lorient, est une farce « hénaurme » où Mirbeau stigmatise, à la Daumier, le monstrueux égoïsme de bourgeois prudhommesques, qui laissent crever comme des mouches les pauvres et les soldats tant qu'ils ne sont pas concernés. *Amants* (1901) tourne en dérision le langage des amoureux du théâtre, et démythifie l'amour, illusion impuissante à combler l'abîme qui sépare les sexes. *Le Portefeuille* (1902), inspiré d'un fait divers, démontre que l'injustice est tapie au cœur même de la loi : un loqueteux est envoyé au dépôt parce qu'il n'a pas de domicile fixe, alors qu'il vient de rapporter au commissariat un portefeuille bourré de billets. *Scrupules* (1902) fait une démonstration par l'absurde des aberrations de la société bourgeoise : puisque le vol y est la règle, il est plus honnête de voler ouvertement, comme le « gentleman »-cambrioleur. *Interview* (1904) dénonce la grande presse populaire, pourrisseuse des esprits, et les thèses de Lombroso qui fait de la pauvreté une névrose. Il s'agit bien de « farces », avec tout ce que cela comporte de grossissement, de caricature, de parodie, d'emballement, de jeux de mots et de gags. Mais elles sont chargées de signification : le spectateur, distancié, a l'esprit libre pour en dégager la « moralité » et, remontant des effets à la cause, remettre en question les valeurs et institutions de la société. Mirbeau étend la contestation jusqu'au cœur du système de domination de la bourgeoisie : le langage, véhicule de la mauvaise foi et des « grimaces » des puissants. Il apparaît ici comme un précurseur du théâtre didactique de Brecht et du théâtre de l'absurde d'Ionesco. Pi. Mi.

FARDEAU DE FER (Le). Un conte sur l'esprit de patriotisme raconté par Martin Eidfjord, pasteur de la paroisse de Høvaag [*Jernbyrden. En saga om faedrelandssind. Fortalt av Martin Eidfjord, kirketjener i Hovaag sogn*]. Roman historique de l'écrivain norvégien Gabriel Scott (1874-1958), publié en 1915. Ce roman raconte la jeunesse du paysan Jan Vibe, personnage haut en couleur. L'histoire commence par des situations très drôles pour trouver son point culminant dans la tragique exécution de deux jeunes femmes, que Jan essaie en vain de sauver des mains du bourreau. Finalement, Jan épouse sa jeune servante, mais celle-ci meurt, et Jan s'interroge sur le sens de la vie. À cet excellent récit situé dans la deuxième moitié du XVIIIe siècle l'auteur donna une suite : *La Vie d'Enok Ruben* [*Enok Rubens levnetsløp*, 1917], mais ce livre n'a pas les hautes qualités de la première partie.

FARINE [*Jauhot*]. Roman de l'écrivain finlandais de langue finnoise Pentti Haanpää (1905-1955), publié en 1949. *Farine* est le récit de la vie de pauvres gens, isolés dans les forêts marécageuses du Nord, pendant la disette qui sévit en Finlande vers 1860. La gelée, qui souvent monte des marais en plein été, vient de détruire en une nuit la maigre récolte qui permet tout juste de ne pas mourir de faim. Juhani Lunki se décide à partir chercher de la farine au village. Il en revient les mains vides. En route, il a rencontré des masures délabrées comme la sienne, habitées par des miséreux comme lui, qui les uns triment comme des bêtes et les autres, oubliant avec le secours de l'alcool, prennent la vie comme elle vient. Quoi qu'ils fassent, la famine est là : pain de paille et d'écorce, mousse qu'on se dispute avec les rennes, et les maladies qui s'ensuivent. Le maire s'émeut et demande un secours à l'État qui, après bien des difficultés, envoie de la farine en échange d'un travail à son profit, en l'occurrence, la construction d'une route. Mais si cette farine apporte la vie aux villageois affamés, elle provoque l'envie chez ceux qui sont exclus de la distribution, causant ainsi bien des troubles (vol, indélicatesse de la part du pasteur lui-même), qui se terminent par la prison pour deux malheureuses femmes trop bavardes. La vie de gens misérables et encore très peu évolués n'est pas un thème nouveau dans la littérature finlandaise. Mais il est traité dans ce roman avec beaucoup d'originalité. La distribution de farine est prétexte à de nombreux tableaux réalistes, pleins de fantaisie et d'humour, peints dans cette langue brillante et concise dont la saveur, a-t-on dit, « grise souvent comme l'alcool » et qui classe Haanpää parmi les meilleurs écrivains de sa génération.

FARINET ou la Fausse Monnaie. Roman de l'écrivain suisse d'expression française Charles-Ferdinand Ramuz (1878-1947), publié en 1932. Farinet, mâle figure d'une grandeur pathétique, incarne le problème qui intéresse avant tout la condition du poète : celui de la liberté. Farinet, ayant hérité de Sage le secret d'un filon d'or sur la montagne, possède son or et frappe sa propre monnaie. Il est seul : il fait ce qu'il veut, il est différent des autres, au-dessus d'eux. Il est la « liberté ». Toutefois il ne peut plus vivre qu'au-dessus des hommes, sur les hauteurs où il recueille son or, dans les ténébreuses profondeurs de la terre où les gendarmes ne pourront le découvrir. Mais le moment vient où il se sent oppressé par cette sombre caverne, et aussi par l'amour jaloux et exclusif de Joséphine, qu'il ne paie pas de retour. Il découvre alors que la vie peut comporter quelque douceur, que la liberté se trouve peut-être sous un simple toit, entre les étoiles et la terre, avec quelques biens, une vigne et une femme. Ce rêve se fait jour en lui au moment même où la vie lui offre le moyen de le rendre réalisable. Mais la jalousie de Joséphine précipite les événements ; les gendarmes cernent le faux-monnayeur qui décide de se réfugier pour toujours dans cette liberté absolue et héroïque que lui offrent ses montagnes, même si, pour l'acquérir il doit accepter de mourir. Son dernier adieu est pour ce refuge qu'il ne pourra point atteindre : « Adieu, vous les montagnes ! » Farinet s'immole ainsi à son idéal de grandeur presque surhumaine, tout comme s'immolait le « garçon savoyard » dans le roman du même nom (*). Ces deux figures pourraient bien constituer un certain portrait de Ramuz lui-même, de Ramuz tendu tout entier vers une grandeur sentie dans un climat d'héroïsme et contemplée sous l'aspect de l'éternité.

FASTES (Les) [*Fasti*]. Sorte de calendrier des fêtes romaines sacrées, écrit par le poète latin Ovide (Publius Ovidius Naso, 43 av. J.-C.-17 apr. J.-C.) aux alentours de l'an 3. *Les Fastes* furent dédiés à Auguste, avant et pendant l'exil du poète à Tomes. Dans les dernières années de sa vie, après la mort d'Auguste, quand il espéra trouver un protecteur en Germanicus (lui aussi poète), Ovide reprit ses *Fastes* afin de les remanier en vue d'une seconde édition, dédiée à Germanicus. Mais cette refonte n'arriva pas au-delà du premier livre, dans sa nouvelle rédaction, et les cinq suivants, dans leur rédaction primitive, furent publiés après la mort d'Ovide ; les livres suivants ne furent pas retrouvés, ou bien on en considéra le texte comme étant trop imparfait pour être publié. Des six livres qui nous restent, le premier, dédié à Germanicus, parle du séjour à Tomes et d'Auguste déjà mort, tandis que, dans les suivants, l'œuvre apparaît dédiée à Auguste, dont le poète parle comme étant encore en vie ; ces derniers livres furent donc écrits à Rome. Comme source d'érudition, l'auteur se servait d'un calendrier commenté par le grammairien Valerius Flaccus et illustrant toutes les fêtes sacrées. *Les Fastes* contiennent une partie astronomique, non dépourvue d'erreurs, qui offre un prétexte à la narration des mythes. Le texte illustrant les fêtes religieuses et les anniversaires solennels abonde en descriptions ; les usages, les cérémonies et les spectacles, ainsi que les légendes concernant l'origine de ces fêtes. La matière didascalique, qu'Ovide traduit avec beaucoup d'art, n'a pas d'autre unité que celle d'une simple suite chronologique, dans le cadre du cycle des mois. — Trad. Garnier, 1934 ; Les Belles Lettres, 1990.

FASTES DE LA GRANDE ET ANCIENNE MÉNESTRANDIE (Les). Cette œuvre appartient au second livre et au onzième ordre des *Pièces pour clavecin* (*) du compositeur français François Couperin (1668-1733) et constitue l'un des plus vigoureux exemples d'un art qui, en dépit de ses desseins descriptifs et littéraires, réussit à ancrer solidement chacune de ses créations à une trouvaille de nature rigoureusement musicale. La Ménestrandie était la corporation des musiciens ambulants et bateleurs parisiens, fondée en 1321 avec l'approbation du prévôt de la ville et réformée par Louis XIV en 1659. Cette institution parvint à une telle puissance qu'elle obtint du prévôt, en 1693, une ordonnance qui défendait d'enseigner le clavecin à quiconque n'en était pas membre. Naturellement, compositeurs et musiciens protestèrent et, en 1695, réussirent à faire révoquer ces mesures par le Parlement. Mais, en 1706, de nouvelles dispositions qui remettaient en question leur liberté suscitèrent à nouveau des protestations, suivies de succès en 1707. À cette occasion, Couperin, se référant aux peu glorieuses origines de la corporation, issue directement des jongleurs médiévaux, composa ces cinq « actes » descriptifs et satiriques. Ils représentent : « Les Notables et jurés ménestrandeurs », sur un motif de solennité pompeuse et affectée ; « Les Viéleux et les Gueux », quasi sur le même thème, mais en un plaintif mineur, puis sur un air volontairement simplet, avec un accompagnement monotone imitant la viole ; « Les jongleurs, sauteurs et saltimbanques, avec les ours et les singes », air carnavalesque déchaîné qui peint sur le vif la vraie nature de la Ménestrandie ; « Les Invalides, ou gens estropiés au service de la grande Ménestrandie », rythme comiquement heurté et boiteux ; et « Désordre et déroute de toute la troupe, causés par les ivrognes, les singes et les ours », rapide et impétueux finale.

FASTES D'ENFER. Tragédie bouffe en un acte de l'écrivain belge d'expression française Michel de Ghelderode (pseud. de Michel Martens, 1898-1962) écrite en 1929, publiée en 1950, créée en juillet 1949 par la troupe d'André Reybaz à l'Atelier, reprise en octobre au Théâtre Marigny où elle provoqua un scandale, reprise enfin au Théâtre des Noctambules un mois plus tard où elle connut le succès. Être signifie moins durer que sembler, et surtout se fondre, disparaître à l'intérieur du cercle où s'annulent fin et commencement, et cela dans l'attente d'une autre représentation dans un autre monde tout aussi théâtral. Telle est l'idée de ces trois pièces essentielles de Ghelderode que nous groupons ici : *Fastes d'enfer, Mademoiselle Jaïre, Sortie de l'acteur,* qui ont pour thème la résurrection et pour cri : que joue l'homme d'éternel et de si douloureux ? *Fastes d'enfer* se situe en Flandre dans un vétuste palais épiscopal. Au-dehors, la populace gronde obstinément, insulte les prêtres de l'évêché et lance huées, rires et sifflets. L'évêque Jan in Eremo est mort, et sa mort semble suspecte. La foule réclame le corps de cet homme extraordinairement populaire dont l'ombre a pesé sur toute la ville, et dont la légende raconte qu'il naquit de la fornication d'un moine et d'une sirène. Et tandis que l'évêque auxiliaire Simon Laquedeem conte l'histoire de Jean dans le désert au secrétaire du nonce, que le grondement de la foule s'aggrave du roulement du tonnerre, Jan in Eremo entre dans la salle, douloureusement muet, le regard vide, la crosse spasmodiquement maniée comme un bâton d'aveugle. Le septuagénaire, en proie à une puissante oppression, tente de dénouer d'invisibles liens autour de sa gorge. « Est-ce un vieillard toujours en agonie qui demande à mourir ? Est-ce un défunt, revenu, repoussé par la mort, qui demande à revivre ? » Soudain, l'évêque, dans un spasme, crache ce qui le torture : l'hostie empoisonnée de Simon Laquedeem. Puis, sur le conseil de la vieille Vénéranda (« Étends-toi mon enfant ! Et meurs dans tes larmes. »), il disparaît dans la chambre mortuaire. La rumeur cesse.

Écrit en 1934 et créé à Paris en 1949 au Théâtre de l'Atelier par la Compagnie Roger Iglésis, le mystère en quatre tableaux *Mademoiselle Jaïre* est la pièce la plus obscure de Ghelderode. Celui-ci affirme dans les *Entretiens d'Ostende* (*) : « C'est mon œuvre culminante et peut-être celle où je me suis mis tout entier, sans m'en douter. Cette pièce fut une obsession, une très longue obsession de dix ans, et que je suis enfin arrivé à circonscrire [...] une manière de poème, à mon regard, une sorte de complainte ancestrale dans des teintes grises et violettes d'orage. » Cette œuvre n'est pas seulement l'histoire de quelque être d'exception, elle est également un espace, une ambiance chère à l'écrivain : celle de Bruges née de la rencontre de la lumière, des eaux stagnantes, des feuilles mortes, des odeurs d'encens, de l'air humide. La fille de Jaïre, Blandine, est morte avec l'automne, et son fiancé Jacquelin ordonne au sorcier le Roux d'accomplir un miracle. Celui-ci obéit « parce qu'il a l'occasion de créer un scandale nouveau et que la somme des scandales est nécessaire à son propre accomplissement ». Éveillée, Blandine interroge ses proches et les déconcerte : « Je flottais heureuse au centre d'une sphère bleuâtre ; j'étais une inconnue. On a crié mon nom. La sphère, le rêve brisés et je tombais... Pourquoi ? » Qui est Blandine, demande-t-elle ? L'hiver vient et voit apparaître un passant qui n'est autre que Lazare, annonçant à Mlle Jaïre l'heure de sa mort véritable. Le temps de réapprendre son corps en se prostituant à l'inconnu, Blandine le voit disparaître sous la neige. Sa mort survient au printemps, à l'instant où le sorcier tombe aux mains des prêtres. Et il en est ainsi selon qu'il fut prédit. Dans cette pièce, Michel de Ghelderode nous touche avant tout par son langage fragmenté, elliptique, mêlé de bas-flamand (celui des trois pleureuses par exemple, Marieke Vos, Marieke Pouf, Marieke Crok ; celui de la sorcière Antiqua Mankabéna), mêlé également de lambeaux de paroles automatiques portées par des images fulgurantes comme dans les discours « blancs » de Mlle Jaïre.

Écrite en 1930, publiée en 1941, représentée au Théâtre du Tertre en 1962, la pièce en trois actes *Sortie de l'acteur* exprime l'amitié de l'auteur Jean-Jacques et de Renatus, l'acteur habituel de ses œuvres. Celui-ci, envoûté par les personnages qu'il incarne, meurt réellement comme il devait le faire si souvent par simulacre et apparaît à Jean-Jacques sous la forme d'une âme suspecte, exceptionnellement élue pour avoir été sainte quelques soirs sur les planches. L'auteur, tandis qu'il regarde s'élever dans le silence solennel du firmament Renatus emporté par des anges « aux allures de flics », murmure : « Aurai-je jamais la clé du mystère ? » Et le souffleur Fagot lui répond : « Je ne vous comprends pas ! Ignorez-vous que le mystère n'a pas de porte ? » Ghelderode écrivit ce drame à la veille de renoncer au théâtre. Au cours de ses expériences publiques dans la troupe du Théâtre populaire flamand, Ghelderode avait rencontré le jeune acteur Renaat Verheyen, et celui-ci mourut prématurément en déclamant dans son délire des fragments de ses rôles principaux. C'est de lui qu'il s'agit dans cette pièce de lassitude. Quant à l'auteur mis en scène, c'est Ghelderode lui-même, dont l'acteur dit : « Il écrit le drame de l'homme qui a peur, de l'homme qui a froid, de l'homme qui désespère de Dieu. » Véritable testament théâtral, *Sortie de l'acteur* révèle la nostalgie du théâtre, des acteurs, des répétitions, du plateau vide traversé d'ombres. Et la vie y rejoint le théâtre, s'y mêle dramatiquement pour montrer que la parole n'invente pas, mais seulement met au clair ce qui hante le monde et nous traverse, nous qui sommes aussi en « représentation ».

FATA MORGANA. Drame romantique paru en 1838, de l'écrivain danois Johan Ludwig Heiberg (1791-1860). En même temps qu'une féerie, cette pièce est un drame allégorique, retraçant la victoire du poète sur l'illusion ou celle de la vérité intérieure sur le monde des apparences. Clotaldo est le dernier rejeton de la race de Roger, sauvé miraculeusement du naufrage où a péri sa mère. Élevé par un pêcheur sicilien, il ignore son origine et se consume d'amour pour Marguerite, fille du duc de Palerme, qu'il a vue alors qu'il se trouvait, en qualité de troubadour, à la cour de Provence. Or Marguerite va se marier avec le comte de Syracuse. Le vieux pêcheur envoie Clotaldo à Palerme présenter des coraux qu'il a trouvés en mer, mais des brigands le dévalisent en cours de route. Lorsqu'il se réveille, il trouve une perle magnifique, que lui a donnée la fée Morgana afin de le perdre plus sûrement. En effet le duc de Palerme nomme Clotaldo baron, mais veut garder la perle tandis que le comte de Syracuse prétend qu'elle doit faire partie de la dot de Marguerite. Les deux grands seigneurs rompent, et le comte de Syracuse revient à la tête d'une armée. Le duc s'enfuit avec sa fille, mais un orage et les mirages de la fée Morgana lui font faire naufrage. Clotaldo est condamne à mort. C'est à ce moment qu'il brise la perle, origine du conflit. Un rosier en jaillit, et le génie qui habite la perle apprend à Clotaldo sa véritable origine. Trois personnages ailés descendent des tableaux pendus aux murs : ce sont les vers du poète qui viennent au secours du héros. Hardiment il marche sur les nuages, ravit la belle Marguerite à la fée, étonnée de voir un mortel oser pénétrer dans son royaume aérien. Les troupes du duc reprennent courage et chassent le comte ; le duc est sauvé et tout finit pour le mieux : Clotaldo, dont on reconnaît maintenant l'origine, épousera Marguerite.

FATRAS. Publié en 1966, ce recueil est le quatrième du poète français Jacques Prévert (1900-1977) après *Paroles* (*), *Spectacle* (*) et *La Pluie et le Beau Temps* (*). Toutefois, dans le cas de cet écrivain, qu'est-ce qu'un recueil ? Ce qu'il entreprend est toujours à son image : étrange et libre, irréductible aux définitions, insaisissable. Qu'est-ce, oui, que ce recueil qui se proclame fatras ? À commencer par ce qui est, ou dans un autre contexte serait, le moins personnel, voici des citations nombreuses. Citations des bêtes noires de Jacques Prévert : Pierre Teilhard de Chardin, le général Pétain, Pascal, le maréchal Pétain, le général de Gaulle, le professeur Alexis Carrel, le brigadier général J. H. Rothschild, etc. Citations de ses « têtes blanches » : Boris Vian, García Lorca, Rimbaud, Blake, entre autres. Le guignol coutumier s'accroît ici de quelques têtes de Turc, mais la « démarche » étant ici la même que dans les « recueils » antérieurs, *Fatras* se compose, entre les citations, de poèmes, d'aphorismes et de blasphèmes, de monologues et de dialogues, de déchets des choses et de portraits des peintres (Picasso, Miró, Max Ernst), d'évocations d'animaux (taureaux, chèvres, singes, boucs, chiens, chats, caïmans). Le langage est pris au piège de la lettre : « Le Temps nous égare / Le Temps nous étreint / Le Temps nous est gare / Le Temps nous est train / Le Temps nous est Orly Caravelle Mistral train onze bus métro taxi / Le Temps nous sépare / Le Temps nous unit / Le Temps nous est parcimonieux / ou fastueusement conté / et nous voilà tous deux à la terrasse de l'Univers. » Cette citation est tirée du poème qui clôt le livre. Ainsi a-t-on toujours, et encore cette fois, la bonne surprise de découvrir, après un Prévert qui muse dans des sentiers ou qui ne cesse de citer un Prévert central, le poète même. « Comme cela nous semblerait flou / inconsistant et inquiétant / une tête de vivant / s'il n'y avait pas une tête de mort dedans. » On ne demandera à Prévert que de se ressembler, requête futile et vaine d'ailleurs. Ce n'est pas dire qu'il n'y a rien dans ces pages qui ne soit neuf. On y trouvera les avis de l'auteur sur les dernières nouveautés : l'« alittérature » et l'art sans images, et l'on y rencontrera des humains sous-mariniers, survivants de l'ultime catastrophe. On y trouvera aussi de nombreux collages (cinquante-sept) — fruits de la plus constante activité de Jacques Prévert, à la fin de sa vie. Ils sont étranges et superbes, minutieux et éloquents.

FAUCON (Le) [*Taka*]. Roman de l'écrivain japonais Ishikawa Jun (1899-1987), publié en 1953. Romancier, critique et essayiste, Ishikawa publiait, de 1953 à 1955, une série de romans philosophiques sous forme de récits fantastiques : *Le Corail, Le Tonnerre, Les Fleurs tombées* et surtout *Le Faucon.* Pour en comprendre la genèse, il n'est sans doute pas inutile de noter que l'auteur s'était signalé avant la guerre par ses traductions d'œuvres françaises et notamment des *Caves du Vatican* (*) de Gide ; de sa familiarité avec les lettres françaises vient peut-être aussi l'aspect surréaliste de certains épisodes ainsi qu'une certaine conception de l'absurde plus proche de Jarry que de Kafka. Qu'on en juge par l'analyse du *Faucon* : Kuninosuke, employé de la régie des tabacs, est renvoyé pour ses idées « rouges ». Un mystérieux M. K. le recrute pour un travail étrange : dans une maison au bord d'un canal, un certain E. lui remettra chaque jour un paquet à livrer dans un bureau de tabac du centre de la ville : ce sont des cigarettes qui seront aussitôt mises en vente. Kuninosuke, curieux, en achète, mais constate que ce sont des « Peace » très ordinaires. Nouvelle rencontre avec K. qui lui remet deux livres : une grammaire et un dictionnaire de la « langue de demain ». Rentré dans la petite chambre qu'E. lui a donnée dans la maison du canal, Kuninosuke découvre que son paquet de cigarettes porte maintenant une inscription dans cette langue, dont le dictionnaire lui livre la traduction : *Peace.* En guise de vitres, du papier journal ; à peine la cigarette allumée, les caractères se mettent à grouiller sur le papier, des photographies se composent, le tout formant ce qu'il saura bientôt être le « journal de demain ». Le lendemain, cependant, il rapporte par erreur des « Peace » ordinaires, qui dégagent une fumée infecte ; la maison en est ébranlée, une fille bottée paraît qui l'appelle « traître » et le cravache, le sol s'ouvre, laissant paraître une véritable usine où se fabriquent les « Peace » de demain. La police envahit la maison, une violente bataille s'ensuit, et Kuninosuke s'évanouit. Revenu à lui, il s'éloigne, et par des haut-parleurs installés dans la rue il apprend que l'on a découvert un vaste complot de fabricants de tabac clandestins. Il entrevoit K. que des policiers entraînent, sanglant. Il sera arrêté à son tour, jeté dans une prison près du canal. Les barreaux de sa cellule suent du sang au clair de lune, puis s'évanouissent. Une grille et un mur le séparent encore de la liberté ; il escalade la grille et sur le mur il aperçoit la fille à la cravache, dont l'ombre soudain cache le ciel, se transforme en un faucon immense qui, sur ses ailes, le porte jusqu'au mur, puis disparaît au loin, tandis qu'il plonge dans le canal.

Dans ses grandes lignes, l'allégorie politique se lit aisément (le jeu sur le nom d'une marque de cigarettes japonaises très populaires peut même paraître enfantin) : la « paix » de demain ne peut être ni une « paix » d'importation (Kuninosuke – *kuni* : le pays – croit d'abord avoir affaire à des contrebandiers), ni une « paix » fabriquée par le pouvoir ; elle sera le fait de ceux qui, fût-ce clandestinement, œuvrent pour créer les « nouvelles de demain », c'est-à-dire l'histoire d'après-demain. On retrouve dans les autres romans de cette série la présence souterraine dans la « ville » de mystérieux conspirateurs, de sociétés secrètes, d'organisations parfois ennemies, qui, dès la nuit venue, prennent possession des rues, pour s'y livrer à d'obscurs combats dont les traces mêmes disparaissent à l'aube. Le réalisme des descriptions est tel, fût-ce dans les épisodes les plus fantastiques, que l'on éprouve souvent quelque difficulté – quelque déplaisir même – à se souvenir que l'écriture est à double sens, et qu'il faut toujours, chez Ishikawa, chercher le sens politique ou philosophique de ce qui, à première vue, n'est qu'un fort plaisant divertissement. – Trad. Picquier, 1991.

FAUCON DE FRÉDÉRIC (Le) [*El halcón de Federico*]. Comédie en trois actes de l'écrivain espagnol Lope Félix de Vega Carpio (1562-1635), publiée à Madrid en l'année 1620. Elle fut inspirée à l'auteur par une nouvelle de Boccace (V, 9). Le premier acte s'ouvre par un dialogue entre Federico, gentilhomme florentin, et son serviteur Fabio, auquel Federico avoue dans un grand élan lyrique son amour pour Célia, noble et fidèle épouse du seigneur Camilo. Toutefois, il confesse que cet amour, pour lequel il a dilapidé son bien, n'est pas autre chose que l'« attrait du fruit défendu » ; Federico est surpris dans ses pensées par Julia, une courtisane qu'il avait connue jadis et qui veut l'arracher à sa nouvelle passion, car elle est toujours éprise de lui. Après ces effusions lyriques, nous assistons à une conversation intime entre Célia et son mari. Célia est une créature délicate et fine, confinée dans son attachement d'épouse, lequel se transforme parfois en violentes imprécations devant l'attitude vraiment étrange de son époux. Camilo, en effet, agacé par le trop de tendresse de sa femme, envie la liberté de ses camarades célibataires et accompagne l'un d'eux chez Julia. Là, une allusion à la passion de Federico pour Célia éveille soudain sa jalousie. Au deuxième acte, Célia ne sait à quoi attribuer l'humeur sombre de son mari : il refuse, en effet, de la voir, elle et son fils qu'il croit n'être pas le sien. Ayant appris que son mari était allé chez Julia, elle se déguise aussitôt et se rend chez cette dernière : au cours d'une violente dispute, elle l'accuse d'avoir ensorcelé son mari. D'autre part, Federico s'imagine que Célia, jalouse de lui, est allée chez Julia la croyant sa rivale ; Camilo, par contre, est désormais sûr que Célia l'a déshonoré. Il songe d'abord à se venger. Mais, ne sachant comment s'y prendre – car il n'entend point se tuer, non plus que tuer sa femme –, il prend le parti qui lui semble le plus honorable : sombrer simplement dans la folie. Au début du troisième acte, l'on retrouve Federico : il vit dans quelque bicoque en compagnie de son serviteur, Fabio, et d'un faucon de grand prix qu'il utilise pour la chasse. Il reçoit un jour la visite du fils de Célia, lequel se prend d'une grande tendresse pour ledit faucon. Célia elle-même, qui est veuve depuis un an, l'y rejoint avec quelques serviteurs. Mais Federico vit dans la pauvreté. Croyant qu'elle meurt de faim et n'ayant rien à lui offrir, il tue le faucon bien-aimé. Ici, l'intrigue s'enchevêtre à l'excès ; pour finir, Célia rend les armes : elle épousera Federico. En bref, amours, délices et orgues. Dans cette comédie, laborieuse au plus haut point, Lope de Vega est fort inférieur à lui-même.

FAUCON MALTAIS (Le) [*The Maltese Falcon*]. Roman de l'écrivain américain Dashiell Hammett (1894-1961), publié en 1930. Le détective Sam Spade reçoit la visite de miss Wonderly, qui le paie largement pour rechercher sa jeune sœur disparue avec un certain Thursby. Or le soir même Miles Archer, l'associé de Spade chargé de filer Thursby, est trouvé mort, ainsi que Thursby. Les policiers Tom et surtout le lieutenant Dundy, qui semble être un adversaire personnel de Spade, le soupçonnent d'être coupable des deux meurtres. Spade n'a pas d'alibi et il est l'amant d'Iva Archer. Mais miss Wonderly se nomme en réalité Brigid O'Shaughnessy et avoue à Spade qu'elle n'a pas de sœur. Elle était l'amie de Thursby. Spade, plus ou moins amoureux de Brigid, qui est terrorisée mais refuse d'en révéler la véritable raison, subit bientôt diverses pressions et menaces ; d'abord de la part d'un nommé Caro, qui veut récupérer le « faucon noir », joyau du trésor des chevaliers de Malte, un temps entre les mains de Thursby, et maintenant, croit-il, entre les mains de Spade ; puis de la part de Wilmen et de Gutman, chacun aussi avide d'obtenir ce fameux oiseau. Or Brigid, qui le détenait, se sentant traquée l'a remis à Jacobi, capitaine du bateau « La Paloma », qui brûle en partie.

Mais ce n'est qu'aux dernières pages que nous découvrirons que Brigid appartient à ce beau monde prêt à tout pour la fortune, et qu'elle est une criminelle de sang-froid. Hammett sait admirablement tenir le lecteur en haleine et ne pas lui laisser trouver la vérité avant le moment qu'il a lui-même choisi. Il brouille les pistes avec une habileté consommée. Brigid, comédienne hors pair, sous des dehors de jeune fille apeurée et sans défense, berne tout un chacun, à commencer par la propre secrétaire de Spade : Effie Perine en qui Spade a grande confiance. *Le Faucon maltais* est un modèle du nouveau roman policier américain : l'action ne piétine jamais, se précipite, et chaque nouveau venu ajoute au suspense. Spade est un détective peu banal, terriblement vivant et humain avec sa lassitude, sa corpulence d'homme plus très jeune, mais aimant les femmes et étant aimé d'elles, assez lucide toutefois pour ne pas se laisser berner en dernier ressort. À côté de la gentille Effie Perine, de la blonde et trompeuse Brigid, d'Iva qui le poursuit de ses assiduités, il campe une silhouette de don Juan désabusé et ironique, occupé en premier lieu de son métier, et son personnage n'a pas cessé de faire école. – Trad. Gallimard, 1950.

FAUNE DE MARBRE (Le) et UN RAMEAU VERT [*The Marble Faun and A Green Bough*]. Recueils de poèmes de l'écrivain américain William Faulkner (1897-1962), publiés respectivement en 1924 et en 1933. Les dates attachées à ces deux ouvrages réunis en un seul volume en 1965 sont trompeuses : on peut, en effet, estimer que la rédaction des quarante-quatre poèmes du second a été à peu près contemporaine de la parution du premier, et qu'en tout état de cause Faulkner avait cessé d'écrire des poèmes au moment (1925) où il entamait sa carrière romanesque en écrivant *Monnaie de singe* (*). Cependant, il n'est pas sans intérêt de noter qu'en 1933 l'auteur de sept romans dont quatre figurent parmi les plus importants du siècle – *Le Bruit et la Fureur* (*), *Tandis que j'agonise* (*), *Sanctuaire* (*) et *Lumière d'août* (*) – tenait suffisamment à ses poèmes pour en publier un second – et dernier – recueil. On sait en effet, d'après ses interviews, que Faulkner s'est toujours considéré comme un « poète manqué ». À West Point, en avril 1962, moins de trois mois avant sa mort, il affirmait : « Pour moi, la poésie vient en premier. Le poète manqué devient nouvelliste. Le nouvelliste manqué n'a plus rien que le roman : aussi est-il romancier. » Ce jugement ne laisse pas de surprendre chez celui dont on ne peut plus douter qu'il restera pour la postérité le plus grand romancier américain du XXe siècle, comme Melville au XIXe. Répondant en 1927 à la question : Quel livre aimeriez-vous avoir écrit ? Faulkner avait d'ailleurs cité *Moby Dick* (*).

On a peu écrit sur la poésie de Faulkner, sinon pour dire qu'elle est médiocre et imitative : les voix de Keats, de Swinburne et de Housman chez les poètes anglais, d'Eliot et de Cummings chez les Américains, de Verlaine (dont Faulkner a « traduit » quatre poèmes) et de Mallarmé – *L'Après-midi d'un faune* (*) – chez les Français, sont, en effet, reconnaissables. Mais il est beaucoup plus intéressant d'examiner la part de la poésie dans l'histoire de la création littéraire de Faulkner. À cet égard, il est une déclaration révélatrice de l'auteur lui-même dans un essai critique publié en 1925 dans le *Double Dealer* de La Nouvelle-Orléans : « Le poème pour le poème ne m'intéressait pas alors. Je lisais de la poésie et j'employais cette forme dans l'intention, premièrement, de faire progresser les amourettes diverses où j'étais engagé, et secondement pour compléter la juvénile manifestation par laquelle je tenais à prouver à une petite ville que je n'étais pas "comme les autres". » Derrière la facétie qui, chez un auteur aussi lucide, et quelques mois seulement après la parution de son premier livre, *Le Faune de marbre,* masque moins qu'elle ne révèle, il y a déjà comme une répudiation, signe que pour Faulkner le plus grand restait à venir. Sa conscience alors était une confiance. Mais dans ce jugement, Faulkner est aussi fidèle à la lettre et à l'esprit d'une éducation intellectuelle et spirituelle. Toute son œuvre jusqu'au *Bruit et la Fureur* est d'ailleurs, au fond, un « Bildungsroman ». Car il est vrai que le double problème de Faulkner, dans les dix années qui suivent son retour du Canada en décembre 1918, est sexuel et social, la question étant : comment vivre à Oxford, Mississippi, au lendemain de la Première Guerre mondiale, c'est-à-dire comment survivre à la frustration de la guerre non faite, et comment modeler la réalité, blessure béante d'amertume, à la mesure d'une ambition d'abord indécise, puisque Faulkner s'est un temps cherché dans le dessin (sa mère peignait, comme sa femme et son frère cadet le feront) avant d'écrire des poèmes, d'y constater rapidement sa non-excellence, et de se tourner vers le roman ? Ce que Faulkner cherchait dans les années 20, à travers la multiplicité des gagne-pain, la diversité et parfois la contradiction des attitudes (du dandy au va-nu-pieds, de l'étudiant de 1920 au bohème de 1925), c'était autant un mode d'existence qu'une façon de s'affirmer. C'est ainsi qu'il faut lire *Le Faune de marbre,* suite saisonnière et soignée de dix-neuf poèmes au climat d'églogue, dont le titre est, finalement, la partie la plus révélatrice : il y avait chez ce Faulkner de l'attente, une sensualité bouillante mais constamment heurtée à un seuil d'inhibitions apparemment – temporairement – infranchissable. Bien des mots clés de son vocabulaire si original datent d'ailleurs de cette époque : notamment tout ce qui cerne la stase. Ses deux premiers romans prolongeront et exploiteront la contradiction, signifiée par son premier titre, entre l'appel des forces dionysiaques et la fascination de la pause précieuse qu'est l'art. Cette période de formation est, en clair, l'histoire d'une impasse : la tentation esthétique. – Trad. Gallimard 1992. M.G.

FAUNE DE MARBRE (Le) [*The Marble Faun*]. Roman de l'écrivain américain Nathaniel Hawthorne (1804-1864), publié en 1860. Seule œuvre de fiction qu'il ait publiée après son départ pour l'Europe, en 1853, c'est aussi le seul de ses romans dont le cadre est le vieux continent. L'art et la mythologie de l'Antiquité y jouent un rôle central, puisque le titre est dû au fait que le héros, Donatello, ressemble à la célèbre statue de Praxitèle. Le parcours du protagoniste semble le conduire d'un paganisme édénique à un christianisme marqué par l'expérience de la faute et de la culpabilité. Le titre du roman, dans l'édition anglaise, était d'ailleurs *Métamorphose* [*Transformation*].

L'action se déroule à Rome. Donatello incarne une insouciance heureuse qui rappelle l'innocence du jeune Robin dans le conte de 1832, « Mon parent, le major Molineux » – v. *Contes* (*). Comme Robin, Donatello vient d'une Arcadie rurale qui ne connaît pas le péché ; comme lui, il est transformé au contact de la cité. Le roman s'écarte du conte, en revanche, en ce que Donatello ne se contente pas de participer au désordre ambiant : il se rend coupable d'un meurtre, même si les conditions dans lesquelles il le commet le disculpent presque (il s'agit d'arracher la jeune Myriam à la persécution d'un mystérieux personnage, auquel elle semble liée par une tout aussi mystérieuse faute commise dans un passé indéterminé). Donatello se livrera à la police, et Myriam se préparera, comme l'héroïne de *La Lettre écarlate* (*), à une longue expiation.

En un sens, dans *Le Faune de marbre*, Hawthorne conduit jusqu'à leur terme les motifs qui n'ont cessé de traverser son œuvre antérieure : la faute, le châtiment, le douloureux passage de l'innocence à l'expérience ; mais le choix d'un cadre insolite et nouveau marque également une rupture dans son œuvre, et ouvre une perspective qui annonce déjà Henry James. La préface tente de justifier cet abandon de la terre natale, en présentant cette dernière comme un désert culturel, une terre « où il n'y a pas d'ombre, pas d'antiquité, pas de mystère [...] rien d'autre qu'une prospérité prosaïque, inondée par la pleine et simple lumière du jour ». Le problème du romancier est que cette découverte de ce que la critique jamesienne appellera le « thème transatlantique » conduit à de fâcheux déséquilibres, dans la mesure où Kenyon et Hilda, les deux personnages américains, sont témoins plus qu'acteurs, ce qui condamne en partie le roman à la prétérition. Le contraste entre la densité de l'univers commun à Donatello et Myriam, et l'irréalité diaphane d'Hilda, ou la raideur compassée de Kenyon repousse ces derniers aux marges du récit. D'autre part, Hawthorne cède à plusieurs reprises à son vieux penchant pour le bric-à-brac « gothique » – par exemple lorsqu'il évoque le fantôme des catacombes, le meurtre du moine, ou le « mystère Myriam » – ainsi qu'à la tentation de se muer en guide et de transformer le roman en visite guidée des trésors romains. Les divers éléments qui constituent la fable sont mal intégrés, même si leur diversité peut être tenue pour fascinante. *Le Faune de marbre* est une œuvre qui séduit souvent dans ce qu'elle a de plus inabouti : structurellement imparfaite, elle tire sa cohérence d'un réseau métaphorique et symbolique complexe, remarquablement « pré-jamesien » dans ses polarités : horreur et fascination pour un univers clos, où l'histoire s'engendre elle-même et se répète inlassablement, réflexion sur l'art, ses formes et ses matériaux (ductilité poisseuse de l'argile, fragilité féconde du plâtre, froideur et perfection du marbre). Ce n'est sans doute pas un hasard si le titre de cet ultime roman, publié au seuil du déclin et de la stérilité, évoque un matériau immuable, celui des statues, mais aussi des cénotaphes. *La Lettre écarlate* se terminait sur l'évocation d'une tombe ; *Le Faune de marbre* se réduit en somme à la construction d'un tombeau. – Trad. Nouvelle édition, 1949. Y. C.

FAUSSAIRE (Le). Roman de l'écrivain français Jean Blanzat (1906-1977), publié en 1964. « En ce temps, les hommes chercheront la mort et ils ne pourront la trouver ; ils souhaiteront mourir et la mort s'enfuira d'eux. » Ce passage de l'*Apocalypse* devait inspirer à l'auteur l'idée de ce roman cruel. Par une nuit d'hiver, le Démon, le Faussaire, malgré sa crainte de l'aube, rappelle six morts à la vie. Ceux-ci reviennent dans le lieu qu'ils ont quitté : le cimetière d'un village poitevin, et renouent avec leur passé. Les âges, les situations, les caractères sont différents, et ce retour parmi les vivants leur est une profonde déception. La plus malheureuse est une très vieille femme qui a choisi de devenir une châtaigne, afin que lui soient révélés, enfin, les secrets de ses proches, et qui n'est plus que balayure, rejetée loin de l'âtre accueillant, emportée par les vents, perdue pour l'éternité. – Écrit dans un style sobre, vigoureux, mais qui peut être d'une émouvante tendresse, ce roman aborde avec lucidité le problème de l'immortalité de l'âme et de la condition humaine.

FAUSSE AMBASSADE (De la) [Περὶ τῆς παραπρεσβείας]. Discours de l'orateur grec et politicien Démosthène (384-322 av. J.-C.), prononcé en 343. En 346 av. J.-C., Athènes concluait avec Philippe II de Macédoine une paix, dite de Philocrate, qui diminuait considérablement le prestige d'Athènes. En effet, elle devait non seulement reconnaître l'accroissement territorial ou l'augmentation de l'influence de la Macédoine dans la péninsule Chalcidique, en Thrace et dans le nord de la Grèce, mais, de surcroît, Philippe réussissait à retarder la ratification du traité jusqu'à ce qu'il eût préparé une expédition contre la Phocide. C'est ainsi que l'on vit, au moment même où les ambassadeurs athéniens rentraient de Macédoine avec dans leurs poches le traité conclu avec le roi, les armées de Philippe envahir la Phocide et se rendre maître des portes de la Grèce. La colère fut grande à Athènes ; Démosthène, qui avait participé aux négociations, s'en improvisa le porte-parole. Il reprocha à l'orateur Eschine, son ennemi politique, d'avoir favorisé les entreprises de Philippe lors des négociations auxquelles il avait également pris part, et l'accusa d'avoir agi en accord avec Philocrate, dans l'intérêt de Philippe, auquel il se serait vendu. Le procès, au cours duquel Démosthène prononça le discours intitulé *De la fausse ambassade*, eut lieu en 343. Démosthène ne possédait aucune preuve directe de cette prétendue corruption pour appuyer son accusation : son long discours est une analyse des événements, tendant à démontrer que leur cours n'avait pu aboutir à la situation présente que par une volonté délibérée d'Eschine de tromper le peuple athénien ; ce qui ne pouvait être expliqué que par la prévarication. Faute de preuves directes, Démosthène fonde son argumentation sur une narration méticuleuse des événements qui met peu à peu en lumière la responsabilité d'Eschine et réfute sa défense. La conclusion de la diatribe présente l'action d'Eschine comme néfaste aux Athéniens ; les quelques succès obtenus l'auraient été sans lui. L'orateur affirme qu'il ne s'agit nullement d'erreurs qui auraient été commises par Eschine, mais bien d'un dessein prémédité. Démosthène le démontre en analysant les dernières négociations ; après quoi il justifie sa propre ligne de conduite et jette le discrédit sur Eschine, en mettant en relief les misères et les turpitudes de sa vie privée, tant passée que présente, et en attaquant ses défenseurs, bien que parmi eux il y eût des personnes estimées. Résumant son argumentation en une sorte d'épilogue vigoureux, l'orateur termine en invitant les juges à venger les misères de la Grèce provoquées par la trahison. Eschine se défendit dans une plaidoirie admirable et fut absous, quoique à une très faible majorité ; cet acquittement fut certainement motivé par des considérations politiques, qui conseillaient de ne pas compromettre la paix avec Philippe. Moralement, le vainqueur de la journée fut Démosthène, qui devint à Athènes le leader politique ; il préparait ainsi sa ville au sublime sacrifice de Chéronée. — Trad. sous le titre *Sur les forfaitures de l'ambassade*, dans *Plaidoyers politiques*, t. III, Belles Lettres, 1946.

FAUSSE MAÎTRESSE (La). Récit de l'écrivain français Honoré de Balzac (1799-1850), publié en 1842. Le jeune Polonais Adam Mitgislas Laginski, dont la famille est de très ancienne noblesse, a réussi à échapper à la proscription de 1832. Ayant gagné Paris, il s'abandonne à toutes les séductions d'une vie élégante et brillante. Adam est lié d'amitié avec un compagnon de guerre et d'exil, Paz, qu'il a sauvé par deux fois de la mort. C'est un gentilhomme pauvre, appartenant à la célèbre lignée des Pazzi, et qui s'est fait volontairement l'intendant du jeune homme ; grâce à maints expédients d'une ingéniosité extrême, il permet à son maître d'avoir un grand train de vie sans trop nuire à sa fortune. Quand Adam épouse la ravissante Clémentine du Rouvre, cette dernière, intriguée par la personnalité mystérieuse de Paz, cherche à le séduire par coquetterie. Paz aime Clémentine depuis le premier jour, mais résiste à sa passion par loyauté pour son ami. Dès lors, la situation devient difficile, car l'imprudente Clémentine risque d'être victime de son propre jeu, tandis que son manège exaspère l'amour de Paz. Celui-ci, pour abuser Clémentine et défendre son secret, prend une « fausse maîtresse » ; il feint d'entretenir des relations avec une écuyère de cirque, encourant ainsi les blâmes affectueux d'Adam et le dédain de la femme aimée ; jusqu'à l'heure où, n'y pouvant plus tenir, il confesse toute la vérité et disparaît à jamais. Ce thème est un témoignage intéressant de l'inspiration romantique de Balzac, curieusement compensée par son prodigieux don d'observation et son réalisme aigu.

FAUSSE MALADE (La) [*La finta ammalata*]. Comédie du dramaturge italien Carlo Goldoni (1707-1793), représentée pour la première fois pendant le carnaval de 1751. Inspirée de *L'Amour médecin* (*) de Molière, et attrayante à souhait, c'est une des seize fameuses pièces que l'auteur écrivit en 1750. Rosaura, la fille de Pantalon, est éprise du docteur Onesti. Afin de le voir chaque jour, elle fait mine d'être malade. Le docteur ignore la vérité, mais se rend compte que la maladie de Rosaura est quelque peu imaginaire. Quand il sait le fin mot de l'histoire, il se retire. Pantalon est désespéré de voir dépérir sa fille. Il appelle au chevet de Rosaura d'autres médecins qui, par leur sottise, sont sur le point de compromettre sa santé. Ce que voyant, le docteur Onesti est bien contraint de reparaître. Comme on le devine, la comédie se termine par la guérison de la simulatrice et par un mariage. En dehors de Molière, d'autres auteurs avaient déjà traité ce sujet. Goldoni cependant marque de sa griffe la comédie en question. Avec Rosaura, il crée un personnage subtil et délicat qui contraste avec la naïveté et l'anxieux amour paternel de Pantalon. La figure des divers médecins n'est qu'esquissée et ne fait que répéter Molière ; mais la satire y est fort efficace. Pour ne citer qu'un type : ce pharmacien dur d'oreille, maniaque et liseur de gazettes, appartient en propre à Goldoni ; il vit dans ce monde si cher à l'auteur, où les personnages, souvent maniaques, ne sont jamais des malades et permettent ainsi à Goldoni de découvrir en eux les éléments universels du caractère de l'homme.

FAUSSE MURASAKI ET UN GENJI RUSTIQUE (Une) [*Nise-Murasaki Inaka-Genji*]. Roman de l'écrivain japonais Ryûtei Tanehiko (1783-1842), qui appartient au genre « gôkanmono », ou gros roman. Il se compose de cent cinquante-deux volumes, divisés en quarante parties, dont trente-huit furent publiées de 1829 à 1842, les deux autres ayant été saisies par le gouvernement, mesure qui influa gravement sur la maladie dont l'auteur devait mourir. En 1847, Ippitau-an publia à titre posthume ces deux dernières parties avec le reste de l'œuvre, après y avoir apporté les corrections qui s'imposaient. Ce roman reprend à dessein le schéma du célèbre *Genji Monogatari* (*), de Murasaki Shikibu ; il tire son importance du fait qu'il utilise les éléments déjà employés dans les tentatives du même genre. D'ailleurs, il fait montre, dans cet exercice, de qualités bien supérieures. Au *Genji Monogatari,* Ryûtei Tanehiko emprunte, en les transformant et en les adaptant, des péripéties qui ont un caractère dramatique et aventureux, avec cette différence que l'atmosphère reconstituée est celle de l'époque où vécut l'auteur (quelques-uns ont voulu voir là l'atmosphère de la période Muromachi, 1392-1603), ou peut-être celle de la période Genroku (1688-1703). À la place de la cour impériale se trouve maintenant la cour du shôgun, et les anciens « uta » poèmes classiques de trente et une syllabes sont éclipsés par les « haïku » ou « haïkaï » (épigrammes de dix-sept syllabes). Le style de l'œuvre se garde soigneusement de toute recherche. Les tendances qui prédominaient à l'époque poussèrent l'auteur à faire un panégyrique de l'esprit chevaleresque et de la morale de Confucius (ce qui ne se trouvait aucunement dans le *Genji Monogatari*). Quelques caractères féminins son traités avec beaucoup de justesse.

Bien que le roman contienne, comme son modèle, une série d'interminables aventures amoureuses, Tanehiko sait éviter la vulgarité et l'obscénité, à une époque où il était de bon ton d'abuser de l'une et de l'autre. Au point de vue littéraire, l'œuvre n'a qu'une valeur fort limitée. Cela n'empêcha point le public de l'accueillir avec le plus grand enthousiasme, tant et si bien qu'elle fit la fortune de celui qui l'édita. Les dessins et illustrations magnifiques du célèbre peintre Utagawa Kunisada (1787-1865) contribuèrent, pour une bonne part, au succès. Cette belle réussite eut pour premier effet de rendre populaire le nom de Genji. On fit du roman un drame qui fut représenté à plusieurs reprises.

FAUSSE PAROLE (La). Essai de l'écrivain français Armand Robin (1912-1961), publié en 1953. Armand Robin inventa un métier dont il vécut (mal) depuis probablement 1943 jusqu'à la fin de sa vie en 1961. Mettant à profit sa prodigieuse connaissance des langues, il consacra la plus grande partie de son temps à l'écoute des radios étrangères, et notamment des services de propagande soviétiques. Il tirait de ces écoutes un bulletin bihebdomadaire qui eut de vingt à quarante abonnés parmi lesquels on cite généralement le Vatican et l'Élysée, le comte de Paris, *Le Canard enchaîné*, *L'Humanité* et autres grands journaux français ou étrangers. Les bulletins constituaient une source d'information inédite, certainement moins par les faits qui y sont rapportés que par les commentaires – brefs généralement et le plus souvent d'ordre, disons, linguistique – que Robin y ajoute.

C'est de ce travail qu'est issue *La Fausse Parole*, dont elle est en somme la chronique. Mais c'est davantage le développement de certaines analyses des bulletins et une réflexion d'ensemble portés ici à la hauteur d'un essai philosophique, mi-pamphlet, mi-manuel d'exorcisme. Poète et anarchiste, Robin se faisait une très haute idée du langage ; il vit en la propagande une « guerre blanche sans nom » et entendit « au-delà du déferlement des mots, la muette mise à mort du Verbe ».

Car la « fausse parole » n'est pas le mensonge. C'est un non-langage dont les mots sont vidés de leur sens, et dont le vide précisément devient une force fascinante qui « attire et fait chuter ». Du bavardage généralisé on n'entendra plus qu'un effrayant « silence totalitaire ». Robin en montre les mécanismes, dénonce la « guerre psychologique » et l'aliénation mentale où il voit purement et simplement une entreprise diabolique.

C'est en poète plutôt qu'en spécialiste des mass media (et pourtant quelle pratique !) que Robin écrit *La Fausse Parole*. Et c'est tout l'intérêt de ce livre qui est peut-être moins – et sûrement plus – qu'une étude articulée du phénomène alors mal connu des propagandes totalitaires : une suite d'aperçus fulgurants d'intelligence « vécue » et portée par une langue d'une très grande beauté. Beauté à la mesure du projet qui n'est rien moins que d'exercer le « métier de désenvoûteur, tournant toute entreprise obscurantiste en son contraire ». Le poète malheureux des premières pages, blessé dans son amour du Verbe menacé, dans sa sympathie pour les victimes bafouées, est à la fin de son essai étonnamment ferme et confiant, comme illuminé par sa lucidité, certain d'un « Non, non, non ! Trois fois non ! répliqué à toutes les propositions de tout-homme-voulant-se-faire-Dieu ». G. M.

FAUSSES CONFIDENCES (Les). Comédie en trois actes, en prose, de l'écrivain français Marivaux (1688-1763), représentée pour la première fois à Paris par les Comédiens italiens le 16 mars 1737. Dorante est un jeune bourgeois de belle mine, mais sans fortune. Amoureux fou d'Araminte, veuve fort riche, il se fait engager comme son intendant sur la recommandation de son oncle et avec l'appui de la suivante Marton, à qui il se trouve fiancé à son entrée dans la maison, par un quiproquo qu'il accepte. Il retrouve chez Araminte un de ses anciens valets, Dubois, qui se charge de mener l'intrigue en sa faveur. Dubois instruit Araminte qu'elle est aimée de son intendant, mais qu'elle ne doit pas s'attendre à un aveu, car celui-ci la respecte infiniment ; puis il répand la nouvelle de cette passion grâce à des « confidences » forgées et des situations embarrassantes créées tout exprès. Araminte lutte contre le progrès de ses sentiments, refusant de s'avouer l'attirance qu'elle éprouve pour le jeune homme. Elle se heurte à son entourage, à sa mère qui voudrait la voir épouser un comte. Souhaitant que Dorante parle, afin — prétend-elle — d'avoir une raison de le chasser, elle le contraint, dans une scène cruelle pour tous deux, à écrire de sa part un billet au comte, dans lequel elle accepte sa main. Dorante souffre, mais ne se dévoile pas. Dubois s'arrange pour faire lire devant la maisonnée une lettre forgée où Dorante proclame qu'il préfère s'embarquer plutôt que continuer à souffrir. Tiraillée entre un parti qui lui parle en faveur du jeune homme, et vers lequel penche son propre cœur, et les adversaires de Dorante qui le traitent avec dureté et condescendance, Araminte cède finalement à l'amour. Dorante lui révèle alors les « fausses confidences » dont elle a été victime, en les justifiant par la vérité de sa passion. C'est la dernière grande pièce de Marivaux ; il ne donnera ensuite que quelques comédies en un acte. Le cadre réaliste, les réticences du cœur et de la raison, les souffrances nées de situations ambiguës et des silences forcés, le valet rusé qui tire les ficelles, l'amoureuse Marton sacrifiée au dénouement, la lutte entre amour et préjugé, la conclusion en demi-teinte lui donnent une remarquable intensité. C. B.

FAUST. L'existence historique du personnage ne fait plus désormais aucun doute. D'après les contradictions relevées dans certains témoignages de l'époque, on a même voulu déduire qu'il y eut deux Faust historiques : le plus vieux se nommerait Johannes, l'autre Jörg (Georges). Mais les preuves sont vagues et peu probantes. Le docteur Faust, pseudo-humaniste et « magicien », pseudo-médecin et alchimiste, aventurier et « philosophus philosophorum », qui frappa l'imagination populaire par sa vie errante et déréglée, ses vantardises et ses exploits, ne fut certainement qu'un seul et même personnage. Il naquit, dit-on, à Knittlingen, dans le Wurtemberg, aux environs de 1480. Selon Mélanchthon, originaire de Breten et qui, par conséquent, fut presque son compatriote, il aurait fait ses études à Cracovie, où la « magie » figurait encore, à la fin du siècle, parmi les matières enseignées. En 1507, l'abbé Johannes Trithemius témoigne de sa présence à Gelnhausen, où il se serait présenté effrontément comme « magister Georgius Sabellicus, Faustus junior, fons necromanticorum, astrologus, magus secundus, chiromanticus, aeromanticus, pyromanticus, in hydra arte [pronostic par examen des urines] secundus ! ». En 1513, un humaniste connu, Mutianus Rufus, affirme l'avoir rencontré à Erfurt, dans une auberge, et avoir personnellement entendu ses fanfaronnades : « Audivi garrentiem in hospitio / Non castigavi jactantiam. Quid aliena insania ad me ? » Mais c'est surtout Mélanchthon qui semble l'avoir connu, entre 1525 et 1532, à Wittenberg. Les relations entre le sévère « praeceptor Germaniae » et le prétendu savant et mage, furent loin d'être sereines, Mélanchthon qualifiant l'intrus de « turpissima bestia et cloaca multorum diabolorum ». Faust affirmait, dit-on, qu'il était vain de vénérer le Christ, car il était lui-même en mesure d'accomplir les mêmes miracles où et quand il voulait : il se faisait fort, en outre, de restituer les textes perdus de Platon ou d'Aristote, de Plaute ou de Térence ; il prévoyait l'avenir, dévoilait des mystères. En fait, il faut convenir que la force de suggestion et le pouvoir de se faire prendre au sérieux ne lui firent point défaut, puisque Franz von Sickingen, en 1507, à Kreuznach, n'hésita pas à lui confier l'éducation de plusieurs enfants — avec lesquels il se livra bientôt à un « turpissimum fornicationis genus » — et qu'en 1520, le prince-évêque de Bamberg lui fit verser la somme de dix florins pour se faire tirer son horoscope et, en 1528, le conseil communal d'Ingolstadt, tout en l'expulsant de la ville, se faisait prudemment délivrer la promesse écrite qu'il ne chercherait en aucune façon à se venger. En 1536, l'humaniste Joachimus Camerarius, professeur à Tübingen, s'adressait à lui pour obtenir un pronostic sur le résultat de la troisième guerre entre Charles Quint et François Ier. En 1539 enfin, Philippe Sergardi, « Stadtphysicus » de Worms, consignait dans son *Index Sanitatis* un séjour du docteur Faust dans cette ville, où, dit-il, « nombreux furent ceux qui se laissèrent tromper ». Vers 1540, revenu dans sa patrie, il mourut semble-t-il à Staufen, d'obscure façon. Mais, tout comme pour Tannhäuser, au siècle précédent, la légende, qui souvent déjà s'était mêlée à sa vie, s'empara de lui après sa mort. Selon Johannes Manlius, Mélanchthon aurait accrédité le bruit qu'il ne s'agissait pas d'une mort naturelle, mais due à une manifestation du diable. D'après les *Chroniques d'Erfurt* de H. Schledel, Faust lui-même aurait été le premier à se vanter d'avoir fait un pacte avec le diable. Par son inquiétude vagabonde et sa vie dépravée, son assurance et sa prétendue science, ses pouvoirs magiques et ses exploits de « chevalier d'industrie », il fut aux yeux de ses contemporains eux-mêmes, dans le bien comme dans le mal, la vivante incarnation de l'esprit allemand de l'époque, riche de forces en gestation, mais aussi de contradictions et de chaos, écartelé entre les élans d'un individualisme arrogant et batailleur, et les repliements d'une conscience obsédée par le problème religieux, perpétuellement tiraillé entre le profane et le sacré, la politique et la théologie, la soif de vivre et la terreur de l'« au-delà », l'affirmation d'une libre critique et le tourment luthérien quant à la « présence agissante du diable » dans la vie de l'homme voué au péché. Très tôt, au noyau primitif vinrent s'intégrer non seulement divers éléments de légendes en quelque sorte analogues, comme celles de Cyprien ou de Théophile, mais aussi des épisodes fantastiques de toute origine et de toute sorte — bibliques, gnostiques, chrétiens médiévaux, fabuleux, tour à tour terrifiants ou burlesques, qui conférèrent à la légende un caractère de plus en plus fantastique. Les anecdotes se superposèrent ainsi aux anecdotes, les épisodes aux épisodes.

Plus d'un recueil — Milchsack en publia un en 1892, à partir d'un manuscrit de Wolfenbüttel — a dû précéder, en latin ou en allemand, celui qu'un imprimeur de Francfort, Johann Spiesz, fut le premier à publier en 1587, sous le titre : *Histoire du docteur Johann Faust, très célèbre magicien et nécromant. Comment, à terme fixe, il vendit son âme au diable et quelles singulières aventures il connut, vécut ou provoqua avant de recevoir enfin sa récompense bien méritée* [*historia von Dr Johann Fausten, dem weitbeschreyten Zauberer und Schwartzkünstler. Wie er sich gegen dem Teuffel auff eine benandte Zeit verschrieben. Was er hierzwischen für seltsame Abenteuer gesehen selbs angerichtet und getrieben, bisz er endtlich seinen wolverdienten Lohn empfangen*]. Il s'agit là du célèbre petit volume, qu'on connaît sous le nom du *Livre de Faust* [*Das Faustbuch*], du fait qu'il constitua, plus ou moins directement, le point de départ pour tous les développements ultérieurs de la légende en deçà ou au-delà des frontières de l'Allemagne. Il comprend en gros quatre parties : I, Naissance, études et pacte ; II, Aventures, voyages et solutions d'énigmes ; III, Actes de magie et de nécromancie ; IV, Mort ; et en dehors même des additions et des développements dus aux réimpressions successives, il renferme déjà, dans les deux cent vingt-sept petites pages de la première édition, tous les éléments à partir desquels la légende s'est formée. Déjà, le Diable, avec qui Faust signe son pacte, porte un nom très proche de celui que Goethe rendra populaire : Méphistophilis ; et nous trouvons aussi auprès de Faust son « famulus », Wagner, qui, dans les développements ultérieurs de sa propre légende, fera figure de continuateur. Tout à ses études, au milieu de ses livres et de ses alambics, Faust « se sent pousser des ailes d'aigle » et entend par sa science « donner un fondement à la terre et au ciel » ; déjà, nous le voyons toucher au faîte de son aventure et de sa vie avec la possession de la suprême beauté terrestre : la Grecque Hélène. Naturellement, Faust succombe à son impiété et se voit condamner pour l'éternité ; la tendance du récit est en effet moralisante : il entend servir de « terrible exemple et de fidèle avertissement » à « tous les hommes présomptueux et ambitieux » ; en raison du climat en grande partie protestant luthérien dans lequel naquit la légende, le ton est souvent « antipapiste ». Le penchant populaire pour les affabulations, le fantastique et le grotesque y demeure néanmoins très vivace.

Ces remarques sont également applicables aux six cent soixante et onze pages in-4° de la nouvelle refonte de la légende que publia Georg Rudolf Widmann, en trois parties, à Hambourg, en 1599. La tendance moraliste et religieuse y est plus accentuée encore, comme on peut le voir d'après le titre : *Véridiques histoires des horribles et exécrables péchés et vices comme des nombreuses mirobolantes et extraordinaires aventures que le Dr Johannes Faust, le célèbre nécromant et grand magicien, a eues du fait de sa nécromancie jusqu'à sa terrible fin* [*Wahrafftige Historien von den grewlichen und abscheulichen Sünden und Lastern, auch von vielen wunderbarlichen seltzamen Ebentheuern : So Dr. Johannes Faustus, Ein weitberuffener Schwartzkünstler und Ertzzäuberer, durch seine Schwartzkunst, bis an seinen arschrecklichen End hat getrieben*] : tout ce qui pouvait paraître « dangereux » du point de vue de la moralité et de la religion a été supprimé, y compris les amours de Faust et l'épisode d'Hélène ; en revanche on a ajouté, avec les éléments de diverses légendes, une masse informe d'élucubrations et de discussions édifiantes. La légende s'en trouvait alourdie. Aussi, soixante ans plus tard, lorsqu'un médecin de Nuremberg, Johannes Nicolaus Pfitzer, entreprit d'éditer une nouvelle fois le texte — sous le titre : *La Vie scandaleuse et l'horrible fin du tristement célèbre archinécromant Johannes Faust, diligemment décrite pour la première fois, depuis bien des années, par G. R. Widmann, nouvellement revue par J. N. Pfitzer...* [*Das ärgerliche Leben und schreckliche Ende desz viel-berüchtigten Ertzschwartzkünstlers Johannis Fausti Ertlich, vor vielen Jahren, fleissig beschrieben von G. R. Widmann : Jetzo, aufs neue übersehen... durch Joh. Nicolaum Pfitzerum..., Norimberga* 1674] —, il lâcha de nouveau la bride à la fantaisie et, après avoir émondé le récit de ses éléments doctrinaux, leur substitua de nouveaux épisodes, puisés à diverses sources — en particulier aux dernières éditions augmentées de Spiesz — ou introduits ex novo, comme le vain amour de Faust pour une belle jeune fille pauvre. Ainsi remanié, l'ouvrage reconquit la faveur populaire et fut réimprimé quelque dix années durant, jusqu'au jour où l'éveil d'un esprit nouveau rendit nécessaire une nouvelle élaboration.

En effet, dès la fin de 1683, le naissant esprit rationaliste avait mis en doute la véracité de nombreux faits attribués au Faust de la légende (cf. la dissertation de C. Ch. Kirchner : *Disquisitio historica de Fausto praestigiatore, vulgo von Doctor Faust*, discutée à Wittenberg le 23 mai) ; depuis, la méfiance n'avait fait que croître : les six cent trente-cinq pages in-8° de Pfitzer furent en fin de compte ramenées aux quarante-huit pages du nouveau texte qu'un anonyme, caché sous le pseudonyme de « Bon chrétien » [« Christlich Meynender » = homme d'intentions très chrétiennes] rédigea probablement dans la deuxième décade du nouveau siècle, ramassant, comme il le dit lui-même, l'ensemble du matériau légendaire, selon un « opportun raccourci » et le limitant « à ce qui peut sembler digne de foi » (cf. *Le Pacte signé avec le diable, la vie aventureuse et la fin épouvantable de l'archinécromant et magicien célèbre dans le monde entier Dr Johann Faust : nouvellement revu et réimprimé à l'usage des pécheurs invétérés et obstinés, à titre d'avertissement et d'admonition* [*Des durch die ganze Welt beruffenen Erz-Schwarz-Kunstlers und Zauberers D. Johann Fausts, mit dem Teufel aufgerichtetes Bundnisz, abenteuerlicher Lebenswandel und mit Schrecken genommenes Ende. Auf's neue übersehen, in eine beliebte Kurze zusammen gezogen, und allen vorsetzlichen Sündern zu einer herzlichen Vermahnung und Warnung zum Druck befördet*, Francfort et Leipzig, s.d. ; le premier exemplaire connu est daté de 1725]. Les faits ne sont pas décrits, mais presque uniquement énumérés ; aussi la narration est-elle aride et schématique, mais, par là même, plus facilement compréhensible et explicable d'un point de vue rationnel : Faust y apparaît comme un « scolasticus » qui, dès sa jeunesse, au lieu de s'astreindre à de sévères études, se complaît en la compagnie des bohémiens, célèbre dans les fêtes solennelles, au lever du soleil, le rite magique du « Crepusculum matutinum » et finit par s'éloigner du droit chemin, à telle enseigne que la magie elle-même et le pacte avec le diable n'auront pour lui d'autre but que de mener une vie échevelée de jouisseur et de fripon. Le souriant scepticisme du siècle fait presque disparaître le fond tragique de la légende : on appuie sur les trouvailles astucieuses, tout en faisant la meilleure part aux situations comiques ou plaisantes. Méphistophélès — dont le nom a acquis sa forme définitive — plaisante « son maudit destin d'avoir à ressembler à un homme pour pouvoir faire le diable ». Le ton est essentiellement ironique, reflétant ainsi l'imagination populaire et le goût de l'époque. Le petit livre fut non seulement réimprimé jusqu'à la fin du siècle — la dernière édition est datée de 1797 — mais, plus réduit encore, fut diffusé à travers l'Allemagne à des milliers d'exemplaires, en petits fascicules qui se vendaient dans les foires et dont nous parle Goethe, qui s'en souvient (« imprimés sur une sorte de papier buvard »), lorsqu'il nous conte sa jeunesse dans *Poésie et Vérité* (*). Goethe connut probablement le texte intégral du « Bon Chrétien » et certainement celui de Pfitzer, qu'il emprunta, entre le 18 février et le 9 mai 1801, à la Bibliothèque ducale de Weimar. Toutefois, ce fut moins de ces récits qu'il tira les premiers éléments de son inspiration, que des élaborations théâtrales de la légende, qui relèvent toutes plus ou moins directement du *Faustbuch* de Spiesz, à travers la tragédie de Marlowe.

★ *La Tragique Histoire du docteur Faust* [*Tragical History of Doctor Faustus*] du poète anglais Christopher Marlowe (1564-1593) — drame en vers et en prose, sans divisions en actes — représentée pour la première fois entre 1589 et 1592 et publiée en 1604. Faust est le plus grand théologien de sa ville et nul ne peut prétendre le dépasser dans sa finesse de dialecticien. Mais, non content de cette supériorité, il décide d'acquérir un art nouveau en pénétrant dans le royaume du mystère et en obtenant des pouvoirs magiques. Après avoir renié la foi de ses pères, il demande et obtient le concours d'un démon, Mephistophilis, par l'intermédiaire duquel il signe de son sang un pacte avec Lucifer : Faust se voit octroyer vingt-quatre années de vie assurée, Méphistophilis est à son service, il pourra devenir esprit et non substance ; mais, à sa mort, son âme appartiendra au démon. Doué d'un tel pouvoir, Faust s'apprête à accomplir des entreprises merveilleuses qui feront de lui l'homme le plus célèbre et le plus puissant du monde. En vain l'ange du bien, en lutte éternelle contre l'ange du mal, essaie de le ramener dans la juste voie. Faust se rend à Rome où il se joue des cardinaux et du pape, parvenant à délivrer l'antipape Bruno ; puis il donne à l'empereur d'Allemagne et à sa cour le spectacle de ses pouvoirs de magicien. Il passe ainsi sa vie à jouer mille tours et à berner chacun selon son bon plaisir et de la plus étrange façon : nul n'osera trouver à redire, car d'un seul geste il peut rendre muet ; nul ne peut le tuer, car, pendant vingt-quatre ans, il demeure immortel. Mais la fatale échéance approche et le remords commence à tenailler la conscience de Faust. Insatisfait après tant d'expériences, Faust désire encore le baiser de l'immortelle beauté grecque : le baiser d'Hélène. Le vers par lequel il salue l'héroïne est demeuré célèbre : « Est-ce là le visage qui par-dessus les mers lança mille vaisseaux ? » [Was this the face that launch'd a thousand ships ?]. Arrive enfin l'heure tant redoutée ; il voudrait pouvoir la suspendre, la prolonger, l'agrandir, mais en vain, et il meurt, implorant. Ses disciples découvriront son cadavre lacéré par les démons. La source de Marlowe est une traduction anglaise du populaire *Livre de Faust* — v. plus haut — allemand : Marlowe dut prendre connaissance de cette traduction en manuscrit, avant sa publication (1592), car il avait déjà écrit son drame à cette date. Le texte, qui nous est parvenu en deux versions principales : celle de l'in-4° de 1604 et celle de l'in-4° de 1616, est très altéré, comportant de nombreuses interpolations, dues aux divers acteurs et impresarii qui y ajoutèrent à leur guise scènes comiques et bouffonnes. Comme dans *Tamerlan le Grand* (*), la conception est grandiose : le premier était le héros de l'impérialisme politique, Faust est le héros du pouvoir humain poussé jusqu'à ses plus extrêmes possibilités de connaissance et de jouissance. Mais le personnage et le climat tragique de cette pièce, qui demeure une ébauche, se forment péniblement, n'atteignant que dans la scène exaltant la beauté d'Hélène et dans la scène finale de la damnation, une réelle puissance poétique. — Trad. Seghers, 1972 ; Les Belles Lettres, 1985.

★ L'existence supposée d'un drame allemand autonome, directement dérivé de l'*Histoire de Faust* de Spiesz, n'a pu jusqu'ici être prouvée : ce fut presque certainement à travers le drame de Marlowe que la légende faustienne parvint sur les scènes allemandes. Les « Comédiens anglais », dont les représentations en Allemagne à la fin du XVIe siècle marquèrent les débuts du théâtre moderne, l'apportèrent dans leur répertoire. La première représentation dont la date nous soit connue est celle de 1608, à Graz ; mais bien d'autres la précédèrent et la suivirent jusqu'au jour où, avec la formation de compagnies d'acteurs allemands et d'un répertoire dramatique autonome, l'œuvre de Marlowe — déjà soumise à des remaniements divers — fit place à un drame populaire allemand qui, avec le temps, se renouvela à travers des remaniements successifs. De compagnie en compagnie, d'une région à l'autre, le drame truffé d'improvisations, de trouvailles comiques ou tragiques, acquit une si vigoureuse vitalité, qu'au milieu du XVIIe siècle, Cottsched s'en préoccupait dans son *Essai d'une Poétique critique* (*) comme d'un signe du persistant « goût plébéien » et plus tard encore, en 1767, la faculté de théologie de l'université de Wittenberg, demandait et obtenait l'intervention du ministère du Culte contre l'affiche d'une représentation de la Compagnie de J. Kurz, dans laquelle Faust figurait comme « Professor théologiae Wittenbergensis » ! Selon le canevas, dont la même affiche reproduit les points saillants, le drame commençait toujours — comme chez Marlowe — par une « Dissertatio » de Faust enfermé dans son « Musée », se demandant s'il doit suivre le « Studium theologicum » ou « Nicromanticum ». Suivaient, entre autres, quelques scènes d'inspiration macabre durant lesquelles Faust se livrait à la sorcellerie et à la magie, puis c'était le spectacle d'un jardin des délices. Le tout se terminant sur un « ballet des furies », tandis que la gueule de l'enfer s'ouvrait béante, au milieu d'une girandole de feux d'artifices, pour engloutir le pécheur. L'absence de l'épisode d'Hélène et la substitution de la cour du duc de Parme à celle des empereurs Charles Quint ou Maximilien Ier — dont il est fait mention dans les *Livres populaires* — indiquent l'origine méridionale et catholique du drame : il n'était pas bon à la cour d'Autriche de plaisanter les ancêtres impériaux ou d'aller réveiller les belles pécheresses païennes. Méphistophélès lui-même n'est plus le « moine gris » des vieilles *Histoires*, qui se tient auprès de Faust, mais un élégant « chevalier vêtu à la mode d'Espagne ». Hormis l'addition ou l'omission de tel ou tel épisode, tous les drames populaires analogues, les plus anciens comme les plus récents, les allemands aussi bien que les anglais, les bohémiens ou les hollandais, offrent à peu près la même structure. Ils ne sont que théâtre et rien que cela : on comprend qu'ils aient pu alimenter d'autres formes théâtrales, notamment le « Théâtre de Marionnettes ». Les textes qui nous sont parvenus (par exemple dans les éditions Simrock, Hamm, Schade, Engel, Bielschowsky, Kralik, etc.) ne sont que des résumés tardifs ou des adaptations du XIXe siècle ; mais les éléments qui les composent remontent en partie au XVIIe. Leur succès auprès du public populaire fut tel que dans la seconde moitié du XVIIIe siècle, quand le théâtre en prose atteignit peu à peu à une forme littéraire raffinée, ce fut précisément le théâtre de marionnettes qui donna à Faust un public toujours fidèle et un succès sans démenti. Des représentations du drame eurent lieu dans la plupart des villes allemandes, grandes ou petites. Le début était presque toujours constitué par un prologue en enfer, avec Pluton pour premier personnage, et la fin était marquée par une descente spectaculaire en enfer ; mais c'étaient l'improvisation du montreur et le goût du public qui, en fin de compte, réglaient le spectacle. C'est ainsi que bon nombre de personnages poétiques et historiques se trouvaient insérés dans le drame, de Samson à Hélène, du roi Salomon à Lucrèce, accompagnés de personnages invraisemblables et d'animaux fantastiques. C'est sous ce jour que la figure de Faust, pétrie de gravité, de grotesque et de pathétique, apparut aux poètes qui, dans les dernières années du siècle, à travers un renouvellement profond des consciences et des idéaux artistiques, furent les artisans de la nouvelle poésie allemande.

★ Dans sa tentative d'écrire un drame sur *Faust* — demeuré à l'état de fragment —, l'écrivain allemand Gotthold Ephraïm Lessing (1729-1781) s'inspira certainement de la représentation populaire, même si, pendant un certain temps, il caressa le projet d'en tirer une sorte de drame réaliste bourgeois, laissant les diables de côté et substituant à Méphistophélès un mauvais conseiller ou un mauvais ami. En fait, seule l'ébauche du drame, inspirée du canevas désormais traditionnel, nous est parvenue sous forme d'une scène, déjà publiée dans la XIXe des *Lettres sur la littérature moderne* (*) (18 février 1759), et de fragments du premier acte, découverts dans les papiers de Lessing après sa mort. Le Prologue se déroule dans une église ; trois démons comparaissent devant Belzébuth et rendent compte de leurs actions ; l'un d'eux parle de Faust et soumet son plan de séduction : « À cette heure tardive, il est encore assis sous sa lampe, scrutant les profondeurs de la vérité : un trop grand désir de connaissance est une faute ; et une seule faute peut engendrer tous les vices » ; en effet, dans les scènes suivantes — la première et la deuxième du premier acte —, nous voyons Faust au milieu de ses livres, près de la lampe, en train d'évoquer le diable qui se présente effectivement à lui et veut se faire passer pour Aristote, mais il ne peut garder longtemps figure humaine et disparaît, laissant la place, à la scène quatrième, à un nouveau diable, dont l'évocation débute par des accents dramatiques : « Quel est le puissant aux appels de qui je dois obéir ? Toi ? Un simple mortel ? Qui t'a appris ces puissantes paroles ? » Tout le reste du drame a été perdu, mais selon les témoignages de Blankenburg et de Engel, il était déjà écrit en grande partie : la fin voyait la rédemption de Faust ; sa soif de connaissance l'a bien poussé au-delà des limites imposées aux hommes, mais « Dieu ne peut avoir donné aux hommes le plus noble de ses instincts, pour le rendre ensuite éternellement malheureux ». Ces quelques éléments suffisent à indiquer le plan rationaliste des « Lumières ». Pour la nouvelle conscience en train de se former, Faust se révèle aussi comme une figure représentative. Et il n'est pas surprenant que sa légende, célèbre dans sa version narrative, familière dans le domaine des représentations théâtrales et comme suspendue dans l'air du temps, « ait bourdonné dans l'imagination » du jeune Goethe, comme il est dit dans un passage de *Poésie et Vérité* (*). D'autres poètes de ses amis se montrèrent d'ailleurs sensibles au charme de la légende.

★ Ce fut seulement avec le poème dramatique de l'écrivain allemand Wolfgang Goethe (1749-1832) que la figure de *Faust*, rapidement adoptée et d'un consentement universel comme symbole de l'âme moderne, fut approfondie au point de personnifier véritablement, dans son essence même, l'angoisse de l'esprit nouveau. Du reste, pour Goethe, l'œuvre ne fut pas celle d'un moment, mais de sa vie tout entière. Jeune encore, de nombreux motifs de la légende occupaient l'imagination du poète ; et plus de soixante ans plus tard, à deux mois de sa mort, le vieillard s'attardait, avec une persistante inquiétude, à apporter de nouvelles retouches au texte définitif envoyé déjà à l'impression. Un premier groupe de scènes — le premier monologue de Faust et le dialogue avec Wagner, la scène entre Méphistophélès et l'étudiant, la scène de la Taverne d'Auerbach et l'épisode de Marguerite (sans la « Mort de Valentin », ni la « Nuit de Valpurgis », avec la scène de la prison encore écrite en prose et avec le final : « Elle est jugée ! » [Sie ist gerichtet !]) — a été composé avant 1775, et pour la plupart entre 1773-1774. Il s'agit là de l'*Urfaust* (ou *Faust* originel), retrouvé dans une transcription de Mlle von Goechhausen et publié par Erich Schmidt en 1887 : expression tragique du juvénile « Sturm und Drang » du poète, impétueuse affirmation des aspirations et des forces créatrices de l'humanité, et en même temps conscience du drame impliqué par semblable « titanisme » : l'élan irrésistible de l'âme vers une « vie vaste et infinie » et la reconnaissance de la limite qui en revanche est imposée à l'homme dans la réalité. Du point de vue poétique, ce groupe de scènes renferme peut-être les pages les plus ardentes et les accents les plus passionnés, les plus directement émouvants, de tout le poème.

Toutefois, ce ne fut que douze ans plus tard que l'auteur en reprit la composition, travaillant le rythme et la forme de certains passages, ajoutant quatre nouvelles scènes, écrites en Italie (fragment de la scène du pacte, à partir de « C'est là le sort assigné à l'humanité » jusqu'à la fin ; Cuisine de Sorcière, Invocation à l'« Esprit sublime » dans la scène « Forêt et Caverne » et mort de Valentin dans l'épisode de Marguerite). C'est le texte, interrompu à la scène du Dôme, que Goethe inséra dans le septième volume de l'édition Goeschen de ses *Œuvres*, avec la célèbre gravure de Rembrandt en frontispice et sous le titre : *Faust, Un fragment* [*Faust, Ein Fragment*, 1790]. Le drame de Faust y est abordé sous un angle spirituel nouveau : les expériences tumultueuses de la jeunesse se sont éloignées : le poète a trouvé en lui-même, dans l'harmonie intime de son esprit, une nouvelle assurance et une nouvelle sérénité ; l'élan initial de sa poésie n'est plus dirigé de bas en haut, avec une alternance d'enthousiasmes et d'abattements : d'emblée le ton s'élève, et le poème se déroule dans des sphères spirituelles supérieures, bien au-dessus des tempêtes. Le « Titan » ne proteste plus, il ne prétend plus « amplifier le souffle de son âme » pour qu'elle englobe en elle-même l'Univers tout entier ; il sait qu'à l'homme, quelles que soient ses aspirations, il n'est donné rien d'autre, en réalité, que d'« être homme », dans la joie et dans la douleur, dans le bien comme dans le mal. D'autre part, l'esprit du mal lui-même, Méphistophélès, est devenu plus « humain » : non seulement dans son aspect extérieur, qui dans l'*Urfaust*, déjà, avait trompé Marthe, mais dans sa substance même : il n'est plus seulement le Moqueur, le Malin, le Cynique, le Séducteur, comme dans le dialogue avec l'Étudiant ou dans l'épisode de Marguerite ; c'est à présent l'« émissaire de l'esprit de la Terre », dans les royaumes duquel l'homme trouve son lieu naturel d'existence ; c'est le « Compagnon » [Gefährte] que l'homme trouve toujours près de lui et dont il ne peut se passer, car il détient en lui une part inaliénable de lui-même. Entre Faust et Méphistophélès, les distances se sont annulées ; Faust est prêt désormais à signer le pacte avec « son » démon. C'est d'une inflexion nouvelle, moins passionnelle et plus contemplative, que le drame est empreint : avec des problèmes d'ordre général, affleurant à la conscience et s'imposant à la pensée ; avec des perspectives en profondeur qui, de problème en problème, vont se prolongeant à l'infini.

Mais, une fois de plus, il fallut presque vingt ans pour que s'éclairât et se précisât, dans une forme poétique concrète et dans toute sa complexité, le nouvel état d'esprit du poète, ainsi qu'une nouvelle conception. Ce ne fut qu'entre 1797 et 1801, après la composition des *Années d'apprentissage de Wilhelm Meister* (*) et sous l'effet direct des injonctions et des considérations critiques de Schiller, que furent écrits la « Dédicace », le « Prologue sur le théâtre », le « Prologue dans le ciel », le second Monologue avec les Chœurs de Pâques, la Promenade « devant la porte de la ville » jusqu'à la première apparition de Méphistophélès, ainsi que la « Nuit de Valpurgis romantique » et les premiers deux cent soixante-cinq vers du « retour d'Hélène ». Après 1804 seulement, et sous les insistantes pressions de Cotta en vue de la future et nouvelle édition des *Œuvres*, la scène de la signature du pacte assuma sa forme actuelle. Enfin, ce ne fut que le 13 avril 1806 que la « Première partie », avec les derniers remaniements et les ultimes retouches, fut terminée. Elle parut sous le titre : *Faust. Une tragédie* [*Faust. Eine Tragödie*], dans le huitième volume des *Œuvres*, en 1808. Mais les paroles « d'en haut » sur lesquelles elle s'achève : « Elle est sauvée ! » [Sie ist gerettet !] témoignent, avec l'annonce solennelle de la rédemption de Marguerite, du long chemin parcouru par le poète depuis le *Fragment*. La grande « bénédiction de la vie », déjà insérée par Goethe dans l'invocation de Faust à l'esprit de la terre, est devenue le climat spirituel dans lequel le drame tout entier se déroule. Mêlée à la mélancolie et à la résignation, on décèle en effet une douceur infinie dans les mots par lesquels Faust prend conscience du destin terrestre de l'homme : « Mes plaisirs jaillissent de cette terre, et ce soleil éclaire mes peines. » Certes, l'« homme erre tant qu'il s'efforce et cherche » et la vie, qui est erreur, est aussi possibilité de faute et de péché, souffrance et drame ; mais, dans son instinct, l'homme bon est toujours conscient du droit chemin. Les deux âmes qui habitent Faust, celle qui tend à prendre son essor vers les « plages hautes et lointaines » et celle qui, au contraire, s'agrippe à la terre et au monde dans une « avide étreinte d'amour », s'opposent sans trêve. Mais cette lutte incessante est un effort d'élévation qui confère à la vie sa valeur intrinsèque et suprême. La vie humaine apparaît ainsi comme une harmonie qui se brise pour se recomposer douloureusement à travers l'expérience de la réalité ; et le fait que Faust ne puisse jamais dire à l'« instant qui fuit », selon les termes de son pacte avec Méphistophélès : « Arrête-toi ! Tu es si beau ! » [Verweile doch ! Du bist so schön !], est le signe certain de l'harmonie finale dans laquelle le drame est appelé à se défaire et se résoudre. Ainsi, au-dessus de la terre où Faust avance péniblement, apparaît, parmi les chœurs angéliques, le visage même de Dieu. Le « drame de l'homme et de sa destinée » s'ouvre ainsi avec le « Prologue dans le ciel » dans la forme plus vaste d'un « mystère cosmique ». Tout cela rendit inévitable, dans la « Deuxième partie », un renversement total des prémisses de l'œuvre. Déjà, à partir du ton nettement individuel et de la richesse de coloration de l'*Urfaust*, l'accent de la composition s'était peu à peu déplacé vers un relief plus marqué donné à ce que renferme d'universellement humain l'expérience de Faust ; et le *Fragment*, comme les nouvelles scènes de la « Première partie » en avaient acquis un style particulier ; mais désormais, l'ampleur cosmique et les horizons illimités exigeaient davantage ; l'infrastructure du poème devait s'adapter et répondre à semblable exigence ; une analyse réaliste des expériences de Faust ne pouvait plus représenter objectivement, en larges synthèses, la multiplicité inépuisable des aspects de la vie dans la nature et dans les hommes ; il y fallait un ensemble de rapports allusifs et symboliques, capables de la ramasser dans la figure de Faust et d'en faire l'expression d'une totalité exemplaire. Semblables problèmes étaient loin d'être simples : dans l'ébauche de l'œuvre dictée par Goethe en 1816 pour *Poésie et Vérité* (*), le schéma de la « Deuxième partie » est encore hésitant et relève par plus d'un côté de la conception primitive : ce ne fut qu'en 1826, quand commença pratiquement la rédaction de la « Deuxième partie » qu'apparut clairement et définitivement la nécessité de « porter la poésie, sur un nouveau plan » : « Que pouvais-je faire d'autre — dira l'auteur dans une conversation avec Eckerman, à propos du "Prologue d'Ariel" — que de faire perdre conscience à mon héros et de le considérer comme anéanti, pour faire jaillir de cette mort apparente une vie nouvelle ? » Pour décrire cette « nouvelle vie », il fallut cependant cinq années, au cours desquelles le *Faust* tint la plus grande place dans les laborieuses journées du grand vieillard solitaire : en 1827, l'épisode d'Hélène parut dans le quatrième volume des *Œuvres*, sous le titre : *Hélène, Fantasmagorie classique et romantique* [*Helena, Klassich-romantische Phantasmagorie*] ; et, en 1828, dans le douzième volume, la première partie du premier acte et le premier groupe de scènes à la cour de l'Empereur. La « Nuit de Valpurgis classique », ainsi que la fin du premier acte, furent en grande partie composés dans les premiers mois de 1830, tout comme le cinquième acte, commencé à l'automne précédent et terminé en janvier, hormis les scènes de la mort de Faust de 1800. Plus laborieuse fut l'élaboration, effectuée à plusieurs reprises en 1827 et 1830/31, du quatrième acte. Enfin, les retouches et les nouveaux développements amorcés en janvier 1832 ne furent jamais achevés : le 2 mars, Goethe mourait, et, au cours de l'automne, paraissait le premier volume des *Œuvres posthumes* [*Nachgelassene Werke*] — quarante et unième des *Œuvres complètes* — sous le titre : *Faust. Deuxième partie de la tragédie en cinq actes* [*Faust. Der Tragödie zweiter Teil in fünf Akten*].

Quiconque s'aventure dans le vaste univers que représente cette œuvre comprendra le sentiment de paix intérieure, quasi religieux, qui envahit l'âme du poète, quand, au cours de l'été de 1831, et bien qu'il y manquât encore quelques « menus détails », il put estimer son œuvre « substantiellement achevée » : « Désormais, — dit-il alors à Eckermann — je peux considérer comme un don gratuit les jours qui me restent à vivre. Maintenant, il importe peu de savoir si je fais encore quelque chose, et ce que je ferai » (6 juin 1831). En fait, par représentation directe ou par figuration symbolique, de façon « étendue » ou par indications, au premier plan ou dans le lointain, en pleine lumière ou par éclairs soudains, Goethe déversa dans ce poème tout ce qui s'était accumulé dans son cœur et avait germé dans son esprit au cours de sa longue existence. Le développement poétique des grands thèmes autour desquels l'œuvre se coordonne — le problème de l'homme en soi et de ses rapports avec Dieu, le problème de la fonction de l'homme dans la nature, celui de l'individu dans ses rapports avec la société, le problème de l'âme moderne dans ses rapports avec le monde antique, le problème des limites de la puissance humaine, et enfin, la solution de tous les problèmes de la vie au moyen d'une activité concrète, qui trouve sa récompense en elle-même et dans la conscience de l'« ordre général » dont elle fait partie —, le développement poétique de tous ces thèmes offrit au poète des points de départ innombrables qui lui permirent d'utiliser sa vaste expérience spirituelle et la richesse de son inspiration. Ainsi naquit une œuvre à laquelle convient, même matériellement, l'attribut d'« incommensurable » que Goethe lui-même aimait reconnaître à toute « grande poésie ». Et il est d'autre part évident qu'on ne peut rechercher son unité dans le « développement serré, linéaire, d'une unité d'action psychologiquement bien enchaînée », et encore moins dans une unité schématique et abstraite : car elle est essentiellement intérieure, lyrique, se manifestant par une empreinte particulière, qu'à travers la richesse de ses sensations et de ses formes poétiques, Goethe parvient toujours à maintenir : comme si un œil placé en un lieu profond et embrassant de vastes étendues, rempli de calme lumière intérieure, contemplait la réalité humaine et la vie universelle, reflétant toute chose et les baignant de sa lumière. C'est précisément dans cette « forme intérieure », diverse dans ses aspects mais toujours cohérente en elle-même, que réside l'unité vivante de l'œuvre. Ainsi la trame extérieure, irrégulière et inégale dans ses développements, discontinue, demeure-t-elle en quelque sorte secondaire, tout en offrant au poème la structure indispensable, le fil conducteur à travers le labyrinthe multidimensionnel de la poésie. C'est justement cette particularité de structure qui donne au *Faust* ses plus grandes possibilités d'interprétations et sa puissance créatrice. Ainsi purent s'ouvrir en profondeur, derrière chaque situation et non plus seulement derrière l'ensemble de l'œuvre, des perspectives propres, et le poème tout entier, chaque scène, chaque image, baigne comme dans une atmosphère naturelle, dans « ce sentiment immédiat et constant des choses éternelles », dont l'omniprésence constitue peut-être le caractère le plus marquant du *Faust* et lui confère sa plus vaste et sa plus haute résonance. Entre le mythe et la réalité, toute frontière s'évanouit : la réalité elle-même, telle qu'elle nous est offerte, dans tous ses détails, se transfigure intérieurement si bien que le passage dans le monde du mythe, quand il advient, s'opère de façon quasi insensible. D'épisode en épisode, et dans de perpétuelles variations, la poésie du *Faust* renouvelle à chaque fois, à travers des expériences toujours différentes et toujours convergentes dans leur résultat final, ce processus spirituel.

La « Dédicace » — à laquelle devait faire pendant à la fin du poème, un « Congé » [Abschied], déjà écrit, puis supprimé — évoque la genèse poétique : dépassement de tout ce qu'il peut y avoir de subjectif dans les expériences personnelles, dissolution de toute réalité immédiate et contingente et apparition d'une nouvelle réalité intérieure, plus authentique. Le « Prologue sur le théâtre » pose, à travers la confrontation des points de vue du poète, du directeur impresario et de l'acteur, le même problème en se référant aux rapports existant entre la poésie pure d'un côté, et de l'autre, les exigences pratiques du théâtre, la « joie de l'illusion scénique » et la totalité de la vie. Puis d'un seul bond, après avoir ainsi établi les points de vue opportuns et créé spirituellement une atmosphère appropriée, commence le poème proprement dit, sur un morceau poétique qui compte au nombre des plus élevés que Goethe ait jamais écrits : le « Prologue dans le ciel ». Tandis que les Archanges chantent la puissance de Dieu et la magnificence de la Création, un dialogue empreint d'un accent d'humaine sympathie s'engage au sujet de Faust entre le Seigneur et Méphistophélès : de Faust qui « demande au ciel ses plus belles étoiles et à la terre ses joies les plus sublimes ; mais rien, de loin ni de près, ne suffit à calmer la tempête de ses désirs ». Pour ce dialogue, Goethe s'est inspiré du Livre de *Job* – v. *La Bible* (*) ; mais une profonde révolution de la conscience moderne s'y trouve annoncée comme un « fait accompli » : les cieux abstraits de la théologie se sont définitivement éloignés ; entre la bienveillance sereine et souriante du Seigneur et la malicieuse ironie de Méphistophélès s'accomplit indirectement une véritable revendication des valeurs humaines. Le défi que lance Méphistophélès de mener Faust à la perdition est déjà prévu dans son résultat au moment même où il est proféré : l'homme porte en lui les raisons de son propre drame et la lumière de sa conscience qui le guide vers le salut.

Du ciel, dont il se sépare – telle une dissonance individuelle rompt la divine harmonie –, le drame de Faust se trouve ainsi rejeté sur la terre. Les trois premières scènes de la Première partie – du monologue de Faust à sa conversation avec Wagner – en définissent puissamment les termes. Il ne s'agit pas seulement de la « faillite de la Science », d'une insuffisance dans notre « capacité de comprendre et de savoir », comme on a voulu si souvent l'interpréter ; rien ne serait plus éloigné de l'esprit de Goethe pour qui, comme pour Léonard, « l'homme doit chercher ce qu'il est possible de chercher et baisser la tête avec respect devant ce qui est inexplorable ». Ce que Faust demande à l'étude n'est pas, en réalité, la science pour la science, mais une nouvelle dimension de la vie, une extension des limites humaines au point d'englober l'univers tout entier. Voilà pourquoi, abandonnant résolument les livres, il se tourne vers la magie. Quand Faust ouvre le livre magique de Nostradamus (« La Nuit ») et, à travers le signe du macrocosme, découvre, au-delà des apparences, le jaillissement infini et harmonieux de la nature, radieux il s'écrie : « Suis-je moi-même un Dieu ? » ; car telle est la substance de ses aspirations : quelque chose qui ne peut se réaliser qu'en Dieu. Mais, nulle vertu magique ne peut aider l'homme à franchir le seuil défendu. Les forces de la nature opérant sur la terre ne peuvent même pas s'identifier à sa vie ; il ne peut que les chercher et les reconnaître, car elles font partie du monde de son expérience. C'est pourquoi Faust, par ses formules magiques, pourra contraindre l'esprit de la terre à comparaître devant lui : mais il ne pourra en supporter la vue. L'esprit de la terre, même dans son monde limité, incarne des forces cosmiques ; loin de subir, il crée la vie comme la mort. L'homme est peu de chose à côté de lui : « Tu es l'égal de l'Esprit que tu conçois, mais tu n'es pas égal à moi ! » dira l'esprit de la Terre à Faust avant de disparaître. L'enthousiasme de Faust retombe. La poésie retrouve les tons réalistes qu'elle avait au début et revient s'enfermer entre les quatre murs de la chambre-laboratoire, où le dialogue entre Faust et Wagner, disciple et assistant du futur professeur, brave garçon sans trop d'esprit, se mêle d'humour. Dans la véhémence de sa tension dramatique, ce groupe de scènes atteint à une grandiose puissance : le problème faustien – tendre sans trêve à une plus haute, plus vaste, plus intense existence – y prend corps dans tout son absolu. Cette situation se trouvera en un certain sens renouvelée dans la scène suivante, dite « deuxième monologue », mais dans une autre tonalité. Faust n'est plus dominé par ses impulsions instinctives et ses émotions immédiates : toute sa vie est élevée par l'auteur sur un plan de consciente réflexion ; Faust « connaît » la vanité de ses plus hautes aspirations, et plus cette certitude s'affirme, plus il s'y enfonce, laissant ainsi peu à peu, inexorablement, s'amenuiser son sentiment de la vie. Jusqu'au moment où les dernières résistances sont vaincues, il ne reste plus alors à Faust d'autre issue que la mort. Aussi le geste de Faust portant la coupe de poison à ses lèvres, privé de toute cause spécifique, sinon comme aboutissement d'un froid désespoir, prend-il figure de nécessité naturelle, fatale. Pour la même raison, le renversement total de son état d'âme, en entendant dans le matin printanier le tintement des cloches et les chœurs liturgiques de Pâques, s'inscrit dans la perspective de la vérité poétique. Son désespoir devant le sort commun à tous les hommes l'avait mené au seuil de la mort ; l'intime allégresse commune à tous les hommes le ramène à la vie. Faust se rend : « La Terre me possède à nouveau ! » [Die Träne quillt, die Erde hat mich wieder !].

« Faust, homme parmi les hommes », tel sera le thème de la scène suivante qui se déroule au cours de l'après-midi de Pâques : « Devant la porte de la ville » ; c'est un tableau de vie populaire à la manière flamande : la foule en fête se répand dans toutes les directions ; sur tous et sur toute chose resplendit la lumière et plane l'ivresse du printemps. Le tableau, vivant et coloré, est composé de main de maître, contrastant avec la figure isolée de Faust qui avance lentement, épuisé. Lui aussi, l'espace d'un instant, s'est laissé prendre au charme du spectacle, mais c'est en vain qu'il répète : « Ici, je me sens homme ; ici, j'ose l'être ! » ; en réalité, il demeure indifférent et se sent intimement détaché de cette foule qui l'entoure avec respect pour lui rendre hommage. Lui aussi est sensible à la beauté du monde, aux joies de la vie ; mais une « autre âme » au-dedans de lui-même est sans cesse tendue vers l'Ineffable, l'Inacessible : il ne sait pas se détacher de la terre et ne parvient pas à trouver la paix. Le pacte avec Méphistophélès, qui conduira Faust à se jeter à corps perdu dans le tourbillon des jouissances, s'approche. Faust est mûr pour la décision. On s'est demandé à plusieurs reprises pourquoi Goethe – après le retour de Faust chez lui – avait cru bon de partager la discussion du pacte en deux scènes successives, se déroulant dans le même décor (« Cabinet de travail »), entre les mêmes personnages.

C'est qu'en réalité il s'agit de deux scènes bien distinctes, de conception et d'inspiration différentes. La première, qui relève directement du « Volksbuch » de Pfitzer, est proprement destinée, non pas à la discussion du pacte (qui s'y trouve à peine énoncé), mais à la présentation du « diable Méphistophélès ». Elle est en outre traitée dans un style particulier, approprié à son caractère fantastique et grotesque. Ce diable turbulent, qui se change en chien et en écolier, est sans conteste démoniaque, mais d'une façon burlesque, dans laquelle la fantaisie du poète s'est donnée libre cours. En revanche, le ton de la scène suivante, qui a véritablement pour objet la stipulation du pacte, est tout autre : grave, sérieux. Méphistophélès y apparaît dans son costume de seigneur espagnol, il plaisante peu, ou avec discrétion et, du moins, jusqu'à ce qu'il ne soit sûr de tenir dans sa main le pacte dûment signé. Le personnage de Faust domine la scène : « trop vieux pour jouer encore, trop jeune pour être sans désirs », il est dans un état d'esprit entre la prostration et le désespoir. Méphistophélès lui propose de lui vendre son âme. En contrepartie, il sera son allié et fera, en ce monde, tout ce qu'il voudra. L'au-delà est si lointain et si inconnu ! Faust accepte, sans trop d'illusions, sachant que le « moment » n'arrivera jamais — selon les termes du pacte — auquel son âme totalement satisfaite pourra dire « arrête-toi ». Tout au long du dialogue, le mouvement des états d'âme de Faust se détermine et se précise dans un crescendo continu, et la décision de signer le pacte sera comme l'aboutissement naturel de cette logique intérieure du sentiment. Quels que soient l'avenir et son propre destin, ce qui importe à Faust est de faire taire son angoisse incessante et c'est aussi pourquoi la volupté des sens, les rumeurs du monde, le devenir vertigineux des choses l'attirent comme une ivresse ou un abîme. Et il signe. Sans enthousiasme et sans grand espoir. Il signe de son sang. Alors Méphistophélès, qui, durant toute la scène, était demeuré au second plan, prend sa revanche avant que Faust n'entame sa nouvelle vie, et domine à son tour la scène pendant un instant dans le dialogue avec l'étudiant, où revêtu de la toge de Faust, il se montre en qualité d'« ami de l'homme » : humain dans son intelligence et son aspect, mais insidieux, ironique, maître du « double jeu », toujours rusé et souvent équivoque. Finalement, jetant son manteau sur les épaules de Faust, il l'emporte avec lui. Le grand voyage a commencé. La première étape en sera la Taverne d'Auerbach, célèbre dans la légende faustienne et bien connue de Goethe lorsqu'il étudiait à Leipzig. Quatre étudiants, appartenant aux quatre « degrés académiques », sont assis autour d'une table, buvant et menant le plus grand tapage. Cette fois encore, c'est un tableau à la manière flamande, mais dans l'atmosphère empuantie d'un tripot. C'est le tableau de la jouissance matérielle, dans toute sa splendeur. Est-ce pour cela que Faust a vendu son âme ? Méphistophélès lui-même ne fait que semblant de participer au festin, pour mieux se moquer des quatre compères. La Cuisine de Sorcière constitue la deuxième étape du grand voyage. C'est là que se déchaîne en « proportions de cuisine » un petit sabbat orgiaque, éclipsant quelque peu le « rajeunissement » de Faust qui, dans la ligne de l'action, constitue le but de la scène. Mais, bien plus que le rajeunissement, l'élément proprement faustien est ici présenté par l'état d'extase dans lequel Faust demeure plongé, face à l'image d'une femme nue et extrêmement belle qui lui apparaît dans le miroir magique. Tandis qu'autour de lui l'orgie et la vulgarité triomphent sans retenue, la vision de beauté enchaîne ses sens, mais plonge en même temps son âme dans le ravissement. C'est le prélude à l'« épisode de Marguerite », où Faust entre enfin au cœur de la réalité et de la vie.

Il suffira pour s'en convaincre, de lire la première — et en soi peu significative — scène de l'épisode : Marguerite au sortir de l'église ; une enfant modeste et pudique, rien de plus ; mais le personnage est traité avec une infinie délicatesse de touche, presque avec respect ; on sent que Goethe, tout comme Faust, se tient devant elle en adoration. Et dans chaque scène, l'attitude du poète se renouvelle ; chaque scène constitue ainsi un chaînon, mais aussi un petit monde autonome. Le rythme de la composition du poème tout entier, avec ses ruptures et sa liberté absolue de développements, s'empare de l'épisode et lui confère une ampleur démesurée. Ce n'est plus une simple histoire d'amour, mais un approfondissement général du problème de la vie, si vaste, que l'inspiration du jeune Goethe semble s'y être épuisée (il ne reprendra ce poème que quinze ans plus tard). Une scène comme celle qui s'intitule « Soir » [Abend], où Faust entre pour la première fois dans la chambre de Marguerite, semble elle aussi, comme la scène précédente, faite de rien ; le seul qui fasse quelque chose est Méphistophélès déposant le coffret de bijoux dans l'armoire ; mais quel ensemble de profondes perspectives ouvre le jeu complexe des sentiments ! Dans la chambre où, de loin, il avait tant imaginé Marguerite, avec toute l'avidité de son désir, Faust, pris sous le charme de l'innocence, n'éprouve plus que de chastes pensées et des sentiments d'amour mués en vénération. Il s'éloigne. Survient Marguerite. Elle décèle aussitôt dans l'atmosphère de la pièce — où Méphistophélès est entré — quelque chose de trouble. Le chant seul apaise son angoisse. Pour elle, la vie est simple, linéaire, définitive ; et dans sa chanson, la ballade du « Roi de Thulé » (*), l'amour et la vie ne font qu'un. Puis, ouvrant l'armoire, elle découvre le coffret, admire les bijoux, émerveillée, et ne peut s'empêcher de s'en parer et d'aller se contempler devant le miroir. Mais ils ne lui appartiennent pas et elle les dépose aussitôt en soupirant : « À quoi sert d'être jeunes, à quoi sert d'être beaux ? [...] Vers l'or tout se presse, à l'or chacun aspire ! » La nostalgie idyllique du XVIIIe siècle n'a peut-être jamais donné d'elle-même une image d'une grâce aussi pure et spontanée. Certes, toutes les scènes n'atteignent pas à une telle intimité d'accents ; mais, dans leurs variations de ton, chacune s'élève, dans son propre style, à une sorte de perfection. Ainsi, le bizarre interlude « Promenade » [Spaziergang] – qui vient immédiatement après – semble, par sa verve et le comique de la situation (la mère de Marguerite bernant Méphistophélès sans le vouloir, en remettant le coffret de bijoux au curé), balayer en coup de vent toute brume sentimentale et romantique. Par son tour burlesque, la satire contre le « robuste estomac de notre sainte mère l'Église », qui « a dévoré des pays entiers sans jamais cependant avoir d'indigestion », sert en quelque sorte de transition vers le réalisme à la manière flamande des deux scènes suivantes : « La Maison de la voisine » [Der Nachbarin Haus] et « Jardin » [Garten] – scènes séparées par un dialogue entre Faust et Méphistophélès (cf. « Dans la rue » [Auf der Strasse]). La fin de cette action est tout simplement de faire se rencontrer Faust et Marguerite en tête à tête, dans un lieu isolé ; mais le plaisir qu'a pris Goethe à décrire la scène a donné aussi à la figure de « Madame Marthe Schwerdtlein » un relief particulier, d'un comique savoureux et délicieusement populaire. Méphistophélès, qui entreprend de séduire la brave femme, joue avec elle comme un chat le ferait d'une souris. La scène, qui se déroule dans « Un jardin », en bordure de la ville, se présente comme un tableau de genre dans la manière de Brouwer ou de Téniers, qui aurait pour titre : « Le Diable et la bonne dame ». Et pourtant, la déclaration d'amour de Faust demeure impensable en dehors de cette intrigue humoristique et grotesque où elle se trouve insérée ; en dehors de ce va-et-vient alterné des deux couples sur la scène. C'est justement du fait que Méphistophélès est présent et tourne d'avance en dérision le langage enflammé des deux amoureux, que les paroles de Faust, « cherchant un nom à son sentiment », paraissent si intensément « vécues » et dépouillées de toute emphase. C'est justement par leur parallélisme avec la scène de Méphistophélès tendant à Marthe (pour l'occuper) le piège facile des compliments les plus banals, que les accents de sincérité de Marguerite, confiant innocemment à Faust tous les détails de sa petite vie, nous touchent si profondément. Déjà, prévoyant la passion de Faust, elle effeuille la fleur dont elle porte le nom : Faust prend sa main, proteste de l'éternité de son amour. Elle s'enfuit. Il la rejoint dans le pavillon où elle a cherché refuge et l'embrasse (cf. : « Un pavillon de jardin »). Entre-temps, la nuit est tombée. L'heure de la séparation est venue. Mais les deux amants sont désormais livrés à leur destin.

Une des trouvailles proprement « géniales » de Goethe a été de placer à ce moment précis dans la composition définitive du poème, avant le « péché », la scène « Forêt et caverne » [Wald und Höhle]. Dans l'*Urfaust*, le motif de l'angoisse de Faust, insatisfait de lui-même et du monde, résolu à ne plus revoir Marguerite, était inséré après le monologue de Valentin et constituait une variante du biblique « post peccatum animal triste ». La nouvelle disposition confère en revanche à la scène une bien plus grande élévation de ton. Au moment même où commence à s'accomplir son destin, Faust, dans un « éclair de conscience », perçoit nettement la réalité qui l'attend : Marguerite vivait paisiblement dans le « vague et l'innocence de ses pensées », telle une enfant ; et Faust, avec la véhémence effrénée de sa passion, est en train de l'entraîner vers l'abîme. C'est pourquoi il voudrait fuir. Mais nul ne peut se fuir soi-même. La scène est cependant comme un soudain et lumineux jaillissement qui se reflète en profondeur sur les scènes suivantes. Tout au long de l'épisode, les termes mêmes de la tragédie sont comme déplacés : ce n'est plus Faust, force impulsive, inépuisable, douloureusement lancée vers son salut, qui se trouve placé au centre du drame, mais Marguerite. Voici en effet la scène de Marguerite au rouet (« La Chambre de Gretchen » [Gretchens Stube]) : elle est seule dans sa chambre, Faust est loin ; mais elle ne voit, ne pense et n'attend que lui. Le rouet tourne et elle chante mélancoliquement la paix perdue et l'angoisse étreignant son cœur. Même dans la scène qui suit, dans le « Jardin de Marthe » [Marthens Garten] – scène dite de la « profession de foi » –, c'est Marguerite qui donne le ton au dialogue. Faust a beau se lancer dans un hymne panthéiste d'une exceptionnelle élévation, c'est elle qui, par sa candeur et son humilité, résistant aux ivresses extatiques, donne au dialogue son tour proprement religieux. Mais Faust porte en lui-même « son Méphistophélès » et plus Marguerite grandit à ses yeux en grâce et en pureté, plus l'ardeur de son désir s'accroît. Aussi, en conclusion de ses élans mystiques – de sa « hohe Intuition » –, au moment des adieux, il tend à Marguerite un flacon de somnifère destiné à la mère de celle-ci, afin que nul empêchement ne fasse obstacle à leur rendez-vous. Ivre d'amour, Marguerite est désormais sans résistance, sans volonté. Elle « tombe ». Et avec sa chute, l'action soudain se précipite.

Tant que leur amour avait figure de pur bonheur ou de tourment intérieur, Faust et Marguerite avaient vécu l'un pour l'autre, « hors du monde ». Mais dès l'instant où il est entré dans le monde irrémédiable de la réalité, cette dernière impose inexorablement sa loi. Un triptyque suggestif, avec ses trois décors de petite ville médiévale pour fond, nous montre Marguerite dans sa nouvelle condition de fille perdue. Dans le premier tableau, réaliste, mais tout en touches vives et en tons légers, Marguerite bavarde (« Près de la fontaine »), avec son amie Lisette : elles parlent de la petite Barbe, « qui en est arrivée là », elle aussi, malgré tous ses grands airs, et qui maintenant devra payer sa faute. Et Marguerite fait un triste retour sur elle-même. Dans le deuxième tableau, la scène se déroule dans le terrain vague qui s'étend entre les dernières maisons et les remparts de la ville. Marguerite prie devant l'effigie d'une madone placée dans une niche. Son invocation s'élève sur le motif du *Stabat Mater* (*), puis le rythme s'amplifie, douloureux, angoissé, s'achevant dans un cri : « Secours-moi ! Sauve-moi de la honte et de la mort ! », avant de retrouver le ton initial. Le troisième tableau est un « Nocturne » [Nacht] dramatique et pittoresque (« Une rue devant la porte de Marguerite ») : Valentin, plongé dans de sombres pensées, tourmenté par le déshonneur de Marguerite, se tient devant la porte de sa sœur. Surviennent Faust et Méphistophélès, qui entonnent une chanson obscène. Valentin tire alors son épée, mais tombe, touché à mort. On accourt. Marguerite s'approche. Avant de mourir, Valentin lui crie sa honte et sa malédiction. Toutes les forces du Mal semblent ainsi s'acharner sur l'enfant déchue. Toutefois, il ne s'agit encore que d'injures et d'outrages. La tragédie n'atteindra son apogée qu'avec la scène suivante, dans le « Dôme » [Dom]. Dans l'*Urfaust*, la scène était rattachée aux obsèques de la mère de Marguerite, morte pour avoir bu le somnifère. Dans le texte définitif, la scène suit la mort de Valentin, sans que rien n'indique qu'il s'agit de ses funérailles. Goethe a fort justement supprimé toute allusion à des faits concrets, laissant prédominer l'« événement intérieur » : la révélation du mal à une conscience humaine. Le *Dies irae* (*), avec son accompagnement d'orgue, déverse son implacable condamnation, ses images et ses rimes obsédantes, sur la pauvre pécheresse anéantie, tandis que les paroles du Chœur sacré tonnent au-dessus de sa tête avec des accents de « sentence éternelle ». Pour Marguerite, tout semble s'écrouler ; les forces lui manquent ; elle perd connaissance. Parmi toutes les transpositions artistiques inspirées du *Dies irae*, en particulier à l'époque moderne, nulle n'atteint à tant d'humanité et d'élémentaire puissance. Afin de ménager une pause après une si haute et si profonde tension dramatique, le poète a fait succéder à cette scène la « Nuit de Valpurgis » [Walpurgisnacht]. Il était d'autre part nécessaire de replonger Méphistophélès dans sa propre atmosphère. La « Nuit de Valpurgis » nous montre justement Méphistophélès dans son royaume, sur le Blocksberg, au milieu des démons et des sorcières en folie, au cours de la nuit du 1er mai, hallucinante de luxure. À l'origine, selon un vieux projet, Faust devait aussi s'y « déchaîner » et se livrer à la bassesse des sens ; mais, de cette obscène frénésie, il ne reste que les ébauches et les fragments insérés dans les « Paralipomènes ». Seul, dans la rédaction actuelle, Méphistophélès prend part au spectacle et s'y divertit. On pourrait y ajouter Goethe lui-même qui, profitant de l'aubaine, ne manque pas d'asséner les coups les plus divers à ses ennemis et adversaires. Non content d'avoir fait passer à l'immortalité Nicolaï le rationaliste borné (« Proktophantasmist ») en train de soigner sa berlue en s'appliquant une sangsue sur la fesse, il insère dans la fête un « Intermède » (cf : « Songe d'une Nuit de Sabbat » [Walpurgisnachtstraum], ainsi que les « Noces d'Obéron et de Titania » et un « cortège-ballet » où chacun de ses adversaires se trouve pris à partie. Quoi qu'il en soit, Faust participe très peu à la « nuit ensorcelée » : il se sent trop étranger. À un moment donné, il voit surgir devant lui l'apparition d'une adolescente « aux yeux de morte », « qu'une main chérie n'a point fermés » — Marguerite !

Le choc est trop violent. Faust en est comme obsédé. Et le déroulement fatal du drame reprend du même coup. Deux courtes scènes : « Jour sombre. Un champ » [Trüber Tag. Feld] — dans laquelle Faust se déchaîne contre Méphistophélès, dans une prose si paroxystique que Goethe renonça à la versifier ; et « La nuit, en rase campagne » [Nacht. Offenes Feld] — avec la vision fulgurante de Faust et Méphistophélès emportés au galop sauvage de leurs noirs coursiers, passant devant un gibet entouré de sorcières. C'est le gibet où Marguerite, condamnée pour infanticide, est sur le point d'être exécutée. La catastrophe s'accomplit avec la scène suivante : « Un cachot » [Kerker]. Dans la prose de l'*Urfaust*, le langage était si « disloqué par l'émotion », qu'il ne pouvait demeurer tel dans la poésie du *Faust* définitif : la transcription en vers est plus « diluée », plus fluide. Mais le ton tragique et déchirant a été conservé. La grotesque berceuse : « Ma mère, la catin / Elle m'a tué ; / Mon père, le coquin, / Il m'a mangé » est atroce. Certains mots sont impensables dans la bouche de Marguerite. Son effondrement intérieur est si vaste qu'il n'en émerge que des images désagrégées, dans un climat de cauchemar : visions qui passent et repassent, laissant Marguerite indifférente à la prison, à la réalité. Elle ne reconnaît même pas Faust lorsqu'il vient se jeter à ses pieds. Ce n'est que lorsqu'il l'appelle, désespérément, avec l'accent passionné d'autrefois, du temps de leur amour, qu'elle s'éveille et lui tend les bras. Son amour est demeuré au fond d'elle-même la seule réalité vivante, éternelle et immuable. En vain, il tentera de l'emmener avec lui : elle ne parle que de son expiation et de sa mort. Voyant apparaître Méphistophélès, elle le repousse avec horreur, implorant l'assistance de Dieu. « Elle est jugée ! » s'écrie Méphistophélès ; « Elle est sauvée ! » proclame une voix d'en haut. Et cette annonce retentit comme une libération.

En réalité, si on a trop souvent identifié le drame de Faust à l'épisode de Marguerite, la perspective est fausse, mais le malentendu n'est pas sans raisons. Certes, il ne s'agit là que d'un épisode. Mais quel épisode ! Tous les grands problèmes s'y trouvent posés : l'amour, la morale et la religion. Lorsque Faust quitte la prison en compagnie de Méphistophélès, encore poursuivi par le cri d'amour et d'admonition lancé par Marguerite, ce n'est plus seulement un homme qui sort vaincu d'une terrible épreuve, mais l'homme derrière qui se ferme irrévocablement tout un monde, dont il a épuisé en lui-même, jusqu'à s'y consumer, tout le bien et tout le mal, toute la joie et toute l'amertume. Et quand il « renaîtra » – dans la « Deuxième partie » du drame –, un nouveau monde poétique s'ouvrira en même temps autour de lui, conditionnant et marquant ses nouvelles expériences.

La césure entre les deux « Parties » est si profonde qu'elle ne pouvait être possible sans préjudices pour la solidité interne de l'œuvre que dans la structure libre et mobile du *Faust*. Il ne s'agit pas seulement du fait qu'à la « jouissance de la vie, vue du dehors » – comme le dit Goethe dans une ébauche de 1800 – soit substituée la joie « d'une vie active qui se tourne vers le monde extérieur », et à la « passion dans une atmosphère encore étouffante », la « jouissance consciente » et la possession de la beauté. Tout cela a permis à Goethe de développer des thèmes riches et nouveaux : mais c'est en fait le ton même de l'inspiration qui s'est complètement transformé. Alors que, dans la « Première partie », la vie était saisie dans son immédiate réalité ou dans un monde de magie qui la prolonge, dans la « Deuxième partie », elle est vue et revécue constamment dans ses « reflets colorés » [Am farbigen Abglanz, haben wir das Leben] – telle qu'elle se présente sur le plan de la pensée, dans le détachement et la clarté de la conscience. Aussi, l'ensemble de la composition est-il empreint de cette « calme luminosité spirituelle » qui est le propre du « vieux Goethe ». Deux conséquences importantes en découlent quant à l'orientation nouvelle du drame. Avant tout, la rapidité des raccourcis et les synthèses de la pensée permirent un renversement radical des positions : le monde entier n'était plus exclusivement fonction de l'expérience intérieure de Faust ; celui-ci prenait simplement sa place dans le monde, en tant qu'individu, fût-il représentatif. Lorsqu'il s'attaqua à sa nouvelle œuvre, Goethe, qui avait presque quatre-vingts ans, avait derrière lui une existence enrichie de multiples expériences, à tel point qu'à distance, elle peut sembler quasi légendaire. Il avait tout « été » dans sa vie : ennemi de toute contrainte, maître de Cour et de cérémonies, ministre et directeur de théâtre, surintendant à l'université et chorégraphe, restaurateur de palais, constructeur de routes, architecte, paysagiste, anatomiste, physicien, géologue, etc. Il avait vu s'effondrer autour de lui, empires, régimes, structures sociales, et assisté à de grandioses bouleversements dans tous les domaines : la politique, la philosophie, l'art et la poésie, réagissant à chaque événement et précisant toujours plus sa pensée, s'assurant une culture extrêmement étendue, dans l'espace et dans le temps, mais demeurant toujours lui-même, « naturel », allant de jeunesse en jeunesse, de renaissance en renaissance, inépuisablement. Cette multiplicité d'expériences, resurgissant en lui, se mua en poésie. Maître absolu de toutes les formes poétiques, antiques et modernes, classiques et romantiques, évoluant dans le « domaine de la parole » comme dans son propre élément, il n'eut qu'à donner libre cours à son jaillissement intérieur, passant de l'effusion lyrique au ton de l'élégie et de l'épigramme, de la sagesse à l'ironie. Dans ces conditions, et c'est la deuxième conséquence du changement de ton, il était inévitable que le déroulement de l'action ne puisse désormais consister – comme dans la « Première partie » – en une succession fragmentaire de moments singuliers, chacun d'eux ayant pour Faust la valeur d'une révélation d'un aspect de la vie. Toute perspective naturaliste devait être abandonnée. Le rapport entre Faust et le monde qui l'entourait était maintenant d'ordre essentiellement symbolique et telle devait être sa représentation. Goethe lui-même a particulièrement insisté sur ce point dans la belle scène « Paysage charmant » [Anmutige Gegend] sur laquelle s'ouvre la « Deuxième partie ».

Transporté par Méphistophélès à travers l'espace, Faust gît, « étendu sur l'herbe fleurie, las, inquiet et cherchant le sommeil » : c'est là le seul détail qui rappelle la terrible crise qu'il a traversée. La guérison se produit, comme toujours chez Goethe, par le contact avec la nature ; mais les forces de la nature sont exprimées, au-dessus de Faust, par le chant d'Ariel et l'action diligente des Elfes. La guérison est un « don ». Faust ne fait pas que guérir, il « renaît ». Ainsi rendu à lui-même, il va se remettre en route, selon sa loi qui est de « tendre à tout ce qui est de plus haut » [Zum höchsten Dasein immerfort zu streben]. Mais, dans la nouvelle perspective de l'œuvre, ce voyage ne se déroule plus dans le royaume de l'inconnu et de l'imprévisible. Le poète, qui le retrace, l'a déjà effectué dans sa propre conscience et le restitue en de larges vues d'ensemble, par synthèses. L'ascension de Faust va s'accomplir en quatre étapes symboliques seulement. La première, c'est le « grand monde ». Pour la première fois dans le déroulement du poème, Faust se trouve placé face au problème de la société, de l'État. Le voilà soudain introduit parmi les hauts dignitaires, à la cour de l'empereur, là où se mêlent la puissance et l'autorité, le faste et la splendeur. Appelé à vingt-six ans auprès du duc Charles-Auguste, Goethe avait ainsi passé la moitié de son existence et « avait à soulager son cœur de bien des choses ». L'inspiration de l'ample cycle scénique est en effet extrêmement composite. Le fond en est gnomique et satirique avec une tendance marquée à l'épigramme : bien des sentences qui s'y trouvent renfermées sont depuis devenues proverbiales — « geflügelte Worte ». Toutefois l'intonation n'est proprement satirique et burlesque que dans la première scène, au « Palais impérial » [Kaiserliche Pfalz], dans la « Salle du trône », où Méphistophélès conquiert d'un coup son prestige d'« Homme d'État » en indiquant les trésors « cachés au sein de la terre » comme caution impériale pour une émission de « papier-monnaie ». Puis d'autres motifs poétiques se succèdent, comme la grande « mascarade » [Mummenschanz], traitée dans le goût du xve siècle, s'inspirant des *Triomphes et chars décorés* de Grazzini, du *Triomphe de César* de Mantegna et du *Triomphe de Maximilien* de Dürer. Les éléments ironiques, lyriques et décoratifs s'y trouvent continuellement mêlés ; et le contrepoint qui les équilibre constitue le « mode d'expression » dominant de scène en scène et jusqu'à la fin de l'acte. Ce n'est qu'à un moment donné que le ton change d'un coup, brusquement, avec la scène « Galerie obscure » [Finstere Galerie] par un de ses coups de génie familiers, Goethe s'aventure dans une de ses plus fabuleuses inventions, la « descente de Faust chez les Mères ». Ce sont les déesses du mystère, des « origines », trônant hors de l'espace et du temps, les vivantes formes éternelles dans lesquelles se renouvelle l'existence de toutes les choses créées : la figuration poétique de ce qu'étaient pour Goethe, dans la science, les « Urphänomene ». On y atteint l'ultime limite où s'arrête le regard de Goethe sous peine de se perdre. Un « frisson sacré » accompagne l'inspiration. En revanche, voici Faust réapparaître, peu après, dans la « Salle des chevaliers » [Rittersaal]. Sur le trépied sacré qu'il a ramené du royaume du mystère, il suscite devant l'Empereur qui le lui a demandé, le fantôme d'Hélène. Mais pour les dames et les chevaliers, l'apparition d'Hélène et de Pâris n'est qu'un « divertissement mondain ». Seul Faust voit dans Hélène ce « qu'elle est » : le but suprême de la vie, la beauté idéale. Alors il tend les bras pour l'étreindre, mais l'apparition se dissipe. Le temple s'écroule tandis que retentit une forte explosion. Faust tombe, inanimé. Méphistophélès le prend sur ses épaules et disparaît avec lui.

La « Nuit de Valpurgis classique », qui fournit la matière du « deuxième acte », sera donc pour Faust la recherche d'une voie possible vers la possession d'Hélène. Mais c'est autre chose encore. C'est Faust devant les créations de la poésie, de l'art, du mythe, devant les valeurs de la culture. Aussi, avant de nous conduire vers le monde serein et mythique des Grecs, l'auteur nous ramène une nouvelle fois au point de départ du drame, dans ce « laboratoire », chambre gothique, étroite, à haute voûte, qui a vu Faust penché, des années durant, sur ses parchemins à la lumière d'une lampe fumeuse. Le problème n'est plus, comme alors, celui de la science, mais celui d'une vie plus haute et plus harmonieuse dans la « liberté esthétique » de l'esprit. Les termes toutefois sont analogues : d'un côté, l'intelligence et la doctrine ; de l'autre, la nature et la vie. Faust est à présent étendu sur sa couche, plongé dans un sommeil profond. Dans la pièce voisine, Wagner, devenu professeur à son tour, s'affaire à fabriquer « artificiellement, chimiquement » la vie. Elle est en train de se former, proche du « précipité » définitif, attendu depuis si longtemps. Le voici enfin : petit et gracieux dans son éprouvette limpide, l'« Homonculus » ! C'est l'« homme scientifique ». Il voit tout, il comprend tout, il sait tout. Mais il est incomplet. Il lui manque la plénitude de l'amour, car il est incapable d'aimer. Il doit prendre corps et devenir nature ; il doit encore, en un certain sens, naître, s'il veut réellement vivre. Lui aussi a donc besoin de se tremper dans l'« hellénisme », d'aller où la nature et l'esprit ne sont qu'une même réalité, une suprême harmonie. Et le jour anniversaire de la bataille qui, selon Goethe, signifia la fin de la liberté antique, dans la nuit du 9 août, les trois « navigateurs aériens », Homonculus en tête, arrivent dans la plaine de Pharsale. C'est alors que commence le « classique Sabbat ». L'élément poétique n'y est pas exclusivement lié, moins encore peut-être que dans les autres parties du *Faust*. Il est comme une émanation directe de l'âme du poète, une fête de l'esprit que le poète se donne. Les suprêmes divinités, Jupiter, Apollon, Aphrodite, en sont absentes, car trop idéales, trop éloignées dans leur « Olympe », de ce qui se rattache encore à la nature. Mais, entre mont et plaine, entre terre et mer, dans la splendeur de la nuit illuminée, toutes les autres « créatures du mythe » nées de l'imagination des Anciens — et énumérées dans le *Mythologisches Lexicon* de Hederich — participent à l'enchantement. Comment parmi tant de Sphinx et de Sirènes, de Nymphes et de Néréides, de Griffons et de Tritons, les trois « hôtes nordiques » ne seraient-ils pas dépaysés ? Après avoir été berné par les Lamies, Méphistophélès, pour se sauver dans le « monde d'Hélène », finit par adopter l'aspect des horribles Phorkyades, avec une seule dent et un seul œil. Faust, tout à la pensée d'Hélène, écoute les sages conseils du centaure Chiron qui le porte en croupe, puis il descend avec Mantus aux régions de l'Hadès et ne reparaît plus. Le seul dont la brève existence se confond totalement avec la nuit enchantée est Homonculus. Son aspiration à « devenir nature » l'a poussé vers la mer. Vient à passer Galatée : l'espace d'un instant, d'un regard — entre père et fille — et le poème, traversé d'une ivresse panique, atteint son apogée. Éros domine la nuit magique : dans son éprouvette, Homonculus s'élève, resplendit, se brise, la mer s'embrase comme d'une flamme. Homonculus est devenu « nature », de la façon la plus haute, au-delà de l'existence individuelle, en se dissolvant en lumière dans l'unité du « Tout ». Le climat lyrique du final de la « Nuit de Valpurgis classique » atteint de tels sommets, que lorsque Hélène aborde sur la grève de Sparte, à l'acte suivant, cela nous paraît tout naturel.

Tel qu'il se présente, le début du troisième acte se passe d'explications. En revanche, l'ensemble de l'épisode, dans son déroulement, laisse parfois planer quelques incertitudes. Idéologiquement, il constitue sans aucun doute le sommet et l'axe de toute la « Deuxième partie ». Professeur de la beauté absolue, Faust atteint à un plan de spiritualité supérieure, où la vie est une pure harmonie de sentiments conscients et de tranquille liberté intérieure. Mais de ce fait précisément, Hélène n'est plus seulement une « création poétique », mais aussi un symbole. D'autres allégories viennent encore s'y ajouter. Hélène est la beauté antique, Faust l'âme moderne : leurs noces sont l'union du classicisme et du romantisme ; Euphorion, qui en est issu, représente, selon Goethe lui-même, la « poésie », mais, et c'est le texte qui l'affirme dans la trénodie du chœur, il est aussi Byron ! Ainsi les idées se trouvent étroitement imbriquées et le style s'en ressent inévitablement. La première scène, avec l'arrivée d'Hélène « devant le palais de Ménélas à Sparte » [Vor dem Palaste des Menelas zu Sparta] adopte la sobriété et la sévérité de lignes d'un drame antique avec chœurs ; la deuxième scène, « dans la cour intérieure du château » [Innerer Burghof], offre au contraire une allure plus libre et plus animée, sous l'effet immédiat des événements ; la troisième scène, avec la brève existence et la mort d'Euphorion, est un « envol de musiques » et, disait Goethe, ne doit pas « être lue, mais chantée ». Il y a là, sans conteste, une souveraine virtuosité formelle, mais aussi un schématisme qui peut donner une impression, moins de poésie, que de « très haute littérature ». Mais Goethe demeure toujours égal à lui-même, et quelle que soit l'architecture idéale qu'il a jugé opportun d'adopter pour soutenir sa composition, son imagination retrouve toujours, à sa façon et sans efforts, son essor et sa liberté. Au reste, si ces « noces littéraires » sont d'un intérêt poétique assez médiocre, les angoisses éprouvées par un père et une mère devant les dangers que court leur enfant, atteignent en revanche, dans la scène d'Euphorion, des accents humains d'une émouvante simplicité.

L'acte quatrième et les premières scènes du dernier acte constituent proprement, dans l'action intérieure de Faust, un cycle unique. Faust, ayant atteint sa maturité et pleinement conscient de lui-même avec la possession d'Hélène, trouve enfin dans l'activité pratique l'accomplissement de son existence, s'insérant en tant que force concrète et créatrice dans la réalité de la vie. « Vivre sur une terre libre au sein d'un peuple libre ! » [Auf freiem Grund mit freiem Volke stehn !], tel est le sens et le but de sa vie. Aussi Faust arrachera-t-il à la mer un lambeau de terre et le rendra fertile pour le bien des hommes. Le quatrième acte aura essentiellement pour but de donner à Faust les moyens de se distinguer et d'obtenir de l'empereur la concession de ce territoire. Ce caractère « préparatoire » a fait de cette partie la plus faible de tout le poème. Elle débute en « haute montagne », dans un décor d'enfer dantesque, où Faust a été déposé par le nuage en qui s'étaient mués les vêtements d'Hélène retournée dans le séjour des ombres : une fois de plus, Faust se retrouve dans la solitude de la nature ; un instant, l'image de Marguerite réapparaît. Le reste de l'acte voit se dérouler une bataille entre l'empereur et des rebelles : Méphistophélès et Faust sont, bien entendu, de son côté, et l'empereur, victorieux, concède le territoire demandé. Le ton est essentiellement satirique et les trouvailles géniales ne manquent pas. Toutefois, le drame ne parvient que rarement à s'animer. Goethe lui-même n'en était pas satisfait et s'en préoccupa longtemps, pendant toute une année, en 1831. Mais avec les trois scènes de l'acte suivant, lorsque Faust se met aussitôt au travail, d'emblée l'inspiration s'élève. L'idylle entre Philémon et Baucis (« Contrée ouverte ») retrace la vie simple, sentie en tant qu'éternité : les temps changent, les circonstances changent, mais les âmes ignorent l'angoisse des incertitudes, car les âmes ne changent pas. C'est pourquoi les deux vieillards refuseront lorsque Faust leur offrira une ferme opulente à la place de leur pauvre chaumière. Et Méphistophélès lui-même ne parviendra pas à les plier quand Faust l'envoie sur les lieux pour les faire déloger de force. Ils mourront plutôt dans leur chaumière incendiée. Une fois de plus, les « faits ont dépassé les intentions » et Faust, involontairement, porte sur lui le poids d'une faute. Le « moment de bonheur » s'est à nouveau abîmé dans sa propre négation. La fin dernière est proche. Le rythme du poème s'accélère. Shakespearienne et stupéfiante, telle est la scène des « Quatre femmes en gris » qui entrent sur le minuit dans la chambre de Faust : elles se nomment « der Mangel » (Pauvreté), « die Schuld » (Dette), « die Sorge » (Souci) et « die Not » (Détresse). Elles relèvent des forces destructrices de la vie. Leur frère s'appelle « der Tod » (La Mort). Trois d'entre elles disparaissent et seul le Souci reparaît devant Faust. Mais, comme il se refuse à reconnaître sa puissance, elle l'aveugle en lui soufflant au visage. C'est alors pourtant qu'il remporte réellement sa victoire (« En moi, au fond de moi-même, une vive lumière resplendit ») : son œuvre s'accomplira quand même ! La trace terrestre de ses jours ne se perdra pas dans les temps des temps. Faust, désormais, s'apprête à rendre son âme. L'heure sonne. Méphistophélès sonne le rappel de ses « diables gras » et de ses « diables maigres », afin de s'assurer de l'âme de Faust.

Mais lui-même se perd dans la contemplation — avec de méphistophéliques désirs — des « anges en robe », descendant du ciel à la rencontre de l'âme de Faust. Alors les anges, emportant l'âme avec eux, lentement s'élèvent de sphère en sphère, parmi les chœurs des bienheureux : « Celui qui s'efforce toujours et cherche dans la peine, nous pouvons le sauver ! » Au pied du trône de la « Mater Gloriosa » se tient celle qui fut Marguerite et qui implore à présent pour son amant revenu et purifié. Et Marguerite, suivie de l'âme de Faust, s'élève alors au plus haut des Cieux, tandis que résonnent autour d'eux les accents du « Chorus mysticus ».

Pendant plus d'un siècle, on a lancé des critiques acharnées contre cette conclusion du poème. On a voulu accuser Goethe d'avoir donné à un « drame protestant » une « solution catholique », comme si le problème « catholicisme-protestantisme » était placé à la base de l'œuvre ! On a affirmé que la notion d'amour est absente du dialogue entre le Seigneur et Méphistophélès au cours du « Prologue dans le ciel » et, partant, demeure étranger au déroulement du drame : comme si dans un drame, il ne devait y avoir aucune distance entre le point de départ et le point d'arrivée ; et que tout « dépassement », dans le « drame du bien et du mal », était impossible en dehors de la « rédemption dans l'amour ». Certains ont même pris ombrage du fait que Faust ait été représenté, fût-ce un instant et dans le temps de son ascension, aux pieds de la Vierge, comme s'il fallait en déduire pour autant une « féminisation » de l'inspiration, alors que dans un drame nourri d'une sentimentalité essentiellement chrétienne, la personnification de l'amour ne peut être que féminine et, en aucun cas, ne peut s'identifier à l'Éros grec. On a parlé aussi d'une influence manifeste de Dante, comme si cela avait impliqué pour Goethe l'obligation de se perdre dans un « monde désuet d'idées et de visions médiévales », alors qu'il n'a fait qu'user une fois de plus de son droit de puiser les éléments de son art où bon lui semblait. On a enfin relevé, d'un point de vue esthétique, que le drame s'achève sur un « final d'opéra » comme si la forme « lyrique-musicale » n'était pas précisément la « forme dramatique » répondant le mieux au goût du XVIIIe siècle et, jusqu'à un certain point à celui de l'époque romantique, si intimement associée au « Second Faust ». D'ailleurs, dans le final du drame, il ne s'agit même pas, à proprement parler, d'opéra, mais d'« oratorio » ; car, pour l'homme en prière, paroles et images ne sont que le retour et la répétition d'un même sentiment, d'imploration et d'extase. Goethe écrivit un jour : « Avant de me juger, essayez de me comprendre. Demandez-vous pourquoi j'en ai voulu ainsi. » Avec *Faust*, il couronnait un ensemble d'œuvres qui demeurent, selon les termes de Baudelaire, « le plus beau témoignage que nous puissions donner de notre dignité ».

Le *Faust* de Goethe (Ire Partie) a été traduit en français par Gérard de Nerval (1808-1855). C'est de cette traduction célèbre que Goethe a dit : « Il me vient de singulières idées à l'esprit, quand je pense que ce livre garde encore sa valeur dans une langue par laquelle Voltaire a régné en maître » ; et Eckermann, qui nous a rapporté les paroles du maître de Weimar, ajoute, le dimanche 3 janvier 1830 — v. *Conversations de Goethe avec Eckermann* (*) : « Quant à la traduction de Gérard, quoique la plus grande partie soit en prose, elle fut l'objet de compliments de Goethe qui la jugea fort réussie. Je ne puis lire *Faust* en allemand, dit-il, mais dans cette version française, tout reprend sa fraîcheur, sa nouveauté, son esprit. » — Trad. intégrale Aubier-Montaigne, 1932 ; Flammarion, 1984.

★ Après que Goethe eut composé le fragment *Urfaust* (v. plus haut), Friedrich Müller (1749-1825), connu par ailleurs sous le nom de Maler (« Le Peintre Müller ») du fait de son activité artistique, écrivit un *Faust* qui fut publié en partie en 1776, sous le titre *Situation sur la vie de Faust* [*Situation aus Faust's Leben*], en partie en 1778 sous le titre *Vie de Faust* [*Faust's Leben*], mais il ne fut jamais achevé et demeura sous forme de fragment dramatique. À mi-chemin entre le Faust intellectuel de Lessing et celui proprement humain de Goethe, le Faust de Müller est essentiellement sensuel, sans désir d'évasions ni tourments philosophiques : s'il vend son âme à Méphisto, c'est pour récupérer son patrimoine perdu et jouir à nouveau de la vie. Douze années lui sont octroyées pour résilier le pacte ou se damner définitivement. Quand, riche et puissant, il s'éprend de la reine d'Aragon et se trouve sur le point de lui déclarer son amour, l'heure fatale arrive. Les scènes qui nous restent représentent en effet ce moment culminant. L'œuvre ne manque pas d'envolées poétiques, mais dans l'ensemble, le personnage de Faust est inconsistant. Müller, peintre étrange de démons et auteur d'idylles suggestives, était trop impulsif et désordonné de tempérament pour parvenir à détacher de lui-même la figure de son héros de façon à la dominer : aussi le titan rêvé est-il demeuré à l'état d'embryon poétique.

★ *Vie, exploits et descente aux Enfers de Faust* [*Fausts Leben, Thaten und Höllenfahrt*], roman philosophique de l'écrivain allemand Friedrich Klinger (1752-1831), fut publié en 1791 à Saint-Pétersbourg où il était lecteur du grand-duc Paul. L'auteur, lui-même, dans une lettre à Goethe de 1814, explique comment son « inquiétude intérieure » l'incita à s'aventurer à travers les maux régnant sur le monde politique et moral où, à l'encontre des aspirations de son âme, il se voyait contraint de vivre. Au départ, le *Faust* de Klinger est traditionnellement philosophe et magicien, mais, en outre, inventeur de l'imprimerie et père de famille sans ressources. Déçu dans son illusion quant aux conséquences de son invention, dans laquelle il voyait une source de bonheur pour l'humanité et de bien-être pour sa famille, Faust en arrive à invoquer le Diable, qui le persuade que son invention constitue le meilleur instrument de damnation humaine. Faust demande alors au démon de lui dévoiler le fond de l'homme. Guidé par Léviathan, que Satan lui donne pour guide, il effectue une rapide randonnée à travers les villes et les nations de l'Europe, perdant ainsi ses dernières illusions sur les institutions humaines. Lui-même, entré dans le monde des puissants, s'y corrompt. De retour de son voyage, désormais averti et dégoûté de ses semblables, il croit pouvoir retrouver la paix dans son modeste logis d'antan. Mais il doit encore payer les conséquences tragiques de ses fautes : son propre fils est condamné, sa famille ruinée. Au comble du désespoir, rejetant toute foi, Faust, livré au démon, est conduit en enfer où il se voit condamné au doute éternel. Le roman constitue presque un commentaire de l'*Émile* (*) de Rousseau, les personnages dénonçant, en toute occasion, le contraste entre la pureté des aspirations naturelles et les influences nocives de la société. N'y manquent pas les allusions aux Allemands de son temps, soumis aux exactions des petits princes tyranniques, dénués du sens de la « liberté et des droits de l'homme » au nom desquels on se battait déjà en Europe. Si le *Faust* de Klinger est autobiographique, comme l'est, en un certain sens, celui de Goethe, c'est avant tout le portrait d'une âme tourmentée, enfermée dans sa solitude, incapable d'atteindre à sa purification. — Trad. Actes Sud, 1988.

★ *Faust,* scène du poète russe Alexandre Pouchkine (1799-1837), écrite en 1826, est à retenir pour un dialogue entre le protagoniste et Méphistophélès, empreint d'un ennui « fin de siècle » et offrant des accents plus proches de Byron que de Goethe.

★ Dans sa tragédie en vers, *Don Juan et Faust* — v. *Don Juan* (*) —, publiée en 1829, l'Allemand Christian Dietrich Grabbe (1803-1836) oppose le nordique Faust au méditerranéen don Juan, tous deux assoiffés de vie jusqu'au délire et perdus dans leur propre drame.

★ La dernière reprise de la légende dans la période romantique est le *Faust* du poète allemand Nicolas Lenau (1802-1850). Ce poème, conçu dès les années de jeunesse et commencé en 1834, fut en partie publié dans le premier volume de l'*Almanach printanier* en 1835 ; achevé en 1836, il parut en édition définitive, complétée et revue, en 1840. En 1833, rentrant dans sa patrie après les amères déceptions de son aventure américaine, Lenau avait retrouvé une Allemagne littéraire encore sous l'impression de la deuxième partie du *Faust* de Goethe, qui venait d'être publiée. Rien ne devait s'opposer davantage à son propre pessimisme que la foi sereine en la vie dans laquelle le *Faust* goethéen trouve la voie de sa rédemption. Aussi voulut-il lui opposer un poème personnel, où il aurait pu déverser ses amertumes et son désespoir. C'est à l'enfer et non au paradis que Faust devait aller, « expression du nouvel esprit de l'époque », le poème devait assumer une signification « psychologique et métaphysique ». La tentation de son Faust est en effet le doute religieux, entendu dans le sens byronien de « péché d'orgueil ». Prétendant atteindre à la vérité à travers le mal, il se livre au démon, qui lui fait vivre une série d'aventures sentimentales et sensuelles, le poussant jusqu'au crime. Tour à tour prisonnier du remords et du plaisir, Faust perd de vue son but : la recherche de la vérité, qu'il ne retrouvera que dans les dernières scènes, sous la forme d'une aspiration à un parfait athéisme. Mais c'est en vain qu'il tente d'échapper au doute : plus il niera Dieu et voudra le fuir, plus il se sentira lié à lui en tant que créature. Son angoisse ne fait que croître : en arrivant même à douter de sa propre réalité, il n'aura d'autre solution à son tourment que le suicide, se livrant ainsi totalement au démon et se condamnant sans rémission à l'enfer. Dans l'ensemble, la figure de Faust manque de netteté, hésitant perpétuellement entre un amer scepticisme et un panthéisme à la Spinoza. En revanche, dans certaines scènes, comme le « Cortège nocturne » et la « Tempête », l'œuvre atteint à des accents de haute poésie, à l'égal des meilleures productions poétiques de l'auteur. — Trad. Aubier-Montaigne, 1971.

★ Paul Valéry (1871-1945) devait s'intéresser, sur la fin de sa vie, à la grandiose figure de Faust. En 1941 parurent les cent vingt-trois exemplaires des *Études pour « Mon Faust »*, en 1945 *« Mon Faust (Ébauches)* et en 1946 l'édition courante de *Mon Faust.* Sous ce titre, l'auteur a groupé deux pièces inachevées : *Lust ou la Demoiselle de cristal*, comédie en trois actes (au lieu de quatre prévus) ainsi qu'une « féerie dramatique : *Le Solitaire* ou *Les Malédictions d'Univers*, en deux actes (au lieu de trois). Mais s'agit-il exactement de pièces ? Dans sa Préface, l'auteur paraît en douter lui-même. Du reste, peu lui importe. Ce qu'il veut, c'est donner corps à un dialogue intérieur sur le thème de Faust en utilisant tous les genres scéniques : « drames, comédies, tragédies, féeries selon l'occasion ». En somme, une œuvre qui s'apparenterait non par son esprit, mais par son ampleur de conception et sa variété de genre, au *Faust* de Goethe. Mais, toujours dans sa Préface, Valéry prétend qu'une telle œuvre dont rêve l'artiste qui est en lui, ne dépassera jamais l'état d'« ébauche » dans lequel il la publie. Aussi n'est-elle, à ce titre, qu'une forme variée et fantaisiste de ces « pensées » libres ou de ces exercices intellectuels auxquels se complaît et excelle l'auteur de *Rhumbs* et de *Variété* (*). Il s'en-suit que l'esprit de *Mon Faust* est supérieur à sa forme et que son principal intérêt est d'introduire le lecteur dans les préoccupations intellectuelles de l'auteur (le dialogue de Faust et de Méphisto devant être regardé comme le dialogue de deux puissances caractéristiques de l'esprit). Le lecteur se méprendrait donc qui chercherait dans ce *Faust* une histoire propre à ravir son imagination comme à lui donner une émotion dramatique quelconque. Dans *Lust ou la Demoiselle de cristal*, on voit Faust entreprendre de dicter à sa secrétaire Lust (qui, en allemand, signifie envie, désir ou concupiscence) un livre important, moitié traité, moitié Mémoires, qui sera une somme de son existence et de sa pensée conjuguées. Faust attend de Lust que, par sa présence docile, transparente et « cristalline », elle favorise la production de ses pensées. Mais Lust a sa nature propre et elle est tentante... par nature. La concupiscence contrarie l'esprit. Méphistophélès, le complice et étrange ami de Faust, survient à point pour jouer de cette contradiction vieille comme le premier couple humain. Toutefois, s'il reste à Méphistophélès cette arme puissante, il n'en a pas moins perdu, comme Faust le lui apprend, son moyen de séduction proprement méphistophélique de pouvoir sur la nature. L'homme depuis les découvertes de la science moderne, et bien qu'il ne sache point ordonner ce pouvoir de connaître, en sait plus long que le diable classique sur la nature. On ne peut donc plus compter sur lui que pour les basses besognes. Et, de fait, on verra Méphisto tenter, par le truchement de trois démons ignobles, de séduire en songe un autre personnage de cette comédie, « le Disciple », jeune homme que la soif de connaître a conduit vers la maison de Faust et qui, dans ce repaire de démons, risque, au lieu d'y trouver l'Esprit, d'y perdre tout bonnement le sien. La pièce s'achève par la rencontre et la séparation symbolique de Lust et du Disciple.

Le Solitaire est une pièce brève et de signification métaphysique. Faust et Méphistophélès arrivent ensemble au sommet d'une haute montagne où réside le Solitaire. Méphistophélès, qui déjà se faisait traîner, ne peut se tenir à cette hauteur et Faust reste seul avec le Solitaire dont il surprend les vociférations épouvantables et géniales. Il constate, en conversant avec lui, que le Solitaire en sait plus long que personne sur la relation de l'esprit et du monde. Faust est captivé, il veut voir « la suite de ce fou ». Il se cache, mais le Solitaire, farouche, le surprend et le rejette à l'abîme. Au deuxième acte, Faust se trouve étendu sans connaissance, sur un riche tapis dans la grotte des Fées. C'est là qu'il est tombé. Les Fées, en s'appliquant à le séduire, finissent par le ranimer. La mémoire lui revient : une mémoire personnelle. Les Fées lui proposent leurs dons. Il aura les pouvoirs qu'il voudra. Faust n'est que médiocrement tenté. Il se dit « excédé d'être une créature ». L'acte s'achève sur un dialogue en vers dont voici la dernière réplique : « Ton premier mot fut *Non* / Qui sera le dernier. » En résumé, *Mon Faust* n'est pas littérairement un des meilleurs ouvrages de Valéry. Certes, le dialogue ne manque pas d'esprit dans tous les sens du mot. Quelquefois même, cet esprit peut sembler facile. Les interventions des démons manquent même de goût. Mais dans la pensée de Valéry, *Mon Faust* marque une étape importante : Valéry y pousse le négativisme jusque dans le domaine de l'expression et des créations verbales dont il avait jusqu'alors fait son refuge. « Faut-il te remontrer, dit le Solitaire à Faust, que tout ouvrage de l'esprit n'est qu'une excrétion par qui il se délivre à sa manière de ses excès d'orgueil, de convoitise ou d'ennui. » Et Faust dira aux Fées que « le véritable vrai n'est jamais qu'ineffable ».

★ Le chef-d'œuvre goethéen suscita, tout au long du XIXe siècle, de nombreuses transcriptions musicales. Une des premières fut le « Singspiel » *Doktor Faust* d'Ignaz Walter (1759-1822), à laquelle succéda la musique de scène d'Anton Heinrich Radziwill (1775-1833), publiée en 1835 mais en partie exécutée en 1810.

★ Le premier opéra inspiré de la légende est le *Faust* de Ludwig Spohr (1784-1859), représenté en 1816 à Prague. À partir de 1818, l'œuvre entra dans le répertoire des plus grands théâtres allemands, anglais et, surtout français, y figurant, pendant plus de trente ans, parmi les opéras classiques de l'école allemande, à côté de Weber, Kreutzer, Lortzing. La trame, agrémentée de nouveaux épisodes, étrangers à la légende traditionnelle, se développe à travers un livret médiocre qui en fausse le contenu, réduisant l'action à un enchaînement de faits quasi mécanique. Cet opéra est, musicalement, le meilleur de Spohr ; mais, emprisonnée dans un froid schématisme, l'expression est dénuée de la chaleur romantique animant les œuvres d'un Weber. On retiendra cependant quelques airs, comme le bref « Adagio » de l'orchestre avant l'entrée de Faust au deuxième acte et certains chœurs, d'une facture sensible et mesurée. Citons encore le menuet du premier acte et la « polonaise » du banquet nuptial, qui furent parmi les morceaux les plus célèbres durant les années où cet opéra fit fortune. Il manque cependant à tant de science constructive et tant de richesse technique dans l'instrumentation, la spontanéité et l'unité indispensables de l'inspiration. Ce qui justifie l'oubli dans lequel sont tombés, à l'instar du *Faust*, les autres opéras de Spohr.

★ On relève ensuite l'« ouverture » *Faust* de Peter Joseph von Lindpaiter (1791-1856) et l'opéra du même nom d'Augustin-Philippe de Peellaert (1743-1876), représenté à Bruxelles en 1834.

★ À retenir également les sept morceaux que composa Richard Wagner (1813-1883) en 1832 pour le *Faust* goethéen : on y retrouve la tendresse au thématisme orchestral et dramatique qui, après s'être affirmé plus nettement avec *Rienzi* (*), se manifeste également dans l'« ouverture » que Wagner composa pour le même *Faust* en 1839/40 et reprit en 1855.

★ Justement célèbre est *La Damnation de Faust*, légende dramatique en quatre parties du compositeur français Hector Berlioz (1803-1869). Une première partition, que Berlioz composa à vingt-cinq ans, après la lecture du premier *Faust* de Goethe, dans la traduction française de Gérard de Nerval (1808-1855), avait pour titre *Huit scènes de Faust* (chœurs populaires, chœurs pour la fête de Pâques, Sylphes, « chœur à six voix », chanson de Brander, chanson et sérénade de Méphisto, romance de Marguerite), écrites sur une adaptation du texte de Nerval, due en partie à Gandonnière et en partie à Berlioz lui-même. Sous ce titre et sous forme d'oratorio, l'œuvre, achevée en 1829, renferme déjà quelques-unes des plus belles pages de la partition ultérieure, écrite en partie au cours d'un voyage en Europe centrale et exécutée à l'Opéra-Comique de Paris, sous la direction du compositeur, devant une salle à moitié vide, le 6 décembre 1846 (Berlioz avait dû louer la salle pour six cent mille francs, celle du Conservatoire lui ayant été refusée). Adaptée pour la scène par Raoul Gunsbourg en 1893, elle fut représentée la même année à Monte-Carlo et, en 1902, à la Scala de Milan. Hector Berlioz fut de son vivant, et après sa mort, le maître le plus méconnu. On s'est plu à souligner le « manque d'homogénéité et l'indétermination » de son œuvre, tout en admettant l'excellence de l'orchestration, en raison du respect qu'impose l'auteur du *Grand Traité d'instrumentation* (*). En fait, *La Damnation de Faust* est empreinte d'une très nette originalité, comparable seulement, sous cet aspect, au *Boris Godounov* (*) de Moussorgski, dont elle a l'étourdissante diversité, le dynamisme impulsif, l'art d'accéder à la vérité dramatique et cet accent d'humanité qui s'y affirme au sein même du fantastique. Entre le *Faust* douceâtre de Gounod et le *Mefistofele* de Boito, respectueux des bonnes règles de composition, *La Damnation de Faust* se révèle comme l'œuvre d'un artiste ardent, rebelle et intensément romantique. Le début « Au vieil hiver succéda l'avril », la ronde des paysans et la marche hongroise du premier tableau :

la méditation désespérée de Faust (« Je souffre, je souffre ») ; le chœur de Pâques et l'apparition de Méphistophélès ; la chanson de la puce et la chanson du rat ; l'« Amen » ironiquement traité en fugue ; l'air « Sur ces roses » ; la danse des sylphes ; le chœur des étudiants ; la sérénade de Méphistophélès (« Maintenant, chantons à cette belle une chanson morale ») et le menuet des Follets ; le « Roi de Thulé » et le « lamento » de Marguerite ; l'air, la scène et la chasse dans le bois, la course à l'abîme, la ronde infernale, l'ascension enfin de Marguerite illustrant l'indéniable richesse de cette belle œuvre.

★ Remarquables également sont les *Scènes pour le Faust de Goethe* [*Szenen aus Goethes Faust*] pour soli, chœurs et orchestre du compositeur allemand Robert Schumann (1810-1856). À la différence de nombreux autres compositeurs qui s'inspirèrent du texte de Goethe, Schumann suit de près la pensée du poète. Comme il était impossible de mettre entièrement en musique un poème aussi vaste, le compositeur choisit les scènes qu'il estima les plus susceptibles d'un rapprochement harmonieux ; et si la cohérence du livret en souffre parfois, la construction musicale rétablit l'équilibre et l'homogénéité de l'action dramatique. En écrivant directement sur le texte de Goethe, Schumann s'interdisait, par ailleurs, toutes les libertés que les musiciens, de Berlioz à Gounod, prirent avec un sujet qui appartenait dès sa conception au patrimoine du monde. Voici la structure de ces scènes : « Ouverture », « Portrait de Faust ». Un thème énergique, mais désespéré, symbolise le désir insatiable, la fièvre de l'action, le découragement. Un thème féminin fugitif traverse ces vagues d'exaltation. D'ultimes accents annoncent la mort et la transfiguration du héros. « Première partie » : « Marguerite ». a) Le Jardin. Faust et Marguerite se disent leur amour. La tendresse des deux amants s'exprime par la fraîcheur exquise d'un duo que viennent finalement troubler Marthe et Méphisto ; b) Le repentir de Marguerite, qui implore devant la vierge le pardon de son péché. Cette scène assez brève est traitée comme un lied. Au milieu des sanglots de l'orchestre, le thème du jardin reparaît comme un souvenir douloureux ; c) Marguerite se réfugie dans la cathédrale ; un chant liturgique, un motif satanique s'opposent. Mais le « Dies Irae » étouffe les pleurs de Marguerite et les ricanements de Méphisto. Le « Judex ergo » met en fuite l'esprit du mal, Marguerite se repent, elle est sauvée. « Deuxième partie » : « Faust ». a) Harpes et violons évoquent la danse légère des sylphes qui bercent le sommeil de Faust étendu sur la pente d'un vallon fleuri. Ariel ordonne aux Esprits de peupler de rêves heureux le repos du dormeur. Mais le soleil disperse les Elfes. Faust s'éveille, enivré par la beauté du paysage, et chante un hymne de joie. Mais dans l'eau de la cascade, il voit l'insaisissable reflet de ses espérances déçues ; b) Des doubles croches rapides annoncent l'arrivée des quatre femmes grises : l'Indigence, la Nécessité, la Détresse et le Souci. Mais seul le Souci vient tourmenter le héros : « Toi, le souci, quelque grand ou insinuant que puisse être ton pouvoir, je me refuse à te reconnaître. » Une éclatante péroraison, couronnée par une sonnerie de trompettes, symbolise sa fière résolution. Le Souci l'a rendu aveugle, mais, seul, dans la nuit, il poursuivra la tâche qu'il s'est donnée ; c) Un thème funèbre annonce la mort prochaine de Faust. Les Lémures creusent déjà sa tombe sur un rythme saccadé. Mais lui, il entrevoit le bonheur idéal qu'il a toujours vainement poursuivi... Le chœur entonne un chant grave et solennel : « Minuit, l'horloge s'arrête, l'aiguille tombe, tout est consommé. » Une marche funèbre s'éloigne doucement dans la nuit. « Troisième partie » : « Apothéose de Faust ». a) Les Saints Anachorètes chantent la paix du royaume des cieux ; b) Accompagné par le violoncelle solo, le « Pater Extaticus » lance un grand cri mystique vers le Seigneur ; c) Le chœur des enfants bienheureux dialogue avec le « Pater Seraphicus » qui les instruit de leur destin ; d) L'âme de Faust portée par des anges est jugée ; un chœur fugué annonce la rédemption ; e) Harpes et bois portent jusqu'à la Reine des Cieux la prière du docteur Marianus qui lui demande d'accorder son appui au pécheur repenti ; f) Les chœurs, le trio des pécheresses, le docteur Marianus intercèdent encore. Faust est entraîné vers les sphères divines ; g) Deux chœurs à quatre voix expriment l'idée centrale de l'ouvrage : la rédemption par l'amour : « Ici les choses imparfaites s'accomplissent, l'ineffable est réalisé. » Composées entre 1844 et 1853, ces *Scènes* marquent un des sommets de la musique de Schumann.

★ Vint ensuite la *Faust-Symphonie* [*Eine Faust-Symphonie*], œuvre symphonique en trois parties pour orchestre, ténor et chœur masculin du compositeur hongrois Franz Liszt (1811-1886), composée en 1854-1857. Avec elle, l'auteur réalisait pleinement sa conception de musique à programme : il convient cependant, en ce qui concerne semblable qualification désignant une série de pièces musicales ayant entre elles un lien d'affinité, de préciser la différence de la conception de Liszt et celle d'un Berlioz. Le lien est beaucoup moins précis et détaillé chez Liszt que chez Berlioz ; et si ce dernier, avec la *Symphonie fantastique* (*) — dont Liszt fit une magistrale transcription pour piano — fraya la voie à Liszt dans la création de ses poèmes symphoniques, celle-ci fut parcourue par le maître hongrois d'une manière absolument personnelle et indépendante. Le poème constitue pour Liszt le motif inspirateur dont le musicien tire les conséquences selon des lois et des développements proprement musicaux : le programme a donc une importance et une fonction limitées. L'indication donnée par Berlioz a été interprétée et résolue par Liszt de la façon la plus logique et la plus musicale possible. C'est au Beethoven d'*Egmont* (*) que Liszt déclare lui-même se rattacher dans le développement musical de sa *Faust-Symphonie.* Dans une lettre à Lenz, il souligne en effet la hardiesse novatrice de l'*Egmont* et déclare voir dans cette composition, fût-ce à l'état latent, l'exemple d'une ample et libre conception musicale, susceptible d'un grand développement. Au lieu de se stériliser dans une complaisance décorative ou pittoresque, la « musique à programme » doit donc maintenir ses attaches avec la tradition classique. Avec sa *Faust-Symphonie*, Liszt entend remonter aux sources mêmes de la pensée de Goethe, afin de donner une synthèse musicale, lyrique et dramatique du poème. Les trois personnages, Faust, Méphistophélès et Marguerite donnent leur titre et leur caractère à chacune des trois parties de l'œuvre musicale. Faust est représenté par deux thèmes : le premier, ample et méditatif ; le second, énergique, symbolisant la résolution de Faust à l'action. La candeur de Marguerite est incarnée par un thème, confié au hautbois, qui se déroule avec infiniment de simplicité et de douceur. La troisième partie, contrastant efficacement avec l'atmosphère lyrique et émouvante de la deuxième, évoque la figure de Méphisto de façon magistrale : par la déformation, rythmique et mélodique, des thèmes se rapportant à Faust précédemment exposés. Dans le finale, Liszt utilise la voix humaine ; le chœur, après que se sont apaisés les tumultes orchestraux, entonne avec calme et sérénité la louange de l'éternel féminin et de ses vertus rédemptrices. L'œuvre, audacieuse et grandiose dans sa conception, renferme et réunit les côtés les plus saillants de la personnalité de Liszt, exubérante et complexe : elle ne comporte aucun des déséquilibres et des contrastes qui affaiblissent certaines pages de l'auteur. Liszt a réalisé une version alternative du finale, sans ténor ni chœur. Dans son ample déroulement, la *Faust-Symphonie* conserve ainsi un haut niveau expressif et une tension créatrice qui, intégrés dans une substantielle variété de langage harmonique et de sonorités, lui assurent une place de premier plan dans la musique du XIXe siècle.

★ C'est à Paris, en 1859, que fut représenté le *Faust*, drame lyrique en cinq actes, du compositeur français Charles Gounod (1818-1893) sur un livret de Paul-Jules Barbier (1825-1901) et Michel Carré (1819-1872) repris par la suite avec des récitatifs au lieu des dialogues parlés primitifs et l'addition d'un ballet en 1869. Gounod projetait depuis longtemps de mettre ce sujet en musique : pendant son séjour à Rome, en 1839, le *Faust* de Goethe était son livre de chevet. Il est vain de vouloir rechercher dans cet opéra qui, sous de nombreux aspects, marque une étape décisive dans l'histoire du théâtre musical français, une totale expression du contenu poétique et métaphysique du grand chef-d'œuvre allemand. Gounod s'est attaché à un seul des épisodes du poème, les amours de Faust et Marguerite, fidèle à son « inclination passionnée » qui lui révélait que l'amour est l'unique condition du bonheur humain. Si cette limitation à un seul sentiment fortement teinté de romantisme ne permit point une traduction musicale du poème de Goethe, elle n'en constitue pas pour autant une trahison. Sur ce plan, le jugement défavorable émis par certains contemporains du maître et certains modernes paraît injustifié : le *Faust* de Gounod n'est pas seulement le chef-d'œuvre du maître, mais une œuvre renouvelant proprement le drame lyrique antérieur. Par sa manière, si personnelle, de phraser le dialogue avec des périodes librement cadencées, mêlant étroitement paroles, mélodie et récitatif ; par son harmonisation fluide et presque toujours d'une élégance raffinée ; par sa liberté dans la coupe des pièces d'ensemble ; par la sobriété et la cohésion du chant et de l'orchestre, le second interrompant ou complétant tour à tour le premier, cette œuvre apportait un certain nombre d'innovations dans la musique de théâtre, qui furent depuis largement mises à contribution. Certes, quelques pages ont vieilli, d'autres sont insignifiantes (air de Siebel, chœur des soldats), mais les moments culminants n'en demeurent pas moins, défiant le temps et justifiant l'énorme succès de l'œuvre. Le chœur des paysannes et des paysans, au premier acte, qui remplace mal, selon Berlioz, le chant pascal de Goethe, n'est pas dénué de grâce et de fraîcheur. Au deuxième acte, après le choral, d'un caractère religieux bien senti, et après la célèbre valse, la phrase : « Ne permettrez-vous pas, ma belle demoiselle » est d'une exquise pureté linéaire. Le troisième acte renferme les airs les plus justement célèbres, comme la cavatine de Faust : « Salut, demeure chaste et pure », d'une délicieuse intimité ; la chanson du Roi de Thulé, précédée par le petit prélude, avec ses quintes obstinées suivies d'une neuvième, formant un accord étrange, plein de mystère, et par le récitatif : « Je voudrais bien savoir quel était ce jeune homme », sur une seule note, qu'accompagnent de changeantes harmonies ; le quatuor du jardin, si librement agencé ; l'admirable duo, qui débute par le beau motif de Faust : « Laisse-moi », d'une grande pureté de ligne, et s'achève sur l'ardente invocation : « Ô nuit d'amour » ; enfin, le chant de Marguerite à la fenêtre, lorsque au chant extatique du soprano viennent s'unir symphoniquement toutes les voix de l'orchestre (rare exemple dans l'opéra français). Dans le quatrième acte, on retiendra l'air de Marguerite au rouet : « Il ne revient pas » ; la scène de l'église enfin où les chants religieux, le son de l'orgue, s'opposent aux imprécations de Méphistophélès et aux gémissements de Marguerite repentie. Le cinquième acte devrait renfermer la Nuit de Valpurgis, qui est souvent supprimée, bien qu'elle offre un chant bachique approprié à la situation. En général, l'acte débute avec la scène de la prison, précédée par un prélude trop long, basé sur un solo de clarinette, se poursuit avec un duo où apparaissent des réminiscences des thèmes précédents, et s'achève « Anges purs, Anges radieux » sur un trio et un chœur religieux d'un effet particulièrement théâtral.

★ Digne d'attention est l'opéra bouffe en trois actes et quinze tableaux *Le Petit Faust* de Florimond Hervé (1825-1892) sur un livret de Hector Crémieux et Adolphe Jaime, représenté à Paris en 1862. Le drame de Goethe y est parodié avec une verve à la Offenbach, donnant un tour grotesque aux situations.

★ À noter encore, le poème symphonique *Faust-Symphonie op. 48* d'Anton Rubinstein (1829-1894) ; l'opéra *Faust* d'Eduard Lassen (1830-1904), les musiques de scène de Max Zenger (1837-1911) et Wilhelm Fritze (1842-1881).

★ À retenir, en Italie, le *Méphistophélès* [*Mefistofele*], opéra en un prologue, quatre actes et un épilogue ; paroles et musique d'Arrigo Boito (1842-1918). Commencée en 1866 et terminée en 1867, l'œuvre fut jouée à Milan en 1868. Le résultat fut désastreux. Après la suppression de certains tableaux, elle fut reprise à Bologne en 1875, remportant cette fois un plein succès. Avec son *Méphistophélès*, Boito s'échappait des étroites limites de la culture musicale italienne de l'époque et prenait contact avec la musique européenne. Mis à part le résultat artistique, qui n'est pas d'une très grande portée, l'œuvre de Boito assumait une valeur polémique, qui explique la levée de boucliers dont elle fut l'objet. Si Gounod dans son *Faust* avait centré son action sur la douce figure de Marguerite, et Berlioz, dans sa *Damnation de Faust*, sur les épisodes les plus colorés et mouvementés du poème goethéen, Boito unit ces éléments à travers une interprétation philosophique du *Faust* ; la rédemption chrétienne de Faust et de Marguerite. Toutefois, le compositeur ne parvient jamais à créer un langage musical portant l'empreinte d'une personnalité vraiment originale. Qu'on se rapporte à ce sujet à l'air célèbre, « Des champs, des prés », du premier acte : théâtralement et lyriquement heureux, il ne parvient pas cependant à se défaire d'une nette influence beethovenienne dans la mélodie et son harmonisation. Il s'agit là d'un art d'imitation, où le compositeur ne parvient pas à s'exprimer totalement. Cela mis à part, le *Méphistophélès* demeure un effort noblement désintéressé pour sortir des limites d'une tradition musicale trop fermée sur elle-même et isolée des grands courants musicaux européens.

★ S'inspirant de la légende, le compositeur italien Ferruccio Busoni (1866-1924) composa un opéra en trois actes, *Docteur Faust* [*Doctor Faust*], achevé par Philipp Jarnach. Première représentation, Dresde, 1925. Busoni en tira lui-même le livret des anciens théâtres de marionnettes auquel Goethe recourut également. Dans le premier tableau, Faust évoque les esprits de Lucifer : Méphistophélès se présente en dernier, et c'est la signature du pacte. Viennent ensuite le meurtre de Valentin, frère de Marguerite, et les aventures de Faust à la cour de Parme, se terminant par sa fuite avec la duchesse. Dans le deuxième tableau,

Faust reçoit la visite de Méphistophélès déguisé en messager, qui lui annonce la mort de la duchesse et vient lui apporter le cadavre d'un enfant, fruit de leurs amours. L'assistance est horrifiée, mais il ne s'agit là que d'un mannequin de paille que Méphistophélès jette au feu : il s'en dégage aussitôt une image de pure beauté que Faust tente en vain de saisir. Dans le dernier tableau, sur le parvis de la cathédrale de Wittenberg, Faust reconnaît, dans une mendiante, la duchesse de Parme, qui lui donne à tenir son enfant et disparaît. Désespéré, il se tourne vers l'entrée de l'église pour y trouver refuge, mais le fantôme de Valentin lui barre le passage. Il se tourne alors vers le Crucifix, mais le Christ prend le visage d'Hélène : au comble de la terreur, il accomplit son dernier acte de magie et meurt. Mais son âme a passé dans le cadavre de son enfant. Le petit corps libère un adolescent porteur d'un rameau fleuri, symbole de l'idéal humain, idéal que rien ne peut détruire et qui se poursuit à travers tous les hommes. Le gardien de nuit (Méphistophélès) passe et emporte le cadavre de sa victime. Dans cet opéra, qui est le plus représentatif de l'esthétique de Busoni, l'intérêt du livret n'est pas inférieur à celui de la musique, du fait de l'extraordinaire puissance d'imagination et de la vigueur qui oppose les deux personnages de Méphistophélès (représentant une humanité finie et limitée) et de Faust, incarnant l'intelligence, cette part surnaturelle qui gît au fond de l'homme et dure au-delà de la destruction de son essence terrestre. Musicalement, l'œuvre est d'une exceptionnelle richesse, même si elle pèche parfois par excès d'intellectualisme ; elle réalise pleinement un des principes chers à l'auteur : celui d'une musique d'opéra conçue comme une expression musicale achevée en soi, et qui ne vaut que pour le sujet poétique particulier en vue duquel elle a été composée. L'Introduction, la magnifique Sarabande qui sert d'intermezzo entre le premier et le deuxième tableau, les notes magiques annonçant divers sortilèges de Méphistophélès sont parmi les plus belles pages de cette œuvre, également remarquable par la maîtrise des moyens d'exécution que Busoni y révèle.

★ Rappelons, en dernier lieu, la trilogie *Faust, Don Quichotte, Saint François d'Assise* de Charles Tournemire (1870-1939) ; le *Faust* de Florent Schmitt (1870-1958) représenté à Paris en 1912.

★ En 1969 a été créé à Milan *Votre Faust*. « Fantaisie variable genre opéra » de l'écrivain français Michel Butor (né en 1926) et du compositeur belge Henri Pousseur (né en 1929). Selon Pousseur, le mythe de Faust était « susceptible de rassembler les principales préoccupations collectives de notre temps » ; aussi invitait-il à une synthèse de l'histoire et des recherches musicales et littéraires les plus récentes tout en répondant à l'exigence de réalisme posée par Butor. Le directeur de théâtre (Méphistophélès) propose au compositeur Henri de lui écrire un opéra, mais à condition que cela soit un Faust. Le personnage féminin est scindé en ange gardien et en oiseau de mauvais augure : au terme de la première partie, c'est le public qui par son vote en faveur d'un des aspects de Marguerite donnera au spectacle son orientation. Au cours de la seconde partie, réel labyrinthe de scènes alternatives, différents modes d'intervention permettent au public d'accentuer ou de revenir sur son choix. On sera ainsi conduit vers la fin heureuse, le désastre ou l'une des situations intermédiaires prévues par les auteurs. Les lieux de l'action sont caractérisés aux niveaux les plus variés : fond musical et langue dominante (travaillés à partir de citations traversant toute l'histoire des deux genres), répartition spatiale sur la scène, couleur de la lumière et projections de décors. Depuis le scandale de la création à Milan, l'œuvre n'a été remontée qu'une seule fois, en traduction allemande (1982). P. Dec.

FAUST AU VILLAGE. Recueil de sept nouvelles du romancier français Jean Giono (1895-1970). Les textes, parus en revue de 1949 à 1951, ont été recueillis en volume en 1977, après sa mort. Leur action se situe à notre époque dans le Trièves, région du Dauphiné. Deux d'entre eux sont des fantaisies sur le mode léger. « Le Cheval » évoque un animal qui a autorité sur les autres et est doué de divination. « La Croix », le seul des récits à donner dans un burlesque sans noirceur, dépeint les dégâts que cause chez une vieille femme une énorme croix portée en pèlerinage par trois jeunes gens ; le curé qui cherche à les aider est quelque peu ridicule, et l'ensemble est sur le bord de la tradition anticléricale que Giono tenait de son père. Quatre autres sont plus sombres, et révèlent une vision quelque peu féroce de l'espèce humaine. « Silence » relate les manœuvres autour de l'héritage d'un patriarche qui laisse quatre enfants illégitimes ; une de ses anciennes maîtresses, à la suite de plusieurs morts violentes dont un crime parfait, va réussir à avoir la haute main sur ses biens. « Monologue » fait sentir l'atmosphère du village, avec les étrangers qui y sont installés, avec le tripot où les joueurs engagent sur une seule carte la totalité de leur avoir, avec les familles où l'on joue à se pendre en n'arrêtant la comédie qu'à l'extrême seuil de la mort. « Notre vin », série de variations sur le vin local, se clôt sur l'agonie et la mort d'autrui, si agréables à évoquer en pensée. « Le Mort », dialogue ouvert, aussitôt après le décès d'un homme, entre sa veuve et une voisine, recrée un grouillement mesquin, égoïste et haineux. Enfin le récit qui a donné son titre au recueil, « Faust au village », est le plus étendu et le plus extraordinaire. C'est une des rares nouvelles fantastiques de Giono. Le récit est fait, sur un ton qui évite tout romantisme, tout effet de terreur, par un camionneur anonyme.

Plusieurs fois, il est amené à prendre en auto-stop, au milieu des bois, dans la nuit, un « monsieur » qui, bien qu'ayant apparemment longtemps attendu sous une pluie battante, est parfaitement sec, et qui dispose de pouvoirs étranges : un train, bloqué pendant sept heures dans une petite gare, peut repartir dès qu'il y est monté ; un moteur de camion, en panne tenace, se remet en route dès qu'il arrive, etc. À quoi le lecteur, grâce au titre, est invité à deviner qu'il s'agit du diable, bien qu'il ne fasse rien de démoniaque, qu'il ne propose aucun pacte, que sa « victime » n'éprouve aucun amour pour quelque Marguerite que ce soit. Il se contente d'exister ; on ignore ce qu'il est, ce qu'il cherche, et il apparaît d'autant plus menaçant qu'il ne menace pas et demeure invariablement d'une courtoisie parfaite bien que presque muette. Le camionneur met à la porte son employé, parce qu'à son tour il a pris l'homme en stop. Il est fasciné, et finira par le mener là où il a affaire, mais Giono laisse à chacun le soin de deviner quoi et où. La nouvelle, qui pousse l'ellipse à un point extrême, est un chef-d'œuvre de rigueur et de densité.

FAUSTIN (La). Roman de l'écrivain français Edmond de Goncourt (1822-1896), publié en 1882. Exemple typique d'impressionnisme littéraire, l'œuvre se défait dans une débauche de notations sensibles. Il est difficile d'en retenir autre chose que l'intention de l'auteur ; le report au *Journal* (*) éclaire mieux à ce sujet que tout essai d'analyse logique. Vivant dans l'intimité de Sophie Arnould, de Rachel, de Réjane et de Sarah Bernhardt, Edmond de Goncourt a tenté dans *La Faustin* une esquisse des mœurs du théâtre, ou mieux de la femme de théâtre, par la juxtaposition de ce qu'il appela des « documents humains » et ne sont autres que témoignages oraux ; la transposition est absente. Comme en un procès-verbal, l'auteur a consigné, dans son roman, le langage sentimental de son époque. On se plaisait alors à souligner son appartenance à l'école naturaliste ; il a voulu par *La Faustin* affirmer sa position, en dotant le réalisme « de certaines qualités de demi-teinte et de clair-obscur littéraire qu'il n'avait pas ». Sous le désordre confondant des détails, la trame apparaît, fort simple : La Faustin est une actrice du Théâtre-Français. Tourmentée par son prochain rôle de Phèdre, elle se rend en compagnie de sa sœur Bonne-Ame chez le Grec Athanassiadis, un savant qui lui révèle le vrai visage de l'héroïne en l'initiant à la langue et à la poésie grecques. Son rôle la pénètre profondément ; la « première » de *Phèdre* est un triomphe. L'amour cependant, pense l'actrice, doit compléter le travail de l'esprit. Son amant Blancheron l'ennuie. Elle retrouve lord William Annandale qui naguère lui faisait la cour. Elle lui voue une grande passion. Blancheron se tue. Lord Annandale est jaloux ; la vie luxueuse qu'il offre à sa maîtresse fait perdre à celle-ci le goût du théâtre. La Faustin dénonce son contrat. Les deux amants partent en voyage. Mais l'actrice est bientôt reprise par son art. Lord Annandale meurt en la maudissant.

FAUSTO ET ANNA [*Fausto e Anna*]. Roman de l'écrivain italien Carlo Cassola (1917-1987), publié en 1952. Avec ce livre, Cassola dépasse la dimension du récit ou de la nouvelle et en vient pour la première fois au roman, un roman bâti sur deux thèmes : l'amour d'Anna et Fausto, et l'expérience de ce dernier dans la Résistance, les deux lignes se croisant à la fin du roman. Ces thèmes, traités séparément dans la structure de l'œuvre, ne se développent pas de façon linéaire. Les amours de Fausto et Anna sont traversées de crises, dues au fait que lui se présente comme un intellectuel venu de la ville, qui a des velléités littéraires, tandis qu'elle donne l'image d'une fille intelligente et sensible mais sans ambition intellectuelle. Mais c'est surtout la volonté de Fausto de se composer artificiellement un personnage d'anticonformiste qui est génératrice de tensions dans le couple. S'y ajoute sa jalousie, qui provoque la crise finale et conduit à la rupture. Anna finit par épouser Miro, un homme sans complication, qui l'aime comme il aime le vin et la chasse.

L'engagement de Fausto dans la Résistance pose deux questions. D'abord, pourquoi s'est-il engagé, en s'affirmant communiste de surcroît, alors qu'il ne se reconnaît pas dans les pratiques, les analyses, l'éthique, des militants communistes qu'il côtoie ? Il finit par se déclarer, en tant qu'intellectuel, traître à sa classe, individualiste égoïste qui n'est entré dans la Résistance que par goût d'une expérience nouvelle, mais il s'avoue, plus secrètement, qu'il l'a fait pour répondre à l'attente des antifascistes qu'il fréquente. La deuxième question est celle de la violence et de la guerre : jusqu'à quel point un soldat a-t-il droit de vie et de mort sur l'ennemi ? La réponse fut jugée par certains critiques comme offensante pour la Résistance.

La rencontre des deux thèmes, ce sont les retrouvailles d'Anna, mère de famille, et Fausto, devenu une figure locale de la Résistance. Ils découvrent que leur amour n'est pas mort mais, sur les instances de la cousine d'Anna, Fausto part sans chercher à la revoir.

Dans la première version du 20 mars, publiée en 1952, Cassola greffait sur ces thèmes centraux d'autres épisodes qu'il écarte dans l'édition de 1958, en tenant compte, dit-il lui-même, des remarques des critiques et des lecteurs. Mais il tient pour « absolument dépourvus de fondement » les reproches de diffamation de la Résistance et n'en tient donc pas compte.

On a regretté parfois que cette deuxième édition, ramenée à une structure plus dépouillée par l'effacement d'épisodes annexes, soit en même temps, sur certains points, trop allusive, en particulier pour ce qui est de la conversion de Fausto au catholicisme. On a également contesté la construction du roman en deux blocs tellement distincts qu'ils constituent presque deux récits autonomes. — Trad. Seuil, 1961. P. L.

FAUTE DE L'ABBÉ MOURET (La). Roman de l'écrivain français Émile Zola (1840-1902), publié en 1875. Ce cinquième volume du cycle des *Rougon-Macquart* (*) a pour personnage principal Serge Mouret. Transformé par le séminaire en cadavre vivant, envoyé comme prêtre au village des Artauds, situé non loin de Plassans, il voue une dévotion très ambiguë à la Vierge : son mysticisme est, en fait, l'expression d'une sensualité qui s'ignore. Il tombe malade. Son oncle, le docteur Pascal, le transporte au Paradou, vaste propriété abandonnée qu'habitent l'athée Jeanbernat et sa nièce Albine. Soigné par celle-ci, Serge renaît à proprement parler à la vie. Nouveaux Adam et Ève, les jeunes gens découvrent l'amour, guidés par la nature luxuriante du parc, nouvelle tentatrice. Le roman développe alors hors du temps et loin des hommes le rêve de bonheur qui hante Zola. Mais le frère Archangias, gendarme d'un Dieu de colère terrible et jaloux, pénètre par une brèche du mur qui ceint ce nouveau Paradis et entraîne Serge. Celui-ci restera sourd aux prières d'Albine. Elle mourra avec l'enfant qu'elle attend. La faute n'est pas d'avoir cédé à l'amour, grande loi de la nature, mais de le rejeter.

Le roman qui met en scène le grand combat de la religion et de la vie, de l'Église et de la nature, de l'ombre et de la lumière est, dans sa seconde partie qui se déroule dans le Paradou, un « prodigieux poème hindou » (Huysmans), un poème de la terre de Provence, que nourrit une très riche rêverie végétale. C'est une des œuvres les plus personnelles de Zola : il y dit, à travers un couple d'adolescents qui s'éveillent à l'amour, son rêve d'un bonheur pur que ne viendrait pas souiller la faute, angoisse qui ne disparaîtra qu'après la naissance de ses enfants. C. Be.

★ Le compositeur français Alfred Bruneau (1857-1934) écrivit une musique de scène pour la pièce en quatre actes tirée du roman d'Émile Zola : *La Faute de l'abbé Mouret*, représentée le 1er mars 1907 au Théâtre national de l'Odéon. On a souvent dit que le compositeur Alfred Bruneau se cherchait, et qu'il se trouva en rencontrant Émile Zola. Comme lui, il fut l'apôtre du réalisme, de ce lyrisme familier qui confond l'homme et la terre où il vit. Divers opéras naquirent de cette collaboration fraternelle : *Le Rêve* (*), *Messidor* (*), *L'Ouragan, L'Attaque du moulin* (*). Zola devait mourir en 1902 et la musique de *La Faute de l'abbé Mouret* reste l'ultime hommage de Bruneau aux conceptions esthétiques de son ami. Mais alors que l'écrivain mettait l'accent sur le drame social engendré par les vœux prononcés au pied de l'autel par l'abbé Mouret, Bruneau, lui, développe surtout l'ambiance poétique de l'argument. L'acte Ier débute par une ouverture construite sur le thème liturgique de l'« Alma Redemptoris Mater ». Puis, tandis que l'abbé fait sa prière, l'orchestre porte ses supplications vers le ciel. L'acte II se situe au « Paradou ». L'abbé Serge Mouret a rencontré Albine dans le jardin enchanté. La beauté du ciel, le parfum des fleurs, le murmure du vent dans les arbres l'incitent à succomber aux tentations du plus noble du plus pur amour. La musique de Bruneau décrit alors successivement la Chambre d'Albine, la Joie du jardin, le Bois de Roses, l'Arbre, la Faute, enfin l'Angélus et les imprécations de frère Archangias qui arrache Serge aux bras d'Albine. Pour le troisième acte qui se passe dans l'église, Bruneau n'a écrit qu'un Prélude et un court finale au caractère tragique. Serge vient de revoir Albine. Partagé entre son amour et son devoir, il s'effondre au pied du Crucifix. Au quatrième acte, le rideau se lève sur le « Paradou ». Mais tout a changé dans le jardin flétri. Albine veut entraîner Serge qui s'enfuit. Ils revoient l'arbre, ils entendent les voix du « Paradou » qui leur crient de s'aimer. Mais elle revient seule dans le verger ; le Désir de la mort s'insinue dans son âme. Lentement elle traverse le Bois de Roses, où fusent tous les parfums des fleurs qu'elle cueille à pleines brassées. La nuit tombe lentement. Albine se dirige vers sa chambre, ferme la porte, répand partout les fleurs... un chant de flûte évoque la douce respiration des violettes brodant sa mélodie sur l'haleine calme des lis. Albine suffoque : l'odeur du pavot lui rappelle ses tourments, le cantique des héliotropes la berce du rêve impossible de ses noces, « les jacinthes et les tubéreuses l'enveloppent d'un dernier soupir et elle meurt dans le hoquet suprême des fleurs ». Ce dernier acte, le mieux réussi de la partition, est presque uniquement musical : Bruneau souligne, commente, enveloppe d'un halo de poésie les gestes de l'héroïne.

FAUTE PLUTÔT QUE LE SCANDALE (La). Roman publié en 1949 par l'écrivain français Marcel Jouhandeau (1888-1979). « Je serais bien étonné si l'occupation préférée du Ciel n'était pas de contempler une grande âme en lutte avec le malheur. » Cette citation de Sénèque, placée en épigraphe, donne le ton du livre. Trois petites filles orphelines, Marie, Louise et Jeanne, sont élevées par leur grand-mère Descloduré. Marie montre très tôt une vocation religieuse et finit par prendre le voile sous le nom de sœur Ildefonse — la sœur Ildefonse que nous retrouverons dans le *Mémorial* (*). Quant à Louise, elle accepte d'épouser Adolphe Bazilaire, le riche propriétaire des Galeries de

Chaminadour — v. le cycle *Chaminadour* (*). Le jour de ses fiançailles, elle rencontre Édouard, son beau-frère, et comprend qu'il s'agit là de l'homme qu'elle doit aimer. Il est trop tard cependant ; elle accepte le combat, bien qu'Édouard, pour se rapprocher d'elle, épouse sa jeune sœur Jeanne. Les enfants se succèdent. Épouse bafouée, Louise reste digne et soignera jusqu'au bout son époux atteint d'un cancer. Édouard vient l'assister, seul, et dès la mort de son frère, lui propose son amour. Voici Louise prise au piège, entre sa passion et sa droiture. Cependant, la présence prolongée d'Édouard fait bientôt jaser tout Chaminadour, d'autant que Louise ne fait guère étalage d'un chagrin qu'elle ne ressent pas. Jeanne accourt au bruit des médisances et interroge sa sœur. Celle-ci ne peut lui cacher son amour, et en même temps sa résistance. Mais Jeanne comprend tout et s'écarte sans un mot, laissant les deux amants à leur éternelle présence. Louise envoie ses enfants en pension ; toute la ville se détourne d'elle. Pour Louise, le scandale est la punition, non d'une faute qu'elle n'a pas commise, mais d'une passion qu'elle sait coupable en elle-même. Toute sa belle-famille liguée contre elle, jusqu'à Claude son fils, la voici bientôt ruinée et ne trouvant qu'un bien mince réconfort auprès de sa sœur Ildefonse. Au bout d'elle-même, Louise finit par choisir la faute, plutôt que le scandale. Mais il est trop tard ; la faute accomplie ne lui suffira même plus à oublier le scandale. Louise sera frappée dans ses enfants d'abord, dans sœur Ildefonse ensuite. Il ne lui reste plus qu'à mourir.

FAUTEUIL DE MADEMOISELLE NORALIE (Le) [*Matmazel Noralyanin Koltugu*]. Roman de l'écrivain turc Peyamî Safa (1899-1961), publié en 1949. Le fauteuil en question est le siège sur lequel Mlle Noralie, séquestrée volontaire dans le grenier de sa maison après une existence de frustrations et de brimades entre un père turc et une mère chrétienne séparés, passa trente-deux années de sa vie à rechercher la quiétude de son être dans l'exercice d'une mystique, dont les sources sont aussi bien chrétiennes que musulmanes. Mais le fauteuil de Mlle Noralie est plus que cela, puisque Ferid, le héros principal du roman, jeune étudiant psychopathe et phtisique, le découvrira dans ce grenier, après la mort de la vieille demoiselle, un soir d'hallucination ou de rêve qu'il n'arrive pas à s'expliquer. Cette découverte sauve Ferid de son désarroi moral et physique en lui donnant le sens d'une communion avec l'éternité. Et, dès lors, une nouvelle vision du monde lui est donnée à travers laquelle tout semble être réglé en dernier lieu par un métapsychisme mystérieux, obscur, mais exposé par l'auteur au long d'une argumentation qui se veut scientifique, et qui est développé dans de longues conversations entre Ferid et un professeur de philosophie. Ces entretiens, où il est question également de philosophie sociale, d'organisation politique de la Turquie et du monde et de solutions économiques, représentent la somme de la pensée de Safa qui, dans ses écrits littéraires et journalistiques, essaya de combattre avec véhémence l'apparition de la pensée matérialiste en Turquie. Dans cet ouvrage, les personnages évoluent dans des milieux où se côtoient la misère et la bohème, les rebuts de la société et la jeunesse estudiantine attachée à ses rêves et à ses aspirations. Des situations insolites et pathétiques, présentées sous un aspect poétique ou burlesque, font oublier le caractère parfois pesant de l'argumentation. Un style nerveux offre au langage parlé la possibilité d'exprimer des pensées et des états d'âme subtils.

FAUTEUR DE SCANDALES (Le) ou Soirées sur l'île Vassilevsli [*Skandalist ili večera na Vasilevskom ostrove*]. Roman de l'écrivain russe Veniamine Kavérine (1902-1989), publié en 1928. L'œuvre décrit un milieu limité : l'université et le monde littéraire de Petrograd. Les personnages principaux, brillants en apparence, nous montrent tour à tour leurs faiblesses, et l'œuvre, malgré son ton humoristique, laisse une impression sinistre. Le vieux professeur Lojkine, éminente personnalité de l'Université, se sent soudain dégoûté de la vie qu'il mène, des cours cent fois répétés, des politesses obligatoires et pesantes, de la cohabitation avec une femme bornée et autoritaire. Il décide de se révolter, de quitter un beau jour sa chaire, sa maison, ses livres et sa femme et de disparaître sans laisser de traces. Il se réfugie en province, chez un ancien camarade de lycée, mais il est vite déçu. Les souvenirs d'enfance ne l'amusent pas longtemps et, après une beuverie, il retourne à Petrograd pour y reprendre ses occupations habituelles. Plus jeune que lui, le linguiste Dragomanov a renoncé à tout l'appareil bourgeois de la vie : il a quitté sa femme et vit à la cité universitaire dans une chambre sale. Mais si intelligent qu'il soit, il gaspille toute son énergie à un travail destructeur. À la fin du roman, il fera lire par un individu à moitié fou une communication de son cru à l'assemblée des professeurs. C'est un projet farfelu d'utilisation rationnelle des moyens linguistiques : un langage particulier devrait être prévu pour chaque catégorie sociale, pour chaque circonstance de la vie, et la police devrait punir les manquements à cette réglementation. Ainsi le scandale vivant qu'est Dragomanov n'arrive pas à dépasser le niveau de la mauvaise plaisanterie. Mais le véritable fauteur de scandales, celui qui justifie le titre du roman, est l'écrivain et journaliste Nekrylov, dont le nom signifie « celui qui n'a pas d'ailes ». Ce personnage spirituel, mordant, terrible parfois dans ses railleries, semble ne chercher dans la plaisanterie qu'un moyen de défense, une protection contre la vie. Pourtant ses innombrables conquêtes féminines, les injures, voire les coups qu'il assene aux imbéciles, ne parviennent pas à le satisfaire. Mais, quoi qu'il en dise, on n'a pas l'impression qu'il puisse renoncer à cette existence superficielle. — *Le Fauteur de scandales* est un roman à clés : Nekrylov a pour prototype Chklovski, Dragomanov Polivanov et Noguine Kavérine lui-même. — Trad. G. Lebovici, 1974.

FAUVETTE À TÊTE NOIRE (Une) [*Storia di una capinera*]. Roman de l'écrivain italien Giovanni Verga (1840-1922), publié à Milan en 1871. L'héroïne en est une jeune fille. Enfermée par sa marâtre dans quelque couvent, elle en sort, à la faveur d'une épidémie de choléra, et rejoint sa famille à la campagne. Ce roman se compose d'une série de lettres qu'elle adresse à une amie et qui reflètent avec naïveté tous les mouvements de son cœur. Elle y parle tour à tour des plaisirs simples que donne cette vie rustique qu'elle avait ignorée jusqu'alors ; de l'amour qu'elle ressent soudainement pour un jeune homme qui fréquente assidûment la maison ; du déchirement que lui cause la séparation, de retour au couvent ; de la nouvelle du mariage de sa sœur avec le jeune homme en question ; ensuite, de la cérémonie lugubre de la prise de voile ; du délire que lui donne son amour insatisfait, de sa jalousie et de ses remords ; enfin, de la maladie qui finira par l'emporter. On a voulu attribuer à ce roman quelque intention sociale en le rapprochant de *La Religieuse* (*) de Diderot. C'est absurde. Il relève simplement de la première manière de Verga. Par son ton larmoyant et son éloquence un peu facile, il rappelle les autres œuvres de jeunesse de cet auteur — v. *Une pécheresse* et *Éva* (*). Il faut dire toutefois que la psychologie est plus profonde, plus pathétique, plus nuancée qu'à l'ordinaire. C'est ce qui explique l'énorme succès de ce livre : un succès qui dépasse de loin celui qu'obtiennent les plus belles œuvres de Giovanni Verga. — Trad. Fischbacher, 1896.

FAUX ASTROLOGUE (Le) [*El astrólogo fingido*]. Comédie en trois actes et en vers de l'écrivain espagnol Pedro Calderón de la Barca (1600-1681), publiée pour la première fois en 1633. Doña Maria reçoit toutes les nuits chez elle le jeune don Juan, qui se fait passer pour absent de Madrid afin que cette intrigue demeure secrète. La femme de chambre de doña Maria révèle ce mystère au valet qui lui fait la cour ; celui-ci le répète à son maître don Diego, amoureux transi de Maria ; don Diego s'autorise de cette nouvelle pour faire des reproches à Maria sur sa fausse pudeur. Pour ne pas compromettre la soubrette, don Diego est obligé de se faire passer pour astrologue, et la nouvelle de la présence à Madrid de don Juan, que tous ignorent, lui permet de multiplier les prédictions justes. À la fin, quand il a épuisé les ressources de ses machinations, le cours des événements déjoue les prédictions du faux astrologue qui, devant l'effondrement de sa réputation, préfère avouer la vérité. Cette pièce est le type même de la comédie d'intrigue bourgeoise « de cape et d'épée ». Calderón, qui dans les meilleures productions de ce genre devait dépasser, par sa science de la construction théâtrale, Lope de Vega lui-même, se montre ici bien inférieur à son maître.

★ La plus célèbre des imitations du *Faux Astrologue* est *L'Amour nocturne* de l'Anglais John Dryden (1631-1700).

FAUX DIMITRI (Le) [*Dmitrij Samozvanec*]. Chronique historique de l'écrivain russe Alexandre Nikolaïevitch Ostrovski (1823-1886), publiée en 1867. Outre ses comédies de mœurs sur lesquelles se fonde sa renommée, Ostrovski a écrit plusieurs drames (que lui-même appelle des « chroniques historiques »). Tous ont pour fond de toile l'époque dite des « temps troubles » (1598-1613). Parmi ces chroniques, *Le Faux Dimitri*, dont le sujet est le même que celui de *Boris Godounov* (*) de Pouchkine, est la plus remarquable. D'autres écrivains russes avaient déjà pris pour héros l'usurpateur (le faux Dimitri), de préférence à son rival, le tsar Boris. Ce fut le cas de Soumarokov (en 1771), de Naréjny (en 1800), de Khomiakov (en 1833), de Polozov (en 1858) et de Tchaev (en 1865). Ce personnage a fasciné même des écrivains étrangers. Ainsi, peu de temps après les événements dont la lointaine Moscovie avait été le théâtre, l'Espagnol Lope de Vega écrivit-il une comédie intitulée : *Le Grand Duc de Moscovie et l'Empereur persécuté* [*El gran Duque de Moscovia y Emperador perseguido*] ; le faux Dimitri en était, bien entendu, la figure centrale. Le Français Aubry (en 1689) et l'Allemand Kotzebue (en 1782) furent également inspirés par le personnage de Dimitri, et Schiller a laissé un fragment de tragédie à son sujet. Enfin, Prosper Mérimée, en 1855, a fait revivre le personnage dans un récit intitulé : *Épisode de l'histoire de Russie ; le faux Démétrius.* L'œuvre d'Ostrovski, inférieure à celle de Pouchkine du point de vue purement littéraire, la vaut largement, selon les plus récents historiographes, de Soloviev à Kostomarov, en tant que peinture du cadre historique de l'époque.

FAUX-MONNAYEURS (Les). Roman de l'écrivain français André Gide (1869-1951), qui parut en 1925. L'histoire, assez compliquée, nous dévoile dans toute leur diversité les faits et gestes d'un petit groupe de garçons, collégiens ou étudiants. Bernard Profitendieu, fils d'un haut magistrat connu pour son intégrité, s'est toujours senti mal à l'aise dans son milieu familial où règne un puritanisme inflexible. Or, il découvre qu'il n'est pas le fils de ce dernier, qu'il n'est que le fruit d'une faute de sa mère, jalousement tenue secrète. C'est assez pour qu'il se révolte. Son ami Olivier Molinier subit, tout autant que lui, l'attirance de l'aventure, mais, étant plus timoré, il espère aide et conseil d'un oncle, Édouard, lequel est écrivain et lui manifeste un certain intérêt. Olivier a un frère aîné, Vincent, un médecin de grand avenir, mais pusillanime et ambitieux, qui ne songe, pour le quart d'heure, qu'à se débarrasser de l'amour de Laura Védel-Azaïs (une jeune femme rencontrée dans un sanatorium et dont il est las). Il aura ainsi toute latitude pour courtiser lady Lilian Griffith, créature fort élégante et des plus perverses. Par l'intermédiaire de son frère Vincent, Olivier fait la connaissance du comte de Passavant, homme de lettres vulgaire et de mœurs douteuses. Celui-ci est en train de fonder une revue et veut avoir, en plus de l'avis des jeunes gens, leur contribution effective. Enfin, Georges, le dernier frère d'Olivier, qui fréquente l'école Védel-Azaïs, passe encore pour un gamin, mais n'en a pas moins, lui aussi, une vie secrète.

Ces personnages et ceux qui forment leur entourage sont présentés avec précision et brièveté dans le journal intime d'Édouard, l'écrivain. Édouard se trouve nécessairement au centre de leurs activités multiples, étant à la fois l'oncle d'Olivier et une vieille connaissance de Passavant. Bien plus, il a fait ses études à la pension du vieil Azaïs et du pasteur Védel, son gendre, et il entretient des relations fraternelles avec les trois filles de ce dernier, Laura, Rachel et Sarah. C'est donc à Édouard que la malheureuse Laura, abandonnée par Vincent, demandera du secours, tandis que Bernard Profitendieu, qui a rompu avec sa famille, se fait engager par lui comme secrétaire. L'écrivain réunit des matériaux pour un roman qui doit s'intituler *Les Faux-Monnayeurs,* titre allégorique et moral qui se trouve étrangement étayé par la découverte qu'il fait d'une bande de faux-monnayeurs, lesquels sont précisément en relation avec ses jeunes amis. Mais cette bande n'est autre chose qu'une sorte de société secrète d'étudiants dont fait partie Georges Molinier : la « Confrérie des hommes forts », et que la funeste influence d'un de ses membres, Strouvilhou, est en train de transformer en une véritable association de malfaiteurs. Le vieil Azaïs, homme de grande vertu, résolument optimiste, est amené à découvrir, dans sa propre famille comme dans sa pension, les désordres les plus insoupçonnés et les plus effrayants : l'aventure de Laura, le déshonneur de Sarah, une autre de ses petites-filles, enfin l'activité suspecte de ce cercle d'écoliers, laquelle débouche dans le crime avec le suicide « commandé » du pauvre petit Boris. Pendant ce temps, Vincent Molinier, parti pour l'Afrique avec lady Griffith, tue cette dernière et devient fou. Édouard protège Olivier et le soustrait à la mauvaise influence de Passavant. Quant à Bernard, la noblesse naturelle de son caractère se trouve particulièrement mise en évidence ; parti d'un état de révolte qui aurait dû le conduire aux pires excès, le jeune garçon saura tirer parti des aventures auxquelles il fut mêlé (il aime tour à tour Laura et Sarah de deux manières très différentes), pour trouver le fond véritable de son cœur, et se forger une morale solide et bien vivante ; vaincu par l'affection généreuse de son père putatif, le juge Profitendieu, Bernard consent à regagner la maison familiale. De l'évolution de ce seul caractère, il est possible de tirer l'enseignement moral que Gide a voulu inclure dans son livre, livre des plus riches en données contradictoires, et qui rassemble les idées les plus chères à l'auteur — v. *Les Caves du Vatican* (*), *Le Retour de l'enfant prodigue* (*), *Paludes* (*), pour la satire d'un certain monde littéraire, et *Si le grain ne meurt* (*), pour toute l'ambiance de la pension Azaïs-Védel.

Dans cette œuvre (la première à laquelle il donna le nom de roman), Gide a tenté de faire entrer nombre de points de vue sur la vie, de manière à donner une vision aussi complète que possible. Il s'efforce de surprendre la réalité dans les aspects successifs de son devenir, en se référant continuellement à une vérité d'ordre spirituel — comme dans *Le Traité du Narcisse* (*) qui est antérieur. Il ne laisse pas non plus de défendre (dans les relations Édouard-Olivier) une certaine forme d'homosexualité qu'il juge des plus salutaires. Il en fait presque l'apologie. Tant de complexité fait du roman un des livres les plus révélateurs de la littérature de l'après-guerre. Il est le lieu géométrique des tendances les plus hardies de l'art narratif contemporain. Cet aspect de l'ouvrage se révèle pleinement dans le *Journal des Faux-Monnayeurs* (*) que Gide publia en 1926, et qui expose les exigences d'ordre poétique et technique qui ont préoccupé l'écrivain pendant l'élaboration de l'œuvre.

DÉPÔT LÉGAL : OCTOBRE 1994

N° D'ÉDITEUR : L 07710

ACHEVÉ D'IMPRIMER POUR
LES ÉDITIONS ROBERT LAFFONT
SUR BOOKOMATIC
MAURY EUROLIVRES S.A.
45300 MANCHECOURT

Imprimé en France